中国文学大辞典

ZHONGGUO
WENXUE
DACIDIAN

上

上海辞书出版社

《中国文学大辞典》编辑委员会

单元主编

单元	主编	副主编 / 责任编辑
先秦两汉文学	主编：程俊英	副 主 编：蒋见元　刘永翔 责任编辑：祝振玉　贺银海
魏晋南北朝文学	主编：胡国瑞	副 主 编：苏者聪 责任编辑：吉明周
隋唐五代文学	主编：陈伯海	副 主 编：李宪昭 责任编辑：康　萍
宋辽金文学	主编：屈守元	副 主 编：常思春　詹杭伦 责任编辑：祝振玉
元代文学	主编：刘知渐	副 主 编：熊　笃 责任编辑：沈伟麟
明代文学	主编：卢兴基	副 主 编：杨　镰 责任编辑：汤高才
清及近代文学	主编：钱仲联	副 主 编：马亚中 责任编辑：庞　坚
现代文学	主编：吴欢章	副 主 编：陈思和 责任编辑：蔡才宝　吴东昆
民间文学	主编：陶立璠	责任编辑：蔡才宝
少数民族文学	主编：陶立璠	责任编辑：蔡才宝
文学理论批评	主编：王运熙	副 主 编：黄　霖 责任编辑：陆福庆
文学史通论 总集及其他	主编：陆福庆　祝振玉	责任编辑：庞　坚

撰稿人

（按姓氏笔画为序）

马亚中	马承五	马衍明	马晓玲	王小盾	王开富
王汉民	王兴康	王　军	王杏根	王泽君	王春淑
王锡荣	毛　庆	邓牛顿	邓逸群	龙向洋	龙锦章
卢兴基	田守真	史良昭	白　寅	吉明周	朱　怀
朱继忠	向　宁	刘世杰	刘永翔	刘良明	刘明今
刘知渐	刘笃龄	刘洪仁	刘真伦	刘益国	刘黎明
关书敏	江　村	许道明	孙一珍	苏兴良	苏者聪
杨世文	杨光辉	杨　镰	李一飞	李大明	李中华
李　鸣	李季箴	李　诚	李修生	李宪昭	李真瑜
李颖生	李福庚	吴书荫	吴正明	吴东昆	吴河清
何大江	何念龙	余传棚	余毅恒	汪为郁	汪涌豪
沈伟麟	沈时蓉	沈伯俊	沈维藩	沈薇贞	宋薇笳
张文澍	张志良	张金海	张修龄	张祝平	张莉莉
张燕瑾	陆湘怀	陆　蓉	陆福庆	陈文华	陈伯海
陈君谋	陈思和	陈顺智	陈　磊	邵祖荣	卓连营
易淑琼	罗焕章	周子瑜	周　秦	周铁强	周啸天
庞　坚	郑永晓	郑宏华	赵义山	赵年荪	赵杏根
赵　明	赵晓兰	赵　晴	赵　馥	荀人民	胡子远
胡国瑞	柯素莉	姜汉椿	祝振玉	姚品文	秦家琪
袁震宇	钱仲联	徐少舟	徐安怀	翁其斌	郭俊奇
唐锡伦	陶立璠	陶　敏	黄乐琴	黄　刚	黄宝华
黄诗青	黄　霖	萧　汉	康　萍	章锡良	彭玉平
葛乃福	董乃斌	蒋　凡	蒋见元	蒋哲伦	程毅中
舒　瑛	童明伦	曾　抗	谢　谦	詹杭伦	蔡才宝
蔡锦芳	鲜述文	熊礼汇	熊　笃	潘颂德	薛维源
戴　云	魏尧西	瞿冕良			

编纂处

序

钱仲联

在中华民族悠久灿烂的文明中，最浩繁丰富的莫过于文学了。在窎远不可纪年的上古时期，先民结绳而记，商契文字，有感而发，饥者歌其食、劳者歌其事，是为文学之萌芽。至文、武周王及春秋战国时期，始有《诗经》、《离骚》，奠定了中国文学的宏伟基座与发展渊薮，犹如黄河长江，泽被千秋。顺次而下，则有汉赋、魏晋南北朝乐府民歌、唐诗、宋词、元曲、明清小说。一代有一代之文学，一代有一代之大家，形成了中国文学推陈出新、鼎革通变的发展格局。另一方面，一代虽有一代突出的文学成就与文学体式，但各个历史时期的文学发展往往又是全方位的。如宋代虽是词的天下，但宋诗仍足与唐诗分庭抗礼，不能说诗到唐人已经写完，宋以后大可不作了；清代小说虽有《红楼梦》、《聊斋志异》、《儒林外史》等翘楚之作，但当时诗文作家在总结元明两代复古流派经验教训的基础上，在怎样继承和发展前代遗产的实践中，在沧桑变革时代风暴的振荡下，开出了清一代诗文名家辈出、超越元明、抗衡唐宋的新局面。

"文变染乎世情，兴废系乎时序"（刘勰《文心雕龙·时序》）。中国文学在自己民族的生存土壤、文化环境中开放出绚丽的花朵，但同时也吸取了外来文化的血液，促进了中国文学从内容到形式的不断变革，如印度佛教对中国古代文学的影响，从晋宋就开始了，直到晚清，还有它的余辉远霭；又如欧美政治思想与文学作品，是随着帝国主义瓜分中国的炮舰叩开中国古老的大门的，它同样给中国文学注入了新的养料，特别是给现代文学带来了新世纪的亮色。

"文辞气力，通变则久"。"故能驰无穷之路，饮不竭之源"（《文心雕龙·通变》）。中国文学的发展过程既体现了中华民族大家庭创造灿烂文明的心路历程，亦反映出中华各民族人民自强不息的奋斗精神。

古人恒言："贤者识其大者"（《论语·子张》）。中国文学原来是从古代辞章之学的基础上发展形成的。除了文人专门编纂的总集与别集外，还有大量文学作品及资料散见于其他典籍，乃至类书、笔记、方志等著作中，可谓沉沉颗颐，如星汉无际。吾生有涯而学无涯，若尝鼎一脔，难免只照隅隙，鲜观衢路，唯有识其大者，才能思接千载，视通万里，做到将中国文学的丰富瑰宝了然于胸。于是有了工具书的编纂之举。

隋末唐初虞世南的《北堂书钞》，可算是中国古代较早的辞典。该书有一百六十卷，分十九部，列八百五十一目，词条计二万一千多，隋朝以前的百科知识（包括文学），大体包涵在内。继此而起的《艺文类聚》、《太平御览》，已具备文学工具书的性质，它们按类别将各代诗赋辞章排列在一起，给人以检索之便。但所录只是古书原文，没有辞典形式的条目。清代所编《骈字类编》与《佩文韵府》，虽有助于士子舞文弄墨，但也只是语词性的类书。

文学类辞典的编纂是现代才有的事，较早的有孙俍工的《文艺辞典》、杨家骆的《中国文学百科全书》、周梦蝶的《中外文学名著辞典》、谭正璧的《中国文学家大辞典》等。中华人民共和国成立之后，文运昌盛，辞书编纂也盛况空前，文学类辞书较著者有《唐诗鉴赏辞典》、《中国大百科全书·中国文学》、《辞海·文学分册》等，近年中华书局出版了《中国文学家大辞典》。天津人民出版社又出版了八卷本《中国文学大辞典》，标举古代文学、近现代文学、当代文学三分天下的宗旨。本辞典的编纂始于 1982 年，作者、编辑前后披阅十数载，以突出传统文学为宗旨，以光大民族精神为宏愿，释文则取春秋笔法，以精要客观为风范。悬此鹄的，全体专家学者兢兢业业，努力以赴，为弘扬中国文学的精华，贡献绵薄力量，而上海辞书出版社的编辑先生，亦以一丝不苟的精神和长期的辛苦劳动，终使这一巨著有杀青之日。我们希望，爱好中国文学的读者，有此一编在手，无异读了多种文学史、各种史书的《艺文志》，此亦有助于"贤者识其大者"也。限于水平，难免错误，殷切希望专家、读者们指正。八十七叟钱仲联书于苏州大学中国近代文哲研究所。

一九九四年六月十八日

序

傅璇琮

《中国文学大辞典》是由上海辞书出版社组织编纂,并列入国家重点图书规划的大型辞书。现在这部五百余万字的大书,经过百余位专家学者的辛勤劳作,共同努力,历时十余年,终于问世。我作为曾参预本书编撰的工作者之一,回顾这些年来的编写历程,目睹这一劳动成果得以呈现在广大读者之前,确实是倍感欣慰。

"十年辛苦不寻常"。这部《中国文学大辞典》的编纂,不仅融汇了众多文学史专家长期积累的研究心得,而且也在大型专科辞书如何适应现代学科发展与读者需求上,提供了新的经验。

在八十年代初期,在构思本书规模、框架时,曾有一种多卷本的设想。出版社的编辑与一些高等学校的研究者商讨,曾初步形成两千万言、多卷本的格局。作为源远流长、丰富多采的中国文学,特别是长达二、三千年的古典文学来说,这样的规模不是不可,但是根据现有的研究状况以及目前处于多样化求知环境的读者意向,过大的规模对广大读者来说恐不太合适。且从辞书的收词、释文等规范化要求来说,过于宽泛的构想容易造成收词较散,譬如说把左思的《咏史》诗八首,陶渊明的《饮酒》诗二十首,每一首都立为一个词目,看似详尽,实为拖沓。因此后来在取得各分卷主编与编写者的理解与支持下,上海辞书出版社决定压缩规模,把多卷本改为一卷本,对框架、体例、立目、释文等,从更高层次上加以调整并充实,从提高质量的总原则出发,突出大、精、新三个特点,努力使这部《中国文学大辞典》在当今辞书林中显出其不同寻常的秀枝劲干。

"大"是容易理解的。虽然不是多卷本,一卷本的"大"仍可包罗宏富,纲目齐备,而且经纬分明,结构合理。从纵向上说,它上起远古,历先秦、汉魏六朝,中经唐、宋、元、明、清,直至本世纪九十年代;从横向上说,它包括作家(含理论家)、风格流派社团、别集、戏剧作品、小说、笔记、总集、名篇、文学人物、期刊、名词术语、研究著作、资料汇编、工具书等十余个门类，可以说是既反映中国文学数千年的发展全貌，又力求突出文学进程的历史轨迹。这里我想就构思、布局的角度来谈一谈提高与普及的问题，即作为一部大型的专科辞书，如何兼顾研究者与较广泛的读者群这两个不同的层面。

大家知道，中国古典文学有悠久的历史，中国古典文学的研究也同样有悠久的历史，我们过去往往只注意前者而忽略后者。应开展对研究的研究，这将是提高研究素质的有效途径。这也就是近些年来开始为人们注意的学术史、学科史的研究。一门学科至可以建立学术史，是成熟的标志，而它的建立又可以进一步推动研究的深入。各自总结本学科的研究，就会大大丰富古典文学整体研究的内容，由此而总结出现在还可行之有效的传统方法，并科学地吸收国外的或自然科学研究的新方法，就会使我们的研究方法真正建立在科学的、民族的深厚基础上。这部《中国文学大辞典》的一个引人注意的特点，就是有意识地安排学术史的条目。它选择中国文学史上较有广泛历史影响的作品，如《诗经》、楚辞、《昭明文选》、敦煌文学、《红楼梦》，设有综论性和专题性的词条，阐述其学科发展的历史。"楚辞学"条目，提出楚辞研究曾出现四个高潮，即汉代、宋代（南宋）、清代及"五四"以后新时期，并举出每一个高潮时期的代表性著作，回顾前人走过的探索道路，他们的成功在哪里，不足又在哪里，有哪些可以作为成果肯定下来，有哪些则还要继续探讨。"《文选》学"词条，则不以时代分，而是指出过去的《文选》学大致分为训诂考据、摘录辞章、增广续补三类，而其中训诂考据类数量最多，也较有价值；在论到宋代的《文选》学研究时，辞典指出宋代有关这方面的专著不多，较有价值的研究成果则散见于沈括《梦溪笔谈》、姚宽《西溪丛语》、吴曾《能改斋漫录》、葛立方《韵语阳秋》、叶梦得《石林燕语》、王应麟《困学纪闻》等笔记、诗话中，并时有精见。我觉得，辞典条文文字虽不多，但如果对《文选》学的研究没有下过工夫，是决说不出来的。这应当是这部辞典重学术性、注意于提高的一大特点。

而与提高相对称的，则是以一定的篇幅注意于文学史知识的普及，以满足广大读者求知的渴望。这里应特别提出的是设立名篇、文学人物、小说戏剧故事等类目，使读者可以从多种侧面来了解古典文学的丰富内容。值得指出的是，名篇（诗、文、词、散曲）的条目着重于背景介绍，创作缘起、内容特点的概括，以与一般的鉴赏文字相区别。还有些条目除了准确叙述原意外，还力求以当代意识作新的阐释，使古代的作品更能与现代生活贴近，如对文学人物贾宝玉的解释。这样，学术史的条目与知识性的条目有机地融会于这部大书中，就既能使一般读者扩大知识面，又可以适应专业工作者研究和教学上的需要，确实很好地体现了提高与普及并重的极佳构思方案。

至于这部辞典的“精”和“新”的特点，我想读者打开书本，查阅有关条目，定会有自己的感受。精与新是分不开的，求精才能体现新，而一本辞典充分吸收学术新成果，反映本学科发展的前沿水平，才能构成精的主要内容。这方面的例子可以说是举不胜举。

本书的历代部分作家小传都注明出处，以显示严谨求实的学风。这种无征不信、言必有据的作法，应是辞书编撰的基本要求，也是一项高标准，尤其是在当前往往辗转抄袭、快速成书的不良风气下，更应大力提倡，以树立正气。本书各分卷作家条目的撰写都有其特点，而其征引材料的信实与广泛，则是共同的。以唐代而言，除了基本史书如新旧《唐书》、新旧《五代史》外，就我浏览所及，政书类有《册府元龟》、《唐会要》、《唐郎官石柱题名考》，金石及类书有《宝刻丛编》、《金石萃编》、《玉海》，史料笔记有《唐摭言》、《云溪友议》、《唐诗纪事》，目录类有《郡斋读书志》、《直斋书录解题》、《贞元新定释教目录》，书画类有《历代名画记》、《宣和书谱》。值得提出的是，作家生平事迹的记述还大量引述了民国时期以来及至近一二十年新编的出土墓志，如《芒洛遗文》、《千唐志斋藏志》、《唐代墓志汇编》。近十余年来唐代文史研究固然成果不少，可资参考者亦多，但编撰者如不细加检寻、拣选，以上的材料根据是不可能获得的。清代的作家，除了一般的史书如《清史列传》、《碑传集》、《清史稿》外，还引用了不少地方志，这是其他辞书所极少见的，如袁于令，引及《光绪苏州府志》、《民国吴县志》；冯舒，引及《民国重修常昭合志》；黄翼圣，引及《民国太仓州志》；马之瑛，引及《安庆府志》等等。而且都注明卷数，出于第一手材料，不是转引他书，这一点是极可宝贵的。

至于充分利用今人成果，也随手可见。各分卷主编与撰写者，大多是该学科的专家，他们长期沉潜于专科领域，既能搜辑旧籍，又能鉴别新说，确使读者看了后有一种继续探索与创新进取的意趣。如唐代诗人孟郊，列了今人的两种年谱；李贺，既列有今人所作的年谱、评传，又列有关于其诗歌的评论资料与索引。宋人如王禹偁，列有当今学者徐规的《王禹偁事迹著作编年》；柳永，列有词学大师唐圭璋的《柳永事迹新证》。又如提及南宋人李壁《王荆文公诗笺注》一书时，除注明中国所刻版本外，还特别提及："另有日本蓬左文库藏高丽排印本，文字较元明刻本为多，上海古籍出版社据以影印，1994 年出版。"这一日本藏本是复旦大学王水照先生前些年刚从日本得到的，撰写者及时将这一域外刻本写入条目。这些都极大地增加知识信息量。有些看似极不显眼的作家，撰写者也能发人所未发地提供不经见的材料，如清初诗僧读彻(1588—1656)，恐一般文学史著作也不会提及，但本书立有专条，并说其字苍雪，陈乃乾有《苍雪大师行年考略》。能写到如此之细，实在使人钦佩。

以上多就微观而言，至于大的方面，如古代、近代、现当代及民间文学、少数民族文学的结构安排，其篇幅、字数都较匀当；清代、近代、现当代文学，特别设置社团流派与报刊，显示文学发展的时代特色；每一时期的古代文学，均列有通论性的学术专著及有代表性的资料、工具书；注意我国古代理论批评史的特点，特地安排概念、术语的阐析，以及词牌、曲牌的注释，等等，都可见出本书在编纂过程中不断总结经验而表现出的精思与匠心。

最后我想说的是，以上所述本书在大、精、新三方面所体现的独创性，当然是百余位撰写者辛勤劳动的结果，但上海辞书出版社在这部大辞典的整体编纂上是起主导作用的。从发凡起例、确定规模，组织人力、提供样稿，以及每一词条的审阅、修改、补充，直至在校样出来后的校阅、修订，都蕴含着上海辞书出版社从社级领导到编辑室同志的才识与操劳。《中国文学大辞典》的编纂为学术界和出版界通力合作、取得成功提供了新鲜的经验。当然，本书在词条的具体编写上，定会有不当之处，我们诚恳地企望广大读者给予指正。

一九九五年五月于北京

目　　录

凡例

一、本辞典共收录中国文学学科词目一万八千余条。分作家(包括有文学影响的其他人物)、流派社团、作品(包括其他有文学价值的著作)、名词术语、研究著作、报纸、刊物、文学人物等大类。

二、作家原则上以本名为正条,少数重要人物的别名、笔名、字号、帝王庙号列有参见条;作品一般列全名,历来以简名行世者(如明清杂剧传奇等)则以简名列条;少数有影响作品的异名、简称,酌列参见条;其他条目以通行名列条。名同而内容不同的词目按类分见,个别情况例外。

三、释义以科学、准确、简明为原则,以学术界定评为主。如有异说则酌采众说或以较有代表性的一说为主,一般不作详细考证。直接引用前人论述均注明出处。古代作家条目,释文末均提供生平事迹原始资料线索,无从查考者则予以说明。

四、全书词目分十二个单元,依次编为:先秦两汉文学,魏晋南北朝文学,隋唐五代文学,宋辽金文学,元代文学,明代文学,清及近代文学,现代文学,民间文学,少数民族文学,文学理论批评,文学史通论、(跨三代以上通代性)总集及其他(包括类书、工具书及文学人物等)。每个单元词目以类相从,每类词目一般按时间先后编排,年代无从查考或界限不明的置同类之末,以见其文学发展脉络,或有失允当之处,祈识者知察。历代作品中,个别著作者后人颇疑其伪,但学术界尚有争议,则姑从旧题,归入相应单元。

五、本书用字一般采用简化汉字,个别人名、书名用字简化后易引起误解或不便检索者,则保留繁体或异体。

六、正文后有“中国文学大事记”、“本辞典主要征引参考书目”等两个附录。书前有按单元顺序编排的词目分类索引,书末附有全部词目的笔画索引。

正文单元分类页码表

一、先秦两汉文学

二、魏晋南北朝文学

三、隋唐五代文学

四、宋辽金文学

五、元代文学

六、明代文学

七、清及近代文学

八、现代文学

九、民间文学

十、少数民族文学

十一、文学理论批评

十二、文学史通论　总集及其他

词目分类索引

先秦两汉文学

作家

并称　流派

诗经

楚辞

散文　辞赋

诗歌　乐府

别集

杂著 小说

研究著作 参考资料

魏晋南北朝文学

作家

风格流派　并称

总集

别集

小说 笔记 杂著 其他

名篇

研究著作　参考资料

文选研究

隋唐五代文学

作家

风格流派 并称

总集

别集

传奇小说　笔记

名篇

研究著作　参考资料

敦煌文学

宋辽金文学

作家

风格流派 并称

总集

别集

笔记　小说　话本

戏剧　诸宫调

名篇

研究著作 参考资料

元代文学

作家

并称 社团

总集

别集

笔记　话本　小说

杂剧　南戏　诸宫调

名篇

研究著作　参考资料

明代文学

作家

风格流派　并称　社团

总集

别集

笔记　小说

杂剧 戏文 传奇

名篇

研究著作　参考资料

清及近代文学

作家

风格流派　并称　社团

总集

别集

笔记　小说

杂剧　传奇　曲艺文学

名篇

报刊

研究著作 参考资料

红楼梦研究

现代文学

作家

社团　流派

诗　　歌

小　　说

散 文

剧　本

文　集

报　　刊

名词　术语

研究著作　参考资料

民间文学

作家

神话

传说故事

民歌

戏曲　曲艺

名词　术语

研究著作　参考资料

少数民族文学

作家

书面文学作品

口传文学作品

口传文学形式

研究著作　参考资料

文学理论批评

一般学说

文论术语

论著

文体　作法

词牌

曲牌

文学史通论总集及其他

文学通史　通论性著作

通代总集　丛书

书目　类书　工具书

文学人物

一　先秦两汉文学

作　家

尹吉甫　西周大臣、诗人。兮氏，名甲，字伯吉甫。尹为官名。伐玁狁有功，为卿士。乃《诗经》中极少数名字可考的作者之一。《大雅》中《崧高》、《烝民》二篇为其所作。《毛诗序》又云其作《韩奕》、《江汉》，但无确据。生平事迹见《诗·小雅·六月》。

奚斯　春秋时鲁国大夫。与鲁僖公(前659—前627在位)同时。为《诗经》中极少数名字可考的作者之一。《诗·鲁颂·閟宫》："奚斯所作，孔曼且硕，万民是若。"齐、鲁、韩三家诗谓奚斯作诗。生平事迹见《左传·闵公二年》。

许穆夫人(约前690—?)　春秋时女诗人。为卫宣公之子公子顽与其后母宣姜的私生女。幼年即闻名于诸侯，许穆公与齐桓公皆向卫国求婚。她有志嫁齐，以齐为大国雄邦，可救卫之危难。卫侯不听，遂嫁于许。约十年后，卫亡于狄，宋桓公迎卫遗民于漕邑，而许不能救。许穆夫人奔赴漕邑，作《载驰》，提出："控于大邦，谁因谁极。"即要联齐抗狄以救卫。齐桓公闻知，即发兵复卫于楚丘。时许穆夫人约三十岁。据魏源《诗古微》考证，《诗经》中《邶风·泉水》和《卫风·竹竿》两首也是她的作品。生平事迹见《左传·闵公二年》、《列女传·仁智篇》。

老子　春秋末期思想家，道家创始人。一称老聃。姓李名耳，字伯阳。楚国苦县(今河南鹿邑)人。曾任周守藏室之史。传孔子适周，曾向他问礼。后退隐。其学重"道法自然"，提倡无为而治，要求回复原始社会的淳朴生活，故反对一切文化学术和高谈文化学术的"圣人"，所谓"为学日益，为道日损"(《老子·四十八章》)。由此对文采、音乐和其他艺术持否定态度，以为"五色令人目盲，五音令人耳聋"(《十二章》)；对言辞辩说也予贬斥，以为"大巧若拙，大辩若讷"(《四十五章》)，"信言不美，美言不信，善者不辩，辩者不善"(《八十一章》)。然其所论多"正言若反"，极富辩证机趣。故诸如"有无相生，难易相成"(《二章》)，"大盈若冲，其用不穷"(《四十五章》)，"大音希声，大象无形"(《四十一章》)等命题，均隐涵可资益文艺创作的深刻哲理。亦对中国文学批评产生重大影响。今本《老子》(又称《道德经》)共八十一章，记载其哲学观点，然是否为其亲作，历来有争论。生平事迹见《史记》卷六三。

孔子(前551—前479)　春秋末期思想家、政治家、教育家，儒家创始人。名丘，字仲尼。鲁国陬邑(今山东曲阜东南)人。先世为宋贵族。少贫贱。长为委吏、乘田。又聚徒讲学，从事政治活动。年五十任鲁司寇，摄行相事。后又周游列国，终不见用。晚年返鲁致力教育及文化整理。相传弟子有三千，贤者七十余。《诗》、《书》、《礼》、《乐》、《春秋》等典籍皆经其整理编订。由于精熟前代文化遗产，并致力于传授后学，曾发表了许多相关见解，多见于《论语》中。其中颇有与文艺密切相关者。重视文或文艺，并将之作为人格修养的重要方面，是其文艺思想的基本起点，故将文行忠信列为"四教"(《述而》)，并称"不学诗，无以言"(《季氏》)，"人而不为《周南》、《召南》，其犹正墙面而立也与"(《阳货》)。但其重视的基点还在德行修养，故又称"行有余力，则以学文"(《学而》)，"志于道，据于德，依于仁，游于艺"(《述而》)，认为"有德者必有言，有言者不必有德"(《宪问》)，"辞，达而已矣"(《卫灵公》)，但又说："言以足志，文以足言……言之无文，行而不远"(《左传·襄公二十五年》引)，推崇"文质彬彬，然后君子"(《雍也》)。他还重视诗的作用，强调"兴于诗，立于礼，成于乐"(《泰伯》)，认为"诗，可以兴，可以观，可以群，可以怨。迩之事父，远之事君，多识于鸟兽草木之名"(《阳货》)。又从形式到内容对之作了进一步规范，指出《诗三百》"一言以蔽之，曰：思无邪"(《为政》)。提倡"乐而不淫"，"哀而不伤"的中和平正之美。又要求善于修饰文辞,然不偏废文质而尤尚德行,强调美善兼具与无邪归正。所传《论语》,记载其生前言行,为其弟子及再传弟子编集。此外,《左传》、《孟子》、《荀子》等书亦载有孔子学说。对后世影响极为深远,所创儒家学派自汉代以来成为两千余年封建思想的正统,故其有关文艺观点也对后世文学理论与实践产生巨大影响。生平事迹见《史记》卷四七,魏晋间出现的《孔子家语》和《孔丛子》中有关孔子的言行事迹,虽出于传闻,亦可资参考。

孔丘 即孔子。

墨子(约前468—前376) 春秋战国之际思想家、政治家,墨家创始人。名翟。鲁国(一说宋国)人。曾任宋国大夫。初习儒术,后自开一派,招徒游说诸侯,使墨家成为与儒家齐名的当世显学。其学重兼爱尚同,又本下层人民利益,主张尚用节用。故论文不取无实用价值的刻镂雕琢,主张"先质而后文"(《墨子》佚文)。所举立言三表,"上本之于古者圣王之事","下原察百姓耳目之实","发以为刑政,观其中国家百姓人民之利"(《非命上》),皆以切于实用为务。由此力主非乐,以为"大钟鸣鼓琴瑟竽笙之声"与"刻镂文章之色"等一样,"上考之不中圣王之事,下度之不中万民之利",可以废弃(《非乐上》),虽未一概否定音乐的审美作用,而仅反对不顾人民死活的过分张扬和享受,但因过尚功利,乃至以为音乐不如舟车,实与对文学形式美过分轻弃一样,反映其对文艺的基本特征和内在规律终隔一层,其所论的影响也因此受到较大的局限。有《墨子》七十一篇,为其门人所编集。今存五十三篇。生平事迹见《淮南子·要略》、孙诒让《墨子传略》等。

墨翟 即墨子。

孟子(约前372—约前289) 战国思想家。名轲,字子舆。邹(今山东邹城东南)人。鲁国贵族孟孙氏后裔,孔子之孙孔伋的再传弟子。历游齐、宋、滕、魏等国,见梁惠王,曾任齐宣王客卿,标榜唐虞三代之德,提倡"仁政"、"王道",反对诸侯争霸。各国诸侯认为其学说迂阔而不合时宜,均不予采用。晚年遂退居讲学,与弟子著书七篇,即为《孟子》。孟子极力捍卫孔子学说,且有发展。其中心思想是"仁义",主张施仁义以统一中国。政治上强调"民贵君轻",哲学上主张性善论,教育上重视环境对人的影响,经济上宣扬"井田制",省刑薄赋,对后世影响极大,历史上常以"孔孟"并称,元文宗时封为"亚圣"。在中国文学批评史上亦有开创性贡献,其最重要的观点是"以意逆志"和"知人论世"说。指出"不以文害辞,不以辞害志;以意逆志,是为得之"(《孟子·万章上》)。又指出:"颂其诗,读其书,不知其人,可乎?是以论其世也,是尚友也。"(《万章下》)其观点为历代批评家所推崇。在创作上,重视"养气"(《公孙丑上》)。行文慷慨激越,气势磅礴,犀利而不失雄浑,铺张而不掩精神,发扬蹈厉,雄辩滔滔,极具纵横家风范。所传《孟子》一书,既是研究其思想、生平的重要资料,亦具较高文学价值。生平事迹见《史记》卷七四。

孟轲 即孟子。

庄子(约前369—约前286) 战国思想家,道家代表人物。名周。宋国蒙(今河南商丘东北)人。与梁惠王、齐宣王同时。曾任蒙漆园吏,生活贫苦。楚威王闻其贤,于水滨聘其为相,不就。又传曾隐居南华山,妻亡,鼓盆而歌,以示旷达。"其学无所不窥,然其要本归于老子之言。故其著书十余万言,大抵率寓言也"(《史记·老子韩非列传》)。学说力斥儒、墨,主本体,轻人事。哲学上辩证法观点与相对主义论调杂糅,而归于不可知论。政治上敢于揭露社会的黑暗和不平等,所谓"窃钩者诛,窃国者为诸侯"(《庄子·胠箧》),对统治者采取不合作的态度。宣扬齐万物、一生死的人生观。认为"人生天地之间,若白驹之过隙,忽然而已"(《知北游》),因而主张随意自然,无为而不为的生活态度。亦决定了其潇洒自如、奇思幻想的文学风格,与效法自然的审美主张。鲁迅评"其文则汪洋辟阖,仪态万方;晚周诸子之作,莫能先也"(《汉文学史纲要》)。他崇尚自然之美,反对一切人为雕琢,以为"朴素而天下莫能与之争美"(《天道》),是其审美观和文艺思想的大纲。因而反对一切文学艺术,对言辞辩说也持否定态度。但在阐发自己基本观点的同时,却不自觉地涉及与文学创作相关的诸多重要问题。如其"得意忘言"之说(《外物》),以为"可以言记者,物之粗也;可以意致者,物之精也"(《秋水》),从而更深层地揭示了思维过程与语言表达之间的复杂关系,为后世追求并揭示文学作品的言外之旨、韵外之致开启了道路。在说明人生修养道理方面,提出"虚静"(《天道》)、"以神遇而不以目视,官知止而神欲行"(《养生主》)等观点,亦给后世文论家以启迪。今传《庄子》三十三篇,为其与后人所撰。生平事迹见《史记》卷六三。

庄周　即庄子。

屈原(约前339—约前278)　战国楚诗人。名平，字原；又自云名正则，字灵均(《离骚》)。故里屈邑，一般指丹阳秭归(今湖北秭归)。为楚王室同姓贵族，先世历代均任楚国要职。初深得楚怀王信用，曾任三闾大夫、左徒等职。参与议论国事，应对宾客，起草宪令，推行变法。外交上主张东联齐国，西抗强秦，曾出使齐国。政治上主张圣君贤相的"美政"，后遭贵族子兰、靳尚等人谗毁，被怀王疏远，流放汉北。顷襄王时，又遭诽谤，再流放江南，辗转流离于沅、湘一带。后因楚都郢被秦兵攻破，深感无力挽救楚国危亡，悲叹国事衰落，"被发行吟泽畔，颜色憔悴，形容枯槁"(《史记·屈原贾生列传》)，最后自沉于汨罗江中，以表明忠贞爱国的怀抱。他是我国第一位富有个性的浪漫主义大诗人。所作凡二十五篇，包括《离骚》一篇、《天问》一篇、《九歌》十一篇、《九章》九篇、《远游》、《卜居》、《渔父》各一篇。另据《史记》，尚有《招魂》一篇，亦有人认为《大招》也是其作品。也有人认为，《远游》以下诸篇及《九章》中若干篇，如《思美人》、《惜往日》、《橘颂》、《悲回风》等并非出自其手笔。《离骚》为自叙性抒情巨制，诗人坎坷的身世、崇高的理想、坚贞的节操、炽热的感情熔铸成这一宏伟诗篇，既植根于现实，又充满幻想，意境波澜壮阔，气象万千，具有浓烈的浪漫主义色彩和鲜明的个性光辉。《九章》、《远游》、《卜居》、《渔父》诸篇与《离骚》风格近似。《九歌》是经其加工润色的楚地民间祀神乐曲，代为抒写他人或神的感情，风格大都凄清幽渺，细腻动人。《天问》是根据神话和传说创作的诗篇，一连提出一百七十多个问题，风格奇特，反映了作者的博学及对自然现象、传统思想、历史人物所持的怀疑思考态度，以及追求真理的探索精神。其作品的基本风格体现在《离骚》、《九歌》中，与《诗经》有较大差别，反映了南楚文学的特点。所作多长篇巨制，并创造了"香草美人"的比兴手法，较《诗经》有明显进步。想像丰富而奇特，大量熔铸神话，更为《诗经》所罕见。形式上突破《诗经》四言格局，每句五、六、七、八、九字不等，句法参差多变，句中句末多用"兮"字及其他虚字调和音节。其传世作品保存于西汉刘向辑《楚辞》中。《汉书·艺文志》载《屈原赋》二十五篇，其书已佚。篇目与《楚辞》有所不同，已无法详考。其作品对后世影响极大，以《离骚》为代表的楚辞作品成为一代文学的样式。以其生平为题材的诗词、歌曲、戏剧、绘画难以数计。1953年，屈原曾被推举为世界文化名人而受到广泛重视和纪念。楚辞研究已成为专门学科，研究著作不下二三百种。生平事迹见《史记》卷八四。

宋玉　战国楚辞赋家。出身寒微，仕途失意。或称为屈原弟子，曾为楚襄王小臣。《汉书·艺文志》著录其赋十六篇，篇目已无可考。《楚辞章句》说其赋有《招魂》、《九辩》二篇；《文选》载有其《风赋》、《高唐赋》、《神女赋》、《登徒子好色赋》、《对楚王问》；《古文苑》收有其《笛赋》、《大言赋》、《小言赋》、《讽赋》、《钓赋》、《舞赋》。然可确认为其所作者，唯《九辩》一篇。王逸认为宋玉"闵惜其师忠而放逐，故作《九辩》以述其志"。赋中情调低沉，意气萧瑟，孤独惆怅之感溢于全篇。鲁迅评宋玉"虽学屈原之文辞，终莫敢直谏，盖掇其哀愁，猎其华艳，而'九死未悔'之概失矣"(《汉文学史纲要》)。然其辞婉丽，意境独特，描摹细腻，情景交融，为后代许多名家所推崇。司马相如、曹植等赋家多受其影响。有与屈原并称"屈宋"之誉。生平事迹见《史记·屈原贾生列传》、《韩诗外传》、刘向《新序》、晋习凿齿《襄阳耆旧传》。

唐勒　战国楚辞赋家。约与宋玉同时。《史记·屈原贾生列传》云："屈原既死之后，楚有宋玉、唐勒、景差之徒者，皆好辞而以赋见称。然皆祖屈原之从容辞令，终莫敢直谏。"生平事迹未详。《汉书·艺文志》载唐勒赋有四篇，今亡佚。另据《水经·□水注》引《□土记》残文，题为唐勒所作。其他生平事迹无考。

景差　或作景庆、景瑳。战国楚辞赋家。与楚王同姓。《史记·屈原贾生列传》云："屈原既死之后，楚有宋玉、唐勒、景差之徒者，皆好辞而以赋见称。然皆祖屈原之从容辞令，终莫敢直谏。"曾任楚襄王大夫。《楚辞章句》有《大招》一篇，模拟《招魂》，或谓景差所作，难以确定。其他生平事迹无考。

荀子(约前313—约前238)　战国思想家、文学家。名况，时人又尊称为荀卿，因荀、孙音近，故又称"孙卿"。赵国人。齐湣王晚年与齐襄王期间，两度游学稷下，齐惠王时被奉为最富声望的学者，三次担任祭酒，韩非、李斯等皆为其弟子。后被谗，去齐至楚，楚相春申君曾两次任他为兰陵令。春申君死，荀子罢官，遂居家著书数万言，死后葬兰陵。政治上主张尊王道，举贤能，与孟子同；又主张霸力，法后王，又与孟子异。重视民心向背，宣称"桀纣无天下，而汤武不弑君”(《荀子·正论》)。哲学上主唯物主义观点，提出“天行有常”(《荀子·天论》)的命题；主张“性恶论”。文学上，荀子为迄今所知作赋第一人。《汉书·艺文志》载其赋十篇。今《荀子·赋篇》中存有《礼》、《知》、《云》、《蚕》、《箴》五首小赋，以四言韵语为主，亦杂有散文形式，颇类谜语。其文学观点守质尚用，反对繁复，主张文学为政治服务，强调学习儒家的五经。对后世有较大影响。文风犀利，磊落宏伟，辞采纷呈，《劝学》可为代表；赋风清丽，有民歌韵味。班固认为：“大儒孙卿及楚臣屈原，离谗忧国，皆作赋以风，咸有恻隐古诗之义。”(《汉书·艺文志》)著有《荀子》(又名《孙卿书》)。生平事迹见《史记》卷七四。

荀况 即荀子。

韩非(约前280—前233) 战国末期思想家，法家思想集大成者。出身韩国贵族世家。曾与李斯同学于荀况。善刑名法术之学，为人口吃，不善言辩，却勤著述。见韩国削弱，屡谏不用，愤而退居，著述十万余言。秦王政见其书，大为叹赏，恨不能与之同游。因急攻韩，迫韩王遣非入秦，又不用。反为李斯等谗害，竟下狱死。韩非反对儒家学说，任法术而尚功利，信赏必罚，排斥仁爱。认为先王不足法，尧舜不必尊，“是以圣人不期修古，不法常可，论世之事，因为之备”(《韩非子·五蠹》)。自秦以后，历代统治者无不从其学说中吸取权术思想。在文学上，反对文饰虚辞，认为“和氏之璧不饰以五采，隋侯之珠不饰以银黄，其质至美，物不足以饰之。夫物之待饰而后行者，其质不美也”(《韩非子·解老》)。进而排斥一切文学。其文亦未尝修饰，而锋芒毕露，咄咄逼人。分析利弊无微不至，推证事理则切中要害。或韵文，或散文，动辄几千言，为先秦论说文的重要发展。有《韩非子》一书传世，多有后人窜入文章，不尽可信。生平事迹见《史记》卷六三。

李斯(？—前208) 秦代政治家、文学家。楚国上蔡(今河南上蔡西)人。少时为郡小吏，后从荀卿学帝王之术。于秦庄襄王二年(前248)入秦，历任长史、客卿、廷尉、丞相。佐秦王政统一中国，参与一系列重大决策。始皇死，与赵高合谋伪造遗诏，杀始皇长子扶苏及大将蒙恬，拥立胡亥，即秦二世。后被赵高诬蔑谋反，被杀。代表作《谏逐客书》，陈辞慷慨，议论精辟。另有《泰山》、《琅邪台》石刻文字，皆四言韵文。文风上承战国，下引汉晋。鲁迅称：“质而能壮，实汉晋辞铭所从出也。”(《汉文学史纲要》)又有文字学著作《苍颉篇》，已佚。生平事迹见《史记》卷八七。

刘邦(前256—前195，一作前247—前195) 即汉高祖。西汉开国皇帝。字季。沛县(今属江苏)人。曾任泗水亭长。秦二世元年(前209)，陈胜起义，他起兵响应，称沛公。初属项梁，后与项羽率领的起义军同为反秦主力。前206年，攻占咸阳，约法三章，废秦严刑苛律。同年，项羽入关，被封为汉王。后与项羽争帝，在楚汉战争中战胜项羽，于前202年即皇帝位，建立汉朝。实行中央集权，先后削平异姓诸侯王，采取重本抑末政策，发展农业生产。诗作有《大风歌》等。生平事迹见《史记》卷八及《汉书》卷一。

项羽(前232—前202) 楚国贵族，秦末农民起义军领袖。名籍，字羽。下相(今江苏宿迁西南)人。楚将项燕之后。秦二世元年(前209)，从叔父项梁起义。巨鹿(今河北平乡)之战，击溃秦军主力。秦亡后，自立为西楚霸王，并大封诸侯王。后与刘邦争夺天下，兵败垓下(今安徽灵璧东南)，于四面楚歌中突围至乌江(今安徽和县东北)自刎。《汉书·艺文志》著录项羽兵书一篇，已佚。诗今存《垓下歌》一首，用楚歌体吟成，表现生离死别、英雄末路之悲壮情怀，传唱千古。生平事迹见《史记》卷七、《汉书》卷三一。

陆贾 汉初政论家、辞赋家。楚人。秦末从汉高祖定天下，常受命往来于诸侯之间，以善辩著称。高祖平定天下后，主张提倡儒学，“行仁义，法先圣”，又辅以黄老“无为而治”思想，以巩固汉朝统治。曾出使南越，说服南越王尉佗(即赵佗)向汉称臣，官至太中大夫。对汉初政治发生过影响。著有《新语》、《楚汉春秋》等。《汉书·艺文志》著录其赋三篇，已佚。刘勰《文心雕龙·才略》评：“汉室陆贾，首发奇采，赋《孟春》而选典诰，其辩之富矣。”生平事迹见《史记》卷九七、《汉书》卷四三。

贾谊(前200—前168) 西汉政治家、文学家。洛阳(今属河南)人。少以博学能文闻名于郡中。文帝时被荐为博士，掌文献典籍，年仅二十余岁。不到一年，又擢为太中大夫。因才高遭忌，文帝又听信部分朝臣谗言，将其贬为长沙王太傅，历时三年。文帝前七年(前173)初召回长安，任梁怀王太傅。后因梁怀王坠马而死，遂悲悼自责，不久去世。其思想以儒家为主，又通晓治乱，间采法家、黄老思想成分。其文气势充沛，富于感染力，又具有很强的现实针对性，如《陈政事疏》、《过秦论》等，鲁迅称之为“西汉鸿文，沾溉后人，其泽甚远”（《汉文学史纲要》）。其赋主要采取骚体形式，饱含作者济世的热情与怀才不遇的愤懑。语言虽以四言为主但已趋向散文化，显示出骚体赋向汉赋过渡的趋势。代表作有《鵩鸟赋》、《吊屈原赋》等。由于其赋表达了自己伤悼屈原并引为同调的情怀及司马迁在《史记》中将其与屈原一并列传，故后人常以“屈、贾”并称。著有《新书》，汉刘向编，原本佚。后人有辑本。明人张溥另辑有《贾长沙集》。生平事迹见《史记》卷八四、《汉书》卷四八，清汪中有《贾太傅年表》，王耕心有《贾子年谱》。

虞初 西汉小说家。汉武帝时为方士侍郎，号“黄车使者”。洛阳（今河南洛阳东）人。《汉书·艺文志》把他列为小说家类，著录其《周说》九百四十三篇。该书引应劭语：“其说以《周书》为本。”引颜师古注：“《史记》云：‘虞初，洛阳人。’即张衡《西京赋》‘小说九百，本自虞初’者也”（见《汉书》卷三〇）。后世称虞初为小说家之祖，又成为小说代称（如《虞初志》、《续虞初志》、《虞初新志》、《虞初近志》等）。《周说》原书早已佚失。《太平御览》卷三载晋唐人所引《周书》三则，风格类似《山海经》，故清人曾疑为其佚文。生平事迹见《汉书·艺文志》、《郊祀志》。

庄忽奇 西汉辞赋家。活动于西汉武帝在位时，与枚皋为同时人。或谓乃庄忌子，或云乃庄忌族家子。曾任常侍郎，从汉武帝至茂陵，受诏作赋。《汉书·艺文志》著录庄忽奇赋十一篇。均久佚。生平事迹见《汉书》卷六四。

吾丘寿王 西汉辞赋家。字子赣。赵（治今河北邯郸）人。活动于西汉武帝在位时。早年从董仲舒学《春秋》。后为侍中中郎，因犯法免职。又因上疏愿抗击匈奴，受皇帝诏问，回答得体，遂召为郎官。时东郡盗贼起，被任命为东郡都尉。由于收成不好，郡内盗贼无法平息，朝廷不满，发玺书谴责吾丘寿王失职。复被征入朝，为光禄大夫侍中，曾上书驳斥丞相公孙弘“禁民不得挟弓矢”之策。终又以触犯刑律而被杀。长于辞赋，《汉书·艺文志》著录其赋十五篇。《隋书·经籍志》注云：“梁有《汉光禄大夫吾丘寿王集》二卷，亡。”《全上古三代秦汉三国六朝文》收其文章两篇及残句两则。生平事迹见《汉书》卷六四。

贾山 西汉政论家。颍川（治今河南禹州）人。初为颍阴侯灌婴给事。文帝时作《至言》，借秦兴亡事，以言治乱之道，主张用贤纳谏，轻徭薄赋。要求重视教化和礼义。文字通畅，层层深入，条理清楚，言词恳切。《汉书·艺文志》著录其文八篇，归入儒家。今仅存《至言》及《对诘谏除盗铸钱令》片断。生平事迹见《汉书》卷五一。

晁错（**前 200—前 154**） 西汉政治家。颍川（治今河南禹州）人。少习申不害、商鞅刑名之学。文帝时，因通晓文献典故，任太常掌故。曾奉命从故秦博士伏生学《尚书》。后任太子家令，得太子（即景帝）信任，号“智囊”。景帝即位，任为御史大夫。他继承先秦法家“重本抑末”思想，主张中央集权。景帝三年（前 154），吴楚等七国以“诛晁错”为借口，发兵叛乱，他遭谗被杀。著文三十一篇，今存十篇。《论贵粟疏》、《守边劝农疏》、《言兵事疏》等，议论切实中肯，言词雄辩有力。鲁迅《汉文学史纲要》评其与贾谊“为文皆疏直激切，尽所欲言”（《贾谊与晁错》）。生平事迹见《史记》卷一〇一、《汉书》卷四九。

枚乘（？—**前 140**） 西汉辞赋家。字叔。淮阴（今属江苏）人。初为吴王刘濞郎中，上书谏阻吴王谋反，不听，遂投奔梁孝王。吴王反，复上书劝谏，由此知名。景帝召拜为弘农都尉。后称病离职，复游于梁孝王门下，梁客皆善辞赋，枚乘尤高。孝王卒，乃归淮阴。武帝即位，慕其文名，于建元元年（前 140），以安车蒲轮征其入京，因年老卒于道中。《汉书·艺文志》著录赋九篇，今存《七发》、《柳赋》、《兔园》三篇，后两篇后人颇疑其伪。散文今存《谏吴王书》及《重谏吴王书》。其文善用比喻，多为排偶，有明显的辞赋特点。《玉台新咏》录枚乘五言诗九首，实皆伪托。近人辑有《枚叔集》。生平事迹见《汉书》卷五一。

枚皋 西汉辞赋家。字少孺。淮阴（今属江苏）人。枚乘庶子。十七岁时上书梁共王，得召为郎。后被谗获罪，家室没入官，只身逃到长安，遇赦。上书自陈乃枚乘之子。武帝大喜，即召见，拜为郎，出使匈奴。皋不通经术，与东方朔等同以诙谐调笑得宠，帝视之如倡优。侍帝游，帝有所感，即命作赋。所作甚多，据本传，赋“可读者百二十篇，其尤嫚戏不可读者尚数十篇”，今皆不传。生平事迹见《汉书》卷五一。

邹阳 西汉文学家。齐（今山东东部）人。初从吴王刘濞，有《上吴王书》，劝濞勿起兵谋反，不纳。遂离吴至梁，为梁孝王门客。其为人有智略，慷慨不苟合。时梁孝王与羊胜、公孙诡合谋，求立为太子，邹阳以为不可，遂为羊胜等所谗，下狱。写《狱中上梁王书》，申诉冤屈。及孝王阴谋事败，羊胜等被杀，孝王求助于邹阳，他通过景帝妻舅王长君为之说项，使孝王得免治罪。《汉书·艺文志》著录其文七篇，列入纵横家。其文博引史实，排比铺张，有战国纵横家之风。生平事迹见《史记》卷八三、《汉书》卷五一。

严忌 西汉辞赋家。本姓庄，东汉时因避明帝刘庄讳，改为严，时人尊称为庄(严)夫子，一说名忌，字夫子。会稽吴(今江苏吴县)人，一说由拳(今浙江嘉兴)人。始与枚乘、邹阳等俱仕吴，皆以文辞辨博著名。吴王刘濞欲谋反，谏阻不从，遂离吴，客游于梁，颇得梁孝王厚遇。有辞赋二十四篇，今仅存《哀时命》一篇，为哀伤屈原之作。生平事迹见《汉书》卷五一。

严助(？—前122) 西汉辞赋家。本姓庄，东汉时因避明帝讳，改为严。严忌子，一说忌族子。会稽吴(今江苏吴县)人。武帝初，郡举贤良对策，擢为中大夫。建元三年(前138)，闽越举兵围东瓯，东瓯告急于汉，武帝命其至会稽发兵救之。三年后，又奉命出使南越。后自请为会稽太守，数年无政绩，复归长安，为侍中。素与淮南王刘安交好，后因刘安谋反遭株连被杀。有赋三十五篇，今不传。现存《谕意淮南王》及《上书谢罪》文二篇。生平事迹见《汉书》卷六四。

淮南小山 西汉淮南王刘安一部分门客的共称。其人物身世不详。《汉书·艺文志》著录淮南王群臣赋四十四篇，其中有署此名之作品今仅存《招隐士》一篇。一说以“小山”为文体名，见王逸《楚辞章句·招隐士序》。

刘安(前179—前122) 西汉思想家、文学家。沛县(今属江苏)人。汉高祖之孙，袭封为淮南王。为武帝叔父辈。博学善文，好鼓琴。才思敏捷，颇受武帝敬重。后因谋反事发，自杀，受株连者达数千人。奉武帝之命作《离骚传》，为最早解说《离骚》之著作。曾召集宾客方术之士数千人，集体编写《鸿烈》(后称《淮南鸿烈》，又称《淮南子》)。内容庞杂，《汉书·艺文志》列入杂家。有赋八十二篇，今仅存《屏风赋》一篇，载《艺文类聚》。《隋书·经籍志》录其集一卷，久佚。生平事迹见《汉书》卷四四。

朱买臣(？—前115) 西汉辞赋家。字翁子。会稽吴(今江苏吴县)人。早年家贫，卖柴为生，其妻为之改嫁他人。后随上计吏到长安，得同乡庄助(即严助)荐，得封为中大夫，因向皇帝献灭东越之计，又封为会稽太守。归故里道见其旧妻与后夫，其旧妻愧而自缢。元杂剧《渔樵记》、清传奇《烂柯山》、京剧《马前泼水》等即演其夫妻离异事。又因与横海将军韩说等破东越首领叛乱，官至主爵都尉。后与御史大夫张汤倾轧，告发张汤阴私，致张自杀，汉武帝怒，亦将其杀。买臣熟读《楚辞》，被召见，“说《春秋》，言《楚辞》”，颇得武帝喜欢。《汉书·艺文志》录有朱买臣赋三篇，今佚。生平事迹见《汉书》卷六四。

司马相如(前179—前117) 西汉辞赋家。字长卿。小名犬子，后慕蔺相如为人，遂改此名。蜀郡成都(今属四川)人。少好读书击剑。景帝时为武骑常侍。景帝不好辞赋，时梁孝王来朝，随从有文士邹阳、枚乘、庄忌等，相如一见如故，遂称病免官，客游于梁，作《子虚赋》。孝王死，相如归蜀，路过临邛，结识富商卓王孙寡女卓文君。文君喜音乐，慕相如才，相如携之私奔成都。家贫，同返临邛，文君当垆卖酒，相如穿犊鼻裈，涤器于市。卓王孙深以为耻，乃分与钱财绝之。二人故事遂成佳话，为后世文艺创作所取材。武帝即位，读《子虚赋》，深为赞赏，因得召见。又献《上林赋》，武帝大喜，拜为郎。后又拜中郎将，奉使西南，对沟通汉与西南少数民族的关系颇有贡献，写有《喻巴蜀檄》、《难蜀父老》等，具有明显的西汉散文特色。后被指控出使受贿，免官。过一年，又召为郎，转迁孝文园令。晚年免官闲居，郁郁而卒。《汉书·艺文志》著录有赋二十九篇，现存《子虚赋》、《上林赋》、《长门赋》等。《子虚》、《上林》为其代表作，两赋内容前后衔接，《史记》统称《天子游猎赋》，描绘天子诸侯畋猎之盛，皇帝苑囿之大，旨在歌颂大一统中央皇朝的气魄和声威，确立了汉赋“劝百讽一”的传统。《长门赋》典型地表现了一个失宠宫人的复杂心理，对后世宫怨诗的创作颇有启发，然后人疑其伪。其赋结构宏大，纵横自如，词汇丰富，文采华茂，对两汉魏晋影响较大。扬雄说：“如孔氏之门用赋也，则贾谊升堂，相如入室矣。”(《法言·吾子》)鲁迅说他“制作虽甚迟缓，而不师故辙，自摅妙才，广博闳丽，卓绝汉代”(《汉文学史纲要·司马相如与司马迁》)。散文传世有《喻巴蜀檄》、《难蜀父老》、《谏猎疏》等，然成就与影响不如其赋。原集已散佚，明人辑有《司马文园集》。生平事迹见《史记》卷一一七、《汉书》卷五七。

董仲舒（前179—前104）　西汉哲学家，今文经学大师。广川（今河北枣强东）人。专治《春秋公羊传》。景帝时为博士。发愤读书，三年不窥园。武帝时以贤良对策，建议“罢黜百家，独尊儒术”，开此后二千多年以儒学为正统的局面。曾任江都王和胶西王相，后托病辞官，修学著书，卒于家。著有《春秋繁露》八十二篇，语言质朴平易。明人辑有《董胶西集》。生平事迹见《史记》卷一二一、《汉书》卷五六。

刘彻（前156—前87）　即汉武帝。西汉皇帝。沛县（今属江苏）人。景帝子。公元前140—前87年在位。思想上“罢黜百家，独尊儒术”；政治上削弱割据势力，打击地方豪强，巩固了国家统一和中央集权。爱好文艺，招揽文士，鼓励创作，设乐府，为文学发展作出了贡献。鲁迅评：“武帝词华，实为独绝”（《汉文学史纲要·汉宫之楚声》）。今存《悼李夫人赋》、《秋风辞》等。《柏梁诗》相传为武帝在柏梁台上与群臣唱和之作，为后世联句之祖，然后人多疑其伪。生平事迹见《史记》卷一二及《汉书》卷六。

东方朔（前154—前93）　西汉文学家。字曼倩。平原厌次（今山东惠民）人。武帝即位，征四方士人，他上书自荐，诏拜为郎。后任常侍郎，太中大夫等职。性格诙谐，言词敏捷，滑稽多智，玩世不恭，宫中呼之为“狂人”。常在武帝前谈笑取乐，被视如俳优，“然时观察颜色，直言切谏”（《汉书》本传）。曾上书反对武帝修造上林苑，认为是“取民膏腴之地，上乏国家之用，下夺农桑之业，弃成功，就败事”（同上）。言政之得失，陈农战强国之策，皆未被重视，故作散文赋《答客难》，以主客问答形式，抒写才智之士怀才不遇的苦闷，揭露统治者的轻视人才。语言疏朗，议论酣畅，刘勰称其“托古慰志，疏而有辩”（《文心雕龙·杂文》）。《非有先生论》亦用主客问答形式，以历史故事，从正反两方面劝谕帝王虚心纳谏，励精图治。另有《神异经》、《海内十洲记》等书亦旧题为其所作。原有集，已佚。明人辑有《东方先生集》。生平事迹见褚少孙所补《史记·滑稽列传》、《汉书》卷六五。

司马迁（前145或前135—？）　西汉史学家、文学家、思想家。字子长。夏阳（今陕西韩城南）人。十岁随父太史令司马谈至长安，诵读古文，受业于儒学大师董仲舒、孔安国。二十岁南游江淮。后任郎中。元鼎六年（前111）奉汉武帝命出使巴蜀，以后又多次随驾出巡，足迹几乎遍及全国，得以接触下层社会，考察风土人情。元封三年（前108），继父职任太史令，“紬史记石室金匮之书”，阅读整理历史资料，作撰史准备。太初元年（前104），参加改革历法，制订《太初历》，着手写作《史记》。天汉二年（前99），为李陵降匈奴事辩护，获罪下狱，受腐刑。出狱后，任中书令，不问朝政，潜心写作，历五、六年，终于完成《史记》。对以“天道”说明人事表示怀疑，努力寻找历史事件发生和历史人物成败的社会根源。对历史人物的褒贬取舍独具慧眼，并充满批判精神，与当时已处于正统地位的儒学时相径庭。在“本纪”、“世家”、“列传”中，生动地刻画了上百个鲜明的历史人物形象，包括帝王将相、平民倡优、文人学士、刺客游侠、成功和失败的英雄等等。人物形象与历史事实都具有高度概括性和典型性。写作时倾入自己鲜明的爱憎态度和激情，具有动人的艺术魅力。后人评其“为文疏宕，颇有奇气”（苏辙《上韩太尉书》），赞《史记》为“史家之绝唱，无韵之《离骚》”（鲁迅《汉文学史纲要》）。《史记》为“二十四史”之首，开创纪传体史书形式及历史传记文学体裁，对后世史学和文学产生过深远影响，《史记》研究亦成为专门学科。除《史记》外，《汉书·艺文志》曾著录司马迁赋八篇，《隋书·经籍志》著录《汉中书令司马迁集》一卷，《旧唐书·经籍志》、《新唐书·艺文志》作二卷。今存《悲士不遇赋》、《报任安书》等。生平事迹见《史记·太史公自序》及《汉书》卷六二。

杨恽（？—前54）　西汉文学家。字子幼。华阴（今属陕西）人。司马迁外孙。习《太史公书》，好史学。宣帝时为郎，以才称，擢升左曹。因告发霍光子孙谋反，封平通侯，升中郎将。以居官清廉，位至光禄勋。恽自负而好揭人阴私，人多怨恨。太仆戴长乐被人告发，疑恽唆使，遂上书告恽，被免为庶人。家居治产业，颇骄奢，友人孙会宗以书劝戒，恽复书，多牢骚不平，遭人告发，宣帝怒，判为大逆不道，腰斩。著《报孙会宗书》，情辞愤激，有司马迁《报任安书》风致。生平事迹见《汉书》卷六六。

韦孟　西汉诗人。彭城（今江苏徐州）人。秦时苛政，躬耕不仕。秦亡后，初为楚元王傅，后又辅元王子夷王、孙刘戊。戊荒淫无道，孟作《讽谏诗》以规谏。不听，遂去位，迁家于邹。复作《在邹诗》，期戊能改悔，终无用。两诗皆为四言，载本传。刘勰评："汉初四言，韦孟首唱；匡谏之义，继轨周人。"(《文心雕龙·明诗》)生平事迹见《汉书》卷七三。

王褒 西汉辞赋家。字子渊。蜀资中(今四川资阳)人。工歌诗，善辞赋。宣帝时，受益州刺史王襄推荐，被召入朝，上《圣主得贤臣颂》。常从帝游猎，屡奉命作诗撰赋，擢为谏大夫。神爵元年(前61)，方士言益州有金马碧鸡之宝，奉命前往祭礼，病死道中。《汉书·艺文志》著录有赋十六篇。今存《洞箫赋》、《九怀》等，载《文选》、《楚辞章句》。赋多用骈偶句，开后世骈俪文学之端。明人辑有《王谏议集》。生平事迹见《汉书》卷六四。

韦玄成(？—前36) 西汉文学家。字少翁。鲁国邹(今山东邹城)人。其父为丞相韦贤，初任为郎。以少年好学、礼士明经，被选为谏议大夫，迁大河都尉。袭爵扶阳侯，为河南太守。又征未央卫尉，迁太常。因受杨恽被杀事牵连，被免官。后又为淮阳中尉。汉元帝即位后，以为少府，迁太子太傅，后升至御史大夫。永光年间拜为丞相。《隋书·经籍志》注其著有《汉丞相韦玄成集》二卷，《旧唐书·经籍志》、《新唐书·艺文志》亦均著录，后散佚。有《自劾诗》、《戒子孙诗》传世，收入《先秦汉魏晋南北朝诗》。《全上古三代秦汉三国六朝文》收有文章六篇。生平事迹见《汉书》卷七三。

刘向(约前77—前6) 西汉经学家、目录学家、文学家。本名更生。字子政。沛县(今属江苏)人。汉皇族楚元王(刘交)四世孙，刘歆父。治《春秋穀梁传》。宣帝时，曾和王褒等人同献赋颂，官散骑谏大夫、给事中。元帝时擢为散骑宗正、给事中。屡次上书言事，弹劾宦官外戚，常用地震等自然灾害来附会时政。因直谏得罪权贵，曾被诬下狱，免为庶人，闲居十余年。成帝即位，复进用，改名向，任光禄大夫，受诏整理五经秘书、诸子诗赋等，官终中垒校尉，故后世称"刘中垒"。著述甚多。《汉书·艺文志》著录有赋三十三篇，今存《九叹》、《请雨华山赋》等。所撰《说苑》、《新序》分类纂辑先秦至汉初佚事，以阐明儒家的政治、伦理思想；《列女传》记录有通才卓识、奇节异行之女子事迹。另撰有《别录》，为我国目录学之祖。原集已佚。明人辑有《刘中垒集》。生平事迹见《汉书》卷三六。

扬雄(前53—后18) 一作杨雄。西汉文学家、哲学家、语言学家。字子云。蜀郡成都(今属四川)人。少家贫，不慕富贵。口吃，不善言辞，然好学深思，博览群书。四十余岁游京师。成帝时任给事黄门郎。王莽时，校书于天禄阁，官至大夫。早年酷好辞赋，模仿司马相如作《甘泉》、《长杨》、《羽猎》、《河东》等赋，沉博绝丽，闻名于世。后世以"扬马"并称。又将赋分为"诗人之赋"和"辞人之赋"，认为"诗人之赋丽以则，辞人之赋丽以淫"(《法言·吾子》)。对后世颇有影响。晚年贬抑辞赋，认为是"雕虫篆刻，壮夫不为"(同上)，转而研究哲学。仿《周易》作《太玄》，仿《论语》作《法言》。又著《方言》，记载西汉各地方言，为研究古代语言之重要资料。《汉书·艺文志》著录其赋十二篇，今存十篇。后人辑有《扬侍郎集》。生平事迹见《汉书》卷八七。

班倢伃 西汉女文学家。名不详，倢伃为妃嫔称号。楼烦(今山西宁武附近)人。班固祖姑。少有才学，工诗赋。成帝初即位，被选入宫，始为少使，不久立为倢伃。鸿嘉三年(前18)，赵飞燕姐妹诬告她同许皇后挟邪诅咒，许皇后因此被废黜，她以善对免祸。恐日久见危，乃自请供奉皇太后于长信宫。成帝卒，她奉守园陵，死后葬园中。原有集，已散佚。作品今存《自悼赋》、《捣素歌》、《怨歌行》三篇，写在宫中的苦闷心情，文辞哀怨动人。然后人多疑其伪。生平事迹见《汉书》卷九七。

毛亨 西汉经学家。相传是"毛诗学"的开创者，今本《诗经》的最早传人。鲁(今山东曲阜一带)人；一说河间(治今河北献县东南)人。班固《汉书·儒林传》说："毛公，赵人也。治《诗》，为河间献王博士。"自汉末郑玄《诗谱》中，始有大毛公、小毛公之分，说"大毛公为《古文训传》于其家，河间献王得而献之，以小毛公为博士"。三国时吴人陆玑《毛诗草木鸟兽虫鱼疏》谓大毛公即毛亨，小毛公为毛苌。后人多从此说。生平事迹见《汉书》卷八八、陆玑《毛诗草木鸟兽虫鱼疏》、陈奂《诗毛氏传疏》、王国维《书毛诗故训传后》。

大毛公 即毛亨。

毛苌 一作"毛长"。西汉经学家。赵(治今河北邯郸西南)人。相传是"毛诗学"的传播者。因受学于毛亨，故后世称毛亨为"大毛公"，毛苌为"小毛公"。曾任河间献王博士，官至北海太守。班固《汉书·儒林传》云："毛公。赵人也，治诗，为河间献王博士。"后经汉末郑玄《诗谱》、三国时吴人陆玑《毛诗草木鸟兽虫鱼疏》、唐孔颖达《毛诗正义》、清陈奂《诗毛氏传疏》及近人王国维《书毛氏故训传后》等考证，认为小毛公即“毛苌”。生平事迹见《汉书》卷八八、陆玑《毛诗草木鸟兽虫鱼疏》、孔颖达《毛诗正义》、陈奂《诗毛氏传疏》、王国维《书毛诗故训传后》。

小毛公　即毛苌。

谷永（？—前8）　西汉文章家。本名并，字子云。长安（今陕西西安）人。少时博学经书，曾为长安小史。御史大夫繁延寿知其有才学，荐为太常丞。多次上书，颇受皇帝重视，因擢为光禄大夫。数年间，先后出任安定太守、长史、凉州刺史，太中大夫、光禄大夫给事中、北地太守，仕终大司农。终因病免职。《隋书·经籍志》著录《汉谏议大夫谷永集》二卷，《旧唐书·经籍志》、《新唐书·艺文志》著录《谷永集》五卷，已佚。治《京氏易》，喜言灾异，前后所上四十余事，言颇切直。无诗赋传世，其遗文见《全上古三代秦汉三国六朝文》，多为上疏诏对之类。生平事迹见《汉书》卷八五。

刘歆（？—23）　西汉经学家、目录学家、天文学家。字子骏，后改名秀，字颖叔。沛县（今属江苏）人。刘向子。初为黄门郎，历光禄大夫、中垒校尉等职。后谋诛王莽，事泄自杀。继父业总校秘府群书，成《七略》七卷，专设“诗赋略”，将文学作品与六经诸子分述并列，并称“《诗》以言情，情者信之符也；《书》以决断，断者义之证也”，表明对文学言志抒情特征的认识。另重视神话故事和稗官小说，有超先儒之处。除《七略》已佚外，另有《三统历谱》三卷。原有集，已佚，明人辑有《刘子骏集》。生平事迹见《汉书》卷三六。

崔篆　汉文章家。涿郡安平（今属河北）人。崔骃之祖父。活动于西、东汉之际。王莽时为郡文学，举为步兵校尉，自劾不应举。后为建新大尹，又称疾不问事。东汉初辞归，客居荥阳，闭门而著作，临终作赋以自悼。著有《周易林》六十四篇。《隋书·经籍志》注云“王莽《建新大尹崔篆集》一卷”，《旧唐书·经籍志》、《新唐书·艺文志》著录《崔篆集》一卷，已佚，今仅存《慰志赋》一篇。见《全上古三代秦汉三国六朝文》。生平事迹见《后汉书》卷四二。

冯衍　东汉辞赋家。字敬通。京兆杜陵（今陕西西安东南）人。幼有奇才，二十岁博通群书。王莽时不肯出仕。从刘玄起兵，玄死，从光武帝，为曲阳令，迁司隶从事。因交通外戚而免官，闭门自保，作《显志赋》，抒失意之愤懑，借史以讽今。明帝即位，又遭谗毁，终不见用，潦倒而死。赋多用骚体写成，多骈偶句，对魏晋六朝骈俪文风影响较大。原有集，已散佚。明人辑有《冯曲阳集》。生平事迹见《后汉书》卷二八。

桓谭（前23？—后50）　东汉哲学家、文学家。字君山。沛国相（今安徽濉溪县西北）人。成帝时，其父为太乐令，谭为奉车郎。王莽称帝，为谏大夫，迁掌乐大夫。光武帝时，征为待诏，后拜议郎给事中。后触怒光武帝，被贬六安郡丞，死于赴任途中。生平好音乐，善鼓琴，又谙熟五经。曾与刘歆、扬雄辨疑析异。持论不守故常，至非毁俗儒，故颇遭人嫉恨非议。反对谶纬迷信，指出精神不能脱离形体而存在，主张以礼让仁义治国，提倡尊贤爱民（见《新论》）。其文思想性强，说理透彻，风格质朴又不乏譬喻。著有《新论》、《桓谭集》，均散佚，清严可均有辑本。生平事迹见《后汉书》卷二八。

班彪（3—54）　东汉史学家、文学家。字叔皮。扶风安陵（今陕西咸阳东北）人。班固、班昭父。性沉重好古。西汉末年，群雄并起，隗嚣在天水拥兵割据，他避难相随，著《王命论》，劝隗嚣复兴汉室，不从。后至河西，为大将军窦融“画策事汉”。经窦推荐，被光武帝征召，任为徐县令。不久因病免官，专心史籍。晚年任望都长。作《史记后传》数十篇，为班固《汉书》奠定了基础。另著赋、论、书、记奏等凡九篇，今存《北征赋》、《览海赋》、《冀州赋》、《王命论》等文，载本传及《文选》、《艺文类聚》等书。《北征赋》采用楚辞形式，写他从长安到安定的沿途见闻和感慨，重在抒情，开东汉抒情小赋之先声。生平事迹见《后汉书》卷四〇。

梁鸿　东汉文学家。字伯鸾。扶风平陵（今陕西咸阳西北）人。王莽末，鸿年幼，随父寓居北地。东汉初，曾入太学受业。学毕，于上林苑牧猪，后归家乡，势家大户慕其高节，多欲以女妻之，皆谢绝。同县孟氏有女，貌丑而贤，鸿闻而娶之，为其取名孟光，字德曜。共入霸陵山中，以耕织为业，咏诗弹琴以自娱。章帝时，过京城，作《五噫歌》讽世，遭搜捕。改姓与妻南逃至吴，替人做工舂米。每归，孟光即举案齐眉，奉上饭食以表敬爱，后世传为佳话。今存《五噫歌》、《适吴诗》、《思友诗》，载本传。诗富现实性，形式上表现出东汉前期文人创作以骚体为主、又有变化的特点。生平事迹见《后汉书》卷八三。

杜笃(? —78) 东汉文章家。字季雅。京兆杜陵(今陕西西安东南)人。少博学疏放。住美阳时,与地方长官结怨,被拘捕移送京师。时大司马吴汉死,光武帝刘秀诏令诸儒作诔文。杜在狱中作文上呈,评为最佳之作,遂免徒刑。此后又写《论都赋》呈光武帝,任郡文学掾。建初三年(78)车骑将军马防领兵攻打西羌,杜笃为从事中郎,终战死于射姑山。其著作包括赋、诔、吊、书、赞、《七言》、《女诫》及杂文,共十八篇。又著《明世论》十五篇。《隋书·经籍志》著录《后汉车骑从事杜笃集》一卷,《旧唐书·经籍志》、《新唐书·艺文志》均著录《杜笃集》五卷。均佚。今存《祓禊赋》、《首阳山赋》、《论都赋》等十几篇(有些已残),见《全上古三代秦汉三国六朝文》。生平事迹见《后汉书》卷八〇。

赵晔 东汉散文家、经学家。字长君。会稽山阴(今浙江绍兴)人。约生活于明帝、章帝前后。初曾任县吏,因耻于奉迎而辞。后远至犍为资中,从经师杜抚学《韩诗》,尽通其学。二十年内不与家人通讯,家人以为已死,为之发丧。至师杜抚死,才归故里。州上召补从事,不就。后举有道。卒于家。著有《吴越春秋》、《诗细历神渊》、《诗道微》和《韩诗谱》等。今仅存《吴越春秋》。后人评此书"所述虽稍伤曼衍,而词颇丰蔚"(《四库全书总目》卷六六)。生平事迹见《后汉书》卷七九。

崔骃(? —92) 东汉文学家。字亭伯。涿郡安平(今属河北)人。少在太学,与班固、傅毅齐名。以献《四巡颂》为汉章帝所赏识。汉和帝时,窦宪为车骑将军,辟其为府掾。窦率兵抗击匈奴,又以他为主簿。窦擅权骄横,他屡劝谏,为窦所不容,出为长岑长,不赴任而归。《后汉书》谓其著有"诗、赋、铭、颂、书、记、表、《七依》、《婚礼结言》、《达旨》、《酒警》合二十一篇"。《隋书·经籍志》著录"后汉长岑长《崔骃集》十卷",已散佚。明人张溥辑有《崔亭伯集》。其作品《达旨》仿扬雄《解嘲》,可称代表作。其文辞典雅,意气和平,结构、形式与东方朔《答客难》、扬雄《解嘲》、班固《答宾戏》类似。生平事迹见《后汉书》卷五二。

王充(27—约97) 东汉哲学家。字仲任。会稽上虞(今属浙江)人。出身寒门,少孤。后至洛阳,游太学,曾师事班彪,好博览而不守章句,为人不慕富贵。历任郡功曹、治中等官,后罢官家居,从事著述。同郡谢夷吾上书荐充才学,汉章帝特诏公车征,病不行。后卒于家。他批判"天人感应"论和谶纬迷信,继承和发展了古代唯物主义学说,认为世界由"气"组成,自然界的"灾异"是"气"变化的结果,与人事无关。论文强调内容,注重文章的实用价值,力主"为世用者,百篇无害,不为用者,一章无补"(《论衡·自纪》)。强调内容和形式的统一,批判贵古贱今的文学观,注重独创精神,提倡语言浅显通俗,力求书面语与口语统一。清刘熙载评:"王充《论衡》,独抒已见,思力绝人,虽时有激而近僻者,然不掩其卓诣。"(《艺概·文概》)著作今存《论衡》。生平事迹见《论衡·自纪》、《后汉书》卷四九。

班固(32—92) 东汉史学家、文学家。字孟坚。扶风安陵(今陕西咸阳东北)人。班彪子。九岁能文,诵诗赋。十六岁入洛阳太学。性情宽和谦让,深为当时儒者所重。续其父班彪《史记后传》,被人告发私改国史,下狱。弟超上书力辩,得释。召为兰台令史,转迁为郎,典校秘书。自永平中奉诏修史,历二十余年,于建初中写成《汉书》。章帝爱好文学,固常侍从巡狩,献赋作颂,后任玄武司马。章帝召集诸儒讨论五经同异,令固撰成《白虎通义》。永元元年(89)从大将军窦宪击匈奴,为中护军。后宪因擅权被杀,他受牵连,死于狱中。《汉书》文辞渊雅,叙事详赡,是中国第一部断代史,其中《艺文志》于学术史上尤有重大贡献。作品另有《两都赋》、《答宾戏》、《幽通赋》等,另有《咏史诗》,咏缇萦故事,为完整五言体,虽质木无文,却是现存最早的文人五言诗之一。《隋书·经籍志》著录《班固集》十七卷,已散佚。明人辑有《班兰台集》。生平事迹见《汉书》卷一〇〇、《后汉书》卷四〇。

傅毅(约42—约90) 东汉文学家。字武仲。扶风茂陵(今陕西兴平东北)人。少博学。明帝时,于平陵学习解说经义的章句之学,作《迪志诗》以明志。因明帝求贤无诚意,士多隐居,作《七激》以讽谏。建初中,任兰台令史,拜郎中,与班固、贾逵共校宫廷藏书。和帝永元元年(89),大将军窦宪击匈奴时,以为主记室,迁司马。有《舞赋》,描写细腻,形象生动,可了解当时贵族生活及我国古代舞蹈艺术。尚有《洛都赋》、《雅琴赋》、《扇赋》等。原有集,已佚。残存诗赋见《先秦汉魏晋南北朝诗》及《全上古三代秦汉三国六朝文》。生平事迹见《后汉书》卷八〇。

黄香 东汉文章家。字文彊。江夏安陆(今湖北安陆西北)人。少贫,苦学经典,以孝闻名于乡,能文章,十二岁为太守召见。京师号称:"天下无双,江夏黄童"。元和四年(87)奉诏入东观,拜尚书郎。永元四年(92)拜左丞。六年,累迁尚书令。延平元年(106)迁魏郡太守,时遭水灾,以俸禄及所得赏赐赈济贫民,而朝廷却责其与水灾事有关,遭免官。数月后病死。著赋、笺、奏、书、令共五篇。《隋书·经籍志》注云:"梁有《魏郡太守黄香集》二卷,亡。"《旧唐书·经籍志》、《新唐书·艺文志》著录《黄香集》二卷,均佚。今存有《九宫赋》、《让东郡太守疏》、《天子冠颂》等文章,见《全上古三代秦汉三国六朝文》。生平事迹见《后汉书》卷八〇。

苏顺　东汉文学家。字孝山。京兆霸陵(今陕西西安东北)人。和帝、安帝时,其才学为人称道。喜养生之术,好隐居求道,曾拜为郎中。著有赋、论、诔、哀辞、杂文共十六篇。《隋书·经籍志》注其著有《郎中苏顺集》二卷,《旧唐书·经籍志》、《新唐书·艺文志》均著录有《苏顺集》二卷。今存仅《叹咏赋》等残篇与《和帝诔》,见《全上古三代秦汉三国六朝文》。生平事迹见《后汉书》卷八〇。

李尤　东汉文学家。字伯仁。广汉雒(今四川广汉北)人。少即以文章扬名,东汉和帝永元年间,侍中贾逵将他与司马相如、扬雄相比,举荐于朝廷,召为兰台令史。汉安帝时为谏议大夫,与刘珍等撰《东观汉记》。汉顺帝立,迁为乐安相。所著诗、赋、铭、诔、颂、《七叹》、《哀典》共二十八篇。《隋书·经籍志》注其著"有《乐安相李尤集》五卷"。《宋史·艺文志》著录有《李尤集》二卷。今存的作品有《函谷关赋》、《辟雍赋》、《德阳殿赋》等篇(多为残文),《全上古三代秦汉三国六朝文》编其文为一卷。明人张溥《汉魏六朝百三名家集》辑有《李伯仁集》一卷。生平事迹见《后汉书》卷八〇。

班昭(约49—约120)　东汉女辞赋家、史学家。一名姬,字惠班。扶风安陵(今陕西咸阳东北)人。班彪女,班固妹,曹世叔妻。早年守寡。博学高才。班固死时,所撰《汉书》之八表及《天文志》遗稿散乱,未完成。她奉命与马续共同续撰。《汉书》多用古字,费解难读,她曾教马融等诵读。和帝时,常出入宫廷,担任皇后和妃嫔的教师,称曹大家。每有贡献异物,常令昭作赋颂。及邓太后临朝,她亦参与政事。著有《东征赋》等。另有《女诫》七篇,述女子处世之道。生平事迹见《后汉书》卷八四。

曹大家　即班昭。

张衡(78—139)　东汉天文学家、文学家。字平子。南阳西鄂(今河南南阳市北)人。十七岁离家,先后到长安、洛阳,日夜攻读于太学,博通群书。二十八岁任南阳太守鲍德主簿。二十九岁写成《二京赋》,铺写洛阳、长安的繁华。三十四岁为郎中,升迁太史令,掌管天象观测,创造了当时世界上第一架利用铜壶滴漏带动的浑天仪。顺帝初,复为太史令。阳嘉元年(132),又创造世界上最早测定地震方向的地动仪。后迁侍中,遭宦官谗毁。五十九岁出任河间相。后又召为尚书。天文著作有《浑天仪图注》和《灵宪》。文学作品有《归田赋》,形式短小,重在抒情;《四愁诗》、《同声歌》亦具特色,在五、七言诗发展史上有一定地位。明人辑有《张河间集》。生平事迹见《后汉书》卷五九。

崔瑗(78—143)　东汉文学家。字子玉。涿郡安平(今属河北)人。崔骃之子。少师事贾逵,与马融、张衡友善。其兄崔章被州人所杀,为报兄仇而亡命。后遇赦归。至四十余岁始为郡吏。又因事下发干县狱,复被释。后为度辽将军邓遵和车骑将军阎显先后征用。汉顺帝阳嘉年间,被任为汲县令。汉安元年(142),迁济北相。次年即病逝。《后汉书》本传称:"瑗高于文辞,尤善为书、记、箴、铭,所著赋、碑、铭、箴、颂、《七苏》、《南阳文学官志》、《叹辞》、《移社文》、《悔祈》、《草书势》、七言,凡五十七篇。"又善章草,为东汉有名的书法家,然失传。《隋书·经籍志》著录"后汉济北相《崔瑗集》六卷",今散佚。《全上古三代秦汉三国六朝文》辑其文二十一篇。生平事迹见《后汉书》卷五二。

马融(79—166)　东汉经学家、文学家。字季长。右扶风茂陵(今陕西兴平东北)人。有俊才,任性不拘小节。少时从挚恂学,博通经籍。永初二年(108),邓骘闻融名,召为舍人,辞。后为生计所迫应命,为校书郎,典校东观秘籍。桓帝时任南郡太守。一生遍注《周易》、《尚书》、三《礼》、《论语》、《孝经》,及《老子》、《淮南子》、《离骚》等,使古文经学趋向成熟。又广授门徒,常达千人,郑玄、卢植皆出其门。善鼓瑟,喜吹笛。名作有《长笛赋》。原有集,已佚。明人辑有《马季长集》。生平事迹见《后汉书》卷六〇。

王符(约85—162)　东汉哲学家、散文家。字节信。安定临泾(今甘肃镇原)人。少好学,有志向。个性耿直,不肯从俗,郁郁不得志。与马融、窦章、张衡等文士友善。一生未得仕进，隐居著述，讥评时政得失，不避豪强。反对谶纬迷信。因不欲显扬自己，故名其著作为《潜夫论》。文章气势磅礴，辞锋犀利，说理透彻，结构严谨，用语多用排偶。论文主张“以信顺为本，以诡丽为末”。生平事迹见《后汉书》卷四九。

王逸 东汉文学家。字叔师。南郡宜城（今属湖北）人。安帝时为校书郎，顺帝时官侍中。所作《楚辞章句》，是现存最早的《楚辞》注本，除注释字句外，并对作者人品及作品产生背景、创作特点一一说明和评价，尤指出屈原“履忠被谮，忧悲愁思”而作《离骚》等作品，并非如班固所言是露才扬己（《楚辞章句序》），对其艺术成就和深远影响也予肯定，《离骚经序》所谓“依诗取兴，引类譬喻”，《远游序》所谓“意中愤然，文采秀发”，皆贴切地道出了屈赋特点，每为后世所引用。唯依经立义，强为其作品中神话题材寻找根据，不免附会。另有赋、诔、书、论等二十一篇，《汉诗》百二十三篇，今多佚。其《九思》一章存于《楚辞章句》中。《文心雕龙·才略》评“王逸博识有功，而绚采无力”。原有集，亦散佚。明人辑有《王叔师集》。生平事迹见《后汉书》卷八〇。

李固（94—147） 东汉散文家。字子坚。汉中南郑（今陕西汉中）人。少好学，至步行千里寻师，结交群贤。汉顺帝阳嘉二年（133），公卿举荐固对策，遂直陈外戚、宦官专权之弊，拜为议郎。永和中，任荆州刺史、太山太守，又任将作大匠、大司空。冲帝时任太尉，与大将军梁冀参录尚书事。冲帝死，固议立清河王。梁冀不从，另立质帝。后又鸩杀质帝，欲立蠡吾侯。又固请立清河王，为梁冀所忌，先被免职，后被诬下狱，终被害。《后汉书》本传云：“固所著章、表、奏、议、教令、对策、记、铭凡十一篇。”《隋书·经籍志》著录“后汉司空《李固集》十二卷”，已佚。《全上古三代秦汉三国六朝文》辑其佚文十九篇。其文章多为论政事的对策疏奏，内容切实，说理详赡，文中大量运用排比对偶。生平事迹见《后汉书》卷六三。

朱穆（99—163） 东汉文学家。字公叔，一字文元。南阳宛县（今河南南阳）人。少以孝称，长即致学，博通经籍。二十岁为郡督邮，后举孝廉，为郎中。汉顺帝末，为大将军梁冀所用，掌管兵事，拜为侍御史。梁冀骄奢暴横，他屡谏不听。永兴元年（153），擢为冀州刺史，因严治权贵获罪，输作左校。太学生数千上书救之，赦免归家。数年后，复拜尚书。上疏请罢省宦官，遭诋毁，愤懑病死。蔡邕与其门人私谥之为“文忠先生”。《后汉书》称所著“论、策、奏、教、书、诗、记、嘲，凡二十篇”。《隋书·经籍志》云：“《朱穆集》二卷，录一卷。亡。”《全上古三代秦汉三国六朝文》辑其佚文十一篇。《先秦汉魏晋南北朝诗》收其《与刘伯宗绝交诗》一首。其愤世嫉俗之作，最著名的为《崇厚论》与《绝交论》。《绝交论》已残佚。据说，蔡邕非常喜欢其文，曾亲自到他家去抄写（见《后汉书》本传注引《袁山松书》）。生平事迹见《后汉书》卷四三。

赵岐（约108—201） 东汉学者。初名嘉。字台卿，改字邠卿。京兆长陵（今陕西咸阳东北）人。初仕州郡，以廉直疾恶为人所畏。桓帝永兴二年（154）辟司空掾，迁皮氏长。延熹元年（158），因得罪京兆尹唐玹，惧祸逃避四方。后易名卖饼于北海市。遇赦，荐拜为并州刺史。复遭党锢免官，闲居十余年。汉灵帝中平元年（184）征拜议郎，迁敦煌太守。汉献帝时，迁太仆，终官太常。《后汉书》本传说他“多所述作，著《孟子章句》、《三辅决录》传于时”。《孟子章句》尚存，《三辅决录》已佚。《全上古三代秦汉三国六朝文》辑其佚文七篇（有些已残）。文章语言质朴，条理清晰，如《孟子题辞》。今存四言短诗一首，收入《先秦汉魏晋南北朝诗》。生平事迹见《后汉书》卷六四。

王延寿 东汉辞赋家。字文考，一作子山。南郡宜城（今属湖北）人。王逸之子，才华出众。年少游山东曲阜，作《鲁灵光殿赋》。曾做怪梦，梦中有不吉事，乃写《梦赋》以自励。另有《王孙赋》、《桐柏庙碑》等，载《艺文类聚》、《古文苑》。原有集，已散佚。生平事迹见《后汉书》卷八〇。

郑玄（127—200） 东汉经学家。字康成。北海高密（今属山东）人。生于经学家郑众之后，世称众为“先郑”，玄为“后郑”。曾入太学学《京氏易》、《公羊春秋》、《三统历》、《九章算术》。又从张恭祖学《礼记》、《左传》、《韩诗》、《古文尚书》。后师马融学古文经。游学十余年后，归里讲学，弟子众至数百上千。因党锢事被禁，遂杜门潜心著述，以古文经说为主，兼采今文经说，遍注群经，著有《天文七政论》、《毛诗传笺》、《诗谱》等凡百余万字。卒后门人相与撰郑玄答诸弟子问五经，作《郑志》八篇。是东汉兼通古今文、集汉经学大成的学者。又自成学派，被后世称为“郑学”。《后汉书·郑玄传》评其著述：“括囊大典，网罗众家，删裁繁诬，刊改漏失。”其著述，今仅存《毛诗传笺》，《周礼》、

《仪礼》、《礼记》注，收入《十三经注疏》。生平事迹见《后汉书》卷三五、清郑珍《郑学录》。

边韶　东汉文学家。字孝先。陈留浚仪（今河南开封）人。活动于顺帝、桓帝年间。敏捷有才，以文学知名，授徒数百人。桓帝时，为临颍侯相，征拜太中大夫。再迁北地太守，拜为尚书令。后又为陈相，死于任上。著诗、颂、碑、铭、书、策共十五篇。《隋书·经籍志》注云："《陈相边韶集》一卷，录一卷。"《旧唐书·经籍志》、《新唐书·艺文志》著录有《边韶集》二卷。均佚。今存边韶作品有《塞赋》、《河激颂》、《老子铭》等，均收入《全上古三代秦汉三国六朝文》。生平事迹见《后汉书》卷八〇。

张升　东汉文学家。字彦真。陈留尉氏（今属河南）人。活动于桓帝时。少好学。为人放荡不羁，遇意气相投者，不问出身俱与之交；如不投机，即王公贵族，亦不屈从。为外黄地方长官时，属吏有贪污受贿者，立即处死。终遭"党锢之祸"丢官，后被杀，时年四十九岁。著有赋、诔、颂、碑、书，共六十篇。《隋书·经籍志》注云："有《外黄令张升集》二卷，录一卷。"《旧唐书·经籍志》、《新唐书·艺文志》均著录《张升集》二卷。均佚。今存《白鸠赋》、《友论》、《与任彦坚书》等，均系残篇，见《全上古三代秦汉三国六朝文》。生平事迹见《后汉书》卷八〇。

崔琦　东汉文学家。字子玮。涿郡安平（今属河北）人。活动于顺帝、桓帝时。少游学京师，以文章称。初举孝廉，为郎。河南尹梁冀闻其才名，与交好。他屡以古今成败的经验教训劝戒梁冀，未纳。于是作《外戚箴》、《白鹄赋》，意作讽谏。后任临济地方官，不敢就职，解印潜逃。梁冀派刺客寻访，刺客见崔躬耕于田野，怀揣书本，休息时仰卧而读，很受感动，遂告来意，劝其速逃。然终死于梁冀之手。著有赋、颂、铭、诔、箴、吊、论、《九咨》、《七言》，共十五篇。《隋书·经籍志》云："《崔琦集》一卷，注云，梁二卷。"《旧唐书·经籍志》、《新唐书·艺文志》均著录《崔琦集》二卷。原集已佚。今存作品有《七蠲》、《四皓颂》、《外戚箴》等，见《全上古三代秦汉三国六朝文》。生平事迹见《后汉书》卷八〇。

高彪（？—184）　东汉文学家。字义方。吴郡无锡（今属江苏）人。出身寒门，不善言辞。郡举孝廉，试经学得中第一名。任为郎中，校书东观。多次作赋、颂奇文，用以讽谏，为汉灵帝重视。时京兆尹第五永为督军御史，督幽州，百官祖饯于长乐观，蔡邕等人皆赋诗为第五永送行，独彪为其写了《督军御史箴》，《后汉书》本传称其文"邕等甚美其文，以为莫尚也"。后出任外黄令，汉灵帝命同僚为其送行，祖饯于上东门，并令东观画其像。彪到任后，有德政，病死于任上。以文章知名于时。据《隋书·经籍志》注云："梁有《外黄令高彪集》二卷，录一卷。"《旧唐书·经籍志》、《新唐书·艺文志》均著录有《高彪集》二卷。已佚。今存作品有《遗马融书》、《督军御史箴（赠第五永）》、《清诫》等，均收入《全上古三代秦汉三国六朝文》。生平事迹见《后汉书》卷八〇。

秦嘉　东汉诗人。字士会。陇西（治今甘肃临洮南）人。桓帝时，为郡上计吏。奉使洛阳，妻徐淑因病居母家，不及面别，遂赋诗寄书，并赠以素琴明镜。在京任黄门郎。夫妻远隔，互赠诗寄意。数年后，病卒于津乡亭。所作五言《赠妇诗》四首，抒写奉役离家，不得与妻子面别的怅惘和愁思，感情真挚深厚，语言朴素，间用排偶。"词气和易，感人自深"（清沈德潜《古诗源》卷三）。它标志着东汉文人五言诗已渐趋成熟。诗载《玉台新咏》。四言《述婚诗》，载《古文苑》。《与妻徐淑书》、《重报妻书》，载《艺文类聚》。生平事迹见《玉台新咏·赠妇诗序》。

徐淑　东汉女诗人。陇西（治今甘肃临洮南）人。桓帝时，其夫秦嘉为郡上计吏，赴洛阳，淑病居母家，未及面别，遂互赠诗篇，表顾恋思念之意。秦病死，哀痛过度而卒。一说兄弟逼其改嫁，誓死不从，毁形守节，哀恸伤生。今存《答秦嘉诗》，文辞凄怨，一往情深，载《玉台新咏》。另著《答夫秦嘉书》、《又报秦嘉书》、《为誓书与兄弟》等，载《艺文类聚》、《太平御览》。生平事迹见清严可均撰《铁桥漫稿》卷七《徐淑传》。

崔寔（？—约170）　东汉文学家。字子真；一名台，字元始。涿郡安平（今属河北）人。崔瑗之子，崔骃之孙。性静好学。汉桓帝初，因至孝独行，先为郎，后拜议郎，著作东观。又出为五原太守，复拜辽东太守。于赴任道中逢母病逝，因求归葬。服终，召拜为尚书。因见时局不宁，遂称病不视事，数月免而归。《后汉书》云崔寔"所著碑、论、箴、铭、答、七言、祠、文、表、记、书凡十五篇"。《隋书·经籍志》云："《五原太守崔寔集》二卷，录一卷。"已佚。《全上古三代秦汉三国六朝文》辑其佚文六篇。其代表作为《政论》，《后汉书》本传评此文"指切时要，言辩而确，当世称之”。生平事迹见《后汉书》卷五二。

蔡邕（132或133—192） 东汉文学家、书法家。字伯喈。陈留圉（今河南杞县南）人。蔡琰父。少博学，师事太傅胡广。喜好辞章、数术、天文，精通音律。初为司徒桥玄属官，出任河平长，又召拜郎中，校书东观，迁议郎。熹平四年（175），与堂谿典等写定“六经”文字，邕自书经于碑，立太学门外，世称“熹平石经”。又从工匠用帚写字中受启发，创“飞白”书。因上书论朝政阙失，被流放朔方。遇赦后，避宦官陷害，亡命江湖十余年。董卓掌权，任为侍御史，官左中郎将。卓遭诛，邕为王允捕获，死于狱中。生前曾著《汉史》未成。散文长于碑记，工整典雅。善辞赋，《述行赋》指责社会，情辞沉痛，为汉末抒情小赋之佳作。《文心雕龙·铭箴》云：“蔡邕铭思，独冠古今。”书法尤工隶书，又精晓医理，善画。原有《蔡中郎集》，已佚。明人有辑本。生平事迹见《后汉书》卷六〇。

荀悦（148—209） 东汉政论家、史学家。字仲豫。颍川颍阴（今河南许昌）人。荀卿之后。早孤，少好学，十二岁能解说《春秋》。家贫无书，于他人处所见篇牍辄过目成诵。性沉默，貌秀美，好著述。灵帝时，宦官专权，托疾隐居，后应曹操征召。献帝时任黄门侍郎、秘书监等职。献帝因《汉书》文繁难读，命他用编年体改写。乃依《左传》体例，撰《汉纪》三十篇，辞约事详，今存。另有《申鉴》五篇，论治国之术及哲学问题，见本传。生平事迹见《后汉书》卷六二。

郦炎（150—177） 东汉诗人。字文胜。范阳（今河北定兴南）人。为郦食其后代。富文才，晓音律，善论辩，人多服其理。灵帝时，州郡召用，未赴。曾作《见志诗》二首，抒发超迈绝尘之抱负、怀才不遇之愤感。为人至孝，后得疯病。因母丧，病情复发，妻正做产，见之惊死。妻家告官，炎遭囚禁，因病无法理对，亡狱中。现存作品除《见志诗》（见本传）外，另有《对事》及《遗令书》四篇，载《古文苑》。生平事迹见《后汉书》卷八〇。

张超（150？—200） 东汉文学家。字子並。河间鄚（今河北任丘鄚州镇）人。汉代开国元勋张良的后人。东汉灵帝时，随车骑将军朱儁征黄巾，任别部司马。极有文才。著有赋、颂、碑文、荐、檄、笺、书、谒文、嘲，共十九篇。又善草书，妙绝当时。《隋书·经籍志》注云：“有《别部司马张超集》五卷，亡。”《旧唐书·经籍志》、《新唐书·艺文志》著录《张劭集》五卷，无《张超集》，而《宋史·艺文志》又著录《张超集》三卷。然以上诸集均佚。《全上古三代秦汉三国六朝文》仅存大致完整的《诮青衣赋》、《杨四公颂》、《灵帝河间旧庐碑》等三篇及数则残句。生平事迹见《后汉书》卷八〇。

赵壹 东汉辞赋家。字元叔。汉阳西县（今甘肃天水西南）人。为人恃才傲物，灵帝光和元年（178），为郡上计吏入京。司徒袁逢召集计吏，数百计吏全拜伏庭中，不敢仰视，唯壹长揖。袁甚惊异，亲执其手，延置上坐。经袁逢、羊陟称誉推重，名动京师。后西归，公府十次征召皆不就，卒于家。著赋、颂、箴、诔、书、论及杂文十六篇，今存文七篇，诗二首，载《艺文类聚》及本传。代表作《刺世疾邪赋》和篇末五言诗二首，反映了当时政治的黑暗腐朽。笔锋犀利，短小精悍，别开生面。另《穷鸟赋》为答谢朋友救援而作，用陷于罗网和机阱的穷鸟自喻。生平事迹见《后汉书》卷八〇。

应劭 东汉学者。字仲远。汝南南顿（今河南项城西南）人。少笃学博览。灵帝初，拜孝廉，中平六年（189），拜太山太守。后为袁绍军谋校尉。有感于当时旧章湮没，书记罕存，乃缀集所闻，著《汉官仪》及《礼仪故事》，又撰《风俗通义》，一名《风俗通》，今存。另有《汉书集解音义》，唐颜师古注《汉书》多所征引。《隋书·经籍志》著录有集四卷。已佚。《全上古三代秦汉三国六朝文》辑其遗文九卷。生平事迹见《后汉书》卷四八。

边让（？—208？） 汉文学家。字文礼。陈留浚仪（今河南开封）人。少能文博学。曾作《章华赋》。颇受蔡邕看重，邕向大将军何进荐举，以为可比唐、虞之世的“八元”、“八凯”；如遇孔子，则如颜渊之辈。遂被擢用，后出任九江太守。初平年间，东汉大乱，遂辞官还家。以自恃才气对曹操多有轻侮之言。后被曹操借机杀死。所著文章多散佚，今仅存《章华台赋》。生平事迹见《后汉书》卷八〇。

孔融（153—208） 东汉末文学家。字文举。鲁国鲁县（今山东曲阜）人。少有俊才。年十岁，随父诣京，名动一时。灵帝时为侍御史，辟司空掾，拜中军侯，迁虎贲中郎将。献帝时，忤董卓，出为北海相，时称孔北海。后征为将作大匠，迁少府，拜太中大夫。为人恃才负气。曹操专权时，多讥嘲之辞，为操所忌，终被杀。文以气胜，为曹丕所深爱，赞为“扬、班之俦”。《典论·论文》称其"体气高妙,有过人者,然不能持论,理不胜辞,以至乎杂以嘲戏"。书表尤善,代表作有《荐祢衡表》、《论盛孝章书》等。又能诗。与王粲、刘桢、陈琳、阮瑀、徐幹、应玚,号"建安七子"。原有集,久佚。明人辑有《孔北海集》。生平事迹见《后汉书》卷七〇。中华书局1980年出版的《三曹资料汇编》附录有关于孔融及其诗文创作的资料。

阮瑀(约165—212) 东汉末文学家。字元瑜。陈留尉氏(今属河南)人。少有隽才,受学于蔡邕,邕叹为"奇才"。建安初,曹洪欲使掌书记,以疾辞。后为曹操司空军谋祭酒,管记室,后徙丞相仓曹掾属。与孔融、王粲、陈琳、徐幹、应玚、刘桢齐名,号"建安七子"。又与陈琳同以章表书檄擅名,并称"琳瑀"。当时军国书檄,多出二人之手。曹丕《典论·论文》谓:"琳、瑀之章表书记,今之隽也。"代表作有《为曹公作书与孙权》。又能诗,《驾出北郭门行》较有名。原有集,已散佚,明人辑有《阮元瑜集》。生平事迹见《三国志》卷二一。

应玚(?—217) 东汉末文学家。字德琏。汝南南顿(今河南项城西)人。应劭从子。与弟璩(休琏)、璩子贞皆以文章见称。曹操辟为丞相掾属,转为平原侯庶子,后为五官中郎将曹丕文学。卒于疫中。与孔融、王粲、陈琳、徐幹、阮瑀、刘桢齐名,号"建安七子"。曹丕称其"常斐然有述作之意,其才学足以著书,美志不遂,良可痛惜"(《与吴质书》)。其诗以《侍五官中郎将建章台集诗》较著名。原有集,已散佚,明人辑有《应德琏集》。生平事迹见《三国志》卷二一。

陈琳(?—217) 东汉末文学家。字孔璋。广陵射阳(今江苏淮安东南)人。汉少帝时为大将军何进主簿。后避难冀州依袁绍,典文章。尝为绍作檄文骂曹操。绍败,归操,操爱其才,不咎既往,以为司空军谋祭酒,管记室,后徙门下督。卒于疫中。与孔融、王粲、徐幹、阮瑀、应玚、刘桢齐名,号"建安七子"。与阮瑀同以书檄擅名,并称"琳瑀"。当时军国书檄,多出二人之手。曹丕《典论·论文》称:"琳、瑀之章表书记,今之隽也。"《与吴质书》亦称:"孔璋章表殊健。"刘勰《文心雕龙·章表》云:"琳、瑀章表,有誉当时,孔璋称健,则其标也。"《为袁绍檄豫州文》为其代表作。诗以《饮马长城窟行》较著名。原有集,已散佚,明人辑有《陈记室集》。生平事迹见《三国志》卷二一。

刘桢(?—217) 东汉末文学家。字公幹。东平宁阳(今属山东)人。少以才学知名,警悟辩捷。建安中,为曹操丞相掾属,后为五官中郎将文学。卒于疫中。与孔融、王粲、陈琳、徐幹、阮瑀、应玚齐名,号"建安七子"。又与曹植并称"曹刘",与王粲并称"王刘"。其五言诗以气格胜,当时享誉甚高。曹丕《与吴质书》有"妙绝时人"之称,钟嵘《诗品》有"自陈思以下,桢称独步"之誉。《赠从弟三首》为其代表作。其文,刘勰《文心雕龙·书记》以为"有美于为诗"。原有集,已散佚,明人辑有《刘公幹集》。生平事迹见《三国志》卷二一。

徐幹(171—218) 东汉末思想家、文学家。字伟长。北海剧县(今山东昌乐)人。博览传记,操翰成文。恬淡寡欲,轻官忽禄,不耽世荣。建安初,辟司空曹操府,后除上艾长,以疾不行。建安中,复为司空军谋祭酒掾、五官中郎将文学。以疾卒。与孔融、王粲、陈琳、应玚、阮瑀、刘桢齐名,号"建安七子"。其诗多言闺情,缱绻低徊,深致宛笃。《室思诗》是其代表作。赋论哀辞称誉当时,曹丕《典论·论文》谓其"《玄猿》、《漏卮》、《圆扇》、《橘》赋,虽张(衡)、蔡(邕)不过也"。所作《中论》认为:"凡学者大义为先,物名为后,大义举而物名从之。"反对当时流行的训诂章句之学。原有集,已散佚,明人辑有《徐伟长集》。生平事迹见《三国志》卷二一。

祢衡(173—198) 东汉文学家。字正平。平原般(今山东临邑东北)人。少有才辩,尚气傲物,唯与孔融、杨修善,融称其"淑质贞亮,英才卓砾"。曹操欲见之,衡称狂病辞。操乃召为鼓史,大会宾客,欲当众辱之,反为衡所辱。操怒,遣送荆州刘表,复不合。转送江夏太守黄祖,终被杀。作《鹦鹉赋》,借鸟自况,辞气慷慨,表现才智之士身处乱世之不幸,为咏物小赋之佳作。原有集,已佚。《全上古三代秦汉三国六朝文》存其文四篇。生平事迹见《后汉书》卷八〇。

蔡琰 东汉末女诗人。字文姬(一作昭姬)。陈留圉(今河南杞县南)人。蔡邕女。博学多才,妙于音律,善书。初嫁河东卫仲道,夫亡无子,归母家。汉末天下丧乱,为胡骑所掳,嫁南匈奴左贤王,居留匈奴十二年,生二子。曹操素与邕善,痛其无嗣,建安中遣使以金璧赎归,再嫁董祀。《先秦汉魏晋南北朝诗》存其诗三首。其中《悲愤诗》五言、骚体各一。五言《悲愤诗》,为其赎归后,感伤乱离,追怀悲愤而作,具浓烈抒情意味。骚体《悲愤诗》题材与五言体诗同，后人多认为伪作。《胡笳十八拍》相传亦为其作。生平事迹见《后汉书》卷八四。

蔡文姬 即蔡琰。

杨修（175—219） 东汉末文学家。字德祖。弘农华阴（今属陕西）人。杨彪子。累世显贵。少好学，有俊才。建安中举孝廉，除郎中，为丞相曹操主簿。与曹植亲善，被引为羽翼，交往甚密。曾为植谋取太子地位。植失宠于操，操因其有智谋，又为袁术外甥，虑有后患，借故杀之。与邯郸淳、繁钦、路粹、丁仪、丁廙、荀纬，并有文采，后世有外七子之称。原有集，已佚。《全上古三代秦汉三国六朝文》存其文七篇。生平事迹见《后汉书》卷五四、《三国志》卷一九裴松之注引《典略》、《世语》。

王粲（177—217） 东汉末文学家。字仲宣。山阳高平（今山东邹城）人。博学强识，才思敏捷。善属文，举笔便成，无所改定。年十四，至长安，深为蔡邕赏识。年十七，除黄门侍郎，皆不就。董卓之乱，避难荆州依刘表，不为所重。后归附曹操，为丞相掾，赐爵关内侯，迁军谋祭酒，官至侍中。建安二十一年，从征吴，二十二年春，道病卒。与孔融、徐幹、陈琳、阮瑀、应玚、刘桢齐名，号“建安七子”。又与曹植并称为“曹王”。诗赋兼善。刘勰《文心雕龙·才略》云：“仲宣溢才，捷而能密，文多兼善，辞少瑕累，摘其诗赋，则七子之冠冕乎！”其诗赋情调苍凉悲慨，反映当时动乱的社会现实，抒写个人的生活情绪和人生态度。代表作有《七哀诗》、《登楼赋》等。原有集，已散佚，明人辑有《王侍中集》，并附其《英雄记》。生平事迹见《三国志》卷二一。中华书局1980年出版的《三曹资料汇编》，附录历代有关王粲及其诗文创作的资料。

繁钦（？—218） 东汉末文学家。字休伯。颍川（治今河南禹州）人。少以文才机辩得名于汝、颍间。后为曹操主簿，长于书记，尤善辞赋。其《定情诗》，以乐府民歌手法，抒女子失恋之情，哀怨动人。另有《与魏文帝笺》，描绘音乐，辞丽语绮，曲尽其妙，载《文选》。原有集，已佚。生平事迹见《三国志》卷二一《裴松之》注引《典略》、《文选》卷四〇注引《文章志》。

仲长统（180—220） 东汉末哲学家。字公理。山阳高平（今山东邹城）人。少好学，博览群书，性倜傥，敢直言，不拘小节。二十余岁，游学青、徐、并、冀诸州之间，常托病拒绝州郡召命，被称为“狂生”。建安十一年（206），尚书令荀悦举为尚书郎。后参曹操军事，又复为尚书郎。著《昌言》，批判天命观和谶纬迷信，文章任气骋词，铺张扬厉，骈偶排比，形象鲜明。刘熙载评：“《昌言》俊发，略近贾长沙。”（《艺概·文概》）此书久佚，唯本传载《理乱》、《损益》、《法诫》三篇；《群书治要》亦有断章残篇，《全上古三代秦汉三国六朝文》辑存两卷，另有四言《述志诗》两首。生平事迹见《后汉书》卷四九。

并称　流派

游夏 指春秋时子游、子夏。两人均为孔子学生，长于文学。《论语·先进》云：“文学子游、子夏。”后人遂有此称。

屈宋 指战国时楚国诗人屈原和宋玉。屈原以《离骚》等篇章传名千古。继之者有宋玉，为屈原之后又一著名楚辞作家。其流传作品有《九辩》等，古人常将二人并举。如刘勰《文心雕龙·辨骚》：“屈、宋逸步，莫之能追。”宋玉虽是楚辞大家，然其成就远不能与屈原相比并。

枚马 指西汉辞赋家枚乘、司马相如。枚乘的《七发》是标志着新体赋——汉大赋正式形成的第一篇作品，司马相如的《子虚赋》、《上林赋》则确立了一个“劝百讽一”的赋颂传统，进一步奠定了铺张扬厉的大赋体制。其作品都对汉赋发展产生过重大影响，故刘勰《文心雕龙·诠赋》云：“汉初词人，顺流而作，陆贾叩其端，贾谊振其绪，枚、马同其风，王（褒）、扬（雄）骋其势。”

扬马 指西汉辞赋家扬雄、司马相如。司马相如作有《子虚赋》、《上林赋》，描写帝王苑囿之盛，田猎之乐，极尽铺张之能事，名盛一时。扬雄作有《长杨赋》、《甘泉赋》、《羽猎赋》等，在形式上模拟司马相如，后人遂以两人并称。如刘勰《文心雕龙·丽辞》：“扬、马、张、蔡，崇盛丽辞，如宋画吴冶，刻形镂法。”

班马 亦称“马班”。指汉代史学家司马迁和班固。司马迁代表作《史记》不仅是我国最早的通史，亦是优秀的文学作品；班固奉诏修成《汉书》，文辞渊雅，叙事详赡，亦堪继武。二人并有辞赋文章传世。故《晋书·陈寿传论》云：“丘明既没，班、马迭兴，奋鸿笔于西京，骋直词于东观。”

班张 指东汉班固和张衡。二人都擅长辞赋，班固之《两都赋》，张衡之《二京赋》，俱为当时名作，故二人同名。据《晋书·左思传》，左思《三都赋》写成后，张华见而叹曰："班、张之流也。"

张蔡　指东汉辞赋家张衡和蔡邕。张衡精通天文历算，并著有文学作品《二京赋》、《归田赋》、《四愁诗》、《同声歌》等；蔡邕通经史、音律、天文，工篆、隶，亦作有《述行赋》。旧时文论家因两人都善作辞赋，故以并举。曹丕《典论·论文》称王粲、徐幹"长于辞赋……虽张蔡不过也"。

七子　建安时期文学家孔融、陈琳、王粲、徐幹、阮瑀、应玚、刘桢七人的合称。始见称于曹丕《典论·论文》："今之文人，鲁国孔融文举，广陵陈琳孔璋，山阳王粲仲宣，北海徐幹伟长，陈留阮瑀元瑜，汝南应玚德琏，东平刘桢公幹，斯七子者，于学无所遗，于辞无所假，咸以自骋骥騄于千里，仰齐足而并驰。"因同处汉末建安中，又称"建安七子"。七人中，除孔融年稍长而早逝外，余六人于建安十三年至十七年间，同居魏都邺（今河北临漳）中，又称"邺中七子"。宋严羽《沧浪诗话·诗体》："建安体，汉末年号，曹子建父子及邺中七子之诗。"亦有不含孔融，而以曹植代之者，唐释皎然《诗式》："邺中七子，陈王（曹植）最高。"五代刘昫《唐书·元稹白居易传论》："昔建安才子，始定霸于曹（植）、刘（桢）。"

建安七子　见"七子"。

邺中七子　见"七子"。

诗　　经

诗经　第一部诗歌总集。本只称"诗"或"诗三百"，至汉代被奉为儒家经典，始有此名。作者姓名多不传，可知者极少。约为周代史官采编，曾经孔子校订整理。收集自西周初（前11世纪）到春秋中（前6世纪）大约五百年间的诗歌三百零五篇，共四万余字。另有《南陔》、《白华》、《华黍》、《由庚》、《崇丘》、《由仪》六篇"笙诗"，只存篇名。其产生地域在今黄河、渭水两岸及江汉之北。内容分为风、雅、颂三类。"风"为各诸侯国的土风歌谣，分为周南、召南、邶、鄘、卫、王、郑、齐、魏、唐、秦、陈、桧、曹、豳十五国风，共一百六十篇；"雅"是西周王畿地区的正声雅乐，分"大雅"与"小雅"，共一百零五篇；"颂"为王室宗庙祭祀的舞曲歌辞，分为"周颂"、"鲁颂"、"商颂"，共四十篇。这些诗篇，原皆为乐舞歌词，后乐舞失传，唯剩歌词，反映了二千五百年前漫长历史时期的社会生活风貌。其中有周王朝祭祀天地神祇，追颂先王之德业，公卿列士欢聚宴饮，对外征伐用兵，亦有四时稼穑，民俗民情。抒发忧时之思、征戍之苦、离家之悲、劳逸不均之怨、苦乐不平之忿，或刺宫闱丑行，尤多男女恋歌，举凡男女相合之欢、夫妇室家之乐、弃妇悔恨之思、嫠妇悼亡之悲，皆见诸篇什。保存上古史料，则有西周典章制度，尤详于祭祀、祓禊、井田、租役，可补文献之不足；所录丰收饥馑、水旱地震、日月之蚀、天文历法、草木物候、鸟兽虫鱼，颇具自然科学史价值。其艺术表现手法，前人概括为赋、比、兴三类，多用重章叠句、双声叠韵，用词精练生动，语汇丰富，形式以四言为主间以杂言。秦始皇焚书，以其讽诵不独在竹帛，故得以保存流传。早在春秋时期，不少篇章已流播人口，或作为外交辞令，或作为诲人格言。汉代将之奉为儒家经典后，作为封建文化的重要组成部分，影响中国封建社会达二千年。在文学上奠定了我国诗歌的现实主义传统，与《离骚》同为中国文学之源，后代诗人墨客莫不受其沾溉。对其传注研究，后来亦成为专门学问"诗经学"，著作汗牛充栋。较有影响的读本有汉郑玄《毛诗传笺》、唐孔颖达《毛诗正义》、宋朱熹《诗集传》、清陈奂《诗毛氏传疏》等，今人注本有高亨《诗经今注》、程俊英《诗经注析》等。

关雎　《诗经·周南》篇名。为《诗经》首篇。《诗序》认为"《关雎》，后妃之德也，《风》之始也，所以风天下而正夫妇也"。但近人闻一多认为是描写"女子采荇于河滨，君子见而悦之"的贵族青年恋歌（《风诗类钞》）。共三章。首章四句，次章、三章各八句。叙述一男子爱上采荇菜的女子，因"求之不得"而痛苦，于是只能在想像中与之亲近、结婚。全诗以"关关雎鸠"起兴并点明主旨，诗人的爱慕之情随物宛转，同自然景致浑然一体。孔子评此诗乐调风格"乐而不淫，哀而不伤"（《论语》）。清方玉润认为次章"忽转繁弦促音，通篇精神扼要在此"（《诗经原始》）。陈子展谓此篇"当视为才子佳人风怀作品之权舆"（《诗经直解》）。

葛覃　《诗经·周南》篇名。《诗序》以为"后妃在父母家，则志在于女功之事，躬俭节用，服浣濯之衣，尊敬师傅，则可以归安父母，化天下以妇道也”。实际是描写女子准备回家探望父母之诗。诗中对采葛、制衣、洗浣、归宁等描写，反映了当时妇女生活的一个方面。共三章，每章六句。首章皆兴，清方玉润谓此章“追叙葛之初生，三句为一截，唐人多有此体”（《诗经原始》）。二、三章为赋。全诗从中谷景物写起，由葛及衣，至末句才点出归宁本意，近人吴闿生认为是“文家用逆之至奇者”（《诗义会通》）。

卷耳 《诗经·周南》篇名。《诗序》认为“《卷耳》，后妃之志也。又当辅佐君子求贤审官，知臣下之勤劳，内有进贤之志，而无险诐私谒之心，朝夕思念，至于忧勤也”。清戴震认为此诗系“感念于君子行迈之忧劳而作”（《诗经补注》）。当是贵族妇女想念远行丈夫之诗。共四章，每章四句。诗中作者的思念之情，通过想像中被思念对方的劳苦之状表现出来，真挚婉转，感人尤深。清刘熙载认为此诗“只‘嗟我怀人’一句是点明主意，余者无非做足此句。赋之体约用博，自是开之”（《艺概·赋概》）。

樛木 《诗经·周南》篇名。《诗序》认为“《樛木》，后妃逮下也。言能逮下，而无嫉妒之心焉”。清方玉润以为诗中“累、荒、萦等字有缠绵依附之意，如茑萝之施松柏，似于夫妇为近”（《诗经原始》）。故此诗当是祝贺新郎之诗。共三章，每章四句。诗人以葛藟附樛木喻女子嫁君子，形象生动。唐李善《文选·潘安仁寡妇赋》注云：“言二章之托樛木，喻妇人之托夫家也。”今人陈子展则认为“樛木恶木，葛藟甜茶，比兴殆有深意”（《诗经直解》）。

螽斯 《诗经·周南》篇名。《诗序》认为“《螽斯》，后妃子孙众多也。言若螽斯，不妒忌，则子孙众多也”。是祝人多子多孙之诗。以蝗虫多子喻人多子，表示对多子者的祝贺。共三章，每章四句。在结构上采用叠咏体，仅换六字，却显示前后之序、深浅之别，读来余味无穷，有一唱三叹之妙。

桃夭 《诗经·周南》篇名。《诗序》认为“《桃夭》，后妃之所致也。不妒忌，则男女以正，婚姻以时，国无鳏民也”。朱熹认为“《序》首句非是”（《诗序辨说》）。当是祝贺新娘之诗。共三章，每章四句。诗人看见春天柔嫩的桃枝、艳丽的桃花，想到新娘的年轻貌美。清姚际恒谓“桃花色最艳，故以取喻女子，开千古词赋咏美人之祖”（《诗经通论》）。钱钟书谓“第二章、三章自‘其华’进而咏‘其叶’、‘其实’，则预祝其绿阴成而子满枝也”（《管锥编》）。全诗以咏物见长，“夭夭”描写桃树少盛的形态，“灼灼”形容桃花盛开的艳丽，体物之工，古今称颂。

兔罝 《诗经·周南》篇名。《诗序》认为“《兔罝》，后妃之化也。《关雎》之化行，则莫不好德，贤人众多也”。清何焯、方玉润皆不以《序》说为然（《义门读书记》、《诗经原始》）。当为赞美猎人之诗。诗人路遇英姿威武的猎人正张网捕兔，见其才力，希望他们能被选拔为保卫国家的武士。共三章，每章四句。清崔述谓：“余玩其词，似有惋惜之意，殊不类盛世之音”，“太平日久，上下恬熙，始不复以进贤为事，是以世胄常蹑高位而寒畯苦无进身之阶。文士或间一遇时，而武夫尤难以逢世。以故诗人惜之曰：‘此林中之施兔罝者，其才智皆公侯之干城、公侯之腹心也’。惋惜之情，显然言外”（《读风偶识》）。其言别有会心，可备一说。

芣苢 《诗经·周南》篇名。《诗序》认为“《芣苢》，后妃之美也。和平，则妇人乐有子矣”。味诗意，当是一群妇女采集车前子时随口唱的短歌。共三章，每章四句。语言反复，篇章重叠，表现对劳动的热爱。诗句简洁，每章仅换二字，层层递进，保存着原始劳动诗歌形态。清方玉润说“读者试平心静气、涵泳此诗，恍听田家妇女，三三五五，于平原绣野、风和日丽中，群歌互答，余音袅袅，若远若近，忽断忽续，不知其情之何以移，而神之何以旷。则此诗不必细绎而自得其妙焉”，“今世南方妇女，登山采茶，结伴讴歌，犹有此遗风云”（《诗经原始》）。

汉广 《诗经·周南》篇名。《诗序》认为“《汉广》，德广所及也。文王之道被于南国，美化行乎江汉之域，无思犯礼，求而不可得也”。《韩诗叙》云：“《汉广》，悦人也。”其说为是。清方玉润进一步认为“此诗即为刘楚、刘蒌而作，所谓樵唱是也”，“盖劳者善歌，所以忘劳耳。其词大抵男女相赠答，私心爱慕之情”（《诗经原始》）。当是描写江汉一男子爱慕女子，而又不能如愿以偿的民间情歌。共三章，每章八句。诗人以乔木无法休歇及江、汉难以渡过为比，抒写失恋的情怀。章末四句叠咏，将游女迷离恍惚的形象，江上浩渺迷茫的景色，及诗人心中思慕痴迷的感情，融入长歌浩叹之中，情不自已。诗句的回环反复，更展现出深远的情境，余音不绝。清姚际恒谓此诗“三章（尾段）一字不换，此方谓之一唱三叹”（《诗经通论》）。

汝坟 《诗经·周南》篇名。《诗序》认为

“《汝坟》，道化行也。文王之化行乎汝坟之国，妇人能闵其君子，犹勉之以正也”。赞美“文王之化”，语涉附会。当是一首思妇之诗。描写思妇在汝水旁边砍柴时，思念远役的丈夫的情景。共三章，每章四句。各章皆作转折，不仅陈述内容有转换，而且在情感上也有变化。寥寥数语，写尽百感交集之况。清姚际恒评此诗“惄如调饥，妙喻”；“鲂鱼赪尾，造句奥”（《诗经通论》）。

麟之趾　《诗经·周南》篇名。《诗序》认为“《麟之趾》，《关雎》之应也。《关雎》之化行，则天下无犯非礼，虽衰世之公子，皆信厚如麟趾之时也”。清王先谦云：“韩说曰：‘《麟趾》，美公族之盛也。’”“诗兼言子姓，而专以美公族者子孙之盛”（《诗三家义集疏》）。其言颇确。共三章，每章三句。每章一句叠咏，有一唱三叹之音。措辞简洁，赞美之意溢于言表。吟咏兴叹，所重在神。清姚际恒云：“趾、定、角，由下而及上。子、姓、族，由近而及远。此诗之章法也。”（《诗经通论》）

鹊巢　《诗经·召南》篇名。《诗序》认为“《鹊巢》，夫人之德也。国君积行累功，以致爵位，夫人起家而居有之，德如鳲鸠，乃可以配焉”。味诗意，当为描写贵族家庭婚事之诗。共三章，每章四句。以鸠居鹊巢起兴，比喻女居男室。诗中描写迎亲车辆之盛，清马瑞辰谓“首章往迎则曰‘御之’，二章在途则曰‘将之’，三章既至则曰‘成之’，此诗之次也”（《毛诗传笺通释》）。

采蘩　《诗经·召南》篇名。《诗序》认为“《采蘩》，夫人不失职也。夫人可以奉祭祀，则不失职矣”。味诗意，当为描写蚕妇为公侯养蚕之诗。共三章，每章四句。此诗本写蚕事，诗人却轻轻带过，着重写蚕妇的首饰、形态，以见蚕妇之众，侧面描述了蚕事盛况。连提几个问题，可推为设问修辞之祖。清姚际恒认为“末章以变调见长”（《诗经通论》）。清方玉润则谓“末章事烦，偏虚摹之，此文法虚实之妙”（《诗经原始》）。

草虫　《诗经·召南》篇名。《诗序》认为“《草虫》，大夫妻能以礼自防也”。但诗中无“以礼自防”之意。朱熹谓是“南国被文王之化，诸侯大夫行役在外，其妻独居，感时物之变，而思其君子如此，亦若《周南》之《卷耳》也”（《诗集传》）。除“文王之化”之语外，朱说近实。共三章，每章七句。借想像重聚欢情寄托心中愁思。清方玉润解诗意云：“始因秋虫以寄恨，继历春景而忧思。既未能见，则更设为既见情形以自慰其幽思无已之心。此善言情作也。然皆虚想，非真实觏。”（《诗经原始》）现实和梦想形成鲜明对比，表现诗人真实的痛苦，产生强烈的艺术效果。

采蘋　《诗经·召南》篇名。《诗序》认为“《采蘋》，大夫妻能循法度也。能循法度，则可以承先祖，共祭祀矣”。《毛传》则云：“古之将嫁女者，必先礼之于宗室，牲用鱼，芼之以蘋藻。”此说合于《礼记·昏仪》。故当为赞美贵族女子将嫁，告祭祖庙之诗。共三章，每章四句。连用五个“于以”，一个“谁”，一问一答，气势壮阔。至末二句笔锋陡转，表现出诗中人物。清姚际恒认为此诗“其意甚巧，而足以动人”（《诗经通论》）。

甘棠　《诗经·召南》篇名。《诗序》认为“《甘棠》，美召伯也”。司马迁说：“召公卒，而民人思召公之政，怀棠树不敢伐，歌咏之，作《甘棠》之诗。”（《史记·燕召公世家》）共三章，每章三句。通过“勿伐”、“勿败”、“勿拜”三语，层层递进，显示出对甘棠日益浓厚的情意，表现诗人对召伯的热爱。召伯，前人多以为系周初的召公奭，但《诗经》称奭皆为“召公”（如《大雅·江汉》、《大雅·召旻》），而称周宣王时大臣召虎始为“召伯”（见《小雅·黍苗》、《大雅·崧高》），故此召伯疑指召虎，而此诗创作年代当在西周之末。

行露　《诗经·召南》篇名。《诗序》认为“《行露》，召伯听讼也。衰乱之俗微，贞信之教兴，强暴之男不能侵陵贞女也”。《鲁诗》则谓：申女许嫁，夫家礼不备，女以为轻礼违制，不可以行，夫家致之于讼。女终持义不往。“君子以为得妇道之宜，故举而扬之”（刘向《列女传·贞顺》）。细味诗意，当以《诗序》说为长。朱熹亦言：“女子有能以礼自守，而不为强暴所污者，自述己志，作此诗以绝其人”（《诗集传》）。故当为女子拒绝已有妻室的男子逼婚之诗。共三章，首章三句，二、三章六句。诗中连用反诘谴责对方，钱钟书《管锥篇》：“明知事之不然，而反词质诘，以证其然，此正诗人妙用。”后世诗歌反诘修辞手法当滥觞于此。首章“厌浥行露，岂不夙夜，谓行多露”，宋王柏以为“与二章意全不贯，句法体格亦异”，为“乱入无疑”（《诗疑》）。

羔羊　《诗经·召南》篇名。《诗序》认为

“《羔羊》……召南之国，化文王之政，在位皆节俭正直，德如羔羊也”。朱熹之说同。而清崔述则以为“为大夫者夙兴夜寐，扶弱抑强，犹恐有覆盆之未照，乃皆退食委蛇，优游自适，若无所事事者，百姓将何望焉”；“明系太平日久，诸事皆废弛之象”（《读风偶识》）。其言颇合诗旨，故当为讽刺官僚之诗。共三章。每章四句。通过对人物形态细节的描摹，生动表现人物神态，不带感情色彩，在平淡、客观的描述中，透露作者讽刺嘲笑的意味。清姚际恒、方玉润俱认为此诗“摹神”（《诗经通论》、《诗经原始》）。

殷其靁 《诗经·召南》篇名。《诗序》认为“《殷其靁》，劝以义也。召南之大夫远行从政，不遑宁处，其室家能闵其勤劳，劝以义也”。清崔述批评《序》说：“今玩其词意，但有思夫之情，绝不见所谓劝义者何在。”（《读风偶识》）朱熹则认为“妇人以其君子从役在外而思念之，故作此诗”（《诗集传》）。实得诗旨。共三章，每章六句。运用叠词“归哉归哉”表达望夫归来之切，衬以语气词“哉”更有余音袅袅之妙。

摽有梅 《诗经·召南》篇名。《诗序》认为“《摽有梅》，男女及时也。召南之国，被文王之化，男女得以及时也”。朱熹则以为“南国被文王之化，女子知以贞信自守，惧其嫁不及时，而有强暴之辱也”（《诗集传》）。除“惧其嫁不及时”一语外，余语皆穿凿之言。清龚橙云：“《摽有梅》，急婿也”（《诗本谊》）。此乃诗的本旨。故此诗当写一位待嫁女子之诗。该女子望见梅子落地，引起青春将逝的伤感，产生结婚之愿望。共三章，每章四句。以梅起兴，每章一层紧逼一层，与诗中人物心理活动的变化相适应。首章“迨其吉兮”，尚有从容相待之意；次章“迨其今兮”，已见焦急之情；至末章“迨其谓之”，可谓迫不及待了。三复之下，如见其人，如闻其声。明钟惺评曰：“三个‘求’字，急忙中甚有分寸。”（《评点诗经》）

小星 《诗经·召南》篇名。《诗序》云：“《小星》，惠及下也。夫人无妒忌之行，惠及贱妾，进御于君，知其命有贵贱，能尽其心矣。”后世将“小星”作为小妾的代称。《序》说甚为无稽。《韩诗》谓“任重道远者，不择地而息；家贫亲老者，不择官而仕。故君子矫褐趋时，当务为急”（《韩诗外传》）。其意乃指卑官奉使，颇合诗旨。宋洪迈以为“是咏使者远适，夙夜征行，不敢慢君命之意”（《容斋随笔》），即本韩说。共二章，每章五句。第一章星、征押韵，东、公、同押韵，第二章略有变化，全诗音调铿锵，和谐悦耳。

江有汜 《诗经·召南》篇名。《诗序》认为“《江有汜》，美媵也。勤而无怨，嫡能悔过也”。清方玉润认为不合诗意，当是“商妇为夫所弃而无怼”之诗（《诗经原始》）。闻一多以为“妇人盖以水喻其夫，以水道自喻，而以水之旁流枝出，喻夫之情爱别有所归”（《诗经通义》）。故当是弃妇哀怨自慰之诗。丈夫喜新厌旧，诗用长江尚有支流予以原谅，幻想丈夫会回心转意。共三章，每章五句。以江面之景，兴起怨望之情。诗中写江，换了三字，写丈夫的态度也相应换了三字。首二章“其后也悔”、“其后也处”中一“悔”字、一“处”字，写出了弃妇想入非非的痴情，形象鲜明。

野有死麕 《诗经·召南》篇名。《诗序》认为“《野有死麕》，恶无礼也。天下大乱，强暴相陵，遂成淫风。被文王之化，虽当乱世，犹恶无礼也”。清姚际恒认为此篇“是山野之民相与及时为婚姻之诗”，“定情之夕，女属其舒徐，而无使‘帨感’、‘尨吠’，亦情欲之感无所不讳也欤”（《诗经通论》）。其言颇合诗旨。共三章，每章四句。前二章辞意平平，未见其奇。末章忽作少女口吻，使求爱情景戏剧化，诗也由此风神摇曳，姿态横生。“舒而脱脱兮”、“无感我帨兮”、“无使尨也吠”，短短三句话，生动表现了少女丰富的感情、娇羞的形态。用笔简洁，描摹入神。

何彼襛矣 《诗经·召南》篇名。《诗序》以为“《何彼襛矣》，美王姬也。虽则王姬，亦下嫁于诸侯。车服不系其夫，下王后一等。犹执妇道，以成肃雍之德也”。三家诗则谓：“言齐侯嫁女，以其母王姬始嫁之车远送之”（《诗三家义集疏》）。分歧在于对诗中“平王之孙，齐侯之子”一句的理解。《毛传》云：“平，正也。武王女、文王孙，适齐侯之子。”而三家诗则以齐侯之子指齐女。清方玉润则认为是“讽王姬车服渐侈也”（《诗经原始》）。当是描写贵族女子出嫁车辆服饰侈丽之诗。共三章，每章四句。诗人以旁观的立场、比兴手法、回答形式，描绘王姬容貌浓艳、车服侈丽、地位高贵。“曷不肃雍”两句是全诗枢纽，隐含讥刺，足见诗人立言之妙。

驺虞 《诗经·召南》篇名。《诗序》认为“《驺虞》……仁如驺虞，则王道成也”。《毛传》云：“驺虞，义兽也。白虎黑文，不食生物，有至信之德则应之。”流于附会。《鲁诗》、《韩诗》则谓驺虞为天子掌鸟兽官(《诗三家义集疏》)。其说近之。当为歌咏猎人之诗。共两章,每章三句。赞美猎人猎野猪的活动,用三音节的叹词"于嗟乎"抒写了强烈、波动的感情。

柏舟 《诗经·邶风》篇名。《诗序》认为"《柏舟》,言仁而不遇也。卫顷公之时,仁人不遇,小人在侧"。清方玉润以为是邶国贤臣忧谗畏讥之诗(《诗经原始》)。均与全诗作妇人语气不合。朱熹认为是"妇人不得于其夫,故以柏舟自比"(《诗集传》)。闻一多认为是"嫡见侮于众妾也"(《风诗类钞》),颇符诗旨。当是一妇女自伤不得于夫,见侮于众妾之诗。共五章,每章六句。表露其无可告诉的委曲和忧伤。俞平伯评此诗"五章一气呵成,娓娓而下,将胸中之愁思、身世之飘零,婉转申诉出来。通篇措词委婉幽抑,取喻起兴细巧工密,在素朴的《诗经》中是不易多得之作"(《葺芷缭蘅室读诗杂说》)。

绿衣 《诗经·邶风》篇名。《诗序》认为"《绿衣》,卫庄姜伤己也。妾上僭,夫人失位,而作是诗也"。闻一多则认为"《绿衣》,感旧也。妇人无过被出,非其夫所愿。他日,夫因衣妇旧所制衣,感而思之,遂作此诗"(《风诗类钞》)。而细味诗意,当是诗人睹物怀人思念故妻之作。共四章,每章四句。前三章,均以"绿衣"领起,反复吟咏旁人看来极为普通、于作者却倍觉亲切的旧衣,即亡妻之衣,借此抒写睹物生感、触目伤心之情。

燕燕 《诗经·邶风》篇名。《诗序》认为"《燕燕》,卫庄姜送归妾也"。据诗意,当为卫君送其妹远嫁之诗。共四章,每章六句。诗中描写一感人的送别情境,朱熹赞为"譬如画工一般,直是写得他精神出"(《朱子语类》)。对燕子飞翔时毛羽、形态、声音的描绘,形象生动,富于画意。在诗中起了渲染情境的作用。"瞻望弗及",三次复叠,层层递进,起了传神写照的效果。"末章乃追念其贤,愈觉难舍。且以先君相勖,而竟不能长相保,尤为可悲。语意沉痛,不忍卒读"(清方玉润《诗经原始》)。清王士禛说此诗"许彦周以为可泣鬼神。合本事观之,家国兴亡之感,伤逝怀旧之情,尽在阿堵中。《黍离》、《麦秀》未足喻其悲也。宜为万古送别之祖"(《分甘余话》)。

日月 《诗经·邶风》篇名。《诗序》认为"《日月》,卫庄姜伤己也。遭州吁之难,伤己不见答于先君,以至困穷之诗也"。诗以弃妇口吻申诉怨愤。共四章,每章六句。诗人睹日月生感,遂形之于诗。各章前二句反复吟咏日月,陪衬其一再强调的"胡能有定",末章于无可奈何之时,"忽追痛父母,笔势一纵,而神态并出"(吴闿生《诗义会通》)。清方玉润谓作者"仰日月而诉幽怀","一诉不已,乃再诉之,再诉不已,更三诉之。三诉不听,则惟有自呼父母而叹其生我之不看。盖情极则呼天,疾痛则呼父母,如舜之号泣于旻天、于父母耳。此怨极也"(《诗经原始》)。全诗情调极为沉痛。

终风 《诗经·邶风》篇名。《诗序》认为"《终风》,卫庄姜伤己也。遭州吁之暴,见侮慢而不能正也"。朱熹则认为是庄姜受丈夫卫庄公欺侮而作,"庄公之为人狂荡暴疾,庄姜盖不忍斥言之,故但以'终风且暴'为比"(《诗集传》)。味诗意,确是一妇女写其被丈夫玩弄嘲笑后遭遗弃之诗。共四章,每章四句。写对丈夫既恨又恋的心理过程。首章伤心于丈夫对己的轻薄狂暴,二章却又表现出思念夫君之情,三章的表现更为强烈,末章则由己及彼,希望丈夫反过来也能想念她。各章语气都有一层转折,层层递进,将一种既怨恨又思恋,既知无望又割舍不下的矛盾心理表达得委婉尽致。汉司马相如《长门赋》描写失宠皇后的悲愁,机杼与之相近。

击鼓 《诗经·邶风》篇名。《诗序》认为"《击鼓》,怨州吁也。卫州吁用兵暴乱,使公孙文仲将而平陈与宋,国人怨其勇而无礼也"。姚际恒以为是指鲁宣公十二年,宋伐陈,卫穆公为救陈而被晋所伐事(《诗经通论》)。俱无确证。清方玉润认为是卫国戍卒思归不得之诗(《诗经原始》)。共五章,每章四句。前三章概括应征入伍至行伍涣散的过程,第四章笔锋一转,追述当日执手相誓,期以偕老之事,同战乱景况对照,更显出此日情状的可悲。笔墨简洁,揭示深刻,以陪衬烘托突出主题。被清乔亿推为"征戍诗之祖"(《剑溪说诗又编》)。

凯风 《诗经·邶风》篇名。《诗序》认为"《凯风》,美孝子也。卫之淫风流行,虽有七子之母,犹不能安其室。故美七子能尽其孝道,以慰其母心,而成其志尔"。清魏源以《序》说为非,认为乃"事继母"之诗(《诗古微》)。当是儿子感激继母劳苦并反躬自责之诗。共四章,每章四句。用笔平直,无过分的渲染,太深的寄托,只有朴素明白的描述,感情自然的流露。明钟惺认为"棘心、棘薪,易一字而意各入妙。用笔之工若此"(《评点诗经》)。

雄雉 《诗经·邶风》篇名。《诗序》认为“《雄雉》,刺卫宣公也。淫乱不恤国事。军旅数起,大夫久役,男女怨旷,国人患之,而作是诗”。朱熹《诗集传》则以为“妇人以其君子从役于外,故言雄雉之飞舒缓自得如此,而我之所思者乃从役于外,而自遗阻隔也”。其说可通。当为妇女思念远役丈夫之诗。共四章,每章四句。前三章言相思之苦,末章口气一转,以教训说理作结。明钟惺谓此诗“深思至爱,无闺阁气”(《评点诗经》)。清方玉润以为此诗为“期友不归,思以共勖”之作(《诗经原始》),亦可参。

匏有苦叶 《诗经·邶风》篇名。《诗序》认为“《匏有苦叶》,刺卫宣公也。公与夫人并为淫乱”。朱熹则认为“此刺淫乱之诗”(《诗集传》)。清方玉润认为是“刺世礼义澌灭”(《诗经原始》)。清王先谦认为是“贤者不遇时而作也”(《诗三家义集疏》)。详味诗意,似皆扞格难通。今人余冠英认为实是一女子在济水岸边等待未婚夫时所唱之诗(《诗经选》)。共四章,每章四句。通篇为“赋”,前三章写渡口所见所闻,在景物的描绘之中,隐约透露出主人公影子,至末章始表出人物,点明主题。诗中景物描写,就眼前所见,信手写出,着物虽多,线索自清。

谷风 《诗经·邶风》篇名。《诗序》认为“《谷风》,刺夫妇失道也。卫人化其上,淫于新昏而弃其旧室,夫妇离绝,国俗伤败焉”。清方玉润则谓“今味诗词,夫失道有之,妇则未见为失”(《诗经原始》)。朱熹认为是“妇人为夫所弃,故作此诗,以叙其悲怨之情”(《诗集传》),颇合诗意。共六章,每章八句。以弃妇自述口吻,诉说其不幸遭遇。通过今昔对比、新旧对比,对其夫喻之以理,动之以情。弃妇的怨恨,其夫的薄情,人世的炎凉,女子的不幸,尽在诗中。清王照圆云:“《谷风》句句怨,句句缠绵,与薄幸人作情厚语,使人伉俪之意油然而生。诗之温柔敦厚、善于感人如此”(《诗说》)。

式微 《诗经·邶风》篇名。《诗序》认为“《式微》,黎侯寓于卫,其臣劝以归也”。《鲁诗》以为是黎庄公夫人贤,而庄公反不纳。其傅母怜而劝其去,夫人“终执贞壹,不违妇道以俟君命。君子故序之以编诗”(刘向《列女传·贞顺》)。二说皆无实证。今人余冠英以为是“苦于劳役者所发之怨声”(《诗经选》)。其说可从。共二章,每章四句。全用设问,以使怨愤之情溢于言表,婉转而有情致。清方玉润认为此诗“语浅意深,中藏无限义理,未许粗心人卤莽读过”(《诗经原始》)。近人吴闿生则认为“词特悲愤”(《诗义会通》)。

旄丘 《诗经·邶风》篇名。《诗序》认为“责卫伯也。狄人迫逐黎侯,黎侯寓于卫,卫不能修方伯连率之职,黎之臣子以责于卫也。”味诗意,当是流亡到卫国的人,盼望贵族救济而不得之诗。共四章,每章四句。首章以旄丘之葛起兴,连用两句疑问,表现出既疑惑又满怀希望之心。次章连用两次自问自答,表现作者自我宽解之情;清姚际恒谓“望人情景如画”(《诗经通论》)。末二章用赋法,从气愤却不敢得罪人的矛盾到声色俱厉,感情臻于爆发点,即自朱熹所谓的“微讽切”到“尽其词”(《诗集传》)。全诗描写不同的心理状态,层层递进,细致入微。

简兮 《诗经·邶风》篇名。《诗序》认为“《简兮》,刺不用贤也。卫之贤者,仕于伶官,皆可以承事王者也”。朱熹《诗集传》亦承其说。据近人闻一多考证,“《万舞》与妇人有特殊关系”,“似亦男女爱慕之诗。爱慕之情生于观《万舞》,此则舞之富于诱惑性可知”(《神话与诗》)。可见是一位女子观看舞师表演《万舞》,从而对他产生爱慕之情的诗。共三章,每章六句。前三章是对舞师表演的描写,字里行间充溢赞美之情。末章则毫无掩饰地吐露对舞师的爱慕。诗人的感情炽热坦率。

泉水 《诗经·邶风》篇名。《诗序》认为“《泉水》,卫女思归也。嫁于诸侯,父母终,思归宁而不得,故作是诗以自见也”。明何楷《诗经世本古义》、清魏源《诗古微》认为此诗为许穆夫人作,清姚际恒、方玉润认为是许穆夫人媵妾所作(《诗经通论》、《诗经原始》)。味诗意,当是嫁到别国的卫女思归不得之诗。共四章,每章六句。首章“有怀于卫,靡日不思”为诗本旨。“出宿”二章,一忆往昔,一想来日,皆用虚笔。第三章凭空结撰,设想归卫情景,虽非实境,但情文斐然,其迫切之情,跃然纸上。诗人虽有归宁之思,却无自主之权。“不瑕有害”四字,近人吴闿生认为“此一句掉转,文法奇绝”(《诗义会通》),道出诗人疑惧之情。全诗充满故国之思,令人无限低徊。

北门 《诗经·邶风》篇名。《诗序》认为“《北门》,刺仕不得志也。言卫之忠臣不得其志尔”。味诗意,当是一官吏诉苦之诗。共三章,每章七句。各章末都重叠“已焉哉,天实为之,谓之何哉”三句,一遍遍的叹息,透露出诗人错综复杂的心理:恼怒而又无奈,想自我排解,而又不免黯然神伤。一唱三叹,加强了感情色彩。

北风 《诗经·邶风》篇名。《诗序》认为“《北风》,刺虐也。卫国并为威虐,百姓不亲,莫不相携持而去焉”。当是描写人民不堪卫国虐政,招呼朋友共同逃亡之诗。共三章,每章六句。通过风紧雪盛的景物描述,渲染悲惨的气氛,表现得凛凛有寒意。各章前四句辞尚宽缓,至末二句忽作促音,通过音节变化加深紧张感。运用形象的语言,将迫不及待的气氛表现得淋漓尽致,末章以赤狐、黑乌来比喻暴虐的统治者,尤为形象。

静女 《诗经·邶风》篇名。《诗序》认为“《静女》,刺时也。卫君无道,夫人无德”。朱熹《诗序辨说》谓“此序全然不是诗意”,其《诗集传》解为“淫奔期会之诗”,未免道学气。欧阳修认为此诗“本是情诗”(《诗本义》),可谓中的。此当为男女约会之诗。共三章,每章四句。以男子口吻描写幽期密约的乐趣。“爱而不见”,暗写少女活泼娇憨之态,“搔首踟蹰”,明写男子心急如焚之状。其中写静女所赠之荑,“洵美且异,匪女之为美,美人之贻”,将物人格化,且道出了物以人重之理。刻画心理细腻入微,语言浅显,形象生动,全诗情趣盎然。

新台 《诗经·邶风》篇名。《诗序》认为“《新台》,刺卫宣公也。纳伋之妻,作新台于河上而要之,国人恶之而作是诗也”。此为讽刺卫宣公劫夺儿媳的乱伦行径之诗。共三章,每章四句。通过对“燕婉之求”和“得此戚施”这一对矛盾的揭示,鞭挞人世“籧篨”的卑劣无耻,反映一个美好愿望的可悲的破灭,表现了诗人和丑恶现象不能相容的愤怒心情,起到揭露和讥刺的作用。已开我国古代讽刺诗之先声。

二子乘舟 《诗经·邶风》篇名。《诗序》认为“《二子乘舟》,思伋、寿也。卫宣公之二子争相为死,国人伤而思之,作是诗也”。味诗意,当是诗人挂念乘舟远行者之诗。共二章,每章四句。通过对旅人乘舟离开时场景的描绘,抒发对流亡异地者的关心和担忧。语言简洁,感情真挚。

柏舟 《诗经·鄘风》篇名。《诗序》认为“《柏舟》,共姜自誓也。卫世子共伯蚤死,其妻守义,父母欲夺而嫁之,誓而弗许,故作是诗以绝之”。揆之于史,与事实不符。味诗意,当是一少女要求婚姻自由,向家庭表示违抗之诗。共二章,每章七句。通过热恋之中的女子对爱情坚贞专一的表白,突出其身遭压迫的愤怒抗争,抒发了热烈的情感。全诗直陈,一泻无余。

墙有茨 《诗经·鄘风》篇名。《诗序》认为“《墙有茨》,卫人刺其上也。公子顽通于君母,国人疾之而不可道也”。《左传·闵公二年》载:“惠公之即位也少,齐人使昭伯烝于宣姜。不可,强之。”故当是揭露、讽刺卫国统治者淫乱无耻之诗。共三章,每章六句。各章皆以“墙有茨”起兴,暗含内丑不可外扬之意,讽刺尖锐而不直露,似直实曲,似露实隐,作者因有所顾忌而戛然而止,读者却可由言外而悟。

君子偕老 《诗经·鄘风》篇名。《诗序》认为“《君子偕老》,刺卫夫人也。夫人淫乱,失事君子之道。故陈人君之德,服饰之盛,宜与君子偕老也”。当是讽刺卫宣姜不道德之诗。共三章,首章七句,次章九句,三章八句。通过对宣姜服饰之盛、仪容之美的反复描写,以丽辞写丑行,讽刺意味委婉。清王照圆认为此诗“笔法绝佳。通篇止‘子之不淑’二句明露讥刺,余均叹美之词,含蓄不露”(《诗说》)。清姚际恒以为此诗“为《神女》、《感甄》之滥觞,山河天帝,广揽遐观,惊心动魄,传神写意,有非言辞所能释者”(《诗经通论》)。

桑中 《诗经·鄘风》篇名。《诗序》认为“《桑中》,刺奔也。卫之公室淫乱,男女相奔。至于世族在位,相窃妻妾,期于幽远。政散民流而不可止”。闻一多认为是“思会时也”(《风诗类钞》),颇合诗旨。当是一男子和情人幽期密约之诗。共三章,每章七句。描写诗人在采菜摘麦时,想念恋人,回忆两人相会于桑中、上宫,临别相送于淇水口的情景。诗中女子名每章不同,有孟姜、孟庸、孟弋之别,清许伯政云:“犹世人称所美曰西子耳。”(《诗深》)当属泛称,而非三人。以一问一答形式抒写情感,末用复唱,道出无法忘怀的往事,情意柔和,神采飞扬,文字隽永,音节铿锵,出于天籁自然,而又耐人寻味。

鹑之奔奔 《诗经·鄘风》篇名。《诗序》认为“《鹑之奔奔》,刺卫宣姜也。卫人以为宣姜鹑鹊之不如也”。清姚际恒以为是国君之弟刺宣公,而方玉润则认为是“代卫公子刺宣公也”(《诗经原始》)。味诗意,当是人民讽刺、责骂卫国君主之诗。共二章,每章四句。诗人看见鹌鹑、喜鹊尚有自己固定的匹偶,联想到卫国君主荒淫无耻的乱伦生活,觉得真连禽兽都不如。全诗暗含比喻，以善反衬不善，起到讽刺的效果。

定之方中 《诗经·鄘风》篇名。《诗序》认为“《定之方中》，美卫文公也。卫为狄所灭，东徙渡河，野处漕邑，齐桓公攘戎狄而封之。文公徙居楚丘，始建城市而营宫室，得其时制，百姓说之，国家殷富焉”。当是歌颂赞美卫文公之诗。共三章，每章七句。通过对卫文公建城市，营宫室，劝农桑等措施的一一列举，颂扬其复国大业。是典型的记事诗。描写不似《国风》其他诗生动形象，文字也不若其他诗简洁明快，但叙述细致而不累赘，拙重而不滞涩，别具特色。

蝃蝀 《诗经·鄘风》篇名。《诗序》认为“《蝃蝀》，止奔也。卫文公能以道化其民，淫奔之耻，国人不齿也”。味诗意，当是讽刺一女子争取婚姻自由之诗。共三章，每章四句。以美人起兴，用以象征“淫妇”。透过其带有时代偏见的描绘，读者可看出当时妇女的婚姻不自由状况及其反抗精神。

相鼠 《诗经·鄘风》篇名。《诗序》认为“《相鼠》，刺无礼也。卫文公能正其群臣，而刺在位承先君之化，无礼仪也”。《鲁诗》以为是妻谏夫之诗(《白虎通·谏诤》)。味诗意，以《序》说为长。当是人们斥责卫国统治者苟且偷安，暗昧无耻之诗。共三章，每章四句。以鼠起兴，讽刺在位者人不如鼠，表现了人们的反抗精神。是直言怒骂之作。明王世贞《艺苑卮言》以此诗为《诗经》中“以述情切事为快，不尽含蓄”之一例。

干旄 《诗经·鄘风》篇名。《诗序》认为“《干旄》，美好善也。卫文公臣子多好善，贤者乐告以善道也”。当是赞美卫文公招致贤士、复兴卫国之诗。共三章，每章六句，叙述卫国官吏携良马礼物，去浚邑访贤，征聘人才。三章反复述说求贤之意，重章叠唱，表达思贤若渴之心情。

载驰 《诗经·鄘风》篇名。《诗序》认为“《载驰》，许穆夫人作也。闵其宗国颠覆，自伤不能救也。卫懿公为狄人所灭，国人分散，露于漕邑。许穆夫人闵卫之亡，伤许之小力不能救，思归唁其兄，又义不得，故赋是诗也”。据《序》，夫人并未回卫，诗为设想之词。清王先谦据诗意以为实往。当是许穆夫人回漕吊唁卫侯，对许大夫表明救卫主张之诗。共五章，分别为六句、八句、六句、四句、四句。章章转折，层层紧逼，其情愈激，其志愈决，其意愈明，表现出诗人强烈的爱国思想。风格沉郁顿挫，哀而不伤，英迈之气充溢。

淇奥 《诗经·卫风》篇名。《诗序》认为“《淇奥》，美武公之德也。有文章，又能听其规谏，以礼自防，故能入相于周，美而作是诗也”。大致可信。共三章，每章九句。以虚实相间、富于变化的手法描写人物，虚状君子治学之勤、德器之成、人品之高，实写君子服饰之盛、仪容之美、谈吐之趣，有一往摹神之妙。

考槃 《诗经·卫风》篇名。《诗序》认为“《考槃》，刺庄公也。不能继先公之业，使贤者退而穷处”。未免附会。清方玉润认为是“赞贤者隐居自乐也”，颇近其实。乃抒写隐居生活之诗。共三章，每章四句。记述当时“贤者退而穷处”的政治背景，创造了一个清淡闲适的意境。文字省净，辞兴婉惬，趣味幽洁，怡然自得之意韵，流于字里行间。近人吴闿生认为此篇“读之觉山月窥人，涧芳袭袂”(《诗义会通》)。可推为千古隐逸诗之祖。

硕人 《诗经·卫风》篇名。《诗序》认为“《硕人》，闵庄姜也。庄公惑于嬖妾，使骄上僭。庄姜贤而不答，终以无子，国人闵而忧之”。但诗无闵忧之意，纯是褒辞，故当是卫人赞美卫庄公夫人庄姜之诗。共四章，每章七句。以虚实相生，形神兼备的描写手法，从容貌、神态到动作，摹画出庄姜的绝世美色。其中“巧笑倩兮，美目盼兮”二句，使前面的形象描写活动起来，化美为媚，传神写照，千古称颂。我国诗歌中对动态美的表现手法实发轫于此诗。

氓 《诗经·卫风》篇名。《诗序》认为“《氓》，刺时也。宣公之时，礼义消亡，淫风大行。男女无别，遂相奔诱。华落色衰，复相弃背。或乃困而自悔，丧其妃耦，故序其事以风焉。美反正、刺淫佚也”。朱熹认为是“此淫妇为人所弃，而自叙其事以道其悔恨之意也”(《诗集传》)。自今人看来，则为弃妇之诗。共六章，每章十句。叙述与氓恋爱、结婚、受虐至被弃的过程，表达悔恨的心情和决绝的态度。是一首夹杂抒情的叙事诗。以鲜明的对比塑造氓和女两个人物形象，生动描述了女子从天真的少女，至辛苦的妻子，再到刚毅的弃妇的性格发展历程。

竹竿 《诗经·卫风》篇名。《诗序》认为“《竹竿》，卫女思归也。适异国而不见答，思而能以礼者也”。朱熹认为是“卫女嫁于诸侯，思归宁而不可得，故作此诗”（《诗集传》）。当是一卫国女子出嫁别国，思归不得之诗。共四章，每章四句。诗中回忆旧时游钓之乐、嫁时途中所经、嫁前嬉戏之况，以“示现”的修辞手法将往事活灵活现地描绘出来，以昔日的欢乐反衬思归不成的深长忧思。清方玉润称此诗“局度雍容，音节圆畅，而造语之工，风致嫣然，自足以擅美一时”（《诗经原始》）。

芄兰　《诗经·卫风》篇名。《诗序》认为“《芄兰》，刺惠公也。骄而无礼，大夫刺之”。朱熹认为“此诗不知所谓，不敢强解”（《诗集传》）。清方玉润以为“此诗不过刺童子之好躐等而进，诸事骄慢无礼，以见先进恂恂退让之风无复存者”（《诗经原始》）。故当是讽刺贵族少年之诗。共二章，每章六句。用形象生动的语言，描绘少年的服饰姿态，从华丽的外表和骄横的架势，反映其无能。用词洗练传神，将人物外形、内心活动融为一体，透露出讥刺之意，使人感到逼真如在眼前，足见诗人立言之妙。

河广　《诗经·卫风》篇名。《诗序》认为“宋襄公母归于卫，思而不止，故作是诗也”。清崔述以为是“宋女嫁于卫，思归宗国，而以义自闲之诗”（《读风偶识》）。味诗意，当为客居卫国的宋人思归不得而作之诗。共二章，每章四句。诗人极言河水之狭，宋国之近，以心中之河代替现实之河，以夸张手法反映出迫切思归的望乡之情，造成真实动人的意境。

伯兮　《诗经·卫风》篇名。《诗序》认为“《伯兮》，刺时也。言君子行役，为王前驱，过时而不反焉”。朱熹认为是“妇人以夫久从征役而作是诗”（《诗集传》）。实得诗旨。共四章，每章四句。后三章集中写一个“思”字，以层递手法，抒写室家怨思之苦，情意至深。清方玉润认为此诗“始则首如飞蓬，发已乱矣，然犹未至于病也。继则甘心首疾，头已痛矣，而心尚无恙也。至于使我心痗，则心更病矣。其忧思之苦何如哉”（《诗经原始》）。其写法对后世闺怨之作影响甚大。

有狐　《诗经·卫风》篇名。《诗序》认为“《有狐》，刺时也。卫之男女失时，丧其妃耦焉。古者国有凶荒，则杀礼而多昏，会男女之无夫家者，所以育人民也”。朱熹更云“国乱民散，丧其妃耦。有寡妇见鳏夫而欲嫁之”（《诗集传》）。诗中似无此意。清方玉润以为是“妇人忧夫久役无衣”之诗（《诗经原始》），颇合诗旨。共三章，每章四句。各章皆以狐起兴，以层递手法，描写狐的神态，联想丈夫久役不归、一贫如洗的境况，忧伤之情溢于言表。

木瓜　《诗经·卫风》篇名。《诗序》认为“《木瓜》，美齐桓公也。卫国有狄人之败，出处于漕。齐桓公救而封之，遗之车马器服焉。卫人思之，欲厚报之，而作是诗也”。《鲁诗》谓“上少投之，则下以躯偿矣。弗敢谓报，愿长以为好。古之蓄其下者，其报施如此”（《贾子新书·礼篇》）。于诗旨似均不符。朱熹认为“疑亦男女相赠答之辞，如《静女》之类”（《诗集传》）。当近其实。共三章，每章四句。每章末叠唱“匪报也，永以为好也”，精神顿出。诗人之意，原不在物，仅欲表达爱慕之诚，以永结情好。这一转折，顿时别开生面，有山重水复、柳暗花明之妙。

黍离　《诗经·王风》篇名。《诗序》认为“《黍离》，闵宗周也。周大夫行役至于宗周，过故宗庙宫室，尽为禾黍。闵周室之颠覆，彷徨不忍去，而作是诗也”。《韩诗》则谓“尹吉甫信后妻之谗而杀孝子伯奇，其弟伯封求而不得，作《黍离》之诗”（曹植《令禽恶鸟论》）。二说俱无确证。冯沅君以为当是诗人抒写在迁都时心中难受之诗（《中国诗史》）。共三章，每章十句。全篇以“彼黍离离”起兴，回环反复，表现出绵绵情思。清方玉润云：“三章只换六字，而一往情深，低徊无限。此专以描摹虚神擅长，凭吊诗中绝唱也。”（《诗经原始》）此诗对后世文人影响颇大，“黍离”已成为感慨亡国触景生情时常用的典故。

君子于役　《诗经·王风》篇名。《诗序》认为“《君子于役》，刺平王也。君子行役无期度，大夫思其危难以风焉”。清王先谦认为“乃家室相思之情，无僚友托讽之谊”（《诗三家义集疏》），以《序》说为误。朱熹则谓“大夫久役于外，其室家思而赋之”（《诗集传》）。其说可取。共二章，每章八句。描述一妇女在暮色中看到鸡回窠，牛羊归舍的景象，联想起服役于外的丈夫未有归期，因而倍感寂寥。写得情景交融。清王照圆认为此篇“写乡村晚景，睹物怀人如画”（《诗说》）。清方玉润更认为“晋、唐人田家诸诗，恐无此真实自然”（《诗经原始》）。

君子阳阳　《诗经·王风》篇名。《诗序》认为“《君子阳阳》，闵周也。君子遭乱，相招为禄仕，全身远害而已”。朱熹认为“此诗疑亦前篇（按指《君子于役》）妇人所作。盖其夫既归，不以行役为劳，而安于贫贱以自乐；其家人又识其意而深叹美之”（《诗集传》）。味诗意，当为描写舞师和乐工共同歌舞之诗。共二章，每章四句。描绘舞师生动活泼的神态，格调轻松愉快，迥异于《王风》其他各诗的苍凉悲郁。

扬之水 《诗经·王风》篇名。《诗序》认为“《扬之水》，刺平王也。不抚其民，而远屯戍于母家，周人怨思焉”。当是戍卒思归之诗。共三章，每章六句。平王东迁洛阳后，楚国有并吞他国之心，平王派兵戍守申、吕、许三国，兵士不能定期调换，人民怨恨思归而作此诗。诗意含蓄，不言怨恨久戍，反而责怪所思之人不和自己一同戍守。归期无望，而归思难抑，其情其意，愈显悲凉。

中谷有蓷 《诗经·王风》篇名。《诗序》认为“《中谷有蓷》，闵周也。夫妇日以衰薄，凶年饥馑，室家相弃尔”。朱熹说同，且认为是“妇人览物起兴，而自述其悲叹之辞”（《诗集传》）。味诗意，当是描写一弃妇悲伤无告之诗。共三章，每章六句。表现妇人在荒年被丈夫遗弃后绝望的慨叹、呼号和哭泣，反映了东周时代下层妇女悲惨生活的断片。用词颇具推敲，清姚际恒评“干、修、湿，由浅及深，叹、啸、泣亦然”（《诗经通论》）。

兔爰 《诗经·王风》篇名。《诗序》认为“《兔爰》，闵周也。桓王失信，诸侯背叛，构怨连祸，王师伤败，君子不乐其生焉”，定为桓王时诗。清崔述则定为平王时诗（《读风偶识》）。味诗意，当是其时一没落贵族因厌世而作之诗。共三章，每章七句。作者留恋西周宣王时代的盛世，感叹“逢此百罹”的社会背景，对比前后期生活而生厌世情绪。清方玉润评此诗“词意凄怆，声情激越”（《诗经原始》）。

葛藟 《诗经·王风》篇名。《诗序》认为“《葛藟》，王族刺平王也。周室道衰，弃其九族焉”。朱熹认为“世衰民散，有去其乡里家族而流离失所者，作此诗以自叹”（《诗集传》）。当是一首流亡他乡求助不得之怨诗。共三章，每章六句。反映春秋时代世态炎凉，其时战争频仍，民不聊生，百姓逃亡，到处乞求，所得只是白眼。各章皆以“绵绵葛藟”起兴。《诗经传说汇纂》引邹泉云：“此诗三章一意。但始言父，次言母，次言兄，有次序耳。”

采葛 《诗经·王风》篇名。《诗序》认为“《采葛》，惧谗也”。朱熹认为“采葛所以为絺绤，盖淫奔者托以行也。故因以指其人，而言思念之深，未久而似久也”（《诗集传》）。道学气太重。曾遭姚际恒驳斥（《诗经通论》）。味诗意，当是思念情人之诗。共三章，每章三句。男子对采葛、采蒿、采艾的姑娘无限爱慕，遂唱此诗。结句以“一日不见如三月”、“如三秋”、“如三岁”，层层递进，表现思念之情久而愈深。

大车 《诗经·王风》篇名。《诗序》认为“《大车》，刺周大夫也。礼义陵迟，男女淫奔。故陈古以刺今大夫不能听男女之讼焉”。朱熹则认为“周衰，大夫犹有能以刑政治其私邑者，故淫奔者畏而歌之如此”（《诗集传》）。均与诗上下文龃龉难合。味诗意，当是女子热恋情人之诗。共三章，每章四句。女子想和情人同居，但又不知对方心思，而心怀畏惧，诗末对情人指日明誓，表白其矢志不渝的爱情，大胆热烈，却不失矜持。末章结以誓词，可谓别开生面，清姚际恒认为是“（男女）誓词之始”（《诗经通论》）。

丘中有麻 《诗经·王风》篇名。《诗序》认为“《丘中有麻》，思贤也。庄王不明，贤人放逐，国人思之而作是诗也”。朱熹认为是“妇人望其所与私者而不来，故疑丘中有麻之处，复有与之私而留之者，今安得其施施然而来乎”（《诗集传》）。清方玉润认为是“招贤偕隐”之诗（《诗经原始》）。众说纷纭，诗意难明。共三章，每章四句。多用叠句，颇有生活情趣。

缁衣 《诗经·郑风》篇名。《诗序》认为“《缁衣》，美武公也。文子并为周司徒，善于其职，国人宜之。故美其德，以明有国善善之功焉”。味诗意，是一首赠衣诗。共三章，每章四句。但句式多变，有一言、五言、六言形式。一章之中三易句式，将作者与对方的亲密关系充分表达出来。语言明白如话，音节悠扬。

将仲子 《诗经·郑风》篇名。《诗序》认为“《将仲子》，刺庄公也。不胜其母以害其弟。弟叔失道而公弗制，祭仲谏而公弗听，小不忍以致大乱焉”。朱熹《诗集传》引郑樵说认为“此淫奔者之辞”。清姚际恒谓：“女子为此婉转之辞以谢男子，而以父母、诸兄及人言为可畏，大有廉耻，又岂得为淫者哉”（《诗经通论》）。味诗意，当是一女子拒绝情人之诗。共三章，每章八句，皆为女子对情人的表白，反映其欲爱不能、欲弃不忍，处在矛盾之中的痛苦。以简练的语句，描摹人物复杂的心理活动，一波三折，曲尽女子爱畏交织的苦恼。清姚际恒在“岂敢爱之”和“仲可怀也”二句下分别评以“宕”字，点出了诗人委婉曲折心理的微妙（《诗经通论》）。

叔于田 《诗经·郑风》篇名。《诗序》认为"《叔于田》，刺庄公也。叔处于京，缮甲治兵，以出于田，国人说而归之"。语属附会。朱熹则谓"或疑此亦民间男女相悦之辞也"（《诗集传》）。味诗意，当是赞美猎人之诗。共三章，每章五句。极力赞美叔，痛快淋漓地表达对叔爱慕至深的感情。全诗的夸张朴实自然，无刻意雕琢之痕。明孙鑛认为"巷无居人句，下得煞是陡峻"（《批评诗经》）。

大叔于田 《诗经·郑风》篇名。《诗序》认为"《大叔于田》，刺庄公也。叔多才而好勇，不义而得众也"。其说之误与《叔于田》同。味诗意，当是赞美一青年猎手之诗。共三章，每章十句。描写驾车、射箭、打虎、烧火等场面，勾画动作神态具体逼真，衬托出青年猎人勇武好胜的性格。明孙鑛认为此诗"傲然有挟风霜意，便是战国后侠气发轫。诵之，想见其豪举自肆状"（《批评诗经》）。清方玉润认为此篇"描摹工艳，铺张亦复淋漓尽致。便为《长杨》、《羽猎》之祖"（《诗经原始》）。

清人 《诗经·郑风》篇名。《诗序》认为"《清人》，刺文公也。高克好利而不顾其君，文公恶而欲远之，不能，使高克将兵而御狄于竟。陈其师旅，翱翔河上，久而不召，众散而归，高克奔陈。公子素恶高克进之不以礼，文公退之不以道，危国亡师之本，故作是诗也"。故当是讽刺郑国将军高克之诗。共三章，每章四句。开篇先极力渲染战马的强壮、武器的精良，末句则点出军中恬然嬉戏、闲散无备的状况。以反衬手法，形成明显对比，不言刺而刺意自见，"诗人之意微婉如此"（清姚际恒《诗经通论》）。

羔裘 《诗经·郑风》篇名。《诗序》认为"《羔裘》，刺朝也。言古之君子，以风其朝焉"。朱熹则认为"盖美其大夫之词，然不知其所指矣"（《诗集传》）。味诗意，当是赞美郑国官吏之诗。共三章，每章四句。从三方面颂扬官吏的品格。清方玉润谓"必当时盈廷硕彦，济美一时。或则顺命以持躬，或则忠鲠而事上，或则儒雅以声称，皆能正己以正人，不愧朝服以章身。故诗人即其服饰之盛，以想其德谊、经济、文章之美，而咏叹如此"（《诗经原始》）。颇能道出诗旨。

遵大路 《诗经·郑风》篇名。《诗序》认为"《遵大路》，思君子也。庄公失道，君子去之，国人思望焉"。朱熹则认为"淫妇为人所弃，故于其去也，揽其祛而留之"，"亦男女相说之词"（《诗集传》）。味诗意，当是一首弃妇诗。共二章，每章四句。寥寥数语，反映了男子喜新厌旧，女子终被遗弃的悲剧。生动地刻画出一个向男子苦苦哀求的女子形象。

女曰鸡鸣 《诗经·郑风》篇名。《诗序》认为"《女曰鸡鸣》，刺不说德也。陈古义以刺今，不说德而好色也"。朱熹则认为是"诗人述贤夫妇相警戒之词"（《诗集传》）。而近人闻一多认为是"乐新婚"（《风诗类钞》），其说可取。当是新婚夫妇的联句诗 。共三章，每章六句。夫妇俩以对话形式联句，叙述早起、射禽、烧菜、对饮、相期偕老、执佩表爱的欢乐和睦的新婚家庭生活。有男词，有女词，有诗人旁白，参差错落，颇具情趣，可称联句之祖。朱熹认为"此诗意思甚好。读之，使人有不知手舞足蹈者"（《朱子语类》）。

有女同车 《诗经·郑风》篇名。《诗序》认为"《有女同车》，刺忽也。郑人刺忽之不昏于齐。太子忽尝有功于齐，齐侯请妻之。齐女贤而不取，卒以无大国之助，至于见逐，故国人刺之"。朱熹则谓"此疑亦淫奔之诗"（《诗集传》）。味诗意，当是贵族男女的恋歌。共二章，每章六句。既描绘女子容貌美丽，又赞誉女子品德纯洁。以容饰描写静态美，以"同车"、"翱翔"勾画动态美，塑造出一个朱颜娴雅、德音不忘的完美形象。明孙鑛认为"状妇女总不外容饰二字，此诗艳丽则以'同车'、'翱翔'等字点注得妙"（《批评诗经》）。清姚际恒认为"以'将翱将翔'先之，善于摹神者"。"《神女赋》'婉若游龙乘云翔'，《洛神赋》'若将飞而未翔'，又'翩若惊鸿'，又'体迅飞凫'，又'或翔神渚'，皆从此脱出"（《诗经通论》）。

山有扶苏 《诗经·郑风》篇名。《诗序》认为"《山有扶苏》，刺忽也。所美非美然"。朱熹认为是"淫女戏其所私者"之诗（《诗集传》）。味诗意，当是写一女子找不到如意对象而发牢骚之诗，或是女子对情人的俏骂之诗。共二章，每章四句。以"子都"、"子充"代美男子、好人儿，以特称代总名，表达生动。

萚兮 《诗经·郑风》篇名。《诗序》认为"《萚兮》，刺忽也。君弱臣强，不倡而和也"。朱熹认为"此淫女之词"（《诗集传》）。味诗意，或为仲春"会男女"时的集体歌舞曲。共二章，每章四句。诗中以呼告形式表达男女互相应和，互相期会的要求，体现民歌善于渲染气氛的特色。

狡童 《诗经·郑风》篇名。《诗序》认为"《狡童》,刺忽也。不能与贤人图事,权臣擅命也"。朱熹则认为"此亦淫女见绝而戏其人之词"(《诗集传》)。近人闻一多《风诗类钞》将此诗归入"女词",解曰:"恨不见答也。"颇得诗旨,当是一女子失恋之诗。共二章,每章四句。缠绵悱恻,依依之情,溢于言表,失恋之意,见于言外。今人钱钟书认为"习处而生嫌,迹密转使心疏,常近则渐欲远,故同牢而有异志,如此诗是。其意初未明言,而寓于字里行间,即含蓄也"(《管锥编》)。

褰裳 《诗经·郑风》篇名。《诗序》认为"《褰裳》,思见正也。狂童恣行,国人思大国之正己也"。朱熹认为是"淫女语其所私者"之词(《诗集传》)。味诗意,当是一女子责备情人变心或与情人调笑之诗。共二章,每章五句。前四句干净利落,活脱一泼辣女子的声口,读来如见其人;末句突然放慢声调,以戏谑口吻作结。明孙鑛认为此篇"狂童之狂也且,语势拖靡,风度绝胜"(《批评诗经》)。

丰 《诗经·郑风》篇名。《诗序》认为"《丰》,刺乱也。昏姻之道缺,阳倡而阴不和,男行而女不随"。朱熹谓"妇人所期之男子已俟乎巷,而妇人以有异志不从,既则悔之,而作是诗也"(《诗集传》)。当是一女子后悔未与未婚夫结婚之诗。共四章,前二章每章三句,后二章四句。前二章只易三字,后二章只易一字,另有两句颠倒次序,均表达希望能同未婚夫重申旧好之意。以反复咏唱,将女子后悔又盼望挽回的心理渲染得非常充分,少量文字改易和语序倒置变化了音节,避免了单调感,体现不加雕琢的自然之美。

东门之墠 《诗经·郑风》篇名。《诗序》认为"《东门之墠》,刺乱也。男女有不待礼而相奔者也"。味诗意,无淫奔之意。清王先谦认为"世风淫乱,己独持正",较近诗意。当是男女相唱和的民间恋歌。共二章,每章四句。前章男唱,后章女唱,一唱一和,是民间对歌的一种形式。"其室则迩,其人甚远",将相思不得见的心情曲曲道出,委婉隽永。明孙鑛评云:"两语工绝,后世情语皆本此。"(《批评诗经》)

风雨 《诗经·郑风》篇名。《诗序》认为"《风雨》,思君子也。乱世则思君子不改其度焉"。朱熹认为诗语"轻佻狎昵,非思贤之意"(《诗序辨说》),"风雨晦冥,盖淫奔之时"(《诗集传》)。味诗意,当是写妻子和丈夫久别重逢之诗。共三章,每章四句。皆以风雨、鸡鸣起兴,兼有赋景作用,渲染出一幅寒凉阴暗、鸡声四起的景象,反衬出女子此刻的欣喜之情。

子衿 《诗经·郑风》篇名。《诗序》认为"《子衿》,刺学校废也。乱世则学校不修焉"。朱熹则认为"此亦淫奔之诗"(《诗集传》)。味诗意,当是一女子思念情人之诗。共三章,每章四句。前二章反复吟咏女子相思之切,末章描写女子在城阙等待情人,久不见来,内心焦灼的情景。以夸张手法刻画心理。今人钱钟书评:"《子衿》云:'纵我不往,子宁不嗣音?''子宁不来?'薄责己而厚望于人也。已开后世小说言情心理描绘矣"(《管锥编》)。

扬之水 《诗经·郑风》篇名。《诗序》认为"《扬之水》,闵无臣也。君子闵忽之无忠臣良士,终以死亡,而作是诗也"。朱熹认为是"淫者相谓"之词(《诗集传》)。近人闻一多认为是"将与妻别,临行慰勉之词"(《风诗类钞》)。味诗意,当是一首劝勉之诗。共二章,每章六句。皆以"扬之水"起兴,与《王风·扬之水》、《唐风·扬子水》同,此乃运用民间流传的诗歌习语,作为歌咏的开端而已,与下文并无意义上联系。诗中对对方动以感情、嘱其防范,现出叮咛备至之情。

出其东门 《诗经·郑风》篇名。《诗序》认为"《出其东门》,闵乱也。公子五争,兵革不息。男女相弃,民人思保其室家焉"。朱熹以为是"人见淫奔之女而作此诗"(《诗集传》)。清方玉润认为"诗方细咏太平游览,绝无干戈扰攘、男奔女窜气象,《序》言无当于经,固已"(《诗经原始》),对于朱说,方谓"以如云、如荼之女尽属淫奔,亦岂可哉"。味诗意,当是一男子表示对妻子忠贞不二之诗。共二章,每章六句。以"缟衣綦巾"、"缟衣茹藘"称呼爱妻,以素俭的服饰衬托妻子纯朴娴静的性格。借标记代人,糅进自己的情感。《朱子语类》认为"此诗却是个识道理人做。郑诗虽淫乱,然此诗却如此好"。

野有蔓草 《诗经·郑风》篇名。《诗序》认为"《野有蔓草》,思遇时也。君之泽不下流,民穷于兵革。男女失时,思不期而会焉"。欧阳修认为是"男女婚娶失时,邂逅相遇于野草间"之诗(《诗本义》)。味诗意,当是一首恋歌。共二章,每章六句。描写在春草青青,露水晶莹之时,路遇美人,秋水含情,温婉而笑,俨然一幅春日丽人图,可谓诗中有画。清方玉润则认为此为朋友相期会之诗(《诗经原始》),而王先谦则谓鲁诗、韩诗皆以为是思遇贤人之诗(《诗三家义集疏》)。

溱洧　《诗经·郑风》篇名。《诗序》认为"《溱洧》,刺乱也。兵革不息,男女相弃,淫风大行,莫之能救焉"。韩诗则谓:"溱与洧,说人也。郑国之俗,三月上巳之日于两水上,招魂续魄,祓除不祥,故诗人愿与所说者俱往观也"(《太平御览》)卷八八六引《韩诗外传》)。实得诗意。共二章,每章十二句。叙事、对话兼具,语言生动,表情真挚,渗透着浓厚的抒情意味,传神地再现青年人趁此机会相聚相乐,互表衷情的热闹场面。清方玉润称此诗"开后世冶游艳诗之祖"(《诗经原始》)。

鸡鸣　《诗经·齐风》篇名。《诗序》认为"《鸡鸣》,思贤妃也。哀公荒淫怠慢,故陈贤妃贞女夙夜警戒相成之道焉"。清方玉润认为是"贤妇警夫早朝"之诗(《诗经原始》),实近诗意。当是一首妻催夫早起之诗。共三章,每章四句。写妻怕丈夫误了上朝时间,引起别人批评,因而再三催促。为问答联句之体,提到朝会之语当皆妻子所说。篇中淹恋枕衾、不愿闻鸡鸣之况,常为后世文人所袭用。

还　《诗经·齐风》篇名。《诗序》认为"《还》,刺荒也。哀公好田猎,从禽兽而无厌,国人化之,遂成风俗,习于田猎谓之贤,闲于驰逐谓之好焉"。但诗实无讥刺意,故当是猎人互相赞美之诗。共三章,每章四句。句式分别为四言、七言、六言、六言,长短错杂,短以取劲,长以取妍,有不受束缚的豪爽之气。尤其是每章后两句,并肩驰马,拱手相许,写出英武潇洒的猎人形象。清方玉润引章潢曰:"子之还兮,己誉人也。谓我儇兮,人誉己也。并驱,则人己皆与有能也。寥寥数语,自具分合变化之妙。"(《诗经原始》)

著　《诗经·齐风》篇名。《诗序》认为"《著》,刺时也。时不亲迎也"。郑玄笺云:"时不亲迎,故陈亲迎之礼以刺之。"指出诗的内容为亲迎。宋吕祖谦以为"时齐俗不亲迎,故女至婿门,始见其俟己"(《吕氏家塾读诗记》)。似误解诗序之意。此篇反映少女出嫁前的喜悦。新郎容光焕发,冠饰华丽,等在堂前迎接。新娘感到心满意足,情不自禁地唱出此诗。共三章,每章只易三字,每句均以虚词"乎而"收尾,音节舒迟宽缓,含蓄曲折,自然入妙。今人陈子展谓此诗"每句半著虚词,余音摇曳,别具神态,有一种优游不迫之美"(《诗经直解》)。

东方之日　《诗经·齐风》篇名。《诗序》认为"《东方之日》,刺衰也。君臣失道,男女淫奔,不能以礼化也"。朱熹认为此诗为"此男女淫奔者所自作"(《诗序辨说》)。当是反映齐国贵族恋爱生活之诗。以东方旭日初升的光芒,暗喻少女皮肤的白皙。共二章,每章末句"履我即兮"、"履我发兮",以在室在闼的一蹴一蹑,形象地刻画出女子活泼浮荡的性格,描写精彩传神。

东方未明　《诗经·齐风》篇名。诗序认为"《东方未明》,刺无节也。朝廷兴居无节,号令不时,挈壶氏不能掌其职焉"。今人闻一多以为"夫之在家,从不能守夜之正时,非出太早,即归太晚。妇人称夫曰狂夫"(《风诗类钞》)。当是写一妇女的当小官吏的丈夫忙于公事,早夜不得休息之诗。共三章,每章四句。通篇用赋体,把一个忙忙碌碌的小官吏神态刻画得很生动。尤其"颠倒衣裳"一句,以手忙脚乱,穿错衣衫的动作,写出人物的辛苦,颇为传神。在曲尽其妙的铺陈描绘中,表达了作者的感情。

南山　《诗经·齐风》篇名。《诗序》认为"《南山》,刺襄公也。鸟兽之行,淫乎其妹。大夫遇是恶,作诗而去之"。当是一首讽刺齐襄公淫乱无耻,与妹文姜私通之诗。共四章,每章六句。由于直刺本国君主,故写得较隐蔽。首章以南山、雄狐起兴,二章以葛屦、冠緌起兴,三章蓺麻,四章析薪。每章各自为兴,兴意各不相同,与一般风诗异。每章末句均用无答的设问式,加强讽刺力量。明钟惺谓此诗"'齐子'二字笔法可畏"(《评点诗经》)。

甫田　《诗经·齐风》篇名。《诗序》认为"《甫田》,大夫刺襄公也。无礼义而求大功,不修德而求诸侯,志大心劳,所以求者非其道也"。朱熹认为"未见其为襄公之诗"(《诗序辨说》)。味诗意,疑是思念远人之诗。用大田生莠起兴,表达思念远人的苦恼。共三章,每章四句。前两章反复吟咏,表达思念之苦;末章陡转一层,作设想之词,不言思而思意自见,与前两章的"劳心"相应,诗意蕴藉。

卢令　《诗经·齐风》篇名。《诗序》认为"《卢令》,刺荒也。襄公好田猎毕弋,而不修民事。百姓苦之,故陈古以风焉"。朱熹谓"此诗大意与《还》略同"《诗集传》,意即亦为猎者相誉之词,其言颇合诗旨。共三章,每章两句。章与章之间只变换二三字,诗句质直而复唱,反映出民歌早期粗拙的风格。明孙鑛认为此诗“淡语却有风致”(《批评诗经》)。

敝笱 《诗经·齐风》篇名。《诗序》认为“《敝笱》,刺文姜也。齐人恶鲁桓公微弱,不能防闲文姜,使至淫乱,为二国患焉”。当是讽刺齐国文姜之诗。齐文姜是齐襄公之妹,嫁鲁桓公,而与其兄襄公私通,桓公因此被齐人杀死。文姜子庄公即位,文姜犹不悛如故。此诗即为此而作。共三章,每章四句。用“如云”、“如雨”、“如水”三个夸张性的明喻来比文姜侍从之众多盛大。在当时,这些比喻乃创意之作。

载驱 《诗经·齐风》篇名。《诗序》认为“《载驱》,齐人刺襄公也。无礼义,故盛其车服,疾驱于通道大都,与文姜淫,播其恶于万民焉”。清王先谦据齐诗认为是写鲁庄公至齐亲迎哀姜,哀姜在鲁国边境迟迟不入,待与庄公约定给予专房之宠才肯入境(《诗三家义集疏》),其说可从。描写一位新嫁娘哀姜在鲁国边境迟迟不入的情景。共四章,每章四句。首章四句有两句用叠字(“有荡”即“荡荡”)。后三章有三句用叠字。运用叠字状物、摹声,活画出哀姜故意拖延的神态。

猗嗟 《诗经·齐风》篇名。《诗序》认为“《猗嗟》,刺鲁庄公也。齐人伤鲁庄公有威仪技艺,然而不能以礼防闲其母,失子之道,人以为齐侯之子焉”。清王先谦认为:“春秋庄公四年冬,‘及齐人狩于禚’。故齐人赋之”(《诗三家义集疏》)。可备一说。径看作赞美一艺高貌美的射手之诗亦可。共三章,每章六句。写貌图神,十分出色,能写出动态之美,如“美目扬兮”、“巧趋跄兮”。第一章虚写,第二章实写,第三章特写,层层递进,愈益具体。清方玉润称其“描摹庄公,如见其人”(《诗经原始》)。

葛屦 《诗经·魏风》篇名。《诗序》认为“《葛屦》,刺褊也。魏地陿隘,其民机巧趋利,其君俭啬褊急,而无德以将之”。但朱熹认为“此诗疑即缝裳之女所作”(《诗集传》)。当是缝衣女奴讽刺所谓“好人”之诗。共二章,首章六句,二章五句。全篇用赋体。首章叙缝衣女含辛茹苦地为“好人”缝制衣裳,二章写“好人”挑剔作态的傲慢样子,前后对照,褒贬分明。篇末点明“是以为刺”的诗旨。清方玉润评云:“明点作意,又是一法。”(《诗经原始》)

汾沮洳 《诗经·魏风》篇名。《诗序》认为“《汾沮洳》,刺俭也。其君俭以能勤,刺不得礼也”。《韩诗外传》云:“君子盛德而卑,虚己以受人,旁行不流,应物而不穷,虽在下位,民愿戴之,虽欲无尊,得乎哉!”二说相较,以《韩诗外传》为优。当为赞美劳动者才德之诗。共三章,每章六句。描写一采菜的劳动者,以夸张、比喻手法赞美其高尚品德。末句忽以“公路”、“公行”、“公族”等达官贵人作对比,褒前者而抑后者,且一言即止,给读者以无穷回味。

园有桃 《诗经·魏风》篇名。《诗序》认为“《园有桃》,刺时也。大夫忧其君,国小而迫,而俭以啬。不能用其民,而无德教,日以侵削,故作是诗也”。味诗意,当为没落贵族忧贫畏讥之诗。共二章,每章十二句。与《王风·黍离》、《兔爰》同一格调,均所谓“悲秋之词”。以园桃起兴,急续“心之忧矣”一句,点明主题。然后句句围绕“忧”字,慷慨悲凉。明孙鑛认为“只一忧字,展转演出将十句,经中亦罕有。余文多,正意少”(《批评诗经》)。诗中全无描状摹态之笔,但胸臆的抒发一波三折,深沉痛切。清姚际恒评:“诗如行文,极纵横排宕之致。”(《诗经通论》)

陟岵 《诗经·魏风》篇名。《诗序》认为“《陟岵》,孝子行役,思念父母也。国迫而数侵削,役乎大国,父母兄弟离散,而作是诗也”。颇合诗意。共三章,每章六句。反映当时劳役生活的痛苦和劳动人民对征役无已的极度憎恨。诗人在役地思家,但未直说望乡之情,却想像着父母兄长在家中想念他的情景。清方玉润认为“人子行役,登高念亲,人情之常。若从正面直写己之所以念亲,纵千言万语,岂能道得尽?诗妙从对面设想,思亲所以念己之心与临行勖己之言,则笔以曲而愈达,情以婉而愈深,千载之下读之,犹足令羁旅人望白云而起思亲之念,况当时远离父母者乎”(《诗经原始》)。

十亩之间 《诗经·魏风》篇名。《诗序》认为“《十亩之间》,刺时也。言其国削小,民无所居焉”。但朱熹认为是“政乱国危,贤者不乐仕于其朝,而思与其友归于农圃”(《诗集传》)。但采桑古为妇女之事,故疑为一群采桑女子呼伴同归时的歌唱。共二章,每章三句。勾勒出一派清新恬淡的田园风光。与《芣苢》一样,都是反映妇女采摘劳动的民歌,但《芣苢》表达忙碌的快乐,此诗则表达休息的轻松。

伐檀 《诗经·魏风》篇名。《诗序》认为“《伐檀》,刺贪也。在位贪鄙,无功而受禄。君子不得进仕尔”。朱熹则谓“此诗专美君子不素餐”(《诗序辨说》),实逊《序》说。当是一首讽刺剥削者不劳而获之诗。共三章,每章九句。诗中“不稼不穑,胡取禾三百廛兮?不狩不猎,胡瞻尔庭有县貆兮”四句,以反诘的设问手法,宣泄心中愤怒。清方玉润评为“笔极喷薄有力”(《诗经原始》)。而章末两句又一转慷慨激昂为反语式的冷嘲峻刺,点明主旨。一正一反,一热一冷,正适宜于表现劳逸不均,贫富不公的思想内容。

硕鼠　《诗经·魏风》篇名。《诗序》认为“《硕鼠》,刺重敛也。国人刺其君重敛,蚕食于民,不修其政,贪而畏人,若大鼠也”。《鲁诗》云“履亩税而《硕鼠》作”(王符《潜夫论·班禄》)。是一首反对剥削,幻想美好生活之诗。共三章,每章八句。以借喻手法,将贪婪的剥削者比作田间大老鼠;又以同硕鼠讲话的口气,再三呼告恳求,充满无可奈何的怨恨。章末忽发奇想,向往着去寻求一处无忧无虑的乐土。一波三折,语尽意存。

蟋蟀　《诗经·唐风》篇名。《诗序》认为“《蟋蟀》,刺晋僖公也。俭不中礼,故作是诗以闵之,欲其及时以礼自虞乐也”。朱熹则谓:“唐俗勤俭,故其民间终岁劳苦不敢少休。及其岁晚务闲之时,乃敢相与燕饮为乐”(《诗集传》)。当是一首岁暮述怀之诗。共三章,每章八句。诗人感到光阴易逝,应当及时行乐,但又想着自己的职责,不欲荒废。明孙鑛谓“劝行乐意,始于此诗见之。就岁暮起意,但即口头语道尽即止,随用戒语收转,构法最紧净”(《批评诗经》)。清姚际恒认为“感时惜物诗,肇端于此”(《诗经通论》)。全诗结构谨严,说理清楚。

山有枢　《诗经·唐风》篇名。《诗序》认为“《山有枢》,刺晋昭公也。不能修道以正其国,有财不能用,有钟鼓不能以自乐,有朝廷不能洒扫,政荒民散,将以危亡,四邻谋取其国家而不知,国人作诗以刺之也”。清方玉润认为是“刺唐人俭不中礼也”(《诗经原始》)。实得诗旨,当是一首讽刺守财奴,宣扬及时行乐之诗。共三章,每章八句。诗人厌恶吝啬成性,提倡放荡恣纵。明钟惺认为:“行乐之词,乃以涩苦之音出之,开后来诗人许多忧生惜日之感。末语促节,便可当一部挽歌。”(《评点诗经》)可谓道出了此诗特点。

扬之水　《诗经·唐风》篇名。《诗序》认为“《扬之水》,刺晋昭公也。昭公分国以封沃,沃盛强,昭公微弱,国人将叛而归沃焉”。宋严粲云:“时沃有篡宗国之谋,而(大夫)潘父阴主之,将为内应,而昭公不知。此诗正发潘父之谋,其忠告于昭公者,可谓切至。若真欲从沃,则是潘父之党,必不作此诗以泄漏其事也”(《诗缉》)。清钱澄之认为“此诗故为党沃之辞,乃阴其情以告昭公,使早为之备也”(《田间诗学》)。当是一首告密之诗。共三章,二章六句,末章四句。各章皆以“扬之水”起兴,气氛沉闷哀怨。其语隐晦曲折,表现矛盾抑郁的心理。

椒聊　《诗经·唐风》篇名。《诗序》认为“刺晋昭公也。君子见沃之盛强,能修其政,知其蕃衍盛大,子孙将有晋国焉。”近人闻一多认为“《椒聊》喻多子,欣妇女之宜子也”(《风诗类钞》)。其说较确。共二章,每章六句。上二句和末二句皆兴,只中间二句写人。诗末又以椒香远长起兴,前后呼应,含蓄隽永。

绸缪　《诗经·唐风》篇名。《诗序》认为“《绸缪》,刺晋乱也。国乱则昏姻不得其时焉”。清方玉润云:“此贺新婚诗耳”(《诗经原始》)。颇合诗意。共三章,每章六句。诗中充满喜庆欢快气氛,兴句以象征嫁娶的“束薪”、“三星”入景,章末以谐谑新妇新郎的呼告、设问作结,描绘出婚礼的热闹场面、贺客的艳羡神态。朱熹以首章为“其妇语夫之词”,次章为“夫妇相语之词”,三章为“夫语妇之词”(《诗集传》),正合歌曲独唱、合唱之“三章法”。明孙鑛认为“三星入景妙。‘今夕何夕’一语,状心事刻酷,是神来句”(《批评诗经》)。

杕杜　《诗经·唐风》篇名。《诗序》认为“《杕杜》,刺时也。君不能亲其宗族,骨肉离散,独居而无兄弟,将为沃所并尔”。朱熹认为“此乃人无兄弟而自叹之词”(《诗序辨说》)。详味诗意,当是一孤独的流浪者求助不得之感伤诗。共二章,每章九句。各章末四句全同,是副歌式的复唱。连用两个激问:“嗟行之人,胡不比焉?人无兄弟,胡不佽焉?”宣泄心中难以抑制的孤凄怨愤之感。

羔裘　《诗经·唐风》篇名。《诗序》认为“《羔裘》,刺时也。晋人刺其在位不恤其民也。”朱熹谓:“此诗不知所谓,不敢强解”(《诗集传》)。今则人言人殊,有以为述朋友反目者,有以为系奴刺其主者,有以为写婢妾反抗主人者。共二章,每章四句。前二句斥责对方的傲慢,后二句明白告诉对方不要自以为了不起,反映出作者爽朗泼辣的性格。

鸨羽　《诗经·唐风》篇名。《诗序》认为

“《鸨羽》，刺时也。昭公之后，大乱五世。君子下从征役，不得养其父母，而作是诗也”。宋王质认为“诗以种蓺为辞，当是农民”(《诗总闻》)。故当是百姓反抗无休止的徭役之诗。共三章，每章七句。反映百姓在重重徭役下哭告无门的社会现实。各章末皆以惨痛呼告作结，震撼人心。清方玉润谓此诗“始则痛居处之无定，继则念征役之何极，终则恨旧乐之难复。民情至此，咨怨极矣”(《诗经原始》)。

无衣 《诗经·唐风》篇名。《诗序》认为“《无衣》，美晋武公也。武公始并晋国，其大夫为之请命乎天子之使，而作是诗也”。语涉穿凿。近人闻一多认为“此感旧或伤逝之作”(《风诗类钞》)。当是一首揽衣感旧之诗。共二章，每章三句，是《诗经》中最短的诗。仅几句随口而发的叹息，抒发心中的思念和惆怅，诗情直露。但清姚际恒认为此篇“起得兀突飘忽。二句只一意，无他衬句，章法亦奇”(《诗经通论》)。

有杕之杜 《诗经·唐风》篇名。《诗序》认为“刺晋武公也。武公寡特，兼其宗族，而不求贤以自辅焉”。朱熹驳其“全非诗意”(《诗序辨说》)，而解为求贤心切之诗(《诗集传》)。近人闻一多以为当是女子向对方表示好感之诗(《风诗类钞》)。共二章，每章六句。以一株孤零零的杜梨树起兴，抒写心中感伤，表现情有所钟，又不知对方心意的心理，诗意甜蜜而略带怅惘。

葛生 《诗经·唐风》篇名。《诗序》认为“《葛生》，刺晋献公也。好攻战，则国人多丧矣”。诗中实无从征不归之意。近人闻一多认为是悼亡诗(《风诗类钞》)。颇合诗旨。共五章，每章四句。以妇女口吻，前三章抒写良人已逝、形单影只的悲哀。后二章写愿死后共葬一穴，极为哀痛。清陈澧《读诗日录》云“此诗甚悲，读之使人泪下”。

采苓 《诗经·唐风》篇名。《诗序》认为“《采苓》，刺晋献公也。献公好听谗焉”。清方玉润《诗经原始》谓：“诗旨未露其意，安知其必为骊姬发哉？”其诘问颇中《序》说之病。朱熹则径言“此刺听谗之诗”(《诗集传》)。共三章，每章八句，各章只换三字。兴句连用巧妙，以三种植物(苓、苦、葑)均非首阳山所宜有来形容谗言毫无根据。措词稳妥贴切。体物细腻，取喻精巧。

车邻 《诗经·秦风》篇名。《诗序》认为“《车邻》，美秦仲也。秦仲始大，有车马礼乐侍御之好焉”。当是一首反映秦君生活之诗。共三章，一章四句，二章六句。首章全用赋体，车盛马壮，侍御传令，一派庄严气象。二、三章改用兴法，阪桑隰杨之好，鼓瑟鼓簧之乐，逝者其亡之叹，充满及时行乐的欢愉。明钟惺认为此篇“写出草昧君臣真率景象在目”(《评点诗经》)。

驷驖 《诗经·秦风》篇名。《诗序》认为“《驷驖》，美襄公也。始命，有田狩之事，园囿之乐焉”。当是描写秦君打猎之诗。共三章，每章四句，皆用赋体。首章言将狩之时，二章言正狩之时，三章言狩毕之时，脉络清楚。语言平淡，明王世贞《艺苑卮言》谓其中“载猃歇骄”一句“太拙”，实非苛论。

小戎 《诗经·秦风》篇名。《诗序》认为“《小戎》，美襄公也。备其兵甲以讨西戎，西戎方强而征伐不休。国人则矜其车甲，妇人能闵其君子焉”。《序》说实无伦次，清方玉润驳之(《诗经原始》)。朱熹则以为是从役者家人之词(《诗集传》)。当是一妇女思念远征西戎的丈夫之诗。共三章，每章十句。各章前六句都用赋体，首章写战车，二章写战马，三章写兵器。笔意铺张，描摹细致，以见军容之盛壮。但后四句转而写妻子的怀念，缠绵温和，以见相思之深。刚柔结合。清方玉润甚至认为其“刻划典奥瑰丽已极，《西京》诸赋迴不能及，况下此者乎”(《诗经原始》)。

蒹葭 《诗经·秦风》篇名。《诗序》认为“《蒹葭》，刺襄公也。未能用周礼，将无以固其国焉”。朱熹以为“不知其何所指”(《诗集传》)。今人多以为是抒写思慕、追求意中人而不得之诗。共三章，每章八句。首章写秋晨露寒霜重之景，二章写旭日初升，霜露渐融之状，三章写阳光普照，露珠将收之刻。意境飘逸，神韵悠长。清方玉润认为其“在《秦风》中气味绝不相类，以好战乐斗之邦，忽过高超远举之作，可谓鹤立鸡群，翛然自异者矣”(《诗经原始》)。王国维则认为此篇“最得风人深致”(《人间词话》)。

终南 《诗经·秦风》篇名。《诗序》认为“《终南》，戒襄公也。能取周地，始为诸侯，受显服。大夫美之，故作是诗以戒劝之”。朱熹则以为是“秦人美其君之词”(《诗集传》)。宋严粲解诗中“其君也哉”一句道：“其者，将然之辞；哉者，疑而未定之意。”(《诗缉》)清方玉润亦谓末章末句“寿考不忘”，“则是劝戒也无疑”(《诗经原始》)。当是劝戒秦君之诗。共二章,每章六句。章末皆用一句含蓄之语表达劝戒之意。以婉曲修辞手法,闪烁其词以透露诗人的微意。

黄鸟　《诗经·秦风》篇名。《诗序》认为"《黄鸟》,哀三良也。国人刺穆公以人从死,而作是诗也"。《左传·文公六年》云:"秦伯任好(按即秦穆公)卒,以子车氏之三子奄息、仲行、鍼虎为殉,皆秦之良也。国人哀之,为之赋《黄鸟》。"事又见《史记·秦本纪》。故此是秦人挽"三良"之诗。共三章,每章十二句。分挽三人,抨击秦殉葬制度的残酷。以双关词、呼告来渲染悲惨无告的气氛,每章末复叠"如可赎兮,人百其身",以夸张的修辞控诉黑暗的现实,倾注了对受难者的深切同情。

晨风　《诗经·秦风》篇名。《诗序》认为"《晨风》,刺康公也。忘穆公之业,始弃其贤臣焉"。朱熹以为是"妇人以夫不在",念其君子之词(《诗集传》)。味诗意,当是一妇女疑心丈夫要遗弃她的诗。共三章,每章六句。章末复叠"如何如何,忘我实多"二句,怨艾之气溢于言表,表达痛苦而无可奈何的心情。

无衣　《诗经·秦风》篇名。《诗序》认为"《无衣》,刺用兵也。秦人刺其君好攻战、亟用兵,而不与民同欲焉"。但诗中不见刺意。《汉书·赵充国辛庆忌传赞》云:"山西天水、陇西、安定、北地,处势迫近羌胡,民俗修习战备,高上勇力,鞍马骑射,故秦诗曰:'王于兴师,修我甲兵,与子偕行。'其风声气俗自古而然。"故当是秦国流传民间的一首军中战歌。共三章,每章五句。充溢同袍同衣,同仇敌忾,慷慨从军,奋勇杀敌的精神,反映《秦风》的典型风格。明钟惺认为此篇"有吞六国气象"(《评点诗经》)。可称边塞诗之祖。

渭阳　《诗经·秦风》篇名。《诗序》认为"《渭阳》,康公念母也。康公之母,晋献公之女也。文公遭丽姬之难,未反而秦姬卒,穆公纳文公。康公时为太子,赠送文公于渭之阳,念母之不见也,我见舅氏,如母存焉。及其即位,思而作是诗也"。共二章,每章四句,第二章"悠悠我思"一句,情真意挚,悱恻动人。清方玉润认为此篇"诗格老当,情致缠绵,为后世送别之祖,令人想见携手河梁时也"(《诗经原始》)。舅甥谊重,送别情深,诗之感人处在此。

权舆　《诗经·秦风》篇名。《诗序》认为"《权舆》,刺康公也。忘先君之旧臣,与贤者有始而无终也"。味诗意,当为没落贵族回想当年生活而自伤之诗。共二章,每章五句。两章之间结构变化,使诗意低回深长。清方玉润评:"起似居食双题,下乃单承,侧重食一面,局法变换不测,于此可悟文法化板为活之妙。"(《诗经原始》)

宛丘　《诗经·陈风》篇名。《诗序》认为"《宛丘》,刺幽公也。淫荒昏乱,游荡无度焉"。朱熹认为"国人见此人常游荡于宛丘之上,故叙其事以刺之"(《诗集传》)。味诗旨,当是描写一个以巫为职业的舞女。共三章,每章四句。首章感情奔放,"洵有情兮,而无望兮",直截了当,略无微言婉曲之意。二、三章用白描手法,不著一情语。首章曼声长吟,二、三章切响低徊,抑扬顿挫。

东门之枌　《诗经·陈风》篇名。《诗序》认为"《东门之枌》,疾乱也。幽公淫荒,风化之所行,男女弃其旧业,亟会于道路,歌舞于市井尔"。朱熹认为"此男女聚会歌舞,而赋其事以相乐也"(《诗集传》)。当是描写男女相爱、聚会歌舞之情歌。共三章,每章四句。所写皆轻歌曼舞,男欢女乐的场面。从"市也婆娑"、"越以鬷迈"等句可见陈国的民风。明孙鑛以为"可见其盘游怠惰之状。'婆娑'字形容绝妙"(《批评诗经》)。

衡门　《诗经·陈风》篇名。《诗序》认为"《衡门》,诱僖公也。愿而无立志。故作是诗以诱掖其君也"。味诗意实无此旨。《鲁诗》、《韩诗》皆谓言贤者乐道忘饥(清王先谦《诗三家义集疏》)。朱熹认为是"隐居自乐而无求者之词"(《诗集传》)。今人认为是没落贵族以安于贫贱自慰之诗(郭沫若《中国古代社会研究》)。共三章,每章四句。以设问成章,在知足常乐中透露出一丝酸楚之意。此诗与《卫风·考槃》同称为"隐逸之诗"。

东门之池　《诗经·陈风》篇名。《诗序》认为"《东门之池》,刺时也。疾其君子淫昏,而思贤女以配君子也"。但诗中"绝不见有淫昏之意"(清崔述《读风偶识》)。朱熹则解此为"男女会遇之词"(《诗集传》),颇合诗意。共三章,每章四句。三章一意,诗味平淡。清方玉润认为此篇"辞意浅率,终非佳构"(《诗经原始》)。

东门之杨　《诗经·陈风》篇名。《诗序》认为"《东门之杨》,刺时也。昏姻失时,男女多违,亲迎,女犹有不至者也"。朱熹认为"此亦男女期会而有负约不至者,故因其所见以起兴也"(《诗集传》)。颇近诗意。共二章,每章四句。以写景为主。前二句写所约之地，后二句写所约之时，藉景物烘托感情。“明星煌煌”、“明星晢晢”二句很自然地映衬出焦急不安之情。

墓门 《诗经·陈风》篇名。《诗序》认为“《墓门》，刺陈佗也。陈佗无良师傅，以至于不义，恶加于万民焉”。据《左传·桓公五年》，陈桓公卒，其弟陈佗杀太子免而代之。《序》所指即此。但宋苏辙以为：“桓公之世，陈人知佗之不臣矣，而桓公不去，以及于乱。是以国人追咎桓公，以为桓公之智不能及其后，故以《墓门》刺焉。”（《诗集传》）颇合诗意。当是讽刺统治者无道之诗。共二章，每章六句。以荆棘恶木和鸮鸟恶禽起兴，以喻“夫也不良”的“夫”字，含蓄而不晦涩，使人了然于心。

防有鹊巢 《诗经·陈风》篇名。《诗序》认为“《防有鹊巢》，忧谗贼也。宣公多信谗，君子忧惧焉”。朱熹认为是“男女之有私，而忧或间之之词”（《诗集传》）。颇近诗意。共二章，每章四句。“心焉惕惕”一句，将猜疑、嫉妒、焦虑、思念等感情交织其中，内涵丰富，余味绵长。“谁侜予美”之句，表现了情人的多疑与过敏，“非必真有侜之者，写柔肠曲尽”（吴闿生《诗义会通》引旧评）。

月出 《诗经·陈风》篇名。《诗序》认为“《月出》，刺好色也。在位不好德，而说美色焉”。朱熹认为“此亦男女相悦而相念之辞”（《诗集传》）。当是月下怀人之诗。共三章，每章四句。用词错综变化，通篇句句押韵，一韵到底，加上叠韵的运用，委婉精练的语词和繁音促节的韵律相得益彰。清方玉润认为“此诗虽男女词，而一种幽思牢愁之意，固结莫解，情念虽深，心非淫荡。且从男意虚想，活现出一月下美人”（《诗经原始》）。故此诗被后人推为《诗经》中情诗之杰构。

株林 《诗经·陈风》篇名。《诗序》认为“《株林》，刺灵公也。淫乎夏姬，驱驰而往，朝夕不休息焉”。据《左传》宣公九年、十年所记，夏姬为郑穆公之女，嫁陈大夫夏御叔，生子夏徵舒，字南。陈灵公与大夫孔宁、仪行父皆与夏姬私通。后灵公为夏徵舒所杀，陈亦为楚所灭。《序》说与史实相符。共两章，每章四句。运用婉转的修辞手法，隐约曲折地表达讥刺之意。清方玉润认为：“公卿行淫，朝夕往从所私，必有从旁指而疑之者。即行淫之人亦自觉忸怩难安，故多隐约其辞，故作疑信言以答讯者，而饰其私。诗人即体此情为之写照，不必更露淫字，而宣淫无忌之情已跃然纸上，毫无遁形，可谓神化之笔。”（《诗经原始》）

泽陂 《诗经·陈风》篇名。《诗序》认为“《泽陂》，刺时也。言灵公君臣淫于其国，男女相悦，忧思感伤焉”。朱熹则以为“此诗大旨与《月出》相类”（《诗集传》）。闻一多则认为“荷塘有遇，悦之无因，作诗自伤”（《风诗类钞》）。味诗意，当是怀念情人之诗。共三章，每章六句。以荷花起兴，隐喻女子颜色美丽。以“涕泗滂沱”、“中心悁悁”、“辗转伏枕”等句层层递进，表现了爱而无由相见的深情。“硕大且卷”、“硕大且俨”等句描绘出一个丰满高大的女子形象，从中可窥见其时重肥硕的审美风尚。

羔裘 《诗经·桧风》篇名。《诗序》认为“《羔裘》，大夫以道去其君也。国小而迫，君不用道，好絜其衣服，逍遥游燕，而不能自强于政治，故作是诗也”。味诗意，当是怀人伤感之诗。共三章，每章四句。全用赋体。每章前二句描写衣饰和风度，将诗人心目中的大夫构画得英俊潇洒，有此铺垫，后二句所写因思念而忧伤就有了着落。出语自然，而语句间的呼应却颇具构思之妙。

素冠 《诗经·桧风》篇名。《诗序》认为“《素冠》，刺不能三年也”。颇近附会。后人于此诗亦众说纷纭。清姚际恒以为“此诗本不知指何事何人。但劳心伤悲之词，同归如一之语，或如诸篇以为思君子可，以为妇人思男亦可”（《诗经通论》）。味诗意，可当悼亡诗读。不妨想像一妇女抚着丈夫尸体肝肠欲裂，痛不欲生之状。共三章，每章三句。短促激烈，章章递进。始而心情忧郁，继而愿与同归，终而誓同生死，足使读者为之动容。

隰有苌楚 《诗经·桧风》篇名。《诗序》认为“《隰有苌楚》，疾恣也。国人疾其君之淫恣，而思无情欲者也”。朱熹认为“政烦赋重，人不堪其苦，叹其不如草木之无知而无忧也”（《诗集传》）。清姚际恒以为“此篇为遭乱而贫窭不能赡其妻子之诗”（《诗经通论》）。方玉润认为“当是为公室发者居多”。郭沫若进而认为是破落贵族厌世之作（《中国古代社会研究》）。共三章，每章四句。诗中所吐露出的忧生情调，使诗歌带上低徊暗淡之美。明钟惺评曰：“亡国之音读不得。此诗更不必说自家苦，只羡苌楚之乐，而意自深矣。凡苦之可言者，非其至也”（《评点诗经》）。这种嗟人世之多忧，见草木而生羡的情调，常为后世诗人所承袭。

匪风　《诗经·桧风》篇名。《诗序》认为“《匪风》，思周道也。国小政乱，忧及祸难，而思周道焉”。味诗意，当是游子思乡之诗。共三章，每章四句。前两句赋体，突兀而起，渲染风起尘扬，车马疾驶，飘零异乡，难抑归思之况。末章反用兴法，淋漓尽致。清姚际恒认为首章“起得飘忽”，末章“风致绝胜”(《诗经通论》)。

蜉蝣　《诗经·曹风》篇名。《诗序》认为“《蜉蝣》，刺奢也。昭公国小而迫，无法以自守，好奢而任小人，将无所依焉”。味诗意，当是叹息人生短促之诗。共三章，每章四句。以蜉蝣朝生暮死起兴，比喻人生虽然美好，然而却很短暂。宋朱熹认为“此诗盖以时人有玩细娱而忘远虑者，故以蜉蝣为比而刺之”(《诗集传》)。

候人　《诗经·曹风》篇名。《诗序》认为“《候人》，刺近小人也。共公远君子，而好近小人焉”。据《左传·僖公二十八年》，晋文公“入曹，数之(指共公)以其不用僖负羁而乘轩者三百人也”。诗言“三百赤芾”，与史合。故当是讥刺新贵之诗。共四章，每章四句。首章用赋体，将作者的同情者和讥诮者一起拈出加以对比。二、三章改用兴法，以鹈鹕之不捕鱼，喻暴发户之不称职。末章又改用比法，以虹霓比喻新官颐指气使的气焰。章法灵活多变。清王先谦认为此诗“作诗本意，止于首尾一见，不著迹象，斯为立言之妙”(《诗三家义集疏》)。

鸤鸠　《诗经·曹风》篇名。《诗序》认为“《鸤鸠》，刺不壹也。在位无君子，用心之不壹也”。而通篇无刺义，清陈启源以为是“援古刺今”(《毛诗稽古编》)。而朱熹则以为是“美君子之用心均平专一”之诗(《诗集传》)，较合诗意。故当是赞美在位的君王之诗。共四章，每章六句。采用叠句形式，每章重复歌唱“其仪一兮”、“其带伊丝”、“其仪不忒”、“正是国人”，将“淑人君子”的形象渲染得更加鲜明。叠句是每章关键所在，使歌功颂德的意味更为强烈。

下泉　《诗经·曹风》篇名。《诗序》认为“《下泉》，思治也。曹人疾共公侵刻下民，不得其所，忧而思明王贤伯也”。朱熹则认为“王室陵夷，而小国困弊，故以寒泉下流而苞稂见伤为比，遂兴其忾然以念周京也”(《诗集传》)。明何楷认为是“曹人美晋荀跞纳敬王于成周而作”(《诗经世本古义》)。于史有征。共四章，每章四句。一唱三叹，格调十分低沉，寒泉浸稂，叹念周京，有不胜今昔盛衰之感。末章将笔调一转，写出一派生机勃勃景象。欲扬先抑、欲张先弛，将感情表现得详略分明，隐显得当。反面衬托、正面渲染都恰到好处。

七月　《诗经·豳风》篇名。《诗序》认为“《七月》，陈王业也。周公遭变，故陈后稷先公风化之所由，致王业之艰难也”。味诗旨，实是一首农事诗。描写一年的劳动和生活。共八章，每章十一句。按月历述农家生活，包括耕种收获、蚕桑染织、射猎擒兽、修葺房舍、节气物候、风俗典礼。各章参差错互，思绪深沉，格调哀婉。不着意构筑，信口而出，天真纯朴。陈子展谓“此诗可视为殷周之际奴隶制社会典型环境中之典型作品”(《诗经直解》)。

鸱鸮　《诗经·豳风》篇名。《诗序》认为“《鸱鸮》，周公救乱也。成王未知周公之志，公乃为诗以遗王，名之曰《鸱鸮》焉”。所据为《尚书·金縢》，未可尽信。其所寄托，颇难实指。全诗托之禽言，描述一母鸟育子修巢的辛勤劳瘁和目前处境的困苦危险。共四章，每章五句。三、四章连用九个“予”字，表现母鸟真挚的感情和急迫的处境。这种禽言诗的形式，通篇用兴法，对后代颇有影响，可称禽言诗之祖。清姚际恒谓四章“承上章‘予’字，二章逐句以之装首，奇文奇文”(《诗经通论》)。

东山　《诗经·豳风》篇名。《诗序》认为“《东山》，周公东征也。周公东征三年而归，劳归士，大夫美之，故作是诗也”。清崔述认为“此篇毫无称美周公一语，其非大夫所作显然；然亦非周公劳士之诗也。细玩其词，乃归士自叙其离合之情耳”(《丰镐考信录》)。其言颇合诗意，当是一久从征役士兵在归途中思家之诗。共四章，每章十二句。叙室家离合之情诚挚深切。情感的跳跃和递进构成了联系整部作品的中心线索。四章内容悲喜怅惧，浮想联翩，错综歌唱，音调铿锵。“我徂东山”以下四句在每章之首重复出现，形成伤感主题的反复咏叹。每章末尾收勒之笔将现实与想像、感情与理智交织一起。清王士禛认为此诗“写闺阁之致，远归之情，遂为六朝唐人之祖”(《渔洋诗话》)。

破斧　《诗经·豳风》篇名。《诗序》认为“《破斧》，美周公也。周大夫以恶四国焉。”郑玄笺云：“恶四国者，恶其流言毁周公也。”但细味全诗，似无赞美周公之意。近人闻一多认为是随周公东征的士卒喜获生还之诗(《风诗类钞》)。较合诗意。共三章，每章六句，只换三字，是重章叠唱式的诗篇。章法简单，情绪激昂，一唱三叹，生动地表现了士兵欢快庆幸的心情。全诗粗犷、率直、欢快。

伐柯 《诗经·豳风》篇名。《诗序》认为"《伐柯》，美周公也。周大夫刺朝廷之不知也"。但诗中不见赞美周公之意。所写只是求婚的方式，以伐柯比喻娶妻。共两章，每章四句。比喻颇为形象，以同类相求，贴切生动。

九罭 《诗经·豳风》篇名。《诗序》认为"《九罭》，美周公也。周大夫刺朝廷之不知也"。语近附会。近人闻一多认为"这是燕饮时主人所赋留客的诗"(《风诗类钞》)。颇符诗旨。共四章，首章四句，后三章每章三句。诗人以"九罭"自况，以"鳟鲂"、"鸿飞"兴客人，形象生动，富于幽默感。末章连用三个"兮"字，曼声长咏，情意深长，真挚动人。清姚际恒谓末章"忽入悲调，攀留情状如见"(《诗经通论》)。

狼跋 《诗经·豳风》篇名。《诗序》认为"《狼跋》，美周公也。周公摄政，远则四国流言，近则王不知，周大夫美其不失其圣也"。美诗而以狼起兴，明孙鑛以为是"反兴正承"(《批评诗经》)，但《诗经》他诗均无以丑兴美之例，故旧说可疑。细味诗意，当为讽刺贵族公孙之诗。共二章，每章四句。此诗运用较为隐蔽的冷嘲，末句以设问点出刺意，有形象、幽默之妙。

鹿鸣 《诗经·小雅》篇名。《诗序》认为"《鹿鸣》，燕群臣嘉宾也。既饮食之，又实币帛筐篚，以将其厚意，然后忠臣嘉宾得尽其心矣"。鲁诗视为刺诗，似与诗旨不合。共三章，每章八句。首章言奏乐，次章言饮酒，末章则并奏乐、饮酒而言之。情绪与气氛层层递进，至末章则达"和乐且湛"之高潮。层次井然。明孙鑛评为调则和平，意则浑融"(《批评诗经》)。古人常用于乡饮酒礼及燕礼之时。

四牡 《诗经·小雅》篇名。《诗序》认为"《四牡》，劳使臣之来也。有功而见知，则说矣"。清姚际恒、方玉润皆认为是"使臣自咏"(《诗经通论》、《诗经原始》)，颇合诗意。当是使臣思归之诗。共五章，每章五句。全诗反复感叹"岂不怀归，王事靡盬"、"不遑将父"，"不遑将母"，思归不得养之意既立。"四牡骓骓"的赋句和"翩翩者雏"的兴句皆能含情蓄意，表现诗人风尘仆仆的辛苦和进退维谷的矛盾心理。后世"忠孝不能两全"或即以此诗为滥觞。古人在燕礼、乡饮酒礼中歌此诗。

皇皇者华 《诗经·小雅》篇名。《诗序》认为"《皇皇者华》，君遣使臣也。送之以礼乐，言远而有光华也"。味诗意，当为使臣外出调查、采访之诗，且系使臣途中自咏。共五章，每章四句。全诗婉而不迫，用词明丽，格调高朗，重章叠唱，展示了一幅意气风发的出使图。二至五章每章只换三、四字，反复吟咏马的高骏、缰绳之称手及对出访民间充满自信和责任感。古人在乡饮酒礼、燕礼上常歌此诗。

常棣 《诗经·小雅》篇名。《诗序》认为"《常棣》，燕兄弟也。闵管蔡之失道，故作《常棣》焉"。朱熹则认为是"燕兄弟之乐歌"。其说可从。作者有周公及厉王时召穆公虎二说。味诗意，当以后说为长。共八章，每章八句。首章以棠(常)棣之花起兴，形象鲜明，"凡今之人，莫如兄弟"二句，直接点明主题。次三章言死丧相怀，急难相救，御侮相助，皆有待于兄弟，以强烈对比给人以深刻印象。第五章则反跌一层，感叹平安时兄弟反不如朋友者。末三章则又扬起，极言兄弟和睦之乐。前五章繁弦促节，多慷慨激昂之音；后三章轻拢慢捻，有洋洋盈耳之趣。明孙鑛评云："反复缕说，有抑扬，有顿挫，全以气骨胜。"(《批评诗经》)

伐木 《诗经·小雅》篇名。《诗序》认为"《伐木》，燕朋友故旧也。自天子至于庶人，未有不须友以成者。亲亲以睦，友贤不弃，不遗故旧，则民德归厚矣"。韩诗、鲁诗视其为刺诗(清王先谦《诗三家义集疏》)，但诗实无刺意。共三章，每章十二句。诗中"伐木丁丁，鸟鸣嘤嘤"、"出自幽谷，迁于乔木"等对偶句，结构整齐，变化和谐。又用排比手法，三章"有酒湑我，无酒酤我，坎坎鼓我，蹲蹲舞我"两句一排，共两排，整齐中又带错综之致，将亲朋欢宴气氛渲染得颇为热闹。

天保 《诗经·小雅》篇名。《诗序》认为"《天保》，下报上也。君能下下以成其政，臣能归美以报其上焉"。清姚际恒认为此是"臣致祝于君之词"(《诗经通论》)，其说可从。朱熹认为此诗为武王以后人所作(《诗集传》)。共六章，每章六句。诗人为歌功颂德，采用博喻手法，连用九个比喻："如山如阜，如冈如陵，如川之方至"，"如月之恒，如日之升，如南山之寿"，"如松柏之茂"，气势磅礴，联想丰富。明钟惺评云："前后九如字，笔端鼓舞，奇妙。"(《评点诗经》)明孙鑛评云："妙处全在重重复复上，惟如此，乃见臣子祝愿无已之意。悃诚殚竭，姿态横溢。"(《批评诗经》)

采薇 《诗经·小雅》篇名。《诗序》认为

“《采薇》，遣戍役也。文王之时，西有昆夷之患，北有猃狁之难。以天子之命，命将率遣戍役，以守卫中国。故歌《采薇》以遣之，《出车》以劳还，《杕杜》以勤归也”。清姚际恒、方玉润皆以为是戍役还归之诗（《诗经通论》、《诗经原始》），其说可从。当为戍边兵士还乡途中所作。共六章，每章八句。前三章言从军之苦、思家之切。四、五两章回忆久戍不归之苦。末章“昔我往矣，杨柳依依；今我来思，雨雪霏霏”，“以乐景写哀，以哀景写乐”（清王夫之《薑斋诗话》），效果更为强烈。晋谢玄甚至认为是《毛诗》中最佳之句（《世说新语》）。

出车　《诗经·小雅》篇名。《诗序》认为“《出车》，劳还率也”。实为随征将士描述征伐之诗。清方玉润认为是写征夫还的诗（《诗经原始》）。当是一位出征将士凯旋时所作之诗。三家诗认为作于宣王时，王国维更以金文证成其说。共六章，每章八句。后三章采用不少现成诗句。如四章“昔我往矣，黍稷方华。今我来思，雨雪载途”，袭用《采薇》末章；另五、六章中袭用《召南·草虫》和《豳风·七月》，实开后世集句之风。

杕杜　《诗经·小雅》篇名。《诗序》认为“《杕杜》，劳还役也”。齐诗认为是刺繇役繁重之诗（清王先谦《诗三家义集疏》）。清方玉润认为“此诗本室家思其夫归而未即归之词”（《诗经原始》）。其说可从。当是一妇女思念久役未归丈夫之诗。共四章，每章七句。前三章皆思妇想像之辞。首章由季节变迁想像战事应该结束，二章想像暮春丈夫当在归途，三章想像丈夫离家已近、不日可归，然丈夫终久盼而不至，末章叙诗人在无可奈何中求助卜筮而得吉兆。人物心情曲折而淋漓尽致地表达出来。明孙鑛评云：“只是妇女思征夫一意，然却俱是郎归意。”（《批评诗经》）足见构思之巧妙，想像之丰富。

鱼丽　《诗经·小雅》篇名。《诗序》认为“《鱼丽》，美万物盛多能备礼也。文武以《天保》以上治内，《采薇》以下治外，始于忧勤，终于逸乐。故美万物盛多，可以告于神明也”。朱熹认为“此燕飨通用之乐歌”（《诗集传》）。其说可从。共六章，句法参差。前三章，每章四句，且有二字、三字、四字等句式，显得参差错落，充满欢乐气息。后三章一变为每章两句，节奏放慢，曼声骀荡，洋溢酒醉饭饱、鼓腹而歌的满意之情。古人乡饮酒礼和燕礼上常歌此诗。

南有嘉鱼　《诗经·小雅》篇名。《诗序》认为“《南有嘉鱼》，乐与贤也。太平君子至诚，乐与贤者共之也”。郑玄笺谓“乐得贤者，与共立于朝，相燕乐也”。朱熹认为“此亦燕飨通用之乐”（《诗集传》），其说可从。此诗主要歌唱宾客之欢乐。疑为乐工所作。共四章，每章四句。前两章用赋法，后两章改兴体。据《仪礼·乡饮酒礼》，此诗用于宴会歌唱。其音乐的意义当更甚于文学。明孙鑛评云：“但透出‘嘉宾’字耳，然不透固有酝藉。”（《批评诗经》）

南山有台　《诗经·小雅》篇名。《诗序》认为“《南山有台》，乐得贤也。得贤则能为邦家立太平之基矣”。朱熹则认为“此亦燕飨通用之乐”（《诗集传》），其说可从。当是为统治者颂德祝寿之诗。共五章，每章六句。每章首两句皆为含比义之兴。郑玄笺云：“兴者，山之有草木以自覆盖，成其高大，喻人君有贤臣以自尊显。”颇得诗旨。每章后四句皆为歌功颂德和祝寿之辞，仅末章“保艾尔后”为祝其后继有人。此类下祝上之诗，开后世献颂文体先河。明孙鑛评云：“可谓极其祝颂，然总不出德、寿、后人三意，而所重似尤在德。”（《批评诗经》）

蓼萧　《诗经·小雅》篇名。《诗序》认为“《蓼萧》，泽及四海也”。孔疏及清陈启源《毛诗稽古编》皆认为是周公辅成王时之诗，恐不足信。朱熹认为“诸侯朝于天子，天子与之燕，以示慈惠，故歌此诗”（《诗集传》），亦无确据。近人吴闿生认为“据词当是诸侯颂美天子之作”（《诗义会通》），较近诗旨。共四章，每章六句。首章实写宴会情景，渲染和睦亲密气氛。次两章“为龙为光”、“宜兄宜弟”则是虚写，既颂天子之德，又显示了自己身份。末章拓开一笔，实写天子车乘，场面宏大，歌颂之意又进一层。虚实相间，同主题配合默契。明孙鑛评云：“写一时欢乐光景，蔼然可味。首章点得透快。二、三章归之德，是诗骨。末章借车马写意。陡发而缓收，正是顿挫。”（《批评诗经》）

湛露　《诗经·小雅》篇名。《诗序》认为“《湛露》，天子燕诸侯也”。《左传·文公四年》记宁武子云：“昔诸侯朝正于王，王宴乐之，于是乎赋《湛露》，则天子当阳，诸侯用命也。”当为《诗序》所本。共四章，每章四句。前两章写劝酒，后两章为褒美。语气和善，尤其“不醉无归”一句，毫无君臣间庄严肃穆气氛，有亲切感。

彤弓　《诗经·小雅》篇名。《诗序》认为“《彤弓》，天子锡有功诸侯也”。郑玄笺云：“诸侯敌王所忾而献其功，王飨礼之，于是赐彤弓一、彤矢百、玈弓矢千。凡诸侯，赐弓矢然后专征伐。”朱熹认为“此天子燕有功诸侯，而锡以弓矢之乐歌”(《诗集传》)。较得诗旨。共三章，每章六句。宋吕祖谦云：“‘受言藏之’言其重也。弓人所献，藏之王府以待有功，不敢轻与人也。‘中心贶之’言其诚也。中心实欲贶之，非由外也。‘一朝飨之’言其速也。以王府宝藏之弓，一朝举以畀人，未尝有迟留顾惜之意也。”(《吕氏家塾读诗记》)其言说出了诗所表现的主人的心理活动。

菁菁者莪 《诗经·小雅》篇名。《诗序》认为“《菁菁者莪》，乐育材也。君子能长育人材，则天下喜乐之矣”。朱熹在《诗集传》中云“此亦燕饮宾客之诗”，而作《白鹿洞赋》，用此诗之典则从《诗序》之说，且云“旧说亦不可废”。味诗意，当为一深受贵族栽培与赏赐之人所作，以表示学有榜样的喜悦之情。共四章，每章四句。首三章皆以菁莪起兴，以表对“君子”栽培的感激。末章忽换以杨舟浮沉起兴，当是原有“惧不见用”之虑，见君子后始解其忧。细加体会，可知诗人心情的微妙变化(参宋范处义《诗补传》说)。

六月 《诗经·小雅》篇名。《诗序》认为“《六月》，宣王北伐也”。朱熹认为宣王命尹吉甫帅师伐猃狁，有功而归，诗人作歌以叙其事如此(《诗集传》)。清姚际恒认为“此篇系吉甫有功而归，燕饮诸友，诗人美之而作”(《诗经通论》)，较得诗旨。作者塑造了能文能武的吉甫形象。描写其面对外敌入侵的紧张筹画，对于战事的严肃认真。诗中对敌人气焰之盛和王师军容之盛的刻画更突出吉甫克敌制胜的才略。近人吴闿生《诗义会通》引旧评云：“通篇俱摹写‘文武’二字，至末始行点出。‘吉甫燕喜’以下，余霞成绮，变卓荦为纡徐。末赞张仲，正为吉甫添豪。”

采芑 《诗经·小雅》篇名。《诗序》认为“《采芑》，宣王南征也”。清方玉润认为是“南人美方叔威服蛮荆也”(《诗经原始》)。其说可从。共四章，每章十二句。前三章皆言王师军容之盛，大将节制之严，无一字及荆蛮，但为后文作了铺垫，末章方入正题，针对荆蛮，令其归服。清方玉润云：“全篇前路闲闲，后乃警策动人，然制胜全在先为不可胜以待敌之可胜，故不战而已屈人之师。”(《诗经原始》)指出了谋篇布局之妙。

车攻 《诗经·小雅》篇名。《诗序》认为“《车攻》，宣王复古也。宣王能内修政事，外攘夷狄，复文武之境土。修车马，备器械，复会诸侯于东都，因田猎而选车徒焉”。其说可从。当为叙宣王于东都会诸侯举行田猎之诗。共八章，每章四句。首两章言修整车马至圃田狩猎。三、四章述猎于敖山，点明诸侯会同，并描写其服饰位次。五至七章写射箭工具、射御技术，猎后收获及严肃气象。末赞宣王会同的成功。描述大规模狩猎场面，言简意赅。秦献公时《石鼓文》于此诗词句多有因袭。清方玉润评云：“马鸣二语，写出大营严肃气象，是猎后光景。杜诗‘落日照大旗，马鸣风萧萧’本此”(《诗经原始》)。可见其魅力。

吉日 《诗经·小雅》篇名。《诗序》认为“《吉日》，美宣王田也。能慎微接下，无不自尽以奉其上焉”。清陈奂云：“《车攻》会诸侯而遂田猎，《吉日》则专美宣王田也。一在东都，一在西都。”(《诗毛氏传疏》)其说可从。共四章，每章六句。一、二章叙猎前，三、四章叙猎时，末章末二句叙猎后。结构严整，井井有条，场面、气象虽不及《车攻》宏伟壮观，却也真实传神。明孙鑛评云：“意态好，悠悠自在，淡以为浓。”(《批评诗经》)

鸿雁 《诗经·小雅》篇名。《诗序》认为“《鸿雁》，美宣王也。万民离散，不安其居，而能劳来、还定、安集之。至于矜寡，无不得其所焉”。颇为牵强。朱熹则认为“流民以鸿雁哀鸣自比而作此歌”(《诗集传》)，实得诗旨。当为流民自叙悲苦之诗。共三章，每章六句。以鸿雁起兴，颇切合流民身分。首章言流民茫然徘徊于原野之上。次章以鸿雁集于中泽，兴流民筑室以居，虽劳苦而终获安定之所。末章以鸿雁之哀鸣兴流民之呼号。语言准确、形象。明钟惺评云：“哀鸣在中泽后，所谓痛定思痛也。”(《评点诗经》)

庭燎 《诗经·小雅》篇名。《诗序》认为“《庭燎》，美宣王也，因以箴之”。郑玄笺云：“诸侯将朝，宣王以夜未央之时问夜早晚。美者，美其能自勤以政事。因以箴者，王有鸡人之官，凡国事为期，则告之以时。王不正其官，而问夜早晚。”鲁诗谓宣王中年怠政，早朝晏起，姜后脱簪待罪，宣王纳谏改过(清王先谦《诗三家义集疏》)。诸说皆可参。共三章，每章五句。各章均用设问开头，突兀而起。三章虽只一意，却层层递进，直至辨色视朝之时方止。通篇皆赋体，全用白描。王夫之《诗绎》评曰：“庭燎有辉，乡晨之景莫妙于此。晨色渐明，赤光杂烟而叆叇，但以'有辉'二字写之。"乃指出此诗写景之妙。

沔水 《诗经·小雅》篇名。《诗序》认为"《沔水》,规宣王也"。清王先谦认为"通篇意恉,非对王之词"(《诗三家义集疏》)。朱熹则认为"此忧乱之诗"(《诗集传》)。颇合诗旨。当为忧乱畏谗而诫友之诗。共三章,二章八句,一章六句。初因乱不止而忧父母,继以国事不安而忧不止,终以忧谗畏讥而告诸友。笔端跳跃,无迹可寻,反映出诗人因祸乱而心绪不宁之心理状态。明钟惺评云:"'谁无父母'四字,词微意苦,可思可涕。"(《评点诗经》)

鹤鸣 《诗经·小雅》篇名。《诗序》认为"《鹤鸣》,诲宣王也"。郑玄笺云:"教宣王求贤人之未仕者。"朱熹则谓"此诗之作,不可知其所由,然必陈善纳诲之词也"(《诗集传》)。《序》说颇可参考,主要抒写招致人才为国所用的主张。共二章,每章九句。通篇用比兴。以鹤、鱼、檀、石喻贤人。清方玉润云:"'园'字是全诗眼目,前后景物皆园中所有。"这种通篇比兴、托以寓意的艺术手法,对后世影响甚大。清王夫之《夕堂永日绪论》云:"《小雅·鹤鸣》之诗全用比体,不道破一句,《三百篇》中创调也。要以俯仰物理而咏叹之,用见理随物显,惟人所感,皆可类通。而非有所指斥一人一事,不敢明言而姑为隐语也。"

祈父 《诗经·小雅》篇名。《诗序》认为"《祈父》,刺宣王也"。郑玄笺云:"此勇力之士责司马之辞也。"其说可从。共三章,每章四句。首两章责其使自己无所适从,处于忧患境地。末章责其不体下情。每章开首皆呼祈父,抒写不平之气。清姚际恒谓:"三呼而责,末始露情"(《诗经通论》)。明钟惺亦谓"三呼祈父,已见其不聪矣"(《古诗归》)。皆指出此诗呼告修辞的作用。

白驹 《诗经·小雅》篇名。《诗序》认为"《白驹》,大夫刺宣王也"。郑玄笺云:"刺其不能留贤也。"鲁诗则谓:"白驹者,失朋友之所作也。"韩诗亦认为是朋友离思之作(清王先谦《诗三家义集疏》)。朱熹则谓"为此诗者以贤者之去而不可留也,故托以其所乘之驹食我场苗而絷维之,庶几以永今朝"(《诗集传》),实得诗旨。共四章,每章六句。前三章是客未去而挽留,后一章是客已去而相忆。诗中有主、客两个人物形象。客人德高才大,宜为公侯,然生于乱世,遂思遁世;主人则殷勤待客,拴马留宾,劝勿避世,并望其再来。明孙鑛评云:"写依依不忍舍之意,温然可念,风致最有余。"(《批评诗经》)

黄鸟 《诗经·小雅》篇名。《诗序》认为"《黄鸟》,刺宣王也"。郑玄笺云:"刺其以阴礼教亲而不至,联兄弟之不固。"毛传又认为是妇人之作。似均无据。朱熹《诗集传》曰:"民适异国,不得其所,故作此诗。"实得诗旨。当是流亡异国者思归之诗。共三章,每章七句。托黄鸟起兴,喻此邦之人恶如黄鸟,不可与处,不如归去为佳。感情充沛,语言质朴,表达之意与《魏风·硕鼠》相反,但谋篇布局、遣词造句可称酷肖。明孙鑛谓此篇及《白驹》"与《风》无异,不知何以谓之《雅》"(《批评诗经》)。

我行其野 《诗经·小雅》篇名。《诗序》认为"《我行其野》,刺宣王也"。郑玄笺云:"刺其不正嫁娶之数,而有荒政,多淫昏之俗。"朱熹则谓"民适异国,依其婚姻而不见收恤,故作此诗"(《诗集传》)。均与诗旨不合。郑玄笺云:"男女失道,以求外昏,弃其旧姻而相怨。"实得诗旨。当是一位远嫁异国而遭遗弃的妇女所作。共三章,每章六句。以恶木、恶菜起兴,孔颖达疏引王肃云:"行遇恶木,言己适人遇恶人也。"此用象征手法,恰与诗人情、意融合无间。

斯干 《诗经·小雅》篇名。《诗序》认为"《斯干》,宣王考室也"。郑玄笺云:"考,成也。""宣王于是筑宫庙群寝,既成而衅之,歌《斯干》之诗以落之,此之谓成室。宗庙成,则又祭祀先祖。"当是歌颂周王宫室落成之诗。汉人多认为乃宣王时作品,或有所据。共九章,四章七句,五章五句。首叙山水竹木之美,兄弟家族之和。次述建筑之事,分述结构之坚固,外观之壮美,气象之深邃。后四章皆祝祷之辞,言室成迁入之后将生男育女,贵为公侯,富贵之极。多用叠字、比喻,生动形象。铺叙有条不紊。明孙鑛评云:"简而浓,华而不骋,有境有态。读此便觉《灵光》、《景福》俱赘"(《批评诗经》)。

无羊 《诗经·小雅》篇名。《诗序》认为"《无羊》,宣王考牧也"。郑玄笺云:"厉王之时,牧人之职废,宣王始兴而复之,至此而成,谓复先王牛羊之数。"朱熹则认为"此诗言牧事有成,而牛羊众多也"(《诗集传》)。当是叙贵族牲畜蕃盛之诗。共四章,每章八句。首章言牛羊之多。二章描述牛羊动态及牧人形象,虽似素描,却错落有致,恰如一幅"放牧图"。三章述牧人及牛羊夕归。末叙牧人之梦及其占卜。此诗状物之妙，体物之工，历来为人推崇。清王士禛《渔洋诗话》云："《小雅·无羊》之'或降于阿，或饮于池，或寝或讹。尔牧来思，何蓑何笠，或负其糇。''麾之以肱，毕来既升。'字字写生，恐史道硕、戴嵩画手擅场，未能如此极妍尽态也。"姚际恒评二、三章云："此两章是群牧图，或写物态，或写人情，深得人物两忘之妙"(《诗经通论》)。方玉润云："其体物入微处，有画手所不能到。""末章忽出奇幻，尤为匪夷所思。不知是真是梦，真化工之笔也。"(《诗经原始》)

节南山 《诗经·小雅》篇名。《诗序》认为"《节南山》，家父刺幽王也"。郑玄笺云："家父，字，周大夫也。"朱熹认为"此诗家父所作，刺王用尹氏以致乱"。其说可从。当是家父斥责执政者尹氏为政不平之诗。诗中"南山"即终南山，故此诗当产生于西周。共十章，六章八句，四章四句。诗中往往用反意斥责，斥其人却颂其职，效果更为强烈。语言上多呼告之辞，屡言"昊天"，结构上也别具匠心。清胡承珙《毛诗后笺》引许白云《诗钞》云："此诗刺王用尹氏，前九章惟极言尹氏之罪，而卒章以言归之王心，则轻重本末自见。此家父之善于辞也。"

正月 《诗经·小雅》篇名。《诗序》认为"《正月》，大夫刺幽王也"。其说可从。当是周大夫怨刺幽王，忧国忧民，自伤孤立无援之诗。前人据诗之内容及有关史料，断为幽王后期之诗(朱熹《诗集传》、陈启源《毛诗稽古编》)。共十三章，八章八句，五章六句。诗人处于是非不明、贤不肖不分、虺蜴当道、谣言四起之时，同情人民不幸，痛恨小人骄奢淫佚，嗟叹生之不辰，孤独无援，为之忧伤苦闷。多譬善喻，抒写胸中郁结，所用比喻皆生动确切而富有说服力。明孙鑛评云："是深悲极怨之调，新意层出，愈说愈不能尽。"(《批评诗经》)

十月之交 《诗经·小雅》篇名。《诗序》认为"《十月之交》，大夫刺幽王也"。当是周大夫讽刺幽王宠褒姒、用小人，致有天灾人祸之诗。由首章的日食记载，推知作于幽王六年(前776)。反映了西周末年政治情况与自然灾异。共八章，每章八句。首言有日食、月食、雷电、地震等灾异，乃上之丑，民之哀，政之失。次言小人当政，艳妻邀宠，民怨皇父，而皇父只知自营私邑，搜罗财富。最后诗人表明自己虽劳王事而被谗，但仍决心安命尽职的态度。语言鲜明、生动，如"百川沸腾，山冢崒崩。高岸为谷，深谷为陵"，将地震时的景象描摹得形象逼真。

雨无正 《诗经·小雅》篇名。《诗序》认为"《雨无正》，大夫刺幽王也。雨自上下者也。众多如雨，而非所以为政也"。朱熹则认为非幽王时诗，疑周东迁后之诗，云："此时饥馑之后，群臣离散，其不去者，作诗以责去者。"(《诗集传》)味诗意，当是一侍御大夫讽刺周王及群臣误国之诗。共七章，每章六至十句。起句"浩浩昊天，不骏其德"，宏壮而奇峻，结语"昔尔出居，谁从作尔室"，陡峭而暗藏机锋。诗人之眷眷忠心，亦赫然可见。明钟惺评云："读此诗使人不忍说明哲二字。君子处乱世，身在世外，方可用明哲二字。若身在事中，惟用得一敬字耳。除此则苟免矣。"(《评点诗经》)

小旻 《诗经·小雅》篇名。《诗序》认为"《小旻》，大夫刺幽王也"。郑玄笺则谓刺厉王。朱熹认为"大夫以王惑于邪谋，不能断以从善，而作此诗"(《诗集传》)。其说可从。共六章，三章八句，三章七句。首章"谋犹回遹"一句贯串全篇，主题鲜明，结构完整。末章全用比喻，谓暴虎冯河仅危及一身，而为政邪僻将祸延全国。以临深履薄、战战兢兢比喻自己深忧亡国之心。

小宛 《诗经·小雅》篇名。《诗序》认为"《小宛》，大夫刺幽王也"。郑玄笺则谓"亦当为刺厉王"。似皆笼统无据。朱熹则认为"此大夫遭时之乱，而兄弟相戒以免祸之诗"(《诗集传》)，其说可从。共六章，每章六句。诗中多用比兴。首章以鸣鸠尾短形小，却能高飞摩天，兴己之位卑志大，愿继祖先德业之志。三章采双兴形式，以"中原有菽，庶民采之"及"螟蛉有子，蜾蠃负之"兴权势财富皆无常主。四章以鹡鸰之载飞载鸣兴兄弟之远行。五章以桑扈之循场啄粟兴穷苦寡财的自己将陷于牢狱，可称反兴。末章连用鸟之集木，如临深谷，如履薄冰三喻写处乱世惧祸之心。其比兴颇具特色。用词准确简明。

小弁 《诗经·小雅》篇名。《诗序》认为"《小弁》，刺幽王也。太子之傅作焉"。毛传云："幽王取申女，生太子宜咎。又说褒姒，生子伯服，立以为后，而放宜咎，将杀之。"鲁诗与齐诗认为是宣王时尹吉甫之子伯奇为后母所谮，为父放逐而作(清王先谦《诗三家义集疏》)。近人闻一多则以为是"妻不见答之诗"(《诗经通义》)。味诗意，以幽王太子宜臼作之说为长(清姚际恒《诗经通论》)。共八章，每章八句。首章以呼天自诉总起。二章接写去国景象之触目惊心，为三章的入题，渲染气氛。三章乃全诗中心，点明失去双亲而无所归依之悲。四、五章以舟流无止，鹿奔觅群，坏木无枝，雉鸣求偶为譬，以抒写被逐失亲之忧苦。六、七章用比兴反跌形容父亲的寡恩，整中有散，正中寓奇。全诗哀婉痛切，情文并茂，令人为之动容。明孙鑛评云："说诗最苦切，真出于中心之恻怛，语语割肠裂肝，此所谓情来之调。"（《批评诗经》）清方玉润则赞之为"离奇变幻，令人莫测"（《诗经原始》）。

巧言　《诗经·小雅》篇名。《诗序》认为"《巧言》，刺幽王也。大夫伤于谗，故作是诗也"。当是讽刺周王听信谗言，放任谗人祸国乱政之诗。共六章，每章八句。前三章刺王，述其听信巧言，以致乱政，使正直之人遭殃，自己也难以幸免。后三章刺谗人。一面希望君王应善辨是非，莫信巧言，一面斥责巧言者口不从心，言行不一，最后用呵斥口吻，语气愈逼愈紧，活画出巧言者丑恶形象。诗中言"乱"者十，言"君子"者七，可见其中心思想所在，清胡承珙云："其词屡言'乱'者，而深望君子能察而止之"（《毛诗后笺》）。诗中善用"对喻"，如"荏染柔木，君子树之；往来行言，心焉数之"，喻意明显，既有说服力，又给人美的感受。

何人斯　《诗经·小雅》篇名。《诗序》认为"《何人斯》，苏公刺暴公也。暴公为卿士，而谮苏公焉，故苏公作是诗以绝之"。朱熹依旧说为释，而又谓"旧说于诗无明文可考，未敢信其必然"（《诗集传》）。味诗意，当是一首绝交诗。共八章，每章六句。前四章指出某人心深难察，过门不入，不入唁我，不见其身，行踪诡秘，怪其不来见。五、六章再责其自朝廷还时亦过门不入。由称"何人"改称"尔"，似直斥，意更进一层。七章作了今昔对比，昔亲如兄弟，今却欲加诅咒。末章叙作诗之由。诗人婉转斥责，而愤怒之情，溢于言表。明钟惺评为："模写暴公百千闪烁，著骨著髓，只一个内惭耳。微辞缓调，无可藏身，真甚于豺虎有北之投矣。"（《评点诗经》）

巷伯　《诗经·小雅》篇名。《诗序》认为"《巷伯》，刺幽王也。寺人伤于谗，故作是诗也。巷伯，奄官也"。朱熹谓"时有遭谗而被宫刑为巷伯者作此诗"（《诗集传》）。其说可从。当是寺人孟子因谗受刑，发泄愤怒之诗。巷伯，乃寺人孟子之官名。共七章，首四章每章四句，第五章五句，第六章八句，末章六句。首两章责谗人，用织锦喻其巧于罗织罪名，用南箕张口喻谗人巧于搬弄是非。次两章言谮人者将自食恶果。五章吁天而诉，六章用示现手法，言谮人者"豺虎不食"，"有北不受"。末章言作诗旨意，并自具名。诗人愤怒之情，溢于言表。人们常引此诗为《诗经》并不总是"温柔敦厚"之一例。

谷风　《诗经·小雅》篇名。《诗序》认为"《谷风》，刺幽王也。天下俗薄，朋友道绝焉"。朱熹即认为"此朋友相怨之诗"（《诗集传》）。今人陈子展疑为弃妇之词（《诗经直解》）。此诗风格绝类《国风》，故清龚橙视之为"西周民风"（《诗本谊》）。共三章，每章六句。首章以习习不断之风，继之以雨，喻连变恐惧之时，同患难，安乐时却相弃。二、三章分别以暴风、大风摧物，草木尽死，加重语意。三章一意，采用层递的修辞手法。

蓼莪　《诗经·小雅》篇名。《诗序》认为"《蓼莪》，刺幽王也。民人劳苦，孝子不得终养尔"。郑玄笺云："不得终养者，二亲病亡之时，时在役所，不得见也。"当是反映百姓苦于兵役，悼念父母之诗。共六章。首两章每章四句，三、四章每章八句，末两章每章四句。首两章双譬作起，引出"哀哀父母，生我劬劳"、"哀哀父母，生我劳瘁"，以领起全诗。三章以瓶罄起兴，以维罍之耻喻父母死而己独生为可耻。四章用"赋"的手法具体写父母的"劬劳"和"劳瘁"。连用九个"我"字，清人姚际恒谓"勾人泪眼全在此无数'我'字"（《诗经通论》）。末两章以"南山"和"飘风"起兴，以南山的苦寒衬托自己失去父母的痛苦。诗中的亲子之情富于感染力。晋代的王裒，父亲为司马昭所害；南齐的顾欢，自幼失去双亲，二人读此诗皆痛哭不止，他们的学生也因此废此诗不读。可见其感人之深。

大东　《诗经·小雅》篇名。《诗序》认为"《大东》，刺乱也。东国困于役而伤于财，谭大夫作是诗以告病焉"。当是东方诸侯国臣民讽刺西周王室剥削、奴役之诗。共七章，每章八句。言东方诸国布帛等财物被搜刮殆尽，百姓劳苦，东、西人之间存在种种不平等待遇。其中自第五章至篇末的描写最为奇特，由东、西人生活的悬殊转至夜观天象，触景生情，呼天而问，以泄胸中积愤。历数诸星之有名无实，以斥王室。诗中赋、比、兴错综运用，诗人"奇情纵恣，光怪陆离，得未曾有"（清方玉润《诗经原始》）。明钟惺评曰："想头甚奇，出语似谑，颠倒淋漓，变幻鼓舞，只是穷极呼天常态，生出许多波澜耳。不必明解，不必深求，如痴人说梦也。"（《评点诗经》）

四月 《诗经·小雅》篇名。《诗序》认为“《四月》,大夫刺幽王也。在位贪残,下国构祸,怨乱并兴焉”。朱熹则认为是“遭乱自伤之诗”(《诗集传》)。明朱善认为这是“大夫行役而忧时之乱,惧及其祸之辞”(《诗解颐》)。颇得诗意。共八章,每章四句。诗人由夏及秋,由秋及冬,长期行役在外,受尽寒暑暴风之苦,再加江汉泉水等景物触动,不免触景生情,起伤时伤己之感。其中第七章全用比兴,以鸢飞鱼潜反衬己无法逃避之况。诗中每章首两句皆用兴,贴切自如,写出了风物的凄凉和内心的悲苦。

北山 《诗经·小雅》篇名。《诗序》认为“《北山》,大夫刺幽王也。役使不均,己劳于从事,而不得养其父母焉”。朱熹亦认为“大夫行役而作此诗”(《诗集传》)。清姚际恒据诗中“偕偕士子”、“大夫不均”之句定为“为士者所作以怨大夫”(《诗经通论》),实得诗旨。当为士子怨恨大夫分配工作劳逸不均之诗。主要反映当时统治者内部之矛盾。共六章,首三章每章六句,末三章每章四句。首言登高望家,因王事勤劳,不得养父母。次述同居王土,同为王臣,何以大夫分配不均,使我独为劳苦。继而揣测不均之故。最后以劳逸、苦乐、善恶、是非,两两相形,连用十二“或”字,成六组对比,充分抒发胸中不平之气。对比之后,全诗戛然而止,结束在情感爆发的最高点。清姚际恒称此诗“‘或’字作十二叠,甚奇。末更无收结,尤奇”(《诗经通论》)。

无将大车 《诗经·小雅》篇名。《诗序》认为“《无将大车》,大夫悔将小人也”。但诗中不见悔意。朱熹认为“此亦行役劳苦而忧思者之作”(《诗集传》)。清姚际恒则认为是“贤者伤乱世、忧思百出”之诗(《诗经通论》)。其说可从,当是一没落贵族感时伤乱之作。当作于幽王时。共三章,每章四句。各章中只换几字,层层递进,有类《国风》。首章“尘”,指推大车会惹尘土,“疧”指多忧会致病,皆笼统言之。二章换为“冥冥”、“颎”,较前章更为具体。三章用“雝”,形容尘土蔽塞路途;用“重”,指忧愁使人得浮肿病,较上章之“颎”(儆戒)程度更甚。可见诗人忧思之深。

小明 《诗经·小雅》篇名。《诗序》认为“《小明》,大夫悔仕于乱世也”。而诗中有勉人在位认真负责之意,实无悔仕之意。朱熹认为“大夫以二月西征,至于岁莫而未得归,故呼天而诉之,复念其僚友之处者,且自言其畏罪而不敢归也”(《诗集传》)。当是一官吏自述久役思归、忧时怀友之诗。诗人行役至“艽野”(荒凉边疆),历经苦难,而作此诗。共五章,前三章每章十二句,后二章每章六句。前三章感叹其苦于久役,政事繁多,生活艰苦,虽怀归而不可得。念友至“涕零如雨”,却也无法与之安居。后两章只得勉励其友居安思危,谨慎处世。通过心理活动的抒写,描绘了一个牢骚满腹而又谨小慎微的官吏形象。明孙鑛评曰:“缠绵作絮语,攒簇得意态浓至,意最忠恳。”(《批评诗经》)然末两章遣词颇显枯燥。

鼓钟 《诗经·小雅》篇名。《诗序》认为“《鼓钟》,刺幽王也”。郑玄认为此诗为昭王时所作(孔颖达疏引郑玄《中候握河纪》注)。朱熹认为“此诗之义未详”,而引王安石曰:“幽王鼓钟淮水之上,为流连之乐,久而忘反。闻者忧伤,而思古之君子不能忘也”(《诗集传》)。清方玉润认为“此诗循文案义,自是作乐淮上,然不知其为何时、何代、何王、何事”,“玩其词意,极为叹美周乐之盛,不禁有怀在昔淑人君子德不可忘,而至于忧心且伤也”(《诗经原始》)。其说近是。当为诗人于淮水上重观周乐,欣慕古圣贤造乐之功而作。共四章,每章五句。前三章述由听乐而心伤,而思古之贤人。末章详述演奏场面,写出了各种乐器的声音。明孙鑛评云:“写奏乐绝妙,直画出音来。凡乐奏皆以钟为纲领,诸音随之,而磬乃齐其节,所谓金声玉振。”(《批评诗经》)

楚茨 《诗经·小雅》篇名。《诗序》认为“《楚茨》,刺幽王也。政烦赋重,田莱多荒,饥馑降丧,民卒流亡,祭祀不飨,故君子思古焉”。朱熹《诗序辨说》非之,认为“此诗述公卿有田禄者力于农事,以奉其宗庙之祭”(《诗集传》)。明何楷《诗经世本古义》、清范家相《诗瀋》、胡承珙《毛诗后笺》皆认为是周王祭祀祖先之乐,其说可从。共六章,每章十二句。此诗虽为祭歌,但描写景物颇为形象,其中写同姓私宴场面也有声有色。全篇辞气详和,多肃穆而少缠绵。明孙鑛评云:“气格闳丽,结构严整,写祀事如仪注,庄敬诚孝之意俨然。纯用白描,手法高超。有境有态,而精语险句,更层见错出,极情文条理之妙。”(《批评诗经》)详述仪节,悉合《仪礼》,也颇具史料价值。

信南山 《诗经·小雅》篇名。《诗序》认为“《信南山》,刺幽王也。不能修成王之业,疆理天下,以奉禹功,故君子思古焉”。然诗中不见刺意。清姚际恒认为是“王者烝祭岁”(冬祭)之诗(《诗经通论》),其说可从。当为周王冬季祭祖祈福之乐。共六章,每章六句。首章写田事,次章写雨雪,三章才写祀事。田亩整齐,风调雨顺,乃是丰收之兆,而丰收正是祭祖祈佑的目的。看似闲笔,却与祭祀密切相关。全诗先从写景入手,在祭祖的肃穆中掺入一丝灵动,得免祭祀诗板滞之病。

甫田 《诗经·小雅》篇名。《诗序》认为"《甫田》,刺幽王也。君子伤今而思古焉"。朱熹《诗序辨说》驳云:"此序专以'自古有年'生说,而不察其下文。'今适南亩'以下,亦未尝不有年也。"味诗意,当为周王祭祀土地神、四方神和农神的乐歌。共四章,每章十句。首章泛言农事,次章述祭方(四方神)、社(土地神)、田祖(农神)以求丰年,三章重言农事,末章言终获丰收,乃神灵之赐。全诗有三章言农事,而不及祭祀,看似题外之言,皆围绕祀神这一中心展开,可称形散神聚。清方玉润评云:"全篇章法一线,妥贴周密,神不外散。"(《诗经原始》)

大田 《诗经·小雅》篇名。《诗序》认为"《大田》,刺幽王也。言矜寡不能自存焉"。朱熹驳云:"此序专以'寡妇之利'一句生说。"(《诗序辨说》)味诗意,当是周王祭祀田祖而祈年之诗。是研究古代土地制度、农业生产、生产关系等的重要史料。共四章。首二章每章八句,末二章每章九句。首章言春时选种、备械、播种,次章述除草、去虫,三章描绘丰收,末章言丰收后的祭祀祈福。清方玉润评云:"描摹多稼,纯从旁面烘托。闲情别致,令人想见田家乐趣,有画图所不能到者。"(《诗经原始》)

瞻彼洛矣 《诗经·小雅》篇名。《诗序》认为"《瞻彼洛矣》,刺幽王也。思古明王能爵命诸侯,赏善罚恶焉"。朱熹则认为"此天子会诸侯于东都以讲武事,而诸侯美天子之诗"(《诗集传》),其说可从。共三章,每章六句。以"瞻彼洛矣,维水泱泱"写聚会诸侯之地;"韎韐有奭"、"鞞琫有珌"描绘"君子"的身分形态;"以作六师"、"保其家邦",说明聚会的目的。寥寥数语,极形象概括之致。明孙鑛评云:"姿态乃在韎韐、琫珌两语上。"(《批评诗经》)指出了此诗的艺术特点。

裳裳者华 《诗经·小雅》篇名。《诗序》认为"《裳裳者华》,刺幽王也。古之仕者世禄。小人在位,则谗谄并进,弃贤者之类,绝功臣之世焉"。朱熹则认为"此天子美诸侯之辞"(《诗集传》),其说可从。共四章,每章六句。首章言见到"之子"的欢愉,寓欢迎之意,次章赞美"之子"的才华,三章写"之子"所乘的车马,末章鼓励"之子"任用贤人,承其祖业。每章均用叠句表示强调,使章旨更明,且带有诚挚的感情色彩。末章叠词叠句尤多,有长声曼咏,一唱三叹之致。清方玉润评云:"似歌非歌,似谣非谣,理莹笔妙,自是名言。"(《诗经原始》)

桑扈 《诗经·小雅》篇名。《诗序》认为"《桑扈》,刺幽王也。君臣上下、动无礼文焉"。朱熹则认为"此亦天子燕诸侯之诗"(《诗集传》),其说可从。共四章,每章四句。首两章以桑扈有文采之羽毛,喻君子之才足以受福和安邦。兴中含比。三章以屏藩、楹柱象征诸侯保卫、建设国家的重任。末章言其诸侯举止文雅,亦足以受多福。语言具体形象,概括隽永。

鸳鸯 《诗经·小雅》篇名。《诗序》认为"《鸳鸯》,刺幽王也。思古明王交于万物有道,自奉养有节焉"。语颇穿凿。明何楷认为是"诗人追美其初婚"之诗,为幽王娶申后而作(《诗经世本古义》)。言初婚颇合诗旨,言幽王则证据不足。共四章,每章四句。首两章以鸳鸯雌雄同游,兴夫妇爱慕之情。后两章以摧秣乘马,兴结婚迎亲之礼。兴中带有象征意味,颇具特色。

頍弁 《诗经·小雅》篇名。《诗序》认为"《頍弁》,诸公刺幽王也。暴戾无亲,不能宴乐同姓,亲睦九族,孤危将亡,故作是诗也"。朱熹则认为"此亦燕兄弟亲戚之诗"(《诗集传》)。味诗意,当为周王宴兄弟亲戚之诗。共三章,每章十二句。诗中反映幽王时代国将亡时贵族的悲观情绪。宋严粲云:"上二章言族人以未见王为忧,既见王为喜。其辞犹缓也。末章言周亡无日,族人纵得见王,其能几乎?当急与族人饮酒相乐于今夕"(《诗缉》)。此诗虽为宴会诗,字里行间却透出贵族的忧国和及时行乐之心。明郝敬评云:"今夕何夕?死丧近矣;而君子惟怡然宴乐。长夜之饮不辍,来朝之事亦可知矣。如后世敌兵四合而帐中夜饮,亡国之惨,千古一辙","长歌可以当泣,其《頍弁》之谓乎。"(《毛诗原解》)

车舝 《诗经·小雅》篇名。《诗序》认为"《车舝》,大夫刺幽王也。褒姒嫉妒,无道,并进谗巧败国,德泽不加于民。周人思得贤女以配君子,故作是诗也"。朱熹则认为"此燕乐其新婚之诗"(《诗集传》)。味诗意,当是诗人在迎娶新娘途中所赋之诗。共五章,每章六句。首两章写往迎，三章为诗人在途中对新婚宴会的想像，末两章写归来。每章首两句皆为比兴。结构严整。“全诗章法皆灵”（清方玉润《诗经原始》）。

青蝇 《诗经·小雅》篇名。《诗序》认为“《青蝇》，大夫刺幽王也”。味诗意，当为斥责谗人害人祸国之诗。明何楷据焦延寿《易林·豫之困》“青蝇集藩，君子信谗，害贤伤忠，患生妇人”之语，谓此诗乃刺幽王信褒姒之谗而作（见《诗经世本古义》）。共三章，每章四句。首章诫君子“无信谗言”，次章则言谗言“交乱四国”，末章述虽同心如我二人者，亦为谗言所构。诗以“营营青蝇”喻谗言，由浅入深，层层递进，使人逐步感到信谗后果的严重。

宾之初筵 《诗经·小雅》篇名。《诗序》认为“《宾之初筵》，卫武公刺时也。幽王荒废，媟近小人，饮酒无度，天下化之。君臣上下，沉湎淫液。武公既入，而作是诗也”。当是讽刺统治者饮酒无度、失礼败德之诗。共五章，每章十四句。首两章正面描写大射燕饮的场面，用以衬托。后三章写饮酒无度，失仪败德。描述循序渐进，由未醉至既醉，由有礼至失仪，写醉态能抓住特征，层层深入，由初醉、甚醉至极醉，穷形尽相，活画出一幅醉客图。全诗用前后对比之法，布局巧妙。明孙鑛评云：“首两章述礼处甚浓古，三四章写醉态淋漓。”“构法匀整，后三章稍露跌荡。”（《批评诗经》）

鱼藻 《诗经·小雅》篇名。《诗序》认为“《鱼藻》，刺幽王也。言万物失其性，王居镐京，将不能以自乐，故君子思古之武王焉”。朱熹则认为“此天子燕诸侯，而诸侯美天子之诗也”（《诗集传》）。清方玉润则定为“镐民私幸周王都镐，而祝其永远在兹之词”（《诗经原始》）。味诗意，当是写周王朝建都镐京，饮酒作乐之诗。既云“王在镐”，当是西周作品。共三章，每章四句。首两章言王之在镐饮酒作乐，末章述王之在镐，居处安逸。诗中以鱼喻王，藻喻镐京。“鱼在在藻”、“王在在镐”，一句之中自问自答，在《诗经》中实为创格。

采菽 《诗经·小雅》篇名。《诗序》认为“《采菽》，刺幽王也。侮慢诸侯。诸侯来朝，不能锡命以礼，数征会之，而无信义，君子见微而思古焉”。清姚际恒则认为“大抵西周盛王，诸侯来朝，加以锡命之诗”（《诗经通论》）。其说可从。共五章，每章八句。多以山野之物起兴，清新雅淡，有类《国风》。叙“君子来朝”、“天子所予”之场面，又庄重典雅，确是《雅》诗风格。这种兴句与下文风格迥异的形式，清方玉润评为“事极典重而起极轻微”，故“非出自朝廷制作，乃草野歌咏其事而已”（《诗经原始》）。

角弓 《诗经·小雅》篇名。《诗序》认为“《角弓》，父兄刺幽王也。不亲九族而好谗佞，骨肉相怨，故作是诗也”。鲁诗认为此诗作于幽、厉之际（清王先谦《诗三家义集疏》）。但诗中无刺谗语，故清方玉润认为“疏远兄弟而亲近小人是此诗大旨”（《诗经原始》）。当是劝告周王朝贵族不要疏远兄弟亲戚而亲近小人之诗。共八章，每章四句。前四章述兄弟不可疏远，否则相怨，民亦会仿效。后四章言亲近小人，则会造成严重后果。篇末以忧伤作结。全诗前半多用赋法，后半多用比兴，章法变换多姿，中间“民之无良”一句承上启下。明钟惺评云：“相怨一方，说尽千古人情。受爵不让是相怨之根。故老马以下皆承此意。”（《评点诗经》）

菀柳 《诗经·小雅》篇名。《诗序》认为“《菀柳》，刺幽王也。暴虐无亲，而刑罚不中，诸侯皆不欲朝，言王者之不可朝事也”。近人吴闿生认为，“此诗当为刺幽之作，《序》前三语得之，后二语则非。诗中并无不欲朝王及言王不可朝之义，不知作《序》者从何得此异说。此乃有功获罪之臣，作此以自伤悼”（《诗义会通》）。共三章，每章六句。善用比兴，首两章以枯柳之下不可止息，兴在王朝做官不可依靠。末章以鸟之高飞在天，尚可测度，兴周王变化无常，令人莫测。字里行间饱含不平之气。明孙鑛评云：“语意多峻劲，视他篇音调又稍别。”（《批评诗经》）

都人士 《诗经·小雅》篇名。《诗序》认为“《都人士》，周人刺衣服无常也。古者长民，衣服不贰，从容有常，以齐其民，则民德归壹。伤今不复见古人也”。朱熹则认为“乱离之后，人不复见昔日都邑之盛，人物仪容之美，而作此诗以叹惜之也”（《诗集传》）。考三家诗，此诗无首章，当是逸诗窜入。味后四章诗意，当为怀念意中人之诗。据毛诗本，此诗共五章，每章六句。写了“都人士”和“君子女”两个意象，“都人士”即诗人自己，“君子女”是诗人钟情的对象，诗中倾诉见不到意中人的痛苦。清方玉润评云：“诗全篇只咏服饰之美，而其人之风度端凝、仪容秀丽自见。”（《诗经原始》）

采绿 《诗经·小雅》篇名。《诗序》认为“《采绿》，刺怨旷也。幽王之时多怨旷者也”。朱熹认为是"妇人思其君子"之诗(《诗集传》)。清方玉润进而言"幽王之时,政烦赋重,征夫久劳于外,逾时不归,故其室思之如此"(《诗经原始》),其说可从。共四章,每章四句。首两章是少妇采草时思夫的歌唱,通过具体的动作和形象,极写相思之深,刻画情思入微。三、四章乃想像之辞,设想丈夫归后的唱随之乐,愈显别离之苦。吴闿生云:"三四章归后著想,真乃肠一日而九回。结句余音袅袅。"(《诗义会通》)道出了此诗艺术手法之高妙。

黍苗 《诗经·小雅》篇名。《诗序》认为"《黍苗》,刺幽王也。不能膏润天下,卿士不能行召伯之职焉"。三家诗认为是"道召伯述职,劳来诸侯"之诗(清王先谦《诗三家义集疏》)。朱熹则谓"宣王封申伯于谢,命召穆公往营城邑,故将徒役南行,而行者作此"(《诗集传》)。元刘玉汝认为"此行者归而作此诗"(《诗缵绪》)。朱、刘二说可从。共五章,每章四句。首章言召伯抚慰南行之众,次两章言功既成而众思归。末两章赞召伯经营之功。用字简洁生动,刻画了召伯忠君爱国、善于发挥群力的大臣形象。二、三章连用十个"我"字,突出了人员众多之气势。清陈廷杰《诗序解》评云:"词颇蕴藉,亦近乎风者,皆宣王全盛时诗。"

隰桑 《诗经·小雅》篇名。《诗序》认为"刺幽王也。小人在位,君子在野,思见君子尽心以事之"。朱熹则认为"此喜见君子之诗……词意大概与《菁莪》相类。然所谓君子,则不知其何所指也"(《诗集传》)。味诗意,当妇女思夫之诗。共四章,每章四句。首三章皆以隰桑起兴,表达其思见之情。末章则极言对君子的爱恋。清陈启源《毛诗稽古编》曰:"《隰桑》思君子,犹《丘中有麻》之思留子也……《隰桑》诗音节略与《风雨》同。使编入《国风》,朱子定以为淫词矣。"对此诗主题的分析颇当。

白华 《诗经·小雅》篇名。《诗序》认为"《白华》,周人刺幽后也。幽王取申女以为后,又得褒姒而黜申后,故下国化之,以妾为妻,以孽代宗,而王弗能治。周人为之作是诗也"。朱熹则认为"申后作此诗"(《诗集传》)。共八章,每章四句。每章皆先比后赋,以喻寓怨,倾诉幽恨伤怀之情。一个善良、痴情的诗人自我形象便呈现于读者眼前,同时也刻画了一个负心寡情的"硕人"形象。此诗吸收了民歌形式并加以发展。清方玉润评云:"至今读之,犹令人悲咽不能自已,非至情而能若是乎。"(《诗经原始》)

绵蛮 《诗经·小雅》篇名。《诗序》认为"《绵蛮》,微臣刺乱也。大臣不用仁心,遗忘微贱,不肯饮食、教、载之,故作是诗也"。朱熹则云:"此微贱劳苦而思有所托者,为鸟言以自比也。"(《诗集传》)宋王质则云:"重臣出行,而下士冗役告劳者也。闻其告劳,而旋生悯心。"《诗总闻》疑为行役者道遇大臣,二人对唱之诗。共三章,每章八句。每章前四句为行役者之词,皆先以黄鸟起兴,言己之劳苦,而鸟犹得其所止,慨叹人不如鸟。后四句皆大臣之词,对行役者表示同情,并请他登上后车。三章一意,重歌叠咏,颇类《国风》。

瓠叶 《诗经·小雅》篇名。《诗序》认为"《瓠叶》,大夫刺幽王也。上弃礼而不能行,虽有牲牢饔饩不肯用也。故思古之人不以微薄废礼焉"。朱熹《诗序辨说》驳之云:"《序》说非是。此亦燕饮之诗。"宋王质认为"当为在野君子相见为礼"(《诗总闻》)。朱、王二说可从。共四章,每章四句。首章写主人采瓠叶为菜,后三章写烧烤兔肉下酒。每章末两句叙宾主饮酒,由"尝"而"献"而"酢"而"酬",菜肴虽简,酬酢甚欢,表现了宾主间的融洽。清陈廷杰评云:"此诗初言瓠叶以为菹,又以兔侑酒,意虽简俭,有不任欣喜之状。"(《诗序解》)

渐渐之石 《诗经·小雅》篇名。《诗序》认为"《渐渐之石》,下国刺幽王也。戎狄叛之,荆舒不至,乃命将率东征,役久病于外,故作是诗也"。郑玄笺云:"役,谓士卒也。"当为东征兵士慨叹征途劳苦之作。至于是否在幽王时,史无确证。共三章,每章六句。首两章全用赋体,叙山高路险,征途劳苦。末章,"有豕白蹢,烝涉波矣;月离于毕,俾滂沱矣"四句,造语奇峭,清方玉润分析云:"此必当日实事。""诗人造句结体与文家迥异,不可以辞害意也。"(《诗经原始》)

苕之华 《诗经·小雅》篇名。《诗序》认为"《苕之华》,大夫闵时也。幽王之时,西戎、东夷交侵中国,师旅并起,因之以饥馑。君子闵周室将亡,伤己逢之,故作是诗也"。清姚际恒则认为"此遭时饥乱之作,深悲其不幸而生此时也"(《诗经通论》)。共三章,每章四句。首两章以苕之花黄叶青,生机勃勃,反兴人之憔悴忧苦,生不如死。末章更写到了饥馑人相食之惨状。全诗层层递进,感情极为深通。清王照圆《诗说》评云:"至'牂羊坟首,三星在罶',真深痛矣,不忍卒读矣。"

何草不黄 《诗经·小雅》篇名。《诗序》认为"《何草不黄》,下国刺幽王也。四夷交侵,中国背叛，用兵不息，视民如禽兽。君子忧之，故作是诗也”。朱熹则认为“周室将亡，征役不息，行者苦之，故作此诗”。其说可从。共四章，每章四句。首两章皆哀苦感叹之辞，末两章言视民如禽兽。末章四句纯为写景，寓情于景，渗透出无法掩盖的悲怆气氛。清方玉润评云：“纯是一种阴幽荒凉景象，写来可畏。所谓亡国之音哀以思，诗境至此，穷仄极矣。”(《诗经原始》)

文王 《诗经·大雅》篇名。《诗序》认为“《文王》，文王受命作周也”。郑玄笺曰：“受天命而王天下，制立周邦。”朱熹则认为：“周公追述文王之德，明周家所以受命而代商者，皆由于此，以戒成王。此章言文王既没，而其神在上，昭明于天”(《诗集传》)。其说可采，当为追述文王德业并告诫殷商旧臣之诗。至其作者，《吕氏春秋·古乐》及《后汉书·翼奉传》皆以为周公旦，然从风格推看，似出于西周晚期。共七章，每章八句。首尾以天命相呼应，布局严整，文有曲折波澜。运用蝉联格，章句间相互衔接，语意联贯，音调和谐。明孙鑛评：“全只述事谈理，更不用景物点注，绝去风云月露之态。然词旨高妙，机轴浑化，中间转折变换略无痕迹，读之觉神采飞动，骨劲色苍，真是无上神品。”(《批评诗经》)

大明 《诗经·大雅》篇名。《诗序》认为“《大明》，文王有明德，故天复命武王也”。郑玄笺云：“二圣相承，其明德日以广大，故曰《大明》。”但据清马瑞辰考证，此诗原名《明明》，《大明》是对《小雅·小明》而言。朱熹则认为“此亦周公戒成王之诗”(《诗集传》)。此诗叙述王季和太任、文王和太姒成婚及武王伐纣事。共八章，一、三、五、七章每章六句，二、四、六、八章每章八句。首以天命难测和殷商失国领起，转而叙王季和文王之婚事，最后实叙伐商而有天下，照应首章。结构严整，重点突出，虚实相间。近人吴闿生《诗义会通》评云：“首章先凭虚慨叹，神理至为妙远。‘天位’二句借殷事作指点，以喝起下文，而恰与后半收束处密合无间。”写牧野之战，以“其会如林”形容殷军的强大，以叠词“洋洋”、“煌煌”、“彭彭”渲染周人军威，以“鹰扬”喻统帅姜尚的神武。虽寥寥数语，却也突出了重点。此篇是周人史诗之一。

緜 《诗经·大雅》篇名。《诗序》认为“《緜》，文王之兴，本由太王也”。朱熹认为“此亦周公戒成王之诗，追述太王始迁岐周，以开王业，而文王因之以受天命也”(《诗集传》)。诗从古公亶父迁岐叙起，描述其开国功业，直写至文王继承古公遗烈，平定夷狄，结好邻邦，任用贤臣，使周日益强大。共九章，每章六句。开篇古朴自然，一至四章自周民初兴写至太王之世，寥寥数语，勾勒出一幅历史长卷。五、六、七章着力渲染建筑宫室庙宇场面的壮观，历历详备，紧凑细密。第八章转折之处不著痕迹。末章“以四句直收，章法甚奇，亦饶姿态”(清姚际恒《诗经通论》)。此篇是周人史诗之一。

棫朴 《诗经·大雅》篇名。《诗序》认为“《棫朴》，文王能官人也”。齐诗说：“天子每将兴师，必先郊祭以告天，乃敢征伐，行子之道也。文王受天命而王天下，先郊乃敢行事，而兴师伐崇”(清王先谦《诗三家义集疏》)。清汪龙《毛诗异义》调和两家之说：“国之大事在祀与戎，举此二者以明贤才之用。”味诗意，当为歌颂文王任用贤人，故能郊祭天神后领兵伐崇。共五章，每章四句。首两章言文王之郊祀，三章言伐崇，后两章皆歌功颂德之辞。结构齐整，颂辞雅丽。

旱麓 《诗经·大雅》篇名。《诗序》认为“《旱麓》，受祖也。周之先祖世修后稷、公刘之业。大王、王季申以百福干禄焉”。“受祖”，清魏源《诗古微》释为“祭祖受祜”。朱熹则认为“此亦以咏歌文王之德”之诗(《诗集传》)。味诗意，当为颂周文王祭祖得福之诗。共六章，每章四句。前三章皆述周王求福，后三章言享祀获福。除第四章外，余皆首两句为兴，然兴义多与下文脱节，用兴尚嫌生疏、笨拙。

思齐 《诗经·大雅》篇名。《诗序》认为“《思齐》，文王所以圣也”。朱熹认为“此诗亦歌文王之德，而推本言之”(《诗集传》)。共五章，前二章每章六句，后三章每章四句。首言“周室三母”之德，后述文王修身、齐家、治国之圣。江永认为三、四、五章无韵(《古韵标准》)，且句式亦参差不齐，文字简古。当为周初之作，故艺术上较为粗糙。

皇矣 《诗经·大雅》篇名。《诗序》认为“《皇矣》，美周也。天监代殷莫若周，周世世修德莫若文王”。朱熹则认为“此诗叙大王、大伯、王季之德，以及文王伐密伐崇之事也”，其说较《诗序》可取。共八章，每章十二句。首写太王开辟岐山，使昆夷退去。次述王季德行美好，传位其子文王。最后言文王伐崇伐密的胜利。叙事虽多，却井然有序，布局亦颇具匠心。明孙鑛评云：“长篇繁叙，规模宏阔，笔力甚驰骋纵放。然却有精语为之骨，有浓语为之色，可谓兼终始条理。”(《批评诗经》)此篇是周人史诗之一，为《诗经》周史诗中最长的一篇。

灵台　《诗经·大雅》篇名。《诗序》认为“《灵台》，民始附也。文王受命而民乐其有灵德，以及鸟兽昆虫焉”。清姚际恒《诗经通论》驳之曰：“《小序》谓‘民始附’，混谬语。文王以前，民不附乎？大王迁岐，何以从之如归市也?”据《孟子·梁惠王上》所载，“文王以民力为台为沼，而民欢乐之，谓其台曰灵台，谓其沼曰灵沼，乐其有麋鹿鱼鳖。古之人与民偕乐，故能乐也”。所言实得诗旨。当为记述周文王建成灵台，游赏奏乐之诗。共五章，每章四句。首两章正面叙人民踊跃为文王建灵台，以见民心之乐。后三章描绘鸟兽虫鱼的自由自在，钟鼓音乐的盛大美好，加以侧面映衬。全诗短小精练，造语生动。清方玉润评云：“描摹物情，体贴入微。”(《诗经原始》)

下武　《诗经·大雅》篇名。《诗序》认为“《下武》，继文也。武王有圣德，复受天命，能昭先人之功焉”。朱熹亦谓“此章美武王能缵大王、王季、文王之绪而有天下也”(《诗集传》)。当得诗意。共六章，每章四句。皆为歌功颂德之辞，颂其“世德作求”、“永言孝思”，上顺天理，下服人心。诗中运用顶真手法，然语言则嫌板滞。清陈廷杰《诗序解》评曰“其体亦类诰”，实隐指其缺乏诗意。

文王有声　《诗经·大雅》篇名。《诗序》认为“《文王有声》，继伐也。武王能广文王之声，卒其伐功也”。郑玄笺云：“继伐者，文王伐崇而武王伐纣。”语颇空泛。朱熹则认为“此诗言文王迁丰，武王迁镐之事”(《诗集传》)，实得诗意。共八章，每章五句。前四章言文王作丰邑，为追先人之志，致其孝意。五章为过渡。末三章叙武王作镐京，为子孙谋。明孙鑛评云：“起用两‘有声’字，奇动有态；每章末尾皆用‘烝哉’收，又别是一新格。”(《批评诗经》)

生民　《诗经·大雅》篇名。《诗序》认为“《生民》，尊祖也。后稷生于姜嫄，文武之功起于后稷，故推以配天焉”。实得诗意。当是追述周人始祖后稷事迹之诗，反映了由母系氏族向父系氏族过渡的史实和当时的农业发展程度。共八章，一、三、五、七章每章十句，二、四、六、八章每章八句。前三章述其出生之异，母姜嫄“履帝武敏”而孕，诞生后屡弃不死，充满神话色彩和浪漫情调。中间三章转而写实，叙其善于稼穑，教会周人耕作。虽着意其天生聪颖，但落墨处皆是对生活之提炼。末两章铺叙祭祀场面隆重，将人之虔诚和神之感应糅合一处。全诗井然有序，奇谲与平实共存。明孙鑛评云：“次第铺叙，不惟记其事，兼貌其状，描摹入纤，绝有境有态。”(《批评诗经》)此篇是周人史诗之一。

行苇　《诗经·大雅》篇名。《诗序》认为“《行苇》，忠厚也。周家忠厚，仁及草木，故能内睦九族，外尊事黄耇，养老乞言，以成其福禄焉”。而三家诗则视其为颂美公刘之诗(清王先谦《诗三家义集疏》)。朱熹则“疑此祭毕而燕父兄耆老之诗”(《诗集传》)。其说可从，当是写周统治者与族人宴会比射之诗。共四章，每章八句。首章为总纲，言其仁及草木，内睦兄弟。二章叙燕礼之壮观。三章写射礼程序，具体生动。四章言养老之礼，笔触细腻。全诗颇多佳句。

既醉　《诗经·大雅》篇名。《诗序》认为“《既醉》，太平也。醉酒饱德，人有士君子之行焉”。与诗意不符。近人林义光《诗经通解》认为“此诗为工祝奉尸命以致嘏于主人之辞”，其说可从。当为祭祖时工祝代表神尸对主祭者周王所致的祝词。共八章，每章四句。前两章叙醉酒后颂王之辞。后六章，以问答形式，逐层道出神尸以善言相告之内容。诗中运用顶真手法，有章与章之间的连环式顶真，也有句子间的连珠式顶真，显示出连绵不断之气。

凫鹥　《诗经·大雅》篇名。《诗序》认为“《凫鹥》，守成也。太平之君子能持盈守成，神祇祖考安乐之也”。郑玄笺云：“祭祀既毕，明日又设礼而与尸燕。”其说可从。共五章，每章六句。每章皆以水鸟所住之处起兴，接以公尸之来燕，继言宴饮之盛隆，结以福禄之来降。明孙鑛评云：“满篇欢宴福禄，而以‘无有后艰’句收，可见古人兢兢戒惧意。”(《批评诗经》)

假乐　《诗经·大雅》篇名。《诗序》认为“《假乐》，嘉成王也”。鲁诗以为美宣王(清王先谦《诗三家义集疏》)。明何楷认为美武王(《诗经世本古义》)。而朱熹则认为“疑此即公尸之所以答《凫鹥》者也”(《诗集传》)。味诗意，当为周王宴会群臣，群臣歌功颂德之诗。共四章，每章六句。分述敬天、法祖、任贤、安民。清方玉润评云：“此等诗无非奉上美词，若无‘不解于位’一语，则近谀矣。”(《诗经原始》)

公刘　《诗经·大雅》篇名。《诗序》认为“《公刘》，召康公戒成王也。成王将莅政，戒以民事，美公刘之厚于民，而献是诗也”。司马迁

《史记·周本纪》则云:“公刘虽在戎狄之间,复修后稷之业,务耕种,行地宜。”“周道之兴自此始,故诗人歌乐思其德。”据此,则“本篇专美公刘,不关戒成王,亦不言召公作”(清王先谦《诗三家义集疏》)。味其风格,当是西周晚期之作。共六章,每章十句。首章言迁徙,二、三章言择地及民情欢洽,四、五、六章言祭毕宴饮,率众治田及营建定居。铺叙有条不紊,场面描写精彩壮观,善用叠词和排比。清姚际恒评云:“描摹极有致态,亦复精彩。”(《诗经通论》)此篇是周人史诗之一。

泂酌 《诗经·大雅》篇名。《诗序》认为“《泂酌》,召康公戒成王也。言皇天亲有德,飨有道也”。三家诗则认为乃美公刘之诗。均无确据。味诗意,当是歌颂统治者能得民心之诗。共三章,每章五句。皆用兴句开头,三章一意,反复咏唱。清方玉润评云:“其体近乎《风》,匪独不类《大雅》,且并不似《小雅》之发扬蹈厉,剀切直陈者。”(《诗经原始》)

卷阿 《诗经·大雅》篇名。《诗序》认为“《卷阿》,召康公戒成王也。言求贤用吉士也”。朱熹则“疑公从成王游歌于卷阿之上,因王之歌,而作此以为戒”(《诗集传》)。宋王质认为是颂文王(《诗总闻》)。均推测之词。味诗意,当是周王与群臣出游卷阿,诗人颂王之作。共十章。前六章每章五句,后四章每章六句。首章以“来游来歌,以矢其音”领起,末章以“矢诗不多,维以遂歌”收束。首尾呼应。叙出游则祝颂并起,叙求贤则赋兴兼用,布局匀称和谐。七、八、九三章,用凤凰飞鸣集止起兴,喻王之周围贤才云集,形象生动鲜明。第九章全用比喻,有一种华丽灵动之美,清姚际恒评云:“皆用镂空之笔,不着色。”(《诗经通论》)

民劳 《诗经·大雅》篇名。《诗序》认为“《民劳》,召穆公刺厉王也”。郑玄笺云:“时赋敛重数,徭役烦多,人民劳苦,轻为奸宄,强陵弱,众暴寡,作寇害。故穆公以刺之。”朱熹则认为“乃同列相戒之辞耳,未必专为刺王而发”(《诗集传》)。当是劝告统治者安民防奸之诗。共五章,每章十句。全诗重章叠唱,以“无纵诡随”为主,每章变换字眼,言愈切而意愈深,大意在于恤民、防奸、止乱。章法整齐中见变化,渲染了一派“国将乱矣”之严峻气氛,表达出诗人的沉痛焦虑之情。

板 《诗经·大雅》篇名。《诗序》认为“《板》,凡伯刺厉王也”。郑玄笺云:“凡伯,周同姓,周公之胤也,入为王卿士。”据清魏源《诗古微》考证,凡伯即共伯和。即周厉王流彘时,诸侯立之为王者。后宣王立,凡伯即退而就国。清方玉润认为此诗乃凡伯规同僚以警王(《诗经原始》),实得诗意。共八章,每章八句。首述劝谏之由,次言变乱起于政教不得民心,继之责同僚不听善言,柔媚无骨,不可救药,继而告以救民之方,教化之法,最后以敬畏天命之诫作结。诗中善用博喻,且取喻奇特,虚实相间,从而使行文灵动流畅。方玉润评云:“较之上篇(《民劳》),意尤深切,而词愈警策,足以动人。”(《诗经原始》)

荡 《诗经·大雅》篇名。《诗序》认为“《荡》,召穆公伤周室大坏也。厉王无道,天下荡荡,无纲纪文章,故作是诗也”。清方玉润谓:“《荡》,召穆公托古伤周也。”(《诗经原始》)概括最为简洁。共八章,每章八句。首章托言上帝,为全篇纲领。余皆设为文王咨嗟指责商纣之词,而其意则在刺厉王。运用托古讽今之手法,对后世影响深远。清陆奎勋《陆堂诗学》评云:“文王以下七章,初无一语显斥厉王,结撰之奇,在《雅》诗亦不多觏。”委婉中蕴含沉痛之情。其中有些诗句如“殷鉴不远,在夏后之世”等,极具感染力,为后世常用之成语。此诗与上篇《板》皆刺厉王无道引起的社会变乱,后人遂以“板荡”一词指政局的混乱、社会的动荡。

抑 《诗经·大雅》篇名。《诗序》认为“《抑》,卫武公刺厉王,亦以自警也”。朱熹《诗序辨说》云:“以诗考之,则其曰刺厉王者失之,而曰自警者得之。”其《诗集传》即从《国语·楚语》记载定为“卫武公作”。味诗意,当为一老臣劝谏周王并自警之诗。共十二章,一至三章每章八句,四至十二章每章十句。主要表现对君王昏庸骄满,沉湎酒色之不满,希望他加强修养。全诗篇幅甚长,说理成分居多,语言简洁洗练,颇富哲理性。清方玉润评“此一篇座右铭也”(《诗经原始》)。许多诗句在后世广泛流传,逐渐演化为成语。

桑柔 《诗经·大雅》篇名。《诗序》认为“《桑柔》,芮伯刺厉王也”。郑玄笺云:“芮伯,畿内诸侯,王卿士也,字良夫。”汉王符《潜夫论·遏利》云:“周厉王好专利,芮良夫谏而不入,退赋《桑柔》之诗以讽。”当是芮良夫哀伤厉王暴虐昏庸,任用非人而终遭灭亡之诗,作于共和摄政之后一二年间。共十六章,前八章每章八句,后八章每章六句。反复感叹国事纷乱,不可收拾，申诉自己的焦虑忧痛和无能为力。自第八章，并以“惠君”和“不顺”，“圣人”和“愚人”，“良人”和“忍心”一再对比，衬出现实中昏君的暴虐无道。全诗情调低沉，体现出沉郁顿挫之特色。明孙鑛评云：“语不袭前意，每求新调，法最稳细，句法绝婉妙，绝耐玩味。”（《批评诗经》）

云汉 《诗经·大雅》篇名。《诗序》认为“《云汉》，仍叔美宣王也。宣王承厉王之烈，内有拨乱之志，遇灾而惧，侧身修行，欲销去之。天下喜于王化复行，百姓见忧，故作是诗也”。当是述周宣王求神祈雨之诗，作于宣王即位之初。是否仍叔所作，则无确据。共八章，每章十句。首言遭旱求神，次述久旱民困，祭天地，祀祖先，悲呼哀诉，末言百官救灾，以寄望于天作结。感情真挚而哀痛，多次吁天，充分表达无可奈何中的忧惧和焦虑。明孙鑛评云：“重重复复，说了又说，样样说到，喋喋不已，最见忧旱恳切至意。”（《批评诗经》）

崧高 《诗经·大雅》篇名。《诗序》认为“《崧高》，尹吉甫美宣王也。天下复平，能建国亲诸侯，褒赏申伯焉”。郑玄笺云：“尹吉甫，申伯，皆周之卿士也。”《序》说颇迂远。朱熹则认为“宣王之舅出封于谢，而尹吉甫作诗以送之”，实得诗意。共八章，每章八句。开篇突兀雄伟。次叙宣王赐命申伯之词，详述丰厚赏赐，派臣工为其建城邑、定疆界、筑宗庙。末言王饯于郿，申伯归谢，以颂申伯之德作结。诗中不诉离别之情，却多颂扬之辞。唯开篇颇有气势，清方玉润评云：“起笔峥嵘，与岳势竞隆。后世杜甫呈献巨篇，专学此种。”（《诗经原始》）

烝民 《诗经·大雅》篇名。《诗序》认为“《烝民》，尹吉甫美宣王也。任贤使能，周室中兴焉”。不切诗意。朱熹则认为“宣王命樊侯、仲山甫筑城于齐，而尹吉甫作诗以送之”（《诗集传》）。共八章，每章八句。首章言仲山甫为辅佐天子而生，次述其德业隆厚，忠于职守，辅佐王业，末言其奉命出行，作诗以勉。全诗风格独特，多以理语入诗，用词精湛，内蕴丰富，极富哲理性和概括性，明孙鑛评云：“语意高妙，探微入奥，又别是一种风格，大约以理趣胜。”（《批评诗经》）

韩奕 《诗经·大雅》篇名。《诗序》认为“《韩奕》，尹吉甫美宣王也。能锡命诸侯”。不合诗意。朱熹认为“韩侯初立来朝，始受王命而归，诗人作此以送之”，其说可从。共六章，每章十二句。开篇叙韩侯朝周，受周王册封赏赐。次言其离镐经屠邑抵蹶里，与韩姞结婚，并夹叙韩地物产之丰。末写其受封为北方之方伯。叙事脉络清晰，结构整饬。善用叠词，语言活泼。吴闿生评云：“雄峻奇伟，高华典丽兼而有之。”（《诗义会通》）

江汉 《诗经·大雅》篇名。《诗序》认为“《江汉》，尹吉甫美宣王也。能兴衰拨乱，令召公平淮夷”。已近诗旨，然所言作者，恐系附会。清方玉润《诗经原始》、今人郭沫若《青铜时代》皆以为此诗为器物铭词，诗为召穆公虎所自作。叙周宣王命召虎讨伐淮夷之事。共六章，每章八句。前三章写召公讨伐淮夷，经营江、汉之地。四、五章叙周王册命召虎，赏以土地、圭瓒、秬鬯等。末言召公作簋记事。诗以讨淮夷为主题，写武功之笔墨却颇少，而反复祝颂召公之功、周王之赐，显得雍容典雅，词深意远。明孙鑛评云：“《小雅》北伐南征，皆实用兵，今此平淮、平徐，惟是抚集招来，兵虽陈而不用。”（《批评诗经》）

常武 《诗经·大雅》篇名。《诗序》认为“《常武》，召穆公美宣王也。有常德以立武事，因以为戒然”。然宋王质《诗总闻》则以为“自南仲以来，累世著武，故曰常武”。其解诗题语较平实。朱熹认为“宣王自将以伐淮北之夷，而命卿士之谓南仲为大祖兼大师而字皇父者，整治其从行之六军，修其戎事，以除淮夷之乱，而惠此南方之国。诗人作此以美之”（《诗集传》）。其说可从。当是赞美宣王平定徐国叛乱之诗。共六章，每章八句。首言命南仲主兵，程伯为副，宣王自将。次叙军威之盛，敌人之溃。末写凯旋班师，一扫暴风骤雨之势而为天清气朗，又多一层跌宕。全诗铺陈战争全过程，文势汹涌，重点突出，脉络清楚。运用大量叠词，更有助于渲染战争气氛。清方玉润评云：“是一篇古战场文字。”（《诗经原始》）

瞻卬 《诗经·大雅》篇名。《诗序》认为“《瞻卬》，凡伯刺幽王大坏也”。朱熹认为“此刺幽王嬖褒姒任奄人以致乱之诗”（《诗集传》），实得诗意。共七章，一、三、七章每章十句，二、四、五、六章每章八句。首两章言天降祸乱，幽王倒行逆施。三、四章言女色之祸。五、六章言天怒人怨，众叛亲离。末章自伤生于乱世，幽王能改过自新。叙事为主，兼以议论、抒情。感情强烈，语言简朴，富有节奏。每章虽各有侧重，但皆围绕“祸乱”这一中心。明孙鑛评云：“篇中语多新峭，然又有率意处。此起章则极其雄肆，

勃勃如吐不罄，语尽而意犹未止。”（《批评诗经》）

召旻 《诗经·大雅》篇名。《诗序》认为“《召旻》，凡伯刺幽王大坏也。旻，闵也。闵天下无如召公之臣也”。朱熹认为“此刺幽王任用小人，以致饥馑侵削之诗也”（《诗集传》），实得诗旨。共七章，前五章每章五句，后二章每章七句。明孙鑛评云：“音调凄恻，语皆自哀苦衷中出，匆匆若不经意，而自有一种奇峭，与他篇风格又别。”（《批评诗经》）奇峭之风格表现在七字句的运用上，如“维昔之富不如时，维今之疚不如兹”等，在《诗经》中显得戛戛独造。近人吴闿生评云：“贤者遭乱世，蒿目伤心，无可告愬，繁冤抑郁之情，《离骚》、《九章》所自出也。”（《诗义会通》）

清庙 《诗经·周颂》篇名。《诗序》认为“《清庙》，祀文王也。周公既成洛邑，朝诸侯，率以祀文王焉”。当为周王祭祀文王于宗庙的乐歌。凡一章，八句。歌颂周统治者继承文王之德，歌颂文王德行光明，为周代臣民所永远遵循。读来有雍容肃穆之感。

维天之命 《诗经·周颂》篇名。《诗序》认为“《维天之命》，太平告文王也”。清方玉润以为是“祀文王”之诗（《诗经原始》）。其说可从。凡一章，八句。上四句歌颂文王之德，能上配于天。下四句言子孙要勉力保守家业，以慰祖先。结构上有起、承、转、合之妙。方玉润评此诗三、四、五句：“乘势顺折而下，省却无数笔墨。”（《诗经原始》）

维清 《诗经·周颂》篇名。《诗序》认为“《维清》，奏《象舞》也”。郑玄笺云：“《象舞》，象用兵时刺伐之舞，武王制焉。”朱熹认为“此亦祭文王”之诗（《诗集传》）。当是周统治者祭祀文王之诗，赞颂其征伐之功。凡一章，五句。语言简练，清戴震称之为“辞弥少而意旨极深远”（《诗经补注》）。

烈文 《诗经·周颂》篇名。《诗序》认为“《烈文》，成王即政，诸侯助祭也”。朱熹认为“此祭于宗庙而献助祭诸侯之乐歌”（《诗集传》）。当是成王祭祀祖先时戒勉助祭诸侯诗。考周公摄政七年始致政成王，诗当作于是时。一章，十三句。前八句戒勉助祭诸侯，后五句戒勉成王。结构较严整，条理井然。明钟惺认为“末语无限含蓄”（《评点诗经》）。清方玉润认为“君臣交相勉励，神味尤觉无穷”（《诗经原始》）。

天作 《诗经·周颂》篇名。《诗序》认为“《天作》，祀先王先公也”。朱熹以为“此祭大王之诗”（《诗集传》）。明何楷据季明德、邹肇敏说，定为祭岐乐之乐歌（《诗经世本古义》）。其说可从。一章，七句。诗中“彼徂矣，岐有夷之行”句，表面上指岐山有平坦的道路，实指“仁义之道”，运用了双关辞格。

昊天有成命 《诗经·周颂》篇名。《诗序》认为“《昊天有成命》，郊祀天地也”。朱熹则认为“此诗多道成王之德，疑祀成王之诗也”（《诗集传》），其说可从。一章，七句。通篇无韵，清姚际恒赞为“通首密练”（《诗经通论》）。

我将 《诗经·周颂》篇名。《诗序》认为“《我将》，祀文王于明堂也”。近人王国维考证此篇为《大武》舞曲六篇之一（《大武乐章考》）。叙写武王出兵伐殷时，祭祀上天和文王，祈求保佑。一章，十句。近人吴闿生认为“通篇注意在末三句，所以戒成王也”（《诗义会通》）。清方玉润评：“首三句祀天，中四句祀文王，末三句则祭者本旨，宾主次序井然。”（《诗经原始》）

时迈 《诗经·周颂》篇名。《诗序》认为“《时迈》，巡守告祭柴望也”。孔颖达疏引《左传·宣公十二年》，证明此篇所记为武王事；又引《国语》证明为周公所作。故当是武王克商后巡守诸侯国和祭祀山川百神之诗。一章，十五句。明孙鑛评云：“首二句，甚壮甚快，俨然坐明堂、朝万国气象。下分两节，一宣威，一布德，皆以‘有周’起，‘允王’结，整然有度，遣词最古而腴。”（《批评诗经》）

执竞 《诗经·周颂》篇名。《诗序》认为“《执竞》，祀武王也”。朱熹则认为“此祭武王、成王、康王之诗”，并认为“此昭王以后之诗”（《诗集传》）。三王并祭，似无此例。一章，十四句。颂扬王业绵延广大，永世不匮。全诗押阳韵和元韵，读来抑扬铿锵。

思文 《诗经·周颂》篇名。《诗序》认为“《思文》，后稷配天也”。齐诗认为：“周公相成王，王道大洽，制礼作乐……郊祀后稷以配天”（《汉书·郊祀志上》）。《国语》谓是周公所作。当是郊祀周人始祖后稷以配天的乐歌。一章，八句。《诗经传说汇纂》引张所望云：“后稷配天，一事也。《生民》述事，故词详而文直；《思文》颂德，故语简而旨深。《雅》、《颂》之体，其不同如此。”

臣工 《诗经·周颂》篇名。《诗序》认为“《臣工》，诸侯助祭，遣于庙也”。与诗旨不合。

朱熹认为是“戒农官之诗”(《诗集传》)。清姚际恒、方玉润皆以为是王耕籍田以敕农官(《诗经通论》、《诗经原始》)。其说可从。一章,十五句。前四句周王告诫臣工,后四句告诫保介。中四句为周王祈求上天丰年之词,末三句命农夫准备收割。近人吴闿生引旧评曰:“於皇以下,虚拟之词,笔情飞舞。”(《诗义会通》)

噫嘻　《诗经·周颂》篇名。《诗序》认为“《噫嘻》,春夏祈谷于上帝也”。朱熹认为“此连上篇(指《臣工》),亦戒农官之词”(《诗集传》)。味诗意,当是周成王举行籍田典礼时乐工所唱之歌。一章,八句。叙成王在籍田典礼上命田官带领农夫播种百谷,开垦公田和私田,大规模地耕作,反映了周初农夫的劳动情况和田亩制度。《毛传》云:“终三十里,言各极其望也。”指出三十和十千均夸张之词。

振鹭　《诗经·周颂》篇名。《诗序》认为“《振鹭》,二王之后来助祭也”。郑玄笺云:“二王,夏、殷也。其后,杞也,宋也。”当是赞美夏王后裔杞国和商王后裔宋国的国君到周天子宗庙助祭的乐歌。清姚际恒《诗经通论》疑为周王招待诸侯来朝者所奏之乐歌。一章,八句。首两句《毛传》标为“兴也”,以白鹭群飞象征诸侯云集。其用兴在《周颂》中较为罕见。

丰年　《诗经·周颂》篇名。《诗序》认为“《丰年》,秋冬报也”。朱熹认为“此秋冬报赛田事之乐歌,盖祀田祖先农方社之属也。”(《诗集传》)味诗意,当是秋天丰收后祭祀祖先时唱的乐歌。一章,七句。纯用赋体,不杂比兴,“诗眼”在“为酒为醴”一句。前此三句说明酿酒醴的原因,后此三句说明其目的。寥寥数语,朴实无华,辞严义密,不可增减。

有瞽　《诗经·周颂》篇名。《诗序》认为“《有瞽》,始作乐而合乎祖也”。孔颖达疏云:“合诸乐器于太祖之庙奏之,告神以知善否。”当是一首合乐祭祖之诗。描述周代庙堂中祭祀奏乐的盛况。一章,十三句。首述乐师分布的位置,次写各种乐器的陈列,乐声洪亮和谐、肃穆动人。语言简洁生动。清陈奂以为此诗作于周公摄政六年制礼作乐时(《诗毛氏传疏》),可参。

潜　《诗经·周颂》篇名。《诗序》认为“《潜》,季冬荐鱼,春献鲔也”。清方玉润认为是“冬荐鱼”之诗(《诗经原始》)。其说可从。当为周王献鱼求福,祭祀于宗庙时唱的乐歌。一章,六句。前二句指出产鱼地点,中二句以六种大鱼渲染“多”字,末二句说明祭祀目的。词简意赅,语言明快。宋黄櫄云:“《鱼丽》言万物盛多,可以告于神明。知《鱼丽》之意则知《潜》之意矣。”(《毛诗集解》)

雝　《诗经·周颂》篇名。《诗序》认为“《雝》,禘太祖也”。朱熹认为“此但为武王祭文王而彻俎之诗,而后通用于他庙耳”(《诗序辨说》),其说可从。一章,十六句。前六句形容禘礼,后十句赞美文王。创对偶、排比艺术形式之先。

载见　《诗经·周颂》篇名。《诗序》认为“《载见》,诸侯始见乎武王庙也”。当是周成王率诸侯拜谒武王庙,祭祀求福的乐歌。一章,十四句。首二句言成王讲求谒庙的典章制度,三至六句描写诸侯来朝的旌旗车马之盛,七至九句始点明成王带领助祭者祭祀武王的主题,十至十三句表达向神求福,末句叙祭祀目的。近人吴闿生《诗义会通》引旧评:“起层不急,入助祭,舒徐有度。末以长句作收。”

有客　《诗经·周颂》篇名。《诗序》认为“《有客》,微子来见祖庙也”。当是封于宋地的殷商后代、纣王之兄微子来朝周祖庙后,周王设宴饯行时所唱的乐歌。一章,十二句。前四句述客来,中四句写留客,末四句叙送客。结构严整,语言形象。

武　《诗经·周颂》篇名。《诗序》认为“《武》,奏《大武》也”。朱熹认为“周公象武王之功,为《大武》之乐”(《诗集传》)。当是歌颂周武王功业的乐歌。据近人王国维考证,此诗为周公所作的《大武》乐歌之一(《大武乐章考》)。一章,七句。虽歌颂武王克商的武功,却不忘文王开创之劳,显得曲折有致。

闵予小子　《诗经·周颂》篇名。《诗序》认为“《闵予小子》,嗣王朝于庙也”。郑玄笺认为此诗作于成王三年除丧朝庙时。当是成王遭武王之丧,告于祖庙,思慕父、祖,警戒自己之诗。一章,十一句。前三句语极沉痛,画出孤儿无依的衷曲。下述思慕皇考、皇祖的创业。末抒厉精图治继承前人事业的决心。简洁动人,真情实感,溢于言表。明孙鑛认为此篇“恻然哀思图治之意,由武及文,最婉妙”(《批评诗经》)。

访落　《诗经·周颂》篇名。《诗序》认为“《访落》,嗣王谋于庙也”。当是成王朝武王庙与群臣商议国政之诗。一章,十二句。首两句说明执政召集群臣之旨,中六句为咨询于群臣之词。末四句述祈祷于武王神灵之事。

清姚际恒认为“多少宛转曲折”（《诗经通论》）。

敬之 《诗经·周颂》篇名。《诗序》认为“群臣进戒嗣王也”。朱熹认为前六句是“成王受群臣之戒而述其言”之词，后六句是成王“自为答之之言”（《诗集传》）。清方玉润则认为全篇皆成王警戒自己之诗（《诗经原始》）。其说可从。一章，十二句。语言浅近，接近口语，一呼一应，自问自答，表现出年轻君王肩负重任、虚心求教的口气。清姚际恒说：“‘日就月将，学有缉熙于光明’，此《三百篇》言学之始。”（《诗经通论》）

小毖 《诗经·周颂》篇名。《诗序》认为“《小毖》，嗣王求助也”。郑玄笺云：“成王求忠臣早辅助己为政，以救患难。”清方玉润认为是“成王惩管蔡之祸而自儆”之诗《诗经原始》）。诸说均可从。一章，八句。诗多用比喻，含蓄生动。明钟惺认为此篇“创鉅痛深，伤弓之鸣”（《评点诗经》）。清姚际恒认为“愤懑蟠郁，发为古奥之辞，偏取草虫等作喻，以见姿致，尤奇”（《诗经通论》）。

载芟 《诗经·周颂》篇名。《诗序》认为“《载芟》，春籍田而祈社稷也”。当是周王在春天籍田时祭祀土神、谷神的乐歌。一章，三十一句。有十二句用叠词（包括以“有”字起头意义相当于叠词者）。描绘准确，富有美感，节奏参差顿挫，琅琅上口。明孙鑛以为：“此描写苗处尤工绝。‘函’、‘杰’是险字，‘厌厌’、‘绵绵’，得态。语不多而意状飞动，所以妙。”（《批评诗经》）

良耜 《诗经·周颂》篇名。《诗序》以为“《良耜》，秋报社稷也”。当是周王在秋收后祭祀土神谷神之乐歌。一章，二十三句。描写农家耕种、送饭、除草、施肥、丰收、纳仓、祭祀等情景，内容繁多但有条不紊，次序井然。“其崇如墉，其比如栉”二句是《周颂》中唯一的明喻，用得贴切具体，夸张传神。

丝衣 《诗经·周颂》篇名。《诗序》认为“《丝衣》，绎宾尸也。高子曰：灵星之尸也”。郑玄笺云：“绎，又祭也。天子诸侯曰绎，以祭之明日。卿大夫曰宾尸，与祭同日。”当是周王祭灵星神而宴饮宾客的歌舞诗。一章，九句。赞美祭祀有礼、饮酒有节。前五句写祭祀仪式，后四句写祭祀后宴饮宾客的情形。

酌 《诗经·周颂》篇名。《诗序》认为“《酌》，告成《大武》也。言能酌先祖之道以养天下也”。当是歌颂武王战胜殷商、建立了丰功伟绩的赞歌。据近人王国维考证，此篇为成王时的《大武》乐歌之一（《大武乐章考》）。一章，九句。首二句“於铄”之赞，唱出王师强盛气概。中叙天下清明、天宠人和的景象。末述成王的祈祷。明孙鑛认为此诗“始如处女，敌人开户；后如脱兔，敌不及拒”（《批评诗经》）。

桓 《诗经·周颂》篇名。《诗序》认为“《桓》，讲武类祃也。桓，武志也”。郑玄笺云：“类也，祃也，皆师祭也。”据近人王国维考证，为《大武》第六章（《大武乐章考》），是颂扬武王功德的赞歌。一章，九句。描写武王克商以后，各国安定，五谷丰登，天下太平的景象。

赉 《诗经·周颂》篇名。《诗序》认为“《赉》，大封于庙也。赉，予也。言所以锡予善人也”。郑玄笺云：“大封，武王伐纣时，封诸臣有功者。”据近人王国维考证，此篇是《大武》的第三章（《大武乐章考》）。当是武王克商还都，祭祀文王并封功臣的乐歌。一章，六句。语短意赅，三、四、五句互用，表现了西周初年语言古朴的形态。明孙鑛认为此诗“古淡无比。‘於绎思’三字，以劝勉，含味最长”（《批评诗经》）。

般 《诗经·周颂》篇名。《诗序》认为“《般》，巡守而祀四岳河海也。般，乐也”。据近人王国维考证，此篇是《大武》第四章（《大武乐章考》），为周王巡狩祭祀山川的乐歌。一章，七句。表现了巡狩、封禅、祭祀山川的事实，抒写普天之下都臣服于周的喜乐。“堕山乔岳，允犹翕河”二句以写景为颂扬。清姚际恒评云：“写得精彩。”（《诗经通论》）

駉 《诗经·鲁颂》篇名。《诗序》认为“《駉》，颂僖公也。僖公能遵伯禽之法，俭以足用，宽以爱民，务农重谷，牧于坰野，鲁人尊之。于是季孙行父请命于周而史克作是颂”。而三家诗说皆认为是公子奚斯所作（清王先谦《诗三家义集疏》）。此篇乃歌颂鲁公养马众多，注意国家长远利益之诗。共四章，每章八句。章句复叠，“其体同列国之风”（朱熹《诗集传》）。共举出十六种马名，令人目不暇接；又用“彭彭”、“伾伾”、“祛祛”形容马的神骏。“思无疆”、“思无期”、“思无邪”三字句，为全诗关键，有此方能点明颂意。清王照圆认为“《鲁颂》四篇皆颂祷之溢词，独《駉》一篇庶为近道”（《诗说》）。

有駜 《诗经·鲁颂》篇名。《诗序》认为“《有駜》，颂僖公君臣之有道也”。但朱熹以为“此但燕饮之诗，未见君臣有道之意”（《诗序辨说》)。其说近是。当是颂祷鲁公和群臣宴会饮酒的乐歌。表达了喜庆丰收、宴饮欢乐、君臣醉舞的情景。共三章,每章九句。连用叠字叠句,并运用顶真手法。四言与三言参差交错,末句又加上"兮"字,使全诗变化有致,富有音韵之美。前人认为此篇"音节绝佳"(近人吴闿生《诗义会通》引旧评)。

泮水 《诗经·鲁颂》篇名。《诗序》认为"《泮水》,颂僖公能修泮宫也"。朱熹认为"此饮于泮宫而颂祷之辞"(《诗集传》)。味诗意,当是赞美鲁公战胜淮夷,在泮宫祝捷宴客之诗。歌颂了鲁公继承祖先事业,整修泮宫、征服淮夷的文治武功。共八章,每章八句。末章"翩彼飞鸮"等四句,运用了夸张手法,为梁刘勰《文心雕龙·夸饰》引以为例。明孙鑛认为此诗"大体宏瞻,然造语却入细,叙事甚精核有致。前三章近《风》,后五章近《雅》"(《批评诗经》)。

閟宫 《诗经·鲁颂》篇名。《诗序》认为"《閟宫》,颂僖公能复周公之宇也"。朱熹则认为是"僖公修庙之诗"(《诗序辨说》)。味诗意,当是歌颂鲁僖公兴祖业、复疆土、建新庙之诗。共九章,一百二十句,是《诗经》中最长的一篇。诗夸大其词,溢美失实,开后世为帝王、权贵歌功颂德之渐。明孙鑛认为"《诗》长篇,鲜有逾此者。其格宏壮,其词瑰玮,其色苍古,其思沉密。首尾作室,中间祖德、侯封、祭祀、武功,次第铺叙。而赞颂福祉,作三项分插,整然有法。细玩宛似后世一篇纪功碑"(《批评诗经》)。

那 《诗经·商颂》篇名。《诗序》认为"《那》,祀成汤也。微子至于戴公,其间礼乐废坏,有正考甫者得《商颂》十二篇于周之大师,以《那》为首"。而三家诗均认为是春秋宋诗,正考父所作。近人王国维从卜辞角度证明《商颂》皆宗周中叶之诗。故《商颂》即宋诗已成定论。此篇侧重描写祭祀祖先的音乐歌舞。一章,二十二句。形式仿《周颂》,不分章;用韵仿《大雅》,但杂乱无章。语言浅显。

烈祖 《诗经·商颂》篇名。《诗序》认为"《烈祖》,祀中宗也"。朱熹则以为此"亦祭成汤之诗"(《诗序辨说》),其说可从,当为宋君祭祀祖先的乐歌。一章,二十二句。共用"鱼"、"耕"、"阳"三部韵。尤其最末十一句,句句入韵,铿锵有节,一气呵成。宋王质认为"前诗(《那》)声也,所言皆音乐。此诗臭(气味)也,所言皆饮食也。商尚声,亦尚臭,二诗当是各一节。《那》奏声之诗,此荐臭之诗也"(《诗总闻》)。

玄鸟 《诗经·商颂》篇名。《诗序》谓"《玄鸟》,祀高宗也"。三家诗则认为是宋公祀中宗的乐歌(清王先谦《诗三家义集疏》)。朱熹认为"此亦祭祀宗庙之乐,而追叙商人之所由生,以及其有天下之初也"(《诗集传》),其说可从。一章,二十二句。诗中追叙部分,带有神话传说及史诗性质。清方玉润认为"诗骨奇秀,神气浑穆,而意亦复隽永,实为三《颂》压卷"(《诗经原始》)。

长发 《诗经·商颂》篇名。《诗序》认为"《长发》,大禘也"。郑玄笺云:"大禘,郊祭天也。《礼记》曰:'王者禘其祖之所自出,以其祖配之。'是谓也。"朱熹认为"大禘不及群庙之主,此宜为祫祭之诗。然经无明文,不可考也"(《诗序辨说》)。清王先谦认为"此或亦祀成汤之诗","诗本亦主祀汤,而以伊尹从祀。其历述先世,著汤业所由开,非皆祀之"(《诗三家义集疏》),其说可从。当为宋君祭祀商汤、伊尹配祀的乐歌。共七章,一章八句,四章七句,一章九句,一章六句。全诗四、五、六言互用,参差不齐。六章句句用韵,末章六句三韵,节奏抑扬,音调铿锵。

殷武 《诗经·商颂》篇名。《诗序》谓"《殷武》,祀高宗也"。孔颖达疏谓"高宗前世,殷道中衰,宫室不修,荆楚背叛。高宗有德,中兴殷道,伐荆楚,修宫室。既崩之后,子孙美之,诗人追述其功,而歌此诗也"。当是宋君建庙祭祀高宗之诗。主要歌颂高宗攻伐荆楚之功。共六章,三章六句,二章七句,一章五句。措词虽温实厉,曲而实直。

三百篇 指《诗经》的篇数。后也用以代称《诗经》。司马迁《报任少卿书》:"《诗》三百篇,大底圣贤发愤之所为作也。"据《史记·孔子世家》称,古诗本三千余篇,经孔子删削后存三百十一篇,其中笙诗六篇有目无诗,实为三百零五篇。"三百篇"举其成数。

笙诗 又称"六笙诗"。指《诗经·小雅》中的《南陔》、《白华》、《华黍》、《由庚》、《崇丘》、《由仪》六篇。据《仪礼》记载,六诗在"乡饮酒礼"和"燕礼"中均用笙奏,故名。自汉代以来,六诗有目无诗。《郑笺》以为笙诗本有词,经战国和秦火而亡佚。宋代学者则认为笙诗本有声无词。朱熹《诗集传》:"《南陔》以下,今无以考其名篇之义,然(《礼记·乡饮酒礼》)曰笙、曰乐、曰奏而不言歌,则有声而无词明矣。"

国风 也称“风”。《诗经》篇章之总名。为采自各地的民歌。包括《周南》、《召南》、《邶风》、《鄘风》、《卫风》、《王风》、《郑风》、《齐风》、《魏风》、《唐风》、《秦风》、《陈风》、《桧风》、《曹风》、《豳风》，称十五国风，一百六十篇。参见“风”条。

小雅 《诗经》篇章之总名。大多是西周后期和东周初期之作品。共七十四篇。其作者多为统治阶层人物。其中有贵族宴会和祭祀时的乐歌，如《鹿鸣》、《四牡》、《常棣》等；也有表现对国家前途和人民命运关心的政治诗，如《北山》、《十月之交》、《正月》、《小弁》等；还有表现诗人个人情感的抒情诗，如《采绿》、《绵蛮》等。据后人考证，《渐渐之石》、《苕之华》、《何草不黄》等篇乃民间歌谣。

大雅 《诗经》篇章之总名。多为反映西周王室重大措施或事件、歌颂后稷以至武王功业的作品。共三十一篇。大多出自西周王室贵族之手。其中有抨击时弊的政治诗，如《板》、《荡》、《抑》等；也有颇具史诗规模的叙事诗，如《生民》、《公刘》、《緜》、《皇矣》、《大明》等；还有祭祀诗和宴飨诗，如《行苇》、《既醉》等。诗中既宣扬宗法、天命等观念，也保存了许多珍贵的周初史料。

周颂 《诗经》篇章之总名。为西周王朝祭祀宗庙的诗歌。共三十一篇。多为西周初年的作品。因祭祀的对象包括祖先、天地、农神等，故作品有浓厚的宗教气氛，如《毛诗序》所说“美盛德之形容，以其成功，告于神明者也”。作品的形式板滞，语言典重，内容多歌颂周王朝祖先的功德。有些作品反映了当时农业生产的情况和规模，是较重要的社会经济史料。

鲁颂 《诗经》篇章之总名。为春秋前期鲁国用于朝廷、宗庙的诗歌。共四篇。大抵作于公元前七世纪。关于作者，古文经学派认为是史克，而今文经学派认为是奚斯。内容为歌颂鲁僖公。所述实近于阿谀，故清方玉润评为“褒美失实……开西汉扬马先声”（《诗经原始》）。后世之庙堂文学，实以此为滥觞。因其成诗较晚，故受到雅诗之影响，文学技巧比《周颂》有很大进步。

商颂 《诗经》篇章之总名。共五篇。《毛诗》认为五篇皆用于祭祀，但现代学者认为其中《长发》、《殷武》叙殷之起源和宋伐楚事，与祭祀无涉，疑为祝颂而作。关于作者，古文经学派认为是商代人，而今文经学派则认为是宋国的正考父。近人多从后说，认为是公元前八至前七世纪时人。王国维《古史新证》：“《商颂》五篇，疑亦宗周时宋人所作也。”内容多是对殷代先公先王的颂赞，而所述近于阿谀，同于《鲁颂》。后世之庙堂文学，实以此为滥觞。因其成诗较晚，故创作上受雅诗影响，文学技巧较《周颂》有很大进步。

周南 《诗经》篇章之总名。“十五国风”之一。共十一篇。与《召南》并称“二南”。汉人以为，“二南”产生于陕西岐山一带。后人据诗的内容推测，其地域包括今河南省西南部及湖北省北部，是国风中最南的地区。据清马瑞辰《毛诗传笺通释》考证，南是古国名，在今陕西省。周王将此地分封给周公旦和召公奭作采邑。采邑不能称国，故编诗者称之为“周南”、“召南”。方玉润《诗经原始》则认为周是地名，在雍州岐山之阳；南是周以南地区，故周地以南的诗称“周南”。关于产生时间，《诗序》、郑《笺》及后来的崇“毛诗”者均认为是西周初年的作品。而据后人考证，大多数约作于西周末东周初。由于“二南”的写作技巧远胜《周颂》，故今人多以为可能是平王东迁以后之作。

召南 《诗经》篇章之总名。“十五国风”之一。共十四篇。与《周南》并称“二南”。汉人以为“二南”产生于陕西岐山一带；后人据诗的内容分析，认为其地域包括今河南省西南部及湖北省北部，是国风中最南的地区。据清马瑞辰《毛诗传笺通释》考证，南是古国名，在今陕西省。周王将其分封给周公旦和召公奭作采邑。因采邑不能称国，故编诗者称之为“周南”、“召南”。方玉润《诗经原始》则认为召是地名，召以南的诗便称“召南”。关于产生的时间，《诗序》、郑《笺》及后来的崇“毛诗”者均认为是西周初年的作品。而据后人考证，大多数约作于西周末东周初。今人据“二南”的写作技巧远胜于《周颂》等材料，多以为是平王东迁以后之作。

邶风 《诗经》篇章之总名。“十五国风”之一。共十九篇。为邶地民歌。周武王克商，分商都朝歌以北为邶，南为鄘，东为卫。故地在今河南汤阴县东南。朱熹《诗集传》卷二：“邶、鄘不详其始封，卫则武王弟康叔之国也。”“其后不知何时并得邶、鄘之地。”故《邶风》所涉均为卫国事。《邶风》、《鄘风》、《卫风》为同一地区的民歌，故春秋时人已把它们看成同一组诗。鲁襄公二十九年，吴公子季札在鲁国参观周乐，“使乐工为之歌《邶》、《鄘》、《卫》，曰：‘美哉……其为卫风乎’”（《左传》）。今文学派三家诗以《邶》、《鄘》、《卫》为一卷，《毛诗》则分为三卷。

鄘风　《诗经》篇章之总名。“十五国风”之一。共十篇。鄘地民歌。周武王克商，分商都朝歌以北为邶，南为鄘，东为卫。故地在今河南省卫辉市境内。朱熹《诗集传》卷二：“邶、鄘不详其始封，卫则武王弟康叔之国也。”“其后不知何时并得邶、鄘之地。”故《鄘风》所涉均卫国事。《邶》、《鄘》、《卫》诗原为一地民歌，故春秋时人均视之为卫风。今文学派三家诗以《邶》、《鄘》、《卫》为一卷，《毛诗》则分为三卷。

卫风　《诗经》篇章之总名。“十五国风”之一。共十篇。卫地民歌。周武王克商，把商都朝歌封给纣子武庚；并分朝歌以北为邶，由其弟霍叔监之；南为鄘，由其弟蔡叔监之；东为卫，由其弟管叔监之。周公平定武庚的叛乱后，把商都及邶、鄘、卫地分封给其弟康叔，都朝歌（今河南淇县东北朝歌城）。《邶》、《鄘》、《卫》诗原为一地民歌，故春秋时人均视之为卫风。今文学派三家诗以《邶》、《鄘》、《卫》为一卷，《毛诗》则分为三卷。

王风　《诗经》篇章之总名。“十五国风”之一。共十篇。“王”即王都的简称。平王东迁洛邑（也称“王城”，在河南洛阳西），疆土限于河南北部，从此周室衰微，无力统御诸侯，其地位等于列国，只是名义上仍受到一些诸侯的拥戴，故称“王风”。各篇约作于平王东迁以后。产生的地域包括今河南省洛阳、孟县、沁阳、偃师、巩义、温县等。诗风悲凉伤感，折射出“幽王昏暴，戎狄侵陵；平王播迁，家室飘荡”（崔述《读风偶识》）的历史背景。

郑风　《诗经》篇章之总名。“十五国风”之一。共二十一篇。郑地民歌。周宣王封其弟姬友于郑（今陕西省华县北），是为郑桓公。后犬戎杀周幽王和桓公，桓公子武公继位，仍称郑，都新郑（今河南新郑）。诗皆作于武公建国后的东周时期。新郑为一大都会，青年男女有在溱洧等地游春之习俗，故诗多言恋爱、婚姻之事。孔子云：“放郑声，远佞人。郑声淫，佞人殆”（《论语·卫灵公》），即就声调和内容而言。

齐风　《诗经》篇章之总名。“十五国风”之一。共十一篇。齐国民歌。周武王封吕望（即姜太公）于齐，都营丘（后称临淄，今山东淄博）。朱熹《诗集传》卷五：太公“既封于齐，通工商之业，便鱼盐之利，民多归之，故为大国。”疆土包括今山东省东北部和中部。诗约作于东周初年到春秋时期。

魏风　《诗经》篇章之总名。“十五国风”之一。共七篇。魏国境内的民歌。魏之故城在今山西省芮城县东北。周初封同姓于魏，公元前661年被晋献公所灭，故魏诗当为魏亡前即春秋前期的作品。但朱熹以为：“苏氏曰：‘魏地入晋久矣，其诗疑皆为晋而作，故列于《唐风》之前，犹《邶》、《鄘》之于《卫》也。’今按篇中公行、公路、公族皆晋官，疑实晋诗；又恐魏亦尝有此官，盖不可考矣。”（《诗集传》卷五）

唐风　《诗经》篇章之总名。“十五国风”之一。共十二篇。晋国民歌。周成王封其季弟叔虞于唐，都于翼（今山西翼城）。唐地有晋水，后改国号为晋，故唐风即晋风。诗成于东周和春秋时。其地包括今山西省太原、翼城、曲沃、绛县、闻喜等地区。朱熹《诗集传》卷六：“其地土瘠民贫，勤俭质朴，忧深思远，有尧之遗风。其诗不谓之晋而谓之唐，盖仍其始封之旧号耳。”

秦风　《诗经》篇章之总名。“十五国风”之一。共十篇。秦地民歌。秦本为周的附庸。西周孝王封他的臣非子于秦（今甘肃天水故秦城），疆土逐渐扩大，庄公迁犬丘（今陕西兴平县东南槐里城），襄公迁汧（今陕西陇县汧城）。周幽王时，犬戎入侵西周，平王东迁，襄公赶走犬戎，并派兵护送平王至洛阳，始封为诸侯，于是西周王畿及豳地等遂归秦所有。其地包括今陕西地区和甘肃东部。诗作于东周末至春秋时期。《汉书·地理志下》：“安定，北地、上郡西河，皆迫近戎狄，修习战备，高上气力，以射猎为先。”故秦诗充满尚武精神、阳刚之气。

陈风　《诗经》篇章之总名。“十五国风”之一。共十篇。陈地民歌。周武王封舜之后人妫满于陈，都宛丘（今河南淮阳），是为胡公。其地包括今河南柘城、安徽亳州等地。诗约为东周以后的作品。《汉书·地理志下》：“妇人（指武王长女太姬，嫁胡公满）尊贵，好祭祀用巫，故俗好巫鬼。击鼓于宛丘之上，婆娑于枌树之下，有太姬歌舞遗风。”其诗反映了爱好歌舞、崇信鬼巫的民风，内容则多半涉及婚姻恋爱。

桧风　《诗经》篇章之总名。“十五国风”之一。共四篇。桧（也作郐）国民歌。地在今河南中部（都城在今河南新密市东北）。国君姓妘，相传是祝融之后。始封者不知为谁。东周初年被郑武公所灭。诗当作于西周。一说“桧风”即

"郑风"(见朱熹《诗集传》引苏氏说)。

曹风 《诗经》篇章之总名。"十五国风"之一。共四篇。曹国民歌。地在今山东省西南部的菏泽、定陶、曹县一带。周武王封其弟姬振铎于曹,都定陶(今山东定陶西北)。东周敬王时被宋国所灭。诗约作于春秋时。《史记·郑世家》说:"虢、郐之君贪而好利,百姓不附。"故诗多悲观失望之语。

豳风 《诗经》篇章之总名。"十五国风"之一。共七篇。豳地民歌。豳(也作邠)地在今陕西旬邑、彬县一带。周族祖先公刘由邰(今陕西武功西南)迁于豳。西周时封于何人已无可考。西周亡,豳归秦所有。诗均作于西周,是《国风》中年代最早的诗。周族重视农业,故《汉书·地理志下》说:"其民有先王遗风,好稼穑,务本业,故豳诗言农桑衣食之本甚备。"一说为周公之诗。朱熹《诗集传》:"武王崩,成王立,年幼不能莅阼。周公旦以冢宰摄政,乃述后稷、公刘之化,作诗一篇以戒成王,谓之'豳风'。而后人又取周公所作及凡为周公而作之诗以附焉。"今人又有疑其为鲁诗者。

正变 诗经学名词。"正风"、"正雅"和"变风"、"变雅"的合称。首见于《诗大序》:"至于王道衰,礼义废,政教失,国异政,家殊俗,而变风、变雅作矣。"正,指儒家理想的太平盛世;变,指时世由盛转衰,政教纲纪大坏。东汉郑玄《诗谱序》以为,文王、武王、成王、周公时的诗为"正风"、"正雅",而周懿王、周夷王至陈灵公时的诗为"变风"、"变雅"。清马瑞辰则以为《风》、《雅》之"正"、"变"不以时间为界,凡讥刺时政者皆属"变风"、"变雅"(《毛诗传笺通释·风雅正变说》)。

变风 诗经学名词。指《国风》中作于周王朝政治衰乱时的作品。与"正风"相对。《诗·大序》:"至于王道衰,礼义废,政教失,国异政,家殊俗,而变风、变雅作矣。"关于区分正、变的标准,郑玄《诗谱序》以为周懿王、周夷王至陈灵公时的诗为"变风"、"变雅";陆德明《经典释文》以为《邶风》以下的十三国风都属变风;马瑞辰《毛诗传笺通释·风雅正变说》则认为《风》、《雅》正、变的区分标准是"政教得失",而不以时间为界,凡讥刺时政者皆属变风、变雅。《诗大序》则强调了变风的特点:"发乎情,止乎礼义。发乎情,民之性也;止乎礼义,先王之泽也。"变而不失其正,正是儒家"温柔敦厚"诗教的体现。参见"正变"条。

变雅 诗经学名词。指"二雅"中作于周王朝政治衰乱时的作品。与"正雅"相对。《诗·大序》:"至于王道衰、礼义废,政教失,国异政,家殊俗,而变风、变雅作矣。"关于区分正、变的标准,郑玄《诗谱序》以为周夷王至陈灵公时的诗为"变风"、"变雅";《毛诗正义》以为"王政既衰,变雅兼作,取《大雅》之音歌其政事之变者,谓之'变大雅';取《小雅》之音歌其政事之变者,谓之'变小雅'";陆德明《经典释文》以为《小雅》自《六月》至《何草不黄》五十八篇为"变小雅",《大雅》自《民劳》至《召旻》十三篇为"变大雅";马瑞辰《毛诗传笺通释·风雅正变说》以为《风》、《雅》正、变的区分标准是"政教得失",而不以时间为界,凡讥刺时政者皆属变风、变雅。参见"正变"条。

四始 诗经学名词。始见于《诗·大序》。对其解释,历来众说纷纭。一说指《风》、《小雅》、《大雅》、《颂》。孔颖达《毛诗正义》引郑玄答张逸云:"《风》也,《小雅》也,《大雅》也,《颂》也,此四者,人君行之则为兴,废之则为衰。"又引《郑笺》:"始者,王道兴衰之所由。"一谓《风》、《小雅》、《大雅》、《颂》皆以文王时诗为始:"《关雎》,《风》始;《鹿鸣》,《小雅》始;《文王》,《大雅》始;《清庙》,《颂》始"(清陈奂《诗毛氏传疏》)。又一说指《诗经》中《大明》、《四牧》、《嘉鱼》、《鸿雁》四诗。"《大明》在亥,水始也;《四牧》在寅,木始也;《嘉鱼》在巳,火始也;《鸿雁》在申,金始也"(《诗·关雎序》疏引《诗纬汎历枢》)。

六义 诗经学名词。《诗·大序》说"《诗》有六义焉:一曰风,二曰赋,三曰比,四曰兴,五曰雅,六曰颂"。据郑玄注,风是"言贤圣治道之遗化",即风教;赋就是铺,"直铺陈今之政教善恶;比是"见今之失,不敢斥言,取比类以言之";兴是"见今之美,嫌于媚谀,取善事以喻劝之";雅是"言今之正者以为后世法";颂即歌颂,是"颂今之德,广以美之"。今人一般以为,风、雅、颂为乐歌的三种体制,赋、比、兴是诗歌的三种艺术表现手法。

六诗 诗经学名词。《周礼·春官宗伯·大师》:"教六诗:曰风,曰赋,曰比,曰兴,曰雅,曰颂。"今人一般认为风、雅、颂是乐歌体制,赋、比、兴是写作手法,统称之为"六诗"与原意不符。《诗·大序》则将"六诗"称为"六义"。参见"六义"条。

南 舞乐名。《诗经·小雅·鼓钟》:"以雅以南，以籥不僭。”《毛传》：“南夷之乐曰南。”一说诗体名。清崔述《读风偶识》：“南者，诗之一体。”梁启超《释四声名义》也认为：“《诗·鼓钟》篇‘以雅以南’，‘南’与‘雅’对举。雅既为《诗》之一体，南自然也是《诗》之一体。”又一说古国名。清马瑞辰《毛诗传笺通释》以为“南为古国名”，“云周、召取风者，盖二公分治南国之地”。又一说乐器名。现代有学者认为，“南”本是钟镈一类的乐器，后衍变为乐曲名称。郭沫若《甲骨文研究》认为“南”即乐器“铃”。

二南　《诗经·国风》中《周南》、《召南》的合称。共二十五篇。汉人认为“周南”、“召南”均指地域；周南大致在今陕西、河南之间，召南大致在今河南、湖北之间。宋代有人据“以雅以南”（《小雅·鼓钟》）等诗句，认为“南”是诗之一体，而朱熹则认为“南，南方诸侯之国也”（《诗集传》）。现代有学者认为，南是一种类似钟镈的乐器，后演变为乐曲名称，故“南”是一种曲调。关于作品年代，《诗序》说产生于周初，现代有学者认为是在东周，也有人认为西周、东周的作品都有。参见“周南”、“召南”条。

四家诗　“鲁诗”、“齐诗”、“韩诗”和“毛诗”的合称。汉代传《诗》的有《鲁》、《齐》、《韩》、《毛》四家，前三家是今文学派，西汉时皆立于学官，置博士。魏晋以后，三家诗先后亡佚。“毛诗”是古文诗学，较晚出，系私学相传，后盛行于东汉。魏晋以后，直到现在，通行的《诗经》即为“毛诗”。四家诗均在注释中力图宣扬儒家思想，但对诗之解释大同小异。清陈乔枞《四家诗异文考》可资参考。

三家诗　《诗经》今文学派“鲁诗”、“齐诗”、“韩诗”的合称。三家对《诗经》的解释十之七八同，十之二、三异，西汉时皆立于学官，置博士。魏晋以后，三家诗逐渐亡佚。“齐诗”亡于魏；“鲁诗”亡于西晋；“韩诗”虽存无习者，至南宋亦亡佚，仅存外传。三家诗的遗说散见于魏晋以前的古籍中。清陈乔枞《三家诗遗说考》、范家相《三家诗拾遗》、王先谦《诗三家义集疏》，把三家诗的佚文大致收集无遗。

齐诗　《诗经》今文学派三家之一。汉初齐人辕固生所传。景帝时，立为博士。后传于夏侯始昌、后苍、翼奉、萧望之、匡衡、伏黯等。喜以谶纬说诗，以阴阳灾异附会时政。《汉书·艺文志》称辕固生曾为《诗经》作传，又著录《齐后氏故》二十卷、《齐孙氏故》二十七卷、《齐后氏传》三十九卷、《齐孙氏传》二十八卷、《齐杂记》十八卷等。至三国魏时皆亡佚。清人陈乔枞著《齐诗遗说考》，曾加辑释。

鲁诗　《诗经》今文学派三家之一。汉初鲁人申公（名培，或称申培公）所传。文帝时，立为博士。在三家诗中最为先出。申公受诗于浮邱伯，又以诗故训传授弟子。西汉时传授最盛，瑕丘江公、刘向、孔安国、司马迁、褚少孙等均治《鲁诗》。《汉书·艺文志》谓申公曾为《诗》作故训，又著录《鲁故》二十五卷、《鲁说》二十八卷，至西晋时皆亡佚。清人陈乔枞著《鲁诗遗说考》，曾加辑释。

韩诗　《诗经》今文学派三家之一。汉初燕人韩婴所传。文帝时，立为博士。此后传“韩诗”者有淮南贲生、蔡义等。《汉书·艺文志》著录《韩诗内传》四卷、《韩诗外传》六卷，另有《韩故》三十六卷、《韩说》四十一卷。南宋后仅存《外传》。清人赵怀玉曾辑录《内传》佚文，附于《外传》之后。清人陈乔枞著《韩诗遗说考》，曾加辑释。

毛诗　《诗经》古文学派。相传为秦汉间人毛亨、毛苌所传。《汉书·艺文志》著录《毛诗》二十九卷，《毛诗故训传》三十卷，但称毛公，不著其名。东汉郑玄《诗谱》始称大毛公、小毛公。三国吴陆玑《毛诗草木鸟兽虫鱼疏》始称大毛公为毛亨，小毛公为毛苌。《毛诗》自称源于子夏，用战国时大篆书写，取儒家政教合一之理，不杂谶纬神异、阴阳五行，事实多联系《左传》，训诂多同于《尔雅》，称为古文。西汉时，今文学派的齐、鲁、韩三家诗立于学官，而毛诗不得立，独为河间献王重视。东汉时，经学家郑众、贾逵、马融、郑玄均治《毛诗》，而郑玄《毛诗传笺》问世后，学《毛诗》者渐多。魏晋以后，今文三家诗渐次散亡或无传，独《毛诗》大行于世。唐孔颖达定《五经正义》，于《诗经》取毛、郑所传，从此《毛诗》为后世所宗奉。

风　又称《国风》。《诗经》类名之一。一般认为多是采自各地的民间歌谣。朱熹《诗集传》卷一说：“国者，诸侯所封之域；风者，民俗歌谣之诗也。”音乐上则反映了周代各诸侯国的地方曲调。包括“十五国风”，共一百六十篇。大部分是东周的诗，小部分是西周后期的诗。其中有的反映了先民的劳动生活，有的抒写了人民在沉重的徭役、兵役负担下的痛苦怨愤；有的以恋爱、婚姻为主题，有的则讽刺统治者荒淫无耻；有小部分诗反映了统治者的心声。其最显著的艺术特色是运用现实主义的创作方法，对中国诗歌的发展产生了深远的影响。

雅 《诗经》类名之一。大多是周代朝廷上的乐歌。包括《小雅》和《大雅》，故又称“二雅”。其中《小雅》七十四篇，《大雅》三十一篇，共一百零五篇。雅诗作者大多是统治阶层人物，但有小部分是下层人民。雅诗为何有小大之分，前人异说甚多。《诗大序》：“雅者，正也。言王政之所由废兴也。政有小大，故有《小雅》焉，有《大雅》焉。”朱熹《诗集传》卷九：“雅者，正也，正乐之歌也。其篇本有大、小之殊，而先儒说又有正、变之别。”清人惠士奇《诗说》则谓小、大雅当以音乐来区别，如律有大、小吕，诗有大、小明。《小雅》绝大部分和《大雅》的少数篇章是周室衰微到平王东迁时作品，反映了社会变革的现实；《大雅》的大部分和《小雅》的少数篇章是西周初社会比较繁荣时的作品，歌颂太平的内容较多。后期雅诗艺术上有很大进步，其篇幅较大，句法整齐，辞气畅达；且受民歌影响后，有些诗善用比兴，有较强的形象性。《大雅》中《生民》、《公刘》、《緜》、《皇矣》、《大明》等，开后世叙事诗之先河。

颂 《诗经》类名之一。多为庙堂祭祀乐歌。朱熹《诗集传》卷一九：“《颂》者，宗庙之乐歌，《大序》所谓美盛德之形容，以其成功告于神明者也。”据后人研究，其中部分为舞曲。包括《周颂》、《鲁颂》、《商颂》，故又称“三颂”。其中《周颂》三十一篇，《鲁颂》四篇，《商颂》五篇，共四十篇，均为贵族统治者的作品。其内容多为统治者歌功颂德，但也具有一定的史料价值。

三颂 《诗经》中《周颂》、《鲁颂》、《商颂》的合称。《周颂》时代最早，约为西周初年的作品；《鲁颂》和《商颂》约作于东周。参见“颂”条。

二雅 《诗经》中《小雅》和《大雅》的合称。共一百零五篇。古文经学派以为此外另有《南陔》、《白华》、《华黍》、《由庚》、《崇丘》、《由仪》六篇笙诗，但有目无诗。有学者以为，周王畿的周人称为夏，而古代“雅”、“夏”通用，故“雅”即是周王畿的乐歌；雅分大、小，意同后世的大、小曲。雅诗多是西周王畿之诗，只有少数是东方诸侯国之诗。参见“雅”条。

诗序 《毛诗序》的简称。《诗经》今文学派三家诗都有序（据清魏源《齐鲁韩毛异同论》），但久佚，而《毛诗序》独存。前人认为现存《诗序》有大、小之分。列于各诗之前解释各诗主题的为“小序”；首篇《关雎》的小序之后有一大段文字概论全部《诗经》，为“大序”。关于作者，郑玄《诗谱》以为《大序》子夏作，《小序》子夏、毛公合作。《后汉书·儒林传》以为卫宏作。也有认为《大序》、《小序》都是子夏所作（王肃、孔颖达），还有认为是诗人自作（王安石）。对此，《四库全书总目·经部》一五的《诗序》提要及清崔述《通论诗序》可资参考。

小序 《毛诗》中列于各诗之前解释各篇主题的文字。往往先列教义，从美刺立言，以见诗人之情；随附史事以明之，材料则多取自《左传》。其论各篇之主旨，除《颂》之外，《国风》一百六十篇中，美诗仅十六篇，刺诗七十八篇；《小雅》七十四篇中，美诗仅四篇，刺诗四十五篇；《大雅》三十一篇中，美诗七篇，刺诗六篇，故后人有“强分美刺”之评。朱熹云：“大率古人作诗，与今人作诗一般，其间亦自有感物道情，吟咏情性，几时尽是讥刺他人。”（《朱子语类》卷八〇）然《诗序》的讽刺之说于后人作诗多寄托、言于此而意在彼不无影响。

大序 《毛诗》首篇《关雎》的“小序”之后一段概论全部《诗经》的文字。据孔颖达《毛诗正义》说，应自其中的“风，风也”句起。《大序》阐述了诗歌的特征：内容、分类、表现方法和社会作用，堪称先秦儒家诗论的系统总结。它进一步阐明了诗歌言志抒情的特征和诗与音乐、舞蹈的关系，明确揭示了诗歌音乐和时代政治的密切关系，把《诗经》的分类和表现手法概括为“六义”说，特别强调诗歌的社会作用：“上以风化下，下以风刺上”，“故正得失，动天地，感鬼神，莫近于诗”。这些思想对古代诗歌的创作与批评发生了深远的影响。

诗经学 对《诗经》及其研究史作阐释和研究的学科。先秦时的孔子诗教和孟子的一些论《诗》观点，为封建时代的《诗经》研究奠下了理论基础。之后历代的《诗经》研究大体包含了以下内涵：《诗经》的体制与性质，产生的地域与时间，最初的编订、流传与应用，孔子删诗说，“诗序”及其作者，诗与音乐的关系，总体内容与艺术特征及其分类，具体各篇的旨意与艺术形式，史料的考订辨析，文字、音韵、训诂、名物等的考证，传授流派与研究流派研究，以及校勘、辑佚等。这些内容基本上属经学、史学与文学三大范畴。由于历史与时代因素，封建时代的《诗经》研究较多地局限于经学范围，旨在为封建统治与儒家说教服务。自汉代始的二千多年《诗经》研究大致分为四个阶段：汉至唐的汉学时期，宋至明的宋学时期，清代的新汉学时期和“五四”以后的新时期。汉代出现了四家传《诗》者：鲁、齐、韩三家为今文经学，毛亨的毛诗为古文经学。西汉武帝时，三家诗立，毛诗不兴；东汉时，郑玄以毛诗为本，兼采三家诗，使今古文合流；此后，毛诗盛行，三家诗渐趋衰亡。但今古文经学两派的对立与论争还在继续。到唐初孔颖达完成《毛诗正义》(毛传、郑笺、孔疏)，才正式确立了毛诗在《诗经》研究史上的重要地位。六朝文人和唐代诗人分别从文学角度总结了一些《诗经》创作经验。宋代兴自由研究之风，对汉学的训诂、诠释，尤其毛诗大小序，提出了怀疑与批评，其集大成著作是朱熹的《诗集传》，它以理学为思想基础，重义理，略训诂，杂采毛传、郑笺，间取三家诗义，成为宋学的一大里程碑，其影响波及元明两代。清代考据学兴起，提倡复兴汉学，冲破宋明理学桎梏，斥宋学空疏，尊毛、郑、"诗序"，从而产生了新汉学；其中清初顾炎武、黄宗羲、王夫之对新汉学的建立颇有贡献。新汉学内部也展开了古文经学与今文经学两派的斗争，陈启源《毛诗稽古编》、马瑞辰《毛诗传笺通释》、陈奂《诗毛氏传疏》等为古文经学代表，陈著是集大成者；魏源《诗古微》、王先谦《诗三家义集疏》是今文经学代表，王著是辑录三家诗遗说的集大成者。此外，清代还出现了不依附于汉宋学派、今古文经学派的独立思考派——姚际恒《诗经通论》、崔述《读风偶识》、方玉润《诗经原始》。"五四"以后，经学彻底没落，鲁迅对《诗经》的一系列论述，开了新时期诗经学的风气之先。胡適对《诗经》的训诂、解题等提出过一些新见，却不免附会曲解之处。"古史辨"派学者对《诗经》作了大量辨伪、辑佚、考证工作，提供了不少有价值的学术成果。郭沫若对中国古代社会的扎实研究为其阐发认识《诗经》价值提供了充实的证据，其《诗经》今译，既开风气之先，又是新时期《诗经》研究的新尝试。闻一多的《诗经新义》、《风诗类钞》等，显示了厚实的学问功底和敏锐的识见，同时开创了用新训诂学与民俗学研究《诗经》的路子。朱自清《诗言志辨》功力深厚，精见迭现。陈子展在50年代与80年代先后出版《国风选译》、《雅颂选译》和《诗经直解》，是近四十多年来的重要诗经学著作。这一时期，余冠英《诗经选》、张西堂《诗经六论》、孙作云《诗经与周代社会研究》、高亨《诗经今注》，以及夏传才《诗经研究史概要》、向熹《诗经语言研究》等，均各显特色，具有一定价值。

韩诗外传 杂著。西汉韩婴著。今本十卷，三百十章。据《汉书·艺文志》著录，韩婴曾撰《内传》四卷、《外传》六卷。南宋后仅存《外传》，清赵怀玉辑《内传》佚文，附于本书之后。是书汇集旧闻传说，先讲故事，后引《诗经》句子作证，以诗明故事，而非阐发诗旨，与经义无关，类似诸子百家之书。大旨评论风气厚薄，政治得失，培养情操，开发知识。所载前人嘉言懿行，多具教育意义。保存先秦史料，颇有参考价值。为研究西汉今文诗学的重要资料。其中故事情节曲折，人物形象逼真，论说犀利明快，言语简洁清丽，多用比喻。有《汉魏丛书》、《四库全书》、《丛书集成》诸本。

毛传 《毛诗故训传》(一作诂训传)的简称。《诗经》研究著作。西汉毛亨著，东汉郑玄《诗谱》以为鲁人大毛公作。三十卷。三国吴陆玑《毛诗草木鸟兽虫鱼疏》以为毛亨作，《后汉书·儒林传》谓毛长(《隋书·经籍志》作毛苌)作。《汉书·艺文志》著录三十卷。今本同。大旨崇王化，尚诗教，温柔敦厚，不取谶纬神怪。各篇之前，分缀《诗序》，传文与之多合。此书所言，制度与三《礼》合，事实与《尚书》、《左传》、《国语》、《孟子》合，发明意旨同《荀子》。训诂多本《尔雅》，有益于考据者不少。章首标明赋比兴，尤详于兴，词章家每有所取。西汉古注，存者无多，后得郑玄作笺，相得益彰。为汉学重要文献。有阮元校勘《十三经注疏》本，中华书局据以影印。

郑笺 全名《毛诗传笺》。《诗经》研究著作。东汉郑玄著。三十卷。以《毛传》为主，兼采今文三家诗说，加以疏通发挥，以阐扬儒学。《毛传》只限训诂，过于简略，此书既释字义，又讲文理，且通贯章指，足以补其阙漏，发明隐微。如见《毛传》不合经文，则用三家之说，或出己意，以纠其失，有数百处之多。然亦有不及《毛传》精当之处。诗人本诸性情，郑笺几无发明。拘泥于《诗序》，尤为明显。承《毛传》之误，亦时有所见。且有自造之误解。说"兴"多与"比"混。然此书一出，"毛诗"日盛，三家诗废。尤能与诸经注相沟通，两汉《诗》学，荟萃于此。后与《毛传》、《孔疏》(唐孔颖达疏)合刻，有清阮元校勘《十三经注疏》合刊本。中华书局曾据以影印。

诗谱 《诗经》研究著作。东汉郑玄著。一卷(一作三卷)。《诗》三百篇，非作于一时，郑氏据《春秋》与《史记》年表，纂为此书，篇按时代先后，排列世次，点明其缘起及部分作者，颇有益于理解诗义。书前有序概述源流，有如《诗经》大纲。唐孔颖达《正义》列此书于前，原本已失传，而《正义》所载，亦有缺脱。北宋欧阳修得残本，更加参订，为《诗谱补亡》。清人戴震、吴骞、丁晏、胡元仪都曾从事过《诗谱》的考订和辑补工作。此书与《毛诗》篇次，除《国风》小有出入外，余皆一致。有《皇清经解续编》本。

毛诗正义 《诗经》研究著作。唐孔颖达著。七十卷。主要阐释《毛传》和《郑笺》，汇集魏、晋、南北朝学者的《诗经》研究成果。然由于此书恪守"疏不破注"的原则，因而也承袭了毛、郑注解中的一些错误与曲解。《四库全书总目》评其"融贯群言，包罗古意"。故仍不失为唐代研究《诗经》的集成之作。后人将之与《毛传》、《郑笺》并称，名为"孔疏"。唐代列为官书，明经科取士、考试谨遵此书，故影响极大。宋以后各代均有刻本。通行有清阮元校勘《十三经注疏》本，中华书局曾据以影印。

诗本义 《诗经》研究著作。宋欧阳修著。十五卷。不录经文，皆作论体。前十二卷论诗一百余篇。先论《诗序》及毛郑是非，后述篇旨。卷一三《一义解》，凡二十节，各举一篇，解其一义。卷一四为《时世论》等杂论五篇。卷一五《诗统解》六篇，明经之统要，以益《毛传》之略，而志《郑笺》之妄。自来说《诗》，皆遵毛、郑与《序》。此书不守故训，开宋人以己意说《诗》之端。其后新说日出，旧义渐微，实滥觞于此。有《四库全书》本、《四部丛刊三编》本。

诗集传 《诗经》研究著作。北宋苏辙著。二十卷(一作十九卷)。逐篇为注。本唐成伯玙之《毛诗指说》。以《小序》反复繁重，似非一人之词，因只存其首句，其下疑为毛亨续作，悉从删汰。于成说采其可者，不可则明著见失。其后攻《序》者蜂起，其源盖出于此。有《四库全书》本。

诗辨妄 《诗经》研究著作。宋郑樵著。以为汉时传诗原有四家，毛诗仅一家之言，不可偏信。指毛、郑之非，斥《诗序》为"村野妄人所作"。同时又通过考证，指明《诗序》乃汉人所为，揭穿了《诗序》伪托圣贤欺世的实质。原书六卷，已散佚，顾颉刚从其《六经奥论》和其论敌周孚《非诗辨妄》中辑出二卷，由景山书社1930年出版。

诗辑 或作《诗缉》。《诗经》研究著作。宋严粲著。三十六卷。逐篇为注。以吕祖谦《吕氏家塾读诗记》为主，杂采众说，以相发明。旧说有未妥者，则别以己意阐发，运词婉转曲折，能得诗人之意。考证音训名物，尤为精核。于时令地理，则颇失实。在宋代说《诗》家中，与吕祖谦之《吕氏家塾读诗记》同为重要著作。有《四库全书》本。

吕氏家塾读诗记 《诗经》研究著作。宋吕祖谦著。三十二卷。遵从《诗序》，坚守毛、郑之说，与朱熹相持。博采西汉以来诸家，存其名氏，而剪裁贯穿，使如出一手。训诂具于前，文义陈于后，简要浅近。有所发明，则别出之。有《四库全书》本、《四部丛刊续编》本、《丛书集成初编》本。

诗集传 《诗经》研究著作。宋朱熹著。二十卷。杂采《毛传》、《郑笺》和今文三家说，务求探明《诗经》本意，往往能突破《毛诗序》的解说，而以己意出之。注释较为浅易，为明清两代最重要之《诗经》传注本。如《卫风·木瓜》，《毛诗序》以为乃"美齐桓公"，此书释为"男女相赠答之辞"；又注《周南·关雎》"窈窕"为"幽闲贞静"。皆中肯綮。于难解之处，亦不为臆断。如《卫风·芄兰》题解云"此诗不知所谓，不敢强解"。对于诗的艺术表现手法也时有评析。但仍有一些解释曲从毛氏《序》、《传》，特别是将民间爱情篇章斥之为"男女淫佚"之诗，不出恪守封建道德的理学范围。元皇庆二年(1313)试行科举，规定经学用程(颐)、朱传注，考《诗》即用此书。明、清两朝相承，故天下士人皆习之，影响中国封建社会晚期达六百年。此书自宋代以来，历代均有刻本。通行有《四库全书》本，《四部丛刊三编》本，上海古籍出版社 1980 年点校本。

诗疑 《诗经》研究著作。宋王柏著。二卷。上卷《诗说》为杂论，分章段而不标目。下卷《诗辨》为《毛诗》、《风雅》、《王风》、《二雅》、《赋诗》、《豳风》、《风序》、《鲁颂》、《诗亡》、《经传》十篇。前有一序。大抵对比各篇及古书所引，据经文推究，证明今本多错简、窜乱及脱佚。自朱熹《集传》攻《序》，学者多宗之。王氏为朱门三传弟子，此书更改篇名，移易卷次，不仅非毁旧义，进而攻驳经文，甚而删改经文。如据理学卫道之义，斥恋诗为邪说恶行，欲删风诗三十二篇。指《小雅》有怨诮之语，欲退《变雅》于《王风》。宋人疑古，此为最甚。有《通志堂经解》本、顾颉刚点校的中华书局排印本。

诗传通释 《诗经》研究著作。元刘瑾著。二十卷。元人学术皆受朱熹牢笼，此书列朱熹《集传》于前，疏之于下。卷首纲领，备录朱氏辨

《诗序》之言，多引经传及宋儒之论，且论《诗经》源流、章句、音韵、诗乐、删次等。此书与朱熹《集传》，犹毛郑之有孔疏。明初御纂《诗经大全》，即以此为蓝本。有《四库全书》本。

诗广传 《诗经》研究著作。明清之际王夫之著。五卷。前二卷论《国风》，次二卷论二《雅》，卷五论三《颂》。共二百三十七篇。皆读后杂感。时引《周易》、《老》、《庄》及古人行事，发挥《诗经》各篇，表现一己之政治主张与哲学思想。如谓《蒹葭》乃刺秦不仁不义，逆取逆守；《六月》则论名实难兼。有清刻《船山遗书》本、王孝鱼点校的中华书局排印本。

诗经通论 《诗经》研究著作。清姚际恒著。十八卷。经文列于前，皆分章段，句末标明叶韵；注语置于后，先论篇义，后释章旨，不训文字，亦不释草木鸟兽之名，故名。成于康熙年间，其时汉学宋学之争方炽，考据之风渐起，《诗序》之讼已久。向来废《序》必宗朱，攻朱必遵《序》。此书既斥《小序》之误，又攻《朱传》之短，而自涵咏篇章，寻绎文义，辨别旧说。不知则宁存疑而不妄断。着重章法，精析比兴之义，尤详于文学鉴赏。影响于方玉润之《诗经原始》者不小。然以男女恋诗为刺淫，则未免理学之腐论。卷首《诗经论旨》简论历代著作，揭示不信《小序》之意，《诗韵谱》则昌明古韵。有《丛书集成初编》本、顾颉刚点校的中华书局排印本。

毛诗稽古编 《诗经》研究著作。清陈启源著。三十卷。正文二十四卷，依次解《诗》，而不载《诗》句，仅题篇名。凡前人论说已明，不作复述，篇目亦略。次为总括五卷，考证文字音义名物，皆义通全经，词连数篇者。末为附录一卷，则统论风雅颂之旨。取名“毛诗”，明其所宗；“稽古编”则标明尊奉唐以前之汉学。参酌旧注，不创新解，训诂准诸《尔雅》，篇义一依《小序》《毛传》，而以《郑笺》佐之，名物则依陆德明疏，并多有辨正。康熙钦定《诗经传说汇编》附汉注于朱熹《诗集传》之后。此书始与宋学分流，致力于崇汉抑宋。有《四库全书》本、《皇清经解》本。

读风偶识 《诗经》研究著作。清崔述著。四卷。专论《国风》，阐述风诗之旨。通论《小序》、二南、十三国风。分论二南十风，至《陈风》而止，《桧风》以下从略。成于嘉庆年间。其时古文经学正盛，时论本《小序》而非朱熹。此书力攻《小序》美刺之说，附会史事，及言《朱传》之非，不在其驳《序》之多，而在从《序》处不少。提倡即词以求其意。又谓“南”乃诗之一种体裁，二南不但非文王时诗，且亦不尽系成康时诗。最后通论读诗。显示独立思考的治诗特点。有《崔东壁遗书》本、《丛书集成初编》本。

毛诗后笺 《诗经》研究著作。清胡承珙著。三十卷。《泮水》以下未完，为陈奂所补。大旨申解毛氏《序》、《传》，时驳郑笺孔疏，开后人舍郑用毛之渐。征引颇富，断制亦严，既详究训诂名物，亦深识词言文理。对于今文三家，则唯与毛氏合者取之，亦有吸收宋人见解处。为清代研究《诗经》的重要著作。有《皇清经解续编》本。

毛诗传笺通释 《诗经》研究著作。清马瑞辰著。三十二卷。不录经文，有新解则条举之。以篇名为别，不标细目。并释传笺，以纠孔疏之误，兼正毛、郑之失。多从时代地理、训诂名物及音韵转变、文字引申假借之义疏释各篇，且引今文三家及宋人之说为证。不事穿凿，时有新义。卷一附论辨多篇，亦言世次地理，引申假借，合诸正文，如纲在目。所论诗皆入乐，足证宋人之说。清儒多同此说。其时朴学鼎盛，此书多所凭依，得失亦两承之。乾嘉考据学者成《诗经》三疏，此以宏博见长，谨严稍让陈奂。有《皇清经解续编》本、《四部备要》本、陈金生点校的中华书局排印本。

诗毛氏传疏 《诗经》研究著作。清陈奂著。三十卷。《郑笺》后于《毛传》四百余年，不仅训诂名物有异，且兼三家，学者多以为疑。故此书舍《郑笺》而专疏《毛传》。多有强三家以牵合毛义者。书末附《毛诗音》四卷，《毛诗传义类》一卷，分别存汉以前之声韵训诂；《毛诗说》一文为作者治诗之条例，又附《郑氏笺考徵》一卷，指出郑氏用韩、鲁诗者。有《皇清经解续编》本、中华书局点校本。

诗经原始 《诗经》研究著作。清方玉润著。十八卷。不用旧《序》而寻绎篇旨，别拟一序，列于题下，使读者一览而得诗人之意。次录经文，全篇连属一气，而章段分疏明白。总论大旨于后，大抵论断于《小序》、朱熹《集传》之间。原本旁批，勾入经义句下，眉评移于集释之前。末乃集释物名，标明音韵。卷首二卷，附图九幅，及论诗旨。成于光绪初。其时学风，已由东汉古义，上溯西汉今文，宋学已稍复燃，而此书不入门户，唯循文按义，推原诗人始意。屏弃考据义理，而着眼于情感音节，布局笔法之开合变化，及字句研炼之法，作文学之研究，颇多精义，深受当今专家推重。有清一代，能逾经学旧垒，不过姚(际恒)崔(述)数人，方氏最称翘楚。唯喜言诗教温柔敦厚，犹维护封建旧道德，推求言外之意，有时未免牵强，名物训诂，亦多疏失。有《云南丛书初编》本、李先耕点校的中华书局排印本。

诗三家义集疏 《诗经》研究著作。清王先谦著。二十八卷。合《邶》、《鄘》、《卫》为一卷。收集齐、鲁、韩三家今文《诗》说为注，兼取秦汉以下各类古书中所载逸文遗说，条分缕析。次为疏，首列毛传郑笺，复征引自宋及清数十家之论，兼综并蓄，以次排比，且参己意。此书历时久长，用力尤勤。汇集清人诸家成果，陈乔枞《三家诗遗说考》几全收录。凡文字音韵，名物地理，乾嘉考据家之说，多所征引。至于《毛诗》著作，亦折中异同，时有称述。包罗宏富，可称完备。治今文《诗》学者得所凭藉。然亦有漏收误说。其于三家无说者，辄注三家无异义，或谓早逸，后世不可考，未免草率。不失为清人重要的《诗经》研究著作。有家刻本及吴格点校的中华书局排印本。

诗经学 《诗经》研究著作。近代胡朴安著。二十节。前九节分述命名、原始、作诗采诗删诗、诗序、六义、四始等，介绍《诗经》内容大略。次六节分述春秋以下历代《诗经》之研究，为《诗经》研究之简史。后五节为《诗经》之文字学、文章学、礼教学、史地学、博物学，系对我国学术之分类，并依类分析《诗经》，俾读者由此可得自行研究之便利。书前列绪论，后附《诗经》书目，收录凡一百十四种。有商务印书馆《国学小丛书》本。

诗经与周代社会研究 《诗经》研究论文集。孙作云著。共十五篇。内容为据《诗经》以研究两周历史礼俗。凡礼乐刑政，井田租役，无不言之可信，尤详于情恋与祓禊关系。取《桑柔》以述厉王流彘之祸，则合《国语》、《左传》、《天问》诸书；取《大东》以言东周赋役之重，则引铜器铭文，发前人所未发。论《大雅》前十七篇为祭祀诗，《小雅》四十五篇为祭祀享宴之诗，实属颂体，作于宣王之世。打破二千年来划分雅颂之成例。此书言必有据，务求征信，足资治《诗》者参考。有中华书局排印本，1966年出版。

诗经研究史概要 《诗经》研究著作。夏传才著。先述《诗经》基础知识，次述各时代各家各派之研究，分先秦、汉、宋、清、“五四”以后等五时期，择要评述。有关《诗经》的研究历史、争讼要点，大体详备。末附《诗经》书目版本举要。有中州书画社排印本，1982年出版。

诗经直解 《诗经》研究著作。陈子展著。三十卷。分卷依毛诗，篇前分缀《诗序》，经文亦取毛诗，而附三家异文于其下。译文列于下，以便由浅入深。篇皆分章，各作章旨于后，且加音注，简明扼要。篇后为总论一篇。卷后皆附简注，注字义音读，及疏通句文。多引旧说，兼采新学，如以动植物科学知识，解草木鸟兽虫鱼，以考古新技术发掘所见证地名。全书资料丰富，尤便初学。有复旦大学出版社1983年排印本。

诗经楚辞鉴赏辞典 《诗经》、《楚辞》鉴赏文汇编。周啸天主编。收入现存所有《诗经》作品三百零五篇，王逸《楚辞章句》所收楚辞作品十七题六十五篇。又据朱熹《楚辞集注》补收贾谊作品二篇。包括了现有全部《诗经》、楚辞作品。每篇作品后均有一篇赏析文章，由国内大专院校及研究单位教师、学者分别撰稿。所撰赏文注重分析其文学特征，在吸收前人陈说基础上，颇有发明。四川辞书出版社1990年出版。

楚　辞

楚辞 ❶诗体名。战国时兴起于楚国。其名最早见于西汉前期。是源于江淮流域的歌谣，受到北方《诗经》的影响。主要作者是屈原。他所作的《离骚》、《九歌》、《九章》、《天问》等，奠定了该诗体的文学地位。汉代皇室大臣多为楚人，故这一文学样式在汉代得以勃兴。西汉末刘向编定《楚辞》，更使此诗体在中国文学史上流传广远。其特征大致如宋黄伯思云：“书楚语、作楚声、记楚地、名楚物，故可谓之‘楚辞’。”(《校定楚辞序》)因《离骚》为其代表作品，后人亦以“骚”代指楚辞，如萧统《文选》中列“骚”一类，刘勰《文心雕龙》有《辨骚篇》。与《诗经》并称，成为中国古典文学两大渊源。其浓郁的情感、瑰丽的文辞、丰富的想像，对后世诗、赋、骈文产生了深远影响。❷诗总集。西汉刘向辑、东汉王逸章句。收战国楚屈原、宋玉及汉淮南小山、东方朔、王褒、刘向等及王逸自作辞赋。共十七卷。《四库全书总目》云：“初，刘向裒集屈原《离骚》、《九歌》、《天问》、《九章》、《远游》、《卜居》、《渔父》，宋玉《九辩》、《招魂》，景差《大招》，而以贾谊《惜誓》，淮南小山《招隐士》，东方朔《七谏》，严忌《哀时命》，王褒《九怀》及刘向所作《九叹》，共为《楚辞》十六卷，是为总集之祖。逸又益以己作《九思》与班固二'叙'，为十七卷，而各为之注。"刘向所编十六卷久佚，仅见新、旧《唐书》著录。今所传皆王逸十七卷本。有《四库全书》、《湖北丛书》、《丛书集成初编》等本。

离骚　亦称《离骚经》、《离骚赋》、《骚》。《楚辞》篇名。战国楚屈原作。司马迁认为"离骚者，犹离忧也"(《史记·屈原贾生列传》)。班固认为"离，犹遭也；骚，忧也"(《离骚赞序》)。王逸认为"离，别也；骚，悲也"(《离骚经序》)。王夫之认为此篇作于怀王之世(《楚辞通释》)。今人游国恩则认为作于顷襄王朝再放江南之时(《屈原作品介绍》)。司马迁认为"屈原之作《离骚》，盖自怨生也"(同上)。郭沫若称此篇为"以烦恼为主题的一部回旋曲"(《屈原赋今译》)。三百七十三句，近二千五百字，是中国古代最长的抒情诗。前半篇回溯已往历史，叙述自己的家世、品质、修养、抱负以及政治上的遭遇，表达坚持理想，至死不屈的品格。后半篇是对未来道路的探索，先写因女嬃劝责而向重华陈辞，进而神游天地，上下求索，继写请灵氛占卜，巫咸降神以决去留，终不忍离去，决心以死来殉自己的理想。反映出热爱楚国的思想感情，表现了憎恶黑暗，嫉恶如仇的精神。前半篇重在叙写现实，后半篇重在驰骋想像。全诗由诗人自己的理想、遭遇、热情、痛苦以至整个生命熔铸而成，集中表现了诗人个性。诗中驰骋想像，大量驱使各种神话传说，历史人物，日月风云，山川流沙等，把历史、现实、天国、人间、幻境交织在一起，创造出奇特瑰丽、绚烂多彩的神话幻想世界，表现出积极浪漫主义的精神。大量运用"香草美人"的比兴，生动形象地表现抽象的意识品性和复杂的现实关系，把《诗经》中单纯、片断的比兴发展成连贯、系统、整体的比兴，具有明显的象征性质。规模宏伟、结构雄阔，气势磅礴，感情奔放。语汇丰富，词藻华美，大量使用方言词汇，双声叠韵词和虚词，带有浓厚的南国情调和地方色彩。句式整齐中有变化，错落中见整齐，又多用对偶，节奏和谐，音调抑扬。司马迁在屈原传中称"《国风》好色而不淫，《小雅》怨诽而不乱。若《离骚》者，可谓兼之矣。上称帝喾，下道齐桓，中述汤武，以刺世事。明道德之广崇，治乱之条贯，靡不毕见。其文约，其辞微，其志洁，其行廉，其称文小而其指极大，举类迩而见义远。其志洁，故其称物芳。其行廉，故死而不容自疏。濯淖污泥之中，蝉蜕于浊秽，以浮游尘埃之外，不获世之滋垢，皭然泥而不滓者也。推此志也，虽与日月争光可也"(按据班固《离骚序》，司马迁所引为淮南王刘安《离骚传叙》中语)。明陈深评"《离骚》凡字二千四百七十六，可谓肆矣。然气如纤流，迅而不滞；词如繁露，贯而不糅"(《批点本楚辞集评》)。与《诗经》并称为中国文学的渊源。对后世的文学与知识分子的人格精神产生了深远巨大的影响。

九歌　《楚辞》篇名。"九歌"本古乐曲名。"九"字概言其多，并非实指，亦有学者以为"九"乃吴语之"鬼"字。王逸、朱熹以为屈原放逐江南时仿民间祭歌加工而成。为一组祭祀鬼神的乐歌。共十一篇，依次为《东皇太一》、《云中君》、《湘君》、《湘夫人》、《大司命》、《少司命》、《东君》、《河伯》、《山鬼》、《国殇》、《礼魂》。清陈本礼谓："《九歌》之乐，有男巫歌者，有女巫歌者；有巫觋并舞而歌者；有一巫倡而众巫和者。"(《楚辞精义》)内容多涉及男女恋情而富宗教色彩。

东皇太一　《楚辞·九歌》篇名。战国楚屈原作。《文选》五臣注云："太一，星名，天之尊神，祠在楚东，以配东帝，故云东皇。"此篇是祭祀最尊贵的天神东皇太一的乐歌。先写择吉宴乐天神，次写主祭者带剑佩玉礼拜天神，表示典礼的隆重，再写祭祀物品的芳洁、丰厚，最后写以竽瑟歌舞娱乐天神。篇首以"穆将愉兮上皇"统摄全文，篇末以"君欣欣兮乐康"作结，前后呼应。节奏平缓和谐，气氛庄严肃穆。清蒋骥谓："《九歌》所祀之神，太一最贵，故作歌者但致其庄敬，而不敢存慕恋怨忆之心。盖颂体也"(《山带阁注楚辞》)。但朱熹以此篇为全用比体(见《楚辞集注》)。

云中君　《楚辞·九歌》篇名。战国楚屈原作。王逸注以云中君为云神(《楚辞章句》)。是祭祀云神的乐歌。前八句以绚丽的色彩描摹云神降临。后六句以惆怅的笔调抒写云神离去。描写状貌神态，缥缈灵动；抒发情感变化，亦复精妙。二者融为一体。"思夫君兮太息，极劳心兮懺懺"两句，有所寄托。宋洪兴祖谓"此章以云君喻君，言君德与日月同明，故能周览天下，横被六合，而怀王不能如此，故心忧也"(《楚辞补注》)。

湘君 《楚辞·九歌》篇名。战国楚屈原作。王逸释云:“君,谓湘君也。”“言湘君蹇然难行,谁留待于水中之洲乎?以为尧用二女妻舜。有苗不服,舜往征之。二女从而不反,道死于沅湘之中,因为湘夫人也。所留,盖谓此尧之二女也。”(《楚辞章句》)洪兴祖云:“逸以湘君为湘水神,而留湘君于中洲者二女也。”(《楚辞补注》)故湘君与下篇的湘夫人均湘水之神,男神称湘君,女神称湘夫人。唐韩愈以二女分属湘君、湘夫人(《黄陵庙碑》),实误。当是祭祀湘水之神的乐歌。先写湘夫人迎候湘君未至,表现其思念之深。次写她驾船北行前去相会,情绵悱恻。再写因不遇而对湘君的怨望,以及孤独惆怅之情。最后写她以芳草寄意。写湘夫人心理活动入情入理,曲尽其妙。采取独白方式展示人物的心理,并以环境气氛的渲染作烘托。清刘熙载评云:“有逍遥容与之情”(《艺概》)。

湘夫人 《楚辞·九歌》篇名。战国楚屈原作。与《湘君》是姊妹篇。当是祭祀湘水之神的乐歌。以湘君的口吻表达对湘夫人的期待与爱慕,表现其一片痴情。全诗将写景抒情与刻画人物内心活动有机地结合起来。“袅袅兮秋风,洞庭波兮木叶下”两句为全诗定下了基调,既描绘秋景,又烘托出主人公等爱人不至的惆怅。“沅有芷兮澧有兰,思公子兮未敢言”,有景有情,构成一种绵邈的意境。清林云铭认为“开篇‘嫋嫋兮秋风’二句,是写景之妙,‘沅有芷’二句是写情之妙,其中皆有情景相生,意中会得,口中说不得之妙”(《楚辞灯》)。

大司命 《楚辞·九歌》篇名。战国楚屈原作。清王夫之以为“大司命统司人之生死,而少司命则司人子嗣之有无。以其所司者婴稚,故曰少。大则统摄之辞也”(《楚辞通释》)。而清蒋骥则以为“大司命主寿,故以寿夭壮老为言;少司命主缘,故以男女离合为说,殆月老之类也”(《山带阁注楚辞》)。此篇即祭祀大司命的乐歌。前十六句写大司命从天门降临人间的情景,后十二句写人们对大司神的情感及诗人对人寿命长短不齐的看法。蒋骥评云:“大司命之辞肃,少司命之辞昵,尊卑之等也。其寓意则一而已。”(《山带阁注楚辞》)

少司命 《楚辞·九歌》篇名。战国楚屈原作。为祭祀主宰人类子嗣之神少司命(今人郭沫若《屈原赋今译》认为是司恋爱的处女神)的乐歌。先描写祭祀的环境,点明求子之意。中间两节写少司命与恋人之间爱深盼切的心情,表现对爱情的渴求。末节写少司命登天抚彗、竦剑拥幼的形象,表达了求神为民作主的愿望。诗中以秋兰、蘼芜烘托女神降临时的氛围,语言简洁,抒情性强。其中佳句甚多,“悲莫悲兮生别离,乐莫乐兮新相知”二句概括人们相思离别之情,脍炙人口,明代王世贞称之为“千古情话之祖”(《艺苑卮言》)。此外,“满堂兮美人,忽独与余兮目成”,写己独蒙青睐,隐示受命运眷顾者之少;“入不言兮出不辞,乘回风兮载云旗”,写命运之神的神秘,都给人以深刻的印象。

东君 《楚辞·九歌》篇名。战国楚屈原作。闻一多认为此篇当次在《云中君》之前(《楚辞校补》)。是祭祀太阳神的歌辞。歌颂太阳神的光明崇高,描写了光明驱除黑暗的胜利。前十句写太阳神从东方出发时的情景,接下八句具体描绘音乐、舞蹈等祭祀场面,后六句歌颂太阳神为人们除害及其自强不息的精神。全诗以迎神者的目光和心情来体察日神的存在与变化,想像丰富。清蒋骥谓“《东君》首言迎神,次言神降,中言乐神,既言神去,末言送神,章法最有次第”(《山带阁注楚辞》)。

河伯 《楚辞·九歌》篇名。战国楚屈原作。朱熹以为河伯“大率谓黄河之神耳”(《楚辞集注》)。是祭祀黄河之神河伯的祭歌。描写了迎神巫者追随神灵遨游黄河的情景,展示河伯与恋人共同畅游的欢快场面。情绪热烈,格调明快。以水流来衬托河伯与恋人的生活,“冲风起兮水横波”,“流澌纷兮将来下”,“波滔滔兮来迎”写风浪翻腾,流水哗哗,水波滔滔,生动地烘托出共游的奔放之情。今人游国恩认为此篇乃咏河伯娶妇之事(《论九歌山川之神》),可备一说。

山鬼 《楚辞·九歌》篇名。战国楚屈原作。清蒋骥谓此篇“盖涉江之后,幽处山中而作”(《山带阁注楚辞》)。山鬼,指巫山神女。清顾成天《九歌解》认为“楚襄王游云梦,梦一妇人,名曰瑶姬。通篇辞意,似指此事”。着重描写女神赴约不遇,失恋后悲哀的情景。以抒情为主。善于刻画人物心理,把一个多情女子在追求爱情时的自信与苦恼表现得淋漓尽致,十分感人。诗中描写始终以自然山林为背景。“风飒飒兮木萧萧”,既写景物,又象征着山鬼思念情人的忧思缠绵之情。清贺贻孙谓此篇“不作人佞鬼语,奇;作鬼佞人之词,更奇”(《骚筏》)。

国殇 《楚辞·九歌》篇名。战国楚屈原作。清戴震说:"殇之言伤也,国殇死国事。""歌此以吊之,通篇直赋其事"(《屈原赋注》)。是追悼楚国将士为国作战而英勇献身的祭歌。先写作战场景,后写牺牲者的顽强战斗精神。格调激越,悲愤异常,由美人香草、怨诽不怒的阴柔之声变为疾风暴雨的阳刚之调。全篇十八句,每句七言,一气呵成,首尾相顾。表现出浪漫主义的英雄气概。

礼魂　《楚辞·九歌》篇名。战国楚屈原作。宋洪兴祖引旧说曰:"《礼魂》,谓以礼善终者"(《楚辞补注》)。明汪瑗以此篇为"前十篇之乱辞"(《楚辞集解》)。清王夫之亦谓"凡前十章,皆各以其所祀之神而状之,此章乃前十祀之所通用;而言终古无绝,则送神之曲也"(《楚辞通释》)。其说可从。全篇仅五句,首言"成礼",与前诸篇相接,表示祭祀的完成,接叙祭祀场面,重申祭祀娱神之意,最后以祀典终古不绝作结,表现祀神的虔诚。谭介甫以为此篇与《国殇》即《史记·屈原贾生列传》中所言屈原所作之《招魂》(《屈赋新编》),可备一说。

天问　《楚辞》篇名。战国楚屈原作。汉王逸谓"天尊不可问,故曰'天问'也。屈原放逐,忧心愁悴。彷徨山泽,经历陵陆。嗟号昊旻,仰天叹息。见楚有先王之庙及公卿祠堂,图画天地山川神灵,琦玮僪佹,及古圣贤圣怪物行事。周流罢倦,休息其下,仰见图画,因书其壁,呵而问之,以渫愤懑,舒泻愁思"(《楚辞章句》)。清王夫之认为是为讽谏楚王而作(《楚辞通释》),清戴震则认为"问,难也。天地之大,有非恒情所可测者,设难疑之"(《屈原赋注》)。游国恩以戴说为近,进而认为"《天问》云者,犹言以此自然界之一切事理为问耳"(《天问纂义》)。实则此篇并不限于自然现象,全篇由一百七十余问题组成,涵盖自然现象、神话传说、历史人物等方面,反映了诗人对传统哲学、政治、伦理观念深刻的怀疑和批判,表现出大胆的探索精神。鲁迅谓此篇"怀疑自遂古之初,直至百物之琐末,放言无惮,为前人所不敢言"(《摩罗诗力说》)。全诗结构宏伟,气势磅礴,奇气逼人;句式以四言为主,间以杂言,大体四句一节,有一句一问,又有二、三、四句一问,圆转活脱,参差有致,显示超人的创造力。诗中保存了大量的神话传说和部分史实,是上古社会历史和文化研究的重要资料。清蒋骥认为"《天问》一篇,多漫兴语。盖其闳览千古,仗气爱奇,广集遐异之谈,以成瑰奇之制,亦舒忧娱哀之一助也;其意念所结,每于国运兴废、贤才去留,谗臣女戎之构祸,感激徘徊,太息而不能自已,故史公读而悲其志焉"(《山带阁注楚辞》)。

九章　《楚辞》篇名。汉王逸以为屈原作。但后人多有不同意见。包括《惜诵》、《涉江》、《哀郢》、《抽思》、《怀沙》、《思美人》、《惜往日》、《橘颂》、《悲回风》共九篇。其名王逸训"章"为"著也,明也,言己所陈忠信之道甚著明也"(《楚辞章句》),朱熹认为乃"后人辑之,得其九章,合为一卷"(《楚辞集注》)。一般认为此九篇诗歌非出于一时一地,故思想内容、艺术风格多有不同。

惜诵　《楚辞·九章》篇名。战国楚屈原作。汉王逸认为"惜,贪也;诵,论也。""言己贪忠信之道,可以安君,论之于心,诵之于口"(《楚辞章句》)。朱熹则认为是"爱惜其言,忍而不发"之意(《楚辞集注》)。清蒋骥则认为"惜,痛也;诵,增韵,公言之也,通作讼","深自痛惜,而发愤为此篇以白其情也"(《山带阁注楚辞》)。戴震则认为"诵者,言前事之称。惜诵,悼惜而诵言之也"(《屈原赋注》)。今人游国恩则谓"惜诵是喜欢谏诤的意思"(《屈原作品介绍》)。谭介甫则认为是叹惜读《诗》、《书》之意(《屈赋新编》)。蒋骥谓"《惜诵》盖二十五篇之首也","余固知其作于《骚经》之前"(《山带阁注楚辞》)。当是屈原早年的作品。此篇揭露了群小妒嫉、仇视、诽谤、陷害忠良的卑鄙行径,突出表达自己被谗见疏后极为苦闷、忧伤的心情,也表现出诗人忠君爱国的高尚品德。风格沉郁顿挫。朱熹谓"全用赋体,无它寄托,其言明切,最为易晓。而其言作忠造怨、遭谗畏罪之意,曲尽彼此之情状"(《楚辞集注》)。

涉江　《楚辞·九章》篇名。战国楚屈原作。宋洪兴祖认为"此章言己佩服殊异,抗志高远,国无人知之者,徘徊江之上,叹小人在位,而君子遇害也"(《楚辞补注》)。清王夫之认为顷襄王时放于江南时所作(《楚辞通释》),清蒋骥《山带阁注楚辞》,戴震《屈原赋注》从之。描写自鄂渚到溆浦行程的艰苦和诗人处境的幽独,抒发郁积愤懑的情感,表明自己高贵的品格和坚强的性格。回环往复,情真词切,运用浪漫主义的比兴,揭露黑暗现实。全篇仰承俯转,起伏顿挫;前呼后应,结构谨严。蒋骥评云:"其命意浩然一往,与《哀郢》之呜咽徘徊、欲行又止,亦绝不相侔。"(《山带阁注楚辞》)

哀郢　《楚辞·九章》篇名。战国楚屈原作。宋洪兴祖认为"此章言己虽被放,心在楚国，徘徊而不忍去，蔽于谗谄，思见君而不得。故太史公读《哀郢》而悲其志也”(《楚辞补注》)。明汪瑗认为作于白起破郢时(《楚辞集解》)，清王夫之亦主其说(《楚辞通释》)。诗人以悲愤的心情，抒发对郢都的眷恋，表现了对祖国危亡的关怀和对人民苦难的同情，以及对自己遭谗被逐的愤懑。共六十六句，由纪行、思归、斥奸三部分组成，以乱词总收全诗。纪实与抒情合而为一，格调深邃凄怆。多用反诘句，可见愤激之深。清徐焕龙认为“《哀郢》于《九章》中最为凄惋，读之实一字一泪也”(《楚辞洗髓》)。

抽思　《楚辞·九章》篇名。战国楚屈原作。宋洪兴祖认为“此章言已所以多忧者，以君信谀而自圣，眩于名实，昧于施报，已虽忠直，无所赴愬，故反复其词，以泄忧思也”(《楚辞补注》)。清蒋骥认为作于被怀王斥居汉北之时(《山带阁注楚辞》)。首先忆当初辅佐楚王的往事，后叙初放汉北时孤独苦闷的处境和日夜思念郢都的心情，倾吐怀念楚王而不得见的幽怨。情意缠绵，如怨如慕。直接陈述与各种比喻交错运用，创造了虚实交错的整体艺术形象。结构奇特，“少歌”为总结前文，使抒情深化，“倡曰”为发歌句，“乱曰”是总摄其要，概括全篇主旨。回环往复，无限低徊。

怀沙　《楚辞·九章》篇名。战国楚屈原作。司马迁《史记·屈原贾生列传》谓屈原作《怀沙》后，“于是怀石，遂自投汨罗以死”。朱熹遂以“怀沙”为“怀抱沙石以自沉”(《楚辞集注》)。清蒋骥则认为“‘怀沙’之名，与‘哀郢’、‘涉江’同义”(《山带阁注楚辞》)。“沙”即今之长沙。本篇交代去长沙途中的时间、气候和内心的郁闷；抒写坚持正道的高尚节操和现实社会的种种不平，表现了生不逢辰的感慨和死的决心。用比喻和对比结合的手法表现政治的黑暗以及谗人与诗人的对立。文字简练，多用短句，音节急促，节奏明快。清屈复以为“汨罗自沉之情景，总收上文也。阴森之气，直涌纸上，不可卒读”(《楚辞新注》)。王夫之谓此“盖绝命永诀之言”，“故其词迫而不舒，其思幽而不著，繁音促节，特异于他篇云”(《楚辞通释》)。

思美人　《楚辞·九章》篇名。战国楚屈原作。宋洪兴祖认为“此章言已思念其君，不能自达，然反观初志，不可变易，益自修饬，死而后已也”(《楚辞补注》)。汉王逸以为思美人即念怀王，而清王夫之则以为“美人”指顷襄王(《楚辞通释》)。此篇表达了诗人对楚王的忠贞之心，想效法彭咸死谏，希望楚王能幡然醒悟，任用贤人，发愤图强。足见诗人在逆境中的忧愤与对国家命运的关注。诗中反复申言，感情深挚。清陈本礼评云：“以‘思’字起，以‘思’字结。”(《屈辞精义》)

惜往日　《楚辞·九章》篇名。战国楚屈原作。宋洪兴祖认为“此章言已初见信任，楚国几于治矣。而怀王不知君子小人之情状，以忠为邪，以僭为信，卒见放逐，无以自明也”(《楚辞补注》)。叙述得楚怀王信任的往事和后被谗迁谪的情况，表明其沉湘自杀的原因。实是诗人之绝笔。诗中列举古人的遇合，痛惜自己的境遇，表明死前对国家前途的忧虑。语言明白浅易，结构严密完整。清蒋骥认为“《九章》惟此篇词最浅易。非徒垂死之言不暇雕饰，亦欲庸君入目而易晓也”(《山带阁注楚辞》)。林云铭认为此篇“以明法度起头，以背法度结尾，中间以‘无度’两字作前后针线，此屈子将赴渊，合怀王、顷襄两朝而痛叙被放之非常，谗谀之得志，全在法度上决人才之进退，国势之安危”(《楚辞灯》)。

橘颂　《楚辞·九章》篇名。战国楚屈原作。汉王逸认为是屈原自比志节而作(《楚辞章句》)。以拟人手法咏橘寄志，颂橘抒怀，实际是歌颂作者“独立不迁”、“苏世独立”、“秉德无私”的理想人格。清林云铭以为“句句是橘颂，句句不是橘颂”(《楚辞灯》)，概括了其咏物述志的特点。此篇为《九章》中最短小的一篇，也是文学史上最早的咏物赋。

悲回风　《楚辞·九章》篇名。战国楚屈原作。宋洪兴祖认为“此章言小人之盛，君子所忧，故托游天地之间，以泄愤懑，终沉汨罗，从子胥、申徒，以毕其志也”(《楚辞补注》)。清林云铭定其作于为顷襄王放屈原于江南时(《楚辞灯》)。抒写遭受贵族势力打击、政治理想无从实现的悲哀，结尾透露出欲负石自沉之意。从回风摇蕙起兴，全篇笼罩着忧郁悲凉的抒情气氛，状写心理而不叙事；后半篇多用双声叠韵联绵词和对偶句，音节优美。清洪亮吉以为“古诗《青青河畔草》一篇连用叠字，盖本于《离骚·九章》之《悲回风》”(《北江诗话》)。

远游　《楚辞》篇名。汉王逸《楚辞章句》题为屈原作。朱熹认为“屈原既放，悲叹之余，眇观宇宙，陋世俗之卑狭，悼年寿之不长，于是作为此篇”(《楚辞集注》)。写因遭时混浊，不容于世，故离群遁逸，轻举远游，自南至北而西，浮游八极的情形。表现出强烈的出世思想。明黄文焕谓“其意甚简甚明，十数言可了，而文阵乃层叠百变，以致其曲，以致其幻”（《楚辞听直》）。宋洪兴祖认为“司马相如作《大人赋》，宏放高妙，读者有凌云之意，然其语多出于此；至其妙处，相如莫能识”（《楚辞补注》）。近人吴汝纶则以为“此篇殆后人仿《大人赋》托为之”（《古文辞类纂评点》）。

卜居　《楚辞》篇名。汉王逸题为屈原作。清王夫之谓“卜居者，屈原设为之辞，以章己之独志也”（《楚辞通释》）。诗人向太卜所提出的问题是自己与朝中群小斗争的写照，借此表明心迹，宣泄愤世嫉俗之意。屈原诉疑一节，清何焯评为“主意已定，姑用抑扬之词以抒其愤耳。一正一反，反复陈之。奇绝，横绝”（《义门读书记》）。全篇以寓言设问设答的方式，开头部分用散文句式，后面部分用韵文，已初具赋体规模。“蝉翼为重，千钧为轻；黄钟毁弃，瓦釜雷鸣”，揭露黑暗政治尤为深刻，已成为传世名句。清崔述以此篇为后人所伪托（《观书余论七则》），今人郭沫若亦主此说（《屈原赋今译》）。

渔父　《楚辞》篇名。汉王逸题为屈原作。宋洪兴祖认为“《卜居》、《渔父》，皆假设问答以寄意耳”，非实录（《楚辞补注》）。此篇以诗人与渔父的问答表明自己的格高志洁。渔父劝诗人与世俗同流，不必独醒高举，诗人则说明自己志趣高远，宁肯投水自沉也不能玷污清白。屈原行吟泽畔的憔悴，渔父“莞尔而笑”和“鼓枻而去”的神态动作都写得生动传神。这种假托人物问答的表现手法，发展成后世辞赋的重要特征。语言上趋于散文化。明蒋翚谓此篇“结语冷甚！有月照寒潭、雨侵疏竹之致”（《楚辞集注》明蒋之翘评校本）。清崔述以为乃后人所假托（《观书余论七则》）。

九辩　《楚辞》篇名。战国楚宋玉作。汉王逸认为是宋玉悯惜其师屈原忠而放逐而作（《楚辞章句》）。明焦竑《焦氏笔乘》、清牟庭相《楚辞述芳》、近人吴汝纶《古文辞类纂校勘记》则皆以为当为屈原所作，而无确证。今人多认为是宋玉为抒发自己“贫士失职”的不平与感慨而作。本篇叙述作者在政治上不得意的悲伤，表达了对当时社会的不满。善于借景抒情，融情于景，且句法多变，语言优美。清何焯谓“去白日之昭昭二句，惊心动魄，实是开辟以来美句”（《义门读书记》）。有关秋景的描写脍炙人口，朱自清称宋玉“是第一个描写‘悲秋’的人”（《经典常谈》），对后世文学中“悲秋”传统的形成影响很大。清吴世尚以为“《九辩》比兴居多，最得风人之致。其于世道衰微，灵均坎壈，止以一‘秋’字尽之。何其言简而意括也”（《楚辞疏》）。明胡应麟认为此篇“模写秋意入神，为千古言秋之祖”（《诗薮》）。鲁迅则谓此篇“虽驰神逞想，不如《离骚》，而凄怨之情，实为独绝”（《汉文学史纲要》）。

招魂　《楚辞》篇名。司马迁认为是屈原所作（《史记·屈原贾生列传》）。王逸以为是宋玉作，因“怜哀屈原忠而斥弃，愁懑山泽，魂魄放佚，厥命将落，故作《招魂》，欲以复其精神，延其年寿”（《楚辞章句》），朱熹《楚辞集注》从之。近人吴汝纶认为是屈原招楚怀王之魂（《古文辞类纂校勘记》），今人郭沫若从之（《屈原赋今译》）。清林云铭认为是屈原自招其魂（《楚辞灯》），今人游国恩从之（《楚辞概论》）。“序”、“乱”部分用骚体，正文主要用四言句式，隔句句尾用“些”字作语助。内容系借巫阳口气，陈说四方上下之可畏，故乡之可爱，劝所招之魂魄归来安享。清吴世尚认为“《招魂》之前半篇以惊吓为阑截，后半篇以引诱为系传，此最得‘招’字中说不出的神理”（《楚辞疏》）。文中铺写饮食、居处、游戏、女乐、陈设等，穷极奢华。通篇想像奇诡，辞藻华赡。陈子展谓此篇“铺陈周匝，词藻纷披，已导汉赋《二京》、《两都》先路”（《楚辞直解》）。

大招　《楚辞》篇名。汉王逸《楚辞章句》：“《大招》者，屈原之所作也。或曰景差，疑不能明也。”朱熹以其语“平淡醇古，意亦深靖闲远，不为词人墨客浮夸艳逸之态”，断为景差为招屈原之魂而作（《楚辞集注》）。清林云铭认为是屈原招怀王之辞（《楚辞灯》）。均无确据。其内容形式略同于《招魂》，今人游国恩即以为系后人模仿《招魂》而作（《屈原作品介绍》）。通篇基本是四言形式，隔句句尾用“只”作语助。竭力渲染四方之可怕，家乡之美好，劝魂魄归来安享，万勿他去。其中对居止、饮食、游戏、女乐、陈设极力铺张，亦类《招魂》。朱熹认为“其于天道之诎伸动静，盖若粗识其端倪，于国体时政，又颇知其所先后，要为近于儒者穷理经世之学”（《楚辞集注》）。清蒋骥认为“《大招》所以招君，故其辞简重尔雅；《招魂》所以自招，则悲愤发为谐谩，不妨穷工极态。故为不检之言以自嘲。盖立言之体各殊耳”（《山带阁注楚辞》）。

惜誓　《楚辞》篇名。传为汉贾谊作，或以为系西汉文人摹仿屈赋之作。汉王逸《楚辞章句》解题云：“惜者，哀也。誓者，信也，约也。言哀惜怀王，与己信约，而复背之也……盖刺怀王有始而无终也。”全篇摹写屈原放逐后的游历、见闻和感慨，并叙写屈原不能忘怀国事，对楚国奸佞当道、仁人遭黜的现象和国事日非的状况发出的深沉感慨。

七谏 《楚辞》篇名。汉东方朔作。由《初放》、《沉江》、《怨世》、《怨思》、《自悲》、《哀命》、《谬谏》七篇组成。记述屈原自初被流放到自沉的悲愤、哀怨的痛苦和不忘朝廷，讽劝国君的情感。实际却是作者心态的真实反映。东方朔滑稽多智，喜诙谐，善辞赋，被称为“滑稽之雄”；能“直言切谏”，颇有正义感，又“高自称誉”，但其一生却未能施展抱负。《七谏》便是借屈原之口，代屈原抒情来曲折表达自己的失意之悲和对朝廷政治的讽谏。王逸《楚辞章句》说《七谏》“追悯屈原，故作此辞以述其志，所以昭忠信，矫曲朝也”。《七谏》运用骚赋形式，叙述屈原的身世，表达屈原的人生、政治态度，同时也表达了作者对汉武帝的劝谏，并嗟叹自己悒郁不得志的沉沦境遇。

招隐士 《楚辞》篇名。题淮南小山作。《汉书·艺文志》著录有“淮南王群臣赋四十四篇”。此为仅存的一篇。对其主旨，汉王逸《楚辞章句》以为系“悯伤屈原”，“以彰其志”。清王夫之《楚辞通释》以为此作“为淮南王召致山谷潜伏之士”而作。通过对隐士所居深山环境幽深、险恶的渲染，发出“王孙兮归来，山中兮不可以久留”的召唤，表露了对隐居高士的钦敬。结构精巧，一气呵成，为后代所推崇。王夫之称其“绍《楚辞》之余韵，非他辞赋之比”（《楚辞通释》）。清刘熙载《艺概》亦谓：“诗人之优柔，骚人之清深，后来难并矣。惟奇倔一境，虽亦《诗》《骚》之变，而尚有可广。此淮南《招隐士》所以作与？”

九叹 《楚辞》篇名。汉刘向作。由《逢纷》、《离世》、《怨思》、《远逝》、《惜贤》、《忧苦》、《愍命》、《思古》、《远游》九篇组成。王逸《楚辞章句》云，刘向“追念屈原忠信之节，故作《九叹》。叹者，伤也，息也。言屈原放在山泽，忧伤念君，叹息无已”。作者摹拟屈原，抒发屈原遭受贬谪、放逐的痛苦心情，以及强烈的爱国热情和追求理想的执着精神。气势恢宏，语言优美流畅，每篇自成一体。

哀时命 《楚辞》篇名。汉严忌作。汉王逸《哀时命·序》称，“忌哀屈原受性忠贞，不遭明君而遇暗世，斐然作辞，叹而述之，故曰《哀时命》也”。然从全文看，其内容虽亦为愤世疾俗，且略与《离骚》相通，但文中也多处流露出追求功名、全身避祸的情绪。反映出作者生不逢时、怀才不遇的慨叹，同时也表现了作者洁身自好、关心国事的节操。

九怀 楚辞篇名。汉王褒作。由《匡机》、《通路》、《危俊》、《昭世》、《尊嘉》、《蓄英》、《思忠》、《陶壅》、《株昭（附乱曰）》九篇组成。汉王逸《楚辞章句》云：“褒读屈原之文，嘉其温雅，藻采敷衍，执握金玉，委之污渎，遭世混浊，莫之能识。追而愍之，故作《九怀》，以裨其词。”可知王褒有感于屈原的遭遇，对屈原执着的爱国之情寄于深切同情，在摹写屈原的思想情感时，也表现了对现实黑暗的不满、怀才不遇的痛苦以及对祖国家乡的热爱。篇章结构跌宕有致，语言流畅、生动，且富于想像。

楚辞学 对楚辞（包括屈原、宋玉等作品）及其研究史作研究的学科。自汉代开始的楚辞研究，内容大体包括：楚辞的产生与楚国历史及社会背景，楚辞的命名及其构成，楚辞与楚风俗及神话，楚辞与先秦历史及诸子思想，楚辞与楚文化，楚辞与天文历法等自然科学，屈原其人（身世、思想及成就等），屈原作品的篇章辨伪、背景介绍、史地考证、名物训诂、词语注释、题旨诠解、内容与艺术特色分析，宋玉其人及其作品辨析，楚辞其他作品及其作者研究，辞赋辨析，拟骚诗研究，以及版本、校勘、辑佚等；20世纪末期的研究还包括楚辞美学、楚辞文化学、楚辞比较学等多学科的交叉研究。历代楚辞研究大约出现过四个高潮阶段：汉代、宋代（南宋）、清代及“五四”以后新时期。西汉司马迁首撰《屈原列传》，高度肯定屈原其人及其作品，为后世研究提供了基本可信的传略史料；刘向将屈原、宋玉等人作品首次结集，题名“楚辞”；东汉王逸推出第一部完整的楚辞注本《楚辞章句》，确立篇章、介绍背景、发掘楚语、肯定屈原其人及其作品成就与风格，虽依经立论，毕竟树起了楚辞学史上第一个里程碑。魏晋至隋唐，评楚辞文字多为散见于各类诗文中的片言只语，其中刘勰《文心雕龙·辨骚》论述楚辞较为全面。宋代（南宋）出现洪兴祖《楚辞补注》，校异文、考方言、引文献，对王逸《章句》疏通证明，多所阐发，后世传本多以《章句》、《补注》合一行世。朱熹《楚辞集注》在汲取王逸《章句》、洪兴祖《补注》基础上有所辨证，旨在阐发义理，多微言大义，然评驳旧注中亦间杂臆测；是一部有重大影响的楚辞注本。

元明两代，汪瑗《楚辞集解》等颇值得注意，有一定参考价值。清代王夫之《楚辞通释》、林云铭《楚辞灯》、蒋骥《山带阁注楚辞》、戴震《屈原赋注》等，或阐发屈赋大义，或订正旧注谬误，或藉注骚明志，虽不免牵强误说，却各具特色，均显价值；其时，研究楚辞的学者之多、著述之丰，在楚辞学史上前所未有，达到鼎盛时期。到近代，梁启超突破前人格局，在时代与社会的广阔背景下考察屈原及其作品，使“知人论世”传统方法富有现代意义，打破了依经立论的旧框框。“五四”以后的楚辞研究开始出现新气象，郭沫若《屈原研究》从实事求是、尊重历史角度评价屈原及其作品，考证详实，征引宏富；其《屈赋今译》，熔铸了再创作的功力。闻一多从诠释词义、校正文字角度着重文字训诂与考辨，其《楚辞校补》、《天问疏证》等显示了深湛的学问功底，不乏独创性见解。游国恩在1949年前后相继出版《楚辞概论》、《读骚论微初集》、《楚辞论文集》，并主编《离骚纂义》、《天问纂义》等，用历史的眼光、求实的态度研究楚辞，成果卓著。姜亮夫先后出版了《屈原赋校注》、《楚辞书目五种》、《楚辞学论文集》、《楚辞今绎讲录》，及四大卷《楚辞通故》等。此外还有：陈子展《楚辞直解》，林庚《诗人屈原及其作品研究》、《天问论笺》，汤炳正《屈赋新探》、《楚辞类稿》，以及马茂元主编的《楚辞研究集成》等。80年代以后，又有萧兵《楚辞新探》、徐志啸《楚辞综论》、周建忠《当代楚辞研究论纲》等相继出版。

楚辞章句　楚辞研究著作。汉王逸著。十七卷。前十六卷注屈原至刘向作品，第十七卷注王逸自作《九思》。各篇前皆有序，《离骚》、《天问》有后序，以揭示篇旨命意。厘定章句，逐句注释，详于训诂，言多有据。所注皆出己意，亦杂采众说，多传旧训，虽有曲说，然保存古文献不少。《九章·抽思》以下诸篇，注文隔句用韵，可资研究古韵。王氏为楚人，去古未远，能一一指明楚地方言，后人受惠不少。为传世最早的《楚辞》注本。李善注《文选》、《离骚》诸篇，大抵照录此书。其时尊经，此书谓“《离骚》依托五经以立义”，未免牵强附会。《四库全书总目》以为此书“自宋以来，已非逸之旧本”。今有《四库全书》本、《丛书集成初编》本、《四部丛刊》本、白化文点校的中华书局1985年排印本。

楚辞补注　《楚辞》注本。宋洪兴祖著。十七卷。旨在补王逸《章句》之所未备。先列原注于前，补注于后，逐条疏通证明。先校订原文，及王逸注文。如《离骚》“曰黄昏以为期”二句，据王逸无注，且《九章·抽思》重出，定为衍文。《九章·抽思》“愿荪美之可完”，“完”一作“光”，“光”字协韵义长，皆为后世注家所信从。次为训诂名物，考证诠释，广征博引，力求详尽。如《九章·哀郢》“至今九年而不复”，博稽史传，颇为征实。凡驳正原注之误，别释原文之义，往往可见，且保存汉以来遗说不少。所引已佚《楚辞释文》七十七条，于研究《楚辞》古字古音，颇具参考价值。尤推崇屈原特立独行、舍生取义之大节，斥班固、颜之推之非议为“无异妾妇儿童之见”，是能识屈原之志。其失则原注之误仍而不改，甚至原注不误而为曲说，反而难解。如《九歌·湘夫人》，原注“帝子谓尧女也”，补注曰“帝子以喻贤臣”。然瑕不掩瑜。朱熹《楚辞集注》多取其说。《四库全书总目》评此书为“于《楚辞》诸注中，特为善本”。有《四库全书》本、《惜阴轩丛书》本、《丛书集成初编》本、中华书局1983年排印本。

楚辞集注　《楚辞》注本。宋朱熹著。八卷。前五卷收屈原所作二十五篇，统称“离骚”。后三卷录宋玉诸人所作十六篇，统称“续离骚”。篇前各立解题，多从王逸之说。正文各分章段，大抵四句为断。先校文字异同，音读是非，然后通解章旨，以《诗经》赋比兴三义为说。以为王逸、洪兴祖所注，详于训诂名物，而未能窥见大义，申明当年屈原之志，及见白于后世，故虽有取于王、洪二注，亦有所纠匡，尤多新解，往往在于推寻言外之意，且加发挥。如谓屈原操守过于中庸，而不可以为法，唯忠君爱国之忱，足以增重三纲五常，藉以宣扬儒家伦理道德，巩固宋室统治。旧注只言屈原忠君，至此书始发扬屈原爱国大义，以斥其时宋金和议之非，以张战守之策。《天问》注中，多言理气，不失理学本色。凡不能入注而独立成篇，别为《楚辞辨证》二卷，详列旧注之失，皆加纠驳，列为专条。《楚辞后语》六卷，则选录荀子至北宋吕大临辞赋五十二篇，前十七篇有注，多理学家言，寡于文学意味。后三十五篇无注，盖未完之本。王（逸）、洪（兴祖）之后，此书流行最广，影响最大。有《四库全书》本、《古逸丛书》本、上海古籍出版社1979年排印本。

楚辞通释　《楚辞》注本。明清之际王夫之著。十四卷。前七卷录屈原之作，后七卷录宋玉诸人之作。篇目依王逸《章句》而删去《七谏》以下五篇，增入江淹《山中楚辞》、《爱远山》

和他本人的《九昭》，共四十四篇。篇前各有解题，稽考作者生平，阐述时地背景，发明微言大义，订正旧说之误。次为诠释字句原文分段作释。时据文义，推断篇旨，多拨正旧说之误。卷首列《史记》本传及序例五则。作者身遭家国之变，辗转流离，备极艰辛，尤感沦亡之痛，其身世之慨，与屈原一揆，故著此书，用达微言。有《船山遗书》本、中华书局1959年排印本。

楚辞灯 一名《楚辞易读》。《楚辞》注本。清林云铭著。四卷。只注屈原作品，续拟之作一概删除。逐段分疏，逐句诠释，且明叶音，旁加圈点，末以总论概括全文。引用典实，及花木鸟兽，玉石器物，酌采旧注。意义脉络，则必断以己意，所求大旨吻合，层次分明。多在首尾承接，段落转折，线索通贯处立言，每有会心之妙。略似评点时文之法，《四库全书总目》讥为"乡塾课蒙之本"，不足为病。《九歌》、《九章》原本篇名列于后，今移于前，别加总论。重订《九章》篇次，《涉江》以下不同旧本。卷前列自序、凡例、《史记·屈原贾生列传》，末附《楚怀襄二王在位事迹考》，以楚国大事为正文，下附屈原事迹，及作品系年。有康熙年初刻本、民国六年中华图书馆石印本。

山带阁注楚辞 《楚辞》注本。清蒋骥著。六卷。另附《楚辞余论》二卷、《楚辞说韵》一卷。卷首列《史记》本传，节录《楚世家》怀襄二王事迹，及《楚辞》地图五帧，以考屈原事迹经历，期于知人论世，不作空言。正文只录屈原作品，分段作释。皆据行事年月，道里远近，以定所作之时地，从而探求所处之境遇及其用心，以阐发文章义蕴，寻绎命意条理。如于《哀郢》，详考洞庭湖流域山川地理，以见与《涉江》路途不合；文气呜咽低回，亦与《涉江》浩然一往不侔。虽穿凿附会不能必无，而征实之谈终胜悬断。《余论》二卷，通论《楚辞》，分论诸篇，驳正旧注得失，考证典故同异。其间诋诃旧说，亦有率尔之处。如以"少司命"为月下老人之类。至于汰其冗繁，以存精要，亦自瑕不掩瑜。《说韵》一卷，先列诸篇韵目于前，又博引古音异同，每部列通韵、叶韵、同母叶韵三例。清人诸注，王夫之发抉隐伏，戴震考证翔实，此书堪称鼎足而三。有《四库全书》本、中华书局上海编辑所1958年排印本。

屈原赋注 《楚辞》注本。清戴震著。七卷，附《通释》二卷，《音义》三卷。正文释屈赋二十五篇，释义注音，且录异本。微言实旨，具见疏抉，时有胜义，其义原显者不复赘言，颇以简明见长。分《离骚》为十段，皆作评语，述其大意，不尚臆测空谈，而从训释章句，考订制度名物入手，探求大义微旨。卢文弨谓其"指博而辞约，义创而理确"(《屈原赋注》序)。为乾嘉学派《楚辞》研究的代表作，对后世有重要影响。后二卷《通释》，上卷释山川地名，下卷释草木鸟兽虫鱼。有《广雅书局丛书》本、商务印书馆《万有文库》本、《安徽丛书》本、世界书局《楚辞五种》本。

屈骚指掌 《楚辞》注本。清胡文英著。四卷。以王逸本次序收录屈原作品，又列入《招魂》、《大招》。其基本特点是"于地理、名物考索最精，不为空言疏释，而骚之旨趣自出"(王鸣盛《屈骚指掌》序)。考求写作年代，作者经历，详于山川地理、禽兽草木。自称"两涉楚南，三留楚北，询之耆宿，按之众图"，不得然后参阅旧注，择采其善。亦有疏谬之处。如所指错简，皆凭臆定。有乾隆五十一年富艺堂刊本、北京古籍出版社1978年影印本。

屈赋微 《楚辞》注本。清马其昶著。二卷。题目下皆系解语，韵字皆注音。诠释文字章句，遍采汉以来专注之书，及文集笔记中语，约四十六家。广集众长，取其大意，由博反约，锻炼而熔铸之，以己意为折中，且加发挥。言简意明，自立新说，则极审慎。旧注多言忠君，此书尤重爱国。清人注释《楚辞》，此最后最精。有《集虚草堂丛书》本、《抱润轩全集》本。

屈原赋校注 《楚辞》注本。姜亮夫著。七卷。注《离骚》、《九歌》、《天问》、《九章》、《远游》、《卜居》、《渔父》七篇，每篇为一卷。以洪兴祖本为底本，题下均为解语，正文皆分章段，注于其中。先标异音异字，次释字义，末抉章旨。征引异文，以洪兴祖《楚辞补注》、朱熹《楚辞集注》为主，旁及《史记》、《文选》，以及类书。如《离骚》"曰黄昏以为期"二句，引《洪补》外，又据诸本《文选》皆无，且举《离骚》用韵，皆四句一协，决无例外，此二句不与上下文协，断为衍文。此书注解繁简适中，颇便研读。卷首列序言、凡例、《史记屈原传疏证》。有人民文学出版社1957年排印本。

离骚纂义 《离骚》注本。游国恩编，金开诚补辑。据此书正文前"本编选辑旧说总目"，共收西汉至晚清旧注一百六十六家。注疏前有游国恩所撰"总序"，阐明注解《离骚》之宗旨。尔后分列原文，以两句或一句为一节，下列各家旧注，而以时代先后为次。末加编者"按语"。

然对旧注存而不论，于本文解释则颇有新义。有中华书局 1980 年排印本。

楚辞选注 《楚辞》注本。马茂元编。录《离骚》、《九歌》、《天问》、《九章》、《远游》、《卜居》、《渔父》、《招魂》、《大招》、《九辩》共十篇，分段注释。前有解题，说明题旨，末有通论，综述篇义章法。于旧说择善而从，以一说为主，或择要并存，断以己意。深入浅出，详而不烦，颇便初学。有湖北人民出版社 1984 年排印本。

楚辞要籍解题 《楚辞》研究书目提要。洪湛侯编。收历代流传较广的专著六十二种。先简介作者生平及著作，次述著书缘起、体例、大旨、得失、版本，后附《楚辞专著目录》，取学独成书，不论内容优劣，旨在存目，断于 1982 年刊行止，共二百三十五种。清代以前按时代排列，今人著作以出版先后为序。所录诸书，列卷数、作者、版本等项。有湖北人民出版社 1984 年排印本。

楚辞书目五种 《楚辞》目录学著作。姜亮夫编。分《楚辞书目提要》、《楚辞图谱提要》、《绍骚隅录》、《楚辞札记目录》、《楚辞论文目录》五部分。收录自汉代刘向、刘歆、王逸以来一千九百多年间有关《楚辞》的研究著作。为一部收集《楚辞》资料较完备的工具书。中华书局 1961 年出版。

屈赋新探 《楚辞》研究论文集。汤炳正著。二十篇。以类相从，依次论屈原生平事迹、《楚辞》成书与传本、屈原思想、屈赋神话传说、屈赋语言艺术。考证翔实，颇多新见。首篇《屈原列传理惑》，取班固、王逸二《离骚序》，相比勘，认为《史记》所载本传中“离骚者”、“虽放流”二段，为淮南王刘安《离骚传》文，乃后人窜入，剔出之后，原文上下遂脉络通贯，风骨划一。又与刘向《新序·节士》详略互见，梗概略同。又认为本传止言怀王疏原，未尝言放，《离骚》当作于怀王既疏之后。《九章》篇第，前人各执一词，皆凭主观臆断。此书《九章时地管见》一文，据新出土《鄂君启节》竹简，定各篇写作时地。旧说《楚辞》定名编集，出于刘向一手。《楚辞成书之探索》一文，则据古本编次，定纂辑曾迭经五次，出自宋玉、刘安、刘向、佚名、王逸之手。名则起于汉武帝时。有齐鲁书社 1984 年排印本。

散文　辞赋

尚书 亦称《书》、《书经》。上古历史文献集。“尚”即“上”。意为“上古帝王之书”（《论衡·正说篇》）。相传由孔子编选而成。原为一百篇，秦焚书时，博士伏生将之藏于壁中，汉初取出残存二十八篇，加上一篇伪《太誓》共二十九篇，用当时隶书写定，称《今文尚书》。汉武帝时，鲁恭王刘馀从孔子宅壁中发现用先秦文字书写的《尚书》四十五篇，谓《古文尚书》，后因战乱散佚。东晋时梅赜献《古文尚书》，比《今文尚书》多二十五篇，又将原《今文尚书》二十九篇析成三十三篇，总成五十八篇。从宋代始，历代学者考定梅书为“伪《古文尚书》”。今人所据一般为二十八篇之《今文尚书》。记事上起尧舜，下迄秦穆公，按虞、夏、商、周四部分排列。体例分为典（典范的经籍）、谟（通“谋”，讨论策划国事的文体）、训（教诲开导的文体）、诰（统治者对臣民训诫勉励的讲话）、誓（征伐或交战前的誓师词）、命（君主奖励赏赐臣僚的命令）六种。反映了我国早期散文的面貌。唐韩愈《进学解》谓“周诰、殷盘，佶屈聱牙”，乃准确地概括了《尚书》古雅艰深的语言文字特点。作为早期散文的代表，其叙事记言有其独到之处，为后世散文之典则。叙事散文如《顾命》写成王临终遗嘱、康王册命即位情况条理井然，层次分明，具有肃穆庄严之风范。《金縢》围绕金縢藏书、启书的情节，叙述周公忠贞、遭谗以至终获谅解的发展过程。记言文章能描摹人物语气、神情，如《盘庚》中写盘庚的训话使人如闻其声，如见其人，并注意用形象的比喻阐述道理。其书《舜典》中虞舜对乐师夔所云“命女典乐，教胄子：直而温，宽而栗，刚而无虐，简而无傲。诗言志，歌永言，声依永，律和声。八音克谐，无相夺伦，神人以和”，对后世诗乐文论极有影响。“诗言志”一语，被称为我国古代诗论“开山的纲领”（朱自清《诗言志辨序》）。全书亦被奉为儒家“五经”之一。现存《古文尚书》以李盛铎原藏宋刻本《附释音尚书注疏》最早。注本有唐孔颖达《尚书正义》（有《十三经注疏》本）、清孙星衍《尚书今古文注疏》（辑录汉魏隋唐人旧注，附以己疏，有《平津馆丛书》本、《四部备要本》等）。今译本有屈万里《尚书今注今译》，台湾商务印书馆 1969 年出版。

盘庚 散文篇名。见《尚书·商书》。《书序》谓:“盘庚五迁,将治亳殷,民咨胥怨,作《盘庚》三篇。”认为是盘庚时人作。《史记·殷本纪》则云:“帝盘庚崩,弟小辛立,是为帝小辛,帝小辛立,殷复衰。百姓思盘庚,乃作《盘庚》三篇。”认为是小辛时后人追忆盘庚而作。近人认为乃周时写定。商王盘庚欲迁都于殷,遭贵族和一些民众反对,然盘庚力排众议,决定迁殷。本文记述了盘庚迁殷前对臣民的劝告和命令。分上、中、下三篇。上篇为迁殷后而未定居之时所言。中篇乃迁殷前所言。下篇为迁殷后人民已定居时所言。全篇感情充沛、言辞古奥简练。朱熹认为“《盘庚》劝论百姓迁都之类,是出于记录”(《朱子语类》)。

汤誓 散文篇名。见《尚书·商书》。据《书序》说此为汤在“鸣条之野”发布的灭夏战争动员令。痛斥夏桀暴政,语气慷慨激昂,引用百姓诅咒夏桀“时日曷丧,予及汝皆亡”之语,表达了人民对暴政的极度不满,成为千古名言。全文气势宏阔,文字晓畅,不类《尚书》其他篇章古奥难读,故有人疑或经战国时人润色。

秦誓 散文篇名。见《尚书·周书》。据《左传·僖公三十二年》载,秦穆公听信杞子意见,不顾蹇叔劝阻,派大将孟明等三人率师远道袭郑,结果于崤山被晋师击败。本文即为穆公事后追悔自责之辞。全文感情沉痛、语意恳挚。通篇运用对比说明亲近佞人、疏远良人之危害,表示应采取亲君子而远小人的用人之道,才能“保我子孙黎民”。虚字运用也颇能传神。实为后代帝王“罪己诏”之始。

礼记 礼仪论著选集。相传为孔子死后其门人所记。各篇写作年代不一。编定成书则在西汉。为研究中国古代社会组织、生活习俗、儒家学说和文物制度的重要著作。据汉郑玄《六艺论》,汉儒戴德传《礼》八十五篇,称《大戴记》;其侄戴圣传《礼》四十九篇,即为今本《礼记》,故又名《小戴记》。《礼记》中的议论文如《礼运》、《乐记》等,气势宏伟,结构谨严;记叙小品如《檀弓》、《仲尼燕居》等写得生动形象,反映出不同环境中的人物心理;《檀弓下·苛政猛于虎》篇,文笔简练,篇末点题,发人深省;《齐大饥》章只八十余字,却把黔敖的倨傲,饥者之不屈,写得栩栩如生。而对服饰、语气神态的描写又近于小说,不少篇章在文学上作了合理的想像。其中《乐记》篇,对后世文艺思想有重大影响。此书至唐列为“九经”之一,宋列“十三经”中,是士人必读之书,对后代的思想、文学有一定影响。注本有汉郑玄《礼记注》、唐孔颖达《礼记正义》、清朱彬《礼记训纂》、孙希旦《礼记集解》等。

礼记·乐记 散文篇名。分“乐本”、“乐论”等共十一篇。旧传为孔子再传弟子公孙尼子作,一说为汉武帝前儒者作。全文由音由心生,感物而动,论及各种音乐特点及其与人情感的对应关系,进而说明“声音之道,与政通矣”的道理,同时指出乐为德华,先王致乐怡心,寓礼于乐,在其“可以善民心”。古代诗、乐不分,故其所论反映出当时人对文学的基本认识。对后代古文论中的物感说、创作中提倡关注现实、缘事而发均深有影响。

周易 亦称《易经》,简称《易》。占筮书。“易”有变易、简易、不易三义,相传为周人所作(另一说“周”有周密、周遍、周流之义),故名。全书分为“经”和“传”两部分。“经”有六十四卦,每卦有卦象、卦名、卦辞。一卦分六爻,每爻有爻辞,共三百八十四爻。“传”部分主要是对卦象、卦爻辞所作的解释和说明,共十篇:《彖》上下、《象》上下、《文言》、《系辞传》上下、《序卦》、《说卦》、《杂卦》,统称《十翼》或《周易大传》。相传伏羲画卦,周文王作卦辞、爻辞,孔子作《易传》,但近人多持异议,认为“经”“传”并是“人更多手,时历多世”的众人撰成之作。“经”约产生于周初,“传”则产生于战国至西汉。全书以八卦的形式,推测解释自然和社会的发展变化,总结天道人事的规律,阐发了关于阴阳矛盾、运动变化的朴素辩证观念,不仅具有哲学价值,而且具有重要的文学价值。卦、爻辞中保存了一些短小简朴的古代诗歌和民谣,创造了淳朴多样的诗歌形象,寄托着作者的思想感情。其诗歌在比兴的运用、声韵的技巧等方面与《诗经》相似,体现了我国古代诗歌在萌芽阶段的艺术特征。卦、爻辞中还有一些简短凝练、韵散相间的散文片断,类似于格言,富有生活经验和哲理。“传”部分多为论证严密,系统规范的说理散文,其对天道人事现象的论述,已形成系列的专题,带有明显的战国、秦、汉散文特色。有时还涉及“文”与“辞”的关系问题,对后代文论很有影响。如以仰观俯察为人文产生之渊源,提出“近取诸身,远取诸物”,“以通神明之德,以类万物之情”(《系辞》下);“圣人立象以尽意”,“拟诸其形容,象其物宜”(《系辞》上);并进而对言、意、象三者关系作了探讨,既指出“圣人之情见乎辞”(《系辞》

下)，要求“修辞立其诚”(《文言》)，又针对“书不尽言，言不尽意”的情况，提出立象设卦以尽情意，所谓“其称名也小，其取类也大，其旨远，其辞文，其言曲而中，其事肆而隐”(《系辞》下)。这些见解对刘勰等人的文学观产生了深远影响。而提倡“变通尽利”、“鼓舞尽神”(《系辞》上)，要求“迭用刚柔”(《说卦》)，“参伍以变，错综其数。通其变，遂成天下之文”(《系辞》上)，对后来古代文学批评中的风格论、因革说等也深有启发。本书注本有唐孔颖达《周易正义》；唐李鼎祚《周易集解》集旧注之大成，搜采最富；宋朱熹《周易本义》以义理释《易》，颇多新意。清则有焦循的《易学三书》(《易章句》、《易通释》、《易图略》)和姚配中的《周易姚氏学》。今人高亨的《周易大传今注》为目前通行的排印本，由齐鲁书社 1979 年出版。

论语　儒家著作。由孔门弟子及再传弟子汇集孔子言行而成。共二十篇。内容多为孔子思想言行的记录，亦有弟子之间、弟子与再传弟子之间的谈话记载。不少具有文学意味，且与文学理论相关。如重视德行对于文化(包括文学)修养的决定作用，提倡“行有余力，则以学文”(《学而》)，“有德者必有言，有言者不必有德”(《宪问》)；既重视六艺之文，立为“四教”之一，认为“不学诗，无以言”(《季氏》)，又反对“巧言令色”(《学而》)，要求“文质彬彬，然后君子”(《雍也》)，“辞达而已矣”(《卫灵公》)，以求“尽善尽美”(《八佾》)等，对后世文学创作与理论批评都有规范作用。至于“诗可以兴，可以观，可以群，可以怨，迩之事父，远之事君，多识于草木鸟兽之名”(《阳货》)、“诗三百，一言以蔽之，曰：思无邪”(《为政》)、“乐而不淫，哀而不伤”等著名言论，更具开创性理论价值。由于其论文以儒家道德礼义为准，强调无邪归正，极力排斥“郑声”，直接影响了以后“发乎情，止乎礼义”以及“温柔敦厚”诗教的形成。成为正统保守文学观的理论基础。本书汉代有今文《鲁论语》、《齐论语》和古文《论语》三种，后两者已佚。今本《论语》系东汉郑玄以《鲁论语》为基础，参考、混合各本遗存编集而成。注本以三国魏何晏《论语集解》、南朝梁皇侃《论语义疏》、宋邢昺《论语疏》见重于时，何“解”邢“疏”被收入《十三经注疏》(有《四部备要》本)。宋朱熹《论语集注》、清刘宝楠《论语正义》亦为研究《论语》的重要著作。今人杨伯峻有《论语译注》，由中华书局 1980 年出版。

子路曾晳冉有公西华侍坐　散文篇名。见《论语·先进》。题目为后人所加。记孔子四弟子侍坐，孔子问志。时在晚年。子路性刚勇，志在军旅，其言奔放直捷。冉与公西性谦退，志在政事，其言含蓄婉转。曾晳性和平，志在太平盛世之寻常日用，所言尤为雍容安详。于平淡中见深远，因而深得孔子赞许。为以后理学家津津乐道，朱熹更赞为“人欲尽处，天理流行，随处充满，无少欠缺”。前段四子言志，后段孔子评语，章法整齐，层次分明。四子侍坐，盖为下文曾晳起言制造气氛，曾晳所言一段，以其鼓瑟从容，对照子路率尔仓卒。文词优美，形象生动。南朝丘迟《与陈伯之书》脱胎于此。全篇趣味盎然，线索条达。此章于全书中篇幅最长，人物最多，最具文学意味，于后世颇有影响。

季氏将伐颛臾　散文篇名。见《论语·季氏》。通过孔子对鲁国贵族季氏将攻打小国颛臾的谴责和对学生批评教育，反映其行仁政、施教化之政见。共三段，首先是孔子责备其学生季氏家臣冉求未尽劝阻之职，正面立论；针对其推卸责任而驳之，并说明为臣之道，用巧喻证其言辞之错误；随之乘势追究其过，疾言厉色，锋芒毕露。末段则条分缕析，循循善诱，和蔼可亲。此篇乃《论语》中难得之长篇。句式参差有致，善用比喻，启人思考。语言精练警策，有些句子如“不患寡而患不均，不患贫而患不安”，“既来之，则安之”，“季孙之忧，不在颛臾，而在萧墙之内”，已为后世所习用。

楚狂接舆　散文篇名。见《论语·微子》。述孔子至楚，楚昭王欲任其为相，遭子西反对而罢；佯狂避世的楚人接舆，歌《凤兮》过孔子车旁，言其终不见用于世。运用对比手法，用楚狂接舆高远淡泊、来去无踪之隐士形象，反衬孔子栖栖遑遑、徒劳无功的圣者遭遇。虽着墨不多，却亦栩栩如生。清康有为评：“隐士之高远奇僻，及圣人之优容接引，皆可见焉。”(《论语注》)

长沮桀溺耦而耕　散文篇名。见《论语·微子》。主要反映孔子济时救世之志。所述乃孔子离楚返蔡途中，命学生子路问津于隐士长沮、桀溺，长沮以孔子“知津”答之，意指孔子周游列国，已识天下大道，桀溺则劝子路改换门庭，如他们过隐逸生活；子路言于孔子，孔子“怃然”而叹。全文重在记言，间有记事，明写二隐士之傲岸与子路之窘蹙，实映衬孔子之仕进坎坷，路途多艰。语言简练含蓄，人物个性鲜明，音容毕肖。近人方存之《论文章本源》评：“记二人傲倪、孤高如画。末记孔子一谈，深情至切。……二人一讥孔子为知津，一以天下滔滔，莫非津也，语意妙极。其不告津者，正所以告之也。”

晏子春秋 散文著作。旧题先秦晏婴著，实为战国时人搜集有关晏婴事迹辑成。今本共八篇，二百十五章。每章以晏子为中心，记述一事。内容多以晏子或犯颜直谏，或婉言讽喻，表现了作为国家重臣辅弼君主的思想。对统治者的奢侈腐败、诸侯国间的勾心斗角以及人民的饥寒苦难均有反映。所述晏子的传说故事，颇富文学色彩。如《晏子使楚》、《景公夜从晏子饮》、《楚王欲辱晏子》等，皆情节生动，形象鲜明，语言个性化。章末多有“君子曰”或借“仲尼”、“墨翟”评赞以表明编者观点。不少警句格言发人深省。注释本有清人孙星衍、黄以周《晏子春秋音义校记》，吴则虞《晏子春秋集释》由中华书局1962年出版。

晏子使楚 散文篇名。作者不详。见《晏子春秋》。写晏子出使楚国受到无端羞辱，但他用巧妙的外交辞令反击楚王，维护了国家的尊严，使楚王处于被诘难的尴尬境地。记事简练，在有限的短篇中表现丰富内容。“缚盗”一段写酒宴时交锋，形神皆备，自然生动，将楚王的骄横自信与晏婴“避席对曰”的机智勇敢、义正辞严相对照，将这两个人物形象、内心活动作了淋漓尽致的刻画。针对楚王挑衅性的提问：“齐人固善盗乎”，晏婴以“橘生淮南则为橘，生于淮北则成枳”为喻，不仅维护了自己国家的尊严，更进一步引出“得无楚之水土使民善盗邪”的质问，使楚王狼狈不堪。取喻、推理步步紧逼，充分表现晏婴从容应对、巧语反击的杰出才能。

庄子 又称《南华真经》、《南华经》。道家著作。战国时庄周及其门人著。《汉书·艺文志》著录五十二篇，西晋时已散佚。今传晋郭象注本凡三十三篇，分内（七）、外（十五）、杂（十一）三篇。其中内篇一般认为乃其自作，外、杂篇出于后学之手。其内容虽在于宣传道家思想，却有极高文学价值。它“以卮言为曼衍，以重言为真，以寓言为广”（《天下》），运用大量生动的寓言故事与形象比喻将玄冥的天道描绘得可感可知，又充满丰富的想像与抒情意味。另外包含丰富的文论见解，如主张“灭文章，散五彩”（《胠箧》）；不取言辞辩说，以为“大辩不言”（《齐物论》）。倡“言不尽意”、“得意忘言”说，以为“言之所不能论，意之所不能察致者，不期精粗焉”（《秋水》），向往一种非人为的自然美。至以“谬悠之说，荒唐之言，无端崖之辞”（《天下》）论风格，则是对文学创作浪漫特征的首次揭示。与以孔、孟为代表的儒家文论形成明显区别，对后世产生深远影响。现存以晋郭象注本为最早，有明邹之峰刻本、胡氏世德堂大字本、涵芬楼《续古逸丛书》影宋大字本等。清末有王先谦《庄子集解》、郭庆藩《庄子集释》。另有陈鼓应《庄子今注今译》，中华书局1983年出版。

逍遥游 散文篇名。见《庄子·内篇》。阐述人所以不能绝对自由，是因“有为”，只有达到“无己”、“无功”、“无名”之境界，才可无所拘束，自由畅达。主旨虽深奥抽象，作者却未流于抽象论述。文中从大鹏说起，复言野马尘埃，芥舟蜩鸠，又举冥灵大椿、朝菌彭祖，以明小大之辨、有待之旨。尔后才引出主旨，以为只有“无己”之“至人”、“无功”之“神人”、“无名”之“圣人”才可“游无穷”。此如千里伏流，曲折迂回，至此豁然显露。以后数段寓言，或明或暗，随物赋形，分别补充说服之。全文层层推演，汪洋恣肆，机趣横生；叙事、引证、譬喻、议论，断续回复，如草蛇灰线；语言铿锵和谐，行文纷繁错落，虚实相映。清胡文英评：“前段如烟雨迷离，龙变虎跃。后段如风清月朗，梧竹潇疏。善读者要须拨开枝叶，方见本根。”（《庄子独见·逍遥游》）

养生主 散文篇名。见《庄子·内篇》。讲述养生之道。首段揭示全篇主旨，即“缘督（顺守中道）以为经”。随之用三则寓言生发。首则“庖丁解牛”说明处世要“依乎天理”，“以无厚入有间”。此为养生之核心。次则“公文轩见右师”说明养生非养血肉之躯，而要使精神自由，身与万物为一。末则“老聃死”说明养生之道在于安时处顺，摒弃哀乐，不以生死为怀。全文说理明晰，文势如龙行空，言在此而意在彼。“道”本为不可言之抽象之物，在作者笔下却具体而生动。并刻画了庖丁等人物形象。清余诚评：“起首正言六十余字，既详且尽。下面滔滔三、四百言，只申明缘督为经之意，而却无非一片灵气，酝酿而成。真绝世奇文，绝世奇文。”（《重订古文释义新编》卷五）

胠箧 散文篇名。见《庄子·外篇》。胠，撬开；箧，小竹箱。主要阐述绝圣弃智之观点。首以日常生活中防盗之事落笔，新奇突兀，由此推及社会、政治问题，将圣、智之伟大与助盗为虐之恶行相联系生发，极力阐述仁义圣智之弊。先后用田成子弑齐君夺齐政，夏、商、周三代之贤者龙逢、比干、苌弘、子胥皆被杀戮等历史事实，揭示圣、智之危害，说明"圣人之利天下也少而害天下也多"、"圣人生而大盗起"。随后围绕绝圣弃智展开正反论证。因"智"而产生之斗斛、权衡、符玺，却成诈骗之工具；仁义本为治天下之法宝，反成乱天下之罪魁。由此要人焚符破玺、掊斗折衡，灭文章、散五彩、弃规矩，返朴归真，回到"至德之世"，结绳记事，淡情寡欲，则天下太平。作者视人类文明、进步为罪恶，观点虽偏激，然不无警策之处。全篇言锋犀利，极富感染力；善用对偶、排比，酣畅淋漓。清王夫之评此篇"盖惩战国之纷纭，而为激愤之言"(《庄子解》)。

秋水　散文篇名。见《庄子·外篇》。阐发万物齐一、顺应自然之理。由"望洋兴叹"、"风蛇互怜"、"井蛙与鳖"、"邯郸学步"、"庄子钓于濮水"、"鹓鸰与鸱"、"濠梁论鱼乐"等寓言组成。主张"无以人灭天，无以故灭命，无以得殉名。谨守而勿失，是谓反其真"。全篇取譬设喻，运思奇诡，行文恣肆汪洋，自成锦绣；说理精微而善辩，不乏追求个性自由的思想光华。清浦起龙评："只是泯小大之迹，一意翻腾。"(《古文眉诠》卷一六)

列子　道家著作。旧题战国郑人列御寇著。今人多疑为魏晋人伪托。但其中保留有先秦资料。原书佚。今本为东晋张湛辑注。共八卷。学说接近庄周。唐天宝后，《列子》列为道教经典之一。内容庞杂，多宣扬道家虚无思想，兼言佛儒及神仙之说，尤有先秦流传之民间故事、寓言和神话传说。如反映古代人民不畏艰难、战天斗地的《愚公移山》，庸人自烦的《杞人忧天》，以及《歧路亡羊》、《人有亡鈇者》、《纪昌学射》等，形象生动，想像丰富，有较高文学意义和思想价值，均为后世熟知。其中《黄帝》篇，系由《庄子·齐物论》中寥寥数语扩充润色而为一结构完整的寓言。《汤问》篇不仅故事曲折、夸张得有声有色，且首尾联贯情节相当完整，已有从寓言衍变为小说之迹象。注释本有东晋张湛《列子注》、宋刻宋元递修本《冲虚至德真经注》八卷。另有通行本杨伯峻《列子集释》，中华书局 1979 年出版。

伯乐荐九方皋　散文篇名。见《列子·说符》。题目为后人所加。记秦穆公问伯乐相马之术谁能继承，伯乐舍其子而荐友人九方皋。九方皋求马三月后，返报穆公得"牝而黄"之马。穆公派人视马乃"牡而骊"，不悦。于是伯乐劝解说，九方皋相马"得其精而忘其粗，在其内而忘其外"，且其术远不止于相马而已。待穆公亲见马后，果然为"天下之马"。文旨在于说明对事物的观察了解应去粗取精，由表及里，真正认识其本质。写伯乐的极力荐举和穆公之不识真才，从正反两方面衬托九方皋之高明。故事生动形象，蕴含哲理，耐人寻味。后亦成为荐举人才的著名典故。故晋张湛评篇末乃"言皋之此术岂止于相马而已，神明所得，必有贵于相马者"(《列子注》)。

孟子　儒家著作。战国孟轲及其门人著。《史记·孟子荀卿列传》谓孟子游说齐、宋、滕、魏等诸侯国君，不成，乃"退而与万章之徒，序《诗》、《书》，述仲尼之意，作《孟子》七篇"。书中亦有孟子卒后门人所述。孟子晚年退居讲学。全书大旨是"仁义"，主张行"仁政"、讲"王道"，强调"民贵君轻"，重视民心向背。提出"性善论"。其文以雄辩著称，气势磅礴，感情激越，词锋犀利。如《滕文公》下篇站在维护儒家学说立场，对杨朱、墨翟之言的抨击"其锋不可犯"(苏洵语)。同时，在记述孟子主张、论辩时，常深入分析对方心理、因势利导，善用一连串排偶句式，层层进逼，使论辩获胜，如《梁惠王》上篇"齐桓晋文之事"章。又善用譬喻说明道理，汉赵岐说《孟子》"长于譬喻，辞不迫切而意以独至"(《孟子章句》)，如传诵至今之"揠苗助长"、"五十步笑百步"、"缘木求鱼"等。此书发展了《论语》语录体特点，由短篇对话发展为长篇大论，后世贾谊、韩愈、柳宗元、苏洵、苏轼等散文名家都深受其影响。另在文学理论方面提出"知人论世"、"以意逆志"、"充实之为美"等论点，对我国文学批评有重大影响。现存注本有汉赵岐《孟子章句》、宋朱熹《孟子集注》、清焦循《孟子正义》。今人注本有杨伯峻《孟子译注》，中华书局 1960 年出版。

荀子　亦称《荀卿新书》、《孙卿子》。儒家著作。战国荀况著。刘向《别录》作《孙卿子》三十二篇，《隋书·经籍志》作《孙卿子》十二卷。今本乃唐杨倞所注，改名《荀子》，分二十卷，共三十二篇。其中多数篇章为荀况自作，少数出于门人记述。其文长于论辩，说理精透，结构严密，有很强的逻辑性。语言丰富多彩，善用譬喻，多排偶句，形成质朴又醇厚的独特风格，对后世说理文有一定影响。又有五篇短赋，为一种散文式的赋体；另《成相辞》篇，运用说唱形式表达作者政治思想，有人认为乃后世弹词之祖。《劝学》、《正名》、《儒效》、《乐论》、《非相》等篇，论及与文学有关问题。大旨宣扬人性本恶，强调后天努力的必要性。其中“人之于文学也，犹玉之于琢磨也”（《大略》），尤被重视。对言辞辩说的要求是“心合于道，说合于心，辞合于说”（《正名》），“道”即儒家的礼义道德，认为《诗》、《书》、《礼》、《乐》皆归之（《儒效》）。实开后世文章必须明道、征圣、宗经之先河。而《乐论》论及诗乐的产生与政治的关系等特有的社会作用，既继承孔子等人的儒家传统，又有不少发展，对后世具有深远影响。通行有清王先谦《荀子集解》本，梁启雄《荀子柬释》，商务印书馆 1936 年刊印。

劝学 散文篇名。见《荀子》。论述人的才能是后天学习、教育的结果，强调客观环境对人的影响，提出要把“礼”作为教育的主要内容，体现了一代胜过一代的积极进取精神。是我国古代最早对于学习的目的、意义、作用，乃至内容、方法、态度作系统论述的文章。结构条理清晰，说理明白透彻。述中取喻形象，语言精练。往往把众多的自然现象加以概括，并用富有启迪的内涵加以归并和排列，使之为说理服务。有些精辟的语言流传至今，如“青取之于蓝，而青于蓝；冰，水为之而寒于水”、“不登高山，不知天之高也；不临深谷，不知地之厚也”等。有些含义深刻的比喻，成为历代勉励人勤学苦练的至理名言，如“不积跬步，无以至千里；不积小流，无以成江海”、“锲而不舍，金石可镂”等。文中排比、对照、对偶等手法运用亦熟练而精彩。

赋篇 散文篇名。见《荀子》。《汉书·艺文志》著录十篇，现仅存五篇。是中国文学史上最早以“赋”命名的作品。五赋分别叙写礼、知、云、蚕、箴五种事物，以四言为主，半诗半文，韵散间杂，设为问答。表现手法如刘勰《文心雕龙·谐隐》云“遁词以隐意，谲譬以指事”，有用隐语猜谜式之特点。是由铺陈发展到以“赋”名篇之先声，对赋体文学的形成发展有一定影响。

韩非子 法家著作。先秦韩非著，并加入他人有关论述编成。据《汉书·艺文志》载，共五十五篇，十余万字。作者反对复古、主张变革，综合商鞅的“法治”，申不害的“术”法，慎到的“势”治，提出以“法”为中心，提倡君主集权，是先秦法家学说的集大成者。认为文章亦要以“功用”为目的。其说理文风格独特，思想锐利，文字冷峻，逻辑严密，说服力强。说理常先提论据，再论证，后得出符合逻辑的结论，如《五蠹》即为范例。其论辩往往通过冷静的分析来进行，对不同意见，总用“或曰”客观地列出几种说法来说理，如《难一》至《难四》诸篇。又善于以子之矛、攻子之盾，使对方进退失据。运用寓言故事来增强形象性和说服力，已臻挥洒自如的境地，如“郢书燕说”（《外储说左上》）、“守株待兔”（《五蠹》）等，已成为众人熟知的成语典故。注释本有清王先慎《韩非子集解》。另有今人梁启雄《韩非子浅解》，中华书局 1960 年出版；陈奇猷《韩非子集释》，中华书局上海编辑所 1961 年出版。

五蠹 散文篇名。见《韩非子》。主要抨击当时无益于耕种的五种人，即儒生（儒家）、言谈者（纵横家）、带剑者（游侠）、患御者（依附权贵者）和商工之民，斥其为对社会有害的“五蠹”。阐述治国须根据时代变迁而取顺应社会发展之措施，劝说人主“以法治为教”，“以吏为师”，以勤耕之民、力战之士为贵而养之，以“五蠹”之民为贱而除之。反映了韩非主张变革，反对复古，提倡法治的观点。全篇文笔犀利，逻辑严谨，而又波澜壮阔。文中运用宋人“守株待兔”的寓言故事，尖锐嘲笑了墨守成规，痴想不劳而获的蠢人形象，尤显风趣生动。后人评其文为“胸中如万斛泉涌，滚滚不竭，而纵横变化，无中生有，愈出愈奇”（袁了凡《韩子迂评》）。

吕氏春秋 亦名《吕览》。杂家著作。为秦相吕不韦集门客三千编成。“以为备天地万物古今之事，号曰《吕氏春秋》”（《史记·吕不韦列传》）。二十六卷。由“十二纪”、“八览”、“六论”组成，共一百六十篇。因书出众手，各记所闻，被《汉书·艺文志》列为杂家类。内容以儒、道思想为主，亦取墨、法、名、农、阴阳等诸家学说，总结了春秋战国时百家争鸣之成果，为秦统一天下服务。所涉虽广，但大旨仍如汉高诱《吕氏春秋·序》曰：“以道德为标的，以无为为纲纪，以忠义为品式，以公方为检格。”书中保存有许多古代失传的思想史资料。全书体例一致，结构完整，常以议论发端，再以事实及比喻为例证，最后回复立论。语言简洁、生动、形象，说理极富逻辑性。有《刻舟求剑》等寓言故事流传至今。注释本高诱《吕氏春秋注》，有《经训堂丛书》本。通行有许维遹《吕氏春秋集释》，文学古籍刊行社 1955 年出版；陈奇猷《吕氏春秋校释》，学林出版社 1984 年出版。

国语 我国最早的国别体史书。记载周王朝及诸侯各国之事，主要为记言，故名《国语》。二十一卷。分《周语》三卷、《晋语》九卷、《鲁语》、《楚语》、《越语》各二卷、《齐语》、《郑语》、

《吴语》各一卷。记事起于周穆王征犬戎(约前967年),迄于赵、韩、魏灭智伯(前453年),记载了约五百年的春秋史。司马迁云:“左丘失明,厥有《国语》”(《太史公自序》)。他和班固皆认为是鲁国史官左丘明所作。然据近人考证,非出自一人一时之手,约编定于战国。又有人以《左传》、《国语》为同一作者,而《左传》乃传《春秋》之书,故又称之为《春秋外传》。此说虽不恰当,但说明了两书之密切关系,可相互参证。内容多与《左传》重复,又往往详略互异。文学成就虽不及《左传》,然不乏精采篇章,如《勾践灭吴》、《召公谏厉王弭谤》等,故事生动,人物刻画也较成功,“防民之口,胜于防川”尤为至理名言。记言之文亦有风趣绝佳者,如《晋语》记姜氏与子犯谋醉重耳一段,语颇幽默传神。较早注本有三国吴韦昭作《国语解》,保存了一些颇有价值的古注。清洪亮吉有《国语韦昭注疏》。近人徐元诰作有《国语集解》。另有上海古籍出版社1978年出版《国语》点校本。

召公谏厉王弭谤　散文篇名。见《国语·周语上》。题目为后人所加。叙周厉王暴虐无道,国人不满,厉王派卫国巫者监视,发现有敢指责自己者即杀之。大臣召公用“防民之口,甚于防川”作比,谏诤厉王,对人民不满意见,只能宣泄疏导,不能遏制堵塞。然厉王不听,最后因拒谏被国人所逐。全文记言为主,简括有法,比喻贴切自然,极有说服力。清林云铭评:“召公所谏,语语格言”。全文“回抱防川之意,融成一片,警健绝伦”(《古文析义》卷三)。

里革断罟匡君　散文篇名。见《国语·鲁语上》。题目为后人所加。叙鲁宣公夏季张网捕鱼,大夫里革断其网而弃之,向宣公阐述自古猎捕禽兽皆应适时,不可获取无度。宣公最后接受其忠告。文章内容新颖,意味深长,所用对比手法尤为成功。清林云铭评文中所述“不害其生”、“不害其长”之意,与宣公夏季捕鱼之“不时不度,紧紧对针,则‘贪无艺’之过,宣公岂能辞哉”(《古文析义》卷三)。

王孙圉论楚宝　散文篇名。见《国语·楚语下》。题目为后人所加。叙楚大夫王孙圉出访晋国时,赵简子在筵间炫耀所佩白玉,并欲借此羞辱楚国。王孙圉针锋相对,回答楚之宝主要是贤才与物产,而非身佩之玉。从而回击了赵简子的挑衅,维护了楚国的尊严。文中人物刻画颇成功,赵简子虽寥寥数语,其自傲、浅薄的形象却呼之欲出;而王孙圉避实就虚的辩驳方式,委婉得体的语言,也是本文特色。

范蠡佐勾践灭吴　散文篇名。见《国语·越语下》。题目为后人所加。记述越之贤臣范蠡辅佐勾践灭亡吴国之事。初,越王勾践不听范蠡之劝,贸然伐吴,不胜,只得向吴妥协求和,自己亦与范蠡入吴为臣仆。三年而返。勾践吸取教训,一系列治国强兵之事皆求教于范蠡。范蠡用“持盈者与天,定倾者与人”之思想劝其休养生息,静待时机。后时机成熟,遂促其伐吴。交战中又劝勾践以静制动,与吴师相持三年,终使吴军不战自溃。吴派人求和,勾践欲许之,范蠡又谏阻,终灭吴国。最后写他功成身退,泛舟五湖更显其明智。全文专详范蠡之言,洋洋洒洒,叙事纷繁而条理清楚。清俞桐川评:“‘持盈’、‘定倾’,要语首尾,血脉关通。”(《古文分编集评》)

左传　《春秋左氏传》的简称。亦称《左氏春秋》。配合《春秋》的编年体史书。其作者历来众说纷纭,司马迁、班固皆认为是鲁人左丘明所作;近人则以为非一人一时之作,于战国初编定成书。《春秋》仅是简括的大事记,《左传》则详写其本末,与《春秋公羊传》、《春秋穀梁传》同为《春秋》三传之一。记事起自鲁隐公元年(前722),迄于鲁哀公二十七年(前468),并附记灭智伯之事(前454)。虽按鲁国国君顺序记事,所叙却包括春秋列国政治、外交、军事、文化等各方面的活动及有关言论。书中表现的主要是民本思想和爱国精神,也有颂扬统治者勤于政事,鞭挞荒淫昏庸,还有礼仪、天道、鬼神、卜筮等事,不乏科技史、军事史的价值。其文学成就表现在叙事富于故事性、戏剧性,重点突出,有条不紊;尤善写战事,不仅注意战争场面的描写,且能把军事和政治结合起来,揭示决定战争胜负的各种因素;通过个性化语言和典型细节,刻画一系列人物形象;语言简洁生动,善用比喻说理;行文辞令曲而达,婉而有致。其直书无隐的精神,为司马迁以来的“良史”所继承。诸多文学成就对汉代以来的散文创作有深远影响。另外还包含丰富的文论观点,如“赋诗言志”和“观志”“观风”说等。吴公子季札在鲁国观周乐,强调审乐观诗可以知政,提倡“思而不贰,怨而不言”,“直而不倨,曲而不屈”、“哀而不愁,乐而不荒”(《襄公二十九年》)的中和之美;穆叔“大(太)上有立德,其次有立功,其次有立言”的三不朽说(《襄公二十四年》)都是影响极大的文艺思想。至于分见于书中各处的论文谈艺,如孔子之“言以足志,文以足言”,“言之无文,行而不远”(《襄公二十五年》)等也很有价值。晋杜预《春秋经传集解》是现存最早的注本(有《四部丛刊》本),后与唐孔颖达讲疏、陆德明音义合为注疏本,收入《十三经注疏》(有《四部备要》本)。另有上海人民出版社 1977 年据《四部丛刊》本影印宋刻本《春秋经传集解》标点本,更名为《春秋左传集解》,杨伯峻有《春秋左传注》,中华书局 1981 年出版。

郑伯克段于鄢　散文篇名。见《左传・隐公元年》。题目为后人所加。叙郑国统治集团内部的权力斗争。郑武公妻姜氏偏爱次子共叔段,支持他推翻长子郑庄公。双方矛盾渐剧,庄公初不动声色,至叔段发动叛乱时,才一举将其击败于鄢。庄公进而立下"不及黄泉"不与母相见之誓言。后又后悔,采纳大夫颍考叔意见,掘地及泉,在地道中与姜氏相见,既不违背誓言,又使母子重归于好。在记载重大政治事件同时,以生动的对话刻画了各种鲜明的人物形象。明钟惺评:"庄公之狠,叔段之痴,姜氏之愚,可谓三绝。"(《精校左传杜林合注》卷一)

石碏谏宠州吁　散文篇名。见《左传・隐公三年》。题目为后人所加。叙卫大夫石碏谏诤卫庄公应教子州吁以"义方",切勿宠子骄纵,以免后患。先述"宠"之流弊,是纳子于邪,而非爱子。又以"六顺"、"六逆"相对比,言明今宠州吁乃"去顺效逆",会招致祸端。然庄公不听其劝。石碏最终只得告老致仕。而州吁在庄公死后果然弑继位的桓公而自立为君。全篇谏辞一气三叹,语意恳切。清王源评:"前入州吁之宠,笔笔曲;后序石碏之谏,笔笔切。"(《左传评》卷一)

臧僖伯谏观鱼　散文篇名。见《左传・隐公五年》。题目为后人所加。叙隐公欲离国都观鱼,臧僖伯进谏对其晓以大义,加以劝阻,然隐公终以"略地"为借口往而观之。全文阐述国君应按礼法行事,以国事为重,游乐为轻。历陈典故,俱与观鱼相映照,指出人君举动关系甚大,观鱼不得视为小节。通篇以小见大,环环相扣。清浦起龙评臧僖伯进谏"口中不曾一字说出观鱼,而观则非轨,鱼则非物,非轨非物,即是非礼。言归典则,法归丝扣。"(《古文眉诠》卷二)

郑庄公戒饬守臣　散文篇名。见《左传・隐公十一年》。题目为后人所加。叙郑庄公会合齐、鲁伐许,许败,许庄公奔卫。经一番谦让,齐、鲁将许让给了郑。郑庄公安排许大夫百里侍奉许叔,驻于许之东;派郑大夫公孙获驻许之西,并对双方各作了一番告诫,表明自己不会久有许。全文以辞令取胜,委婉地表现出郑庄公复杂的内心世界。清吴楚材评:"郑庄戒饬之词,委婉纡曲。忽为许计,忽为郑计,语语放宽,字字放活。"(《古文观止》卷一)

齐伐楚盟于召陵　散文篇名。见《左传・僖公四年》。题目为后人所加。叙齐桓公联合诸侯侵蔡获胜后又攻楚。楚成王派屈完如齐师交涉。齐桓公邀屈完阅兵,以武力威胁,屈完不卑不亢,机智应对,维护了楚国尊严。桓公最后只得与楚结盟。文中人物语言虽寥寥数语,神态却维妙维肖。清吴楚材评:"篇中写齐处,一味是权谋笼络之态。写楚处,忽而巽顺,忽而诙谐,忽而严厉,节节生峰。"(《古文观止》卷一)

宫之奇谏虞假道　散文篇名。见《左传・僖公五年》。题目为后人所加。叙晋国借道虞国伐虢,虞大夫宫之奇洞察形势,力谏虞公不借道予晋,然虞公固执己见,终致被晋灭亡。文章成功地刻画了虞公昏庸、顽固和宫之奇深谋远虑之形象。写宫之奇力谏虞公,或用事实,或引史书,或据事理,精密透彻。清吴楚材评:"宫之奇三番谏诤,前段论势,中段论情,后段论理,层次井井,激昂尽致。"(《古文观止》卷一)

齐桓下拜受胙　散文篇名。见《左传・僖公九年》。题目为后人所加。叙齐桓公主盟一诸侯间重要集会时,周天子赐齐侯胙(祭肉),显示对齐侯的尊宠。周天子派宰孔赐胙时,本无须其下阶而拜,齐侯却不顾年老衰弱,仍谨守君臣大礼,坚持下阶拜受。受胙仪式的繁文缛节,只用"下、拜、登、受"四字,足见其语言之精练。又将齐侯的宽厚、识大体、顾大局的形象写得很丰满。清林云铭评:"君臣堂陛之分凛然,较之晋文请隧,不啻霄壤。"(《古文析义》卷一)

子鱼论战　散文篇名。见《左传・僖公二十二年》。题目为后人所加。叙宋、楚泓之战,及战后子鱼对作战的评论。战前,子鱼曾劝宋襄公不宜参战。战时,又两次抓住有利战机,请襄公出击,然皆未被采纳,宋终致惨败,襄公负伤,遭国人责难。战后,襄公却以虚伪的"仁义"掩饰自己败绩。针对其迂腐见解,子鱼逐点反驳,即为本文重点。人物刻画较成功,襄公的迂腐、子鱼的明智形象皆跃然纸上。语言简洁、透彻,论述有理有据。清吴楚材评:"层层辨驳,句句斩截,殊为痛快。"(《古文观止》卷一)

晋公子重耳出亡 散文篇名。见《左传·僖公二十三、二十四年》。题目为后人所加。叙重耳长达十九年之流亡生活及在秦穆公帮助下回国夺取政权之经过。晋国内乱，重耳被迫出亡，流亡途中受到各国不同礼遇。卫成公、曹共公、郑文公等小国皆“不礼焉”，而大国如齐桓公妻以女，宋襄公赠以马，楚成王享之，秦穆公纳之。终在秦军直接支持下夺得政权。全文通过富有情趣的细节和复杂的矛盾冲突，刻画了一系列人物形象。重耳从胸无大志的贵公子磨练成一个有雄韬大略的政治家，见其性格发展。其从者亦皆各具特征。还表现了季隗、姜氏、怀嬴等女子的美好品质。清浦起龙评：“事之一冷一热，文之一抑一扬。天生波折，斗成结构。”(《古文眉诠》卷二)

介之推不言禄 散文篇名。见《左传·僖公二十四年》。题目为后人所加。叙晋文公归国接位后，封赏随从出亡之臣，独介之推不争利禄，与其母“隐而死”。重点描写介之推与其母之对话。先向其母说明文公能回国即位乃天意，批评“二、三子”“贪天之功”，表示自己不愿与之共处。接述其不愿求利、不愿求名的理由。通过介之推对其母的回答，既展现介之推的高洁，亦映衬出其母的品格。全篇通过设问应答，推波助澜，逐层递进，表现人物性格。清吴楚材评：“篇中三提其母，作三样写法，介推之高，其母成之欤。”(《古文观止》卷一)

展喜犒师 散文篇名。见《左传·僖公二十六年》。题目为后人所加。叙齐孝公兴师伐鲁，鲁僖公却派大夫展喜出迎犒劳齐师。展喜援引先王之遗命，齐之先辈辅周之遗德，以道义说服齐侯，并申明鲁之所恃者乃认为齐不会“弃命废职”。展喜机敏镇定，善于言辞，晓之以理，动之以情，终使齐侯还师，巧妙地取得外交上的胜利。全文峰回路转，结构精巧。展喜的胆识和才智也通过其富有说服力的言辞得以充分表现。清吴楚材评：“大义凛然之中，亦复委婉动听。”(《古文观止》卷一)

晋楚城濮之战 散文篇名。见《左传·僖公二十八年》。题目为后人所加。叙晋、楚为争霸而在城濮交战。晋在战前促成晋、齐、秦三国联盟，又离间楚与盟国曹、卫之关系。临战时晋文公虚心纳谏，上下团结；而楚方君臣矛盾重重，主帅子玉轻敌，致使晋军重创楚师两翼而大获全胜，楚帅子玉兵败自杀。全文突出“晋于是役也，能以德攻”的主旨，揭示战争胜败之要素。描写重点是战前双方的外交纠纷、君臣对战争的态度，而于战争本身着墨不多，然人物性格如晋文公的老成持重与子玉的刚愎自用却刻画得十分鲜明。清冯李骅评文中交战“写得极其奇妙，然不过数行而止，文却于未战之前作无数翻腾，于既战之后作无数铺垫”(《左绣》)。

烛之武退秦师 散文篇名。见《左传·僖公三十年》。题目为后人所加。叙晋、秦两强联合围郑，在郑伯请求下，烛之武冒险去说服秦王。他利用秦、晋间矛盾进行分化，向秦王阐述亡郑将使晋得利，只有让郑存在，才有利于秦；又以晋之不守信的事例，推论亡郑后，晋必西犯，使秦受害。终于说服秦王放弃联晋灭郑之计划，转而派兵戍郑御晋。而晋文公权衡利害，亦不战自退。烛之武在国家危难之际，临危不惧，说服强敌，表现出机智善变的外交才能。通篇富有雄辩的逻辑力量，分析入情入理。清金圣叹评：“其文皆作连锁不断之句，一似读之急不得断者。”(《天下才子必读书》卷一)

秦晋殽之战 散文篇名。见《左传·僖公三十二、三十三年》。题目为后人所加。叙秦、晋发生在殽的一次战争，结果晋胜秦败。晋文公卒，秦欲过晋去袭郑，蹇叔力劝无效。然郑已得其信而有所备，迫使秦军无劳而还。晋遂乘机攻秦师，“败秦师于殽”，并俘其三帅。不作平铺直叙，而把事件进程作情节化安排，由“蹇叔哭师”、“王孙满观秦师”、“弦高犒师”、“皇武子请客行猎”、“文嬴请三帅”、“秦穆公哭师认罪”等一系列故事组成，从具体事件和人物身上揭示战争胜负的原因。文中人物虽多，却各具个性。如清余诚所评：“至叙述诸人问答，描画诸人举动形声，无不婉然曲肖，更为写生妙笔。”(《重订古文释义新编》卷二)

郑败宋师获华元 散文篇名。见《左传·宣公二年》。题目为后人所加。全文由几个小故事串连而成。先写郑伐宋，宋师惨败，宋帅华元被俘。继而追叙作战时，宋人狂狡助敌反被敌俘获；为华元驾车的羊斟因私愤废公，故意驾车直入郑师，使华元被俘，而致宋师兵败。宋国正欲设法赎之，华元却逃归并原谅了羊斟。然羊斟终出奔鲁国。结尾以华元巡视筑城工程时，通过歌谣的对唱，赞扬了华元气量宽宏。全文亦庄亦谐，趣味横生，乃《左传》又一副笔墨。清王源评：“以谐谑易干戈，以歌讴易严厉，闲闲散散，着而不着，有多少变态。”(《左传评》卷四)

晋楚邲之战 散文篇名。见《左传·宣公十二年》。题目为后人所加。叙楚攻郑，晋发兵救郑，与楚军会于邲，后见郑、楚已订和议，本欲退兵，而晋将先縠主战，擅自进军，主帅荀林父怕承担“失属亡师”之责，亦令全军率尔出击。楚庄王挥师迎战，双方大战于邲。战时，晋军将领各自为政，主帅荀林父无能，决策无方，指挥失职；而楚军则上下一致，作战勇敢，晋终惨败。最后以楚王谦和、清醒的议论作结。整个战役的描述，明快而精彩，胜负的必然性是纷繁头绪中的一条主线。围绕主线穿插几段有关和战的生动故事。清王源评：“局阵环浑雄阔，诸大战文中独为用正。”(《左传评》卷四)

楚归晋知䓨 散文篇名。见《左传·成公三年》。题目为后人所加。叙晋楚邲之战，晋俘楚公子穀臣，楚俘晋大夫荀首子知䓨。楚迫于荀首权势，同意交换俘虏。楚王送知䓨时，问他“是否有怨、是否感德、何以图报”，知䓨断然答曰“无怨、无德、不知所报”，并表示归国后如受刑戮，死且不朽；若能免刑而继承官职，则将率兵戍边，不避与楚战，以报国家。知䓨身虽在楚，却表现出忠于晋国、维护国家尊严的不卑不亢气度，从而得到楚王敬重。通篇文字简练有力。清吴楚材评：“楚王句句逼入，知䓨句句撇开”(《古文观止》卷二)，其义正词严，慷慨之态毕现。

吕相绝秦 散文篇名。见《左传·成公十三年》。题目为后人所加。叙秦、晋交恶，晋国派使臣吕相到秦国宣布与之绝交。吕相先历数穆公为德不终、私与郑盟、乘危灭晋等等罪状，尔后归入绝秦主旨。此为一篇保存完整的外交辞令。语言生动，极富波澜而又咄咄逼人。清吴楚材评：“此文饰辞驾罪，不肯一句放松，不使一字置辨。”(《古文观止》卷二)

鄢陵之战 散文篇名。见《左传·成公十六年》。题目为后人所加。叙晋、楚在鄢陵的一次战争，结果晋胜楚败。晋伐郑，郑求救于楚，郑、楚联合御晋。此乃晋、楚第三次交锋。时两国内部皆矛盾重重，晋范文子希望败于楚，以引起晋之警惕而修明内政。而楚内部亦混乱不堪，子重、楚王缺乏作战决心，子反主战却又因酒误事，楚终仓皇撤退，晋获意外胜利。用双管齐下的叙述方法，突出了战争的紧张，亦显新颖活泼。以细节描写表现复杂矛盾。清王源评：“但零写一人一事，而胜败带序其中”(《左传评》卷五)。文中还写了战争进行中的几次雍容揖让，成功地刻画了一系列人物群像，如范文子的老成识远，养由基的善射等。

晋灵公不君 散文篇名。见《左传·宣公二年》。题目为后人所加。主要写晋灵公和大臣赵盾的矛盾冲突。先叙晋灵公厚敛、杀宰夫等残暴之举，其不听劝谏，虽口头承诺改过，实仍我行我素。赵盾屡谏，使灵公恼恨，遂派鉏麑往杀之，鉏麑见其忠，不忍下手，反自戕。灵公又欲在宴中伏击赵盾，幸有提弥明拼死相救，另一灵公卫士灵辄，曾受恩惠于赵盾，亦全力救之，使其得以脱身，于未逃出国境之时，灵公已被杀，遂返。史官认为不讨杀君之人，也有杀君之罪。然近人王源谓：“通篇处处借他人写赵盾，见弑君之罪，非其罪也。”(《左传评》)全文情节生动，扣人心弦。灵公的残暴无道、赵盾的忠诚仁厚，皆经由细节描写而栩栩如生。

祁奚请免叔向 散文篇名。见《左传·襄公二十一年》。题目为后人所加。叙叔向因其兄连累而被宣子囚禁，乐王鲋曾主动要为其求情，叔向却“不应不拜”，以其为曲意顺君者，只有正直的祁奚才可救他。事实果如所料。祁奚闻其被囚，立往见宣子，陈述利害，言叔向之才能有关社稷之固，不免其身即为弃社稷，并用历史上父子、兄弟罪不株连事例为证，终使叔向得免。结尾更饶有趣味，叔、祁两人互不相见，以知为公非为私。清林云铭评“社稷”二字为篇中眼目，叔、祁“二人不相见，皆明其为社稷”(《古文析义》卷一)。

吴公子札来聘 散文篇名。见《左传·襄公二十九年》。题目为后人所加。叙吴公子季札对音乐和政治的见解。季札使鲁，鲁人为之演周乐，季札闻歌见舞，便能尽察其意，推知兴亡盛衰。通篇逐层摹写，品评各有侧重，通过语言摹绘，使季札形象鲜明突出，人如在目，声如盈耳。其借助比喻作评的方式亦对后世文艺批评理论有深远影响。清王源评：“文中论乐，悠扬顿宕，希微杳渺。”(《左传评》)

郑子产相国 散文篇名。见《左传·襄公三十一年》。题目为后人所加。以表现子产的政治家风度为中心。先总括子产知人善任，用人所长，“是以鲜有败事”。郑人于“乡校”议政，有人欲毁之，子产却认为正可利用众人舆论以作监督。见其为政之开明。子产劝阻郑大夫子皮使尹何为邑一事，更显其非凡才识，针对子皮之言，连用“操刀”、“栋榱”、

“制锦”、“田猎”四喻，委婉而有说服力，层进转折，妙趣天成，终使子皮打消了“爱人”则授之以政的想法。作者每写子产为政之事后，必以他人评论作结，可谓春秋笔法之一种发展。末段叠喻，“最是生新出色处，开后人大题小作法门”(冯李骅、陆浩《左绣》)。

曹刿论战　散文篇名。见《左传·庄公十年》。题目为后人所加。叙齐、鲁长勺之战。战前，曹刿请见鲁庄公，通过分析国情，肯定庄公取信于民可以一战。战时，曹刿正确把握反攻、追击时机。战后补叙其战略见解。全文突出曹刿的远见卓识。描写上采用对话、衬托、补叙等方法，逐层推进，显得生动活泼。清林云铭评：“以‘远谋’二字作眼，……步步详审持重处，皆成兵机妙用。”(《古文析义》卷一)

申包胥如秦乞师　散文篇名。见《左传·定公四年》。题目为后人所加。叙楚王昏庸，杀伍子胥父兄，伍子胥逃亡吴国发誓报仇，后楚国内政腐败，吴军终攻入楚之郢都，楚王逃至随。楚大夫申包胥向秦王历陈利害，恳请秦出兵相救。初遭秦王婉拒。申包胥便依庭墙日夜号哭，七日勺水不进。秦王感其诚意，遂发兵助楚败吴。文中重点刻画申包胥忠诚顽强、不达目的不休之坚韧品格。近人吴闿生评：“字字切到，如亲见秦庭之哭。”(《左传文法读本》)

战国策　简称《国策》。国别体史书。一般认为由秦汉间人杂采各国史官或策士的史料、笔录编纂而成，非一时一人之作。最后编定者乃西汉末刘向。刘向校录群书时发现诸抄本“或曰《国策》、或曰《国事》、或曰《短长》、或曰《事语》、或曰《长书》、或曰《修书》”，便依国别、按时序重新编订，去其重复，得三十三篇。“以为战国时游士辅所用之国为之策谋，宜为《战国策》”(刘向《校战国策书录》)。此名遂沿用至今。此书记载春秋以后至楚汉之起的二百四十五年间史事(前453—前209)。内容主要为当时策士、谋臣纵横捭阖的外交活动和有关主张、言辞。广泛地反映了战国时代错综复杂的历史。较之其他史书，则显虚构成分多，文学性强。全书分东周、西周、秦、齐、楚、赵、魏、韩、燕、宋、卫、中山等十二国策。其中所记策士、谋臣之思想、情操及所起的历史作用各不相同：有不择手段追名逐利者，如苏秦、张仪之流，朝秦暮楚，权谋谲诈；有排难解纷、消兵弭战者；有不畏强暴、沉毅勇决者，如荆轲、唐雎等。也颂扬了一些有作为的统治者，表现了一些以民为本、崇尚革新的进步思想。所记多有夸张失实处，其思想内容在封建时代颇遭非议。然艺术成就却为世所公认。其文特点长于记事，善夸张渲染；说辞气势磅礴，旁征博引，条分缕析，或曲折迂回，巧设机彀，或危言耸听，颇具说服力；善以对话刻画人物形象；大量运用寓言、比喻、典故，尤显生动活泼；语言铺张扬厉，富于文采。对汉以后的辞赋家、散文家均有深远影响。对后世小说、戏剧创作之作用巨大。东汉末高诱为之作注。流传至唐以后残缺不全，北宋曾巩曾予辑补。南宋初，姚宏据曾本及高诱残注重加校定，即今三十三卷高注本。又有鲍彪作《战国策注》，元吴师道作《战国策校注》，纠鲍本之失，为一较佳注本，即今鲍、吴注十卷本。1972年马王堆出土西汉帛书名《战国纵横家书》，是研究《战国策》的重要史料。上海古籍出版社1978年出版《战国策》点校本，以姚本为底本，将鲍、吴诸注及清黄丕烈札记汇集而成，并将出土帛书《战国纵横家书》释文附于书后。

苏秦始将连横　散文篇名。见《战国策·秦策》。题目为后人所加。叙苏秦游说秦、赵，表现苏秦之类策士投机取巧，热衷名利及当时世态之炎凉。先写见秦王，慷慨陈辞，始将连横说秦惠王无成，终至狼狈回家，嫂不为炊，家人鄙视。遂发奋苦读，引锥刺股，反省揣摩后复出，以合纵之策游说赵王，一举成功，挂六国相印，尊贵无比。最后写功成后的苏秦路过洛阳，家人前倨后卑之态，引出其对世态人情之叹。文章气势磅礴，善铺排夸饰，既写苏秦作为政治家叱咤风云、纵横捭阖的才智，又写其作为普通人经历之坎坷艰辛。其家人虽仅着数语，亦皆神态毕现。清余诚评：“通篇反复相形，起结相应，议论叙事相间，参差错落，慷慨激昂，无不各尽其妙。”(《重订古文释义新编》卷四)

司马错论伐蜀　散文篇名。见《战国策·秦策》。题目为后人所加。叙秦惠王欲称霸建立“王业”。秦臣司马错同张仪就向外扩张这一战略问题发生论争。张仪力主“攻韩劫天子”、“争天下之市朝”。司马错则认为此举只会徒得“恶名”而无实利，主张伐蜀，以“广国”“富民”，终于驳倒张仪，说服秦王伐蜀成功。通过两人论辩，刻画了各自不同个性。张仪重气势，务虚不务实，夸夸其谈；司马错沉着冷静，注重实际，分析透辟，虽无耸人听闻之辞藻，却切中要害。清浦起龙评：“错意图王，原与张仪同旨，但其策主于蓄基而假义，故为胜之。”(《古文眉诠》卷一三)

范雎说秦王 散文篇名。见《战国策·秦策》。题目为后人所加。叙魏人范雎初见秦王时双方的交谈。当时秦之国力已强，然实权却在太后和穰侯之手。范雎以一客卿身分欲说服秦王废太后，逐穰侯，把权力握于己手。因说辞事关重大，稍一不当，即有杀身之祸，故其屡次欲进言而故作难色，盘旋作势，直到取得秦王信任后，才点出太后、奸臣把持朝政状况及危害，终于感动秦王，迫其表态。全文语意委婉，周转斡旋，极尽游说之能事。清浦起龙评："为欲进深言之言，特先演无说之说。"(《古文眉诠》卷一五)塑造了范雎胆识过人而又谨慎精明的形象。

邹忌讽齐王纳谏 散文篇名。见《战国策·齐策》。题目为后人所加。叙邹忌以切身体验启发齐王纳谏除弊，说明纳谏可以兴国之理。前半写邹忌因妻、妾、客人对自己容貌之溢美，悟出位高权重者易受蒙蔽，由此进谏齐王应广开言路，以免受蔽。后半写齐王深受启发，设赏求谏，齐之实力与威望因此而大增。全文采用生活中常见事例，类比贴切，妙趣横生。善描摹人物动作、心理、情态。行文明白晓畅，其风格与他文纵横博辩迥异。清吴楚材评："千古臣谄，君蔽，兴亡关头，从闺房小语破之，快哉。"(《古文观止》卷四)

淳于髡谏齐勿伐魏 散文篇名。见《战国策·齐策》。题目为后人所加。亦作"韩子卢逐东郭逡"。记载辩士淳于髡劝谏齐王勿攻魏。用疾犬逐狡兔，两败俱伤，坐使田父得利的寓言故事，类比齐、魏和强秦、大楚之关系，说明今若齐、魏相残，强秦、大楚即有"田父之功"。终使齐王惊惧，打消了伐魏计划。此文与苏代以"鹬蚌相争"谏赵王伐燕，可谓同工而异曲。清王符曾评此篇"更健峭可喜"(《古文小品咀华》)。

赵威后问齐使 散文篇名。见《战国策·齐策》。题目为后人所加。写赵威后"以民为本"的政治见解。据史籍记载，威后曾执赵国之政。威后接见齐使，不看来信，先问农作物收成、人民生活情况，最后始及齐王。由此发问次序，可见其民贵君轻之思想。针对齐使的反诘，威后进一步阐述观点，用齐国四位有影响的人物为论据，逐个提问，正反对照，说明齐之贤人、孝女得不到尊敬和重用，奸诈之徒又不予根除，这正是齐之轻民表现。全文前后七问，波澜起伏，一气贯注，却不显呆板凝滞。句式亦参差多变，摇曳生姿。清林云铭评："意庄而词甚婉，读之惟见威后灵心慧舌，满纸飞动而已。"(《古文析义》卷五)

冯谖客孟尝君 散文篇名。见《战国策·齐策》。题目为后人所加。叙冯谖在孟尝君门下作食客，出谋划策，助其在齐之权力角决中保住权位。战国时，统治者为维护自己的统治，多方网罗人才，"养士"之风盛行。此即表现士人在政治生活中的作用。先写冯因贫而为孟尝君门下客，有引剑铗作歌之不寻常举动。接着写冯受命收债，矫命焚券，买义复命及由此而产生的政治效果，使其锋芒初露。随之又为孟尝君谋复相位，请立宗庙。全文欲扬先抑，有意蓄势，造成悬念，颇有戏剧性。刻画人物时，因事显人，事由人发，多用对比烘托之法，结构奇妙。清余诚认为："真有武夷九曲，步步引人入胜之致。"(《重订古文释义新编》卷四)

颜斶说齐王 散文篇名。见《战国策·齐策》。题目为后人所加。叙齐之隐士颜斶与齐王对话，表现颜斶的睿智和超脱。起笔突兀，直接展开矛盾冲突："君贵"还是"士贵"？颜斶举出"柳下季垄"之实例，说明士贵于君。针对群臣汹汹气势，沉着应对，旁征博引，以历史上贤王为例，并引老子的话论证自己观点。终使齐王心悦诚服，表示愿做其学生，并许之以爵禄，而他却出人意外地讲出其不慕富贵、甘于淡泊的处世信条。全文如一独幕剧，用对话展示人物性格。颜斶之倔强与自得其乐，迥异于战国时游说之士的追名逐利。清吴楚材评："战国士气，卑污极矣，得此可以一回狂澜。"(《古文观止》卷四)

不死之药 散文篇名。见《战国策·楚策》。题目为后人所加。叙有人献不死之药予楚王，然却被卫士夺而食之，楚王怒，欲杀之。卫士辩解说今因食不死之药而被杀，此可谓死药，则献药之人为欺王，而自己食之无罪；楚王若杀他，即证明王已受骗。楚王无奈而赦之。文虽仅百十来字，却充分表现了卫士的机敏、善辩。正如清林云铭所评："秦之徐福，汉之乐大，唐之柳泌，惜未遇得此等对头，贻误人主不小耳。"(《古文析义》卷五)

庄辛论幸臣 又作"庄辛见楚襄王"。散文篇名。见《战国策·楚策》。题目为后人所加。叙庄辛劝谏楚襄王远佞人，戒淫侈，说明居安忘危，必致后患。全文纯用比喻，自小而大，以蜻蛉、黄雀、黄鹄等逸乐丧生的寓言引入正题，再由物及人，以蔡灵侯淫逸失国被俘的史实为鉴，最后由人及己，终使襄王震恐、警醒。庄辛深谋远虑，善于审时度势，谏辞颇能切中要害。襄王耽于逸乐，然尚能迷途知返。层层设喻，步步进逼，颇富感染力与说服力，兼有委婉、雄辩之长。清金圣叹评："妙在闲说蜻蛉起，后来却劈面直取君王，使人读之骇然。"（《天下才子必读书》卷三）

鲁仲连义不帝秦　散文篇名。见《战国策·赵策》。题目为后人所加。叙齐高士鲁仲连同辛垣衍就是否"帝秦"一事而论战，塑造了鲁仲连见义勇为、功成不居的高士形象。时秦围赵，赵求救于魏。魏将辛垣衍劝赵尊秦为帝，以息秦之怒。正在赵国的鲁仲连闻之，遂求见辛垣衍，随之展开针锋相对的舌战。鲁仲连先说明自己不忍为秦民的态度，接着援古证今，旁征博引，既有反面教训，又有正面榜样，终以史实驳倒辛垣衍"帝秦"之论。秦军退兵后，鲁仲连功成不受赏，显示其"为人排患释难解纷乱而无所取"的美德。清俞宁世评此文为"《国策》第一篇文字"（《国策评林》）。

触詟说赵太后　一作"触龙言赵太后"。散文篇名。见《战国策·赵策》。题目为后人所加。叙触詟以巧言劝谏赵太后派长安君入齐为质，以使齐出兵援赵。当时赵太后初执政，秦攻赵，赵向齐国求救，齐提出必以赵太后幼子长安君为人质，方肯出兵，太后不允，众臣力谏无效。左师触詟于此紧急关头求见赵太后，初由拉家常入手，打开僵局，再抓住太后爱子心理，由远及近，引入正题，提出"父母之爱子"应"为之计深远"，并将赵之利益与长安君利益相联系，使太后幡然醒悟，将长安君质之于齐，齐国终于出兵。此文意味深长，谏辞婉转机巧，动之以挚情，晓之以利害，极有说服力。宋真德秀评："皆以从容纳说而取成功，与夫强谏于廷，怒骂于上……力少而功倍矣。"（《文章正宗》卷六）

鲁共公择言　散文篇名。见《战国策·魏策》。题目为后人所加。叙梁惠王在范台宴集诸侯时，鲁共公于席间所致之祝酒辞。先概述梁惠王与诸侯宴饮情景。随之写鲁共公"避席"祝酒，他首先列举夏禹、齐桓公、晋文公、楚庄王等人的切身经验，说明古代贤明君主对酒色淫逸之乐的警惕。再由古及今，将梁惠王与古之贤王对比，告诫他力戒纵欲。梁惠王终于心悦诚服。文虽短，含义深刻，劝谕有力，结构谨严，前半以参差错落句式取胜，后半以整饬见长。清吴楚材等评："整练而有扶疏之致，严重而饶点染之姿。"（《古文观止》卷四）

唐雎不辱使命　散文篇名。见《战国策·魏策》。题目为后人所加。叙唐雎使秦，不畏强暴，与秦王针锋相对斗争，使之屈服。始写秦王假言以五百里之地易安陵，实欲吞之。安陵君委婉抗争，并派唐雎使秦。秦王恃其强大，以质问方式提问，唐雎则理直气壮予以反驳，使秦王忿然，以"天子之怒，伏尸百万，流血千里"相威胁，唐雎则以布衣侠士为楷模，挺剑而起。秦王不得不慑服。全文在矛盾冲突中展示人物性格，辅以人物情态、行为的简洁描绘，侠肝义胆的唐雎、色厉内荏的秦王皆神态毕现。语言豪迈犀利，富有气势。清高嵣评："凛凛有生气，读之快意，不必论其事之有无。"（《公荆国语国策钞》）

燕昭王求士　散文篇名。见《战国策·燕策》。题目为后人所加。叙燕昭王采纳郭隗建议，广招贤才，复兴燕国。时燕国因内忧外患而积弱不堪。昭王欲发奋图强，自知治国必需贤才，遂愿"得贤士与共国"，他问计于郭隗。郭详细分析古代侍奉贤者、招徕人才之法，请昭王先聘用自己并虚心师事之。于是天下贤士闻讯后"多趋燕"。加之昭王关心百姓疾苦，终得以富国强兵而报齐仇，实现了宿愿。全文善用衬托比喻，如以"厮役"、"徒隶"反衬天下贤士，用古人以五百金买死马之首喻爱才如渴。皆用意深妙。清浦起龙评此文："为'招'字写义，前以臣役陪说，则贤者之价高；后以马骨为影，则自诩之迹泯，互救使乖。"（《古文眉诠》卷一四）

乐毅报燕王书　散文篇名。见《战国策·燕策》。题目为后人所加。叙燕昭王时，大将乐毅率兵伐齐，先后占其七十余城。惠王即位中齐反间之计，以骑劫代乐毅，乐毅畏祸出奔赵，燕乃败。惠王遣使谴责，乐毅乃作书辩说。先缅怀先王对其知遇之恩，追述伐齐之功业，也表明自己对燕之耿耿忠心。极力颂扬先王之贤明，君臣之融洽，反衬惠王之昏庸。最后言自己奔赵正是为全先王之名和惠王之义，以古之君子为榜样。同时也对惠王提出了希望。全文无正面批驳，而从表明自己心迹入手，心平气和，情辞恳切。清浦起龙评："无一语遮盖，一字粉饰，浑厚平直，昌明磊落，战国第一流人，第一等文。"（《古文眉诠》卷一四）

苏代止赵王伐燕　又作"鹬蚌相争"。散文篇名。见《战国策·燕策》。题目为后人所加。

叙策士苏代，用“鹬蚌相争，渔者得利”的寓言故事劝阻赵王勿攻伐燕国。说明赵今若伐燕，必致两败俱伤，而强秦即可坐收渔者之利。全文篇幅短小，但故事生动，寓意深刻。清王符曾评：“曲畅有味，诞谩有情。”（《古文小品咀华》）“鹬蚌相争”也成后人常用之成语典故，而传之久远。

荆轲刺秦王 散文篇名。见《战国策·燕策》。题目为后人所加。叙燕太子丹为个人恩怨与燕之存亡，欲行刺秦王，荆轲慨然应命，然功败身死。时秦兵临易水，燕武力不足抗之，太子丹遂问计于鞫武，鞫武引见了智勇双全的田光，田光因已年衰又荐侠士荆轲，并为激励荆轲自刎而死。太子丹待荆轲若上宾。樊於期为使其成行，亦慨然自杀。易水饯别，悲壮感人。荆轲假言献樊於期首级和燕国地图至秦庭，“图穷匕首见”，击刺秦王未成，反被杀。秦王怒，终发兵破燕。此文是一篇出色的史传文学作品，激昂悲壮，淋漓酣畅。成功地塑造了一系列人物群像，尤其荆轲之英勇、豪迈、沉着的性格更是鲜明动人。

谏逐客书 散文篇名。秦李斯作。见《史记·李斯列传》。题目为后人所加。秦王为统一而广揽人才，韩国借此派水利专家郑国（人名）来秦，企图通过实施开渠灌田的巨大工程以削弱秦之实力，后计谋败露。秦王遂下逐客令。作者也在被逐之列，于是在事关秦国强衰成败之际写下此奏章，结合秦之实际，力陈逐客之非。先引证史实，次举现实事例，最后郑重提出广招人才有益之建议，反复说明逐客有害的道理。后秦王收回成命。作者紧紧抓住秦王急于统一天下的心理，围绕客卿去留对秦国成败之关系，反复论证，把逐客之错层层揭示。文章铺陈排比，词采华丽，读来顿挫铿锵，显示出散文辞赋化的倾向。清余诚评：“妙在绝不为客谋，而通体专为秦谋，语意由浅入深，一步紧一步，此便是游说秘诀。”（《古文释义》）

求贤诏 散文篇名。汉刘邦作。见《汉书·高帝纪》。作者用周文王、齐桓公的史实和自己成就大业的实际，说明要成功立业必须依靠贤士，要维护、发扬大业亦必依靠之，并指出当时并非无此类人才，其无以由近的原因在于“人主不交”。表现一代帝王礼贤下士的可贵品质和思贤若渴的迫切心情，与《大风歌》有异曲同工之妙。艺术上“流丽端庄，跌宕劲峭，兼而有之。高帝之雄气伟略，始具足见矣”（清余诚《古文释义》）。

赐南粤王赵佗书 散文篇名。汉刘恒作。见《汉书·西南夷两粤朝鲜传》。秦亡后，赵佗并桂林、象郡，自立为南粤武王，高祖时立佗为南粤王。高后（吕后）时，佗自立为南粤武帝，并用兵于长沙。高后派兵征讨，不胜。文帝即位，一面派人守护佗先人在真定之陵墓，按时祭祀，并给佗从兄弟以官职和赏赐；一面派人给佗送去礼物及此书。书中对以上问题的解释说明，都为劝佗削去帝号，而全篇又无一“去帝号”字面，“委曲回护，不自尊大，所据者正，所以感动而诏谕之者深矣”（宋楼昉语，见《汉书评林》引）。“妙在含而不露，吞吐间耐人咀味，更妙在立言有体，和婉中自具笔挟风霜之意，能使人不得不心悦诚服”（清余诚《古文释义》）。佗接此书，回复表示愿取消帝号，可谓一纸胜于十万师。

过秦论 散文篇名。西汉贾谊作。见《新书》。分上、中、下三篇。《史记·秦始皇本纪》引此文时与谊之《新书》次序不同，其中“秦孝公据崤函之固”一段，《史记》列为中篇，《新书》列为上篇，全文以此篇最有代表性。文中极力渲染秦国如何强盛，六国如何竭人力、物力欲胜之而不得，但由于不行“仁义”，失去民心，结果在建立帝业后毁于一旦，旨在说明秦为何灭亡。后来统治者应引以为戒。虽为散文，而铺张排比如辞赋，既反映作者政论家的远见卓识，又表现了文学家的艺术才华。先秦两汉诸子散文，虽大部分带有论辩性质，而单篇论文则以此为最早。西晋陆机曾有意模仿而作《辩亡论》，但南朝梁刘勰认为其“效《过秦》而不及”（《文心雕龙·论说》）。

论积贮疏 散文篇名。西汉贾谊作。见《汉书·食货志》。原为作者给汉文帝的奏疏，题目为后人所加。针对当时弃农经商的社会现象，论述农业生产对治国的重要性，指出生产者少于消费者的严重后果；并从灾荒、战争等方面论述了贮备粮食之重要性；最后归结到劝汉文帝提倡积贮、重视农业之本意。在奏启类散文里，刘勰列举了六篇“理既切至，辞亦通畅”的篇目，此篇列于首位（见《文心雕龙·奏启》）。

陈政事疏 又作《治安策》。散文篇名。西汉贾谊作。见《汉书·贾谊传》。针对汉文帝时国家表面升平而内伏矛盾危机的局面，指出国家事势“可为痛哭者一，可为流涕者二，可为长太息者六”。从儒家政治理想出发，要求汉文帝

“定经制”，严别等级，削减诸藩，加强中央集权，安定国家。文章条理缜密，感情充沛，指陈时弊言辞激切，陈说道理透彻精辟，善用比喻而富于形象。于政论性散文一体，“沾溉后人，其泽甚远”（鲁迅《汉文学史纲要》）。

论贵粟疏 散文篇名。西汉晁错作。见《汉书·食货志》。原为作者给汉文帝的奏疏，题目为后人所加。针对当时大地主、大商人势力日益兴起，土地兼并日趋严重，广大农民破产逃亡，贫富矛盾日趋尖锐等社会问题，提出了重农贵粟的主张和办法。全文中心明确，按“提出问题、分析问题、解决问题”的结构组织材料，前后相承，层层发展，严密周详，文笔矫健流利。与贾谊《论积贮疏》相比，虽文采稍逊，而言辞“疏直激切”（鲁迅《汉文学史纲要》）则过之。

言兵事疏 又作《上书言兵事》。散文篇名。西汉晁错作。见《汉书·晁错传》。主要论述抗击匈奴的形势与策略问题。疏中说明用兵之法在“得地形”、“卒服习”、“器用利”。文章结构严谨，议论深刻，切中要害，言辞犀利，简洁明畅，被视为作者代表作，亦被人看作是西汉散文的代表作之一。南朝梁刘勰在《文心雕龙·奏启》中将此文与贾谊《论积贮疏》并提，赞其“理既切至，辞亦通畅”。鲁迅《汉文学史纲要》将其与贾谊之《治安策》并提，以为“皆为西汉鸿文，沾溉后人，其泽甚远”。

谏吴王濞书 散文篇名。西汉枚乘作。见《汉书·枚乘传》。汉景帝时，吴王刘濞欲谋反，时作者为吴王郎中，因上书谏阻。书中痛陈利害，说明谋反之事危如累卵，不会成功。后吴王事败，作者因此文而知名。上书时濞谋反计划尚未公开，故书中多不明言，仅用暗语曲折示意，比喻层出不穷。含蓄而不隐晦，说理剀切。虽为散文，但偶句排比迭出，具有明显的辞赋特点。

喻巴蜀檄 散文篇名。西汉司马相如作。见《史记·司马相如传》。题目为后人所加。汉武帝使唐蒙通夜郎、僰中，蒙在西南大肆骚扰，引起当地人民不满。武帝便使相如责蒙，并写此文告谕。文中一面开脱蒙的骚扰非武帝之旨意，一面又威胁巴蜀人服从汉朝之命令。文章恩威并重，古朴苍劲，颇具西汉散文特色。

难蜀父老 散文篇名。西汉司马相如作。见《史记·司马相如列传》。题目为后人所加。可视为《喻巴蜀檄》之姊妹篇。作者受汉武帝命责唐蒙后，又受命“略定西南夷”，遂写此文。文中假托蜀人非难，引出自己的正面意见，说明通西南夷的意义。并以禹治洪水为例，说明凡举大事必极劳苦，待功成始“天下晏如”。全篇“结构浑成，文气古茂”（清余诚《古文释义》）。间杂排偶与夸饰，“文晓而喻博，有移檄之骨焉”（刘勰《文心雕龙·檄移》）。

非有先生论 散文篇名。西汉东方朔作。见《汉书·东方朔传》。文中假托有一非有先生在吴国做官，三年默默无言，吴王问他，他乘机用一些在昏暗朝廷中谏诤遇祸的历史故事启发吴王，促使其在政治上作了一些改革。篇中几个“谈何容易”，意味深长地引出感慨，乃传神之笔，反映了作者直言切谏，终不见用的压抑与愤懑，表现出虽“避世于朝廷间”（《汉书》），然对政治终难忘怀的用世思想。虽为散文，但有不少整齐句法，故有人认为是赋体，后人常以此与其《答客难》并提。

史记 原名《太史公书》。通史著作。西汉司马迁著。约于汉武帝太初元年至征和二年间（前104—前91）写成。一百三十卷。原书有缺佚，后由汉元成间博士褚少孙补《武帝本纪》、《三王世家》、《龟策列传》、《日者列传》诸篇。体例分“本纪”十二篇，记历代帝王事迹；“表”十篇，为历史大事记；“书”八篇，记重要文献；“世家”三十篇，记历代诸侯贵族事迹；“列传”七十篇，记各类著名人物生平。上迄传说中的黄帝，下至汉武帝太初年间（前104—前101），全面记叙我国上古至汉初三千年来的政治、经济、文化等多方面的历史发展。为我国第一部纪传体通史。其史学思想、编纂体例对后代史学家有深远影响。《史记》成“一家之言”（司马迁《报任少卿书》），有着独特的思想高度，“是非颇缪于圣人：论大道则先黄老而后六经，序游侠则退处士而进奸雄，述货殖则崇势利而羞贱贫”（班固《汉书·司马迁传赞》，下同）。同情下层人民，敢于揭露帝王隐私，这种有悖儒学传统观念的强烈批判精神，为后代思想家所鲜有。论史则严谨求实，班固认为其“善序事理，辨而不华，质而不俚，其文直，其事核，不虚美，不隐恶，故谓之实录”，亦为后代史籍之楷模。在文学上，实为我国纪传文学鼻祖。人物描写极为成功，尤擅长于冲突中展示人物丰富、鲜明的性格，情感充沛。语言生动，极富感染力，使人“读《游侠传》即欲轻生，读《屈原贾谊传》即欲流涕，读《庄周》、《鲁仲连传》即欲遗世，读《李广传》即欲立斗，读《石建传》即欲俯躬，读《信陵》、《平原君传》即欲养士"(鲁迅《汉文学史纲要》引茅坤语),堪称纪传文学之典范。对唐以后散文传奇、戏剧小说有直接影响。郑樵所说"百代以下,史官不能易其法,学者不能舍其书",实为至公之论。历代刻本流传较多,现存最早本子有南宋黄善夫刻本,经商务印书馆影印,收入《百衲本二十四史》。通行本有清武英殿《二十四史》本,中华书局据此出版标点本。历代注释本中最著名为南朝宋裴骃《集解》,唐司马贞《索隐》,张守节《正义》,原各自单行,宋代将三家注分别排入正文之下,合为一书。清梁玉绳有《史记志疑》,曾对书中史事加以考证,亦为重要的研究资料。张森楷有《史记新校注》,日本学者泷川资言有《史记会注考证》,汇集诸书,解释最为详赡,上海古籍出版社 1986 年出版。

项羽本纪 散文篇名。西汉司马迁作。见《史记》。项羽虽未成帝业,但曾以西楚霸王主盟,号令天下,分封诸侯,有帝王之实。作者不以成败论英雄,犹列其为本纪。叙项羽一生经历,再现其叱咤风云、英勇盖世的雄杰形象,歌颂其在灭秦战争中之不朽功绩。全篇笔力雄健,叙事生动,一些重大的历史性场面如巨鹿之战、鸿门之宴、垓下之围、乌江之刎,更是描述得出神入化,绘声绘色。清李晚芳评:"羽之神勇,千古无二;太史公以神勇之笔,写神勇之人,亦千古无二。迄今正襟读之,犹觉喑哑叱咤之雄,纵横驰骋于数页之间,驱数百万甲兵,如大风卷箨,奇观也。"(《读史管见》卷一)

留侯世家 散文篇名。西汉司马迁作。见《史记》。着重叙留侯张良辅佐汉高祖刘邦建立帝业的经过,在时代风云中展示张良的个性风采,突出其运筹帷幄、谋略过人的特点。作者在"实录"的基础上,赋予本篇以较强的传奇色彩。正如清鹿兴世所云:"观其文律,盖以黄石公为始终,而中间以辟谷为枢纽,直可作《列仙传》读也。"(《史记私笺·留侯世家》)

陈涉世家 散文篇名。西汉司马迁作。见《史记》。《史记·太史公自序》云:"秦失其政,而陈涉发迹,诸侯作难,风起云蒸,卒亡秦族。天下之端,自涉发难,作《陈涉世家》。"叙陈涉发难之始末,推究其失败原因,同时展示当时农民大起义波澜壮阔而又喧扰杂乱的历史画面。通过对陈涉年轻时生活片断和起义过程中言语、行动的描写,塑造了一个敢于反抗暴虐而又足智多谋的有血有肉的农民领袖形象,表现了作者不同于儒家正统观念的立场感情。全文涉及人物二十余,事件错杂,却一一详尽,"不漏不支不窜不乱,岂非神乎"(《清汤谐《史记半解·陈涉世家》)。

绛侯周勃世家 散文篇名。西汉司马迁作。见《史记》。为西汉功臣周勃、周亚夫父子合传。叙周勃父子在协助刘邦兴兵建汉,和后来平定内乱再造汉室方面的不世之功及其功成遭谗的悲惨结局。感情充沛,虚实相间,渲染得当。清汤谐评:"绛侯(周勃)诛吕安刘大功,具在《吕后》、《孝文》语中,此不复详;而独缕叙其功成自危,系狱惕息情事,感叹作波折,举重若轻,剪裁之妙也。条侯(周亚夫)细柳军容,写得浩瀚沉雄,真有云垂海立意象;写吴楚功,亦坚致密栗;后写刚直不容,感慨跌宕,无限烟波,视叙绛事,为尤可悲涕矣。"(《史记半解·绛侯周勃世家》)

商君列传 散文篇名。西汉司马迁作。见《史记》。叙战国时秦国改革家商鞅变法之经过及其悲剧性结局。以平实冷峻的笔调刻画商鞅机敏善辩、刻薄少恩的性格。以一"法"字为骨架,一脉贯串,章法生动超逸。清吴汝纶评:"此传以刻薄少恩为主。变法为强国之本,破魏则强国之效也。商君功业,叙次简劲,而后半但载赵良之言,以平议之为获祸作势,运实于虚,气体骏迈无匹,《霍光传》所自出也。"(《桐城先生点勘史记》卷六八)

伯夷列传 散文篇名。西汉司马迁作。见《史记》。为西周初年隐士伯夷、叔齐合传。二人本孤竹国王子,因谦让不肯即王位,逃亡隐居,又反对武王暴力,不食周粟,遂饿死首阳山。作者极力推崇二人仁德,置列传之首。写法别具机杼,不类传而颇似论。全文以孔子赞语为主,以许由、务光、颜渊诸人为客串,议论中叙事迹,步步顿折,步步呼应,杂引经传而脉理不乱,为传记散文中变体范例。通篇用曲笔,借古伤怀,借孔子赞论,抒己不平之怨。清吴见思评:"通篇纯以议论咏叹回环跌宕,一片文情极其纯密。"(《史记论文》

平原君虞卿列传 散文篇名。西汉司马迁作。见《史记》。为战国时赵国公子赵胜(平原君)及上卿虞卿合传。平原君身居相位,颇好声色犬马,然在国难当头之时,尤能远色散财;功成之后,又去谗而不居傲,可谓"浊世之佳公子也"(本传赞)。文章着意于人物性格矛盾,寓贬于褒,通过一系列细节如斩美谢客、毛遂自荐、毁家完城等,刻画平原君风度优雅、忠贞爱国，却又缺乏主见、不识大体的贵族公子形象，写得有血有肉、完整丰满。于虞卿，则多记言论，以显其善辩之长。割地一事，反复论说；合纵之策，多番进言，“写得生气勃然，使千载之下，赫赫若有当时情事”（徐与乔《经史辨体》史部《平原君虞卿列传》）。尤特记虞卿引去一笔，于细微处见真情，“虞卿非穷愁，亦不能著书以自见于后世”（本传赞）一语，更使全文生辉，令读者于直叙中体味人事之跌宕，世情之翻覆。

孟尝君列传　散文篇名。西汉司马迁作。见《史记》。为战国时齐国公子田文（孟尝君）传记。作者作“四公子传”，皆有好客之名，而于孟尝君，更大写其养士而得养士之报，别具一番用意。孟尝君借鸡鸣狗盗之徒，得以死里逃生；仗魏子散财之功，又全身以免祸。更写冯驩事迹，一波三折，又始终写诸食客伴孟尝君风采，略胜主人，实可称为《食客传》。又写魏国滥杀，其失意则怨客。作者褒贬之意，不用评论，尽寓于事实之中。明唐顺之评此文“赞其好客，美刺并显，太史公断之曰‘自喜’，盖斥其非公好云”（《精选批点史记》卷三），可谓有心得之语。

廉颇蔺相如列传　散文篇名。西汉司马迁作。见《史记》。为廉颇、蔺相如、赵奢、李牧四人合传。四人皆战国时赵国的贤臣名将。文中叙其事迹如“完璧归赵”、“渑池会”、“将相和”等著名故事，至今脍炙人口。作者着力突出各人个性品格和言论丰采：蔺相如不辱使命，廉颇勇于改过，赵奢公而忘私，李牧善于治军。记叙或分或合，或详或略，俱得奇正错综之法。明钟惺评：“以廉颇、蔺相如主名，中间赵奢、李牧周旋穿插，断续无痕，而赵之兴亡，节目全在于此。数人共一传，只如一人。”（见葛氏《史记》卷八一）

魏公子列传　散文篇名。西汉司马迁作。见《史记》。叙魏国公子魏无忌（信陵君）的事迹。《史记·太史公自序》云：“能以富贵下贫贱，贤能诎于不肖，唯信陵君为能行之，作《魏公子列传》。”围绕窃符救赵这一事件，展示信陵君一系列结客待士的活动。语言描写和环境烘托，突出地表现了信陵君礼贤下士，以国家利益为重的品质及其在魏、赵两国举足轻重的地位。人物刻画形象传神，史料剪裁简繁得体。尤文中呼“公子”凡一百四十七处，无限唱叹，无限低徊，极尽作者慨慕之意。明茅坤评：“信陵君是太史公胸中得意人，故本传亦太史公得意文。”（《史记钞》卷四五）

鲁仲连邹阳列传　散文篇名。西汉司马迁作。见《史记》。为战国策士鲁仲连及西汉名士邹阳合传。叙鲁仲连以尊秦之弊说魏将军新垣衍，使其收回尊秦为帝的主张。主要通过语言及书信表现鲁仲连善辩之才，使其谈笑风生、解人危难之策士形象跃然纸上。邹阳为西汉梁孝王门客，虽蒙冤下狱而不屈志，故作者曰：“邹阳辞虽不逊，然其比物连类，有足悲者，亦可谓抗直不桡矣，吾是以附之列传焉”（本传赞）。写仲连全以其言语为精神，写邹阳，竟独载《狱中上梁王书》全文，前后映照，气节相连，重不在记事，而在凸显人物飘然俊拔之性格。故梁启超认为此传乃为人物之“特别的性格，特别的行为”而作（见《中国历史研究法补编·人的专史》）。

田单列传　散文篇名。西汉司马迁作。见《史记》。叙田单巧用智谋，出奇制胜，大破燕军于即墨，并乘势收复齐国的经过。歌颂田单非凡的智慧和卓越的功绩。全文如事写来，不复添设，于简淡中曲尽笔意。精于剪裁，以破燕全齐为线索，以即墨保卫战和火牛阵为中心事件，由浅入深，紧凑生动；自首迄尾，融结宛然。清吴见思评：“田单是战国一奇人，火牛是战国一奇事，遂成太史公一篇奇文。”（《史记论文》）

屈原贾生列传　散文篇名。西汉司马迁作。见《史记》。为战国楚国诗人屈原和西汉文学家贾谊之合传。二人虽处异代，但遭际相同，故将二人合为一传。多用虚笔，以抑郁难遏之气，抒写怀才不遇之感，字里行间流露作者无限感慨。行文夹叙夹议，一唱三叹，跌宕宛转。清陶必铨认为此篇“顿挫悲壮，读之如见其人，《史记》合传中之最佳者也”（《萸江古文存》卷三《屈贾合传论》）。为我国第一篇文学家评传。

刺客列传　散文篇名。西汉司马迁作。见《史记》。叙春秋战国时期曹沫、专诸、豫让、聂政、荆轲等五位刺客的事迹。曹沫劫持齐桓公，索还侵地，气夺霸主；专诸感公子之豢养，亲刃王僚，以身赴义；豫让不忘旧君，抗节致忠，杀身而不悔；聂政刺韩相侠累，忠勇愤激；而荆轲慷慨赴秦，满篇萧瑟，独具气势。谋篇布局采用逐段脱卸法，故其论事则一人胜过一人，论文则一节更深一节。清吴见思评：“刺客是天壤间第一种激烈人，《刺客传》是《史记》中第一种激烈文字，故至今浅读之而须眉四照，深读之则刻骨十分。”（《史记论文·刺客列传》）

淮阴侯列传　散文篇名。西汉司马迁作。见《史记》。为汉朝开国功臣淮阴侯韩信之传记。前半叙韩信的将略，表现其军事统帅之才能以及其赫赫战功。后半不厌其详地叙齐人蒯通的说词及韩信之答语，以表明韩信本无意谋反。韩信以佐命元勋而死于冤狱，正反映汉高祖、吕后之薄情寡恩。全篇文辞疏密缓急，皆得佳妙。正笔写韩信之谋画武功，奇笔写武涉、蒯通之说词，皆用意深刻，文情无限。明杨慎评："此篇取譬反复，极人情之所难言。此文在汉初第一。"(《史记题评》卷九二)

魏其武安侯列传 散文篇名。西汉司马迁作。见《史记》。为西汉大臣窦婴(魏其侯)、将军灌夫和田蚡(武安侯)三人之合传。以魏其侯与武安侯两人的矛盾斗争为主线，灌夫与两人的关系穿插其间，展示当时汉王朝的政治情状，刻画了三人的性格和精神面貌。窦婴荣势以亲交，田蚡挟诈以肆横，灌夫负气以任性，均写得须眉欲动。结构安排错综周密，三人活动水乳交融，争构之事叙述尤详，使其恩怨相结、权势相倾、杯酒相争之情形宛然在目。清李景星赞云："奇文信史，兼擅其长，宜乎古今史家中首占一席也。"(《史记评议》卷四)

李将军列传 散文篇名。西汉司马迁作。见《史记》。叙汉代名将李广英勇善战、抚爱士卒的事迹，赞颂其保卫国家之战功。全篇感慨李广数奇不遇，对其屡建奇功而终生坎坷，尤其是含愤自杀的悲惨结局，予以无限惋惜与同情。宋黄震评："看《卫霍传》，须合《李广》看。卫、霍深入二千里，声振夷夏，今看其传，不值一钱；李广每战辄北，困踬终身，今看其传，英风如在。史公抑扬予夺之妙，岂常手可望哉。"(《黄氏日钞》卷四七)

游侠列传 散文篇名。西汉司马迁作。见《史记》。为汉兴以来游侠朱家、田仲、王公、剧孟、郭解等人合传。俱写其出言必诺、解人危困、惩强诛暴之侠义风范。传中写郭解尤详，其刚烈之情性，恭敬之态度，冷静之处事，栩栩如生。班固谓此篇是"退处士而进奸雄"(《汉书·司马迁传赞》)，实因侠客行为悖于儒道。而太史公以之为传，乃欲彰其轻身重义之行，抒己不平当世之忿，故其言悲壮，其文离奇，所谓"咨嗟慷慨，感叹宛转，其文曲至百代之绝矣"(见明凌稚隆《史记评林》卷一二四引董份语)。

酷吏列传 散文篇名。西汉司马迁作。见《史记》。为汉代酷吏郅都、宁成、周阳由、赵禹、张汤、义纵、王温舒、尹齐、减宣、杜周十人合传。十人中，有清廉而刚愎者，有贪污而多谋者，有暴虐而奸诈者，有干练而刻薄者，行多相类，叙各不同，笔力极其变化。不因一恶事废全人，不因一善事称全功，正所谓不隐恶，不没善，而首尾相应，不露于词，人物褒贬自由、文笔风格流畅，故清牛运震评："《酷吏传》别是一种笔墨，立格用意以短悍为主，奥字峭句，隐然有肃杀阴惨之气。其刻深次骨处，往往如老吏断狱。太史公亦可谓文中之酷吏矣。"(《史记评注》卷一〇)

滑稽列传 散文篇名。西汉司马迁作。见《史记》。《史记·太史公自序》云："不流世俗，不争势利，上下无所凝滞，人莫之害。以道之用，作《滑稽列传》。"叙淳于髡、优孟、优旃、东方朔等人以委婉而风趣的言词，帮助国君改恶从善，而又能全身免祸的事迹。文章杂采诸书，涉笔成趣。清吴见思谓太史公"乃忽而撰出一调笑嘻戏之文，但见其齿牙伶俐，口角香艳，清新俊逸，另用一种笔意，亦取其意思所在而已，正不必论其事之有无也，而已开唐人小说传奇之祖矣"(《史记论文·滑稽列传》)。

货殖列传 散文篇名。西汉司马迁作。见《史记》。介绍先秦至汉以来中国各地区的生产、商业状况，记叙陶朱、白圭、卓氏、宛孔氏等富豪的发家业绩，提出求富乃人之本性，所谓"天下熙熙，皆为利来，天下攘攘，皆为利往"。乃我国最早之经济文献，开《汉书》以下《食货志》之先河。文章叙古今，记人物，描山川，画风俗，笔法错综，却纲目了然。清刘光蕡评此篇"如深山大壑，万峰回环，以博大胜也"(《烟霞草堂遗书·史记货殖列传注后论》)。

太史公自序 散文篇名。西汉司马迁作。见《史记》。为《史记》序言。叙作者家世及其父司马谈的学术思想，记载作者的生平事业以及各时期的学习、漫游和著述等活动，并排列了《史记》的目录，总括了各篇的写作旨趣。是研究司马迁生平思想及其《史记》的重要资料。清牛运震评："《自序》高古庄重，其中精理微旨，更奥衍宏深。一部《史记》，精神命脉，俱见于此太史公出格文字。"(《史记评注》卷一二)

报任少卿书 散文篇名。西汉司马迁作。见《汉书·司马迁传》。是作者给西汉益州刺史、北军使者护军任安(少卿)的一封回信。时值武帝太初四年(前 93)十一月，任安因事下狱，情形危急，故司马迁于文中虑及任安生死，并借此倾诉自己的不幸遭遇，揭露武帝的喜怒无常、刚愎自用给自己带来的巨大屈辱，申述了创作《史记》的动机及为此忍辱负重的坚韧决心，提出了“人固有一死，死或重于泰山，或轻于鸿毛”的著名生死观。是研究作者生平及其《史记》的重要文献。文章感情淋漓酣畅，愤激之词，忧思之音，抑扬顿挫之至，为历代传诵之名篇。

僮约 散文篇名。西汉王褒作。见《艺文类聚》。叙作者买卖僮仆奴婢、订立契约之事。主要载录买奴契约的内容。先开宗明义说“奴当从百役使，不得有二言”，然后陈列种种杂活，从晨起早扫、洗涤，至“夜半无事，浣衣当白”；从二月春种，至十月收仓；从晴天拾栗采橘，至雨季编蒋织薄；从田桑农事，至贩鹅易货，皆要“自教精慧，不得痴愚”，最后还以“奴不听教，当笞一百”为警告，以致奴仆读毕浑身发抖，没了声气，“目泪下落，鼻涕长一尺”，觉得“不如早归黄土陌”。全篇以买奴契文为主线，反映了奴隶的不幸命运及黑暗的奴隶买卖制度。用散文体间杂骈偶，文字通俗浅易。后世多有仿作，如晋石崇《奴券》、宋黄庭坚《跛奚移文》等。胡適认为此“是一篇很滑稽的白话文学”(《白话文学史》)。

报孙会宗书 散文篇名。西汉杨恽作。见《汉书·杨恽传》。是杨恽在被贬后，针对其友孙会宗来信中的劝戒所作的复信。当时作者归家闲居，经商治业，结交宾客，颇为人注目。先简述自己的官场沉浮史，起笔以反语“恽材朽行秽，文质无所底”奠定全篇忿懑郁结之基调。再叙自己“长为农夫”、“戮力耕桑”的经历，由此竟遭人讥讽，不平之气溢于言表。又写“田家作苦”、“贾竖之事”的生活感受，几同怒骂。以下笔锋陡转，写闲居作乐情景，在“酒后耳热，仰天拊缶而呼乌乌”、“拂衣而喜，奋袖低昂，顿足起舞”的描述中，将满腔委屈及激愤之情表露无遗。接着责问孙，岂能用卿大夫之规矩来责一贬谪之人？信末则进一步借战国时人事以暗示人各有志，不可相强。文中所附《拊缶歌》，极傲岸恣狂之致。清浦起龙评：“兀傲恢奇，笔陈酷类其外祖(指司马迁)；而旷荡之襟与偃蹇之态，不双管而并行，亦怪事也”(《古文眉诠》卷三五)。

论起昌陵疏 散文篇名。西汉刘向作。见《汉书·楚元王传》。为作者针对成帝时朝廷劳民营造昌陵之举而上书直谏之文。以《易》“安不忘危，存不忘亡”起头，点明文旨。然后历述上古至汉各代兴衰存亡之过程缘由，尤以秦始皇葬骊山之阿，极尽奢华繁盛，却遭项籍燔毁发掘之故实，发出“是故德弥厚者葬弥薄，知愈深者葬愈微。无德寡知，其葬愈厚。丘陇弥高，宫庙甚丽，发掘必速”之感慨。文中陈说其时民间苦状“功费大万百余。死者恨于下，生者愁于上”，“因之以饥馑，物故流离，以十万数”，极言其为害之大。最后希望圣主“上览明圣黄帝、尧、舜、禹、汤、文、武、周公、仲尼之制”，下观汉时各朝俭朴之举及其各大臣劝谏之意，奉廉自励以安神养生、利国利民。全文风格雄峻，语言丰富，许多哲理性文字至今犹可称引，如“死者无终极，国家有废兴”等等。论理畅达，叙事简约，称典切实，于舒缓平易中表现深沉恳切之意，对唐宋古文有一定影响。

战国策书录 又称《战国策语》。散文篇名。西汉刘向作。见《汉书·艺文志》。为刘向校理《战国策》后所写序言。先叙其编订《战国策》的经过及版本的流传沿革。再简述所校书之历史背景及主要内容。描述总结了自西周文武重视礼义教化而国兴家旺，春秋之后礼崩乐坏、古风弃毁，直至六国覆灭、秦国败亡的历史兴亡情况。对《战国策》所包含的有关当时各国军事、政治、外交，特别是士人阶层的各种活动有简约概述，而对其内容，作者一再持斥责态度。文中不时提到“诈谲之国”、“诈伪并起”、“化道浅薄”、“纲纪败坏”等情形，表明作者对儒家正统观念的信奉和维护。末以解说孔子语作结，说明崇尚道德仁义、摒弃伪诈权谋才是治国安民平天下之本。全篇内容丰富而铺陈简洁得当，概括切实有序，文风从容平易，论证详备，语言华赡流畅，委婉多姿，独具风采。清姚鼐评此文“冲溶浑厚，无意为文而自能尽意”(《古文辞类纂》卷六)。有较高文学价值。

剧秦美新 散文篇名。西汉扬雄作。见《文选》。为扬雄上书大新王朝、对王莽的劝进之文。先阐明作文之由，后历述秦王朝发迹史及其苛政暴行、汉代的兴起及其未展之宏图，末以颂扬大新王朝顺乎天命人意作结。全篇洋洋洒洒，重点在于批判秦朝而赞美新政。文中以王莽之前“帝典阙而不补，王纲驰而未张，道极数殚，闇忽不通”来为后面层出叠起的赞美之词作铺垫，起到峰回路转、奔突泉涌的艺术渲染效果。又多处以排比句增强气氛。其手法独具特色，充分体现扬雄铺张夸饰的行文风格。由于王莽在历史上为篡夺汉朝帝位之逆臣，而此文却对其大加颂美，故颇受后人轻议。

汉书 又名《前汉书》。纪传体史书。东汉班固著。一百二十卷。为我国第一部纪传体断代史。体例上因袭《史记》，仅改“书”为“志”，把“世家”并入“列传”。分十二纪、十志、八表、七十列传。武帝以前的纪、传、表大都采用《史记》原文。全书记西汉二百三十年之史事。在塑造人物、表现手法、语言运用等方面都取得很高成就，对后代史学、文学产生了巨大影响，世遂以“班马”、“迁固”、“史汉”并称。从传记文学角度看，此书刻画人物不逊于《史记》。书中描写了各种不同类型人物，如坚贞不屈的爱国者苏武，飞扬跋扈的大将军霍光，良臣龚遂，官僚陈万年、张禹，遍尝世态炎凉的文人朱买臣等等，皆性格鲜明、形象生动。列传中还常以生活细节来展示人物心理及其思想感情，如《陈万年传》写其训子，儿子却厌倦不听的生活场景，刻画出一个专事谄媚的佞臣及不驯服的后生形象。全书富丽博雅，体裁严密，言至意尽，为文整饬从容，不动声色。如《霍光传》对君臣关系的描写，《公孙弘传赞》借公孙弘以综述一代人物等笔法皆是。此书在一些传记中暴露了当时社会的种种人生相，如《外戚列传》、《佞幸列传》、《张禹传》等，表明作者对所处社会环境的清醒头脑和深刻认识。其开创的《西域传》、《刑法》、《五行》、《地理》、《艺文》诸志为后代史书所沿用。《艺文志》记先秦至汉以来书籍流传沿革情况，为最早的目录学专著。《汉书》对文学史的研究也有一定价值。其人物传记中辑录了大量辞赋和散文，为研究汉代文学保存了珍贵资料。书中还有作者对辞赋的看法，认为汉赋源于古诗，是“雅颂之亚”、“炳焉与三代同风”，肯定了汉赋中歌功颂德的内容。《汉书》本身亦极具文学性。其句法在整齐骈丽之中寓以变化，遣词雅驯工丽，雍容有致，不少文学用语成为后世楷模。此书唐以前已有二十三家注。后以颜师古注本最为畅行，有清武英殿聚珍本、中华书局 1962 年标点本。

霍光传 散文篇名。东汉班固作。见《汉书》。记述霍氏家族的兴衰史。分五段。第一段写霍光的出身及其受武帝遗命辅佐昭帝的经过。其中武帝病笃时，与霍光、金日磾的对话，勾画出霍光“出入禁闼二十余年，小心谨慎，未尝有过，甚见亲信”的封建达官形象。第二段叙霍光辅国治乱的才具，以及诛灭权贵上官桀等的经过，对霍光倍加赞美。第三段写霍光废刘贺立汉宣帝，同时描写其生前死后炙手可热、盛极一时之情形。霍光送被废的刘贺至昌邑邸的一段对话描写，毕现其老谋深算、谙于权术、翻云覆雨的形象。第四段写霍光子孙谋反被诛。其门庭的破落及遭际的惨状，恰与前所描写的炫赫贵宠形成鲜明对比，将统治阶层内部互相倾轧及贵族子弟的骄奢腐朽暴露无遗。第五段追叙并补述有关霍氏家族的情况。文中引俗谚“威震主者不畜”作为史论，亦昭示了霍氏一门的所作所为及其历史作用。全篇形象刻画鲜明，叙事详略相宜。明徐中行评“杂而不乱，事详词整，叙事最优”（《汉书评林》引）。茅坤评为“《汉书》第一传”（同上）。

苏武传 散文篇名。东汉班固作。见《汉书》。叙汉武帝天汉元年（前 100），苏武奉命出使匈奴被拘留，前后达十九年，受尽威逼利诱，终不肯降，歌颂其临危不惧、威武不屈的民族气节和爱国思想。分四段。首段介绍苏武家世、任职及其所处时代，叙述其出使原因、受牵连及被扣留后不屈的忠贞气节。第二段描写李陵两次劝诱苏武，而武终不为所动，后历尽曲折终于回到汉土。第三段写苏武回朝后国事变迁及其晚年遭遇。末段载麒麟阁壁上摹绘苏武画像，表明其功业德行和当时对他的肯定和称颂。全篇结构严密，语言精练，描写生动，尤其第二段中描绘李陵劝说苏武离开匈奴时，李陵置酒起舞歌咏的场景渲染，使人恍若置身大漠异域而听其凄怆道别之声。明茅坤评：“武之仗节，为汉绝盛事，而班椽亦为汉绝世文。”（《汉书评林》引）有较高文学艺术价值，对后代影响深远。后人据此史实衍化出苏李诗（见《文选》卷二九）、《别诗》（见《古文苑》），敦煌变文《苏武李陵执别词》亦以此故事为基线。元代有题为《苏武持节》的北曲牌。可见此文对中国文学的深远影响。

封燕然山铭 散文篇名。东汉班固作。见《后汉书》。其时车骑将军窦宪自请北伐，与副将耿秉率军大破单于之师，威震朔方，遂登山勒石以昭铭其事。朝廷令班固以此作铭文以纪汉朝之雄威功德。文中叙窦宪出征的时代背景、具体过程及封山之由，最后以勒石铭辞作结。通篇文风沛然，气势磅礴，语言典丽华赡，凝练晓畅。一些词汇成为常用语，如“一劳而久逸”、“暂费而永宁”等等。此铭亦成为后代模仿之范文。

西汉文选 文总集。清孙琮辑评。七卷。按时间先后、文章种类分卷。关于选文范围，其《例言》中曾言：“龙门兰台，自宜专行，兹不复载；两汉诸子裒然成书者，别为学家，不列文目；诗赋骚歌，连珠七体，汉儒最长，有韵之言与文殊路，复设一选，不关其科。”作者有感于历来选文者，所选汉人之文寥寥，汉人醇厚之风衰息，遂辑此书。选文有旁批、尾评。旁批侧重文字技巧，遣词用语，句法气势等。尾评则往往先列前人之评，再述己意，侧重于布局谋篇及思想内容之评。有《山晓阁丛书》本。

东汉文选 文总集。清孙琮辑评。五卷。作者《自序》言：“惟汉人以胸中之造，出为尔雅之章，虽西东递降，风尚攸分，而谨严典则要自相去不远。盖其时，战国之纵横已尽，六朝之雕绘未兴……当其振笔奋词，类皆有沉毅严洁之致，贯乎中而溢于外。”阐述对汉文之评价，其评点中也皆渗透此旨。选文搜罗较全，而又突出重点。王莽当政近二十年间之文皆废置不录。汉末之文录之特详。旁批侧重文学技巧，尾评综括大旨，使人一目了然。精采之处皆加圈点。有《山晓阁丛书》本。

两汉文举要 文总集。高步瀛编。为作者系列古文选本之一。包括《过秦论》、《陈政事疏》、《至言》、《谏猎书》、《喻巴蜀檄》、《议禁民挟弓弩对》、《报任少卿书》、《史记·魏公子列传》、《史记·李将军列传》、《史记·货殖列传》、《报孙会宗书》等东、西汉散文二十五篇。继承桐城派传统，广泛吸收前人和同时代人的研究成果。每篇题名之下有解题性文字，扼要介绍作家和作品；每段文章的第一个注中，都用简练的文字说明分段原因及段落大意；异文的定字、疑难文字的断句都引证大量资料加以说明。选目重点突出，选文具有典范性。注释详博谨严，信而有据，多所发明，并能突破旧注约束，密切结合原文，有开创性。每篇文末的评语大多简练扼要，言之有物，为学习、研究两汉文学发展的重要参考材料。本书民国间有作者手定的国立北平师范大学排印本。中华书局1990年据此重新标点整理出版。

风赋 赋篇名。见《文选》。题战国楚宋玉作。以君臣问答的方式，以风为喻，将风分为“大王之雄风”和“庶民之雌风”两种。认为前者之起虽“激扬熛怒”、“萧条众芳”，但一至深宫，便“宁体便人”；而“庶民之风”则是“塕然起于穷巷之间”，使人“生病造热”、“死生不卒”。采用对比手法，巧妙揭露王公贵族骄奢淫佚与普通百姓穷困悲惨生活的对立，讽刺统治者自诩“不择贵贱高下而加”的虚伪性。对风的描写抓住其动态特征，生动细致地铺排其发生、发展过程。如写“大王之雄风”，准确运用动词，极尽渲染，反衬出“庶人之风”的凄凉。后世许多写风之作都曾受到其影响。

高唐赋 赋篇名。见《文选》。题战国楚宋玉作。与《神女赋》皆写高唐神女事。李善注曰：“此赋盖假设其事，讽谏淫惑也。”一般认为乃刺楚襄王淫乱而作。分两部分。前一为序，叙宋玉与楚襄王游云梦之台，望高唐宫观，并为楚王述说楚之先王与高唐神女相恋的故事。后一为正文，铺陈刻画高唐的山水形胜物产以及楚王纵猎的情况，最后讽谏楚襄王应“思万方，忧国害”，点出题旨。全篇在描写上既有简要传神的刻画，又有极尽形容铺陈的渲染，特别是对高唐山川地物的铺写尤为出色。语言句式参差变化，四、五、六、七言交杂，楚辞体韵语错落有致，形成高低疾徐的音调节奏。其对话式结构，铺排的章法，对汉大赋的创作产生很大影响。明陈第评：“楚辞之变体，汉赋之权舆也。《子虚》、《上林》实踵此而发挥畅大之耳。”（《屈宋古音义》）

登徒子好色赋 赋篇名。见《文选》。题战国楚宋玉作。写登徒子在楚王面前诬陷宋玉好淫，要楚王勿使宋玉进宫。作者答难自辩，揭示尚德不好色之主旨。写出三种对待女色之态度：一是登徒子那种即使丑陋肮脏的女人也“悦之”的贪淫；二是宋玉那种坐怀不乱的自守；三是秦章华大夫“目欲其颜，心顾其义”的尚德。作者肯定了第三种态度，将爱美与好淫区别开来。刻画人物栩栩如生，善用对比突出描写人物。如将登徒子妻“蓬头、挛耳、齞唇、历齿，旁行踽偻，又疥且痔”之丑与东家之子“增之一分则太长，减之一分则太短”之美对比，突出登徒子的好色贪淫。登徒子被后人指为淫滥之徒的代称。梁刘勰评：“宋玉赋《好色》，意在微讽，有足观者。”（《文心雕龙·谐隐》）

神女赋 赋篇名。见《文选》。题战国楚宋玉作。与《高唐赋》皆写高唐神女事。其序以宋玉与楚襄王问答发端，写襄王梦遇神女，宋玉奉王之命而作此赋。正文以反复形容神女姣丽的仪态和华丽的衣饰为主，至神女以礼自防，襄王求之不得，惆怅垂涕终结。艺术手法与《高唐赋》相似，其特点在于对神女的玉颜、眸子、蛾眉、朱唇、衣饰等作铺张细致的刻画，并多借比喻来加强形容和描写的生动性。这种写法对后代的文学创作有深远影响。曹植的《洛神赋》不但形式上模仿它，内容上也受其启发。赋中所写的襄王与巫山神女的故事也成为后世作品中常用的有关男女媾合的典故。

吊屈原赋 赋篇名。西汉贾谊作。见《文选》。是作者谪往长沙途中经湘水时所作。借凭吊屈原抒发自己的感慨。赋中哀叹屈原"遭世罔极"、"逢时不祥",以致"鸾凤伏窜","鸱枭翱翔",于悼念先贤的同时,抒发自己郁闷不平的心情和愤世嫉俗的思想。全文声情激越,悲愤感人,虽用骚体,但形式上趋向散体化,显示出从楚辞向新体赋过渡的痕迹。梁刘勰评:"贾谊浮湘,发愤吊屈,体同而事核,辞清而理哀,盖首出之作也。"(《文心雕龙·哀吊》)

鹏鸟赋 "鹏"一作"服"。赋篇名。西汉贾谊作。见《文选》。作者为长沙王太傅时,有鸮飞入居舍,止于坐隅。楚人称鸮曰服,视为不祥之鸟。"贾生既以谪居长沙,长沙卑湿,自以为寿不得长,伤悼之,乃为赋以自广"(《史记·屈原贾生列传》)。文中假托与鹏鸟问答,抒发怀才不遇的抑郁,表达对现实不满的情绪。同时以老庄齐死生、等祸福的思想自我排遣。主要采用散文形式,不务辞藻,颇多说理,蕴义深刻,且富有感情色彩。是荀子《赋篇》和《楚辞》之流变,亦可视为汉赋之先声。清刘熙载评:"《鹏鸟》为赋之变体。"(《艺概·赋概》)

七发 赋篇名。西汉枚乘作。见《文选》。文中假托楚太子有病,吴客往问,用七事来启发太子,故名《七发》。吴客先陈说音乐、饮食、车马、游观之乐,然未能使太子兴起;又说田猎、观涛,使之略有起色;最后论道,太子听了出一身汗,霍然病愈。其主旨乃说明享乐腐朽的生活是致病之根源,而听取"要言妙道"以振作思想为治病的最好药石。全文规模宏大,词汇丰富,描写铺张细腻。"观涛"一段写得尤为淋漓尽致,惊心动魄。是由楚辞与骚体赋过渡到典型汉大赋的关键之作。后人沿袭其形式写作,称为"七"体。梁刘勰认为"枚乘摛艳,首制《七发》,腴辞云构,夸丽风骇"(《文心雕龙·杂文》)。

子虚赋 赋篇名。西汉司马相如作。见《史记》及《汉书》本传。《子虚》与《上林》原为一篇,《文选》始分为二。赋中虚构子虚、乌有、亡是公三人,通过他们相互问答辩难,描写诸侯王与天子田猎之乐、苑囿之盛,极尽铺张夸饰之能事。在歌颂国势强盛的同时,也暴露出统治者耽于声色犬马的奢侈淫荡,其意在"引之节俭"(《史记·司马相如列传赞》)。全文规模宏大,恣肆博辩,气势雄伟。文辞绮丽,描写细致。然亦往往夸张失实,且好用奇词僻字。明王世贞以为"《子虚》、《上林》,材极富,辞极丽,而运笔极古雅,精神极流动,意极高"(《艺苑卮言》)。此赋确立了"劝百讽一"的赋颂传统,也奠定了一种铺张扬厉的大赋体制。

上林赋 赋篇名。见"子虚赋"。

大人赋 赋篇名。西汉司马相如作。见《史记·司马相如列传》。汉武帝好神仙,然相如以为列仙之传,居山泽之间,形容甚臞。此非帝王之仙意,遂作此赋。文中以中州之仙"大人"喻天子,写其背离中州,驭风骑气,漫游仙乡天国,复转寒门,则满目荒凉寂冷。全篇旨在以颂为讽。但武帝读后大悦,"飘飘有凌云之志"(《汉书·扬雄传》)。故朱熹谓其"亦终归于谀"(《楚辞后语》卷二)。然文中想像丰富,藻辞华丽。司马迁评:"《大人》赋说,靡丽多夸。"(《史记·太史公自序》)

长门赋 赋篇名。旧题西汉司马相如作。见《文选》。《南齐书·陆厥传》提出"《长门》、《上林》殆非一家之赋",而后顾炎武因叙文不符事实,遂断为"后人托名之作"(《日知录》)。据赋叙,该篇为武帝陈皇后失宠而作。集中刻画一失宠的妃嫔昼夜伫立望幸,直至绝望的悲剧形象,抒发了美人见弃的哀怨情感。全文委婉曲折,悲凄感人,是一篇别具风格的抒情小赋。其概括的封建时代皇宫里多数女子可怜可悲的命运,具有一定典型意义,对后代"宫怨"题材诗歌创作有深远影响。朱熹认为"此文古妙,最近楚辞"(《楚辞后语》卷二)。

士不遇赋 赋篇名。西汉董仲舒作。见《艺文类聚》。文章感叹贤士正身待时而不遇,只得正心而独善其身。继承先秦屈、荀辞赋体格,同时也受汉初贾谊赋之影响。篇幅短小,文辞朴实。司马迁《悲士不遇赋》、陶渊明《感士不遇赋》均受其影响。

悲士不遇赋 赋篇名。西汉司马迁作。见《艺文类聚》。作者晚年因李陵事被祸受宫刑,身心极为痛苦,因作此赋,抒发自己内心的愤懑和悲哀,又表达了自己的理想与节操。一方面以儒家"朝闻道夕死可矣"的格言勉励自己,另一方面又用道家"逆顺还周"、"委之自然"的思想来求得解脱。本文思绪明澈而沉静,语言质朴而深刻,与汉大赋"体物"异趣,为抒情"写志"之作。上承董仲舒《士不遇赋》之格调,下开东汉小赋之先声。梁刘勰评此赋:"丽缛成文,亦诗人之告哀焉。"(《文心雕龙·诠赋》)

洞箫赋 赋篇名。西汉王褒作。见《文选》。

为赋中描写音乐的最早篇章。描写竹的生长环境，箫的制作、形状，吹箫者的感情、姿态，箫声的高低变化及其感染力。其构思和表现方法成为音乐赋的基本格式，东汉马融《长笛赋》、三国魏嵇康《琴赋》、晋潘岳《笙赋》等皆沿袭此格式而成。本篇附声测貌，文辞巧密，且多用虚词提挈转折，开魏晋六朝咏物骈体赋之端。梁刘勰评此篇："子渊《洞箫》，穷变于声貌。"（《文心雕龙·诠赋》）

羽猎赋　又名《校猎赋》。赋篇名。西汉扬雄作。见《文选》。扬雄尝从成帝田猎，见宫馆园林尚泰侈丽，猛兽羽禽杀伤无算，故作此赋以讽之。首明五帝三皇道德仁义，复极力铺张帝王田猎之盛，与往昔圣明之君"不夺百姓膏腴谷土桑柘之地"的轻俭相对照，末以虚拟之人的进谏语收束，以见规颂讽谕之旨。本篇沉绵侈丽，穷极声貌，与司马相如《上林赋》仿佛。故清何焯评："《羽猎》拟《上林》，《长杨》拟《难蜀父老》，子云本祖述相如。其奇则相如所不能笼罩，丽处似天才不逮也。"（《义门读书记》卷四五）

长杨赋　赋篇名。西汉扬雄作。见《汉书·扬雄传》。时成帝为向胡人炫耀本国物产丰饶，驱民入南山捕捉珍禽野兽陈于长杨射熊馆。作者因"藉翰林以为主人，子墨为客卿以讽"。极力歌颂对汉朝统一大业作出杰出贡献的高祖、文帝、武帝，一再强调"安不忘危"，以巩固帝业。针对当朝皇帝之铺张奢侈进行讽谕。全篇以宏阔之笔写汉朝声威之盛，风格似司马相如之《难蜀父老》。亦开后来叙事赋之端倪。清方伯海评："篇中无不达之意，难显之词。层层宛转，以完其说，理足气昌，词文旨远。"（《评注昭明文选》引）

甘泉赋　赋篇名。西汉扬雄作。见《文选》。甘泉本秦朝离宫，汉武帝曾予扩建，更为华美。孝成帝好宫室，乘舆往甘泉宫郊祀。子云乃上此赋以讽，意在崇俭刺奢。以藻丽之辞敷陈郊祀之事，并极力称赞甘泉宫之瑰奇。思理密察，气态沉雄，文辞庄重，全用骚体句法。梁刘勰评此篇："语瑰奇则假珍于玉树，言峻极则颠坠于鬼神。"（《文心雕龙·夸饰》）又评："子云《甘泉》，构深玮之风。"（《文心雕龙·诠赋》）

逐贫赋　赋篇名。西汉扬雄作。见《艺文类聚》。此赋乃抒发在贫穷生活中的牢骚。由于居贫，因思逐之，然"贫"亦作答，教以"君子固穷"之理，藉此表达作者坚守节操之品格。全用四言成句，为学习《诗经》的"诗体赋"，与仿楚辞的"骚体赋"及韵散结合的"散体赋"迥异。以寓言体拟人化手法铺陈描写，寓庄于谐，言浅旨远，发人深思。此体式实为扬雄之创造。对后世颇有影响，仿作甚多，如韩愈《送穷文》、黄省曾《礼贫赋》、杨于庭《驱戆赋》等均承此。近人胡朴安评："采绝浮藻，声无繁弦，事虽游戏，辞可法则。"（《读汉文记》）

自悼赋　赋篇名。西汉班倢伃作。见《艺文类聚》。作者遭谗，恐日久见危，求得养太后于长信宫，因作赋以自悼。以哀丽动人之笔，先述其自身的经历，再叙引退后在宫中苦闷的心情，表现出女作家感情蕴藉、学问深奥的高洁品性。用骚体写成，哀怨绵绵，凄恻感人。朱熹谓其"情虽出于幽怨，而能引分以自安，援古以自慰，中正和平，终不过于惨伤"（《楚辞后语》卷二）。

北征赋　赋篇名。东汉班彪作。见《文选》。据李善注云："《流别论》曰：更始时，班彪避难凉州（今属甘肃），发长安至安定（故治在今宁夏固原），作《北征赋》也。"记述作者北行历程，抒写怀古伤时之感慨，表现安贫乐道的思想。用骚体写成，文辞雅练而有情韵，与西汉记叙体大赋之铺张扬厉迥异，开东汉抒情小赋之先声。后来仿效者甚多，其女班昭曾仿之作《东征赋》。清孙执升评此篇"哀音历落，具见黍离之感。唐人吊古诸作，仿佛似之"（《评注昭明文选》引）。

两都赋　赋篇名。东汉班固作。分《西都赋》、《东都赋》两篇。见《后汉书·班固传》。据其自序，自东汉建都洛阳，"西土耆老"仍希望复都长安，因作此赋以为驳议。《西都赋》假设西都宾客向东都主人夸耀长安形势险要，物产富庶，宫廷华丽；《东都赋》则借东都主人之口称说洛阳之盛况。前篇着重暴露西都天子之逾制，而后篇则极力赞颂东都天子之合度，"以折西宾淫侈之论"。全篇体制宏大，文势辐辏，繁简得当。此赋虽模仿司马相如、扬雄，然在宫室游猎之外，又辟写京都题材，为后来张衡《二京赋》、左思《三都赋》所法。清陆棻评"前篇以藻腴胜，而极烹炼之工；后篇以简实胜，而尽旋折之法。笔力劲，姿态丰，虽脱胎扬、马，固已出其范围矣"（《赋格》）。

二京赋　赋篇名。东汉张衡作。分《西京赋》、《东京赋》两篇。见《文选》。是作者早年因感于"天下承平日久，自王侯以下莫不逾侈"

(《后汉书·张衡传》)而作。《西京赋》写西汉统治者奢侈生活,讽刺他们只图享乐而无远虑;《东京赋》虽歌颂东汉初期的政治,而重在言"民怨"、"下叛"之可忧可危,警告当时统治者加以重视,以免王朝倾覆。此赋题材体制均仿班固《两都赋》,但结构更为宏大,对西汉末年统治者生活的铺叙也更为具体、深入。还描写了以前同类大赋未载之新事物,如都市商贾、侠士、辩士的活动,以及杂技和角抵百戏的演出情况,虽不免烦冗,然对于后人研究汉代文化史有重要价值。清孙执升评:"其搜词宏富,布采陆离,洵足追班(固)轶左(思)。"(《评注昭明文选》引)

归田赋 赋篇名。东汉张衡作。见《文选》。时宦官专权,朝政日非。作者既愤世嫉俗又忧谗惧祸,因拟辞官归田以独善其身。李善《文选》注谓"张衡仕不得志,欲归于田,因作此赋"。抒写作者不满黑暗现实,情愿归返田园从事著述的心情,反映抱负无法伸展又不愿同流合污的思想矛盾。又描绘田园的春色之美及隐居之乐。此赋一扫大赋铺采摛文、板滞模拟、虚夸堆砌之陈规,文句平浅清丽,结构短小灵活,而情志深厚。对后世抒情写志的小赋有示范作用,又开创了田园诗赋潇洒平淡的风格。胡朴安评其"寥寥二百字而有无尽之藏"(《读汉文记》)。

鲁灵光殿赋 赋篇名。东汉王延寿作。见《文选》。灵光殿为汉景帝时鲁恭王刘馀所建。作者游鲁时,有感于西汉以后宫室皆隳坏,而鲁灵光殿岿然独存,遂作此赋以记颂。主要描写宫殿的栋宇结构、彩绘雕刻及雄伟气势。全篇用骈语铺陈,藻采夸饰,极力形容,为后世写殿阁者所法。清何焯评:"奇诡尽致,此为造极。"(《评注昭明文选》引)传蔡邕曾作此赋未成,及见此作,甚为赞赏,并因之辍笔。文中对宫殿的描写,亦反映出古代宫殿建筑的成就,对研究我国古代建筑艺术史极有价值。

刺世嫉邪赋 赋篇名。东汉赵壹作。见《后汉书·赵壹传》。文中历数春秋至秦汉的统治者的"利己而自足",邪恶奸佞的得势,权门豪族的不法,正人贤才和贫贱阶层的被压抑,社会道德风气的败坏,显示作者愤世嫉恶的批判精神与正直耿介的性格。一反传统汉大赋歌功颂德、板滞典雅、为文造情之习气,而是情理相生,慷慨激昂,辛辣尖锐,具有很强的感染力。篇末有托秦客和鲁生所作两首五言诗,抒发刚正之士不能见容于时的强烈愤慨,形象生动,风骨遒劲,为东汉五言诗中之佳作。

述行赋 赋篇名。东汉蔡邕作。见《古文苑》。桓帝时,中常侍徐璜等五侯擅权,蔡邕因善鼓琴而被迫应召往洛阳,行至偃师,托病而归。此赋即记录其从陈留到偃师的途中所见,并联系古人往事,意在借古刺今,抒发对人民贫困生活的同情和志士仁人被压抑的愤慨,充满感时伤乱情绪。将记叙、描写、抒情相结合,提高了抒情小赋的表现力。胡朴安评:"意决而辞婉,思深语长。"(《读汉文记》)

青衣赋 赋篇名。东汉蔡邕作。见《艺文类聚》。此赋细致地刻画一出身卑微的青衣女子形象,其容貌美丽端庄,心灵高尚纯洁。作者惋惜、同情其身世遭遇,又大胆坦露对其爱慕之心情。此因与当时讲究贵贱尊卑的观念相左,作者同时代人张超曾作《诮青衣赋》以讥之。全篇文辞清丽,感情真挚。摹写女子形象尤传神动人。

长笛赋 赋篇名。东汉马融作。见《文选》。赋序谓"追慕王子渊、枚乘、刘伯康、傅武仲等《箫》、《琴》、《笙》颂,唯笛独无,故聊复备数,作《长笛赋》"。文中描述笛子的制造过程和笛声的美妙,广泛运用比喻,借物象形,描摹笛声,出神入化。全篇铺陈扬厉,淋漓尽致,表现出大赋的体制特点。

鹦鹉赋 赋篇名。东汉祢衡作。见《文选》。借鹦鹉自况,抒写才志之士生于末世屡遭迫害之感慨。描述鹦鹉身陷樊笼、委曲求全的遭遇,同时也表现其不肯媚俗的品性。清何焯认为此赋"全是寄托,分明为才人写照。正平豪气不免有樊笼之感,读之为之慨然"(《义门读书记》卷四二)。

登楼赋 赋篇名。东汉末王粲作。见《文选》。因西京(长安)战乱,作者去荆州依刘表,不为所重。偶登当阳县(在今湖北)城楼,乃作此赋。文中所抒之情,既有对天下动荡不安、个人远离故乡的愁苦,也有报国无门、壮志难酬的愤懑。感情真挚而深沉,常被后世戏剧家取作哀感之题材。写景和抒情结合,具有浓厚的诗意,脱尽汉赋铺陈堆砌的习气,显示了抒情小赋在艺术上的成熟。朱熹认为此篇"犹过曹植、潘岳、陆机《愁咏》、《闲居》、《怀旧》众作,盖魏之赋极此矣"(《楚辞后语》卷四)。

诗歌　乐府

南风歌　古歌名。《孔子家语·辩乐》载："昔者舜弹五弦之琴，造《南风》之诗，其诗曰：'南风之薰兮，可以解吾民之愠兮；南风之时兮，可以阜吾民之财兮。'"《史记·乐书》也云："舜弹五弦之琴，歌《南风》之诗，而天下治。《南风》之诗者，生长之音也。"歌中充满对南风之起的喜悦，歌颂它的及时和温润。前二句亦见于《尸子·绰子》篇。此歌语言交错，形式整齐，艺术上也较成熟，后世学者多疑其为战国时人作。

采薇歌　古歌名。见《史记·伯夷列传》。周武王已平殷乱，天下宗周。而伯夷、叔齐耻为周民，不食周粟，隐于首阳山，采薇食之以明其志，于饿死前作此歌。歌曰："登彼西山兮，采其薇矣。以暴易暴兮，不知其非矣。神农、虞、夏忽焉没兮，我安适归矣。于嗟徂兮，命之衰矣。"歌中向往神农、虞、夏时代的生活，将周王伐纣诋为"以暴易暴"以示不满。有学者认为此歌当作于秦之末年，周平殷乱当暗指汉诛暴秦，然无确证。

卿云歌　古歌名。见《尚书大传》。舜将禅位于禹，与臣下相和而歌《卿云》。歌云："卿云烂兮，糺缦缦兮，日月光华，旦复旦兮。"接着舜臣八伯都稽首而唱《八伯歌》，舜又歌。"卿云"即"庆云"，古人谓吉祥之气。从《八伯歌》及舜歌中言及"日月光华，弘于一人"，"配天之灵，迁于贤善"，"菁华已竭，褰裳去之"等语看，《卿云歌》中"日月光华，旦复旦兮"句隐寓了舜决定告退禅位于禹之意。然《尚书大传》出于晋梅赜之伪托，其说为舜帝时歌，后世学者皆以为不足信。

易水歌　亦名《荆轲歌》、《渡易水歌》。古歌名。见《战国策·燕策三》。战国时，燕太子丹使荆轲刺秦王，送荆轲于易水（今河北易县境）之上，送者皆着白衣冠。高渐离击筑，荆轲和歌曰："风萧萧兮易水寒，壮士一去兮不复还。"听罢，"士皆瞋目，发尽上指冠"。歌辞慷慨悲壮，情景交融，为后人所称道，堪称历代悲歌之首。近代梁启超谓此篇为"千古不磨的杰歌"，"虽仅仅两句，把北方民族武侠精神完全表现，文章魔力之大，殆无其比"（《中国美文学史稿》）。

麦秀歌　古歌名。传为商箕子作，或谓宋微子作。见《尚书大传》和《史记》，文字互有出入。歌辞为："麦秀渐渐兮，禾黍油油。彼狡童兮，不与我好兮"（《史记》）。据传箕子朝周，过殷墟故都，见宫室毁坏，杂生禾黍，乃作此歌，抒发感慨，流露怀殷而不胜悲伤的情感。后多借以指亡国之痛。

孺子歌　古歌名。作者不详。见《孟子·离娄》。歌辞为："沧浪之水清兮，可以濯我缨。沧浪之水浊兮，可以濯我足。"歌辞又见于传为屈原所作《渔父》。战国诸侯纷争，时代处于急剧动荡之中。为避战乱，多有隐居山林者。《孺子歌》或出于这类隐士之口。歌辞以水之清浊，喻指时局，时局清明，当进身仕途一展抱负；时局混乱，则归隐山林以老终身。表现出有济世之志者"达则兼济天下，穷则独善其身"之人生哲学，对后代知识分子影响颇大。

大风歌　亦名《三侯之章》、《大风起》。古歌名。汉高祖刘邦作。见《史记·高祖本纪》。公元前195年，汉高祖刘邦东讨淮南王英布后，西归京都长安，路过故乡，与父老子弟欢饮。酒酣，站起击筑（一种古乐器）而歌，令乡童子一百二十人从而和之。全诗只三句，二十三字，抒发其统一天下后的喜悦心情及渴望巩固、加强统治的强烈愿望。内容蕴含丰富，气魄宏大，感情深沉，是一首风格豪迈、质朴、震铄古今的杰作。宋葛立方《韵语阳秋》卷一九称此歌"志气慷慨，规摹宏远，凛凛乎已有四百年基业之气"。

鸿鹄歌　亦名《楚歌》。古歌名。汉高祖刘邦作。见《史记·留侯世家》。刘邦初立吕雉之子刘盈为太子，后宠爱戚夫人，欲改立戚夫人之子赵王如意，但为张良等大臣所劝，加之吕后四处活动，得商山四皓辅助刘盈，遂使刘邦打消改立太子的念头。戚夫人闻之泣涕，刘邦伤之，用楚地曲调唱此歌。全诗用鸿雁高飞，无法射及，比喻无力更易太子，对戚夫人诉说自己无可奈何的心理。诗中表露感情微妙深刻，比喻生动恰当。亦反映西汉王朝初期帝室内部嫡庶斗争的激烈。

垓下歌　亦名《力拔山操》、《垓下帐中歌》。古歌名。西楚项羽作。见《史记·项羽本纪》。公元前202年，项羽被汉军围于垓下，兵少粮绝，夜闻汉兵高唱楚歌，疑汉军已得楚地，顿感凄切，乃夜饮帐中，慷慨悲歌，后人故名之。全诗七言四句，是一首楚歌体的抒情短歌。

用楚歌特有的语气词“兮”字，表现感喟的语调，造成舒缓悠扬的节奏。慷慨悲壮，情真意切，生动地展示了主人公项羽的性格特征和英雄末路之悲叹，具有极强的艺术感染力，是汉楚歌体抒情短诗的代表作。清张玉谷《古诗赏析》卷三称它“英雄气短，儿女情长……真极缠绵呜咽”。

戚夫人歌 亦名《永巷歌》、《舂歌》。古歌名。汉高祖刘邦妃戚夫人作。见《汉书·外戚传》。戚夫人争立亲子赵王如意为太子，与吕雉成仇。及刘邦去世，吕雉为皇太后，将其囚之永巷，令其整日舂米，与世隔离。此诗为戚夫人舂米时自编自唱之辞。全歌六句二十六字，辞句质朴凄婉，叙述作者悲苦的生活，倾诉其思子情怀和满腔哀怨。

秋风辞 诗篇名。汉武帝刘彻作。见《乐府诗集》。西汉元鼎四年(前113)秋，武帝行幸河东郡，于汾阴祭祀后土之神，然后泛舟汾河。此为舟中与群臣饮宴时所作。以描写秋日景色起兴，通过秋季泛舟燕饮欢乐的描写，抒发感秋、怀人、叹老之心情。艺术上继承楚辞风格，每句中间嵌一“兮”字，音乐节奏舒缓而不拖沓，在语句相谐中又显出跳荡，避免了汉赋方兴时诗风华丽奢靡之势。全诗感情起伏，清丽雅致，文词质朴，情与景完美结合，在文学史上影响很大。鲁迅在《汉文学史纲要》中称“缠绵流丽，虽词人不能过也”。

柏梁诗 诗篇名。汉武帝刘彻等联作。见《东方朔别传》。汉元封三年(前108)，武帝修柏梁台，在台上大宴群臣，酒酣时命群臣联句。凡官禄二千石以上者每人作诗一句，计有丞相石庆、大将军卫青和东方朔等，共得二十六句。全诗每句七言，句末皆用平声韵，一句一意，为七言古诗之权舆，亦是联句诗之首创。后人将此种每句用韵的七言诗称作柏梁体。宋章樵注《古文苑》卷八称“齐梁间多效其体，而骨气寖不及”。

黄鹄歌 古歌名。传为汉昭帝刘弗陵作。见《西京杂记》。汉始元元年(前86)春二月，黄鹄飞临建章宫太液池中，昭帝作此歌以记之。首句写黄鹄之来，次两句写其形貌，四五两句写其动作，末两句为获此嘉祥的自谦之词。全诗描摹生动细致，联想自然。

定情诗 诗篇名。东汉繁钦作。见《玉台新咏》。属乐府《杂曲歌辞》。“定情”为“安定其情”之意。描写女子追求男子终遭遗弃的伤痛之情。先追述初恋情景。次写热恋，以衣饰玩好相赠。末写失恋之悲伤，刻画抒情主人公东山、南山、西山、北山屡盼恋人不及的哀怨情怀。全篇运用排比、对比手法，细致描绘人物心理。明陆时雍评：“掇艳情之最胜，然情思摇荡极矣。”(《古诗镜》卷六)明胡应麟称“气骨稍弱陈思，而整赡都雅，宛笃有情”(《诗薮》卷一)。唐乔知之《定情篇》、施肩吾《定情乐》皆本于此。

怨歌行 亦名《怨诗》、《团扇歌》、《纨扇诗》。诗篇名。旧题西汉班倢伃作。见《文选》。全诗五言十句，以一女子口吻自喻为团扇，男子需要时出入于怀袖之中，不需时“弃捐箧笥”，揭示了封建社会妇女地位低下，处于被玩弄、被抛弃的悲惨境地。意蕴丰富，言浅意深，既委婉含蓄，又清新明快。构思新巧细密，具有很强的艺术表现力和感染力。梁钟嵘评：“《团扇》短章，词旨清捷，怨深文绮，得匹妇之致。”(《诗品》)

五噫歌 诗篇名。东汉梁鸿作。见《后汉书·梁鸿传》。作者途经洛阳，登北邙山，见宫殿之华丽，感人民之疾苦，触景生情，遂作此诗。全诗五句三十字，前三句写所见，后两句写所感，通过宫室民劳之对比，刺统治者之奢靡，叹生民之劳苦。在结构上连用五个“噫”字作停顿，加强感情语气，历来广为传颂。清张玉谷《古诗赏析》卷六称“无穷悲痛，全在五个‘噫’字托出，真是创体”。

四愁诗 诗篇名。东汉张衡作。见《文选》。共七言四章。通过思恋远在泰山、桂林、汉阳、雁门等地之美人，抒发明主难遇、壮志不酬的忧思。诗汲取《诗经》借物表情、重章叠句的艺术手法，又效法屈原以“香草美人”作比的方式，委婉曲折地抒写心曲。诗句保留骚体痕迹，辞采华丽，音韵顿挫，是七言初创期的杰作。清沈德潜评：“心烦纡郁，低徊情深，风骚之变格也。”(《古诗源》卷三)

悲愤诗 诗篇名。东汉蔡文姬作。见《后汉书·列女传》(另有骚体《悲愤诗》，系伪作)。全诗五言一百零八句，五百四十字，是我国第一首文人创作的自传体长篇叙事诗。先叙自己蒙难的历史背景及被掳入胡途的悲惨遭遇，次写异域思乡之情与别子之痛，末抒归乡后的孤独、忧惧之感。诗人以诗史的规模描绘了汉末社会大动乱中自身和广大人民的苦难。诗取法汉乐府，又糅入文人抒情诗写法，语言明白晓畅，叙事抒情紧密结合，悲剧意味浓厚。末尾“人生几何时，怀忧终年岁”一联，“虽顶末段，却是总束通章，是悲愤大结穴处”（清张玉谷《古诗赏析》卷六）。

胡笳十八拍 古乐府《琴曲歌辞》名。相传东汉女诗人蔡琰作。见朱熹《楚辞集注·后语》。共十八章，一章为一拍，故名。描写诗人身遭离乱、流落匈奴的羞辱悲怆之感与思念故国的哀伤凄楚之情，以及返家乡、别亲子的悲喜交织的复杂心怀。诗以骚体形式，叙事与抒情相结合，细腻刻画内心的愁怨与矛盾。郭沫若认为是“一首自屈原的《离骚》以来最值得欣赏的长篇抒情诗”（《谈蔡文姬的〈胡笳十八拍〉》）。由于此诗不见于《后汉书》及魏晋南北朝至唐有关文献，后人颇疑其伪。50年代末国内曾有过专家讨论，有关文章结为《〈胡笳十八拍〉讨论集》出版。然其真伪仍无定论。

李陵与苏武诗三首 诗篇名。旧题西汉李陵作。见《文选》。旧有选本将其与《苏武诗四首》合题为《苏李诗七首》。经今人研究，实为托名之作，原作者已无考。约产生于东汉桓帝、灵帝时，内容亦非李陵在匈奴地送苏武归汉所作。三首同为送别友人之诗。第一首“良时不再至”，通过野外送别场景的描写，表述诗人对友情的珍惜，及即将长期离别的感怆。第二首“嘉会难再遇”，通过朋友相别劝饮无绪的情形描绘，写出惜别之情与相思之苦。第三首“携手上河梁”，寄希望于未来，相信相见有日，写得较为轻松、乐观。整组诗文体省净，语短情长，含蓄有味，为别诗之典型与五言诗之佳作。清沈德潜《古诗源》卷二称“一片化机，不关人力，此五言诗之祖也。音极和，调极谐，字极稳，然自是汉人古诗，后人摹仿不得，所以为至”。

苏武诗四首 诗篇名。旧题西汉苏武作。见《文选》。旧有选本将之与《李陵与苏武诗三首》合题为《苏李诗七首》。经今人研究，实为托名之作，原作者已无考。约产生于东汉末年。或称此为苏武赠答李陵之辞，实非。第一首“骨肉缘枝叶”为送别兄弟之作；第二首“黄鹄一远别”为送客之诗；第三首“结发为夫妻”旧题《留别妻》，写新婚夫妻临别之情。第四首“烛烛晨明月”写朋友分别的嗟叹。整组诗情谊款款，委婉缠绵，感人至深，被后人称为五言古诗正宗。清沈德潜《古诗源》卷二称“一唱三叹，感寤具存，无急言竭论，而意自长，言自远也”。

上山采蘼芜 诗篇名。东汉无名氏作。见《玉台新咏》。整首五言写弃妇，始三句是作者自述，以下写弃妇与故夫的对答。诗不从正面写弃妇的哀怨，而从故夫的话中隐喻其被弃的无辜，又从弃妇淡淡的叙说里透示哀伤不平之意。全诗截取片断生活场景，运用白描、对比手法，平实自然，含蓄深沉。清范大士评：“一篇用蝉联脱卸之法，忽起忽止，笔兴翔飞。”（《历代诗发》）

赠从弟 诗篇名。东汉刘桢作。见《文选》。共三首。诗热情赞美从弟之高风亮节，显示作者的志趣与性格。其一用蘋藻喻从弟的高洁，其二借松柏喻其正直，其三以凤凰喻其壮志。咏物为主，以物喻人，手法新颖别致，立意深远，语言质朴，结构严谨。体现了刘桢诗的“仗气爱奇，动多振绝，真骨凌霜，高风跨俗”（梁钟嵘《诗品》卷上）的特色。

室思 诗篇名。东汉徐幹作。见《玉台新咏》。诗凡五言六章，写少妇思夫之情怀。首章描绘少妇念夫出神：“端坐而无为，仿佛君容光。”中间四章以高山、浮云、春草、兰华，触物引思，辗转难寐，泪下涟涟。末章表示坚贞不二之情。全篇语言形象，“思君如流水”句，缠绵悱恻，借景生情，据物抒怀，反复咏叹，揭示主人公哀怨希冀、失望交织的复杂心理。或以此借闺怨而托喻君臣。故清沈德潜评：“托言闺人之词也。自处于厚，而望君不薄，情极深至。”（《古诗源》卷六）

七哀诗（西京乱无象） 诗篇名。东汉王粲作。见《文选》。共三首，此为第一首。“七哀”为乐府诗题。此首反映兵祸横行时避难情景。先写流亡荆蛮的原因，次叙沿途之悲惨景象，末发思治的时代强音。层次分明，结构谨严，叙事、议论、抒情相结合，对后世影响深远。清沈德潜评：“此杜少陵《无家别》、《垂老别》诸篇之祖也。”（《古诗源》卷六）清方东树评：“感愤而作，气激于中，横发于外，后惟杜公有之。”（《昭昧詹言》卷二）

饮马长城窟行 诗篇名。东汉陈琳作。见《玉台新咏》。描写筑长城给人民带来的深重苦难。由三段对话构成，先写主人公与监工之对话，反映役夫无可奈何与满腔怨恨；后叙役卒与妻子两次书信，丈夫沉痛劝妻改嫁，妻则誓不相违。运用对话形式，富民歌色彩；长短句交替，整齐中有变化；只作客观描述，具独创性。形象生动，层次井然。“结发行事君”四句，“无问答之痕而神理井然，可与汉乐府竞爽矣”（清沈德潜《古诗源》卷六)。

城上乌 童谣。汉无名氏作。《后汉书·五行志》谓:“此皆谓为政贪也。‘城上乌,尾毕逋’者,处高利独食,不与下共,谓人主多聚敛也。”表现了当时社会的各种矛盾。起首以秃尾的“城上乌”起兴。“公为吏”下六句,写统治阶级中“一徒死”后的排场,极言其奢靡。“河间姹女工数钱,以钱为室金为堂”,表现上层社会盘剥人民及其享乐挥霍的情况。而人民只得“石上慊慊舂黄粱”,终日劳苦不辍。诗人欲为人民鸣不平,要击梁下之悬鼓。前八句三字一句,读来朗朗上口,后半部七言五句一气呵成,结尾戛然而止,表现统治阶级压制言路、人民感情不得伸张的郁忿状态。

民谣(举秀才) 民间歌谣。汉无名氏作。见《后汉书·五行志》。全篇六句,以名与实严重不符的事实,对比描写当时社会现象,进行辛辣的嘲讽。“举秀才,不知书。举孝廉,父别居”,说明其时选拔用人之不当。“寒素清白浊如泥,高第良将怯如鸡”,说明号称出身贫寒、一身清白之人,其行为却污浊如泥,所谓高门大第的良将,却胆怯如鸡,将社会的腐败黑暗揭露无遗。

董逃歌 童谣。汉无名氏作。见《后汉书·五行志》。每句三字,均和以“董逃”二字,以此预言董卓必逃窜覆灭。《风俗通》曰:“卓以《董逃》之歌,主为己发,大禁绝之。”清陈祚明云:“句句断,而意必紧接。其中语意不可住,上句迫待下句。”(《采菽堂古诗选》)正可见其歌谣特征。

小麦谣 童谣。汉无名氏作。见《后汉书·五行志》。《玉台新咏》卷九题作《汉桓帝时童谣歌》。全诗六句,表现当时农村百姓的痛苦生活,表达反对穷兵黩武的感情。初两句写麦收时节在田里收割者只有“妇与姑”。接着写“丈夫何在西击胡”,点明成年男子都已应征参战。同时,朝廷还在到处买马备车、征集粮草,以继续打仗,贫苦农民将受更惨重的盘剥。全诗借童谣传达出广大人民忍气吞声而又不得不言的痛苦怨恨心情。形式上三、七言错杂,明白活泼,诗韵中矩有度。

古诗十九首 组诗名。东汉无名氏作。见《文选》。因其篇数而得名。内容特色如清沈德潜所说:“古诗十九首,不必一人之辞,一时之作。大率逐臣弃妻,朋友阔绝,游子他乡,死生新故之感。或寓言,或显言,或反复言。初无奇辟之思,惊险之句,而西京古诗,皆在其下。”(《说诗晬语》卷上)作品熔叙事、写景、抒情为一炉,形成曲尽衷情而又委婉动人的独特风格。特别是语言皆五言句,平易质朴,不假修饰,如肺腑中自然流出;又善于抓住细节表现心理活动。具有自然美与整体美,不乏乐府民歌的特色。其中的游子诗多用感兴手法,寓意深长,耐人寻味;而思妇诗意在动人,故形象鲜明,感情含蓄。它标志着五言诗歌已由以叙事为主的乐府民歌发展到以抒情为主的文人独创阶段。梁钟嵘评其“文温以丽,意悲而远。惊心动魄,可谓几乎一字千金”(《诗品》卷上)。对后世诗人影响深远。单传本有隋树森《古诗十九首集释》等。

行行重行行 《古诗十九首》篇名。见《文选》。《玉台新咏》收录时题作枚乘《杂诗》。题目为后人据首句所拟。表现女子思念异乡游子之情怀。始则追叙初别,次述路遥阻隔,相会难期,末以宽慰自勉之词作结。结构往复曲折,温厚情意,溢于言表。“胡马依北风,越鸟巢南枝”二句,于叙事中插入比喻,尤为奇警。清张玉谷评:“忽用马鸟两喻,醒出莫往莫来之形,最为奇宕。”(《古诗赏析》卷四)

青青河畔草 《古诗十九首》篇名。见《文选》。《玉台新咏》收录时题作枚乘《杂诗》。题目为后人据首句所拟。表现少妇春日思夫之情怀。为《古诗十九首》中唯一用第一人称所写。前半描绘一幅精美的丽春少妇图,后半从叙事中发出“荡子行不归,空床难独守”的寂寞凄楚之叹,情真意切。明陆时雍评:“疏节亮音,浅浅寄言,深深道款。‘荡子行不归,空床难独守’一语罄衷托出。”(《古诗镜》卷二)

青青陵上柏 《古诗十九首》篇名。见《文选》。虞世南《北堂书钞》收录时题作《古乐府》。题目为后人据首句所拟。为失意之士忧世伤己之作。先托物起兴,以松柏与石之恒久,反衬人生之短促;后抒人生苦短,及时行乐之意;末对为名利所困者作讽刺。后人评末二句“极宴娱心意,戚戚何所迫”为“反扑作收,矫健之甚”(清张玉谷《古诗赏析》卷四)。

今日良宴会 《古诗十九首》篇名。见《文选》。虞世南《北堂书钞》引作曹植诗。题目为后人据首句所拟。为贫士不平、自勉之作。由宴会入手,听曲起兴,言人生短促,当力图富贵。与《青青陵上柏》感喟相似,愤慨尤深。“人生寄一世,奄忽若飚尘。何不策高足,先据要路

津?”为传世名句。清张玉谷评:“感愤自嘲,不嫌过直。”(《古诗赏析》卷四)

西北有高楼　《古诗十九首》篇名。见《文选》。《玉台新咏》收录时题作枚乘《杂诗》。题目为后人据首句所拟。表现听歌自伤知音难遇的感怆。共十六句。起四句以实笔写环境,点明歌声来源,余均为听者之感受、想像。从听者角度触景生情,以感情发展为线索,写得空灵缥缈,含蕴深沉。清方东树评:“此言知音难遇,而造境创言,虚者实证之,意象笔势文法极奇,可谓精深华妙。”(《昭昧詹言》卷二)

涉江采芙蓉　《古诗十九首》篇名。见《文选》。《玉台新咏》收录时题作枚乘《杂诗》。题目为后人据首句所拟。表现游子怀乡思亲、欲归不得的忧伤情怀。首言采芳欲遗,点出所思在远方;次言长路漫漫,难遂心愿;末叙同心离居、有家难归之哀怨。遣词造句,仿效《楚辞》,诗风凝练,情真意切,委婉有深致。明陆时雍评:“落落语致,绵绵情绪。”(《古诗镜》卷二)清张玉谷称:“透笔作收,短章中势却开展。”(《古诗赏析》卷四)

明月皎夜光　《古诗十九首》篇名。见《文选》。题目为后人据首句所拟。写失意之人对炎凉世态的怨愤。诗人秋夜感兴,由时节之易变想到人情之翻覆,最后发出“虚名何益”之感喟。全篇转换自然,浑然天成。“妙在忽蒙上文众星历历,借箕斗、牵牛,有名无实,凭空作比然后拍合,便顿觉波澜跌宕”(清张玉谷《古诗赏析》卷四)。

冉冉孤生竹　《古诗十九首》篇名。见《文选》。然《文心雕龙》称“‘孤竹’一篇,傅毅之词”。题目为后人据首句所拟。写新婚久别的忧伤之情。共十六句。前半写新婚与远别。托物起兴,自比“孤生竹”、“兔丝”,用“泰山阿”、“女萝”喻夫,暗示孑然一身之悲哀。后半叙相思之情。交织迟暮之感。构思新颖,对比鲜明,比喻确切,意蕴丰富。后人评其“情何婉娈,语何凄其。”(明陆时雍《古诗镜》卷二)

庭中有奇树　《古诗十九首》篇名。见《文选》。《玉台新咏》所收题作枚乘《杂诗》。题目为后人据首句所拟。描述思妇怀恋游子之情。共八句。前六句借物起兴,以嘉木奇花渲染环境,睹物思人,感怀今昔;末二句“此物何足贵,但感别经时”,点明诗旨。以浅语造深情,全篇“无聊自解,眷眷申情”(明陆时雍《古诗镜》卷二)。清朱筠评:“数语中多少婉折,风人之笔。”(《古诗十九首说》)

迢迢牵牛星　《古诗十九首》篇名。见《文选》。《玉台新咏》收录时题作枚乘《杂诗》。题目为后人据首句所拟。写织女、牛郎遥隔银河相思之苦。以牛郎、织女星起兴,次叙织女为情所苦、无心织布之情景,末以深沉感叹作结。通篇想像,境界澄明,情致浓郁,富浪漫气息,是以牵牛、织女星歌咏夫妇情爱之最早最完整篇章。清李因笃评:“写无情之星,如人间好合绸缪,语语认真,语语神化。”(《汉诗音注》卷一〇)

回车驾言迈　《古诗十九首》篇名。见《文选》。题目为后人据首句所拟。抒发客游失意者的人生感慨。始即刻画前路茫茫、空虚无着之悲凉;续写旅途景色,由物无长盛想到人无永年,发出“立身苦不早”之慨叹;末叙无可奈何的悲哀。明陆时雍评此篇写得“语素而老”(《古诗镜》卷二)。

东城高且长　《古诗十九首》篇名。见《文选》。《玉台新咏》收录时题作枚乘《杂诗》。题目为后人据首句所拟。抒写岁月易逝、久不得志、欲放情娱乐之心怀。前半从所游之地起笔,由景物变化念及时序流迁、岁月匆匆,抒发当及时行乐之意;后半写游历燕赵情景。后人评结句“思为双飞燕,衔泥巢君屋”为“驰情几往,敛襟怃然”(明陆时雍《古诗镜》卷二)。

驱车上东门　《古诗十九首》篇名。见《文选》。题目为后人据首句所拟。洛阳城北之北邙山,为王侯卿相葬地。诗人遥望墓地,触发人生感喟。共十八句。前八句写出门所见,墟墓萧飒,人死难复生。后十句由墓中人念及人生如寄、神仙亦妄,不如甘饮华服,及时行乐。语意愤激,思绪悲凉。清方东树评:“此诗意激于内,而气奋于外,豪宕悲壮,一气喷薄而下。”(《昭昧詹言》卷二)

去者日以疏　《古诗十九首》篇名。见《文选》。祝穆《事文类聚》题作《古墟墓诗》、谢维新《古今合璧事类备要》题作《古乐府》。题目为后人据首句所拟。抒写过墟墓之感想。共十句。首八句描绘岁月变迁,人事不永,人间多难,与《驱车上东门》用意、笔触近似;末二句“思还故里闾,欲归道无因”,写出思归心切却又欲归不得的复杂愁绪。全篇于此“突转勒住,如收下坡之骏”(清方东树《昭昧詹言》卷二)。

生年不满百　《古诗十九首》篇名。见《文选》。题目为后人据首句所拟。抒发人生短促、及时行乐思想，与《东城高且长》、《驱车上东门》诗旨相近，但此诗讥刺贪恋富贵、执迷不悟者。全篇情感奔放，与《古诗十九首》其他篇章触物起兴、借景抒情有别。前半连用诘问句式，一气贯注，末以登仙难求作结，前后呼应。后人评其“起四句奇情奇想，笔势峥嵘飞动。收句逆接，倒卷反掉，另换气换势换笔”（清方东树《昭昧詹言》卷二）。

凛凛岁云暮 《古诗十九首》篇名。见《文选》。题目为后人据首句所拟。描写思妇想念远方游子之情怀。从岁暮空闺，孤枕梦思，写到清泪凄凉。全篇情致宛曲，细腻动人，“真写得相思苦况出”（清张玉谷《古诗赏析》卷四）。

孟冬寒气至 《古诗十九首》篇名。见《文选》。题目为后人据首句所拟。描写思妇的挚爱之情与忧虑心绪。先从景生发，触景生情，从寒夜漫漫，转写思妇难寐，对月相思；接着叙述思妇珍藏三年前的来信，抒发满腔怀恋之情；末写相思不被理解之忧惧。明陆时雍评“置书怀袖中，三岁字不灭；一心抱区区，惧君不识察”四句：“深于造情。善造情者，如身履其境而有其事，古人所以善于立言。”（《古诗镜》卷二）

客从远方来 《古诗十九首》篇名。见《文选》。题目为后人据首句所拟。描写伉俪两地相思，忠贞不渝之深情。共十句。从客来寄绮起笔，即物生情，花绸半匹，物微情深，鸳鸯锦裁合欢被，情意绵绵。末以比喻作结，点醒诗旨。“著以长相思，缘以结不解”二句词意双关，语浅情深。明陆时雍评：“极缠绵之致。”（《古诗镜》卷二）清方东树评：“即绮借作双关喻意，奇情奇想。”（《昭昧詹言》卷二）

明月何皎皎 《古诗十九首》篇名。见《文选》。《玉台新咏》收录时题作枚乘《杂诗》。题目为后人据首句所拟。抒写女子闺中思念丈夫之情（一说此写游子久客思归）。先叙月夜难眠，盼夫早归；次写出门徘徊，愁绪满怀；最后万般无奈，独回闺房，泪洒衣裳。诗人因景缘情，“见月起思，一出一入，情景如画”（清方东树《昭昧詹言》卷二）。

唱经堂古诗解 研究著作。清金圣叹著。详评古诗二十首，实则评《古诗十九首》，因作者将《东城高且长》分为二首，多出《燕赵多佳人》一首。高度评价“古诗二十首”，认为“此不推为韵言之宗不可也”，并极力推重古诗作者，说他们有“锦心绣口”。作者将古诗十九首看作是一整体，认为“行行重行行”句，是“二十首总冒”，而《明月何皎皎》则“总收前十九首”。深切体悟诗人的情感世界，评“泪下沾裳衣”句：“知二十首，字字皆是泪痕，皆从无可奈何中挥洒出来也。”又从解诗中总结出“读古人书者，于断处见其续，于续处知其断，则金针度人矣”的读书经验，有启发意义。有《唱经堂才子书》本、《风雨楼丛书》本。

古诗十九首解 研究著作。清张庚著。对十九首古诗逐一解说。认为“古人作诗惟恐露，故多含蓄之；今人作诗惟恐不露，故必明言之”。善于挖掘诗人的内心世界，评《凛凛岁云暮》曰：“诗境极幽奥，反复讽诵，凄其欲绝。”但有时又以政治比附诗义，如评《行行重行行》、《庭中有奇树》等诗，认为是“君臣之义”，并不恰当。有《艺海珠尘》本、《丛书集成初编》本和隋树森编著《古诗十九首集释》本。

古诗十九首说 研究著作。清朱筠口授、徐昆笔述。分总论和分论，总论概述作者之文学观点及对《古诗十九首》的看法，分论对每一首诗展开述说。艺术特点和思想内容并重。评论不落俗套，以抒发读后体验为主。认为“《十九首》包涵万有，磕着即是。凡五伦道理，莫不毕该，却又不入理障，不落言诠，此所以独高千古也”。评《行行重行行》：“此等诗不必拘定一说。”让读者发挥能动性，显示出进步的文学观。有《啸园丛书》本、隋树森编《古诗十九首集释》本等。

古诗十九首注 研究著作。清刘光蕡著。以注释诗文内容为主，兼及艺术特色分析。从逐首分析到总体论述，较有条理。评《明月皎夜光》：“甚矣，人之相与贵相知心也。”评《冉冉孤生竹》：“此初有所约而终相见背者，自抒其怨思也。情则缠绵，词尤温柔敦厚。”评述多恰当中肯。注本存诗仅十八首，《涉江采芙蓉》缺。有《烟霞草堂遗书》本、隋树森编《古诗十九首集释》本等。

郊庙歌 乐府歌曲名。为古代帝王祭祀祖先和天地神祇时专用乐章。其辞典雅华丽，古奥艰深，多为赞颂之语。汉代郊庙歌原有《宗宙乐》、《昭容乐》、《礼容乐》、《安世房中歌》、《郊祀歌》五种，现除后两种外，余皆失佚。

郊祀歌 乐府《郊庙歌》名。西汉司马相如等作。见《乐府诗集》。共十九首。为汉武帝时作品，乃古代帝王祭祀天地神祇时专用乐歌，皆为楚声。协律都尉李延年为之配乐。

内容主要是赞美天地神祇，兼及其他神灵和祥瑞，多陈乐舞声歌之盛，语言板滞典重。惟七言运用较多，在楚辞变化为七言的过程中起承前启后作用。代表作有《练时日》、《日出入》等。汉以后，历代王朝都沿袭作郊祀歌，以供祭祀天地。

练时日　乐府《郊祀歌》篇名。汉无名氏作。见《乐府诗集》。为合享众神之乐章。通篇铺排描绘自迎神、神降至神留宴喜之经过。写法自远而近，按层递进，秩序井然。清沈德潜《古诗源》卷三称其“古色奇响，幽气灵光奕奕纸上，屈子《九歌》后另开面目”。

象载瑜　乐府《郊祀歌》篇名。汉无名氏作。见《乐府诗集》。西汉太始三年(前94)二月，汉武帝刘彻行幸东海，获赤雁，作此诗，乃制此歌。描写赤雁之状，实为歌颂祥瑞。全诗通为三言，描述细致，为典型歌颂体作品。

安世房中歌　又称《房中祠乐》、《安世乐》。乐府《郊庙歌》名。汉高祖妃唐山夫人作。见《乐府诗集》。共十七章，但各书所载章数及段落不一，各章标题亦大多失传。为汉代贵族用于宗庙祭祀的乐章，皆为楚声。内容则在歌颂高祖以孝治天下，并承天意而施德于民，纯以儒家思想为宗，而侧重于孝道。句法体式多变，以四言为主，杂以三言、七言，体现出汉初诗歌的特点，在诗歌由楚辞变化为三言与七言的过程中起过渡作用。清沈德潜《古诗源》卷二称其“古奥中带和平之音，不肤不痛，有典有则，是西京极大文字”。

鼓吹曲　又名《短箫铙歌》。乐府歌曲名。古乐中有鼓吹乐，用鼓、箫、钲、笳等合奏，并多有歌辞配合，用于田猎、游行、道路、朝会等不同的场合。汉乐府鼓吹曲辞今仅存《铙歌十八曲》。

铙歌　乐府《鼓吹曲》名。汉乐府原有二十二曲，四曲有篇无辞，现仅存十八曲，通称《汉铙歌十八曲》。初为西北民族乐曲，用铙、笳、箫、鼓等演奏，于西汉初年传至中土后被采入乐府，至武帝、宣帝时有辞，有文人制作的，也有出自民间歌谣。初用于军事礼仪，后亦用于朝会、道路、赏赐。形式、体裁迥异于雅乐、楚声，多用长短句，辞多虚字，格调自成一派，为我国诗歌有杂言之始。声调悲壮激烈，实开后世豪放一派。内容分战歌、恋歌、祝歌、谏歌等，文字时挟奇趣，颇有生气，具民歌本色。现存部分作品因抄传时歌辞与声辞不分，文字多有讹误，故十分难解，至有全篇不可句读者，以致众说纷纭。代表作有《战城南》、《有所思》、《上邪》等。魏晋以后文人拟作颇多。

朱鹭　《汉铙歌十八曲》篇名。作者不详。见《乐府诗集》。共八句。朱鹭为古代一种礼仪所用的鼓上的图饰，其鼓为谏者敲击所用，人臣要进谏君主，事先击鼓，君主便接见听谏。诗中描写朱鹭衔鱼，不食不吐，等着送给来进谏的贤者，以此说明谏鼓待贤求谏之义。或以为此戒谏臣勿迟疑不言、模棱两可，应恪守本职。清陈本礼《汉诗统笺·铙歌》引彭士望语称其“辞谊皆奇隽，可作谏鼓铭”。

思悲翁　《汉铙歌十八曲》篇名。作者不详。见《乐府诗集》。共十一句，字句参杂。歌辞由于离今时久，词义变化大，内容不易理解，故诠释纷纭。一般认为表达一女子的悲愤控诉。其夫为贼所执，其家为贼所侵，为躲避还有可能降临的灾祸，只得携孩子出逃远方。从一个侧面反映汉代社会之紊乱。清陈本礼《汉诗统笺·铙歌》称之为“绝世奇文”。

艾如张　《汉铙歌十八曲》篇名。作者不详。见《乐府诗集》。共八句。后人疑为武帝时诗。此曲讥刺统治者刑法苛密，民不愿受其危害而远去，犹黄雀之高飞以避网罗。一说为戒田猎之词。

战城南　《汉铙歌十八曲》篇名。作者不详。见《乐府诗集》。是“十八曲”中唯一叙写战争的一首。后人断定产生于武帝、宣帝时期。描写遍地死尸、鸟啄兽食和水深草长、战士有出无归的荒凉恐怖景象，反映出战争给人民带来的灾难，并以沉痛的心情，对战死者表示悲悯和哀悼。清陈本礼《汉诗统笺·铙歌》称之“犹屈子之《国殇》也”。

巫山高　《汉铙歌十八曲》篇名。作者不详。见《乐府诗集》。自古对此诗主题众说纷纭，或以为“似忧吴楚亡国之事”，或以为“士自伤不达于朝廷”。一般认为抒写游子流离失所、远处他乡、久别亲人而生思乡之情，托巫山、淮水之高深，以言不能归之故里。全篇为民歌风格。清陈本礼《汉诗统笺·铙歌》称其“较《悲歌》欲归家无人、欲渡河无船词更凄惋”。

有所思　《汉铙歌十八曲》篇名。作者不详。见《乐府诗集》。为情感挚热的民间情歌。通篇用女子自诉口吻，写听到情人移心他人后的复杂心情。初叙平日相思，转写对情人变心的怨怒，继而描述对将来的担心和期待。有学者以为与《铙歌》另一篇《上邪》相合才为完诗，不应两分。清沈德潜《古诗源》卷三称其“怨而怒矣。然怒之切，正望之深，末段余情无尽”。

上邪 《汉铙歌十八曲》篇名。作者不详。见《乐府诗集》。此为一首自誓形式的情歌，主人公大胆热烈地表示了自己对爱的决心。其中一连排列五件绝难出现的自然界现象，诸如“山无陵，江水为竭，冬雷震震夏雨雪，天地合”，以显示对爱情的坚贞不渝。句式参差不齐，二、三、四、五言错杂。有学者认为与《有所思》在内容上相连贯，不应割裂为两篇。全诗语短情长，撼人心魄，富于想像，在抒情诗中独树一帜。清张玉谷《古诗赏析》卷五称其“一气赶落，不见堆垛，局奇笔横”。

十五从军征 又题《紫骝马歌辞》。乐府《横吹曲辞》篇名。东汉无名氏作。见《乐府诗集》。写一十五从军、八十始归之老兵形象。先写老兵返家遇乡人情景，次述故居零落破败之景，末描绘其年迈无依、孑然一身之凄惨情状。深刻反映不合理的兵役带给人民的沉重灾难。形象鲜明，感情真挚，具强烈感染力。清方东树评：“此只是叙述本事，而状乱离之景象，令人不堪想，此盖小雅之遗响，后来杜公时学此。”（《昭昧詹言》卷二）唐杜甫之《兵车行》、《无家别》、《石壕吏》等受其影响。

相和歌 乐府歌曲种类之一。原为民间流行歌谣，汉代立乐府，取以入乐。据《宋书·乐志》，此歌是指以弹拨乐器和管乐器伴奏，由一人手持叫做“节”的乐器，一面打节拍，一面唱的民歌俗曲。《古今乐录》谓：“凡相和，其器有笙、笛、节歌、琴、瑟、琵琶、筝七种。”《乐府诗集》按演奏乐歌的次序将此歌分为十小类：《相和六引》、《相和曲》、《吟叹曲》、《四弦曲》、《平调曲》、《清调曲》、《瑟调曲》、《楚调曲》、《侧调曲》、《大曲》。演唱此歌诗时，有引有和，有先有后，乐器不同，曲调多变。又以奏乐唱和时的次序分为相和引和相和曲二种类型。“引”为序奏之意，即“曲引”，尔后引出相和诸曲辞。其中有许多汉乐府的优秀民歌。

公无渡河 亦称《箜篌引》。乐府《相和六引》篇名。传为朝鲜津卒霍里子高妻丽玉作。见《乐府诗集》。据西晋崔豹《古今注》记载，某日子高晨起划船，见一白发狂夫披发提壶，乱流而渡，其妻随而止之，不及，堕河而死，乃援箜篌鼓之，声音凄怆，曲终，亦投河而死。子高还家，以其声语妻丽玉，丽玉伤之，拟其声而作《箜篌引》。全诗四言四句，表达一妇女对亲人溺亡悲痛欲绝的感情。整首诗简洁质朴，起伏突兀，是汉乐府中最短的歌辞，却有摄人心魄的气韵。唐王建在《箜篌引》诗中云：“幸无白刃驱向前，何用将身自弃捐？”使诗中主人公堕河自裁的行为蒙上一层神秘色彩。清张玉谷《古诗赏析》卷六称其“逐句停顿，一气旋转，尤妙在末四字，拖得意言不尽”。

薤露 乐府《相和曲》篇名。作者不详。见《乐府诗集》。据崔豹《古今注》，以为是齐田横门人伤横自杀后之悲歌。后为出殡时挽柩人唱的挽歌。至汉武帝时，李延年乃分《薤露》为专送王公贵族出殡时所歌。歌词以人生之短暂，比作薤露之易干。

蒿里 乐府《相和曲》篇名。作者不详。见《乐府诗集》。据崔豹《古今注》，以为是齐田横门人伤横自杀后之悲歌。后为出殡时挽柩人唱的挽歌。至汉武帝时，李延年乃分《蒿里》为专送士大夫庶人出殡时所歌。歌词写蒿里聚敛众多不分贤愚的魂魄，为鬼伯火急催促，从而发出人命无常的慨叹。

平陵东 乐府《相和曲》篇名。汉无名氏作。见《宋书·乐志》。诗中控诉官府压榨百姓的暴行。写一被称作“义公”的人，被吏人劫持至高堂之下，勒索“钱百万”和“两走马”。“义公”因畏惧“追吏”的凶暴，只得“卖黄犊”以应付官府敲诈。全诗三句为一节，每节间用顶真句法，哀婉动人。崔豹《古今注》谓：“《平陵东》，汉翟义门人所作也。”唐吴兢《乐府古题要解》云：“义，丞相方进之少子。字文仲，为东郡太守；以王莽方篡汉，举兵诛之。不克，见害。门人作歌以悲之也。”似与内容不尽符合。三国魏曹植亦有《平陵东》诗一首，内容为游仙，与此诗无关。

乌生 乐府《相和曲》篇名。汉无名氏作。见《宋书·乐志》。歌词由乌之惨遭射死，自悔隐藏不密，迁居人家桂树上，转而想到苑中白鹿、摩天黄鹄、深渊鲤鱼，悲其距人虽远，人亦得而烹煮之。最后深深感叹人生寿命之长短，只能听天由命。表现了迫害者的残暴和受害者的无可奈何。全诗借乌鸦中弹身死而自责自宽的禽言诗手法，表达作者的人生感慨，用意新颖，设想奇妙，情思哀婉。故清李因笃评曰：“章法奇横伸缩，妙不可言。”（《汉诗音注》）

江南曲 乐府《相和曲》篇名。汉无名氏作。见《宋书·乐志》。以“鱼戏莲叶间”的反复咏唱，表现江南水乡的美丽风光和采莲人的愉悦心情。语言简洁明快、生动形象而又纯朴自然，音调铿锵和谐。清沈德潜评其为“奇格”（《古诗源》）。清张玉谷评：“前三叙事，不说花偏说叶，叶尚可爱，花不待言矣。鱼戏叶间，更有以鱼比己意，诗旨已尽。后四，忽接上‘间’字，平排衍出东西南北四句，转见古趣。”（《古诗赏析》）

陌上桑 乐府《相和曲》篇名。汉无名氏作。见《宋书·乐志》。原题为《艳歌罗敷行》。写采桑女秦罗敷拒绝一“使君”即太守之类官员调戏的故事，歌颂其美貌与坚贞。分三部分：起始到“但见观罗敷”为第一，烘托描写罗敷的美貌。“使君从南来”至“罗敷自有夫”为第二，叙使君对罗敷的非分之求。“东方千余骑”至结尾为第三，写罗敷用夸张口吻，描绘其夫婿才华、官位、相貌，从而将有非分要求的使君置于十分难堪之境地，令人想见其败兴与狼狈之状。全篇从虚处着笔，俱见映衬之妙。明王世贞评为“两汉五言神境”（《艺苑卮言》）。

清商三调 乐府歌曲名。以声调较清越而得名，即《平调曲》、《清调曲》、《瑟调曲》。汉魏时流行。前人或归入《相和歌》，或自为一部，与前者并列。

平调曲 乐府《相和歌》名。与《清调曲》、《瑟调曲》合称“清商三调”，后又加上《楚调》、《侧调》，称“相和五调”（亦称“清调正声”）。《魏书·乐志》：“陈仲孺言：依琴五调调声之法，以均乐器，其瑟调以角为主，清调以商为主，平调以宫为主。五调各以一声为主，然后错采众声以文饰之。”此曲乐器有笙、笛、筑、瑟、琴、筝、琵琶七种。古有七曲，现存汉古辞五首：《长歌行》三首，《猛虎行》题解中附一首，《君子行》一首。

猛虎行 乐府《平调曲》篇名。汉无名氏作。见《乐府诗集》。诗名下题解中引古辞一首：“饥不从猛虎食，暮不从野雀栖。野雀安无巢，游子为谁骄？”诗以首句为名。前两句意为不能因环境的恶劣无常而改变节操，后两句引申出游子的无奈与哀怨。清陈祚明评：“语语转上，是择地而蹈，不轻傍人也”（《采菽堂古诗选》）。三国魏曹丕，晋陆机，宋谢惠连，唐储光羲、李白、韩愈、张籍、李贺、僧齐己等皆有同名之作，然托意各异。

长歌行 乐府《平调曲》篇名。汉无名氏作。见《乐府诗集》。全诗十句。主旨为喟叹草木易秋，人生不再，从而要求人们珍惜岁时，努力进取。如《文选》五臣注所云：“言当早崇树事业，无贻后时之叹。”首以“园中葵”起兴，言其正盼阳光。“阳春”两句，写春光明媚清新，万物欣欣向荣。“常恐”以下笔锋一转，自然界的变化与时间的飞逝使诗人浮想联翩：秋天降临，百花凋零，青叶枯黄，河水奔腾永不复归。在前八句的比喻、铺垫之下，引出最后“少壮不努力，老大徒伤悲”警策绝伦的千古名句。清王淇曰：“日复一日，年复一年，冉冉老至，恰如逝水赴海，岂有复西之日哉！轻弃重宝，那不悲伤”（《汉诗选笺》）。清陈祚明评：“劝学之语，千古至言。”（《采菽堂古诗选》）

清调曲 乐府《相和歌》名。与《平调曲》、《瑟调曲》合称“清商三调”，后又加上《楚调》、《侧调》，称“相和五调”（亦称“清调正声”）。《古今乐录》载此曲乐器有“笙、笛、篪、节、琴、瑟、筝、琵琶”八种。清调古有六曲，现存汉古辞四篇：《豫章行》、《董逃行》、《相逢狭路间行》（一称《相逢行》）、《长安有狭斜行》。

豫章行 乐府《清调曲》篇名。汉无名氏作。见《乐府诗集》。用白杨自悼口吻，写其变成殿中栋梁，述说根枝分离之苦。古辞原有二十四句，中缺十三字。始“白杨初生时，乃在豫章山。上叶摩青云，下根通黄泉”，想像奇特，富有情趣。后自述如何被人砍伐、搬运，枝株被凿成柱子作房梁，以致“身在洛阳宫，根在豫章山。多谢枝与叶，何时复相连”，形象地抒发树木之遭遇和感情。结尾“何意万人巧，使我离根株”，以巧妙的疑问表达此乃非其所愿。诗意似本庄子《山木》之喻。清陈祚明评：“此诗最有章法，‘上叶’一句，伏通篇之根，末句身想枝叶各在一方，大可悲。中间枝叶根株错落点缀，甚变化，语亦古雅生动。‘颠倒’句活，‘锯墨’句有致。将言相去之远，且道‘一驱四五里’，章法有绪。”（《采菽堂古诗选》）

董逃行 乐府《清调曲》篇名。汉无名氏作。见《宋书·乐志》。《乐府原题》谓：“《董逃行》，作于汉武之时。盖武帝有求仙之兴。董逃者，古仙人也。”为游仙诗，写五岳山上有黄金宫阙，多灵兽仙草，可求药成仙，故上山采摘，以献君主。并祝福皇帝长生百年，威加四海，得天神护佑永保平安。诗中诸言杂陈，叙事写意融会贯通，状物摹形华彩生动。清李因笃评：“幻想直写，朴淡参差，而音节殊遒，乐府之本也。”（《汉诗音注》）

相逢行 一作《相逢狭路间行》。乐府《清调曲》篇名。汉无名氏作。见《乐府诗集》。表现富贵之家气派声势及种种享受，极尽铺张渲染。亦有谓乃讥刺富贵人家享乐，看似恭维而实奚落。开头即以“相逢狭路间，道隘不容车”表现其高车大马之状。“不知”下四句写其门第显赫，人无不知。“黄金”下六句，极言其室内之精美堂皇。接叙其子弟官位显要，门庭生辉。然后写庭园内风光，鸟鸣噰噰，鸳鸯无数。家中妇女或巧手织布，或弹琴作乐，结语“丈人且安坐，调丝方未央”，一派其乐融融，颐养天年气氛。全诗叙述流畅，用语雕缋镂金，代表了汉乐府诗铺陈热闹的一种特色。清陈祚明评：“写繁华甚盛，变宕百出，古雅纷披。”(《采菽堂古诗选》)

长安有狭斜行 乐府《清调曲》篇名。汉无名氏作。见《乐府诗集》。集中以为：“《相逢行》……亦曰《长安有狭斜行》。”其词句与《相逢行》相近，但较简略。或为一曲之异辞。参见“相逢行”条。

瑟调曲 乐府《相和歌》名。与《平调曲》、《清调曲》合称“清商三调”，后又加上《楚调》、《侧调》，称“相和五调”(亦称“清调正声”)。《古今乐录》载其乐器有“笙、笛、节、琴、瑟、筝、琵琶七种。《乐府诗集》载瑟调三十八曲。现存汉代古辞有：《善哉行》、《饮马长城窟行》、《妇病行》、《孤儿行》及《上留田》、《箜篌引》等。其曲辞多以叙事为主。

善哉行 乐府《瑟调曲》篇名。汉无名氏作。见《乐府诗集》。写宴会时主客赠答。篇名即魏明帝《步出夏门行》所言“善哉殊复善，弦歌乐情”之意，为“叹美之辞”。全辞分六解：一解劝宾尽欢，二解颂客长寿，三解客答自惭贫寒无可报答，四解主人夜深谢客，五、六两解为客人应答主人开头的致辞，以淮南王比颂主人长寿无期。整篇为四字句，用语古雅，典故叠出，宾主之情宛然在目。清张玉谷谓“此寒士饮宴于富贵之家，有感而作”，诗末则“暗兜作结，意境空灵”(《古诗赏析》卷三)。

陇西行 乐府《瑟调曲》篇名。汉无名氏作。见《乐府诗集》。《汉书·艺文志》载有《燕代讴、雁门、云中、陇西歌诗》九篇，结合本篇歌辞内容看，本诗当为当时采集的“陇西歌诗”。诗篇塑造歌颂一位能操持门户、应酬宾客的“健妇”形象。分三部分：开头八句写“白榆”、“桂树”、“青龙”、“凤凰”等星宿，描绘各自的位置、形态，与下面诗意不甚连属，为起兴部分。中间二十句是诗旨，细微描述“好妇”的礼节周到，落落大方，进退得体，从迎客、宴客、送客的具体过程中，突出其美好形态。最后四句是对主人公的正面歌颂，由衷称誉“齐姜亦不如”，“亦胜一丈夫”。全诗明晓流畅，辞意通达，格式整齐，叙中寓情。曾受一些封建文人曲解，以为是讽刺妇人不守闺范。然全诗健康自然，朴实无华的字里行间，分明令人感受到当时西北一带的民俗风情。如《乐府古题要解》所评：“始言妇有容色，能应门承宾；次言善于主馈；终言送迎皆合于礼。”张玉谷谓“篇中所叙，事事中礼，却处处引嫌”(《古诗赏析》)。亦可见其时妇人处世为人之不易。

折杨柳行 乐府《瑟调曲》篇名。汉无名氏作。见《乐府诗集》。列举夏桀、殷纣、胡亥、夫差、戎王、虞君等人物史实，说明君主昏庸必致不良后果。第四解中引用“三人成虎”的实例，叙述曾子母亲被惑轻信的故事，说明以众口混淆是非最为可怕，其结果或贤人遭残害，或逃世避居以远祸。此篇虽是规戒之作却表述有序，情感宛然，特别是以史实入歌诗，在汉乐府里尤为别致。清陈祚明谓此诗“应是贤者谏不得行而作诗以讽，其言危切……使事中用意作转法，妙”(《采菽堂古诗选》)。

西门行 乐府《瑟调曲》篇名。汉无名氏作。见《乐府诗集》。为一首感叹人生苦短，富贵易逝，劝人及时行乐之诗。诗中之西门，即“上西门”，系洛阳十二城之一。诗中写道：“今日不作乐，当待何时？”劝人“酿美酒，炙肥牛，请呼心所欢，可用解忧愁”。接着喟叹：“人生不满百，常怀千岁忧。”最后指出，不知行乐解忧者实为爱惜钱财所致。与《古诗十九首》中《生年不满百》相表里。整篇结构如清张玉谷所言“及时不可少待，意十分醒透，指出其惜费病根，受嗤明验，真有神龙掉尾之势”(《古诗赏析》)。

东门行 乐府《瑟调曲》篇名。汉无名氏作。见《乐府诗集》。写一贫民在无衣无食的绝境中走上反抗之路。初写男主人公决心铤而走险，不再考虑回家，由于内心有所顾念，又转回家中。但回到家却是“盎中无斗米储，还视架上无悬衣”，随即又将“拔剑东门去”。女主人苦苦劝阻，动之以情，然终被丈夫愤然拒绝。一位被逼造反、义无反顾的男子形象跃然纸上。叙事曲折，形象逼真。清范大士评：“写男子愤郁，女子谆复，情事如生。”(《历代诗发》)

妇病行 乐府《瑟调曲》篇名。汉无名氏作。见《乐府诗集》。其辞叙述病妇临终遗言及死后家境贫困之惨境。分两段："乱曰"之前写病妇临终托孤；"乱曰"之后写丈夫抚养孩子的艰难困苦。妻子弥留之际，念念不忘"两三孤子"，"莫我儿饥且寒，有过慎莫笪笞"，其殷殷母爱，顾念幼子之情感人肺腑。后段写病妇死后，丈夫"闭门塞牖"，将"抱时无衣，襦复无里"的孩子关在家中，只身行乞。遇善良亲友施舍，并到其家探望，不料见到幼儿以为母亲睡着，正"啼索其母抱"，令人不忍卒睹。丈夫在家徒四壁的房中徘徊，发出无可奈何的哀叹："行复尔耳，弃置勿复道！"舍此，他已无路可走。全诗抒情与叙事紧密结合，寓悲忿辛酸之绪于平实自然的语句之中。清宋长白《柳亭诗话》云："情与境会，口语心计之状，活现笔端，每读一遍，觉有悲风刺人毛骨。后贤遇此种题，虽竭力描摹，读之正如嚼蜡。"

孤儿行 又名《孤子生行》、《放歌行》。乐府《瑟调曲》篇名。汉无名氏作。见《乐府诗集》。写一孤儿自述其在父母去世后，遭兄嫂欺压虐待的不幸生活。分三层叙述三件事：行贾、汲水、收瓜。第一层悲叹自己命运身世，"父母在时，乘坚车，驾驷马"，如今则像奴隶一样被逼去经商。第二层描述孤儿"汲水"途中的痛苦。"手为错，足下无菲"六句，极言其不堪忍受，产生"不如早去，下从地下黄泉"的厌世念头。第三层写农田劳作的辛苦，收瓜时，"助我者少，啗瓜者多"，孤儿只能哀求吃瓜者把瓜蒂留下，以便让兄嫂过目，可作交待。寥寥数语，写尽其惊恐不安及兄嫂之刻薄凶残。结语"愿欲寄尺书，将与地下父母：兄嫂难与久居"，惨痛之至。清沈德潜《古诗源》评："极琐碎，极古奥，断续无端，起落无迹。泪痕血点，结缀而成。"

雁门太守行 乐府《瑟调曲》篇名。汉无名氏作。见《宋书·乐志》。为东汉时百姓祭祀洛阳令王涣的歌辞。诗中记载其博学多才、善行贤德、长于理财治乱的各种事迹，并说明写此诗即为"欲令后世，莫不称传"。《后汉书·王涣传》："元兴元年(105)病卒……民思其德，为立祠安阳亭西，每食，辄弦歌而荐之。"知与史实相符。《乐府题解》说"古歌辞历述涣本末，与《传》合，而曰《雁门太守行》，所未详。"朱嘉征《乐府广序》说："古辞咏雁门太守者不传，此以乐府旧题《雁门太守行》咏洛阳令也，与用《秦女休行》咏庞烈妇者同……凡拟乐府有与旧题全不对者，类用此例。"全诗以四言为主，诸言并用，较散文化，为乐府诗中鲜见。清陈祚明谓其"笔甚古劲"(《采菽堂古诗选》)。

艳歌何尝行 一作《飞鹄行》。乐府《瑟调曲》篇名。汉无名氏作。见《宋书·乐志》。记述夫妇不能相随，遂以白鹄为喻，表达夫妻深情。开头以"双白鹄"起兴，"十十五五，罗列成行"。然后写"妻卒被病，行不能相随"的情景，"五里一反顾，六里一徘徊"，极言其情之悲切。接下八句皆为雄鹄拟人之词，叙其不忍将伴侣抛下，但最终不得不独自离去的凄怆情状。以下是女子对将要分别的丈夫吐诉衷曲："各各重自爱，远道归还难"；"妾当守空房，闭门下重关"，并表示了生死不离的决心。最后二句为祝颂之词，系乐工所加套语，与全篇文义不相关涉。张玉谷谓此诗"将一时情事，皆于比意中显出，运实于虚，笔饶古趣……以劝慰作结，真达得无可奈何，心口相违意出"(《古诗赏析》)。

楚调曲 乐府《相和歌》名。汉古辞有《白头吟》、《泰山吟》、《东武吟》、《怨诗行》等。《乐府诗集》卷四一云："凡楚调，其器有：笙、笛弄、节、琴、筝、琵琶、瑟七种。"

白头吟 乐府《楚调曲》篇名。汉无名氏作。见《玉台新咏》。原题作《皑如山上雪》。《乐府诗集》谓其含意乃"疾人相知，以新间旧，不能至于白首，故以为名。"《西京杂记》云："司马相如将聘茂陵人女为妾，卓文君作《白头吟》以自绝，相如乃止。"但此说并不可靠。当是写一女子向用情不专的丈夫表示决绝之诗。起首以"山上雪"、"云间月"起兴，隐含男子另有所爱。"闻君有两意，故来相决绝"，点明主旨。"今日"以下四句，描述比喻男子变心之快，如流水般无复重合。"凄凄"下四句，表明自己对婚姻的态度：嫁娶时不必为离开娘家而悲伤，但求婚后合两意为一心，白头相守。末二句"男儿重意气，何用钱刀为"，强调了男女间的纯真感情。清李因笃评："旨厚而词清，哀而不伤，怨而不怒，得风人之婉切。"(《汉诗音注》)

梁甫吟 乐府《楚调曲》篇名。汉无名氏作。见《艺文类聚》。原题蜀汉诸葛亮作。以《三国志·诸葛亮传》有"诸葛亮躬耕南亩，好为《梁甫吟》"之句。然后人多不以为然。《乐府诗集》曰："梁甫，山名，在泰山下。《梁甫吟》盖言人死葬此山，亦葬歌也。"此为齐国百姓悼念公孙接、田开疆、古冶子的古辞。诗叙齐国相晏子用智谋诱三勇士上钩自裁，亦即著名的"二桃杀三士”故事。对三勇士的刚烈正直寄予同情，对晏子的阴谋有所谴责。全诗从野望写到三士墓，追述史事不着议论，然自有褒贬寓其中。清王尧衢评其写法为“春秋之笔”(《古唐诗合解》)。后世多有同题之作，然内容与此诗无关。

古诗为焦仲卿妻作 亦名《孔雀东南飞》、《焦仲卿妻》。乐府《杂曲歌辞》篇名。原为建安时期无名氏作，约经后人润色。见《玉台新咏》。全诗均为五言，三百五十三句，一千七百六十五字，为我国五言叙事诗中独有之长篇。叙汉末庐江府小吏焦仲卿与妻刘兰芝爱情笃厚，然焦母不喜儿媳，苛刻挑剔，决意驱兰芝归家。仲卿难违母意，告妻暂回，旋当再娶。临分手，两人盟誓决不相负。兰芝归家后，遭兄逼迫，命嫁太守。兰芝不屈，投水而死，仲卿闻之亦自缢。作者通过这一婚姻悲剧，揭露和鞭笞封建礼教罪恶，对主人公悲惨遭遇和反抗精神给予同情和赞扬。诗末以焦、刘死后化作一对鸳鸯的美丽幻想，表达了青年男女追求自由幸福生活的理想。诗作通过人物对话、行动，刻画出坚贞不屈的兰芝、秉性忠厚的仲卿、独断蛮横的焦母、势利凉薄的兰芝兄长等一组性格鲜明的人物形象。叙事曲折，矛盾尖锐，结构谨严，语言质朴，具有强烈的艺术感染力，标志着汉乐府叙事诗发展的高峰，与《木兰诗》合称乐府民歌中的“南北双璧”。明胡应麟评：“不假雕琢，工极天然。百代而下，当无继者。”(《诗薮》卷二)其影响深远，至今仍有以此为题材编成的戏剧。

孔雀东南飞 乐府《杂曲歌辞》篇名。即《古诗为焦仲卿妻作》。

董娇饶 乐府《杂曲歌辞》篇名。东汉宋子侯作。见《玉台新咏》。董娇饶，女子名，余冠英疑为乐府旧题(见《汉魏六朝诗选》)。诗以花拟人，感喟花落尚可重开，红颜老去不复返，伤悼欢爱永逝。先以桃李花起兴，描绘秀丽春光；次写人花对答；末为感慨自解之辞。全诗托物遣兴，一波三折，含蓄蕴藉，宛转动人，不似乐府民歌的质直、单纯。后人评其“婀娜其姿，无穷摇曳”(清沈德潜《古诗源》卷三)。

羽林郎 乐府《杂曲歌辞》篇名。东汉辛延年作。见《玉台新咏》。本乐府旧题，此以旧题咏新事。叙一酒家女不畏强暴，拒绝豪奴调戏事。用民歌夸张、铺陈手法，层次井然，波澜叠起，意趣盎然。“人生有新故，贵贱不相逾”为诗中警句。清沈德潜评：“骈丽之词，归宿却极正，风之变而不失其正者也。”(《古诗源》卷三)清李因笃评：“皎皎高节，却以艳诗传之，与十九首语气正同……想像风流，偏于闲处设色。”(《汉诗音注》卷四)

枯鱼过河泣 乐府《杂曲歌辞》篇名。汉无名氏作。见《乐府诗集》。全诗共四句，以拟人手法，借“枯鱼”(已被捕离水之鱼)过河时警告同类的话语，说明处世待物要谨慎小心，否则后悔不及，难以补救。说理明白，用语质朴。清李因笃评：“枯鱼何泣？然非枯鱼则何知泣也？写得生动。过河字用得妙，作书更奇想。”(《汉诗音注》)

悲歌行 乐府《杂曲歌辞》篇名。汉无名氏作。见《乐府诗集》。描写游子思归不得的悲切心境。起首“悲歌可以当泣，远望可以当归”，道尽游子心酸。次句“思念故乡，郁郁累累”，形容怀乡心情的迫切殷然。三句“欲归家无人，欲渡河无船”，活现一孤苦无依、处处受阻、走投无路的羁客形象。末句“心思不能言，肠中车轮转”，更将痛苦的体验结束得非常深刻形象。全篇比喻妥贴，以浅语写深情。清陈祚明评：“情意曲尽。旅客至情不能言，乃真愁也。”(《采菽堂古诗选》卷二)

汉鼓吹铙歌曲句解 研究著作。清庄述祖著。作于嘉庆十一年(1806)。有感于以往著录的铙歌多为坊刻本，讹误不少，文字尤甚，因而作者注重文字考证和古音校正。认为铙歌大多“文从字顺，意见言表，转吻玲玲，天籁自合”(《汉鼓吹铙歌曲句解》自序)。解释时广征博引，如考证《巫山高》、《朱鹭》等篇，论述源流，细致精当。然受儒家诗教影响较深，如评《有所思》：“衰乱之俗，婚姻之礼废，夫妇之道苦，男女各以其私相约誓而轻绝焉。”又说“女子当以礼自处，无礼则不知所至极矣”。全书对研究汉代铙歌有一定参考价值。有《珍埶宧遗书》本。

汉鼓吹铙歌十八曲集解 研究著作。清谭仪著。辑录陈祚明《采菽堂古诗选》、张琦《宛陵书屋古诗录》、庄述祖《汉铙歌句解》、陈沆《诗比兴笺》的各种观点，加上自己评语，作成《集解》一卷，可谓“采获群书，附益稍备”。如评《战城南曲》：“庄、陈皆谓代死者之言，愚以为亦生者自念之辞”，颇具识见。然其受儒家诗教影响较深，如评《上邪》各家注，不取庄述祖男女相思之说，却赞成陈沆的观点，认为是讽喻之作。全书解释详尽，对汉代铙歌研究有参考价值。有《灵鹣阁丛书》本、《丛书集成初编》本等。

汉乐府三歌笺注　研究著作。清陈本礼著。"三歌"即"郊祀歌"、"铙歌"、"安世房中歌"之合称。注意三歌的不同特点，作出不同的笺注。认为"《铙歌》难读异乎《郊祀》，其义深骤，难探其微；其词奥邃，难析其理"(《铙歌》自序)。而《安世房中歌》"章法之周密，词旨之高古，远在《郊祀》之上，一唱三叹，有余音焉"(《安世房中歌》自序)。全书注释详尽，分析透彻。如《铙歌》的注释，综合沈归燕、董若雨诸家之说，引证大量经史子集材料，结合自己观点，别具新意；注《安世房中歌》，力纠谬误。为研究汉乐府歌辞的重要参考资料。有《江都陈氏丛书》本。

别　　集

贾长沙集　诗文别集。西汉贾谊著。《汉书·艺文志》著录贾谊赋七篇，文五十八篇。《隋书·经籍志》卷四载《贾谊集》四卷，录一卷。今已佚。明张溥辑本一卷。收录赋、骚、疏、论等各体作品共十三篇，并附录本传，其中包括《过秦论》、《惜誓》等名篇。张溥称"西汉文字，莫大乎是，非贾生其谁哉"(《汉魏六朝百三名家集·贾长沙集题词》)。有《汉魏六朝百三名家集》本。另有明成化十九年(1483)乔滑刊《贾长沙集》十卷本，明叶绍泰辑《贾长沙集》不分卷，收入《增定汉魏六朝别解》中。1976年，上海人民出版社据清抱经堂本《新书》，又从其他书籍中辑录，共收辞赋文章六十八篇，并有多种附录，编成《贾谊集》出版。

晁错集　文别集。西汉晁错著。《汉书·艺文志》著录其文三十一篇。《隋书·经籍志》卷四载《晁错集》三卷，录一卷。今已佚。清严可均辑本一卷。收录策、疏、上书等各体作品共六篇，其中包括《贤良文学对策》、《上书言兵事》等名篇。收入《全上古三代秦汉三国六朝文》。清人马国翰辑有《晁氏新书》一卷，收入《玉函山房辑佚书》中。1976年，上海人民出版社出版《晁错集注释》，后附各家评论，收罗较全。

枚叔集　诗文别集。西汉枚乘著。《汉书·艺文志》著录枚乘《赋》九篇。《隋书·经籍志》卷四著录《枚乘集》二卷，录一卷。《文献通考·经籍考》卷五七有《枚叔集》一卷。明张幼白曾将枚乘诗赋与《七发》、《上吴王书》等合刻为一集。但均佚。今有清丁晏辑本一卷。收录赋、书、诗等各体作品，包括《七发》、《柳赋》、《菟园赋》等名篇，诗收九首，其中八首见于《古诗十九首》中，经后人考证非其所作。有《楚州丛书》本。

司马文园集　诗文别集。西汉司马相如著。《汉书·艺文志》著录《司马相如集》一卷。已佚。明张溥辑本一卷。收录赋、书、檄、难等各体作品，并附录本传，其中包括《子虚赋》、《上林赋》、《论巴蜀檄》等名篇。有《汉魏六朝百三名家集》本。另有明汪士贤辑《司马长卿集》一卷，收入《汉魏诸名家集》。丁福保辑本二卷，收入《汉魏六朝名家集初刻》。以上各辑本收录内容基本相同。

东方大中集　诗文别集。西汉东方朔著。《汉书·艺文志》著录其文二十篇。《隋书·经籍志》卷四载《东方朔集》二卷。今已佚。明张溥辑本一卷。收录骚、疏、书、序、铭等各体作品，并附录本传，其中包括《答客难》、《非有先生论》、《七谏》等名篇。有《汉魏六朝百三名家集》本。另明康丕显刊有《东方先生文集》三卷。汪士贤辑有《东方先生集》一卷，收入《汉魏诸名家集》。以上两本收录内容与张辑本基本相同。

董胶西集　文别集。西汉董仲舒著。《汉书·艺文志》著录其作品一百二十三篇。《隋书·经籍志》卷四载"《董仲舒集》一卷，梁二卷"。皆已佚。明张溥辑本一卷。收录赋、策、章、颂等各体作品共九篇，并附录本传，其中包括《士不遇赋》、《贤良策》等名篇。有《汉魏六朝百三名家集》本。另明正德年间吴郡卢雍刻有《董仲舒集》七卷。万历、天启间，汪士贤据卢刻本成《董仲舒集》一卷，收入《汉魏诸名家集》。

王谏议集　诗文别集。西汉王褒著。《汉书·艺文志》著录其赋十六篇，《隋书·经籍志》卷四著录《王褒集》五卷。今皆佚。明张溥辑本一卷。收录赋、骚、论、颂、移文、约、文等各体作品，并附录本传，其中包括《洞箫赋》、《九怀》等名篇。张溥认为其"歌诗尤善……然辞长于理，声偶渐谐，固西京之一变也"(《汉魏六朝百三名家集·王谏议集题词》)。有《汉魏六朝百三名家集》本。

刘子政集　诗文别集。西汉刘向著。《隋书·经籍志》卷四著录《刘向集》六卷，今已佚。明张溥辑本一卷。收录赋、疏、上书、封事、对、议、颂等各体作品共二十二篇，并附录本传，其中包括《请雨华山赋》、《条灾异封事》等名篇。张溥认为“其书皆非无谓而作者。虽《九叹》深雅，微逊《骚经》，其他文辞宏博，足相当矣”(《汉魏六朝百三名家集·刘中垒集题词》)。有《汉魏六朝百三名家集》本。另明叶绍泰又辑有《刘子政集》不分卷，收入《增定汉魏六朝别解》。

褚先生集 文别集。西汉褚少孙著。明张溥辑。一卷。收录补司马迁撰《史记》缺佚部分的文章，共计论八篇、列传十八篇、《三代世表》及《建元以来侯者年表》。其中若干篇经后人考证，并非为褚少孙所补而系张溥误收。有《汉魏六朝百三名家集》本。

扬侍郎集 诗文别集。西汉扬雄著。《汉书·艺文志》著录扬雄《赋》十二篇。《隋书·经籍志》卷四载《扬雄集》五卷。皆已佚。明张溥辑本一卷。收录赋、书、颂、箴、诔等各体作品五十八篇，并附录本传，其中包括《甘泉赋》、《长杨赋》、《羽猎赋》等名篇。有《汉魏六朝百三名家集》本。又宋人谭愈曾从《汉书》、《古文苑》等书中辑录古文四十余篇，次为五卷。明万历间，郑朴就此复加辑录，次为《扬子云集》六卷，包括《法言》、《太玄经》等，后清修《四库全书》即用此本。另有明汪士贤辑《扬子云集》三卷，收入《汉魏诸名家集》。叶绍泰辑《扬侍郎集》不分卷，收入《增定汉魏六朝别解》。今人丁福保辑《扬子云集》四卷，收入《汉魏六朝名家集初刻》。上述三本收录内容与张辑本基本相同。

冯曲阳集 诗文别集。东汉冯衍著。《后汉书》本传称其有赋、诔、铭等五十篇。唐李贤注云：“衍集见存二十八篇”。今有明张溥辑本一卷。收录赋、疏、笺、书、铭等各体作品共十七篇，并附录本传，其中包括《显志赋》、《自陈疏》等名篇。张溥评其文章“若言豁达激昂，鹰扬文囿，则必首敬通(冯衍字)云”(《汉魏六朝百三名家集·冯曲阳集题词》)。有《汉魏六朝百三名家集》本。张鹏一又就张集本厘正增补，成二十篇，收入《关陇丛书》。

班兰台集 诗文别集。东汉班固著。《隋书·经籍志》卷四著录《班固集》十七卷，《新唐书·艺文志》卷四著录《班固集》十卷，皆亡佚。今有明张溥辑本一卷。收录赋、诗、表、笺、书等各体作品共二十八篇，并附录本传，其中包括《两都赋》、《与弟超书》等名篇。有《汉魏六朝百三名家集》本。另明叶绍泰又成《班兰台集》不分卷，收入《增定汉魏六朝别解》。今人丁福保又据张辑本增删，成《班孟坚集》三卷，收入《汉魏六朝名家集初刻》。另张鹏一亦对张辑本作了补订，得文三十一篇，成《兰台集》一卷，收入《关陇丛书》。

崔亭伯集 诗文别集。东汉崔骃著。《隋书·经籍志》卷四著录十卷，已佚。今有明张溥辑本一卷。收录赋、书、笺、箴、颂等各体作品共四十篇，并附录本传，其中包括《大将军西征赋》、《与窦宪书》等名篇。有《汉魏六朝百三名家集》本。另明叶绍泰辑本不分卷。收入《增定汉魏六朝别解》。清严可均在张辑本基础上又增残篇，收入《全上古三代秦汉三国六朝文》。

张河间集 诗文别集。东汉张衡著。《隋书·经籍志》卷四著录“《张衡集》十一卷，梁十二卷，又一本十四卷”，均已佚。今有明张溥辑本二卷。收录赋、诰、疏、策、铭等各体作品，并附录本传，其中包括《西京赋》、《东京赋》、《归田赋》等名篇。有《汉魏六朝百三名家集》本。另明人张燮辑有《张河间集》六卷，附录一卷，收入《汉魏六朝七十二家集》。明叶绍泰辑本不分卷，收入《增定汉魏六朝别解》。清严可均又据张溥本重加辑录，分四卷，内容与张溥本比较，有所增损，收入《全上古三代秦汉三国六朝文》。

王叔师集 诗文别集。东汉王逸著。《后汉书》本传称其共著赋、诔、论、书等二十一篇，又作诗一百十三篇。《隋书·经籍志》卷四著录“南朝梁有《王逸集》二卷、录一卷，已亡”。今有明张溥辑本一卷。收录赋、论、骚、诗等各体作品，并附录本传。作者以研究楚辞著称，集中骚体作品较多，其中包括《九思》、《逢尤》等名篇。有《汉魏六朝百三名家集》本。丁福保在张辑基础上又进行删订，收入《汉魏六朝名家集初刻》。

马季长集 诗文别集。东汉马融著。《后汉书》本传称其所著赋、碑、诔、表、颂、书、记等共二十一篇。《隋书·经籍志》卷四著录有《马融集》九卷。已佚。今有明张溥辑本一卷。收录赋、疏、颂、书、序等各体作品十余篇，并附录本传，其中包括《长笛赋》、《广成颂》等名篇。有《汉魏六朝百三名家集》本。清严可均在张辑基础上有所增益，收入《全上古三代秦汉三国六朝文》。

蔡中郎集 诗文别集。东汉蔡邕著。《后汉书》本传称其所著诗、赋、碑等凡百四篇。《隋书

·经籍志》卷四著录“《蔡邕集》十二卷。梁有二十卷,录一卷”。《宋史·艺文志》卷七作十卷。皆已佚。今有明张溥辑本二卷。收录诗、赋、箴、铭、记等各体作品一百三十六篇,并附录本传,其中包括《陈政要七事》、《述行赋》等名篇。有《汉魏六朝百三名家集》本。另有明嘉靖间杨贤刻六卷本。汪士贤刻本八卷,收入《汉魏六朝诸名家集》。清杨以增刻《蔡中郎集》十卷,外纪一卷,外集四卷,收入《海源阁丛书》。杨辑本搜录较备,舛误亦少,为其中较好的辑本。

孔少府集 诗文别集。东汉末孔融著。《后汉书》本传称其有诗、颂、文等二十五篇。《隋书·经籍志》卷四云“《孔融集》九卷。”已佚。今有明张溥辑本一卷。收录表、疏、书、对、教、碑等各体作品,并附录本传,其中包括《荐祢衡表》、《答王修教》等名篇。张溥评:“东汉词章拘密,独少府诗文,豪气直上,孟子所谓浩然,非邪?”(《汉魏六朝百三名家集·孔少府集题词》)。有《汉魏六朝百三名家集》本。《四库全书》收《孔北海集》一卷,并附后世诸家对孔融的论赞。今人丁福保辑有《孔文举集》一卷,收入《汉魏六朝名家集初刻》。1935年,商务印书馆出版孙至诚评注《孔北海集评注》,只录文,不取诗。

阮元瑜集 诗文别集。东汉末阮瑀(字元瑜)著。《隋书·经籍志》著录《阮瑀集》五卷,注云“梁有录一卷,亡”。《旧唐书·经籍志》、《新唐书·艺文志》并著录《阮瑀传》五卷。宋时已佚。今存明张溥《汉魏六朝百三名家集》辑本一卷。另有明杨德周《汇刻建安七子集》本、清杨逢辰《建安七子集》本、丁福保《汉魏六朝名家集》本。俞绍初有《建安七子集》辑校本,《阮瑀集》编在卷五,中华书局1989年出版。《全上古三代秦汉三国六朝文》、《先秦汉魏晋南北朝诗》收录其诗文较备。

应德琏集 诗文别集。东汉末应玚(字德琏)著。《三国志·魏书》本传谓其尝“著文赋数十篇”。玚卒后,建安二十三年(218),曹丕曾为结集。《隋书·经籍志》著录《应玚集》一卷,注云“梁有五卷,录一卷,亡”。《旧唐书·经籍志》、《新唐书·艺文志》并著录《应玚集》二卷。已佚。今存明张溥《汉魏六朝百三名家集》辑本一卷,另有明杨德周《汇刻建安七子集》本、清杨逢辰《建安七子集》本、丁福保《汉魏六朝名家集》本。俞绍初有《建安七子集》辑校本,《应玚集》编在卷六,中华书局1989年出版。《全上古三代秦汉三国六朝文》、《先秦汉魏晋南北朝诗》收录其诗文较备。

陈记室集 一作《陈孔璋集》。诗文别集。东汉末陈琳(字孔璋,曾为曹操管记室)著。琳卒,建安二十三年(218),曹丕曾为结集。《隋书·经籍志》著录《陈琳集》三卷,注云“梁十卷,录一卷”。《旧唐书·经籍志》、《新唐书·艺文志》、《宋史·艺文志》均著录《陈琳集》十卷。宋后亡佚。今存明张溥《汉魏六朝百三名家集》辑本一卷。另有明杨德周《汇刻建安七子集》本、叶绍泰《增定汉魏六朝别解》本、清杨逢辰《建安七子集》本、丁福保《汉魏六朝名家集》本,及明冯惟讷《诗纪》所辑琳诗。今人俞绍初有《建安七子集》辑校本,《陈琳集》编在卷二,中华书局1989年出版。《全上古三代秦汉三国六朝文》、《先秦汉魏晋南北朝诗》收录其诗文较备。

刘公幹集 诗文别集。东汉末刘桢(字公幹)著。桢卒,建安二十三年(218),曹丕曾为结集。《隋书·经籍志》著录《刘桢集》四卷,注云“录一卷”。《旧唐书·经籍志》、《新唐书·艺文志》并著录《刘桢集》二卷。宋时俱佚。今存明张溥《汉魏六朝百三名家集》辑本一卷。另有明杨德周《汇刻建安七子集》本、清杨逢辰《建安七子集》本、丁福保《汉魏六朝名家集》本,及明冯惟讷《诗纪》所辑桢诗。俞绍初有《建安七子集》辑校本,《刘桢集》编在卷七,中华书局1989年出版。《全上古三代秦汉三国六朝文》、《先秦汉魏晋南北朝诗》收录其诗文较备。

徐幹集 一作《徐伟长集》。诗文别集名。东汉末徐幹(字伟长)著。幹卒,建安二十三年(218),曹丕曾为结集。《隋书·经籍志》著录《徐幹集》五卷,注云“梁有录一卷,亡”。《旧唐书·经籍志》、《新唐书·艺文志》均著录《徐幹集》五卷,宋时已佚。今存明杨德周《汇刻建安七子集》辑本六卷、清杨逢辰《建安七子集》辑本一卷、丁福保《汉魏六朝名家集》辑本一卷。今人俞绍初有《建安七子集》辑校本,《徐幹集》编在卷四,中华书局1989年出版。《全上古三代秦汉三国六朝文》、《先秦汉魏晋南北朝诗》收录其诗文较备。

王侍中集 诗文别集。东汉末王粲著。《三国志·魏书》本传载其有诗、赋、论六十篇。《隋书·经籍志》卷四著录《王粲集》十一卷。约亡于宋末。今有明张溥辑本一卷。收录赋、书、檄、赞、铭、诗等各体作品,并附录本传,其中包括《登楼赋》、《游海赋》等名篇。有《汉魏六朝百三名家集》本。清陈朝辅辑有《王仲宣集》四卷,收入《汇刻建安七子集》。杨逢辰辑本一卷,收入

《建安七子集》。俞绍初在丁福保《汉魏六朝名家集初刻·王仲宣集》三卷本基础上重新辑补整理成《王粲集》诗一卷，文二卷，并附年谱，中华书局1980年出版。

杂著　小说

山海经　地理著作。十八卷。《四库全书总目》以为乃"周秦间人所述"。现一般认为是战国时记录成文，秦汉间又增补，故不是一时一人所作。前半部是《南山经》、《北山经》等五篇，称为《五藏山经》，简称《山经》；后半部为《海外》、《海内》、《大荒》等十三篇，简称《海经》。内容为古代民间故事和传说中的地理知识，包括山川、道里、民族、物产、药物、祭祀、巫医等等。不仅对研究中国古代历史、地理、文化、民俗、中外交往有参考价值，更被人视为中国"小说之最古者"。其中"黄帝战蚩尤"、"鲧、禹治水"、"精卫填海"、"夸父逐日"、"刑天舞干戚"等著名神话传说，是后代作家和文学史家所珍视的材料。注本有晋郭璞《山海经注》、清毕沅《山海经新校正》、郝懿行《山海经笺疏》。袁珂《山海经校注》，上海古籍出版社1980年出版。

淮南子　一作《淮南鸿烈》。杂家著作。西汉刘安（淮南王）主编。最初所作《外书》、《中篇》已佚，今存《内篇》二十一卷。杂采先秦诸子之说，以阴阳五行和道家天道自然观立论，杂糅儒、墨、法、刑、名诸家学说，反映了作者"澹泊无为，蹈虚守静"的黄老无为思想（见高诱《淮南鸿烈解序》）。书中保留了许多先秦以来的原始资料，其文体与《吕氏春秋》近似，其中神话传说和史事，如"女娲补天"、"后羿射日"、"姮娥奔月"、"夏禹治水"、"共工怒触不周山"等，均有很高的文学、史料价值。一些寓言故事含意深刻，极具教育意义，如《人间训》中"塞翁失马"、"鲁人报仇"；《道应训》中"公仪休嗜鱼"、"善呼者"等。论文方面主张因自然，灭文章，依道废艺，指责儒家诗书礼乐是"言华"、"行伪"的产物，不切实用。然在具体论述中，却提出诸如"哀乐之袭人情也深"，"文者所以接物也，情系于中而欲发外者也。以文灭情则失情，以情灭文则失文，文情理通，则凤麟极矣"（《缪称训》）等见解，乃至反对"尊古而贱今"，要求"作书以喻意以为知音也，诚得清明之心，执之鉴于心，照物明白，不为古今易意，摅书明指以示之，虽盖棺亦不恨矣"（《修务训》），大多深切文理，发展了道家文艺思想。注本有汉代许慎及高诱本，两者至宋代相混。今通行有清庄逵吉校本；刘文典《淮南鸿烈集解》，中华书局1989年出版。

说苑　一名《新苑》。笔记小说集。西汉刘向著。最早著录于《汉书·艺文志》。原二十篇，七百八十四章，后仅存五卷。经宋曾巩辑补校订，编为二十卷，六百三十九章。清人增补为六百六十三章。分为君道、臣术、建本、立节、贵德、复恩、政理、尊贤、正谏、敬慎、善说、奉使、权谋、至公、指武、谈丛、杂言、辨物、修文、反质二十类。按各类记述春秋战国至汉代的遗闻轶事，每类之前列总说，事后加按语。是根据《说苑杂事》和编写《新序》后的剩余资料加以编排撰述而成。其中以记述诸子言行为主，不少篇章中有关于治国安民、家国兴亡的哲理格言。有的具小说雏形，如《权谋》类中对东郭垂故事的叙说，集中表现了劳动人民的聪明才智，写得生动形象，细腻逼真。不少篇章具讽喻劝世作用，对后代小说不无影响。另外也反映出作者有关文学的观点。如认为"有文无武，无以威下；有武无文，民不可亲。文武俱行，威德乃成"（《君道》）。作文则要求有感而发，"内悦而形"（《修文》）、"有诸内必形于外"（《杂言》），诗由"思然后积，积然后满，满然后发"（《贵德》）。对语言文辞的表达与修饰也很看重，指出"无思虑之心则不达，无谈说之辞则不乐"（《谈丛》），"辞不可不修，说不可不善"（《善说》）。此外又十分强调文学的美刺讽劝作用。此书有宋、元两种残本。清黄丕烈校宋本、四部丛刊影印明抄宋本等。另有赵善诒《说苑疏证》本附历代著录及序跋等，华东师范大学出版社1985年出版。

新序　笔记小说集。西汉刘向著。《隋书·经籍志》著录三十卷，又序录一卷。已佚。后经宋曾巩校订，编作十卷，一百六十六条。分杂事、刺奢、节士、义勇、善谋五类。记录从舜、禹至汉初的历史人物的各种事迹。作者根据古史及各家之书、史记录，而用文学笔法再传之。不少篇章善于对特定史实进行渲染，如《节士》写子贡访原宪的故事，注意人物性格细节描写，塑造出栩栩如生的人物形象。有的具有浓厚的小说意味，如《孙叔敖》、《丑女无盐》等篇，曲折有趣、耐人寻味，开魏晋小说之先河。其记载与《左传》、《国语》、《战国策》、《史记》有所不同，亦可补诸史之不足。文笔朴素洗练，委婉流畅。有《汉魏丛书》本、《百子全书》本、《四部丛刊》

影印明嘉靖翻宋本、《丛书集成》本、清人卢文弨《新序校补》本、台湾商务印书馆1977年版卢元骏《〈新序〉今注今译》本。

法言　哲学著作。西汉扬雄著。十三卷。模拟《论语》，所论皆以儒家思想为旨归。其中《吾子》、《问神》、《君子》等篇论及文学问题。提倡明道、征圣、宗经的文学模式，在内容与形式关系上要求“弸中彪外”（《君子》）、“华实相副”（《修身》），以“言，心声也；书，心画也。声画形，君子小人见矣”为归（《问神》）；在继承与创新的关系上又要求“可则因，否则革”，“新则袭之，敝则益损之”（《问道》）。其对当时辞赋过肆文辞以至讹滥的批评尤中肯綮。然立论多拘执儒家正统思想，以至为征圣宗经而倡文必艰深之说。旧有晋李轨、唐柳宗元、北宋宋咸、吴祕注和司马光集注本，元明时汇刻为五臣音注本十卷。宋刊本李轨注十三卷附宋阙名音义一卷，为现存较早本子，通行有近人汪荣宝《法言义疏》二十卷，收入中华书局1987年版《新编诸子集成》第一辑。

春秋繁露　政论著作。西汉董仲舒著。十七卷。八十二篇。以儒家宗法思想为中心，杂取阴阳五行学说，把殷周以来的“天命”思想系统化、理论化。各篇均以阐述“春秋大一统”为旨意，建立“天人感应”系统，以“王者承天意以从事”来确立“君权神授”观，提出一整套集权统一思想，以实现其“独尊儒术、罢黜百家”的政治主张。在述说其封建统治术的哲学体系的同时，揭露了当时社会上存在的诸如“富者田连阡陌，贫者无立锥之地”、“贫民常衣牛马之衣，而食犬彘之食”的不合理现象，提出“限名占田，以澹不足”等反对土地兼并，限制富者为所欲为的进步主张。立论高远，逻辑性强，援引丰富有据，叙述平正通达，语言质朴平易，与汉初政论文章枯燥严峻、极事铺张的文风迥然有别。故宋代有人疑其伪。但刘熙载所言此“乃汉文本色”（《艺概》卷一）。有清抱经堂刻本、《四部丛刊》影印聚珍本、清光绪五年定州王氏谦德堂刻《畿辅丛书》凌曙《春秋繁露注》本、中华书局1975年排印本。

盐铁论　政论著作。西汉桓宽编著。十卷。六十篇。昭帝始元六年（前81年），朝廷召集天下贤良、文学六十多人到京城举行会议，“问民间所疾苦”，并让其与御史大夫桑弘羊、丞相田千秋讨论盐铁、酒类诸事，史称“盐铁会议”。宣帝时侍郎桓宽据会议文献概括整理，“推衍盐铁之议，增广条目，极其论难，著数万言”（《汉书・公孙刘田传赞》），因成此集。篇各标目，诸篇皆首尾相属，内容互相连贯，反复问答，使论点不断深化。书中记载以“文学”、“贤良”为一方，“丞相”、“御史”为另一方，互相诘难，引据抨击，比喻说理，叙述生动形象。内容涉及当时经济、政治、军事、文化等各方面，议论从实际出发，针砭时弊，切中要害，语言简洁流畅，浑朴质实。如第二十一篇《殊路》，记叙桑弘羊与“文学”们对本质与现象之间的讨论，两方从孔子及其弟子的出处行藏说到西施、毛嫱，滔滔不绝，言语犀利，口吻毕肖，将当时辩战情形鲜明地呈现出来。后人评是一部“对话体的历史小说”（郭沫若《盐铁论读本》中语），实不过誉。有《四部备要》本、郭沫若校订《盐铁论读本》、科学出版社1957年出版；王利器《盐铁论校注》本，中华书局1992年出版。

论衡　杂著。东汉王充著。三十卷。八十五篇（其中《招致》篇已佚），二十余万字。论述哲学、政治、宗教、文化等各方面问题。关于文学批评的见解，散见于《自纪》、《对作》、《佚文》、《艺增》、《超奇》、《案书》、《须颂》等篇中。认为文章必须起积极的社会作用：“为世用者，百篇无害；不为用者，一章无补”（《自纪》）。主张写“真”，反对虚妄的描写：“故《论衡》者，所以铨轻重之言，立真伪之评，非苟调文饰辞，为奇伟之观”（《对作》）。提倡通俗易懂的文风，主张内容与形式相一致：“口则务在明言，笔则务在露文”，“世俗所患言事增其玄，著文垂辞，辞出溢其真，称美过善，进恶没其罪”。但同时也认为文章要有文采才能“开心通意，晓解觉悟”。注重行文的独创性，反对因袭模仿：“饰貌以强类者失形，调辞以务似者失情”等等。然其对文学艺术的论点亦有偏颇之处，如未将学术著作与文学作品加以区别对待，片面强调真实，否定虚构和夸张；在强调文学的社会作用、批判形式主义倾向时，忽视艺术表现力的重要作用。有明嘉靖吴郡苏氏通津草堂刻本，《汉魏丛书》本、《四部备要》本。刘盼遂有《论衡集解》，中华书局1959年出版。

新论　杂著。东汉桓谭著。二十九篇。旨在“言当世行事”（《后汉书》本传），间及文学。认为文章须为“褒贬”、“兴治”而发（《本造》），反对尊古卑今，肯定创新精神；对文学创作的甘苦和欣赏有具体深入论述，触及创作规律、作品风格等重要问题。至论“贾谊不左迁失志，则文采不发”，“扬雄不贫，则不能作《玄》、《言》”（《求辅》），尤中肯綮。原本唐宋后即散佚。清严可均《全上古三代秦汉三国六朝文》有辑本。通行有1976年上海人民出版社据严辑本校补整理本。

风俗通义 一名《风俗通》。笔记。东汉应劭著。原书三十二卷，北宋时亡佚二十二卷，现存十卷。包括皇霸、正失、愆礼、过誉、十反、声音、穷通、祀典、神经、山泽十目，一百三十七条。主要收录有关古代历史、风俗礼仪、时人流品、音律器乐、山河薮泽、怪异传闻等内容。其中有关东汉社会风俗的描述，透露出当时社会各种矛盾及世态百相。如"过誉"、"愆礼"条目中对一些官场人物及富贵大家的虚伪、腐败有生动形象的描绘记录。保存有丰富的神话传说资料，如"女娲造人"、"李冰斗蛟"，为此两种传说故事的最先记录。关于"三皇"、"五帝"，封禅泰山梁甫以及对灶神、稷神和民间祭祀的记述，可见出古代神话传说在汉代的流变过程。在有关乐器的专篇叙述中，介绍了各种乐器的制作者及演奏时的情态。对神异鬼怪的片断记录则反映其时人们敬天畏神的心态。作者谓其写作宗旨在于"言通于流俗之过谬，而事该之于义理"(《风俗通义序》)，对于民间口传，采取"俗间行语，众所共传，积非习惯"的态度，并指出"为正之要，辨风正俗 最其上也"的见解。此书确也起到反映汉之前典章礼仪，风俗民情及各类世相的作用。叙事委婉有致，语言通俗明了，"杯弓蛇影"等成语即出于此书。有元大德本、《四部丛刊》影印本、《四部备要》本、《丛书集成》本、天津人民出版社1980年版吴树平《风俗通义校释》本、中华书局1981年版《风俗通义校注》本。

潜夫论 政论著作。东汉王符著。十卷。三十六篇(包括叙录一篇)。以《赞学》起始，以《五德志》叙帝王世系，《志氏姓》考谱牒源流作结。各篇分题论述王朝政府的用人、政事、边防等内外统治政策和时政弊端，同时批评当时社会迷信卜筮、虚伪势利等不良风气。在认识论上强调后天学习奋进的重要性，认为上圣"犹待学问，其智乃博，其德乃硕"。在文学上，主张文章要"遂道术而崇德义"，认为诗赋应"颂善丑之德，泄哀乐之情"，批评当时文人"苟为饶辩屈蹇之辞，竞陈诬罔无然之事，以索见怪于世"。而《潜夫论》则是其文学主张的实践结果。书中是非明确，内容充实，说理透辟。语言上通篇排偶，遣词骈丽，表现了东汉后期散文的骈化趋势。有《湖海楼丛书》汪继培注本、上海古籍出版社1978年排印本、中华书局1979年排印本。

穆天子传 又名《周王传》、《周王游行记》。传记著作。著者不详，旧题晋郭璞注。为晋太康二年，汲县人盗发魏襄王墓所得古籍(《汲冢书》)之一。六卷。前五卷记周穆王驾八骏北征戎族，会西王母于瑶池，东归洛阳，会见诸侯等故事，并记有昆仑黄帝之宫、河伯、长肱诸事。第六卷记盛姬之死及其丧仪。明胡应麟评为："文极赡缛，有法可观。三代前叙事之详，无若此者。然颇为小说滥觞矣"(《少室山房笔丛・三坟补逸下》)。《四库全书总目》以其所叙事实"恍惚无徵"，归于子部小说类。清姚际恒《古今伪书考》认为系后世伪作。流传版本主要有天一阁本、《汉魏丛书》本、《古今逸史》本、明赵标刊本、《四库全书》本、《道藏》本、《四部丛刊》本、《四部备要》本等。清代以降，注家颇多。华东师范大学出版社1994年出版《穆天子传汇校集释》，收罗详备。

逸周书 原名《周书》。古文献汇编。著者不详。《汉书・艺文志》著录七十一篇。颜师古注引刘向云："周时诰誓号令也。盖孔子所论百篇之余也。"因有此名。晋太康中盗发汲郡魏襄王墓，得竹书《周书》，有人以为即此书。故又称为《汲冢周书》。经后代学者考定，此书约作于西周春秋时期，汉代口传，与汲冢所出竹书异。今存此书连序共七十一篇。内容庞杂，篇次错乱，文章风格不一，或似《尚书》，或近《左传》，有的近乎小说。如《太子晋》、《王会》、《殷祝》诸篇。有晋孔晁注本。通行有《汉魏丛书》、《四库全书》诸本。清朱右曾《周书集训校释》、孙诒让《周书斠补》、刘师培《周书补正》、陈汉章《周书后案》可资参考。

燕丹子 古小说。著者不详。最早著录于《隋书・经籍志》，新、旧《唐书》直记为"燕太子撰"，显系误传。一卷，分上、中、下三篇。为现存唯一较完整的汉人小说。写秦时民间流传的荆轲刺秦王故事。记叙燕太子丹反对暴秦的一系列活动，歌颂荆轲义无反顾的英勇行为，其基本线索与《战国策・燕策》、《史记・刺客列传》大体相合。同时又运用想像力虚构"乌白头"、"马生角"、"黄金投蛙"、"决秦王耳"等小说情节，并结合各种传闻，塑造了不同类型人物，使故事起到感染激励作用，为我国古代小说之雏形。现存书后附有关于荆轲刺秦王的文献资料。胡应麟谓其为"古今小说杂传之祖"(《少室山房笔丛》卷三二)。有《平津馆丛书》本、《岱南阁丛书》本、《丛书集成初编》本、中华书局 1985 年版程毅中点校本。

赵飞燕外传 原名《赵后别传》，又称《飞燕外传》。古小说。旧题汉伶玄著。一卷。宋朱胜非《绀珠集》引用。初著录于《郡斋读书志》，《四库全书》归入小说家类。文字纤靡，无古朴之气，似非汉人所作。鲁迅《中国小说史略》称"疑是唐宋人所为"。作者根据《汉书·孝成赵皇后传》之史实敷衍生化，主要描写汉成帝时赵飞燕与其妹婕妤争宠斗智、极尽享乐奢华的故事。对成帝、飞燕、婕妤、樊嫕及赤凤等人物的描绘叙述曲折有致，表现其外貌姿态生动细腻。故事情节较为紧凑集中，写了飞燕姐妹一生遭遇。尤可重视的是她们两人的对话、心理、性格及与成帝间的微妙关系，读来有宛然在目、身临其境之感。有《顾氏文房小说》本、《汉魏丛书》本、《说郛》本、《古今逸史》本。

列仙传 志怪小说集。旧题西汉刘向著。二卷。《汉书·艺文志》未著录。宋陈振孙等断为伪托，疑为汉末方士所作。记载赤松子、玄俗等共七十一位仙家道人的事迹。每位传人前有四言赞语，篇末有总赞语，仿《列女传》体例。运用一定的文学手法和语言，将各类人物的仙风道骨描写得栩栩如生，如写其炼丹服药、隐形变化、长生不老、白日升天等等。有清道光十三年癸巳在兹堂刊本、清光绪十三年扫叶山房刊本、《丛书集成初编》本。

十洲记 又名《海内十洲记》、《十洲三岛记》、《十洲三岛》等。志怪小说集。旧题汉东方朔著。一卷。一般认为成书于曹魏之世。分序、十洲、三岛三部分。其序云："汉武帝既闻王母说八方巨海中有祖洲、瀛洲、玄洲、炎洲、长洲、元洲、流洲、生洲、凤麟洲、聚窟洲等十洲，并是人迹所希绝处。又始知东方朔非世常人，是以延之曲室，而亲问十洲所在，方物之名。"书中即叙东方朔所言十洲及沧海岛、蓬莱山、扶桑岛等地所有之真仙神官、仙草灵药、奇禽异兽、怪物珍宝等，并作道教宣传。叙述生动细腻，文风夸饰缛丽且想像丰富。有《道藏》、《顾氏文房小说》、《百子全书》等本。

汉武故事 又名《汉武帝故事》。小说集。旧题汉班固著。一般认为成书于曹魏时期。二卷。叙述汉武帝刘彻一生的杂闻琐事。如记其年幼时钟意长公主之女阿娇，并云"若得阿娇作妇，当作金屋贮之也"。即位后举贤用能，但又专横独断，好大喜功，北伐匈奴，南讨西越，招致天下骚乱。晚年大兴土木营造宫观，沉湎酒色，迷恋长生不老之术，曾与西王母会面，然于临终前方明白神仙之虚妄。全书既有历史成分又杂糅神话传说，虽荒诞无稽，情节怪异，却丰富地表现出汉武帝的性格特征。其中的典故轶闻为后代诗文广泛称引。原本已佚。今存为后人所辑。有《古今说海》、《粤雅堂丛书》、《说郛》、《古小说钩沉》等本。

汉武内传 又名《汉武帝传》、《汉武帝内传》。志怪小说。旧题汉班固著，一作晋葛洪著。《隋书·经籍志》著录三卷，新、旧《唐书》著录二卷。今传本一卷。记叙汉武帝刘彻出生至崩葬事，但与《汉武故事》多有不同，犹详于其会西王母一节，极尽铺排渲染之能事。书中人物大为增多，如增加董仲舒、王子登、董双成、石公子等；另有王母授《五岳真形图》、上元夫人授《五帝六甲左右灵飞方》等事，亦为《汉武故事》所无。摹写细致，文采侈丽。其中故事多为后代诗文家所称引。有《广汉魏丛书》、《五朝小说》、《龙威秘书》诸本。又有《道藏》本，另附《外传》一卷。

研究著作 参考资料

汉诗总说 研究著作。清费锡璜、沈用济编，杨复吉辑。一卷。费、沈曾取冯惟讷《诗纪》、梅鼎祚《诗乘》所收录的汉代诗歌，加以评论述析，编成《汉诗说》十卷。后清杨复吉将《汉诗说》前总论之语单独辑出，编成此书。共收录论断四十五则，专论汉诗，颇具心得。如认为汉诗具有"天成"、"自得"之特点，绝少人工斧凿，故对其应从总体上把握。作者强调"学诗须从第一义著脚，如立泰华之巅，一切培塿，皆在目中"，而所谓"第一义"，便是"熟读楚骚汉诗"。还认为"文章关乎时代，千古绝调，必成于失意不可解之时"等，皆有独特见解。有清《昭代丛书》本。丁福保将其收入《清诗话》。

史汉方驾 研究著作。宋倪思著。是书将《史记》、《汉书》所载相同内容列于一卷，如第八卷将《史记》、《汉书》所载《陈涉(胜)》传记并列。两书文字相同处以大字刊出，相异处分左、右行以小字并列或单列。班固作《汉书》继承《史记》，而对其多有删改，列其异同则优劣自见。并加以眉评、旁注，使读者一目了然。从用字遣词，直至思想、语义无所不评。有明许相卿撰辑、徐禾校锓的三十五卷明刻本。

读汉文记 研究著作。胡朴安著。为《朴学斋丛书》之一。作者《自序》言:"两汉学者无不读书富,更事深,见理明,故其为文也,据事直书……即辞赋箴铭之属,亦浩灏流转,朴与华兼,由是好之。綦至暇,辄讽诵以益神思,久之甘苦略知一二,随笔记之,聊以自课云。"内容有专论某作家,评其文章风格、体例,述其作品版本、后人注疏等,亦有专论某种文体、某篇作品及其在艺术上之相承关系。多引用史料、传说,文人趣闻逸事,并结合其文风格、内容加以评说。形式灵活多样,不拘一格,语言亦简洁明快。有民国十二年安吴胡氏刻本。

汉赋研究 原名《汉赋之史的研究》。研究著作。陶秋英著。分总论、骚赋、汉赋三篇,每篇又分若干章节。总论部分系统阐述赋的概念、源流衍变、与同时代其他文体的关系;骚赋部分叙述其由来、代表作、名作家等,并对其在赋史中的地位进行历史的和文学的评价;汉赋部分为全书重点,详论其形成、派别源流、与当时学术的关系等一系列基本问题,并介绍汉赋的作家、作品。在此基础上总结汉赋的历史地位和影响。本书原是1932年作者在燕京大学研究院的硕士论文,也是其所作《赋史》中的一部分,因故先行抽印,1939年由中华书局出版。浙江古籍出版社1985年据中华书局本重印时,抽掉了对《离骚》、《招魂》两篇的介绍,把最后一章《结论》改为《汉赋的后身》,并对个别文字作了改动,然后将书名改为现名。

史记会注考证附校补 研究著作。日本泷川资言、水泽利忠著。《史记会注考证》由泷川资言在20世纪30年代撰成。以清金陵书局《史记》本为底本,引录南朝宋裴骃《史记集解》、唐司马贞《史记索隐》、张守节《史记正义》三家之注以来有关中日典籍约一百二十多种,上起盛唐,下迄近代,别择缀辑于注文中,时加审辨说明,将一千二百年来诸家众说,以事串联,较为系统地加以介绍。《史记》三家注自宋代合刻于《史记》正文下之后,其中的《史记正义》经不断删削,大失原貌,以致佚文极难搜集。作者从日本所藏几种古本《史记》校记中辑得《正义》佚文一千二三百条,补入书内。全书末附作者所撰《史记总论》,论述司马迁生平事迹和《史记》作书资料、体例、流传、演变、版本等情况。《考证》虽参校了一些本子,然不作校记和改补。20世纪50年代,水泽利忠撰《史记会注考证校补》以补其缺。以《考证》本为底本,广校众本达三十多种,参考中日校记资料近四十种。针对《考证》辑录《史记正义》佚文时省略出处的缺点,《校补》为之一一注明,又据二十多种日本古抄本校记等资料增辑《正义》佚文二百多条。同时对《考证》移录三家注张冠李戴的错误也加以订正。两书是继三家注后对《史记》的又一次大规模整理,资料翔实,考订精确,堪称目前为止资料最丰的《史记》注本,为研究《史记》和中国古代史的重要参考书。《考证》与《校补》两书,原各自刊行。北京古籍刊行社五十年代曾据日本本影印《考证》。70年代台湾广文书局又影印《校补》。上海古籍出版社1985年将《校补》分附于《考证》每卷之后,予以影印,成《史记会注考证附校补》。

先秦文学史 研究著作。徐北文著。分"古代神话"、"《诗经》"、"散文的发展"、"楚辞与屈原"、"先秦文学的成就"五章,研究了先秦文学发展的历程。认为先秦文学的成就主要表现在:一、各种作品形式不同,但其主导思想都体现了关心人民生活、同情人民疾苦的民本主义思想;二、确立了文言文的地位;三、产生了神话、史传、散文、寓言、谐隐与辞赋等多种文学体裁;四、创作出许多典范作品。本书将谜语、寓言、民间传说与故事等列为专节介绍,并肯定其地位,较有识见。山东齐鲁书社1981年出版。

汉文学史纲要 研究著作。鲁迅著。为作者1926年在厦门大学讲授中国文学史课程时的讲义。共十篇,题为"自文字至文章"、"书与诗"、"老庄"、"屈原及宋玉"、"李斯"、"汉宫之楚声"、"贾谊与晁错"、"藩国之文术"、"武帝时文术之盛"、"司马相如与司马迁"。书中所论新颖精警。如评论司马迁时,针对班彪所谓"其是非颇缪于圣人,论大道则先黄老而后六经,序游侠则退处士而进奸雄,述货殖则崇势利而羞贱贫"的观点,认为司马迁"恨为弄臣,寄心楮墨,感身世之戮辱,传畸人于千秋,虽背《春秋》之义,固不失为史家之绝唱,无韵之《离骚》矣。惟不拘于史法,不囿于字句,发于情,肆于心而为文"。高度概括了《史记》的思想与艺术成就。本书在作者生前未正式出版,后被编入《鲁迅全集》。

汉代散文史稿 研究著作。韩兆琦、吕伯涛著。论述自高祖元年(前206)至建安二十五年(220)散文发展的历史。依据刘勰《文心雕龙·时序》,把汉代散文分为西汉前期、西汉后期与东汉前期、东汉后期三个阶段,加上"司马迁与《史记》"专章,共成四章。每章开头有"社会概况",介绍该时期对散文发展影响重大的政治历史事件和社会思想状况；最后有一节概括介绍该阶段散文的基本特征，以及它对以前散文的继承和对以后散文的影响等。原文中较艰深的字句均有注释。还附录了本书重点分析评述的作品篇目。本书对汉代散文的发展作了较全面的探讨，考察了它们发生发展的历史背景及其自身发展变化的规律，为研究汉代散文发展史的参考书之一。由山西人民出版社 1986 年出版。

先秦文学史参考资料　资料汇编。北京大学中文系中国文学史教研室游国恩等选编。是为配合该系“中国文学史”课程的教学而编选。包括古代神话、甲骨卜辞、铜器铭文、《尚书》、《诗经》、《左传》、《国语》、《战国策》、《论语》、《墨子》、《庄子》、《孟子》、《荀子》、《韩非子》、《楚辞》十五大类。除甲骨卜辞、铜器铭文二类外，各类作品都有较详细的注释，并附录一部分研究资料，如各书作者、时代、内容的考证、成书的过程及评价等。本书选录作品较丰富，基本反映了先秦文学的发展概貌。是学习和研究先秦文学史的重要资料集。由北京高等教育出版社 1957 年出版，后由中华书局重版。

两汉文学史参考资料　资料汇编。北京大学中文系中国文学史教研室游国恩等选编。是为配合该系“中国文学史”课程的教学而编选。包括两汉辞赋、《史记》、《汉书》、两汉乐府诗、汉代五七言诗五大类。各类作品都有较详细的注释，并附录一部分研究资料，如作者及事迹的考证、文学体裁的起源及源流演变过程、后人的评价等。本书选录作品丰富，基本涵盖了两汉文学的发展过程。是学习和研究两汉文学史的重要资料集。由高等教育出版社 1959 年出版，后由中华书局重版。

二 魏晋南北朝文学

作　家

邯郸淳 三国魏文学家。一名竺，字子叔，或作子礼。颍川(治今河南禹州)人。博学有才章，工篆书。甫弱冠，撰《曹娥碑》，为蔡邕所赏。献帝初平中，客游荆州，曹操素闻其名，召见，受礼遇。建安中为临淄侯曹植傅。黄初初，为博士给事中，寻卒。与繁钦、路粹、丁仪、丁廙、杨修、荀纬并有文名。原有集，久佚。《全上古三代秦汉三国六朝文》存其文五篇。《先秦汉魏晋南北朝诗》存其诗一首。又著有《笑林》三卷，今佚，有鲁迅《古小说钩沉》辑本。生平事迹见《三国志》卷二一裴松之注引《魏略》。

许靖(150—222) 三国蜀大臣。字文休。汝南平舆(今属河南)人。与从弟许劭俱善臧否人物。汉末察孝廉，除尚书郎，典选举。董卓秉政，出奔扬州，南走交州，后补御史中丞。入蜀，为广汉太守。刘备建立蜀汉政权后，官拜太傅、司徒。原有集，已佚。《全上古三代秦汉三国六朝文》存其文三篇。生平事迹见《三国志》卷三八。

张纮(152—211) 三国吴文学家。字子纲。广陵(治今江苏扬州)人。少游学京师。后避难江东，孙策命为正议校尉。建安四年(199)，受孙策派遣至许昌，与孔融、陈琳友善。曹操曾任为会稽东部都尉。后孙权用为长史，参谋军事。著有诗赋铭诔十余篇。曾作《楠榴枕赋》，为陈琳称赞。原有集，已佚。《全上古三代秦汉三国六朝文》存其文五篇。生平事迹见《三国志》卷五三。

曹操(155—220) 即魏武帝。三国魏政治家、军事家、文学家。字孟德，小名阿瞒。沛国谯县(今安徽亳州)人。少机警，有权数。年二十举孝廉，为郎，除洛阳北部尉。灵帝光和末，参加镇压黄巾起义。迁济南相。中平六年(189)，董卓废少帝而立献帝，他起兵讨卓。建安元年(196)，迎献帝都许昌，“挟天子以令诸侯”。四年，破袁绍，统一中国北方。十三年，进位丞相，率军南下，被孙权、刘备败于赤壁。二十一年，封魏王。死后子丕称帝，追尊为武帝，庙号太祖。喜音乐，雅好诗章。网罗文士，形成邺下文人集团，是建安文学的代表作家。其文学成就主要在诗歌。今存诗二十余首，皆为乐府歌辞，或反映汉末动乱的现实，或抒写自己的怀抱。清沈德潜《古诗源》云：“借古乐写时事，始于曹公。”方东树《昭昧詹言》谓其“用乐府题而自叙述时事”，“用乐府题自作诗”。开后世文人拟古乐府创作的端绪。其诗歌风格，南朝梁钟嵘《诗品》卷下以为“古直，甚有悲凉之句”；宋敖陶孙《诗评》以为“如幽燕老将，气韵沉雄”；明陆时雍《诗镜总论》以为“饶雄力”，“其言如摧锋之斧”；清冯班《钝吟杂录·古今乐府论》以为“悲凉慷慨”；沈德潜《古诗源》以为“沉雄俊爽，时露霸气”；张玉谷《古诗赏析》以为“雄深”；刘熙载《艺概·诗概》以为“气雄力坚”。其文清峻通脱，不尚浮华，鲁迅《而已集·魏晋风度及文章与药及酒之关系》誉为“改造文章的祖师”。代表作有《蒿里行》、《苦寒行》、《却东西门行》、《短歌行》、《步出夏门行》等诗，及《让县自明本志令》、《求贤令》、《举贤勿拘品行令》等文。遗著《魏武帝集》，已佚，有明人辑本。又有今人整理排印本《曹操集》。近人黄节有《魏武帝诗注》。生平事迹见《三国志》卷一。中华书局1980年出版《三曹资料汇编》，选录历代关于曹操及其诗文创作的资料。

华歆(157—231) 三国魏散文家。字子鱼。平原高唐(今属山东)人。少知名。与北海邴原、管宁交游友善，时号“一龙”。歆为龙头，原为龙腹，宁为龙尾。东汉灵帝时举孝廉，少帝时为尚书郎，献帝时拜豫章太守，累迁至尚书令。曹丕嗣爵魏王，封安乐乡侯。魏受禅，为司徒。明帝即位，进封博平侯，转拜太尉。卒谥敬侯。原有集，已佚。《全上古三代秦汉三国六朝文》存其文四篇。生平事迹见《三国志》卷一三。

管宁(158—241) 三国魏散文家。字幼安。北海朱虚(今山东临朐东南)人。初与华歆、邴原交游友善,时号"一龙"。东汉末,避乱辽东,后还乡。魏文帝诏为太中大夫,明帝征为光禄勋,皆辞不就。原有集,已佚。《全上古三代秦汉三国六朝文》存其文四篇。生平事迹见《三国志》卷一一。

路粹(?—214) 三国魏文学家。字文蔚。陈留(今河南开封东南)人。少师事蔡邕。建安初以高才擢拜尚书郎,后为军谋祭酒,与陈琳、阮瑀等典记室。尝为曹操作书指陈孔融罪。建安十九年(214),转为秘书令。后因违禁坐罪,为操所杀。与邯郸淳、繁钦、丁仪、丁廙、杨修、荀纬并有文名。原有集,已佚。《全上古三代秦汉三国六朝文》存其文二篇。生平事迹见《三国志》卷二一《王卫二刘傅传》裴松之注引《典略》。

丁仪(?—220) 三国魏文学家。字正礼。沛国(治今安徽濉溪西北)人。有文才,擅长政论。建安中,曹操辟为丞相西曹掾。与曹植亲善。与弟廙赞立植为太子。曹丕立为太子,他转为右刺奸掾。曹丕继王位,与弟廙同被杀。与邯郸淳、繁钦、路粹、杨修、荀纬及弟廙,并有文采。原有集,已佚。《全上古三代秦汉三国六朝文》存其文三篇。生平事迹见《三国志》卷一九《任城陈萧王传》裴松之注引《魏略》。

丁廙(?—220) 三国魏文学家。"廙"或作"翼"。字敬礼。沛国(治今安徽濉溪西北)人。丁仪弟。少博学洽闻。初为曹操所辟,建安中迁黄门侍郎。与曹植亲善。与兄仪赞立植为太子,曹丕继王位,同被杀。与邯郸淳、繁钦、路粹、杨修、荀纬及兄仪,并有文采。原有集,已佚。《全上古三代秦汉三国六朝文》存其赋二篇。生平事迹见《三国志》卷一九《任城陈萧王传》裴松之注引《魏略》。

王象 三国魏散文家。字羲伯。河内(治今河南武陟西南)人。少孤。建安中,与同郡荀纬等为曹丕所礼待。魏受禅,拜散骑侍郎,迁常侍,封列侯,领秘书监,受诏主持撰集《皇览》。性器和厚,又文采温雅,京师称为儒宗。与卫觊同以文章显名于时。原有集,已佚。《全上古三代秦汉三国六朝文》存其文一篇。生平事迹见《三国志》卷二一、卷二三《杨俊传》裴松之注引《魏略》。

王朗(?—228) 三国魏散文家。初名严,字景兴。东海郯县(今山东郯城)人。东汉末,曾任会稽太守。建安三年(198),曹操征拜谏议大夫,参司空军事。曹丕嗣爵魏王,迁御史大夫,封安陵亭侯。魏受禅,改司空,进封乐平乡侯。明帝即位,进封兰陵侯,转为司徒。卒谥成侯。高才博雅,性严整慷慨,多威仪,恭俭节约。尝为《易》、《春秋》、《孝经》、《周官》作注。原有集,已佚。《全上古三代秦汉三国六朝文》存其文三十四篇。生平事迹见《三国志》卷一三。

吴质(177—230) 三国魏文学家。字季重。济阴(治今山东定陶西北)人。建安中,以才学通博,为曹丕、曹植所礼遇。后出为朝歌长,迁元城令。丕即帝位,官至振威将军,封列侯。工于为文,尤长于书札。《全上古三代秦汉三国六朝文》存其文七篇。《先秦汉魏晋南北朝诗》存其诗一首。生平事迹见《三国志》卷二一。

韦诞(179—253) 三国魏文学家。字仲将。京兆(治今陕西西安)人。有文才,善属辞章,又以善书名。建安中,为郡上计吏,拜郎中,稍迁侍中中书监,封安阳亭侯,官终光禄大夫。原有集,已佚。《全上古三代秦汉三国六朝文》存其文八篇。《先秦汉魏晋南北朝诗》存其残诗二句。生平事迹见《三国志》卷三一。

傅巽 三国魏散文家。字公悌。北地泥阳(今陕西耀县东南)人。建安中为东曹掾,拜尚书郎,赐爵关内侯。黄初中,官至侍中、尚书。原有集,已佚。《全上古三代秦汉三国六朝文》存其文五篇。生平事迹见《三国志》卷二一。

苏林 三国魏文学家。字孝友。陈留(治今河南开封)人。博学,多通古今字。建安中,为五官将文学。黄初中,迁博士、给事中。官至散骑常侍。后以老归第。年八十余卒。与韦诞、夏侯惠、孙该、杜挚齐名。所著文赋多散佚。《全上古三代秦汉三国六朝文》存其文二篇。生平事迹见《三国志》卷二一。

夏侯惠 三国魏文学家。字稚权。沛国谯县(今安徽亳州)人。夏侯渊子。幼以才学见称。明帝时,官散骑黄门侍郎,迁燕相、乐安太守。年三十七卒。善属奏议。原有集,已佚。《全上古三代秦汉三国六朝文》存其文二篇。生平事迹见《三国志》卷九《夏侯渊传》裴松之注引《文章叙录》。

秦宓(?—226) 三国蜀文学家。字子勑。广汉绵竹(今属四川)人。以才学名世。初隐逸。刘备定蜀后,曾辟为从事祭酒。诸葛亮领益州牧,为别驾,拜左中郎将,官至大司农。善文辩,答对敏捷,辞义雅美。《三国志》称其

"专对有余，文藻壮美，可谓一时之才士"。《全上古三代秦汉三国六朝文》存其文四篇。生平事迹见《三国志》卷三八。

卫觊(？—229) 三国魏文学家。字伯儒。河东安邑(今山西夏县西北)人。少以才学称。建安初，曹操辟为司空掾属，除茂陵令，迁尚书郎。建安十八年(213)，拜侍中，与王粲并典制度。文帝时为尚书，封阳吉亭侯。明帝时，进封阌乡侯。卒谥敬侯。善书法，尤精篆书、隶草。与潘勖、王象，并以文章显。尝著《魏官仪》。《全上古三代秦汉三国六朝文》存其文十七篇。生平事迹见《三国志》卷二一。

左延年 三国魏诗人。精通音律。黄初中，官协律都尉，以新声被宠。太和中为协律中郎将。《全上古三代秦汉三国六朝文》存其残文一则。《先秦汉魏晋南北朝诗》存其诗三首。生平事迹见《三国志》卷二九。

卞兰 三国魏文学家。琅邪开阳(今山东临沂)人。武帝卞后弟卞秉子。少有才学。嗣爵开阳侯。明帝时，历官奉车都尉、游击将军，加散骑常侍。原有集，已佚。《全上古三代秦汉三国六朝文》存其文四篇，生平事迹见《三国志》卷五。

诸葛亮(181—234) 三国蜀政治家、军事家、散文家。字孔明。琅邪阳都(今山东沂南南)人。早孤，随叔父诸葛玄依附荆州牧刘表。东汉末隐居南阳隆中，躬耕陇亩，而留心世事。胸怀大志，每自比于管仲、乐毅，被称为"卧龙"。建安十二年(207)，刘备屯兵新野，三顾草庐，咨问当世之事。他提出占领荆州、益州以为基地，联合东吴、北抗曹魏的主张，即世传"隆中对"。后为军师，辅佐刘备，建立蜀汉政权。刘备称帝，被任命为丞相。刘禅继位，封为武乡侯，领益州牧。曾六出祁山，兴兵伐魏。建兴十二年(234)，病死于武功五丈原军中，谥忠武侯。执法严明，赏罚必信，开诚心，布公道，"善无微而不赏，恶无纤而不贬"(《三国志》本传评)。生平不治产业，鞠躬尽瘁，死而后已，深受百姓拥戴。其文不假雕饰，而情真语挚，文采内蕴。所作《出师表》为传世名篇。西晋陈寿称其"声教遗言，皆经世综物。公诚之心，形于文墨。足以知其人之意理，而有补于当世"(《进诸葛亮集表》)。刘勰曰："诸葛孔明之详约……理得而辞中，教之善也"(《文心雕龙·诏策》)。原有集，已佚，后人辑有《诸葛亮集》。生平事迹见《三国志》卷三五。

缪袭(186—245) 三国魏文学家。字熙伯。东海兰陵(今山东苍山兰陵镇)人。建安中，辟御史大夫府。黄初中，受诏与王象等共撰集《皇览》，又受命与卫觊等共撰《魏史》，迁散骑常侍。明帝时，迁侍中。正始中，累迁尚书光禄勋。与仲长统友善。有才学，多所撰述。原有集，已佚。《全上古三代秦汉三国六朝文》存其文十四篇。《先秦汉魏晋南北朝诗》存其乐府诗十二首。生平事迹见《三国志》卷二一。

曹丕(187—226) 即魏文帝。三国魏的建立者、文学家。公元220—226年在位。字子桓。沛国谯县(今安徽亳州)人。曹操次子。文武兼备。建安十六年(211)为五官中郎将。二十二年立为太子。二十五年嗣位为魏王，代汉称帝，都洛阳，国号魏。卒谥文。曾两次征吴，皆无功；又推行九品中正制，确立和巩固士族门阀在政治上的特权。爱好文学。建安中，文士聚于魏都邺下(今河北临漳)，结为文友，共同从事文学活动，他为邺下文学集团的实际领袖。在文学创作与理论上均有成就。其诗受民歌影响，多为乐府，尤以描写男女相恋与离别之作成就最高，以婉约细秀、缠绵柔媚见称。《燕歌行》为现存最早的完整的文人七言诗。诗歌代表作尚有《杂诗》二首、《善哉行·上山采薇》、《寡妇》等。其文《与吴质书》二篇，悼念亡友，凄楚感人。另有《典论》一书，大部已散佚或残缺不全，较完整者只有《自叙》、《论文》二篇。其中《论文》为文学批评专论，倡言"文章，经国之大业，不朽之盛事"，探讨文学体制、作家才性和具体的文学批评等问题，指出文章一道"本同而末异"，"奏议宜雅，书论宜理，铭诔尚实，诗赋欲丽"；而作家所禀之才性气质不同，"清浊有体，不可力强而致"，故不同作家必有不同的创作个性和作品风格，进而对"贵远贱近"、"文人相轻"的文坛陋习提出批评。此外，对屈原、贾谊、司马相如等前代作家也有较中肯评论，于文学理论多所贡献，开创了文学批评的风气。原有集，已佚，有辑本《魏文帝集》。近人黄节有《魏文帝诗注》。生平事迹见《三国志》卷二。中华书局1980年出版《三曹资料汇编》，选录历代关于曹丕及其诗文创作的资料。

应璩(190—252) 三国魏文学家。字休琏。汝南南顿(今河南项城西)人。应玚弟。文帝时，曾官侍中。明帝朝，与韦诞等受诏撰《魏书》。齐王即位，迁大将军府长史。时曹爽秉持朝政，多违法度，乃作《百一诗》以讽之。又工于文章，善为书记，骈对工丽，文藻秀美。明张溥称："休琏书最多，俱秀绝时表。"(《汉魏六朝百三家名集·应休琏集题辞》)。原有集，已佚，明人辑有《应休琏集》。生平事迹见《三国志》卷二一。

薛综(？—243)　三国吴文学家。字敬文。沛国竹邑(今安徽宿州北)人。少时研习经书，善属文，长于辞令。孙权曾用为五官中郎将，除合浦、交趾太守。累官至选曹尚书、太子少傅。屡上书言事。孙权尝令撰祝祖文，不得用寻常言辞，他仓促成篇，文辞灿烂，众皆称善。所著诗、赋、杂论凡数万言，名曰《私载》。原有集，已佚。《全上古三代秦汉三国六朝文》存其文十二篇。《先秦汉魏晋南北朝诗》存其诗二首。生平事迹见《三国志》卷五三。

刘劭　三国魏学者、文学家。字孔才。广平邯郸(今属河北)人。建安中为计吏，后拜太子舍人。魏受禅，迁秘书郎，受诏与王象等撰集《皇览》，历官尚书郎、散骑侍郎。明帝即位，出为陈留太守，后征拜骑都尉，迁散骑常侍。正始中，执经讲学，赐爵关内侯。寻卒。曾受诏作《许都》、《洛都》二赋，对外兴军旅，内营宫室，意存讽谏。原有集，已佚。《全上古三代秦汉三国六朝文》存其文十六篇，多为残篇。另有《人物志》。生平事迹见《三国志》卷二一。

桓範(？—249)　三国魏散文家。字元则。沛国(治今江苏沛县)人。建安末入丞相府。文帝即位，与王象等纂集《皇览》。明帝时历中领军、尚书。正始中拜大司农。后坐曹爽被诛。原有集，已佚。《全上古三代秦汉三国六朝文》存其《世要论》佚文一卷，书表五篇。生平事迹见《三国志》卷九。

曹羲(？—249)　三国魏文学家。沛国谯县(今安徽亳州)人。曹爽弟。有文学才。初为中领军，以列侯侍从，出入禁闼。时爽与太傅司马懿共辅朝政，爽骄奢淫逸，他常加谏阻，爽不听。嘉平元年(249)，爽败，受累被杀。原有集，已佚。《全上古三代秦汉三国六朝文》存其文五篇。生平事迹见《三国志》卷九《曹真传》。

何晏(？—249)　三国魏玄学家、文学家。字平叔。南阳宛县(今河南南阳)人。何进孙。父早亡，母尹氏被曹操纳为夫人，他被操所收养。少以才秀知名。文帝时，赐爵列侯，娶金乡公主。正始初，依附曹爽，官至尚书，后被司马懿所杀。性好《庄》、《老》，和夏侯玄、王弼等倡导玄学，竞事清谈，开一时风气。曾注《老子》，后见王弼注，叹为精奇，乃改所注为《道德二论》。能诗赋。其赋以《景福殿赋》较著名。刘勰论曰："(正始之际)何晏之徒，始盛玄论，于是(老)聃、(庄)周当路，与尼父争途矣。"(《文心雕龙·论说》)又言："正始明道，诗杂仙心。何晏之徒，率多浮浅。"(《文心雕龙·明诗》)原有集，已佚。今存《论语集解》。《全上古三代秦汉三国六朝文》存其文十四篇。《先秦汉魏晋南北朝诗》存其诗二首、残句二句。生平事迹见《三国志》卷九。

曹植(192—232)　三国魏文学家。字子建。沛国谯县(今安徽亳州)人。曹操第三子。少有文才，善为诗文。特受操宠爱，屡欲立为嗣，终因任性而行失宠。遭忌于兄丕。建安十六年(211)封平原侯。十九年，徙封临菑侯。二十五年，操死，丕废汉称帝，使就国。黄初二年(221)，贬爵安乡侯，改封鄄城侯；三年，立为鄄城王；四年，徙封雍丘王。太和元年(227)，丕死，曹叡即位，徙封浚仪；三年，徙封东阿；六年，封为陈王。郁郁而死。谥曰思，世称"陈思王"。文学创作以丕即帝位为界，分为前后两期。前期颇多抒发建功立业的豪情壮志之作，如《白马篇》、《鰕䱇篇》等，亦有少数关涉社会、反映动乱残破现实的作品，如《送应氏》等，另有不少美遨游、叙酣宴之什。后期作品，诗如《赠白马王彪》、《野田黄雀行》、《七步诗》、《泰山梁甫行》，文如《求自试表》、《求通亲亲表》，赋如《洛神赋》等，或诉说骨肉相残、屡遭疑忌之苦痛，或发抒有志不能施逞之悲愤，或申述己志，或悯惜世乱，多忧患之辞和慷慨之音；表现上亦趋向沉郁内敛，多用比兴寄托，愈见婉曲深入。其诗、文、赋兼工而俱美。文以表尤善，刘勰《文心雕龙·章表》有"独冠群才"之称。赋以《洛神赋》最著，代表建安辞赋创作最高成就。诗之成就更在文、赋之上。钟嵘《诗品》谓其"骨气奇高，词采华茂，情兼雅怨，体被文质，粲溢今古，卓尔不群"，推为"建安之杰"。为诗工于起调，讲求辞藻华赡，造语精工，音韵自然和美，堪称独步；形式则以五言为主，对中国五言诗发展卓有贡献，钟嵘《诗品》誉其为"五言之冠冕"。原有集，已佚，宋人辑有《曹子建集》。生平事迹见《三国志》卷一九。中华书局1980年出版《三曹资料汇编》，选录历代关于曹植及其诗文创作的资料。

陈思王　即曹植。

曹彪(？—249)　三国魏宗室。字朱虎。沛国谯县(今安徽亳州)人。曹操庶子。建安、黄初、太和中，历封寿春侯、汝阳公、弋阳王、吴王、白马王、楚王。嘉平元年(249),兖州刺史令狐愚与太尉王凌谋迎彪都许昌,事泄,朝廷使自杀而死。《先秦汉魏晋南北朝诗》存其诗一首。生平事迹见《三国志》卷二〇。

王肃(195—256) 三国魏经学家。字子雍。东海郯县(今山东郯城)人。王朗子。黄初中,为散骑黄门侍郎。太和三年(229),拜散骑常侍。正始元年(240)出为广平太守,旋为侍中。后迁中领军,加散骑常侍。卒赠卫将军,谥曰景侯。善贾逵、马融之学。尝为《尚书》、《诗》、《论语》、三《礼》、《左传》作注。原有集,已佚。《全上古三代秦汉三国六朝文》存其文三十五篇。生平事迹见《三国志》卷一三。

杜恕(197—252) 三国魏散文家。字务伯。京兆杜陵(今陕西西安)人。明帝时为散骑黄门侍郎。后任幽州刺史。为人倜傥任意,不求世誉。立身诚实朴质,不结私援。在朝八年,议论亢直。后被免官。所撰奏议论驳皆可观。著有《体论》、《兴性论》等。《全上古三代秦汉三国六朝文》存其文八篇。生平事迹见《三国志》卷一六。

陆凯(198—269) 三国吴散文家。字敬风。吴郡吴县(今属江苏)人。黄武初为永兴、诸暨长,拜建武都尉。吴末帝孙皓时,迁镇西大将军,领荆州牧。宝鼎元年(266),迁左丞相。虽统率军众,而手不释书。时政多谬,屡上表疏,皆秉忠质言。原有集,已佚。《全上古三代秦汉三国六朝文》存其文九篇。生平事迹见《三国志》卷六一。

杜挚 三国魏文学家。字德鲁。河东(治今山西夏县西北)人。太和初,为司徒军谋吏,后举孝廉,除郎中,转补校书,寻卒。有文名。原有集,已佚。《全上古三代秦汉三国六朝文》存其赋一篇。《先秦汉魏晋南北朝诗》存其诗二首。生平事迹见《三国志》卷二一。

阚泽(?—243) 三国吴学者。字德润。会稽山阴(今浙江绍兴)人。世代务农。少时贫而好学,曾受雇为人抄书。及长,博览群籍,兼通历数。察孝廉,除钱唐长,孙权用为骠骑将军。嘉禾中,为中书令。赤乌五年(242),拜太子太傅,封都乡侯。曾删简《礼记》文及诸注说,又著《乾象历注》。同时学者虞翻赞曰:“阚生矫杰,盖蜀之扬雄。”又曰:“阚子儒术德行,亦今之(董)仲舒也。”(《三国志》卷五三裴松之注引《吴录》)《全上古三代秦汉三国六朝文》存其文一篇。生平事迹见《三国志》卷五三。

毌丘俭(?—255) 三国魏文学家。字仲恭。河东闻喜(今属山西)人。初为平原侯文学。明帝时为幽州刺史,封安邑侯。后徙镇东将军,都督扬州。齐王曹芳被废,他与扬州刺史文钦矫太后诏讨伐司马师,兵败被杀。原有集,已佚。《全上古三代秦汉三国六朝文》存其文九篇。《先秦汉魏晋南北朝诗》存其诗三首。生平事迹见《三国志》卷二八。

诸葛恪(203—253) 三国吴文学家。字元逊。琅邪阳都(今山东沂南南)人。诸葛瑾子。少有才名。弱冠拜骑都尉,从中庶子转左辅都尉。孙权死后,任大将军、太子太傅、中书令,辅立孙亮,专国政。后为皇族孙峻所杀。原有集,已佚。《全上古三代秦汉三国六朝文》存其文七篇。《先秦汉魏晋南北朝诗》存其诗一首。生平事迹见《三国志》卷六四。

杨戏(?—261) 三国蜀散文家。字文然。犍为武阳(今四川彭山东)人。年二十余,从州书佐为督军从事,府辟为属主簿。又曾任南中郎参军,领建宁太守、梓潼太守,入为射声校尉。性简略,酒后言笑,多傲弄之辞,被免为庶人。曾作《季汉辅臣赞》。东晋常璩赞曰:“文然简约,言不诡随。”(《华阳国志》卷一〇)《全上古三代秦汉三国六朝文》存其文一篇。生平事迹见《三国志》卷四五。

韦昭(204—273) 三国吴散文家。字弘嗣,后因避晋文帝讳改名曜。吴郡云阳(今江苏丹阳)人。自幼好学,能属文。初为丞相掾,后迁太子中庶子。会稽王孙亮即位,任太史令,与华覈、薛莹等同撰《吴书》。景帝孙休在位时,曾任中书郎,承旨校定众书,又制《铙歌十二曲》赞颂朝廷之功德。末帝孙皓即位后,被封高陵亭侯,累官侍中,领左国史。禀性切直,因屡忤皓意,下狱死。华覈尝上疏营救韦昭,称“今曜(即韦昭)在吴,亦汉之史迁(指司马迁)也”。曾注《国语》等。原有集,已佚。《全上古三代秦汉三国六朝文》存其文五篇。生平事迹见《三国志》卷六五。

曹叡(205—239) 即魏明帝。三国魏皇帝、文学家。字元仲。沛国谯县(今安徽亳州)人。曹丕子。公元227—239年在位。少好学多识。黄初元年(220),封武德侯,七年立为太子,旋即帝位。卒谥明。能诗文,与祖操、父丕,并称“三祖”。其诗感怀抒情,哀婉沉挚。原有集,已佚。《全上古三代秦汉三国六朝文》、《先秦汉魏晋南北朝诗》收录其诗文较备。黄节《魏武帝魏文帝诗注》附有《魏明帝诗注》。生平事迹见《三国志》卷三。

顾谭(205—246)　三国吴散文家。字子默。吴郡吴县(今属江苏)人。弱冠为太子中庶子,与诸葛恪等为"太子四友"。赤乌中,为左节度,加奉车都尉,后为选曹尚书,拜太常,官至平尚书事。为人构陷,流徙交州,发愤著《新言》二十篇。著有《顾子新语》,有集,俱佚。《全上古三代秦汉三国六朝文》存其文二篇。生平事迹见《三国志》卷五二。

曹冏　三国魏宗室。字元首。沛国谯县(今安徽亳州)人。官弘农太守。著有《六代论》。生平事迹见《三国志》卷二〇《武文世王公传》裴松之注引《魏氏春秋》。

傅嘏(209—255)　三国魏散文家。字兰石,一字兰硕,或字昭先。北地泥阳(今陕西耀县东南)人。弱冠知名。正始中迁黄门侍郎。嘉平初为河南尹、尚书。正元中以功进封阳乡侯。卒赠太常,谥元侯。有清识。尝与钟会等论才性同异。原有集,已佚。《全上古三代秦汉三国六朝文》存其文五篇。生平事迹见《三国志》卷二一。

夏侯玄(209—254)　三国魏散文家。字太初,一作泰初。沛国谯县(今安徽亳州)人。夏侯尚子。少知名。年二十,为散骑黄门侍郎,左迁羽林监。齐王芳即位,迁散骑常侍、中护军,出为征西将军,都督雍、凉州诸军事,徙太常。拟谋杀司马师,事泄,被司马师所杀。与当时俊士诸葛诞并有名,为"四聪"之一。著有《夏侯子》,有集,俱佚。《全上古三代秦汉三国六朝文》存其文七篇及《夏侯子》佚文三则。生平事迹见《三国志》卷九。

阮籍(210—263)　三国魏文学家、思想家。字嗣宗。陈留尉氏(今属河南)人。阮瑀子。少即善属文,博览群书。及长,尤好《庄》、《老》,任性不羁。正始三年(242),太尉蒋济辟为掾属,未久谢病归。复为尚书郎,旋以病免。八年,大将军曹爽辅政,辟为参军,以疾辞。后爽被杀,时人乃服其远识。司马懿执政,命为从事中郎,复为司马师大司马从事中郎。正元元年(254),封关内侯,徙散骑常侍。尝任东平相,乘驴到郡,拆除府舍屏障,使内外相望,旬日而还。闻步兵校尉厨多美酒,常贮酒三百斛,乃求为校尉,遗落世事,酣饮为常,世称"阮步兵"。本有济世之志,值魏晋易代之际,名士少有全者,遂沉湎于酒以自保。或酣醉连月,不涉是非,或放浪形骸,不遵礼法,得以避灾免祸。蔑视礼教,尝以白眼看待世俗士,名教之士疾之若仇。能诗善文。与嵇康齐名,为"竹林七贤"之一。著《达庄论》、《通老论》,阐述老、庄之旨,兼明无为之贵。又著《大人先生传》,痛诋礼法之士如裈中之虱,"行不敢离缝际,动不敢出裈裆,自以为得绳墨";抨击君主制度之毒害天下,以为"君立而虐兴,臣设而贼生,坐制礼法,束缚下民",本道家之说,而寄现实之感。正元中,与王沈、荀顗共撰《魏书》,不传。作《咏怀诗》八十二首,揭露时政黑暗与世风虚伪,抒发忧生惧祸之情,多用比兴,寄托玄远,为世所重。钟嵘《诗品》称其《咏怀诗》"言在耳目之内,情寄八荒之表","厥旨渊放,归趣难求"。原有集,已佚,后人辑有《阮嗣宗集》。生平事迹见《三国志》卷二一。

闵鸿　三国吴散文家。广陵(治今江苏扬州)人。仕吴为尚书。与薛兼、纪瞻、顾荣、贺循齐名,号为"五俊"。入晋,朝廷征辟,不就。原有集,已佚。《全上古三代秦汉三国六朝文》存其文五篇。生平事迹见《晋书》卷五四。

孙该(?—261)　三国魏史学家、文学家。字公达。任城(治今山东济宁)人。少强志好学。历明帝、齐王、高贵乡公、元帝四朝,累官郎中、博士司徒右长史、著作郎。曾著《魏书》。与苏林、韦诞、夏侯惠、杜挚齐名。原有集,已佚。《全上古三代秦汉三国六朝文》存其赋二篇。生平事迹见《三国志》卷二一。

周昭　三国吴文学家。字恭远。颍川(治今河南禹州)人。曾与韦昭、薛莹、华覈并撰《吴书》。后为中书郎,坐事下狱诛。著有《周子》(一作《周子新论》)九卷,已佚。《全上古三代秦汉三国六朝文》存其文四篇。《先秦汉魏晋南北朝诗》存其诗一首。生平事迹见《三国志》卷五二、卷五三。

华覈　三国吴文学家。字永先。吴郡武进(今属江苏)人。始为上虞尉、典农都尉,以文学入为秘府郎,迁中书丞。孙皓即位,封徐陵亭侯,迁东观令,领右国史。以时政多故,曾上书表百余。时人称:"华覈诗赋之才,有过于曜(即韦昭),典诰不及也。"(《太平御览》卷四四五引周昭语)原有集,已佚。《全上古三代秦汉三国六朝文》存其文十一篇。《先秦汉魏晋南北朝诗》存其残诗二句。生平事迹见《三国志》卷六五。

郤正(?—278)　三国蜀散文家。本名纂，字令先。河南偃师（今属河南）人。少时父死母嫁。安贫好学，博览坟籍。弱冠能属文。后主时，入为秘书吏，转为令史，迁郎，至令。泰安中除安阳令，迁巴西太守。文辞灿烂，有张（衡）、蔡（邕）之风。曾依则先儒，假文见意，作《释讥》，其文继承崔骃《达旨》遗风。原有集，已佚。《全上古三代秦汉三国六朝文》存其文三篇。生平事迹见《三国志》卷四二。

嵇喜 三国魏文学家。字公穆。谯郡铚县（今安徽宿州西南）人。嵇康兄。有当世才。曾为齐王司马冏司马。入晋为扬州刺史，迁太仆、宗正。原有集，已佚。《全上古三代秦汉三国六朝文》存其文一篇。《先秦汉魏晋南北朝诗》存其诗四首。生平事迹见《三国志》卷二一注引《嵇氏谱》、《晋书》卷四九。

嵇康（224—263） 三国魏文学家、思想家。字叔夜。谯郡铚县（今安徽宿州西南）人。祖先姓奚，居于会稽上虞，因避仇怨，迁家铚地，取“稽”字之上部加“山”为姓。一说铚地有嵇山，家于其侧，故以为姓。早年丧父，旷迈不群，天质自然，博览赅通。娶魏沛穆王曹林孙女（一说曹林之女）为妻。曾官中散大夫，世称“嵇中散”。友人山涛荐他出仕，他答书拒绝，声言“非汤武而薄周孔”，司马昭怒而恶之。后遭钟会构陷，被司马昭所杀。临刑之际，索琴奏《广陵散》而终。性好老庄。尝曰：“老子、庄周，吾之师也。”著论多以老庄为旨，主张“越名教而任自然”。《养生论》、《明胆论》阐说其人生及哲学思想，文笔犀利。《与山巨源绝交书》是其书信体文章的代表作，表现了他超世独立，不随流俗之人格。其文析理绵密，议论风发，文藻壮丽，寄意玄远。其诗属辞清峻，以四言为胜。虽体似风雅，而思绪清越，别具神韵。以《赠秀才入军诗》和《幽愤诗》为代表作。前者抒发兄弟相思之情，兼明隐逸之志。后者感念平生，诉说内心之愤懑。清人沈德潜评曰：“叔夜四言诗多俊语，不摹仿三百篇，允为晋人先声。”（《古诗源》）原有集，已佚，明人辑有《嵇中散集》。生平事迹见《三国志》卷二一、《晋书》卷四九。

钟会（225—264） 三国魏玄学家、文学家。字士季。颍川长社（今河南长葛东北）人。钟繇子。少敏惠，年十五入太学。博学，长于名理。正始中，为秘书郎，迁尚书郎。嘉平元年（249），为中书郎。景元三年（262），为镇西将军，假节都督关中诸军事。次年西征，平蜀，进司徒。后因谋反被杀。其文“彬彬儒雅”，为“魏文、七子余泽”（张溥《汉魏六朝百三名家集·钟司徒集题辞》）。所作《檄蜀文》有建安书檄之遗风。原有集，已佚，明人辑有《钟司徒集》。生平事迹见《三国志》卷二八。

王弼（226—249） 三国魏玄学家。字辅嗣。山阳高平（今山东邹城）人。王粲侄孙。十余岁即好《老子》。曾任尚书郎。持论以无为本，以有为末。认为“天地虽广，以无为心”，“将欲全有，必反于无”。一扫汉儒天人感应、阴阳象数之说，探究天地万物生成变化之理。曾注《老子》、《周易》等。著有《老子指略例》、《周易略例》等，析理精微，逻辑严密。近人刘师培谓其“文质兼茂，非惟析理之精也”（《中古文学史讲义》）。后人辑有《王弼集》。生平事迹见《三国志》卷二八。

张俨（？—266） 三国吴文学家。字子节。吴郡吴县（今属江苏）人。张翰父。博学多识。仕吴，拜大鸿胪。宝鼎元年（266），使于晋，及还，病死于途。原有集，又有《默记》三卷，俱佚。《全上古三代秦汉三国六朝文》存其文三篇。《先秦汉魏晋南北朝诗》存其诗一首。生平事迹见《三国志》卷四八。

向秀（约227—272） 魏晋之际哲学家、文学家。字子期。河内怀县（今河南武陟西南）人。朗达有俊才。少为山涛所知，又与嵇康、吕安友善，为“竹林七贤”之一。官至黄门侍郎、散骑常侍。曾为《庄子》作注，“发明奇趣，振起玄风”，尚余《秋水》、《至乐》二篇注释未竟而卒。后郭象“述而广之”，别为一书。向秀注本已佚，其注散见于《世说新语》、《列子注》、《文选注》、《经典释文》等书中。在自然观上，提出万物“自生”“自化”，各任其性的主张。认为人思五味、五色是“自然之理”，“但当节之以礼”。主张顺应自然之理，反对用压抑性情的办法求长生。又主张自然与名教统一，合儒道为一。擅诗赋。曾作《思旧赋》，悼念亡友嵇康、吕安，从侧面表示对当时政治现实的不满，颇为有名。《全上古三代秦汉三国六朝文》存其文二篇。生平事迹见《晋书》卷四九、《世说新语·言语》。

曹髦（241—260） 三国魏皇帝。公元254—260年在位。字彦士。沛国谯县（今安徽亳州）人。曹丕孙。正始五年（244）封郯县高贵乡公。嘉平六年（254）即帝位。甘露五年（260），以不甘坐受废辱，率僮仆数百出讨大将军司马昭，被杀。死后无号，史称“高贵乡公”。原有集，已佚。《全上古三代秦汉三国六朝文》存其文二十四篇。《先秦汉魏晋南北朝诗》存其诗二首。生平事迹见《三国志》卷四。

王沈（？—266）　西晋散文家。字处道。太原晋阳（今山西太原西南）人。好书法，善属文。初为曹爽掾。曾与荀顗、阮籍共撰《魏书》。曹髦称其为文籍先生。甘露五年（260），曹髦将攻司马昭，驰告昭，封安平侯。司马炎称帝，加散骑常侍，进爵博陵县公。原有集，已佚。《全上古三代秦汉三国六朝文》存其文十四篇。生平事迹见《晋书》卷三九。

应贞（？—269）　西晋文学家。字吉甫。汝南南顿（今河南项城西南）人。应璩子。正始年间，举高第，任职中书。咸熙元年（264），司马炎为抚军大将军，任为参军。泰始中，迁给事中、散骑常侍。善谈论，以才学称。通儒学，尝与太尉荀顗撰定晋礼，未施行。原有集，已佚。《全上古三代秦汉三国六朝文》存其文九篇。《先秦汉魏晋南北朝诗》存其诗一首。生平事迹见《晋书》卷九二。

山涛（205—283）　西晋散文家。字巨源。河内怀县（今河南武陟西南）人。少孤贫，有器量。好老、庄学说，与嵇康、阮籍等交游，为"竹林七贤"之一。与司马懿有亲戚关系，懿与曹爽争权时，隐居不出。及司马师执魏政才出仕。晋初，任吏部尚书、尚书右仆射等职。选用官吏，都亲作评论，当时号为"山公启事"。欲引嵇康出任尚书吏部郎，康致书与之绝交。原有集，已佚，今有辑本。《全上古三代秦汉三国六朝文》存其文六篇。生平事迹见《晋书》卷四三、《世说新语·政事》。

王濬（206—286）　西晋文学家。字士治，小字阿童。弘农湖县（今河南灵宝西南）人。初为羊祜参军，迁益州刺史，封关内侯。后征拜右卫将军，除大司农，再为益州刺史。太康元年（280），东下伐吴，破建康，降孙皓，拜辅国大将军，封襄阳县侯，后转抚军大将军。博涉坟典。原有集，已佚。《全上古三代秦汉三国六朝文》存其文三篇。《先秦汉魏晋南北朝诗》存其诗二首。生平事迹见《晋书》卷四二。

皇甫谧（215—282）　西晋医学家、文学家。幼名静，字士安，号玄晏先生。安定朝那（今甘肃平凉西北）人。年二十始专力于学，患风痹疾亦手不释卷。耽玩典籍，废寝忘食，有"书淫"之称。立志以著述为务，郡举孝廉、相国征辟，不就。武帝频下诏书敦逼，皆称病不就，终身不仕。婴羸疾，尝欲自杀，未果，乃深研医学，写成针灸学专著《甲乙经》。另著有《帝王世纪》、《列女传》、《高士传》等书。原有集，已佚。《全上古三代秦汉三国六朝文》存其文十三篇。《先秦汉魏晋南北朝诗》存其残诗二首。生平事迹见《晋书》卷五一。

虞溥　西晋文学家。字允源。高平昌邑（今山东巨野东南）人。少随父至陇西，专心典籍。弱冠，郡察孝廉，除郎中，官至鄱阳内史。为政严而不猛，重文教之功。尝大修庠序，广招学徒。原有集，已佚。《全上古三代秦汉三国六朝文》存其文四篇。生平事迹见《晋书》卷八二。

傅玄（217—278）　西晋文学家。字休奕。北地泥阳（今陕西耀县东南）人。少孤贫，博学善属文。正始元年（240）州举秀才，除郎中。六年为著作郎，撰《魏书》。景元元年（260）迁弘农太守，领典农校尉。咸熙元年（264）封鹑觚男。司马炎为晋王，以为散骑常侍。晋立，进爵为子，加驸马都尉。咸宁元年（275）为司隶校尉，三年免官，卒于家。尝上疏武帝主张崇儒黜法以治国，提出"尊儒尚学、贵农贱商，此皆事业之要务"。善钟律，所作郊祀、鼓吹、舞曲歌辞甚多。其诗以叙事乐府著称。"新温婉丽，善言儿女"（明张溥《汉魏六朝百三名家集·傅鹑觚集题辞》），"聪颖处时带累句，大约长于乐府而短于古诗"（清沈德潜《古诗源》）。名作有《秦女休行》、《苦相篇》等。原有《傅子》及文集，已佚，明人辑有《傅鹑觚集》。生平事迹见《晋书》卷四七。

贾充（217—282）　西晋散文家。字公闾。平阳襄陵（今山西襄汾）人。魏时任大将军司马、廷尉，为司马氏亲信。尝助司马氏弑高贵乡公曹髦。其女南风为太子妃。在晋官至司空、太尉。咸宁五年（279）奉命伐吴，拜大都督。有刀笔才。曾主持修订《晋律》。原有集，已佚。《全上古三代秦汉三国六朝文》存其文四篇。《先秦汉魏晋南北朝诗》存其诗一首。生平事迹见《晋书》卷四〇。

何桢　西晋文学家。字元幹。庐江灊县（今安徽霍山东北）人。素有志略。仕魏，尝为幽州刺史、廷尉。入晋，为尚书、光禄大夫。以文学见称。原有集，已佚。《全上古三代秦汉三国六朝文》存其文五篇。《先秦汉魏晋南北朝诗》存其残诗一句。生平事迹见《三国志》卷一一裴松之注引《文士传》。

程咸　西晋文学家。字延休。魏正元中为司隶校尉何曾主簿，入晋累迁至侍中。《全上古三代秦汉三国六朝文》存其文三篇。《先秦汉魏晋南北朝诗》存其诗二首。生平事迹见《晋书》卷三〇、卷四〇。

孙楚(约218—293) 西晋文学家。字子荆。太原中都(今山西平遥县西北)人。才藻卓绝,为人爽迈不群。与王济相知。魏咸熙元年(264),为征东大将军石苞参军。泰始元年(265)迁佐著作郎。后因侮石苞,为其所劾,免官。太熙元年(290),为冯翊太守。其文善说理达情,其诗尤善表述哀切之情。原有集,已佚,明人辑有《孙子荆集》。生平事迹见《晋书》卷五六。

李婉 西晋女文学家。字淑文。贾充妻。淑美有才行。其父丰官至侍中、尚书仆射,为司马师所杀,她连坐流徙乐浪。离别前曾与充联句。充后娶郭槐为妻。咸熙二年(265),遇赦得归。晋武帝特诏充置左右夫人,充惧郭氏妒,为筑室于洛阳永年里而不相往来。著有《女训》,又有《典式》(一名《典诫》)八篇,俱佚。生平事迹见《世说新语·贤媛》刘孝标注引《妇人集》。

庾峻(?—273) 西晋散文家。字山甫。颍川鄢陵(今河南鄢陵西北)人。少好学。仕魏官至侍御史。入晋封关中侯,拜侍中,加谏议大夫。潜心儒典。尝著文以惩世好浮华、不修名实之风。原有集,已佚。《全上古三代秦汉三国六朝文》存其文二篇。生平事迹见《晋书》卷五〇。

程晓 西晋文学家。字季明。东郡东阿(今属山东)人。魏黄初年间封列侯,后为黄门侍郎,迁汝南太守。年四十余而卒。有通识,能属文。《三国志》本传注引《程晓别传》云其文章“多亡失,今之存者不能十分之一”。原有集,已佚。《全上古三代秦汉三国六朝文》存其文三篇。《先秦汉魏晋南北朝诗》存其诗二首。生平事迹见《三国志》卷一四。

刘伶 西晋文学家。字伯伦。沛国(治今安徽淮北西)人。仕魏尝为建威参军。入晋,于泰始初年对策,言无为而化,以无用罢免。与阮籍、嵇康等游,为“竹林七贤”之一。为人放情肆志,性嗜酒,常乘鹿车出游,携一壶酒,使人荷锸随之,言“死便埋我”。心有不平,辄寄情于酒,以泄愤懑,遂以嗜饮名世。其文以《酒德颂》较著名。原有集,已佚。《全上古三代秦汉三国六朝文》存其文一篇。《先秦汉魏晋南北朝诗》存其诗二首。生平事迹见《晋书》卷四九。

羊祜(221—278) 西晋散文家。字叔子。泰山南城(今山东费县西南)人。司马师妻弟。博学能属文。魏末任相国从事中郎,参与机密,封南城侯。晋武帝司马炎代魏后,为尚书左仆射。武帝欲灭吴,以为都督荆州诸军事。为官清俭。死后,襄阳百姓于岘山祜平生游憩之所建碑立庙。望其碑者莫不流泪,杜预因名为“堕泪碑”。曾著《老子传》。原有集,已佚。《全上古三代秦汉三国六朝文》存其文七篇。生平事迹见《晋书》卷三四。

杜预(222—284) 西晋学者、文学家。字元凯。京兆杜陵(今陕西西安东南)人。司马昭妹夫。仕魏尝为尚书郎,袭祖爵丰乐亭侯。咸宁四年(278),领征南军司,拜镇南大将军、都督荆州诸军事。太康元年(280),因平吴有功,进爵当阳县侯。博学通达,多谋略,有“杜武库”之称。平吴后耽思经籍,自称有“左传癖”。著有《春秋左氏经传集解》、《春秋释例》。原有集,已佚。《全上古三代秦汉三国六朝文》存其文二十八篇。生平事迹见《晋书》卷三四。

裴秀(224—271) 西晋地理学家。字季彦。河东闻喜(今属山西)人。博学强记,八岁即能属文。仕魏,袭父爵清阳亭侯,官至尚书仆射。入晋,官至司空。因服寒食散不当而卒。曾作《禹贡地域图》十八篇,开我国古代地图绘制学之始。原有集,已佚。《全上古三代秦汉三国六朝文》存其文四篇,多为残篇。《先秦汉魏晋南北朝诗》存其诗三首。生平事迹见《晋书》卷三五。

李密(224—287) 西晋文学家。一名虔,字令伯。犍为武阳(今四川彭山)人。父早死,母改嫁,由祖母抚养成人。少师事谯周,以文学见称。仕蜀汉,为尚书郎、大将军姜维主簿、太子洗马。曾奉命出使东吴,有才辩,吴人称之。蜀亡,晋武帝多次征召,以祖母年迈多病,无人奉养,不就。祖母死后,始为太子洗马。后任尚书郎、温县令、大中正、汉中太守。因赋诗抒愤,得罪武帝而被免官。其文以《陈情表》著名。原有集,已佚。《全上古三代秦汉三国六朝文》存其文三篇。《先秦汉魏晋南北朝诗》存其诗一首。生平事迹见《晋书》卷八八。

薛莹(?—282) 西晋文学家。字道言。沛郡竹邑(今安徽宿县北)人。薛综次子。仕吴,官至左国史、光禄勋。入晋为散骑常侍。博学,文章尤妙。原有集,已佚。《全上古三代秦汉三国六朝文》存其文八篇。《先秦汉魏晋南北朝诗》存其诗一首。生平事迹见《三国志》卷五三。

盛彦 西晋散文家。字翁子。广陵(今江苏扬州）人。少有异才。八岁能诗，辞甚慷慨。仕吴至中书侍郎。入晋，陆云荐之于州刺史周浚，本邑大中正又举其为小中正。卒于太康年间。原有集，已佚。《全上古三代秦汉三国六朝文》存其文四篇，多为残篇。生平事迹见《晋书》卷八八。

枣据　西晋文学家。字道彦，本姓棘。颍川长社（今河南长葛东）人。容貌甚美，善文辞。弱冠，辟大将军府，出为山阳令，有政绩。后迁尚书郎，转右丞。贾充伐吴，为从事中郎。军还，徙黄门侍郎。后徙冀州刺史、太子中庶子。年五十余卒。原有集，已佚。《全上古三代秦汉三国六朝文》存其文五篇。《先秦汉魏晋南北朝诗》存其诗九首。生平事迹见《晋书》卷九二。

董京　西晋道士、诗人。字威辇。初与陇西计吏俱至洛阳，被发而行，逍遥吟咏，常宿白社（今河南偃师县内）中。孙楚劝其出仕，不应。后数年遁去，不知所之。《先秦汉魏晋南北朝诗》存其诗三首。生平事迹见《晋书》卷九四。

曹志（？—289）　西晋散文家。字允恭。谯国谯县（今安徽亳州）人。曹植庶子。少好学，以才行称。魏时封济北王。入晋，降为甄城县公。官至散骑常侍。其文被傅咸誉为“英气泉涌，逸藻波腾”（《答曹志》）。原有集，已佚。《全上古三代秦汉三国六朝文》存其文二篇。生平事迹见《晋书》卷五〇。

荀勖（？—280）　西晋文学家。字公曾。颍川颍阴（今河南许昌）人。十余岁能属文。魏时为曹爽掾，官至侍中。武帝即位，封济北郡公，拜中书监，加侍中，领著作。后进位光禄大夫、尚书令。博学多识。知音律，曾掌乐事，修律吕。又尝受命整理汲郡冢中竹书为《中经》。其为人慎密，探得人主微旨，不犯颜迕争，故始终保全宠禄。时人言其“倾国害时”，有“佞媚”之讥。原有集，已佚，明人辑有《荀公曾集》。《全上古三代秦汉三国六朝文》存其文十六篇。《先秦汉魏晋南北朝诗》存其诗二十一首。生平事迹见《晋书》卷三九。

王济　西晋文学家。字武子。太原晋阳（今山西太原）人。王浑次子。少有逸才。善《易》及《庄》、《老》，文词俊茂。尚常山公主，为驸马都尉，迁中书侍郎。历官骁骑将军、侍中、国子祭酒。太康九年（288）免官，以白衣领太仆。性喜豪侈，尝于洛阳置地为马埒，编钱匝地竟埒，时人号曰“金沟”。能诗文。其诗钟嵘《诗品》列为下品，谓其“贵道家之言”。原有集，已佚。《全上古三代秦汉三国六朝文》存其文四篇。《先秦汉魏晋南北朝诗》存其诗三首。生平事迹见《晋书》卷四二。

成公绥（231—273）　西晋文学家。字子安。东郡白马（今河南滑县）人。少有俊才。口吃而雅好音律。词赋壮丽，为张华所重，叹为绝伦；荐之太常，征为博士。后为秘书郎、秘书丞、中书郎。尝与贾充等参订法律。以赋得名。其赋或侈谈物理，或穷尽物象。明张溥谓其“赋心不若左太冲”，“赋少深致而序各有思，读诸赋不如读其序也”（《汉魏六朝百三名家集·成公子安集题辞》）。原有集，已佚，明人辑有《成公子安集》。生平事迹见《晋书》卷九二。

张华（232—300）　西晋文学家。字茂先。范阳方城（今河北固安）人。少孤贫，牧羊为生。笃志好学。初为县吏。高贵乡公正元二年（255），为太常博士。魏元帝咸熙元年（264），随司马昭征钟会，兼中书侍郎、掌军中书疏表檄。泰始元年（265），为中书令，加散骑常侍。咸宁五年（279），伐吴功成，封广武县侯，后出镇幽州。惠帝即位，历任太子少傅、中书监，官至司空，进封壮武郡公。因拒绝参与赵王伦、孙秀篡位阴谋，为其所杀。在晋资望极深，生平好提携后进。陆机兄弟、束皙、陈寿、挚虞、左思等皆为其所称。穷览古今，家聚天下奇秘，博物洽闻。其文辞藻温丽平雅，陆云言其“文无他异，正自情省无烦长，作文正尔自复佳”，又云其“箴、诔自过五言诗”（《与兄平原书》）。钟嵘论其诗则云“其源出于王粲，其体华艳，兴托不奇，巧用文字，务为妍冶”，“恨其儿女情多，风云气少”（《诗品》）。沈德潜谓“茂先诗，《诗品》谓其儿女情多，风云气少，此亦不尽然。总之笔力不高，少凌空矫捷之致”（《古诗源》）。张溥谓“壮武文章，赋最苍凉，文次之，诗又次之”（《汉魏六朝百三名家集·张茂先集题辞》）。原有集，已佚，明人辑有《张茂先集》。另著有《博物志》。生平事迹见《晋书》卷三六。

褚陶　西晋文学家。字季雅。吴郡钱塘（今浙江杭州）人。少即潜心坟典，年十三，作《鸥鸟》、《水碓》二赋。吴平，召补尚书郎。张华称其与陆机兄弟等为“东南之宝”。年五十五卒。生平事迹见《晋书》卷九二。

陈寿（233—297）　西晋史学家。字承祚。巴西安汉（今四川南充北）人。少好学，师事同郡谯周。仕蜀为观阁令史。以不曲附宦官黄皓，累被谴黜。入晋为著作郎，领巴西郡中正，官至治书侍御史，以母忧去职。善叙事，有"良史"之称。撰有《三国志》。宋叶適谓其文"高处逼司马迁，方之班固，但少文义缘饰耳，要终胜固也"(《习学记言序目·蜀志》)。另有《古国志》、《益都耆旧传》、《官司论》、《释讳》、《广国论》等。曾编定《蜀相诸葛亮集》。生平事迹见《晋书》卷八二。

王戎(234—305) 西晋文学家。字濬冲。琅邪临沂(今属山东)人。好清谈，为"竹林七贤"之一。惠帝时，与贾氏联姻，又曾优容赵王伦党孙秀，累官尚书令、司徒。贪吝好货，苟媚取容，为时人所鄙。其作今已不存。生平事迹见《晋书》卷四三、《世说新语·德行》。

何劭(236—301) 西晋文学家。字敬祖。陈郡阳夏(今河南太康)人。与司马炎有总角之好。炎为太子，任为太子中庶子；炎即位，转散骑常侍。后迁侍中、中书令。太熙初作《武帝遗诏》，迁中书监，改太子太师。永康元年(300)迁司徒。永宁元年(301)，赵王伦篡位，以为太宰，迁司空。奢豪无度，日费钱二万。博学，善属文。著有《荀粲传》、《王弼传》等。钟嵘论诗谓"季伦(石崇)颜远(曹摅)，并有英篇。笃而论之，朗陵(何劭，尝封朗陵公)为最"(《诗品》)。原有集，已佚。《全上古三代秦汉三国六朝文》存其文三篇。《先秦汉魏晋南北朝诗》存其诗五首。生平事迹见《晋书》卷三三。

袁準 西晋散文家。字孝尼。陈郡阳夏(今河南太康)人。以儒学知名。入晋拜给事中。著有《丧服经》、《袁子正论》、《袁子正书》。其文擅长论事说理，风格朴实。原有集，已佚。《全上古三代秦汉三国六朝文》存其文六篇。生平事迹见《三国志》卷二一裴松之注引《康别传》、《晋书》卷八三。

傅咸(239—294) 西晋文学家。字长虞。北地泥阳(今陕西耀县东南)人。傅玄子。咸宁初袭父爵清泉侯，累迁尚书右丞。尝上书武帝，主张"当今之急，先并官省事，静事息役，上下用心，惟农是务"。认为"奢侈之费，甚于天灾"。元康初年迁御史中丞，后以议郎长兼司隶校尉。杨骏、司马亮前后擅权，皆进言非之。为官威严，劲直果敢，疾恶如仇，尝奏免河南尹、左将军、廷尉等要职官员数人。好属文，不尚绮丽，短赋多写物以寄意。庾纯曾云："长虞之作近乎诗人之作矣！"(《晋书》本传)诗说理者多。原有集，已佚，明人辑有《傅中丞集》。生平事迹见《晋书》卷四七。

王铨 西晋文学家。陈郡陈县(治今河南淮阳)人。曾为历阳令。有志著述，尝私录晋事及功臣行状，未就而卒。《先秦汉魏晋南北朝诗》存其诗一首。生平事迹见《晋书》卷八二。

华峤(？—293) 西晋文学家。字叔骏。平原高唐(今属山东)人。仕魏尝为司马昭大将军掾属。泰始中拜散骑常侍，典中书著作。元康初封乐乡侯，转秘书监。才学深博。所撰《后汉书》，张华、王济称为"文质事核，有迁、固之规，实录之风"(《晋书》本传)。曾著论、议、难、驳、诗、赋之属数十万言，已佚。《全上古三代秦汉三国六朝文》存其文九篇。生平事迹见《晋书》卷四四。

邹湛(？—约299) 西晋文学家。字润甫。南阳新野(今属河南)人。少以才学知名。仕魏历通事郎、太学博士。入晋官至散骑常侍、国子祭酒，转少府。所作诗及论议等二十五篇，为时所重。原有集，已佚。《全上古三代秦汉三国六朝文》存其文残篇一则。《先秦汉魏晋南北朝诗》存其残诗二首。生平事迹见《晋书》卷九二。

夏侯湛(243—291) 西晋文学家。字孝若。谯国谯县(今安徽亳州)人。魏景元中为太尉掾。晋泰始四年(268)举贤良，对策中第，拜郎中。尝从贾充征吴，次年为野王令。太康六年(285)，除中书侍郎。八年，出补南阳相。太熙元年(290)，迁太子仆，转散骑常侍。容貌甚美，少与潘岳友善，京都誉称"连璧"。性喜豪侈，临终却命薄葬。有盛才，善构新词，缛彩雕焕，文章宏富。原有集，已佚，明人辑有《夏侯常侍集》。生平事迹见《晋书》卷五五。

夏侯淳 西晋文学家。字孝冲。谯国谯县(今安徽亳州)人。夏侯湛弟。官至弋阳太守。有文藻，与湛俱知名于世。原有集，已佚。《全上古三代秦汉三国六朝文》存其赋四篇。生平事迹见《晋书》卷五五。

潘岳(247—300) 西晋文学家。字安仁。荥阳中牟(今属河南)人。少以才颖见称，号为"奇童"。泰始三年(267)，辟司空掾，举秀才。咸宁二年(276)迁太尉掾，四年兼虎贲中郎将。太康三年(282)，屏居天陵东山，出为河阳令。七年转怀令。太熙元年(290)，为太子舍人，转太傅主簿，次年坐杨骏除名，为公孙宏所救，免死。元康二年(292)为长安令，八年，转散骑侍郎，次年迁给事黄门侍郎。性轻躁，趋附势力，热衷功名。曾与石崇等谄事权贵贾谧，为“二十四友”之首。又奉贾后之命，草《愍怀太子祷神文》，构陷太子。后被赵王司马伦及其亲信孙秀所杀。文名籍甚，与陆机并称“潘陆”，有“陆才如海，潘才如江”（钟嵘《诗品》）之誉。擅长多种文体，尤善于用诗、赋、诔文表达哀伤感情。所作情深语佳，所谓“烂若披锦，无处不善”（《世说新语·文学》引孙绰语），然亦有冗繁之弊。刘勰称“潘岳敏给，辞自和畅，钟美于《西征》，贾余于哀诔，非自外也”（《文心雕龙·才略》）。刘熙载则言“潘安仁诗悲而不壮”（《艺概·诗概》）。其名作有《悼亡诗》、《西征赋》、《秋兴赋》、《笙赋》、《夏侯常侍诔》、《马汧督诔》等。原有集，已佚，明人辑有《潘黄门集》。生平事迹见《晋书》卷五五。

阎缵　西晋文学家。字续伯。巴西安汉（今四川南充南）人，侨居河南新安（今属河南）。尝为太傅杨骏舍人，转安复令。后因功封平乐乡侯。官汉中太守。年五十九卒。博览坟典，文风朴质劲健。原有集，已佚。《全上古三代秦汉三国六朝文》存其文四篇。《先秦汉魏晋南北朝诗》存其诗一首。生平事迹见《晋书》卷四八。

嵇蕃　西晋散文家。字茂齐。谯国铚县（今安徽宿州西南）人。嵇喜子。尝为太子舍人。原有集，已佚。《全上古三代秦汉三国六朝文》存其文一篇。生平事迹见《晋书》卷八九。

石崇（249—300）　西晋文学家。字季伦，小名齐奴。渤海南皮（今属河北）人。咸宁元年（275）为修武令。太康元年（280），以伐吴有功封安阳乡侯。七年，迁侍中。太熙元年（290），出为荆州刺史。元康四年（294），拜太仆。六年，出为征虏将军、假节监徐州诸军事。八年，免官，复拜卫尉。任侠无行检，在荆州以劫远使商客致富。置别馆于金谷涧，与爱妓、友朋作乐。曾与贵戚王恺、羊琇等竞斗奢靡。谄事贾谧，为“二十四友”之一。八王之乱中，与齐王同结党，为赵王伦所杀。原有集，已佚。《全上古三代秦汉三国六朝文》存其文九篇。《先秦汉魏晋南北朝诗》存其诗十首。生平事迹见《晋书》卷三三。

郭泰机　西晋文学家。河南（治今河南洛阳市西郊涧水东岸）人。出身寒门，沉沦不能自拔于世。尝用诗干谒傅咸，求其荐引，咸有诗赠答。钟嵘《诗品》将其列为中品，称其“孤怨宜恨”。《全上古三代秦汉三国六朝文》存其残文一则。《先秦汉魏晋南北朝诗》存其诗一首。生平事迹见傅咸《赠郭泰机诗序》。

绿珠（？—300）　西晋石崇妾。传说姓梁，白州博白（今属广西）人。姿容艳美，善吹笛。赵王伦擅政，伦党孙秀使人索之，为崇所拒。后崇与齐王同结党，被秀收捕，她坠楼自尽。《先秦汉魏晋南北朝诗》存其诗一首。生平事迹见《晋书》卷三三。

枣腆　西晋文学家。字玄芳。颍川长社（今河南长葛东）人。枣据长子。永嘉中为襄城太守。以文章显。原有集，已佚。《先秦汉魏晋南北朝诗》存其诗三首。生平事迹见《晋书》卷九二。

赵至（？—282）　西晋散文家。字景真。代郡（治今河北蔚县西南）人。年十四，游太学。泰始中至辽西，举郡计吏。太康三年（282），以良吏赴洛，卒。善议论，有纵横才。断狱以精审见称。原有集，已佚。《全上古三代秦汉三国六朝文》存其文二篇。生平事迹见《晋书》卷九二。

张载　西晋文学家。字孟阳。安平武邑（今属河北）人。文才富赡，为傅玄赏识。初为佐著作郎，迁弘农太守。曾入蜀省父，作《剑阁铭》。复为著作郎。永安中为长沙王乂记室督，拜中书侍郎。后复领著作。见世纷乱，称疾而归。博学多识，曾与华畅同撰《晋书》。与弟协、亢并称“三张”。原有集，已佚，明人辑有《张孟阳集》。生平事迹见《晋书》卷五五。

周处（？—297）　西晋学者。字子隐。义兴阳羡（今江苏宜兴南）人。相传少时横行乡里，与南山猛虎、长桥下蛟并称“三害”。后射虎杀蛟，翻然改悔。且励志好学，颇有文思。仕吴为无难督。入晋，尝为御史中丞。凡所举劾，不避宠戚。氐人齐万年起义，将兵西征，战败而死。曾著《默语》、《风土记》，并撰《吴书》，俱佚。《全上古三代秦汉三国六朝文》存其文一篇。《先秦汉魏晋南北朝诗》存其诗一首。生平事迹见《晋书》卷五八。

木华　西晋文学家。字玄虚。广川（今河北枣强东）人。曾为太傅杨骏府主簿。擅长辞赋。今仅存《海赋》一篇，描写大海的变化情态，瑰奇壮阔，有名于当时。生平事迹见《文选》卷一二李善注引《今书七志》、傅良《文章志》。

王讚　西晋文学家。字正长。义阳（治今河南新野南）人。泰始中辟司空掾，迁著作郎。太康中迁太子舍人。惠帝时拜侍中。永嘉中为陈留内史，加散骑侍郎。后为石勒所害。博学有俊才。原有集，已佚。《全上古三代秦汉三国六朝文》存其文残篇一则。《先秦汉魏晋南北朝诗》存其诗五首。生平事迹见《晋书》卷五。

牵秀(?—306?) 西晋文学家。字成叔。武邑观津(今河北武邑东南)人。太康年间调补新安令,累迁司空从事中郎。成都王颖伐长沙王乂,以为冠军将军。惠帝至长安,任为尚书。河间王颙以为平北将军,镇冯翊。后为河间王长史杨腾(一说东海王越督护麋晃)所杀。性豪侠。博辩有文才。原有集,已佚。《全上古三代秦汉三国六朝文》存其文残篇六则。《先秦汉魏晋南北朝诗》存其残诗四首。生平事迹见《晋书》卷六〇。

左思(约250—约305) 西晋文学家。字太冲。齐国临淄(今山东淄博东北)人。出身寒微。晋武帝时,妹芬以才名选入宫中,后拜贵嫔,他移居京师,官秘书郎。惠帝时,为贾谧"二十四友"之一。谧诛,退居宜春里,专攻典籍。齐王冏命为记室督,以疾辞。张方暴扰京师,迁家冀州,数岁后病卒。其诗杰出当时,情辞慷慨,笔力劲健。《咏史》八首、《娇女》诗为其名作。钟嵘曾称赏其"风力"(《诗品》)。明胡应麟评其诗"纵横豪逸类子长"(《诗薮·内编》)。清陈祚明赞云:"太冲一代伟人,胸次浩落,洒然流咏。似孟德而加以流丽,仿子建而独能简贵。创成一体,垂式千秋。"(《采菽堂古诗选》)其《三都赋》构思十年方写成,名重一时,"豪贵之家,竞相传写,洛阳为之纸贵"。原有集,已佚,后人辑有《左太冲集》。生平事迹见《晋书》卷九二。

司马彪(?—306) 西晋史学家。字绍统。河内温县(今属河南)人。高阳王司马睦长子。少即笃学,博览群籍。泰始二年(266),为秘书郎,转秘书丞。元康四年(294),拜散骑侍郎。尝注《庄子》,撰《续汉书》。又据《汲冢纪年》补正谯周《古史考》。原有集,已佚。《全上古三代秦汉三国六朝文》存其文五篇,多为残篇。《先秦汉魏晋南北朝诗》存其诗四首。生平事迹见《晋书》卷八二。

江统(?—310) 西晋散文家。字应元。陈留圉县(今河南开封东南)人。为人静默而有远志。袭父爵,除山阴令。元康年间为华阴令,迁中郎,转太子洗马。后为兖州别驾。累官至黄门侍郎、散骑常侍、领国子博士。原有集,已佚。《全上古三代秦汉三国六朝文》存其文十五篇。生平事迹见《晋书》卷五六。

潘尼(约250—约311) 西晋文学家。字正叔。荥阳中牟(今属河南)人。少有德才,与其叔潘岳以文学知名,世称"两潘"。性静退不竞,以勤学著述为事。初举秀才,为太常博士。后拜太子舍人,历黄门侍郎、侍中、秘书监、中书令。永嘉中迁太常卿。洛阳将陷,携家还乡,病死于途。其文温雅而有斐粲之辞。张溥称"其为人也,无诡随;其为文也,无戏谑,大致类然"(《汉魏六朝百三名家集·潘太常集题辞》)。原有集,已佚,明人辑有《潘太常集》。生平事迹见《晋书》卷五五。

王沈 西晋散文家。字彦伯。高平(治今山东巨野南)人。出身寒门,为豪门所抑,仕郡文学掾。不得志,终于里间。《全上古三代秦汉三国六朝文》存其文一篇。生平事迹见《晋书》卷九二。

蔡洪 西晋文学家。字叔开。吴郡(治今江苏苏州)人。尝仕于吴。入晋为州从事。太康年间举秀才。元康初年为松滋令。有才名。原有集,已佚。《全上古三代秦汉三国六朝文》存其文三篇,文辞简雅隽美。生平事迹见《晋书》卷九二。

张协 西晋文学家。字景阳。安平武邑(今属河北)人。张载弟。初辟公府掾,转秘书郎,补华阴令。元康五年(295),转河间内史。后天下大乱,遂弃绝人事,屏居草泽,属咏自娱。永嘉初年,复征为黄门侍郎,托疾不就。少有俊才,与兄载、弟亢并称"三张"。为人清简寡欲。其文《七命》世以为工。其诗情感冲淡,写景生动,造语清拔,风格素淡。代表作有《杂诗》十首。钟嵘称其"文体华净,少病累,又巧构形似之言,雄于潘岳,靡于太冲。风流调达,实旷代之高手。词彩葱菁,音韵铿锵,使人味之娓娓不倦"(《诗品》)。何焯尝将协与陶潜并论,称"胸次之高,言语之妙,景阳与元亮之在两晋,盖犹长庚、启明之丽天矣"(《义门读书记》)。原有集,已佚,明人辑有《张景阳集》。生平事迹见《晋书》卷五五。

嵇绍(253—304) 西晋文学家。字延祖。谯郡铚县(今安徽宿州西南)人。嵇康子。十岁而孤。太康中为秘书丞,迁汝阴太守。元康中迁散骑常侍、左司马、侍中,拜平西将军。永兴元年(304),惠帝征成都王颖,大败,他以身卫帝,为颖兵所杀。原有集,已佚。《全上古三代秦汉三国六朝文》存其文五篇,多为残篇。《先秦汉魏晋南北朝诗》存其诗一首。生平事迹见《晋书》卷八九。

山简(253—312) 西晋文学家。字季伦。

河内怀县(今河南武陟西南)人。山涛子。初为太子舍人。永嘉中累迁至尚书左仆射，领吏部，后出为征南将军，都督荆、湘、交、广四州军事，镇襄阳。是时天下纷乱，他优游卒岁，唯酒是耽。原有集，已佚。《全上古三代秦汉三国六朝文》存其文一篇，另有残篇一则。生平事迹见《晋书》卷四三。

张翰　西晋文学家。字季鹰。吴郡吴县(今属江苏)人。为人纵任不拘，时人号为“江东步兵”。齐王冏执政时，辟为大司马东曹掾。后天下祸乱纷纭，欲避祸南归。见秋风起，思故乡菰菜、莼羹、鲈鱼脍，遂归吴。年五十七而卒。善属文。原有集，已佚。《全上古三代秦汉三国六朝文》存其文三篇。《先秦汉魏晋南北朝诗》存其诗六首。生平事迹见《晋书》卷九二。

枣嵩(？—314)　西晋文学家。字台彦。颍川长社(今河南长葛东)人。枣据弟。尝为太子中庶子、散骑常侍。后为石勒所杀。才艺甚美。原有集，已佚。《先秦汉魏晋南北朝诗》存其诗三首。生平事迹见《晋书》卷九二。

杜育(？—311)　西晋文学家。字方叔。襄城(今属河南)人。早年与石崇等为贾谧“二十四友”。永兴中，拜汝南太守。永嘉中进右将军，后为国子祭酒。死于洛阳。尝著《易义》。原有集，已佚。《全上古三代秦汉三国六朝文》存其赋二篇。《先秦汉魏晋南北朝诗》存其诗三首。生平事迹见《晋书》卷四〇。

闾丘冲　西晋文学家。字宾卿。高平(治今山东巨野南)人。尝为太傅长史。永嘉初为光禄勋。原有集，已佚。《全上古三代秦汉三国六朝文》存其文一篇，系残句。《先秦汉魏晋南北朝诗》存其诗二首。生平事迹见《晋书》卷五。

顾荣(？—306)　西晋散文家。字彦先。吴郡吴县(今属江苏)人。仕吴为黄门侍郎、太子辅义都尉。吴平，与陆机、陆云兄弟同入洛阳，时人号为“三俊”。历任郎中、尚书郎、太子中舍人等职。又尝为赵王伦大将军长史、齐王冏大司马主簿、成都王颖丞相从事中郎，入兼侍中等职。后避乱还吴，元帝为安东将军，召为军司马，加散骑常侍。赏爱才士，深得拥戴。其文简练朴茂。原有集，已佚。《全上古三代秦汉三国六朝文》存其文残句五则。生平事迹见《晋书》卷六八。

孙惠　西晋文学家。字德施。吴郡富阳(今属浙江)人。孙权族曾孙。口讷。好学有才识。永宁初，从齐王冏讨赵王伦，以功封晋兴县侯，辟为大司马户曹掾。曾献言劝冏归藩，不纳，惧罪辞疾去。成都王颖荐为大将军参军，以擅杀人，惧罪改姓名以遁。东海王越以为记室参军。迁广武将军、安丰内史。元帝初，攻杀安丰太守何锐，奔入蛮中。寻病卒，年四十七。原有集，已佚。《全上古三代秦汉三国六朝文》存其文十篇。生平事迹见《晋书》卷七一。

挚虞(？—311)　西晋文学家。字仲洽。京兆长安(今陕西西安)人。泰始四年(268)，举贤良，拜中郎。太安元年(302)，迁秘书监。永安元年(304)，从惠帝至长安。光熙元年(306)，还洛为光禄勋，次年迁太常卿。后逢荒乱，饿死洛阳。尝师事皇甫谧。才学博通，著述不倦。尝分类编集古人文章，为《文章流别集》三十卷，今已佚。又撰《文章流别志论》二卷，评论各种文体的性质、起源和演变；不仅把文章体裁分得更细，且在概括前人研究文体成果的基础上又有所发挥，对后来文体研究的发展很有影响，如刘勰《文心雕龙》中的一些观点和材料都渊源于此。唯过于强调儒家正统观念，对文学创作的发展变化认识不足。今仅残存十余则，收入《全上古三代秦汉三国六朝文》。另有《决疑注》、《三辅决录注》、《畿服经》并文集十卷，均佚。明人辑有《挚太常集》。生平事迹见《晋书》卷五一。

左芬(？—300)　西晋女文学家。据出土墓志，芬作棻。字兰芝。齐国临淄(今山东淄博东北)人。左思妹。少好学，善作文。因才名选入宫中，泰始八年(272)拜修仪，后被武帝纳为贵嫔，世称“左贵嫔”。武帝重其词藻，每有方物异宝，必诏为赋颂。其文大多为应制之作，清新雅丽，流畅自然。原有集，已佚。《全上古三代秦汉三国六朝文》存其文二十五篇。《先秦汉魏晋南北朝诗》存其诗二首。生平事迹见《晋书》卷三一。

左棻　即左芬。

曹摅(255—308)　西晋文学家。字颜远。谯国谯县(今安徽亳州)人。太康中调补临淄令，入为尚书郎，转洛阳令。曾与左思同为齐王冏记室督。光熙元年(306)，为襄城太守。永嘉二年(308)，高密王简镇襄阳，以为征南司马。后与流人王逌战，败死于郦县。好学善属文，工诗赋。其诗多为四言赠答长诗，故刘勰谓“曹摅清靡于长篇”(《文心雕龙·才略》)。原有集，已佚。《全上古三代秦汉三国六朝文》存其文二篇。《先秦汉魏晋南北朝诗》存其诗十一首。生平事迹见《晋书》卷九〇。

张亢 西晋文学家。字季阳。安平武邑(今属河北)人。张载、张协弟。晋室南渡，为散骑侍郎，转领佐著作郎，出补乌程令，入为散骑常侍，复领佐著作。解音乐，知历法。有文才，与兄载、协并称“三张”。原有集，已佚。《先秦汉魏晋南北朝诗》存其残诗一首。生平事迹见《晋书》卷五五。

范坚 西晋文学家。字子常。南阳顺阳(今河南淅川南)人。永嘉年间，避乱江东，为佐著作郎、抚军参军，累官至尚书右丞、护军长史。博学善属文。原有集，已佚。《全上古三代秦汉三国六朝文》存其文三篇，颇见体物之工。生平事迹见《晋书》卷七五。

王隐 西晋史学家。字处叔。陈郡陈县(今河南淮阳)人。承父铨遗业，留心西晋史事。太兴初年为著作郎，撰晋史。为虞预排斥，所著书，亦被预抄窃。后依征西将军庾亮，撰成《晋书》。原有集，已佚。《全上古三代秦汉三国六朝文》存其文三篇。生平事迹见《晋书》卷八二。

鲁褒 西晋文学家。字元道。南阳(今属河南)人。好学多闻，以贫素自立。终身未仕。元康之后隐姓名，著《钱神论》刺时弊。后不知所终。《全上古三代秦汉三国六朝文》存其文一篇。生平事迹见《晋书》卷九四。

荀组(258—322) 西晋文学家。字大章。颍川颍阴(今河南许昌)人。荀勖子。初为司徒左西属，补太子舍人。赵王伦为相国，任为右长史。惠帝至长安，任为河南尹，后迁转司隶校尉。元帝即位，以为司徒。后为石勒所逼，自许昌率其属南归，迁太尉，领太子太保，未拜卒。原有集，已佚。《全上古三代秦汉三国六朝文》存其文残篇三则。《先秦汉魏晋南北朝诗》存其残诗一首。生平事迹见《晋书》卷三九。

贺循(260—319) 西晋学者。字彦先。会稽山阴(今浙江绍兴)人。太康年间尝为阳羡令、武康令。赵王伦篡位，转侍御史，辞疾去。元帝即位，拜太子太傅，改授左光禄大夫、开府仪同三司。博览群书，精于经礼，为当世儒宗。善属文。原有集，已佚。《全上古三代秦汉三国六朝文》存其文四十一篇。生平事迹见《晋书》卷六八。

殷巨 西晋文学家。字元大。云阳(今江苏丹阳)人。仕吴为偏将军。入晋尝于太康初年任苍梧、交趾二郡太守。原有集，已佚。《全上古三代秦汉三国六朝文》存其赋二篇。生平事迹见《三国志》卷五二。

陆机(261—303) 西晋文学家、书法家。字士衡。吴郡吴县华亭(今上海松江)人。祖陆逊、父陆抗，皆三国吴名将。少有异才，文章冠世。十四岁领父兵，为牙门将。吴亡，家居勤学。太康八年(287)与弟云同至洛阳，文才倾动一时，时称“二陆”。曾任国子祭酒、太子洗马、著作郎。贾谧当权，开阁延宾，为“二十四友”之一。永康元年(300)，赵王司马伦任为相国参军；次年，任为中书郎。伦败，成都王司马颖荐为平原内史，世称“陆平原”。太安二年(303)，成都王司马颖起兵攻长沙王司马乂，命为前锋都督，兵败，被谗，为颖所杀。有文才，诗、赋、文俱佳，钟嵘誉为“太康之英”(《诗品序》)。其诗注重藻绘，讲究排偶，以华美深密见称，颇多拟古之作。又善骈文，《辨亡论》、《吊魏武帝文》较有名。所作《文赋》为古代重要文学论文。东晋葛洪云：“吾见二陆之文，犹玄圃积玉，莫非夜光，方之他人，若江汉之与潢汙。及其精处，妙绝汉魏人也。”(《抱朴子》)唐太宗称其“远超枚、马，高蹑王、刘，百代文宗，一人而已”(《晋书·陆机传论》)。宋严羽则称“陆士衡独在诸公之下”(《沧浪诗话》)。清沈德潜谓其“意欲逞博而胸少慧珠，笔又不足以举之，遂开出排偶一家”(《古诗源》)。曾著《晋纪》、《洛阳记》，今不存。所书章草《平复帖》流传至今，为书法珍品。原有集，已佚，明人辑有《陆士衡集》。生平事迹见《晋书》卷五四。

孙拯 西晋诗人。字显世。吴郡富春(今浙江富阳)人。仕吴为黄门郎。入晋为涿令，后为大都督陆机司马。及机为人所诬，死于狱中。原有集，已佚。《先秦汉魏晋南北朝诗》存其诗一首。生平事迹见《晋书》卷五四。

顾祕 西晋诗人。字公真。吴郡吴县(今属江苏)人。有文武才。官交州刺史、吴兴太守。《先秦汉魏晋南北朝诗》存其诗一首。生平事迹见《晋书》卷七六。

陆云(262—303) 西晋文学家。字士龙。吴郡吴县华亭(今上海松江)人。陆机弟。六岁能属文。性清正，有才理。与兄机齐名，号曰“二陆”。太康八年(287)，与兄机同至洛阳。曾任浚仪令，政绩卓然。后入为尚书郎、侍御史、太子中舍人、中书侍郎。成都王司马颖荐为清河内史，世称“陆清河”。后转为大将军右司马。颖杀其兄机，他同时遇害。其诗重藻饰。属文雅好清省。《与兄平原书》三十六封，数次谈其为文主张，亦对机文委婉提出批评。原有集，已佚，宋人辑有《陆士龙集》，明人辑有《陆清河集》。生平事迹见《晋书》卷五四。

郑丰　西晋文学家。字曼季。元康六年(296)，为吴王晏文学。有文学操行。与陆云友善。原有集，已佚。《全上古三代秦汉三国六朝文》存其文三篇。《先秦汉魏晋南北朝诗》存其诗四首。生平事迹见《三国志》卷四十七裴松之注引《文士传》。

庾敳(262—311)　西晋散文家。字子嵩。颍川鄢陵(今河南鄢陵西北)人。庾峻次子。尝为陈留相，迁吏部郎，参东海王越太傅军事，转军咨祭酒。后为石勒所杀。原有集，已佚。《全上古三代秦汉三国六朝文》存其文二篇。生平事迹见《晋书》卷五〇。

荀崧(262—328)　西晋文学家。字景猷。颍川颍阴(今河南许昌)人。荀彧玄孙。泰始年间袭父爵广阳乡侯。元帝即位，征拜尚书仆射，转太常。后因平王敦有功，封平乐伯，后迁右光禄大夫，领秘书监。重儒学，雅好文学。原有集，已佚。《全上古三代秦汉三国六朝文》存其文六篇，多为残句。生平事迹见《晋书》卷七五。

嵇含(263—306)　西晋文学家。字君道，号亳丘子。谯郡铚县(今安徽宿州西南)人。嵇绍从子。元康中举秀才，除郎中，为齐王冏征西参军，转中书侍郎。后为襄阳太守，被镇南将军刘弘司马郭劢所杀。好学，善属文。为人刚躁，性通敏，好荐延贤士。原有集，已佚。《全上古三代秦汉三国六朝文》存其文二十五篇。《先秦汉魏晋南北朝诗》存其诗三首。生平事迹见《晋书》卷八九。

阮修(264—306)　西晋学者。字宣子。陈留尉氏(今属河南)人。阮咸从子。尝为鸿胪丞，转太傅行参军、太子洗马。避难南行，为人所杀。好《易》、《老》，不信鬼神。善清言，尝与王衍论《易》，言寡旨畅，为衍所叹服。原有集，已佚。《全上古三代秦汉三国六朝文》存其文二篇。《先秦汉魏晋南北朝诗》存其诗一首。生平事迹见《晋书》卷四九。

欧阳建(？—300)　西晋文学家。字坚石。渤海(今属河北)人。石崇外甥。雅有理思，才藻美赡，时人有"渤海赫赫，欧阳坚石"之语。初为公府所辟。后迁山阳令、尚书郎、冯翊太守、顿丘太守。曾与赵王伦亲信孙秀有隙。及伦篡立，又与石崇、潘岳暗劝淮南王允、齐王冏以图伦、秀，事发，为伦、秀所害。原有集，已佚。《全上古三代秦汉三国六朝文》存其文二篇。《先秦汉魏晋南北朝诗》存其诗三首。生平事迹见《晋书》卷三三。

束皙(约264—约303)　西晋文学家。字广微。阳平元城(今河北大名)人。少游国学，好学不倦。因其兄璆娶石鉴侄女，又弃之，故不得升迁。其性沉退，不慕荣利。尝作《玄居释》，为张华赏识，召为掾，后转佐著作郎。永康元年(300)，赵王伦为相国，请为记室，以疾辞罢归，教授门徒。精通古文字，曾对汲冢竹书"随疑分释"，辨析文义。又著《三魏人士传》、《七代通记》、《晋书纪、志》、《五经通论》、《发蒙记》等，均亡佚。今存《补亡诗》、《饼赋》等，均有特色。原有集，已佚，明人辑有《束广微集》。生平事迹见《晋书》卷五一。

王接(265—304)　西晋学者。字祖游。河东猗氏(今山西临猗)人。为郡主簿，转功曹史。永安初，补为尚书殿中郎，未就而卒。博览众书，特精《礼》、《传》。尝注《公羊春秋》，又撰《列女后传》，已佚。《全上古三代秦汉三国六朝文》存其文三篇，多为断句。生平事迹见《晋书》卷五一。

裴頠(267—300)　西晋哲学家、散文家。字逸民。河东闻喜(今属山西)人。裴秀子。太康初为太子中庶子，迁散骑常侍。惠帝即位，转国子祭酒，兼右军将军。官至尚书左仆射。永康元年(300)为赵王司马伦所杀。博学稽古。善辩，时人谓其为言谈之林薮。尝著《崇有论》以斥时俗之弊。《全上古三代秦汉三国六朝文》存其文十三篇。生平事迹见《晋书》卷三五。

苏伯玉妻　西晋女诗人。姓氏不详。居长安。其夫伯玉使蜀，久不归，作《盘中诗》以寄，诉思念之情。生平事迹见《玉台新咏》卷九原注。

郭颁　西晋小说家。颁一作班。字长公。曾为令史，出为官长，后为襄阳令。著有杂史《魏晋世语》、小说《群英论》，俱佚。今存后人所辑《魏晋世语》，有《五朝小说》本。生平事迹见《三国志》卷四裴松之注、《隋书》卷三四。

孔衍(268—320)　东晋小说家。字舒元。鲁国(治今山东曲阜)人。孔子二十二世孙。少好学，年十二，通诗书。弱冠，公府辟，本州举异行直言，皆不就。避地江东，元帝引为安东参军，掌记室。建武元年(317)，补中书郎，领太子中庶子。后为王敦所忌，出为广陵郡，卒于官。著有《汉魏春秋》、《春秋国语》、《汉尚书》、《后汉尚书》、《魏尚书》、《国志历》、《说林》、《在穷记》，俱佚。今仅存《春秋国语》辑本。生平事迹见《晋书》卷九一。

慕容廆（269—333） 十六国时期辽东政权首领。字弈洛瓌。昌黎棘城（今辽宁义县西北）人。鲜卑族。幼而魁岸，雄杰有大度，为张华所赏识。晋武帝时袭父位为鲜卑单于。西晋末，在辽东建立割据政权，犹奉晋名号。其孙儁称帝，追谥为武宣皇帝。能文。《全上古三代秦汉三国六朝文》存其文一篇。生平事迹见《晋书》卷一〇八。

王浮 西晋小说家。曾为道士。后为祭酒。尝与沙门帛远相抗论，屡屈，遂作《老子化胡经》，诬谤佛法。另有小说《神异记》，记神仙怪异之事，有鲁迅《古小说钩沉》辑本。生平事迹见《高僧传》卷一。

刘琨（271—318） 西晋文学家。字越石。中山魏昌（今河北无极）人。少有大志。与祖逖同为司州主簿，曾与之闻鸡起舞，希有所为。惠帝时以功封广武侯。后为并州刺史。曾招抚流亡之民守晋阳，为刘聪所败，父母遇害。愍帝时任大将军，都督并、冀、幽三州诸军事，为石勒所败，依幽州刺史段匹磾。元帝称制，迁侍中太尉。后被匹磾杀害。其诗出语凄戾而有清拔之气，所谓“雅壮而多风”（刘勰《文心雕龙·才略》），“善叙丧乱，多感恨之词”（钟嵘《诗品》）。金元好问谓：“可惜并州刘越石，不教横槊建安中。”（《论诗绝句》）《扶风歌》、《重赠卢谌》为其名篇。其文仅存书表，皆“劲气直辞，回薄霄汉”（张溥《汉魏六朝百三名家集·刘中山集题辞》）。原有集，已佚，明人辑有《刘越石集》。生平事迹见《晋书》卷六二。

王廙（274—322） 西晋文学家。字世将。琅邪临沂（今属山东）人。王导从弟。少好文学，志在史籍。尝辟太傅掾，转参军。司马睿镇江东，以为司马。后为冠军将军、荆州刺史。王敦谋乱，元帝遣谕敦，为敦所留，助其为乱，官荆州刺史。寻病卒。能属文，善音乐、射御、博弈、杂伎之类，尤工书画。其侄羲之幼年曾从其学书画。原有集，已佚。《全上古三代秦汉三国六朝文》存其文十篇，均为残篇。《先秦汉魏晋南北朝诗》存其诗一首。生平事迹见《晋书》卷七六。

郭璞（276—324） 西晋文学家、学者。字景纯。河东闻喜（今属山西）人。善经术，博学有高才。好古文奇字，尤妙于阴阳历算五行卜筮之术。惠帝、怀帝时避难过江，先为宣城太守殷佑参军，后参王导军事。元帝时，召为著作佐郎，迁尚书郎。明帝时，王敦任为记室参军。因谓王敦谋反必败，遭戮。王敦乱平，追赠弘农太守。以诗赋著称。《江赋》较有名。游仙诗十四首为其代表作，主要是咏高蹈遗世，蔑视富贵荣华，流露对现实的不满。辞多慷慨，与屈原《远游》、阮籍《咏怀》同旨。形象鲜明，想像丰富，语言生动，情怀飘逸，在玄言诗统治的东晋诗坛独树一帜。陈沆曰：“景纯《游仙》振响两晋。”（《诗比兴笺》）钟嵘曰：“晋弘农太守郭璞，宪章潘岳，文体相辉，彪炳可玩。始变永嘉平淡之体，故称中兴第一。”（《诗品》）著述甚富，所著《尔雅注》、《尔雅音》、《尔雅图》、《尔雅图赞》，集其前人《尔雅》学的大成。今存《尔雅注》，刊入《十三经注疏》中。又有《方言注》，以晋代语词释古语，可考见汉晋语言的流变。原有集，已佚，今有明人所辑《郭弘农集》。生平事迹见《晋书》卷七二。

王鉴 西晋文学家。字茂高。堂邑（今江苏六合北）人。少以文笔著称。尝为司马睿琅邪国侍郎。睿称帝，拜驸马都尉、奉朝请，出补永兴令。大将军王敦请为记室参军，未就而卒。原有集，已佚。《全上古三代秦汉三国六朝文》存其文二篇。《先秦汉魏晋南北朝诗》存其诗一首。生平事迹见《晋书》卷七一。

杨方 西晋文学家。字公回。会稽山阴（今浙江绍兴）人。少好学，有异才。诸葛恢收为门人，荐为郡功曹主簿。司徒王导辟为掾，转东安太守，迁司徒参军事。后为高梁太守。著有《五经钩沉》、《吴越春秋削繁》。原有集，已佚。《全上古三代秦汉三国六朝文》存其文残篇二则。《先秦汉魏晋南北朝诗》存其诗五首。生平事迹见《晋书》卷六八。

张敏 西晋文学家。太原中都（今山西平遥西南）人。咸宁中为尚书郎，领秘书监。太康初年出为益州刺史，又尝为平南参军、太子舍人、济北长史。曾表上张载《剑阁铭》文，武帝遣使镌铭于剑阁山。原有集，已佚。《全上古三代秦汉三国六朝文》存其文四篇，志怪色彩浓厚，多为残篇。生平事迹见《晋书》卷五五。

卢播 西晋散文家。字景宣。陈留（治今河南开封东南）人。尝为本州别驾，元康年间迁梁王肜征南长史，进振威将军，后为尚书。原有集，已佚。《全上古三代秦汉三国六朝文》存其文一篇。生平事迹见《晋书》卷四、卷三八、卷五八。

应詹(278—331)　西晋散文家。字思远。汝南南顿(今河南项城西南)人。应璩孙,应贞从子。幼孤,为祖母所养。初辟太子舍人。后镇南大将军刘弘请为长史,迁南平太守。因平王敦之乱有功,封观阳县侯,都督江州诸军事,领江州刺史。原有集,已佚。《全上古三代秦汉三国六朝文》存其文七篇。生平事迹见《晋书》卷七〇。

殷融　东晋文学家。字洪远。陈郡长平(今河南西华东北)人。咸和初为庾亮都督府司马。后为丹阳尹,迁尚书。穆帝时拜太常卿、吏部尚书。原有集,已佚。《全上古三代秦汉三国六朝文》存其文六篇。《先秦汉魏晋南北朝诗》存其残诗一句。生平事迹见《晋书》卷七三。

庾阐　东晋文学家。字仲初。颍川鄢陵(今河南鄢陵西北)人。好学,九岁能属文。少随舅孙氏过江。永昌中,为太宰、西阳王羕掾,累迁尚书郎。咸和中,奔郗鉴为司空参军,以功赐爵吉阳县男,拜彭城内史,寻召为散骑侍郎,领大著作,出补零陵太守。后以疾征拜给事中,复领大著作。曾作《扬都赋》,为世所重。年五十四卒。原有集,已佚。《全上古三代秦汉三国六朝文》存其文二十二篇。《先秦汉魏晋南北朝诗》存其诗二十首。生平事迹见《晋书》卷九二。

干宝(？—336)　东晋史学家、文学家。字令升。新蔡(今属河南)人。少时勤学,博览多才。王导曾荐其为佐著作郎,以修晋史。家贫,求补山阴令,迁始安太守。后为司徒右长史,迁散骑常侍。著《晋纪》二十卷,文字简略,直而能婉,时称良史。今已佚。又感于生死之事,撰集古今神祇灵异人物变化,成《搜神记》,有"鬼之董狐"之称。原书已佚,今存后人辑本。别有《春秋左氏传义》、《干子》等。原有集,已佚。《全上古三代秦汉三国六朝文》存其文六篇。《先秦汉魏晋南北朝诗》存其诗断句若干。生平事迹见《晋书》卷八二。

曹毗　东晋文学家。字辅佐。谯国(治今安徽亳州)人。少好文籍,善属词赋。郡察孝廉,除郎中,蔡谟荐补佐著作郎。后迁句章令,拜太学博士。又迁尚书郎,出为下邳太守,累迁至光禄勋。原有集,已佚。《全上古三代秦汉三国六朝文》存其文十九篇,《先秦汉魏晋南北朝诗》存其诗九首。生平事迹见《晋书》卷九二。

张翼　东晋诗人。字君祖。下邳(今江苏睢宁西北)人。尝为东海太守。工草隶。善诗。《诗纪》赞其诗"恬淡雅逸,有晋风"。《全上古三代秦汉三国六朝文》存其文一篇。《先秦汉魏晋南北朝诗》存其诗七首。生平事迹见《晋书》卷二。

葛洪(约281—341)　东晋道教理论家、医学家、炼丹术家、文学理论家。字稚川,自号抱朴子。丹阳句容(今属江苏)人。葛玄从孙。少好神仙导养之法,从葛玄的弟子郑隐受炼丹术。西晋末,司马睿为丞相,用为掾。东晋时任司徒王导主簿,迁咨议参军。以参加镇压石冰领导的农民起义,赐爵关内侯。又被征为散骑常侍、大著作,不就。闻交趾出丹砂,求为勾漏令,携子侄行至广州,为刺史邓岳劝阻,止于罗浮山炼丹。在山积年而卒。《晋书》本传谓其"著述篇章,富于班马"。所著《抱朴子》,"内篇"二十篇,论神仙、炼丹、符箓等事;"外篇"五十篇,论"时政得失,人事臧否"。"外篇"中《钧世》、《尚博》、《辞义》、《应嘲》、《喻蔽》、《文行》等篇涉及文学理论问题。他推翻"德本文末"的儒家传统,认为文章并非"余事",主张德行与文章并重(《尚博》);反对贵古贱今、盲目崇拜古人的观念,主张今胜于古(《钧世》);批评凭主观好恶评价文章(《辞义》)。著有《肘后备急方》,为古代医学名著。另有《神仙传》,又曾托名汉刘歆撰《西京杂记》。《全上古三代秦汉三国六朝文》存其文八篇。《先秦汉魏晋南北朝诗》存其诗五首。生平事迹见《晋书》卷七二。

李充　东晋文学家。字弘度。江夏鄳县(今河南信阳东北)人。少孤,善书法。初为丞相王导掾,后为剡县令、大著作郎。官至中书侍郎。曾主持整理图书,编制书目,以甲、乙、丙、丁(实即经、史、子、集)四部为次,一直为后世沿用。所著《翰林论》(今存佚文),于各体文章以一二文句揭示其所宜遵循的风格特征,并举作品示例。从中可知其虽反对为文"以华藻为先",但旨趣仍偏于文采一端。原有集,已佚。《全上古三代秦汉三国六朝文》存其文十五篇。《先秦汉魏晋南北朝诗》存其诗三首。生平事迹见《晋书》卷九二、《世说新语·言语》注引《中兴书》等。

卢谌(285—351)　东晋文学家。字子谅。范阳涿县(今河北涿州)人。善属文,为时所重。州举秀才,任太尉掾。匈奴陷洛阳,北依刘琨,为司空主簿。建兴末,随琨投段匹磾,被起为别驾。后投辽西,辽西破,归石季龙。冉闵诛石氏,随闵军于襄国,被杀。以诗著称于时。工书法,与清河崔悦齐名。原有集,已佚。《全上古三代秦汉三国六朝文》存其文十五篇。《先秦汉魏晋南北朝诗》存其诗二十九首。生平事迹见《晋书》卷四四。

孙统 东晋文学家。字承公。太原中都(今山西平遥西南)人。孙绰兄。幼与绰及从弟盛过江,放任不羁。善属文,时以为有楚风。征北将军褚裒召为参军,辞不就。性好山水,家居会稽,求为鄞令,纵意游览名山胜川。后为余姚令。原有集,已佚。《全上古三代秦汉三国六朝文》存其文二篇。《先秦汉魏晋南北朝诗》存其诗二首。生平事迹见《晋书》卷五六。

温峤(288—329) 东晋大臣。字太真。太原祁县(今属山西)人。性聪敏,有识量。博学能属文,善于谈论。举秀才。初在并州,为刘琨谋主,抵抗刘聪、石勒,累有战功。建武元年(317)元帝即位,历王导骠骑长史,迁太子中庶子。明帝即位,拜侍中,转中书令。王敦反,与庾亮等灭敦。咸和初,任江州刺史镇武昌。历阳太守苏峻、祖约作乱,他与庾亮、陶侃等出兵讨伐。事平,还镇,拜骠骑大将军,开府仪同三司,封始安郡公。后病卒。谥忠武。《全上古三代秦汉三国六朝文》存其文二十二篇 。《先秦汉魏晋南北朝诗》存其残诗二句。生平事迹见《晋书》卷六七。

庾亮(288—340) 东晋散文家。字元规。颍川鄢陵(今河南鄢陵西北)人。明帝穆皇后之兄。元帝在位时,侍讲东宫,累迁中领军。成帝即位,为中书令。苏峻之乱平,出镇芜湖,寻代陶侃都督江、荆、豫、益、梁、雍六州诸军事,领江、荆、豫三州刺史。好庄老,善谈论。其诗侈谈玄理,钟嵘称其"平典似道德论"(《诗品序》)。其文自然质朴。原有集,已佚。《全上古三代秦汉三国六朝文》存其文二十篇。生平事迹见《晋书》卷七三。

何充(292—346) 东晋散文家。字次道。庐江灊(今安徽霍山东北)人。王导妻姊子。少与导善。成帝即位,为给事黄门侍郎。康帝即位,出为骠骑将军,领徐州刺史。穆帝即位,为中书监,录尚书事,又加侍中。风韵淹雅,以文义见称。佞佛,崇修佛寺,糜费巨亿。原有集,已佚。《全上古三代秦汉三国六朝文》存其文七篇。生平事迹见《晋书》卷七七。

李颙 东晋文学家。字长林。江夏鄳县(今河南信阳东北)人。李充子。郡举孝廉,为本郡太守。有文才,多所述作。著有《尚书注》。原有集,已佚。《全上古三代秦汉三国六朝文》存其文八篇,多为残篇。《先秦汉魏晋南北朝诗》存其诗七首,多为残句。生平事迹见《晋书》卷九二。

梅陶 东晋文学家。字叔真。元帝初为王敦咨议参军。后除豫章郡太守。成帝初为尚书,拜光禄大夫。原有集,已佚。《全上古三代秦汉三国六朝文》存其文三篇。《先秦汉魏晋南北朝诗》存其诗六首。生平事迹见《晋书》卷六六。

江逌(305—363或306—364) 东晋文学家。字道载。陈留圉县(今河南开封东南)人。少孤。避苏峻之乱,屏居临海。后征北将军蔡谟命为参军,何充复引为骠骑功曹,迁吴令。殷浩将谋北伐,请为咨议参军,迁长史。升平末,迁太常。著《阮籍序赞》、《逸士箴》。原有集,已佚。《全上古三代秦汉三国六朝文》存其文十篇。《先秦汉魏晋南北朝诗》存其诗三首。生平事迹见《晋书》卷八三。

王彪之(305—377) 东晋文学家。字叔武。琅邪临沂(今属山东)人。年二十,须发皓白,时人谓之"王白须"。初除佐著作郎,累迁吏部尚书,后为镇军将军、会稽内史。简文帝时为仆射。孝武帝即位(373),迁尚书令。《全上古三代秦汉三国六朝文》存其文四十篇。《先秦汉魏晋南北朝诗》存其诗四首。生平事迹见《晋书》卷七六。

孙盛(约306—378) 东晋学者、散文家。字安国。太原中都(今山西平遥西南)人。十岁渡江。博学,善言名理。曾与殷浩抗论。起家佐著作郎。后桓温任为参军,出补长沙太守,累迁秘书监,加给事中。著《魏氏春秋》、《晋阳秋》,词直理正,世称良史。《全上古三代秦汉三国六朝文》存其文十一篇。生平事迹见《晋书》卷八二。

许询 东晋诗人。字玄度。高阳(治今河北蠡县)人。少有高尚之志。修黄、老之术。寓居会稽,与谢安、王羲之、支遁游处,渔弋山水,言咏属文。长于五言诗,以文义冠世,与孙绰同为一时名流。终身不仕。原有集,已佚。《全上古三代秦汉三国六朝文》存其文二篇。《先秦汉魏晋南北朝诗》存其诗三首。生平事迹见《晋书》卷八〇。

苏蕙 十六国时前秦女诗人。字若兰。始平(今陕西兴平)人,一说武功(今属陕西)人。智识精明,仪容秀丽,诗才横溢。十六岁适秦州刺史窦滔。滔因罪徙流沙,她思念甚切,织锦为《回文璇玑图诗》以寄(事见《晋书·窦滔妻苏氏列传》)。一说滔被苻坚任为安南将军,镇襄阳,携宠姬赵阳台往,她忿而不与偕行,滔断其音问。她悔恨自伤,用五彩锦织《回文璇玑图诗》以赠,滔为之所感,复好如初,遂迎往襄阳,而归阳台于关中(事见武则天《苏氏织锦回文记》)。著文词五千余言,隋末丧乱,散佚。《先秦汉魏晋南北朝诗》存其《璇玑图诗》一首。生平事迹见《晋书》卷九六。

苏若兰　即苏蕙。

谢尚(308—357)　东晋文学家。字仁祖。陈郡阳夏(今河南太康)人。谢安从兄。开率颖秀,辨悟绝伦,脱略细行,不为流俗之事。善音乐,博综众艺,为司徒王导所器重,辟为掾,袭父鲲爵咸亭侯。补给事黄门侍郎,出为建武将军、历阳太守。建元二年(344),迁南中郎将,督豫州四郡,领江州刺史。永和中,拜尚书仆射,出为豫州刺史,镇历阳。在任有政绩,寻进号镇西将军。原有集,已佚。《全上古三代秦汉三国六朝文》存其文五篇。《先秦汉魏晋南北朝诗》存其诗三首。生平事迹见《晋书》卷七九。

袁乔　东晋文学家。字彦叔。陈郡(治今河南淮阳)人。袁瓌子。博学有文才。初拜佐著作郎、辅国将军,历尚书郎。桓温引为司马,永和三年(347)从温平蜀,大破敌。入成都,进号龙骧将军,封湘西伯,寻卒,年三十六。尝注《论语》等。原有集,已佚。《全上古三代秦汉三国六朝文》存其文三篇。《先秦汉魏晋南北朝诗》存其残诗二句。生平事迹见《晋书》卷八三。

常璩　东晋史学家。字道将。蜀郡江原(今四川崇州东南)人。少好学。早年仕成汉主李势,为散骑常侍,掌著作。永和三年(347),桓温伐蜀,他劝李势归降。复为桓温参军。撰有《华阳国志》,为现存最早的古方志书之一。生平事迹见《晋书》卷一二一。

桓温(312—373)　东晋大臣。字元子。谯国龙亢(今安徽怀远西北)人。明帝婿。豪爽有风概,姿貌甚伟。元帝时,尚南康长公主,拜驸马都尉,袭爵万宁男。永和元年(345)为安西将军、荆州刺史。后平蜀有功,位进征西大将军。三年,灭成汉。十二年,收复洛阳,屡请还都,为大族所反对。升平中,改封南郡公。太和四年(369)北伐,与燕慕容垂战于枋头,因粮草不继,大败,回建康。六年,废海西公,立简文帝,以大司马镇姑孰。专擅朝政,意欲受禅,未成,病卒。原有集,已佚。《全上古三代秦汉三国六朝文》收其文十八篇。生平事迹见《晋书》卷九八。

支遁(314—366)　东晋高僧。本姓关,字道林。陈留(治今河南开封东南)人,一说河东林虑(今河南林州西)人。幼有神理,聪明秀彻。尝隐修支硎山,别称支硎,世称支公,又称林公。初至京师,甚得太原王濛器重。年二十五出家,谢安、王羲之等与之结方外交。后入剡,于沃州小岭立寺行道。隆和元年(362),在建安东安寺讲《道行般若经》。善谈玄理,倾动一时。太和元年(366)还山,卒。原有集,已佚。《全上古三代秦汉三国六朝文》存其文二十六篇。《先秦汉魏晋南北朝诗》存其诗十八首。生平事迹见《晋书》卷七九、《高僧传》卷四。

孙绰(314—371)　东晋文学家。字兴公。太原中都(今山西平遥西南)人,居会稽(今浙江绍兴)。孙统弟。少有高志,博学善文,为当时文士之冠。温、王、郗、庾诸公碑,必请他为文,然后刊石。初为著作佐郎。累迁散骑常侍,领著作郎,袭爵长乐侯,拜廷尉卿。性通率,好讥调。尝放游山水十余年。以文才著称。所作《游天台山赋》,辞致甚工。著有《至人高士传赞》、《列仙传赞》、《孙子》。原有集,已佚,明人辑有《孙廷尉集》一卷。生平事迹见《晋书》卷五六。

伏滔　东晋散文家。字玄度。平昌安丘(今属山东)人。有才学。少知名。州举秀才,辟别驾,皆不就。大司马桓温引为参军。后从温伐袁真,平寿阳,以功封闻喜县侯,除永世令。太元中,拜著作郎,专掌国史,领本州大中正,迁游击将军。卒于官。讨寿阳时所作《正淮论》较知名。原有集,已佚。《全上古三代秦汉三国六朝文》存其文六篇。生平事迹见《晋书》卷九二。

谢安(320—385)　东晋大臣。字安石。陈郡阳夏(今河南太康)人。出身士族。少神识沉敏,风宇条畅,为王导所重。初辟司徒府,除佐著作郎,以疾辞。寓居会稽,与王羲之、许询、支遁共游处,言咏属文。年四十余,始应桓温征为司马。温北征,出为吴兴太守,旋征拜侍中,迁吏部尚书,寻为尚书仆射。太元八年(383)前秦苻坚军南下,为征讨大都督,指挥弟石、侄玄力拒,获淝水之战大胜,又北伐收复洛阳及青、兖、徐、豫等州。会稽王司马道子执政,受排斥,出镇广陵,疾笃还郡,卒。赠太傅,谥文靖。《全上古三代秦汉三国六朝文》存其文六篇。《先秦汉魏晋南北朝诗》存其诗八首。生平事迹见《晋书》卷七九。

王羲之(321—379,一作303—361,又作307—365)　东晋书法家、文学家。字逸少。琅邪临沂(今属山东)人。出身贵族。王旷子,王导侄。年十三谒周顗,为顗所重。及长辩赡,以骨鲠称。初为秘书郎,历庾亮征西将军参军,迁长史。征为侍中、吏部尚书,不就。迁右军将军、会稽内史,世称"王右军"。因与扬州刺史王述不和,辞官,定居会稽山阴。善文章,所作《兰亭集序》文笔雅致,为后世所传颂。尤工书法。少从卫夫人(铄)学书,后变初学,草书学张芝,正书学钟繇。草隶正行诸体皆精,博采众长,自成一体,变汉魏以来质朴书风,独创妍美流便的新格。其书法自六朝来为人所重,世称"书圣"。与子献之并称"二王"。原有集,已佚,明人辑有《王右军集》。生平事迹见《晋书》卷八〇。

裴启　东晋小说家。一名荣,字荣期。河东(治今山西夏县西北)人。少有风姿才气,好论古今人物。尝于隆和中撰志人小说《语林》,盛行一时,后以记谢安语失实,为安所诋,遂废,今存后人所辑佚文。生平事迹见《世说新语·文学》注引《裴氏家传》、《世说新语·轻诋》注引《续晋阳秋》。

孙嗣　东晋文学家。太原中都(今山西平遥西南)人。孙绰子。有其父之风,文章相亚。位至中军参军。早亡。原有集,已佚。《先秦汉魏晋南北朝诗》存其诗一首。生平事迹见《晋书》卷五六。

孙放　东晋文学家。字齐庄。太原中都(今山西平遥西南)人。孙盛次子。幼聪慧,为庾亮赏识。官至长沙相。原有集,已佚。《全上古三代秦汉三国六朝文》存其文二篇。《先秦汉魏晋南北朝诗》存其诗二首。生平事迹见《晋书》卷八二。

袁宏(328—376)　东晋文学家、史学家。字彦伯,小字虎。阳夏(今河南太康)人。少孤贫。有逸才,善吟咏,文章绝美。镇西将军谢尚引为参军,累迁大司马。转为桓温记室,后任吏部郎。官至东阳太守。尝撰集《后汉纪》,与范晔《后汉书》并传。所作《咏史诗》、《东征赋》、《三国名臣序赞》,世称其美。另有《正始名士传》、《中朝名士传》。原有集,已佚。《全上古三代秦汉三国六朝文》存其文十八篇。《先秦汉魏晋南北朝诗》存其诗六首。生平事迹见《晋书》卷九二。

王坦之(330—375)　东晋学者。字文度。太原晋阳(今山西太原西南)人。王述子。弱冠与郗超俱有重名,时称"江东独步"。简文帝为抚军将军时,辟为掾,累迁参军、从事中郎、散骑常侍,出为大司马桓温长史。后征拜侍中。简文帝崩,与谢安共辅幼主,迁中书令,领丹阳尹,寻授都督徐兖青三州诸军事。信佛,尚刑名之学。曾著《废庄论》,著称于时。《全上古三代秦汉三国六朝文》存其文六篇。生平事迹见《晋书》卷七五。

习凿齿(?—382)　东晋文学家。字彦威。襄阳(今属湖北)人。宗族富盛,世为乡豪。少有志气,博学洽闻,以文笔著称。桓温辟为从事,转西曹主簿,累迁别驾,甚得器重。官至荥阳太守。后以足疾居家。前秦陷襄阳,苻坚甚礼遇之。曾著《汉晋春秋》,以蜀为正统,阴寓规谏。原有集,已佚。《全上古三代秦汉三国六朝文》存其文十篇。《先秦汉魏晋南北朝诗》存其诗一首。生平事迹见《晋书》卷八二。

韩伯　东晋学者。字康伯。颍川长社(今河南长葛东)人。幼聪慧。家贫。及长,清和有思理,留心文艺。舅殷浩称之为"出群之器"。简文帝居藩引为谈客。历任中书郎、散骑常侍、豫章太守,入为侍中。官至吏部尚书、领军将军。王坦之尝著《公谦论》,袁宏作论以难之,他作《辩谦论》以折中,著称于时。年四十九卒。《全上古三代秦汉三国六朝文》存其文四篇。生平事迹见《晋书》卷七五。

庾肃之　东晋散文家。颍州鄢陵(今河南鄢陵西北)人。庾阐子。历给事中、相府记室、湘东太守。太元中卒。以文藻著称。原有集,已佚。《全上古三代秦汉三国六朝文》存其文残篇五则。生平事迹见《晋书》卷九二。

苻融(?—383)　十六国时期前秦大将。字博休。略阳临渭(今甘肃天水东北)人。苻坚弟。氐族。封阳平公。拜侍中,除中军将军,后为司隶校尉、太子太傅,领宗正,录尚书事。淝水之战中被晋军所杀。聪辩明慧,下笔成章,时人拟之王粲。尝著《浮图赋》,壮丽清赡。《乐府诗集》解题引《古今乐录》谓《企喻歌》四曲"最后'男儿可怜虫'一曲,是苻融诗"。《全上古三代秦汉三国六朝文》存其文一篇。生平事迹见《晋书》卷一一四。

王蕴之(330—384)　东晋大臣。一名蕴,字叔仁。广汉(今四川广汉北)人。孝武定皇后父。起家佐著作郎,补吴兴太守。后迁光禄大夫,领五兵尚书,封建昌县侯,拜尚书左仆射。

复以为都督浙江东五郡镇军将军、会稽内史。为官和简，有德政。《先秦汉魏晋南北朝诗》存其诗一首。生平事迹见《晋书》卷九三。

杨羲（？—387？）　东晋诗人、道士。字义和。吴（今江苏苏州）人。幼有通灵之鉴。与许迈、许穆交善。曾因穆所荐，用为公府舍人。《先秦汉魏晋南北朝诗》存其诗八十首，多言仙道事。生平事迹见《真诰·运象篇三》、《诗纪外集》卷二。

王徽之（？—388）　东晋文学家。字子猷。琅邪临沂（今属山东）人。王羲之子，王献之兄。性卓荦不羁，蓬首散带，不理府事。爱竹，寄居空宅，便令种竹，谓："何可一日无此君邪！"尝雪夜乘小船访戴逵，造门不前而返，曰："乘兴而来，兴尽而返，何必见安道（戴逵）邪！"放诞，好声色。历大司马桓温参军、桓冲车骑参军。后为黄门侍郎。又弃官东归，病卒。原有集，已佚。《全上古三代秦汉三国六朝文》存其文一篇，《先秦汉魏晋南北朝诗》存其诗二首。生平事迹见《晋书》卷八〇。

谢万　东晋文学家。字万石。陈郡阳夏（今河南太康）人。谢安弟。才器俊秀，早有时誉。善属文，工言论。简文帝作相，召为抚军从事中郎。再迁豫州刺史，领淮南太守，监司、豫、冀、并四州军事。后受任北征，矜豪傲物，不抚将士，败归，废为庶人。后复为散骑常侍。年四十二卒。原有集，已佚。《全上古三代秦汉三国六朝文》存其文六篇，《先秦汉魏晋南北朝诗》存其诗二首。生平事迹见《晋书》卷七九。

戴逵（？—396）　东晋文学家、雕塑家、画家。字安道。谯郡铚县（今安徽宿州西南）人。少博学，好谈论。善属文，能鼓琴，工书画。不乐当世，常以琴书自娱。太宰武陵王晞使人召其鼓琴，他摔琴不赴。后徙居会稽剡县。孝武帝时累征不就，逃于吴。性高洁，常以礼度自处。深以放达为非道，撰《放达为非道论》，著称于时。又善铸佛像及雕刻，曾为山阴灵宝寺造丈六无量佛木像及菩萨像。又为瓦棺寺塑五世佛，与顾恺之壁画《维摩诘像》、狮子国（今斯里兰卡）所赠玉佛，并称"三绝"，今不传。信奉佛教，但反对因果报应说，著《释疑论》，与名僧慧远等反复辩论。所绘人物山水，南朝齐谢赫《古画品录》称之为"情韵绵密，风趣巧发"。原有集，已佚。《全上古三代秦汉三国六朝文》存其文一卷。生平事迹见《晋书》卷九四。

殷仲堪（？—399）　东晋散文家。陈郡（治今河南淮阳）人。殷觊从弟。出身士族。能清言，善属文，与韩伯齐名。初调补佐著作郎。谢玄镇京口，请为参军。孝武帝召为太子中庶子，授都督荆益宁三州军事、振威将军、荆州刺史。隆安二年（398）与桓玄战，与王恭相结，反对会稽王司马道子。恭败，翌年为追兵所获，被逼自杀。《全上古三代秦汉三国六朝文》存其文十七篇。生平事迹见《晋书》卷八四。

王凝之（？—399）　东晋文学家。字叔平。琅邪临沂（今属山东）人。王羲之次子，王献之兄，谢道韫之夫。工草隶。历江州刺史、左将军、会稽内史。王氏世事五斗米道，凝之弥笃。隆安三年（399），孙恩攻会稽，为恩所杀。《全上古三代秦汉三国六朝文》存其文三篇，《先秦汉魏晋南北朝诗》存其诗二首。生平事迹见《晋书》卷八〇。

慧远（334—416）　东晋僧人。本姓贾，人称远公。雁门楼烦（今山西宁武西）人。早年博通六经，尤善老庄。弱冠后出家，后随师道安至襄阳，精般若性空之学。晋太元六年（381）入庐山，江州刺史桓伊为造东林寺。与隐士刘遗民、雷次宗等百余人结白莲社，宣誓同修净业。著《法性论》，倡涅槃常住之说。后世奉为莲宗初祖。居庐山三十余年，足不出山。善为文，辞气清雅。原有集，已佚。《全上古三代秦汉三国六朝文》存其文二十九篇。《先秦汉魏晋南北朝诗》存其诗一首。生平事迹见《晋书》卷一〇〇。

郗超（336—377）　东晋大臣。字景兴（或作敬舆），一字嘉宾。高平金乡（今属山东）人。郗鉴孙。少卓荦不羁。与王坦之齐名，时称"江东独步"。信佛教，有旷世之度。交游士林，与支遁甚相知赏。善谈论，性好施。桓温辟为征西大将军掾，转参军，倾意礼待。所交友，皆一时美秀，虽寒门后进，亦拔而友之。温废帝奕，立简文帝，他参与计谋。累迁司徒左长史。历授散骑常侍、临海太守，加宣威将军，不拜。原有集，已佚。《全上古三代秦汉三国六朝文》存其文四篇。《先秦汉魏晋南北朝诗》存其诗六首。生平事迹见《晋书》卷六七。

谢道韫　东晋女诗人。陈郡阳夏（今河南太康）人。谢安侄女，王凝之妻。聪慧有才辩，谢安谓有雅人风致。尝内集遇雪，有"未若柳絮因风起"句，世称"咏絮才"。凝之弟献之曾与宾客谈议，词理将屈，乃施青绫步障自蔽，申其前议，客不能屈。凝之被孙恩所杀，她嫠居会稽。济尼赞其“神情散朗”，“有林下风气”。原有集，已佚。《全上古三代秦汉三国六朝文》存其文一篇。《先秦汉魏晋南北朝诗》存其诗三首。生平事迹见《晋书》卷九六。

许翙（341—370） 东晋道士。字道翔，小名玉斧。丹阳句容（今属江苏）人。许穆少子。郡举上计掾、主簿，不赴。隐居雷平山下，希修道成仙。《先秦汉魏晋南北朝诗》存其诗七首。生平事迹见《真诰·甄命授三》、《诗纪外集》卷三。

王献之（344—386） 东晋书法家。字子敬。琅邪临沂（今属山东）人，居会稽山阴（今浙江绍兴）。王羲之第七子。少为州丞，迁秘书丞，除建威将军、吴兴太守，征拜中书令。尚新安公主。少有盛名，高迈不羁。书法兼精诸体，尤以行草擅名。在张芝、羲之基础上，改变当时古拙书风，有“破体”之称。其书气势豪迈，与羲之齐名，并称“二王”，为唐太宗所酷爱。所作真书以《洛神赋十三行》最著名。传世墨迹有行书《鸭头丸帖》，小楷刻本有《十三行》。原有集，已佚。《全上古三代秦汉三国六朝文》存其文七篇。《先秦汉魏晋南北朝诗》存其诗四首。生平事迹见《晋书》卷八〇。

鸠摩罗什（Kumārajīva，344—413） 略称“罗什”，意译“童寿”。十六国时后秦佛教学者。与真谛、玄奘并称为中国佛教三大翻译家。祖籍天竺（今印度），生于西域龟兹（今新疆库车）。七岁随母出家，先后学习小乘与大乘。精通汉语文。历游西域诸国。后秦弘始三年（401），姚兴派人迎至长安主持译场，与弟子八百人汉译佛经。共译经论七十四部，三百八十四卷，义皆圆通。著名弟子有道生、僧肇、道融、僧叡，世称“什门四圣”。生平事迹见《晋书》卷九五、《高僧传》卷二。

顾恺之（约345—406） 东晋画家。字长康，小字虎头。晋陵无锡（今属江苏）人。博学多才。先后为桓温、殷仲堪参军，义熙初官至散骑常侍。工诗，文章极富文采。善书法，尤善丹青，图写特妙，深为谢安所重。写人形妙绝于时，尝图裴楷像，颊上加三毛，观者觉神明殊胜。在建康瓦棺寺绘《维摩诘像》壁画，光彩耀目，名噪一时。人称“才绝、画绝、痴绝”。与师法他的南朝宋画家陆探微并称“顾陆”。著有《论画》、《魏晋胜流画赞》、《画云台山记》，其中“迁想妙得”、“以形写神”等论点，对中国画发展有巨大影响。原有集，已佚。《全上古三代秦汉三国六朝文》存其文十五篇。《先秦汉魏晋南北朝诗》存其诗三首。生平事迹见《晋书》卷九二。

王珣（350—401） 东晋文学家。字元琳，小字法护。琅邪临沂（今属山东）人。王珉兄。弱冠与陈郡谢玄俱为桓温掾，甚得敬重，转主簿。从讨袁真，封东亭侯。官至尚书右仆射，领吏部。与殷仲堪、徐邈、王恭、郗恢等并以才学文章见宠于孝武帝。孝武即位，迁尚书令，加散骑常侍。原有集，已佚。《全上古三代秦汉三国六朝文》存其文八篇，多为残篇。《先秦汉魏晋南北朝诗》存其诗三首。生平事迹见《晋书》卷六五。

王珉（351—388） 东晋文学家。字季琰，小字僧弥。琅邪临沂（今属山东）人。王珣弟。少有才艺，善行书。历任著作散骑郎、国子博士、黄门侍郎。后代王献之为中书令。二人素齐名，世谓献之为“大令”，他为“小令”。原有集，已佚。《全上古三代秦汉三国六朝文》存其文六篇。《先秦汉魏晋南北朝诗》存其诗残句二句。生平事迹见《晋书》卷六五。

祖台之 东晋小说家。字元辰。范阳（治今河北涿州）人。祖冲之曾祖。孝武帝太元间为尚书左丞，太元末以事免。安帝时官至侍中、光禄大夫。原有集，已佚。又著小说《志怪》，亦佚，今存鲁迅《古小说钩沉》辑本。另有《道论》一篇，见《初学记》卷一七引。生平事迹见《晋书》卷七五。

赵整 东晋时前秦诗人。一名正，字文业。洛阳清水（今属河南）人，或云济阴（今属山东）人。仕苻坚，为著作郎，迁黄门侍郎、武威太守，官至秘书侍郎。性度敏达。曾以诗谏坚。坚败后为僧。《全上古三代秦汉三国六朝文》存其文一篇。《先秦汉魏晋南北朝诗》存其诗六首。生平事迹见《晋书》卷一一四。

王嘉（？—约390） 东晋时前秦方士、小说家。字子年。陇西安阳（今甘肃渭源）人。滑稽好语，不与世人交游。隐于东阳谷，弟子追随受业者数百人。石季龙之末，至长安，隐于终南山，后迁于倒兽山。苻坚累征不起。姚苌入长安，受礼遇，每以事咨询。后被苌所杀。著有《拾遗记》，记事多诡怪。《先秦汉魏晋南北朝诗》存其诗九首。生平事迹见《晋书》卷九五。

伏系之 东晋文学家。字敬鲁。平昌安丘（今山东安丘西南）人。历官黄门侍郎、侍中、尚书、光禄大夫。原有集,已佚。《全上古三代秦汉三国六朝文》存其文二篇。《先秦汉魏晋南北朝诗》存其诗一首。生平事迹见《晋书》卷九二。

袁山松(？—401)　东晋文学家。名一作崧。陈郡阳夏(治今河南太康)人。袁乔孙。少有才名,博学能文。襟情秀远,善音乐。羊昙善唱乐,桓伊能挽歌,他文饰《行路难》旧辞以继之,时人谓之“三绝”。《全上古三代秦汉三国六朝文》存其文八篇。《先秦汉魏晋南北朝诗》存其诗二首。生平事迹见《晋书》卷八三。

苻朗　十六国时前秦学者。字元达。略阳临渭(今甘肃天水东北)人。苻坚从兄子。性宏达,神气爽迈。幼怀远操,不屑时荣,为苻坚所赏识。征拜镇军将军、青州刺史,封乐安县男。好谈虚语玄,登涉山水。后降晋,为员外散骑侍郎。遭忌,为王国宝谮杀。《全上古三代秦汉三国六朝文》存其《苻子》。《先秦汉魏晋南北朝诗》存其诗二首。生平事迹见《晋书》卷一〇四。

殷仲文(？—407)　东晋文学家。陈郡长平(今河南西华东北)人。桓玄姊夫、殷仲堪从弟。少有才藻,美容貌。善属文,为世所重。初为会稽王道子骠骑参军。会玄与朝廷有隙,左迁新安太守。玄举兵以为咨议参军,领记室,进侍中,领左卫将军。玄败,投义军,后为刘裕镇军长史,转尚书,迁东阳太守。义熙三年(407)与骆球等谋反,被杀。《宋书·谢灵运传论》谓其诗始变东晋玄言诗风尚。《南齐书·文学传论》则谓“仲文玄气,犹不尽除”。原有集,已佚。《全上古三代秦汉三国六朝文》存其文一篇。《先秦汉魏晋南北朝诗》存其诗三首。生平事迹见《晋书》卷九九。

徐广(351—425)　东晋学者。字野民。东莞姑幕(今江苏常州东南)人。世传学业。尤精百家数术。历谢玄兖州从事、谯王恬镇北参军,入为秘书郎,典校秘书省,转员外散骑侍郎。隆安中,迁祠部郎。桓玄辅政,以为大将军、文学祭酒。义熙初,除镇军咨议参军,领记室,封乐成侯。宋受禅,加中散大夫,乞归。原有集,已佚。《全上古三代秦汉三国六朝文》存其文十三篇。《先秦汉魏晋南北朝诗》存其诗一首。生平事迹见《晋书》卷八二、《宋书》卷五五、《南史》卷三三。

谢混(？—412)　东晋文学家。字叔原,小字益寿。陈郡阳寿(今河南太康)人。谢安孙,孝武帝婿。少有美誉,善属文。袭父爵,历中书令、中领军、尚书左仆射。因与刘毅友善,被刘裕所杀。其诗风格高峻。《宋书·谢灵运传论》谓东晋玄言诗风尚,“至谢混而大变”。原有集,已佚。《全上古三代秦汉三国六朝文》存其文一篇。《先秦汉魏晋南北朝诗》存其诗四首。生平事迹见《晋书》卷七九。

吴隐之(？—413)　东晋大臣。字处默。濮阳鄄城(今属山东)人。美姿容,善谈论。博涉文史,以儒雅标名。解褐辅国功曹,转参征虏军事。后为桓温知赏,拜奉朝请尚书郎,迁晋陵太守。隆安中为龙骧将军、广州刺史,后迁中领军。义熙八年(412)授光禄大夫,加金章紫绶。《先秦汉魏晋南北朝诗》存其诗一首。生平事迹见《晋书》卷九〇。

刘程之(？—414)　东晋隐士。字仲思。彭城(今江苏徐州)人。初为府参军,历宜昌、柴桑令。去职,遁迹匡山,与周续之、陶渊明均不应征命,世称“浔阳三隐”。刘裕旌其号曰遗民。与慧远及白莲社有交往。著有《玄谱》。原有集,已佚。《全上古三代秦汉三国六朝文》存其文二篇。《先秦汉魏晋南北朝诗》存其诗一首。生平事迹见《高僧传》卷六、《宋书》卷九三。

郭澄之　东晋小说家。字仲静。太原阳曲(今山西太原北)人。少有才思,机敏过人。调补尚书郎,出任南康相。后还都,刘裕引为相国参军,官至相国从事中郎,封南丰侯。卒于官。原有集,已佚。另有志人小说集《郭子》,亦散佚。鲁迅《古小说钩沉》辑有佚文八十余则。生平事迹见《晋书》卷九二。

刘恢　东晋文学家。沛国(治今安徽濉溪西北)人。曾官丹杨尹。原有集,已佚。《全上古三代秦汉三国六朝文》存其文二篇。《先秦汉魏晋南北朝诗》存其诗一首。生平事迹见《隋书》卷三五。

马岌　十六国时前凉诗人。初为张茂参军。张骏嗣位,以为酒泉太守。张重华时为左长史。张祚僭号,为尚书。《全上古三代秦汉三国六朝文》存其文二篇。《先秦汉魏晋南北朝诗》存其诗一首。生平事迹见《晋书》卷八六。

陶渊明(365或372或376—427)　东晋文学家。一名潜,字元亮,私谥靖节。浔阳柴桑(今江西九江)人。《晋书》、《宋书》均谓其系陶侃曾孙,后人亦有疑其说者。祖茂,曾任武昌太守。父逸,曾任安城太守。太元十八年(393)任江州祭酒,元兴三年(404)为镇军将军刘裕之参军,旋又为建威将军江州刺史刘敬宣之参军。义熙元年(405)任彭泽县令,在职八十一天，因不满现实黑暗，不愿为五斗米折腰，弃官归田。诏征著作郎，称疾不就。今存诗文辞赋一百二十余篇，多为归隐后作。散文以《桃花源记》最有名，构想一无剥削无压迫的理想王国。《五柳先生传》是一篇自传性的作品。《归去来兮辞》叙写归隐原因及隐居后的舒畅情怀。赋以《感士不遇赋》揭露时弊最深，鞭笞最力。诗以田园诗成就最高，代表作《归园田居五首》、《饮酒诗二十首》等表现对黑暗社会的憎恶，对田园生活的热爱和对自然景物的赞美。《杂诗十二首》表现不负盛年、及时勉励的积极思想。《咏荆轲》、《读山海经·精卫衔微木》等篇，寄寓怀抱，颇多慷慨悲愤之音。其作品亦有明哲保身、及时行乐、人生无常之消极思想流露。艺术上兼有刚健豪放与恬静冲淡的特色，而后者最能代表其艺术风格。其诗情感真切，意境淡远，语言质朴，在玄言诗统治晋代文坛时能独树一帜。其人、其文不合时尚，故不为当世所重。刘勰《文心雕龙》对其未作评价，钟嵘《诗品》仅将其列入中品。萧统为最早重视陶诗者，始编陶诗八卷，并为其作传及序，但《文选》中所选陶诗不及谢灵运多。自唐始被重视，为李白、杜甫所推崇。至宋，更受文人的普遍重视，苏轼有和陶诗百余篇。清沈德潜评陶为“六朝第一流人物”(《说诗晬语》)。有《陶渊明集》、《搜神后记》。生平事迹见《晋书》卷九四、《宋书》卷九三、《南史》卷七五。后人评陶、研陶资料有颜延之《陶征士诔并序》、萧统《陶渊明传》及《陶渊明集序》、钟嵘《诗品》、宋王质《栗里谱》、清丁晏《晋陶靖节年谱》、近人梁启超《陶渊明年谱》、逯钦立校注《陶渊明集》、王瑶注《陶渊明集》、北京大学中文系编《陶渊明诗文汇评》、北京大学、北京师范大学中文系编《陶渊明研究资料汇编》。

陶潜 即陶渊明。

桓玄(369—404) 东晋大臣。字敬道，一名灵宝。谯国龙亢(今安徽怀远西北)人。桓温第六子。袭爵南郡公。形貌瑰奇，风神疏朗，雄豪有父风。博通诸艺，善属文。太元末，任义兴太守。后弃官归江陵，被推为盟主。隆安二年(398)与南兖州刺史王恭、荆州刺史殷仲堪起兵，反对会稽王司马道子及其子司马元显。后领荆、江二州刺史，控制长江中游地区，与朝廷相对抗。元兴元年(402)，举兵东下，攻入建康，迫安帝禅位，杀元显，执掌朝政。次年代晋自立，国号楚。刘裕、刘毅等兴兵讨伐，兵败被执，斩于江陵。原有集，已佚。《全上古三代秦汉三国六朝文》存其文三十五篇。《先秦汉魏晋南北朝诗》存其诗二首。生平事迹见《晋书》卷九九、《魏书》卷九七。

周续之(？—423) 东晋学者。字道祖。雁门广武(今山西代县)人，居豫章建昌(今江西奉新西)。早年师事范宁，名冠同门，号曰“颜子”。后入庐山，事释慧远。义熙中，与刘程之、陶渊明均不应征命，世称“浔阳三隐”。宋受禅，武帝为之开馆，讲授《礼记》。因病移居钟山。原有集，已佚。《全上古三代秦汉三国六朝文》存其文三篇。生平事迹见《宋书》卷九三、《南史》卷七五。

帛道猷 东晋僧人。本姓冯。山阴(今浙江绍兴)人，居若邪山(今浙江绍兴南)。性好丘壑，善吟咏。卒于元徽中，年七十一。《先秦汉魏晋南北朝诗》存其诗一首。生平事迹见《高僧传》卷七。

戴祚 东晋小说家。字延之。江东(今安徽芜湖以下长江下游南岸地区)人。曾官西戎主簿(一说西戎太守)。又曾从刘裕西征姚泓。著有《西征记》、《洛阳记》，俱佚。《水经注》、《封氏闻见记》等尚可见《西征记》佚文。又有小说《甄异传》，亦佚，今存佚文十七则，有鲁迅《古小说钩沉》辑本。另《隋书·经籍志》著录《宋武北征记》，题戴氏撰，或以为亦其所作。生平事迹见《水经注》卷一五、《封氏闻见记》卷七、《册府元龟》卷五五五。

竺法崇 东晋僧人。敏而好学，笃志经咒，尤长《法华经》。曾与隐士鲁国孔淳之交游，自以为得意之交。后卒于山中。著有《法华义疏》。《先秦汉魏晋南北朝诗》存其诗一首。生平事迹见《高僧传》卷四。

郭文 东晋诗人。字文举。河内轵县(治今河南济源南)人。性爱山水。不娶。辞家，游历名山。洛阳陷，入吴兴余杭大涤山中，独宿十余年，贸盐以自供。王导遣人迎之，置之西园，七年未尝出入。后逃归临安，结庐舍于山中。《先秦汉魏晋南北朝诗》存其诗二首。生平事迹见《晋书》卷九四。

羊徽 南朝宋文学家。字敬猷。泰山南城(治今山东泰安)人。羊欣弟。晋义熙初，刘裕镇京口，为记室参军，迁中书郎。入宋，为西中郎长史、河东太守。曾被称为“一时美器”。原有集，已佚。《全上古三代秦汉三国六朝文》存其文一篇。《先秦汉魏晋南北朝诗》存其诗十一首。生平事迹见《宋书》卷六二、《南史》卷三六。

昙谛(347—411)　南朝宋僧人。俗姓康。其先西域康居(约在今巴尔喀什湖和咸海之间,南及今阿姆河北)人,汉时移附中国,徙于吴兴(今浙江湖州)。十岁出家。曾于吴虎丘寺讲经。性爱林泉,后还吴兴。善属文。原有集,已佚。生平事迹见《高僧传》卷七、《广弘明集》卷二三丘道护《支昙谛诔》。

范泰(355—428)　南朝宋文学家。字伯伦。南阳顺阳(今河南淅川西南)人。仕晋为太学博士、天门太守,累迁尚书兼司空。入宋,拜金紫光禄大夫,进侍中,领国子祭酒。晚年信佛。著有《古今善言》。原有集,已佚。《全上古三代秦汉三国六朝文》存其文二十二篇。《先秦汉魏晋南北朝诗》存其诗六首。生平事迹见《宋书》卷六〇、《南史》卷三三。

郑鲜之(364—427)　南朝宋文学家。字道子。荥阳开封(今属河南)人。初仕晋,为辅国主簿。入宋,历任太常、都官尚书、尚书右仆射。原有集,已佚。《全上古三代秦汉三国六朝文》存其文九篇。《先秦汉魏晋南北朝诗》存其诗一首。生平事迹见《宋书》卷六四、《南史》卷三三。

何承天(370—447)　南朝宋文学家。东海郯县(今山东郯城北)人。晋时曾任参军、宛陵令。入宋,为尚书殿中郎、衡阳内史、著作佐郎、御史中丞。世称"何衡阳"。幼承家训,纵览经史百家。能弈棋,善弹筝,通音律,精历法。曾改定元嘉历。又奉命纂修《宋书》,未成而卒。撰有《春秋前传》等。原有集,已佚。《全上古三代秦汉三国六朝文》存其文三十六篇。《先秦汉魏晋南北朝诗》存其诗十五首。生平事迹见《宋书》卷六四、《南史》卷三三。

孔宁子(? —425)　南朝宋文学家。会稽山阴(今浙江绍兴)人。由晋入宋。先后任会稽掾属、太尉主簿、咨议参军、黄门侍郎、侍中。原有集,已佚。《全上古三代秦汉三国六朝文》存其文四篇。《先秦汉魏晋南北朝诗》存其诗二首。生平事迹见《宋书》卷六三、《南史》卷二三。

谢世基(? —426)　南朝宋诗人。陈郡阳夏(今河南太康)人。有才气,能诗。其叔父晦为文帝所诛,他受株连被杀。临刑前留连句诗一首。钟嵘《诗品》将其诗列入中品,云其"文虽不多,气调警拔"。《先秦汉魏晋南北朝诗》存其诗一首。生平事迹见《宋书》卷四四、《南史》卷一九。

裴松之(372—451)　南朝宋史学家、文学家。字世期。河东闻喜(今属山西)人。晋时尝任殿中将军、州主簿。入宋,历任太子洗马、永嘉太守、国子博士。元嘉六年(429),奉宋文帝命注陈寿《三国志》,鸠集传记,广增异闻,保存大量史料,开创作注新例。原有集,已佚。《全上古三代秦汉三国六朝文》存其文七篇。生平事迹见《宋书》卷六四、《南史》卷三三。

傅亮(374—426)　南朝宋文学家。字季友。北地灵州(今宁夏灵武)人。晋末,历任中书黄门侍郎、太尉从事中郎。入宋,以佐命功封建城县公,寻为尚书仆射。后与徐羡之、谢晦等受顾命辅佐少帝。少帝失德,废少帝,迎立文帝。加左光禄大夫,进爵始兴郡公。后为文帝所杀。博涉经史,尤善文辞,宋初诏命多出其手。其文有气骨而擅文采。原有集,已佚,明人辑有《傅光禄集》。生平事迹见《宋书》卷四三、《南史》卷一五。

宗炳(375—443)　南朝宋画家、文学家。字少文。南阳涅阳(今河南邓州东北)人,居江陵(今属湖北)。自东晋末至宋元嘉中,朝廷屡召不就。崇信佛教,与慧远等创立白莲社。曾漫游山川,晚年将所见景物,图之于壁,卧以游之。善琴书,精于言理。原有集,已佚。《全上古三代秦汉三国六朝文》存其文八篇。《先秦汉魏晋南北朝诗》存其诗二首。生平事迹见《宋书》卷九三、《南史》卷七五。

荀伯子(378—438)　南朝宋散文家。颍川颍阴(今河南许昌)人。仕晋为员外散骑侍郎、国子博士。入宋,历任尚书左丞、临川内史、东阳太守。原有集,已佚。《全上古三代秦汉三国六朝文》存其文六篇。生平事迹见《宋书》卷六〇、《南史》卷三三。

戴颙(378—441)　南朝宋文学家。字仲若。谯郡铚县(今安徽宿州西)人。戴逵次子。随父兄隐居会稽剡县。宋时累征不就。精音律,善雕塑。尝著《逍遥论》,注《礼记》、《中庸》。生平事迹见《宋书》卷九三、《南史》卷七五。

蔡廓(379—425)　南朝宋散文家。字子度。济阳考城(今河南民权东北)人。仕晋任著作佐郎。入宋任御史中丞、祠部尚书。原有集,已佚。《全上古三代秦汉三国六朝文》存其文六篇。生平事迹见《宋书》卷五七、《南史》卷二九。

王弘(379—432)　南朝宋散文家。字休元。琅邪临沂(今属山东)人。少好学,以清恬知名。晋时尝任琅邪内史、彭城太守。入宋,历任侍中、司徒、扬州刺史,进太保,领中书监。原有集，已佚。《全上古三代秦汉三国六朝文》存其文十三篇。生平事迹见《宋书》卷四二、《南史》卷二一。

王韶之（380—435） 南朝宋文学家。字休泰。琅邪临沂（今属山东）人。随父移居乌程（今浙江湖州）。晋时尝任著作佐郎。入宋，先后任黄门侍郎、吴郡太守、祠部尚书、吴兴太守。著有《晋安帝阳秋》。原有集，已佚。《全上古三代秦汉三国六朝文》存其文六篇。《先秦汉魏晋南北朝诗》存其诗十七首。生平事迹见《宋书》卷六〇、《南史》卷二四。

荀昶 南朝宋诗人。字茂祖。颍川颍阴（今河南许昌）人。元嘉中，以文义仕至中书郎。原有集，已佚。《先秦汉魏晋南北朝诗》存其诗二首。生平事迹见《宋书》卷六〇、《南史》卷三三。

何尚之（382—460） 南朝宋散文家。字彦德。庐江灊县（今安徽霍山东北）人。累官太子中庶子、尚书令、左光禄。原有集，已佚。《全上古三代秦汉三国六朝文》存其文十五篇。生平事迹见《宋书》卷六六、《南史》卷三〇。

殷淡 南朝宋诗人。字夷远。陈郡长平（今河南西华东北）人。历任黄门吏部郎、太子中庶子，领步兵校尉。孝武帝时，以文章见知。《全上古三代秦汉三国六朝文》存其文一篇。《先秦汉魏晋南北朝诗》存其诗十八首。生平事迹见《宋书》卷五九、《南史》卷二七。

谢瞻（约384—约421） 南朝宋文学家。字宣远，一名檐，字通远。陈郡阳夏（今河南太康）人。谢晦兄。幼慧，六岁能属文。尝为《紫石英赞》、《果然诗》，为当时才士叹赏。晋时任安西参军、建威长史、中书侍郎。入宋为豫章太守。文章辞采丰美，与族叔混、族弟灵运俱有盛名。《诗品》将其诗列入中品，谓其"源出于张华，才力苦弱，故务其清浅，殊得风流媚趣"。原有集，已佚。《全上古三代秦汉三国六朝文》存其文三篇。《先秦汉魏晋南北朝诗》存其诗六首。生平事迹见《宋书》卷五六、《南史》卷一九。

颜延之（384—456） 南朝宋文学家。字延年。琅邪临沂（今属山东）人。晋末尝任主簿、行参军。宋武帝时任太子中舍人。少帝景平元年（423），为执政者所忌，出为始安太守。文帝元嘉三年（426），征为中书侍郎，转太子中庶子，寻领步兵校尉。因言犯权要，出为永嘉太守。孝武帝孝建元年（454），任金紫光禄大夫。为人嗜酒狂放，言辞激直，时人呼曰"颜彪"。早年孤贫，好读书，无所不览。与谢灵运俱以文采知名，时称"颜谢"。而文章之美，冠绝当时。其诗长于廊庙之体。钟嵘《诗品》云其"体裁绮密，情喻渊深。动无虚散，一句一字，皆致意焉。又喜用古事，弥见拘束，虽乖秀逸，是经纶文雅才"。《五君咏》较著名。张戒《岁寒堂诗话》云："诗以用事为博，始于颜光禄。"原有集，已佚，明人张溥辑有《颜光禄集》。生平事迹见《宋书》卷七三、《南史》卷三四。

谢灵运（385—433） 南朝宋诗人。陈郡阳夏（今河南太康）人，移籍会稽（治今浙江绍兴）。谢玄孙。幼时尝寄养于道馆，族人以"阿客"、"客儿"名之，世称"谢客"。袭封康乐公，又称"谢康乐"。晋义熙中历任琅邪王行参军、刘毅记室参军、刘裕太尉参军、相国从事中郎。入宋，降爵康乐侯，迁太子左卫率。自以才能宜参权要，未见信用，常怀愤惋。少帝时贬为永嘉太守。性好山水，肆意遨游，后辞官归家。元嘉三年（426）征为秘书监，迁侍中，常称病不朝。八年，为临川内史。在任游放如故，为有司所纠，流徙广州。终以谋反罪被杀。博览群书，工书画。通史学，精佛老，尤以诗著称。其诗大都写山水名胜，开山水诗一派。描摹景物，逼真细致，多有典丽清新、意境优美的佳句，但玄言余习未能尽除。钟嵘《诗品》将其诗列为上品。黄子云《野鸿诗的》云："康乐于汉魏外别开蹊径，舒情缀景，畅达理旨，三者兼长，洵堪睥睨一世。"唐代李白、杜甫、王维、孟浩然、柳宗元等，均受其诗影响。原有集，已佚，明人辑有《谢康乐集》。近人黄节有《谢康乐诗注》。生平事迹见《宋书》卷六七、《南史》卷一九。郝昺衡有《谢灵运年谱附谢氏世系表》。

谢康乐 即谢灵运。

谢元 南朝宋散文家。字有宗。陈郡阳夏（今河南太康）人。谢灵运从祖弟。历任殿中曹郎、尚书左丞。原有集，已佚。《全上古三代秦汉三国六朝文》存其文二篇。生平事迹见《宋书》卷六四。

雷次宗（386—448） 南朝宋学者。字仲伦。豫章南昌（今属江西）人。少入庐山，师事慧远。笃志好学，尤明三《礼》、《毛诗》。元嘉十五年（438），召至建康，开馆于鸡笼山，聚徒教授，后又为筑室于钟山西岩下。原有集，已佚。《全上古三代秦汉三国六朝文》存其文四篇。生平事迹见《宋书》卷九三、《南史》卷七五。

谢晦（390—426） 南朝宋文学家。字宣明。陈郡阳夏（今河南太康）人。晋时尝为太尉主簿、右卫将军、侍中。入宋，以佐命功，封武昌县公。少帝即位，加中书令。文帝时以谋反罪被杀。《全上古三代秦汉三国六朝文》存其文一篇。《先秦汉魏晋南北朝诗》存其诗三首。生平事迹见《宋书》卷四四、《南史》卷一九。

何长瑜（？—445？）　南朝宋诗人。东海（今江苏连云港东）人。曾为临川王刘义庆国侍郎、平西记室参军。以戏用韵语嘲弄义庆州府僚佐，贬为曾城令。后迁为庐陵王南中郎行参军，掌书记之任。赴任途中遇暴风溺死。曾与谢灵运、荀雍、羊璿之以文章赏会，共为山泽之游，时称"四友"。钟嵘《诗品》将其诗列入下品。《先秦汉魏晋南北朝诗》存其诗二首。生平事迹见《宋书》卷六七、《南史》卷一九。

范广渊（？—445）　南朝宋诗人。南阳顺阳（今河南淅川）人。范泰少子。尝任孝武帝抚军咨议参军，领记室。坐兄晔谋反事被杀。《先秦汉魏晋南北朝诗》存其诗一首。生平事迹见《宋书》卷六〇。

殷景仁（390—440）　南朝宋散文家。名铁，以字行。陈郡长平（今河南西华东北）人。敏有思致，熟谙朝仪典章。晋时尝为刘毅后军参军、刘裕太尉行参军。入宋，历任秘书郎、中书侍郎、侍中、尚书仆射、中书令、扬州刺史。原有集，已佚。《全上古三代秦汉三国六朝文》存其文四篇。生平事迹见《宋书》卷六三、《南史》卷二七。

王昙首（394—430）　南朝宋散文家。琅邪临沂（今属山东）人。王弘少弟。晋义熙中尝辟琅邪王太司马属。入宋，历任文帝冠军功曹，永初初转镇西长史。文帝即位，进侍中，迁太子詹事。原有集，已佚。《全上古三代秦汉三国六朝文》存其文二篇。生平事迹见《宋书》卷六三、《南史》卷二二。

徐爰（394—475）　南朝宋史学家、文学家。字长玉，初名瑗。南琅邪开阳（今江苏武进）人。仕晋为琅邪王大司马府典军。入宋，历任殿中侍御史、尚书左丞、中散大夫。有史才。尝撰《宋书》六十五卷。原有集，已佚。《全上古三代秦汉三国六朝文》存其文四篇。《先秦汉魏晋南北朝诗》存其诗二首。生平事迹见《宋书》卷九四、《南史》卷七七。

王歆之　南朝宋诗人。字叔道。河东（治今山西永济蒲州镇）人。曾任左民尚书光禄大夫。卒于官。《先秦汉魏晋南北朝诗》存其诗一首。生平事迹见《宋书》卷九二、《南史》卷七〇。

谢惠连（397—433）　南朝宋文学家。陈郡阳夏（今河南太康）人。幼慧，十岁能文，书画并妙。初辟州主簿，不就。后因居父丧作诗赠人，长期不得官职。元嘉七年（430）始为彭城王义康法曹参军。尝为《祭古冢文》，简而有意。又为《雪赋》，亦以高丽见奇。诗以《秋怀》、《捣衣》二首较佳。与族兄灵运并称"大小谢"。原有文集，已佚，明人辑有《谢法曹集》。生平事迹见《宋书》卷五三、《南史》卷一九。

范晔（398—445）　南朝宋史学家、文学家。字蔚宗。南阳顺阳（今河南淅川西南）人。少好学。曾任尚书吏部郎，元嘉初年为宣城太守。后迁左右将军、太子詹事。元嘉二十二年（445），因牵涉谋立彭城王案，被杀。博览群书，擅长书法，通晓音律。尝于狱中作《与诸甥侄书》，论对文章的看法，以为"当以意为主，以文传意"，不能"义牵其旨，韵移其意"。但又特别注意声律之于诗歌创作的重要性。曾删取各家《后汉书》之作，著《后汉书》，意精旨深，文辞隽美。《范滂传》、《班超传》等传记生动感人，为散文名篇。《后汉书》第一次在史书中设"文苑传"，对后世史书影响甚大。原有集，已佚。《全上古三代秦汉三国六朝文》存其文五篇。《先秦汉魏晋南北朝诗》存其诗二首。生平事迹见《宋书》卷六九、《南史》卷三三。

丘渊之　南朝宋诗人。字思玄。吴兴乌程（今浙江湖州）人。元嘉中，历官侍中、都官尚书、吴郡太守，卒于太常。原有集，已佚。《先秦汉魏晋南北朝诗》存其诗一首。生平事迹见《宋书》卷八一、《南史》卷三五。

陆凯　南朝宋诗人。与范晔友善。晔在长安，他尝自江南寄梅花一枝相赠，并赠诗一首。《先秦汉魏晋南北朝诗》存其诗一首。生平事迹见《荆州记》。

裴骃　南朝宋史学家、散文家。字龙驹。河东闻喜（今属山西）人。裴松之子。官至南中郎参军。著《史记集解》。原有集，已佚。《全上古三代秦汉三国六朝文》存其文一篇。生平事迹见《宋书》卷六四、《南史》卷三三。

区惠恭　南朝宋诗人。本胡人。曾为颜师伯之仆。师伯为诗，常偷笔改定。所作《双枕诗》，为谢惠连赏识。钟嵘《诗品》将其诗列为下品。原有集，已佚。生平事迹见《诗品》卷下。

羊璿之（？—459）　南朝宋诗人。字曜璠。泰山（治今山东泰安东）人。尝任临川内史。为竟陵王刘诞所重，诞败，受牵累被杀。与谢灵运、荀雍、何长瑜以文章赏会，共为山泽之游，时称“四友”。钟嵘《诗品》将其诗列入下品。生平事迹见《宋书》卷六七、《南史》卷一九。

荀雍 南朝宋诗人。字道雍。颍川（治今河南许昌）人。官至员外散骑郎。与谢灵运、羊璿之、何长瑜共为山泽之游，时称“四友”。原有集，已佚。《先秦汉魏晋南北朝诗》存其诗一首。生平事迹见《宋书》卷六七、《南史》卷一九。

刘义庆（403—444） 南朝宋小说家。彭城（今江苏徐州）人。宋武帝刘裕侄。幼时为裕赏识，年十三袭封南郡公。永初元年（420），袭封临川王。元嘉元年（424），迁丹阳尹。六年，兼尚书左仆射，参与朝政。九年，出为平西将军、荆州刺史，有政绩。十六年，改任江州刺史。不久，又调任南兖州刺史，加开府仪同三司。后因病还京，卒于建康。谥康王。性简素，寡嗜欲，崇儒好文，喜招纳文士。在江州时，当时有名文士袁淑、陆展、何长瑜、鲍照等皆为其参佐。曾撰《徐州先贤传》，追叙家乡人物，仿班固《典引》作《典叙》，“以述皇代之美”。又撰有《集林》、《小说》、《宣验记》、《幽明录》、《世说新语》，今唯存后人所删并的《世说新语》。《全上古三代秦汉三国六朝文》存其文六篇。《先秦汉魏晋南北朝诗》存其诗二首。生平事迹见《宋书》卷五一、《南史》卷一三。

刘义隆（407—453） 即宋文帝。南朝宋皇帝。公元424—453年在位。小字车儿。宋武帝刘裕第三子。永初元年（420）封宜都郡王。景平二年（424）即位，后为太子刘劭所弑。在位时，加强集权，整顿吏治，重视学术，发展农田水利。少览篇籍，颇爱文义。原有集，已佚。《全上古三代秦汉三国六朝文》存其文一百十五篇，多为诏、敕、策、令。《先秦汉魏晋南北朝诗》存其诗三首。生平事迹见《宋书》卷五、《南史》卷二。

王徽 南朝宋散文家。琅邪临沂（今属山东）人。王弘从子。元嘉初为廷尉，出为交州刺史。《全上古三代秦汉三国六朝文》存其文三篇。生平事迹见《宋书》卷九二。

袁淑（408—453） 南朝宋文学家。字阳源。陈郡阳夏（今河南太康）人。袁湛侄。不好章句之学，而博涉多通。好属文，辞采遒艳，纵横有才辩。尝任咨议参军、尚书吏部郎，累迁太子左卫率。太子刘劭害文帝夺位，他不从，被杀。谥忠宪。能诗善赋。原有集，已佚，明人辑有《袁忠宪集》。生平事迹见《宋书》卷七〇、《南史》卷二六。

张畅（408—457） 南朝宋散文家。字少微。吴郡吴县（今属江苏）人。曾任沛郡太守、吏部尚书、会稽太守。原有集，已佚。《全上古三代秦汉三国六朝文》存其文四篇。生平事迹见《宋书》卷四六、卷五九，《南史》卷三二。

沈怀文（409—462） 南朝宋散文家。字思明。吴兴武康（今浙江德清西）人。少好玄理，善为文章，尝作《楚昭王二妃》诗，见称于世。曾任尚书殿中郎、侍中、广陵太守。后免官，赐死。原有集，已佚。《全上古三代秦汉三国六朝文》存其文五篇。生平事迹见《宋书》卷八二、《南史》卷三四。

沈怀远 南朝宋散文家。吴兴武康（今浙江德清西）人。沈怀文弟。曾任始兴王征北长流参军、武康令。著有《南越志》。原有集，已佚。《全上古三代秦汉三国六朝文》存其文二篇。生平事迹见《宋书》卷八二、《南史》卷三四。

张永（410—475） 南朝宋散文家。字景云。吴郡吴县（今属江苏）人。博涉书史，能为文章。又善隶书，晓音律。历官尚书中兵郎、南兖州刺史。原有集，已佚。《全上古三代秦汉三国六朝文》存其文一篇。生平事迹见《宋书》卷五三、《南史》卷三一。

刘敬叔 南朝宋小说家。彭城（今江苏徐州）人。少颖敏，有异才。晋义熙中，拜南平国郎中令，后为长沙景王刘道怜骠骑参军。入宋，召为征西长史。元嘉三年（426），入为给事黄门郎。数年，以病免。泰始中卒。著有志怪小说《异苑》。生平事迹见《宋书》卷一五、卷三〇，《晋书》卷二七，《异苑》卷三“黄牛”条自叙，《隋书·经籍志》杂传类《异苑》题注。《秘册汇函》本《异苑》卷首有明胡震亨所撰《刘敬叔传》。

张悦（？—470） 南朝宋散文家。吴郡吴县（今属江苏）人。张畅弟。历官中书吏部郎、侍中、南郡太守。原有集，已佚。《全上古三代秦汉三国六朝文》存其文一篇。生平事迹见《宋书》卷四六、《南史》卷三二。

何偃（413—458） 南朝宋文学家。字仲弘。庐江灊县（今安徽霍山东北）人。何尚之子。历任太子中庶子、侍中、吏部尚书。喜谈玄，曾注《庄子·逍遥游》。原有集，已佚。《全上古三代秦汉三国六朝文》存其文六篇。《先秦汉魏晋南北朝诗》存其诗一首。生平事迹见《宋书》卷五九、《南史》卷三〇。

虞通之 又作虞通。南朝宋小说家。会稽余姚(今属浙江)人。善言《易》,有学行。曾为宋明帝黄门郎,官至步兵校尉。原有集,著《后妃记》,俱佚。又著小说《妒记》,亦佚,今存佚文七则,鲁迅辑入《古小说钩沉》。《全上古三代秦汉三国六朝文》存其文二篇。《先秦汉魏晋南北朝诗》存其诗一首。生平事迹见《南史》卷七二、《隋书》卷三五。

颜竣(?—459) 南朝宋文学家。字士逊。琅邪临沂(今属山东)人。颜延之长子。历任太子舍人、吏部尚书、丹阳尹、东扬州刺史。后下狱赐死。能文。延之对宋文帝问,曾有"竣得臣笔"之语。原有集,已佚。《全上古三代秦汉三国六朝文》存其文八篇。《先秦汉魏晋南北朝诗》存其诗四首。生平事迹见《宋书》卷七五、《南史》卷三四。

颜测 南朝宋文学家。琅邪临沂(今属山东)人。颜延之次子。曾任江夏王刘义恭大司徒录事参军。以文章知名。原有集,已佚。《全上古三代秦汉三国六朝文》存其文三篇。《先秦汉魏晋南北朝诗》存其诗二首,均为残篇。生平事迹见《宋书》卷七三、《南史》卷三四。

檀道鸾 南朝宋文学家。字万安。高平金乡(今属山东)人。曾官国子博士、永嘉太守。其《续晋阳秋》论及汉魏两晋文学的发展,标举《诗》、《骚》为始祖和圭臬;又论东晋玄言诗兴盛是因士人对老庄佛理的喜好,皆符合文坛实际,对以后沈约、刘勰、钟嵘等颇具影响。原书二十卷,已佚,《世说新语》刘孝标注曾称引。生平事迹见《南史》卷七二。

刘义恭(413—465) 南朝宋文学家。彭城(今江苏徐州)人。宋武帝刘裕第五子。元嘉元年(424)封江夏王,进位司空。孝武帝时,授太尉。前废帝时,以谋废立被杀。原有集,已佚。《全上古三代秦汉三国六朝文》存其文八篇。《先秦汉魏晋南北朝诗》存其诗十三首。生平事迹见《宋书》卷六一、《南史》卷一三。

戴法兴(414—465) 南朝宋诗人。会稽山阴(今浙江绍兴)人。曾任中书通事舍人、员外散骑侍郎、越骑校尉。好学能文,颇通古今。原有集,已佚。钟嵘《诗品》将其诗列入下品,云其诗当时"为缙绅之所嗟咏"。诗俱佚。《全上古三代秦汉三国六朝文》存其文一篇。生平事迹见《宋书》卷九四、《南史》卷七七。

鲍照(约414—466) 南朝宋文学家。字明远。东海(郡治今山东苍山县南)人。家世寒微。少有文思。曾以诗为临川王刘义庆赏识,任国侍郎,后为始兴王刘濬侍郎。孝建中除海虞令,迁太子博士,兼中书舍人,出为秣陵令。大明中转永嘉令,后任临海王刘子顼前军参军,世称"鲍参军"。子顼响应晋安王刘子勋举兵反叛宋明帝,事败,他为乱兵所杀。诗文俱佳。与谢灵运、颜延之并称"元嘉三大家"。其诗风格俊逸挺拔,多写对门阀制度的愤懑和对民生疾苦的悲悯。擅长乐府诗。其七言歌行对七言诗臻于成熟有重要作用。《拟行路难》十八首为其代表作。其赋不尚雕琢堆砌,能独辟新境。《芜城赋》、《登大雷岸与妹书》是历代传诵名篇。刘熙载《艺概·诗概》云:"明远长句,慷慨任气,磊落使才,在当时不可无一,不能有二。"胡应麟称其"上挽曹刘之逸步,下开李杜之先鞭"(《诗薮》)。有《鲍参军集》。生平事迹见《宋书》卷五一、《南史》卷一三。

鲍参军 即鲍照。

王微(415—453) 南朝宋文学家。字景玄。琅邪临沂(今属山东)人。曾任司徒祭酒、太子中舍人。父死去官,不复出仕。能书画,兼解音律、医方、术数。钟嵘《诗品》将其诗列入中品。原有集,已佚。《全上古三代秦汉三国六朝文》存其文九篇。《先秦汉魏晋南北朝诗》存其诗五首。生平事迹见《宋书》卷六二、《南史》卷二一。

江智渊(418—463) 南朝宋诗人。济阳考城(今河南民权东北)人。初为随王刘诞后军参军。迁从事中郎,除中书侍郎,出为新安王北中郎长史。爱好文雅,辞采清赡。与谢庄、沈怀文友善。原有集,已佚。《先秦汉魏晋南北朝诗》存其诗一首。生平事迹见《宋书》卷五九、《南史》卷三六。

王素(418—471) 南朝宋诗人。字休业。琅邪临沂(今属山东)人。少有志行。初为庐陵国侍郎。母亡,隐居不仕。原有集,已佚。《先秦汉魏晋南北朝诗》存其诗一首。生平事迹见《宋书》卷九三、《南史》卷二四。

鲍令晖 南朝宋女诗人。东海(治今山东苍山南)人。鲍照妹。有才思,能诗。钟嵘《诗品》评其诗曰:"崭绝清巧,拟古尤胜。"著有《香茗赋集》,今佚。《先秦汉魏晋南北朝诗》存其诗七首。钱仲联《鲍参军集注》,附注其诗。生平事迹见钟嵘《诗品》。

庾徽之 南朝宋文学家。字景猷。颍川鄢陵(今属河南)人。大明年间为御史中丞,出为新安王北中郎长史、南东海太守。卒于官。原有集，已佚。《全上古三代秦汉三国六朝文》存其文一篇。《先秦汉魏晋南北朝诗》存其诗一首。生平事迹见《宋书》卷八四、《南史》卷二七。

颜师伯(419—465)　南朝宋诗人。字长渊。琅邪临沂(今属山东)人。颜延之从子。少孤贫。涉猎书传，颇解声乐。孝武帝时，历任侍中、吏部尚书、尚书左仆射、丹阳尹。前废帝即位，渐夺其权。因谋废立，事泄被杀。《先秦汉魏晋南北朝诗》存其诗一首。其中“思君如回雪，流乱无端绪”，堪称佳句。生平事迹见《宋书》卷七七、《南史》卷三四。

袁粲(420—478)　南朝宋文学家。初名愍孙，字景倩。陈郡阳夏(今河南太康)人。袁淑兄子。明帝时，累官尚书令，受遗命与褚渊、萧道成等同辅苍梧王掌朝政。顺帝即位，迁中书监。后谋讨萧道成，事泄被杀。原有集，已佚。《全上古三代秦汉三国六朝文》存其文四篇。《先秦汉魏晋南北朝诗》存其诗一首。生平事迹见《宋书》卷八九、《南史》卷二六。

沈勃　南朝宋文学家。吴兴武康(今浙江德清西)人。沈演之次子。好为文章，善弹琴，能围棋，而轻薄名利。历任尚书殿中郎、太子右卫率、司徒左长史。原有集，已佚。《全上古三代秦汉三国六朝文》存其赋残篇一则。生平事迹见《宋书》卷六三、《南史》卷三六。

谢庄(421—466)　南朝宋文学家。字希逸。陈郡阳夏(今河南太康)人。谢灵运族侄。幼有才学，七岁能文。及长，善辞令，美风仪。历任随王刘诞后军咨议、领记室、太子中庶子、侍中、吏部尚书，官至中书令、金紫光禄大夫，世称“谢光禄”。能诗，工文，善画。尝应诏作《赤鹦鹉赋》，袁淑见而叹曰：“江东无我，卿当独秀，我若无卿，亦一时之杰。”现存作品大抵吟风咏月，内容狭窄。其代表作为《月赋》。原有集，已佚，明人张溥辑有《谢光禄集》。生平事迹见《宋书》卷八五、《南史》卷二〇。

王僧达(423—458)　南朝宋文学家。琅邪临沂(今属山东)人。曾任始兴王刘濬后军参军、宣城太守、中书令。因高阇谋反事赐死狱中。能诗善文。钟嵘《诗品》将其诗列入中品。原有集，已佚。《全上古三代秦汉三国六朝文》存其文七篇。《先秦汉魏晋南北朝诗》存其诗五首。生平事迹见《宋书》卷七五、《南史》卷二一。

萧惠开(423—471)　南朝宋散文家。初名慧开。南兰陵(今江苏常州西北)人。少有风采气度，涉猎文史。历任秘书郎、太子舍人、益州太守。原有集，已佚。《全上古三代秦汉三国六朝文》存其文二篇。生平事迹见《宋书》卷八七、《南史》卷一八。

周朗(425—460)　南朝宋散文家。字义利。汝南安成(今河南汝南东南)人。尝任太子舍人、江夏王刘义恭太尉参军、建平王刘宏中军录事参军。原有集，已佚。《全上古三代秦汉三国六朝文》存其文二篇。生平事迹见《宋书》卷八二、《南史》卷三四。

刘骏(430—464)　即宋孝武帝。南朝宋皇帝。公元453—464年在位。字休龙，小字道民。文帝第三子。初封武陵王。元嘉三十年(453)，太子劭弑文帝，他起兵讨诛，入京即帝位。谥孝武帝。好文章。钟嵘《诗品》将其诗列入下品，云其“雕文织采，过为精密”。原有集，已佚。《全上古三代秦汉三国六朝文》存其文一百十四篇，多为诏令。《先秦汉魏晋南北朝诗》存其诗六首。生平事迹见《宋书》卷六、《南史》卷二。

刘铄(431—453)　南朝宋诗人。彭城(今江苏徐州)人。文帝第四子。初封南平王。太子刘劭弑文帝，以为中军将军，持节都督南兖等六州诸军事。孝武帝平乱，进司空，以药纳食中将他毒死。钟嵘《诗品》称其诗雕巧，列入下品。《全上古三代秦汉三国六朝文》存其文一篇。《先秦汉魏晋南北朝诗》存其诗十首。生平事迹见《宋书》卷七二、《南史》卷一四。

吴迈远(？—474)　南朝宋诗人。曾任江州从事。入齐为奉朝请。好为篇章。喜自夸而蚩鄙他人。钟嵘《诗品》云其“善于风人答赠”。原有集，已佚。《先秦汉魏晋南北朝诗》存其诗十一首。生平事迹见《南史》卷七三。

刘宏(434—458)　南朝宋文学家。字休度。彭城(今江苏徐州)人。文帝第七子。初封建平王。孝武帝时，曾为尚书左仆射，转尚书令。能诗，钟嵘《诗品》将其诗列为下品。原有集，已佚。《全上古三代秦汉三国六朝文》存其文六篇。生平事迹见《宋书》卷七二、《南史》卷一四。

刘彧(439—472)　即宋明帝。南朝宋皇帝。字休炳，小字荣期。文帝第十一子。初封淮阳王，改封湘东王。后出为南豫州刺史。前废帝被杀后即帝位。好文学。著有《江左文章志》等。原有集，已佚。《全上古三代秦汉三国六朝文》存其文六十二篇，多为诏令。《先秦汉魏晋南北朝诗》存其诗十三首。生平事迹见《宋书》卷八、《南史》卷三。

虞龢 南朝宋书学家。会稽余姚(今属浙江)人。家贫好学。孝武帝、明帝时,历任太学博士、中书郎、廷尉。尝奉明帝诏与巢尚之、徐希秀、孙奉伯等编次王羲之、王献之法书。著有《论书表》。《全上古三代秦汉三国六朝文》存其文八篇。《先秦汉魏晋南北朝诗》存其诗二首。生平事迹见《南史》卷七二。

王延秀 南朝宋小说家。太原(今属山西)人。早年曾游学丹阳,泰始末官祠部郎。著有志怪小说《感应传》八卷,已佚。生平事迹见《宋书》卷一六、卷六六,《梁书》卷二六,《南史》卷三〇、卷六〇。

顾欢 南朝齐文学家。字景怡,一字玄平。吴郡盐官(今浙江海宁西南)人。屡征不就。母亡,隐居天台山,开馆授徒。口不多辩,善于著论。卒年六十四。原有集,已佚。《全上古三代秦汉三国六朝文》存其文四篇。《先秦汉魏晋南北朝诗》存其诗一首。生平事迹见《南齐书》卷五四、《南史》卷七五。

韩兰英 南朝齐女作家。吴郡(治今江苏苏州)人。有文辞。宋孝武时献《中兴赋》被赏入宫。齐武帝时为博士,教六宫书学。宫中以其年老多识,呼为"韩公"。钟嵘赞云:"兰英绮密,甚有名篇。"(《诗品》卷下)原有集,已佚。《先秦汉魏晋南北朝诗》存其诗一首。生平事迹见《南齐书》卷二〇、《南史》卷一一。

崔祖思(?—480) 南朝齐散文家。字敬元。清河东武城(今山东武城西北)人。少有志气,好读史书。宋时历任上辅国主簿、相国从事郎中、齐国内史。齐初为黄门侍郎。后迁宁朔将军,征虏将军,青、冀二州刺史。原有集,已佚。《全上古三代秦汉三国六朝文》存其文二篇。生平事迹见《南齐书》卷二八、《南史》卷四八。

檀超 南朝齐文学家。字悦祖。高平金乡(今属山东)人。少好文学,任气自负。宋时官至国子博士。齐建元二年(480)置史官,与江淹同掌国史。撰十志,未就,卒。《全上古三代秦汉三国六朝文》存其文一篇。生平事迹见《南齐书》卷五二、《南史》卷七二。

玄畅 南朝齐僧人。本姓赵。河西金城(今甘肃兰州西北)人。凉州出家,为玄高弟子。宋元嘉中至扬州。齐永明初卒于京师。洞晓经律。《全上古三代秦汉三国六朝文》存其文一篇。生平事迹见《高僧传》卷八。

谢超宗(?—483) 南朝齐散文家。陈郡阳夏(今河南太康)人。谢灵运孙。少好文辞,盛得名誉。仕宋历新安王抚军行参军、司徒主簿、丹阳丞、义兴太守。齐时为黄门郎。为人仗才使酒,多所陵忽。尝以诮言得罪免官。武帝时掌国史,领记室。以情怀怨望,下狱。诏徙越州,途中赐死。文动当世,齐郊庙歌辞多出其手。《全上古三代秦汉三国六朝文》存其文一篇。生平事迹见《南齐书》卷三六、《南史》卷一九。

丘巨源(?—约485) 南朝齐文学家。兰陵(今江苏常州西北)人。少举孝廉。为宋孝武帝所知,助撰国史。明帝时使参诏诰,官至羽林监。齐建元为尚书主客郎,领军司马,越骑校尉、余杭令。萧鸾(齐明帝)为吴兴太守时,尝作《秋胡诗》,语含讥刺,因被杀。原有集,已佚。《全上古三代秦汉三国六朝文》存其文三篇。《先秦汉魏晋南北朝诗》存其诗三首。生平事迹见《南齐书》卷五二、《南史》卷七二。

丘灵鞠 南朝齐文学家。丘迟父。吴兴乌程(今浙江湖州)人。少好学,善属文。仕宋曾任建康令。入齐,高帝时掌诏策,武帝时为骁骑将军,后为长沙王车骑长史。好饮酒,不顾形仪,不治家业。宋时文名甚盛。曾著《江左文章录序》。原有集,已佚。《南齐书》本传存其残诗二句。生平事迹见《南齐书》卷五二、《南史》卷七二。

沈冲 南朝齐散文家。字景绰。吴兴武康(今浙江德清西)人。仕宋为抚军正佐,兼记室。齐建元中累迁太子中庶子。武帝初转御史中丞、侍中。永明四年(486)为五兵尚书。卒年五十一。有文名。《全上古三代秦汉三国六朝文》存其文一篇。生平事迹见《南齐书》卷三四、《南史》卷三四。

沈驎士(419—503) 南朝齐散文家。字云祯。吴兴武康(今浙江德清)人。家贫,俊敏好学。为人志趣淡泊,隐居山中,讲学授徒。屡征不就,作《玄散赋》以绝世。梁天监初,复征而不就,守操终老。原有集,已佚。《全上古三代秦汉三国六朝文》存其文四篇。生平事迹见《南齐书》卷五四、《南史》卷七六。

王延之(421—484) 南朝齐诗人。字希季。琅邪临沂(今属山东)人。少静默,清贫自守。宋时官至左仆射。入齐为中书令、右光禄大夫。原有集,已佚。《先秦汉魏晋南北朝诗》

存其诗一首。生平事迹见《南齐书》卷三二、《南史》卷二四。

孔逭 南朝齐文学家。会稽(治今浙江绍兴)人。曾为卫军武陵王萧晔东曹掾。为人抗直,有才藻。尝作《东都赋》,为士林所赏。又著《三吴决录》,已佚。生平事迹见《南齐书》卷四六、《南史》卷七二。

王僧虔(426—485) 南朝齐散文家。琅邪临沂(今属山东)人。王昙首子。少弘厚静默。宋时官至尚书令。齐时为侍中、抚军将军,后进为左光禄大夫。学识渊广,善隶书。尝著《书论》,历评晋宋诸书家。《全上古三代秦汉三国六朝文》存其文十三篇。生平事迹见《南齐书》卷三三、《南史》卷二二。

萧道成(427—482) 即齐高帝。南朝齐开国皇帝。公元479—482年在位。字绍伯,小字斗将。祖籍东海兰陵(今山东枣庄东南),南渡迁居南兰陵(治今江苏常州西北)。仕宋曾任禁军将领,杀后废帝,立顺帝,后代宋自立。博涉经史,善属文,工草隶。钟嵘评其诗云:"词藻意深,无所云少。"(《诗品》卷下)其文多为诏、敕、书、答类。原有集,已佚。《全上古三代秦汉三国六朝文》存其文六十八篇。生平事迹见《南齐书》卷一、《南史》卷四。

刘善明(432—480) 南朝齐散文家。平原(治今山东平原南)人。少静处读书,四十后为官。仕宋曾任西海太守,行青、冀二州刺史。后为萧道成所知。齐时拜授淮南、宣城二郡太守,封新淦伯。居处简朴,清贫自守,卒时家无遗储,唯书八千卷。原有集,已佚。《全上古三代秦汉三国六朝文》存其文五篇。生平事迹见《南齐书》卷二八、《南史》卷四九。

周颙 南朝齐散文家、音韵学家。字彦伦。汝南安城(今河南汝南东南)人。少颖异,为人所赏。宋元徽初,为郯令,有惠政。齐时历山阴令、中书郎、国子博士。清贫寡欲,曾隐钟山,学者咸慕其风。长于佛理。音辞辩丽。于音韵之学造诣尤深。著有《四声切韵》。原有集,已佚。《全上古三代秦汉三国六朝文》存其文七篇。生平事迹见《南齐书》卷四一、《南史》卷三四。

刘瓛(434—489) 南朝齐散文家。字子珪。沛国相县(今安徽濉溪西北)人。少笃学,博通五经,为丹阳尹袁粲所赏。齐高帝时曾为彭城郡丞。以儒学冠于当时。性谦和廉俭,不慕荣利。原有集,已佚。《全上古三代秦汉三国六朝文》存其文一篇。生平事迹见《南齐书》卷三九、《南史》卷五〇。

刘琎 南朝齐散文家。字子璥。沛国相县(安徽濉溪西北)人。刘瓛弟。宋时曾为明帝挽郎。齐建元初为武陵王萧晔冠军征虏参军。后文惠太子召入侍东宫,寻为射声校尉,卒于官。为人方正,操守不苟。原有集,已佚。《全上古三代秦汉三国六朝文》存其文一篇。生平事迹见《南齐书》卷三九、《南史》卷五〇。

褚渊(435—482) 南朝齐散文家。字彦回。河南阳翟(今河南禹州)人。少有清誉。性雅和有器度,美仪容,善谈吐。宋时为文帝婿,官至中书令。仕齐为侍中、司徒中书监,封南康郡公。原有集,已佚。《全上古三代秦汉三国六朝文》存其文十篇。生平事迹见《南齐书》卷二三、《南史》卷二八。

宝月 南朝齐诗僧。善解音律歌辞,为武帝所赏。钟嵘称其诗"亦有清句"(《诗品》卷下)。《先秦汉魏晋南北朝诗》存其诗五首。生平事迹见《南齐书》卷一一。

刘虬(438—495) 南朝齐散文家。字灵预,一字德明。南阳涅阳(今河南邓州东北)人。少抗节好学。仕宋为当阳令,罢官归家。齐时屡征不就,静处隐居。精信释氏,注《法华经》。原有集,已佚。《全上古三代秦汉三国六朝文》存其文二篇。生平事迹见《南齐书》卷五四、《南史》卷五〇。

陆慧晓(438—500) 南朝齐诗人。字叔明。吴郡吴县(今属江苏)人。建元初为太子洗马,后迁司徒右长史。建武时迁吏部郎。官至五兵尚书、南兖州刺史,以疾归卒。为人清介正立,不杂交游,为士林所赏。为政尚静俭,不阿附。《先秦汉魏晋南北朝诗》存其诗一首。生平事迹见《南齐书》卷四六、《南史》卷四八。

庾杲之(439—491) 南朝齐散文家。字景行。新野(今属河南)人。少特立广学,清贫自业,美容质,善谈笑。初为奉朝请,转尚书左丞,官至尚书吏部郎。以文学见遇。《全上古三代秦汉三国六朝文》存其文二篇。生平事迹见《南齐书》卷三四、《南史》卷四九。

刘悛(439—499) 南朝齐散文家。本名忱,字士操。彭城(今江苏徐州)人。宋时历驸马都尉、武陵内史,官至辅国将军、广州刺史,袭爵鄱阳县侯。齐初进号冠军将军。武帝时为太子中庶子、广陵太守、司州刺史、侍中。郁林时得罪,遭禁锢。高宗时复官,寻迁散骑常侍、右卫将军。东昏侯时领骁骑将军、五兵尚书。性好奢。原有集，已佚。《全上古三代秦汉三国六朝文》存其文一篇。生平事迹见《南齐书》卷三七、《南史》卷三九。

司马宪　南朝齐散文家。字景思。河内温(今河南温县)人。官至殿中郎。有辩才。曾使魏，见称于北。《全上古三代秦汉三国六朝文》存其文一篇。生平事迹见《南史》卷七二。

卞铄　南朝齐文学家。有文才，为袁粲所赏。宋泰始五年(469)，粲为丹阳尹时，以为主簿。与卞彬并称"二卞"。生平事迹见《南史》卷七二。

王僧祐　南朝齐诗人。字胤宗。琅邪临沂(今属山东)人。王微从子。博雅好古，善老、庄。为从兄俭所重。为人不趋势，少交游。官至太子中舍人、黄门侍郎。原有集，已佚。《先秦汉魏晋南北朝诗》存其诗一首。生平事迹见《南齐书》卷四六、《南史》卷二一。

宗测(？—495)　南朝齐散文家。字敬微，一字茂深。南阳涅阳(今河南邓州东北)人。宗炳孙。世居江陵。少静退，屡征不就。隐居庐山。善绘画，好音律，善《易》、《老子》。所作《衡山记》、《庐山记》，颇富辞采。《全上古三代秦汉三国六朝文》存其文三篇。生平事迹见《南齐书》卷五四、《南史》卷七五。

王逡之(？—495)　南朝齐散文家。字宣约。琅邪临沂(今属山东)人。少礼学博闻。宋时历任参军、治书御史、著作郎兼尚书左丞。仕齐官至光禄大夫、侍中。终身好学不倦。《全上古三代秦汉三国六朝文》存其文二篇。生平事迹见《南齐书》卷五二、《南史》卷二四。

王晏(？—497)　南朝齐文学家。字休默，一字士彦。琅邪临沂(今属山东)人。宋时曾任员外郎、参军。齐建元初为太子中庶子。永明、延兴间，累官至右仆射、尚书令。建武初领太子少傅。后为高宗猜忌，以谋反罪被杀。《全上古三代秦汉三国六朝文》存其文八篇。《先秦汉魏晋南北朝诗》存其残诗一句。生平事迹见《南齐书》卷四二、《南史》卷二四。

王仲雄　南朝齐诗人。晋陵南沙(今江苏常熟北)人。王敬则长子。曾任员外郎。后因齐明帝萧鸾猜忌，其父起兵反，他在京被杀。《先秦汉魏晋南北朝诗》存其诗一首。生平事迹见《南齐书》卷二六、《南史》卷四五。

谢昙济　南朝齐散文家。建武中曾为给事中领国子助教。《全上古三代秦汉三国六朝文》存其文二篇。生平事迹见《南齐书》卷一〇。

袁嘏(？—498)　南朝齐文学家。陈郡(治今河南淮阳)人。建武末曾为诸暨令。以文才自许。后被王敬则所杀。生平事迹见《南齐书》卷五二、《南史》卷七二。

沈渊　南朝齐散文家。吴兴武康(今浙江德清西)人。永明中曾为御史中丞，建武末任尚书。《全上古三代秦汉三国六朝文》存其文一篇。生平事迹见《南齐书》卷三四、《南史》卷三四。

王珪之　南朝齐史学家。琅邪临沂(今属山东)人。王逡之从弟。曾为长水校尉。精史学，撰《齐职仪》。《全上古三代秦汉三国六朝文》存其文一篇。生平事迹见《南齐书》卷五二、《南史》卷二四。

江祏(？—499)　南朝齐文学家。字弘业。济阳考城(今河南民权东北)人。景皇后侄。少为明帝萧鸾所亲，恩如兄弟。鸾即位后，迁卫尉，封安陆县侯。永泰元年(498)为侍中、中书令，遗诏转右仆射。后因谋废东昏侯，事泄被杀。好文学。钟嵘称其诗"猗猗清润"(《诗品》)。生平事迹见《南齐书》卷四二、《南史》卷四七。

江祀(？—499)　南朝齐诗人。字景昌。济阳考城(今河南民权东北)人。江祏弟。历官晋安王镇北长史、南东海太守，行府州事。后因参预废东昏侯，事败被杀。钟嵘称其诗"明靡可怀"(《诗品》)。生平事迹见《南齐书》卷四二、《南史》卷四七。

卞彬　南朝齐文学家。字士蔚。济阴冤句(今山东曹县西北)人。宋时历西曹主簿、奉朝请、员外郎。齐永元中官至平越长史、绥建太守，卒于官。颇嗜酒，不拘形迹，才操不群，文多指刺。尝作《蚤虱赋》、《虾蟆赋》刺世，文章传于巷间。与卞铄并称"二卞"。《全上古三代秦汉三国六朝文》存其文三篇。生平事迹见《南齐书》卷五三、《南史》卷七二。

刘祥　南朝齐文学家。字显徵。东莞莒县(今属山东)人。少好文学。性韵刚疏，轻言肆行，好讥刺。齐建元中为正员外，后为临川王骠骑从事郎中。不久因《连珠》文贬徙广州，病卒，年三十八。原有集，已佚。《全上古三代秦汉三国六朝文》存其文二篇。生平事迹见《南齐书》卷三六、《南史》卷一五。

孔仲智　南朝齐诗人。会稽山阴(今浙江绍兴)人。孔稚珪兄。《先秦汉魏晋南北朝诗》存其诗一首。生平事迹见《宋书》卷九一、《南齐书》卷四八、《南史》卷七三。

王摛 南朝齐散文家。东海郯县(今山东郯城北)人。以博学闻。初为秣陵令,有清直之名。永明中,为永阳太守、尚书左丞。卒于官。《全上古三代秦汉三国六朝文》存其文二篇。生平事迹见《南齐书》卷三九、《南史》卷四九。

诸葛勗 南朝齐文学家。琅邪(治今南京市北)人。永明中为国子生。曾作《云中赋》,指刺祭酒以下,系狱东冶。复作《东冶徒赋》,齐武帝见而赦之。生平事迹见《南齐书》卷五二、《南史》卷七二。

虞炎 南朝齐文学家。会稽(今浙江绍兴)人。永明中以文学为文惠太子所遇,官至骁骑将军。原有集,已佚。《全上古三代秦汉三国六朝文》存其文二篇。《先秦汉魏晋南北朝诗》存其诗四首。生平事迹见《南齐书》卷五二、《南史》卷四八。

王秀之(440—494) 南朝齐文学家。字伯奋。琅邪临沂(今属山东)人。仕宋曾为南郡太守。入齐累迁都官尚书,出为吴兴太守。性贞正,不事权贵。《全上古三代秦汉三国六朝文》存其文三篇。《先秦汉魏晋南北朝诗》存其诗一首。生平事迹见《南齐书》卷四六、《南史》卷二四。

柳世隆(442—491) 南朝齐散文家。字彦绪。河东解县(今山西运城西)人。柳元景侄。幼孤。宋时历仕至尚书右仆射,封贞阳县侯。仕齐为尚书左仆射、尚书令。为政清廉。晚年专以谈义自业。善龟卜,晓数术。著有《龟经秘要》。《全上古三代秦汉三国六朝文》存其文二篇。生平事迹见《南齐书》卷二四、《南史》卷三八。

张融(444—497) 南朝齐文学家。字思光。吴郡(治今江苏苏州)人。少奇异,有声誉。宋时为封溪令,累迁中书郎。仕齐官至黄门郎、太子中庶子、司徒左长史。世称"张长史"。以病卒。能文善辩。尝云:"吾文体英绝,变而屡奇。"自名其文集为《玉海》。钟嵘评其诗云:"思光纡缓诞放,纵有乖文体,然亦捷疾丰饶,差不局促。"(《诗品》)原有集,已佚,明人辑有《张长史集》。生平事迹见《南齐书》卷四一、《南史》卷三二。

何昌寓(445—497) 南朝齐散文家。字俨望。庐江灊县(今安徽霍山东北)人。少而淹厚,不杂交游。宋时官至湘东太守。齐永明时为竟陵王文学。后迁吏部郎中、侍中。建武时转吏部尚书。为官清白,为士林所称。《全上古三代秦汉三国六朝文》存其文二篇。生平事迹见《南齐书》卷四三、《南史》卷三〇。

刘怀慰(447—491) 南朝齐文学家。本名闻慰,字彦泰。平原平原(今山东平原南)人。宋时官至步兵校尉。入齐,为辅国将军、齐郡太守。政绩显著。善文翰,与江淹、袁彖友善。曾著《廉吏论》,为高帝褒赏。原有集,已佚。生平事迹见《南齐书》卷五三、《南史》卷四九。

袁彖(447—494) 南朝齐文学家。字伟才。陈郡阳夏(今河南太康)人。少好玄言,善属文。历任太子中庶子、冠军将军、侍中。原有集,已佚。《先秦汉魏晋南北朝诗》存其诗三首。生平事迹见《南齐书》卷四八、《南史》卷二六。

孔稚珪(447—501) 南朝齐文学家。字德璋。会稽山阴(今浙江绍兴)人。少广学,有美誉。仕宋为骠骑将军萧道成记室参军,与江淹对掌辞笔。稍迁正员郎、中书郎、尚书左丞诸职。齐永明中为骁骑将军,迁黄门侍郎、廷尉。建武初为冠军将军、平西长史、南郡太守。永元元年(499)任太子詹事。世称"孔詹事"。以疾卒。风韵清疏,好文咏,不乐世务,性爱山水。与外兄张融情趣相得。其诗文俱佳,尤以文名当世,弹文表奏,盛行朝廷。《北山移文》更为后世所叹赏。原有集,已佚,明人辑有《孔詹事集》。生平事迹见《南齐书》卷四八、《南史》卷四九。

萧赜(450—493) 即齐武帝。南朝齐皇帝。公元482—493年在位。字宣远。高帝长子。仕宋曾任江州刺史,进爵闻喜县公。入齐为太子。建元四年(482)即位。次年改元永明。重视文学、教育,文学为一代之盛,诗有"永明体"之称。《全上古三代秦汉三国六朝文》存其文百余篇,皆为诏、敕、书、答等。《先秦汉魏晋南北朝诗》存其诗一首。生平事迹见《南齐书》卷三、《南史》卷四。

王俭(452—489) 南朝齐文学家。字仲宝。琅邪临沂(今属山东)人。王僧绰子。宋明帝婿。幼专心笃学。仕宋,拜驸马都尉,官至侍中。后辅齐高帝萧道成受禅,官至尚书令。善礼仪典章。卒谥文宪。原有集,已佚,明人辑有《王文宪集》。生平事迹见《南齐书》卷二三、《南史》卷二二。

王思远(452—500) 南朝齐文学家。小字阿戎。琅邪临沂(今属山东)人。王晏从弟。建元初历竟陵王司徒录事参军、太子中舍人。建武中迁吏部郎,改授司徒左长史。后为侍中,掌优策及起居注。为人尚义,立身简洁。《全上古三代秦汉三国六朝文》存其文一篇。《先秦汉魏晋南北朝诗》存其残诗一首。生平事迹见《南齐书》卷四三、《南史》卷二四。

徐孝嗣(453—499)　南朝齐文学家。字始昌,小字遗奴。东海郯(今山东郯城北)人。尚宋孝武帝女,拜驸马都尉。入齐官吴兴太守,累迁至尚书令。为人器量宽弘,不以权势自居。永元初受遗诏辅政,谋废东昏侯未决,被毒杀。雅好文学。原有集,已佚。《全上古三代秦汉三国六朝文》存其文四篇。《先秦汉魏晋南北朝诗》存其诗二首。生平事迹见《南齐书》卷四四、《南史》卷一五。

王琰(约454—?)　南朝齐小说家。太原(今属山西)人。幼年在交趾,曾从贤法师受戒,后还都。泰始末,移居乌衣,复游于江都、峡表。齐建元元年(479),复还京师,曾为太子舍人。入梁,官吴兴令。著有杂史《宋春秋》、小说《冥祥记》,俱佚。今传《冥祥记》,凡百三十一则,有鲁迅《古小说钩沉》辑本。生平事迹见《高僧传序》、《三希堂法帖·万岁通天帖》、《〈冥祥记〉自序》。

谢瀹(454—498)　南朝齐文学家。字义洁。陈郡阳夏(今河南太康)人。谢庄子。仕齐累迁中书侍郎。建元时王俭引为长史。后拜吏部尚书。性耿正,屡讽尚书令王晏,深为晏惮惧。官至太子詹事。善文学,武帝建禅灵寺,曾敕其撰碑文。原有集,已佚。生平事迹见《南齐书》卷四三、《南史》卷二〇。

张欣泰(456—501)　南朝齐文学家。字义亨。竟陵(治今湖北钟祥)人。少有志节,好读子史。宋末时为州主簿,历诸王府佐。入齐,官尚书都官郎、直阁将军、永阳太守。后因参与废立,事败被杀。性恣情闲放。钟嵘称其"希古胜文,鄙薄俗制,赏心流亮,不失雅宗"(《诗品》)。《全上古三代秦汉三国六朝文》存其文一篇。生平事迹见《南齐书》卷五一、《南史》卷二五。

萧长懋(458—493)　即文惠太子。南朝齐文学家。字云乔。武帝长子。仕宋为雍州刺史。入齐,封南郡王,进号征虏将军。武帝即位,立为太子。礼接文士,好经学佛释。以疾卒。原有集,已佚。《全上古三代秦汉三国六朝文》存其文一篇。《先秦汉魏晋南北朝诗》存其残诗一句。生平事迹见《南齐书》卷二一、《南史》卷四四。

刘绘(458—502)　南朝齐文学家。字士章。彭城(今江苏徐州)人。少警悟,善应接。仕宋为萧道成太尉行参军。入齐为中书郎。永明末,盛谈文章,为后进领袖。其言吐音采赡丽、雅有风则,于张融、周颙二名家中别开一门。齐高宗即位,迁太子中庶子。东昏末,梁王萧衍起兵,持节督四州军事。东昏殒,与范云送其首诣梁王,转大司马从事中郎。钟嵘称其"有盛才,词美英净"(《诗品》)。原有集,已佚。《全上古三代秦汉三国六朝文》存其文三篇。《先秦汉魏晋南北朝诗》存其诗八首。生平事迹见《南齐书》卷四八、《南史》卷三九。

刘瑱　南朝齐文学家。字士温。彭城(今江苏徐州)人。刘绘弟。好文章,饮酒奢逸。其文藻、篆隶、丹青并为当世所称。官至吏部郎、义兴太守。原有集,已佚。《先秦汉魏晋南北朝诗》存其诗一首。生平事迹见《南齐书》卷四八、《南史》卷三九。

萧子良(460—494)　南朝齐文学家。字云英。南兰陵(治今江苏常州西北)人。齐武帝次子。仕宋为会稽太守。入齐,封闻喜县公,为丹阳尹。武帝即位,封竟陵郡王,世称"萧竟陵"。郁林王即位,进太傅。笃好佛法,主神不灭说。曾与范缜论辩。礼才好士,尤喜文学。时天下才学之士谢朓、王融、任昉、沈约、陆倕、范云、萧琛、萧衍等八人,常游集其门下,号"竟陵八友"。原有集,已佚,明人辑有《竟陵王集》。《先秦汉魏晋南北朝诗》存其诗五首。生平事迹见《南齐书》卷四〇、《南史》卷四四。

萧颖胄(461—501)　南朝齐散文家。字云长。南兰陵(治今江苏常州西北)人。其父赤斧为齐高帝从祖弟。为人弘厚,好文义。永明时历安陆内史、中书郎、新安太守。隆昌时为辅国将军、青冀二州刺史。明帝时为南兖州刺史。中兴元年(501)为侍中、尚书令,寻以忧疾卒。《全上古三代秦汉三国六朝文》存其文二篇。生平事迹见《南齐书》卷三八、《南史》卷四一。

谢朓(464—499)　南朝齐诗人。字玄晖。陈郡阳夏(今河南太康)人。少好学,有美名,文章清丽。初任豫章王萧嶷太尉行参军,转王俭卫军东阁祭酒、太子舍人。后转随王萧子隆文学,深得赏爱。建武中任中书郎,出为宣城太守,世称"谢宣城"。建武四年(497)为晋安王镇北谘议、南东海太守。后以告发王敬则反谋,迁尚书吏部郎。东昏侯时,江祏谋立始安王萧遥光,他不从,遭陷,下狱死。以诗著称。与当时沈约、王融、任昉、范云、萧琛、萧衍、陆倕同游于竟陵王萧子良门下，相与唱酬，时称“竟陵八友”。又与谢灵运同族，且均以山水诗著称，后人并称为“二谢”或“大小谢”。其诗清新秀丽，工于写景，如“余霞散成绮，澄江净如练”（《晚登三山还望京邑》），“天际识归舟，云中辨江树”（《之宣城郡出新林浦向板桥》），“鱼戏新荷动，鸟散余花落”（《游东田》）等，均脍炙人口。善于融情入景，诗中多含个人深沉感慨，达到情景交融的浑然境界。又始以声律入诗，注意音韵和谐，讲求对偶，部分作品已合声律，肇唐人五律之端，成为后世所称“新变体诗”（亦称“永明体”）。五言短章，极类唐人五绝。严羽以为“谢朓之诗，已有全篇似唐人者”（《沧浪诗话》），陈祚明亦云：“玄晖去晋渐遥，启唐欲近。”（《采菽堂古诗选》）然题材较窄，谋思构篇少变化。其诗在当时即有较大影响。梁武帝曾云：“三日不读谢诗即觉口臭。”沈约则以为“二百年来无此诗”。后世李白、杜甫也对其推崇备至。李白有“解道澄江净如练，令人长忆谢玄晖”（《金陵城西楼月下吟》）句。亦工文，善草隶。原有集，已佚，后人辑有《谢宣城集》。郝立权有《谢宣城诗注》。生平事迹见《南齐书》卷四七、《南史》卷一九。

谢宣城 即谢朓。

江奂 南朝齐诗人。与谢朓同时。曾为中书郎。原有集，已佚。《先秦汉魏晋南北朝诗》存其诗一首。生平事迹见《隋书》卷三五。

崔慰祖（465—499） 南朝齐散文家。字悦宗。清河东武城（今山东武城西北）人。少好学。曾任始安王萧遥光抚军刑狱兼记室。遥光乱，出城诣阙自首。后病卒。博览多闻，世称硕学。曾撰《海岱志》，未就。《全上古三代秦汉三国六朝文》存其文二篇。生平事迹见《南齐书》卷五二、《南史》卷七二。

王融（467—493） 南朝齐文学家。字元长。琅邪临沂（今属山东）人。王僧达孙。少聪颖警慧，博览多才。曾上书齐武帝求自试，官秘书丞。竟陵王萧子良以为宁朔将军军主。后因谋立子良，事败，下狱死。文思敏捷。其《曲水诗序》尤为人称颂。为“永明体”重要诗人。钟嵘《诗品》评其诗云：“元长、士章（刘绘），并有盛才，词美英净。至于五言之作，几乎尺有所短，譬应变将略，非武侯所长，未足以贬卧龙。”其文多直抒政见，经世致用。原有集，已佚，明人辑有《王宁朔集》。生平事迹见《南齐书》卷四七、《南史》卷二一。

陆厥（472—499） 南朝齐文学家。字韩卿。吴郡吴县（今属江苏）人。少有风概，好作文。州举秀才。曾与沈约书，反对其声病说。后以始安王遥光乱，父闲被杀，他感恸而卒。钟嵘评其作云：“观厥文纬，具识丈夫之情状。”（《诗品》）原有集，已佚。《全上古三代秦汉三国六朝文》存其文一篇。《先秦汉魏晋南北朝诗》存其诗十六首。生平事迹见《南齐书》卷五二、《南史》卷四八。

顾恕 南朝齐文学家。曾为秀才、扬州主簿。善《易》。钟嵘云其“祖袭颜延，欣欣不倦，得士大夫之雅致”（《诗品》）。《全上古三代秦汉三国六朝文》存其文一篇。《先秦汉魏晋南北朝诗》存其诗一首。生平事迹见《南齐书》卷三九、《南史》卷四二、卷四八。

许瑶之 南朝齐诗人。高阳（治今河北蠡县南）人。居于永兴。曾任建安郡丞，后罢官回家。能诗。钟嵘《诗品》谓之“长于短句咏物”。《先秦汉魏晋南北朝诗》存其诗三首。生平事迹见《宋书》卷九一、《南史》卷七三。

萧子隆（474—494） 南朝齐文学家。南兰陵（治今江苏常州西北）人。齐武帝第八子。字云兴。性和美，有文才，武帝誉为“我家东阿（魏曹植）”。封随郡王。历任荆州刺史、侍中、中军大将军。后为明帝萧鸾所杀。原有集，已佚。《全上古三代秦汉三国六朝文》存其文一篇。《先秦汉魏晋南北朝诗》存其诗一首。生平事迹见《南齐书》卷四〇、《南史》卷四四。

萧锋（475—494） 南朝齐散文家。字宣颖。南兰陵（治今江苏常州西北）人。齐高帝第十二子。幼好学，十岁能属文。高帝即位，封江夏王。历辅国将军、徐州刺史。隆昌时，入为侍中，领骁骑将军，寻加秘书监。好琴书，有武力，为明帝所忌惮，后遇害。《全上古三代秦汉三国六朝文》存其文一篇。生平事迹见《南齐书》卷三五、《南史》卷四三。

王寂 南朝齐诗人。字子玄。琅邪临沂（今属山东）人。王僧虔第九子。性迅动，好文章。曾为秘书郎。年二十一卒。原有集，已佚。《先秦汉魏晋南北朝诗》存其诗五首。生平事迹见《南齐书》卷三三、《南史》卷二二。

张冲（？—501） 南朝齐散文家。字思约。吴郡吴县（今属江苏）人。元嘉中州辟主簿，除盱眙太守。明帝时加征虏将军。永元二年(500),为郢州刺史。封定襄侯。三年,率军拒萧衍,病死军中。《全上古三代秦汉三国六朝文》存其文二篇。生平事迹见《南齐书》卷四九、《南史》卷三二。

裴昭明(?—502)　南朝齐散文家。河东闻喜(今属山西)人。裴松之孙。少习经史。宋泰始中为太学博士。元徽中出为长沙郡丞。齐永明时为始安内史。建武初为广陵太守。历郡皆有勤绩,不治产业。原有集,已佚。《全上古三代秦汉三国六朝文》存其文二篇。生平事迹见《南齐书》卷五三、《南史》卷三三。

沈约(441—513)　南朝梁文学家。字休文。吴兴武康(今浙江德清武康镇)人。少罹家难流寓,孤贫而笃志好学,遂博通群书。宋时,为蔡兴宗所赏识,仕至尚书度支郎。南朝齐时,曾为文惠太子家令,后迁至黄门侍郎。与萧衍、谢朓、王融、萧琛、范云、任昉、陆倕同游竟陵王子良西邸,号为"竟陵八友"。梁武帝平建康,他与范云赞成帝业,封建昌侯,官至尚书令。卒谥隐,后世亦称"沈隐侯"。齐梁之际,其诗文可与谢朓、任昉相颉颃,高视当时。《南史·沈约传》谓:"谢玄晖(朓)善为诗,任彦昇(昉)工于笔,约兼而有之,然不能过也。"又与王融、谢朓、周颙等发明四声,对骈文形式的完善及新变体诗的形成,俱有重要贡献。著有《宋书》,为"二十四史"之一。又著有《晋书》、《齐纪》、《高祖纪》、《迩言》、《谥例》、《宋文章志》、《四声谱》等,皆已亡佚。原有集,亦已散佚,明人张溥辑有《沈隐侯集》。生平事迹见《宋书》卷一〇〇、《梁书》卷一三、《南史》卷五七。

江淹(444—505)　南朝梁文学家。字文通。济阳考城(今河南民权东北)人。少孤贫,不事章句之学,留意文章。历仕宋、齐、梁三代。宋孝武帝大明五年(461)为南徐州新安王从事,明帝泰始二年(466)转入建平王刘景素幕。泰豫元年(472)明帝死后,景素密谋叛乱,他屡谏未被采纳。景素败亡,他以先被远黜免难。宋、齐政权变易之际,为齐武帝萧道成所赏拔,军书表记大多出自他的手笔。在齐历任尚书左丞、侍中、卫尉卿等。齐末萧衍自襄阳举兵近金陵,他微服奔往。入梁,官至金紫光禄大夫,封醴陵侯。现存作品皆作于早年宋、齐初期,史称其"晚节才思微退,时人皆谓之才尽"(《梁书》本传)。其赋俱为抒情及体物小赋,内容广泛,抒写生活感受,富于生活气息,辞藻清丽,情致缠绵。其中《恨赋》、《别赋》将人生较普遍的两种抽象感情,分别体现于各类人事活动上,以精美的抒情笔调,极意铺写,令人回肠荡气,前人誉之为"创格"(《六朝文絜笺注》),为六朝抒情小赋名篇。其诗善于摹拟前人,钟嵘谓其"诗体总杂"(《诗品》)。其《望荆山》一首,深寓忧危之思。文以表诏为多,均为代撰,俱能即事立言,意当辞雅。《狱中上建平王书》一文,与邹阳《狱中上书自明》为先后媲美的名篇。有《江文通集》。生平事迹见《梁书》卷一四、《南史》卷五九。

何胤(446—531)　南朝梁文学家。字子季,更字胤叔。庐江灊县(今安徽霍山东北)人。何点弟。仕齐初为秘书郎,迁太子舍人,出为建安太守,官至左民尚书。明帝时隐居山中。梁受禅,授特进、右光禄大夫,给白衣尚书禄,又月给库钱五万,并不受。著有《周易注》、《毛诗总集》、《毛诗隐义》、《礼记隐义》、《礼答问》等。《全上古三代秦汉三国六朝文》存其文一篇。《先秦汉魏晋南北朝诗》存其诗九首。生平事迹见《南齐书》卷五四、《梁书》卷五一、《南史》卷三〇。

范缜(约450—约510)　南朝梁思想家、文学家。字子真。南乡舞阴(今河南泌阳西北)人。范云从兄。少孤贫,师事刘瓛,深受器重。博通经术,尤精三《礼》。仕齐为尚书殿中郎。官至宜都太守。尝侍竟陵王萧子良。子良精信释教,侈谈因果,他盛称无佛,辟因果,著《神灭论》,子良集僧难之而不能屈。入梁为尚书左丞,被任昉劾奏徙广州。后召还,任中书郎、国子博士。其《神灭论》宣传唯物论思想,批判佛教唯心主义的"神不灭论",对后世影响巨大。天监六年(507)梁武帝曾命王公朝贵及僧正六十余人进行反驳,仍不为所屈。原有集,已佚。《全上古三代秦汉三国六朝文》存其文五篇。《先秦汉魏晋南北朝诗》存其诗一首。生平事迹见《梁书》卷四八、《南史》卷五七。

王屮(?—505)　南朝梁散文家。字简栖。琅邪临沂(今属山东)人。有学业。曾任郢州从事、征南记室。所作《头陀寺碑文》,文词巧丽,为世所重。原有集,已佚。《文选》存其文一篇。生平事迹见《文选》卷五九李善注引《姓氏英贤录》。

虞羲　南朝梁诗人。字士光,一作子阳。会稽余姚(今属浙江)人。七岁能属文,盛有才藻。在齐代为太学生,历始安王侍郎、建安征虏府主簿功曹,兼记室参军。梁天监年间,为晋安王侍郎。原有集,已佚。《全上古三代秦汉三国六朝文》存其文一篇。《先秦汉魏晋南北朝诗》存其诗三十首,残诗二句。生平事迹见《南史》卷五九、《文选》卷二一李善注引《虞羲集序》。

范云(451—503) 南朝梁文学家。字彦龙。南乡舞阴(河南泌阳北)人。范缜从弟。少好学,善属文,下笔即成。宋末,起家郢州西曹书佐。齐建元初,为竟陵王子良所赏识,任为丹阳尹主簿。永明五年(487),为零陵内史。永元元年(499)为广州刺史,因事下狱,遇赦免。永明年间,与谢朓、沈约等同居于竟陵王萧子良门下,为"竟陵八友"之一。后助梁武帝登位,迁散骑侍郎、吏部尚书,封霄城县侯,官至尚书右仆射。其诗颇有情辞清切之作。钟嵘《诗品》称为"清便宛转,如流风回雪"。原有集,已佚。《全上古三代秦汉三国六朝文》存其文三篇。《先秦汉魏晋南北朝诗》存其诗四十二首。生平事迹见《梁书》卷一三、《南史》卷五七。

宗夬(456—504) 南朝梁诗人。字明敭。南阳涅阳(今河南邓州东北)人,世居江陵(今属湖北)。仕齐,历临川王常侍、骠骑行参军、秣陵令、尚书都官郎、御史中丞。天监元年(502)迁征虏长史、东海太守。二年,征为太子右卫率,迁五兵尚书。《先秦汉魏晋南北朝诗》存其诗五首。生平事迹见《梁书》卷一九、《南史》卷三七。

陶弘景(456—536) 南朝齐梁时道教思想家、医学家、文学家。字通明。丹阳秣陵(今江苏南京)人。幼有异操。宋末萧道成为相,引为诸王侍读。仕齐拜左卫殿中将军。从陆修道弟子陆游岳学道。永明十年(492),退隐句容句曲山(今江苏茅山),自号"华阳隐居"。搜集、整理道教经典,创立茅山派。性爱山水,每经涧谷,必吟咏盘桓。沈约为东阳太守时,高其志节,屡书招不至。梁武帝早年曾与之游,即位后,国有大事,无不先询,时人谓为"山中宰相"。诗文精约素雅,表现放怀世外的情志。著有道教经典《真诰》及医药学著作《本草经集注》(原书已佚,今在敦煌发现残本)。原有集,已佚,明人辑有《陶隐居集》。生平事迹见《梁书》卷五一、《南史》卷七六。

曹景宗(457—508) 南朝梁大将。字子震。新野(今属河南)人。幼善骑射。颇爱史书。仕齐,除游击将军。武帝起兵,他率宗族相从。梁时官至侍中、中卫将军、江州刺史。封竟陵县侯。以军功显,而所作《华光殿赋侍宴赋竞病韵诗》自然工妙,为当时朝臣所惊叹。《先秦汉魏晋南北朝诗》存其诗一首。生平事迹见《梁书》卷九、《南史》卷五五。

任昉(460—508) 南朝梁文学家。字彦昇。乐安博昌(今山东寿光)人。历仕宋、齐、梁三代。宋时拜太学博士。齐永明年间,以文学为丹阳尹王俭所重,引为主簿,后任竟陵王萧子良记室参军,为"竟陵八友"之一。官至司徒右长史。入梁,官至义兴太守、新安太守。性好奖进士友,得其延誉者多见升擢,为当时士流所趋慕。家聚书多至万余卷,为齐、梁间著名藏书家。博学善属文,齐梁之际,王公表奏,无不请其代草,文辞为时所重。同时沈约以诗名,世有"沈诗任笔"之称。其《为齐明帝让宣城郡公第一表》,以言事径直,为齐明帝所恨,终见抑于建武之世。其文多为人代笔,然能切合事情,即不免有所虚饰,而不谬于实际,使事精切,属辞典雅。晚年颇致力于诗,但以习于用事,有失流便,故成就不高。原有集,已散佚,明人辑有《任中丞集》。生平事迹见《梁书》卷一四、《南史》卷五九。

袁昂(461—540) 南朝梁散文家。字千里。陈郡阳夏(今河南太康)人。仕齐官至建武将军、吴兴太守。梁武帝自襄阳举兵至京师,州郡皆降,他独拒不受命。入梁,为临川王参军事,历官至司空、侍中、尚书令,加特进、左光禄大夫。原有集,已佚。《全上古三代秦汉三国六朝文》存其文七篇。生平事迹见《梁书》卷三一、《南史》卷二六。

刘峻(462—521) 南朝梁学者、文学家。字孝标。平原(今属山东)人。早年为北魏所掳,流离北国,备历艰辛。齐永明中南归。性好学,闻有异书,必往乞借,人谓之"书淫"。建武中,豫州刺史萧遥欣引为刑狱。梁天监初,召入西省,与学士贺踪典校秘书。天监七年(508),安成王引为其荆州户曹参军。后在东阳紫岩山筑室讲学。卒后门人谥曰"玄靖先生"。学问渊博,为《世说新语》作注,征引繁富,审订精核,为世所重。其为陆机《演连珠》注,全为李善《文选》注所沿用。文辞赡丽,词气磅礴。《广绝交论》为卓越当时的名篇。原有集,已佚,明人辑有《刘户曹集》。今有《刘孝标集校注》。《全上古三代秦汉三国六朝文》存其文十三篇。《先秦汉魏晋南北朝诗》存其诗四首。生平事迹见《梁书》卷五〇、《南史》卷四九。

刘孝标 即刘峻。

谢幾卿　南朝梁散文家。陈郡阳夏(今河南太康)人。谢灵运曾孙。幼清辩,时号神童。好学,博涉有文采。详悉故实。仕齐为豫章王国常侍,累迁至太尉晋安王主簿。梁天监中,累迁尚书左丞、镇卫南平王长史。普通六年(525),诏西昌侯萧渊藻督众军北伐,擢为军师长史,军至涡阳败退,坐免官。后病卒。《全上古三代秦汉三国六朝文》存其文二篇。生平事迹见《梁书》卷五〇、《南史》卷一九。

王籍　南朝梁诗人。字文海。琅邪临沂(今属山东)人。七岁能属文。博学有才气,为任昉、沈约所称赏。齐末为冠军行参军。梁天监中,为湘东王萧绎咨议参军,常游名山,累月不还。后转为安西府咨议参军,兼作塘令。原有集,已佚。《先秦汉魏晋南北朝诗》存其诗二首。其中《入若耶溪诗》,当时以为绝唱。生平事迹见《梁书》卷五〇、《南史》卷二一。

虞骞　南朝梁文学家。会稽(今浙江绍兴)人。善属文,工为五言诗,名与何逊埒。官至王国侍郎。原有集,已佚。《先秦汉魏晋南北朝诗》存其诗五首。生平事迹见《梁书》卷四九、《南史》卷三三。

高爽　南朝梁文学家。广陵(治今江苏扬州)人。博学多才。齐永明中举孝廉。天监初,历官中军临川王参军,出为晋陵令。坐事系狱,作《镬鱼赋》以自况,其文甚工。后遇赦获免。《全上古三代秦汉三国六朝文》存其文四篇。《先秦汉魏晋南北朝诗》存其诗五首。生平事迹见《梁书》卷四九、《南史》卷七二。

江洪　南朝梁诗人。济阳考城(今河南民权东北)人。曾为建阳令。坐事死。工属文。原有集,已佚。《先秦汉魏晋南北朝诗》存其诗十八首。生平事迹见《梁书》卷四九、《南史》卷五九、卷七二。

萧衍(464—549)　即梁武帝。南朝梁文学家。字叔达,小字练儿。南兰陵(治今江苏常州西北)人。南朝齐高帝族侄。仕齐曾官雍州刺史,镇守襄阳。乘齐内乱,起兵攻下建康,夺取帝位,建立梁朝。公元502—549年在位。他改定“百家谱”,重用士族。笃信佛教,荒于朝政,曾三次舍身入同泰寺。太清二年(548)冬,北魏降将侯景叛乱,攻破都城;三年,破台城,他被逼饿死。早岁与沈约、谢朓、王融、萧琛、范云、任昉、陆倕等并游于齐竟陵王子良的西邸,号为“竟陵八友”。史称其“少而笃学,洞达儒玄”。居帝位后,于台西立士林馆,亦常于佛寺讲说。尝撰儒释二家义疏多种。爱好文学,凡制诏文檄书表之类,多为其自撰。又自制《踏铜蹄》、《江南弄》、《上云乐》诸曲,及《河中之水歌》、《东飞伯劳歌》,对诗歌的形式风格有所开拓。精通乐律,曾创制准音器四具,名“通”;又制长短不同之笛十二支以应十二律。工于书法。原有集,已佚,明人张溥辑有《梁武帝集》。生平事迹见《齐书》卷六、《梁书》卷一、《南史》卷六。

梁武帝　即萧衍。

丘迟(464—508)　南朝梁文学家。字希范。吴兴乌程(今浙江湖州)人。丘灵鞠子。初仕齐,任太学博士,迁殿中郎。萧衍平京邑,引为骠骑主簿。入梁,拜散骑侍郎,迁中书侍郎。天监三年(504)出为永嘉太守。次年,临川王萧宏北代,任为咨议参军领记室。时叛将陈伯之与魏军来拒梁军,他以书喻之,伯之遂降。还拜中书侍郎,迁司空(一作司徒)从事中郎。卒于官。史称其“辞采丽逸”。钟嵘评其诗“点缀映媚,似落花依草”(《诗品》)。其文以《与陈伯之书》最著名,劝伯之自魏归梁,义正辞严,而措辞委婉绮丽,为当时骈文中的优秀作品。原有集,已佚,明人辑有《丘司空集》。生平事迹见《梁书》卷四九、《南史》卷七二。

傅昭(464—528)　南朝梁诗人。字茂远。北地灵州(今宁夏灵武西南)人。仕齐官至尚书左丞。仕梁,历黄门侍郎、御史中丞、左民尚书、秘书监,累迁散骑常侍。《先秦汉魏晋南北朝诗》存其诗一首。生平事迹见《梁书》卷二六、《南史》卷六〇。

沈旋　南朝梁诗人。字士规。吴兴武康(今浙江德清武康镇)人。沈约子。官给事黄门侍郎、中抚军长史。出为招远将军、南康内史。《先秦汉魏晋南北朝诗》存其诗一首。生平事迹见《梁书》卷一三、《南史》卷五七。

柳恽(465—517)　南朝梁诗人。字文畅。河东解县(今山西运城西)人。少好学,有志行。初为齐竟陵王子良法曹行参军,官至相国右司马。入梁,兼侍中,历任秘书监、吴兴太守。善弹琴,又善弈棋。武帝尝令其定棋谱。其诗情辞清切,韵调隽美。其《捣衣诗》有“亭皋木叶下,陇首秋云飞”句,极为王融所称赏,传为名句。原有集,已佚。《全上古三代秦汉三国六朝文》存其文一篇。《先秦汉魏晋南北朝诗》存其诗二十二首。生平事迹见《梁书》卷二一、《南史》卷三八。

刘勰（约465—约532） 南朝梁文学理论家。字彦和。东莞莒县（今属山东）人，世居京口（今江苏镇江）。家贫无依，投靠定林寺沙门僧佑，终生未婚娶。少即笃志好学。居处定林寺十余年间博览群书，钻研佛教典籍，为僧佑编定经藏。历时五六载，于梁天监初年撰成文学理论批评专著《文心雕龙》，受沈约赏识。天监二年（503）入仕。初为奉朝请。先后任临川王萧宏记室、车骑将军夏侯祥仓曹参军。天监六年，为太末令，政有清绩。约天监十年（511），复改任仁威将军萧绩记室，兼太子萧统东宫通事舍人，深为萧统所重。后奉命回定林寺整理佛经。事毕，表请燔发为僧，改名慧地。未及一年而卒。所著《文心雕龙》五十篇，体大思精，是我国古代系统的文论名著。原有集，已佚。现存《梁建安王造剡县石城寺石像碑》和《灭惑论》二文。生平事迹见《梁书》卷五〇、《南史》卷七二。

王僧孺（465—522） 南朝梁文学家。以字行。东海郯县（今山东郯城北）人。六岁能属文。家贫好学，常为人抄书以养母。初仕齐，为太学博士，以善辞藻列竟陵王萧子良门下。后迁治书侍御史，出为钱唐令。梁天监初，除临川王后军记室参军，后为南海太守，迁尚书左丞，兼御史中丞，累迁至尚书吏部郎、兰陵太守。后入直西省，知撰谱事。好聚书，藏书万余卷。其文丽逸，多用新事，为人所未见者，当世重其富博。诗亦颇清雅切情。原有集，已佚，明人辑有《王左丞集》。生平事迹见《梁书》卷三三、《南史》卷五九。

徐勉（466—535） 南朝梁文学家。字修仁。东海郯县（今山东郯城北）人。幼孤贫。笃志好学。仕齐起家国子生，射策举高第，迁太学博士，累迁至领军长史。入梁，拜中书侍郎，累迁至尚书左丞。天监二年（503），除给事黄门侍郎、尚书吏部郎，参掌大选。六年迁吏部尚书。中大通三年（531）移授特进、右光禄大夫、侍中、中卫将军。博通经史。曾主修五礼。居官严正，不营产业。善属文，勤著述。原有集，已佚。《全上古三代秦汉三国六朝文》存其文十五篇。《先秦汉魏晋南北朝诗》存其诗八首。生平事迹见《梁书》卷二五、《南史》卷六〇。

王揖 南朝梁文学家。名一作楫。琅邪临沂（今属山东）人。王志弟，王筠父。仕梁为太中大夫，出为东阳太守。原有集，已佚。《全上古三代秦汉三国六朝文》存其文一篇。《先秦汉魏晋南北朝诗》存其诗五首。生平事迹见《梁书》卷三三、《南史》卷二二。

钟嵘（约468—518） 南朝梁文学理论家。字仲伟。颍川长社（今河南长葛东北）人。出身士族。好学有思理。齐时官至司徒行参军。入梁历任临川王行参军，衡阳王、晋安王记室，世称“钟记室”。所著《诗品》品评自汉至梁一百多名诗人，约成书于梁武帝时，为我国现存最早的诗论专著。清章学诚称其为“思深而意远”（《文史通义·诗话》）。生平事迹见《梁书》卷四九、《南史》卷七二。

吴均（469—520） 南朝梁文学家。字叔庠。吴兴故鄣（今浙江安吉北）人。家世寒贱，好学有俊才，其文颇为沈约所称赏。柳恽为吴兴太守时曾召为主簿，后官至奉朝请。撰《齐春秋》，武帝以其不实，焚之，坐免职。与何逊曾以赋诗为武帝所赏，后俱失武帝意，被斥为“何逊不逊，吴均不均”。史称“均文体清拔有古气，好事者或学之，谓为‘吴均体’”。其散文如《与宋元思书》、《与顾章书》等，摄山水之貌，文笔清隽简净；又其《檄江神责周穆王璧》等篇，恣意挥洒，语典而思奇。其诗颇有情辞清壮之作，《边城将》等篇，表现出志士奋身为国的壮概。其音健壮，在当时实为异响。原有集，已佚，明人辑有《吴朝请集》。又有《续齐谐记》，记神怪之事，为六朝小说名著。生平事迹见《梁书》卷四九、《南史》卷七二。

周捨 南朝梁文学家。字昇逸。汝南安城（今河南汝南东南）人。博学多通，尤精义理。仕齐为太学博士、丹阳主簿、太常丞。梁初拜尚书祠部郎，历秣陵令、太子洗马、中书侍郎、尚书吏部郎，后迁太子詹事。卒于官。原有集，已佚。《全上古三代秦汉三国六朝文》存其文九篇。《先秦汉魏晋南北朝诗》存其诗二首。生平事迹见《梁书》卷二五、《南史》卷三四。

裴子野（469—530） 南朝梁史学家、文学家。字幾原。河东闻喜（今属山西）人。初仕齐，入梁后官至鸿胪卿，领步兵校尉。自幼好学，精于文史。与兄黎，弟楷、绰并有盛名，时称“四裴”。尝据《宋书》删撰为《宋略》二十卷，沈约自叹弗逮。所作《雕虫论》，针对宋大明以后迄于齐代诗歌创作轻靡成风、儒学相对岑寂的状况，强调《诗经》劝美惩恶的作用，指斥屈原、司马相如以后辞赋作者的随声逐影、徒尚华丽和当世所作“摈落六艺”、“淫文破典”的陋习。在针砭东晋以来浮艳文风的同时，表现出较强烈的保守色彩。所著《宋略》及文集十四卷已佚。《全上古三代秦汉三国六朝文》存其《雕虫论》、《宋略总论》等文十余篇。《先秦汉魏晋南北朝诗》存其诗三首。生平事迹见《梁书》卷三〇、《南史》卷三三。

陆倕(470—526)　南朝梁文学家。字佐公。吴郡吴县(今属江苏)人。少勤学,善属文。年十七举州秀才。齐时与沈约、谢朓同游竟陵王萧子良门下,为"竟陵八友"之一。辟仪曹从事参军、广陵王法曹行参军。仕梁累官国子博士、太子中庶子、太常卿。与任昉友善。其文《石阙铭》、《新刻漏铭》为梁武帝所赏叹。萧统称"佐公持方介,才学罕为邻"(《宴阑思旧诗》)。萧绎称其"词峰飚竖,逸气云浮"(《太常卿陆倕墓志铭》)。原有集,已佚,明人辑有《陆太常集》。生平事迹见《梁书》卷二七、《南史》卷四八。

费昶　南朝梁诗人。江夏(今湖北武昌)人。官至新田令。善为乐府,为梁武帝所嘉重。原有集,已佚。《先秦汉魏晋南北朝诗》存其诗十七首。生平事迹见《南史》卷七二。

周兴嗣(?—521)　南朝梁文学家。字思纂。陈郡项县(今河南沈丘)人,世居姑孰(今安徽当涂)。年十三,游学京师,博通记传,善属文。齐隆昌中,举秀才,除桂阳郡丞。入梁,奏《休平赋》,为武帝所嘉赏,拜安成国侍郎,直华林省。又以撰《舞马赋》工美,擢员外散骑侍郎,进直文德、寿光省。官至给事中,直西省。原有集,已佚。《全上古三代秦汉三国六朝文》存其文一篇。《先秦汉魏晋南北朝诗》存其诗三首。生平事迹见《梁书》卷四九、《南史》卷七二。

徐悱(?—524)　南朝梁诗人。字敬业。东海郯县(今山东郯城北)人。徐勉次子,刘令娴夫。幼聪敏,能属文。起家著作佐郎,转太子舍人,掌书记。累官至晋安王长史,卒于官。其诗清雅可诵。《先秦汉魏晋南北朝诗》存其诗四首。生平事迹见《梁书》卷二五、《南史》卷六〇。

何逊(?—约518)　南朝梁诗人。字仲言。东海郯县(今山东郯城北)人。八岁能赋诗,弱冠州举秀才。范云见其对策,大相称赏,结为忘年交。天监中,起家奉朝请,历建安王水曹行参军兼记室、安成王参军事兼尚书水部郎、庐陵王记室。其文与刘孝绰并称"何刘"。其诗与阴铿相似,并称"阴何"。梁元帝曾谓"诗多而能者沈约,少而能者谢朓、何逊"。其诗辞语清隽,特工于描绘自然景物。于山水诗更多致力,有所开拓,多摘布物色以寄托情思,形象鲜明清美。其体物之工,颇为杜甫蜀中咏物所取法。杜甫曾云"颇学阴(铿)何(逊)苦用心"(《解闷十二首》之七)。原有集,已散佚,明人辑有《何记室集》。生平事迹见《梁书》卷四九、《南史》卷三三。

萧洽(471—525)　南朝梁诗人。字宏称。南兰陵(治今江苏常州西北)人。萧惠基子。好学博涉,善属文。天监初迁太子中庶子,出为南徐州中从事,还除司徒从事中郎,迁太府卿。普通初为通直散骑常侍,迁散骑常侍,出为临海太守,还拜司徒左长史。卒于官。原有集,已佚。《先秦汉魏晋南北朝诗》存其诗五首。生平事迹见《梁书》卷四一、《南史》卷一八。

殷芸(471—529)　南朝梁文学家。字灌蔬。陈郡长平(治今河南西华东北)人。仕齐为宜都王行参军。仕梁为中书舍人、昭明太子侍读。累迁通直散骑常侍、司徒左长史,直东宫学士省。奉梁武帝之命,编撰《小说》,世称《殷芸小说》。《全上古三代秦汉三国六朝文》存其文一篇。《先秦汉魏晋南北朝诗》存其诗一首。生平事迹见《梁书》卷四一、《南史》卷六〇。

何子朗　南朝梁诗人。字世明。东海郯县(今山东郯城北)人。早有才思,工清言。与宗人思澄、逊俱擅文名,时人有"东海三何,子朗最多"之谓。历官员外散骑侍郎,出为国山令,卒。时年二十四。原有集,已佚。《先秦汉魏晋南北朝诗》存其诗三首。生平事迹见《梁书》卷五〇、《南史》卷七二。

刘邈　南朝梁诗人。彭城(今江苏徐州)人。归附侯景。景攻台城不克,曾劝景乞和,为景所采纳。《先秦汉魏晋南北朝诗》存其诗四首。生平事迹见《梁书》卷五六、《南史》卷八〇。

王泰　南朝梁文学家。字仲通。琅邪临沂(今属山东)人。王僧虔孙。梁天监元年(502)为秘书丞。历中书侍郎,掌吏部郎事,累迁廷尉卿、侍中、都官尚书、吏部尚书。卒年四十五。《全上古三代秦汉三国六朝文》存其文一篇。《先秦汉魏晋南北朝诗》存其诗三首。生平事迹见《梁书》卷二一、《南史》卷二二。

徐摛(474—551)　南朝梁文学家。字士秀,一字士缋。东海郯县(今山东郯城北)人。徐陵父。好学,遍览经史。初为太学博士,后为晋安王萧纲侍读,转太子家令,兼掌管记,累迁太子左卫率。侯景陷台城,简文帝被幽闭,因感气疾而卒。属文好为新变，不拘旧体。宫中尽学其绮艳文风，时称“宫体”。《全上古三代秦汉三国六朝文》存其文二篇。《先秦汉魏晋南北朝诗》存其诗五首。生平事迹见《梁书》卷三〇、《南史》卷六二。

张率（475—527） 南朝梁文学家。字士简。吴郡吴县（今属江苏）人。少好属文，与陆倕并为沈约所赏识。仕齐，初为著作佐郎，官至太子洗马。梁武帝执政，引为相国主簿。天监初，为鄱阳王友，迁司徒谢朏掾，直文德待诏省，寻为秘书丞。历官至新安太守。工赋。武帝谓其为赋速而工，兼有司马相如与枚皋之长。《舞马赋》较著名。诗多为乐府。原有集，已佚。《全上古三代秦汉三国六朝文》存其赋二篇。《先秦汉魏晋南北朝诗》存其诗二十四首。生平事迹见《梁书》卷三三、《南史》卷三一。

庾仲容（475—548） 南朝梁诗人。以字行。颍川鄢陵（今河南鄢陵西北）人。博学，少有盛名，好危言高论。初为安西法曹行参军，历尚书左丞、咨议参军，出为黟县令。及太清乱，客游会稽，遇疾卒。原有集，已佚。《先秦汉魏晋南北朝诗》存其诗一首。生平事迹见《梁书》卷五〇、《南史》卷三五。

刘子遴（476—548） 南朝梁文学家。字思贞。南阳涅阳（治今河南邓州东北）人。仕梁历太学博士、中书侍郎、南郡太守、秘书监、都官尚书、太常卿。原有集，已佚。《全上古三代秦汉三国六朝文》存其文八篇。《先秦汉魏晋南北朝诗》存其诗一首，残诗一句。生平事迹见《梁书》卷四〇、《南史》卷五〇。

萧介（476—548） 南朝梁散文家。字茂镜。南兰陵（治今江苏常州西北）人。少颖悟，有器识。博涉经史，兼善属文。仕梁历始兴太守，官至侍中。《全上古三代秦汉三国六朝文》存其文一篇。生平事迹见《梁书》卷四一、《南史》卷一八。

王暕（477—523） 南朝梁文学家。字思晦。琅邪临沂（今属山东）人。王俭子。弱冠选尚淮南长公主，拜驸马都尉。齐明帝时，除骠骑从事中郎。天监初，除太子中庶子。历侍中、五兵尚书，出为晋陵太守，征为吏部尚书，累迁尚书左仆射，领国子祭酒。暴疾卒。《全上古三代秦汉三国六朝文》存其文一篇。《先秦汉魏晋南北朝诗》存其诗二首。生平事迹见《梁书》卷二一、《南史》卷二二。

到溉（477—548） 南朝梁诗人。字茂灌。彭城武原（今江苏邳州西北）人。少孤贫。与弟洽俱聪敏有才学，早为任昉所知，有“两到”之称。初为王国左常侍，历御史中丞、都官尚书、左民尚书、吏部尚书，后为散骑常侍、侍中、国子祭酒。因疾失明，以金紫光禄大夫就第养疾。原有集，已佚。《先秦汉魏晋南北朝诗》存其诗二首。生平事迹见《梁书》卷四〇、《南史》卷二五。

到洽（477—527） 南朝梁文学家。字茂沿。彭城武原（今江苏邳州西北）人。到溉弟。天监元年（502）为太子舍人。后历尚书殿中郎、太子中庶子，累迁御史中丞，出为寻阳太守。原有集，已佚。《全上古三代秦汉三国六朝文》存其文二篇。《先秦汉魏晋南北朝诗》存其诗十六首。生平事迹见《梁书》卷二七、《南史》卷二五。

萧琛（478—529） 南朝梁文学家。字彦瑜。南兰陵（治今江苏常州西北）人。少而朗悟，有纵横才辩。仕齐初为太学博士。王俭为丹阳尹时辟为主簿，累迁至尚书左丞。仕梁为宣城太守、吴兴太守，历左户、度支二尚书、侍中，位特进、金紫光禄大夫。曾著有《汉书文府》、《齐梁拾遗》。原有集，已佚。《全上古三代秦汉三国六朝文》存其文四篇。《先秦汉魏晋南北朝诗》存其诗四首。生平事迹见《梁书》卷二六、《南史》卷一八。

王台卿 南朝梁诗人。曾为刑狱参军、南平王萧恪宾客。原有集。已佚。《先秦汉魏晋南北朝诗》存其诗十八首。生平事迹见《南史》卷五二。

刘霁 南朝梁文学家。字士湮（一作士烜）。平原（今属山东）人。家贫，励志勤学。博学多通。天监中，初为奉朝请，历仕西昌相、尚书主客侍郎、海盐令。母亡，以忧卒，年五十二。著《释俗语》，佚。原有集，亦已佚。《先秦汉魏晋南北朝诗》存其诗一首。生平事迹见《梁书》卷四七、《南史》卷四九。

刘遵（？—535） 南朝梁诗人。字孝陵。彭城（今江苏徐州）人。刘孺弟。少清雅，有学行，工属文。初为著作郎、太子舍人。累迁晋安王宣惠、云麾二府记室。中大通二年（530），王立为皇太子，仍除中庶子。卒于官。原有集，已佚。《先秦汉魏晋南北朝诗》存其诗九首。生平事迹见《梁书》卷四一、《南史》卷三九。

江革（？—535） 南朝梁文学家。字休映。济南考城（今河南民权东北）人。幼而聪敏，早有才思。六岁能属文。仕齐初为奉朝请，后为尚书驾部郎。仕梁累迁至度支尚书。《全上古三代秦汉三国六朝文》存其文一篇。《先秦汉魏晋南北朝诗》存其诗二首。生平事迹见《梁书》卷三六、《南史》卷六○。

何思澄 南朝梁诗人。字元静。东海郯县(今山东郯城北)人。少勤学,工文辞。与宗人逊、子期俱擅文名。初为南康王侍郎、安成王记室。天监十五年(516)迁治书侍御史,出为秣陵令,还为东宫通事舍人,出为黟县令。中大通四年(532)除宣惠武陵王中录事参军。卒于官。年五十四。《先秦汉魏晋南北朝诗》存其诗三首。生平事迹见《梁书》卷五○、《南史》卷七二。

阮孝绪(479—536) 南朝梁目录学家、文学家。字士宗。陈留尉氏(今属河南)人。少慕赤松子、许由。隐居不仕。卒后门徒谥曰"文贞处士"。著有《高隐传》,已佚,今存《高隐传论》一篇;又著有《七录》,将宋、齐以来公私图书记录分为七类,对后世目录学发展较有影响。其书至宋亦佚,今存《七录目录》,并辑录于《全上古三代秦汉三国六朝文》。生平事迹见《梁书》卷五一、《南史》卷七六。

刘孝绰(481—539) 南朝梁文学家。字孝绰,原名冉,小字阿士。彭城(今江苏徐州)人。七岁能属文,深为其舅王融所赏异,号曰神童。十四岁时,常代其父刘绘草诏诰,为其父辈沈约、任昉、范云所赏。天监初,起家著作佐郎,历尚书水部郎、秘书丞、太子仆、掌东宫管记、廷尉卿,历官至秘书监。少有盛名,仗气负才,多所陵忽,曾前后五次免官。其辞藻为世所宗,尤为武帝父子所赏爱。其文章属辞典雅,使事工切。曾为《昭明太子集》作序,序次周密,辞意允当。其诗为任昉所赏爱。原有集,已佚,明人辑有《刘秘书集》。生平事迹见《梁书》卷三三、《南史》卷三九。

刘显(481—543) 南朝梁诗人。字嗣芳。沛国相县(今安徽濉溪西北)人。幼聪敏,当世号曰神童。好学,博涉多通。仕梁初为中军临川王行参军,历任尚书仪曹郎、步兵校尉、中书侍郎、尚书左丞,出为寻阳太守,除邵陵王平西府咨议参军,加戎昭将军。《先秦汉魏晋南北朝诗》存其诗一首。生平事迹见《梁书》卷四○、《南史》卷五○。

王筠(481—549) 南朝梁文学家。字元礼,一字德柔。琅邪临沂(今属山东)人。幼警悟,七岁能属文。清静好学,有才名。初为临川王行参军,累迁太子洗马、中舍人,并掌东宫管记,为昭明太子萧统所器重。历官司徒左长史、临海太守。太清三年(549)简文帝即位,为太子詹事。后遇乱,惊惧坠井卒。其诗文甚为沈约所赏爱,称其诗"实为丽则",尝云:"晚来名家,唯见王筠独步。"《昭明太子哀策文》叙事述情,文质相称,为当世所嗟赏。其诗清切鲜丽。原有集,已佚,明人辑有《王詹事集》。生平事迹见《梁书》卷三三、《南史》卷二二。

刘苞(482—511) 南朝梁诗人。字孝尝,一字孟尝。彭城(今江苏徐州)人。少好学,能属文。天监初,自征虏主簿迁临川王右军功曹,累迁尚书库部侍郎、丹阳尹丞、尚书殿中郎、南徐州治中、太子洗马。以文藻见知。《先秦汉魏晋南北朝诗》存其诗二首。生平事迹见《梁书》卷四九、《南史》卷三九。

褚沄 南朝梁诗人。字士洋。河南阳翟(今河南禹州)人。好学,解音律。仕梁为曲阿令。历晋安王中录事、中书侍郎、御史中丞、湘东王府咨议参军。《先秦汉魏晋南北朝诗》存其诗二首。生平事迹见《南史》卷二八。

吴孜 南朝梁诗人。仕梁,太清二年(548)为学士。《先秦汉魏晋南北朝诗》存其诗一首。生平事迹见《梁书》卷三七、《南史》卷三○。

朱异(483—549) 南朝梁文学家。字彦和。吴郡钱唐(今浙江杭州)人。精通五经。始为扬州议曹从事史,召直西省。深为武帝所信任,位至侍中、中领军。居权要三十余年。《全上古三代秦汉三国六朝文》存其文十篇。《先秦汉魏晋南北朝诗》存其诗二首。生平事迹见《梁书》卷三八、《南史》卷六二。

殷钧(484—532) 南朝梁文学家。名一作均。字季和。陈郡长平(今河南西华东北)人。尚永兴公主,拜驸马都尉。初为秘书郎,历东宫学士、国子祭酒。《全上古三代秦汉三国六朝文》存其文二篇。《先秦汉魏晋南北朝诗》存其诗一首。生平事迹见《梁书》卷二七、《南史》卷六○。

王伟 南朝梁诗人。陈留(治今河南开封西北)人。少有才学,雅高辞采。仕魏为侯景行台左丞。后随景降梁。大宝元年(550)迁为中书监,二年为尚书左仆射。景败,囚送江陵,烹于市。《先秦汉魏晋南北朝诗》存其诗二首。生平事迹见《梁书》卷五六、《南史》卷八○。

伏挺(约 484—约 549) 南朝梁文学家。字士标。平昌安丘(今山东安丘西南)人。幼敏悟。有才思,好属文,深为任昉所叹异。齐末,州举秀才，对策第一。梁天监初，为中军参军事，迁晋陵、武康令，后除南台治书侍御史。因纳贿被劾，惧罪，出家为僧，后遇赦还俗。卒于侯景乱中。其诗善效康乐体。原有集，已佚。《全上古三代秦汉三国六朝文》存其文一篇。《先秦汉魏晋南北朝诗》存其诗一首。生平事迹见《梁书》卷五〇、《南史》卷七一。

刘孝仪(484—550) 南朝梁文学家。名潜，字孝仪。彭城(今江苏徐州)人。刘孝绰三弟。幼孤，与兄弟相励勤学。初为始兴王法曹行参军，后迁尚书右丞、都官尚书，出为豫章内史。病卒。为人宽厚。能文，六弟孝威善诗，其兄孝绰常谓"三笔六诗"。其文辞典义精事切。奉敕所作《雍州平等寺金像碑》，史称"文甚宏丽"(《梁书·刘潜传》)。原有集，已佚，明人辑有《刘豫章集》。生平事迹见《梁书》卷四一、《南史》卷三九。

刘孺 南朝梁诗人。字孝稚。彭城(今江苏徐州)人。幼聪明，七岁能属文。初为中军法曹行参军，镇军沈约引为主簿，累迁太子中舍人、中书郎、散骑常侍，官至吏部尚书。原有集，已佚。《先秦汉魏晋南北朝诗》存其诗二首。生平事迹见《梁书》卷四一、《南史》卷三九。

刘令娴 南朝梁女文学家。彭城(今江苏徐州)人。刘孝绰第三妹，时称刘三娘。徐悱妻。有才学，文尤清拔。其《祭夫徐敬业文》清丽典雅，为时人所称道。原有集，已佚。《全上古三代秦汉三国六朝文》存其文一篇。《先秦汉魏晋南北朝诗》存其诗八首。生平事迹见《梁书》卷三三、《南史》卷三九。

庾丹 南朝梁诗人。少有俊才。与伏挺、何子朗同为周捨所赏识。曾为桂州刺史萧朗记室。以忠谏被害。《先秦汉魏晋南北朝诗》存其诗二首。生平事迹见《南史》卷五一。

萧子範(486—549) 南朝梁文学家。字景则。南兰陵(治今江苏常州西北)人。齐高帝孙、萧子显兄。齐永明中，封祁阳县侯，除太子洗马。梁受禅，历南平王从事中郎、临贺王长史，官至秘书监。曾作《千字文》，文辞甚美。有"宗室奇才"之誉。原有集，已佚。《全上古三代秦汉三国六朝文》存其文十篇。《先秦汉魏晋南北朝诗》存其诗十首。生平事迹见《梁书》卷三五、《南史》卷四二。

萧子云(487—549) 南朝梁文学家。字景乔。南兰陵(治今江苏常州西北)人。齐高帝孙，萧子显弟。齐时封新浦县侯。梁天监初，迁丹阳尹丞。累官至侍中、国子祭酒，领南徐州大中正。侯景乱，奔晋陵，饿死于僧舍。善草隶书。著有《晋书》、《东宫新纪》。原有集，已佚。《全上古三代秦汉三国六朝文》存其文五篇。《先秦汉魏晋南北朝诗》存其诗六首。生平事迹见《梁书》卷三五、《南史》卷四二。

陆罩 南朝梁诗人。字洞元。吴郡(治今江苏苏州)人。少笃学，有文才。仕梁为太子中庶子，位终光禄卿。《先秦汉魏晋南北朝诗》存其诗四首。生平事迹见《梁书》卷二六、《南史》卷四八。

何敬容 南朝梁文学家。字国礼。庐江(治今安徽庐江西南)人。弱冠选尚齐武帝女长城公主，拜驸马都尉。仕梁，累迁尚书令、侍中、太子詹事。《全上古三代秦汉三国六朝文》存其文一篇。《先秦汉魏晋南北朝诗》存其诗一首。生平事迹见《梁书》卷三七、《南史》卷三〇。

庾肩吾(487—约552) 南朝梁文学家。字子慎，一字慎之。南阳新野(今属河南)人。庾信父。八岁能赋诗。初为晋安王萧纲常侍，随府历记室参军。普通四年(523)，在雍州受命与刘孝威、徐摛等十人抄撰众籍，号"高斋学士"。中大通三年(531)，萧纲为太子，兼东宫通事舍人。太清三年(549)，萧纲即帝位，任为度支尚书。后封武康县侯。才学富赡。其诗多为应制咏物之作，文丽而情寡，与徐摛为宫体诗的代表作家。唯《乱后行经吴御亭诗》，记录其亲身经历的乱世景象，与其平生诗作大异其趣。其文典丽工切，气度从容。其中小启多幅，简要得体。又工书法。所作《书品》将自东汉至梁书家一百二十八人列为九等，加以铨评，颇为精当。序言泛论书势，妙得神理。原有集，已佚，明人辑有《庾度支集》。生平事迹见《梁书》卷四九、《南史》卷五〇。

张嵊(488—549) 南朝梁诗人。字四山。吴郡(治今江苏苏州)人。少方雅，有志操，能清言。初为秘书郎，历太子舍人、中书郎、散骑常侍，累迁为吴兴太守。太清三年(549)举兵击侯景，为景所杀。《先秦汉魏晋南北朝诗》存其诗一首。生平事迹见《梁书》卷四三、《南史》卷三一。

萧子显(约489—约537) 南朝梁史学家。字景阳。南兰陵(治今江苏常州西北)人。齐高帝孙。入梁为国子祭酒、吏部尚书，后出为吴兴太守。好学能文，为萧衍父子所重。尝作《鸿序赋》，为沈约所称许。其诗情辞清丽。在所作《南齐书·文学传论》中，标举"文章者，盖情性之风标，神明之律吕也"，"事出神思，感召无象，变化不穷"。由此提倡新变，明言"若无新变，不能代雄"，并批评"典正可采，酷不入情"、"全借古语，用申今情"和"雕藻淫艳，倾炫心魂"三种不良倾向，反映了文学日益走向自觉过程中，人们对文学本质特征及创作规律的进一步认识。生平颇事历史著述，撰有《齐史》（即《南齐书》）。又有《后汉书》、《普通北伐记》、《贵俭传》，并亡。原有集，已佚。《全上古三代秦汉三国六朝文》存其文二篇，《先秦汉魏晋南北朝诗》存其诗十八首。生平事迹见《梁书》卷三五、《南史》卷四二。

萧子晖　南朝梁文学家。字景光。南兰陵（治今江苏常州西北）人。齐高帝孙，萧子显弟。仕梁，初为员外散骑侍郎，历临安、新繁令，累迁至骠骑长史。有文才。曾听梁武帝讲《三慧经》，作《讲赋》上奏，甚见称赏。《全上古三代秦汉三国六朝文》存其文二篇。《先秦汉魏晋南北朝诗》存其诗四首。生平事迹见《梁书》卷三五、《南史》卷四二。

江从简（？—548）　南朝梁诗人。济阳考城（今河南兰考）人。江革次子。少有文情，年十七，作《采荷词》刺何敬容，为当时所赏。官至司徒从事中郎。侯景乱，为任约所害。《先秦汉魏晋南北朝诗》存其诗一首。生平事迹见《梁书》卷三六、《南史》卷六〇。

谢举（？—548）　南朝梁文学家。字言扬。陈郡阳夏（今河南太康）人。谢庄孙。少博学多通，尤长玄理及释氏义。年十四，曾赠沈约诗，为约所赏。仕梁，初为太子家令，深为昭明太子赏接。武帝时累迁尚书令。原有集，已佚。《全上古三代秦汉三国六朝文》存其文二篇。《先秦汉魏晋南北朝诗》存其诗三首。生平事迹见《梁书》卷三七、《南史》卷二〇。

刘孝威（约496—549）　南朝梁诗人。彭城（今江苏徐州）人。刘孝绰第六弟。气调爽逸。普通五年（524）为安北将军晋安王法曹，转主簿，历官至中庶子，兼通事舍人。侯景围建康，随司州刺史柳仲礼逃至安陆，病卒。三兄孝仪以文胜，他以诗胜，孝绰有"三笔六诗"之誉。其诗以乐府较佳，风格劲健。原有集，已佚，明人辑有《刘庶子集》。生平事迹见《梁书》卷四一、《南史》卷三九。

纪少瑜　南朝梁诗人。本姓吴，养于纪氏。字幼玚。丹阳秣陵（今江苏南京）人。年十三，能属文，为王僧孺赏识。曾为晋安国中尉。大同七年（541）为东宫学士。后除武陵王记室参军。《先秦汉魏晋南北朝诗》存其诗五首。生平事迹见《南史》卷七二。

孔翁归　南朝梁诗人。会稽（今浙江绍兴）人。曾为南平王司马府记室。工于诗。《先秦汉魏晋南北朝诗》存其诗一首。生平事迹见《梁书》卷四九、《南史》卷三三。

王锡（499—534）　南朝梁诗人。字公嘏。琅邪临沂（今属山东）人。历任秘书郎、太子舍人、太子洗马。年二十四，迁尚书吏部郎中，称疾不拜。原有集，已佚。《先秦汉魏晋南北朝诗》存其诗二首。生平事迹见《梁书》卷二一、《南史》卷二三。

真谛（Paramārtha，499—569）　音译波罗末他，亦名拘罗那他（Kulanātha），意译"亲依"。南朝梁、陈时佛教学者。与鸠摩罗什、玄奘并称为中国佛教三大翻译家。西天竺（古印度西部）优禅尼国人。出家后遍访名师，学通内外，尤精大乘之说。中大同元年（546）应梁武帝聘请来华，因时局不宁，流寓今苏、浙、赣、闽等地，沿途从事译经，最后至广东，与弟子专心译经。先后译出经论六十四部二百七十八卷，主要介绍有关大乘瑜伽宗的思想。所译《摄大乘论》对中国佛教思想有较大影响。生平事迹见《宋高僧传》卷五、卷八。

张缵（499—549）　南朝梁文学家。字伯绪。范阳方城（今河北固安西南）人。年十一，尚武帝女，拜驸马都尉。初为秘书郎。大同二年（536）征为吏部尚书，累迁湘州刺史。后为岳阳王萧詧所杀。其文学富辞赡。《南征赋》为追步潘岳《西征赋》之作。原有集，已佚。《全上古三代秦汉三国六朝文》存其文十六篇。《先秦汉魏晋南北朝诗》存其诗三首。生平事迹见《梁书》卷三四、《南史》卷五六。

谢微（500—536）　南朝梁诗人。名一作徵。字玄度。陈郡阳夏（今河南太康）人。谢朓从侄。好学，善属文。初为安西安成王法曹，累迁中书郎、鸿胪卿，兼中书舍人。出为北中郎豫章王长史、南兰陵太守。文思敏捷。原有集，已佚。《先秦汉魏晋南北朝诗》存其诗一首。生平事迹见《梁书》卷五〇、《南史》卷一九。

宗懔　南朝梁文学家。字元懔。少聪敏好学，邻里号为"童子学士"。梁元帝时官至五兵尚书、吏部尚书。江陵陷没，入北周。著有《荆楚岁时记》。《先秦汉魏晋南北朝诗》存其诗四首。生平事迹见《梁书》卷四一。

沈满愿 南朝梁女诗人。吴兴武康(今浙江德清武康镇)人。沈约孙女。嫁征西记室范靖为妻。能诗。原有集,已佚。《先秦汉魏晋南北朝诗》存其诗十二首。生平事迹见《隋书》卷三五、《玉台新咏》卷五。

鲍泉 南朝梁诗人。字润岳。东海(治今山东郯城北)人。鲍幾子。博涉史传,兼有文笔。少事元帝为通直侍郎。元帝承制,累迁信州刺史。世子萧方诸刺郢州,他为长史。侯景陷郢,被害。曾著《新仪》。《先秦汉魏晋南北朝诗》存其诗九首。生平事迹见《梁书》卷三〇、《南史》卷六二。

萧统(501—531) 南朝梁文学家。字德施。南兰陵(治今江苏常州西北)人。梁武帝长子。天监元年(502)立为皇太子,未及位而卒,谥曰"昭明",世称"昭明太子"。生而颖慧,五岁遍读五经,博览群书。文思锐敏,多引纳才学之士,商榷古今,间以著述。崇信佛典,所作多宣扬佛学。曾招聚文学之士纂集自先秦迄梁各体文学作品为《文选》三十卷,为荟萃梁以前文学作品精华的总集。论文主张"丽而不浮,典而不野"(《答湘东王求文集及〈诗苑英华〉书》),且"有助于风教"(《陶渊明集序》);强调严格区分文与非文的界限,如经、史、子以及贤人辩士等的言辞皆不收入《文选》。又力主发展与创新,以为"盖踵其事而增华,变其本而加厉;物既有之,文亦宜然"(《文选序》),实际上肯定了魏晋以来重辞采声对等形式追求的时代新风尚。称赞陶渊明"文章不群,辞采精拔,跌宕昭彰,独超众类,抑扬爽朗"(《陶渊明集序》),表现出超越时俗的识见。其《宴阑思旧诗》悼念旧属,颇有情致;又有从事佛教活动诗多首,皆辞藻清密。原有集,已佚,后人辑有《昭明太子集》。生平事迹见《梁书》卷八、《南史》卷五三。

昭明太子 即萧统。

萧纲(503—551) 即梁简文帝。南朝梁文学家。字世缵,小字六通。南兰陵(治今江苏常州西北)人。梁武帝第三子,昭明太子同母弟。天监五年(506)封为晋安王。历任荆州、江州、徐州、雍州、扬州刺史。中大通三年(531)昭明太子卒,继立为皇太子。太清三年(549)侯景叛陷建康(今南京市),武帝被迫死,他继承皇位。大宝二年(551)为侯景所杀。博综儒书,善言玄理,为藩王及太子时,多引纳文学之士。尝自谓少"有诗癖,长而不倦",与徐摛、庾肩吾等,颇有体制轻艳之作,描写上层贵族之荒淫生活,当时号为"宫体",甚为后世所诟病。有古题乐府八十七首,数量之多,为当时其他诗人所远不及。此类作品,据题抒写,发挥本旨,其中篇题多有为李白所承袭者。文辞俱精雅可观。其《乌夜啼》、《乌栖曲》与《东西伯劳歌》二首,俱有助于七言体的开拓。《和萧侍中子显春别诗四首》、《夜望单飞雁诗》可视为唐人七绝先驱。其诗作篇章之富,居六朝诗人之首。辞藻鲜丽,抒情写景,俱甚精切,对新体诗的发展,有一定影响。其文富丽精巧。所制四六之体,俱极典雅。其《与湘东王论文书》,对当时文风及作者多所评议,颇能代表当时部分文学思想。论文不遵传统儒家论说,反对宗经,推尚创新,以为"立身之道与文章异"(《诫当阳公大心书》),无取谨慎而独任恣肆放达。原有集,已佚,明人辑有《梁简文帝集》。生平事迹见《梁书》卷四、《南史》卷八。

褚翔(505—548) 南朝梁诗人。字世举。河南阳翟(治今河南禹州)人。初为国子监,举高第。历秘书郎、太子舍人、散骑常侍,侍东宫,累迁吏部尚书。《先秦汉魏晋南北朝诗》存其诗一首。生平事迹见《梁书》卷四一、《南史》卷二八。

江禄 南朝梁诗人。字彦遐。济阳考城(今河南民权东北)人。幼笃学,有文章,工书善琴。曾为太子洗马、湘东王录事参军,后为作唐侯相。著有《列仙传》。原有集,已佚。《先秦汉魏晋南北朝诗》存其诗一首。生平事迹见《南史》卷三六。

萧纪(508—553) 南朝梁诗人。字世询。南兰陵(治今江苏常州西北)人。武帝第八子。少勤学,有文才,属辞不好轻华,甚有骨气。天监中,封武陵郡王。历任扬州刺史、益州刺史。侯景乱,不赴援。武帝死,僭号于蜀,改元天正。后为元帝将樊猛所杀。原有集,已佚。《先秦汉魏晋南北朝诗》存其诗六首。生平事迹见《梁书》卷五五、《南史》卷五三。

萧绎(508—554) 即梁元帝。南朝梁文学家。公元552—554年在位。字世诚,小字七符,自号金楼子。南兰陵(治今江苏常州西北)人。梁武帝第七子。天监十三年(514)封湘东王,先后历任会稽太守、丹阳尹、荆州刺史、江州刺史。太清三年(549),侯景陷京师,武帝被困死,简文帝继立,于大宝二年(551)为侯景所杀。次年，遣王僧辩平定侯景，遂即帝位于江陵。承圣三年(554)，西魏军陷江陵，即被俘杀。性残狠，多忌刻，侯景据京师，父兄遭辱戮，手握重兵不即救援，唯务翦除手足以自固。及平侯景，复忌其大将王僧辩、王琳，置之远方，及西魏军来伐，失援致败。敏慧好学，博览群书，不好声色。与文士裴子野、萧子云、刘孝绰、张缵等为布衣之交，多事著述。其乐府七言诗如《燕歌行》，情思婉转，辞句清丽严整，与其父兄同启七古发展的新局面。其五言诗唯事辞藻妍丽，使事工切，而乏高远情致，但词句隽秀，已入近体格调。其抒情小赋如《荡妇秋思赋》、《采莲赋》，情思与宫体诗相应，施之采藻，运以骈俪韵语，声色之美，洋溢耳目，而其以五、七言诗发引或终结，情调从容悠扬，味至隽永。其《玄览赋》叙写出守荆州时沿途经历感怀，取法于班昭的《东征赋》及潘岳的《西征赋》，辞藻富赡，但着意骋其才华，未免失之过繁。各类杂文，用事精切，属辞雅练，音调句节，琳琅谐畅，展示出骈文的时代风貌。尝分汉人"文学"、"文章"为"儒"、"学"、"文"、"笔"四端，并突破以是否有韵区分"文"、"笔"的陈说，尤强调"吟咏风谣，流连哀思者谓之文"(《金楼子·立言》)，反映了当时对抒情文学审美特征认识的深化。原有集，已佚，明人辑有《梁元帝集》。另有《金楼子》辑本。生平事迹见《梁书》卷五、《南史》卷八。

刘缓　南朝梁文学家。字含度。平原高唐(今属山东)人。刘昭子。历安西湘东王记室，除通直郎，迁镇南湘东王中录事，复随府江州。原有集，已佚。《全上古三代秦汉三国六朝文》存其文一篇。《先秦汉魏晋南北朝诗》存其诗十二首。生平事迹见《梁书》卷四九、《南史》卷七二。

萧正德　南朝梁文学家。字公和。南兰陵(治今江苏常州西北)人。临川王萧宏子。初为梁武帝养子，后还本，封西丰县侯。普通三年(522)奔魏，寻逃归。后进封临贺王，为丹阳尹。侯景反，立为帝，寻降为大司马，矫诏杀之。《全上古三代秦汉三国六朝文》存其文一篇。《先秦汉魏晋南北朝诗》存其诗一首。生平事迹见《梁书》卷五五、《南史》卷五一。

刘孝胜　南朝梁诗人。彭城(今江苏徐州)人。刘孝仪弟。历官邵陵王法曹、湘东王安西主簿记室、尚书右丞兼散骑常侍、武陵王长史、蜀郡太守。太清中侯景陷建康，武陵王萧纪僭号于蜀，以为尚书仆射。承圣中，随纪出峡口，兵败被执下狱。寻元帝起为司徒右长史。与弟孝先并善五言诗，见重于世。《先秦汉魏晋南北朝诗》存其诗五首。生平事迹见《梁书》卷四一、《南史》卷三九。

刘孝先　南朝梁诗人。彭城(今江苏徐州)人。刘孝威弟。仕为武陵王萧纪记室。承圣中，与兄孝胜俱随纪军出峡。兵败，元帝以为黄门侍郎，迁侍中。与孝胜并善五言诗，见重于世。《先秦汉魏晋南北朝诗》存其诗六首。生平事迹见《梁书》卷四一、《南史》卷三九。

徐君蒨　南朝梁诗人。字怀简。东海郯县(今山东郯城北)人。幼聪朗好学。善弦歌。以豪侈称。仕梁为湘东王咨议参军。辩于辞令，有轻艳之才，新声巧变，人多讽习。《先秦汉魏晋南北朝诗》存其诗四首。生平事迹见《南史》卷一五。

徐防　南朝梁诗人。仕晋安王萧纲。曾与庾肩吾、徐摛等十人随府在雍州抄撰众籍，号"高斋学士"。《先秦汉魏晋南北朝诗》存其诗三首。生平事迹见《南史》卷五〇。

萧晔　南朝梁诗人。字通明。南兰陵(治今江苏常州西北)人。始兴王萧憺子。初封安陆侯。后改封上黄侯，迁给事黄门侍郎，出为晋陵太守。美才仗气。善谈吐，言多激扬。《先秦汉魏晋南北朝诗》存其诗一首。生平事迹见《南史》卷五二。

荀济　南朝梁文学家。字子通。颍川(治今河南许昌东)人。世居江左。初与梁武帝为布衣交。武帝即位，未仕。尝上书讥佛法，武帝将诛之，遂奔魏。后参与谋害高澄，事发被杀。《全上古三代秦汉三国六朝文》存其文一篇。《先秦汉魏晋南北朝诗》存其诗二首。生平事迹见《北史》卷八三。

萧巡　南朝梁诗人。南兰陵(治今江苏常州西北)人。萧琛子。有轻薄才。《先秦汉魏晋南北朝诗》存其诗一首。生平事迹见《梁书》卷三七、《南史》卷三〇。

王训(511—536)　南朝梁诗人。字怀範，小字文殊。琅邪临沂(今属山东)人。王暕子。补国子生。射策高第。除秘书郎，迁太子舍人、秘书丞。后转宣城王文学友、太子中庶子，掌书记，迁侍中。《先秦汉魏晋南北朝诗》存其诗六首。生平事迹见《梁书》卷二一、《南史》卷二二。

陆云公(511—547)　南朝梁文学家。字子龙。吴郡(治今江苏苏州)人。陆倕从孙。好学，有才思。州举秀才。历湘东王参军，入为尚书仪曹郎，除著作郎，迁中书黄门郎。原有集，已佚。《全上古三代秦汉三国六朝文》存其文三篇。《先秦汉魏晋南北朝诗》存其诗十首。生平事迹见《梁书》卷五〇、《南史》卷四八。

鲍至 南朝梁诗人。东海（治今山东郯城北）人。以才艺知名。仕晋安王，与庾肩吾、徐摛等随府在雍州。简文帝开文德省置学士，与庾信、徐陵等充其选。原有集，已佚。《先秦汉魏晋南北朝诗》存其诗二首。生平事迹见《南史》卷六二。

鲍幾 南朝梁诗人。名一作机。字景玄。东海（治今山东郯城北）人。家贫。初为春陵令。历太常丞、尚书郎，终于湘东王咨议参军。《先秦汉魏晋南北朝诗》存其诗八首。生平事迹见《梁书》卷三〇、《南史》卷六二。

萧纶（517—549） 南朝梁文学家。字世调。南兰陵（治今江苏常州西北）人。梁武帝第六子。少聪颖，博学善属文，尤工尺牍。封邵陵郡王。官至侍中、南徐州刺史、司空。侯景叛逆，率军进讨，兵败，北走汝南，为西魏所杀。原有集，已佚。《全上古三代秦汉三国六朝文》存其文十篇。《先秦汉魏晋南北朝诗》存其诗八首。生平事迹见《梁书》卷二九、《南史》卷五三。

徐怦 南朝梁诗人。东海郯县（今山东郯城北）人。徐勉从子。仕梁为武陵王萧纪直兵参军。纪称帝，固谏，被杀。《先秦汉魏晋南北朝诗》存其诗一首。生平事迹见《梁书》卷五五、《南史》卷五三。

陆琏 南朝梁文学家。曾仕齐。仕梁为征虏记室参军。武帝诏修五礼经，掌军礼。《全上古三代秦汉三国六朝文》存其文一篇。《先秦汉魏晋南北朝诗》存其诗九首。生平事迹见《梁书》卷二五、《南史》卷六〇。

邓铿 南朝梁诗人。南郡当阳（今属湖北）人。平西将军邓元起子。《先秦汉魏晋南北朝诗》存其诗三首。生平事迹见《梁书》卷一〇。

萧詧（519—562） 即南朝后梁宣帝。公元555—562年在位。字理孙。南兰陵（治今江苏常州西北）人。梁武帝孙，昭明太子萧统第三子。幼好学，善属文，尤善佛义。普通中，封曲江县公。中大通中进封岳阳郡王，为东扬州刺史。中大同初，为雍州刺史。太清中，称藩于魏，魏立为梁王。元帝败没，建号于江陵，改元大定。谥曰宣皇帝。《先秦汉魏晋南北朝诗》存其诗十首。生平事迹见《周书》卷四八、《北史》卷九三。

萧方等（528—549） 南朝梁散文家。字实相。南兰陵（治今江苏常州西北）人。梁元帝长子。少聪敏，有俊才，善骑射，尤长巧思。母徐妃失宠，意存危惧。曾著《散逸论》以申其志。后率军讨河东王萧誉，军败溺水死。谥忠壮世子。曾撰《三十国春秋》、《笃静子》，均佚。《全上古三代秦汉三国六朝文》存其文二篇。生平事迹见《梁书》卷四四、《南史》卷五四。

周弘正（496—574） 南朝陈诗人。字思行。汝南安城（今河南汝南东南）人。周颙孙。幼孤。年十五召补国子生，于国学讲《周易》。仕梁为国子博士。侯景乱，投景，拜太常，掌礼仪。后投元帝，累迁左户尚书，加散骑常侍。入陈，为太子詹事、侍中、国子祭酒，官至尚书右仆射。梁元帝《金楼子》云："士大夫重汝南周弘正，其于义理，清转无穷，亦一时之名士也。"其诗以应制、咏物诗为主，语较清新。五言短章通达明晰，有民歌风味，具五绝雏形。著有《周易义疏》、《孝经私记》、《庄子内篇讲疏》。原有集，已佚。《全上古三代秦汉三国六朝文》存其文八篇，均为奏议表启类。《先秦汉魏晋南北朝诗》存其诗十三首。生平事迹见《陈书》卷二四、《南史》卷三四。

周弘让 南朝陈文学家。汝南安城（今河南汝南东南）人。周弘正弟。性简素。博学多通，善隶书。梁时始不得志，隐于句容茅山，数征不出。晚仕侯景，为中书侍郎，为世人所讥。承圣初为国子祭酒，后任仁威将军。陈天嘉初，以白衣领太常卿、光禄大夫。原有集，已佚。《全上古三代秦汉三国六朝文》存其文四篇。《先秦汉魏晋南北朝诗》存其诗四首。生平事迹见《陈书》卷二四、《南史》卷三四。

周弘直（500—575） 南朝陈文学家。字思方。汝南安城（今河南汝南东南）人。周弘正二弟。初仕梁，为太学博士，迁湘东王外兵记室参军，掌书记。元帝时，累迁昌州刺史。陈天嘉中，官国子博士、秘书监，官至太常卿、光禄大夫。染疾卒于家。原有集，已佚。《全上古三代秦汉三国六朝文》存其文一篇。《先秦汉魏晋南北朝诗》存其诗一首。生平事迹见《陈书》卷二四、《南史》卷三四。

沈炯（约502—约560） 南朝陈文学家。字礼明，一作初明。吴兴武康（今浙江德清西）人。仕梁为尚书左户侍郎，出为吴令。后入王僧辩幕府，掌羽檄军书。梁元帝时征为给事黄门侍郎，领尚书左丞。西魏陷江陵，被虏，授仪同三司。绍泰二年(556)归国,迁御史中丞。入陈,加通直散骑常侍,参决军国大政。后还乡里,收授徒众。病卒吴中。赠侍中。其诗纪行、咏物,尚能寄怀抒慨,另有一些文字戏作,谢榛称为"多务纤巧"(《四溟诗话》)。文多为四六,骈俪典实,因一时风尚,颇为世人称道。《陈书》本传论云:"及下笔盟坛,属辞劝表,激扬旨趣,信文人之伟者欤!"原有集,已佚,明人辑有《沈侍中集》。清吴汝纶有选评本《沈侍中集选》。生平事迹见《陈书》卷一九、《南史》卷六九。

洪偃(504—564) 南朝陈诗僧。俗姓谢。会稽山阴(今浙江绍兴)人。幼年悟道。工诗,善草隶。文采洒落,傲寄泉石。梁时为武帝所优礼。简文帝爱而令还俗为学士,不从。梁乱,尝避缙云,陈时复出。天嘉初于宣武寺讲佛经,学徒盛集。原有集,已佚。《先秦汉魏晋南北朝诗》存其诗三首。生平事迹见《续高僧传》卷九。

阴铿 南朝陈诗人。字子坚。武威姑臧(今甘肃武威)人,先祖于东晋末南迁,居南平(今属福建)。幼聪慧,五岁能诵吟诗赋。初仕梁,任湘东王法曹参军。陈天嘉中为始兴王伯茂府中录事参军。后官至晋陵太守、员外散骑常侍,世称"阴常侍"。博览史传,尤善五言诗,为时人推重。诗以写景纪游见长,体物细微,匠心独运,语言清丽秀美,工于炼字锻句。名篇有《江津送刘光禄不及》等。部分诗讲求音律和谐,注重对仗工稳,初具五律规模。时与何逊齐名,世号"阴何"。杜甫颇推尊之,赞李白时曾云:"李侯有佳句,往往似阴铿。"(《与李十二白同寻范十隐居》)又自谓"颇学阴(铿)何(逊)苦用心"(《解闷十二首》之七)。原有集,已佚,后人辑有《阴常侍集》。生平事迹见《陈书》卷三四、《南史》卷六四。

徐陵(507—583) 南朝陈文学家。字孝穆。东海郯县(今山东郯城北)人。幼能属文。博览史籍。梁中大通三年(531),充东宫学士,迁尚书度支郎,出为上虞令。太清二年(548),以通直散骑常侍使魏。承圣三年(554)始返。绍泰二年(556),使齐,还除给事黄门侍郎、秘书监。入陈,加散骑常侍,为五兵尚书、领大著作。后迁吏部尚书、尚书左仆射,世称"徐仆射"。历官丹阳尹、中书监、侍中。后主时迁左光禄大夫、太子少傅。后主诏称其"弱龄学尚,登朝秀颖,业高名辈,文曰词宗"(《陈书》本传)。精通儒学,崇尚释教,聪慧富才,文思敏捷。《陈书》谓:"其文颇变旧体,缉裁巧密,多有新意。每一文出手,好事者已传写成诵,遂被之华夷,家藏其本。"文以四六骈体为主,多为表册、书简、墓志。文势流畅圆融,结构精整绵密,语句骈俪工致,尤长于用典。其诗多为唱和应酬之作,内容贫弱,诗风轻艳,尤尚藻饰,明王世贞称为"淫丽之辞"(《艺苑卮言》)。形式工巧细密,气格绮靡雅媚,波及一代诗坛。部分乐府或健爽豪雄,或清新流丽。不少诗篇用韵平仄相间,音律和谐,推进律诗的形成和发展。清王士禛认为"陈朝寥寥,孝穆称首"(《带经堂诗话》)。与北周庾信齐名,世称"徐庾"。原有集,已佚,明人辑有《徐仆射集》。另编有《玉台新咏》。生平事迹见《陈书》卷二六、《南史》卷六二。

惠标(?—564) 又作慧摽、慧标。南朝陈僧人。博学有才。天嘉初,陈宝应反,作诗相赠。宝应败,被俘遭戮,他受累被杀。原有集,已佚。《先秦汉魏晋南北朝诗》存其诗八首。生平事迹见《陈书》卷一九、《南史》卷六九。

江德藻(509—565) 南朝陈散文家。字德藻。济阳考城(今河南民权东北)人。好学善文。仕梁,为尚书比部郎。入陈,授秘书监,兼尚书左丞。寻以本官兼中书舍人。天嘉四年(563)兼散骑常侍,出使北齐,著《北征道里记》。还拜太子中庶子,迁御史中丞,因事免。后自求出补新喻令。著文笔十五卷,已佚。《全上古三代秦汉三国六朝文》存其文二篇。生平事迹见《陈书》卷三四、《南史》卷六〇。

颜晃(510—562) 南朝陈散文家。字元明。琅邪临沂(今属山东)人。少孤,贫而好学,文有辞采。仕梁,初为邵陵王兼记室参军。侯景乱,奔荆州。承圣初,除中书侍郎。陈天嘉初,迁员外散骑常侍,兼中书舍人,掌诏诰。尝献《甘露颂》,词义该典,为高祖赏识。《陈书》本传称其为文"雅有气质"。原有集,已佚。生平事迹见《陈书》卷三四、《南史》卷七二。

孔奂(514—583) 南朝陈文学家。字休文。会稽山阴(今浙江绍兴)人。幼孤,好学善文,博通经史。仕梁,为镇西湘东王外兵参军、仪曹侍郎。入陈,迁太子中庶子。永定二年(558),任晋陵太守,清白自守,分俸孤寡。郡中号为"神君"。世祖征为御史中丞,迁散骑常侍、中书舍人,寻为五兵尚书。天康元年(566),为太子詹事。高宗太建三年(571),征为度支尚书。后迁吏部尚书,加侍中,迁中书令,转太常卿,领弘范宫卫尉。原有集,已佚。《先秦汉魏晋南北朝诗》存其诗一首。生平事迹见《陈书》卷二一、《南史》卷二七。

韦鼎(515—593) 南朝陈诗人。字超盛。京兆杜陵(今陕西西安)人。博涉经史,尤善相术。仕梁,累迁中书侍郎。陈武帝即位,拜黄门侍郎。太建中,以廷尉卿出使北周,后为太府卿。至德初,尽卖田宅,寓居寺院。隋文帝时授上仪同三司。后任光州刺史。寻追召入京。卒于长安。《先秦汉魏晋南北朝诗》存其诗一首。生平事迹见《南史》卷五八、《隋书》卷七八。

徐伯阳(516—581) 陈朝文学家。字隐忍。东海(治今江苏常熟北)人。年十五,以文笔称。梁大同中,为侯官令。侯景乱,至广州依萧勃。勃败,还居吴郡。陈天嘉二年(561),除司空侯安都府记室参军事。太建初,与张正见等一时名士为文会之友,游宴赋诗,曾编成《文会诗》并为之序。后历任新安王府记室参军,兼南徐州别驾,带东海郡丞,除镇右新安王府咨议参军事。后闻姊丧,发疾卒。《全上古三代秦汉三国六朝文》存其文一篇。《先秦汉魏晋南北朝诗》存其诗二首。生平事迹见《陈书》卷三四、《南史》卷七二。

许亨(517—570) 南朝陈散文家。字亨通。高阳新城(今河北满城东北)人。博识群书,多识前代旧事。仕梁,为征西中记室,兼太常丞。避侯景乱至郢州,邵陵王引为咨议参军。王僧辩又召为仪同从事中郎,太尉从事中郎,与沈炯对掌书记。入陈,历太中大夫,领大著作。陈顼即位,拜卫尉卿。曾撰《齐书》并《志》,佚。又撰成《梁史》。原有集,已佚。《全上古三代秦汉三国六朝文》存其文三篇。生平事迹见《陈书》卷三四、《南史》卷六〇。

智恺(518—568) 南朝陈高僧。俗姓曹。住杨都寺。学识丰厚。曾与名僧法泰赴广州制旨寺,协助西天竺优禅尼国高僧真谛翻译《摄大乘论》、《俱舍论》,并为之作序疏。梁承圣和陈光大中,真谛译《起信论》、《律二十二明了论》,曾当笔受之任。有佛经文疏八十三卷。《全上古三代秦汉三国六朝文》存其文一篇。《先秦汉魏晋南北朝诗》存其诗一首。生平事迹见《续高僧传》卷一。

沈不害(518—580) 南朝陈散文家。字孝和。吴兴武康(今浙江德清西)人。幼孤,好学不倦。梁时为太学博士。陈天嘉初,除衡阳王府中记室参军,兼嘉德殿学士。曾改定乐章,制三朝乐歌词行于乐府。累迁通直散骑常侍,兼尚书左丞。每为文,提笔即成,略无寻检,人称"意圣人"。原有集,已佚。《全上古三代秦汉三国六朝文》存其文一篇。生平事迹见《陈书》卷三三、《南史》卷七一。

顾野王(518—581) 南朝陈诗人、画家、文字学家。字希冯。吴郡吴县(今属江苏)人。幼时好学,九岁尝制《日赋》,十二岁随父至建安,撰《建安地记》二篇。博览群书,通晓天文地理、虫篆奇字。仕梁,为临贺王府记室。侯景乱,曾召募乡党随义军援建康。陈天嘉中补撰史学士,除太子率更令,领大著作,掌国史,官至黄门侍郎、光禄卿。能画。尝画古贤,王褒书赞,时称"二绝"。撰有《玉篇》,兼释形音义。其诗多为乐府,写女子思情,语言华丽浓艳。其文多咏物小赋。原有集,已佚。《全上古三代秦汉三国六朝文》存其文七篇。《先秦汉魏晋南北朝诗》存其诗十首。生平事迹见《陈书》卷三〇、《南史》卷六九。

岑之敬(519—579) 南朝陈诗人。字思礼。南阳棘阳(今河南南阳南)人。十六岁策试《春秋左氏传》,擢为高第。年十八为太学限内博士。后任南沙令。承圣二年(553),除晋安王府中记室参军,奉命赴岭表宣旨慰喻萧勃,羁广州。太建初归陈,授东宫义省学士,累迁鄱阳王中卫府记室、征南府咨议参军。博涉文史,雅有词笔。原有集,已佚。《先秦汉魏晋南北朝诗》存其诗四首。生平事迹见《陈书》卷三四、《南史》卷七二。

蔡景历(519—578) 南朝陈散文家。字茂世。济阳考城(今河南民权东北)人。家贫好学,善尺牍,工草隶。仕梁,为诸王府佐,出为海阳令。绍泰元年(555),迁给事黄门侍郎,兼掌相府记室。入陈,迁秘书监,中书通事舍人,掌诏诰。世祖即位,封新丰县子,迁散骑常侍,后以功进爵为侯。高宗时迁度支尚书。为文不尚雕靡,而长于叙事,应机敏速,为当世所称。原有集,已佚。《全上古三代秦汉三国六朝文》存其文三篇。生平事迹见《陈书》卷一六、《南史》卷六八。

陈暄 南朝陈文学家。义兴国山(今江苏宜兴西南)人。学不师受,文才俊逸。嗜酒放纵,无节操。陈叔宝为太子时,引为东宫学士,及即位,迁通直散骑常侍。与江总等俱称"狎客"。又与徐伯阳等为"文会之友"。因受后主侮弄,惊悸而死。原有集,已佚。《全上古三代秦汉三国六朝文》存其文四篇。《先秦汉魏晋南北朝诗》

存其诗四首。生平事迹见《南史》卷六一。

祖孙登　南朝陈诗人。太建初尝为记室。侯安都为征北大将军时，引为宾客。与徐伯阳等为“文会之友”。《先秦汉魏晋南北朝诗》存其诗九首。生平事迹见《陈书》卷三四、《南史》卷六六。

刘删　南朝陈诗人。太建初曾任长史。侯安都为征北大将军时，引为宾客。与徐伯阳等为“文会之友”。《先秦汉魏晋南北朝诗》存其诗十首。生平事迹见《陈书》卷八、《南史》卷六六。

谢燮　南朝陈诗人。太建十二年(580)，所司屡举为吏部侍郎，皆不见用。《先秦汉魏晋南北朝诗》存其诗五首。生平事迹见《陈书》卷二一。

何胥　南朝陈诗人。字孝典。陈后主时任太常令。与陈暄兄弟友善。曾奉命出使关外。善音乐，采宫中女学士及朝臣唱和艳诗，被之管弦，以为新曲。《先秦汉魏晋南北朝诗》存其诗四首。生平事迹见《南史》卷六一。

徐德言　南朝陈诗人。仕陈为太子舍人。尚陈后主妹乐昌公主。陈亡，其妻为杨素所得。入隋，与妻重聚，偕归江南终老。《先秦汉魏晋南北朝诗》存其诗一首。生平事迹见《古今诗话》。

江总(519—594)　南朝陈诗人。字总持。济阳考城(今河南民权东北)人。七岁而孤。年十八，为武陵王府法曹参军，迁尚书殿中郎。梁武帝赏其诗，转为侍郎。官至太子中舍人。侯景乱，赴广州依其舅萧勃，滞留岭南多年。陈天嘉四年(563)，以中书侍郎征还，累迁给事黄门侍郎、左民尚书、太子詹事等。因与太子作长夜饮，被免官。后历侍中、散骑常侍、太常卿。后主即位，迁尚书仆射、尚书令，世称“江令”。身当权宰，日与陈暄等陪后主游宴，当时谓之“狎客”。入隋，为上开府。卒于江都。其诗以应酬、宴游、写景为多，内容贫弱。一些描写边塞生活、自然景物及思妇情感的乐府，尚清新明朗，韵致深婉，摹写物态生动精细。陈亡，时有悲慨伤痛之作，情感真切，诗风朴实。五、七言尤善，如《闺怨篇》、《宛转歌》已近七言歌行律调，《怨诗》也初具七绝体式。五言对仗精严，音律谐和。其文以赋、表章、碑铭类为主。原有集，已佚，明人辑有《江令君集》。生平事迹见《陈书》卷二七、《南史》卷三六。

张正见　南朝陈诗人。字见赜。清河东武城(今山东武城西北)人。年十三，献颂，深得太子萧纲赞赏。太清初，射策高第，除邵陵王国左常侍。梁元帝时，拜通直散骑常侍，迁彭泽令。遇乱避于匡俗山。入陈，高祖诏其还都，除鄱阳王府墨曹行参军，累迁尚书度支郎、通直散骑侍郎。太建中卒，年四十九。尤善五言诗。尝与徐伯阳等十余人为“文会之友”，以其所传诗为多。宋严羽云：“南北朝人惟张正见诗最多，而最无足省发，所谓‘虽多亦奚以为’。”(《沧浪诗话》)其诗以描写边塞军旅生活的乐府和写景纪游的五言为优，时有佳篇秀句。“云路横秋水，星桥转夜流”，“残虹收度雨，缺岸上新流”诸句，陆时雍认为“皆得意象先，神行语外，非区区模仿推敲之可得者”(《诗镜总论》)。一些诗对仗精工，法度较严，已近律诗格局，王世贞称之“律法已严于‘四杰’，特作一二拗语为六朝耳”(《艺苑卮言》卷三)。后人辑有《张散骑集》。生平事迹见《陈书》卷三四、《南史》卷七二。

徐孝克(527—599)　南朝陈文学家。东海郯县(今山东郯城北)人。徐陵弟。曾削发为僧，更名法整。后还俗。陈天嘉中，任剡县令。太建六年(574)，任国子博士、通直散骑常侍、国子祭酒。后为都官尚书，迁散骑常侍，侍东宫。陈亡入隋，授国子博士，侍读东宫。病卒。精通释典，崇尚佛教，以孝行闻于时。著有《孝经讲疏》、《论语讲疏文句义》。《全上古三代秦汉三国六朝文》存其文二篇。《先秦汉魏晋南北朝诗》存其诗二首。生平事迹见《陈书》卷二六、《南史》卷六二。

褚玠(529—580)　南朝陈文学家。字温理。河南阳翟(今河南禹州)人。少孤。博学有才，工于属文。初为王府法曹。天嘉中，兼通直散骑常侍使齐，还迁中书侍郎。太建中任山阴令。后累迁御史中丞。性刚毅胆决，有“直绳”之称。卒于官。其文词义典实，不好艳靡。原有集，已佚。《全上古三代秦汉三国六朝文》存其文一篇。《先秦汉魏晋南北朝诗》存其诗一首。生平事迹见《陈书》卷三四、《南史》卷二八。

傅縡(531—585)　南朝陈文学家。字宜事。北地灵州(今宁夏灵武西南)人。七岁能诵古诗赋十余万言。后依湘州刺史萧循，广阅坟典，博通群籍。初为王琳府记事。入陈，世祖召为撰史学士。后主时迁秘书监、右卫将军，兼中书通事舍人，掌诏诰。后为佞臣所谮，下狱死。为文典丽。著有《陈书》。曾著《明道论》，辩驳大心暠法师的《无诤论》。原有集，已佚。《全上古三代秦汉三国六朝文》存其文四篇。《先秦汉魏晋南北朝诗》存其诗三首。生平事迹见《陈书》卷三〇、《南史》卷六九。

章华(？—587) 南朝陈散文家。字仲宗。吴兴(今浙江湖州)人。世为农。好学,博览经史,尤善属文。侯景乱,居岭南罗浮山寺,专精习业。欧阳頠为广州刺史,署为南海太守。后主时,除大市令,以疾辞。因上书极谏,指陈政弊,为后主所杀。《全上古三代秦汉三国六朝文》存其文一篇。生平事迹见《陈书》卷三〇、《南史》卷六九。

阮卓(531—589) 南朝陈诗人。陈留尉氏(今属河南)人。幼聪敏,笃志经籍。天康元年(566)为新安王府记室参军,后迁始兴王中卫府记室参军。至德元年(583),入为德教殿学士,寻兼通直散骑常侍,以副使聘隋。隋文帝令薛道衡、颜之推等与之谈宴赋诗,礼遇优厚。还除南海王府咨议参军,以眼疾退居里舍。陈亡入隋,行至江州病卒。工五言诗。为"文会之友"之一。《先秦汉魏晋南北朝诗》存其诗六首。生平事迹见《陈书》卷三四、《南史》卷七二。

陆琼(537—586) 南朝陈文学家。字伯玉。吴郡吴县(今属江苏)人。幼能诗善弈,号为神童。州举秀才。天嘉元年(560)为宁远始兴王府法曹行参军。历任尚书外兵郎、殿中郎、新安王文学。光大初,徐陵荐为司徒左西掾,寻兼通直散骑常侍,使齐。太建中,累迁给事黄门侍郎,领大著作,撰国史。后主时,直中书省,掌诏诰,官至吏部尚书。原有集,已佚。《全上古三代秦汉三国六朝文》存其文三篇。《先秦汉魏晋南北朝诗》存其诗六首。生平事迹见《陈书》卷三〇、《南史》卷四八。

姚最(约537—603) 南朝陈画论家。字士会。吴兴武康(今浙江德清西)人。幼聪慧。博学,好著述。仕陈为学士,校书于麟趾殿。寻授齐王宪府水曹参军,掌记室。隋立,除太子门大夫,后袭父爵为北绛郡公,转蜀王杨秀友,迁司马。秀有异谋,废为庶人,他受牵连,被杀。著有《续画品》。生平事迹见《周书》卷四七、《北史》卷九〇。

谢贞(539—585?) 南朝陈散文家。字元正。陈郡阳夏(今河南太康)人。谢安九世孙。幼聪敏。尝作五言诗《春日闲居》,为其舅王筠称赏。年十三,尤善《左传》。工书法,于草隶虫篆皆精。侯景乱,亲属散亡。曾至北周,侍读周武帝弟赵王宇文招。太建五年(573)归陈,除智武府外兵参军事。后迁尚书驾部侍郎,出为始兴王叔陵府主簿。后主时掌中宫管记,迁南平王友,掌记室。至德三年(585),母亡去职,哀毁致疾,寻卒。多才善文。《全上古三代秦汉三国六朝文》存其文一篇。生平事迹见《陈书》卷三二、《南史》卷七四。

陆琰(540—573) 南朝陈文学家。字温玉。吴郡吴县(今属江苏)人。陆瑜兄。幼孤,好学。州举秀才。初为宣惠始兴王行参军,迁法曹外兵参军,直嘉德殿学士。陈世祖尝使作《刀铭》,援笔即成。寻兼通直散骑常侍,副王厚聘北齐。厚卒,为使主。时人以其与弟瑜比为"二应"。太建初,为武陵王明威府功曹史,兼东宫管记。陈后主曾收其文成二卷。原有集,已佚。生平事迹见《陈书》卷三四、《南史》卷四八。

陆玠(540—576) 南朝陈文学家。字润玉。吴郡吴县(今属江苏)人。笃学能文,雅有识度。举秀才,对策高第。陈世祖超授衡阳王文学,直天保殿学士。太建初,迁长沙王友,领记室。陈叔宝为太子,征为管记,除中舍人。寻因双目失明,回归乡里。原有集,已佚。《先秦汉魏晋南北朝诗》存其诗一首。生平事迹见《陈书》卷三四、《南史》卷四八。

何之元(？—593) 南朝陈散文家。庐江灊县(今安徽霍山东北)人。幼有才思。仕梁曾任武陵王安西刑狱参军。侯景乱,武陵王举兵东下,他被囚舰中。及败,王琳召为记室参军。后随琳败奔北齐,为扬州别驾。太建中,应始兴王陈叔陵召,归陈,任咨议参军。叔陵诛,遂绝人事,专心著述。陈亡,移居常州晋陵。曾著《梁典》。《全上古三代秦汉三国六朝文》存其文二篇。生平事迹见《陈书》卷三四、《南史》卷七二。

陆瑜 南朝陈文学家。字幹玉。吴郡吴县(今属江苏)人。陆琰弟。少笃学,文辞秀美。初为骠骑安成王行参军,转军师晋安王外兵参军、东宫学士。时人以其与兄琰比为"二应"。太建中,累官永阳王文学、太子洗马、中舍人。卒年四十四。原有集,已佚。《全上古三代秦汉三国六朝文》存其文一篇。《先秦汉魏晋南北朝诗》存其诗三首。生平事迹见《陈书》卷三四、《南史》卷四八。

蔡凝(543—589) 南朝陈诗人。字子居。济阳考城(今河南民权东北)人。能文善书,尤工草隶。初为秘书郎。太建元年(569),迁太子中舍人,尚信义公主,拜驸马都尉。历官晋陵太守、宁运将军、尚书吏部侍郎。与徐伯阳等为

"文会之友"。陈后主时官给事黄门侍郎，迁晋熙王府长史。郁郁不得志，曾作《小室赋》以见意。《先秦汉魏晋南北朝诗》存其诗一首。生平事迹见《陈书》卷三四、《南史》卷二九。

陈叔宝(553—604)　即陈后主。南朝陈皇帝。公元582—589年在位。字元秀，小字黄奴。天嘉三年(562)立为安成王世子。光大二年(568)为太子中庶子、侍中。太建元年(569)立为皇太子。日与妃嫔、文臣诗酒为娱，沉溺声色，不恤朝政。祯明三年(589)，隋兵入建康(今江苏南京)，于景阳殿自投于井，为隋军所俘，后病死于洛阳。追封长城县公。其诗多写宫嫔艳妇的容貌思绪、朝欢夕饮的游冶宴乐，内容贫弱淫靡。所作《玉树后庭花》赞美其妃嫔姿色，后人视为亡国之音。唐皮日休云："歌诗之风，荡来久矣。大抵丧于梁朝，坏于陈叔宝。"(《刘枣强碑》)少数乐府诗写景清新，言情真实，语言绮错浓艳，音律谐美，对偶工整。明陆时雍云："陈后主妆裹丰馀，精神悴尽，一时作者，俱披靡颓败，不能自主。"(《诗镜总论》)明人辑有《陈后主集》。生平事迹见《陈书》卷六、《南史》卷一〇。

陈后主　即陈叔宝。

沈婺华　南朝陈后主皇后。吴兴武康(今浙江德清西)人。太建三年(571)，皇太子陈叔宝纳为妃，及即位，立为皇后。陈亡入长安，后自广陵渡江还乡，于毗陵(今江苏扬州)天静寺为尼，名观音。贞观初卒。聪敏博学，工书翰。原有集，已佚。《全上古三代秦汉三国六朝文》存其文一篇。《先秦汉魏晋南北朝诗》存其诗一首。生平事迹见《陈书》卷七、《南史》卷一二。

孔范　南朝陈诗人。字法言。会稽山阴(今浙江绍兴)人。好学有才。太建中任宣惠江夏王长史。后主时，为都官尚书，和江总等日与后主宴游，号为"狎客"，对后主过失必曲为文饰。又与孔贵人结为兄妹，更受宠遇。陈亡，隋文帝以其奸佞，与王瑳、王仪、沈瓘同列为四罪人，流放边裔。文章赡丽，善五言诗。《先秦汉魏晋南北朝诗》存其诗二首。生平事迹见《陈书》卷六、《南史》卷七七。

王瑳　南朝陈诗人。琅邪(治今山东诸城)人。后主时尝任侍中、散骑常侍，与江总等在禁中陪侍游宴，为"狎客"之一。陈亡入隋，隋文帝以其奸佞，与孔范、王仪、沈瓘同列为四罪人，流放边裔。《先秦汉魏晋南北朝诗》存其诗三首。生平事迹见《陈书》卷二七、《南史》卷七七、《隋书》卷一。

昙瑗　南朝陈僧人。金陵(今江苏南京)人。陈宣帝时授僧正，住光宅寺，辞不就。以持律名于时。工诗能文。曾与洪偃唱和。太建中卒，年八十二。原有集，已佚。《全上古三代秦汉三国六朝文》存其文二篇。《先秦汉魏晋南北朝诗》存其诗一首。生平事迹见《续高僧传》卷二七。

张渊　北魏散文家。明占候，晓内外星分。十六国时历仕前秦、后秦与夏。夏亡归魏，为太史令，后为骠骑军谋祭酒。尝作《观象赋》。《全上古三代秦汉三国六朝文》存其文一篇。生平事迹见《魏书》卷九一、《北史》卷八九。

高允(390—487)　北魏文学家。字伯恭。渤海蓨县(今河北景县)人。初被征为中书博士，迁侍郎，授太子经书。曾与崔浩同修国史，后浩以国史案被杀，他以太子营救得免。文成帝时，位至中书令，称为"令公"。文明太后临朝，引其参决大政。历事五帝，出入三省，参与国事五十余年。卒谥文，赠侍中、司空。博通经史天文术数，留意文学。诗文能言其志，耿介有声。原有集，已佚。今存明人辑《高令公集》。生平事迹见《魏书》卷四八、《北史》卷三一。

宗钦(？—450)　北魏文学家。字景若。金城(今甘肃兰州西北)人。初仕北凉。入魏后，赐爵卧树男，拜著作郎。后因崔浩国史案株连，被杀。曾撰《蒙逊记》。原有集，已佚。《全上古三代秦汉三国六朝文》存其文二篇。《先秦汉魏晋南北朝诗》存其诗十二首。生平事迹见《魏书》卷五二、《北史》卷三四。

崔僧渊　北魏散文家。清河(治今山东临清东北)人。泰始四年(468)由宋入降北魏。太和五年(481)，因兄僧佑参与沙门法秀谋反被株连，徙于薄骨律镇。精通文学及佛学。后官南青州刺史。南齐明帝召他南归，复信拒绝。卒年七十余。《全上古三代秦汉三国六朝文》存其文一篇。生平事迹见《魏书》卷二四、《北史》卷四四。

刘昶(436—497)　北魏文学家。字休道。彭城(今江苏徐州)人。宋文帝第九子。封义阳王。孝武帝时为徐州刺史。废帝大杀宗室，遂投奔北魏。魏孝文帝任为大将军，镇彭城。归魏时曾作《断句诗》，抒写去国离乡、亡命征途的悲凉。《全上古三代秦汉三国六朝文》存其文三篇。《先秦汉魏晋南北朝诗》存其诗一首。生平事迹见《宋书》卷七二、《南史》卷一四、《魏书》卷五九、《北史》卷二九。

韩显宗(? —499) 北魏散文家。字茂亲。昌黎棘城(今辽宁义县西)人。初为著作佐郎。孝文帝伐齐,为右军府长史,以战功迁广阳王元嘉咨议参军。后上表诉功高赏薄,被免官,忧郁而死。撰有《冯氏燕志》、《孝友传》等。原有集,已佚。《全上古三代秦汉三国六朝文》存其文二篇。生平事迹见《魏书》卷六〇、《北史》卷四〇。

高闾(? —502) 北魏散文家。本名驴,崔浩为改名闾。字阎士。渔阳雍奴(今天津武清西北)人。曾任中书侍郎。文明太后临朝时,与高允参决大政,官至光禄大夫、吏部尚书、中书监。博综经史,文才俊伟,与高允并称"二高"。《全上古三代秦汉三国六朝文》存其文十七篇。生平事迹见《魏书》卷五四、《北史》卷三四。

崔光(451—523) 北魏文学家。本名孝伯,字长仁。东清河鄃县(今山东平原西南)人。孝文帝时曾任中书博士,转著作郎,参与撰修国书,被誉为"今日之文宗"。孝明帝时官至司徒。崇信佛教。能诗文。《全上古三代秦汉三国六朝文》存其文二十五篇。生平事迹见《魏书》卷六七、《北史》卷四四。

张彝(461—519) 北魏散文家。字庆宾。清河东武城(今河北清河西北)人。初袭爵平陆侯。后任散骑常侍,迁尚书。孝明初,加征西将军、冀州大中正。后被羽林殴打致死。历览经史。《全上古三代秦汉三国六朝文》存其文三篇。生平事迹见《魏书》卷六四、《北史》卷四三。

王肃(464—501) 北魏文学家。字恭懿。琅邪临沂(今属山东)人。初仕南朝齐,为秘书丞。后奔北魏,累迁尚书令,官至散骑常侍、扬州刺史。《全上古三代秦汉三国六朝文》存其文二篇。《先秦汉魏晋南北朝诗》存其诗一首。生平事迹见《魏书》卷六三、《北史》卷四二。

元勰(? —508) 北魏宗室。字彦和。献文帝第六子。初封始平王,转中书令,改封彭城王。后为高肇谮杀。博综经史,雅好属文。曾十步成《应制赋铜鞮山松诗》,苍凉悲壮。撰有《要略》,已佚。《全上古三代秦汉三国六朝文》存其文二篇。《先秦汉魏晋南北朝诗》存其诗一首。生平事迹见《魏书》卷二一、《北史》卷一九。

郑道昭(? —516) 北魏书法家。字僖伯。荥阳开封(今属河南)人。初为秘书郎,后拜国子祭酒。多次上表请置学官生徒,崇儒敦教。官至光州、青州刺史,秘书监。好学博览,喜为诗赋,曾与孝文帝联句。其诗皆登山临水之作,有学鲍、谢痕迹。所书《荥阳郑文公之碑》,为书法珍品。《全上古三代秦汉三国六朝文》存其文五篇。《先秦汉魏晋南北朝诗》存其诗四首。生平事迹见《魏书》卷五六、《北史》卷三五。

郦道元(466 或 472? —527) 北魏地理学家、散文家。字善长。范阳涿县(今属河北)人。初为太傅掾,累迁东荆州刺史,以为政刻峻免官。后起为河南尹,除御史中尉。素严猛,遭权豪忌恨,被谗遣关右大使。为雍州刺史萧宝寅所害,死于阴盘驿亭。历览奇书,又遍游北方,访渎搜渠,撰成《水经注》。另有《本志》、《七聘》等,均已佚。《全上古三代秦汉三国六朝文》存其文一篇。生平事迹见《魏书》卷八九、《北史》卷二七。

元宏(467—499) 即北魏孝文帝。北魏皇帝。公元 471—499 年在位。鲜卑族。本姓拓跋,后改姓元。五岁即位,由太皇太后冯氏当政。太和十五年(491)亲政,推行改革,大兴文治。十七年,由平城(今山西大同)迁都洛阳,变旧俗,禁胡服胡语,改鲜卑姓氏为汉姓,大力推行汉化。才藻富赡,善于吟诗作文,自拟诏册。曾与郑道昭等联句赋诗,颇见帝王气象。原有集,已佚。《全上古三代秦汉三国六朝文》存其文二百四十九篇。《先秦汉魏晋南北朝诗》存其联句诗一首,《歌》残句二句。生平事迹见《魏书》卷七、《北史》卷三。

阳固(467—523) 北魏文学家。字敬安。北平无终(今天津蓟县)人。少任侠,后折节读书。孝文帝时,累迁侍御史。屡进直言,为权贵所疾,免官。孝明帝时,官至前军将军。博览篇籍,有文才。原有集,已佚。《全上古三代秦汉三国六朝文》存其文四篇。《先秦汉魏晋南北朝诗》存其诗二首。生平事迹见《魏书》卷七二、《北史》卷四七。

崔鸿(? —约 525) 北魏史学家。字彦鸾。东清河鄃县(今山东平原西南)人。官中散大夫,修辑国史。后迁给事黄门侍郎。博览群史。曾据旧有国史撰成《十六国春秋》一书,宋时散佚,今有清汤球《十六国春秋辑补》。《全上古三代秦汉三国六朝文》存其文五篇。《先秦汉魏晋南北朝诗》存其诗一首。生平事迹见《魏书》卷六七、《北史》卷四四。

袁翻(476—528)　北魏散文家。字景翔。陈郡项县(今河南沈丘)人。初为奉朝请,后任廷尉少卿。因不满朝政,出为平阳太守。孝昌中除中书令,领给事黄门侍郎,名位俱重。河阴之变中,被尔朱荣所杀。以才学擅美,与弟跃并称"二袁"。《全上古三代秦汉三国六朝文》存其文七篇。生平事迹见《魏书》卷六九、《北史》卷四七。

裴伯茂　北魏散文家。河东闻喜(今属山西)人。曾官散骑常侍,永熙中为广平王赞文学,后加中军大将军。学涉群书,文藻富赡。作《豁情赋》、《迁都赋》。撰《晋书》,未成。《全上古三代秦汉三国六朝文》存其文一篇。生平事迹见《魏书》卷八五、《北史》卷三八。

常景(?—550)　北魏文学家。字永昌。河内温县(今河南温县西南)人。孝文帝时任门下录事。累迁车骑将军、右光禄大夫、秘书监。东魏时除仪同三司。曾删正张华《博物志》,撰《儒林传》、《列女传》等,均佚。《全上古三代秦汉三国六朝文》存其文七篇。《先秦汉魏晋南北朝诗》存其诗四首。生平事迹见《魏书》卷八二、《北史》卷四二、《洛阳伽蓝记》卷一。

元顺(494—528)　北魏宗室。字子和。任城王元澄子。始为给事中,寻任给事黄门侍郎,后除右光禄大夫,转兼左仆射。尔朱荣入洛时被害。撰有《帝录》,已佚。《全上古三代秦汉三国六朝文》存其文二篇。生平事迹见《魏书》卷一九、《北史》卷一八。

祖莹(?—534)　北魏文学家。字元珍。范阳遒县(今河北涞水北)人。以才名拜太学博士,累迁国子祭酒。精通金石雅乐。以文学见重,文章与袁翻齐名。时人语云:"京师楚楚,袁与祖;洛中翩翩,祖与袁。"主张"文章须自出机杼,成一家风骨"。《全上古三代秦汉三国六朝文》存其文一篇。《先秦汉魏晋南北朝诗》存其诗一首。生平事迹见《魏书》卷八二、《北史》卷四七。

鹿悆　北魏诗人。字永吉。济阴乘氏(今山东菏泽)人。好兵书、阴阳、释氏之学。初为真定公元子直国中尉,后为右将军、给事黄门侍郎,天平中除梁州刺史。郑荣业反叛,被执送关西。《先秦汉魏晋南北朝诗》存其诗二首。生平事迹见《魏书》卷七九、《北史》卷四六。

卢元明　北魏文学家。字幼章。范阳涿县(今河北涿州)人。卢思道从叔。永安初,兼尚书令。孝武帝即位,迁中书侍郎。天平中,为吏部郎中,副李谐使梁,为南人称美。还拜尚书右丞,转散骑常侍。原有集,已佚。《全上古三代秦汉三国六朝文》存其文二篇。《先秦汉魏晋南北朝诗》存其诗二首。生平事迹见《魏书》卷四七、《北史》卷三〇。

温子昇(495—547)　北魏文学家。字鹏举。自云太原(今属山西)人,迁居济阴冤句(今山东菏泽西南)。温峤之后。历官侍读兼舍人、中军大将军。东魏末,高澄引为大将军咨议,见疑,下狱死。其文清婉,善于模仿南朝风格。早年作《侯山祠堂碑文》,常景称其"大才士"。作品传于江南与吐谷浑,梁武帝尝赞为"曹植、陆机复生北土"。所作《韩陵山寺碑文》为庾信所赏,谓:"惟有韩陵山一片石,堪共语耳。"诗歌成就较高,尤长乐府,以笔力刚劲、感情真切取胜。《捣衣》诗为其代表作。与邢邵并称"温邢"。又与邢邵、魏收并称"北地三才"。著有《永安记》,已佚。明人辑有《温侍读集》。生平事迹见《魏书》卷八五、《北史》卷八三。

李谐(496—544)　北魏文学家。字虔和。顿丘(今河南清丰西南)人。袭爵为彭城侯。初为太尉参军,曾任著作郎、给事黄门侍郎、散骑常侍。天平四年(537)使梁,其辞采风流,倾动江南。归任秘书监,病卒。博学有文辩。原有集,已佚。《全上古三代秦汉三国六朝文》存其文一篇。《先秦汉魏晋南北朝诗》存其诗二首。生平事迹见《魏书》卷六五、《北史》卷四三。

萧综(500—530)　北魏诗人。字世谦。南兰陵(治今江苏常州西北)人。梁武帝萧衍次子。封豫章王,官至南兖州刺史。后叛逃入魏,改名缵(或作赞),字德文。历官司徒、太尉,后封丹阳王。尚寿阳公主,拜驸马都尉。尔朱兆入洛,其妻被害,弃官为僧,病卒。学识广博,有才思,善为文。《先秦汉魏晋南北朝诗》存其诗二首。生平事迹见《梁书》卷五五、《魏书》卷五九、《北史》卷二九。

杨衒之　北魏散文家。杨或作阳,又作羊。北平(今河北满城北)人。永安中为奉朝请,魏末为抚军府司马,历秘书监,出为期城郡太守。博学能文,兼通佛教经典。武定五年(547)行经北魏旧都洛阳,见昔日所建千余佛寺大半毁于兵火,因撰《洛阳伽蓝记》。《全上古三代秦汉三国六朝文》存其文二篇。生平事迹见《广弘明集》卷六、《大唐内典录》卷四、《〈洛阳伽蓝记〉序》。

元子攸(507—530)　即魏孝庄帝。北魏皇帝。公元528—530年在位。彭城王勰第三子。孝明帝时封武城县公,进封长乐王。孝明帝崩,尔朱荣立他为帝。永安三年(530),杀尔朱荣,旋为尔朱兆所弑。《全上古三代秦汉三国六朝文》存其文十六篇。《先秦汉魏晋南北朝诗》存其诗一首。生平事迹见《魏书》卷一〇、《北史》卷五。

李骞(508—?) 北魏文学家。字希义。赵郡平棘(今河北赵县南)人。初官大将军府法曹参军,后为散骑常侍、尚书左丞。东魏兴和三年(541)使梁,因事免官。后官至黄门侍郎。博涉经史,文藻富赡。善作诗。《全上古三代秦汉三国六朝文》存其文一篇。《先秦汉魏晋南北朝诗》存其诗一首,残诗一句。生平事迹见《魏书》卷三六、《北史》卷三三。

苏绰(498—546) 西魏大臣、文学家。字令绰。武功(今属陕西)人。少好学,博物多通,深为权臣宇文泰宠任,官至大行台度支尚书,领著作,兼司农师。在协助宇文氏进行政治、经济改革的同时,力主运用行政手段改革当时华靡文风,并仿《尚书》语体作《大诰》。"自是之后,文笔皆依此体"(《北史》本传)。但所论偏尚一端,不免矫枉过正,难切时用。《全上古三代秦汉三国六朝文》存其文四篇。生平事迹见《周书》卷二三、《北史》卷六三。

高昂(491—538) 北齐诗人。字敖曹。渤海蓨(今河北景县)人。胆力过人。北魏末在本乡起兵,后附高欢。东魏时除侍中、司徒,复为军司大都督。后为周军所杀。好为诗,雅有情致,为时人所称。《全上古三代秦汉三国六朝文》存其文一篇。《先秦汉魏晋南北朝诗》存其诗三首。生平事迹见《魏书》卷五七、《北齐书》卷二一、《北史》卷三一。

邢邵(496—?) 北齐思想家、文学家。邵一作劭。字子才。河间鄚(今河北任丘北)人。仕魏为著作佐郎,后官中书侍郎。入北齐,官中书监,摄国子祭酒。后为中书令,授特进。与温子昇并称"温邢";与魏收并称"邢魏"。又与温子昇、魏收并称"北地三才"。擅长诗文,藻思华赡。诗歌成就较高,染齐梁之风,而存北朝之气。《冬日伤志篇》为其代表作。学识渊博,名重一代。曾与人辩论"神灭"问题,持"人死则神灭"说,有朴素唯物主义思想。原有集,已佚,明张溥辑有《邢特进集》。生平事迹见《北齐书》卷三六、《北史》卷四三。

祖鸿勋(?—550) 北齐散文家。涿郡范阳(今河北定兴南)人。仕魏为州主簿,除奉朝请。官至高阳太守。以文章著名。曾作《晋祠记》,佚。《全上古三代秦汉三国六朝文》存其文一篇。生平事迹见《北齐书》卷四五、《北史》卷八三。

裴让之(?—555) 北齐诗人。字士礼。河东闻喜(今属山西)人。仕东魏为屯田主客郎中。历官文襄大将军主簿,兼中书舍人。入北齐,除清河太守。因杀贪官豪吏致祸,被谗眷恋魏廷,赐死。有文才,人语云:"能赋诗,裴让之。"《先秦汉魏晋南北朝诗》存其诗三首。生平事迹见《魏书》卷八八、《北齐书》卷三五、《北史》卷三八。

萧祗 北齐诗人。字敬式。梁南平王萧伟次子。在梁封定襄侯,任东扬州刺史。侯景乱,奔东魏,历位太子少傅。齐天保初,授右光禄大夫,领国子祭酒。西魏克江陵,留邺都,卒。《先秦汉魏晋南北朝诗》存其诗二首。生平事迹见《北齐书》卷三三、《北史》卷二九。

魏收(506—572) 北齐史学家、文学家。字伯起,小字佛助。巨鹿下曲阳(今河北晋县西)人。仕魏除太学博士,历官散骑侍郎等,编修国史。入北齐,除中书令,兼著作郎,官至尚书右仆射,位特进。与邢邵并称"邢魏",又与温子昇、邢邵并称"北地三才"。善为文,工诗赋,被称为北朝"文章大手"。诗近南朝宫体,《美女篇》、《挟琴歌》为代表作。曾作《南狩赋》等赋,均佚。其文多模仿任昉,《枕中篇》较著名。擅治史,所撰《魏书》捃摭富博,以其借修史酬恩报怨,人称"秽史"。硕学多才,而性轻薄,号为"惊蛱蝶"。原有集,已佚,明人辑有《魏特进集》。生平事迹见《魏书》卷一〇四、《北齐书》卷三七、《北史》卷五五。

荀仲举 北齐诗人。字士高。颍川(治今河南许昌)人。初仕梁为南沙令。北齐时入文林馆,除符玺郎。后出为义宁太守。工于诗咏。曾作诗五言十六韵,伤好友李概,词甚悲切,世称其美。《先秦汉魏晋南北朝诗》存其诗一首。生平事迹见《北齐书》卷四五。

祖珽 北齐文学家。字孝徵。范阳遒县(今河北涞水北)人。祖莹子。初为秘书郎。后任秘书丞。武成时任秘书监。欲谋为相,得罪徙光州。后主时,官至尚书左仆射。以事贬北徐州刺史,卒于州。善诗文,精音律,通少数民族语及阴阳、占候、医药之术。以诗见长,词藻遒逸。曾和魏收诗,作《出塞》、《公主远嫁诗》二首，为时人传诵。其文典丽。《全上古三代秦汉三国六朝文》存其文六篇。《先秦汉魏晋南北朝诗》存其诗三首。生平事迹见《北齐书》卷三九、《北史》卷四七。

萧悫 北齐诗人。字仁祖。南兰陵（治今江苏常州西北）人。南朝梁宗室。天保中入北齐。后主时待诏文林馆，撰《御览》。入隋，为记室参军。工于诗。风格清丽，以《秋思》最著名。原有集，已佚。《全上古三代秦汉三国六朝文》存其文一篇。《先秦汉魏晋南北朝诗》存其诗十七首。生平事迹见《北齐书》卷四五、《北史》卷八三。

阳休之（509—582） 北齐文学家。字子烈。北平无终（今天津蓟县）人。仕魏累官给事黄门侍郎，与魏收等同修国史。入齐，累迁尚书右仆射，加特进。北周时历纳言、太子少保，除和州刺史。博综经史，文章典正无华。时人有"能赋能诗阳休之"之誉。曾重编《陶渊明集》，撰《幽州人物志》。精通音韵，著有《韵略》、《辨嫌音》，均佚。原有集，已佚。《全上古三代秦汉三国六朝文》存其文一篇。《先秦汉魏晋南北朝诗》存其诗四首，残诗一句。生平事迹见《魏书》卷七二、《北齐书》卷四二、《北史》卷四七。

刘昼（约516—约567） 北齐散文家。字孔昭。渤海阜城（今属河北）人。举秀才，考策不第。后发愤撰书。曾多次上书，终不见采用，潦倒而卒。著《高才不遇传》等，已佚。《全上古三代秦汉三国六朝文》存其文二篇。生平事迹见《北齐书》卷四四、《北史》卷八一。

刘逖（525—573） 北齐诗人。字子长。彭城丛亭里（今江苏铜山）人。仕魏为开府参军。入北齐为定陶令。后迁给事黄门侍郎，修国史。曾出使梁、陈、北周。后待诏文林馆，与崔季舒等同诛。工诗，以写景见长。《全上古三代秦汉三国六朝文》存其文一篇。《先秦汉魏晋南北朝诗》存其诗四首。生平事迹见《北齐书》卷四五、《北史》卷四二。

萧放 北齐诗人。字希逸。梁宗室。后随父祗入东魏。袭爵清河郡公。武平中待诏文林馆。好文咏，善丹青。曾于宫中披览书史诗赋，监画工作屏风，见知齐后主。累迁太子中庶子、散骑常侍。《先秦汉魏晋南北朝诗》存其诗二首。生平事迹见《北齐书》卷三三、《北史》卷二九。

颜之推（531—约590以后） 北齐文学家。字介。琅邪临沂（今属山东）人。初仕梁为散骑常侍。西魏破梁，奔北齐，官至黄门侍郎、平原太守。入周，为御史上士。隋开皇中，太子召为文学，寻以疾卒。出身儒学世家，能诗赋，尤善为文，辞情典丽。其诗质朴而略见藻绘，亦不乏清拔之句。其赋文致清远，今存《观我生赋》。尝作《颜氏家训》二十篇，以儒家传统伦理道德训诫子女，其中《文章篇》专论文学问题。针对当时诗坛不尚实用，任张浮艳的风气，提倡为文须经世致用，不取"趋末弃本，率多浮艳"、不能应世经务的徒尚辞采之作。又提出"文章当以理致为心肾，气调为筋骨，事义为皮肤，华丽为冠冕"，反对"辞与理竞"、"事与才争"。既不取片面追求形式，又不轻弃文辞声对之美。唯一味推尚儒学，对历代作家人格和作品风格的评价不免失之公允。又曾作志怪小说，今存《冤魂记》。原有集，已佚。《全上古三代秦汉三国六朝文》存其文三篇。《先秦汉魏晋南北朝诗》存其诗五首，残诗一句。生平事迹见《梁书》卷五〇、《北齐书》卷四五、《北史》卷八三。

郑公超 北齐诗人。后主时为奉朝请。武平三年（572）由祖珽招至文林馆，与祖珽等同撰《御览》。《先秦汉魏晋南北朝诗》存其诗一首。生平事迹见《北齐书》卷四五、《北史》卷五三。

王晞（511—581） 北周诗人。字叔朗，小名沙弥。北海剧县（今山东寿光南）人。仕北齐为并州长史、司马。历东徐州刺史、秘书监。武平初待诏文林馆。齐亡入周，为太子谏议大夫。在并州时啸咏谈宴，不以世务为累，人称"物外司马"。《全上古三代秦汉三国六朝文》存其文一篇。《先秦汉魏晋南北朝诗》存其残诗二句。生平事迹见《北齐书》卷三一、《北史》卷二四。

王褒 北周文学家。字子渊。琅邪临沂（今属山东）人。始仕梁除秘书郎、太子舍人，袭封南昌县侯。梁元帝时官吏部尚书、左仆射。西魏破梁，随元帝出降，授车骑大将军。入周为太子少保，迁小司空。出为宜州刺史，卒于任上，时年六十四。原为梁宫廷诗人，注重对偶音律，流丽华赡。入北朝文名颇高，仅次于庾信。诗于整丽中别具刚健悲凉风调，多写边塞生活、北地风貌及家国身世之感。《燕歌行》、《渡河北》为代表作。骈文《与周弘让书》颇为世所传诵。原有集，已佚，明人辑有《王司空集》。生平事迹见《北齐书》卷三二、《北周书》卷四一、《北史》卷八三。

刘璠(509—568) 北周散文家。字宝义。沛郡(治今安徽濉溪西北)人,迁居广陵(治今江苏扬州)。少好读书,兼善文笔。仕梁为北徐州刺史萧脩轻车府主簿,兼记室参军。后降附西魏。仕周为内史中大夫,封平阳县子,迁同和郡守。陈纯作镇陇右,引为总管府司录。卒于官。著有《梁典》,另有集,均佚。《全上古三代秦汉三国六朝文》存其文一篇。生平事迹见《周书》卷四二、《北史》卷七〇。

庾信(513—581) 北周文学家。字子山。南阳新野(今属河南)人。庾肩吾子。幼聪敏,博览群书,尤善《春秋左氏传》,文名早著。年十五为梁昭明太子东宫讲读。与徐陵同为抄撰学士,文并绮艳,世号"徐庾体"。侯景叛乱,梁都建康失守,他逃奔江陵。梁元帝即位,转右卫将军,袭父爵武康县侯。承圣三年(554),奉命出使西魏,同年西魏攻陷江陵,灭梁,他被留长安。历仕西魏、北周两朝,官至骠骑大将军、开府仪同三司,世称"庾开府"。周武帝建德四年(575)陈朝与北周通好,南朝文士多被放还,唯信与王褒等未被放回。仕梁时作品,内容较单薄贫乏,风格轻靡,词采绮艳,为人诟病。然亦间有清新流丽之作,如《春赋》、《奉和山池》等。入北朝后所作诗赋大量抒发乡关之思,多沉郁悲愁之音,风格一变为萧瑟苍凉。《哀江南赋》、组诗《拟咏怀》等,深刻反映战乱对社会造成的破坏和人民所受深重灾难,抒发国破家亡之恨与屈身仕敌之悲,真切感人。杜甫曰:"庾信文章老更成,凌云健笔意纵横"(《戏为六绝句》),"庾信平生最萧瑟,暮年诗赋动江关"(《咏怀古迹》)。《四库全书总目》曰:"至信北迁以后,阅历既久,学问弥深,所作皆华实相扶,情文兼至,抽黄对白之中,浩气舒卷,变化自如,则非陵之所能及也。"其他描写北地景色、题画、闺怨、游览以及送别酬赠等作品,亦有佳作。其骈体文成就很高,尤善于以繁富而精当的典故叙事抒情,灵活巧妙,代表作有《哀江南赋序》、《思旧铭》等。他在中国文学史上有重要地位,前人称其诗"为梁之冠绝,启唐之先鞭"(明杨慎《升庵诗话》),对后世作家沾溉良多。其诗在音律上也多有创造,"《燕歌行》开唐初七古,《乌夜啼》开唐七律,其古体为唐五绝、五律、五排所本者,亦不可胜举"(清刘熙载《艺概》)。有《庾子山集》,清倪璠为之作注。生平事迹见《北周书》卷四一、《北史》卷八三。

萧㧑(515—573) 北周文学家。字智遐。南兰陵(治今江苏常州西北)人。梁武帝萧衍侄。封永丰县侯,历黄门侍郎。侯景乱后官益州刺史,守成都。兵败降魏,授侍中。入周任上州刺史。武帝时为文学博士,官至少傅。雅好属文。原有集,已佚。《全上古三代秦汉三国六朝文》存其文一篇。《先秦汉魏晋南北朝诗》存其诗五首。生平事迹见《周书》卷四二、《北史》卷二九。

李昶(516—565) 北周大臣。小名那。顿丘临黄(今范县河南西南)人。少有文名。十余岁作《明堂赋》。始仕西魏。周受禅,累官御正中大夫,封临黄县公。出为昌州刺史,以病卒。《全上古三代秦汉三国六朝文》存其文一篇。《先秦汉魏晋南北朝诗》存其诗二首。生平事迹见《周书》卷三八、《北史》卷四〇。

亡名(516—576以后) 北周诗僧。俗姓宋,本名阙殆。南郡(治今湖北江陵)人。弱龄出家。后事梁元帝,深见礼重。梁亡,远客岷蜀,潜心玄门。后为周少保蜀国公宇文儁所礼遇。及宇文护迎还咸阳,不知所终。好吟咏山水。原有集,已佚。《全上古三代秦汉三国六朝文》存其文二篇。《先秦汉魏晋南北朝诗》存其诗六首。生平事迹见《续高僧传》卷九。

宇文逌(?—580) 北周文学家。字尔固突。代郡武川(今内蒙古武川西南)人。宇文泰第十三子。封滕王,后进位上柱国。曾统兵伐稽胡及陈。后为隋文帝杨坚所害。好经史,解属文。原有集,已佚。《全上古三代秦汉三国六朝文》存其文二篇。《先秦汉魏晋南北朝诗》存其诗一首。生平事迹见《周书》卷一三、《北史》卷五八。

宇文毓(534—560) 即周明帝。北周皇帝。小名统万突。代郡武川(今内蒙古武川西南)人。西魏大统十四年(548)封宁都郡公。周闵帝受禅,进柱国,转岐州刺史。宇文护废闵帝,立为帝,在位三年,为护所弑,谥明帝。善属文,词采温丽。著有文章十卷,已佚,明人辑有《后周明帝集》。《先秦汉魏晋南北朝诗》存其诗三首。生平事迹见《北齐书》卷四、《周书》卷四。

风格流派　并称

三曹 指三国魏曹操及其子曹丕、曹植。父子三人同为建安时期重要作家,有很高的政治地位和文学成就。明胡应麟《诗薮》内编卷一:"取乐府之格于两汉,取乐府之材于三曹,以三曹语入两汉调，而浑融无迹，会于《骚》、《雅》。”

三祖　指三国魏太祖武帝曹操、高祖文帝曹丕、烈祖明帝曹叡。曹氏祖孙三人，咸造乐府，雅好诗章。南朝梁刘勰《文心雕龙·乐府》：“至于魏之三祖，气爽才丽，宰割辞调，音靡节平。”钟嵘《诗品》：“三祖之词，文或不工，而韵入歌唱。”《晋书·文苑传叙》：“逮乎当涂基命，文宗蔚起，三祖叶其高韵，七子分其丽则……彬蔚之美，竞爽当年。”

曹王　指三国魏文学家曹植(字子建)、王粲(字仲宣)。二人为建安时期重要作家。《宋书·谢灵运传论》：“子建、仲宣以气质为体，并标能擅美，独映当时。……降及元康，潘、陆特秀，律异班、贾，体变曹、王。”潘、陆，指西晋作家潘岳、陆机；班、贾，指两汉作家班固、贾谊。

曹刘　指三国魏文学家曹植(字子建)、刘桢(字公幹)。二人为建安时期重要作家。南朝梁钟嵘《诗品序》：“曹刘殆文章之圣。”明胡应麟《诗薮》外编卷二：“魏称曹刘，然刘非曹敌也。”许学夷《诗源辨体》卷四：“建安七子虽以曹刘为首，然公幹实逊子建。”

王刘　指三国魏文学家王粲(字仲宣)、刘桢(字公幹)。二人同列“建安七子”，于七人中成就最高。南朝梁钟嵘《诗品序》：“降及建安，曹公父子，笃好斯文；平原兄弟，郁为文栋；刘桢、王粲，为其羽翼。”又云：“陈思为建安之杰，公幹、仲宣为辅。”唐骆宾王《和道士闺情诗启》：“河朔辞人，王、刘为称首。”

二应　指三国魏应玚、应璩。玚为“建安七子”之一；璩为玚弟。二人同有文名。明张溥《汉魏六朝百三名家集·应德琏应休琏集题辞》：“汝南应氏，世济文雅。……(陆)机、(陆)云著声入洛，(张)载、(张)协齐名王府，原其风流，二应为始。”

正始体　指三国魏后期的一种诗风。始于正始时期(240—249)，故名。宋严羽《沧浪诗话》云：“正始体，魏年号，嵇(康)、阮(籍)诸公之诗。”南朝梁刘勰《文心雕龙·明诗》云：“正始明道，诗杂仙心，何晏之徒，率多浮浅，唯嵇志清峻，阮旨遥远，故能标焉。”代表作家为阮籍、嵇康，崇尚庄老，喜好清谈。由于处在司马氏集团的统治下，其作品多用隐蔽手法，婉曲沉郁，幽深玄远，但流露人生无常和消极避世的思想，有时晦涩难懂。正始上承建安，下启太康，是重要的文学转折时期。

正始名士　指魏末正始年间在朝的夏侯玄、何晏、王弼诸人。晋袁宏作《名士传》，以夏侯玄、何晏、王弼为“正始名士”。

竹林七贤　指魏晋间阮籍、嵇康、山涛、向秀、刘伶、阮咸、王戎等七人。晋孙盛《魏氏春秋》谓七人“相与友善，游于竹林，号为七贤”(《三国志·嵇康传》裴松之注引)。东晋戴逵有《竹林七贤论》。魏晋易代之际，朝中斗争激烈，时局纷纭多故，七人标榜老庄，崇尚清谈，思想相合，志趣相投，常集于竹林之下，肆意畅饮，为时人所推崇。后嵇康被杀，阮籍抑郁而死，山涛、王戎仕晋为高官，“竹林七贤”遂告解体。然其清谈、任诞之风扇于中土，影响当时及后世文人风气甚巨。

竹林名士　即“竹林七贤”。晋袁宏作《名士传》，以阮籍、嵇康、山涛、向秀、刘伶、阮咸、王戎为“竹林名士”。

太康体　指晋武帝太康时期(280—289)出现的一种诗风。宋严羽《沧浪诗话》云：“太康体，晋年号，左思、潘岳、二张(张载、张协)、二陆(陆机、陆云)诸公之诗。”又云：“晋人舍陶渊明、阮嗣宗外，惟左太冲(思)高出一时，陆士衡(机)独在诸公之下。”代表作家为潘岳、陆机、张载、张协、陆云，其作品一般注重炼字析句，追求词藻华美，渐流于轻绮靡丽，失去建安风骨。左思的一些诗歌质朴刚健，被称为“左思风力”(钟嵘《诗品序》)，在太康文学中别具一格。

两潘一左　指西晋太康时文学家潘岳、潘尼叔侄及左思。南朝梁钟嵘《诗品序》谓：“太康中三张二陆，两潘一左，勃尔复兴，踵武前王，风流未沫，亦文章之中兴也。”

潘陆　指西晋太康时诗人潘岳、陆机。二人为太康体的代表作家。《宋书·谢灵运传论》云：“降及元康，潘、陆特秀。”《南齐书·文学传论》云：“潘、陆齐名，岳、机之文永异。”晋孙绰云：“潘文浅而净，陆文深而芜”(《世说新语·文学》)。谢混云：“潘诗烂若舒锦，无处不佳；陆文如披沙拣金，往往见宝。”(钟嵘《诗品》引)南朝梁钟嵘则云：“陆才如海，潘才如江。”(《诗品》)

三张二陆　指西晋太康时诗人张载与弟张协、张亢及文学家陆机与弟陆云。南朝梁钟嵘《诗品序》谓：“太康中三张二陆，两潘一左，勃尔复兴。”参见“二陆三张”。

二陆三张　指西晋文学家陆机与弟陆云

及诗人张载与弟张协、张亢。《晋书·张载传》云:"亢字季阳,才藻不逮二昆,亦有属缀。又解音乐伎术。时人谓载、协、亢,陆机、云曰二陆三张。"又《晋书·陆云传》云:"少与兄机齐名,虽文章不及机,而持论过之,号曰二陆。"

二十四友 《晋书·刘琨传》云:"秘书监贾谧参管朝政,京师人士无不倾心。石崇、欧阳建、陆机、陆云之徒,并以文才降节事谧,琨兄弟亦在其间,号曰'二十四友'。"除上述五人外,尚有和郁、潘岳、崔基、缪徵、杜斌、挚虞、诸葛诠、王粹、杜育、邹捷、左思、刘瑰、周恢、牵秀、陈昣、许猛、刘讷、刘舆等人。其中多当时名士、才子、豪门子弟,并非都以文学名世。后贾谧因事被诛,许多人被牵连,"二十四友"遂自行解散。

玄言诗派 指晋代出现的一种诗歌流派。约产生于西晋末年,盛行于东晋。代表作家有孙绰、许询、桓温、庾亮等。作品以阐释庄老和佛教哲理为主要内容,脱离社会生活。南朝梁钟嵘《诗品序》云:"永嘉时贵黄老,稍尚虚谈,于时篇什,理过其辞,淡乎寡味。爰及江表,微波尚传。孙绰、许询、桓(温)、庾(亮)诸公诗,皆平典似《道德论》,建安风力尽矣。"东晋后期,"(殷)仲文始革孙(绰)、许(询)之风,叔源(谢混)大变大元之气",南朝宋谢灵运山水诗继起,玄言诗遂逐渐衰退。

孙许 指东晋文学家孙绰、许询。二人同为玄言诗代表作家。南朝梁钟嵘《诗品》:"世称孙、许,弥善恬淡之词。"参见"玄言诗派"。

陶谢 指东晋诗人陶渊明和南朝宋诗人谢灵运。杜甫《江上值水如海势聊短述》诗:"焉得思如陶谢手,令渠述作与同游。"因二人俱长于描绘自然景物,故世以二人并称。其创作开山水田园诗派,对后世作家如谢朓、王维、孟浩然、储光羲、韦应物、柳宗元、杨万里等颇有影响。

浔阳三隐 指东晋陶渊明、周续之、刘程之。三人共隐浔阳(今江西九江)。南朝梁萧统《陶渊明传》:"时周续之入庐山,事释慧远,彭城刘遗民(刘程之)遁迹匡山,渊明又不应征命,谓之浔阳三隐。"事亦见《宋书·周续之传》。

山水诗派 南朝宋、齐时出现的一种诗派。南朝梁刘勰《文心雕龙·明诗》:"宋初文咏,体有因革,庄老告退,而山水方滋。"代表作家有谢灵运、谢朓等。作品注意对山水景物的描写,讲究对偶和声色,语言精工,形象生动,寓情于景,对唐代山水田园诗影响很大。但反映社会生活面较狭窄,有时过分追求语言锤炼,往往有名句而少佳篇。

元嘉体 指南朝宋文帝元嘉年间出现的一种诗风。宋严羽《沧浪诗话·诗体》谓:"元嘉体,宋年号。颜(延之)、鲍(照)、谢(灵运)诸公之诗。"其特点是注意摹山绘水,讲究辞藻和对偶,"俪采百字之偶,争价一句之奇,情必极貌以写物,辞必穷力而追新"(刘勰《文心雕龙·明诗》)。

文会之友 《陈书·徐伯阳传》:太建初,"(徐伯阳)与中记室李爽、记室张正见、左民郎贺彻、学士阮卓、黄门郎萧诠、三公郎王由礼、处士马枢、记室祖孙登、比部贺循、长史刘删等为文会之友。后有蔡凝、刘助、陈暄、孔范亦预焉,皆一时之士也"。取《论语·颜渊》"君子以文会友,以友辅仁"意。他们聚会游宴,命题赋诗,蔚成风气。诗以写景咏物为主,互为酬唱,语尚纤丽,意亦贫弱。后勒成卷轴,伯阳为之作序,盛传于世。

元嘉三大家 指南朝宋诗人鲍照、谢灵运、颜延之。三人均以诗著名于宋文帝元嘉年间,为"元嘉体"代表人物。后世常将他们并提。宋严羽《沧浪诗话·诗体》谓:"元嘉体,宋年号。颜、鲍、谢诸公之诗。"元方回有《颜鲍谢诗评》。

颜谢 指南朝宋诗人颜延之、谢灵运。《宋史·颜延之传》:"延之与陈郡谢灵运,俱以词采齐名,自潘岳、陆机之后,文莫及也,江左称颜谢焉。"

三谢 指南朝宋诗人谢灵运、谢惠连和齐诗人谢朓。明宋濂《答章秀才论诗书》云:"元嘉以还,三谢、颜、鲍为之首。三谢亦本子建而杂参于郭景纯。"三人均以山水诗名世。

大小谢 ❶指南朝宋诗人谢灵运和其族弟谢惠连。时称灵运为大谢,惠连为小谢。南朝梁钟嵘《诗品·卷中·宋法曹参军谢惠连》云:"小谢才思富捷。"❷指南朝宋谢灵运和齐诗人谢朓。因谢朓时代在谢灵运之后,故后世称谢朓为小谢。唐李白《宣州谢朓楼饯别校书叔云》诗云:"蓬莱文章建安骨,中间小谢又清发。"

二谢 指南朝宋诗人谢灵运和齐诗人谢朓。唐杜甫《解闷》诗云:"孰知二谢将能事,颇学阴何苦用心。"

四友　指南朝宋谢灵运的四位诗友谢惠连、何长瑜、荀雍、羊璿之。《宋书·谢灵运传》："灵运既东还，与族弟惠连、东海何长瑜、颍川荀雍、太山羊璿之，以文章赏会，共为山泽之游，时人谓之'四友'。"四人中，以谢惠连成就最高；何长瑜有"当今仲宣"之称，但《诗品》将其与羊璿之同列为下品。

休鲍　指南朝宋诗人汤惠休、鲍照。《南齐书·文学传论》："江左风味，盛道家之言。……颜谢并起，乃各擅奇，休鲍后出，咸亦标世。"但汤惠休的诗歌成就，实不足与鲍照相颉颃。

永明体　亦称新体诗。诗体名。南朝齐武帝永明时期所形成的诗体。《南齐书·陆厥传》云："永明末盛为文章，吴兴沈约、陈郡谢朓、琅邪王融，以气类相推毂；汝南周颙，善识声韵。约等文皆用宫商，以平上去入为四声，以此制韵，不可增减，世呼为永明体。"这种诗体严格遵照四声八病之说，强调声韵格律，主张作诗须"一简之内，音韵尽殊；两句之中，轻重悉异"（《宋书·谢灵运传论》），对近体诗的形成有重大影响。

新体诗　即永明体。

竟陵八友　指南朝齐竟陵王萧子良门下的八个文学家。《梁书·武帝纪》云："竟陵王子良开西邸，招文学，高祖（萧衍）与沈约、谢朓、王融、萧琛、范云、任昉、陆倕等并游焉，号曰八友。"他们相与交游唱酬，作诗讲究声韵，其中谢朓、沈约是永明体重要作家。

宫体　南朝梁代以太子萧纲（即简文帝）的宫廷为中心形成的一种诗风。《梁书·简文帝纪》："简文帝（萧纲）自谓：'余七岁有诗癖，长而不厌。'然伤于轻艳，当时号曰宫体。"《梁书·徐摛传》："（摛）属文好为新变，不拘旧体。""摛文体既别，春坊尽学之，宫体之号，自斯而起。"摛传所言文，实指新变体诗。其特征，主要在文笔纤巧，辞藻靡丽，讲求声韵。所咏内容，大体为日常生活事物及自然时令，且多着意于女性生活、容态的描写。此种诗风，延续至陈，余波及唐初。后世言及宫体，除专指以轻艳文辞描写女性生活及色情者外，亦泛指吟咏宫廷生活事物的诗作，如唐初君臣宫廷唱和之制亦称为宫体。

齐梁体　南朝齐、梁时代的一种诗风。宋严羽《沧浪诗话·诗体》谓："齐梁体，通两朝而言之。"这类诗歌，多讲求声律对偶，绮丽轻艳。清姚范《援鹑堂笔记》云："称齐梁体者，以绮艳及咏物之纤丽也。"唐陈子昂称"齐梁间诗，彩丽竞繁，而兴寄都绝"（《与东方左史虬修竹篇序》）。

徐庾体　指南北朝时期徐摛、徐陵、庾肩吾、庾信二家父子的诗风、文风。《周书·庾信传》："时（庾）肩吾为梁太子中庶子，掌书记，东海徐摛为左卫率，摛子陵及信（肩吾子）并为抄撰学士。父子在东宫，出入禁闼，恩礼莫与比隆。既有盛才，文并绮艳，故世号徐庾体焉。"以徐陵、庾信成就较高，影响较大。《隋书·文学传序》云："梁大同之后，雅道沦缺，渐乖典则，争驰新巧。简文、湘东，启其淫放，徐陵、庾信，分路扬镳。其意浅而繁，其文匿而彩，词尚轻险，情多哀思。"其诗成为绮丽轻艳之流风的代表，华靡淫侈之宫体诗的圭臬。然庾信羁留异域时抒去国之哀、乡关之思的诗文，深切感人，别具面目。唐杜甫称其"暮年诗赋动江关"（《咏怀古迹》）。明张溥称："（信）文与孝穆敌体，辞生于情，气馀于彩，乃其独优。"（《汉魏六朝百三名家集·庾开府集题辞》）清倪璠曰："徐庾并称，盖子山江南少作宫体之文也。及至江北，而庾进矣。"（《庾子山集》注）沈德潜云："尔时徐庾并名，恐孝穆华词，瞠乎其后矣。"（《说诗晬语》）蒋士铨云："徐孝穆逸而不遒，庾子山遒逸兼之，所以独有千古。"（《评选四六法海·总论》）纪昀以为庾北迁后作，"则非陵之所能及也"（《四库全书总目》）。

玉台体　南朝陈徐陵所编《玉台新咏》所代表的一种诗风。宋严羽《沧浪诗话·诗体》云："玉台体，《玉台集》乃徐陵所序，汉魏六朝之诗皆有之。或者但谓纤艳者为'玉台体'，其实不然。"作品多写男女闺情，风格纤细艳丽，也有少数刚劲质朴之作。

吴均体　南朝梁流行的一种文风。因梁文学家吴均而得名，盛行于天监年初。《梁书·吴均传》："均文体清拔有古气，好事者或效之，谓为'吴均体'。"作品尤以短小信札见称，善于描写山水景物，音韵和谐，风格清丽，在当时颇有影响。

何刘　指南朝梁诗人何逊和文学家刘孝绰。《梁书·何逊传》云："初，逊文章与刘孝绰并见重于世，世谓之'何刘'。"

四裴　指南朝梁文学家裴子野、裴黎、裴楷、裴绰。《梁书·裴子野传》："裴子野，字幾原，河东闻喜人，晋太子左率康八世孙。兄黎、弟楷、绰，并有盛名，所谓'四裴'也。"其诗不尚词华，多写景、赠答之作。四人中子野为文典而速，影响较大。

东海三何 指南朝梁文学家何逊、何思澄、何子朗。《南史·何思澄传》："初，思澄与宗人逊及子朗俱擅文名，时人语曰：'东海三何，子朗最多。'"然何思澄谓："此言误耳。如其不然，故当归逊。"以现存作品而言，三人中何逊成就最高。

三笔六诗 《梁书·刘潜传》："(孝仪)与兄弟相励勤学，并工属文。(其兄)孝绰常曰：'三笔六诗。'"孝仪于兄弟中排行三，善于文；孝威于兄弟中排行六，善于诗。

任笔沈诗 亦作"沈诗任笔"。南朝梁文学家沈约长于诗，任昉长于笔，时人云"任笔沈诗"(《南史·任昉传》)。梁简文帝《与湘东王论文书》云："近世谢朓、沈约之诗，任昉、陆倕之笔，斯实文章冠冕，述作之楷模。"

阴何 指南朝梁诗人何逊和陈诗人阴铿。唐杜甫诗云："颇学阴何苦用心。"(《解闷》)二人诗歌多表现羁旅情绪，描写自然风物，体物深微细致，形象鲜活明朗，能刻摹景物的情状和意态。语言清新明净，对仗工稳整肃，尤在字句锤炼上见工夫。阴诗华美缜密，时显雕琢痕迹；何诗自然工切，清丽中透出隽永。明张纮云："二家体裁各出，不当比而同之。"(《何水部集跋》)清毛先舒云："阴何迭唱，然阴华缜而何遥旷，似是背驰。"(《诗辩坻》)沈德潜云："阴、何并称，然何自远胜。"(《古诗源》)陆时雍曰："阴、何气韵相邻，而风华自布。"(《诗镜总论》)

徐庾 指南朝陈文学家徐陵和北朝文学家庾信。参见"徐庾体"。

三才 亦称"北朝三才子"、"北地三子"。指北朝文学家温子昇、邢邵、魏收。《北齐书·魏收传》载，"(收)与济阴温子昇、河间邢子才齐誉，世号三才"。他们的诗文基本取法于南朝文士，较少北国气息。

温邢 指北朝文学家温子昇、邢邵。《北齐书·邢邵传》载："(邵)词致宏远，独步当时，与济阴温子昇为文士之冠，世谓之温邢。"

邢魏 指北朝文学家邢邵、魏收。《北齐书·邢邵传》谓："(邵)词致宏远，独步当时，与济阴温子昇为文士之冠……巨鹿魏收，虽天才艳发，而年事在二人之后，故子昇死后，方称邢魏焉。"

大邢小魏 指北朝文学家邢邵、魏收。邵较收长十岁，故称。《北齐书·魏收传》谓："河间邢子才(邵)及季景(收从叔)与收并以文章显，世称大邢小魏，言尤俊也。"

总　集

文选 诗文总集。南朝梁萧统(昭明太子)编，世称《昭明文选》。三十卷。纂集经、史、子以外自先秦至梁各体文学作品，分为赋、诗、骚、七、诏、册、令、教、文、表、上书、启、弹事、笺、奏记、书、檄、对问、设论、辞、序、颂、赞、符命、史论、史述赞、论、连珠、箴、铭、诔、哀、碑文、墓志、行状、吊文、祭文等三十七类；又将作品数量较多的赋、诗按其内容加以区分，如赋分京都、郊祀等十五门，诗分补亡、述德等二十三门，意在辨明文体源流及功用，提示创作典范。展示梁以前文学发展概况，及各体文学作品成就，使历代许多优秀文学作品得以流传至今。选文以"事出于沉思，义归乎翰藻"为标准，经、史、子的著作一律不选，而史传中的论赞则以其"综缉辞采"、"错比文华"而予收录，反映出文学"随时变改"，"踵事增华"的时代美学观。此书对后世影响巨大，研究《文选》及其相关课题后成为一种专门学问，称为"文选学"。为《文选》作注者首为隋萧该《文选音》，其书今失传。唐李善为《文选》注，分为六十卷，事义兼释，颇为精当。亦颇循用旧注，如《两京赋》用薛综注，《骚》类俱用王逸注。开元六年(718)，吕延济、刘良、张铣、吕向、李周翰等复为《文选》作注，称"五臣注"。南宋时，将李善注与五臣注合刻，号为《六臣注文选》。《四库全书总目》谓其注"迂陋鄙悖"，然于"疏通文意，亦间有可采"。明毛晋刻《文选》，削去五臣注，独存李善注，然因刊除未尽，其中时见五臣注遗迹。清胡克家据宋淳熙尤袤本重刻《文选》，并作《文选考异》十卷，对注文多所订正。清叶树藩有《重刻昭明文选李善注》，以宋本校定毛本脱遗，增补李注未及的遗文轶事，并折衷诸家对李注之是非，用套板增入何义门评点，于字句有所考校，用朱字添列于旁。叶序称"题于海录轩"，故世称海录轩本。于光华有《文选集评》，注解悉本六臣注，多所节略，主旨在论文，故集合各家评语较多。胡绍煐《文选笺证》，治《文选》本王念孙、段玉裁，由音求义，即义准音，于字句多作精详考核，对旧注阙者补之，略者详之，误者正之。黄侃《文选平点》，涉及方面至为广博，多所发明，颇具卓见。骆鸿凯有《文选学》，亦可资治《文选》的参考。高步瀛《文选李注义疏》，考证丰赡，校勘精审，但只完成八卷。另有张云璈《选学胶言》，余萧客《文选音义》，汪师韩《文选理学权舆》，孙志祖《文选考异》等。此外，敦煌卷子本《文选》、《文选音》、《文选集注》等残卷，分别收印于《鸣沙石室古籍丛残》、《敦煌秘籍留真新编》及日本京都帝国大学文学部影印唐抄本第三至第九集中。今通行本为1977年中华书局影印胡刻本，1986年上海古籍出版社据胡刻本点校排印本。

昭明文选　即《文选》。

玉台新咏　诗总集。南朝陈徐陵编。十卷。为奉梁太子萧纲之命而编，书成于梁代。《大唐新语》卷三载："梁简文帝为太子，好作艳诗，境内化之，浸以成俗，谓之宫体。晚年改作，追之不及，乃令徐陵撰《玉台集》，以大其体。"收诗七百六十九首，除《越人歌》相传作于春秋战国时期外，其余均为自汉迄梁的诗歌。卷一至卷八为五言诗，卷九为七言及杂言诗，卷一〇为五言四句的短诗。"撰录艳歌"（《玉台新咏序》），"凡言情则录之"（明胡应麟《诗薮·外编》），"非词关闺闼者不收"（清纪容舒《玉台新咏考异》）。内容狭窄，格调绮媚。然亦有不少佳篇，如《羽林郎》、《怨诗》、《陌上桑》等。且保存大量前代诗歌资料，名篇《古诗为焦仲卿妻作》（即《孔雀东南飞》）等，即赖之得以流传；可藉之校订古籍，以资考据，补其缺佚（如曹植《弃妇诗》等），具有较高文献价值。《四库全书总目》曰："虽皆取绮罗脂粉之词，而去古未远，犹有讲于温柔敦厚之遗，未可概以淫艳斥之。"作品大多形式华美雕饰，声律和谐优美，语言有典丽浓艳者，亦有明白晓畅者。收录当时在世人作品，不同于前之诗文总集《文选》，对研究诗歌形式和体裁的演进有较大意义。宋代即有刻本。今存版本以明无锡孙氏活字本最早，民国间《四部丛刊》本《玉台新咏集》据此影印。明末有赵均小宛堂覆宋本，文学古籍刊行社1955年影印出版。笺注本有清吴兆宜本，乾隆三十九年（1774）程琰删补吴本刊行，所收诗有宋刻本不收者一百七十九首，为民国间《四部备要》排印本所据。成都古籍书店影印本与《四部备要》本同，前有黄芸楣所作"引言"，另附《续玉台新咏》一百六十一首，多陈、隋时人诗。中华书局1958年出版穆克宏点校本，后附历代序跋凡四十篇。校勘本有清纪容舒《〈玉台新咏〉考异》十卷，引证颇为赅备，考辨亦颇详悉。

古文苑　诗文总集。编者不详。相传为唐人旧藏本，北宋孙洙得于佛寺经龛中。录周代至南朝齐代诗文二百六十余篇。分为二十类。其文均为史传和《文选》所不载。南宋淳熙间韩元吉分为九卷；绍定间章樵又加增订，并为注释，分为二十一卷。编录未为精核，但唐前散佚之文，赖以保存。有清道光间钱熙祚守山阁刻本，附校勘记一卷。又有民国间《四部丛刊》影印宋刻本。清乾隆间孙星衍《岱南阁丛书》中有翻刻宋元卷本。孙氏又辑金石、传记、地志和类书中的遗文，自周迄元，编为二十卷，名《续古文苑》。有嘉庆间《平津馆丛书》本。

汉魏六朝百三名家集　一名《汉魏六朝一百三家集》。诗文总集。明张溥编。一百十八卷。以明张燮《七十二家集》为底本，又取冯惟讷《古诗纪》、梅鼎祚《历代文纪》中作品较多的作家，自汉贾谊至隋薛道衡凡一百零三人，将其诗文汇成一编，并有所增益。大致一人一集，每家诗文依赋、文、诗次序编排。各集前有编者题辞，评述作家生平和创作，反映编者的文学思想，对研究汉魏六朝文学史颇有参考价值。唯贪多务得，编录未免粗疏，误收及遗漏未收者不少。有明娄东张氏刊本。殷孟伦将张溥题辞汇集并加注释，成《汉魏六朝百三家集题辞注》一书，1960年由人民文学出版社出版。

乐府诗集　诗总集。北宋郭茂倩编。一百卷。辑录汉魏至唐五代的乐府歌辞，兼及先秦至唐末歌谣。包括乐曲原辞和后人仿作，其中有民间歌谣，也有文人作品。分为郊庙歌辞、燕射歌辞、鼓吹曲辞、横吹曲辞、相和歌辞、清商曲辞、舞曲歌辞、琴曲歌辞、杂曲歌辞、近代曲辞、杂歌谣辞、新乐府辞等十二类。各类有总序，每曲有题解，对各种曲调及歌辞的起源和发展，都有考订。征引浩博，论断精审。每题以古辞居前，后人仿作列后，资料丰富。通行有影印汲古阁本及影印宋本。1979年中华书局出版据宋本点校的排印本，书后附作者索引和篇名索引。

古乐府　诗总集。元左克明编。十卷。搜辑古代乐府诗，止于隋代。分为古歌谣、鼓吹曲、横吹曲、相和曲、清商曲、舞曲、琴曲、杂曲等八类。每类各有小序。大抵摭郭茂倩《乐府诗集》之文而加以简化，但时有错误。有元至正及明王文元刻本。

古乐苑　诗总集。明梅鼎祚编。五十二卷。前一卷，衍录四卷，目录二卷。因郭茂倩《乐府诗集》而增辑之。用元左克明《古乐府》例，止于南北朝。捃拾遗佚，颇足补郭氏之阙。但因广采博取，不免糅杂。题解较郭氏有所增益，可资考证。有明万历间刻本。

古诗纪 原名《诗纪》。诗总集。明冯惟讷编。一百五十六卷。前集十卷，录先秦古逸诗；正集一百三十卷，录汉至隋诗歌；外集四卷，录古小说及笔记中所传仙鬼之诗；别集 十二卷，选录前人对古诗的评论。收罗宏富，可供参考。其后编辑古诗总集者，均以此为蓝本。但其中也有不少错误。有明嘉靖、万历刻本。清冯舒有《诗纪匡谬》一卷，考证较为精核。有乾隆间《知不足斋丛书》本。

古诗归 诗总集。明钟惺、谭元春编。十五卷。所选皆唐以前古诗。书前钟惺《序》云："选古人诗而命曰'诗归'，非谓古人之诗以吾选为归，庶几见吾所选者以古人为归也。"旨在通过选评古诗，宣扬竟陵派反对拟古，要求抒写性灵，倡导"幽深孤峭"的诗歌理论。原与《唐诗归》合刊，名为《古唐诗归》，亦称《诗归》；后单行，遂用此名。有明万历间刻本。1985 年湖北人民出版社出版张国光等点校本。

古诗源 诗总集。清沈德潜编。十四卷。编者《序》谓："诗至有唐为极盛，然诗之盛非诗之源也。""唐诗者宋元之上流，然古诗又唐人之发源也。"故名《古诗源》。选收自上古至隋代的古诗和歌谣七百余首，大体包括唐以前历代诗歌代表作。诗后有简要评释，不乏精当的见解。但编者论诗主张"温柔敦厚"，故郊庙之作收录较多，而南朝民歌却摒去不收。通行本有 1957 年文学古籍刊行社据民国间《四部备要》本校订的排印本，1963 年中华书局据以重印。

采菽堂古诗选 一名《采菽堂本汉魏六朝诗钞》。诗总集。清陈祚明编。三十八卷，附补遗四卷。以明冯惟讷《古诗纪》为底本编选。上起汉，下迄隋，杂收汉魏六朝乐府和文人诗作。书前有凡例，说明选诗宗旨，并简评所收作家作品。诗后有评语，诗题下常有解题，反映编者独到见解。有康熙间刻本。

八代诗选 诗总集。近代王闿运编。二十卷。选录自汉至隋八代诗歌。以四言、五言、齐以后新体诗、杂言、乐章乐词、歌谣等体分别编次。体现编者崇尚汉魏六朝的论诗观点。所收作品较清沈德潜《古诗源》为多，范围亦广，篇目较明冯惟讷《古诗纪》精当。有光绪间刻本，以章氏经济堂刻本较佳。

全汉三国晋南北朝诗 诗总集。丁福保编。五十四卷。上起西汉，下迄隋代，收作者七百余人，依时代次序分为《全汉诗》、《全三国诗》、《全晋诗》、《全宋诗》、《全齐诗》、《全梁诗》、《全陈诗》、《全北魏诗》、《全北齐诗》、《全北周诗》、《全隋诗》等十一集。依据明冯惟讷《古诗纪》，取其正集中自汉至隋诗歌进行增删，并参酌清冯舒《诗纪匡谬》订正其误，稍加修订而成。惟校注疏略，考核不精，对各诗亦未能注明出处。有医学书局本。1959 年中华书局出版排印本。逯钦立重新辑有《先秦汉魏晋南北朝诗》，较此书为完善。

先秦汉魏晋南北朝诗 诗总集。逯钦立编。一百三十五卷。收录先秦迄隋代诗歌及谣谚，包括零章残句，收作者约八百人，按时代次序分为十二编。其中先秦诗七卷，汉诗十二卷，魏诗十二卷，晋诗二十一卷，宋诗十二卷，齐诗七卷，梁诗三十卷，北魏诗四卷，北齐诗四卷，北周诗六卷，陈诗十卷，隋诗十卷。以冯惟讷《古诗纪》为基础，广取群书进行校辑。各诗均注明出处，校出主要异文，并考订诗篇真伪及作者、时代等。虽仍存在一些 疏失错漏，但较前人所辑精审详备。1983 年中华书局出版排印本。

汉魏乐府风笺 诗总集。黄节选注。十五卷，附补遗。选录汉魏乐府诗一百九十六首。汉诗以乐府所采民间诗歌为主；曹魏乐府选录曹操、曹植、曹丕、左延年、缪袭、王粲、陈琳、阮瑀、嵇康等人的作品。笺释分解题、笺注和音释等部分，取材宏富。有 1923 年北京大学出版组印行本、1958 年人民文学出版社陈伯君校订本。

汉魏六朝诗选 诗总集。余冠英选注。四卷。其中汉诗一卷，魏晋诗一卷，南朝宋、齐诗一卷，南朝梁、陈、北朝、隋诗一卷，约三百首。重点选注汉乐府歌辞中的民歌和无名氏五言诗（包括古诗和曾被误认为李陵、苏武所作诗），魏曹植、阮籍、西晋左思、东晋陶渊明、宋鲍照、北周庾信诗及南北朝乐府民歌。1958 年人民文学出版社出版。

弘明集 文总集。南朝梁僧祐编。十四卷。其《序》云："夫道以人弘，教以文明，弘道明教，故谓之《弘明集》。"收入东汉至南朝梁弘扬佛教的论文，也有部分反佛论文，如南朝梁范缜的《神灭论》等，为重要哲学、宗教史料汇集。作者一百人，其中僧十九人。所收文章，多为散文，少数用骈体，有专论，也有书启诏章等。其辩难议论警策，词采丰赡，颇具文学性。有《四部丛刊》影印明刊本。

六朝文絜 文总集。清许梿编。四卷。成书于道光五年(1825)。选录晋、南北朝、隋作家三十六人的骈文七十二篇。分为赋、诏、敕、令、教、策问、表、疏、启、笺、书、移文、序、论、铭、碑、诔、祭文十八类。所收大抵为抒情写景的小品名篇，篇幅短小，语言精美。也有部分轻艳之作。各篇均有编选者的眉批，多为艺术鉴赏的评点。有道光间许氏写刻本。光绪间黎经浩为之详加笺注。1962 年中华书局出版排印本。

骈体文钞 文总集。清李兆洛编。三十一卷。选录自战国至隋代的骈文。分上中下三编，每编又按文体分类。上编皆庙堂之作，奏进之编，分铭刻、颂、杂飏颂、箴、谥诔哀策、诏书、策命、告祭、教令、策对、奏事、驳议、劝进、贺庆、荐达、陈谢、檄移、弹劾等十八类；中编为指事述意之作，分书、论、序、杂颂赞箴铭、碑记、墓碑、志状、诔祭等八类；下编多缘情托兴之作，分设辞、七、连珠、笺牍、杂文等五类。所录较为丰富，有名之作多入选。篇前间有评语，议论文章风格、流派异同。有道光间刻本。

七十家赋钞 文总集。清张惠言编。录屈原《离骚》至南北朝庾信辞赋凡七十家，二百零六篇。有辑者乾隆五十七年(1792)弁言，概述赋体流变。所收较为繁富，少数篇目有辑者所加评注和校语。辑者生前未及定稿，死后由其友康绍镛于道光元年(1821)刊行。后朱锦绶参校各书，作札记六卷。于光绪二十三年(1897)重刻。

全上古三代秦汉三国六朝文 文总集。清严可均编。七百四十一卷。上起上古，下迄隋代，收作者三千四百九十七人，分代编次为十五集。其中《全上古三代文》十六卷、《全秦文》一卷、《全汉文》六十三卷、《全后汉文》一百零六卷、《全三国文》七十五卷、《全晋文》一百六十七卷、《全宋文》六十四卷、《全齐文》二十六卷、《全梁文》七十四卷、《全陈文》十八卷、《全后魏文》六十卷、《全北齐文》十卷、《全后周文》二十四卷、《全隋文》三十六卷、《先唐文》一卷。采录唐、宋类书和明梅鼎祚《历代文纪》、张溥《汉魏六朝百三名家集》及多方面资料，佚文断句亦予辑录。每一作者前有小传。所辑材料均注明出处。搜集唐以前散文较为完备，但也有一些遗漏和重复。有光绪间王毓藻刻本及近人丁福保加校语影印本。1958 年中华书局有断句影印本。

汉魏六朝散文选 文总集。陈中凡选注。选录两汉、魏晋、南北朝三十五位作家的三十七篇散文。对所选作品分段注释、评点，篇后分析其思想内容和艺术特色。1956 年古典文学出版社出版。

汉魏六朝赋选 文总集。瞿蜕园选注。选录两汉、魏晋、南北朝不同题材、不同风格的赋作二十篇。注释兼释事、释义，篇前有题解，分析其思想内容和艺术特色。1964 年中华书局上海编辑所出版。

汉魏丛书 小说丛书。明程荣编。书前有屠隆万历二十年(1592)序。共收三十八种，包括经籍十一种，史籍四种，子籍二十三种。今本目录有"集籍"目，下无书名，当未曾付刻。其中子、史籍中收录《穆天子传》、《西京杂记》、《拾遗记》、《述异记》、《神异经》等古代笔记小说。有商务印书馆 1925 年影印本。《明史·艺文志》著录屠隆《汉魏丛书》六十卷(一种为一卷)，明何允中《广汉魏丛书跋》云："往见纬真(屠隆字)别本，分典雅、奇古、闳肆、藻艳四家，以类相从，殊为巨观。"疑程本即其覆刻本，唯改典雅、奇古、闳肆、藻艳四家为经籍、史籍、子籍、集籍。屠本取自明嘉靖何镗原稿，今已不可见。何镗曾从集古经逸史、稗官野乘上百种，作为经书正史的羽翼，但未刊行。明何允中继编《广汉魏丛书》，共收八十种，包括经翼十七种，别史十五种，子余二十一种，载籍二十七种。书前有屠隆万历二十年序。其自跋云："何氏(指何镗)旧目百种，程氏仅梓三十七，兹搜益其半。"别史中《吴越春秋》、《越绝书》、《汉武帝内传》、《神仙传》，载籍中《搜神记》、《海内十洲记》、《续齐谐记》、《博物志》等，均为其增补。原本今存，又有清嘉庆刻本。清乾隆间，王谟又编有《增订汉魏丛书》，共九十九种，乃据何允中本重刻，并取明钟人杰所辑《唐宋丛书》中汉魏人书十余种。分经翼、别史、子余、载籍四门。载籍中《搜神后记》、《还冤记》、《博异志》等为其增补，另据马端临《文献通考》增补各书跋语，略述门户源流。原刊本今存，另有清光绪六年(1880)三馀堂刊本、上海大通书局 1911 年石印本。

汉魏六朝小说选 小说总集。徐震堮选注。从两汉、魏晋、南北朝小说集中选录较有故事性的小说一百零七篇。注释简明扼要。1957 年古典文学出版社出版。

别　集

曹操集　或作《魏武帝集》。诗文别集。三国魏曹操(追尊为武帝)著。《隋书·经籍志》著录《魏武帝集》二十六卷,注云:"梁三十卷,录一卷。梁又有《武皇帝逸集》十卷,亡。"又,《魏武帝集新撰》十卷。《旧唐书·经籍志》、《新唐书·艺文志》并著录《魏武帝集》三十卷。宋时已佚。今有明张燮《七十二家集》本《魏武帝集》辑五卷,明张溥《汉魏六朝百三名家集》本承张燮本,辑一卷。《全上古三代秦汉三国六朝文》、《先秦汉魏晋南北朝诗》收录曹操诗文较完备。近人丁福保辑《汉魏六朝名家集》,其《魏武帝集》四卷,诗依张本,文采严本。黄节据清人旧本,采撷诸家评说,成《魏武帝诗注》(1958年人民文学出版社出版)。中华书局1959年出版的《曹操集》,附《孙子注》、《三国志》本纪、江耦所编《曹操年表》及姚振宗《曹操著作考》。

诸葛亮集　文别集。三国蜀诸葛亮(字孔明,任蜀丞相,谥忠武侯)著。晋泰始十年(274),陈寿编辑《诸葛氏集》二十四篇。《隋书·经籍志》著录二十五卷,《新唐书·艺文志》作二十四卷,《宋史·艺文志》作十四卷。明王士骐(一作骏)辑《武侯全书》二十卷(一作十六卷),诸葛羲基辑《汉丞相诸葛武侯集》二十一卷,张溥《汉魏六朝百三名家集》本辑《诸葛丞相集》一卷。清张澍搜采散佚,编为《诸葛忠武侯文集》十一卷。中华书局1960年版《诸葛亮集》即以张澍本为底本整理校点。

魏文帝集　诗文别集。三国魏曹丕(谥文,称魏文帝)著。《隋书·经籍志》著录《魏文帝集》十卷,注云:"梁二十三卷。"《旧唐书·经籍志》、《新唐书·艺文志》并著录十卷。宋时已佚。明张燮《七十二家集》本《魏文帝集》辑十卷。张溥《汉魏六朝百三名家集》,编为二卷。《全上古三代秦汉三国六朝文》、《先秦汉魏晋南北朝诗》收录曹丕诗文较完备。近人丁福保辑《汉魏六朝名家集》,其《魏文帝集》六卷,文采严本,诗依张本。黄节据清人旧本,采撷诸家评说,成《魏文帝诗注》(1958年人民文学出版社出版)。

应璩集　诗文别集。三国魏应璩(字休琏)著。《三国志》本传称应璩"以文章显",裴松之注则称"博学好属文,善为书记"。《隋书·经籍志》著录十卷,注云:"梁有录一卷。"《旧唐书·经籍志》、《新唐书·艺文志》著录同。宋时已佚。明张溥辑得璩诗文数十首,与应玚(字德琏)作品合为《应德琏休琏集》,收入《汉魏六朝百三名家集》。《全上古三代秦汉三国六朝文》、《先秦汉魏晋南北朝诗》收录应璩诗文较完备。

曹子建集　诗文别集。三国魏曹植(字子建,曾封陈王,卒谥思,世称陈思王)著。植尝自编文集《前录》,录早年赋七十八篇。景初中魏明帝下令编辑其赋、颂、诗、铭、杂论,凡百余篇。《隋书·经籍志》著录《陈思王曹植集》三十卷。《旧唐书·经籍志》著录《陈思王集》二十卷,又三十卷;《新唐书·艺文志》著录同。《直斋书录解题》所载之二十卷本,据称其间颇有捃摭《太平御览》、《北堂书钞》、《艺文类聚》诸书者,已非隋唐时之旧。今有南宋宁宗嘉定六年(1213)刻《曹子建集》,十卷。明代有嘉靖间郭万程仿宋刊本,薛应旂刻本、张燮《七十二家集》本、张溥《汉魏六朝百三名家集》本。通行本有《四部丛刊》影印江安傅氏双鉴楼藏明活字本。清丁晏《曹集铨评》、朱绪曾《曹集考异》,多据旧本及类书检校,矜慎详密,号称善本。黄节《曹子建诗注》(1957年人民文学出版社出版)、赵幼文《曹植集校注》(1984年人民文学出版社出版)为较好的校注本。

阮步兵集　又作《阮嗣宗集》。诗文别集。三国魏阮籍(字嗣宗,曾任步兵校尉)著。《隋书·经籍志》著录十卷。注云:"梁十三卷,录一卷。"《旧唐书·经籍志》、《新唐书·艺文志》皆著录五卷。《宋史·艺文志》、明陈第《世善堂书目》著录《阮籍集》十卷,已佚。明嘉靖年间陈德文、范钦刻《阮籍集》二卷,为现存最早的刊本。明张燮《七十二家集》辑本五卷,附录一卷。张溥《汉魏六朝百三名家集》辑本承张燮本,一卷。《全上古三代秦汉三国六朝文》、《先秦汉魏晋南北朝诗》收录阮籍诗文较完备。黄节有《阮步兵咏怀诗注》,1957年人民文学出版社出版。上海古籍出版社1978年整理出版《阮籍集》。中华书局1987年出版陈伯君《阮籍集校注》。

钟司徒集　文别集。三国魏钟会(曾官司徒)著。《隋书·经籍志》著录九卷,注云:"梁十卷,录一卷。"《旧唐书·经籍志》、《新唐书·艺文志》并著录十卷。宋时已佚。今有明张溥《汉魏六朝百三名家集》辑本。《全上古三代秦汉三国六朝文》收录钟会文较为完备。

嵇康集　诗文别集。三国魏嵇康(曾任中散大夫)著。《隋书·经籍志》著录十三卷,注云:"梁十五卷,录一卷。"《旧唐书·经籍志》、《新唐书·艺文志》著录十五卷。至宋,存《嵇中散集》十卷。明嘉靖四年(1525)黄省曾刻《嵇康集》十卷。另有明吴宽(匏庵)丛书堂抄本十卷。明汪士贤《二十一名家集》、张燮《七十二家集》、张溥《汉魏六朝百三名家集》本皆出自黄本,而略正其误,并增逸文。鲁迅取丛书堂抄本为底本,以黄省曾、汪士贤诸本比勘校正,复作《逸文考》、《著录考》诸文,成《嵇康集》新校本。戴明扬以黄省曾本为底本,其文辞漏落者乃据丛书堂抄本补入,并参校诸本,成《嵇康集校注》一书,1962年由人民文学出版社出版。《全上古三代秦汉三国六朝文》、《先秦汉魏晋南北朝诗》收录嵇康诗文较完备。

王弼集　文别集。三国魏王弼著。《隋书·经籍志》著录王弼著《周易注》十卷、《老子道德经注》二卷、《论语释疑》三卷、《王弼集》五卷。今存《老子道德经注》、《周易注》、《周易略例》为全帙,《老子指略》、《论语释疑》为后人辑佚。《全上古三代秦汉三国六朝文》收录王弼文较完备。1980年中华书局出版楼宇烈整理的《王弼集校释》。

傅鹑觚集　诗文别集。西晋傅玄(曾封鹑觚男)著。《晋书》本传谓玄有文集百余卷。《隋书·经籍志》著录十五卷,注云:"梁五十卷,录一卷,亡。"《旧唐书·经籍志》、《新唐书·艺文志》著录五十卷。《宋史·艺文志》著录一卷。今有明张燮辑《七十二家集》本《傅鹑觚集》六卷、张溥《汉魏六朝百三名家集》本《傅鹑觚集》一卷。《全上古三代秦汉三国六朝文》、《先秦汉魏晋南北朝诗》收录傅玄诗文较完备。

孙子荆集　一名《孙冯翊集》。诗文别集。西晋孙楚(字子荆,曾官冯翊太守)著。《隋书·经籍志》著录《孙楚集》六卷,注云:"梁十二卷,录一卷。"《旧唐书·经籍志》、《新唐书·艺文志》著录《孙楚集》十卷。宋时已佚。今有明张溥《汉魏六朝百三名家集》本一卷。《全上古三代秦汉三国六朝文》、《先秦汉魏晋南北朝诗》收录孙楚诗文较完备。

成公子安集　诗文别集。西晋成公绥(字子安)著。《晋书》本传谓绥"著诗赋杂笔十余卷"。《隋书·经籍志》著录《成公绥集》九卷,注云:"残缺,梁十卷。"《旧唐书·经籍志》、《新唐书·艺文志》著录十卷。宋时已佚。今有明人张溥《汉魏六朝百三名家集》本一卷。《全上古三代秦汉三国六朝文》、《先秦汉魏晋南北朝诗》收录成公绥诗文较完备。

张茂先集　一名《张司空集》。诗文别集。西晋张华(字茂先,官至司空)著。《晋书》本传言华著有《博物志》、《杂记》及集十卷。《隋书·经籍志》著录《张华集》十卷,注云:"录一卷。"《旧唐书·经籍志》、《新唐书·艺文志》著录同。《郡斋读书志》著录《张华集》三卷,《直斋书录解题》著录《张司空集》三卷。《宋史·艺文志》著录《张华集》二卷,又诗一卷。宋时已佚。今有明张溥《汉魏六朝百三名家集》辑本一卷。《全上古三代秦汉三国六朝文》、《先秦汉魏晋南北朝诗》收录张华诗文较完备。

傅中丞集　诗文别集。西晋傅咸(曾官御史中丞)著。《隋书·经籍志》著录《傅咸集》十七卷,注云:"梁三十卷,录一卷。"《旧唐书·经籍志》、《新唐书·艺文志》著录三十卷。宋时已佚。今有明张燮《七十二家集》本四卷、张溥《汉魏六朝百三名家集》本一卷。《全上古三代秦汉三国六朝文》、《先秦汉魏晋南北朝诗》收录傅咸诗文较完备。

夏侯常侍集　诗文别集。西晋夏侯湛(官至散骑常侍)著。《晋书》本传言湛"著论三十余篇"。《隋书·经籍志》著录《夏侯湛集》十卷,注云:"梁有录一卷。"《旧唐书·经籍志》、《新唐书·艺文志》著录同。宋时已佚。今有明张燮《七十二家集》辑本二卷、张溥《汉魏六朝百三名家集》辑本一卷。《全上古三代秦汉三国六朝文》、《先秦汉魏晋南北朝诗》收录夏侯湛诗文较完备。

潘黄门集　一名《潘安仁集》。诗文别集。西晋潘岳(字安仁,官至黄门侍郎)著。《隋书·经籍志》著录《潘岳集》十卷。《旧唐书·经籍志》、《新唐书·艺文志》著录同。《宋史·艺文志》著录《潘岳集》七卷。今有明张燮《七十二家集》辑本二卷、张溥《汉魏六朝百三名家集》辑本一卷。近人丁福保《汉魏六朝名家集》辑《潘安仁集》五卷。《全上古三代秦汉三国六朝文》、《先秦汉魏晋南北朝诗》收录潘岳诗文较完备。

左太冲集　诗文别集。西晋左思(字太冲)著。《隋书·经籍志》著录《左思集》二卷,注云:"梁有五卷,录一卷。"《旧唐书·经籍志》、《新唐书·艺文志》俱著录《左思集》五卷。宋时亡佚。近人丁福保《汉魏六朝名家集》辑录《左太冲集》一卷。《全上古三代秦汉三国六朝文》、《先秦汉魏晋南北朝诗》收录左思诗文较完备。

潘太常集 诗文别集。西晋潘尼(官至太常卿)著。《隋书·经籍志》著录《潘尼集》十卷。《旧唐书·经籍志》、《新唐书·艺文志》著录同。宋时已佚。今有明张燮《七十二家集》辑本二卷、张溥《汉魏六朝百三名家集》辑本一卷。《全上古三代秦汉三国六朝文》、《先秦汉魏晋南北朝诗》收录潘尼诗文较完备。

张孟阳集 诗文别集。西晋张载(字孟阳)著。《隋书·经籍志》著录《张载集》七卷,注云:"梁一卷,录一卷。"《旧唐书·经籍志》著录三卷,《新唐书·艺文志》著录二卷。宋时已佚。今有明张溥《汉魏六朝百三名家集》辑本一卷。《全上古三代秦汉三国六朝文》、《先秦汉魏晋南北朝诗》收录张载诗文较完备。

张景阳集 诗文别集。西晋张协(字景阳)著。《隋书·经籍志》著录《张协集》三卷,注云:"梁四卷,录一卷。"《旧唐书·经籍志》、《新唐书·艺文志》著录二卷。宋时已佚。今有明张溥《汉魏六朝百三名家集》辑本一卷。《全上古三代秦汉三国六朝文》、《先秦汉魏晋南北朝诗》收录张协诗文较完备。

挚太常集 诗文别集。西晋挚虞(官至太常卿)著。《隋书·经籍志》著录《挚虞集》九卷,注云:"梁十卷,录一卷。"《旧唐书·经籍志》著录九卷,《新唐书·艺文志》著录十卷。宋时已佚。今有明张溥《汉魏六朝百三名家集》辑本一卷。《全上古三代秦汉三国六朝文》、《先秦汉魏晋南北朝诗》收录挚虞诗较完备。

陆平原集 诗文别集。西晋陆机(字士衡,曾官平原内史)著。陆云《与兄平原书》曾言"集兄文为二十卷"。《北堂书钞》卷一百引葛洪《抱朴子》(逸篇):"吾见二陆之文百许卷,似未尽也。"《隋书·经籍志》著录《陆机集》十四卷,注云:"梁四十七卷,录一卷,亡。"《旧唐书·经籍志》、《新唐书·艺文志》并著录《陆机集》十五卷。宋《郡斋读书志》、《直斋书录解题》、《宋史·艺文志》并著录《陆机集》十卷。南宋庆元间徐民瞻将机与其弟云所作诗文汇刻为《晋二俊文集》,今有明正德间陆元大翻刻本。又有明汪士贤《汉魏诸名家集》辑本《陆士衡集》十卷、薛应旂《六朝诗集》辑本《陆士衡集》七卷、张溥《汉魏六朝百三名家集》辑本《陆平原集》二卷。清钱培名《小万卷楼丛书》辑本《陆士衡文集》十卷,增校记、补遗。1982年中华书局出版金涛声点校的《陆机集》较完备。《全上古三代秦汉三国六朝文》、《先秦汉魏晋南北朝诗》亦收录陆机诗文。

陆士龙集 诗文别集。西晋陆云(字士龙,曾官清河内史)著。《隋书·经籍志》著录《陆云集》十二卷。注云:"梁十卷,录一卷。"《旧唐书·经籍志》、《新唐书·艺文志》并著录《陆云集》十卷。南宋庆元间徐民瞻将云与其兄机所作诗文汇刻为《晋二俊文集》,今有明正德间陆元大翻刻本。又有汪士贤《汉魏诸名家集》辑本《陆士龙集》十卷、薛应旂《六朝诗集》辑本《陆士龙集》四卷、张溥《汉魏六朝百三名家集》辑本《陆清河集》二卷。1988年中华书局出版黄葵点校的《陆云集》较完备。《全上古三代秦汉三国六朝文》、《先秦汉魏晋南北朝诗》亦收录陆云诗文。

束广微集 一作《束阳平集》。诗文别集。西晋束皙(字广微,阳平元城人)著。《隋书·经籍志》著录《束皙集》七卷,注云:"梁五卷,录一卷。"《旧唐书·经籍志》、《新唐书·艺文志》著录《束皙集》五卷。《宋史·艺文志》著录《束皙集》一卷。明张溥辑《汉魏六朝百三名家集》本收录《束广微集》一卷。《全上古三代秦汉三国六朝文》、《先秦汉魏晋南北朝诗》收录束皙诗文较完备。

刘越石集 诗文别集。西晋刘琨(字越石)著。《隋书·经籍志》著录《刘琨集》九卷,注云:"梁十卷。"又著录《刘琨别集》十二卷。《旧唐书·经籍志》、《新唐书·艺文志》、《宋史·艺文志》均著录《刘琨集》十卷。宋时已佚。今有明张溥《汉魏六朝百三名家集》辑本一卷。《全上古三代秦汉三国六朝文》、《先秦汉魏晋南北朝诗》收录刘琨诗文较完备。

郭弘农集 诗文别集。晋郭璞(死后追赠弘农太守)著。《隋书·经籍志》著录《郭璞集》十七卷,注云:"梁十卷,录一卷。"《旧唐书·经籍志》、《新唐书·艺文志》著录十卷。宋时已佚。今有明张溥《汉魏六朝百三名家集》辑本二卷。《全上古三代秦汉三国六朝文》、《先秦汉魏晋南北朝诗》收录郭璞诗文较完备。

孙廷尉集 诗文别集。东晋孙绰(官至廷尉卿)著。《隋书·经籍志》著录《孙绰集》十五卷,注云:"梁二十五卷。"《旧唐书·经籍志》、《新唐书·艺文志》著录同。宋时已佚。今有明张燮《七十二家集》辑本二卷,张溥《汉魏六朝百三名家集》辑本一卷。《全上古三代秦汉三国六朝文》、《先秦汉魏晋南北朝诗》收录孙绰诗文较完备。

王右军集　诗文别集。东晋王羲之(官至右军将军,世称王右军)著。《隋书·经籍志》著录《王羲之集》九卷,注云:“梁十卷,录一卷。”《旧唐书·经籍志》、《新唐书·艺文志》著录《王羲之集》五卷。《宋史·艺文志》著录《兰亭诗》一卷。今有明张溥《汉魏六朝百三名家集》辑本二卷。《全上古三代秦汉三国六朝文》、《先秦汉魏晋南北朝诗》收录王羲之诗文较完备。

陶渊明集　诗文别集。东晋陶渊明(又名潜,私谥靖节先生)著。南朝梁萧统始编陶集八卷,并为之作传及序。北齐阳休之增《五孝传》及《四八目》为十卷。《四八目》即《圣贤群辅录》。因二卷所引《尚书》自相矛盾,后人疑其非渊明所作。《隋书·经籍志》著录《陶潜集》九卷,注云:“梁有五卷,录一卷。”《旧唐书·经籍志》著录《陶渊明集》五卷。《新唐书·艺文志》著录《陶潜集》二十卷。《直斋书录解题》著录《陶靖节集》十卷。另有宋汤汉《陶靖节诗注》四卷、李公焕《笺注陶渊明集》十卷。凡诗四卷,赋一卷,文三卷,《圣贤群辅录》二卷。明代注陶集者有何孟春《陶靖节集注》、张自烈《笺注陶渊明集》、黄文焕《陶诗析义》四卷等。清代评注陶集有蒋熏《评阅陶渊明诗集》、温汝能纂集《陶诗汇评》、吴瞻泰《陶诗汇注》四卷、邱嘉穗《陶诗笺》五卷等。其中以陶澍《靖节先生集注》最为详备,首末二卷辑有各家序录、版本异同、历代各家评论及年谱考异等,有道光间刻本,1956 年文学古籍刊行社再版。近人丁福保有《陶渊明诗笺注》。王瑶有编注本《陶渊明集》,人民文学出版社 1956 年出版。逯钦立有校注《陶渊明集》,书前录萧统《陶渊明集序》,后附录陶的事迹及诗文系年等,中华书局 1979 年出版。

何衡阳集　诗文别集。南朝宋何承天(曾官衡阳内史)著。《隋书·经籍志》著录《何承天集》二十卷,注云:“梁三十二卷,亡。”《旧唐书·经籍志》著录《何承天集》三十卷,《新唐书·艺文志》著录二十卷。宋时已佚。今有明张溥《汉魏六朝百三名家集》辑本一卷。《全上古三代秦汉三国六朝文》、《先秦汉魏晋南北朝诗》收录何承天诗文较完备。

傅光禄集　诗文别集。南朝宋傅亮(曾官左光禄大夫)著。《隋书·经籍志》著录《傅亮集》三十一卷,注云:“梁二十卷,录一卷。”《旧唐书·经籍志》、《新唐书·艺文志》著录十卷。宋时已佚。今有明张溥《汉魏六朝百三名家集》辑本一卷。《全上古三代秦汉三国六朝文》、《先秦汉魏晋南北朝诗》收录傅亮诗文较完备。

颜光禄集　诗文别集。南朝宋颜延之(曾官金紫光禄大夫)著。《隋书·经籍志》著录《颜延之集》二十五卷,注云:“梁三十卷。又有颜延之逸集一卷,亡。”《旧唐书·经籍志》、《新唐书·艺文志》著录三十卷。宋时已佚。明张溥《汉魏六朝百三名家集》辑本一卷。《全上古三代秦汉三国六朝文》、《先秦汉魏晋南北朝诗》收录颜延之诗文较完备。

谢康乐集　诗文别集。南朝宋谢灵运(袭封康乐公)著。《隋书·经籍志》著录《谢灵运集》十九卷,注云:“梁二十卷,录一卷。”《旧唐书·经籍志》、《新唐书·艺文志》著录十五卷。南宋嘉泰年间宣城刻《三谢诗》,所录限于《文选》所载。另有明万历时焦竑刊李献吉诸人辑本四卷,明薛应旂《六朝诗集》辑本一卷,汪士贤《汉魏诸名家集》辑本四卷,张溥《汉魏六朝百三名家集》辑本二卷。《全上古三代秦汉三国六朝文》、《先秦汉魏晋南北朝诗》收录谢灵运诗文较完备。近人黄节有《谢康乐诗注》,人民文学出版社 1958 年出版。叶笑雪《谢灵运诗选》,古典文学出版社 1957 年出版。另有顾绍伯《谢灵运集校注》,中州古籍出版社 1987 年出版。

谢法曹集　诗文别集。南朝宋谢惠连(官至法曹参军)著。《隋书·经籍志》著录《谢惠连集》六卷,注云:“梁五卷,录一卷。”《旧唐书·经籍志》不录,《新唐书·艺文志》著录《谢惠连集》五卷。宋时已佚。今有明薛应旂《六朝诗集》辑本一卷,张燮《七十二家集》辑本一卷,张溥《汉魏六朝百三名家集》辑本一卷。《全上古三代秦汉三国六朝文》、《先秦汉魏晋南北朝诗》收录谢惠连诗文较完备。

袁阳源集　诗文别集。南朝宋袁淑(字阳源)著。《隋书·经籍志》著录《袁淑集》十一卷,注云:“梁十卷,录一卷。”《旧唐书·经籍志》、《新唐书·艺文志》著录十卷。宋时已佚。今有明张溥《汉魏六朝百三名家集》辑本一卷。《全上古三代秦汉三国六朝文》、《先秦汉魏晋南北朝诗》收录袁淑诗文较完备。

鲍参军集　诗文别集。南朝宋鲍照(字明远,曾官临海王刘子顼前军参军)著。南朝齐永明间虞炎奉文惠太子萧长懋之命,搜集鲍照遗文,编次成集,十卷。《隋书·经籍志》著录《鲍照集》十卷。注云:“梁六卷。”今有《四部丛刊》

影印明毛扆校宋本《鲍氏集》。别有明薛应旂《六朝诗集》辑《鲍氏集》八卷，汪士贤《汉魏诸名家集》辑《鲍明远集》十卷，张溥《汉魏六朝百三名家集》辑本二卷。清同治年间钱振伦撰《鲍参军集注》六卷，近人黄节撰《鲍参军诗注》，均有排印本。钱仲联增加校语、年表，补充注释与集说，撰成《鲍参军集注》，1980 年上海古籍出版社排印出版。《全上古三代秦汉三国六朝文》、《先秦汉魏晋南北朝诗》收录鲍照诗文较完备。

谢光禄集 诗文别集。南朝宋谢庄(曾官金紫光禄大夫)著。《隋书·经籍志》著录《谢庄集》十九卷。《旧唐书·经籍志》、《新唐书·艺文志》均著录十五卷。宋时已佚。今有明张溥《汉魏六朝百三名家集》辑本一卷。《全上古三代秦汉三国六朝文》、《先秦汉魏晋南北朝诗》收录谢庄诗文较完备。

张长史集 诗文别集。南朝齐张融(曾任司徒左长史)著。《隋书·经籍志》著录《张融集》二十七卷。注云："梁十卷。又有张融《玉海集》十卷、《大泽集》十卷、《金波集》六十卷。"今有明张溥《汉魏六朝百三名家集》辑本一卷。《全上古三代秦汉三国六朝文》、《先秦汉魏晋南北朝诗》收录张融诗文较完备。

孔詹事集 诗文别集。南朝齐孔稚珪(官至太子詹事)著。《隋书·经籍志》著录《孔稚珪集》十卷。《旧唐书·经籍志》、《新唐书·艺文志》著录同。南宋陈振孙《直斋书录解题》著录《孔德璋集》十卷。元时已佚。今有明张溥《汉魏六朝百三名家集》辑本一卷。《全上古三代秦汉三国六朝文》、《先秦汉魏晋南北朝诗》收录孔稚珪诗文较完备。

王文宪集 诗文别集。南朝齐王俭(谥文宪)著。《隋书·经籍志》著录《王俭集》五十一卷，注云："梁六十卷。"《旧唐书·经籍志》、《新唐书·艺文志》均著录《王俭集》六十卷。宋时已佚。今有明张溥《汉魏六朝百三名家集》辑本一卷。《全上古三代秦汉三国六朝文》、《先秦汉魏晋南北朝诗》收录王俭诗文较完备。

竟陵王集 诗文别集。南朝齐萧子良(封竟陵王)著。《隋书·经籍志》著录《竟陵王子良集》四十卷。《旧唐书·经籍志》、《新唐书·艺文志》著录三十卷。宋时已佚。今有明张溥《汉魏六朝百三名家集》辑本二卷。《全上古三代秦汉三国六朝文》、《先秦汉魏晋南北朝诗》收录萧子良诗文较完备。

谢宣城集 诗文别集。南朝齐谢朓(字玄晖，曾为宣城太守)著。《隋书·经籍志》著录《谢朓集》十二卷、《谢朓逸集》一卷。《旧唐书·经籍志》、《新唐书·艺文志》著录《谢朓集》十卷。北宋《崇文总目》著录《谢玄晖文集》十卷。南宋楼炤取其前五卷赋、诗刊行，名为《谢宣城诗集》。今有影印明翻宋抄本。又有明薛应旂《六朝诗集》辑本五卷、汪士贤《汉魏诸名家集》辑本五卷、张溥《汉魏六朝百三名家集》辑本一卷，清康熙间刊郭威钊序本六卷。清嘉庆间吴骞辑《拜经楼丛书》本《谢宣城诗集》五卷，校勘较精。郝立权有《谢宣城诗注》，颇详密。今通行本为 1991 年上海古籍出版社出版曹融南《谢宣城集校注》。《全上古三代秦汉三国六朝文》、《先秦汉魏晋南北朝诗》收录谢朓诗文较完备。

王宁朔集 诗文别集。南朝齐王融(官至宁朔将军军主)著。《隋书·经籍志》著录《王融集》十卷。《旧唐书·经籍志》、《新唐书·艺文志》著录同。《宋史·艺文志》著录七卷。今有明张燮《七十二家集》辑本四卷、张溥《汉魏六朝百三名家集》辑本一卷。张溥本系自张燮本出。《全上古三代秦汉三国六朝文》、《先秦汉魏晋南北朝诗》收录王融诗文较完备。

沈隐侯集 诗文别集。南朝梁沈约(曾封建昌县侯，谥隐)著。《梁书》本传称约有文集一百卷。《隋书·经籍志》著录《沈约集》一百一卷。《旧唐书·经籍志》、《新唐书·艺文志》著录并同。《宋史·艺文志》著录《沈约集》九卷，又诗一卷。宋时已佚。今有明张溥《汉魏六朝百三名家集》辑本二卷。《全上古三代秦汉三国六朝文》、《先秦汉魏晋南北朝诗》收录沈约诗文较完备。

江文通集 诗文别集。南朝梁江淹(字文通，曾封醴陵侯)著。《梁书》本传谓其"凡所著述百余篇，自撰为前后集"，淹《自序》谓"未尝著书，惟集十卷"。《自序》撰于齐初，今存江淹作品，其时代可考者皆未逾齐初。《新唐书·艺文志》尚著录有《江淹前集十卷》、《后集十卷》。《后集十卷》，亡佚。通行本有《四部丛刊》据乌程蒋氏刻《江文通集》影印本、《四部备要》据乾隆间梁宾校刻《江文通集》排印本，《汉魏六朝百三名家集》刻本《江醴陵集》及明胡之骥《江文通集汇注》，以汇注本最为完备，1984 年中华书局据之排印出版。《全上古三代秦汉三国六朝文》、《先秦汉魏晋南北朝诗》收录江淹诗文较完备。

陶隐居集　诗文别集。南朝梁陶弘景(自号华阳隐居)著。《隋书·经籍志》著录有《陶弘景集》三十卷、《陶弘景内集》十五卷。《旧唐书·经籍志》、《新唐书·艺文志》并著录三十卷。宋时已佚。今有明张溥《汉魏六朝百三名家集》辑本一卷。《全上古三代秦汉三国六朝文》、《先秦汉魏晋南北朝诗》收录陶弘景诗文较完备。

任中丞集　诗文别集。南朝梁任昉(曾任御史中丞)著。《梁书》及《南史》本传并言昉"所著文章数十万言,盛行于世"。《隋书·经籍志》、《旧唐书·经籍志》、《新唐书·艺文志》并著录《任昉集》三十四卷。《宋史·艺文志》著录《任昉集》六卷。今有明张溥《汉魏六朝百三名家集》辑本一卷。《全上古三代秦汉三国六朝文》、《先秦汉魏晋南北朝诗》收录任昉诗文较完备。

刘户曹集　诗文别集。南朝梁刘峻(字孝标,官至荆州户曹参军)著。《隋书·经籍志》著录《刘孝标集》六卷。至唐已佚。今有明张溥《汉魏六朝百三名家集》辑本一卷。《全上古三代秦汉三国六朝文》、《先秦汉魏晋南北朝诗》收录刘峻诗文较完备。上海古籍出版社1988年出版罗国威《刘孝标集校注》较完善。

梁武帝集　诗文别集。南朝梁萧衍(谥武帝)著。原集久佚。《梁书·武帝纪》谓其"凡诸文集,又百二十卷"。《隋书·经籍志》著录为《梁武帝集》二十六卷,注云:"梁三十二卷。"又《梁武帝诗赋集》二十卷、《梁武帝杂文集》九卷、《梁武帝别集目录》二卷、《梁武帝净业赋》三卷。《旧唐书·经籍志》、《新唐书·艺文志》著录十卷。宋时已佚。今有明张溥《汉魏六朝百三名家集》辑本一卷。《全上古三代秦汉三国六朝文》、《先秦汉魏晋南北朝诗》收录萧衍诗文较完备。

丘司空集　诗文别集。南朝梁丘迟(官至司空从事中郎)著。《隋书·经籍志》著录《丘迟集》十卷,注云:"并录。梁十一卷。"《旧唐书·经籍志》、《新唐书·艺文志》并著录十卷。宋时已佚。今有明张溥《汉魏六朝百三名家集》辑本一卷。《全上古三代秦汉三国六朝文》、《先秦汉魏晋南北朝诗》收录丘迟诗文较完备。

王左丞集　诗文别集。南朝梁王僧孺(曾官尚书左丞)著。《隋书·经籍志》著录《王僧孺集》三十卷。《旧唐书·经籍志》、《新唐书·艺文志》著录并同。宋时已佚。今有明张溥《汉魏六朝百三名家集》辑本一卷。《全上古三代秦汉三国六朝文》、《先秦汉魏晋南北朝诗》收录王僧孺诗文较完备。

吴朝请集　诗文别集。南朝梁吴均(官至奉朝请)著。《梁书》及《南史》本传并谓均有文集二十卷。《隋书·经籍志》、《旧唐书·经籍志》、《新唐书·艺文志》俱著录《吴均集》二十卷。《宋史·艺文志》著录《吴均诗》三卷。今有明人张溥《汉魏六朝百三名家集》辑本一卷。《全上古三代秦汉三国六朝文》、《先秦汉魏晋南北朝诗》收录吴均诗文较完备。

陆太常集　诗文别集。南朝梁陆倕(官至太常卿)著。《隋书·经籍志》著录《陆倕集》十四卷。《旧唐书·经籍志》、《新唐书·艺文志》并著录二十卷。宋时已佚。今有明张溥《汉魏六朝百三名家集》辑本一卷。《全上古三代秦汉三国六朝文》、《先秦汉魏晋南北朝诗》收录陆倕诗文较完备。

何记室集　诗文别集。南朝梁何逊(曾官尚书水部郎,官至庐陵王记室)著。《梁书》本传谓逊卒后东海王僧孺集其文为八卷。《隋书·经籍志》著录《何逊集》七卷。《旧唐书·经籍志》、《新唐书·艺文志》著录《何逊集》八卷。《宋史·艺文志》著录《何逊诗集》五卷。今有明张燮《七十二家集》辑本三卷、附录一卷,张溥《汉魏六朝百三名家集》辑本一卷。另有明薛应旂《六朝诗集》辑本《何水部集》二卷。《全上古三代秦汉三国六朝文》、《先秦汉魏晋南北朝诗》收录何逊诗文较完备。

刘秘书集　诗文别集。南朝梁刘孝绰(官至秘书监)著。《隋书·经籍志》著录《刘孝绰集》十四卷。《旧唐书·经籍志》著录十二卷,《新唐书·艺文志》著录十一卷。《宋史·艺文志》著录一卷。今有明张溥《汉魏六朝百三名家集》辑本一卷。《全上古三代秦汉三国六朝文》、《先秦汉魏晋南北朝诗》收录刘孝绰诗文较完备。

王詹事集　诗文别集。南朝梁王筠(官至太子詹事)著。《梁书》、《南史》本传并谓"筠自撰其文章,以一官为一集,自洗马、中书、中庶子、吏部、左佐、临海、太府各十卷"。《隋书·经籍志》著录《王筠集》十一卷、《中书集》十一卷、《临海集》十一卷、《左佐集》十一卷、《尚书集》九卷,俱注云:"并录。"《旧唐书·经籍志》、《新唐书·艺文志》并著录《洗马集》十卷、又《中庶子集》十卷、《临海集》十卷、《中书集》十卷、《尚书集》十一卷。宋时已佚。今有明张溥《汉魏六朝百三名家集》辑本一卷。《全上古三代秦汉三国六朝文》、《先秦汉魏晋南北朝诗》收录王筠诗文较完备。

刘豫章集　诗文别集。南朝梁刘孝仪(曾官豫章内史)著。《梁书》本传谓其“有集二十卷行于世”。《隋书·经籍志》著录《刘孝仪集》二十卷。《旧唐书·经籍志》、《新唐书·艺文志》著录并同。宋时已佚。今有明张溥《汉魏六朝百三名家集》辑本一卷。《全上古三代秦汉三国六朝文》、《先秦汉魏晋南北朝诗》收录刘孝仪诗文较完备。

庾度支集　诗文别集。南朝梁庾肩吾(曾官度支尚书)著。《隋书·经籍志》著录《庾肩吾集》十卷。《旧唐书·经籍志》、《新唐书·艺文志》并著录十卷。《宋史·艺文志》著录二卷。今有明张溥《汉魏六朝百三名家集》辑本一卷。《全上古三代秦汉三国六朝文》、《先秦汉魏晋南北朝诗》收录庾肩吾诗文较完备。

刘庶子集　诗文别集。南朝梁刘孝威(官至太子中庶子)著。《隋书·经籍志》著录《刘孝威集》十卷。《旧唐书·经籍志》、《新唐书·艺文志》并著录《刘孝威前集》十卷、《后集》十卷。《宋史·艺文志》著录一卷。今有明张溥《汉魏六朝百三名家集》辑本一卷。《全上古三代秦汉三国六朝文》、《先秦汉魏晋南北朝诗》收录刘孝威诗文较完备。

梁昭明太子集　诗文别集。南朝梁萧统(谥昭明太子)著。《梁书》本传称萧统有集二十卷。《隋书·经籍志》、《旧唐书·经籍志》、《新唐书·艺文志》著录并同。《宋书·艺文志》著录五卷。《直斋书录解题》著录亦同。《四库全书总目》著录六卷,为明嘉兴叶绍泰刊本。明张溥《汉魏六朝百三名家集》有《梁昭明太子文集》一卷。清光绪间有《常州先哲遗书》本,据影宋抄本刊,又有玉海堂覆宋淳熙贵池本,民国间有《四部丛刊》影印乌程许氏藏明辽府本,均为五卷。《全上古三代秦汉三国六朝文》、《先秦汉魏晋南北朝诗》收录萧统诗文较完备。

梁简文帝集　诗文别集。南朝梁萧纲(梁简文帝)著。《南史·梁本纪》谓萧纲有“文集一百卷”。《隋书·经籍志》著录《梁简文帝集》八十五卷,注云:“陆罩撰并录。”《旧唐书·经籍志》、《新唐书·艺文志》并著录《梁简文帝集》八十卷。宋时已佚。今有明张溥《汉魏六朝百三名家集》辑本二卷。《全上古三代秦汉三国六朝文》、《先秦汉魏晋南北朝诗》收录萧纲诗文较完备。

梁元帝集　诗文别集。南朝梁萧绎(梁元帝)著。《隋书·经籍志》著录《梁元帝集》五十二卷、《梁元帝小集》十卷。《旧唐书·经籍志》、《新唐书·艺文志》并著录《梁元帝集》五十卷、《梁元帝小集》十卷。宋时已佚。今有明张溥《汉魏六朝百三名家集》辑本一卷。《全上古三代秦汉三国六朝文》、《先秦汉魏晋南北朝诗》收录萧绎诗文较完备。

沈侍中集　诗文别集。南朝陈沈炯(卒赠侍中)著。《隋书·经籍志》著录《沈炯前集》七卷、《沈炯后集》十三卷。《旧唐书·经籍志》、《新唐书·艺文志》并著录《沈炯前集》六卷、《沈炯后集》十三卷。《宋史·艺文志》著录七卷。今有明张溥《汉魏六朝百三名家集》辑本一卷。《全上古三代秦汉三国六朝文》、《先秦汉魏晋南北朝诗》收录沈炯诗文较完备。

阴常侍集　诗别集。南朝陈阴铿(官至员外散骑常侍)著。《隋书·经籍志》著录《阴铿集》一卷。《旧唐书·经籍志》、《新唐书·艺文志》未著录。南宋晁公武《郡斋读书志》、陈振孙《直斋书录解题》并著录一卷。今有明薛应旂《六朝诗集》辑本一卷、清张澍《二酉堂丛书》辑本《阴常侍诗集》一卷。《先秦汉魏晋南北朝诗》收录阴铿诗较完备。

徐仆射集　诗文别集。南朝陈徐陵(字孝穆,曾官尚书左仆射)著。《隋书·经籍志》著录《徐陵集》三十卷。《旧唐书·经籍志》、《新唐书·艺文志》著录并同。北宋《崇文总目》著录《徐陵文集》二卷。南宋陈振孙《直斋书录解题》著录《徐陵集》一卷。《宋史·艺文志》著录《徐陵诗》一卷。今有明屠隆评点本《徐孝穆集》十卷、张溥《汉魏六朝百三名家集》辑本一卷。另有清吴兆宜《徐孝穆集笺注》六卷、吴汝纶选编《徐仆射集选》一卷。《全上古三代秦汉三国六朝文》、《先秦汉魏晋南北朝诗》收录徐陵诗文较完备。

江令君集　诗文别集。南朝陈江总(官至尚书令,世称江令)著。《陈书》本传谓江总有文集三十卷行世。《隋书·经籍志》著录《江总集》三十卷、《江总后集》二卷。《旧唐书·经籍志》、《新唐书·艺文志》并著录《江总集》二十卷。《宋史·艺文志》著录《江总集》七卷。今有明张燮《七十二家集》辑本五卷、张溥《汉魏六朝百三名家集》辑本一卷。《全上古三代秦汉三国六朝文》、《先秦汉魏晋南北朝诗》收录江总诗文较完备。

张散骑集　诗文别集。南朝陈张正见(曾官通直散骑侍郎)著。《陈书》本传谓张正见有集十四卷。《隋书·经籍志》著录《张正见集》十四卷。《旧唐书·经籍志》、《新唐书·艺文志》并著录四卷。南宋尤袤《遂初堂书目》著录《张正见集》,不注卷数。《宋史·艺文志》著录《张正见集》一卷。今有明张燮《七十二家集》辑本《张散骑集》二卷、张溥《汉魏六朝百三名家集》辑本《张散骑集》一卷。《全上古三代秦汉三国六朝文》、《先秦汉魏晋南北朝诗》收录张正见诗文较完备。

陈后主集　诗文别集。南朝陈陈叔宝(陈朝末代皇帝,史称陈后主)著。《隋书·经籍志》著录《陈后主集》三十九卷。《旧唐书·经籍志》著录五十卷,《新唐书·艺文志》著录五十五卷。《宋史·艺文志》著录一卷。今有明张燮《七十二家集》辑本三卷、张溥《汉魏六朝百三名家集》辑本一卷。《全上古三代秦汉三国六朝文》、《先秦汉魏晋南北朝诗》收录陈叔宝诗文较完备。

高令公集　诗文别集。北魏高允(曾官中书令,文成帝敬称之为“令公”)著。《魏书》本传载,高允制诗赋诔颂箴论表赞及《左氏·公羊释》、《毛诗拾遗》等凡百余篇,另有集行于世,且为算术三卷。《隋书·经籍志》著录《高允集》二十一卷。《旧唐书·经籍志》、《新唐书·艺文志》均著录《高允集》二十卷。宋时已佚。今有明张燮《七十二家集》本二卷,张溥《汉魏六朝百三名家集》本承张燮本,一卷。清吴汝纶有评选本《高令公集选》一卷。《全上古三代秦汉三国六朝文》、《先秦汉魏晋南北朝诗》收录高允诗文较完备。

温侍读集　又名《温子昇集》。诗文别集。北魏温子昇(曾官侍读兼舍人)著。《魏书》本传载,子昇死后,太尉长史宋游道集其文笔为三十五卷。《隋书·经籍志》著录《温子昇集》三十九卷。《旧唐书·经籍志》著录二十五卷,《新唐书·艺文志》著录三十五卷。宋时皆亡佚。今有明张燮《七十二家集》辑本二卷,张溥《汉魏六朝百三名家集》承张燮本,一卷。《全上古三代秦汉三国六朝文》、《先秦汉魏晋南北朝诗》收录温子昇诗文较完备。

邢特进集　诗文别集。北齐邢邵(字子才,位授特进)著。《北齐书》本传谓邢邵有集三十卷。《隋书·经籍志》著录《邢子才集》三十一卷。《旧唐书·经籍志》著录《邢子才集》三十卷、《新唐书·艺文志》著录《邢特进集》三十卷。宋时已佚。今有明张燮《七十二家集》本二卷,张溥《汉魏六朝百三名家集》本承张燮本,一卷。《全上古三代秦汉三国六朝文》、《先秦汉魏晋南北朝诗》收录邢邵诗文较完备。

魏特进集　诗文别集。北齐魏收(官至尚书右仆射,位特进)著。《北齐书》本传载,收有集七十卷。《隋书·经籍志》著录《魏收集》六十八卷。《旧唐书·经籍志》、《新唐书·艺文志》均著录《魏收集》七十卷。宋时已佚。今有明张燮《七十二家集》本三卷,张溥《汉魏六朝百三名家集》本承张燮本,一卷。《全上古三代秦汉三国六朝文》、《先秦汉魏晋南北朝诗》收录魏收诗文较完备。

王司空集　一名《王子渊集》。诗文别集。北周王褒(字子渊,官小司空)著。《隋书·经籍志》著录《王褒集》二十一卷。《旧唐书·经籍志》著录《王褒集》三十卷,《新唐书·艺文志》著录《王褒集》二十卷。宋时已佚。今有明薛应旂辑《六朝诗集》本《王子渊集》一卷、张溥辑《汉魏六朝百三名家集》本《王司空集》一卷。《全上古三代秦汉三国六朝文》、《先秦汉魏晋南北朝诗》收录王褒诗文较完备。

庾子山集　诗文别集。北周庾信(字子山,曾官开府仪同三司)著。庾信于南朝梁时即有集行世,北周滕王宇文逌谓其“昔在扬都,有集十四卷,值太清罹难,百不一存。及到江陵,又有三卷,即重遭军火,一字无遗”(《庾信集序》)。大象元年(579),逌重为编定庾集二十卷,仅录魏、周时作品,隋魏澹尝为之作注。《隋书·经籍志》著录“《庾信集》二十一卷”,所增一卷,或以为系隋平陈后所得庾信南朝旧作之遗。《旧唐书·经籍志》、《新唐书·艺文志》均著录《庾信集》二十卷。宋公私书目著录同。元时已佚。今有明刊诗集本正德十六年(1521)朱承爵存余堂重刊《庾开府诗集》四卷;嘉靖间朱曰藩刻《庾开府诗集》六卷。明刊诗文合刊本有万历中屠隆评点《徐庾集》中《庾开府集》十六卷;天启元年(1621)张燮辑《七十二家集》本《庾开府集》十六卷;天启六年(1626)汪士贤校刊《汉魏六朝名家集》本《庾开府集》十二卷。明末阎光世《文选遗集》本庾集系翻用屠隆本,张溥《汉魏六朝百三名家集》本乃沿袭张燮本。清有笺注本吴兆宜《庾开府集笺注》及倪璠《庾子山集注》。倪本有年谱、世系图、本传、总释等多种资料，注释亦较详尽。1980年中华书局出版，许逸民校点倪本，末附《庾信集佚文辑存》。

小说 笔记 杂著 其他

笑林 笑话集。三国魏邯郸淳著。清姚振宗《隋书经籍志考证》引《文心雕龙·谐隐》"至魏文因俳说以著笑书"，以为"笑书或即是书，淳奉诏所撰者，或淳因笑书别为《笑林》，亦未可知"。原书三卷，《宋史·艺文志》已无载，佚文散见《艺文类聚》、《太平御览》、《太平广记》诸书。此书虽为俳谐文字，但"举非违，显纰缪，实《世说》之一体"（鲁迅《中国小说史略》）。所记故事，或嘲庸，或讽愚，多能于幽默谐谑中给人教益；刻物肖形，亦间有可称，尤以"鲁有执长竿入城门者"、"楚人献凤"、"楚人隐形"、"胶柱鼓瑟"、"俭啬老"、"陶丘氏遣妇"诸篇为人所乐道。后世多有仿效之作，在中国古代小说中自成系统。今有鲁迅《古小说钩沉》辑本，凡二十九则。

楚人献凤 小说篇名。三国魏邯郸淳作。见《笑林》。篇名为后世选者所加。写楚人有担山鸡者，遇路人相询，欺之曰凤凰。路人信以为真，不惜千金购买，欲献楚王，经宿而鸟死。国人相传，咸以为真凤凰。楚王闻而厚赐路人。故事对路人的愚昧可笑，国人的以讹传讹及楚王的昏庸可鄙予以辛辣讽刺，但绵里藏针，丝毫不露锋芒，是古代著名笑话之一。

艺经 小说集。三国魏邯郸淳著。见《文选》李善注、《太平御览》等征引。所记皆博戏之事，无人物和情节。有《说郛》、《玉函山房辑佚书》辑本，均一卷。

列异传 又名《列异记》。志怪小说集。《隋书·经籍志》作魏文帝（曹丕）著，因佚文中所记事有出曹丕身后者，论者或疑撰人是假托，或谓后人有增益，或意为张华续曹丕书而后人合之；《旧唐书·经籍志》和《新唐书·艺文志》作晋张华著。南朝宋裴松之《三国志注》、北魏郦道元《水经注》皆已征引其文，故此书当为魏晋人作。原书三卷，宋时已佚，佚文散见《水经注》、《齐民要术》、《三国志》裴松之注、《文选》李善注、《后汉书》李贤注、《史记》司马贞索隐以及《北堂书钞》、《艺文类聚》、《初学记》、《太平广记》、《太平御览》诸类书。所记多为鬼物奇怪之事，如神仙不死、异人方术、妖物作祟等；亦有一些民间故事传说，如"宋定伯捉鬼"、"张奋宅除妖"、"谈生冥婚"、"三王冢"、"望夫石"等，于劳动人民的生活理想、精神智慧有所反映。记事具体，用笔曲折，行文简洁。今有鲁迅《古小说钩沉》辑本，凡五十则。然尚非完帙，如《艺文类聚》卷九二引"韩冯夫妇"条，即所漏收。

三王冢 又名《三王墓》、《干将莫邪》。小说篇名。传三国魏曹丕作。见《列异传》。篇名为后世选者所加。写干将、莫邪子为父向楚王报仇的故事。干将、莫邪夫妇为楚王铸剑，三年铸成雌雄二剑。干将自知铸剑逾期，必为楚王所杀，乃藏雄剑不献，嘱其怀孕之妻莫邪，若生子必令为己报仇。干将献剑后果被害。其子赤鼻（或作赤比）长成后，欲报仇不得，逃入山，遇山间行客，诉其父被害经过。山间客慨允代为报仇，乃以赤鼻头颅为饵，杀死楚王，己亦自杀。三人头悉烂汤镬中，不可辨，乃分其汤肉葬之，名"三王冢"。故事揭露了封建统治者的残酷暴虐，表现了人民不甘屈服的复仇精神和见义勇为的自我牺牲精神。人物形象鲜明，情节曲折离奇。事又载《太平御览》卷三四三引佚名《孝子传》、卷三四六引赵晔《吴越春秋》、干宝《搜神记》卷一一以及金王明寿《增广分门类林杂说》卷一引佚名《孝子传》等，文详略不一。赵晔《吴越春秋》卷四又载干将妻莫邪投炉助其铸剑事，后并据以附会出"干将门"、"三王陵"、"翻镬池"、"干将城"、"干将墓"等遗迹（分别见唐陆广《吴地记》、宋乐史《太平寰宇记》、龚明之《中吴纪闻》、范成大《吴郡志》等）。鲁迅曾将此故事改写成小说《铸剑》。

宋定伯捉鬼 小说篇名。宋又作宗。传三国魏曹丕作。见《列异传》。篇名为后世选者所加。事又载干宝《搜神记》卷一六，文句略同。写南阳宋定伯夜行遇鬼，同往宛市，途中与鬼巧言周旋，探得捉鬼制胜之法。后至市，鬼化为羊，定伯卖之，得钱千五百。故事虽写鬼，但主旨不在宣扬鬼神，而在表现人的机智勇敢，赞扬不怕鬼的精神。记叙具体细致，用笔曲折，善于描写，如写定伯渡水，水"漕漼作声"，定伯捉鬼，"鬼大呼，声咋咋"，皆情态宛然；又善写人物对话，如宋定伯与鬼途中对话，寥寥数语，即刻画出宋定伯之机敏与小鬼之戆傻。

谈生 小说篇名。传三国魏曹丕作。见《列异传》。篇名为后世选者所加。事又载干宝《搜神记》卷一六，文句略同。写书生谈生与睢阳王亡女恋爱的故事。谈生四十而无妇，常感奋读《诗经》。一夕，一姝丽少女来就生为妇，自言与人不同，诫三年内勿以火相照。次年，生窃以火照之，见其腰以上生肉如人，腰以下但有枯骨，知为鬼。女觉，泣责之，乃赠一珠袍，裂取生衣裾别去。后生持袍诣市，为睢阳王家所识，以为贼。生以实告，王发女冢，于棺盖下得生衣裾，知所言不诬，乃以为婿。故事曲折反映了封建时代青年男女对自由爱情的向往和追求，并通过门第悬殊的青年男女结为美眷，表达了一种较进步的婚姻观念。全篇写鬼而无鬼气，女主人公对爱情的主动和执著，尤给人以深刻印象。

望夫石 小说篇名。传三国魏曹丕作。见《列异传》。篇名为后世选者所加。事又载刘义庆《幽明录》，文句略同。写武昌阳新一妇人送夫行役，立而形化为石的故事，表现了妻子对从役丈夫的坚贞爱情，反映出古代兵役给人民造成的苦难。故事在古代广泛流传。据南朝纪义《宣城记》、无名氏《临海记》、顾野王《舆地志》、宋乐史《太平寰宇记》、王象之《舆地纪胜》、常棠《海盐澉水志》等书记载，"望夫石"遗迹不仅见于武昌阳新，也见于安徽当涂、繁昌，浙江临海、海盐，湖南岳阳，江西分宜等地。后世诗家亦常加以题咏。

列女传 传记集。西晋皇甫谧著。《隋书·经籍志》、《旧唐书·经籍志》、《新唐书·艺文志》均著录六卷，宋后佚。今散见于《三国志》裴松之注、《艺文类聚》、《初学记》、《太平御览》等书。约二十篇。是书乃继刘向《列女传》后的古代妇女专史，传主多为东汉以后人物。旨在扬妇德、警后人，然所记人事及社会生活面较广，所写义烈女子的才德光彩照人。范晔《后汉书·列女传》有四传取材于此。今存佚文以《三国志·魏书》裴松之注所引四篇最为完整。

高士传 传记集。西晋皇甫谧著。书中高士皆为终身不仕、未预王政者。作者自云此书"采古今八代之士，身不屈于王公，名不耗于终始，自尧至魏凡九十余人。虽执节若夷、齐，去就若两龚（龚胜、龚舍断然拒仕新莽，但早年仕于汉），皆不录也"（《高士传序》）。今本辑自《太平御览》诸书，述高士九十六人，大抵近原著规模。此书在六朝文士中影响颇大，诗、文、史论多所援引。范晔《后汉书·逸民传》、《儒林传》及其他传记采用此书者亦多。有《汉魏丛书》本、《四库全书》本、《四部备要》本等。

博物志 志怪小说集。西晋张华著。《晋书》本传载《博物志》十篇，《隋书·经籍志》杂家类、《旧唐书·经籍志》、《新唐书·艺文志》小说家类、《宋史·艺文志》杂家类俱著录十卷。《郡斋读书志》、《直斋书录解题》小说家类著录十卷，周日用、卢氏分别为之注。今本十卷，有分目和不分目两种。分目本前三卷记地理动植物产，分地理略、地、山、水、山水总论、五方人民、物产、外国、异人、异俗、异产、异兽、异鸟、异虫、异鱼、异草十六目，材料大都取自旧书。四、五两卷主要记方术家言，分物性、物理、物类、药物、药论、食忌、药术、戏术、方士、服食、辨方士十一目。卷六为杂考，包括人名、文籍、地理、典礼、乐、服饰、器名、物名八目。卷七为异闻，卷八为史补，卷九和卷十为杂说，均不分目。后四卷小说意味较著。许多著名神话故事和史地奇闻异事，如"八月浮槎"、"千日醉"、"二小儿辩日"等，皆出其中。不分目本次第迥异，但内容与分目本相同。前人称此书"天地之高厚，日月之晦明，四方人物之不同，昆虫草木之淑妙者，无不备载"（崔世节湖广楚府本《跋》）。唯所记过为驳杂，文多简略不成语。分目本有《古今逸史》、《广汉魏丛书》、《格致丛书》、《稗海》、《快阁丛书》、《秘书二十一种》、《增订汉魏丛书》、《百子全书》等本；不分目本有《士礼居丛书》、《指海》、《龙溪精舍丛书》等本。此外，《类说》卷二三、明本《说郛》卷二、《无一是斋丛钞》、《旧小说》甲集等有其节录；王谟、周心如、钱熙祚、陈穆堂、马国翰、王仁俊等曾为辑佚；范宁《博物志校证》（中华书局 1980 年版）辑佚文二百十二则，收罗最完备。

蜀南猴玃 又名《猴玃》。小说篇名。西晋张华作。见《博物志》。篇名为后世选者所加。事又载干宝《搜神记》卷一二和段成式《酉阳杂俎》卷一六，前者文略同，后者较简略。写蜀南高山有物如猕猴，长七尺，能人行，健走，名猴玃。见行路美妇，辄盗以为家室，其年少者终身不还，生子者则送还其家，有不收养者，其母辄死。猿猴盗妇的情节在后世小说中屡有所见，如唐初《补江总白猿传》、明《清平山堂话本》中的《陈巡检梅岭失浑家》、明瞿佑《剪灯新话》中的《申阳洞记》等，推其源流，当皆祖袭于此。

秦青韩娥 又名《薛谭学讴》。小说篇名。西晋张华作。见《博物志》。篇名为后世选者所加。事又载《列子·汤问》，文略同。写薛谭学讴于秦青，未穷其技而辞归，青弗止之，乃饯送于郊，抚节悲歌，声振林木，响遏行云，谭乃谢而求返，终身不敢言归。韩娥至齐，匮粮，过雍门，卖唱乞食，既去，余响绕梁，三日不绝；过逆旅，受旅人之辱，乃曼声哀哭，一里老幼皆悲愁涕泣相对，三日不食，或追而谢之，复曼声长歌，一里老幼皆欢喜抃舞，不能自禁。故事以夸张的笔触，描绘秦青和韩娥两位古代歌唱家的非凡歌喉及其歌声的巨大感染力。篇中描写歌声的文字，大都成为后世常用成语和典故。

二小儿辩日 小说篇名。西晋张华作。见《博物志》。篇名为后世选者所加。事又载《列子·汤问》。写孔子东游，见二小儿辩日之远近。一谓日始出时离人近，日中时远，因日始出时大如车盖，日中时仅如盘盂，远者小而近者大也；一谓日始出时离人远，日中时近，因日始出时较温凉，日中时炎热如沸汤，近者热而远者凉也。二小儿以此问孔子，孔子亦不能决。故事以轻松的笔墨，提出了一个饶有兴味的科学小问题，富于教育意义。又以小儿的勤于思考和孔子的知之有限，说明任何人皆非全知全能。

八月浮槎 又名《八月槎》、《天河浮槎》。小说篇名。西晋张华作。见《博物志》。篇名为后世选者所加。写某人居海渚，见年年八月有浮槎去来，不失期，乃于槎上建飞阁，乘槎而去。初犹见日月星辰，后茫然不辨昼夜。忽至一处，见有城郭，中多织妇，又见一男子牵牛于渚边饮水。问是何处，云还至蜀郡访严君平即知。还家至蜀，问君平，曰某年月日有客星犯牵牛宿，始知所到之处乃天河。故事反映了古代人民探索自然奥秘和征服自然的愿望，通过浪漫主义手法对天象作形象化解释，显示了古代人民的丰富想像力。此故事后演变为汉代通西域的张骞乘浮槎至天河，得织女支机石（见白居易《六帖》卷二引《集林》，又见《荆楚岁时记》隋杜公瞻注）。唐李商隐《海客》诗、元王伯成《张骞泛浮槎》杂剧、清丁耀亢《星汉槎》传奇等，均取材于此。

广志 志怪小说集。晋郭义恭著。二卷，著录于《隋书·经籍志》、《新唐书·艺文志》杂家类。又一本十卷，著录于《通志·艺文略》杂家类。清文廷式《补晋书艺文志》入小说家类。书名《广志》，盖广《博物志》之书，故多记四方动植物产、山川泉石、异域风俗，但神怪色彩颇有不及，言志怪者罕及之。原书已佚。清马国翰辑佚文二百六十余则，依今本《博物志》次第，编为上下二卷，收入《玉函山房辑佚书》。

神仙传 志怪小说集。东晋葛洪著。《隋书·经籍志》杂传类著录十卷。《旧唐书·经籍志》著录同。《新唐书·艺文志》、《宋史·艺文志》入道家类。《日本国见在书目》析为二十卷，《崇文总目》道书类、《通志·艺文略》道家类、焦竑《国史经籍志》道家类皆作《神仙传略》一卷，殆为此书节本。原书今存，颇有残缺。所记俱为道教神仙事迹，多有服食修炼度人等“辅教”之谈。其中《黄初平传》记黄初平叱石成羊，《壶公传》记壶公入壶而息，《麻姑传》记麻姑见东海三为桑田，情节离奇，想像丰富，已与一般志怪小说无异。今传本有二：一记九十二人，刊于《广汉魏丛书》、《增订汉魏丛书》、《龙威秘书》、《说库》等；一记八十四人，收入《四库全书》。明本《说郛》卷四三《神仙传》亦八十四人，然只陈梗概，略无事迹，或即所谓《神仙传略》。此外，《云笈七签》卷一〇九、《类说》卷三、明本《说郛》卷七、《艺苑捃华》、《旧小说》甲集等刊有节录。

王方平 小说篇名。东晋葛洪作。见《神仙传》。篇名为后世选者所加。事又见曹丕《列异传》，文较简。写王方平邀麻姑聚宴于弟子蔡经家，席间各施法术事。王方平和麻姑俱为道教传说中神仙。麻姑风貌容止美妙动人，谓来时见东海三为桑田，而蔡经见麻姑宛若鸟爪的指甲，竟思“得此爪以爬背当佳”，后并为诗家常用典故。

黄初平 小说篇名。东晋葛洪作。见《神仙传》。篇名为后世选者所加。事又载《太平御览》卷六六三引《真诰》、《历世真仙通鉴》卷五《黄初平传》，文略同。写黄初平牧羊，遇道士，引至金华山石室中。其兄初起寻之，见初平，问羊在何处，答曰：“在山东。”往视，但见累累白石。初平叱之，石皆成羊。初起遂弃妻子从初平学道，共至五百岁。故事旨在宣扬神仙法术。叱石成羊事，构想新奇，流传广泛，为诗家常用典故。

壶公 小说篇名。东晋葛洪作。见《神仙传》。篇名为后世选者所加。写壶公入市卖药、入壶而息及费长房从壶公学道、收鬼治病等事，想像丰富，叙述生动。后世称行医为“悬壶”本于此。壶公、费长房的故事在《列异传》、《续齐谐记》、《水经注》、《太平寰宇记》等书中皆有记载，唯多零碎。《后汉书·方术传》有《费长房传》，所记壶公、费长房事与此略同。

西京杂记 志人小说集。东晋葛洪著。洪于书末跋中自称抄自刘歆《汉书》，疑为伪托。

《隋书·经籍志》旧事类著录二卷,《旧唐书·经籍志》著录一卷,《新唐书·艺文志》著录二卷,俱入故事类,又重出地理类;《宋史·艺文志》著录六卷,入传记类。"西京"指西汉京都长安。所记多为西汉人物轶事,并及宫室制度、风俗习惯、衣饰器物,间涉怪诞传说,对统治阶层奢侈淫佚颇多揭露。叙事简洁生动,记人能见个性。如《王嫱》写毛延寿贪赂毁图,致使昭君远嫁出塞,《鹔鹴裘》写司马相如、卓文君当垆卖酒,以捉弄卓王孙,皆形象鲜明,富于情味,为历代小说、戏剧所取材。鲁迅称其"在古小说中,固亦意绪秀异,文笔可观者也"(《中国小说史略》)。今传本有二:一为二卷本,刊于《抱经堂丛书》、《正觉楼丛刻》、《龙溪精舍丛书》、《关中丛书》等;一为六卷本,刊于《古今逸史》、《汉魏丛书》、《增订汉魏丛书》、《稗海》、《快阁藏书》、《津逮秘书》、《学津讨原》、《龙威秘书》、《艺苑捃华》、《四部丛刊》等。

王嫱 小说篇名。东晋葛洪作。见《西京杂记》。又载《后汉书·南匈奴传》。篇名为后世选者所加。写汉元帝后宫多妃嫔,命画工为妃嫔画像以资挑选。众妃嫔争赂画工,独王嫱(即王昭君)不肯趋奉,始终未得宠幸。南匈奴王呼韩邪来朝求赐美人为后,元帝赐嫱随行,临行时发现其美貌为后宫第一,且言辞敏捷,举止娴雅,深以为悔,但虑失信外国,不便换人,于是穷追此事,尽杀画工,善画人物的画工毛延寿亦因此被杀。篇幅短小,人物形象十分鲜明,是历代诗歌、小说、戏曲的常用题材,如唐宋诗歌中的《明妃曲》、元杂剧《汉宫秋》、明传奇《和戎记》等,至今仍被搬上舞台和荧屏。

鹔鹴裘 又名《卓文君》、《司马相如》。小说篇名。东晋葛洪作。见《西京杂记》。篇名为后世选者所加。蜀郡临邛富豪卓王孙之女卓文君不顾封建礼法的约束,与司马相如私相爱慕,结为夫妇,遭到卓王孙的反对。二人回成都以卖酒为生,当垆涤器,终于迫使卓王孙承认其婚姻。故事起落有致,曲折生动,叙述简练而富于情趣,人物也写得较有个性。其事不仅为诗家经常吟咏,而且被写入戏剧和小说。

匡衡 小说篇名。东晋葛洪作。见《西京杂记》。篇名为后世选者所加。写西汉匡衡家贫不能备烛,凿邻人壁引其烛光读书;又为人帮工,不要工钱,只求借读其藏书,终于成为大学问家,赢得人们钦佩。后"凿壁偷光"成为古代著名勤学苦读的典故,常用来激励人发愤读书,努力向上。

神异记 志怪小说集。西晋王浮著。见《太平御览》、《太平广记》、《事类赋注》、《太平寰宇记》、《元和姓纂》等书征引。除《太平御览》卷八六七称"王浮《神异记》",余俱不题撰人姓氏。所记皆神怪物异之事。今有鲁迅《古小说钩沉》辑本,凡八则。

搜神记 又称《搜神录》、《搜神异记》、《搜神传记》。志怪小说集。东晋干宝著。《晋书》本传称干宝"撰集古今神祇灵异人物变化,名为《搜神记》,凡三十卷"。《隋书·经籍志》、《旧唐书·经籍志》、《新唐书·艺文志》及《日本国见在书目》均著录三十卷。宋以后渐不传。《崇文总目》著录《搜神总记》十卷,注云"不著撰人名氏,或题干宝撰,非也";《宋史·艺文志》著录干宝《搜神总记》十卷,又云"不知作者"。今本二十卷,乃后人所辑。明胡应麟曾从《法苑珠林》及诸类书中辑录成书,或即为今传辑本。干宝自称此书之作乃在"发明神道之不诬","幸将来好事之士录其根体,有以游心寓目而无尤焉"(《搜神记自序》)。书中博采奇闻异事,举凡神仙方术、神灵感应、妖祥卜梦、物怪灵异、鬼子还魂、灵物报应、神话故事、历史传说,无不毕载,可谓集魏晋志怪之大成。其中"干将莫邪"、"李寄斩蛇"、"韩凭夫妇"、"东海孝妇"、"董永织女"、"紫玉韩重"等篇,借助超现实离奇情节表达现实的爱憎和理想,尤为世人称道。其文笔简洁而曲尽其情,语言朴素又雅致清峻,叙述故事不务平直而着意于起波澜,出周折,描写人物于外貌服饰特征外兼注重表现内在情绪和性格,皆非一般志怪所能及,有"鬼之董狐"之誉,对后世文学艺术创作颇有影响。其中不少故事,或为诗文常用典故,或为后世传奇、话本、戏剧、绘画所取材,续作和仿作代不乏人,蔚成体系。今有《秘册汇函》、《津逮秘书》、《学津讨原》、《盐邑志林》、《百子全书》、《丛书集成初编》等版本及商务印书馆 1931 年据《百子全书》排印本、1957 年重印本和中华书局 1979 年汪绍楹校注本。其中汪绍楹校注本广征博引,考源钩沉,存真订伪,颇裨参考。另有八卷本刊于《稗海》、《广汉魏丛书》、《增订汉魏丛书》、《龙威秘书》、《艺苑捃华》、《说库》等,然所录人物故事几乎全不相同,当系后人伪托。

董永织女 又名《董永》。小说篇名。东晋干宝作。见《搜神记》。又载《太平御览》卷四一一、《法苑珠林》卷六二等引刘向《孝子传》,文略同。篇名为后世选者所加。写汉千乘郡农民董永无力葬父，卖身为奴，其孝心感动上天，天帝命织女下凡与他结为夫妇，为他织锦偿债赎身。曹植《灵芝篇》曾咏其事。后世小说、戏曲、说唱，如敦煌俗文《董永行孝》、宋元话本《董永遇仙记》、宋元戏文《董秀才遇仙记》、明清传奇《织锦记》、《卖身记》，以及当代地方戏《天仙配》、《百日缘》、《槐荫树》等均演其事。故事在流传中又有许多变化，如织女变为七仙女，天女奉命下凡，自行离去变为私自下凡，被天兵天将捉去，又增加槐荫树作媒、七仙女送子等情节。

王祥卧冰 小说篇名。东晋干宝作。见《搜神记》。篇名为后世选者所加。事又见《艺文类聚》卷九引孙盛《杂语》、臧荣绪《晋书》、《晋书·王祥传》。写王祥性至孝，虽受继母虐待而不怨。继母尝思鲜鱼，时天寒地冻，祥欲解衣卧冰求之，冰忽自解，鱼自跃出。继母又思黄雀炙，忽有黄雀数十自投其幕，得以供养继母。故事宣扬封建愚孝行为，旨在证明孝行可感动天地，乃古代著名孝子故事之一，受到封建统治阶级的大力宣扬和提倡，曾广泛流传。宋元南戏有《王祥卧冰》。

东海孝妇 又名《孝妇周青》。小说篇名。东晋干宝作。见《搜神记》。又见刘向《说苑》卷五、《汉书·于定国传》和《太平御览》卷四一五引王韶之《孝子传》，文略异。篇名为后世选者所加。写汉时有东海孝妇周青事姑甚谨，姑不愿相累，自缢死，其女以为青杀之，讼于官。青屈打成招，蒙冤被杀。刑前所立誓言顷刻应验，死时血上旗杆，死后郡旱三年，终于雪冤。这则冤狱故事，意在表彰孝行，赞美清官，宣扬精诚感天，但客观上揭露和抨击封建吏治的黑暗，表现人民对封建压迫者的愤怒和反抗，反映被压迫者的理想和愿望。后世戏曲家常取为创作题材。元王实甫、梁进之、王仲元等《于公高门》杂剧、明《东海记》传奇俱本此。元关汉卿杂剧《窦娥冤》，亦脱胎于此。

韩凭夫妇 又名《相思树》、《韩凭妻》。小说篇名。东晋干宝作。见《搜神记》。又载曹丕《列异传》（见《艺文类聚》卷九二引），韩凭作韩冯，文较简略。篇名为后世选者所加。写宋康王舍人韩凭娶妻何氏，貌甚美，康王夺之，并囚凭。何氏密致书凭，示以死志。凭自杀，何氏不久亦以死殉，衣带藏有遗书，请求合葬。康王不许，分而埋之，使两冢遥遥相望，但不久两冢各生出大梓树，且屈体相就，相互纠结，又有双鸳鸯恒栖树上，交颈悲鸣。国人哀之，称其树为相思树，谓鸳鸯乃韩凭夫妇精魂所化。故事揭露宋康王的荒淫残暴，歌颂韩凭夫妇生死不渝的爱情和何氏不慕富贵、不畏强暴的斗争精神。结尾冢墓生树、魂化鸳鸯，构想奇特浪漫，与乐府名篇《孔雀东南飞》同一机杼，体现了人民群众的审美理想。故事流传广泛，成为历代文学家创作的题材，内容有所丰富、变化。如唐李商隐《青陵台》咏韩凭事添出化蝶情事；唐俗赋《韩朋赋》谓二人死后先化石，再化树，复又化为鸳鸯；宋路振《九国志》则将《搜神记》卷十六所载紫玉歌辞掺入其中，谓何氏死前曾作《乌鹊歌》以见志。

范式张劭 小说篇名。东晋干宝作。见《搜神记》。事本谢承《后汉书》（见《太平御览》卷四〇七引），又载范晔《后汉书·范式传》，文句略同。篇名为后世选者所加。写范式张劭之间交往的故事。通过范式如期赴约、张劭死后托梦、范式千里奔丧等情节，表现了范式张劭之间生死不渝的深厚友情。《清平山堂话本》中的《死生交范张鸡黍》、《古今小说》中的《范巨卿鸡黍死生交》，元宫天挺杂剧《范张鸡黍》等均本此。

河间男女 小说篇名。东晋干宝作。见《搜神记》。篇名为后世选者所加。事又见《宋书·五行志》、《晋书·五行志》，文略同。写晋武帝时河间郡某青年男女私相爱慕，相许婚配。不久，男子从军，女子被父母逼嫁他人，郁郁而死。后男子还家，至女子冢前痛哭，又开棺验视，女子竟得还魂，遂成亲。女子之夫闻讯，讼之于官，终因法律无有关条文而败讼。故事情节离奇，歌颂青年男女对自由爱情婚姻的大胆追求，揭露古代兵役和婚姻制度带给人民的不幸。其中女子死后还魂、有情人终成眷属的情节，常为后世小说、戏剧所采用。

盘瓠 小说篇名。东晋干宝作。见《搜神记》。篇名为后世选者所加。事本应劭《风俗通义》，又载《玄中记》、《后汉书·南蛮西南夷传》、《水经注·沅水》等。写高辛氏时，王宫有妇人生耳疾，医为挑治，出顶虫，大如茧。妇人置之瓠蓠，覆之以盘，俄而化为犬，名盘瓠。时戎吴数侵边境，盘瓠因获戎吴将军头，得娶王之少女为妻，往居南山石室中，生六男六女。其男女自相婚配，繁衍后代。王以其好山川，恶都邑，乃赐居名山广泽，号曰蛮夷，即今梁、汉、巴、蜀、武陵、长沙、庐江郡夷。故事叙说西南古蛮族始祖及其民族的由来，以神话形式反映其对狗图腾的崇拜和兄弟姊妹自相婚配的血婚制度。想像奇丽，文笔简洁有致，是古代有关少数民族起源的著名传说。

吴王小女 又名《紫玉》、《紫玉韩重》。小说篇名。东晋干宝作。见《搜神记》。又见无名氏《录异传》，文略同。篇名为后世选者所加。写吴王小女紫玉与书生韩重相爱，私订婚姻，遭到父亲吴王反对，忧愁而死。韩重前往吊唁，被紫玉邀入冢内成亲，临别赠以明珠。重往见吴王说其事，吴王以为盗墓贼，欲加拷讯，紫玉显魂为其辩诬。故事歌颂紫玉、韩重生死如一的挚烈爱情，反映封建时代青年男女不顾礼教束缚，对自由婚姻的强烈追求。全篇结构完整，情节离奇，人物形象鲜明动人。其生时相爱、死后成亲的浪漫主义构思，对后来汤显祖的《牡丹亭》和《聊斋志异》中的某些故事，有明显影响。

李寄斩蛇 又名《李寄》。小说篇名。东晋干宝作。见《搜神记》。又见《太平寰宇记》卷一〇一引《坤元录》，文较略。篇名为后世选者所加。写东越闽中庸岭有大蛇为患，地方都尉令长听信巫师之言，以童女祭蛇，以求弭害。将乐县李诞小女寄，年仅十二三，挺身而出，不顾父母阻拦，只身仗剑携犬，深入蛇窟，斩除大蛇，为民除害。故事歌颂少女李寄的沉着、机智和勇敢，揭露批判封建官吏的昏庸无能，指出只有勇于斗争才能生存的人生哲理。李寄的机智勇敢和官吏的昏庸无能形成鲜明的对照。大蛇的凶残气焰，李寄斩蛇的从容神态，相互映衬，突出人物的英雄性格，显示出魏晋小说已开始注重人物性格的塑造和刻画。

曹毗志怪 亦称《志怪》。志怪小说集。东晋曹毗著。见《初学记》、《太平御览》、《草堂诗笺》等书征引。清文廷式《补晋书艺文志》入小说家类。今存佚文一则，宣扬东方朔的博洽。鲁迅辑入《古小说钩沉》。

华阳国志 古方志书。东晋常璩著。巴、蜀地晋代为梁、益、宁三州地，属《书·禹贡》所说梁州之域，因取《禹贡》"华阳黑水惟梁州"句，以"华阳"为书名。十二卷，附录一卷。包括巴、汉中、蜀、南中等十二志。记远古至东晋永和三年(347)期间巴蜀一带的历史、地理、风俗，保存不少民谣、神话传说和文学家生平事迹。所述蜀汉及蜀中晋代史事较详，有不少有关西南少数民族历史、传说、风俗的资料。有南宋嘉泰四年(1204)李塈刻本。《四部丛刊》影印乌程刘氏嘉业堂藏明钱叔宝抄本较通行。1987 年上海古籍出版社出版任乃强《华阳国志校补图注》，资料丰富，考证翔实。

语林 又名《裴子语林》。志人小说集。东晋裴启著。据《世说新语·轻诋》及刘孝标注载，原本十卷，记汉魏迄东晋言语应对，曾盛行一时，后以记谢安语失实，为所诋，遂废。至隋已不传，佚文散见《初学记》、《北堂书钞》、《艺文类聚》、《太平御览》、《太平广记》诸书。此书开魏晋志人小说之端，文字简洁而传神，如记魏武佯眠杀人、嵇康耻与魑魅争先、王子猷咏竹等，皆寥寥数语，人物性格特征、精神面貌即豁然于目。《世说新语》从中多有取材。今有《说郛》、《五朝小说》、《古今说部丛书》、《玉函山房辑佚书》及鲁迅《古小说钩沉》等辑本，其中鲁迅辑本收罗较丰，凡一百八十则。此外，戴不凡从明人《华夷鸟兽续考》、《古史谈苑》辑出诸书未收佚文二则，载所著《小说见闻录》(浙江人民出版社 1980 年出版)。

魏武捉刀 又名《床头捉刀人》。小说篇名。东晋裴启作。见《语林》。又载刘义庆《世说新语·容止》和殷芸《小说》卷一，文略同。篇名为后世选者所加。写曹操自以形陋，令部下代为接见匈奴使，自捉刀立床头，又遣人追杀识破自己行藏的匈奴使，表现曹操谲诈忌刻的枭雄性格。后称代人作文为"捉刀"，典出于此。

石崇王恺争豪 小说篇名。东晋裴启作。见《语林》。篇名为后世选者所加。写东晋贵族王恺以帝所赐二尺高珊瑚树炫耀于当时豪富石崇，崇以铁如意击碎之，还以六七枚三四尺高的珊瑚树，恺怅然自失。通过他们的斗宝炫富，揭露晋代贵族地主生活的豪华与奢侈，并对其汰侈行为有一定程度的批判。此故事又载刘义庆《世说新语·汰侈》，同篇尚载有石崇、王恺其他斗富争豪事。

如意击唾壶 小说篇名。东晋裴启作。见《语林》。又载刘义庆《世说新语·豪爽》，文字略异。篇名为后世选者所加。写东晋大将军王敦拥兵自重，欲胁制朝廷。他酒后辄咏曹操"老骥伏枥，志在千里。烈士暮年，壮心不已"诗句，并以如意击唾壶为节，壶口尽缺，表达其控制朝廷的意愿未遂之心情。后来诗文家常用作典故，抒发壮志未酬的激愤与不平。

王子猷居山阴 又名《雪夜访戴》。小说篇名。东晋裴启作。见《语林》。又载刘义庆《世说新语·任诞》。篇名为后世选者所加。写王徽之(字子猷)雪夜乘兴访戴逵，至其门兴尽，不入而返。文笔简净而富有诗意，表现了魏晋时期潇洒放诞的名士风度。

名士传 志人小说集。东晋袁宏著。《晋书》本传云宏撰“《竹林名士传》三卷”；《隋书·经籍志》著录《正始名士传》三卷，著者误作袁敬仲；《旧唐书·经籍志》、《新唐书·艺文志》均作《名士传》，三卷；《宋史·艺文志》著录二卷，《崇文总目》著录三卷，书名均为《正始名士传》。《世说新语·文学篇》“袁伯彦作《名士传》”注云：“宏以夏侯太初、何平叔、王辅嗣为正始名士，阮嗣宗、嵇叔夜、山巨源、向子期、刘伯伦、阮仲容、王濬冲为竹林名士，裴叔则、乐彦辅、王夷甫、庾子嵩、王安期、阮千里、卫叔宝、谢幼舆为中朝名士。”则书名当为《名士传》，三卷。《崇文总目》于《正始名士传》下注云：“其中卷竹林名士三逸，上卷增荀粲，下卷增阮修”，则宋时尚存其旧。此书所记皆魏晋名士遗闻轶事，大抵在标举名士的放旷言行。原书已佚，今《世说新语》注、《水经注》、《文选》李善注尚可见其佚文二十余则，但大都简短破碎。

祖台之志怪 又名《志怪》。志怪小说集。东晋祖台之著。《隋书·经籍志》杂传类著录二卷，《旧唐书·经籍志》杂传类著录四卷，《新唐书·艺文志》入小说家类，亦四卷。原书宋时已佚，佚文散见《法苑珠林》、《北堂书钞》、《艺文类聚》、《初学记》、《太平御览》、《太平广记》诸类书。所记大抵为汉晋鬼怪之事，多与历史人物相关，如“汉武帝见梁上翁”、“张华察剑气”、“陶侃失牛”、“周处斩蛟”等；亦有与历史人物无关者，如“曹著”、“河间太守”、“吴中士大夫”等记人与神、人与鬼、人与妖相恋，“陈悝”、“蹇保”等记有关江人、桐精的传说。今存佚文十五则，鲁迅辑入《古小说钩沉》。又《说郛》卷一一七有祖台之《志怪录》一卷（亦载《古今说部丛书》），凡八则，实即此书。其中“孙弘”一则为《古小说钩沉》所未辑。

拾遗记 又名《拾遗录》、《王子年拾遗记》。志怪小说集。东晋时前秦王嘉著。《晋书》本传谓嘉“著《拾遗录》十卷”。《隋书·经籍志》杂史类著录《拾遗录》二卷，注云“伪秦姚苌方士王子年撰”；又《王子年拾遗记》十卷，注云“萧绮撰”。《旧唐书·经籍志》、《新唐书·艺文志》著录同《隋书·经籍志》，唯《拾遗录》作三卷，《王子年拾遗记》作“萧绮录”。宋陈振孙《直斋书录解题》著录《拾遗记》，注云“晋陇西王嘉子年撰，萧绮序录”。据萧绮《拾遗记序》，此书实为王嘉所撰，原本十九卷，后有亡佚，经萧绮补遗删正，订为十卷，并为作“录”。今本十卷，萧绮序、录并存。前九卷起于庖牺，迄于东晋石赵，多记神话故事和历史传说，并及远国异域物产风俗。所记事虽明标朝代，多涉历史上真人，但大都以为线索，另为申发，“证以史传皆不合”，“盖仿郭宪《洞冥记》而作”（《四库全书总目》）。末一卷专记四海名山，包括昆仑、蓬莱、方丈、瀛洲、员峤、岱舆、昆吾、洞庭等，间及神仙人物，与《十洲记》相近。语言缛丽，文笔细致，较具艺术性。今有《古今逸史》、《稗海》、《汉魏丛书》、《广汉魏丛书》、《增订汉魏丛书》、《秘书二十一种》、《百子全书》等刊本以及中华书局1981年版齐治平校注本，皆十卷。《历代小史》本作一卷，内容与十卷本同。此外，《类说》卷五、明本《说郛》卷三〇、《旧小说》甲集等有节录。

薛灵芸 小说篇名。东晋时前秦王嘉作。见《拾遗记》。篇名为后世选者所加。写魏文帝时美女薛灵芸被选入宫，赞颂其绝代美貌和妙于针工，显示古代妇女的聪明才智。其中选美入宫时的豪奢场面，反映出古代封建帝王的侈靡生活侧面。灵芸入宫后，以玉唾壶承泪，泪凝如血，表现出被选入宫的女子处在帝王淫威下身不由主的痛苦，常被后世诗人题咏，用为典故。

名山记 又名《拾遗名山记》。志怪小说集。东晋王嘉著。《直斋书录解题》小说家类于《拾遗记》之下复著录此书一卷，云：“亦称王子年，即前之第十卷。”此书乃节录自《拾遗记》。今《五朝小说》、《说郛》卷六六、《古今说部丛书》、《旧小说》甲集皆有《拾遗名山记》八则，全同《拾遗记》第十卷。

搜神后记 或作《搜神录》、《续搜神记》、《搜神续记》。志怪小说集。《隋书·经籍志》著录为东晋陶潜著。或以为非陶氏所作。鲁迅《中国小说史略》云：“陶潜旷达，未必拳拳于鬼神，盖伪托也。”又《四库全书总目》引明沈士龙《跋》谓：“潜卒于元嘉四年，而此有十四、十六两年事；陶集多不称年号，以干支代之，而此书题永初、元嘉。其为伪作，固不待辨。”然南朝梁释慧皎《高僧传序》已叙及陶潜作有《搜神录》。或此书本为陶作，后人增益，失其初貌。原书十卷，见《隋书·经籍志》杂传类著录，《旧唐书·经籍志》已无载。今本十卷，出明胡震亨《秘册汇函》，当为后人所辑。此书显仿干宝《搜神记》而作，故所记颇相仿佛，亦多有神灵怪异之事,间及佛徒事迹、仙境传说。文笔清峻雅淡,不少故事记叙完整,情节生动,如"丁令威化鹤"、"白水素女"、"桃花源"等,皆世所熟知。所传版本,《秘册汇函》本之外,尚有《津逮秘书》、《学津讨原》、《百子全书》等本,皆十卷。又明本《说郛》卷四、《五朝小说》、《唐宋丛书》、《增订汉魏丛书》、《龙威秘书》、《无一是斋丛钞》、《晋唐小说畅观》、《鲍红叶丛书》、《旧小说》甲集等有节录。汪绍楹校注《搜神后记》(中华书局1981年出版),考异正讹,搜残补缺,用力甚勤,颇裨参考。

丁令威化鹤 又名《丁令威》。小说篇名。东晋陶潜作。见《搜神后记》。又载《洞仙传》、《仙苑编珠》卷二引《飞天仙人经》,文较简。篇名为后世选者所加。写辽东人丁令威学道于灵虚山,后化鹤归辽,集于城门华表柱。有少年举弓欲射之,乃飞起,徘徊空中,而言曰:"有鸟有鸟丁令威,去家千年今始归,城郭如故人民非,何不学仙冢累累?"言毕,冲天而去。故事表现出道家的羽化登仙思想,通过丁令威化鹤归来所见所感,也表达了对人世沧桑的深沉慨叹。在古代流传甚广,常被诗文家所吟咏,如唐李白有《灵墟山》诗,宋言有《鹤归华表赋》等。

白水素女 小说篇名。东晋陶潜作。见《搜神后记》。又载束皙《发蒙记》和任昉《述异记》,事稍异。篇名为后世选者所加。写青年农民谢端少丧父母,辛勤劳作,却无法娶妻成家。后于城下拾得一大螺,持归贮藏瓮中,自此家中恒有少女为之备炊饭。端乃潜归,查知少女乃瓮中大螺所化。少女自称是天河中白水素女,受天帝派遣,特下凡助其理家,今形迹既露,不能再留,乃留螺壳别去。谢端的生活遭遇,揭示出当时社会的不公;仙女下凡帮助谢端理家的幻想情节,表现了古代人民对幸福生活的要求和愿望。人物形象鲜明,真切动人,具有浓厚抒情气氛。民间传说中的田螺姑娘故事由此演化而来。

甄异传 又名《甄异记》、《甄异录》、《甄异志》。志怪小说集。东晋戴祚著。《隋书·经籍志》杂传类著录三卷。《旧唐书·经籍志》杂传类亦著录三卷,撰人误作戴异。《新唐书·艺文志》入小说家类,亦三卷 。原书宋时已佚,佚文散见《齐民要术》、《北堂书钞》、《太平广记》、《太平御览》、苏易简《文房四谱》等书。所记多为晋太元、建武中鬼神怪异、感应灵验之事,为此前志怪书所不载。其中"秦树"、"杨丑奴"记人与鬼、人与妖恋爱,"张闿"、"张牧"记鬼使、鬼奴故事,皆首尾完整,情节曲折,较有小说韵味。今有鲁迅《古小说钩沉》辑本,凡十七则。又《说郛》辑五则,多为唐宋事,当系误收。

郭子 志人小说集。东晋郭澄之著。《隋书·经籍志》著录三卷,《旧唐书·经籍志》、《新唐书·艺文志》著录同,有贾泉(原作渊,唐人避高祖李渊讳改)注。原书已佚,佚文散见诸类书。内容多记魏晋名士言谈轶事,尤详于晋。文字简约隽永。今传辑佚本,有《无一是斋丛钞》本、《玉函山房辑佚书》本等版本,皆一卷。又鲁迅《古小说钩沉》辑八十四则,较为详备。

异林 又名《陆氏异林》。志怪小说集。晋陆氏著。《三国志·钟繇传》注引文末云:"叔父清河太守说如此。"裴松之注:"清河,陆云也。"撰人当为陆机之子蔚或夏。《三国志》注及《太平御览》引佚文一则,记钟繇与女鬼恋爱事,鲁迅辑入《古小说钩沉》。

志怪记 亦称《殖氏志怪记》。志怪小说集。晋殖氏著。《隋书·经籍志》著录三卷,《旧唐书·经籍志》及《新唐书·艺文志》无载。《北堂书钞》卷二〇、卷一四四存佚文二条,一条为"客星通坐"四字,另一条记谢谟逐盗事,均甚简略。鲁迅辑入《古小说钩沉》。

灵鬼志 又名《荀氏灵鬼志》。志怪小说集。东晋荀氏著。荀氏安帝义熙(405—418)中曾官南平国郎中。《隋书·经籍志》杂传类著录三卷,《旧唐书·经籍志》著录同,《新唐书·艺文志》入小说家类。原书宋时已佚,佚文散见《世说新语》注、《辩正论》注、《法苑珠林》、《北堂书钞》、《艺文类聚》、《太平御览》、《太平广记》等书。所记多为鬼神怪异、佛教灵验之事,并及谶语谣谚。其中"嵇中散"记嵇康从鬼客学奏《广陵散》,以对话显示人物不同个性,形象生动鲜明;"外国道人"写外国道人变化法术,情节曲折离奇,曲达人情世态,其事本于古印度《旧杂譬喻经》"梵志作术"传说,由此可见印度佛教传说对魏晋志怪小说的影响。今有鲁迅《古小说钩沉》辑本,凡二十四则。其中"蔡谟"、"李通"二则原所引分别注出《灵异志》和《虚异志》,今人有疑其误入者。

外国道人 小说篇名。东晋荀氏作。见《灵鬼志》。篇名为后世选者所加。写某外国道人能吞刀吐火,法术广大,尝入人所担小笼憩息,笼不更大,人亦不更小;又于笼中吐妇人与共食,及其睡,妇人复吐一男子共食,云是外夫,食毕,男子复入妇人口中,妇人复入道人口中;

又尝作术惩治一富人，置其父母于泽壶，逼令作膳食济贫者。故事描写外国道人的种种奇妙法术，赞扬惩富济贫的侠义行为，并曲折反映当时家庭婚姻的世态。前半道人变化法术本于古印度《旧杂譬喻经》梵志吐壶故事，见出古印度传说对魏晋志怪小说的影响。

玄中记 又名《郭氏玄中记》，清人避康熙玄烨讳改名《元中记》。志怪小说集。晋郭氏著。或谓郭氏即东晋郭璞。始著录于《太平御览·经史图书纲目》。《崇文总目》地理类著录一卷，不题撰人。《秘书省续编到四库阙书目》仙家类著录同，但注云"阙"。所记皆四方异闻奇事，包括伏羲、女娲、颛顼、刑天等远古神话故事，狗封、丈夫、扶伏、化民等远国异民传说，具区泽、黄池穴、沃焦山、炎火山、东海大鱼、昆仑巨蛇、西胡日及牛、荆州乌臼树、天竺金指环、大秦五色颇黎等山川动植、异域物产，以及树精、鼠精、蝙蝠精、蟾蜍精、山精、水精、金精、玉精等精怪。叶德辉《辑郭氏玄中记序》称其"恢奇瑰丽，仿佛《山海》、《十洲》诸书"。然多为片断，除"桃都山"、"姑获鸟"、"狐妖化人"、"秦王置旄头骑"数则较具情节，大都缺乏故事性。今传皆辑佚本，有《玉函山房辑佚书》本、《十种古逸书》本、《汉学堂丛书》本、《观古堂所著书》本、鲁迅《古小说钩沉》本等。鲁迅辑本凡七十一则，较称完备。然明杨慎《丹铅总录》卷四引"黄帝臣"一则尚未收。

姑获鸟 又名《毛衣女》。小说篇名。晋郭氏作。见《玄中记》。又载干宝《搜神记》卷一四。篇名为后世选者所加。写姑获鸟夜飞昼藏，衣毛为飞鸟，脱毛为女人。某豫章男子见田中有六七女子，不知是姑获鸟，匍匐往，先得其毛衣，取藏之，后近前，诸鸟各取毛衣飞去，一鸟独不得飞，遂娶为妇，生三女。后姑获鸟使女问父，知毛衣在积稻下，取而飞去，复以毛衣迎其女，女亦飞去。构想新奇，优美动人，开中国古代人鸟恋爱故事之先河。豫章男子藏毛羽得妻的情节，常为后世民间故事所袭用。

应验记 志怪小说集。南朝宋傅亮著。《隋书·经籍志》杂传类著录一卷，《旧唐书·经籍志》、《新唐书·艺文志》无载，唐宋类书未有征引，仅《太平广记》引书目录存目。原书已佚，王琰《冥祥记》有其佚文二则，一记竺法义归诚观音梦道人为治病事，一记竺长舒好诵《观世音经》，比邻失火而其家独完事，皆颂扬观音灵验。

古异传 或作《古今异传》。志怪小说集。南朝宋袁王寿著。《隋书·经籍志》杂传类著录三卷，《旧唐书·经籍志》杂传类卷帙同，但书名误作《石异传》或《右异传》，撰人作袁仁寿，《新唐书·艺文志》入小说家类，书名、撰人同《隋书·经籍志》。原书已佚，今仅存记啄木鸟传说佚文一则，谓啄木本为雷公采药使，化而为鸟，见《玉烛宝典》卷五、宋高承《事物纪原》卷一〇以及《重修政和证类本草》卷一九等引。

集异记 志怪小说集。南朝宋郭季产著。仅见于《太平御览》引书目录。《北堂书钞》、《艺文类聚》、《太平广记》、《太平御览》等引有其佚文。内容多记鬼怪之事，间及梦征。今有鲁迅《古小说钩沉》辑本，凡十一则。此外尚有《太平广记》卷四三八引"朱休之"、卷四四二引"张华"以及卷二七六引"张天锡"等三则佚文。

太清记 志怪小说集。南朝宋王韶之著。此书不见著录，仅存于《说郛》卷一八，凡一卷，十四则。主要记有关神仙事，多重见于他书，如"翔鹤"条见于王韶之《神境记》，"艳质"条见于萧韶《太清纪》，"发如鸭"条见于葛洪《神仙传》。论者或疑此书乃陶珽取萧韶《太清纪》书名并佚文，杂厕他书言神仙之事，而托名于王韶之。

世说新语 原名《世说》，唐时称《世说新书》，宋以后改称《世说新语》。志人小说集。南朝宋刘义庆著。《宋书》未载义庆撰《世说》事，且书中不少故事与东晋裴启《语林》、郭澄之《郭子》等书雷同，后人因疑此书乃义庆集门人纂辑旧抄而成，非出于其一人之手。南朝梁刘孝标曾为之作注，征引书籍达四百余种，不少今已亡佚的书籍赖以有所保存。原书八卷，刘孝标作注分为十卷，今本作三卷，分德行、言语、政事、文学、方正、雅量、识鉴、赏誉、品藻、规箴、捷悟、夙惠、豪爽、容止、自新、企羡、伤逝、栖逸、贤媛、术解、巧艺、宠礼、任诞、简傲、排调、轻诋、假谲、黜免、俭啬、汰侈、忿狷、谗险、尤悔、纰漏、惑溺、仇隙三十六篇，乃北宋晏殊所删并。内容主要记汉末至东晋名士遗闻轶事，尤详于东晋王、谢等士族的玄谈清议，疏放任诞。其旨在推扬儒家名教伦理及名士的风仪容止，于当时政治的恐怖黑暗及士族豪门的贪侈凶残亦有所暴露。书中所载人物言谈行事，有助于了解当时社会生活，特别是士族阶层的生活方式与精神面貌。在艺术描写上，"记言则玄远冷隽,记行则高简瑰奇”(鲁迅《中国小说史略》),既善于抓住能突出人物个性的言语和行为刻画人物,寥寥数语,人物性格特征、思想风貌活脱毕现;又能将口语锤炼为活泼的文学语言,简约隽永。此书对后世笔记小说影响甚大,唐以后代有仿作,在中国古代小说中自成一体。书中不少故事,或为后世戏曲小说所取材,或成为诗文常用典故和成语。所传版本,以唐写本《世说新语》残卷最早,南宋绍兴刻本是最早的全本,有1955年文学古籍刊行社影印本;通行本明嘉靖袁氏嘉趣堂本为较早刊本,有《四部丛刊》影印本;近代王先谦校订思贤讲舍刊本,有1982年中华书局影印本。此外,余嘉锡《世说新语笺疏》(中华书局1983年出版),征引详博,疏解精当;徐震堮《世说新语校笺》(中华书局1984年出版),校订精审,笺释简要,可资参考。

管宁割席 小说篇名。南朝宋刘义庆作。见《世说新语·德行》。又见于《初学记》卷一七引裴启《语林》,但文字甚简略。篇名为后世选者所加。写管宁、华歆尝共园中锄菜,见地上有片金,宁视如瓦石,挥锄不辍,歆拾而掷之。又尝同窗读书,有乘轩冕者过门,宁读书如故,歆废书出看。宁乃割席与歆分坐,曰:“子非吾友也!”故事采用对比手法,通过对待金钱、权贵的不同态度,揭示了人物品格的优劣。篇幅简短,却有语言,有动作,有情节,十分精练。“割席”后成为与志趣不投的朋友断交的成语。

新亭对泣 又名《过江诸人》。小说篇名。南朝宋刘义庆作。见《世说新语·言语》。篇名为后世选者所加。写东晋初南渡诸士族官僚登建康新亭,感慨国事,痛心中原沦陷。周顗等人消极悲怨,只知一味哀叹“风景不殊,正自有山河之异”;王导则积极奋进,主张“当共戮力王室,克复神州”。作品抓住能突出人物个性的语言作客观描述,寥寥数语,人物的思想性格和精神面貌即豁然如见。

王戎夙慧 又名《道边苦李》。小说篇名。南朝宋刘义庆作。见《世说新语·雅量》。篇名为后世选者所加。写王戎七岁时,尝与诸小儿游。见道边李树多子,诸儿竞相取之,唯戎不动。人问之,答曰:“树在道边而多子,此必苦李。”取之信然。故事表现幼年王戎的聪明智慧,富于启发性。

好财好屐 又名《祖约阮孚》。小说篇名。南朝宋刘义庆作。见《世说新语·雅量》。篇名为后世选者所加。写祖约好财,阮孚好屐,同为物累,初未判其得失。后有客诣二人,约屏藏财物未尽,倾身障之,意未能平;孚则自吹火蜡屐,因叹曰:“未知一生当著几量屐!”神色闲畅。于是胜负始分。故事采用对比手法,通过对人物见客时不同行为态度的客观描述,揭示好尚之不同及品格之高下。笔墨简省,人物形象突出。其中“未知一生当著几量屐”颇含人生哲理意味,常为后世称引。

周处除三横 又名《周处》、《周处除三害》、《除三害》。小说篇名。南朝宋刘义庆作。见《世说新语·自新》。又载《孔氏志怪》和《祖台之志怪》,文较略。篇名为后世选者所加。写周处少时横行乡里,为乡人所患。又其地水中有蛟,山中有虎,并暴犯百姓,人合谓之“三横”。或劝处杀虎斩蛟,冀“三横”唯余其一。处乃刺杀虎,又入水斩蛟,浮三日三夜不出。乡人谓其已死,咸相庆。处闻之,乃自改过,终于名留后世。故事赞扬了周处为民除害,勇于改过自新的精神。文笔简洁,叙述生动,精练传神。明清戏曲家曾据以改编成《蛟虎记》、《风云记》、《除三害》等剧本。

刘伶纵酒放达 小说篇名。南朝宋刘义庆作。见《世说新语·任诞》。篇名为后世选者所加。写魏正始间名士刘伶恒纵酒放达,有时脱衣裸形在屋中,人见而讥之,伶曰:“我以天地为栋宇,屋室为裈衣(裤子),诸君何为入我裈中。”对司马氏所倡导的“礼法”表示蔑视和挑战。“以天地为栋宇,屋室为裈衣”,反映出魏晋名士的思想境界及其放达生活的一个侧面。

石崇燕集 小说篇名。南朝宋刘义庆作。见《世说新语·汰侈》。篇名为后世选者所加。写石崇宴客,常令美人行酒,客饮不尽,即斩美人。丞相王导和大将军王敦尝同往赴宴。导素不能饮,至此辄强自饮之。敦执意不饮,已斩三人,颜色如故,仍不肯饮。导责之,敦却说:“自杀伊家人,何预卿事!”故事深刻揭露东晋豪门贵族的骄奢淫逸和以杀人为儿戏的罪行。人物个性,如石崇的横暴、王敦的冷酷和王导的随顺均刻画深刻。语言简练,富于表现力,常为后世引称。

温峤娶妇 又名《玉镜台》。小说篇名。南朝宋刘义庆作。见《世说新语·假谲》。篇名为后世选者所加。写温峤有意娶表妹,却不便明说;表妹隐有所觉,但不详实情。及温峤借为表妹觅婿之机,以昔日随刘琨北征所得玉镜台下定，将其骗娶至家中，表妹方知己猜想不误，拍掌大笑，曰："我固疑是老奴，果如所卜！"温峤前后隐约其辞，行事诡秘，其表妹直言无忌，活泼天真，充满喜剧气氛。元关汉卿的杂剧《玉镜台》、明朱鼎的传奇《玉镜台记》皆取材于此。

幽明录 志怪小说集。南朝宋刘义庆著。《隋书·经籍志》杂传类著录二十卷，《旧唐书·经籍志》杂传类、《新唐书·艺文志》小说家类俱著录三十卷。南宋洪迈《夷坚三志辛序》云："《幽明录》，今无传于世。"当亡佚于宋。佚文散见《世说新语》注、《水经注》、《辩正论》注以及《法苑珠林》、《初学记》、《北堂书钞》、《艺文类聚》、《太平御览》、《太平广记》等书。所记多为当世奇闻异事，不少故事构思奇特，想像大胆，描写委婉入情。如"刘晨阮肇"记刘、阮入天台山遇仙，"焦湖庙祝"记汤林入柏枕历幻，"庞阿"记石氏女离魂私奔，"卖胡粉女子"记某富家子弟情死后还魂等，俱著名于后世，为历来小说、戏曲所沿袭和取材。其记精魅鬼怪，亦多具人情味。唯宣扬六道轮回、因果报应，时涉地狱之说，受佛教消极思想影响。今有《琳琅秘室丛书》、《说郛》、《五朝小说》等辑本，皆一卷，十一则。鲁迅《古小说钩沉》辑二百六十五则，较为完备，然犹有漏收者，如《类说》卷一一所引"羊祜头风"、"嵇康见鬼"等。

刘阮入天台 又名《刘晨阮肇》。小说篇名。南朝宋刘义庆作。见《幽明录》。又载《太平广记》卷六一引《搜神记》(一本作《神仙记》)及《蒙求注》卷中引《续齐谐记》，文字略异。篇名为后世选者所加。写刘晨、阮肇入天台采谷皮，迷道绝粮，见一水中有芜菁叶从山腹流出，乃浮水逆流二三里，至一大溪。溪边有二女，遂随至其家，结为夫妇。居半年，思家求归，二女为指示还路，并集众奏乐相送。既归，亲旧零落，邑屋改异，无复相识。故事表现动乱时代人民对安定生活和幸福婚姻的向往。叙述细致生动，人物对话委婉传情，生活气息浓郁。宋元话本《刘阮仙配》、元明杂剧马致远及陈伯将《误入桃源》、汪元亨《桃源洞》、无名氏《相送出天台》、王子一《误入桃源》，皆演其事。唐张鷟《游仙窟》、清蒲松龄《聊斋志异》中《翩翩》亦脱胎于此。

贾弼之 又名《换头》。小说篇名。南朝宋刘义庆作。见《幽明录》。篇名为后世选者所加。写河东郡贾弼之屡梦一鱃皰多须、大鼻瞯目之人欲与易头，因不堪其扰，许之。及天明，其头果与梦中人易，唯只能半面啼半面笑，而两足手口则能各捉一笔并书，亲故朋僚惊而躲避。情事离奇，宋洪迈曾采入《夷坚三志辛序》。清蒲松龄《聊斋志异》中的"陆判"故事当脱胎于此。

卖胡粉女子 又名《买粉儿》。小说篇名。南朝宋刘义庆作。见《幽明录》。篇名为后世选者所加。写某男子对集市一卖胡粉女子一见钟情，苦于无由表白，乃日往买粉，以慰渴慕。对方感其真诚，应约前来幽会，他却因不胜欢踊，气绝而死。卖胡粉女子一时恐惧离去，后向其家人道明真相，并不吝一死，要求"临尸尽丧"。在其真情感召下，死去的男子复活，双双结成美眷。故事赞颂生死不渝的真挚爱情。情节曲折离奇，手法大胆夸张，充满浪漫色彩。宋以后的戏曲曾取为题材，清蒲松龄《聊斋志异》中的"阿绣"故事亦脱胎于此。

庞阿 又名《石氏女》。小说篇名。南朝宋刘义庆作。见《幽明录》。篇名为后世选者所加。写一石氏女因钟情男青年庞阿，魂魄离体私奔，终与之结成夫妇。"离魂"情节构思奇特。石氏痴情女子的形象反映了封建时代女子要求冲破礼教束缚，与所爱之人结成婚姻的强烈愿望和理想。唐陈玄祐曾据以撰为传奇小说《离魂记》。后来戏曲、小说中的离魂故事，如元郑光祖的《倩女离魂》，明凌濛初《初刻拍案惊奇》中的《大姐魂游完宿愿》，清蒲松龄《聊斋志异》中的《阿宝》，均渊源于此。

焦湖庙祝 小说篇名。南朝宋刘义庆作。见《幽明录》。篇名为后世选者所加。写焦湖庙祝有柏枕，枕后有一坼孔。县民汤林至庙祈福，庙祝令入坼孔，因见朱门琼宫瑶台，又见赵太尉，招为婿，生子女六人，选秘书郎，俄迁黄门郎，了无归意。后因事违忤庙祝，庙祝令出外间。既出，复见柏枕，知向所历皆俄忽间之幻境。故事情节离奇，辛辣讽刺了世人热衷功名的思想，流露人生如梦的消极情绪。唐沈既济曾据以撰为传奇小说《枕中记》，明谷子敬《枕中记》杂剧、徐霖《枕中记》传奇及汤显祖《邯郸记》传奇，皆源于此。

宣验记 又名《宣验志》。志怪小说集。南朝宋刘义庆著。《隋书·经籍志》杂传类著录十三卷，《旧唐书·经籍志》、《新唐书·艺文志》不录。佚文散见《辩正论》注、《事类赋注》、《太平御览》、《太平广记》等书。所记多为晋宋间善恶祸福、因果应验之事，或颂扬敬奉佛法得福，或渲染不敬佛法受惩，或诫杀生受报，或倡观音显验，间杂有少数佛经故事。其旨在弘扬佛法，记叙率多平直，较少情味。今有《说郛》、《五朝小说》等辑本，皆一卷，凡三则。鲁迅《古小说钩沉》辑三十五则，较为完备，然犹有漏收者，如《法苑珠林》卷二四和《历代名画记》卷五所引“戴逵造佛像”事。

江左名士传 志人小说集。南朝宋刘义庆著。《隋书·经籍志》杂传类著录一卷。此书当继袁宏《名士传》而作，所记皆东晋名士轶事。原书已佚，《世说新语》“赏誉”、“品藻”、“容止”等篇注引有佚文五则，记杜乂、谢鲲等事。

异苑 志怪小说集。南朝宋刘敬叔著。《隋书·经籍志》杂传类著录十卷。《旧唐书·经籍志》、《新唐书·艺文志》以下宋元书目均无著录。今本十卷，为明胡震亨、姚叔祥等从宋抄本录出。书名盖仿刘向《说苑》，意谓荟萃异事，如苑囿之纷然。记山水异闻、动植物产、吉凶征兆、神灵应验、妖精物怪、僧道异术、鬼物作祟、人死还魂、历史传说、神话故事等。然“词旨简淡”(《四库全书总目》)，语多短略，艺术感染力较差。今有《秘册汇函》、《津逮秘书》、《学津讨原》、《说库》、《古今说部丛书》等刊本，皆十卷。又有一卷本，刊于《唐宋丛书》、《五朝小说》和《说郛》。此外，《旧小说》甲集录有七条，王仁俊《经籍佚文》辑有佚文一卷。

桑树煮龟 小说篇名。南朝宋刘敬叔作。见《异苑》。篇名为后世选者所加。写三国吴孙权时，有人入山遇一大龟，能作人言，乃束之欲献吴王。途中系舟于一大桑树。夜半，树忽呼龟曰：“劳乎元绪(龟名)，奚事尔耶?”龟曰：“我被拘系，方见烹臛，虽然，尽南山之樵，不能溃我。”树曰：“诸葛元逊(诸葛恪)博识，必致相苦；今求如我之徒，计从安簿?”龟曰：“子明(树名)无多辞，祸将及尔。”树寂而止。既至建业，权命煮之，焚柴万车，龟犹语如故。诸葛恪曰：“燃以老桑树，乃熟。”献者乃说龟、树共言事。权遂使人伐桑煮之，龟乃立烂。故事阐明不能急人之难而幸人之祸者，自己亦不免受其祸的道理，寓意深刻。

牛渚燃犀 小说篇名。南朝宋刘敬叔作。见《异苑》。篇名为后世选者所加。写东晋温峤至牛渚矶，水底有音乐声。传说水下多怪物，乃燃犀角照之，果见水族奇形怪状，朱衣跃马。是夜梦中有人曰：“与君幽明道隔，何意相照耶?”未几病卒。故事旨在宣扬神灵怪异。后常为诗文家所题咏并引为故实，曾被采入明清传奇。

妒记 志人小说集。南朝宋虞通之著。《宋书·后妃传》：“宋世诸主，莫不严妒，太宗每疾之。湖熟令袁慆妻以妒忌赐死，使近臣虞通之撰《妒妇记》。”《隋书·经籍志》、《新唐书·艺文志》杂传类著录二卷。原书宋时已佚，佚文散见《世说新语》注、《艺文类聚》、《事类赋注》、《白孔六帖》、《太平御览》等书。所记多为妇人妒忌纳妾故事，旨在以封建礼教规劝妇德。行文简洁，叙事生动，人物形象鲜明，写妒妇痴悍之情宛然如见，开后世家庭题材小说之端。今有鲁迅《古小说钩沉》辑本，凡七则。

感应传 志怪小说集。南朝宋王延秀著。《隋书·经籍志》杂传类、杂家类，《旧唐书·经籍志》杂传类和《新唐书·艺文志》小说家类均著录八卷，《宋史·艺文志》不载。《辩正论》卷六、卷七陈子良注引《感应传》四事：一记扬州长干寺育王像显灵；一记庐陵发蒙寺育王像显灵；一记齐建安王念观音不息，观音为之治疮；一记张逸造金像祈命，临刑刀折(后二事又见《太平广记》卷一一一、卷一一四引)，疑即其佚文。

齐谐记 或作《齐谐志》。志怪小说集。南朝宋东阳无疑著。《隋书·经籍志》杂传类著录七卷，《旧唐书·经籍志》著录同，《新唐书·艺文志》入小说家类，《宋史·艺文志》不载。佚文散见唐宋诸类书。书名取《庄子》“齐谐志怪”之义，所记皆神鬼怪异之事，间及因果报应之说。其中“薛道询”记薛化虎食人，“吕思”记狸怪摄妇女，或旨意深永，或情节曲折，颇受称道。今有马国翰《玉函山房辑佚书》辑本传世，凡一卷，十五则。鲁迅《古小说钩沉》辑录同。赵景深《中国小说丛考》从《古今图书集成》卷四九三录得佚文一则，记钱唐徐秋夫为鬼治病事，为马本和《古小说钩沉》所不载。

薛道询 小说篇名。南朝宋东阳无疑作。见《齐谐记》。篇名为后世选者所加。《淮南子·俶真训》载有公牛哀转病、七日化为虎事。本篇写薛道询先变虎食人，后当官以治人，喻当时官与虎并无本质差别，具有思想意义。篇末写薛道询终因食人事被捉送官，饿死狱中，意在宣扬佛教的善恶报应思想，一定程度上也反映人民对此类官吏的憎恨。清蒲松龄《聊斋志异》载“向杲化虎”事，当源于此。

述异记 志怪小说集。南朝齐祖冲之著。《隋书·经籍志》杂传类著录十卷，《旧唐书·

经籍志》著录同,《新唐书·艺文志》入小说家类。原书宋时已佚,佚文存唐宋诸类书。所记皆晋以来神怪妖异故事,尤以吉凶征兆之事为多。故事大都完整,叙事状物,亦曲尽其致,文字雅洁。今有鲁迅《古小说钩沉》辑本,凡九十则。其中,"梦口穴"、"朱休之"、"苟瑰"、"吴龛"、"历阳湖"、"园客"、"封邵化虎"等则又见于今本任昉同名书。

黄耳 小说篇名。南朝齐祖冲之作。见《述异记》。篇名为后世选者所加。事又见《晋书·陆机传》,文较简略。写陆机有快犬名黄耳,黠慧能解人语,尝外借三百里,自觅归。一日,机戏语犬:"能赍书驰取消息否?"犬摇尾作声应之。乃以竹筒盛书系其颈,犬出驿路疾走向吴,径至机家。后又为机取家人复书。及犬死,机遣人送葬吴中,村人呼为"黄耳冢"。后人以"黄耳"为寄递家书典故。

稽神异苑 志怪小说集。旧题南朝齐焦度撰,实为梁、陈间无名氏所著。首见于《郡斋读书志》卷一三著录,十卷。《文献通考》卷二一五亦著录十卷,不著撰人。《宋史·艺文志》小说家类卷帙同,撰人误作焦潞。原书已佚,今存佚文十四则,见曾慥《类说》卷四〇引。其中除"李夫人遗蘅芜香"一则外,余皆标明出处,当系抄撮旧籍而成。所记多为神怪爱情传说,如"杜兰香"记神女杜兰香与张硕相恋,"云雨"记萧总遇洛神女,"康王庙"记康王庙神女与刘子卿相亲,"东海女姑"记萧岳遇东海女姑神,"白鱼江郎"记白鱼精与民女王氏相爱等,大都清新优美,富于传奇色彩。

冥祥记 又称《冥祥传》。志怪小说集。南朝齐王琰著。《隋书·经籍志》杂传类著录十卷,《旧唐书·经籍志》著录同,《新唐书·艺文志》入小说家类。原书宋时已佚,佚文存《法苑珠林》、《太平御览》、《太平广记》等书。作者自序称幼时从贤法师处得一观音金像,后此像常显灵异,乃"修复其事,有感深怀,沿此征觌,缀成斯记"。此书系宣扬佛法之作。所记多为佛像瑞验、经塔显效、高僧神迹、轮回报应之类,旨在劝人崇佛向善。搜罗宏富,篇幅较长,叙述委曲详尽,描写具体细致。今有鲁迅《古小说钩沉》辑本,凡一百三十一则,中有隋及初唐事,当系后人窜易。

冥验记 又名《宣验记》。志怪小说集。南朝齐萧子良著。仅见称于唐临《冥报记序》。序云:"齐竟陵王萧子良作《冥验记》,王琰作《冥祥记》,皆所以征明善恶,劝戒将来,实使闻者深心感悟。"(杨守敬《日本访书志》卷八引)原书已佚,《事类赋注》卷一九、卷二三引有《冥验记》二事,一记沛国周氏悔过,一记吴唐射鹿。

迩言 志人小说集。南朝梁沈约著。十卷。仅见称于《梁书》、《南史》沈约本传,今佚。或以为即沈约《俗说》、《杂语》、《袖中记》、《珠丛》等书之合编。今有《玉函山房辑佚书》、《古小说钩沉》等辑本,凡五十二则,多记晋宋名人之遗闻轶事。

俗说 志人小说集。旧题南朝梁沈约著。《隋书·经籍志》小说类《世说》下附注"梁有《俗说》一卷,亡";又杂家类著录三卷,注云"沈约撰,梁五卷"。《旧唐书·经籍志》、《新唐书·艺文志》无载。《通志·艺文略》小说类著录一卷,不著撰人;《遂初堂书目》著录题刘孝标撰,无卷数。今并佚,佚文散见《北堂书钞》、《艺文类聚》、《初学记》、《太平御览》等书。所记多为晋宋名人轶事,唯"书记琐杂,无甚高论"(马国翰《辑〈俗说〉序》)。今有马国翰《玉函山房辑佚书》辑本一卷,题沈约撰;又鲁迅《古小说钩沉》辑五十二则,不著撰人。

冥通记 又称《周子良冥通记》、《周氏冥通记》、《周子良冥通录》。南朝梁陶弘景著。《隋书·经籍志》杂传类著录一卷,《旧唐书·经籍志》杂传类著录同,《崇文总目》小说家类著录三卷,《宋史·艺文志》小说家类著录四卷,《四库全书总目》入道家类存目。作者《进周氏冥通记启》称:"去十月将末,忽有周氏事。既在斋禁,无由即得启闻。今谨撰事迹,凡四卷,如别上呈。"(《陶隐居集》)今本四卷,凡一百三十三则。全书按日月逐条缕述周子良遇诸仙事,讲授道教戒条及修养方法。起于天监十四年(515)乙未岁五月,迄至十五年丙申岁七月,共记一百三十三事。前三卷二十四事叙述较详,稍具故事性,第四卷简略。有《秘册汇函》、《津逮秘书》、《丛书集成初编》等刊本。

古今刀剑录 志怪小说集。南朝梁陶弘景著。仅见于《宋史·艺文志》小说家类著录,凡一卷。所记上起三代,下迄齐梁,皆古今刀剑事,详记铸造时间、所用质料、形制尺寸、名称书体,间亦及于怪异传说。如"章帝"条记汉章帝铸金剑令投伊水以厌人膝之怪;"袁绍"条记袁绍在黎阳梦神人授其宝刀;"王双"条记王双于市中买得一刀,卖者谓得之者贵,后佩之,为魏将;"慕容垂"条记后燕慕容垂尝造二刀,一雄一雌，别处之则鸣。然皆简短，缺少小说意味。今有《百川学海》、《汉魏丛书》、《广汉魏丛书》、《增订汉魏丛书》、《山居小玩》、《群芳清玩》、《说郛》、《五朝小说》、《龙威秘书》等刊本。

述异记 志怪小说集。题南朝梁任昉著。是书唐以前史志不载，宋以后始见书目著录，皆二卷，题任昉撰。《四库全书总目》以为系唐人伪托。今本上下二卷。据缪荃孙《艺风堂文续集》卷六《影宋本述异记跋》云，钱塘丁氏八千卷楼藏有影宋抄本《述异记》二卷，与今本内容全同而仅文字小异。书中多记动植物产、山川泉石、园林楼台、古迹遗址，间杂远古神话、历史故事和怪异传说。记叙简略破碎。唯流传较广，在魏晋六朝志怪小说中有一定地位。今通行者有《汉魏丛书》、《广汉魏丛书》、《增订汉魏丛书》、《格致丛书》、《稗海》、《龙威秘书》、《百子全书》、《说库》等刊本。《类说》、明本《说郛》、《五朝小说》等另有节录。又清王仁俊辑佚文一卷，有《经籍佚文》本。

王质 小说篇名。南朝梁任昉作。见《述异记》。本出晋袁山松《郡国志》(《太平御览》卷四七引)和南朝宋郑辑之《东阳记》(《水经注》卷四〇《渐江水》引)，又载唐以后道书《云笈七签》、《三洞群仙录》、《真仙通鉴》等，文略异。篇名为后世选者所加。写晋时王质伐木至信安县石室山，见童子数人弈棋而歌，质因听之。童子以一物如枣核者与质，质含之，不觉饥。俄顷，童子谓曰："何不去？"质起，视斧柯烂尽。既归，无复时人。故事宣扬仙凡异势、人世变易迅速。后世诗人常引为典故，抒发对人生变易、时事变迁的感慨。宋元以后戏剧亦曾敷衍其事，如宋元无名氏《王质》戏文、明无名氏《烂柯山王质观棋》杂剧等。

续齐谐记 志怪小说集。南朝梁吴均著。《隋书·经籍志》、《旧唐书·经籍志》、《新唐书·艺文志》并著录一卷，《崇文总目》作三卷。今存残本一卷，凡十七则，另有少数佚文，见于《事类赋注》、《太平御览》、《琱玉集》、《辍耕录》等书引。所记大都为神怪之事。如"霍光"记其车辖所饰金凤凰化鸟飞去；"紫荆树"记田氏堂前紫荆树为其兄弟枯而复荣；"阳羡书生"记某书生入鹅笼休憩，吐人、物以自娱；"赵文韶"记清溪女姑神与赵文韶月夜对歌，喜结秦晋，皆设想新奇，富于情趣。又多载时令风俗传说。如"张成"记正月半作白膏粥祀蚕神，"邓绍"记八月旦作眼明囊求明目，"成武丁"记七月七日织女嫁牵牛，"屈原"记五月五日作粽祭屈原，优美动人。《四库全书总目》曾称其"亦小说之表表者"。有《古今逸史》、《顾氏文房小说》、《广汉魏丛书》、《虞初志》、《说郛》、《五朝小说》、《秘书二十一种》等刊本。

紫荆树 小说篇名。南朝梁吴均作。见《续齐谐记》。篇名为后世选者所加。事又见《琱玉集》卷一二引《前汉书》，文字略同。写汉田真兄弟始欲分家，后见堂前紫荆树突然变枯而感悟，不再分家。阐扬兄弟和衷共济，亲密合作，家庭才可能兴旺发达。用树的荣枯象征家庭的兴衰，构思巧妙，富于寓意。故事在古代流传甚广，曾为宋元以后戏曲、小说所取材，如明冯梦龙撰有《三孝廉让产立高名》拟话本(见《醒世恒言》)。

阳羡书生 又名《阳羡鹅笼》。小说篇名。南朝梁吴均作。见《续齐谐记》。篇名为后世选者所加。写一书生寄息阳羡许彦鹅笼，口中吐物吐人，人又吐物吐人事。与《灵鬼志》所载"外国道人"相类似，俱本释氏《譬喻经》中"梵志吐壶"传说，唯更具中国色彩，主旨则由颂扬法术变而为讽刺现实中以爱情为儿戏的非道德现象。文笔清丽，叙述委曲有致。清袁栋曾据以演为《鹅笼书生》杂剧。

织女诣牵牛 又名《成武丁》。小说篇名。南朝梁吴均作。见《续齐谐记》。又载《三洞群仙录》卷七引《仙传拾遗》和《真仙通鉴》卷七《武丁》，文略异。篇名为后世选者所加。神仙成武丁七月七日奉召还天宫，行前谓其弟曰："七月七日织女当渡河，诸仙悉还宫，吾向已被召，不得停，与尔别矣。"问："织女何事渡河去？当何还？"答曰："织女暂诣牵牛，吾复三年当还。"明日，遂失所在。牛郎织女故事在我国起源甚早，先秦《诗经·小雅·大东》已有"跂彼织女，终日七襄。虽则七襄，不成报章。睆彼牵牛，不以服箱"之咏。汉魏六朝时期除本篇外，尚有《白孔六帖》卷九引《淮南子》、《风俗记》所载"乌鹊为桥渡织女"事；《太平御览》卷三一引《日纬书》所载牵牛娶织女，借天帝钱不还，被驱在营室事；明冯应京《月令广义》卷一四七引《小说》所载织女嫁牵牛，因废织纴，被天帝隔绝，使一年一度相会事；南朝梁宗懔《荆楚岁时记》所载七月七日牛郎织女相会之夕，人家妇女结彩楼，穿七孔针，陈几筵酒脯瓜果于庭中乞巧事等。这些记载和传说大都表现了劳动人民对美好幸福生活的向往和理想。历代诗文题咏者亦多，诸如《古诗十九首·迢迢牵牛星》、晋陆机《拟迢迢牵牛星》、南朝宋谢惠连《七月七日夜咏牛女》、唐柳宗元《乞巧文》、宋秦观《鹊桥仙》(纤云弄巧)等,皆其名篇。小说、戏剧亦有演其事者,如明朱明世小说《牛郎织女传》、无名氏小说《牛郎织女鹊桥相会》、无名氏杂剧《渡天河织女会牵牛》、清无名氏杂剧《银河鹊桥》、《双渡银河》。

屈原 小说篇名。南朝梁吴均作。见《续齐谐记》。篇名为后世选者所加。写屈原五月五日投汨罗江,楚人哀之,至此日,常以竹筒贮米投江祭之。汉建武中,长沙人区曲忽见屈原显魂,谓世人常年所赠,并为蛟龙所窃,若再有惠赠,当以楝叶塞其上,五彩丝缠之,蛟龙始惮。世人乃于五月五日作粽,并带楝叶、五花丝。故事表现人民对伟大的爱国诗人屈原的崇敬和怀念,在古代流传甚广。民间端午节风俗即由此而来。此外,葛洪《抱朴子》、习凿齿《襄阳记》所载赛舟竞渡迎屈原(分别见《北堂书钞》卷一三七、《太平寰宇记》卷一四五引)、王嘉《拾遗记》卷十所载屈原死后化水仙、刘敬叔《异苑》卷一所载屈原投江留马迹等,并为魏晋六朝中有关屈原的传说。后人曾据以演为戏剧,如元睢景臣、吴弘道《屈原投江》、明徐应乾《汨罗记》、清周乐清《屈大夫魂返汨罗江》、张坚《怀沙记》等。

清溪庙神 又名《赵文韶》。小说篇名。南朝梁吴均作。见《续齐谐记》。篇名为后世选者所加。事又见《太平广记》卷二九五引《八朝穷怪录》、范成大《吴郡志》卷四七引《续博物志》,文较略。写清溪小姑主动与士人赵文韶相会,用歌曲向他表达爱情,临别互赠爱情信物,曲折反映封建时代女子对幸福爱情生活的强烈向往和大胆追求。叙事委曲,文词清丽,其中以歌声烘托两情相爱的气氛尤为出色,颇受后世称道。

殷芸小说 原名《小说》,因为南朝梁武帝所敕撰,又称《梁武小说》,宋时避太祖赵匡胤父赵弘殷讳,易名《商芸小说》。志人小说集。南朝梁殷芸著。《隋书·经籍志》、《旧唐书·经籍志》、《新唐书·艺文志》、《宋史·艺文志》、《崇文总目》、《郡斋读书志》、《直斋书录解题》皆著录十卷。原书至明不传,今传为后人辑本。其文皆取自故书雅记,援据宏博。每条必注书名,与六朝随手抄撮不著出处者异。编次依通史体例,以时代先后为次第,而特置历代帝王于卷首,始于周汉,终于南朝齐。所记多为历史人物故事、民间传说、谣谚及山川风物等。叙述简洁明达,有史笔之长。今有《说郛》、《五朝小说》、《古今说部丛书》、《敬修堂丛书》等刊本,皆一卷。又鲁迅《古小说钩沉》辑一百三十五则,不分卷;余嘉锡《殷芸小说辑证》辑一百五十四则,十卷,载《余嘉锡论学杂著》(中华书局 1963 年版);周楞伽注《殷芸小说》(上海古籍出版社 1984 年版)辑一百六十三则,亦十卷,最称完备。

贫人居瓮 小说篇名。南朝梁殷芸作。见《殷芸小说》。篇名为后世选者所加。写一贫人,只能办只瓮之资,夜宿瓮中,心计曰:“此瓮卖之若干,其息已倍矣。我得倍息,遂可贩二瓮,自二瓮而为四,所得倍息,其利无穷。”遂喜而舞,不觉瓮破。表现了“贫人”发家致富的生活愿望,对他虑事不务实际,全从主观出发的空想予以巧妙讽刺,寓意深永。此故事在古代流传颇广,曾被引为诗文典故。

神录 又名《神异录》。志怪小说集。南朝梁刘之遴著。《隋书·经籍志》、《旧唐书·经籍志》杂传类及《新唐书·艺文志》小说家类并有著录(《旧唐书·经籍志》撰人讹作刘之道),皆五卷。原书已佚。鲁迅《古小说钩沉》自《太平寰宇记》、《舆地纪胜》辑得佚文三则,一记由拳县沦陷为谷事,注出《神异传》;一记圣英庙事,注出刘之遴《神异录》;一记东陵圣母事,注出《神异录》。

荆楚岁时记 笔记。南朝梁宗懔著。《旧唐书·经籍志》著录十卷,题“宗懔撰”;又二卷,题“杜公瞻撰”。《新唐书·艺文志》著录一卷,另杜公瞻本二卷。《通志略》著录二卷,题“宗懔撰,杜公瞻注”。其后各家著录有四卷、六卷、二卷、一卷本,多以杜公瞻为作注者。今存明万历间《广汉魏丛书》本,一卷。全书正文以时为序,记述古荆楚地区时俗风物,注文则引用经典俗传,辨证某一时俗的源流。影响广泛,后世诗词作者多于此取资。然今本已多残缺。主要版本还有明万历间《广秘笈》本、清乾隆间《四库全书》本、民国间《四部备要》本。1986 年岳麓书社出版《风土丛书》本,由姜彦稚广校各本,增辑补苴,较为完备。

金楼子 杂著。南朝梁萧绎(自号金楼子)著。《隋书·经籍志》、《旧唐书·经籍志》、《新唐书·艺文志》、《宋史·艺文志》俱著录为十卷,十五篇,明初已佚。今存本六卷,十四篇,系从《永乐大典》中辑出。内容广泛丰富,自帝王后妃行事得失,人事制度义理,历史鉴戒与杂事异闻,以及著书立言,皆有关治国之道及个人品德修养。《四库全书总目》谓此书"盖亦杂家之流,而当时周秦异书未尽亡佚,具有征引……史外轶闻,他书未见。又立言聚书著书诸篇,自表其撰述之勤,所纪典籍源流,亦可补诸书所未备"。其《立言》下篇言文学之事,谓"至如文者,惟须绮縠纷披,宫徵靡曼,唇吻遒会,情灵摇荡",反映当时崇尚的文风。然言事亦不免妄诞,如《兴王篇》述梁武之兴,虚张神异,且以梁武上拟舜禹周文,以为"万载之中,四人而已",尤为荒谬。然此类微瑕,不足掩瑜。有清鲍廷博辑刊《知不足斋丛书》本、崇文书局刊《子书百家》(扫叶山房石印本改《百子全书》)本。

洞仙传 志怪小说集。南北朝见素子著。《隋书·经籍志》、《旧唐书·经籍志》、《新唐书·艺文志》、《宋史·艺文志》、《通志》等并著录十卷。《四库全书总目》道家类存目著录一卷,云"《太平广记》尝引之,《云笈七签》第十卷、第十一卷(按:应为第一百一十卷、一百一十一卷)亦全载其文,则宋以前人作也。所录自元君迄姜伯,凡为传七十有七"。《玉海》卷五八引《中兴馆阁书目》云:"见素子《洞仙传》十卷,凡二百九十二人。"《太平广记》卷五、卷三三现存《洞仙传》"茅濛"、"张巨君"佚文两则,所记与《云笈七签》本同而行文较繁。此书记神仙家传说故事,但记事简略平直,小说意味较逊。

集灵记 志怪小说集。北齐颜之推著。《隋书·经籍志》杂传类著录二十卷,《旧唐书·经籍志》作十卷,《新唐书·艺文志》入小说家类,亦十卷。《太平御览》卷七一八引有佚文一则,记琅邪王譔死后显形济妻事,鲁迅辑入《古小说钩沉》。《说郛》卷一一八有阙名《集灵记》六则,其一为王譔事,余为神灵传说,其中"瓦棺阁"条记唐开元九年(721)事,显出伪托。

冤魂志 又名《还冤志》、《北齐还冤志》、《还冤记》、《报冤记》、《冤报记》。志怪小说集。北齐颜之推著。原书三卷,见《隋书·经籍志》、《旧唐书·经籍志》、《新唐书·艺文志》、《宋史·艺文志》著录。今本一卷,记事上起先秦,下迄南北朝,大抵"记经像之显效,明应验之实有,以震耸世俗,使生敬信之心",又"引经史以证报应","开混合儒释之端"(鲁迅《中国小说史略》)。但书中颇能反映现实黑暗,于官吏之残暴、百姓之苦难尤多揭露。文笔简练,记叙清晰。"太乐伎"、"弘氏"、"张绚"、"徐铁臼"等篇较著名。今有《宝颜堂秘笈》、《续百川学海》、《唐宋丛书》、《说郛》、《五朝小说》、《古今说部丛书》等刊本,皆三十六则。《四库全书》录何镗所刻《汉魏丛书》本三卷,较完备。此外,《法苑珠林》、《太平广记》引此书佚文甚多,且有今本未收者。

谈薮 志人小说集。北齐阳玠松著。是书宋以后始见著录,书名或作《八代谈薮》,著者或讹作杨松玠、阳松玠、杨松玢、杨玠,卷数或作一卷、二卷、八卷。见《崇文总目》、《直斋书录解题》、《遂初堂书目》、《宋史·艺文志》。原书已佚,今仅可从《太平御览》、《太平广记》、《类说》、《绀珠集》等书见其少数佚文。唐刘知幾《史通·杂述》云:"若刘义庆《世说》、裴荣期《语林》、孔尚思《语录》、阳玠松《谈薮》,此之谓琐言者也。"所记多为南北朝名人遗闻轶事,然皆简短零碎,残缺不全。

志怪 志怪小说集。著者不详。见引于《太平御览》卷九三二、卷七一六,《太平广记》卷二九四、卷三一八、卷二九三以及《小说》等。所引凡八事,内容皆涉怪异,颇有与他书所记相沿袭者。语多简短。鲁迅《古小说钩沉》辑入《杂鬼神志怪》。

志怪传 志怪小说集。著者不详。《法苑珠林》卷八四、卷九二存佚文二则:一记咸宁中韩伯子某等三人醉游蒋山庙戏弄女神像事,一记魏刘赤斧梦蒋侯召为主簿事。二事又见引于《太平广记》卷二九三,注云"出《搜神记》、《幽明录》、《志怪》等书"。鲁迅《古小说钩沉》辑入《杂鬼神志怪》。

志怪集 志怪小说集。著者不详。见于《北堂书钞》卷九四,《太平御览》卷一四四、卷三七一、卷五五九、卷八九七,《法苑珠林》卷一一四等引。所引凡五事,一记陶侃筑墓遇神人指点墓地,一记韩桓见妇人忽现,一记袁无忌遇女鬼,一记石季伦母丧有鬼作祟,一记夏侯弘与鬼交往,皆与鬼神怪异有关。鲁迅《古小说钩沉》辑入《杂鬼神志怪》。其中袁无忌、夏侯弘事,《太平广记》卷三二二又引作《志怪录》。

于氏志怪 志怪小说集。于氏著。今存佚文一则,记南方落民事,见《酉阳杂俎》前集卷四《境异》引。鲁迅疑于氏乃孔氏之讹,辑入《孔氏志怪》。事亦载《搜神记》卷一二,汪绍楹校注云:"《酉阳杂俎》四引作'于氏《志怪》',疑即本书。《志怪》或亦本书篇名之一。"

孔氏志怪 又名《志怪》,或引作《孔氏志》、《孔氏志怪记》。志怪小说集。旧题孔氏著。

据《太平广记》卷二七六引“晋明帝”一则，注云出孔约《志怪》，知孔氏名约。或疑即孔慎言《神怪志》，误。原书四卷，《宋史·艺文志》已不载。佚文散见《世说新语》注、《北堂书钞》、《艺文类聚》、《初学记》、《太平广记》、《太平御览》诸书。所记大抵为东汉至晋鬼怪之事，语多简短，唯卢充与崔少府亡女恋爱一则，篇幅既广，事复曲折多变，颇具情味。今有鲁迅《古小说钩沉》辑本，凡十则。其中“南方落民”一则引自《酉阳杂俎》卷四，作《于氏志怪》，鲁迅以为“于氏疑是孔氏之讹”。又赵景深从《事类赋》检得《古小说钩沉》未收佚文五则，载所著《中国小说丛考》(齐鲁书社1980年版)。

许氏志怪　又名《志怪》。志怪小说集。许氏著。见《太平御览引书纲目》。今存佚文一则，记沙门竺僧瑶为广陵王女驱邪事，见《太平御览》卷九三二、《太平广记》卷四六八引。鲁迅《古小说钩沉》辑入《杂鬼神志怪》。

杂鬼神志怪　志怪小说集。著者不详。今存佚文三则：一见《北堂书钞》卷一四八引，记齐人田乃已酿千日酒事，事又见引于《草堂诗笺》卷三一，题作《鬼神志怪集》；一见《玉烛宝典》卷四引，记昆明池灰墨事，题作《杂鬼怪志》，事又载《搜神记》、《曹毗志怪》、《幽明录》；一见《太平御览》卷四七〇引，记周尹氏作糜事，事又见《录异传》。今有鲁迅《古小说钩沉》辑本，凡二十则，除上述三则外，其余十七则出于《志怪传》、《志怪集》、《志怪》等。

神异志　志怪小说集。著者不详。《太平寰宇记》卷九六引佚文一则，记琅邪东武山，徙于会稽，压杀百姓事。鲁迅《古小说钩沉》辑入王浮《神异记》。

神异传　志怪小说集。著者不详。《水经注》卷二九及《太平寰宇记》卷二二引佚文一则，记由拳县沦陷为谷事。鲁迅《古小说钩沉》辑入刘之遴《神录》。

续异记　志怪小说集。著者不详。见于唐宋诸类书征引。书名《续异记》，盖续宋齐谐《异记》。所记为汉至梁精魅物怪和异闻奇事，大都简短乏味。唯“徐邈”、“朱法公”等故事写人魅恋爱，稍曲折见情致。今有鲁迅《古小说钩沉》辑本，凡十一则。

祥异记　志怪小说集。著者不详。佚文“慧进”条有“前齐永明中”语，当为梁人所作。此书已佚，仅见于《太平广记》引用书目。《太平广记》卷一〇九、卷一三一引有佚文二则，记慧进造百部《法华经》痼疾得愈和元稚宗好渔猎死后受罚，鲁迅收入《古小说钩沉》。

录异传　志怪小说集。著者不详。见于唐宋诸类书引。所记多为鬼神精魅怪异之事，大都捃捡旧书，尤以《搜神记》为多。也有少数不载于他书而较具特色者，如“胡熙女”写鬼子之活泼嬉戏，“邹览”写鬼子之恋母情深，颇生动感人。今有鲁迅《古小说钩沉》辑本，凡二十七则。

异类传　志怪小说集。著者不详。今仅存《艺文类聚》卷九二所引佚文一则，记汉武帝时西域献黑鹰事。事又见《太平御览》卷九二七引。

物异志　志怪小说集。著者不详。今仅存《太平广记》卷二九一所引佚文一则，记齐景公伐宋梦泰山神怒事。事又见今本《博物志》卷七。

虚异志　志怪小说集。著者不详。今仅存《北堂书钞》卷一二九引佚文一则，记李通死而复现事。鲁迅《古小说钩沉》辑入《灵鬼志》。

神怪录　志怪小说集。著者不详。见于唐宋类书征引。鲁迅《古小说钩沉》辑佚文二则：一记会稽吴详事，见引于《北堂书钞》卷一三六；一记王果葬石崖悬棺事，见引于李瀚《蒙求》徐子光注卷上、《太平御览》卷五五九、《太平广记》卷三九一。文中称王果为唐左卫将军，似出自唐孔慎言《神怪志》，非属《神怪录》。

外国图　志怪小说集。著者不详。见《水经注》、《齐民要术》及唐宋诸类书征引。或以为“为晋撰无疑”(秦荣光《补晋书艺文志》)。原书已佚，今存佚文二十余则，属地理博物体志怪。材料时采自《括地图》，且多出于《博物志》和《玄中记》。清陈运溶有辑本，载《麓山精舍丛书》二集《古海国遗书钞》。

异苑拾遗　志怪小说集。著者不详。今仅存《玉烛宝典》卷一二引佚文一则，记晋孙兴公事，事又见《殷芸小说》。

桂阳列仙传　志怪小说集。著者不详。是书史志不载，仅见著于《太平御览经史图书纲目》。原书已佚，今存佚文四则，记苏耽、成武丁、陈禅等仙家故事，见《水经注》卷三九、《太平御览》卷二九、卷一八九、卷七三六和《修文御览》、《北堂书钞》卷一四八等引。今有清陈运溶辑《麓山精舍丛书》本。

三国志　纪传体史书。西晋陈寿著。六十五卷。记三国时期六十年间史事。分《魏书》三十卷、《蜀书》十五卷、《吴书》二十卷。三志本独立，至北宋始合为一书，并改称《三国志》。与《史记》、《汉书》、《后汉书》合称“前四史”。主要依据官修的晋王沈《魏书》、吴韦昭《吴书》，私撰的魏鱼豢《魏略》。蜀国无史，为著者哀辑蜀国史事及蜀汉掌故成书。书中奉曹魏为正统，魏有“纪”而吴、蜀仅有“传”，但对人物评断较客观公正。文字简约，能写出人物个性。南朝宋裴松之曾为之作注，引书达一百五十六种(其中绝大部分今已不存)，注文多出本文数倍，保存史料甚富。清王仁俊有《三国志佚文》一卷。另外清杭世骏《三国志补注》、潘眉《三国志考证》、梁章钜《三国志旁证》，近人卢弼《三国志集解》，均对本书有补证。今常见本有汲古阁刊《十七史》本、武英殿聚珍本、商务印书馆影印百衲本及1959年中华书局点校本。

后汉书 纪传体史书。南朝宋范晔著。今本一百二十篇，分一百三十卷。记东汉一百九十六年历史，上起汉光武建武元年(25)，下迄汉献帝建安二十五年(220)。原本仅本纪十卷，列传八十卷；北宋时配以晋司马彪《续汉书》八志三十卷成今本。与《史记》、《汉书》、《三国志》合称“前四史”。书中人物传纪继承《史记》、《汉书》传统，以文学艺术手段描绘人物形象，叙述历史事件。其序论言之有物，对历史现象议论中肯，剖析深刻，具史家识见。作者自谓：“吾杂传论，皆有精意深旨，既有裁味，故约其词句。至于《循吏》以下，及《六夷》诸序论，笔势纵放，实天下之奇作。”(《狱中与诸甥侄书》)新立《党锢传》、《宦者传》、《文苑传》、《独行传》、《方术传》、《逸民传》、《列女传》等七种类传；其《文苑传》首次单独设传记载文学家生平事迹和重要著作，是研究东汉文学现象的重要资料。纪传部分有唐章怀太子李贤注，各志有南朝梁刘昭注。清惠栋有《后汉书补注》，王先谦有《后汉书集解》。今常见本有汲古阁刊《十七史》本、武英殿聚珍本、商务印书馆影印百衲本及1965年中华书局点校排印本。

高僧传 一作《梁高僧传》。佛教传记集。南朝梁慧皎著。十三卷，附录一卷。分译经、义解、神异、习禅、明律、忘身、诵经、兴福、经师、唱导等十门。记东汉末至南朝梁初著名僧人二百五十七人，附见者约二百余人。记载佛教传入中国、佛经翻译文学、文人同佛教僧侣交往、僧侣文学活动等。另有不少志怪小说和宗教故事。有海山仙馆丛书本、商务印书馆《说郛》本。1992年中华书局出版汤用彤校注本。

水经注 地理著作。北魏郦道元著。原书四十卷，宋代已佚五卷，今本仍作四十卷，乃后人割裂改编而成。名为注释魏晋时之《水经》，实以《水经》一书为纲，“布广前文”，加以补充、发展，已二十倍于原书，自成巨著。其援引诸史、地记、杂著等古代著作三百四十余种之多，博采汉魏以来碑刻及文献所载山川景物、人物史迹、风土谣谚、神话传说，结合跋山涉水、寻幽探胜的实地考察所得而撰成，包罗宏富，风格独具，为历史地理学名著。详记水道千余条，一一穷源竟委，指明其源头、流向、经过、支津及河道变迁沿革；且“因水以证地，即地以存古”，旁及山陵、城郭、名胜、奇闻、风俗、人物等，可视为北魏前我国古代地理志之总集。文多山水描画，风韵隽雅，集山水诸记之大成，乃山水游记名著，极富文学价值。尤以《江水·三峡》最为脍炙人口。他如《河水·龙门》、《济水·大明湖》、《滱水·阳城淀》等，亦为名篇。山水景物的刻画与风土人情、历史掌故、神话民谣的记载，水乳交融，厚重而有情致；语言深峭净洁，精审富赡，兼骈散之长，对后世山水诗文产生深远影响，被誉为“山水文学之祖”。清刘熙载谓：“郦道元叙山水，峻洁层深，奄有《楚辞》、《山鬼》、《招隐士》胜境，柳柳州游记，此其先导。”(《艺概》)所记以北方水系最为精详，对前人讹误多所厘正，然因南北分裂，“至塞外群流，江南诸派”，作者“足迹皆所未经”，故不免有“传闻失实”之处。流传之本，经历代辗转传抄，不免残缺，且经注混淆，字句有讹。后世研究、校释者数十家，以明朱谋玮，清全祖望、赵一清、戴震、孙星衍考证校释最著名。近代王先谦有《合校水经注》，杨守敬、熊会贞又撰《水经注疏》、《水经注图》，皆著名。1984年上海人民出版社出版了王国维《水经注校》。

洛阳伽蓝记 历史地理著作。北魏杨衒之著。约作于魏武定末年。分城内及四门之外五卷。记洛阳七十多处佛寺园林的兴废沿革，详叙洛阳城的规模建制、历史古迹、佛寺建筑，且采入大量历史事实，诸如北魏朝廷之变乱、宦官权贵之骄横、文人学士之佚闻，以及四方人物之往来、佛教之传布等等，提供了北魏迁都洛阳四十年间佛教及其他方面的丰富史料，内容翔实，具有较高史学价值。在客观记叙中，寓有对王公势族、僧侣地主竞相奢侈、侵渔百姓的暴露和讥评。其中寺塔佛像、园林建筑的描写，显示古代人民建筑雕塑方面的成就。所记人物轶事、神话异闻、民间谣谚、百戏、音乐以及外国风土道里等，具体生动，形象鲜明，具有较高的文学艺术性。叙事主要用散文，描写则常用骈俪，文笔清绮秀逸。虽以记洛阳佛寺为题，实则涉及北魏后期政治、经济、文化诸多方面，反映出北魏后期社会面貌。原书分正文、子注，开史家自注的体例。然久已混淆，难以区分。有《津逮秘书》本、《四库全书》本、《学津讨原》本、《四部备要》本。清人吴若准有《集证》一卷，附《四部备要》本之后。近人震钧又有《钩沉》之作，对原书加以整理。今人周祖谟著《洛阳伽蓝记校释》(中华书局 1963 年出版)对原书进行校勘校释，重新区分正文、子注。范祥雍有《洛阳伽蓝记校注》(古典文学出版社 1958 年出版)，征引繁富，校注并详。

颜氏家训 杂著。北齐颜之推著。二十篇。成书于隋开皇十一年(591)左右。以儒家传统思想为立身治家之道，教训子弟。文中插叙亲身见闻，广涉人情世态，兼及博物、志异、艺文、考据，以至算术、医学等。虽“以立意为宗”，言不离训诫，却多“辨证时俗之谬”。如《涉务》、《教子》诸篇于南北朝政治俗尚的弊端、南朝士族的腐朽无知、北朝士族的腼颜媚敌，均有中肯揭露。其抨击颓风弊俗之笔，堪为正史之补。《勉学》、《书证》、《音辞》、《杂艺》诸篇，论字画音训，考证典故，品第文艺，曼衍旁涉，尤为精审，富于学术价值。《文章》篇专论文学问题，集中反映其独到的文学思想，颇多可取之处。如其论文重“宗经”与经世致用，以为“文章源于五经”，其“施用多途”，主要为“敷显仁义，发明功德，牧民建国”；主张“文章当以理致为心肾，气调为筋骨，事义为皮肤，华丽为冠冕”，反对“浮艳”的形式主义倾向。书中亦杂封建性糟粕，如《兄弟》、《归心》篇，宣扬封建伦理与迷信思想。全书由多则随笔、札记集合而成。立论平实，叙述生动，风格典正质朴、平易亲切；时用讽刺之笔，意味隽永。行文基本用散体，间有骈句，不多藻饰，见其“家世文章”自辟蹊径处。于封建社会颇享盛名，流传甚广，影响深远。有清赵曦明注本、卢文弨补注抱经堂本、鲍廷博《知不足斋丛书》本。近人严式海补校注本。王利器《颜氏家训集释》(上海古籍出版社 1980 年出版)为较完备的校注本。

名　篇

蒿里行(关东有义士) 乐府诗篇名。三国魏曹操作。见《宋书・乐志》。本系乐府旧题，属《相和歌・相和曲》。蒿里，古人谓死人魂魄所居处。原曲为挽歌，作者用来叙写令人悲伤的时事。初平元年(190)关东群雄起兵讨伐董卓，互争权利，造成长期军阀混战。文中着意叙写军阀混战给整个社会造成的惨重丧乱，及己哀伤断肠之情。明钟惺《古诗归》评曰：“汉末实录，真诗史也。”清陈祚明《采菽堂古诗选》谓：“笔下整严，老气无敌。”方东树《昭昧詹言》评谓：“真朴雄阔远大。”

短歌行(对酒当歌) 乐府诗篇名。三国魏曹操作。见《宋书・乐志》。本系乐府旧题，属《相和歌・平调曲》。先由生命短暂，时光易逝发慨，兴出一片怜才求贤之意；末引周公以自比，表明广纳贤士以建立功业、统一天下的本心。或直据胸臆以抒其怀，或引用《诗经》成句以见其意，或运用比兴以达其情，吞吐隐约，耐人寻味。清陈祚明《采菽堂古诗选》谓：“此是孟德言志之作”，“跌宕悠扬，极悲凉之致”。陈沆《诗比兴笺》评曰：“此诗即汉高《大风歌》思猛士之旨。”

苦寒行(北上太行山) 一作《北上行》。乐府诗篇名。三国魏曹操作。见《宋书・乐志》。本系乐府旧题，属《相和歌・清调曲》。作于建安十一年(206)正月征高干之时。首叙路险天寒，次叙远行怀归，末言日暮失路，人马同饥，以感怀作结，隐然以周公自喻。清陈祚明《采菽堂古诗选》谓：“写征人之苦，淋漓尽情。笔调高古，正非子桓兄弟所能及。”方东树《昭昧詹言》谓：“不过从军之作，而取境阔远，写景叙情，苍凉悲壮，用笔沉郁顿挫。”

步出夏门行・云行雨步 乐府诗篇名。三国魏曹操作。见《宋书・乐志》。本系乐府旧题，属《相和歌・瑟调曲》。当作于建安十二年(207)北征乌桓凯旋途中。前有“艳”(前奏曲)，下分《观沧海》、《冬十月》、《土不同》、《龟虽寿》四解。“艳”序初意在南征刘表，或主北伐，临观异同而犹豫不定，后乃决意北征乌桓。《观沧海》叙归途东临碣石，登山望海所见。《冬十月》、《土不同》写河朔风土人情，以及作者对其苦寒贫穷、民风雕悍的忧虑。《龟虽寿》言人寿有限而壮志无穷。为曹操诗歌的代表作。其中尤以《观沧海》、《龟虽寿》二解最著名。

步出夏门行・观沧海 乐府诗篇名。三国魏曹操作。见《宋书・乐志》。为《步出夏门行》第一解。建安十二年(207)操北征乌桓，九月回师,途经碣石山(在今河北昌黎,一说指河北乐亭西南的大碣石山)时作。通篇描叙登山望海所见之景,以大海的壮阔,抒写自己吐纳四海的豪迈气概。明钟惺《古诗归》评曰:“直写其胸中眼中,一段笼盖吞吐气象。”清沈德潜《古诗源》云:“有吞吐宇宙气象。”为曹操代表作之一,亦中国诗史上第一篇通篇描写自然景象的诗作。

步出夏门行·龟虽寿 乐府诗篇名。三国魏曹操作。见《宋书·乐志》。为《步出夏门行》第四解。以“神龟”、“腾蛇”也不免死亡,与烈士暮年不忘建功对比,说明人事的努力亦可益寿延年,抒写作者对人生的积极态度。“老骥伏枥,志在千里;烈士暮年,壮心不已”四句,尤显示出作者不甘衰老的奋发气概,常为后代无数英雄志士击节歌咏。清陈祚明《采菽堂古诗选》评曰:“名言激昂,千秋使人慷慨。孟德能于《三百篇》外,独辟四言声调,故是绝唱。”沈德潜《古诗源》亦云:“曹公四言,于《三百篇》外,自开奇响。”为曹操代表作之一。

燕歌行二首 乐府组诗名。三国魏曹丕作。见《宋书·乐志》。本系乐府旧题,属《相和歌·平调曲》。为妇人念远伤别之辞。其中尤以“秋风萧瑟天气凉”篇最为出色。通篇以秋景烘托念人怀远的愁情,亦景亦情,情景交融。首尾一笔不断,中间却具千曲百折。风调苍凉,音节和婉,情辞悱恻。清王夫之《古诗评选》评曰:“倾情,倾度,倾色,倾声,古今无两。”为现存最早最完整的文人七言诗,后世视为“七言初祖”(清王夫之《古诗评选》)、“叠韵歌行之祖”(清王尧衢《古唐诗合解》)。

杂诗二首 组诗名。三国魏曹丕作。见《文选》。原题失佚,南朝梁萧统编入《文选》时题为杂诗。李善注云:“杂者,不拘流例,遇物即言,故云杂也。”“漫漫秋夜长”篇叙写游子长期漂泊异乡的思乡之情,婉转细腻,缠绵悱恻。“西北有浮云”篇以浮云的随风飘荡喻游子的流落无依,比兴自然,构思别致。

寡妇诗 诗篇名。三国魏曹丕作。见《艺文类聚》。序云:“友人阮元瑜早亡,伤其妻子孤寡,为作此诗。”阮瑀(字元瑜)建安十七年(212)卒,诗当作于是年。首以秋景起兴,感时触物;中转入长夜相思,写尽寡妇之凄楚;末结以从死忘愁,曲达相思深情。情辞痛切宛至。

百一诗 组诗名。三国魏应璩作。见《文选》。作于正始中迁任大将军府长史时。题名“百一”,旧有三说:一曰组诗共一百零一篇,故名。然李充《翰林论》称《百一诗》百数十篇,孙盛《晋阳秋》言百三十篇,均与“百一”之数不合。二曰以百言为一首。盖以每首五言二十句,计百字,故名。然今所存诗章,多不合此例。三曰百虑而有一失之谓。《文选》李善注引《百一诗序》云:“时谓曹爽曰:‘公今闻周公巍巍之称,安知百虑有一失乎?’”百一之名,或缘于此。又宋葛立方《韵语阳秋》曰:“是时曹爽事多违法,而璩为爽长史,切谏其失如此。所谓‘百一’者,庶几百分有一补于爽也。”近人胡適曰:“应璩作《百一诗》,大概取扬雄‘劝百而讽一’的话的意思。”(《白话文学史》)正始中大将军曹爽与太尉司马懿暗中争夺权力,璩作此诗对爽加以讽劝。大旨谓当权者应谨慎立身,不可轻信阿谀之辞,否则必遭祸患。诗中批评统治者追求奢侈浮华,告诫执政柄者应防患于未然,不可轻易酿成大祸。皆寓意现实,有为而发。语言质朴,重在陈说事理。刘勰曰:“应璩《百一》,独立不惧,辞谲义贞,亦魏之遗直也。”(《文心雕龙·明诗》)

名都篇 乐府诗篇名。三国魏曹植作。见《文选》。属《杂曲歌·齐瑟行》。以开头二字名篇。通篇赋体,极力铺叙京洛贵族少年衣具之美、骑射之妙和游宴之乐,旨在讽刺其耽于玩乐,一味追求奢逸生活而无忧国之心。清张玉谷《古诗赏析》引唐汝谔语曰:“子建自负其才,思树勋业,而为文帝所忌,抑郁不得伸,故感愤赋此。”明胡应麟《诗薮·内编》评曰:“子建《名都》、《白马》、《美女》诸篇,辞极赡丽,然句颇尚工,语多致饰,视东西京乐府天然古质,殊自不同。”

美女篇 乐府诗篇名。三国魏曹植作。见《文选》。属《杂曲歌·齐瑟行》。以开头二字名篇。前半描述美女容采之盛;后半写其心慕高义,求贤独难,以至“盛年处房室,中夜起长叹”。通体用比。宋郭茂倩《乐府诗集》卷解题谓:“美女者,以喻君子。言君子有美行,愿得明君而事之。若不遇时,虽见征求,终不屈也。”元刘履《选诗补注》谓:“子建志在辅君匡济,策功垂名,乃不克遂,虽授爵封而其心犹为不仕,故托处女以寓怨慕之情焉。”清叶燮《原诗·外编》评曰:“意致幽眇,含蓄隽永,音节韵度皆有天然姿态,层层摇曳而出,使人不可仿佛端倪,固是千古绝作。”

白马篇 或作《游侠篇》。乐府诗篇名。三国魏曹植作。见《文选》。属《杂曲歌·齐瑟行》。以开头二字名篇。叙写游侠少年精强的骑射武艺及不顾一切奔赴国难的忠勇气概。辞意精警，充溢慷慨激昂之气。近人黄节《曹子建诗注》引朱嘉徵语："歌《白马》，用世之思也。"清朱乾《乐府正义》云："此寓意于幽并游侠，实自况也。……篇中所云'捐躯赴难，视死如归'，亦子建素志，非泛述也。"方东树《昭昧詹言》评曰："此篇奇警。"

七哀(明月照高楼) 又作《杂诗》、《明月诗》、《怨诗行》。诗篇名。三国魏曹植作。见《文选》。"七哀"本为乐府古题。清丁晏《曹集铨评》云："《文选》六臣注，向曰：谓痛而哀，义而哀，感而哀，怨而哀，耳闻目见而哀，口叹而哀，鼻酸而哀也。……晏案：李冶《古今黈》，谓人有七情，今哀戚太甚，喜怒乐爱恶欲皆无，唯有一哀，故谓之七哀。"诗写闺怨，叹君怀不开，贱妾无依，而寓"讽君"之意，即借思妇之语，以讽文帝追念骨肉之谊，少予宽待。通篇情辞婉至恳挚，缠绵悱恻，颇饶深致。明胡应麟《诗薮》以为，首二句用托名李陵古诗"明月照高楼，想见余光辉"之句"而不用其意，遂为建安绝唱"。

野田黄雀行(高树多悲风) 乐府诗篇名。三国魏曹植作。见《文选》。属《相和歌·瑟调曲》。清朱乾《乐府正义》云："自悲友朋在难，无力援救而作。"丁仪、丁廙与植亲善，操欲立植，仪、廙共赞之。及曹丕立，诛仪、廙并其男口。诗当作于此时。通体用比，以黄雀上遇鹞鹰，下逢罗网，喻好友仪、廙被丕所杀。辞隐而意显，语悲而调爽。

赠白马王彪 诗篇名。三国魏曹植作。见《三国志·魏书》裴松之注引《魏氏春秋》、《文选》。黄初四年(223)，植与白马王彪、任城王彰朝会于京师。彰暴死于洛阳。七月，植还国，欲与彪同路东归，有司不许。临别时愤而作此诗。共七章，有序。诗中交织哀伤、愤慨与恐惧诸情绪。由还国途中跋涉之苦辛，叙及兄弟间生死之感、离合之悲。对谗小离间骨肉之痛恨与人生变故之难测，任情而发，迸涌而出，不加掩饰，且多用比兴寄托。二至七章首尾蝉联，或感物伤怀，或直抒己意，或放声长号，或强作宽解，回环往复，情辞沉痛激烈，感人至深。清方东树《昭昧詹言》评此诗："气体高峻雄深，直书见事，直书目前，直书胸臆，沉郁顿挫，淋漓悲壮。"

七步诗 诗篇名。三国魏曹植作。见《世说新语·文学》，植本集不载。六句。曹丕即位后，尝令植七步中作诗，不成则行大法，植应声为此。诗以萁豆相煎，喻骨肉相残。清沈德潜《古诗源》评曰："至性语，贵在质朴。"《诗纪》作四句，下注："一作'煮豆燃豆萁，豆在釜中泣。本是同根生，相煎何太急。'"陈祚明《采菽堂古诗选》亦评曰："窘急中至性语，自然流出。繁简二本并佳。多二语，便觉淋漓似乐府；少二语，简切似古诗。"

咏怀诗 组诗名。三国魏阮籍作。见《文选》、《艺文类聚》。共八十二首。非一时一地之作，排列次序或有异同。魏晋易代之际，危机四伏，名士多罹祸患，故作者发言玄远，口不臧否人物，而胸中块垒，笔下思情，俱寄托于诗中。多抒发人生愁苦、忧生惧祸之情，而以避世逍遥为旨。或回忆少时有心用世，学习《诗》、《书》，练习剑术，意欲建立功业，垂名后世，而时局多故，令人悔恨。或欲求仙慕道，采药长生，而又自伤本非神仙同类，延年久视，终成虚幻。或欲混同世俗，追逐繁华，亦有违于性命之自然。而终以人生失路，抒其穷途之哭。对于社会现实，亦多寓讽刺。南朝宋颜延之评曰："嗣宗身仕乱朝，常恐罹谤遇祸，因兹发咏，故每有忧生之嗟。虽志在刺讥，而文多隐避。"(《文选》李善注引)近人黄侃亦论曰："阮公深通玄理，妙达物情。《咏怀》之作，固将包罗万态，岂仅措心曹、马兴衰之际乎！""大哀在怀，非恒言所能尽，故一发之于诗歌。"(《阮步兵咏怀诗注》)

赠秀才入军诗 一作《兄秀才公穆入军赠诗十九首》。组诗名。三国魏嵇康作。见《文选》。题中所称之"秀才"，一般认为即嵇康之兄嵇喜。或疑秀才非指嵇喜，亦并非尽为赠兄之作，而为后世编者所集。共十九首，四言十八首，五言一首。诗中或追忆昔日隐居相随、俯仰优游之景，或想像军中纵马驰逐田猎之乐，或抒别思，或明己志，表现了作者崇尚隐逸、鄙弃凡俗之情，而对秀才从军出仕委婉地予以批评。多以游仙寄托高情远志，神思飞动，飘逸不羁。抒情之中，时以细节描写点染生色。辞采壮美，语调高华。其四言之作，与《诗经》神韵自别。明胡应麟评曰："叔夜送人从军至十九首，已开晋宋四言门户。然雄辞彩语，错互其间，未令人厌。"(《诗薮》)

幽愤诗 诗篇名。三国魏嵇康作。见《文选》。魏景元四年(263)，作者因吕安事牵连入狱。钟会谗毁他言论放荡，非毁经典，劝司马师趁机将他清除。此诗即作于遇害之前。诗中自述平生“志在守朴，养素全真”，因识人不当，遭致怨恨，被陷下狱，抒写蒙冤难以清洗的悲愤。结以“采薇山阿，散发岩岫，永啸长吟，颐性养寿”，抒发对于自由隐逸生活的向往，表明不与统治集团合作的态度。自怨自艾，若隐若晦，忧生愤世之感和不改初衷之志，溢于言辞间。

豫章行·苦相篇　乐府诗篇名。西晋傅玄作。见《玉台新咏》。《豫章行》属《相和歌·清调曲》。豫章，郡名，治今江西南昌。苦相，犹言薄命。此诗写妇女社会地位的低下以及生活命运的悲酸。诗以“苦相”女自叹的形式叙说其一生遭遇，言词朴质而情感悲切。出嫁前，家人对待生男生女态度不同，男儿能当门户，受人宠爱，而“女育无欣爱，不为家所珍”；成年后，男子雄心勃勃，活动天地广阔，女子精神受束缚，生活天地狭窄。出嫁后，在夫家事人恂恂，而其夫对她“百恶集其身”，终为夫所弃，痛苦万分。诗中叙事概括，善于表述人物心理，对妇女命运无比同情，因而感人至深。清陈沆《诗比兴笺》评曰：“刚正疾恶，而善言儿女之情”，“言文声哀，情长语短”。

明月篇　一作《怨诗》，又作《朗月篇》。乐府诗篇名。西晋傅玄作。见《玉台新咏》。写一女子乐极生悲之感。女子年轻美貌正得“娇子”之爱，却念及“玉颜盛有时，秀色随年衰。常恐新间旧，变故兴细微”，故悲从中来。魏晋士人谓妇女“才德不足论，自宜以色为主”（何劭《荀粲传》），此诗即反映出这种社会观念带给妇女的沉重心理负担。诗以时光更易、蚕丝成衣起兴，而以正当青春、适得欢爱女子的口吻言愁诉怨，不但见出女子愁怨之深，亦显出作者对妇女命运的关注和同情。

秦女休行　乐府诗篇名。西晋傅玄作。见《乐府诗集》。属乐府《杂曲歌辞》。本为民歌，咏秦地女囚被赦事。“休”意为赦宥。东汉末年，赵君安为同县豪强李寿所杀，其女庞娥亲（即庞淯母赵娥）伺机杀寿，为父报仇，然后自诣公堂，坚请伏法。此举感动地方官吏，庞娥亲遇赦，且为朝廷所旌。此事曾在秦陇一带广为流传，为文人所注意。左延年即据当时民歌“秦女休行”作歌词。与玄同时的皇甫谧曾将庞娥亲事载入《列女传》，后来史家亦将其事列入正史（见《后汉书》卷八四《庞淯母传》、《三国志》卷一八《庞淯传》）。此诗依庞娥亲本事而作，赞美庞氏的孝勇荣显，较左延年、李白的同类题材诗作，现实性更强。诗以五言为主，杂以六言、七言、八言。古朴自然，层次清晰，细节描写准确生动，唯诗末议论有外加之嫌。

情诗　组诗名。西晋张华作。见《文选》。共五首。其一写思妇对游子的思念。描叙北方一佳人，忧思难解，终日鼓琴而不成音，原来其夫不断为“时役”所拘，昔日门前细柳今已荫蔽庭门，思妇耳闻树间草中鸟鸣虫吟，不禁悲从心起，泪湿衣衿。其二写男子对妻子的思念。言男子天亮之前“束带俟将朝”，而于假寐中得睹妻子巧笑之欢靥，醒来倩影顿失，于是凄然长叹，悲伤不已。其三写思妇对游子的思念。以清风、帷帘、晨月、幽房，展现“兰室”内思妇黯然心伤，彻夜未眠的神容举止，为其独处空房创造一孤寂凄凉气氛，又借昔日“居欢”衬出今日“在戚”的惆怅。其四写妻子对远别丈夫的思念。以思妇口吻言二人远离，忆及往日夫妻恩爱情深，决心笃守大义，唯愿“万里托微心”。其五写远出丈夫对妻子的思念。他在野外观览春景，欲采花赠妻，而妻不在身边，于是陷入思念之中。情景交融，细腻真切。

轻薄篇　诗篇名。西晋张华作。见《乐府诗集》。《宋书·五行志》谓“晋惠帝元康中，贵游子弟，相与为散发倮身之饮，对弄婢妾，逆之者伤好，非之者负讥”。诗即对此而发，以揭露性描写为主，而首尾出以议论感慨。先总言轻薄为末世之俗，乃骄纵所致。继而细写贵游子弟之“浮华”、“志逸”。写其“浮华”，从其赀财之丰奢、被服之纤丽、肴膳之柔嘉、车马装饰之豪华、宾从侍御之络绎入手；写其“志逸”，尤其细微，除概叙其所居嵯峨、所饮酒美外，于其所玩女子之美、歌舞之妙，于席间主客酣饮狂放之醉态，皆借神话、传说、掌故予以铺写，将贵游之士日以继夜荒淫颓唐之状展现无遗。末段致慨，有警劝之意，然出语婉转。

悼亡诗　组诗名。西晋潘岳作。见《文选》。共三首。作于元康六年(296)为妻服丧期满赴任之后。其妻死已一年，服丧期虽已满，而悲哀之心未尽。其一写件件遗物都引起他对亡妻的忆念，以至有“怅怳如或存”的错觉，忧思缠心，夜不能眠。其二写月下独处空室，对亡妻的思念。其三写除去丧服、即将入京赴任时对亡妻的怀念。诗中极写欲从哀思中挣脱而出却终不能出的心绪，将丧妻之痛写得缠绵悲切，表达了真挚深厚的伉俪之情。后世专以“悼亡”为哀悼亡妻的诗题，即源于此。

咏史　组诗名。西晋左思作。见《文选》。共八首。诗中引用冯唐、段干木、鲁仲连、扬雄、荆轲、主父偃等历史人物及其业迹，抒发怀才不遇、壮志难伸的愤懑，对不合理的门阀制度和九品中正制的积弊有所揭露，具有讽谕意义。其中“振衣千仞冈，濯足万里流”，抒写作者追随古代贤人高士、隐居高蹈的思想，为历来传诵的名句。其诗情操高尚，情感激越，笔力雄健，不事雕饰。清沈德潜云：“太冲《咏史》，不必专咏一人，专咏一事，咏古人而己之性情俱见。此千秋绝唱也。后惟明远、太白能之。”（《古诗源》）

杂诗　组诗名。西晋张协作。十首。见《文选》。非作于一时一地。其一写“佳人”对远方服役“君子”的怀念。先写景叙事，再抒情言志，用语省净，明丽工巧。其中“感物多所怀，沉忧结心曲”两句，论者或以为借对节候变化之忧隐写对政局变化之虞。其二为自勖之辞，谓时光易逝，当及时努力。其三写其秋日闲居之感。其四嗟老忧时。其五写其德才不能为人所识、为时所用的愤懑。其六写朝登鲁阳关、感物之“思情”。其七、其八，或作于为征北大将军从事中郎时，写其羁留边城战地的生活感受。其九或作于辞归之后，为诗人隐居生活的写照。其十写久雨成灾的狼狈处境和“固穷”之志。钟嵘称美此诗，说“景阳《苦雨》”，亦为“五言之警策者”，并与其他佳作同称为“篇章之珠泽，文彩之邓林”（《诗品序》）。

猛虎行　乐府诗篇名。西晋陆机作。见《文选》。诗题本乐府旧题，属《相和歌·平调曲》。作者以乐府旧题作新辞。诗中表白志士慎于处世的苦心和不肯同流合污、不愿随波逐流的高风亮节，感叹人生不易，立德维艰，抒写愧古惭今的心情。“急弦无懦响，亮节难为音”二句，吐露心志，表现内心抑郁。全诗辞藻华丽，气势高峻。

赴洛道中作　诗篇名。西晋陆机作。见《文选》。共二首。作于太康末年赴洛阳途中。第一首写旅途日景，作者回望故乡，不禁长久伫立，心情沉重悲凉；第二首侧重写旅店夜景，作者披衣起坐，仰望夜空，难以入眠。情景交融，反映出应诏入洛的怅惘沉重心绪。

补亡诗　组诗名。西晋束皙作。见《文选》。共六首，均为四言。诗前有序，云：“皙与司业畴人肄修乡饮之礼，然所咏之诗，或有义无辞，音乐取节，缺而不备，于是遥想既往，存思在昔，补著其文，以缀旧制。”所补诗为《诗经·小雅》中有目无辞的《南陔》、《白华》、《华黍》、《由庚》、《崇丘》、《由仪》六首。题旨皆依子夏序中所言之意，如谓：“《南陔》，孝子相戒以养也”；“《白华》，孝子之絜白也”；“《华黍》，时和岁丰，宜黍稷也”；“《由庚》，万物得由其道也”；“《崇丘》，万物得极其高大也”；“《由仪》，万物之生，各得其仪也”。但其中都含有作者的现实感慨。诗仿《诗经》体制而作，故明胡应麟称其“尚有前代典型”（《诗薮》），而“对偶精切，辞语流丽，不脱六朝气习”（谢榛《诗家直说》）。张溥则云“《补亡诗》志高而词浅，欲以续经，罢不胜任也”（《束阳平集题辞》）。清沈德潜亦谓“六章不类周雅，然清和润泽，自是有德之言”（《古诗源》）。

盘中诗　诗篇名。西晋苏伯玉妻作。见《玉台新咏》。原注云：“伯玉被使在蜀，久而不归，其妻居长安思念之，因作此诗。”诗写思夫之情。起始六句纯用比兴手法写思妇之苦，意味厚远。以下直言其愁，以种种失望举动，将平日思念夫君的肺腑语带出。继言其夫姓名、才智，语语皆含尊爱意；而“何惜马蹄归不数”数语，望夫速归，情真意切而出语诙谐。此诗“写之盘中，屈曲成文”（宋严羽《沧浪诗话》），故称“盘中诗”。属杂体，三言多于七言。清沈德潜称“此诗似歌谣，似乐府，杂乱成文，而用意忠厚，千秋绝调”（《古诗源》）。篇末有“当从中央周四角”语，提示读法。由此推测，盘为方盘，诗在盘中当如螺旋式的回旋，由中央及于四角。

重赠卢谌　诗篇名。西晋刘琨作。《晋书·刘琨传》言琨为段匹磾所拘，“自知必死，神色自如也，为五言诗赠其别驾卢谌”。诗作于大兴元年（318），重在期勉卢谌于国危之时当早有所为，而于己之途穷悲慨不已。先以悬璧喻谌才质之美，然后引古昔贤才助君王成就功业事，望谌能与己同兴晋室。继而两用孔子叹衰悲穷，反复申言时不我与、功业未建之慨。后又连用三比喻，写时世险恶艰难，纵使有志者亦易摧折。所谓“何意百炼钢，化为绕指柔”云云，“语以自嘲，而意则讽卢，当早树功”（张玉谷《古诗赏析》）。后卢谌作《答刘琨诗》，有“谁言日向暮，桑榆犹启晨”，“百炼或致屈，绕指所以伸”句；又谓琨“前篇帝王大志，非人臣所言矣”（《晋书·刘琨传》）。唐房玄龄等言“琨诗托想非常，远想张、陈，感鸿门、白登之事，用以激谌。谌素无奇略，以常词酬和，殊乖本心”（《文选》卷二五注引臧荣绪《晋书》）。清沈德潜称此诗“拉杂繁会，自成绝调”（《古诗源》）。

扶风歌　乐府诗篇名。西晋刘琨作。见《文选》。作于永嘉元年(307)九月末自洛阳赴并州刺史任途中。属《杂歌谣辞》。四句一解，凡九解。表现作者北上忧危、悲愤之感。诗中时而写自己悲愁激愤的强烈举动，时而以烈烈悲风、泠泠涧水以及浮云、归鸟、麋鹿、猿猴等特有的物象加以渲染、衬托；时而慨叹"君子道微矣"，"忠信反获罪"，抒写内心隐忧。大抵诗人忧愤交心，万绪悲凉，"故其诗随笔倾吐，哀音无次"(清沈德潜《古诗源》)，一气直达，莽莽苍苍。

游仙诗　组诗名。晋郭璞作。见《文选》。共十四首。题名"游仙"，实为咏怀之作。诗中表现对荣名利禄的鄙弃和对仙境生活的向往，措语激昂；但又并非真想求仙，而是沿袭前人游仙之作，假托神仙以抒写其人生的抑郁。清何焯曰："景纯《游仙》，当与屈子《远游》同旨。盖自伤坎壈，不成匡济，寓旨怀生，用以写郁。"(《义门读书记》)

璇玑图诗　杂体诗篇名。十六国前秦苏蕙作。见《诗纪》。《晋书·列女传》云："(窦)滔，苻坚时为秦州刺史，被徙流沙，苏氏思之，织锦为回文璇玑图诗以赠滔。"唐武则天《璇玑图序》曰："滔将镇襄阳，邀苏氏同往。苏氏忿之，不与偕行，乃携阳台(滔宠姬)之任，绝苏氏音问。苏氏悔恨自伤，因织锦为回文。"又谓其诗"五色相宣，莹心辉目，纵广八寸，题诗二百余首，计八百余言，纵横反复，皆为文章。其文点画无缺，才情之妙，超今迈古，名曰璇玑图。"词甚凄惋。陆昶评选《历朝名媛诗词》曰："其辞文之妙，精巧绝伦。……此古今第一巧慧流传，至今不可没矣！惟是玩其词义，不免迁就字句，殊乏比兴。"后人衍续其诗，愈续愈多，宋、元间僧起宗着意推求，得三、四、五、六、七言诗三千七百五十二首，分七图。明康万民增立一图，其诗增至四千二百零六首，合起宗所读，共成七千九百五十八首。唐申诚曾作释文，今不传。

答许询　组诗名。东晋孙绰作。见《孙廷尉集》。共九首。系酬答许询赠诗之作。作者是当时玄言诗代表作家，他"仰观大造，俯览时物"，思索"机过患生，吉凶相拂"的玄理。诗中颇多说理，缺乏形象和韵味，是以诗的形式阐释玄学奥理的玄言诗代表作。

归园田居　组诗名。东晋陶渊明作。见《陶渊明集》。作于义熙二年(406)作者归隐彭泽的翌年。共五首。其一以郁愤之情表达对现实的不满，深悔往日出仕，抒写归田后的自由惬意。其二叙隐居后无世俗之烦，而有田园之静，表露对庄稼的关切。其三叙稼穑之艰难，表示不畏艰苦，只要遂志的心愿。其四叙携子侄游山泽时所见一片荒芜景象，发出沧海桑田、人事变幻无常的感喟。其五抒游归时的怅惘情怀，念山涧濯足之乐，叙归家后与邻友欢饮达旦之情。五首诗概写归隐后或劳动，或访友，或游览，或饮酒，无不欢畅惬怀。感情诚挚，叙写真实，语言质朴。诗中"暧暧远人村，依依墟里烟"语，写田家景色极真切。"带月荷锄归"句，诗画相生，有点染之工。清沈德潜评曰："储、王极力拟之，然终似微隔，厚处、朴处不能到也。"(《古诗源》)

癸卯岁始春怀古田舍　组诗名。东晋陶渊明作。见《陶渊明集》。元兴二年(403)作者服母丧家居，怀古而作。共二首。其一叙写实现夙愿、始归田舍的喜悦。由田园初春清新僻静、和畅欢娱的景象，诱发对古隐士荷蓧丈人的企羡，抒写不苟时俗的人生理想。"鸟哢欢新节，泠风送馀善"二句写景极佳，清温汝能评为"巧丽绝伦"(《陶诗汇评》)。清王夫之曰："通首好诗，气和理匀，亦靖节之仅遘也。"(《古诗评选》)其二由田间劳作之乐而生怀古之幽情，谓先师孔子邈难企及，不如转志务农，流露倦于宦游的心情。"平畴交远风，良苗亦怀新"二句素为人赞赏，宋苏轼曰："非古之耦耕植杖者，不能道此语，非世之老农，不能识此语之妙。"(《东坡题跋》)清陈祚明曰："'平畴'二语写景，神到之句，写物者摭实，写气者蹈虚，便已生动；若写神，谁能及之。"(《采菽堂古诗选》)

饮酒　组诗名。东晋陶渊明作。见《陶渊明集》。作于义熙十三年(417)，一说作于元兴二年(403)。共二十首。诗前有序，谓闲居寡欢，夜长独酌，醉后题诗自娱。诗中有对当世是非不分的揭露，有对善恶报应的怀疑，有对田园幽居生活的赞颂，有对往日出仕原由的回忆，有对人生短促、事业无成的慨叹，有对隐居不仕、甘于贫贱的追慕。作者赞美青松经寒屹立、秋菊凌霜盛开，暗喻美好高洁的情操。他感慨"羲农去我久，举世少复真"，叹息人世无常，遂生及时行乐、秉烛夜游之念；他申言"若复不快饮，恐负头上巾。但恨多谬误，君当恕罪人"，表明自己饮酒不仅为行乐，更为免罪，与阮籍饮酒意同，言极沉痛。其五"结庐在人境"，写归田后恬静淡泊的心境，悠闲自得的生活和对田园风光的热爱，兴会独绝，最为脍炙人口。其中

"采菊东篱下，悠然见南山"二句，静穆淡远，为千古名句。结尾"此中有真意，欲辨已忘言"，语意深永。清方东树评曰："此二十首篇篇具奇恉旷趣，名理名言，非常恣肆，皆道腴也。"(《昭昧詹言》)

咏荆轲 诗篇名。东晋陶渊明作。见《陶渊明集》。约作于景平元年(423)。为歌颂荆轲而作。始写燕太子丹得荆轲之不易，次写轲为燕太子复仇、出刺秦王之壮举，再写易水饯行、击筑高歌、水寒风哀的悲愤气氛，以及荆卿轻死重名、义不反顾、直入秦廷的英雄气概。作者惜其事败被杀，而赞其风范长存。全诗叙写生动，"写壮士，须眉如画；状易水，萧森之气凄然"（清张潮、卓尔堪、张师孔同阅《曹陶谢三家诗·陶集》）。朱熹评曰："渊明诗，人皆说平淡，余看他自豪放，但豪放得来不觉耳。其露出本相者，是《咏荆轲》一篇。平淡底人如何说得这样言语出来。"(《朱子语类》)

读山海经(孟夏草木长) 诗篇名。东晋陶渊明作。见《陶渊明集》。作于永初三年(422)。为组诗《读山海经》之一。诗中以质朴语言叙写田园初夏树木扶疏、众鸟欣然有托，吾亦有栖居之所的喜悦之情；继而描写穷巷生活安闲，既无贵人来访，亦无亲故交往，"既耕亦已种，时还读我书"，自种自食，自得其乐，反映诗人摆脱官场纷争后的隐居乐趣。诗末慨叹人生短促，当及时行乐。清温汝能评曰："此篇是渊明偶有所得，自然流出，所谓不见斧凿痕也。大约诗之妙以自然为造极。陶诗率近自然，而此首更令人不可思议，神妙极矣。"(《陶诗汇评》)

读山海经(精卫衔微木) 诗篇名。东晋陶渊明作。见《陶渊明集》。作于永初三年(422)。为组诗《读山海经》之十。诗开端即用精卫填海、刑天舞戚的神话讴歌顽强不息的毅力和至死不屈的猛志，借以自抒怀抱。终叹壮志未酬，时不待人。鲁迅称之为"金刚怒目式"的作品。明黄文焕谓此诗"寄愤写壮"(《陶诗析义》)。宋周紫芝《竹坡诗话》谓"刑天舞干戚，猛志固常在"二句，宋时为"刑夭無千歲，猛志固有在"，后据《山海经》改。

挽歌诗 组诗名。东晋陶渊明作。见《陶渊明集》。约作于元嘉四年(427)，一说作于义熙十一年(415)。为诗人自挽诗。共三首。其一认为"有生必有死，早终非命促"，反映顺应自然的质朴唯物观。但又感叹人生太短，死后凄凉，而死者全然不知得失、是非、荣辱，故不如在世时酣醉。反映诗人饮酒行乐的思想。清陈祚明评曰："言理极尽，故言哀极深。末故以放语引令远，可知一息尚存，得失是非不泯泯也。"(《采菽堂古诗选》)其三想像死后严霜九月送葬的凄凉情状和孤坟在荒原马鸣风啸中的寂寞景象。但又认为任何人都不免一死，"死去何所道，托体同山阿"，以旷达语作结，反映诗人顺应自然的道家思想。清陈祚明评曰："一气浏莅，《十九首》而外，在汉人亦不多得。"(《采菽堂古诗选》)清方东树评曰："此诗气格，笔势横恣，游行自在，与《三百篇》同旷，而又全具兴观群怨。杜公且逊之。"(《昭昧詹言》)

停云诗 诗篇名。东晋陶渊明作。见《陶渊明集》。作于晋元兴三年(404)。共四章。诗前有序云："停云，思亲友也。"诗中表现作者独饮东窗，搔首伫望良朋的情状，抒写祈盼与亲友促席叙说平生的愿望和叹息思友不获的抱恨。"霭霭停云，濛濛时雨"两句，以云盛雨细的景象衬托思友情怀，历来称为佳句。唐杜甫《梦李白》诗有"落月满屋梁，犹疑照颜色"句，后人书札因以"停云落月"表示对友人思慕之意。

五君咏 组诗名。南朝宋颜延之作。见《文选》。共五首，分咏"竹林七贤"中阮籍、嵇康、刘伶、阮咸、向秀等五人。元嘉三年(426)，作者因言辞激直，触忤权要，贬为永嘉太守，乃作《五君咏》以述竹林七贤，山涛、王戎以投靠权门贵显，弃而不咏。诗中咏嵇康"立俗迕流议"，阮籍"越礼自惊众"，阮咸"屡荐不入官"，向秀"甘淡薄"，实则抒写自己的怀抱。抒情写志，语言明快。清黄子云曰："《五君咏》自当高步元嘉。"(《野鸿诗的》)

登池上楼 诗篇名。南朝宋谢灵运作。见《谢康乐集》。永初三年(422)，作者被贬为永嘉太守，上任后患病卧床，翌年初春始愈，登楼眺望，有感而作此。诗中托物起兴，以潜龙深藏而葆真美，鸿雁高飞而远祸害，衬托自己为世网所婴、进退失据的境况，抒写离群索居、怀人思归的情怀。"池塘生春草，园柳变鸣禽"一联，清新自然，脍炙人口。宋叶梦得评曰："此语之工，正在无所用意，猝然与景相遇，借以成章，故非常情所能到。"(《石林诗话》)

代放歌行 诗篇名。南朝宋鲍照作。见《鲍参军集》。《放歌行》属乐府《相和歌》曲，此为拟作。断言小人不能理解旷达之士的怀抱，揭露达官贵族的追名逐利与骄奢淫佚，讽刺统治者不辨贤愚，小人得志而贤士见疏，表达作者对当时社会强烈的批判精神和不甘为卑污世风所染的品格。结句设小人反诘旷士语，冷峻隽永，含蕴深刻。

拟行路难　组诗名。南朝宋鲍照作。见《鲍参军集》。《行路难》为乐府《杂歌谣曲》名，此为拟作。共十八首，非一时一地所作。内容颇广泛，多写在高门士族压抑下，贫贱士人对世路维艰、怀才不遇的悲愤，亦有感叹时光易逝和同情妇女不得爱情自由的作品，表现作者孤直耿介的性格和傲岸不屈的处世态度。辞采华美，风格雄肆奔放。句式五、七言杂用，以七言为主，间用九言句，隔句用韵，对后世杂言诗的创作有很大影响。清王夫之《古诗评选》云："行路难诸篇，一以天才天韵，吹宕而成。独唱千秋，更无和者。"

代出自蓟北门行　诗篇名。南朝宋鲍照作。见《鲍参军集》。《出自蓟北门行》属乐府《杂曲歌谣》。此为拟作。写战士赴边途中历尽严寒艰苦的状况，表现他们视死如归的英勇气概。情辞激壮，格调雄健。清沈德潜评曰："明远能为抗壮之音，颇似孟德。"(《古诗源》)王闿运评曰："作边塞诗，用十二分力量，是唐人所祖。"(《八代诗选》)

赠范晔　诗篇名。南朝宋陆凯作。见《太平御览》所引《荆州记》。《太平御览》卷九七〇云："陆凯与范晔交善，自江南寄梅花一枝，诣长安与晔，兼赠诗曰：'折花逢驿使，寄与陇头人。江南无所有，聊赠一枝春。'"卷四〇九所引大致相同。卷一九所引，"范晔"作"路晔"，诗句文字亦小有不同。诗中一枝报春之梅径称为"一枝春"，清新自然，深为后人推崇。清王夫之称其"音圆局整"(《古诗选评》)。

玉阶怨(夕殿下珠帘)　诗篇名。南朝齐谢朓作。见《谢宣城集》。题为乐府曲调名，属《相和歌·楚调曲》。本篇以宫怨为题材。首二句以夕殿帘垂、流萤飞息，渲染出一片极为清冷寂寞的气氛；后二句更以深夜缝衣表达宫女的无尽情思。语凝练而情深绵。清沈德潜评谓："竟是唐人绝句，在唐人中为最上者。"(《古诗源》)

晚登三山还望京邑　诗篇名。南朝齐谢朓作。见《谢宣城集》。建武二年(495)，作者出任宣城太守，此为赴任途经三山(今南京市西南长江南岸)登览所作。时朝廷内部斗争日益激烈，作者喜得外任，可远离祸患，但对京城故地仍有深深依恋之情。全诗描绘春日黄昏登上三山回望京邑所见之美景，并由此抒发对京邑的眷怀。诗前半写景鲜明生动，后半抒情浓郁深沉。通篇情景交融，诗风清丽隽永。其中"馀霞散成绮，澄江净如练"为脍炙人口的名句，为历代文人推赏。唐李白有"解道澄江净如练，令人长忆谢玄晖"(《金陵城西楼月下吟》)句。

之宣城郡出新林浦向板桥　诗篇名。南朝齐谢朓作。见《谢宣城集》。建武二年(495)作者出任宣城太守，此为赴任途中所作。新林浦在今南京市西南。时朝廷内部斗争日剧，高宗大杀宗室诸王与诸臣，诗中表达出喜得外任的心情和远隔嚣尘、全身避祸的思想。诗多偶句，风格隽永清新。其中"天际识归舟，云中辨江树"二句，开阔悠远，意趣盎然，尤为后世称道。清王夫之《古诗评选》云："'天际识归舟，云中辨江树'，隐然一含情凝眺之人呼之欲出。从此写景，乃为活景。"全诗充溢自慰安处之情，别具深意妙理。

游东田　诗篇名。南朝齐谢朓作。见《谢宣城集》。东田为齐文惠太子所筑游乐之所，其址在钟山下。永明间诗人与沈约、范云等常游于此。诗写游东田时所见初夏明丽景色，抒发诗人陶醉于自然的怡悦心情。写景远近结合，有远树阡阡、生烟漠漠的浑涵景象，亦有鱼戏荷动、鸟散花落的生动镜头。笔触灵活，格调明丽。且多用工整的对偶句，词藻清绮，更见优美整饬。

春别诗四首　组诗名。南朝梁萧子显作。见《玉台新咏》。本诗写男女春日离别之情。一、三两首为男方表情，二、四两首为女方答辞。第一首写男子因见他人男女春游携手同归而激起相思之情，春物繁丽，莺燕双翻，以兴己之孤单。第二首言芳春花叶茂密，但闻鸟声，女子因感孤寂而动思君之念，但愿暂使衣袂一相接触，亦足慰相思。第三首为男子对女方的猜疑，谓昨日沾巾送别，今日应已为他人妆饰一新。第四首针对男子的猜疑，女方表白悲别之心，本知人不似树之无情，何意别后却似花之离树了不相关。四首诗前后衔接，略具组诗体式。萧纲、萧绎均有唱和之作。

别范安成　诗篇名。南朝梁沈约作。见《沈隐侯集》。范岫(439—514)，字懋宾，曾为南朝齐安成王萧暠内史，故依官职称之范安成。约与范岫为好友，此诗即写于与范岫同仕齐朝时。诗从朋友间别易会难致慨，表达临别时无限眷恋之情。末二句“梦中不识路,何以慰相思”,极言别后相思之苦,求于梦中暂获安慰亦不可得,语极深至。唐人不少写离宴、梦魂的名句,都由此生发。全诗从己与友人的过去、现在及将来设想,抒写别情,语极寻常,而情味之真醇,直可追踪汉人。清沈德潜谓此诗“一片真气流出,句句转,字字厚,去十九首不远”(《古诗源》)。

早发定山 诗篇名。南朝梁沈约作。见《沈隐侯集》。作者于南朝齐隆昌元年(494)出为东阳太守,途经定山,遂作此诗。定山在浙江富阳东北七十里处。写出峰岭奇秀之状和自然界鲜美的生趣,颇能给人清新的艺术美感,表达赏玩定山后的向往心情。雄奇之外,复见清丽。全诗写景抒情,俱明切省净。

入若耶溪诗 诗篇名。南朝梁王籍作。见《诗纪》。天监十三年(514),作者为湘东王咨议参军,随府至会稽,游若耶溪,因赋此诗。描写泛舟溪中,耳目所接自然景象的鲜美,寄托羁旅之思。其中“蝉噪林逾静,鸟鸣山更幽”二句,当时以为“文外独绝”,传为名句。

东飞伯劳歌 诗篇名。南朝梁萧衍作。见《梁武帝集》。《玉台新咏》、《艺文类聚》、《乐府诗集》并作古辞。此诗以“东飞伯劳西飞燕”句起兴,以见禽鸟各有所追求。次句申言牛郎织女异居亦有相见时。以下极写人家少女之明艳照人,年华芳美,而春暮花落,无与同处,深致怜惜之意。全诗两句一韵,大体平仄转换,辞调俱隽美。明陆时雍《诗镜总论》云:“‘东飞伯劳西飞燕’、《河中之水歌》,亦古亦新,亦华亦素,此最艳词。所难能者,在风格浑成意独出。”

河中之水歌 诗篇名。南朝梁萧衍作。见《梁武帝集》。《玉台新咏》、《艺文类聚》、《初学记》作古诗。张溥《汉魏六朝百三名家集·梁武帝集题辞》云:“其诏令书敕诸篇置帝王集中,则魏晋风烈间有存者……未容以《河中之水》、《东飞伯劳》数诗定帝高下也。”也认为本诗及《东飞伯劳歌》为萧衍作。叙写洛阳女儿莫愁嫁为卢家妇之居处服饰光丽,属辞精要。诗中有句云:“卢家兰室桂为梁,中有郁金苏合香。”为唐沈佺期诗句“卢家少妇郁金堂”所本。风格清丽,具民歌情调。

临行与故游夜别诗 诗篇名。南朝梁何逊作。见《何记室集》。约为作者出仕庐陵王记室,赴任江州前与朋友赠别时所作。首联点明与故游告别,次联喻人生别易会难,三联写离夜情景,一片凄黯,末联结到别情,无限依恋。通篇词语流畅,情意真挚。“夜雨滴空阶,晓灯暗离席”一联,明陆时雍评曰:“闲闲两语,景色自成”,“直绘物情,不烦妆点”(《古诗镜》)。其造境用意,颇为后代诗词所取法。唐郑谷《文昌寓直》诗云:“何逊空阶夜雨平,朝来交直雨新晴。”

晚出新亭 诗篇名。南朝陈阴铿作。见《阴常侍集》。新亭,即劳劳亭,三国吴始建,名临沧观,晋安帝时重修,故址在今江苏江宁县南。诗抒思家念归情绪。首二句以滔滔江流写满腔悲伤,“突然而起,造语雄深,六朝亦不多见”(明谢榛《四溟诗话》)。以景物熔铸“离悲”,创造出浓重的氛围。全篇笔力饱满,格调健朗,形式整肃,语言明丽,别具风采,呈初唐五律格局。

五洲夜发 诗篇名。南朝陈阴铿作。见《阴常侍集》。描写船发五洲时所见大江澄澈幽静的夜景,抒旅途愁怀。从视听感受和上下、明暗、主客体的交错,刻画月夜行舟的景色,在运动中展示广阔的空间,并以人物行动揭示人物心绪。情景交融,妥帖自然。

关山月(关山三五月) 乐府诗篇名。南朝梁徐陵作。见《乐府诗集》。《关山月》为乐府旧题,属汉《横吹曲》,常用以抒写征人思妇怨离伤别之情。诗共二首,此为其一。抒写边关征戍士卒对故乡妻子的思念。十五月明之夜,月团圆人不团圆,征人遥想故乡秦川,又以想像之笔写思妇当窗未眠的情状,继而折回眼前战云密布的现实,发出“从军复几年”的慨叹。全诗宛转雄劲,已近初唐气象。

闺怨篇 诗篇名。南朝陈江总作。见《江令君集》。写闺中少妇思念远征丈夫的哀怨。诗中运用众多蕴意独特的物象表现心理活动,如以鸳鸯成双、苏合空燃写孤寂,以屏风有意、灯火无情吐嗟怨。或衬托,或想像,或比喻,或移情,情思深切丰富。末以青春年华易逝,表盼归意愿。语言秀洁,韵律谐美,对偶精整,近七言排律体式。清沈德潜称其“已近唐律,稍降则为填词矣”(《古诗源》)。

玉树后庭花 乐府诗篇名。南朝陈后主陈叔宝作。见《陈后主集》。《乐府诗集》列于《清商曲辞》。曲调为陈后主所创。《隋书·五行志》云:“祯明初,后主作新歌,词甚哀怨,令后宫美人习而歌之。”描写美女的“新妆艳质”,着意刻摹其娇态、笑貌、花容,末二句“妖姬脸似花含露，玉树流光照后庭”，充溢浓重脂粉气与淫冶情调，辞藻轻艳绮靡，为宫中艳曲。《隋书·乐志》称之“绮艳相高，极于轻荡，男女唱和，其音甚哀”。明张溥曰：“世言陈后主轻薄最甚者……惟见《玉树》一篇，寥落寡致，不堪男女唱和，即歌之，亦未极哀也。”（《汉魏六朝百三名家集·陈后主集题辞》）又有五言歌辞二句，曰：“玉树后庭花，花开不复久。”“时人以为歌谶，以其不久兆也。”（《隋书·五行志》）后世视为亡国之音，多以为故实，咏史讽今。唐杜牧《泊秦淮》诗有“商女不知亡国恨，隔江犹唱《后庭花》”句，即指此曲。

赞四君诗 一作《蜀四贤赞》。组诗名。北魏常景作。见《诗纪》。分赞司马相如、王褒、严君平、扬雄四贤才高位卑，而“逸气干青云”的高风。诗人咏史自况，抒其才世不合，遂置酒闲游、遗世独立的愤懑。四诗皆五言八句，中间四句两两对仗。平仄稍不调，但已具律诗体式。全诗格调高昂，富于清刚之气。

捣衣 乐府诗篇名。北魏温子昇作。见《诗纪》。写征人妇月夜捣锦情形，抒相思之情。始绘一秋夜佳人捣衣图，接以“七夕长河烂，中秋明月光”，暗用牛女事，反衬佳人独处。结尾“蠮螉塞边绝候雁，鸳鸯楼上望天狼”，佳人登楼遥望的形象呼之欲出。情景交融，意境优美。音调流畅婉转，缠绵和谐，颇具民歌风味。清沈德潜称之“直是唐人”（《古诗源》）。

秋思 诗篇名。北齐萧悫作。见《玉台新咏》。前半首绘景，清澄萧瑟，工细精美；后半首抒情，借闺中人“相思”、“结梦”之境，深蕴家国身世之感。“芙蓉露下落，杨柳风中疏”两句，自然天成而富于韵味。北齐颜之推谓：“吾爱其萧散，宛然在目。”（《颜氏家训》）唐皮日休以为与孟浩然“微云淡河汉，疏雨滴梧桐”句，“争胜于毫厘”（《孟亭记》）。宋许颉则云：“锻炼至此，自唐以来，无人能及也。”（《彦周诗话》）宋朱熹赞其较李白“清水出芙蓉，天然去雕饰”句“尤佳”（《朱子语类》）。

渡河北 诗篇名。北周王褒作。见《初学记》。描绘北方边地的特有风貌，抒发出诗人身羁异地，茫然不知所归的凄楚怅惘情怀。首二句“秋风吹木叶，还似洞庭波”，境界壮阔，比喻新奇，体现出一种苍凉情调，颇受后人称赏，被评为“警绝”（明杨慎《升庵诗话》）。全诗注重音律对仗而风格悲凉。

拟咏怀 组诗名。北周庾信作。见《庾子山集》。诗人被迫羁留北地，备受西魏、北周统治者重视，位望通显，但内心极为痛苦，拟魏末阮籍《咏怀》诗八十二首作此五言组诗。共二十七首。诗中反复抒发其因故国沦亡而被迫羁留异地的悲伤及屈身仕魏、周的愧疚情怀，隐约叙写梁朝衰亡破败过程，表达其对故国的刻骨思念。其七（“榆关断音信”）、其十一（“摇落秋为气”）等篇，在对北地苍茫壮阔景象的描绘中表达其置身异地的特殊感受。其四（“楚材称晋用”）等篇，运用排偶典故，“使事则古今奔赴，述感则方比抽新”（陈祚明《采菽堂古诗选》），体现其表达思想情感的特殊方式。内容丰富，感情深厚，风格激楚悲凉，为其后期诗的代表作。

寄王琳 诗篇名。北周庾信作。见《艺文类聚》。王琳系南朝大将，曾有书相寄，诗人作此回报。诗中表现作者久羁异域的孤独忧伤及对故国友人的无限思念，末二句“独下千行泪，开君万里书”，自然流利，语浅情深，凄恻动人。清陈祚明评曰：“此等方是真诗，‘打起黄莺儿’岂能及也。”（《采菽堂古诗选》）

重别周尚书（阳关万里道） 诗篇名。北周庾信作。见《庾子山集》。周尚书即周弘正，武成二年（560）自陈聘北周，南返时，诗人作此赠别。因前有《别周尚书弘正》一首，故此诗题为“重别”。原诗二首，此其一。前二句渲染苍凉萧瑟景象，后二句描写目送归雁与故人同向回乡之路，悲凄情感不言而自见。清陈祚明评曰：“唐人纵师其意，不若公处其时，情真语自独绝。然有此情者，多不能道此语也。”（《采菽堂古诗选》）

咏画屏风诗 组诗名。北周庾信作。见《庾子山集》。共二十五首，杂咏屏风画。诗中或描写欢宴歌舞，或叙述游春丽景，或抒发登高情怀，或表现隐士生活，内容颇为丰富。构思新颖，笔致清丽，对偶工巧，音律谐畅。其语言意象，多为唐代诗人所取法。为中国最早的咏画诗之一，对后世题画诗颇有影响。

吴声歌曲 乐府《清商曲》的一部。产生于六朝时长江下游地区，以当时首都建康（今江苏南京）为中心。《晋书·乐志》云：“吴歌杂曲，并出江南，东晋以来，稍有增广。其始皆徒歌，既而被之管弦。”《乐府诗集》卷四四云：“盖自永嘉渡江之后，下及梁、陈，咸都建业（今江苏南京），吴声歌曲，起于此也。”其曲有《子夜歌》、《前溪歌》、《读曲歌》、《碧玉歌》等，计二十四种。现存歌辞计三百余首，多为民间歌曲，亦有少量文人仿制。内容多涉男女情事，形式较汉乐府民歌为短，多五言四句，大抵为吴声软语，且多用谐音、双关等手法。

子夜歌 乐府《吴声歌曲》名。《宋书·乐志》云："《子夜歌》者，有女子名子夜，造此声。晋孝武太元中，琅邪王轲之家有鬼歌《子夜》。殷允为豫章，豫章侨人庾僧虔家亦有鬼歌《子夜》。殷允为豫章亦在太元中，则子夜为此时以前人也。"鬼歌《子夜》显属荒诞，但据此可揣知此曲大约产生与流行于晋太元(376—396)之前。《旧唐书·音乐志》则云："《子夜歌》者，晋曲也。晋有女子名子夜，造此声。"曲因人名。或谓因其为夜半之歌而名(子居十二地支之首，其时正值夜半，故诗中多有夜色描绘)。《旧唐书·音乐志》谓其"声过哀苦"，《古今乐录》言其"凡歌曲终，皆有送声"，并指明以"持子"送曲。今存晋、宋、齐三代歌辞四十二首。末二首"恃爱"和"朝日"，《玉台新咏》卷十作梁武帝诗。大多为恋歌，情意缠绵。全用五言四句，短小精练，节奏明朗，又多谐音双关语。其写景言情，"每以前句比兴引喻，而后句实言以证之"(宋洪迈《容斋三笔》)，颇似《诗经·国风》中的比兴。唐宋人多有仿效。《乐府解题》曰："后人更为四时行乐之词，谓之《子夜四时歌》。又有《大子夜歌》、《子夜警歌》、《子夜变歌》，皆曲之变也。"

子夜四时歌 又称《吴声四时歌》。简称《四时歌》。乐府《吴声歌曲》名。系《子夜歌》的变曲。《乐府诗集》《子夜歌》题解引《乐府解题》语云："后人更为四时行乐之词，谓之《子夜四时歌》。"属《清商曲·吴声歌》。今存晋、宋、齐歌辞七十五首(其中《冬歌》"果欲结金兰"篇，《古诗纪》收入梁武帝《子夜冬歌》中)。其中《春歌》二十首，《夏歌》二十首，《秋歌》十八首，《冬歌》十七首，皆紧扣四时不同之景言情。内容、形式均类《子夜歌》。

大子夜歌 乐府《吴声歌曲》名。为《子夜歌》的变曲。其辞今存二首，解释并赞美《子夜歌》"出天然"、"出口心"的特征。或以为系当时文士赞颂《子夜歌》之作，为《子夜》诸歌的引子；或以为是《子夜歌》的送声。

子夜警歌 乐府《吴声歌曲》名。为《子夜歌》的变曲。今存晋、宋民间辞二首，叙一女子弹唱时的情态和心境。第二首"恃爱如欲进"篇亦见《子夜歌》。《乐府诗集》于《子夜变歌》题解引《古今乐录》云："《子夜警歌》无送声，仍作变，故呼为变头，谓六变之首也。"

子夜变歌 乐府《吴声歌曲》名。为《子夜歌》的变曲。《乐府诗集》引《古今乐录》语云："《子夜变歌》，前作'持子'送，后作'欢娱我'送。"今存其辞三首，描写物序的变更及由此而起的心境变化，情致凄怆。

欢闻歌 乐府《吴声歌曲》名。《乐府诗集》引《古今乐录》云："《欢闻歌》者，晋穆帝升平初歌，毕辄呼'欢闻不'，以为送声，后因此为曲名。"今存无名氏辞一首，写一生活不定、孤单无依的女子对其恋人的深厚情意。

欢闻变歌 乐府《吴声歌曲》名。为《欢闻歌》的变曲。《乐府诗集》引《古今乐录》云："《欢闻变歌》者，晋穆帝升平中，童子辈忽歌于道，曰：'阿子闻！'曲终辄云：'阿子汝闻不？'无几而穆帝崩。褚太后哭：'阿子汝闻不？'声既凄苦，因以名之。"今存无名氏辞六首，大多写女子对情郎摧人心肝、至死不渝的思念，率直坦露，朴素自然。对隐语廋词(如以"鱼"隐"侣"等)的运用，尤具民歌情趣。

前溪歌 乐府《吴声歌曲》名。《晋书·乐志》云："《前溪歌》者，晋车骑将军沈充(《宋书·乐志》作沈玩)所制。"《乐府解题》曰："《前溪》，舞曲也。"胡仔《苕溪渔隐丛话后集》云："于竞《大唐传》：'湖州德清县南前溪村，则南朝集乐之处。今尚有数百家习音乐。江南声伎，多自此出，所谓舞出前溪者也。'"今存其辞七首，或巧用比喻，或直抒胸臆，表达女子对恋人坚贞不渝的感情。中有三首采用五言五句，与其他《吴声歌》多取五言四句者形式不同，颇具楚歌风调。

阿子歌 乐府《吴声歌曲》名。南朝无名氏作。《乐府诗集》引《宋书·乐志》曰："《阿子歌》者，亦因升平初歌云'阿子汝闻不'，后人演其声为《阿子》、《欢闻》二曲。"又引《乐苑》云："嘉兴人养鸭儿，鸭儿既死，因有此歌。"今存其辞三首。

丁督护歌 乐府《吴声歌曲》名。《乐府诗集》引《宋书·乐志》云："《督护歌》者，彭城内史徐逵之为鲁轨所杀，宋高祖使府内直督护丁旿收敛殡埋之。逵之妻，高祖长女也。呼旿至阁下，自问殓送之事。每问辄叹息曰：'丁督护！'其声哀切。后人因其声广其曲焉。"又引《唐书·乐志》云："《丁督护》，晋宋间曲也。今歌是宋武帝所制。"《宋书·乐志》未著作者。今存其辞五首，写女子送别怀人之情，想像奇特，言情直率，具民歌风调。唐李白亦有《丁督护歌》，描写运送盘石者的辛劳，辞意悲苦。

团扇郎 乐府《吴声歌曲》名。《乐府诗集》引《古今乐录》云："《团扇郎歌》者，晋中书令王珉捉白团扇，与嫂婢谢芳姿有爱，情好甚笃。嫂捶挞婢过苦，王东亭闻而止之。芳姿素善歌，嫂令歌一曲当赦之。应声歌曰：'白团扇，辛苦五流连，是郎眼所见。'珉闻，更问之：'汝歌何遗？'芳姿即改云：'白团扇，憔悴非昔容，羞与郎相见。'后人因而歌之。"今存无名氏辞八首，大多写女子对恋人相思相忆之情。或借白团扇起兴，或以白团扇自拟，婉转动人。其中第一、二、七三首，《玉台新咏》、《艺文类聚》等俱题为王献之的爱妾桃叶所作。

七日夜女歌 一作《七日夜女郎歌》。乐府《吴声歌曲》名。七日夜即七夕（夏历七月七日的晚上）。据古代传说，此夜为牛郎织女一年一度相会之期（见《荆楚岁时记》等）。今存其辞九首，皆为深闺独处、情人远离的幽叹。

黄鹄曲 乐府《吴声歌曲》名。《乐府诗集》题解引《列女传》云："鲁陶婴者，鲁陶明之女也。少寡，养幼孤，无强昆弟，纺绩为产。鲁人或闻其义，将求焉。婴闻之，恐不得免，乃作歌明己之不更二庭也。其歌曰：'悲夫！黄鹄之早寡兮，七年不双。宛颈独宿兮，不与众同。夜半悲鸣兮，想其故雄。天命早寡兮，独宿何伤。寡妇念此兮，泣下数行。呜呼哀哉兮，死者不可忘。飞鸣尚然兮，况于贞良。虽有贤雄兮，终不重行。'鲁人闻之，不敢复求。"今存无名氏辞四首，皆以失群孤飞的黄鹄，喻生离死别之人。语言哽咽，情意悲怆。

碧玉歌 乐府《吴声歌曲》名。《乐府诗集》题解引《乐苑》云："《碧玉歌》者，宋汝南王所作也。碧玉，汝南王妾名，以宠爱之甚，所以歌之。"恐误，宋无汝南王。《通典·乐典》谓晋汝南王作。今存无名氏辞五首。其中二首，《玉台新咏》称孙绰作，题为《情人碧玉歌》；"杏梁日始照"篇，《玉台新咏》题为梁武帝作；《古今乐录》、《初学记》则以为五篇皆孙绰为汝南王爱妾碧玉所作。写一小户人家的少女与一"贵德"者间的相恋关系，表现小家碧玉的憨态，豆蔻年华的天真，两情相悦的执著，身世门第的隐忧，诚挚率朴，情趣盎然。后世称出身低微人家的女儿为"小家碧玉"，即源于此。

桃叶歌 乐府《吴声歌曲》名。《乐府诗集》引《古今乐录》云："《桃叶歌》者，晋王子敬（王献之字）之所作也。桃叶，子敬妾名，缘于笃爱，所以歌之。"《隋书·五行志》亦云："陈时，江南盛歌王献之《桃叶》诗。"今存无名氏辞四首。然其一、其四两篇，《古诗纪》引《彤管新编》语属桃叶，其二、其三两篇，《玉台新咏》又归王献之。以物喻人，描写一多情女子恋爱时的心态，格调清新自然。

懊侬歌 亦作《懊恼歌》。乐府《吴声歌曲》名。"懊侬"，烦闷之意。《乐府诗集》引《古今乐录》云："《懊侬歌》者，晋石崇妾绿珠所作，唯'丝布涩难缝'一曲而已。后皆隆安初民间讹谣之曲。宋少帝更制新歌三十六曲。齐太祖常谓之《中朝曲》。梁天监十一年(512)，武帝敕法云改为《相思曲》。"今存其辞十四首。大多写男女情事，风格沉郁悲切。

华山畿 乐府《吴声歌曲》名。《乐府诗集》题解引《古今乐录》云："《华山畿》者，宋少帝时《懊恼》一曲，亦变曲也。少帝时，南徐（治今江苏镇江）一士子，从华山（在今江苏句容）畿往云阳（治今江苏丹阳），见客舍有女子，年十八九，悦之无因，遂感心疾。母问其故，具以启母。母为至华山寻访，见女，具说闻感之因。脱蔽膝，令母密置其席下，卧之，当已。少日果差。忽举席见蔽膝而抱持，遂吞食而死。气欲绝，谓母曰：'葬时车载从华山度！'母从其意。比至女门，牛不肯前，打拍不动。女曰：'且待须臾！'妆点沐浴，既而出，歌曰：'华山畿，君既为侬死，独活为谁施？欢若见怜时，棺木为侬开！'棺应声开，女透入棺。家人叩打，无如之何，乃合葬，呼曰'神女冢'。"今存其辞二十五首，第一首即此传说中少女所唱之歌，余皆情歌，与传说无关。以五言为主，亦有三言。或五句成篇，或四句为制，更多的则为三句，声短气促，与其他南朝乐府多有不同。内容写女性失恋后的各种烦恼，格调伤感，情致深挚。

读曲歌 乐府《吴声歌曲》名。《宋书·乐志》云："《读曲歌》者，民间为彭城王义康所作也。其歌云'死罪刘领军（即刘湛），误杀刘第四（义康行四。《通典·乐典》作刘四弟）'是也。"《古今乐录》云："《读曲歌》者，元嘉十七年(440)，袁后崩，百官不敢作声歌，或因酒宴，止窃声读曲，细吟而已。以此为名。"《玉台新咏》卷十载其"柳树得春风"章，题作《独曲》，意为徒歌，歌唱时不配音乐。今存南朝无名氏作歌辞八十九首。或五言四句，或五言三句，亦偶有杂用三言、七言者。内容大多写女子思念情人，并多用谐音双关隐语，与《子夜歌》类似。清沈德潜云："齐梁人《读曲》等歌，俚语俱趣，拙语俱巧，自是诗中别调。"(《古诗源·例言》)

春江花月夜 乐府《吴声歌曲》名。相传为南朝陈后主(陈叔宝)所作艳曲之一。《晋书·乐志》云："《春江花月夜》、《玉树后庭花》、《堂堂》，并陈后主所作。"原词今已不传。今存隋唐时歌辞七首。隋炀帝(杨广)作有二首，余皆为唐人作品。张若虚的一首颇有名，然系拟题作诗，已非原有曲调。

神弦歌 乐府《清商曲》的一部。产生、流行于建业(今江苏南京)附近。《乐府诗集》引《古今乐录》："《神弦歌》十一曲：一曰《宿阿》，二曰《道君》，三曰《圣郎》，四曰《娇女》，五曰《白石郎》，六曰《青溪小姑》，七曰《湖就姑》，八曰《姑恩》，九曰《采菱童》，十曰《明下童》，十一曰《同生》。"现存古辞十一曲十八首。每曲多者三句，少者六句。句式参差不齐，三言、四言、五言、六言皆备。后人或以为是南朝民间祭歌。中杂神、人恋爱的故事，有些篇什略具《楚辞·九歌》之风神。唐李贺亦有《神弦曲》及《神弦别曲》。清王琦《李长吉歌诗汇解》"神弦曲"注云："祭祀神祇，弦歌以娱神之曲。"

青溪小姑曲 乐府《神弦歌》名。刘敬叔《异苑》云："青溪小姑，蒋侯第三妹也。"干宝《搜神记》云："广陵蒋子文尝为秣陵尉，因击贼，伤而死。吴孙权时封中都，立庙钟山，转号钟山为蒋山。"小姑因亦被祀为神。青溪发源于钟山。全曲四句，中有"小姑所居，独处无郎"语，后世以"小姑独处"为女子未嫁之辞，即出于此。

西曲歌 乐府《清商曲》的一部。产生于以江陵为中心的长江中游和汉水流域。《乐府诗集》云："西曲歌出于荆、郢、樊、邓之间，而其声节送和与《吴歌》有异，故因其方俗而谓之'西曲'。"其曲有《石城乐》、《乌夜啼》等，计三十四种。现存无名氏歌辞约一百四十篇。原为民歌，后被采入乐府，亦有少量文人之作。内容大都描写商贾水上生涯和商妇送别思人的情怀。形式以五言四句为多，语言自然真率。

石城乐 乐府《西曲歌》名。《乐府诗集》题解引《唐书·乐志》云："《石城乐》者，宋臧质所作也。石城(今湖北钟祥)在竟陵，质尝为竟陵郡，于城上眺瞩，见群少年歌谣通畅，因作此曲。"《乐府诗集》今存无名氏作歌辞五首，除第一、二两首格调欢快，意与题相合外，余皆写恋人离别的情境，辞意悲苦。

乌夜啼 乐府《西曲歌》名。《乐府诗集》题解引《唐书·乐志》云："《乌夜啼》者，宋临川王义庆所作也。元嘉十七年(440)，徙彭城王义康于豫章(治今江西南昌)。义庆时为江州(治今江西九江)，至镇，相见而哭。文帝闻而怪之，征还宅，大惧。伎妾夜闻乌夜啼声，扣斋阁云：'明日应有赦。'其年更为南兖州(治今江苏扬州西北)刺史，因此作歌。故其和云：'夜夜望郎来，笼窗窗不开。'今所传歌辞，似非义庆本旨。"今存辞八首，多写男女恋爱，情调挚诚率真，与本事不合。又琴曲歌辞有《乌夜啼引》，传为魏何晏之女作。

乌栖曲 乐府《西曲歌》名。今存南朝梁简文帝萧纲、元帝萧绎等所作歌辞。内容多写游乐事。形式为七言四句。又陈后主(陈叔宝)等作有《栖乌曲》，实为一调。

莫愁乐 乐府《西曲歌》名。《乐府诗集》云："《唐书·乐志》曰：'《莫愁乐》者，出于《石城乐》。石城(今湖北钟祥)有女子名莫愁，善歌谣。《石城乐》和中复有"忘愁"声，因有此歌。'"又引《古今乐录》云："《莫愁乐》亦云《蛮乐》，旧舞十六人，梁八人。"今存无名氏作歌辞二首。一写莫愁的行踪，节奏明快；一叙送别场面，情意凄咽。

估客乐 乐府《西曲歌》名。后人拟作亦写作《贾客乐》。南朝齐武帝萧赜作。《乐府诗集》引《古今乐录》云："《估客乐》者，齐武帝之所制也。帝布衣时，尝游樊、邓，登祚以后，追忆往事而作歌。使乐府令刘瑶管弦被之教习，卒遂无成。有人启释宝月善解音律，帝使奏之，旬日之中，便就谐合。敕歌者常重为感忆之声，犹行于世。宝月又上两曲。"陈后主及唐李白、元稹、张籍等亦有此作，描写商人的牟利与享乐。

采桑度 一作《采桑》。乐府《西曲歌》名。为《三洲歌》的变曲。《乐府诗集》引《唐书·乐志》云："《采桑》，因《三洲曲》而生此声苑也。《采桑度》，梁时作。"又引《古今乐录》曰："《采桑度》旧舞十六人，梁八人。"当为梁以前所作。今存无名氏辞七首，大多写采桑少女的劳作及心态，风神浏亮，节奏轻快，具乡间清新气息，在南朝乐府民歌中独具一格。

那呵滩 乐府《西曲歌》名。《乐府诗集》题解引《古今乐录》云："《那呵滩》，旧舞十六人，梁八人。其和云：'郎去何当还。'多叙江陵及扬州事。那呵，盖滩名也。"当为梁以前所作。今存无名氏辞六首，多叙水上男女送别时依依难舍之情。

杨叛儿 一作《杨伴儿》。乐府《西曲歌》名。《乐府诗集》题解引《唐书·乐志》云："《杨伴儿》，本童谣歌也。齐隆昌时，女巫之子曰杨旻，少时随母入内，及长，为何后宠。童谣云：'杨婆儿，共戏来所欢。'语讹，遂成'杨伴儿'。"今存无名氏作歌辞八首，写女性对恋人的情怀，多用比喻双关。梁武帝萧衍有《杨叛儿》诗，谓"南音多有会，偏重《叛儿曲》"。

西洲曲 乐府《杂曲歌辞》名。南朝无名氏作。《玉台新咏》以为南朝梁江淹作，《诗镜》以为梁武帝萧衍作，皆不足信。见《乐府诗集》。因首句为"忆梅下西洲"，故名。凡三十二句。诗由"忆梅下西洲，折梅寄江北"开端，以"南风知我意，吹梦到西洲"作结，首尾呼应。中间展现时序更换和心理变化，因忆而思，由思而梦，情景交融，曲尽其意，表达一少女对远在异乡的恋人的相思情怀。形式上四句一韵，似数首绝句攒簇钩绾而成。运用接字、钩句等手法，"续续相生，连跗接萼，摇曳无穷，情味愈出"（清沈德潜《古诗源》）。全诗谐音巧妙，设喻新奇，情致细腻，节奏优美，是南朝乐府中的名篇，对后世影响较大。

陇上歌 乐府诗篇名。一作《陇上为陈安歌》。见《晋书·刘曜载记》。《乐府诗集》归入《杂歌谣辞》。然前赵时曾被诸管弦，为乐府所歌唱，或以为当属"杂曲"。陇上，指晋时秦州陇西（今甘肃陇西）。陈安（？—323），十六国时人，初从晋南阳司马模父子，后降刘曜，寻又反，曜围安于陇城（今陕西陇县），安兵败战死。安善于抚接，吉凶夷险，与众同之。及其死，陇上为之歌。曜闻而嘉伤，命乐府歌之。诗中赞扬陈安心胸宽广，爱护将士，勇猛过人，所向无敌，对他的壮烈战亡深致慨叹。叙事简练生动，语言顿挫抑扬，格调刚健。

苏小小歌 一作《钱塘苏小小歌》。乐府《杂歌谣辞》名。《乐府诗集》题解引《乐府广题》云："苏小小，钱塘名倡也，盖南齐时人。西陵在钱塘江之西，歌云'西陵松柏下'是也。"今存无名氏作歌辞一首，题作《古辞》。写女乘油壁车，男骑青骢马，同赴西陵松柏下结同心的情景。

敕勒歌 北朝乐府民歌。见《乐府诗集》。属《杂歌谣辞》。《北齐书·神武帝纪下》载：东魏孝静帝武定四年（546）十一月，神武（高欢）围玉壁，西魏晋州刺史韦孝宽守玉壁。"是时，西魏言神武中弩。神武闻之，乃勉坐见诸贵，使斛律金作《敕勒歌》，神武自和之，哀感流涕"。《乐府诗集》引沈健《乐府广题》语后云："其歌本鲜卑语，易为齐言（汉语），故其句长短不齐。"描写阴山脚下土地辽阔，水草丰茂，牛羊繁盛的景色。语言简洁苍劲，节奏铿锵有力，意境雄浑，风格奔放，历来被视为北朝乐府民歌中的杰作。金元好问《论诗绝句三十首》赞曰："慷慨歌谣绝不传，穹庐一曲本天然。中州万古英雄气，也到阴山敕勒川。"

李波小妹歌 亦作《广平百姓为李波小妹语》。北魏民歌篇名。见《魏书·李安世传》。据《魏书》记载：北魏孝文帝年间，"广平（今河北鸡泽）人李波宗族强盛，残掠生民"。诗以李波小妹的精湛骑射技艺衬托其宗族的凶猛可怕，同时反映北方的尚武民风和剽悍性格，表现北方女儿的勇武刚健。清陈祚明曰："写小妹勇捷甚活。咏末二句知不独写波妹，命意更深。"（《采菽堂古诗选》）

鼓角横吹曲 乐府歌曲名。为南北朝时期新兴的《横吹曲》。歌辞被南朝梁采入乐府，故又名《梁鼓角横吹曲》。《乐府诗集》引《古今乐录》云："《梁鼓角横吹曲》，有《企喻》、《琅邪王》、《巨鹿公主》、《紫骝马》、《黄淡思》、《地驱乐》、《雀劳利》、《慕容垂》、《陇头流水》等歌三十六曲。二十五曲有歌有声，十一曲有歌。是时乐府《胡吹旧曲》，有《大白净皇太子》、《小白净皇太子》、《雍台》、《擒台》、《胡遵》、《利羝女》、《淳于王》、《捉搦》、《东平刘生》、《单迪历》、《鲁爽》、《半和企喻》、《北敦》、《胡度来》十四曲。三曲有歌，十一曲亡。又有《隔谷》、《地驱乐》、《紫骝马》、《折杨柳》、《幽州马客吟》、《慕容家自鲁企由谷》、《陇头》、《魏高阳王乐人》等歌二十七曲，合前三曲，凡三十曲。总六十六曲。"以上诸曲大多是北朝民歌，其中也有原用鲜卑等族语言写成而改译成汉语者。现存北朝乐府民歌绝大部分保存在《梁鼓角横吹曲》中。风格雄健率朴，反映的生活面广阔。

企喻歌 乐府《梁鼓角横吹曲》名。"企喻"，义不详。《乐府诗集》引《唐书·乐志》云："此歌是燕、魏之际鲜卑歌也。其词虏音，竟不可晓。"今存其辞四首，当为汉译。叙其时北方健儿结伴牧马、行军等情景。音节铿锵，笔势飞动，风格遒劲。第四首《古今乐录》谓为前秦时苻融所作。

琅邪王歌 乐府《梁鼓角横吹曲》名。今存无名氏作歌辞八首。杂写北方社会尚武的风习和豪犷的精神，反映孤儿无依的惨景和愁人思乡的境况。语言率朴。末曲有"谁能骑此马，唯有广平公"语，广平公即姚弼，后秦姚兴之子，当为北朝诗歌。

紫骝马歌辞 乐府《梁鼓角横吹曲》名。《乐府诗集》存辞六首。前两首描述北朝诸如寡妇再嫁、游子怀乡等社会生活情形，起兴巧妙生动，语言纯朴自然；后四首（或以为此十六句为一首，分四节）叙写一征人，"十五从军征，八十始得归"的遭遇，揭露当时不合理的兵役制度，描写人民所受的苦难，情调悲怆感人。语言纯朴自然，具有民歌特色。

雀劳利歌辞 乐府《梁鼓角横吹曲》名。"劳利"二字无义，或疑为模拟鸟雀的喧闹声，比喻人世间的纷争钻营。今存其辞一首，七言二句。以鸟雀有"长嘴"、"短嘴"之分，喻人类有富足、贫困之异，对有权有势者生活优裕，而贫困老实者饱受冻馁的社会现实深致愤慨。

慕容垂歌辞 乐府《梁鼓角横吹曲》名。慕容垂，十六国时期前燕国君慕容皝子，曾封吴王，后为后燕国君。明杨慎《升庵诗话》以为系垂自作，胡应麟《诗薮·杂编》则云："《慕容垂歌》三首，诸家但注垂履历，而此歌出处懵然。按垂与晋桓温战于枋头，大破之。又从苻坚破晋将桓伸。坚溃，垂众独全，俱未尝少创。惟垂攻苻丕，为刘牢之所败，秦人盖因此作歌嘲之。则此歌亦出于苻秦也。杨用修（杨慎）谓垂自作，尤误。"今存其辞三首。嘲讽慕容垂被困孤城时，或攀墙而视，或烧香拜佛以祈出逃的丑状。言辞幽默辛辣，刻画生动传神。

陇头流水歌 乐府《梁鼓角横吹曲》名。陇头，即陇山，又称陇坂、陇坻等，在今陕西陇县西北。《三秦记》载："陇右关西其坂纡回，不知高几许。欲上者七日乃越，高处可容百余家，上有清水。"今存其辞三首。叙征人行经曲折高峻的陇坂时的艰辛和哀愁，情辞悲苦。《乐府诗集》有《陇头歌辞》三首，主题相同，且首篇文字亦同。

隔谷歌 乐府《梁鼓角横吹曲》名。今存其辞二首。一写兄在城中受困，"食粮乏尽"，呼叫城外弟弟救援；一写"兄为俘虏受困辱"，指斥为官的弟弟吝惜钱财，不肯救赎。声急辞紧情哀，当有实事所依。

捉搦歌 乐府《梁鼓角横吹曲》名。今存辞四首。捉搦，当为当时俗语，犹言捕捉。此谓男女相互捕捉为戏。叙儿女婚嫁之情事，有戏谑、调笑妇女意。言辞率朴，落尽豪华，具北方气息和民歌风采。后世拟作者诗意亦多相同。

折杨柳歌辞 乐府《梁鼓角横吹曲》名。今存其辞五首。内容涉及离别、恋情及北方健儿的豪侠风尚等。情辞劲健，韵调沉雄。又有《折杨柳枝歌》四首，其中第一首仅个别文字有异。

折杨柳枝歌 乐府《梁鼓角横吹曲》名。今存其辞四首。第一首写行人离别的愁思，与《折杨柳歌辞》之一仅个别文字相异；余三首写女子被留不嫁的愁闷。言辞率朴，颇具北方诗风。第三首后二句云："不闻机杼声，只闻女叹息。"第四首前两句云："问女何所思，问女何所忆？"亦见于《木兰诗》的篇首。

幽州马客吟歌辞 乐府《梁鼓角横吹曲》名。今存其辞五首。第一首抒发社会底层人士对不平现实的愤懑，情辞激越；余四首叙写男女燕游、及时行乐，冶艳绮靡，风格与南朝颇近，当为南音大量输入北朝，南北文化交流之后的作品。

陇头歌辞 乐府《梁鼓角横吹曲》名。今存其辞三首。写游子征途艰辛及乡愁。真情实景，最足动人。《乐府诗集》又有《陇头流水歌辞》三首，主题风格均相同，且首篇文字相同。

木兰诗 诗篇名。见《乐府诗集》。属《梁鼓角横吹曲》。北朝民歌，后或经隋、唐文人润色。后人亦有疑为唐人作者。木兰当源出北地广为流传的勇武可爱的女性形象，富于传奇色彩。全诗长达三百余字，以精练传神、自然生动的笔触，或排比，或设问，或谑语，或庄言，叙写巾帼英雄木兰临危而出、代父从军、历经百战、功成身退的故事，表现北地儿女见义勇为、豪侠尚武的品格，体现中华儿女所推崇的优良风尚，富有浓厚的浪漫主义气息。剪裁详略得当，音韵流走和谐，风神劲朗，格调明快，堪称千古杰作，与《孔雀东南飞》诗并称为古代长篇叙事诗中的"双璧"。

让县自明本志令 散文篇名。三国魏曹操作。见《曹操集》。作于建安十五年（210）。先言己由举义兵而身至丞相，极人臣之贵，本非初志，已过己望，实乃形势所造，亦为形势所需；继言己忠于汉室，并无"不逊之志"，为其"挟天子以令诸侯"辩解；结末表明"江湖未静，不可让位"，不为任何非议所左右的态度。文辞清峻通脱，为曹操散文代表作。明张溥评曰："述志一令，似乎欺人，未尝不抽序心腹，慨当

以慷也。”(《汉魏六朝百三名家集·魏武帝集题辞》)

出师表　一作《前出师表》。散文篇名。三国蜀诸葛亮作。见《文选》。作于蜀建兴五年(227)。为作者率军北驻汉中，临发前所作。文中追思先帝遗德，规谏后主刘禅不宜妄自菲薄，以塞忠谏之路，而应亲贤臣，远小人，执法公正，赏罚不宜有所异同。认为今南方已定，兵甲已足，当北定中原，兴复汉室。期望后主刘禅听取、采纳善道雅言，追思先帝之遗诏。一篇之间，称“先帝”凡十三次，反复叮咛，语辞明白恳切。刘勰评曰：“孔明之辞后主，志尽文畅……表之英也。”(《文心雕龙·章表》)

前出师表　即诸葛亮《出师表》。相对于《后出师表》，故称。

后出师表　一作《闻孙权破曹休魏兵东下关中虚弱上言》。散文篇名。三国蜀诸葛亮作。见《三国志·诸葛亮传》裴松之注引《汉晋春秋》。裴注云“此表亮集所无，出张俨《默记》”。或据此谓出后人伪托。作于蜀建兴六年(228)冬。自诉接受先帝讨贼重托以来，寝不安席，食不甘味。认为“汉贼不两立，王业不偏安”，今曹军疲惫，正用兵进趋之时，决心为北伐“鞠躬尽力，死而后已”。文中或借端发议，或直抒己见，顿挫抑扬，反复辩论，慷慨沉雄，言辞恳切。后人每以前、后《出师表》并称。

与吴质书　散文篇名。三国魏曹丕作。见《文选》。作于建安二十三年(218)。前半深情伤悼徐幹、陈琳、应玚、刘桢诸子的并逝，且对其文学创作予以概略的评述；后半由伤悼友人而转念及己，痛知音之难遇，叹时光之易逝。通篇疏密相间，骈散兼行，文势萦回动荡，情致沉着凄婉。明胡应麟《诗薮·外编》曰：“每读子桓《与季重书》(即《与吴质书》)、陈思《与德祖书》，未尝不欷歔太息，想见风流好尚如斯，江河百代，岂偶然哉！”

洛神赋　赋篇名。三国魏曹植作。见《文选》。赋前有序。序云黄初三年(222)，作者朝京师后回封地，途经洛水时所作。或考证，《魏志》三年不言植朝，序云“三年”，误，或考证当为四年。《文选》李善注引《记》说，以为系感念甄后而作，与事实不符。清何焯《义门读书记》、丁晏《曹集诠评》，以为植既不得于君，因济洛以作此赋，托词宓妃，寄心文帝，犹屈子之志。赋中描述与洛神一段悲欢离合故事。始则极意描画洛神轻盈的风仪，柔美的体态，艳丽的容貌与服饰，娴雅文静而又妩媚缠绵的情致，继而则述彼此倾心爱慕之情，结以人神道殊，终不得交接而离绝，表达对理想的追慕和失望的哀愁。取法于宋玉《神女赋》，然情节更为生动，结构更为完美，人物形象更为鲜明。辞藻华赡精美，情感浓郁深致，极具艺术感染力，为曹植辞赋的代表作。

与杨德祖书　散文篇名。三国魏曹植作。见《三国志·陈思王植传》裴松之注引《典略》。篇名系《文选》收录时所加。作于建安二十一年(216)。德祖，杨修字，时官丞相主簿，与作者交游甚密，后为曹操所忌，被杀。文中主要与杨修讨论当时文学。首叙当时文人之盛，评论王粲、陈琳、徐幹等人文学上的得失；继论文学批评之事，不能以己之好尚，轻易臧否；最后表白生平志向在“戮力上国，流惠下民”，而辞赋文章之事在其次。通篇辞藻焕发，文笔犀利。

景福殿赋　赋篇名。三国魏何晏作。见《文选》。魏太和六年(232)，明帝将东巡，特治许昌宫室，修建景福殿。落成之际，晏奉命作此。赋中描写高殿宏敞，结构壮丽，丹彩辉煌，华表赫奕。远望若铺朱霞而耀天文，近察若仰崇山而戴垂云。于刻画宫殿建筑形势之间，颂扬魏室盛德，而以立德近仁、纳贤用能为意。其中“感物众而思深，思居高而虑危”等语，委婉表达对国事的忧虑与期待。此赋不脱汉赋格局，而笔势错落，辞采壮观。刘勰评曰：“何晏《景福》，克光于后进。”(《文心雕龙·才略》)

大人先生传　散文篇名。三国魏阮籍作。见《阮步兵集》。作于魏正元二年(255)。虚构一位“大人先生”，不知其姓名与年寿，以万里为一步，千岁为一朝，与造化相推移，不与世同。有世俗之士致函于先生，鼓吹君子立身，当遵守礼法，追求荣华，建立功业，扬名后世。大人先生乃答以天地变化，颠倒反复，世俗君子亦将难保其富贵荣华；又斥责礼法之士处世，犹如裈中之群虱，一旦大火焚烧城邑，则群虱死于裈中而不能出。文中揭露礼法之虚伪，指责封建专制统治“君立而虐兴，臣设而贼生，坐制礼法，束缚下民”，“假廉以成贪，内险而外仁”，并预言必将有亡国、戮君、溃败之祸。又谓至人混同是非，听任自然，不避地而处，不以物累身，提倡和光同尘、随遇而安的人生态度，不赞成隐士遁于山林的做法。后遇采薪者，与论古今盛衰变化，乃歌“天地解兮六合开”(即《大人先生歌》)以抒怀。《晋书》本传载籍曾于苏门山遇孙登，相与商讨终古及栖身导气之术，登皆不应。籍长啸而退，至半岭而闻鸾凤之音响于岩谷间，乃登之啸声。籍归而著《大人先生传》，所言皆其胸怀本趣。文中着意塑造的大人先生，乃作者理想人格的化身。其超世独立、不同流俗、崇尚自由的精神，体现了作者的人生理想。而对于封建专制及世俗礼法的抨击，则委婉透露对司马氏统治的不满。明张溥曰："履朝右而淡方外，羁仕宦而慕真仙。大人先生一传，岂子虚、亡是公耶！"(《汉魏六朝百三名家集·阮步兵集题辞》)近人刘师培曰："所为《大人先生传》，其体亦出于汉人设论。然杂以骚赋各体，为汉人所未有。"(《中国中古文学史讲义》)

与山巨源绝交书 散文篇名。三国魏嵇康作。见《文选》。山巨源，即山涛，初与康为友，同为"竹林七贤"之一。景元二年(261)，涛由吏部郎改任散骑常侍，荐康出任吏部郎。康答此书拒绝，并宣称与涛绝交。题为后人所加。书中自述少时不涉经学，性情疏懒，又读《庄》、《老》之书，增其颓放。若出仕任官，则有"必不堪者七，甚不可者二"。大旨谓出任官职，身心约束，违背本性，不堪忍受；又每"非汤武而薄周孔"，刚肠疾恶，遇事便发，宣示与司马氏集团决裂的态度。逞性遣辞，直抒胸臆，不加雕饰，而自然峻绝。刘勰《文心雕龙·书记》曰："嵇康《绝交》，实志高而文伟。"

酒德颂 散文篇名。西晋刘伶作。见《文选》。此文写两种人，一为"惟酒是务，焉知其余"的"大人先生"，一为固守礼法的"贵介公子、搢绅处士"。前为主，后为宾。作者以宾衬主，通过写公子、处士对大人先生言行的指责，显出礼法之士的促狭、迂腐及大人先生不问世事、"枕曲藉糟"、自得其乐的情怀。"大人先生"实乃作者之化身。作者称美其酒德，除显现其打破礼法桎梏、纵意所如的自由精神外，还表现出其于己思想、性情自我欣赏的情趣。前人言此乃伶"意气所寄"(《世说新语·文学》)。清金圣叹云："从来只说伯伦沉醉，又岂知其得意乃在醒时耶？看其'天地一朝'等，乃是未饮以前；'静听不闻'，乃是既醒以后，则信乎众人皆醉、伯伦独醒耳！"(《金圣叹批才子古文》)立意、构思显受阮籍《大人先生传》的影响。近人刘师培云"其文体与阮氏相近"(《中国中古文学史讲义》)。

陈情表 散文篇名。西晋李密作。见《文选》。作者仕蜀为尚书郎，有才辩，名闻吴、蜀。蜀亡后，晋武帝征用蜀汉名士，一再征召他。他以祖母年高病笃，辞不赴命。然诏书切峻，责其"逋慢"，他不得已上此表，表达辞不应命之意，而措辞则着眼于用情、理打动、说服武帝。先写其童年孤弱，祖母恩重，以及眼下祖母久病重病，自己须臾不可废离。叙事中多有渲染，而情感哀痛真切。继而以感激言词说及"圣朝"待己之"国恩"，徐徐引出自己处境的狼狈，暗中落到忠孝矛盾上。下文则叙议结合，命意曲折。既云圣朝以孝治天下，又言己"少仕伪朝"，"不矜名节"，再说祖母"人命危浅，朝不虑夕"，"无臣，无以终馀年"，最后言及"臣尽节于陛下之日长，报刘之日短"。几层意思，皆以素朴语词、诚挚感情、浅显道理言其尽孝而不忘尽忠之意，故能释武帝之疑，息其怒，动其心，使之览表准奏而有"密不空有名者也"之叹，且"嘉其诚款，赐奴婢二人，使郡县供其祖母奉膳"(《文选》注引《华阳国志》)。

鹪鹩赋 赋篇名。西晋张华作。见《文选》。作于魏景元二年(261)作者未知名时。鹪鹩，小雀名，状若黄雀。作品以对比手法写鹪鹩与珍禽鸷鸟的不同遭遇及其成因。谓鹪鹩形微处卑，物莫之害，在于处身有道，能"不怀宝以贾害，不饰表以招累，静守约而不矜，动因循以简易，任自然以为资，无诱慕于世伪"。而珍禽鸷鸟"无罪而皆毙"，"或屈猛志以服养"、"变音声以顺旨"，乃"体大妨物而形瑰足伟"。赋中譬喻取自《庄子·逍遥游》，所写实为正始以来公卿名士取祸亡身的现实。所探讨者，盖乱离时代士人的避祸术。刘勰言此赋"即韩非之《说难》也"(《文心雕龙·才略》)。张溥谓作者作《鹪鹩赋》以寄意，感其不才善全，正"有庄周木雁之思"(《汉魏六朝百三名家集·张茂先集题辞》)。赋以老庄恬退自适为宗，阮籍见而视为知言，称华有"王佐之才"(《晋书·张华传》)。

剑阁铭 散文篇名。西晋张载作。见《文选》。蜀北有大小剑山，峰峦绵延，三国时诸葛亮开凿山路，设置阁道，称为剑阁道。其道连山绝险，飞阁相通，古为戍守要地。载于太康六年(285)入蜀省父(时载父为郡太守)，道经剑阁而思蜀人好恃险作乱，故作是铭以戒。一说作于载随父入蜀时。作者从地理形势和政治、军事角度写出剑阁的险峻，背景开阔，议论深刻。又由吴起与魏武侯论山河事，引出"兴实在德，险亦难恃"的结论，最后点明警戒的本意，语辞简约而有文采。极言剑阁之险而又道其不足为恃，文势富于变化。刘勰谓"张载《剑阁》，其才清采。迅足骎骎，后发前至"(《文心雕龙·铭箴》)。张溥亦称之为"文章典则"(《汉魏六朝百三名家集·张孟阳集题辞》)。文中反对蜀人据险作乱，有利于统一天下不久的晋王朝统治，故益州刺史张敏表上此铭，武帝即遣人镌于剑阁山。

三都赋　赋篇名。西晋左思作。见《文选》。分《蜀都赋》、《吴都赋》、《魏都赋》三篇。前二篇分别由假想西蜀公子和东吴王孙赞颂三国时的蜀都和吴都的自然条件。《吴都赋》铺写吴地广大富饶、物产丰富。《蜀都赋》描绘蜀地山川风物、人文习俗、珍果特产、纺织工艺，为一篇地方风物志。后一篇《魏都赋》由魏国先生盛赞魏都，着重叙写其宫室府舍的规模和政治措施，旨在论述立国之本在于政治措施而不在自然条件，显示作者的政治眼光。在艺术上，模仿汉班固《两都赋》、张衡《二京赋》，铺张扬厉，敷陈其事，但主张"美物者贵依其本，赞事者宜本其实"。作者曾言："余既思摹《二京》而赋《三都》，其山川城邑，则稽之地图；其鸟兽草木，则验之方志；风谣歌舞，各附其俗。"对大赋创作中任意夸张、"虚而无征"的手法，多摒而不用，故此赋具博物价值。内容丰富，词藻宏丽，气势华贵雍容，足可与汉赋媲美。

钱神论　散文篇名。西晋鲁褒作。见《艺文类聚》。文以辞赋手法设两虚拟人物，用对话形式展开。"綦毋先生"徒行空手欲见贵人，"司空公子"讥而论之。其论先言綦毋"不知今"，揭示"尚质"、"守实"之辈必然困穷的现实，然后反复陈说钱之为神。从钱的由来、流通特点及其巨大功用直说到京邑衣冠、当途之士对钱的钟爱。中言钱之"功用"最为详尽，指出"有钱可使鬼，而况于人"。而言世人嗜钱之态，尤为生动。此文所论实为当时社会风气的写照。故干宝言"核傅咸之奏、钱神之论，而睹宠赂之彰"(《晋纪总论》)。此文以亦庄亦谐之语讥斥世人以钱为神的丑行，不但当时疾时者共传之，后来者受其启发而为文、为诗、为杂剧者亦不乏其人。从文章结构看，"司空先生"长论钱之为神之后，当有"綦毋先生"诘难之语，然今不存。唯《太平御览》卷八三六所收此文有"黄铜中方叩头对曰"数句，可见綦毋先生诘责的迹象。后世因文中有"亲爱如兄，字曰孔方"语，遂以"孔方兄"为钱的代称。

吊魏武帝文　骈文篇名。西晋陆机作。见《文选》。作于元康八年(298)。赋前有序。序以客问主答的形式兴起感叹，叙其出补著作郎，游于秘阁而见曹操遗令，对其临终之际"系情累于外物，留曲念于闺房"颇多慨叹，因作此吊文。吊文前半铺叙魏武翦灭群雄，建立朝廷纲纪的生平业绩，后半叙述他于西征途中得病及临终以至身后情景。序文很有深度。作者以感慨为经，概括了曹操一生的功绩，对其晚年不能释怀于身后家事杂务的安排暗含讽刺，揭示出魏武"英雄之志"与"常人之情"的矛盾，具有普遍意义，亦寄托作者的人生观与身世感受。思想深沉，蕴含丰富。

饼赋　赋篇名。西晋束皙作。见《束广微集》。晋人将水煮、笼蒸、火烤、油炸的面食总称为饼。赋中所云曼(馒)头、"牢丸(若今团子、包子)"、"豚耳、狗舌之属(若今油炸'猫耳朵'、油酥'牛舌饼'一类)"、"薄壮"、"起溲"、"汤饼(若今汤面、圪搭汤、片儿汤一类)"皆属饼类。晋初，饼为食物尚不久，故多有以饼为文者(如傅玄《七谟》、庾阐《恶饼赋》等)。赋写饼之为食，"皆用之有时"，所谓春宜用曼头，夏宜用薄壮，秋宜用起溲，冬宜用汤饼，而四时适用者唯牢丸。赋中着重写牢丸制作过程，突出其选料之精与出笼色、香之美。为研究我国面食起源提供了资料。

秋兴赋　赋篇名。西晋潘岳作。见《文选》。作于咸宁四年(278)秋。作者时年三十二岁，以太尉掾兼虎贲中郎将。赋前有序，言秋夜寓直于散骑之省，思己乃一"野人"，"猥厕朝列"，"匪遑底宁"，遂生江湖山薮之想，而有此赋。赋中先总写四时代序、秋气肃杀使人生哀，继而依次写所见所闻的秋景、秋声，再写目睹群隽"攀云汉以游骋"的感叹和对未来隐居生活的想像。以时间为线索，由昼而夜，依次写出秋景的不同特征，使人感到秋色可见，秋声可闻，从而进入秋日可哀的境地，理解作者身处其中所生之"慨"。刘勰批评为文而造情者，言"有志深轩冕而泛咏皋壤；心缠几务而虚述人外，真宰弗存，翩其反矣"(《文心雕龙·情采》)，论者多举此赋为例。近人范文澜则以为"不得谓其必无皋壤、人外之思。盖鱼与熊掌，本所同欲，不能得兼，势必去一而反身绿水，固未尝忘情也。故尘俗之缚愈急，林泉之慕弥深"(《文心雕龙注》)。

西征赋　赋篇名。西晋潘岳作。见《文选》。元康元年(291)，杨骏为贾后所杀，作者幸免于难，次年为长安令，五月离洛赴任。此赋即写其自洛阳赴长安沿途见闻感受及到职后在长安城内外探访古迹时的感慨。大抵按自洛至秦、长安内外的顺序，每到一处即对出现在该处的历史事件、人物进行评述，着议论于叙事中。多以情感鲜明的语言写自己愤怒、敬仰的举止，带出人物和史实，于细节描写中寓含自己的思想倾向，并注意用不同语调、字眼以求变化。是赋遍记关中史事、古迹及自然风光，可视为韵文体游记。作者"钟美于《西征》"(刘勰《文心雕龙·才略》)，虽亦受到二班影响(班彪有《北征赋》，班昭有《东征赋》)，然其赋规模宏大，感慨深微，文清旨诣，且以议论为赋，皆有胜二班处。唯选材裁汰不精，有冗繁之弊。

闲居赋 赋篇名。西晋潘岳作。见《文选》。作于元康六年(296)。李善注言此赋"盖取于《礼》篇不知世事，闲静居坐之意也"(《文选》注)。前写闲居之地洛涘之形胜；次写居室、水池、果木、菜蔬之美及举家天伦之乐；末写"退求已而自省"之心得。作者写皋壤、人外之思，而以闲居所得之自然美、人情美出之。写洛涘形胜，以想像之词写此处举行的重大典礼活动，言辞虽稍简，仍未脱汉代京都大赋体式。写家园景象，以赏爱语气历数果木、菜蔬之名，似为庾信《小园赋》之先导。写天伦之乐，最富人情味，张溥即云"《闲居》一赋，板舆轻轩，浮杯高歌，天伦乐事，足起爱慕"(《汉魏六朝百三名家集·潘黄门集题辞》)。作者趋于世利，谄事贾谧，尝受其母呵责，故此赋常为后人所讥。金元好问诗云："心画心声总失真，文章宁复见为人。高情千古《闲居赋》，争信安仁拜路尘。"(《论诗绝句》)张溥亦谓"孰知其仕宦情重，方思热客，慈母拳拳，非所念也"。

海赋 赋篇名。西晋木华作。见《文选》。赋由海的形成写起，言上古洪水泛滥，夏禹疏导江河，百川来注，方有大海。次写大海之状，先总言其概貌，通过描述海上自然景象及人事活动细写海的特征。再写海蕴藏之富，诸如太颠之宝贝、隋侯之明珠、崇岛巨鳌、天琛水怪、横海之鲸、诡色殊音之鸟、餐玉清涯之群仙，"何奇不有，何怪不储"。铺陈之中多夸诞之词，如写海涛腾涌、相击之状，即以"岑岭飞腾而反复，五岳鼓舞而相磓"为喻，写陆死之鲸，则言其"巨鳞插云，鬐鬣刺天，颅骨成岳，流膏为渊"。以体物细腻、气势恢宏胜，而借写人事以出物象亦有独到之处。文字精练隽美，气势宏伟壮阔。南朝宋傅亮《文章志》赞为"文甚俊丽，足继前良"。

游天台山赋 赋篇名。东晋孙绰作。见《文选》。天台山，位于今浙江嵊县东南，为甬江、曹娥江和灵江的分水岭。主峰华顶山，多悬崖、峭壁、飞瀑等风景，尤以石梁瀑布最著名。作者始叙天台山的峻美，表现超然世外的高情。继而叙登游天台山的情景，极写临渊蹑险之艰和恣心纵目、缓步从容之乐，从而追随伏羲、神农、老聃、老莱子的玄踪。然后以亲身所感具体描绘天台山双阙云耸、琼台悬居、朱阙玲珑、五芝含秀、惠风伫芳、醴泉涌溜、建木千寻、琪树璀璨的景致，想像王乔、应真(僧)成仙事，游毕，"体静心闲"，"世事都捐"，飘然世外。"散以象外之说，畅以无生之篇"，似无为得玄，物我融一，托体于自然。全文把天台山山川之美、绝壁深渊之险、山势之隐、路径之恶，描绘得穷形尽态，栩栩如生，是一篇优美的游记。但在这神秀的山水景色中，作者萌生超世之念、得道成仙之想，又使作品蒙上老庄玄理色彩。

兰亭集序 散文篇名。东晋王羲之作。见《王右军集》。东晋永和九年(353)三月三日，作者与谢安、孙绰等四十一人集会于会稽山阴(今浙江绍兴)兰亭，临流赋诗，各抒怀抱，作者为之作序。序中将盛会作了形象生动的艺术概括，介绍了当时"修禊"的风俗，兰亭山水的俊美清幽及游目骋怀的欢情，亦流露年寿有尽的感伤。但对"一死生"、"齐彭殇"的虚诞提出批评，在玄谈风日盛的东晋具有一定的积极意义。文辞清新朴实，流畅优美，一反雕辞琢句的形式主义风尚，为千古传颂的名作。

归去来兮辞 辞赋篇名。东晋陶渊明作。见《陶渊明集》。作于义熙元年(405)辞彭泽令归田之初。辞归之由，名为"寻程氏妹丧于武昌"，实是不愿屈志违心。文中深自责悔昔日出仕之非，而感今日隐居之惬意，故转以轻快的笔触叙写归途中及归田后的喜悦，反映作者弃官后的舒畅情怀。而田园山水的清新质朴，随意自然，正与作者恬静淡泊的情志相吻合，故有感"善万物之得时"。最后表明志向：不企求富贵与成仙，拟植杖耕耘，登高舒啸，临流赋诗，悠游自乐以终余年。作者在叙写田园之乐时，亦流露出乐天安命、委任自然的思想。全文情景交融，言辞清新，音节和谐，散句中时见对偶美。宋欧阳修曰："晋无文章，惟独陶渊明《归去来兮辞》一篇而已。"(李公焕《笺注陶渊明集》引)

闲情赋 赋篇名。东晋陶渊明作。见《陶渊明集》。赋前有序。开篇写一旷世绝伦的美女，品行高洁，雅志凌云，举止妩媚动人，可谓内外兼美。她悲时光易逝，人生短促，为遣忧思，遂弹琴自娱。曲调将半，夕阳西沉，秋风叩林，美人又生悲秋之情，低头急奏清瑟，“神仪妩媚，举止详妍”。作者为其清音所感，而生爱慕之情，欲与之亲近，而又顾忌多端，于是以浪漫手法，展开幻想，一连十愿，化作美人的用物，与之相随，把对美人的热烈爱慕写得缠绵悱恻，如醉如痴。但物与美人仍有分离之时，作者忧思无处可诉，遂徘徊栖息于南林洁露之中，仍期一见，终而失望而归。入晚，希梦中相见，可神魂飘忽，耿耿不寐，梦幻破灭，追求再次失败。又穿衣伺晨，希托行云传递思慕之情，可行云飘忽无语，与美人“终阻山隔河”，未得一见，理想彻底破灭，不得不以“发乎情，止乎礼义”的儒家思想律己，停止遐想，结束全篇。鲁迅说：“虽然后来自说因为‘止于礼义’，未能进攻到底，但那些胡思乱想的自白，究竟是大胆的。”（《且介亭杂文二集·题未定草》）全文熔抒情、写景、叙事于一炉，文辞华美，想像丰富，情节生动，比喻贴切，对偶工整，音韵和谐，极具感人力量。其主题向有表现爱情和有所寄托二说。揆之此赋序中“将以抑流宕之邪心，谅有助于讽谏”之语，当非纯然描写爱情。对此赋历来褒贬不一。南朝梁萧统曰：“白璧微瑕，惟在《闲情》一赋。扬雄所谓劝百而讽一者，卒无风谏，何足摇其笔端，惜哉！无是可也。”（《陶渊明集序》）宋苏轼曰：“渊明《闲情赋》，正所谓‘《国风》好色而不淫’，正使不及《周南》，与屈、宋所陈何异？而统乃讥之，此乃小儿强作解事者。”（《东坡题跋》）

五柳先生传　散文篇名。东晋陶渊明作。见《陶渊明集》。约作于永初元年（420）。作者宅旁有五柳树，因以为号，作此传自况。为自传性文章。文中记述其闲静少言，不慕荣利，好读书，不求甚解的思想性格和安贫乐道的节操，以黔娄妻“不戚戚于贫贱，不汲汲于富贵”之言为座右铭，最后以酣酒赋诗、忘怀得失终生。全文真实生动，反映作者一生的志节情操，可谓是一篇实录。清吴楚材、吴调侯评曰：“此传乃自述其生平之行也，潇潇澹逸，一片神行之文。”（《古文观止》）

桃花源记　散文篇名。东晋陶渊明作。见《陶渊明集》。作于元熙元年（419），一说作于永初二年（421）。原由“记”与“诗”组合成篇，题作《桃花源诗并记》。“记”为诗的序言，因流传较广，影响较大，已独立成篇。作者构想晋太元中一武陵渔人，沿溪捕鱼而偶入桃花胜境，至林尽水源处，便钻山出洞，进入风光优美、环境幽静的桃源世界。作者对田园生活的赞颂，实是对黑暗社会的批判。在他笔下，桃花源无剥削，无压迫，人人劳动，个个欢乐，热情好客，互无争斗，是理想的田园乐土，也是乌托邦式的社会。而“避秦时乱”四字表明与世隔绝之久，揭示百姓对秦暴政的不满，借以喻当世。文末将作者同时代的刘子骥写进虚构之文中，与开端纪实文字相映照，旨在加强作品的真实感与艺术魅力。全文构想奇特，理想高尚，意境优美，情节曲折，文辞流畅，是一篇擅名千古之作。明罗其鼎曰：“渊明文章风节，夐绝一时，自其记若诗，传诵后祀，遂使桃花源名胜千古。”（《渊明祠序》）清邱嘉穗曰：“设想甚奇，直于污浊世界中另辟一天地，使人神游于黄、农之代。公盖厌尘网而慕淳风，故尝自命为无怀、葛天之民，而此记即其寄托之意，如必求其人与地之所在而实之，则凿矣！”（《东山草堂陶诗笺》）清方熊曰：“即其文笔，亦史迁之流亚也。”（《陶靖节集》）此文对后世影响极大，文人纷纷仿效，王维、刘禹锡、王安石并有《桃花源行》，韩愈有《桃源图》，苏轼有《和桃源诗序》等。

感士不遇赋　赋篇名。东晋陶渊明作。见《陶渊明集》。约作于永初三年（422）。赋前有序。序中以犀利的语言揭露社会“真风告逝，大伪斯兴”的黑暗现实。因感人生短促，立行又难，故古人常染翰慷慨，作者亦由是作赋以抒怀。开篇写人独具性灵，而各有其志，以顺应自然为乐。但社会对人才严重束缚，明智之人的归耕是源于对社会的不满。至此，忽又掉转笔端，感叹时风大变，“雷同毁异，物恶其上，妙算者谓迷，有道者云妄”，公正之人蒙耻受谤，怀琼握兰之士无人赏识。作者对此感愤而悲泣，由世道昏暗之久，才士郁愤之深，进而对天道表示怀疑，反映出朴素的唯物观。他有感良辰易倾，害胜乃急，苍天遐远，人事无止，遂更坚其归隐之志，表现出高尚的志节情操。全文悲愤激烈。清孙人龙评曰：“公一生贞志不休，安道苦节，其本领见于此数语。虽感士不遇，而归于固穷笃志。读其文，真可使驰竞情遣，鄙吝意祛，所谓有助于风教，岂不信哉！”（《陶公诗评注初学读本》）

雪赋　赋篇名。南朝宋谢惠连作。见《文选》。此赋假前人立言，写汉代梁孝王岁暮置宴于兔园，命司马相如、邹阳、枚乘咏雪。三人乃依次作赋、歌、乱。发端简拔，对雪之色、形、动、静的描摹极为传神，又融入作者对自然景象的独特感受，别具情趣。南朝梁沈约评曰：“以高丽见奇”（《宋书》）。

宦者传论 散文篇名。南朝宋范晔作。见《后汉书·宦者传》，篇名系收入《文选》时所加。文章综核史实，对宦官的由来、酿成祸乱的根源，条分缕析，鞭挞宦官的暴虐、贪婪和奢侈，意精旨深。语言骈散兼行，气势淋漓酣畅。唐刘知幾评曰："简而且周，疏而不漏。"（《史通·补注》）

登大雷岸与妹书 骈文篇名。南朝宋鲍照作。见《鲍参军集》。元嘉十六年（439），临川王刘义庆出镇江州（今江西九江），引作者为佐吏。作者奉命赴江州，至大雷（在今安徽望江县境内）作此书与其妹令晖。书中备述行役之艰辛，情感真挚；历言山水形胜之奇丽，引人入胜。其中"西南望庐山"一段谓："若华夕曜，岩泽气通，传明散彩，赫似绛天。左右青霭，表里紫霄。从岭而上，气尽金光，半山以下，纯为黛色。"清许梿赞曰："烟云变灭，尽态极妍，即使李思训数月之功，亦恐画所难到。"（《六朝文絜》）铸词精缛，意调悲凉。清吴汝纶谓："奇崛惊绝，前无此体，明远创为之。"（《鲍参军集选》）

芜城赋 赋篇名。南朝宋鲍照作。见《鲍参军集》。宋文帝元嘉二十七年（450）至孝武帝大明三年（459），广陵（今江苏扬州市）因北魏南侵和竟陵王刘诞反叛，两遭兵祸而荒芜。大明三、四年间，作者客江北，登广陵故城，咨嗟叹伤，感而赋此。赋中首叙广陵地理形势的雄壮，及昔日全盛时"廛闬扑地，歌吹沸天"的情景，复以眼前"崩榛塞路，峥嵘古馗"映衬，侧面反映战乱频仍对社会造成严重损害，给人民带来深重灾难，在今昔对照的基础上，抒发兴亡成败的感慨。语言工丽清俊，状物生动，为抒情赋中名作。清姚鼐云："驱迈苍凉之气，惊心动魄之辞，皆赋家之绝境也。"（《鲍参军集注》引）

月赋 赋篇名。南朝宋谢庄作。见《文选》。此赋假托曹植、王粲月夜游吟，描画秋天月夜清幽之景，寄寓怨遥伤远之情，叙事、抒情融合无间。构思奇特，笔触细腻，为赋中名篇。其中"菊散芳于山椒，雁流哀于江濑"，"美人迈兮音尘阙，隔千里兮共明月"，为脍炙人口的佳句。清许梿评曰："深情婉致，有味外味。"（《六朝文絜》）

北山移文 骈文篇名。南朝齐孔稚珪作。见《文选》。北山即文中的钟山（今江苏南京紫金山），位于建业之北，故名。汝南（今属河南）人周颙，初隐于钟山，后一改夙操，应诏出为县令，秩满入京，拟经钟山。作者即以山灵口吻作此文予以讥嘲。全文对周颙表面退隐山林，实则心怀官禄的假隐士虚伪面目揭露颇深刻，亦是对当时趋名逐利、热衷富贵功名而又自标清高之徒的辛辣嘲讽。通篇采用拟人化手法，假托山灵为言，移情于物，构想奇妙。同时文中将周颙前后迥然不同的生活态度加以对照，揭露淋漓尽致。描绘细腻传神，语言精练准确，嬉笑怒骂，犀利泼辣，为历代推崇。清许梿评曰："此六朝中极雕绘之作，炼格炼词，语语精辟。"（《六朝文絜》）

采莲赋 赋篇名。南朝梁萧纲作。见《梁简文帝集》。首写水面荷花莲叶莲房的形态。次写楚王丽人弃去钓鱼萍实，"唯欲回渡轻船，共采新莲"。继写经历一段水程采莲之事，人物容色之鲜丽，情事之急切繁闹，俱宛然在目。赋末系以歌辞，写采莲佳人风情，辞极清丽。梁元帝萧绎亦有同名赋篇，当为命题同作，俱为当时小赋精品。

采莲赋 赋篇名。南朝梁萧绎作。见《梁元帝集》。梁简文帝萧纲有《采莲赋》，此赋当为同时所作。发端先将莲的茎叶花实作全面点染，人物柔媚的情态，时节物象的清鲜，杂糅于采莲活动中。末系歌辞，情辞俱清丽香艳。歌辞又见《采莲曲》。

荡妇秋思赋 赋篇名。南朝梁萧绎作。见《梁元帝集》。写荡子之妻倡妇秋日相思之情。发端表达闺情，起笔意象开阔。中写秋日相思之情，物色人情，清丽凄婉。结末仍以对时节流易的感触寓托倡妇的相思之情，余情袅袅，悠扬不尽。句式四、六言之外，还杂以五、七言诗句，对初唐四杰赋体有所影响。

恨赋 赋篇名。南朝梁江淹作。见《江文通集》。与《别赋》同为六朝抒情小赋名篇。以人生有死为致恨的总因，取各代具有代表性的帝王、名将、美人、才士、高人等，撮其生平行为、遭遇及情志大要，终不免赍恨以没，即因"自古皆有死"之故。立意奇警，叙事慷慨，属辞苍劲。清许梿评曰："通篇奇峭有韵。语法俱自千锤百炼中来，然却无痕迹。至分段叙事，慷慨激昂，读之英雄雪涕。"（《六朝文絜》）

别赋 赋篇名。南朝梁江淹作。见《江文通集》。与《恨赋》同为六朝抒情小赋名篇。分别从仕宦饯送、剑客报恩、负羽从军、奉使绝国，以及方外、伉俪、情侣各类离别，极意铺写离人之临别情态及别后思绪，融以时节景物，俱见离别之足令人“黯然销魂”。情致凄婉，辞采鲜丽。明杨慎评曰：“江淹《别赋》‘春草碧色，春水渌波。送君南浦，伤如之何’，取诸目前，不雕琢而自工，可谓天然之句。”（《升庵诗话》）清许梿谓：“立格与《恨赋》同。前以激昂胜，此以柔婉胜。”（《六朝文絜》）

广绝交论 骈文篇名。南朝梁刘峻作。见《文选》。任昉死后，其子流离寒窘，而其生平旧交无有顾恤者。作者有感于此，乃推阐东汉朱穆《绝交论》之意而为此文，以刺当时浇薄世风。文章以设为客主问答提起，由客历举古代众多友朋情谊相得之事，以示对朱穆倡议绝交的疑惑，然后以主人身分展开议论。首先认为客不达时变，是“贤达之素交，历万古而一遇”。以下即申论“叔世民讹，狙诈飙起”，“素交尽，利交兴”，而总其大略，归为“五术”，即“势交”、“贿交”、“谈交”、“穷交”、“量交”。尤以描述“势交”一节，写出权势者气焰之盛和趋附者奔骛之急切。继言“因此五交，是生三衅”，即：“败德殄义，禽兽相若”，“难固易携，仇讼所聚”，“名陷饕餮，贞介所羞”。于是绝交之理，弘之备至。末更举任昉一生社会交接为鉴，形容俗情的浇薄，以见交道之应绝。文中揭露当时世态人情的冷暖，穷形尽相，实为对浇薄世风的有力鞭挞。辞藻富赡，感情充沛，气势磅礴，读来痛快淋漓。

与陈伯之书 骈文篇名。南朝梁丘迟作。见《文选》。陈伯之原为南朝齐江州刺史，降梁后复叛奔魏。天监四年（505），武帝诏临川王萧宏伐魏，作者为其记室，宏命他私与伯之此书。伯之得书遂复归梁。文章首叙伯之初自齐降梁的壮武，及后奔魏的暗劣。随即追溯其叛梁奔魏之故，责之以理，极为得当。继言梁朝待臣下宽大，告以室家无恙；后喻以利害，举出前代史实，以为鉴戒。最后动以故旧之情。文辞清丽，情意悱恻，用事精当，足令伯之悄焉心动。全文叙事、说理、抒情俱极精警。“暮春三月，江南草长，杂花生树，群莺乱飞”数句，绘出江南暮春时节一片繁华绮丽景象，至为芳美怡人，脍炙人口。

丽人赋 赋篇名。南朝梁沈约作。见《沈隐侯集》。通篇描写丽人容貌及气性的婉美，行动影响的迷离动人，多以自然景物为衬景，文辞清丽。为宋玉《神女赋》、司马相如《美人赋》之流裔。清人许梿谓其“曼声柔调，顾盼有情，自是六朝之俊”，“意态 曲尽，即常情便有无限风致”（《六朝文絜》）。但只存前半，不见全貌。

郊居赋 赋篇名。南朝梁沈约作。见《沈隐侯集》。《梁书·沈约传》：“约性不饮酒，少嗜欲，虽时遇隆重，而居处俭素。立宅东田，瞩望郊阜，尝为《郊居赋》。”约作于天监十年（511）前后。叙写居处，主旨归于俭素。赋中叙述家世及己生平志趣，描写园宅措置与物候景象，俱见作者高旷风调。其就处骋目所至，凡山川形胜与人事兴废之迹，皆形之笔端，既见胜趣，亦极深慨。内容丰赡，文辞典重。唯篇幅过长，有伤繁芜。

答谢中书书 骈文篇名。南朝梁陶弘景作。见《陶隐居集》。谢中书，当为谢朏。朏于齐明帝时曾为中书令，生平淡于荣位，高抗不屈。此书当作于齐代。书中极称山川之美，以隽洁之笔，描画出山川的清幽奇峭，觉人境之外，天机盎然。四时朝夕，自然鲜美，夐绝尘俗，而作者的高旷情志，亦隐映其中。

与宋元思书 骈文篇名。南朝梁吴均作。见《吴朝请集》。此文系书札，叙述自己从富阳至桐庐的旅途经历。全篇以精省之笔绘出沿途山川景物之美。文章发端云：“风烟俱净，天山共色。”继而写水之清，如“水皆缥碧，千丈见底，游鱼细石，直视无碍”。写山之奇，如“夹岸高山，皆生寒树，负势竞上，互相轩邈，争高直指，千百成峰，泉水激石，泠泠作响”。然后言此胜境之能移人情，云：“鸢飞戾天者，望峰息心；经纶世务者，窥谷忘反。”终补写树木之茂密，加重境地深幽之感。其色调素淡，笔致精绝，直可与谢灵运山水诗媲美。清许梿评：“扫除浮艳，淡然无尘。”（《六朝文絜》）

观象赋 赋篇名。北魏张渊作。见《魏书·张渊传》。作于作者入魏之前。主要写观天象以察人事吉凶。作者面对浩瀚星空，“凝神远瞩，矖目八荒。察之无象，视之眇茫”，感慨“幽遐迥以希夷，寸眸焉能究其傍”，觉宇宙无穷而自身渺小，对宇宙与个人的关系进行了思考和探索。辞藻富赡，有抒情意味。文中附自注，内容翔实。

鹿苑赋 赋篇名。北魏高允作。见《广弘明集》。约写于孝文帝即位之初。鹿苑即鹿野苑，建于太祖道武帝天兴二年（399），以释迦牟尼最后说法地命名，献文帝曾建石窟寺于苑中。前半叙述鹿苑的经营构筑，后半描写献文帝禅位于孝文帝，悠游鹿野苑。对北魏帝王崇信佛法，弘道翊教，备极颂扬。部分语句颇有辞采，对偶亦较工整，为孝文帝以前为数甚少的赋篇之一。

三峡 散文篇名。北魏郦道元作。见《水经注》。题目为后人所加。描写三峡风物，展示四时异景，从动、静、音、色诸方面再现其雄伟奇丽风光。其写景如“重岩叠嶂，隐天蔽日，自非亭午夜分，不见曦月”，“晴初霜旦，林寒涧肃”等，精练传神。结以渔歌宛转，余韵悠长，历代传诵不绝。然据今人考证，以为作者足迹未至南方，其文实出自南朝宋盛弘之《荆州记》。

蝇赋 赋篇名。北魏元顺作。顺为侍中时，疾权幸谗间而作。前半以蝇喻谗贼，揭露北魏后期政治昏乱、奸邪得势。物象人事暗合，文笔简劲质直。后半议论，多言人事，游离物象，失之过露。文风质朴，笔法似东汉赵壹《刺世疾邪赋》，为北朝有特色的讽刺小赋。

观我生赋 赋篇名。北齐颜之推作。见《北齐书·颜之推传》。为自叙生平之作。在忧生的悲歌中，展示出重大历史事变，反映风雨变色、生灵涂炭的时代风貌。赋寓情于叙事，家国之痛、身世之悲喷薄而出。文致清远，涵意深广，气骨遒劲，别具一格，为北朝赋中颇富文采者。文中附大量自注，具有史料价值。

小园赋 赋篇名。北周庾信作。见《庾子山集》。约作于北周初年信羁留长安时。述己留北时家居环境，虽简陋，但幸有花草园林，可以琴书自娱。然作者本南梁旧臣，于江陵罹难、故国破亡之后被迫屈仕于魏、周，愿为隐士而不得。乡关之思、羁旅之悲始终无法排遣，耳目所接，莫不引动愁肠。结尾慨叹天道昧昧，前路渺渺，情感极为消沉绝望。讲究对仗、排偶，善于在整饬的骈句中间杂白描。“一寸二寸之鱼，三竿两竿之竹”等句，朴素自然，接近口语。清许梿赞曰：“骈语至兰成所谓采不滞骨，隽而弥絜。”（《六朝文絜》）

枯树赋 赋篇名。北周庾信作。见《庾子山集》。拟托东晋殷仲文出为东阳太守，对庭中枯槐发出的感慨。实以枯树自喻，寄托身世之感。先铺叙昔日之繁盛祥瑞；继而叙述其因“山河阻绝，飘零离别”以至于“拔本垂泪，伤根沥血，火入空心，膏流断节”的惨状，暗喻自己离乡背井，羁旅不归，“未能采葛，还成食薇”，因而羞愧憔悴、无复生意的心境；最后引用桓温“树犹如此，人何以堪”之语收束，总括全篇。全赋形象繁富，骈散兼行；咏物若即若离，寄慨遥深。据唐张鷟《朝野佥载》载，庾信初至北方，文士多轻之。及信示此赋，于后无敢言者。

哀江南赋 赋篇名。北周庾信作。见《庾子山集》。约作于作者晚年。赋前有骈体长序，说明本赋创作背景及缘起，概略回忆自身遭际，沉痛抒发其故国沦亡之痛与身世飘零之悲，感情充沛，用典繁富，抒情曲折而深沉，悲慨万端。首叙家世历史及早期在梁时备受重用的经历，反映昔日梁朝全盛时的富庶繁荣；次叙侯景攻陷建康，评述一些重要历史人物战乱时的功过，指出统治者安于逸乐，官吏腐败，兵将无能；继叙自己备尝艰苦困厄，间道奔赴江陵的经过；再叙萧绎发兵讨景，攻克建康，翦灭侯景叛军，对梁元帝萧绎的忌刻、残忍、目光短浅深加斥责，指出江陵小朝廷命祚不延的原因；末叙魏破江陵，陈移梁鼎，抒发故国沦亡的深切哀痛与羁留异国、端忧暮齿的身世之感。文中叙江陵沦陷后人民流离播迁、饥寒交迫的情景凄婉动人。全赋篇幅宏大，思想深刻，记事纷繁复杂，曲折尽变，而针线极密，丝毫不乱。通篇大量用典，或正用，或反用，或独用，或合用，或以虚为实，或虚实结合，大多贴切精当，臻于“使事无迹”的境界。句法以四、六句式为主，杂以三、五、七、八、九等多种句式。又妙于发端和转折，或缓或急，或起或伏，于哀惋激楚音调中透出雄健苍凉气息，具有史诗的规模和气势，是骈体赋的长篇巨制。

思旧铭 骈文篇名。北周庾信作。见《庾子山集》。为悼念友人梁故观宁侯萧永之作。萧永为梁鄱阳王萧恢之子，江陵陷落后与庾信、王褒同时羁留西魏，客死于长安。序文为四六句式，隔句而对，平仄相间。铭文四字一句，对仗精切。文中追忆与萧永昔日仕梁与羁留北地的交往情谊，对萧永之死深致悲悼，并借以抒发其故国之思与身世之痛。

研究著作　参考资料

十四朝文学要略 研究著作。刘永济著。二卷。为作者在东北大学讲授中国古代文学史时所作讲义。自上古编至隋代而止，故名。卷首“叙论”，通论中国文学史研究的旨趣。卷一“上古至秦”分论“古代茫昧难征”、“孔子删述之影响”、“诗经为后世感化文学之祖”、“春秋时诗学之盛”、“纵横家为诗教之流变”、“论著文之肇兴”、“诸子文学之影响”、“战代文学风气有三大宗主”、“楚辞为赋家之祖”、“嬴秦统一与文学”。卷二“汉至隋”分论“辞赋蔚蒸之因缘"、"两京赋体之流别及其作家之比较"、"赋家之旁衍"、"汉乐府三家之消长"、"两京当诗体穷变之会"、"史体之大成及马班之同异"、"篇体变古之殊尚"、"魏晋之际著文之盛况"、"六朝诗学之流变"、"南北风谣特盛及乐声流徙之影响"。书后附《〈旧唐书·音乐志〉所载清乐曲目表》、《文体孳乳分合简表》。征引繁富，阐论精到。四十年代初曾由中国文化服务社出版，1984年黑龙江人民出版社根据作者校订增补本校勘出版。

中国中古文学史　一名《中国中古文学史讲义》。研究著作。刘师培著。原为作者在北京大学任教时的讲义。分为"概论"、"文学辨体"、"论汉魏之际文学变迁"、"魏晋文学之变迁"、"宋齐梁陈文学概略"等五课。征引繁富，论述简明。1920年国立北京大学出版部出版铅印本，1957年人民文学出版社出版标点本。1959年人民文学出版社出版金文澌校点本，与作者所著《论文杂记》合刊，书名作《中国中古文学史·论文杂记》，1962年收入该社"中国古典文学理论批评专著选辑"丛书（郭绍虞、罗根泽主编）。

魏晋南北朝文学史　研究著作。胡国瑞著。十一章。从魏晋南北朝时期政治局势、社会基础、学术思想对文学的影响，考察建安诗坛、魏末及晋代诗风、南朝诗坛、北朝文坛，论述当时民歌、赋、骈体文、文学理论和批评、小说等的发展演变。通过对作品的分析和考证探讨文学发展规律，较为具体信实。1980年上海文艺出版社出版。

南北朝文学史　研究著作。曹道衡、沈玉成编著。为中国社会科学院文学研究所总纂的《中国文学通史系列》之一种。二十七章。上起南朝宋，下迄隋代。为叙述方便，十六国文学划归本书，陶渊明划归《魏晋文学史》。阐述南北朝文学的基本面貌，评价这一时期的作家、作品，阐明各种文学现象形成的历史过程及其继承和发展关系。材料翔实，叙述充分。1991年人民文学出版社出版。

中国中古诗歌史　研究著作。王钟陵著。二卷，十二编。论述汉建安元年（196）至隋大业十四年（618）四百年间的诗歌发展。上卷五编，分论汉代审美情趣、王充的"真美"观、中古文学特征、玄学的"简约"风尚与文学的"以少总多"、"隐秀"；下卷七编，分论魏、西晋、东晋、宋、齐、梁、陈、北朝及隋代诗歌。作者在文学史的研究上贯彻史的研究就是理论的创造和整体性两大原则，从民族文化—心理的动态的建构过程来把握文学史的进程。全书史与论结合，上卷史凝结于论，下卷论凝结于史，在文学史研究上进行了有益的探索。1988年江苏教育出版社出版。

八代诗史　研究著作。葛晓音著。共十章。论述汉、魏、晋、宋、齐、梁、陈、隋八代诗歌发展。书中探索两汉诗歌的源流，论说建安风骨和正始之音，对西晋诗风的雅化、陶渊明的诗歌、南北朝乐府民歌、晋宋诗运的转关、齐梁诗风的功过、北朝诗歌的演进以及隋诗的过渡状态，均有中肯的评述。作者结合社会政治和学术文化发展的背景论述每一历史时期文学思潮的基本特征，分析各时期诗歌题材、内容、形式、风格变化的原因；同时注意每一时代诗歌前后因革关系及其对后世的影响，对八代诗史中几次较大的变革进行分析，并提出自己的见解，对传统看法有所突破。注重对阮籍、嵇康、郭璞、陶渊明、鲍照、谢灵运、庾信等重要作家的研究，同时兼论在诗歌史上有一定影响的一般作家。也重视作品的艺术分析，深入浅出，富有学术性。1989年陕西人民出版社出版。

汉魏六朝乐府文学史　研究著作。萧涤非著。原为作者于清华大学研究院毕业时的论文。分为"绪论"、"两汉乐府"、"魏乐府（附吴）"、"晋乐府"、"南朝乐府"、"北朝乐府（附隋）"六编。阐论乐府的产生、沿革、界说与分类，详论汉初贵族乐府、两汉民间乐府、东汉文人乐府，魏曹操四言乐府、曹丕七言乐府、曹植五言乐府，晋舞曲歌辞、故事乐府、拟古与讽刺乐府，南朝前期民间乐府与后期文人乐府，北朝民间乐府与文人乐府、南北朝乐府比较以及隋乐府，多有独到见地。书前有当年论文导师黄节对此论文所作的审查报告，认为："统观成绩全部，皆能从乐府本身研究。知变迁，有史识；知体制，有文学；知事实，有辨别；知大义，有慨叹，此非容易之才。"1943年中国文化服务社出版。1984年人民文学出版社出版修订本。

六朝乐府与民歌　研究著作。王运熙著。现存六朝民歌大部分保存于乐府《清商曲辞》的《吴声歌曲》和《西曲》中，本书以《吴声》和《西曲》为研究对象，故名。书中考察《吴声》和《西曲》的产生时代、地域及其渊源，论述它们由里巷风谣演变为贵族阶级乐曲的发展过程及其在当时的进步意义。对《子夜》、《读曲》等曲调的作者、本事等，作详尽考证；对乐曲中和送声的作用及谐音双关语的运用，亦有阐释。1955年上海文艺联合出版社出版，1957年古典文学出版社出版新一版。

中古文学史论 研究著作。王瑶著。原为作者在清华大学讲授"中国文学史分期研究(汉魏六朝)"课程时的讲稿。论述有关中古魏晋六朝文学上的重要问题，起于汉末，迄于梁陈。全书十四章，分为"文学思想"、"文人生活"、"文学风貌"三部分。着重研究文学思想与当时一般社会思想、文人生活与文学作品的关系，论述中古时期主要作家和作品。1951年曾分别编为《中古文学思想》、《中古文人生活》、《中古文学风貌》三书，由上海棠棣出版社出版。1956年作者重作删改，合为一册，易名《中古文学史论集》，由古典文学出版社出版。后经作者校改补正，1986年由北京大学出版社再版。

中古文学史论文集 研究著作。曹道衡著。收录作者有关魏晋南北朝文学的论文三十篇，涉及这一时期文学史、作家作品、文体发展、文学理论诸方面。另有附录五篇，为古典文学方面的短文和读书笔记。书中《试论北朝文学》等文对十六国以来北方文学的研究，在详尽占有第一手资料的基础上，于前人未予重视的领域取得与传统结论有别的成果；《晋代作家六考》、《十六国文学家考略》等文对一些作家生平的考证，则为探讨当时文学的发展提供了依据。此外，对中古时期乐府诗、赋和骈文的发展也有独到的阐述。1986年中华书局出版。

汉魏六朝百三家集题辞注 研究著作。明张溥著，殷孟伦注。《汉魏六朝百三名家集》为张溥所编纂，意在兴复古学，示人以正鹄，俾师古者有所遵奉。每集前均有张溥题辞，分论各家。全书又有《自叙》一篇，总论汉魏六朝文章。大旨在"吐华含实"，"先质后文"，虽不废文华，所重乃在质实。题辞大都侧重于作者的品格与操守，知其人而论其世，在探讨作家作品与社会治乱的关系上不乏卓见，然对作品本身艺术风格的赏析则不免有些疏略。本书系将题辞单独辑出加注而成。注者以清光绪间信述堂翻刻本为底本，校以他本。其注于题辞所引前人论述，均注明出处；所涉故实及文献，予以简要诠释；注文之首，列有各家行实之要；同时校订了刊刻错误及张氏笔误，对疑难的文字也作了补订和注解。1960年由人民文学出版社出版。

魏晋风度及文章与药及酒之关系 论文。鲁迅作。为作者1927年7月在广州夏期学术演讲会上的发言稿。记录稿最初发表于1927年8月11、12、13、15、16、17日广州《民国日报》副刊《现代青年》第173至178期；改定稿发表于1927年11月16日《北新》半月刊第2卷第2号。收入1928年10月上海北新书局出版的《而已集》。文章论述了魏晋时期文学同时代和社会的深刻关系，对当时士大夫阶层的思想言行及饮酒服药的风气作了精辟的分析。文中关于曹操是一个"改造文章的祖师"、"曹丕的一个时代可说是'文学的自觉时代'，或如近代所说是为艺术而艺术(Art for Art's Sake)的一派"的论断，对研究当时文学颇有启示。对曹操、曹丕、曹植、建安七子、嵇康、阮籍、陶渊明等人的思想、文学观念和诗文创作，亦有精到透辟的阐述。是研究魏晋时期文学思想、文学创作的重要论文。

建康实录 史料集。唐许嵩著。二十卷。以编年体记述吴、东晋、宋、齐、梁、陈六朝事迹，起于三国吴孙权，终于南朝陈后主。因皆建都建康(今江苏南京)，故名。除记王朝兴废外，对古迹尤为注意，保存一些正史不载的史实和轶事，不少内容与文学家有关。如东晋干宝、孙绰的卒年，南朝梁裴子野《宋略》的佚文及陈江总故宅等，均为诸书所未载。引据广博，颇有史料价值。有南宋嘉祐江宁府刊本，久已残缺。清顾广圻据周漪塘家汲古阁藏本抄校，后甘元涣又得到经过传抄的本子刊印。今通行本为1987年上海古籍出版社点校排印本。

中古文学系年 研究著作。陆侃如著。按年考定排列中古时期文人的生平事迹和作品。上起公元前53年，下迄公元340年，收录一百五十二位作家。除考证作家文学活动外，对作家其他方面的成就也尽可能予以辨析。于前人考证，或择善而从，或考辨其误。征引书籍达数百种，资料翔实，对研究中古文学较有参考价值。1985年人民文学出版社出版。

魏晋南北朝诗话 资料汇编。萧华荣编。三卷。卷上魏晋诗话，卷中南朝诗话，卷下北朝诗话。辑录魏晋南北朝时期有关诗歌创作的本事、逸闻及评诗、论诗的记载。以文人诗为主，不收谣谚、品题、谶语等韵语的本事和传闻；乐府诗中有本事记载者，酌情收录。材料来源以正史为主，旁采同时期其他著述，兼及后世类书、论著中有关魏晋南北朝时期诗歌本事的记载，但不收后人关于该时期诗人诗作的评论。所引书籍，截至两宋。对书中涉及的人、事、时、地、篇名作了简明注释。1986年齐鲁书社出版。

魏晋南北朝文学史参考资料 资料汇编。北京大学中国文学史教研室选注。为配合“中国文学史”课程的教学而编选。包括魏晋民谣、建安诗文、正始文学、西晋诗文、南朝小说、南朝乐府民歌、北朝乐府民歌、东晋诗文、宋代诗文、齐代诗文、梁代诗文、陈代诗文、北朝诗文等十三类。选录作品较丰富，注释详明。作品之前有作者小传或作品介绍，简述作家生平、作品思想艺术价值及其在文学史中的地位；作品之后附录部分研究资料。对于学习和研究魏晋南北朝文学史有一定的参考价值。1962年中华书局出版。

汉魏六朝诗鉴赏辞典 吴小如、王运熙、章培恒等撰写。选录汉、魏、晋、南北朝及隋代一百八十七位诗人的诗作九百零六首。分原诗、赏析文章、注释三部分。用历史唯物主义的观点，从文学发展的角度，鉴赏、评价汉魏六朝诗歌的思想内容和艺术成就。一首诗一篇赏析文章，也有少数作品几首合在一起分析。诗中疑难词句，一般在赏析文章中略作解释，有的在文末酌加注释。书后附有《诗人小传》、《汉魏晋六朝诗书目》、《名句索引》、《汉魏晋六朝文学术语》等。1992年上海辞书出版社出版。

文选研究

文选学 研究《文选》及相关课题的学科。文选学之名始见于唐刘肃《大唐新语》卷九《著述》：“江淮间，为文选学者起自江都曹宪。”《新唐书·李邕传》云：“(李善)居汴、郑间讲授，诸生四远至，传其业，号‘文选学’。”文选学的研究，大致分为训诂考据、摘录辞章、增广补续三类，其中训诂考据数量最多，也最有学术价值。据不完全统计，隋唐以来的文选学著作约有九十种左右，而大量研究成果则散见于笔记、诗话及其他书籍中，难以数计。文选的研究起源于隋唐，其时大体以释音训义为主。隋萧该的《文选音义》为最早的研究专著。作为专门学科，文选学建立于唐曹宪。史称他“所撰《文选音义》甚为当时所重。初，江淮间为文选学者，本之于宪。又有许淹、李善、公孙罗，复相继以《文选》教授，由是其学大兴”(《旧唐书·曹宪传》)。唐高宗时，李善集《文选》研究之大成，撰成《文选注》，引用古籍达一千七百种，是现存最早、影响最大、最具权威性的注本，为后世学者称引。然其注偏重说明语源及典故，史有“释事而忘意”之评(《新唐书·李邕传》)。唐玄宗时，李延济、刘良、张铣、吕向、李周翰等五人重注《文选》，世称《五臣注文选》。其注谬误甚多，颇为后世诟病，“然其疏通文义，亦间有可采”(《四库全书总目》)。宋、元、明三代对《文选》的研究渐趋式微。宋代《文选》研究专著，如苏易简《文选双字类要》、刘攽《文选类林》、王若《选腴》、高似孙《文选句图》等，大抵胪列类典，摘录辞藻。较有价值的研究成果则散见于沈括《梦溪笔谈》、姚宽《西溪丛话》、惠洪《冷斋夜话》、陆游《老学庵笔记》、吴曾《能改斋漫录》、葛立方《韵语春秋》、叶梦得《石林燕语》、王应麟《困学纪闻》等笔记、诗话中，时有精见。元代文选学专著不多，刘履《选诗补注》取《文选》各诗删补训释，较有参考价值。明代文选学研究更为寥落，唯张凤翼《文选纂注》杂采诸家诠释《文选》之说，颇有可取。清代文选学研究又呈高潮，涉及校勘、音韵、训诂、考订诸方面，著述极多。主要著述有汪师韩《文选理学权舆》、胡克家《文选考异》、张云璈《选学胶言》、朱珔《文选集释》、梁章钜《文选旁证》、胡绍煐《文选笺证》等，对李善注多有补正发明，堪称精博。何焯《义门读书记》、于光华《文选集评》中对文义的评论，亦有参考价值。五四时期曾批判“《选》学妖孽”和“桐城谬种”，《文选》一度成为提倡白话文的对立面，文选学研究较为冷落。近人著述有高步瀛的《文选李注义疏》、骆鸿凯的《文选学》等。文选早在唐代传入日本，日本学者在《文选》的资料整理和内容研究上均取得丰硕成果。近年来，欧美学者在《文选》的研究上也有一定的成绩。文选学已成为一门世界性的学问。

文选注 《文选》注本。唐李善著。《文选》原三十卷，本书析为六十卷。高宗显庆三年(658)书成进呈。注文偏重于语源的说明和典故的解释。凡作品有旧注者，即采其可取者入书，如《楚辞》用汉王逸注，《子虚》、《上林》赋用晋郭璞注，《二京赋》用三国吴薛综注等。间有对旧注的补正，标明“善曰”予以区别。其中对作品中文字所作的音释，为古汉语研究的参考资料；对作品旨意、语言艺术规律的探索，亦颇有见地，反映了当时对《文选》的研究水平。但略于文义的疏通，史称“释事而忘义”(《新唐书

·李邕传》)。唐李匡乂《资暇录》云:“李氏《文选》有初注成者、复注者,有三注、四注者,当时旋被传写之。其绝笔之本,皆释音训义,注解甚多。”搜集资料颇多,引书达一千七百种,其中大量已亡佚,为历来考证、辑佚者所取资。最早的版本为敦煌残卷唐写本。较好的通行本有清胡克家翻刻南宋尤袤刻本,附胡克家、顾广圻《文选考异》。1977年中华书局有影印胡克家本,卷末附《文选考异》。

五臣注文选 一名《集注文选》。《文选》注本。唐吕延济、刘良、张铣、吕向、李周翰等注。三十卷。开元六年(718)由工部侍郎吕延祚进呈。《新唐书·文艺传》云:吕向“尝以李善释《文选》为繁酿,与吕延济、刘良、张铣、李周翰等更为诂解,时号五臣注”。书前有吕延祚《进〈集注文选〉表》,谓五臣“相与三复乃词,周知秘旨;一贯于理,杳测澄怀。目无全文,心无留意。作者为志,森乎可观”。但注文仅着重在解释字句,不及李善注精善;且学力不逮,荒陋谬误极多。唐时李匡乂《资暇集》即指斥其窃据李善注,巧为颠倒。其后,宋苏轼、尤袤直至清代不少学者亦予以批评。《四库全书总目》谓其“疏通文义,亦间有可采”,认为“唐人著述,传世已稀,固不必竟废之也”,较为公允。宋人将李善注及五臣注合刊行世,世称“六臣注”。宋《崇文总目》、《郡斋读书志》著录三十卷。《北京图书馆善本书目》著录残宋杭州笺纸马铺钟家刻本,唯存第三十卷一卷。

文选理学权舆 《文选》研究著作。清汪师韩著。八卷。文选理学,用杜甫诗句“熟读《文选》理”(《宗武生日》)之义。书前有作者自序,谓:“如将穷《选》理,通《选》学,其以是为‘权舆’,可乎?”表明其著书宗旨。此书取《文选》注,以类别为八门,末则缀以己说:一“撰人”,胪列《文选》中作者一百三十家,于各家之下分隶所撰篇目;二“书目”,录选所引书目,分类编排;三“旧注”,述旧注二十三家及不知名者所注;四“订误”,述李注订误,凡四十七类;五“补阙”,述李注补阙,凡五类;六“辨论”,述李注辨论《文选》中用事,凡四十三条;七“未详”,述李注未详者凡一百十四条;八“评论”,录后世论《文选》及其注者;九“质疑”,对李注征引未当及缺遗提出质疑。其中,“旧注”附于“书目”,“补阙”附于“订误”;“评论”原拟分为三卷,今只二卷;“质疑”原拟分为二卷,今只一卷。此书对李善注条分缕析,较为详备,于清代文选学的发展影响较大。清孙志祖有《文选理学权舆补》,补辑“评论”一卷,复以潘稼堂、何义门、钱圆沙三家勘本研核参考,别撰《文选考异》四卷、《选注补正》四卷,补其“质疑”。有《丛睦汪氏遗书》本、《读画斋丛书》(收入《丛书集成》)本及《受经堂丛书》小字本。

选学胶言 《文选》研究著作。清张云璈著。二十卷。书前作者自序云:“《魏都赋》曰:‘牵胶言而逾侈。’注引《李克书》云:‘言语辨聪之说,而不度于义者,谓之胶言。取其颜其书,盖志愧也。’”此书求实恶空,崇李善注而反五臣注,自经说史评、山图水注,以及名物象数、声音训诂,无不旁搜博引;又颇采清胡克家《文选考异》之说,间加驳正。内容精博,为乾嘉时期以朴学方法治《文选》的代表。有三影阁刻本、《文渊楼丛书》影印本。

文选集释 《文选》研究著作。清朱珔著。二十四卷。书前自序云:“余之缀辑此编,将兼存互析,土壤细流之益,当亦儒修不废。中间援引曩哲外,更多时贤,故名曰集释。”每卷列若干条,全书凡数百条。此书重征实之学,于地理、名物考订甚详,其意在补李善注。为清代《文选》学重要著作。有朱氏家刻本、上海受古书店1928年影印本。

文选旁证 《文选》研究著作。清梁章鉅著。四十六卷。此书取李善注而加参核。书前自序云:“窃谓李氏(善)斯注引用繁富,为之考订校雠者,亦宜博综详哉言之,爰聚群籍相涉之处,悉加荟萃。上罗前古,下搜当今,期于疑惑得此发明,未敢托为抱残守阙自限。至于五臣之注,亦必反复推究,虽似与李注无关,然可以观之益见李注精核。”以博采见长,引用典籍凡一千三百余种。其中以清何焯、陈景云、余萧客、段玉裁之说引用特多。何、陈、段之书,赖此流传。清阮元序谓其“沉博美富,可为选学之渊海”,朱珔序谓其为“能集大成者”。有榕风楼刊本、苏州复刊本。

文选笺证 《文选》研究著作。清胡绍煐著。三十二卷。书前有道光三十年(1850)朱右曾序,称其“旁搜互考,正讹纠谬”,“尤有得于王(念孙)、段(玉裁)二家之学”。又有咸丰八年(1858)为其定稿所写自序,谓于前人注释及考订,“阙者补之,略者详之,误者正之”。其即文字声音以通训诂,旁推侧证,为前此文选学诸家所无。作者笃守皖派朴学家治学门径,于王、段二家之说征引特多。有世泽楼活字本、《聚学轩丛书》本。

文选学 《文选》研究著作。骆鸿凯著。共九章。分为:纂集第一、义例第二、源流第三、体式第四、撰人事迹生平著述考第五、征故第六、评骘第七、选读导言第八、余论第九。书前作者《叙》云:“今之所述,首叙《文选》之义例,以及往昔治斯学者之途辙,明选学之源流。末篇所述,则以文史、文体、文述诸方,析观斯集,为研习《文选》者导之津梁也。”书中考察了古代纂集文选 的传统,分析了《文选》的编选标准及得失,对隋唐至清代文选学的发展、历代选学家的生平著述及《文选》所收作家、作品均有详尽论述,还介绍了阅读《文选》的方法等。另有“《文选》分体研究举例:‘论’”、“《文选》专家研究举例:‘陆士衡’”两个附编。1937 年中华书局出版。

三　隋唐五代文学

作　　家

李德林(531—591)　隋文学家。字公辅。博陵安平(今属河北)人。初仕北齐,授殿中将军。入北周,官内史上士。隋立(581),官内史令。自周末至隋文帝时,朝中诏策文表皆出其手,并参与平陈方略及律令制度的修订。后出为怀州刺史。《隋书》本传评曰:"德林幼有操尚,学富才优,誉重邺中,声飞关右。""文诰之美,时无与二。"明人辑有《李怀州集》。生平事迹见《北史》卷七二、《隋书》卷四二。

王劭(约533—约607)　隋史学家、文学家。字君懋。太原晋阳(今山西太原)人。弱冠,官北齐太子舍人,待诏文林馆,迁中书舍人。入周,不为用。隋文帝受禅(581),授著作佐郎、员外散骑侍郎。后拜著作郎。炀帝嗣位,进秘书少监。曾撰《齐志》、《齐书》、《隋书》及《平贼记》、《读书记》等史书。《全上古三代秦汉三国六朝文》存其文二卷。生平事迹见《隋书》卷六九。

卢思道(535—586)　隋文学家。字子行。范阳(治今河北涿州)人。少从师于邢劭,才学兼著。仕于北齐,为司空行参军,兼散骑侍郎。后出为丞相西阁祭酒,历太子舍人,司徒录事参军。入隋,任武阳太守,官终散骑侍郎。工诗文,长于歌行。诗多宴游酬唱之作,词意清切,已启融合南北文风之趋向。其《从军行》,明胡应麟评为"音响格调,咸自停匀,体气丰神,尤为焕发","可入初唐"(《诗薮》)。《劳生论》、《孤鸿赋》等文较著名。著有《卢思道集》,已佚。明人辑有《卢武阳集》行世。《先秦汉魏晋南北朝诗》存其乐府十一首、诗十六首,《全上古三代秦汉三国六朝文》存其文十三篇。生平事迹见《北齐书》卷四二、《北史》卷三〇、《隋书》卷五七。

诸葛颍(539—615)　隋文学家。字汉。丹阳建康(今江苏南京)人。仕梁,为邵陵王参军,转记室。侯景之乱,奔北齐,为太子舍人。入隋,晋王杨广引为参军。广即位,迁著作郎,历朝散大夫、正议大夫等职。著有《巡抚扬州记》、《诸葛颍集》,均佚。《先秦汉魏晋南北朝诗》存其诗六首。生平事迹见《北史》卷八三、《隋书》卷七六。

岑德润　陈隋间诗人。南阳(今属河南)人。陈祯明中,官中军吴兴王记室。好学博识,广涉文史,辞笔文雅。《先秦汉魏晋南北朝诗》存其诗四首。生平事迹见《陈书》卷三四、《南史》卷七二。

何妥　隋音乐家、文学家。字栖凤。西城(今陕西安康)人。梁时事湘东王萧绎。入周,任太学博士。隋初,为国子博士,曾受命考定钟律。开皇中,出为龙州刺史。迁国子祭酒。著有《何妥集》,又《周易讲疏》、《庄子义疏》等,皆佚。《先秦汉魏晋南北朝诗》存其诗六首,《全上古三代秦汉三国六朝文》存其文五篇。生平事迹见《北史》卷八二、《隋书》卷七五。

李孝贞(?—约591)　隋文学家。字元操,避隋讳,以字行。赵郡柏人(今河北隆尧)人。在齐,释褐司徒府参军事,累迁给事黄门侍郎。周武帝平齐,授少典祀下大夫,转吏部下大夫。隋开皇初,拜冯翊太守,征拜内史侍郎,掌文翰。出为金州刺史,卒,年五十余。工诗文。著有《李元操集》,已佚。《先秦汉魏晋南北朝诗》存其诗七首。生平事迹见《北史》卷三三、《隋书》卷五七。

魏澹　隋史学家、文学家。字彦渊,避唐讳,或作彦深、彦泉。巨鹿曲阳(今河北晋州)人。仕北齐,初为记室,后为殿中侍御史、殿中郎中、中书舍人。入周,为纳言中士。入隋,历任行台礼部侍郎、散骑常侍、著作郎。著有《魏澹集》、《后魏书》一百卷,又注《庾信集》,著《诸书要略》、《笑苑》、《词林集》等,皆佚。《先秦汉魏晋南北朝诗》存其诗五首,《全上古三代秦汉三国六朝文·

全隋文》存其文四篇。生平事迹见《北齐书》卷二三、《北史》卷五六、《隋书》卷五八。

李谔 隋政治家。字士恢。赵郡(治今河北赵县)人。曾为治书侍御史,官终通州刺史。好学能文,长于机辩。开皇年间,曾针对魏晋以来"文笔日繁,其政日乱"之情势,上书请正文体,要求为文"皆以褒德序贤,明勋证理。苟非惩劝,义不徒然",而对"竞一韵之奇,争一字之巧。连篇累牍,不出月露之形;积案盈箱,唯是风云之状"的创作风气十分反感。唯过于强调儒学宗旨,将诗赋一律看作雕虫小技,对建安以来文学发展的实绩和文学本质特征的认识不免失之片面。生平事迹见《隋书》卷六六。

辛德源 隋文学家。字孝基。陇西狄道(今甘肃临洮)人。仕北齐,历任散骑侍郎、比部郎中。曾先后出使梁、陈。入北周,为宣纳上士。入隋,隐于山林。牛弘荐修国史,后转蜀王咨议参军。能文工诗,长于乐府,多艳词。北齐刘逖赞其"文章绮艳,体调清华"(《隋书》本传)。著有《辛德源集》,又《集注春秋三传》、《法言注》、《政训》、《内训》,均佚。《先秦汉魏晋南北朝诗》存其诗十一首,《全上古三代秦汉三国六朝文》存其文三篇。生平事迹见《北史》卷五〇、《隋书》卷五八。

孙万寿 隋诗人。字仙期。信都武强(今河北武强西南)人。少学五经,兼通子史。仕北齐,为奉朝请。隋初,历豫王长史、齐王文学、大理司直。卒官。与孔绍安齐名,时人称为"孙孔"。诗风苍劲厚朴。五言《远戍江南寄京师亲友》传诵当世。著有文集,已佚。《先秦汉魏晋南北朝诗》存其诗九首。生平事迹见《北齐书》卷四四、《北史》卷八一、《隋书》卷七六。

王眘 陈隋间诗人。字元恭。琅邪临沂(今属山东)人。少有盛名于江左。仕陈,历太子洗马、中舍人。入隋,与弟胄俱为学士。杨广即位,授秘书郎。《先秦汉魏晋南北朝诗》存其诗二首。生平事迹见《隋书》卷七六。

薛道衡(540—609) 隋文学家。字玄卿。河东汾阴(今山西万荣西南)人。幼好学。仕北齐,彭城王高澈引为兵曹从事。高湛作相,召为记室,迁太尉府主簿、拜中书侍郎。入北周,历任御史二命士,陵、邛二州刺史。隋初,为内史舍人。后历任吏部侍郎、内史侍郎,进位上开府。炀帝初,转番州刺史,入拜司隶大夫。大业中,因上《高祖文皇帝颂》,为炀帝见疑,被害。与卢思道齐名。长于五言诗。已开融合南北诗风之趋势。《昔昔盐》感情真切,体物工致,音律和婉,为传世名篇,"空梁落燕泥"之句尤为人所赏。《人日思归》思致深婉,为唐前五绝之佳作。著有《薛道衡集》,已佚。明人辑有《薛司隶集》行世。《先秦汉魏晋南北朝诗》存其诗二十一首,《全上古三代秦汉三国六朝文》存其文八篇。生平事迹见《北史》卷三六、《隋书》卷五七。

柳䛒(542—610) 隋文学家。字顾言。襄阳(治今湖北襄樊)人。仕梁,任著作郎。萧詧据荆州,以为侍中,领国子祭酒、吏部尚书。入隋,任通直散骑常侍,迁内史侍郎。后转晋王杨广咨议参军。官终秘书监。工诗文,词藻典丽。著有《柳顾言集》、《法华玄宗》、《晋王北伐记》,均佚。《先秦汉魏晋南北朝诗》存其诗五首,《全上古三代秦汉三国六朝文》存其文五篇。生平事迹见《北史》卷八三、《隋书》卷五八。

牛弘(545—610) 隋文学家、学者。字里仁。安定鹑觚(今甘肃灵台东北)人。初起家北周中外府记室、内史上士,转纳言上士。加威烈将军、员外散骑侍郎,修起居注,袭封临泾公。宣政元年(578),转内史下大夫,进位使持节、大将军、仪同三司。隋开皇初,迁散骑常侍、秘书监。上表请开献书之路,被纳。后进爵奇章郡公。三年,拜礼部尚书。六年,除太常卿。后授吏部尚书、拜大将军。大业二年(606),官至上大将军。明张溥评曰:"生平文字,议礼居优,史臣遂谓其损益典章,汉叔孙通无以尚。""其有功艺文,岂让王俭《七志》、阮孝绪《七录》哉。"(《汉魏六朝百三名家集·牛奇章集题辞》)明人辑有《牛奇章集》行世。生平事迹见《北史》卷七二、《隋书》卷四九。

杨素(?—606) 隋大臣、诗人。字处道。弘农华阴(今属陕西)人。初仕北周,任车骑将军、汴州刺史、徐州总管等职,以平齐功,封安成县公。隋文帝杨坚代周,拜为御史大夫。后以平陈、讨突厥功,为尚书右仆射,与高颎共掌朝政。杨广即位,以拥戴功,迁尚书令,拜司徒,封楚国公。善诗文,工草隶。诗多为与薛道衡唱和之作。《隋书》本传称其赠番州刺史薛道衡诗"词气宏拔,风韵秀上,亦为一时盛作"。清王士禛评其诗"沉雄华赡,风景甚遒,已辟唐人陈、杜、沈、宋之轨"(《古诗选·凡例》)。著有《杨素集》,已佚。《先秦汉魏晋南北朝诗》存其诗二十首,《全上古三代秦汉三国六朝文·全隋文》存其文七篇。生平事迹见《周书》卷三四、《隋书》卷四八、《北史》卷四一。

李巨仁 隋诗人。其诗多写遨游出世之情，工于写景，亦时见巧思。《赋得镜》中“无波菱自动，不夜月恒明”一联，为唐诗人杜甫化用入其《秦州杂诗》，成为“无风云自动，不夜月临关”之名句。《先秦汉魏晋南北朝诗》存其诗五首。其余生平事迹无考。

尹式（？—604） 隋诗人。河间（治今河北献县）人。少有声名。仁寿中，官至汉王记室。汉王败，自杀。《别宋常侍》诗为人所称。《先秦汉魏晋南北朝诗》存其诗二首。生平事迹见《北史》卷八三、《隋书》卷七六。

王贞（？—约606） 隋文学家。字孝逸。梁郡陈留（今河南开封）人。开皇初，汴州刺史引为主簿。后举秀才，授县尉。炀帝即位，齐王暕召之江都。未几，病归乡里。生平事迹见《北史》卷八三、《隋书》卷七六。

虞世基（？—618） 隋文学家。字茂业。会稽余姚（今属浙江）人。少有俊才，徐陵称为“当今潘、陆”。仕陈，为建安王法曹参军事，历祠部、殿中二曹郎，太子中舍人。迁中庶子、散骑常侍、尚书左丞。入隋，任通直郎，直内史省。历内史舍人、内史侍郎，官至金紫光禄大夫。后从炀帝南巡江都，为宇文化及所杀。博学工诗，善草隶。名篇《出塞》，广为人诵。著有《虞茂业集》，已佚。《先秦汉魏晋南北朝诗》存其诗二十首，《隋书》本传存其《讲武赋》一篇。生平事迹见《北史》卷八三、《隋书》卷六七。

潘徽（？—613） 隋文学家。字伯彦。吴郡（治今江苏苏州）人。始官新蔡王国侍郎，选为客馆令。及陈灭，入隋，为州博士。秦孝王俊召为学士。未几，晋王广召为扬州博士。广嗣位为炀帝，授京兆郡博士。大业九年（613），为西海郡威定县主簿，旅陇西途中病卒。《先秦汉魏晋南北朝诗》存其诗一首，《隋书》本传、《全上古三代秦汉三国六朝文·全隋文》共存其文三篇。生平事迹见《北史》卷八三、《隋书》卷七六、《新唐书》卷一〇二。

王胄（558—613） 隋文学家。字承基。琅邪临沂（今属山东）人。少有逸才。仕陈，为鄱阳王法曹参军，历太子舍人，东阳王文学。入隋，杨广引为学士。以击林邑功授帅都督。广即位，迁著作佐郎。坐与杨玄感交游徙边，潜还江左，被杀。相传其所作《燕歌行》中有“庭草无人随意绿”之句，为炀帝所妒，遂见害，实非。与虞绰齐名，所作诗赋，风行当世。杨广赞其《奉和赐酺》诗“气高致远”（《隋书》本传）。著有《王胄集》，已佚。《先秦汉魏晋南北朝诗》存其诗二十首，《全上古三代秦汉三国六朝文》存其文一篇。生平事迹见《隋书》卷七六、《隋唐嘉话》卷上。

许善心（558—618） 隋文学家、学者。字务本。高阳北新城（今河北高阳）人。初仕陈，官新安王法曹。入隋，历官通直散骑常侍、虞部侍郎、黄门侍郎、礼部侍郎，后授朝散大夫、通议大夫。大业末为宇文化及所杀。曾仿阮孝绪《七录》作《七林》，续成父所撰《梁史》，与人合撰《灵异记》，并撰有《方物志》、《符瑞记》等，均佚。《先秦汉魏晋南北朝诗》存其诗四首，《隋书》本传录其《神雀颂》及《梁史·序传》二文。生平事迹见《北史》卷八三、《隋书》卷五八。

明馀庆 隋诗人。平原鬲（今山东德州）人。官至司门郎。越王侗称制，为国子祭酒。《先秦汉魏晋南北朝诗》存其诗二首。生平事迹见《北史》卷八三、《隋书》卷五八。

孔德绍（？—621） 隋诗人。会稽（今浙江绍兴）人。官至景城县丞。隋末事窦建德，建德败，被杀。《全唐诗》存其诗十二首，多在隋时作。生平事迹见《北史》卷八三、《隋书》卷七六。

刘斌 隋文学家。南阳（今属河南）人。隋时官至信都郡司功书佐，后事窦建德为中书舍人。唐武德四年（621）为刘黑闼中书侍郎，掌文翰。黑闼败，亡归突厥，不知所终。隋时曾与虞世南、孔德绍、刘孝孙等登山临水，结为文会。《全唐诗》存其诗四首。生平事迹见《北史》卷八三、《隋书》卷七六。

杨广（569—618） 即隋炀帝。隋文帝杨坚第二子。公元604—618年在位。初封晋王，以阴谋夺太子位，并弑父自立。即位后，穷极侈靡，治宫室，游江都。又发兵攻高丽。统治不到十年，各地即爆发大规模农民起义。大业十四年（618），被宇文化及等杀死于江都。其初习艺文之时，“有非轻侧之论”，诗文作品“并存雅体，归于典制”；“暨乎即位，一变其风”（《隋书·文学传序》），多以乐府歌辞写宫中生活，格调绮靡，类乎齐梁宫体，然于七言诗体的发展有所贡献；亦有清俊之作，如《悲秋》、《春江花月夜》等。其“寒鸦飞数点，流水绕孤村”被秦观摄入《满庭芳》（山抹微云），遂为绝妙好词。原有集，已佚。明人辑有《隋炀帝集》。《先秦汉魏晋南北朝诗》辑录其乐府十九首、古诗二十四首，《全上古三代秦汉三国六朝文》存其文四卷。生平事迹见《隋书》卷三、卷四。

隋炀帝 即杨广。

祖君彦(?—618) 隋散文家。范阳遒县(今河北涞水)人。北齐作家祖珽子。薛道衡尝荐于隋文帝,不用。炀帝立,调东都书佐,检校宿城令,世称祖宿城。后为李密记室,书檄多出其手。唐武德元年(618)秋,密败,为王世充所杀。博学强记,属辞赡速。《全唐文》存其文三篇。生平事迹见《新唐书》卷八四。

王通(584—617) 隋思想家。字仲淹。绛州龙门(今山西河津)人。曾游长安,后退居河汾间,聚徒讲学。死后门人私谥"文中子"。平生以儒家道统自居。论文重贯道济义和言理,要求"上明三纲,下达五常"(《天地篇》);而风格则以简约典则为上。既无取四声八病的苛求,又不满谢庄、王融等人的纤琐夸诞。至以"诗者民之情性也,情性能亡乎?非民无诗,职诗者之罪也"(《关朗篇》),认识到真诗在民间。有《元经》并多种著作,皆佚。仅存《中说》十卷,为门徒补充整理而成。生平事迹散见于《旧唐书》卷一六三、卷一九○、卷一九二,《新唐书》卷一六四、卷一九六、卷二○一。

傅奕(555—639) 唐学者。相州邺(今河北临漳)人。善天文历数及阴阳术。隋开皇中,以仪曹事汉王杨谅。唐高祖即位,拜太史丞,迁太史令。曾上《请革隋制疏》,力主唐初典章制度的革故鼎新。武德年间,进《刻漏新法》,疏请废佛教。至太宗时,又谓佛教"有害国家而无补百姓"(《新唐书》本传)。虽善术数,劝人勿传。贞观十三年(639),病危,不求医,自为墓志曰:"傅弈(奕),青山白云人也,以醉死,呜乎(呼)!"(《新唐书》本传)曾注《老子》、《老子音义》,佚。又编《高识传》十卷。《全唐文》存其文三篇。生平事迹见《旧唐书》卷七九、《新唐书》卷一○七。

欧阳询(557—641) 唐学者、书法家、文章家。字信本。潭州临湘(今湖南长沙)人。父纥官陈广州刺史,以谋反被杀。为江总收养。仕隋,为太常博士。李渊曾引为宾客。渊称帝,授给事中。武德五年(622),主持修撰《艺文类聚》。贞观初,历太子率更令、弘文馆学士。与虞世南、褚遂良、薛稷并称为唐初四大书家。其书法学二王,劲险刻厉,于平正中见险绝,自成一体,人称"欧体"。《全唐诗》存其诗二首,《全唐诗续补遗》存其诗一首,《全唐文》存其文八篇,《唐文拾遗》存其文六篇。生平事迹见《旧唐书》卷一八九、《新唐书》卷一九八。

袁朗 唐诗人。雍州长安(今陕西西安)人。初仕陈,为秘书郎。后主时,因作千字诗,召入禁中。历太子洗马、德教殿学士、秘书丞。陈亡,仕隋为尚书仪曹郎。唐武德初,授齐王文学,转祠部郎中、给事中。贞观初卒。曾预修《艺文类聚》。著有《袁朗集》,已佚。《全唐诗》存其诗四首。生平事迹见《旧唐书》卷一九○、《新唐书》卷二○一。

庾抱 隋唐间诗人。润州江宁(今江苏南京)人。隋开皇中,为延州参军事。后调入吏部任职。转元德太子学士。唐初,李建成引为陇西公府记室,转太子舍人。著有《庾抱集》。《全唐诗》存其诗五首,《全唐诗补编》存其诗一首。生平事迹见《旧唐书》卷一九○、《新唐书》卷二○一。

虞世南(558—638) 唐文学家、书法家。字伯施。越州余姚(今属浙江)人。隋大业初,授秘书郎,迁起居舍人。隋亡,先后从宇文化及、窦建德,后归唐,为秦王府参军,转记室,授弘文馆学士。贞观初,转著作郎。七年(633),授秘书监,赐爵永兴县子。十二年辞官,授银青光禄大夫。为唐初"十八学士"之一。诗与王珪、魏徵齐名,徐献忠评其诗曰:"意存砥柱,拟浣宫艳之旧,故其诗洗濯浮夸,兴寄独远。"(《唐音癸签》引)《新唐书》本传称其"文章婉缛",承徐陵之风。书法与欧阳询、褚遂良、薛稷并称唐初四大书家。编有《北堂书钞》行世。今传《虞秘监集》。《全唐诗》存其诗一卷,《全唐文》存其文二十五篇,《唐文拾遗》存其文九篇。生平事迹见《旧唐书》卷七二、《新唐书》卷一○二。

褚亮(560—647) 唐文学家。字希明。杭州钱塘(今浙江杭州)人。幼警敏能诗,为徐陵、江总所器。仕陈为尚书殿中侍郎。入隋,官太常博士,贬西海司户。后为薛举黄门侍郎。举败,归唐,为秦王府文学馆十八学士之一。贞观中,累迁散骑常侍。与虞世南齐名。卢照邻《南阳公集序》称许其作"风标特峻"。今传《褚亮集》。《全唐诗》存其诗一卷,《全唐文》、《唐文拾遗》共存其文九篇。生平事迹见《全唐文》卷九九一阙名《散骑常侍赠太常卿阳翟侯褚公碑》、《旧唐书》卷七二、《新唐书》卷一○二。

李百药(565—648) 唐学者、文学家。字重规。定州安平(今属河北)人。隋开皇初,授太子通事舍人兼学士。袭父爵安平公,署礼部员外郎。炀帝即位,因忤旨被削爵位,出为桂州司马,又废官还乡。大业中,授建安郡丞。入唐为泾州司户。贞观元年(627),拜中书舍人,封安平县男。次年，除礼部侍郎。后授太子右庶子。迁散骑常侍，进左庶子、宗正卿，爵为子。《新唐书》本传谓其"翰藻沈郁，诗尤其所长，樵厮皆能讽之"。著有《北齐书》，今存。今传《李百药集》。《全唐诗》存其诗一卷，《全唐诗补编》存其诗三首，《全唐文》存其文十四篇，《唐文拾遗》存其文三篇。生平事迹见《旧唐书》卷七二、《新唐书》卷一〇二。

王珪（571—639） 唐诗人。字叔玠。太原祁县（今属山西）人。仕隋为奉礼郎。入唐，官太子舍人，坐事流嶲州。太宗即位，召为谏议大夫，迁黄门侍郎兼太子右庶子。贞观二年（628）拜侍中。后罢相为同州刺史。诏拜礼部尚书。诗风质朴沉健。《全唐诗》存其诗二首。生平事迹见《旧唐书》卷七〇、《新唐书》卷九八。

法琳（572—640） 唐僧人、文学家。俗姓陈。郡望颍川（治今河南许昌），家居襄阳（今属湖北）。幼年出家，博读儒释经书。武德初，住长安济法寺。曾撰《破邪论》、《辩正论》驳傅奕、李仲卿等贬斥佛门之议。贞观初移终南山龙田寺，尝预译事。十三年（639），道士秦世英告发《辩正论》"谤讪皇宗"，太宗召其辩对，定死罪，后改徙益州，未至而卒。有文思，善谈吐，能诗文。《全唐诗续拾》存其诗五首，《全唐文》存其文十二篇，《唐文拾遗》存其文三篇。生平事迹见《续高僧传》卷三二、《开元释教录》卷八。

陈叔达（？—635） 隋唐间诗人。字子聪。吴兴长城（今浙江长兴）人。陈宣帝子。十余岁尝侍宴赋诗，援笔便就，徐陵甚奇之。在陈封义阳王，历侍中、丹阳尹、都官尚书。隋大业中，拜内史舍人、绛郡通守。以郡降唐高祖，授丞相府主簿。武德初，授黄门侍郎，兼纳言，封江国公。贞观中，擢礼部尚书。后坐闺庭不谨，以散秩归第。颇富才学，为太宗时宫廷诗人。著有《陈叔达集》，已佚。《全唐诗》存其诗十首，《全唐诗补编》存其诗一首，《全唐文》存其文二篇。生平事迹见《旧唐书》卷六一、《新唐书》卷一〇〇。

孔颖达（574—648） 唐经学家、文章家。字冲达。冀州衡水（今属河北）人。隋大业初，举明经高第，授河内郡博士。炀帝召天下儒官集东都论学，颖达年最小，冠于群，宿儒遣客刺之，匿杨玄感家得免。即补太学助教。入唐，授秦王府文学馆学士。武德九年（626），迁国子博士。贞观初，转给事中。除国子司业，终祭酒。精治《春秋》、《尚书》、《诗》、《礼记》、《易》，善属文，通算历，工书法。一生著述宏富，参与修撰《隋书》、《五礼》、《五经正义》、《大唐仪礼》等。另有文集，已佚。《全唐文》存其文七篇。生平事迹见《旧唐书》卷七三、《新唐书》卷一九八。

陈子良（575—632） 唐诗人。吴县（今江苏苏州）人。在隋为杨素记室。入唐，官右卫率府长史，与萧德言、庾抱同为太子建成学士。贞观元年（627），为相如令。著有《陈子良集》，注《法琳辩正论》，均佚。《全唐诗》存其诗十三首，《全唐文》存其文六篇。生平事迹见《全唐文》卷一三四其《祭司马相如文》、《旧唐书》卷一九〇、《唐诗纪事》卷四。

杜淹（？—628） 唐诗人。字执礼。京兆杜陵（今陕西长安东北）人。隋大业末，官至御史中丞。入唐，为天策府兵曹参军，文学馆学士。坐事流越嶲。太宗立，召拜御史大夫。寻判吏部尚书，参议政事。《全唐诗》存其诗三首，《全唐文》存其文一篇。生平事迹见《旧唐书》卷六六、《新唐书》卷九六。

凌敬 唐诗人。凌或作陆，误。郑州（治今河南荥阳西北）人。隋末为窦建德国子祭酒。归唐，为魏王文学。著有《凌敬集》，已佚。《全唐诗》存其诗四首。生平事迹见《元和姓纂》卷五、《旧唐书》卷五四、《唐诗纪事》卷三。

孔绍安 隋唐间文学家。越州山阴（今浙江绍兴）人。大业末为监察御史。入唐，拜内史舍人。武德中，官中书舍人，与崔善为、萧德言主修《梁史》，未成而卒。与孙万寿皆以文辞称，时人谓"孙孔"。著有《孔绍安集》，今佚。《全唐诗》存其诗七首。生平事迹见《旧唐书》卷一九〇、《新唐书》卷一九九、《唐诗纪事》卷三。

沈叔安 唐诗人。吴兴武康（今浙江德清西）人。武德时，官刑部尚书。七年（624），使高丽。后为潭州都督，图形凌烟阁。约卒于贞观间。著有《沈叔安集》，已佚。《全唐诗》存其诗一首，《全唐诗补编》存其诗一首。生平事迹见《元和姓纂》卷七、《南部新书》卷甲、《唐诗纪事》卷三。

崔信明 唐诗人。青州益都（今属山东）人。隋大业中，任尧城令。后隐于太行山。唐贞观六年（632）应诏举，授兴世丞，迁秦川令。其"枫落吴江冷"之句盛传当世。《全唐诗》存其诗一首。生平事迹见《旧唐书》卷一九〇、《新唐书》卷二〇一、《唐才子传》卷一。

刘孝孙(?—641) 唐学者。荆州(治今湖北江陵)人。少年知名,曾与虞世南、庾抱等结为文会。隋大业末,王世充弟杞王引为行台郎中。唐武德初,官东虞州录事参军。七年(624),召为秦王府文学馆学士。贞观六年(632),迁著作佐郎。十五年,迁谘议参军,又迁太子洗马,未到任而卒。著有《二仪实录》、《隋开皇历》、《七曜杂术》、《古今类序诗苑》等。原有集,已佚。清刘云份辑有《初唐刘孝孙诗》一卷。生平事迹见《新唐书》卷一〇二。

魏徵(580—643) 唐政治家、文学家。字玄成。巨鹿(今属河北)人。后移居相州内黄(今属河南)。少孤贫,出家为道士。隋乱,投瓦岗军。后随李密降唐,授秘书丞。曾为窦建德所俘。建德败,入唐为太子洗马。太宗即位,擢谏议大夫,封巨鹿县男,前后陈谏二百余事。贞观三年(629),以秘书监参与朝政。又进侍中,封郑国公。卒,谥文贞。为贞观年间著名诤臣。曾主持《隋书》、《群书治要》的编撰,《隋书》序论与《梁书》、《齐书》、《陈书》诸总论皆出其手。其文虽为骈偶之体,然不拘声律,不事雕琢,不尚用典。所为奏疏,词旨剀切畅达,析理简要深刻。《谏太宗十思疏》、《十渐不克终疏》为传世名作。其诗多颂功祀神之作。但五古《述怀》一篇,意气慷慨,格调不凡。清沈德潜评曰:"气骨高古,变从前纤靡之习,盛唐风格,发源于此。"(《唐诗别裁》)原有集,已佚。清王浩辑有《魏郑公集》。生平事迹见《旧唐书》卷七一、《新唐书》卷九七。清王先恭编有《魏文贞公年谱》。

颜师古(581—645) 唐学者、文章家。名籀,以字行,一说名师古,字籀。祖籍琅邪临沂(今属山东),自祖父之推始居关中,遂为京兆万年(今陕西西安)人。隋仁寿中,为安养县尉。入唐,授朝散大夫,拜敦煌公府文学,累迁中书舍人,专掌机密,军国制诰皆出其手。太宗即位,拜中书侍郎。贞观七年(633),拜秘书少监。十一年,奉诏与博士修订《五礼》。皇太子令注《汉书》,时人誉为"班孟坚忠臣"。十五年,迁秘书监、弘文馆学士。十九年,从驾征辽,途中病卒。学识渊博,尤善训诂,工文章。曾考定《五经》,参与修撰《五礼》、《大唐礼仪》、《隋书》、《周易正义》、《武德律》等。著有《匡谬正俗》、《急就章注》、《王会图》等。今存《匡谬正俗》。原有《颜师古集》,已佚。《全唐诗》存其诗一首,《全唐文》存其文二十三篇。生平事迹见《旧唐书》卷七三、《新唐书》卷一九八。

令狐德棻(583—666) 唐史学家。宜州华原(今陕西耀县)人。武德中官秘书丞,受诏参撰《艺文类聚》。贞观中累迁礼部侍郎,主编《周书》。高宗朝官国子监祭酒,因主编《太宗实录》、《高宗实录》有功进爵为公。论文承传统儒家思想,以《六经》及性道为文章根本,在肯定历代诗人成就的同时,对不良创作风气提出批评,提倡"权衡轻重,斟酌古今",创造出"和而能壮,丽而能典"的优秀作品(《周书·王褒庾信传论》),代表了初唐史家对文学创作的一般认识。有文集三十卷,已佚。《全唐诗》存其诗一首、《全唐文》存其文五篇。生平事迹见《旧唐书》卷七三、《新唐书》卷一〇二。

于志宁(588—665) 唐学者。字仲谧。京兆高陵(今属陕西)人。隋大业末,任冠氏县长。迎谒唐高祖于长春宫,授银青光禄大夫。为渭北道行军元帅李世民军府记室、天策府中郎、文学馆学士。贞观三年(629),为中书侍郎,加散骑常侍、太子左庶子。后迁侍中。高宗即位,进封燕国公,监修国史。永徽二年(651),拜尚书左仆射,同中书门下三品。显庆四年(659),拜太子太师。因武后忌,出为荣州刺史,改华州。后辞官归。原有集,已佚。参与修撰《周易正义》、《尚书正义》、《大唐仪礼》、《隋书》、《本草图经》等。《全唐诗》存其诗一首,《全唐文》存其文十三篇,《唐文拾遗》存其文二篇。生平事迹见《旧唐书》卷七八、《新唐书》卷一〇四。

王度 隋唐间文学家。绛州龙门(今山西河津)人,郡望太原祁县(今属山西)。王通兄。隋大业间任御史。大业七年(611)罢官归河东。次年,兼著作郎,奉诏修国史。九年,以御史兼芮城令,持节河北道,赈陕东。约卒于唐武德间。著有传奇小说《古镜记》。小说叙古镜的怪异经历和神奇法力,饶有趣味,内容结构亦异于六朝小说,情节性强且富藻采,与无名氏的《补江总白猿传》同为唐代传奇文学之先驱,标志着六朝志怪小说向唐传奇的演变。生平事迹见《太平广记》卷二三〇《王度》。

王绩(约590—644) 唐诗人。字无功,号东皋子。绛州龙门(今山西河津)人。王通弟。隋大业末,举孝悌廉洁科,除秘书正字。不乐在朝,求为扬州六合丞。因简傲纵酒被劾,弃官归里。武德中,以前官待诏门下省。贞观中,以足疾罢归。乃结庐河渚,纵意琴酒,躬耕东皋。工诗赋,尤擅五言诗。其诗多写饮酒与田园隐逸生活,平淡质朴,不染梁陈雕琢浮华旧习,于唐初诗坛独具面貌。明何良俊推为唐时隐逸诗人第一，谓其诗“近而不浅，质而不俗，殊有魏、晋之风”(《四友斋丛说》)，《四库全书总目》赞其《石竹咏》意境高古，《薛记室收过庄见寻》气格遒健，“皆能涤初唐排偶板滞之习”。其《野望》、《在京思故园见乡人问》、《秋夜喜遇王处士》等为传世名作。著有《王绩集》，又后人删为《东皋子集》(又名《王无功文集》)，均存。生平事迹见《全唐文》卷一六〇吕才《东皋子后序》、《旧唐书》卷一九二、《新唐书》卷一九六。

谢偃(？—约643)　唐初文学家。卫州卫县(今河南淇县)人。隋朝时，官散从正员郎。唐贞观初，应诏对策高第，授高陵主簿。十一年(637)，授弘文馆直学士，迁魏王府功曹。十七年，出为湘潭令。善赋，与工诗之李百药齐名，时称“李诗谢赋”。撰有《尘赋》、《影赋》、《述圣赋》等，为太宗赏爱，又献《惟皇诫德赋》及《玉牒真纪》以劝封禅。曾著《英公故事》，与萧德言合撰《括地志》等。原有集，已佚。《全唐诗》存其诗四首，《全唐文》存其文赋十二篇。生平事迹见《旧唐书》卷一九〇、《新唐书》卷二〇一。

郑世翼　唐文学家。避太宗讳，又作郑代翼、郑翼。荥阳(今属河南)人。武德中，历万年丞、扬州录事参军。贞观中流嶲州。著有《交游传》、《郑世翼集》，均佚。《全唐诗》存其诗五首。生平事迹见《旧唐书》卷一九〇、《新唐书》卷二〇一。

杨师道(？—647)　唐诗人。字景猷。弘农华阴(今属陕西)人。隋宗室。归唐，尚高祖女桂阳公主，超拜吏部侍郎，转太常卿。贞观十年(636)，迁侍中，改中书令。罢为吏部尚书。从太宗征高丽，摄中书令。还，稍贬工部尚书，寻转太常卿。清警有才思，善草隶，工诗文，喜引当时名士，宴集歌咏，捉笔如宿构。今传《杨师道集》。《全唐诗》存其诗一卷，《全唐文》存其赋一篇。生平事迹见《旧唐书》卷六二、《新唐书》卷一〇〇。

薛收(592—624)　唐散文家。字伯褒。蒲州汾阴(今山西万荣)人。隋末归唐，授秦王府主簿。后授天策府记室参军。平刘黑闼，封汾阴县男。与薛元敬、薛德音号称“河东三凤”，又为唐初“十八学士”之一。原有集，已佚。《全唐文》存其文三篇，《唐文拾遗》存其文一篇。生平事迹见《旧唐书》卷七三、《新唐书》卷九八。

许敬宗(592—672)　唐学者、文学家。字延族。杭州新城(今浙江富阳)人。隋大业中举秀才。隋亡，投李密为记室。唐武德时，补秦王府学士。贞观中由著作郎官至中书侍郎。高宗时，任礼部尚书，助高宗立武昭仪为后。升任侍中，监修国史。后官至右相。奉诏主持编纂《五代史》、《晋书》等；又参与修撰《高祖实录》、《太宗实录》、《高宗实录》等。今传《许敬宗集》。生平事迹见《旧唐书》卷八二、《新唐书》卷二二三。

岑文本(595—645)　唐学者、散文家。字景仁。南阳棘阳(今河南南阳)人。隋末，萧铣在荆州僭号称梁，召为中书侍郎。唐平荆州，归唐署别驾，进署行台考功郎中。贞观元年(627)，授秘书郎兼直中书省。擢中书舍人、中书侍郎。与令狐德棻合撰《周书》成，封江陵县子。后加银青光禄大夫，又拜中书令。十九年，从太宗伐辽，劳悴殁于军旅。通经史，善文辞，工书法。原有集，已佚。参与编纂《文思博要》、《大唐氏族志》。《全唐诗》存其诗四首，《全唐文》存其文二十篇，《唐文拾遗》存其文一篇。生平事迹见《旧唐书》卷七〇、《新唐书》卷一〇二。

褚遂良(596—658或659)　唐学者、文学家、书法家。字登善。钱塘(今浙江杭州)人，一作阳翟(今河南禹州)人。隋大业末，事薛举为通事舍人。举败，归唐。贞观年间，由秘书郎迁起居郎。博涉经史，尤工隶楷书法，与欧阳询、虞世南、薛稷并称为“唐初四大书家”。深受太宗赏识，乃累迁谏议大夫兼知起居事、太子宾客、黄门侍郎、中书令。贞观二十三年(649)，受太宗遗诏辅政。高宗即位，封河南县公，进郡公。永徽三年(652)，召拜吏部尚书、同中书门下三品，监修国史。次年，进尚书右仆射。后因谏阻立武后，屡遭贬谪。参与修撰《文思博要》、《晋书》，参与刊定《尚书正义》。原有集，已佚。清人辑有《褚遂良集》。《全唐诗》存其诗一首，《全唐文》存其文二十六篇，《唐文拾遗》存其文五篇。生平事迹见《旧唐书》卷八〇、《新唐书》卷一〇五。

道宣(596—667)　唐僧人、律宗南山宗创始者。俗姓钱。润州丹徒(今属江苏)人，一说长城(今浙江长兴)人。十五岁出家。隋大业间为西明寺上座。贞观十六年(642)入终南山丰德寺。龙朔间入京兆崇义寺。好学能文，学识渊博，曾参加玄奘译场，负责润文。著述甚多，有《广弘明集》、《续高僧传》等。《全唐文》存其文三卷，《唐文拾遗》存其文二篇。生平事迹见《嘉泰吴兴志》卷一七、《宋高僧传》卷一四。

李世民(599—649)　即唐太宗。唐代皇帝。高祖李渊次子。公元626—649年在位。隋末,随其父起兵反隋。武德初,封秦王。九年(626),发动玄武门之变,即帝位。在位期间,励精图治,知人善任,宽刑薄赋,兴文整武,海内升平,威及于外,史称“贞观之治”。卒谥文,葬昭陵。兼爱文学、艺术,开设文学馆,招延文士。其诗多为宫廷唱和之作,文词富丽,然不失“雅正”,有别于齐梁之宫体。明胡震亨谓其于唐诗有“首辟吟源”之功,其《过旧宅》等作可与汉高祖《大风歌》“同其雄盻”(《唐音癸签》)。明胡应麟称其《帝京篇》“藻赡精华,最为杰作”(《诗薮》)。亦善骈文,《大唐三藏圣教序》、《晋书·陆机传论》可为代表。后人辑有《唐太宗皇帝集》行世。《全唐诗》存其诗一卷,《全唐文》存其文七卷,《唐文拾遗》补其文三十六篇。其中诏令多出臣下之手。生平事迹见唐吴兢《贞观政要》,《旧唐书》卷二、卷三,《新唐书》卷二。

唐太宗　即李世民。

长孙无忌(?—659)　唐大臣。字辅机。洛阳(今属河南)人。长孙皇后兄。从李世民征伐有功,擢比部郎中,封上党县公。及李世民即位,历官吏部尚书,封齐国公,进尚书右仆射,进位司空、司徒、太子太师。高宗时,授太尉,检校中书令,知门下、尚书二省。后为武后忌,诬以谋反罪,流放黔州,投缳而卒。监修《太宗实录》、《五代史志》,参与修撰《武德贞观两朝史》、《大唐仪礼》、《永徽五礼》、《本草图经》等。其主持修撰之《唐律疏议》,是流传至今最为完整的古代法典。《全唐诗》存其诗三首,《全唐文》存其文十四篇。生平事迹见《旧唐书》卷六五、《新唐书》卷一〇五。

张文琮　唐诗人。贝州武城(今属山东)人。贞观中,为持书侍御史,三迁亳州刺史。永徽初,以献颂拜户部侍郎。四年(653),贬建州刺史,卒官。著有《张文琮集》,已佚。《全唐诗》存其诗六首,《全唐诗补编》存其诗一首,《全唐文》存其文二篇。生平事迹见《全唐文》卷二一六陈子昂《唐故袁州参军李府君妻张氏墓志铭》、《旧唐书》卷八五、《新唐书》卷一一三。

吕才(600?—665)　唐学者。博州清平(今山东高唐)人。通音乐、天文、医学、军事、史地诸学。贞观三年(629),征直弘文馆,参论乐事。曾奉召以图解周武帝《三局象经》,擢太常博士。又奉召参与刊正《阴阳书》,并造《方域图》及《教飞骑战阵图》,朝廷称赏,擢太常丞。永徽初,参与修撰《文思博要》及《姓氏录》。显庆中,增修旧曲《白雪》,又参与修订《本草》。龙朔中,为太子司更大夫。另著有《隋记》、《大博经》等。新、旧《唐书》录其文《卜宅》、《禄命》、《葬》三篇。《新唐书》本传称其“著述甚多”,“言不甚文,要欲救俗失,切时事,俾易晓也”。《全唐文》存其文八篇。生平事迹见《旧唐书》卷七九、《新唐书》卷一〇七。

马周(601—648)　唐散文家。字宾王。博州茌平(今属山东)人。武德中,补博州助教。贞观五年(631),诏直门下省。后任监察御史,累官中书令兼太子右庶子,摄吏部尚书,进银青光禄大夫。通《诗经》、《春秋》。原有集,已佚。《全唐诗》存其诗一首,《全唐文》存其文五篇。生平事迹见《旧唐书》卷七四、《新唐书》卷九八。

玄奘(602—664)　通称“三藏法师”,俗称“唐僧”。唐高僧。与鸠摩罗什、真谛并称为中国佛教三大翻译家,唯识宗创始人。俗姓陈,名袆。洛州缑氏(今河南偃师)人。十三岁出家,曾游历各地。贞观三年(629),西行求法,历今新疆及中亚各国,辗转至中印度摩揭陀国王舍城,入那烂陀寺从戒贤习《瑜珈师地论》等经论及声明、因明之学。后游历求学于南印及北印诸国。归那烂陀寺,主讲席,著《会宗论》三千余偈、《制恶见论》一千六百颂。戒日王为之于曲女城设无遮大会,宣讲大乘教义,大获声誉。十九年,归长安,太宗命住长安弘福寺译经,后居大慈恩寺,译经论七十五部,卒。所译经论,信达典雅。又纪西行经历见闻,为《大唐西域记》十二卷,与意大利马可·波罗《马可·波罗行纪》、日僧圆仁《入唐求法巡礼行记》并称为“东方三大旅行记”,在世界文化史上享有盛誉。亦能诗。《全唐诗补编》存其诗五首。生平事迹见慧立、彦悰《大慈恩寺三藏法师传》、冥祥《大唐故三藏玄奘法师行状》、刘轲《大唐三藏大遍觉法师塔铭》、《续高僧传》卷四。杨廷福有《玄奘年谱》。

王梵志　唐诗人。卫州黎阳(今河南浚县)人。约为隋末唐初人。家本殷实,有田地奴婢,后衰败。曾娶妻生子,官通玄学士,后皈依佛教。或云其生于王德祖家林檎树上,因姓王名梵天,后改名梵志,或云其生于西域林木之上,当属后人附会。其诗主旨宣扬佛教思想,或杂儒家道德观念,亦有讽刺世态人情、揭露现实矛盾、反映民生疾苦之作。语言通俗,浅喻深刺,辛辣诙谐,而韵味深厚。人称梵志体。对通俗诗歌及文人创作影响很大。今人或以为唐宋间许多具有宗教倾向的白话诗人的作品均托名于王梵志名下，故王梵志诗又实为无名白话诗人作品之总称。今存王梵志诗共约三百九十首。包括敦煌遗书中的三卷本《王梵志诗集》、一卷本《王梵志诗》、释法忍手抄《王梵志诗》及散见于唐宋诗话、笔记和敦煌其他写本中的王梵志诗。张锡厚编为《王梵志诗校辑》，项楚编有《王梵志诗校注》。生平事迹见《桂苑丛谈》、《太平广记》卷八二、敦煌写本《王道祭杨筠文》，另参见《王梵志诗校辑·前言》、《王梵志诗校注·前言》。

慧立 唐僧人。俗姓赵，名子立，唐高宗钦赐法号慧立。天水（今属甘肃）人。贞观三年（629）剃度，住豳州昭仁寺。二十一年，充慈恩寺翻经大德。后补为西明寺知事，终太原寺住持。善作文。《全唐文》存其文二篇。生平事迹见《宋高僧传》卷一七、《开元释教录》卷九、《贞元新定释教目录》卷一二。

李淳风（602—670） 唐学者、散文家。岐州雍（今陕西凤翔）人。贞观初，以将仕郎直太史局，造浑天仪。擢承务郎，迁太常博士，改太史丞，迁太史令。高宗时，自秘阁郎中复为太史令。博览群书，尤明天文、历算、阴阳之学。著有《典章文物志》、《乙巳占》、《麟德历》等书。又曾预修《晋书》、《五代史》等史书。《全唐文》存其文六篇，《唐文拾遗》存其文一篇。生平事迹见《旧唐书》卷七九、《新唐书》卷二〇四。

上官仪（约605—664） 唐诗人。字游韶。陕州陕县（今属河南）人。父弘为隋将陈稜所杀，乃匿沙门为僧，精研佛典并经史。贞观元年（627），举进士，授弘文馆直学士，迁秘书郎，常与太宗论诗唱和。参与修撰《晋书》，书成，转起居郎。高宗即位，迁秘书少监。龙朔二年（662），加银青光禄大夫、西台侍郎、同东西台三品。永徽时，见恶于武则天。麟德元年（664），被诬与废太子梁王李忠谋逆，下狱死。诗工五言，多应制奉和之作，其诗绮错婉媚，对仗精工，辞藻华美，士大夫竞相仿效，时人称为“上官体”。又著《笔札华梁》，归纳六朝以降对仗之法，创“六对”、“八对”之说，于律诗的发展颇有贡献。原有《上官仪集》，已佚。《全唐诗》存其诗一卷，《全唐文》存其文二十篇。生平事迹见《旧唐书》卷八〇、《新唐书》卷一〇五。

任希古 唐诗人。名敬臣，以字行。棣州（治今山东阳信）人。十九岁举孝廉，授著作局正字，迁秘书郎。虞世南荐为弘文馆学士，授越王府西阁祭酒。后举制科，擢许王文学。复为弘文馆学士，终太子舍人。著有《任希古集》，已佚。《全唐诗》存其诗六首。生平事迹见《新唐书》卷一九五。

道世 唐佛教著述家、诗僧。俗姓韩，字玄恽，避太宗讳，多以字行。祖籍伊阙（今河南伊川），后居长安。幼于长安青龙寺出家。显庆中，预玄奘译经事。后入西明寺，传律宗。总章初，撰成《法苑珠林》一百卷，今传。其他佛教著述尚多。或云弘道元年（683）卒。其所作颂，或五言，或七言，词采华赡，杂用内典及经史诸子典故，多骈偶句，显示诗、偈合流之趋势。《全唐诗补编》存其颂六十二首。生平事迹见《宋高僧传》卷四、《大唐内典录》卷五。

唐临 唐小说家。字本德。京兆长安（今陕西西安）人。武德初，太子李建成引为右卫率府铠曹参军，太子废，出为万泉丞。贞观时任殿中侍御史。永徽元年（650）为御史大夫。显庆二年（657）改吏部尚书。四年坐事贬潮州刺史。卒于官，年六十。著有《律疏》及志怪小说《冥报记》。生平事迹见《旧唐书》卷八五、《新唐书》卷一一三、《唐会要》卷六二。

李义府（614—666） 唐文学家。瀛州饶阳（今属河北）人。贞观八年（634），应荐对策中第，补门下省典仪，转监察御史。高宗为太子时，转太子舍人、崇贤馆直学士。高宗立，迁中书舍人，兼修国史，进弘文馆学士。因请立武则天为后，得宠于后。永徽六年（655），拜中书侍郎、同中书门下三品。显庆元年（656），又兼太子右庶子。明年，进中书令，检校御史大夫，加太子宾客。龙朔三年（663），迁右相。后获罪流巂州。其貌似温良，而实阴险奸诈，人称“笑中刀”、“李猫”。为文与来济齐名。所著文集、《宦游记》、《古今诏集》，已佚。预修《晋书》、《永徽五礼》、《姓氏谱》，与许敬宗合撰《东殿新书》。《全唐诗》存其诗八首，《全唐文》存其文三篇，《唐文续拾》存其文一篇。生平事迹见《旧唐书》卷八二、《新唐书》卷二二三。

元万顷（？—689） 唐诗人。洛阳（今属河南）人。初官通事舍人。乾封初，为辽东道总管记室。因草檄不周，流岭南。后遇赦还，为著作郎。上元中，入宫修撰，密预时政，时谓“北门学士”。后迁凤阁舍人，官至凤阁侍郎。永昌元年(689),为酷吏所陷,流岭南。曾与沈佺期唱和。《全唐诗》存其诗四首,《全唐文》存其文二篇。生平事迹见《旧唐书》卷一九〇、《新唐书》卷二〇一。

元兢 唐文学家。字思敬。龙朔初为周王府参军。总章中为协律郎,预修《芳林要览》。后坐事贬蓬州。著有《诗髓脑》一卷,日人遍照金刚《文镜秘府论》存其残文。编有《古今诗人秀句》,已佚,序存《文镜秘府论》。《全唐诗逸》存其诗一首。生平事迹见《全唐诗逸》卷中。

辛弘智 唐诗人。高宗时国子进士。或云其官至国子祭酒。李康成《玉台后集》曾收录其诗。《全唐诗》存其诗三首,其一为张九龄诗。生平事迹见《朝野佥载》卷二、《唐诗纪事》卷三五。

武则天(624—705) 唐高宗后、武周皇帝。公元690—705年在位。名曌。并州文水(今属山西)人。初为太宗宫中才人。太宗崩,为尼感业寺。高宗复召入宫,拜昭仪。永徽六年(655)立为皇后,参预朝政,号曰天后,与高宗并称"二圣"。中宗即位,尊为皇太后,临朝称制。载初元年(689)称帝,改国号曰周。神龙元年(705)传位于太子显。卒,谥曰则天顺圣皇后。沈既济称其"颇涉文史,好雕虫之艺","君临天下二十余年,当时公卿百辟,无不以文章达"(唐杜佑《通典》引)。著有《垂拱集》、《金轮集》,已佚。后人编有《武则天集》。《全唐诗》存其诗四十六首,《全唐诗补编》存其诗三首,《全唐文》存其文近四卷。生平事迹见《旧唐书》卷六、《新唐书》卷四。

张柬之(625—706) 唐政治家、诗人。字孟将。襄州襄阳(今湖北襄樊)人。登进士第,任清源丞。永昌初,以制科对策第一,拜监察御史。圣历初,累迁凤阁舍人。长安中,官秋官侍郎,拜相。神龙元年(705),擢天官尚书,迁中书令。后贬新州司马,又流泷州。著有《张柬之集》,已佚。《全唐诗》存其诗五首,《全唐文》存其文四篇。生平事迹见《大唐新语》卷六、《旧唐书》卷九一、《新唐书》卷一二〇。

徐惠(627—650) 唐女诗人。湖州长城(今浙江长兴)人。幼聪慧。太宗召为才人,俄拜婕妤,再迁充容。太宗卒后,哀慕成疾,因作诗及连珠以见志。卒,赠贤妃。《全唐诗》存其诗五首。生平事迹见《旧唐书》卷五一、《新唐书》卷七六。

李治(628—683) 即唐高宗。唐代皇帝。公元649—683年在位。字为善。太宗第九子。始封晋王。贞观十七年(643)立为太子。二十三年,即帝位。后与皇后武氏共掌朝政。卒,谥曰天皇大帝。能诗文,善正书。著有《高宗集》,已佚。《全唐诗》存其诗八首,《全唐诗补编》存其诗一首。生平事迹见《旧唐书》卷四、《新唐书》卷三。

员半千(628—721) 唐学者。字荣期。本名馀庆。齐州全节(今山东济南)人。上元初年,中八科举,始官武陟尉。武则天临朝后,历任正谏大夫等职。后贬为水部郎中。睿宗即位,召为太子右谕德,兼崇文馆学士,封平原郡公。玄宗开元九年(721)卜居尧山、沮水间。著有《三国春秋》,已佚。预修《三教珠英》。《全唐诗》存其诗三首,《全唐诗补编》存其诗一首,《全唐文》存其文三篇。生平事迹见《旧唐书》卷一九〇、《新唐书》卷一一二。

李善(约630—689) 唐学者。扬州江都(今江苏扬州)人。其学淹贯古今,号为书簏。显庆中,累补太子内率府录事参军、崇贤馆直学士,兼沛王侍读。曾注解《文选》,显庆三年(658)表上高宗,诏藏于秘阁。除潞王府记室参军,转秘书郎。乾封中,出为泾城令。坐与贺兰敏之交往,配流姚州,后遇赦得还,寓居汴、郑间,以讲授《文选》为业,学生多自远方而至,传其业,号"《文选》学"。著有《文选注》六十卷传世。《全唐文》存其文一篇。生平事迹见《旧唐书》卷一八九、《新唐书》卷二〇二。

董思恭 唐诗人。苏州吴县(今属江苏)人。高宗时任中书舍人。初任右史,后知考功举,因泄题,配流岭表而死。诗多为咏物写景之作,为时人所重。与许敬宗、孟利贞等撰《瑶山玉彩》五百卷。今传《董思恭集》。《全唐诗》存其诗十九首,《全唐诗补编》存其诗一首。生平事迹见《元和姓纂》卷六、《旧唐书》卷一九〇、《唐诗纪事》卷三。

刘祎之(631—687) 唐文学家。字希美。常州晋陵(今江苏常州)人。少以文藻知名。上元中,为左史、弘文馆学士,入宫修撰,预参决时政,时谓"北门学士"。仪凤二年(677),转中书侍郎兼豫王府司马。流嶲州,后召为中书舍人。武后临朝,以中书侍郎拜相。后私议则天当返政,赐死于家。著有《刘祎之集》、《英国贞武公故事》,均佚。清人辑有《刘祎之诗》。《全唐诗》存其诗五首。生平事迹见《旧唐书》卷八七、《新唐书》卷一一七。

卢照邻(约635—约686) 唐诗人。字昇之,号幽忧子。幽州范阳(今河北涿州)人。幼从曹宪学《埤苍》、《尔雅》,又从王义方习经史,博学能文。永徽五年(654),入邓王李元裕府为典签,掌书记之务。龙朔年间,调新都尉。秩满,盘游蜀中。咸亨年间,染病,求医入长安。上元年间,入太白山求医。会父丧,疾愈甚,家益贫,曾居洛阳东龙门山,又徙阳翟具茨山下。垂拱元年(685),作《释疾文》三篇,中有"一臂连蹉"、"两足匍匐"句,已卧病十年。约于次年,投颍水死。与王勃、杨炯、骆宾王齐名,世称"王、杨、卢、骆",号"四杰"。"四杰"皆位卑才高,而照邻际遇更惨。其《释疾文》自谓:"先朝好吏,予方学于孔墨;今上好法,予晚受乎老庄。"他如《五悲文》、《穷鱼赋》、《病梨树赋》等皆为自悲身世之作。其诗擅七言歌行,代表作《长安古意》,托古意以抒今情,掊击与嘲讽尽显,衍齐梁之风而新之。明胡应麟《诗薮》评曰:"照邻《古意》、宾王《帝京》,词藻富者故当易至,然须寻其本色乃佳。"又谓"卢、骆歌行,衍齐梁而畅之,而富丽有余"。闻一多《宫体诗的自赎》称《长安古意》为"宫体诗中一个破天荒的突破"。七言歌行《行路难》具同样成就。原有《卢照邻集》,已佚。今传有明张燮辑《幽忧子集》。生平事迹见《旧唐书》卷一九〇、《新唐书》卷二〇一。

朱敬则(635—709) 唐散文家。字少连。亳州永城(今属河南)人。咸亨中,授洹水尉,累除右补阙。武则天称制,迁正谏大夫,兼修国史。不久,进同凤阁鸾台平章事。后改授成均祭酒、冬官侍郎、郑州刺史。《旧唐书》本传谓其"早以辞学知名"。论史尤多创意,为文去骈趋散、去浮华而崇质朴。《全唐文》存其文十四篇。生平事迹见《旧唐书》卷九〇、《新唐书》卷一一五。

慧能(638—713) 唐禅宗六祖。俗姓卢。新州(治今广东新兴)人。咸亨三年(672),入黄梅东禅寺,传五祖弘忍心法、袈裟。后南归韶州曹溪,开禅宗南宗一派。又居广州法性寺,卒于新州国恩寺。宪宗赐号大鉴,门人尊为禅宗六祖。其在黄梅所作"菩提本无树"一偈,传颂最广。弟子记其言论活动为《六祖坛经》,今传。《全唐诗补编》存其诗偈二十首。生平事迹见《六祖慧能传》(唐抄本,存日本)、《旧唐书》卷一九一、《景德传灯录》卷五、《宋高僧传》卷八。

骆宾王(约640—约684) 唐文学家。字观光。婺州义乌(今属浙江)人。七岁能诗赋,人称"神童"。父死青州博昌令任上,奉母移居兖州瑕丘县。弱冠赴京应试不第,浪迹京洛。永徽初,为道王李元庆府属。后辞归,闲居瑕丘。乾封二年(667),赴京对策中式,授奉礼郎,兼东台详正学士。咸亨元年(670),随薛仁贵出征边塞。三年,随军调赴姚州平叛。边靖,宦游蜀中。上元二年(675),调武功主簿。后任明堂主簿。仪凤三年(678),补长安主簿,入朝为侍御史。后被诬下狱。调露元年(679),遇赦,贬临海丞,世称骆临海。光宅元年(684),徐敬业起兵扬州讨武则天,乃入幕府充艺文令。敬业兵败,去向不明。《旧唐书》、《资治通鉴》谓其兵败被诛。《新唐书》谓"不知所之"。《朝野佥载》、《唐实录》等谓随敬业亡海滨,或曰为部下所杀,或曰"投江而死"。唐孟棨《本事诗》则谓敬业、宾王逃亡为僧。明朱国桢《涌幢小品》卷六《骆宾王冢记》载,明武宗正德九年(1514),于南通发现宾王墓,则可能亡居并客死于南通。与王勃、杨炯、卢照邻齐名,世称"王、杨、卢、骆",号"四杰"。于"四杰"中,年岁最长,经历丰富,诗文最多。为诗擅长七言歌行,名作《帝京篇》,五、七言迭用,铺排辞采,声调宛转,"当时以为绝唱"(《旧唐书》本传)。《畴昔篇》、《艳情代郭氏答卢照邻》、《代女道士王灵妃赠道士李荣》亦初唐长诗中之杰构。明王世贞《艺苑卮言》谓其长诗"缀锦贯珠,滔滔洪远,故是千秋绝艺"。其五言诗亦多佳作,五律《在狱咏蝉》,风骨凝重,工整精练。边塞诗《夕次蒲类津》、《边城落日》、《至分水戍》、《边夜有怀》、《送郑少府入辽共赋侠客远从戎》等,深沉而慷慨,代表初唐边塞诗之成就。又善骈文,名作《代李敬业传檄天下文》(俗称《讨武曌檄》),锋芒毕露,慷慨激昂,语言晓畅,倡为骈文新体,启示了初唐文坛欲除齐、梁以来浮靡绮丽习气之趋势。杜甫《戏为六绝句》谓之"龙文虎脊皆君驭";又曰"王杨卢骆当时体","不废江河万古流",是为确评。所著有郗云卿编《骆宾王文集》、《百道判集》,均佚。《四库全书》著录其《骆丞集》。清陈熙晋著有《骆临海集笺注》,流传最广。生平事迹见《旧唐书》卷一九〇、《新唐书》卷二〇一。

韦承庆(640—706) 唐文学家。字延休。郑州阳武(今河南原阳)人。弱冠擢进士第,官太子司议郎。永隆元年(680),太子李贤废,出为乌程令。累迁凤阁舍人,掌天官选。历沂、豫、虢三州刺史。长安四年(704),拜凤阁侍郎、同凤阁鸾台平章事。神龙元年(705),以附张易之流岭南。岁余,入为秘书员外少监。预修《则天实录》。俄迁黄门侍郎,未拜,卒。为文典美。著有《韦承庆集》,已佚。《全唐诗》存其诗七首,《全唐文》存其文五篇。生平事迹见《旧唐书》卷八八、《新唐书》卷一一六、《隋唐五代墓志汇编·韦承庆墓志》。

杜审言(约645—708)　唐诗人。字必简。河南巩县(今河南巩义)人。杜甫祖父。咸亨元年(670)登进士第,授隰城尉,迁江阴尉,转洛阳丞。圣历元年(698),坐事贬吉州司户参军,寻免归,授著作佐郎,迁膳部员外郎。神龙初,坐与嬖臣张易之兄弟交往,流峰州。召还,授国子监主簿,加修文馆直学士。与李峤、崔融、苏味道合称"文章四友"。诗尤长律体。《直斋书录解题》谓其诗"句律极严,无一失粘者"。明胡应麟评其五七言律诗"极高华雄整","二体之妙,杜审言实为首倡",且推其《和晋陵陆丞早春游望》为初唐五言律第一(《诗薮》)。《登襄阳城》、《秋夜宴临津郑明府宅》、《赠苏绾书记》等诗传诵亦广。今传《杜审言集》。《全唐诗》存其诗一卷。生平事迹见《旧唐书》卷一九〇、《新唐书》卷二〇一。

李峤(约645—约714)　唐散文家。字巨山。赵州赞皇(今属河北)人。弱冠擢进士第,调安定尉。后中制举甲科,迁长安尉。累迁监察御史、给事中。忤武则天,贬润州司马。后召为凤阁舍人。圣历年间,进麟台少监、同凤阁鸾台平章事,又迁鸾台侍郎。领衔修撰《三教珠英》。中宗复位,因依张易之兄弟,贬为通州刺史。神龙二年(706),迁兵部尚书,进中书令。次年,封赵国公,以特进同中书门下三品。睿宗立,出为怀州刺史。玄宗嗣位,贬为庐州别驾。峤文学声名卓著,与苏味道齐名,称"苏李";又与苏味道、崔融、杜审言齐名,称"文章四友"。《新唐书》本传评曰:"峤富才思,有所属缀,人多传讽。"《新唐书·艺文志》录其《杂咏诗》十二卷(又称单题诗一百二十首)。今存《李峤杂咏》二卷,后人辑有《李峤集》。生平事迹见《旧唐书》卷九四、《新唐书》卷一二三。

魏知古(647—715)　唐文学家。深州陆泽(今河北深州)人。登进士第。累迁至著作郎,兼修国史。长安中,历凤阁舍人、卫尉少卿、检校相王府司马。神龙中,任吏部侍郎、晋州刺史。睿宗立,拜黄门侍郎兼修国史,迁左散骑常侍,同中书门下平章事。开元元年(713),任吏部尚书。次年,为紫微令。改工部尚书。著有《魏知古集》,已佚。《全唐诗》存其诗五首,《全唐文》存其文四篇。生平事迹见《旧唐书》卷九八、《新唐书》卷一二六。

司马承祯(647—735)　唐道士。字子微,号白云子,法号道隐。河内温县(今属河南)人。早年为道,从嵩山潘师正学辟谷、导引、服饵之术,后遍游名山,隐于天台山玉霄峰。武后曾召至洛阳。景云二年(711)召入长安,还山时朝士赠诗者数百人,后编为《白云记》。玄宗时,尝两度被召入京。为唐代道教上清派之代表人物。能诗文,与宋之问、沈佺期、李白、卢藏用等有交谊。著有《坐忘论》、《天隐子》。《全唐诗》存其诗一首,《全唐文》存其文一卷。生平事迹见《旧唐书》卷一九二、《新唐书》卷一九六。

苏味道(648—705)　唐文学家。赵州栾城(今属河北)人。弱冠登进士第。累调咸阳尉。延载中,以凤阁舍人检校侍郎、同平章事。翌年贬集州刺史。召为天官侍郎。圣历初,复相。坐事贬坊州刺史,进益州长史。神龙初,以附张易之贬眉州刺史。居相位数载,苟合取容,遇事模棱两可,世号"苏模棱"。与李峤俱以文翰显,时号"苏李"。又与李峤、崔融、杜审言合称"文章四友"。属文辞理精密,诗多写景咏物之作,《正月十五夜》诗为世所称。著有《苏味道集》,已佚。《全唐诗》存其诗一卷。生平事迹见《旧唐书》卷九四、《新唐书》卷一一四。

薛稷(649—713)　唐书画家、文学家。字嗣通。蒲州汾阴(今山西万荣)人。长寿三年(694),举制科,复登进士第。累迁祠部员外郎、礼部郎中、中书舍人。景龙末,为谏议大夫、昭文馆学士。睿宗立,迁太常少卿。累拜中书侍郎、黄门侍郎,参知政事。后罢为左散骑常侍。历工部、礼部尚书,进太子少保。及太平公主之乱,以预谋被诛。工书法,与唐初欧阳询、虞世南、褚遂良并称为"唐初四大书家"。又擅画人物、佛像、鸟兽、树石,尤善画鹤。亦长于诗文。张说评其文"如良金美玉,无施不可"(见唐刘肃《大唐新语》)。著有《薛稷集》,已佚。《全唐诗》存其诗十四首,《全唐文》、《唐文拾遗》共存其文五篇。生平事迹见《旧唐书》卷七三、《新唐书》卷九八、《历代名画记》卷九。

王勃(650—676)　唐文学家。字子安。绛州龙门(今山西河津)人。祖王通,隋朝学者;叔祖王绩,唐初诗人。兄勔、勮皆具文才,人称"王氏三珠树",以勃为冠。幼通经书史籍,善为文辞,撰《汉书注指瑕》十卷。麟德元年(664),上书右相刘祥道,被表奏举荐。次年,对策幽素科中高第,授朝散郎。乾封元年(666)为沛王李贤聘为侍读兼修撰。时诸王好斗鸡,勃戏为《檄英王鸡文》,高宗怒,逐其出府。总章二年(669),游蜀。咸亨二年(671),求补虢州参军。五年,杀官奴,罪死,遇朝廷改元而赦免,父由是以雍州司功参军贬为交趾令。后往交趾县探亲,渡南海溺水,惊悸而卒。与杨炯、卢照邻、骆宾王齐名,世称"王、杨、卢、骆",号"四杰"。"四杰"中,勃寿短而名高,文学成就最著。对唐初绮靡文风,勃乃"思革其弊,用光志业","积年绮碎,一朝清廓。翰苑豁如,词林增峻"(杨炯《王勃集序》)。其诗文独具风貌,《旧唐书·杨炯传》引崔融语曰:"王勃文章宏逸,有绝尘之迹。"明胡应麟《诗薮》谓勃之五律、五绝,"自是唐人开山祖"。杜甫《戏为六绝句》谓"王杨卢骆当时体","不废江河万古流",是为确评。其诗如《送杜少府之任蜀川》、《山中》、《滕王阁诗》、《采莲曲》等,以其内容及形式论,皆冲破齐梁诗与宫体诗之桎梏,有所探索与创造,对近体诗格律的整饬至成熟,多有助益。其文以《秋日登洪府滕王阁饯别序》为传世名作,中以"落霞与孤鹜齐飞,秋水共长天一色"之句惊世。其创作虽未完全脱尽齐梁习气,但已多有风骨声韵兼备之作。著有《舟中纂序》、《周易发挥》、《次论语》、《千岁历》等,均佚。有《王子安集》传世。生平事迹见《旧唐书》卷一九〇、《新唐书》卷二〇一。

杨炯(650—约693) 唐文学家。华阴(今属陕西)人。显庆四年(659),举神童,待制弘文馆。上元三年(676),应制举及第。补校书郎,崇文馆学士,迁詹事司直。垂拱元年(685),因从祖弟神让参与徐敬业反武则天案为累,出为梓州司法参军。武周天授元年(690),召入习艺馆任教。如意元年(692),授盈川令,卒于任上。世称杨盈川。与王勃、卢照邻、骆宾王齐名,世称"王、杨、卢、骆",号"四杰"。炯闻之,曰:"吾愧在卢前,耻居王后。"诗擅五律,现存诗篇中,亦以五律或排律居多,如《出塞》、《战城南》、《紫骝马》、《夜送赵纵》、《从军行》等为其代表作,感情激越,对仗工整,音韵合律,并兼乐府诗自由明快的特色。明胡应麟《诗薮》评曰:"盈川近体,虽神骏输王,而整肃浑雄。究其体裁,实为正始。"其文以骈文居多,如《王勃集序》等,亦可观。原有集,已佚。后人辑有《盈川集》。生平事迹见《旧唐书》卷一九〇、《新唐书》卷二〇一。

姚崇(650—721) 唐散文家。字元之,原名元崇。陕州硖石(今河南三门峡)人。举下笔成章科,授濮州司仓参军。迁夏官郎中、侍郎。圣历三年(700),进同凤阁鸾台平章事,迁凤阁侍郎,兼相王府长史。神龙元年(705),参与谋诛张易之兄弟,以功封梁县侯。旋出为亳、宋等州刺史。睿宗即位,拜兵部尚书、同中书门下三品,进中书令。为太平公主所忌,出为申、徐等州刺史。先天二年(713),玄宗召拜兵部尚书、同中书门下三品,封梁国公。开元四年(716),罢相。与宋璟同为开元名相,史称"姚宋"。原有集,已佚。有《六诫》一卷。《全唐诗》存其诗六首,《全唐文》存其文二十四篇,《唐文拾遗》存其文一篇。生平事迹见《旧唐书》卷九六、《新唐书》卷一二四。

刘允济 唐文学家。以字行。洛州巩县(今河南巩义)人。少孤,博学善文,与王勃齐名。弱冠登进士第,补下邽县尉,累迁著作佐郎。历左史,兼弘文馆学士。垂拱四年(688)拜著作郎。天授中,为来俊臣陷,贬大庾尉。长安中,复官著作佐郎,兼修国史。未几拜凤阁舍人。中宗复位,贬为青州长史。后召为修文馆学士,因乐饮过度而卒。著有《金门待诏集》、《刘允济集》,均佚。清人辑有《刘允济诗》。《全唐诗》存其诗四首,《全唐文》存其文五篇。生平事迹见《旧唐书》卷一九〇、《新唐书》卷二〇二。

于季子 唐诗人。齐郡历城(今山东济南)人。咸亨中登进士第。历任侍御史、司封员外郎、中书舍人等职。武后圣历中,预修《三教珠英》。《咏汉高祖》诗为后人推赏。《全唐诗》存其诗七首。生平事迹见《元和姓纂》卷二、《唐诗纪事》卷七、《唐郎官石柱题名考》卷六。

郑蜀宾 唐诗人。荥阳(今属河南)人。长寿中,年已老,方授江左一尉。善五言诗。《全唐诗》存其诗一首。生平事迹见《大唐新语》卷八、《唐诗纪事》卷五。

乔知之(?—约697) 唐诗人。同州冯翊(今陕西大荔)人。垂拱二年(686),官至左(一作右)补阙。摄侍御史从左豹韬卫将军刘敬同讨同罗、仆固。后迁左(一作右)司郎中。因怨武承嗣夺其侍婢窈娘,作《绿珠篇》以寄情。婢得诗,感愤自杀。承嗣怒,遣酷吏诬陷,下狱死。与陈子昂唱和,所作诗篇,人多讽诵。今传《乔知之诗集》。《全唐诗》存其诗十八首。生平事迹见《全唐文》卷二一四陈子昂《燕然军人画像铭序》、孟棨《本事诗·情感》、《旧唐书》卷一九〇。

刘希夷(651—约679) 唐诗人。字庭芝。汝州(治今河南临汝)人,一作颍川(今河南许昌)人。少有文华,好谈笑,善弹琵琶。上元二年(675)登进士第。相传其舅宋之问爱其"年年岁岁花相似,岁岁年年人不同"之句,欲夺之而未得,以土囊压杀之。后人以为未可信。好为宫体诗,词旨悲苦,初不为时所重。开元中,孙翌编《正声集》,以其诗为集中之最,由是为人所称。《白头吟》(一作《代悲白头翁》)为历代传诵之名篇。《江南曲》八首,明杨慎评为"柔情绮语,妙绝一时"(《升庵诗话》)。又写有从军之作,如《从军行》、《将军行》,均有盛唐气韵。著有《刘希夷集》,已佚。今传《刘廷芝集》。《全唐诗》存其诗一卷,《全唐诗补编》存其诗七首。生平事迹见《大唐新语》卷八、《旧唐书》卷一九〇、《唐才子传》卷一。

王无竞(652—705) 唐诗人。字仲烈。东莱(治今山东莱州)人。仪凤二年(677),擢下笔成章科,授栾城尉。历麟台正字、右武卫仓曹参军、洛阳县尉,累迁殿中侍御史,以临朝斥宰相宗楚客偶语,左迁太子舍人。神龙初,因诃诋权贵,贬苏州司马。坐交张易之,再贬岭南,于广州为仇家榜杀。与陈子昂、宋之问唱和。曾预修《三教珠英》。《全唐诗》存其诗五首,《全唐诗补编》存其诗四首。生平事迹见《全唐文》卷三一三孙逖《太子舍人王公墓志铭》、《旧唐书》卷一九〇、《新唐书》卷一〇七。

李贤(653—684) 唐文学家。字明允。高宗第六子。上元二年(675),立为皇太子,寻令监国。调露二年(680),遭武后猜忌,废为庶人,幽于巴州。文明元年(684),武后临朝,逼令自杀。中宗践祚,追赠皇太子,谥曰章怀。后世习称章怀太子。《全唐诗》存《黄台瓜辞》诗一首,为世所传。《全唐文》存其文一篇。生平事迹见《旧唐书》卷八六、《新唐书》卷八一。

崔融(653—706) 唐文学家。字安成。齐州全节(今山东济南)人。举八科高第,补宫门丞、崇文馆学士。中宗为太子时,选为侍读,掌东宫章疏。武则天时,授著作佐郎,迁右史,进凤阁舍人。久视元年(700),贬婺州长史。旋又召为春官郎中、知制诰。后因阿附张昌宗兄弟,贬袁州刺史。旋召为国子司业,兼修国史。神龙二年(706),参与修撰《则天实录》,封清河县子。为文华婉典丽,文名极盛,与杜审言、李峤、苏味道号称"文章四友"。朝廷制诰册颂,如《洛出宝图颂》、《则天哀册文》,多出其手。原有集,已佚。《全唐诗》存其诗一卷,《全唐文》存其文五十篇,《唐文拾遗》、《唐文续拾》存其文各一篇。生平事迹见《旧唐书》卷九四、《新唐书》卷一一四。

韦嗣立(654—719) 唐诗人。字延构。郑州阳武(今河南原阳)人。少举进士,累调双流令。武后时,历凤阁舍人、刑部侍郎,拜凤阁侍郎、同凤阁鸾台平章事。以本官出为检校汴州刺史。后贬饶州长史。景龙三年(709)转兵部尚书,复相。睿宗立,拜中书令,寻出为许州刺史。开元初,入为国子祭酒,太子宾客,后贬岳州别驾,再徙陈州刺史。《全唐诗》存其诗八首,《全唐文》存其文四篇,《唐文拾遗》存其文一篇。生平事迹见《旧唐书》卷八八、《新唐书》卷一一六。

高正臣 唐诗人。广平(今河北鸡泽)人。高宗朝,历太子正字、豫王府属、直弘文馆等职,后官至襄州刺史、卫尉卿。工书,习王右军之法,睿宗甚爱赏之。《全唐诗》存其诗二首。生平事迹见唐张怀瓘《书断》卷下、《新唐书》卷七一、《唐诗纪事》卷七、《宝刻类编》卷二。

长孙贞隐 唐诗人。贞或作正。洛阳(今属河南)人。高宗末,官太常博士。与高正臣、陈子昂等交游唱和。《全唐诗》存其诗二首。生平事迹见《元和姓纂》卷七、《唐诗纪事》卷七。

李崇嗣 唐诗人。高宗末,官许州参军,奉使至蜀,与陈子昂唱和。圣历中,官奉宸主簿,与沈佺期、薛曜等同于东观修书。《全唐诗》存其诗三首。生平事迹见《全唐诗》卷八三陈子昂《夏日晖上人房别李参军崇嗣·序》、《唐诗纪事》卷六。

李显(656—710) 即唐中宗。唐代皇帝。公元684年、705—710年在位。初名哲。高宗第七子。始封周王。永隆元年(680)立为太子。弘道元年(683)即帝位。嗣圣元年(684),武后临朝,废为庐陵王。神龙元年(705)复位。景龙四年(710)为韦后所杀。谥曰孝和皇帝。好诗文,曾于景龙中置修文馆,盛引词臣,赋诗唱和。著有《中宗集》,已佚。《全唐诗》存其诗五首及联句二首。生平事迹见《旧唐书》卷七、《新唐书》卷四。

宋之问(约656—712) 唐诗人。一名少连,字延清。汾州(治今山西汾阳)人,一说虢州弘农(今河南灵宝)人。上元二年(675)登进士第,为洛州参军,历司礼主簿、尚方监丞、左奉宸内供奉。倾附张易之兄弟，易之败，左迁泷州参军。遇赦归，起为鸿胪主簿，迁考功员外郎。知景龙二年(708)贡举，出为越州长史。睿宗即位，流钦州。玄宗立，赐死桂州。诗与沈佺期齐名，对律诗形式的定型有贡献，《新唐书》本传云："魏建安后汔江左，诗律屡变，至沈约、庾信，以音韵相婉附，属对精密。及之问、沈佺期又加靡丽，回忌声病，约句准篇，如锦绣成文。学者宗之，号为'沈宋'。"早期多宫廷应制之作，后经贬徙，纪行抒感，较为真切，《题大庾岭北驿》、《度大庾岭》、《早发始兴江口至虚氏村作》、《渡汉江》等，为人传诵。今传《宋之问集》。《全唐诗》存其诗三卷，《全唐诗补编》存其诗二十七首，《全唐文》存其文二卷。生平事迹见《旧唐书》卷一九〇、《新唐书》卷二〇二、《唐才子传》卷一。

郭震(656—714)　唐诗人。字元振。魏州贵乡(今河北大名)人。少慷慨任侠。十八岁举进士，为通泉尉。武后召见，献诗，授右武卫铠曹参军。屡使吐蕃，功勋卓然。大足元年(701)，拜凉州都督。神龙中，迁金山道行军大总管。睿宗立，以太仆卿归朝，旋拜相。先天元年(712)，为朔方军大总管。明年，复相。以诛太平公主党功，封代国公。玄宗讲武骊山，坐军容不整，流新州。寻起为饶州司马，道病卒。其《古剑篇》为初唐七古名篇。著有《郭元震集》、《定远安边策》、《安邦策》、《九谏书》，均佚。《全唐诗》存其诗一卷，《全唐诗补编》存其诗一首，《全唐文》存其文五篇。生平事迹见《旧唐书》卷九七、《新唐书》卷一二二。

沈佺期(约656—716)　唐诗人。字云卿。相州内黄(今属河南)人。上元二年(675)登进士第，任协律郎。武周时官通事舍人，转考功员外郎，迁给事中。坐交张易之，流驩州。神龙间，召拜起居郎，修文馆直学士，历中书舍人、太府少卿、太子少詹事。与宋之问齐名，号称"沈宋"。诗多应制之作，风格靡丽。对律诗的定型颇有贡献。钱良择《唐音审体》云："律诗……至沈、宋而其格始备。"清姚鼐称其诗"高振唐音，远包古韵"(《今体诗钞》)。五律《杂诗三首》、《夜宿七盘岭》、七律《独不见》、《遥同杜员外审言过岭》甚有名。今传《沈佺期集》。《全唐诗》存其诗三卷，《全唐文》存其文六篇。生平事迹见《旧唐书》卷一九〇、《新唐书》卷二〇二、《唐才子传》卷一。

陈元光(657—711)　唐诗人。字廷炬。祖籍河东(今山西永济)，后移居揭阳(今属广东)。父政，戍闽。政卒，代领其众，任左玉钤卫翊府郎将。永隆元年(680)，为岭南总管。垂拱三年(687)，奏置漳州，诏许之，以为刺史，授中郎将、右鹰扬卫率府怀化大将军。后潮州乱，往讨之，战死。今传其《龙湖集》，然或有疑其为伪者。《全唐诗》存其诗三首，《全唐诗补编》存其诗四十七首，《全唐文》存其文二篇。生平事迹见《元和姓纂》卷三。

李乂(657—716)　唐文学家。字尚真。赵州房子(今河北临城)人。永隆二年(681)登进士第，任万年尉。长安三年(703)，擢为监察御史，历殿中侍御史、司勋员外郎、左司郎中。景龙中，迁中书舍人、修文馆学士。景云初，迁吏部侍郎，进黄门侍郎，封中山郡公。开元初，为紫微侍郎。官终刑部尚书。诗多奉和应制之作。苏颋谓其"五言之妙，一变乎时，流便清婉，经纶密致"(《李乂神道碑》)。著有《李乂集》，又与兄尚一、尚贞集合编为《李氏花萼集》，均佚。《全唐诗》存其诗一卷，《全唐文》存其文三篇。生平事迹见《全唐文》卷二五八苏颋《唐紫微侍郎赠黄门监李乂神道碑》、《旧唐书》卷一〇一、《新唐书》卷一一九。

张鷟(658—730)　唐文学家。字文成，号浮休子。深州陆泽(今河北深州)人。上元二年(675)，登进士第，八次应制科试，皆中甲科，又四次应吏部考选，制策为最。员半千谓"鷟文辞犹青铜钱，万选万中"，时人称其为"青钱学士"(《新唐书》卷一六一《张荐传》)。曾历官岐王参军、长安尉、鸿胪丞。仪凤二年(677)，弱冠举下笔成章科，特授襄乐县尉。证圣元年(695)，迁监察御史。长安初，贬处州司仓、柳州司户，后徙德州平昌令。开元二年(714)，贬岭南，旋改龚州刺史，后入为司门员外郎。其文辞语通俗，风行于时，但过浮艳芜杂。日本、新罗等海外诸国使至，必出重金购其文。著有笔记《朝野佥载》、判牍集《龙筋凤髓判》、传奇小说《游仙窟》。据其《陈情表》云"近来撰集诗赋表记等若干卷，编集拟进，缮写未周"，却未见著录文集。《全唐诗》存其诗一首，《全唐诗补编》存其诗五十八首，《全唐文》存其文八十篇。生平事迹见《旧唐书》卷一四九、《新唐书》卷一六一。

陈子昂(659—700)　唐文学家。字伯玉。梓州射洪(今属四川)人。少任侠。文明元年(684)，举进士。上书论政，为武则天所赞赏，拜麟台正字。后屡上疏进谏并陈述政见，声震于朝。垂拱二年(686)，从军北方，历经居延海、张掖、同城等地，直抵西北边塞。永昌元年(689)，迁右卫胄曹参军。天授元年(690)九月,武后称帝,上表称颂。长寿二年(693),擢右拾遗。次年,因事入狱,遇赦,仍供原职。万岁通天元年(696),随武攸宜讨伐契丹,至东北边陲。同年回朝,仍任右拾遗。圣历元年(698),解官回乡。后为受武三思指使的射洪县令段简诬陷,卒于狱中。为唐代倡导诗文革新运动之先驱。其《修竹篇序》提出“文章道弊,五百年矣。汉魏风骨,晋宋莫传”,“观齐梁间诗,彩丽竞繁,而兴寄都绝”,主张恢复建安文学传统,为文应“骨气端翔,音情顿挫,光英朗练,有金石声”。极力推崇“建安作者”和“正始之音”。《感遇》三十八首、《登幽州台歌》、《蓟丘览古赠卢居士藏用》为其代表作。杜甫称其“有才继骚雅,哲匠不比肩。公生扬马后,名与日月悬”(《陈拾遗故宅》)。韩愈评曰:“国朝盛文章,子昂始高蹈。”(《荐士》)《四库全书简明目录》评曰:“子昂始变文格,其诗为唐初之冠,其文自骈偶诸篇外,散体皆疏朴近古,故韩愈、柳宗元皆称之。”今传《陈子昂集》(又名《陈伯玉文集》)。生平事迹见《全唐文》卷二三八卢藏用《陈氏别传》、《旧唐书》卷一九〇、《新唐书》卷一〇七。近人罗庸编有《陈子昂年谱》。

马怀素(659—718)　唐文学家。字惟白。润州丹徒(今属江苏)人,客居江都(今江苏扬州)。初举孝廉,弱冠登文学优赡科,补鄠县尉。长安中,累迁至吏部员外郎。景龙中,进考功员外郎,修文馆直学士,擢中书舍人。后历虢州刺史。开元初,历刑、户二部侍郎、光禄卿、左散骑常侍。五年(717)改秘书监兼昭文馆学士。奉诏编次群书,未成而卒。诗多奉和应制之作。《全唐诗》存其诗十二首,《全唐文》、《唐文拾遗》共存其文二篇。生平事迹见《全唐文》卷九九五阙名《故银青光禄大夫秘书监兼昭文馆学士侍读上柱国常山县开国公赠润州刺史马公墓志铭》、《旧唐书》卷一〇二、《新唐书》卷一九九。

徐坚(约659—729)　唐学者、诗文家。字元固。原籍湖州长城(今浙江长兴),后迁冯翊(今陕西大荔)。仪凤年间进士。任汾州参军,迁万年县主簿,累官太子文学。圣历年间,参与撰修《三教珠英》,书成,授司封员外郎。中宗时,任给事中。迁礼部侍郎、修文馆学士。睿宗时,任太子左庶子兼崇文馆学士,迁右散骑常侍,以本官兼黄门侍郎。开元年间,历绛州刺史、秘书监、集贤院学士、左散骑常侍。从驾封泰山,参定仪典,加光禄大夫。谙识典故,参与修撰《初学记》。又著《大隐传》、《晋书》、《史记注》、《文府》等,并参与编纂《则天皇后实录》、《唐六典》、《太极格》等书。原有文集,已佚。《全唐诗》存其诗九首,《全唐文》存其文六篇,《唐文拾遗》存其文一篇。生平事迹见《旧唐书》卷一〇二,《新唐书》卷七六、卷一九九。

贺知章(659—约744)　唐诗人。字季真,一说字维摩,晚年自号“四明狂客”。越州永兴(今浙江萧山)人。武后证圣元年(695)进士及第,历任国子四门博士、太常博士、丽正殿修书、集贤院学士,迁礼部、工部侍郎,太子宾客,秘书监。天宝三载(744)上疏请度为道士,玄宗“命六卿庶尹大夫供帐青门”以送之(李隆基《送贺知章归四明诗·序》),遂归越,旋卒。为人旷达放诞,好饮酒,与李白友善。与张旭、包融、张若虚合称“吴中四士”。善章草、隶书,风格“怪逸、真率”(《宣和书谱》)。诗风则“外示惊俗之貌,内藏达人之度”(皎然《诗式》)。《咏柳》、《回乡偶书二首》最为传诵。后人辑有《贺秘监集》。《全唐诗》存其诗一卷,另有少许补遗,《全唐文》存其文二篇。生平事迹见《全唐文》卷四七窦臮《述书赋》、《旧唐书》卷一九〇、《新唐书》卷一九六。

东方虬　唐诗文家。武后朝,官至左史、礼部员外郎。从游龙门,群官赋诗,虬诗先成,得锦袍之赏,后宋之问诗成而善,武后夺袍与之问。工诗能赋。尝作《孤桐篇》,陈子昂称其“骨气端翔,音情顿挫,光英朗练,有金石声”,“不图正始之音复睹于兹,可使建安作者相视而笑”(《与东方左史虬修竹篇序》),且作《修竹篇》以和之。其诗已佚。《全唐诗》存其诗四首,《全唐诗补编》存其诗一首,《全唐文》存其赋三篇。生平事迹见《元和姓纂》卷一、《隋唐嘉话》卷下。

富嘉谟　唐散文家。雍州武功(今属陕西)人。曾举进士。长安中,累转晋阳县尉。后为寿安县尉。神龙年间,为左台监察御史。寻卒。与晋阳尉吴少微、太原主簿谷倚,同以文辞鸣世,人称“北京三杰”。为文与吴少微均以经典为本,《新唐书》本传谓“雅厚雄迈,人争慕之,号吴富体”。曾预修《三教珠英》。原有集,已佚。《全唐诗》存其诗一首,《全唐文》存其文四篇。生平事迹见《旧唐书》卷一九〇、《新唐书》卷二〇二。

吴少微　唐散文家。新安(今属河南)人。

曾举进士，任晋阳县尉。神龙年间，为左台监察御史。时卧病洛阳，闻富嘉谟卒，乃作《哭富嘉谟》诗，亦恸绝而卒。与晋阳尉富嘉谟、太原主簿谷倚同以文辞鸣世，人称“北京三杰”。为文与嘉谟均以经典为本，雅厚雄迈，号“吴富体”。原有集，已佚。《全唐诗》存其诗六首，《全唐文》存其文六篇。生平事迹见《旧唐书》卷一九〇、《新唐书》卷二〇二。

韦元旦 唐诗人。字烜。京兆万年(今陕西西安)人。登进士第，授东阿尉。迁监察御史。神龙元年(705)，贬感义尉。与韦后有亲，召为主客员外郎，转左司员外郎，迁中书舍人。景龙二年(708)为修文馆学士。与沈佺期等唱和。《全唐诗》、《全唐诗补编》共存其诗十二首，《全唐文》存其文一篇。生平事迹见《新唐书》卷二〇二、《唐诗纪事》卷一一。

薛曜 唐文学家。字升华。蒲州汾阴(今山西万荣)人。薛元超子。万岁登封间，官礼部郎中。圣历中，预修《三教珠英》，迁正谏大夫。官至给事中。曾与王勃等交游唱和。著有《薛曜集》，已佚。《全唐诗》存其诗八首，《全唐文》存其文一篇。生平事迹见《旧唐书》卷七三、《新唐书》卷九八。

张循之 唐诗人。洛阳(今属河南)人。武则天时，因上书忤旨，被诛。《全唐诗》存其诗六首。生平事迹见《旧唐书》卷一〇〇、《新唐书》卷一二八。

卢藏用(？—约713) 唐学者、文学家、书法家。字子潜。幽州范阳(今河北涿州)人。曾举进士，未用，乃隐居终南、少室二山。长安年间，召授左拾遗。神龙初，任济阳令。后历中书舍人、吏部侍郎、黄门侍郎、修文馆学士、工部侍郎、尚书右丞。先天二年(713)，因依附太平公主，流放新州、驩州。后调昭州司户参军，迁黔州长史，未行而卒。善蓍龟九宫术，工草隶、大小篆及八分书等书法，亦精琴棋。曾编《陈子昂文集》并为序，又作《陈子昂别传》，均行世。另著有《春秋后语》、《子书要略》、《老子注》等。原有文集，已佚。《全唐诗》存其诗八首，《全唐文》存其文十三篇。生平事迹见《旧唐书》卷九四、《新唐书》卷一二三。

刘宪(？—711) 唐诗人。字元度。宋州宁陵(今属河南)人。弱冠登进士第，授河南尉，累迁左台监察御史。天授中，奉诏推按酷吏来俊臣罪，为俊臣反噬，贬潾水令。俊臣死，召为给事中，转凤阁舍人。神龙初，自吏部侍郎出为渝州刺史。俄入为太仆少卿，兼修国史，加修文馆学士。景云初，迁太子詹事。诗多应制之作。清人辑有《刘宪诗》。《全唐诗》存其诗一卷。生平事迹见《旧唐书》卷一九〇、《新唐书》卷二〇二。

刘知幾(661—721) 唐史学家。字子玄。彭城(今江苏徐州)人。永隆进士。玄宗时官至左散骑常侍，后被贬为安州都护府别驾。生平专治史学，兼修国史。所著《史通》包罗详赡，论述精辟。因持“文之将史，其流一焉”(《载文》)的观点，故许多史学观点可移以论文。如反对“无裨劝惩，有长奸诈”(《载文》)的著作和“虚加练饰，轻事雕彩”(《叙事》)的浮艳文风；重视文质相兼，要求叙事简约深刻，言近而旨远，词浅而意深，并运用当代语言以加强文章真实性，反对“貌同而心异”的复古模拟(《模拟》)等，对文学创作和批评都颇具启发性。生平事迹见《旧唐书》卷一〇二、《新唐书》卷一三二。

李適(663—711) 唐诗人。字子至，自号东山子。京兆万年(今陕西西安)人。武后时举进士，任猗氏尉。圣历中预修《三教珠英》。书成，迁户部员外郎。景龙二年(708)，迁中书舍人、给事中，充修文馆学士。官终工部侍郎。睿宗时，道士司马承祯还天台，適赠诗甚美，朝士属和者三百余人，徐彦伯编为《白云集》。著有《李適集》，已佚。《全唐诗》存其诗一卷，《全唐诗补编》存其诗一首。生平事迹见《全唐文》卷三六八贾至《工部侍郎李公集序》、《旧唐书》卷一九〇、《新唐书》卷二〇二。

宋璟(663—737) 唐散文家。祖籍广平(今河北鸡泽)，徙居邢州南和(今属河北)。调露二年(680)举进士第，调上党尉，迁监察御史、凤阁舍人，再迁左台御史中丞。神龙初年，授吏部侍郎，迁黄门侍郎。出为贝、杭、相等州刺史，迁洛州长史。睿宗即位，拜吏部尚书、同中书门下三品。玄宗开元初年，为京兆尹，进御史大夫。因事累，出为睦州刺史，徙广州都督，后召为刑部尚书。四年(716)拜相，为吏部尚书兼侍中，封广平郡公。十七年，为尚书右丞相。与姚崇均为开元名相，史称“姚宋”。文章婉媚，为诗清艳。初，沉沦下僚时，作《梅花赋》投献苏味道，始获声名(刘禹锡《献权舍人书》)。皮日休谓此赋“清便富艳，得南朝徐、庾体”(《桃花赋序》)。原有集，已佚。《全唐诗》存其诗六首，《全唐文》存其文十八篇。生平事迹见《旧唐书》卷九六、《新唐书》卷一二四。

上官婉儿(664—710) 唐女诗人。陕州陕县(今属河南)人。上官仪孙女。麟德元年(664),祖父仪、父庭芝同被诛,随母配入掖庭。及长,有文词,明习吏事,为武后所重。中宗即位,令专掌制命,进拜昭容。李隆基举兵诛韦后,被杀。善诗,辞甚绮丽。常代中宗、韦后等作诗,又受命品第群臣诗作。著有《上官昭容集》,已佚。《全唐诗》存其诗三十二首。生平事迹见《全唐文》卷二二五张说《唐昭容上官氏文集序》、卷二三一张说《昭容上官氏碑铭》,《旧唐书》卷五一,《新唐书》卷七六。

玄觉(665—713)　唐诗僧。字明道,俗姓戴。温州永嘉(今浙江温州)人。初于本州龙兴寺出家,习天台止观之说。后谒韶州曹溪慧能,一宿而悟禅法,世称一宿觉和尚。后仍归永嘉。尝作《证道歌》(一名《永嘉证道歌》),为长篇杂言形式,文字通俗,阐扬禅理,唐宋时广为流传。今传《永嘉集》。《全唐诗补编》存其歌一首,《全唐文》存其文二篇。生平事迹见《祖堂集》卷三、《宋高僧传》卷八。

张嘉贞(665—729)　唐诗人。蒲州猗氏(今山西临猗)人。光宅二年(685)五经及第,授平乡县尉。历中书舍人、秦州都督、并州长史。开元八年(720),以中书侍郎拜相,迁中书令。后历豳州刺史、益州长史、定州刺史。《全唐诗》存其诗三首,《全唐文》存其文八篇。生平事迹见《旧唐书》卷九九、《新唐书》卷一二七。

乔侃　唐诗人。同州冯翊(今陕西大荔)人。乔知之弟。武后时学士,预修《三教珠英》。中宗时曾任隋州刺史。开元初,为兖州都督。与兄乔知之、弟乔备同以文词知名。《全唐诗》存其诗一首。生平事迹见《旧唐书》卷一九〇、《唐诗纪事》卷六。

乔备　唐诗人。同州冯翊(今陕西大荔)人。武后时,预修《三教珠英》,后出为安邑令。长安中,官终襄阳令。与兄乔知之、乔侃同以文词知名。著有《乔备集》,已佚。《全唐诗》存其诗三首,《全唐诗补编》存其诗二首。生平事迹见《旧唐书》卷一九〇。

张纮　唐诗人。名一作浤。吴郡(今江苏苏州)人。久视初,登进士第。以硕学丽藻,名动京师。后自监察御史为会稽令,又自左拾遗贬许州司户。《全唐诗》存其诗三首。生平事迹见《毗陵集》卷一一《唐故河南府法曹参军张公墓表》、《唐诗纪事》卷一三、《登科记考》卷四。

宗楚客(?—710)　唐诗人。字叔敖。蒲州河东(今山西永济)人。武后从父姊子。登进士第,累迁户部侍郎。因赃罪流岭南,后召还,以夏官侍郎为相。神龙初,为太仆卿。武三思引为兵部尚书,复相。景龙中,迁中书令。与纪处讷同为韦后党,时称"宗纪"。韦后败,亦伏诛。诗多奉和应制之作。《全唐诗》存其诗六首。生平事迹见《旧唐书》卷九二、《新唐书》卷一〇九。

郑愔(?—710)　唐诗人。字文靖。沧州(治今河北沧州东南)人。年十七登进士第。武后时附张易之兄弟,官至殿中侍御史。二张败,贬宣州司户(或云许州司功)参军。后附武三思,官中书舍人。神龙中,以太常少卿充修文馆学士。景龙三年(709),以检校吏部侍郎同中书门下平章事。旋坐赃贿贬江州司马,迁汴州刺史。预谯王李重福逆谋,伏诛。诗多应制唱和之作。《全唐诗》存其诗一卷。生平事迹见《朝野佥载》卷一、《唐诗纪事》卷一一、《唐御史台精舍题名考》卷一。

赵彦昭　唐诗人。字奂然。甘州张掖(今属甘肃)人。登进士第,授南部尉。历左台监察御史。景龙二年(708),以兵部侍郎充修文馆学士。三年,迁中书侍郎同平章事。睿宗立,出为宋州刺史。后入为吏部侍郎。历御史大夫、刑部尚书。贬江州别驾。诗多为应制之作。《全唐诗》存其诗一卷。生平事迹见《旧唐书》卷九二、《新唐书》卷一二三。

阎朝隐(?—712)　唐文学家。字友倩。赵州栾城(今属河北)人。登进士第,又中孝悌廉让科,补阳武尉。为武后所赏,累迁给事中,预修《三教珠英》。圣历中,转麟台少监。神龙中坐谄附张易之,徙崖州。景龙初,遇赦还,累迁著作郎。复为秘书少监。又坐事贬通州别驾。张说评其文:"如丽色靓妆,衣之绮绣,燕歌赵舞,观者忘忧。然类之'风雅',则为俳也。"(见《大唐新语》)著有《阎朝隐集》,已佚。《全唐诗》存其诗十三首,《全唐诗补编》存其诗二首,《全唐文》存其文二篇。生平事迹见《旧唐书》卷一九〇、《新唐书》卷二〇二。

郭利贞　唐诗人。神龙中,官至吏部员外郎。与贾曾、蒋钦绪为友。《全唐诗》存其《上元》诗一首。生平事迹见《大唐新语》卷八。

岑羲(?—712)　唐诗人。字伯华。荆州江陵(今湖北荆沙)人。举进士,累迁太常博士。贬郴州司法参军。后历任金坛等县令、吏部员外郎、吏部郎中、中书舍人、秘书少监、吏部侍郎等职。景云元年(710),以中书侍郎为相,因预太平公主逆谋被杀。《全唐诗》存其诗六首，《全唐诗补编》存其诗一首，《全唐文》存其文一篇。生平事迹见《旧唐书》卷七〇、《新唐书》卷一〇二。

萧至忠(? —713) 唐诗人。沂州(治今山东临沂)人。少为畿尉。神龙初，以附武三思，累官吏部侍郎。景龙元年(707)，迁黄门侍郎、同中书门下三品。睿宗立，出为晋州刺史。后入为刑部尚书。先天二年(713)，拜中书令。因预太平公主逆谋被诛。诗多为应制之作。《全唐诗》存其诗九首，《全唐文》存其文一篇。生平事迹见《旧唐书》卷九二、《新唐书》卷一二三。

王適 唐诗人。幽州(治今北京)人。武后朝，糊名考判高等。曾寓居蜀中。圣历中，官雍州司功参军。与陈子昂、卢藏用、王无竞等为友。著有《王適集》，已佚。《全唐诗》存其诗五首，《全唐文》存其文三篇。生平事迹见《旧唐书》卷一九〇、《新唐书》卷二〇二、《金石萃编》卷六二。

徐彦伯(? —714) 唐文学家。名洪，以字行。兖州瑕丘(今山东兖州)人。少有文名，薛元超表荐之，对策高第，授永寿尉。转蒲州司兵参军。圣历中，累迁给事中，预修《三教珠英》，历宗正卿、齐州刺史。中宗复位，改太常少卿，预修《则天实录》。历卫、蒲二州刺史。景龙中，入为工部侍郎，寻除卫尉卿，兼修文馆学士。迁太子宾客。与韦暠、李亘并称"河东三绝"。为文变易求新，晚则好为强涩之体，后进效之。著有《徐彦伯前集》、《后集》，均佚。《全唐诗》存其诗一卷又一首，《全唐文》、《唐文续拾》共存其文七篇。生平事迹见《旧唐书》卷九四、《新唐书》卷一一四。

武平一 唐诗人。名甄，以字行。并州文水(今属山西)人。武后时，隐居嵩山学佛。中宗复位，召为起居舍人。景龙二年(708)，兼修文馆直学士，迁考功员外郎。玄宗立，贬为苏州司功参军，转金坛县令。约开元末卒。与张说、张九龄、祖咏、王湾、储光羲等唱和。著有诗一卷及《景龙文馆记》，俱佚。《全唐诗》存其诗一卷，《全唐文》存其文六篇。生平事迹见《新唐书》卷一一九。

张说(667—731) 唐文学家。字道济，一字说之。原籍河东(今山西永济西)，后徙居洛阳(今属河南)。永昌元年(689)，中贤良方正科第一，授太子校书郎，迁左补阙。累迁凤阁舍人。长安三年(703)，为魏元忠遭张易之兄弟诬陷而辩冤，被流放钦州。中宗即位，召为兵部员外郎，累迁工部、兵部侍郎。景云二年(711)，进同中书门下平章事，监修国史。玄宗即位，召为中书令，封燕国公。因与宰相姚崇不睦，罢为相州刺史、河北道按察使。开元三年(715)，徙岳州刺史，后召拜兵部尚书、同中书门下三品。朔方节度大使。进为中书令，又进尚书右丞相。十四年，罢相，受命致仕。十七年，复为右丞相，迁左丞相。为文求实用，重风骨，矫陈、隋以降浮丽之习。《新唐书》本传称其"为文属思精壮，长于碑志，世所不逮"。朝廷文诰，多出其手，与许国公苏颋齐名，时号"燕许大手笔"。其诗风格朴实遒劲，谪岳州后，"诗益凄婉，人谓得江山助云"(《新唐书》本传)。有《张说之文集》传世。生平事迹见《旧唐书》卷九七、《新唐书》卷一二五。

苏颋(670—727) 唐文学家。字廷硕。京兆武功(今属陕西)人。举进士，调乌程尉，累迁监察御史。神龙年间，迁给事中，修文馆学士，中书舍人。时与父瓌为同中书门下三品，同掌枢密。睿宗时，累迁工部侍郎、中书侍郎，袭封许国公。开元四年(716)，进同紫微黄门平章事，与侍中宋璟同执朝政。八年，罢知政事，为礼部尚书。旋检校益州大都督府长史。工诗文，朝廷文诰，多出其手，与燕国公张说同以文章显，号"燕许大手笔"。玄宗爱其文，凡所草诏令，别录副本，留案头赏阅。李德裕曾评曰："近世诏诰，惟颋叙事外自为文章。"(《新唐书》本传)有《苏廷硕文集》(又名《苏许公文集》)行世。生平事迹见《旧唐书》卷八八、《新唐书》卷一二五。

吴兢(670—749) 唐史学家、散文家。汴州浚仪(今河南开封)人。武周时，诏授直史馆，修国史，迁右拾遗内供奉。中宗神龙中，改右补阙。参与撰修《武后实录》，书成，迁起居郎、水部郎中。开元三年(715)，拜谏议大夫，仍修史。后兼修文馆学士，历卫尉少卿、太子左庶子。开元十七年(729)，贬荆州司马。后累迁洪州、舒州刺史。天宝初年，入朝为恒王傅。一生任职史官，著述宏富，时誉"良史"。撰有《贞观政要》、《乐府古题要解》。据《新唐书·艺文志》载，其另撰有多种史书。《全唐诗》存其诗二首，《全唐文》存其文十四篇。生平事迹见《旧唐书》卷一〇二、《新唐书》卷一三二。

崔湜(671—713) 唐诗人。字澄澜。定州安喜(今河北定州)人。弱冠登进士第。圣历中，为补阙，预修《三教珠英》。神龙初，附武三思，自考功员外郎骤迁中书舍人。景龙中，历兵、吏二部侍郎，寻转中书侍郎，拜相。坐赃贿贬襄州刺史。未几，入为尚书左丞。韦后称制，复相。睿宗立，出为华州刺史，后复为太平公主引，再相，拜中书令。太平公主败，流岭南，道中赐死。少以文辞称，与弟液、涤等并以文翰居要官，每自比晋王、谢之家。著有《崔湜诗》。《全唐诗》存其诗三十八首，《全唐诗补编》存其诗五首，《全唐文》存其文三篇。生平事迹见《旧唐书》卷七四、《新唐书》卷九九。

崔日用(673—722)　唐诗人。滑州灵昌(今河南滑县)人。弱冠举进士，授芮城尉，累迁至吏部员外郎、司勋郎中。景龙中，因谄附武三思，迁兵部侍郎兼修文馆学士。四年(710)，以预平韦后功授黄门侍郎，参知政事。月余罢相，为雍州长史。出为扬州长史，历婺、汴二州刺史、兖州都督、荆州长史。先天二年(713)，预平太平公主之乱，拜吏部尚书。开元五年(717)，坐累出为常、汝二州刺史，终并州长史。《全唐诗》存其诗十一首。生平事迹见《旧唐书》卷九九、《新唐书》卷一二一。

裴光庭(675—732)　唐文学家。字连城。绛州闻喜(今属山西)人。裴行俭子。母厍狄氏，武后召入宫，甚得宠。累迁太常丞。神龙三年(707)，岳父武三思被诛，坐贬郢州司马。开元中，擢兵部郎中、鸿胪少卿。十三年(725)，迁兵部侍郎。久之，拜中书侍郎、同中书门下平章事，兼御史大夫。又迁黄门侍郎，拜侍中，兼吏部尚书、弘文馆学士。二十年(732)，封正平县男。《全唐诗》存其诗一首，《全唐文》存其文十一篇，《唐文拾遗》存其文一篇。生平事迹见《旧唐书》卷八四、《新唐书》卷一〇八。

齐澣(675—746)　唐诗人。字洗心。定州义丰(今河北安国)人。圣历初，登进士第。大足元年(701)授蒲州司法参军。开元间，官至中书舍人。十四年(726)，自汴州刺史拜尚书右丞，转吏部侍郎。坐事贬良德丞。开元末，历江南东、河南二道采访使。终平阳太守。《全唐诗》存其诗二首，《全唐诗补编》存其诗一首，《全唐文》存其文二篇。生平事迹见《旧唐书》卷一九〇、《新唐书》卷一二八。

崔液(？—714)　唐诗人。字润甫，小名海子。定州安喜(今河北定州)人。崔湜弟。登进士第。历监察御史、殿中侍御史、吏部员外郎。坐湜配流，亡命郢州，遇赦还，道病卒。工五言诗。著有《崔液集》，已佚。《全唐诗》存其诗十二首。生平事迹见《旧唐书》卷七四、《新唐书》卷九九、《唐诗纪事》卷一三。

崔涤(？—726)　唐诗人。定州安喜(今河北定州)人。崔湜弟。素与玄宗款密，及即位，用为秘书监，赐名澄。从东封泰山还，加金紫光禄大夫。《全唐诗》存其诗一首。生平事迹见《旧唐书》卷七四、《新唐书》卷九九。

司马贞　唐史学家。字子正。河内(今河南沁阳)人。开元中为润州别驾，官至朝散大夫，弘文馆学士。撰有《史记索隐》和《补三皇纪》，注文繁征博引，颇多发明，今传。《全唐文》存其文四篇。生平事迹见《新唐书》卷五八、《史记索隐》诸序。

薛令之　唐诗人。字珍君。长溪(今福建霞浦)人。神龙二年(706)登进士第。开元中，累官左补阙、东宫侍读。在东宫，居常怏怏，题诗自伤。玄宗见诗，题"若嫌松桂寒，任逐桑榆暖"之句于其侧，乃谢病归。约至德中卒。《全唐诗》存其诗二首，《全唐诗补编》存其诗二首。生平事迹见《新唐书》卷一九六、《唐语林》卷五、《唐诗纪事》卷二〇。

王丘(？—743)　唐诗人。字仲山。安阳(今属河南)人。幼擢童子科，后登制科，拜奉礼郎。长安中，官监察御史。开元间，历考功员外郎、紫微舍人、吏部侍郎、尚书左右丞、黄门侍郎等职，以礼部尚书致仕。善词赋。《全唐诗》存其诗三首，《全唐文》存其文二篇。生平事迹见《旧唐书》卷一〇〇、《新唐书》卷一二九。

贾曾(？—727)　唐文学家。洛阳(今属河南)人。少知名。景云中，历吏部员外郎、太子舍人、谏议大夫、知制诰等职。开元初，为中书舍人。与苏晋同掌制诰，俱以词学见知，人称"苏贾"。五年(717)，坐事贬洋州刺史，转庆、徐、郑等州刺史。后召为光禄少卿，迁礼部侍郎。《全唐诗》存其诗五首，《全唐文》存其文五篇。生平事迹见《旧唐书》卷一九〇、《新唐书》卷一一九。

赵冬曦(677—750)　唐诗人。字仲爱。定州鼓城(今河北晋州)人。神龙二年(706)，登进士第，复登制科，任校书郎。开元初，官监察御史。因罪流岳州。后召还复官，兼掌国史。任殿中侍御史、集贤院直学士、考功员外郎、中书舍人等官，贬合州刺史，历眉州等八州刺史。仕终国子祭酒。与张说等唱和。有集，又著有《王政》，均佚。《全唐诗》存其诗十九首，《全唐诗补编》存其诗一首，《全唐文》、《唐文拾遗》共存其文四篇。生平事迹见《新唐书》卷二〇〇、《中原文物》1986年第4期《赵冬曦墓志铭》。

张九龄(678—740) 唐诗人。字子寿,一名博物。韶州曲江(今属广东)人。武则天神功元年(697),举进士第,授校书郎。先天元年(712),对策高第,进左拾遗。开元十年(722),三迁司勋员外郎。十一年,拜中书舍人。次年,出为冀州刺史,后转桂州都督,兼岭南按察选补使。后召为秘书少监、集贤院学士、知院事。迁工部侍郎、知制诰。二十一年,拜中书侍郎、同中书门下平章事。次年,迁中书令。二十四年,罢相。次年,贬为荆州长史。其诗对唐诗风气之变有贡献。《四库全书简明目录》评曰:"九龄以忠亮负重望,而文章高雅,亦不减燕(张说)、许(苏颋)。"清沈德潜《唐诗别裁》评曰:"唐初五言古渐趋于律,风格未遒,陈正字(子昂)起衰而诗品始正,张曲江继续而诗品乃醇。"其《感遇》十二首、《望月怀远》、《湖口望庐山瀑布水》、《杂诗》等为传诵名篇。有《曲江集》传世。生平事迹见《旧唐书》卷九九、《新唐书》卷一二六、《文物》1961年第6期《唐代张九龄墓发掘简报》。

李邕(678—747) 唐文学家、书法家。字泰和。扬州江都(今江苏扬州)人。李善子。二十岁,见特进李峤,乞为假直秘书,后召拜左拾遗。中宗立,出为南和令,再贬富州司户参军。唐隆元年(710),召拜左台殿中侍御史,迁户部员外郎,贬崖州舍城丞。玄宗即位,召为户部郎中、御史中丞。后贬为括州司马,迁陈州刺史。开元十三年(725),被诬贪赃枉法,贬遵化尉。讨贼有功,徙澧州司马。二十三年,历括、淄、滑三州刺史。天宝初年,出为汲郡、北海太守,人称"李北海"。后被李林甫杖杀。代宗时,赠秘书监。时杜甫《八哀诗·赠秘书监江夏李公邕》、李白《答王十二寒夜独酌有怀》诗,对邕之冤杀,均为哀悼。工文,尤擅碑颂之文,世以重金购之,文名满天下。又善书,有《麓山寺碑》、《李思训碑》等传世。原集已佚,明人辑有《李北海集》。生平事迹见《旧唐书》卷一九〇、《新唐书》卷二〇二。

卢鸿一 唐书画家、诗人。名一作鸿,字浩然,一作颢然。范阳(今河北涿州)人,后徙居洛阳(今属河南)。开元初隐于嵩山,玄宗备礼诏征,不至。五年(717)再征,始至东都,拜谏议大夫,固辞。诏许还山,赐隐居服,官营草堂,广学庐,从者五百人。十五年犹在。善诸体书法,兼工山水树石。博学能诗,作《嵩山十志》诗十首。《全唐诗》存其诗十首。生平事迹见《旧唐书》卷一九二、《新唐书》卷一九六。

李適之(?—747) 唐诗人。一名昌。唐宗室。神龙初,拜左卫郎将。开元中,累官通州刺史、秦州都督、陕州刺史、河南尹、御史大夫。二十七年(739),兼幽州大都督府长史、知节度事。天宝元年(742),自刑部尚书迁左相。五载,罢为太子少保,寻贬宜春太守。后饮药自杀。嗜酒能诗,杜甫列其为"饮中八仙"之一。《全唐诗》存其诗二首,《全唐诗补编》存其诗一首,《全唐文》存其文四篇。生平事迹见《旧唐书》卷九九、《新唐书》卷一三一。

许景先(?—约731) 唐文学家。常州义兴(今江苏宜兴)人,徙居洛阳(今属河南)。少举进士,授夏阳尉。神龙初,擢左拾遗,外补滑州司士参军。连中制科,累迁至给事中。开元中,迁中书舍人。十三年(725),以吏部侍郎刺虢州,改岐州。入拜工、吏二部侍郎。张说评其文"虽无峻峰激流崭绝之势,然属词丰美,得中和之气"(《旧唐书》本传)。《全唐诗》存其诗五首,《全唐诗补编》存其诗一首,《全唐文》存其文二篇。生平事迹见《旧唐书》卷一九〇、《新唐书》卷一二八。

张敬忠 唐诗人。京兆(治今陕西西安)人。神龙三年(707)为监察御史,入朔方军总管张仁愿幕,分判军事。开元初官至司勋郎中,为灵武道行军判官,随姚崇北伐突厥。迁吏部郎中、兵部侍郎,七年(719)拜平卢节度使。后历剑南节度使、河南尹、太常卿等职。其诗以《边词》传诵较广。《全唐诗》存其诗二首,《全唐文》存其文二篇。生平事迹见《千唐志斋藏志·张颜志》、《新唐书》卷一一一、《唐尚书省郎官石柱题名考》卷七。

源乾曜(?—731) 唐文学家。相州临漳(今属河北)人。登进士第。神龙中,官殿中侍御史。开元中,迁户部侍郎,累迁尚书左丞。八年(720),擢黄门侍郎同平章事,进位侍中。后拜尚书左丞相。官终太子少傅。《全唐诗》存其诗四首,《全唐文》存其文三篇。生平事迹见《旧唐书》卷九八、《新唐书》卷一二七。

韩朝宗(?—741) 唐散文家。京兆长安(今陕西西安)人。侍郎韩思复子。初官左拾遗。睿宗时,上疏谏乞寒胡戏,被纳称善,特赐中上考。累迁荆州长史。开元二十二年(734),以襄州刺史兼山南东道采访处置使。后贬洪州刺史。天宝初,召为京兆尹,后出为高平太守。开元末年(741),筑庐避世终南山,玄宗怒,贬为吴兴别驾。喜识拔后进,当时士咸归重之。《全唐文》存其文一篇。生平事迹见《旧唐书》卷一〇一、《新唐书》卷一一八。

胡皓 唐诗人。洛阳(今属河南)人。景云中,官检校秘书丞兼昭文馆学士。开元初,迁著作郎,官终秘书少监。《全唐诗》存其诗六首,《全唐诗补编》存其诗七首,《全唐文》存其文一篇。生平事迹见《文苑英华》卷四〇〇《授胡皓著作郎制》、《元和姓纂》卷三、《唐诗纪事》卷二〇。

孙处玄 唐诗人。江宁(今江苏南京)人。长安中为左拾遗。神龙初,去官还乡。唐殷璠《丹阳集》收其诗。著有《润州图经》,已佚。《全唐诗》存其诗二首,中《咏黄莺儿》诗《文苑英华》作郑缙诗,该书目录作郑愔诗。生平事迹见《新唐书》卷六〇、《唐诗纪事》卷二九。

包融 唐诗人。润州延陵(今江苏丹阳)人。开元中,历官怀州司户参军,集贤院学士,终大理司直。与孟浩然、殷遥交厚。与贺知章、张旭、张若虚合称"吴中四士"。唐殷璠汇次其诗入《丹阳集》,评曰:"清幽语奇,颇多剪刻。"今人编有《包融诗注》。《全唐诗》存其诗八首,《全唐诗补编》存其诗一首,《唐文拾遗》存其文一篇。生平事迹见《全唐文》卷五一八梁肃《秘书监包府君集序》、《旧唐书》卷一九〇、《唐才子传》卷二。

张若虚 唐诗人。扬州(今属江苏)人。官至兖州兵曹。与贺知章、包融、张旭合称"吴中四士"。《春江花月夜》为历代传诵名篇,王闿运誉为"孤篇横绝,竟为大家"(《唐诗评选》);闻一多誉为"诗中之诗"(《唐诗杂论·宫体诗的自赎》)。《全唐诗》存其诗二首。生平事迹见《旧唐书》卷一九〇、《新唐书》卷一四九、《唐诗纪事》卷一七。

万齐融 唐诗人。越州(治今浙江绍兴)人。玄宗朝,历秘书省正字、泾县令、昆山令。后归越。《全唐诗》存其诗四首,《全唐文》存其文三篇。生平事迹见《旧唐书》卷一九〇、《唐诗纪事》卷二二、《宝刻丛编》卷一三。

沈如筠 唐诗人。润州句容(今属江苏)人。年老方得一尉,约开元末官横阳主簿。与道士司马承祯友善。唐殷璠《丹阳集》曾选录其诗。著诗三百首为《正声集》,又著有志怪小说《异物志》、《古异记》,均佚。《全唐诗》存其诗四首。生平事迹见《新唐书》卷六〇、《嘉泰吴兴志》卷一六。

贺朝 唐诗人。越州(治今浙江绍兴)人。开元中,官至山阴尉。《全唐诗》存其诗八首,《全唐文》存其文一篇。生平事迹见《国秀集》目录、《旧唐书》卷一九〇。

蔡希寂 唐诗人。字季深。润州丹阳(今属江苏)人。开元中登进士第。历缑氏主簿、渭南尉。天宝七载(748)官洛阳尉,后历仕司勋员外郎、金部郎中、司勋郎中。工草隶,亦能诗。唐殷璠《丹阳集》录其诗,评为"词句清迥,情理绵密"。《全唐诗》存其诗五首,《全唐诗补编》存其诗一首。生平事迹见《隋唐五代墓志汇编·蔡希周墓志》、《元和姓纂》卷八、《吟窗杂录》卷二六、《新唐书》卷六〇、《唐尚书省郎官石柱题名考》卷七。

张旭 唐书法家、诗人。字伯高。吴(今江苏苏州)人。初为常熟尉,后官金吾长史。善草书,性嗜酒,与李白、苏晋等人合称"酒中八仙"。相传每大醉后,号呼狂走,索笔挥毫,或以头濡墨而书,人曰"张颠"。其草书与李白歌诗、裴旻舞剑号为"三绝"。亦工诗文,与贺知章、包融、张若虚合称"吴中四士"。明杨慎谓其诗"清逸可爱"(《升庵诗话》)。《全唐诗》存其诗六首,《全唐诗补编》存其诗四首,《唐文拾遗》存其文五篇。生平事迹见《旧唐书》卷一九〇、《新唐书》卷二〇二。

牛仙客 唐散文家。泾州鹑觚(今甘肃泾川)人。初为县小吏,以军功迁洮州司马。河西节度使召为判官。萧嵩为相,荐为太仆少卿,判凉州别驾,知节度留后事,旋为节度使。开元二十四年(736),为朔方行军大总管。后任工部尚书、同中书门下三品,知门下事。久之,封豳国公,加左相。《全唐文》存其文六篇。生平事迹见《旧唐书》卷一〇三、《新唐书》卷一三三。

王琚(约685—746) 唐诗人。怀州河内(今河南沁阳)人。曾为詹事府司直,兼崇文学士。又历太子舍人兼谏议大夫、中书侍郎、户部尚书。后出任泽、衡、郴等州刺史,广平、邺郡太守。为李林甫所陷,贬江华司马,卒于任所。因连遭贬谪,所作诗多感慨激愤之词。《全唐诗》存其诗四首,《全唐文》存其文二篇。生平事迹见《旧唐书》卷一〇六、《新唐书》卷一二一。

李隆基(685—762) 即唐玄宗,一称唐明皇。唐代皇帝。公元712—756年在位。睿宗第三子。始封楚王,后封临淄郡王。景云初,以诛韦氏功,立为皇太子。延和元年(712)即帝位。锐意图治，拨乱反正，国力强盛，史称“开元之治”。晚年爱好声色，奸相弄权。安史乱起，奔蜀。肃宗即位灵武，尊为太上皇。两京收复后，还京。卒，谥明，葬泰陵。多才艺，工诗文。明王世贞评其诗“藻艳不过文皇，而骨气胜之”，至其诗中秀句，谓“使燕、许草创，沈、宋润色，亦不过此”（《艺苑卮言》）。今传《唐玄宗皇帝集》行世。《全唐诗》存其诗一卷、词一首，《全唐文》、《唐文拾遗》共存其文二十五卷。生平事迹见《旧唐书》卷八、《新唐书》卷五、《唐诗纪事》卷一。

唐玄宗 即李隆基。

韦述（？—约758） 唐史学家、诗人。京兆（治今陕西西安）人。景龙二年（708），登进士第。开元五年（717），为栎阳尉，马怀素荐修图籍。天宝间累官至工部侍郎。安史之乱，陷贼受伪官。两京收复，流渝州。有良史才，精谱牒之学。在书府四十年，居史职二十年，著有《唐职仪》、《集贤注记》、《御史台记》等，多佚。《全唐诗》存其诗四首，《全唐文》存其文九篇。生平事迹见《旧唐书》卷一〇二、《新唐书》卷一三二。

吕向 唐学者、散文家。字子回。一说泾州（治今甘肃泾川）人，一说东平（今属山东）人。少孤，依外祖母隐陆浑山。开元十年（722），召为翰林供奉，兼集贤院校理。曾上《美人赋》讽谏朝廷选采天下美女入宫，玄宗嘉纳，擢左拾遗。又献赋规讽玄宗校猎，进左补阙。十三年，以起居舍人从驾东巡。后迁主客郎中，再迁中书舍人，改工部侍郎。工草隶书法，一笔环写百字，世称“连绵书”。曾以李善注《文选》过繁，且仅注出典，遂与吕延济、刘良、张铣、李周翰等另为诂解，成《五臣注文选》三十卷。《全唐文》存其文三篇。生平事迹见《新唐书》卷二〇二。

张谔 唐诗人。景龙二年（708）登进士第，开元中官太祝。坐与岐王李范饮酒唱和，贬山茌丞。后复仕为陈王掾。诗多为奉教唱和之作。《全唐诗》存其诗十二首。生平事迹见《国秀集》目录、《旧唐书》卷九五、《唐诗纪事》卷一五。

苗晋卿（685—765） 唐散文家。字元辅。潞州壶关（今属山西）人。初任修武尉，累迁吏部郎中。因事贬安康太守，后徙魏郡，充河北采访使。肃宗朝，拜左相，封韩国公，改官侍中。代宗朝，拜太保，罢政事。《全唐诗》存其诗一首，《全唐文》存其文六篇。生平事迹见《旧唐书》卷一一三、《新唐书》卷一四〇。

王翰 唐诗人。翰或作澣，字子羽。并州晋阳（今山西太原）人。景云元年（710）登进士第。张说镇并州，礼遇之。开元八年（720）登直言极谏科，复登超拔群类科，授昌乐尉。张说为相，召为秘书正字，擢通事舍人，迁驾部员外郎。十四年，说罢相，出为汝州长史，改仙州别驾。贬道州司马。工乐府，善写边塞生活，尤以《凉州词》著名，明王世贞推为唐人七绝压卷之作。著有《王翰集》，已佚。《全唐诗》存其诗一卷，《全唐文》存其文一篇。生平事迹见《旧唐书》卷一九〇、《新唐书》卷二〇二、《唐诗纪事》卷二一、《唐才子传》卷一。

王澣 即王翰。

郑虔（？—约764） 唐画家、诗人。字若齐，一作弱齐。郑州荥阳（今属河南）人。开元中，任率更寺主簿、左监门录事参军。开元末授协律郎，坐私修国史，贬官。天宝九载（750）为广文博士，迁著作郎。安史乱起，伪署水部郎中，以疾不就，潜以密章达灵武。贼平，贬台州司户参军。博学多才，工山水画。玄宗称其诗、书、画为“郑虔三绝”。著有《会粹》、《天宝军防录》、《胡本草》，均佚。《全唐诗》存其诗一首。生平事迹见《唐代墓志汇编·郑承光墓志》、《千唐志斋藏志·郑仁颖墓志》、《新唐书》卷二〇二、《唐诗纪事》卷二〇、《唐才子传》卷二。

袁晖 唐诗人。京兆（治今陕西西安）人。景云二年（711）登文以经国科。先天中，为左补阙。开元初，任邢州司户参军，马怀素奏请召入校正群籍。八年（720），自河南法曹参军迁礼部员外郎，累官中书舍人。《全唐诗》存其诗八首，《全唐文》存其文一篇。生平事迹见《曲江集·附录》、《元和姓纂》卷四、《新唐书》卷一四、《唐诗纪事》卷一三。

王湾 唐诗人。洛阳（今属河南）人。先天元年（712）登进士第。开元初，任荥阳主簿。五年（717），参与修撰《群书四部录》。出为洛阳尉。词翰早著，曾往来吴楚间，作《次北固山下》（一名《江南意》）诗，脍炙人口，其“海日生残夜，江春入旧年”之句，唐殷璠评为“诗人以来少有”，张说曾手题于政事堂，令为楷式。《全唐诗》存其诗十首，《全唐文》存其文一篇。生平事迹见《河岳英灵集》卷下、《唐诗纪事》卷一五、《唐才子传》卷一。

张子容 唐诗人。襄阳（今属湖北）人。早岁隐于襄阳白鹤岩。先天元年（712）登进士第。

开元十六年(728)官乐城尉。后官晋陵尉。与孟浩然唱和。善五言律,《唐才子传》称为"兴趣高远"。《国秀集》选录其诗二首。《全唐诗》存其诗一卷,《全唐诗补编》存其诗一首。生平事迹见《唐诗纪事》卷二三、《唐才子传》卷一。

邢巨　唐诗人。扬州(今属江苏)人。先天元年(712),登手笔俊拔超越流辈科。开元七年(719),登文词雅丽科。曾任监察御史。《全唐诗》存其诗二首,《全唐文》存其文二篇。生平事迹见《全唐文》卷三〇八孙逖《授邢巨监察御史制》、《旧唐书》卷一九〇、《唐会要》卷七六。

韦见素(687—762)　唐散文家。字会微。京兆万年(今陕西西安)人。举进士第,授相王府参军,擢谏议大夫。天宝五载(746),为江西、山南、黔中、岭南道黜陟使,迁文部侍郎。十三载,拜武部尚书、同中书门下平章事,集贤院学士,知门下省事。次年,从玄宗入蜀,召兼左相,封豳国公。肃宗至德二载(757),至凤翔,拜尚书右仆射,后迁太子太师。上元元年(760),以疾致仕。《全唐文》存其文一篇。生平事迹见《旧唐书》卷一〇八、《新唐书》卷一一八。

王之涣(688—742)　唐诗人。字季淩。晋阳(今山西太原)人,后徙绛郡(治今山西新绛)。以门荫补冀州衡水主簿。为人所诬,遂拂衣去,游大河南北。曾北游蓟门,与高適交游唱和。后补瀛州文安尉,卒官。开元间,与王昌龄、崔国辅辈联唱叠和,名动一时。其边塞诗歌,意境雄浑,传乎乐章,布在人口。尤工绝句。《登鹳雀楼》、《凉州词》均广为传诵。《全唐诗》存其诗六首。生平事迹见《唐代墓志汇编·唐故文安郡文安县尉太原王府君墓志铭》、《唐诗纪事》卷二六、《唐才子传》卷三。

孟浩然(689—740)　唐诗人。字浩然。襄州襄阳(今属湖北)人。早年隐居襄阳鹿门山。开元中游长安,应进士举不第。十六年(728),至洛阳,复东南行,漫游江淮、吴越、江西等地,归襄阳。二十五年,张九龄为荆州长史,署为从事。复归襄阳。二十八年,王昌龄游襄阳,访之,相得甚欢,食鲜疾动,病卒。为盛唐山水田园诗派之代表诗人。诗擅五言,与王维齐名,并称"王孟"。李白曾盛赞其"红颜弃轩冕,白首卧松云"(《赠孟浩然》)之高节。虽长期遁迹山林,实怀经济之志,不甘寂寞。故其诗虽多以山水景物、田园风光为题材,仍充满对自然及现实人生之依恋,情调健康明朗,语言朴素清新,长于景物描绘、气氛渲染,创造出兴象玲珑、自然浑成之完美意境。故杜甫赞其"清诗句句尽堪传"(《解闷》),"往往凌鲍谢"(《遣兴》)。皮日休称其"遇思入境,不钩奇抉异","若公输氏当巧而不巧者",然"可与古人争胜毫厘"(《郢州孟亭记》)。明徐献忠评云:"襄阳气象清远,心悰孤寂,故其出语洒落,洗脱凡近,读之浑然省净,而彩秀内映,虽悲感谢绝,而兴致有余。藻思不及李翰林,秀调不及王右丞,而闲澹疏豁、翛翛自得之趣,亦非二公之长也。"(《唐诗品》)《夏日南亭怀辛大》、《秋登万山寄张五》、《夜归鹿门歌》、《与诸子登岘山》等诗均为传世名作,《春晓》、《宿建德江》、《过故人庄》传诵尤广。著有《孟浩然诗集》,今传。生平事迹见《全唐文》卷三七八王士源《孟浩然诗集序》、《旧唐书》卷一九〇、《新唐书》卷二〇三、《唐才子传》卷二。

卢僎　唐诗人。字手成。范阳(今河北涿州)人。开元六年(718),自闻喜县尉为集贤学士。后为襄阳令。开元末历祠部、司勋员外郎。天宝中,官吏部员外郎。八载(749),在临汝长史任。卒官。著有《卢公家范》,已佚。今传《卢僎集》。唐芮挺章《国秀集》收其诗十三首,《全唐诗》存其诗十四首。生平事迹见《隋唐五代墓志汇编·唐故光禄卿崔公墓志铭》、《新唐书》卷二〇〇、《唐会要》卷六四、《唐尚书省郎官石柱题名考》卷四。

李昂　唐诗人。陇西成纪(今甘肃秦安)人。李令终子。开元二年(714),进士科状元及第,后复登拔萃科。二十四年,以考功员外郎知贡举,为举人所讼,诏改以礼部侍郎知贡举。约开元末官终吏部郎中。以文词著称。《全唐诗》存其诗二首,《全唐诗补编》存其诗四首,中有赵郡李昂之作,《全唐文》存其赋、判各二篇。生平事迹见《芒洛遗文》卷中《大唐故吉州刺史陇西李府君墓志铭》、《大唐新语》卷一〇、《唐才子传》卷一。

张均　唐诗人。原籍河东(今山西永济西),后徙居洛阳(今属河南)。张说长子。开元四年(716)登进士第。以太原府司录参军为劝农使判官,后自太子通事舍人累迁主爵郎中、中书舍人。父卒,袭封燕国公,除户、兵二部侍郎。坐事贬饶、苏二州刺史。天宝间,复为户、兵二部侍郎,迁刑部尚书,转大理卿。禄山之乱,伪署中书令。肃宗还京,论罪当死,房琯等营救之,免死,流合浦。尝随父贬岳州,与赵冬曦、尹懋等唱和。著有《张均集》,已佚。《全唐诗》存其诗七首,《全唐文》存其文一篇。生平事迹见《旧唐书》卷九七、《新唐书》卷一二五。

王泠然(692—725) 唐文学家。字仲清。太原(今属山西)人。开元五年(717)登进士第,后官太子校书郎。曾上书张说自荐,未果。秩满,迁右威卫兵曹参军。《全唐诗》存其诗四首,《全唐诗补编》存其诗一首,《全唐文》存其文十一篇。生平事迹见《千唐志斋藏志·唐故右威卫兵曹参军王府君墓志铭》、《唐摭言》卷六、《唐诗纪事》卷二〇。

畅诸 唐诗人。汝州(治今河南临汝)人。开元中登进士第。九年(721),登拔萃科,后官至许昌尉。其《登鹳鹊楼》诗有"天势围平野,河流入断山"之句,盛传于时,历代所赏。然多误为畅当作,又仅传中二联。《全唐诗》存其诗一首,《全唐诗补编》补辑其《登鹳鹊楼》全诗,《全唐文》存其文二篇。生平事迹见《元和姓纂》卷九、《唐诗纪事》卷二七、《登科记考》卷七。

綦毋潜(约692—约755) 唐诗人。字孝通。虔州(治今江西赣州)人,一说为荆南(治今湖北江陵)人。开元十四年(726)登进士第。为校书郎,后归江东。天宝中,为右拾遗,十三载(754)为广文博士。官终著作郎。为盛唐山水田园诗派诗人之一。善写幽寂之景,方外之情。唐殷璠《河岳英灵集》录其诗六首,摘其《题鹤林寺》、《题灵隐寺山顶院》中语,谓"不可多得","历代未有"。《春泛若耶溪》为传诵名作。著有《綦毋潜诗》。《全唐诗》存其诗一卷。生平事迹见《元和姓纂》卷二、《新唐书》卷六〇、《玉海》卷一一二、《唐才子传》卷二。

王维(约692—761) 唐诗人、画家。字摩诘。太原祁县(今属山西)人,迁居蒲州(治今山西永济)。开元九年(721)登进士第,调太乐丞。因伶人违制舞黄狮子受累,贬济州司仓参军。张九龄执政,擢为右拾遗。二十五年秋,赴河西节度使幕为监察御史兼节度判官。天宝初,召为左补阙,历侍御史、库部员外郎、郎中。丁母忧,退居蓝田辋川别墅,与裴迪等浮舟往来,弹琴赋诗,啸咏终日。十一载(752)拜吏部郎中,迁给事中。安史叛军陷京,被迫受伪职。两京收复后论罪,因陷贼时曾作《凝碧池诗》思念唐室,弟缙又请削己官为其赎罪,仅责授太子中允,旋迁中书舍人,复拜给事中,转尚书右丞。退朝之后,焚香独坐,以饭僧、禅诵为事。卒,年近七十。与孟浩然同为盛唐山水田园诗派代表诗人,并称"王孟"。其早期有用世志,所作边塞、游侠、抒怀诗气骨遒劲,具盛唐蓬勃向上之进取精神;后期历经变乱挫折,思想消沉,奉佛持斋,多山水田园之作。其诗各体均擅,尤长五言。山水田园诗融禅理、画意、诗情于笔端,以自然精练、形象准确之语言,将自然美再现为艺术美,尤长于意境之创造。杜甫称其"最传秀句寰区满"(《解闷》),司空图赞其"趣味澄夐"(《与王驾评诗书》),殷璠评云:"词秀调雅,意新理惬,在泉为珠,着壁成绘,一字一句,皆出常境。"(《河岳英灵集》)苏轼谓其"诗中有画"(《书摩诘蓝田烟雨图》)。于后代山水田园诗及宋严羽之"妙悟"、清王士禛之"神韵"诸说均有重大影响。《终南山》、《山居秋暝》、《渭川田家》、《观猎》、《使至塞上》等均为传世名作。《辋川集》中绝句亦播在人口。工骈文。其《山中与裴迪秀才书》文笔清丽,写景如画,为唐代散文名篇。兼通音乐、绘画、书法。绘有《辋川图》,苏轼称其画中有诗,董其昌推为南宗之祖。有《王右丞集》。生平事迹见唐张彦远《历代名画记》卷一〇、《旧唐书》卷一九〇、《新唐书》卷二〇二、《唐才子传》卷二。陈铁民、张清华分别撰有《王维年谱》。

刘昚虚 唐诗人。字全乙。洪州新吴(今江西奉新)人。开元十一年(723)登进士第,又登宏词科。官弘文馆校书郎,后流落不偶。天宝中卒。与孟浩然、王昌龄、高適友善。诗多写自然景物。唐殷璠《河岳英灵集》评其诗"情幽兴远,思苦词奇,忽有所得,便惊众听。顷东南高唱者十数人,然声律婉态,无出其右,唯气骨不逮诸公"。《暮秋扬子江寄孟浩然》、《阙题·道由白云尽》等为其代表作。著有《鹡鸰集》,已佚。《全唐诗》存其诗一卷,《全唐诗补编》存其诗一首,《全唐文》存其文一篇。生平事迹见《唐诗纪事》卷二五、《唐才子传》卷一。

祖咏 唐诗人。洛阳(今属河南)人。开元十二年(724)登进士第。仕途失意,移居汝坟,与汝州长史王翰交游。与王维、储光羲、卢象、丘为友善。为盛唐山水田园诗人之一。唐殷璠称其诗"剪刻省净,用思尤苦,气虽不高,调颇凌俗"(《河岳英灵集》)。名作《终南望余雪》仅二韵,谓意尽而止。《夕次圃田店》、《田家即事》、《望蓟门》亦称佳作。今传《祖咏集》。《全唐诗》存其诗一卷,《全唐文》存其文二篇。生平事迹见《唐诗纪事》卷二〇、《唐才子传》卷一。

丁仙芝 唐诗人。润州曲阿(今江苏丹阳)人。开元十三年(725)登进士第。历主簿、余杭尉等职。唐殷璠选录其诗入《丹阳集》,评云:"婉丽清新,迥出凡俗,恨其文多质少。"著有

《丁余杭集》，已佚。《全唐诗》存其诗十四首。《千唐志斋藏志》存其《唐故随州司法参军陆府君墓志铭》一文。生平事迹见《全唐诗》卷一三八储光羲《贻丁主簿仙芝别》、《新唐书》卷六〇、《唐诗纪事》卷二四。

崔国辅　唐诗人。吴郡（治今江苏苏州）人。开元十四年（726）登进士第，授山阴尉。二十三年，授许昌令。开元末、天宝初，入为左补阙、起居舍人，历集贤直学士、礼部员外郎。天宝十一载（752），坐王鉷近亲，贬竟陵司马。长于乐府，与王昌龄、王之涣唱和。唐殷璠《河岳英灵集》评其诗云："婉娈清楚，深宜讽味。乐府数章，古人不及也。"《怨词二首》、《采莲曲》、《小长干曲》、《古意》均为五言四句，言短意长。今人编有《崔国辅诗注》。《全唐诗》存其诗一卷。生平事迹见《全唐文》卷三七一李昣《泗州刺史李君神道碑》、《新唐书》卷六〇、《唐诗纪事》卷一五、《唐才子传》卷二。

王昌龄（约694—约756）　唐诗人。字少伯。京兆长安（今陕西西安）人。开元十五年（727），登进士第，授秘书省校书郎。又登博学宏词科，授汜水尉。开元末，获罪谪岭南，遇赦北归。为江宁丞。天宝中，贬龙标尉。安史乱起，避乱江淮，为濠州刺史闾丘晓所杀。世称"王江宁"或"王龙标"。诗长于七绝，以写边塞军旅生活最为出色，亦有宫怨闺情及送别之什。诗作兴象玲珑，意境超妙，含蓄蕴藉，盛唐时最负盛名，有"诗家夫子"、"七绝圣手"之称。唐殷璠《河岳英灵集》选其诗十六首，居诸家之首，评云："元嘉以还，四百年内，曹、刘、陆、谢，风骨顿尽，今昌龄克嗣厥迹。"（据《唐诗纪事》转引）明王世贞谓其七绝可"与太白争胜毫厘，俱是神品"（《艺苑卮言》）。明胡应麟则评为"优柔婉丽，意味无穷，风骨内含，精芒外隐，如清庙朱弦，一唱三叹"（《诗薮》）。代表作有《从军行》、《出塞》、《西宫春怨》、《长信秋词》、《闺怨》、《春宫曲》、《芙蓉楼送辛渐》等。后人辑有《王昌龄集》。《全唐诗》存其诗四卷，《全唐文》存其文六篇。生平事迹见《旧唐书》卷一九〇、《新唐书》卷二〇三、《直斋书录解题》卷一九、《唐才子传》卷二。

梁涉　唐诗文家。涉或作陟，误。开元十五年（727），官右卫胄曹参军，屡迁司勋员外郎、户部郎中。约开元末、天宝初，自兵部郎中迁中书舍人，与孙逖、韦陟对掌文诰，时人荣之。后为吉温斥逐。工文能诗，亦擅书法。《全唐诗》存其诗一首，《全唐诗补编》存其诗二首，《全唐文》存其赋判四篇。生平事迹见《文苑英华》卷三八一孙逖《授梁涉中书舍人制》、《旧唐书》卷九二、《新唐书》卷二〇九、《唐郎官石柱题名考》卷八。

常建　唐诗人。开元十五年（727）登进士第。任盱眙尉。天宝中，曾寓居鄂渚，以诗招王昌龄、张偾同隐。约卒于天宝末。其诗长于五言，多以山水景物为题材，叩寂寻幽，风格近似王、孟。唐殷璠编《河岳英灵集》，以其为首，谓"建诗似初发通庄，却寻野径，百里之外，方归大道。所以其旨远，其兴僻，佳句辄来，唯论意表"。名篇有《题破山寺后禅院》、《宿王昌龄隐居》、《湖中晚霁》等。以边塞、羁旅、音乐为题材的诗，亦有佳作。今传《常建诗集》。《全唐诗》存其诗一卷，《全唐文》存其文二篇。生平事迹见《唐诗纪事》卷三一、《唐才子传》卷二。

李嶷　唐诗人。赵郡赞皇（今属河北）人。开元十五年（727）登进士第，官终右武卫录事参军。唐殷璠《河岳英灵集》选其诗五首，评曰："鲜净有规矩。其《少年行》三首，词虽不多，翩翩然佚气在目也。"《全唐诗》存其诗六首。生平事迹见《国秀集》目录、《新唐书》卷七二、《唐诗纪事》卷二二。

杜颀　唐诗人。开元十五年（727）登进士第。刘禹锡称其为"天宝中词人"。《全唐诗》存其诗二首，《全唐文》存其赋三篇、文一篇。生平事迹见《刘宾客文集》卷八《郑州刺史厅壁记》、《登科记考》卷七。

薛维翰　唐诗人。薛或作蒋。开元进士。工绝句。《国秀集》录其诗一首，《全唐诗》存其诗五首。生平事迹见《唐诗纪事》卷二〇。

贾彦璋　唐诗人。陕州（治今河南三门峡）人。约玄宗朝历监察御史、殿中侍御史及侍御史，官至库部郎中。《全唐诗》存其诗四首。生平事迹见《元和姓纂》卷七、《金石萃编》卷七四《御史台精舍题名》。

沈宇　唐诗人。玄宗朝官太子洗马。芮挺章选其诗一首入《国秀集》。《全唐诗》存其诗三首。生平事迹见《国秀集》目录。

薛奇童　唐诗人。名或作奇章，字灵孺。河东汾阴（今山西万荣）人。玄宗朝官至大理司直。肃宗时，拜慈州刺史。《全唐诗》存其诗七首。生平事迹见《国秀集》目录、《新唐书》卷七三。

张鼎　唐诗文家。早岁客游江南。开元中任侍御。开元末、天宝初官司勋员外郎。与储光羲交游唱和。《国秀集》选录其诗一首,《全唐诗》存其诗四首,《全唐诗补编》存其诗一首,《全唐文》存其赋五篇、判五篇。生平事迹见《全唐诗》卷一三九储光羲《同张侍御鼎和京兆萧兵曹华岁晚南园》、《国秀集》目录。

沈颂 唐诗人。吴兴武康(今浙江德清)人。开元末,登进士第。天宝初,官无锡尉。《国秀集》选录其诗二首,《全唐诗》存其诗六首。生平事迹见《国秀集》目录、《嘉泰吴兴志》卷一六。

徐晶 唐诗人。玄宗时人。曾官鲁郡录事。与蔡孚相唱和,《国秀集》选录其诗三首。《全唐诗》存其诗五首。生平事迹见《国秀集》目录。

孙逖(696—约761) 唐文学家。博州武水(今山东聊城)人。其父曾移居潞州涉县(今属河北)与巩县(今河南巩义)。开元二年(714),举手笔俊拔、哲人奇士隐沦屠钓及文藻宏丽等三科,授山阴尉。十年,又举贤良方正科,玄宗引见,擢左拾遗,迁左补阙。后以起居舍人入为集贤院学士。二十一年,任考功员外郎,兼集贤院修撰。二十四年,迁中书舍人。天宝年间,历刑部侍郎、太子左庶子、太子少詹事等官。少即能文,十五岁作《土火炉赋》,为崔日用赞叹。开元年间掌管诏诰凡八年,颜真卿《孙逖文公集序》评曰:"其序事也,则《伯乐川记》及诸碑志,皆卓立千古,传于域中。其为诗也,必有逸韵佳对,冠绝当时,布在人口。其词言也,则宰相张九龄欲擿摭疵瑕,沉吟久之,不能易一字。"誉为"人文之宗师,国风之哲匠"。今传《孙逖集》。《全唐诗》存其诗一卷,补其诗一首,《全唐文》存其文六卷,《唐文拾遗》存其文三篇。生平事迹见《旧唐书》卷一九〇、《新唐书》卷二〇二。

房琯(697—763) 唐文学家。字次律。河南(今河南洛阳)人。开元十二年(724),献封禅书,授校书郎,累为县令。天宝中,自主客员外郎,累迁至宪部侍郎。玄宗幸蜀,拜文部尚书同平章事。肃宗立,加招讨西京兼防御蒲潼两关兵马节度等使,统兵讨贼,兵败于陈涛斜。罢相,出为邠、晋、汉诸州刺史。召为刑部尚书,道卒。与杜甫交厚。《全唐诗》存其诗一首,《全唐文》存其文二篇。生平事迹见《旧唐书》卷一一一、《新唐书》卷一三九。

李阳冰 唐书法家、文学家。字少温,一作仲温。赵州(治今河北赵县)人。李白族叔。乾元年间,任缙云令。宝应元年(762),为当涂令。后官至将作少监。李白晚年往依之,病重时,付文稿若干,嘱为作序。白故后,编白诗文成《草堂集》十卷,并为序。亦善词章,尤工篆书,取法秦《峄山刻石》,自成风格,笔致淳劲,后人学篆皆以为宗,并称可与秦李斯之篆书相埒,并称"冰斯"。又曾刊定《说文》为三十卷。《全唐诗》存其诗一首,《全唐文》存其文八篇。生平事迹见《旧唐书》卷一九〇、《新唐书》卷二〇二、《唐诗纪事》卷二六、《宣和书谱》卷二。

蒋洌 唐诗人。洌一作冽。常州义兴(今江苏宜兴)人。蒋涣弟。开元中登进士第,历监察御史、侍御史。至考功、司封员外郎。天宝中,历礼、吏、户三部侍郎、尚书左丞。安史乱起,受伪职。后不知所终。《全唐诗》存其诗七首。生平事迹见《旧唐书》卷一八五、卷一二七,《新唐书》卷一〇六。

晁衡(698—770) 一作朝衡。唐诗人。字巨卿。日本国人,原名阿倍仲麻吕。开元五年(717),随日本遣唐使团来长安,易汉名晁衡,就读太学。卒业,任司经局校书。历左拾遗、左补阙、仪王友、卫尉卿、秘书监。天宝十二载(753),请求归国,受命为聘贺使。王维等有诗送行。船至琉球,遇大风,漂至驩州,遇盗,同行者多死。时李白风闻其遇难,作诗哭之。辗转归长安。上元中,授左散骑常侍、安南都护。后归京,卒。《全唐诗》存其诗一首。生平事迹见《旧唐书》卷一九九、《新唐书》卷二二〇。

贺兰进明 唐诗人。开元十六年(728)登进士第。至德中,累迁至河南节度使。乾元二年(759),坐第五琦党,贬溱州员外司马。后不知所终。唐殷璠《河岳英灵集》称其"好古博达,经籍满腹,其所著述一百余篇,颇究天人之际。又有古诗八十首,大体符于阮公。又《行路难》五首,并多新兴"。《全唐诗》存其诗七首,《全唐文》存其文二篇。生平事迹见《旧唐书》卷一八七、《新唐书》卷一九二。

陶翰 唐文学家。润州丹阳(今属江苏)人。开元十八年(730)登进士第。连登博学宏词、拔萃二科,授华阴丞。天宝年间,累陟大理评事、太常博士,官终礼部员外郎。精于赋序,尤擅五言诗,《古塞下曲》、《燕歌行》等边塞诸作慷慨悲壮。唐殷璠谓其诗"既多兴象,复备风骨"(《河岳英灵集》)。大历诗人鲍防、谢良弼、谢良辅等均受其奖掖。著有《陶翰集》,已佚。《全唐诗》存其诗一卷,《全唐诗补编》存其诗一首,《全唐文》存其文二十篇。生平事迹见《全唐文》卷五二八顾况《礼部员外郎陶氏集序》、《唐会要》卷七六、《唐诗纪事》卷二〇、《宝刻丛编》卷一〇、《唐才子传》卷二。

李颀　唐诗人。郡望赵郡(治今河北赵县),居颍阳(今河南登封)人。开元二十三年(735)进士,曾官新乡尉。天宝初,流连于长安、洛阳。以久不调迁,辞官归故乡东川隐居,约卒于安史乱前。《唐才子传》称其"性疏简,厌薄世务。慕神仙,服饵丹砂,期轻举之道,结好尘喧之外"。与王昌龄、崔颢、綦毋潜、岑参、王维等交游唱酬。诗以古体、歌行与七律见长。七言歌行能以奔放的才力铺叙夸饰、描景写人,尤善表现边塞、行旅、赠别等题材,风格豪健遒劲、慷慨悲壮,充满"高苍浑朴之气"(清毛先舒《诗辩坻》)。七律留存不多,但构思巧密、声韵铿锵,尤重锤词炼句,故极耐人寻味。唐殷璠称其为"伟才",评其诗曰:"发调既清,修辞亦秀,杂歌咸善,玄理最长"(《河岳英灵集》)。代表作有《古从军行》、《送陈章甫》、《听安万善吹觱篥歌》、《听董大弹胡笳声兼寄语弄房给事》、《送魏万之京》等。今传《李颀集》。《全唐诗》存其诗三卷。生平事迹见《唐诗纪事》卷二〇、《唐才子传》卷二。

高適(约700—765)　唐诗人。字达夫。郡望渤海蓨县(今河北景县)。早年旅居岭南,后客居梁、宋。家贫,开元中,西游长安,求仕无成。乃北上蓟门,漫游燕赵。又南返宋中,浪迹渔樵,与李白、杜甫等交游。天宝八载(749),举有道科,授封丘尉。十二载,入河西节度使哥舒翰幕,为左骁卫兵曹、掌书记。安史乱起,以监察御史佐翰守潼关。潼关失守,奔行在,以侍御史擢谏议大夫。至德二载(757),兼御史大夫、扬州大都督府长史、淮南节度使,与来瑱、韦陟等合兵平永王李璘。李辅国嫉其才,数短毁之。乾元元年(758),左除太子少詹事,留司洛阳。历蜀、彭二州刺史。广德元年(763),迁剑南西川节度使兼领东川。次年入朝为刑部侍郎,转左散骑常侍。世称"高常侍"。为盛唐边塞诗派代表作家。与岑参齐名,并称"高岑"。长于古风、乐府,论诗推崇建安风骨。诗歌题材广泛,尤能反映民生疾苦。边塞诗以揭露将帅骄纵、同情戍卒著称,风格悲壮,代表其诗歌创作之最高成就。杜甫誉其诗"方驾曹刘不啻过"(《奉寄高常侍》)。唐殷璠谓其诗"多胸臆语,兼有气骨,故朝野通赏其文"(《河岳英灵集》)。《燕歌行》、《封丘县中作》等诗为其代表作。著有《高適集》,已佚。今有《高常侍集》行世。《全唐诗》编其诗四卷,《全唐诗补编》存其诗十一首。生平事迹见《旧唐书》卷一一一、《新唐书》卷一四三、《唐诗纪事》卷二三、《唐才子传》卷二。周勋初有《高適年谱》,左云霖有《高適传论》。

陈章甫　唐散文家。江陵(今属湖北)人。长期隐居嵩山。开元进士。曾应制科及第,因未登记户籍,吏部不予录取,乃上书申辩,始得破例登科。官至太常博士,因无意仕宦,辞归,乃浪迹洛阳寺院林泉。曾作《史兴碑》,高適有《同观陈十六史兴碑》诗赞之。《全唐文》存其文三篇。生平事迹见《元和姓纂》卷三。

李白(701—762)　唐诗人。字太白,号青莲居士。自称祖籍陇西成纪(今甘肃秦安),隋末流寓碎叶(今吉尔吉斯斯坦托克马克附近)。出生地有蜀中、西域诸说,尚无定论。少居绵州昌隆(今四川江油)青莲乡,遍观经史百家,好神仙,喜任侠。开元十二年(724),辞亲远游,南穷苍梧,东涉溟海,足迹遍长江中下游地区。因妻故相许圉师孙女,遂寓居安陆十年。西入长安,贺知章见之,惊为"谪仙人"。后求仕无成,遂东归,移居任城,与孔巢父等同隐于徂徕山,时号"竹溪六逸"。天宝元年(742),诏征入京,供奉翰林。三载,因权贵谗毁,赐金还山。与杜甫、高適同游梁宋。归东鲁,受道箓于齐州紫极宫。复漫游吴越、幽燕等地。安史乱起,受永王璘召入幕府,璘败,系浔阳狱,长流夜郎。中道遇赦放还,漂泊于江汉、洞庭、江西、宣城、金陵等地。后依族叔李阳冰于当涂。上元二年(761),李光弼出镇临淮,欲以六十一岁高龄前往从军,病还,卒于当涂。代宗即位,以左拾遗召,会已卒。人称李翰林或李谪仙。为唐代伟大诗人。与杜甫齐名,世称"李杜"。其诗各体均工,尤擅乐府、绝句。其内容或表现建功立业愿望,或抒写失志不平愤懑,或抨击黑暗现实,或关心民生疾苦,或流连山水风光,风格或豪放飘逸,或明秀清新,均热情奔放,想像丰富,骨气端翔,兴象超妙,含蕴深厚,自然浑成,既表现其独特气质与个性,又充分反映时代之精神风貌,闪烁理想主义之光辉,故能代表盛唐诗歌最高成就。同时代人如杜甫称"白也诗无敌,飘然思不群"(《春日忆李白》),"笔落惊风雨,诗成泣鬼神"(《寄李十二白二十韵》),李阳冰谓"其言多天仙之辞,凡所著述,言多讽兴。自风、雅以后,驰驱屈、宋,鞭挞扬、马,千载独步,唯公一人"(《草堂集序》),韩愈云"李杜文章在,光焰万丈长"(《调张籍》),均给予极高评价。后代诗人如欧阳修、苏轼、陆游等无不受其影响，明高棅《唐诗品汇》将其诗列为各体之"正宗"。《蜀道难》、《行路难》、《将进酒》、《梦游天姥吟留别》、《静夜思》、《望庐山瀑布》、《早发白帝城》等诗均为传世名作。其文亦雄奇俊逸，以气势胜，骈散俱工。《大鹏赋》为唐赋名篇，《与韩荆州书》、《春夜宴桃李园序》均诵在人口。世传其所作《菩萨蛮》(平林漠漠烟如织)、《忆秦娥》(箫声咽)，黄昇推此二词"为百代词曲之祖"(《唐宋诸贤绝妙词选》)，然后人颇疑非其所作，尚无定论。著有《草堂集》、《李翰林集》，均佚。宋宋敏求编《李太白文集》三十卷，今传。生平事迹见《全唐文》卷四三七李阳冰《草堂集序》、魏颢《李翰林集序》、卷六一四范传正《唐左拾遗翰林学士李公新墓碑并序》，《旧唐书》卷一九〇，《新唐书》卷二〇二。詹锳有《李白诗文系年》、《李白诗论丛》，王运熙等有《李白研究》，裴斐有《李白十论》，郁贤皓有《李白丛考》，安旗、薛天纬有《李白年谱》，均足参考。

青莲居士 李白的别号。

薛据(约701—约768) 唐诗人。河中宝鼎(今山西万荣)人。开元十九年(731)，登进士第，授永乐主簿，改涉县令。天宝六载(747)，又登风雅古调科。十一载，任大理司直。乾元中，除太子司议郎，后为祠部员外郎，官至水部郎中。大历初，客江陵。曾与杜甫、高適、岑参、储光羲等诗人同登长安慈恩寺塔赋诗。杜甫称其赋诗"挥洒动八垠"，誉为"才力老益神"之"盖代手"(《寄薛三郎中》)。唐殷璠谓其"为人骨鲠有气魄，其文亦尔"，其《古兴诗》"怨愤颇深"(《河岳英灵集》)。《全唐诗》存其诗十二首，《全唐诗补编》存其诗一首。生平事迹见《旧唐书》卷一四六、《唐诗纪事》卷二五、《唐才子传》卷二。

王缙(701—781) 唐文学家。字夏卿。太原祁县(今属山西)，迁居蒲州(治今山西永济)，遂为河东人。王维弟。开元七年(719)，举文辞清丽科上第。十五年，登草泽自举科。累迁侍御史、武部员外郎。安史乱起，擢太原少尹，佐李光弼守太原，以功加宪部侍郎，迁兵部。后拜国子祭酒。广德二年(764)，历河北宣慰使、黄门侍郎、同中书门下平章事，进侍中，持节都统河南、淮西、山南东道诸节度行营事，加东都留守。岁末，又拜河南副元帅、兼河东节度使。后复入朝为相。晚年佞佛，追随元载，与载同时获罪，贬括州刺史，终为太子宾客。奉诏编兄王维集为十卷。《全唐诗》存其诗八首，《全唐文》存其文七篇、《唐文拾遗》存其文一篇。生平事迹见《旧唐书》卷一一八、《新唐书》卷一四五。

卢象(？—约763) 唐诗人。字纬卿。祖籍范阳(今河北涿州)，家居汶上(今山东曲阜一带)。开元中登进士第，补校书郎。历左补阙、司勋员外郎、膳部员外郎。安史乱中，受伪职。后贬果州长史、永州司户、吉州长史。起为主客员外郎。工诗，刘禹锡《唐故尚书主客员外郎卢公集纪》谓其"与王维、崔颢比肩骧首，鼓行于时，妍词一发，乐府传贵"。著有《卢象集》，已佚。《全唐诗》存其诗一卷，《全唐诗补编》存其诗三首，《全唐文》存其文二篇。生平事迹见《新唐书》卷六〇、《唐才子传》卷二。

崔颢(约704—754) 唐诗人。汴州(治今河南开封)人。开元十一年(723)登进士第。漫游南北。开元后期从事河东军幕。天宝初，为太仆寺丞，终司勋员外郎。唐殷璠《河岳英灵集》云："颢年少为诗，名陷轻薄。晚节忽变常体，风骨凛然，一窥塞垣，说尽戎旅。"名作《黄鹤楼》，宋严羽《沧浪诗话》推为唐人七律第一。今传《崔颢集》。《全唐诗》存其诗一卷，《全唐诗补编》存其诗五首。生平事迹见《旧唐书》卷一九〇、《新唐书》卷二〇三、《唐才子传》卷一。

不空(705—774) 唐高僧。密宗创始人之一。梵名阿目佉跋折罗，意为"不空金刚"。北天竺(今印度)人，一说师子国(今斯里兰卡)人。幼随叔父至唐。十五岁师事金刚智。开元二十九年(741)率弟子乘舟至师子国、天竺求密藏。天宝五载(746)返，赐号智藏。历玄宗、肃宗、代宗三朝皆为灌顶国师。永泰元年(765)授特进试鸿胪卿，加号大广智三藏。大历九年(774)敕加开府仪同三司，封肃国公。卒赠司空，谥大辩正广智三藏。与善无畏、金刚智并称"开元三大士"。学识渊博，所译佛经畅达妥贴。译有《金刚顶经》、《大乘密严经》等大乘及密宗经典七十七部，一百二十卷。《全唐文》存其文三篇。生平事迹见《宋高僧传》卷一慧朗《唐京兆大兴善寺不空传》、《大唐贞元续开元释教录》卷上、《贞元新定释教目录》卷一五、《续贞元释教录》。

牛肃 唐小说家。原籍京兆泾阳(今属陕西)，后徙居怀州河内(今河南沁阳)。生于武后时，开元二十八年(740)家怀州。官终岳州刺史。著有志怪传奇小说集《纪闻》，又与僧至演同撰《上都清禅师至演禅师钟传》一卷(见《日本国承和五年入唐求法目录》),今佚。生平事迹见卞孝萱《〈纪闻〉作者牛肃考》(《江海学刊》1962年第7期)。

郑审 唐画家、诗人。郑州荥阳(今属河南)人。开元末任监察御史,转殿中侍御史。天宝中历司勋、吏部员外郎、吏部郎中。天宝末任谏议大夫,又曾任秘书少监。乾元中官袁州刺史。大历初为江陵少尹。善丹青,有诗名,居江陵时与杜甫唱和。《全唐诗》存其诗二首。生平事迹见《国秀集》目录,《唐会要》卷六一、卷八六,《旧唐书》卷九五,《历代名画记》卷一〇,《唐尚书省郎官石柱题名考》卷三。

万楚 唐诗人。开元间进士。沉迹下僚,后退居颍水之滨。与李颀友善。清沈德潜谓其《骢马》诗"几可追步老杜"(《唐诗别裁集》)。《国秀集》选其诗三首,《全唐诗》存其诗八首,《全唐文》存其文一篇。生平事迹见《李颀集》卷上、《唐诗纪事》卷二〇。

薛业 唐诗人。开元、天宝间处士。肃宗朝,西游庐山。代宗初尚在。独孤及称其"敦于诗"。《全唐诗》存其诗二首。生平事迹见《毗陵集》卷一四《送薛处士业游庐山序》、《唐诗纪事》卷二八。

徐安贞 唐文学家。始名楚璧。信安龙丘(今浙江衢州)人。初应制举,一岁三擢甲科。开元初任武陟尉,受荐整理秘府书籍。九年(721)以右拾遗为劝农使判官。十九年官礼部员外郎,历中书舍人、集贤院学士,待诏翰林。终中书侍郎。诗善五言,多为应制及送别之作。与他人合编《文府》,已佚。明人辑有《徐安贞集》。《全唐诗》存其诗十一首,《全唐文》存其文十二篇。生平事迹见《唐会要》卷八五、《旧唐书》卷一九〇、《新唐书》卷二〇〇、《唐诗纪事》卷二五、《唐尚书省郎官石柱题名考》卷二〇。

史青 唐诗人。零陵(今属湖南)人。开元初,上书自荐能诗,玄宗试以除夕、上元、竹火笼等诗题,皆应口而成,玄宗称赏,授左监门卫将军。《全唐诗》存其诗一首。生平事迹见《唐诗金粉》卷二。

尹懋 唐诗人。河间(今河北献县)人。开元初为岳州从事,后入朝任补阙。曾与张说、赵冬曦唱和。《全唐诗》存其诗四首。生平事迹见《唐诗纪事》卷一七。

殷璠 唐诗选家。丹阳(今属江苏)人。天宝间乡贡进士。尝编选开元、天宝间二十四人诗为《河岳英灵集》二卷,附以评语。由卷首自序和"集论"可知,此选意在彰明自己对诗歌本质特征的认识,对当时诗坛新的创作风气予以表彰和总结。标举"既闲新声,复晓古体。文质半取,风骚两挟。言气骨则建安为俦,论宫商则太康不逮"的作家作品。其主张格律风骨兼备,并基于唐初以来创作实际,尤推尚风骨的理论主张,不但深契盛唐诗歌的风格特点,且对终结齐梁以来浮靡侧艳的不良文风也起了重要作用。其以选诗方式标举一家宗旨,对后世影响甚大。另有《丹阳集》一卷,已佚。生平事迹仅从《河岳英灵集》题下"唐丹阳进士殷璠"得其大概。

刘庭琦 唐诗人。庭一作廷。沛国相县(今安徽濉溪)人。开元中,任万年尉。坐与岐王李范饮酒唱和,贬雅州司户。天宝初,官西河长史。明高棅《唐诗品汇》列其七言古诗、绝句于"正始"门中。《全唐诗》存其诗四首,《全唐文》存其文一篇。生平事迹见《元和姓纂》卷五、《旧唐书》卷九五、《新唐书》卷八一。

丰干 唐诗僧。天台国清寺僧。乐独舂谷,夜则唱歌,状类颠狂。相传尝乘虎入松门,口诵《唱道歌》,时众方崇重之。今存其房中壁上歌二首,附见于寒山诗集,余嘉锡《四库提要辨证》疑其为宋人依托。生平事迹见《宋高僧传》卷一九。

寒山 唐诗僧。曾游历四方,后居于台州始丰县西之翠屏山。其地幽僻寒冷,故亦名寒岩,因自号寒山子。来往于天台国清寺,与诗僧拾得等为友。旧传闾丘胤作《寒山子诗集序》,谓为贞观时人。余嘉锡《四库提要辨证》考定其为玄宗朝人,贞元中犹在世,序为伪作。好为诗,每得一篇一句,辄题于树间石上,好事者随而录之。其诗多宣扬佛理,讥刺世态人情,通俗诙谐。《四库全书总目》谓其"皆信手拈弄,全作禅门偈语","而机趣横溢,多足以资劝戒"。存诗三百余首,编为《寒山诗》。《全唐诗》亦编其诗一卷,《全唐诗补编》存其诗三首。生平事迹见《宋高僧传》卷一九。

拾得 唐诗僧。本为弃儿,天台国清寺僧丰干拾而养之,故名拾得。后为国清寺僧,执涤器牧牛之役,与寒山为友。旧传为贞观时人。据余嘉锡《四库提要辨证》考证,实为玄宗至大历间人。其诗多为宣扬佛理以劝世讽俗,与寒山诗相类。后人编录其诗一卷,附寒山诗集后,今存。《全唐诗》存其诗一卷。生平事迹见《宋高僧传》卷一九。

李昂 唐诗人。赵郡赞皇(今属河北)人。都水使者李暕子。天宝七载(748)为柱史韦某奏充投籴使判官,使赤水军。后官主仓部员外郎。以文章家法,为世祖尚。《全唐诗补编》补陇西李昂诗四首,其中《塞上听弹胡笳作》自云天宝七载为判官事,《驯鸽篇》涉及荥阳主簿贾季良,亦为天宝中事,当为此李昂之诗。生平事迹见《唐代墓志汇编·唐故试秘书省秘书郎兼河中府宝鼎县令赵郡李府君墓志铭》。

吴筠(?—778) 唐道士、文学家。字贞节。华州华阴(今属陕西)人。少即笃志道教,隐于南阳倚帝山。天宝初,受召至京师,乃请度为道士,后入嵩山嵩阳观,依道士冯齐整学正一之法。天宝十三载(754)再召入京,入大同殿,为翰林供奉。旋自请归山。安史乱后,隐于庐山,后游浙中。卒宣城道观,弟子私谥宗玄先生。能诗善赋,文辞工美。诗文多咏历代神仙高士之事,亦有游历山水、感怀时事之作。今传《宗玄先生文集》。《全唐诗》收其诗一卷又六首,《全唐诗补编》存其诗三首、句四,《全唐文》存其文二卷。生平事迹见《全唐文》卷五〇八权德舆《唐故中岳宗玄先生吴尊师集序》、卷五〇九权德舆《吴尊师传》,《旧唐书》卷一九二,《新唐书》卷一九六。

苏源明(?—764) 唐文学家。初名预,避代宗讳改,字弱夫。京兆武功(今属陕西)人。少孤,侨寓徐、兖间。天宝间,举进士第,再试集贤院,历河南令,迁太子谕德。十二载(753),出为东平太守。后入朝为国子司业。安禄山攻陷京师,乃托病拒受伪职。肃宗收复两京,擢考功郎中,知制诰。官终秘书少监。与杜甫、郑虔、元结等交善;杜甫于《怀旧》诗中尊为"词伯"。原有集,已佚。《全唐诗》存其诗二首,《全唐文》存其文五篇。生平事迹见《新唐书》卷二〇二。

金地藏(705—803) 唐诗僧。俗姓金,法名地藏。新罗国王支属。出家后入唐,栖止九华山,终日端坐谷中平地。至德中,村民为筑禅宇。《全唐诗》、《全唐诗补编》各存其诗一首。生平事迹见《宋高僧传》卷二〇。

阳浚 唐诗人。或作杨浚,误。开元中登进士第,授校书郎。天宝中任中书舍人。十二载(753)后,以礼部侍郎四掌贡举。迁尚书左丞。《全唐诗》存其诗三首,《唐代墓志汇编》存其《唐故朝散大夫太子左赞善大夫陇西李府君墓志铭》一文。生平事迹见《全唐文》卷三一六李华《三贤论》、《唐摭言》卷一四。

崔曙(?—739) 唐诗人。曙一作署。博陵(今河北安平)人。少孤贫,曾居宋州,有草堂在嵩山太室。开元二十六年(738)登进士第,官河内尉。曾与薛据唱酬。诗以省试时所作《明堂火珠诗》最有名。《国秀集》选其诗五首。唐殷璠《河岳英灵集》选其诗六首,并评曰:"言词款要,情兴悲凉,送别登楼,俱堪泪下。"著有《崔曙集》。《全唐诗》存其诗十五首,《全唐文》存其文一篇。生平事迹见《唐诗纪事》卷二〇、《唐才子传》卷二。

刘餗 唐史学家、小说家。字鼎卿。彭城(今江苏徐州)人。天宝初,官集贤殿学士,兼知史官,监修国史,终右补阙。与父知幾及兄贶同为一时史家。所谓"父子三人更莅史官,著《史例》,颇有法"(《新唐书》本传)。著有《隋唐嘉话》。又著有《续说苑》、《乐府古题解》、《六说》、《授经图》、《兼讲书》等,失传。《全唐文》存其文一篇。生平事迹见《旧唐书》卷一〇二、《新唐书》卷一三二。

储光羲(约706—约762) 唐诗人。润州延陵(今江苏丹阳)人,郡望兖州(今属山东)。开元十四年(726)登进士第。解褐,任职冯翊,历安宜、汜水、下邽县尉。开元二十一年前后辞官归乡。后入秦,隐于终南山。召为太祝。天宝末,迁监察御史。安史乱中陷贼,受伪职,后脱身南归,贬死。与孟浩然、王维、裴迪、祖咏、綦毋潜等交往唱酬,为盛唐山水田园诗派代表诗人。唐殷璠《河岳英灵集》称其诗"格高调逸,趣远情深,削尽常言,挟风雅之迹、浩然之气"。《四库全书总目》亦谓其诗"质朴之中,有古雅之味"。代表作有《田家即事》、《钓鱼湾》等。其《田家杂兴八首》为宋秦观、范成大以组诗写田园之先导。著有《储光羲集》、《政论》,均佚。有《储光羲集》传世。生平事迹见《全唐文》卷五二八顾况《监察御史储公集序》、《唐诗纪事》卷二二、《唐才子传》卷一。

余延寿 唐诗人。一作徐延寿,误。江宁(今江苏南京)人,一作润州(治今江苏镇江)人。开元间处士。诗入《丹阳集》,唐殷璠评其诗"娈婉艳美"。《全唐诗》存其诗三首。生平事迹见《新唐书》卷六〇、《唐诗纪事》卷一七、《嘉定镇江志》卷一八。

张晕 唐诗人。或作张翚,误。润州丹阳(今属江苏)人。开元二十三年(735)登进士第,官校书郎。唐殷璠《丹阳集》汇次其诗,评曰:

"巧用文字，务在规矩。"《全唐诗》存其诗二首。生平事迹见《新唐书》卷六〇、《唐诗纪事》卷一五、《吟窗杂录》卷二六。

周瑀　唐诗人。润州丹阳(今属江苏)人。开元中为吏部常选。唐殷璠汇次其诗入《丹阳集》，评曰："窈窕鲜洁，务为奇巧。"《全唐诗》存其诗三首。生平事迹见《新唐书》卷六〇、《吟窗杂录》卷二六。

张潮　唐诗人。润州曲阿(今江苏丹阳)人。开元时处士。唐殷璠《丹阳集》、李康成《玉台后集》、顾陶《唐诗类选》皆选录其诗。殷璠评其诗："委曲怨切，颇多悲凉。"《长干行》为其代表作。《全唐诗》存其诗五首。生平事迹见《新唐书》卷六〇、《唐诗纪事》卷二七。

殷遥　唐诗人。润州句容(今属江苏)人。玄宗时，官校书郎、忠王府仓曹参军。心慕禅寂，与王维、储光羲交厚。唐殷璠汇次其诗入《丹阳集》，谓其"诗闲雅，善用声"。《全唐诗》存其诗五首。生平事迹见《全唐诗》卷一三八储光羲《新丰作贻殷四校书》、《唐诗纪事》卷一七、《唐才子传》卷三。

阎防　唐诗人。广平(今河北鸡泽)人，望出常山(今河北正定)。开元二十二年(734)登进士第，授官，后贬湘中司户。又曾官大理评事，开元末、天宝初，卜居终南山，读书于丰德寺附近草堂。有诗名，孟浩然、岑参、储光羲等均有赠诗。唐殷璠《河岳英灵集》选录其诗五首，评曰："其警策语多真素。"著有《阎防诗》，已佚。《全唐诗》存其诗五首。生平事迹见《元和姓纂》卷五、《唐诗纪事》卷二六、《唐才子传》卷二。

裴迪　唐诗人。关中(今陕西中部地区)人，一说绛州闻喜(今属山西)人。天宝间，与王维、崔兴宗隐居终南山，相与唱和。安史乱起，陷贼中，居洛阳。上元中，曾至蜀中，与杜甫有诗唱和。风格平易清新，与王维接近。与王维同咏之《辋川集》二十首，为人传诵。《全唐诗》存其诗二十九首。生平事迹见《旧唐书》卷一九〇、《唐诗纪事》卷一六。

崔兴宗　唐诗人。博陵安平(今属河北)人。王维内弟。天宝十一载(752)官右补阙，终饶州长史。隐居终南山，与王维、裴迪、卢象等交游唱和。曾游蜀，王维有诗相送。《青雀歌》颇有气格。《全唐诗》存其诗五首。生平事迹见《新唐书》卷七二、《唐诗纪事》卷一六、《唐才子传》卷二。

丘为　唐诗人。苏州嘉兴(今属浙江)人。天宝二年(743)登进士第。累官太子右庶子，以左散骑常侍致仕。贞元中卒，年九十六。与王维、刘长卿唱和，颇著诗名。长于五言，格调清幽淡逸，《登润州城》、《题农父庐舍》、《泛若耶溪》、《寻西山隐者不遇》等作为世所称。著有《丘为集》，已佚。《全唐诗》存其诗十三首，《全唐诗补编》存其诗五首。生平事迹见《新唐书》卷六〇、《唐诗纪事》卷一七、《唐才子传》卷二。

梁锽　唐诗人。倜傥不羁，落魄半生，年四十尚无禄位。天宝初，曾官执戟，又尝从军掌书记，与主帅不叶，拂衣归。擅五言律诗。其《咏木老人》诗，唐明皇晚年退居西内常吟咏之。与李颀、钱起、岑参交厚。《国秀集》、《御览诗》均选录其诗。《全唐诗》存其诗十五首。生平事迹见《全唐诗》卷一三三李颀《别梁锽》、《国秀集》目录、《唐诗纪事》卷二九。

阎宽　唐诗人。广平(今河北鸡泽)人。玄宗朝，官太子正字、醴泉尉，天宝十三载(754)，任监察御史，充河北采访使安禄山判官。唐芮挺章《国秀集》选录其诗五首，《全唐诗》存其诗五首。生平事迹见《国秀集》目录、《颜鲁公文集》卷一三《东方先生画赞碑阴记》、《元和姓纂》卷五、《宝刻丛编》卷三。

张怀瓘　唐书法评论家。海陵(今江苏泰州)人。曾任率府兵曹、鄂州长史。开元中，为翰林院供奉。善真、行、小篆、八分等书体。著有《书断》、《评书药石论》、《六体书论》等。《全唐文》存其文二十二篇，均为论书法之作。生平事迹见《新唐书》卷五七、陶宗仪《书史会要》。

张巡(709—757)　唐诗文家。邓州南阳(今属河南)人，一说蒲州河东(今山西永济)。开元二十四年(736)进士。天宝中，由太子通事舍人出为清河令，调真源令。安史乱时，起兵雍丘拒叛军。后与许远合守睢阳，诏拜主客郎中，副河南节度使。至德二载(757)，诏拜御史中丞，世称张中丞。守睢阳达数月，终因粮绝城破遇害。赠扬州大都督，图凌烟阁。《新唐书》本传谓其"读书不过三复，终身不忘。为文章不立稿"。《全唐诗》存其诗二首，《全唐文》存其文三篇。生平事迹见《旧唐书》卷一八七、《新唐书》卷一九二。

蒋涣(？—约795)　唐诗人。常州义兴(今江苏宜兴)人。蒋冽弟。玄宗朝登进士第，仕至吏部郎中。安史乱起，受伪职。大历中，累迁至东都留守。仕终礼部尚书。《全唐诗》存其诗五首。生平事迹见《旧唐书》卷一八五、《新唐书》卷一〇六。

王諲 唐文学家。开元二十五年(737)登进士第。天宝初官右补阙。唐芮挺章《国秀集》选其诗二首,《全唐诗》存其诗六首,《全唐文》存其文六篇。生平事迹见《国秀集》目录、《唐诗纪事》卷二三。

沈千运 唐诗人。吴兴(今浙江湖州)人,寓居汝北。天宝中屡举进士不第,有终隐之志,士流敬之,号曰"沈四逸人"、"沈四山人"。肃宗立,曾议备礼征致,辞未应。卒于至德、乾元间。与高適、元结友善,有诗唱和。工古体诗,质朴高古,独写真意,力矫时习。元结编《箧中集》置之于首,评曰:"吴兴沈千运,独挺于流俗之中,强攘于已溺之后。穷老不惑,五十余年。凡所为文,皆与时异。"(《箧中集序》)《全唐诗》存其诗五首。生平事迹见《高常侍集》卷三《赠别沈四逸人》、《元次山文集》卷七《箧中集序》、《唐诗纪事》卷二二、《唐才子传》卷二。

李岘(709—766) 唐诗人。李唐宗室。开元中以门荫入仕。天宝中,累迁至魏郡太守、京兆尹。十二载(753),出为长沙太守。乾元二年(759),以中书侍郎为相。贬蜀州刺史。代宗立,复相。后以吏部尚书知江淮选,贬衢州刺史。《全唐诗》存其诗一首。生平事迹见《旧唐书》卷一一二、《新唐书》卷一三一。

杜鸿渐(709—769) 唐散文家。字之巽。濮州濮阳(今属河南)人。开元进士,为朔方判官。肃宗立,拜兵部郎中,知中书舍人事。不久,进武部侍郎,迁河西、荆南节度使、尚书右丞、太常卿等,封卫国公。广德二年(764),以兵部侍郎同中书门下平章事,后进中书侍郎,又以宰相兼成都尹、山南西道、剑南东川副元帅、剑南西川节度副大使,进门下侍郎。大历三年(768),兼东都留守及河南、淮西、山南东道副元帅,辞疾不行。四年,因病辞宰相。《全唐诗》存其诗二句,《全唐文》存其文三篇,《唐文拾遗》存其文二篇。生平事迹见《旧唐书》卷一〇八、《新唐书》卷一二六。

颜真卿(709—785) 唐书法家、文学家。字清臣。京兆万年(今陕西西安)人。开元二十二年(734)举进士,二十四年又登拔萃科。调醴泉尉,迁监察御史,进殿中侍御史。遭杨国忠排斥,出为平原太守。安禄山叛乱,起兵抵抗。至德元载(756)十月,至凤翔谒肃宗,授宪部尚书,迁御史大夫。后为宰相李辅国所忌,贬为蓬州长史。代宗立,迁吏部侍郎,历尚书右丞,刑、吏部尚书等职。封鲁郡公,世称"颜鲁公"。德宗朝,官至太子太师。李希烈谋反,奉使往谕,死希烈营中。书法"善正、草书,笔力遒婉"(《新唐书》本传),世称"颜体",与柳公权并称"颜柳"。又善文。原有集,已佚。后人辑有《颜鲁公文集》行世。生平事迹见《旧唐书》卷一二八、《新唐书》卷一五三。宋留元刚、清黄本骥均编有《颜鲁公年谱》。

褚朝阳 唐诗人。登天宝进士第。唐芮挺章《国秀集》录其诗二首。《全唐诗》存其诗三首。生平事迹见《国秀集》目录、《唐诗纪事》卷二七。

豆卢复 唐诗人。天宝初为崇玄生,屡试不第。唐芮挺章《国秀集》选录其诗二首,《全唐诗》存其诗二首。生平事迹见《国秀集》目录。

徐九皋 唐诗人。天宝初官河阴尉。唐芮挺章《国秀集》选录其诗五首,《全唐诗》存其诗五首。生平事迹见《国秀集》目录。

芮挺章 唐文学家。开元时为国子监生。天宝初应进士试。三载(744),选录同时诗人之诗编为《国秀集》,中自选诗二首,今存。《全唐诗》存其诗二首。生平事迹见《国秀集》目录、《直斋书录解题》卷一五。

楼颖 唐诗人。玄宗朝进士。唐芮挺章《国秀集》收诗迄于天宝三载(744),颖后为作序,阐明编选之主旨。《国秀集》选录其诗五首。著有《传翕小录要集》,今已不存。《全唐诗》存其诗五首,《全唐文》存其《国秀集序》一篇,但误入芮挺章名下。生平事迹见《国秀集》目录。

卫万 唐诗人。约玄宗时人。其《吴宫怨》诗,唐李康成选入《玉台后集》。《全唐诗》存其诗一首。其余生平事迹无考。

李暇 唐诗人。约玄宗时人。其诗五首曾收入唐李康成《玉台后集》,均为拟南朝乐府之作。《全唐诗》存其诗五首。其余生平事迹无考。

金昌绪 唐诗人。余杭(今属浙江)人。约为玄宗时人。其《春怨》诗传诵甚广。《全唐诗》存其诗一首。生平事迹见《唐诗纪事》卷一五。

樊晃 唐文学家。郡望南阳湖阳(今河南唐河),徙居淮南。天宝初登进士第,后历祠部、度支员外郎,汀州刺史,入为兵部员外郎。大历时,官润州刺史。曾编杜甫诗文为《小集》,已佚。《全唐诗》存其诗一首,《唐文拾遗》存其文一篇。生平事迹见《国秀集》目录、《元和姓纂》

卷四、《新唐书》卷六〇。

张万顷　唐诗人。天宝中登进士第。六载(747),官河南法曹。安禄山乱,伪署河南尹。两京收复,以在贼中能保庇百姓,免附逆罪。后拜濮阳太守,迁广州都督、五府节度使。坐赃贬巫州龙标尉。《全唐诗》存其诗三首,《全唐文》存其文一篇。生平事迹见《旧唐书》卷一〇五、《新唐书》卷二二五、《册府元龟》卷七〇〇、《资治通鉴》卷二一七。

吕諲(约711—761)　唐散文家。河中河东(今山西永济)人。开元末,调宁陵尉。历太子通事舍人,兼殿中侍御史。肃宗立,拜御史中丞,迁武部侍郎。乾元二年(759),擢同中书门下平章事、知门下省。上元元年(760),加同中书门下三品。因事累,罢为太子宾客。后为江陵府尹。《全唐文》存其文二篇。生平事迹见《旧唐书》卷一八五、《新唐书》卷一四〇。

张谓(约711—约780)　唐诗人。字正言。河内(今河南沁阳)人。天宝二年(743)登进士第。十三、四载间,入封常清安西幕,后又佐淮南幕。乾元元年(758)以尚书郎出使夏口,与李白同游沔州郎官湖。大历初为潭州刺史,入朝任太子左庶子。六年(771)冬,迁礼部侍郎,典七、八、九年贡举。十年,复知东都举。十二年尚在。元辛文房评其诗曰:"格度严密,语致精深,多击节之音。"(《唐才子传》)《代北州老翁答》、《题长安屋主人》等诗传诵较广。著有《张谓诗》。《河岳英灵集》选录其诗六首。《全唐诗》存其诗一卷又一首,《全唐文》存其文八篇。生平事迹见《唐诗纪事》卷二五、《唐才子传》卷四。

柳识　唐散文家。字方明。祖籍河东解县(今山西永济),后迁居襄州(今湖北襄阳)。曾官屯田郎中、集贤殿学士。代宗时官左拾遗。工文辞,与萧颖士、元德秀、刘迅相颉颃,"而识练理创端,往往诣极,虽趣尚非博,然当时作者伏其简拔"(《新唐书·柳识传》)。《全唐文》存其文八篇。生平事迹见《旧唐书》卷一二五、《新唐书》卷一四二。

崔子向　唐诗人。名中,以字行,号中园生。金陵(今江苏南京)人。大历年间游湖州、常州,与诗僧皎然等唱酬。建中、贞元间历监察御史,终南海节度从事。《全唐诗》存其诗三首。《题越王台》一首,裴铏《传奇》曾引及。生平事迹见《全唐诗》卷七八九皇甫曾《建元寺西院寄李员外纵联句》、《唐诗纪事》卷四七。

韦元甫(?—771)　唐文学家。字昭。始官滑州白马县尉。本道采访使韦涉奏荐任支使。累迁苏州刺史、浙江西道都团练观察等使。大历初年,征为尚书右丞。后授扬州长史,兼御史大夫、淮南节度观察等使。《全唐诗》存其诗一首,《全唐文》存其文五篇。生平事迹见《旧唐书》卷一一五。

苏端　唐散文家。代宗时,官比部郎中,后贬广州员外司马。《全唐文》存其文一篇。生平事迹见《旧唐书》卷一一九,《新唐书》卷一四二、卷一五〇。

丘丹　唐诗人。苏州嘉兴(今属浙江)人。大历四年(769)在越州与鲍防、严维等唱和。后为诸暨令。官检校户部员外郎兼侍御史。入朝迁祠部、仓部员外郎。贞元中隐苏州临平山,与韦应物、韦夏卿唱酬甚密。十一年(795)尚在世。《全唐诗》存其诗十三首、联句二首。生平事迹见《元和姓纂》卷五、《宋高僧传》卷一七、《唐诗纪事》卷四七、《唐尚书省郎官石柱题名考》卷一八。

朱湾　唐诗人。自号沧洲子。上元中在湖州谒刺史崔论,不为所礼,忿然作书辞去。后至苏州,谒韦之晋,刘展乱起,南奔江西。大历八年(773),永平军节度使李勉辟为从事。后罢,至宣州,隐东溪草堂,曾假摄池州刺史。约贞元中卒。唐高仲武谓其"诗体幽远,兴用弘深,因词写意,穷理尽性,于咏物尤工"(《中兴间气集》)。著有《朱湾诗》。《全唐诗》存其诗一卷,《全唐诗补编》存其诗二首,《全唐文》存其文二篇。生平事迹见《中兴间气集》卷上、《唐诗纪事》卷四五、《唐才子传》卷三。

韩云卿　唐散文家。河南河阳(今河南孟县)人。韩愈叔父。曾仕肃宗、代宗两朝,历官监察御史、礼部郎中、鸿胪卿兼御史中丞,终礼部侍郎,加上柱国。韩愈《科斗书后记》谓:"叔父(指云卿)当大历世,文辞独行中朝,天下之欲铭述其先人功行,取信来世者,咸归韩氏。"李白《武昌宰韩君去思颂碑》曰:"云卿文章冠世。"其文擅为碑铭,存世无多。《全唐文》、《唐文续拾》共存其文六篇。生平事迹见《全唐文》卷五五七韩愈《科斗书后记》、《全唐文》卷三五〇李白《武昌宰韩君去思颂碑》、《元和姓纂》卷四、《新唐书》卷七三。

元载(?—777)　唐学者、散文家。字公辅。凤翔岐山(今属陕西)人。少孤好学,博览群籍,善治道学,工于文辞。开元中,对策中高第，官新平尉。肃宗时，累官度支、江淮转运使。后同中书门下平章事。代宗立，仍为宰相，加集贤殿大学士，监修国史。又封许昌县子，天下元帅行军司马。后下诏赐死。著有文集、《周易集注》、《南华通微》，监修《肃宗实录》，今并佚。《全唐诗》存其诗一首，《全唐文》存其文六篇。生平事迹见《旧唐书》卷一一八、《新唐书》卷一四五。

王韫秀(？—777)　唐女诗人。《旧唐书·元载传》云载妻王氏，为河西节度使王忠嗣女，与载同被赐死。唐范摅《云溪友议》则云载妻王韫秀乃王缙女，王维侄，且录其与载赠答诗三首。《唐诗纪事》则谓韫秀乃王忠嗣女，然其诗中又有“家风第一右丞诗”句，故诗是否为元载妻作，载妻是否名韫秀均可疑。生平事迹见《旧唐书》卷一一八、《云溪友议》卷下、《唐诗纪事》卷二九。

杜甫(712—770)　唐诗人。字子美。河南巩县(今河南巩义)人。其十三世祖为晋名将当阳侯杜预，郡望京兆杜陵，故其每自称“杜陵布衣”。六世祖叔毗之前已迁居湖北襄阳，又自称“襄阳人”。后因住于长安城南少陵原，遂自号“少陵野老”。祖审言，任修文馆直学士、膳部员外郎，五言诗与沈佺期、宋之问齐名。父闲，为兖州司马、奉天令。故自称家世“奉儒守官，未坠素业”。七岁作诗文，十四、五岁出入东都翰墨场。十九岁游晋，二十岁至二十四岁游吴越。开元二十三年(735)归东都，举进士，不第。次年复游齐赵，至二十九年始归东都。天宝三载(744)于东都初识李白，翌年同游齐赵，缔结终生友谊。五载，至长安。六载，玄宗诏天下通一艺者诣京师就试，其亦预之。李林甫忌贤，尽刷应试者。其后屡次上诗，献《三大礼赋》以求进用。玄宗命待制集贤院、召试文章，然至天宝十四载(755)十月始授河西尉，不拜，改右卫率府胄曹参军。至此已困顿长安十年，备尝苦辛。十一月，安史乱起，次年六月玄宗奔蜀，其亦携家逃难至白水。闻肃宗即位灵武，只身奔赴行在，途中为乱军所得，拘回长安。至德二载(757)四月始脱身窜归凤翔，“麻鞋见天子”，被授为左拾遗。不久为疏救房琯，得罪肃宗，贬华州司功参军。乾元二年(759)，关辅饥馑，七月，弃官西去，赴秦州，至同谷，不久转道入蜀，于年底抵成都。自上元元年(760)起，居蜀八载，其间受到友人成都尹严武照料，曾于浣花溪畔营筑草堂，生活较为安定；亦为避徐知道乱而漂泊梓州、阆州等地。严武曾表其为节度参谋、检校工部员外郎，后世人称“杜工部”以此。永泰元年(765)，买舟出川，经云安，因病留居夔州。大历三年(768)，去夔出峡，沿江至湖湘，辗转于公安、岳阳、潭州、衡州间。五年夏，曾困于耒阳舟中；冬病卒于潭(长沙)、岳(岳阳)旅途中。存诗一千四百四十多首。少作《望岳》、《画鹰》即不同凡响。困居长安十年，作《丽人行》、《兵车行》、《前出塞》、《自京赴奉先县咏怀五百字》等歌行，揭露朝政腐朽与民生苦况。安史乱起后所作《悲陈陶》、《悲青坂》、《北征》、《洗兵马》、“三吏”、“三别”诸诗，更以其强烈的爱国热忱和与下层民众相通的思想感情，成为传诵千古的不朽名篇。入蜀后诗作数量更胜于前，虽多涉自然山水、个人情怀，但关心时事苍生仍一贯如前。而诗歌艺术，尤其是律诗之法度技巧，则已臻炉火纯青。代表作有《春水》、《卜居》、《壮游》、《遣怀》、《秋兴》、《诸将》、《咏怀古迹》等。与王维、高適、岑参等盛唐诗人交往唱和，与李白齐名，称“李杜”。韩愈《调张籍》云：“李杜文章在，光焰万丈长。”元稹《唐故工部员外郎杜君墓系铭并序》谓其“上薄风骚，下该沈宋，古傍苏李，气夺曹刘，掩颜谢之孤高，杂徐庾之流丽，尽得古今之体势，而兼今人之所独专矣”。其诗善铺陈，多叙事，全面而忠实地反映唐朝由盛转衰的历史过程，被后人誉为“诗史”(唐孟棨《本事诗》)。风格则以“沉郁顿挫”为主而兼具多种色调，且无论古近律绝、长篇短制皆精，故苏轼评其为“集大成”(《后山诗话》引)。其诗对后世影响极大，后人往往取其一端加以发展即可卓然成家，宋祁所谓“残膏剩馥，沾丐后人多矣”(《新唐书·杜甫传赞》)。有《杜工部集》行世，注本极多。生平事迹见《元稹集》卷五六《唐故工部员外郎杜君墓系铭》、《旧唐书》卷一九〇、《新唐书》卷二〇一、《唐诗纪事》卷一八、《唐才子传》卷二。历代研究著述甚多，宋蔡梦弼《草堂诗话》、明唐元竑《杜诗捃》、王嗣奭《杜臆》、清佚名《杜诗言志》、刘濬《杜诗集评》、史炳《杜诗琐证》均有一定影响。闻一多有《少陵先生年谱会笺》，颇精详。另冯至《杜甫传》、傅庚生《杜甫诗论》、萧涤非《杜甫研究》、朱东润《杜甫叙论》、陈贻焮《杜甫评传》等，亦足参考。

少陵野老　杜甫的别号。

于邵(713—793)　唐散文家。字相门。京兆万年(今陕西西安)人。天宝十四载(755)，登进士第，又举书判超绝科，授崇文馆校书郎。后历起居郎、比部郎中、巴州刺史、兵部郎中。大历年间，崔宁帅蜀，奏荐为度支副使。不久，入朝为谏议大夫、知制诰，进礼部侍郎、史馆修撰。建中年间，任三司使，治狱忤旨，贬桂州长史。复入朝为太子宾客。贞元八年(792)，与宰相陆贽失和，出为杭州刺史。后又贬衢州别驾，徙江州别驾。长于诏令序文。《全唐诗》存其诗五首，《全唐文》存其文七卷。生平事迹见《旧唐书》卷一三七、《新唐书》卷二〇三。

李华(715—766)　唐文学家。字遐叔。赵州赞皇(今属河北)人。开元二十三年(735)进士。天宝二年(743)，举博学宏词科。十一载，迁监察御史。为权幸忌，调右补阙。安史乱起，赴邺奉母以逃，为叛军获，委以伪职凤阁舍人。乱平，贬杭州司户参军。自感不能完节安亲，乃屏居江南。上元中，召以左补阙、司封员外郎，称病不受。李岘领选江南，奏请为幕府，后擢检校吏部员外郎。因病辞官，归隐山阳。与萧颖士齐名，世称"萧李"，同为古文运动先驱。为文主尊经、载道。独孤及《赵郡李公中集序》称其文"大抵以五经为泉源"，为"文章中兴"之肇始者。《吊古战场文》为其代表作。《含元殿赋》，萧颖士赞为"《景福》之上，《灵光》之下"(唐李肇《唐国史补》)。所作《鲁山令元德秀墓碑》，颜真卿书，李阳冰篆额，人称"四绝碑"。他如《卜论》、《中书政事堂记》等文皆可观。亦有诗名，多为古诗。原有《李华前集》、《李华中集》，已佚。后人辑有《李遐叔文集》，今传。生平事迹见《旧唐书》卷一九〇、《新唐书》卷二〇三。

岑参(约715—770)　唐诗人。江陵(今属湖北)人，郡望南阳(今属河南)。天宝三载(744)登进士第，授右内率府兵曹参军。八载，入安西高仙芝幕掌书记。十载返长安，与杜甫、高適、储光羲、薛据等唱和。十三载，复入安西北庭都护封常清幕，充节度判官。至德元载(756)，领伊西北庭支度副使。东归。二载，杜甫荐其为右补阙，后历起居舍人、虢州长史。宝应元年(762)，以太子中允、殿中侍御史充关西节度判官。广德元年(763)，入为祠部员外郎，历考功员外郎、虞部、库部郎中。永泰元年(765)，出为嘉州刺史，以蜀乱未赴。大历元年(766)，剑南西川节度使杜鸿渐表为职方郎中兼侍御史，列在幕府。后赴嘉州。三年，罢郡东归，流寓成都。世称岑嘉州。为盛唐边塞诗派代表作家。与高適齐名，并称"高岑"。早期诗多为写景、述怀及赠答之作，属辞清切，多入佳境。及后数参戎幕，故其诗多写边塞军旅生活及奇丽风光，格调高昂，想像丰富，颇具奇情壮采。唐殷璠《河岳英灵集》选录其诗，评为"语奇体峻，意亦造奇"。宋严羽谓"高岑之诗悲壮，读之使人感激"(《沧浪诗话·诗评》)。尤长七言歌行，《走马川行奉送出师西征》、《白雪歌送武判官归京》、《轮台歌奉送封大夫出师西征》、《热海行送崔侍御还京》等为其代表作，绝句《逢入京使》等亦广为传诵。今有《岑嘉州集》行世。生平事迹见《全唐文》卷四五九杜确《岑嘉州集序》、《唐诗纪事》卷二三、《唐才子传》卷三。闻一多有《岑嘉州系年考证》；陈铁民、侯忠义有《岑参年谱》(附见于所撰《岑参集校注》)。

张众甫(715—782)　唐诗人。字子初。清河(今属河北)人。早为诸生，代宗初，以太常寺太祝为转运使从事。转寿安尉。秩罢，侨居云阳。建中初，李希烈为淮宁军节度使，辟为从事，官监察御史。奉使至扬州，涉江省家，卒于家。唐高仲武《中兴间气集》选录其诗，评为"婉媚绮错，巧用文字，工于兴喻"。权德舆亦谓其"时以缘情比兴，疏导心术，志之所之，辄诣绝境"(《监察御史清河张府君墓志铭》)。《全唐诗》存其诗三首。生平事迹见《全唐文》卷五〇二权德舆《监察御史清河张府君墓志铭》、《唐诗纪事》卷二九。

柳浑(716—789)　唐诗人。初名载，字元舆，后改名浑，字惟深，又字夷旷。汝州梁县(今河南临汝)人。天宝元年(742)登进士第，调宋州单父尉。肃、代二朝，累辟使府，官至谏议大夫。建中中，累迁尚书左丞。贞元三年(787)，以兵部侍郎拜相，未几罢。著有《柳浑集》，已佚。《全唐诗》存其诗一首，《全唐文》、《唐文拾遗》共存其文二篇。生平事迹见《柳河东集》卷八《柳公行状》、《旧唐书》卷一二五、《新唐书》卷一四二。

刘晏(716或717—780)　唐理财家、散文家。字士安。曹州南华(今山东菏泽)人。七岁举神童，授秘书正字。天宝年间，累调夏县令，迁侍御史。肃宗时，累官户部侍郎，度支铸钱盐铁等使，贬通州刺史。代宗时，复官，后拜相，坐事罢，又累迁左仆射。德宗立，又加关内、河东、三川转运、盐铁及诸道青苗使。善理财政，一生清廉。后为宰相杨炎诬陷，赐死。《全唐诗》存其诗二首，《全唐文》存其文二篇，《唐文拾遗》存其文二篇。生平事迹见《旧唐书》卷一二三、《新唐书》卷一四九、《唐诗纪事》卷二五。

李幼卿(？—774)　唐诗人。字长夫。郡望陇西(今甘肃秦安)。曾为萧颖士所推引。大历六年(771)以右庶子领滁州刺史,兼扬州司马、侍御史,卒官。在滁州时,与独孤及、刘长卿唱和。《全唐诗》存其诗五首,《全唐诗补编》存其诗一首。生平事迹见《唐诗纪事》卷二七。

潘炎 唐散文家。大历末,官右庶子。为宰相元载所恶,久不迁。载诛,进礼部侍郎,以病免。建中元年(780),岳父刘晏获罪死,坐贬澧州司马。《全唐诗》存其诗一首,《全唐文》存其文十七篇。生平事迹见《新唐书》卷一六〇。

萧颖士(717—759) 唐文学家。字茂挺。郡望南兰陵(今江苏常州),颍州汝阴(今安徽阜阳)人。开元二十三年(735),举进士第,对策第一。授金坛尉、桂州参军。天宝初,补秘书正字。后召为集贤校理。八载(749),因见傲于宰相李林甫,调广陵参军事。后免官,流寓吴、越间。史官韦述荐之于朝,召为史馆待制。调河南府参军事。安史乱起,为山南节度使源洧掌书记。后为扬州功曹参军,时称"萧功曹"。客死汝南。与李华齐名,世称"萧李",同为古文运动先驱。平生广收门徒,人称"萧夫子"。名闻于日本、朝鲜。为文主尊经、载道,尚古崇雅,其《赠韦司业书》自称"平生属文,格不近俗,凡所拟议,必希古人,魏晋以来,未尝留意"。著有《梁萧史谱》、《游梁新集》、文集,已佚。今传《萧茂挺文集》。《全唐诗》存其诗一卷,《全唐文》存其文二十七篇。生平事迹见《旧唐书》卷一九〇、《新唐书》卷二〇二。

啖助 唐学者。字叔佐。赵州(治今河北赵县)人。后移居关中。天宝末,调临海县尉、丹阳主簿。任满,归而为学。卒,年四十七。善治《春秋》,开宋儒治经疑古之风气。著有《春秋集传》、《春秋例统》、《春秋集注总例》。《春秋集注总例》后由门人陆质及子异整理,赵匡增删校定,陆质纂述,曰《春秋集注纂例》,存世。《全唐文》存其文二篇。生平事迹见《新唐书》卷二〇〇。

李勉(717—788) 唐散文家。字玄卿,一字贞简。郑惠王元懿曾孙。始调开封尉,有治绩。从肃宗于灵武嗣位,擢监察御史。曾任河东节度王思礼、朔方河东都统李国贞行军司马,进梁州刺史。后出为汾州刺史,历河南尹,徙江西观察使。不久,拜岭南节度使。代宗时,进工部尚书,封汧国公。德宗立,加同中书门下平章事,旋即为河南、汴宋、滑亳、河阳诸道都统。后以太子太师罢。善鼓琴,能制琴,琴乐《响泉》、《韵磬》广传天下。《全唐文》存其文二篇。生平事迹见《旧唐书》卷一三一、《新唐书》卷一三一。

皇甫冉(718—771) 唐诗人。字茂政。润州丹阳(今属江苏)人。天宝十五载(756),登进士第,授无锡尉。避安史乱,居越州,后任左金吾卫兵曹参军。广德二年(764),入王缙河南幕,为节度掌书记。大历二年(767)入朝为左拾遗,转右补阙。与弟曾齐名,时人比之晋张载、张协。唐高仲武谓其"巧于文字,发调新奇,远出情外","可以雄视潘、张,平揖沈、谢"(《中兴间气集》)。《巫山高》诗为传世名作。今传《皇甫冉诗集》。《全唐诗》存其诗二卷,《全唐诗补编》存其诗六首。生平事迹见《毗陵集》卷一三《唐故左补阙安定皇甫公集序》、《新唐书》卷二〇二、《唐诗纪事》卷二七、《唐才子传》卷三。

贾至(718—772) 唐文学家。字幼邻,一字幼幾。河南洛阳(今属河南)人。天宝元年(742),擢明经第,始任校书郎。后拜起居舍人,知制诰。肃宗朝,充中书舍人,后出为汝州刺史,又因事贬为岳州司马。代宗即位,召为礼部、兵部侍郎,转京兆尹。后以右散骑常侍卒。诗文均负盛名,与杜甫、李白、独孤及、崔国辅、王维、岑参等唱和。杜甫《别唐十五诫因寄礼部贾侍郎》评其诗曰:"雄笔映千古。"皇甫湜《谕业》评其文曰:"贾常侍之文,如高冠华簪,曳裾鸣玉。立于廊庙,非法不言,可以望为羽仪,资以道义。"原有《贾至集》,已佚。《全唐诗》存其诗一卷,《全唐文》存其文三卷,《唐文拾遗》存其文一篇。生平事迹见《旧唐书》卷一九〇、《新唐书》卷一一九。

李翰 唐散文家。字子羽。赵州赞皇(今属河北)人。曾第进士。天宝末,房琯、韦陟均荐为史官,相国阻,罢。上元中,官卫县尉。后入为侍御史,累迁左补阙,翰林学士。大历中,以病辞官,客死阳翟。为文文理精密,然文思迟缓,常从阳翟令皇甫曾习音乐弹奏,思涸抚琴,神逸弄文。论文以"尊经"、"崇儒"、"致用"、"复古"为旨要。所撰《张中丞传》、所著《李翰前集》,均佚。《全唐文》存其文二卷。生平事迹见《旧唐书》卷一九〇、《新唐书》卷二〇三。

毕耀(?—约762) 唐诗人。耀一作曜,又作燿。东平(今属山东)人。玄宗朝,官太常寺太祝,司经局正字。乾元二年(759),官监察御史,迁殿中侍御史。时与毛若虚、敬羽、裴升俱有酷吏名,号"毛敬裴毕"。宝应中,流黔中。

尤善小诗。与孟浩然、杜甫、钱起、独孤及友善唱和。杜甫誉为“诗伯”,称其诗“流传江鲍体”(《赠毕四曜》)。《全唐诗》存其诗三首。生平事迹见《高力士外传》、《旧唐书》卷一八六、《新唐书》卷七五、《唐诗纪事》卷二六。

李嘉祐(?—约782)　唐诗人。字从一。赵州(治今河北赵县)人。天宝七载(748)登进士第,官秘书省正字。安史乱起,避地江南。乾元中,贬鄱阳令,量移江阴令。大历中入朝,六年(771)自司勋员外郎出为袁州刺史。罢任后侨居苏州,又起为台州刺史。与刘长卿、严维、皎然及大历十才子等均有交往。诗多唱和之作,亦能反映乱离残破中民生凋敝之现实。唐高仲武《中兴间气集》录其诗八首,推为“中兴高流”、“文章冠冕”,谓其诗“往往涉于齐梁,绮靡婉丽,盖吴均、何逊之敌也”。《送王牧往吉州谒王使君叔》、《自常州还江阴途中作》等诗传诵较广。今传《李嘉祐集》。《全唐诗》存其诗二卷,《全唐诗补编》存其诗三首。生平事迹见《极玄集》卷下、《唐诗纪事》卷二一、《唐才子传》卷三。

包何　唐诗人。字幼嗣。润州延陵(今江苏丹阳)人。包融子。天宝七载(748)登进士第。十三载授太子正字。大历中仕终起居舍人。与弟佶俱以诗名,时称“二包”。今传《包何集》。《全唐诗》存其诗一卷。生平事迹见《新唐书》卷六〇、《唐诗纪事》卷三二、《唐才子传》卷三。

李栖筠　唐散文家。字贞一。赵州赞皇(今属河北)人。天宝七载(748)举进士,擢高第,调冠氏主簿,迁安西节度使封常清府判官。后被荐为监察御史、行军司马。肃宗驻灵武时,擢殿中侍御史,三迁吏部员外郎。后迁山南防御观察使。改河南令。又为绛州刺史。后历给事中、工部侍郎。为宰相元载忌,出为常州刺史。后拜浙西观察使。代宗时,入为御史大夫。卒年五十八。治有政声,“文章劲迅有体要”(《新唐书》本传)。《全唐诗》存其诗二首,《全唐文》存其文二篇。生平事迹见《新唐书》卷一四六。

刘长卿(?—约789)　唐诗人。字文房。宣城(今安徽宣州)人,郡望河间(今属河北)。天宝中,登进士第。至德中,授长洲尉,摄海盐令,因事陷狱,贬南巴尉。行至江西,追赴苏州重推。广德中,以监察御史、殿中侍御史佐淮南等幕。大历中,入朝为员外郎。后以检校祠部员外郎出为转运使判官,知淮西、鄂岳转运留后,为观察使吴仲孺诬奏,贬睦州司马。建中初,擢随州刺史,去任。约贞元五年(789)或稍后一二年间卒。为大历、贞元间著名诗人,各体均工,尤擅五言,尝自谓“五言长城”。其诗多酬赠唱和,抒贬谪感慨、羁旅愁思,间有反映江南乱离之作。唐高仲武谓其“诗体虽不新奇,甚能炼饰,大抵十首以上,语意稍同,于落句尤甚,思锐才窄也”(《中兴间气集》)。明胡应麟称其诗“自成中唐与盛唐分道”(《诗薮》)。《四库全书总目》云:“长卿诗号五言长城,大抵研练深稳,而自有高秀之韵。其文工于造语,亦如其诗。故于盛唐、中唐之间,号为名手。但才地稍弱,是其一短。”《余干旅舍》、《送灵澈上人》、《长沙过贾谊宅》、《逢雪宿芙蓉山主人》等诗为传世名作。今传《刘随州集》(又名《刘文房集》)。《全唐诗》存其诗五卷,《全唐文》存其文十二篇。生平事迹见《中兴间气集》卷下、《元和姓纂》卷五、《新唐书》卷六〇、《唐诗纪事》卷二六、《唐才子传》卷二。

元结(719—772)　唐文学家。字次山,号浪士、漫郎、聱叟、漫叟,曾避难猗玗洞,因号猗玗子。汝州鲁山(今属河南)人。后魏常山王遵十五代孙。少不羁,十七岁乃折节向学,师事从兄德秀。天宝十二载(753),应进士试,次年登第。会安史乱起,避地猗玗洞。乾元二年(759),由国子司业苏源明举荐入朝,上《时议》三篇,为肃宗赏识,擢右金吾兵曹参军,摄监察御史,为山南西道节度参谋。于唐、邓、汝、蔡诸州招募义军,抗史思明叛军。上元二年(761),以讨史思明功,迁监察御史里行,进水部员外郎,充荆南节度判官。宝应元年(762),辞官养亲,归武昌樊水,授著作郎。广德元年(763),拜道州刺史。大历三年(768),进授容管经略使,政绩卓著,加左金吾卫将军,罢还京师,卒于旅舍,赠礼部侍郎。其文学主张与“欲济时难”、“救世劝俗”(《文编序》)的政治改革主张相应,推崇“风”、“雅”传统,强调“讽谕”(《二风诗论》),反对“拘限声病,喜尚形似”(《箧中集序》)的诗风。《箧中集》所收作品正体现他的文学思想。《四库全书简明目录》评曰:“其诗文皆寄托遥深,戛然自造。韩愈以前,力变排偶浓丽之习者,实自结始。”其《春陵行》、《贼退示官吏》诗,为杜甫所推崇。文如《大唐中兴颂》、《丐论》、《化虎论》、《右溪记》等皆可传。曾编选《箧中集》行世。今传《元次山文集》。生平事迹见《全唐文》卷三四四颜真卿《元君表墓碑铭》、《新唐书》卷一四三。孙望著有《元次山年谱》。

樊铸 唐诗人。天宝中登进士第。《全唐诗补编》据敦煌遗书辑存其诗十首,《全唐文》存其文二篇。生平事迹见《全唐文》卷三六三。

李康成 唐诗人。天宝、大历间人,与刘长卿同时,尝使江东,刘有诗送之。编《玉台后集》十卷,以续徐陵《玉台新咏》,收录自梁萧子范迄唐张赴二百零九人所著乐府歌诗六百七十首,并自载其诗八首,已佚。《全唐诗》存其诗四首,《全唐诗补编》存其诗六句,《全唐文》存其文一篇。生平事迹见《刘随州文集》卷一〇《严陵钓台送李康成赴江东使》、《郡斋读书志》卷二。

孙昌胤 唐诗人。天宝中登进士第。贞元中任秘书少监。《全唐诗》存其诗四首。生平事迹见《柳河东集》卷三四《答韦中立论师道书》、《唐诗纪事》卷四六。

刘方平 唐诗人、画家。河南(今河南洛阳)人。天宝九载(750)入京应进士试不第。曾入军幕,后归隐于颍阳大谷。元辛文房评其诗"多悠远之思,陶写性灵,默会风雅,故能脱略世故,超然物外"(《唐才子传》)。《月夜》、《春怨》为其传世名作。又擅山水画。萧颖士谓为"山东茂异"(转引自《唐诗纪事》)。著有《刘方平诗》。《全唐诗》存其诗一卷。生平事迹见《历代名画记》卷一〇、《唐诗纪事》卷二八、《唐才子传》卷三。

钱起(? —约783) 唐诗人。字仲文。吴兴(今浙江湖州)人。天宝十载(751)登进士第,释褐授秘书省校书郎。乾元中为蓝田尉,与王维颇有唱和。大历中,官司勋、祠部员外郎。建中初,迁考功郎中。"大历十才子"之一。又与郎士元齐名,时称"钱郎"。唐高仲武《中兴间气集》,分列二人于上下两卷之首,称"自丞相已下,更出作牧,二公无诗祖饯,时论鄙之"。其诗多为饯送酬赠之作,题材较狭窄,然重高情远韵,犹有天宝遗风,高仲武评为"体格新奇,理致清赡",谓能"芟齐宋之浮游,削梁陈之靡嫚,迥然独立,莫之与群",其佳句"皆特出意表,标雅古今","弘长名流,为后楷式"。《四库全书总目》评曰:"大历以还,诗格初变。开宝浑厚之气,渐远渐漓,风调相高,稍趋浮响。升降之关,十子实为之职志。起……其称首也。然温秀蕴藉,不失风人之旨。前辈典型,犹有存焉。"《省试湘灵鼓瑟》、《赠阙下裴舍人》、《暮春归故山草堂》诸诗,传诵较广。今传《钱考功集》。《全唐诗》存其诗四卷。生平事迹见《旧唐书》卷一六八、《新唐书》卷二〇三、《唐才子传》卷四。

谢良辅(? —783) 唐诗人。天宝十一载(752)(一说十载)登进士第。曾与李白游于泾川,又受知于天宝诗人陶翰。代宗初,与鲍防、严维等在越州联唱,编为《大历年浙东联唱集》。后入朝,历司封员外郎、户部郎中、中书舍人。建中四年(783)任商州刺史,兵乱被杀。《全唐诗》存其诗四首,又联句二首,《全唐文》存其文三篇。生平事迹见《全唐文》卷五二八顾况《礼部员外郎陶氏集序》,《新唐书》卷七,《唐诗纪事》卷四七,《唐尚书省郎官石柱题名考》卷六、卷一一。

张继(? —约779) 唐诗人。字懿孙。襄州(治今湖北襄樊)人。天宝十二载(753)登进士第。安史乱起,避地吴越。大历初入京官侍御。后以检校祠部员外郎充转运判官,分掌财赋于洪州。诗作多登临纪行之作,清远自然,不事雕琢。唐高仲武《中兴间气集》称其"诗体清迥,有道者风"。《枫桥夜泊》为传诵名篇。今传《张祠部诗集》。《全唐诗》存其诗一卷。生平事迹见《新唐书》卷六〇、《唐诗纪事》卷二五、《唐才子传》卷三。

皇甫曾(? —785) 唐诗人。字孝常。润州丹阳(今属江苏)人。天宝十二载(753)进士及第。安史乱起,避地越州。约大历六年(771),自殿中侍御史贬舒州司马。南归。九年游湖州,与皎然、颜真卿等联句唱和,后官阳翟令。与兄冉齐名,时人比为张载、张协。唐高仲武称其诗"体制清洁,华不胜文"(《中兴间气集》)。今传《皇甫曾集》。《全唐诗》存其诗一卷。生平事迹见《毗陵集》卷一三《唐故左补阙安定皇甫公集序》、《新唐书》卷二〇二、《唐诗纪事》卷二七、《唐才子传》卷三。

韩翃 唐诗人。字君平。南阳(今属河南)人。天宝十三载(754)登进士第。宝应元年(762)入淄青节度使侯希逸幕为从事。永泰初,侯为其部将所逐,乃返长安,后自京官出佐令狐彰滑州幕。大历九年(774),为汴宋节度使田神玉幕从事,后又佐李希烈、李勉幕于汴州。建中元年(780),德宗御笔亲注驾部郎中、知制诰,进中书舍人。约卒于贞元初。与钱起、卢纶等合称"大历十才子"。唐高仲武《中兴间气集》谓其诗"匠意近于史,兴致繁富,一篇一咏,朝士珍之"。其七绝,明胡应麟评为"高华明秀,而古意内含,非初非盛,直是梁、陈妙语,行以唐调"(《诗薮》)。《寒食》、《题僧房》、《送客水路归陕》、《送孙泼赴云中》、《奉送王相公缙赴幽州巡边》等为传诵名作。今传《韩君平集》。生平事迹见《极玄集》卷上、《新唐书》卷二〇三、《唐诗纪事》卷三〇、《唐才子传》卷四。

郎士元（？—约780）　唐诗人。字君胄。中山（治今河北定州）人。天宝十五载（756），登进士第。宝应元年（762），选畿县官，诏试中书，补渭南尉。代宗朝，历左拾遗，大历末自尚书员外郎出为郢州刺史。与钱起齐名，时谓“钱郎”，时朝官出使作牧，无二人诗祖饯，时论鄙之。长于五律，多饯别应酬之作，唐高仲武《中兴间气集》以其为下卷之首，谓其诗较钱起“稍更闲雅，近于康乐”。宋刘辰翁则谓其诗“殊洗炼有味。虽自浓景，别有淡意”（《唐音癸签》引）。《柏林寺南望》、《听邻家吹笙》等诗传诵较广。今传《郎士元集》。《全唐诗》存其诗一卷，《全唐诗补编》存其诗五首。生平事迹见《唐语林》卷六、《唐诗纪事》卷四三、《唐才子传》卷三。

封演　唐学者。天宝中为太学生。十五载（756）举进士第。大历年间，官邢州刺史。贞元中，为检校尚书、吏部郎中兼御史中丞。著有《封氏闻见记》。《新唐书·艺文志》著录其《古今年号录》、《续钱谱》，已佚。《全唐文》存其文二篇。生平事迹见《新唐书》卷五八、卷五九。

柳中庸（？—775）　唐诗人。名淡，以字行。河东（今山西永济）人。曾诏授洪府户曹。与兄并、弟中行，皆以文名。天宝中师事萧颖士，颖士爱其才，以女妻之。安史乱起，随父至江南，大历九年（774）在湖州与皎然等唱和。诗工近体。其《征人怨》为传诵名篇。令狐楚《御览诗》录其诗九首。《全唐诗》存其诗十三首。生平事迹见《唐代墓志汇编·柳尊师志》、《柳河东集》卷一二《先君石表阴先友记》、《因话录》卷三、《唐诗纪事》卷三一、《唐才子传》卷四。

苗发（？—约778）　唐诗人。潞州壶关（今属山西）人。苗晋卿子。屡官至秘书丞。永泰元年（765）丁父忧。免丧，授都官员外郎。转驾部、兵部员外郎。或云其曾为乐平令，卒贞元中，误。与钱起、卢纶等唱和，为“大历十才子”之一。《全唐诗》存其诗二首，《全唐诗补编》存其诗一首。今传《苗发诗集》。生平事迹见《全唐文》卷四一一常衮《授苗发都官员外郎制》，《新唐书》卷七五、卷二〇三，《唐诗纪事》卷三〇，《唐才子传》卷四。

柳冕（？—805）　唐文学家。字敬叔。蒲州河东（今山西永济西）人。贞元中曾任御史中丞、福州刺史、充福建观察使等职。博学有文词。论文强调“言而不能文，非君子之儒也；文而不知道，亦非君子之儒也”（《答衢州郑使君论文书》），故贬斥屈宋以后辞赋家流和魏晋南北朝文学；但也有“文生于情，情生于哀乐，哀乐生于治乱”及“才多而养之，可以鼓天下之气”（《答杨中丞论文书》）等好的见解。是唐代古文运动前期重要的理论家，韩、柳古文理论的先驱。文集及所撰《语笔》已佚。《全唐文》存其文十四篇。生平事迹见《旧唐书》卷一四九、《新唐书》卷一三二。

吉中孚（？—约789）　唐诗人。楚州（治今江苏淮安）人。初为道士，大历初还俗，授校书郎。德宗朝，官至司封郎中、知制诰、户部侍郎、中书舍人。与卢纶、钱起等唱和，为“大历十才子”之一。今传《吉中孚诗集》。《全唐诗》、《全唐诗补编》共存其诗二首。生平事迹见《翰苑群书》卷上丁居晦《重修承旨学士壁记》、《元和姓纂》卷一〇、《新唐书》卷六〇、《唐才子传》卷四。

李端　唐诗人。字正已。赵州（治今河北赵县）人。大历初，至京师，游于郭暧、昇平公主门下。五年（770），登进士第。授秘书省校书郎。后以疾辞官，居终南山草堂寺。约卒于建中、贞元之际。与钱起、卢纶等并称“大历十才子”。其诗题材较为狭窄，多酬赠唱和之作，《代村中老人答》、《宿石涧店闻妇人哭》、《巫山高》、《赠康洽》等为传世佳作。今传《李端诗集》。《全唐诗》存其诗三卷。生平事迹见《极玄集》卷上、《唐国史补》卷上、《旧唐书》卷一六三、《新唐书》卷二〇三、《唐诗纪事》卷三〇、《唐才子传》卷四。

李希仲　唐诗人。赵州（治今河北赵县）人。天宝初任偃师令，后官至吏部员外郎。安史乱起，携家避难入江淮。唐高仲武《中兴间气集》录其诗三首，谓其“诗轻靡，华胜于实”。《全唐诗》存其诗三首。生平事迹见《唐诗纪事》卷二八、《唐尚书省郎官石柱题名考》卷四。

崔峒　唐诗人。博陵（今河北安平）人。安史乱起，避地江淮。大历初，由崔圆荐为左拾遗，奉使赴江淮搜求图书。历集贤院学士，迁右补阙。建中中，因事谪潞府功曹参军。与钱起、卢纶等合称“大历十才子”。其诗多酬赠唱和之作。唐高仲武《中兴间气集》评曰：“崔拾遗文彩炳然，意思方雅。如‘清磬渡山翠，闲云来竹房’，又‘流水声中视公事，寒山影里见人家’，斯亦披沙拣金，往往见宝。”今传《崔补阙诗集》（又名《崔峒诗集》）。《全唐诗》存其诗一卷。生平事迹见《新唐书》卷七二、卷二〇三，《唐诗纪事》卷三〇，《唐才子传》卷四。

韦夏卿 唐文学家。字云客。京兆万年（今陕西西安）人。大历中，与弟正卿同举贤良方正科，皆对策高第，授高陵县主簿。累迁刑部员外郎，出为奉天令，改长安令。转吏部员外郎、郎中，擢给事中。出为常州、苏州刺史。贞元十六年（800），为吏部侍郎。后转京兆尹、太子宾客，检校工部尚书，为东都留守，以疾辞官，改太子少保。卒，年六十四。《全唐诗》存其诗三首，《全唐文》存其文二篇。生平事迹见《旧唐书》卷一六五、《新唐书》卷一六二。

李穆 唐诗人。刘长卿婿。建中初在随州与长卿有唱酬。《全唐诗》存其诗一首，《全唐诗补编》存其诗二首。生平事迹见《唐诗纪事》卷二六、《唐才子传》卷二。

严维（？—约781） 唐诗人。字正文。越州山阴（今浙江绍兴）人。至德二载（757）登进士第，又擢辞藻宏丽科，授诸暨尉。大历末官河南尉，为河南尹严郢辟佐幕府。仕终秘书郎。大历中居越，与鲍防等五十七人联句赋诗，编为《大历年浙东联唱集》。其“柳塘春水漫，花坞夕阳迟”句，宋梅尧臣谓状“天容时态，融和骀荡”如在目前（宋欧阳修《六一诗话》引）。《丹阳送韦参军》等诗传诵较广。今传《严维集》。《全唐诗》存其诗一卷，又联句三首，《全唐诗补编》存其诗二首、联句九首，《全唐文》存其文一篇。生平事迹见《极玄集》卷下、《唐诗纪事》卷四七、《唐才子传》卷三。

苏涣（？—775） 唐诗人。广德二年（764）登进士第。大历四年（769），以监察御史佐崔瓘湖南幕，瓘被杀，奔广州。岭南部将哥舒晃反，为其谋主。晃败，被杀。杜甫赞其诗作“才力素壮，词句动人”（《苏大侍御访江浦赋八韵纪异》）。其《变律诗》，唐高仲武以为“长于讽刺”（《中兴间气集》）。著有《苏涣诗》，已佚。《全唐诗》存其诗四首。生平事迹见《中兴间气集》卷上、《唐诗纪事》卷二六、《唐才子传》卷三。

耿湋 唐诗人。河东（今山西永济）人。宝应二年（763），登进士第，授盩厔尉。大历中入朝为左拾遗，十年（775），奉使江南检括图书，所历题咏唱和甚多。贞元初贬为许州司法参军。三年（787）尚存。为“大历十才子”之一。诗长于五律，多为酬赠及叹贫嗟老之作，少数篇章亦能反映社会现实。善以浅近语道世情，元辛文房称其“诗才俊爽，意思不群”（《唐才子传》）。《陇西行》、《邠州留别》等为其代表作。今传《耿湋集》。《全唐诗》存其诗二卷。生平事迹见《新唐书》卷二〇三、《唐诗纪事》卷三〇、《直斋书录解题》卷一九、《唐才子传》卷四。

戎昱 唐诗人。长安（今陕西西安）人，郡望扶风（今陕西凤翔）。曾佐颜真卿幕。宝应元年（762），由滑州、洛阳赴长安，遇王季友，同作《苦哉行》。大历初入蜀，出峡，至荆南，为节度使卫伯玉幕从事，后入湖南观察使崔瓘幕，又入桂管观察使李昌巙幕。建中中入朝，供职御史台，贬为辰州刺史。贞元初，北归，浪迹江南数载，复起为虔州刺史，贞元十三年（797）在任。工书。其诗题材较广，有些作品表露忧念时事的心情，其他则为感怀身世、羁旅游宦之作。宋严羽谓其诗“滥觞晚唐”（《沧浪诗话·诗评》）。《咏史》、《早梅》、《移家别湖上亭》、《长安秋夕》传诵较广。今传《戎昱诗集》。《全唐诗》存其诗一卷，《全唐诗补编》存其诗二首，《全唐文》存其文一篇。生平事迹见《唐诗纪事》卷二八、《唐才子传》卷三。

夏侯审 唐诗人。大历中曾为参军、宁国丞。建中元年（780），举军谋越众科第一，官校书。贞元中，历侍御、主客员外郎、祠部郎中。与钱起、卢纶等唱和，为“大历十才子”之一。《全唐诗》存其诗一首。生平事迹见《新唐书》卷二〇三，《唐才子传》卷四，《唐尚书省郎官石柱题名考》卷一三、卷二六。

古之奇 唐诗人。宝应二年（763）登进士第。大历初入泾州节度马璘幕掌书记。建中末朱泚反，伪署兵部员外郎，掌文翰。后不知所终，当于京师收复后被杀。《全唐诗》存其诗一首，《全唐文》存其文二篇。生平事迹见《奉天录》卷一、《唐诗纪事》卷二八、《唐才子传》卷三。

郑锡 唐诗人。宝应二年（763）登进士第。与大历诗人李端、李嘉祐、司空曙唱酬。《全唐诗》存其诗十首，《全唐文》存其文三篇。生平事迹见《唐诗纪事》卷二八。

司空曙 唐诗人。字文明，一作文初。广平（今河北鸡泽）人。卢纶表兄。安史乱起，避地江南。大历初登进士第。曾官主簿。入朝为左拾遗。大历末，贬长林丞。贞元初，佐剑南西川节度使韦皋幕，检校水部郎中。官终虞部郎中。

与钱起、卢纶等合称“大历十才子”。其诗多酬赠唱和之作，明胡震亨评为“婉雅闲淡，语近性情”(《唐音癸签》)。《贼平后送人北归》、《云阳馆与韩绅宿别》、《喜外弟卢纶见宿》、《江村即事》等为人传诵。今传《司空曙集》。《全唐诗》存其诗二卷。生平事迹见《元和姓纂》卷二、《极玄集》卷上、《新唐书》卷二〇三、《唐诗纪事》卷三〇、《唐才子传》卷四。

朱长文　唐诗人。大历中江南诗人。唐皎然《诗式》曾引录其诗。《全唐诗》存其诗六首。生平事迹见《诗式》卷五、《唐诗纪事》卷二八。

李冶(？—784)　唐女诗人。字季兰，以字行。幼能诗，后为女道士。肃宗时，居湖州乌程，江南诗人刘长卿、朱放、陆羽、皎然等均与之游，有诗赠答唱和。与阎伯钧尤善。建中末在长安，朱泚称帝，曾献诗。德宗收复京师，令扑杀之。其诗多寄赠送别之作，以五言诗擅场。《中兴间气集》选录其诗六首，谓“五言之佳境”。《四库全书总目》谓其诗“置之大历十子之中，不复可辨”。今传《李冶诗》。《全唐诗》存其诗十八首。生平事迹见《中兴间气集》卷下、《奉天录》卷一、《唐才子传》卷二。

李季兰　即李冶。

王烈　唐诗人。代宗朝人。与崔峒有诗唱酬。《全唐诗》存其诗五首。生平事迹见《全唐诗》卷二九五。

卫象　唐诗人。大历中居荆州。建中中至贞元初任长林令。后佐荆南幕，检校侍御史。与李端、司空曙交往唱酬。《全唐诗》存其诗二首。生平事迹见《元和姓纂》卷八、《酉阳杂俎》卷一二、《唐诗纪事》卷四三。

刘湾(？—约783)　唐诗人。字灵源。西蜀(今四川)人。天宝末进士。永泰元年(765)，官侍御。大历八年(773)，官起居郎，考吏部选人判。迁吏部员外郎。建中元年(780)，以职方郎中为关内道黜陟使。与元结、韦应物、钱起友善。元结赞其“欲变时俗之淫靡，为后生之规范”(《刘侍御月夜宴会并序》)。唐高仲武《中兴间气集》选其诗四首，谓其“属文比事，尤得边塞之思”。《全唐诗》存其诗六首。生平事迹见《元和姓纂》卷五、《册府元龟》卷一六二、卷六三五、《唐诗纪事》卷二五。

段秀实(719—783)　唐散文家。字成公。汧阳(今陕西千阳)人，原籍姑臧(今甘肃武威市)。始举明经，弃去。天宝四载(745)，为安西府别将。肃宗时，任节度判官、怀州长史。代宗时，荐为泾州刺史，封张掖郡王。后加御史中丞。大历三年(768)，为行军司马兼都知兵马使，后摄节度副使，拜四镇北庭行军、泾原郑颍节度使。德宗立，加检校礼部尚书。建中初，召为司农卿。建中四年(783)，朱泚反，谋帝位，不与合，被杀。《全唐文》存其文一篇。生平事迹见《旧唐书》卷一二八、《新唐书》卷一五三。

王季友　唐诗人。河南(今河南洛阳)人。家贫，隐于近洛山中。代宗朝，官太子司议郎。广德二年(764)，佐江西观察使李勉幕，迁副使。大历二年(767)还京，后归隐。与杜甫、岑参、元结、钱起、于邵、郎士元、戎昱友善。岑参称曰：“王生今才人，时辈咸所仰。”(《潼关使院怀王七季友》)唐殷璠评其诗“爱奇务险，远出常情之外”(《河岳英灵集》)。《全唐诗》存其诗十三首，《全唐文》存其文二篇。生平事迹见《全唐文》卷四二七于邵《送王司议季友赴洪州序》、《唐诗纪事》卷二六、《唐才子传》卷四、清仇兆鳌《杜诗详注》卷二一。

任华　唐散文家。乐安(今山东博兴)人。早年隐于林泉。自称野人、野客、逸人。后入仕为秘书省校书郎。大历初，任桂州刺史参佐。与李白、杜甫、高適同时，以诗文相交往。为文恣肆放达，为诗风格奇崛。《全唐诗》存其诗三首，《全唐文》存其文二十四篇。生平事迹见《唐诗纪事》卷二二。

李朝威　唐文学家。代宗、德宗时人。作有传奇小说《柳毅传》。小说写书生柳毅为龙女传书、龙女报恩的故事，为唐传奇中的名篇，元明清皆有据此改编为戏曲者。其余生平事迹不详。

皎然(720—796？)　唐诗僧。俗姓谢，字清昼。湖州长城(今浙江长兴)人。自云谢灵运十世孙。早岁勤学，出入经史百家。中年慕神仙，曾博访名山。又游长安，干王侯。后皈依佛门，从杭州僧守直受戒。至德后，居湖州苕溪草堂、杼山妙喜寺等地。江南文士陆羽、皇甫曾、李崿、崔子向等均与交游，历任湖州刺史崔论、卢幼平、裴清、颜真卿、袁高、陆长源、于頔等亦与唱和。与清江合称“会稽二清”。于頔序其集，谓其“极于缘情绮靡”，“词多芳泽”，“律尚清壮”。刘禹锡评其诗“能备众体”。著有《诗式》，漫论诗歌创作法式，今存。又著有文集，其他著作尚多。今有《杼山集》(一名《昼上人集》)行世。生平事迹见《全唐文》卷五四四于頔《释皎然杼山集序》、《宋高僧传》卷二九、《唐诗纪事》

卷七三、《唐才子传》卷四。贾晋华有《皎然年谱》。

崔祐甫(721—780) 唐散文家。字贻孙。京兆长安(今陕西西安)人。天宝四载(745)进士及第,调寿安尉。肃宗朝,自起居舍人累迁中书舍人。代宗朝,以侍郎摄省事,知吏部选事。德宗立,拜门下侍郎、同中书门下平章事。后改中书侍郎。《全唐文》存其文十四篇。生平事迹见《旧唐书》卷一一九、《新唐书》卷一四二。

李泌(722—789) 唐散文家。字长源。祖籍辽东襄平(今辽宁辽阳),徙居京兆(治今陕西西安)。博涉经史,尤善诗文。天宝中,待诏翰林、供奉东宫。肃宗即位,拜元帅广平王行军司马,随从舆辇。参与军国大事,佐肃宗平定安史之乱。代宗立,召为翰林学士。德宗朝,授左散骑常侍、陕虢都防御观察使、检校礼部尚书。贞元三年(787),拜中书侍郎、同中书门下平章事。一生事四朝,参政颇多建树。原有集,已佚。《全唐诗》存其诗四首,《全唐诗补编》存其诗三句,补题一则,《全唐文》存其文二篇,《唐文拾遗》存其文一篇。生平事迹见《旧唐书》卷一三〇、《新唐书》卷一三九。

刘商 唐诗人、画家。字子夏。彭城(今江苏徐州)人。登进士第,大历初任合肥令。约大历末,供职汴、滑军府,任观察判官,历检校虞部郎中。辞官东游,贞元初居楚州,后隐常州义兴。约贞元末、元和初卒。好道术,唐时有其得道成仙之传说。擅丹青,工山水树石,初师张璪,后自成一家。诗长于歌行,武元衡称其诗作"皆思入窅冥,势含飞动,滋液琼瑰之朗润,濬发绮绣之浓华,触境成文,随文变象,是谓折繁音于孤韵,贯清济于洪流者也"(《刘商郎中集序》)。早年所著《胡笳十八拍》为传世名作。今传《刘虞部诗集》。《全唐诗》存其诗二卷。生平事迹见《元和姓纂》卷五、《新唐书》卷六〇、《历代名画记》卷一〇、《唐诗纪事》卷三二、《唐才子传》卷四。

鲍防(722—790) 唐诗人。字子慎。襄阳(治今湖北襄樊)人。天宝十二载(753)登进士第,授太子正字。大历初为浙东节度使薛兼训从事,官尚书郎。五年(770)入朝为职方员外郎。累迁至河东节度使。德宗朝,历京畿、福建、江西观察使、礼部侍郎、京兆尹等职,以工部尚书致仕。在浙东时,为越州诗坛盟主,与严维等联唱,编为《大历年浙东联唱集》二卷。与谢良辅合称"鲍谢"。穆员称其《感遇》诗"刺讥时病,丽而有则,属诗者宗而诵之"(《鲍防碑》)。著有《鲍防集》、《杂感诗》,均佚。《全唐诗》存其诗八首、联句三首,《全唐诗补编》存联句三首,《全唐文》、《唐文拾遗》共存其文三篇。生平事迹见《全唐文》卷七八三穆员《鲍防碑》、《旧唐书》卷一四六、《新唐书》卷一五九。

韩滉(723—787) 唐书画家、文学家。字太冲。京兆长安(今陕西西安)人。以荫补入仕。至德时,历殿中侍御史、吏部员外郎、给事中,知兵部选。大历时,迁右丞,知吏部选,任户部侍郎判度支。德宗立,徙太常卿。后加检校左仆射、同中书门下平章事,封郑国公。次年,改封晋国公,加度支诸道转运、盐铁等使。其画远师南朝宋陆探微,《五牛图》尤为著名,乃希世名笔,与《文苑图》并存于世。《全唐诗》存其诗二首,《全唐文》存其文五篇,《唐文拾遗》存其文一篇。生平事迹见《旧唐书》卷一二九、《新唐书》卷一二六。

刘迺(724—783) 唐散文家。字永夷。河南伊阙(今河南伊川)人。天宝中进士,丧父,罢职。后补剡县尉。刘晏官江西,奏荐为巡覆使,充留后。大历中,召拜司门员外郎。建中初,进郭子仪为尚父,宰相崔祐甫召草册文,立成,词义典裁。不久,擢给事中,权知兵部侍郎。四年(783),真拜兵部侍郎。会朱泚叛,僭号称制,使伪相蒋镇慰诱之,不应,绝食死。治《六经》,善为文词。《全唐文》存其文二篇。生平事迹见《旧唐书》卷一五三、《新唐书》卷一九三。

独孤及(725—777) 唐文学家。字至之。洛阳(今属河南)人。天宝十三载(754),以洞晓玄经对策上第,补华阴尉。安史谋反,避地东南。上元元年(760),入江淮都统李峘府掌书记。永泰元年(765),召为左拾遗,不久,改太常博士,迁礼部员外郎、吏部员外郎。大历中,历任濠州、舒州、常州刺史,世称"独孤常州"。为唐代古文运动先驱之一,与李华、萧颖士同以古文齐名。又喜鉴拔后进,梁肃、崔元翰、陈京、唐次等均从其学。为文主张"以五经为泉源"(《赵郡李公中集序》),推崇两汉文章。文风峭丽奇警,不尚骈俪辞藻。梁肃《独孤及集后序》评曰:"其文宽而简,直而婉,辩而不华,博厚而高明。论人无虚美,比事为实录,天下凛然,复睹两汉之遗风。"所作《仙掌铭》、《吴季子札论》皆为传世名篇。著有《毗陵集》。生平事迹见《旧唐书》卷一六八、《新唐书》卷一六二。

怀素(725—约785) 唐僧人、书法家。

俗姓钱，字藏真。长沙（今属湖南）人。宝应元年（762）诏住西太原寺。工书，尤擅狂草。家贫无纸，曾植芭蕉万株，取叶练字，又以漆盘方板练字。相传其练书勤奋，秃笔成冢。其草书笔势飞扬圆转，变化多端。李白、任华、贯休等皆以诗赞颂其书法。与张旭齐名，世称"颠张醉素"。对后世影响很大。存世书迹有《自叙帖》、《苦笋帖》。亦有文名。《唐文拾遗》存其文六篇。另有《食鱼帖》一篇，篇首有"老僧在长沙食鱼"句，且篇末明言"怀素藏真白"，当归属其名下，《全唐文》卷九一二归南阳人，俗姓范之怀素名下，当误。生平事迹见《唐才子传》卷三、《书断》卷三、《书小史》卷一〇。

刘太真（725—792）　唐诗人。字仲适。润州上元（今江苏南京）人，一作宣州（治今安徽宣州）人。天宝十三载（754）登进士第。大历中，辟淮南幕。建中中累官至中书舍人。兴元中历工、刑二部侍郎、秘书监。贞元中，官礼部侍郎，两掌贡举，后贬信州刺史。今传《刘太真诗》。《全唐诗》存其诗三首，《全唐文》、《唐文拾遗》共存其文七篇。生平事迹见《全唐文》卷五三八裴度《刘府君神道碑铭》、卷五二八顾况《信州刺史刘府君集序》，《旧唐书》卷一三七，《新唐书》卷二〇三。

窦叔向（约729—约780）　唐诗人。字遗直。平陵（今陕西咸阳）人。至德初游江西，受知于皇甫侁，后为租庸使从事、州防御判官。历太子通事舍人、国子博士、江阴令。大历十二年（777），入朝为左拾遗内供奉，与常衮交厚。十四年，常衮贬，坐出为溧水令。五言诗名冠流辈，元辛文房谓其"诗法谨严，又非常格"（《唐才子传》）。今传《窦叔向诗》。《全唐诗》存其诗十首，《全唐诗补编》存其诗一首。生平事迹见《全唐文》卷六一三羊士谔《窦府君神道碑》、《旧唐书》卷一五五、《唐诗纪事》卷三一、《唐才子传》卷四。

孟云卿（约725—？）　唐诗人。河南（今河南洛阳）人。郡望平昌（今山东安丘）。天宝中应进士举落第。永泰二年（766）为校书郎，赴南海幕，元结以诗送之。大历中，流寓荆州、广陵等地。八年（773）犹在世。与杜甫、元结、薛据、韦应物友善。工五言古诗，多写民瘼，格调悲怨，语言质朴。元结《箧中集》选其诗最多。韦应物称其"高文激颓波，四海靡不传"（《广陵遇孟九云卿》）。唐高仲武《中兴间气集》谓其"祖述沈千运，渔猎陈拾遗，词意伤怨……当今古调，无出其右"。名作有《悲哉行》、《寒食》、《伤时》等。《全唐诗》存其诗一卷。生平事迹见《全唐诗》卷二四一元结《送孟校书往南海诗序》、《唐诗纪事》卷二五、《唐才子传》卷二。

于逖　唐诗人。玄宗朝人。居汴州（治今河南开封），与李白、元结、独孤及、高適、李颀等友善。天宝十四载（755）犹在。为诗气格高古。元结《箧中集》录其诗二首。《全唐诗》存其诗二首。生平事迹见《全唐文》卷三二二萧颖士《莲蕊散赋序》、《唐诗纪事》卷二七、《唐才子传》卷三。

张彪　唐诗人。颍洛间隐士。家贫，举进士不第。天宝末，隐居嵩山。安史乱起，奉老母西入关。乾元中，居华州，与杜甫往还。上元中尚在。善草书，工古调诗。元结《箧中集》录其诗四首。《全唐诗》存其诗五首。生平事迹见仇兆鳌《杜诗详注》卷八、《唐诗纪事》卷二三、《唐才子传》卷三、《金石萃编》卷七九。

元季川　唐诗人。或云名融。河南（今河南洛阳）人。元结从弟。天宝中，从结苦学于商馀山。元结《箧中集》录其诗四首。《全唐诗》存其诗四首。生平事迹见《元次山集》卷七《箧中集序》、《唐诗纪事》卷三二、《唐才子传》卷三。

赵微明　唐诗人。天水（今属甘肃）人。诗格高古。元结《箧中集》录其诗三首。元辛文房《唐才子传》谓其与于逖等"吟咏性灵，陶陈衷素，皆有佳篇，不能湮落"。《全唐诗》存其诗三首。生平事迹见《全唐文》卷四四七窦臮《述书赋》、《唐才子传》卷三。

冷朝阳　唐诗人。润州江宁（今江苏南京）人。大历四年（769）登进士第，东归觐省，李嘉祐、韩翃、钱起等歌诗赋别。后客相州节度使薛嵩幕。兴元元年（784）官太子正字。贞元中兼监察御史。大历中即以诗鸣。元辛文房《唐才子传》谓其"法度稍弱，字韵清越不减"。《全唐诗》存其诗十一首，《全唐诗补编》存其诗一首。生平事迹见《元和姓纂》卷五、《唐诗纪事》卷三〇、《唐才子传》卷四、《金石萃编》卷一〇。

陈润　唐诗人。苏州（今属江苏）人。白居易外祖。大历五年（770）明经及第，次年复登茂才异等科，官至坊州鄜城令（一作尉）。唐张为《诗人主客图》列其为"高古奥逸主"孟云卿之升堂者。《全唐诗》存其诗八首，《全唐诗补编》存其诗一首。生平事迹见《白居易集》卷四二《唐故坊州鄜城县尉陈府君夫人白氏墓志铭》、《襄州别驾府君事状》，《唐诗纪事》卷三九。

畅当　唐诗人。河东（今山西永济）人。大历七年(772)登进士第,十三年授弘文馆校书郎。建中末,以世家子弟应召参军平李希烈叛。贞元初,曾至河中。三年(787),征为太常博士,后归隐。复出为果州刺史,十三年谢郡游澧州,后不知所终。与韦应物、卢纶、李端、司空曙、耿湋交游唱和。《唐诗纪事》称其诗"平淡多佳句"。今传《畅当诗》。《全唐诗》存其诗一卷,《全唐文》存其文二篇。生平事迹见《新唐书》卷二〇〇、《唐诗纪事》卷二七、《唐才子传》卷四。

张南史 唐诗人。字季直。幽州(治今北京)人。安史乱起,避地婺州,曾任左卫仓曹参军。大历中,寓居扬州扬子。十一年(776)前后,移居宣城。再被征召,因病未赴。约大历末至建中初卒,窦常、李端有诗悼之。善弈,中年刻苦学文。与刘长卿、钱起、皇甫冉、耿湋、灵一、朱放等交往唱酬。唐高仲武《中兴间气集》称其"稍入诗境。如'已被秋风教忆鲙,更闻寒雨劝飞觞',可谓物理俱美,情致兼深"。今传《张南史诗》。《全唐诗》存其诗一卷。生平事迹见《中兴间气集》卷下、《新唐书》卷六〇、《唐诗纪事》卷四一、《唐才子传》卷三。

章八元 唐诗人。睦州桐庐(今属浙江)人。大历六年(771)登进士第。复举制科。贞元中,任句容主簿,后辞归。元稹、白居易赏其《题慈恩寺塔》。唐高仲武称其《新安江行》之"雪晴山脊见,沙浅浪痕交",为"得江山之状貌"(《中兴间气集》)。著有《章八元诗》,已佚。《全唐诗》存其诗六首。生平事迹见《云溪友议》卷一〇、《新唐书》卷六〇、《唐才子传》卷四。

白元鉴(?—817) 唐诗人、道士。成都(今属四川)人。玄宗幸蜀时,为道门威仪,居成都上皇观。后移居余杭天柱观。《全唐诗补编》存其诗十四首。生平事迹见《洞霄图志》卷五、《三洞群仙录》卷一七。

秦系(约725—约805) 唐诗人。字公绪,号东海钓客。越州会稽(今浙江绍兴)人。天宝中应进士不第。天宝末,避乱归越。大历五年(770),薛嵩奏为右卫率府仓曹参军,辞不就。大历末,客居泉州南安九日山。建中末归越。贞元七年(791),徐州节度张建封辟为校书郎,后隐居茅山。善作五言诗。权德舆谓其诗"词或约而旨深"(《秦徵君校书与刘随州唱和诗序》)。清沈德潜则评为"格近幽涩"(《唐诗别裁集》)。今有《秦隐君集》传世。《全唐诗》存其诗一卷又一首,《全唐诗补编》存其诗一首。生平事迹见《全唐文》卷四九〇权德舆《秦徵君校书与刘随州唱和诗序》、《新唐书》卷一九六、《唐诗纪事》卷二八、《唐才子传》卷三。

严武(726—765) 唐诗人。字季鹰。华州华阴(今属陕西)人。以门荫入仕,为哥舒翰判官,累迁殿中侍御史。安史乱起,赴行在,为给事中。乾元元年(758),坐房琯事自河南尹贬巴州刺史,迁东川节度使,移镇西川。代宗立,入为京兆尹、吏部侍郎、黄门侍郎。复拜成都尹、剑南节度使。广德二年(764),大破吐蕃,加检校吏部尚书。卒官。与杜甫唱和甚多,甫赞其"诗清立意新"(《奉和严中丞西城晚眺》)。今传《严武集》。《全唐诗》存其诗六首,《全唐诗补编》存其诗一首,《唐文拾遗》存其文二篇。生平事迹见《旧唐书》卷一一七、《新唐书》卷一二九。

灵一(727—762) 唐诗僧。俗姓吴。广陵(治今江苏扬州)人。九岁出家,十三岁削发。初师扬州法慎,曾居扬州庆云寺,越州南悬溜寺、云门寺,杭州宜丰寺,终于杭州龙兴寺。与李华、朱放、李纾、张继、皇甫冉、张南史、严维、独孤及等为尘外之友,讲德论道,朗咏终日。独孤及谓其诗"思入无间,兴含飞动",能缀"潘、阮之遗韵,江、谢之阙文"(《毗陵集》)。今传《灵一诗集》。《全唐诗》存其诗一卷。生平事迹见《毗陵集》卷九《唐故扬州庆云寺律师一公塔铭》、《宋高僧传》卷一五、《唐才子传》卷三。

惟审 唐诗僧。灵一有《归岑山过惟审上人别业》诗,当与其同时,约玄宗、肃宗朝人。《全唐诗》存其诗三首。生平事迹见《唐才子传》卷三。

姚伦 唐诗人。陕州硖石(今河南三门峡)人。姚崇曾孙。官至扬州仓曹参军。高仲武《中兴间气集》选录其诗二首,谓为"虽未弘深,去凡已远,属辞比事,不失文流"。《全唐诗》存其诗二首。生平事迹见《中兴间气集》卷下、《新唐书》卷七四、《唐诗纪事》卷二九、《唐才子传》卷五。

杨炎(727—781) 唐散文家。字公南。凤翔天兴(今陕西凤翔)人。始为河西节度使掌书记,后为司勋员外郎,迁中书舍人。元载为相,荐为吏部侍郎、史馆修撰。元获罪,坐贬道州司马。德宗即位,拜门下侍郎、同中书门下平章事,其间实行"两税法",改革财政。后专权用私,欲立私庙,获罪,贬崖州司马同正,途中,复下诏赐死。长于制诰,与常衮齐名。所为诗文,

"文藻雄蔚"、"豪爽尚气"(《新唐书》本传)。原有集,已佚。《全唐诗》存其诗二首,《全唐文》存其文十八篇。生平事迹见《旧唐书》卷一一八、《新唐书》卷一四五。

包佶(约 727—792)　唐诗人。字幼正。润州延陵(今江苏丹阳)人。包融子。天宝六载(747),登进士第。为转运使刘晏判官。大历中累官至谏议大夫。十二年(777),坐善元载贬岭南。建中初,任江州刺史,入为户部郎中,改左庶子,均兼领盐铁使务。贞元初,入为刑部侍郎,改国子祭酒。二年(786),兼知贡举。官终秘书监。与兄何并称"二包"。今传《包佶集》。《全唐诗》存其诗一卷,《全唐诗补编》存其诗一首,《全唐文》、《唐文拾遗》共存其文五篇。生平事迹见《全唐文》卷五〇八权德舆《祭秘书包监文》、《唐诗纪事》卷四〇、《唐才子传》卷三。

顾况(约 727—约 820)　唐诗人。字逋翁,自号华阳山人。苏州(今属江苏)人,一说苏州海盐(今属浙江)人。至德二载(757)登进士第。尝求知杭州新亭监。大历中游湖州,与皎然、韩章联句。大历六年(771)为温州永嘉监盐官。后至江西与李泌、柳浑等交游。建中中,为润州节度使韩滉判官,官大理司直。贞元三年(787),柳浑、李泌相继为相,荐为秘书郎,转著作佐郎。五年,作《海鸥咏》嘲诮权贵,贬饶州司户。后归吴,入道,隐于茅山,卒年九十余。工山水画。论诗主讽谕教化,所作《上古之什补亡训传十三章》,写实刺时,为白居易新乐府之先导。其诗题材广泛,注意反映当时的社会现实,形式多样,尤长歌行,颇具盛唐风骨,写景诗情致悠长。皇甫湜谓其"偏于逸歌长句,骏发踔厉,往往若穿天心,出月胁,意外惊人语,非寻常所能及"(《唐故著作佐郎顾况集序》)。《囝》、《行路难》、《弃妇词》、《过山农家》等为其代表作。《戴氏〈广异记〉序》记唐以前志怪小说,颇有价值。著有《顾况集》,已佚。后人辑有《顾华阳集》传世。《全唐诗》存其诗四卷,《全唐文》存其文三卷。生平事迹见《旧唐书》卷一三〇、《唐诗纪事》卷二八、《唐才子传》卷三。

庞蕴(？—约 808)　唐诗人。字德玄。衡州衡阳(今属湖南)人。家世业儒,少信佛教。贞元初,谒石头和尚希迁。后谒江西马祖道一,与谈禅理,甚相契合,遂为其俗家弟子,世称庞居士。元和初,至襄阳,节度使于頔颇礼敬之。作诗偈三百余篇,宣扬佛理,意存劝诫,语言通俗。著有《庞蕴诗偈》。今有《庞居士语录》三卷(中含诗偈一卷)传世。《全唐诗》存其诗偈七首,《全唐诗补编》存其诗偈二卷。生平事迹见《祖堂集》卷一五、《景德传灯录》卷八、《唐诗纪事》卷四九。

常衮(729—783)　唐散文家。京兆(治今陕西西安)人。天宝末,进士及第。授太子正字,迁起居郎。宝应二年(763),召为翰林学士、考功员外郎、知制诰。永泰元年(765),迁中书舍人,加集贤院学士。大历元年(766),迁礼部侍郎。十二年,拜门下侍郎、同中书门下平章事、崇文馆大学士。德宗继位,贬潮州刺史。迁福建观察使。长于制诰,与杨炎齐名。为文狷洁俊拔,"文采赡蔚,长于应用,誉重一时"(《新唐书》本传)。著有《文集》、《诏集》,已佚。《全唐诗》存其诗九首,《全唐文》存其文十一卷,《唐文续拾》存其文六篇。生平事迹见《旧唐书》卷一一九、《新唐书》卷一五〇。

崔元翰(729—795)　唐文学家。名鹏,以字行。郡望博陵安平(今属河北)。建中二年(781)进士。贞元三年(787)为太常博士,后为职方员外郎知制诰、比部郎中。有文名,亦能诗,论文主文以载道与复古。《全唐诗》存其诗七首,《全唐文》存其文十三篇。生平事迹见《旧唐书》卷一三七、《新唐书》卷二〇三。

于良史　唐诗人。大历中为监察御史。贞元中,为徐泗濠节度使张建封幕从事。曾赋诗自叹:"出身三十年,发白衣犹碧。"(《自吟》)建封怜其才,为奏请章服。唐高仲武《中兴间气集》评曰:"侍御诗清雅,工于形似。如'风兼残雪起,河带断冰流',吟之未终,皎然在目。"《全唐诗》存其诗七首。生平事迹见《中兴间气集》卷上、《唐诗纪事》卷四三、《唐才子传》卷三。

朱放(？—约 788)　唐诗人。字长通。襄州(治今湖北襄樊)人。后徙居山阴。建中中为江西节度参谋。未几罢归。贞元二年(786)诏举韬晦贤才,召为右拾遗,旋以疾辞归,卒于扬州。与刘长卿、皇甫冉、皇甫曾及诗僧皎然等为诗友。顾况谓其诗"立意皆新","离声乐友之什,情思最切"(《右拾遗吴郡朱君集序》)。今传《朱放诗》。《全唐诗》存其诗一卷。生平事迹见《全唐文》卷五二八顾况《右拾遗吴郡朱君集序》、《唐诗纪事》卷二六、《唐才子传》卷五。

李子卿　唐散文家。大历十一年(776)进士。《全唐诗》存其诗一首,《全唐文》存其文十五篇。生平事迹见《全唐文》卷四五四。

于鹄　唐诗人。初与樊泽同读书于河朔间。年三十未仕。久隐山中,曾漫游庐山等地,交游多逸人道者。约建中中在长安。后隐居汉阳。贞元中为荆南节度使樊泽从事。后仍归隐。约贞元末卒，张籍有诗哭之。元辛文房《唐才子传》称其诗“长短间作，时出度外，纵横放逸，而不陷于疏远，且多警策”。《江南曲》等诗传诵较广。今传《于鹄诗集》。《全唐诗》存其诗一卷。生平事迹见《唐诗纪事》卷二九、《直斋书录解题》卷一九、《唐才子传》卷四。

郑常(？—787)　唐诗人。荥阳(今属河南)人。贞元初以殿中侍御史为淮西节度吴少诚判官，少诚有不臣之心，遂与大将杨冀谋逐之，事泄被害。唐高仲武谓其诗“省静婉靡”(据明胡震亨《唐音癸签》转引)。著有《郑常诗》、《洽闻记》(一作郑遂撰)，均佚。《全唐诗》存其诗三首。生平事迹见《新唐书》卷七、《唐才子传》卷四。

王表　唐诗人。大历十四年(779)登进士第。贞元初官秘书少监。《全唐诗》存其诗三首。生平事迹见《元稹集》卷二八《叙诗寄乐天书》、《唐诗纪事》卷三二。

独孤授　唐文学家。授一作绶。大历十四年(779)举进士第，又中博学宏词科。为文长于赋，存世之作，均为赋体，《放驯象赋》为德宗所激赏。亦善诗。《全唐诗》于独孤授、独孤绶名下各录诗一首，《全唐文》存其文二十四篇。生平事迹见《唐诗纪事》卷三三。

刘全白　唐文学家。大历九年(774)任浙西从事，检校大理评事，累迁膳部员外郎。贞元六年(790)出为池州刺史，十年改湖州刺史，迁秘书监，不久致仕。幼能诗，为李白所知。曾往湖州参预颜真卿、皎然等数十人之联唱。其《唐故翰林学士李君碣记》为研究李白生平之重要材料。《全唐诗》存其所预联句三首，《全唐文》存其文一篇。生平事迹见《全唐文》卷三三九颜真卿《湖州乌程县杼山妙喜寺碑铭》、《元和姓纂》卷五。

清江　唐诗僧。会稽(今浙江绍兴)人。幼于本州开元寺出家，后从杭州灵隐山天竺寺守直求法，又曾居越州云门寺，游方服勤，北至汴州等地。大历四年(769)东还。后复北游，至南阳谒慧忠，密传心要。晚年居襄州辨觉寺。卒，刘言史有诗哭之。与卢纶、章八元、严维等友善。与清昼(皎然)齐名，时号“会稽二清”。《全唐诗》存其诗一卷，三分之一与无可、可止等人诗重出。生平事迹见《宋高僧传》卷一五。

法振　唐诗僧。刘禹锡评江左诗僧，称“清江扬其波，法振沿之”(《澈上人文集纪》)，当与清江同时而稍后。大历初即以诗知名，曾与李益赋联句诗。《全唐诗》存其诗十六首。生平事迹见《刘宾客文集》卷一九《澈上人文集纪》。

护国　唐诗僧。刘禹锡评江左诗僧，谓“灵一导其源，护国袭之”(《澈上人文集纪》)，当与灵一同时而稍后，为玄、肃、代三朝人。约大历中卒，张谓有诗伤悼。《全唐诗》存其诗十二首。生平事迹见《刘宾客文集》卷一九《澈上人文集纪》。

柳郴　唐诗人。郴一作郯。大历中登进士第。与李端、卢纶酬唱。著有《柳郯集》，已佚。《全唐诗》存其诗二首。生平事迹见《唐诗纪事》卷二九、《郡斋读书志》卷四。

刘复　唐诗人。登大历进士第。贞元中，为东台侍御。元和七年(812)官至水部员外郎。著有传奇《周广传》。《全唐诗》存其诗十六首。生平事迹见《元和姓纂》卷五、《唐诗纪事》卷二九。

宋济　唐诗人。贞元中，屡举进士不第，老于场屋，举止可笑。尝作赋误失官韵，抚膺曰：“宋五(按济行五)又坦率矣。”(唐李肇《唐国史补》)由是著名。元和六年(811)犹在。《全唐诗》存其诗二首，其一为高適诗。生平事迹见《唐国史补》卷下、《北梦琐言》卷五。

戴叔伦(732—789)　唐诗人。字次公，一作幼公，或云名融，字叔伦。润州金坛(今属江苏)人。至德末避兵乱移居鄱阳。宝应初应刘晏辟为秘书正字，历广文博士。大历中任湖南转运留后，官至监察御史。东归润州。后复为河南转运留后。建中初出为东阳令，嗣曹王李皋辟为湖南、江西从事。贞元初，授抚州刺史，罹谤受代。四年(788)，授容管经略使，以疾罢，北归，道卒。权德舆称其“文本菁华，而长于比兴”(《唐故容州刺史戴公墓志铭》)。其新题乐府反映民生疾苦，以心理刻画与白描见长，开张籍、王建一派。《女耕田行》、《屯田词》等为其代表作。五律《除夜宿石头驿》，明胡应麟推为“客中除夜之绝唱”(《诗薮》)。模拟民歌而作的《兰溪棹歌》亦清新可喜。尝编《唐诗》数十万言，草稿未就。著有文集、《述稿》，均佚。今传《戴叔伦集》，多杂宋、元、明人之作。《全唐诗》存其诗二卷，《全唐文》存其文二篇。生平事迹见《全唐文》卷五一〇陆长源《唐东阳令戴公去思颂》、卷五〇二权德舆《唐故容州刺史戴公墓志铭》，《重修戴氏宗谱》卷三梁肃《戴公神道碑》,《新唐书》卷一四三。

窦参(733—792) 唐诗人。字时中。平陵(今陕西咸阳)人。以门荫入仕,自大理司直屡迁至御史中丞。贞元五年(789)以中书侍郎拜相,八年贬郴州别驾,再贬驩州司马,赐死于道。《全唐诗》存其诗三首,《全唐文》、《唐文拾遗》共存其文二篇。生平事迹见《旧唐书》卷一三六、《新唐书》卷一四五。

陆羽(733—约804) 唐学者、文学家。字鸿渐;一名疾,字季疵,号竟陵子、桑苎翁、东冈子。复州竟陵(今湖北天门)人。据唐赵璘《因话录》卷三载,羽本弃婴,为竟陵龙盖寺一俗姓陆之僧人收养,故从姓陆。少为伶人。天宝五载(746),居天门山攻读。至德元载(756),避乱至越中。上元元年(760),隐居吴兴苕溪,闭门著书,或与名僧高士相交接。曾诏拜为太子文学,徙太常寺太祝,未就。后流寓上饶、洪州。曾先后入湖南观察使裴胄、义成军节度使李复幕府。精茶艺,时号茶仙。与崔国辅、释皎然友善,并广交颜真卿、皇甫冉、刘长卿、孟郊等文学家。所撰《自传》称,著有《君臣契》、《源解》、《江表四姓谱》、《南北人物志》、《吴兴历官记》、《湖州刺史记》、《茶经》、《占梦》等。另著《湖州图经》、《警年》、《吴兴志》等,参与修撰《韵海镜源》。今有《茶经》三卷行世。《全唐诗》存其诗二首,《全唐文》存其文四篇,《唐文拾遗》存其文一篇。生平事迹见《全唐文》卷四三三《陆文学自传》、《新唐书》卷一九六。

吕渭(735—800) 唐诗人。字君载。河中(治今山西永济)人。天宝中登进士第。历婺州永康令、大理评事、浙西观察支使。大历中,曾参鲍防、严维等越州联唱,又预颜真卿、皎然等湖州唱和。贞元中,累迁礼部侍郎,掌十一年至十三年(795—797)贡举。出为潭州刺史。著有《广陵止息谱》,已佚。《全唐诗》存其诗五首,又联句二首,《全唐诗补编》存其联句七首。生平事迹见《旧唐书》卷一三七、《新唐书》卷一六〇。

张建封(735—800) 唐文学家。字本立。兖州(今属山东)人。大历中,累辟使幕。建中中,为岳、寿二州刺史。贞元四年(788),除徐泗濠节度使。卒官。能文善诗,权德舆称其碑志铭赞"皆与作者方驾,而歌诗特优,有仲宣之气质,越石之清拔"(《徐泗濠节度使赠司徒张公文集序》)。著有《张建封集》,已佚。《全唐诗》存其诗二首。生平事迹见《权载之文集》卷三四《徐泗濠节度使赠司徒张公文集序》、《旧唐书》卷一四〇、《新唐书》卷一五八。

杜佑(735—812) 唐史学家、文学家。字君卿。京兆万年(今陕西西安)人。始以父荫补济南参军事、剡县丞。润州刺史韦元甫奏为司法参军。后入朝为工部郎中,充江淮青苗使,再迁容管经略使。建中初还朝,历官户部侍郎判度支。为卢杞所忌,出为苏州刺史,改饶州。不久,迁岭南节度使。后召拜尚书右丞。旋即出为淮南节度使。贞元十六年(800),召拜检校尚书左仆射、同中书门下平章事,兼徐泗节度使,讨徐泗乱军。不克,还朝。德宗末至宪宗初,二度为相。后辞官归。撰有《通典》,为我国现存最早专论历代典章制度的通史。另著有《宾佐记》、《管氏指略》等,均佚。《全唐文》存其文十三篇。生平事迹见《旧唐书》卷一四七、《新唐书》卷一六六。

韦应物(约735—约792) 唐诗人。京兆万年(今陕西西安)人。天宝中以三卫郎为玄宗侍卫,颇任侠负气。后游太学,折节读书。广德元年(763)为洛阳丞。永泰中,因惩不法军骑见讼,罢官闲居洛阳同德寺。大历中曾南游扬州。九年(774)任京兆府功曹,摄高陵宰,又历鄠县、栎阳令,后称疾辞归,居长安西郊善福寺。建中二年(781),起为比部员外郎,次年,出为滁州刺史。贞元元年(785)改江州刺史,三年入朝为左司郎中,四年出为苏州刺史,约七年罢任,寓居苏州永定寺。世称韦左司、韦江州或韦苏州。为中唐前期著名山水田园诗人。与王维、孟浩然、柳宗元合称"王孟韦柳"。其诗以写田园风物著名,亦多感伤时世、关怀民瘼之作。各体均擅,尤长五古。白居易称其"歌行,清丽之外,颇近兴讽",五言诗"高雅闲澹,自成一家之体"(《与元九书》)。其诗源出陶渊明,又能溶化六朝诗歌,且有盛唐余韵,故吕本中谓其诗"有六朝风致,最为流丽"(《苕溪渔隐丛话》前集所引)。《四库全书总目》亦评为"真而不朴,华而不绮"。《初发扬子寄元大校书》、《寄全椒山中道士》、《滁州西涧》、《寄李儋元锡》、《赋得暮雨送李胄》等诗均脍炙人口。宋王钦臣编有《韦苏州集》,今存。《全唐文》存其文一篇。生平事迹见《元和姓纂》卷二、王钦臣《韦苏州集序》、姚宽《西溪丛语》卷下、《唐诗纪事》卷二六、《唐才子传》卷四。

陈玄祐 唐文学家。代宗大历间人。作有传奇小说《离魂记》。小说以浪漫手法表现倩女与王宙执着不渝的爱情,对后世颇有影响。其余生平事迹不详。

阎济美(约737—825) 唐诗人。郑州荥阳(今属河南)人。大历九年(774)登进士第。周历郎署,贞元末,官至福建观察使。元和初,历浙东观察使、散骑常侍,后出为华州刺史。六年(811),为秘书监,以工部尚书致仕。累加至太子少保。应举时,以《天津桥望洛城残雪》诗赎帖,甚得主司张谓赞赏。《全唐诗》存其诗二首。生平事迹见《乾𦠆子》、《旧唐书》卷一八五、《新唐书》卷一五九、《册府元龟》卷七八四。

李舟(739—787) 唐音韵学家、散文家。字公受。陇西成纪(今甘肃秦安)人。曾任弘文馆校书郎。建中元年(780),擢金部员外郎。曾奉命赴泾州策刘文喜部归降,又奉使山南东道说节度使梁崇义朝覲,均不辱使命。后遭谗,贬虔州刺史。病卒,终四十八岁。曾据孙愐《唐韵》考定厘正,撰成《切韵》十卷,为《广韵》所设韵部序次奠定基础。其文善辨析,高气格。《全唐文》存其文七篇。生平事迹见《全唐文》卷五二一梁肃《处州刺史李公墓志铭》、《新唐书》卷七二。

杜黄裳(739—808) 唐散文家。字遵素。京兆万年(今陕西西安)人。肃宗时进士,又举博学宏词科。曾在郭子仪节度朔方府任职。大历九年(774),主朔方府留守事。后入朝为侍御史,为裴延龄所恶,久不迁。贞元末,拜太子宾客,迁太常卿。宪宗以太子总军国事,擢为门下侍郎、同中书门下平章事。曾预平蜀、平夏、翦齐、灭蔡、复两河诸役,实启宪宗中兴之世。元和二年(807),以检校司空同中书门下平章事,兼为河中、晋、绛节度使,封邠国公。《全唐文》存其文三篇,《唐文拾遗》存其文二篇。生平事迹见《旧唐书》卷一四七、《新唐书》卷一六九。

高仲武 唐诗选家。渤海(今山东滨州)人。编有《中兴间气集》。《全唐文》存其文二篇。生平事迹见《中兴间气集序》。

冯著 唐诗人。河间(今属河北)人。建中中摄洛阳尉。后任缑氏尉。贞元四年(788)任广州录事参军。官终左补阙。与韦应物、卢纶、李端交厚。《全唐诗》存其诗四首。生平事迹见《全唐诗》卷一八九韦应物《送冯著受李广州署为录事》、《元和姓纂》卷一。

薛蕴 或作薛蕴。唐女诗人。河中宝鼎(今山西万荣)人。祖彦辅,玄宗朝官大理评事。韦庄《又玄集》选录其诗一首。《全唐诗》存其诗三首。生平事迹见《又玄集》卷下。

晁采 唐女诗人。字试莺。大历间人。与邻居书生文茂两情相悦,诗歌酬寄,后结为夫妇。然其事未见唐宋时记载,疑后人依托。《全唐诗》存其诗二十二首。生平事迹见《情史类略》卷三、《艳异类编》卷四引《晁采外传》。

张松龄 唐词人。松龄,一作鹤龄。金华(今属浙江)人。张志和兄。曾任浦阳尉。有《渔父词》一首,相传恐志和遁世不还,作此词招其还。生平事迹及词见《全唐诗》卷三〇八。

张志和(约741—775) 唐词人。字子同,初名龟龄,号玄真子、烟波钓徒。金华(今属浙江)人。年十六,举明经。献策于肃宗,令待诏翰林,授左金吾卫录事参军。不久,坐事贬南浦尉,赦还,隐居会稽,闭门著《玄真子》三万言,述《太易》二十五卷,已佚。颜真卿任湖州刺史,往谒。有《渔父词》(一作《渔歌子》)五首,咏渔钓隐逸之乐,清丽远韵,为早期文人词之名作,颜真卿、陆羽、柳宗元等均有和作,日本嵯峨天皇于弘仁十四年(唐穆宗长庆三年,公元823年)亦有《和张志和〈渔父词〉》五阕。清刘熙载《艺概》评曰:"张志和《渔歌子》'西塞山前白鹭飞'一阕,风流千古。东坡尝以其成句用入《鹧鸪天》,又用于《浣溪沙》,然其所足成之句,犹未若原词之妙通造化也。"生平事迹见《全唐文》卷三四〇颜真卿《浪迹先生玄真子张志和碑铭》、《唐才子传》卷三。

烟波钓徒 张志和的别号。

殷济 唐诗人。大历、贞元间人。曾入北庭节度使幕府,北庭陷蕃,被俘。敦煌遗书中存录其诗,皆陷蕃前后所作,思念故国亲人,词情凄恻哀苦。《全唐诗补编》存其诗十四首。生平事迹见《全唐诗补编·全唐诗续拾》卷一八。

自在(741—821) 唐诗僧。俗姓李。吴兴(今浙江湖州)人。早从径山出家。后从学江西马祖道一,为其法嗣。元和中,居洛阳香山。后住伏牛山,世称伏牛和尚。其《三伤歌》"辞理俱美,警发迷蒙,有益于代"(《宋高僧传》),前蜀时人尚传写讽诵。《全唐诗补编》存其诗七首。生平事迹见《祖堂集》卷一五、《宋高僧传》卷一一。

李适(742—805) 即唐德宗。唐代皇帝。公元779—805年在位。代宗长子。宝应元年(762)封鲁王,为天下兵马大元帅,讨史朝义。后改封雍王。广德二年(764),立为太子。大历十四年(779)五月即帝位。贞元二十一年(805)正月卒。工诗能文,常与臣下于宫中唱和，自为品第。唐李肇《唐国史补》称其晚年"尤工诗句，臣下莫可及"。明胡震亨《唐音癸签》谓其诗"尚雅正"。著有《德宗集》，已佚。《全唐诗》存其诗十五首，《全唐诗补编》存其诗二首，《全唐文》存其文近六卷。生平事迹见《旧唐书》卷一二、卷一三，《新唐书》卷七。

许孟容(743—818)　唐散文家。字公范。京兆长安（今陕西西安）人。始，擢进士第异等，又举明经科，调校书郎。贞元中，入徐、泗、濠节度使张建封府任职，表为濠州刺史。后拜礼部员外郎，擢郎中，迁给事中。十九年（803），改太常少卿。元和初，迁尚书右丞、京兆尹。八年（813）累迁吏部侍郎。不久，以尚书左丞宣慰汴、宋、陈、许、河阳行营，拜东都留守。《全唐诗》存其诗三首，《全唐文》存其文八篇。生平事迹见《旧唐书》卷一五四、《新唐书》卷一六二。

陆长源(？—799)　唐文学家。字泳之。苏州吴县（今属江苏）人。安史乱中陷河北贼中。贞元间历任州刺史，宣武军行军司马，知留后事，死汴州兵变。工诗文，善书，与孟郊唱酬甚密。《全唐诗》存其诗三首，《全唐文》存其文七篇。生平事迹见《旧唐书》卷一四五、《新唐书》卷一五一。

霍总　唐诗人。兴元元年（784）为东都留守幕僚，后官池州刺史。尝赋《蝗旱诗》，穆员以为得诗人风化美刺之义。元和中令狐楚进《御览诗》，选录其诗六首。《全唐诗》、《全唐诗补编》共存其诗九首。生平事迹见《全唐文》卷七八三穆员《蝗旱诗序》、《唐诗纪事》卷五八。

宋雍　唐诗人。雍或作邕。代、德宗时人。为诗初无令誉，及婴疾目盲，诗名始彰。《全唐诗》存其诗二首。生平事迹见《云溪友议》卷中。

皇甫澈　唐诗人。澈一作彻。沧州（今属河北）人。贞元十四年（798）任蜀州刺史，赋《四相诗》。《全唐诗》存其诗四首。生平事迹见《元和姓纂》卷五、《唐诗纪事》卷四八。

韦皋(745—805)　唐文学家。字城武。京兆万年（今陕西西安）人。大历初为华州参军。贞元初屡迁至剑南西川节度使，镇蜀二十一年，以御吐蕃功进至检校司徒、中书令，封南康郡王。《全唐诗》存其诗三首，《全唐文》、《唐文拾遗》共存其文十二篇。生平事迹见《旧唐书》卷一四〇、《新唐书》卷一五八、《唐诗纪事》卷四八。

卢殷(746—810)　唐诗人。范阳（今河北涿州）人。元和初，任登封尉，以病去官。家贫，献诗东都留守郑馀庆，屡得周济，书荐时宰，不能用，竟贫病而卒。与孟郊、韩愈、冯宿友善。孟郊称其"吟哦无滓韵，言语多古肠"、"文章飞上天，列宿增晶荧"(《吊卢殷》)。韩愈称其"能为诗，自少至老，诗可录传者，在纸凡千余篇"(《登封县尉卢殷墓志》)。《全唐诗》存其诗十三首。生平事迹见《全唐文》卷五六五韩愈《登封县尉卢殷墓志》。

灵澈(746—816)　唐诗僧。俗姓汤，字澄源。会稽（今浙江绍兴）人。于云门寺出家。初从严维学诗。建中中，居吴兴何山，与皎然游。皎然以书荐于包佶、李纾。贞元初北游，南返。复至京师，为飞语所中，得罪徙汀州，后遇赦归越。西游庐山，至湖、润诸州，终于宣州开元寺。工诗，刘禹锡谓其"入作者阃域"(《澈上人文集纪》)，不独雄于诗僧间。著有《灵澈诗集》，又编唱和诗为《名公酬唱集》，均佚。今传《澈上人诗集》。《全唐诗》存其诗十六首。生平事迹见《刘宾客文集》卷一九《澈上人文集纪》、《宋高僧传》卷一五。

郑馀庆(746—820)　唐散文家。字居业。郑州荥阳（今属河南）人。大历十二年（777）举进士第。建中末，起家山南西道节度使从事，累迁殿中御史。贞元中拜相。因事贬郴州司马。宪宗时，复拜相，未几罢。穆宗时，官终检校司徒。善为文辞，奏议喜用古语。原有《郑馀庆集》、《书仪》，均佚。《全唐诗》存其诗二首，《全唐文》存其文四篇。生平事迹见《旧唐书》卷一五八、《新唐书》卷一六五。

窦常(约747—825)　唐诗人。字中行。平陵（今陕西咸阳）人。叔向子。大历十四年（779）登进士第。为盐铁小吏十年。后卜居扬州柳杨数载。贞元中，淮南节度杜佑奏为参谋，由协律郎迁监察御史里行。元和中，佐薛苹、李众湖南幕，入为侍御史，转水部员外郎。八年（813），连除朗、夔、江、抚四州刺史。以国子祭酒致仕。与弟牟、群、庠、巩齐名。有《窦中行诗集》，大中年间，褚藏言将其编入《窦氏联珠集》，今存。《全唐诗》存其诗二十六首。生平事迹见《全唐文》卷七六一褚藏言《窦常传》、《旧唐书》卷一五五、《新唐书》卷一七五。

卢纶(748—约799)　唐诗人。字允言。郡望范阳（今河北涿州），蒲州（治今山西永济）人。安史乱起，流寓鄱阳。大历初，数举进士不第，元载荐为阌乡尉。迁密县令。建中初，为昭应令。浑瑊任京城西面副元帅，召为判官。后随臧镇河中，加检校户部郎中。贞元十四年(798)，德宗召见禁中，令和御制诗。未几，卒于河中。与钱起、吉中孚等合称“大历十才子”。令狐楚进《御览诗》，选其诗三十二首。《旧唐书·卢简辞传》云：“大历中，诗人李端、钱起、韩翃辈能为五言诗，而辞情捷丽，纶作尤工。”明胡震亨谓其诗“开朗，不作举止，陡发惊彩，焕尔触目”，然“古体未遒”(《唐音癸签》)。清王士禛以其为“大历十才子之冠冕”(《分甘余话》)。《塞下曲》、《晚次鄂州》为传世名作。今传《卢户部诗集》(又名《卢纶集》)。生平事迹见《旧唐书》卷一六三、《新唐书》卷二〇三、《唐诗纪事》卷三〇、《唐才子传》卷四。

李益(748—约829)　唐诗人。字君虞。陇西姑臧(今甘肃武威)人。大历四年(769)登进士第。六年登讽谏主文科，授郑县主簿。历参渭北臧希让、朔方李怀光幕。贞元初，复佐灵州杜希全、邠宁张献甫幕。十三年(797)，入幽州刘济幕。元和中，召为都官郎中，历中书舍人、河南少尹、秘书少监、散骑常侍、太子宾客诸职。大和初，以礼部尚书致仕。诗名早著，《旧唐书》本传谓其“每作一篇，为教坊乐人以赂求取，唱为供奉歌词”。其诗题材广泛，以边塞诗最佳。自云“从事十八载，五在兵间，故为文咸多军旅之思”(《从军诗序》)。各体皆工，尤擅七绝。明胡应麟谓其“可与太白、龙标竞爽”(《诗薮》)。《征人歌》、《塞下曲》、《夜上受降城闻笛》、《过五原胡儿饮马泉》等最为传诵。今传《李益集》(又名《李君虞诗集》)。《全唐诗》存其诗二卷。生平事迹见《旧唐书》卷一三七、《新唐书》卷二〇三、《唐诗纪事》卷三〇、《唐才子传》卷四。卞孝萱有《李益年谱稿》。

韦渠牟(749—801)　唐诗人。京兆杜陵(今陕西西安)人。少慧悟，李白曾授以古乐府。及长，为道士，自号遗名子，又为僧，法名尘外。贞元二年(786)，为韩滉使府从事。八年，入为四门博士。历秘书郎、右补阙、左谏议大夫、太府卿，官终太常卿。大历中在湖州与皎然、颜真卿等唱酬。权德舆称其诗“俪词比事，纤密清巧”(《右谏议大夫韦君集序》)。著有《韦渠牟诗集》、《贞元新集开元后礼》，均佚。《全唐诗》存其诗二十一首、联句一首，《全唐文》存其文一篇。生平事迹见《全唐文》卷五〇六权德舆《唐故太常卿韦公墓志铭》、卷四九〇权德舆《右谏议大夫韦君集序》，《旧唐书》卷一三五，《新唐书》卷一六七。

窦牟(749—822)　唐诗人。字贻周。平陵(今陕西咸阳)人。叔向子。贞元二年(786)登进士第。授秘书省校书郎、东都留守巡官。历河阳、昭义从事，复为东都留守判官。元和五年(810)，入朝拜尚书虞部郎中，转洛阳令、都官郎中、泽州刺史，官终国子司业。与兄常，弟群、庠、巩齐名。有《窦贻周诗集》，大中年间，褚藏言将其编入《窦氏联珠集》，今存。《全唐诗》存其诗二十一首。生平事迹见《全唐文》卷七六一褚藏言《窦牟传》、《韩昌黎集》卷三三《国子司业窦公墓志铭》、《旧唐书》卷一五五、《新唐书》卷一七五、《唐诗纪事》卷三一、《唐才子传》卷四。

沈既济(约750—约797)　唐文学家。吴兴德清(今属浙江)人，一说苏州吴县(今属江苏)人。大历十四年(779)，为太常寺协律郎。建中元年(780)，杨炎为相，荐其有良史才，召拜左拾遗、史馆修撰。次年秋，杨炎获罪，乃坐贬处州司户参军。贞元初，入朝，官终礼部员外郎。精通群籍，尤工史笔，著有《建中实录》、《选举志》等。又善为小说，有《枕中记》、《任氏传》行世。《全唐文》存其文六篇，《唐文拾遗》存其文一篇。生平事迹见《旧唐书》卷一四九、《新唐书》卷一三二。

赵匡　唐学者。字伯循。河东(今山西永济)人。官至洋州刺史。与陆质同为儒学宗师啖助之高足。质又曾师事匡，称匡为“赵夫子”。大历前后，与助、质以善治《春秋》鸣于世，成一家学。又与质增益删定啖助《春秋集注总例》，为《春秋集注纂例》。《全唐文》存其文五篇。生平事迹见《新唐书》卷二〇〇。

陆质(？—805)　唐文学家、经学家。字伯冲；原名淳，避宪宗讳改。吴郡(治今江苏苏州)人。代宗时辟为淮南从事。后入朝为左拾遗，转太常博士。累迁左司郎中，坐事贬国子博士。贞元末，历任信州、台州刺史。永贞元年(805)召为给事中、太子侍读。旋卒，门人私谥文通先生。能诗文，长于经学，尤精于《春秋》。为学着意辨析与前儒之异，开宋儒怀疑经传之先河。著有《春秋集传纂例》、《春秋微旨》、《春秋集传辨疑》。《全唐诗补编》存其诗一首，《全唐文》存其文六篇，《唐文拾遗》、《唐文续拾》共存其文二篇。生平事迹见《全唐文》卷五八八柳宗元《唐故给事中皇太子侍读陆文通先生墓表》、《旧唐书》卷一八九、《新唐书》卷一六八。

于頔(？—818)　唐文学家。字允元。河南(今河南洛阳)人。始以门荫补千牛，调授华阴尉。累官至山南东道节度使、左仆射同中书门下平章事、封燕国公。后贬恩王傅。《全唐诗》存其诗二首,《全唐文》存其文三篇。生平事迹见《旧唐书》卷一五六、《新唐书》卷一七二。

杨凭(?—817) 唐文学家。字虚受,一字嗣仁。虢州弘农(今河南灵宝)人。大历九年(774)登进士第。屡佐使府。征为起居舍人,迁礼部郎中、太常少卿。贞元十八年(802),出为湖南观察使,徙江西。元和初,入为左散骑常侍,转刑部侍郎。四年(809),拜京兆尹。以江西任上赃罪贬临贺尉。移杭州长史,入为恭王傅、分司东都,迁太子詹事。与弟凝、凌皆有文名,时号"三杨"。柳宗元《唐故兵部郎中杨君墓碣》称其兄弟之文"东薄海岱,南极衡巫,文学者皆知诵其词,以为模准"。《全唐诗》存其诗一卷,《全唐文》存其文二篇。生平事迹见《旧唐书》卷一四六、《新唐书》卷一六〇。

杨凝(?—803) 唐文学家。字懋功。虢州弘农(今河南灵宝)人。大历十三年(778)登进士第。授校书郎。历佐山南东道、荆南幕。召为起居郎,累迁右司郎中。贞元十二年(796),为宣武军节度使董晋幕判官,军乱,走还京师,卧疾。十八年,起为兵部郎中。与兄凭、弟凌俱有文名,时号"三杨"。权德舆称其文"疏通而不流,博富而有节。洁静夷易,得其英华"(《兵部郎中杨君集序》)。今传《杨凝诗集》。《全唐诗》存其诗一卷。生平事迹见《柳宗元集》卷九《唐故兵部郎中杨君墓碣》、《新唐书》卷一六〇。

杨凌(?—约790) 唐文学家。字恭履。虢州弘农(今河南灵宝)人。大历十一年(776)登进士第,为协律郎。贞元初官至大理评事。与兄凭、凝齐名,时号"三杨"。柳宗元称其"少以篇什著声于时,其炳燿尤异之词,讽诵于文人,盈满于江湖,达于京师。晚节遍悟文体,尤邃叙述。学富识远,才涌未已,其雄杰老成之风,与时增加"(《杨评事文集后序》)。其集已佚。《全唐诗》存其诗一卷,《全唐文》存其文一篇。生平事迹见《柳宗元集》卷一二《先君石表阴先友记》、卷二一《杨评事文集后序》,《新唐书》卷一六〇,《唐诗纪事》卷二八。

孟郊(751—814) 唐诗人。字东野。吴兴武康(今浙江德清)人,郡望平昌(今山东安丘)。早年屡举进士不第,曾客游江西、湖南、荆襄、河南、邠宁等地。贞元十二年(796)登进士第。寄寓汴州。十六年,授溧阳尉。因耽于吟诗,公务多废,县令白府,以假尉代之,分其半俸,遂辞归。元和元年(806),河南尹郑馀庆辟为水陆转运从事。四年,丁母忧罢。九年,馀庆出镇兴元,奏为节度参谋。行次阌乡,暴疾卒。友人张籍等私谥为贞曜先生。与韩愈创中唐尚怪奇、重主观之一派,并称"韩孟"。其诗多为乐府及五古,尝云"知音不韵俗,独立占古风"(《送卢虔端公守复州》)。盖其一生穷困潦倒,禀性孤直耿介,其诗多愤世疾俗、穷愁怨苦之辞,搜奇抉怪,追求憔悴枯槁之美,且诗苦思涩,务去陈言,故韩愈称其为诗"冥观洞古今,象外逐幽好,横空盘硬语,妥帖力排奡"(《荐士》);又谓其诗"刿目鉥心,刃迎缕解,钩章棘句,掐擢胃肾,神施鬼设,间见层出"(《贞曜先生墓志铭》)。张为《诗人主客图》尊之为"清奇僻苦主",影响晚唐诗人曹邺、刘驾等甚深。苏轼尝将其与贾岛并评为"郊寒岛瘦"(《祭柳子玉文》),然又诮其诗为"寒虫号"(《读孟郊诗》),元好问亦讥其为"高天厚地一诗囚"(《论诗三十首》)。《四库全书总目》云:"当以苏尚俊迈,元尚高华,门径不同,故是丹非素,究之郊诗品格,不以二人之论减价也。"《秋怀》、《古别离》、《游终南山》、《寒地百姓吟》、《杏殇》等诗为其代表作,《游子吟》亦脍炙人口。今传《孟东野诗集》。《全唐诗》存其诗十卷,《全唐文》存其文三篇。生平事迹见《韩昌黎集》卷二九《贞曜先生墓志铭》、《旧唐书》卷一六〇、《新唐书》卷一七六。李士翘有《孟东野年谱》,华忱之有《孟郊年谱》。

郑絪(752—829) 唐诗人。字文明。郑州荥阳(今属河南)人。大历中擢进士,登宏词科,授校书郎、鄠县尉。德宗朝,累官翰林学士、中书舍人。元和元年(806),以中书侍郎拜相。罢为太子宾客,出为岭南节度使。八年入朝为工部尚书。后以太子太傅致仕。著有《郑絪集》,已佚。《全唐诗》存其诗五首,又《享太庙乐章》一首,《全唐文》存其文十篇。生平事迹见《旧唐书》卷一五九、《新唐书》卷一六五。

梁肃(753—793) 唐散文家。字敬之,一字宽中。安定(今甘肃泾川)人,世居陆浑(今河南嵩县东北)。幼逢安史之乱,避难吴越达二十年。建中元年(780)至京师,中文辞清丽科,任太子校书郎,右拾遗。贞元五年(789)任监察御史,转右补阙、翰林学士、皇太子诸王侍读、史馆修撰。为中唐古文运动前驱,师独孤及。重视文章教化作用,主张文本于道,曾荐举韩愈登第。其文古朴流畅,为韩愈所师法。《过旧园赋》、《常州刺史独孤及集后序》、《兵箴》等为其代表作。今传《梁补阙集》。《全唐文》存其文六卷。生平事迹见《全唐文》卷五二三崔元翰《右补阙翰林学士梁君墓志》、《新唐书》卷二〇二、《唐诗纪事》卷二五。

陈羽(约753—?)　唐诗人。吴县(今属江苏)人。早年曾漫游浙东、江西、岭南等地。贞元八年(792)登进士第。游蜀,仕历东宫卫佐。与戴叔伦、韩愈、杨衡等交往唱酬。元辛文房称其《自遣》诗"二十八字,一片画图"(《唐才子传》)。《从军行》亦传诵甚广。张为《诗人主客图》列其为"瑰奇美丽主"武元衡之升堂者。著有《陈羽诗集》。《全唐诗》存其诗一卷,《全唐诗补编》存其诗三首,《全唐文》存其赋一篇。生平事迹见《唐诗纪事》卷三五、《唐才子传》卷五。

陆贽(754—805)　唐文学家。字敬舆。苏州嘉兴(今属浙江)人。大历八年(773),进士及第。以博学宏词科登第,调郑县尉,罢归。又以书判拔萃科,调渭南主簿。德宗立,迁监察御史,由祠部员外郎转考功郎中。建中四年(783),朱泚谋反,从驾避奉天,参决机谋,时称"内相"。还京,为中书舍人,仍兼翰林学士。贞元八年(792),以兵部侍郎知贡举,放韩愈、裴度等登第,时称龙虎榜。次年,拜中书侍郎、同中书门下平章事。因户部侍郎裴延龄谗毁,罢相。累贬忠州别驾。卒,谥宣,世称"陆宣公"。为文长于奏议政论,虽为骈体,而尽除用典艰奥之弊,采用散文句式,自然流畅,致为后世如韩愈、苏轼等奏议政论文之先导。《新唐书》录其文十余篇,《资治通鉴》采其奏疏三十九篇。今传《翰苑集》(又名《陆宣公文集》)。《全唐诗》存其诗三首,《全唐文》存其文十六卷。生平事迹见《旧唐书》卷一三九、《新唐书》卷一五七。明吴一鹏,清江榕、丁晏、杨希闵等先后编有陆贽年谱。

杨巨源(755—约832)　唐诗人。字景山。河中(治今山西永济)人。贞元五年(789)登进士第,授校书郎。元和中,以监察御史为河中节度使张弘靖从事。入朝为秘书郎,迁太常博士,再迁虞部员外郎,出为凤翔少尹,复召为国子司业。长庆四年(824),年七十,自请归乡。执政奏以为河中少尹。后以国子祭酒致仕。工诗,闻于元和、长庆间。为韩愈、张籍、元稹、白居易知重,与令狐楚、李逢吉尤善。刘禹锡称其为"诗篇绝世才"(《酬杨司业巨源见寄》)。唐赵璘谓其"诗韵不为新语,体律务实,工夫颇深"(《因话录》)。《寄江州白司马》、《和练秀才杨柳》、《城东早春》等诗流布较广。今传《杨少尹诗集》。《全唐诗》存其诗一卷。生平事迹见《韩昌黎集》卷二一《送杨少尹序》、《新唐书》卷六〇、《唐诗纪事》卷三五、《唐才子传》卷五。

欧阳詹(757?—802?)　唐文学家。字行周。泉州晋江(今属福建)人。初隐居潘湖。贞元八年(792)登进士第。授国子监四门助教。十五年上书宰相郑馀庆求不次进用,未果,后出游。善作古文,其诗则多干谒酬赠之作。与韩愈相交甚笃,曾率徒伏阙下,请韩愈为博士。韩愈称其"志在古文"(《欧阳生哀辞》)。《新唐书》本传评:"其文章切深,回复明辩。"有《欧阳行周文集》。《全唐诗》存其诗一卷又一首,《全唐诗补编》存其诗一首,《全唐文》存其文四卷。生平事迹见《全唐诗》卷四七三孟简《咏欧阳行周事》并序、《全唐文》卷五六七韩愈《欧阳生哀辞》、《新唐书》卷二〇三。

李吉甫(758—814)　唐文学家。字弘宪。赞皇(今属河北)人。初任太常博士,出为州刺史。后征拜考功郎中、知制诰。元和二年(807)擢为中书侍郎、同平章事。次年出为淮南节度使。六年复为相。博学有识,著述甚丰,诗风清丽典雅。著有《元和郡县图志》,为现存最早的地方总志。《全唐诗》存其诗四首,《全唐文》存其文一卷,《唐文拾遗》存其文二篇,《唐文续拾》存其文三篇。生平事迹见《旧唐书》卷一四八、《新唐书》卷一四六。

武元衡(758—815)　唐文学家。字伯苍。缑氏(今河南偃师东南)人。建中四年(783)登进士第。元和二年(807)拜门下侍郎、平章事,后出为剑南西川节度使。八年复为相,因力主削藩,招藩镇忌恨,十年为刺客暗杀。诗藻思绮丽,唐张为《诗人主客图》奉其为"瑰奇美丽主"。其《行路难》、《送崔判官使太原》、《题嘉陵驿》等皆为传世名作。今存《临淮集》(又名《武元衡集》)。《全唐文》存其文十篇,《唐文拾遗》存其文三篇。生平事迹见《旧唐书》卷一五八、《新唐书》卷一五二。

李逢吉(758—835)　唐文学家。字虚舟。陇西(治今甘肃临洮)人。贞元十年(794)登进士第。旋赴任振武军掌书记。后入朝为左拾遗、左补阙,改侍御史,充入吐蕃册命副使、工部员外郎。元和四年(809)拜祠部郎中。后历任给事中、太子诸王侍读、中书舍人。十一年拜门下侍郎同平章事。次年罢相。长庆二年(822)复相。宝历二年(826)出为山南东道节度使。大和五年(831)为太子太师。《全唐诗》存其诗八首,《全唐诗补编》存其诗一首,《全唐文》存其文四篇,《唐文拾遗》存其文一篇。生平事迹见《旧唐书》卷一六七、《新唐书》卷一七四。

权德舆(759—818)　唐文学家。字载之。天水略阳(今甘肃秦安)人,后徙润州丹徒(今江苏镇江)。幼聪慧,十五岁为文已数百。初为河南黜陟使韩洄从事,迁监察御史。贞元八年(792)召为太常博士,改左补阙,迁起居舍人,知制诰,进中书舍人。元和五年(810)拜礼部尚书,同中书门下平章事,后出为东都留守,历刑部尚书、山南西道节度使。卒谥文,后称权文公。工诗善文,时人尊为宗匠,王侯将相及名人碑铭行状多出其手。诗文雅正赡缛,气派恢宏,然缺少新意。皇甫湜评其文"如朱门大第,而气势宏敞,廊庑廪厩,户牖悉周,然而不能有新规胜概,令人竦观"(《谕业》)。宋严羽谓其诗"有绝似盛唐者"(《沧浪诗话》)。其《两汉辩亡论》为史家称道之名作。今有《权载之文集》传世。《全唐诗》存其诗十卷,《全唐诗补编》存其诗十首。生平事迹见《全唐文》卷五六二韩愈《唐故相权公墓碑》、《旧唐书》卷一四八、《新唐书》卷一六五。

王播(759—830)　唐诗人。字明敭。祖籍太原(今属山西),后徙居扬州(今属江苏)。贞元十年(794)登进士第,复登贤良方正能直言极谏科。授集贤校理,迁监察御史。元和中,历御史中丞、京兆尹、刑部侍郎、礼部尚书,出为剑南西川节度使。长庆中,征为刑部尚书,领盐铁转运使。旋拜相,出镇淮南,均领盐铁。大和元年(827),入朝为左仆射,复拜相,暴疾卒。与弟炎、起俱有文名。其《题木兰院》诗为人传诵。《全唐诗》存其诗三首,《全唐文》存其文六篇,《唐文拾遗》存其文四篇。生平事迹见《全唐文》卷七一四李宗闵《太原王公神道碑铭》、《旧唐书》卷一六四、《新唐书》卷一六七、《唐诗纪事》卷四五。

窦群(760—814)　唐诗人。字丹列。平陵(今陕西咸阳)人。叔向子。初以处士客隐常州。贞元十八年(802),京兆尹韦夏卿荐为左拾遗。迁侍御史。宪宗即位,转膳部员外郎,兼侍御史知杂,出为唐州刺史。后入为吏部郎中,迁御史中丞。以倾构李吉甫,贬黔中观察使。再贬开州刺史,量移为容管经略使。诏还朝,道卒于衡州。与兄常、牟,弟庠、巩齐名。有《窦丹列诗集》,大中中,褚藏言将其编入《窦氏联珠集》五卷,今存。《全唐诗》存其诗二十三首,《全唐文》存其文一篇。生平事迹见《全唐文》卷七六一褚藏言《窦群传》、《旧唐书》卷一五五、《新唐书》卷一七五。

苻载(760—822?)　唐文学家。一作符载,误。字厚之,自称庐山山人。郡望武都(治今甘肃武都东南),凤翔(今属陕西)人,家居成都(今属四川)。早年与杨衡、王简言、李元象隐于青城山。建中初又隐庐山。贞元八年(792)依山南东道节度使樊泽。后依西川节度使韦皋,任节度支使。元和四年(809)为荆南节度使赵宗儒记室。柳宗元称其"艺术志气,为时闻人"(《贺赵江陵宗儒辟符载启》)。《全唐诗》存其诗二首,《全唐文》存其文四卷,《唐文拾遗》存其文一篇。生平事迹见《全唐文》卷六九〇符(当作苻,下同)载《荆州与杨衡说旧因送游南越序》、卷五七六柳宗元《贺赵江陵宗儒辟符载启》,《唐摭言》卷二,《唐诗纪事》卷五一。

张登(?—约808)　唐文学家。郡望清河(今属河北)。建中末,以大理评事、监察御史为盐铁转运使包佶从事。贞元中任河南士曹参军,复迁殿中侍御史,知江淮转运盐铁院事。授漳州刺史,坐事受劾,卒于狱中。长于小赋。唐李肇称其小赋"气宏而密,间不容发,有织成隐起往往蹙金之状"(《唐国史补》)。著有《张登集》,已佚。《全唐诗》存其诗七首,《全唐诗补编》存其诗三首。生平事迹见《全唐文》卷四九三权德舆《唐故漳州刺史张君集序》、《唐才子传》卷五。

刘言史(?—812)　唐诗人。赵郡(治今河北邯郸)人。建中中,镇冀节度使王武俊辟为幕宾,奏授枣强令,辞疾不就,世称刘枣强。贞元中,游泽潞、荆南、吴越、潇湘等地。元和中,居洛中。六年(811),山南东道节度使李夷简辟为司功参军,日与谈宴,歌诗唱答。岁余,奏请增秩,诏下之日,不恙而卒。与孟郊友善唱和,与穆质、李翱亦有交往。孟郊称云:"精异刘言史,诗肠倾珠河。"(《哭刘言史》)皮日休亦谓其"有歌诗千首,其美丽恢赡,自(李)贺外,世莫得比"(《刘枣强碑》)。《嘉兴社日》等诗传诵较广。今传《刘言史诗》。《全唐诗》存其诗一卷。生平事迹见《皮子文薮》卷四《刘枣强碑》、《唐诗纪事》卷四六、《唐才子传》卷四。

崔备　唐诗人。许州鄢陵(今属河南)人。建中二年(781)登进士第。贞元末仕至监察御史。元和初为西川支度判官。后历起居舍人、礼部员外郎、工部郎中兼集贤院学士。十一年

(816),任谏议大夫。《全唐诗》存其诗六首,《全唐文》存其文二篇。生平事迹见《唐代墓志汇编·唐陇西郡夫人墓志铭》、《唐会要》卷三二、《唐诗纪事》卷四五、《唐尚书省郎官石柱题名考》卷二〇。

马异 唐诗人。河南(今河南洛阳)人。兴元元年(784)登进士第。与皇甫湜、卢仝为友。卢仝作《与马异结交诗》,异亦有诗报之。《唐才子传》谓其"赋性高疏,词调怪涩,虽风骨棱棱,不免枯瘠"。《全唐诗》存其诗四首。生平事迹见《唐诗纪事》卷四〇、《唐才子传》卷五。

马总(?—823) 唐散文家。字会元。扶风(今属陕西)人。贞元中,入义成节度使姚南仲幕府,南仲被诬,坐贬泉州别驾,后徙恩王傅。元和中,以虔州刺史迁安南都护,徙桂管经略观察使,入为刑部侍郎。十二年(817),兼御史大夫,为淮西宣慰副使,寻擢拜淮西节度使,徙忠武节度使,改华州防御、镇国军使。后为郓、曹、濮等道节度使。长庆二年(822),授检校尚书左仆射,入为户部尚书。有《意林》五卷、《通历》十卷行世。《全唐诗逸》(《全唐诗》附)存其诗一首,《全唐文》存其文四篇。生平事迹见《旧唐书》卷一五七、《新唐书》卷一六三。

孟简(?—823) 唐诗文家。字幾道。平昌(今山东临邑东北)人。居于吴中。贞元中擢进士第,登宏词科。元和四年(809),官谏议大夫,受诏译佛经。元和末,官至山南东道节度使。累贬吉州司马。复历睦、常二州刺史。《全唐诗》、《全唐诗补编》共存其诗九首,《全唐文》、《唐文拾遗》共存其文四篇。生平事迹见《旧唐书》卷一六三、《新唐书》卷一六〇。

纥干著 唐诗人。河南(今河南洛阳)人。贞元中官至太仆寺丞。元和中令狐楚进《御览诗》,录其诗四首。《全唐诗》存其诗四首。生平事迹见《元和姓纂》卷一〇、《千唐志斋藏志·唐故李氏夫人河南纥干氏墓志》。

姚系 唐诗人。河中(治今山西永济)人。姚崇曾孙。贞元元年(785)进士及第,官门下典仪。《古别离》为传诵名篇。著有《姚系诗》,已佚。《全唐诗》存其诗十首。生平事迹见《新唐书》卷七四、《唐诗纪事》卷二七、《唐才子传》卷五。

鞠信陵(?—约794) 唐诗人。苏州(今属江苏)人。贞元元年(785)登进士第,复登贤良方正能直言极谏科。六年,仕为望江令。有善政。卒于任,民为立祠,白居易有诗赞美之。著有《鞠信陵诗》,已佚。《全唐诗》存其诗六首。生平事迹见《唐诗纪事》卷三五、《容斋五笔》卷七、《唐才子传》卷五。

韦执谊(?—约805) 唐散文家。京兆(治今陕西西安)人。贞元元年(785),举进士第,又举贤良方正科,对策异等,授右拾遗。年逾冠,选为翰林学士,为德宗赏爱,出入宫中以诗歌相唱和,并顾问政事。贞元末年,与王叔文、柳宗元友善。后为吏部侍郎。顺宗即位,王叔文当国,擢为尚书左丞、同中书门下平章事。宪宗立,叔文罢死,贬为崖州司户参军,卒于任所。《全唐文》存其文三篇。生平事迹见《旧唐书》卷一三五、《新唐书》卷一六八。

林蕴 唐诗文家。字复梦。泉州莆田(今属福建)人。贞元四年(788)明经及第,韦皋辟为西川推官。刘辟反,不从,贬唐昌尉。元和中为沧景节度掌书记,累迁至礼部员外郎。宝历元年(825)官邵州刺史,后坐事流儋州。与欧阳詹等友善唱和。著有《林蕴集》,已佚。今传《林邵州遗集》。《全唐诗补编》存其诗二首,《全唐文》、《唐文拾遗》共存其文三篇。生平事迹见《林邵州遗集·睦州刺史二府君神道碑》、《新唐书》卷二〇〇。

宋若莘(?—820) 唐女诗人。贝州清阳(今河北清河)人。与妹若昭、若伦、若宪、若荀皆有文名。贞元四年(788)俱召入宫,预宫廷唱和,宫中呼为学士。七年,掌宫中文籍。《全唐诗》存其诗一首。生平事迹见《旧唐书》卷五二、《新唐书》卷七七、《唐诗纪事》卷七九。

宋若昭(?—825) 唐女诗人。贝州清阳(今河北清河)人。与姊若莘,妹若伦、若宪、若荀皆有文名。贞元四年(788)俱召入宫,预宫廷唱和,宫中呼为学士。元和十五年(820)掌宫中文奏,拜尚宫。自宪、穆、敬三帝,皆呼为先生。六宫嫔媛诸王公主等皆师事之。进封梁国夫人。其文"淡丽",亦能诗。《全唐诗》存其诗一首,《五朝小说》存其《牛应贞传》。生平事迹见《旧唐书》卷五二、《新唐书》卷七七、《唐诗纪事》卷七九。

马逢 唐诗人。扶风茂陵(今陕西兴平东北)人。贞元五年(789)登进士第。历盩厔尉、咸阳尉、大理评事诸职。元和中以殿中侍御史佐东川、荆南幕府。《全唐诗》存其诗五首,《全唐文》存其赋一篇。生平事迹见《元和姓纂》卷七、《唐才子传》卷五。

杨衡 唐诗人。字仲师。凤翔宝鸡(今属陕西)人,望出弘农(治今河南灵宝)。天宝末,随父旅居于蜀。大历末,与苻载、王简言、李元象同隐青城,建中初,复偕隐庐山,号“山中四友”。贞元六年(790)登进士第,客荆州。七年,为桂管观察使齐映幕从事。八年,至广州。后官左金吾卫仓曹参军,为桂阳部从事。十六年尚在。后不知所终。工古体诗。与苻载、陈羽、灵澈、玄晏等唱和。宋范晞文《对床夜语》称其《卢十五竹亭送侄偁归山》诗“语意清脱,略无尘土纷华之气”。《全唐诗》存其诗一卷。生平事迹见《全唐文》卷六九〇符(当作苻,下同)载《荆州与杨衡说旧因送游南越序》、卷六九一符载《犀浦县令杨府君墓志铭》,《唐摭言》卷二,《唐诗纪事》卷五一,《唐才子传》卷五。

王涯(?—835) 唐文学家。字广津。郡望太原(今属山西)人。德宗贞元八年(792)进士,十八年又登宏词科,调蓝田尉。二十年,以左拾遗召为翰林学士,进起居舍人。宪宗元和年间,累迁工部侍郎。拜舍人。拜中书侍郎、同中书门下平章事。后罢相,迁吏部侍郎。穆宗时,为御史大夫。敬宗朝,迁礼部尚书,检校尚书左仆射、山南西道节度使。文宗大和三年(829),召拜太常卿。四年,为吏部尚书、检校司空、诸道盐铁转运使。七年,进尚书右仆射,封代郡公。寻兼门下侍郎,拜司空。九年(835),于“甘露之变”中,被宦官冤杀。博学工诗文,其诗多为五言绝句,擅为闺情诗。与王建均擅“宫词”,并称“二王”。《唐才子传》谓其诗“风韵遒然,殊超意表”。《新唐书》本传谓其“文有雅思”,“训诰温丽”。原有集,已佚。《全唐诗》存其诗一卷,《全唐文》存其文十篇,《唐文拾遗》存其文一篇。生平事迹见《旧唐书》卷一六九、《新唐书》卷一七九。

许尧佐 唐文学家。贞元间登进士第,复中博学宏词科。为太子校书郎。又登贤良方正能直言极谏科。元和十一年(816),以左赞善大夫充册立吊南诏副使。仕终谏议大夫。有《柳氏传》,为唐传奇代表作。《全唐诗》存其诗一首,《全唐文》存其文六篇。生平事迹见《旧唐书》卷一八九、《新唐书》卷二〇〇。

陈谏 唐文学家。郡望颍川(治今河南许昌),家居于吴(今江苏苏州)。德宗至穆宗时历任仓部郎中、河中少尹、台州司马、封、循、道诸州刺史。为永贞八司马之一。《全唐诗补编》存其诗一首,《全唐文》存其文六篇。生平事迹见《唐国史补》卷中、《旧唐书》卷一三五、《新唐书》卷一六八。

李景亮 唐小说家。贞元十年(794)详明政术、可以理人科擢第。著有传奇小说《李章武传》。生平事迹见《唐会要》卷七六、《登科记考》卷一三。

范传正 唐文学家。字西老。邓州(治今河南邓州)人。贞元十年(794)登进士第,又中博学宏词科及书判拔萃科。授集贤殿校书郎,迁渭南尉。拜监察殿中侍御史,自比部员外郎出为歙州刺史,转湖州刺史。元和七年(812)擢宣歙观察使。十一年授光禄卿。敬仰李白,曾访得李白墓,迁于青山(今安徽当涂)之阳,并免李白孙女租徭。所作《唐左拾遗翰林学士李公新墓碑》对后人研究李白生平具重要价值。《全唐诗》存其诗三首,《全唐文》存其文四篇。生平事迹见《旧唐书》卷一八五、《新唐书》卷一七二、《嘉泰吴兴志》卷一四。

邵楚苌 唐诗人。字待伦。闽县(今福建闽侯)人,郡望安阳(今属河南)。贞元十二年(796),与欧阳詹、林蕴俱在长安。十五年登进士第,官校书郎。《全唐诗》存其诗一首。生平事迹见《全唐诗》卷三四九欧阳詹《玩月》诗序、《登科记考》卷一四。

崔护(?—831) 唐诗人。字殷功。蓝田(今属陕西)人,一说博陵(今河北蠡县)人。贞元十二年(796)进士。官终岭南节度使。名作《题都城南庄》诗为年少时所作,世传“人面桃花”故事本此。《全唐诗》存其诗六首,《全唐文》存其文二篇。生平事迹见《本事诗》、《唐诗纪事》卷四〇。

陈翊 唐诗人。翊或作诩,字载物。福州闽县(今福建闽侯)人。贞元中在泉州与欧阳詹等过往唱酬,十三年(797)登进士第。元和九年(814)任江西观察使从事。官终户部郎中、知制诰。今传《陈诩诗》。《全唐诗》存其诗七首,《全唐文》存其赋、铭各一篇。生平事迹见《全唐文》卷五九五欧阳詹《泉州刺史席公宴邑中赴举秀才于东湖亭序》、《新唐书》卷六〇、《三山志》卷二六、《登科记考》卷一四。

侯喜(?—822) 唐文学家。字叔迟,一作叔退,又作叔起。贞元十九年(803)登进士第。元和七年(812)官校书郎,后为协律郎,终国子主簿。韩愈称其“诗句读惊魂”(《和侯协律咏笋》),“为文甚古”(《与汝州卢郎中论荐侯喜状》)。《石鼎联句》备受韩愈称赞。《全唐诗》存其诗句十联,《全唐文》存其文九篇。生平事迹见《全唐文》卷五四九韩愈《与汝州卢郎中论荐侯喜状》、卷五六八韩愈《祭侯主簿文》,《唐诗纪事》卷四一。

李宗闵(？—846) 唐文学家。字损之。唐宗室,为郑王李元懿之后。贞元二十一年(805)登进士第。元和四年(809)复中贤良方正能直言极谏科,授洛阳尉。后迁驾部郎中、知制诰、监察御史,拜中书舍人。穆宗时权知礼部侍郎、知贡举。改兵部、吏部侍郎。大和三年(829)拜同平章事。后罢为山南西道节度使。八年复入相。次年贬潮州司户。会昌四年(844)出为封州刺史,又贬郴州司马。为牛李党争时牛党首领。《全唐诗》存其诗一首,《全唐文》存其文一卷。生平事迹见《旧唐书》卷一七六、《新唐书》卷一七四。

李约 唐文学家。字存博,号萧斋。唐宗室。李勉子。贞元十五年(799)任浙西节度从事,后官至兵部员外郎。精楷隶,收藏书画甚丰。尝重金求得梁萧子云飞白大书萧字,置于小亭,号即由此来。工诗善文,亦通音乐。时人张谂评曰:“夫萧之为言也,切然而清;于文也,蔚然而整”(《萧斋记》)。明胡震亨称其“虽篇什无多,疏野可赏”(《唐音癸签》)。其诗多为赠别、感怀、写景之作,七绝佳篇尤多。《江南春》、《观祈雨》皆为传世名篇。《全唐诗》存其诗十首,《全唐文》存其文二篇。生平事迹见《全唐文》卷五四四崔备《壁书飞白萧字记》、卷六九五张谂《萧斋记》,《唐诗纪事》卷三一。

广宣 唐诗僧。安南(今越南河内)人。或云其俗姓廖,乃将其与刘禹锡诗中还俗释子廖参谋混淆。贞元末居蜀,与韦皋、薛涛往还。元和中,居长安兴善寺,后入安国寺红楼院,以诗供奉。与诗人李益、韩愈、杨巨源、令狐楚、白居易唱和。长庆三年(823),以诗贺王起放进士榜,起及元稹、刘禹锡均和之。后出院,居长安,不知所终。其诗多为应制之作,明胡震亨《唐音癸签》评为“气色高华”。著《红楼集》,又有与令狐楚唱和诗,均佚。《全唐诗》存其诗一卷。生平事迹见《唐诗纪事》卷七二。

陈鸿 唐小说家。字大亮。贞元二十一年(805)进士及第。历太常博士、虞部员外郎、主客郎中。曾充赴回鹘婚礼使判官。自称“少学乎史氏,志在编年”(《大统纪序》)。其《长恨歌传》为唐传奇代表作。另有传奇《东城老父传》,然近人或认为实出陈鸿祖之手。曾修撰《大统纪》,今不存。《全唐文》存其文三篇。生平事迹见《大统纪序》、《唐尚书省郎官石柱题名考》卷二五、《登科记考》卷一五。

鲍君徽 唐女诗人。字文姬。德宗尝召入宫,与侍臣唱和。后以母老乞归养。《全唐诗》存其诗四首,《全唐文》存其文一篇。生平事迹见《全唐文》卷九四五其《乞归疏》、《唐诗纪事》卷七九、《唐才子传》卷二。

刘皂 唐诗人。咸阳(今属陕西)人,久客并州。贞元中,假摄孝义尉,尝以书谒汾州刺史董叔经,董怒,遂弃官去。令狐楚进呈《御览诗》,选其诗四首。《旅次朔方》诗传诵最广。《全唐诗》存其诗五首。生平事迹见《宣室志》卷五、《唐诗纪事》卷三六。

胡令能 唐诗人。贞元、元和间人。居圃田(今河南中牟)。以洗镜锼钉为业,人称胡钉铰。其诗多浅俗。《全唐诗》存其诗四首。生平事迹见《云溪友议》卷下、《唐诗纪事》卷二八。

李公佐 唐小说家。字颛蒙。陇西(治今甘肃临洮)人。中过进士,曾出任钟陵、江淮从事等官。贞元十三年(797)泛潇湘、苍梧,十八年秋至洛阳。元和六年(811)五月奉使至长安。八年东下南京,十八年归长安(据《旧唐书·宣宗纪》,大中二年(848),曾派前扬府录事参军李公佐推勘吴湘狱。然此人是否即小说家李公佐,有待考证)。与白行简友善,曾鼓励行简作《李娃传》。著有传奇小说《南柯太守传》、《谢小娥传》、《庐江冯媪传》、《古岳渎经》等。生平事迹见唐杜光庭《神仙感遇传》卷三。

长孙佐辅 唐诗人。朔方(今陕西靖边)人,客居于吴。举进士不第。贞元间,弟公辅为吉州刺史,遂往依焉。后隐居以终。诗长于古调,诗集号《古调集》。唐张为《诗人主客图》列其为“瑰奇美丽主”武元衡之入室者。元辛文房《唐才子传》称其“诗格词情,繁缛不杂。卓然有英迈之气”。古体《拟古咏河边枯树》、《关山月》,近体《寻山家》、《山行经村径》均称佳作。著有《长孙佐辅集》,已佚。《全唐诗》存其诗十七首。生平事迹见《唐诗纪事》卷四〇、《直斋书录解题》卷一九、《唐才子传》卷五。

李宣远 唐诗人。澧阳(今湖南澧县)人。贞元间,登进士第。以诗名。《全唐诗》存其诗二首。生平事迹见《唐诗纪事》卷四三、《唐才子传》卷七。

郑馀 唐诗人。代宗至宪宗间人。元和中,令狐楚编进《御览诗》,选录其乐府诗四首。《全唐诗》存其诗四首。其余生平事迹无考。

陈存(？—812) 唐诗人。屡试进士不第。诗长于古体。《全唐诗》存其诗六首，杂有他人作品。生平事迹见《因话录》卷六、《唐诗纪事》卷四〇。

熊孺登　唐诗人。洪州钟陵（今江西南昌）人。贞元中，居洪州郭北龙沙，曾陪李兼、戴叔伦、权德舆等游宴唱和。元和中，曾为从事。八年（813），归钟陵，过朗州，刘禹锡有诗送之。后复为剑南西川节度使府从事，归江西，过江州，与白居易相遇。十四年春，白居易赴忠州任，复与之相值于洪州。后不知所终。诗长于七绝。元辛文房谓其"言语妙天下"（《唐才子传》）。《董监庙》、《湘江夜泛》等诗传诵较广。今传《熊孺登诗》，已佚。《全唐诗》存其诗一卷。生平事迹见《白居易集》卷四五《与微之书》、《唐诗纪事》卷四三、《唐才子传》卷六。

杨郇伯　唐诗人。蜀（今四川）人。德宗、宪宗时人，窦常曾有诗寄之。《全唐诗》存其诗一首。生平事迹见《唐诗纪事》卷二九。

王起（760—847）　唐文学家。字举之。其先太原（今属山西）人，家居扬州（今属江苏）。贞元十四年（798）登进士第，后复中博学宏词科。元和三年（808）中贤良方正能直言极谏科。历渭南尉、礼部侍郎、兵部尚书充翰林侍讲学士、太子少师、同中书门下平章事、充山南西道节度使。为当时著名博学之士。文多赋奏，诗多赠和之作。《旧唐书》本传称其"富于文学"，"长于博洽"，"书无不览，经目靡遗"。其《和周侍郎见寄》诗，门生同和者二十三人，一时传为盛事。与刘禹锡、白居易联句长达数十韵，刘称其为"勍敌"。《全唐诗》存其诗六首，《全唐文》存其文三卷。生平事迹见《旧唐书》卷一六四、《新唐书》卷一六七。

羊士谔（约762—约822）　唐诗人。字谏卿。洛阳（今属河南）人。贞元元年（785）登进士第，授义兴尉，佐浙东观察使幕。永贞中，以宣歙观察巡官贬汀州宁化尉。元和初入朝，累迁侍御史。三年（808），坐倾李吉甫，贬资州刺史，再贬巴州刺史。历资、洋、睦三州刺史。官至户部郎中。孟简谓其"为文雅拔"（《建南镇碣记》），元辛文房称其诗"作皆典重"（《唐才子传》）。《过三乡望女几山早岁有卜筑之志》等诗较为传诵。今传《羊士谔集》。《全唐诗》存其诗一卷，《全唐文》存其文五篇。生平事迹见《全唐文》卷六一六孟简《建南镇碣记》、韩愈《顺宗实录》四，《旧唐书》卷一四八，《唐诗纪事》卷四三，《唐才子传》卷五。

李绛（764—830）　唐文学家。字深之。赵郡（治今河北赵县）人。贞元八年（792）登进士第，复中博学宏词科。补渭南尉。历秘书省校书郎、监察御史、翰林学士、司勋员外郎知制诰、户部侍郎、同中书门下平章事。元和九年（814）罢为礼部尚书。十年，出为华州刺史。大和三年（829）为山南西道节度使。次年因兵变遇害。有《李相国论事集》。《全唐诗》存其诗二首，《全唐文》存其文二卷。生平事迹见《全唐文》卷六〇五刘禹锡《唐故相国李公集序》、《旧唐书》卷一六四、《新唐书》卷一五二。

薛存诚（765—814）　唐诗人。字资明。河中宝鼎（今山西万荣）人。贞元中登进士第。累辟使府。入朝为监察御史。元和中，周历台省，累迁至给事中、御史中丞。卒，白居易作诗悼之。早年曾与卢纶唱和。《全唐诗》存其诗十二首，多属误收，《全唐文》存其赋二篇，《唐文拾遗》存其文一篇。生平事迹见《旧唐书》卷一五三、《新唐书》卷一六二。

段弘古（约765—814）　唐诗人。澧州安乡（今属湖南）人。年五十未仕，尝干谒鄂岳观察使何士干、襄阳节度使于頔。元和中，从吕温于道州。温卒，复南见刘禹锡、柳宗元。后欲南依窦群于容州，道卒。《全唐诗》存其诗一首，《全唐诗补编》存其诗二首。生平事迹见《柳河东集·外集·处士段弘古墓志》。

樊宗师（？—823或824）　唐散文家。字绍述。河中（治今山西永济）人。祖居南阳，时人或称"南阳樊绍述"。始为国子主簿。元和三年（808）登军谋宏远堪任将帅科，授著作佐郎。历任金部郎中、绵州刺史、左司郎中。又出为绛州刺史，有治绩。进授谏议大夫，未到任而卒。韩愈《南阳樊绍述墓志铭》称其为文"必出于己，不袭蹈前人一言一句"。实际他把古文运动倡导"务去陈言"之要求推到了艰涩难解的极端，故唐李肇《国史补》曰："元和已后，为文笔则学奇诡于韩愈，学苦涩于樊宗师。"今存《绛守居园池记》，僻涩险奥，虽经后人一再注释，仍令人难以卒读。《千唐志斋藏志》收录其所撰《大唐故朝散大夫太子左赞善大夫南阳樊府君墓志铭并序》，则文字顺畅，明白易晓。始知韩愈许之以"文从字顺"，并非"以交游之故"而曲誉之（《四库全书总目》），乃指其所具有之另一种风格而言。清孙之騄编有《樊绍述集注》二卷。生平事迹见《韩昌黎文集》卷七《南阳樊绍述墓志铭》、《新唐书》卷一五九。

裴度(765—839) 唐政治家、文学家。字中立。河东闻喜(今属山西)人。贞元进士。由监察御史迁御史中丞。官至中书令。政治上力主削藩,曾领兵大败淮西吴元济。晚年辞官居洛阳。尝作《寄李翱书》,不满韩愈及其弟子尚奇求险之风,以为圣贤文章皆"不诡其词而词自丽,不异其理而理自新",且文之异在气格思致,"不在其磔裂章句,隳废声韵",只"意随文而可见,事随意而可行"即可,成为对古文运动流弊予以指正的第一人。然否定韩愈散文创作上的创新追求,指为"以文为戏",不免保守。《全唐文》存其文二卷。今传《裴度诗》。生平事迹见《旧唐书》卷一七〇、《新唐书》卷一七三。

李观(766—794) 唐散文家。字元宾。赞皇(今属河北)人,家于吴(今江苏苏州)。贞元八年(792)进士及第。次年又举博学宏词科,授太子校书郎。为文主张"上不罔古,下不附今,直以意到为辞,辞讫成章"(《帖经日上侍郎书》)。摒弃浮靡文风,崇尚复古。然其文语言生涩,短于熔铸,且仍多用对偶句式,故流传不广。诗仅存数首,《赠冯宿》可作代表。有《李元宾文集》。《全唐诗》存其诗四首,《全唐文》存其文四卷。生平事迹见《全唐文》卷五六六韩愈《李元宾墓铭》、《新唐书》卷二〇三。

张籍(约766—约830) 唐诗人。字文昌。和州乌江(今安徽和县)人,一说吴郡(治今江苏苏州)人。贞元初与王建同求学于邢州鹊山。十三年(797),游汴州,与韩愈相识,得其荐送,入京应举。十五年,登进士第。元和初,调补太常寺太祝,十年不调,病眼几失明。十一年(816),转国子助教。十五年,为秘书郎。以韩愈荐,为国子博士。长庆二年(822),除水部员外郎。历主客郎中。大和二年(828),迁国子司业。世称"张水部"或"张司业"。与元稹、白居易、刘禹锡、姚合、贾岛等交游唱和,后进诗人朱庆馀、项斯等亦得其推挽。诗擅乐府,与王建齐名,世称"张王乐府"。白居易称其"尤工乐府诗,举代少其伦,为诗意如何,六义互铺陈,风雅比兴外,未尝著空文"(《读张籍古乐府》)。姚合赞其"绝妙江南曲,凄凉怨女诗。古风无手敌,新语是人知"(《赠张籍太祝》)。其诗多反映社会人生之作,于下层人民疾苦尤为关怀。长于"以俗言俗事入诗",感情真挚深厚,描写细腻真切,生活气息浓厚,韵味悠远。然其质实平易,实自千锤百炼中来。故宋王安石云:"苏州司业诗名老,乐府皆言妙入神。看似寻常最奇崛,成如容易却艰辛。"(《题张司业诗》)宋周紫芝亦谓唐人乐府诗"当以张文昌为第一"(《竹坡诗话》)。乐府《江南曲》、《江村行》、《筑城词》、《贾客乐》、《野老歌》,近体《蓟北旅思》、《秋思》等为其代表作。今有《张司业集》(又名《张文昌文集》)行世。生平事迹见《旧唐书》卷一六〇、《新唐书》卷一七六、《唐诗纪事》卷三四、《唐才子传》卷五。卞孝萱有《张籍简谱》。

王建(约766—?) 唐诗人。字仲初。颍川(治今河南许昌)人,居关辅(今陕西中部)。贞元初求学于邢州鹊山,与张籍同窗友善。贞元后期至元和初,历佐幽州、荆南、魏博幕。元和八年(813)任昭应丞。长庆元年(821)入朝为太府丞,转秘书郎,迁秘书丞。大和二年(828)自太常丞出为陕州司马,罢任居咸阳原上。与李益、韩愈、白居易、刘禹锡、姚合、贾岛、孟郊、杨巨源交游唱酬。擅长于乐府,与张籍并称,世称"张王乐府"。其新题乐府善于以通俗语言叙写下层人民疾苦,质实真切,生动感人。白居易称:"诗人之作丽以则,建为文近之矣。故其所著章句,往往在人口中,求之辈流,亦不易得。"(《授王建秘书郎制》)明高棅评云:"大历以还,古声逾下,独张籍、王建二家,体制相似,稍复古意。或旧曲新声,或新题古义,词旨通畅,悲欢穷泰,慨然有古歌谣之遗风。"(《唐诗品汇·七言古诗叙目》)乐府《田家行》、《簇蚕辞》、《当窗织》、《水夫谣》、《羽林行》,五绝《新嫁娘词》,七绝《十五夜望月寄杜郎中》均广为传诵;《宫词》一百首,亦播传于时。今有《王建诗集》行世。《全唐诗》存其诗六卷,又词十首,《全唐诗补编》存其诗二首。生平事迹见《白居易集·外集·授王建秘书郎制》、《新唐书》卷六〇、《唐诗纪事》卷四四、《唐才子传》卷四。

李涉(约766—?) 唐诗人。自号清溪子。洛阳(今属河南)人。贞元末,与弟渤偕隐庐山白鹿洞,后受辟为陈许从事,累迁太子通事舍人。元和六年(811),坐为宦官吐突承璀辩护,贬峡州司仓参军。居十年,遇赦还京,为太学博士。宝历元年(825),坐武昭事流配康州。工诗善文,长于七绝,亦擅长篇叙事诗。唐张为《诗人主客图》列其为"高古奥逸主"孟云卿之入室者。《润州听暮角》、《再宿武关》、《井栏砂宿遇夜客》传诵甚广。著有《李涉诗集》,已佚。《全唐诗》存其诗一卷、《全唐诗补编》存其诗四首,《全唐文》存其文一篇。生平事迹见《云溪友议》卷下、《册府元龟》卷一五三、《唐诗纪事》卷四六、《唐才子传》卷五。

李程(766—842) 唐文学家。字表臣。陇西成纪(今甘肃秦安)人。襄邑恭王神符五世孙。贞元十二年(796)登进士第。同年又中博学宏词科,为集贤殿正字。二十年为监察御史、充翰林学士。顺宗时三迁为员外郎。元和二年(807)任司勋员外郎兼翰林学士。十年为兵部郎中,历知制诰、中书舍人、权知京兆尹事、鄂州刺史、鄂岳观察使、吏部侍郎。宝历元年(825)拜同中书门下平章事。次年罢为河东节度使。卒于东都留守任所。精于词赋。《旧唐书》本传评其"艺学优深","滑稽好戏"。《全唐诗》存其诗五首,《全唐文》存其文一卷。生平事迹见《旧唐书》卷一六七、《新唐书》卷一三一。

令狐楚(766或768—837)　唐文学家。字殼士,别号白云孺子。宜州华原(今陕西耀县)人,先世居敦煌(今属甘肃)。贞元七年(791)登进士第,为桂州、太原从事。宪宗元和初,拜右拾遗,历太常博士、礼部员外郎。改职方员外郎,知制诰。出为华州刺史,迁河阳怀州节度使。十四年(819)拜中书侍郎、同平章事。次年,贬衡州刺史。敬宗时,为宣武节度使。文宗时,累官尚书左仆射。卒于山南西道节度使任所,谥文。才思俊丽,能文工诗,与刘禹锡、白居易等唱和甚多。尤擅骈文,李商隐四六文即其所授。《新唐书》本传称其"于笺奏制令尤善,每一篇成,人皆传讽"。《全唐诗》存其诗一卷,《全唐文》存其文五卷。另选编《御览诗》。生平事迹见《刘禹锡集》卷一九《唐故相国赠司空令狐公集纪》、《旧唐书》卷一七二、《新唐书》卷一六六。

崔郊　唐诗人。贞元末、元和初寓居襄阳(今属湖北)。作《赠去婢》诗,节度使于頔因识之。《全唐诗》存其诗一首。生平事迹见《云溪友议》卷上、《唐诗纪事》卷五六。

李赤　唐诗人。浪迹江湖。自谓歌诗类李白,故名李赤。游宣州,以心疾卒。有集,宋时尚存秘阁。《全唐诗》存其《姑苏杂咏》十首,一作李白诗,王安国、苏轼、陆游皆以为李赤作。生平事迹见《柳宗元集》卷一七《李赤传》。

窦庠(约767—约828)　唐诗人。字胄卿。平陵(今陕西咸阳)人。叔向子。贞元末为金商防御使判官,授国子主簿。永贞元年(805),韩皋镇武昌,辟为节度推官,权领岳州。皋移镇润州,又辟为支度副使。后除泽州刺史,历宣歙观察副使、奉天令、登州刺史。长庆中,韩皋为东都留守,复奏为汝州防御判官。后历信、婺二州刺史。与兄常、牟、群,弟巩俱以诗名。有《窦胄卿诗集》,大中年间,褚藏言将其编入《窦氏联珠集》,今存。《全唐诗》存其诗二十一首。生平事迹见《全唐文》卷七六一褚藏言《窦庠传》、《旧唐书》卷一五五、《新唐书》卷一七五。

冯宿(767—837)　唐文学家。字拱之。婺州东阳(今属浙江)人。郡望冀州长乐(今河北冀州)。贞元八年(792)登进士第,任徐泗节度从事。元和十二年(817)为彰义军节度判官,从裴度东征,后拜比部郎中。因当政疑其草拟韩愈谏迎佛骨表,贬歙州刺史。十五年征为刑部郎中。长庆中历中书舍人。宝历元年(825)授左散骑常侍。大和二年(828)拜河南尹。后入为工部侍郎,迁刑部、兵部侍郎。九年出为东川节度使。与韩愈、白居易等有诗文来往。尤长赋颂制诰。其《试百步穿杨叶赋》颇为传诵。《全唐诗》存其诗二首,《全唐文》存其文十一篇。生平事迹见《全唐文》卷六四三王起《冯公神道碑铭并序》、《旧唐书》卷一六八、《新唐书》卷一七七。

韩愈(768—824)　唐文学家。字退之。河阳(今河南孟县)人。郡望昌黎,世称韩昌黎,晚年任吏部侍郎,谥文,因又称韩吏部、韩文公。三岁而孤,由兄韩会抚育。自幼备受艰辛,少即究心古训,通习六艺。贞元八年(792)登进士第。三上吏部试不入选,乃先后赴汴州董晋、徐州张建封节度使幕府任职。后至京师,官四门博士、监察御史。十九年,因上书论事得罪权要,贬阳山令。元和元年(806)召为国子博士。后迁为职方员外郎。七年,坐事降为国子博士。十二年从裴度讨淮西吴元济有功,升任刑部侍郎。十四年,因上表谏迎佛骨,贬潮州刺史。次年召拜国子祭酒。长庆二年(822)以赴镇州宣抚王廷凑兵变有功,转任吏部侍郎、京兆尹等职。四年冬卒于长安。与柳宗元并称"韩柳",同为中唐古文运动倡导者,同被列入"唐宋八大家"。文学上主张文以载道,文道合一,"学古道则欲兼通其辞,通其辞者,本志乎古道者也"(《题欧阳生哀辞后》)。力反六朝以来的骈偶文风,提出以先秦两汉古文为创作标准,"非三代两汉之书不敢观,非圣人之志不敢存"。认为要写出有充实内容的作品,首先应有良好的道德修养,"气盛则言之短长与声之高下者皆宜"。为文既强调创新,"唯陈言之务去"(均见《答李翊书》),又力求平易晓畅,"文从字顺各识职"(《南阳樊绍述墓志铭》),创造出一种清新流畅的新文体,并造就了一大批古文作者。苏轼以

"文起八代之衰，而道济天下之溺"(《潮州韩文公庙碑》)誉之，对后世散文发展影响甚巨。其散文在继承秦汉散文优良传统的基础上，又吸收了骈文长处和古今语言精华，形成了气势充沛、雄奇奔放、纵横开阖、奇偶交错的风格。后人谓其文"如长江大河，浑浩流转"(苏洵《上欧阳内翰书》)。其名篇甚多，《原道》、《师说》、《进学解》、《张中丞传后叙》、《祭十二郎文》、《送李愿归盘谷序》可为代表。其诗与孟郊齐名，并称"韩孟"，多有反映现实，抨击时弊之作，如《丰陵行》、《华山女》等；亦有咏怀述志、咏物纪行之作，如《山行》、《秋怀》等。其诗风雄奇壮伟、光怪陆离，如《南山》、《月蚀诗效玉川子作》等，然《杏花》、《早春呈水部张十八员外》、《山石》等诗则不乏自然清新之态。又好"以文为诗"，即以古文之章法句式入诗，且多发议论，于宋诗之散文化、议论化影响极大。叶燮云："韩愈为唐诗之一大变。其力大，其思雄，崛起特为鼻祖。"(《原诗》)有《韩昌黎集》。生平事迹见《全唐文》卷六八七皇甫湜《韩文公墓志铭》、卷六三九李翱《韩公行状》，《旧唐书》卷一六〇，《新唐书》卷一七六。宋洪兴祖有《韩子年谱》。

柳公绰(768—832)　唐诗人。字宽，小字起之。京兆华原(今陕西耀县)人。贞元元年(785)，登贤良方正直言极谏科，授校书郎。复登是科，授渭南尉。宪宗朝，自吏部员外郎为西川节度判官，后历吏部郎中、御史中丞、湖南鄂岳观察使、京兆尹、刑部侍郎等职。长庆、大和中，累更方镇。位终兵部尚书。《全唐诗》存其诗三首，《全唐文》存其文四篇。生平事迹见《旧唐书》卷一六五、《新唐书》卷一六三。

张仲素(769—819)　唐文学家。字绘之。郡望河间鄚县(今河北任丘)。贞元十四年(798)登进士第。复登博学宏词科。元和七年(812)为屯田员外郎，转礼部员外郎。历司勋员外郎、礼部郎中、翰林学士、中书舍人。诗文赋俱佳。时与王涯、令狐楚合称"三舍人"。元辛文房《唐才子传》称其"能属文，法度严确……其每词未达而意先备也。善诗，多警句，尤精乐府，往往和在宫商，古人有未能虑及者"。其《燕子楼诗》三首吟关盼盼事，白居易甚推重，作和诗三首。《春闺思》、《秋闺思》、《秋夜曲》、《塞下曲》等皆传世之作。《全唐诗》存其诗一卷，《全唐文》存其文一卷。生平事迹见《翰苑群书》卷上丁居晦《重修承旨学士壁记》、《旧唐书》卷一七九、《唐诗纪事》卷四二。

窦巩(769—831)　唐诗人。字友封。平陵(今陕西咸阳)人。叔向子。元和二年(807)登进士第。初入袁滋义成、山南东道、荆南诸幕，后参薛平青州幕，历掌书记、判官、副使诸职，累迁至殿中侍御史、祠部员外郎。宝历元年(825)，入朝为侍御史，转司勋员外郎、刑部郎中。大和中元稹出镇武昌，奏为副使。稹卒，北归。与兄常、牟、群、庠齐名，褚藏言称其"温仁华茂，风韵峭逸。遇境必言诗，言之必破的"。有《窦友封诗集》，大中中，褚藏言将其编入《窦氏联珠集》。《全唐诗》存其诗三十九首。生平事迹见《全唐文》卷七六一褚藏言《窦巩传》、《旧唐书》卷一五五、《新唐书》卷一七五。

薛涛(约770—832)　唐女诗人。字洪度。长安(今陕西西安)人。父郧因官入蜀，卒，遂寓于蜀。幼能篇吟，饶词辩。贞元初，韦皋镇蜀，闻其名，召令侍酒赋诗，遂入乐籍。曾坐事罚赴松州，以献诗得还。元和初，武元衡镇蜀，奏为校书郎，未授，时号女校书。曾居成都郊外浣花溪，后居城内碧鸡坊，历任西川节度使及朝野诗人名士，多与唱和。卒，李德裕作诗伤之。能书善诗，尤工绝句。明杨慎《升庵诗话》谓其诗"有讽喻而不露，得诗人之妙"。《四库全书总目》谓其《筹边楼》"托意深远"，"非寻常裙屐所及，宜其名重一时"。《送友人》、《题竹郎庙》等诗为向来传诵。著有《锦江集》，已佚。今传《薛涛诗》。《全唐诗》存其诗一卷，《全唐诗补编》存其诗三首。生平事迹见《唐诗纪事》卷七九、《郡斋读书志》卷一八、《唐才子传》卷六。傅润华有《薛涛年谱》。

卢仝(约771—835)　唐诗人。祖籍范阳(今河北涿州)，曾隐居济源(今属河南)，其地有玉川泉，因自号玉川子。贞元间，寓居扬州。元和五年(810)，卜居洛阳。家贫，自扬徙洛，唯书一船而已。时韩愈为河南令，常分俸以济其贫，且有诗赠。七年，客常州，与刺史孟简交游。后返洛，大和九年(835)死于甘露之变，一说卒于元和中。有诗名，与马异交厚。其诗构思、意象、用语均趋险尚怪，多用散文句法，杂以议论，宋严羽《沧浪诗话》称之为"卢仝体"，以为"天地间自欠此体不得"。《月蚀诗》为其代表作，韩愈甚赏之，且作诗以效。明王世贞则斥之为"病热人呓语"(《艺苑卮言》)。有《玉川子诗集》(又名《卢仝诗集》)、外集行世。《全唐诗》编其诗三卷，《全唐文》存其文四篇。生平事迹见《新唐书》卷一七六、《唐诗纪事》卷三五、《唐才子传》卷五。

吕温(772—811)　唐文学家。字和叔，一字化光。郡望东平(今属山东),河中(治今山西永济)人。贞元十四年(798)登进士第,又中博学宏词科。授集贤殿校书郎,擢左拾遗。二十年以副使入蕃。永贞元年(805)转户部员外郎,历司封员外郎、刑部郎中。后贬道州刺史,再转衡州刺史。世称吕衡州。与柳宗元、刘禹锡友善。为文颇富文采,尤擅铭赞,亦能诗。刘禹锡称其"始学左氏书,故其文微为富艳"(《唐故衡州刺史吕君集序》)。《旧唐书》本传评其文"有丘明、班固之风"。其《凌烟阁勋臣颂》、《张荆州画赞》、《诸葛武侯庙记》等皆传诵一时。有《吕和叔文集》。生平事迹见《全唐文》卷五九二柳宗元《衡州刺史东平吕君诔》、卷五九三柳宗元《祭吕衡州温文》、卷六〇五刘禹锡《唐故衡州刺史吕君集序》,《旧唐书》卷一三七,《新唐书》卷一六〇。

李翱(772—836)　唐散文家。字习之。陇西成纪(今甘肃秦安)人。贞元十四年(798)登进士第,授校书郎。十六年为义成军观察判官。元和元年(806)任国子博士、史馆修撰、考功员外郎。十五年出为朗州刺史,后为庐州刺史。大和三年(829)拜中书舍人,累迁至户部侍郎,后任山南东道节度使。谥文,世称李文公。为唐代古文运动倡导者与参加者。尝从韩愈学古文,然自视甚高,称韩为"兄"为"友",不自居弟子之列。文道关系上偏重于道,认为"道"即指"尧、舜、文、武、孔子之道"(《答侯高第二书》),同时,也注重文,指出:"义虽深,理虽当,词不工者不成文,宜不能传也。文、理、义三者兼并,乃能独立于一时,而不泯灭于后代,能必传也。故义深则意远,意远则理辩,理辩则气直,气直则辞盛,辞盛则文工。"(《答朱载言书》)其文古茂浑厚,详略得当,发展了韩文平易一面,宋人或以其与韩愈并称为"韩李"。清人列入唐宋十大家之列。《四库全书总目》评其文"立言具有根底,大抵温厚和平,俯仰中度,不似李观、刘蜕诸人有矜心作意之态"。《杨烈妇传》、《高愍女碑》等篇均为佳作。《来南录》开日记体游记散文先河。有《李文公集》。《全唐诗》存其诗七首。生平事迹见《旧唐书》卷一六〇、《新唐书》卷一七七。

刘禹锡(772—842)　唐文学家。字梦得。洛阳(今属河南)人。幼居嘉兴、湖州,曾陪皎然、灵澈唱和。贞元九年(793)登进士第,授太子校书。十六年,为杜佑徐泗、淮南从事,调渭南主簿,入为监察御史。永贞元年(805),擢屯田员外郎,判度支盐铁,参与革新。宪宗立,贬连州刺史,道贬朗州司马。元和十年(815)还京,因作诗语涉讥刺,贬授连州刺史,历夔、和二州刺史。大和初,入朝为主客、礼部郎中,充集贤直学士,复出为苏、汝、同三州刺史。开成元年(836),以太子宾客分司东都,世称刘宾客。与柳宗元交谊最笃,世称"刘柳"。又与白居易并称"刘白"。其诗各体均擅,多反映时事政治及怀古感兴之作。题材广阔,感情充沛,流畅自然。既富锐意进取精神,复具隽永哲理意味,刚健豪宕,雄浑老苍,故白居易目之为"诗豪"。明胡震亨亦谓其"气该今古,词总华实,运用似无甚过人,却都惬人意,语语可歌,真才情之最豪者"(《唐音癸签》)。《飞鸢操》、《西塞山怀古》、《金陵五题》、《始闻秋风》、《秋词》等诗均为传世名作。其学习民歌所作《竹枝词》等,深得南朝乐府神髓,宋黄庭坚评为"词意高妙,元和间诚可以独步",苏轼叹为"奔轶绝尘,不可追也"(《苕溪渔隐丛话》引)。于后世有广泛影响。其散文长于说理,《四库全书总目》谓其"古文则恣肆博辨,于昌黎、柳州之外,自为轨辙"。《天论》、《因论》为其代表作。著有《刘禹锡集》。又编与白居易唱和诗为《刘白唱和集》、《汝洛集》,编与令狐楚唱和诗为《彭阳唱和集》,与李德裕唱和诗为《吴蜀集》,著有《传信方》,均佚。有《刘梦得文集》(又名《刘宾客文集》)行世。生平事迹见《刘宾客文集·外集》卷九《子刘子自传》、《旧唐书》卷一六〇、《新唐书》卷一六八。卞孝萱有《刘禹锡年谱》,屈守元、卞孝萱有《刘禹锡研究》,吴汝煜有《刘禹锡传论》。

白居易(772—846)　唐文学家。字乐天,晚号香山居士、醉吟先生。祖籍太原(今属山西),徙居下邽(今陕西渭南),生于郑州新郑(今属河南)。建中三年(782),随父至徐州别驾任所,寄家苻离。次年避乱至越中。贞元十六年(800)登进士第。十八年,登书判拔萃科。十九年授校书郎。元和元年(806),登制科,授盩厔尉。三年,除左拾遗,为翰林学士,以直谏为权豪所忌。丁母忧。服除,授太子左赞善大夫。十年,因上书请捕刺杀宰相武元衡之凶手,执政恶其越职言事,贬江州司马。量移忠州刺史。穆宗即位,历司门员外郎、主客郎中知制诰、中书舍人。长庆二年(822),出为杭州刺史。除太子左庶子,分司东都。宝历元年(825),复为苏州刺史。病告归。大和初,任秘书监、刑部侍郎。三年(829),以太子宾客分司东都。四年,授河南尹,复为宾客分司,改太子少傅分司。会昌二年(842),以刑部尚书致仕,闲居洛阳,皈依佛教,以诗酒自适。卒,谥曰文。初与元稹并称"元白",同为中唐新乐府倡导者,后又与刘禹锡并称"刘白"。其论诗重视诗歌讽谕功能,强调揭露社会弊端、反映民生疾苦,主张"文章合为时而著,歌诗合为事而作"(《与元九书》)。要求作品"辞质而径"、"言直而切"、"事核而实"、"体顺而肆"(《新乐府序》),以充分发挥其"补察时政"、"泄导人情"(《与元九书》)之社会功能。故其《新乐府》、《秦中吟》中不少篇章具有强烈的现实意义和艺术感染力,但因片面强调社会功能,亦有表现直露、议论太切的毛病。其感伤诗《长恨歌》描写李、杨爱情悲剧,《琵琶行》抒发其与歌女"同是天涯沦落人"之悲哀,为唐代长篇叙事诗名作,明何良俊誉为"古今长歌第一"(《四友斋丛说》)。杂律等小诗亦以通俗浅易、清新明快见长。《暮江吟》、《钱塘湖春行》、《赋得古原草送别》、《问刘十九》均脍炙人口。盖其诗变格入俗,元和、长庆中风靡一时,远播海外,于后世影响亦巨。唐张为《诗人主客图》尊其为"广大教化主"。又系早期倚声填词者之一,《忆江南》、《竹枝》、《长相思》清丽婉约,为唐代词作名篇。亦擅古文,《与元九书》议论犀利,情文并茂,为唐代文论名作。《庐山草堂记》、《养竹记》、《冷泉亭记》、《荔枝图序》等文亦疏畅条达,意味隽永,为世传诵。著有《白氏长庆集》七十五卷、《白氏经史事类》(一名《六帖》)三十卷,又编与元稹等唱和诗为《元白继和集》一卷、《三州唱和集》一卷,编与刘禹锡唱和诗为《刘白唱和集》三卷、《汝洛集》一卷。今有《白氏长庆集》(一名《白香山集》、《白氏文集》)行世,《六帖》则与宋孔传《后六帖》合为《白孔六帖》一百卷刊行,余均佚。生平事迹见《樊南文集》卷八《刑部尚书致仕赠尚书右仆射太原白公墓碑铭》、《旧唐书》卷一六六、《新唐书》卷一一九。陈寅恪有《元白诗笺证稿》,万曼、王拾遗各有《白居易传》,褚斌杰有《白居易评传》,陈友琴有《白居易资料汇编》,朱金城有《白居易年谱》,均可参考。

香山居士 白居易的别号。

裴潾(?—838) 唐文学家。河东闻喜(今属山西)人。以门荫入仕,历右拾遗、左补阙、起居舍人。元和末,因切谏宪宗迷信丹药,贬江陵令。宝历初,自吏部郎中迁给事中。出为汝州刺史,坐事贬左庶子分司东都。大和七年(833)迁左散骑常侍兼集贤殿学士,历刑兵二部侍郎、华州刺史、河南尹,卒于兵部侍郎任上。擅草隶,工诗文,尝集历代文章为《大和通选》三十卷,以上继《文选》,已佚。据云其《白牡丹》诗为文宗所赏,六宫传诵。然据《卢纶诗集》及《酉阳杂俎》,诗或非其作。《全唐诗》存其诗十五首。生平事迹见《旧唐书》卷一七一、《新唐书》卷一一八。

李绅(772—846) 唐文学家。字公垂。祖籍亳州谯县(今安徽亳州),后家于无锡(今属江苏)。元和元年(806)登进士第。授国子助教。历校书郎、右拾遗、翰林学士、中书舍人、御史中丞、户部侍郎等。敬宗立,贬端州司马。大和间,以太子宾客分司东都,擢浙东观察使。开成五年(840)为淮南节度使。会昌二年(842)入为中书侍郎、同中书门下平章事。后复出镇淮南。与白居易、元稹交游甚密。其《新题乐府二十首》(今已不传)为白、元所仿效,乃中唐新乐府运动之倡导者。其晚年自编诗集《追昔游诗》叙其平生游历,抒怀旧之情,发兴衰之感,颇有兴味。明胡震亨称其"揽笔写兴,曲备一生穷泰之感,亦令披卷者代为怃然"(《唐音癸签》)。其《悯农》二首为世传诵。今传《追昔游集》。《全唐诗》存其诗四卷,《全唐诗补编》补其诗九首、断句六,《全唐文》存其文十二篇,《唐文拾遗》存其文一篇,《唐文续拾》存其文一篇。生平事迹见《全唐文》卷七三八沈亚之《李绅传》、《旧唐书》卷一七三、《新唐书》卷一八一。卞孝萱有《李绅年谱》。

柳宗元(773—819) 唐文学家。字子厚。祖籍河东(今山西永济)人,世称柳河东。贞元九年(793)中进士,十四年中博学宏词科。授集贤殿书院正字,调蓝田尉,回朝为监察御史里行。顺宗即位,擢礼部员外郎,与刘禹锡等积极推动永贞革新。其年八月,顺宗被迫禅位于宪宗,革新失败,柳宗元初贬邵州刺史,未至,再贬永州司马。元和十年(815)春,奉召至京师,三月,改贬为柳州刺史,卒于任所,世称柳柳州。与韩愈皆倡导古文运动,同被列入"唐宋八大家",并称"韩柳"。主张"文者以明道"(《答韦中立论师道书》),认为文学须"有益于世"(《读韩愈所著毛颖传后题》),应"辞令褒贬","导扬讽谕"(《大理评事杨君文集后序》);肯定"词正而理备"、"言畅而意美",反对"阙其文采"(同上)的作品;推崇先秦两汉之文,取其精粹以为己用。韩愈评其文"雄深雅健,似司马子长,崔、蔡不足多也"(刘禹锡《唐故尚书礼部员外郎柳君文集序》引)。其文具有丰富的内容和精湛的艺术技巧,被贬谪后所作尤为世称赏。议论文多表现其政治、哲学见解，《封建论》、《六逆论》、《天说》等识见迥绝，立意新警、论证严密、语言犀利。寓言小品以《三戒》、《蝜蝂传》、《罴说》等为代表作，继承先秦寓言而有所发展，表现对社会现实深刻观察和讽刺。传记散文多以下层人物为描写对象，如《种树郭橐驼传》、《捕蛇者说》等，在不失传记文特点的同时糅进寓言与小说的某些特征，写出人物遭遇和品格，有所寄托，寓意深刻。其山水游记富有开创性，不局限于描摹客观景物自然美，而是把自身遭际和主观情感融入其间，境界凄清幽峭，沁人心脾。"永州八记"尤享盛名，被后人视为山水游记之典范。某些骚赋借比兴以寄讽谕，抒胸臆以吐幽怨，颇得屈骚神髓。其诗歌多作于被贬之后，通过对南国奇异山水风物的描写以抒写其迁谪生活中的幽愤之情及怀友思乡之情，在中唐诗坛自成一家。五古语杂玄理，淡雅有味，与陶谢相近。七古颇具汉乐府遗意。近体诗抒情写景，无不言婉意深，声情悠扬，别具风韵。苏轼评柳诗"发纤秾于简古，寄至味于淡泊"(《书黄子思诗集后》)，见解恰切而精当，素为世人所接受。有名作《江雪》、《登柳州城楼寄漳、汀、封、连四州刺史》。今存《柳河东集》。生平事迹见《昌黎先生集》卷三二《柳子厚墓志铭》、《全唐文》卷六〇五《唐故尚书礼部员外郎柳君文集序》、《旧唐书》卷一六〇、《新唐书》卷一六八。

韦处厚(773—828)　唐文学家。本名淳，避宪宗讳改，字德载。京兆万年(今陕西西安)人。元和元年(806)登进士第。又擢才识兼茂、明于体用科，授集贤殿校书郎。迁右拾遗、转左补阙、翰林侍讲学士，后贬开州刺史。再迁至翰林承旨学士、兵部侍郎。宝历二年(826)拜中书侍郎、同中书门下平章事。刘禹锡称其"通六经，旁贯百氏"，所著诗文词赋，"以才丽为主"(《唐故中书侍郎平章事韦公集序》)。其《盛山诗》十二首，时传诵甚广，韩愈谓"读而歌咏之，令人欲弃百事往而与之游"(《韦侍讲盛山十二诗序》)。《全唐诗》存其诗十二首，《全唐诗补编》存其诗一首又三句，《全唐文》存其文一卷。生平事迹见《全唐文》卷六〇五刘禹锡《唐故中书侍郎平章事韦公集序》、《旧唐书》卷一五九、《新唐书》卷一四二。

李渤(773—831)　唐文学家。字濬之，号白鹿先生。洛阳(今属河南)人。少与兄涉偕隐庐山白鹿洞。贞元十九年(803)隐嵩山。元和初征为左拾遗，不赴，移家洛阳。九年(814)拜著作郎，后迁右补阙、考功员外郎。长庆元年(821)贬虔州、江州刺史。宝历元年(825)为桂管观察使，后以疾罢归。大和五年(831)征为太子宾客。其诗多写桂林山水之美和自己依恋惜别之情，《南溪诗》、《留别南溪》尤为人称道。其文多为道士作传，文笔萧疏清朗。《全唐诗》存其诗五首，《全唐文》存其文一卷。生平事迹见《旧唐书》卷一七一、《新唐书》卷一一八。

段文昌(773—835)　唐文学家。字墨卿，一字景初。其先临淄邹平(今属山东)人，世居荆州(治今湖北荆沙)。贞元十五年(799)入蜀依西川剑南节度使韦皋，授校书郎。历登封尉、集贤校理、监察御史、祠部员外郎。元和十一年(816)充翰林学士。十四年加知制诰。穆宗立，迁中书舍人兼翰林承旨学士，拜中书侍郎同中书门下平章事。长庆元年(821)出为剑南西川节度使。文宗即位，拜御史大夫。后历任淮南、荆南、剑南西川节度使。所撰《平淮西碑》较著名。《全唐诗》存其诗四首，《全唐文》存其文四篇，《唐文拾遗》存其文一篇。生平事迹见《旧唐书》卷一六七、《新唐书》卷八九。

空海(774—835)　唐时日本僧人。日本佛教真言宗创始人。俗姓佐伯氏，法号遍照金刚，尊号弘法大师。赞岐国多度郡屏风浦(今日本香川县善通寺市)人。二十二岁出家，投奈良大安寺习三论宗。贞元二十年(804)随遣唐使入唐，留学长安西明寺。后投青龙寺密宗阿阇梨惠果门下，又从昙贞学梵文，从韩方明学书法，俱大有长进。与诗人结交甚广，互有诗作往还。元和元年(806)携内、外典籍数百部返日。其对中国六朝至唐初的诗歌体制、声韵及对偶颇有见解，在所著《文镜秘府论》中记述了许多这方面的材料，很有价值。另有多种著述。日本学者编有《弘法大师全集》。《全唐诗补编》存其诗四首，《唐文拾遗》存其文三篇，《唐文续拾》存其文六篇。生平事迹见《旧唐书》卷一九九、《新唐书》卷二二〇。

独孤申叔(776—802)　唐文学家。字子重。洛阳(今属河南)人。贞元十三年(797)登进士第。十五年中博学宏词科，授秘书省校书郎。工诗文，长于赋颂，与韩愈、柳宗元、刘禹锡等交善。柳宗元评其"为文深而厚，尤慕古雅，善赋颂，其要咸归于道"(《亡友故秘书省校书郎独孤君墓碣》)。《全唐诗》存其诗一首，《全唐文》存其文六篇。生平事迹见《全唐文》卷五八八柳宗元《亡友故秘书省校书郎独孤君墓碣》、卷五六八韩愈《独孤申叔哀辞》。

独孤郁(776—815) 唐散文家。字古风。洛阳(今属河南)人。独孤及次子。贞元十四年(798)登进士第。贞元末授监察御史。元和元年(806)应制举才识兼茂、明于体用科。拜左拾遗,后为右补阙、史馆修撰,召充翰林学士,迁考功员外郎、知制诰、秘书少监。论文主自然,追求"不求而至"的文学境界(《辩文》),与韩柳文学观点相合。与孟郊等有交谊。曾预修《德宗实录》。《全唐文》存其文五篇。生平事迹见《旧唐书》卷一六八、《新唐书》卷一六二。

白行简(776—826) 唐文学家。字知退。祖籍太原(今属山西),后迁下邽(今陕西渭南)。白居易弟。元和二年(807)登进士第,授秘书省校书郎。历左拾遗、主客员外郎、主客郎中、膳部郎中等。以传奇擅名,亦善诗文赋。《旧唐书》本传谓其"文笔有兄风,辞赋尤称精密,文士皆师法之"。《李娃传》为其代表作。另敦煌遗书中存其《天地阴阳交欢大乐赋》,述男女交媾之事。《全唐诗》存其诗七首,《全唐诗补编》存其诗二首,《全唐文》存其文二十篇。生平事迹见《全唐文》卷六八一白居易《祭弟文》、《旧唐书》卷一六六、《新唐书》卷一一九。

李肇 唐文学家。赵郡(治今河北赵县)人。贞元间任华州参军。元和七年(812)为江西观察从事。十三年自监察御史充翰林学士。十四年加右补阙。十五年加司勋员外郎。长庆元年(821)因事贬澧州刺史。后历著作郎、左司郎中。大和初官中书舍人。三年坐事贬将作少监。卒于开成元年(836)前。熟悉朝章典故,著有《翰林志》、《唐国史补》。《唐国史补》记唐时的社会风尚、职官及选举制度的沿革,颇具史料价值。生平事迹见《翰苑群书》卷上丁居晦《重修承旨学士壁记》、《新唐书》卷五八。

郑澣(776—839) 唐诗人。本名涵,避文宗讳改。郑州荥阳(今属河南)人。郑馀庆子。贞元十年(794)登进士第。元和初,自校书郎迁洛阳尉,充集贤院修撰。大和初,自中书舍人擢充翰林侍讲学士,迁礼部侍郎。扬历中外,卒山南西道节度使任。博通经史,亦能诗。著有《郑澣集》、《经史要录》,均佚。《全唐诗》存其诗五首,《全唐文》、《唐文拾遗》各存其文一篇。生平事迹见《旧唐书》卷一五八、《新唐书》卷一六五。

沈传师(777—835) 唐史学家、诗人。字子言。湖州武康(今浙江德清)人,一作苏州吴县(今属江苏)人。沈既济子。贞元二十一年(805)登进士第,复登制科,授太子校书。以鄠县尉直史馆。元和末,官至翰林学士、中书舍人、判史馆事。出为湖南观察使,历尚书右丞,江西、宣歙观察使,官终吏部侍郎。长于史学,尤善书法,亦能诗。与令狐楚等合著《元和辩谤略》,参与修撰《宪宗实录》,均佚。《全唐诗》、《全唐诗补编》共存其诗七首,《全唐文》存其文一篇。生平事迹见《樊川文集》卷一四《唐故尚书吏部侍郎赠吏部尚书沈公行状》、《旧唐书》卷一四九、《新唐书》卷一三二。

皇甫湜(约777—835) 唐散文家。字持正。睦州新安(今浙江淳安)人。元和元年(806)登进士第。三年登贤良方正科,为陆浑尉。仕至工部郎中、东都判官。为中唐古文运动重要成员,与李翱、张籍齐名。尝与李翱同师韩愈学古文,"翱得愈之淳而湜得愈之奇崛"(《四库全书总目》)。在"奇"与"常"的关系上,认为"夫意新则异于常,异于常则怪矣;词高则出于众,出于众则奇矣"(《答李生第一书》)。由于刻意求奇,为文反伤自然,流于奇僻险奥之弊。从其曾赞扬顾况诗"骏发踔厉,往往若穿天心,出月胁,意外惊人语,非寻常所能及,最为快也"(《顾况诗集序》)之语,可见其诗论与文论相似。《答李生书》三篇为其文论代表作。今传《皇甫持正文集》。《全唐诗》存其诗三首,《全唐文》存其文三卷。生平事迹见《新唐书》卷一七六、《唐诗纪事》卷三五。

杨汝士(778—约845) 唐诗人。字慕巢。虢州弘农(今河南灵宝)人。元和四年(809)登进士第,又登博学宏词科。累辟使府。累迁至中书舍人、工户二部侍郎。开成初,自兵部侍郎出为剑南东川节度使。入为吏部侍郎,卒刑部尚书任。工诗,曾于致仕仆射杨於陵席上赋诗,传其自称"压倒元白"。《全唐诗》存其诗八首,《全唐文》存其文二篇。生平事迹见《旧唐书》卷一七六、《新唐书》卷一七五。

柳公权(778—865) 唐书法家、诗文家。字诚悬。京兆华原(今陕西耀县)人。元和三年(808)登进士第,又登制科,授校书郎。穆、敬、文、武、宣五朝,周历台省,累迁至太子少师。咸通初,以太子太保致仕。妙擅书法,最工楷书,名重一时,世称"柳体"。亦工诗文。《全唐诗》存其诗五首,《全唐文》、《唐文拾遗》共存其文十二篇。生平事迹见《旧唐书》卷一六五、《新唐书》卷一六三。

元稹(779—831) 唐文学家。字微之。河南(今河南洛阳)人。贞元九年(793)以明经擢第,十八年举书判拔萃科,授秘书省校书郎。元和元年(806),复登制举甲科,授左拾遗,因论政为宰臣所恶,出为河南尉。四年,拜监察御史,奉使东川,使还,分司东台。以触怒权贵,贬江陵士曹参军。九年,为唐邓从事。十年召回,旋出为通州司马,移虢州长史。十四年,征为膳部员外郎,累迁祠部郎中知制诰、翰林学士、中书舍人。长庆二年(822)二月,拜相。六月,出为同州刺史。次年,授浙东观察使。大和三年(829),入为尚书左丞。寻出为武昌军节度使,卒于镇。与白居易交谊最深,并称"元白",同为中唐新乐府倡导者。其诗各体均工,才情富艳。尝与白居易、李绅辈病前人"沿袭古题,唱和重复",故学习杜甫歌行之"率皆即事名篇,无复倚傍",创作新题乐府;然又以为"寓意古题,刺美见事",亦可存"诗人引古以讽之义"(《乐府古题序》)。故其乐府创作,题兼新古,题材广泛,颇具现实意义。《田家词》、《织妇词》、《采珠行》等为其代表。《连昌宫词》融诗笔、议论于一体,为唐代叙事诗之名篇。五绝《行宫》,亦脍炙人口。明胡应麟评为"语意妙绝"(《诗薮》)。其悼亡诗情感浓郁,真挚动人。艳诗则开晚唐闺情诗之先河。至其与白居易次韵之长篇排律,虽时人仿效,称为"元和体",实为逞才争胜之作,无足观采。其文亦富艳流畅,《叙诗寄乐天书》、《唐故工部员外郎杜君墓系铭》为古代文论佳篇。传奇《莺莺传》为中唐爱情传奇之名作,于宋元戏曲影响甚巨。今传《元氏长庆集》。生平事迹见《白居易集》卷七〇《唐故武昌军节度使元公墓志铭》、《旧唐书》卷一六六、《新唐书》卷一七四。陈寅恪有《元白诗笺证稿》,卞孝萱有《元稹年谱》,王拾遗有《元稹传》。

贾岛(779—843)　唐诗人。字浪仙,一作阆仙。范阳(治今北京)人。相传早岁为僧,法名无本,后还俗。元和中,至京洛,与李益、韩愈、孟郊、张籍、姚合等交游。应举不第。长庆二年(822),以《病蝉》诗刺公卿,与平曾等同被列名"举场十恶"。出游蒲绛、凤翔等地,又曾居嵩山。开成二年(837),坐飞语谪授遂州长江主簿。迁普州司仓参军。转司户参军,未受命而卒。诗长于五律,与姚合齐名,人称"姚贾"。作诗以苦吟著称,自称"苦吟客",有"两句三年得,一吟双泪流"之语。其骑驴觅句唐突京尹事,传为佳话。诗多投献酬赠之作,取眼前荒僻冷落景色,抒一己穷愁幽独之情。刻意冥搜,好奇尚僻,以刻琢穷苦之言为工,风格清奇峭僻。苏轼以与孟郊并提,有"郊寒岛瘦"之评。其警句如"怪禽啼旷野,落日恐行人"、"秋风吹渭水,落叶满长安"、"独行潭底影,数息树边身"等,历来为人所赏。韩愈称其诗"狂词肆滂葩,低昂见舒惨。奸穷怪变得,往往造平淡"(《送无本师归范阳》)。司空图则谓其"诚有警句,然视其全篇,意思殊馁"(《与李生论诗书》)。其诗变格入僻,力矫晚唐熟滑浮艳之风,加之取径仄狭,偏于字句锻炼,有规矩可循,唐末士子争相效法。宋以后诗人如九僧、四灵等亦深受其影响。清人李怀民《中晚唐诗主客图》列其为五律之"清真僻苦主"。著有《长江集》、《小集》、《诗格》(一名《二南密旨》)。今有《长江集》行世。生平事迹见《全唐文》卷七六三苏绛《贾司仓墓志铭》、《新唐书》卷一七六、《唐诗纪事》卷四〇、《唐才子传》卷五。李嘉言有《贾岛年谱》。

牛僧孺(780—848)　唐文学家。字思黯。郡望安定(今甘肃泾川),陇西狄道(今甘肃临洮)人。贞元二十一年(805)登进士第。元和三年(808)中贤良方正能直言极谏科。因对策批评时政,被宰相李吉甫排斥,久不得用。穆宗时累官至户部侍郎、同中书门下平章事、左仆射。敬宗时出任武昌军节度使。文宗时还朝任兵部尚书同平章事。武宗时李德裕为相,贬循州长史。宣宗大中元年(847)召还,为太子少师。为牛李党争中牛党首领。工诗文,尤擅作传奇。有传奇小说集《玄怪录》行世,为唐人较早传奇集。《全唐诗》存其诗四首,《全唐诗补编》存其诗一首、残句二,《全唐文》存其文一卷,《唐文拾遗》存其文二篇。生平事迹见《旧唐书》卷一七二、《新唐书》卷一七四。

姚合(约782—约846)　唐诗人。吴兴(今浙江湖州)人。元和间随父宦游,寄家河朔。十一年(816)登进士第,授校书郎。佐魏博节度使田弘正幕。调武功主簿,历富平尉。宝历二年(826),授监察御史,分司东都。入朝为殿中侍御史、户部员外郎。出为金州刺史。历刑、户二部郎中。大和八年(834)出守杭州。开成中,历左谏议大夫、给事中,出为陕虢观察使。会昌中,为秘书监。世称姚武功或姚秘监。有诗名,与前辈诗人李绅、刘禹锡、张籍、王建、杨巨源等交往唱酬;后辈诗人方干、李频、周贺、郑巢等皆得其提挈。与贾岛齐名,世称"姚贾"。其诗为矫中唐熟滑浅近之习,遂入于清冷僻苦一途,题材狭窄,多为酬赠唱和之作,或写偏僻小县之清冷景物与萧条官况。笔致幽折清峭,然取径甚窄，骨格较卑。擅长五律。以《武功县中作三十首》为代表，时号“武功体”。明胡震亨评云：“姚秘监诗洗濯既净，挺拔欲高。得趣于浪仙之僻，而运以爽亮；取材于籍、建之浅，而媚以蒨芳。殆兼同时数子，巧撮其长者。但体似尖小，味亦微醨，故品局中驷尔”（《唐音癸签》）。对晚唐诗人及宋“永嘉四灵”、明“竟陵派”影响甚大。宋赵师秀曾将其诗与贾岛诗合刻为《二妙集》。今传《姚少监诗集》。另编有唐诗选本《极玄集》，今存。生平事迹见《旧唐书》卷九六、《新唐书》卷一二四、《唐诗纪事》卷四九、《唐才子传》卷六。

杨嗣复(783—848)　唐文学家。字继之，又字庆门。郡望弘农（今河南灵宝），出生于扬州（今属江苏）。贞元十八年（802）登进士第，复登博学宏词科。官秘书省校书郎，迁中书舍人。宝历元年（825）知礼部侍郎。开成三年（838）拜户部侍郎同平章事，封弘农伯。会昌元年（841）贬湖南观察使，再贬潮州刺史。宣宗时拜吏部尚书。诗文俱有名，曾与白居易、刘禹锡相唱和。《全唐诗》存其诗五首，《全唐文》存其文六篇，《唐文拾遗》存其文一篇。生平事迹见《旧唐书》卷一七六、《新唐书》卷一七四。

刘叉　唐诗人。自称彭城子，或即彭城（今江苏徐州）人。家贫，好任侠，尝杀人亡命，遇赦乃出。元和中，客洛阳，结识孟郊。后入长安，识韩愈、姚合。十四年（819），韩愈贬潮州刺史，作《勿执古寄韩潮州》诗赠之。工诗，多愤世疾俗、抨击现实之作，为韩愈、孟郊等赏爱，尝自云：“酸寒孟夫子，苦爱老叉诗。生涩有百篇，谓是琼瑶辞。”（《答孟东野》）《冰柱》、《雪车》为其代表作。今传《刘叉诗》。《全唐诗》存其诗一卷。生平事迹见《全唐文》卷七八〇李商隐《纪事·齐鲁二生·刘叉》、《新唐书》卷一七六、《唐诗纪事》卷三五、《唐才子传》卷五。

蒋防　唐文学家。字子徵，一作子微。常州义兴（今江苏宜兴）人。元和间历官右拾遗、右补阙。长庆元年（821）充翰林学士。后擢司封员外郎、加知制诰。四年贬汀州刺史，后改连州、袁州。入朝为中书舍人。工诗文，能赋，尤长于传奇，所作《霍小玉传》为唐传奇之名作。《全唐诗》存其诗十二首，《全唐文》存其文一卷，多为赋作。生平事迹见《唐诗纪事》卷四一、《咸淳毗陵志》卷一六、《唐尚书省郎官石柱题名考》卷六。

薛用弱　唐小说家。字中胜。大和初（一说为长庆中）自仪曹郎出守弋阳，为政严而不酷。著有传奇小说《集异记》三卷。生平事迹见《三水小牍·徐焕》、《新唐书》卷五九。

陆畅　唐诗人。字达夫。吴郡（治今江苏苏州）人。贞元中客游西蜀，作《蜀道易》诗称美节度使韦皋，皋礼遇之。元和元年（806）登进士第，官太子率府参军。六年，归江南。后为江西、淮南幕官。入朝为监察御史，历秘书丞、凤翔少尹。大和九年（835），以预诛郑注功授凤翔行军司马。才思敏捷，诗长于绝句。明胡震亨谓其“贵主催妆句，捷成得誉，观他绝，兼亦兴豪”（《唐音癸签》）。著有《陆畅集》。《全唐诗》存其诗一卷。生平事迹见《韩昌黎集》卷五《送陆畅归江南》、李绰《尚书故实》、《新唐书》卷一七九、《唐诗纪事》卷三五。

崔觐　唐诗人。梁州城固（今属陕西）人。为儒不乐仕进。老而无子，夫妇偕隐城固南山，以啸咏自娱。元和中，郑馀庆节度兴元，辟为参谋。大和八年（834），因王直方荐，以起居郎征，辞疾不赴，卒于山。宋文同曾作《崔觐诗》赞其高节。《全唐诗补编》存其诗三首。生平事迹见《旧唐书》卷一九二。

费冠卿　唐诗人。字子军。池州青阳（今属安徽）人。初应进士举，流寓长安十年。元和二年（807）方登第。会母卒，自伤得禄而不能养亲，乃归隐九华山。观察使范传正尝招之。长庆元年（821），殿中侍御史李行修举其孝节，诏拜右拾遗，不赴，隐居而终。姚合、李群玉、杜荀鹤、罗隐等均有诗赞颂或凭吊。唐张为《诗人主客图》列其为“广大教化主”白居易之及门者。今传《费冠卿诗》。《全唐诗》存其诗十一首、《全唐诗补编》存其诗一首。生平事迹见《唐摭言》卷八、《唐诗纪事》卷六〇。

吴武陵　唐文学家。本名偘，自称东吴王孙。郡望濮阳（今属河南），信州贵溪（今属江西）人。元和二年（807）登进士第。次年坐事贬永州。大和元年（827）官太学博士，历忠、韶州刺史。以贪赃贬潘（一作播）州司户参军。与柳宗元、韩愈、杜牧等交厚。柳宗元称其“才气壮健，可以兴两汉之文章”（《与杨京兆凭书》）。《全唐诗》存其诗二首，《全唐诗外编》存其诗一首，《全唐文》存其文七篇。生平事迹见《新唐书》卷二〇三、岑仲勉《金石论丛》四《贞石证史·吴武陵事迹》。

李正封　唐诗人。字中护。郡望陇西（治今甘肃临洮）。元和二年（807）登进士第，次年登贤良方正能直言极谏科。七年，官监察御史。十二年，以司勋员外郎兼侍御史为彰义军判官，佐裴度平淮西。淮西平，以本官分司东都。迁司勋郎中、知制诰、中书舍人。能诗。其咏牡丹诗"天香夜染衣，国色朝酣酒"之句，朝野通赏之。《全唐诗》存其诗五首、联句一首，《全唐诗补编》存其诗一首又二句。生平事迹见《旧唐书》卷一四、《新唐书》卷七二、《唐诗纪事》卷四〇。

杨敬之　唐文学家。字茂孝。虢州弘农(今河南灵宝)人。元和二年(807)登进士第、平判入等。迁右卫胄曹参军。后任吉州司户。迁屯田、户部郎中。大和九年(835)贬连州刺史，转同州刺史。开成末，为国子祭酒，兼太常少卿、转大理卿、检校工部尚书。其以文学名播士林，韩愈、柳宗元比之为当代贾、马。好与士人交接，李贺、濮阳愿为其忘年交。其《赠项斯》诗以奖掖推举后进流传不衰。《华山赋》为韩愈、李德裕激赏，最为驰名。《全唐诗》存其诗二首、断句四，《全唐文》存其文一篇。生平事迹见《新唐书》卷一六〇、《唐诗纪事》卷五一。

鲍溶　唐诗人。字德源。自称"楚客"(《吴中夜别》)，或为楚人。贞元中，北游太原，献诗严绶。元和四年(809)登进士第。后游宣州、越州，与范传正、孟简等游宴唱和。十三年，参李夷简淮南幕，卧疾卒。工诗，曾巩谓其诗"尤清约谨严，而违理者少，亦近世之能言者"(《鲍溶诗集目录序》)。元辛文房《唐才子传》称其"古诗乐府，可称独步。盖其气力宏赡，博识清度，雅正高古，众才无不备具"。唐张为《诗人主客图》列其为"博解宏拔主"。其《长城》、《秋怀》、《沛中怀古》、《陇头水》等诗颇为传诵。今传《鲍溶诗集》。生平事迹见《唐诗纪事》卷四一、《唐才子传》卷六。

李汉　唐散文家。字南纪。贞元、大中间人。唐宗室。少师事韩愈，愈以女妻之。元和七年(812)登进士第，累辟使府。长庆末年为左拾遗。宝历间因上疏忤旨出为兴元从事。文宗时召为屯田员外郎，史馆修撰。大和四年(830)转兵部员外郎，后拜知制诰，寻迁驾部郎中，转御史中丞，再转礼部侍郎，改户部侍郎。大和九年，出为汾州刺史，再贬汾州司马。大中时召拜宗正少卿，卒于任上。为文主"文以贯道"，其文类韩愈，雄浑恣肆，颇具文采。《新唐书》谓其"通古学，属辞雄蔚，为人刚"。编次韩愈诗文为《昌黎先生集》，并为作序。《全唐文》存其文二篇，《唐文拾遗》存其文一篇。生平事迹见《旧唐书》卷一七一、《新唐书》卷七八。

李德裕(787—849)　唐文学家。字文饶。赵郡(治今河北赵县)人。早年以荫补校书郎，历幕职。后擢翰林学士，历任浙西、义成、西川诸镇。武宗会昌时居相位，力主削弱藩镇，佐武宗讨平擅自袭任泽潞节度使的刘稹。拜太尉，封卫国公。宣宗大中初遭牛党打击，贬潮州司马，再贬崖州司户参军，卒于贬所。为牛李党争时李党首领。论文反对雕琢与拘于声律，善为诗文，作品流传甚广。清王士禛评其文"骈偶之中，雄奇骏伟，与陆宣公上下"，"五言诸诗，较白乐天、刘梦得不啻过之"(《池北偶谈》)。有《李文饶文集》(又名《会昌一品集》)。另有笔记小说《次柳氏旧闻》。生平事迹见《旧唐书》卷一七四、《新唐书》卷一八〇。傅璇琮有《李德裕年谱》。

舒元舆(789—835)　唐文学家。郡望江州(治今江西九江)，婺州东阳(今属浙江)人。元和八年(813)登进士第。授鄠县尉。长庆中为兴元节度府书记。入朝为监察御史，再迁刑部员外郎。大和五年(831)改授著作郎，分司东都。八年为尚书郎。次年迁御史中丞，兼判刑部侍郎，旋以本官同平章事，同年十一月死于"甘露之变"。才学过人，能诗善文。其书奏、文檄雄健精粹。《新唐书》本传赞其"文檄豪健，一时推许"。所撰《牡丹赋》以赋体咏牡丹；《录桃源画记》论画之精妙；《长安雪下望月记》述雪夜月下之美景，堪称佳作；《赠李翱》诗亦传诵一时。《全唐诗》存其诗一卷，《全唐文》存其文一卷，《唐文续拾》存其文一篇。生平事迹见《旧唐书》卷一六九、《新唐书》卷一七九。

韦瓘(789—?)　唐文学家。字茂弘。京兆万年(今陕西西安)人。元和四年(809)登进士第，为状元，授左拾遗。后迁右补阙、充史馆修撰、司勋郎中、中书舍人等。因与李德裕友善，为李宗闵所恶，大和八年(834)贬康州，移明州长史。武宗时为楚州刺史。大中二年(848)任桂管观察使，寻除太子宾客分司东都。《全唐诗》存其诗一首，《全唐文》存其文三篇。生平事迹见唐莫休符《桂林风土记》、《新唐书》卷一六二、宋洪迈《容斋随笔》卷八。

李贺(790—816)　唐诗人。字长吉。唐宗室郑王裔孙。居于福昌(今河南宜阳)之昌谷。元和初，游江南。北归洛阳，以诗谒韩愈，大得赏誉。五年(810)，举河南府乡贡进士，然以父讳晋肃，不得应进士举，韩愈为作《讳辩》。六年，仕为奉礼郎，郁郁不得志，以病辞官东归。九年秋，往潞州访张彻。归，病卒，年仅二十七。早著诗名，尤擅乐府，当时"云韶乐工，无不讽诵"(《旧唐书》本传)。其为诗苦吟，惨淡经营，句锻字炼，至其母谓"是儿要呕出心乃已耳"(《新唐书》本传)。所作多抒发其执着之理想追求与怀才不遇之愤懑，亦有反映现实民生之作。好以神仙世界及鬼物等为描写对象，怪怪奇奇，想像丰富诙诡，意象重叠密集，色彩斑斓绚丽，情调哀艳凄恻，常不顾事物之客观逻辑，而任一己之主观情感为转移，故前人谓其诗远去笔墨畦径间。杜牧评其诗云："云烟绵联，不足为其态也。水之迢迢，不足为其情也。春之盎盎，不足为其和也。秋之明洁，不足为其格也。……时花美女，不足为其色也。荒国陊殿、梗莽丘垄，不足为其恨怨悲愁也。鲸呿鳌掷、牛鬼蛇神，不足为其虚荒诞幻也。盖骚之苗裔，理虽不及，辞或过之。"(《李贺集序》)宋严羽则目之为"鬼仙之才"，称其诗为"李长吉体"(《沧浪诗话》)。唐张为《诗人主客图》列其为"高古奥逸主"孟云卿之入室者。晚唐诗人陈陶、张碧、赵牧等深受其影响，后世诗人亦多有效之者。《雁门太守行》、《老夫采玉歌》、《李凭箜篌引》、《天上谣》、《浩歌》、《梦天》等诗均为传世名作。著有《李贺集》五卷。今传《李长吉文集》。生平事迹见《樊川文集》卷一〇《李贺集序》、《樊南文集》卷八《李贺小传》、《旧唐书》卷一三七、《新唐书》卷二〇三。朱自清有《李贺年谱》，钱仲联有《李长吉年谱会笺》，王礼锡有《李长吉评传》，傅经顺有《李贺传论》。另陈治国编有《李贺研究资料》、唐文等编有《李贺诗索引》。

张萧远 唐诗人。和州乌江(今安徽和县)人，一说吴郡(治今江苏苏州)人。张籍从弟。元和八年(813)登进士第。曾自长安西游蜀，后归，籍有诗记其事。唐张为《诗人主客图》列其为"瑰奇美丽主"武元衡之升堂者。《全唐诗》存其诗三首。生平事迹见《唐诗纪事》卷四一。

张又新 唐诗人。字孔昭。深州陆泽(今河北深州)人。元和九年(814)状元及第，因曾为府试解头，后又为制举敕头，人称"张三头"。历诸府从事。宝历中，李逢吉为相，引为补阙、祠部员外郎，人指为鹰犬，为"八关十六子"之一。逢吉出襄阳，表为行军司马。贬汀州刺史。后历主客、刑部二郎中，申、温、江三州刺史，约会昌末终左司郎中任。诗多题咏之作。著有《煎茶水记》。《全唐诗》存其诗十七首，《全唐诗补编》存其诗六首，《全唐文》存其文二篇。生平事迹见《旧唐书》卷一四九、《新唐书》卷一七五、《唐诗纪事》卷四〇、《唐才子传》卷六。

殷尧藩 唐诗人。苏州嘉兴(今属浙江)人。应试十年未第。元和九年(814)，因工部尚书杨汉公力荐方登进士第。为福州从事。大和初，自侍御为永乐令。约七年(833)，为湖南观察使李翱从事。与姚合、贾岛等唱和。白居易见其《忆江南》诗三十首，尝继和之。明胡震亨评其诗"有葩艳，微嫌肉丰。《鹳雀楼》一律，独茂硕而婉，不愧初盛遗则"(《唐音癸签》)。著有《殷尧藩诗》，已佚。《唐音丁签》据其集录诗一卷，但该集实为明人伪造。生平事迹见《云溪友议》卷上、《唐摭言》卷八、《唐诗纪事》卷五一、《唐才子传》卷六。

李复言 唐小说家。陇西(今属甘肃)人。元和间居中牟(今河南鹤壁市西)。大和间为大理卿李谅宾客。后曾游岐州、蓬州。大和二年(828)至开成五年(840)十余年间屡试不第。开成五年应举时，缴纳"省卷"中有小说《纂异》(即《续玄怪录》)一部，被斥为"事非经济，动涉虚妄"，复言因此罢举。大中年间仍在世。或谓复言即元稹、白居易的诗友李谅(字复言)，实误。著有《续玄怪录》。此书多记因果报应式的宗教故事，对社会黑暗亦有揭露，艺术上善描摹，对后世小说戏曲影响较大。生平事迹见《旧唐书》卷一七、卷一八，《南部新书》卷甲。

裴夷直 唐诗人。字礼卿。吴(今江苏苏州)人。元和十年(815)登进士第。大和末，为宣歙观察使王质从事。入朝为右拾遗，累迁中书舍人，出为杭州刺史，再贬驩州司户。宣宗立，内徙江州刺史。大中十年(856)，自兵部郎中出为苏州刺史，移华州刺史，终散骑常侍。诗擅绝句。著有《裴夷直诗》。《全唐诗》存其诗一卷，《全唐文》存其文一篇。生平事迹见《旧唐书》卷一六三、《新唐书》卷一四八、《唐诗纪事》卷五一、《唐才子传》卷六。

滕迈 唐诗人。婺州东阳(今属浙江)人。元和十年(815)登进士第。大和初，以侍御佐越州使幕。开成中，历吉、台、睦诸州刺史。其《杨柳枝词》为著名歌人周德华所唱。《全唐诗》存其诗二首，《全唐文》存其赋五篇。生平事迹见《云溪友议》卷下、《唐诗纪事》卷四九。

沈亚之 唐文学家。字下贤。吴兴(今浙江湖州)人。元和十年(815)登进士第，辟于泾原节度使幕府。长庆元年(821)登贤良方正能直言极谏科。授栎阳尉。历福建都团练副使、沧德宣慰使判官。大和三年(829)贬虔州南康尉。五年量移郢州司户参军。曾游韩愈门下十余年,与李贺、贾岛等相善。其诗善感物态,唐张为列其为"广大教化主"白居易之升堂者(《诗人主客图》),明胡震亨称其"意尚新奇"(《唐音癸签》)。其文"务为险崛,在孙樵、刘蜕之间"(《四库全书总目》)。尤以传奇擅名,《湘中怨解》、《秦梦记》、《异梦录》等俱写人神恋爱,富于抒情气氛,为唐传奇之代表作。鲁迅评为"以华艳之笔,叙恍忽之情"(《中国小说史略》)。今传《沈下贤文集》。《全唐诗》存其诗一卷又三首,《全唐诗补编》存其诗三首、断句二,《全唐文》存其文五卷。生平事迹见《郡斋读书志》卷一八、《唐诗纪事》卷五一、《唐才子传》卷六。

封敖　唐文学家。字硕夫。先世为冀州蓨县(今河北景县)人,家居安邑(今山西运城)。元和十年(815)登进士第。累为节度幕府所辟。大和中入朝为右拾遗。会昌二年(842)以左司员外郎兼侍御史知杂事充翰林学士。历工部侍郎、御史中丞。大中二年(848)以礼部侍郎知贡举。后出为山南西道节度使等,入为户部尚书,进尚书右仆射。能诗文,尤擅表奏、文檄等。《旧唐书》本传评其"构思敏速,语近而理胜,不务奇涩"。《全唐诗》存其诗二首,《全唐文》存其文二十六篇,《唐文拾遗》存其文二篇。生平事迹见《旧唐书》卷一六八、《新唐书》卷一七七。

周匡物　唐诗人。字幾本。漳州龙溪(今福建漳州)人。元和十一年(816)登进士第。后仕至高州刺史。其《古镜歌》曾为王播所赏。《全唐诗》存其诗五首,《全唐诗补编》存其诗一首。生平事迹见唐黄璞《闽川名士传》、《唐诗纪事》卷四五。

刘猛　唐诗人。彭城(今江苏徐州)人。元和十二年(817)在梁州,与李馀各作古题乐府诗数十首,又作诗送元稹。后不知所终。元稹见其诗,谓"其中一二十章咸有新意",且选和十首。唐张为《诗人主客图》列其为"高古奥逸主"孟云卿之入室者。《全唐诗》存其诗三首。生平事迹见《元稹集》卷二三《乐府古题序》、《唐诗纪事》卷四六。

崔龟从(?—853)　唐书法家、文学家。字玄告。清河(今属河北)人。元和十二年(817)登进士第。复中贤良方正科及书判拔萃科。拜右拾遗。大和二年(828)改太常博士,累转考功郎中、史馆修撰。九年转司勋郎中、知制诰,拜中书舍人。大中四年(850)为中书侍郎同平章事兼吏部尚书。六年罢相,为宣武军节度使,后数徙镇而卒。博学能文,兼擅书法。《旧唐书》本传评其"长于礼学,精历代沿革,问无不通"。《全唐文》存其文八篇,《唐文拾遗》存其文一篇。生平事迹见《旧唐书》卷一七六、《新唐书》卷一六〇、《宣和书谱》卷九。

李廓(?—约851)　唐诗人。唐宗室。元和十三年(818)登进士第。授司经局正字。宝历中,为鄠县尉。大和三年(829),以监察御史为剑南西川节度从事。又曾佐夏州幕,历颍州刺史。入朝,累迁刑部侍郎。大中初,除武宁军节度使。三年(849),军乱被逐。贬澧、唐二州司马。与贾岛、姚合、顾非熊、雍陶、无可交游唱和。著有《李廓诗集》,已佚。《全唐诗》存其诗十八首。生平事迹见《唐代墓志汇编·唐故万年县尉直弘文馆李君墓志铭》、《旧唐书》卷一六七、《新唐书》卷一三一、《唐才子传》卷六。

陈去疾　唐诗人。字文医。福州侯官(今福建闽侯)人。元和十四年(819)登进士第。开成中,官江州司户参军。会昌中,自前蔡州司马为义武军节度判官,权知定州事。终邕管观察副使。《全唐诗》存其诗十三首,《全唐文》存其文一篇。生平事迹见《宝刻丛编》卷一五、《八闽通志》卷六二、《登科记考》卷一八、《光绪曲阳县志》卷一一。

章孝标　唐诗人。钱塘(今浙江杭州)人。元和十四年(819)登进士第,授秘书省正字,迁校书郎。长庆中归杭州,投谒刺史白居易。后至越州投谒观察使元稹。大和中,为山南西道节度使从事。诗才思敏捷,与李绅、杨巨源、朱庆馀等交往唱和。明胡震亨评其诗"殊有蒨饰,七字尤爽朗"(《唐音癸签》)。今传《章孝标诗集》。《全唐诗》存其诗一卷,《全唐文》存其赋一篇。生平事迹见《云溪友议》卷下、《唐摭言》卷一三、《唐诗纪事》卷四一、《唐才子传》卷六。

施肩吾　唐文学家。字希圣,号栖真子。睦州分水(今浙江桐庐)人,一说洪州(治今江西南昌)人。曾寓居吴兴、武进,故亦称吴兴人,或常州人。早年有隐居学仙之志。元和十五年(820)登进士第。后隐居洪州西山为道。才情富赡,为诗奇丽,尤好冶游香艳之词。明胡震亨称其"章句尚艳硕,乏韵致"(《唐音癸签》)。明许学夷评其"语多新巧,能道人意中事,较微之艳诗远为胜之"(《诗源辩体》)。唐张为《诗人主客图》以其为"广大教化主"白居易之及门者。

其《闲居遣兴一百韵》为时流行。《全唐诗》存其诗一卷、断句二,《全唐诗补编》存其诗十首、断句二,《全唐文》存其文九篇。生平事迹见《唐摭言》卷八、《唐诗纪事》卷四一、《唐才子传》卷六。

张祜 唐诗人。字承吉。南阳(今属河南)人。寓居苏州。元和、长庆中,漫游河朔、江南等地,尝以诗投谒节帅李愿、李愬、田弘正、朝士韩愈、裴度等求汲引。长庆三年(823),赴杭州取解,受抑。大和五年(831),令狐楚表荐之,至京献诗三百首,无成而归,客淮南。又转徙于徐、许、池等州。后经楚州北游河阳、滑州等地。大中中,卒于丹阳。元和中即享诗名,然坎壈终身,故杜牧有"虚唱歌词满六宫"(《酬张祜处士见寄长句四韵》)之句哀其不幸。陆龟蒙称其"元和中,作宫体小诗,辞曲艳发","及老大,稍窥建安风格","短章大篇,往往间出,谏讽怨谲,时与六义相左右,善题目佳境,言不可刊置别处"(《和过张祜处士丹阳故居诗序》)。《宫词》等诗,为传世名作。今传《张承吉文集》。生平事迹见《全唐诗》卷六二六陆龟蒙《和过张祜处士丹阳故居诗序》、《新唐书》卷六〇、《唐诗纪事》卷五二、《唐才子传》卷六。

崔涯 唐诗人。吴、楚间人。久客扬州。每于青楼倡肆间题诗,妓得其誉则声价顿增,受其毁则车马扫迹,无不畏其嘲谑。后官汜水令。诗与张祜齐名。其《侠士诗》、《别妻》颇为人传诵。《全唐诗》存其诗十首。生平事迹见《云溪友议》卷中、《唐诗纪事》卷五二、《唐才子传》卷六。

船子和尚 唐僧人、词人。法号德诚。药山惟俨法嗣。元和、会昌间人。住秀州华亭(今上海松江),泛小舟为人渡水,人称船子和尚。有《拨棹子》三十九首,句法与张志和《渔父词》同,皆咏渔人生活而寓以释道玄理。吕益柔跋其词曰:"属词寄意,脱然迥出尘网之外,篇篇可观。"(《机缘集》)有清刻本《船子和尚拨棹歌》。生平事迹见《景德传灯录》卷一四、《五灯会元》卷四。

朱昼 唐诗人。李涉有《京口送朱昼之淮南》诗,或以为即广陵(治今江苏扬州)人。慕孟郊为诗,欲见之,先以诗述诚。《全唐诗》存其诗三首。生平事迹见《唐诗纪事》卷四一、《唐才子传》卷五。

苏溪和尚 唐诗僧。约宪宗朝人。嗣五泄灵默,世称五泄小师。后住婺州苏溪,故又称苏溪和尚。尝作六言长篇《牧护歌》。黄庭坚云:"苏傒(溪)嘉州人,故作此歌学巴人曲,犹石头学魏伯阳作《参同契》也"(《题〈牧护歌〉后》)。《全唐诗补编》存其诗一首。生平事迹见《景德传灯录》卷三〇、《山谷集》卷二五。

刘肃 唐文学家。元和间任浔阳、江都县主簿。撰有笔记小说《大唐新语》。《全唐文》存其文二篇。生平事迹见《郡斋读书志》卷二、《直斋书录解题》卷五。

刘宽夫 唐散文家。字盛之。洛阳(今属河南)人。元和间登进士第后为诸府从事。宝历中入为监察御史,转左补阙。大和中,曾历邠州、汴州从事,旋迁起居郎。有文名。尤以嘲讽朋党相争的《剿竹记》最为传诵。《全唐文》存其文三篇,《唐文拾遗》存其文一篇。生平事迹见《旧唐书》卷一五三、《新唐书》卷一六〇。

无可 唐诗僧。俗姓贾。范阳(今河北涿州)人。贾岛从弟。元和中入长安,曾居止青龙寺及先天寺,又曾游吴越、岭南、庐山等地。开成、会昌中,又居终南山白阁及华山树谷,自称白阁僧或树谷僧。当时诗流姚合、马戴、顾非熊、段成式、雍陶等,均与酬唱。诗风与姚合、贾岛相近。其"微阳下乔木,远烧入秋山","听雨寒更尽,开门落叶深"等句甚为人所赏。唐张为《诗人主客图》列其为"清奇雅正主"李益之入室。今传《僧无可诗集》。《全唐诗》存其诗二卷,《全唐诗补编》存其诗一首。生平事迹见《唐诗纪事》卷七四、《直斋书录解题》卷一九、《唐才子传》卷六。

喻凫 唐诗人。毗陵(今江苏常州)人。累应进士举,开成五年(840)方登第,授校书郎。官至乌程令(一作尉)。学贾岛为诗,与姚合、方干、无可、顾非熊等唱和。为诗尚苦吟,多作五律,不事藻绘,务去陈言。明胡震亨《唐音癸签》评为"闲远朗秀,选句功深"。然伤于小巧,无高古之气。唐张为《诗人主客图》列其为"清奇雅正主"李益之及门者。今传《喻凫诗集》。《全唐诗》存其诗一卷。生平事迹见《新唐书》卷六〇、《唐诗纪事》卷五一、《唐才子传》卷七。

薛莹 唐诗人。与喻凫同时,当文宗时人。著有《洞庭诗集》一卷,已佚。《五朝小说》载其传奇《龙女传》,实即《太平广记》卷四一八引《梁四公记》之"震泽洞"条,非莹所作。《全唐诗》存其诗十一首。生平事迹见《直斋书录解题》卷一九。

潘咸 唐诗人。与喻凫为友,凫有诗送之,当为文宗时人。唐张为《诗人主客图》列其为“清奇雅正主”李益之及门者。著有《潘咸集》，已佚。《全唐诗》、《全唐诗补编》共存其诗七首。生平事迹见《唐诗纪事》卷六三、《直斋书录解题》卷一九。

缪岛云　唐诗人。初为僧。开成中，尝游豫章。会昌中，准敕还俗。五代王定保《唐摭言》谓其“才力浩大”，“其诗尤重奇险”，“复出前辈”，时有佳句，为人称赏。《全唐诗补编》存其诗十一首。生平事迹见《唐摭言》卷一〇、《唐诗纪事》卷六五。

李回(？—859)　唐诗人。本名躔，字昭度。唐宗室。长庆元年(821)登进士第，复登制科，参淮南等幕。入朝，累迁中书舍人、工户二部侍郎。刘稹平，拜相。宣宗立，坐党李德裕，累贬抚州长史。召为兵部尚书，复授剑南西川节度使。《全唐诗》存其诗三首。生平事迹见《旧唐书》卷一七三、《新唐书》卷一三一。

白敏中(792—861)　唐文学家。字用晦。祖籍太原(今属山西)，后迁下邽(今陕西渭南东北)。白居易从父弟。长庆二年(822)登进士第。累历使府从事。开成元年(836)迁右拾遗。会昌二年(842)充翰林学士。历兵部侍郎、承旨学士、同中书门下平章事、刑部尚书等。后罢相，出历邠宁节度使等。又复相辅政。咸通元年(860)加中书令。二年，出为凤翔节度使。许以太傅致仕。《全唐诗》存其诗二首，《全唐文》存其文五篇。生平事迹见《旧唐书》卷一六六、《新唐书》卷一一九。

陈标　唐诗人。长庆二年(822)登进士第，仕终侍御史。工近体诗，以七律为古题乐府，于中唐别具一格。其《蜀葵诗》曾为唐韦绚《刘宾客嘉话录》所称引。唐张为《诗人主客图》列其为“广大教化主”白居易之及门者。《全唐诗》存其诗十二首。生平事迹见《唐摭言》卷一五、《唐诗纪事》卷六六。

李敬方(？—约855)　唐诗人。字中虔。并州文水(今属山西)人。长庆三年(823)登进士第。大和三年(829)，为楚州营田判官，征为金部员外郎，历户部员外郎、郎中、谏议大夫。开成中，为长安令。会昌末，因事贬台州长史。大中初，历明、歙二州刺史。顾陶《唐诗类选后序》称其诗“才力周备，兴比之间，独与前辈相近”。其《汴河直进船》、《题黄山汤院》诗颇为传诵。著有《李敬方诗》，已佚。《全唐诗》存其诗八首，《全唐文》存其文一篇。生平事迹见《旧五代史》卷五八、《唐诗纪事》卷五八、《宝刻丛编》卷七、《唐才子传》卷七、《金石续编》卷一一。

徐凝　唐诗人。睦州分水(今浙江桐庐)人。长庆三年(823)，至杭州谒刺史白居易求解，与张祜相争，得解头。又尝往越州，投谒浙东观察使元稹。大和四年(830)，白居易为河南尹，复至洛，相与唱和。自云“一生所遇唯元白，天下无人重布衣”(《自鄂渚至河南将归江外留辞侍郎》)，遂归隐睦州，以布衣终。长于绝句，方干曾从之学诗。皮日休谓其诗“朴略稚鲁”，方干能得其“简古”(《论白居易荐徐凝屈张祜》)，何汶称其诗“皆有情致”(《竹庄诗话》)。《汉宫曲》、《庐山瀑布》、《忆扬州》、《题开元寺牡丹》等颇为传诵。著有《徐凝诗》。《全唐诗》存其诗一卷。生平事迹见《云溪友议》卷中、《唐诗纪事》卷五二、《唐才子传》卷六。

袁不约　唐诗人。字还朴。杭州新城(今浙江富阳)人。长庆三年(823)登进士第。开成中，以侍御参李固言剑南西川幕。唐张为《诗人主客图》列其为“广大教化主”白居易之及门者。著有《袁不约集》，已佚。《全唐诗》存其诗四首，《全唐文》存其赋一篇。生平事迹见《唐诗纪事》卷六〇。

李馀　唐诗人。成都(今属四川)人。元和十二年(817)前后为梁州贡士，长庆三年(823)登进士第，旋返蜀中。工乐府，尝赋古乐府数十首，元稹选而和之。贾岛称其“词体近风骚”(《喜李馀自蜀至》)。所作古乐府已佚。《全唐诗》存其诗二首。生平事迹见《唐诗纪事》卷四六。

李甘(？—约836)　唐文学家。字和鼎。长庆四年(824)登进士第，复登制科，官至侍御史。大和九年(835)，因反对郑注为相贬封州司马，卒于贬所。著有《李甘文》，已佚。《全唐诗》存其诗一首，《全唐文》存其文五篇。生平事迹见《旧唐书》卷一七一、《新唐书》卷一一八。

韩琮　唐诗人。字成封。长庆四年(824)登进士第。开成中入泾原王茂元幕，茂元移镇陈许，又辟为节度判官。大中中，累官至中书舍人，出为湖南观察使。十二年(858)军乱，被逐。咸通八年(867)官右散骑常侍。工诗，七律多咏物之作，明胡震亨《唐音癸签》评为“着色巧衬，是当行手”。七绝清新，宛转有思致。《暮春浐水送别》、《骆谷晚望》、《杨柳枝词》等为传世之作。著有《韩琮诗》。

《全唐诗》存其诗一卷，《全唐诗补编》存其诗四首。生平事迹见《东观奏记》卷下、《宝刻丛编》卷六、《唐才子传》卷六。

刘采春 唐歌女。优人周季南妻。长庆中，自淮甸至越州，与观察使元稹交善，稹爱赏之，赠以诗。善歌《啰唝曲》，所唱皆当代才子之词。《全唐诗》存其《啰唝曲》六首，未必为其自作。生平事迹见《云溪友议》卷下。

顾非熊(约797—约854) 唐诗人。苏州(今属江苏)人。顾况子。弱冠应进士试，困举场三十年，会昌五年(845)武宗亲放及第。累佐使府。大中中，授盱眙主簿。不乐吏事，弃官归隐茅山。诗长于五律。明胡震亨称其"近体俊婉可讽，垩削功似多于真逸翁(顾况)"(《唐音癸签》)。《秋日陕州道中作》、《送马戴入山》等诗为其代表作。今传《顾非熊诗集》。《全唐诗》存其诗一卷。《唐人说荟》存其《妙女传》。生平事迹见《唐摭言》卷八、《旧唐书》卷一三〇、《新唐书》卷六〇、《唐才子传》卷七。

窦弘馀 唐词人。京兆金城(今陕西兴平)人，一作扶风平陵(今陕西咸阳西北)人。窦常子。会昌中为黄州刺史。有词《广谪仙怨》一首。生平事迹见《旧唐书》卷一五五。

朱景玄 唐画论家、诗人。吴郡(治今江苏苏州)人。官太子谕德、翰林学士。开成、会昌中人，大中五年(851)尚在。为晚唐著名画论家。著《唐画断》(一名《唐朝名画录》)三卷，评论唐代画家一百二十四人，首创以神、妙、能、逸四品论画之体，后世因之而不能易。诗多题咏景物之作。今传《朱景玄诗》。《全唐诗》存其诗十五首。生平事迹见《新唐书》卷五九、《直斋书录解题》卷一四、《宝刻丛编》卷七。

崔铉(？—869) 唐诗人。字台硕。博州(今山东聊城)人。擢进士第，初佐幕府，后周历台省。会昌三年(843)为相，以与李德裕不协罢。宣宗初，复相，后累更淮南、山南东道诸镇，卒于荆南。曾著《续会要》，不传。少有诗名，《咏架上鹰》诗为人所称。亦能文，有《神策军碑》，仅存前半。《全唐诗》存其诗二首。生平事迹见《旧唐书》卷一六三、《新唐书》卷一六〇。

欧阳衮 唐诗人。字希甫。福州闽县(今福建闽侯)人。宝历元年(825)登进士第。仕终侍御史。与项斯、陈去疾有诗唱和。今传《欧阳衮诗》。《全唐诗》存其诗九首。生平事迹见《新唐书》卷六〇、《淳熙三山志》卷二六。

刘蕡(？—849) 唐文学家。字去华。昌平(今属北京)人。宝历二年(826)登进士第。曾入令狐楚、牛僧孺节度幕府任从事。会昌时贬柳州司户参军。博闻强记，学识渊博。与李商隐有交谊，死后李曾作《哭刘司户》诗两首悼之。其大和二年(828)《对贤良方正直言极谏策》洋洋数千言，痛陈宦官专权、藩镇割据之害，言论激烈剀切，一时朝野为之震动，《全唐文》收录此对策。生平事迹见《旧唐书》卷一九〇、《新唐书》卷一七八。

朱庆馀 唐诗人。名可久，以字行。越州(治今浙江绍兴)人，一作闽中(今福建)人。长庆中应举入京，以诗谒水部员外郎张籍，籍爱重之，广为延誉，由是知名。宝历二年(826)登进士第。授秘书省校书郎，迁协律郎。大和中卒。与贾岛、姚合、无可、顾非熊、李馀、章孝标交游唱和。长于七绝、五律，语浅而意深。许浑称其"处处多遗韵"(《再游越中伤朱庆馀协律好直上人》)。元辛文房《唐才子传》谓其"得张水部诗旨，气平意绝"。唐张为《诗人主客图》将其与张籍同列为"清奇雅正主"李益之及门者。《宫词》、《闺意献张水部》为传世名作。今传《朱庆馀诗集》。《全唐诗》存其诗二卷。生平事迹见《云溪友议》卷下、《新唐书》卷六〇、《唐诗纪事》卷四六、《唐才子传》卷六。

房千里 唐文学家。字鹄举。河南(今河南洛阳)人。大和初登进士第。官国子博士，终高州刺史。能诗善文。著有传奇小说《杨娼传》，描写名妓杨娼和岭南帅甲的一段生死恋情，文字洗练。另著有《投荒杂录》、《南方异物志》，均佚。《全唐诗》存其诗一首，《全唐文》存其文四篇。生平事迹见《新唐书》卷五八、《云溪友议》卷上、《唐诗纪事》卷五一。

许浑(约800—约858) 唐诗人。字用晦，一作仲晦。润州丹阳(今属江苏)人。许圉师六世孙。长庆至大和初，曾漫游杭越、河中、幽蓟等地。大和六年(832)登进士第。开成中，为当涂尉，移摄太平令。辟南海从事，府罢归。大中元年(847)入京，授监察御史。三年秋，辞疾东归，除润州司马。七年，以虞部员外郎分司东都，出为郢州刺史。其诗长于律体。多登临怀古之作，抚今追昔，感慨兴亡，文辞工丽，属对精切，声律谐婉；送别唱酬之作亦堪讽咏。其诗以整密圆熟称。清人田雯《古欢堂集·杂著》谓"诗律之熟，无如浑者"。唯其如此，意境、用语未免重复落套，故元方回《瀛奎律髓》评其诗为"形胜于神"，"工有余而味不足"，《桐江诗话》则因诗中多用水字而有"许浑千首湿"之讥。《咸阳城东楼》、《金陵怀古》、《凌歊台》等诗为其代表作。今有《丁卯集》(或题《许用晦文集》)行世。《全唐诗》存其诗十一卷,与杜牧诗重出最多。据岑仲勉等考证,杜牧诗中尚有许浑佚诗。生平事迹见《新唐书》卷六〇、《唐诗纪事》卷五六、《郡斋读书志》卷一八。

何希尧　唐诗人。字唐臣。睦州分水(今浙江桐庐)人。施肩吾婿。隐居未仕。其《操莲曲》、《一枝花》、《柳枝词》、《海棠》等诗,清新婉丽而有情致,堪称佳作。《全唐诗》存其诗四首。生平事迹见《万历严州府志》卷一五。

温庭筠(约801—866)　唐诗人、词人。原名岐,一名庭云,字飞卿。太原(今属山西)人。才思敏捷,长于律赋,相传每入试,押官韵,八叉手而成八韵,时号温八叉、温八吟。然"士行尘杂,不修边幅"(《旧唐书》本传),又喜讥刺权贵,故屡试不第。徐商镇襄阳,署为巡官。后贬方城尉。官终国子助教。《花间集》称"温助教"。诗与李商隐齐名,称"温李"。又与李商隐、段成式皆工骈文,因三人排行皆十六,合称"三十六体"。其乐府古诗师法李贺,辞藻瑰丽,而含思悲凉。近体以咏史吊古见长,寄慨深长。即景小诗清丽可喜,有"鸡声茅店月,人迹板桥霜"(《商山早行》)名句传世。通音律,"能逐弦吹之音,为侧艳之词"(《新唐书》本传),是词史上第一位大量填词的文人。词以闺情相思为主,多写妇女的服饰体态和离思别怨。善于择取富有特征性的名物,构成特殊的意境和抒情氛围,采取含蓄委婉、隐约细致的手法,表现人物的思想感情。词语华艳精美,词风香软绮靡,为花间词人之鼻祖。清张惠言评曰:"唐代词人,李白为首,而温庭筠最高,其言深美闳约。"(《词选》序)清刘熙载云:"温飞卿词精妙绝人,然类不出乎绮怨。"(《艺概》)近代王国维说:"'画屏金鹧鸪',飞卿语也,其词品似之。"(《人间词话》)《菩萨蛮》、《更漏子》、《梦江南》等为其代表之作。有《温庭筠诗集》(又名《温飞卿集》)。另著有传奇小说《乾𦠆子》,原本不传,《太平广记》引录甚多。王国维辑有《金荃词》。生平事迹见《旧唐书》卷一九〇、《新唐书》卷九一、夏承焘《唐宋词人年谱·温飞卿系年》。

常达(801—874)　唐诗僧。俗姓顾,字文举。海隅人。发迹于何阳大福寺,遍游江淮间名刹。会昌灭佛,寝默山中。大中中,居苏州破山寺。尝以七五言诗追用元和之体作《青山履道歌》,播于人口,已佚。又著《破山山居八咏》,今存于《常达诗集》。生平事迹见《宋高僧传》卷一六。

韦楚老(803—约841)　唐诗人。字寿朋。长庆四年(824)登进士第。大和九年(835)官左拾遗。又历殿中侍御史。后弃官东归金陵,卒。或云其仕终国子祭酒,非。唐康骈《剧谈录》谓因李德裕论荐自处士授拾遗,乃将其混同于韦楚。诗以古乐府居多,风格肖李贺。其《祖龙行》,明胡应麟评为"雄迈奇警"(《诗薮》)。《全唐诗》存其诗二首。生平事迹见《樊川文集》卷四《哭韦寿朋》、卷一六《上宰相求湖州第二启》,《金华子杂编》卷下。

杜牧(803—852)　唐文学家。字牧之。京兆万年(今陕西西安)人。杜佑孙。大和二年(828)登进士第,复登制科,解褐弘文馆校书郎。旋辟佐沈传师江西、宣歙、牛僧孺淮南幕,历团练判官、节度推官、掌书记。大和九年,以监察御史分司东都。因弟顗眼疾去职。开成二年(837),为崔郸宣歙团练判官。入朝任左补阙、史馆修撰。历膳部、比部员外郎,皆兼史职。会昌二年(842),出为黄州刺史。转池、睦二州刺史。大中二年(848)迁司勋员外郎、史馆修撰,转吏部员外郎。四年秋,求为湖州刺史。入拜考功郎中、知制诰,官终中书舍人。平生好读书,喜论兵,尝注《孙子》。自承不能通经,但熟知"治乱兴亡之迹,财赋兵甲之事,地形之险易远近,古人之长短得失"(《上李中丞书》)。诗赋散文,各体均擅。尝谓为文当"以意为主,气为辅,以辞采章句为之兵卫"(《答庄充书》)。推崇李、杜、韩、柳,高度评价李贺,于元、白颇有微词。古诗多感怀时事之作,《郡斋独酌》、《感怀诗》、《雪中书怀》可为代表。七言近体,或写景抒情,或怀古咏史,情致豪迈,议论精警,风格俊爽,于晚唐诗坛独持拗峭,虽带有感伤之时代色彩,但风华流丽,韵味隽永,直可追步盛唐,故《四库全书总目》谓"其风骨实在元白上"。《河湟》为七律传世名作,《江南春》、《泊秦淮》、《过华清宫》诸绝句尤脍炙人口。其散文"纵横奥衍,多切经世之务"(《四库全书总目》)。《罪言》一文,力主削平藩镇,识见超卓,气势充畅,《新唐书》取为藩镇传论,欧阳修叹笔力不可及。《阿房宫赋》讥敬宗广宫室,开宋代文赋先河。著有《樊川文集》,今存。生平事迹见《樊川文集》卷一〇《自撰墓志铭》、《旧唐书》卷一四七、《新唐书》卷一六六。缪钺有《杜牧年谱》、《杜牧传》,吴在庆有《杜牧论稿》,台湾学者谭黎宗慕编有《杜牧研究资料汇编》。

段成式(803—863)　唐文学家。字柯古。

临淄(今山东淄博)人,后家于荆州(治今湖北荆沙)。段文昌子。以父荫入仕,任职集贤院。会昌三年(843)为秘书省校书郎。大中初出为吉州刺史。终太常少卿。《新唐书》本传称其"博学强记,多奇篇秘籍"。曾与温庭筠、余知古、韦蟾诸人同游徐商幕,赋诗唱和,编为《汉上题襟集》,后佚。文章冠于一时,尤工于骈文。与李商隐、温庭筠齐名,均长于以四六体写公文章奏,因三人排行俱为十六,故时人称"三十六体"。所著以《酉阳杂俎》最为著名。又著《庐陵官下记》,已散佚。今传《段成式诗》。《全唐诗》存其诗一卷、联句若干,《全唐文》存其文一卷,《唐文拾遗》存其文五篇。生平事迹见《旧唐书》卷一六七、《新唐书》卷八九、《金华子》卷上。方南生有《段成式年谱》。

陈陶(约803—约879) 唐诗人。字嵩伯。长江以北人。举进士不第。大和中南游闽中,投诗桂仲武、罗让。后复至江西、容管,献诗周墀、韦廑等。大中中,隐居洪州西山,与蔡京、贯休诗歌往还,日以读书种兰吟诗饮酒为事。或云其南唐时因鄙宋齐丘为人方隐居西山,宋开宝中犹存,乃将其与南唐陈陶相混。工乐府,《陇西行》脍炙人口。著有《文录》十卷,已佚。后人辑有《陈嵩伯诗集》。《全唐诗》存其诗二卷。生平事迹见《唐才子传》卷八。陶敏有《陈陶考》(载《中华文史论丛》1986年第1辑)。

周贺 唐诗人。字南卿。东洛(今河南洛阳)人。初为僧,法名清塞。后客居润州。大和末,谒杭州刺史姚合,合赏爱其诗,延待甚异,遂命还俗。或据其《秋宿洞庭》中"一官成白首"句,谓其后曾出仕,然此诗实为刘长卿作。与贾岛、方干、朱庆馀等友善,有诗酬赠。五代王定保《唐摭言》称其"诗格清雅"。《长安送人》诗传诵较广。唐张为《诗人主客图》列其为"清奇雅正主"李益之入室者。今传《周贺诗集》。《全唐诗》存其诗一卷。生平事迹见《唐摭言》卷一〇、《唐诗纪事》卷七六、《唐才子传》卷六。

郑巢 唐诗人。钱塘(今浙江杭州)人。大和八年(834),谒杭州刺史姚合,献所作诗,大受赏识。性耽山水,与两浙名僧交往,终生未仕。诗长于五律,善于描写古寺幽景,格调闲逸孤清。元辛文房以为"体效格法,能服膺无斁,句意且清新"(《唐才子传》)。以《泊灵溪馆》、《送琇上人》、《秋思》、《宿天竺寺》等较佳。今传《郑巢诗集》。《全唐诗》存其诗一卷。生平事迹见《唐才子传》卷八。

刘得仁 唐诗人。皇室公主子。长庆中即以诗名,历文、武、宣三朝,兄弟皆居显位,独以苦心为诗,出入举场二十余年,终无所成。光化三年(900),韦庄奏请追赠及第。学贾岛为诗,尚苦吟,工五律,多清苦穷愁之词。元辛文房《唐才子传》赞其"怨而不怒,哀而不伤","端能确守格律,揣治声病"。其《宿僧院》等诗为人所称,元方回《瀛奎律髓》谓其"萤入定僧衣"之句古今无之,冯舒则许为"真贾岛"。唐张为《诗人主客图》列其为"清奇僻苦主"孟郊之及门者。今传《刘得仁诗》。《全唐诗》存其诗二卷。生平事迹见《唐摭言》卷一〇、《唐诗纪事》卷五三、《唐才子传》卷六。

皇甫松 唐词人。松,一作嵩,字子奇,号檀栾子。睦州新安(今浙江淳安)人。皇甫湜子。久试进士不第,终身未仕。工诗善词,清陈廷焯《白雨斋词话》评其词云:"皇甫子奇《梦江南》、《竹枝》诸篇,合者可寄飞卿庑下,亦不能为之亚也。"王国维辑有《檀栾子词》。又著有《醉乡日月》、《续牛羊日历》等,今均存残本。生平事迹见《唐摭言》卷一〇、《唐诗纪事》卷五二。

薛媛 唐女诗人。工诗文,善丹青。夫濠梁人南楚材客游陈、颍间,久不思归,颍州刺史欲妻以女,媛遂自绘真容,题诗寄之,楚材见而感悟,夫妻遂得偕老。《全唐诗》存其诗一首。生平事迹见《云溪友议》卷上。

殷侔 唐文学家。大和间曾官魏州(今河北大名)书佐。其《窦建德碑》歌颂失败的英雄,为时传诵。《全唐文》存其文一篇。生平事迹见《全唐文》卷七四四。

王鲁复 唐诗人。字梦周。连江(今属福建)人。大和中,为邕管经略使从事。工诗,自谓"苦心三百首"(《诣李侍郎》)。《全唐诗》存其诗四首,《全唐诗逸》存其诗一首。生平事迹见《八闽通志》卷六二。

薛逢(约806—?) 唐文学家。字陶臣。河中(今山西永济)人。会昌元年(841)登进士第,授校书郎,佐崔铉河中幕。大中中,历万年尉、秘书郎,直弘文馆,预修《续会要》。为京兆畿县令,迁侍御史、尚书郎分司东都。咸通初,出为成都少尹,历嘉、绵诸州刺史。以太常少卿召还,迁给事中,官终秘书监。工赋能诗。《凿混沌赋》为时人所称。歌行学白居易,浅显平易,以此得名。近体七律亦多警策。为人恃才傲物,狂放不羁,所作亦多率意而成,故元辛文房《唐才子传》评为"豪逸"而"未免失浅露俗"。著有

《薛逢诗集》、《别纸》、《赋集》，均佚。《全唐诗》存其诗一卷，《全唐文》存其赋二篇、文十三篇。生平事迹见《旧唐书》卷一九〇、《新唐书》卷二〇三。

良价(807—869)　唐诗僧。俗姓俞。会稽诸暨(今属浙江)人。幼出家，从五泄灵默披剃。二十一岁，诣嵩山受具足戒。后参学诸方，受云岩昙晟心印。曾居豫章高安之洞山，世称洞山和尚。其弟子本寂发扬师说，开曹洞一宗。著诗歌偈颂甚多，四、五、七言及杂言不拘，或取七律形式，以宣传禅理。《全唐诗补编》存其诗颂三十六首。生平事迹见《宋高僧传》卷一二、《景德传灯录》卷一五。

李群玉(约808—约860)　唐诗人。字文山。澧州(今湖南澧县)人。不乐仕进，亲友强之应举，一上而止。开成初，东游吴越。会昌中，客湖南裴休幕三年。又南游广州、容管，归澧州，患消渴疾。大中八年(854)入京，宰相裴休、令狐绹荐之，进诗三百篇，授弘文馆校书郎。遭谗谤，请告归澧州。复东游，卒于洪州。善吹笙，擅草书。和杜牧、段成式、方干有交往。诗作多咏江南景物，抒写羁旅愁怨、坎壈忧思，文辞美丽，思致深婉。盖因久住沅湘，宗师屈、宋，故颇得楚骚遗意。五代王定保《唐摭言》赞其"诗篇妍丽，才力遒健"。清贺裳《载酒园诗话》谓其诗"不染轻靡僻涩之习"，清薛雪《一瓢诗话》摘其佳句，以为"脱尽晚唐蹊径"。其《九子坡闻鹧鸪》、《黄陵庙》、《湘西寺霁夜》诸诗向为人所赏。著有《李群玉诗集》、《后集》，今存。生平事迹见《唐摭言》卷一〇、《新唐书》卷六〇、《唐诗纪事》卷五四、《唐才子传》卷七。陶敏有《李群玉年谱稿》。

李忱(810—859)　即唐宣宗。唐代皇帝。公元846—859年在位。宪宗第十三子。长庆元年(821)封光王，会昌六年(846)即位。年号大中，颇锐意政事。卒谥献文皇帝。性喜文学，常与学士辈唱和。公卿出镇，多赋诗饯行。以《吊白居易》最为传诵。《全唐诗》存其诗六首，《全唐诗补编》存其诗三首。生平事迹见《旧唐书》卷一八、《新唐书》卷八。

李郢　唐诗人。字楚望。长安(今陕西西安)人。曾居于杭州。开成中，有诗献裴度。大中四年(850)，在湖州与杜牧唱酬。十年，登进士第。辟淮南、浙东等镇从事，屡官至侍御史、员外郎。与李商隐、温庭筠交友唱酬。诗长于七律，词调美丽，属对工切，音律和美，近于温、李。明胡震亨《唐音癸签》谓其格调浏亮不弱。今传《李郢诗》。《全唐诗》存其诗一卷，《全唐诗补编》存其诗三十五首。生平事迹见《唐诗纪事》卷五八、《唐才子传》卷八。

李商隐(813—858)　唐文学家。字义山，号玉谿生、樊南生。怀州河内(今河南沁阳)人。大和三年(829)，天平节度使令狐楚辟为巡官，令与诸子游。六年，随楚赴镇太原。开成二年(837)，登进士第。楚卒，入泾原节度使王茂元幕掌书记，茂元以女妻之。茂元为李德裕所善，牛党以为背恩，乃加排诋。四年，为秘书省校书郎，调弘农尉。会昌二年(842)，以书判拔萃授秘书省正字。大中元年(847)，桂管观察使郑亚辟为支使兼掌书记。次年府罢，补盩厔尉，假京兆参军事。三年，为武宁节度使卢弘止判官。五年，入朝为太学博士，旋佐东川柳仲郢幕，为节度判官。十年，随柳归朝，任盐铁推官。十二年，归郑州，病卒。擅骈文，尤工诗，为晚唐大家。从令狐楚习为章奏，俪偶长短而繁缛过之，时温庭筠、段成式俱以此相夸，号"三十六体"。诗与杜牧齐名，人称"小李杜"，又与温庭筠并称"温李"。因处唐季末造，屈迹下僚，"一生襟抱未曾开"(崔珏《哭李商隐》)，幽愤积郁，发为歌诗，或抨击时弊，或怀古咏史，或寄友赠别，多抒愤寄慨之作，王安石以为"唐人知学老杜而得其藩篱，惟义山一人而已"(《苕溪渔隐丛话》引)。各体皆工，尤擅七言律绝。五古规模老杜，《行次西郊作》为杜甫《北征》后之优秀长篇政治叙事诗。七绝巧于构思，清叶燮评为"寄托深而措辞婉，实可空百代无其匹"(《原诗》)，《夜雨寄北》、《宿骆氏亭寄怀崔雍崔衮》、《嫦娥》、《贾生》、《瑶池》、《花下醉》、《代赠》、《北齐》等诗均脍炙人口；然亦有用意清峭刻露者，明胡应麟以为乃"宋人议论之祖"(《诗薮》)。七律深情绵邈，富艳精工。因词藻华赡，隶事精切，对仗工稳，音律和美顿挫，章法开合动荡，陆昆曾谓"直可与杜(甫)齐驱"(《〈李义山诗解〉凡例》)，《安定城楼》、《重有感》、《马嵬》、《隋宫》等俱传世名作。其《锦瑟》等无题诗，多用比兴手法，以片断意象之组合表现其真挚浓烈而又幽约深曲之情思，创造朦胧之境界，尤为唐诗辟一新天地。然其用事深僻，故或未免晦涩。著有《樊南甲集》、《乙集》各二十卷、《玉谿生诗》三卷、《赋》一卷、《文》一卷、《杂纂》一卷。文集已散佚，后人有辑本，诗集及《杂纂》今传。生平事迹见《旧唐书》卷一九〇、《新唐书》卷二〇三、《唐诗纪事》卷五三、《唐才子传》卷七。张采田有

《玉谿生年谱会笺》，杨柳有《李商隐评传》，董乃斌有《李商隐传》，吴调公有《李商隐研究》，可资参考。

玉谿生 李商隐的别号。

厉玄 唐诗人。大和二年(828)登进士第。开成、会昌中，历监察御史、员外郎、万年令。大中六年(852)，官睦州刺史。与姚合、无可、刘得仁等结友酬唱。唐张为《诗人主客图》列其为"清奇雅正主"李益之升堂者。《全唐诗》存其诗六首。生平事迹见《唐诗纪事》卷五一。

杨发 唐诗人。字至之。同州冯翊(今陕西大荔)人。客居苏州。大和四年(830)登进士第，授校书郎。累佐湖南、西蜀使府。入朝为监察御史，累迁礼部郎中。大中中，历左司郎中、太常少卿、苏州刺史、福建观察使。十二年(858)，迁岭南节度使。军乱，贬婺州刺史，卒于任。元辛文房《唐才子传》称其为"当时声韵之伟者"，谓其《宿黄花馆》诗"浏亮清新，颇惊凡听"。《全唐诗》存其诗十三首，《全唐文》存其文四篇。生平事迹见《旧唐书》卷一七七、《新唐书》卷一八四。

李远 唐诗人。字求古。夔州云阳(今属四川)人。大和五年(831)登进士第。开成中，以监察御史佐福建幕。会昌初，官司门员外郎。大中中，历司勋员外郎、岳州刺史。十二年(858)，宰相令狐绹荐为杭州刺史。历忠、建、江三州刺史。为诗"多逸气，五彩成文"(《唐才子传》)。《赠写御容李长史》、《咏鸳鸯》、《赠筝妓伍卿》等诗为人称道。今传《李远诗集》。《全唐诗》存其诗一卷，《全唐文》存其文五篇。生平事迹见《新唐书》卷六〇、《唐诗纪事》卷五六、《唐才子传》卷七。

雍陶 唐诗人。字国钧。成都(今属四川)人。大和八年(834)登进士第。曾以侍御佐兖海幕。大中中，授国子毛诗博士。八年(854)，出刺简州。后辞官闲居以终。工诗能赋，尝自比谢朓、柳恽。贾岛称其"不唯诗著籍，兼又赋知名。议论于题称，《春秋》对问精"(《送雍陶及第归成都宁亲》)。长于近体诗。唐张为《诗人主客图》列其为"瑰奇美丽主"武元衡之及门者。《题君山》、《天津桥望春》等诗传诵颇广。今人编有《雍陶诗注》。《全唐诗》存其诗一卷，《全唐诗补编》存其诗三首，《全唐文》存其赋二篇。生平事迹见《云溪友议》卷上、《新唐书》卷六〇、《唐诗纪事》卷五六、《唐才子传》卷七。

贾驰 唐诗人。应举久不第。大和九年(835)，以《秋入关》诗为主司所赏，放及第。仕宦不达，然诗文俱有美声，后之文士呼之为"贾先辈"。唐张为《诗人主客图》列其为"高古奥逸主"孟云卿之升堂者。《全唐诗》存其诗二首。生平事迹见《唐诗纪事》卷六〇、《唐才子传》卷七。

权审 唐诗人。字子询。秦州略阳(今甘肃秦安)人。宣宗朝，历水部、户部、司封员外郎，充史馆修撰，坐事贬宿州刺史。官终散骑常侍。有诗千首，今多不传。《题山院》诗为人所称。《全唐诗》存其诗二首。生平事迹见《诗话总龟·前集》卷一五、《唐尚书省郎官石柱题名考》卷六。

刘绮庄 唐诗人。常州(今属江苏)人。尝为昆山令，大中中官至刺史。《郡斋读书志》谓其诗作"不凡，而乐府格调尤高"。著有《刘绮庄集》，采摭事类编《集类》一百卷，均佚。今传《刘绮庄诗》。《全唐诗》存其诗三首。生平事迹见《郡斋读书志》卷一四、卷一八。

陈上美 唐诗人。开成元年(836)登进士第。大中四年(850)前任京兆府咸阳尉。元辛文房《唐才子传》称其诗"骨格本峭，但少气耳"。有集已佚。《全唐诗》存其诗一首。生平事迹见《隋唐五代墓志汇编·仇文义妻王氏志》、《唐才子传》卷七。

李骘(？—约870) 唐诗人。其先陇西成纪(今甘肃秦安)人。大和中，寓居无锡惠山寺读书。开成中，为荆南李石从事。入朝，历祠部员外郎、翰林学士、中书舍人。咸通九年(868)出为江西观察使，卒于任。《全唐诗》、《全唐诗补编》共存其诗八首，《全唐文》存其文三篇。生平事迹见《翰苑群书》卷上丁居晦《重修承旨学士壁记》、《唐代墓志汇编》崔晔《亡室姑臧李氏墓志铭》。

温庭皓(？—869) 唐诗人。太原祁县(今属山西)人。温庭筠弟。大中末，为山南东道节度使徐商从事。咸通中，为徐州崔彦曾团练巡官。庞勋反，以刃胁之，使为表求节度使，不从，被杀。在徐商幕中与段成式、韦蟾等唱和，编为《汉上题襟集》，已佚。《全唐诗》存其诗四首。生平事迹见《旧唐书》卷一九〇、《新唐书》卷九一、《资治通鉴》卷二五一、《唐诗纪事》卷五八。

刘邺(？—880) 唐文学家。字汉藩。润州句容(今属江苏)人。少游江浙，高少逸辟为僚佐。咸通中，官至翰林学士、中书舍人，迁户部侍郎、诸道盐铁使。十二年(871),为相。罢相镇淮南,入为左仆射。黄巢入长安,被杀。著有《甘棠集》。敦煌遗书中存《甘棠集》四卷,均为表启文。《全唐诗》存其诗二首。生平事迹见《旧唐书》卷一七七、《新唐书》卷一八三。

方干(? —约888)　唐诗人。字雄飞,门人私谥玄英先生。睦州桐庐(今属浙江)人。幼师徐凝为诗。大和中,怀诗投谒金州刺史姚合,为合所赏。后举进士不第,遂隐居越州,渔于镜湖,琴诗自娱,与郑元规、陶详、李频为友。咸通末,浙东观察使王龟表荐之,会龟卒,事竟未成。光化三年(900),韦庄奏请追赠及第。工律诗,尤长五言。与姚合、段成式、李群玉、喻凫、郑谷等唱和。吴融称其"句满天下口,名聒众人耳"(《赠方干处士歌》)。李频、孙郃师事之。诗多投赠唱和之作,或咏山林景色,以苦吟为工,不事藻绘,颇能体物。《四库全书总目》谓其"气格清迥,意度闲远,于晚唐纤靡俚俗之中独能自振,故盛为一时所推。然其七言浅弱,……则又风会之有以限之也"。唐张为《诗人主客图》列其为"清奇雅正主"李益之升堂者。《题君山》、《旅次洋州寓居郝氏林亭》诗为其传世之作。今传《玄英先生诗集》。《全唐诗》存其诗六卷又一首,中羼入戴叔伦等人诗多首。生平事迹见《唐摭言》卷一〇、《唐诗纪事》卷六三、《唐才子传》卷七。

元繇　唐诗人。字为宪。河南洛阳(今属河南)人。元锡之子。温庭筠称为老舅。会昌中官殿中侍御史。大中末,以御史中丞参徐商襄阳幕府,与段成式、温庭筠等唱和。诗载《汉上题襟集》。《万首唐人绝句》、《分门纂类唐歌诗》残卷载其诗,主名犹不误。《唐诗纪事》则误将其与周繇混为一人,将其诗五首收周繇名下,《全唐诗》沿其误。生平事迹见《元和姓纂》卷四、《北山集古录》卷三。

袁郊　唐文学家。字之乾,一作之仪。蔡州朗山(今河南确山)人。咸通中,官至刑部郎中、虢州刺史。能诗,尤擅传奇。咸通九年(868),久雨卧疾,撰传奇集《甘泽谣》,载谲异事七章。其中《红线传》、《聂隐娘》为侠义传奇名篇,余《周观》、《许云封》、《陶岘》诸篇亦甚著名。今存后人辑本。《全唐诗》存其诗四首。生平事迹见《新唐书》卷七四、卷一五一,《郡斋读书志》卷一三,《直斋书录解题》卷一一。

杨收(816—869)　唐诗人。字藏之。苏州(今属江苏)人。幼有神童之誉。会昌元年(841)登进士第,累佐使府。登朝为侍御史。咸通中累迁至中书舍人、翰林学士承旨。四年(863)拜相。居相位七年,稍务华靡,坐门吏僮仆倚势为奸,累贬端州司马,长流驩州,赐死。《全唐诗》存其诗四首。生平事迹见《旧唐书》卷一七七、《新唐书》卷一八四。

卢肇　唐文学家。字子发。袁州宜春(今属江西)人。会昌三年(843),以状元登进士第。始为节度幕僚,后入为秘书省著作郎,迁仓部员外郎,充集贤院直学士。咸通时,先后任歙、宣、池、吉四州刺史。时称奇才,诗、文、赋俱佳。其《甘露寺》诗,为张祜激赏。历二十年方成之《海潮赋》为时所称。今传《文标集》。《全唐诗》存其诗一卷又一首,《全唐诗补编》存其诗七首、断句三,《全唐文》存其文十四篇。生平事迹见《云溪友议》卷上,《唐摭言》卷二、卷三,《新安志》卷九。

姚鹄　唐诗人。字居云。成都(今属四川)人。开成中入京,应试不第,至陕州谒姚合。会昌三年(843)登进士第。咸通十三年(872)官台州刺史,兼御史中丞。诗多为律体,题材较窄,格调亦弱,偶有清拔之句。《送费炼师供奉赴上都》等诗为其代表作。今传《姚鹄诗集》。《全唐诗》存其诗一卷。生平事迹见《唐摭言》卷三、杜光庭《历代崇道记》卷三、《唐才子传》卷七。

李宣古　唐诗人。字垂后。澧阳(今湖南澧县)人。会昌三年(843)登进士第,又中宏词科。唐张为《诗人主客图》列其为"高古奥逸主"孟云卿之升堂者。《全唐诗》存其诗五首。生平事迹见《云溪友议》卷中、《唐才子传》卷七。

林滋　唐文学家。字後象。闽县(今福建闽侯)人。会昌三年(843)登进士第。咸通中,官祠部、度支郎中。后王铎辟为判官。善赋,与郑诚齐名,时有"滋赋诚文"之誉。亦能诗。《全唐诗》存其诗六首,《全唐文》存其赋四篇。生平事迹见《唐诗纪事》卷五五、《淳熙三山志》卷二六。

赵嘏　唐诗人。字承祐。山阳(今江苏淮阴)人。早年曾游吴越,陪元稹游宴。大和、开成中寓居宛陵,与沈传师、杜牧等唱和。尝入京应举,屡试无成,会昌四年(844)方登进士第。大中中,为渭南尉,卒年四十余。工诗。杜牧尝激赏其"长笛一声人倚楼"之句,目之为"赵倚楼"。长于七律,词采赡美,声韵流转,时有俊逸之气,纪昀谓其开剑南一派。明胡震亨《唐音癸签》称其诗稳于杜牧,厚于许浑,"若加以清英,砭其肥痴，取冠晚调不难”。《长安晚秋》、《齐安早秋》为其代表作。今有《渭南诗集》行世，又《编年诗》残存三十六首于敦煌遗书中。生平事迹见《唐摭言》卷一五、《新唐书》卷六〇、《唐诗纪事》卷五六、《唐才子传》卷七。

项斯(？—约847) 唐诗人。字子迁。台州临海(今属浙江)人。长庆、宝历中，以诗受知于张籍。大和中，谒姚合于金州。杨敬之赠诗，有“平生不解藏人善，到处逢人说项斯”之语，名声益振。会昌四年(844)登进士第，授润州丹徒尉，卒官。学张籍为诗，风格近姚合、贾岛。多为五律，张洎称其“词清妙而句美丽奇绝，盖得于意表，迨非常情所及”(《项斯诗集序》)。然亦未离晚唐习气。唐张为《诗人主客图》列其为“清奇雅正主”李益之升堂者。今传《项斯诗集》。《全唐诗》存其诗一卷。生平事迹见《唐文拾遗》卷四七张洎《项斯诗集序》、《唐诗纪事》卷四九、《唐才子传》卷七。

马戴 唐诗人。字虞臣。曲阳(今江苏东海)人。宝历中举进士，屡上不第。开成中，曾隐居华山，又西游汧陇、鄜坊、邠宁、灵夏等地。会昌五年(845，一作四年)登进士第。大中中，佐太原军幕，以正言被斥，贬朗州龙阳尉。后官至太学博士。与姚合、贾岛、无可为诗友，酬唱甚密。其诗题材广泛，兴致超迈，骨气端翔，无纤弱僻陋之习。乐府《征妇叹》哀伤凄恻，《塞下曲》慷慨激昂，均关怀人生现实之作。五律起语警拔，中二联工于写景，情景交融，格高意奇，末联悠远有余韵，前人谓深得五律三昧，为晚唐五律名家。宋严羽《沧浪诗话》谓其诗“在晚唐诸人之上”，清翁方纲《石洲诗话》谓其五律“直可与盛唐诸贤侪伍”。《楚江怀古》、《落日怅望》均为传世名作。著有《马戴诗》。今有《会昌进士诗集》行世。生平事迹见《金华子杂编》卷下、《新唐书》卷六〇、《唐诗纪事》卷五四、《唐才子传》卷七。

孟迟 唐诗人。字迟之，一作叔之，一作须仲。平昌(今山东德州)人。开成中，与杜牧同游宣州、和州。会昌五年(845)登进士第。为浙东掌书记，以谗罢。大中九年(855)为淮南节度使崔铉掌书记。工绝句，多咏史怀古之作，颇具兴讽，风格近杜牧。代表作有《长信宫》、《广陵城》、《过骊山》等。唐张为《诗人主客图》列其为“高古奥逸主”孟云卿之升堂者。著有《孟迟诗》，已佚。《全唐诗》存其诗十七首。生平事迹见《樊川文集》卷一《池州送孟迟先辈》、《唐诗纪事》卷五四、《唐才子传》卷七。

刘威 唐诗人。会昌时人。诗多为羁旅失意之作，明胡震亨《唐音癸签》评为“弱调多悲”。今传《刘威诗集》。《全唐诗》存其诗二十七首。生平事迹见《唐诗纪事》卷五六。

任翻 唐诗人。翻一作蕃，又作藩。会昌时人。曾寓居台州。家贫，初举进士不第，归，放浪江湖，以弹琴吟诗自娱。其诗清新婉丽，颇有佳句。唐张为《诗人主客图》列其为“清奇雅正主”李益之升堂者。《宿巾子山禅寺》诗为人所赏。著有《文章玄妙》，论作诗对偶声律之类，佚。今传《任藩诗小集》。《全唐诗》、《全唐诗补编》共存其诗十九首。生平事迹见《唐诗纪事》卷六四、《唐才子传》卷七。

薛能(约817—约882) 唐诗人。字大拙。汾州(治今山西汾阳)人。会昌六年(846)登进士第。大中中，历太原、陕虢、河阳、义成诸镇从事。咸通初，官侍御史，历都官、刑部员外郎。出为东川节度副使，摄嘉州刺史。入朝，累迁京兆尹。出为感化军节度，入为工部尚书，复授感化军节度，兵乱，流落汉南，卒。好为诗，勤于写作，然自视甚高，好诋诃前人。所作多题咏唱和，兴旨凡近，语意刻露。明胡震亨《唐音癸签》许其为“末季名手”，然病其“洗剥过尽，邻乎孤孑”。今传《薛许昌诗集》。生平事迹见《旧唐书》卷一九、《唐诗纪事》卷六〇、《唐才子传》卷七。

高骈(821—887) 唐诗人。字千里。幽州(治今北京)人。历神策军都虞候、秦州刺史。咸通五年(864)，为安南都护，累加同平章事。乾符中，为剑南西川节度，徙荆南，封燕国公，移镇淮南。黄巢陷长安，迁检校太尉、东面都统、京西京北神策军诸道兵马都使，拥兵自重，不赴命，为部下毕师铎所杀。为诗多言志抒怀，有豪纵之气，无纤弱僻涩之习。《唐诗纪事》评为“雅有奇藻”。《塞上曲》、《风筝》、《山亭夏日》等诗为传诵之作。又善书法。著有《高骈诗》，已佚。《全唐诗》存其诗一卷。《全唐文》、《唐文拾遗》共存其文八篇。生平事迹见《旧唐书》卷一八二、《新唐书》卷二二四。

栖白 唐诗僧。江南人。会昌中在长安，得与姚合过从，又有诗送日本僧圆仁归国。大中中，居长安荐福寺，为内供奉，历事宣宗、懿宗、僖宗三朝。与诗人李频、李洞、罗邺、张乔、许棠、李昌符等均有唱酬。卒，林宽有诗伤之。为诗尚琢句苦吟，为流辈所推，然郑谷谓其“趣向卑”。著有《栖白诗》，已佚。《全唐诗》、《全唐诗补编》共存其诗二十首。生平事迹见《全唐诗》卷八二三。

郑嵎 唐诗人。字宾光。大中五年(851)登进士第,后为扬府参军。开成中,寓居骊山石瓮寺,闻华清宫往事。大中三年(849)冬,复经此,闻旅舍主人言开元、天宝承平时故实,遂裁刻其所言,为《津阳门诗》七言一百韵,复以自注补叙述之不足,为唐诗著名叙事长篇,有较高史料价值,《全唐诗》收此诗,后人所辑《郑嵎诗》亦收此诗。生平事迹见《郡斋读书志》卷一八、《千唐志斋藏志·郑氏志》。

纪唐夫 唐诗人。大中时,应进士举。十年(856),温庭筠贬随县尉,文士争为诗饯行。其所作有"凤凰诏下虽沾命,鹦鹉才高却累身"之句,众推擅场,传诵一时。《全唐诗》存其诗三首。生平事迹见《唐摭言》卷一一。

严恽(?—870) 唐诗人。字子重。吴兴(今浙江湖州)人。屡举进士不第,退居乡里。皮日休谓其"工于七字,往往有清便柔媚,时可轶骇于常轨"(《伤进士严子重诗序》)。其《落花》诗,杜牧甚赏之,并有和作。《全唐诗》存其诗一首。生平事迹见《南部新书》卷丁。

杨乘 唐诗人。同州冯翊(今陕西大荔)人,客居苏州。杨发子。大中元年(847)登进士第,官终殿中侍御史。善歌诗。赵嘏曾以"杨乘歌篇李白身"(《成名年献座主仆射兼呈同年》)赞之。唐张为《诗人主客图》列其为"广大教化主"白居易之上入室者。其《甲午岁书事》、《吴中书事》等均为感时事而发,雄健深沉。《全唐诗》存其诗五首。生平事迹见《旧唐书》卷一七七、《唐诗纪事》卷四七。

郑损 唐诗人。字庆远。郑州荥阳(今属河南)人。初佐幕府。大中四年(850)官临晋令。中和、光启中,历刑部郎中、中书舍人。后官至礼部尚书。《全唐诗》存其诗六首。生平事迹见《唐摭言》卷八、《新唐书》卷七五、《蜀中名胜记》卷二五、《金石萃编》卷八〇。

刘蜕 唐散文家。字复愚,自号文泉子。长沙(今属湖南)人。始荆州解送举人,久不成名,大中四年(850),蜕以荆解中进士,时称"破天荒"。初授寿州从官,再补校书郎,皆未几即去职,后任太学助教,集贤校理。因触忤当政,谪华阴令。再迁中书舍人、户部郎中,终商州刺史。能诗,尤工文,文风奇崛,好以愤激之辞讥讽现实,抨击权要,颇为时人激赏。清刘熙载尝评其"文意欲自成一子,如《山书》十八篇,《古渔父》四篇,辞若僻而寄托未尝不远"(《艺概》)。《四库全书总目》云:"唐之末造,相率为纂组俳俪之文,而蜕独毅然以复古自任,亦可谓特立者矣。"今传《刘蜕集》。生平事迹见《旧唐书》卷一九、《新唐书》卷六〇。

曹邺 唐诗人。字邺之,一作业之。桂州阳朔(今属广西)人。屡举进士不第。大中四年(850),登进士第,辟天平军节度使幕。咸通中,历太常博士、主客员外郎、祠部郎中,出为洋州刺史。乾符元年(874),官吏部郎中。后免官归。与刘驾等为诗友,俱攻五言古风,而其成就尤高。多关怀现实、反映民生疾苦之作,讽刺尖锐,揭露深刻,造语省净,风格古朴,采民谣俗语入诗,颇得汉乐府遗意。明人蒋冕跋其诗,评为"格调高古,意深语健"。唐张为《诗人主客图》列其为"高古奥逸主"孟云卿之升堂者。《官仓鼠》、《捕鱼谣》等为传世佳篇。今传《曹祠部诗集》。另传奇《梅妃传》亦署其作,今人或疑宋人依托。生平事迹见《新唐书》卷六〇、《唐诗纪事》卷六〇、《唐才子传》卷七。

刘驾(822—?) 唐诗人。字司南。自云故山在彭蠡(今鄱阳湖)上。初举进士不第,寓居长安逾三年。大中三年(649),收复河湟,献《唐乐府》十首以贺。六年,登进士第。官国子博士。与曹邺等为友,同攻五言古风。其诗多比兴含蓄,颇注意于现实生活及民生疾苦。明胡震亨《唐音癸签》谓其与曹邺、于濆等源"出孟东野,洗剥到极净极真","多有惬心句堪击节"。唐张为《诗人主客图》列其为"高古奥逸主"孟云卿之升堂者。《空城雀》、《战城南》等诗为其代表作。今传《刘驾诗集》。《全唐诗》存其诗一卷。生平事迹见《唐诗纪事》卷六三、《唐才子传》卷七。

韦蟾 唐诗人。字隐珪。下杜(今陕西西安东南)人。大中七年(853)登进士第,辟徐商襄阳掌书记。咸通中,历翰林学士、中书舍人、刑部侍郎。乾符初,出为鄂岳观察使,入为尚书左丞。其在襄阳与徐商等唱和诗编为《汉上题襟集》,已佚。《全唐诗》存其诗十首。生平事迹见《翰苑群书》卷上丁居晦《重修承旨学士壁记》、《旧唐书》卷一八九、《唐诗纪事》卷五八。

许棠(822—?) 唐诗人。字文化。宣州泾县(今属安徽)人。大中初应举,久困场屋。咸通十二年(871)登进士第,时年已五十。任泾县尉。后为虔州从事,又曾为江宁尉。诗尚苦吟,自云"魂离为役诗篇苦",又云"吟诗似有魔"。

与郑谷、张乔等齐名，合称“咸通十哲”。工于五律。其《过洞庭湖》诗为人称许，中“四顾疑无地，中流忽有山”句，人取以题扇，号之为许洞庭，然境界狭小。著有《许棠诗》。今传《文化集》。《全唐诗》存其诗二卷，《全唐文》存其文一篇，《唐人说荟》存其《奇男子传》。生平事迹见《唐摭言》卷四、《唐诗纪事》卷七〇、《唐才子传》卷九。

李频（？—876） 唐诗人。字德新。睦州寿昌（今浙江建德）人。少从同里方干学诗。开成中，姚合以诗名，频走千里丐其品第，为合奖赏。大中八年（854）登进士第，授校书郎，参黔中幕。后历南陵主簿、武功令、京兆府参军、侍御史。乾符二年（875），由都官员外郎出为建州刺史，有善政，卒于任。师姚合为诗，为晚唐苦吟诗人之一，所作多为近体。明胡震亨《唐音癸签》谓其诗松活似姚合，但“意思少，更率于选琢”。著有《李频诗》。今有《梨岳集》行世。生平事迹见《新唐书》卷二〇三、《唐诗纪事》卷六〇、《唐才子传》卷七。

刘沧 唐诗人。字蕴灵。自云家近伊洛、少室，当为河南（今河南洛阳）人。屡举进士不第，游吴越、巴蜀、齐鲁、荆楚等地。大中八年（854）方登进士第，授华原尉。后迁龙门令。诗长于七律。多怀古之作，风格近许浑、赵嘏。宋范晞文《对床夜语》谓其《咸阳》诗“序怀感之意，得讽兴之体”。今传《刘沧诗集》。《全唐诗》存其诗一卷。生平事迹见《唐诗纪事》卷五八、《唐才子传》卷八。

孙樵 唐散文家。字可之，一作隐之。关东人。大中九年（855）登进士第，授中书舍人。广明元年（880），诏赴岐陇行在，迁职方郎中。为唐代古文运动殿军。自称为韩愈三传弟子，“樵尝得为文真诀于来无择，来无择得之于皇甫持正，皇甫持正得之于韩吏部退之”。论文主张“储思必深，摛词必高，道人之所不道，到人之所不到，趋怪走奇，中病归正”（《与王霖秀才书》）。与皇甫湜之尚奇主张一脉相承，初衷为力矫当时骈俪浮艳文风，然亦有矫枉过正之弊。《四库全书总目》云：“视湜益有努力为奇之态，其弥有意于奇。”其议论文针砭时弊，忧国忧民之情溢于言表，如《复佛寺奏》、《与李谏议行方书》等俱称佳构。其记叙文记人叙事脉络分明，深刻揭露唐末政治和社会现实，如《书何易于》、《书田将军边事》、《书褒城驿壁》等都广为传诵。其《读开元杂报》为我国新闻报道的最早记载。其文风奇崛，颇多讽刺，文辞遒劲，笔调激切，与其文论主张相一致。中和四年（884），曾从自己二百多篇文章中精选三十五篇，编为《经纬集》。今存《孙可之文集》。《全唐文》存其文二卷。生平事迹见其《孙樵文集自序》、《郡斋读书志》卷四、《直斋书录解题》卷一六、《登科记考》卷二二。

储嗣宗 唐诗人。润州延陵（今江苏丹阳）人。储光羲曾孙。大中十三年（859）登进士第，授校书郎。诗宗王维。其诗多写山林景色，有乃祖风韵。元辛文房《唐才子传》谓其为诗“苦思梦索，所谓逐句留心，每字著意，悠然皆尘外之想”。今传《储嗣宗诗集》。《全唐诗》存其诗一卷。生平事迹见《直斋书录解题》卷一九、《唐才子传》卷八。

司马扎 唐诗人。与储嗣宗为友，当大中时人。曾登进士第。一生流落不遇，出游关中、河东、河南、浙西等地。其诗多感怀之什，无浮靡生僻之习，能反映民生疾苦，颇近兴讽，间有佳句远韵。《锄草怨》、《登河中鹳雀楼》为传世之作。今传《司马扎先辈诗集》。《全唐诗》存其诗一卷。生平事迹见《直斋书录解题》卷一九。

王叡 唐文学家。自号炙毂子。郡望琅邪（治今山东临沂）。大中间尝游燕地，后不知所终。著有《炙毂子杂录注解》五卷，今存一卷；又著《炙毂子诗格》，今存。《全唐诗》存其诗九首，《全唐文》存其文四篇。生平事迹见《唐诗纪事》卷五〇。

崔橹 唐诗人。橹一作鲁。家在荆南武宁驿（今湖北荆门北）附近。大中（一说广明）中登进士第。咸通末曾游虔州。官至棣州司马。五代王定保《唐摭言》称其慕杜牧为诗，“才情丽而近荡”。长于咏物，其咏梅花、山寺、莲花诸诗，为人爱重。七绝《华清宫》为传世佳作。亦工四六应用之文。著有《无讥集》（一作《无机集》），已佚。《全唐诗》存其诗三十七首。生平事迹见《唐摭言》卷一〇、《唐诗纪事》卷五八、《唐才子传》卷九。

崔珏 唐诗人。字梦之。清河（今属河北）人，寄家荆州（治今湖北荆沙）。大中中登进士第，佐崔铉幕。后授校书郎。历淇县令，官至侍御。与李商隐善。诗风类李商隐，明胡震亨《唐音癸签》谓“分有义山余艳”。《和友人鸳鸯之什》为传世佳作，世称“崔鸳鸯”。著有《崔珏诗》。《全唐诗》存其诗一卷。生平事迹见《唐摭言》卷一一、《新唐书》卷六〇、《唐诗纪事》卷五八。

张贲 唐诗人。字润卿。南阳(今属河南)人。大中中进士,官广文博士。咸通中,寄居茅山学道,人称华阳山人。曾至苏州,与皮日休、陆龟蒙唱和,诗编入《松陵集》中。《全唐诗》、《全唐诗补编》共存其诗十八首。生平事迹见《唐诗纪事》卷六四。

于武陵 唐诗人。京兆杜曲(今陕西西安)人。大中间进士。曾飘蓬南北,至边塞萧关、巴蜀、湖湘等地,后归老嵩阳别墅。其诗长于五律,多为寄赠送别、旅游题咏之作。韦庄《又玄集》编录其诗三首。唐张为《诗人主客图》列其为"清奇雅正主"李益之及门者。或云其名邺,以字行,邺乃唐末进士,后唐时官都官员外,天成三年(928)除工部郎中,一夕自经卒,当别是一人。今传《于武陵诗集》。《全唐诗》存其诗一卷,又有于邺诗一卷,诗多重出。生平事迹见《唐诗纪事》卷五八、《郡斋读书志》卷一八、《唐才子传》卷八。

于邺 或云即于武陵。参见"于武陵"。

卢频 唐诗人。约大中前后时人。唐张为《诗人主客图》列其为"瑰奇美丽主"武元衡之升堂者。《全唐诗》存其诗四首。生平事迹见《唐诗纪事》卷六〇。

张为 唐诗人。闽(今福建)人,一说宜春(今属江西)人。尝举进士。大中十二年(858)游长沙。诗与周朴齐名。著《诗人主客图》,以白居易、孟云卿等六人为主,以中晚唐其他诗人为客,分列为六人之入室、升堂与及门,且列己为"博解宏拔主"鲍溶之入室者。品评虽未尽惬当,但实为宋人诗派之说所本。其书今有清人辑本。著有《张为诗》,编有《前辈咏题诗》,均佚。《全唐诗》、《全唐诗补编》共存其诗四首。生平事迹见《唐诗纪事》卷六五、《唐才子传》卷一〇。

来鹄 唐散文家。豫章(今江西南昌)人。师韩愈、柳宗元为文。曾著《圣政纪颂序》献上,自称"乡校小臣"。大中、咸通中,以文章称,声名颇著。黄巢攻占长安,避地荆襄。南归,中和中,客死扬州。或云即来鹏,非是。《全唐文》存其文九篇。生平事迹见《唐摭言》卷一〇、《唐语林》卷二、《唐诗纪事》卷五六。

钟辐 唐末词人。虔州南康(今属江西)人。咸通末,以广文生为苏州院巡。《全唐诗》存其词一首,或云为后周金陵同名者所作。生平事迹见《登科记考》卷二七。

曹唐 唐诗人。字尧宾。桂州(治今广西桂林)人。初为道士。后还俗应举,久试不第。咸通中,为使府从事,后暴病卒于家。生平志气激昂,然仕宦淹蹇,失志不平,遂为《病马》诗以自况,形容曲至,脍炙人口。又追慕古仙高情,记其悲欢离合,作大小《游仙诗》百篇。虽取材神仙,所写景物极缥缈灵异,但结念于天人之间,实以当时道士女冠生活为影本,极富人间情感,故大播于时。《北梦琐言》赞其"才情缥缈"。唐张为《诗人主客图》列其为"瑰奇美丽主"武元衡之入室者。著有《曹唐诗》,已佚。后人辑有《曹从事诗集》(又名《曹唐诗集》)。《全唐诗》存其诗二卷。生平事迹见《唐诗纪事》卷五八、《唐才子传》卷八。

赵牧 或作赵睦。唐诗人。大中、咸通时人。学李贺为歌诗,五代王定保《唐摭言》谓其诗"可谓蹙金结绣,而无痕迹"。李咸用《读修睦上人歌篇》将其与李白、李贺、陈陶、贯休等并提,可窥其诗学渊源及生活时代。《全唐诗》存其《对酒》诗一首。生平事迹见《唐摭言》卷一〇。

郑畋(825—883) 唐文学家。字台文。荥阳(今属河南)人。年十八登进士第。会昌末,授渭南尉,直史馆。以父亚为李德裕所知,废斥十余年。咸通中,累官翰林学士、中书舍人、户部侍郎。乾符四年(877)拜相。广明元年(880),为凤翔陇右节度使,充京西诸道行营都统,以御黄巢,进司空。因病求代,赴成都行在,罢相卒龙州。长于制诰。其诗以《马嵬坡》最为著名。著有《玉堂集》、《凤池稿草》,均佚。《全唐诗》、《全唐诗补编》共存其诗十七首,《全唐文》存其文十一篇。生平事迹见《旧唐书》卷一七八、《新唐书》卷一八五。

薛调(830—872) 唐小说家。河中宝鼎(今山西万荣)人。大中八年(854)登进士第。咸通十一年(870),以户部员外郎加驾部郎中,充翰林承旨学士,后一年正月加知制诰。其貌美,人称"生菩萨"。郭妃曾对懿宗云:"驸马盍若薛调乎!"卒于官,时人以为被人毒死。著有传奇小说《无双传》。生平事迹见《重修翰林学士壁记》、《唐语林》卷四、《唐尚书省郎官石柱题名考》卷一二。

曹松(约830—?) 唐诗人。字梦徵。舒州(治今安徽潜山)人。应进士举,屡试不第。曾栖于洪州西山,与贯休、方干等唱和。又曾至湖南、岭南。乾符初,依李频于建州。天复元年(901)登进士第,时年七十余(一作五十四),授校书郎(一作正字)。南归,曾至洪州,卒。学贾岛为诗,清而不枯,幽而不僻。明胡震亨《唐音癸签》谓其"致语似项斯,壮言间似李洞"。《己亥岁》诗传诵甚广。今传《曹松诗集》。《全唐诗》存其诗二卷,《全唐诗补编》补收其诗十首。生平事迹见《唐摭言》卷八、《容斋三笔》卷七、《唐才子传》卷一〇。

林杰(831—847) 唐诗人。字智周。闽(今福建)人。父为闽府大将。幼聪异,五岁能诗,出口成章,积成卷轴。又精书法棋艺。观察使唐扶、卢贞、黎埴均爱重之,郑立之为作《奇童传》。卒,年仅十七。《全唐诗》存其诗二首。生平事迹见《太平广记》卷一七五、《唐诗纪事》卷五九。

刘象(832—?) 唐诗人。京兆(治今陕西西安)人。出身孤寒,屡举不第。广明乱后曾入蜀。天复元年(901)登进士第,年已七十。授太子校书。其《咏仙掌》诗为人所称,号之为"刘仙掌"。《全唐诗》存其诗十首。生平事迹见《唐摭言》卷八、《唐诗纪事》卷六一、《容斋三笔》卷七。

裴铏 唐小说家。咸通中为静海军节度使高骈掌书记。乾符五年(878)以御史大夫为成都节度副使。能诗文,尤擅小说。著有小说集《传奇》。《全唐诗》存其诗一首,《全唐文》存其文一篇。生平事迹见《唐诗纪事》卷六七、《郡斋读书志》卷三、《直斋书录解题》卷一一。

胡汾 唐诗人。汾或作玢,误。曾居庐山及洪州(治今江西南昌)西山。咸通中,李骘为江西观察使,未加征聘,时人惜之。约昭宗时卒,曹松有诗哭之。苦心五言诗,贯休赠诗谓其"觅句句句好"(《寄西山胡汾吴樵》)。《全唐诗》存其诗三首。生平事迹见《唐摭言》卷一〇、《唐诗纪事》卷六五。

黄巢(? —884) 唐农民军领袖、诗人。曹州冤句(今山东菏泽)人。家世代贩盐。善击剑骑射,稍通书记。曾举进士不第。乾符二年(875),募众数千人起事,以应王仙芝。转战诸州,声势大盛。后仙芝为唐军所杀,众推为王。广明元年(880),率部攻入长安,即帝位,国号大齐,年号金统。后兵败被杀。相传五岁即作《题菊花》诗,与其《不第后赋菊》均表现出非凡志趣与叛逆精神。《全唐诗》存其诗三首,内《自题像》诗实为后人拼凑元稹诗而成。生平事迹见《旧唐书》卷二〇〇、《新唐书》卷二二五。

郑綮(? —899) 唐诗人。字蕴武。郡望荥阳(今属河南)登进士第。咸通、乾符中,周历台省,官至给事中、散骑常侍、国子祭酒。昭宗初,复为常侍。乾宁元年(894),擢礼部侍郎、同平章事。在位三月,以太子少保致仕。为相时,人问近为诗否,答曰:"诗思在灞桥风雪中驴子上,此处何以得之?"(《北梦琐言》)好为诗托讽刺时,又好滑稽俳谐,多歇后语,因其行五,世称"郑五歇后体"。《全唐诗》存其诗四首。生平事迹见《旧唐书》卷一七九、《新唐书》卷一八三。

罗隐(833—909) 唐文学家。本名横,字昭谏,号江东生。余杭新城(今浙江富阳)人。始举进士,十试不第。咸通十二年(871)为衡阳主簿,冬十月即乞假归。乾符六年(879)再入京师。广明中避乱归故里。游历各地,皆不得意。光启三年(887)依杭州刺史钱镠,为钱塘令,拜著作郎。及镠充镇海军节度使,征为掌书记。天祐三年(906)充节度判官。后梁开平二年(908)授给事中,世称罗给事。继迁盐铁发运副使。工诗善文,多谐谑讽刺之作。其诗与罗虬、罗邺齐名,称"江东三罗",又与杜荀鹤、陆龟蒙、吴融、郑谷等以诗往还。多应酬赠答、登临写景之作,讽刺小诗于时政多有抨击。《感弄猴人赐朱绂》、《题润州妙善前石羊》、《塞外》等俱称佳作。其咏史诗多慷慨深沉,以《筹笔驿》、《炀帝陵》、《马嵬坡》等最为著名。诗风雄丽坦直,浅易明畅,"今朝有酒今朝醉"(《自遣》)、"为谁辛苦为谁甜"(《蜂》)等诗句流传后世。各体中尤工七律。擅杂文小品,尝自述其写作初衷为"警当世而诫将来也"(《谗书重序》)。所作立意警切,笔锋犀利,嬉笑怒骂,涉笔成趣,善借史事以针砭时弊,语言明快,寓意深远。如《英雄之言》、《说天鸡》、《越妇言》均为脍炙人口、传诵一时之名篇。鲁迅称其"几乎全部是抗争和愤激之谈"(《小品文的危机》)。有《甲乙集》(又名《罗昭谏集》)、《谗书》、《两同书》等。生平事迹见《旧五代史》卷二四、《吴越备史》卷一、沈崧《罗给事墓志》、《唐才子传》卷九。汪德振有《罗昭谏年谱》。

皮日休(约834—约883) 唐文学家。字逸少,后改袭美,早年隐于鹿门山,自号鹿门子、间气布衣、醉吟先生等。襄阳(今属湖北)人。咸通八年(867)登进士第。十年为苏州刺史从事。后入为著作佐郎、太常博士。出为毗陵副使。乾符五年(878)入黄巢军。广明元年(880)为黄巢翰林学士。后下落不明,或谓其因故为黄巢所杀，或谓为唐王朝所诛，或谓南奔吴越投钱镠，诸说不一。与陆龟蒙齐名，时称“皮陆”。论诗宗白居易，以为“诗之美也，闻之足以观乎功；诗之刺也，闻之足以戒乎政”（《正乐府十篇并序》）。诗文须“上剥远非，下补近失”（《文薮序》）。早年诗文多有抨击时弊、同情民瘼之作。其中《正乐府》、《三羞诗》诸什尤为著名，皆平易晓畅，明白如话。另有部分诗作“另开僻涩一体”（清沈德潜《唐诗别裁》），走韩愈逞奇斗险一路。与陆龟蒙唱和诸作，亦不乏佳构，明胡震亨赞其“《太湖》诸篇，才笔开横，富有奇艳句”（《唐音癸签》）。其文揭露现实大胆深刻，政论小品被鲁迅称之为“一塌糊涂的泥塘里的光彩和锋铓”（《小品文的危机》）。其《鹿门隐书》、《忧赋》、《九讽》等皆为时传诵。有《皮子文薮》（又名《文薮》）十卷。《全唐诗》存其诗九卷，后八卷《文薮》均未收，另有唱和联句若干，《全唐诗补编》存其诗九首，《全唐文》存其文四卷，中七篇《文薮》未收。生平事迹见《北梦琐言》卷二、《南部新书》、《渭南文集》卷三〇《跋松陵倡和集》、《唐才子传》卷八。

张读（834或835—？）　唐小说家。字圣用，一作圣朋。深州陆泽（今河北深州）人。张荐孙，牛僧孺外孙。大中六年（852）登进士第，时年十九（一说十八）。宣歙观察使郑薰辟署幕府。乾符六年（879）以礼部侍郎权知尚书左丞。广明元年（880）黄巢军陷长安，随僖宗奔蜀。中和初官吏部侍郎。著有志怪小说集《宣室志》，今有残本。另著有杂史《建中西狩录》十卷，已佚。生平事迹见《新唐书》卷一六一，《唐尚书省郎官石柱题名考》卷六，《登科记考》卷二二、卷二三。

陆龟蒙（？—约881）　唐文学家。字鲁望，自称江湖散人，又号天随子、甫里先生。吴郡（治今江苏苏州）人。举进士，不第，遂不复应试。为湖州、苏州从事。乾符六年（879）隐于松江甫里。常携书籍、茶灶、笔床、钓具泛舟太湖。后以高士召，不赴。与皮日休齐名，时称“皮陆”。五代王定保称其“名振江左”，“诗篇清丽”（《唐摭言》）。其乐府诗针砭时弊，关心民瘼，与皮日休乐府相近。近体则颇受温李影响。其与皮日休唱和诗以铺张奇崛为主，夸多斗险，有长达千字巨篇，清沈德潜以为其“另开僻涩一体”（《唐诗别裁》）。其小品文短小精悍，颇多愤世嫉俗之语，鲁迅赞为“一塌糊涂的泥塘里的光彩和锋铓”（《小品文的危机》）。《野庙碑》、《招野龙对》等为其代表作。尝自编其与皮日休唱和诗为《松陵唱和集》，自编其诗文为《笠泽丛书》。宋叶茵合两书及遗篇为《甫里先生文集》。生平事迹见《唐摭言》卷一〇、《新唐书》卷一九六、《唐才子传》卷八。

李縠　唐诗人。字德师。并州文水（今属山西）人。咸通中登进士第，为殿中侍御史、浙东观察推官。入为户部郎中，王铎辟为都统判官。黄巢平，迁谏议大夫。咸通中，在苏州与皮日休、陆龟蒙唱和，诗编入《松陵集》。《全唐诗》存其诗四首。生平事迹见《旧五代史》卷二四、《唐尚书省郎官石柱题名考》卷一一。

颜萱　唐诗人。字弘至。家于江南。幼时曾受知于张祜，祜卒后，过祜丹阳故居，曾作诗悼之。咸通中，至苏州，与皮日休、陆龟蒙唱和，诗编入《松陵集》。《全唐诗》存其诗三首。生平事迹见《唐诗纪事》卷六四。

郑璧　唐诗人。江南进士。咸通中，在苏州与皮日休、陆龟蒙唱和，诗编入《松陵集》。《全唐诗》存其诗四首。生平事迹见《唐诗纪事》卷六四。

鱼玄机（？—868）　唐女诗人。字幼微，一字蕙兰。长安（今陕西西安）人。初为补阙李亿妾，曾至河东、鄂州等地。咸通中，出家为道士，隶长安咸宜观，与诗人李郢、温庭筠唱和。因笞杀女童绿翘，为京兆尹温璋所杀。长于近体，七言排律为明胡应麟所称。徐献忠《唐诗品》谓其诗“婉蒨悲凄，有风人之调”。其“易求无价宝，难得有情郎”（《赠邻女》）之句颇为人传诵。今传《鱼玄机诗》。生平事迹见《三水小牍》、《北梦琐言》卷九、《唐才子传》卷八。

邵谒　唐诗人。韶州翁源（今属广东）人。少为县小吏，因招待县令之客不周而被逐，遂发愤读书。咸通七年（866）至京师，隶国子监。国子助教温庭筠悯其寒苦，榜其诗三十余首，赞其“识略精微，堪裨教化。声词激切，曲备风谣。标题命篇，时所难著”。后释褐赴官，不知所终。其诗多为五古，反映民生疾苦及内心不平。明胡震亨《唐音癸签》谓其与曹邺、刘驾诸人诗均源出孟郊，“洗剥到极净极真”。《自叹》、《岁丰》、《战城南》等诗为其代表。今传《邵谒诗集》。《全唐诗》存其诗一卷，《全唐诗补编》存其诗四首。生平事迹见《直斋书录解题》卷一九、《唐才子传》卷八。

于濆　唐诗人。字子漪。京兆（治今陕西西安）人。会昌末应进士举，咸通二年（861）方登第。后官泗州判官。工五言古风。于当时拘束声律而入轻浮之风颇致不满，作古风三十篇以矫弊俗，自号《逸诗》。其诗或沿乐府旧题，或自创新题，以揭露社会黑暗，反映民生疾苦，抒发内心不平，题材较广，语言通俗，风格古朴刚健。显受汉魏乐府及中唐张籍、王建、白居易影响，与曹邺、刘驾等形成晚唐诗歌一个流派。明胡震亨《唐音癸签》谓诸人诗“其源似并出孟东野，洗剥到极净极真，不觉成此一体”，其诗“多有惬心句堪击节”。《苦辛吟》、《田翁叹》、《陇头水》等诗为其代表作。今传《于溃诗集》。《全唐诗》存其诗一卷。生平事迹见《新唐书》卷七二、《唐诗纪事》卷六一、《唐才子传》卷八。

王棨 唐文学家。字辅文，一作辅之。福州福唐(今福建福清)人。咸通三年(862)登进士第。辟为福建团练判官，不就。后为江西团练判官，复以平判入等，授大理司直，除太常博士，迁水部郎中。广明初，依淮南高骈。历右司马、盐铁出使巡官、知丹阳监事。长于词赋。唐陈黯谓其“深于词赋，其体物讽调，与相如、扬雄之流异代而同工也”(《送王棨序》)。著有《麟角集》一卷，后其裔孙将其省试诗附于集末。《全唐文》收其文二卷。生平事迹见《全唐文》卷七六七陈黯《送王棨序》、《麟角集》卷首《王郎中传》、《淳熙三山志》卷二六。

李昌符 唐诗人。字岩梦。初屡举不第，因出奇制胜，作《婢仆诗》五十首行卷公卿间，诗皆中婢仆之讳，浃旬京师盛传。咸通四年(863)登进士第。累官至膳部员外郎，卒于膳部郎中任上。与许棠、郑谷等合称“咸通十哲”。五律颇有佳句，《书边事》、《赠同席》等诗中句为人称赏。《婢仆诗》讥嘲婢仆间事，明王世贞《艺苑卮言》谓“曲尽形容，颇见才致”。今传《李昌符诗集》。《全唐诗》存其诗一卷，又《婢仆诗》二首。生平事迹见《北梦琐言》卷一〇、《新唐书》卷七〇、《唐才子传》卷八。

武瓘 唐诗人。贵池(今属安徽)人。咸通四年(863)应进士举，行卷于主司萧倣，卷中《感事》诗大为倣所赏，遂登第。后官益阳县令，杜荀鹤有诗寄之。《全唐诗》存其诗三首。生平事迹见《唐诗纪事》卷六三。

袁皓 唐文学家。字退山，自号碧池处士。袁州宜春(今属江西)人。咸通六年(865)登进士第。初佐幕府，官至侍御。后为当阳令。从僖宗幸蜀，官仓部、虞部员外郎。龙纪元年(889)，为集贤殿图书使。著有《碧池书》、《兴元圣功录》，编有《道林寺诗》，均佚。《全唐诗》存其诗四首，《全唐文》存其文三篇。生平事迹见《唐会要》卷一六、《新唐书》卷六〇、《唐诗纪事》卷六七。

翁绶 唐诗人。咸通六年(865)登进士第。工近体诗，以七律制乐府古题。元辛文房《唐才子传》谓其诗“音韵虽响，风骨憔悴，真晚唐之移习”。《全唐诗》存其诗八首。生平事迹见《唐诗纪事》卷六六、《唐才子传》卷八。

汪遵 唐诗人。宣州泾县(今属安徽)人。初为县小吏。借书于人，昼夜苦读，遂能诗，人皆不觉。后辞吏役应举。咸通七年(866)登进士第，后不知所终。工七绝，咏史怀古，颇寓兴讽。著有《咏史诗》。《全唐诗》存其诗一卷。生平事迹见《唐摭言》卷八、《鉴诫录》卷九、《唐诗纪事》卷五九、《唐才子传》卷八。

周朴(？—878) 唐诗人。字见素，一云字太朴。桐庐(今属浙江)人。与方干、李频为诗友。后隐居福州。大中、乾符间，观察使杨发、李诲尝招延之，不赴。黄巢陷福州，求得之，朴不从，巢怒，斩之。作诗好苦吟，然文思迟缓，人称“月锻季炼”，往往诗未成篇，而佳句已传人口。唐张为《诗人主客图》列其为“清奇僻苦主”孟郊之上入室者。今传《周太朴诗》。《全唐诗》存其诗一卷。生平事迹见《全唐文》卷八二九林嵩《周朴诗集序》、《唐才子传》卷九。

欧阳玭 唐诗人。福州闽县(今福建闽侯)人。咸通十年(869)进士，官至幕府掌书记。《全唐诗》存其诗五首。生平事迹见《淳熙三山志》卷二六。

公乘亿 唐诗人。字寿仙，一作寿山。魏(今河北大名)人。近三十举不第。咸通十二年(871)登进士第。乾符四年(877)，以万年尉为京兆府试官。昭宗朝，为魏博乐彦祯、罗绍威从事，官至侍御。其诗人多书于屋壁。长于笺奏。著有《公乘亿诗》、《赋集》，均佚。《全唐诗》存其诗四首，《全唐文》存其文三篇。生平事迹见《唐摭言》卷二、卷八，《北梦琐言》卷二，《唐诗纪事》卷六八，《唐才子传》卷九。

张碧 唐诗人。字太碧。屡举进士不第。尝慕李白及其歌诗，故名字亦似之。旧因孟郊有《读张碧集》诗，赞其“下笔证兴亡，陈词备风骨”，故以其为贞元中人。然其子张瀛仕南汉，陈振孙谓“其集中有《览贯休上人诗》”，其诗自序亦称“尝读《李长吉集》”，故其生活年代当在大和中沈述师编、杜牧序《李贺集》之后，为晚唐人。《读张碧集》诗或为五代徐仲雅(亦字东野)作。其诗颇能反映社会弊病、民生疾苦,色彩斑驳,想像丰富,风格近于李白、李贺。元辛文房《唐才子传》评为"天才卓绝,气韵不凡"。《野田行》、《贫女》、《农父》、《秋日登岳阳楼晴望》等诗为其代表作。著有《歌行集》,已佚。《全唐诗》存其诗十九首,《全唐诗补编》存其诗一首。生平事迹见《新唐书》卷六〇、《唐诗纪事》卷四五、《直斋书录解题》卷一九、《唐才子传》卷五。

张演　唐诗人。初名球。韶州曲江(今广东韶关)人。咸通十三年(872)进士。《全唐诗》存其《社日村居》诗一首,传诵甚广,然作王驾诗,又作张蠙诗。《全唐诗补编》存其诗二首。生平事迹见《新唐书》卷七二、《唐才子传》卷八。

聂夷中　唐诗人。字坦之。河南中都(今河南沁阳)人。咸通十二年(871)登进士第,授华阴尉。后不知所终。精于古体诗。出身贫苦,深知民生疾苦,稼穑艰难。其诗反映现实,悯俗伤时,语言质实,风格古朴,备风人之旨。五代冯道谓其《伤田家》诗"语虽鄙俚,曲尽田家之情状";宋孙光宪《北梦琐言》亦评为"言近意远,合三百篇之旨"。他诗如《田家》、《公子家》、《公子行》等亦类此。明胡震亨《唐音癸签》谓其与曹邺、刘驾等人"其源似并出孟东野,洗剥到极净极真","夷中语尤关教化"。今传《聂夷中诗》。《全唐诗》存其诗一卷。生平事迹见《唐诗纪事》卷六一、《唐才子传》卷九。

周繇　唐诗人。字允元。池州青阳(今属安徽)人。咸通十三年(872)进士,授秘书省校书郎。乾符中,调福昌尉。黄巢兵起,归隐九华山。中和中,王徽奏为至德令。或云其大中末以御史中丞参襄阳徐商幕府,乃将其与元繇事迹混淆。咸通中即有诗名,与许棠、郑谷等合称"咸通十哲"。工五言诗,多登临题咏之作,状景抒情,颇有警策。亦能赋,其《明皇梦钟馗赋》为时人所称。今传《周繇诗》。《全唐诗》存其诗一卷,中与段成式等襄阳唱和诗五首当为元繇作。《全唐文》存其赋一篇。生平事迹见《唐摭言》卷一〇、《唐诗纪事》卷五四、《直斋书录解题》卷一九、《登科记考》卷二三。

高蟾　唐诗人。河朔(今山西、河北及山东、河南黄河以北地区)人。出身寒素,累举不第。咸通十四年(873)登进士第。乾宁中官至御史中丞。能诗,尤工七绝。宋孙光宪《北梦琐言》谓其"诗思虽清",然"务为奇险,意疏理寡",独赏其《下第后上永崇高侍郎》一绝。元辛文房《唐才子传》则谓其诗"气势雄伟,态度谐远,如狂风猛雨之来,物物竦动,深造理窟"。著有《高蟾诗》。《全唐诗》存其诗一卷。生平事迹见《北梦琐言》卷七、《新唐书》卷六〇、《唐才子传》卷九。

司空图(837—908)　唐诗人、诗论家。字表圣,自号知非子、耐辱居士。河中虞乡(今山西永济)人。咸通十年(869)登进士第。为主司王凝所赏,辟佐其商州、宣歙幕。召拜殿中侍御史,以赴阙迟留责授光禄寺主簿分司东都,得旧相卢携赏识。携复相,召为礼部员外郎,迁郎中。黄巢攻占长安,退居河中。僖宗自蜀回,召知制诰,拜中书舍人。后归隐中条山王官谷,又居华山。昭宗朝,以谏议大夫、兵部侍郎等召,均不赴。唐亡之明年,不食而卒。工文能诗,亦擅书法。其论诗极力推崇王维、韦应物,强调"味外之旨"、"韵外之致",以为"辨于味而后可以言诗"(《与李生论诗书》),所著《二十四诗品》(今人或以为后人依托),对后代严羽"妙悟"说、王士禛"神韵"说颇有影响。其诗作大多以写景咏物、反映隐居生活为内容。苏轼谓其"崎岖兵乱之间,而诗文高雅,犹有承平遗风"(《东坡题跋》)。如"绿树连村暗,黄花入麦稀"、"四座宾朋兵乱后,一川风物笛声中"等句,颇为人称赏。《河湟有感》、《狂歌》等诗,则有较强社会意义。著有《一鸣集》,已佚。后人辑有《司空表圣文集》、《司空表圣诗集》行世。生平事迹见《旧唐书》卷一九〇、《新唐书》卷一九四。

欧阳澥(?—881)　唐诗人。泉州晋江(今属福建)人。欧阳詹孙。出入举场二十余年,未得一第。尝行卷韦昭度门下,十余年而庆吊之礼不亏。及昭度为相,令山南东道节度使刘巨容首荐之。未行,一夕心痛而卒。《全唐诗》存其诗一首。生平事迹见《云溪友议》卷下、《唐摭言》卷一〇。

林宽　唐诗人。侯官(今福建闽侯)人。应进士举,久方登第。咸通、乾符中在长安,与许棠、周繇等唱和,又有送李频赴建州及送郑畋、卢携罢相分司东都诗。今据存诗及黄巢事,知中和中仍在。工近体诗。今传《林宽诗集》。《全唐诗》存其诗一卷。生平事迹见《直斋书录解题》卷一九。

翁洮　唐诗人。睦州(治今浙江建德)人。大中中,与方干、李频唱和。《全唐诗》存其诗十三首,小传称其"字子平,光启三年进士,官主客员外郎,归隐青山,征召不起",未详所本,恐非是。生平事迹见《全唐诗》卷六六七。

皇甫枚 唐小说家。字遵美。安定三水(今陕西旬邑)人。咸通末为汝州鲁山令。同年由汝州入秦。光启中,召赴梁州行在。后梁开平四年(910)活动于晋汾之间。著有传奇小说集《三水小牍》。生平事迹见《三水小牍》、《直斋书录解题》卷一一。

张乔 唐诗人。字伯迁。池州(治今安徽贵池)人。曾居九华山读书。咸通末应举,李频主持京兆府试,以《月中桂》诗擅场。曾漫游吴越、荆楚、河洛等地。黄巢兵起,归隐九华山。与许棠、郑谷等合称“咸通十哲”。五代王定保《唐摭言》谓其“诗句清雅,夐无与伦”。《听琴》、《送许棠下第游蜀》为其代表作。今传《张乔诗集》。《全唐诗》存其诗二卷,《全唐文》存其文一篇。生平事迹见《唐摭言》卷一〇、《唐诗纪事》卷七〇、《唐才子传》卷一〇。

李山甫 唐诗人。咸通中累举进士不第,归隐河东,与太原郑从谠幕中刘崇鲁、刘崇龟兄弟唱和。中和中,为乐彦祯魏博从事。因宦途失意,怨朝中大臣,会王铎出为义昌节度,遂唆彦祯子从训于途中劫杀之。光启中,襄王李煴自立为帝,彦祯命其以判官使太原、镇州、汴州诸镇,议共拒之,事未成,后不知所终。落魄有俊才,诗文激切,文笔雄健,多感时怀古之作。司空图谓其诗“属思亦纵横”(《偶诗五首》)。今传《李山甫诗集》。《全唐诗》存其诗一卷。生平事迹见《南部新书》卷丁、《唐诗纪事》卷七〇、《唐才子传》卷八。

胡曾(约840—?) 唐诗人。号秋田。邵阳(今属湖南)人。咸通中,举进士不第。十二年(871),为路岩剑南西川从事,曾草书答南蛮。乾符中,复为高骈西川记室。骈移镇荆南,又往依之。后曾权摄延唐令。以为诗当“美盛德之形容,刺衰政之怠忽,非徒尚绮丽瑰奇而已”,故“采前王得失”,著《咏史诗》一百五十篇,“虽则讥讽古人,实欲裨补当代,几与大雅相近者”(《咏史诗序》)。《四库全书总目》谓“其追述兴亡,意存劝戒,为大旨不悖于风人”。《咏史诗》体裁均为七绝,语言通俗,传诵甚广。今存陈盖、米崇吉评注本。著有《安定集》,已佚。今传《胡曾咏史诗》。《全唐诗》存其诗一卷,《全唐文》、《唐文拾遗》共存其文五篇。生平事迹见《唐诗纪事》卷七一、《唐才子传》卷八。

张孜 唐诗人。京兆(治今陕西西安)人。嗜酒如狂,好诗成癖。初作多不善,积二十余年未成卷轴。相传后梦李白授诗,尔后所作悉干教化,时人稍稍善之。僖宗幸蜀,孜作《杂言》数篇,伤时颇切。京师收复,时宰遣人收捕之,遂易姓名亡匿,不知所终。《全唐诗》、《全唐诗补编》共存其诗三首。生平事迹见《鉴诫录》卷九。

唐彦谦 唐诗人。字茂业。并州晋阳(今山西太原)人。咸通中应进士举,十余年不第。乾符末,避乱居于汉南,自号鹿门先生。中和四年(884),为王重荣河中节度掌书记。历节度副使,晋、绛、慈三州刺史。光启末,王重荣被害,坐贬汉中掾曹。杨守亮镇兴元,署为判官。龙纪元年(889),官阆州司马,后为阆、壁二州刺史。博学多才,师温庭筠、李商隐为诗,辞藻华赡,善用故实,颇为后人所称,然亦以此遭诟病。宋初刘筠、杨亿以其“用事精巧,对偶亲切”而好之,至示学诗者以为模式(宋叶梦得《石林诗话》)。明杨慎《升庵诗话》亦谓其绝句“用事隐僻,而讽喻悠远似李义山”。今传《鹿门集》。《全唐诗》存其诗二卷,其中混入元戴表元、许谦诗四十余首。生平事迹见《唐文拾遗》卷三三郑贻《鹿门诗集叙》、《旧唐书》卷一九〇、《新唐书》卷八九、《宝刻丛编》卷六。

庄南杰 唐诗人。或云其字英才,实无所据。越(今浙江一带)人。登进士第。尝受学于贾岛。工乐府杂歌。元辛文房《唐才子传》谓其“诗体似长吉,气虽壮遒,语过镌凿”。著有《杂歌行》,已佚。《全唐诗》存其诗五首。或云《全唐诗》卷七八五无名氏《春二首》以下十七首为其所作,无确据。生平事迹见《直斋书录解题》卷一九、《唐才子传》卷五。

喻坦之 唐诗人。睦州(治今浙江建德)人。咸通中,累举进士不第,久困长安,又曾北游代北。后归故山,坎壈而终。工律诗,与张乔、许棠、郑谷等齐名,合称“咸通十哲”。又与方干、李频、薛能友善,有诗唱和。著有《喻坦之集》,已佚。《全唐诗》存其诗一卷。生平事迹见《唐摭言》卷一〇、《唐才子传》卷九。

罗邺 唐诗人。余杭(今属浙江)人。累举进士不第。曾赴职单于都护府。咸通末,江西观察使崔安潜欲辟为僚佐,为幕吏所沮,后俯就督邮,抑郁而卒。光化三年(900),韦庄奏请追赠及第。与宗人罗隐、罗虬齐名,时号“三罗”。五代王定保《唐摭言》谓其“才清而绵致”。长于七言律绝。诗多怨愤刺讥之作,明胡震亨《唐音癸签》谓“无一题不以寄怨”。今传《罗邺诗集》。《全唐诗》存其诗一卷。《五朝小说》有

《蒋子文传》,旧题为其所撰,未尽可信。生平事迹见《唐摭言》卷一〇、《唐诗纪事》卷六八。

许彬　唐诗人。名一作郴,一作琳,疑均误。睦州(治今浙江建德)人。咸通中应举,屡试不第。曾羁旅湘中、黔中、汉南,又寄居江西庐山。后归乡里,受辟为福建观察巡官。中和三年(883),为婺州军事判官。与许棠、郑谷交游。以工律诗称于时。《全唐诗》存其诗一卷,十之三与项斯诗重出。生平事迹见《剧谈录》卷下、《莆阳黄御史集·答陈磻隐论诗书》、《唐诗纪事》卷七一、《景定严州图经》卷二。

顾云(?—约894)　唐文学家。字垂象,一字士龙。池州秋浦(今安徽贵池)人。少与杜荀鹤、殷文圭读书九华山。乾符元年(874)登进士第。为淮南节度使高骈招讨判官。骈死,屏居湖州霅川,闭门著书。大顺中,受诏修宣、懿、僖三朝实录,自太常博士迁虞部员外郎。著有《赋》、《启事》、《凤策联华》、《顾氏编遗》、《苕川总载》、《纂新文苑》、《集遗具录》,均佚。后人将其遗诗佚文辑入《贵池先哲遗书》。《全唐诗》存其诗一卷,《全唐文》存其文一卷。生平事迹见《唐摭言》卷一二、《唐诗纪事》卷六七。

林嵩　唐文学家。字降臣。福州长溪(今福建霞浦)人。乾符二年(875)登进士第。官秘书正字。乾符末东归,辟福建团练巡官、监察御史。后仕至毛诗博士、金州刺史。工诗赋,文非所长。著有《林嵩赋》、《林嵩诗》,均佚。《全唐诗》存其诗一首,《全唐文》存其文二篇。生平事迹见《新唐书》卷六〇、《淳熙三山志》卷二六、《唐才子传》卷九。

孙偓　唐诗人。字龙光。乐安(今山东博兴)人。乾符五年(878)状元及第。累官至京兆尹。乾宁二年(895),迁户部侍郎同平章事。四年,罢相,贬衡州司马。《全唐诗》、《全唐诗补编》共存其诗四首,其中《答门生王涣》诗为裴贽作。生平事迹见《新唐书》卷一八三。

康軿　一作康骈。唐文学家。字驾言。池州(治今安徽贵池)人。乾符五年(878)登进士第,六年登博学宏词科。官至崇文馆校书郎。广明乱后,退居故乡。其间曾入宣州田頵幕府。著有传奇小说集《剧谈录》。此书记天宝以来异闻琐事,亦间杂神怪故事。《全唐诗》卷八九〇收其词一首。生平事迹见《唐摭言》卷二、《登科记考》卷二三、《四库提要辨证》卷一八。

钱珝　唐文学家。字瑞文。吴兴(今浙江湖州)人。钱起曾孙。乾符六年(879)登进士第。龙纪元年(889)为太常博士,历京兆参军,以蓝田尉充集贤校理。乾宁二年(895),宰相王抟擢为膳部郎中、知制诰,迁中书舍人。光化三年(900),王抟被贬,坐出为抚州司马。善文辞。工诗,尤长绝句。其《江行无题》、《春恨》、《未展芭蕉》等诗均为传世佳作。自编诗五百四十首、表奏百篇为《舟中录》,已佚。《全唐诗》存其诗一卷,《全唐文》存其文近六卷。生平事迹见《全唐文》卷八三六钱珝《舟中录序》、《新唐书》卷一七七、《唐才子传》卷九。

来鹏　唐诗人。曾应进士举。乾符末,福建观察使韦岫爱其才,欲妻以女,未果。后游蜀,卒于通议郎。或以为即来鹄,非是。诗思清丽。著有《来鹏诗》,已佚。《全唐诗》编来鹄诗一卷,中即存其诗。生平事迹见《北梦琐言》卷七、《唐诗纪事》卷五六。

薛昭蕴　唐末词人。曾官侍郎。王国维《庚辛之间读书记·花间集》考证疑为薛昭纬。孙光宪《北梦琐言》云:"薛澄州昭纬,即保逊之子也。恃才傲物,亦有父风。每入朝省,弄笏而行,旁若无人。好唱《浣溪沙》词。"似可信。另详薛昭纬条。《花间集》收其词十九首。王国维辑有《薛侍郎词》。生平事迹见《旧唐书》卷一五三、《新唐书》卷一六二。

薛昭纬　唐诗人。字纪化。河中宝鼎(今山西万荣)人。登进士第。僖宗朝,官祠部、礼部员外郎。迁中书舍人。乾宁三年(896),以礼部侍郎知贡举。历户兵二部侍郎、御史中丞。天复中,贬磎州刺史(一作登州司马)。卒于洪州。文章秀丽。《全唐诗》存其诗二首,《全唐文》存其文一篇。另王国维以为《花间集》所收薛昭蕴为薛昭纬之误。生平事迹见《唐摭言》卷八、《旧唐书》卷一五三、《新唐书》卷一六二、《唐诗纪事》卷六七。

罗虬　唐诗人。台州临海(今属浙江)人。累举进士不第。交通宦官,与秦韬玉等合称"芳林十哲"。中和中,为鄜州李孝恭从事,慕歌妓杜红儿,令之歌,赠以缯彩,孝恭以红儿为副使所属意,令勿受。怒,杀红儿,既而追悔,以古美女比红儿,赋《比红儿》诗百首,行于时。后为台州刺史。与宗人罗隐、罗邺齐名,时号"三罗"。其《比红儿》诗词藻富艳,然"体固凡庸,无大可采"(元辛文房《唐才子传》)。今传《比红儿诗》。生平事迹见《唐摭言》卷一〇、《唐诗纪事》卷六九、《唐才子传》卷九。

赵光远 唐诗人。京兆奉天(今陕西乾县)人。宰相赵隐侄。应进士举不第。乾符中,自恃门第才华,不拘小节,与贵介公子恣游狭斜。光化三年(900),韦庄奏请追赠进士及第。或云其官御史中丞,乃将其与赵光逢相混。或云其著《北里志》,亦误。诗多狎妓之作。《全唐诗》存其诗三首。生平事迹见《北里志》、《唐才子传》卷九。

章碣 唐诗人。睦州桐庐(今属浙江)人,移居钱塘(今浙江杭州)。或云章孝标子。咸通中,与方干、罗隐为友。累举进士不第。乾符四年(877)下第,作《东都望幸》诗刺主司高湘。黄巢兵起,归江东,曾至常州,后流落不遇而终。同时有章鲁封,见贯休《怀钱塘罗隐章鲁封》诗及孙光宪《北梦琐言》卷七,或以为鲁封乃其字。为诗多愤世疾俗语,诗风近罗隐。又作七律,一、三、五、七句押仄韵,二、四、六、八句押平韵,自号"变体",时人效之。《焚书坑》诗为其传世名作。今传《章碣诗集》。《全唐诗》存其诗一卷。生平事迹见《唐摭言》卷九、《唐才子传》卷九。

秦韬玉 唐诗人。字中明,一作仲明。湘中(今湖南)人。累举不第。因其父为左军军将,遂出入宦官田令孜之门,为神策军判官。与同时交游中贵者沈云翔、温宪等合称"芳林十哲"。随僖宗入蜀,中和二年(882)特赐进士及第。四年,官至工部侍郎、判度支,为田令孜十军司马。有词藻,元辛文房《唐才子传》谓其"工歌吟,恬和浏亮"。咏湘中山水诗为陶岳所赏,称"曲尽其妙"(宋阮元《诗话总龟》前集辑《零陵总记》)。《贫女》诗为传世名作。著有《投知小录》,已佚。今传《秦韬玉诗集》。《全唐诗》存其诗一卷。生平事迹见《唐摭言》卷九、《益州名画录》卷上、《唐诗纪事》卷六三、《唐才子传》卷九。

韩偓(842—约923) 唐诗人。字致尧,或作致光,小字冬郎,自号玉山樵人。京兆万年(今陕西西安)人。初应举不第,久困名场。龙纪元年(889)登进士第。佐河中幕,召充左拾遗。乾宁末,自刑部员外郎为凤翔节度掌书记。光化中,自司勋郎中入为翰林学士,历左谏议大夫、中书舍人、兵户二部侍郎、学士承旨。尝预定策诛宦官刘季述,深得昭宗倚重,数欲以为相,终未果。天复三年(903),以不附朱全忠贬濮州司马,再贬荣懿尉,徙邓州司马。天祐二年(905),复召为学士,不赴,入闽依王审知。唐亡,辗转徙居南安,卒。十岁能诗,李商隐赠诗有"雏凤清于老凤声"之赞。早岁诗多涉艳情,宋许顗《彦周诗话》引高秀实语谓其"丽而无骨",明胡震亨《唐音癸签》谓其"艳夺温李"。诗收《香奁集》中,故后人称艳情诗为香奁体。然其中不乏文词清丽、抒情细腻含蓄之作,《已凉》、《寒食夜》等可为代表。及参与唐末政局和南奔入闽,作诗纪述闻见,忧伤时局,感怀身世,毛晋谓"始末历然如镜,可补史传之阙"(《韩内翰别集跋》)。其诗多七言近体。律诗师法杜甫、李商隐,颇有沉郁顿挫之风,然文词清丽,情致凄惋,自具面目。《四库全书总目》谓其"局于风气,浑厚不及前人,而忠愤之气时时溢于语外","迥异当时靡靡之响",许为晚唐文笔之鸣凤。《故都》、《安贫》、《自沙县抵龙溪县值泉州军过后村落皆空因有一绝》等诗均为传世名作。著有《韩偓诗》、《香奁集》、《金銮密记》。今传《香奁集》及《韩内翰别集》(又名《玉山樵人集》、《韩翰林集》)。《全唐诗》存其诗四卷。生平事迹见《新唐书》卷一八三、《唐才子传》卷九、《十国春秋》卷九五。震钧有《韩承旨年谱》。

陆希声 唐文学家。自号君阳遁叟。吴(今江苏苏州)人。初为岭南从事。后隐于义兴。乾符初召为右拾遗,累擢歙州刺史。昭宗时召为给事中,拜户部侍郎同中书门下平章事,后罢为太子少师。卒于李茂贞兵犯京师之后。《新唐书》本传称其"博学善属文,通《易》、《春秋》、《老子》"。诗长于七绝,《阳羡杂咏》十九首尤为著名。明杨慎极赞其《梅花坞》诗,以为"乃'疏影暗香'之先鞭也"(《升庵诗话》)。《全唐诗》存其诗二十二首,《全唐文》存其文六篇。生平事迹见《新唐书》卷一一六、《唐诗纪事》卷四八。

李沇(?—895) 唐诗人。字东济。江夏(今湖北武昌)人。父磎,昭宗时为相。乾宁二年(895),父子同为王行瑜所杀。少有俊才,应举时文卷行《明易先生书》、《答明易先生书》,朝士览之,莫测其涯涘。其诗多为乐府,风格肖李贺。《全唐诗》存其诗六首。生平事迹见《北梦琐言》卷七、《旧唐书》卷一五七、《新唐书》卷一四六。

李昭象(约844—?) 唐诗人。字化文。荆州石首(今属湖北)人。父方玄,卒池州刺史任,因家池州。咸通末,以文为宰相路岩所知,将荐于朝,会岩罢相,事寝。南归,移居九华山。龙纪中,杨行密以书招之,不赴。与顾云、张乔、许棠、周繇、杜荀鹤等唱和。《全唐诗》存其诗八首。生平事迹见《唐诗纪事》卷六七。

修睦(？—918)　唐诗僧。号楚湘。曾经行长安、广陵、岳阳等地。昭宗时,居庐山东林寺,为洪州僧正。后赴吴辟命。天祐十五年(918)死于朱瑾之难。与齐己、虚中、贯休唱酬。李咸用盛赞之,谓贯休之后,唯修睦一人而已。著有《东林集》,已佚。《全唐诗》存其诗二十七首,《全唐诗补编》存其诗四首。生平事迹见《庐山记》卷一、《唐音癸签》卷二九。

处默　唐诗僧。幼于金华(今属浙江)寺院出家,与贯休互有诗篇酬答。后游历四方,至杭、润诸州,与罗隐唱和,又居庐山、九华山。卒,裴说有诗哭之。著有《处默诗》,已佚。《全唐诗》存其诗八首。生平事迹见《全唐文》卷九二二昙域《禅月集序》。

尚颜　唐诗僧。俗姓薛,字茂圣。乾符中,受知于徐州节度使薛能。后居荆门十年。昭宗景福中曾入京。光化中,复以文章供奉内廷,赐紫。又曾居于庐山、潭州、峡州等地。卒年九十余。诗师贾岛,好苦吟,工五言诗,诗人方干、陈陶、陆龟蒙、郑谷、李洞、司空图、吴融、齐己均与唱和。明胡震亨《唐音癸签》谓其诗"不入声相,直以清寂境构成",宜乎当时人以为"功妙旨深"。今传《尚颜诗集》。生平事迹见《全唐文》卷八二九颜荛《颜上人集序》、《唐诗纪事》卷七七。

吕从庆　唐诗人。本大梁(今河南开封)人,从其祖宦居金陵。广明中,避乱之歙县。唐亡,徙居旌德之丰溪。每以陶潜自况,自号丰溪钓叟。南唐时卒,年九十七。著有《丰溪存稿》,今存,《全唐诗补编》据以补录其诗一卷,《四库全书总目》以此书明以前未见著录流传为疑。生平事迹见《丰溪存稿》附序。

崔涂　唐诗人。字礼山。睦州(治今浙江建德)人。中和中,僖宗在蜀,遂赴蜀应举。光启四年(888)登进士第。后不知所终。工近体诗。盖穷年漂泊,足迹遍巴蜀、吴楚、秦陇、河南等地,故诗多羁旅离怨之作,词情凄苦,颇多佳句。元辛文房《唐才子传》谓其"写景状怀,往往宣陶肺腑","意味俱远"。《巴山道中除夜书怀》、《孤雁》、《春夕》等诗为其代表作。今传《崔涂诗集》。《全唐诗》存其诗一卷。生平事迹见《新唐书》卷六〇、《唐诗纪事》卷六一、《唐才子传》卷九。

吴融(？—903)　唐文学家。字子华。越州山阴(今浙江绍兴)人。举进士,二十年不第,曾隐茅山,又徙居长洲。龙纪元年(889)登进士第。韦昭度讨蜀,表为掌书记。入朝为补阙、员外郎。乾宁二年(895)谪官江陵,与贯休往还。三年,召入,以礼部郎中充翰林学士,迁中书舍人、户部侍郎。天复初,昭宗奔凤翔,扈从不及,客居阌乡。召还,迁翰林承旨学士,卒于官。其诗多唱酬题咏之作,偶有刺讥时政者,元辛文房《唐才子传》以为"靡丽有余而雅重不足",《四库全书总目》则称其"音节谐雅,犹有中唐之遗风"。尤长制诰。有《唐英歌诗》行世。《全唐诗》存其诗四卷,《全唐文》存其文十六篇。生平事迹见《新唐书》卷二〇三、《唐才子传》卷九。

温宪　唐诗人。太原祁县(今属山西)人。咸通中应进士举,以父庭筠文多刺时,屡为主司所抑。龙纪元年(889)登进士第。终于山南西道从事。与许棠、郑谷等合称"咸通十哲"。尝咏蛱蝶诗,程修已称之,且作画以写其思。《全唐诗》、《全唐诗补编》共存其诗五首,《唐文拾遗》存其文一篇。生平事迹见《唐摭言》卷一〇、《唐才子传》卷九、《金石续编》卷一一温宪《长史程修已墓志铭》。

唐备　唐诗人。龙纪元年(889)登进士第。工古风诗,多寓刺讥,颇干教化,为时所称。《全唐诗》存其诗三首。生平事迹见《诗话总龟》卷一、《唐才子传》卷九。

王驾　唐诗人。字大用,自号守素先生。河中(今山西永济)人。中和中,赴蜀应举不第。大顺元年(890)登进士第,授校书郎。乾宁中,官至礼部员外郎。与司空图、郑谷为诗友。司空图谓其"五言所得,长于思与境偕,乃诗家之所尚者"(《与王驾评诗书》)。其《社日》、《雨晴》等诗传诵甚广。著有《王驾诗集》,已佚。《全唐诗》、《全唐诗补编》共存其诗八首。生平事迹见《唐诗纪事》卷六三、《唐才子传》卷九。

罗衮　唐文学家。字子制。临邛(今四川邛崃)人。大顺二年(891)登进士第。授左拾遗、起居郎。唐亡,又仕后梁,为主客员外郎。文学优赡,操守甚高。与黄滔、罗隐等交好,有诗唱和。其《请褒赠刘蕡疏》为时论推重。《全唐诗》存其诗三首,《全唐诗补编》存其诗一首、断句一,《全唐文》存其文十九篇,《唐文续拾》存其文一篇。生平事迹见《北梦琐言》卷五、《唐诗纪事》卷六八。

杜荀鹤(846—904)　唐诗人。字彦之,号九华山人。池州石埭(今安徽石台)人。或传其为杜牧出妾之子,非是。初读书九华山,与顾云、殷文圭等为友。累举进士不第，漫游闽越、荆楚、梁宋等地，复归隐山中十五年。大顺二年(891)登进士第，时危世乱，复还旧山。宣州节度使田頵辟为从事。天复三年(903)出使大梁，值頵兵败，遂留梁。次年，朱温奏为翰林学士、主客员外郎，旋病卒。工诗。自云"诗旨未能忘救物"(《自叙》)，又云"言论关时物，篇章见国风"(《秋日山中寄李处士》)。其诗虽未能摆脱唐末士子投献唱和之习气，但在乱离之中，能继承杜甫、白居易的传统，以短小精悍之律绝、浅近通俗之语言、白描之手法，反映民生疾苦，抨击黑暗现实，后人称为"杜荀鹤体"。《山中寡妇》、《乱后逢村叟》、《再经胡城县》、《春宫怨》诸诗为其传世名作。著有《唐风集》(又名《杜荀鹤文集》)，今存。《全唐诗》存其诗三卷。生平事迹见《北梦琐言》卷六、《旧五代史》卷二四、《唐诗纪事》卷六五、《唐才子传》卷九。

吴仁璧(？—约901)　唐诗人。字廷宝。苏州(今属江苏)人，一作关右人。大顺中登进士第。入浙。钱镠闻其名，欲辟幕职，以诗固辞。及镠母卒，命撰墓铭，不从，遂沉之于东小江。或云因拒撰《罗城记》见害。著有《吴仁璧诗》，已佚。《全唐诗》存其诗十一首。生平事迹见《吴越备史·补遗》、《十国春秋》卷八八。

张曙　唐词人。小字阿灰，一作阿咸。南阳(今属河南)人。尚书张祎从子。大顺二年(891)进士。与杜荀鹤交往。官至右补阙。《北梦琐言》录其《浣溪沙》词一首。《全唐诗补编》存其诗二首。生平事迹见《唐摭言》卷一一、卷一二，《北梦琐言》卷四、卷八，《唐诗纪事》卷六六。

李洞(？—约893)　唐诗人。字才江。京兆(治今陕西西安)人。唐诸王裔孙。屡举进士不第。广明、中和中，入蜀。大顺二年(891)，裴贽知贡举，献诗有"公道此时如不得，昭陵恸哭一生休"之句，然终落第，人以为屈。复客游东蜀，病卒。酷慕贾岛为诗，铸岛铜像，事之如神。又集岛警句及唐诸人警句各五十联为《诗句图》。其诗肖贾岛，锻炼苦吟，颇多佳句，人或病其僻涩，独吴融赏其奇峭。明胡震亨《唐音癸签》谓其能"自具生面，所恨刻求新异，艰僻良苦耳"。今传《李洞诗集》(一作《李才江诗集》)。《全唐诗》存其诗三卷。生平事迹见《唐摭言》卷一〇、《唐诗纪事》卷五八、《唐才子传》卷九。

张窈窕　唐女诗人。曾避乱居成都，作诗上成都从事，为时人推重。韦庄《又玄集》选录其《寄故人》诗。《全唐诗》存其诗六首。生平事迹见《又玄集》卷下、《鉴诫录》卷一〇、《唐诗纪事》卷七九。

子兰　唐诗僧。昭宗时，以文章供奉。颇有伤悼长安残破、感怀民生凋敝之作，当作于黄巢攻陷长安之后。著有《释子兰诗》一卷，已佚。《全唐诗》存其诗一卷。生平事迹见《全唐诗》卷八二四。

戴司颜　唐诗人。其名一作思颜。大顺元年(890)登进士第。景福中，官至太常博士。有诗名。诗入选韦縠《才调集》。《全唐诗》存其诗二首。生平事迹见《唐摭言》卷五、《唐诗纪事》卷六六、《唐才子传》卷九。

郑谷(约851—约910)　唐诗人。字守愚。袁州宜春(今属江西)人。幼聪颖。及冠，应进士举，游举场凡十六年。广明元年(880)避乱入蜀。光启三年(887)登进士第。景福二年(893)，释褐鄠县尉，摄京兆参军，迁右拾遗、右补阙。乾宁四年(897)，从驾华州，迁都官郎中。约天复末归隐宜春。入梁，卒。世称郑都官。又因《鹧鸪》诗得名，人称郑鹧鸪。工诗，曾受知于马戴、薛能、李频，又与张乔、周繇等合称"咸通十哲"。尝与齐己切磋诗艺，齐己呼为"一字师"。其诗多投赠唱和、写景咏物之作，然屡遭丧乱，能将个人忧愤与时代哀愁融铸其中，声调悲凉。《四库全书总目》谓其诗"往往于风调之中独饶思致"，堪为"晚唐之巨擘"。因其诗辞意清婉明白，不俚不野，五代至宋初，士大夫家及里巷间咸以教儿童。《海棠》、《淮上与友人别》等诗为传世名作。曾自编诗三百首为《云台编》，又著《宜阳外编》。今传《郑守愚文集》(又名《云台编》)。生平事迹见《龙学文集》卷九《郑都官墓表》、《唐才子传》卷九。赵昌平有《郑谷年谱》。

高彦休(854—？)　唐小说家。号参寥子。乾符甲午岁(874)举进士。中和间，以朝议郎守咸阳县尉，曾摄淮南节度使高骈幕府之盐铁巡官。著有笔记小说《阙史》二卷。生平事迹见余嘉锡《四库提要辨证》卷一八。

郑良士(856—930)　唐诗人。旧名昌士，字君梦。仙游(今属福建)人。累举进士不第。景福二年(893)，进诗五百篇，授四门博士(或云授补阙)，累迁康、恩二州刺史。天复元年(901)，弃官归隐仙游白岩。复受王审知辟，官至威武军节度掌书记，转左散骑常侍兼御史大夫。工诗能文。著有《白岩文集》、《白岩诗集》、

《中垒集》，均佚。《全唐诗》存其诗三首。生平事迹见《新唐书》卷六〇、《仙溪志》卷四、《唐才子传》卷一〇、《十国春秋》卷九五。

崔致远(857—?)　唐时新罗文学家。字海夫，号孤云。新罗(今韩国)庆州沙梁部人。十二岁来唐求学。乾符元年(874)登进士第，授溧水尉。广明元年(880)入扬州高骈幕府。光启元年(885)返新罗，历官翰林学士、守兵部侍郎、太山郡太守、富城郡太守。曾出使唐朝。后弃官隐居伽耶山海印寺。在唐前后十六年，通汉语，精诗文。与罗隐、顾云等相知。其诗以近体为多，多写高骈军中生活，亦有追念故国、怀友送人之作。其文文辞典丽，气韵沉雄，多为在高骈幕中所作文告表奏。有《桂苑笔耕集》。《全唐诗逸》存其诗一首、断句若干，《全唐诗补编》存其诗七十多首，《唐文拾遗》存其文十一卷。生平事迹见《三国史记》卷四六、《登科记考》卷二三。

王涣(859—901)　唐文学家。字文吉。太原(今属山西)人。中和、光启中，佐滑州王铎、京兆郑延昌幕掌笺奏。大顺二年(891)登进士第。佐徐彦若兴元幕。入朝，历拾遗、补阙、起居郎，后转司勋、考功、吏部员外郎。徐彦若镇岭南，请为节度掌书记，授考功郎中兼御史中丞，道卒。或以为其年九十，以礼部侍郎致仕，乃将其与宋人王涣相混。长于笺奏，尤擅诗文。其《惆怅诗十二首》咏古佳人才子深怀感怨者，哀伤媚妩，播在人口。著有词赋诗文约五百余篇，又著有《燕南笔稿》、《西府笔稿》、《从知笔稿》，均散佚。《全唐诗》存其诗十四首。生平事迹见岑仲勉《金石论丛》录存卢光济《唐故清海军节度掌书记太原王府君墓志铭》、《唐诗纪事》卷六六、《唐才子传》卷一〇。

郑准(?—约902)　唐文学家。字不欺。荥阳(今属河南)人。乾宁初登进士第，居荆南成汭幕掌笺奏十年。因事请解职，汭怒其去，杀之。常欲比肩陈琳、阮瑀，自集所作为《刘表军书》三卷，《北梦琐言》谓"虽有胸襟而辞体不雅"。能诗，与贯休、尚颜唱酬。著有《渚宫集》，已佚。《全唐诗》存其诗五首，《全唐文》存其文一篇。生平事迹见《北梦琐言》卷七、《旧五代史》卷六〇。

李咸用　唐诗人。袁州(治今江西宜春)人，郡望陇西(今甘肃临洮南)。唐末举进士不第，自称"麻衣未识帝城尘，四十为儒是病身"。寓居湘中、庐山等地，与修睦友善唱和。后官浙西推官，约后梁时卒。所作多表现乱离之世，失意之情。宋杨万里曾摘其《春日》、《赠来进士鹏》中句，谓善状征人凄苦之情，能"使人发融冶之欢于荒寒无聊之中，动惨戚之感于笑谈方怿之初"，为"国风之遗音，江左之异曲"(《唐李推官披沙集序》)。著有《披沙集》，今存。生平事迹见《唐才子传》卷一〇。

苏拯　唐诗人。昭宗时在世。与曹邺、刘驾、聂夷中等于唐末均以五言古诗鸣。明胡震亨《唐音癸签》谓诸人诗均似从孟郊出，"唯拯平平，为似学究耳"。所作《织妇女》、《蜘蛛喻》等诗，讥刺现实黑暗，关怀民生疾苦，存抒下情而通讽喻之旨。著有《苏拯诗集》。《全唐诗》存其诗一卷。生平事迹见《唐摭言》卷一一。

栖蟾　唐诗僧。俗姓胡。洞庭(今两湖洞庭湖区)人。曾游汉阳、润州、岭南等地，又曾居庐山屏风岩及南岳，与齐己、虚中等友善唱和。《全唐诗》存其诗十二首。生平事迹见《唐才子传》卷八。

唐求　唐诗人。求一作球。成都(今属四川)人。性放旷疏逸，不乐仕进。居灌县味江山，人称唐隐居。王建帅蜀，召为参谋，不就。好吟诗，每成诗，即捻稿成丸，纳大瓢中。后病，投瓢于江，曰："斯文苟不沉没，得者方知吾苦心尔。"其诗为时人所传。元辛文房《唐才子传》评为"气韵清新，每动奇趣，工而不僻"。今传《唐求诗集》。《全唐诗》存其诗一卷。生平事迹见《唐诗纪事》卷五〇、《唐才子传》卷一〇。

黄崇嘏　唐女诗人。临邛(今四川邛崃)人。年三十许未嫁，好著男装。昭宗时，因失火事下狱，上诗自陈，自称乡贡进士。留司府事周庠见诗，释之，荐摄府司户参军，后复欲以女妻之。崇嘏乃献诗自陈为女子，乞罢府职，归临邛旧隐。《全唐诗》存其诗二首。生平事迹见《太平广记》卷三六七。

隐峦　唐诗僧。曾居庐山，后入蜀。《全唐诗》存其诗五首。生平事迹见《全唐诗》卷八二五。

景云　唐诗僧。曾学张旭为草书，当为天宝后人。或云其与岑参同时，乃误以岑参诗中景云寺名为僧名。《全唐诗》存其诗三首。生平事迹见《宣和书谱》卷一九、《书史会要》卷五。

葛鸦儿　唐女诗人。韦庄《又玄集》选录其《怀良人》诗。《全唐诗》存其诗三首。生平事迹见《又玄集》卷下。

刘媛　唐女诗人。媛一作瑗。五代韦庄《又玄集》选录其诗一首。《全唐诗》存其诗三首。生平事迹见《又玄集》卷下。

姚月华 唐女诗人。五代韦縠《才调集》录其《古怨二首》,《乐府诗集》录其《怨诗效徐淑体》诗。《全唐诗》存其诗六首,余二首为白居易、张籍作。《艳异类编》等记其梦月能诗及与书生杨达恋爱故事,均当后人附会。生平事迹见《唐才子传》卷二、《全唐诗》卷八〇〇。

程长文 唐女诗人。鄱阳(今江西波阳)人。工诗能书。为强暴所诬,系狱,献诗雪冤。韦庄《又玄集》选录其《书情上使君》诗。《全唐诗》存其诗三首。生平事迹见《又玄集》卷下。

张文姬 唐女诗人。鲍参军妻。五代韦庄《又玄集》选录其诗二首。《全唐诗》存其诗四首。生平事迹见《又玄集》卷下。

吴商浩 唐诗人。明州(治今浙江宁波)人。赴长安应试不第,曾游塞上、巫峡、洛阳、湘中等地。工近体诗。《全唐诗》存其诗九首。其余生平事迹无考。

蒋吉 唐诗人。唐末人。自云家近吴山,曾游历长安、塞外、岭南等地。著有《蒋吉集》,已佚。《全唐诗》存其诗十五首。生平事迹见《直斋书录解题》卷一九。

周昙 唐诗人。唐末官国子直讲。著《咏史诗》八卷,分为唐虞、三代、春秋战国等门,咏历史人物,加以评价,以观古知今。但其诗主要以概括叙述史实为主,流于平淡。体裁均为七绝。今传《周昙咏史诗》。《全唐诗》存其诗二卷。生平事迹见《全唐诗》卷七二八。

韩溉 唐诗人。江南人。约为唐末人。著有《韩溉诗》,已佚。《全唐诗》存其诗七首,中一首为李群玉诗,另四首或作韩喜诗。或以为韩溉、韩喜为同一人。生平事迹见《宋史》卷二〇八、《全唐诗》卷七六八。

孙郃 唐文学家。字希韩。明州奉化(今属浙江)人。乾宁四年(897)登进士第。历校书郎、河南府文学,唐末官至左拾遗。朱温篡唐,即著《春秋无贤人论》,脱冠裳,著布衣,归隐故园,著书纪年悉用甲子,以示不臣之义。好孟、荀、扬雄之书,师韩愈为文。亦能诗。著有《孙子文纂》、《孙氏小集》、《文格》,均佚。《全唐诗》、《全唐诗补编》共存其诗七首,《全唐文》存其文四篇。生平事迹见《新唐书》卷六〇、《唐诗纪事》卷六一、《十国春秋》卷八八。

王毂 唐诗人。字虚中,自号临沂子。宜春(今属江西)人。乾宁五年(898)登进士第。历国子博士。后以尚书郎中致仕。长于乐府。未第时为《玉树曲》,大播于时。著有《王毂诗集》、《历代忠臣临老不变图》,编礼部进士所行卷为《观光集》,均佚。《全唐诗》存其诗十八首。生平事迹见《新唐书》卷六〇、《唐诗纪事》卷七〇、《唐才子传》卷一〇。

褚载 唐诗人。字厚之。家贫,客梁宋间。乾宁五年(898)登进士第。后流落而终。著有《褚载诗》,或作《咏史诗》,疑非一书,今佚。《全唐诗》存其诗十四首,有杜牧等诗误入。生平事迹见《新唐书》卷六〇、《唐诗纪事》卷五九、《唐才子传》卷一〇。

路德延 唐诗人。字昌远。魏州冠氏(今山东冠县)人。路岩之侄。少聪颖,尝作《芭蕉》诗,传于都下。然坐路岩贬死累,久不能振。光化元年(898)登进士第。天祐中,授拾遗。河中节度使朱友谦辟掌书记,甚礼之。后礼懈,作《小儿诗》五十韵刺友谦。友谦大怒,沉之于黄河。《全唐诗》存其诗三首。生平事迹见《旧唐书》卷一七七、《唐诗纪事》卷六三。

崔道融(?—907) 唐诗人。荆州(治今湖北荆沙)人。黄巢兵起,避地东浮,隐居温州仙岩山,自号东瓯散人。征为永嘉令。后入闽依王审知,诏征为右补阙,未行,病卒。以诗名,与方干、司空图唱和。尤工绝句,元辛文房《唐才子传》谓其"语意妙甚","古人复生,亦不多让"。乾宁二年(895),自编诗文为《东浮集》十卷,又著有《申唐诗》,均佚。《全唐诗》存其诗一卷。生平事迹见《莆阳黄御史集·祭崔补阙道融》、《直斋书录解题》卷一九、《唐才子传》卷九、《十国春秋》卷九五。

可止(860—934) 唐诗僧。俗姓马。范阳(治今北京)人。年十二出家为僧。乾宁三年(896)进诗,赐紫袈裟,供奉内殿,后归乡。后唐天成三年(928),居洛阳长寿寺,秦王李从荣奏署文智大师。工近体诗。著有《三山集》,已佚。《全唐诗》存其诗九首。生平事迹见《宋高僧传》卷七。

齐己(864—约943) 唐诗僧。俗姓胡,名得生,自号衡岳沙门。潭州益阳(今属湖南)人。本佃户子,幼颖悟,牧牛时常以竹枝画牛背为诗。后于大沩山同庆寺出家。曾至洪州、九江,住豫章观音院。又曾至袁州,与郑谷结为诗友。后居长沙道林寺,与马殷幕中文士徐仲雅辈交游。因有赘疣,人戏呼为诗囊。后梁龙德元年(921),将入蜀,至江陵,为高季兴所留,于龙兴寺安置，署为僧正。然居常悒悒，病卒。为诗尚锻炼，好苦吟。孙光宪谓其"趣尚孤洁，词韵清润，平淡而意远"(《白莲集序》)。明胡震亨《唐音癸签》则谓其于清润平淡外，"亦复高远冷峭"。尤工五律，《四库全书总目》谓其"虽颇沿武功一派，而风格独遒，如《剑客》、《听琴》、《祝融峰》诸篇，犹有大历以还遗意"。著有《白莲集》、《风骚旨格》，今存。生平事迹见《全唐文》卷九〇〇孙光宪《白莲集序》、《宋高僧传》卷三〇、《唐诗纪事》卷七五、《唐才子传》卷九。

李晔(867—904)　即唐昭宗。唐代皇帝。唐僖宗弟。公元888—904年在位。原名杰。初封寿王。僖宗死，由宦官杨复恭迎立。乾宁中，李茂贞起兵犯阙，奔华州，后还长安。天复中又被韩全诲劫往凤翔。天祐元年(904)被迫迁洛阳，为朱全忠杀害。《全唐诗》存其词四首。生平事迹见《新唐书》卷一〇。

杨夔　唐文学家。自号弘农子。弘农(今河南灵宝)人。昭宗时曾为宣州田頵上客，知頵力不足以抗杨行密，著《溺赋》以戒之，頵不用而败。终身不仕，以处士终。能诗，工赋善文。与杜荀鹤、康骈、张乔、郑谷等为诗友，以《冗书》驰名士大夫间。其文颇有气势，《蓄狸说》、《善恶鉴》、《植兰说》等皆为佳篇。《全唐诗》存其诗十二首，《全唐文》存其文二卷。生平事迹见《新唐书》卷一八九、《唐才子传》卷一〇。

裴说　唐诗人。桂州(治今广西桂林)人。屡应进士举不第，羁泊湖南、江西等地，与曹松、王贞白、贯休、处默等为诗友。天祐三年(906)状元及第，官至补阙、礼部员外郎。诗学贾岛。五律之外，亦工歌行。明胡震亨《唐音癸签》谓其"时出意外句耸人观，《寄边衣》长歌亦绵宛中情"。今有《裴说诗》传世。《全唐诗》存其诗一卷，《全唐诗补编》存其诗四首。生平事迹见《唐诗纪事》卷六五。

罗绍威(877—910)　唐诗人。字端己。魏州贵乡(今河北大名)人。文德初，授天雄军节度副使。光化元年(898)，继父弘信为天雄军节度使。天祐初，检校太尉，守侍中，进封邺王。入梁，位至守太师、兼中书令，在镇十余年。卒谥贞壮。工笔札，晓音律。好招延文士，每宴集，与宾佐赋诗，颇有情致。慕罗隐(号江东生)为诗，推为叔父，号己集为《偷江东集》。另有《政余诗集》，均佚。《全唐诗》存其诗二首。生平事迹见《旧唐书》卷一八一、《新唐书》卷二一〇、《旧五代史》卷一四、《新五代史》卷三九。

归仁　唐诗僧。居洛阳灵泉寺，为曹洞宗疏山匡仁禅师法嗣。后梁开平三年(909)罗隐卒，有诗哭之。《全唐诗》存其诗六首。生平事迹见《五灯会元》卷一三。

张泌　唐文学家。《才调集》录其诗十八首，涉及长安、洞庭湖、永州湘源、桂州等地，当为晚唐或晚唐入五代人。另《花间集》录张泌词二十七首，《尊前集》亦存其词一首。旧说以为此二张泌即南唐入宋之张泌(一作佖)。按《花间集》为后蜀卫尉少卿赵崇祚广政三年(940)所编，而《才调集》编者韦縠亦仕后蜀为监察御史，故此二集中之张泌当为一人。而南唐张泌，字子澄，后主时历句容尉、监察御史、内史舍人知贡举，入宋，淳化三年(992)官谏议大夫判三司都勾院，五年，为史馆修撰(见马令《南唐书》卷五、《十国春秋》卷二五、《续资治通鉴长编》卷三三、卷三五)，时代甚晚，故别是一人。唐之张泌，其诗多为七言近体，辞情婉丽，《寄人》诗为传世名作。况周颐《餐樱庑词话》谓其词"佳者能蕴藉有韵致"。《全唐诗》存其诗一卷。

贯休(832—912)　五代前蜀诗僧。俗姓姜，字德隐。婺州兰溪(今属浙江)人。少向佛，师安和寺僧圆贞。习经之余，与邻院童子处默更相唱和，诗名渐著。大中中受戒。咸通中，于洪州开元寺听法华经，数年后，亲登讲座。返婺州。乾宁初，谒浙东钱镠，后游黟、歙。至江陵，初为成汭所礼，居龙兴寺，被谮流放黔中。天复三年(903)入蜀，王建甚礼遇之，赐号禅月大师。善画，师阎立本。工草书，世称姜体。尤工诗，与陈陶、方干、李频、吴融、韦庄、罗隐、齐己等唱酬。多奇思奇句，宋孙光宪谓其"骨气混成，境意卓异"(《白莲集序》)。吴融谓其诗"多以理胜，复能创新意"(《禅月集序》)。著有《禅月集》三十卷，佚其五卷。《全唐诗》存其诗十二卷，《全唐诗补编》存其诗十七首，《全唐文》存其文四篇。生平事迹见《全唐文》卷九二二昙域《禅月集序》、《宋高僧传》卷三〇、《唐才子传》卷一〇。

韦庄(约836—910)　五代前蜀诗人、词人。字端己。长安杜陵(今陕西西安东南)人。韦应物四世孙。广明二年(881)在长安应举，适值黄巢起义军占领长安，未能脱走。中和二年(882)春，逃至洛阳。后流落江南。乾宁元年(894)再试及第，任校书郎。四年奉诏随谏议大夫李询入蜀宣谕。光化三年(900)除左补阙。天复元年(901)为西蜀王建掌书记。天祐四年

(907)，劝王建称帝建前蜀，官至吏部侍郎平章事。终于蜀，谥文靖。曾居成都浣花溪畔杜甫草堂旧址，后人又称“韦浣花”。诗多忧时伤乱之作，怀古感旧，缘情而发。其弟韦蔼序其诗曰：“流离漂泛，寓目缘情。子期怀旧之辞，王粲伤时之制。或离群轸虑，或反袂兴悲。四愁九愁之文，一咏一觞之作。”(《浣花集序》)长篇叙事诗《秦妇吟》为其代表作，人称“秦妇吟秀才”。其词尤具特色，内容虽不外男女欢爱、离愁别恨，然能注入作者平生漂泊乱离、思乡怀旧之感，感情深挚，笔调清新，能运密入疏，寓浓于淡，多用白描手法，是“花间词人”中的代表作家。与温庭筠齐名，并称“温韦”。清周济称其词“清艳绝伦，初日芙蓉春月柳”(《介存斋论词杂著》)，清陈廷焯《白雨斋词话》云：“韦端己词似直而纡，似达而郁，最为词中胜境。”代表作有《菩萨蛮》、《女冠子》、《小重山》、《浣溪沙》、《思帝乡》等。编有《又玄集》，录王维、杜甫等唐人诗三卷。韦蔼辑其诗为《浣花集》。王国维辑有《浣花词》。生平事迹见《十国春秋》卷四〇、《蜀梼杌》卷上、《唐才子传》卷一〇、夏承焘《唐宋词人年谱·韦端己年谱》。

牛峤 五代前蜀词人。字松卿，一字延峰。陇西(今属甘肃)人。乾符五年(878)进士。历官拾遗、补阙、校书郎。王建镇蜀，辟为判官，及开国，拜为给事中。《花间集》称“牛给事”。词风香艳，近温庭筠，多写闺思艳情，少数描写边塞景色，或寄托兴亡之叹，语言较清新。王国维辑有《牛给事词》。《全唐诗》存其诗六首。生平事迹见《唐才子传》卷九、《唐诗纪事》卷七一、《十国春秋》卷四四。

归处讷 唐五代诗人。吴(今江苏苏州)人。会昌中山南西道节度使归融曾孙。喜作诗嘲讽，人畏其咏，多以金帛酒食弥缝之。中和、光启中，作《吟胭汉》诗嘲宦官杨复恭义儿。又曾作诗刺前蜀校书石钦若。《全唐诗补编》存其诗五首。生平事迹见《鉴诫录》卷一〇。

杜光庭(850—933) 五代前蜀道士、文学家。字宾至，又字圣宾，号弘教大师、广成先生、东瀛子。缙云(今属浙江)人，一说长安(今陕西西安)人。咸通中应九经举不第，遂入天台山学道。后充麟德殿文章应制。入前蜀为谏议大夫。后封其为传真天师，崇真馆大学士。不久隐青城山白云溪以终。喜读书，工辞章，能诗文。《四库全书总目》称其“词颇赡丽”。诗擅七言，多题赠咏怀之作。其《纪道德》、《怀古今》为塔式诗，由一言递增至十五言，为唐诗中仅见。传奇《虬髯客传》相传为其所作，然迄无确证。著作颇多，今存有《广成集》、《录异记》、《神仙感遇传》等十余种。《全唐诗》存其诗一卷、《全唐文》存其文十六卷，《唐文拾遗》补其文四篇。生平事迹见《郡斋读书志》卷二、卷三，《十国春秋》卷四七。

钱镠(852—932) 五代吴越建立者。公元907—932年在位。字具美，小字婆留。杭州临安(今属浙江)人。早年贩私盐为生。乾符间，为临安石镜镇将董昌偏将。以军功迁临安副都将。光启间，助董昌击败浙东观察使刘汉宏，任杭州刺史。乾宁三年(896)，攻杀董昌，兼有两浙之地。先后受封为越王、吴王。后梁开平元年(907)，封吴越国王。卒谥武肃。能文工书，尤喜吟咏。有《武肃王集》，今存。《全唐诗》存其诗二首，《全唐诗补编》存其诗十八首。生平事迹见《全唐文》卷八九八皮光业《吴越国武肃王庙碑铭》，《旧五代史》卷一三三，《新五代史》卷六七，《十国春秋》卷七七、卷七八。

卢汝弼(？—921) 五代诗人。字子谐。范阳(今河北涿州)人，后移家河中(今山西永济)。卢纶孙。景福中登进士第，仕至祠部员外郎(一作郎中)、知制诰。从昭宗迁洛。时柳璨党朱温，诬陷士族，因惧祸退居，客游上党。太原李克用奏为节度副使，累奏户部侍郎。李存勗嗣为晋王，承制封拜皆出其手。其《和李秀才边庭四时怨》为唐末边塞诗佳作，明胡应麟《诗薮》评为“语意新奇，韵格超绝”。《全唐诗》存其诗八首。生平事迹见《旧唐书》卷一六三、《新唐书》卷一七七、《旧五代史》卷六〇、《新五代史》卷二八。

徐寅 五代闽文学家。寅，一作夤，字昭梦。莆田(今属福建)人。乾宁元年(894)登进士第，官秘书省正字。后为王审知辟用任掌书记。因曾讥刺后唐庄宗之父李克用，庄宗即位，命王审知杀之，遂拂衣归，隐居以终。工诗善赋，与司空图、罗隐等有交谊。《四库全书总目》谓其赋“句雕字琢，不出当时程试之格，而刻意锻炼，时多秀句”，“诗亦不出五代之格，体物之咏尤多”。今存《徐正字诗赋》、《钓矶文集》。《全唐诗》存其诗四卷，《全唐文》存其赋二十八篇，《唐文拾遗》存其赋二十一篇。生平事迹见《唐才子传》卷一〇、《五代史补》卷二、《十国春秋》卷九五。

黄滔 五代闽文学家。字文江。泉州莆田(今属福建)人。乾宁二年(895)登进士第。光化中除四门博士。寻迁监察御史里行充王审知威武军节度判官。与罗隐、林宽、崔道融、徐寅等友善，有诗文往来。工诗善文，尤擅律赋。宋洪迈称“其文赡蔚有典则，策扶教化；其诗清淳丰润，若与人对语，和气郁郁，有贞元、长庆风概”(《唐黄御史公集序》)。清吴任臣谓其“雄新隽永，称一时绝调”(《十国春秋》)。其诗多感慨身世、酬唱赠别之作。其文以赋、启、书、赞、碑记为多。今传《莆阳黄御史集》。《全唐诗》存其诗三卷，《全唐文》存其文五卷。生平事迹见《十国春秋》卷九五、《登科记考》卷二四。

张蠙　五代前蜀诗人。字象文。池州(治今安徽贵池)人。咸通中即应举，乾宁二年(895)方登进士第。授校书郎，历栎阳尉、犀浦令。王建称帝，拜膳部员外郎，为金堂令。王衍游大慈寺，见其壁间所题诗句，甚赏之，令写诗进。乃写诗二百首以献，衍欲召掌制诰，为宦官宋光嗣所沮。尝游边，至朔方、蓟北及云、朔诸州，所作《登单于台》诗有“白日地中出，黄河天上来”之句，为时所称。明胡应麟《诗薮》谓“唐诗之壮浑者终于此”。元辛文房《唐才子传》甚赏其《述怀》诗，且谓其“余诗皆佳，各有意度，过人远矣”。今传有《张蠙诗集》。《全唐诗》存其诗一卷。生平事迹见《唐诗纪事》卷七〇、《郡斋读书志》卷一八、《唐才子传》卷一〇。

王贞白　五代诗人。字有道。信州永丰(今江西广丰南)人。乾宁二年(895)登进士第，授校书郎。天复中，避世乱退居家山，著书自娱，不复仕进。明《易》能诗，与方干、罗隐、郑谷、贯休等唱和。其诗清润典雅，五代王定保《唐摭言》谓“臻前辈之阃阈”。自编诗三百首及赋文等为《灵溪集》。今传《王贞白诗》。《全唐诗》存其诗一卷又十二首，《全唐诗补编》存其诗十二首。生平事迹见《郡斋读书志・附志》卷下、《唐才子传》卷一〇。

翁承赞　五代后梁诗人。字文尧，自号狎鸥翁。福唐(今福建福清)人。乾宁三年(896)登进士第，又擢宏词科。任京兆参军。天祐元年(904)以右拾遗使闽，册王审知为琅邪郡王。复命，迁户部员外郎、谏议大夫。梁开平三年(909)，复为闽王册礼副使使闽，遂依王审知，官福建盐铁转运副使。后唐同光四年(926)尚在。与黄滔友善。其《题槐》、《访建阳马驿僧亚齐》等诗甚为当时传诵。著有《翁承赞诗》。今传《翁拾遗诗集》。《全唐诗》、《全唐诗补编》共存其诗一卷又七首，所作墓志二篇见《文史》第28辑。生平事迹见《唐诗纪事》卷六三、《唐才子传》卷一〇、《十国春秋》卷九五。

殷文圭　五代吴文学家。字表儒，小字桂郎。池州青阳(今属安徽)人。少居九华山，苦学。乾宁五年(898)，因朱全忠表荐及第，为汴州宣谕使裴枢判官。后南归，与杜荀鹤、康骈等均为宁国节度使田頵上客。天复三年(903)，頵败，又事杨行密父子，为掌书记。吴武义元年(919)，拜翰林学士。或云终左千牛卫将军。工诗能文，元辛文房《唐才子传》谓其于唐末文风浇漓之际，“稍入风度，间见奇崛”。著有《登龙集》、《冥搜集》、《笔耕词》、《从军稿》、《镂冰录》，均佚。今存《殷文圭诗集》。《全唐诗》存其诗一卷，《全唐文》存其文一篇。生平事迹见《唐诗纪事》卷六八、《唐才子传》卷一〇、《十国春秋》卷一一。

沈彬(865—961)　五代诗人。字子文。洪州高安(今属江西)人。唐末南游湖湘，隐于云阳山。曾至蜀，与韦庄、贯休等唱和。归故里。后入吴，依李昪于金陵，授秘书郎。与李建勋、孙鲂等结为诗社。仕至员外郎。乞归，授吏部郎中致仕。元宗南迁洪州，曾谒见，赐粟还山，寻卒。为诗句法清美。《再过金陵》、《都门送别》等诗为人传诵。著有《闲居集》、《沈彬诗集》，均佚。《全唐诗》、《全唐诗补编》共存其诗二十八首，《全唐文》存其文一篇。生平事迹见《江南野史》卷六、《五代史补》卷四、马令《南唐书》卷一五、陆游《南唐书》卷七、《唐才子传》卷一〇。

郑遨(866—939)　五代诗人。字云叟，以字行。滑州白马(今河南滑县)人。昭宗时，举进士不第，入少室山为道士。后徙居华山，与道士李道盛、罗隐之为友，世以为三高士。后唐明宗以左拾遗召，不赴。后晋高祖即位，以谏议大夫召，称疾不起，赐号逍遥先生。好酒，善弈棋长啸。尝为《酒咏诗》千三百言，传布甚广。著有《拟峰集》，已佚。今传《逍遥先生遗诗》。《全唐诗》存其诗十七首，《全唐文》存其文一篇。生平事迹见《旧五代史》卷九三、《新五代史》卷三四、《唐诗纪事》卷七一。

卢延让　五代诗人。字子善。范阳(今河北涿州)人。久困名场。光化三年(900)登进士第，时已历二十五举。为朗陵雷满所辟。满败，入蜀。王建称帝，授水部员外郎，累迁给事中、工刑二部侍郎。师薛能为诗，词意入僻。以苦吟著称，自云“吟安一个字，撚断数茎须”(《苦吟》)。多用寻常语入诗，但务出新意，时称“容易格”。人多诮其浅俗，独吴融称其“去人远绝，自无蹈袭”(元辛文房《唐才子传》引)。著有《卢延让诗》，已佚。《全唐诗》、《全唐诗补编》共存其诗十五首。生平事迹见《唐诗纪事》卷六五、《唐才子传》卷一〇、《十国春秋》卷四四。

鹿虔扆 一作禄虔扆。五代后蜀词人。登进士第。累官为学士，后事王建于蜀中，昭宗时任永泰军节度使，进检校太尉，加太保。《花间集》称鹿太保。词多感慨之音，张宗橚《词林纪事》引倪瓒语云：“鹿公高节，偶尔寄情倚声，而曲折尽变，有无限感慨。”王国维辑有《鹿太保词》。《花间集》存其词六首。生平事迹见《十国春秋》卷五六、《茅亭客话》卷三。

毛文锡 五代前蜀词人。字平珪。高阳(今属河北)人。唐太仆卿毛龟范子。年十四，登进士第。前蜀时，任中书舍人、翰林学士承旨，进文思殿大学士，拜司徒。天汉元年(917)，贬茂州司马。或云蜀亡降后唐，复仕后蜀，未必可信。清沈雄《古今词话·词评》云：“文锡词大致匀净”，然亦有庸率之病。著有《前蜀纪事》二卷、《茶谱》一卷，均佚。王国维辑有《毛司徒词》一卷。生平事迹见《十国春秋》卷四一。

魏承班(？—925) 五代前蜀词人。许州(治今河南许昌)人。王建养子魏宏夫子。为驸马都尉，官至太尉。《花间集》称魏太尉。前蜀亡，与其父同被杀。清沈雄《古今词话·词评》引元遗山语云：“承班词俱为言情之作，大旨明净，不更苦心刻意以竞胜者。”王国维辑有《魏太尉词》。生平事迹见《全唐诗》卷八九五、《资治通鉴》卷二七三、《九国志》卷六。

王定保(870—941) 五代文学家。南昌(今属江西)人。光化三年(900)，举进士第。后为容管巡官。辟为刘隐幕属。南汉大有初官宁远军节度使。十三年(940)，为中书侍郎同平章事。善文辞。著有笔记《唐摭言》，记唐时科举故事极详。生平事迹见《登科记考》卷二四、《十国春秋》卷六二。

沈颜 五代文学家。字可铸。吴(今江苏苏州)人。天复初登进士第，授校书郎。唐末战乱中奔湖南，楚辟为巡官。又仕吴为淮南巡官、礼仪使、兵部郎中、知制诰、翰林学士。少有辞藻，为文敏捷，时称“下水船”。因不满当时浮靡文风，尝著书百篇，仿元结聱叟之说以寓己意，名其书为《聱书》(今已佚)。《全唐诗》存其诗二首，《全唐文》存其文十一篇。生平事迹见《郡斋读书志》卷四、《十国春秋》卷一一。

李建勋(约873—952) 五代南唐诗人。字致尧。广陵(治今江苏扬州)人。赵王李德诚子。仕吴为李昪金陵副使。南唐开国，以中书侍郎同平章事。保大元年(943)，出镇临川。四年，复相，后以司徒致仕，赐号钟山公。能属文，尤工诗。早年与沈彬、孙鲂结诗社。与李璟、徐铉等亦有唱和。其诗初犹浮靡，晚造平淡。明胡应麟《诗薮》谓“虽晚唐卑下格，然模写情事殊工”。今存《李丞相诗集》。生平事迹见马令《南唐书》卷一〇、陆游《南唐书》卷九、《唐才子传》卷一〇、《十国春秋》卷二一。

杨凝式(873—954) 五代书法家、文学家。字景度，自号癸巳人、杨虚白、希维居士、关西老农。华阴(今属陕西)人。天祐二年(905)登进士第，历仕后梁、后唐、后晋、后汉、后周五朝，官至太子少傅，以右仆射致仕，改太子太保。富于文藻，尤擅笔札，书迹遒放。歌诗亦清丽可喜，间杂以诙谐。《全唐诗》、《全唐诗补编》共存其诗六首，《全唐文》、《唐文拾遗》共存其文四篇。生平事迹见《旧五代史》卷一二八、《新五代史》卷三五。

陈沆 五代南唐诗人。后梁开平二年(908)登进士第，隐居庐山。黄损、熊皦、虚中等均从之学诗。《全唐诗》存其诗一首。生平事迹见《诗话总龟》卷一三、卷三八。

虚中 五代诗僧。袁州宜春(今属江西)人。少出家。初居玉笥山二十年，后游湖湘、越中等地，与郑谷、齐已等唱和。天祐中北游，与司空图有诗寄酬。后依湖南马氏父子，居湘西栗城寺(一作宗成寺)。马希振尤敬爱之，深加延纳。著有《碧云集》，已佚。又著诗话《流类手鉴》，存“物象流类”、“举诗类例”两部分，见《吟窗杂录》。《全唐诗》存其诗十四首，《全唐诗补编》补辑其诗一首。生平事迹见《诗话总龟》卷一〇、《唐才子传》卷八、《十国春秋》卷七六。

昙域 五代前蜀诗僧。扬州(今属江苏)人。入蜀，师事贯休。前蜀乾德五年编贯休诗文为《禅月集》三十卷。赐号惠光大师。工诗能书，风格类贯休。著有《龙华集》十卷，已佚。《全唐诗》存其诗三首，《全唐文》存其文二篇。生平事迹见《宋高僧传》卷三〇、《十国春秋》卷四七。

徐月英 五代吴女诗人。为江淮间名妓，与金陵徐知诰诸子游。其《送人》诗为当时所传。著有诗集，已佚。《全唐诗》存其诗二首。生平事迹见《北梦琐言》卷九、《唐诗纪事》卷七九。

蜀太后徐氏(?—926)　五代前蜀主王建之妃。成都(今属四川)人。徐耕长女。与其妹同为王建所纳。建即帝位，封为贤妃。王衍即位，册为顺圣皇太后。前蜀亡，赴洛阳，于秦川驿被杀。《全唐诗》存其诗八首。生平事迹见《鉴诫录》卷五、《蜀梼杌》卷下、《十国春秋》卷三八。

花蕊夫人(?—926)　五代前蜀女诗人。姓徐，与其姊俱以色事王建，为淑妃，专房用事，交结宦官，干预朝政，宫中呼为小徐妃，亦号花蕊夫人。王衍继位，尊为翊圣皇太妃。后随王衍降后唐，次年被杀。尝挟王衍游宴贵臣之家，或周览近郡名胜，饮酒赋诗。著有《花蕊夫人宫词》，今存，然《全唐诗》误属之后蜀孟昶妃徐氏(亦号花蕊夫人)名下，《全唐诗补编》存其诗二首。浦江清有《花蕊夫人宫词考证》。生平事迹见《十国春秋》卷三八。

王仁裕(880—956)　五代文学家。字德辇。天水(今属甘肃)人。始为唐秦州节度判官，后历事前蜀、后唐、后晋、后汉、后周数朝。官至户部、兵部尚书，太子少保。通音律，喜诗。曾作诗万首，集为百卷，蜀人称"诗窖子"。近代丁仪谓其诗"微伤于浮艳，而其佳处亦足追温、李"(《诗学渊源》)。有笔记《开元天宝遗事》。《全唐诗》存其诗一卷，《全唐诗补编》存其诗一首。生平事迹见《旧五代史》卷一二八、《新五代史》卷五七、《郡斋读书志》卷二。

冯道(882—954)　五代文学家。字可道，自号长乐老。瀛州景城(今河北河间东)人。少刻苦俭约。唐末为刘守光参军。守光败，遁归太原为巡官。后为李存勖所用。后唐同光元年(923)为翰林学士、户部侍郎。历相明宗、闵帝、末帝，又事后晋、后汉、后周，前后历四朝，在相位逾二十年。好学能文，暇时唯以披诵吟讽为事。《旧五代史》本传称其文"典丽之外，义含古道"。其奏、疏、议、表颇有规箴劝谏之义。宋吴处厚谓其诗"虽浅近而多谙理"(《青箱杂记》)。《全唐诗》存其诗五首，《全唐诗补编》存其诗二首、断句一，《全唐文》存其文十一篇，《唐文拾遗》存其文一篇。生平事迹见《旧五代史》卷一二六、《新五代史》卷五四。

李珣　五代前蜀词人。字德润。其祖先为波斯人，后家梓州(治今四川三台)。妹舜弦为前蜀王衍昭仪。少有诗名，兼通医理。以秀才予宾贡。《花间集》称李秀才。蜀亡，不仕。《栩庄漫记》云："李德润词，大抵清婉近端己，其写南越风物，尤极真切可爱。"在花间派词人中别具一格。有《琼瑶集》，已佚，王国维有辑本。生平事迹见《十国春秋》卷四四。

尹鹗　五代前蜀词人。成都(今属四川)人。仕前蜀为校书郎。累官至参卿。性滑稽，与李珣为友，曾作诗戏之。其词"多艳冶态"(清张德瀛《词徵》)，语句简净而明浅，多俚俗俳调。王国维辑为《尹参卿词》一卷。生平事迹见《十国春秋》卷四四。

庾传素　五代前蜀词人。王建朝为蜀州刺史，累官至左仆射同平章事，降后唐为刺史。《尊前集》存其词一首。生平事迹见《十国春秋》卷四一。

李存勖(885—926)　即后唐庄宗。五代后唐王朝的建立者。晋王李克用长子。公元923—926年在位。小字亚子，沙陀部人。天祐五年(908)嗣立为晋王，破燕灭梁，建都洛阳，国号唐，史称后唐。同光四年(926)以伶人作乱，中流矢而亡。好俳优，洞晓音律，能度曲。《尊前集》存其词四首。《全唐诗补编》存其诗五首，《全唐文》存其文近三卷，《唐文拾遗》存其文十一篇。生平事迹见《旧五代史》卷二七至卷三四，《新五代史》卷四、卷五。

宋齐丘(887—959)　五代南唐诗人。初字超回，改字子嵩。庐陵(今江西吉安)人。初仕吴，事李昪，历官兵部侍郎，归隐九华山，起右仆射同平章事。南唐建国，以丞相同平章事。后出镇洪州。交泰元年(958)，被劾囚于青阳，次年自缢死。著有《玊玄集》、《文传》，均佚。《全唐诗》、《全唐诗补编》共存其诗四首，《全唐文》、《唐文拾遗》共存其文六篇。生平事迹见马令《南唐书》卷二〇、陆游《南唐书》卷四、《十国春秋》卷二〇。

孙鲂　五代南唐诗人。字伯鱼。南昌(今属江西)人。唐末，从郑谷学诗，得其体法。后依杨行密，为郡从事。南唐烈祖时，曾以员外郎佐江西幕。官至尚书郎中。与沈彬、李建勋结为诗社。其《夜坐》、《题金山寺》诸诗为世称赏。著有《孙鲂诗集》，已佚。《全唐诗》、《全唐诗补编》共存其诗三十六首。生平事迹见《江南野史》卷七、马令《南唐书》卷一三、《唐诗纪事》卷七一、《唐才子传》卷一〇、《十国春秋》卷三一。

江为　五代南唐诗人。建阳(今属福建)人。游庐山，师事陈贶。后诣金陵求举，不得，欲奔吴越，被杀。或云居福州，与人谋奔江南，被害。工诗，有风雅清丽之态。其《隋堤柳》、《江行》诸诗，为人称赏。今传《江为诗》。《全唐诗》、《全唐诗补编》共存其诗十三首。生平事迹见《五代史补》卷五、马令《南唐书》卷一四、陆游《南唐书》卷一五、《十国春秋》卷九七。

顾夐 五代后蜀词人。唐末始事王建。前蜀时，给事内廷，擢茂州刺史。曾使洛阳贺后唐庄宗即位。累官至太尉。况周颐《餐樱庑词话》云其词“皆艳词也。浓淡疏密，一归于艳。五代艳词之上驷矣”。王国维辑有《顾太尉词》一卷。生平事迹见《十国春秋》卷五六。

牛希济 五代前蜀文学家。陇西(今属甘肃)人。牛峤侄。仕前蜀，累官翰林学士、御史中丞。降后唐，拜雍州节度副使。其《文章论》抨击“妖艳”文风颇力，然所作词仍不脱浮艳之风。《临江仙》、《女冠子》、《生查子》等为时人传诵。王国维辑有《牛中丞词》一卷。《全唐诗》存其诗一首，《全唐文》存其文二卷。生平事迹见《鉴诫录》卷七、《十国春秋》卷四四。

孟宾于(约895—约977) 五代南唐诗人。字国仪。连州(治今广东连州)人。后晋天福九年(944)登进士第。南归，马希范延致幕府。旋出为永州军事判官，历阳山令。楚亡，归南唐，授水部员外郎。辞归玉笥山。复起为丰城、新淦令，迁水部郎中、分司南都。南唐亡，以老病归故里。宋王禹偁称其诗“雅澹之体，警策之句”，开卷可睹。著有《金鳌集》、《湘东集》、《金陵集》、《玉笥集》、《剑池集》，王禹偁合编为《孟水部诗集》而序之，已佚。《全唐诗》、《全唐诗补编》存其诗九首，《全唐文》存其文一篇。生平事迹见《小畜集》卷二《孟水部诗集序》、马令《南唐书》卷二三、《唐才子传》卷一〇、《十国春秋》卷七五。

欧阳炯(896—971) 五代后蜀词人。益州华阳(今四川成都)人。少仕前蜀。为中书舍人。后蜀时，拜翰林学士，累迁门下侍郎，兼户部尚书同平章事。入宋授左散骑常侍，后分司西京。善长笛，工诗文，尤精小词。其词多写艳情，也有写景纪俗之作，如《南乡子》八首咏纪南方风物人情。词风婉约轻和。李冰若《栩庄漫记》谓“写物真切，朴而不俚……写景纪俗之词，与李珣可谓笙磬同音者矣”。况周颐《餐樱庑词话》云：“欧阳炯词艳而质，质而愈艳，行间句里却有清气往来。”其《花间集序》阐述编集宗旨及花间词之特质，对后世颇有影响。《全唐诗》存其诗六首，《全唐诗补编》存其诗二首，《全唐文》、《唐文拾遗》各存其文一篇。王国维辑有《欧阳平章词》。生平事迹见《十国春秋》卷五六。

和凝(898—955) 五代词人。字成绩。郓州须昌(今山东东平西北)人。年十七，举明经，十九岁登进士第。历事五代后梁、后唐、后晋、后汉、后周，累官中书门下同平章事，终太子太傅。善文章，长于短歌艳曲，流播汴、洛，契丹号为“曲子相公”。其诗《宫词》百首，颇具史料价值。原有集已佚。王国维辑其词为《红叶稿》。《全唐诗》存其诗一卷，《全唐诗外编》存其诗一首并句四。《全唐文》、《唐文拾遗》共存其文六篇。生平事迹见《北梦琐言》卷六、《旧五代史》卷一二七、《新五代史》卷五六。

王衍(899—926) 五代前蜀国主。王建幼子。公元918—925年在位。字化源，原名宗衍。许州舞阳(今属河南)人。初封郑王。在位后大兴土木，游宴无度。咸康元年(925)降后唐，次年被杀。有文才，喜为浮艳之词。曾录古今艳诗二百篇为《烟花集》，已佚。《全唐诗》存其诗五首又二句、词二阕。生平事迹见《旧五代史》卷一三六、《新五代史》卷六三。

许鼎 五代后梁诗人。贞明六年(920)登进士第。《全唐诗》存其诗二首，《全唐文》存其文一篇。生平事迹见《唐诗纪事》卷七一。

黄损 五代南汉诗人。字益之。连州(治今广东连州)人。后梁初，应进士举，龙德二年(922)登第。归岭南。依南汉高祖，授永州团练判官，累进尚书、左仆射。刘龑建南薰殿，极谏忤旨，退居永州，病卒。工诗赋，曾与郑谷、齐己定近体诗诸格。著有《桂香集》，已佚。《全唐诗》、《全唐诗补编》共存其诗五首。生平事迹见《十国春秋》卷六二。

卢士衡 五代后唐诗人。天成二年(927)登进士第。著有《卢士衡集》。《全唐诗》、《全唐诗补编》共存其诗十首。生平事迹见《直斋书录解题》卷一九。

熊皦 一作熊皎。五代诗人。自称九华山人。后唐清泰二年(935)登进士第。为延州刘景岩从事。后晋天福中，使京师，因进言景岩不宜在边，可徙之内地，朝廷从其言，入朝官右补阙。为景岩诬奏，贬上津令。惧为景岩所害，遂不之任，亡匿山中。工古律诗。宋黄伯思跋其诗集，谓“能远不忘君，志在忧国，文虽肤近，而忠诚可取”(《东观余论》)。著有《屠龙集》、《南金集》,均佚。《全唐诗》存其诗十首。生平事迹见《郡斋读书志》卷一八、《唐才子传》卷一〇。

慕幽　五代诗僧。工书能诗。《宝刻丛编》著录其在吴大和七年(835)、天祚二年(836)及南唐保大四年(946)所书碑三通,均立于寿州。《全唐诗》存其诗六首。生平事迹见《宝刻丛编》卷八。

孙光宪(约900—968)　五代宋初文学家。字孟文,号葆光子。陵州贵平(今四川仁寿东北)人。初为陵州判官。后避地江陵,事南平,累官至荆南节度副使、检校秘书少监、御史中丞。入宋后,为黄州刺史。《花间集》称孙少监。性嗜经籍,聚书凡数千卷,校勘抄写,老而不辍。其虽属花间词派,但所作词清丽自然,较少脂粉气。其《竹枝》、《柳枝》有民歌风味;《酒泉子》、《定西蕃》写边塞风光,笔调雄健。李冰若《栩庄漫记》云:"葆光子词婉约精丽处,神似韦庄。其《浣溪沙》最有名,孙洙评谓其绝无含蓄,而自然入妙。"著有《荆台集》、《笔佣集》、《桔斋集》、《蚕书》、《北梦琐言》等书。今存《北梦琐言》。王国维辑有《孙中丞词》。《花间词》、《尊前集》存其词八十四首,《全唐诗》存其诗八首又二句,《全唐文》存其文一篇。生平事迹见《新五代史》卷六九、《宋史》卷四八三、《十国春秋》卷一〇二。

张瀛　五代南汉诗人。张碧子。仕南汉刘氏父子,官至曹郎。能诗,尝作歌赠琴棋僧,同列见之曰:"非其父,不生其子。"(《十国春秋》卷六三)《全唐诗》存其诗一首。生平事迹见《诗话总龟·前集》卷一一、《十国春秋》卷六三。

刘崇远　五代小说家。自号金华子。河南(今属河南洛阳)人。少喜道术,亦善吟咏。中年后出仕,曾宰二邑。后罢秩归京,任大理司直。著有《金华子杂编》三卷、《耳目记》二卷,原集已佚,今仅存残本。生平事迹见《金华子杂编序》、《八琼室金石补正》卷八〇。

詹敦仁　五代闽诗人。字君泽。固始(今属河南)人。避世乱隐居仙游植德山。清源节度使留从效辟监小溪场。至任,请升场为县。未几,举人自代,归隐佛耳山。与刘乙为友唱和。《全唐诗》、《全唐诗补编》共存其诗十九首,《全唐文》、《唐文拾遗》共存其文二篇。生平事迹见《十国春秋》卷九七。

韩熙载(902—970)　五代文学家。字叔言。其祖为南阳(今属河南)人,后家于潍州北海(今山东潍坊)。后唐同光四年(926)登进士第。因其父为明宗所杀,南奔归吴。后仕南唐,官至中书侍郎,充光政殿学士承旨。精音律,工书画,为文长于碑碣,时求其为文者甚多,人称之为"韩夫子"。所制诰典雅凝重。《全唐诗》存其诗五首,《全唐诗补编》存其诗一首,《全唐文》存其文六篇,《唐文拾遗》存其文二篇。生平事迹见《全唐文》卷八七七韩熙载《上睿帝行止状》、马令《南唐书》卷一三、陆游《南唐书》卷一二。

冯延巳(约903—960)　五代南唐词人。一名延嗣,字正中。广陵(治今江苏扬州)人。烈祖时为秘书郎,累迁驾部郎中、元帅府掌书记。中主时累官中书侍郎平章事,后以伐闽兵败,罢为太子少傅,出为昭武军节度使。复入相,官终太子太傅。词多写男女离情别恨及士大夫伤春落寞情怀。思深辞丽,律均调新,在五代词人中堪与温、韦分鼎三足。对北宋晏殊、欧阳修词影响颇深。代表作有《鹊踏枝》、《谒金门》、《归自遥》等。冯煦《唐五代词选序》谓其"鼓吹南唐,上翼二主,下启欧晏,实正变之枢纽,短长之流别"。王国维云:"正中词虽不失五代风格,而堂庑特大,开北宋一代风气。"(《人间词话》)有《阳春集》。《全唐诗》存其诗一首又二句,《全唐诗补编》存其词三首又一句,《全唐文》、《唐文拾遗》共存其文二篇。生平事迹见马令《南唐书》卷二一、陆游《南唐书》卷一一、《十国春秋》卷二六、夏承焘《唐宋词人年谱·冯正中年谱》。

陶榖(903—970)　五代文学家。字秀实。邠州(治今陕西彬县)人。历仕后晋、后汉、后周、北宋四朝。官至户部尚书。《清异录》一书传为其所作。《全唐诗》存其句一,《全唐诗补编》存其诗一首又七句、词一首,《全唐文》存其文八篇,《唐文拾遗》存其文二篇。生平事迹见《全唐文》卷八六三。

廖匡图　五代楚诗人。或名图、正图、光图,均避宋讳改,字赞禹。虔州赣县(今江西赣州)人。后梁时,举族奔湖南,授江南观察判官。马希范开天策府,为十八学士之一。仕至道州刺史。擅七言诗,与齐已、刘昭禹等唱和。柳开谓"篇篇可爱重,恢然言胸臆间事,近世无比"(《五峰集序》)。著有《五峰集》、《廖匡图诗集》,编有《廖氏家集》,均佚。《全唐诗》、《全唐诗补编》共存其诗五首。生平事迹见《河东集》卷一一《五峰集序》、《五代史补》卷四、马令《南唐书》卷二九、《唐才子传》卷一〇、《十国春秋》卷七三。

廖凝 五代诗人。原名匡凝，避宋讳改，字熙绩。虔州赣县(今江西赣州)人。廖匡图弟。后梁时，举族奔湖南。曾隐居衡山。马希范辟为从事。楚亡，归南唐，历水部员外郎、建昌令、江州团练副使。或云为彭泽令、连州刺史。与李建勋为诗友，江南学诗者竞造其门。擅五言诗，立语奇拔。著有《廖凝诗集》，已佚。《全唐诗》存其诗三首。生平事迹见《河东集》卷一一《五峰集序》、《诗话总龟》卷一〇、《十国春秋》卷二九。

刘昭禹 五代楚诗人。字休明。婺州(治今浙江金华)人，一作桂阳(今湖南郴州)人。起家湖南县令，事马殷父子。历容管节度推官，为天策府十八学士之一，终官严州刺史。少师林宽为诗，好苦吟，锻炼字句。以《经费冠卿旧隐》等诗称于时。今传《刘昭禹诗》。《全唐诗》、《全唐诗补编》共存其诗十五首。生平事迹见《诗话总龟》卷一三、《唐诗纪事》卷四六、《十国春秋》卷七三。

伊用昌 五代楚诗人。相传为南岳道士。散诞放逸，不拘细节，乞食于江浙间，人呼为伊疯子。《全唐诗》存其诗六首、词一首。生平事迹见《十国春秋》卷七六。

李璟(916—961) 五代南唐元宗，又称中主。南唐烈祖李昪长子。公元943—961年在位。本名景通，改名瑶，后名璟，因避后周讳又名景，字伯玉。徐州(今属江苏)人。周世宗南征，璟割江北地奉表称臣，并去帝号，称国主。多才艺，工文能诗，尤擅词，惜仅存四首。词风凄怨深沉，意境高远。代表作《山花子》(一作《摊破浣溪沙》)最为后人传诵。王国维认为其中"菡萏香销"二句，"大有众芳芜秽，美人迟暮之感"(《人间词话》)。清陈廷焯评其"还与韶光共憔悴，不堪看"二句"沉之至，郁之至，凄然欲绝。后主虽善言情，卒不能出其右也"(《白雨斋词话》)。后人将其词与李煜(后主)词合刻为《南唐二主词》。《全唐诗》存其诗二首、断句六。生平事迹见《旧五代史》卷一三四、《新五代史》卷六二、马令《南唐书》卷二、陆游《南唐书》卷二。

孟昶(919—965) 五代后蜀国君。孟知祥第三子。公元934—965年在位。初名仁赞，字保元。邢州龙岗(今河北邢台西南)人。降宋后，封秦国公。《全唐诗》存其《木兰花》词一首，或刻花蕊夫人。生平事迹见《旧五代史》卷一三六、《新五代史》卷六四。

徐锴(920—974) 五代宋初文字学家、文学家。字楚金。会稽(今浙江绍兴)人。徐铉弟。父官江都少尹，因家广陵。中宗时为秘书郎。曾贬乌江尉。后主时，官至屯田郎中、知制诰、右内史舍人。工诗能文，尤精小学。著有《徐锴集》、《方舆记》，编有《赋苑》，均佚。著有《说文解字系传》，今存。《全唐诗》存其诗五首，《全唐文》存其文六篇。生平事迹见马令《南唐书》卷一四、陆游《南唐书》卷五、《十国春秋》卷二八。

徐仲雅(922—?) 五代楚诗人。字东野。其先秦中(今陕西中部地区)人，后徙家长沙(今属湖南)。马希范开天策府，自昭顺观察判官为十八学士之一，时年十八。废王马希广之变，遂闭门不出。周行逢为武安节度使，以其不附己，放之邵州。为诗文辞美丽。亦有讽时之作。著有《徐仲雅集》，已佚。《全唐诗》、《全唐诗补编》共存其诗七首。生平事迹见《十国春秋》卷七三。

钱俶(929—988) 五代吴越国君。公元948—978年在位。原名弘俶，字文德。杭州临安(今属浙江)人。吴越文穆王钱元瓘第九子。开运四年(947)，出镇台州。乾祐元年(948)即吴越国王位。曾先后助周世宗、宋太祖攻南唐。开宝九年(976)入宋朝觐。宋太平兴国三年(978)归宋，被封为淮海国王，后改封汉南国王、南阳国王、许王、邓王。卒谥忠懿。善草书，喜吟咏。有《政本集》，已佚。《全唐诗》存其诗一首，《全唐诗补编》存其诗十四首。生平事迹见《旧五代史》卷一三三、《新五代史》卷六七、《宋史》卷四八〇。

阎选 五代后蜀词人。一生未仕。《花间集》称阎处士。词多艳语，近温庭筠，然意多平衍。王国维云："阎选词惟《临江仙》第二首有轩翥之意，余尚未足与于作者也。"(《阎处士词》跋语)王国维辑有《阎处士词》。《花间集》、《尊前集》存其词十首。生平事迹见《十国春秋》卷五六。

毛熙震 五代后蜀词人。广政中为秘书监。宋周密《齐东野语》云其词"多新警而不为儇薄"。李冰若《栩庄漫记》谓"其词浓丽处似学飞卿，然亦有清淡者"。王国维辑有《毛秘书词》。生平事迹见《全唐诗》卷八九五。

刘保乂 一作保义。五代后蜀词人。青州(今属山东)人。广政初，官户部郎中，充诸王侍读。《尊前集》存其词一首。生平事迹见《十国春秋》卷五三。

蒋贻恭　五代后蜀诗人。江淮间人，唐末入蜀。以不媚世从俗屡遭流谴。后蜀高祖时起为大井令。作诗好嘲咏，所讥刺均轻薄之徒，频以此遭榎楚而不能改。《全唐诗》存其诗十首。生平事迹见《鉴诫录》卷四、《北梦琐言》卷一〇、《唐诗纪事》卷七一。

欧阳彬　五代后蜀词人。字齐美。衡州衡山(今湖南衡阳)人。前蜀王衍时，为翰林学士。后蜀广政中，累官尚书左丞。《尊前集》存其词一首。生平事迹见《五代史补》卷三、《十国春秋》卷五三。

张立　五代后蜀诗人。立一作玄。新津(今属四川)人。李昊荐之于后蜀孟昶，不起，自号皁江渔翁。后主于成都罗城上遍植芙蓉，作诗刺之。广政末，朝政乱，复作诗规讽，国人称为"诗谏"。《全唐诗》存其诗二首。生平事迹见《图绘宝鉴》卷二、《十国春秋》卷五六。

可朋　五代诗僧。眉州丹棱(今属四川)人。少与卢延让为诗友。好饮酒，自号醉髡。后蜀广政中，欧阳炯荐之，诏赐钱帛。其夏，欧阳炯等宴于净众寺，作《耘田鼓》诗以讽，炯为罢宴。有诗千余首，颇有佳句。著有《玉垒集》，已佚。《全唐诗》存其诗四首。生平事迹见《唐诗纪事》卷七四、《十国春秋》卷五七。

伍乔　五代南唐诗人。庐江(今属安徽)人。曾居庐山数年，就读于国学。中主时，赴金陵应举，状元及第。任歙州司马。自伤不调，作诗寄张洎，洎言于朝，召还为考功员外郎，卒官。工七律。今传《伍乔诗集》。《全唐诗》存其诗一卷。生平事迹见马令《南唐书》卷一四、陆游《南唐书》卷一五、《唐才子传》卷七、《十国春秋》卷三一。

成彦雄　五代南唐诗人。字文幹。上谷(治今河北易县)人。南唐进士。好作诗，多为绝句，徐铉谓其"嘉言丽句，音韵天成"，"盖有神助"(《成氏诗集序》)。著有《梅岭集》(一作《成文幹诗集》)，已佚。《全唐诗》存其诗一卷。生平事迹见《徐公文集》卷一八《成氏诗集序》、《郡斋读书志》卷一八。

孟贯　五代诗人。字一之。建安(今福建建瓯)人，一作建阳(今属福建)人。少游庐山，读书于国学。显德中，周世宗征淮南，以诗投献，卷首有"不伐有巢树，多移无主花"之句，世宗不悦，不复终卷，赐其释褐授官。后不知所终。与伍乔、江为等唱和。今存《孟一之诗集》(又名《孟贯诗集》)。《全唐诗》存其诗一卷。生平事迹见《江南野史》卷八、《钓矶立谈》、《唐才子传》卷一〇。

李家明　五代南唐诗人。庐州(治今安徽合肥)人。保大时为乐部头，性诙谐滑稽，善讽谏。《全唐诗》存其诗四首。生平事迹见《江南野史》卷七、马令《南唐书》卷二五、《十国春秋》卷三二。

许坚　五代南唐诗人。字介石。庐江(今属安徽)人。有异术，居游于庐山、茅山、九华诸山。保大时，以异人召，不起。南唐亡后，人尚见之于庐山。《全唐诗》、《全唐诗补编》共存其诗十首。生平事迹见马令《南唐书》卷一五、《诗话总龟》卷四六、《十国春秋》卷三四。

李中　五代南唐诗人。字有中。九江(今属江西)人。烈祖时，读书于庐山国学。后游金陵，投诗徐铉、韩熙载等。仕于淮西。周显德中，周师南侵，陷没。仕周为下蔡令。时弟殁亲老，请归南唐就养。后授吉水尉，历新淦、新喻、安福、晋陵诸县令。或云仕终水部郎中。与沈彬、左偃等唱和。孟宾于称其诗"缘情入妙"，"备多奇句"(《碧云集序》)。著有《碧云集》，今存。生平事迹见《碧云集》孟宾于序、《郡斋读书志》卷一八、《唐才子传》卷一〇。

朱存　五代南唐诗人。金陵(今江苏南京)人。保大时，取吴大帝及六朝兴亡成败之迹，作《览古诗》二百首。著有《金陵览古诗》(一作《金陵古迹诗》)，已佚。《全唐诗》、《全唐诗补编》共存其诗十七首。生平事迹见《景定建康志》卷一九、卷四九，《十国春秋》卷二九。

左偃　五代南唐诗人。居金陵(今江苏南京)。高蹈不仕，赋诗自适。年二十四，病卒。与李中唱和。韩熙载、徐铉尝称之。有诗千余首。著有《钟山集》，已佚。《全唐诗》存其诗十首。生平事迹见《全唐文》卷八八一徐铉《答左偃处士书》、《诗话总龟》卷四。

刘洞(？—975)　五代南唐诗人。庐陵(今江西吉安)人。少游庐山，学诗于陈贶，居二十年。后主即位，游金陵，献诗百篇，未见省录。金陵被围时尚在城中，旋卒。其诗得贾岛遗法，自号"五言金城"。以《夜坐》诗见称于时，人称"刘夜坐"。有集，已佚。《全唐诗》存其诗一首。生平事迹见马令《南唐书》卷一四、陆游《南唐书》卷一五、《十国春秋》卷三一。

徐昌图　五代闽词人。莆田(今属福建)人。入宋后为国子博士，累迁殿中丞。《尊前集》存其词三首。生平事迹见宋李俊甫《莆阳比事》卷二。

廖融 五代诗人。字元素。廖匡图侄。隐居南岳，终身不仕。与逸人任鹄、王正己、王元等唱和。约宋雍熙初卒。著有《廖融诗集》，已佚。《全唐诗》存其诗六首。生平事迹见《诗话总龟》卷一〇、《十国春秋》卷七五。

谭用之 五代诗人。字藏用。仕宦不达。曾居江南，又曾流寓江北，至秦中、洛阳、郑州中牟、塞上。工七律，多为送别寄赠或羁旅感怀之作。工于写景，《秋宿湘江遇雨》中“秋风万里芙蓉国，暮雨千家薜荔村”等句甚为人称赏。清薛雪《一瓢诗话》谓其“最多杜撰句法，硬用事实，偶有不杜撰不硬用处便佳”。著有《谭藏用诗》，已佚。《全唐诗》存其诗一卷。生平事迹见《新唐书》卷六〇、《全唐诗》卷七六四。

翁宏 五代诗人。字大举。桂州(治今广西桂林)人。不仕。入宋，寓居昭、贺间。与王元、廖融等交游唱和。《宫词》(一作《春残》)等诗最为当时所称。《全唐诗》存其诗三首。生平事迹见《诗话总龟》卷一一、《十国春秋》卷七五。

李煜(937—978) 即李后主。五代南唐后主。中主李璟第六子。公元961—975年在位。字重光，初名从嘉，自号钟隐、钟山隐士、钟峰隐者、钟峰白莲居士等。徐州(今属江苏)人。建隆二年(961)初，立为太子。六月即南唐国主位。开宝八年(975)，国亡，降宋，封违命侯。宋太宗太平兴国三年(978)被毒死。能诗善文，尤工书画，以词著名。其词以降宋为界，前期多写宫廷享乐生活和男女爱情，风格柔靡，亦有清丽之作；后期多抒发亡国哀痛及囚徒生活之愁苦，情调极为感伤。艺术上善用白描手法，生动而形象地抒写真情实感，在题材和意境上突破晚唐及“花间”以艳情为主的窠臼，使词从音乐的附庸变为抒情述怀的工具。代表作有《虞美人》、《浪淘沙》、《清平乐》、《乌夜啼》等。王国维云：“词至李后主，眼界始大，感慨遂深，遂变伶工之词而为士大夫之词。”(《人间词话》)后人将其词与李璟(中主)词合刻为《南唐二主词》。《全唐诗》存其诗十八首。生平事迹见《旧五代史》卷一三四、《新五代史》卷六二、马令《南唐书》卷五、陆游《南唐书》卷三。

李后主 即李煜。

潘佑(938—973) 五代文学家。幽州(治今北京)人。南唐元宗时为秘书省正字，后直崇文馆。后主时除虞部员外郎、史馆修撰，改知制诰，迁中书舍人。有感南唐日衰，遂连上七表，纵论时政，致触忤后主，又为张洎所谗，下狱自刭。为人刚直，淹通经史，尤喜老庄，文思敏捷，词采斐然。其《为李后主与南汉后主书》二篇，洋洋数千言，情辞款洽，兼具声情，颇为时人传诵。又擅行书草帖。《全唐诗》存其诗四首、断句二，《全唐诗补编》存其诗一首、断句四，《全唐文》存其文四篇，《唐文拾遗》存其文一篇。生平事迹见马令《南唐书》卷一九、陆游《南唐书》卷一三、《郡斋读书志》卷四。

风格流派　并称

唐体 指唐诗的风格体式。宋赵汝回云：“云泉薛君仲止以诗名于时，本用唐体，而物与理称，更成一家。”(《云泉诗序》)元萨都剌诗云：“人传绝句工唐体，自恐前身是薛能。”(《寄马昂夫总管》)薛嵎(字仲止)与马昂夫诗皆宗晚唐，故此“唐体”偏指晚唐诗风。明许学夷《诗源辩体》：“唐人五言古，自有唐体。”“盛唐五言古，李杜而下唯岑参、元结于唐体为纯，尚可学也。”所指为唐人五古。清吴乔亦云：“盛唐诗亦甚高，变汉魏之古体为唐体。”(《围炉诗话》)盖指唐古诗。吴乔又云：“唐、宋体有相参处。”(同上)则将其作为与宋体相对的唐诗之整体风格体式。

三唐 指对唐诗所作的三个分期。宋杨时云：“诗有盛唐、中唐、晚唐。”(《龟山先生语录》)宋严羽分唐诗为“盛唐之诗”、“大历以还之诗”和“晚唐之诗”(《沧浪诗话》)。元方回以“大历十才子以前”为盛唐，“大历以后，元和以前”为中唐，此后为晚唐(《瀛奎律髓》)。元杨士弘虽持“四唐”说，但其《唐音》又“以初唐盛唐为一类，中唐为一类，晚唐为一类”(《四库全书总目》)。元陈绎曾亦谓：唐诗须分盛、中、晚唐“三节看”(《诗谱》)。明徐献忠谓唐诗有“三变”，以贞观至垂拱为一变，垂拱至天宝为二变，天宝之后至唐末为三变(《唐诗品》)。此系将初唐独列出来，而将中晚唐归并为一，与传统提法有所差异。各诗家以“三唐”概论唐诗者甚多，如清吴乔云“三唐人诗各自用心”(《围炉诗话》)，清杭世骏言“读三唐之诗”(《闻鹤轩唐诗选序》)，清王闿运称“三唐风尚”(《湘绮楼论唐诗》)。近代宋育仁亦著有《三唐诗品》。

四唐 指对唐诗所作的初唐、盛唐、中唐、晚唐四个分期。宋严羽《沧浪诗话》首创“唐初体”、“盛唐体”、“大历体”、“元和体”、“晚唐体”之说，为唐诗分期奠定了基础。至元代，杨士弘《唐音》有“初、盛、中、晚”之说。明高棅《唐诗品汇总叙》则明确分为“初唐、盛唐、中唐、晚唐”四期，且以“盛衰正变”阐述唐诗由“初唐之始制”经由“初唐之渐盛”而达“盛唐之盛”，再通过“中唐之再盛”转入“晚唐之变”，以至“晚唐变态之极”的变化过程。此说为唐诗研究者广泛采用。高氏之“中唐”仅包括大历、贞元，元和则被归入晚唐。明徐师曾则以为“由高祖武德初至玄宗开元初为初唐，由开元至代宗大历初为盛唐，由大历至宪宗元和末为中唐，自文宗开成初至五季为晚唐”(《文体明辩》)。除“四唐”说外，历代诗学家更有“前后两期说”、“五期说”、“八期说”、“三期说”诸说法。

初唐体　指初唐诗歌的风格体式。宋严羽《沧浪诗话》将唐诗分为五体，“唐初体”为其一，严氏自注云：“唐初犹袭陈隋之体。”此乃就其诗歌总体风貌言之。明许学夷亦云：“武德、贞观间，太宗及虞世南、魏徵诸公五言，声尽入律，语多绮靡，即梁、陈旧习也。”(《诗源辩体》)近代丁仪称“初唐即齐梁之一体”(《诗学渊源》)。初唐诗体虽未脱六朝余风，但也有发展变化。明高棅云：“贞观、永徽之时，虞、魏诸公稍离旧习，王、杨、卢、骆因加美丽，刘希夷有闺帷之作，上官仪有婉媚之体，此初唐之始制也。神龙以还，洎开元初，陈子昂古风雅正，李巨山文章宿老，沈、宋之新声，苏、张之大手笔，此初唐之渐盛也。”(《唐诗品汇序》)玄修云：“唐初诗体，虽絺章绘句，仍沿江左余风，而属辞庄雅，不失为正始之音。”(《唐诗概说》)诸说可知初唐体已开盛唐诗之先声。

盛唐体　指盛唐诗歌的风格体式。宋严羽《沧浪诗话》分唐诗为五体，“盛唐体”为其二，其自注云：“景云以后，开元、天宝诸公之诗。”其时诗体，古近兼具，风格多样，而“声律风骨始备”(《河岳英灵集序》)及“既多兴象，复备风骨”(《河岳英灵集》)，则构成其基本特点，正如宋严羽所谓：“盛唐诸公之诗，如颜鲁公书，既笔力雄壮，又气象浑厚。”(《答吴景仙书》)另明高棅云：“开元、天宝间，则有李翰林之飘逸，杜工部之沉郁，孟襄阳之清雅，王右丞之精致，储光羲之真率，王昌龄之声俊，高適、岑参之悲壮，李颀、常建之超凡。”(《唐诗品汇总叙》)可见其人才辈出、各具风貌之盛况。从严羽所列“张曲江体”、“少陵体”、“太白体”、“高达夫体”、“岑嘉州体”、“王右丞体”，亦可证当时诗人作风之异。“盛唐体”乃就盛唐诸诗人之总体风貌而言。

大历体　指唐代宗大历年间前后诗歌的风格体式。宋严羽《沧浪诗话》分唐诗为五体，“大历体”即其中之一。严氏自注云：“十才子之诗。”可见即指以大历十才子为代表之诗风。其诗追求声韵辞藻之美，风格清空淡雅，艺术造诣较高，但气势衰减、境界狭小为其通病。明胡震亨称：“详大历诸家风尚，大抵厌薄开、天旧藻，矫入省净一涂。自刘、郎、皇甫以及司空、崔、耿，一时数贤，窍籁即殊，于喁非远，命旨贵沉宛有含，写致取淡冷自送，玄水一歃，群酰覆杯，是其调之同。而工于浣濯，自艰于振举，风干衰，边幅狭，耑诣五言，擅场饯送，外此无他大篇伟什岿望集中，则其所短尔。”(《唐音癸签》)大历体并不能概括整个大历时期的诗风，如元结、顾况诸人诗多感讽时事，语言亦较为简古朴拙，可视为大历别调。另据释皎然云：“大历末年，诸公改辙，盖知前非也。”(《诗式》)可见大历诗风前后亦有所变化。严羽称：“大历之诗，高者尚未失盛唐，下者渐入晚唐矣。”(《沧浪诗话》)大历上接开元、天宝，下启贞元、元和，为唐诗由盛转中晚之关键。

元和体　指唐宪宗元和年间诗歌的风格体式。初称“元和诗”、“元和诗体”。始见于唐元稹文中，后张洎、顾陶等皆有此称，宋严羽《沧浪诗话》亦有“元和体”之称。其有广狭两方面的含义。广义的指元和以来由韩愈、元稹、白居易、张籍等所开创的各种新体诗文。唐李肇云：“元和已后，为文笔则学奇诡于韩愈，学苦涩于樊宗师，歌行则学流荡于张籍，诗章则学矫激于孟郊，学浅切于白居易，学淫靡于元稹，俱名为‘元和体’。”(《唐国史补》)明许学夷更列韩愈至元稹十三位作家为元和体(见《诗源辩体》)。狭义的则仅指元稹、白居易长篇排律及中短篇杂体诗。唐元稹云：“予始与乐天同校秘书，前后多以诗章相赠答。会予谴掾江陵，乐天犹在翰林，寄予百韵律诗及杂体，前后数十轴。是后，各佐江、通，复相酬寄。巴蜀江楚间洎长安中少年，递相仿效，竞作新词，自谓为元和诗。”(《白氏长庆集序》)

长庆体　指唐诗人元稹、白居易创制的以铺陈情事为主要特色的长篇七言歌行体。白居易文集于穆宗长庆年间编成，集名即作《白氏长庆集》，后元稹集题《元氏长庆集》，故有此称。此称首见于宋戴复古词：“诗律变成长庆体，歌词渐有稼轩风。”(《望江南》)其歌行虽属古体，却多用律句及对偶，并通过平仄韵互转以求得音调之和美，内容以叙写悲欢离合之情事为主，语言缠绵婉丽，流畅坦易。代表作为《连昌宫词》、《长恨歌》、《琵琶行》等。后人仿此体者甚众，尤以清吴伟业为最，其《圆圆曲》、《永和宫词》为时所称，清林昌彝云：“七言古学长庆体，而出以博丽，本朝首推梅村。”（《射鹰楼诗话》）

晚唐体 指晚唐诗歌的风格体式。明瞿佑《归田诗话》引方回《唐三体诗序》称：“近世永嘉叶正则水心，倡为晚唐体之说，于是四灵诗江湖宗之，而宋亦晚矣。”叶氏所指为晚唐姚合、贾岛一路诗风，其说影响尚小。及宋严羽《沧浪诗话》列“晚唐体”为一体、明高棅《唐诗品汇》分唐诗为初、盛、中、晚四期后，其说渐行。严、高二氏所称“晚唐体”乃就晚唐诗歌总体风貌言之，多指晚唐诗之弊，宋人持论多与之相近。如蔡居厚云：“晚唐人诗多小巧，无《风》、《骚》气味。”（《诗史》）宋俞文豹更称其为“局促于一题，拘挛于律切，风容色泽，轻浅纤微，无复浑涵气象”（《吹剑录》）。清人则有对晚唐诗加以肯定或作调停之论者，如毛先舒云：“唐人诗有中晚，余意尝优晚。盖中唐虽若自然，乃多失之俚浅，晚叶诸公，刻画惊挺，而引信多遥思，故为胜也。”（《题倪鲁玉诗》）近代丁仪亦曰：“诗至晚唐，思致新颖，务极精巧，虽性灵未泯，风神秀出，而纤巧刻露，格调终非上乘，考其体裁之所自，大抵得子美、太白之一体。”（《诗学渊源》）俱可见其诗风之得失。

孙孔 指隋文学家孙万寿、孔绍安。宋计有功《唐诗纪事》云：“（孔）绍安在隋时，与孙万寿以文辞称，时谓孙孔。”

李诗谢赋 指唐文学家李百药的诗和谢偃的赋。《旧唐书·谢偃传》：“时李百药工为五言诗，而偃善作赋，时人称为李诗谢赋焉。”

河东三凤 指唐文士薛收、薛德音和薛元敬。《旧唐书·薛元敬传》：“元敬，隋选部侍郎迈子也。有文学，少与收及收族兄德音齐名，时人谓之‘河东三凤’。”

十八学士 指唐十八位文学侍臣。太宗曾于宫城西建文学馆，收聘贤才，以杜如晦、房玄龄、于志宁、苏世长、薛收、褚亮、姚思廉、陆德明、孔颖达、李玄道、李守素、虞世南、蔡允恭、颜相时、许敬宗、薛元敬、盖文达、苏勗等十八人本官兼文学馆学士。后薛收卒，补刘孝孙入馆。“凡分三番递宿于阁下，悉给珍膳。（太宗）每暇日，访以政事，讨论坟籍，榷略前载，无常礼之间，命阎立本图象，使（褚）亮为之赞，题名字爵里，号‘十八学士’，藏之书府，以章礼贤之重。方是时，在选中者，天下所慕向，谓之‘登瀛洲’”（《新唐书·褚亮传》）。十八人中，多著名作家学者，同僚君臣间迭有唱和往还之作，于初唐文坛颇有影响。

王梵志体 指由唐初诗僧王梵志的作品所代表的白话诗风。其名始见于唐王维《与胡居士皆病寄此诗兼示学人》二首注，云：“梵志体。”系在民歌、民间嘲谑诗和佛教偈赞的影响下形成。内容上以讽时劝世为主，多宣传随遇而安、遁世息欲的思想，描写社会下层群众的生活，形式上多为五言体，不拘韵律，语言浅近，诗风诙谐泼辣。唐皎然《诗式》将其列为“跌宕格”之“骇俗”品，云：“外示惊俗之貌，内藏达人之度。”唐释宗密《禅源诸诠集都序》云梵志体：“或咏歌至道，或嗟叹凡迷，或但释义，或唯励行；或笼罗诸教，竟不指南；或偏赞一门，事不通众。”唐范摅《云溪友议》论王梵志诗：“其言虽鄙，其理归真，所谓‘归真悟道，徇俗乖真’也。”宋陈善《扪虱新话》：“知梵志翻著袜法，则可以作文。”其于宋诗散文化、议论化倾向影响很大。

上官体 指以初唐诗人上官仪为代表的诗风。《旧唐书·上官仪传》：“（仪）工于五言诗，好以绮错婉媚为本。仪既贵显，故当时多有效其体者，时人谓为‘上官体’。”其特征为多应制奉和之作，以写宫廷生活为主，辞藻华美富艳，对仗精工匀称，然不脱齐梁余风，内容较空洞。上官仪又归纳六朝以来对仗手法，对唐律诗形成有所贡献。

北门学士 指唐文士元万顷等五人。《旧唐书·元万顷传》：“时天后讽高宗广召文词之士入禁中修撰，万顷与左史范履冰、苗神客、右史周思茂、胡楚宾咸预其选。……朝廷疑议及百司表疏，皆密令万顷等参决，以分宰相之权，时人谓之‘北门学士’。”五人常从皇宫北门出入，故有此称。

苏李 指唐诗人苏味道、李峤。《旧唐书·苏味道传》：“少与乡人李峤俱以文辞知名，时人谓之‘苏李’。”

王氏三珠树 指唐文学家王勃、王勔和王勮三兄弟。《旧唐书·王勃传》云：“勃六岁解属文，构思无滞，词情英迈，与兄勔、勮才藻相类，父友杜易简常称之曰：‘此王氏三珠树也。’”

初唐四杰　指唐文学家王勃、杨炯、卢照邻和骆宾王。《旧唐书·杨炯传》:"炯与王勃、卢照邻、骆宾王以文词齐名,海内称为'王杨卢骆',亦号为'四杰'。"杜甫有"王杨卢骆当时体","不废江河万古流"(《戏为六绝句》)之诗句。四人的诗文虽未尽脱齐梁绮丽余风,但题材较广,风格也较清峻;其骈文亦与时有别,呈灵活飞动之态,对唐代文风转变起了一定的作用。

王刘　指唐诗人王勃、刘允济。明胡应麟《诗薮》:"魏称'王刘',唐亦有'王刘',王勃、刘允济是也。"二人皆善诗文,故有是称。

文章四友　指唐文学家杜审言、李峤、崔融和苏味道。《新唐书·杜审言传》:"少与李峤、崔融、苏味道为文章四友,世号崔李苏杜。"四人工诗善文,尤擅近体,以杜审言成就为最高。四人之诗接迹初唐四杰,齐肩沈、宋,对唐近体诗之成熟、定型有积极作用。

沈宋　指唐诗人沈佺期、宋之问。唐元稹云:"沈宋之流,研练精切,稳顺声势,谓之为律诗。由是而后,文体之变极焉。"(《唐故工部员外郎杜君墓系铭》)《新唐书·宋之问传》:"魏建安后讫江左,诗律屡变。至沈约、庾信,以音韵相婉附,属对精密。及之问、沈佺期,又加靡丽,回忌声病,约句准篇,如锦绣成文。学者宗之,号为'沈宋'。"二人皆为宫廷诗人,多应制奉和之作,然讲究平仄属对,精研声律,于唐代律诗之定型颇多贡献。

富吴体　又称"吴富体"。指初唐作家富嘉谟、吴少微为代表的文赋风格。《旧唐书·富嘉谟传》:"嘉谟与少微属词,皆以经典为本,时人钦慕之,文体一变,称为'富吴体'。"二人文风古朴高雅,雄迈厚重,对转变初唐浮艳轻靡文风不无贡献。

北京三杰　指唐诗人富嘉谟、吴少微和谷倚。《旧唐书·吴少微传》:"嘉谟与少微在晋阳,魏郡谷倚为太原主簿,皆以文词著名,时人谓之'北京三杰'。"三人曾官晋阳(今山西太原),晋阳为唐高祖李渊起兵之地,时称北京。谷倚,《新唐书·富嘉谟传》误为魏谷倚,《唐诗纪事》误为魏倚谷,皆非。

方外十友　指初盛唐之际,性行闲散放旷又并有诗名的十位文人。《新唐书·陆馀庆传》:"(馀庆)雅善赵贞固、卢藏用、陈子昂、杜审言、宋之问、毕构、郭袭微、司马承祯、释怀一,时号'方外十友'。"

徐涩体　指以初唐徐彦伯为代表的文风。宋计有功《唐诗纪事》云:"彦伯为文,多变易求新,以'凤阁'为'鹓阁'、'龙门'为'虬户'、'金谷'为'铣溪'、'玉山'为'琼岳'、'竹马'为'篆骖'、'月兔'为'魄兔'。进士效之,谓之'徐涩体'。"

珠英学士　指唐诗人李峤、张说、徐彦伯、阎朝隐、沈佺期、徐坚、刘知幾、宋之问等四十七人。武后时曾参与修撰《三教珠英》一千三百卷。后崔融编他们所赋诗二百七十六首为《珠英学士集》,时人因以是称之。

苏李　指唐文章家苏颋、李乂。二人玄宗时俱掌纶诰。玄宗尝言"前有(苏)味道、(李)峤,朕今有颋、乂,皆号'苏李'"(宋计有功《唐诗纪事》)。

燕许大手笔　指唐文学家张说、苏颋。《新唐书·苏颋传》:"自景龙后,与张说以文章显,称望略等,故时号'燕许大手笔'。"说玄宗开元时为尚书左丞相,封燕国公,颋开元时亦为相,袭封许国公,时朝廷制诰多出二人之手。二人笔调雄健典重,擅名一时。

陈张　指唐诗人陈子昂、张九龄。陈为初唐诗歌革新之先驱,张为初、盛唐之际诗风转变之关键人物。明胡应麟曰:"唐初承袭梁隋,陈子昂独开古雅之源,张子寿首创清澹之派。盛唐继起,孟浩然、王维、储光羲、常建、韦应物,本曲江之清澹而益以风神者也;高適、岑参、王昌龄、李颀、孟云卿,本子昂之古雅而加以气骨者也。"(《诗薮》)可见二人诗风对盛唐诗坛均有深刻影响。

吴中四士　指唐诗人包融、贺知章、张旭和张若虚。《新唐书·包佶传》:"(包融)与贺知章、张旭、张若虚有名当时,号'吴中四士'。"又明胡震亨《唐音癸签》以刘昚虚易张若虚,然复称"一云无昚虚,有张若虚"。故当以《新唐书》之说为是。四人皆有诗名,又俱为吴越人氏。

王孟　指唐诗人王维、孟浩然。宋许觊云:"孟浩然、王摩诘诗,自李、杜而下,当为第一。"(《彦周诗话》)清吴汝纶曰:"王孟诗专以自然兴象为佳,而有真气贯注其间,斯其所以为大家也。"(高步瀛《唐宋诗举要》引)南宋刘辰翁编有《王孟诗评》九卷,颇风行。后人于二家高下多有评说,崇抑不一。二家实各有所长,未易轩轾。惟就总体而言,孟诗境界较王诗为狭,题材稍窄。

山水田园诗派　指以盛唐诗人王维、孟浩然为代表、以写作山水田园诗著称的诗歌流派。属于这一诗派的诗人还包括储光羲、裴迪、丘为、祖咏、綦毋潜等。这派诗人多有隐逸生活经历，人生观较接近佛道思想，且往往因遭挫折而趋于消极。其诗作在山水田园的描写中，抒写闲适、退隐的思想感情，较少反映社会现实。诗歌色彩清淡，意境深幽，风格恬静闲逸，精美含蓄。体裁多为五言古体和五言律绝。在继承陶渊明田园诗和谢灵运山水诗传统的基础上，加以发展，达到山水田园诗的高峰。清钟秀称其为"陶之支派"(《观我生斋诗话》)。清吴汝纶谓其"专以自然兴象为佳"(高步瀛《唐宋诗举要》引)。其中王维、孟浩然成就尤高。王诗融诗情、画意、乐感于一体，"高华精警，极声色之宗"(清方东树《昭昧詹言》)。孟诗虽境界稍狭，题材稍窄，然其诗孤清冲澹、自然浑成，亦颇具特色。该诗派与当时边塞诗派交相辉映，同李白、杜甫一道雄踞盛唐诗坛，共同形成后人羡称的"盛唐之音"。中唐韦应物、刘长卿、柳宗元等山水田园诗多受其影响。

饮中八仙　指唐代贺知章、李琎、李適之、崔宗之、苏晋、李白、张旭、焦遂八人。其称因杜甫《饮中八仙歌》而流传。八人虽身分各异，地位不等，然皆嗜酒放旷，豪放不羁，故有此称。又《新唐书·李白传》作"酒中八仙"。

竹溪六逸　指唐诗人李白、孔巢父、韩准、裴政、张叔明、陶沔。《旧唐书·李白传》谓此六人"隐于徂徕山，酣歌纵酒，时号'竹溪六逸'"。李白于开元末客居任城(今山东济宁)，六人相互交游便在此时。

储王　指唐诗人储光羲、王维。二人皆善山水田园诗，诗风也较相近，故称。然清乔亿云："储、王并称，储自不及王。"(《剑溪说诗》)清沈德潜则以为"(储)太祝诗学陶而得其真朴，与王右丞分道扬镳"(《唐诗别裁》)。

王裴　指唐诗人王维、裴迪。清王士禛云："盛唐王、裴辋川唱和，工力悉敌。"(《唐人万首绝句选·凡例》)二人皆善写山水田园诗，风格相近。然裴实不如王。

李杜　指唐诗人李白、杜甫。唐元稹云："时山东人李白，亦以奇文取称，时人谓之'李杜'。"(《元氏长庆集》卷五六《唐故工部员外郎杜君墓系铭》)白居易云："又诗之豪者，世称'李杜'。"(《与元九书》)韩愈云："李杜文章在，光焰万丈长。"(《调张籍》)李诗风飘逸豪放，颇具浪漫色彩，为盛唐精神之体现；杜诗则沉郁顿挫，以写实见长，堪称安史之乱前后之"诗史"。后人或有李杜优劣之争，然二人各具特色，皆为唐代成就最高之诗人，难分轩轾。

卢杜　指唐诗人卢象、杜甫。明胡应麟云："子美又与卢象齐名，刘梦得云'高名如卢杜'是也。"(《诗薮》)

高岑　指唐诗人高適、岑参。唐杜甫诗云："高岑殊缓步，沈鲍得同行。"(《寄彭州高三十五使君適、虢州岑二十七长史参三十韵》)宋严羽云："高、岑之诗悲壮，读之使人感慨。"(《沧浪诗话》)清顾安曰："高、岑性情开朗，故诗皆爽健。"(《唐律消夏录》)二人俱为边塞诗代表人物，多用七古诗描写边地风物、边塞战事，诗风颇相近。至于二人成就高下，或以为高胜岑，或以为岑胜高，实际上二人各具特色，未可轩轾。

边塞诗派　指以盛唐诗人高適、岑参为代表、以写作边塞战争和边地风情为主的诗歌流派。属于这一诗派的诗人还包括李颀、王昌龄、崔颢、王之涣、王翰等。该派诗人多有赴边从军的生活经历，具有奋发进取的人生观，其诗作抒写了投笔请缨的豪情壮志，洋溢着激昂的时代精神，展示了壮阔苍凉的边地风光；对战争态度则不尽一致，有拥护歌颂，也有诅咒谴责。诗风慷慨激越，豪迈雄浑，体裁多为七言歌行或七言绝句。其诗歌上承《诗经》以来，特别是曹植、鲍照边塞诗之传统，并吸收初唐骆宾王、杨炯、陈子昂诗歌之精华，形成了盛唐边塞诗的高峰。其中高適、岑参成就尤为突出。清刘熙载云："高常侍、岑嘉州两家诗，皆可亚匹杜陵。"(《艺概》)高之《燕歌行》堪称盛唐边塞诗之冠。该诗派与当时山水田园诗派交相辉映，同李白、杜甫一道雄踞盛唐诗坛，共同形成后人羡称的"盛唐之音"。

高岑王孟　指唐诗人高適、岑参、王维和孟浩然。明胡应麟云："高岑悲壮为宗，王孟闲澹自得。"(《诗薮》)清叶燮谓："盛唐大家，称高岑王孟。"(《原诗》)高、岑为边塞诗之代表，王、孟为山水田园诗之典范，四人皆盛唐重要诗人，故有是称。

高岑王李　指唐诗人高適、岑参、王维和李颀。明胡应麟《诗薮》："高、岑明净整齐，所乏远韵；王、李精华秀朗，时觉小疵。学者步高、岑之格调，含王、李之风神，更加以工部之雄深变幻，七言能事极矣。”明胡震亨《唐音癸签》亦谓：“盛唐名家称王、孟、高、岑，独七言律祧孟，进李颀，应称王、李、岑、高云。”可见四人合称有一定范围。

萧李　指唐散文家萧颖士、李华。《新唐书·萧颖士传》：萧颖士游从甚广，然“独（李）华与齐名，世号‘萧李’。”二人同为中唐古文运动先驱，文学观点相同，文风古朴劲健。

钱刘　指唐诗人钱起、刘长卿。清阮玉云：“文房与钱郎中齐名，时称‘钱刘’。”（《二刘诗叙》）二人并称，多因其诗步武王维，得清空工致之韵。后人评其高下，多以为钱不如刘。

钱郎　指唐诗人钱起、郎士元。唐高仲武《中兴间气集》：“士林语曰：前有沈宋，后有钱郎。”宋钱易云：“大历来，自丞相已下出使作牧，无钱起、郎士元诗祖送者，时论鄙之。”（《南部新书》）可见其声名之盛。二人皆为“大历才子”中人，多赠送献酬之作，尤擅五言，诗风清丽精工，闲雅纤秀，不脱大历风范。然后人多以为郎不如钱。

钱郎刘李　指唐诗人钱起、郎士元、刘长卿和李嘉祐。唐范摅《云溪友议》：“刘长卿郎中，皆谓前有沈宋王杜，后有钱郎刘李。”钱、郎、李均名列“大历才子”中，诗风相似，刘则稍具苍凉之概。

二皇甫　指唐诗人皇甫冉、皇甫曾兄弟。清贺裳曰：“‘二皇甫’殊胜‘二包’（指包何、包佶），虽取境不远，而神幽韵洁，有凉月疏风、残蝉新雁之致。”（《载酒园诗话又编》）唐独孤及则称二人“丽藻竞爽，盛名相亚，同乎声者，方之景阳（张协）、孟阳（张载）”（《唐故左补阙安定皇甫公集序》）。

鲍谢　指唐诗人鲍防、谢良弼。《新唐书·鲍防传》：“防于诗尤工，有所感发，以讥切世敝，当时称之。与中书舍人谢良弼友善，时号‘鲍谢’。”又明胡震亨《唐音癸签》指谢为谢良辅。

三包　指唐诗人包融、包何、包佶父子。元辛文房《唐才子传》：“（融）工为诗，二子何、佶，纵声雅道，齐名当时，号‘三包’。”

二包　指唐诗人包何、包佶兄弟。《新唐书·艺文志》云：“（融）二子何、佶齐名，世称‘二包’。”元辛文房称“（何）与弟佶俱以诗鸣，时称‘二包’”（《唐才子传》）。二人诗风相近，但弟实在兄之上。

常杨　指唐散文家常衮、杨炎。《旧唐书·杨炎传》：“与常衮并掌纶诰，衮长于除书，炎善为德音。自开元已来，言诏制之美者，时称常杨焉。”二人中，常文章俊拔，杨文藻雄丽，颇为时人推重。

王韦　指唐诗人王维、韦应物。唐司空图《与李生论诗书》云：“王右丞、韦苏州澄澹精致，格在其中。”二人皆为山水田园诗人，诗风清淡蕴藉。

韦杜　指唐诗人韦应物、杜甫。宋赵汝回《瓜庐集序》：“晋宋诗称陶谢，唐称韦杜。当其时，人人皆工诗，诗非不盛也，而四人者独首称，岂非鲧鲭爽口，不若不致之美，郑声悦耳，不若遗音之瑟哉。”韦应物以山水田园诗著称，杜甫则为诗坛泰斗，二人诗歌皆本色天然，故有此称。

大历十才子　指唐大历年间的十位诗人。唐姚合《极玄集》云李端“与卢纶、吉中孚、韩翃、钱起、司空曙、苗发、崔洞（峒）、耿沣、夏侯审唱和，号十才子。”《新唐书·卢纶传》等所载皆同。然宋计有功《唐诗纪事》、清管世铭《读雪山房唐诗钞》等所记有在以上十人之外者，如尚有郎士元、李益、皇甫曾、李嘉祐、吉顼、冷朝阳、刘长卿、皇甫冉等近十人，均不足凭。《四库全书总目》云：“大历以还，诗格初变，开、宝浑厚之气，渐远渐漓。风调相高，稍趋浮响，升降之关，十子实为之职志。”其诗境界狭小，多应景献酬之作，于流连光景、粉饰太平外，亦抒写其仕途失意之情态，间有反映乱离年代现实之作，风格清空疏秀，雅洁洗练，颇具艺术性。擅长近体，五言尤佳。十子盛名一时，对当时及后世诗坛颇有影响。

三杨　指唐文学家杨凭、杨凝、杨凌三兄弟。《新唐书·杨凭传》：“长善文辞，与弟凝、凌皆有名，大历中，踵擢进士第，时号‘三杨’。”

湖州诗会　诗社名。唐代宗大历至德宗贞元间诗人皎然与颜真卿、陆羽、顾况、秦系、灵澈、张志和、萧存、孟郊等数十人创于湖州（今属浙江）。孟郊有诗云：“昔游诗会满，今游诗会空。”（《送陆畅归湖州因凭题故人皎然塔陆羽坟》）即指此诗会。时皎然往来于湖州西山东溪草堂与杼山妙喜寺，灵澈居湖州何山，孟郊亦家居湖州。颜真卿大历中任湖州刺史，多召文士预撰大型类书《韵海镜源》，陆羽、张志和则为其幕客。诸人常集会赋诗，所作多清淡恬雅，且多联句，结集为《吴兴集》，形成浙西联唱诗人群，为中唐诗坛之一大盛会。内中皎然“得诗人之奥旨，传乃祖之菁华，江南词人，莫不楷范”（唐于頔《释皎然杼山集序》），其倡诗教、尚雅正、求新求变之旨直接影响诗会诸人，韩孟诗派继承尤多，为唐诗史上不容忽略之现象。

宋氏五学士 指唐诗人宋若莘、宋若昭、宋若伦、宋若宪、宋若荀五姐妹。《旧唐书·宋若昭传》云：“德宗能诗，与侍臣唱和相属，亦令若莘姊妹应制，每进御无不称善，嘉其节概不群，不以宫妾遇之，呼为学士先生。”五人又合称“五宋”。清余成教《石园诗话》云：五姐妹“皆善属文，号‘五宋’。”五人于德宗贞元四年（788）俱召入宫，号“女学士”，中以若昭文名最高。

山中四友 又称“庐山四友”。指唐诗人杨衡等四人。元辛文房《唐才子传》云：“（杨衡）天宝间避地西来，与符载、李群、李渤同隐庐山，结草堂于五老峰下，号‘山中四友’。”四人之名，众说不一。五代王定保《唐摭言》谓为杨衡、符载、李群等（内一人姓名不详）。宋计有功《唐诗纪事》则有崔群无李群。明胡震亨以杨衡、符载、崔群、宋济为是，称“庐山四友”（《唐音癸签》），《全唐诗》卷四六五所列四人亦同此。据符载自述，当时追随其隐居青城山、庐山，“由是声誉殷然，为江湖闻人”之“二三子”，实乃杨衡、王简言、李元象三人（《全唐文》卷六九〇《荆州与杨衡说旧因送游南越序》）。岑仲勉亦考订为杨、苻（上文“符”讹，当作“苻”）、王、李四人（《跋唐摭言》）。

张王 指唐诗人张籍、王建。宋许顗称：“张籍、王建乐府宫词皆杰出。”（《彦周诗话》）明胡应麟则称二人之乐府诗为张王乐府（见《诗薮》）。清张世炜云：“张王乐府，妙绝一时。”（《唐七律隽》）清管世铭谓：“张王乐府多七言，易于曲折动人也。”（《读雪山房唐诗序例》）二人同为中唐新乐府运动先驱，诗风浅近质朴，对元白新乐府创作有相当影响。

韩孟 指唐诗人韩愈、孟郊。宋梅尧臣《读蟠桃诗寄子美永叔》云：“韩孟于文词，两雄力相当。”二人文学主张相近，诗风也相似，皆好用硬语，追求奇险，并多联句之作，工力相敌。就总体而言，孟稍逊于韩。

孟诗韩笔 指唐文学家孟郊的诗和韩愈的散文。唐赵璘云：“韩文公与孟东野友善。韩公文至高，孟长于五言，时号‘孟诗韩笔’。”（《因话录》）二人以诗文唱和，更相称誉，互为呼应，在中唐文坛有重要影响。

刘白 指唐诗人刘禹锡、白居易。《新唐书·白居易传》：“（居易）又与刘禹锡齐名，号刘白。”白居易《哭刘尚书梦得》：“四海齐名白与刘。”二人唱和，始于宪宗元和三年（808），结集为《刘白唱和集》；二人交谊，则在敬宗宝历二年（826）以后。白诗浅近平易，刘诗精练含蓄，两人诗名相当，故有是称。

九老 指唐诗人白居易等九人。武宗会昌五年（845）三月，白与胡杲、吉皎、郑据、刘真、卢贞、张浑共七人于洛阳履道坊合尚齿之会，各赋诗一首，后僧如满、李元爽亦预会，时人慕而绘为九老图，遂合称其为“九老”。除白以外八人，皆为高年不仕之人。详见白居易《九老图诗序》、《新唐书·白居易传》、宋计有功《唐诗纪事》卷四九。

韦柳 指唐诗人韦应物、柳宗元。宋包恢《答傅当可论诗》云：“唐称韦柳有晋宋高风。”宋苏轼云：“韦应物、柳宗元发纤秾于简古，寄至味于淡泊。”（《书黄子思诗集后》）二人皆长于山水田园诗，诗风淡远。至于二人诗歌高下，或以为柳胜韦，或以为韦胜柳。实则二人各有所长，未可轩轾。

王孟韦柳 指唐诗人王维、孟浩然、韦应物和柳宗元。清林昌彝云：“唐人王、孟、韦、柳，皆陶之一体。”（《射鹰楼诗话》）。四人皆善山水田园诗，诗风清微淡远。胡凤丹《唐四家诗集序》评：“王则以清奇胜，柳则以清俊胜，韦则以清拔胜，孟则以清远胜。”

韩柳 指唐散文家韩愈、柳宗元。唐杜牧诗云：“李杜泛浩浩，韩柳摩苍苍。”（《冬至日寄小侄阿宜诗》）宋穆修云：“至韩柳氏起，然后能大吐古人之文，其言与仁义相华实而不杂。”（《唐柳先生集后序》）二人同为中唐古文运动代表人物，对后代散文发展很有影响。

古文运动 指唐韩愈、柳宗元等人在德宗贞元至宪宗元和年间倡导和推动的古文复兴运动。所谓“古文”，即先秦两汉的散文，其特征为单句散行，质朴自然，不拘格式。自魏晋始，以两两相对为主要特点，讲求声律、用典、词藻之骈文渐趋流行，南北朝时终成文坛主流，至唐代，骈文仍继续盛行。其间西魏苏绰、隋文帝杨坚曾力图革除其弊；唐王勃、陈子昂、萧颖士、李华、元结、独孤及、柳冕、梁肃等也主张复兴古文，然都未能扭转文风。德宗贞元时期，正是唐帝国由逐步衰落再转向中兴之时，适应政治上复兴的需要，以恢复孔孟儒家正统思想为己任的古文复兴活动遂应运而生。贞元十七年(801)，韩愈在《答李翊书》中首次提出古文运动纲领，其后韩柳又提出一系列完整的古文理论，并创作了大批古文作品，其门生后学热烈响应，竞相仿效，恢复了古文在文坛上的主导地位。其古文理论强调文道合一，文以明道。"学古道则欲兼通其辞，通其辞者，本志乎古道者也"(韩愈《题欧阳生哀辞后》)。并主张"养气"，以提高作者的道德修养。"气盛则言之短长与声之高下者皆宜"(韩愈《答李翊书》)。反对模仿因袭，力主创新求新，"惟陈言之务去"(韩愈《答李翊书》)，但又须平易畅达，"文从字顺各识职"(韩愈《南阳樊绍述墓志铭》)。韩柳以后，李翱、皇甫湜、李汉等人继续推进古文运动发展。至唐末皮日休、陆龟蒙、罗隐等人创作亦承袭古文运动余风。古文运动荡涤风靡数百年之绮丽文风，开创了以唐宋八大家为代表的古文传统，直接启示了北宋诗文革新运动，对后代散文发展影响深远。

李杜韩柳　指唐诗人李白、杜甫和散文家韩愈、柳宗元。唐杜牧诗云："李杜泛浩浩，韩柳摩苍苍。"(《冬至日寄小侄阿宜诗》)宋陈善谓："唐世诗称'李杜'，文章称'韩柳'。"(《扪虱新话》)明李维桢称："六代诗文纤靡俳偶，风流结习四百余年，李杜韩柳归于大雅，成一家言。……诗去纤靡，文去排偶，拨乱反正之功，与开物成务者相似。"(《汲古堂集序》)李杜诗扫除南朝旧习，高奏盛唐之音，为唐诗最杰出代表；韩柳荡涤骈偶积弊，倡导中唐古文运动，其文为唐文之典范，皆影响深远，足为后代取法。

刘柳　指唐诗人刘禹锡、柳宗元。唐韩愈诗云："同官尽才俊，偏善柳与刘。"(《赴江陵途中寄赠王二十补阙李十一拾遗李二十六员外翰林三学士》)宋吴可称："刘禹锡、柳子厚小诗极妙。"(《藏海诗话》)明陆时雍谓"刘梦得七言绝，柳子厚五言古，俱深于哀怨"(《诗镜总论》)。二人政见相同，遭遇相似，交谊深厚，诗风也有相近一面，故有此称。

元白　指唐诗人元稹、白居易。白居易自称："江南士女，语才子者，多云'元白'。"(《刘白唱和集解》)《新唐书・白居易传》："(白)初与元稹酬咏，故号'元白'。"宋严羽至称二人诗体为"元白体"(《沧浪诗话》)。二人为好友，文学观点相近，同为新乐府运动倡导者，皆擅歌行、排律，诗风平易浅切，通俗流丽，于中唐诗坛影响甚大，但后世褒贬不一。唐杜牧斥之为"淫言媟语"、"纤艳不逞"(《樊川文集》卷九《唐故平卢军节度巡官陇西李府君墓志铭》)。二人相比，后人多以为元不如白。

新乐府运动　指唐白居易、元稹等人在德宗贞元至宪宗元和年间倡导和推动的以创作新乐府为中心的诗歌革新运动。所谓新乐府，即指唐人自立新题而作的乐府诗。明胡震亨云："新题者，古乐府所无，唐人新制为乐府题者也。"(《唐音癸签》)初唐若干诗人及盛唐杜甫已自创新题，以乐府诗体讽喻时事。稍后元结、韦应物、戴叔伦、顾况等皆有续作，他们成为新乐府运动的先驱人物。中唐李绅首作《新题乐府》二十首(今佚)，元稹和之，白居易又续之作《新乐府》五十首、《秦中吟》十首，正式标举"新乐府"名称。其时张籍、王建等亦致力于新乐府创作，遂形成较有声势的新乐府运动。新乐府诗歌广泛反映社会生活，深刻揭示尖锐的社会矛盾，针砭现实，指斥时弊。艺术风格平易通俗，真切明畅。白居易《与元九书》、《新乐府序》等篇集中体现了新乐府运动的理论宗旨，强调"文章合为时而著，歌诗合为事而作"，诗歌应"救济人病，裨补时阙"，反对"嘲风雪，弄花草"(《与元九书》)；写作方法上则主张"首句标其目，卒章显其志"、"其辞质而径"、"其言直而切"、"其事核而实"、"其体顺而肆"(《新乐府序》)，对一味追求"宫律高"、"文字奇"(《寄唐生》)的倾向表示不满，但亦不免有过于讦直浅露之病。这一运动因触犯当政，招致嫉恨，在元和十年(815)白居易贬江州后即趋衰落。但其影响深远，晚唐皮日休、聂夷中，宋代王禹偁、梅尧臣、陆游及晚清黄遵宪等皆浸染其余风。

元白张王　指唐诗人元稹、白居易、张籍和王建。四人皆为中唐新乐府运动重要成员，乃因其乐府诗而并称。清何世璂《然灯纪闻》述清王士禛语曰："元、白、张、王诸作，不袭前人乐府之貌，而能得其神者，乃真乐府也。"考其诗，元、白较平易，张、王则较凝练。

刘元白　指唐诗人刘禹锡、元稹和白居易。题白居易《金针诗格》云："居易元和中有诗友数十人，更相唱酬，独得诗之深者，刘梦得、元微之，时人多以元、刘为先，号曰'刘元白'。"三人皆参与中唐诗风之开拓。清毛奇龄《西河诗话》："若白居易与刘禹锡齐名，又与元稹齐名……盖其时丁开、宝全盛之后，贞元诸君皆怯于旧法，思降为通侻之习，而乐天创之，微之、梦得并起而效之。"三人中，刘诗爽朗，元、白诗平易，俱对后代有重要影响。

郊岛 指唐诗人孟郊、贾岛。宋欧阳修云："孟郊、贾岛之徒，又得其悲愁郁堙之气。"(《书梅圣俞稿后》)苏轼有"郊寒岛瘦"之说(《祭柳子玉文》)。宋严羽《沧浪诗话》亦云："下视郊、岛辈，直虫吟草间耳。"二人为诗皆好苦吟，造语刻炼，境界狭窄，风味愁苦凄清。然二人相比，"岛非郊匹"(清潘德舆《养一斋诗话》)。

姚贾 指唐诗人姚合、贾岛。元辛文房《唐才子传》："(姚合)与贾岛同时，号姚贾。"二人为诗友，作诗皆喜写荒僻之景，抒愁苦之情，又俱好苦吟锻炼，同擅五律。后世效者甚众，南宋"四灵"、江湖派尤推崇取法之。

三俊 指唐文学家李绅、李德裕和元稹。《旧唐书·李绅传》："穆宗召为翰林学士，与李德裕、元稹同在禁署，时称'三俊'，情意相善。"三人皆工诗能文，善作制词。

二李 指唐诗人李益、李贺。《旧唐书·李益传》："(李益)长为歌诗。贞元末，与宗人李贺齐名。"明王世贞云："又李益与贺齐名，每一篇出，辄以重赂购之入乐府，称为'二李'。"(《艺苑卮言》)二人诗风有异，并称当主要就其乐府歌诗创作及当时在文坛声誉而言。

小李杜 指唐诗人李商隐、杜牧。明胡应麟云："李商隐、杜牧之齐名晚季，咸称'李杜'。"(《诗薮》)后人为别于盛唐之李杜，遂称为"小李杜"。清薛雪《一瓢诗话》有"小李杜尚欠主张，况他人乎"之语。二人于晚唐诗坛声名最盛，然诗风各异，清刘熙载云："杜樊川诗雄姿英发，李樊南诗深情绵邈。"(《艺概》)

温李 指唐诗人温庭筠、李商隐。《新唐书·温庭筠传》："(庭筠)工为辞章，与李商隐皆有名，号'温李'。"宋刘克庄谓："温庭筠与商隐同时齐名，时号'温李'。"(《后村诗话》)二人皆擅骈文，同为晚唐绮艳诗风之代表，于宋西昆体诗人及婉约词人影响甚大。二人相较，李诗实胜于温。

三十六体 指唐文学家李商隐、温庭筠、段成式的骈体文风。《新唐书·李商隐传》："商隐初为文，瑰迈奇古，及在令狐楚府，楚本工章奏，因授其学。商隐俪偶长短，而繁缛过之。时温庭筠、段成式俱用是相夸，号'三十六体'。"三人皆长于四六，工于骈俪偶对，又俱排行十六，故有是称。三人中，李商隐成就最高。

郑五歇后体 指唐诗人郑綮的诗风。《旧唐书·郑綮传》："綮善为诗，多侮剧刺时，故落格调，时号郑五歇后体。"綮排行五，作诗好用歇后句，故有此称。

皮陆 指唐文学家皮日休、陆龟蒙。宋严羽云："古人酬唱不次韵，此风始盛于元白、皮陆。"(《沧浪诗话》)明胡震亨云："皮、陆以萍合唱和吴中，因而齐称。"(《唐音癸签》)二人相互唱和诗，后合编为《松陵集》。二人又有学元、白新乐府反映时事之作，诗风平易畅达。二人又皆擅小品文，颇多忧时愤世之言，为"一塌胡涂的泥塘里的光彩和锋铓"(鲁迅《小品文的危机》)。

温韦 指唐词人温庭筠和五代前蜀词人韦庄。明王世贞云："温、韦艳而促。"(《弇州山人词评》)清周济云："词有高下之别，飞卿下语镇纸，端己揭响入云，可谓极两者之能事。"(《介存斋论词杂著》)近代王国维云："温飞卿之词，句秀也；韦端己之词，骨秀也。"(《人间词话》)近代蔡祯云："花间以温、韦二派为主，余各家为从。温派秾艳，韦派清丽。"(《柯亭词论》)

三罗 指唐诗人罗隐、罗虬和罗邺。五代王定保云："罗虬辞藻富赡，与宗人隐、邺齐名，咸通乾符中，时号'三罗'。"(《唐摭言》)三人中以罗隐成就为最。元辛文房评曰："隐雄丽而坦率，邺清致而联绵，虬则区区而已。"(《唐才子传》)

香奁体 又名"艳体"。指以唐诗人韩偓《香奁集》为代表的诗风。宋严羽《沧浪诗话》列有"香奁体"，并释曰："韩偓之诗，皆裾裙脂粉之语，有《香奁集》。"元方回评曰："香奁之作，词工格卑。"(《瀛奎律髓》)其源于六朝宫体，韩偓《香奁集序》称："遐思宫体，未敢称庾信工文；却诮《玉台》，何必倩徐陵作序？粗得捧心之态，幸无折齿之惭。柳巷青楼，未尝糠秕；金闺绣户，始预风流。咀五色之灵芝，香生九窍；咽三危之瑞露，春动七情。"然《香奁集》中所写则不限于皇宫内廷，多写文人士夫之恋情、狎邪生活，风格纤巧绮丽。后遂称此种类型作品为"香奁体"。

韩门弟子 指唐文学家韩愈的门人弟子。《新唐书·韩愈传》："成就后进士往往知名，经愈指授，皆称'韩门弟子'……至其徒李翱、李汉、皇甫湜从而效之，遽不及远甚。从愈游者若孟郊、张籍，亦皆自名于时。"据《旧唐书·韩愈传》、明胡震亨《唐音癸签》、清翁方纲《石洲诗话》等载，尚有蒋系、贾岛、李贺、卢仝等名列其中。韩门弟子或以诗称，或以文显，为诗多袭韩愈险僻奇怪之风，为文多尚古辞，对中晚唐文坛影响甚巨。

韩门诗派　指以唐诗人韩愈的门人弟子为代表的诗歌流派。成员有张籍、孟郊、李贺、贾岛、卢仝、朱庆馀、项斯、姚合、李洞、方干、任蕃、陈标、章孝标等。诸人风格不一。张籍等人接受韩愈"文从字顺"一面主张，诗风平易凝练。贾岛、姚合等人承袭、发展韩愈"陈言之务去"的一面，为诗翻新斗巧，求异求变，开险僻寒涩一路诗风。李贺则新奇瑰丽而不流于僻涩，多有创格。明杨慎《升庵诗话》、清余成教《石园诗话》则以张籍、贾岛为首分两派。从李贺开晚唐李商隐、杜牧之先河，南宋永嘉四灵奉贾岛、姚合为楷模，可见"韩门诗派之众且远"（明胡震亨《唐音癸签》）。

晚唐二派　指晚唐时期宗张籍和宗贾岛（主要是五律诗）的两个诗派。明杨慎曰："晚唐之诗分为二派：一派学张籍，则朱庆馀、陈标、任蕃、章孝标、司空图、项斯其人也；一派学贾岛，则李洞、姚合、方干、喻凫、周贺、'九僧'其人也。其间虽多，不越此二派。"（《升庵诗话》）这批诗人中，姚合、方干、任蕃、项斯、喻凫、朱庆馀等皆被唐张为列为"清奇雅正主"所属成员（《诗人主客图》）。清李怀民称张籍一派特点为"天然明丽，不事雕镂，而气味近道，学之可以除躁妄，祛矫饰，出入风雅"，贾岛一派特点为"力求险奥，不吝心思，而气骨凌霄，学之可以屏浮靡，却熟俗，振兴顽懦"（《中晚唐诗主客图序》）。两派诗虽各有异，然皆绍袭韩愈，在求新求变、去俗去熟之旨上并无二致。故明胡震亨将其归结为"韩门诗派之众且远"（《唐音癸签》）。

芳林十哲　指唐懿宗咸通年间秦韬玉等十位诗人。五代王定保云："咸通中自云翔辈凡十人，今所记者八，皆交通中贵，号芳林十哲。芳林，门名，由此入内故也。"（《唐摭言》）所记八人为秦韬玉、沈云翔、林绚、郑玘、刘业、唐珣、吴商叟、郭薰。所遗二人，其一当为罗虬。宋王谠云："初，进士有十哲之号，皆通连中官，郭纁（薰）、罗虬皆其徒也。"（《唐语林》）另元辛文房《唐才子传》又以郑谷、许棠、任涛、张蠙、李栖远、张乔、喻坦之、周繇、温宪、李昌符十人为"芳林十哲"，这十人均在明胡震亨《唐音癸签》所谓"咸通十哲"数内，辛氏当系误植。

咸通十哲　指唐诗人张乔、许棠等十二人。五代王定保《唐摭言》云："咸通末，京兆府解，李建州时为京兆参军主试，同时有许棠与（张）乔，及俞（喻）坦之、剧燕、任涛、吴罕、张蠙、周繇、郑谷、李栖远、温宪、李昌符，谓之'十哲'。"明胡震亨《唐音癸签》遂称之为"咸通十哲"。其他各本所载人名略有出入。元辛文房《唐才子传》"郑谷"条下，缺剧燕、吴罕；"张乔"条下，无温宪、李昌符。十二人皆有诗名，然诗作多无特色。清翁方纲云："咸通十哲，概乏风骨。"（《石洲诗话》）

九华四俊　指唐诗人张乔、许棠、周繇和五代前蜀诗人张蠙。清徐松《登科记考》卷二三引《永乐大典》云："《池州府志》：（张）乔及许棠、张蠙、周繇皆华人，时号'九华四俊'。"

覆窠体　指五代楚诗人伊用昌的诗风。"覆窠"，为唐时江南方言，意为轻薄之词。伊《题茶陵县门》诗，为此体之代表。明杨慎《升庵诗话》录引此诗（题为《题茶陵县诗》），以"覆窠体"称之，且释曰："犹今云打油。"

花间词派　指以唐词人温庭筠、五代前蜀词人韦庄为代表，以写男女相思离别为主要特征的词派，温韦外尚有薛昭蕴、牛峤、张泌、毛文锡、牛希济、欧阳炯、和凝、顾敻、孙光宪、魏承班、鹿虔扆、阎选、尹鹗、毛熙震、李珣等，后蜀赵崇祚将十八人词编为《花间集》，故名。温词秾艳华美，韦词疏淡明丽，代表该派的两种风格，其他人的词作多蹈袭温韦余风。清李调元云："花间最为古艳。"（《雨村词话》）近代蔡祯云："花间以温、韦二派为主，余各家为从。温派秾艳，韦派清丽。"（《柯亭词论》）

南唐二主　指五代南唐中主李璟、后主李煜父子。明胡应麟云："南唐中主、后主皆有文。"（《诗薮》）明王世贞云："花间犹伤促碎，至南唐李氏父子而妙矣。"（《艺苑卮言》）清田同之引王士禛语："语其（指词）正，则南唐二主为之祖。"（《西圃词说》）二主词风相近，后人合刻二主词为《南唐二主词》。

总　集

唐文粹　诗文总集。宋姚铉编。一百卷。收诗九百六十余首，文、赋一千一百余篇。按体裁分为二十余体，每体又分若干类。此书从《文苑英华》中选录诗文十分之一，所收亦多有不见于《文苑英华》者。去取谨严，鉴裁精审。其所录者，皆为"唐贤文章之英粹者"（《自序》）。《四库全书简明目录》称其“实为总集之善本”，对后世选家影响甚大。其选录标准“止以古雅为命，不以雕篆为工。故侈言曼辞，率皆不取”。只收古文、古体诗，不录律赋、近体诗和骈文，与宋初穆修、柳开等以古文写作相呼应，实开欧阳修、梅尧臣所倡诗文革新运动之先河。但一味排斥近体，亦有矫枉过正之弊。有明嘉靖刻本，清江苏书局本。《四部丛刊》影明本较通行。

翰林学士集 诗总集。编者不详。残存一卷。录唐贞观年间唐太宗、许敬宗等十八人（其中二首诗作者佚名）的宴饮唱和诗（多数为应制诗）五十一首并诗序一篇。按此书久佚，历代书目文献均无记载，仅唐写卷子残本流传日本，藏尾张国真福寺。清末陈矩奉使日本，购得诗卷的传抄本，携回刊布，方得见于国内。考翰林学士始置于开元年间，唐初人不得有此称谓，书名当系后人添加。又集中所录各题均有许敬宗诗或诗序，故亦有人推断书为许敬宗编，甚或认为系许氏别集，附录诸唱和人诗，概莫能定。但此书仍有较高的资料价值，不仅其中郑元琇、张后胤、陆搢、高士廉、郑仁轨、刘子翼六位诗人及三十八首诗作未见于《全唐诗》，其余可供文字校勘、史实考订乃至文学风尚佐证的材料尚多，足资参考。有清光绪十九年（1893）贵阳陈氏影刻本，辑入其所编《灵峰草堂丛书》。

珠英学士集 又名《珠英集》。诗总集。唐崔融编。原五卷，录唐武后时预修《三教珠英》的李峤、沈佺期、宋之问、张说等四十七位学士的诗二百七十六首。按武后圣历中，诏令麟台监张昌宗监修《三教珠英》，大足元年（701）书成奏上，崔融乃编集预修者所赋诗篇，各题爵里，以官班为次，纂合成书，并为之序。原编于宋以后已散佚，仅敦煌写本残卷二种分别藏法国巴黎图书馆和英国大不列颠博物馆（北京图书馆藏有胶卷），合计存诗四十九首。王重民从中整理出《全唐诗》未录的诗篇二十七首，辑入其所编《敦煌诗录》，1938 年刊行。

搜玉小集 诗总集。唐佚名编。一卷。按《新唐书·艺文志》录有《搜玉集》十卷，无“小集”名，《直斋书录解题》始作《搜玉小集》一卷，两者有无渊源关系，尚难考定。又旧目云“自崔湜至崔融三十七人诗六十一首”，今本为三十四人诗六十一首，实有三人诗混入他人名下。所收诗人以魏徵年代最早，多数为武后时人，亦有一部分人延及玄宗开元前期及中期。载诗各体均有，而以五律和七言歌行居多。编排上大致以应制、戎旅、吊古等类别为次第，但未标明，有人物重出、众体混杂之弊。有明毛氏汲古阁刻本，1958 年中华书局上海编辑所《唐人选唐诗十种》据以印行。另清康熙间王士禛有《搜玉集选》一卷，辑入其所编《十种唐诗选》。

国秀集 诗总集。唐芮挺章编。三卷。楼颖序称此书选录范围自唐开元以迄天宝三载（744），计九十家诗二百二十首，但今本实为八十五家诗二百一十八首，其中李峤、杜审言、宋之问、沈佺期四人的诗作均在玄宗开元以前。序文还引证陆机“诗缘情而绮靡”的说法，以“风流婉丽”、“可被管弦”相标榜，选诗亦以五律（包括五排）和五七言绝句为多，“所录率皆精美”（《四库全书简明目录》）。但未能倡扬“风骨”，较之同时期出现的殷璠《河岳英灵集》，似尚不足以体现典型的盛唐气象，故北宋曾彦和以为“此书编选，非璠之比”（《国秀集跋》）。有明初刻本，《四部丛刊》曾加影印，1958 年中华书局上海编辑所《唐人选唐诗十种》亦据以印行。另清康熙间王士禛有《国秀集选》一卷，辑入其所编《十种唐诗选》。

河岳英灵集 诗总集。唐殷璠编。原编二卷，宋以后析作三卷。选录玄宗开元二年（714）至天宝十二载（753）期间常建、李白、王维等盛唐二十四家诗二百三十四首（今存二百三十首），以所选诗人皆河岳之英灵，故名。书前有序、论各一篇，致不满于南朝诗歌的“理则不足，言常有余，都无兴象，但贵轻艳”，标举“风骨”与“声律”兼备的盛唐诗风。卷内各诗人名下均附评语，概括其风格特点，并列举名句名篇；评语中对词秀、调雅、语奇、体峻各有赏鉴，尤重在“风骨”与“兴象”的发扬。选诗五古居多，亦足以反映时代风气。由于选、评精当，本书在唐人选唐诗的诸种本子里最受重视，被誉为“优劣升黜，咸当其分”（孙光宪《白莲集序》）。其所开创的选评相结合之体例，亦为后世沿用不衰。至于书中未录杜甫诗，或因杜诗当时尚未广为流传，不足以为诟病。现存最早版本有宋刻二卷本，比较接近原貌。三卷本中较为通行者，有明毛晋汲古阁刻本及其子毛扆的翻校本；另有《四部丛刊》影印涵芬楼藏明翻宋刻本，1958 年中华书局上海编辑所《唐人选唐诗十种》据以印行。清康熙间王士禛有《河岳英灵集选》一卷，辑入其所编《十种唐诗选》。李珍华、傅璇琮撰有《河岳英灵集研究》，1992 年中华书局出版。

丹阳集 诗总集。唐殷璠编。一卷。录唐武后末至玄宗开元年间润州(汉丹阳郡,治今江苏镇江)籍诗人包融、储光羲、丁仙芝、蔡隐丘、蔡希周、蔡希寂、张彦雄、张潮、张晕、周瑀、谈戭、殷遥、樊光、沈如筠、孙处玄、徐延寿、马挺、申堂构等十八家诗,为一部地域作家文集。序称"建安末气骨弥高,太康中体调尤峻,元嘉筋骨仍在,永明规矩已失,梁陈周隋,厥道全丧",论诗宗趣同《河岳英灵集》。所选诗人各附评语,亦与《河岳英灵集》体例相仿。原书已佚,仅十六位诗人的评语和序文一段辑存于宋人所编《吟窗杂录》中。清末镇江人宗廷辅曾重辑《丹阳集》,刊入《宗月锄先生遗著》,但非复原帙。卞孝萱有《殷璠〈丹阳集〉辑校》,载《唐代文史论丛》;陈尚君有《殷璠〈丹阳集〉辑考》,载《唐代文学论丛》总第八辑。

箧中集 诗总集。唐元结编。一卷。录盛唐沈千运、王季友、于逖、孟云卿、张彪、赵微明、元季川七家诗二十四首。编者自称书成于肃宗乾元三年(760),均取自"箧中所有",故名。序文批评当时"拘限声病,喜尚形似,且以流易为词,不知丧于雅正"的诗风,故所选皆为五言古体,内容多表现个人坎坷失意与生离死别之感,风格质直古雅。《四库全书总目》谓"其诗皆淳古淡泊,绝去雕饰",明毛晋亦云"磊砢一派,实中世所难"(《汲古阁书跋》),但明许学夷却认为此书"于唐律一无足采,而唯古声是取耳,岂识通变之道者哉?若曰唐人古律混淆,而录千运等古声以为法,庶几近之"(《诗源辩体》)。有《随庵徐氏丛书》影宋刻本,1958年中华书局上海编辑所《唐人选唐诗十种》据以印行。另清康熙间王士禛有《箧中集选》一卷,辑入其所编《十种唐诗选》。

中兴间气集 诗总集。唐高仲武编。二卷。录唐肃宗至德元载(756)以迄代宗大历末年(779)间二十六家诗一百三十余首,以肃宗、代宗朝当安史乱后唐室"中兴"之际,故名。编选范围在时间上大体与殷璠《河岳英灵集》衔接,体例也略仿殷编,每位诗人名下皆附评语。但选诗以五律居多,五古次之,体现序文所标"体状风雅,理致清新"的旨趣,评语中亦常用清雅、婉丽、绮靡、巧用文字等赞语。对钱起、郎士元两家最为推重,分别置于上下卷之首,可见是一部以反映钱、郎为代表的大历诗风主要趋向的选本。后人从宗尚盛唐的观念出发,每每对其有所贬抑,至谓其"议论凡鄙"、"品评多妄"(宋陆游《跋中兴间气集》),但亦有称许其"持论颇矜慎"、"大抵精确"者(《四库全书总目·中兴间气集提要》),而以明胡震亨《唐音癸签》所云"殷璠酷以声病为拘,独取风骨;高渤海……似又专主韵调",较为得当。有明翻宋刻本,《四部丛刊》曾加影印,附校记一卷,1958年中华书局上海编辑所《唐人选唐诗十种》又据以印行。清康熙间王士禛有《中兴间气集选》一卷,辑入其所编《十种唐诗选》。

御览诗 又名《元和御览》、《选进集》、《唐新诗》。诗总集。唐令狐楚编。一卷。选录唐大历至元和年间三十家诗三百一十首(今存二百八十余首),约编于元和十二年(817)前,因系奉敕编纂进呈,故名。所选诗均为律、绝近体,尤多妍艳短章,当为迎合唐宪宗口味,亦可见当时好尚。明胡震亨以为"取资宸瞩,非允艺裁"(《唐音癸签》),《四库全书总目》则谓其"大致雍容谐雅,不失风格"。有明毛氏汲古阁刻本,1958年中华书局上海编辑所《唐人选唐诗十种》据以印行。清康熙间王士禛有《御览诗选》一卷,辑入其所编《十种唐诗选》。

极玄集 诗总集。唐姚合编。原编一卷,南宋后析作二卷。录唐王维、祖咏及大历以下共二十一家诗一百首(今本实为九十九首),序称"此皆诗家射雕手也,合于众集中更选其极玄者"。所选多五律,尤以钱起、郎士元、耿沣、司空曙、皇甫冉数家居数量之首,显然偏于大历才子清隽一路诗风,故明胡震亨谓其"颇与高(仲武)合,大指并较殷(璠)殊"(《唐音癸签》)。但所录作品皆精当,唐韦庄称其"已尽精微"(《又玄集序》),《四库全书总目》亦言其"特有鉴裁"。二卷本诗人名下附小传,南宋以后人所加,各各标明其字、里贯、登科年及简要仕历,有为他书失载及互异者,所谓"总集之兼具小传,实自此始,亦足以资考证也"(《四库全书总目》)。今传一卷本,有明毛氏汲古阁影宋抄本,较接近原貌。汲古阁刻本及嘉靖、万历间多种明刻本皆作二卷,1958年中华书局上海编辑所《唐人选唐诗十种》据汲古阁刻本印行。另明邵重生有《极玄集参》二卷,万历刻本;清康熙间王士禛有《极玄集选》一卷,辑入其所编《十种唐诗选》。

又玄集 诗总集。五代前蜀韦庄编。三卷。录唐诗人一百四十六家诗二百九十九首(序称一百五十家诗三百首),自云姚合《极玄集》传于当代,"今更采其玄者"。选录范围较广,起自初唐宋之问,包括盛唐诸名家,而以中晚唐人居多,还收有相当数量的释子及妇女诗作,成为现存最早的通选有唐一代诗的本子。其他唐人选唐诗的集子多不录杜甫诗，而本书选杜诗七首，为全集之冠。所录各体皆有，尤其是采入一些长篇古诗如任华《杂言寄李白》、元稹《连昌宫词》等，亦为其他唐代选本罕见。宋计有功撰《唐诗纪事》，于此取材甚多。原书国内久佚，夏承焘从日本获得享和三年(1803)江户昌平坂学问所官板本的摄影件，1958年古典文学出版社据以影印，并收入中华书局上海编辑所刊《唐人选唐诗十种》。另清康熙间王士禛《十种唐诗选》中辑入《又玄集选》一卷，所据实为赝本，夏承焘《又玄集后记》中有辨正。

才调集 诗总集。五代后蜀韦縠编。十卷。录唐诸家诗一千首，为现存唐人选唐诗本子中规模最大者。入选诗人起自初唐沈佺期，迄于唐末五代罗隐、郑谷、韦庄等，而以晚唐为多。其中韦庄录诗最多，温庭筠、元稹、李商隐、杜牧次之，李白、白居易、曹唐、许浑又次之，而未录杜甫、韩愈诗，这大概与序文中标榜的"韵高而桂魄争光，词丽而春色斗美"的旨趣有关。《四库全书总目》认为"縠生于五代文敝之际，故所选取法晚唐，以秾丽宏敞为宗，救粗疏浅弱之习"，有一定道理。其编次颇紊乱，名家名篇多有缺漏，其中误收、误植、重见、讹脱的现象亦多，诚如后人讥云"每一百首为一卷，随手编成，无伦次"者(明胡震亨《唐音癸签》)。然搜罗既广，常有诸家别集遗佚之作或文句互异者，可供辑佚校勘之用。有南宋陈氏书籍铺刻本(部分配抄本)和多种明清刻本，《四部丛刊》据述古堂影宋抄本影印，并辑入1958年中华书局上海编辑所刊《唐人选唐诗十种》。清初冯舒、冯班曾加评点，有《二冯评点才调集》十卷行世；后纪昀再加批点，成《删正二冯评阅才调集》二卷，收入纪氏《镜烟堂十种》。康熙间王士禛又有《才调集选》三卷，辑入其所编《十种唐诗选》。为之作注的，有清吴兆宜《才调集笺注》十卷，清抄本；另殷元勋、宋邦绥《才调集补注》十卷，有乾隆刻本和光绪重刻本。

唐百家诗选 又名《王荆公唐百家诗选》。诗总集。宋王安石编。二十卷。录唐一百零四家诗一千二百余首，按时代先后编次。前有王氏自序云："余与宋次道同为三司判官时，次道出其家藏唐诗百余编，诿余择其精者，次道因名曰《百家诗选》。"所录以中晚唐人居多。其选王建九十二首、皇甫冉八十五首、岑参八十一首、高適七十一首、韩偓五十九首，而李白、杜甫、王维、刘长卿、韦应物、刘禹锡、韩愈、柳宗元、白居易、元稹、杜牧、李商隐诸大家、名家皆不在录，名篇也多有脱漏，故后人有谓其"去取大谬"(清王士禛《渔洋诗话》)、"杂出不伦"(清沈德潜《说诗晬语》)。宋赵彦卫《云麓漫钞》则以为王氏选诗所据底本，多系唐代举子行卷之作，其脍炙人口者或不见收。宋严羽《沧浪诗话》更指出其书前面部分取自《河岳英灵集》和《中兴间气集》，读之尽佳，大历以后取去方不惬人意。《四库全书简明目录》认为"此书不合人意，在应有不尽有；至其所取，亦未为冗滥"，可谓持平之论。有宋刻残本存世，另清康熙四十三年(1704)宋荦、丘迥刻本，《四库全书》曾予著录，1928年上海商务印书馆亦加刊行。

万首唐人绝句 又名《唐人绝句诗集》。诗总集。宋洪迈编。原编一百卷，计七绝七十五卷、五绝二十五卷，每卷诗百首，共万首；末附六言绝句一卷，仅三十七首。按此书原为教习儿童所编，后因得孝宗嘉许，遂续至百卷，成为唐人绝句总汇。由于旋录旋奏，未能严格按时代顺序编列，误收与重出诗篇亦复不少。明万历间赵宧光、黄习远曾加以系统整理，删去谬且复者二百一十九首，补入脱漏者一百零一人、诗六百五十九首，总得一万零四百七十首，按诗人世次排列，编为四十卷，有唐一代绝句因而大备。今传洪迈原编本有明嘉靖十九年(1540)陈敬学德星堂刻本，1955年文学古籍刊行社据以影印；又《四库全书》所收亦为洪氏本，仅九十一卷，有残缺。赵、黄订补本则有明万历三十五年(1607)吴郡赵氏小宛堂刻本，1983年书目文献出版社曾加校点印行。另清王士禛有《唐人万首绝句选》七卷，录诗近九百首，康熙四十七年(1708)刻本，又同治、光绪重刻本，1931年上海涵芬楼亦加印行。霍松林主编《万首唐人绝句校注集评》，1992年山西人民出版社出版。又武秀珍、阎莉编有《万首唐人绝句索引》，1984年书目文献出版社出版。

唐僧弘秀集 诗总集。宋李龏编。十卷。选录唐释子"名弘才秀"者五十一家(序称五十二家)诗五百首，按人编次。其中选皎然诗七十首、贯休六十一首、齐己六十首，余各有等差，大体反映唐僧诗歌创作成就。按唐代僧人有专集者不过数家，其余散见诸书，此编裒而集之，于保存资料甚有价值。《四库全书总目》虽批评它"时有不检"，而亦承认其"采摭颇富"，"收拾散亡，要亦不能谓之无功"。有南宋宝祐六年(1258)陈氏书籍铺刻本藏台湾"中央图书馆"，另明万历沈春泽刻本和清初毛氏汲古阁刻本，

《四库全书》亦加采录。

众妙集　诗总集。宋赵师秀编。一卷。录初唐沈佺期至五代王贞白七十六家律诗二百二十八首，其中五律多达一百八十首，余为七律和五排。入选诗人中，中晚唐人居多，尤以刘长卿收诗数量占首位，周贺、李嘉祐、皇甫冉次之，钱起、王维、崔涂、方干诸人又次之，而李、杜、韩、柳、元、白诸大家皆不在录。《四库全书总目》谓其"有近体而无古体，多五言而少七言，确为'四灵'门径"，但又说"是集乃以风度流丽为宗，多近中唐之格"。有明影宋抄本藏北京图书馆，另明末毛氏汲古阁刻本，《四库全书》曾加采录，《丛书集成初编》则据《诗词杂俎》本影印。

分门纂类唐歌诗　诗总集。宋赵孟奎编。原书一百卷。录唐一千三百五十三家诗四万零七百九十一首，按类分编，计天地山川类三十二卷、朝会宫阙类八卷、经史诗集类三卷、城郭园庐类二十卷、仙释观寺类十二卷、服食器用类十一卷、兵师边塞类二卷、草木虫鱼类十二卷，共八大类，每类下面再分小类，是一部规模宏大的唐诗总汇。惜年久散佚，现仅存十一卷，为天地山川类五卷和草木虫鱼类六卷，但仍可藉以推断全书体例。此种分门纂类的编排方法在宋代甚为盛行，影响及于明张之象《唐诗类苑》、顾应祥《唐诗类钞》等。有宋刻残本和数种明清抄本，1935 年上海商务印书馆据绛云楼藏本影印。

笺注唐贤三体诗法　又名《唐三体诗》、《三体唐诗》、《碛砂唐诗》。诗总集。宋周弼编，元释圆至注。二十卷。录唐人七绝、七律、五律三体共五百二十四首，分体编排。每体中再按诗歌法式立格，绝句有实接、虚接、用事、前对、后对、拗体、侧体七格，七律有四实、四虚、前虚后实、前实后虚、结句、咏物六格，五律有四实、四虚、前虚后实、前实后虚、一意、起句、结句七格，总二十格，每格一卷。各卷开首均有周弼对本格诗法的说明，多属起结呼应、造句联章之类，下选诗以证实之，亦多取中晚唐人诗。释圆至注附诗间，有题注、夹注、尾注三种形式，夹注释字义出处，尾注多释意，但常有牵强附会处，故《四库全书总目》讥其"疏陋殊甚"。按前人对此书评价不一，誉之者以为"不为无补后学"(宋范晞文《对床夜语》)，毁之者说它"牵合支离"(明胡应麟《诗薮》)、"最为浅稚"(明许学夷《诗源辩体》)。《四库全书总目》则云："宋末风气日薄，诗家多不工古体……弼此书亦复相同。所列诸格，尤不足尽诗之变。而其时诗家授受，有此规程，存之亦足备一说。"看法似较全面。按此书周氏原编已不存，所传仅释圆至注本，注成后，长洲陈湖碛砂寺僧魁天纪曾将其刻置寺中，故俗称《碛砂唐诗》，现有元刻本藏日本静嘉堂文库，又有明火钱刻本和嘉靖二十八年(1549)吴春刻本。清盛传敏、王谦对注本进行加工，补充了诗人小传和诗法按语，增删了注文，并将原二十卷按诗体合并为三卷，亦题《碛砂唐诗》，有康熙十九年(1680)刻本。另清高士奇亦对圆至注重加整理，削去注文近半，添入己注，改为六卷，题《唐三体诗》，有康熙三十二年(1693)朗润堂刻本，《四库全书》据以采录。后何焯又就所录诗加附评语，成《唐三体诗评》六卷，所评皆精到，"于诗人比兴寄托之旨，起伏照应之法，细意寻绎，体会入微"(夏时序)，有清光绪十二年(1886)刻本。

唐三体诗　又名《三体唐诗》。参见"笺注唐贤三体诗法"。

碛砂唐诗　即《笺注唐贤三体诗法》。

续唐三体诗　诗总集。清高士奇编。按高士奇曾对元释圆至注宋周弼《唐三体诗》本重加删补，改编为六卷，又以其书仅及唐人近体，未足以尽诗歌之源流变化，故续编五七言古诗和五言排律三体以补其缺。计选五古三卷，二百二十四首；七古三卷，一百五十二首；五排二卷，七十九首；总八卷，四百五十五首。选诗"大旨以气格为本，参之以音节，济之以色彩"(自序)；李、杜以"诗家宗匠"而不录，所录以韩愈、白居易为多，亦一特色。体例上不像《唐三体诗》那样另立诗格，而是每体中按人系诗，各附小传、诗话；诗后亦常引前人评语，间附己评。可见本书虽以"续三体"命名，而作意已大相径庭。有清康熙三十二年(1693)朗润堂刻本，附《唐三体诗》后，《四库全书》采入存目。

注解章泉涧泉二先生选唐诗　又名《注解选唐诗》、《唐诗绝句》。诗总集。宋赵蕃(号章泉)、韩淲(号涧泉)选编，谢枋得注。五卷。录五十一家唐人七绝一百零一首。宋谢枋得序云："章泉、涧泉二先生诲人学诗自唐绝句始，熟于此，杜诗可渐进矣。"所收诗以中晚唐居多，其中刘禹锡十四首，杜牧八首，许浑五首，李商隐、韦庄各四首，余皆寥寥一二首。明谢榛《四溟诗话》谓其"唯取中正温厚、闲雅平易，若夫雄浑悲壮、奇特沉郁皆不之取，惜哉"。但论诗重晚唐，本南宋人风气，亦未足深责。谢注颇详，着眼于阐发诗意，虽或流于穿凿，而往往“能得唐诗言外之旨，可以为读唐诗者之津筏”（《四库全书总目》附录《四库未收书目提要》），故多为《唐诗品汇》等明人选本所引用。有明宣德、清乾隆、同治诸刻本，并辑入《谢叠山先生评注四种合刻》。另宋胡次焱曾在谢注的基础上再加笺释，成《唐诗集注》（又名《赘笺唐诗绝句》）五卷，有明正德十三年(1518)刻本藏广东中山大学。

唐诗鼓吹 诗总集。题金元好问编，元郝天挺注。十卷。录唐九十六家七律五百九十六首（序称五百八十余首），为专选唐人七律之滥觞。书前有元赵孟頫、姚燧诸序，说明鼓吹原系军乐，以“鼓吹”名之，盖取其音声“宏壮震厉”。所选中晚唐人居多，尤以五代谭用之为数量之冠，不免轻重倒置；编次紊乱，误收宋人胡宿诗，亦常为人诟病，致使不少人怀疑此书非出于元好问之手。但书中佳篇实不少，且时有感怀伤时、沉著悲凉之作，《四库全书总目》谓其“大抵遒健宏畅，无宋末江湖、四灵琐碎寒俭之习”，并非虚誉。有数种元刻本和明初刻本存世，《四库全书》亦加收录。后明廖文炳以郝注较简略，别撰详解附其上，成《唐诗鼓吹注解大全》十卷，有万历刻本。清钱朝鼒等又以廖解浅陋，削其大半，另增新注，成《唐诗鼓吹笺注》十卷，有顺治、乾隆刻本。另外，为本书作评的尚有清钱谦益、何焯《唐诗鼓吹评注》、朱三锡《东嵒草堂评订唐诗鼓吹》、赵执信《手批唐诗鼓吹》、吴汝纶《评点唐诗鼓吹》诸种，各有传本行世。

唐音 诗总集。元杨士弘编。录唐人各体诗一千三百四十一首，编为十一卷，计始音一卷、正音六卷、遗响四卷。自序称历代唐诗选本自《河岳英灵集》以下，“大抵多略于盛唐，而详于晚唐”，本书则“审其音律之正变，而择其精粹”。书前“唐音姓氏”一目，列武德至天宝末自王绩以迄张志和六十五家为唐初、盛唐诗，天宝末至元和自皇甫冉以迄白居易四十八家为中唐诗，元和至唐末自贾岛以迄吴商浩四十九家为晚唐诗；李白、杜甫、韩愈三家因“世多全集”，而未入录。其“始音”部分仅选王勃、杨炯、卢照邻、骆宾王四家诗九十三首，谓其初变六朝流靡之风而“开唐音之端”，但“未能皆纯”。“正音”部分选六十九家诗八百八十五首，按体分编，五七言古、律、绝各一卷，排律与六言绝句附；每体中再以盛、中、晚等世次分上下卷或上中下卷，大体详于初盛唐，略于大历以下，晚唐仅取许浑、杜牧、李商隐三人，并云“专取乎盛唐者，欲以见其音律之纯系乎世道之盛；附之以中唐、晚唐者，所以幸其遗风之变而仅存也”。“遗响”部分选诗三百六十三首，或为存诗不多不足以名“家”者，或为音调不纯不得列以为“正”者，旁及方外、闺秀、无名氏之诗，并加采录，“以见唐风之盛，与夫音律之正变”。每部分前面均有编者按语，各卷前亦有简要介绍，不仅明编选之用心，也述各体唐诗之流变。本书是第一部从源流正变着眼来编录唐诗的选本，实开明清两代格调论诗学之先声，于后来《唐诗品汇》诸选本在观念和体例上均有重要影响，故颇受后人推重，至谓选唐诗者“数百余年未有得要领者，独杨伯谦《唐音》颇具只眼”（明胡应麟《诗薮》）。但人们对它的“未畅其说，间有舛谬”（清王士禛《带经堂诗话》），也提出过种种批评；至于说它选中晚唐诗仍多，则正是其眼界开阔处，不足以为诟病。现存元至正四年(1344)刻本和明正统、成化诸刻本。明张震有《唐音辑注》十四卷（“遗响”析为七卷）、明建安叶氏广勤堂刻本、《四库全书》据以收录。又有顾璘《批点唐音》十五卷（“正音”析为十三卷，“遗响”并一卷），明嘉靖二十年(1541)洛阳温氏刻本和崇祯三年(1630)吴钺西爽堂刻本，并辑入《湖北先正遗书》；顾氏评点极其精当，为多种唐诗选本转引。

唐诗品汇 诗总集。明高棅编。初编九十卷，录唐六百二十家诗五千七百六十九首；后又成拾遗十卷，增补六十一家诗九百五十四首。序称历代诸家选本各该一端，唯元杨士弘《唐音》“颇能别体制之始终，审音律之正变”，但仍有“李、杜大家不录”及其他缺憾，遂成此编，以尽唐诗之源流本末。分体编排，计五古二十四卷、七古（附歌行长篇）十三卷、五绝（附六言绝句）八卷、七绝十卷、五律十五卷、五排十一卷、七律（附七排）九卷。每体中再分列正始、正宗、大家、名家、羽翼、接武、正变、余响、旁流九个品目（故名《品汇》），“大略以初唐为正始，盛唐为正宗、大家、名家、羽翼，中唐为接武，晚唐为正变、余响，方外异人等诗为旁流；间有一二成家特立与时异者，则不以世次拘之”（《凡例》）。以“四唐”为纲，“九品”为目，参以各体流别，将整个唐诗的发展纳入一个严整的框架，较之杨士弘以正始、正音、遗响三品立目，自更为细密。在九品区分中，列为大家者，仅杜甫一人；正宗则五古为陈子昂、李白，七古李白，五绝李白、王维、崔国辅、孟浩然，七绝李白、王昌龄，五律李白、孟浩然、王维、岑参、高適，七律崔颢、李白、贾至、王维等十四人：总起来看，其宗盛唐、尊李杜的立意显然。每一诗体前皆有“叙目”，说明该体的渊源及其在唐代的流变，书前总叙则概括唐诗的总体演进，合在一起又构成了系统的诗学理论。另外，卷首“历代名公叙论”、“诗人爵里详节”和卷内诗人、诗作所附评语，采自各种典籍，亦具有参考价值。此书资料宏博、体大思精，在唐诗学历史上产生了巨大影响，“终明之世，馆阁宗之”（《明史》卷二八六）；但一味尊崇盛唐，引起后来“前后七子”摹拟复古的思潮。诚如《四库全书总目》所云：“平心而论，唐音之流为肤廓者，此书实启其弊；唐音之不绝于后世者，亦此书实衍其传。功过并存，不能互掩。”现存明成化十三年(1477)陈炜刻本和弘治、嘉靖、万历诸刻本，《四库全书》亦加采录，1982 年上海古籍出版社据明汪宗尼校订本影印。另明俞宪有《删正唐诗品汇》五十卷，嘉靖三十二年(1553)刻本；清朱克生有《唐诗品汇删》十八卷，康熙五年(1666)刻本。高棅本人别辑《唐诗正声》二十二卷，亦由本书精选而成。

唐诗正声　诗总集。明高棅编。录唐一百四十余家诗九百二十九首，编为二十二卷，计五古六卷、七古三卷、五律三卷、五排三卷、七律二卷、五绝二卷、七绝三卷。编者自云因所编《唐诗品汇》卷帙浩繁，虑其“博而寡要，杂而不纯”，乃“取其声律纯完，而得性情之正者”，汇为此编（见凡例），故名曰“正声”。每一体按初、盛、中、晚世次排列，有些诗人，诗作后略附有评语。为《唐诗品汇》之精选本，后世流传颇广，致有选唐诗“至明高廷礼《品汇》而始备，《正声》而始精，习唐诗者必熟二书，始无他歧之惑”的说法（明胡应麟《诗薮》）。但编者的用心更在求其“纯”，故所录多盛唐中正和平之音，大历以下诗篇只占全书三分之一，甚且韩、柳、元、白、许浑、李商隐诸家均不见收，从而在取径上远狭于《唐诗品汇》。明许学夷《诗源辩体》称赞它“既无苍莽之格，亦无纤靡之调，而独得和平之体”，其实正是局限所在。至于明杨慎批评的五古中杂有五律，则属小节。现存明正统七年(1442)彭曜刻本、嘉靖二十四年(1545)何城刻本等多种明刻本。明桂天祥有《批点唐诗正声》二十二卷，嘉靖胡缵宗刻本；郭濬等有《增定评注唐诗正声》十二卷，明天启六年(1626)刻本。

初唐诗　诗总集。明樊鹏编。三卷。录唐贞观至开元间人近体诗，按体分编，计五律一卷，五排一卷，七律、五、七绝合一卷。起自唐太宗，止于徐彦伯。编者自称“初唐诗如池塘春草，又如未放之花，含蓄浑厚，生意勃勃。大历以后，锄而治之矣”（《编初唐诗叙》），表明其编选用意。又谓“律诗当于唐求之，古诗当于汉魏求之”，故所录皆为近体。时引前人评语，间附己评。有明嘉靖十三年(1534)李一中刻本。

唐雅　诗总集。明张之象编。二十一卷。录唐武德至开元间君臣唱酬诗及投献赋颂一千余篇，计诗十七卷，按天文、四时、节序、山岳、京都等类别分编，赋颂四卷附后。所录作者有帝王七人、公卿一百六十八人、宫闱八人、外夷二人，共一百八十五人。书前有何良俊序，以为一般唐诗选本“率多里巷歌谣，要非诗之本”，此编专取君臣唱酬之作，便于“上下之间”“精神流通”，符合古代“雅”诗的传统。又谓“自天宝以后，则风格渐卑，其音亦多怨思矣，故削其不录”。有明嘉靖二十九年(1550)清河张氏刻本和万历吴勉学刻本，均作二十一卷，与何序合；另嘉靖三十一年无锡县刻本作二十六卷，选篇二千余，可能系后来增补，《四库全书》据以录入存目。

唐雅　诗总集。明胡缵宗编。八卷。录唐人各体诗，按体分编，计乐府二卷，五古、七古、五绝（六言绝句附）、七绝、五律、七律各一卷。书前有盛汝谦叙，征引编者自述，以为“欲备一代之音，取意于乐，故以‘雅’名。”另编者自序中也提出“协”、“谐”二字为选诗标准，并谓“乐府必典则，古体必春容，绝句必隽永，近体必雄浑，铿然如金，琤然如玉，虽不可尽陈之宗庙，然皆可咏之闾巷”，可见其选诗合乐的宗趣。卷内每一体前都有概论，提示这一诗体的起源及其在唐代的发展情况；诗间并附批点、笺校。有明嘉靖二十八年(1549)文斗山堂刻本和清代补刻本。

类编唐诗七言绝句　诗总集。明敖英编。不分卷。录唐人七绝三百八十首（其中阑入数首五绝），按类编排，计分吊古、送别、寄赠、怀思、游览、纪行、征戍、写怀、悲感、隐逸、宫词、闺情、时序、杂咏、道释共十五类。书前有编者自序，谓唐诗变古而律，“绝句者又律之变，视律尤难”。另其所撰《唐诗绝句总评》一文，则称所选诸作“皆能追逐变风，翱翔比赋，又以起承转合为机轴，以纪时标地、缀景写情为之错综，摛藻振秀，动荡心灵”。选诗多附评语，极精当，好的字句并有圈点。在明代有一定影响，施底宾《唐七言绝选叙》称"海内爱而传之久矣"，明末凌云更据以改编为《唐诗绝句类选》。今传有明嘉靖刻本。

唐诗绝句类选 诗总集。明敖英原编，凌云补辑。四卷。系凌云据敖英《类编唐诗七言绝句》一书改编而成，前三卷就敖氏原编十五类诗分卷，增入顾璘诸人评语，末卷则从谢枋得注解的《章泉涧泉选唐诗》中辑出敖氏未收的七绝三十一首，作为补编。所录敖英原评，用朱色，录顾璘评，用蓝色，其余数十家评语皆标明姓字。书后附"唐诗绝句总评"，录严羽、刘辰翁等十家有关七绝的论述；另有"唐诗绝句人物"一栏，收王勃等一百十二位唐诗人小传。明人好评唐诗，此书为有意识的集评，乃其特点。有明末吴兴凌氏刻三色套印本。

唐诗选 诗总集。明李攀龙编。七卷。录唐诗人一百二十八家诗四百六十五首，分体编排，计五古、七古、五律、五排、七律、五绝、七绝各一卷。系截取李氏原编《古今诗删》中的唐诗部分而成。李氏论诗主"诗必盛唐"，选唐诗亦以初盛唐人居多，中唐甚少，晚唐更寥寥，白居易、李贺、杜牧诸名家竟一首未录。书前自序谓"唐无五言古诗而有其古诗，陈子昂以其古诗为古诗，弗取也"；又以为七古唯杜甫擅场，李白的纵横驰骤往往是"强弩之末"、"英雄欺人"，至于其绝句的天然自得，足以冠盖唐人；还主张七律以王维、李颀为正格，杜甫则失于"愦焉自放"。这些独特的见解，都反映在本书的编选中，并通过诗选的流传而影响后人。如李颀七律经本书发扬后，地位顿获提高，致有"此语出而老杜七言律几失座位"之叹(见清卢世㴶《读杜私言》)。又如陈子昂诗本以"复古"自命，李攀龙则谓其自为古诗，并述及唐人五古与汉魏古诗的异同，成为后世争议激烈的一桩公案。于此可见本书影响之大，所谓"李于鳞一编复兴，学者尤宗之"(明胡震亨《唐音癸签》)，殆非虚誉。但其取舍上之偏执，亦为后人诟病。明唐汝询谓其"高华而雄浑矣，犹恨偏主一而选太刻，俾秀逸者不尽收"(《汇编唐诗十集自序》)，清李重华说他"所选唐诗数百首，俱冠冕整齐、声响宏亮者，未尽各家精髓"(《贞一斋诗说》)，所评皆切中肯綮。此书无白文单行，今传以明蒋一葵笺释本为最早，有万历二十八年(1600)武林一初斋刻本，《四库全书》采入存目。另有王稚登、高江、陈继儒、黄家鼎、李颐、孙鑛、凌宏宪、刘孔敦、叶羲昂诸家评本，以及托名袁宏道校评的《新刻李袁二先生精选唐诗训解》和托名钱谦益的《新刻钱太史评注李于鳞唐诗选玉》，各种评注本不下十余种之多。此外又有日本、朝鲜多种翻刻本和注释本，1982年日本学习研究社出版了中岛敏夫的详注本。

唐诗纪 诗总集。明黄德水、吴琯等编。一百七十卷，计初唐诗纪六十卷，盛唐诗纪一百十卷。原为黄德水所编，甫成初唐诗十六卷而病故。吴琯得其遗稿，藉门客俞安期、陆弼、谢陛诸人之力，仿明冯惟讷《古诗纪》体例辑纂，亦仅成初盛唐部分。但此书在搜辑材料上有重要贡献，共录入初盛唐一千三百多家诗万余首，多以宋板原集为底本，校补以各种善本及金石遗文。编排上以时代先后为序，以人系诗，各人诗再按体分编。诗人名下附小传，据正史本传以及《唐诗纪事》诸书撰录。诗中文字有校勘，或引前人考辨。此书辑校比较精审，清初季振宜编《唐诗》，其初盛唐部分即用为依据，影响及于后来的《全唐诗》。今传有明万历十三年(1585)吴琯刻本和方天眷重修文枢堂印本，《四库全书》采入存目。

唐诗类苑 诗总集。明张之象编。二百卷。录唐诗人千余家诗数万首，按类分编，计分天、岁时、地、山、水、京都、州郡、边塞、帝王、帝戚、职官、治政、礼、乐、文、武、人、儒、释、道、居处、寺观、祠庙、产业、器用、服食、玉帛、巧艺、方术、花、草、果、木、鸟、兽、鳞介、虫豸、祥异、杂共三十九部，每一部类中再分若干小类，如天部分日、月、星、河、风、云、雷、雨等，甚至天部日诗中再分咏日、早日、初日、日出、日入、日高、日午等，区划相当琐细，故《天禄琳琅书目后编》谓其"虽名选诗，实为类书"。由于张氏意取博收，不复简择，不免失之冗滥，但对于按题材类别查考唐诗，则颇为有用。书后附引用书目、诗人姓氏等，亦资检索。此书编成后，因张氏家贫未刊，稿本为卓明卿所获，乃割取其初盛唐部分以己名发布，题《唐诗类苑》一百卷，有明万历十四年(1586)崧斋活字印本。后邑人王彻重为辨正厘定，复其原貌，全帙梓行，有万历二十九年曹仁孙刻本和清光绪重刻本，《四库全书》著入存目。另有清戴明说《唐诗类苑选》三十四卷和蒋伊、蒋陈锡《唐诗类苑纂》五集(不分卷)，系就张氏原书重加删选而成。

唐诗所 诗总集。明臧懋循编。四十七卷。录初盛唐人诗，按体分编，计分古乐府、乐府系、三言四言古诗、五古、七古、杂体古诗、风体骚体古诗、五律、七律、五排、七排、五绝、七绝、阙文共十四门类，每门之中再分小类，如古乐府分为郊祠歌辞、鼓吹曲辞、横吹曲辞等。名目繁多,多有不妥,致有"饾饤割裂"之讥(见《四库全书总目》),但注意到唐诗的各种体类,仍有一定的参考价值;所选诗虽无评笺,而讹字则多所考订。自序云"姑以初、盛为前集,寻以中、晚为后集,以中、晚之可抑者为别集",现仅录初盛唐诗,后集与别集当未成书。有明万历三十四年(1606)臧氏雕虫馆刻本,《四库全书》采入存目。

唐诗解 诗总集。明唐汝询编。五十卷。录唐一百八十四家诗一千四百余首,分体编排,计五古十卷,七古八卷,歌行长篇(附骚体、琴操)二卷,五绝(附六言绝句)四卷,七绝六卷,五律八卷,七律六卷,五排六卷。"凡例"中自述,历代选唐诗者以高棅、李攀龙两家为最,"然高之《正声》体格綦正而稍入于卑,李之《诗选》风骨綦高而微伤于刻",此编意在"收其二美,裁其二偏"。故所选诗大多录自前两种本子,少量取补于《唐诗品汇》。诗后均有唐氏的注解。其注文以双行夹注的形式附诗句下,有正注、互注、训注的区别,但都要"按诸本籍,参互古书",不得苟且。其解析缀于篇末,大抵阐发诗意,颇详尽,有类串讲,亦时有心解。由于此书"笺注唐诗,援据该博"(清钱谦益《历朝诗集小传》),加以编者自幼失明,苦学成才,当时颇受推重,乃至托名袁宏道的《唐诗训解》大量采入其注文。但过于求详求尽,亦不免招来"注则繁而复,解或凿而支"的批评(吴昌祺《删订唐诗解序》),甚或谓其"实多冗芜,不尽得古人之意,亦不尽得其所出"(《四库全书总目》)。有明万历四十三年(1615)杨鹤刻本和清顺治十六年(1659)赵孟龙万笈堂刻本,《四库全书》采入存目。清吴昌祺有《删订唐诗解》二十四卷,删正之外,且附评语,有康熙刻本。

唐诗归 诗总集。明钟惺、谭元春编。三十六卷。录唐二百九十九家诗二千二百余首,计初唐五卷、盛唐十九卷、中唐八卷、晚唐四卷。按此编原与钟、谭所选《古诗归》十五卷合刊,总称《诗归》或《古唐诗归》,后亦有单行。书前钟序释选编用意,在于"引古人之精神,以接后人之心目,使其心目有所止焉",故名"诗归"。而所谓"古人之精神",钟氏归结为"幽情单绪",谭序称作"灵迥朴润",均与明七子一味崇尚高华宏整的格调相对立。选诗虽仍以盛唐为重点,却能摆脱熟套,自出手眼,揭示出唐诗的另一面。书中有大量评语及圈点,亦体现钟、谭的论诗主张,且多有体会深细、矜奇自得之处,使当时熟闻明七子论调的人耳目一新,其评语更被采入多种唐诗选本中。此书曾风行一时,后人毁誉参半。《四库全书总目》谓其"大旨以纤诡幽渺为宗,点逗一二新隽字句,矜为元妙",清李重华《贞一斋诗说》说它"专取寒瘦生涩,遂至零星不成章法",都有一定根据。而清贺贻孙《诗筏》却以为"诸家评诗,皆取声响,唯钟、谭所选,独标性灵。其眼光所射,能令不学诗者诵之勃然乌可已,又能令老作诗者诵之爽然自失,扫荡腐秽,其功自不可诬。但未免专任己见,强以木槵子换人眼睛,增长狂慧,流入空疏,是其疵病",为得持平之论。有明万历四十四年(1616)古郡方式刻本、明末闵氏刻三色套印本和数种清刻本,《四库全书》采入存目;张国光、张业茂、曾大兴重加校点,1985年湖北人民出版社印行。另清刘邦彦有《唐诗归折衷》四卷,系就原书删订,并录入唐汝询、吴逸一、赵伯濬诸人的批语和自己的按断而成,有稿本藏上海图书馆。

唐诗艳逸品 诗总集。明杨肇祉编,闵一栻订。四卷。计《名媛集》、《香奁集》、《观妓集》、《名花集》各一卷,分别收录唐人题咏名媛、美人、妓女、花卉的诗歌,共三百七十余首(阑入梁简文帝和陈后主诗五首)。书前有杨氏自序,称"唐诗之艳逸者,首此四种",故录以为编,于此可见晚明社会风气和审美趣味的转变。按此书原题《唐诗四种》,万历间杨氏所编,编次较凌乱,且多讹误。后闵一栻为之订正删补,重加整理,各集之内再按诗体分编,并增入宋元以来各家评语,遂改题《唐诗艳逸品》。《唐诗四种》今尚有明刻本藏北京图书馆,《艳逸品》则有天启元年(1621)闵一栻刻套印本传世。

汇编唐诗十集 诗总集。明唐汝询编。以天干名号标为十集,不分卷。乃汇集明高棅《唐诗正声》、李攀龙《唐诗选》和钟惺、谭元春《唐诗归》三种选本所选诗,并附以唐氏自编《唐诗解》,重加整理而成。其分集即依据各选本间的关系:如甲集收三家共选之诗,所谓"体之纯粹者";乙集收高、李二家所共,所谓"纯正中有气骨者";丙集收高与钟、谭所共,所谓"纯正中之森秀者";丁集收高氏独选而入《唐诗解》者,所谓"典雅中主神韵者";戊集仅为高氏自选,所谓"体之一于平者";己集收李与钟、谭所共,所谓"雄浑中深秀者";庚集收李氏独选,所谓"体主气格者";辛集收钟、谭与《唐诗解》所共,所谓"体主清新合乎风雅者";壬集为钟、谭独选,所谓“诗之变体”；癸集则为《唐诗解》独选，所谓“风雅之平调”(见各集按语)。这种编排，既能扬各家之长，亦有助于相互比较与调剂，收到“并显而不杂”之效果(唐氏自序)。此外，还汇录了这些选本中的一部分评语及注释，对钟、谭的一些评语又常加以批驳，皆足资参考。有明天启三年(1623)刻本和清初刻本。

唐诗镜　诗总集。明陆时雍编。五十四卷。录唐人诗按时代编次，计初唐八卷，盛唐二十卷，中唐二十卷，晚唐六卷；每时期中以人系诗，一人之诗再分体排列。按此书原与陆氏所编《古诗镜》三十六卷合刊，总称《古唐诗镜》，前有“总论”一篇，述及自《诗经》下至晚唐的诗歌流变和代表作家作品，并述其“神韵为宗，情境为主”(《四库全书总目》)之论诗主张，亦即其选诗标准。所选诗人名下皆附小传及评语，诗篇亦多加评点，所评时出精义，要言不烦，往往发人深省。《四库全书总目》称其“采摭精审，评释详核，凡运命升降，一一皆可考见其源流，在明末诸选之中，固不可不谓之善本矣”。今传有明刻本，《四库全书》曾加采录；其“总论”部分则被单独辑入丁福保《历代诗话续编》，题《诗镜总论》一卷。

唐诗选脉会通评林　全称《删补唐诗选脉笺释会通评林》。诗总集。明周珽编。六十卷。录唐四百三十余家诗二千四百余首，分体编排，计五古十三卷、七古十二卷、五律十卷、五排五卷、七律(附七排)六卷、五绝(附六言)四卷、七绝九卷、四言三言联句(附诗余)一卷，各体中再按初、盛、中、晚编列。书前有陈继儒及周氏自序各一篇，说明本书缘起于周珽曾祖周敬所编《唐诗选脉》，其书因倭寇入侵而散佚不传，后周珽缀辑残稿，加以删补笺评，遂成此编。“凡例”中则对历代唐诗选本各加评议，独推高棅、李攀龙二家为“选诗正法眼”，于此可见宗趣。诗后有笺释，分证、训、附三项，证为注解字句典故，训为发明词意脉络，附则是抄录有关资料以备查考。评语汇集甚多，除书前“古今名家论括”一栏收录高棅等八人统论唐诗的言论外，每一诗体前皆引述前贤对此体的评述，每个诗人名下和每首诗后亦广引各家评语，间附己评。唐诗选本中采辑评语之富，无逾此编，故曰“评林”，但也不免有“贪多务博，冗杂特甚，疏舛亦多”(《四库全书总目》)之弊。有明崇祯八年(1635)毂采斋刻本，《四库全书》录入存目。

石仓唐诗选　诗总集。明曹学佺(号石仓)编。一百十卷。录唐人诗按时代分列，计初唐十八卷，盛唐十五卷，中唐二十七卷，晚唐四十卷，拾遗十卷。为曹氏《石仓十二代诗选》(又名《石仓历代诗选》)的一部分，原书起自古选，终于明代，共千余卷，而以唐诗部分编选最为精粹。前有曹氏自序，称唐诗选本以“高氏《品汇》独得其大全”，故此编也按初、盛、中、晚立目，以显示世代之升降变迁。但本书亦自有其着眼点，序文中对李攀龙“唐无古诗”之说深致不满，以为“非观李、杜之古风，则无以见唐古风之盛”，又认为大历、贞元以下诗风的衰退，“其病皆在不习古风”。故所选以古体诗为多，尤致力于发掘中晚唐古体佳篇，此乃本书之特点。《四库全书总目》则谓“学佺本自工诗，故所去取，亦大都不乖风雅之旨，固犹胜贪多务得、细大不捐者”。有明崇祯刻本，《四库全书》亦加采录。

唐风定　诗总集。明邢昉编。二十二卷。录唐人诗分体编排，计五古六卷，七古五卷，五律四卷，七律二卷，五排一卷，五绝二卷，七绝二卷。各体内再分“正风定”和“变风定”，如五古以李、杜、王、孟、韦、柳诸人为“正”，韩愈、孟郊诸人为“变”，七古以李、杜、高、岑等为“正”，王建、张籍为“变”。邢氏自序谓选诗用意即在于防止“正变之间有弗定焉”，故名。按正变论诗原属明人习见，但作者并不一味伸正诎变，如上举韩、孟、王、张以及五律中的贾岛、七律中的刘长卿、七绝中的刘禹锡等，虽属“变风”范围，选诗却有相当数量，诚如序中自述酷嗜盛唐名家，而又“遍及钱、刘之清婉，韩、孟之镵刻，寖能穷探旨趣，究极原委”，显示出比较开阔的眼界。书中多有评语，往往精当不易。此书编者生前未加刊行，后又失落，傅增湘于1923年从书商处购得稿本，与邢氏后裔整理付梓，有1934年贵阳邢氏思适斋影明刻本。

唐音统签　诗总集。明胡震亨编。一千零三十三卷。汇录唐五代人诗作及有关资料，按天干编为十签，其甲签七卷专收帝王诗，乙签七十九卷、丙签一百二十五卷、丁签三百四十一卷、戊签二百六十五卷为初、盛、中、晚(包括五代)四期诗，己签五十四卷为五唐杂诗，庚签五十五卷为僧、道、妇女、外夷诗，辛签六十七卷为乐曲、谣谚、谐谑、酒令、章咒、偈颂诸辞，壬签七卷为神仙鬼怪诗，癸签三十三卷录历代有关唐诗论评的资料。唐开元年间置经、史、子、集为甲、乙、丙、丁四部，各以不同颜色牙签来标示，胡氏“仿其意而汇全唐三百年诗，次为一编，若初、若盛、若中、若晚，亦签区之”（杨鼒《唐音戊签序》），故名。全书以人系诗（癸签在外），各人名下皆附小传，大致取材于两《唐书》及杂史、笔记、诗话、别集之类，多注明材料出处，间加考订；另有汇评，辑录诸家对诗人的评语，分条排列。所录诗则按体分编，往往更动原集次序，以利阅读；皆白文，无笺注。此书于天启五年（1625）着手编撰，历时十年方始告成（见《李杜诗通识语》）。其取材不仅遍及唐人诗集，还补入不少佚诗与断章零句，“卷帙浩繁，网罗宏备，为私家总集纂辑之冠”（俞大纲《纪唐音统签》）。清修《全唐诗》，于中晚唐部分直接采自此编甚多。书稿胡氏生前未曾付梓，其后仅癸签初刻于清顺治间，戊签、甲签、乙签以及丙、丁签的一部分刻于康熙间。今传全本，即以康熙间所刻部分加上范希仁抄补本的形式藏北京故宫博物院。另《唐音戊签》单行稍多，有康熙二十六年（1687）胡氏南益堂刻本，《四库全书》采入存目。

唐诗英华 诗总集。清顾有孝编。二十二卷。录唐数百家七律约三千首，按时代编次，计初、盛唐各二卷，中唐六卷，晚唐十卷，释子、妇女一卷，五代一卷。“凡例”谓“七言今体倡自唐人，近代台阁、山林、酬唱、赠投之什咸以此体为擅场”，故专选七律以“从时好”；名曰“英华”，则出自“经史，根干也；诗文，枝叶也。未有根干不植，而枝叶英华”的考虑，故集中对于“讽咏时事，关系国家得失”的作品多加收录。所选多中晚唐诗，以李商隐居首位，其次杜甫、许浑，再次韦庄、刘沧、李绅、曹唐、温庭筠、罗隐、韩偓、刘禹锡等，这反映出编者不囿于“诗必盛唐”的成见，所以钱谦益序盛称此书“不立阡陌，不树篱棘”，“用以箴严氏膏肓之癖，洗高氏耳食之陋”。所列作家均附小传，亦时引前人评语。有清顺治十四年（1657）顾氏宁远堂刻本，1973年台北商务印书馆曾据岫庐现藏罕传善本影印。

贯华堂选批唐才子诗 诗总集。清金人瑞编。八卷。卷一为金氏自序，卷二“鱼庭闻贯”，系其子金雍汇辑金人瑞说诗的言论，卷三目录，卷四以下方为诗选，每卷又分上下卷，共录唐一百四十余家七律近六百首，以人系诗，按时代先后排列。不录杜甫诗，因金氏另有《唱经堂杜诗解》专选。此编特点在评诗。金氏谓唐人七律“非独一时之佳构也，是固千圣之绝唱也，吐言尽意之金科也，观文成化之玉牒也”，可与“三百篇”相并比，可以当歌、当书、当讽、当颂、当赋、当经（自序）。在评说方法上，则创立“分解法”，以前四句为发，即前解，后四句为收，即后解，实际上是将八股文“起承转合”的格局用于论诗。解说颇细，常有独具只眼、深中肯綮之处，亦或借题发挥、微言大义，但都不离固有套式，故也难免牵强附会、削足适履之讥。本书在当时颇有影响，徐增称其“分前解后解，截然不可假借”，至谓“七言律已经圣叹选批，尽此体之胜”（《而庵说唐诗》卷首《与同学论诗》）。有清顺治贯华堂刻本和宣统三年（1911）上海国学扶轮社石印本，1986年江苏古籍出版社重加排印；另浙江古籍出版社1985年刊行本，题《金圣叹选批唐诗》。

唐风采 又名《唐风怀》。诗总集。清张揔编。十卷。录唐人诗分体编排，计五七言古、五七言律、五言排律各二卷，七言排律一卷，五七言绝二卷，六言一卷，各体中则以初盛中晚次第。书前有朱彝尊序，引编者言“谓有唐一代诗可分隶一年四序：初唐若沈、宋、苏、张，含英咀华，似春之惠风；盛唐若李、杜、高、岑，顿挫悲壮，似夏之炎风；中唐若刘、韦、钱、秦，冲和雅赡，似秋之飔风；晚唐若贺险仝怪、郊瘦岛饥，似冬之寒风……故总而颜之曰《唐风采》”。另有张氏自撰《与人论历下、竟陵得失书》，对于明七子与竟陵派的论诗主张各加辨析批评，而仍折衷于“取法大历以上”，所选亦以盛唐名家为多。诗有圈点，诗后附各家评语，参以己评。有清顺治十七年（1660）雨花草堂刻本和嘉庆元年（1796）重刻本。

唐诗评选 诗总集。清王夫之编。四卷。录唐一百五十余家诗五百四十余首，分体编排，计乐府歌行、五古、五律（附五排）、七律诗各一卷，绝句未收。选诗以李、杜等盛唐名家居多，而韦应物、刘禹锡、王建、李商隐以至杨巨源、曹邺等中晚唐人亦占一定数量。诗后多附评语，长至数百字，短至一字，不拘一格。王氏论诗，重“兴观群怨”之社会功能，提出“以意为主”，情与景“妙合无垠”（《薑斋诗话》），故其所评，不斤斤于字句篇章的法式，而着眼于诗篇意象组合所造成的境界和神韵，此乃本书别于其他选本的重要标志。由于此书长期未刊行，至近世才受人们重视。今传有《船山遗书》本；1917年湖南官书局刊《船山古近体诗评选》十八卷，亦加辑入。

而庵说唐诗 诗总集。清徐增（号而庵）编。二十二卷（一作九卷）。录唐各体诗三百余首，分体编排，计五古二卷，七古四卷，五绝三卷，七绝三卷，五律三卷，七律四卷，五排三卷。另有“卷之首”，录唐帝年号次序、唐人姓氏爵里和徐氏自撰《与同学论诗》。每体前均简述其特点和作法。每首诗后有评说，熔注释、考订、绎意、赏鉴于一炉，极详尽。说者尤致力于字句篇章的解析，以为才 学、气象、神韵之类，人各自备，“至于解数与起承转合之法，人多略之”（自序）。其中虽不免穿凿附会，而亦“颇能咬嚼文字，启人心思”（朱自清《论诗学门径》），故书成后一度风行。有清康熙初九诰堂刻本和康熙五年（1666）青畏堂、文茂堂诸刻本，《四库全书》著入存目。其《与同学论诗》，清张潮辑入《昭代丛书》，改题《而庵诗话》，丁福保又辑入《清诗话》。樊维纲有校注《说唐诗》，1990 年中州古籍出版社出版。

唐诗正 诗总集。清俞南史、汪森编。三十卷。录唐人诗三千一百余首，分体编排，计五古七卷、七古五卷、五律四卷、七律三卷、五排三卷、五绝一卷、七绝三卷、补遗四卷，每体之中再以初、盛、中、晚次列。“凡例”自云不满前人选本的少、缺、杂、拘、纤，表明此编旨在“取而正之，洗陈腐之辞，振纤弱之习，奇正工巧，虽有不同，总欲归于大雅”。故所选不脱盛唐为主，但对于“变而不失正者”（见汪琬序）之中晚唐诗也多加采录，补遗四卷着重收大历、贞元以下诗。另外，编者对明七子五古效《选》体的做法亦不以为然，提出“五古必当以唐名家为法”（凡例），所以书中选此一体特多而且齐备。此书无评注，所选诗人各附小传。有清康熙十四年（1675）金阊天禄阁刻本。

唐诗韵汇 诗总集。清施端教编。三十卷。录唐四百家近体诗，按五七言律诗、排律、绝句各体分编，每体中再按所押韵部排列，故名“韵汇”。无笺注，各体前皆有小序，分别由俞绶、陈瑸诸人所撰，通论这一诗体在唐代的发展演变，述及诗人颇多，评亦精要。卷首另有“唐诗韵汇合辑诸书”一栏，资料颇富。《四库全书总目》谓此书“大抵取供集句者所用”。有清康熙二十年（1681）刻本，《四库全书》著入存目。

唐贤三昧集 诗总集。清王士禛编。三卷。录盛唐四十三家诗四百四十六首，以王维、孟浩然、高適三家分领各卷。自序引宋严羽“羚羊挂角，无迹可求”和唐司空图“妙在酸咸之外”的论诗宗旨，并称“于二家之言，别有会心，录其尤隽永超诣者”，故所选以王维（一百十一首）及孟浩然（四十八首）二人居多，占全集三分之一以上；李、杜不录，盖仿王安石《唐百家诗选》体例。书名“三昧”，指的是超悟、空灵的境界。按士禛论诗，本主神韵之说，此编用意亦在贯彻其诗学主张，以矫正明格调论者专事模拟盛唐人体貌的倾向。但一味宗尚神韵，又不免带来偏颇。清翁方纲谓其“以盛唐诸家，全入一片空澄澹泞中，而诸家各指其所之之处，转有不暇深究者”（《石洲诗话》），清乔亿讥其“读古人诗，不于本领作用处求之，专赏其气味词调，及一二虚字传神，以为妙道”（《剑溪说诗》），均切中肯綮。有清康熙二十七年（1688）刻本，《四库全书》曾加采录。另吴煊、胡棠有《唐贤三昧集笺注》，乾隆五十二年（1787）听雨斋刻本；后黄培芳又在笺注本上加以评点，有光绪翰墨园刻本；余如姚鼐、潘德舆等亦有评点本行世。为此书续编者，清史承豫有《唐贤小三昧集》三卷《续集》一卷，续选唐至德、大历间四十八家诗六百余首，有抄本流传；又有周咏棠《唐贤小三昧集续集》三卷，更续选唐贞元、元和以后人诗，抄附《唐贤小三昧集》后。

唐诗快 诗总集。清黄周星编。十六卷。录唐人诗编为三集，计惊天集一卷，泣鬼集二卷，移人集十三卷。自序以为初、盛、中、晚的传统界分只能定唐诗的世次，而不能定诗歌的品第，故“《诗快》之选，不唯其世，而唯其人；不唯其人，而唯其诗；又不唯其诗，而唯其快”，“不问秾澹浅深，唯以性情为断”。其惊天集所收，以想像奇特、恣肆奔放的作品为主，选录李白、李贺、韩愈、卢仝、刘叉诸人诗，而以李贺数量居多。泣鬼集所收，以沉郁哀婉之作为尚，其中杜甫诗数量最多。移人集内容及风格较庞杂，按体分编，除杜甫外，录白居易、李商隐、曹唐、杜荀鹤等中晚唐人较多。大部分诗有评，评语长达数百字，短只四五字，好的诗句且加圈出。有清康熙二十六年（1687）书带草堂刻本。

唐诗掞藻 诗总集。清高士奇编。八卷。录唐君臣唱和及朝士酬答之作九百余首，按天象、岁时、山川、都邑、皇居、帝道等四十二门类分编，每类之中再按五七言古近各体编排。书前“凡例”云：“是集诗格务取华整，诗题必关典制，虽不专应制一体，大要可施于廊庙；一时朝士之菁华，实千载作家之楷式也。”可见为馆阁体之集大成，故名“掞藻”。书中偶有诗篇题解。有清康熙内府抄本和康熙三十二年（1693）刻本，《四库全书》著入存目。

唐律消夏录 又名《丙子消夏录》。诗总集。清顾安编。五卷。录唐太宗以下五十一家五律一百五十余首，按时代先后排列，计初、盛唐各二卷，中晚唐一卷。选诗以杜甫、王维居多，宋之问、张九龄次之，皆在十首以上；中唐以下唯刘长卿稍多，余皆寥寥。书前书后各有一段总评，涉及五律的特点及其在唐代的演变，其谓初盛唐人"能于急促处见安顿，于宽缓处见紧凑"，"精深简练，故不觉其多；变化纵横，故不觉其少"，又谓中晚唐五律"法脉渐荒，境界渐狭，徒知炼句之工拙，遂忘构局之精深"，都很有见地。所选诗皆附评语，评及作家风格特点；另以圈点符号，标明句法章法。有清初乌丝栏抄本和乾隆二十七年(1762)何文焕刻本。

唐人试帖 诗总集。清毛奇龄编。四卷。所录皆唐代举子应试所作五言长律。序称从友人顾有孝家获《唐人试帖》一本，因下第士人时就有关声律等问题相咨询，遂就原稿"汰去其半"，重加刊订梓行。按清代以八股取士，原不试诗，康熙后期有动议加试五言长律，至乾隆间始实行。故康、乾之交有多种唐人应试诗选本刊行，此书殆为滥觞。所选诗后皆有注释和评点，评语间及诗法，为写作应试诗所必备，颇得后人重视并加采摘。有康熙四十年(1701)刻本。

唐七律选 诗总集。清毛奇龄、王锡编。四卷。录唐七十五家七律二百零六首，按时代先后编次。前有毛氏序，概述七律在唐代各个时期的风格演变，初、盛、中、晚各不偏废，持论尚称公允。诗后有评语，多为毛氏所评，常有个人特见。如明七子谈七律宗尚李颀，以为可与王维比肩，毛氏则云："旧盛唐名家多以王孟、王岑并称，虽襄阳、嘉州与辋川并肩而不并，然尚可并题；至嘉、隆诸子以李颀当之，则颀诗肤俗，不啻东家矣。明诗只顾体面，总不生活，全是中是君恶习，不可不察也。"又如推重白居易七律，对刘禹锡、李商隐有所贬抑，则显示出其个人的偏好。有清康熙四十一年(1702)刻本。

晚唐诗钞 诗总集。清查克弘、凌绍乾编，杨兆麟校。二十六卷。录晚唐五代一百十二家诗，按时代先后编次。"凡例"谓"迩年以来，习尚颇与唐代开成、太和之间最为逼近，是选遂始晚唐"。书前凌、查、杨三序均推崇晚唐诗，以为晚唐诗"实殿三唐之逸响，著两宋之先鞭者也"(见"查序")。据凌序所言，此书系以明胡震亨《唐音戊签》为底本，重加选编而成。选诗以杜牧、李商隐、温庭筠三家居多，皮日休、陆龟蒙次之，皆在百首以上。作家后各缀小传，兼附考核。诗间偶有校文。有清康熙四十二年(1703)栖凤阁刻本，《四库全书》著入存目。

中晚唐诗叩弹集 诗总集。清杜诏、杜庭珠编。十二卷，续集三卷。录唐元和、长庆以下诗一千八百余首，按时代先后编列。正集部分起自白居易、元稹，迄于吴融、韩偓，共收三十七家诗一千六百十四首，后编者以为"恐未足以尽风气之变"(杜庭珠《续集序》)，补选李绅、杨巨源至张泌、徐铉等七十六家诗二百六十五首，为续编。名曰"叩弹"，取陆机《文赋》"抱景咸叩，怀响毕弹"之意。书前"例言"称明高棅《唐诗品汇》选诗详于初盛，略于中晚，尤略于元和以后，不足以"观其尽态以极妍"，因有此编。选诗以才调风情为主，最推重白居易，谓其"独辟机杼，摆脱羁绁，于诸家中最为浩瀚"，录其诗达一百三十首之多；其次则李商隐、温庭筠，选诗皆在百首以上。又以为七律至晚唐"日益工致婉丽，虽气雄力厚不及盛唐，而风致才情实为前此未有"，故录选七律几达全书之半。书中有笺释与评语，颇多可采；入录诗人皆附小传。有清康熙四十三年(1704)采山亭刻本，1984 年北京中国书店据以影印；《四库全书》则著入存目。

唐音审体 又名《唐诗审体》。诗总集。清钱良择编。二十卷。录唐人诗一千二百余首，分体编排，计古题乐府诗二卷、新乐府辞一卷、四言五言七言古诗(附齐梁体)五卷、五言七言近体诗(附六言)十卷，另古赋、律赋各一卷。各体之前有总论，概述该诗体的渊源、流变和体制上的特点，被人评为"原委颇具，可观采"(清赵执信《谈龙录》)。选诗以"尊其创格"、"存其面目"、"汰其熟调"为原则(见例言)，与全书编集以"审体"为目标相一致。诗后有题解及评语，多阐释诗歌命意和章法，偶亦涉及作家风格，时有特见。有清康熙四十三年(1704)昭质堂刻本。雪北山樵《花薰阁诗述》辑其总论，成诗话一卷(亦题《唐音审体》)，丁福保编《清诗话》据以采入。

放胆诗 诗总集。清吴震方编。二卷。录唐杜甫、李白以下三十五家五七言古诗一百五十六首，大致按时代先后编列。凡想像奇瑰、造语险怪、恣肆奔放的长篇古诗均收入，以杜甫、韩愈为宗主，兼及任华、元结、孟郊、李贺、卢仝、刘叉、白居易、王建、皮日休诸人。编者自序谓“作诗始于放胆，终于小心，若先以小心御之，则铢铢而较，寸寸而度”，故所选诗皆“大言炎炎，不拘资格，开拓宇宙，直抒胸臆者”，可见其别具一格。有评语，评诗兼及人，亦时有警拔处。有清康熙四十四年(1705)刻本。

全唐诗录 诗总集。清徐倬编。一百卷。录唐太宗以下各家诗，以人系诗，按时代先后编次，每人之诗再按古近各体分编。编者自述以唐诗卷帙浩繁，不便览读，乃采撷菁华，辑为此书。书成后，曾于清圣祖玄烨南巡时进呈，得旨嘉奖，赐金刊版，故又名《御定全唐诗录》。诗人各缀小传，较详，又常附以前人评语，亦可参考。此书素称精谨，“不冗不简，颇为得中”(俞思谦《全唐诗录补遗跋》)，而因用于进呈，不免多收歌功颂德之作，一些触犯时忌的佳篇则或割弃，故后人亦有遗珠之叹。有康熙四十二年(1703)抄本和四十五年扬州诗局刻本，《四库全书》据以采录。另清俞思谦有《全唐诗录补遗》一卷，补诗一百五十余首，辑入同治间管庭芬抄《销夏录旧五种》本。又清管世铭《读雪山房唐诗钞》亦在此书基础上重加精选，订补而成。

唐诗 又名《全唐诗》。诗总集。清季振宜编。七百十七卷。录唐五代一千八百九十五家诗四万二千九百余首，以人系诗，按时代先后排列。据季氏《唐诗叙》称，此书编纂实发端于清钱谦益。钱氏晚年曾以《唐诗纪》为根据，欲集成唐人一代之诗，未果而殁。其残稿归族孙钱曾，后又转入季氏手中，遂由季氏邀集助手数人，历时十年而编成。其初盛唐部分多采自《唐诗纪》，其余大都用各家别集，并补以《文苑英华》、《唐诗纪事》诸书。诗人名下均系小传，材料取自有关史书、笔记、诗话和序跋，颇详尽。文字校勘，多据宋本及各种唐宋人选本，征引广泛，且注明出处，便于查考。书的前半部分采辑较为齐备，中晚唐以下缺略稍多。书成后，未及刊刻，季氏即已去世，稿本入内府，成为清修《全唐诗》重要依据。稿本今藏台湾“中央图书馆”，1979年台湾联经出版事业公司据以影印，题《全唐诗稿本》；另有抄本藏北京故宫博物院。

全唐诗 诗总集。清彭定求等编。九百卷。录唐五代二千二百余家诗四万八千九百余首，以人系诗，首列帝王后妃，次乐府辞章，中间历朝作者大致以时代先后排列，末缀以联句、逸句、妇女、僧道、神仙、鬼怪及诸杂体诗。按此书系清圣祖玄烨敕令江宁织造曹寅于扬州开局编修，参加者有江浙两省在籍翰林彭定求、沈三曾、杨中讷、潘从律、汪士鋐、徐树本、车鼎晋、汪绎、查嗣瑮、俞梅等十人，故又名《御定全唐诗》。清季振宜《唐诗》稿本，初盛唐部分收罗较为齐备，为本书底本，季书所缺者则从各方采补，采自明胡震亨《唐音统签》者最多，尤其是断章零句。所采用诸本，又予以增删修订，如删去《唐音统签》中章咒、偈颂及伪托、误收的诗作，指出误以诗题中人名为作者、篇章互见重出等现象，并搜集各种善本进行校勘，多方辑补集外逸诗。故本书体制谨严、网罗宏富，为一断代诗歌之总汇，迄今犹为治唐诗者所据之基本材料。全书诗人名下皆附小传，诗题及诗句下多保留原注或摘引有关本事，文句间常标明异文。然由于客观条件所限及编纂时间仓促，此书亦存在明显不足，如敦煌写本中唐诗以当时尚未发现未能收入，其他文集、类书、杂史、碑碣所载录的佚诗亦有遗漏，作家与作品重见、互出、误植及误收宋、元、明人诗作之现象屡有发生，加以小传及题注讹误不少，常有编次不当、体例不纯之病，故刊行之后亦曾为人指摘。刘师培《读全唐诗发微》、岑仲勉《读全唐诗札记》、闻一多《全唐诗校读法举例》、李嘉言《全唐诗校读法》和《改编全唐诗草案》皆专文论及之。为之作补遗的，则有日本上毛河世宁《全唐诗逸》、王重民《补全唐诗》与《敦煌唐人诗集残卷》、孙望《全唐诗补逸》、童养年《全唐诗续补遗》、陈尚君《全唐诗续拾》诸书。另河南大学唐诗研究室所编《全唐诗重篇索引》，对其中重出诗篇作了全面、系统的整理编排。张忱石编《全唐诗作者索引》，史成编《全唐诗索引》，均可备检索。《全唐诗》传本有清康熙扬州诗局刻本和道光重刻本及光绪上海同文书局石印本，又《四库全书》亦加采录。1960年中华书局据扬州诗局刻本点校印行，附上毛河世宁《全唐诗逸》三卷，并编有四角号码“全唐诗作者索引”，1979年重印。另1986年上海古籍出版社据扬州诗局本影印刊行，亦编有四角号码索引。

全唐诗逸 诗总集。日本上毛河世宁编。三卷。补录《全唐诗》失收的唐人诗篇，计完篇六十六首、补缺六首、零句二百七十九题，涉及作者一百二十八人(其中八十二人不见于《全唐诗》)。所据皆为日本存传的中日两国典籍，如张鷟《游仙窟》、李峤《杂咏诗》、释空海《文镜秘府论》、大江维时《千载佳句》等。书成年代相当于清乾隆时，约于嘉庆间传入中国，鲍廷博刊入其所编《知不足斋丛书》，《丛书集成初编》据以印行。1960年中华书局出版点校本《全唐诗》和1986年上海古籍出版社影印本《全唐诗》，均附收此书。

全唐诗外编　诗总集汇编。王重民、孙望、童养年编。共四编：第一编为王重民所编《补全唐诗》，录诗一百零四首；第二编为王重民所编《敦煌唐人诗集残卷》，录诗六十二首；第三编为孙望《全唐诗补逸》二十卷，录诗八百三十首、零句八十六句；第四编为童养年《全唐诗续补遗》二十一卷，录诗一千余首、零句二百三十余联。前两种均取材于敦煌出土的唐卷子本，后两种则摘自各类典籍。四种专集共补诗二千首以上，对研究唐诗有重要价值。所补诗皆注明出处，有的还附按语及有关资料，或出校文，作者多附小传，可资参考。但此书仍有若干疏误，如王重民另有《补全唐诗拾遗》，录诗五十二首，未及收载；其误收唐以外人诗及传记失考、舛错的现象，亦时有所见；至于各集所收篇章互有重复，乃至与《全唐诗》重见互出，更不在少数。时人于此续加考订者，则有蒋礼鸿《〈补全唐诗〉校记》、项楚《〈补全唐诗〉二种续校》、陶敏《〈全唐诗续补遗〉辨证》、吴企明《〈全唐诗续补遗〉溯源志异》、房日晰《〈全唐诗续补遗〉校读》、胡可先《〈全唐诗外编〉杂考》、陈尚君《〈全唐诗〉补遗六种札记》诸文。该书于1982年由中华书局汇编出版。

全唐诗补编　诗总集汇编。陈尚君编订。包括《全唐诗外编》校订和《全唐诗续拾》辑纂两个部分。《外编》曾于1982年由中华书局出版，原收录王重民《补全唐诗》及《敦煌唐人诗集残卷》、孙望《全唐诗补逸》、童养年《全唐诗续补遗》四种专集，现陈氏编为三编，其中《敦煌唐人诗集残卷》改换为刘修业整理的王氏遗稿《补全唐诗拾遗》。陈氏对《外编》所收诗作了全面的校订，不仅删除了误收唐以外人诗及重见互出的篇章，改正了原书材料与文字上的讹误，还补充了大量书证和异文，使原书质量有了相应的提高。《全唐诗续拾》则是陈氏本人对《全唐诗》及其《外编》的续补，共六十卷，录诗四千三百余首，作者逾千人，材料取自经史子集、佛经道藏、金石碑刻、稗乘方志各个方面，且对所录之诗一一追溯其最早出处，详加按断，对所收作者，特别是新增作者，亦尽量钩稽、考辨其生平行迹，务求其实。《续拾》与《外编》合为一集，共收诗六千余首，标志着唐诗辑佚工作的一大飞跃，1992年由中华书局出版，附四角号码"《全唐诗补编》作者索引"。

全唐诗简编　诗总集。河南大学唐诗研究室编，高文主编，孙方、佟培基副主编。此书系该室人员在整理、校订《全唐诗》的过程中编成，它从原书(个别篇章来自《全唐诗》外)收录的近五万首诗作中，选取较有代表性的五百五十家诗五千三百七十二首，按原有顺序排列，以期在压缩的篇幅中大致反映原集的风貌，故曰"简编"。不仅有大型选本的意义，还具有学术资料的价值。其诗人小传虽以《全唐诗》为底本，但都根据现有材料和研究成果作了增补、订正以至改写。诗篇文字经过校勘，其篇章的重出、误植乃至各种异说歧见，亦皆用按语的形式加以辨正、说明。末附作家和作品索引。1993年上海古籍出版社出版。

御选唐诗　诗总集。清圣祖爱新觉罗·玄烨敕编。三十二卷。录唐人诗分体编排，计五古六卷、七古三卷、五律(附六言)七卷、七律七卷、五排(附七排)二卷、五绝二卷、七绝五卷。前有玄烨序，称此书系在汇刻《全唐诗》的基础上重加选编而成，"盖讨索贵于详备，而用以吟咏性情，则当挹其精华而漱其芳润"；所选诗作，"虽风格不一，而皆以温柔敦厚为宗，其忧君感愤、倩丽纤巧之作，虽工不录"。按此书实际主持人为陈廷敬，列名校勘官的尚有顾廷仪、蒋廷锡、张廷玉、赵熊诏，另有缮写、监造、纂注、校录等四十五人。每位诗人名下附小传，诗句有笺注，仅限于名物训诂和征引故实，不作释意。有清康熙五十二年(1713)内府刻朱墨套印本，《四库全书》亦加采录。

唐诗贯珠　又名《唐诗贯珠笺释》。诗总集。清胡以梅编。六十卷。录唐人七律约二千四百首，约占现存唐人七律总数的四分之一。按类分编，计帝京、东都、牧守、幕佐、旅怀、送别、艳情、伤悼等七十九类。编者自称"爱而珍之曰珠，从其类、通其塞曰贯"，故名。前有自序及"凡例"，谓五律文意简洁，古风辞繁局泛，唯七律适得其中，足以尽才力而广用途，故此编独选；且认为初、盛、中、晚之七律虽气格不同，而各有胜处，故所选不以时限，各时期名篇均加网罗，但对"初盛之粗疏肤浅失律意者"和"中晚之空虚卑弱无腻致者"亦加刊落。诗后有笺释，注明文义及典故出处，对结构章法并加解析，不免失之繁冗。引用书目达四百九十八种，足资参考。有清康熙五十四年(1715)胡氏素心堂刻本。

唐诗玉台新咏 诗总集。清朱存孝编。十卷。录唐人艳体诗八百余首,分体编排,计古诗四卷、律诗四卷、绝句二卷,每体中再以初盛中晚分期。自序称徐陵《玉台新咏》录汉魏六朝艳诗,唐李康成续编《玉台后集》只录及初唐,给人以"不全不备"之感,故此编仿徐氏体例,收录自初唐至晚唐的艳情诗,仍以"玉台新咏"命名。所选以李商隐、温庭筠、李白、张祜、沈佺期、王昌龄、崔国辅诸家为多,均白文,无评注。书后有沈珍跋及尤学稼后记各一篇,强调以"美人香草"、比兴寄托来看待艳情诗的作用,倡扬"淘汰淫哇,一归雅正"。有清康熙五十六年(1717)刻本。

唐宫闺诗 诗总集。清刘云份编。二卷。录唐女诗人一百十五家诗四百二十六首,按人编列。刘氏序致慨于唐诗之盛,而女子之诗编集流传者甚罕,选本亦少有载录,而其"微思别致,托物寄情,婉约可风",足以"辉耀后世",因有此选。其中"取其品行端洁者列为上卷",如长孙皇后、徐贤妃、陈玉兰、葛鸦儿等,"败度逾闲者列为下卷",如武则天、上官婉儿、薛涛、李冶、鱼玄机等。下卷选诗数量多于上卷,尤以薛涛(八十八首)、鱼玄机(四十七首)诸人为多,但中间也杂有一些传奇人物如崔莺莺、步飞烟、章台柳的诗作。无评注,有诗人小传。有清康熙梦香阁刻本和民国间交通图书馆石印本,《四库全书》著入存目。

唐诗别裁集 诗总集。清沈德潜编。二十卷。录唐二百七十家诗一千九百余首,分体编排,计五古、七古、五律、七律各四卷,五言长律二卷,五绝、七绝约各一卷,每体之中大致按时代先后排列。按此书原编于康熙五十六年(1717),至乾隆二十八年(1763)重订出版。前有编者原序及重订序各一篇。原序强调"作诗将求诗教之本原",标榜"去淫滥以归雅正"之选诗宗旨。题名"别裁",正取自杜甫"别裁伪体亲风雅"(《戏为六绝句》)之意。重订时,增入初唐"四杰"、白氏讽谕、张王乐府、李贺奇诡诸变格。经修订,此书成为一本主调鲜明又能兼顾多样风格的唐诗选本,足以概括唐代诗坛的基本面貌,加以篇幅适中,便于披览,故深受欢迎,至奉为唐诗导读的"初学金针"(清梁章钜《退庵随笔》)。此外,书前"凡例"简述唐诗各体的渊源及流变;所选诗人多附小传,诗篇间有注释;对诗作的评语,多精当不易。但书中也录有歌功颂德、虚浮客套之作,而对于卢仝、刘叉之类险怪作风和李商隐、韩偓等艳情诗则一概排斥,实属偏见。至于作品重出、误收、误属、组诗排列不当及小传、引文资料的乖讹,亦偶有所见。今传原编有康熙五十六年碧梧书屋刻本,重订本则有乾隆二十八年教忠堂刻本和多种翻印本,1973 年中华书局曾据乾隆刻本影印,1979 年上海古籍出版社又据以校点出版。另清俞汝昌撰《唐诗别裁集引典备注》二十卷,有道光十八年(1838)刻本。

唐诗摘钞 诗总集。清黄生编。四卷。录唐人近体诗四百六十余首,分体编排,计五律、五绝、七律、七绝各一卷。自序谓"古诗必宗汉魏,近体必法唐人",故有是编。选诗以"务约,务精,务显易"(自序)、"绝不雷同附和,蹈常袭故"(刘葆真序)为标准,选篇颇有自出手眼之处,如五律多录韩翃、朱庆馀诗,七律多录许浑、韩偓诗。总体上选诗以中晚唐人居多。诗附评语,较详,重在章法与句法的阐释,但列举名目众多,如"全篇直叙格"、"交互对"、"错综句"等,不免烦琐。有清康熙六十一年(1722)是亦山房刻本。后朱之荆增入评释,成《增订唐诗摘钞》四卷,并附其自编《增订古唐诗摘钞》十卷、句法一卷,有清乾隆十五年(1750)南屏草堂刻本。

唐诗矩 诗总集。清黄生编。五卷。录唐人五律,按初、盛、中、晚四集编排,殿以"五言律摘句"。前有俞寿昌序,谓专选五律,"盖取其格整而易摹",故名曰"矩"。每集后有总评,说明这一时期五律的特点及前后发展关系。所选诗前皆标明格式,如"全篇直叙格"、"尾联见意格"等。诗后有评语,述及立意谋篇、炼字琢句、抒情写景诸法,便于规摹,后人谓其"虽约而精,可导学诗初步"(《周氏师古堂书目提要》)。此书编者生前未加刊行,近人周学渊辑入《周氏师古堂所编书》,有民国间刊本。

唐诗善鸣集 又名《晚唐诗善鸣集》。诗总集。清陆次云编。二卷。按陆氏选有《五朝诗善鸣集》,此编为其中一部分(有单行),专录晚唐人诗,按时代先后排列,起自杜牧,迄于孙元晏。选诗以许浑居多(四十首),杜牧(三十三首)、李商隐(二十七首)次之,崔涂、郑谷、裴说(皆二十首以上)又次之,大致可见趣尚。诗人名下皆列小传。诗句有圈点。不少篇章附评语,评诗兼及作家风格,话语不多,往往精到。如评温、李云:"温、李艳诗,有艳在色者,有艳在意者。"又评许浑、刘沧云:"许浑、刘沧本同一格,而许艳刘淡,似刘胜之,总是晚唐中正宗,未可孰瑜孰亮。"有清康熙蓉江怀古堂刻本。

古唐诗合解 诗总集。清王尧衢编。十六卷。录上古以至唐人诗作八百余首，其中唐以前诗二百余首，按时代先后排列，编为古诗合解四卷，唐人诗六百余首，按古风、绝句、律句、排律各体分编，为唐诗合解十二卷。前有"凡例"，说明综合选编古诗与唐诗，在于"欲抉诗之原本以及流，而得其全"；并提出以"格调平稳，词意悠长，而又明白晓畅"为收录标准，便于人们诵习。所选诗皆有注释，除文字训诂、出典征引外，对旨意、作法均作解析；其释古体诗常着眼于转韵分解，释律诗讲求起承转合与炼字琢句，释绝句则关注其用笔的灵活多变和一气呵成。由于选录多名篇，加以解说浅显易懂，故颇为流行。有清雍正文真堂刻本和多种翻刻本，1987年武汉市古籍书店据原刻本影印出版。

唐诗成法 诗总集。清屈复编。十二卷。录唐人律诗分体编排，计五律五卷、七律七卷，每体中再按时代先后排列。编者序称上古诗歌神明变化，似无所谓法；汉魏古诗奇正相生，有法若无法；至唐人近体稳顺声律，而法密可学。此书专选唐人律诗，"就古人已成之诗，论古人已成之法"，故曰"成法"。所选诗不以初、盛、中、晚为限，而以有无诗法为取舍标准；不加笺注，以评语、圈点标明诗法。其所谓"法"，偏重在起结、呼应、承转、跌宕等篇章结构方面，兼及用字造句、言情写景，但它不以工稳典切为满足，而在追求神明变化、超脱成法的境界，是较为通达之处。有清乾隆八年(1743)弱水草堂刻本。

唐人小律花雨集 诗总集。清薛雪编。二卷，续集一卷。录唐人七绝约八百首，其中五百首选入正集，大致按时代先后排列，另三百首系编者与吟社同人背诵所记，收入续集。编者序称读洪迈《万首唐人绝句》，病其拉杂漫收，略无旨趣，因有此编；而所选皆"音韵悠扬，丰神骀宕，词浅味深"之作，"读之宛如天花雨空"，故名。书前"赘言"十二则，表明编者专选七绝之用意。选篇以中晚唐人(尤以晚唐)为多，其中李商隐居首位(五十四首)，杜牧次之(三十一首)，元稹、韩偓(皆二十四首)、韦庄(二十一首)、白居易(十六首)又次之，可见宗尚。续集所录诗人多与正集重叠，而以王建居数量之冠(二十二首)。全书白文，无笺注评点。有清乾隆十一年(1746)扫叶庄刻本。

大历诗略 诗总集。清乔亿编。六卷。录唐大历间三十二家诗五百二十六首，按人分编。首列刘长卿诗(选八十五首之多)，以其"体气开大历之先"(自序)；中四卷收钱、郎诸才子诗，包括三李、二皇甫、卢、韩、司空、崔、耿共十二人；末殿刘方平以下十九人诗，皆为诸才子交游圈外的作者。此书名为大历一代诗选，实以选录诸才子诗为中心。书前有"说诗"五则，以为"大历诗品可贵，而边幅稍狭；长庆间规模较阔，而气味逊之"，大历诗"格韵高"、"语清省"，皆非容易学到，后人贪图长庆以下诗放笔恣纵的便利，至于"乱杂无章"、"兴象都绝"，表明了编者倡导大历诗风的用意。所录诗人均附小传。诗篇无笺注，有评语，每家诗后还有作家总评，语极精萃。有清乾隆三十七年(1772)安居乐玩堂刻本。

全五代诗 诗总集。清李调元编。一百卷，补遗一卷。录五代十国五百余家诗，按朝代及国别分编，计梁诗八卷、唐诗二卷、晋诗二卷、汉诗二卷、周诗三卷(以上为五代诗)、吴诗六卷、南唐诗十六卷、前蜀诗十七卷、后蜀诗四卷、南汉诗一卷、楚诗四卷、吴越诗九卷、闽诗十三卷、荆南诗十二卷、北汉诗一卷(以上为十国诗)。每朝及每国之内以人系诗，各人之诗再分体编排。按五代诗向无辑本，一般编附于唐末或宋初，遗佚亦多。此书从三百余种典籍采录一般文士之作，还包括僧道、妇女、渔夫、伶工的作品以及各种乐章、谣谚、铭记、石刻文字等，"断章摘句，靡不收入"(自序)，对保存一代诗歌文献有重要价值。所录诗人皆缀以小传，并征引史志、文集、诗话、笔记上的有关资料附后，间加编者按语用作考辨。书前有"编引书目"三百种和"五代帝王庙谥年讳谱"。但本书羼入不少后人笔记、志怪里的诗歌材料，所录诗篇文字及有关资料仍有舛误等。原有清乾隆四十五年(1780)刻本，作九十卷，辑入李氏所编《函海》，嘉庆间其从弟李鼎元重校印行。道光五年(1825)，调元子李朝夔重修《函海》，将此书扩展为一百卷，至光绪七年(1881)又有所订补，后《丛书集成初编》即据以印行。何光清有点校《全五代诗》，1991年巴蜀书社出版。

五七言绝句诗钞 又名《姚选唐人绝句诗钞》。诗总集。清姚鼐编。不分卷。录唐人绝句一百二十首，分体编排，计五绝五十首，七绝七十首。按姚氏选有《五七言今体诗钞》，仅收律诗，未录绝句。此编系其从王士禛《唐人万首绝句选》中再加甄录而成，故多意境含蓄、风神摇曳之作。入选五绝以王维居多，七绝以李白、王昌龄、杜牧、李商隐为多，而亦顾及一些小家如韦承庆、薛奇童、窦巩、雍陶等，择别较精严。书成后姚氏未加刊印，至清道光间始有马沆、梅曾亮两种刻本行世。后赵彦传在马本的基础上加以笺解，成《唐绝诗钞注略》二卷，有光绪四年(1878)刻本。朱宽又以吴汝纶家塾本为底本，增入姚鼐初选未刻之诗一百首(五绝三十三首，七绝六十七首)，与正选一百二十首汇为一编，题《姚选唐人绝句诗钞》，有光绪二十三年(1897)冯文蔚抄本影印本和民国间上海文明书局石印本；1986 年上海古籍出版社据以校点印行，附《今体诗钞》后。

读雪山房唐诗钞 诗总集。清管世铭编。三十四卷，存三十卷。录唐各家诗三千九百余首，分体编排，计五古七卷、七古六卷、五律二卷、七律二卷、五排五卷、五绝二卷、七绝六卷。因管氏京中寓所号“读雪山房”，故名。此书系由徐倬《全唐诗录》抄撮、增补而成。编者序谓此书“不标初、盛、中、晚之名，不设正法眼藏、声闻、辟支之见”，博采严择，务求“备一代之大观，该三百年之正变”，其确有门庭宽广、备具各体之优点，所选入者“一人有一人之面目，一人有一人之性情，各不相肖，始各极其工”(洪亮吉序)。书中无笺注评点，有诗人小传，且每一诗体前皆著“凡例”，述其源流升降之大势及代表作家之体制风格，多发前人所未发，故颇受推重。有清嘉庆十四年(1809)刻本和光绪十二年(1886)湖北官书处重刻本。另清金武祥从中摘出三篇序文并各体凡例，合成《读雪山房唐诗序例》一卷，辑入《粟香室丛书》，于光绪间刊行，郭绍虞《清诗话续编》据以收录。

唐诗正声 诗总集。清马允刚编。四十七卷。录唐二百二十七家诗一万三千一百余首，以人系诗，大致按时代先后排列，每人之诗再按古近各体编次。此编多着眼于“其言之有关于人心风俗”(见“自序”)之诗作，对“体涉游戏，词涉淫靡，语涉不敬”之诗一概从删，即以“李长吉之诡怪离奇，孟东野之质言理语，贾浪仙之刻苦瘦削”亦加割爱(见“凡例”)，取舍不免偏颇。但采摭颇为宏富，元和以下诗篇选录达一半以上，在大型选本里较为罕见；而于各体备具的前提下特别推崇古体，入选尤多。诗人名下均附小传，不少诗后有跋语，评论其风格特点，常有精到语，足资借鉴。有清嘉庆二十一年(1816)耘经堂刻本。

唐诗三百首 诗总集。清孙洙(号蘅塘退士)编。六卷(一作八卷)。录唐七十七家诗三百十首(一作三百零二首)，按五古、七古、五律、七律、五绝、七绝各体分编。序称此书系“专就唐诗中脍炙人口之作，择其尤要者”汇录成编，以供家塾课本、童蒙授习之用。本书选择面较宽，不仅初、盛、中、晚各个时期，古、律、绝五七言各种体裁都占一定比例，对于李、杜、高、岑、王、孟、韩、白、温、李等各种风格流派，乃至存诗虽少却有一定代表性的作家如王之涣、金昌绪等亦加收录。所选篇章多意味隽永，又琅琅上口，句旁附有简要评点。它是旧时代唐诗选本中最有权威性的通俗读本，问世之后，“风行海内，几至家置一编”(《四藤吟社主人序》)。有清乾隆江南状元阁刻本和咸丰、同治间翻刻本。后世为之作注增评的很多。有陈婉俊《唐诗三百首补注》，清道光餐花阁刻本和光绪十一年(1885)四藤吟社重刻本(增入诗三首)，1956 年文学古籍刊行社和 1959 年中华书局即据后者印行。另章燮《唐诗三百首注疏》，有道光、咸丰、光绪多种刻本，1957 年东海文艺出版社和 1980 年浙江人民出版社据以印行。今人著述有喻守真《唐诗三百首详析》、朱大可《新注唐诗三百首》、金性尧《唐诗三百首新注》等十余种。为之续作者，则有清于庆元《唐诗三百首续选》，补诗三百二十首，作家连原选达一百二十五人，道光十七年(1837)粤东集益堂校刻本，1988 年浙江古籍出版社据以点校印行。

求志居唐诗选 诗总集。清陈世镕编。八十二卷。录唐人诗三千一百余首，分体编排，计古诗(雅、颂、骚、乐府)一卷，五古二十二卷，七古十三卷，杂体一卷，五律十三卷，七律十卷，五排(附七排)八卷，五绝(附五言三韵)二卷，七绝(附七言三韵)八卷，六言一卷，联句一卷，补编一卷，附录一卷。前有“琐说”八则，对选诗偏重格律或性情均表不满，标榜“相须为用”、“兼收并蓄”。在诗歌正变问题上，既以为“文章关乎国运”，初、盛、中、晚的分界不可泯灭，而又主张“盛则为宣豫导和，衰则为忧时闵乱，境地既别，感发自殊，要期不强笑以为欢，不饰哀而佯哭，何分时代，各有千秋”，持论比较通达。故其所选，不专主盛唐，李、杜而外，白居易、韩愈及中晚唐诸名家录入实多，其古诗以韩愈《琴操》居首，“为有唐一代冠冕”，七律、七绝收白居易诗最多，七绝中杜甫数量又在李白之上，都显示出编者的特见。书中有诗人小传及评语、圈点，所评亦时有新意，如谓岑参七绝在王昌龄之上，与李、杜鼎足而三。有清道光二十五年(1845)独秀山庄刻本。

唐诗合选详解　诗总集。清刘文蔚编。十二卷。录唐人诗四百余首,分体编排,计五古、七古、五绝、七绝各一卷,五律二卷,七律、五排各一卷,应试五排四卷。此书系通俗读本,流传亦广,中多名篇,大半为《唐诗三百首》所未录,故可用作补缺,但除应试五排一类外,全书宗盛唐的倾向较明显。书中各体诗前均汇集前人有关评语。每首诗有题解和注释,注文分“质实”(诠训典故)和“释”(串绎文意)两种;不少诗后附评语,多引前人,参以己评。有清同治七年(1868)刻本。1917 年上海扫叶山房石印本删去应试五排一类,作八卷三百六十余首,1986 年广西人民出版社据以刊行,有杨荣业新注。

唐诗选　又名《王闿运手批唐诗选》。诗总集。清王闿运编。十三卷。录唐六百零九家诗二千八百余首,分体编排,计五古二卷、五律三卷、杂五言一卷、七言歌行五卷、七律一卷、七绝(附王涯、王建宫词及曹唐《小游仙诗》)一卷。选诗以李、杜居多,中晚唐名家亦多有收录,既推重格调高雅、风骨遒上者,亦不轻易弃置偏精独诣、有一得之长者,门径较为宽广。书中有批语、圈点,所评简要精当,常有特见。但王氏本人诗风以模拟汉魏六朝为能事,其选论唐诗,虽未至如后人所谓“专主一种面目,以征六朝作风至唐未革”,“不足以概唐诗之全”(邵裴子《唐绝句选例言》),而亦不能不受到一定影响,是其所偏。原有清光绪二年(1876)和十二年成都尊经书局刻本,皆作六卷;至宣统三年(1911)长沙东州刻本,始增订为十三卷。1989 年上海古籍出版社据手批宣统本影印,题《王闿运手批唐诗选》,并附王氏所编《湘绮楼词选》。

唐诗品　又名《觉生辑唐诗品钞本》。诗总集。清鲍桂星编。八十五卷。序称“闲居无事,以唐人之品品唐人诗”,故所录诗皆按唐司空图《二十四诗品》分类编排,计雄浑一卷、冲澹五卷、纤秾九卷、沉著九卷、高古四卷、典雅五卷、洗炼一卷、劲健四卷、绮丽二卷、自然五卷、含蓄五卷、豪放二卷、精神一卷、缜密一卷、疏野四卷、清奇四卷、委曲二卷、实境五卷、悲慨七卷、形容四卷、超诣一卷、飘逸二卷、旷达一卷、流动一卷。每品之前均引司空图原文作提示,间附编者按语,如“沉著”一品云:“案沉著,义取深沉而著,《诗品》云云,似不甚相类。又沉著每兼悲慨,兹取气韵深沉、词旨著实者入之。”此书从品评风格着眼编选唐诗,可谓独树一帜,但风格品类本难区分畛域,所选不免有兼跨数类而安置未妥者。有稿本藏复旦大学图书馆。

唐诗初笺简编　诗总集。杨家骆编。十二卷。前七卷为诗选,录唐八十二家诗三百三十余首,略按时代先后排列;后五卷为附录两种,其一“全唐诗人传略”取自《全唐诗》诗人小传,其二“唐诗书目”节录自明胡震亨《唐音癸签》中的“集录”部分。入选诗人另附传记资料,多摘自新旧《唐书》、《唐才子传》和《唐诗纪事》。诗篇笺注则以名物训诂、典实征引为主,不作串释。本书编选方法颇有特点,据卷首“概述”所言,乃以历代有代表性的唐诗选本一百二十七种为依据,统计其所选篇目,以出现频率达六十四次以上者入选。故入录者多为大家名篇,如收杜甫诗四十二首居首位,李白三十七首、王维三十六首位其次,孟浩然、岑参、韦应物、刘长卿、白居易皆十首以上又其次,大致能反映这些诗人在历代读者心目中的地位。但由于各个选家手眼不一,计算程序又比较机械,不免造成畸轻畸重的现象,如李贺、杜荀鹤未能见录,韩愈仅收一首,李白七古无一首入选,杜甫《咏怀五百字》、《北征》,高適《燕歌行》,李商隐《锦瑟》等均遗落。1935 年中国图书大辞典编辑馆刊行,1971 年台北鼎文书局订补重印。

唐绝句选　诗总集。邵裴子编。十二卷。录唐二百五十五家绝句一千五百九十首,分体编排,计七绝十卷一千三百五十二首,五绝二卷二百三十六首(附六言绝句二首),每体之中再按《全唐诗》作者次序排列。序称王士禛选唐人绝句专主神韵,于浅显明白而“别擅佳趣”者往往摈弃不录;此编系以“情景皆真,词调并美”为选诗标准,而于“貌似淡雅,别无深长意趣,及运用故实锻炼成篇”者则加删除。其选七绝诗数量以白居易(一百零七首)居首位,杜牧(六十二首)、李商隐、王建(各五十九首)其次,又杜甫(五十二首)在李白(四十八首)前,韩愈、张籍(各三十四首)在王昌龄(三十一首)前,皆与历来选本异趣;对“宫怨、从军之什有背现代精神者”多加淘汰,则不免狭隘。书中多列举诗句异文,卷首并附诗人小传。1936 年上海商务印书馆曾加刊行。

唐诗大系　诗总集。闻一多编。不分卷。录唐五代二百六十三家诗一千四百余首,以人系诗,按时代先后编次,起自唐初王绩,迄于南唐潘佑。闻氏于唐诗素有精解,此编虽出自教学需要,实体现其学术的积累。选诗以杜甫、王维、李白三家为多,却并不偏嗜盛唐,而于各家各派俱能兼顾,意在理清唐诗演进的基本线索,因题“大系”。但闻氏当时思想又带有唯艺术论倾向,选诗重在艺术成就,且于隐逸自适的情趣有所偏爱,故录王、孟、储、韦、刘(长卿)一派诗歌远过于高、岑,录白居易闲适诗亦大大超出讽谕诗。入选诗人皆附小传,其生卒年及事迹均经考订,多所发明,对其创作风格亦每有切中肯綮的评述。诗篇常于篇题下注明出处,并加考辨;行间时有小注,多属文字校勘和材料引证。惜因书稿未经编定,校语及小注多集中在前面部分,而考订亦尚有疏误。此书闻氏生前未加刊行,后经余冠英整理成帙,辑入1948年上海开明书店出版的《闻一多全集》第四卷《诗选及校笺》中。张志浩、俞润泉加以注释,题《闻一多选唐诗》,末附郑临川笔录《闻一多说唐诗》,1986年岳麓书社出版。

唐诗选 诗总集。马茂元编。不分卷。录唐一百十五家诗五百余首,以人系诗,略按时代先后排列。其“前言”部分对唐代社会背景和唐诗发展、演变的过程作了较完整的勾画,并提出以“进步的历史内容和尽可能完美的艺术形式的统一”为选录标准。所选诗侧重于关切时政、反映民生疾苦之作,但也顾及艺术风格的多样性,大致能显示有唐一代诗歌的概貌。入录诗人均附小传,并有评述。诗篇有题解及注释,注释较详赡,除注文笺事外,还常阐释句意,长诗并附段落提要。此书系建国以来第一部较为大型的唐诗选本,产生过广泛影响,但因成书稍早,在若干传记资料上不免沿袭陈说。1960年人民文学出版社出版。

唐诗选 诗总集。中国社会科学院文学研究所编。不分卷。录唐一百三十一家诗六百三十余首,以人系诗,略按时代先后排列。其“前言”部分除综述唐诗繁荣的原因及其思想内容外,着重论析唐诗发展、演变的八个阶段,较之传统的“四唐”说更为具体、深入。其选诗亦从体现各时期唐诗特点出发,意图为读者提供一个较好的“文学读本”,故收录面颇广,能兼顾各种风格、流派,概括唐诗的整个流变。入录诗人皆缀以小传(涉及其创作道路和艺术风格),评论多精到。诗篇注释较简明,但疑难处各加串释,便于初学。1978年人民文学出版社出版。

千首唐人绝句 诗总集。刘拜山、富寿荪编。不分卷。录唐二百零二家绝句一千零七十二首(五绝三百二十二首,六绝十四首,七绝七百三十六首),以人系诗,略按时代先后排列。“弁言”中以为“绝句是唐代新体诗歌”,“其传播之广,感人之深,远非其他各体诗歌所能企及”,故此书选录各个时期各派各家的代表作品,以反映唐人绝句的全貌。所录诗人附小传,诗篇有注释、集评和评解,集评系从近二百种诗话、笔记、选本、注本中汇集前人有关评语,甚有参考价值。书后附“唐人绝句辑评”,分类选辑前人对唐绝句的概括性评述,可与集评参看。此书原名《唐人绝句评注》,选诗六百十六首,1980年香港中华书局出版;后经富寿荪增订为现有规模,1985年上海古籍出版社出版。

高氏三宴诗集 诗总集。唐高正臣编。所载均为初唐诗人会宴唱和之诗,以一会为一卷,共三卷;高氏每会皆预,故编而名之。三宴参加者不尽相同,合而计之,凡录陈子昂、高正臣、崔知贤、韩仲宣、周彦昭、高球、弓嗣初、高瑾、王茂时、徐皓、长孙正隐、高绍、郎余令、陈嘉言、周彦晖、高峤、周思钧、刘友贤、张锡东、王勔、解琬等二十一人诗三十六首(卷下佚高正臣一首),并有陈子昂、周彦晖、长孙正隐三人撰写的诗序各一篇,分别冠于各卷之首。所收诗篇大抵流连光景,应酬文字,但可见出当时文人诗酒唱和、立题限韵的风气。此书新旧《唐书》未见记载,今传有清抄本数种,《四库全书》曾加采录,并辑入近人所编《晨风阁丛书》。

窦氏联珠集 诗总集。唐褚藏言编。录中唐诗人窦常、窦牟、窦群、窦庠、窦巩兄弟五人诗各一卷,共五卷(亦有合编为一卷者),收诗凡一百首。每人诗前均系有小传,并附同时唱和者韩愈、韦贯之、刘伯刍诸人诗。现存最早有宋淳熙刻本,《续古逸丛书》和《四部丛刊三编》据以影印。另明末汲古阁刻《唐人四集》本,《四库全书》据以采录。此外,尚有数种旧抄本传世,并先后辑入《密韵楼影宋本七种》和《关中丛书》。

香山九老会诗 又名《香山九老诗》。诗总集。唐白居易等编。一卷。按白氏晚年致仕后居洛阳,自号香山居士,曾于武宗会昌五年(845)三月在其寓所作尚齿之会,与会者胡杲、吉皎、刘真、郑据、卢贞、张浑等六人,皆年逾七十致仕闲居者,各赋七言六韵诗一首,大抵述宴游之乐事,抒自得之情怀。好事者传之,成七老图。其年夏,又有洛中遗老李元爽、归洛僧如满与会,附于图,合称“九老”,因编集其诗。今传《四库全书》本系据宋鲍慎由夷白堂刻本著录，附《高氏三宴诗集》后，并辑入近人所编《晨风阁丛书》。

松陵集　诗总集。唐陆龟蒙编，皮日休序。十卷。录皮、陆等人在苏州时的唱酬诗六百九十八首(序称六百八十五首)，因苏州所属吴江县别称松陵，故名。按懿宗咸通十年(869)，崔璞任苏州刺史，皮日休为从事，隐居松江的陆龟蒙携诗来访，交游往复达一年之久，遂成此编。其中尚录有崔璞、颜萱、张贲诸参与者的少量篇什，而以皮、陆二人的唱和赠答及联句为主。二人诗工力悉敌，巧心佳句，互不相掩，但亦不免有"炫才斗巧，以骇俗人"(清贺贻孙《诗筏》)之弊。《四库全书总目》谓"依韵唱和，始于北魏王肃夫妇，至唐代，盛于元、白，而极于皮、陆"，可见当时雅集之胜。有明弘治、崇祯多种刻本，而以1931年武进陶氏影宋刻本最为精审。

天台三圣诗集　又名《三圣诗集》、《三隐集》。诗总集。宋释志南编。收录唐释寒山、丰干、拾得三家诗三百五十余首，其中丰干诗仅二首，拾得诗四十余首。以三人皆天台国清寺僧人，故名。旧传诗集为唐贞观年间台州刺史闾丘胤令国清寺僧道翘搜辑而成，据余嘉锡《四库提要辨证》考订，寒山诗乃中晚唐间道士徐灵府所编，拾得、丰干诗则出于后人增益，且有伪作。今传《天台三圣诗集》三卷，凡寒山子诗集二卷，丰干拾得诗一卷，有明永乐十四年(1416)天台僧重刻宋淳熙释志南所编本。另《三圣诗》一卷，题释梵琦辑，有元刻残本。又《三圣诗集》不分卷，题释净成辑，明永乐刻本。

二妙集　诗总集。宋赵师秀编。一卷。录唐贾岛、姚合二家诗二百十二首，计贾岛八十二首，姚合一百三十首。诗前各有小传。选诗多五言，尤多五言律诗，与《众妙集》同一门径。按赵师秀等"四灵"一派学诗本宗法贾岛、姚合，尤重在姚合轻灵一路，所谓"贾大雕镌，姚差律熟，韩、柳尚争其级"的说法(宋刘克庄《后村诗话》评《二妙集》语)，也代表他们的观念。其所编《众妙集》录诗家众多，而不及姚、贾者，"盖《众妙集》所选诗，唯刘长卿多至二十三首，其余诸家皆不及十首，姚、贾二家所录独多，故别为卷帙，不与《众妙集》同编也"(《温州经籍志》)。此书流传不广，有明嘉靖十五年(1536)影宋抄本藏北京图书馆。

王孟诗评　诗总集。宋刘辰翁批点。刘辰翁善评诗，据《唐音癸签》记载，有《刘会孟七家诗评》行世，评王维、李白、孟浩然、杜甫、韦应物、孟郊、李贺七家唐人诗，而以王、孟两家诗评最为风行。今传《王孟诗评》九卷，系明人纂辑，计《王摩诘诗集》七卷，《孟浩然诗集》二卷，均分体编排，分卷立目，有刘辰翁圈点和眉批，王集并附明顾璘评，孟集附明李梦阳评。刘辰翁评语精要，常能自出手眼，对明清二代唐诗评点的盛行有开风气的作用，但也存在"意取尖新，太伤佻巧"(《四库全书总目》卷一六五)的弊病。有清光绪五年(1879)巴陵方氏碧琳琅馆刻朱墨套印本。

韦孟全集　诗总集。宋刘辰翁批点。原为《刘会孟七家诗评》中的两种，经明人合纂而成。共七卷，计《韦应物集》五卷，《孟襄阳集》二卷，均经刘辰翁圈点、眉批，并附明袁宏道评语。孟集后有刘辰翁跋语，对韦、孟两家诗风作了比较。今传有明刻本。

唐大历十子诗集　诗总集。明刘成德编。录唐大历十才子诗，按人立集，分体编诗。今传本已残佚，仅存五家诗，计崔峒诗集四卷、苗发诗集二卷、吉中孚诗集一卷、司空曙诗集七卷、卢纶诗集三卷，共十七卷。其中苗发诗只二首，吉中孚诗一首，编以成卷，显系凑合"大历十子"之数而为。有明正德刻本藏北京图书馆。

大历二皇甫诗集　又名《二皇甫集》。诗总集。明刘成德编。录唐大历间诗人皇甫兄弟诗，共八卷，凡皇甫曾诗一卷，皇甫冉诗七卷。皇甫冉诗前有唐独孤及序文一篇，称冉诗三百五十首，而此书所收仅二百三十首，曾诗四十首，已非原帙；按体分编，亦非旧观，当为刘成德重加整理而成。有明正德十三年(1518)刘成德刻本，《四库全书》亦加采录，改题《二皇甫集》。

唐五家诗　诗总集。明佚名编。录唐郎士元、包何、包佶、皇甫冉、皇甫曾五家诗，共六卷，其中皇甫冉诗二卷，余各一卷。此书为明代汇刻唐人诗集较早者，有正德十四年(1519)吴郡陆元大刻本。

唐人小集　诗总集。明佚名编。今传者有两种：一为五十八卷，录唐太宗李世民以至五代王周三十四家诗，有正德刻本；另一为十九卷，录孟浩然、司空曙、严维、李颀、王昌龄、张籍六家诗，有嘉靖刻本。按明中叶以后，在诗学宗唐的影响下，汇刻唐诗之风盛行。其中有着意标举某几家者，亦有泛收唐人诗集者。此书题《唐人小集》，当属泛收之列，唯所据多为宋本，在保存资料上自有价值。

唐人诗集 又名《唐五十家诗集》。诗总集。明佚名编。收录自唐太宗、虞世南以至武元衡、权德舆等五十家唐人诗集，共一百五十九卷，上起唐初，下迄大历、贞元间，不录晚唐作家，显系受明七子“诗必盛唐”观念影响所致。所收作品有诗、赋两类，编排上先赋后诗，诗又按五古、七古、五律、五排、七律、五绝、六绝、七绝诸体依次分列，亦属明人明辨诗体的习尚。全书无印行者姓氏及序跋，但各集均为铜活字印本，且款式划一，当出于一人之手编成。据今人考订，成书年代约在明正德间，所据底本亦多为宋元旧本，故具有较高的资料价值。原题《唐人诗集》，所存几种藏本多有残缺，后上海古籍出版社将北京图书馆、天一阁、杭州大学图书馆藏本加以汇集，重加影印，改题《唐五十家诗集》，1981年刊行。

唐五十家诗集 参见“唐人诗集”。

唐李杜诗集 诗总集。明邵勋编。录唐李白、杜甫二家诗各八卷，共十六卷。书前有万虞恺序，称“近见大梁李公有李刻，关中许公有杜刻，皆去其注；予因其二本，命庠生邵勋订其讹，间增其逸，汇而并刻云”。此书的特点在于既分体而又分类编排，虽分类不尽惬人意，却颇便于读者比较与模拟，由此亦可窥见当时人学诗的习尚。有明嘉靖二十一年(1542)万虞恺刻本，并辑入1974年台湾大通书局出版的《杜诗丛刊》第三辑。

二张集 又名《二张诗集》。诗总集。明高叔嗣编。录唐张九龄、张说二家诗集，共四卷。前为《张曲江集》二卷，首赋二篇，其余皆诗，末附宋之问、王维、孟浩然、苏轼有关张九龄的诗数首。后为《张燕公集》二卷，首赋五篇，余皆诗。书前有高氏叙，谓二张居朝时“抽笔兰室，雍容应制，词何泽也”，出朝后“怀人寄言，托物写心，又何凄也”。有嘉靖十六年(1537)和嘉靖三十三年刻本。

唐百家诗 又名《百家唐诗》。诗总集。明朱警编。收录初唐二十一家、盛唐十家、中唐二十七家、晚唐(包括五代)四十二家共百家唐人诗集，凡一百七十一卷。不录李白、杜甫、王维、高适、岑参、刘长卿、韦应物、韩愈、柳宗元、元稹、白居易、刘禹锡、李商隐、杜牧诸大家、名家诗，大概因为这些作家都有专集行世，无需汇刻。书前载明徐献忠所撰《唐诗品》一卷，对所录诗家各有品题，评语精要。末附朱警“后语”一篇，说明此书编集始于其父，多取宋刻为底本，并经自己订补完成。现各集体例不一，有的且收入赋作，大约和所据底本来源不一有关。此书为大型的唐人诗集汇编，深受人们重视。明末胡震亨编《唐音统签》，由此转录者甚多；清季振宜辑《唐诗》，亦用其中不少诗集为底本。今传有明嘉靖十九年(1540)朱氏刻本；另台湾“中央图书馆”藏明蓝格抄本，作一百八十四卷，附《唐诗品》一卷。

唐十子诗 诗总集。明王准编。录常建、郎士元、严维、刘叉、于鹄、于濆、于武陵、邵谒、伍乔、鱼玄机等十家唐人诗，共十四卷，其中常建与刘叉诗集各三卷，余皆一卷。书前有前后二序，说明此书乃周水部于吴下得宋本《唐十子诗》，授王准刊行，并谓原集将于邺与于武陵诗分编，实为一人，今校而合之，另增入常建诗以凑足十家。有明嘉靖二十六年(1547)王准刻本，另清光绪间陶氏涉园影抄明嘉靖本。

十二家唐诗 又名《唐十二家诗》。诗总集。明张逊业编。录王勃、杨炯、卢照邻、骆宾王、陈子昂、杜审言、沈佺期、宋之问、孟浩然、王维、高適、岑参等十二家初盛唐人诗集各二卷，共二十四卷，其中包括赋篇。编排上先赋后诗，诗又按五七言古近体分编。末有黄埻跋语，以王、杨、卢、骆为唐音之发硎，其余八家进而昌明诗道，十二家皆“唐之可法者”，可见选编宗趣。按汇刻十二家诗集，始于明正德间佚名所编《唐十二家诗》四十九卷，大抵为仿宋覆刻本，保留着原集的序言，还录有一部分文章。张逊业则依据上书加以改编，删去原序和文集部分，将赋、诗重新按体编排，并把各集皆整理为上下两卷，于嘉靖三十一年(1552)由江都黄埻东壁图书府刊行。此书出版后，又屡经后人校订重刊。万历十二年(1584)有杨一统编校十二卷本，题《唐十二名家诗》，系将各集之上下卷合为一卷而成。万历三十一年又有许自昌霏玉轩刻本，题《前唐十二家诗》，仍为二十四卷，后郑能于闽城琅嬛斋重加刊行。

唐十二名家诗 参见“十二家唐诗”。

前唐十二家诗 参见“十二家唐诗”。

中唐十二家诗集 诗总集。明蒋孝编。收录储光羲(附储嗣宗)、独孤及、刘长卿、卢纶、钱起、孙逖、崔峒、刘禹锡、张籍、王建、贾岛、李商隐十二家唐人诗集，共七十八卷，有嘉靖二十九年(1550)蒋孝刻本。按明正德、嘉靖间，汇刻初盛唐十二家诗人之集流行，本书即承其风而续刻十二家者，以多为中唐时人，故名。书出版后，有明人陆汴所编《广十二家唐诗》八十一卷问世，收录的诗人全同于蒋孝，唯刘禹锡诗增拾遗一卷，张籍诗多二卷，显系就此书增补而成。万历年间又有朱之蕃辑《中唐十二家诗集》（又名《中唐十二名家诗》）十二卷，乃将每种诗集合并为一卷，有金陵书坊王世茂刻本。

广十二家唐诗　参见“中唐十二家诗集”。

唐诗二十六家　诗总集。明黄贯曾编。收录李峤、苏颋、虞世南、许敬宗、李颀、王昌龄、崔颢、崔曙、祖咏、常建、严武、皇甫冉、皇甫曾、权德舆、李益、司空曙、严维、顾况、韩翃、武元衡、李嘉祐、耿沛、秦系、郎士元、包何、包佶等二十六家唐人诗集，共五十卷。序称洞庭徐太宰刻陈子昂、杜审言以下十二家诗，毗陵蒋氏刻钱起、刘长卿以下十二家诗，至初唐如李峤、苏颋辈，盛唐如崔颢、常建、祖咏、王昌龄辈，中唐如李嘉祐、郎士元、皇甫曾、皇甫冉辈，均无刻本，惧其湮没，因刻之。可见此书是为《十二家唐诗》和《中唐十二家诗集》作补遗的，而选编仅及于大历、贞元以前人，仍见出宗趣所在。另据傅增湘《藏园群书经眼录》考证，书中各集大抵取朱警《唐百家诗》本覆刻，亦有出自明铜活字《唐人诗集》者，而黄氏也有所校正。今传有嘉靖三十三年（1554）黄氏浮玉山房刻本，《四库全书》录入存目。

李杜二家诗钞评林　又名《唐二家诗钞评林》。诗总集。明梅鼎祚编，屠隆集评。录唐李白、杜甫二家诗及其评语，共十二卷，计《李诗钞评》四卷，诗一百四十九首，《杜诗钞评》八卷，诗二百四十七首。书前有二家诗总评，汇集宋明间人的评语，末附梅氏自评。所选诗均按体分编，每一体类前都有集评，间附编者参评，论析作者这一体诗的风格与利钝。另每首诗除解题、注释外，亦有简短的眉批与夹批。可见本书以评诗为特色，尤其集评材料较为丰富，足以显示明以前人对李、杜诗的不同评价，便于比较分析。有明余绍崖刻本和万历六年（1578）、万历十七年诸刻本。

陆鲁望皮袭美二先生集合刻　诗文总集。明许自昌编。录唐陆龟蒙、皮日休二家诗文集，共三十八卷，计《甫里先生集》二十卷，《文薮》十卷，《皮从事倡酬诗》八卷。有万历三十一年（1603）长洲许氏刻本。

元白长庆集　诗文总集。明马元调编。录唐元稹、白居易两家诗文集，共一百四十一卷，计《元氏长庆集》六十卷、补遗六卷、附录一卷，《白氏长庆集》七十一卷、目录二卷、附录一卷。有万历三十二年至三十四年（1604—1606）松江马氏刻本。另有明徐守铭所编《元白长庆集》三十一卷，计《元稹长庆集》九卷，《白乐天长庆集》二十二卷，系选编，而非全帙，有万历三十一年徐氏宁寿堂刻本。

晚唐十二家诗集　又名《晚唐十二名家诗》。诗总集。明朱之蕃编。朱氏另编有《中唐十二家诗集》，本书乃接续之作。收录孟郊、郑谷、许浑、姚合、杜牧、薛能、李中、吴融、罗隐、李频、许棠、杜荀鹤十二家唐人诗集，共二十一卷，其中孟郊诗十卷，余各一卷。此书刻工较草率，颇有疏误，但有的集子为其他刻本所无，仍具有参考价值。清季振宜辑《唐诗》时，曾取本编及《中唐十二家诗集》中数种集子为底本。有明万历四十年（1612）朱氏刻本。

十家唐诗　诗总集。明毕效钦编。录初唐李峤、张说、张九龄、苏颋和盛唐储光羲、李颀、常建、崔颢、王昌龄、祖咏十家唐人诗集，共十二卷，其中张说、张九龄诗各二卷，余皆一卷。有万历毕懋谦刻本。书出版后，编者又陆续增入中唐张祜、韩翃、秦系、耿沛和晚唐项斯、温庭筠、许浑、李咸用、李洞、曹松、于邺、刘沧等十二家诗集各一卷，连同原初盛唐十家合刊，共二十三卷（原张九龄诗二卷合为一卷），而书名仍循《十家唐诗》未改。有万历毕懋谦增刻本。

唐十家诗　诗总集。明李之桢编。录徐安贞、刘长卿、韦应物、李德裕、陆龟蒙、皮日休、许浑、郑谷、欧阳詹、黄滔等十家唐人诗集，共五十一卷。序称吴中徐长谷（按当为朱警）辑《百家唐诗》行世，余披其逸者锓之，补所未备云。集前有“各家世核”，著录诗人小传及有关诗评。卷中有圈点，卷后附补遗。有明天启四年（1624）如皋李氏刻本。

合刻西昆集　诗总集。明姚希孟编。录唐李贺、温庭筠、韩翃、韩偓四家诗集（韩偓仅《香奁集》），不分卷。按“西昆”之为名，本于北宋真宗朝杨亿、刘筠、钱惟演诸人值秘阁修书时唱和诗的结集——《西昆酬唱集》；因其诗风学晚唐李商隐的精丽，后人亦有将李诗称作“西昆体”的。此编则又将“西昆”的名目扩展到李贺等中晚唐四家身上，隐然有构成一个诗派的意思，值得注意。有明天启刻本。

李杜全集 诗总集。明闻启祥编。录唐李白、杜甫两家诗集，共四十二卷，计李白诗二十二卷，杜甫诗二十卷。明人论诗尊崇盛唐，李、杜二人被奉为宗匠，合刻两家诗的本子很多。在这之前，正德间鲍松编《李杜全集》八十三卷，嘉靖间许宗鲁、邵勋编《唐李杜诗集》十六卷，万历间李齐芳编《李杜诗合刻》十九卷，许自昌编《李杜全集》四十七卷，刘世教编《合刻分体李杜全集》一百二十卷，均先后行世，其余选编二家诗作的更多。本书特点在于将未经刊行的宋严羽评点李白诗集，与流行中的宋刘辰翁评点杜诗合编。书前有闻氏所撰《沧浪须溪评点李杜诗序》，称"盖世之论诗者多矣，论李、杜之诗者亦多矣，唯沧浪为金刚择法眼，须溪为老吏案狱手，其于评点李、杜，更有分路扬镳、晤言一室之妙"。有崇祯二年(1629)闻启祥刻本。

初唐四子集 诗文总集。明张燮编。录号称"初唐四杰"的王勃、杨炯、卢照邻、骆宾王四家诗文集，共四十八卷，计《王子安集》十六卷、附录一卷，《杨盈川集》十三卷、附录一卷，《幽忧子集》七卷、附录一卷，《骆丞集》八卷、附录一卷。按四家集合编，此前有明嘉靖间张明刻《唐四杰集》四卷，仅诗无文。诗文合刊者，当以本编为最早，流行亦广。清乾隆间项家达辑《初唐四杰集》三十七卷，其王、卢二集即以本书所录为底本而重加校理，《四部丛刊》中的王、卢二集亦据本编影印。有明崇祯十三年(1640)张燮、曹荃刻本。

唐人八家诗 诗总集。明毛晋编。录八家唐人诗集，共四十二卷，计许浑诗二卷、罗隐诗十卷、李中诗三卷、薛能诗十卷、贾岛诗十卷、李嘉祐诗一卷、李群玉诗三卷、李商隐诗三卷。明代诗学素重初盛唐诗，汇刻唐人集子亦以大历、贞元以前人为多。毛氏汲古阁藏书丰富，所刊数种唐人合集，每多元和及晚唐人诗，且多据宋元旧本翻雕，印刷精美，风行天下，本编即为其中之一。有明崇祯十二年(1639)汲古阁刻本，1926 年上海商务印书馆曾予影印。

五唐人诗集 诗总集。明毛晋编。录五家唐人诗集，共二十六卷，计孟浩然诗三卷，孟郊诗十卷、附一卷，温庭筠诗七卷、别集一卷，李绅诗三卷，韩偓《香奁集》一卷。除孟浩然外，均为中晚唐诗人。有明崇祯毛氏汲古阁刻本，1926 年上海涵芬楼据以影印。

唐六名家集 又名《唐人六集》。诗总集。明毛晋编。录六家唐人诗集，共四十二卷，计常建诗三卷、附录一卷，韦应物诗十卷、拾遗一卷，王建诗八卷，鲍溶诗六卷、集外诗一卷，姚合诗十卷，韩偓诗一卷、补遗一卷。有明崇祯毛氏汲古阁刻本，1926 年上海商务印书馆曾予影印。

唐四名家集 又名《唐人四集》。诗总集。明毛晋编。录中晚唐四家诗集，共十二卷，计李贺诗四卷、集外诗一卷，吴融诗三卷，杜荀鹤诗三卷，又《窦氏联珠集》一卷。有明崇祯汲古阁刻本，1916 年上海商务印书馆曾予影印。

唐三高僧诗集 诗总集。明毛晋编。录唐三家释子诗集，共四十七卷，计贯休诗二十五卷、补遗一卷，齐己诗十卷，皎然诗十卷、补遗一卷。有明崇祯毛氏汲古阁刻本。

三唐人文集 文总集。明毛晋编。录三家唐人文集，共三十四卷，计李翱文十八卷、皇甫湜文六卷、孙樵文十卷。三家皆韩门后学，据云得韩愈古文之真传。明代汇刻韩柳文或唐宋八大家文集者不少，此编可作补遗。有明末毛氏汲古阁刻本和清嘉庆、道光间重修本。

李杜诗选 诗总集。明张含编，杨慎等批点。选录唐李白、杜甫二家诗约三百六十首，共十一卷，计《李诗选》五卷，一百六十余首；《杜诗选》六卷，一百九十余首。李诗卷首有杨慎题辞，述及世人多选杜而忽李，故张含有此编集；杜诗卷首另有文仲阁所撰序。卷内引诸家评语甚多，杨慎以外，尚有宋刘辰翁，元萧士赟、范梈，明钟惺、梅鼎祚、蒋一葵等人评，亦有圈点。后三人生活年代远在杨慎、张含之后，其评语当为续刻时增入。今传有明乌程闵氏朱墨套印本，《四库全书》录入存目。

唐三家集 诗总集。明佚名编。录三家唐人诗集，共九卷，计李商隐诗七卷、韩翃诗一卷、韩偓香奁集一卷。有明万历间云阳姜道生刻本。

唐十一家集 诗总集。明佚名编。录十一家唐人诗集，共二十八卷，计张说诗二卷、独孤及诗三卷、刘希夷诗一卷、郎士元诗二卷、耿沣诗二卷、包佶诗一卷、包何诗一卷、卢纶诗十卷、羊士谔诗二卷、李嘉祐诗二卷、秦系诗二卷。有明刻配抄本。

盛唐四名家集 诗总集。明佚名编。录四家唐人诗集，共二十四卷，计王维诗七卷，孟浩然诗二卷，李贺诗四卷、外集一卷，孟郊诗十卷。卷内有宋刘辰翁、明顾璘等评。按四家中，李贺与孟郊不属盛唐时代，混题“盛唐四名家”，殊失检点。估计将四人诗集牵合一起，是因为都来自刘辰翁评点本所致，而顾璘等人评语则系编刻时增入。今传有明凌濛初刻闵氏朱墨套印本。

唐十八家诗 诗总集。编者不详。录李峤、郑谷、高適、马戴、李频、顾非熊、郑巢、许琳、刘叉、杨凝、李昌符、李建勋、包佶、王周、于邺、于濆、李中、章碣等十八家唐人诗集，共二十一卷，其中郑谷、郑巢、李建勋各二卷，余皆一卷。有明初抄本。按此书收录漫无标准，编次亦无伦序，看来是随抄随录，非有意识、有计划的编集，故亦未加刊刻；所收以中晚唐小家居多，当系根据抄录者的需要，而亦有保存资料的价值。类似于此的，尚有明抄《唐四十七家诗》一百三十一卷，《唐四十四家诗》九十八卷，清初抄《唐诗二十家》四十一卷等，辑者均佚其名。

唐四十七家诗 参见“唐十八家诗”。

唐四十四家诗 参见“唐十八家诗”。

元和三舍人集 诗总集。编者不详。一卷。录唐令狐楚、王涯、张仲素三家诗，因三人于宪宗元和年间皆曾任中书舍人，故名。所载皆五七言绝句，且多系乐府歌词，当与《御览诗》专录“妍艳短章”属同一时尚。原编已残缺，今尚存明抄本藏复旦大学图书馆，收入《唐人诗集八种》。

唐四僧诗 诗总集。编者不详。录唐四家释子诗集，共六卷，计灵澈诗一卷、灵一诗二卷、清塞(即周贺)诗二卷、常达诗一卷。灵澈、灵一、常达诗前各载宋僧赞宁所撰本传一篇；灵澈卷首尚有唐刘禹锡序一篇，称其门人取其诗三百首勒为十卷，但此编仅存十六首。集后并附有他人唱和酬赠之作。有清远碧楼刘氏写本行世，《四库全书》据汪如藻家藏本收录。

薛涛李冶诗集 诗总集。编者不详。录唐女诗人薛涛、李冶诗各一卷，共二卷。按薛涛诗原有《锦江集》五卷，《直斋书录解题》另记载李冶诗一卷，俱佚。本书为后人抄撮而成，凡薛涛诗八十二首，李冶诗十四首，编辑尚称详慎，但仍有个别重出和误入者。薛涛诗前小传则采自诸书所载事迹材料，概括较完备。现存《四库全书》本，系据清汪如藻家藏本收录。

李杜诗通 诗总集。明胡震亨编注。录唐李白、杜甫两家诗集，各加笺释，共六十一卷，计《李诗通》二十一卷、《杜诗通》四十卷。此书注意吸收前人注解的成果，且能不拘成说，自出手眼，对一些附会、流传的说法予以破除、廓清；其注重知人论世、以意逆志的方法，更得到后人的发扬。另外，笺释中对诗歌艺术特色也有一些中肯的分析。有清顺治七年(1650)朱茂时刻本。

王韦合刻 诗总集。明项絪编。录唐王维、韦应物两家诗集，共十六卷，计《王摩诘集》六卷、《韦苏州集》十卷。按王、韦并称，始于晚唐司空图《与李生论诗书》所云“王右丞、韦苏州澄澹精致，格在其中”，又其《与王驾评诗书》云“右丞、苏州趣味澄复，若清风之出岫”。本编即体现这一观念。有清康熙项氏玉渊堂刻本。

柳元山水谱 诗总集。清黄中通编。选录唐柳宗元、元结两家山水诗各一卷，共二卷。按元、柳二人素不并称，此编以其山水诗合刊，实乃自出手眼。有清顺治写刻本，复旦大学藏本有清丁敬批校。

韩柳诗选 诗总集。清汪森编。四册，不分卷。录唐韩愈、柳宗元两家诗，分别编列，计前三册为韩诗，第四册为柳诗。大部分诗附评语，佳句有朱笔圈点。评语有眉批、尾批、题下批各种形式，往往一首诗有多条评语，谈及作家风格和诗体流变，皆精当。两家诗后各有一段总评，论韩、柳诗的渊源和影响，特别指明其文章与诗歌的联系，如谓“韩长于序说，而其议论之宏肆，亦时见于诗；柳工于记，而其诗之绝胜者，亦在山水登临之际”，对于全面评价韩柳有参考价值。有清裘杼楼刻本，另稿本藏复旦大学图书馆。

唐四家诗 诗总集。清汪立名编。录唐王维、孟浩然、韦应物、柳宗元四家诗集各二卷，共八卷。按明清两代以“唐四家诗”命名的合集有多种。如明欧阳景所编二十四卷本，录韩愈、柳宗元、王维、孟浩然四家诗，是突出李、杜以外的大家、名家。另明佚名所编八卷本，录孟浩然、王维、高適、岑参四家，则属标榜盛唐诗风。本编以王、孟、韦、柳合刊，显然着眼于宣扬一个自具特色的文学流派和文学传统，值得注意。书前有汪氏自序，称四家诗为“宋元人之鼻祖”，善学宋元诗者，当仍于唐诗求之，以矫其弊云。有清康熙三十四年(1695)天都汪氏刻本，并录入《四库全书》存目。

十种唐诗选 诗总集。清王士禛选编。此书系就唐殷璠、高仲武等人所编九种唐诗选本及宋姚铉《唐文粹》中所录诗篇，重加删选而成。共十七卷，计《河岳英灵集选》、《中兴间气集选》、《国秀集选》、《箧中集选》、《搜玉集选》、《御览诗集选》、《极玄集选》、《又玄集选》各一卷，《才调集选》三卷，《唐文粹诗选》六卷。书前有韩菼、尤侗、盛符升诸序。盛序说明编选缘由在于王氏以为“后人选唐诗，不若求之唐人，足见当代之遗则”。但清翁方纲《石洲诗话》却认为“《十选》以应付彼十家则有余，不可以概三唐作者也”，并谓“渔洋《十选》，大意归重在殷璠、元结二本，而以《文粹》为备”。有清康熙三十一年(1692)刻本，并录入《四库全书》存目。

寒瘦集 诗总集。清岳端编。不分卷。录唐孟郊、贾岛两家诗八十二首，分别编次，计孟诗四十四首，贾诗三十八首。因苏轼有“郊寒岛瘦”之语，故名。书前有岳端二序。前序称“凡物莫不寒者清而瘦者古。清古，诗品之极致也”，又云“郊诗刿目鉥心，神施鬼设，琢削而成；岛不欲以才气掩性情，特于事物理态，毫忽体认，深者寂入，峻者迥出，非庄人雅士不能窥其藩篱”，可见评价之高。后序则谓“诗贵有章，而字句之法亚之，然亦不可少也”，故仅有佳句而全篇“乱杂无章”，或“章法徒整而中无佳句”者，均不取，又可见选择之严。所选诗多五言，无笺注，但有评语圈点。评语长短不一，或评或解；圈点有六种符号，分别标示主脑、转折、照应、佳句等，皆用朱墨套印。有清康熙三十八年(1699)岳端红兰室刻本。

温李二家诗集 诗总集。清陈堡编。选录唐温庭筠诗三百三十四首、李商隐诗三百六十三首，各编一册，共二册。选诗按体分编，先古体，后近体；诗前冠以《唐书》本传。书首有陈氏自序，略谓世人读温、李诗，只知“叹其才华之典赡，句调之流丽”，而“未尝得其妙处”，盖二家之诗“有极清疏淡约之句，而酝酿深厚，含味无穷”者，要在“得其传神用意以及本源底里所自来”，表明选编温、李诗的独特用心。有清康熙四十一年(1702)秀水陈氏骏惠堂刻本。

中晚唐诗纪 又名《中晚唐诗》。诗总集。清龚贤编。分行本与秘本二集，行本录张籍、李嘉祐等三十一家诗，秘本录鲍溶、张祜等三十一家诗，人各一卷，共六十二卷。首载龚氏撰《中晚唐诗纪侨立姓氏说》一文，相当于书序，自述有感于汇录汉魏六朝诗的《古诗纪》和编刻初盛唐诗的《唐诗纪》相继行世，而中晚唐诗纪独缺，故编此集。所收诗集多据善本，采摭宏富，唯各集编排上不按先后世次，诚如序文所说“遇一家便刻一家，各各首尾完具”。据清周亮工《读画录》介绍，龚氏酷嗜中晚唐诗，搜罗百余家之多，而力薄未能全梓。即便如此，因其较早从事于系统收辑、汇刻中晚唐人诗集，仍有重要意义，叶德辉谓其“网罗散佚、表章古人之心，在《全唐诗》未出以前，其有功于唐贤巨矣”(《书林余话》)。清季振宜辑《唐诗》，曾采用其中数种诗集为底本；刘云份所编中晚唐各家诗集，也大抵取材于此。有康熙半亩园刻本。

唐诗百名家全集 又名《百家唐诗》、《唐人百家诗》。诗总集。清席启寓编。录唐刘长卿以下百家诗集，共三百二十六卷。席氏序称李、杜以前诸集善本易求，故此编专取大历、贞元以迄唐末五代之诗；其中白居易、元稹、皮日休、陆龟蒙四家诗集有目未刊，也因其善本多而卷帙繁。所收各集，大抵以宋本为底本，更据《唐文粹》、《文苑英华》、《唐诗纪事》、《唐诗类苑》诸书进行参校、补遗，确实做到了“博采所传，务求其备”(席序语)。各家集前更冠以小传，并附诸家评语多则。此书问世后，深得学界重视，尤为研究中晚唐诗所必备。书前另有叶燮所撰序文一篇，着力阐扬“中唐”非仅唐诗之“中”，乃“古今百代之中”，文运、诗运转变的“一大关键”，亦属论诗之特见。有清康熙四十一年(1702)席氏琴川书屋刻本，又光绪八年(1882)重刻本和1920年上海扫叶山房石印本。

十三唐人诗 诗总集。清刘云份编。收录姚合、周贺、戎昱、唐求、沈亚之、储嗣宗、曹邺、姚鹄、邵谒、韩偓、林宽、孟贯、伍乔等中晚唐十三家诗集，共十五卷，计韩偓诗三卷，余各一卷。首有刘氏自叙，说明继《唐代刘氏诗集》后，收集、汇刻本编的缘由和经过。每集前均有诗人小传，多数还有序，撰人非一，其中彭孙遹序戎昱诗和费密序曹邺诗涉及中晚唐诗的特点及读法。有清康熙四十二年(1703)刘氏野香堂刻本，与《八刘唐人诗》合刊。

八刘唐人诗 诗总集。清刘云份编。收录刘叉、刘商、刘言史、刘得仁、刘驾、刘沧、刘兼、刘威等中晚唐刘姓八家诗集，各一卷，共八卷。首有李翰熙序，说明编者收辑、汇刻之功，并谓其于中晚唐刘姓诗人中最推重刘长卿和刘禹锡，因声名显著而未刊入。每集前有诗人小传，刘商诗前并录唐武元衡序。有清康熙四十二年(1703)刘氏野香堂刻本，与《十三唐人诗》合刊，并录入《四库全书》存目。

全唐刘氏诗 又名《唐代刘氏诗集七十种》。诗总集。清刘云份编。收录唐代刘姓诗人七十一家诗，计初唐十七家、盛唐九家、中唐十四家、晚唐十四家、年代不详九家、女流八家，编为六卷(亦有人各一卷者)。序称唐代诗人李氏最盛，王、张次之，刘氏又次，约六十余家，已姓刘，故辑以成帙。书前另有杜濬所撰《二刘诗叙》，专门评述刘禹锡、刘长卿二家诗，可见他们在唐代刘姓诗人中的突出地位。又有孙枝蔚撰《八刘诗叙》，评述刘商、刘言史、刘叉、刘沧、刘威、刘驾、刘得仁、刘兼八家诗，成为刘云份后来汇刻《八刘唐人诗》的肇端。集内诗人各附小传，不详者缺。收诗各人不等，有的仅一二首，但仍有汇辑之功。有清康熙刘氏野香堂刻本。

中晚唐诗 诗总集。清刘云份编。收录刘长卿以下中晚唐人诗，编为五十五卷，其中刘禹锡二卷，韩偓三卷，余各一卷，末二卷为“女唐诗”和“女才子诗”，录妇女十一人。此书编次较乱，先列中唐十三卷、晚唐十六卷，后又列中唐十卷、晚唐十六卷。考前半所载，实即刘氏原编《十三唐人诗》和《八刘唐人诗》的内容，增入刘长卿、刘禹锡、裴度、李远、喻凫五家诗集而成；后半系其续辑。各集后往往又附刘姓诗人诗若干首，亦为其《全唐刘氏诗》中的小家零篇。本编当辑成于前数种著作之后，为刘氏所收中晚唐诗的总汇。有清康熙刘氏野香堂和贞隐堂刻本。

唐八家诗钞 诗总集。清陈明善编。选录唐李白、杜甫、王维、孟浩然、韦应物、柳宗元、韩愈、李商隐八家诗一千七百四十六首，不分卷。书前有沈德潜、庄存与和陈氏自序各一篇。沈序称王士禛生前欲刻八家诗集而未果，陈氏成此编以继其志，并谓“八家之诗，洵可概一朝之诗也”，故披览此书，可以“知诗人之体格、议论、远神、逸韵，千变万化，鬼出神入，而一归于正者，罔弗备于斯焉”。集中诗均按体编排，附以诗人小传。所选以杜甫、李白居多，其余各家也有一定比例，但不选杜诗之开宋人俗调者，对韩愈联句的饾饤铺排和李商隐部分诗作的“佻薄”有所批评(见例言和庄序)，仍可见出编选者的别裁。有清乾隆三十四年(1769)刻本。

初唐四杰集 诗文总集。清项家达编。录王勃、杨炯、卢照邻、骆宾王等初唐四子诗文集，共三十七卷，计《王子安集》十六卷、《杨盈川集》十卷、《卢昇之集》七卷、《骆丞集》四卷。其中王、卢二集以明张燮编《初唐四子集》本为基础，杨集以明童珮辑本为基础，骆集以《四库全书》本为基础，均参校各本，重加整理。有清乾隆四十六年(1781)星渚项氏刻本和同治十二年(1873)邹氏丛雅居重刻本。后有人因此编而删去诗歌部分，成《初唐四杰文集》二十一卷，亦于同治间邹氏丛雅居刊行，并为《四部备要》所采录。

王氏汇刻唐人集 诗文总集。清王遐春编。录欧阳詹、韩偓、王棨、黄滔、徐寅、林蕴等六家唐人诗文集七种，共三十六卷，计《欧阳四门集》八卷附录一卷、《香奁集》三卷附录一卷、《韩翰林集》四卷附录一卷、《麟角集》一卷附录一卷、《黄御史集》八卷附录一卷、《徐正字集》四卷附录一卷、《林邵州遗集》一卷附录一卷。王氏系闽人，所收六家中，五家俱闽籍，韩偓晚年亦归宿于闽。编者在诗文的校补上颇用力，收辑较为齐备，并采录不少序、传等资料，足资参考。有清嘉庆十五年(1810)福鼎王氏麟后山房刻本。

唐人三家集 诗文总集。清秦恩复编。录唐骆宾王、吕温、李观三家诗文，共二十六卷，计《骆宾王文集》十卷、《吕衡州集》十卷、《李元宾文集》六卷。所据底本均为宋本，且经精心考校，各附秦恩复序并顾广圻考异文字和跋语。有清道光十年(1830)江都秦氏石砚斋刻本和宣统三年(1911)藏古园图书馆石印本。

唐四家诗集 诗总集。清胡凤丹编。录王维、孟浩然、韦应物、柳宗元四家唐人诗集，共二十卷，计《王辋川集》四卷、《孟襄阳集》二卷、《韦苏州集》十卷、《柳柳州集》四卷，附采辑历朝诗话一卷及辨伪考异四卷(人各一卷)。此书以《全唐诗》所录四家诗为底本，校以各种专集、选本，在考订上化了工夫。附录诗话，亦汇集了前人的有关评论。书前有胡氏自序，谓四人生平、出处虽不尽相侔，而“胸襟浩然，萧然出尘，则遥遥百余年间，前后若合符节”，并以“清奇”、“清远”、“清拔”、“清俊”来分别标示四家诗的特长，提醒天下读诗者“毋徒炫李、杜之名，而忽视夫四子也”。可见是继汪立名所编《唐四家诗》之后，进一步倡扬王、孟一派诗风者。有清同治九年(1870)退补斋刻本和宣统三年(1911)石印本。

唐人五十家小集 又名《宋本唐人小集》。诗总集。清江标编。录王勃、杨炯、卢照邻、骆宾王初唐四杰以至中晚唐人诗集(不录盛唐人集)共五十家,七十二卷。除王、杨、卢、骆居首外,余未按世次编列。此书所据底本多来自南宋临安府睦亲坊陈道人书籍铺刻本(俗称"书棚本")。原本传世者不多,且编录谨严,刻印精美,甚受重视。此书据以影刻,保存了原集的面貌,并加流布,是其价值所在。有清光绪二十一年(1895)元和江氏灵鹣阁刻本。

三唐人集 诗文总集。近代缪荃孙编。录唐欧阳詹、孙樵、皇甫湜三家文集,共二十六卷,计《欧阳行周文集》十卷、《孙可之文集》十卷、《皇甫持正集》六卷。俱经缪氏精校,各附校记一卷。有1915年至1916年江阴缪氏刻本。

袁州二唐人集 诗文总集。胡思敬编。录唐卢肇《文标集》三卷补遗一卷、郑谷《云台编》三卷拾遗一卷,共八卷,并附校勘记各一卷。卢、郑二人俱袁州宜春(今属江西)人,此书又辑入《豫章丛书》,显属地域作家文集。编者在辑佚、校勘上用力,有一定价值。有1917年《豫章丛书》本。

贵池唐人集 诗文总集。刘世珩编。录唐五代池州(治今安徽贵池)九位作家的诗文,共十七卷,计康骈《剧谈录》二卷(补逸文五条)、费冠卿诗一卷(附文一篇)、《张处士集》五卷、周繇诗一卷(附文一篇)、顾云诗一卷文一卷、张乔诗一卷(附文一篇)、杜荀鹤《唐风集》三卷(补逸诗九首,并附《松窗杂记》一卷)、殷文圭诗一卷(附文一篇)、伍乔诗一卷。首有刘氏自序,略谓唐元和以后,江东诗人推池州独盛,所录诸家,号称人杰。每家诗文前皆录有《贵池县志》所载本传,诗文后常有版本、校补说明及简要评语。作为地域作家文集,在辑校上颇有贡献,如费冠卿、顾云集已不传,余人诗文亦有遗佚,赖此收编。有1920年贵池刘氏唐石簃刻《贵池先哲遗书》本。

南唐二主全集 诗文总集。管效先编。录五代南唐中主李璟、后主李煜二家文集、诗集、词集共六集,不分卷。考《郡斋读书志》记载有"《李煜集》十卷",顾櫰三《补五代史艺文志》更有李后主"集略七卷、诗一卷",俱佚;李璟集则未见历代书目文献著录。此编系管氏从各种典籍收辑而成,所录文章皆诏、表之类。首有南唐二主年谱,前列世系表颇详备。1930年上海商务印书馆刊行。

唐人选唐诗(十种) 诗总集。中华书局上海编辑所编。收录《唐写本唐人选唐诗》、《箧中集》、《河岳英灵集》、《国秀集》、《御览诗》、《中兴间气集》、《极玄集》、《又玄集》、《才调集》、《搜玉小集》等十种唐五代人有关唐诗的选本,汇编成集。按唐人选唐诗的本子,见于记载者不少,大多均已散佚。明佚名辑有《唐人选唐诗》六种十二卷,包括《箧中集》一卷、《国秀集》三卷、《河岳英灵集》三卷、《中兴间气集》二卷、《搜玉小集》一卷和《极玄集》二卷,有嘉靖刻本行世。明末毛晋又编成《唐人选唐诗》八种二十三卷,计增入《御览诗》一卷、《才调集》十卷,与原六种合刊,并加校跋,有崇祯元年(1628)毛氏汲古阁刻本。中华书局上海编辑所在此基础上更补入从敦煌卷子里影录的《唐写本唐人选唐诗》残本一卷和存传于日本的《又玄集》三卷,合成《唐人选唐诗》十种,各选善本为底本,加以断句排印。现存唐五代人有关唐诗的选本,大体荟萃于此。1958年中华书局上海编辑所出版,1978年上海古籍出版社新一版。

唐诗小集 诗集丛刊。上海古籍出版社编,约请国内专家分别校注。其"出版说明"述编辑宗旨,谓唐大家诗集历来刊刻甚多,而较小的诗人则作品流传不广,故拟选择"虽非大家而其作品卓有可观"的数十家诗集,用简注形式陆续出版,总名为《唐诗小集》。自1981年至1990年间,先后出版十六种凡二十一家诗集,计《王绩诗注》、《杜审言诗注》、《贺知章包融张旭张若虚诗注》、《崔颢崔国辅诗注》、《王昌龄诗注》、《张继诗注》、《李益诗注》、《戎昱诗注》、《李绅诗注》、《马戴诗注》、《雍陶诗注》、《赵嘏诗注》、《于濆诗注》、《曹邺诗注》、《秦韬玉李远诗注》、《罗邺诗注》。各集均选择好的底本,并经广泛参校,收辑较为齐备,注解简明扼要,附录传记、序跋、集评等资料,对唐诗研究有参考价值。由上海古籍出版社出版。

全唐文 总集名。清董诰等奉诏编纂,修成于仁宗嘉庆十九年(1814)。一千卷。收录唐五代作家三千零四十二人,文一万八千四百八十八篇。以清廷内府抄本《唐文》为基础,并采辑《四库全书》、《永乐大典》、《古文苑》、《文苑英华》、《唐文粹》诸书而成。其体例,"首诸帝,次后妃,次宗室诸王,次公主,五代亦依此序次,其十国主附五代后,次臣工,次释道,次闺秀","至宦官四裔各文,无可类从,附编卷末"(《凡例》),并撰著作者小传。辑录者曾订正前人不少错误,为迄今收录唐五代文最完备之总集,对于研究唐五代文学和历史具有重要价值。清俞樾称:"有唐一代文苑之美,毕萃于兹。"(《全唐文拾遗序》)但书中亦有作者舛误、题目讹误、文章重出及误收、漏收、不注明采辑出处等弊病。现存版本有清内府刻本及广州书局本。1982年中华书局将内府本缩印出版,附印陆心源《唐文拾遗》及《唐文续拾》。1990年上海古籍出版社又出版缩印本,除附印《唐文拾遗》及《唐文续拾》外,还收入清劳格《读全唐文札记》及岑仲勉《读全唐文札记》。

唐文选注　文总集注本。陈光宇注。首有前言,略述唐文概况和选注体例。共收作家十四人,选文三十篇。突出韩愈、柳宗元二家,各选文八篇,同时兼顾各期重要作家,包括魏徵、王勃、王维、元结、刘禹锡、白居易、李翱、杜牧、孙樵、陆龟蒙、皮日休、罗隐等人。选文照顾到不同体裁和内容,每篇作品均有作者简介、题解、注释,以方便初学。本书系普及性选本,较为通俗易读。人民文学出版社1981年出版,为《文学小丛书》之一。

唐文选　文总集。高文、何法周主编,白本松、王宗堂、毕桂发、孙方注释。共选作家六十一人,作品一百二十四篇,其中散文八十八篇,骈文三十六篇,韩愈、柳宗元分别选入十八篇和十三篇,为入选之最。所选作品包括论辩、序跋、奏议、书说、赠序、诏令、传状、碑志、箴铭、颂赞、辞赋、哀祭、杂文、讽刺小品等类,兼顾各种风格、流派。选目编排略按作家年代为序。首有高文、何法周所撰《前言》,叙述唐文发展过程。选篇皆有作者介绍、作品说明、词句注释。为唐文选本中较有代表性的一种。人民文学出版社1987年出版。

韩柳文　文总集。明游居敬编。一百卷。其中韩文四十卷、外集十卷、集传一卷、遗集一卷;柳文四十三卷、别集二卷、外集二卷、附录一卷。有明嘉靖刻本。

花间集　词总集。五代后蜀赵崇祚编。十卷。有广政三年(940)欧阳炯序。收录唐温庭筠、皇甫松,五代韦庄、薛昭蕴、牛峤、张泌、毛文锡、牛希济、欧阳炯、和凝、顾夐、孙光宪、魏承班、鹿虔扆、阎选、尹鹗、毛熙震、李珣等十八家五百首词,欧序称"诗客曲子词"。温词居首,词风浓艳精美,多咏闺情,开花间一派风气。韦词疏淡明丽,能注入个人思乡怀旧之情,与温词并称,代表集中两种主要风格。现存可考的南宋本有三种:一为绍兴十八年(1148)晁谦之刻本,现藏北京图书馆,有明正德十六年(1521)吴郡陆元大校刻本、清光绪十四年(1888)邵武《徐氏丛书》本、清末民初吴昌绶双照楼影宋本和1955年文学古籍刊行社影印本。二为淳熙十一年(1184)、十二年鄂州册子纸本,原藏聊城海源阁,现藏北京图书馆。清光绪十九年王鹏运四印斋覆刻本、中华书局《四部备要》排印本均据此。三为开禧元年(1205)十二月刻本,有陆游二跋,明毛晋汲古阁《词苑英华》本据此。清《四库全书》用毛刻为底本。除此三种外,尚有明人增辑的十卷本、十二卷本和二卷本。十卷本为明万历八年(1580)茅氏凌烟山房刊本,以正德本为底本,另加温博补遗二卷和茅一桢音释二卷。温氏补录李白、张志和、元结、刘禹锡、李涉、王建、白居易、薛能、徐昌图、刘燕哥、无名氏、李璟、李煜、冯延巳凡十四家词七十一首。十二卷本为明万历三十年玄览斋巾箱本,据茅本裂十卷为十二卷,补遗二卷,取温博所补,十家五十四首。今《四部丛刊》本据此覆刻,另有天启四年(1624)钟人杰改刻本。二卷本则将十二卷本的正集与补遗打乱重编,删去音释。有明末雪艳亭活字本。1958年人民文学出版社李一氓《花间集校》据以上各本校订。评注本有明朱之蕃辑《词坛合璧》汤显祖评四卷本;今人华连圃《花间集注》(1935年上海商务印书馆印,1983年3月中州书社修订重印)、李冰若《花间集评注》(1935年上海开明书店印行)、李谊《花间集注释》(1986年四川文艺出版社出版),皆为十卷本。

尊前集　词总集。编者不详。宋王灼《碧鸡漫志》卷五、张炎《词源·原序》均称"唐人《尊前集》";宋胡仔《苕溪渔隐丛话》引《古今词话》称"吕鹏《尊前集》",吕鹏为唐人,则此集当为唐末五代人编。然书中李煜称李王,考李煜卒于宋太平兴国三年(978),追封吴王,则编者当为宋初人。原书一卷,明顾梧芳重刻时分为二卷。收录唐明皇、李白等三十六人词二百八十九首。因供宴席歌唱,故以"尊前"名集。它保存了温庭筠以前的唐人词和西蜀以外的五代词,其中尤以南唐李煜、冯延巳词居多,与《花间集》互为补充,为现存最早的两部文人词总集。词集编次,李珣以前先君后臣,共二十九家二百六十三首;李珣以后有李煜词八首,其下重出冯延巳词七首,下又有李煜词一首,疑系后人增入。而欧阳修《近体乐府》罗泌校语谓《尊前集》中有无名氏《长相思》三首,查今本无。今传本最早为明吴讷《唐宋名贤百家词》本,一卷,有商务印书馆1939年排印本。次为顾梧芳万历十年(1582)刻本,二卷,有汲古阁刻《词苑英华》本。又，丁丙善本书室藏明梅禹金抄本，一卷，有今人朱祖谋校《彊村丛书》本以及蒋哲伦据以增校1984年江西人民出版社排印本。

金奁集 词总集。原署唐温庭筠编。成书年代不详。宋宁宗庆元二年(1196)所刻欧阳修《近体乐府》罗泌校语引用《金奁集》;孝宗淳熙十六年(1189)秋,陆游有《跋金奁集》,则早在淳熙前已有此书,仅迟于《花间集》、《尊前集》,是现存早期文人词总集。收辑温庭筠词六十二首、韦庄词四十八首、张泌词一首、欧阳炯词十六首、《和张志和渔父词》十五首(未知作者名),共一百四十二首,另《菩萨蛮》五首有目无词,注云:“已见《尊前集》。”所收作品基本不出《花间集》范围,从其依调类词的编排次序看,当是宋人应乐工歌伎演唱之需,杂取《花间集》中温韦诸家词而成。有明正统六年(1441)吴讷《四朝名贤词》本,《彊村丛书》据鲍廷博抄本校刻本。今有蒋哲伦据《彊村丛书》增校本,附于《尊前集》后,1984年江西人民出版社出版。

唐词纪 词总集。明董逢元编。十六卷。收录自唐昭宗、乔知之至无名氏唐五代词九十七家九百六十八首。分景色、吊古、感慨、宫掖、行乐、别离、征旅、边戍、佳丽、悲愁、忆念、怨思、女冠、渔父、仙逸、登第十六门类,各门类下或有子目,凡二十九目。卷首“词名微”,按宫调列出所收词调一百三十种,调下加注,以辨体溯源。集中词亦有因考订疏忽而误入者。今存明万历二十二年(1594)刊本,藏中国社会科学院图书馆。

唐五代词选 词总集。清成肇麐编选。三卷,凡五十家三百四十七首词,系有笺注。光绪十三年(1887)江宁冶城书舍刻本。有《蒙香室丛书》本、《词学小丛书》本、《学生国学基本丛书》本、1918年上海涵芬楼排印本。

唐五代二十一家词辑 词总集。近代王国维编。二十卷。收《南唐二主词》、《金荃词》、《檀栾子词》、《香奁词》、《红叶稿》、《浣花词》、《薛侍郎词》、《牛给事词》、《牛中丞词》、《毛司徒词》、《魏太尉词》、《尹参卿词》、《琼瑶集》、《顾太尉词》、《鹿太保词》、《欧阳平章词》、《毛秘书词》、《阎处士词》、《张舍人词》、《孙中丞词》共二十种。各辑成书年代,除《南唐二主词》为清宣统元年(1909)外,其余均为清光绪三十四年(1908)。有《海宁王忠悫公遗书》本、1932年上海有正书局铅印本。

唐五代词钞小笺 词总集注本。刘瑞潞编选。选录唐词二十四家一百十三首、五代词二十七家四百五十三首,凡五十一家五百六十六首,系有作家小传及作品笺注,间加评论。书稿成于1913年。有1917年严复序及1919年作者自序,但未予刊出。1983年岳麓书社重新标点、校订出版。

唐五代词 词总集。林大椿编。收录唐五代词人词作凡八十一家一千一百四十八首,较《全唐诗·附词》所收六十七家八百五十二首为多。编排以时代先后为序,每一朝代先列帝王,后列文人。妇女、僧道及无名氏作品亦编列其中。王丽真、耿玉真词未予收入。《竹枝》、《柳枝》虽形式上与七言绝句相同,仍以曲子词一概录入。调名多从旧。书后附校记一卷,内容为诗话说部中有关五代十国之逸事轶闻,系于作者或调名之下,藉以对有关词作辨证。1933年商务印书馆印行。1956年6月北京文学古籍刊行社重刊,该本由郑琦校订,于书后附补校一卷,较原校记增一百零一条。

全唐五代词 词总集。张璋、黄畬编。八卷。卷一、二、三为唐词,卷四、五、六为五代词,卷七为敦煌词,卷八为无名氏及仙鬼词,共一百七十余家二千五百余首。主要录自《花间集》、《尊前集》、《金奁集》、《草堂诗余》、《花草粹编》、《历代诗余》、《全唐诗附词》、《唐词纪》等,敦煌词则取自王重民《敦煌曲子词集》、任二北《敦煌曲初探》和饶宗颐《敦煌曲》。作家以时代先后为序,名下列传。重要异文及有关本事分别于“校勘”和“笺评”中说明,笺评摘自前人诗话、词话及各种笔记、史书等,搜罗颇富。1986年2月上海古籍出版社出版。

隋唐五代燕乐杂言歌辞集 歌词总集。任半塘、王昆吾编。收编隋唐五代时期除宫廷祭祀歌辞以外的燕乐杂言歌辞三千五百六十五首,上起公元581年,下迄公元975年,分为二编:正编十一卷,收燕乐曲子辞二千八百四十一首;副编七卷,收录虽有歌辞特征,然其音乐性质尚待考实的作品七百二十四首。附录《声诗集》,收辞一千六百零五首,另附《佚人佚辞纪要》一卷。作家作品均有校注,溯调源、辨歧说、考本事、追流踪,搜集广博,考订精审,有较高的学术价值。1990年成都巴蜀书社出版。

唐五代词选集 词总集注本。黄进德编选。收录唐五代民间词和文人词共三百十七首,敦煌曲子词为先,其余按作者年代先后编次。有注释和笺评。1993年2月上海古籍出版社出版。

南唐二主词　词总集。五代南唐李璟、李煜著。宋有辑本，见《直斋书录解题·歌词类》。现存明吴讷《唐宋名贤百家词》本、明万历四十八年(1620)春吕远刻墨华斋本，谭尔进校并序。清有康熙二十八年(1689)侯文灿《十名家词集》本，光绪金武祥《粟香室丛书》覆刻侯本；康熙五十四年萧江声抄本。又有吴昌绶、朱祖谋校董氏诵芬室抄《南词》本、王国维校补《南词》本(见《唐五代二十一家词辑》)。今有王仲闻校订本，1957年人民文学出版社出版。笺注本则有清光绪二十年(1894)刘继增《南唐二主词笺》、1936年正中书局印行唐圭璋《南唐二主词汇笺》、1958年人民文学出版社出版詹安泰校注《李璟李煜词》。诗词合集有1936年上海中央书局贺扬灵编《南唐二主诗词》。

唐人说荟　亦名《唐代丛书》。小说总集。清陈世熙编。六集(或分十六集)，一百六十四种。收录唐代传奇与笔记，内容大部分与《五朝小说》中的《唐人百家小说》同，也有一些从他书中新增补辑的。所收诸书多不可信，或妄造书名，或乱题撰人，或以宋人小说误归唐人名下。鲁迅《集外集拾遗补编·破〈唐人说荟〉》以为“这一部书，倘若单以消闲，自然不成问题，假如用作历史的研究的材料，可就误人很不浅”。但此书选材广泛，几乎汇集了唐人小说中的所有名篇，为目前其他选本所不及，仍可作为研究参考。乾隆五十八年(1793)刊行，前有彭翥、周光达序。

唐开元小说六种　亦名《唐人小说六种》。小说丛书。叶德辉编印。收录《次柳氏旧闻》、《杨太真外传》、《梅妃传》、《李林甫外传》、《高力士外传》、《安禄山事迹》六种中有关唐开元、天宝年间故事的小说作品。其中《杨太真外传》为宋乐史作，《梅妃传》亦为宋人作品，《次柳氏旧闻》后附有编者考异，《安禄山事迹》后附有缪荃孙校记。有宣统三年(1911)叶氏观古堂刊本。

唐人小说　传奇小说选集。汪辟疆编。二卷。收唐人传奇作品六十八篇。上卷收唐人传奇单篇三十篇，下卷从《玄怪录》、《续玄怪录》、《纪闻》、《集异记》、《甘泽谣》、《传奇》、《三水小牍》七部传奇集中选录三十八篇。每篇小说后附有按语，介绍作者简历及作品来源，有的还附录不同版本的原文以及内容类似的作品。此书篇目丰富，资料翔实，对研究者较有参考价值。初印于1929年，后曾修正，上海古籍出版社1978年重印。

唐宋传奇集　传奇小说选集。鲁迅编。八卷，据编者“唐文从宽，宋代则颇加抉择”的选录原则，前五卷为唐代作品，第六卷为年代难以确考的作品，后二卷为宋代作品，总计四十五篇。所录作品，内容广泛，多为名篇，如《离魂记》、《枕中记》、《柳毅传》、《长恨歌传》、《虬髯客传》、《李师师外传》等。凡经选入的作品，都据可靠版本经过仔细校订。书末附有《稗边小缀》一卷，对所收各篇及版本作了考证。北新书局1927年编定出版，文学古籍刊行社1956年重新刊印时，加有新的校勘记。

别　集

李怀州集　诗文别集。隋李德林(官怀州刺史)著。《隋书·经籍志》著录《李德林集》十卷，已佚。明张燮辑《李怀州集》二卷，编入《七十二家集》，有闽刻本。明张溥据以增补，编入《汉魏六朝百三名家集》，有明娄东张氏刊本。

卢武阳集　诗文别集。隋卢思道(官武阳太守)著。《隋书·经籍志》著录《卢思道集》三十卷，已佚。明张燮辑《卢武阳集》三卷，编入《七十二家集》，有闽刻本。明张溥据以增补，编入《汉魏六朝百三名家集》，有明娄东张氏刊本。

薛司隶集　诗文别集。隋薛道衡(官司隶大夫)著。《隋书·经籍志》著录《薛道衡集》三十卷，已佚。明张燮辑《薛司隶集》二卷，编入《七十二家集》，有闽刻本。明张溥据以增补，编入《汉魏六朝百三名家集》，有明娄东张氏刊本。

牛奇章集　诗文别集。隋牛弘(封奇章郡公)著。《隋书·经籍志》著录《牛弘集》十二卷，已佚。明张燮辑《牛奇章集》三卷，编入《七十二家集》，有闽刻本。明张溥据以增补，编入《汉魏六朝百三名家集》，有明娄东张氏刊本。

隋炀帝集　诗文别集。隋炀帝杨广著。《隋书·经籍志》著录《炀帝集》五十五卷，已佚。明张燮收辑遗文，成《隋炀帝集》八卷，编入《七十二家集》，有闽刻本。明张溥更有所增补，编入《汉魏六朝百三名家集》，有明娄东张氏刊本。

虞秘监集　诗文别集。唐虞世南(官秘书监)著。《旧唐书·经籍志》著录《虞世南集》三十卷,已佚。今传《虞世南集》一卷,有明铜活字《唐人诗集》(上海古籍出版社1981年出版《唐五十家诗集》本据以影印)、朱警辑《唐百家诗》、黄贯曾辑《唐诗二十六家》、明刻《唐五十家集》诸本,收诗仅二十余首,大同小异。另有张寿镛辑《虞秘监集》四卷,收文二十五篇、赋四篇、诗三十二首并附录二十一项,辑入其所编《四明丛书》第一集,1932年刊行。

褚亮集 诗文别集。唐褚亮著。《旧唐书·经籍志》著录《褚亮集》二十卷,已佚。清光绪年间丁丙辑《褚亮集》一卷,收文二十九篇、诗六十五首,编入丁氏嘉惠堂刊《武林往哲遗著》丛书第一册。

李百药集 诗文别集。唐李百药著。《旧唐书·经籍志》著录《李百药集》三十卷,已佚。今传《李百药集》一卷,有明朱警辑《唐百家诗》本,收诗十四首、颂二篇、表一篇。

刘孝孙诗 诗别集。唐刘孝孙著。《旧唐书·经籍志》著录《刘孝孙集》三十卷,已佚。清康熙间刘云份辑《初唐刘孝孙诗》一卷,编入其所刊《唐代刘氏诗集七十种》。

魏郑公集 诗文别集。唐魏徵(封郑国公)著。《旧唐书·经籍志》著录《魏徵集》二十卷,已佚。清光绪年间王浩辑《魏郑公集》四卷,收文二十四篇、诗三十五首,编入《畿辅丛书》,《丛书集成初编》本据以排印。

王无功文集 又名《东皋子集》。诗文别集。唐王绩(字无功,号东皋子)著。《旧唐书·经籍志》著录《王绩集》五卷,吕才编次;《宋史·艺文志》更有《东皋子集略》二卷,乃中唐陆淳对原集的删节本。原五卷本久不通行,明以来流传的《东皋子集》三卷,凡赋、诗、文各一卷并附录一卷,系从陆淳集略本演化而来,有万历、崇祯刻本和数种明清抄本,《四库全书》据崇祯本采录,《四部丛刊续编》则据万历赵绮美家抄本影印,附校勘记一卷。清乾隆、嘉庆间孙星衍辑入其所刊《岱南阁丛书》,题《王无功文集》三卷,有补遗二卷。光绪间罗振玉重加校刊(附校勘记一卷),《丛书集成初编》亦据以印行。清中叶后,始有人注意到别有《王无功文集》五卷,凡赋一卷、诗二卷、文二卷,有乾隆朱氏、嘉庆道光间李氏、同治陈氏数种抄本传世(李氏抄本有补遗、附录各一卷)。王重民又于法国巴黎图书馆藏敦煌写本中发现《东皋子集》原本的残卷,经相参校,可大致推断此数种抄本基本接近五卷本原貌。韩理洲在此基础上整理出《王无功文集》五卷本会校,辑校齐备,并附各种资料,1987年上海古籍出版社出版。注本则有王国安《王绩诗注》,编入上海古籍出版社所刊《唐诗小集》,1981年出版。

杨师道集 诗别集。唐杨师道著。《旧唐书·经籍志》著录《杨师道集》十卷,已佚。今传《杨师道集》一卷,有明朱警辑《唐百家诗》本,收诗仅十五首。另明刻《唐五十家集》本,亦作一卷。

许敬宗集 诗文别集。唐许敬宗著。《旧唐书·经籍志》著录《许敬宗集》六十卷,《新唐书·艺文志》著录《许敬宗集》八十卷,俱佚。今传《许敬宗集》一卷,收赋五篇、诗二十一首,有明铜活字《唐人诗集》本、朱警辑《唐百家诗》本、黄贯曾辑《唐诗二十六家》本。

褚遂良集 诗文别集。唐褚遂良著。《旧唐书·经籍志》著录《褚遂良集》二十卷,已佚。清光绪间丁丙辑《褚遂良集》一卷,收文三十一篇、诗四首,编入丁氏嘉惠堂刊《武林往哲遗著》丛书第一册。

唐太宗集 诗文别集。唐太宗李世民著。《旧唐书·经籍志》著录《太宗文皇帝集》三十卷,《新唐书·艺文志》著录《太宗集》四十卷,俱佚。《直斋书录解题》著录《唐太宗集》三卷,收赋四篇、诗六十五首及碑铭书诏若干篇,亦佚。今传明铜活字《唐人诗集》本《唐太宗皇帝集》二卷,仅收赋三篇、诗六十七首。又明嘉靖间朱警辑《唐百家诗》本《唐太宗文皇帝集》一卷,收诗六十九首。吴云、冀宇有校注本《唐太宗集》,收诗九十九首、补遗四首、赋五篇、论文四十一篇、文告五十五篇、补遗二十一篇,各加题解、注释、系年,辑校较为齐备,1986年陕西人民出版社出版。

武则天集 诗文别集。唐武则天著。《旧唐书·经籍志》著录武后《垂拱集》一百卷,《金轮集》十卷,《宋史·艺文志》著录《则天中兴集》十卷,别集一卷,俱佚。罗元贞从各种典籍辑得则天文七十五篇、诗五十五首,各加点校,并附录有关资料,编成《武则天集》,1987年山西人民出版社出版。

董思恭集 诗别集。唐董思恭著。原集新旧《唐书》均不见著录。今传《董思恭集》一卷,收诗十首,明朱警辑入其所刊《唐百家诗》。

刘祎之诗 诗别集。唐刘祎之著。《旧唐书·经籍志》著录《刘祎之集》五十卷,《新唐书·

艺文志》著录《刘袆之集》七十卷，俱佚。清康熙间刘云份辑《初唐刘袆之诗》一卷，编入其所刊《唐代刘氏诗集七十种》。

幽忧子集　又名《卢昇之集》。诗文别集。唐卢照邻(字昇之，号幽忧子)著。《旧唐书·经籍志》著录《卢照邻集》二十卷，《崇文总目》著录《卢照邻集》十卷，《幽忧子》三卷，俱佚。今传《幽忧子集》七卷；明张燮辑成，凡赋、诗三卷，骚二卷，文二卷，附录一卷，编入其所刊《初唐四子集》，《四部丛刊》据以影印。《四库全书》所收亦为七卷本，题《卢昇之集》，较张燮辑本溢出骚六篇。另《卢照邻集》二卷，单收诗赋，有明铜活字《唐人诗集》、朱警辑《唐百家诗》、张逊业辑《十二家唐诗》、许自昌辑《前唐十二家诗》、清江标影刻《唐人五十家小集》诸本。又《卢照邻诗集》一卷，有明张明刻《唐四杰集》本和杨一统辑《唐十二名家诗》本。清同治间邹氏刊《初唐四杰文集》本《卢照邻文集》二卷，则有文无诗，《四部备要》据以印行。徐明霞有点校本《卢照邻集》，与《杨炯集》合刊，1980年中华书局出版。注本则有任国绪所撰《卢照邻集编年笺注》，1989年黑龙江人民出版社出版。

骆宾王文集　又名《骆临海集》、《骆丞集》。诗文别集。唐骆宾王(官临海县丞)著。《旧唐书·经籍志》著录《骆宾王集》十卷，唐中宗时郗云卿辑成。今传宋刻本(部分配明汲古阁影宋抄本)《骆宾王文集》十卷，凡赋颂一卷、诗四卷、文五卷，首载郗序，大体接近原貌。清道光间秦恩复刊入其所编《唐人三家集》，附顾广圻考异一卷。另明刻十卷本，分卷同于宋刊而篇目略有增损，《四部丛刊》据以影印。又有明虞更生辑《唐骆先生文集》六卷，有万历刻本；明张燮辑《骆丞集》八卷，编入其所刊《初唐四子集》；清胡凤丹辑《骆丞集》四卷，附辨讹考异二卷，有《金华丛书》本，《丛书集成初编》据以印行。此外，单收诗赋，有《骆宾王集》二卷，有明铜活字《唐人诗集》、朱警辑《唐百家诗》、张逊业辑《十二家唐诗》、许自昌辑《前唐十二家诗》、清江标影刻《唐五十家小集》诸本；另《骆宾王诗集》一卷，有明张明刻《唐四杰集》本和杨一统辑《唐十二名家诗》本。有文无诗，则有清同治间邹氏刊《初唐四杰文集》本《骆宾王文集》三卷，《四部备要》据以印行。骆集注本不下十余种，较有影响者，如明陈魁士《骆子集注》四卷，有万历刻本；明颜文选补注《骆丞集》四卷，《四库全书》曾加收录；尤以清陈熙晋《骆临海集笺注》十卷最为精审，有清咸丰刻本，1961年中华书局上海编辑所据以印行，1985年上海古籍出版社修订再版。

杜审言集　诗别集。唐杜审言著。《旧唐书·经籍志》著录《杜审言集》十卷，已佚。今传《杜审言集》二卷，收诗四十三首，有明铜活字《唐人诗集》、张逊业辑《十二家唐诗》、许自昌辑《前唐十二家诗》诸本。又有《杜审言诗集》一卷，有宋刻本和明朱警辑《唐百家诗》本。另诗集三卷，有明嘉靖刻本。各本卷数不一，而收诗大致相同。注本则有徐定祥《杜审言诗注》，编入上海古籍出版社所刊《唐诗小集》，1982年出版。

李峤集　诗文别集。唐李峤著。《旧唐书·经籍志》著录《李峤集》三十卷，《新唐书·艺文志》著录《李峤集》五十卷，俱佚。今传《李峤集》三卷，收赋一篇、诗一百七十余首，有明铜活字《唐人诗集》、朱警辑《唐百家诗》、黄贯曾辑《唐诗二十六家》诸本。另《初唐李峤诗集》一卷，明万历间毕效钦辑成，收诗一百九十六首，无赋，编入毕氏所刻《十家唐诗》。《新唐书·艺文志》还著录李峤《杂咏诗》十二卷，或题作“单题诗一百二十首”。今传《李峤杂咏》二卷，收咏物诗一百二十首，与原数合，有《佚存丛书》、《艺海珠尘》诸本，《丛书集成初编》据以印行。又有《李峤杂咏注》，唐张庭芳所撰，存残卷于敦煌写本中。

王子安集　诗文别集。唐王勃(字子安)著。《旧唐书·经籍志》著录《王勃集》三十卷，《郡斋读书志》著录《王勃集》二十卷，俱佚。今传《王子安集》十六卷，明张燮辑成，凡赋、诗三卷，文十三卷，附录一卷，编入其所刊《初唐四子集》，有明崇祯刻本。清乾隆间项家达刻《初唐四杰集·王子安集》，即据以校刊；《四部丛刊》本亦据以影印。另《王勃集》二卷，仅收诗赋，有明铜活字《唐人诗集》、朱警辑《唐百家诗》、张逊业辑《十二家唐诗》、许自昌辑《前唐十二家诗》、清江标影刻《唐人五十家小集》诸本。又《王勃诗集》一卷，有明张明刻《唐四杰集》本和杨一统辑《唐十二名家诗》本。清同治间邹氏刊《初唐四杰文集》本《王勃文集》九卷，则有文无诗，《四部备要》据以印行。罗振玉于日本搜访得佚文二十四篇，辑成《王子安集佚文》一卷，附校记一卷，编入其所刊《永丰乡人杂著续编》，又有1918年上虞罗氏仿宋铅印本。为王集作注者，则有清蒋清翊《王子安集注》二十卷，考订翔实，有清光绪吴县蒋氏刻本、1995年上海古籍出版社校点本。

盈川集 诗文别集。唐杨炯(官盈川令)著。《旧唐书·经籍志》著录《杨炯集》三十卷,《郡斋读书志》著录《杨炯盈川集》二十卷,俱佚。今传《盈川集》十卷,明童珮辑成,凡赋、诗各一卷,文八卷,附录一卷,有明万历刻本,《四库全书》予以收录,《四部丛刊》亦据以影印。另有明张燮辑《杨盈川集》十三卷,编入其所刊《初唐四子集》。单收诗赋的,则有《杨炯集》二卷,有明铜活字《唐人诗集》、朱警辑《唐百家诗》、张逊业辑《十二家唐诗》、许自昌辑《前唐十二家诗》、清江标影刻《唐人五十家小集》诸本。又《杨炯诗集》一卷,有明张明刻《唐四杰集》本和杨一统辑《唐十二名家诗》本。另有清同治间邹氏刊《初唐四杰文集》本《杨炯文集》七卷,有文无诗。《四部备要》据以印行。徐明霞有点校本《杨炯集》,与《卢照邻集》合刊,1980年中华书局出版。

刘允济诗 诗别集。唐刘允济著。《旧唐书·经籍志》著录《刘允济集》二十卷,已佚。清康熙间刘云份辑《初唐刘允济诗》一卷,编入其所刊《唐代刘氏诗集七十种》。

乔知之诗集 诗别集。唐乔知之著。《旧唐书·经籍志》著录《乔知之集》二十卷,已佚。今传《唐乔知之诗集》一卷,仅收诗十六首,编入明朱警辑《唐百家诗》。

刘廷芝集 诗别集。唐刘希夷(字廷芝,一作庭芝)著。《旧唐书·经籍志》著录《刘希夷集》三卷,《新唐书·艺文志》著录《刘希夷集》十卷,《刘希夷诗集》四卷,俱佚。今传《刘廷芝集》一卷,有明朱警辑《唐百家诗》、明刻《唐五十家集》和《唐十一家集》诸本。清康熙间刘云份辑成《初唐刘希夷诗》一卷,编入其所刊《唐代刘氏诗集七十种》。

宋之问集 又名《宋考功集》、《宋学士集》。诗文别集。唐宋之问(官考功员外郎,又曾任修文馆直学士)著。《旧唐书·经籍志》著录《宋之问集》十卷,已佚。今传《宋之问集》二卷,有明崦西精舍刻本,收赋二篇、诗一百七十六首,《四部丛刊续编》据以影印,附校勘记一卷。另明朱警辑《唐百家诗》、张逊业辑《十二家唐诗》、许自昌辑《前唐十二家诗》诸本亦作二卷,篇目小有出入。又有《宋之问集》一卷,明杨一统辑《唐十二名家诗》本;《宋学士集》九卷,附录一卷,明张燮辑本;《宋考功集》十卷,附录一卷,清抄本,俱非原帙。

沈佺期集 又名《沈云卿集》、《沈詹事集》。诗文别集。唐沈佺期(字云卿,官太子少詹事)著。《旧唐书·经籍志》著录《沈佺期集》十卷,已佚。今传《沈佺期集》四卷,收诗一百三十六首、赋二篇、引一篇,有明铜活字《唐人诗集》本。另二卷本,有明张逊业辑《十二家唐诗》、许自昌辑《前唐十二家诗》诸本,编次同而篇目微有差异。朱警辑《唐百家诗》本《沈云卿集》二卷,仅收诗九十一首,无赋。又有王廷相辑《沈詹事集》七卷,按诗体分编,单刻,明正德刻本;另《沈云卿文集》五卷,补遗一卷,清抄本。评本则有明张延登所撰《沈诗评》二卷,补遗一卷,明刻蓝印本。

陈子昂集 又名《陈伯玉文集》、《陈拾遗集》。诗文别集。唐陈子昂(字伯玉,官右拾遗)著。《旧唐书·经籍志》著录《陈子昂集》十卷,唐卢藏用辑成,敦煌写本中存有残卷。刻本今传以明弘治间杨春重辑本《陈伯玉文集》十卷为最早,凡诗赋二卷、文八卷,以卷子本相校,大体符合原貌。此本历经后人翻刻,《四部丛刊》并据以影印。另《四库全书》所收《陈拾遗集》,亦为十卷,而编次、篇目略有差异。清道光间又有杨国桢编刻的《陈伯玉文集》五卷,凡诗二卷、文三卷,系撮合《全唐诗》、《全唐文》中陈子昂诗文而成。单收诗赋的,则有明铜活字《唐人诗集》、朱警辑《唐百家诗》、张逊业辑《十二家唐诗》、许自昌辑《前唐十二家诗》诸本,均二卷;又杨一统辑《唐十二名家诗》本,作一卷。徐鹏有点校本《陈子昂集》,辑校最为完备,1960年中华书局上海编辑所出版。另彭庆生撰《陈子昂诗注》,1981年四川人民出版社出版。

贺秘监集 诗别集。唐贺知章(官秘书监)著。贺集新旧《唐书》均无著录,唯《唐才子传》称其"集今传",亦不云卷数。张寿镛辑成《贺秘监集》一卷,编入其所刊《四明丛书》第一集。王启兴、张虹有《贺知章诗注》,编入上海古籍出版社刊《唐诗小集》,与包融、张旭、张若虚诗合为一册,1986年出版。

刘宪诗 诗别集。唐刘宪著。《新唐书·艺文志》著录《刘宪集》三十卷,已佚。清康熙间刘云份辑成《初唐刘宪诗》一卷,编入其所刊《唐代刘氏诗集七十种》。

永嘉集 诗文别集。唐释玄觉(永嘉人)著。《新唐书·艺文志》著录《永嘉集》十卷,注云:"庆州刺史魏靖编次。"今传《永嘉集》一卷,为冒广生据藏本补编翻刻,凡十篇,系阐发禅宗性理之书;后附《永嘉证道歌》一卷,系一首长达二千余字的宣扬佛理的七言诗歌，有1915年如皋冒氏刊《永嘉诗人祠堂丛刻》本。为之作解的，有明释傅灯《永嘉禅宗集注》二卷，注释颇详，而编次失实，有清同治重刊本。又有元释德宏编《竺源禅师注证道歌》一卷，清光绪金陵刻经处刊本。

刘洎诗　诗别集。唐刘洎著。《新唐书·艺文志》著录《刘洎集》十卷，已佚。清康熙间刘云份辑成《初唐刘洎诗》一卷，编入其所刊《唐代刘氏诗集七十种》。

张说之文集　又名《张燕公集》。诗文别集。唐张说（字说之，封燕国公）著。《新唐书·艺文志》著录《张说集》三十卷，久不见传。世传《张说之文集》二十五卷，凡赋、诗四卷，文二十一卷，有明嘉靖伍氏刻本，《四部丛刊》据以影印，附补遗一卷、校记一卷。此本历经翻刻，清乾隆间加以重编，补文六十一篇，题《张燕公集》，仍为二十五卷，有武英殿活字印《聚珍版丛书》本，并收入《四库全书》。光绪间仁和朱氏刻《结一庐賸余丛书》本，有补遗五卷，终非原璧。傅增湘于1934年觅得影宋刻蜀本《张说之集》三十卷，与诸本相参较，为最接近原集者。又有清东武李氏研录山房校写本，亦三十卷，附补遗一卷，辑入《全唐文》中佚文三十四篇，系当前最完备的本子。另外，单收诗赋的，有《张说之集》八卷，明铜活字《唐人诗集》本和朱警辑《唐百家诗》本；又二卷本，有明高叔嗣辑《二张集》、毕效钦辑《十家唐诗》和明刻《唐十一家集》诸本。

苏许公集　诗文别集。唐苏瓌（封许国公）著。《旧唐书·经籍志》著录《苏瓌集》十卷，已佚。清道光间其裔孙苏廷玉从《全唐诗》、《全唐文》中收辑遗诗佚文，成《苏许公集》一卷，与其子苏颋集合刊。

苏许公文集　又名《苏廷硕文集》。诗文别集。唐苏颋（字廷硕，袭封许国公）著。《新唐书·艺文志》著录《苏颋集》三十卷，已佚。清道光间其裔孙苏廷玉从《全唐诗》、《全唐文》中收辑遗诗遗文，成《苏许公文集》十一卷，凡诗二卷、文九卷，附《垅上记》并逸事八则，与其父苏瓌集合刊。另有清抄本《苏廷硕文集》二十卷，凡诗二卷、文十八卷，附录二卷，集外附一卷，并有校文，辑录较为齐备。单收诗赋者，则有《苏廷硕集》二卷，有明铜活字《唐人诗集》、朱警辑《唐百家诗》、黄贯曾辑《唐诗二十六家》诸本；又《初唐苏颋诗集》一卷，毕效钦辑《十家唐诗》本。

曲江集　又名《张子寿文集》、《张文献公集》。诗文别集。唐张九龄（字子寿，曲江人，谥文献）著。《新唐书·艺文志》著录《张九龄集》二十卷。今传《张子寿文集》二十卷，凡颂、赞、赋一卷，诗四卷，文十五卷，附录一卷，系明丘濬从内阁秘本抄录，比较符合原貌，有明成化苏铧刻本。此本于嘉靖、万历间屡经翻刻，改题《唐丞相曲江张先生文集》，《四部丛刊》用此题而据成化本影印。另有十二卷本，凡颂、赞、赋一卷，诗二卷，文九卷，附录一卷，内容与二十卷本无大差异，有嘉靖、万历、天启、崇祯诸刻本。清雍正间张世纬等刻《唐丞相曲江张文献公集》十二卷，另附《千秋金鉴录》五卷，《四部备要》据以刊行。又《广东丛书》第一集所收十二卷本，别附考证二卷。单收诗赋的，则有《张九龄集》六卷，明铜活字《唐人诗集》本和朱警辑《唐百家诗》本；又《张曲江集》二卷，高叔嗣辑《二张集》本；又《初唐张九龄诗集》一卷，毕效钦辑《十家唐诗》本。刘斯翰有校注《曲江集》，1987年广东人民出版社出版。

李北海集　诗文别集。唐李邕（官北海太守）著。《新唐书·艺文志》著录《李邕集》七十卷，已佚。今传《李北海集》六卷，收诗四首、赋五篇、文三十二篇，有明崇祯刻本，并收入《四库全书》。另《湖北先正遗书》本，作五卷。又有《李北海全书》十卷，唐祖培辑成，有1968年台湾艺文版影印本。

包融诗　诗别集。唐包融著。《新唐书·艺文志》著录《包融诗》一卷，已佚。王启兴、张虹有《包融诗注》，编入上海古籍出版社刊《唐诗小集》，与贺知章、张旭、张若虚合为一册，1986年出版。

唐玄宗集　诗别集。唐玄宗李隆基著。《新唐书·艺文志》著录《玄宗集》，注云“卷亡”。《宋史·艺文志》著录《玄宗诗》一卷。今传《唐玄宗皇帝集》二卷，有明铜活字《唐人诗集》本和朱警辑《唐百家诗》本。

孟浩然集　又名《孟襄阳集》。诗别集。唐孟浩然（襄阳人）著。《新唐书·艺文志》著录《孟浩然诗集》三卷，唐王士源辑。今传宋蜀刻本《孟浩然诗集》三卷，较接近原貌，1982年上海古籍出版社据以影印。明铜活字《唐人诗集》和朱警辑《唐百家诗》本亦作三卷，毛晋辑《五唐人集》本题《孟襄阳集》三卷，编次、篇目均有差异。又有明刻四卷本，《四库全书》、《四部备要》均加收录,《四部丛刊》亦据以影印。另二卷本,有明张逊业辑《十二家唐诗》、许自昌辑《前唐十二家诗》、清汪立名辑《唐四家诗》、胡凤丹辑《唐四家诗集》诸本。一卷本,有明杨一统辑《唐十二名家诗》本。评本则以宋刘辰翁评点《孟浩然集》(一作《须溪先生批点孟浩然集》)三卷为最著,有明刻本与活字印本,万历间顾道洪辑本更增得补遗、襄阳外编、拾遗各一卷。另有将刘辰翁批点与明李梦阳、袁宏道诸人评语合刊为二卷者,有明凌濛初刻《盛唐四名家集》、清方功惠辑《王孟诗评》和明刻《韦孟全集》诸本。游信利撰《孟浩然集笺注》,1975年台湾学生书局出版。又李景白《孟浩然诗集校注》,1988年巴蜀书社出版。

刘子玄诗 诗别集。唐刘子玄著。《旧唐书·经籍志》著录《刘子玄集》十卷,《新唐书·艺文志》著录《刘子玄集》三十卷,俱佚。清康熙间刘云份辑成《盛唐刘子玄诗》一卷,编入其所刊《唐代刘氏诗集七十种》。

卢僎集 诗别集。唐卢僎著。《新唐书·艺文志》仅录其《卢公家范》一卷,不见诗集。今传《卢僎集》一卷,明朱警辑入其所刊《唐百家诗》。

王右丞集 又名《王摩诘集》。诗文别集。唐王维(字摩诘,官尚书右丞)著。《新唐书·艺文志》著录《王维集》十卷。今传宋蜀刻本《王摩诘文集》十卷,凡诗六卷、文四卷,按类分编,较接近原貌,1982年上海古籍出版社予以影印。又《王右丞文集》十卷,有日本静嘉堂文库藏宋刻本和清初钱氏述古堂抄南宋麻沙本。单收诗歌的,有明刻《王摩诘诗集》六卷;另明铜活字《唐人诗集》、明欧阳景辑《唐四家诗》、清康熙项氏玉渊堂《王韦合刻》诸本,亦作六卷。四卷则有清胡凤丹辑《唐四家诗集》本,三卷有清刻《王孟高岑合集》巾箱本,二卷有明张逊业辑《十二家唐诗》、许自昌辑《前唐十二家诗》、清汪立名辑《唐四家诗》诸本,一卷有明杨一统辑《唐十二名家诗》本,这些本子大多按体编诗,已失原貌。评本以宋刘辰翁批点为最早,有元刻本《须溪先生校本唐王右丞集》六卷和明弘治刻本《唐王右丞诗刘须溪校本》六卷,单收诗歌,《四部丛刊》曾据元刻影印。又有综合刘辰翁与顾璘评点的《王摩诘诗集》七卷,有明凌濛初刻《盛唐四名家集》本和清方功惠辑《王孟诗评》本;李贽选评的《李卓吾批选王摩诘集》二卷,有明万历刻《李卓吾先生合选陶王集》本。注本有明顾起经《类笺唐王右丞诗集》十卷,按体分编,每体再分若干门类,区别繁琐,后附文四卷,不加笺注,有嘉靖顾氏刻本。另明顾可久《唐王右丞诗集注说》六卷,有嘉靖洞易书院刻本和万历吴氏漱玉斋刻本。清赵殿成《王右丞集笺注》二十八卷最晚出,凡诗十五卷、文十三卷,并加笺注,颇为精详,又附传记、遗事、年谱、评论等资料,置首尾各一卷,为王集中集大成者,有清乾隆赵氏刻本,《四库全书》曾加采录,《四部备要》亦据以校刊,1961年中华书局曾出排印本,1984年上海古籍出版社再版。

祖咏集 诗别集。唐祖咏著。《新唐书·艺文志》著录《祖咏诗》一卷。今传《祖咏集》一卷,有明铜活字《唐人诗集》、朱警辑《唐百家诗》、黄贯曾辑《唐诗二十六家》诸本。另《盛唐祖咏诗集》一卷,毕效钦辑《十家唐诗》本。

崔国辅集 诗别集。唐崔国辅著。《新唐书·艺文志》著录《崔国辅集》,卷亡,《直斋书录解题》则作《崔国辅集》一卷,俱佚。万竞君辑得遗诗四十二首,成《崔国辅诗注》,编入上海古籍出版社所刊《唐诗小集》,与《崔颢诗注》合一册,1982年出版。

王昌龄集 又名《王龙标诗集》。诗别集。唐王昌龄(官龙标尉)著。《新唐书·艺文志》著录《王昌龄集》五卷,《郡斋读书志》著录《王昌龄诗》六卷,俱佚。今传《王昌龄诗集》三卷,有明正德刻本和朱警辑《唐百家诗》本。另《王昌龄集》二卷,有明铜活字《唐人诗集》和黄贯曾辑《唐诗二十六家》本。又《盛唐王昌龄诗集》一卷,毕效钦辑《十家唐诗》本。又《王龙标诗集》四卷,清光绪间遂宁书局刻《唐二十家诗集》本。黄明有编校《王昌龄诗集》四卷,并补遗二十九首及断句若干,辑校较为完备,1981年江西人民出版社出版。又李云逸撰《王昌龄诗注》,编入上海古籍出版社所刊《唐诗小集》,1984年出版。

常建诗集 诗别集。唐常建著。《新唐书·艺文志》著录《常建诗》一卷。今传《常建诗集》二卷,收诗五十七首,有宋刻本和宋临安府陈宅书籍铺刻本(简称"书棚本"),后者藏台湾故宫博物院图书馆,《天禄琳琅丛书》曾据以影印。又明铜活字《唐人诗集》、朱警辑《唐百家诗》、黄贯曾辑《唐诗二十六家》诸本,亦作二卷。另有明毛氏汲古阁刻《常建诗集》三卷,收诗五十八首,附录一卷,编入其所刊《唐人六集》,《四库全书》曾加采录,1926年上海商务印书馆亦据以影印。明毕效钦辑《十家唐诗》

本，则作《盛唐常建诗集》一卷。

孙逖集　又名《孙集贤集》。诗别集。唐孙逖（曾官集贤院学士）著。《新唐书·艺文志》著录《孙逖集》二十卷，已佚。今传《孙逖集》一卷，仅诗无文，有明铜活字《唐人诗集》本。又明朱之蕃刊《唐四家诗集》本《孙集贤诗集》和蒋孝辑《中唐十二家诗集》本《唐孙集贤诗集》，均一卷。

李颀集　诗别集。唐李颀著。《新唐书·艺文志》著录《李颀诗》一卷。今传《李颀集》三卷，有明正德刘成德刻本、明铜活字《唐人诗集》和黄贯曾辑《唐诗二十六家》诸本。另诗集一卷，有朱警辑《唐百家诗》、毕效钦辑《十种唐诗》及万历间凌登瀛刻本。除刘成德刻本收诗八十七首，其余各本收诗都在一百十首以上，而编次、篇目仍有差异。

高常侍集　诗文别集。唐高適（官散骑常侍）著。《新唐书·艺文志》著录《高適集》二十卷，已佚。今传《高常侍集》十卷，凡诗八卷、文二卷，有明刻本和汲古阁影宋抄本，后者为《四库全书》采录。单收诗赋的，有《高常侍集》八卷，明铜活字《唐人诗集》本，《四部丛刊》据以影印。又《高常侍集》二卷，明汪应皋等校刻本；《唐高常侍集》二卷，张逊业辑《十二家唐诗》和许自昌辑《前唐十二家诗》本，并收入《畿辅丛书》和《丛书集成初编》；《高適集》一卷，杨一统辑《唐十二名家诗》本。王重民于法国巴黎国民图书馆发现唐敦煌写本《高適诗集》残卷，存诗四十八首，可用以校补原帙。注本则有刘开扬《高適诗集编年笺注》，1981 年中华书局出版；又孙钦善《高適集校注》，1984 年上海古籍出版社出版，并资参考。

李太白集　又名《李翰林集》。诗文别集。唐李白（字太白，曾供奉翰林院）著。《新唐书·艺文志》著录《李白草堂集》二十卷，注云“李阳冰录”，已佚。北宋乐史辑成《李翰林集》二十卷、别集十卷，又宋敏求重辑《李白集》三十卷，原本亦不传。今传宋刻本《李太白文集》三十卷，凡序、碑、记一卷，歌诗二十三卷，杂著六卷，据考订出自宋敏求本，1967 年台北学生书局据以影印。另清康熙缪曰芑覆宋刻本属同一系统，《四库全书》曾加采录。别有《李翰林集》三十卷，凡诗二十卷、文十卷，据称源于乐史本，有宋咸淳刻本，1980 年江苏广陵古籍刻印社据以影印。此外有佚名编《李翰林集》十卷，明正德刻本；清李调元、邓在珩编订《李太白全集》十六卷，乾隆刻本。单收诗歌的，则有元刻《唐翰林李太白诗集》二十六卷、明刻《唐翰林李白诗类编》十二卷、嘉靖许宗鲁辑刻《李太白诗》八卷、万历李齐芳等辑刻《李翰林分类诗》八卷并赋集一卷、万历刘世教编校《李翰林全集》四十二卷、明刻《唐李白诗》五卷等。给李集作评点的，先后有宋严羽，元范梈，明杨慎、梅鼎祚、李廷机、胡震亨诸人，各有单本传世。注本现存以宋杨齐贤集注《李翰林集》二十五卷为最早，有明毛氏汲古阁重修本。更为通行的是经过元萧士贇补注的《分类补注李太白诗》二十五卷，有元刻本和明正德、嘉靖、万历、天启诸刻本。此两种仅收诗歌，后经明郭云鹏编校，删简注文，更增补《分类编次李太白文》五卷（无注），成诗文合集三十卷，有嘉靖刻本，《四库全书》亦加收录，《四部丛刊》并据以影印。其余注本尚多。明朱谏《李诗选注》十三卷附辨疑二卷，对疑伪之诗多加考辨，有嘉靖和隆庆刻本。清王琦撰《李太白诗集注》三十六卷，校笺特为精审，并增附录六卷，颇受后世推重，有乾隆刻本，《四库全书》、《四部备要》均加采录，1977 年中华书局有新一版印行。瞿蜕园、朱金城又有《李白集校注》，以王琦本为底本，参合各本，详加校勘评笺，为李集整理之集大成者，1980 年上海古籍出版社出版。另安旗主编《李白全集编年注释》，亦附年谱、碑传、序跋、丛说多种资料，1990 年巴蜀书社出版。

崔颢集　诗别集。唐崔颢著。《新唐书·艺文志》著录《崔颢诗》一卷，《百川书志》则作《崔颢诗集》三卷，诗四十三首。今传《崔颢集》一卷，收诗四十一首，明正德刻本。又朱警辑《唐百家诗》本《崔颢诗集》、毕效钦辑《十种唐诗》本《盛唐崔颢诗集》，亦一卷。另有《崔颢集》二卷，收诗四十二首，有明铜活字《唐人诗集》、黄贯曾辑《唐诗二十六家》诸本。又《崔颢诗集》三卷，收诗亦四十二首，明刻本。万竞君撰《崔颢诗注》，编入上海古籍出版社所刊《唐诗小集》，与《崔国辅诗注》合一册，1982 年出版。

徐安贞集　又名《徐侍郎集》。诗文别集。唐徐安贞（官中书侍郎）著。此集新旧《唐书》均无著录，传为明嘉靖间童珮所辑。共二卷，凡赋、诗一卷，文一卷，附录一卷，有明赵绮美所校抄本和万历刻本传世。另《徐安贞诗》一卷，有清初《百家唐诗》抄本。

寒山诗集　又名《寒山子诗集》。诗别集。唐释寒山著。此集旧传由唐贞观年间台州刺史闾丘胤令国清寺僧道翘搜辑而成，据余嘉锡

《四库提要辨证》考订，实为中晚唐间人徐灵府所编。原编卷数不明。《新唐书·艺文志》著录《对寒山子诗》七卷，据余氏考订，系释本寂对寒山诗的注解本(已佚)，而非原编。宋尤袤《遂初堂书目》始著录《寒山子诗》，但不著卷数；《宋史·艺文志》则作僧道翘《寒山拾得诗》一卷。今传宋刻本《寒山诗》一卷，收诗三百十三首，较寒山自云"都来六百首"已多遗佚，而五七言杂录不分尚接近原编；附录丰干、拾得诗一卷，则为后人添益，《四部丛刊》曾据以影印。又日本帝国图书寮藏南宋绍定刻本补修本《寒山诗集》一卷，体例同上本，收诗仅三百零四首，有有正书局影印本。明刊一卷本，则有永乐、正德、嘉靖、万历诸刻，均附丰干、拾得诗，其中有以五七言分体排列者，显经后人改编。明末吴明春刻本增附《国清禅寺三隐集记》一卷，《四库全书》据以采录。另有《寒山子诗集》二卷，附丰干、拾得诗一卷，明万历计谦亨刻本；又《寒山诗集》五卷，附丰干、拾得诗一卷，明万历朱世椿刻本，内容均无大差异。钱学烈有《寒山诗校注》，1991年广东高等教育出版社出版。

宗玄先生文集 诗文别集。唐吴筠(私谥宗玄先生)著。《新唐书·艺文志》著录《吴筠集》十卷，已佚。今传《宗玄先生文集》三卷，有明正统刻《道藏》本。《四库全书》则据鲍氏知不足斋抄本著录，题《宗元集》三卷，收诗文一百十九篇。

崔曙集 诗别集。唐崔曙著。《直斋书录解题》著录《崔曙集》一卷。今传《崔曙集》一卷，有明铜活字《唐人诗集》、朱警辑《唐百家诗》、黄贯曾辑《唐诗二十六家》、明刻《唐五十家集》诸本。

储光羲集 诗别集。唐储光羲著。《新唐书·艺文志》著录《储光羲集》七十卷，又政论十卷，已佚。今传明铜活字《唐人诗集》本《储光羲集》五卷，俱诗；又蒋孝辑《中唐十二家诗集》本《唐储光羲诗集》和《四库全书》本《储光羲诗》，亦五卷。另诗集一卷，有明朱之蕃刊《唐四家诗集》本和毕效钦辑《十家唐诗》本。储皖峰辑《储光羲诗集》五卷，有附录一卷，编入其所刊《储氏丛书》，1930年上海述学社印行。

颜鲁公文集 又名《文忠集》。诗文别集。唐颜真卿(封鲁郡公，谥文忠)著。《新唐书·艺文志》著录颜真卿《吴兴集》十卷、又《庐陵集》十卷、《临川集》十卷，俱佚。北宋吴兴沈氏及宋敏求曾先后编集，各为十五卷，后亦残缺。今传《颜鲁公文集》十五卷，系宋末留元刚得宋敏求残本补成并经明人都穆重加编定，凡文十四卷，诗一卷，补遗、年谱、附录各一卷，有嘉靖间安国刻本和安氏馆铜活字印本。此集于万历和清嘉庆间屡经翻刻，《四库全书》曾加采录并有所增补，《四部丛刊》亦据安氏刻本影印。另有《文忠集》十六卷，清乾隆刻《武英殿聚珍版丛书》本，《丛书集成初编》据以印行。又《颜鲁公文集》二十卷，明万历颜欲章刻本。清道光间黄本骥辑成《颜鲁公文集》三十卷，凡诗文十二卷、外集八卷、颜书碑帖评述十卷，并补遗一卷、附录一卷，采摭较为齐备，有道光三长物斋刻本和光绪复刻本，《四部备要》据以刊行。此外，单收诗歌的，有《颜鲁公诗集》一卷，朱警辑《唐百家诗》和明刻《唐五十家集》本。

朱湾诗 诗别集。唐朱湾著。《新唐书·艺文志》著录《朱湾诗集》四卷，《直斋书录解题》则作《朱湾集》一卷。今传《中唐朱湾诗》一卷，清龚贤辑入其所刊《中晚唐诗纪》。

杜工部集 又名《杜少陵集》。诗文别集。唐杜甫(号少陵野老，官检校工部员外郎)著。《新唐书·艺文志》著录《杜甫集》六十卷、《小集》六卷，注云"润州刺史樊晃集"，俱佚。北宋时为杜甫编集的先后有孙仅、苏舜钦、王洙、刘敞、王安石诸家，仁宗嘉祐年间王琪就王洙本重新编定，雕板印行，始有最早的杜集刻本。今传宋刻本《杜工部集》二十卷，凡诗十八卷、文二卷，补遗一卷，当为王洙、王琪本的南宋覆刻本，1957年上海商务印书馆曾加影印。另有清郑澐校《杜工部集》二十卷，凡古诗八卷、近体诗十卷、文二卷，并首一卷，系据《钱注杜诗》删却原序、略例及笺注加以校排，较为通行，有清乾隆玉勾草堂刻本和同治、光绪诸覆刻本，《四部备要》据以印行。又明鲍松编《杜工部集》五十卷，附外集一卷、文集二卷，正德刻《李杜全集》本。单收诗歌的，则有宋淳熙刻《草堂先生杜工部诗集》三十卷(存六卷)、明正德张潜辑《杜少陵诗》十卷、嘉靖许宗鲁辑《杜工部诗》八卷、邵勋辑《杜诗集》八卷、万历李齐芳等辑刻《杜工部分类诗》十一卷并赋集一卷、郑朴辑《杜工部诗》八卷、刘世教编校《杜工部分体全集》六十六卷、傅振商辑《杜诗分类》五卷等。历代给杜集作注释评解的几达千种，而散佚亦复不少。现存最早有南宋郭知达辑《九家集注杜诗》三十六卷，收诗一千四百余首，分体编次，集王洙、宋祁、王安石、黄庭坚、薛梦符、杜田、鲍彪、师尹、赵彦材九家注文于其下，有宋宝庆曾噩重修本，《四库全书》曾加收录，1982 年中华书局据原刻影印。对杜集进行编年的，早期有黄长睿、蔡兴宗、鲁訔数家，俱未存传。南宋王十朋在鲁訔本基础上撰成《集注编年杜陵诗史》三十二卷，有宋刻本，1981 年江苏广陵古籍刻印社据以影印。又有蔡梦弼依据鲁訔编年加以会笺的《杜工部草堂诗笺》五十卷，有宋刻残帙数种；另一种四十卷，附补遗十卷、外集一卷、年谱等资料五卷，有元刻本，并收入《古逸丛书》和《丛书集成初编》。嘉定间黄希、黄鹤父子撰成《黄氏补千家集注杜工部诗史》三十六卷，附年谱辨疑一卷，亦编年体，并开列征引注家姓氏一百五十一人，更有黄氏自注，有宋刻本和元刻本，《四库全书》亦加采录。再有按门类分编的，较早有徐居仁《门类杜诗》二十五卷，分杜诗为七十二门，原本已佚。今传宋刻本《分门集注杜工部诗》二十五卷，系依徐居仁编次增入王洙、赵次公诸人注解而成，《四部丛刊》曾加影印。另题徐居仁编次、黄鹤补注的《集千家注分类杜工部诗》二十五卷，则又在前本基础上汇入黄鹤、蔡梦弼、郭知达诸本的内容，征引注家达一百五十六人，有元皇庆余氏勤有堂刻本和元至正、明正德诸刻本。杜诗的评点也始于宋代，现存最早有刘辰翁《须溪批点杜工部诗注》二十二卷，明初刻本。元高楚芳将刘辰翁评语辑入徐居仁分类本中，重加删定，成《集千家注批点杜工部诗集》二十卷，有元刻本和明洪武、正德、嘉靖诸刻本，并录入《四库全书》。元明以后，杜集评解尤多，影响稍著者有元虞集《杜律七言注解》、赵汸《杜工部五言律诗注》、范梈《杜工部诗范德机批选》、张性《杜律演义》、明邵傅《杜律集解》、唐元竑《杜诗攟》、王嗣奭《杜臆》、清金人瑞《唱经堂杜诗解》、卢元昌《杜诗阐》、浦起龙《读杜心解》等。清初钱谦益《杜工部集笺注》（亦称《钱注杜诗》）二十卷，勾稽考订，用力甚勤，开清代朴学治诗之风，有康熙静思堂刻本，1958 年中华书局据以印行。康熙间仇兆鳌撰《杜诗详注》（又名《杜少陵集详注》）二十五卷，征引繁富，解析周详，成为旧时最有权威性的杜集注本，有康熙刻本，并录入《四库全书》，1979 年中华书局点校印行。又乾隆间杨伦著《杜诗镜铨》二十卷，善采众长，时出新意，评解精要通达，流传最为广泛，有乾隆刻本和多种覆刻本，1962 年中华书局上海编辑所点校印行。黄永武辑《杜诗丛刊》，汇录历代有代表性的杜集三十五种，1974 年台北大通书局影印。另周采泉编《杜集书录》，郑庆笃等撰《杜集书目提要》，各录书目八百余种，对研究杜集足资参考，1986 年于上海古籍出版社和齐鲁书社分别出版。

李遐叔文集　又名《李员外集》。诗文别集。唐李华（字遐叔，官检校吏部员外郎）著。《新唐书·艺文志》著录《李华前集》十卷，《中集》二十卷，已佚。今传《李遐叔文集》四卷，收诗文一百三十三篇，系清乾隆间四库馆臣据旧抄本分编而成，录入《四库全书》。后顾沅再据《四库》本加以校正，有顾氏艺海楼抄本。又清抄本一种，有附录一卷。另《李员外遗集》二卷，清抄本。

岑嘉州集　诗文别集。唐岑参（官嘉州刺史）著。《新唐书·艺文志》著录《岑参集》十卷，已佚。今传《岑嘉州诗》八卷，不分体，有宋刻本（存四卷）和明抄、明刻本。又《岑嘉州集》八卷，亦诗，系在前一类本子基础上分体编排而成，有明铜活字《唐人诗集》和明刻《唐十二家诗集》诸本。另二卷本，有张逊业辑《十二家唐诗》和许自昌辑《前唐十二家诗》本；一卷本，有杨一统辑《唐十二名家诗》本。各本卷数不一，编次则大致同八卷分体本。别有《岑嘉州诗》七卷，亦分体编排，而编次与八卷本明显差异，有明正德熊相、高屿刻本，《四部丛刊》二次印本据以影印；又诗四卷，编次与七卷本相近，明正德沈恩刻本，《四部丛刊》初次印本据以影印。阮廷瑜有《岑嘉州诗校注》，1980 年台湾"国立编译馆"出版。另陈铁民、侯忠义《岑参集校注》，不仅对诗作编年，还补入赋、文、铭各篇，成为现存较完整的岑集注本，1981 年上海古籍出版社出版。

萧茂挺文集　又名《萧秘书集》。诗文别集。唐萧颖士（字茂挺，曾官秘书省正字）著。《新唐书·艺文志》著录萧颖士《游梁新集》三卷、集十卷，已佚。今传《萧茂挺文集》一卷，仅赋九篇、文十六篇，《四库全书》据明末抄本收录。另《萧茂挺集》一卷，有清环碧山房抄本，并辑入《常州先哲遗书》第一集。又《萧秘书集》一卷，清嘉庆抄本。

皇甫冉诗集　又名《皇甫补阙诗集》。诗别集。唐皇甫冉（官左补阙）著。《新唐书·艺文志》著录《皇甫冉诗集》三卷，《郡斋读书志》作二卷。今传《皇甫冉诗集》二卷，有宋刻本和明正德陆氏刻《唐五家诗》、朱警辑《唐百家诗》、清席启寓辑《唐诗百名家全集》诸本。另《唐皇甫冉集》三卷，有明铜活字《唐人诗集》和黄贯曾辑《唐诗二十六家》本。别有《唐皇甫冉诗集》七卷，明正德刘成德辑《大历二皇甫诗集》本，《四库全书》曾加采录，改题《皇甫冉诗》六卷；又明刻七卷本，《四部丛刊三编》据以影印，附补遗、校勘记各一卷。明抄《唐四十四家诗》本，则作《皇甫补阙诗集》二卷。

李嘉祐集 又名《台阁集》。诗别集。唐李嘉祐著。《新唐书·艺文志》著录《李嘉祐诗》一卷。今传《李嘉祐集》二卷，有明铜活字《唐人诗集》、黄贯曾辑《唐诗二十六家》和明刻《唐十一家集》本。又五卷本，朱警辑《唐百家诗》本。另《台阁集》一卷，有明汲古阁影元抄刻本，编入《唐人八家诗》；又清席启寓影宋刻本，编入《唐诗百名家全集》。

包何集 又名《包刑侍诗集》。诗别集。唐包何著。《直斋书录解题》著录《包何集》一卷。今传《包何集》一卷，明铜活字《唐人诗集》和黄贯曾辑《唐诗二十六家》本。又《唐包刑侍诗集》一卷，明正德陆氏刻《唐五家诗》和朱警辑《唐百家诗》本。又《包刑侍诗集》一卷，清席启寓辑《唐诗百名家全集》本。

刘随州集 又名《刘文房集》。诗文别集。唐刘长卿（字文房，官随州刺史）著。《新唐书·艺文志》著录《刘长卿集》十卷，《直斋书录解题》则提到十卷和十一卷两个本子。今传《刘文房集》十卷，为宋刻残本（存六卷）。另《刘随州文集》十一卷，凡诗十卷、文一卷，又外集一卷，有明弘治两种刻本，并收入《畿辅丛书》和《丛书集成初编》。《四库全书》所录《刘随州集》十一卷，则别据明翻宋刻本而删除其外集一卷。单收诗歌的，有《刘随州文集》十卷，外集一卷，明正德刻本，《四部丛刊》据以影印。又诗集十卷，有明铜活字《唐人诗集》和清席启寓辑《唐诗百名家全集》本，后者附补遗一卷，《四部备要》据以校刊。别有诗集十一卷，明天启李之祯辑《唐十家诗》本；十二卷，蒋孝辑《中唐十二家诗集》本；一卷，朱之蕃辑《中唐十二家诗集》本；三卷，清康熙刘沁区刻本诸种。

元次山文集 又名《漫叟文集》、《元子文编》。诗文别集。唐元结（字次山，号漫叟）著。《新唐书·艺文志》著录《元子》十卷、《浪说》七篇、《漫说》七篇，另元子《猗犴子》一卷、《元结文编》十卷，俱佚。今传《唐元次山文集》十卷，凡赋、诗四卷，文六卷，附拾遗一卷，有明正德郭勋刻本，《四部备要》曾加校刊，《四部丛刊》亦据以影印，并增辑补一卷。又《唐漫叟文集》十卷，附拾遗一卷、拾遗续一卷，明刻本。另有十二卷本，系将拾遗、续补部分编入卷内而成，有明末刻本和数种清刻本，以清黄义校刊本为较精，《四库全书》亦加采录。单收诗歌的，则有《元次山诗集》二卷，《清芬堂丛书》本。孙望有点校本《元次山集》十卷拾遗一卷，1960年中华书局出版。又聂文郁有《元结诗解》，1984年陕西人民出版社出版。

钱考功集 又名《钱仲文集》。诗别集。唐钱起（字仲文，官考功郎中）著。《新唐书·艺文志》著录《钱起诗》一卷，《郡斋读书志》作二卷，《直斋书录解题》则称《钱考功集》十卷，另"蜀本作前后集十三卷"。今传《钱考功集》十卷，分体编排，有明铜活字《唐人诗集》本，《四部丛刊》据以影印。又《唐钱起诗集》十卷，蒋孝辑《中唐十二家诗集》本。《四库全书》则据内府藏本收录，题《钱仲文集》十卷。清席启寓辑《唐诗百名家全集》，所收《钱考功诗集》十卷，有补遗一卷。另有《钱考功诗集》十一卷，明抄本（存十卷）；《钱仲文集》四卷，明刻本；《唐钱起诗集》一卷，朱之蕃辑《中唐十二家诗集》本；《钱起诗集》不分卷，清顺治抄本。诸本内皆杂有其孙钱珝所作《江行无题一百首》等诗，前人已加考辨。王定璋有《钱起诗集校注》，1992年浙江古籍出版社出版。

张祠部诗集 诗别集。唐张继（官检校祠部员外郎）著。《新唐书·艺文志》著录《张继诗》一卷。今传《张祠部诗集》一卷，清席启寓辑《唐诗百名家全集》本。又《中唐张继诗》一卷，清龚贤辑《中晚唐诗纪》本。周义敢有《张继诗注》，编入上海古籍出版社所刊《唐诗小集》，1987年出版。

皇甫曾集 又名《皇甫御史诗集》。诗别集。唐皇甫曾（官监察御史）著。《直斋书录解题》著录《皇甫曾集》一卷。今传《皇甫曾集》二卷，有明铜活字《唐人诗集》和黄贯曾辑《唐诗二十六家》本。另《唐皇甫曾诗集》一卷，明正德刘成德辑《大历二皇甫诗集》本，《四库全书》曾加采录；又明刻一卷本，《四部丛刊三编》据以影印，附补遗、校勘记各一卷。别有《皇甫御史诗集》一卷，有明正德陆氏刻《唐五家诗》、朱警辑《唐百家诗》、明抄《唐四十四家诗》、清席启寓辑《唐诗百名家全集》诸本。又《皇甫曾集》三卷，清初抄《唐诗二十家》本。

韩君平集 诗别集。唐韩翃（字君平）著。

《新唐书·艺文志》著录《韩翃诗集》五卷。今传《韩君平集》三卷，分体编排，有明铜活字《唐人诗集》、朱警辑《唐百家诗》、黄贯曾辑《唐诗二十六家》和万历江元禔刻本。又诗集一卷，有明姜道生刻《唐三家集》、毕效钦《十家唐诗》增辑、清席启寓辑《唐诗百名家全集》诸本。另明抄本《韩君平诗集》五卷，有清叶万校补和黄丕烈校跋，但亦非原貌。陈玉和撰《韩翃诗校注》，1973年台北文史哲出版社出版。

郎士元集　又名《郎刺史诗集》。诗别集。唐郎士元(官郢州刺史)著。《新唐书·艺文志》著录《郎士元诗》一卷。今传《郎士元集》二卷，有明铜活字《唐人诗集》和黄贯曾辑《唐诗二十六家》本。又《郎士元诗集》一卷，有明正德陆氏刻《唐五家诗》、朱警辑《唐百家诗》、嘉靖王准刻《唐十子诗》和明刻《唐十一家集》诸本。另《唐郎士元诗集》六卷，明江都萧海校刻本，附《耿沣诗集》后。清席启寓辑《唐诗百名家全集》，据明翻宋本覆刻，题《郎刺史诗集》一卷。

苗发诗集　诗别集。唐苗发著。《百川书志》云："苗发，大历才子之一，无集，诗二首。"今传《唐苗发诗集》二卷，明正德刘成德辑《唐大历十子诗集》本，收诗亦仅二首。

吉中孚诗集　诗别集。唐吉中孚著。《新唐书·艺文志》著录《吉中孚诗》一卷，已佚。今传《唐吉中孚诗集》一卷，收诗仅一首，明正德刘成德辑《唐大历十子诗集》本。

李端诗集　又名《李司马集》。诗别集。唐李端(官杭州司马)著。《新唐书·艺文志》著录《李端诗集》三卷。今传《李端诗集》三卷，有明覆刻宋书棚本和朱警辑《唐百家诗》、清江标影刻《唐人五十家小集》诸本。另《李端集》四卷，有明铜活字《唐人诗集》本和万历抄本。又《李司马集》四卷，清胡介祉刻本。

崔峒诗集　又名《崔补阙诗集》。诗别集。唐崔峒(曾官补阙)著。《新唐书·艺文志》著录《崔峒诗》一卷。今传《唐崔补阙诗集》一卷，有明蒋孝辑《中唐十二家诗集》本。另《唐崔峒诗集》四卷，明正德刘成德辑，编入其所刊《唐大历十子诗集》。

严维集　又名《严正文诗集》。诗别集。唐严维(字正文)著。《新唐书·艺文志》著录《严维诗》一卷。今传《严维集》二卷，有明铜活字《唐人诗集》、明刻《唐人小集六种》、黄贯曾辑《唐诗二十六家》诸本。又《严维诗集》一卷，有明刻《唐五十家集》、朱警辑《唐百家诗》、王准刻《唐十子诗》、清江标影刻《唐人五十家小集》诸本。又《严正文诗集》一卷，清席启寓《唐诗百名家全集》本。

耿沣集　又名《耿拾遗诗集》。诗别集。唐耿沣(官左拾遗)著。《新唐书·艺文志》著录《耿沣诗集》二卷，《宋史·艺文志》作三卷。今传《耿沣集》三卷，有明铜活字《唐人诗集》和黄贯曾辑《唐诗二十六家》本。另二卷，明刻《唐十一家集》本。又《耿沣诗集》一卷，有朱警辑《唐百家诗》、明刻《唐五十家集》、毕效钦《十家唐诗》增辑和清江标影刻《唐人五十家小集》诸本。别有《唐耿沣诗集》六卷，明江都萧海校刻本。清席启寓辑《唐诗百名家全集》本，则题《耿拾遗诗集》一卷，附补遗一卷。

戎昱诗集　诗别集。唐戎昱著。《新唐书·艺文志》著录《戎昱集》五卷，《郡斋读书志》作《戎昱集》三卷，俱佚。今传《戎昱诗集》一卷，有明朱警辑《唐百家诗》、清席启寓辑《唐诗百名家全集》、江标影刻《唐人五十家小集》诸本；各本编次、篇目不尽相同，席刻本并附补遗一卷。另有《中唐戎昱诗》一卷，清康熙刘云份辑入其所刊《十三唐人诗》。臧维熙有《戎昱诗注》，编入上海古籍出版社所刊《唐诗小集》，1982年出版。

司空曙集　又名《司空文明诗集》。诗别集。唐司空曙(字文明)著。《新唐书·艺文志》著录《司空曙诗集》二卷。今传《司空曙集》二卷，有明铜活字《唐人诗集》、明刻《唐人小集六种》、黄贯曾辑《唐诗二十六家》诸本。另《唐司空文明诗集》三卷，有朱警辑《唐百家诗》、明抄《唐四十七家诗》、清席启寓辑《唐诗百名家全集》本；又明影宋抄本三卷，附补遗一卷。别有《唐司空曙诗集》七卷，明正德刘成德辑，编入其所刊《唐大历十子诗集》。

李冶诗　又名《李季兰集》。诗别集。唐李冶(字季兰)著。《直斋书录解题》著录《李季兰集》一卷，已佚。今传《李冶诗》一卷，系后人抄撮而成，仅十四首，编入《薛涛李冶诗集》，《四库全书》曾加采录。陈文华有校注《唐女诗人集三种》，收李冶诗十八首并残句，附以集评等资料，1984年上海古籍出版社出版。

昼上人集　又名《杼山集》。诗文别集。唐释皎然(字清昼，居杼山)著。《新唐书·艺文志》著录《皎然诗集》十卷，唐贞元间于頔编集。今传《昼上人集》十卷，凡诗七卷、文二卷、联句一卷，有影宋抄本和明清数种抄本，《四部丛刊》据影宋本影印。另题《杼山集》十卷，有明抄本和汲古阁刻《唐三高僧诗》本，后者附补遗一卷，《四库全书》曾加收录。又有《皎然集》十卷，清绣佛斋抄本，民国间上海涵芬楼据以影印。别有《唐皎然杼山集》四卷，明张睿卿编刻本。单收诗歌的，则有《唐皎然诗集》一卷，有明朱警辑《唐百家诗》、明抄《唐四家诗》、清江标影刻《唐人五十家小集》诸本。

刘虞部诗集 诗别集。唐刘商（官检校虞部郎中）著。《新唐书·艺文志》著录《刘商诗集》十卷，已佚。今传《刘虞部诗集》四卷，清席启寓辑《唐诗百名家全集》本。又《中唐刘商诗》一卷，康熙间刘云份辑入《唐代刘氏诗集七十种》。

毗陵集 诗文别集。唐独孤及（官常州刺史，常州为古毗陵郡）著。《新唐书·艺文志》著录《毗陵集》二十卷，系其门人梁肃编成。今传《毗陵集》二十卷，凡赋、诗三卷，文十七卷，有明抄本和多种清抄本，《四库全书》亦加收录。另乾隆间赵怀玉刻本二十卷，有补遗、附录各一卷，《四部丛刊》据以影印。单收诗歌的，则有《毗陵集》三卷，有明蒋孝辑《中唐十二家诗集》、明刻《唐十一家集》、清席启寓辑《唐诗百名家全集》诸本。又《独孤及诗集》一卷，明朱之蕃刻《唐四家诗集》本。

刘太真诗 诗别集。唐刘太真著。《新唐书·艺文志》著录《刘太真集》三十卷，已佚。今传《中唐刘太真诗》一卷，清康熙间刘云份辑成，编入其所刊《唐代刘氏诗集七十种》。

窦叔向诗 诗别集。唐窦叔向著。《新唐书·艺文志》著录《窦叔向集》七卷，已佚。今传《窦叔向诗》一卷，清初抄《百家唐诗》本。又《中唐窦叔向诗》一卷，康熙刘云份辑《中晚唐诗》本。

畅当诗 诗别集。唐畅当著。《新唐书·艺文志》著录《畅当诗》二卷，《宋史·艺文志》作一卷。今传《中唐畅当诗》一卷，清龚贤辑入其所刊《中晚唐诗纪》。

张南史诗 诗别集。唐张南史著。《新唐书·艺文志》著录《张南史诗》一卷。今传《中唐张南史诗》一卷，清康熙间龚贤辑入其所刊《中晚唐诗纪》。

秦隐君集 又名《秦公绪诗集》。诗别集。唐秦系（字公绪，长期隐居不仕）著。《新唐书·艺文志》著录《秦系诗》一卷。今传《秦隐君集》一卷，有明铜活字《唐人诗集》、黄贯曾辑《唐诗二十六家》和明刻《唐十一家集》诸本。又《唐秦隐君诗集》一卷，朱警辑《唐百家诗》、明抄《唐四十七家诗》和清影宋抄本。又《秦公绪诗集》一卷，清席启寓辑《唐诗百名家全集》本。

严武集 诗别集。唐严武著。《百川书志》著录《严武诗集》一卷。今传《严武集》一卷，有明铜活字《唐人诗集》、明刻《唐五十家集》、朱警辑《唐百家诗》、黄贯曾辑《唐诗二十六家》诸本。

灵一诗集 诗别集。唐释灵一著。《直斋书录解题》著录《灵一集》一卷。今传《唐灵一诗集》一卷，有明朱警辑《唐百家诗》、明抄《唐四家诗》、清江标影刻《唐人五十家小集》诸本。另《灵一诗集》二卷，佚名辑《唐四僧诗》本，《四库全书》曾加采录。

包佶集 又名《包秘监集》。诗别集。唐包佶（官秘书监）著。《直斋书录解题》著录《包佶集》一卷。今传《包佶集》一卷，有明铜活字《唐人诗集》、黄贯曾辑《唐诗二十六家》和明刻《唐十一家集》诸本。又《唐包秘监诗集》一卷，明正德陆氏刻《唐五家诗》和朱警辑《唐百家诗》本。又《包秘监诗集》一卷，清席启寓辑《唐诗百名家全集》本。

华阳集 又名《顾逋翁集》。诗文别集。唐顾况（字逋翁，号华阳真逸）著。《新唐书·艺文志》著录《顾况集》二十卷，《直斋书录解题》则云“集本十五卷，今止五卷”，俱佚。今传《顾华阳集》三卷，凡诗赋二卷、文一卷，顾况裔孙顾端辑成，明万历刻本，《四库全书》并加收录。清乾隆间顾履成又辑得补遗一卷，附集后，有乾隆刻本及咸丰、同治覆刻本。单收诗歌的，有《顾况集》二卷，明铜活字《唐人诗集》、黄贯曾辑《唐诗二十六家》、清初抄《百家唐诗》诸本。另《华阳真逸诗》二卷，与前本微有差异，有明刻《唐五十家集》、朱警辑《唐百家诗》和清江标影刻《唐人五十家小集》本。又《逋翁集》一卷，乌丝栏抄本。清康熙间席启寓以《顾华阳集》所载诗篇为基础，增补八十五首，重加编次，成《顾逋翁诗集》四卷，辑入其所刊《唐诗百名家全集》。赵昌平又有校编《顾况诗集》，另加补遗及附录，1983 年江西人民出版社出版。

朱放诗 诗别集。唐朱放著。《新唐书·艺文志》著录《朱放诗》一卷，《宋史·艺文志》作二卷。今传《中唐朱放诗》一卷，清龚贤辑入其所刊《中晚唐诗纪》。

于鹄诗集　诗别集。唐于鹄著。《新唐书·艺文志》著录《于鹄诗》一卷。今传《于鹄诗集》一卷，有明朱警辑《唐百家诗》、王准刻《唐十子诗》、清席启寓辑《唐诗百名家全集》、龚贤辑《中晚唐诗纪》诸本。

戴叔伦集　诗别集。唐戴叔伦著。《新唐书·艺文志》著录戴叔伦《述稿》十卷，《郡斋读书志》则作《述稿》十卷、《外诗》一卷、《书状》一卷，现述稿、书状俱佚。今传《戴叔伦集》二卷，仅存诗，有明铜活字《唐人诗集》、朱警辑《唐百家诗》、清江标影刻《唐人五十家小集》诸本。清席启寓辑《唐诗百名家全集》本《戴叔伦诗集》二卷，有补遗一卷，并编入《横山草堂丛书》第一集。另有《玉屏诗集》不分卷，台湾"国立中央图书馆"藏抄本。蒋寅有《戴叔伦诗集校注》，上海古籍出版社 1993 年出版。

韦苏州集　又名《韦江州集》、《韦刺史集》。诗别集。唐韦应物(曾官苏州及江州刺史)著。《新唐书·艺文志》著录《韦应物诗集》十卷，原本不传。宋嘉祐间王钦臣重加编定，题《韦苏州集》十卷，序称收赋、诗五百七十一篇，按十五门类编列。今传宋乾道刻本十卷，有拾遗一卷，收赋一篇、诗五百六十三首，仅十四门类，系从嘉祐本流衍而来。又有宋刻元修、明铜活字、弘治、嘉靖、万历、天启、崇祯诸刻本，大体属同一系统，而编次、篇目略有差异。嘉靖间华云刻本题《韦刺史诗集》(又名《韦江州集》)十卷，拾遗外更增附录一卷，《四部丛刊》据以影印。清康熙项䌹《王韦合刻》本则据宋本翻刻，共十四门类五百七十一篇，《四库全书》和《四部备要》并加采录。另有《韦苏州集》八卷，明嘉靖吴汝纪刻本；《韦苏州诗集》二卷，清汪立名辑《唐四家诗》本。近人卢文弨有《韦苏州集校正拾遗》一卷，收入《抱经堂丛书》和《丛书集成初编》。评本则有宋刘辰翁《须溪先生校点韦苏州集》十卷，元刻本和明刻朱墨套印本；又刘辰翁批点、明袁宏道评《韦苏州集》五卷，明刻《韦孟全集》本。

澈上人诗集　诗别集。唐释灵澈著。《新唐书·艺文志》著录《灵澈诗集》十卷，已佚。今传《澈上人诗集》一卷，佚名辑《唐四僧诗》本，《四库全书》曾加采录。

窦中行诗集　诗别集。唐窦常(字中行)著。《新唐书·艺文志》著录《窦常集》十八卷，已佚。今传《窦中行诗集》一卷，有《窦氏联珠集》本和清初抄《百家唐诗》本。又《中唐窦常诗》一卷，清龚贤辑《中晚唐诗纪》本。

卢纶集　又名《卢户部诗集》。诗别集。唐卢纶(官检校户部郎中)著。《新唐书·艺文志》著录《卢纶诗集》十卷，《崇文总目》则作《卢纶集》十八卷，又《卢纶诗》十卷。今传《卢户部诗集》十卷，有明抄本、蒋孝辑《中唐十二家诗集》和清席启寓辑《唐诗百名家全集》诸本，但录诗不满三百首，比原集五百首已有遗佚。另有《卢纶集》六卷，明铜活字《唐人诗集》本；又《唐卢户部诗集》一卷，朱之蕃辑《中唐十二家诗集》本。明正德间刘成德刻本《唐卢纶诗集》三卷，收诗仅一百首，而有七首可补他本之佚。刘初棠撰《卢纶诗集校注》，并汇录评语及各种资料，1989 年上海古籍出版社出版。

李益集　又名《李君虞诗集》、《李尚书诗集》。诗别集。唐李益(字君虞，官礼部尚书)著。《郡斋读书志》著录《李益诗》一卷，《直斋书录解题》作《李益集》二卷。今传《李益集》二卷，分体编排，有明铜活字《唐人诗集》、朱警辑《唐百家诗》、黄贯曾辑《唐诗二十六家》诸本。又《李君虞诗集》二卷，编次、篇目均与前者有异，有明抄《唐四十四家诗》本、清初抄本和席启寓辑《唐诗百名家全集》本。别有《李尚书诗集》一卷，清道光间张澍从《全唐诗》中增补三十一首，辑入其所刊《二酉堂丛书》，《丛书集成初编》据以印行。范之麟撰《李益诗注》，编入上海古籍出版社所刊《唐诗小集》，1984 年出版。

窦贻周诗集　诗别集。唐窦牟(字贻周)著。原集单行本不见著录，《新唐书·艺文志》著录《窦氏联珠集》五卷，含窦牟诗一卷。今传《窦贻周诗集》一卷，有《窦氏联珠集》本和清初抄《百家唐诗》本。又《中唐窦牟诗》一卷，清龚贤辑《中晚唐诗纪》本。

杨凝诗集　诗别集。唐杨凝著。《新唐书·艺文志》著录《杨凝集》二十卷，已佚。今传《杨凝诗集》一卷，有明初抄《唐十八家诗》和清席启寓辑《唐诗百名家全集》本。

孟东野诗集　诗别集。唐孟郊(字东野)著。《新唐书·艺文志》著录《孟郊诗集》十卷，北宋时宋敏求辑成。今传《孟东野诗集》十卷，分乐府、感兴、咏怀等十四类编列，末附赞、书各一篇，大体符合原貌，有宋刻本和清席启寓辑《唐诗百名家全集》本，1934 年武进陶湘据宋本影印，1959 年人民文学出版社校订刊行。另明影宋写本和弘治间杨一清、于睿刻本，系据南宋书棚本覆录覆刻，《四部丛刊》据弘治本影印。嘉靖间秦禾刻本在宋本基础上增附联句一卷,《四部备要》据以校刊。又宋刻本题《孟东野文集》十卷,存五卷;明汲古阁刻《五唐人诗集》本和《四库全书》本,则题《孟东野集》十卷。别有八卷本,明嘉靖杨谦刻本;四卷本附联句一卷,明刻本;二卷本,清康熙韩逢庥刻本;一卷本,清龚贤辑《中晚唐诗纪》本;又十四卷本,清宣统间上海著易堂石印本,内容皆大同小异。评本则有宋人国材评《孟东野诗集》十卷,明刻本;后凌濛初编刻《盛唐四名家集》套印本,更增入刘辰翁评语。又有清李宪乔评选、董文焕订增的《高密李氏评选孟诗》一卷,清同治刻本。近人陈延杰有《孟东野诗注》十卷,1939年长沙商务印书馆出版。

梁补阙集 文别集。唐梁肃(曾官右补阙)著。《新唐书·艺文志》著录《梁肃集》二十卷,已佚。今传《梁补阙集》二卷,系后人抄撮佚文而成,有清抄本。

陈羽诗集 诗别集。唐陈羽著。《直斋书录解题》著录《陈羽集》一卷。今传《陈羽诗集》一卷,清康熙间席启寓辑入其所刊《唐诗百名家全集》。

陆宣公文集 又名《翰苑集》。文别集。唐陆贽(曾官翰林学士,谥宣)著。《新唐书·艺文志》著录陆贽《论议表疏集》十二卷,又《翰苑集》十卷,注云"韦处厚纂"。《直斋书录解题》作《陆宣公集》二十二卷,系宋人将两种本子合编而成。今传《陆宣公文集》二十二卷,凡制诰十卷、奏草六卷、奏议六卷,基本保持原貌,有宋刻(部分配抄本)、元刻和明清多种刻本,《四库全书》亦加收录,《四部丛刊》则据宋本影印。清道光间耆英校刻本有增辑二卷,从《全唐文》、《全唐诗》中补入赋七篇、诗三首,并附年谱、传记、论赞等资料,《四部备要》据以刊行。同治间左宗棠更辑入《正谊堂全书》,《丛书集成初编》据以印行。给陆集作注的,宋郎晔有《经进新注唐陆宣公奏议》十五卷;另清张佩芳有《陆宣公翰苑集注》二十四卷,附年谱一卷,乾隆刻本。评本则有明汤宾尹、钟惺、陈仁锡、陈子龙数种,前三种二十四卷,末一种十八卷,皆明末刻本;又有汇评本二十二卷,清抄本。

杨少尹诗集 诗别集。唐杨巨源(官河中少尹)著。《新唐书·艺文志》著录《杨巨源诗》一卷。今传《杨少尹诗集》一卷,清席启寓辑《唐诗百名家全集》本。又《晚唐杨巨源诗》一卷,龚贤辑《中晚唐诗纪》本。

欧阳行周文集 又名《欧阳四门集》、《欧阳助教集》。诗文别集。唐欧阳詹(字行周,官四门助教)著。《新唐书·艺文志》著录《欧阳詹集》十卷,唐李贻孙编次。今传《欧阳行周文集》十卷,凡赋一卷、诗二卷、文七卷,有宋蜀刻本和明弘治、正德刻本,《四库全书》亦加收录;清乾隆秦恩复抄本有补遗一卷,近代缪荃孙辑《三唐人集》本有校记一卷,《四部丛刊》则据明正德本影印。别有《唐欧阳先生文集》八卷,明徐𤊹编次,凡赋一卷、诗二卷(古今体分编)、文五卷,附录一卷,所收篇章较十卷本完备,有万历刻本。又清嘉庆《王氏汇刻唐人集》所收《欧阳四门集》,亦八卷;另旧抄本《欧阳行周集》六卷,附录一卷,藏台湾"中央图书馆"。单收诗歌的,有《欧阳助教诗集》一卷,清席启寓辑《唐诗百名家全集》本;又《中唐欧阳詹诗》一卷,龚贤辑《中晚唐诗纪》本。

武元衡集 又名《临淮集》。诗文别集。唐武元衡(封临淮郡公)著。《新唐书·艺文志》著录《武元衡集》十卷,已佚。今传《武元衡集》三卷,仅存诗,有明铜活字《唐人诗集》、朱警辑《唐百家诗》、黄贯曾辑《唐诗二十六家》诸本。另《临淮诗集》二卷,清席启寓辑《唐诗百名家全集》本。

权载之文集 又名《权文公文集》。诗文别集。唐权德舆(字载之,谥文)著。《新唐书·艺文志》著录权德舆《童蒙集》十卷、集五十卷,制集五十卷,现童蒙集与制集俱佚。今传《权载之文集》五十卷,凡赋、诗十卷,文四十卷,有宋蜀刻本(存八卷)和清嘉庆朱珪翻宋刻本;《四部丛刊》据嘉庆本影印,附校补一卷。另一宋刻本,题《新刊权载之文集》五十卷(存十九卷)。又清孙星衍抄校本《权载之集》五十卷,有摭遗一卷、附录一卷,收辑较为齐备。单录诗歌的,则有《新刊权文公文集》十卷,明嘉靖刘大谟刻本,为《四库全书》采录;清吴氏绣谷亭抄本有补遗一卷。席启寓辑《唐诗百名家全集》本,题《权文公诗集》十卷。另《权德舆集》二卷,有明覆刻宋书棚本及明铜活字《唐人诗集》、朱警辑《唐百家诗》、黄贯曾辑《唐诗二十六家》、清江标影刻《唐人五十家小集》诸本。

窦丹列诗集 诗别集。唐窦群(字丹列)著。原集单行本不见著录,《新唐书·艺文志》著录《窦氏联珠集》五卷,含窦群诗一卷。今传《窦丹列诗集》一卷,《窦氏联珠集》本。又《中唐窦群诗》一卷,清龚贤辑《中晚唐诗纪》本。

刘言史诗　诗别集。唐刘言史著。《新唐书·艺文志》著录刘言史《歌诗》六卷,《宋史·艺文志》作《刘言史诗》十卷,俱佚。今传《中唐刘言史诗》一卷,清康熙间刘云份辑入其所刊《唐代刘氏诗集七十种》。

林邵州遗集　诗文别集。唐林蕴(官邵州刺史)著。《直斋书录解题》著录《林蕴集》一卷,已佚。今传《林邵州遗集》一卷,收诗二首、文十余篇,清嘉庆间王遐春辑入麟后山房续刊《王氏汇刻唐人集》。

陈诩诗　诗别集。唐陈诩(或作翊)著。《新唐书·艺文志》著录《陈诩集》十卷,已佚。今传《中唐陈诩诗》一卷,清龚贤辑入其所刊《中晚唐诗纪》。

牟融诗集　诗别集。唐牟融著。《百川书志》著录《牟融集》一卷。今传《牟融诗集》一卷,有明正德刻《唐人小集》、明刻《唐五十家集》、清初抄《百家唐诗》诸本。

熊孺登诗　诗别集。唐熊孺登著。《直斋书录解题》著录《熊孺登集》一卷。今传《中唐熊孺登诗》一卷,清龚贤辑入其所刊《中晚唐诗纪》。

羊士谔集　又名《羊刺史集》。诗别集。唐羊士谔(曾官巴、资、洋、睦诸州刺史)著。《郡斋读书志》著录《羊士谔诗》一卷。今传《羊士谔集》二卷,有明铜活字《唐人诗集》和清初抄《唐诗二十家》本;明刻《唐十一家集》本,题《唐羊刺史诗集》二卷。另《羊士谔诗集》一卷,有朱警辑《唐百家诗》、清席启寓辑《唐诗百名家全集》、江标影刻《唐人五十家小集》诸本。

樊绍述集　又名《樊谏议集》。文别集。唐樊宗师(字绍述,官谏议大夫)著。《新唐书·艺文志》著录《樊宗师集》二百九十一卷,已佚。今传《樊绍述遗文》,仅《绛守居园池记》、《蜀锦州越王楼诗序》两篇,有《心园丛刻》本。而由于其文艰涩难读,历代注家颇不乏人。现存《绛守居园池记注》一卷,元赵仁举、吴师道、许谦注,有明末刻本和清抄本,《四库全书》亦予采录。另有清张庚辑注《唐樊绍述遗文》一卷,乾隆刻本;吴世安注《樊绍述文》不分卷,清抄本;孙之騄《樊绍述集注》二卷,清抄本,《四库全书》著入存目。后人因又汇辑众说,成《樊谏议集七家注》行世。

裴晋公集　诗别集。唐裴度(封晋国公)著。《直斋书录解题》著录《裴晋公集》二卷。今传《裴度诗》一卷,清初抄《百家唐诗》本。又《中唐裴度诗》一卷,清康熙刘云份辑《中晚唐诗》本。

李元宾文集　又名《李观文编》。文别集。唐李观(字元宾)著。《新唐书·艺文志》著录《李观集》三卷,唐陆希声编次。《郡斋读书志》作《李观文编》三卷,又谓蜀人赵昂辑得其遗文十四篇为后集二卷;《直斋书录解题》则直作《李元宾集》五卷。今传《李元宾文编》三卷,收文二十九篇,与陆氏原编相符,有明清二代抄本。另一种有外编二卷,增文仅十二篇,较赵昂所辑少二篇,有清初抄本,《四库全书》据以著录。又有《李元宾文集》五卷,系将原编与外编打通编次,亦有数种明清抄本。明叶氏赐书楼抄本则作文集六卷(杂著三卷、书三卷),补遗一卷,乃经后人重新编列,收文四十五篇(原五十篇,佚五篇)。清秦恩复《唐人三家集》本《李元宾文集》亦为六卷,系在原五卷本基础上再作增补,共收文四十九篇,附诗四首,是现存最完备的本子,有道光间影宋刻本和宣统间石印本。

张文昌文集　又名《张司业集》。诗别集。唐张籍(字文昌,官国子司业)著。《新唐书·艺文志》著录《张籍诗集》七卷;《郡斋读书志》作集五卷,南唐张洎编次;《直斋书录解题》则作集三卷,又云有张洎所编《木铎集》十二卷和南宋汤中重加编校的《张司业集》八卷,附录一卷。今传宋刻本《张文昌文集》,不明卷数,存四卷,藏北京图书馆;又《张司业诗集》三卷,有南宋陈氏书籍铺刻残本(藏台湾"中央图书馆")和影宋抄本,均不甚流行。明正德刘成德刻本和蒋孝辑《中唐十二家诗集》本,题《唐张司业诗集》六卷,收诗三百六十三首,分体编排,非复旧帙。后人在此基础上增补七十九首,辑成八卷,有明刻本,《四部丛刊》据以影印;1959年中华书局上海编辑所校补重印,题《张籍诗集》。另崇祯间张时行《合刻两张先生集》本,题《张文昌集》八卷,收诗四百四十九首,附文二篇,《四库全书》曾加收录。清席启寓《唐诗百名家全集》所辑八卷,则别据抄本校刻,有拾遗、附录各一卷。此外,尚有《唐张司业诗集》一卷,明朱之蕃辑《中唐十二家诗集》本;又《张司业乐府集》一卷,朱警辑《唐百家诗》和清江标影刻《唐人五十家小集》本。近人陈延杰撰《张籍诗注》八卷,1938年长沙商务印书馆出版。李冬生有《张籍集注》,1989年黄山书社出版。

王建诗集　又名《王司马集》、《王仲初诗集》。诗别集。唐王建(字仲初,官陕州司马)著。《新唐书·艺文志》著录《王建集》十卷,《直斋书录解题》更著录《王建宫词》一卷。今传《王建诗集》十卷，凡乐府三卷、诗六卷、宫词一卷，有南宋陈氏书籍铺刻本、清席启寓辑《唐诗百名家全集》本和多种明清抄本，1959年中华书局上海编辑所据南宋刻本点校印行。另《唐王建诗集》八卷，明正德刘成德刻本，经毛晋校刊编入其所辑《唐人六集》，题《王建诗》八卷。清康熙胡介祉刻本作《王司马集》八卷，凡古体二卷，近体六卷，《四库全书》加以采录。又明朱之蕃辑《中唐十二家诗集》一卷本和明抄《王仲初诗集》不分卷。别有《王建宫词》一卷单行，先后辑入明黄鲁曾《编选四家宫词》、佚名辑《三体宫词》、汲古阁刻《三家宫词》和《十家宫词》、清倪灿辑《十家宫词》，《丛书集成初编》据汲古阁《三家宫词》本印行。明顾起经撰有《编注王司马百首宫词》二卷，附唐诸家宫词一卷，万历刻本。

窦胄卿诗集 诗别集。唐窦庠(字胄卿)著。原集单行本不见著录，《新唐书·艺文志》著录《窦氏联珠集》五卷，含窦庠诗一卷。今传《窦胄卿诗集》一卷，《窦氏联珠集》本。又《中唐窦庠诗》一卷，清龚贤辑《中晚唐诗纪》本。

韩昌黎集 又名《韩文公文集》。诗文别集。唐韩愈(郡望昌黎，谥文)著。《新唐书·艺文志》著录《韩愈集》四十卷，系其门人李汉原编。《郡斋读书志》著录同，然多集外文一卷，《直斋书录解题》更作外集十卷，均为后人增补。今传《昌黎先生文集》四十卷，凡赋、诗十卷，文三十卷，有宋刻残本数种，其一附外集十卷。明嘉靖间游居敬校刻《韩柳文》，录《韩文》四十卷、外集十卷、遗集一卷，附集传一卷；清宣统石印本更有外集十卷、遗文四卷。单收诗歌的，有明欧阳景辑《唐四家诗》本《韩昌黎诗集》十卷和清席启寓辑《唐诗百名家全集》本《昌黎先生诗集》十卷，后者有外集、遗集各一卷。韩集注释本繁多，早期著作如北宋樊汝霖《韩集谱注》四十五卷，已佚。现存较早者有南宋淳熙间韩醇所撰《新刊诂训唐昌黎先生文集》五十一卷(包括外集、遗文)，又文谠注、王俦补注《新刊经进详注昌黎先生文》五十三卷，另祝充《音注韩文公文集》五十二卷，均宋刻本，后一种并有1934年文录堂影印本。南宋庆元间，魏仲举综合各家注释，辑成《新刊五百家注音辨昌黎先生文集》五十卷，附序传碑记一卷、韩文类谱十卷，开列注家姓氏一百四十八人，有宋庆元魏氏刻本和清乾隆翻宋刻本，《四库全书》予以采录，1918年上海商务印书馆据宋本影印。对韩集的考校注释著作有宋淳熙间方崧卿《韩集举正》十卷，附外集举正一卷、叙录一卷，不录本文，专事参校诸本，考订异文，有数种影宋抄本存传，并录入《四库全书》。稍后，朱熹撰成《昌黎先生集考异》十卷，对方校多所驳正，更为世人推重，有宋绍定张洽刻本和清康熙李光地翻刻本；《四库全书》据李光地本收录，改题《原本韩文考异》，1981年上海古籍出版社则据宋本影印。而由于朱熹原著不录本文，不便阅读，遂有王伯大重加整理，将其考异文字编入韩集之中，成《朱文公校昌黎先生集》五十一卷，附集传一卷，有宋绍定刻本残卷和多种元明刻本；《四库全书》亦加收录，改题《别本韩文考异》，《四部丛刊》则据元刻本影印。至宋末，又有廖莹中将魏仲举所辑《五百家注》本同朱熹考异结合起来，再充实若干资料，成廖氏校注《昌黎先生集》五十一卷，附集传一卷，有宋咸淳廖氏世綵堂刻本和明万历徐氏东雅堂刻本；这个本子作为两宋整理韩集工作的小结，后世最为通行，有多种覆刻本，《四库全书》和《四部备要》并加收录。明清的韩集校释评点本有明崇祯间蒋之翘辑注《唐韩昌黎集》五十一卷，附录一卷，有蒋氏三径堂刻本；此书略于训诂音义，而详于事迹、交游、历史、地理诸考证，在韩集注本中独辟蹊径。清雍正间陈景云撰《韩集点勘》四卷，对廖莹中本校注的讹误详加辨析，刊入《文道十书》本《昌黎先生集》后，《四库全书》和《四部备要》亦加采录。另有嘉庆王元启《读韩记疑》十卷，道光方成珪《韩集笺正》五卷，都有一定参考价值。此外，单注诗歌的，有清康熙顾嗣立《昌黎先生诗集注》十一卷和经过黄钺订补的《韩诗增注证讹》十一卷，又乾隆方世举《韩昌黎诗编年笺注》十二卷、沈端蒙《韩诗编年集注》八卷。单注韩文的，有清雍正卢轩《韩笔酌蠡》三十卷、嘉庆沈钦韩《韩集补注》四十卷、道光高澍然《韩文故》十三卷。又元程端礼，明茅坤、王锡爵、顾锡畴，清朱彝尊、何焯、许鸿磐、吴汝纶以至近人蒋箸超等，均有评点韩文韩诗传世，难以胪举。近人马其昶撰《韩昌黎文集校注》，征引翔实，注说精要，1957年古典文学出版社出版。又钱仲联《韩昌黎诗系年集释》，亦博采众说，裁断切当，1957年古典文学出版社初版，1984年上海古籍出版社订补出版。

窦友封诗集 诗别集。唐窦巩(字友封)著。原集单行本不见著录，《新唐书·艺文志》著录《窦氏联珠集》五卷，含窦巩诗一卷。今传

《窦友封诗集》一卷,《窦氏联珠集》本。又《中唐窦巩诗》一卷,清龚贤辑《中晚唐诗纪》本。

薛涛诗　又名《洪度集》。诗别集。唐薛涛(字洪度)著。《郡斋读书志》著录《薛洪度诗》一卷,又著录其《锦江集》五卷,后者已佚。今传《薛涛诗》一卷,收诗八十二首,分体编次,末附《四友赞》及《田洙遇薛涛联句》,有明万历洗墨池刻本,后《薛涛李冶诗集》、《四妇人集》等并加辑录。另题《洪度集》一卷,清光绪陈氏刻本。张蓬舟有《薛涛诗笺》,1981年四川人民出版社出版,1983年人民文学出版社再版。又有陈文华校注《薛涛诗》,收八十九首,附评语等资料,辑入《唐女诗人集三种》,1984年上海古籍出版社出版。

卢仝诗集　又名《玉川子诗集》。诗别集。唐卢仝(号玉川子)著。《新唐书·艺文志》著录《玉川子诗》一卷,《直斋书录解题》作《卢仝集》三卷,又云"其第三卷号集外诗","川本止前二卷"。今传《卢仝诗集》二卷,有明陆渭刻本和明抄本。朱警辑《唐百家诗》、明抄《唐四十四家诗》和数种清抄本,有集外诗一卷。《四部丛刊》据抄本影印,题《玉川子诗集》二卷、外集一卷。另清江标影刻《唐人五十家小集》和《畿辅丛书》本,则作诗集三卷,《丛书集成初编》据《畿辅丛书》印行。注本有清孙之騄《玉川子诗集注》五卷,清初刻《晴川八识》本,《四库全书》录入存目,1923年卢永祥刻本附校记一卷。

吕和叔文集　又名《吕衡州文集》。诗文别集。唐吕温(字和叔,官衡州刺史)著。《新唐书·艺文志》著录《吕温集》十卷,唐刘禹锡编次。今传《吕和叔文集》十卷,凡赋、诗二卷,文八卷,已非原编,有日本静嘉堂文库藏影宋写本和多种清抄本;清咸丰时伍崇曜辑入其所刊《粤雅堂丛书二编》,附考证一卷,《丛书集成初编》据以刊行;《四部丛刊》则据清钱氏述古堂抄本影印,二次影本附校勘记一卷。又《吕衡州文集》十卷,有清抄本,《四库全书》据以采录;清秦恩复辑《唐人三家集》本,附考证一卷。别有清抄七卷本和明抄五卷本,编次、篇目互有差异。单收诗歌的,则有《吕衡州诗集》二卷、补遗一卷,清席启寓辑《唐诗百名家全集》本;又诗集一卷,明朱警辑《唐百家诗》和清江标影刻《唐人五十家小集》本。

李文公集　又名《李习之集》。文别集。唐李翱(字习之,谥文)著。《新唐书·艺文志》著录《李翱集》十卷,《郡斋读书志》作十八卷。今传《李文公集》十八卷,凡赋一卷、文十七卷,共百篇,附诗一首,基本符合原貌,有明成化和嘉靖刻本,《四部丛刊》据成化本影印。又明末汲古阁刻《三唐人文集》本亦十八卷,《四库全书》据以采录。清光绪间冯焌光辑《三唐人集》本则增补遗、附录各一卷。又清郑珍抄本题《李习之集》,不分卷。

刘梦得文集　又名《刘宾客文集》、《中山集》。诗文别集。唐刘禹锡(字梦得,官太子宾客,自称祖系出自中山)著。《新唐书·艺文志》著录《刘禹锡集》四十卷,系其自编;《郡斋读书志》作集三十卷,外集十卷,为北宋时宋敏求重辑。今传《刘梦得文集》三十卷,凡诗八卷、乐府二卷、赋一卷、文十九卷,又外集十卷,大致与宋氏重辑本合,有日本崇兰馆藏宋刻本,1913年董康据以影印,《四部丛刊》又据董氏本影印。另《刘宾客文集》三十卷,赋、文在前,诗歌列后,并外集十卷,有台湾故宫博物院藏南宋绍兴刻本,近人徐森玉据以影印;又有多种明清抄本,并辑入《结一庐賸余丛书》和《嘉业堂丛书》,《四库全书》曾据汲古阁藏明抄本收录,《四部备要》据嘉业堂本刊行,1975年上海人民出版社刊《刘禹锡集》则据结一庐本点校出版。别有《中山集》三十卷,无外集,有明万历刻本和数种抄本,后辑入《畿辅丛书》和《丛书集成初编》,附补遗一卷。此外,外集单行者,有《刘宾客外集》十卷,明刻本和清抄本。单收诗歌者,有明蒋孝辑《中唐十二家诗集》六卷本,朱之蕃辑《中唐十二家诗集》一卷本(附外集一卷),清雍正赵骏烈校刻九卷本,清抄十卷本和光绪遂宁书局刻十二卷本。瞿蜕园撰《刘禹锡集笺证》,校辑较为齐备,注释精要,1989年上海古籍出版社出版。

白氏文集　又名《白氏长庆集》、《白乐天文集》、《白香山集》。诗文别集。唐白居易(字乐天,号香山居士,编集于穆宗长庆年间)著。《新唐书·艺文志》著录《白氏长庆集》七十五卷,计前集五十卷、后集二十卷、续后集五卷,系白氏手自编定。《崇文总目》作《白氏文集》七十卷,因续后集已在五代时散佚。《郡斋读书志》更作《白居易长庆集》七十一卷,末卷乃后人拾掇其遗佚律诗一百首而成。今传《白氏文集》七十一卷,凡诗三十七卷、文三十四卷,业经改编,有宋绍兴刻本和明嘉靖伍氏刻本,1955年文学古籍刊行社据宋本影印。另题《白氏长庆集》七十一卷,有明正德铜活字印本和万历间马元调辑《元白长庆集》本(后者附录一卷)、《四库全书》和《万有文库》并加收录,1954年文学古籍刊行社据《万有文库》本校订重印。《四部丛刊》则据日本那波道圆覆宋铜活字本影印,亦题《白氏文集》七十一卷,凡前集五十卷、后集二十卷、末一卷,可能较接近原编。单收诗歌的,有《白乐天文集》三十六卷,明正德郭勋刻本。又有《白氏讽谏》一卷,专收新乐府诗,有多种明清刻本,1958年中华书局上海编辑所据清费念慈刻《唐诗二十种》本影印。另法国巴黎图书馆藏敦煌写本《白氏诗集》一卷,收诗十六首,其中十五首亦出自新乐府,1955年文学古籍刊行社刊附《白氏长庆集》后。清乾隆间卢文弨从事白集考校,成《白氏文集校正》一卷,辑入《抱经堂丛书》,《丛书集成初编》据以印行。顾学颉有校点《白居易集》,1979年中华书局出版。白集注本最通行者,为清汪立名编注《白香山诗集》四十卷,凡前集二十卷、后集十七卷、别集一卷、补遗二卷,附年谱二卷冠首,编校谨严,注释简要,有清康熙刻本和多种印本,《四库全书》、《四部备要》并加收录。朱金城撰《白居易集笺校》,采摭宏富,考订翔实,为白集整理之集大成者,1988年上海古籍出版社出版。

追昔游集 诗别集。唐李绅著。以记其平生宦游经历而得名。《新唐书·艺文志》著录李绅《追昔游诗》三卷,又批答一卷,后者已佚。今传《追昔游集》三卷,收诗一百零一首,缺原序一篇,有明汲古阁刻《五唐人诗集》本,《四库全书》予以采录,民国间上海涵芬楼亦据以影印。清康熙间席启寓辑入其所刊《唐诗百名家全集》,补诗三十一首,仍作三卷。又清初抄《百家唐诗》本,有拾遗一卷。王旋伯有《李绅诗注》,编入上海古籍出版社所刊《唐诗小集》,1985年出版。

柳河东集 又名《柳先生文集》、《柳柳州集》、《柳文惠公集》。诗文别集。唐柳宗元(河东人,官柳州刺史,谥文惠)著。《新唐书·艺文志》著录《柳宗元集》三十卷,《郡斋读书志》作集三十卷,集外文一卷,赵希弁《郡斋读书志附志》另作文集四十五卷,外集二卷,附录二卷。按柳集系唐刘禹锡原编,北宋时又经穆修重新校编,其三十卷本可能接近原貌,四十五卷为穆修校编本,外集、附录等更出于后人添加。今传《唐柳先生文集》三十二卷外集一卷,有宋刻残本存日本。另明游居敬校《柳文》四十三卷(凡雅诗歌曲一卷、赋一卷、文三十九卷、诗二卷),又别集二卷(录《非国语》)、外集二卷(收佚文)、附录一卷,有嘉靖刻本和清同治补刻本。又同治间零陵柳氏祠堂刻本,题《柳文惠公全集》四十三卷,亦有别集二卷、外集二卷、附录一卷。此外,单收诗歌的,有《柳柳州集》四卷,清胡凤丹辑《唐四家诗集》本;《柳河东先生诗集》三卷,席启寓辑《唐诗百名家全集》本;《柳河东诗集》二卷,汪立名辑《唐四家诗》本。单录柳文的,则有《柳文》二十二卷,明万历叶万景刻本。而外集单行的,又有宋乾道刻本《唐柳先生外集》一卷,清光绪蒯氏覆刻本增附录一卷。吴文治等有点校本《柳宗元集》,辑校较为齐备,1979年中华书局出版。柳集的注本较早有南宋张敦颐《柳文音辩》、严有翼《柳文切正》、童宗说《柳文音释》、潘纬《柳文音义》数种,原本皆不传。今传童宗说注释、张敦颐音辩、潘纬音义的《增广注释音辩唐柳先生集》四十五卷(包括别集,外集等另附),系将三家注本综合而成,有宋建阳书坊刻本和元明多种刻本,《四库全书》据宋本收录,《四部丛刊》则据元刻影印。淳熙间另有韩醇《新刊诂训唐柳先生文集》四十五卷(附外集与新编外集)行世,现存清抄本和《四库全书》本。稍后,魏仲举辑成《五百家注音辩唐柳先生文集》四十五卷(附外集等),仿"五百家注韩"的体例,开列注家姓氏,汇辑众说成书,今存宋庆元魏氏刻本残卷和《四库全书》本。嘉定间郑定在魏氏本基础上又有增益,成《重校添注音辩唐柳先生文集》四十五卷(附外集),有宋刻本存台湾。宋末廖莹中校注《河东先生集》四十五卷(附外集等),即根据郑本略加改编,成为后世最为通行的柳集注本,有宋廖氏世綵堂刻本、明郭元鹏济美堂刻本和多种翻刻本,1958年中华书局上海编辑所据蟫影庐影印宋本断句排印,题《柳河东集》。明清以后较为重要的注本,有崇祯间蒋之翘《唐柳河东集辑注》四十五卷(附外集等),此本特色与其注韩一样,亦详于史地而略于音义,有蒋氏三径草堂刻本和多种翻刻本,《四部备要》据以校刊。又有清陈景云《柳集点勘》四卷,亦为驳正廖氏注本之作,有《邈园丛书》本。其他如明王锡爵、茅坤,清许鸿磐、孙琮、林纾诸人俱有评点柳集传世。

皇甫持正文集 文别集。唐皇甫湜(字持正)著。《新唐书·艺文志》著录《皇甫湜集》三卷,《郡斋读书志》作文六卷。今传《皇甫持正文集》六卷,凡杂著、论序、制策、书、记、碑铭各一卷,共三十八篇,有宋刻本,《四部丛刊》据以影印。另有明正德刻本、汲古阁刻《三唐人文集》

本和多种明清抄本，均六卷，《四库全书》亦加收录。清屈轶抄本补佚文一篇；光绪间冯焌光辑《三唐人集》本，有补遗一卷；近代缪荃孙辑《三唐人集》本，附校记一卷。

元氏长庆集　又名《元微之文集》。诗文别集。唐元稹（字微之，编集于穆宗长庆年间）著。《新唐书·艺文志》著录《元氏长庆集》一百卷，又小集十卷，已佚。《郡斋读书志》作元稹《长庆集》六十卷，外集一卷，系经宋人重编。今传《元氏长庆集》六十卷，凡诗二十六卷、赋一卷、文三十三卷，又集外文章一卷，有宋乾道刻本残卷、明铜活字印本残卷、明嘉靖董氏覆宋刻本和数种明清抄本；《四部丛刊》据明嘉靖本影印（二次印本附校记一卷），《四部备要》亦据以校刊，1956 年文学古籍刊行社则据明弘治杨循吉抄宋本影印。另明万历间马元调辑《元白长庆集》本，则有补遗六卷、附录一卷，《四库全书》予以采录。又有题《新刊元微之文集》六十卷，仅宋刻残本存。清卢文弨有《元微之文集校补》一卷，辑入《抱经堂丛书》，《丛书集成初编》据以印行。冀勤有点校《元稹集》，1982 年中华书局出版。

长江集　诗别集。唐贾岛（官长江主簿）著。《新唐书·艺文志》著录《长江集》十卷，又小集三卷，后者已佚。今传《贾浪仙长江集》十卷，收诗三百七十八首，不分体，比较接近原貌，有明翻宋刻本和多种明清抄本，《四库全书》和《四部备要》予以采录，清卢文弨抄校本附补遗一卷，《四部丛刊》则据明翻宋本影印。另明汲古阁刻《唐人八家诗》本，题《长江集》十卷，与前本无大差异，民国间上海涵芬楼曾加影印；辑入《畿辅丛书》与《丛书集成初编》，则增附集一卷。又明蒋孝辑《中唐十二家诗集》和清席启寓辑《唐诗百名家全集》本，亦作十卷。别有《贾浪仙长江集》七卷，明初奉新县刻本，分体编排，非复原貌。又有清初抄九卷本（有拾遗一卷）、清抄四卷本、明抄一卷本等；明朱之蕃辑《中唐十二家诗集》和清龚贤辑《中晚唐诗纪》本，亦作一卷。李嘉言有《长江集新校》，辑附较为齐备，1983 年上海古籍出版社出版。陈延杰撰《贾岛诗注》，1937 年上海商务印书馆出版。

姚少监诗集　诗别集。唐姚合（官秘书少监）著。《新唐书·艺文志》著录《姚合诗集》十卷。今传《姚少监诗集》十卷，有宋刻残本、明汲古阁刻《唐六名家集》本、清席启寓辑《唐诗百名家全集》本和数种明清抄本。汲古阁本据称渊源于宋浙刻本，按送别、寄赠、闲适、时序等十多个门类分编，与现存宋刻残本编次有异，《四库全书》予以采录；《四部丛刊》则另据汲古阁所藏明覆宋抄本影印。别有《姚少监诗集》五卷，日本静嘉堂文库所藏写本；又《刺史姚合诗》一卷，明万历刻《晚唐十四家诗集》本。

刘叉诗　诗别集。唐刘叉著。《郡斋读书志》著录《刘叉诗》一卷，《直斋书录解题》作《刘叉集》二卷，《百川书志》更作集三卷。今传《刘叉诗》一卷，有明初抄《唐十八家诗》本和明正德刻本。另诗三卷，有朱警辑《唐百家诗》、王准刻《唐十子诗》、明抄《唐四十七家诗》、清江标影刻《唐人五十家小集》诸本。近人樊镇撰《刘节士冰箸雪车诗斠注》一卷，有抄本藏南京。

费冠卿诗　诗别集。唐费冠卿著。其集历代史志均无著录。今传《费冠卿诗》一卷，附文一篇，系近人刘世珩搜访佚作辑成，编入其所刊《贵池先哲遗书·贵池唐人集》，1920 年印行。

鲍溶诗集　诗别集。唐鲍溶著。《新唐书·艺文志》著录《鲍溶集》五卷，曾巩《鲍溶诗集目录序》作六卷，并云前五卷二百首出自原编，末卷三十三首系从欧阳修藏本中辑出附编。今传《鲍溶诗集》六卷、集外诗一卷，其集外收诗正三十三首，当为曾巩所辑，而正集虽增一卷，收诗仅一百四十余首，已非原帙，有明汲古阁刻《唐人六集》本和数种明清抄本，《四库全书》据叶裕家抄本收录。清席启寓辑《唐诗百名家全集》本作六卷、补遗一卷，而无集外诗。另有《中唐鲍溶诗》一卷，清龚贤辑《中晚唐诗纪》本；又《鲍溶诗集》不分卷，台湾“中央图书馆”藏明抄本。

李文饶文集　又名《李卫公文集》、《会昌一品集》。诗文别集。唐李德裕（字文饶，封卫国公，武宗会昌年间拜相）著。《新唐书·艺文志》著录《会昌一品集》二十卷，又《姑臧集》五卷、《穷愁志》三卷、《杂赋》二卷；《郡斋读书志》更录《平泉诗》一卷、别集八卷；《直斋书录解题》则作集二十卷、别集十卷、外集四卷，又别录《李卫公备全集》五十卷、年谱一卷、摭遗一卷，并谓其中包括《姑臧集》、《献替记》、《辨谤略》诸书。《备全集》及《姑臧集》、《献替记》、《辨谤略》俱不存。今传《李文饶文集》二十卷（专收制诰），别集十卷（收诗赋杂文），外集四卷（收史论，即《穷愁志》），有明嘉靖刻本、万历重修本和数种明抄本；《四部丛刊》据以影印。明末刻本题《李卫公文集》，有陈子龙评；《四库全书》收录时题作《会昌一品集》，卷数皆同。清光绪间王用臣校本多补遗一卷，《畿辅丛书》和《丛书集成初编》并加辑录。单收诗歌的，则有席启寓辑《唐诗百名家全集》本《李卫公诗集》一卷。

李长吉文集 又名《李贺歌诗编》、《昌谷集》。诗别集。唐李贺（字长吉，家居福昌县昌谷）著。《新唐书·艺文志》著录《李贺集》五卷，《郡斋读书志》作集四卷，外集一卷，按四卷系李贺手自编定，外集则为后人掇拾而成。今传李贺集种类繁多，较早的本子有宋刻本《李长吉文集》四卷，无外集，后曾辑入《续古逸丛书》；又宋宣城刻本《李贺歌诗编》四卷，有集外诗一卷，1971年台湾"中央图书馆"据以影印；又蒙古宪宗六年（1256）赵衍刻本（俗称金刻本）《歌诗编》四卷，《四部丛刊》据以影印，并补集外诗一卷。稍后有元至元复古堂刻本《李贺歌诗编》四卷，外集一卷，系据南宋陈氏书籍铺刻本覆刻，明弘治间马炳然再加翻刻，改题《锦囊集》（有1923年秀水金氏影印本），弘治刘廷瓒和万历年间又有翻刻，题《李长吉诗集》。另明末汲古阁刻《唐人四集》本《歌诗编》四卷，集外诗一卷，则传自宋上党鲍氏刻本，清人亦加影抄。《四库全书》则据浙江巡抚采进本收录，题《昌谷集》四卷，有外集一卷。诸本题名各异，编次与篇目则相差不大（主要差异在是否收录外集），唯文句讹脱纷乱比较严重。别有诗集一卷，明姜道生刻本和明抄《唐四家诗》本。贺扬灵有点校《李长吉歌诗》，1930年上海光华书局刊行。历代给李集作评注的也不少。最早如宋吴正子笺注本和刘辰翁评点本，俱不传；现存《笺注评点李长吉歌诗》四卷，系将吴注、刘评综合而成，有元刻袖珍本、明凌濛初刻朱墨套印本和天启刻《合宋须溪点校书九种》本，《四库全书》亦予收录。明代则有徐渭、董懋策评注《唐李长吉诗集》，姚佺笺注、陈愫等辩证、孙枝蔚等参评的《李长吉昌谷集句解定本》，曾益注《昌谷集》、余光辑解《李昌谷诗集》、黄淳耀评点《李长吉集》诸种，各有刻本传世。清初姚文燮撰《昌谷集注》，多引史事证诗，成一家之言，有康熙刻本。乾隆间方世举《李长吉诗集批注》，论诗独有会心，对徐、董评注亦多所驳正，手稿未刊。王琦《李长吉歌诗汇解》则采集众说，更加发明，在旧注中最为流行，有乾隆刻本和光绪、宣统间覆印本，《四部备要》据以刊行。后中华书局上海编辑所汇辑姚、方、王诸本，成《三家评注李长吉歌诗》，1959年出版，1977年上海人民出版社校点重版，改题《李贺诗歌集注》。其余尚有嘉庆间陈本礼《协律钩玄》、近人吴汝纶《评注李长吉诗集》等。叶葱奇有编注《李贺诗集》，1959年人民文学出版社出版。

沈下贤文集 诗文别集。唐沈亚之（字下贤）著。《新唐书·艺文志》著录《沈亚之集》九卷，《郡斋读书志》作十卷，《直斋书录解题》则作《沈下贤集》十二卷。今传《沈下贤文集》十二卷，凡诗赋一卷、文十一卷，有明万历刻本、清光绪叶德辉刻《观古堂丛书》本和多种明清抄本。《四库全书》据清影宋抄本采录，《四部丛刊》则据明万历刻本影印。单收诗歌的，有《沈亚之诗》一卷，清初抄《百家唐诗》本；又《中唐沈亚之诗》一卷，康熙刘云份辑《中晚唐诗》本。

章孝标诗集 诗别集。唐章孝标著。《新唐书·艺文志》著录《章孝标诗》一卷，《宋史·艺文志》作七卷。今传《章孝标诗集》一卷，有明刻《唐五十家集》、明抄《唐四十四家诗》、清江标影刻《唐人五十家小集》诸本。

张承吉文集 又名《张处士诗集》。诗别集。唐张祜（字承吉，未仕）著。《新唐书·艺文志》著录《张祜诗》一卷，《直斋书录解题》则作集十卷。今传《张承吉文集》十卷，收诗四百六十八首，有宋蜀刻本，1979年上海古籍出版社据以影印。另《唐张处士诗集》六卷（即蜀刻本的前六卷），收诗仅三百余首，明末叶奕抄本。又诗集五卷（即蜀刻本前五卷），有明朱警辑《唐百家诗》和明刻《唐五十家集》本，并辑入《贵池先哲遗书》。此外尚有清席启寓《唐诗百名家全集》所收二卷本和明毕效钦《十家唐诗》增刻所录一卷本，皆就五卷本并合而成。严寿澂有校编《张祜诗集》，1983年江西人民出版社出版。

僧无可诗集 诗别集。唐释无可著。《直斋书录解题》著录《无可集》一卷。今传《僧无可诗集》二卷，有明朱警辑《唐百家诗》、明抄《唐四十七家诗》、清江标影刻《唐人五十家小集》诸本。

喻凫诗集 诗别集。唐喻凫著。《新唐书·艺文志》著录《喻凫诗》一卷。今传《喻凫诗集》一卷，有明朱警辑《唐百家诗》、明刻《唐五十家集》、清席启寓辑《唐诗百名家全集》、江标影刻《唐人五十家小集》诸本。康熙间刘云份辑《中晚唐诗》,题《晚唐喻凫诗》一卷。

顾非熊诗集 诗别集。唐顾非熊著。《新唐书·艺文志》著录《顾非熊诗》一卷。今传《顾非熊诗集》一卷,明万历顾名端刻附《顾华阳集》后,《四库全书》并加收录。单行者又有明初抄《唐十八家诗》、明抄《唐四十四家诗》、清席启寓辑《唐诗百名家全集》诸本。

朱景玄诗 诗别集。唐朱景玄著。《新唐书·艺文志》著录《朱景元(玄)诗》一卷。今传《晚唐朱景玄诗》一卷,清龚贤辑入《中晚唐诗纪》。

欧阳衮诗 诗别集。唐欧阳衮著。《新唐书·艺文志》著录《欧阳衮集》一卷。今传《晚唐欧阳衮诗》一卷,清龚贤辑入《中晚唐诗纪》。

朱庆馀诗集 诗别集。唐朱庆馀著。《新唐书·艺文志》著录《朱庆馀诗》一卷。今传《朱庆馀诗集》一卷,有南宋陈氏书籍铺刻本、明朱警辑《唐百家诗》本、清席启寓辑《唐诗百名家全集》本、江标影刻《唐人五十家小集》本和数种明清抄本;《四部丛刊续编》据宋刻本影印,附校勘记一卷。清龚贤辑《中晚唐诗纪》本,题《中唐朱庆馀诗》一卷。

丁卯集 又名《许用晦文集》。诗别集。唐许浑(字用晦,有别墅在润州丁卯桥)著。《新唐书·艺文志》著录《丁卯集》二卷,《直斋书录解题》亦作二卷,但云"蜀本又有拾遗二卷"。今传《丁卯集》二卷,凡七言一卷、五言一卷,收诗三百余篇,较原集五百篇散佚已多,有明汲古阁刻《唐人八家诗》本和数种影宋抄本,《四部丛刊》据影宋本影印。另宋蜀刻本《许用晦文集》二卷,有遗篇、拾遗各一卷,当为宋人辑补,民国间《续古逸丛书》据以影印。又元祝德子订正的《增广音注唐郢州刺史丁卯诗集》二卷,有续集一卷(又分遗篇、拾遗、续补三部分,续补显系祝氏增入),共补诗九十五首,有元刻本和明弘治刻本。清席启寓辑《唐诗百名家全集》本《丁卯集》二卷,更有续集一卷(《四库全书》作二卷)、续补一卷、集外遗诗一卷,收诗达五百首,但历经递补,已非原编,《四库全书》曾加收录。此外有《晚唐许浑诗集》一卷,明毕效钦辑《十种唐诗》增刻本;又《许浑丁卯诗集》一卷,万历刻《晚唐十四家诗集》本。评注许集的,则有明雷起剑评《丁卯集》二卷,崇祯刻本;又清许培荣《丁卯集笺注》八卷,乾隆刻本。

温庭筠诗集 又名《温飞卿集》、《金荃集》、《温八叉集》。诗别集。唐温庭筠(字飞卿,诗体香艳,以文思敏捷、八叉手而成八韵,时号"温八叉")著。《新唐书·艺文志》著录温庭筠《握兰集》三卷,又《金荃集》十卷,《诗集》五卷,《汉南真稿》十卷,《郡斋读书志》作《金荃集》七卷、外集一卷。今传《温庭筠诗集》七卷,别集一卷,有明弘治刻本和清初钱氏述古堂抄本,《四部丛刊》据钱氏抄本影印,清席启寓辑《唐诗百名家全集》本更附集外诗一卷。另题《金荃集》七卷,别录一卷,明汲古阁刻《五唐人诗集》本。又有《唐方城令温飞卿集》一卷,明姜道生刻本;《晚唐温庭筠诗集》一卷,清龚贤辑《中晚唐诗纪》本。注本较早有明曾益《温八叉集注》四卷,清初顾氏秀野草堂刻本。后顾予咸、顾嗣立父子就曾本删补订正,重加笺释,成《温飞卿集笺注》九卷,最为通行,有康熙顾氏刻本和光绪、宣统间多种覆印本,《四库全书》和《四部备要》并予采录,1980 年上海古籍出版社点校出版。

常达诗集 诗别集。唐释常达著。原集未见著录。今传《常达诗集》一卷,佚名辑《唐四僧诗》本,《四库全书》曾加采录。

樊川文集 诗文别集。唐杜牧著。以别墅在樊川而得名。《新唐书·艺文志》著录《樊川集》二十卷,系其甥裴延翰编次;《郡斋读书志》增录外集一卷,《直斋书录解题》更有集外诗一卷,又刘克庄《后村诗话》云续别集三卷,皆后人拾补。今传《樊川文集》二十卷,凡赋、诗四卷,文十六卷,附外集一卷、别集一卷(外、别集中杂有他人作品),有明翻宋刻本和清光绪杨氏影宋刻本,《四库全书》据明本收录,《四部丛刊》亦加影印,1978 年上海古籍出版社更据《四部丛刊》本校点出版。又明崇祯昭质堂刻本有郑郏评,另一种清刻本多遗文一卷。此外,单收诗歌的,有明正德朱承爵刻本《樊川诗集》四卷、万历刻《晚唐十四家诗集》本《杜牧之樊川诗集》一卷、清席启寓辑《唐诗百名家全集》本《樊川集》六卷补遗一卷;单录文章的,则有明崇祯吴氏刻本《杜樊川集》十七卷,有朱一是、吴琠评。注本通行者为清冯集梧《樊川诗集注》四卷,附别集、外集、补遗各一卷,颇详实,有清嘉庆刻本和光绪重刻本,《四部备要》据以采录,1962 年中华书局上海编辑所亦加出版。

段成式诗 诗别集。唐段成式著。《宋史·艺文志》著录《段成式集》七卷,已佚。今传《段成式诗》一卷,有清初抄《百家唐诗》本和席启寓辑《唐诗百名家全集》本。

陈嵩伯诗集 诗别集。唐陈陶(字嵩伯)

著。《新唐书·艺文志》著录陈陶《文录》十卷，已佚。今传《陈嵩伯诗集》一卷，清席启寓辑入《唐诗百名家全集》。清龚贤《中晚唐诗纪》本，题《晚唐陈陶诗》一卷。

周贺诗集 又名《清塞诗集》。诗别集。唐周贺(曾出家为僧，法名清塞)著。《新唐书·艺文志》著录《周贺诗》一卷，《直斋书录解题》谓"别本又号《清塞集》"。今传《周贺诗集》一卷，有南宋陈氏书籍铺刻本和明朱警辑《唐百家诗》、明刻《唐五十家集》诸本；《四部丛刊续编》据宋本影印，附校勘记一卷。明末毛晋以《唐僧弘秀集》中所录清塞诗与周贺集相参较，去同存异，成《清塞诗集》二卷，有汲古阁抄本，并辑入《唐四僧诗》，《四库全书》曾加采录。

郑巢诗集 诗别集。唐郑巢著。《遂初堂书目》著录《郑巢集》，未著卷数。今传《郑巢诗集》一卷，有明朱警辑《唐百家诗》、明刻《唐十八家诗》、明刻《唐五十家集》诸本，并辑入《武林往哲遗著》。

刘得仁诗 诗别集。唐刘得仁著。《新唐书·艺文志》著录《刘得仁诗》一卷。今传《晚唐刘得仁诗》一卷，清康熙间刘云份辑入其所刊《唐代刘氏诗集七十种》。

李群玉诗集 又名《李文山诗集》。诗别集。唐李群玉(字文山)著。《新唐书·艺文志》著录《李群玉诗》三卷、后集五卷，三卷系其于唐宣宗大中八年(854)进呈诗卷，五卷为后所编集。今传《李群玉诗集》三卷，后集五卷，有南宋陈氏书籍铺刻本和多种明清抄本，《四库全书》予以收录；清席启寓辑《唐诗百名家全集》本有补遗一卷，《四部丛刊》则据宋本影印。另有明抄本《唐李群玉诗集》五卷和嘉靖、万历刻本《李文山诗集》三卷，万历刻本有附录、考证各一卷。明末汲古阁刻《唐人八家诗》本亦三卷，系打通原前后集编次，重新按体分编。羊春秋有辑注《李群玉诗集》，辑校齐备，并附各种资料，1989年岳麓书社出版。

李郢诗 又名《李端公集》。诗别集。唐李郢(曾官侍御史，唐人呼御史为端公)著。《新唐书·艺文志》著录《李郢诗》一卷，《直斋书录解题》作《李端公集》一卷。今传《中唐李郢诗》一卷，辑入清龚贤所编《中晚唐诗纪》。

李义山诗集 又名《玉谿生诗集》。诗别集。唐李商隐(字义山，号玉谿生)著。《新唐书·艺文志》著录《玉溪生诗》三卷，《郡斋读书志》作诗五卷。今传《李义山集》三卷，有明崇祯汲古阁刻《唐人八家诗》本，《四库全书》据内府藏本收录；清席启寓《唐诗百名家全集》本题《李商隐诗集》三卷。另有六卷本，分体编排，明嘉靖蒋孝辑入其所刊《中唐十二家诗》，《四部丛刊》据以影印。又有明姜道生刻《唐三家集》本，七卷；朝鲜刻本《李商隐诗集》，十卷，补遗一卷。给诗集作注的，宋有刘克、张文亮二家，皆不传。现存最早注本，为明钱龙惕《玉溪生诗笺》三卷，有清乾隆沈氏抄本，但流传不广。较有影响者，为清初朱鹤龄《李义山诗注》三卷，附录二卷，系据明末释道源注本删补而成，特别致力于发掘诗作忠君爱国之寓意，虽多牵强附会，对于扭转长时期来把李商隐视作苟合取容的无行文人的偏见，尚有一定意义，有顺治刻本和多种覆刻本，《四库全书》亦加采录；后沈厚塽将何焯、朱彝尊、纪昀三家对李诗的评语辑入朱注本，成为通行的《李义山诗集辑评》，有同治刻三色套印本，1957年四川人民出版社据以刊行。清中叶后，注家蜂起。陆昆曾《李义山诗解》专解七律，意见尚称平允。程梦星《重订李义山诗集笺注》对朱注有所订补，而穿凿仍多。姚培谦《李义山诗集笺注》和屈复《玉溪生诗意》不重考释，以析意为主，颇有精当处。冯浩《玉谿生诗笺注》较晚出，能在广采博收的基础上，勤心钩稽诗人生平事迹，重订年谱，按年编诗，详加诠解，成为旧注本中最有权威性的一种，而亦不免存在夸大牛李党争与诗作关系之嫌，有乾隆刻本和多种覆刻本，《四部备要》曾予校刊，1979年上海古籍出版社据原刻校点出版。此外，尚有吴乔、姚廷谦、纪昀、周曰沆、姜炳璋、张采田诸家评说，各有一得之见。叶葱奇《李商隐诗集疏注》亦称精审，其疏解文意、提示笔法尤足参考，1985年人民文学出版社出版。又刘学锴、余恕诚合撰《李商隐诗歌集解》，汇辑各种版本、资料，据以进行集校、集注、集评，为李集整理中集大成之作，1988年中华书局出版。

李义山文集 又名《樊南文集》。文别集。唐李商隐(字义山，别号樊南生)著。《新唐书·艺文志》著录《樊南甲集》二十卷，《乙集》二十卷(皆四六文)，又赋一卷、文一卷，《郡斋读书志》更增录文集八卷，俱佚。今传《李义山文集》五卷，系清初朱鹤龄从《文苑英华》、《唐文粹》诸书汇辑而成，有清抄本，《四部丛刊》据以影印。另经蒋玢编订的《李义山樊南文集》六卷，附小传一卷，亦有抄本传世。朱氏本对李文已略加诠释，但多所疏漏。后徐树榖、徐炯兄弟博考史籍，充实材料，成《李义山文集笺注》十卷，有康熙刻本，并采入《四库全书》。冯浩更就徐氏本删补订正，成《樊南文集详注》八卷，收文一百五十篇，较为通行，有乾隆刻本，并辑入《四部备要》，1988年上海古籍出版社据以出版。后钱振伦从《全唐文》又辑得佚文二百零三篇，成《樊南文集补编》十二卷，并为之笺，弟振常作注，有同治刻本，亦收入《四部备要》，1988年上海古籍出版社与冯注本合并出版。别有清吴兆宜《李义山文集笺注》六卷，稿本未刊，藏上海图书馆。

李远诗集 诗别集。唐李远著。《新唐书·艺文志》著录《李远诗集》一卷，《百川书志》作集二卷。今传《李远诗集》一卷，有明朱警辑《唐百家诗》、清席启寓辑《唐诗百名家全集》、江标影刻《唐人五十家小集》诸本。康熙间刘云份辑入其所刊《中晚唐诗》，题《晚唐李远诗》一卷。李之亮有《李远诗注》，编入上海古籍出版社所刊《唐诗小集》，与《秦韬玉诗注》合一册，1989年出版。

雍陶诗集 诗别集。唐雍陶著。《新唐书·艺文志》著录《雍陶诗集》十卷，《郡斋读书志》作五卷，俱佚。周啸天、张效民从《全唐诗》等典籍中辑得遗诗一百三十二首，成《雍陶诗注》，编入上海古籍出版社所刊《唐诗小集》，1988年出版。

刘绮庄诗 诗别集。唐刘绮庄著。《新唐书·艺文志》著录《刘绮庄集》十卷，《郡斋读书志》作歌诗四卷，俱佚。今传《晚唐刘绮庄诗》一卷，清康熙间刘云份辑入其所刊《唐代刘氏诗集七十种》。

玄英先生诗集 诗别集。唐方干(私谥玄英先生)著。《新唐书·艺文志》著录《玄英先生诗集》十卷，其甥杨弇编次，收诗三百七十余首。今传《玄英集》八卷，诗三百零七首，已非原编，有明嘉靖方廷玺刻本，《四库全书》予以收录。又十卷本，有明末刻本、清席启寓辑《唐诗百名家全集》本和数种明清抄本；席刻本收诗三百十六首，一种清抄本附集外诗一卷。另有《方玄英先生诗集》十二卷，清道光活字本；又《晚唐方干诗》一卷，龚贤辑《中晚唐诗纪》本。

文标集 诗文别集。唐卢肇著，以其墓在江西分宜县文标乡而得名。《新唐书·艺文志》著录卢肇《海潮赋》一卷，又《通屈赋》一卷，赵希弁《郡斋读书志附志》作《文标集》三卷，系经南宋绍兴间童宗说重加收辑而成。今传《文标集》三卷，收诗二十六首、文十六篇，附外录一卷，有清抄本。近人胡思敬辑入其所刊《豫章丛书·袁州二唐人集》，有补遗、校勘记各一卷。

姚鹄诗集 诗别集。唐姚鹄著。《新唐书·艺文志》著录《姚鹄诗》一卷。今传《唐姚鹄诗集》一卷，有明朱警辑《唐百家诗》和明刻《唐五十家集》本。清席启寓辑《唐诗百名家全集》本，题《姚鹄诗集》一卷。

渭南诗集 诗别集。唐赵嘏(曾官渭南尉)著。《新唐书·艺文志》著录《渭南集》三卷，又《编年诗》二卷，已佚。今传《渭南诗集》二卷，清席启寓辑入其所刊《唐诗百名家全集》；近人段朝端重加校补，得补遗一卷，并辑入《楚州丛书》第一集。另清龚贤辑《中晚唐诗纪》本，题《晚唐赵嘏诗》一卷。谭优学有《赵嘏诗注》，编入上海古籍出版社所刊《唐诗小集》，1985年出版。

项斯诗集 又名《项子迁诗》。诗别集。唐项斯(字子迁)著。《新唐书·艺文志》著录《项斯诗》一卷。今传《项斯诗集》一卷，有明朱警辑《唐百家诗》、明刻《唐五十家集》、清席启寓辑《唐诗百名家全集》、江标影刻《唐人五十家小集》诸本。清龚贤辑《中晚唐诗纪》本，题《晚唐项斯诗》一卷。另《台州丛书》和《仙居丛书》所辑《项子迁诗》一卷，有附录、考异各一卷。

会昌进士诗集 诗别集。唐马戴(武宗会昌间进士及第)著。《新唐书·艺文志》著录《马戴诗》一卷。今传《会昌进士诗集》一卷，有明朱警辑《唐百家诗》、明抄《唐十八家诗》、清江标影刻《唐人五十家小集》诸本；清席启寓辑《唐诗百名家全集》本有补遗一卷。另清龚贤辑《中晚唐诗纪》本，题《晚唐马戴诗》一卷。杨军、戈春源有《马戴诗注》，编入上海古籍出版社所刊《唐诗小集》，1987年出版。

刘威诗集 诗别集。唐刘威著。《新唐书·艺文志》著录《刘威诗》一卷。今传《刘威诗集》一卷，有明朱警辑《唐百家诗》和明刻《唐五十家集》本。清康熙间刘云份辑入其所刊《唐代刘氏诗集七十种》，作《晚唐刘威诗》一卷。

任藩诗小集 诗别集。唐任藩(一作翻，又作蕃)著。《新唐书·艺文志》著录《任翻诗》一卷。今传《唐任藩诗小集》一卷，清席启寓辑入《唐诗百名家全集》。又《台州丛书后集》本，题《任蕃小集》一卷。

薛许昌诗集 诗别集。唐薛能(官忠武军节度使，镇许昌）著。《新唐书·艺文志》著录《薛能诗集》十卷，又《繁城集》一卷，后者早佚。今传明刻本《薛许昌诗集》十卷，收诗二百二十七首，仅及原集之半，辑入汲古阁所刊《唐人八家诗》。另有数种明清抄本，亦十卷；又万历刻《晚唐十四家诗集》本，作《薛能集》一卷。

郑嵎诗 诗别集。唐郑嵎著。《新唐书·艺文志》著录郑嵎《津阳门诗》一卷。今传《唐郑嵎诗》一卷，所收即《津阳门诗》，清席启寓辑入《唐诗百名家全集》。又《荥阳杂俎》亦收《津阳门诗》一卷。

刘蜕集 又名《文泉子集》、《刘拾遗集》。文别集。唐刘蜕（号文泉子，曾官左拾遗）著。《新唐书·艺文志》著录《文泉子集》十卷，已佚。今传《唐刘蜕集》六卷，有明天启吴馡刻本、崇祯黄烨然覆刻本和数种明清抄本，《四部丛刊》据天启本影印。另题《文泉子集》六卷，有清抄本，咸丰间蒋光煦辑入其所刊《别下斋丛书》，《丛书集成初编》据以印行。又有明崇祯闵齐伋刻本，题《刘拾遗集》一卷。《四库全书》则据崇祯间韩锡所编本收录，题《文泉子》一卷。

曹祠部诗集 诗别集。唐曹邺（曾官祠部郎中）著。《新唐书·艺文志》著录《曹邺诗》三卷，《直斋书录解题》作集一卷，《宋史·艺文志》更作曹邺《古风诗》二卷。今传《曹祠部诗集》二卷，有明嘉靖刻本和明抄《唐四十四家诗》本；《四库全书》据蒋冕所编本收录，附《曹唐诗》一卷；清席启寓辑入《唐诗百名家全集》，有补遗一卷。另题《曹邺诗集》二卷，有明朱警辑《唐百家诗》和清江标影刻《唐人五十家小集》本；康熙间刘云份辑入其所刊《中晚唐诗》，题《晚唐曹邺诗》一卷。梁超然、毛水清有《曹邺诗注》，编入上海古籍出版社所刊《唐诗小集》，1982年出版。

刘驾诗集 诗别集。唐刘驾著。《直斋书录解题》著录《刘驾集》一卷，《宋史·艺文志》作刘驾《古风诗》一卷。今传《刘驾诗集》一卷，有明朱警辑《唐百家诗》和清江标影刻《唐人五十家小集》本。康熙间刘云份辑入《唐代刘氏诗集七十种》，题《晚唐刘驾诗》一卷。

文化集 诗别集。唐许棠（字文化）著。《新唐书·艺文志》著录《许棠诗》一卷。今传《文化集》一卷，有明抄本，清席启寓辑入其所刊《唐诗百名家全集》。另《许棠集》一卷，明万历刻《晚唐十四家诗》本。清龚贤辑《中晚唐诗纪》，题《晚唐许棠诗》一卷。

梨岳集 又名《李建州诗》。诗别集。唐李频（官建州刺史，有祠在建州梨山）著。《新唐书·艺文志》著录《李频诗》一卷。今传《李建州诗》一卷，有明嘉靖刻本。另题《梨岳集》一卷，有明万历刻本、清席启寓辑《唐诗百名家全集》本和数种明抄本。《四库全书》据明正统刻本收录，收诗一百九十五首，有附录一卷；《四部丛刊三编》则据明影元抄本影印，有附录、补遗各一卷。

刘沧诗集 诗别集。唐刘沧著。《新唐书·艺文志》著录《刘沧诗》一卷。今传《刘沧诗集》一卷，有明朱警辑《唐百家诗》和清江标影刻《唐人五十家小集》本。明毕效钦辑入《十家唐诗》增刻本，题《晚唐刘沧诗集》一卷。

孙可之文集 又名《孙职方集》、《经纬集》。文别集。唐孙樵（字可之，官职方郎中）著。《新唐书·艺文志》著录《经纬集》三卷，《直斋书录解题》作《孙樵集》十卷。三卷本可能系孙樵手自选编，未见存传。今传《孙可之文集》十卷，有南宋初年刻本和明正德王鏊刻本；明末汲古阁刻《三唐人文集》据正德本辑入，《四库全书》又据汲古阁本收录，清光绪冯焌光刻《三唐人集》则以宋本参校。另题《唐孙樵集》十卷，有明天启吴馡刻本，《四部丛刊》据以影印。又明崇祯闵齐伋刻本作《唐孙职方集》十卷，清嘉庆孙冯翼刻巾箱本题《可之先生文集》十卷。评注本有明孙耀祖、孙猷笺评《经纬集》十卷，崇祯刻本。清汪师韩撰有《孙文志疑》一卷，辑入《汪氏遗书》。

储嗣宗诗集 又名《储进士诗集》。诗别集。唐储嗣宗著。《直斋书录解题》著录《储嗣宗集》一卷。今传《储嗣宗诗集》一卷，有明朱警辑《唐百家诗》、清席启寓辑《唐诗百名家全集》、江标影刻《唐人五十家小集》诸本；近人储皖峰辑入《储氏丛书》，有附录一卷。明蒋孝辑《中唐十二家诗集》，题《唐储进士诗集》一卷；清刘云份辑《中晚唐诗》，更作《中唐储嗣宗诗》一卷。

司马扎先辈诗集 诗别集。唐司马扎著。《直斋书录解题》著录《司马扎先辈集》一卷。今传《司马扎先辈诗集》一卷，有明抄《唐四十七家诗》、清初抄《唐百家诗》、清席启寓辑《唐诗百名家全集》诸本。

于武陵诗集 又名《于邺诗集》。诗别集。唐于武陵（名邺，以字行）著。《新唐书·艺文志》著录《于武陵诗》一卷，别录《于邺诗》一卷。

按郧与武陵长期被误以为二人，诗亦分编。今传《于武陵诗集》一卷，有明嘉靖王准辑《唐十子诗》、明抄《唐四十四家诗》、清江标影刻《唐人五十家小集》诸本。又《于邺诗集》一卷，有明初抄《唐十八家诗》、朱警辑《唐百家诗》、清席启寓辑《唐诗百名家全集》诸本。两者所收篇目，有部分相混。

曹唐诗集　又名《曹从事诗集》。诗别集。唐曹唐（官使府从事）著。《新唐书·艺文志》著录《曹唐诗》三卷，《崇文总目》作曹唐《大游仙诗》一卷，曹唐《小游仙诗》一卷。今传《曹唐诗集》一卷，有明抄《唐四十四家诗》本和清初抄《百家唐诗》本；《四库全书》据蒋冕所编本收录，附《曹祠部集》后。清席启寓辑入《唐诗百名家全集》，题《曹从事诗集》一卷。

曹松诗集　诗别集。唐曹松著。《新唐书·艺文志》著录《曹松诗集》三卷，《郡斋读书志》作诗一卷。今传《曹松诗集》一卷，有明朱警辑《唐百家诗》、明抄《唐四十七家诗》诸本。另诗集二卷，清席启寓辑《唐诗百名家全集》本。康熙间刘云份辑《中晚唐诗》，题《晚唐曹松诗》一卷。

罗昭谏集　又名《江东集》、《甲乙集》。诗文别集。唐罗隐（字昭谏，号江东生）著。罗隐著作颇丛杂，《通志·艺文略》著录《罗隐集》二十卷，《江东后集》三卷，又《吴越掌记集》三卷，《直斋书录解题》则作《罗江东甲乙集》十卷、《后集》五卷、《湘南集》三卷，并云"《甲乙集》皆诗，后集有律赋数首。《湘南集》者，长沙幕中应用之文也。隐又有《淮海寓言》、《谗书》等，求之未获"。今传《罗昭谏江东集》五卷，系明姚士粦搜访遗诗佚文合辑而成，有万历刻本。清张瓒重加辑校，成《罗昭谏集》八卷，凡诗四卷、文二卷、杂著一卷、《两同书》一卷，有康熙刻本和道光重刻本，《四库全书》曾加采录。另有清抄本《罗昭谏集》十四卷，与八卷本大同小异，系将所合并的诗四卷依通行本《甲乙集》重新析为十卷而成，附补遗一卷。又有清林用霖辑《罗江东外纪拾残》一卷，咸丰刻本。单收诗歌的，题《甲乙集》十卷，有南宋陈氏书籍铺刻本和明汲古阁刻《唐人八家诗》本；清席启寓辑入《唐诗百名家全集》，有补遗一卷，《四部丛刊》则据宋刻本影印。又明抄本《甲乙诗集》三卷，与《谗书》五卷合编。另《甲乙集》一卷，明万历刻《晚唐十四家诗集》本。雍文华有校辑《罗隐集》，分《甲乙集》、《谗书》、《广陵妖乱志》、《两同书》、《杂著》五部分，并附录有关资料，1983年中华书局出版。

谗书　文别集。唐罗隐著。皆讽刺小品，作者谓用以"自谗"，故名。《郡斋读书志》著录《谗书》五卷，原本久佚，长期赖抄本流传。今传《谗书》五卷刻本，系清嘉庆间吴骞据吴翌凤抄本校补印行，附校一卷，辑入其所刊《拜经楼丛书》。雍文华校辑《罗隐集》，亦收《谗书》在内，1983年中华书局出版。

文薮　又名《皮子文薮》。诗文别集。唐皮日休著。作者自谓以文稿"繁如薮泽"，故名。《新唐书·艺文志》著录《皮日休集》十卷，《胥台集》七卷，《文薮》十卷，诗一卷，《宋史·艺文志》又有《滑台集》一卷，《吊江都赋》一卷。现除《文薮》外俱佚。今传《唐皮日休文薮》十卷，凡文九卷、诗一卷，有明正德袁表刻本、万历许自昌刻本和另几种明刻本；《四库全书》亦予收录，改题《皮子文薮》，1959年中华书局上海编辑所点校出版，1981年上海古籍出版社重加校刊；《四部丛刊》则据湘潭袁氏藏明刻本影印。此外，单收诗歌的，有明万历许自昌刻《唐皮从事唱酬诗》八卷，辑入《合刻陆鲁望皮袭美二先生集》；又《项氏瓶笙榭新刻皮袭美诗》二卷，有项真评，明刻本。单收杂文的，另有《文薮杂著》一卷，辑入宛委山堂本《说郛》弓二六。

甫里先生文集　又名《陆鲁望文集》。诗文别集。唐陆龟蒙（字鲁望，号甫里先生）著。《新唐书·艺文志》著录陆龟蒙《笠泽丛书》三卷，又《诗编》十卷、《赋》六卷，《宋史·艺文志》作《陆龟蒙诗编》十卷，又《陆龟蒙集》四卷。今传《唐甫里先生文集》二十卷，凡诗十三卷、赋二卷、杂著四卷、附录一卷，系南宋宝祐间叶茵综合其所著诗赋杂文而成，有明成化、万历刻本和清黄丕烈校明抄本；《四库全书》据万历刻本收录，《四部丛刊》则据黄丕烈校明抄本影印，附校勘记一卷。另有《甫里先生集》十卷，聊城杨氏据宋刊本影印。又《陆鲁望文集》八卷，有明抄本。单收诗歌的，则有《陆补阙诗集》二卷，补遗、附录各一卷，有明刻本。

笠泽丛书　诗文别集。唐陆龟蒙著。系作者居笠泽（松江别名）时所自编，以丛杂不分类次，故名"丛书"。《新唐书·艺文志》著录《笠泽丛书》三卷，《郡斋读书志》作四卷，《直斋书录解题》更有补遗一卷，为北宋政和间朱衮辑补，又云有"蜀本十七卷"（按当为七卷）。今传《笠泽丛书》四卷，补遗一卷，诗文合编，不分类次，比较接近原貌，有清雍正陆钟辉刻本、乾隆顾氏刻本和数种翻刻本,《四库全书》亦加采录。另有诗文分编的七卷本,可能源于宋蜀刻本,凡杂著四卷、诗三卷,附补遗一卷,显系经过后人整理,有清抄本;嘉庆间许梿重加校辑,附补遗二卷、附考一卷,校订甚详,有许氏古韵阁刻本,并辑入《古书丛刊》第一辑乙集。

鱼玄机诗 诗别集。唐女冠鱼玄机著。《直斋书录解题》著录《鱼玄机集》一卷。今传《唐女郎鱼玄机诗》一卷,有南宋陈氏书籍铺刻本和明朱警辑《唐百家诗》、王准辑《唐十子诗》、清江标影刻《唐人五十家小集》诸本;嘉庆沈氏刻《四妇人集》本有考异一卷,《郎园先生全书》本有附录一卷,《四部备要》则据宋本校刊。陈文华有校注《唐女诗人集三种》,收鱼玄机诗五十首,附以集评等资料,1984年上海古籍出版社出版。

邵谒诗集 诗别集。唐邵谒著。《直斋书录解题》著录《邵谒集》一卷。今传《邵谒诗》一卷,有明朱警辑《唐百家诗》和王准辑《唐十子诗》本。清席启寓辑入《唐诗百名家全集》,作《邵谒诗集》一卷。清刘云份辑《中晚唐诗》,更题《晚唐邵谒诗》一卷。

于渍诗集 诗别集。唐于渍著。《新唐书·艺文志》著录《于渍诗》一卷,《宋史·艺文志》作于渍《古风诗》一卷。今传《于渍诗集》一卷,有明朱警辑《唐百家诗》、王准辑《唐十子诗》、清席启寓辑《唐诗百名家全集》、江标影刻《唐人五十家小集》诸本。清龚贤辑入《中晚唐诗纪》,题《晚唐于渍诗》一卷。梁超然、毛水清有《于渍诗注》,编入上海古籍出版社所刊《唐诗小集》,1983年出版。

麟角集 诗赋别集。唐王棨著。所录皆应试诗赋,因以《颜氏家训》"学如牛毛,成如麟角"而取名。原集系王棨后人王蘋于南宋绍兴间辑成,故新旧《唐书》未见著录,仅《宋史·艺文志》著录《王棨诗》一卷。今传《麟角集》一卷,收律赋四十五篇,附录一卷,收省试诗二十一首,有明祁氏淡生堂抄本和清乾隆刻《知不足斋丛书》、嘉庆麟后山房《王氏汇刻唐人集》、光绪王祖源刻《天壤阁丛书》诸本,《四库全书》亦予采录;天壤阁本补赋一篇,并附唐陈黯《送王棨序》,《丛书集成初编》据以刊行。

李昌符诗集 诗别集。唐李昌符著。《直斋书录解题》著录《李昌符集》一卷。今传《李昌符诗集》一卷,有明初抄《唐十八家诗》、朱警辑《唐百家诗》、清席启寓辑《唐诗百名家全集》诸本。

周太朴诗 又名《周见素诗集》。诗别集。唐周朴(字太朴,一作见素)著。《新唐书·艺文志》著录《周朴诗》一卷,《文献通考·经籍考》作二卷。今传《周太朴诗》一卷,补遗一卷,有明万历刻本;清光绪严鸿谟刻本附诗话一卷。又清席启寓《唐诗百名家全集》本题《周见素诗集》一卷,龚贤《中晚唐诗纪》则作《晚唐周朴诗》一卷。

聂夷中诗 诗别集。唐聂夷中著。《新唐书·艺文志》著录《聂夷中诗》二卷,已佚。今传《聂夷中诗》,系中华书局上海编辑所据《全唐诗》所录聂夷中诗断句排印,与《杜荀鹤诗》合一册,1959年出版。

周繇诗 又名《周中丞集》。诗别集。唐周繇著。《直斋书录解题》著录《周繇集》一卷,已佚。今传《周繇诗》一卷,系近人刘世珩辑成,编入其所刊《贵池先哲遗书·贵池唐人集》,1920年印行。又《周氏师古堂所编书》亦予收录,题《周中丞集》一卷。

司空表圣集 又名《一鸣集》。诗文别集。唐司空图(字表圣)著,以其晚年隐居中条别业之一鸣窗命名。《新唐书·艺文志》著录《一鸣集》三十卷,《直斋书录解题》则谓"有诗十卷别行",俱佚。今传《司空表圣文集》十卷,收文七十篇,无诗,有宋蜀刻本和多种明清抄本,《四库全书》亦予采录,清光绪间仁和朱氏辑入其所刊《结一庐賸余丛书》,《四部丛刊》则据涵芬楼所藏旧抄本影印。另《司空表圣诗》三卷,有清席启寓辑《唐诗百名家全集》本和1914年南林刘氏刻红印本;《四部丛刊》据《唐音统签》本影印,作诗集五卷。后《嘉业堂丛书》又将其文集十卷与诗三卷合并辑入,并附校记一卷,1914年刊行;1982年文物出版社据以重刊,题《司空表圣诗文集》。

林宽诗集 诗别集。唐林宽著。《直斋书录解题》著录《林宽集》一卷。今传《林宽诗集》一卷,有明朱警辑《唐百家诗》、清席启寓辑《唐诗百名家全集》、江标影刻《唐人五十家小集》诸本。清刘云份辑入《中晚唐诗》,题《晚唐林宽诗》一卷。

张乔诗集 诗别集。唐张乔著。《新唐书·艺文志》著录《张乔诗集》二卷。今传《张乔诗集》四卷,有明朱警辑《唐百家诗》、清席启寓辑《唐诗百名家全集》诸本。近人刘世珩编《贵池先哲遗书·贵池唐人集》，辑入《张乔诗》一卷，并附遗文一篇。

李山甫诗集　诗别集。唐李山甫著。《新唐书·艺文志》著录《李山甫诗》一卷，顾櫰三《补五代史艺文志》则有《李山甫文集》十卷，文集已佚。今传《李山甫诗集》一卷，有明朱警辑《唐百家诗》、明抄《唐四十四家诗》、清席启寓辑《唐诗百名家全集》诸本。

胡曾咏史诗　诗别集。唐胡曾著。《新唐书·艺文志》著录胡曾《安定集》十卷，已佚。《直斋书录解题》别录《咏史诗》三卷。今传《新雕注胡曾咏史诗》三卷，收诗一百五十首，有陈盖、米崇吉注释，清影宋抄本。又宋胡元质注《胡曾咏史诗》一卷，有日本静嘉堂文库藏写本。另佚名注《咏史诗》不分卷，有明刻本，《四库全书》据以收录，析为二卷。陈新亮等有点校《咏史诗》，1988 年岳麓书社出版。

鹿门集　诗别集。唐唐彦谦(号鹿门先生)著。《新唐书·艺文志》著录《唐彦谦诗集》三卷。今传《鹿门集》二卷，有明崇祯钱谦益抄本。又三卷，清乾隆张德荣抄本。清席启寓《唐诗百名家全集》本题《鹿门诗集》三卷，有拾遗、续补诗各一卷，后亦辑入《晨风阁丛书》。

罗邺诗集　诗别集。唐罗邺著。《新唐书·艺文志》著录《罗邺诗》一卷。今传《罗邺诗集》一卷，有明朱警辑《唐百家诗》、清席启寓辑《唐诗百名家全集》、江标影刻《唐人五十家小集》诸本。何庆善、杨应芹有《罗邺诗注》，编入上海古籍出版社所刊《唐诗小集》，1990 年出版。

顾云诗文　诗文别集。唐顾云著。《新唐书·艺文志》著录顾云《集遗具录》十卷，《直斋书录解题》又著录其所著《凤策联华》三卷，俱佚。近人刘世珩掇拾遗诗佚文，成顾云诗一卷、文一卷，辑入其所刊《贵池先哲遗书·贵池唐人集》，1920 年印行。

比红儿诗　诗别集。唐罗虬著。凡百首，为咏题官妓杜红儿作。《郡斋读书志》著录《比红儿诗》一卷。今传《比红儿诗》一卷，有明朱警辑《唐百家诗》本和明末刻本，并辑入宛委山堂《说郛》、《五朝小说大观》、《唐人说荟》诸典籍。另有宋方蒉《解注比红儿诗集》一卷，明抄本；又清沈可培《比红儿诗注》一卷，辑入道光刻《昭代丛书》和民国间《国学珍本文库》第一集。

章碣诗集　诗别集。唐章碣著。《新唐书·艺文志》著录《章碣诗》一卷。今传《章碣诗集》一卷，有明朱警辑《唐百家诗》、明初抄《唐十八家诗》、清席启寓辑《唐诗百名家全集》、江标影刻《唐人五十家小集》诸本。

许琳诗集　诗别集。唐许琳著。《百川书志》著录《许琳集》一卷。今传《许琳诗集》一卷，有明刻《唐五十家集》、明初抄《唐十八家诗》、清席启寓辑《唐诗百名家全集》诸本。清龚贤辑入《中晚唐诗纪》，题《晚唐许琳诗》一卷。

秦韬玉诗集　又名《投知小录》。诗别集。唐秦韬玉著。《新唐书·艺文志》著录《投知小录》三卷，已佚。今传《秦韬玉诗集》一卷，有明朱警辑《唐百家诗》、清席启寓辑《唐诗百名家全集》、江标影刻《唐人五十家小集》诸本。李之亮有《秦韬玉诗注》，编入上海古籍出版社所刊《唐诗小集》，与《李远诗注》合一册，1989 年出版。

香奁集　诗别集。唐韩偓著(旧传五代时和凝所作，托名韩偓，前人已辨其非)。皆艳体。《新唐书·艺文志》著录《香奁集》一卷，《直斋书录解题》作二卷。今传《香奁集》一卷，有明汲古阁刻《五唐人集》本、姚希孟辑《合刻西昆集》本和多种清抄本。另二卷，有《一枝轩四种》本；近人刘复曾加点校，1926 年北新书局刊行。又三卷，有清席启寓辑《唐诗百名家全集》和嘉庆麟后山房《王氏汇刻唐人集》本，后者更有附录一卷。别有《四部丛刊》影印旧抄本，不分卷，分体编排。注本有清震钧《香奁集发微》一卷，附年谱一卷，有清宣统刻巾箱本和 1914 年上海扫叶山房石印本。

韩翰林集　又名《韩内翰别集》、《玉山樵人集》。诗别集。唐韩偓(号玉山樵人，曾官翰林学士承旨)著。《新唐书·艺文志》著录《韩偓诗》一卷，《郡斋读书志》作诗二卷，《直斋书录解题》更作《入内廷后诗集》一卷，别集三卷。今传《韩翰林集》一卷，有影宋抄本，清席启寓《唐诗百名家全集》亦予收辑。另题《韩内翰别集》一卷，补遗一卷，有明汲古阁刻《唐人六集》本，《四库全书》据以收录。又清嘉庆麟后山房《王氏汇刻唐人集》作《韩翰林集》四卷，附录一卷。《四部丛刊》则别据旧抄本影印，题《玉山樵人集》，分体编排，不分卷。注本有清吴兆宜注《韩致尧翰林集》，不分卷，清抄本；另吴汝纶评注《韩翰林集》三卷，补遗一卷，1923 年武进贺氏刻本，并辑入《关中丛书》。

尚颜诗集 诗别集。唐释尚颜著。《直斋书录解题》著录《尚颜供奉集》一卷，《宋史·艺文志》作僧尚颜《荆门集》五卷。今传《唐尚颜诗集》一卷，有清初抄《百家唐诗》和江标影刻《唐人五十家小集》本。

丰溪存稿 诗别集。唐吕从庆(号丰溪渔叟)著。原集未见历代著录。今传《丰溪存稿》一卷，收诗四十五首，系清乾隆间由其后人刊行于世，有嘉庆、同治翻刻本。《四库全书》录入存目，对其可靠性表示怀疑。

崔涂诗集 诗别集。唐崔涂著。《新唐书·艺文志》著录《崔涂诗》一卷。今传《崔涂诗集》一卷，有明朱警辑《唐百家诗》、明抄《唐四十四家诗》、清江标影刻《唐人五十家小集》诸本。台北商务印书馆据明嘉靖白纸本影印，辑入《岫庐现藏罕传善本丛刊》。

唐英歌诗 诗别集。唐吴融著。《新唐书·艺文志》著录《吴融诗集》四卷、制诰一卷，《直斋书录解题》则作《唐英集》三卷。今传《唐英歌诗》三卷，有明汲古阁刻《唐人四集》、明抄《唐四十四家诗》、清席启寓辑《唐诗百名家全集》诸本，《四库全书》亦加收录。

杜荀鹤文集 又名《唐风集》。诗别集。唐杜荀鹤著，系其登第时自编。《郡斋读书志》著录《唐风集》十卷，《直斋书录解题》作三卷。今传《杜荀鹤文集》三卷，收诗三百余首，有宋蜀刻本和清席启寓辑《唐诗百名家全集》本，1980年上海古籍出版社据宋本影印。另题《唐风集》三卷，分体编排，有明汲古阁刻《唐人四集》本，《四库全书》亦予收录；近人刘世珩采入《贵池先哲遗书·贵池唐人集》，补逸诗九首，并附《松窗杂记》一卷。又《杜荀鹤诗》一卷，明万历刻《晚唐十四家诗集》本。1959年中华书局上海编辑所据《贵池唐人集》本点校出版，题《杜荀鹤诗》，与《聂夷中诗》合一册。

李洞诗集 又名《李才江诗集》。诗别集。唐李洞(字才江)著。《新唐书·艺文志》著录《李洞诗》一卷，《宋史·艺文志》作三卷。今传《李洞诗集》三卷，有明朱警辑《唐百家诗》、明刻《唐五十家集》诸本。清席启寓《唐诗百名家全集》本题《李才江诗集》三卷。清龚贤《中晚唐诗纪》则作《晚唐李洞诗集》一卷。

郑守愚文集 又名《云台编》。诗别集。唐郑谷(字守愚)著，自云寓居云台道舍时所编。《新唐书·艺文志》著录《云台编》三卷，又《宜阳集》三卷，后者已佚。今传《郑守愚文集》三卷，有宋蜀刻本，《四部丛刊续编》据以影印，附校勘记一卷。另题《云台编》三卷，明嘉靖严嵩刻本，与前本所收篇目略有差异，清席启寓辑入《唐诗百名家全集》时有所订补，《四库全书》亦予收录；近人胡思敬刊入《豫章丛书·袁州二唐人集》，有拾遗一卷、校勘记一卷。又有《郑氏六名家集》本《云台编》二卷，补遗一卷。另万历刻《晚唐十四家诗集》本《云台编》一卷。严寿澂、黄明、赵昌平合撰《郑谷诗集笺注》，辑校齐备，附以集评等资料，1991年上海古籍出版社出版。

桂苑笔耕集 诗文别集。唐时新罗人崔致远著。收其在扬州高骈幕府所作诗文。《新唐书·艺文志》著录《崔致远四六》一卷，又《桂苑笔耕》二十卷，《四六》已佚。今存《桂苑笔耕集》二十卷，系清道光年间由域外重新引入，有数种传抄本，《四部丛刊》则据无锡孙氏藏高丽刻本影印。

披沙集 又名《李推官披沙集》。诗别集。唐李咸用(曾任推官)著。原集久湮。《直斋书录解题》著录《李推官披沙集》六卷，系出自李氏后裔家藏。今传《唐李推官披沙集》六卷，有南宋陈氏书籍铺刻本和明朱警辑《唐百家诗》、清席启寓辑《唐诗百名家全集》、江标影刻《唐人五十家小集》诸本，《四部丛刊》据宋本影印。另《晚唐李咸用诗集》一卷，分别辑入明毕效钦《十家唐诗》增刻本和清龚贤《中晚唐诗纪》。

苏拯诗集 诗别集。唐苏拯著。《直斋书录解题》著录《苏拯集》一卷。今传《苏拯诗集》一卷，有明朱警辑《唐百家诗》、明抄《唐四十七家诗》、清江标影刻《唐人五十家小集》诸本。

唐求诗集 又名《唐隐居诗》。诗别集。唐唐求(隐居不仕)著。《直斋书录解题》著录《唐求集》一卷。今传《唐求诗集》一卷，收诗三十五首，有宋刻本和清江标影刻《唐人五十家小集》本。清席启寓辑入《唐诗百名家全集》，题《唐隐居诗》一卷。

周昙咏史诗 诗别集。唐周昙著。《宋史·艺文志》著录《咏史诗》八卷。今传《经进周昙咏史诗》三卷，分八门，收诗二百零三首，有台湾"中央图书馆"藏影宋抄本。

白莲集 诗别集。唐释齐己著。《直斋书录解题》著录《白莲集》十卷，系其门人西文辑成；《宋史·艺文志》更有《白莲华编外集》十卷，已佚。今传《白莲集》十卷，凡近体诗九卷、古体诗一卷(末附绝句四十二首),有明汲古阁刻《唐三高僧诗》本和多种明清抄本,《四库全书》亦予采录,《四部丛刊》则据明嘉靖柳佥抄本影印。又五卷本,附拾遗四卷,辑入清初抄《百家唐诗》。另题《唐齐己诗集》一卷,有明朱警辑《唐百家诗》和清江标影刻《唐人五十家小集》本。

裴说诗 诗别集。唐裴说著。《郡斋读书志》著录《裴说诗》一卷。今传《晚唐裴说诗》一卷,清龚贤辑入《中晚唐诗纪》。

郑仆射集 诗文别集。唐郑愚(官尚书左仆射)著。《新唐书·艺文志》著录其与僧惠明、赵璘论佛书《栖贤法隽》一卷,已佚。今传《郑仆射集》一卷,系后人拾掇遗文佚诗而成,辑入民国间所刊《广东文献集》卷二。

禅月集 诗别集。五代前蜀释贯休(法号禅月大师)著。《郡斋读书志》著录《禅月集》三十卷,系其门人昙域编定。今传《禅月集》仅二十五卷,有多种影宋抄本;明汲古阁刻入《唐三高僧诗》,附补遗一卷,《四库全书》据以收录,《四部丛刊》则据武昌徐氏藏影宋抄本影印。另有十二卷本,清同治退补斋刻本,胡凤丹辑入《金华丛书》,《丛书集成初编》据以刊行。又《唐贯休诗集》一卷,有明朱警辑《唐百家诗》、明刻《唐五十家集》、清江标影刻《唐人五十家小集》诸本。

浣花集 又名《韦端己诗》。诗别集。五代前蜀韦庄(字端已,晚年居成都浣花溪畔)著,其弟韦蔼所编。《崇文总目》著录《浣花集》二十集,《幽居杂编》一卷,《郡斋读书志》作《浣花集》五卷,《宋史·艺文志》更作《浣花集》十卷,《谏草》一卷。今传《浣花集》十卷,收诗二百五十二首,已非原帙,有日本静嘉堂文库藏宋刻本(部分配抄本)和明正德刻本,《四部丛刊》据正德本影印。明汲古阁刻本和清席启寓《唐诗百名家全集》本有补遗一卷,《四库全书》据汲古阁本收录。贺扬灵有点校本《浣花诗词》,1934年上海光华书局出版。另向迪琮有校订《韦庄集》,1958年人民文学出版社出版。注本有江聪平《韦端己诗校注》,1969年台湾中华书局出版。

广成集 文别集。五代前蜀杜光庭(赐号广成先生)著。《通志·艺文略》著录《杜光庭集》三十卷,《宋史·艺文志》作《广成集》一百卷,又《壶中集》三卷,俱佚。今传《广成集》十二卷,皆表奏及斋醮之文,有明抄本,《四库全书》亦予收录。另十七卷本,有数种清抄本。

武肃王集 诗文别集。五代吴越王钱镠(谥武肃)著。其集历代史志未见著录。今传《诚应武肃王集》,系后人拾掇遗文佚诗而成,有清嘉庆刻本。

钓矶文集 又名《徐正字集》、《徐昭梦集》。诗赋别集。五代闽徐寅(又作徐夤,字昭梦,曾官秘书省正字,晚归隐延寿溪)著。《崇文总目》著录《徐寅赋》一卷,《宋史·艺文志》更有别集五卷,《探龙集》五卷。今传《钓矶文集》十卷,系经其后人重新整理编次,凡赋五卷、诗五卷,有清康熙徐氏刻本和多种明清抄本,《四部丛刊三编》据也是园旧抄本影印,附校勘记一卷。《四库全书》收录时题作《徐正字诗赋》二卷,凡赋、诗各一卷。嘉庆麟后山房《王氏汇刻唐人集》本则作《徐正字集》四卷,凡赋一卷、诗三卷,附录一卷。单收诗歌的,有清席启寓《唐诗百名家全集》本《徐昭梦诗集》三卷,又龚贤《中晚唐诗纪》本《晚唐徐夤诗》一卷。

黄御史集 诗文别集。五代闽黄滔(官监察御史里行)著。《新唐书·艺文志》著录《黄滔集》十五卷,已佚;《宋史·艺文志》著《莆阳黄御史集》二卷,又黄滔《编略》十卷,系南宋人所重编。今传《莆阳黄御史集》二卷,上卷赋诗杂文,下卷书启祭文碑文,按类分编,有明正德刻本和万历黄廷良等刻本。另《唐黄先生文集》八卷,附录一卷,明万历曹学佺等刻本,《四部丛刊》据以影印。崇祯黄鸣乔等刻本题《唐黄御史集》八卷,附录一卷,清嘉庆麟后山房《王氏汇刻唐人集》曾予翻刻。《四库全书》据崇祯本收录,但作十卷;后咸丰间闽中刻本亦十卷。光绪间王懿荣参校诸本,成《莆阳黄御史集》一卷,又别录、附录各一卷,收辑最为齐备,辑入《天壤阁丛书》,《丛书集成初编》据以印行。此外,单收诗歌的,有清席启寓《唐诗百名家全集》本《黄滔诗集》二卷,又刘云份《中晚唐诗》本《晚唐黄滔诗》一卷。

张蠙诗集 又名《张象文诗集》。诗别集。五代前蜀张蠙(字象文)著。《新唐书·艺文志》著录《张蠙诗集》二卷,《郡斋读书志》作诗一卷。今传《张蠙诗集》一卷,有明朱警辑《唐百家诗》、清席启寓辑《唐诗百名家全集》、江标影刻《唐人五十家小集》诸本;台北商务印书馆据明嘉靖白纸本影印,辑入《岫庐现藏罕传善本丛刊》。另题《张象文诗集》三卷,有清抄本。

刘兼诗集 诗别集。五代刘兼著。《百川书志》著录《刘兼集》一卷。今传《刘兼诗集》一卷，有明朱警辑《唐百家诗》、明刻《唐五十家集》、清江标影刻《唐人五十家小集》诸本。康熙间刘云份辑入《中晚唐诗》，题《晚唐刘兼诗》一卷。

王贞白诗 诗别集。五代王贞白著。《新唐书·艺文志》著录《王贞白诗》一卷，《直斋书录解题》作《灵溪集》七卷。今传《晚唐王贞白诗》一卷，清龚贤辑入《中晚唐诗纪》。

翁拾遗诗集 又名《昼锦堂诗》。诗别集。五代后梁翁承赞(曾官右拾遗)著。《新唐书·艺文志》著录《翁承赞诗》一卷。今传《翁拾遗诗集》一卷，有清席启寓《唐诗百名家全集》本。清龚贤辑《中晚唐诗纪》，题《晚唐翁承赞诗》一卷。近人翁辉东采入《唐明二翁诗集》，改题《昼锦堂诗》一卷，有1926年潮安翁氏排印本。

殷文圭诗集 诗别集。五代吴殷文圭著。《直斋书录解题》著录《殷文圭集》一卷。今传《殷文圭诗集》一卷，有明朱警辑《唐百家诗》、明刻《唐五十家集》、清江标影刻《唐人五十家小集》诸本。近人刘世珩编《贵池先哲遗书·贵池唐人集》，亦辑入《殷文圭诗》一卷，并附遗文一篇。

逍遥先生遗诗 又名《郑云叟诗集》。五代郑遨(字云叟，赐号逍遥先生)著。《新唐书·艺文志》著录《郑云叟诗集》三卷，《宋史·艺文志》作郑云叟《拟峰集》二卷，俱佚。今传《逍遥先生遗诗》一卷，系后人拾掇而成，辑入《荥阳杂俎》。

李丞相诗集 诗别集。五代南唐李建勋(曾拜相)著。《通志·艺文略》著录《李建勋诗》二卷，又《钟山公集》二十卷，后者已佚。今传《李丞相诗集》二卷，收诗八十五首，有南宋陈氏书籍铺刻本；《四部丛刊续编》据以影印，附校勘记一卷。另辑入明朱警《唐百家诗》、明刻《唐五十家集》、清席启寓《唐诗百名家全集》、江标影刻《唐人五十家小集》等，皆二卷。

花蕊夫人宫词 诗别集。五代前蜀徐妃(号花蕊夫人)著。《郡斋读书志》著录《花蕊夫人诗》一卷。今传《花蕊夫人宫词》一卷，收诗百首，有明黄鲁曾辑《编选四家宫词》、林志尹辑《四家宫词》、汲古阁刻《三家宫词》、清倪灿辑《十家宫词》诸本，《丛书集成初编》据汲古阁本刊行。清康熙刻《宋诗钞初集》，题《花蕊诗钞》一卷。

江为诗 诗别集。五代南唐江为著。《直斋书录解题》著录《江为集》一卷。今传《晚唐江为诗》一卷，清龚贤辑入《中晚唐诗纪》。

和凝宫词 诗别集。五代和凝著。《宋史·艺文志》著录和凝《演纶集》三十卷，又《游艺集》五十卷、《红药编》五卷，俱佚。今传和凝《宫词》一卷，有明毛晋辑《十家宫词》和清倪灿辑《十家宫词》本。

刘昭禹诗 诗别集。五代楚刘昭禹著。《直斋书录解题》著录《刘昭禹集》一卷，已佚。今传《中唐刘昭禹诗》一卷，清康熙间刘云份辑入《唐代刘氏诗集七十种》。

伍乔诗集 诗别集。五代南唐伍乔著。《直斋书录解题》著录《伍乔集》一卷。今传《伍乔诗集》一卷，有明朱警辑《唐百家诗》、王准辑《唐十子诗》、清席启寓辑《唐诗百名家全集》诸本。康熙间刘云份辑入《中晚唐诗》，题《晚唐伍乔诗》一卷。

孟贯诗集 又名《孟一之诗集》。诗别集。五代孟贯(字一之)著。《遂初堂书目》著录《孟贯集》，不著卷数，《百川书志》作一卷。今传《孟贯诗集》一卷，有明刻《唐五十家集》、明抄《唐四十七家诗》诸本。清席启寓辑入《唐诗百名家全集》，题《孟一之诗集》一卷。

碧云集 诗别集。五代南唐李中著。《郡斋读书志》著录《李有中(按当为李中)诗集》二卷，《红雨楼书目》作《碧云集》七卷。今传《碧云集》三卷，有南宋陈氏书籍铺刻本和数种影抄本，《四部丛刊》据宋本影印。明汲古阁据元抄本翻刻，亦三卷，辑入其所刊《唐人八家诗》。另明初抄《唐十八家诗》本，题《李中碧云集诗选》一卷。

王周诗集 诗别集。五代王周著。《直斋书录解题》著录《王周集》一卷。今传《王周诗集》一卷，有明朱警辑《唐百家诗》、清席启寓辑《唐诗百名家全集》、江标影刻《唐人五十家小集》诸本。一说该集为宋人王周所著，误植于五代王周名下。

李太白词 又名《李翰林集》。词别集。唐李白著。一卷。收词十五首。清吴虞辑《蜀十五家词》本。又有刘毓盘《唐五代宋辽金元名家词集六十种辑》本《李翰林集》一卷。

船子和尚拨棹歌 词别集。唐释德诚(即船子和尚)著。收《拨棹子》歌词三十九首。原有宋大观四年(1110)风泾海会寺石刻本，有宋吕益柔跋，元法忍寺释坦辑《机缘集》卷上据录，二本皆不见。今有清嘉庆九年(1804)法忍寺释漪云续辑重刊《机缘集》本、1987年华东师范大学出版社影印本《船子和尚拨棹歌》。

裴诚词　词别集。唐裴诚著。裴词唐范摅《云溪友议》共存五首。原无词集，今有刘毓盘《唐五代宋辽金元名家词集六十种辑》本，附于温庭筠《金荃词》后。

金荃词　词别集。唐温庭筠著。《新唐书·艺文志》载《金荃集》十卷。《金荃词》一卷，始见于清顾嗣立《温飞卿诗集笺注》跋，云："今所见宋刻止《金荃集》七卷，别集一卷，《金荃词》一卷。"然今已不见。近代王国维据《花间集》、《尊前集》、《草堂诗余》及《温飞卿诗集》辑得《金荃词》一卷，收词七十首，《唐五代二十一家词辑》本。又刘毓盘《唐五代宋辽金元名家词集六十种辑》本，一卷，收词七十二首。

檀栾子词　词别集。唐皇甫松(号檀栾子)著。一卷。收词二十二首。有近代王国维《唐五代二十一家词辑》本。

薛侍郎词　词别集。唐末薛昭蕴(曾官侍郎)著。原无集。现有近代王国维《唐五代二十一家词辑》本，一卷，收词十九首。

香奁词　词别集。唐韩偓(有《香奁集》)著。一卷。收词十三首。有近代王国维《唐五代二十一家词辑》本。

浣花词　词别集。五代前蜀韦庄(曾居成都浣花溪)著。原无集。今有近代王国维《唐五代二十一家词辑》本，一卷，录词五十四首，刘毓盘《唐五代宋辽金元名家词集六十种辑》本，一卷。此外，有胡鸣盛《韦庄词注》，民国十二年(1923)莲丰草堂石印本。刘金城《韦庄词校注》，1981年中国社会科学出版社出版。向迪琮校订《韦庄集》附词，1958年人民文学出版社出版。李谊《韦庄集校注》附词，1986年四川省社会科学院出版社出版。

牛给事词　词别集。五代前蜀牛峤(官拜给事中)著。原无集。现有近代王国维《唐五代二十一家词辑》本，一卷，收词三十二首。

鹿太保词　词别集。五代后蜀鹿虔扆(官至太保)撰。原无集。现有近代王国维《唐五代二十一家词辑》本，一卷，收词六首。

毛司徒词　词别集。五代前蜀毛文锡(官拜司徒)著。一卷。原无集。现有近代王国维《唐五代二十一家词辑》本，一卷，收词三十二首，采自《花间集》、《尊前集》。

魏太尉词　词别集。五代前蜀魏承班(官太尉)著。原无集。现有近代王国维《唐五代二十一家词辑》本，一卷，收词二十首。

张舍人词　词别集。五代张泌(曾官内史舍人)著。原无集。现有近代王国维《唐五代二十一家词辑》本，一卷，收词二十八首，采自《花间集》二十七首、《全唐诗·附词》一首。

琼瑶集　又名《李德润词》。词别集。五代前蜀李珣著。原集已佚。现有近代王国维《唐五代二十一家词辑》本，一卷，收词五十四首。又，清吴虞辑《蜀十五家词》有《李德润词》一卷。

尹参卿词　词别集。五代前蜀尹鹗(官至参卿)著。原无集，现有近代王国维《唐五代二十一家词辑》本，一卷，收词十六首。又有清吴虞《蜀十五家词》本。

顾太尉词　词别集。五代后蜀顾敻(官至太尉)著。一卷。收词五十五首。有近代王国维《唐五代二十一家词辑》本。

牛中丞词　词别集。五代前蜀牛希济(官至御史中丞)著。原无集。现有近代王国维《唐五代二十一家词辑》本，一卷。收词十四首，录自《花间集》十一首、《词林万选》三首。

欧阳平章词　又名《欧阳舍人词》。词别集。五代后蜀欧阳炯(曾官中书舍人、户部尚书同平章事)著。原无集。现有近代王国维《唐五代二十一家词辑》本《欧阳平章词》，又有清吴虞辑《蜀十五家词》本，均为一卷，收词四十八首。

红叶稿　词别集。五代和凝著。一卷，收词二十九首。有近代王国维《唐五代二十一家词辑》本、刘毓盘《唐五代宋辽金元名家词集六十种辑》本。

孙中丞词　又称《荆台佣稿》。词别集。五代宋初孙光宪(官至御史中丞)著。一卷，收词八十四首。有近代王国维《唐五代二十一家词辑》本、刘毓盘《唐五代宋辽金元名家词集六十种辑》本。

阳春集　词别集。五代南唐冯延巳著。宋嘉祐间陈世修编并序，已佚。尤袤《遂初堂书目·乐曲类》录有"冯延巳《阳春集》"，《直斋书录解题·歌词类》称"《阳春录》"。今存明吴讷《唐宋名贤百家词》本《阳春集》一卷、清彭元瑞《汲古阁未刻词·阳春集》一卷。此外，有清康熙五十四年(1715)萧江声抄本、清侯文灿《十名家词》本、王鹏运《四印斋所刻词》本、曾昭岷《温韦冯词新校》本(1988年上海古籍出版社)。又有1933年上海南京书店《词学丛刊》本陈秋帆《阳春集笺》。

阎处士词 词别集。五代后蜀阎选著。一卷。收词十首。有近代王国维《唐五代二十一家词辑》本、清吴虞《蜀十五家词》本。

毛秘书词 词别集。五代后蜀毛熙震(曾官秘书监)著。一卷,收词二十九首。有近代王国维《唐五代二十一家词辑》本、清吴虞《蜀十五家词》本。

传奇小说 笔记

旌异记 志怪小说集。隋侯白著。所述均是宣扬佛主灵验、报应实有、轮回不虚等故事。故事情节单纯,然用笔精细,多有出色描绘。《法苑珠林》作二十卷,《隋书·经籍志》等作十五卷。然原书久佚,遗文存《法苑珠林》、《续高僧传》、《三宝感通录》等书中。鲁迅《古小说钩沉》辑其遗文十条。

启颜录 笑话集。隋侯白编著。十卷。所记或取自前人小说,如《王戎妻》、《杨修》条见《世说新语》的《惑溺》和《言语》;或来自民间,诸如《山东人》笑话,与民间流传的"呆女婿"故事颇为相似;或述作者自己的滑稽言行。此书还保存不少戏弄佛法、嘲笑僧人的轶事。鲁迅《中国小说史略》评此书"事多浮浅,又好以鄙言调谑人,诽谐太过,时复流于轻薄矣"。然此为继魏邯郸淳《笑林》以后又一重要笑话集。《旧唐书·经籍志》、《新唐书·艺文志》、《直斋书录解题》等均有著录。原书久佚,《太平广记》引佚文七八十条。今有曹林娣、李泉辑注本,颇为完备,上海古籍出版社1990年出版。

古镜记 传奇小说。隋唐之际王度作。略述王度从汾阴奇士侯生处得一宝镜,持之宦游各地,借宝镜除去千年狐精。隋大业八年(612),此镜忽与日月同辉。后度又借助宝镜杀灭危害生灵的蛇精,解救为疾疫所苦的灾民。大业十年,度弟勣(绩)借此镜出游,任凭山高路险,无不化险为夷。经庐山处士苏宾点化,勣回到故乡,交还宝镜,此镜忽自行亡去。本篇以宝镜得失,暗寓隋朝兴衰,亦藉以表现自己政治理想的破灭,故与六朝志怪小说仅谈鬼神明因果不同。内容结构亦异于前朝小说的"粗陈梗概",情节性强且富藻采。汪辟疆评之为"上承六朝志怪之余风,下开有唐藻丽之新体"(《唐人小说》)。有《合刻三志》、《说郛》、《五朝小说》、《龙威秘书》、《唐宋传奇集》、《唐人小说》诸本。

补江总白猿传 传奇小说。作者不详。约产生于初、盛唐之际。《太平广记》题作《欧阳纥》,下注:"出《续江氏传》。"《新唐书·艺文志》始用此名。其意为江总(梁太子中宫舍人)原作《白猿传》已佚,后人将之补写。然《直斋书录解题》以为此篇虽托名江总,实乃无名氏所为。故事略述梁大同末,将军欧阳纥携妻南征,途中其妻为白猿精所掠。纥寻至白猿住地,用计搏杀白猿,救出其妻。然其妻此时已有身孕,不久生一子,即欧阳询。询貌似猿猴而聪悟绝人,纥死后,为江总收养,长大后以文才知名于时。《崇文总目》谓此文乃"唐人恶(欧阳)询者为之"。明胡应麟《四部正讹》、鲁迅《中国小说史略》等皆承此说。全篇结构严谨,首尾完整,波澜起伏,标志早期唐传奇作品已渐趋成熟。对后世颇有影响,宋元话本《陈巡检梅岭失妻记》及同名南戏皆由此变化而成。

游仙窟 传奇小说。唐张鷟作。作者以自叙的形式,写其奉使河源,途中投宿崔宅,与女主人十娘、五嫂以诗书相娱,逗谑调笑,进而宴饮歌舞,寻欢作乐,以至风流一夕,无所不至。唐时谓艳冶女子或妓女为"仙",故游仙之题,实自叙其风流艳遇。描写不避猥琐,语言散韵结合,雅俗交融。此文于作者生前,即已传到日本,颇受推崇且流传不衰,而在国内向无传本,近人杨守敬始著录于《日本访书志》。清政府驻日公使黎庶昌、李盛铎从日本将之抄回,为汪辟疆收入《唐人小说》中。另有川岛校点本,上海北新书局1929年出版,又有据李盛铎抄本影印的《游仙窟抄》,北京师范大学出版社出版。

梁四公记 志怪小说。旧题唐张说作,《直斋书录解题》谓"不可晓也"。略述梁天监年中有四奇人谒见武帝,在武帝前占卜射覆并侈论殊方异物及与僧人论难获胜等。形式有如汉赋之问答铺陈,所述事迹不甚联属,且神奇怪诞,而四公名姓尤怪异无稽。原本已佚,今存残本,仅记其中二公事迹,有《说郛》本,另《太平广记》引佚文三条。

开元升平源 传奇小说。唐吴兢(一说陈鸿)作。叙述唐代姚元崇在同玄宗狩猎途中,向玄宗提出十项政治改革措施,后作宰相事。虽所取材料多为史料,但描写手法委曲,颇有情致。此集原无单行本,系后人从司马光《资治通鉴考异》中辑出。有鲁迅《唐宋传奇集》本、丁如明辑校《开元天宝遗事十种》本(1985年上海古籍出版社出版)。

离魂记 传奇小说。唐陈玄祐作。见《太平广记》。略述张倩娘与表兄王宙自幼相爱,张父亦亲口许下两人婚事。及成年,张父食言将倩娘许配他人,王宙含愤离去,倩娘夜奔王宙,相偕至蜀,居五年,生有二子。后倩娘思念父母,与王宙一起回家探望。王宙先归家报信,在闺房中病卧数年之倩娘起而相迎,王宙至此才明白与己私奔的乃倩娘之魂,于是魂体合一,举家团圆。小说灵魂出窍可赋人形之构想颇受当时佛教影响。故事情节虽十分离奇,但又入情合理,以浪漫手法表现了倩娘与王宙执着不渝的爱情。全篇以倩女形象描写最为出色。小说对后世颇有影响,元赵公辅、郑光祖均作有《倩女离魂》杂剧,明汤显祖《牡丹亭》中杜丽娘魂魄离合诸情节,亦明显受到张倩娘故事的启发。

枕中记 传奇小说。唐沈既济作。见《太平广记》。故事系从东晋干宝《搜神记·杨林》、南朝宋刘义庆《幽明录·焦湖庙祝》发展改变而成。略述士子卢生在邯郸客店中遇道士吕翁,向其诉说自己功名无着的苦闷,吕翁遂授一枕于卢生,令卢生入睡。其时店主方蒸黄粱,卢生于梦中建功立业,出将入相,子孙满堂,享尽人间荣华富贵,寿逾八十而卒,及梦觉,店主尚蒸黄粱未熟。卢生顿有所悟,深感人生如梦,富贵难永。作品虽托梦境,实写世情,表现出文人士大夫对生活命运的虚无幻灭之感,也反映作者本人的宦途坎坷。唐李肇《唐国史补》曰:"沈既济撰《枕中记》,庄生寓言之类。"此文在当时即已广为流传,"黄粱梦"亦成为著名典故。后人据此改编而成的话本、戏剧甚多,以明汤显祖传奇《邯郸记》最为著名。

柳氏传 又名《柳氏述》、《章台柳传》。传奇小说。唐许尧佐作。见《太平广记》、孟棨《本事诗·情感》。略述唐天宝年间,诗人韩翃(《太平广记》作韩翊)流落他乡,寄居于李生家中。李之宠姬柳氏颇有意于翃,李生遂成全两人婚事。次年翃中进士,回家探视父母。会安史之乱起,柳氏削发改容,入法灵寺避难。乱平后,柳为蕃将沙吒利劫去。后二人偶得相遇,却不得团聚。虞候许俊激于情,入沙吒利宅夺回柳氏,交还翃。节度使侯希逸得知,上书辨明原委,诏令柳氏归翃。通篇虽写离合艳情,亦折射出唐安史乱中男女离散、安史乱后"蕃将"恃功跋扈等史实。文中叙事委曲,情节动人,在当时即为人所乐道,而后更影响广远。小说中"章台柳"一诗,早为人用作词调;宋话本、元杂剧、明小说均有据此改编的作品。

李章武传 传奇小说。唐李景亮作。见《太平广记》。略述李章武与华州王氏妇相爱,后分别八、九年不通音讯。待章武去华州重会情人,王氏妇已死。王氏妇临终时托东邻杨六娘传语章武,希望他来访时能留下来,与自己"神会于仿佛之中"。章武即夜宿王家,与情人之鬼魂相聚。全篇主题集中,人物形象生动,故事情节曲折,尤其是王氏妇的鬼魂形象,富于人情味,对后来传奇乃至《聊斋志异》中幻想人物的形象塑造有一定影响。

柳毅传 一作《洞庭灵姻》传。传奇小说。唐李朝威作。见《太平广记》。略述唐仪凤年间,落第书生柳毅,路遇一美女在道旁牧羊。毅上前询问,方知她为洞庭龙君之小女,嫁与泾川龙王次子为妻,受公婆丈夫虐待厌弃,被罚于此牧羊。龙女恳请毅传信给父亲,毅慨然允诺。龙女之叔钱塘君,见信大怒,严惩泾川龙父子,救出龙女。后龙女化为人间女子,与毅成婚。其事本传之民间,为作者加工而成。本篇虽叙神话,实写人生,表现出当时妇女低下的社会地位与不幸的命运遭遇,其中柳毅形象更寄托着当时人们争取社会正义及幸福自由的理想。全篇融灵怪、侠义、爱情于一体,构成了一个美丽而动人的故事,一直为后世所传颂。元尚仲贤的《柳毅传书》即据此改编。

李娃传 传奇小说。唐白行简作。见《太平广记》。略述荥阳公子郑生进京应试与妓女李娃相爱,结果耗尽资财,被鸨母逐出,充当挽歌郎。后与父相遇,被鞭笞几死,并断绝父子关系,因沦为乞丐,幸赖娃救护资助,一举成名,登第为官。此时娃却固辞而去,后经周折,二人结为夫妇,娃并被封为"汧国夫人"。小说突破当时的门阀观念,表示出对社会下层妓女善良心灵的赞美;比之以往传奇,艺术上更趋成熟,人物形象鲜明,情节跌宕生姿,鲁迅评之为"近情而耸听,故缠绵可观"(《中国小说史略》),为唐传奇中的名篇。后人据此改编的杂剧传奇有元石君宝之《曲江池》、明薛近兖之《绣襦记》。

三梦记 传奇小说。唐白行简作。记三个奇梦。其一云刘幽求夜归过一寺,见其妻与数十人嬉笑其中,及归,其妻亦向他讲述一梦,与刘所见无异。其二云白居易与作者同游曲江、慈恩寺,并题忆元稹诗一首,十余日后元稹寄回一诗,说他梦见白氏兄弟同游,其时正是白居易题诗之日。其三云窦参夜梦至华岳祠下遇一赵姓女巫，后至华岳果见一女巫，姓氏及衣着情状与梦中相合。本篇情节离奇怪异，叙述简质，语言洗练。鲁迅评"其第一事尤胜"(《中国小说史略》)。其后传奇小说《河东记·独孤遐叔》、《纂异记·张生》均取材于此。有《说郛》本。

莺莺传 又名《会真记》。传奇小说。唐元稹作。见《太平广记》。略述唐贞元中张生游蒲州普救寺，遇表姨郑氏及女崔莺莺。值兵乱大掠，郑氏母女赖张力未及于难，事后郑氏设宴答谢，张生于席间为莺莺艳异所惑，几不自持，遂因莺莺婢红娘通款曲并致诗见意，莺莺亦报之以《明月三五夜》诗曰："待月西厢下，迎风户半开，拂墙花影动，疑是玉人来。"张喻其意，届时逾墙而入莺莺所居之西厢，初为其所拒，然终委身相许。二人缱绻累月，至张生赴京应试，遂相绝。一年余后，二人各自嫁娶，张生偶经莺莺居处，更求一见，遭其拒绝，从此不复相知。宋赵令畤《侯鲭录》谓此传盖作者自叙所遇，特假他姓以避之，后世论者多以为然。唯其郎才女貌，无媒自通，不合封建礼教，遂开后世才子佳人小说戏曲之先河。其叙事亲切生动，摹形逼真入微，莺莺、红娘尤见个性。然此文结构松散，创作态度前后不一，而张生凉薄，始乱终弃，尤无足取。文中所谓"忍情"、"善补过"云云，被鲁迅斥之为"文过饰非，遂坠恶趣"(《中国小说史略·唐之传奇文》)。后人据以改编为鼓子词、诸宫调、杂剧、传奇者甚多，最著者有金董解元《弦索西厢》、元王实甫《西厢记》等。

会真记 《莺莺传》的异名。因传末录元稹《会真诗三十韵》，故有此称。

长恨歌传 传奇小说。唐陈鸿作。见《太平广记》。系为白居易《长恨歌》所作之"传"。其结构与《长恨歌》基本相同，以杨妃赐死马嵬为界，分成前后两大部分，然其铺陈更为详尽，内容更为条贯。其事虽本于《长恨歌》，然论影响，则与白氏所作一样久远。清赵执信写诗赞云："倾国争夸天宝时，才人例解说相思。三生影响陈鸿传，一种风情白傅诗。"(《饴山堂集·上元观演〈长生殿〉剧十绝句》)戏曲方面以此为题材者甚多，元白朴《梧桐雨》、清洪昇《长生殿》堪称代表。有上海古籍出版社排印本，辑入《开元天宝遗事十种》，1985年出版。

东城老父传 传奇小说。旧题唐陈鸿作。见《太平广记》。明刻本《虞初志》、《全唐文》题"陈鸿祖撰"。可分前后两部分，前半部分写长安宣阳里人贾昌在玄宗朝以善于斗鸡得宠，后遭安史之乱，昌隐姓埋名遁于佛舍，后半部分写昌回忆开元遗事。小说中引用民谣"生儿不用识文字，斗鸡走马胜读书，贾家小儿年十三，富贵荣华代不如"，对当时统治者的荒逸腐朽进行了讽刺，也在一定程度上揭示了安史之乱的根源。全篇以人物的自叙及回忆的手法展开情节，语言朴质而富于感情。

南柯太守传 传奇小说。唐李公佐作。见《太平广记》。略述淳于棼任侠善饮，一日酒醉沉睡，恍然间入槐安国——蚂蚁国，被招为驸马，先作南柯太守二十年，再迁官晋爵，尽享荣华富贵。后盛极而衰，战事失利、公主夭亡，又遭人谗言，被国王遣返故里。伤痛之际，忽然惊醒，才觉是南柯一梦，随又发蚁穴探寻梦迹，备感人生如梦，浊世如蚁。于是潜心入道，三年后卒于家中。全篇虽写幻境，但指陈人生世相，颇令人回味。鲁迅评其"假实证幻，余韵悠然"(《中国小说史略》)。作品对后世影响很大，"南柯一梦"已成后人常用典故，改编成小说戏曲亦为数不少，最著者为明汤显祖传奇《南柯记》。

庐江冯媪传 传奇小说。唐李公佐作。见《太平广记》。据作者文中自谓，此故事乃作者出使长安返回江西途中在传舍里"宵话征异"时从友人处得知。述庐江冯媪夜宿时遇鄮县丞董江前妻鬼魂，鬼魂向其泣诉阳间丈夫续弦，公婆亡魂在阴间为子向她索要昔日财物"以授新人"。而当有人向董告知冯媪为之不平时，董"以妖妄罪之"，将她逐去。故事虽然离奇，但却是当时男儿薄幸、妇女地位低下的社会现实写照。

古岳渎经 传奇小说。唐李公佐作。见《太平广记》。略述作者于九嶷山古渡口一佛寺中听人讲起代宗年间，有渔民在龟山脚江底中发现有大铁链锁住山脚，楚州刺史李汤命人打捞出一头状类猿猴的巨大怪兽，众人为之惊走，怪兽随又没入水中。后作者于太湖洞庭西山石洞中觅得一记载舆地山川的古书——《古岳渎经》，才知怪兽乃淮河、涡河水神无支祁，大禹治水患时，召集神灵，将状类猿猴的无支祁，锁颈穿鼻，押于龟山脚下，以免淮水泛滥。全篇情节简单，行文古朴恣肆。其值得注意处是出现猴神无支祁形象，对后来《西游记》中孙悟空形象的塑造，不无影响。

谢小娥传　传奇小说。唐李公佐作。见《太平广记》。略述少妇谢小娥一家在江上行商，不幸遇强人，父、婿罹难。后父之冤魂告知她凶手姓名的隐语。数年后小娥偶遇本文作者为之破释隐语，乃知凶手为申兰、申春。她遂女扮男装，受雇于仇家，最后伺机杀死仇人，事后削发为尼。全篇虽仅千余字，但人物形象生动丰满，故事情节引人入胜。后人笔记小说《异闻集》、《枣林杂俎》、《真珠船》等均记有其事。明凌濛初《初刻拍案惊奇》所收话本《李公佐巧解梦中言　谢小娥智擒船上盗》即据此事敷衍而成，清王夫之杂剧《龙舟会》亦借此事写成。

周秦行纪　传奇小说。唐韦瓘作(学术界尚有不同意见)。见《唐人说荟》。略述唐牛僧孺贞元年考进士落第，返归途中入夜迷路，误入汉文帝之母薄后庙，与戚夫人、薄太后、王昭君、绿珠、杨玉环等人相会，宴饮作诗，王昭君并与之同床共寝。天明众夫人送别，旋失所在。此篇为当时牛(僧孺)、李(德裕)党争之产物，作者为李门中人，故借此虚构故事以向牛党发难。鲁迅以为“自来假小说以排陷人，此为最怪”(《中国小说史略》)。作者善于想像，集历代帝后佳丽于一文，描绘出色，文彩斐然，刻画出众多美女肖像，为同代小说所无。

霍小玉传　传奇小说。唐蒋防作。见《太平广记》。略述陇西书生李益与妓女霍小玉相爱，小玉自觉以色事人，不能长久，求益许以八年相爱之期，益发誓不变心，再订生死之盟。但益得官后，即与小玉断绝往来，并依母命与望族卢氏之女成婚。小玉悬望成疾，后益被黄衫豪士挟持归小玉处，小玉撑持病体相见，历数自己悲苦与益之负心，云要变成厉鬼，使他妻妾不宁，言毕，痛哭数声而亡。益后果遇冤鬼作祟，虽休妻再娶凡三次，亦终不得幸福。小说虽写李益薄幸，却展示了唐代门第社会的悲剧，其最动人之处，在于塑造了霍小玉这一美丽纯情而又刚烈不屈的女性形象。明汤显祖传奇《紫钗记》即据此改编而成。

冯燕传　传奇小说。唐沈亚之作。见《沈下贤文集》。略述魏地豪侠冯燕参军滑州，与滑将张婴之妻有私。一日婴醉归，恰燕宿其家。婴进门酣睡，婴妻递佩刀意欲燕杀其夫。燕觉此女心太狠毒，反将其杀死后逃遁。案发后，邻里将婴绑缚送官。严刑之下，婴自诬醉后杀妻。问斩之日，燕忽出法场，言明真相。法官感于燕之义气，告之滑州刺史贾耽，耽又上奏皇帝，赦燕之罪。文中所记为当时实录，情节虽曲折，但作者笔墨简练，特别是展示了冯燕性格的多面性与复杂性，尤为后人称道。唐司空图《冯燕歌》、宋曾布《水调大曲》，俱咏冯燕事。

湘中怨解　传奇小说。唐沈亚之作。见《沈下贤文集》。《太平广记》题作《太学郑生》。略述湘水龙宫龙妃谪居人间，途中遇太学进士郑生。郑生怜其孤苦，爱其美貌，与之结为夫妇，并为之起名汜人。数年后，郑生游长安，汜人终吐露实情并悄然离去。十余年后，郑生登岳阳楼，怀念汜人，以诗寄哀，忽见汜人从波涛中涌出，亦回诗诉情，随又人影俱逝。作者于文末谓此篇欲与当时南卓《烟中之志》述水仙女离合故事“为偶倡也”，然汜人形象实脱胎于《楚辞》中湘夫人的原型。全篇充溢着朦胧哀婉的浪漫色彩。

秦梦记　传奇小说。唐沈亚之作。见《沈下贤文集》。文中自叙梦入秦国，受穆公赏识，委以重任，后率兵远征，连下河西五城。穆公大为嘉奖，把寡居的公主弄玉嫁与他。婚后，吹箫听曲，夫妻感情甚笃。不久弄玉死，亚之哀伤不已，辞穆公别赴他国。故事文情荒诡，想像奇特，多用诗歌以骋文才，为作者诸传奇中最有特色的一篇。

杨娼传　传奇小说。唐房千里作。见《虞初志》。略述长安名妓杨娼为岭南帅甲所好。帅以重金为杨娼赎身，并携之去南海，因惧妻知道，馆之别舍。后事情泄露，帅妻拥健婢数十，拟将杨娼投之沸鬲。帅得知后，赠杨娼奇宝，命家僮送之北归。不久帅死，杨娼拒奇宝、设位而哭，最后殉情而死。作者于小说末云：“夫娼，以色事人者也，非其利则不合矣。而杨能报帅以死，义也；却帅之赂，廉也。虽为娼，差足多乎。”可视为一篇主旨所在。全文情节虽简单，但行文洗练而不乏含蓄之处。

无双传　传奇小说。唐薛调作。见《太平广记》。略述王仙客父亡后随母寄居舅刘震家，与舅女无双自幼相处。王母临死时与刘震为他们定下婚事。然其舅日后反悔。及藩镇作乱，皇帝百官出逃，才将无双许嫁给仙客，命其押领家财先行。然刘震一家未出城，即陷贼中。乱平后，仙客得知其舅因作伪官被处死，无双被没入掖庭。后几经周折，仙客终与无双团聚。小说以藩镇作乱为背景，描述一对青年男女曲折的爱情经历。这种寓离合于兴亡的小说手法，对后世小说戏曲不无影响。

东阳夜怪录 传奇小说。旧题唐王洙作。见《虞初志》。《太平广记》未题作者姓名。所记内容与牛僧孺《玄怪录·元无有》相仿佛,或以为两篇同出一源。略叙彭城秀才成自虚雪夜投宿一庙,庙中病僧慷慨相助。忽有数人趋至,问其姓名,分别为卢倚马、朱中正、敬去文、奚锐金。众人环坐,作诗论文,抒发情志,此时又有苗介立与胃家兄弟加入。谈兴正酣,远寺钟声传来,诸人俱失。天明成自虚才发觉夜间所见者,皆为驴、牛、猫等家禽动物。此故事借家禽动物的幻化描写,既表示了当时下层知识分子的牢骚,也较深入细致地展示了他们自鸣清高而又浅薄无聊的性格弱点。

大业拾遗记 一名《南部烟花录》、《隋遗录》。传奇小说。旧题唐颜师古作,后人多疑其伪。上下两卷。叙隋炀帝大业十二年(616)巡幸江都之逸事。上卷记隋炀帝巡幸途中花天酒地,唯事女色,下卷记他至江都后侈靡无度的行宫生活。文中借陈后主的幽灵及萧妃对隋炀帝进行规劝,然其执迷不悟,终在江山倾覆中自杀身亡。全篇不涉神怪,情节故事不甚联属。鲁迅评其"词意荒率"、"罅漏殊多"(《唐宋传奇集·稗边小缀》),然其史鉴作用亦人所公认。有《百川学海》、《历代小说》、《说郛》、《唐宋传奇集》诸本。

南部烟花录 即《大业拾遗记》。

海山记 亦名《隋炀帝海山记》。传奇小说。旧题唐韩偓作。见宋刘斧《青琐高议》。鲁迅《唐宋传奇集·稗边小缀》云:"篇题下原有小注,上卷云'记炀帝宫中花术',下卷云'记炀帝后苑鸟兽',皆编者所加,今削",并认为此是"盖欲侈陈炀帝奢靡之迹"的作品。其内容与《大业拾遗记》相似,多记隋炀帝之宫中秘事及志怪传闻,表现他耽于享乐而至于亡国的历史,并流露了作者对历史的深刻反思。其中关于炀帝宫苑中花草虫鱼、湖山亭院的铺排虽削弱了小说的故事性,但对于研究古代园林史却不无价值。《四库全书总目》认为此文"盖宋人所依托"。有《古今说海》、《历代小史》、《说郛》、《五朝小说》、《唐人说荟》(以上均作一卷)及《青琐高议》(作上下二卷)诸本。

高力士外传 亦称《高氏外传》、《高力士传》。轶事小说。唐郭湜作。记载高力士在朝中的一些言论活动,突出他对玄宗的忠孝。作者文末曰:"淫刑以逞,谁得无罪。湜同病者,报以志之。况与高公俱婴谴累,每接言论,敢不书绅。岂谓怀辅弼之元勋,当休明之圣代,卒为谗佞所恶,生死衔冤,悲夫!"作者对当朝奸佞之不满,对高力士最后被贬巫州的惺惺相惜之意,为创作此文的缘起。《新唐书·艺文志》入传记类。鲁迅《中国小说史略》云:"特以行文枝蔓,或拾事琐屑,故后人亦每以小说视之。"有《顾氏文房小说》、《唐开元小说六种》诸本,另有上海古籍出版社排印本,辑入《开元天宝遗事十种》,1985年出版。

冥报记 志怪小说集。唐唐临著。据其自序谓前朝《观世音应验记》、《冥验记》、《冥祥记》等作"徵明善恶,劝戒将来。实使闻者深心感寤。临既慕其风旨,亦思以劝人,辄录所闻,集为此记"。故其大旨,亦在于宣扬佛法灵异、因果报应。如《陆怀素》条叙贞观年中大火,屋宇尽毁,唯《金刚经》独存。《谢氏》条云卖酒不公,获取暴利,则被罚托生为牛。诸如此类,颇受六朝志怪小说影响。《新唐书·艺文志》著录二卷。宋以后失传,今存残本。有《涵芬楼秘笈》影日本高山寺藏唐抄本,三卷。清杨守敬从《法苑珠林》、《太平广记》辑录佚文分为六卷。岑仲勉又逐条加以复核,纠缪补遗,撰有《唐临冥报记之复原》(见《历史语言研究所集刊》第17本)。

朝野佥载 笔记小说集。唐张鷟著。记隋唐两代朝野异闻,对武则天统治时期的朝政人物,尤多揭露讽刺,或铺陈其穷奢极欲,如《张易之》、《安乐公主》诸条;或指斥其贪赃枉法、趋炎附势,如《崔湜》、《卢藏用》、《张昌仪》诸条;或批评佛道之谬,如《刘龙之》、《郭纯》、《王燧》诸条。其中亦夹杂不少怪诞不经的传说。《新唐书·艺文志》、《宋史·艺文志》皆著录为二十卷,已佚。现存六卷本及一卷本,皆后人从《太平广记》中辑录,一卷本为《说郛》、《历代小史》、《古今说海》诸本,六卷本为《宝颜堂秘笈》本。今有赵守俨以《宝颜堂秘笈》为底本的点校本,1979年中华书局出版。

纪闻 传奇小说集。唐牛肃著。《史记·封禅书》述怪异事,而称"其详不可得而纪闻云"。书名当本此。内容多为记叙妖鬼祯祥、再生占卜之类,不仅有荒诞不经的人间奇事,亦有五光十色的异域珍宝。另外,作者还用史传形式详尽曲折地描写了一些行事卓绝、本领特异而传颂于当时的真实人物,如《吴保安》、《裴伷先》、《苏无名》诸条。原为十卷,已佚。汪辟疆《唐人小说》叙录中称《丁氏善本丛书》藏有旧抄本十卷,亦非原本,乃从《太平广记》中辑出。

《太平广记》今存佚文一百余条。

吴保安　传奇小说。唐牛肃作。见《纪闻》。略述唐中叶，郭仲翔从李蒙往云南抵御异族，师至四川，仲翔同乡遂州方义尉吴保安致书仲翔，愿投军中效力。仲翔正拟向李蒙荐举，不幸为敌军战败，李蒙阵亡，仲翔被俘。仲翔致书保安，请他筹绢千匹赎己。保安为此变卖家产，离家集资十年不归。后得姚州都督杨安居资助，终赎出仲翔，二人均仕于朝。保安死后，仲翔倾家财二十万厚葬之，并守墓三年，又让官于保安之子。全文歌颂重义轻利的人间友情，针砭了机诈权倾的世风，情节亦生动曲折，跌宕有致。明冯梦龙《古今小说·吴保安弃家赎友》即据此写成。

隋唐嘉话　一名《国朝传记》、《国史异纂》。笔记小说集。唐刘餗著。李肇《唐国史补·序》云："昔刘餗集小说，涉南北朝至开元，著为《传记》。"由此可知作品所及之朝代。其中尤以隋唐事为多。文中或写隋炀帝之暴戾褊狭，或叙武则天酷政，而对唐太宗、高宗则多称其美。其表现形式与六朝时裴启《语林》、刘义庆《世说新语·言语》略同，重在记言兼及其行，所用语汇亦稍浅近。有《续百川学海》、《历代小说》、《说郛》、《顾氏文房小说》、《稽古堂丛刻》诸本，另有程毅中点校本，中华书局1979年出版。

教坊记　笔记。唐崔令钦著。一卷，凡二十八条。记载开元、天宝时期教坊中的一些逸闻琐事，内容包括教坊的规模、各种乐器、曲名、民间舞蹈、演艺人物，尤以保存众多唐代曲名而为后来词曲家推重。《四库全书总目》曰："所列曲调三百二十五名，足为词家考证也。"文笔简练晓畅。《新唐书·艺文志》、《崇文总目》均有著录。今有中华书局1962年出版的任半塘《教坊记笺订》，考证颇详。

封氏闻见记　笔记。唐封演著。十卷，其中缺佚颇多。前六卷记掌故，卷七、卷八记古迹及杂论，卷十记当时士大夫轶事，末附数条谐谑之事。所记故实内容广泛翔实，且多加考辨，颇具史料价值。《新唐书·艺文志》、《宋史·艺文志》、《通志》、《文献通考》皆作五卷，《直斋书录解题》作二卷。有《雅雨堂藏书》、《四库全书》、《石研斋四种》、《学津讨原》、《学海类编》、《丛书集成初编》等诸本。今有中华书局校注本，1958年出版。

广异记　志怪小说集。唐戴孚著。一卷。所记大率为鬼怪精灵、幽冥阴间种种怪事及人间社会各式奇谈异闻，尤以写狐精故事为突出，数量多达三十余篇，且形象丰富多彩，颇富人情味。其他如人鬼幽会、人神遇合的作品，也颇有可观者，如《汝阴人》、《王玄之》、《李元平》等，其中《三卫》述三卫为北海神女传书，以解除她丈夫华岳三郎对她虐待的故事，情节曲折离奇，为后来李朝威《柳毅传》所本。此集以卷帙众多、各类神仙鬼怪故事大备而著称，但篇幅既多，有些故事未免类同，形象描写亦失之贫弱。《文苑英华》卷七三七引唐顾况《戴氏广异记序》云"此书二十卷，用纸一千幅，盖十余万言"。然原集已佚，唐宋书目均未见著录。《太平广记》存佚文约三百条。今有《说郛》、《龙威秘书》、《丛书集成初编》诸辑本。

唐国史补　一名《国史补》。笔记小说集。唐李肇著。三卷。共三百余条，每条均有五字标题。记载唐开元至长庆一百年间事，涉及当时的社会风尚、职官及选举制度的沿革等。作者自序称"言报应、叙鬼神、征梦卜、近帷箔，悉去之；纪事实、探物理、辨疑惑、示劝戒、采风俗、助谈笑，则书之"。可见其著书的宗旨。与同类轶事小说比，此书在艺术上较成熟，往往能够以少总多，言近旨远而形象鲜明。有明汲古阁刊影宋本、《津逮秘书》、《学津讨原》、《笔记小说大观》诸本，另有古典文学出版社1957年排印本。

大唐新语　一名《大唐世说新语》。笔记小说集。唐刘肃著。十三卷。作者于书后总论云："自微言既绝，异端斯起，庄周以仁义为刍狗，申、韩以礼乐为赘疣，徒有著述之名，无裨政教之阙，圣人遗训，几乎息矣。昔荀爽纪汉事可为鉴戒者，以为《汉语》，今之所记，庶嗣前修。"表明是书旨在宣扬儒家教化以补时政。此书体例仿《世说新语》，分为匡赞、规谏、极谏、刚正、公直、清廉等三十门，记载唐初至大历年间士大夫的政治生活、著作活动，材料多取自史传。《新唐书·艺文志》、《宋史·艺文志》均有著录。今有明潘玄度刻本、王世贞刻本、《笔记小说大观》本，1957年古典文学出版社将其与《隋唐嘉话》合订出版，另有许德楠、李鼎霞点校本，1984年中华书局出版。

柳氏小说旧闻　传奇小说集。唐柳公权著。一卷。共收三篇小说。《元相国》记中唐诗人元稹获两枚古镜的异事，《落星石》叙中唐秘书省及义威卫的逸事，《李龟寿》述晚唐李龟寿受厚赂谋刺晋国公王铎（一作白敏中），后被王铎驯养的“卑脚犬花鹊”发觉，有感于王公的“钧化”，龟寿非但不再谋刺，反愿以余生报效王公。三篇之中以末篇最为生动曲折。《宋史·艺文志》著录六卷。程毅中《古小说简目》云：“今本多出《三水小牍》，疑非原书。然《诗话总龟》已引《小说旧闻》，似亦宋以前之书。存疑待考。”今有《说郛》(重编本)、《唐人说荟》、《五朝小说》诸本。

安禄山事迹　轶事小说。唐姚汝能作。分上、中、下三卷。上卷写安禄山家世及发迹过程，中卷写安禄山叛乱，下卷叙安禄山事败被杀及安庆绪、史思明、史朝义等事。鲁迅《中国小说史略》云：“姚汝能之《安禄山事迹》等唯著述本意，或在显扬幽隐，非为传奇。”但文中吸收了大量轶闻传说，亦杂以灵怪、谶语，故可视为以历史题材为内容的小说。《新唐书·艺文志》有著录。有《知不足斋丛书》、《学海类编》、《藕香零拾》、《唐开元小说六种》诸本。

玄怪录　传奇小说集。唐牛僧孺著。四卷。多录神仙鬼怪故事，题材丰富，想像奇特。如《元无有》述元无有夜行于空宅中逢故杵、灯台、水桶、破铛四物，它们各具衣冠吟咏自述，天明即现原形。《巴邛人》云巴邛有人获二大橘，橘中有老者在下棋打赌。文中辞藻典雅、结构严谨而有变化。原为十卷，今存明陈应翔刻本四卷。另在《太平广记》中也引有注“出《玄怪录》”者三十余则。今有程毅中据陈本点校本，中华书局 1982 年出版。

续玄怪录　传奇小说集。唐李复言著。多记因果报应式的宗教故事，对社会黑暗亦时有暴露，然大旨乃申述神仙、定数之实有，轮回因果之不诬，其宣扬佛道的思想倾向较《玄怪录》为明显。艺术上善描摹，具体而生动，已非六朝志怪小说粗陈梗概所可比，对唐晚期传奇及后世小说戏曲有较大影响。《杜子春》、《定婚店》、《李卫公靖》、《张老》诸条皆为后人文学作品所取材。原有十卷，分仙术、感应二门，已散佚。今存一卷本与四卷本。一卷本从《说郛》录出，为《五朝小说》、《龙威秘书》所收，四卷本为南宋临安书棚本，《续古逸丛书》、《琳琅秘室丛书》、《随盦丛书》、《四部丛刊》均据此刊行。程毅中点校本据《四部丛刊》本点校，又从《太平广记》中补充了四卷本未收的佚文，中华书局 1982 年出版。

次柳氏旧闻　一名《明皇十七事》。笔记小说集。唐李德裕著。一卷。记载有关唐玄宗轶事二十余则(各本分合不一)，颇多盛誉，诸如其前期勤于国事，重用贤臣，朝政清明等，亦涉及玄宗父子关系、安史之乱等故实。叙述曲折有致、虚实相间，语言文雅而清丽。《新唐书·艺文志》、《直斋书录解题》均有著录。今有《顾氏文房小说》、《五朝小说》诸本，另有 1985 年上海古籍出版社排印本，辑入《开元天宝遗事十种》。

河东记　传奇小说集。唐薛渔思著。《郡斋读书志》谓“亦记谲怪事。序云：续牛僧孺之书”。其内容虽未尽脱六朝志怪余习，然已不同于单纯宣扬灵异物妖的志怪小说，而融怪异于世情之中。如《李自良》篇写养鹰浪人李自良官至牙门大将，讽刺皇帝、官僚的无知腐败。《板桥三娘子》篇写板桥三娘子以妖术谋财而被人反治其身。其他像《卢佩》中的女地仙与人间卢佩结为夫妻，当感到卢对之存疑后，又决绝而去，另觅新知，反映出当时妇女追求婚姻自由的理想。各篇艺术水平参差不一，内容详略不等。《郡斋读书志》著录三卷。今有《绀珠集》、《说郛》诸本，均为残本。《太平广记》录有佚文。

集异记　亦题《古异记》。传奇小说集。唐薛用弱著。记隋唐间的奇闻轶事，亦间杂志怪。题材广泛，既有帝王将相的奇闻轶事，也有文人学士的传说掌故，更有商贾侠客、僧尼方士的奇异事迹。如《集翠裘》写狄仁杰与武则天的弄臣张宗昌双陆赌赛，《王涣之》(当作王之涣)述诗人王昌龄、高適、王之涣旗亭画壁、争名斗才，《贾人妻》写商贾之妻行侠仗义、杀人报仇，《官山僧》讽刺僧人修道用心不专，凡此等等，无不折映出当时各类人物的生活风貌与精神状态。《新唐书·艺文志》著录三卷，《郡斋读书志》著录二卷，《宋史·艺文志》著录一卷，宋以后各本或作二卷，或作一卷。1980 年中华书局以《顾氏文房小说》二卷本为底本，又从汪绍楹校《太平广记》中辑录七十二篇作为补编，结集出版，为目前较完善之本子。

博异志　传奇小说集。题谷神子著。据后世学者考证，多以为作者即唐郑还古。内容为借“神仙诙谲事”以“记初唐与中世事”(《直斋书录解题》)，或写惩恶除暴、扶弱向善，如《木师古》、《敬元颖》、《郑洁》、《马侍中》等；或指迷起顽、警愚戒贪，如《张竭忠》、《杨知春》、《李黄》等。然因神怪气息较浓，情节离奇曲折，其故事性不免掩盖了它的思想意义。《新唐书·艺文志》、《崇文总目》、郑樵《通志》均著录为三卷，《宋史·艺文志》、《郡斋读书志》、《直斋书录解题》、《文献通考》均著录为一卷，明刻《古今逸史》本、《顾氏文房小说》本一卷，乃从他书抄录而成，仅存十余条。1980年中华书局以《顾氏文房小说》本为底本，又据汪绍楹所校的《太平广记》中辑录佚文二十三条作为补编，结集出版，为目前较完备之本子。

牛羊日历　传奇小说。唐刘轲作。题中之“牛”指牛僧孺，“羊”指杨虞卿、杨汉公兄弟。文叙牛、杨等人在朝中的劣迹。先述杨氏兄弟登第后二十年把揽朝政，党同伐异，造谣诬陷；次写牛与之朋比为奸，诡诈窃誉。与《周秦行纪》均为唐牛李党争的产物，乃李党攻陷牛党之作。因其虚构铺张的特点，后人皆不以信史看而视为小说。《新唐书·艺文志》、《宋史·艺文志》、《直斋书录解题》皆有著录。今有《续谈助》、《藕香零拾》、《丛书集成初编》诸本。

上清传　传奇小说。唐柳珵作。见《太平广记》。略述唐德宗时期，陆贽欲夺窦参相位，设计诬告窦参养侠行刺。窦参被赐死，女奴上清没入掖庭。上清善应对，因侍德宗左右，终于能申明窦参冤情，使获昭雪，而陆贽受到惩罚。其事虽为虚构，但反映出中唐上层内部不择手段争权夺利的重大问题。上清虽为奴婢，却正直忠义，与当时官场之尔虞我诈正成对比。

前定录　传奇小说集。唐钟辂（一作钟辂）著。凡四十七条（包括《续录》二十四条）。其自序云：“人之有生，修短贵贱，圣人固常言命矣。至于纤芥得丧，行止饮啄，亦莫不有前定者焉。”其内容或写术士看相，或述鬼神托梦，或叙魂游地府，说明万事皆有灵验，一切莫不前定。另外，此集亦广泛反映了当时知识分子的生活和求仕经历，揭示了他们坎坷不平的命运。《新唐书·艺文志》著录一卷，今本附有《续录》一卷。有《百川学海》、《学津讨原》、《说郛》、《唐人说荟》、《唐代丛书》诸本。

谭宾录　笔记小说集。唐胡璩著。《郡斋读书志》谓其所记“皆唐朝史之所遗”。内容涉及中唐以前唐代社会的各个方面，而于盛唐人物记载尤详，至如马周、于休烈、高季辅、秦叔宝、尉迟敬德、薛仁贵、郭子仪、褚遂良、卢照邻等无不见于集中，对“安史之乱”中的重要人物李林甫、杨国忠、安禄山亦有生动记载。此集描写人物众多，既有文学价值又具史料价值。《新唐书·艺文志》、《文献通考》著录十卷，《宋史·艺文志》作五卷，后佚。《太平广记》收有佚文一百二十一条。有《类说》、《说郛》诸本，均系残本。

醉乡日月　笔记。唐皇甫松著。记述唐人饮酒生活。《直斋书录解题》谓“唐人饮酒令，此书详载，然今人皆不能晓也”。凡三十条，然大都有目无文，现存只有饮论、谋饮、为宾、为主、明府、律录事、觥录事、选徒、骰子令、手势、拒泼、逃席、使酒、进户十四条目。不仅反映唐代社会的经济生活与社会风俗，而且对于研究唐代酒令、诗歌风貌具有重要价值。《新唐书·艺文志》、《宋史·艺文志》均著录三卷，今佚。现存《水边林下》、《古今说部丛书》、《说郛》、《五朝小说》、《唐人说荟》、《唐代丛书》等本，均系残本。

集异志　亦名《陆氏集异记》。志怪小说集。唐陆勋编。其内容因版本不同而大有差异。此集《郡斋读书志》、《宋史·艺文志》均作二卷，《文献通考》谓“语怪之书也，凡三十二事，言犬怪者居三之一”。今存明刊《宝颜堂秘笈》本作四卷。内容为杂辑西周幽、厉至唐末咸通以来历代怪异奇闻，多为谈妖异、讲灾变、明因果、说征兆之作。其中收集民歌童谣数量颇为可观，上自春秋，下至唐代，几乎占一卷篇幅。至于志怪方面内容，程毅中《古小说简目》谓“多出今本《搜神记》”。也有一些内容来自正史。《四库全书总目》认为此四卷本较前多二卷，所记之数多三、四倍，“亦不多言犬怪，岂非后人附会，非其本书欤”？现在学术界多从此说，甚至有人认为是南宋元明间人所为。另有《说郛》、《唐人说荟》、《唐代丛书》诸本，一卷。《太平广记》中尚有佚文若干。

刘宾客嘉话录　亦名《刘公嘉话录》。笔记小说集。唐韦绚著。《郡斋读书志》谓此书乃作者“幼从学于（刘）禹锡，录其话语”。内容如作者于序中所云“国朝文人剧谈，卿相新语，异常梦话，若谐谑、卜祝、童谣、佳句”，可谓无所不有。涉及朝廷政事、文学经传、日常趣闻，被后人视为研究刘禹锡及中唐政治文化状况的重要史料。《新唐书·艺文志》、《宋史·艺文志》著录一卷。今有《顾氏文房小说》本，收录一百一十三则。然《四库全书总目》谓其“真伪糅杂，炫惑视听”，指出其中有伪作三十九则。唐兰《刘宾客嘉话录的校辑与辨伪》以为伪作有六十八条之多，又补遗五十六则（载中华书局《文史》第4辑）。

戎幕闲谈　笔记小说集。唐韦绚著。《郡斋读书志》谓此书乃作者在文宗大和中为西川节度使李德裕从事时所记李之日常言谈。此书以名人轶事为主亦间杂神怪，体现了“幻设为文”的创作特点。《颜真卿》篇以简练朴实的文字刻画了一个忠义刚烈的士大夫形象，是较成功的一篇，新旧《唐书》中颜真卿本传，即据此写成。《李辅国》等篇亦足称道。《直斋书录解题》著录一卷，后散佚。今存《说郛》本仅收五则，《太平广记》辑有十五则，为收录最多的版本。

异闻集 又名《异闻录》、《异闻记》。传奇小说集。唐陈翰编。《新唐书·艺文志》著录十卷，《崇文总目》著录同。《郡斋读书志》著录曰：“唐陈翰编，以传记所载唐朝奇怪事类为一书。”原书已佚，据《太平广记》、《绀珠集》、《类说》等书所引，该书收录唐人小说四十余篇，其中多为名篇，如《古镜记》、《枕中记》、《柳氏传》、《柳毅传》、《李娃传》、《霍小玉传》、《离魂记》、《莺莺传》、《南柯太守传》等，颇能代表唐代小说的精华，对后世较有影响。然此书在宋代或已窜乱，宋陈振孙《直斋书录解题》云：“第七卷所载《王魁》乃本朝事，当是后人剿入之耳。”还有如《施顾注苏诗》所引《书仙歌》亦为宋代故事。

因话录 笔记小说集。唐赵璘著。六卷。按宫、商、角、徵、羽分为五部分：卷一宫部，载唐代诸帝王后妃之生活琐事；卷二、卷三商部，录王公官宦之轶闻；卷四角部，述平民众庶之情事；卷五徵部，记典故及谐戏；卷六羽部，记见闻杂事。分类不甚严密，然大致有序。作者出身显贵，多识朝廷典故，谙熟官场旧事，集中所录既有文学价值，又可与史传相参证。《四库全书总目》评此集“在唐人说部之中，犹为善本焉”。《新唐书·艺文志》、《宋史·艺文志》皆著录六卷，《崇文总目》作二卷。今六卷本有《稗海》、《笔记小说大观》、《丛书集成初编》、1958年古典文学出版社排印本。一卷本有《重辑百川学海》、《说郛》诸本。

酉阳杂俎 笔记小说集。唐段成式著。二十卷，续集十卷。文中包含了大量的中外传说、神话故事、传奇秘闻，举凡帝王轶事、奇巧技艺、盗侠怪术无所不赅。《忠志》、《诡习》、《怪术》、《艺绝》、《盗侠》、《语资》、《诺皋记》、《支诺皋》诸篇都有精彩的描述，其中《诺皋记》、《支诺皋》共五卷，或记远古传说，或写异国珍闻，尤为精美。如《吴洞金履》故事，后来的外国童话《灰姑娘》情节就与之类似。全书描写细腻，故事性强，语言流畅而有变化。此书还保存了南北朝和唐代的若干史料，包括朝政应对礼仪、民间婚丧嫁娶、各地风土习俗以及中外交往历史，向为后人所重视。是唐代文言小说中最重要的集子之一。《新唐书·艺文志》、《崇文总目》、《郡斋读书志》、《直斋书录解题》均有著录。今有《稗海》、《津逮秘书》、《学津讨原》诸本，又有方南生点校本，中华书局1981年出版。

大唐传载 亦作《传载》。笔记小说集。著者不详。约产生于晚唐。内容记唐初至宪宗元和中杂事，既有公卿士大夫的琐事轶闻，包括不少诗文材料和本事，也有灵异报应的志怪故事，还有些内容关涉当时的典章制度、民情风俗，极富史料价值，为其他小说所无。其记事大都简略，长篇故事极少。《新唐书·艺文志》、《宋史·艺文志》均有著录。有《唐人说荟》、《唐代丛书》、《守山阁丛书》、《说库》诸本，均为一卷，另有古典文学出版社据《稗海》排印本，1957年出版；中华书局点校本，1984年出版。

独异志 笔记小说集。唐李伉(一作李冗)著。本书自序谓所录之事皆“世事之独异者”，故名。共四百二十七条，所记上至远古三皇五帝，下至隋唐，除载历代奇闻逸事外，亦间及志怪。不少故事取自《山海经》、《博物志》、《古今注》、《吕氏春秋》、《京房列传》等典籍。形式上类似《世说新语》与《语林》，一事一篇，一般只有几十字，最多不超过二百字。《新唐书·艺文志》、《宋史·艺文志》均著录十卷，后散佚。现存明嘉靖时抄本和《稗海》本三卷，乃由原书残本编辑而成。

杂纂 亦名《义山杂纂》。笔记。旧题唐李商隐著。一卷。《直斋书录解题》评其内容为“里俗常谈鄙事，可资戏笑，以类相从。今世所称‘杀风景’，盖出于此”。共四十一类，分别用“必不来”、“不相称”、“羞不出”、“怕人知”、“不嫌”等作标题，每题下所记皆社会知识与人生经验之谈。如《相似》条云：“京官似冬瓜暗长　鸦是措大饥寒则吟　印是婴儿常随身　县官是虎动辄害人　尼姑似鼠入深处　燕似尼姑有伴方行　婢似猫暖处便住。”凡此种种，鲁迅评为“颇亦穿世务之幽隐，盖不特聊资笑噱而已”(《中国小说史略》)。《宋史·艺文志》有著录。今有《说郛》、《五朝小说》、《唐人说荟》、《唐代丛书》、《忏花盦丛书》诸本。

乾𦠆子 志怪小说集。唐温庭筠著。《郡斋读书志》谓其“序谓语怪以悦宾，无异𦠆味之适口，故以命篇”。其语怪之篇，多写妖邪作祟，奇人癖耽，怪怪奇奇，不止一端。较可瞩目者有《华州参军》，写人鬼两世爱情，对宋话本《碾玉观音》、明传奇《牡丹亭》不无影响。另《陈义郎》写恶人杀夫谋妻冒官，后受害者终于复仇的故事，亦曲折动人。其他像《严振》叙唐德宗因朱泚乱避难于蜀的故事，则类史乘。然多数篇章，则如鲁迅所评“仅录事略，简率无可观，与其诗赋之艳丽者不类”（《中国小说史略》）。《新唐书·艺文志》、《郡斋读书志》、《直斋书录解题》、《崇文总目》、《文献通考》均著录三卷。今有《说郛》、《龙威秘书》、《古今说部丛书》、《丛书集成初编》诸本，均非完帙。清王仁俊辑有佚文一卷，《太平广记》辑有佚文三十三条。

明皇杂录　笔记小说集。唐郑处海著。二卷。因主要记载唐玄宗开元、天宝前后轶事，故名。既写玄宗前期英明勤政，亦叙他后期骄奢淫逸、晚年凄凉落寞，如《张嘉贞》、《萧嵩》、《华清宫》、《舞马》、《凉州词》诸条。也杂录名臣权贵、乐工异人之朝中杂闻、里巷趣事。亦间及肃宗、代宗两朝事迹。有《墨海金壶》本、《守山阁丛书》本、《丛书集成初编》本，另有1985年上海古籍出版社排印本，辑入《开元天宝遗事十种》。

卓异记　笔记小说集。旧题唐陈翱著。然据后人考证，以为作者之名及书中之序皆不足凭信，乃晚唐五代时人作。内容记唐君臣功业盛事二十七则，其中记帝王三则，将相大臣二十四则。所叙事迹多为朝政进退，官场变动，往往以“自古未有”、“无有伦比”标榜奇特，称其人事升降，可读性不强。今有《百川学海》重辑本，《顾氏文房小说》、《说郛》、《唐人说荟》与《丛书集成初编》诸本。

潇湘录　志怪小说集。唐柳祥（一作李隐）著。内容写发生在唐初贞观至唐末咸通年间的鬼神狐魅、妖邪精怪故事。这些鬼怪故事往往又和朝政人物相关，如《虾蟆》写武则天当朝之征兆，《苍璧奴》写李林甫魂游地府，《焦封》写焦封与一猩猩所化之美女相爱缱绻。还有些故事妄说怪异，耸人耳目，至被宋洪迈《夷坚支志·癸集序》评为“大谬极陋，污人耳目”。《新唐书·艺文志》著录十卷，已佚。今有《广百川学海》、《古今说海》、《五朝小说》、《唐人说荟》、《丛书集成初编》、《类说》等本，均系残本。《太平广记》收有佚文四十余条。

宣室志　志怪小说集。唐张读著。十卷，《补遗》一卷。书名取义于汉文帝召贾谊问鬼神于宣室。其内容杂记仙佛休咎、神鬼妖精，为唐人志怪小说之集大成者。如写人鬼、人狐相爱事，有《郑德茂》、《许贞》篇，后者实为后来《聊斋志异》张本。另有鬼怪作诗的故事，亦颇有情趣，其诗采入《全唐诗》中。还有不少故事反映出佛教对唐代社会的影响，其情节明显受到佛经的影响，如《杨叟》写杨宗素向僧人求心以救父亲杨叟，僧人化猿而去事，与佛本生故事鳄鱼向猴子求心，猴子设计逃脱颇相仿佛。《新唐书·艺文志》、《宋史·艺文志》、《崇文总目》、《郡斋读书志》、《直斋书录解题》皆有著录。今有明抄宋本及《稗海》、《笔记小说大观》、《丛书集成初编》诸本，《说郛》、《唐人说荟》、《唐代丛书》诸本均为一卷，另有中华书局1983年排印本，除《补遗》外，尚有《辑佚》六十五条。

甘泽谣　传奇小说集。唐袁郊著。据其自序，以其春雨泽应，故有甘泽成谣之语，遂以名书。一卷。所叙故事多怪异色彩，《陶岘》、《圆观》、《红线》三条尤为后人称道。《陶岘》写昆仑奴摩诃入水取古剑、玉环为蛟龙所害之事。《圆观》写僧圆观与谏议李源的两世交情，苏轼《圆泽传》、古吴墨浪子《西湖佳话》中《三生石迹》一篇，皆据此写成。《红线》描写女婢红线豪侠仗义为主人解忧排难的故事，对后世影响亦很大。原本宋元时已散佚，现存八条佚文为明人从《太平广记》中辑出，有《说郛》、《津逮秘书》、《学津讨原》、《丛书集成初编》诸本。

红线　传奇小说。唐袁郊作。见《甘泽谣》。略述潞州节度使薛嵩，因忧惧魏博节度使田承嗣犯边，寝食不安。其婢女红线看出主人心事，自请为薛嵩解忧。红线乘夜潜入田营，于田承嗣床头盗取金盒而归。次日薛又遣人送回，借以示威，田因之大惧，退兵而去。红线亦功成告隐，不知所归。小说对唐代藩镇跋扈、统治阶级内部矛盾有所反映，并歌颂了红线的侠义行为和非凡本领。全篇情节曲折，故事变化莫测。明杂剧《红线女》、传奇《双红记》、京剧《红线盗盒》等皆据此改编而成。

逸史　志怪传奇小说集。唐卢肇著。其自序云：“卢子既作《史录》毕，乃集闻见之异者，目为《逸史》焉。其间神仙交化、幽冥感通、前定升沉、先见祸福，皆摭其实，补其缺而已。凡纪四十五条，皆我唐之事。时大中元年八月。”然今存佚文远不止四十五条，可能传抄有误。此书所记较庞杂。虽有志怪内容，但人物皆取之当时，其故事也不是侈谈妖异，有一定的社会批判性，如《严武盗妾》、《孟简》、《乐生》诸篇。《新唐书·艺文志》、《宋史·艺文志》均有著录，但有姓无名。原本已佚。今有旧抄本及《类说》、《说郛》诸残本。另《太平广记》中辑有佚文七十八条。

传奇 传奇小说集。唐裴铏著。宋赵彦卫《云麓漫钞》卷八谓此书乃“先籍当世显人以姓名达之主司，然后以所业投献”，以见其史才、诗笔、议论的“温卷”之作。其内容或写士人与女子遇合，或写豪士行侠仗义，或写求仙访道、服食导养，不一而足。其爱情故事，女主人公往往是仙鬼妖精，双方成眷属又常有仙侠相助，如《裴航》、《郑德璘》、《张无颇》诸篇。而豪侠故事则往往突出其不畏强暴、为民除害的性格特征，如《虬髯客》、《陈鸾凤》、《昆仑奴》。至于《许栖岩》、《赵合》、《陶尹二君》诸篇则具有浓厚的道教色彩。其作品大多出于虚构，也有一些取自民间传说。故事情节曲折突兀，奇幻谲怪，文字风格婉缛流丽，具有骈偶化的特点。它是对后世小说戏曲影响最大的唐人传奇集，其中不少作品被历代戏剧家辗转取材，经久不废，清蒲松龄《聊斋志异》在取材及表现手法、艺术构思上都与之有相承之处。中国古小说中有传奇之名，亦始于此。《直斋书录解题》云“《唐志》三卷，今六卷，皆后人以其卷帙多而分之也”。原本已佚。《太平广 记》收有《传奇》二十八篇。周楞伽注《裴铏传奇》三十一篇，上海古籍出版社1980年出版，是目前较为完整的本子。

昆仑奴 一名《崔生》。传奇小说。唐裴铏作。见《传奇》。略述豪侠昆仑奴磨勒不仅武艺非凡，而且勇敢多智、乐于助人，帮助歌妓红绡女与公子崔生结为夫妇。全篇情节引人入胜，除昆仑奴外，红绡女的形象也写得较为出色。元明戏曲以此为题材的有杨景言《磨勒盗红绡》（已佚）、梅鼎祚《昆仑奴剑侠成仙》、梁辰鱼《红绡妓手语传情》。

聂隐娘 传奇小说。唐裴铏作。见《传奇》。略述侠女聂隐娘身怀绝顶武功，受魏博主帅指派，与夫前去刺杀陈许节度使刘昌裔。刘礼待隐娘，隐娘感其情义，留在陈许，并击毙另一刺客精精儿，计退妙手空空儿，后偕夫入山归隐。小说曲折地反映中唐以后藩镇跋扈、争权夺利的社会现实，构思奇特，情节生动，对武功的描写尤为奇幻谲怪，对后世武侠小说、戏曲产生很大影响。明凌濛初《拍案惊奇》卷四《程元玉店肆代偿钱　十一娘云岗纵谭侠》取此内容为引子；清尤侗杂剧《黑白卫》亦据此而作。

裴航 传奇小说。唐裴铏作。见《传奇》。略述秀才裴航举试未中，于蓝桥驿遇美女云英，欲向她求婚，云英为考验其真情，设下种种障碍，航经过百折不挠的努力，终与之结为夫妇。小说宣扬爱情至上，情节曲折动人，在封建社会中得到广泛的共鸣。元徐畛戏文《杵蓝田裴航遇仙》、庾天锡杂剧《裴航遇云英》、杨之炯传奇《玉杵记》、清黄兆森杂剧《蓝桥驿》等皆演其事。

小名录 轶事小说集。唐陆龟蒙著。记述由秦至隋历代人物之小名，涉及皇帝后妃、文人士子、朝廷官宦，并由小名连带出许多琐闻，足资谈助。宋朋溪居士《侍儿小名录》、乐史《小名录》不无受其影响。《宋史·艺文志》著录五卷，题作《古今小名录》，《直斋书录解题》为一卷，《四库全书总目》作二卷。今有《续百川学海》、《说郛》、《五朝小说》、《唐人说荟》、《丛书集成初编》诸本。

尚书故实 轶事小说集。唐李绰著。以其所记多闻于河东张尚书而得名。作者小序云：“凡聆征引，必异寻常，足广后生，可贻好事，遂纂集尤异者，兼杂以诙谐十数节，作《尚书故实》。”内容多轶事异闻，也有辨疑考证，以记叙事件为主，亦评论书画碑帖，涉及面较广，除故事性外，亦不乏知识性与学术性。有《宝颜堂秘笈》、《唐人说荟》诸本。

三水小牍 传奇小说集。唐皇甫枚著。清卢文弨《抱经堂外集·三水小牍》提要云：“是书成于天祐四年(907)，枚当旅食汾、晋，而追记咸通时事。”内容有志怪，有琐记，但写得较成功的是一些结构完整描写细腻的传奇作品，《飞烟传》与《王知古》二篇最为著名。前者写河南府功曹参军武功业的爱妾步飞烟与书生赵象的爱情悲剧，刻画出女主人公“生得相亲，死亦何恨”的坚强性格。后者是一篇有神怪故事的讽刺小说，通过狐精们对卢龙节度使张直方的害怕憎恶，讽刺了唐末藩镇的淫威。《直斋书录解题》著录三卷，已佚。明《天一阁书目》著录明杨仪二卷本，为清卢文弨刻入《抱经堂丛书》。近代缪荃孙从《太平广记》、《续谈助》、《说郛》、《古今说海》中，搜辑逸文十二则，成补遗一卷，连同原二卷本中三十五则，一并刊入《云自在龛丛书》，中华书局上海编辑所又以此为底本，并从《类说》中辑逸文十四则附后，1958年出版，为目前最完备之本子。

松窗杂录 亦名《摭异记》。笔记小说集。

著者不详。记武后至宣宗初事，玄宗朝事居多，多写皇帝、后妃、卿相的轶闻杂事，如《上好马击球》、《上自临淄郡王为潞州别驾》、《何皇后》诸条，可见其特点。《新唐书·艺文志》有著录，不题撰人。有人疑为李濬或韦叡著。今有《顾氏文房小说》、《奇晋斋丛书》、《说郛》(重编本)、《唐人说荟》及中华书局上海编辑所排印本(1958年出版)，均题《摭异记》，与此实为一书。

开天传信记　笔记小说集。唐郑棨(一作郑綮)著。自序称其深感"承平之盛不可陨坠"，"辄因薄领之暇，搜求遗逸"，并求"传于必信"。所记唐开元天宝前后玄宗故事三十二条，其中不少神仙志怪故事与《明皇杂录》雷同。书中不少情节为后来有关唐明皇杨贵妃爱情故事的小说戏曲所用，元白朴《梧桐雨》、清洪昇《长生殿》某些细节即取自本书。《新唐书·艺文志》著录一卷。今有《百川学海》、《说郛》、《学津讨原》诸本，一卷，另有上海古籍出版社排印本，辑入《开元天宝遗事十种》，1985年出版。

云溪友议　笔记小说集。唐范摅(号五云溪人)著。此书成于唐末僖宗时期，所记多为中、晚唐文坛轶闻趣事。《四库全书总目》评此书"六十五条之中，诗话居十之七八"，至于当时文人的交游唱和情况，"大抵为孟棨《本事诗》所未载，逸篇琐事，颇赖以传。又以唐人说唐诗，耳目所接，终较后人为近。故考唐诗者，如计有功《纪事》诸书，往往据之以为证焉"。有些故事则可见传奇体小说的影响，如《玉箫化》，记韦皋与姜氏小婢玉箫之生死爱情，可为代表之作，后为元明戏曲所取材。《新唐书·艺文志》、《郡斋读书志》著录三卷，《直斋书录解题》著录十二卷，今三卷本有《四部丛刊续编》影明刊本、《嘉业堂丛书》本等，十二卷本有《稗海》本。古典文学出版社据《四部丛刊续编》本排印，1957年出版，中华书局上海编辑所又于1959年重印，并以《稗海》本作了校勘。

阙史　亦名《唐阙史》。笔记小说集。唐高彦休著。作者自序云："大中咸通而下，或有可以为夸尚者、资谈笑者、垂训诫者，惜乎不书于方册，辄从而记之，其雅登于太史氏者，不复载录。"其内容或补正史之不足，或佐消遣谈笑、褒善惩恶，其中有一些珍贵的史料掌故，如《迎佛骨事》及《杜紫微牧湖州》条，颇为后人瞩目。《新唐书·艺文志》、《直斋书录解题》、《宋史·艺文志》均作三卷。今有《说郛》、《知不足斋丛书》、《龙威秘书》、《丛书集成初编》诸本，二卷。

杜阳杂编　笔记小说集。唐苏鹗著。三卷。以作者家居武功(今属陕西)杜阳川而得名。记载代宗广德元年(763)至懿宗咸通十四年(873)凡十朝之异闻杂事，其中亦涉及史实，如宦官鱼朝恩、仇士良擅权跋扈，懿宗朝迎佛骨时举国如狂等，多为史家瞩目。此集文辞华美，颇为后世推崇。《四库全书总目》评其"铺陈缛艳，词赋恒所取材，固小说家之以文采胜者"。《新唐书·艺文志》、《郡斋读书志》、《直斋书录解题》均著录三卷。今有《稗海》、《学津讨原》、《丛书集成初编》诸本，另有中华书局上海编辑所排印本，1958年出版。

北里志　笔记。唐孙棨著。一卷，十九条。北里为唐时妓女所居之地，因在长安北门内平康里，故名。记载妓女与进士交往的艳闻趣事。其中描写了不少知书能诗，追求人格尊严的妓女形象。《郡斋读书志》、《直斋书录解题》、《宋史·艺文志》均有著录，今有《续百川学海》、《说郛》、《五朝小说》诸本。另有古典文学出版社排印本，1957年出版。

玉泉子　笔记。唐无名氏著。一卷。所记多为中晚唐时朝野杂事，有采自他书者，如开卷第一条记裴度"器抱弘达"，即全同《因话录》，但大多数资料不见于他书，具有较高的史料价值。而其记事记人，饶有趣味，亦具较强的文学性，故清乾隆时修《四库全书》，一改《宋史·艺文志》以之入杂家类而著录为小说家类。有明万历间刊《稗海》(清康熙、乾隆时重编补刊)本、清乾隆间《四库全书》抄本、清乾隆间刊《唐人说荟》(道光间重刊，宣统间、民国间石印)本等。1958年中华书局上海编辑所出版以《稗海》本为底本的点校本，与《金华子》合订，1988年上海古籍出版社重印。

幽闲鼓吹　笔记小说集。唐张固著。《郡斋读书志》谓此书"纪唐二十余事"，为达官贵人文士墨客的闲事轶闻。如《顾况》条云白居易方进京，以诗求见顾况，况睹名谓"米价方贵，居亦不易"，至阅其"离离原上草，一岁一枯荣"诗，即嗟赏"居即易矣"，白居易因此声名大振。此逸事，尤为人熟知。其他内容多较严正且有关教化。如《潘炎妻》条写刘氏女见丈夫潘炎位低权重劝其避位，《万寿公主》条写唐宣宗责万寿公主夫弟有病不往视而观戏。文中大抵虚构成分少而纪实性强。《四库全书总目》云："所记虽篇帙寥寥，而其事多关法戒，非造作虚辞无禅考证者比。唐人小说之中，犹差为切实可据焉。"《新唐书·艺文志》、《郡斋读书志》、《直斋书录解题》均有著录，一卷。今有《续百川学海》、《顾氏文房小说》、《五朝小说》、《说郛》诸本，另有中华书局排印本，1958 年出版。

树萱录 志怪小说集。著者不详。作者在开篇谓书名得之于《诗·卫风·伯兮》，"树萱"之义类同"忘忧"，可见著者的目的，本在于消遣。集中十之七八为志怪记异，亦有少量描写舆地山川的作品，故事虽标明唐代年月，但缺乏时代特征，文中喜用诗歌、词赋，颇有情致文采。宋张邦基《墨庄漫录》云："此事所载诸事，近于寓言，而诸篇诗句皆佳绝，盖唐人善诗者为之。"《新唐书·艺文志》、《郡斋读书志》、《直斋书录解题》均著录一卷，《宋史·艺文志》作三卷。今有《类说》、《说郛》、《五朝小说》诸本。

剧谈录 传奇小说集。唐康骈(一作康骈)著。记天宝以来异闻琐事，亦间杂神怪，其故事往往情节完整、叙述生动，如《狄惟谦请雨》、《洛中豪士》、《慈恩寺牡丹》诸篇，皆形象鲜明，传奇色彩较浓，显示出作者有意为小说的创作心理。《新唐书·艺文志》、《郡斋读书志》著录三卷，《崇文总目》、《宋史·艺文志》作二卷。有《津逮秘书》、《学津讨原》诸本，二卷。另有中华书局上海编辑所排印本，1958 年出版。

南楚新闻 笔记小说集。旧题唐尉迟枢著。主要记载唐咸通至乾符年间南楚的传闻逸事，也有少量中唐故事。南楚地域约为今湖北、湖南、四川、贵州、广东、广西一带，唐末社会，于此最为动荡，既有梁崇义、李希烈等藩镇作乱，又有农民造反、戍卒兵变，王仙芝、黄巢农民军亦活跃在这一带。通过书中的传闻故事，展示了唐末官场腐败、民生凋敝的动乱现实。《新唐书·艺文志》著录三卷，已佚。今有《说郛》、《五朝小说》、《唐人说荟》诸本，均系残本，多寡不一。《太平广记》辑有十四则。

桂苑丛谈 笔记小说集。旧题冯翊子子休著。《新唐书·艺文志》著录。《郡斋读书志》著录并引李淑《邯郸书目》称作者姓严。全书今存二十八条，前十条均有标题，如《张绰有道术》、《太尉朱崖辩狱》等，记晚唐时事，有志怪内容。后十八条题"史遗"，杂采前朝史事。书中记事至唐僖宗、唐昭宗时，则可知著者或为晚唐五代人。今有《续百川学海》、《宝颜堂秘笈》、《说郛》等本，另有中华书局上海编辑所排印本(与《松窗杂录》、《杜阳杂编》合订一册)，1958 年出版。

会昌解颐录 亦名《会昌解颐》。笔记小说集。著者不详。《说郛》本题唐包湑作。约成书于唐会昌年间。所记为前朝与本朝之神鬼狐怪故事，然无不折射出当时之人情世态，而作者之褒贬寓焉。如《牛生》叙一冥使不忘一饭之德，隔世相报，与阳世之人赖债不偿恰成对比；《刘立》条写两世姻缘事，歌颂生死不渝的爱情。所收故事多结构完整，叙述有序，词采华艳。《新唐书·艺文志》著录四卷，《宋史·艺文志》作五卷，《通志·艺文略》作一卷。今有《说郛》本一卷，乃残本。《太平广记》及宋王铚《补侍儿小名录》收有佚文若干。

芝田录 笔记小说集。唐丁用晦著。《郡斋读书志》云"总六百条"，今存仅四十余条。多为帝王、后妃、名臣、文人的轶事珍闻，往往褒其德政，显其仁义，如《粜米救旱》、《兄弟讼财》。所记以人事为主，少有神怪，篇章短小而文风平实。《新唐书·艺文志》著录一卷。今有《类说》、《说郛》、《五朝小说》诸本，均系残本，收录多寡不一。《太平广记》辑有十八条。

原化记 传奇小说集。唐皇甫氏著。所叙内容以神仙冥报，龙虎异变为主，内容简单又往往沿袭前作，如《周邯》篇取自裴铏《传奇·周邯》，而篇幅仅为后者之四分之一。有一些记载民间传说的作品，如《吴堪》、《蚕女》、《京都儒士》，写得较泼辣生动。还有相当部分的武侠作品，如《车中女子》、《嘉兴绳伎》、《义侠》等。亦有篇章记载西域民族来唐经商，有一定史料价值。有《类说》、《绀珠集》、《说郛》诸本，均不全。《太平广记》引有佚文六十余条。

虬髯客传 一作《虬髯传》。传奇小说。见《太平广记》。五代前蜀杜光庭作，一说唐张说作。略述李靖于隋末谒司空杨素，素有红拂妓，异靖之才，夜奔之。后二人出京，途遇侠士虬髯客，结为至友。客本有志于天下，后睹李世民风采而气沮，悉以家财资靖佐世民，以成大业，自走海外另创基业。篇中突出李靖、红拂、虬髯三人侠义之气，后人因称"风尘三侠"，其中对红拂、虬髯客的描写尤为生动精彩。作品传世后影响甚大，明张凤翼传奇《红拂记》、凌濛初杂剧《虬髯翁》均取材于此。

录异记 志怪小说集。五代前蜀杜光庭著。八卷。沈士龙《题〈录异记〉》云此书"大都捃拾他说，间入神仙玄怪之事用相证实"，所记多为怪异不经之事。卷一录神仙事十二条，卷二录异人事十七条，卷三录忠孝、异梦、感应事十一条，卷四录鬼神事十条，卷五录龙、异虎、异龟、异鼋、异蛇二十五条，卷六录洞六条，卷七记异水、异石二十六条，卷八记墓四条。《宋史·艺文志》著录十卷，已佚。今有明刊本、《道藏》、《秘册汇函》、《津逮秘书》诸本。

神仙感遇传　志怪小说集。五代前蜀杜光庭著。所记多采自前人神仙家书或志怪小说，如《释玄照》、《十仙子》实出自《宣室志》，《文广通》颇类陶渊明《桃花源记》；《虬髯客》为《虬髯客传》之缩写，颇乏文采。此书还保留了一些唐人小说的故事梗概。《宋史·艺文志》著录十卷。《云笈七签》载三十条；《道藏·洞玄部》收五卷七十五条，卷末尚有阙文；《太平广记》收二十七篇，其中十九篇《道藏》未收。

唐摭言　笔记小说集。五代王定保著。十五卷，一百零三门。记载有关唐代贡举制度的道里琐闻、文人轶事及诸方杂谈，唐代诗人的零章断句为别集失载者，多赖以保存。不仅具有相当的史料价值，其文学意味也向为人所瞩目。如《牛僧孺始举进士》条描写当时名场的风气，《宣慈寺门子》条刻画一个见义勇为的侠士形象，《李回》条写魏謩因私隙置李回于死地，具有较浓厚的传闻性与故事性。有《雅雨堂丛书》本。1957年古典文学出版社出版排印本。中华书局上海编辑所、上海古籍出版社分别于1960年、1978年予以重印。

玉堂闲话　笔记小说集。五代王仁裕著。三卷。其内容繁杂，包罗万象。虽有荒诞不经之事，因果报应之言，但有些记人记事之作，则如隽逸小品，精悍而宛曲有致。如《颜真卿》条写颜真卿一生行事大节，鲜明生动，如同史传。《裴度》条写裴度微服私访，解救民女，使之夫妻团圆，后为明冯梦龙《古今小说·裴晋公义还原配》取材。其他如《发冢盗》、《邹仆妻》、《刘钥匙》等均情节完整，饶有意趣。《宋史·艺文志》著录三卷。有《类说》、《说郛》(重编本)诸本，均系残本。《太平广记》收有一百六十余条。

开元天宝遗事　笔记小说集。五代王仁裕著。记载唐玄宗开元、天宝年间各种故实轶闻奇事，凡一百五十多条。其中数条写到玄宗的开元之治与天宝之乱，既褒扬了他的功绩也揭露了他的荒淫，对朝中百官无论忠奸都有涉及，至于朝野的奇闻异物，风俗民情更是写得丰富多采。所有条目，均形式短小，但多精致隽永，除其内容可补正史之不足外，其艺术情趣也可称道。今有明铜活字本、《顾氏文房小说》、《说郛》、《五朝小说大观》诸本，另有上海古籍出版社排印本，1985年出版。

金华子　一名《刘氏杂编》、《金华子杂编》。笔记小说集。五代刘崇远(号金华子)著。记唐武宗后各类朝野情事，或写藩镇拥兵割据；或叙将相优劣，另有不少篇章记录文人吟咏。其中不少史实，为司马光《资治通鉴》所采用。另有些神异事则类志怪。《郡斋读书志》、《直斋书录解题》、《宋史·艺文志》均作三卷，然书名各异。原书已佚，今本乃清修《四库全书》时由馆臣从《永乐大典》中辑出，分上下二卷，六十余条。又有《榕园丛书》、《读画斋丛书》诸本，据《四库全书》本翻刻，《读画斋丛书》本中有清人校注及补辑，最为称善，中华书局上海编辑所曾据此本排印，1958年出版，上海古籍出版社1988年又予以重印。

北梦琐言　笔记小说集。五代宋初孙光宪著。其自序云："先以唐朝达贤一言一行列于谈次，其有事类相近，自唐至后唐、梁、蜀，江南诸国所得闻知者，皆附其末，凡纂得事成三十卷。《禹贡》云'云土梦作乂'，《传》有'畋于江南之梦'，鄙从事于荆江之北，题曰《北梦琐言》。"所记涉及中晚唐五代各类朝野故实文人行事，多具史料价值，如白居易、李商隐、温庭筠、韦庄、和凝等人逸事，向为文学史家所重视，其中也有神怪谶应的记载。《直斋书录解题》作三十卷，《宋史·艺文志》作十二卷。今有《稗海》、《雅雨堂丛书》诸本，二十卷。近代缪荃孙《云自在龛丛书》本据诸本精校又自《太平广记》中辑得逸文四卷，中华书局上海编辑所据此排印，1959年出版，另有林文园点校本，上海古籍出版社1981年出版。

鉴诫录　笔记小说集。五代何光远著。记述中晚唐五代间名人逸事和文坛遗迹，也杂有鬼神怪异情事。《四库全书总目》评此书"粗疏"与"诬诞"。其中录存不少唐人诗文，清人编《全唐诗》多加采录。不少篇幅所谈唐代文人行事，于研究唐代作家不无裨益。《郡斋读书志》、《宋史·艺文志》均作三卷。今本十卷，有明刊本、《知不足斋丛书》、《学海类编》、《说库》、《丛书集成初编》诸本。

贾氏谈录　亦名《贾公谈录》。笔记小说集。南唐张洎著。一卷。《郡斋读书志》谓"伪唐张洎奉使来朝，录典客贾黄中所谈三十余事，归献其主"。然《直斋书录解题》则云"《序》

言庚午衔命宋都，闻于补阙贾黄中，凡二十六条，而不著其名。别本题清辉殿学士张洎，盖洎自江南奉使也。庚午实开宝三年(970)"。所录唐代逸闻颇有史料价值，如写白居易葬龙门山，李泌以诗被贬，韦瓘撰《周秦行纪》而托名牛僧孺等等。此集除上列二书著录外，《宋史·艺文志》亦著录。然原书散佚，今本为《四库全书》馆臣从《永乐大典》中辑出，并从《类说》、《说郛》增补，《守山阁丛书》本据此刻印并校订，更为完善。

云仙散录 亦名《云仙杂记》。笔记小说集。旧题后唐冯贽著。所录内容颇庞杂，有文人墨客、达官贵人的秘闻轶事，亦涉神异灵怪、风土习俗乃至民间秘方，其中多怪诞不经之说，自宋以来，历遭学者贬斥。但也有若干文坛珍闻，如李龟年听琴能辨秦楚声、裴度除夜叹老、李白登华山落雁峰等，有助于后人想见唐人风采。《直斋书录解题》、《宋史·艺文志》、《文献通考》等皆有著录。今有明叶氏菉竹堂刻本、稽古堂丛刻本及《说郛》、《丛书集成初编》诸本，均为十卷。《艺海珠尘》、《龙威秘书》等本作一卷。《唐宋丛书》作九卷。余嘉锡《四库提要辨证》卷一七对书的作者版本考证颇详，可资参考。

葆光录 志怪小说集。五代陈纂著。三卷。八十余条。多记怪异奇事，如写某官失宠前，家中狗作鸡鸣，桌上双笔起舞回旋，某和尚好灭蝼蚁，病笃时遭到蝼蚁报复。然也有充满生活气息的传闻轶事，如记晚唐陆龟蒙事迹，颇有文学史料价值。另有记载风土民俗的作品，如写作者经历闽中遇温泉等事，则如山水游记。《文献通考》、《直斋书录解题》、《宋史·艺文志》均有著录。有《顾氏文房小说》、《丛书集成初编》诸本。

名　　篇

昔昔盐(垂柳覆金堤) 诗篇名。隋薛道衡作。见《全隋诗》。《昔昔盐》一说即梁代乐府《夜夜曲》之别名。此诗用绮丽铺张的笔墨描写闺中少妇的孤寂心境和相思之情，情词婉曲，意象迭更，虽未脱轻靡之习，已时见清新之句，堪称"艳而不俗"(清王夫之《古诗评选》)。其中"暗牖悬蛛网，空梁落燕泥"二句构思细密，"峻洁可喜"(宋魏泰《临汉隐居诗话》)，尤为时人称道。

蝉 诗篇名。唐虞世南作。见《虞世南集》。此为诗人入唐后托物言志之作。"居高声自远，非是藉秋风"二句喻"立身高洁者，不待凭藉，自能名声远闻"(刘永济《唐人绝句精华》)，兴寄深远，品地甚高。

野望 诗篇名。唐王绩作。见《王无功文集》。诗人是时隐于东皋。诗中借衰瑟素朴之景抒彷徨无依之情。结尾"相顾无相识，长歌怀采薇"点明自己追怀古代隐士、归隐山居的恬淡情怀。为早期唐律中成熟之作。明杨慎评曰："隐节既高，诗律又盛，盖王、杨、卢、骆之滥觞，陈、杜、沈、宋之先鞭也。"(《升庵诗话》)

长安古意 诗篇名。唐卢照邻作。见《幽忧子集》。诗人借用历史题材来折射首都长安之现实生活，有借古讽今之意。六十八句的长篇歌行中，"长安大道，豪贵骄奢，狭邪艳冶，无所不有"(清沈德潜《唐诗别裁》)。而权臣、金吾、侠客等各色人物追欢逐乐、互相倾轧的场面又与下层文士寂寥清贫、读书自守的生活形成强烈的对照，突出了富贵无常、转瞬沧桑的主题。写法上多用赋笔，回环空灵，精华浏亮，"心神笔力，独凌千古"(清王夫之《唐诗评选》)，既是六朝宫体诗的终结，更是唐人歌行的先声。

在狱咏蝉 诗篇名。唐骆宾王作。见《骆临海集》。仪凤三年(678)，作者迁侍御史，因讽谏触忤武后，被诬以赃罪下狱，在狱中作此诗并序。诗中借蝉抒愤，托物言志，表达了高洁的情怀。"露重飞难进，风多响易沉"二句，寄托遥深，更是咏物佳句。

正月十五夜 一作《上元》、《观灯》。诗篇名。唐苏味道作。见《全唐诗》。神龙之际，京城特重元宵灯会。此诗用浓墨重彩赋写是夕繁华灿烂的夜景及万民同乐的盛况，精丽而有韵致，当时推为"绝唱"。元方回评曰："古今元宵诗少，五言好者殆无出此篇矣。"(《瀛奎律髓》)

送杜少府之任蜀川 一作《杜少府之任蜀州》。诗篇名。唐王勃作。见《王子安集》。是王勃供职长安时为送别入蜀任县尉的友人而作。全诗意境阔朗，情志高远，一反送别诗悲伤缠绵之情调，体现出豪放清新的气象。"海内存知己，天涯若比邻"二句，临歧勉友，胸襟不凡，虽由曹植《赠白马王彪》诗意变化而成，但推陈出新，更见精练流畅，故成千秋名句。

从军行(烽火照西京) 诗篇名。唐杨炯作。见《杨盈川集》。此诗虽用乐府旧题，实为五言律诗。诗中用雄劲奇丽的笔墨抒写士人投笔从军、立功边塞的豪情壮志。清沈德潜《唐诗别裁》以为:“此泛言用武效力,胜于一经自守。唐汝询谓朝廷尊宠武臣,而盈川抱才不遇,故尔心中不平,亦近于凿。”实为一首爱国述志的诗作。

代悲白头翁(洛阳城东桃李花)　一作《白头吟》。诗篇名。唐刘希夷作。见《刘廷芝集》。诗以落花起兴,抒写青春易逝、世事多变以及“红颜”变“白头”的必然规律,虽不无消极意味,却也具警世作用。全诗一气流转,情理相生,音韵优美,格调清新,具有很强的艺术感染力。其中“年年岁岁花相似,岁岁年年人不同”二句最为有名,既满蕴岁月无情、人生易老的感伤情绪,又寄寓着“生命有限,自然永恒”的哲理,精警动人,道人所未道。故不仅在唐代就有其舅宋之问欲据此二句为己作而杀刘的传说,后世亦多仿作者。

感遇三十八首　组诗名。唐陈子昂作。见《陈子昂集》。三十八首诗并非作于一时一地,作者只是根据自己的遭遇和见闻,随遇兴感。其体近于阮籍《咏怀》。其中既有如“苍苍丁零塞”、“圣人不利己”等反映时弊的感事诗,又有如“乐羊为魏将”、“荒哉穆天子”等借古讽今的咏史诗;既有如“兰若生春夏”、“翡翠巢南海”等感慨怀才不遇的咏物言志诗,又有如“浩然坐何慕”、“市人矜巧智”等梦想乘化飞升、超脱尘世的隐逸游仙诗。总之,内容丰富,题材多样,思想复杂,具有一定的现实意义。在写法上追步汉魏,多用比兴,基本上体现了作者提倡的“骨气端翔,音情顿挫,光英朗练,有金石声”(《修竹篇序》)的主张,为初唐诗歌革新运动的代表作。杜甫《陈拾遗故宅》曾赞云:“终古立忠义,《感遇》有遗篇。”

登幽州台歌　诗篇名。唐陈子昂作。见《陈子昂集》。万岁通天元年(696),作者随建安王武攸宜出征契丹,次年三月,前锋兵败,子昂自请率万人作前驱以击敌,又数献策进谏,皆不为采纳,抑郁失意,因登蓟北楼(即幽州台,故址在今北京市西南),感昔乐毅、燕昭之事,赋诗数首,泫然流涕而作此歌。短短四句,纵览古今,俯仰天地,抒写了生不逢时的感慨和孤寂悲愤的情怀。全诗意境恢宏,气韵悲凉,音调抑扬,曾引起当时和后世无数读者的共鸣。明杨慎赞此诗“有汉魏之风”(《升庵诗话》),清黄周星也认为:“此二十二字真可以泣鬼。”(《唐诗快》)

回乡偶书二首　诗篇名。唐贺知章作。见《全唐诗》。天宝三载(744),作者八十六岁,辞官返回故乡越州永兴(今浙江萧山),作此二诗以抒久客之感。乡音无改,儿童不识;人事消磨,镜湖依旧。写来亲切活泼,却寓深沉感慨。清宋宗元《网师园唐诗笺》评曰:“情景宛然,纯乎天籁。”

春江花月夜(春江潮水连海平)　诗篇名。唐张若虚作。见《全唐诗》。此乐府旧题创自陈后主,原多为宫体艳曲,至此作方洗净脂粉,面貌一新。全诗三十六句,紧扣春、江、花、月、夜五字,逐层铺写江景月色、客思闺情,以及由此引起的对宇宙和人生的思考。意境窅远,语词清丽,音韵格调婉转流畅,诗情哲理节节相生。诗人虽也为时光易逝、人生短暂而怅惘悲伤,却更为人类代代相传、生生不绝而欣慰。正是这种复绝的宇宙意识、深邃的人生哲理与如画的诗境、浓郁的诗情、优美的音调交织在一起,构成了此诗不朽的艺术魅力,使之不仅“出刘希夷《白头翁》上”(明胡应麟《诗薮》),而且“孤篇横绝,竟为大家”(近代王闿运《王志·论唐诗诸家源流》)。

凉州词(葡萄美酒夜光杯)　诗篇名。唐王翰作。见《全唐诗》。原作二首,以第一首著称。此诗以顿挫之笔写军中宴饮及将士视死如归的豪旷之情,极具盛唐风致。清施补华《岘佣说诗》云:“作悲伤语读便浅,作谐谑语读便妙。”明王世贞《艺苑卮言》称此诗为“无瑕之璧”,并推为唐人七绝压卷。

次北固山下　一作《江南意》(诗句稍异)。诗篇名。唐王湾作。见《全唐诗》。此诗写初到江南者冬末江行途中的见闻以及由此而生的新奇感、思乡情。颈联“海日生残夜,江春入旧年”寓理趣于景语,颇见锤炼功,故不仅当时即被张说手题政事堂,“每示能文,令为楷式”(唐殷璠《河岳英灵集》),而且成为千古不朽的盛唐名句。

登鹳雀楼　诗篇名。唐王之涣作。见《全唐诗》。此一作朱斌诗,题为《登楼》。前二句写山河胜景,雄伟阔远;后二句“欲穷千里目,更上一层楼”,蕴生活哲理,尤有余味。两两相对,虚实互见,“二十字中,有尺幅千里之势”(近代俞陛云《诗境浅说续编》)。其胸襟格力悉称盛唐本色。

凉州词(黄河远上白云间)　一作《出塞》。诗篇名。唐王之涣作。见《全唐诗》。此诗先写边城之荒僻，再以曲名暗逗征人之乡情。明杨慎《升庵诗话》云："此诗言恩泽不及于边塞，所谓君门远于万里也。"不言君恩而托言"春风"，正见其含蓄之妙。故不仅当时即传唱旗亭，而且被后人推为唐人七绝压卷。

望洞庭湖赠张丞相 一作《临洞庭》，又作《岳阳楼》。诗篇名。唐孟浩然作。见《孟浩然集》。张丞相指张九龄，或以为指张说，因二人皆曾居相位，后又皆任职荆、岳。此诗托兴观湖而寓求荐之意、用世之志，词意超绝，堪称干谒诗之委婉得体者。颔联"气蒸云梦泽，波撼岳阳城"气象开阔，历来与杜甫"吴楚东南坼，乾坤日夜浮"并称为咏洞庭之名句。宋刘辰翁称此诗"气概横绝"(明高棅《唐诗品汇》引)。清沈德潜也云："起法高浑，三四雄阔，足与题称。读此诗知襄阳非甘于隐遁者。"(《唐诗别裁》)

过故人庄 诗篇名。唐孟浩然作。见《孟浩然集》。诗写应邀作客田家的情兴。亲切的故人情谊，简朴的农家风光，显示出作者对田园生活的深厚感情。全诗清妙淡远，"句句自然，无刻画之迹"(元方回《瀛奎律髓》)，素称逸品。

春晓 一作《春晚绝句》。诗篇名。唐孟浩然作。见《孟浩然集》。全诗写春晨初醒时的感受，闻风雨而惜落花，婉曲地表达了对春的热爱。清黄叔灿《唐诗笺注》所谓"诗到自然，无迹可寻"，正是此诗脍炙人口处。

山居秋暝 诗篇名。唐王维作。见《王右丞集》。此诗为作者晚年隐居时所作。诗中描绘了秋晚雨后充满生气的山村生活图景，表现出高洁的情趣和避世的倾向。全诗声、色、光、形和谐交融，诗中有画，景中有人，篇法雅秀，色韵清绝。近代高步瀛《唐宋诗举要》评曰："随意挥写，得大自在。"

汉江临泛 一作《汉江临眺》。诗篇名。唐王维作。见《王右丞集》。开元二十八年(740)，作者知南选至襄阳(今属湖北)，泛舟汉江，作此诗以抒观感。全诗气象雄浑，境界开阔，"江流天地外，山色有无中"一联虚笔传神，入画三昧，元方回《瀛奎律髓》以为"足敌孟、杜《岳阳》之作"。

使至塞上 诗篇名。唐王维作。见《王右丞集》。开元二十五年(737)，作者以监察御史奉使出塞，途中作此诗，以雄浑之景寄孤寂之感，景显意微，兴象博大。颈联"大漠孤烟直，长河落日圆"写边塞特有风光，不琢而佳。近代王国维《人间词话》评曰："此种境界，可谓千古壮观。"

辋川集 组诗名。唐王维作。见《王右丞集》。共二十首。辋川(在今陕西蓝田境内)，诗人别业名。组诗前有序，说明辋川别业周围有景点二十处，"与裴迪闲暇，各赋绝句云尔"。二十处地名即二十首诗题。组诗犹如一幅幅水墨画，画出了辋川一带明净秀美的景物，表现了诗人澄净清幽的心境和恬适自放、甘于淡泊的情怀。体物精细，状写传神，体现出诗、画、乐相融合的艺术特色。组诗均为五绝，语言清雅洗练，自然工妙，于不假雕饰中见出景物的神韵、诗人的气质，蕴含人生哲理。《鹿柴》、《竹里馆》、《辛夷坞》等为其中著名之作。清黄叔灿曰："辋川诸诗，皆妙绝天成，不涉色相。色籁俱清，读之肺腑若洗。"(《唐诗笺注》)

相思 一作《江上赠李龟年》。诗篇名。唐王维作。见《王右丞集》。诗借俗称相思子的红豆寄相思毋忘之情，言近而意远。清管世铭《读雪山房唐诗钞凡例》评曰："直举胸臆，不假雕锼，祖帐离筵，听之惘惘，二十字移情固至此哉！"

九月九日忆山东兄弟 诗篇名。唐王维作。见《王右丞集》。此为作者十七岁客居长安时思亲之作。诗借重阳景物，从对面写来，倍觉婉曲有情。近代俞陛云《诗境浅说续编》云："诗到真切动人处，一字不可移易也。"

送元二使安西 诗篇名。唐王维作。见《王右丞集》。这是作者任职长安时送人赴边之作，入乐后又名《渭城曲》、《阳关曲》、《阳关三叠》。"劝君更尽一杯酒，西出阳关无故人"，语由信笔，却能得人心之所同然，故传唱极广。清黄生《唐诗摘钞》以为，唐人送别绝句"毕竟以此首为第一。惟其气度从容，风味隽永，诸作无出其右故也"。

从军行七首 组诗名。唐王昌龄作。见《王昌龄诗集》。七首诗非一时一地之作，因用同一乐府旧题，同为七绝，故成一组。作者从不同角度撷取军旅生活片断，写成这组境界高旷、声调激越、情思悲婉而风骨内含的边塞神品。其中如"烽火城西百尺楼"篇以戍楼海风、黄昏笛声引发万里情思，"琵琶起舞换新声"篇以军中宴乐、长城秋月寄寓不尽边愁，皆写得情景交融；"青海长云暗雪山"篇以边城荒凉、百战苦辛反衬破敌壮志，"大漠风尘日色昏"篇以蔽日风沙、出征红旗烘托前军大捷，更可见胜概英风。清宋顾乐《唐人万首绝句选》评："《从军》诸作，皆盛唐高调，极爽朗，却无一直致语。”

出塞（秦时明月汉时关）　又作《塞上行》、《塞上曲》、《从军行》。诗篇名。唐王昌龄作。见《王昌龄诗集》。共二首，以第一首著称。此诗以秦月汉关互起，写出历代征人的悲剧命运以及他们思得良将的共同愿望。发兴高远，感慨深沉，既寓哲理，又有风调，明李攀龙推为唐人七绝压卷（见清王士禛《唐人万首绝句选·凡例》）。

长信秋词五首　又作《长信怨》、《长信宫》、《长信愁》。组诗名。唐王昌龄作。见《王昌龄诗集》。汉班婕妤失宠后退居长信宫侍奉太后，并作赋自悼。此五诗即借其事立言，以汉喻唐，从不同角度抒写失宠者的幽怨。其中“金井梧桐秋叶黄”篇写褪色闲置的熏笼玉枕，“奉帚平明金殿开”篇写寒鸦背上的昭阳日影，“真成薄命久寻思”篇写梦后西宫的夜饮灯火，皆以侧笔言情，构想新巧，措词微婉，托兴深远。清沈德潜《唐诗别裁》评曰：“优柔婉丽，含蕴无穷，使人一唱而三叹。”

芙蓉楼送辛渐　诗篇名。唐王昌龄作。见《王昌龄诗集》。开元二十八年（740），作者出任江宁（今南京市）丞。任间曾于润州（今江苏镇江）芙蓉楼饯送友人辛渐入洛，作诗二首以抒离情。其中“一片冰心在玉壶”句借冰壶自喻高洁，空灵蕴藉，千古传诵。近代俞陛云《诗境浅说续编》评曰：“借送友以自写胸臆，其词自潇洒可爱。”

题破山寺后禅院　诗篇名。唐常建作。见《常建集》。此为天宝十二载（753）前作。作者晨游破山（在今江苏常熟）兴福寺，藉岑寂清幽之景抒悠闲怡悦之情，兴象深微，清韵自然。颈联“山光悦鸟性，潭影空人心”，唐殷璠称为“警策”（《河岳英灵集》），颔联“竹径通幽处，禅房花木深”也因工于造意而深受宋欧阳修赏爱。

燕歌行（汉家烟尘在东北）　诗篇名。唐高適作。见《高常侍集》。此诗前有小序，但各本有异，遂导致背景及主题理解之分歧。一说为刺张守珪开元二十六年（738）骄逸轻敌作，一说为颂张开元十五年（727）瓜州大捷作，现有不少研究者认为是当时边塞征戍生活的艺术概括。诗中既有对军事形势、战争气氛及广大将士英勇气概的描写，也有对边地景色、军旅矛盾及征人思妇怨旷之情的反映，篇末以怀念李广作结，托意深远。全诗雄浑悲壮，感激淋漓，于“豪壮中写出暇整气象”（明钟惺《唐诗归》），为盛唐七言歌行之代表作。

别董大　一作《别董令望》。诗篇名。唐高適作。见《高常侍集》。诗凡二首，此其一。疑为天宝六载（747）赠别著名琴师董庭兰作。“莫愁前路无知己，天下谁人不识君”二句以自信语相勉，更觉声情慷慨。清徐增曰：“此诗妙在粗豪。”（《而庵说唐诗》）

古风五十九首　组诗名。唐李白作。见《李太白全集》。这五十九首五言古诗非作于一时一地，因体制相同，故编为一组。其内容涉及咏史、咏怀、感事、伤己等各个方面，而以政治抒情为主。其著称者如“大雅久不作”篇，统论前古诗源，标举《诗经》风雅比兴的传统，表明反对绮丽、崇尚清真的观点，眼光所注，堪称前无古人；“西上莲花山”篇用游仙体表现隐与仕的思想矛盾和忧国忧民的沉痛感情，借鉴了《离骚》的手法。此外如“秦王扫六合”篇嘲讽秦王求仙，“大车扬飞尘”篇讥刺佞幸小人，“齐有倜傥生”篇歌颂功成不居，“燕昭延郭隗”篇慨叹怀才不遇，“胡关饶风沙”、“羽檄如流星”二篇反对劳师开边，“天津三月时”、“一百四十年”二篇揭露潜伏危机等，抒发性灵，寄托规讽，多用比兴手法。整组诗色耀而不浮，声肆而不荡，思想深刻，风格质朴，含蕴无穷，故历来视为阮籍《咏怀》、陈子昂、张九龄《感遇》之后又一组继承风雅传统的力作。宋刘克庄云：“太白《古风》与陈子昂《感遇》之作笔力相上下，唐之诗人皆在下风。”（明高棅《唐诗品汇》引）清沈德潜《唐诗别裁》云：“太白诗纵横驰骤，独《古风》二卷，不矜才，不使气，原本阮公，风格俊上，伯玉《感遇》诗后有嗣音矣。”

蜀道难（噫吁嚱）　诗篇名。唐李白作。见《李太白全集》。此诗之作年和寓意众说纷纭，从曾见称于贺知章和见录于《河岳英灵集》可知作于天宝初。明胡震亨、清顾炎武则以为作者本蜀人，故以此乐府旧题“为蜀咏”，“即事成篇，别无寓意”，不必穿凿落实到一人一时。今人一般以为是送友入蜀之作，同时也寓有对蜀地形势、国家安危的担忧和对世路艰险、仕途失意的感慨。诗就传统题意发挥，极力描绘蜀地山川之险峻、道路之险阻、环境之险恶。想像奇特，描写夸张，气势奔放，笔力雄健。作为全诗主旋律的“蜀道之难难于上青天”的三次出现，更增强了一唱三叹的艺术感染力。唐殷璠《河岳英灵集》赞此诗“奇之又奇，然自骚人以还鲜有此体调也”。

将进酒（君不见黄河之水天上来）　一作

《惜樽空》。诗篇名。唐李白作。见《李太白全集》。此诗作年说法不一,从诗中提及岑勋、元丹丘及流露出来的失意情绪看,似作于天宝十一载(752)作客嵩山时。诗用乐府旧题,借对饮酒作乐的歌咏来抒发豪情与积郁。强烈的自信和深沉的苦闷,轻视功名、蔑视富贵的傲岸精神与人生短暂、及时行乐的消极情绪相交织,表现出作者内心的矛盾。全诗激情奔放,气势豪迈,如奔流的黄河,一泻千里而又有曲折回荡之美,其中警句豪语亦令人目不暇接。元萧士赟《分类补注李太白诗》评曰:"虽似任达放浪,然太白素抱用世之才而不遇合,亦自慰解之词耳。"

行路难三首 组诗名。唐李白作。见《李太白全集》。这三首诗或以为是作者开元中初入长安困顿而归时所作,或以为是天宝三载(744)遭谗离京后所作,第三首又题作《古兴》。三诗借乐府旧题抒写世路艰险、抱负难展的抑郁,既有对贤达"功成不退皆殒身"的忧惧和不平,又有"长风破浪会有时,直挂云帆济沧海"的乐观和自信,极其形象地表现出作者思想的矛盾。整组诗感情激荡起伏,笔势跳脱多变,音调悲壮愤郁,具有震撼人心的力量。《唐宋诗醇》评其一云:"冰塞雪满,道路之难甚矣;而日边有梦,破浪济海,尚未决志于去也。"

静夜思 诗篇名。唐李白作。见《李太白全集》。此诗用南朝乐府体格,抓住月夜的一个错觉,即景即情,赋成千古思乡名曲。清沈德潜所谓"旅中情思,虽说明却不说尽"(《唐诗别裁》),正道出其自然真切、含蕴无穷的特点。

秋浦歌十七首 组诗名。唐李白作。见《李太白全集》。天宝十三载(754)前后,作者多次往来宣城(今安徽宣州),客游秋浦(今安徽贵池),遂作此组诗赞美秋浦风物,兼抒己之愁怀。其佳者如第四首"两鬓入秋浦"、第六首"愁作秋浦客"、第十五首"白发三千丈"等,宋陆游曾叹为"高妙"(《入蜀记》),明唐汝询也称为"托兴深微"(《唐诗解》)。尤其是"白发三千丈"篇,以夸张手法言深沉之愁,语虽奇绝,却不悖于理,历来推为写愁名作。清王琦《李太白诗集注》评此诗:"起句奇甚,得下文一解,字字皆成妙义。洵非仙才,哪能作此。"

梦游天姥吟留别 一作《梦游天姥山别东鲁诸公》,简作《别东鲁诸公》。诗篇名。唐李白作。见《李太白全集》。天宝三载(744),作者被排挤出京,次年由东鲁南游越中,作此诗述怀留别。诗用浪漫之笔、游仙之体记神奇瑰丽之梦。梦中之天姥,既雄伟神秘,令人向往,又离奇恐怖,使人心惊,实为其长安宫廷生活的写照。作者藉以寄托的也正是从政失败、怀才不遇之慨,不事权贵、潇洒出尘之思。全诗杂用四、五、六、七、九言及骚体,"夭矫离奇,不可方物,然因语而梦,因梦而悟,因悟而别,节次相生,丝毫不乱"(《唐宋诗醇》)。清陈沆《诗比兴笺》以为"即屈子《远游》之旨",沈德潜《唐诗别裁》评曰:"诗境虽奇,脉理极细。"

黄鹤楼送孟浩然之广陵 诗篇名。唐李白作。见《李太白全集》。开元十八年(730)春暮,孟浩然东游广陵(今江苏扬州),作者赋此以表惜别之情。全诗写景入神,情传弦外,情深景丽,"语近情遥,有手挥五弦,目送飞鸿之妙"(《唐宋诗醇》)。

早发白帝城 又作《下江陵》、《白帝下江陵》。诗篇名。唐李白作。见《李太白全集》。乾元二年(759),作者因从璘事流夜郎,行至白帝城(在今四川奉节境)遇赦东归而作此诗。全诗写轻舟疾下,猿啼不绝,于一气奔放中寓流转回宕之美,急归喜悦之情溢于言表。明杨慎赞此诗曰:"惊风雨而泣鬼神矣!"(《升庵诗话》)清王士禛《唐人万首绝句选·凡例》更推此为唐绝压卷之作。

黄鹤楼 诗篇名。唐崔颢作。见《崔颢集》。此诗借乘鹤传说起兴,抒写思仙怀古的感慨和日暮江上的乡思。全诗一气呵成,自然超妙,虽以古体行律,依然音节浏亮。此格创自沈佺期《龙池篇》。相传李白登黄鹤楼曾有"眼前有景道不得,崔颢题诗在上头"之叹,当时虽为之搁笔,后亦仿此格作《登金陵凤凰台》,此诗因此更为后人推崇。清沈德潜《唐诗别裁》评云:"意得象先,神行语外,纵笔写去,遂擅千古之奇。"宋严羽《沧浪诗话》更推为唐人七律压卷。

兵车行 诗篇名。唐杜甫作。见《杜少陵集》。此诗之背景,旧有二说:一说作于天宝九载(750),刺玄宗用兵吐蕃事;一说作于天宝十载或十一载,刺杨国忠掩鲜于仲通南诏之败并大募士卒事。虽是即事名篇,实为当时频繁的开边战争所致灾难的艺术再现,具有高度的典型意义。诗用乐府问答形式叙写行者、送者生离死别的惨状及千村万落荒芜萧条的情况,并以"武皇开边意未已"句揭示其根源在于玄宗之穷兵黩武。诗以人哭始,鬼哭终,悲愤沉痛之情至切，讽喻请命之意至明，而开阖变化、造句选韵无不与所叙情事相应，千载之下读之仍觉恳恻如见。清方东树云："此篇真史、汉大文，合诗、书六经相表里，不可以寻常目之。"（近代高步瀛《唐宋诗举要》引）

自京赴奉先县咏怀五百字　诗篇名。唐杜甫作。见《杜少陵集》。此诗作于天宝十四载(755)十一月。其时安禄山已反，边报虽未到京，动乱端倪已现，而玄宗、杨贵妃等仍在骊山华清宫避寒作乐。作者时任右卫率府胄曹参军，自长安赴奉先县(今陕西蒲城)探望妻儿，途见国奢民困，预感到祸迫眉睫而作此诗。诗分三大段：首叙胸中抱负，志在稷契；次述途中见闻，心存隐忧；末写己之境遇，情系家国。全诗以"忧黎元"为核心，叙事、抒情、说理并用，写来曲折淋漓，沉郁悲慨。虽题为"咏怀"，实写出了安史之乱前夕社会动荡、危机四伏的真实面貌，可谓千古不朽之诗史。其中"朱门酒肉臭，路有冻死骨"二句刻画贫富之悬殊，尤为后世传诵。清沈德潜评曰："身际困穷，心忧天下，自是希稷契人语。"（《唐诗别裁》）清杨伦评曰："五古前人多以质厚清远胜，少陵出而沉郁顿挫，每多大篇，遂为诗道中另辟一门径。无一语蹈袭汉魏，正深得其神理。此及《北征》尤为集内大文章，见老杜平生大本领，所谓'巨刃摩天'、'乾坤雷硠'者，唯此种足以当之。"（《杜诗镜铨》）

北征　诗篇名。唐杜甫作。见《杜少陵集》。此诗作于至德二载(757)秋。时作者官左拾遗，因疏救房琯，触怒肃宗，由行在凤翔(今属陕西)被放回到鄜州(今陕西富县)探亲，乃仿汉班彪《北征赋》而作此。因鄜州在凤翔的东北，故题为"北征"。诗中按时间、行程的次序，用谏官陈情的口气叙事、抒情、议政，充满了忧国忧民的情思。全诗分五段：首段写辞阙时忧国恋主的心情，二段写归途中疮痍满目的景象，三段写抵家后悲喜交集的情形，四段写对决策得失的思考和建议，五段写对国家中兴的信心和期待。这篇"诗史"式的政治抒情长诗，不但表现了作者的一腔血性，而且铺陈终始，笔势驱迈，"大如金鹏浮海，细如玉管候灰；上关庙谟，下具家乘。其材则海涵地负，其力则排山倒岳。有极尊严处，有极琐细处，繁处有千门万户之象，简处有急弦促柱之悲"，确实称得上是"具一代兴亡，与风雅相表里"的杰作(近代高步瀛《唐宋诗举要》引李子德语)。

羌村三首　组诗名。唐杜甫作。见《杜少陵集》。至德二载(757)，作者官左拾遗，因疏救房琯，触怒肃宗，于是年秋被放回到鄜州羌村(今陕西富县南)探家。这组诗通过返家后的三个生活片断抒写了国难当头时的乱离悲欢以及被迫赋闲家居的复杂心情。作为联章组诗，第一首写乱后到家悲喜交集，第二首写家居无奈心情抑郁，第三首写乡邻来访感慨歌哭，三首诗既各自成章又联为一体，于简劲质朴中见真挚沉郁之情。明王慎中评曰："一字一句，镂出肺肠，令人莫之措手；而婉转周至，跃然目前，又若寻常人所欲道者。"（《杜诗五家评》）

三吏三别　组诗名。唐杜甫作。见《杜少陵集》。这组诗作于乾元二年(759)春。时郭子仪、李光弼、王思礼等九节度使率兵二十万围安庆绪叛军于相州(又称邺城，今河南安阳)，因交战失利，退守河阳(今河南孟县西)，征兵补员，以备再战。作者其时正由洛阳回华州任所，途中耳闻目睹这场战争给国家和人民造成的深重灾难，遂写下了这组"即事名篇"的新题乐府诗。"三吏"指《新安吏》、《潼关吏》、《石壕吏》，分别记述了中男被征、士卒修关和老妇应役三件事；《三别》指《新婚别》、《垂老别》、《无家别》，分别记述了新妇送夫出征、老翁投杖从军和败兵归应州役三件事。"三吏"用问答体，"三别"用独白体。六首诗虽各自成篇，却同样表现了作者既同情被迫应征应役的人民又支持平叛战争的矛盾心理，而且篇篇简质浑厚，深切感人，确实是那个时代的真实写照，故历来被称为"诗史"。清沈德潜评曰："诸咏身所见闻事，运以古乐府神理，惊心动魄，疑鬼疑神，千古而下，何人更能措手？"（《唐诗别裁》）明王嗣奭评曰："目击成诗，遂下千年之泪。一一刻画宛至，同工异曲，随物赋形，真造化手也。"（清杨伦《杜诗镜铨》引）

茅屋为秋风所破歌　诗篇名。唐杜甫作。见《杜少陵集》。上元二年(761)八月，作者居成都浣花草堂，因狂风破屋，秋雨侵迫，长夜难眠而作此诗。诗中不仅描写了战乱给自己带来的困穷和风雨所造成的不幸，而且推己及人，抒写了"安得广厦千万间，大庇天下寒士俱欢颜"，"吾庐独破受冻死亦足"的博大胸怀。笔势奇警多变，叙事述情质朴而逼真，具有震撼人心的艺术力量。清邵子湘云："此老襟抱自阔，与蝼蚁辈迥异。""诗亦以朴胜，遂开宋派。"（清杨伦《杜诗镜铨》引）

登高　一作《九日登高》。诗篇名。唐杜甫作。见《杜少陵集》。大历二年(767)重阳作于夔州(今四川奉节)。诗写辍饮独登,衰飒无际的江边秋景与老病飘泊的感伤情怀相映衬,意境悲凉,气象高远,语言凝练。诗八句皆对,首联复有句中自对,而一气折旋,更见调高格奇。清杨伦云:"高浑一气,古今独步,当为杜集七言律诗第一。"(《杜诗镜铨》)明胡应麟更推为"古今七言律第一"(《诗薮》)。

秋兴八首 组诗名。唐杜甫作。见《杜少陵集》。此组诗为大历元年(766)秋作者流寓夔州(今四川奉节)时所作。当时安史之乱已平,但政局仍动荡不定。作者身虽居夔府,心常系京华,时值峡中秋深,抚今追昔,客中之感、故国之情一时交集,遂漫兴而成此八章。八章一气贯注,又各自成篇。"一章纪夔州之秋兴,为总冒;次章承'急暮砧',而及夔州之晚景;三章又及夔州之朝景;四章承'五陵衣马'而忆长安,因有'王侯第宅'、'文武衣冠'之语,遂结云'故国平居有所思',故下皆思长安游历之地;五章思蓬莱宫之朝班;六章思曲江之游;七章思昆明池之游;八章思渼陂之游。写得长安之盛衰历历如见,而乃以昔游今望为一大结,仍不脱夔州之秋兴。回环映带,首尾相应"(清吴瞻泰《杜诗提要》)。整组诗组织严密,格律精工,思极深而不晦,情极哀而不伤,既高华富丽,又沉郁顿挫,为作者晚年抒情律诗的代表作。清沈德潜云:"怀乡恋阙,吊古伤今,杜老生平,具见于此。其才气之大,笔力之高,天风海涛,金钟大镛,莫能拟其所到。"(《唐诗别裁》)明郝敬云:"八首才大气厚,格高声宏,真足虎视词坛,独步一世。"(清杨伦《杜诗镜铨》引)

登岳阳楼 诗篇名。唐杜甫作。见《杜少陵集》。大历三年(768)冬天,作者登上岳州(今湖南岳阳)城西门楼,远眺洞庭湖,忧国伤时而作此诗。诗中自叙身世落寞凄凉,写景却阔大雄浑,与诗人的胸襟极为相称。颔联"吴楚东南坼,乾坤日夜浮",气象壮观,雄跨今古,尤为人所称道。宋刘辰翁评曰:"气压百代,为五言雄浑之绝。"(《批点千家注杜诗》)

白雪歌送武判官归京 诗篇名。唐岑参作。见《岑嘉州集》。天宝十三载(754),作者赴轮台(在今新疆米泉境)任安西北庭节度使封常清的判官,此诗为送其僚友武判官归京而作。诗从塞外冰天雪地的奇丽风光着笔叙写送别情景,并以白雪作为贯串始终的线索,写来变化多姿而又层次分明,作者客中送别的复杂心情也由此形象传出。全诗想像奇特,设色瑰丽,比喻描写充满浪漫情调,"忽如一夜春风来,千树万树梨花开"二句已成为咏雪的千古名句。清方东树评曰:"'忽如'六句奇才奇气奇情逸发,令人心神一快。"(近代高步瀛《唐宋诗举要》引)

轮台歌奉送封大夫出师西征 诗篇名。唐岑参作。见《岑嘉州集》。天宝十三载(754),作者任安西北庭节度判官,从封常清屯兵轮台(在今新疆米泉境),此诗即为送封西征播仙而作。诗中极力渲染局势之紧张、唐军之声威、战斗之惨烈、气候之奇寒,从而表现出广大将士为国立功的气概和信心。全诗寓奇情壮气于紧弦促节之中,篇末更洋溢着积极乐观的情绪。清沈德潜评曰:"起法磊磊落落,送别之作应以嘉州为则。"(《唐诗别裁》)

走马川行奉送出师西征 诗篇名。唐岑参作。见《岑嘉州集》。此诗为天宝十三载(754)送安西北庭节度使摄御史大夫封常清西征播仙而作。诗中用夸张笔法描写走马川风狂天寒的自然环境,以反衬出"汉家大将西出师"的声威。送行兼祝捷,显示出唐帝国的强盛和作者的乐观。全诗意境雄奇,细节生动。逐句押韵,三句一转,形成了"其节短其势险"(清施补华《岘佣说诗》)的艺术效果。清方东树赞曰:"奇才奇气,风发泉涌。"(《昭昧詹言》)

逢雪宿芙蓉山主人 诗篇名。唐刘长卿作。见《刘随州集》。此诗写雪夜山中借宿,而旅途孤寂、山庄清景及犬吠人归之情事如在目前。全诗声情兼具,写景如画。"风雪夜归人"为传世名句。清施补华评曰:"较王、韦稍浅,其诗清妙自不可废。"(《岘佣说诗》)

春陵行 诗篇名。唐元结作。见《元次山集》。此诗作于广德元年(763)作者初任道州(治今湖南道县)刺史时。时道州因"西原蛮"之一度占领而城市荒废,民生凋敝,而官府仍催租急迫。作者于上表请求放免科率的同时写作此诗。诗前有序。诗中描写饥民困疲孱弱之悲惨情状、官府层层逼税之紧迫气氛以及作者内心之矛盾。结尾表明违令缓征、守官安人之决心。词句朴素,笔触细腻,通篇充溢着忧愤之情。杜甫曾推此诗及其同年所作之《贼退示官吏》为"比兴体制,微婉顿挫之词",并盛赞云:"道州忧黎庶,词气浩纵横。两章对秋月,一字偕华星。"(《同元使君春陵行》)

省试湘灵鼓瑟 诗篇名。唐钱起作。见《钱考功集》。此为作者天宝十载(751)所作之试帖诗。诗就《楚辞》诗意展开,从听者的角度描写湘水女神所奏瑟调之哀怨动人，想像丰富，诗境瑰丽。结尾“曲终人不见，江上数峰青”二句空灵而有余韵，不仅当时试官以为有“神助”，而且被后人附会成月夜客舍得自“鬼谣”而广为流传。清沈德潜评：“远神不尽。”（《唐诗别裁》）

枫桥夜泊　题又作《夜泊松江》、《夜泊枫江》。诗篇名。唐张继作。见《全唐诗》。作者因旅程孤寂，夜半闻钟而写下这首声色俱佳、情景浑成的千古名作。“客情水宿，含悲俱在言外”（清黄叔灿《唐诗笺注》）。

寒食　一作《寒食即事》。诗篇名。唐韩翃作。见《韩君平集》。诗写长安寒食节之风光，并借汉宫赐火事微讽近臣之特权。诗笔轻丽，措词蕴藉，托讽深远，一时传遍朝野，作者也因此得到德宗赏识并擢官。清贺裳评此诗：“寓意远，托兴微，真得风人之遗。”（《载酒园诗话又编》）

滁州西涧　诗篇名。唐韦应物作。见《韦苏州集》。此为作者任滁州刺史时作。诗中写西涧暮春雨景，野趣盎然。“春潮带雨晚来急，野渡无人舟自横”二句写景如画，于闲雅中微逗萧索散淡之情，尤为后人称赏。清宋顾乐《唐人万首绝句选评》云：“写景清切，悠然意远，绝唱也。”

和张仆射塞下曲六首　一作《塞下曲》。组诗名。唐卢纶作。见《卢纶集》。此六诗一说为贞元二年（786）和张延赏之作，一说为贞元十四年前后和张建封之作。因是和作，故多颂美之语。组诗经过精心剪裁，分别从号令誓师之威、射石没羽之勇、雪夜逐北之艰、捷后庆贺之欢、调箭呼鹰之能、麟阁题名之功六个角度描绘边塞将士的雄武风貌。音词壮健，情景生动，而且富有余味。清宋顾乐评：“意警气足，格高语健，读之情景历历在目。中唐五言之高调，此题之名作也。”（《唐人万首绝句选评》）

夜上受降城闻笛　诗篇名。唐李益作。见《李益集》。贞元元年（785），作者佐灵州大都督、西受降城天德军灵、盐、丰、夏等州节度使杜希全幕，此诗即作于其时。诗以苍健疏宕之笔写夜登受降城（故址一说在内蒙杭锦后旗，一说在宁夏灵武西南）的所见所闻，征戍之苦、怀乡之情尽含言外。全诗情景浑融，音调悲凉，当时即被度曲入画，广为传唱，后人将其与王昌龄《出塞》等七绝佳作相提并论。清宋宗元评：“蕴藉宛转，乐府绝唱。”（《网师园唐诗笺》）

清施补华评：“意态绝健，音节高亮，情思悱恻，百读不厌也。”（《岘佣说诗》）

游子吟　诗篇名。唐孟郊作。见《孟东野诗集》。贞元十六年（800），作者为溧阳尉，迎母于溧上而作此诗。诗仿古乐府，用看似信手拈来的生活镜头写慈母心、游子情。“谁言寸草心，报得三春晖”二句，发自肺腑，传于万口，成为歌颂母爱的千古名句。宋刘辰翁评此为“诗之尤不朽者”（《评孟东野集》）。

宫词一百首　组诗名。唐王建作。见《王建诗集》。此组诗作于元和、长庆间。作者因与宦官王守澄同宗，诗中所述宫闱秘事大多得之于守澄，故极具真实性和史料价值。组诗内容广泛，涉及之唐宫禁事包括朝仪宫规、服饰器具、君王作风、后妃娇态、女官喜乐、乐师凄凉，以及宫人的歌舞、球戏、射猎场景，邀宠、固宠、失宠情绪，无不刻画入微，同时对皇室的荒淫、奢靡也有所揭露。其形式全为七言绝句，又因善用白描手法，语言清新晓畅，描摹生动细贴，故不仅当时即传播天下，后世仿此体作宫词及百咏诗者亦颇多。清翁方纲云：“其词之妙，则自在委曲深挚处别有顿挫，如仅以就事直写观之，浅矣。”（《石洲诗话》）

南山诗　诗篇名。唐韩愈作。见《韩昌黎集》。此诗作于元和元年（806）秋。时作者任国子博士，曾于供职之暇往游长安南郊之终南山，此即为其时纪胜之作。此诗用汉赋铺张排比的手法，从不同角度描述终南山的雄姿异态，极光怪陆离之奇、四时景色之美。全诗分五段：首段概述远眺所见之云山变幻及四时山景；次段写初次登山，因崎岖难攀，失路而归；三段写南贬途中再次登山，又因冰雪塞道，迷目而返；四段写三次登山，终跻峰巅，南山千姿万态尽收眼底；五段颂南山之神奇灵异，结出作意。全诗一百零二韵，一韵到底，语奇韵险，繁复多变。无论是叙事、议论还是抒情，无不酣畅淋漓，曲尽其妙，尤其是连用五十一个“或”字句、十四个叠字句状山壑峰峦之胜，可谓尽态极妍，但也开了后世逞才尚险、以文为诗的风气。近代徐震《南山诗评释》云此诗“取杜陵五言大篇之体，摄汉赋铺张雕绘之工，又变谢氏轨躅，亦能别开境界，前无古人”。

山石　诗篇名。唐韩愈作。见《韩昌黎集》。此诗约作于贞元十七年（801），时作者因辞职闲居洛阳。诗以开篇二字为题，按时间顺序，记述山寺夜宿及早行游山的经过，篇末点题，表明向往自由、返归自然的愿望。全诗几乎是一句一境，有声有色，浓淡相间，精彩纷呈，读之使人如入画图。而笔力之劲健，叙写之简妙，句式之散文化，又使之具有“以文为诗”的艺术特征。金元好问特赏“芭蕉叶大栀子肥”句。清何焯评：“直书即目，无意求工，而文自至。一变谢家模范之迹，如画家之有荆、关也。”（《义门读书记》）

左迁至蓝关示侄孙湘 诗篇名。唐韩愈作。见《韩昌黎集》。此诗作于元和十四年(819)正月。作者因谏迎佛骨贬官潮州(今广东潮阳)，南行至蓝关(在今陕西蓝田东南)，逢赶至相送之侄孙韩湘而作此诗。诗中自述冒死除弊之志及残年远贬之悲，大气盘旋，深得杜律沉郁顿挫之致。“云横秦岭家何在，雪拥蓝关马不前”一联借景抒情，境界雄阔，尤为后世传诵。清曹毓德云：“昌言除弊，何惜残年，至今读之，犹觉生气凛然。”(《唐七律诗钞》)

西塞山怀古 诗篇名。唐刘禹锡作。见《刘宾客文集》。长庆四年(824)，作者由夔州调任和州，途经西塞山(在今湖北大冶东长江边)，有感于晋、吴兴亡之事而作。诗举王濬收吴事隐括六朝兴废，而地利之不足恃、一统之必然皆在慨叹中，有借古讽今、居安思危之深意。全诗见解高，含蕴富，诗境苍茫雄阔，笔致圆熟简练，当时即被白居易喻为骊龙之珠。清薛雪云：“似议非议，有论无论，笔著纸上，神来天际，气魄法律，无不精到，洵是此老一生杰作，自然压倒元、白。”(《一瓢诗话》)清何焯云：“气势笔力匹敌《黄鹤楼》诗，千载绝作也。”(见《瀛奎律髓汇评》)

酬乐天扬州初逢席上见赠 诗篇名。唐刘禹锡作。见《刘宾客文集》。宝历二年(826)冬，作者罢和州刺史，返洛途经扬州(今属江苏)时逢白居易，此诗即为其时酬白《醉赠刘二十八使君》诗而作。诗中曲折表达了长期远贬的凄凉和物是人非的感慨，“不胜宦途迟速荣悴之感”(明胡震亨《唐诗谈丛》)。颈联“沉舟侧畔千帆过，病树前头万木春”，寓超迈之气于沉郁语，含深刻哲理于形象中，使全诗精神倍增，故被白居易赞为“神妙”，“在在处处应当有灵物护之”(《刘白唱和集解》)。

金陵五题 组诗名。唐刘禹锡作。见《刘宾客文集》。长庆四年(824)至宝历二年(826)，作者任和州刺史，因有客以《金陵五题》相示，感而作此五诗。五诗分别就石头城、乌衣巷、台城、生公讲堂、江令宅五处遗迹抒物是人非之慨，其中前三首借山水明月、华堂归燕、禁城殿阁之今昔变迁寓六朝兴衰之感，托思苍凉，用笔深婉，尤为后人传诵。作者原序云，白居易极赏《石头城》之“潮打空城寂寞回”句，曰：“吾知后之诗人不复措辞矣。”至《乌衣巷》之“旧时王谢堂前燕，飞入寻常百姓家”二句，托兴玄妙，意味深长，不仅“脍炙词坛”(近代俞陛云《诗境浅说续编》)，而且家喻户晓。

秦中吟 组诗名。唐白居易作。见《白氏长庆集》。此为作者元和间官左拾遗时作，共十首，皆五言古诗。作者自序云：“贞元、元和之际，予在长安，闻见之间，有足悲者。因直歌其事，命为《秦中吟》。”全组诗继承《诗经》以来的现实主义传统，一题吟一事，题材广泛，讽喻之旨甚显。其中《重赋》、《轻肥》、《歌舞》、《买花》等篇揭露深刻，对比鲜明，言辞激切，具有强烈的讽刺意义。作者《伤唐衢》诗云：“忆昨元和初，忝备谏官位。是时兵革后，生民正憔悴。但伤民病痛，不识时忌讳。遂作《秦中吟》，一吟悲一事。”正道出了这组诗的创作宗旨及特色。

新乐府五十首 组诗名。唐白居易作。见《白氏长庆集》。元和三年(808)，作者任左拾遗，有感于朝政之失，作此新题乐府五十首，旨在以讽谕手段揭露社会黑暗，并尽其谏官之职。诗总序云：“凡九千二百五十二言，断为五十篇。篇无定句，句无定字，系于意，不系于文。首句标其目，卒章显其志，《诗三百》之义也。其辞质而径，欲见之者易喻也；其言直而切，欲闻之者深诫也；其事核而实，使采之者传信也；其体顺而肆，可以播于乐章歌曲也。总而言之，为君、为臣、为民、为物、为事而作，不为文而作也。”这些诗的题材多具典型 意义，即事名篇，主题明确，此从各篇小序可见，如：《上阳白发人》，“愍怨旷也”；《新丰折臂翁》，“戒边功也”；《缚戎人》，“达穷民之情也”；《红线毯》，“忧蚕桑之费也”；《杜陵叟》，“伤农夫之困也”；《缭绫》，“念女工之劳也”；《卖炭翁》，“苦宫市也”，等等。在形式上，多以三五七言相参，音韵转换灵活，语言通俗自然。而比兴、对比手法之运用，叙事议论之结合，外貌、心理描写之相兼，更使人物形象鲜明，感情色彩浓烈，思想意义深刻。其常为人称道者，如幽闭深宫数十年，“红颜暗老白发新”之上阳人；“一肢虽废一身全”，以自残避征为满足之折臂翁；“可怜身上衣正单，心忧炭贱愿天寒”之卖炭翁等，皆为极具艺术感染力之形象。陈寅恪以为，“《新乐府》之作，乃以古昔采诗观风之传统理论为抽象之鹄的，而以唐代杜甫即事命题之乐府如《兵车行》者为其具体之模楷”，“洵唐代诗中之巨制，吾国文学史上之盛业也”（《元白诗笺证稿》）。

赋得古原草送别　诗篇名。唐白居易作。见《白氏长庆集》。此为作者少年成名之作。诗中用比兴手法，以古原春草喻别情，清新别致，富含哲理。“野火烧不尽，春风吹又生”二句写春草生命力之顽强旺盛，生动跳脱，丰格独标，历来为人传诵。相传著名诗人顾况极赏此诗并为之延誉。清范大士云：“极平淡，亦极新异，宜顾况之倾倒也。”（《历代诗发》）

长恨歌　诗篇名。唐白居易作。见《白氏长庆集》。元和元年（806）冬，作者任盩厔（今陕西周至）县尉，与友人陈鸿、王质夫同游仙游寺，话及唐明皇李隆基与贵妃杨玉环事，有感而作。诗的前半写杨贵妃之妖媚恃宠及李隆基之淫逸误国，后半写李杨之生离死别及李之寂寞相思。作品将写实与想像糅合起来，虽为叙事诗，却具有浓郁的抒情色彩。诗歌语言优美和谐，人物形象鲜明生动，于两人相思之描写，尤为缠绵悱恻，哀怨动人。吴北江称其“一气舒卷，时复风华掩映，非有绝世才力未易到也”（近代高步瀛《唐宋诗举要》引），不为过誉。关于此诗之主题，或以为旨在讽谕，所谓“意者不但感其事，亦欲惩尤物，窒乱阶，垂于将来”（唐陈鸿《长恨歌传》）；或以为旨在歌颂李杨爱情。现一般皆主张双重主题说，以为作者对李杨爱情悲剧的同情多于讽刺。此诗在作者生前已广为流传，作者本人也被誉为“长恨歌主”（白居易《与元九书》）。此诗不仅是作者的压卷之作，且与其《琵琶行》被后人并称为“古今长歌第一”（明何良俊《四友斋丛说》），后代著名戏曲若元白朴《唐明皇秋夜梧桐雨》、清洪昇《长生殿》等皆取材于此。

琵琶行　一作《琵琶引》。诗篇名。唐白居易作。见《白氏长庆集》。元和十年（815）七月，作者因上书请捕刺杀宰相武元衡之贼，遭谗贬江州（今江西九江）司马。次年秋，送客浔阳江边，于舟中得闻一自称由长安倡女嫁作商人妇的琵琶女的精湛演奏，并由此引起“同是天涯沦落人，相逢何必曾相识”的感慨，因作此诗，歌以赠之。诗前有序。诗中不仅细腻生动地叙写琵琶女之凄凉身世、己之谪居生活，以及由此引起的同病相怜之情，而且有声有色地描摹跌宕起伏、变幻无穷的琵琶声，妙喻如珠，警句迭出，令人有应接不暇之感。全诗精心结撰，叙事、描写、抒情、议论相间相映，显得风致流丽，缠绵悱恻，具有极强的艺术感染力。此诗一出即广为流传，相传宣宗《吊白居易》诗曾云：“童子解吟长恨曲，胡儿能唱琵琶篇。”将此诗与《长恨歌》并列为作者的代表作。清沈德潜评：“写同病相怜之意，恻恻动人。”（《唐诗别裁》）元马致远杂剧《江州司马青衫泪》、清蒋士铨杂剧《四弦秋》均取材于此。

悯农二首　一作《古风二首》。组诗名。唐李绅作。见《全唐诗》。其二或作聂夷中诗，似误。此当为作者早年之作。“二诗说尽农民遭剥削之苦，与剥削阶级不知稼穑艰难之事”（刘永济《唐人绝句精华》），语言警策而命意高远，故历代传诵，家喻户晓。清李锳云：“此种诗纯以意胜，不在言语之工。《豳》之变风也。”（《诗法易简录》）

江雪　诗篇名。唐柳宗元作。见《柳河东集》。此诗作于贬永州后。在寒风盛雪间悠然独钓的渔翁形象正是作者孤傲清高襟抱的自我写照。二十字写出一个情景浑成的空灵境界，笔意生峭。明顾璘评：“绝唱。雪景如在目前。”（《批点唐诗正音》）

遣悲怀三首　一作《三遣悲怀》。组诗名。唐元稹作。见《元氏长庆集》。此组诗为悼念亡妻韦丛而作。韦丛为太子少保韦夏卿幼女，美而贤，与作者贫贱夫妻，伉俪情笃，不幸于元和四年（809）亡故，年仅二十七岁。三诗连章，而各有侧重。首章写生前之“百事乖”，次章写身后之“百事哀”，两章皆为“悲妻”而发，而妻之贤德、己之悲憾如见。末章接述“自悲”之情，以“唯将终夜长开眼，报答平生未展眉”作结，愈见悼亡情深。全组诗以“悲”字相贯，事虽寻常，语亦浅近，然字字真挚，句句感人，声与泪俱，情见乎辞，故历来推为悼亡绝唱。清孙洙云：“古今悼亡诗充栋，终无能出此三首范围者，勿以浅近忽之。”（《唐诗三百首》）

行宫　诗篇名。唐元稹作。见《元氏长庆集》。一作王建诗。此诗约作于元和四年（809）。诗只写古宫之寥落，宫女之闲寂，而今昔盛衰之感全见，剪裁设色极尽含蓄映衬之妙。宋洪迈云：“语少意足，有无穷之味。”（《容斋随笔》）明瞿佑云：“乐天《长恨歌》一百二十句，读者不厌其长；元微之《行宫》诗才四句，读者不觉其短，文章之妙也。”（《归田诗话》）

连昌宫词 诗篇名。唐元稹作。见《元氏长庆集》。此诗约作于元和十三年(818)春,平定淮西吴元济叛乱后。时作者任通州(今四川达县)司马,未必亲至连昌宫(故址在今河南宜阳西),此诗乃依题悬拟,内容多取诸传闻,不尽符史实。诗中通过与宫边老翁的对答,借连昌宫的今昔变迁,抒盛衰之感,溯治乱之由,并表达了希朝廷任贤、休兵的愿望。全诗寓针砭于叙事,又糅历史真实和艺术虚构于一体,凝重朴茂中时有神来之笔。前人每以与白居易《长恨歌》、郑嵎《津阳门诗》并提,此诗之叙事实有胜于白、郑处。陈寅恪以为,此诗是"合并融化唐代小说之史才诗笔议论为一体而成,其篇首一句及篇末结语二句,乃是开宗明义及综括全诗之议论",故堪称"取乐天《长恨歌》之题材,依香山新乐府之体制,改进创造而成之新作品"(《元白诗笺证稿》第三章)。

雁门太守行(黑云压城城欲摧) 诗篇名。唐李贺作。见《李长吉文集》。此诗似有感于元和初之平藩战争而作。诗用乐府古题歌颂危城守将逆境奋战的气概和誓死报国的决心,声情悲壮,辞藻浓艳,颇有激励人心的力量。"黑云压城城欲摧,甲光向日金鳞开"二句,写阵前气氛鲜明真切,韩愈当时已因之束带急见,清薛雪更推为"千古妙语"(《一瓢诗话》)。清沈德潜评:"字字锤炼而成,昌谷集中定推老成之作。"(《唐诗别裁》)

梦天 诗篇名。唐李贺作。见《李长吉文集》。此诗写梦游月宫之幻境及沧桑变迁之迅疾,结尾"遥望齐州九点烟,一泓海水杯中泻"二句有目空一世之气概。全诗想像丰富,境界宏阔,造语生新,寓深沉感慨与哲理于言外。清方扶南云:"此变郭景纯《游仙》之格,并变其题,其为游仙则同。"(《李长吉诗集批注》)

闺意献张水部 一作《近试上张水部》。诗篇名。唐朱庆馀作。见《朱庆馀诗集》。为宝历二年(826)作者参加进士试前行卷之作。水部郎中张籍颇著时望,作者冀张揄扬,以便登第,故作此诗以献。诗中自比新妇,以"画眉深浅入时无"询张对其诗文之意见,可谓妙于比拟。张籍极赏其诗,故于答诗中以"一曲菱歌敌万金"相赞。通篇用比体,风流蕴藉,意在言外,故传为诗坛佳话。

咸阳城东楼 一作《咸阳城西楼晚眺》。诗篇名。唐许浑作。见《丁卯集》。此诗当作于大中三年(849)作者任监察御史时。诗写由登楼晚眺引起之思乡、怀古之情,虽惨淡满目,尚不乏沉雄劲健之笔,唯结尾稍落套语。颔联"溪云初起日沉阁,山雨欲来风满楼"为千古名句,二语不仅"工于写景而无板重之嫌"(清查慎行《初白庵诗评》),而且具有象征人世风云变幻之意义。全诗声调抑扬跌宕,"一片铿锵,如金铃千百齐鸣"(清梅成栋《精选七律耐吟集》),在晚唐七律中不失为上乘之作。

商山早行 诗篇名。唐温庭筠作。见《温飞卿诗集》。此诗为作者离开长安途经商山(在今陕西商州东南)时作。此诗写早行之景,抒羁旅之情,景凄情悲,刻画入微。"鸡声茅店月,人迹板桥霜"二句,不着一闲字,而音韵铿锵,意象具足。宋梅尧臣解释"状难写之景如在目前,含不尽之意见于言外"时曾举此二句为例云:"道路辛苦,羁愁旅思,岂不见于言外乎?"(宋欧阳修《六一诗话》引)

过华清宫绝句三首 组诗名。唐杜牧作。见《樊川诗集》。此组诗写与华清宫(故址在今陕西临潼骊山上)有关的三件史事:其一写杨贵妃喜食荔枝,州县邮传驰送事,红尘劳攘,唯博妃子一笑;其二写唐玄宗轻信探使,终日沉醉歌舞事,霓裳一曲,实为破国之乐;其三写安禄山善舞胡旋,骗得李、杨宠信事,太平笙歌,已伏祸乱之根。三诗皆含蓄精巧,以小见大,讽意深切,其中又以第一首为最佳。近代俞陛云评此诗云:"后二句言回想当年滚尘一骑西来,但见贵妃欢笑相迎,初不料为驰送荔枝,历数千里险道蚕丛,供美人之一粲也。唐人之过华清宫者,辄生感喟,不过写盛衰之感;此诗以'华清'为题,而有褒姬烽火一笑倾周之概。"(《诗境浅说续编》)既善设悬念,又富有历史意蕴,故历来为人传诵。

赤壁 诗篇名。唐杜牧作。见《樊川诗集》。此诗约作于会昌三年(843)前后。时作者任黄州(今属湖北)刺史,因游城外之赤壁,联想起三国时周瑜赤壁(在今湖北蒲圻)破曹事,遂作此寓吊古之意。诗用翻案法,"东风不与周郎便,铜雀春深锁二乔"二句,讥周瑜之胜出于侥幸,用意隐然。宋谢枋得评曰:"众人咏赤壁,只善当时之胜;杜牧之咏赤壁,独忧当时之败。""此是无中生有,死中求活,非浅识可到。"(《唐诗绝句注解》)

泊秦淮 诗篇名。唐杜牧作。见《樊川诗集》。此诗借夜泊闻曲抒六朝兴亡之感。"商女不知亡国恨,隔江犹唱后庭花"二句,寄慨深微,不无警世之意。清李锳评:“通首音节神韵无不入妙,宜沈归愚叹为绝唱。”(《诗法易简录》)清管世铭《读雪山房唐诗钞·七绝凡例》推此为唐人七绝压卷。

锦瑟　诗篇名。唐李商隐作。见《玉谿生诗集》。此当为作者晚年之作。缘其列于卷首,诗境又惝恍迷离,难以索解,故历来说者纷纷。要言之,有咏名为“锦瑟”之女子的“爱情说”(宋刘攽《中山诗话》等);中四句状适怨清和四曲的“咏物说”(宋许觊《许彦周诗话》等);睹物思人,悼念亡妻王氏的“悼亡说”(清冯浩《玉谿生诗集笺注》等);欲以篇章兴寄未易度量欺人的“欺世说”(清黄子云《野鸿诗的》);自悔少年风流,今始知情幻色空的“自悔说”(清叶矫然《龙性堂诗话初集》);安史乱后感国祚兴衰的“忧国说”(清吴汝纶《桐城先生评点唐诗鼓吹》)等,现大多倾向于追叙生平、自伤身世的“自伤说”,同时也不排除有悼亡、忧国等意。诗以锦瑟起兴,故取首二字为题。“思华年”三字为全诗之眼。作者以古瑟自况,抒写五十年来的家国身世之伤,及失意于时、抱负难展的悲慨,并通过对各种人生境界的描述表达其高洁襟怀及惘然之情。全诗兼用比兴、象征、暗示等手法,意境朦胧,情调凄艳,辞章瑰丽,内蕴深厚,令人低回不已。金元好问《论诗》云:“望帝春心托杜鹃,佳人锦瑟怨华年。诗家总爱西昆好,独恨无人作郑笺。”正道出了此诗的特色和影响。

乐游原　诗篇名。唐李商隐作。见《玉谿生诗集》。作者于“意不适”时登临长安城南的乐游原,百感茫茫,一时交集,遂作此诗以寓忧时之意、身世之感。“夕阳无限好,只是近黄昏”二句,一唱三叹,意蕴无穷。清何焯云:“迟暮之感,沉沦之痛,触绪纷来,悲凉无限。”(清沈厚塽《李义山诗集辑评》引)清管世铭云:“消息甚大,为五绝中所未有。”(《读雪山房唐诗钞·五绝凡例》)

无题(昨夜星辰昨夜风)　诗篇名。唐李商隐作。见《玉谿生诗集》。此诗作于作者任职秘书省期间。诗中抒写对一位与己相爱却难以相见的女子的思念之情。诗中有相会的甜蜜、分离的痛苦,也有爱情的默契、身世的感慨。全诗意象跳跃,却又圆转流美。“身无彩凤双飞翼,心有灵犀一点通”一联属对工巧,情采并茂,深刻细腻地刻画出恋爱中的矛盾情态,故成为歌颂忠贞纯洁爱情之千古名句。此诗之寓意,前人有政治寄托和直赋艳情二说,今人多倾向于后者。至于怀想对象,历来也有多说,参照同题七绝中“岂知一夜秦楼客,偷看吴王苑内花”二句,似以清赵臣瑗“此义山在王茂元家窃窥其闺人而为之”(《山满楼唐诗七律笺注》)之说较为合理。清黄叔灿评:“诗意平常,而炼句设色,字字不同。”(《唐诗笺注》)

无题(相见时难别亦难)　诗篇名。唐李商隐作。见《玉谿生诗集》。此诗抒写别时之痛苦与别后之相思,并寄寓着对爱情的信念和重逢的期待。诗中运用比兴、象征、谐音等多种手法,措词流丽,情致婉曲,有汉魏乐府之风韵。“春蚕到死丝方尽,蜡炬成灰泪始干”二句比喻真挚执著、生死以之的爱情,“真可以惊天地而泣鬼神”(清赵臣瑗《山满楼唐诗七律笺注》),故传为千古名句。此诗前人或以为是有求于令狐绹而作,今则多作情诗看。唯其旨趣遥深,比喻巧妙,故可以言情,也可以喻道。清梅成栋云:“镂心刻骨之词。千秋情语,无出其右。”(《精选七律耐吟集》)清陆次云更推此为“‘无题’诸篇之冠”(《晚唐诗善鸣集》)。

游仙诗　组诗名。唐曹唐作。见《全唐诗》。诗分两组:《大游仙诗》五十篇(今存十七首),皆为七言律诗;《小游仙诗》百余篇(今存九十九首),则为七言绝句。《大游仙诗》重在叙事,《小游仙诗》长于写情。两组诗多咏仙凡之间的悲欢离合,意境缥缈,词采瑰丽,故得大播于时。明许学夷《诗源辨体》以为,《小游仙诗》首创以绝句写游仙体之风,“后人赋游仙绝句,实起于此”。施蛰存《唐诗百话》疑《大游仙诗》为配合当时说唱故事之唱词,亦可备一说。

咏史诗　组诗名。唐胡曾作。见《全唐诗》。共一百五十首,皆以七言绝句题古君臣、争战、废兴尘迹。无时代次序,以地名命篇。元辛文房称其“人事虽非,风景犹昨。每感辄赋,俱能使人奋飞”(《唐才子传》)。其佳者如《陈宫》、《汴水》、《姑苏台》等,兴寄虽浅,但“追述兴亡,意存劝戒,为大旨不悖于风人”(《四库全书总目》),至有蜀王衍闻《姑苏台》诗而罢宴之说(见宋计有功《唐诗纪事》),堪称后世大型咏史组诗之始。

比红儿诗　组诗名。唐罗虬作。见《全唐诗》。作者自序言为雕阴官妓杜红儿作。红儿美慧,故“择古之美色灼然于史传三数十辈,优劣于章句间”,共成七绝一百首。一说作者广明中为李孝恭从事,慕红儿色艺,请其歌,赠其綵,孝恭不令受,乃怒而杀之,既而又追悔而作此百绝(见宋计有功《唐诗纪事》、元辛文房《唐才子传》)。诗多用对比法、尊题格,虽盛传一时,且不乏有情致者,然因写法相同者多,终不免有叠床架屋之憾。

谏太宗十思疏 散文篇名。唐魏徵作。见《全唐文》。系作者于唐贞观十一年(637)进谏的一篇奏章。时天下安宁,生产发展,但唐太宗渐生骄奢之意。作者犯颜直谏,"频上四疏,以陈得失"(《旧唐书·魏徵传》),此系第二疏,故又题《论时政第二疏》。作品以"居安思危,戒奢以俭"为中心,展开说理,指出"思国之安者,必积其德义";而历史上不少当国者,"善始者实繁,克终者盖寡"。因为"殷忧而道著,功成而德衰";"殷忧,必竭诚以待下;既得志,则纵情以傲物",故劝太宗为"君人者"须"十思",也就是要以知足、安民、养德、戒骄、节乐、勤政、纳谏、律己、赏罚有度等十事自戒,这样,才能"积其德义","垂拱而治"。此文词旨剀切,情理交融,气势雄峻,又巧用比喻、排比、用典等法,使议论更加形象、有力而充实。其中"居安思危"、"载舟覆舟"等句,已成千古名句。太宗曾下诏谓:"得公之谏,朕知过矣。当置之几案以比弦韦。"后世治国者,亦有以此谏为"自戒"者。清吴楚材、吴调侯评曰:"魏公'十思'之论,剀切深厚,可与三代谟诰并传。"(《古文观止》)

代李敬业传檄天下文 一作《为徐敬业讨武曌檄》。骈文篇名。唐骆宾王作。见《骆临海集》。是文作于光宅元年(684)九月。时武则天执政,图谋代唐建周,封建统治集团内部新旧势力争斗日亟。是年七月,李敬业以"匡复"唐室为号召,起兵扬州讨武。作者为其幕僚,乃代作此檄。作品以君臣之义为依据,申述拥唐讨武之理,以维护唐室正统为要旨。先历数武则天罪行,继而称起兵讨武乃人心所向,并铺张李敬业"何敌不摧"、"何城不克"之军势,最后号召各方奋起响应,"共立勤王之勋"。文章描写有声有势,论理雄辩有力。全文笔势犀利,义正词严,一气呵成,势壮气盛,咄咄逼人,极具撼人心魄之魅力。武则天读后,叹为奇文,并责"宰相安得失此人"!文中"一抔之土未干,六尺之孤安在"与"请看今日之域中,竟是谁家之天下"乃千古佳句。清吴楚材、吴调侯评曰:"结语峭劲","雄文劲采,足以壮军声,而作义勇,宜则天见檄而叹其才也。"(《古文观止》)

滕王阁序 全称《秋日登洪府滕王阁饯别序》。骈文篇名。唐王勃作。见《王子安集》。作者于上元二年(675)前往交趾,省视被贬谪的父亲,九月路经洪州(今南昌市),适逢都督阎伯屿重修滕王阁成,大会宾僚,乃赴其会,即席赋诗,并撰此序。作品从滕王阁所在的地域位置和物产人物写起,浓笔描绘滕王阁之壮观,及其四周三秋景物和宴会盛况。然后由欢宴、美景,转而写自己身世之感、羁旅之情,抒发报国无门、怀才不遇的苦闷。最后以请众宾客题诗作结。形式虽为骈体文,辞采华美,对仗齐整,声律严格,用典繁丽,但严整繁密中自有行云流水之势,实乃古代骈文之佳作。其若"落霞与孤鹜齐飞,秋水共长天一色"名句,更是脍炙人口。清吴楚材、吴调侯评曰:"序词藻丽,诗意淡远,非是诗不能称是序。""对客挥毫,珍词绣句,层见迭出,洵是奇才。"(《古文观止》)

山中与裴迪秀才书 散文篇名。唐王维作。见《王右丞集》。此文系作者晚年由长安归蓝田山中的辋川别墅后写给好友裴迪的一封信,邀其来春再游辋川。以尺幅短简,清丽幽隽的文笔,描绘了山中寒冬月下与春明晴和的种种山景,如诗如画,令人神往,与其山水诗有异曲同工之妙,为唐文中之别具一格者。近代高步瀛《唐宋文举要》评曰:"此文幽隽华妙,有画所不到处。"

与韩荆州书 散文篇名。唐李白作。见《李太白全集》。开元二十二年(734),作者游襄阳,时闻襄州刺史兼山南东道采访处置使韩朝宗能识拔后进,乃进此书信自荐。韩朝宗时仍官荆州长史,故题中有"韩荆州"之称。作品先极称韩朝宗"推赤心于诸贤腹中","使海内豪俊,奔走而归之"之贤之德,继而自述身世、自荐才能,出语不卑不亢,情态豪放,气势夺人,体现了一个布衣文士自负才能、傲岸不羁、自守节操的可贵精神与品性,为时人传诵,并为后世士子所称道。"识荆"、"识韩"之典,即出此文。清吴楚材、吴调侯评曰:"自述处文气骚逸,词调豪雄,到底不作寒酸求乞态,自是青莲本色。"(《古文观止》)

春夜宴从弟桃花园序 一作《春夜宴桃李园序》、《春夜宴诸从弟桃李园序》。骈文篇名。唐李白作。见《李太白全集》。作者以清新飘逸的笔触,描绘出阳春月下,与诸兄弟欢宴桃李芳园,饮酒赋诗,赏月吟花,畅叙天伦之乐,倾吐壮志雅怀的情景。作品融叙事、抒情、议论于一体,情韵深长,为极富诗情画意的抒情小品。文中"夫天地者,万物之逆旅也;光阴者,百代之过客也"等佳句,皆传为绝唱。清吴楚材、吴调侯评曰:"发端数语,已见潇洒风尘

之外。而转落层次，语无泛设，幽怀逸趣，辞短韵长。读之增人许多情思。”（《古文观止》）

吊古战场文 骈文篇名。唐李华作。见《全唐文》。《新唐书·李华传》载：华“文辞绵丽，少宏杰气”，时谓不及萧颖士，而华自以为比颖士豪健，因作此文。作品借古讽今，通过凭吊古战场来抨击玄宗时连年对外用兵的边关政策。文中以浓笔描写秦汉以来的“多事四夷”，造成“财殚力痡”、“荼毒生灵”、“功不补患”的严重祸患。希望朝廷能施仁义，“守在四夷”，不行战争，是为本文主旨。作品虽为骈文，但不拘于句式整饬、对偶工整，而以自然流畅、音节和谐之偶句和散句来状物写景叙事，隐含散文笔法。全文融抒情、议论、想像于一体，层层铺垫，生动再现了古战场愁惨悲凉之景物，令人竦然心惊。清吴楚材、吴调侯谓此文“将秦汉至近代、上下数千百年，反反复复，写得愁惨悲哀、不堪再诵”（《古文观止》）。

右溪记 散文篇名。唐元结作。见《元次山集》。作者曾两度任道州刺史，因惜道州城西小溪胜景无人赏爱，复遭荒废，乃自整治，撰此文以记小溪风物之美，于奇峭清幽景物中寓抑郁不平之气。写景状物，清新洁丽；轻描淡写，意境要眇；短小精悍，章法有序。清吴汝纶评：“次山放恣山水，实开子厚先声。文字幽眇芳洁，亦能自成境趣。”（近代高步瀛《唐宋文举要》引）

原道 散文篇名。唐韩愈作。见《韩昌黎文集》。除本文外，作者尚作有《原性》、《原毁》、《原人》、《原鬼》诸篇，人称“五原”。自“五原”后，“原”便成为古代一种专门用来推论事理之文章。“原”为推原其本之意，《原道》即探求儒家的“仁义”之道。此文乃有感而发，唐寺院数万，僧尼达数十万，道士亦逾万人，他们不事生产，却占有大量田产，并享有不纳税不服役之特权，作者对此深恶痛绝，故作文辟之。文中大力推崇儒学，力排佛老，认为处置佛老的最好方法，即“人其人，火其书，庐其居”，并以“先王之道”教育其信徒。明茅坤谓：“辟佛老是退之一生命脉，故此文是退之集中命根。”（《唐宋八大家文钞》）此文可视为作者复兴儒学之宣言书。文章结构谨严，大量使用排句，气势磅礴，充分体现了“韩文如海”的特点。清沈德潜评曰：“本布帛菽粟之理，发日星河岳之文。振笔直书，忽擒忽纵。熏之醇粹，运以贾之雄奇。为《孟子》七篇后第一篇大文字。”（《唐宋八家文读本》）

杂说（世有伯乐） 一称《马说》。散文篇名。唐韩愈作。见《韩昌黎文集》。《杂说》共四篇，此文影响最大，为寓言性杂文。作品取材于古代伯乐相马的寓言，以千里马自况自喻，假识马之道，揭露当时人才被压抑埋没之弊端，既陈得士之道，又泻胸中不平，体现了作者“不平则鸣”之精神。全文短小精悍，构思奇巧，跌宕有致，尤能见出韩文拗峭傲兀之态。清蔡铸评曰：“此篇皆借喻，格力遒迈。”（《蔡氏古文评注补正全集》）近代林纾评曰：“语愈冷，而意愈深，声愈悲。通篇都无火色，而言下却含无尽悲凉，真绝调也。”（《林纾选评古文辞类纂》）

师说 散文篇名。唐韩愈作。见《韩昌黎文集》。作于贞元十八年（802），系赠青年学子李蟠之作。柳宗元尝言：“今之世，不闻有师。有辄哗笑之，以为狂人。独韩愈奋不顾流俗，犯笑侮，收召后学，作《师说》，因抗颜而为师。”（《答韦中立论师道书》）作品着重强调从师尊师之重要，剖析和批判士大夫耻于相师的心理和言行。文中若干观点，如：“师者，所以传道授业解惑也”；“人非生而知之者，孰能无惑”；“道之所存，师之所存也”；“弟子不必不如师，师不必贤于弟子；闻道有先后，术业有专攻”等，至今仍具借鉴和启迪作用。通篇结构谨严，立论鲜明，说理透彻，大量运用对比和排偶手法，行文饱含感情，有很强的逻辑性，颇能体现韩文特色。清林云铭评：“其行文错综变化，反复引证，似无段落可寻，一气读之，只觉意味无穷。”（《韩文起》）

进学解 散文篇名。唐韩愈作。见《韩昌黎文集》。作于元和八年（813），乃作者由职方员外郎贬为国子博士后作。此文拟西汉东方朔《答客难》和扬雄《解嘲》形式，假托先生劝学，生徒质疑，先生再予解答。文章既总结了自身勤学不辍，博取先贤之长，终成一家之体的古文写作经验，又含蓄地宣泄了不受重用的牢骚和愤懑。其中“业精于勤而荒于嬉，行成于思而毁于随”等句为传诵后代的至理名言。全文以散句为主，又杂以排比对偶句，韵散相间，流畅自如。其语言“惟陈言之务去”，熔铸古语，自创新词，鲜明生动，堪称后代文学语言之典范。如“同工异曲”、“动辄得咎”、“贪多务得”、“细大不捐”、“佶屈聱牙”等已成今天习用成语。唐孙樵称此文“拔地倚天，句句欲活。读之如赤手捕长蛇，不施鞚骑生马，急不得暇，莫可捉搦”（《与王霖秀才书》）。清蔡铸谓此文“具排山倒海之势”（《蔡氏古文评注补正全集》）。

张中丞传后叙 散文篇名。唐韩愈作。见《韩昌黎文集》。安史之乱中，张巡、许远守睢阳死，而弃城自全的各地节度使为逃避舆论谴责，故意制造流言诬陷张、许。李翰因写《张巡传》澄清是非。但关于许远的议论仍不止，作者即作此文，对李文作补充和阐述。前半为许远辩诬，表彰张、许的历史功绩和高尚气节，批驳诋毁、诬陷张、许的流言蜚语，以议论为主，夹叙夹议，说理层层深入，环环紧扣。后半补记张、许及南霁云轶事，重在叙事，详略得当，重点突出，形象鲜明，毫末毕现。文章前后浑然一体，笔端饱含感情，为韩愈散文之著名代表。宋黄震称其"补记载之遗落，暴赤心之英烈。千载之下，凛凛生气"(《黄氏日钞》)。清沈德潜评曰："史笔中变体也，争光日月，气薄云霄，文至此可云不朽。"(《唐宋八家文读本》)

送孟东野序 散文篇名。唐韩愈作。见《韩昌黎文集》。孟东野即孟郊，为作者好友，四十六岁才中进士，后又闲置多年，始任溧阳县尉，可谓仕途坎坷，穷愁潦倒。韩愈作此序赠别，既表示了对孟郊境遇的同情，寄寓了自己不得志的感慨，又指出不顺的处境会激发人写出优秀的作品，以此劝慰激励孟郊振奋努力。全篇紧紧围绕"不平则鸣"这一主题展开，立论精辟，笔力雄健，句法骈散相间，跌宕多姿，富有节奏感。文中"大凡物不得其平则鸣"、"有不得已者而后言"等论点对后代文论影响甚大。宋谢枋得谓其句法变化"凡二十九样，有顿挫，有升降，有起伏，有抑扬，如层峰叠峦，如惊涛怒浪"(《文章轨范》)。近代林纾评曰："此篇为昌黎集中之创格，举天地人物，尽以'鸣'字括之，至孔子之徒亦指为善鸣，则真有胆力矣。"(《林纾选评古文辞类纂》)

送李愿归盘谷序 散文篇名。唐韩愈作。见《韩昌黎文集》。作于贞元十七年(801)冬，时作者正在长安等候调选，久未如愿。此文借送友人归隐，曲吐心声，一泻心中块垒。文中以李愿口吻，描绘了已做大官者、不愿为官甘于隐居者和奔走权贵之门干谒逢迎者三类人的形象，表明了他对山林隐士的企羡，对达官贵人的鄙夷和对趋炎附势者的嘲笑。全篇骈散相间，笔法挥洒灵活，气势奔放酣畅。宋苏轼尝叹曰："唐无文章，惟韩退之《送李愿归盘谷》一篇而已。"(《跋退之送李愿序》)

祭十二郎文 散文篇名。唐韩愈作。见《韩昌黎文集》。作于贞元十九年(803)。十二郎为作者侄子，叔侄自幼及长共同生活，感情笃深。本文采用对话体的形式，通篇以"汝吾"相称，如十二郎仍在眼前，作者向他絮絮道起几十年间件件往事。从如泣如诉的回忆中，抒发了作者恳挚的骨肉之情、哀婉的悼亡之悲，将亲切的叙事与浓郁的抒情融为一体，回环往复，情深意切，哀哀动人。语言上破骈为散，一反传统祭文固定格套，增强了文章的感染力量。明茅坤评："通篇情意刺骨，无限凄切，祭文中千年绝调。"(《唐宋八大家文钞》)清吴楚材、吴调侯评此文"字字是血，字字是泪"(《古文观止》)。

祭鳄鱼文 一作《鳄鱼文》。散文篇名。唐韩愈作。见《韩昌黎文集》。作于元和十四年(819)，时作者贬任潮州刺史，州有鳄鱼多食畜兽，因作此文逐之。文中既声讨了祸害百姓的鳄鱼，也表现了作者对包括藩镇割据势力在内的邪恶势力的痛恨之情。文为散体，句子长短相间，最长者近五十字，最短者仅三字，极富变化，因而文势也显得雄健奔放，有高屋建瓴之势。明茅坤评曰："词严义正，看之便足动鬼神。"(《唐宋八大家文钞》)清吴楚材、吴调侯评此文曰："如问罪之师，正正堂堂之阵。"(《古文观止》)

陋室铭 散文篇名。唐刘禹锡作。见《全唐文》。或谓所传《刘禹锡集》未载，疑非其作。清钱大昕《十驾斋养新录》断此文为刘禹锡所作，"陋室"建置处在今安徽和县。作者作此铭为志念与警策。全文凡八十一字，状其景，写其人，叙其事，将"陋室"喻为名仙、灵龙居处，又比之于诸葛庐、子云亭，于清静闲适、安贫乐道的生活意趣的描写中，体现了作者避权贵、远尘俗、志行高洁的情操。作品短小精悍，词旨清雅意远，语言凝练晓畅，声韵顿挫和顺，为千古传诵之佳作。清吴楚材、吴调侯评曰："惟有德者居之，则陋室之中，触目皆成佳趣。末以'何陋'结之，饶有逸韵。"(《古文观止》)

封建论 散文篇名。唐柳宗元作。见《柳河东集》。本文针对唐中叶某些人迎合藩镇割据需要，鼓吹分封制(封建制)谬论而作，也是对自汉至唐郡县制和分封制之争的划时代总结。文章首先阐述封建制形成之原因，认为"封建非圣人意也，势也"。其次比较封建制与郡县制之优劣，指出秦"有叛人(民)而无叛吏"、汉"有叛国而无叛郡"、唐"有叛将而无叛州"，故郡县制远较封建制优越。最后批驳封建制能使天下长治久安的论调，再次强调郡县制代替封建制乃历史的必然趋势，表明了作者维护国家统一的立场。通篇以史实作依据，逻辑严密，说理透彻，论辩雄健，气势磅礴，显出了作者缜密的思维能力和娴熟的驾驭古文的技巧。宋真德秀称“此篇间架宏阔，辨论雄俊，真可为作文之法”(《文章正宗》)。明茅坤评曰：“一篇强词悍气，中间段落却精爽，议论却明确。千古绝作。”(《唐宋八大家文钞》)

段太尉逸事状　散文篇名。唐柳宗元作。见《柳河东集》。作于贞元、元和年间。时有人对因反对朱泚称帝而英勇殉国的段秀实颇有非议，作者遂愤而作此文以驳斥之，并将其送呈任史馆修撰的友人韩愈。文中共记述段秀实严惩兵痞、卖坐骑代农民偿还租谷、拒收朱泚礼物等三件逸事，以此表彰段秀实之勇、仁、廉。作品以小说笔法写传记，通过最具特征性的动作、语言刻画人物性格，情节曲折生动，塑造出光彩照人的人物形象。清浦起龙评其“书以声之，状以条之，跋以振之，合而成篇”(《古文眉诠》)。

捕蛇者说　散文篇名。唐柳宗元作。见《柳河东集》。作于贬官永州之时。文章就孔子“苛政猛于虎”一语立意，描写蒋氏三代冒死捕蛇以应赋税的遭遇。文章借此深刻地反映了当时处在社会底层的农民在横征暴敛下饥寒交迫、颠沛流离的严酷现实，猛烈抨击了对百姓重重盘剥的赋税制度，发出了“赋敛之毒有甚是蛇者”的呼喊。作品成功地运用烘托和对比手法，以异蛇之剧毒，烘托捕蛇之险，又以捕蛇之险衬出赋税之毒；而蒋氏不愿放弃捕蛇之业，更衬出广大普通农民的比捕蛇者更凄惨的境遇。行文骈散相间，错落有致，抑扬变化。在众多揭露重赋酷役的文章中，此文颇为突出，具有撼人心魄的艺术感染力。清吴楚材、吴调侯曰：“此小文耳，却有许大议论。必先得孔子‘苛政猛于虎’一句，然后有一篇之意。前后起伏抑扬，含无限悲伤凄惋之态。”(《古文观止》)

三戒　散文篇名。唐柳宗元作。见《柳河东集》。作于作者贬官永州时。由三则寓言组成：《临江之麋》写恃宠狂傲的小麋终为狗所食；《黔之驴》写徒有其表的驴子被老虎识破无能本相而丧命；《永某氏之鼠》写受主人庇护的恶鼠虽猖獗一时，终难逃灭亡命运。作者以此表达了对那些“不知推己之本，而乘物以逞”，“以其饱食无祸为可恒”之徒的鄙视和憎恶。通篇借物喻人，寓意冷峻深刻，讽刺辛辣尖锐，描述细腻生动，语言明快犀利，具有强烈的战斗力量。宋苏轼曾据此而拟作《河豚鱼》、《乌贼鱼》二文。

永州八记　散文篇名。唐柳宗元作。见《柳河东集》。包括《始得西山宴游记》、《钴鉧潭记》、《钴鉧潭西小丘记》、《至小丘西小石潭记》、《袁家渴记》、《石渠记》、《石涧记》、《小石城山记》八篇，均为作者贬永州时所作，故称。前四记作于元和四年(809)，后四记作于七年。八记各自独立，又相互联系，构成一有机整体。这些作品以简洁凝练之文字，描绘草木泉石之形态，创造出凄清幽冷的艺术境界。在自然山水的描绘中，又融入了作者的身世之感和人生理想，寄托了作者对当时政治的愤懑不平之感，也抒发了身处逆境而意志不颓的情怀。作品具有写景状物生动逼真、传神入妙和抒情咏怀委婉曲折、寄慨深远的特点，为古代游记散文之杰出代表。章士钊称柳宗元山水游记“能引人入胜，千载之下，读者立觉当时之人与地宛在”，又谓“引吭微诵，其文字字沁人心脾，感受到一种无言之妙。柳记人人道好，好处应即在此”(《柳文指要》)。

阿房宫赋　赋篇名。唐杜牧作。见《樊川文集》。作者有感于唐敬宗“大造宫室，广声色，故作《阿房宫赋》”(《上知己文章启》)以讽谏之，成文于宝历元年(825)。作品极力铺陈描绘阿房宫之广大高峻、雄伟宏丽，宫廷之穷奢极欲、荒淫无度，再用重笔反跌出阿房宫之毁于一旦，进而总结出秦王朝的灭亡原因及其对后世(包括唐王朝)的借鉴意义。全文铺陈华美，夸张奇特，奥衍纵横，气势恢宏，后世人称“古来之赋，此为第一”。清吴楚材、吴调侯评曰：“前幅极写阿房之瑰丽，不是羡慕其奢华，正以见骄横敛怨之至，而民不堪命也，便伏有不爱六国之人意在。”(《古文观止》)

书褒城驿壁　散文篇名。唐孙樵作。见《孙樵集》。作品揭示了“号天下第一”的褒城驿之所以由宏丽而残芜，皆因朝廷过客“苟夕得其庇，饥得其饱，皆暮至朝去，宁有顾惜心”。由此进而论述“朝廷命官，既已轻任刺史、县令，而又促数于更易”，遂使地方长官将其所辖之地视如驿站，既不深谋远虑，更不顾恤百姓，以至天下垦田日寡、生民日困、财力日竭，这正是吏治腐败、社会黑暗的根源所在。文章以前后对比、于一斑见全豹的手法揭示主题，极富说服力。清高士奇评曰：“因驿而发明郡县迁代不宜促数之故，可谓深达物情，有关治体。”(近代高步瀛《唐宋文举要》引)

读司马法　散文篇名。唐皮日休作。见《皮子文薮》。此文为作者读古代兵书《司马法》后的感想。作品一反传统观念，谓兵书“不仁”，因为“今之取天下”皆“以民命”，“非兵不能威，非战不能服”，“由是编之为术，术愈精而杀人愈多”。其真实用意是厌恶唐末的军阀混战，企羡“取天下也以民心”的上古时代，与孟子“‘我善为阵，我善为战’，大罪也”的思想一脉相承。作品行文简洁，语锋犀利，可见唐末小品文之特色。

野庙碑 散文篇名。唐陆龟蒙作。见《唐甫里先生文集》。文章先对农夫耗尽财力盲目供奉无用的土木之神表示悲哀，由此进而转入对当朝者的抨击，指责他们只知搜刮民脂民膏，而不为民谋利，一旦有天下之忧，则“颠踬窜踣，乞为囚虏之不暇”，实乃“缨弁言语之土木”，其害甚于“真土木”。作品长于借喻，将无生命的庙神比作尸位素餐的朝官，既形象又贴切。清林云铭《古文析义》谓明刘基《卖柑者言》的写法即仿此文。

菩萨蛮(平林漠漠烟如织) 词篇名。唐李白作。见《尊前集》。此为伤别怀人之作。上阕以秋林暮色起兴，引出楼中伤心之人；下阕以宿鸟归巢反衬，抒发游子不归之怅恨。全词情景交融，意兴苍凉高远。宋黄昇《花庵词选》评此词与《忆秦娥》(箫声咽)“二词为百代词曲之祖”。然自明以来，学者疑非李白所作(见明胡应麟《少室山房笔丛》)。

忆秦娥(箫声咽) 词篇名。唐李白作。见《花庵词选》。此词借闺中伤别抒怀古兴亡之感。上阕以箫声起兴，以月色、柳色引出行人去国之伤感；下阕怀古伤今，有繁华消歇、山河兴废之叹。全词气象阔大，苍凉悲壮。近代王国维《人间词话》云：“太白纯以气象胜。‘西风残照，汉家陵阙’，寥寥八字，遂关千古登临之口。”然自明以来，学者疑非李白所作(见明胡应麟《少室山房笔丛》)。

调笑令(边草) 词篇名。唐戴叔伦作。见《全唐五代词》。本词以边草起兴，抒发久戍边地老兵的悲愁。音调低咽回环，悲怆动人。近代俞陛云《唐词选释》云：“唐代吐蕃、回纥迭起窥边，故唐人诗词多言征戍之苦。当塞月孤明，角声哀奏，正征人十万碛中回首之时。李陵所谓‘胡笳互动，祗令人悲增忉怛耳’。”

调笑二首 词篇名。唐韦应物作。见《尊前集》。《乐府诗集》题作《宫中调笑》。第一首描写失群之战马在草原沙雪中奔突嘶鸣之状，生动如画。日人近藤元粹《韦柳诗集》评曰：“圆活自在，可谓笔端有舌。”第二首以天上的银河起兴，引出征夫思妇久别相思之痛苦。近代俞陛云曰：“言人虽南北遥睽，而仰视河汉，千里皆同。有少陵(杜甫)、白傅(居易)共看明月之意。”(《唐词选释》)

渔父(西塞山前白鹭飞) 一作《渔歌子》。词篇名。唐张志和作。见《尊前集》。本词咏渔钓之乐，寓作者隐居遁世之意，而所写江南水乡春景明丽如画。清黄蓼园《蓼园词选》云：“数句只写渔家之自乐其乐，无风波之患。对面已有不能已者。隐跃言外，蕴藏不露，笔墨入化，超然尘埃之外。”此词当时就有人唱和，“(颜)真卿与陆鸿渐、徐士衡、李成矩共和二十五首，递相夸赏”(《太平广记》卷二七引沈汾《续仙传》)。

调笑令(团扇) 词篇名。唐王建作。见《全唐五代词》。本词檃括汉班婕妤《怨歌行》和唐王昌龄《长信秋词》，托喻团扇，抒写宫中嫔妃久失君宠的怨恨和凄怆。句法上以二言与六言相间，语调更见沉咽悲凉。清陈廷焯《词则·大雅集》评曰：“结语凄怨，胜似《宫词》百首。”

忆江南(春去也) 词篇名。唐刘禹锡作。见《尊前集》。调下作者自注云：“和乐天春词，依《忆江南》曲拍为句。”唐开成三年(838)刘禹锡居洛阳，与白居易互相唱和。白原作共三首，作者和二首，此其一。通篇借女子惜春，寄寓盛年易逝的伤感，构思新颖，语言流丽。况周颐说：“唐贤为词，往往丽而不流，与其诗不甚相远也。刘梦得《忆江南》‘春去也’云云，流丽之笔，下开北宋(张)子野、(秦)少游一派。”(《蕙风词话》)

忆江南三首 词篇名。唐白居易作。见《尊前集》。作者早年曾漫游江南，又先后担任过杭州、苏州刺史，晚居洛阳，犹忆旧游。此开成三年(838)作，时年六十七。第一首总写，用比喻和映衬的修辞手法，渲染了江南的绚丽春色。第二首咏杭州，写灵隐寺月夜拾桂子和钱塘江观潮，一幽美，一壮观，相得益彰。第三首咏苏州，取竹叶春酒和吴娃醉舞，以唤起“馆娃宫里醉西施”的历史联想，抒发作者对往昔欢娱生活的怀恋之情。三首词主旨相同而各具首尾，相对独立，颇似联章体。

长相思(汴水流) 词篇名。唐白居易作。见《花庵词选》。此词以流水起兴，实喻愁思。篇末“恨到归时方始休，月明人倚楼”点明题旨，抒情者形象始现。近代俞陛云说："由汴而泗而江，心逐流波，愈行愈远，直至天末吴山，仍是愁痕点点。凌虚著想，音调复动容入古。第四句用一'愁'字，而前三句皆化愁痕。否则汴、泗交流与人何涉耶？"（《唐词选释》）又清陈廷焯评曰："'吴山点点愁'五字精警。"（《词则·放歌集》）

菩萨蛮（小山重叠金明灭） 词篇名。唐温庭筠作。见《花间集》。词写闺怨，从女子梦晓后叙起。"懒起"二句，形容困慵无聊之情态。下片妆成，花面交映，娇艳无比。末二句"新贴绣罗襦，双双金鹧鸪"，用反衬手法，暗寓女子孤独之哀和膏沐谁容之怨。唐圭璋说："有此收束，振起全篇。上文之所以懒画眉、迟梳洗者，皆因有此一段怨情蕴蓄于中也。"（《唐宋词简释》）全词章法细密，富艳精工，意蕴深美。清人张惠言则以为此词"感士不遇也"，"'照花'四句，《离骚》初服之意"（《词选》），似求之过深，有穿凿之嫌。

菩萨蛮（玉楼明月长相忆） 词篇名。唐温庭筠作。见《花间集》。词写闺思。首句已示题意，次句点明春暮，并引出回忆，"门外草萋萋，送君闻马嘶"，别时情景如在目前。下阕写别后相思之苦。金翡翠、香烛泪，以物衬人；花落、鸟啼，以景衬情。唐圭璋云："窗外残春景象，不堪视听；窗内残梦迷离，尤难排遣。通体景真情真，浑厚流转。"（《唐宋词简释》）

更漏子（柳丝长） 词篇名。唐温庭筠作。见《花间集》。《尊前集》将此词误列李王（煜）名下。词写春夜闺怨。上阕言春深夜永，雨声、漏声惊起塞雁城乌，画屏鹧鸪犹自双栖，唯愁人孤独难寐。下阕言旧欢如梦，愁思无穷，香雾透幕，池阁仍旧，愁人背烛独卧，耐尽凄凉况味。近代王国维云："'画屏金鹧鸪'，飞卿语也，其词品似之。"（《人间词话》）

更漏子（玉炉香） 词篇名。唐温庭筠作。见《花间集》。词写秋思离愁，闺中凄苦。上阕"玉炉香，红蜡泪"以示昼长夜永，思妇妆残衾寒，孤栖不寐。下阕"梧桐树，三更雨"，叶叶声声，牵动离人愁怀，而"一夜无眠却终未说破，依然含蓄"（俞平伯《唐宋词选释》）。唐圭璋云："此首写离情，浓淡相间，上片浓丽，下片疏淡。通篇自昼至夜，自夜至晓，其境弥幽，其情弥苦。"（《唐宋词简释》）

梦江南（梳洗罢） 词篇名。唐温庭筠作。见《花间集》。词写思妇梳洗完毕，即倚楼望江，直至夕阳西下，仍未见亲人归来。"过尽千帆皆不是，斜晖脉脉水悠悠"二句，极写企盼之切，凝望之久和失望之深，而成词家名句。清陈廷焯评曰："绝不着力，而款款深深，低徊不尽。"（《白雨斋词评》）本词于秾艳之外，别开温词清丽一格。

梦江南（兰烬落） 词篇名。唐皇甫松作。见《花间集》。词中追忆江南美景而托之以梦，境界朦胧，情思绵绵。末二句"夜船吹笛雨潇潇，人语驿边桥"，凄艳精警，尤为人称赏。清徐士俊评曰："中晚唐警语。"（见《古今词统》）

采莲子二首 词篇名。唐皇甫松作。见《花间集》。词写江南女子采莲的戏剧性场面。第一首写采莲女弄水戏鸭，天真烂漫，憨态可掬；第二首写采莲女看到所爱的少年，隔水抛莲子（与"怜子"谐音），情窦初开，神情毕现。况周颐云："写出闺娃稚憨情态，匪夷所思，是何笔妙乃尔！"（《餐樱庑词话》）

菩萨蛮（红楼别夜堪惆怅） 词篇名。五代前蜀韦庄作。见《花间集》。清张惠言认为此词"留蜀后寄意之作。一章言奉使之志，本欲速归"（《词选》），似过于指实。从词的本意看，当为忆旧伤别之作。上片追忆昔日在红楼与女子惜别的情景，从深夜写到破晓。下片借琵琶之娇语婉转，传导劝归之绵绵情意。全词语意自然，无刻划之痕，而"残月出门时，美人和泪辞"等语，历历如见。近代王国维评韦词曰："'弦上黄莺语'，端己语也，其词品似之。"（《人间词话》）语本此词。

菩萨蛮（人人尽说江南好） 词篇名。五代前蜀韦庄作。见《花间集》。又见冯延巳《阳春集》，但末二句不同；《尊前集》列于李白名下，字句亦有出入，均系误收。此词一般认为乃作者晚年留蜀忆旧之作。夏承焘《韦端已年谱》谓本词与"如今却忆江南乐"均为中和三年(883)作。全词纯用口语，说尽江南景美人美，犹如水乡风情图画。清陈廷焯说："意中是乡思，笔下却说江南风景好，真是泪溢中肠，无人省得。"（《白雨斋词评》）

忆仙姿（曾宴桃源深洞） 词篇名。五代后唐李存勗作。见《尊前集》。一说"后唐庄宗修内苑，掘得断碑，有字三十三（即本词）"（赵万里辑杨湜《古今词话》）。宴桃源，喻指狎妓游乐。此词通篇用赋笔叙写。首二句追记歌舞游乐情景。三、四句写临别情深缱绻。末句以闲淡之景，寓秾丽之情。中间"如梦"二字叠用，音节谐美。全词婉丽而有韵致。宋胡仔云:“东坡言《如梦令》曲名,本唐庄宗制,一名《忆仙姿》,嫌其不雅,改云‘如梦’。”(《苕溪渔隐丛话》)

谒金门(风乍起) 词篇名。五代南唐冯延巳作。见《尊前集》。一说南唐成幼文作。此为闺怨词。首二句以风吹春水起兴,一“皱”字暗喻女子心绪之不宁。“闲引”以下,以闲暇之笔,于有意无意之间,从容写来,不言愁而愁自见。卒章点明题旨。宋马令《南唐书》云:“元宗(李璟)乐府词云:‘小楼吹彻玉笙寒’、延巳有‘风乍起,吹皱一池春水’之句,皆为警策。”

摊破浣溪沙(菡萏香销翠叶残) 词篇名。五代南唐李璟作。见近代王国维辑本《南唐二主词》。一本调名作《山花子》,一本调下有题“秋思”。上阕以美景消歇触发年华流逝的无穷伤感;下阕以寄梦塞外和小楼吹笙,进一步抒发哀感无端的惆怅。“细雨”二句尤以意兴清幽、情韵深长见称。清陈廷焯云:“南唐中主《山花子》云:‘还与韶光共憔悴,不堪看。’沉之至,郁之至,凄然欲绝。后主虽善言情,卒不能出其右也。”(《白雨斋词话》)近代王国维云:“南唐中主‘菡萏香销翠叶残,西风愁起绿波间’,大有众芳芜秽,美人迟暮之感。乃古今独赏其‘细雨梦回鸡塞远,小楼吹彻玉笙寒’,故知解人正不易得。”(《人间词话》)

虞美人(春花秋月何时了) 词篇名。五代南唐李煜作。见近代王国维辑本《南唐二主词》。一本调下有题“感旧”。宋王铚《默记》云:“后主在赐第,因七夕命故妓作乐,声闻于外。太宗闻之,大怒。又传‘小楼昨夜又东风’及‘一江春水向东流’之句,并坐之,遂被祸云。”此词可谓李后主的绝命词。词写亡国囚徒的创痛。上阕以春花秋月言岁时更迭,无尽无了,而往事如昨,不堪回首;下阕以雕栏玉砌指代故国,朱颜凋残隐寓其山河易主之恸。结拍设问设答,以滔滔不尽的春江之水,比喻亡国之恨,乃千古名句,近代俞陛云评曰:“真伤心人语也!”(《南唐二主词辑述评》)

乌夜啼(无言独上西楼) 词篇名。五代南唐李煜作。见近代王国维辑本《南唐二主词》。调名一作《相见欢》。一本调下有题“离怀”,或作“秋闺”。此词写离愁。上阕写清夜独自登楼,但见梧桐秋月,深锁庭院,遂兴感喟;下阕“剪不断,理还乱,是离愁。别是一番滋味在心头”,意深语浅,变抽象之愁思为具体可感之意象。近代俞陛云曰:“后阕仅十八字,而肠回心倒,一片凄异之音。伤心人固别有怀抱。”(《南唐二主词辑述评》)

清平乐(别来春半) 词篇名。五代南唐李煜作。见近代王国维辑本《南唐二主词》。一本调下有题“忆别”。词为伤春怀人之作。上阕写别情春景,“砌下”二句,以落梅如雪喻愁绪纷乱,难以排遣。下阕极言愁思之深重,“离恨恰如春草,更行更远更生”二句,层转层深,语愈浅显而意欲浑成。

浪淘沙(帘外雨潺潺) 词篇名。五代南唐李煜作。见近代王国维辑本《南唐二主词》。一本调下有题“怀旧”。宋蔡絛《西清诗话》云:“南唐李后主归朝后,每怀江山,且念嫔妾散落,郁郁不自聊。尝作长短句‘帘外雨潺潺’,含思凄婉,未几下世。”词写亡国被俘后内心的巨大创痛。上阕从帘外雨声落笔,借追寻梦中之片刻欢娱,反衬囚徒生活之难堪;下阕感叹江山永别、春光长逝,“天上人间”句悲悼万状,“真所谓以血书者也”(近代王国维《人间词话》)。

研究著作　参考资料

本事诗 笔记。唐孟棨著。多记唐诗之本事。分情感、事感、高逸、怨愤、徵异、徵咎、嘲戏七类。其自序云:“其间触事兴咏,尤所钟情,不有发挥,孰明厥义,因采为本事诗。”故其写作主旨为以诗系事、发明诗歌内容,然其叙事委曲,情致宛然,足资赏鉴。如《博陵崔护》条,述崔护与某女邂逅相爱之事,即“人面桃花”著名掌故。又《刘尚书自屯田员外左迁朗州司马》条叙刘禹锡《赠看花诸君子诗》本事,颇有情趣。此集保存了不少唐代诗人的轶事,虽有附会之处,然不无史料价值。五代人处常子曾仿其例作《续本事诗》(今不传)。有《顾氏文房小说》、《古今逸史》、《津逮秘书》、《四库全书》、《历代诗话续编》诸本。

唐才子传 传记著作。元辛文房著。十卷,专传二百七十八篇,附及一百二十人。其中见于新、旧《唐书》者仅一百人,余均为辛氏“游心简编,宅心史集”,博采所得。成书于大德八年(1304),正是元代诗坛宗唐之风最盛的时期。所叙既重视诗歌创作与时代、社会的关系,也重视各家艺术风格与作者个人的身世、人品、志趣的关系。盖以论诗为主,不专在纪事立传,故与《唐诗纪事》一类旨在以诗存史者不同，实为当时一重要的评述诗人生平和创作的专门著作。有《四库全书》本、清陆荣廷据日本《佚存丛书》校刻本及中华书局1990年版《唐才子传校笺》本。

唐才子传校笺　研究著作。傅璇琮主编。系对元辛文房所著《唐才子传》所作的校笺，分校勘和笺证两个部分，各附原文之后。其校勘乃以清黎庶昌珂罗版影元刻本为底本，以日本五山本、正保本、《佚存丛书》本和经清人校辑的《四库全书》本、三间草堂本、《指海》本进行参校，择善而从。整理后的文本为研读者提供了坚实可靠的凭藉，所附校勘记亦足资参考。笺证包括探索材料来源、纠正记载错误、补考原书未备的重要史实三个方面。按辛氏原著共涉及唐五代诗人三百九十八家，所记事迹采自史志、文集、诗话、笔记各类典籍，均未注明出处，其间疏漏、误记、误植乃至原材料虚实难明、相互牴牾的情况正复不少。本书为之爬罗梳理，一一究明出处，更博采旁收有关史料，详加考稽，对原传作出订补。如传称王泠然"山东人"，未明所据，笺证从《唐摭言》载录泠然《与御史高昌宇书》中检得"山东布衣，不识忌讳"之语，指出辛说所本，又据罗振玉《墓志征存目录》所收《唐故右威卫兵曹参军王府君墓志铭序》考定其实为太原人，补正了辛氏之疏漏。笺证的最大贡献还在于发掘、增补了大量史实，使传主的生平行事较原著远为具体清晰，有的甚至达到编年简谱的程度，这实际上已越出为《唐才子传》作校笺的职能，而发展成为有唐一代诗人事迹考辨的资料库，在唐诗史料学建设上具有重要的意义。1987至1990年间中华书局分四册出版。

唐诗纪事　资料汇编。宋计有功编。八十一卷。作者本着以诗存世，"读其诗，知其人"的观点，遍访有唐三百年间文集、杂说、传记、遗史、碑志、石刻等辑成。共收诗人一千一百五十家。每家或录名篇，或纪本事，兼详其世系爵里及前人品评，许多唐人佚诗及唐宋间诗歌批评资料多赖是书以存，为后人研究唐诗提供了重要资料。明胡震亨称其"收采之博，考据之详，有功唐诗非细"(《唐音癸签》)。后世宋、辽、金、元、明、清历朝的诗歌纪事均仿其体例。有汲古阁刻本、《四部丛刊》本、《万有文库》本、中华书局1965年排印本。

唐人轶事汇编　资料汇编。周勋初主编。四十卷。所收人物上起自隋入唐而主要事迹在唐代者，下至五代十国入宋而主要事迹在入宋以前者，近二千七百人，是第一部唐代人物的轶事汇编。在人物编排上，首列唐代诸帝及后妃、宗室、王子、公主，次列唐代各朝人物，再列五代诸帝及家人、五代人物、十国人物，均以活动时代先后为序；末列不易确定具体时代者，则以所出资料之年代为序。本书以人为目，每一条目均加以编号，主要事迹依时间先后为序排列，年代不详者则大体按类编排；所收资料一事而涉及数人者，悉列于主要人物名下，其他人物则酌情以参见法提示。本书不录正史以及志怪、传奇或语涉迷信之荒诞记载，搜采范围以唐宋人所撰杂史、传记、故事、小说为主。与正史记载类同之资料，其成书在正史之前者则录入，以见正史来源；其成书在正史之后而显系采自正史者则不收。明清以来资料，除真实可信、未见更早记载者外，一般不再收入。本书于每条后均注明出处。全书引书二百六十余种，书后附引用书目表。本书采择甚夥，而去取标准甚严，显示出编选者严谨扎实的学风。上海古籍出版社1995年出版。

重订中晚唐诗主客图　总集兼诗话。清李怀民编撰。二卷。录中晚唐三十家五律九百零二首，按流派分编，冠以诸家诗话及图说。按唐张为有《诗人主客图》，对中晚唐诗歌创作的流别与等第曾加区划，此书仿其体例而重订之。编者将中晚唐五律分成天然明丽、不事雕镂而气味近道和力求崄奥、不吝心思而气骨凌霜两大派。前者称"清真雅正"，以张籍为主，朱庆馀等十五人辅之，后者称"清奇僻苦"，以贾岛为主，李洞等十三人辅之，并各有"上入室"、"入室"、"升堂"、"及门"等名目以示等差(见卷首《重订中晚唐诗主客图说》)。录入诗人皆缀以小传及评语，多引前人评，后附按语作己评，重在风格的比较鉴别，用以说明其列入某派某级的缘由。选诗亦为证其风格，多有圈批，语颇精要。本书问世后影响很大，"登莱一带，言诗者多宗之，谓之高密派"(袁洁《蠡庄诗话》)。有清嘉庆十年(1805)刘氏刻本和十七年李氏重刻本。

三唐诗品　诗话。近代宋育仁著。三卷。仿钟嵘《诗品》体例，对唐代诗人进行品评。"三唐"指初、盛、晚唐，各列一品(每品一卷)；略去旧所谓"中唐"，分属盛、晚两代。全书共品评六十八位诗人，计初唐十五家、盛唐二十八家(附十三家)、晚唐十二家。每品之中略以成就高下相次，不按时代先后排列。每品之前有总论，简要说明这一时期诗歌的特点。评语重在溯源流，辨风格。溯渊源喜言某人源出于某人（多以六朝作家为源），虽不无牵强，亦自有特见；辨风格好以形象化语言，如称李益诗“朗润风华，正如落花依草，妍然妩媚”，均受《诗品》影响。对兼有众长作家的分析，如分别指明王维五古、七古和律诗的不同风采及师承关系，则在论述方法上比《诗品》更进了一步。但总的说来，它仍属于直观式批评，未曾具备近代科学论著的逻辑形态。今传有清考隽堂刻本，并辑入《古今文艺丛书》第一集。

唐诗研究 研究著作。胡云翼著。共八章。首章导言，二章介绍唐诗的渊源和背景，以下四章分述唐诗的四个时期（初、盛、中、晚），七章专谈妇女诗，末章附录六百余家诗人小传。作者在文学史观上持诗体进化论，把唐诗的特质归结为创造的、音乐的、通俗的、时代的四个方面，并以新体诗（即近体诗）流行作为唐诗的时代标志。从这个角度来考察唐诗流变，便得出“初唐显然是齐梁的遗风，盛唐是新旧体诗发展的最高潮，中唐则由盛唐而一变再变，变到新体诗发展之极，晚唐则完全是唐新体诗最后的闪烁”的结论。但作者并不就此漠视诗歌内容的创新，如他称初唐应制诗为“新韵律的古典诗”，高度评价杜甫、白居易的新乐府为“用旧形体来表现新内容”。此外，书中特别强调时代环境对诗歌创作的影响。总之，此书价值在于较早地运用近代意识对唐诗进行系统观照，能给人以多方面启发。1930年上海商务印书馆出版，1933年再版，1992年辑入上海书店影印的《民国丛书》第三编。

唐诗概论 研究著作。苏雪林著。共二十章。首章唐诗隆盛之原因。从“学术思潮之壮阔”、“政治社会背景之绚烂”、“文学格调创造之努力”三方面立论，视野比较宽广。次章唐诗变迁之概况，可谓全书之总论。作者突破传统的“四唐”说，将唐诗演进过程按思潮变迁区划为五个时期，一、继承齐梁古典作风期（初唐诗人），二、浪漫文学隆盛期（李白及开、天诗人），三、写实文学诞生期（从杜甫到白居易等），四、唯美文学发达期（温、李、杜牧等），五、唐诗衰颓期（唐末诗坛）。这改变了以往用“正变盛衰”论诗的旧框架，为研究唐诗开拓了新思路。三章以下按时期、派别分述唐代诗人。在论及诗歌创作时，注意流派的分野，如列举大历诗歌三派、唐末诗坛五派，皆其特见。另外，品评诗人风格每有独到处，如说李贺、李商隐、温庭筠的诗风都属于“丽”，而李贺喜用“金”、“银”、“玉”、“瑶”等字眼以成其“瑰丽”，李商隐常用“锦”、“绣”、“雕”、“镂”以成其“缛丽”，温庭筠则多用“花”、“草”、“风”、“月”成其“清丽”，可谓辨析入微。作者还把西方文学引为参证，但不免有比附之嫌。1934年上海商务印书馆出版，1992年辑入上海书店影印的《民国丛书》第三编。

唐代诗学 研究著作。杨启高著。共六章。首章“纲领”相当于总论，概括说明唐诗的背景、渊源、流变、特质、体式等。中四章按初、盛、中、晚的分期讲述唐诗发展过程，其初唐部分包括贞观诗学和武后诗学两段，盛唐包括开元诗人和天宝诗人，中唐分大历诗风、元和诗学及长庆诗学，晚唐则分大中诗风和咸通后诗，每个阶段则将不同诗派作对比分析。尽管所论大致沿袭旧说，而由于区划较细，涉及面较广，能使人对唐诗演进的脉络有比较清晰的把握。末章谈唐诗的影响，从宋、金、元、明、清直至现代，介绍颇具体，亦为同类书籍所罕言。1935年南京正中书局出版，1943年重庆正中书局再版，1947年上海正中书局第三版，1992年辑入上海书店影印的《民国丛书》第三编。

唐诗杂论 研究著作。闻一多著。收录作者有关唐诗的评论及考据文章九篇。《类书与诗》、《宫体诗的自赎》、《四杰》三篇探讨初唐诗风的转变，从唐初宫体的沿袭六朝，经王、杨、卢、骆对旧体制的破坏和新体制的建设，以至刘希夷、张若虚完成诗歌境界的升华，为一百来年唐诗的演进勾画出清晰的轮廓，体现着环环相生、有机相联的内在逻辑，读来令人耳目一新。《孟浩然》、《贾岛》两篇论作家，除对其诗风的清淡和清冷有相当准确且富于诗意的概括外，还把问题提到更高的历史层面，如联系宋末“四灵”、明末竟陵派、清末“同光体”，以说明每个朝代“在动乱中灭毁的前夕都需要休息”，因而“都有回向贾岛的趋势”（见《贾岛》）。这都体现了闻氏作为诗人的慧心和史家的卓识。《少陵先生年谱会笺》、《岑嘉州系年考证》两篇属考据文字，前者有不少新见，后者则属于开创性的力作，显示了作者渊博的素养与深厚的学植。此外，《杜甫》作为一篇未完成的传记文学，写来笔意灵动，神形俱现；《英译李太白诗》是对小畑薰良用英语翻译《李白诗集》所作的批评，兼及中英两种语言和诗体的比较，亦资参考。此书因包含深刻的历史观念和丰富的审美感受，一直受到人们推重。原书作者生前未加出版，1948年辑入上海开明书店出版的《闻一多全集》第四卷，1956年古籍出版社据以重印单行。

唐诗通论　研究著作。刘开扬著。分总论、初唐、盛唐、中唐、晚唐诗五章，是一部“近于概论、简论，还多少包括一些唐诗欣赏的成分”的专著（见后记）。总论对唐诗的作者、编集、流传影响、发达原因、品评、分期、体裁、声律等问题作了明白扼要的介绍；其余各章除开头部分的简短导言外，皆为各时期代表诗人诗作的评述。共评述唐代诗人近百人，其中一部分是一般文学史著作较少涉及者，如初唐王珪、魏徵、王梵志、寒山、拾得，盛唐乔知之、金昌绪、王湾、王泠然、樊晃，中唐张继、刘方平、卢仝、朱庆馀、薛涛，晚唐张祜、段成式、薛逢、薛能、吴融、方干、唐彦谦等；另外对一些过去不太受人重视的流派如《箧中集》诗人、大历十才子等，也作了重点评论，皆有助于拓宽人们的视野。某些论述，提出了作者自己的新见；有关诗人生卒年的考订，吸取了当前研究的成果。1981年四川人民出版社出版。

唐声诗　研究著作。任半塘著。系从音乐文艺的角度来研究唐诗，是唐代诗乐及唐人歌诗实况的系统总结。按“声诗”之名，虽渊源有自，而作为唐人歌诗的特称，实乃作者首倡。据作者所言，唐声诗指“唐代结合声乐、舞蹈之齐言歌辞”（第一章），它和杂言的唐曲子共同构成唐代合乐歌辞的基本形态，从而成为联结汉魏六朝乐府歌辞与宋词、元曲的重要枢纽，并给予当时及后世的民间说唱以深远影响。全书分上下两编。上编十二章为理论建构：其首章确立声诗的范围与定义，次章揭示其构成条件，相当于本编总纲；三章谈格律形式，涉及章解、片段、字句、叶韵、平仄诸问题，四章论歌唱，五章论舞蹈，均属声诗组成要素的解析；六、七、八、九章分别探讨声诗与大曲、长短句辞、杂歌、杂吟等艺术样式的关系，可称作外部研究；十章“待订资料”，十一章“纪事”，十二章“平议”诸家学说，是本编的附论。下编为声诗格调的著录，共录十七类一百三十四调一百五十六格（有同调异格者），各指明其字句、叶韵、平仄、和声、叠句、附加辞等用为谱式，并加“提要”和“考订”以辨别源流、体制。上下编畛域分明，而又交相为用，合成体大思精的结构，不仅为声诗学的建立奠定了基础，亦是对“主文”而不“主声”的传统文学史研究方法的重大突破。1982年上海古籍出版社出版。

唐诗百话　研究著作。施蛰存著。收录作者以漫谈方式论述唐诗的文章一百篇，按所论对象的时间先后编列，计初唐诗话十三篇、盛唐诗话二十九篇、中唐诗话三十五篇、晚唐诗话十七篇、余话六篇。由于以“话”命名，形式较为自由，或谈诗，或论人，或探讨某个问题，量体裁衣，灵活多变，而又大致概括了唐诗发展中各个方面的现象。文内多讲解、赏析，亦时能得个中三昧。但作者的笔触每爱从诗篇本身生发开去，或校勘版本文字，或考订背景材料，或探究社会风习，或辨析文学源流，广泛涉及历史、地理、语言、文学众多领域，显示了博洽的记闻和深厚的学力。在其夹叙夹议中，时有新论，如以王、孟、高、岑为盛唐诗的主流，李、杜为盛唐诗的新变，又如称盛唐为唐代经济、政治的全盛期，而把中唐当作诗歌全盛期，虽只是简要的提挈，却能给人以深刻的启示。熔理论、知识、趣味于一炉，可谓本书之特色。1987年上海古籍出版社出版。

唐诗综论　研究著作。林庚著。收录作者五十年来研究唐诗的论文、札记四十一篇，按内容及体例分成三编：“唐诗高潮”探讨盛唐诗歌及其演变，“唐诗远音”转向先秦至六朝诗坛以追溯盛唐诗歌的渊源，“谈诗稿”为作者早年读诗札记，汇集了他对古典诗歌的艺术感受和诗学观点。全书围绕盛唐是中国古代诗歌发展的高潮时期这一中心展开论述。对作为盛唐诗歌风范的“盛唐气象”，作者界定为“蓬勃的朝气，青春的旋律”，以之为“盛唐时代精神面貌的反映”，并把“诗赋的消长”、“绝句登上诗坛”、“边塞诗的豪情”用作诗国高潮的三大标志，使这一时期的诗歌风貌得到较为清晰的显现。在追溯盛唐诗歌的渊源时，以寒士文学的承传、浪漫主义抒情风格的发扬和诗歌语言的“诗化”作为基本线索，来勾画古代诗歌向着盛唐诗歌高潮演进的历史轨迹，藉以展现整个中国文学发展一个重要侧面。本书虽为多篇论文之结集，实属自成体系之“一家言”，其中某些观点早经发表，并对学术界产生过一定的影响。1987年人民文学出版社出版。

唐诗学引论　研究著作。陈伯海著。作者改变以往仅按历史顺序陈述文学现象的格局，从宏观、整体着眼对唐代诗歌进行理论概括，藉以建设作为一门独立学科的唐诗学。全书除序说及余论外，主体部分由正本、清源、别流、辨体、学术史五篇组成。正本篇考察唐诗本体，把唐诗的质性视为由风骨、兴寄、声律、辞章、兴象、韵味多要素构建的复合体，为此书之枢纽。清源篇从社会渊源、思想渊源、文学渊源三方面的交互作用来追溯唐诗内涵各要素发生和发达的缘由。别流篇讨论唐诗流变，打破传统以“正变盛衰”分期的“四唐”说，提出三大段九小段的新的划分方法，以期展现唐诗的质的形成、转化以至衰蜕的轨迹。辨体篇剖析唐诗体制，揭示五七言古风、律诗、绝句各类诗体的美学结构与美学功能，用以说明不同体式的分流恰好从多角度、多侧面上丰富并拓展唐诗的共同质性。学术史篇辨章学术源流，为一千多年来唐诗学的演进理清了线索。本书以确立唐诗质性为逻辑起点，进而上溯其源，下别其流，旁及其体，皆围绕总体质性展开，并不断深化，把问题上升至哲理层面，有助于开拓研究者的视野。1988年知识出版社出版，1990年重印。

读全唐诗札记　研究著作。岑仲勉著。收录作者读《全唐诗》所作札记四百九十九条，据《全唐诗》刻本之函册顺序编列。书前有小序，称《全唐诗》编本“篇章复累”、“小传疏舛”，札记即指正这两方面的疏误，兼及诗题、诗作及小注等文字的失误。其最富成果者，为对诗人传记材料的考订。如《全唐诗》陈陶小传谓陶之活动及于五代，札记引《郡斋读书志》和《唐诗纪事》的记载，又据张乔、方干、杜荀鹤诸人哭陈陶的诗篇，考定其卒于唐昭宗前。又如畅当小传称畅诸为其弟，札记引《文苑英华》畅诸开元九年登拔萃科的材料，计算其年龄远高于当，又据《元和姓纂》所录两人籍贯不同，而否定其为亲属关系。这类考订大都翔实有据，不少已成为定论。对于《全唐诗》中小传失考者，札记也多提供资料，为进一步研究提示了线索。书稿成于1939年，后辑入岑氏所撰《唐人行第录(外三种)》，1962年中华书局上海编辑所出版，1978年上海古籍出版社新一版。

元白诗笺证稿　研究著作。陈寅恪著。共六章，分别笺证唐白居易《长恨歌》、《琵琶行》，元稹《连昌宫词》、艳诗及悼亡诗，元白《新乐府》和元氏《古题乐府》等诗篇；末附论文五篇，就白居易的家世、思想、创作以及白氏与友人元稹、刘禹锡的交游加以论述。此书虽名“笺证”，实异于一般文字笺释，乃是广泛采辑和引证各种史料、文献，与作品相参照，求得以史证诗、以诗证史、互为补充、互为发明的效果。如论元稹艳诗及悼亡诗，作者从诗中反映出来的元氏与情人双文、妻室韦丛的关系，结合时人的门第观念，以考证唐代士大夫文人的婚姻选择和仕宦道路，皆有发前人之所未发。特别是其论元、白《新乐府》的章节，从社会经济、政治、司法、边防、习俗、伦理、宗教、艺术各方面着眼搜寻材料，详作比勘，不仅大大加深了读者对诗歌内容及其表现形式的理解，亦有助于全面、真切地把握整个时代。这种“史诗互证”的方法，显然突过旧史家单纯引史事考释诗篇的传统，足以展示文学与人生之间纵横交错的复杂图景，为古典诗歌研究开拓新的视野，在学术界产生了重要的影响。原书稿1950年由岭南大学中国文学研究室出版，后经作者屡次订补，于1955年、1959年分别由文学古籍刊行社和中华书局上海编辑所重新出版；1978年上海古籍出版社发行新一版，又增入作者撰写的十三条校补记。

唐代诗人丛考　研究著作。傅璇琮著。收文二十七篇，分别考证唐高宗至德宗期间三十二位诗人的生平和著述情况，包括杨炯、杜审言、王翰、王湾、王之涣、崔颢、常建、李颀、王昌龄、高适、贾至、张谓、张继、李嘉祐、刘长卿、韦应物、刘方平、戎昱、戴叔伦、顾况、皇甫冉、皇甫曾、钱起、韩翃、卢纶、吉中孚、苗发、崔峒、夏侯审、耿沣、司空曙及李端。引用资料翔实，考订精审，对补正陈说有重要贡献。如历来介绍刘长卿的事迹，多依据高仲武《中兴间气集》、姚合《极玄集》和《新唐书·艺文志》的零星记载，本书从史书、笔记、方志、唐人文集乃至诗人自己的作品里勾稽大量材料，不仅坐实了高氏“两遭迁谪”之说，纠正了后两书的若干疏误，还使刘长卿一生活动得到较清晰而连贯的显现。同时，也注意到对诗人创作的考评。如论述李颀，在其边塞诗和摹写音乐的篇什之外，强调指出他用诗歌描述人物的成就；论述顾况，于其关心人民疾苦的诗章外，着重说明他风格中想像奇特、富于浪漫色彩的一面，皆有助于对诗人作品风貌的全面把握。尤其值得称道的，是作者的眼光常越出个别事象论断的限界，进入宏观观照的层面。如对初唐诗人杨炯、杜审言的考辨，便能透过人物宦途的浮沉，显示所代表的文学集团的动向及其与社会政局的关联。又如对一批长期受冷落的大历诗人的考察，也能从各人经历及相互交游中，揭示当时诗坛上存在着以长安和洛阳为中心的“十才子”群体和以江东吴越为中心的另一个群体的事实，指明其创作上的差异。这实际上是借助考据来反映历史的整体风貌，以推动文学史的综合研究，是对传统考证方法的突破。1980年中华书局出版，1981年重印。

唐诗人行年考　研究著作。谭优学著。收文十篇，分别就唐王翰、孟浩然、李颀、崔颢、王昌龄、高適、储光羲、李益、张祜、赵嘏等十位诗人的生平行事进行考证。这些诗人在文学史上均占有一定地位，而历史记载相当简略，经作者潜心考索，使不少问题得以澄清。如孟浩然在旧说中一向被目为高人逸士，作者用大量资料证明其原本热中于仕进，由于长期蹭蹬不遇才被迫退隐。又如高適传记材料里有好些疑点，众说纷纭，作者则对其生年、入仕时间及若干游踪重作考定。各篇文章体例不一，或以编年为纲，或以问题分目，但篇末多附小传、年表，进行归纳整理，兼及其诗歌创作的简要述评，亦可供参考。1981年四川人民出版社出版。后作者另撰《唐诗人行年考续编》，增考宋之问、沈佺期、王维、戎昱、王建、许浑、雍陶、薛逢、马戴、薛能、李频、郑谷、崔涂等十三位诗人的事迹，1987年巴蜀书社出版。

全唐诗人名考　研究著作。吴汝煜、胡可先著。作者有鉴于唐人喜欢以诗歌交往，而诗中提及对方又多用行第、别称、官职、谥号，不著名字，对读者理解诗造成一定困难，故有此编(见前言)。全书就《全唐诗》中诗题、诗序、小注所涉及的人名，共搜辑前人(包括同时代人)已有的考订成果约三千四百四十余项，作者自己考订成果三千八百六十余项，合计达七千三百项以上，是唐诗人名考订的一次总汇。在编排上，大致按时间先后，以人立目，将有关同一对象的考订材料集中在一起，便于检索。凡引用他人成果者，均注明出处；新作出的考证，则详列根据。根据确凿者，即明断是非；虽有依据而尚未能确证者，则指出疑点，供人研讨。本书亦兼带纠正了《全唐诗》的一系列讹错，如考定唐玄宗《赐诸州刺史以题座右》诗序中的“袁仁恭”当作“袁仁敬”，张九龄《和黄门卢侍御咏竹》诗题中的“侍御”为“侍郎”之误，对研究唐诗皆有裨益。1990年江苏教育出版社出版。

唐诗论评类编　资料汇编。陈伯海主编，黄刚、张寅彭参编。系从历代有关的总集、别集、诗话、笔记、史志、书目共七百种典籍中，摘录、汇总其论评唐诗的资料一百二十余万字，按类分编。设总论、外部关系论、流变论、各体论、题材作法论、流派并称论、作家论、典籍论八个大类，每大类分若干小类(如总论分盛况、质性、渊源影响，流变论分流变综说、初唐、盛唐、中唐、晚唐、五代十国，各体论分各体综说、乐府、歌行、古诗、律诗、绝句、联句和韵集句、杂体)，小类再区划细目(如律诗又分体制渊源、流变、作法、品评、应制与应试诗、齐梁体与格诗、变体拗律及其他)，各目之中大致按年代先后编次。编者自称体例仿自明胡震亨《唐音癸签》，将零散资料按专题整理，既可分门别类显示各个题目的历史积累，总合起来又能反映整个唐诗研究所已然形成的理论知识结构(见后记)。但《唐音癸签》取材稍精，迄于明代，本书则收录范围更广，分类亦较为细密。1993年山东教育出版社出版。

全唐文纪事　资料汇编。清陈鸿墀编。一百二十二卷。为陈氏在纂辑《全唐文》时从各种典籍中辑录有关唐文资料而成，本意旨在与《唐诗纪事》相配。编排上，仿《世说新语》体例，分为八十门。卷首有陈澧序、《凡例》，并罗列《征引书目》于正文之前。所引资料，除正史传记外，旁及野史、笔记、小说、考证文字、金石碑版和书籍题跋等，达五百八十一种之多，足资参考。但其资料缺乏提炼取舍，显得精粗杂陈，分门也繁琐苛细，不尽恰当，故在一定程度上影响了此书的价值。有清同治十二年(1873)刻本，然错讹较多。1959年中华书局上海编辑所排印出版时曾对照所征引原书作校勘核对，1987年上海古籍出版社重版。

读全唐文札记　研究著作。清劳格著。为作者《读书杂识》中一卷。包括正文、“续补”和“唐文补遗”三部分。正文一百二十七条，“续补”七条，共考出《全唐文》中作者姓名、小传有误四十余人，文章有讹误近百篇，重出文三十四篇，误收其他朝代文章或疑伪十六篇，补出阙名作者姓名五条。又在《唐文补遗》中辑得六十六人佚文八十八篇，佚名文十八篇。岑仲勉尝评此书“抉其复误，补其疏略，目其遗载，读是书者诚当家置一编矣”(《读全唐文札记》)。实开后代对《全唐文》匡谬正失、辑补删伪之先河。有《月河精舍丛钞》本。1990年上海古籍出版社出版的《全唐文》收附。

读全唐文札记　研究著作。岑仲勉著。为其于抗战时在昆明治史之余校理《全唐文》之成果记录。共三百十条。前有序，述其撰写原由、经过。作者以《全唐文》排列为序，“顺卷次列”，共考出《全唐文》中作者误置、姓名舛误、题目夺误、正文讹脱、重出互见、误收其他朝代文章以及作者小传中时代不合、世系淆乱、职官讹错、数人合为一、一人分为二等谬误错失数百处，共涉及文章二百余篇、作者近百人。其中多为清劳格《读全唐文札记》所未言，间有申发劳氏之语焉不详者。其匡谬正失，甚为精当，足见其作为当代著名史学家治史之缜密态度和深厚功力。在《全唐文》考辨中，本书上继劳格，下启今人，向为唐文史研究者所称道。首载于1947年《历史语言研究所集刊》第九本。中华书局将其附于《唐人行第录》后，1962年出版。

唐代古文运动论稿 研究著作。刘国盈著。为有关唐代古文运动论文集，共二十二篇。从各个不同侧面较充分地论述了唐代古文运动的发展和主要作家的创作。可分为三部分，一是总论唐代古文运动，有《论唐代古文运动产生的原因》、《唐代古文运动和佛教》、《唐代古文运动衰落的原因》等三篇；二是分论唐代古文家与古文运动关系，有《论陈子昂》、《柳宗元和古文运动》等九篇，论及陈子昂、元结、柳宗元、刘禹锡、杜牧、皇甫湜、李翱、皮日休和孙樵等九人；三是专论唐代古文运动主将韩愈，有《韩愈的生平》等十篇，分别从其生平、与永贞革新关系、政治倾向、散文艺术、理论建设、与柳宗元关系等方面作了论述，并以专文分析《师说》、《原道》两文。作者论述细致深入，颇具新见，为唐代古文运动论著中较有代表性之作。陕西人民出版社1984年出版。

唐代古文运动通论 研究著作。孙昌武著。除"序章"和"结语"外共分八章。分别论述"古文"的含义和渊源、古文运动的背景、文体革新的兴起、古文运动的发展、古文运动的贡献和经验等问题。并专文阐述古文运动主将韩愈和柳宗元的政治思想、散文创作及其文学理论。也论及有唐一代众多其他参与古文运动的作家。作者既着眼于古文运动发生、发展的社会历史背景，更着力分析文学内部的因素；在高度评价古文运动成就，肯定其伟大贡献的同时，亦实事求是地指出这个运动及古文的局限，故作者的观点颇能令人信服。论述中迭有新见，多能给人以启迪，学术价值较高。书后并附"引用书目"和"后记"。百花文艺出版社1984年出版。

唐代小说研究 研究著作。刘开荣著。论述唐代传奇小说兴盛的社会原因，以及它与当时古文运动、进士科举制度、佛教传播之间的关系。并从思想与艺术的角度，具体分析了王度《古镜记》、无名氏《补江总白猿传》、白行简《李娃传》、元稹《莺莺传》、蒋防《霍小玉传》、李公佐《南柯太守传》、沈既济《枕中记》、袁郊《红线传》等唐传奇小说作品，从而揭示出唐代小说的地位与影响。商务印书馆1956年出版。

唐代小说史话 研究著作。程毅中著。十一章，论述唐代小说的发展过程。分唐代小说为前、中、后三期，并上溯其源流，下及于五代，按历史顺序对作家作品加以考订、论述，在吸收前人研究成果的基础上，往往有所发明。如唐前期小说《稽神异苑》，晁公武《郡斋读书志》怀疑它与唐人焦璐的《穷神秘苑》为同一书，而著者以其所收故事并新、旧《唐书》著录材料为依据，指出焦璐为中晚唐时人，不可能作《稽神异苑》，故断定二书不同。文中论及唐人小说作品一百多部（篇），大多用心查证，持论谨严，并注意系统性，为唐人小说研究领域的较新成果。文化艺术出版社1990年12月出版。

唐代进士行卷与文学 研究著作。程千帆著。全书共分九部分。作者考究了唐代行卷之风的来由，对当时行卷之具体内容和方式亦作了探讨，尤着力论证了唐代行卷之风与唐代文学间的相互关系，对前人在此问题上某些疏误作了匡正，得出"对于唐代文学发展起着积极的促进作用的，并非进士科举制度本身，而是在这种制度下所形成的行卷这一特殊风尚"的结论。由于作者博采群书，将批评建立在缜密坚实的考据基础上，看法精当新颖，颇为学术界重视。有关唐代行卷问题，程氏以前几无人深入研究，即便如元马端临《文献通考》、清徐松《登科记考》等书对此亦未予展开。而全面论述行卷与文学关系，更以此书为首倡，其学术研究上的开创意义，当不在作者所提出的具体见解之上。上海古籍出版社1980年8月出版。

隋唐五代文学思想史 研究著作。罗宗强著。共十一章。按历史发展的各个时间段落论述隋唐五代近三百八十年间文学思想的演变；前有引言，相当于总论；后有结束语，就若干理论问题作出归纳、总结。此书对"文学思想"采取宽泛的理解，不仅指文学理论与批评中所表述的观点、主张，还包括具体创作活动和作品里反映出来的文学思想。故它在研究方法上强调理论与实践的综合考察，注意从创作中发掘作家的审美心态和审美观念，将特定的理论主张放到当时文学实际中加以验证，这就使书中论述摆脱了一般理论批评史常有的从概念到概念的抽象格局，取得较为广阔的视野和丰富、生动的内涵，如对盛唐"风骨"和大历诗人标举“高情远韵”的解析，都可以说达到入木三分的程度。此书又具有鲜明的“史”的意识。它把这一时期文学思想的历史进程划分为隋、初唐、盛唐、转折前期（天宝中至大历中）、转折后期（大历中至贞元中）、中唐、晚唐前期（宝历至大中）、晚唐后期（咸通至唐末）、五代共九个段落，努力寻求其内在的逻辑，如将隋与初唐看作由六朝向盛唐的过渡、转变期，将天宝中至贞元中的两段定为盛唐至中唐的转折、回旋期，藉以显示历史演进中的脉络起伏。它还给整个隋唐五代文学思想的演变，勾画出一条由反绮艳开始、最终复归于绮艳的运行轨迹，进而探讨这一轨迹在诗歌、散文等不同文学样式中的不同表现，以及文学思潮如何通过士人心态的折射以反映社会政局的变动和前后思潮之间相互衔接而又转折等规律性问题，从而使整部著作超越“史”的范畴，呈现出较强的理论色彩。1986年上海古籍出版社出版。

唐代科举与文学　研究著作。傅璇琮著。共十七章，四个部分：首章介绍材料背景，次章总论唐代科举，三章至十三章分别论述科举制度的各个环节，十四至十七章探讨科举与文学风气、社会风气、学校教育、官员选拔等关系。征引资料繁富，概括全面，持论允当，系统严明，实为力作。作者以“立体交叉的研究”的方法，即“通过史学与文学的相互渗透或沟通，掇拾古人在历史记载、文学描写中的有关社会史料，作综合的考察，来研究唐代士子（也就是那一时代的知识分子）的生活道路、思维方式和心理状态，并努力重现当时部分的时代风貌和社会习俗”（自序）。所以作者尽管对唐代科举的方方面面叙写相当详细，却总是把着眼点放在它为一代士夫文人所提供的活动天地及观念导向上，进而述及其在文学创作上的反映。如第七章“进士考试与及第”，在介绍了进士及第的种种荣遇之后，指明正是这一状况酿成一部分士人狂放而高自期许的心态，影响及于盛唐诗风。又如第十二章“举子情状与科场风习”，从举子们在试前相互结纳以制造声誉的积习中，探究出中唐以后朋党政治的来由，并用以解说晚唐文风卑弱的现象。如此来把握科举与文学之间的关系，才得以避免简单化的对应，而使文学与人生的交汇呈现为立体化的景观。1986年陕西人民出版社出版。

唐集质疑　研究著作。岑仲勉著。共七十二条。作者研究唐史时佐读唐人集，曾作札记百余条，本书即据此整理而成。首有小序，述其写作之由。所论涉及唐人生卒籍贯、官职履历、碑志壁记、遗文存目、制诏表奏等诸多方面，提出并解决唐人文集中不少疑难问题。所论作家包括王勃、张说、李白、杜甫、李观、独孤及、颜真卿、柳宗元、韩愈、元稹、韦应物、贾岛、姚合、李德裕、韩偓等人。对唐文史研究，具重要参考价值。初载于1947年《历史语言研究所集刊》第九本。后附于其所著《唐人行第录》中，由中华书局上海编辑所1962年出版，1978年上海古籍出版社再版。

唐集叙录　研究著作。万曼著。著录有传本的唐人诗集、文集、诗文合集共一百零八家。作者对这些别集的著者、书名、卷数、成书年代、编辑者、刊刻者、收藏者等均按时代先后作了较详尽介绍。尤重在考述各集版本源流、编次体例以及在后代的流传、演变等情况。编排以《四库全书总目》顺序为次，征引资料极为丰富，举凡唐以后各代官修书目、正史中《艺文志》、《经籍志》、新旧《唐书》中诗人本传、私家藏书目录等均广泛征引，并充分利用了有清一代著名考订家、校雠家、收藏家、鉴赏家所作藏书叙录题跋、校勘考订成果。此外，还著录了若干种敦煌出土的唐写本残卷。本书对人们了解唐人别集有重要参考和使用价值。中华书局1980年出版。

唐诗选本六百种提要　目录学著作。孙琴安编著。勾稽历代唐诗选本六百余种，起自唐初，迄于清末，各加提要，按时代先后编列。提要中除注明版本、卷数外，还对选家的生平、思想和书的内容、体例、存佚情况予以介绍，并评析其长短得失。对于已佚或未见的书目，也从既有线索中作出考断。由于作者把选本视为“唐诗研究的一个重要组成部分”（自序），刻意从多方面去搜集材料，故网罗较为齐备，为考察唐诗选本的历史沿革提供了切实的凭藉。大量摘引的前人序跋、评语，更是研究唐诗的珍贵原始资料。书前有作者长序，综述唐诗选本的发展概况，书后附录日本学界唐诗选本若干种提要，另民国以来唐诗选本书目及近年来台湾出版的唐诗选本书目。1987年陕西人民教育出版社出版。

唐诗书录　目录学著作。陈伯海、朱易安编。收录现存历代有关唐诗的书目二千七百四十种，起自唐代，迄于1985年，按总集、合集、别集、评论及资料四类分编。各编之内大致以出版年代先后为序，别集类则以人系书，而将有关注本、选本、续补本之类附列于本集之后。

所收书目一一标明书名、卷数、朝代、编撰人与各种版本；稀见善本及有前人批校题跋者，多注明馆藏。各书目后并附有“备考”一栏，摘录历代典籍中所记载的相关资料，以反映书籍的版本流传和前人考订、评述的成果。对见载于各种史志、书目、诗话、题跋而现今不传或存逸难明之作，均阑入正文后的附录。作为一部搜辑较为详备的专题性书目，为唐诗研究者提供了方便。1988年齐鲁书社出版。

唐诗鉴赏辞典 上海辞书出版社编。不分卷。录唐五代一百九十余家诗一千一百余首，以人系诗，略按时代先后编次。此书特点在于“将文学赏析读物和工具书融为一体”（出版说明），不仅选录面广，兼收并蓄不同流派作品，且在每首诗后缀以赏析文章，分别约请国内一百二十余位学者撰写，就诗篇主题思想、篇章结构、意象经营、修辞手法等详加解说鉴赏，对导引阅读唐诗、提高艺术鉴赏力有积极作用。书前有程千帆序言，扼要说明唐诗繁荣原因和流变过程。书后附录诗人小传、诗人年表、唐诗书目、名句索引等多种资料图表，既便检索，又提供了必要的基础知识。在近期出版的各种唐诗鉴赏集里，本书具有集大成的性质。1983年上海辞书出版社出版，并多次重印。

全唐诗典故辞典 工具书。范之麟、吴庚舜主编。系《典诠丛书》之一种。遵循立目从细、收取求备的原则，共录入《全唐诗》中的事典和语典辞目七千余条，按笔画顺序编列。每一辞目的内容均由出典、释义、例句三部分组成：“出典”指明典故出处，尽量征引较早的文本，遇有歧义并加辨证；“释义”概述典故原义，如属一典多义，亦作分别解说；“例句”则列举典故在《全唐诗》中的用例，结合作品逐例阐释该典的具体用法和特定涵义，不仅引例丰富，释意切当，还常能点出其在修辞谋篇上的作用，对阅读、理解唐诗甚有帮助，此为全书特色之所在。1989年湖北辞书出版社出版。

唐诗大辞典 工具书。周勋初主编，莫砺锋、严杰副主编。收辞条六千二百余条，分诗人、体类、名篇、著作、格律、成语、典故、胜迹八大门类，每类再按笔画顺序排列。“诗人”类收罗最为详备，共设条目三千九百条，远远超过《全唐诗》所录二千二百余家，许多仅见于金石、方志、类书、笔记、佛典、道藏而鲜为人知的诗人，俱可由此查获。“著作”类亦辑入不少有代表性的选本、注本和研究著作，足以反映一千多年来唐诗研究的概貌。所列辞条内容扎实，引证资料可靠，并反映新的研究成果，使本书成为兼具知识性与学术性的专题工具书，体现了当前唐诗学界的整体水平。书末附录《唐诗文献综述》和《唐诗大事年表》，前者对有关唐诗的文集、史传、小说、谱牒、碑志、壁记、登科记、书目、诗话、艺术、地志、政典、释道书等十三类文献予以分别介绍，各各指明其性质、特点、源流演变和使用方法，后者以编年形式排比史事及诗人事迹，尤着眼于诗人的文学活动，均富参考价值。1990年江苏古籍出版社出版。

中国文学家大辞典（唐五代卷） 工具书。周祖譔主编。系中华书局编纂的多卷本《中国文学家大辞典》之分卷。以“求全”、“求实”为宗旨（见出版说明），收录文学家近四千人，起自唐初，迄于五代十国，凡有作品存世或唐宋公私书目曾著录其有诗文别集及其他文学著作者，皆在网罗之列；至于诸总集中误收其他朝代之人，以及《全唐诗》阑入的仙、神、鬼、怪、梦等诗的作者，事涉虚妄而无从确考者，为便于稽查起见，亦作为附录列入。条目内容包括作家生平仕履、创作活动、文学成就、作品存佚及主要资料来源五个方面，而以提供事迹为重点，其中有相当一部分属新发现的资料及考订结论。故此书既为实用之工具书，亦汇集和反映出当前研究唐人传记与著述所取得的成果。1992年中华书局出版。

敦煌文学

敦煌文学 本世纪在甘肃敦煌地区所发现的古代写本文学作品的总称。主要有诗歌、俗赋、讲经文、变文、话本、词文、论议文、曲子辞八大类别，其中大部分是用于讲唱等表演艺术的民间文学作品。敦煌诗歌以唐五代作品为主体，经整理，其总数在三千首左右，包括《王梵志诗集》、《唐人选唐诗》、《珠英学士集》、《心海集》、《敦煌唐人陷蕃诗》等具有总集性质的诗卷以及《李峤杂咏注》、《高適诗集》、《白香山诗集》、《涉道诗》等具有别集性质的诗卷。部分诗卷可用于校勘通行本唐诗，王梵志诗、陷蕃诗又分别展示了唐代白话诗、纪行边塞诗的面貌。敦煌诗歌由于同民间讲唱文学关系密切，故有篇制巨大、多首组合、表演性强的特点。其中《读史编年诗》以七十四首成组、《敦煌廿咏》

以二十首成组、《咏二十四气诗》以二十四首成组，具有类书或蒙书的性质。这些诗篇可从不同方面丰富唐诗史的内容。敦煌曲子辞作为中国最早的按固定曲调作辞的文学品种，反映了“词”的原生形态和词同隋唐燕乐的密切联系。目前发现的敦煌曲子辞有一千首左右，包括《云谣集》等歌妓演唱的文本，《十二时》、《五更转》等僧侣俗讲的常用曲辞，以及一批自娱性的曲子作品。它们题材广阔、语言朴素，拥有丰富的性格化、情节化的表现手段，往往数十首联章，足可证明词只是一部分唐代曲子辞向文人化方向发展的产物。讲经文、变文、话本、词文、论议文和俗赋都可以归入讲唱文学的范畴。讲经文用于佛教俗讲，用散韵相间的形式解说经文，采用民歌调和佛教转读法吟唱，因其丰富的伎艺手法而影响了其他讲唱艺术。变文用于转变伎艺，是一种主要依据民间传说、历史故事和现实题材进行创作的俗文学文体，直接导致后世诸曲艺品种的产生。观其韵散结合、配合图画（变相）表演、以押座文开篇和下场的形式以及多讲述佛教人物因缘的内容，可知它脱胎于俗讲。此外，以韵文唱词为主体的讲唱文学品种词文、以故事讲述为主体的讲唱文学品种话本、采用问答和诘难方式的讲唱文学品种论议，也经历了脱胎于佛教唱导而向世俗化方向的发展。而敦煌赋则是植根于中国本土传统的文学品种，以韵诵的方式（而非歌唱的方式）用于表演。其口语化、故事化、对话体、谑谐风格等特色，源自区别于文人赋的民间赋传统。敦煌文学展示了中国古代文学依靠口头传播、始终密切联系于各种表演艺术的一面。

敦煌诗歌　存见于敦煌遗书中诗歌作品的总称。除录自《诗经》、《文选》、《玉台新咏》的写本诗歌以外，大都由隋唐五代人创作。其中部分诗歌写卷具有总集性质，例如伯 3771 等写卷 的《珠英学士集》、斯 2295 等写卷的《心海集》、载于二十三种写本的三种《王梵志诗》、伯 2552 等写卷的“唐人选唐诗”、伯 2555 写卷的“敦煌唐人陷蕃诗”；部分具有别集性质，例如《李峤杂咏注》、《高適诗集》、《白香山诗集》、《东皋子集》、刘邺《甘棠集》、《涉道诗》等。这些诗集具有很高的文学史料学的价值，既可补通行唐诗之阙，又展示了一些新的诗歌流派，此外还反映了诗集编选者的独特的文学思想。某些作品具有鲜明的地方特色、作者群特色和体裁的多样性。陷蕃诗以边塞纪行的形式，深刻反映了河陇地区在战争阴影笼罩下的悲凉和荒芜；《白雀歌》、《龙泉神剑歌》再现了金山国开国时的历史；《敦煌廿咏》展示了敦煌风物的粗犷景观；僧侣篇什和民间诗歌则以歌诀体、偈赞体、九相观诗体、重句联章、定格联章等体裁，或在宗教的名义下揭示人生哲理，或讲述历史、介绍时令，表现了俗文学的特殊风格。由教化功能、知识功能所要求的白话形式和组诗形式，由娱乐功能而产生的谑谐风格和故事性、表演性，是敦煌诗歌的显著特征。

敦煌曲子辞　敦煌文学文体名。载于敦煌写本、按隋唐燕乐曲调谱写的作品。由于受器乐曲的节制，配合确定的曲调，故有节奏鲜明、辞式稳定的特点，是南北朝以来中外音乐相融合的产物。现存敦煌曲子辞约一千首，包括使用教坊曲调、演为后世词调的作品，也包括《十二时》、《五更转》等僧侣所作的长篇联章辞。由于它同民间生活、民间歌舞风俗联系密切，故题材广阔，能多方面反映社会现实，并塑造出众多人物形象，如贾客、渔夫、豪侠、道士、僧徒、磨面娘子、少年将军等。其区别于文人曲子辞的风格特点是朴实自然、流利尖新、富于表演性和故事性。由于来自民间歌场踏歌的风俗，故往往使用多首乃至数十首联章；由于用于民间表演艺术，故有对话、问答、第一人称代言、故事叙述等性格化、情节化手法。其语言通俗生动，如“两眼如刀”、“把人尤泥”、“一只银瓶子两手拴”诸语。此外《菩萨蛮》“溪边舞”连用十组叠字描摹江畔舞蹈，《菩萨蛮》“千般愿”连举七种不可能之事喻爱情的坚贞，亦属修辞手法上的大胆创造。其最早的总集是《云谣集杂曲子》。此集因调系辞、标明“曲子”，作品多用妇女口吻，可证是有乐工伴奏的、用于歌妓演唱的唱本。它代表了直接影响于文人词的一种曲子辞类型，为解决词的起源问题提供了坚实的证据。鉴于中西音乐文化的融合、大量具有固定曲度的乐曲的流行、因声度词成为普遍的歌辞创作方法，是曲子辞得以存在的历史条件；而文人同乐工歌妓的接触、表演性的曲子辞向游戏性（例如酒令）的曲子辞的转变，则是文人词得以存在的历史条件：因此可以说，敦煌曲子辞反映了“词”这种新兴文体的早期形态。

讲经文　敦煌文学文体名。指俗讲活动所用的底本。一般包括经文、散文说解、韵文说解、押座文四部分。前三部分反复联缀，散韵相间，构成讲经文的主体；押座文用于俗讲开讲前和终场时的吟唱，故经常独立成篇，或写在讲经文的首尾。讲经文的体例是一个四段式：首段“开赞”，唱释经题；次段“序分”，说明法会主题；第三“正宗”，逐段讲唱经文；末段“流通”，以歌赞总结全篇。正宗是讲经文中所占比例最大的部分，它的通常结构是：在一段经文之后，先用散文或骈文解说经文大意，然后用韵文复述散文解说的内容。现存的唐代讲经文均见于敦煌写本，包括《双恩记》、《维摩诘经讲经文》、《父母恩重经讲经文》、《长兴四年中兴殿应圣节讲经文》、《佛说阿弥陀经讲经文》、《妙法莲华经讲经文》、《金刚般若波罗蜜多经讲经文》、《说三归五戒讲经文》、《维摩碎金》等，另有独立的押座文多篇。

变文 敦煌文学文体名。指转变伎艺所用的文学底本。亦称变、缘、因缘、缘起。转变是一种配合图画进行的讲唱艺术，源于佛教讲经活动，故其形式特点是：采用韵散相间的体裁形式；用散文展开情节，用韵文解说“变相”，表达对话内容；韵文前面，常有关联于图画（变相）的辞句；首尾偶用押座文；部分变文（例如《降魔变文》）配有画卷。早期变文主要以佛本生、本行故事为题材，中唐以后则大量采用民间传说、历史故事和时事，成为一种俗文学的文体。现存的变文作品均作于唐五代，保存在敦煌写本之中，有《王昭君变文》、《汉将王陵变》、《丑女缘起》、《八相变》、《破魔变》、《舜子变》、《大目乾连冥间救母变文》、《太子成道经》、《伍子胥变文》、《李陵变文》、《张义潮变文》、《张淮深变文》、《降魔变文》、《孟姜女变文》、《目连缘起》、《四兽因缘》、《欢喜国王缘》、《难陀出家缘起》、《悉达太子修道因缘》等二十多种。

敦煌话本 敦煌文学文体名。保存在敦煌写本中的供说话所用的文学底本。“话本”一名多见于宋以后，隋唐时期称之为“话”。如隋侯白《启颜录》：“侯秀才，可与玄感说一个好话。”唐元稹《酬翰林白学士代书一百韵》诗自注：“又尝于新昌宅说《一枝花》话。”敦煌写本斯2144号所载佚名作品（今拟题《韩擒虎话本》）篇末题“画本既终，并无抄略”，“画”为“话”之讹。它表明唐代话本也曾配合图画而用于讲唱。敦煌话本是宋代话本的先导。它区别于变文、词文、讲经文等讲唱文学作品的特点是：以散说为主，韵文较少见，且用于故事发展的紧要处；口语化程度更强；主要采用世俗题材。这些特征为宋元话本所继承。敦煌写本所载话本有《庐山远公话》、《韩擒虎话本》、《唐太宗入冥记》、《叶净能诗》、《秋胡》、《黄仕强传》、《祇园因由记》、《伍子胥》等。

敦煌词文 敦煌文学文体名。敦煌讲唱文学中以韵文唱词为主体的作品。流行于唐五代，由词人创作和表演，其表演艺术称作唱词文。现存最早的敦煌词文产生于开元年间，以《金刚经》、《孝经》、《千字文》等儒佛两家典籍为素材，采用俗曲的曲调，在歌场中演唱，于七言歌赞中间插故事说白，被称为“词”。例如《开元皇帝赞金刚经功德》：“皆谈新歌是旧曲，听唱《金刚般若》词。”《新集孝经十八章》：“新歌旧曲遍州乡，未闻典籍入歌场，新合孝经《皇帝感》，聊谈圣德奉贤良。”此后词文作品向表演化方向发展，有大量以故事讲唱为主体的唱词，例如《季布骂阵词文》、《董永词文》。今存敦煌词文主要使用四类体裁：（一）曲子辞体。例如《新合孝经皇帝感》、《新合千文皇帝感》、《听唱张骞一新歌》用《皇帝感》曲演唱，为七言四句体；《十二时行孝文》、《十二时普劝四众依教修行》、《维摩五更转十二时》用《十二时》等曲调演唱，为“三三七七七”体。（二）民歌体。例如《季布骂阵词文》、《季布诗咏》、《董永词文》、《百鸟名》采用以七言为主体的民歌调，《王昭君安雅词》采用以五言为主体的民歌调。（三）偈赞体。例如《十吉祥》、《赞僧功德经》用七言体偈赞调；《三冬雪》、《千门化》用“三三七七七”体偈赞调，并与七言四句体的“平吟”、“侧吟”结合演唱。（四）赋体，以四言韵文为主体。例如《下女夫词》、《苏武李陵执别词》。词文的音乐体裁反映了它的三个主要来源（即民间曲子歌唱、民间韵诵、佛教唱导）同歌场故事表演的结合。

论议 又名“论义”。敦煌文学术语。指一种由表演双方围绕一个或多个命题，互相诘难，以问答形式进行的表演伎艺及其文学记录。源于战国时代纵横家的论辩之风。《史记·平原君虞卿列传》：“毛遂比至楚，与十九人论议，十九人皆服。”汉代儒学以经师、都讲分司开解、立义进行讲经的制度则为其雏形。它同时又是西域佛教的一种宣教方式。晋释法显《法显传》“拘萨罗国舍卫城”条：“出祇洹东门，北行七十步，道西，佛昔共九六种外道论议，国王、大臣、居士、人民皆云集而听。”随着佛教流传，论议日渐世俗化、娱乐化，到隋唐时期遂成为一种和转变、说话、俗讲并列的讲唱艺术，保留在敦煌遗书中。唐郭湜《高力士外传》：“每日上皇（唐玄宗）与高公亲看扫除庭院，芟薙草木，或讲经、论议、转变、说话，虽不近文律，终冀悦圣情。”唐代的论议不仅是俗讲的一个组成部分(即采用法师与都讲相辩难的表演形式)，而且独立成为僧与道、僧与俗、俗与俗共同进行的讲唱伎艺。它包括触发式、邀请式、擂台式等三种论辩形式，其进行程序则有击论议鼓、竖义(又称“发题”)、论难等项目，在寺院、宫廷、学堂、广场等各种场合进行。敦煌写本所保存的《茶酒论》、《晏子赋》、《孔子项託相问书》等，均是论议作品。

敦煌赋 敦煌文学文体名。敦煌写本中用于韵诵的赋体作品。除《西京赋》、《吴都赋》、《登楼赋》、《啸赋》等采自《文选》的作品外，今存敦煌赋二十种，即：(一)刘希夷《死马赋》、卢竧《龙门赋》、佚名《月赋》、《酒赋》、《子灵赋》，诗歌体，主要是七言歌行；(二)王绩《游北山赋》、《元正赋》、《三月三日赋》、刘朝霞《驾幸温汤赋》、白行简《天地阴阳交欢大乐赋》、张侠《贰师泉赋》、佚名《齖䶗书》、《佚名赋》，骈体，主要是四六言韵文；(三)赵洽《丑妇赋》、佚名《晏子赋》、《秦将赋》、《去三害赋》、《燕子赋》、《韩朋赋》、《渔父歌沧浪赋》，散文体，多通过对话展开故事。其共同特点是使用铺陈手法、用于韵诵，为敦煌讲唱文学中同中国本土传统联系最密切的一个艺术品种。其中的佚名赋篇尤具寓庄于谐、善用渲染和夸张、以问答和辩说构成作品主体、富于故事性的特色，反映了区别于文人赋的民间口头赋传统的存在。其渊源可以追溯到《汉书·艺文志》所说的“杂赋”。其中《酒赋》以通俗的语言和明快的节奏抒发感情，《秦将赋》和《韩朋赋》以细腻的手法描写故事，《晏子赋》和《燕子赋》则富有论辩色彩：分别表现了敦煌赋同表演唱(唱词文)、讲故事(说话)、论议等讲唱艺术的联系，并说明敦煌赋作品曾用于这些讲唱活动的韵诵节目。由敦煌赋所代表的韵诵传统对后世的表演艺术发生了深刻影响。宋金院本中的《大口赋》、《风魔赋》、《寮丁赋》、《田命赋》等讲唱作品，宋话本中的下场诗，后世曲艺中的诗赋开篇以及快板书等韵诵艺术，都对敦煌赋的文体和表演形式有所继承。

俗赋 敦煌文学文体名。敦煌写本中所保存的民间赋体作品。由于它采用韵诵方式在歌场表演，故具有口语化、故事化、以对话展开情节、用诙谐语作夸张描写、句式散漫、叶韵宽泛的特点。其代表作品有《丑妇赋》、《燕子赋》、《齖䶗书》、《韩朋赋》、《晏子赋》和《秦将赋》。它源于古代民间杂赋。据《荀子·成相》及各家注解，赋体文学肇端于役夫劳讴和瞽矇讽诵，尽管后来文人赋盛行，但民间赋一直以杂赋的名义独立存在。俗赋即是民间赋长期存在并流传的典型证据。保存在敦煌写本中的文人赋亦多具俗赋的特征。例如《渔父歌沧浪赋》以人物问答为作品主体，《驾幸温汤赋》使用俳谐语调，《天地阴阳交欢大乐赋》以各种性关系中的男女欢合为题材。它们从不同的角度反映了俗赋的表演功能及其审美趣味。

因缘 又称“缘”、“缘起”。敦煌文学文体名。敦煌变文作品的别名。原是佛教术语，指事物的因果关系和事物的来历。唐代早期变文作品偏重使用佛教题材，讲述佛本生、本行故事，宣传因缘果报思想，故多以“因缘”、“缘”、“缘起”为名。如《悉达太子修道因缘》、《四兽因缘》、《金刚丑女因缘》、《丑女金刚缘》、《目连缘起》等。

押座文 又称“压座文”。敦煌文学文体名。指在俗讲、转变等讲唱活动开场前和终场时歌唱的韵文。其作用是静摄座下听众，故名。在俗讲活动中，押座文是梵呗使用的文本，故多由七言诗句组成，富于音乐性，可以独立成篇，并不专用于某一讲经文。转变伎艺脱离俗讲而成为独立的讲唱艺术之后，仍保存用歌赞押座的形式，故在变文和讲经文的首尾，往往也载有押座文；至于不载押座文的变文，则可以推断是用独立成篇的押座文押座的。今存敦煌写本中尚有许多独立的押座文，例如斯2440号所载《八相押座文》、《三身押座文》，斯7、斯3728、伯3361等本所载《故圆鉴大师二十四孝押座文》，斯2440、斯1441、伯3210、伯2122等本所载《维摩经押座文》，斯2440、伯3210等本所载《温室经讲唱押座文》。其中斯2440号写本是押座文的专集。此本所载《八相押座文》与潜字80号变文《太子成道经》前的歌赞词词句相同，是用于变文的押座文。

解座文 敦煌文学文体名。押座文的组成部分。指俗讲终场时吟唱的韵文，作为结束讲经活动的致语。因常用佛教转读法吟唱，故又名“解座梵”。《广弘明集》卷一九梁陆云《御制般若经序》：“自开讲迄于解座，凡讲二十三日。”《续高僧传》卷二九《读诵篇》：“经讫下座，自为解座梵。梵讫，华乐才歇。”唐代俗讲影响了各种讲唱艺术，故在转变、唱词文等讲唱活动中都采用了以唱诵解座文散场的形式。敦煌写本中尚存有许多单独成篇的解座文，供灵活应用于不同的讲唱场合。在伯2305、伯3128、斯2440等写本中记有解座文十一段，其内容或为劝募布施，或嘱听众“明朝早来听真经”，或作调侃语送别，是后世曲艺下场诗之滥觞。

儿郎伟 全称“儿郎伟驱傩”，又名“儿郎卫”、“驱傩文”。敦煌文学文体名。在唐代主要指配合腊月驱傩仪式而演唱的民间歌辞。以六言为主体。因驱傩除疫需祈请“伟郎儿”(即“阿郎”、“钟馗大郎”)，故名。儿郎伟驱傩仪式源于先秦傩祭，保留了方相氏驱鬼的方式：主角伟郎儿妆扮成神兽形象的钟馗，身着特制的豹皮服，“熊罴爪硬，钢头银额”。《儿郎伟》即伟郎儿驱傩时的唱辞。其辞亦用于新房上梁、婚娶障车仪式。儿郎伟是敦煌文学的一个重要品种，其作品见载于伯3302、伯4976、伯3468、伯3270、伯3552、伯4011、伯4055、伯3856、伯3702、伯2552、斯2055、斯6207等写本，分别以《儿郎伟》、《除夕钟馗驱傩文》、《上梁文》等为名。其内容包括祝福家庭兴旺、歌唱生产发展、颂扬战斗胜利、庆贺国泰民安等方面。其体裁特点为双句末字押韵，一韵到底；开头格式固定，说明驱傩主题；结尾合唱；除六言外，也使用三言、四言、七言之体。儿郎伟对敦煌俗文学的各个品种都有影响，同时代如唐司空图《司空表圣文集》卷一〇所载的《障车文》、后世如清释澹归《偏行堂集》卷八所载三篇寺庙殿堂上梁文，均亦受其影响。

梵音诗 敦煌文学文体名。用佛教呗赞曲或佛教转读法吟唱的诗体韵文。敦煌讲唱辞中的“平”、“侧”、“断”、“古吟”、“偈”等音曲符号，即是梵音诗的标记。伯2107号敦煌写本《千门化》篇末载有《侧吟》：“两两共吟金口偈，三三同演梵音诗。暂离峰顶巡朱户，略出云房下翠微。”

俗讲 敦煌文学术语。为盛行于隋唐五代的一种讲唱形式。由僧侣、道士讲唱，听众为世俗人，故称为“俗讲”，以区别于“经讲”。俗讲专名始见于唐段成式《酉阳杂俎》续集卷五《寺塔记》：“佛殿内槽东壁维摩变，舍利弗角而转膝。元和末俗讲僧文淑装之，笔迹尽矣。”其制度源于六朝的唱导，其题材为宗教经典和宗教故事，其表演手段则混合了佛教的转读、赞呗和民间的歌曲。据日本僧圆仁《入唐求法巡礼行记》和伯3849号敦煌写本，俗讲包括颂梵呗、唱释经题、谈经、说押座、唱经文、解说经文、论议等项目。主要表演于寺院，同时也用于宫廷、戏场中的法事活动。现存的敦煌讲经文、押座文，都是俗讲的表演底本。

转变 敦煌文学术语。指说唱变文的表演形式。流行于唐五代。其特征为配合图画表演，一边向听众展示图画，一边说唱故事，通过转变固定的图像来表现故事情节，故名。《太平广记》卷二六九引《谭宾录》云：“于要路转变。”唐郭湜《高力士外传》云：“或讲经、论议、转变、说话，虽不近文律，终冀悦圣情。”其所用题材为佛本生、本行故事，也采用民间传说、历史故事和时事。表演者为僧徒或男女艺人。可在专设的变场表演，亦可在宫廷、宅府、要路及寺院表演。表演程式为开场先唱一段押座文；然后配合图画，以散文说白叙述故事情节，以韵文歌吟描写“变相”、表达对话内容；终场时再唱一段与故事情节相关的韵文或骈文。由于它是一种脱胎于俗讲的表演艺术，故同俗讲有多种联系：一、有些变文使用押座文；二、有些变文又名“缘”、“因缘”、“缘起”；三、转变时常用“经题名字唱将来”等俗讲套语；四、相当数量的转变作品以佛教故事为题材，并由僧侣演唱。

唱词文 敦煌文学术语。指一种以清唱为主的讲唱故事的伎艺。同俗讲、转变相区别，其特点是脱离佛经和变相而作单纯的故事讲唱。流行于唐五代。《季布骂阵词文》篇末云：“具说《汉书》修制了，莫道词人唱不真。”知其以歌唱为主，用词文为讲唱底本，由词人表演。早期为具有说教性质的表演唱。据敦煌词文《新集孝经十八章》所云“新歌旧曲遍州乡，未闻典籍入歌场，新合孝经《皇帝感》，聊谈圣德奉贤良”，可见它采用《皇帝感》一类旧曲而作新歌，讲唱圣贤故事，产生在开元时期，以“歌场”为主要的表演场所。后期有多种表演形式：或以历史传说为题材，具有丰富的故事情节；或化用佛经，演绎其中的片断；或在曲子歌唱中加入说白，使之成为故事讲唱。参见“敦煌词文”。

变 敦煌文学术语。转变、变文的略称。敦煌变文中有《汉将王陵变》、《八相变》、《舜子变》等，皆以“变”为体裁名。“变”原指描绘佛教变相的图画，又称“经变相”或“经变”。它同佛教造像的区别在于：“像”是对佛的造型，“变”是对佛经故事的造型。由于佛经故事相对佛像而言是变动的，其图画又转变了佛菩萨像的一般面貌，而展现其过去、未来的变现之相，故称“变”。转变艺术依据图画进行表演，它的伎艺名称和文本名称遂袭用“变”一名。

王梵志诗 诗总集。编者不详。既包括隋至初唐诗僧王梵志的作品，又包括唐宋间许多具有宗教倾向的白话诗人的创作。故也是唐代的白话诗流派名。今存王梵志诗共约三百九十首，大致分为四集：(一)三卷本《王梵志诗集》，载于斯778、斯5796、伯3211、伯2914等九种敦煌写本，共录诗一百五十一首，有集序。从内容看，其创作时代在唐初(开元以前)。(二)一卷本《王梵志诗》，载于伯2718、伯2842、伯3266、伯3558等十二种敦煌写本，共录诗九十二首，内容为训世格言，具童蒙读本性质，约编于晚唐时期。(三)大历六年(771)释法忍手抄《王梵志诗》，载于列1456、斯4277等两种敦煌写本，今存六十九首，多系佛教内容之作，大抵为盛唐人所作。(四)散见于唐宋诗话、笔记和敦煌其他写本中的王梵志诗，共七十八首，由盛唐至宋初的僧侣及其他无名诗人创作。王梵志诗内容丰富，除一卷本主要是格言诗、法忍抄本主要是佛教诗外，大部分作品从多方面反映了平民社会的生活图景。这些诗篇具有比较统一的艺术风格，均采用明白浅显的语言和白描手法。王梵志诗研究始于唐代，皎然《诗式》曾称之为“道情诗”，将其与郭璞游仙诗、贺知章放达诗、卢照邻漫作诗等并列于跌宕格的骇俗品。其书最早著录于日本平安朝(784—897)所编的《日本国见在书目》，说明在八、九世纪间王梵志诗已传入日本。《宋史·艺文志》亦著录有《王梵志诗集》一卷。敦煌藏书发现后，王梵志诗研究逐渐成为敦煌文学研究的重要分支。主要研究著作有：戴密微《王梵志诗和太公家教》，1982年在巴黎出版；张锡厚《王梵志诗校辑》，1983年北京中华书局出版；项楚《王梵志诗校注》，1991年上海古籍出版社出版。《王梵志诗校注》收载了以上四种作品，是目前最完备的王梵志诗集。

心海集 敦煌诗总集。编者不详。载于斯2295、伯3016等两种敦煌写本。共录五七言诗一百十八首，计《执迷篇》七首、《解悟篇》五十一首、《勤苦篇》七首、《至道篇》十一首、《菩提篇》四十二首，其中有二十三首残缺。除《菩提篇》用五言四句体外，其余皆为七言四句体。创作年代的下限在八世纪初期。作品内容为讲求习禅、修禅、安心、调心、无想、无念、无为、无争，均与佛教有关，当为禅门文士之作。

唐写本唐人选唐诗 敦煌诗总集。编者不详。载于伯2567号敦煌写本。原为残卷，无集名，罗振玉《鸣沙石室佚书》拟为此名。编成于唐玄宗天宝以后。全书今存开元、天宝诗人作品约一百二十首，计李昂五首、王昌龄七首、孟浩然八首、荆冬倩一首、丘为六首、陶翰一首、常建一首、李白四十三首、高適四十八首，多不见于通行本唐诗，见于通行本者文字上亦多有出入，故颇可资唐诗之辑佚、校勘。原卷藏法国巴黎图书馆，罗振玉辑入其《鸣沙石室佚书初编》，1913年出版，1958年中华书局上海编辑所《唐人选唐诗十种》据以刊行。

敦煌唐人陷蕃诗 敦煌诗总集。编者不详。原为残卷，无集名，载于伯2555号敦煌写本，七十二首。除《怀素师草书歌》署名为马云奇外，余皆佚名。从作品内容看，均为出使戎地、成为吐蕃俘虏的敦煌籍汉人所作。其创作时间当在吐蕃攻占河陇地区，凉州、敦煌相继失陷之时，即唐肃宗乾元元年(758)至德宗建中二年(781)间。作品记录了作者出使的经历，抒发了陷蕃后的屈辱痛苦，描绘了河湟地区的壮丽景象，风格朴素自然，为唐代边塞诗的一个特有品种。整理本见高嵩《敦煌唐人诗集残卷考释》(宁夏人民出版社1982年出版)和《补全唐诗》。

李峤杂咏注 敦煌诗别集。唐李峤著，唐张庭芳注。现存斯555、伯3738两种敦煌写本。前一本录诗七首(一首残缺)，后一本录诗四首(两首残缺)，共十一首。两种写本的书法和注文格式相同，原来当是相衔接的一篇。据与《佚存丛书》所载《李峤杂咏》相比照，可确定诸诗系李峤所撰、张庭芳作注者。本书是迄今发现的唯一有诗注的敦煌诗集，其诗句较之《佚存丛书》、《全唐诗》所录李峤诗多有出入，构成李峤诗集的另一种来源。

涉道诗 敦煌诗别集。唐李翔著。载于伯3866号敦煌写本，线装五页。全书共录七言律诗二十八首，大部分是以道教名胜为题材的纪游作品，此外有六首歌咏道教神话、七首酬赠唱和之作。整理本见《补全唐诗》。

古贤集 敦煌诗篇名。作者不详。载于斯2049、斯6208、伯2748、伯3113、伯3174、伯3929、伯3960、伯4972、列2872等九种敦煌写本。篇名得自篇末“集合古贤作聚韵”一句，故虽冠以“集”名，实为一篇七言长诗，共八十句、四十韵。全诗描述了众多杰出历史人物的事迹，着意颂扬他们的高风亮节，具有蒙书性质。此诗的创作年代，有“唐末”和“盛唐后期至中唐前期”两说。整理本见林聪明《敦煌俗文学研究》,台北东吴大学1984年出版;韩建瓴《敦煌写本〈古贤集〉研究》,载《敦煌语言文学研究》,北京大学出版社1988年出版。

敦煌廿咏 敦煌组诗名。作者不详。载于斯6167、伯2690、伯2748、伯2983、伯3691、伯3870、伯3929等七种敦煌写本。创作时间大约在唐大历二年(767)四、五月间。它以二十首五言律诗,吟咏敦煌地区的二十处名胜古迹,描写了三危山、白龙堆、莫高窟、贰师泉、阳关、李庙等地的景观,有语句凝练、感情充沛的特点。整理本见《补全唐诗》。

太公家教 敦煌骈文篇名。作者不详。载于《鸣沙石室遗书》及伯2564、伯2981、伯3764等三十六种敦煌写本。作于唐至德元载(756)至大中四年(850)之间。全篇由序言、正文、跋语三部分组成,以四言韵文为主体,共约二千七百字。内容取材于古代经典中的成语和民间俗谚箴言,多为训世格言,宣扬儒家的忠孝礼义和尊师、重贤、勤学、洁身的伦理规范。其语言通俗简洁,是一部流传很广、影响很大的童蒙读物,为敦煌俗文学中的名篇。整理本见高国藩《敦煌写本〈太公家教〉初探》,载《敦煌学辑刊》1984年第1期;汪泛舟《〈太公家教〉考》,载《敦煌研究》1986年第1期。

秦妇吟 敦煌诗篇名。五代前蜀韦庄作。载于斯5476、斯692、斯5477、斯5834、伯2700、伯3381、伯3780、伯3953、伯3910等十种敦煌写本,在唐代曾广泛流传。此诗作于唐中和三年(883)韦庄因应举而留居长安、洛阳之时。它以一个在丧乱中飘泊的富家女子自述的形式,描写了黄巢起义军同官军争夺长安的战事、战乱中人民蒙受的巨大苦难,展现了一幅波澜壮阔的历史画卷。诗为七言歌行体,共二百三十八句,是现存唐诗中最长的篇章。作品结构精巧、形象典型、艺术手法多样、音韵随情节发展而变动,对长庆体叙事诗作了重大发展,也体现了文人诗歌同民间说唱文学的结合。陈寅恪评为"生平之杰构,古今之至文"(《寒柳堂集·韦庄秦妇吟校笺》)。但此诗因触犯了某种政治忌讳,未刊入韦庄集中,以致长期失传。1920年王国维发表《敦煌发见唐朝之通俗诗及通俗小说》,此诗始成为众多学者的研究对象,之后有罗振玉、周云青、陈寅恪等人所著的多种校本、笺本行世。中华书局1987年出版的《敦煌文学作品选》亦收有此诗。

百岁诗 敦煌组诗名。唐释悟真作。载于斯930、伯3821两种敦煌写本。前本载二首,后本载八首,共十首,每首叙十年身世。作于唐光启二年(886)以后。作品通过追忆一生,抒发了对生命过程的感悟。其体裁为七言四句,修辞格式则仿讲唱文学《百岁篇》,在每首结束处用"一生身"的重句相互呼应,明显表现出口语化的倾向,代表了唐释氏诗歌注重说理、语言通俗的一般风格。整理本见张锡厚《敦煌诗歌考论》,载《敦煌学辑刊》1989年第2期。

龙泉神剑歌 敦煌诗篇名。唐张文彻作。载于伯3633号敦煌写本卷背。原卷首题"谨撰《龙泉神剑歌》一首,大宰相江东吏部尚书臣张□撰进"。据考"张□"即张文彻,卒于后梁贞明四年(918)。全诗共一百零二句,七言歌行体,以"龙泉神剑"起兴,歌颂了张承奉所建立的金山国的武功军威。整理本见王重民《敦煌遗书论文集·金山国坠事零拾》,中华书局1984年出版。

白雀歌 敦煌诗篇名。唐张永进作。载于伯2594、伯2864两种敦煌写本。据诗序和诗末题记,此诗作于后梁开平四年(910),是借白雀瑞应为张承奉自立为金山国天子歌功颂德的作品。诗为七言歌行体,叙及五凉地区的历史传说和金山国的武功政事。整理本见王重民《敦煌遗书论文集·金山国坠事零拾》,中华书局1984年出版。

白鹰诗 敦煌诗篇名。作者不详。载于斯1655号敦煌写本。据诗序,此诗是在某尚书所设的筵席上,借白鹰之瑞敬献的贺诗。诗为七言歌行体,现存十二句,属以白鹰起兴的一段。整理本见林聪明《敦煌俗文学研究》,台北东吴大学1984年出版。

池台楼观非吾宅诗 敦煌诗篇名。作者不详。载于斯5558号敦煌写本。原无篇名,此据首句拟题。为七言歌行体,共四十句,以祸福无常、生命虚空为主题。语言通俗,掺杂"君不见阎浮流转暂时间"一类讲唱用语,表现了宗教诗歌同俗讲伎艺相结合的特色。整理本见《敦煌韵文集》、《补全唐诗》。

咏二十四气诗 敦煌组诗名。作者不详。载于伯2624、斯3880两种敦煌写本。前本原题"卢相公咏廿四气诗",后本末署"甲辰年夏月上旬写记,元相公撰,李庆君书"。全篇以二十四首五言律诗,歌咏自立春至大寒二十四个节气,以时顺人和、天下升平为主题。整理本见林聪明《敦煌俗文学研究》,台北东吴大学1984年出版。

读史编年诗 敦煌组诗名。作者不详。载斯619号敦煌写本。集有序,称"自初生至百岁,赋其诗以编纪古人百年之迹","七言八句,凡百一十"。今存二十八年之作,三十六首,余残缺。所存诗分别赞颂窦武、汉武帝、谢安、卫玠、钟繇、陆云、谢庄、诸葛亮等历史人物,有类书性质。整理本见刘修业《敦煌本〈读史编年诗〉与明代小类书〈大千生鉴〉》,载北京大学出版社《敦煌语言文学研究》。

咏月诗 敦煌诗篇名。作者不详。载于伯2973号敦煌写本。现存六首,每首七言四句,其首句皆是"一团白玉海东升",反映了讲唱文学中重句联章方式对诗歌的影响。整理本见张锡厚《敦煌诗歌考论》,载《敦煌学辑刊》1989年第2期。

叹百岁诗 敦煌组诗名。作者不详。载于伯3361、斯1588等两种敦煌写本。共两组,每组十首,皆用"一十一"、"二十二"……"一百终"的定格形式起句,三字定格后承以七言三句,按定格句叶韵。其内容则是通过对十种人情物态的描写,展现由少而壮、由盛而衰的生命历程,反映人生无常的主题。其形式与内容均和《百岁篇》相似,但文辞较雅丽,更注重景物描写,无明显的说教色彩,意境较为开阔。整理本见《敦煌歌辞总编》,分别题为《百岁篇·垅上苗》和《百岁篇·池上荷》。

九相观诗 又名"九想观诗"。敦煌组诗名。作者不详。得名于佛教用语,意为从人的九种形相而得出九种观想。今存九相观诗三种。其一载于斯6631号敦煌写本,共九首,每首五言十二句,在"婴孩相"、"童子相"、"盛年相"、"衰老相"、"病患相"、"死相"、"膵胀相"、"烂坏相"、"白骨相"的题目下,描写了人类胞胎受形后蒙受的短暂欢乐和永久痛苦。其二载于伯3892、斯4597两种敦煌写本,叙述的内容和第一篇相同,但用七言四句体,题目改为"初生想"、"童子想"、"盛年想"等。其三是一首五言十六句的《九想观诗》,载伯3022号敦煌写本,概述九相过程,无小标题。其整理本见张锡厚《敦煌诗歌考论》,载《敦煌学辑刊》1989年第2期。

凤归云·闺怨 敦煌曲子辞篇名。作者不详。载于斯1441、伯2838、《敦煌零拾》等三种敦煌写本。原编入《云谣集杂曲子》。共二首,每首十八句八十余字,八平韵,是唐代曲子辞中最长的篇章之一,属后世所谓"慢调"。作品以双片长短句的形式,描写了一个思念征夫的闺妇形象。辞中包含愁听砧杵、孤眠鸾帐、传简、祝祷、缝衣、寄衣、卜卦、长嘘等细致的情态描写,形象饱满,感情深挚,语调婉转。整理本见《敦煌歌辞总编》。

洞仙歌(华烛光辉) 敦煌曲子辞篇名。作者不详。载于斯1441、《敦煌零拾》等两种敦煌写本。属《云谣集杂曲子》。《洞仙歌》原是盛唐教坊曲名,宋以后词作有八十二字至一百二十六字等十体。本篇与诸体不同,上下片共七十五字,八平韵。作品以婉转朴素的语言,描写了丈夫久征归来后夫妻团聚的欢乐。其中"酒醒后多风醋"的心理描写,"拟铺鸳被,把人尤泥"的情态描写,都有流利尖新的特色。整理本见《敦煌歌辞总编》。

柳青娘(青丝髻绾脸边芳) 敦煌曲子辞篇名。作者不详。载于斯1441、《敦煌零拾》等两种敦煌写本,属《云谣集杂曲子》。共二首,双片"七七七三七"体,描写歌妓思念"玉郎"时的忧怨。第一首刻画人物,以"淡红衫子掩酥胸"与"肉红衫子石榴裙"相呼应;第二首铺叙情感,以"叵耐不知何处去"与"只问玉郎何处去"相呼应:重沓复唱,反映了《云谣集杂曲子》作为歌妓唱本的性质。整理本见《敦煌歌辞总编》。

抛毬乐(珠泪纷纷湿绮罗) 敦煌曲子辞篇名。作者不详。载于伯2838号敦煌写本,属《云谣集杂曲子》。《抛毬乐》是盛唐教坊曲,用于抛打令歌舞,文人作品均为五言六句体,咏抛毬催酒游戏。本篇则为"七七七七五七"体,描写妓女被公子遗弃的悲痛,语言简洁明快而富有韵味。整理本见《敦煌歌辞总编》。

鹊踏枝(叵奈灵鹊多瞒语) 敦煌曲子辞篇名。作者不详。载于《敦煌零拾》所录敦煌写本。原题"雀踏枝",此据《教坊记》曲名改正。作品用曲名本意,以女子与灵鹊对话的形式,表现了闺中思妇盼望征夫归来的焦急心情。敦煌词文《百鸟名》云:"野鹊人家最有灵,好事于先来送喜。"伯3251号敦煌写本《菩萨蛮》云:"鹊语虚消息,愁对牡丹花。"本篇即借用了"灵鹊送喜"这一民间传说,语言活泼生动、人物形象新鲜逼真。整理本见《敦煌歌辞总编》。

望江南(莫攀我) 敦煌曲子辞篇名。作者不详。载于伯2809、伯3911两种敦煌写本。

全篇只有二十七字，以“我是曲江临池柳”为喻，抒发“恩爱一时间”的感慨，反映了处于被玩弄地位的妓女的沉重伤痛。整理本见《敦煌歌辞总编》。

菩萨蛮(枕前发尽千般愿) 敦煌曲子辞篇名。作者不详。载于斯4331号敦煌写本。《菩萨蛮》是盛唐教坊曲，但古人又说是唐大中初倡优所制。本篇写本另一面有“壬午年龙兴寺”字样，与玄宗敕建龙兴寺之史实相印证，可以推测本篇作于天宝初年，从而证实《菩萨蛮》是天宝以前的曲调。辞中第三句衬一字，亦是早期民间曲子辞的常见现象。全篇列举“青山烂”、“秤锤浮”等六种不可能之事比喻爱情的坚贞，想像奇特，是敦煌文学中的名篇。整理本见《敦煌歌辞总编》。

山僧歌 敦煌歌辞篇名。作者不详。载于斯5692号敦煌写本。原题《山僧歌》。为佛教歌赞常用的七言与三言两短句相间、叶仄韵的辞体。它穿插许多佛偈，以流畅的语言、明快的节奏描写了与世无争的闲居生活。整理本见《敦煌歌辞总编》。

望江南(娘子面) 敦煌曲子辞篇名。作者不详。载于伯2809、伯3911等两种敦煌写本。原题“《望江南》平”，意为用平调唱法演唱。全篇据《望江南》曲调作辞，仅二十七字。用“硙了再重磨”、“盖缘旁畔迸麸多”等俗语，描写一名面坊女工忙碌、操劳、生意清淡的生活图景。是唐代曲子辞中风格最朴素、反映劳动群众最直接的作品。整理本见《敦煌歌辞总编》。

孟姜女捣练子 敦煌曲子辞篇名。作者不详。今存两组。一组载于伯2809、伯3911、伯3319等敦煌写本，共四首，一本原题“孟姜女捣练子平”，《敦煌歌辞总编》校为《捣练子·孟姜女》；另一组载于伯3718号敦煌写本，六首，原题“曲子名目”，《敦煌歌辞总编》亦校为上题。二组辞同用“三三七七七”辞式，分别描写杞梁辞娘、嘱妻、“一去燕山更不归”的情节，以及孟姜女哭倒长城的情节，是《孟姜女》曲子辞唱本的两个片断。作品语言通俗，情感饱满，着意于形象刻画，往往使用人物语言，富于表演特色，反映了一部分敦煌曲子辞用于故事讲唱的艺术功能。

长相思(估客在江西) 敦煌曲子辞篇名。作者不详。载于《敦煌零拾》等三种敦煌写本。作品由三首长短句曲子辞组成，以联章形式，分别描写了商人(“估客”)、游人(“旅客”)、佣人(“作客”)旅居异乡的不同生活状态，反映了贫富不均的社会现实。各首首句、末句分别是“估客在江西”“此是富不归”、“旅客在江西”“此是贫不归”、“作客在江西”“此是死不归”，以重句相互呼应，具有回环的韵味。整理本见《敦煌歌辞总编》。

南歌子(斜倚朱帘立) 敦煌曲子辞篇名。作者不详。载于伯3826号敦煌写本。共二首。前首以一男子的口吻发问，追询女子为何绾了罗带、乱了蝉鬓、垂了妆泪；后首以一女子的口吻逐一作答，表白对郎君的坚贞。其形式即唐代的“问头”，亦见于俗赋、论议、词文等讲唱文学作品，反映唐代曲子辞中有一种分角色表演的体裁。整理本见《敦煌歌辞总编》。

水鼓子·宫辞 敦煌曲子辞篇名。作者不详。载于斯6171号敦煌写本。原本卷首残破，此据《敦煌歌辞总编》拟曲调名及副题。《水鼓子》一名见于伯3808号敦煌写本琵琶谱，盛唐《教坊记》作《水沽子》。全篇共三十九首，皆七言四句体，是唐代曲子辞中最长的篇章之一。其风格与王建、王涯、花蕊夫人所撰《宫词》相近，内容则更为丰富。全篇以文学化的语言，描写了教坊进曲、戎夷来朝、伶人奏语、老人星见、宫女斗射、美人赌草、嫔妃藏钩、岁元戴幡、寒食打毬等宫中生活。在曲子歌唱的形式上也别具特色。整理本见《敦煌歌辞总编》。

十恩德 敦煌曲子辞篇名。唐释顾清作。载于周字87、斯289、斯4438、斯5591、斯5601、斯5687、斯6274、斯5564、伯2843、伯3411等十一种敦煌写本。共十首，每首有题，分别描写慈母“怀躬守护”、“临产受苦”、“生子忘忧”、“咽苦吐甘”、“乳饱养育”、“回干就湿”、“洗濯不净”、“造作恶业”、“远行忆念”、“冤憎会悯”等十种恩德，其主旨乃劝人行孝，内容与《父母恩重经讲经文》相近。其辞式为“五七五三三六七五”，叶平韵，依调著词。诸本或题《十恩德》，或题《报慈母十恩德》，或题《十恩德赞一本》。属依佛教歌赞曲创作的曲子辞。整理本见《敦煌歌辞总编》。

咏月婆罗门曲子 敦煌曲子辞篇名。作者不详。载于斯4578、斯1589、伯2702等三种敦煌写本。原题“咏月婆罗门曲子四首”，《敦煌歌辞总编》依《教坊记》曲名《望月婆罗门》，校篇题为《望月婆罗门·调名本意》。作品四首皆以“望月”二字开篇，同为“五五七七五五”体，叶平韵，用形象的语言描写了月生至圆的情态和想像中的佛国圣境，是产生在僧侣的望月修行仪式中的作品。整理本见《敦煌曲子词集》、《敦煌歌辞总编》。

隐去来 敦煌曲子辞篇名。作者不详。载于前苏联东方学研究所列宁格勒分所藏列1456号敦煌写本。原编入王梵志诗卷。其曲调名《隐去来》最早见于《晋书·隐逸传》，为一首五言体歌辞的起调和声，唐代典籍未见。今存辞二首，一首在五言二句、七言五句之前后用“隐去来”起调，用“隐去来，勿浪波波走”作送声；另一首在五言七句前后用“隐去来”起调，用“隐去来，大乐无基地”作送声。代表了源于六朝清商曲的一种曲子辞类型。其内容则是关于融通空、有二境，止息贪痴，游离名利之区的佛教义理。整理本见《敦煌歌辞总编》、项楚《王梵志诗校注》。

曲子喜秋天 敦煌曲子辞篇名。作者不详。载于斯1497号敦煌写本。共五首。每首皆按《喜秋天》曲写为“七五七五五五七五”辞式；又分别以“一更每年七月七”、“二更仰面碧霄天”等起句，连缀成《五更转》式的分时定格联章辞。这种将两支乐曲的曲调规则与修辞规则相综合的创作手法，在敦煌曲子辞中颇具代表性。作品取材于唐代七夕乞巧的民间风俗，分别描写了一更敷座献供、二更仰望牵牛、三更彩楼礼拜、四更出门追星、五更歇座自哀的情景，场景转换富于表演性，是敦煌文学中最具艺术匠心的作品之一。整理本见《敦煌歌辞总编》，题为《五更转·七夕相望》。

五更转 敦煌曲子辞曲调名。以“一更”、“二更”等领起各段，用于分时组合的定格联章辞。“转”，犹“啭”，意为歌唱。因其以夜晚的五个时段为啭唱的段落，故名。在斯坦因、伯希和以及北图编号的敦煌写本中，共保存了《五更转》辞十二组七十四首。其中三组十七首描写世俗生活，以七夕乞巧、闺中思夫、识字读孝经为题材；另九组五十七首描写佛教内容，以太子入山、维摩问疾、静坐观禅等为题材。其写作时代在盛唐至后周之间。其体裁：一为五首成组；一为十首成组，主曲之外兼有辅曲。据《艺文类聚》、《乐府诗集》等典籍记载，南朝梁伏知道所作的《从军五更转》即已用五首组合之体。此后《五更转》由民间进入隋代宫廷，编为太乐新声；至唐玄宗时入选法曲和太乐署供奉曲，固定在商调中演奏。但它一直使用民歌常用的句式，即以三言后接七言若干句为主体的句式。斯1497号敦煌写本所载七夕乞巧《五更转》原题“曲子喜秋天”，斯6631等本所载维摩问疾故事用十二时兼五更转体，说明《五更转》不仅是一种曲调，而且是一种叙事歌唱的组合方式。这种歌唱方式具有递相转唱、铺陈故事的特点，可对音乐结构作自由延伸，故受到民众喜爱。其主要作品见《敦煌歌辞总编》。

百岁篇 敦煌曲子辞曲调名。每调十首，分别以“一十”、“二十”、“三十”等领起七言四句，用于分时组合的定格联章辞。因其描写人生百年的生命变化，故名。今存三组三十首，载于斯2947、斯5549、伯3821、伯3168等敦煌写本，分别歌咏“丈夫”、“女人”、“缁门”，描写人生盛衰的过程及其间的心理变化，表达出人生无常的主题。其中一敦煌写本尾题：“《百岁篇》一卷完。曹义成、陈阇梨、周药奴、井井、蝎蝎、阿柳、阿录信手写《百岁篇》一卷。”说明歌唱和抄写《百岁篇》是佛教修行的功课，在民间流行。本篇创调于晋代，陆机有《百岁歌》十首，唐代有《百年歌》、《叹百年曲》，内容与《百岁篇》相同。今浙江淳安、东阳两地的民歌中仍有《百岁歌》留存。

太子入山修道赞 敦煌曲子辞篇名。作者不详。载于伯3065、伯3061等三种敦煌写本。共十五首，分为五段，每段以“一更夜月凉”、“二更夜月明”、“三更夜月亭”的方式起句，前二首为“五五七三”体，末首间或衬二字，成“五五七五”辞式，每段叶一韵。全篇取材于佛教悉达太子故事，而节取入山前的片断加以润饰，细致地描写了“太子无心恋声色”、半夜出家的情节。其过程恰在一夜之内，故用“五更转”的方式造成了场景的变换与故事的递进，富有民间文学色彩。作品音律和谐、语言通俗优美，与佛教歌赞辞的风格迥异，当系用于表演唱的曲子辞。整理本见《敦煌歌辞总编》，题《五更转·太子入山修道赞》。

十二时 敦煌曲子辞曲调名。以“鸡鸣丑”、“平旦寅”等时序词领起各段，用于分时组合的定格联章辞。在《敦煌零拾》与伯希和、斯坦因编号的敦煌写本中，共保存了《十二时》辞十三组二百七十八首，其中四组四十四首以战国秦汉故事和劝学行孝为主题；其余以佛教学道、观心、习禅、劝信、悉达太子故事等为主题。此外在斯6631等三种敦煌写本中，载有《维摩五更转十二时》二十八首，其中二十三首用十二时格式。从各写本的时代看，《十二时》流行于中唐至五代。其体裁特点为以十二首合组，使用“三七七七”句式，即在“鸡鸣丑”等时序词之后续以七言四句或八句，或用平韵，或用仄韵，往往随首句为韵。《十二时》的最早作品产生于南朝梁代，在《高僧传》、《洛阳伽蓝记》等多种文献中，均记载了梁僧宝志作《十二时颂》的事迹。此《十二时颂》又见于《景德传灯录》、《苕溪渔隐丛话》等书，为"三七七七，三三七七七"体。隋炀帝令乐正白明达造新声，《十二时》亦进入宫廷。唐代《十二时》曾奏入鼓吹，用作太常供奉曲，属林钟角调。它同《五更转》一样，既具有递相转唱、铺陈故事的特点，代表了一种叙事歌唱的组合方式，又具有对音乐结构作自由延伸的特点，代表了一种富于吟诵风格的曲调，故不仅在民间广泛流行，而且被佛门传唱。《念佛镜》载有初唐僧善导等人所作的《十二时·修西方》，《缁门警训》载有托名玄奘所作的《十二时·大唐慈恩法师出家箴》，《古尊宿语录》、《祖堂集》和《匡真语录》亦载有从谂、文偃等唐五代僧侣的《十二时》作品。敦煌写本《十二时》辞则见于《敦煌歌辞总编》。

五台山曲子　敦煌曲子辞篇名。作者不详。载于伯 3360、斯 467、斯 2080、斯 2985、斯 4012 等五种敦煌写本。或题"五台山曲子六首"，或题"大唐五台曲子六首寄在《苏莫遮》"。依唐代大曲《苏莫遮》曲调著词，每首前分别标以"第一"、"第二"等序次，具备大曲曲辞特征，是大曲《苏莫遮》的摘遍曲辞。第一首总赞五台，展开西国真僧游历五台山的背景，余五首则分别歌咏了东、北、中、西、南等五台的胜景灵异。辞式整饬，音律优美，描写生动，代表了民间曲子辞的成熟形态。整理本见《敦煌歌辞总编》。

高兴歌　敦煌歌辞篇名。作者不详。载于七种敦煌写本：伯 2555 和伯 3812 题《高兴歌》，伯 2488 题《高兴歌·酒赋一本》，伯 2633、斯 2049 和伯 2544 等三本径题《酒赋》，伯 4993 本首尾俱残，无篇题。其中五本题作者名为"江州刺史刘长卿"。据其题记及避讳情况，当是唐乾元元年(758)至贞元十七年(801)间的作品，分别抄写于德宗年间、穆宗长庆年间和穆宗以后，在敦煌地区流传很广。全篇共二十一首，描写酒筵狂饮的醉态，抒发及时行乐的思想感情。作品语言粗俗，但好化用文人诗句，喜作对仗，往往取民间传说中的文人形象入篇，使用以"三三七七七"为主体的歌辞形式，反映了作家文学对俗文学的影响。其整理本见《敦煌歌辞总编》。

十二因缘六字歌词　敦煌曲子辞篇名。题卫元嵩作。载于伯 2385 号敦煌写本。全篇共十二首，每首六言八句，分别以佛教"无明、行、识、名色、六处、触、受、爱、取、有、生、老死"十二种因缘为题，描写处于十二缘中的人生痛苦，劝人修佛法以获解脱，多用对仗、比喻，具有宗教义理通俗化的特点。

云谣集杂曲子　敦煌曲子辞总集。编者不详。载于斯 1441、伯 2838 等敦煌写本。原本今藏英国伦敦博物馆和法国巴黎图书馆。二十年代初至三十年代，中国学者从伦敦抄回十八首、从巴黎抄回十四首，经整理，恢复此书三十首的原貌。全书共使用十三种曲调，除《内家娇》外，《凤归云》、《天仙子》、《竹枝子》、《洞仙歌》、《破阵子》、《浣溪沙》、《柳青娘》、《倾杯乐》、《拜新月》、《抛毬乐》、《鱼歌子》、《喜秋天》等十二曲均见《教坊记》。作品内容包括闺怨、相思、征戍、征夫厌战、纨绔追欢、贵妃入道等题材，多与盛唐诗歌相合。作品语言质朴，感情真挚，形象生动，宛转而富于女性情调。其写本上并标有"中和四年"(884)、"光启二年"(886)等题记性质的字样，约为盛唐教坊解散后流落于民间的歌妓所使用的唱本；部分作品产生在盛唐，全书编成于晚唐。后蜀欧阳炯《花间集序》云："是以唱《云谣》则金母词清，挹霞醴则穆王心醉。"说明《云谣集》得名于西王母会穆天子的神仙故事，同盛唐以来把歌妓拟于仙人的风俗一致。这部中国最早的曲子辞集于词史研究和唐代文学研究有重要意义，故一经发现，便受到学术界充分重视，先后有罗振玉、朱孝臧、刘复、龙沐勋作了整理工作。1941 年冒广生撰《新斠云谣集杂曲子》，载《同声月刊》1 卷 9 期。1950 年王重民出版《敦煌曲子词集》。1954 年，任二北《敦煌曲初探》(上海文艺联合出版社出版)对《云谣集》的各方面特点作了理论总结。1976 年，潘重规《云谣集新书》(台湾石门图书公司出版)据写本原件对《云谣集》作了重新校订和考释。

听唱张骞一新歌　敦煌词文篇名。作者不详。载于伯 3910 号敦煌写本。原本标题作"听唱张骞壹西歌"，列于《新合孝经皇帝感》辞之后，两篇词文应曾用于同场表演。作品共九首，皆七言四句体，用故事讲唱者的口吻叙述了张骞遇西王母、寻找河源、与牛郎织女相见的神话传说。语言流畅，形象生动，富有传奇色彩，是敦煌讲唱辞中以神话传说为题材的代表作。整理本见《敦煌歌辞总编》。

新合孝经皇帝感　又名《新集孝经十八

章》。敦煌词文篇名。作者不详。载于伯 2721、伯 3910、斯 289、斯 5780 等四种敦煌写本。共十八首，每首七言四句，其名《皇帝感》曾见于盛唐《教坊记》，为曲子之调。作品开篇云："新歌旧曲遍州乡，未闻典籍入歌场。新合孝经皇帝感，聊谈圣德奉贤良。开元天子亲自注，词中句句有龙光。"可见其当作于开元以后，依《皇帝感》曲谱为新辞，在歌场演唱。其内容则是对唐玄宗注《孝经》、《老子》、《金刚经》的教化事业的赞颂。是现存最早的词文作品之一。整理本见《敦煌歌辞总编》。

新合千文皇帝感 敦煌词文篇名。作者不详。载于斯 289、斯 5780、伯 3910 等三种敦煌写本。一本尾题"新合《千文》一卷"。作品共九首，每首七言四句，在写本中接写于《新合孝经皇帝感》之后，其开篇有"且听歌舞说千文"、"天宝圣主明三教"等语，是作于天宝以后、依《皇帝感》曲谱辞，表演于歌场的唱辞。内容除赞颂皇德外，对千字文的字句作了形象的演绎。整理本见《敦煌歌辞总编》。

三冬雪 敦煌词文篇名。作者不详。载于伯 2107、斯 5572 等两种敦煌写本。原无篇名，今据各首重句"三冬雪"拟名。共十五首，皆为"三三七七七"体，叶仄韵，一韵到底。其中十一首以"御彼三冬雪"作结，当为用同一曲调歌唱者。作品是僧徒沿门募化冬衣时的唱辞，语言较通俗，风格较明快，用民歌的常体。篇前有"沙门入言"，骈文体，用于朗诵；有"平吟"七言四句，用于歌吟。据"沙门入言"介绍，这篇词文的表演形式是"共邀流辈，同出精蓝；讽宝偈于长街，□深怀于碧砌"；"此日轩阶，略呈雅韵"。篇前的"平吟"和篇后的"侧吟"(七言八句)，就是用佛教转读法吟唱的"宝偈"。故作品代表了民歌和佛教偈赞相结合的词文类型。整理本见《敦煌歌辞总编》。

千门化 敦煌词文篇名。作者不详。载于伯 2107 号敦煌写本。在原写本中紧接《三冬雪》之后，无篇名。此依《三冬雪》例，据各首重句"千门化"拟名。共七首，前有"侧吟"七言八句、"平吟"七言四句，后有"侧吟"七言八句，用佛教转读法与民歌调连缀歌唱。其表演方式见篇末"侧吟"："两两共吟金口偈，三三同演梵音诗；暂离峰顶巡朱户，略出云房下翠微；送福吟经今日至，愿开恩惠赏加提。""金口偈"、"梵音诗"指篇前篇后的"平吟"与"侧吟"；"吟经"指此篇歌唱之外，另有讲经的节目。作品属重句联章，通过每首末句三字至五字的重复造成内容的整体感和韵律的统一感。文辞雅丽，富有感情。整理本见《敦煌歌辞总编》。

十二时行孝文 敦煌词文篇名。作者不详。载于伯 3821 号敦煌写本。原题"《十二时》行孝文一本"。共十二首，采用《十二时》曲的特有辞式，以"夜半子"三字定格领起七言三句，每首且按定格辞叶韵。全篇分别歌咏干将造剑、子胥出走、许由洗耳、神农尝草、孔子厄陈、秦王造市、王莽悬鼓、荆轲入秦、二桃杀士、项羽败兵、萧何制律、项庄舞剑等历史故事，反映出唐代讲唱文学重视曲子歌唱、重视历史题材的特点。以咏史的内容"行孝"，则显示了敦煌词文脱胎于教义宣唱之迹象。整理本见《敦煌歌辞总编》，题为《十二时·咏史》。

维摩五更转十二时 又名《维摩五更转》。敦煌词文篇名。作者不详。载于斯 6631、斯 2454、伯 3141 等三种敦煌写本。一本另一面有"开元六年"的题记，故可推测为盛唐时作。全篇今存二十八首，《五更转》辞五首、《十二时》辞二十三首，皆作"三三七七七"体，属唐代仅存的一组具带过曲性质的定格联章曲子辞。其内容取材于《维摩诘所说经》，以《五更转》五首歌唱佛在庵园大会弘宣教义的事迹，以《十二时》十五首讲述宝积邀维摩赴会、维摩托疾退出、佛命三弟子问疾皆推辞、文殊承旨问疾从往者万人、维摩遣天女散花、舍利弗被戏弄等事，末八首则补叙五弟子不敢问疾的经过，总述全篇。作品的语言风格与敦煌讲经文中的歌辞风格相近，体现了俗讲僧在应用民歌手段方面的尝试。整理本见《敦煌歌辞总编》，题为《五更转兼十二时·维摩托疾》。

十二时普劝四众依教修行 敦煌词文篇名。唐释智严作。载于伯 2054、伯 2714、伯 3087、伯 3286 等四种敦煌写本。据辞中"中和年，闰三月"等字样及其叶韵情况，当作于晚唐。今存一百三十四首，每首皆为"三三七七七"体，除末首外均叶仄韵，是唐代歌辞中最长的篇章。共分十三段，前十二段分别由"鸡鸣丑"、"平旦寅"、"日出卯"、"食时辰"、"隅中巳"、"日南午"、"日昳未"、"晡时申"、"日入酉"、"黄昏戌"、"人定亥"、"夜半子"领起，每段八首至十三首，描摹此时辰的情景，生发人生无常、宜归佛行善的感慨；末六首则总结全篇，以"念佛一时归舍去，明日依时莫敢迟"的语句作解座词。全篇结构严密、文字紧凑，并在戒贪吝的名义下，指斥官吏的贪婪、商贾的欺诈，叙说民众稼穑的劳苦，广泛涉及当时的社会现实。在内容上、形式上和艺术功能上,都有不可低估的价值。整理本见《敦煌歌辞总编》。

季布骂阵词文 又名《捉季布传文》、《大汉三年楚将季布骂阵汉王羞耻群臣拨马收军词文》。敦煌词文篇名。作者不详。载于斯1156、斯2056、斯5439、斯5440、斯5441、伯2648、伯2747、伯3197、伯3386、伯3697等十种敦煌写本。取材于《史记·季布栾布列传》、《汉书·季布传》,通过季布骂阵、羞辱汉王刘邦、刘邦定天下后季布设计自救的经过,刻画出季布的机智勇敢的形象。作品虽为演义史事,但增加了浪漫的想像和朴素的喜剧细节,突出体现了俗文学的民间性、传奇性。全篇六百四十句,四千四百七十四字,七言体,一韵到底,是我国早期说唱作品中罕见的长篇词文。元刊《全相续前汉书平话》、明刊《剑绣阁批评西汉演义传》等说唱作品均受其影响。整理本见《敦煌变文集》。

董永词文 敦煌词文篇名。作者不详。载于斯2204号敦煌写本。原卷篇首残缺,《敦煌变文集》拟题为《董永变文》,今依其体裁特征改拟本名。全篇除两句三言句外,均为七言,共一百三十四句,通叶一韵,其中并有相当数量的人物对话,属典型的词文。作品取材于刘向《孝子传》及干宝《搜神记》,演述董永卖身葬父,路遇下凡仙女,结为夫妇,仙女助董永还债后乘云而去,其子董仲寻觅亲娘的故事。语言简洁通俗,情节生动感人,叙事与对话衔接自然。整理本见《敦煌变文集》。

下女夫词 敦煌词文篇名。作者不详。载于斯3877、斯5949、斯3227、斯5515、斯5643、伯3350、伯2976、伯3893、伯3909等十种敦煌写本。一本题"下女词一本"。全篇分两部分:前部作儿女对答之体,由四言为主体的韵文组成,杂有大量俚言俗语,其内容是一名游方男子同少年女主人之间的相互盘诘;后部为《论女家大门词》、《至中门咏》、《至堆诗》、《至堂基诗》、《逢锁诗》、《至堂门咏》、《论开撒帐合诗》、《去童男童女去行座幛诗》等五七言诗体韵文十八首,皆是伴随婚礼过程而咏唱的篇章。故其前部的《下女夫词》,应当是由男女傧相演唱于婚礼仪式之上的。作品富有民间情趣,形象生动,语调活泼,善用比喻、双关等艺术手法。整理本见《敦煌变文集》。

秋吟 敦煌词文篇名。作者不详。载于伯3618号敦煌写本。因用于僧侣募集寒衣,在秋天吟唱,故名。作品以骈文与韵文相间的形式,描写了佛门生活的清苦与崇高、大户人家的幽雅与欢娱,提出"将退故之名衣,作缁徒之冬服"。尽管是一篇化缘用的唱词,但文辞融汇雅俗,反映了当时中国西北地区的人情风俗。其韵文部分往往以六言八句体的"吟"词与七言八句体的"断"词间用,并以"偈子"作结,音乐色彩十分丰富。整理本见《敦煌变文集》。

季布诗咏 敦煌词文篇名。作者不详。载于伯3645、斯1156等两种敦煌写本。一本尾题:"《季布》一卷,天福四年□四日记。"篇首简单交代了故事背景,然后用"歌曰"和"词曰"引起两大段以七言为主体的韵文,分别歌咏汉张良以四面楚歌瓦解楚军的事迹以及楚歌的内容。其辞生动感人,应是从某一种关于季布的讲唱文中摘出来单独演为词文的作品。整理本见《敦煌变文集》。

苏武李陵执别词 敦煌词文篇名。作者不详。载于伯3595号敦煌写本。作品近赋体,以四言为骨干,篇末亦仿赋歌的形式,以李陵、苏武别诗各一首结束;但篇中多用俗语,人物对话占有相当比重,代表敦煌文学中特有的一种文学体裁。其内容则是对汉使苏武、降将李陵相会胡地、酌酒泣别情景的描写,通过李陵对当年深入虏庭,被迫诈降,全家遭汉武帝屠戮之旧事的追述,创造了一种英雄末路、报国无门的悲凉意境。整理本见《敦煌变文集》。

百鸟名 敦煌词文篇名。作者不详。载于斯3835、斯5752等两种敦煌写本。原本首题"百鸟名君臣仪仗",尾题"百鸟名一卷,庚寅年十二月日押牙索不子自手□□"。除两段提示情节背景的散文外,作品的主体是七言韵文。它以拟人化的手法,描写了凤凰为尊主、白鹤为宰相、翠碧鸟为侍御、鹞子为游弋将军这一百鸟王国,生动地表现了各种禽鸟的情态性格,具有把博物题材同游戏风格相结合的特点。整理本见《敦煌变文集》。

十吉祥 敦煌词文篇名。作者不详。载于前苏联东方研究所藏Φ223号敦煌写本。篇首残缺,失题,此据其内容拟篇名。一拟为《十吉祥讲经文》。作品依据《文殊吉祥经》演绎而成,演唱文殊菩萨降生时出现的光明满室、甘露垂庭、地涌七珍、仓变金粟、象具六牙、猪诞龙豚、鸡生凤子、马生麒麟、神开伏藏、牛生白泽等十种吉祥之事。每事皆用简短的四六骈文予以描述,并用七言八句律体韵文予以赞美。全篇结构规整、文辞雅丽，应是在俗讲仪式中穿插使用的词文。整理本见《敦煌变文集补编》。

赞僧功德经 敦煌词文篇名。作者不详。载于斯652、斯2643、斯1549、斯2420、斯6115、昃字70、海字78、服字62、衣字22、生字40等十种敦煌写本。原题"赞僧功德经，词辩菩萨译"。为七言韵文，共二百四十八句。取材于《阿含经》，就其思想素材加以铺陈引申，用于僧侣俗讲仪式中的"大梵音"歌赞，代表脱胎于讲经文的一种词文类型。其内容要点是：如来圣众于戒、定、慧多有成就，应当恭敬承奉，以此为福田；即使对待犯禁破戒的僧侣，也要虔心供养。整理本见《敦煌变文集补编》。

王昭君安雅词 又名《安雅王昭君诗》、《王昭君安雅》。敦煌词文篇名。作者不详。载于伯2555、伯4994、伯2673、斯2049等四种敦煌写本。全篇为五言七十六句，取材于王昭君和亲匈奴的历史故事，以王昭君自述的口吻，描写了辞君远嫁的场景，刻画了王昭君爱国、恋国的复杂情感。其中汉王与昭君的对话，尤具形象鲜明的特点。整理本见柴剑虹《敦煌唐人诗文选集补录》，载《文学遗产》1983年第4期。

韩朋赋 敦煌赋篇名。作者不详。载于伯2653、伯2922、斯3227、斯3873、斯4901、斯3904等六种敦煌写本。其创作时代大致在北魏太和初至唐中宗神龙初之间。略述战国时人韩朋仕于宋国，六年不归，贤妻贞夫寄书与朋，落入宋王之手。宋王施计取贞夫入宫立为后，并残害韩朋。韩朋自缢而死，贞夫亦投身入墓，同化为双石、连理树、双鸳鸯。未至三年，宋国灭亡。作品取材于干宝《搜神记》，加入许多细节描写，并设计了一个鸟羽复仇的结尾，在故事原有的悲剧气氛中增添了抗争的色彩。全篇为以四言为主的散文体，用比、兴、赋等手法写成，人物对话占很大比例，语言雅丽而形象鲜明，体现了故事赋体裁同话本叙述形式的结合，构成唐代话本的一个来源。整理本见《敦煌变文集》。

死马赋 敦煌赋篇名。唐刘希夷作。载于伯3619号敦煌写本。作品为七言歌行体，以战场死马为题材，借物喻人，抒发了"待封无期"的感慨。敦煌伯3619号写卷是刘希夷诗歌的专卷，卷中仅本篇不见于他书，反映唐代原有刘希夷的另一种别集流传。此卷中各篇大都按作品首句改用新题，仅本篇以"赋"为名。这说明伯3619号写卷中的作品曾用于韵诵，韵诵时或按民间通行的"首章标其目"的形式命名，或依俗赋的表演功能命名为"赋"。整理本见《补全唐诗》。

燕子赋 敦煌赋篇名。作者不详。今存两种，皆载于敦煌写本，以民间所传燕雀争巢、凤凰判决的故事为题材，大约创作于开元、天宝年间。甲种有伯2491、伯2653、斯214、斯554等七种抄本。其体为以四言为主的散文体，描写较为曲折细致，运用大量生动活泼的俗语，通过对雀儿蛮横、燕子含冤、鹪鹩捕人、凤凰审讯等情节的描写，反映当时的世态人情。乙种仅存于伯2653号敦煌写本，五言诗体，通篇用对话形式展开燕雀争巢的故事。语言通俗，对话富论辩色彩，是用于论议伎艺的作品。两种《燕子赋》的整理本都见于《敦煌变文集》。

驾幸温汤赋 敦煌赋篇名。唐刘朝霞作。载于伯5037、伯2976等两种敦煌写本。一本题"驾行温汤赋一首，刘瑕述"，一本题"温泉赋一首，进士刘瑕"。据《开天传信记》，此赋作于天宝二年(743)，作者为刘朝霞，因进此赋而授宫卫佐。作品用四六骈文体，词调倜傥，杂以俳谐，夸张地描写了唐玄宗驾幸温汤、游猎登巡的场景。整理本见潘重规《敦煌赋校录》，载《华冈文科学报》1978年第1期；张锡厚《敦煌赋集校理》，载《敦煌研究》1987年第4期。

天地阴阳交欢大乐赋 敦煌赋篇名。唐白行简作。载于伯2539号敦煌写本。作品在男女构精、化合阴阳的传统主题之下，用优美华丽的文辞，生动细致地描述了男女欢合。作品所使用的大量房中术语，及其对少年新婚、夫妻四季行乐、贵族男子与姬妾、帝王与嫔妃、怨女与旷夫、野合、同性恋等性关系的描写，为考察中国古代性学、性风俗和色情文学的发展提供了珍贵资料。整理本见《双梅景闇丛书》第五种，长沙叶德辉1914年刊行。

齖䶗书 敦煌赋篇名。作者不详。载于斯4129、伯2564、伯2633等三种敦煌写本。作品为以四六骈文为主体的俗赋体裁，诙谐而生动地描写了一个"生性齖䶗，打煞也不改"的悍妇的形象；并以七言四句体的"阿家诗"和"新妇诗"作篇末的赞文，对这个"斗乱亲情，欺邻逐里"而终于被休的恶妇故事作了总结。三种写本都抄了一段七言诗、一首以勤学为主题的《十二时》、一首关于入舍女婿的咒文作为附录，实与本篇作品无关，属作品以外的文字。整理本见《敦煌变文集》。

酒赋 即《高兴歌》。原为歌辞，后用于韵诵，故有《高兴歌》、《酒赋》、《高兴歌·酒赋一本》三名。

渔父歌沧浪赋 敦煌赋篇名。唐何蠲作。载于伯2488、伯2621、伯2712等三种敦煌写本。作品取材于《楚辞·渔父》，用清丽流畅的语言、问答体形式，以"逐臣"郁郁寡欢的形象为衬托，描写了渔父归心自然的豁达情怀，属唐赋中具有散文化倾向的作品。整理本见潘重规《敦煌赋校录》。

贰师泉赋 敦煌赋篇名。唐张侠作。载于伯2488、伯2712、伯2621等三种敦煌写本。一本首题"贰师泉赋，乡贡进士张侠撰"。贰师泉又称悬泉，敦煌古迹，因汉代贰师将军李广利抽刀断崖传说而得名。作品用四六韵文的形式，描写了名将李广利开边征虏、刺崖成泉的事迹。整理本见潘重规《敦煌赋校录》，载《华冈文科学报》1978年第1期；张锡厚《敦煌赋集校理》，载《敦煌研究》1987年第4期。

龙门赋 敦煌赋篇名。唐卢竘作。载于斯2049、伯2544、伯2673、伯3885等四种敦煌写本。作品为七言歌行体，间插三言两短句；用铺张的手法描写了清明时节洛阳仕女游览龙门的情景。结尾仿敦煌唱辞的内容，抒发欢乐易逝、盛衰无常的感慨。整理本见潘重规《敦煌赋校录》，载《华冈文科学报》1978年第1期；张锡厚《敦煌赋集校理》，载《敦煌研究》1987年第4期。

秦将赋 敦煌赋篇名。作者不详。载于伯2488、伯5037、斯173等三种敦煌写本。伯2488尾题"秦将赋一卷"。作品是一篇杂言韵文，取材于《史记·白起王翦列传》，细致地描写了秦将白起坑杀赵国降卒四十万人的残酷场面。整理本见潘重规《敦煌赋校录》，载《华冈文科学报》1978年第1期；张锡厚《敦煌赋集校理》，载《敦煌研究》1987年第4期。

丑妇赋 敦煌赋篇名。唐赵洽作。载于伯3716、斯5752两种敦煌写本。作品通篇对仗，用流畅的杂言句式、戏谑夸张的艺术手法，描绘了一个容貌丑陋、德行低下的妇女形象。其艺术手法的渊源可以追溯到宋玉《登徒子好色赋》、潘岳《丑妇赋》和刘思真《丑妇赋》，是敦煌俗赋中以人物描写为题材的作品中最有特色的篇章。整理本见潘重规《敦煌赋校录》，载《华冈文科学报》1978年第1期；张锡厚《敦煌赋集校理》，载《敦煌研究》1989年第4期。

去三害赋 敦煌赋篇名。作者不详。载于斯3933号敦煌写本。原为残卷，首题"去三害赋，□□王□韵"，正文存二十七行。作品取材于《晋书·周处传》，增饰颇多，叙述周处入山射杀白虎、投水手刃蛟蛇，并不再为害乡里的故事。散文体，用骈对。首题中的"韵"字，应表示作品曾用于韵诵。整理本见张锡厚《敦煌赋集校理》，载《敦煌研究》1989年第4期。

子灵赋 敦煌赋篇名。作者不详。载于伯2621号敦煌写本。全篇由内容、形式均不相同的两部分组成：前段为五言二十七句，以闺中思妇的离愁别绪为题材；后段为七言五十六句，以历史人物许由、姜太公、荆轲、夷齐等发愤进取的故事为题材，富劝世特点。两段分别采用了敦煌曲子辞和宗教唱辞中的常见题材，应是表演某一说唱节目时用于开篇和结尾的颂辞或唱辞。它充分反映了一部分敦煌俗赋同讲唱伎艺相结合的特点。整理本见潘重规《敦煌赋校录》，载《华冈文科学报》1978年第1期；张锡厚《敦煌赋集校理》，载《敦煌研究》1989年第4期。

月赋 敦煌赋篇名。作者不详。载于伯2555号敦煌写本。作品为七言体，间插三言、五言两短句，富有诗意地描写了月光的幽美和月下的相思，代表了敦煌赋中的抒情类型。整理本见柴剑虹《敦煌唐人诗文选集残卷补录》，载《文学遗产》1987年第4期。

汉将王陵变 又名《汉八年楚灭汉兴王陵变》。敦煌变文篇名。作者不详。载于斯5437、伯3627、伯3867等四种敦煌写本。创作时代约在公元九世纪上半叶。取材于《史记·陈丞相世家》和《汉书·王陵传》，用散韵相间的形式，叙述了楚汉交战时汉将王陵夜袭楚营，楚王项羽骗捉王陵母亲以诱王陵，陵母为坚定其子忠于汉室之决心而自刎的故事。它对历史记载作了富有想像力的铺演，塑造了勇敢机智的王陵、残暴的项羽、大义凛然的陵母等栩栩如生的形象。具有结构紧凑、语言生动的特点，对后世同类题材的小说戏剧产生了影响。整理本见《敦煌变文集》。

李陵变文 敦煌变文篇名。作者不详。载于北京图书馆藏敦煌写本。篇名残失，此据内容拟名。作品取材于《史记·李将军列传》及《汉书·李陵传》，略述汉将李陵率五千士卒，苦战匈奴数十万兵马，"箭尽弓折，粮用俱无"，不得已而降蕃。汉武帝闻讯大怒，欲杀李陵眷属，被司马迁谏阻。次年汉兵再败，武帝遂阉司马迁，并以李陵老母妻子付法。作品绘声绘色地描写了李陵军艰苦卓绝的战斗场面，用长段韵文记叙李陵在降蕃时的自白，细致地刻画了人物心理。最后一段李陵哭词尤为凄厉，富于悲剧色彩。整理本见《敦煌变文集》。

王昭君变文 敦煌变文篇名。作者不详。载于伯2553号敦煌写本。原卷首部残缺，此据作品内容拟名。或作《明妃传》。约为中唐代宗至宣宗期间的作品。取材于《汉书》元帝纪、匈奴传、蔡邕《琴操》等所载王昭君故事，其上卷写昭君辞汉、入匈奴而拜为胭脂皇后，下卷描写昭君出塞后悒郁而死、汉蕃和好后受汉使吊祭等事。以散文铺述故事，以韵文展开对话，是一篇情节感人、形象鲜明的作品。文中并且有“上卷立铺毕，此入下卷”等配合图画讲唱的痕迹，为唐代变文的典型形式。整理本见《敦煌变文集》、《敦煌变文汇录》。

张义潮变文 敦煌变文篇名。作者不详。载于伯2964号敦煌写本。原本首尾俱残，无篇名，此据内容拟名。作品现存部分作于唐宣宗大中十一年(857)以后，略述张义潮出兵讨伐进犯沙州之吐浑王和吐蕃兵，以及讨伐劫夺唐朝册立回鹘使王端章之叛乱回鹘等三次战役，对张义潮军的勇猛顽强作了生动描写。是一部以现实题材为内容的重要作品。整理本见《敦煌变文集》。

张淮深变文 敦煌变文篇名。作者不详。载于伯3451号敦煌写本。原本首尾俱残，此据内容拟名。约为唐僖宗乾符年间作品。略述安西回鹘侵犯唐境，尚书张淮深率军破敌，俘敌千余人。后朝廷遣使宣抚回鹘，尚书承命释放生降回鹘军士。而唐使甫返，回鹘王子又领兵西侵，尚书再次出兵，奏凯东归。作品真实而细致地描写了这一现实事件的始末，以风起云涌的战争场面为背景，塑造了张淮深这一爱国军人的形象。整理本见《敦煌变文集》。

舜子变 又名《舜子至孝变文》。敦煌变文篇名。载于斯4654、伯2721号敦煌写本。取材于《孟子·万章上》、《史记·五帝本纪》、《水经注·湘水》、《列女传·有虞二妃》等书所载的上古传说，通过舜几次机智地逃脱后母陷害的故事，描写了后母的狠毒、瞽叟的昏昧，塑造了作为至孝圣人的舜的形象。作品通篇以六言韵语为主体，无明显的说唱分界，与敦煌讲唱文学散韵相间的通常体裁不同。它用民间文学常见的三灾三难式结构叙述故事，语言质朴单纯，类似话本。整理本见《敦煌变文集》。

刘家太子变 又名《前汉刘家太子传》。敦煌变文篇名。载于斯5547、伯3645、伯4692、伯4051等四种敦煌写本。作品以对话体散文的形式，描写了汉代王莽篡位时刘家太子逃过追捕重兴帝业的故事、汉武帝会见西王母而与东方朔相嘲的故事、宋玉与求仕者彼此诘难的故事、燕昭王读郑简公误书之“举烛”二字而使燕国大治的故事、汉哀帝纳谏屏除男色的故事。五段故事之间并无必然联系，当曾用于依据五幅故事画而表演的转变节目。这些故事的共同点是用富于智慧的对话，塑造了民间机智人物的群像。整理本见《敦煌变文集》。

太子成道经 又名《悉达太子赞》。敦煌变文篇名。作者不详。载于伯2999、伯2924、伯2299、斯548、斯2682、斯4626等八种敦煌写本。作品演述释迦牟尼降生波罗奈国为悉达太子，因悯怀天下苦难而出家至雪山修道的故事。着重描写了释迦降生前的种种灵异(所谓“生相”)，以及悉达太子所见的苦难罪孽(所谓“死相”)。在太子降生的描写中，并出现了类似于《唐国史补》等书记载的武则天梦双陆不胜兆宫中无子的细节。它实际上是俗讲僧人化合《佛本行集经》等多种佛教经典，又结合中国的民间风俗与传说而创作的一部作品。它用散文具体而生动地展开故事，又用富于音乐性的韵文就各个重要片断加以赞颂，综合运用了讲经文和变文的艺术手法。整理本见《敦煌变文集》。

太子成道变文 敦煌变文篇名。作者不详。载于斯3096、斯4128、斯4480、斯4633、伯3496、推字79等六种敦煌写本。原本皆是残卷，无篇名，此据各本内容拟名。演述释迦降生为悉达太子，至雪山修道的故事。首述如来作护明菩萨六年后，遣金团天子下凡代选托生之处，并于癸丑岁七月十五日托胎于摩耶夫人左胁、丙寅岁四月八日降生于南弥梨园；次述太子欲出家，国王乃为其完婚，而太子悯怀众生之苦，决意于夜半出家；最后写太子成道后，上兜率天宫说法。从现存的残本看，作品韵文部分占比例较高，有分角色歌唱的痕迹。整理本见《敦煌变文集》、《敦煌变文汇录》。

八相变 敦煌变文篇名。作者不详。载于云字24、乃字91、潜字80等三种敦煌写本。一本原有篇名《八相变》,《敦煌变文汇录》拟为《八相成道变文》。"八相"是佛教用语,又称"八相示现"、"八相成道",指的是释迦牟尼诞生、成道、创教的八个阶段:下天、入胎、住胎、出胎、出家、成道、转法轮、入灭。本篇依次描述这八相。它用散文提示故事情节,用韵文展开对话和场景描写,对如来世尊的事业过程作了简洁、生动、夸张的表现。整理本见《敦煌变文集》。

破魔变 敦煌变文篇名。作者不详。载于伯2187、斯3491等两种敦煌写本。据文中"继统旌幢左大梁"句,作品作于后梁。它取材于《观佛三昧海经·观相品》等佛经所载的释迦牟尼八相成佛故事,通过对释迦牟尼苦修成佛之初与魔王波旬斗法斗心、最后将其降服之过程的描写,再现了八相中的"降魔"一相。其篇首有《降魔变神押座文》一段,感慨人生无常;篇末有颂词一段,作"小僧愿讲经功德,更祝仆射万万年"的表白:保留了变文用为俗讲节目的形制特点。作品以通俗的韵文记录人物的对话,又用骈俪的散文展开故事、描写形象,错落有致,风格活泼。整理本见《敦煌变文集》。

降魔变文 又名《降魔变》。敦煌变文篇名。作者不详。载于斯5511、斯4398、伯4524、伯4615、《敦煌零拾》等六种敦煌写本。伯4524为《降魔变文》的画卷,卷背写唱词,保存了按变相讲唱变文的历史面貌。据篇中开赞部分,其创作时代在玄宗天宝八载(749)至十二载之间,原用于开讲《金刚般若波罗蜜经》。作品取材于《贤愚经·须达起精舍品》,略述南天竺舍卫城辅国贤相须达多受佛德感召,随舍利弗求购太子之园以造伽蓝。国王怀疑佛之神力,命六师外道与舍利弗斗法。舍利弗变作金刚杵、狮子、白象击败六师幻化的宝山、水牛、水池。从此南天竺人民倾心事佛。通篇文辞雅丽,构思奇特,富有神话色彩。整理本见《敦煌变文集》。

难陀出家缘起 敦煌变文篇名。作者不详。载于伯2324号敦煌写本。原无篇题,此据《释家谱·释迦从弟孙陀罗难陀出家缘记》和《佛本行集经·难陀出家因缘品》拟题。作品取材于上述佛经,演述佛点化其弟难陀感悟尘世、皈依佛门的故事。以七言、六言韵文为主体,使用吟、断等特殊音曲,细致地描写难陀恋妻、佛来化缘、难陀欲往佛寺又左右为难、难陀观看天宫地狱接受教化等情节,并以一问一答的方式表现人物的思想变化,反映了佛教文学表演化的倾向。整理本见《敦煌变文集》。

目连缘起 敦煌变文篇名。作者不详。载于伯2193号敦煌写本。原本前后完整,有篇名。其内容与《大目乾连冥间救母变文》相近,演述青提夫人因悭吝堕入阿鼻地狱,其子目连向佛借得十二环锡杖和七宝钵盂往地狱见母,设盂兰斋及祇园道场救母的故事。其中用两大段长篇韵文记述青提夫人在地狱的自省,讲唱关于敬事道场、常行孝顺的说教,是僧侣用于盂兰节法事仪式的讲唱作品。在敦煌所存的目连救母作品中,其情节曲折、描写细致的特点较为显著。整理本见《敦煌变文集》。

大目乾连冥间救母变文 敦煌变文篇名。作者不详。载于斯2614、斯3704、伯2319、伯3107、伯3485等十种敦煌写本。一本首题"大目乾连冥间救母变文并图一卷并序",尾题"大目犍连变文一卷"。作品取材于《佛说盂兰盆经》,根据转变伎艺的需要而作大胆的改编,推演成一篇长达万言的故事,略述目连之母青提夫人因欺诳凡圣堕入地狱,目连证得阿罗汉果后,历经天宫、冥路、地狱,求得佛助,救母脱离苦海,同赴西天佛国。作品以细腻的手法描写了目连救母的各种细节,以丰富的想像展现了地狱的恐怖,并以"夫为七月十五者"开头,是用于佛教盂兰盆会(俗称"鬼节")的长篇讲唱。整理本见《敦煌变文集》。

欢喜国王缘 敦煌变文篇名。作者不详。载于《敦煌零拾》和伯3375号敦煌写本。此二本原是一篇的前后两段,由敦煌三界寺僧戒净书写。作品略述西天欢喜国王之夫人有相貌美善歌舞,临死前礼拜供养僧侣,修持八戒,得生天界;为报天恩,又与天女一同下凡,劝化欢喜国王皈依佛门,夫妻重逢。其韵文用"吟"、"侧"、"断"、"断侧"等多种音曲吟唱,具有优美动人的特点。篇中夫妻生离死别的情节,则同大团圆的结局形成对比,巧妙地表现了皈依三宝可得极乐的主题。整理本见《敦煌变文集》。

丑女缘起 又名《金刚丑女因缘》、《丑女金刚缘》、《金刚丑女缘》。敦煌变文篇名。作者不详。载于伯3048、伯2945、伯3592、斯4511、斯2114等五种敦煌写本。取材于《贤愚经·波斯匿王女金刚品》,以因缘果报为主题,略述波斯匿王之女因前世嘲笑佛祖丑陋,遂生成一副丑相,后虔诚奉佛,改换端丽容貌。同题材的故事也见于《百缘经》中《波斯匿王丑女缘》、《杂宝藏经》中《丑女赖提缘》,为佛教讲经文的常用题材。本篇以赞颂佛功德开头，可见其曾受讲经文的影响。但它完全摆脱了逐段讲释经文的讲经文格式，大量运用符合角色身分的韵文展开对话，结构紧凑，人物刻画细致，语言通俗生动，具有变文的典型特点。整理本见《敦煌变文集》。

四兽因缘 敦煌变文篇名。作者不详。载于伯2187号敦煌写本。原本首尾完整，长约五百字，有"唐僧统和尚赞述四兽恩义颂"一段。据考僧统即敦煌名僧悟真，作品写在悟真任僧统期间(869—895)。佛教传说：鸟是如来的本生，兔是舍利弗的本生，猕猴是大目乾连的本生，白象是阿难陀的本生。本篇略述迦尸国王与夫人、太子争功，决疑于仙人，仙人以鸟、兔、猕猴、白象四兽为例，赞述四兽行恩布义、互相尊敬的品质，主张先修行孝因果、感得成佛之缘。作品所用的四兽因缘本生变相，在西藏唐卡和新疆库车库木图喇石窟中仍有保留，可见它是取材于藏文佛经的作品。整理本见《敦煌变文集》。

悉达太子修道因缘 敦煌变文篇名。作者不详。载于日本龙谷大学藏本、斯3711、斯5892等三种敦煌写本。演述释迦牟尼降生为悉达太子，感受生、老、病、死诸种苦难，出家成道的故事。约作于晚唐五代。其特点为仿"乐官"的讲唱体例，以富有音乐性的押座韵文开篇，总述全篇内容；由法师讲唱，针对故事的情节生发佛教义理；大量援用风俗传说；对太子成婚、太子访察人世苦难这两段较富现实内容的片断作了详细铺演，充分表现了宗教文学世俗化的倾向。整理本见《敦煌变文集补编》。

伍子胥 敦煌话本篇名。作者不详。载于斯328、斯6331、伯2794、伯3213等四种敦煌写本。原本均残缺，无篇名，此据其内容拟名。作品叙述春秋时楚平王荒淫无道，伍子胥亡命吴国为父兄复仇，后因吴王信谗而死于忠谏的故事。取材于《庄子》、《荀子》、《韩非子》、《左传》、《国语》等先秦典籍而加以铺演，成为一篇结构完整、情节曲折、人物形象丰满、描写细致的作品。其中伍子胥与浣纱女相遇的细节生动感人，逃亡时用趋避方术躲过追捕的细节及为吴王解梦的细节富有传奇色彩。它所塑造的悲剧英雄伍子胥形象，以及具有深刻批判意义的忠贞蒙冤的主题，对后世有广泛影响。元杂剧《伍子胥弃子走樊城》、《说鱄诸伍员吹箫》，明传奇《举鼎记》、《浣纱记》等，都演述伍子胥故事。整理本见《敦煌变文集》。

秋胡话本 敦煌话本篇名。作者不详。载于斯133号敦煌写本。原本首尾俱残，《敦煌变文集》据其内容拟题《秋胡变文》，今按其体裁特征改拟本名。故事源出《列女传》，本篇增加了求母准予游学、辞妻、投魏觅官、其妻坚不改嫁、秋胡求归等情节，并对秋胡戏妻作了更为细致的描写，具有结构完整、故事生动、人物语言富有个性、形象对比鲜明的特点。通篇为散文说白，人物对话占了相当大的比重，其中一首五言诗也是刻画人物、展开故事的必要部分，具有典型的话本特点。整理本见《敦煌变文集》。

庐山远公话 敦煌话本篇名。作者不详。载于斯2073号敦煌写本。抄写于宋开宝五年(972)。作品以佛教净土宗初祖、东晋僧慧远的生平事迹为题材，略述雁门慧远以和尚旃檀为师，学成后往庐山修道，因宿孽未尽，被盗贼劫持为奴，改名善庆，后与道安和尚论议获胜，终成高僧。此故事与历代僧传所载不同，具有较浓厚的神话传奇色彩，是民间净土信仰的文学表现。作品语言明白流畅，情节曲折多变，以散文体展开故事，并在"偈"的名义下穿插少量吟唱，为现存最早最完备的话本小说。曾收入《大正新修大藏经》，被割裂为《惠远外传》、《进旨》两篇。整理本见《敦煌变文集》。

韩擒虎话本 敦煌话本篇名。作者不详。载于斯2144号敦煌写本。原无题，篇末有抄写者识语云："画本既终，并无抄略。""画"为"话"之讹。今据此识语及作品内容拟名。作品取材于《隋书·韩擒虎传》，用丰富的想像和白话散文的形式演述了隋代名将韩擒虎的事迹。首写隋文帝应天命而登基的故事，为作品的入话；次写韩灭陈、威服大夏单于、死后为阴司之主的故事，为作品的正文。作者用移花接木的手法，把一些著名的史事集于韩一身，刻画了韩少年英雄、智勇双全而富于传奇色彩的形象。整理本见《敦煌变文集》。

唐太宗入冥记 敦煌话本篇名。作者不详。载于斯2630号敦煌写本。原本首尾俱残，失篇题，此据其内容拟名。作品演述唐太宗入冥，生魂被勘，判官崔子玉徇私求贿，并教太宗修功德弘扬《大云经》的故事。其梗概原见于《朝野佥载》卷六，题材来源于唐代的民间传说。全篇文字通俗，接近口语，并以对话展开情节、塑造形象，已具备后代小说的各种特征。作品影响深远，《西游记》中唐太宗入冥故事即承此而来。整理本见《敦煌变文集》。

叶净能诗 敦煌话本篇名。作者不详。载于斯6836号敦煌写本。卷端稍残,卷末题《叶净能诗》。作品以叶净能幼年学道会稽山,西赴长安,驱妖降魔,显异施法,最后受人陷害赴归大罗天的经历为线索,缀连大小十五个故事,是在道教俗讲活动中穿插使用的说话伎艺的底本。作品取材于唐《集异记》、《广异记》、《朝野佥载》、《明皇杂录》、《宣室志》等书及民间传说。这种综合叶法善、罗公远、明崇俨等道教神话人物的故事塑造箭垛式英雄的创作手法,显示了本篇与志怪、传奇及各种民间文学的密切关系。作品以散文说白展开故事,仅末段唱辞为四言韵文,反映了唐代话本以讲述为主兼用歌唱的特征。整理本见《敦煌变文集》。

祇园因由记 敦煌话本篇名。作者不详。载于伯2344、伯3784等两种敦煌写本。作品取材于《贤愚经·须达精舍品》。略述须达得名于善施之德,见佛后归心佛法,遂欲购买舍卫城南祇陀园建置伽蓝。六师外道闻知后不忿,遣劳度差等与佛弟子舍利弗斗法失败。祇园遂建精舍。通篇为散文说白,内容与《降魔变文》相同,而体裁截然有别,语言亦通俗平易。整理本见《敦煌变文集》。

黄仕强传 敦煌话本篇名。作者不详。载于伯2136、伯2186、伯2297、列2873、阳字21、淡字58、日本京都大谷大学藏本等七种敦煌写本。作品约作于唐显庆五年(660)之后不久。略述永徽三年(652)十一月,府兵黄仕强被冥官误认他人拘入冥府,黄贿一鬼吏后,获长生秘诀(访写《证明经》三卷),并还阳。全篇为散文体,文字简洁,描写细致。文中入冥、抄写佛经而得长寿、鬼求贿赂等情节,既反映了佛教的影响,又富有民族特色和时代气息。作品在七个写本中均抄写于《普贤菩萨说证明经》之前,表明这是一个宗教宣传品,是俗讲法师为吸引听众而在讲经之前作为入话而讲的一个故事。整理本见《敦煌译丛》第一辑,甘肃人民出版社1985年出版;《敦煌语言文学研究》,北京大学出版社1988年出版。

长兴四年中兴殿应圣节讲经文 敦煌讲经文篇名。作者不详。载于伯3808号敦煌写本。是后唐长兴四年(933)在皇宫应圣节法会中所用的讲唱底本。所讲内容为《仁王护国般若波罗蜜多经·序品第一》。作品完整地保存了佛教讲经的四科段体例,即首段“开赞”,唱释经题;次段“序分”,点明法会主题;第三“正宗”,逐段讲唱经文;末段“流通”,以歌赞结束。在“序分”和“正宗”部分,以散韵相间的文体赞颂佛在王舍城鹫峰山所建的五种成就;在“开赞”和“流通”部分,以骈体、诗体相间的形式讴歌了皇帝功德,并结合时事,劝修如来妙法。它是一篇体裁整饬、层次分明、文辞雅丽并富有通俗化特色的讲经文作品。整理本见《敦煌变文集》。

金刚般若波罗蜜经讲经文 敦煌讲经文篇名。作者不详。载于伯2133号敦煌写本。篇名原缺,此为拟名。此讲经文抄写于后梁贞明六年(920),据《金刚般若波罗蜜经》演绎而成。记述佛在舍卫国向须菩提等讲说境空、慧空、菩萨空等法,用散文解释经文大意,用七言韵文加以形象化描述,使内容枯燥的经文变得深入浅出。作品体例整饬,有分段和段落大意提示。整理本见《敦煌变文集》。

佛说阿弥陀经讲经文 敦煌讲经文篇名。作者不详。载于伯2931、伯2955等两种敦煌写本。原本是残卷,无标题,此为拟题。作品取自鸠摩罗什所译《阿弥陀经》,对西天乐土的祥瑞作了具体描写,并用五言、六言、七言韵文相间的形式铺叙了经文中的对话,反映了讲经文在文学性方面的追求。整理本见《敦煌变文集》。

说三归五戒讲经文 敦煌讲经文篇名。作者不详。载于斯6551号敦煌写本。篇题原缺,《敦煌变文集》拟题为《佛说阿弥陀经讲经文》,今从周绍良改拟本题。作品卷首有押座文、庄严文各一段,主体部分为法师说受三归、持五戒。它针对不杀生、不偷盗、不邪淫、不妄语、不食酒肉等五戒,逐一用长篇七言韵文讲唱佛本行故事以作印证,将叙事与说理融为一体,有比较丰富的文学色彩。整理本见《敦煌变文集》。

妙法莲华经讲经文 敦煌讲经文篇名。作者不详。载于伯2133、伯2305等四种敦煌写本。篇名原缺,此据内容拟名。本篇据《妙法莲华经》中的《提婆达多品》、《药王菩萨本事品》、《妙音菩萨品》和《观世音菩萨普门品》演绎而成。用骈文、散文、七言韵文相间的形式加以铺陈,有语言优美、形象鲜明、注重细节描写的特点。整理本见《敦煌变文集》和《敦煌变文集补编》。

维摩诘经讲经文 敦煌讲经文篇名。作者不详。载于斯 3872、斯 4571、伯 2292、伯 3079 等七种敦煌写本。分别取材于《维摩诘所说经》的《佛国品》、《方便品》、《菩萨品》、《问疾品》。这四品为全部经文的前部，叙述维摩诘卧病毗耶离城，佛派诸弟子前往问疾，他们慑于维摩诘的法力和辩才，不敢前往，而文殊师利菩萨毅然前往的故事。作品对各段情节浓墨渲染，具有文字优美、人物形象鲜明的特点，是敦煌讲经文中最富有文学性的篇章。它的连环画式的结构，则对后世章回体小说发生了一定的影响。整理本见《敦煌变文集》、《敦煌变文集补编》。

父母恩重经讲经文 敦煌讲经文篇名。作者不详。载于伯 2418 号敦煌写本。原本篇首残缺，此据文意拟题。这是后唐天成二年(927)僧侣在俗讲活动中所用的讲唱底本，属全部讲经文的第六部分《诱俗》部分。作品用节引经文，加以散文说解，再配上五、七言颂词的方式，阐述了父母的十种恩德，劝诫世上男女孝顺报恩，以免来世堕入恶道。作品语言通俗，形容贴切，并征引了儒家经典和《太公家教》等书籍，反映了讲经活动的通俗化特点。整理本见《敦煌变文集》。

双恩记 又名《佛报恩经讲经文》。敦煌讲经文篇名。作者不详。载于前苏联东方研究所藏 Φ96 号敦煌写本。今存第三、第七、第十一等三部分，属作品的前半部。据写本中的避讳情况看，大约写成于初唐时期。作品取材于《大方便佛报恩经》，演述佛在王舍城耆阇屈山说经，太子善友入海求宝济贫，其弟恶友为争宝珠刺瞎善友双目，善友历尽劫难后回国、求父释弟、重得宝珠的故事。全篇补足后有两万多字，是敦煌文学作品中最长的篇章。作品情节曲折，感情充沛，人物形象丰满，散文说白华丽优美，诗体唱词简洁流畅，极富文学性。此外，作品中大量出现的"韵"、"偈"等特殊音乐符号和杂言曲子辞的整饬格式，以及在四川省大足石刻中所见的内容相同的造像，表明它运用了丰富的音乐素材和美术素材。整理本见《扬州师范学院学报》1980 年第 2 期、第 3 期。

维摩碎金 敦煌讲经文篇名。作者不详。载于前苏联科学院亚洲民族研究所藏 Φ101 号敦煌写本。晚唐时候曾用于灵州(今宁夏灵武)龙兴寺讲经活动。作品取材于《维摩诘所说经·佛国品》，用排比对仗的骈体铺叙如来队仗入赴毗耶城的场面，又用富有文学韵味的七言韵文逐段加以演绎，是敦煌讲经文中风格较为典雅的篇章。整理本见《敦煌变文论文录·附录》，上海古籍出版社 1982 年出版。

孔子项託相问书 敦煌论议篇名。作者不详。载于斯 395、斯 1392、斯 2941、斯 5529、斯 5530、斯 5674、伯 3255、伯 3754、伯 3826、伯 3833、伯 3882、伯 3883 等十三种敦煌写本，其藏文本则载于斯 724、伯 t992、伯 t1284 等敦煌写本。汉文本一本题"孔子项託相问书一卷"，一本题"孔子项託相诗一首"，大多写于晚唐五代。但将作品内容与阿斯塔那古墓所出《唐写本孔子与子羽对语杂钞》等文献相对照，可知其创作时代约在初唐。作品取材于先秦以来关于项橐为孔子师的传说，以散文韵语的形式，记述了孔子与少年项託就博物知识相互论辩的经过。其主体是两名主人公的问答。它拥有汉藏两种文字的抄本十六种以上，是唐代流传最广的一篇讲唱文学作品。整理本见《敦煌变文集》，藏文汉译本见冯蒸《敦煌藏文本〈孔丘项託相问书〉考》，载《青海民族学院学报》1981 年第 2 期。

茶酒论 敦煌论议篇名。唐王敷作。载于斯 406、斯 5774、伯 2718、伯 2875 等六种敦煌写本。一本题"茶酒论一卷并序，乡贡进士王敷撰"，"开宝三年壬申岁正月十四日知术院弟子阎海真自手书记"。作品为韵文体，主要由四、六骈句组成。它采用对话形式，以通俗的口语描写了茶酒争功的过程。其题材取自民间寓言故事，情节结构同藏族的《茶酒仙女》和布依族的《茶和酒》十分相似。其艺术手法则受赋的影响，茶酒两家的论辩都有广征博引、排比夸饰的特点。整理本见《敦煌变文集》。

晏子赋 敦煌论议篇名。作者不详。载于伯 2564、伯 3716、伯 3821、斯 5752、列 1483 等八种敦煌写本。作品取材于《晏子春秋》，但多有增饰。全篇皆散文体，以对话形式描写了梁王与晏子之间的相互辩驳，塑造出容貌丑陋但机智敏捷的晏子形象。整理本见《敦煌变文集》。

敦煌曲子词集 敦煌曲子辞总集。王重民辑校。全书从三十二种敦煌写本中辑录曲子辞一百六十余首，分为三卷：上卷为"长短句"一百零七首，中卷为《云谣集杂曲子》三十首，下卷为"词"二十四首。此书是敦煌曲子辞的最早辑本之一，对于敦煌曲子辞的整理与研究有首创意义，但也有忽视通俗文学的音乐特性的缺点。商务印书馆 1950 年初版、1980 年再版。

敦煌曲校录 敦煌曲子辞总集。任二北编校。全书从七十种敦煌写本中校录出五百四十五首曲子辞，依次编为普通杂曲、定格联章、大曲等三个部分。书前列《卷子编号一览表》，书末《后记》则论述了敦煌曲子辞的几种体裁及其源流。此书注重曲子辞的民间性和通俗性，所收作品的内容较其他诸家更为广泛，校订亦较为大胆。上海文艺联合出版社1955年出版。

敦煌曲 敦煌曲子辞总集。饶宗颐编，法国学者戴密微编译。此书收集伦敦、巴黎两地所藏的敦煌曲资料，辑录《敦煌曲子词集》、《敦煌曲校录》未收的曲子辞三百十八首，另附有关图片一百十六幅，以中、法两种文字合编为一书。书前有饶宗颐撰写的《引论》，论及敦煌曲的性质、词的起源等理论问题，书后附有《敦煌曲系年》、《敦煌曲韵谱》与《索引》。法国国立科学研究中心1971年出版。

敦煌歌辞总编 敦煌歌辞总集。任半塘编著。收录敦煌写本所载唐五代歌辞作品一千三百余首，是对于敦煌歌辞进行整理研究的集大成之作。共七卷，分别收载敦煌曲子辞集《云谣集》、单片曲子辞、普通联章曲子辞、重句联章曲子辞、定格联章曲子辞、长篇定格联章曲子辞、大曲辞；并附有“补遗”，收载新发现的敦煌歌辞。书前有《敦煌歌辞研究年表》，书末附有关论文五篇。全书资料翔实，分类细致，考订繁密，重视利用考古学成果和音韵学成果，合辑、校、注、考于一体，对于敦煌文学研究、中古音乐研究以及唐代西北文化研究均有价值。上海古籍出版社1987年出版。

敦煌韵文集 敦煌韵文总集。斯里兰卡巴宙(W. Pachow)编。全书收载辑自伦敦不列颠博物馆所藏敦煌写本的诗体作品一百二十篇，分为诗词集、赞颂集、警训集等甲乙丙三集。甲集收录《四季诗》、《丈夫女人百岁篇》、《敦煌杂咏》等通俗诗歌，乙集收录《十恩德》、《十空》、《散华乐》等佛教歌赞，丙集收录佛门训戒诗及少量训世诗。所收作品未见于《敦煌变文集》、《敦煌曲校录》，有较高的资料价值。台湾高雄文化服务处1965年刊印。

补全唐诗 敦煌诗歌总集。王重民编。全书收录敦煌写本所见的唐代诗歌作品二百二十八首。其中第一次辑出的一百零四首作品以《补全唐诗》为名，发表于《中华文史论丛》1963年第3期。共涉及《全唐诗》中的作者三十一人、《全唐诗》未载的作者十九人。撰人姓氏依《全唐诗》次序排列，并于相关者的姓氏下注明《全唐诗》的卷次，偶亦依据新材料补写小传。第二次辑出的一百二十四首作品经刘修业整理，以《〈补全唐诗〉拾遗》为名，发表于《中华文史论丛》1981年第4期。除李翔《涉道诗》二十八首、马云奇诗一首外，均为无名氏作品。全书校订细致，所收作品包含了敦煌诗歌中唐代非宗教作品的主体部分，有较高的资料价值。有中华书局1982年《全唐诗外编》本和中华书局1992年《全唐诗补编》本。

敦煌变文汇录 敦煌变文总集。周绍良编。共收敦煌写本所载变文三十七篇。每篇之前有说明文字，记其出处、卷次及编者的考证意见。叙文对变文的渊源、体制等问题作了论述。书后据向达、傅芸子、关德栋三家目录，列出《敦煌所出变文现存目录》，著录押座文、变文(含缘起)一百二十七种。上海出版公司1954年出版。1955年再版时补入《孟姜女变文》一篇，并补全原缺的《王陵变文》。

敦煌变文集 敦煌讲唱文学作品总集。王重民、王庆菽、向达、周一良、启功、曾毅公合编。全书从一百八十七种敦煌写本中辑校出七十八篇作品，分为八卷载录。前三卷为历史题材的作品，分别收录有说有唱、有说无唱、对话体三种文体的作品；次四卷为佛教题材的作品，分别是佛的故事、佛经讲唱文、佛家故事、押座文等短篇；《搜神记》和《孝子传》则合编为第八卷。本书是关于敦煌讲唱文学的内容最丰富、最忠实于写本原貌的一种辑本。所含作品包括讲经文、变文、词文、话本、俗赋和论议文，但编者尚未将上述体裁加以区别，而一概视作“变文”，故可视为一部早期的资料性作品集。人民文学出版社1957年出版。

敦煌变文集新书 敦煌讲唱文学总集。潘重规编。共收录敦煌讲唱文学作品八十六篇，在《敦煌变文集》的基础上完成，但又自具特色：首先按讲唱文学的发展过程及作品的形式与内容重编次序，卷一为押座文，卷二为讲经文，卷三、卷四为佛教题材的作品，卷五、卷六为历史题材的作品，卷七为对话体作品，卷八为《搜神记》、《孝子传》，新增加八篇作品；其次对《敦煌变文集》的校注作了增补。但在体裁分类方面，仍沿袭了《敦煌变文集》的缺点。此书辑入台湾中国文化大学中文研究所敦煌学研究会《敦煌学丛书》第六种，1984年印行。

敦煌变文集补编 敦煌讲唱文学总集。

周绍良、白化文、李鼎霞等编。此书继《敦煌变文集》之后，收录敦煌写本所见的讲唱文学作品十五篇。其中九篇为新发现的作品，六篇为重新校订的作品。录文部分一概照原卷行列情况手写，但加标点。篇末均有详细的校记，间作考订。书末附有俗字对照表及所录各篇的全部照片。是一部资料性、学术性兼具的敦煌词文与讲经文的总集。北京大学出版社 1989 年出版。

敦煌零拾　敦煌文学总集。罗振玉编。以敦煌写本中的诗歌、小说、讲唱韵文为辑录对象。除收载《秦妇吟》、《云谣集杂曲子》、《季布歌》和句道兴《搜神记》以外，在“佛曲”的名义下收录《降魔变》、《维摩诘经讲经文》、《欢喜国王缘》等三种残卷，在“俚曲”的名义下收录《五更转》、《天下传孝十二时》、《禅门十二时》等三组讲唱辞，在“小曲”的名义下收录《鱼歌子》、《长相思》、《鹊踏枝》等三首曲子辞。是辑录敦煌文学作品的最早刊本。1924 年有线装本印行。

四　宋辽金文学

作　家

徐铉(917—992)　五代宋初文字学家、文学家。字鼎臣。会稽(今浙江绍兴)人。父为江都少尹,因家广陵。初仕吴为校书郎。南唐中主时官知制诰,贬泰州司户掾。起为祠部郎中知制诰,复坐事流舒州,徙饶州,召为太子右谕德,迁中书舍人。后主时,历礼部侍郎、翰林学士、吏部尚书。入宋,为太子率更令,历给事中、散骑常侍。淳化二年(991),贬静难军行军司马。博学好异,精于篆籀,与弟锴并称"大小徐"、"二徐"。曾受诏与句中正等同校《说文》,世称"大徐本"。亦擅诗文,与韩熙载齐名,并称"韩徐"。文思敏捷。《四库全书总目》谓其诗"流易有余而深警不足",其文虽未继韩柳而上沿燕许,但"就一时体格言之,则亦迥然孤秀"。著有小说集《稽神录》,今存。有《徐公文集》(一作《骑省集》)行世。生平事迹见《徐公文集》附李昉《大宋故静难军节度行军司马检校工部尚书东海徐公墓志铭》,马令《南唐书》卷二三、《宋史》卷四四一。

李昉(925—996)　宋文学家。字明远。深州饶阳(今属河北)人,后居真定(今河北正定)。后晋时以荫补斋郎,后汉乾祐间中进士。后周时历官知制诰、判史馆、翰林学士。入宋,加中书舍人。建隆三年(962)罢为给事中,四年知衡州。开宝二年(969)复拜中书舍人、直学士院。屡知贡举,进《开宝通义》二百卷。太宗朝官至参知政事,拜同中书门下平章事,与修《太祖实录》,后加监修国史。端拱初边事告急,主张与契丹修好,弭兵息民。性和厚,好接宾客。卒谥文正,追封韩国公。奉敕编撰《太平御览》、《文苑英华》、《太平广记》等书,卷帙浩繁,堪称著作之渊海,与《册府元龟》合称"宋四大书"。其诗今存《二李唱和集》一卷。生平事迹见《宋史》卷二六五、宋杜大珪《名臣碑传琬琰集》下集卷三。

乐史(930—1007)　宋学者、文学家。字子正。抚州宜黄(今属江西)人。初官平原主簿,太平兴国中赐进士及第。上书言事,擢为著作佐郎,知陵州。献《金明池赋》,召为三馆编修。雍熙三年(986)献著作多种,太宗嘉其勤,迁著作郎,直史馆。历知舒、黄、商数州,为政颇以贿闻。分司西京洛阳,掌西京磨勘司,改判留司御史台。居洛有园林亭榭之胜,优游自得。一生著述不辍,作品甚夥,尤好述神仙之事,然博而寡要,时有荒诞舛谬,为论者所嗤,其《广卓异记》二十卷,即此类作品。而所撰《太平寰宇记》一百九十三卷,则采摭繁富,考据精核,广录人物、风土、古迹、题咏等,开后世方志之体例,为研究历史地理之要籍。又编已所著为《仙洞集》。生平事迹见《宋史》卷三〇六、宋王偁《东都事略》卷一一五。

和岘(933—988)　宋文学家、音乐家。字晦仁。开封浚仪人。后晋宰相和凝之子。深通礼学,建隆初为太常博士,从祀南郊,赞礼有方,为太祖所赏。于朝廷礼制,多所建言。开宝初权知泗州,判吏部南曹,历夔、晋二州通判。太宗时迁主客郎中,知兖州。性苛刻鄙吝,好殖货财,轻侮人,坐削籍。起为太常丞,分司西京。精通音律,尝考正雅乐,使八音和畅,太祖嘉之。又以叉手笛增入雅乐,名之曰"拱宸管"。晚年奏上所著《奉常集》、《秘阁集》、《注释武成王庙赞》。生平事迹见《宋史》卷四三九。

宋白(936—1012)　宋学者、诗人。字太素,一作素臣。大名(今属河北)人。太祖建隆二年(961)进士。乾德初解褐授著作佐郎,历任左拾遗、翰林学士、刑部尚书,以兵部尚书致仕,卒谥文安。太宗雍熙时,参与编纂《文苑英华》、《太平御览》、《太平广记》等大型类书。真宗咸平年间,又与李宗谔合撰《续通典》二百卷。《宋史·艺文志》著录《宋白集》一百卷,《柳枝词》一卷,已佚。喜作宫词,今存宫词一百首,其《宫词序》自称:"丽以有则,乐而不淫"。有《宋文安公宫词》一卷传世。其他诗存二十七首,见《全宋诗》;文二十首,见《全宋文》。生平事迹见《东都事略》卷三八、《名臣碑传琬琰集》下集卷七、《宋史》卷四三九。

王操　宋诗人。字正美。太宗太平兴国时，上《南郊颂》，授太子洗马。曾奉使陇右，至石濠驿作《黄葵》诗于壁，相国李昉爱之。仕至殿中丞。其诗如《赠刘将军》、《寒食》等对仗工稳，音律优美。著有《王正美诗》一卷传世。生平事迹见宋阮阅《诗话总龟》前集卷一一引《雅言系述》。

田锡(940—1003)　宋政治家、文学家。字表圣。京兆(治今陕西西安)人，后徙嘉州洪雅(今属四川)。太宗太平兴国三年(978)进士，除将作监丞，累官谏议大夫、史馆修撰等。慕魏徵、李绛之为人，遇事敢言。卒后，范仲淹为作墓志，司马光为作神道碑。为文切中时弊，刚气凛然，苏轼以其奏议比之贾谊。代表作有《上太宗答诏论边事》、《上太宗论军国要机朝廷大体》、《上真宗乞早建储闱》等。其诗古朴典则，多古风歌行。著有《咸平集》三十卷传世。生平事迹见《咸平集》卷首范仲淹《田司徒墓志铭》、苏轼《田表圣奏议序》、《宋史》卷二九三。

潘阆(？—1009)　宋诗人。字梦空，自号逍遥子。大名(今属河北)人，或云扬州(今属江苏)人。早年居洛阳卖药。太宗时，以宦官王继恩荐赐进士及第，授四门国子博士。寻以狂妄，追还诏书。王继恩因事下狱，阆遁入中条山。真宗曾亲加逮问，后释其罪，贬至信州，又授滁州参军。其后遨游于大江南北，放怀湖山，随意吟咏，寓居钱塘。大中祥符二年卒于泗上。工诗，《四库全书总目》评："阆在宋初，去五代余风未远，其诗如《秋夕旅舍书怀》一篇，《喜腊雪》一篇，间有五代粗犷之习，而其他风格孤峭，亦尚有晚唐作者之遗。"著有《逍遥集》传世。生平事迹见《郡斋读书志》卷一九、《直斋书录解题》卷二〇、《逍遥集》附宋黄静、陆子遹所作《〈酒泉子〉十首跋》。

张咏(946—1015)　宋文学家。字复之，号乖崖。濮州鄄城(今属山东)人。太宗太平兴国五年(980)进士，授大理评事，知鄂州崇阳县。两知益州，恩威并用，蜀民畏而爱之。与寇準最善，每面折準过，虽準贵而未改。官至吏部尚书，真宗大中祥符八年卒，赠左仆射，谥忠定。为文雄健有气骨，不事雕饰。郭森卿《乖崖集序》云："观其文大抵脱去翰墨畦径，无属辞缀文之迹，而磊磊落落，实大以肆。"如《乞斩丁谓遗表》、《一钱斩吏判》等，皆当是评。其歌诗有古乐府风气，律句得唐人体。著有《乖崖先生文集》。生平事迹见宋钱易《故枢密直学士礼部尚书赠左仆射张公墓志铭》、韩琦《故枢密直学士礼部尚书赠右仆射张公神道碑铭》(《乖崖先生文集》附录)，及《宋史》卷二九三。

柳开(947—1000)　宋散文家。初名肩愈，字绍元，号东郊野夫；后更名开，字仲涂，号补亡先生。爵河东县伯，世称河东先生。大名(今属河北)人。宋太祖开宝六年(973)进士。初为宋州司寇、录事参军。太宗朝，历知常、润、贝、宁边、全、桂、环、邠、邢等军州事，官拜监察御史、殿中侍御史、崇仪使。真宗朝，加如京使知代州、忻州，徙沧州，道病卒。为宋古文运动复兴的先驱者，宋朝文体变偶俪为古文自柳开始。提出"吾之道，孔子、孟轲、扬雄、韩愈之道；吾之文，孔子、孟轲、扬雄、韩愈之文"的文道轨范(《应责》)。著有《河东先生集》十五卷传世。生平事迹见柳开自撰《东郊野夫传》、《补亡先生传》(《河东先生集》卷二)、张景《柳公行状》(《河东先生集》卷一六)、《宋史》卷四四〇。

王禹偁(954—1001)　宋文学家。字元之。济州巨野(今属山东)人。九岁能文，太宗太平兴国八年(983)进士，授成武主簿，徙知长洲县，改大理评事。为右拾遗，遇事敢言，为雪徐铉罪忤旨，贬商州团练副使。历知解州、单州，召为礼部员外郎，再知制诰。至道元年(995)，兼翰林学士，坐谤讪，罢知滁州，移知扬州。真宗咸平初，预修《太祖实录》，以直书史事，出守黄州。四年，徙蕲州，病卒。禹偁反对五代浮靡文风，提倡文学韩愈、柳宗元，诗学杜甫、白居易。其文简易醇质，得古作者之体。《四库全书总目》评："宋承五代之后，文体纤丽，禹偁始为古雅简淡之作。其奏疏尤极剀切，《宋史》采入本传者，议论皆英伟可观。在词垣时所为应制骈偶之文，亦多宏丽典赡，不愧一时作手。"《待漏院记》、《黄州新建小竹楼记》、《答张扶书》等为其代表作。其诗亦平易深醇，名篇有《对雪》、《感流亡》、《畬田词》等。著有《小畜集》、《小畜外集》传世。生平事迹见宋沈虞卿《小畜集跋》(《小畜集》后附)、《宋史》卷二九三。今人徐规著有《王禹偁事迹著作编年》，中国社会科学出版社 1982 年版。

张维(956—1046)　宋诗人。乌程(今浙江湖州)人。张先父。少年学书，贫不能卒业，去而躬耕以为养，善教其子，至于有成。不出仕，以子官爵显赫，封至四品。平居好诗，浮游闾里，上下于溪湖山谷之间，以吟咏自娱，率尔成章，不事雕琢之巧，而雅意自得。诗如《庭鹤》、《玉蝴蝶花》、《宿后陈庄》、《归燕》等，抒写闲情逸致，清雅可读。著作今存《曾乐轩吟稿》一卷。生平事迹见周密《齐东野语》卷一五。

林逋（957—1028） 宋诗人。字君复。杭州钱塘（今浙江杭州）人。少孤，性恬淡好古，不乐仕进，初游于江、淮间，后归杭州，结庐西湖孤山，二十年足不及城市。不娶无子，所居植梅蓄鹤，人谓梅妻鹤子。自为墓于其庐侧。仁宗赐谥和靖先生。逋善行书，喜为诗，且多奇句。既就稿，辄弃之，好事者往往窃记之，今所传尚有三百余篇。其诗澄淡高逸。七言律诗《山园小梅》是其代表作，尤以其中“疏影横斜水清浅，暗香浮动月黄昏”一联倍受后人激赏，为咏梅千古绝唱。“疏影”、“暗香”亦成后人填咏梅词之调名。著有《和靖诗集》四卷。生平事迹见《宋史》卷四五七。

赵湘（959—994?） 宋文学家。字叔灵。衢州西安（今浙江衢县）人，赵抃祖。太宗淳化三年（992）进士，尝官庐江尉。工诗文，诗原出姚合，然无雕镂琐碎之习；古文有皇甫湜、孙樵之遗法。宋祁《南阳集序》评曰：“（其诗）清整有法度，浑焉所得，不琢不美，无丹雘而采，然恨未见其多；其文恢动沈蔚，不减于诗，然叔灵以诗自名，信其好也。”著有《南阳集》传世。生平事迹见《南阳集》卷五《释奠纪》，宋祁《南阳集序》及欧阳修等《南阳集跋》五首（《南阳集》后附）。

魏野（960—1019） 宋诗人。字仲先，号草堂居士。先世为蜀人，后徙于陕州陕县（今属河南）。嗜吟咏，不求闻达，居陕州之东郊，自筑草堂，弹琴赋诗其中。真宗闻其名，召之不出。魏野身后名不及林逋，而当时身价在逋之上。其诗名远播辽土，辽使曾求其诗集。当世名人多与之唱和。其作诗精苦，多警策句。司马光称其诗“效白乐天体”（见《温公续诗话》）。诗风平朴自然。有《东观集》十卷行世。生平事迹见《宋史》卷四五七。

寇凖（961—1023） 宋政治家、诗人。字平仲。华州下邽（今陕西渭南北）人。少英迈，通《春秋》三传。太宗太平兴国五年（980）进士，授大理评事。知巴东县，徙成安县、郓州通判。召试学士院，授右正言、直史馆。寻迁枢密院直学士。敢直谏，淳化二年（991）拜左谏议大夫、枢密院副使。真宗即位，迁尚书工部侍郎。景德元年（1004）拜同中书门下平章事。辽兵入侵，力排众议，主抵抗，促使真宗亲征澶州，立澶渊之盟而归。真宗病，因预谋太子监国，罢为太子太傅，封莱国公。又为大臣丁谓等倾陷，贬道州司马，再贬雷州司户参军。仁宗天圣元年（1023）卒于贬所。谥忠愍。以风节著于时，早有诗名。初尝与山林诗人潘阆、魏野等为友，诗风亦相近。又善学唐人，释文莹《湘山野录》卷上称其《春日登楼怀归》诗“野水无人渡，孤舟尽日横”之句深得唐人风格。绝句如《早行》、《江南曲》等尤佳，为杨慎所推崇（见《升庵诗话》）。著有《忠愍公诗集》。《全宋词》存其词四首。生平事迹见本集卷前附孙抃撰《莱国寇愍公旌忠之碑》、《东都事略》卷四一、《宋史》卷二八一。

李维 宋诗人。字仲方。洺州（今河北永年）人。太宗雍熙二年（985）进士，任保信军节度推官。真宗初，召试中书，擢知制诰。为翰林学士。仁宗朝历官陈州观察使、尚书左丞兼侍读学士、工部尚书。出知陈州，卒年七十一。维博学，少以文章知名，至老，手不废书。景德年间，随真宗巡幸四方，典章文物，多所参定。尝预定《七经正义》，修《续通典》、《册府元龟》。好为诗。其诗多描写宫廷生活，讲究词藻音韵，善于描摹景物，如《休沐端居有怀希圣少卿学士》、《直夜》等。其文集已佚，今存《菘坪小稿》一卷，收诗九首。生平事迹见《宋史》卷二八二。

赵恒（968—1022） 即宋真宗。宋皇帝。太宗太平兴国八年（983）封韩王，端拱元年（988）封襄王，淳化五年（994）封寿王，任开封尹。至道元年（995）立为太子。三年太宗死，即位。当政前期较勤于政事，号为治世。景德元年（1004）辽军南下，从寇凖计亲征，订澶渊之盟。后用王钦若、丁谓等人，政治日趋腐败。能诗文。在位时辅臣编其集近三百卷（见《玉海》卷二八）。今存表奏之作有《玉京集》六卷。其诗作，《宋诗纪事》卷一从《石林燕语》等辑有七首。其中《赐杨亿判秘监》、《赐苏州节度使丁谓》等言君臣之谊，《海棠》秾华艳丽，多为平庸无味之作。生平事迹见《宋史》卷六至卷八。

刘筠（971—1031） 宋诗人。字子仪。大名（今河北大名）人。真宗咸平元年（998）进士。咸平五年入校太清楼书，擢为第一。初为馆陶尉，以杨亿荐，除大理评事、秘阁校理，预修《图经》及《册府元龟》。累进翰林学士。真、仁宗两朝，屡知制诰知贡举，参预修撰国史。凡三入禁林，三典贡举，官至翰林学士承旨兼龙图阁直学士。谥文恭。诗学李商隐，工于对偶，词藻华丽，与杨亿齐名，时号“杨刘”。与杨亿、钱惟演等人唱和之作合编为《西昆酬唱集》，后世称此诗体为“西昆体”。其诗作，多描写宫掖生活，歌咏历代君王故事，反映日常生活琐事。于真宗求仙祀神、兴造宫观时有讽喻。其诗作见于《西昆酬唱集》、《肥川小集》、《宋诗纪事》等。生平事迹见《宋史》卷三〇五。

杨亿(974—1020)　宋文学家。字大年。建州浦城(今属福建)人。七岁能文，十一岁，太宗诏送阙下试诗赋，授秘书省正字。淳化三年(992)，命试翰林，赐进士第，直集贤院。真宗即位，超拜左正言，预修《太宗实录》。景德二年(1005)与王钦若同修《册府元龟》。三年，召为翰林学士，又同修国史。天禧二年(1018)，拜工部侍郎。四年，复为翰林学士，兼史馆修纂、判馆事。十二月卒。仁宗时追谥“文”。亿为西昆体主要作家之一，诗作内容狭窄，大抵不出受诏修书、宫廷游宴、描摹物态之属，然用典贴切，属对工巧，音节和谐，风格精丽繁缛。《武夷新集》中则有少数仿效白(居易)体、内容充实之作，如《狱多重囚》、《民牛多疫死》等，能同情民生疾苦。亿文格雄健，长于典制，《册皇太子文》、《寇準拜相制》等为其代表作。著有《武夷新集》、《西昆酬唱集》等传世。生平事迹见《东都事略》卷四七、《宋史》卷三〇五。

杨备　宋诗人。字修之。建州浦城(今属福建)人，居吴。杨亿之弟。仁宗天圣中，为长溪令，后宰华亭，丁内艰归。乐吴风俗之美，效白居易体，作《姑苏好》十章。又作《姑苏百题》，每题笺释其事，范成大修《吴郡志》多采之。庆历中，官至尚书虞部员外郎，分司南京，上轻车都尉。其诗多为览古诗，《金陵览古杂咏十首》较著名。今有《萝轩外集》传世。生平事迹见宋周应合《景定建康志》卷四九、明张昶《吴中人物志》卷六。

智圆(976—1022)　宋僧人、诗文家。字无外，自号中庸子，俗姓徐。钱塘(今浙江杭州)人。八岁受具于龙兴寺。二十一岁传天台三观于源清法师。居杭州孤山之玛瑙院，与处士林逋为邻友。赐谥法惠大师。有杂著《闲居编》五十一卷，仁宗嘉祐五年刊行于世，现收于《续藏经》，其中卷三七至卷五一为诗作，其诗工于写景，清幽野逸，多尘外之趣。尝搜访韩、柳文集，得见韩愈全集，对韩柳文推崇备至，尝谓：“释子果能师韩也，则盖演经律以为文，饰戒慧以为行，广慈悲以为政，使能仁之道，巍巍乎有功，则可谓师韩矣。”(《闲居编》卷二八)生平事迹见《咸淳临安志》卷七〇、明释明河撰、清释道开续《补续高僧传》卷二。

杜衍(978—1057)　宋诗人。字世昌。越州山阴(今浙江绍兴)人。大中祥符元年(1008)登进士甲科。仁宗庆历中，官至吏部侍郎兼枢密使，同中书门下平章事，与富弼、韩琦、范仲淹同朝共事，欲尽革诸弊，振修纪纲。庆历七年(1047)以太子少师致仕。后封祁国公。卒谥正献。工诗、书，欧阳修尝称其“言无俗韵清而劲，笔有神锋老更奇”(楼钥《攻媿集》卷七〇《跋杜祁公草书诗》引)。然今存者仅十一首。有《杜祁公摭稿》一卷。又《直斋书录解题》卷七有《杜祁公语录》一卷，云：“不知何人作。”盖衍门人或子孙辑录其平时片言只语而成。生平事迹见欧阳修《欧阳文忠公集》卷三一《太子太师致仕杜祁公墓志铭》、卷五〇《祭杜祁公文》、《宋史》卷三一〇。

穆修(979—1032)　宋古文家。字伯长。郓州汶阳(今山东汶上)人。大中祥符进士。初为泰州司理参军，以负才寡合忤通判，贬池州，后为颍州文学参军，徙蔡州。性刚介，好论时政，诋斥权贵。宰相欲用为学官，终不往见。倡导古文，搜校韩、柳文集不遗余力，乃筹资刻印，亲售于京师相国寺。苏舜钦兄弟与尹洙等从之游，一时士大夫称能文者必曰“穆参军”，欧阳修尤称之。《四库全书总目》谓：“宋之古文实柳开与修为倡。然开之学及身而止，修则一传为尹洙，再传为欧阳修，而宋之文章于斯极盛，则其功亦不尠矣。”尝受易数学于陈抟，而授李之才，之才授邵雍；又得陈抟“太极图”于种放，而传周敦颐。庆历中，祖无择访得所著，集为三卷。今传《穆参军集》。生平事迹见其集所附《穆参军遗事》、《宋史》卷四四二。

重显(980—1052)　宋诗僧。俗姓李，字隐之，号长松长老，赐号明觉大师。遂州(治今四川遂宁)人。家世豪富，以儒业传世。幼受家学，而志存出世，乃以妙龄离俗入道，依普安院僧仁铣落发，后至灵隐翠峰寺，晚年转徙至明州雪窦寺。《禅林僧宝传》卷一一谓重显工翰墨，作为诗句追慕禅月休公。《四库全书总目》称其诗多语涉禅宗，与道潜、惠洪诸人专事吟咏者蹊径稍别，然胸怀脱洒，韵度自高，随意所发，皆天然拔俗。五言诗如“静空孤鹗远，高柳一蝉新”、“草随春岸绿，风倚夜涛寒”，七言诗如《自贻送僧喜禅人回山》诸篇，皆风致清婉，琅然可诵，与宋初诗坛绮丽香艳之习异趣。重显死后，其弟子相与搜集其提唱语、诗、颂为《洞庭语录》、《雪窦开堂录》、《瀑泉集》、《祖英集》、《颂古集》、《拈花集》、《雪窦后录》凡七种。生平事迹见《禅林僧宝传》卷一一、《补续高僧传》卷七及今人陈垣编《释氏疑年录》。

蒋堂（980—1054） 宋文学家。字希鲁，号遂翁。常州宜兴（今属江苏）人，徙苏州。真宗大中祥符五年（1012）进士。真宗时授大理寺丞，累迁枢密直学士，知益州。皇祐五年（1053），以礼部侍郎致仕。好学工文辞，尤精于诗。《四库全书总目》评："其诗虽兴象不深而平正通达，无雕镂纤琐之习。"著有《春卿遗稿》一卷传世。生平事迹见宋胡宿《文恭集》卷三九《蒋公神道碑》、范成大《吴郡志》卷二五、《宋史》卷二九八。

张伯端（984—1082，一作987—1081） 宋道士。台州天台（今属浙江）人。年少无所不学，三教之外兼通天文、地理、医卜、刑法等术。为太学生，举进士不第，后为府吏。曾因尽焚所作案卷，受遣戍处分，谪岭南兵籍。晚年浪迹云水，访求大道。英宗治平中陆诜帅桂林，在其帐下典机事，陆移他镇，皆随之。神宗熙宁二年陆诜镇成都，乃依以游蜀，遇刘海蟾授以金液还丹火候之诀，乃改名用成（一作用诚），字平叔，号紫阳。修炼成功，作《悟真篇》。转徙秦陇间，后访扶风马默（字处厚）于河东，以《悟真篇》授之，是书为道教炼养内丹的主要著作，与《周易参同契》齐名。全书采用诗词曲等体裁。正文诗词九十三首，包括七言四韵十六首，以表二八之数；绝句六十四首，按《周易》诸卦；五言一首，以象太一之奇；《西江月》词十二首，以周岁律。正文阐述内丹丹法，即"命功"。卷末又附录歌颂诗曲杂言三十二首，多吸取佛教禅宗理论，阐发"性功"。著作尚有《青华秘文金宝内炼丹诀》、《金丹四百字》，均载《道藏》。生平事迹见《历代真仙体道通鉴》卷四九《张用诚传》、《栖真志》卷四、《古今图书集成·神异典》引《临海县志》。

夏竦（985—1051） 宋文学家。字子乔。江州德安（今江西德安）人。以父死国事，授丹阳主簿。真宗景德四年（1007）举贤良方正科，累迁知制诰。仁宗天圣七年（1029）拜参知政事。封英国公，进郑国公。卒谥文庄。平生好学，经史百家，外至佛老，无不通晓。然性贪婪，尚权术，世人目为奸邪。长于朝廷典册之文，其文"词藻赡逸，风骨高透，尚有燕、许轨范"（《四库全书总目》）。词亦工，元姚子敬选《古今乐府》，以夏竦《喜迁莺》（霞散绮）宫词为冠，誉之为"富艳精工，诚为绝唱"（《吴礼部诗话》）。尝著文集百余卷，已佚。今有《文庄集》传世。生平事迹见宋王珪《华阳集》卷四七《夏文庄公竦神道碑铭》、《宋史》卷二八三。

柳永（约987—约1057） 宋词人。原名三变，字耆卿；因排行第七，故又称柳七。崇安（今福建武夷山市）人。出身仕宦之家。真宗天禧初赴京应试不第，后长期居留京城，纵酒行乐，沉湎声色，与歌妓乐工相过从，为之填词，作品广为流传，以至人称"凡有井水饮处皆能歌柳词"。以放荡不检，为统治者所摈斥，屡试不第。仁宗得读其词，竟于临放榜时将其黜落。后遂自称"奉旨填词"。曾漫游江南。仁宗景祐元年（1034）登进士第，授睦州团练使推官，历官昌国县盐监、华阳县令，然久困选调，难以升迁，后改名为永，方得磨勘转为京官，仕至屯田员外郎，后世因称"柳屯田"。柳永精通音律，倾一生精力于作词，其词承上启下，开一代风气。他借鉴民间的俗曲新声，大量创制慢词，题材亦有较大拓展。部分词作展现了北宋中期都市的繁华富庶、节日盛况及民情风俗；有些词则描绘山川旅况，抒发了失意文人浪迹江湖的愁思感怀。更多的是一些狎妓行乐之作，虽情词佚荡，然以同情之心表达妓女追求自由生活、纯真爱情的愿望，体现了市民阶层的思想情趣。柳词又长于铺叙，衍展层递，曲尽其妙；又多用白话口语、白描笔法，对词曲发展影响至巨。论者虽贬其词格不高，语涉俚俗，亦不得不推其"音律谐婉，语意妥帖，承平气象，形容曲尽，尤工于羁旅行役"（陈振孙《直斋书录解题》）。如《雨霖铃》之"杨柳岸、晓风残月"，传诵千古；《八声甘州》之"霜风凄紧，关河冷落，残照当楼"，苏轼评为"不减唐人高处"。近人夏敬观分柳词为雅俚二类，俚词乃"开金元曲子之先声"（《手评〈乐章集〉》）。有《乐章集》传世，存词二百一十二首。诗仅存三首，其中《煮海歌》一首写盐民之苦，颇痛切。生平事迹见元郭荐《大德昌国图志》卷六、唐圭璋《柳永事迹新证》（《文学研究》1957年第3期）。

范仲淹（989—1052） 宋政治家、文学家。字希文。苏州吴县（今属江苏）人。真宗大中祥符八年（1015）进士，初任广德军司理参军。仁宗天圣六年（1028）晏殊荐为秘阁校理。后迁吏部员外郎，因忤吕夷简罢知饶州。庆历元年（1041）与韩琦并为陕西经略副使，庆历三年授参知政事。针对北宋积弊，与富弼、欧阳修等推行“庆历新政”。因上十事疏为权贵不容，出为河东陕西宣抚使。皇祐四年卒于徐州，谥文正，追封楚国公，后追封魏国公。《四库全书总目》卷一五二称其“人品事业卓绝一时，本不借文章以传。其论著非虚饰词藻者所能比”。其文多直陈时弊，抒写怀抱，代表作有《岳阳楼记》、《上执政书》、《上张右丞书》等。诗亦“高妙”（赵与虤《娱书堂诗话》），如《庐山瀑布》极具气势，《江上渔者》清新可诵。词亦擅长，初期词如《御街行》（纷纷坠叶飘香砌）、《苏幕遮》（碧云天）等伤离怀远，情柔语丽；后历经磨练，词风一变而意境高旷，情调悲壮，《渔家傲》即为备受称颂之杰作。著有《范文正公集》传世。生平事迹见宋富弼《范文正公墓志铭》（《范文正公集》附《褒贤集》）、欧阳修《欧阳文忠公集》卷二〇《范文正公神道碑铭》、宋楼钥《范文正公年谱》（《范文正公集》附）、《宋史》卷三一四。

张先（990—1078）　宋词人。字子野。乌程（今浙江湖州）人。仁宗天圣八年（1030）进士，官宿州掾，历吴江令、嘉禾判官。晏殊知永兴军，辟为通判，后以屯田员外郎知渝州、虢州。官至都官郎中。晚年优游于湖、杭之间。所作长于乐府，因词中喜用“影”字，人称“张三影”。与柳永齐名，然才力不如柳永，而工巧、含蓄则过之。代表作如《天仙子》（水调数声持酒听）、《归朝欢》（声转辘轳闻露井）、《剪牡丹》（绿野连空天青垂）、《一丛花令》（伤春怀远几时穷）等。诗歌亦负盛名，诗笔清丽老妙，如《吴江》、《如西溪无相院》等，惜不多见。著有《安陆集》一卷、《张子野词》二卷传世。生平事迹见《东坡集》卷三五《祭张子野文》，《宋史翼》卷三六。夏承焘著有《张子野年谱》（载《唐宋词人年谱》）。

晏殊（991—1055）　宋文学家。字同叔。抚州临川（今属江西）人。真宗景德二年（1005），以神童召试，赐同进士出身，官至翰林学士、右庶子。仁宗朝，曾出知应天府，后召拜为御史中丞，累官至集贤殿大学士，同中书门下平章事，兼枢密使。曾先后知宋州、颍州、陈州、许州、永兴军、河南府兼西京留守。卒谥元献。殊为北宋文坛重要作家，素有文名，历任要职，知人善任，范仲淹、欧阳修、韩琦、富弼等皆得其举荐。与梅尧臣、张先等友善。词最工，风格清丽疏朗，脱去花间派浓艳浮靡之习，在当时词坛独具一格。今存一百三十余首，代表作有《浣溪沙》（一曲新词酒一杯）、《清平乐》（红笺小字）、《山亭柳·赠歌者》等。至其诗文，《宋史》本传评：“文章赡丽，应用无穷，尤工诗，闲雅有情思”。诗存一百三十余首，文十余篇。有《晏元献遗文》一卷、《珠玉词》一卷传世。生平事迹见欧阳修《欧阳文忠公集》卷二二《晏公神道碑铭》、《宋史》卷三一一、夏承焘《唐宋词人年谱·二晏年谱》。

孙复（992—1057）　宋学者、文学家。字明复。晋州平阳（今山西临汾）人。举进士不第，退居泰山，称泰山先生，石介等师事之。仁宗庆历中，为范仲淹、富弼所荐，除秘书省校书郎，国子监直讲。庆历七年（1047），因诗得罪，贬通判陵州，未行，翰林学士赵概等上言为其辩解，留为直讲，稍迁殿中丞。嘉祐二年卒。为宋初古文家，对欧阳修等人有影响。其文“根柢经术，谨严峭洁，卓然为儒者之言，与欧、苏、曾、王千变万化、务极文章之能事者，又别为一格”（《四库全书总目》卷一五二）。所作如《尧权议》、《舜制议》、《辨四皓》、《信道堂记》等，词气平和，娓娓而道，说理明白。著作今存《春秋尊王发微》、《孙明复小集》。生平事迹见欧阳修《欧阳文忠公集》卷二七《孙明复墓志铭》、曾巩《隆平集》卷一五、《宋史》卷四三二。

石延年（994—1041）　宋文学家。字曼卿，一字安仁。先世幽州（治今北京）人，后徙居宋城（今河南商丘）。真宗时以三举进士补三班奉职。仁宗时，以大理评事召试，授馆阁校勘，以太子中允、秘阁校理卒于京。为文劲健，于诗最工，且善书画，致力于北宋诗文革新运动，为欧阳修、苏舜钦、梅尧臣等推重。作品多佚，今仅存诗词数十首，风格逸宕俊爽，辞意深美。诗《寄尹师鲁》，《送人游杭》，《筹笔驿》；词《燕归梁·春愁》，尤为人称道。有《五胡十六国考镜》一卷、《石曼卿诗集》一卷传世。生平事迹见范仲淹《范文正公集》卷一〇《祭石学士文》、欧阳修《欧阳文忠公集》卷二四《石曼卿墓表》、《宋史》卷四四二。

梅挚（995—1059?）　宋文学家。字公仪。成都新繁（今四川新都）人。仁宗天圣中进士，通判苏州，庆历中擢殿中侍御史。李用和以帝舅除宣徽使，挚上言不宜以名器滥授无功。又言张尧佐由宫掖以进，恐累圣德。帝称其言事有体，累迁右谏议大夫，知河中府。有奏议四十余篇，已佚。诗如《昭潭十爱》，平易自然，喜爱之情溢于言表。有《梅谏议诗集》传世。生平事迹见《东都事略》卷七五、《宋史》卷二九八。

宋庠（996—1066）　宋文学家。字公序。

初名郊，字伯庠。安州安陆（今属湖北）人，后徙开封雍丘（今河南杞县）。与弟祁俱以文学名世，人称“二宋”，以大小别之。仁宗天圣二年（1024），举进士第一，官至同平章事，充枢密使；封莒国公。英宗即位，移镇武军，改封郑国公，以司空致仕，卒谥元宪。文存五百余篇，多表制馆阁之作，《四库全书总目》称其“温雅瑰丽，沨沨乎治世之音”。诗存约八百首，风格接近晚唐之秾丽工巧，然不乏名章隽句。《落花诗》、《西湖展江亭成留题》等为时传诵。有《宋元宪集》三十六卷传世。生平事迹见宋王珪《华阳集》卷四八《宋元宪公神道碑》、《宋史》卷二八四。

胡宿（996—1067） 宋文学家。字武平。其先豫章（今江西南昌）人，后徙常州晋陵（今江苏常州）。仁宗天圣二年（1024）进士，为扬子尉。进集贤校理，通判宣州，知湖州。久之，为两浙转运使，召修起居注、知制诰，迁翰林学士。嘉祐六年（1061）拜枢密副使。英宗治平三年（1066），罢为观文殿学士、知杭州。次年以太子少师致仕，未拜而卒。赠太子太傅，谥文恭。长于骈文和律诗，所撰制词“典重赡丽，追踪六朝”；律诗则“波澜壮阔，声律铿訇”（《四库全书总目》），雅有唐调。金元好问《唐诗鼓吹》曾误收其诗二十余首。著有《文恭集》传世。生平事迹见欧阳修《欧阳文忠公集》卷三四《赠太子太傅胡公墓志》、卷五〇《祭胡太傅文》、《宋史》卷三一八。

孙抗（998—1051） 宋文学家。字和叔。黟县（今属安徽）人。少时寄食浮屠山中，博极群书。仁宗天圣五年（1027），得同学究出身，授滁州来安县主簿，历洪州右司理。举进士，迁知浔州。庆历二年（1042），为监察御使里行，累除广西转运使。会遣将征侬智高，以督吏输饷，治城修械有功，迁尚书司封员外郎。其言事不顾利害，讲学远近皆趋。亦喜诗，重讽谕，宋余靖《孙工部诗集序》谓其“有美必宣，无愤不写，虽语存声律而意深作用”。有《文集》百卷，已佚。今有《映雪斋集》传世。生平事迹见宋王安石《临川先生文集》卷八九《广西转运使孙君墓碑》、宋余靖《武溪集》卷三《孙工部诗集序》及卷一八《祭孙工部文》等。

宋祁（998—1061） 宋文学家。字子京。开封雍丘（今河南杞县）人。后徙安州安陆（今属湖北）。天圣二年与兄庠同举进士，兄弟俱以文学名，时号“大小宋”。累官国子监直讲、三司度支判官、知制诰、翰林学士、史馆修撰。历知寿、陈、许、亳、成德、定、益、郑等军州。预修《唐书》，十余年间出入内外，常以史稿自随，成列传一百五十卷。官终翰林学士承旨，累封莒国公，卒谥景文。诗文温雅典丽，近西昆体，而《唐书》之文又务为拗涩，摒除骈体，实为韩愈嗣响，所作《笔记》则标榜新奇。有文集一百五十卷，已散佚。清四库馆臣从《永乐大典》辑其诗文，编为《宋景文集》六十二卷。清光绪间孙星华复辑有《景文集拾遗》二十二卷，但多有与正集重出者。另有《宋景文笔记》、《益部方物略记》传世。生平事迹见《名臣碑传琬琰集》上集卷七载范镇《宋景文公祁神道碑》、《宋史》卷二八四。

包拯（999—1062） 宋大臣。字希仁。庐州合肥（今属安徽）人。仁宗天圣五年（1027）进士，授大理评事，累官三司户部副使。仁宗皇祐二年（1050）擢天章阁待制、知谏院，四年除龙图阁直学士、河北都转运使，嘉祐三年（1058）权御史中丞，次年权三司使。六年，迁给事中，为三司使。数日，拜枢密副使。卒，谥孝肃。以廉洁著称，执法严峻，不避权贵。童稚妇女，亦知其名，呼曰包待制。其议论磊落中理，刚气凛然。著有《包孝肃奏议》传世。生平事迹见《东都事略》卷七三、《宋史》卷三一六。

陈洎（？—1049） 宋诗人。字亚之。徐州彭城（今江苏徐州）人。陈师道之祖。历知怀州、审刑院。仁宗庆历六年（1046）入为度支副使，录转盐铁副使。工诗文。其诗如《兰溪闲居》、《湖上逢渔者》、《秋日端居》等造意新颖，自然闲远。宋时名公如司马光、孙觉、苏轼、苏辙、李廌、晁补之等对其诗皆极推重。今存《陈副使遗稿》一卷。生平事迹见李廌《济南集》卷六《陈省副集序》、晁补之《鸡肋集》卷三三《书陈洎事后》、《宋诗纪事》卷一九。

余靖（1000—1064） 宋诗文家。字安道，初名希古。韶州曲江（今广东韶关）人。仁宗天圣二年（1024）进士，历任集贤校理，右正言，知制诰等职。皇祐四年（1052）为广南西路经制使，次年参与平定侬智高乱，迁工部侍郎，加集贤院学士。英宗朝，官至工部尚书。谥为襄。余靖生长于天禧、天圣间，时文尚华侈，欧阳修等人起文复古，靖亦弃华从质，道理相交。文存三百余篇，清俊雅正，落落不常，《大宋平蛮碑》最为世所称道；其他如《海潮图序》、《秦论》、《汉论》等亦斐然可观。《四库全书总目》卷一五二评曰：“以方驾欧、梅，固为不足；要于北宋诸人之中，固亦自成一队也”。诗存一百三十余首。

有《奏议》二卷、《武溪集》二十卷传世。生平事迹见欧阳修《欧阳文忠公集》卷二三《余襄公神道碑铭》、蔡襄《蔡忠惠集》卷三六《余公墓志铭》、《宋史》卷三二〇。

尹洙(1001—1047)　宋诗文家。字师鲁。河南(治今河南洛阳)人。天圣二年(1024)进士。以王曙荐,召试充馆阁校勘。范仲淹以"朋党"罪贬知饶州,洙上疏请同贬,谪监郢州酒税。赵元昊反,大将葛怀敏辟为经略判官,为陕西安抚使韩琦所倚重,后迁知泾州、渭州,兼泾原路经略公事。坐城水洛事,与边将异议,徙知晋州、潞州,有政声。复坐以公使钱为部将偿债,贬崇信军节度副使,监均州酒税。得疾无医药,舁至南阳(今属河南)卒。博学多识,尤喜论兵,尝著《叙燕》、《息戍》等篇,论述燕地及西北形势,要求改革弊政。在西北凡五六年,故谙熟边事,于战守之策,议论措置,切中利害。为宋古文大家之一,从穆修游,力为古文,天圣中与欧阳修、梅尧臣等倡为古文歌诗,文风为之大变。范仲淹称"其文谨严,辞约而理精"(《尹师鲁河南集序》),《四库全书总目》称其"所为文章,古峭劲洁,继柳开、穆修之后,一挽五季浮靡之习"。著有《河南集》、《五代春秋》。生平事迹见欧阳修《尹师鲁墓志铭》、韩琦《尹公墓表》、《宋史》卷二九五。

梅尧臣(1002—1060)　宋诗人。字圣俞。宣州宣城(今安徽宣州)人。宣城汉代名宛陵,故世称宛陵先生。出身农家,屡试不第。仁宗天圣九年(1031),凭借叔父梅询门荫,任河南县主簿。得西京留守钱惟演与通判谢绛赏识。同年与欧阳修一见如故,共同倡导诗文革新。皇祐三年(1051)召试,赐进士,为太常博士,监永济仓。后以欧阳修荐,任国子监直讲,累迁尚书都官员外郎,预修《新唐书》。一生致力诗歌创作,论诗强调《诗》、《骚》传统,反对西昆体内容空洞、堆砌浮艳之风。现存诗作二千八百多首,注重反映民生疾苦和重大政治斗争。作品力求平淡有味,兼工古今体。上承中唐,下开两宋,成绩显著。故刘克庄评之曰:"本朝诗惟宛陵为开山祖师。宛陵出,然后桑濮之哇淫稍熄,风雅之气脉复续,其功不在欧、尹下。"(《后村诗话前集》卷二)代表作有《汝坟贫女》、《田家语》、《小村》、《陶者》、《悼亡三首》、《鲁山山行》等。著有《宛陵集》传世。生平事迹见欧阳修《欧阳文忠公集》卷三三《梅圣俞墓志铭》、《宛陵集》首附《梅圣俞诗集序》、《宋史》卷四四三。

富弼(1004—1083)　宋政治家、诗人。字彦国。洛阳(今属河南)人。仁宗天圣八年(1030)举茂才异等,授将作监丞、签书河阳判官。累擢知谏院。庆历三年(1043)拜枢密副使。与范仲淹推行"庆历新政",旋惧流言,求出任河北宣抚使。至和二年(1055)拜同中书门下平章事。嘉祐六年(1061)因母丧去官。英宗立,召为枢密使。封祁国公,进封郑国公。神宗熙宁二年(1069)拜相。以与王安石政见不合,求退,出判河南。谥文忠。所上奏策,多能切中时弊。苏轼《富郑公神道碑》云:"其为文章,辨而不华,质而不俚。"(《东坡集》卷三七)其诗如《涵虚阁》、《过邵尧夫先生》等亦为人称道。著作甚富,惜皆已散佚。今存《富郑公集》一卷,录诗七首。《宋诗纪事》卷一二又从司马光《洛中耆英会诗》中辑得数首。生平事迹见范纯仁《范忠宣集》卷一一《祭韩国富公文》、卷一七《富郑公行状》、苏轼《东坡集》卷三七《富郑公神道碑》、《宋史》卷三一三。

王琪　宋诗人。字君玉。成都华阳(今四川成都)人。王珪从兄。儿时已能为歌诗。举进士,调江都主簿。仁宗天圣三年(1025)试学士院,授馆阁校勘。五年,签书南京留守判官事。庆历七年(1047),使契丹还,以刑部员外郎、知制诰责授信州团练副使。历知润州、江宁、邓州、饶州、杭州、扬州。以礼部侍郎致仕。性孤介,不与时合,政尚简净。其诗时有奇句,如《无弦琴》、《绝句二首》等。有《漫园小稿》传世。生平事迹见《续资治通鉴长编》卷一〇三、一〇五、一三三、一六〇、一九〇,《宋史》卷三一二。

杜安世　宋词人。字寿域。京兆(治今陕西西安)人。黄昇《花庵词选》又谓名寿域,字安世。《全芳备祖》前集卷一〇称之为"杜郎中"。有《寿域词》一卷。陈振孙《直斋书录解题》列之于张先词后,欧阳修词之前,约活动于仁宗时。词风清丽疏快,不避俚俗,有民歌风味。生平事迹见《四库全书总目》卷二〇〇。

石介(1005—1045)　宋文学家。字守道,一字公操。兖州奉符(今山东泰安)人。仁宗天圣八年(1030)进士。历郓州观察推官、南京留守推官、镇南节度掌书记、嘉州军事判官。丁母忧归。居丧期间,开馆讲学于家乡徂徕山下,学者称徂徕先生。后入为国子监直讲,从学者甚众。庆历中,范仲淹等执政,杜衍、韩琦荐之为太子中允,直集贤院。著《庆历圣德颂》讴歌新政。不久变法失败,求外放,得通判濮州,未赴卒。介为北宋颇具影响之思想家,学术思想传自孙复,推重韩愈所倡之"道统",以为自孔、孟至韩愈符合六经之著作方为文学。力倡古文运动，作《怪说》上中下三篇，猛烈攻击西昆派时文。因实绩不大，故未能树立新风。著有《徂徕集》传世。生平事迹见欧阳修《欧阳文忠公集》卷三四《徂徕石先生墓志铭》、《宋史》卷四三二。

唐询(1005—1064)　宋诗人。字彦猷。钱塘(今浙江杭州)人。初以父荫补将作监主簿，仁宗天圣间应诏献文章，赐进士及第。除工部员外郎。历知归、庐、湖、苏、杭、青诸州及江西、福建、江东等路转运使，迁太常博士，累官吏部郎中、给事中、拜翰林学士。与北宋著名诗人梅尧臣多有唱和，其诗风亦与梅相近，语言自然流畅。询好藏名砚，著有《砚录》。其文集已佚。著有《杏花村集》一卷。生平事迹见《宋史》卷三〇三。

祖无择(1006—1085)　宋文学家。字择之，初名焕斗。蔡州上蔡(今属河南)人。仁宗宝元元年(1038)进士，通判齐州，历知南康军、海州，提点淮南、荆湖北路刑狱。进直集贤院，升龙图阁直学士，知开封及郑、杭二州。神宗立，入知通进银台司，元丰六年(1083)主管西京御史台，移知信阳军。少从穆修学古文，又从孙复受《春秋》，为北宋古文运动重要作家。著作颇多，惜南渡后仅存十之二三。其为文"峭厉劲折，实开风气之先，足与尹洙匹敌"(《四库全书总目》)。其诗风格古朴。著有《龙学文集》传世。生平事迹见《宋史》卷三三一。

文彦博(1006—1097)　宋政治家、诗人。字宽夫。汾州介休(今属山西)人。仁宗天圣五年(1027)进士。庆历末(1048)拜相。神宗熙宁中，王安石当政，拜司空、河东节度使，寻以太师退居洛阳。哲宗元祐初年，特授平章军国重事。元祐五年(1090)以老告退。封潞国公。长于诗文，退居洛阳时，尝与富弼、司马光等十三人置酒赋诗，名为洛阳耆英会，为一时盛事。王士禛称其诗"婉丽浓妩，绝似西昆"，并摘其佳句载于《池北偶谈》中。其文风格简直厚重，平正通达。著有《潞公集》。生平事迹见《名臣碑传琬琰集》下集卷一三、《宋史》卷三一三。

契嵩(1007—1072)　宋僧人、文学家。俗姓李，字仲灵，自号潜子。藤州镡津(今广西藤县)人。七岁出家，仁宗庆历间居杭州灵隐寺。皇祐间入京师，两作万言书上之。仁宗嘉叹，赐号明教大师。韩琦、欧阳修尊礼之。嵩博通内典。尝作《原教论》、《孝论》十余篇，欲明儒释之一贯，以抗当时辟佛尊孔之说。又作《非韩》三十篇，力诋韩愈。《四库全书总目》虽讥之，亦评其文"笔力雄伟，论端锋起，实能自畅其说"。怀悟序其集评其诗"虽不甚丰浓华丽，而其风调高古雅淡。至其写志舒怀，有迈世凌云之风"(《镡津文集》附)。著有《镡津文集》。生平事迹见《镡津文集》卷首如吾《镡津文集引》、陈舜俞《镡津明教大师行业记》。

欧阳修(1007—1072)　宋文学家、史学家。字永叔，号醉翁、六一居士。吉州庐陵(今江西永丰)人。仁宗天圣八年(1030)进士。次年任西京留守推官，与尹洙、梅尧臣等往来唱和。景祐元年(1034)，为馆阁校勘。三年，以范仲淹被贬，贻书责司谏高若讷，贬夷陵令，后转乾德令。康定元年(1040)，回京任馆阁校勘。庆历三年(1043)知谏院，支持范仲淹等人推行新政，遭政敌忌恨弹劾，贬知滁州。后转知扬州、颍州、应天府。至和元年(1054)入为翰林学士，编修《新唐书》。后官至枢密副使，参知政事。神宗熙宁四年(1071)以太子少师致仕。卒谥文忠。修为唐宋八大家之一，北宋古文运动的领袖。从政初，曾亲自校订《昌黎集》刊行天下，以为标榜。在他知贡举时，于宋初"险怪奇涩之文，痛排抑之"，藉科举考试促进文风改革。又"奖引后进，如恐不及"(皆见《宋史》本传)，曾巩、王安石、苏洵父子皆出其门。其理论主张与韩愈一脉相承，又自有见地。强调"道"对"文"的决定作用，认为"道胜者，文不难自至"，反对"舍近取远，务高言而鲜事实"、"弃百事不关于心"(《答吴充秀才书》、《与张秀才第二书》)的浮薄空泛之文。同时也强调"文"的独立性，认为"道虽同，言语文章未尝相似"(《与乐秀才第一书》)，道能充实文，却不能代替文，提出"事信、载大、言文"(《代人上王枢密求先集序书》)的标准。创作上，尽弃韩派文人皇甫湜的奇诡，唯取"文从字顺"，形成一种"简而有法"(《尹师鲁墓志铭》)、平易自然、从容婉转的独特风格。文存二千余篇，吴充《欧阳文忠公行状》称其"文备众体，变化开阖，因物命意，各极其工"。论辩文《与高司谏书》、《朋党论》，记叙文《醉翁亭记》、《丰乐亭记》，序跋《新五代史伶官传序》、《苏氏文集序》，祭文墓志《祭尹师鲁文》、《泷冈阡表》等等，无论记事怀人，抒情议论，皆"纡徐委备，往复百折，而条达疏畅，无所间断"(苏洵《上欧阳内翰书》)。尤其《秋声赋》，突破赋体讲究骈、律的模式，以散文笔调铺写，开创了宋代"文赋"新体。诗存八百六十余首，风格平易流畅，成就不及散文。《戏答元珍》、《黄溪夜泊》、《春日西湖寄谢法曹歌》等，写景述怀，闲远古淡，于平直中不乏清新巧丽。《食糟民》、《边户》等暴露现实黑暗，注重诗歌的讽谕作用。古体长篇，颇受韩愈诗影响，其以文为诗的特点，形成宋诗的特殊风格，《明妃曲》两篇最为得意。词存二百四十余首，虽未能摆脱五代词人的影响，却不似花间派的浮艳华靡。对宋词发展有一定影响。冯煦《宋六十一家词选》评其"疏隽开子瞻，深婉开少游"。所著《六一诗话》，开创了论诗的新形式，推动了中国古代诗歌理论的发展。又喜收集金石文字，编为《集古录》，对宋代金石学颇有影响。著有《欧阳文忠公集》一百五十三卷，《毛诗本义》十六卷，《新五代史》七十四卷。与宋祁等合修《新唐书》二百二十五卷。生平事迹见宋韩琦《安阳集》卷五〇《欧阳修墓志铭》、苏辙《栾城后集》卷二三《欧阳文忠公神道碑》、《欧阳文忠公集》附录卷一吴充《欧阳修行状》、《宋史》卷三一九。另有宋胡柯编《庐陵欧阳文忠公年谱》、清杨希闵编《四朝先贤六家年谱·欧阳文忠公年谱》，可资参考。

六一居士　即欧阳修。

张方平(1007—1091)　宋文学家。字安道，自号乐全居士。应天宋城(今河南商丘)人。少颖悟，仁宗景祐元年(1034)举茂材异等，宝元元年又中贤良方正。为著作郎，西夏叛，上《平戎十策》。历知谏院，尚书左丞，知南京，改知陈州。神宗时官参知政事，与王安石政见不合。守蜀时对苏洵父子尤为器重。元丰二年(1079)，以太子少师致仕。卒谥文定。善为文，数千言立就，集中论事诸文"无不豪爽畅达，洞如龟鉴"(《四库全书总目》)。代表作有《刍荛论》等。著有《乐全集》传世。生平事迹见苏轼《东坡后集》卷一七《张文定公墓志铭》、《宋史》卷三一八。

苏舜钦(1008—1048)　宋文学家。字子美。原籍梓州铜山(今四川中江)，自曾祖移居开封(今属河南)。少慷慨有大志，天圣中学者以时文相夸尚，舜钦独与其兄舜元及穆修作为古文歌诗。仁宗景祐元年(1034)进士，累迁大理评事。时杜衍(舜钦岳父)、富弼、范仲淹执政，推行"庆历新政"，以范仲淹荐，召试集贤校理，监进奏院。后进奏院祠神，舜钦以出售废纸公钱宴会，为人所劾，以监守自盗罪削职为民。庆历六年(1046)流寓苏州，买水石作沧浪亭，自号沧浪翁。读书穷经，时发其愤闷于歌诗。后为湖州长史。庆历八年卒。少时即与穆修、石延年等倡导诗文革新，其诗文"瑰奇豪迈，自成一家"(施元之刻本《沧浪集序》)。欧阳修为其文集作序，称"子美齿少于余，而余作古文，反在其后"，对其甚为敬重。刘克庄《后村诗话》前集卷二又称其"(歌行)雄放于梅尧臣，轩昂不羁如其为人，及蟠屈为近体，则极平夷妥贴"。其诗注重写实与指摘社会弊端。语言明快豪放。代表作有《庆州败》、《吾闻》、《蜀士》、《城南感怀呈永叔》、《吴越大旱》等。另有《淮中晚泊犊头》等写景诗清新隽逸，别为一格。著有《苏学士集》传世。生平事迹见《苏学士文集》卷首附欧阳修《苏氏文集序》、《欧阳文忠公集》卷三一《湖州长史苏君墓志铭》、《宋史》卷四四二。

韩琦(1008—1075)　宋政治家、文学家。字稚圭，自号赣叟。相州安阳(今属河南)人。仁宗天圣五年(1027)进士，初授将作监丞，通判淄州，累迁右司谏，曾一次奏罢宰相、参政四人。宝元三年(1040)进枢密直学士、陕西经略安抚副使，与范仲淹等共事，指挥防御西夏战事，时称韩、范。支持"庆历新政"，嘉祐三年(1058)拜相。英宗即位后，进右仆射，封魏国公。神宗立，与王安石政见不合，坚辞相位，出判相州等地。谥忠献。琦为朝廷重臣，其政论文"词气典重，敷陈剀切，有垂绅正笏之气"，代表作有《总管刘平忠勇奏》、《论杨景宗恣横不恭奏》等。其诗句"多不事雕镂，自然高雅"(《四库全书总目》)，代表作有《九日水阁》、《过故关》、《早夏》等。著有《安阳集》传世。生平事迹见宋李清臣《韩忠献公琦行状》(宋杜大珪《名臣碑传琬琰集》中集卷四八)、《宋史》卷三一二。

赵抃(1008—1084)　宋文学家。字阅道，自号知非子。衢州西安(今浙江衢县)人。仁宗景祐元年(1034)进士，除武安君节度推官。累官殿中侍御史，弹劾不避权幸，人称"铁面御史"。历益州路转运使，蜀风为之一变。神宗立，擢参知政事，与王安石不合，再知成都。元丰二年(1079)二月，以太子少保致仕。谥清献。为人长厚清修，平生蓄琴、鹤与白龟各一。诗风则"谐婉多姿，乃不类其为人"(《四库全书总目》)。以五言近体为优，如《暖风》、《芳草》等诗清新明快。著有《清献集》传世。生平事迹见苏轼《东坡集》卷三八《赵清献公抃爱直之碑》，《宋史》卷三一六。

范镇(1008—1088)　宋政治家、文学家。

字景仁。成都华阳(今四川双流)人。居洛阳。仁宗宝元元年(1038)进士,调新安主簿。知谏院,尝请建储,面陈恳切,至泣下。英宗立,迁翰林学士,政见与王安石不合,遂致仕。神宗朝,起为端明殿学士,固辞不拜,累封蜀郡公。哲宗元祐三年卒,谥忠文,赠右金紫光禄大夫。生平与司马光友善,政见一致。学本六经,终身不道佛老申韩之说。少时尝赋《长啸却胡骑》,晚使辽,辽人目曰"长啸公"。工文能诗,文章清丽简远。著有《范蜀公集》传世。生平事迹见宋韩维《南阳集》卷三〇《范公神道碑》、苏轼《东坡集》卷三九《范景仁墓志铭》、《宋史》卷三三七。

李觏(1009—1059) 宋学者、诗人。字泰伯。建昌南城(今江西南城)人。俊辩能文,举茂才异等不中。后以教授自资,学者常数十百人。仁宗皇祐元年(1049),范仲淹荐为试太学助教。嘉祐二年(1057),除通州海门县主簿、太学说书,权管勾太学。学者称盱江先生。嘉祐四年卒,年五十一。李觏论文,以为应"兴国家、靖生民"(《上李舍人书》),故其文多"求经术"、"思理道"之作,诗歌多劲质倔强,生新奇特,反对意熟辞陈。《忆钱塘江》、《读长恨辞》、《璧月》、《秋晚悲怀》等,可为代表。著有《盱江集》三十七卷、《外集》三卷。生平事迹见魏峙《李直讲年谱》(《盱江集》卷首)、《宋史》卷四三二。

苏洵(1009—1066) 宋文学家。字明允,号老泉。与子轼、辙合称"三苏"。以其曾为文安县主簿,又称"文安先生"。眉州眉山(今属四川)人。仁宗景祐二年(1035),"年二十七,始发愤为学"(《宋史》本传)。宝元元年(1038),入京举进士不第;举试茂才异等,又不第。归而尽烧曩时所为文数百篇,取《论语》、《孟子》及韩愈等文,闭户端坐,读七、八年,"遂通六经百家之说,下笔顷刻数千言"(《宋史·本传》)。嘉祐元年(1056)携子轼、辙至京师,谒欧阳修。修以《荐布衣苏洵状》并洵文二十篇,荐之于朝。士大夫争传其文并竞效之。旋以妻丧归蜀。嘉祐三、四年间,朝廷两召其赴京试策论,不赴。嘉祐四年,除秘书省校书郎,后迁灞州文安县主簿,与陈州项城县令姚闢同修礼书,成《太常因革礼》一百卷。洵为北宋著名散文家,"唐宋八大家"之一。其文"博辩宏伟","纵横上下,出入驰骤,必造深微而后止"(欧阳修《故灞州文安县主簿苏君墓志铭》)。洵自评其文,以为"诗人之优柔,骚人之清深,孟、韩之温淳,迁、固之雄刚,孙、吴之简切,投之所向,无不如意"。洵论文,倡古文而排时文,以为文当有个人风格。所谓"孟子之文,语约而意尽,不为巉刻斩绝之言而其锋不可犯";"韩子之文,如长江大河,浑浩流转";欧阳修之文,"纡徐委备,往复百折,而条达疏畅无间断",并谓"此三子者皆断然自为一家之文"(《上欧阳内翰第一书》)。又以"风水之相遭"而成文为喻,以水喻文学家之素养,以风喻文学家之兴会,以为"无意乎相求,不期而相遭,而文生焉"者,方可算"天下之至文"(均见洵《仲兄字文甫说》)。洵诗不多,然"精深有味,语不徒发"(叶梦得《避暑录话》)。著有《嘉祐集》,又《谥法》三卷。《宋史·艺文志》载洵尚有《谥录》二十卷,今佚。生平事迹见欧阳修《欧阳文忠公集》卷三四《苏君墓志铭》、曾巩《元丰类稿》卷四一《苏明允哀词》、张方平《乐全集》卷三九《文安先生墓表》、《宋史》卷四四三。

邵雍(1011—1077) 宋道学家、文学家。字尧夫,自号安乐先生、伊川翁等。其先范阳(今河北涿州)人,少随父徙卫州共城(今河南辉县),居城西北苏门山,刻苦为学。与周敦颐、程颐、程颢齐名。仁宗嘉祐七年(1062),西京留守王拱辰为其建屋三十间,名安乐窝。雍耕稼自给。富弼、司马光、吕公著退居洛中,恒相从游。仁宗嘉祐中、神宗熙宁中诏求遗逸,授将作监主簿及补颍州团练推官,均不赴。卒谥康节。邃于易数,歌诗为其余事。不拘诗法,直抒胸臆。《四库全书总目》云:"其诗如璞玉、如良金,温粹精明而不见其廉隅锋颖,如其为人,浑浑浩浩,简易较直,薰蒸太和,不名一体,足以想见乎尧舜之时。"代表作有《小园逢春》、《题黄河》等。著有《皇极经世》、《击壤集》等传世。生平事迹见《宋史》卷四二七。

蔡襄(1012—1067) 宋文学家、书法家。字君谟。兴化仙游(今属福建)人。年十八举进士,为西京留守推官馆阁校勘。庆历间,官知谏院,直史馆,兼修起居注。以母老,求知福州,改福建路转运使。迁龙图阁直学士,知开封府。后以枢密直学士再知福州。徙知泉州,有政绩。召为翰林学士、三司使。因受英宗猜忌,以端明殿学士移守杭州。卒赠吏部侍郎,谥忠惠。工书法,与苏轼、黄庭坚、米芾合称"宋四家"。诗文亦佳。今存古诗九十余首,律诗三百余首。律诗尤受人称道。其中《上元应制》、《梦中作》、《宿渔梁驿》、《寒食游西湖》等,较为有名。其奏议,持正直言,名重一时,不乏较优秀之政论散文,其中《乞罢吕夷简商量军国事》、《乞罢晏殊宰相》可为代表。著有《端明学士集》。生平事迹见《欧阳文忠公文集》卷三五《蔡公墓志铭》、

《咸淳临安志》卷四六、《宋史》卷三二〇。

金君卿 宋文学家。字正叔。饶州浮梁(今江西景德镇)人。仁宗庆历二年(1042)进士,历任秘书丞、太常博士,提举江西刑狱等,终广西转运使。主张“务实以正本”,以为“推诚在天,岂尚文饰”(《应天以实不以文赋》)。支持诗文革新运动。文存七十余篇,富临《金君卿集序》称其“有韩柳之风”。《应天以实不以文赋》、《惟善能举赋》二篇,突破了赋体传统题材及表现手法,直接指评现实,为时人注重,范仲淹尝榜其赋于郡学以为格式。诗存一百余首,皆有为而发,蕴藉深厚,风格清醇流畅。有《金氏文集》二卷传世。生平事迹见宋胡宿《文恭集》卷一二《金君卿可著作佐郎制》、富临《金氏文集序》。

李师中(1013—1078) 宋诗人。字诚之。应天楚丘(今山东曹县)人。年十五上书言时政,由是知名。举进士,知洛川。转太子中允,累官提点广西刑狱。统摄帅事,善抚土著,边民称其德,呼为“桂州李大夫”,不敢直称其名。神宗即位,除河东都转运使,知凤翔府。熙宁初又拜天章阁待制,知秦州。杜衍、范仲淹、富弼皆荐其有王佐才。为吕惠卿所排,贬和州团练副使安置,稍迁至右司郎中。所著文集、奏议等今皆不存,有《珠溪诗集》一卷传世,收诗十九首。诗风流畅自然。《全宋词》存其词《菩萨蛮》一首。生平事迹见《宋史》卷三三二。

陶弼(1015—1078) 宋诗人。字商翁。永州祁阳(今属湖南)人。仁宗庆历中,随杨畋讨湖南土民,以功授阳朔县主簿。知邕州,招纳土民有功。为康州团练使。复知邕州,亦能安民。加东上阁门使,未至而卒。曾聚晚学子弟讲授六经。平生不事琐末,独以文章自嘉,尤工诗。其诗善写土风民俗,佳作有《邕州》、《合浦还珠亭》等。杨慎《升庵诗话》卷九“陶弼”条举其《送赵枢寺丞宰虔化县》,《出岭题石灰铺》、《僧寺》、《早行》等诗佳句,谓其诗“绝似晚唐”。今存《邕州小集》。生平事迹见宋黄庭坚《豫章集》卷二二《陶君墓志铭》、《宋史》卷三三四。

杨蟠 宋诗人。字公济。章安(今浙江椒江)人,一作钱塘人。仁宗庆历六年(1046)进士,为密、和二州推官,以诗知名,欧阳修尝称其诗:“卧读杨蟠一千首,乞渠秋月与春风”(《读章安集》)。哲宗元祐中,苏轼知杭州,蟠为通判,与轼唱酬颇多。今存诗约百首,多吟咏山水名胜,描绘景物生动形象,气势雄阔;文辞流丽明快。《陪润州裴如晦学士游金山回作》、《永嘉》、《华盖山》等篇,颇为后人传诵。有《章安集》一卷传世。生平事迹见宋契嵩《镡津集》卷一二《山游唱和诗集叙》及《山游唱和诗集后叙》、《东都事略》卷一一五、《宋史》卷四四二。

陈舜俞(?—1076) 宋文学家。字令举,号白牛居士。湖州乌程(今浙江湖州)人。少学于胡瑗,长师欧阳修而与司马光、苏轼等为友,毅然有经世志。仁宗庆历六年(1046)进士。嘉祐四年(1059)举制科第一。历官都官员外郎。后弃官归,居秀州白牛村,因以为号。神宗熙宁三年(1070)复出,以屯田员外郎知山阴县。青苗法行,不奉令,责监南康军盐酒税。与刘涣游庐山,作《庐山记》。后赦还。卒后,东坡曾作文哭祭之。所上书奏如《上言灾异书》、《上英宗皇帝书》、《奉行青苗新法自劾奏状》等,敷陈剀直,深切著明。记、书、启如《秀州崇德县新三桥记》等条畅明达。蒋之奇序其《都官集》称其文“大者则以经世务极时变,小者犹足以咏性情,畅幽郁”。诗如《失题》、《种梅》、《客意五首》、《上方化成院》等皆有情致。谪居所作诗多自抒胸臆之作,如《骑牛歌》,“世争传之”(《梅磵诗话》卷上)。著有《都官集》、《庐山记》。生平事迹见苏轼《东坡集》卷三五《祭陈令举文》、蒋之奇《都官集序》、楼钥《攻媿集》卷五一《陈都官文集后序》、《宋史》卷三三一。

周敦颐(1017—1073) 宋理学家。原名敦实,避英宗旧讳改字茂叔,号濂溪。道州营道(今湖南道县)人。仁宗景祐三年(1036)以舅恩补试将作监主簿,累官国子博士、通判虔州、提点广南东路刑狱、知南康军等。神宗熙宁五年(1072)定居庐山,筑濂溪书室讲学。卒谥元公。平生博学力行,为政有能名。黄庭坚评其人品有如“光风霁月”。深于《易》学,善谈名理,程颢、程颐皆其弟子,对宋明理学影响很大。至其诗文,虽无意为之,亦精粹深密。佳作有诗《同宋复古游大林寺》、《春晚》;散文《爱莲说》,尤为人传颂。今有《周元公集》、《周子全书》、《周濂溪先生全集》三种版本文集行世。生平事迹见宋潘嗣兴《濂溪先生墓志铭》、朱熹《濂溪先生事状》(均见《濂溪集》卷一〇)、《宋史》卷四二七。

陈襄(1017—1080) 宋文学家。字述古。福州侯官(今福建闽侯)人。仁宗庆历二年(1042)进士,解褐授浦城尉。神宗时为侍御史,因反对新法,出知陈州,后官至右司郎中枢密直学士。言行以古人为法,奖掖后进,荐司马光、韩维、苏轼等三十三人,世称古灵先生。“诗篇平淡如韦应物,文词高古如韩愈,论事明白激切如陆贽”(《李纲《古灵集原序》)。著有《古灵集》等传世。生平事迹见《宋史》卷三二一。

韩维(1017—1098) 宋文学家。字持国。开封雍丘(今河南杞县)人。其先真定灵寿(今属河北)人。韩亿子,韩绛弟。以荫入官。赵顼(即神宗)封淮阳郡王、颍王时,维为记室参军,颇受礼遇。神宗即位,除龙图阁直学士,知汝州。熙宁二年(1069)迁翰林学士,知开封府。七年,召为翰林学士承旨。以兄绛入相,加端明殿学士,知河阳。哲宗元祐元年(1086)拜门下侍郎,知汝州。以太子少傅致仕,转少师。绍圣二年(1095)坐元祐党籍,谪均州安置。元符三年卒。工诗擅文。韩元吉《南涧甲乙稿》卷一四《高祖宫师文编序》谓其“笔力雄健,尤为南丰兄弟所推”,又云“董太史自言因公诗得用事法”。亦能词。有《南阳集》传世。生平事迹见《南阳集》附鲜于绰所撰《行状》、沈晦所撰《南阳集跋》、《宋史》卷三一五。

黄庶(1018—1058) 宋散文家、诗人。字亚夫,号青社。洪州分宁(今江西修水)人,黄庭坚之父。庆历二年(1042)进士,曾历府、州从事,终于摄知康州。其生当“文章用声律最盛,哇淫破碎不可读”之时,但他主张“词章能主意思而不流”(《吕先生许昌十咏后序》);赞赏欧阳修等人倡导的诗文革新。文存六十余篇,多峭拔古质,简严深远。诗存一百六十余首,《和柳子玉官舍》与《怪石》、《读赦书》、《樊侯庙》等戛戛自造,不蹈陈因,尤为世所传诵。有《伐檀集》二卷传世。生平事迹见《伐檀集》前附黄庶自序、黄庭坚《山谷别集》卷一一《刻先大夫诗跋》。

文同(1018—1079) 宋书画家、文学家。字与可,自号笑笑先生、锦江道人,因系汉文翁之后,故人又称其为石室先生。梓州永泰(今四川盐亭东)人。仁宗皇祐元年(1049)进士。历官邛州(今四川邛崃)、洋州(今陕西洋县)等知州,元丰初出知湖州(今属浙江),未到任而死,世称“文湖州”。以画墨竹著称,苏轼评其画为“胸有成竹”(《文与可画筼筜谷偃竹记》),对后人文艺创作颇多启发。苏轼画竹受其影响,后学者甚众,有“湖州竹派”之称。其文为画所掩,世人不甚称道,然纵观其诗文,也当与“苏门四学士”相抗衡。南宋家诚之云:“湖州之文一出,东坡兄弟(苏轼、苏辙)皆敬而爱之。前辈大老如文潞公(文彦博)亦为之延誉,司马温公(司马光)则至于心服,赵清献公(赵抃)则至于叹服,荆公(王安石)、蜀公(范镇)皆形之歌咏。”(《丹渊集跋》)足见文同的诗文创作亦自成一家。著有《丹渊集》存世。生平事迹见宋范百禄《文公墓志铭》、家诚之《石室先生年谱》(均见《丹渊集》前附)、《宋史》卷四四三。

刘敞(1019—1068) 宋经学家、文学家。字原父,号公是。临江新喻(今江西新余)人。仁宗庆历六年(1046)进士,通判蔡州,直集贤院,判尚书考功。历右正言,知制诰。尝奉使契丹。又知扬州、郓州,决狱讼,明赏罚,有政绩。拜翰林侍读学士,改集贤院学士、判南京御史台。敞学问渊博,淹通典籍,长于《春秋》,尤深经学,开宋儒批评汉儒之先声。欧阳修每叹服其博。其弟攽《公是先生集序》称其文“能道胸中之蕴积,畅物理之有无”(《彭城集》卷三四)。欧阳修《刘敞墓志铭》评为:“文辞典雅,各得其体。”著有《春秋权衡》、《春秋传》、《春秋意林》、《春秋说例》、《七经小传》、《公是弟子记》、《公是集》等。生平事迹见欧阳修《欧阳文忠公集》卷三五《刘公墓志铭》、刘攽《彭城集》卷三四《刘公行状》、《宋史》卷三一九。

曾巩(1019—1083) 宋文学家。字子固。建昌南丰(今属江西)人。仁宗嘉祐二年(1057)进士,调太平州司法参军。召编校史馆书籍,迁馆阁校勘、集贤校理。英宗时,为实录检讨官。神宗熙宁二年(1069),出为越州通判,转知齐州、沧州等地。元丰三年(1080),留判三班院,为史馆修撰。五年,拜中书舍人。谥文定。巩为北宋古文运动的重要人物,唐宋八大家之一。其古文理论,继承接受了韩愈、欧阳修等人“文以明道”的主张;其创作考究法度;风格古雅平正,章法谨严,长于说理。《宋史》本传赞其文“纡徐而不烦,简奥而不晦,卓然自成一家”。《战国策目录序》、《梁书目录序》等,最受称道。其他如《寄欧阳舍人书》、《墨池记》、《越州赵公救灾记》等,叙事议论,皆舒缓平和、委曲周详。曾巩主要成就在文,亦能诗,今存四百余首。词仅存《赏南枝》一首。著有《元丰类稿》五十卷传世。生平事迹见《子固先生行状》、《曾南丰墓志》、韩维《曾南丰神道碑》(均见《元丰类稿》附录)、《宋史》卷三一九。清杨希闵有《曾文定公年谱》一卷,民国周明泰有《曾子固年谱》等。

何去非 宋文学家。字正通。建州浦城(今属福建)人。《春渚纪闻》作者何薳之父。累举进士不第,元丰五年(1082)以曾巩荐廷试,神宗御集英殿召对,除右班殿直、武学教授,使校兵法七书，书成奏御，改武学博士，迁左侍禁。元祐四年(1089)苏轼上书，称去非在武学已八年，见其著述材力有余，识度高远，虽喜论兵，然本儒者，不乐为武吏，乞换文职。遂充太学博士，加承务郎，岁余出为徐州教授。苏轼复奏，并缮写去非所著《备论》二十八篇以进，荐为馆职，不报。秩满知杭州富阳县，历通判庐州、沧州。为人廉劲踔悍，博学能文，苏轼称其笔势雄健，得楚汉间风力。《四库全书》著录《何博士备论》一卷，二十六篇，盖佚其二。《四库全书总目》谓："去非本以对策论兵得官，故是编皆评论古人用兵之作。其文雄快踔厉，风发泉涌，去苏氏父子为近。苏洵作《六国论》，咎六国之赂秦；苏辙作《六国论》，咎四国之不救。去非所论，乃兼二意，其旨尤相近。故轼屡称之。"另著有文集、《司马法讲义》等，已不传。生平事迹见宋王洋《东牟集》卷一四《隐士何君墓志铭》、《宋史翼》卷二六。

王珪(1019—1085)　宋文学家。字禹玉。华阳(今四川双流)人，后徙舒县(今安徽庐江)。仁宗庆历二年(1042)进士，通判扬州。六年官大理评事。知制诰、翰林学士，知开封府，兼侍读学士，典内外制十八年。神宗熙宁三年(1070)拜参知政事，九年进同中书门下平章事、集贤院大学士。元丰五年(1082)拜尚书左仆射兼门下侍郎。哲宗即位，封岐国公。谥文恭。珪为台阁体诗人，其诗以富丽为主，"摛藻细润，典雅劲健"(元方回《瀛奎律髓》卷二)，好用金玉锦绣字，时人有"至宝丹"之评。《上元应制》、《大飨明堂庆成》等为其代表作。集中有宫词一〇五首，明毛晋选其一百首，与唐王建、前蜀花蕊夫人之宫词合编为《三家宫词》。文章则"博赡瑰丽，自成一家"(《四库全书总目》)。尤擅骈文，朝廷大典册，多出其手。著有《华阳集》传世。生平事迹见宋叶清臣《王岐公神道碑》(杜大珪《名臣碑传琬琰集》上集卷八)、《东都事略》卷八〇、《宋史》卷三一二。

司马光(1019—1086)　宋史学家、文学家。字君实，号迂叟。陕州夏县(今属山西)涑水乡人。故又称"涑水先生"。宝元二年(1039)进士，历签书苏州判官、馆阁校勘、同知谏院等。神宗即位，为翰林学士，以反对王安石变法，乃求外任。熙宁三年(1070)出知永兴军，后改判西京御史台。居洛阳十余年，编修《资治通鉴》。元丰七年(1084)书成，迁资政殿学士。哲宗即位，召为门下侍郎，进尚书左仆射，主持朝政，尽废新法。不久病逝，追封太师温国公，谥文正。文多史著及章奏书状。巨著《资治通鉴》不仅于史料"网罗宏富"，而且构思精密，语言简洁洗练，"叙之井井，不漏不烦"(李慈铭《越缦堂读书记》)；既对历史作客观记载，亦不乏文学情采。其中"赤壁之战"、"淝水之战"、"李愬雪夜入蔡州"等章节，犹为世所传诵。其他如《谏院题名记》、《乞罢陕西义勇札子》、《陈三德上殿札子》等，内容充实，感情执着强烈。《四库全书总目》评其文"虽不以词章为重，论其气象亦包括诸家，凌跨一代"。其诗质朴流畅，如《道傍田家》、《又和夜雨村舍》、《始至洛中言怀》等。词今存三首，亦清新疏淡。论诗专著《续诗话》，品第诸诗极精密，有独到之处。著述宏富，除主编《资治通鉴》二九四卷外，其他主要有《稽古录》二十卷、《涑水纪闻》十六卷、《温国文正司马公文集》八十卷等传世。生平事迹见苏轼《司马温公行状》、《司马温公神道碑》(均见《司马文正公传家集·附录》)、《宋史》卷三三六。明司马露、马峦编有《司马温公年谱》六卷，清顾栋高编有《司马温公年谱》八卷、《遗事》一卷。

张载(1020—1077)　宋理学家。字子厚，因讲学横渠镇，故学者称横渠先生。祖籍大梁(今河南开封)，后随父迁居凤翔郿县(今陕西眉县横渠镇)。宋仁宗嘉祐二年(1057)进士，历官祁州司法参军、丹州云岩县令、崇文院校书、同知太常礼院等。以病归卒。嘉定中谥"明"。少时喜谈兵，曾投书范仲淹讨论边防。范劝其读《中庸》，并以"儒者自有名教可乐"相勉。遂转而苦学儒家著述，逐渐形成"尊礼贵德，乐天安命，以《易》为宗，以《中庸》为体，以孔孟为法，黜怪妄，辨鬼神"之思想体系(见《宋史》本传)，与北宋时期王安石"新学"、程颢程颐兄弟"洛学"同为扛鼎之学术流派。因其门弟子多关中人，故称"关学"。张载著作多为"说义理"之作，语言朴质而说理细致，但殊少文采。他不满意韩愈之文，以为"只尚闲言语"(《经学理窟·自道》)，文艺观上重道轻文。其著作收入明沈自璋所编《张子全书》中。生平事迹见宋吕大临《横渠先生行状》(《张子全书》卷一五)、《宋史》卷四二七。

苏颂(1020—1101)　宋文学家。字子容。泉州同安(今属福建)人，寓丹阳。仁宗庆历二年(1042)登进士第，累迁集贤校理。富弼称为古君子，与韩琦同表其廉退。英宗时迁度支判官。哲宗元祐中，拜右仆射，兼中书侍郎。为相务在使百官遵职，杜绝侥幸之原，戒疆埸之臣勿要功生事，巍然独立，为时雅望。绍圣四年(1097)，以太子少师致仕。赠司空、魏国公。其天性仁厚，宇量恢廓，学问博洽。其文则“多清丽雅赡，卓然可为典则”(《四库全书总目》)。著有《苏魏公集》传世。生平事迹见宋曾肇《曲阜集》卷三《赠苏司空墓志铭》、邹浩《道乡集》卷三九《苏公行状》、《东都事略》卷八九、《宋史》卷三四〇。

王安石(1021—1086)　宋政治家、文学家。字介甫，晚号半山。抚州临川(今属江西)人，后移居江宁(今南京)。庆历二年(1042)进士，签书淮南判官。嘉祐二年(1057)知常州。次年提点江东刑狱，上“万言书”，主张“改易更革”。五年，入为三司度支判官。八年，以母忧去。神宗即位，命知江宁府，旋召为翰林学士兼侍讲。熙宁二年(1069)，拜参知政事，积极推行新法。后因新法遭受反对，以观文殿大学士出知江宁府。十年改集禧观使，封舒国公。元丰三年(1080)，拜左仆射观文殿大学士，改封荆国公。卒谥文。安石为北宋诗文革新运动的中坚人物，唐宋古文八大家之一。理论上，强调文学的社会功用，认为“所谓文者，务为有补于世而已矣”，主张文贵致用，“以适用为本”。同时也肯定文学的艺术特性，以为“容(形式美)亦未可已也，勿先之，其可也”(皆见《上人书》)。故其所作，多针对现实，有强烈的政治色彩。诗成就最高，今存一千五百三十余首。多指陈现实，有感而发。如《河北民》、《收盐》、《兼并》、《发廪》、《秃山》等，直抒胸臆，辞气激烈。咏史之作，如《商鞅》、《韩信》、《贾生》等，往往寓意深刻。《明妃曲》二首，立意新颖，尤负盛名。退隐后，诗歌转为描写山光水色，更注重字句的推敲锤炼，如《江上》、《泊船瓜洲》、《金陵即事》等，“雅丽精绝，脱去流俗”(胡仔《苕溪渔隐丛话》)，“言随意遣，浑然天成”(叶梦得《石林诗话》)。其雄直峭劲、壮丽超逸而又深婉不迫的独特诗风，对扫除西昆体残余，推动宋诗革新起了积极作用。但部分诗篇受韩愈诗影响较深，喜造硬语，押险韵，也对宋诗的发展产生了不良影响。文存千余篇，雄健峭拔，辞气横厉，议论性散文尤具特色。如《上仁宗皇帝言事书》、《答司马谏议书》等，谨严透辟，笔力雄伟；《度支副使厅壁题名记》、《游褒禅山记》等，借题发挥，寓意深刻；《书刺客列传》、《读孟尝君传》等，评古指今，寄慨深远。《宋史》本传称其“议论高奇，能以辨博济其说”。叙事抒情之作，如《王深父墓志铭》、《祭欧阳文忠公文》等，亦随笔挥洒，曲尽其妙。词存二十余首，《桂枝香·金陵怀古》，格调高峻，最为绝唱。有《临川集》一百卷传世。生平事迹见宋詹太和《王荆公年谱》、《宋史》卷三二七、清顾栋高《王荆国文公年谱》、清蔡上翔《王荆公年谱考略》。

王荆公　即王安石。

张公庠　宋诗人。字元善。皇祐元年(1049)进士，熙宁中官著作佐郎，元符三年以朝议大夫尚书都官员外郎知晋州，改苏州。有《泗州集》一卷。生平事迹见吴曾《能改斋漫录》卷一六、《宋诗纪事》卷一八、陆心源《宋诗纪事小传补正》卷一。

郭祥正　宋诗人。字公父，号谢公山人，又号醉吟先生、漳南浪士等。太平州当涂(今属安徽)人。少有诗名，梅尧臣称之为太白后身。举进士。熙宁间赞成王安石变法，然不为王安石赏识，以殿中丞致仕。后通判汀州、知端州，又弃去，隐于当涂青山。其诗存近二千首，风格多样，然佳作不多，前人评其诗“如大排筵席，二十四味，终日揖让，而适口者少”(《宋诗纪事》卷二七引《文献通考》)。著有《青山集》三十卷、《续集》七卷、《钱塘西湖百咏》一卷传世。生平事迹见《东都事略》卷一一五、《宋史》卷四四四。

郑獬(1022—1072)　宋文学家。字毅夫。安州安陆(今属湖北)人。皇祐五年(1053)进士第一，通判陈州，累迁至知制诰。英宗即位，数上疏论事，出知荆南，还判三班院。神宗初拜翰林学士，权知开封府。熙宁二年(1069)，以不行新法，出为侍读学士，知杭州，徙青州。后引疾祈闲，提举鸿庆宫。獬少负俊才，推崇韩愈之文，追求“质而工，奇而肆”(《与刘舍人书》)的风格。文存六百余篇，《论臣僚极言得失疏》、《论用材札子》、《论绥州》、《辨杨绘救祖无择》等剀切质实，纡徐尽意，“特立不诡随”(南宋秦焴《郧溪集序》)。时人以为“其文似皇甫湜”(《与刘舍人书》)。诗存四百余首，《采凫茨》、《道旁稚子》等，指斥现实黑暗，感情激越，率直坦诚；《田家》、《春尽》、《寄并州故人》等，吟咏山水景物，抒写宦游情怀，清丽自然。词三首，亦清新俊秀。有《郧溪集》二十八卷传世。生平事迹见《东都事略》卷七、《宋史》卷三二一。

刘攽(1023—1089)　宋史学家、诗人。字贡父，一作赣父，或赣父，号公非。临江新喻(今江西新余)人。与其兄敞同登仁宗庆历六年

(1046)进士,仕州县二十年,始为国子监直讲。神宗熙宁初,判尚书考功、同知太常礼院。尝贻书王安石,论新法不便,出知曹州。曹地盗匪横行,重法不能止。攽为治尚宽平,盗亦衰息。哲宗元祐初,起知襄州,加直龙图阁、知蔡州。苏轼等人上疏力荐,召拜中书舍人。攽博览群书,于史学造诣尤深,与司马光同修《资治通鉴》,专职汉史,其学问才华,时人莫不推重。所作诗文亦足称道,如七言古诗《城南行》,表现诗人对受难百姓哀悯之情,语言平易朴实,简捷流畅,而含意深厚,是其古诗代表作之一。其近体诗亦有特色,如七绝《新晴》、《雨后池上》等,从不同角度描绘雨后的景致,抒发宁静恬淡之心情。写景丰富多彩,含蓄有致,给人以清美的艺术享受,可见其对各种体裁的诗歌皆能驾驭自如。平生著述甚丰,惜大都亡佚,今存有《孟子外书》四篇、《东汉书刊误》四卷、《汉官仪》三卷、《彭城集》四十卷、《中山诗话》一卷等。生平事迹见《宋史》卷三一九。

范纯仁(1027—1101)　宋文学家。字尧夫。吴县(今属江苏)人,范仲淹次子。仁宗皇祐元年(1049)进士,尝从胡瑗、孙复学,父殁始出仕。知襄城县,迁侍御史,知谏院,言王安石变法妨民,前后上言无所讳避,安石怒,出知河中府。历转和州、庆州,有惠政。哲宗时累官尚书仆射、中书侍郎。忤章惇,贬置永州。徽宗立,除观文殿大学士,促入觐,以目疾乞归。谥忠宣,高宗初追封许国公。平生夷易宽简,不以声色加人,义之所在,则挺然不少屈。发为文章,则根柢六经。著有《范忠宣公文集》传世。生平事迹见宋曾肇《曲阜集》卷三《范忠宣墓志铭》、《东都事略》卷五九、《宋史》卷三一四。

章楶(1027—1102)　宋诗人。字质夫。建州浦城(今属福建)人。英宗治平二年(1065)进士,知陈留县。历提举陕西常平,京东转运判官,提举湖北刑狱,成都路转运使。入为考功吏部右司员外郎,迁直龙图阁,知庆州、同州。绍圣初,知应天府,加集贤殿修撰,知广州、渭州,擢枢密直学士、龙图阁学士、端明殿学士。徽宗即位(1101),拜同知枢密院事,旋以老谢事,授资政殿学士,中太一宫使。卒谥庄简。词存二首,《水龙吟》一阕以苏轼和作而知名于世,诗存十首,咏成都转运司园亭十景。有《寄亭诗遗》一卷传世。生平事迹见《东都事略》卷九七、《宋史》卷三二八。

沈遘(1028—1067)　宋诗人。字文通。钱塘(今浙江杭州)人。皇祐元年(1049)进士,通判江宁府。还朝授集贤校理,修起居注。以父坐事免。后起知开封府等,所至皆有惠政。后为翰林学士。因母丧归苏州,服未竟而卒。其诗清俊流逸,《送刘泌归建州》、《送诗僧思齐归吴》等皆发兴高远。亦有壮怀激烈之作,如《七言和王微之渔阳图》、《送刘定下第》等。前人又称其文辞敏丽,长于议论,"有古人典质之风"(《四库全书总目》)。著有《西溪集》。生平事迹见《宋史》卷三三一。

王安国(1028—1074)　宋诗人。字平甫。抚州临川(今属江西)人。王安石弟。史称其年十二即"以文章闻于世"。然安国虽才高于人,却终生未见用。曾数举进士,又举茂材异等,有司考其所献序言,为第一,然因母丧不试。熙宁初,韩绛召试及第,除西京国学教授,旋因忤神宗,"由是别无恩命",仅授秘阁校理。安国虽为安石弟,然政见多不合,"每以新法力谏"。结怨于吕惠卿,后以事夺官,放归田里。陈师道谓安国"其志抑而不伸,其才积而不发","其穷甚矣,而文义蔚然"(《后山集》卷一一)。其咏史诗如《读魏世家》等即寄托极深感慨。写景诗则风发泉涌,《同器之过金山寺兼呈潜道》、《滕王阁感怀》皆有梗概之气。其诗又工于用事,人称"对偶亲切"(陈师道《后山诗话》)。著有《王校理集》。生平事迹见王安石《临川集》卷九一《王平甫墓志》、曾巩《元丰类稿》卷三八《祭王平甫文》、《宋史》卷三二七。

孙觉(1028—1090)　宋文学家。字莘老。高邮(今属江苏)人。少从胡瑗学。皇祐元年登进士第,调合肥主簿。嘉祐中校书昭文馆,进馆阁校勘。神宗即位,直集贤院,擢右正言,通判越州,徙知通州。熙宁二年诏知谏院,同修起居注,知审官院。因反对青苗法,出知广德军,徙湖州、庐州,改右司谏,后历知苏、福、徐诸州。所至多有政绩,在湖州筑松江石堤,水患得除,在福州改革婚丧糜费之陋习。元丰五年移知应天府,入为太常少卿,易秘书少监。哲宗即位,兼侍讲,迁右谏议大夫,进吏部侍郎,初领右选,寻改左选,勘定选人额数。元祐三年与苏轼同知贡举,擢御史中丞,以疾请罢,除龙图阁学士兼侍讲。绍圣中列名元祐党籍。少与李常齐名。与苏轼交游,以女嫁黄庭坚,文名颇著。传胡瑗《春秋》之学,今存《春秋经解》十三卷,又有《孙莘老先生奏议事略》一卷、《奏议补遗》一卷。生平事迹见《宋史》卷三四四、茆泮林《宋孙莘老先生年谱》。

徐积(1028—1103)　宋诗人。字仲车。楚州山阳(今江苏淮安)人。三岁父亡,事母至孝闻名。喜琴棋,善骑射。曾受业胡瑗之门。治平四年(1067)进士,未调官,因丁母忧回乡,遂不复仕。元祐元年(1086)经监司举荐,先授扬州司户参军,后为楚州教授及防御推官。卒谥"节孝处士"。徐积立身"操守坚正",而"其文乃奇谲恣肆,不主故常"(《四库全书总目》),古诗尤甚。苏轼曾"伏读惊叹"。如《李太白杂言》:"玉虹不死蟠胸中,然后吐出光焰万丈凌虚空",其他如《大松》等亦"怪而放如玉川子"(《直斋书录解题》引苏轼言)。律诗多唱和之作而情深意挚,《赠黄鲁直》、《寄苏子由》等皆是。小诗如《野花》、《问杨柳》等则别有情趣。于文主张"必出诸己而简易",谓"吾之书,大要以正治心,以直养气而已",故其《嗣孟》、《四维辩》等皆依经立训,不失儒雅。评诗论文亦有精见。史称其"自少及老,日作一诗",而其作今仅存《节孝集》、《节孝语录》。生平事迹见《节孝集》所附行状、《宋史》卷四五九,清段朝端编有《宋徐节孝先生年谱》一卷。

刘挚(1030—1097) 宋文学家。字莘老。东光(今属河北)人,居东平。仁宗嘉祐中擢甲科,历冀州南宫令,以治行称。迁御史里行,王安石一见器异之,顾不附安石,上疏极论新法之弊,谪监衡州盐仓。哲宗立,擢侍御史,论罢蔡确、章惇,累迁尚书右仆射。以观文殿学士知郓州,绍圣初落职,为谗所中,连贬鼎州团练副使,新州安置。绍兴初追谥忠肃。嗜学,老不释卷,邃于三《礼》《春秋》,其教子孙,先行实后文艺。为人忠亮骨鲠,于邪正是非辨之甚严。其文章,刘安世《忠肃集原序》称:"雅健清劲,如其为人,辞达而止,不为长语。"著有《忠肃集》二十卷传世。生平事迹见苏颂《苏魏公集》卷七〇《祭刘丞相文》、《东都事略》卷八九、《宋史》卷三四〇。

晏幾道(约1030—约1106) 宋词人。字叔原,号小山,晏殊第七子。抚州临川(今属江西)人。熙宁七年,因郑侠上书请罢新法,受牵连获罪。元丰五年监颍昌府许田镇,手写自作长短句,上府帅韩维。后去职退居京城赐第,不践诸贵之门。为人真率疏放,清高孤介,故落拓一生。早岁流连酒席歌舞间,以词遣怀,常于沈廉叔、陈君龙家作词付莲、鸿、苹、云诸女演唱。后家道中落,故词多追怀旧情,不胜今昔盛衰之感,低回宛转,凄楚沉挚。词体多用小令,于慢词、铺叙日盛之时,独能守《花间》传统,故陈振孙曰:"叔原词在诸名胜中,独可追逼'花间',高处或过之。"(《直斋书录解题》)与其父同以词名,世称"二晏",然体貌各具。其词深婉秀丽,有别于其父之温润闲雅,故清况周颐曰:"珠玉比花中之牡丹,小山其文杏乎?"(《蕙风词话》未刊稿)有《小山词》。生平事迹见《小山词》自序、黄庭坚《豫章黄先生文集》卷一六《小山集序》、邵博《邵氏闻见后录》卷一九、夏承焘《唐宋词人年谱》载《二晏年谱》。

冯山 宋诗人。初名献能,字允南。普州安岳(今四川安岳)人。仁宗嘉祐二年(1057)进士。神宗熙宁末为秘书丞。通判梓州。邓绾荐为台官,因不能苟合于新法,不就。退居二十年。哲宗元祐间为范祖禹荐于朝。官终祠部郎中。赠太师。能诗。《四库全书总目》卷一五三认为"山与梅尧臣、苏舜钦同时,时已尽变杨、刘西昆之体,故其诗平正条达,无翦红刻翠之态"。著有《春秋通解》,已佚。今存《冯安岳集》十二卷。生平事迹见《冯安岳集》卷前附刘光祖《序》、方回《桐江集》卷四《跋冯抱瓮诗》、《宋史》卷三七一。

沈括(1031—1095) 宋科学家、文学家。字存中。钱塘(今浙江杭州)人。康定元年(1040)随父至闽中。至和元年(1054)为沭阳县主簿。嘉祐八年(1063)举进士。治平元年(1064)为扬州司理参军,三年居京师,编校昭文馆书籍。熙宁七年(1074)修起居注,次年为回谢辽国使,颇壮国威。九年权三司使,次年为蔡确诬劾罢。元丰五年(1082)为龙图阁直学士,后贬均州团练副使。绍圣初复官,二年卒于润州。"括博学善文,于天文方志律历音乐医药卜算无所不通"(《四库全书总目》)。文章"典则","有古作者之遗范"(同上)。著《梦溪笔谈》质朴无华,明快精当。游记文如《苍梧台记》等则清新俊秀。诗亦清俊高迈,富于意境,如《夜登金山》、《鄜延凯歌》等皆是,《姑孰溪》等小诗则清新明丽。沈括著述甚丰,《宋史·艺文志》曾著录二十二种(今人胡道静又补十八种)。惜亡佚甚多,今存者仅《梦溪笔谈》、《长兴集》等。生平事迹见《宋史》卷三三一。今人张荫麟有《沈括编年事辑》,又有胡道静《沈括事迹年表》等传记资料。

蒋之奇(1031—1104) 宋诗人。字颖叔。常州宜兴(今江苏宜兴)人。仁宗嘉祐二年(1057)进士,擢监察御史。后出知熙州。徽宗时为翰林学士,同知枢密院事。后以疾归,崇宁三年卒。谥文穆。平生博闻强记,仲并称其诗

“得少陵之心”(《浮山集》卷四),惜其诗文多佚。所存之诗,如《琴高台怀古》、《游化成寺》等高远俊逸;写景小诗如《苍玉洞》、《萍乡即事》等高洁清雅;抒发隐逸幽情之诗如《刘遗民钓台》、《重湖阁》则静寂而不颓丧。著有《三径集》传世。生平事迹见宋王偁《东都事略》卷九七、《宋史》卷三四三。

吕陶(1031—1107)　宋政论家、文学家。字元钧,号净德。成都(今四川成都)人。仁宗皇祐中进士,调铜梁县令,知太原寿阳县。神宗熙宁间复登制科。上策陈王安石新法之弊,谪通判蜀州。哲宗元祐年初,擢殿中侍御史,上疏论蔡確、韩缜、章惇等人之奸,迁左谏议,继出为梓州、淮西、成都路转运副使。入拜右司郎中、起居舍人,迁中书舍人,进给事中,又以集贤院学士知陈州、潞州。后入元祐党籍,夺职,再贬库部员外郎。徽宗时,复集贤殿修撰,知梓州。陶秉性抗直,遇事敢言,以政论文著称。《四库全书总目》称其“所上奏议类皆畅达剀切,洞悉事机”,并以为可“以贾谊比之”。其诗文亦典雅可观。有《净德集》三十八卷传世。生平事迹见《宋史》卷三四六。

王令(1032—1059)　宋诗人。初字钟美,后字逢原。原籍元城(今河北大名)。五岁而孤,随其叔祖王乙居广陵(今江苏扬州)。少不检,既而折节力学。仁宗庆历八年(1048)离乙别居,后在天长、高邮等地授徒为生。皇祐四年(1052),朝廷诏天下贤者,令虽贫不应试,作《送穷文》以明志。至和元年(1054)王安石在舒州被召入京,途经高邮,乃赋《南山之田》求见,安石大为赞赏,期其才可与共功业于天下。嘉祐二年(1057)在江阴、常州为诸生讲《论语》、《孟子》。嘉祐三年娶王安石妻妹,次年卒。令能文,尤工诗。其诗风格雄伟、感情奔放、想像力丰富。《四库全书总目》评其“才思奇轶,所为诗磅礴奥衍,大率以韩愈为宗,而出入于卢仝、李贺、孟郊之间,虽得年不永,未能锻炼以老其材,或不免纵横太过,而视局促剽窃者流,则固倜倜乎远矣”。著有《广陵集》二十卷传世。生平事迹见王安石《临川集》卷九七《王逢原墓志铭》、《东都事略》卷一一五。今人沈文倬有《王令年谱》,见《王令集》(上海古籍出版社1980年出版)附。

沈辽(1032—1085)　宋诗人。字叡达,号云巢。钱塘(今浙江杭州)人。神宗熙宁初为审官西院主簿。初与王安石友善,后因议论不合见疏。曾摄华亭县,受人诬陷入狱,流永州。后流连江湖,筑室齐山,自号“云巢”。元丰八年卒。长于诗,宋人多比为陶潜。其诗风格多样,既有《钓鱼》一类疏淡之什,又有《德相所示论书聊复戏酬》之类生峭劲硬之作。又常与释人唱和,然其《屈平》、《子厚》等诗感慨之深不亚陶潜《读山海经》。其《踏盘歌》又有民歌风。喜《左传》、《汉书》,仰慕柳宗元,文章简洁明快而又雄奇峭丽。《任杜娘传》一篇则近宋人话本格调。著有《云巢编》传世。生平事迹见《云巢编》后附《沈叡达墓志铭》、《宋史》卷三三一。

程颢(1032—1085)　宋理学家。字伯淳,世称明道先生。河南府洛阳(今属河南)人。嘉祐二年进士。先后为鄠县、上元县主簿、晋城令,所至有政声。熙宁初,入为太子中允、权监察御史里行,频蒙神宗召见,劝以“正心窒欲,求贤育才”。因反对新法出任地方官,签书镇宁军节度判官,熙宁十年知扶沟县,元丰六年监汝州酒税,在职期间曾率众抗洪抢险,赈灾缉盗,多有善政。哲宗立,召为宗正丞,未行而卒。文彦博采众议而表其墓曰“明道先生”。南宋理宗端平二年(1235),从祀孔庙;淳祐元年(1241),诏封河南伯。从政之余,聚徒讲学,与弟颐共同创立洛学,世称“二程”。兄弟同受业于周敦颐。以“天理”为最高哲学范畴,宇宙万物之本源,尝称“天理二字却是自家体贴出来”,又倡言“学者须先识仁”,仁乃人之本性,天地万物之根本法则,故“穷理尽性”即体认仁性。提出“心是理,理是心”之命题,强调“主敬”,由尽心而至于知性、知天,达到“浑然与物同体”。其说开陆学主观唯心论之端绪。其德性宽宏、气象谦和,有别于颐之刚正严毅。在文学上倡重道轻文之论,以为“有德者必有言”,文乃道心的自然流露,若刻意为文,追求巧文丽辞,必害于道。言论与著作收入《二程全书》。生平事迹见《河南程氏文集》卷一一《明道先生行状》、《明道先生墓志》、韩维《南阳集》卷二九《程伯纯墓志铭》、《宋史》卷四二七。

韦骧(1033—1105)　宋诗人。字子骏。钱塘(今浙江杭州)人。仁宗皇祐五年(1053)进士。徽宗建中靖国元年(1101)知明州。以左朝议大夫提举杭州洞霄宫致仕。骧少时即以词赋知名,王安石尝奇其《借箸赋》(已佚)。其奏议如《戒奢》、《兵备》等,皆有感而为,非泛泛之论。书表传记之作,如《上滕舍人书》、《滁州陈公泉记》等,亦“安雅有法”(《四库全书总目》)。

诗“大抵不屑屑于规橅唐人”，“密咏恬吟，颇有自然之趣”（同上），如《十月》、《鸡人峰》、《琅邪三十二咏》等皆是。著《钱塘集》二十卷，今已残。赋二十卷，已佚。后人又辑其词一卷。生平事迹见《钱塘集》后附陈师锡所撰《墓志铭》。

程颐（1033—1107）　宋理学家。字正叔，人称伊川先生。河南府洛阳（今属河南）人。早岁与兄颢同受学于周敦颐。仁宗嘉祐间游太学，为胡瑗所识拔，授以学职。熙宁中与颢在洛阳设馆授徒，从学者日众，世称洛学。哲宗初，以司马光等荐，入为崇政殿说书。绍圣间坐元祐党人放归田里，四年送涪州编管。徽宗即位，移峡州，旋复官。崇宁元年，党论再起，列名元祐党籍碑；五年，党禁稍解，复宣义郎，致仕，次年病卒。理宗淳祐元年封伊阳伯，从祀孔庙。与兄颢同为理学奠基人，以理为宇宙本体，主张正心持敬，格物致知，所论与颢有别，下开朱熹客观唯心论之体系。作风刚毅严肃，重分析思辨，亦与乃兄异趣。在文学上倡重道轻文之论，以为“有德者必有言”，反对刻意为文，斥之为“玩物丧志”，进而提出“作文害道”之说：“今为文者，专务章句，悦人耳目；既务悦人，非俳优而何？”（《二程遗书》卷一八）。著作收入《二程全书》。生平事迹见朱熹《朱文公文集》卷九八《伊川先生年谱》、《宋史》卷四二七。

丰稷（1033—1107）　宋文学家。字相之。明州鄞县（今属浙江）人。仁宗嘉祐四年（1059）进士，为亳州蒙城县主簿。历真州六合县主簿、襄州穀城县令。以廉明称。哲宗元祐二年（1087）为提点利州成都路刑狱。徽宗时召为谏议大夫，迁御史中丞。奏劾章惇、蔡京，转工部尚书，权礼部尚书。崇宁元年（1102）出知苏州，改越州。九月责授道州别驾，台州安置，后稍复为朝请郎，提举亳州太清宫。高宗建炎中谥清敏。稷历任要职，清苦廉直。反对权臣擅改。又博学多闻，遍注经传。其《孟子注》，为朱熹所引。所上《崇俭爱民疏》、《揭蔡京蔡卞奸邪疏》等，针砭时弊，义正辞严。其文典雅得体，其诗亦寓情言志，为后人所重。今存《丰清敏公遗书》为后人所辑。生平事迹见《丰清敏公遗书》附陈瓘《墓志》、李朴《遗事》，《宋史》卷三二一。

王安礼（1034—1095）　宋诗人。字和甫，宋抚州临川（今江西抚州）人。王安石弟。仁宗嘉祐六年（1061）进士。为著作郎，迁集贤院。后出知润州、湖州。神宗元丰二年（1079）苏轼下狱，安礼上言，轼得轻。敢直言，权贵多畏之。元丰四年（1281）拜中大夫转尚书左丞。哲宗绍圣二年（1095）知太原，卒。楼钥称其文“踔厉骏发，卒归于道”（《攻媿集》卷五一）。《四库全书总目》卷一五三谓“以视安石，虽规模稍隘，而核其体格，固亦约略相似”，“内外制颇典重可观，叙事之文亦具有法度”。其诗如《酒罩》旷达超迈，《赠道光法师》寄情高远。著有《王魏公集》传世。生平事迹见宋王偁《东都事略》卷七九、《宋史》卷三二七。

陈棣　宋诗人。字鄂父。处州青田（今属浙江）人。父陈汝锡字师予，官至浙东安抚使，棣以荫任官，初为桐城掾，后为潭州通判。《惜梅》、《春日杂兴》等为其诗作代表。《四库全书总目》评其诗“大都平易近情，不失风旨”，然“边幅稍狭，比兴稍浅”，“已先导宋季江湖之派”。有《蒙隐集》。生平事迹见《宋诗纪事补遗》卷五八。

苏轼（1036—1101）　宋文学家、书画家。字子瞻，一字和仲，号东坡居士。眉州眉山（今四川眉山）人。苏洵子。少承母程氏亲授以书。十余岁，博通经史。仁宗嘉祐二年（1057）与弟辙中同榜进士。为主考欧阳修所赏识。五年授河南福昌县主簿。次年经欧阳修推荐，召试秘阁，复殿试，入三等，授大理评事，签书凤翔府。英宗治平三年（1066），苏洵卒，轼回乡居丧。神宗熙宁二年（1069）还朝，因反对王安石新法而求外调。先后任杭州、密州、徐州通判，湖州知州。因被诬“谤讪朝廷”而获罪，入御史台狱，酿成“乌台诗案”。后被贬黄州团练副使。哲宗元祐初年（1086）任中书舍人、翰林学士兼侍读。因反对司马光等尽废新法，再求外调，出知杭州、颍州等。元祐七年复授翰林侍读学士、礼部尚书。次年哲宗亲政，新党重新掌权，又被斥为以文字“讥刺先朝”，贬谪惠州、儋州。元符三年（1100）遇赦北归。次年卒于常州。谥文忠。与父洵弟辙，合称“三苏”。思想博杂，于儒、道、释均有吸取融汇，并由此而形成独特的人生态度。在政见上倾向儒学，在人生处世上出入庄老禅宗。积极从政、坚持操守，主张对弊政“涤荡振刷而卓然有所立”（《策略》一），但反对欲速轻发，既为新党所不容，亦为旧党所不满；然其生活态度“期于静而达”（《答毕仲举书》），观察问题颇能超脱，处世接物又复旷达，故虽历尽挫折飘泊，始终达观。其文学主张受欧阳修影响，反对五代宋初浮巧轻媚的文风，更不赞成时下“求深者或至于迂，务奇者怪僻而不可读”的艰涩险怪倾向（见《谢欧阳内翰书》）。认为“有意而言，意尽而止，天下之至言也”（《策略·序》）。又认为诗文“大略如行云流水，初无定质，但常行于所当行，常止于所不可不止，文理自然，姿态横生”（《答谢民师书》）。又说：“孔子曰：‘言之不文，行而不远。’又曰：‘辞达而已矣。’夫言止于达意，即疑若不文，是大不然。求物之妙，如系风捕影，能使是物了然于心者，盖千万人而不一遇也，而况能使了然于口与手者乎？是之谓辞达，辞至于能达，则文不可胜用矣”（同上）。提倡文艺要“出新意于法度之中，寄妙理于豪放之外”（《书吴道子画后》）。其理论主张对宋代诗文革新贡献甚大，对后代也有影响。其文学创作成就极高，文诗词俱为一代大家。散文为后人所称唐宋八大家之一，苏文坚持了欧阳修文平易之路，而更为畅达自由；文体多样，风格亦多样。政论文如《策略》、《策别》、《策断》等滔滔雄辩，气势逼人，继承发展了《战国策》、《孟子》及贾谊、陆贽的传统。抒情之作如书札游记等，笔致灵活，情感真率，生动传达日常生活情趣与感触，描写、叙述、议论、抒情错杂，充满诗情画意。贬谪黄州时所作之《前赤壁赋》、《后赤壁赋》，是抒情小赋名作。其散文对宋以后中国古代散文的发展影响极为巨大。诗存二千七百余首，涉及政治、社会、历史、人生、山水记游、朋友唱和乃至艺术创作的经验和鉴赏诸多方面，抒写情怀，慨叹人生，讥弹时政，寄寓名理，无不形象鲜明，神味完足。如《和子由渑池怀旧》、《蚕市》、《踏青》、《正月二十日与潘、郭二生出郊寻春……》、《荔枝叹》、《吴中田妇叹》、《泗州僧伽塔》、《游金山寺》、《有美堂暴雨》、《饮湖上初晴后雨》、《题西林壁》、《六月二十日夜渡海》等。苏诗风格多样，对陶渊明、李白、杜甫、白居易、韩愈诸人均有继承发挥，而“嬉笑怒骂，皆成文章”（黄庭坚《东坡先生真赞》），个性极为分明，实现了他“系风捕影”能充分达意的文论主张。但也有不少“以文为诗，以议论为诗”的作品。轼还将诗文革新运动的成果扩展到词的领域，有突出贡献。其前，虽有晏殊、欧阳修、柳永等人的发展开拓，但词仍未突破“艳科”藩篱，题材狭窄，风格柔媚，意境凡近；而苏词则“指出向上一路，新天下耳目，弄笔者始知自振”（王灼《碧鸡漫志》卷二），扩大了词的意境，丰富了词的风格，提高了词的地位。其《水调歌头》（明月几时有）、《念奴娇·赤壁怀古》、《江城子·密州出猎》、《浣溪沙·徐门石潭谢雨道上作五首》等均开宋词风气。轼词亦长于传统题材，如次韵章质夫的《水龙吟》（似花还似非花），风格婉约，音韵谐和，虽“和韵而似原唱”（王国维《人间词话》），体现其风格的多样性。轼亦工骈文。除文学外，其书法绘画等方面亦有很高成就，书法尤为别开一派的创始人。堪称北宋文化最高成就之代表。著作甚丰，有《东坡全集》、《东坡乐府》、《东坡易传》、《东坡书传》等。生平事迹见苏辙《栾城后集》卷二〇《祭亡兄端明文》、《再祭亡兄端明文》、《宋史》卷三三八。另有宋王宗稷编《东坡先生年谱》、宋傅藻编《东坡纪年录》、宋施宿撰《东坡先生年谱》。

苏东坡　即苏轼。

许将（1037—1111）　宋文学家。字冲元。福州闽县（今福建闽侯）人。仁宗嘉祐八年（1063）举进士第一，签书昭庆军判官。英宗治平中通判明州。后神宗召对，除集贤校理，同知礼院编修中书条例。曾出使契丹，不辱使命，神宗嘉之。曾坐事黜知蓟州。绍圣初入为吏部尚书，拜尚书左丞，中书侍郎。曾谏止发司马光墓。后黜，数告老，召为祐神观使。赠开府仪同三司，谥曰文定。工诗能文，欧阳修尝读其赋，深加赞许。其诗气魄阔大，有唐人余风。著有《许文定集》传世。生平事迹见宋王偁《东都事略》卷九六、《宋史》卷三四三。

孔文仲（1038—1088）　宋文学家。字经父。临江新喻（今江西新余）人，一说新淦（今江西新干）人。仁宗嘉祐六年（1061）进士，授余杭尉，恬介自守。神宗熙宁初以制举荐对策，力论王安石理财训兵之法为非是，遂罢官。哲宗时官谏议，又论青苗免役诸法，改中书舍人，同知贡举。元祐二年卒，年五十一。士大夫哭之皆失声，苏轼拊其柩曰：世方嘉软熟而恶峥嵘，求劲直如经父者，今无有矣。其性狷直，寡言笑，其文则“词赋赡丽，策论深博，文势似荀卿、扬雄”（《宋史》本传）。与其弟武仲、平仲并以文章名一世，黄庭坚有“二苏联璧、三孔分鼎”之语。诗如《早行》、《秋月》等清新、闲淡。著有《舍人集》传世。生平事迹见苏颂《苏魏公集》卷五九《孔公墓志铭》、王偁《东都事略》卷九四、《宋史》卷三四四。

孙升（1038—1099）　宋诗文家。字君孚。高邮军（今属江苏）人。治平二年（1065）登进士第，签书泰州判官。元祐元年（1086）为监察御史，迁殿中侍御史，出知济州。逾年，提点京西刑狱，召为金部员外郎，进侍御史。由起居郎擢中书舍人，直学士院，以天章阁待制知应天府，改集贤院学士。绍圣初削职知房州、归州，贬果州团练副使、汀州安置，卒。名隶元祐党籍。尝学诗于孙觉，曰："近世作诗，无复有唐人风。"在汀州为避谤，不作诗。临江刘延世在汀州从升游，录所闻于升之语为《孙公谈圃》三卷，其中多述时事。生平事迹见《宋史》卷三四七、陆心源《元祐党人传》。

朱长文（1039—1098） 宋文学家、艺术家。字伯原。苏州吴县（今属江苏）人。仁宗嘉祐四年（1059）进士，以足疾不仕。筑室乐圃坊，潜心著书。元祐中起教授于乡，召为太学博士。绍圣间迁秘书省正字兼枢密院编修。其诗文"多平易近人"（《四库全书总目》卷一五五），今存《乐圃余稿》十卷。又精于书法和音乐，有论书著作《墨池编》六卷、音乐著作《琴史》六卷传世。生平事迹见宋张景修《朱长文墓志铭》（《乐圃余稿》附录）、《宋史》卷四四四。

苏辙（1039—1112） 宋文学家。字子由，一字同叔，号颍滨遗老。眉州眉山（今属四川）人。苏轼弟。与轼同登仁宗嘉祐二年（1057）进士，又同策制举，授商州军事推官。神宗朝王安石以执政领三司条例，命辙为之属。安石行青苗法，辙力陈其不可，出为河南推官。哲宗召为右司谏，蔡確、韩缜、章惇在位，辙皆论去之。累迁御史中臣，拜尚书右丞，进门下侍郎。哲宗亲政，落职知汝州。复谪雷州安置，移循州。徽宗立，徙永州、岳州，已而复大中大夫致仕。筑室于许州颍川之滨，号颍滨遗老。谥文定。辙为唐宋古文八大家之一。其性沉静简洁，苏轼云："其文如其为人，故汪洋澹泊，有一唱三叹之声，而其秀洁之气终不可没。"（《答张文潜书》）代表作有《黄州快哉亭记》、《武昌九曲亭记》等。著有《栾城集》、《后集》、《三集》等传世。生平事迹见苏过《斜川集》卷六《祭叔父黄门文》、《栾城后集》卷一二《颍滨遗老传》、王偁《东都事略》卷九三、《宋史》卷三三九。

吴则礼（？—1121） 宋诗人。字子副，号北湖居士。兴国军永兴（今湖北阳新）人。以父荫入仕，哲宗元符元年（1098）为卫尉寺主簿。徽宗崇宁中累官至直秘阁。崇宁三年（1104）编管荆南，晚年居江西豫章。其《续百忧集》有"畴昔罪臣投荆州"之句，则中间曾以事贬谪。故韩驹《北湖集序》谓"诗人谓穷而乃工，盖流离顿挫有不得其平者"。故其诗峭拔不群，如《唐处厚邀同欧阳元老彭志南游金銮寺》等苍凉悲慨，近体则好为生拗，笔力纵横，《简子苍》、《次子仁赠永翁韵》等皆是，六言绝句《题惠崇小景扇》则逸趣环生。其文虽传世极少，然亦叙事简洁。评诗论文亦有精见，其《六一居士集跋》谓欧公为文"反复而不乱，驰骋而不乏，雄辩而委曲，高妙而深远者殆兼而有之"，深得其中三昧。著有《北湖集》、《吴则礼诗话》等。生平事迹见宋韩驹《北湖居士集序》（《北湖居士集》卷首），陈振孙《直斋书录解题》卷一七。

刘叔赣 宋诗人。于神宗朝曾官中书舍人。《两宋名贤小集》卷八四收载其《题画诗》一卷，录诗二十首，其中有与苏轼、苏辙、刘敞、李公择等唱和之作。生平事迹见《宋诗纪事》卷二六。厉鹗按语称："赣，《广韵》贡同。……疑此即刘攽贡父。"

范祖禹（1041—1098） 宋文学家。字淳夫（一作纯父，纯甫），一字梦得。华阳（今四川成都）人，范镇从孙。仁宗嘉祐八年（1063）进士，从司马光编修《资治通鉴》，书成，荐除秘书正字。哲宗立，迁给事中，宣仁太后崩，祖禹虑小人乘间害政，谏章累上，不报。时绍述之论已兴，有相章惇意，祖禹力阻之，不从，遂请外，又为论者所诬，连贬昭州别驾，英州安置。宁宗时谥正献。平居不言人过，遇事则是非分明。尝进《唐鉴》十二卷，《帝学》八卷，《仁宗政典》六卷，而《唐鉴》深明唐三百年治乱，学者尊之，目为唐鉴公。其文，《四库全书总目》评为"大端伉直，持论切当，要自无愧于醇儒，当时以贾谊陆贽比之，说者不以为溢美"。著有《范太史集》传世。生平事迹见宋王偁《东都事略》卷七七、《宋史》卷三三七。

张舜民 宋文学家、画家。字芸叟，号浮休居士，又号矴斋。邠州（今陕西彬县）人。英宗治平二年（1065）进士，出为襄乐令。元丰中，因赋诗得罪，谪监郴州酒税。元祐初因司马光荐，为监察御使。徽宗时为谏大夫。崇宁初，坐元祐党，谪楚州团练副使。喜慷慨论事，工于诗画。其诗雄迈而不浅露，佳作有《再过黄州苏子瞻东城雪堂》、《杜城芳斋》、《秋暮书怀》等。《题庾楼诗》因笔意豪健近于苏轼，而被误收入东坡集中。晚年师法白居易，曾作乐府百余篇，语浅意深。其词亦与苏轼相近，《卖花声·题岳阳楼》可为代表。文亦有特色，佳作有《长城赋》、《火宅赋》、《郴行录》等。今存《画墁集》八卷、《画墁词》一卷、《画墁录》一卷。生平事迹见宋王偁《东都事略》卷九四、《宋史》卷三四七。

舒亶（1041—1103） 宋文学家。字信道，号懒堂。明州慈溪(今属浙江)人。英宗治平二年(1065)进士,试礼部第一,调临海尉。神宗朝,迁奉礼郎、监察御史,加集贤校理,同李定劾苏轼作歌诗讥讪时事,酿成“乌台诗案”。累官御史中丞。徽宗朝,知南康军、荆南,除龙图阁待制。卒赠直学士。亶词翰秀发,尤长于声律。诗存一百二十余首,大多吟咏山水名胜,如《湖心寺偶书》、《芦山寺》、《村居》等,诗情画意,融为一体,且格调清远,耐人回味。词存五十首,多辞句清丽,思致妍密。文存十余篇,《舜琴歌南风赋》最受称道。有《舒懒堂诗文存》三卷传世。生平事迹见宋王偁《东都事略》卷九八、《宋史》卷三二九。

刘奉世(1041—1113)　宋学者、诗人。字仲冯。临江新喻(今江西新余)人。刘敞子。中进士第。神宗熙宁三年(1081)以太子中允居枢密院吏房,加集贤校理。哲宗元祐七年(1092),拜枢密直学士,签书院事,章惇当国,乞免去。绍圣元年(1094),以端明殿学士知成德军,改定州。逾年,知成都府。绍圣末崇宁初曾两度遭贬,以赦得归。终端明殿学士。其文词雅赡,最精《汉书》,与父敞及叔攽齐名,世称“三刘”。著有《自省集》一卷。生平事迹见《宋史》卷三一九。

郑侠(1041—1119)　宋诗人、散文家。字介夫,号大庆居士,又号一拂居士。福州福清(今属福建)人。治平四年(1067)进士,调光州司法参军。秩满入京,监安上门。熙宁七年(1074),绘《流民图》,并奏称新法“掊克不道”。吕惠卿执政,又绘《正直君子、邪曲小人事业图迹》指斥,被编管汀州,徙英州。哲宗立,为泉州教授。元符中贬英州。徽宗立,赦还,复故官。旋又为时宰蔡京所夺,从此家居不复出。诗存约一百首,大多抒写对时政的困惑担忧,表现出不计名利,宠辱不惊的节操,如《古交行》、《道中见以索牵五六十人监理钱者》、《次张汉公言怀》等。王士禛《居易录》称其诗在白居易、孟郊之间。“有次山、东野之风,不得以当行格调律之”。文存百余篇,《上皇帝论新法进流民图疏》、《上荆公书》等,极言新法弊端,持论虽未必公允,但坦诚磊落,纡徐致意而不怒张叫嚣。有《西塘集》十卷传世。生平事迹见《郑公墓志铭》、《大庆居士传》(均见《西塘集》卷一〇)、《宋史》卷三二一。

孔武仲(约1042—1098)　宋文学家、学者。孔文仲弟。字常父,临江新喻(今江西新余)人,一作新淦(今江西新干)人。仁宗嘉祐八年(1063)进士。调穀城主簿,迁国子直讲。哲宗元祐间历国子司业,尝论科举之弊,诋王安石学,请复诗赋。又欲罢大义而益以诸经策。累迁礼部侍郎,以宝文阁待制知洪州,徙宣州。徽宗崇宁元年(1102),坐元祐党,夺职。居池州卒。其诗清新明丽,想像奇特。佳作有《鄂州》、《过洞庭》、《张秉叔出紫云回銮图以示坐客因为赋之》等。有《宗伯集》传世。生平事迹见宋王偁《东都事略》卷九四、《宋史》卷三四四。

陆佃(1042—1102)　宋文字学家、文学家。字农师,越州山阴(今浙江绍兴)人。陆游祖父。神宗熙宁三年(1070)登进士甲科,授蔡州推官,召补国子监直讲。累迁中书舍人、给事中。哲宗立,累知颍州、邓州、江宁府、泰州、海州等。徽宗即位,召为礼部侍郎,迁吏部尚书,拜尚书右丞,转左丞。每欲擢用元祐人才,为谗者所诋,遂罢为中大夫,知亳州,赴任数月卒。精于礼、名家之说。其《埤雅》为研究文字学之重要典籍。其诗以七言近体见长。著有《陶山集》等传世。生平事迹见宋王偁《东都事略》卷九七、《宋史》卷三四三。

孙览(1043—1101)　宋军事家。字传师。孙觉弟。高邮(今属江苏)人。治平中举进士,为河南县主簿,迁秘书省著作郎。知开封府尉氏县,屯卒谋叛,驰往晓谕利害,遂平其乱。神宗壮其才,迁司农寺主簿,提举利州、湖南常平,改京西转运判官,入为右司员外郎。出使荆湖南北路,历河东、河北转运副使。哲宗即位,累迁为边帅。元祐元年知秦州,四年迁广南西路经略安抚使、知桂州,八年知庆州,改泾原路经略安抚使、知渭州。入为户部侍郎,知开封府,与蔡京论役法不合。绍圣三年至元符二年任河东经略安抚使、知太原府,挫败西夏军,筑葭芦城,使秦、晋恢复交通,边防复固。建中靖国元年调永兴军路经略安抚使,知京兆府。览精于吏事,治边有功,为人刚直,议论多忤执政,故屡遭黜削,遂谢病请宫观,归高邮以终。今存《孙传师先生奏议事略》一卷。生平事迹见毕仲游《西台集》卷一三《朝请大夫孙公墓志铭》、《东都事略》卷九二、《宋史》卷三四四。

道潜(1043—?)　宋僧人、诗人。俗姓何,本名吴潜,苏轼为改此名。号参寥子。赐妙总大师。杭州於潜(今浙江临安)人。自幼出家,受业于治平寺。于内外典无不读。能文章,尤喜为诗。与苏轼、秦观游。哲宗绍圣初,苏轼贬岭南,道潜坐诗有讥刺语,命还俗,谪居兖州。徽宗建中靖国元年(1101),曾肇言其非罪,诏复祝发。崇宁末,归老江湖。颇有诗名。其诗学陶渊明又似储光羲,而更锻炼刻至。宋吴可评其"风流酝藉,诸诗僧皆不及"(《藏海诗话》)。有《参寥子集》十二卷传世。生平事迹见陈师道《后山集》卷十三《送参寥序》、陈师道《参寥集序》(《参寥子集》卷首)、苏过《斜川集》卷五《送参寥道人南归序》等。

孔平仲 宋文学家、史学家。孔武仲弟。字义甫,一作毅父。临江新喻(今江西新余)人。英宗治平二年(1065)进士,为集贤校理。哲宗绍圣中,言者诋其元祐时附会当路、讥毁先烈,削校理。知衡州,坐不推行常平法,谪惠州别驾。徽宗立,帅鄜、延、环庆,党论再起,罢主管兖州景灵宫。长史学,工文辞。诗较兄文仲、武仲"尤夭矫流丽"(《宋诗钞·平仲清江集钞》),风格接近苏轼。佳作有《霁夜》、《禾熟》等。著有《良史事证》、《朝散集》等。生平事迹见《东都事略》卷九四、《宋史》卷三四四。

陈次升(1044—1119) 宋政治家、文学家。字当时,兴化军仙游(今属福建)人。神宗熙宁间进士,知安邱县。以荐为监察御史,提点淮南河东刑狱,入为殿中侍御史,论章惇、蔡卞之奸。进左司谏,贬南安军监酒税。徽宗立,召为侍御史,又极论章惇、蔡卞、曾布、蔡京之恶。迁右司谏议大夫,复除名编管循州,政和中复旧职。其议论不苟合时俗,刚正之气凛然。如《奏弹曾布》九状、《弹蔡京》三状等疏,明白痛切,耸动耳目。著有《谠论集》传世。生平事迹见《谠论集》末附宋陈士壮《待制陈公行实》、《宋史》卷三四六。

李元膺 宋诗文家。东平府(今属山东)人。曾为南京教官。绍圣间(1094—1098),李孝美作《墨谱法式》,为之作序。与蔡京同时,京深知其才。京在翰苑时,赐宴西池,京失脚落水,几至沉溺,元膺闻之,笑京曰:"蔡元长都湿了肚里文章。"京怒衔之,卒不得召用,士论惜之。尝见王全玉作宫体《十忆诗》,爱其词意宛转,遂拟作十首,见张邦基《墨庄漫录》。《乐府雅词》录其词八首,赵万里辑得九首,集为一卷,刊入《校辑宋金元人词》。生平事迹见《宋诗纪事》卷三五。

黄大临 宋诗人、词人。字元明,号寅庵。洪州分宁(今江西修水)人。黄庶子,黄庭坚长兄,在众从兄弟中排行第七。与黄庭坚多有唱和。绍圣元年得官越州司理,陪同黄庭坚自分宁至陈留待命。绍圣二年黄庭坚贬涪州别驾、黔州安置,遂陪同庭坚溯江入川至贬所。崇宁初为萍乡县令,克尽职守,为政宽厚,黄庭坚从戎州放回后曾前往探视。生平事迹见黄庭坚《豫章黄先生文集》卷二〇《书萍乡县厅壁》、《黔南道中行记》、黄罃《山谷年谱》。

黄裳(1044—1130) 宋文学家。字冕仲,一作勉仲,一云字道夫,号演山。延平(今属福建南平)人。神宗元丰五年(1082)登进士。累迁端明殿学士、礼部尚书。《四库全书总目》引《福建通志》云:"政和、宣和间三舍法行,裳上书谓宜近不宜远,宜少不宜老,宜富不宜贫,不如遵祖宗科举之制,人以为确论,要亦伉直有守之士。"又谓"裳素喜道家玄秘之书,又自称紫元翁,往往爱作尘外语。"工诗能文,作品多以儒学为宗,部分作品如《赠李道士》、《会仙楼》等亦有飘然物外之气。其诗骨力劲健,兼众体而有之。著有《演山集》传世。生平事迹见宋王悦《演山集序》(《演山集》首附)、清陆心源《宋史翼》卷二六。

黄庭坚(1045—1105) 宋文学家、书法家。字鲁直,号涪翁,又号山谷道人。洪州分宁(今江西修水)人。自幼警悟好学,博闻强记,遍览经史百家之书。英宗治平四年(1067)举进士,调叶县尉。后教授北京国子监。苏轼见其诗文大为激赏,由是名声始振。神宗元丰二年(1079)知吉州太和县,六年移监德州德平镇。哲宗立,召秘书省校书郎,元祐元年(1086)任《神宗实录》检讨官。六年,《实录》成,擢起居舍人。八年,为秘书丞,提点明道宫,兼国史编修官。绍圣元年,以修《实录》不实,贬涪州别驾、黔州安置。元符元年又移戎州。徽宗崇宁元年(1102),知太平州,为转运判官陈举所劾,摘其所作《承天院塔记》,以为幸灾谤国,除名,羁管宜州;四年,卒于宜州贬所。与张耒、晁补之、秦观俱游苏轼门,时称"苏门四学士",而庭坚于诗影响尤大,于元祐间即与苏轼并称"苏黄"。庭坚承欧、梅、苏等人余绪,推尊杜甫。对诗歌创作有较为系统的理论主张:强调独创与个性,主张"以故为新,以俗为雅"(《再次韵杨明叔·引》),惠洪《冷斋夜话》引其有"点铁成金"、"夺胎换骨"之论。又谓"自作语最难,老杜作诗,退之作文,无一字无来处……古之能为文章者,真能陶冶万物,虽取古之陈言入于翰墨,如灵丹一粒、点铁成金也"(《答洪驹父书》);又以为"诗词高胜,要从学问中来"(《苕溪渔隐丛话》前集);讲求谋篇布局与章法句法。然亦主张自然,反对雕琢,"文章成就,更无斧凿痕，乃为佳作耳”(《与王观复书》)。其诗今存近二千首，内容除少量反映北宋中后期社会现实与民生疾苦的作品外，多为思亲怀友、感事抒怀、羁旅行役及书画题咏之篇章，较全面反映出宋代士大夫文人日常生活及精神世界。其诗语言生新瘦硬，音节拗峭挺拔，句意曲折跌宕。尤注意学杜甫，创拗律。以七律论，拗体几占半数。清人施补华云：“少陵七律，无才不有，山谷学之，得其奥峭。”(《岘佣说诗》)其诗又用典繁富，往往出入经史子集、道藏佛典乃至稗官小说，有浓厚书卷气，常能以少胜多，出奇制胜，但亦难免生僻艰涩之病。其诗歌理论及实践对宋诗影响极大，江西诗派即受此影响而产生，而庭坚亦被推为此派宗师。后世诗论对其诗评价不一。又善作词，陈师道以为“今代词手，惟秦七黄九尔”(《后山诗话》)。然今所存一百八十余首词作，品类较杂，似不足当此论。部分作品以浅俗之笔写恋情狎妓，格调不高；部分词作则以疏宕笔致表达现实人生感受，颇有价值，然成就不及诗歌。还长于书法，行草兼善，楷法亦自成一家，与苏轼、米芾、蔡襄合称“宋四家”。有墨迹《华严疏》、《松风阁诗》、《诸上座帖》等传世。著作有《豫章黄先生文集》、《山谷诗内、外、别集》等。生平事迹见黄罃所编《山谷年谱》、《宋史》卷四四四。

黄山谷　即黄庭坚。

吕南公(1047—1086)　宋诗人。字次儒，号灌园。建昌南城(今江西南城)人。神宗熙宁中，章句之学大行。因试礼闱不遇，自度不能逐时好。即筑室灌园，发愤著书借史笔以褒善贬恶，不复以仕进为意。哲宗元祐初，立十科荐士。中书舍人曾肇上疏，称其读书为文，不事俗学，安贫守道，志希古人。欲命以官，未几卒。文论重文轻儒，在文学批评史上有一定地位。其《与汪秘校论文书》云：“儒者之才，不务见于事功，以助为国者之福，而希世沽名，苟为家说，以乱古书，自称高妙，此何所补?”“以为文学之事，虽使圣人复生，不得废吾所是”。文学创作上，则云文章应“与时而变，不袭一体”；作者“当其所值时事不同，则其心气所到，亦各成其言……皆不相类也。”诗文追求“若黄河泰山，峻厚高简，泻灏奔注，与天地齐同，而日月不能老之”之文风，其文确能“雄深浩渺，自成一家”(符行中《灌园集序》)。其诗有近白居易、梅尧臣处。词今存两首。著有《灌园集》二十卷传世。生平事迹见《宋史》卷四四四。

彭汝砺(1047—1095)　宋文学家。字器资。饶州鄱阳(今江西波阳)人。英宗治平二年(1065)举进士第一。历保信军推官、武安军掌书记、彰州军事推官。王安石善其所著《诗义》，补国子直讲。元丰初以馆阁校勘为江西转运判官，改提点京西刑狱。哲宗元祐二年(1087)召为起居舍人。逾年进中书舍人。官至权吏部尚书。绍圣二年卒。其立身行事，恪守儒家教义，然于佛学禅宗亦多浸染，集中与僧人往还酬答之作颇多。《宋史》本传论其命辞雅正，有古人风。其诗谐婉多讽，明瞿佑《归田诗话》极推其情致缠绵。著有《鄱阳集》十二卷传世。生平事迹见《东都事略》卷九四、《宋史》卷三四六。

曾肇(1047—1107)　宋诗文家。字子开。建昌军南丰(今属江西)人。曾巩弟。治平四年(1067)进士。神宗朝，擢馆阁校勘兼国子监直讲，同知太常礼院，于礼文多所厘正。迁国史编修官、吏部郎中。元祐初，为《神宗实录》检讨，擢起居舍人、中书舍人。后历知州府，官至吏部侍郎。徽宗即位，复为中书舍人，迁翰林学士、知制诰。兄曾布拜相，为草制词。避亲嫌，出知州府。崇宁初以元祐党籍贬濮州团练副使，汀州安置，四年归润州而卒。绍兴初，追谥文昭。一生于党争纷扰之际，能持平守正，多谠论直言，尝谏其兄布引用善类，又上疏请叙复已故元祐党人。在外任更十一州，类多善政。自少力学，博览经传，为文温润有法。《四库全书总目》谓“其制诰亦尔雅典则，得训词之体。虽深厚不及其兄巩，而渊懿温纯，犹能不失家法”。有《曲阜集》，原本已佚，今传辑本四卷。生平事迹见《曲阜集》附录杨时《曾文昭公行述》、《曾公神道碑》、《宋史》卷三一九。

李之仪(1048—?)　宋文学家。字端叔，自号姑溪居士。沧州无棣(今山东无棣)人。英宗治平四年(1067)进士，历枢密院编修官，通判原州。哲宗元符中监内香药库，以从苏轼辟诏勒停。徽宗初，提举河南常平，坐为范纯仁遗表作行状，编管太平州，徙唐州。终朝请大夫。诗文词皆工，尤工尺牍，苏轼谓其“入刀笔三昧”(《宋史》本传)。其尺牍行文曲折，婉转多姿，佳作有《与苏黄门子由书简》、《与赵仲强兄弟手简》等。其诗“虽魄力雄厚不足敌(苏)轼，然大抵轩豁磊落，实无(孟)郊、(贾)岛钩棘艰苦之状”(《四库全书总目》卷一五五)，佳作有《谒李太白祠》、《毘陵西城楼感怀》、《书罗氏屏风》等。“其词亦工，小令尤清婉峭蒨，殆不减秦观”(《四库全书总目》卷一九八)，佳作有《好事近》(相见两无言)、《千秋岁》(柔肠寸断)等。著有《姑溪居士集》传世，生平事迹见《东都事略》卷一一六、《宋史》卷三四四。

刘弇(1048—1102) 宋文学家。字伟明。吉州安福(今江西安福)人。神宗元丰二年(1079)进士，为通州海门县主簿。继中博学宏词科，官颍昌府临颍县令，充洪州教授。哲宗绍圣二年(1095)考宣德郎，知嘉州峨眉县，改奉议郎太学博士。元符中进《南郊大礼赋》，哲宗嘉之，除秘书省正字。徽宗即位，改承议郎，为礼部参详官。其文辞“铲剔瑕类，卓诡不凡”(《宋史》本传)。其诗“虽才地稍弱，要亦峭拔不俗”(《四库全书总目》卷一五五)。周必大以为欧阳修以文章续韩愈正传，遂为北宋儒宗，继之者则刘弇(见《龙云集序》)。有《龙云集》三十二卷传世。生平事迹见宋李彦弼《刘伟明墓志铭》(《龙云集》附录)、《宋史》卷四四四。

王诜(约1048—1104后) 宋书画家、诗文家。字晋卿。祖籍太原(今属山西)，徙居开封(今属河南)。神宗时尚英宗女蜀国公主，为驸马都尉，历官利州防御使、绛州团练使。与苏轼、苏辙、黄庭坚等交游，元丰二年受苏轼罪案牵连被夺官；翌年公主病故，神宗迁怒，贬均州。元丰七年移置颍州，旋被召还朝。元祐间与苏、黄等重叙旧谊，切磋诗画，李公麟所作《西园雅集图》即描摹其情境。官至定州观察使，封开国公，谥荣安。博学多才，工诗善文，尤精画艺，师法李成山水；又作着色山水，师唐李将军，墨竹师文湖州。真行草隶得钟鼎篆籀笔意。于私第之东作“宝绘堂”，藏古今法书名画，以图书自娱，风流蕴藉，有王谢家风。生平事迹见《宣和画谱》卷一二、《画继》卷二、《东都事略》卷二〇、《宋史》卷二五五。

刘安世(1048—1125) 宋政治家、文学家。字器之，号元城。大名(今属河北)人。神宗熙宁六年(1073)进士第，不就选，从学于司马光。光入相，荐为秘书省正字，累进谏议大夫。论事刚直，一时敬慑，目之曰殿上虎。章惇恶之，安置英、梅等州。凡投荒七年。徽宗即位，起知真定府。蔡京拜相，谪至峡州羁管。稍复承议郎，卜居宋都。谥忠定。其仪状魁硕，言吐如钟，其忠孝正直，则如司马光。文章严气正性，凛凛如生，然意气用事，词或过当。王偁《东都事略》卷九四评曰：“为君子不能深思远虑、优游浸渍，以消小人之势，而痛心疾首务以口舌争之；事激势变，遂成朋党。”著有《尽言集》传世。生平事迹见宋杨时《龟山集》卷二八《祭刘器之文》、《东都事略》卷九四、《宋史》卷三四五。

李复 宋学者、诗人。字履中。长安(今陕西西安)人。神宗元丰二年(1079)进士。曾官熙河转运使，哲宗绍圣间为西边使者，终中大夫集贤殿修撰。师事张载，学者称潏水先生。后知秦州，死于边事。其所上奏议“大都侃侃建白，深中时弊”；论文“皆确然中理”，持论醇正(《四库全书总目》卷一五五)。惜大多散佚，如朱熹《朱子语类》中称引其《论孟子养气》一文，今集中不存。其诗作亦清雅醇厚。著有《潏水集》传世。生平事迹见清陆心源《宋史翼》卷八、黄宗羲《宋元学案》卷三一。

秦观(1049—1100) 宋词人。字少游，一字太虚，号淮海居士。高邮(今属江苏)人。少年丧父，侍母家居。熙宁十年(1077)谒苏轼于徐州，作《黄楼赋》，苏轼以为有屈宋才。元丰七年(1084)苏轼书荐于王安石，次年登进士第，后应制科，除太学博士、秘书省校对黄本，又除秘书省正字，迁国史院编修官，授左宣德郎。绍圣元年(1094)坐党籍，改馆阁校勘，出为杭州通判，又坐御史刘拯言增损《神宗实录》，道贬监处州酒税。绍圣三年(1096)在处州既罢职，修忏法海寺，坐谒告写佛书，削秩徙郴州(今属湖南郴州)。绍圣四年(1097)奉诏编管横州(今广西横县)。元符二年(1099)自横州徙雷州(今属广东)。次年哲宗崩，徽宗即位，复官放还，至藤州(今广西藤县)而卒。秦观为苏门四学士之一，工诗、词、文，尤以词著名。其词语工入律、情韵兼胜、凄婉清丽、典雅流畅，为北宋重要之婉约词人。词多写男女情爱，如《满庭芳》(山抹微云)“将身世之感打并入艳情”(周济《宋四家词选》)，《鹊桥仙》(纤云弄巧)一反七夕词愁离恨别之陈套，赞美纯洁专一的爱情，命意超绝。《望海潮》(梅英疏淡)感时思归，以今昔对照，抒盛衰之感，《千秋岁》(水边沙外)情怀落寞，哀感顽艳，自然混成，耐人涵咏。有的词则气势宏伟，意境壮阔，如《望海潮》(星分牛斗)、《望海潮》(秦峰苍翠)诸篇，风格庶几与苏词相近。《调笑令》十首咏古代美人，每首均以诗词相间，叙事抒情，歌舞相兼，形式较富变化，对后世戏曲发展不无影响。其诗清新婉丽，“有情芍药含春泪，无力蔷薇卧晚枝”(《春日五首》)，代表了秦观之“女郎诗”(元好问《论诗绝句》)特色。其文章学西汉，《黄楼赋》气势雄健、瑰玮宏丽。著有《淮海集》四十卷，又《后集》六卷，《长短句》三卷。生平事迹见《宋史》卷四四四、清秦瀛《重编淮海先生年谱节要》(四部备要本

《淮海集》附）。

孔三传　宋诸宫调艺人。泽州（治今山西晋城）人。《刘知远诸宫调》中称“多知古事”者为“三传”，则孔三传当为艺名，本名未详。活动于宋神宗熙宁、元丰和哲宗元祐年间，首创诸宫调，并说唱传奇、灵怪。生平事迹见王灼《碧鸡漫志》卷二、吴自牧《梦粱录》卷二〇。

李昭玘　宋诗人。字成季，号乐静先生。济南（今属山东）人。少与晁补之齐名，为苏轼所知。神宗元丰二年（1079）中进士第，授徐州教授，荐为秘书省正字、校书郎，累官提点京东路刑狱，坐元符党争夺官。徽宗立，召为右司员外郎，迁太常少卿，起居舍人。徽宗崇宁元年（1102），罢主管鸿庆宫，入元祐党籍。居闲十五年，自号乐静先生。钦宗靖康元年（1126），复以起居舍人召，已卒。其性格孤介自守、胸度夷旷。其诗则“奇丽惬适，章断句断，余思羡溢，得诗人味外之味”（《宋诗纪事》卷二八引《云龛李氏序略》）。如《春日游金明池》、《观刘孝嗣写真》等诗澄淡精致，平易自然。著有《乐静集》三十卷传世。生平事迹见《宋史》卷三四七。

华镇　宋文学家。字安仁，号云溪居士。会稽（今浙江绍兴）人。神宗元丰二年（1079）进士，官朝奉大夫，知漳州军事等。镇在政治上倾向于新党，其学术大抵以王安石为宗，且与章惇、蔡京赠答往来，然未深陷于党争之中。博学好古，著作甚富，尝著《云溪集》一百卷、《扬子法言训解》十卷、《书说》三卷、《会稽览古诗》一百零三首、《长短句》一卷、《会稽录》一卷并附哀文一卷（见其子华初成《云溪集·跋》）。除《云溪集》今存三十卷外，余皆亡佚。绍兴中楼炤序其集，称“其文精深典赡而诗遒丽逸发，其他众制烂然皆有体”；《四库全书总目》亦以为其所为诗文“才气丰蔚，词条畅达，虽不足与欧、曾、苏、黄比絜长短，而在元丰元祐之际亦褎然自成一家”。生平事迹见《云溪集》附录《华公行状》、《宝庆会稽续志》卷五、《宋史翼》卷二六。

刘跂　宋诗人。字斯立。东光（今河北东光）人。神宗元丰二年（1079）进士，初选亳州教授，元祐初除曹州州学教授，以雄州防御推官知江州彭泽县。后遭新旧党争事牵连，为官拓落，家居避祸。晚筑学易堂，乡称学易先生。徽宗政和末以朝奉郎卒。以文名于时。四库馆臣评其诗“多似陈师道体，虽时露生拗，要自落落无凡语”（《四库全书总目》）。吕本中作《江西诗社宗派图》，未列其名，四库馆臣以为“门户不同”之故。其诗作，尤其五律明显受黄庭坚、陈师道诗风影响，当视为江西诗派之追随者。所著有《学易集》八卷。生平事迹见《宋史》卷三四〇、《宋诗纪事》卷二八八。

米芾（1051—1107）　宋书画家、诗人。字元章，号鹿门居士、海岳外史。世居太原，后定居润州（今江苏镇江）。先补秘书省正字，出为浛光尉。熙宁八年（1075）为长沙掾。曾识王安石，谒苏轼。崇宁二年（1103）为太常博士，三年召为书画博士，擢礼部员外郎。出知淮阳军。擅书法，与苏轼、黄庭坚、蔡襄并称四大家。山水画自成一派。又擅诗文，岳珂序其集引《思陵翰墨志》称“芾之诗文，语无蹈袭，出风烟之上，觉其诗翰有凌云之气”（《宝晋英光集》卷前附）。《壮观赋》、《净名斋记》、《跋羲献帖》等文是其代表。诗亦意境开阔，豪迈不羁，颇似其画。葛立方称其《不及陪东坡往金山作水陆》诗“盖自迈往凌云之气流出，非寻规索矩者所可道”（《韵语阳秋》卷二）。著述甚丰，有《画史》、《书史》、《宝晋英光集》等存世。生平事迹见《宋史》卷四四四及翁方纲所撰《米海岳年谱》。

贺铸（1052—1125）　宋词人。字方回。原籍山阴（今浙江绍兴），生长卫州（今河南卫辉）。宋太祖贺皇后族孙。十七岁离家赴京，任左班殿直。神宗元丰元年（1078）为滏阳都作院，后苏轼荐为常侍。哲宗元符元年（1098）去职。徽宗建中靖国元年（1101）召为太府寺主簿。重和元年（1118）迁朝奉郎。晚年退居苏州，自号庆湖遗老。其为人豪侠尚气，渴望建功立业，然终身悒悒不得志。其词尤工，因《青玉案》词中有“梅子黄时雨”句而有“贺梅子”之称（宋周紫芝《竹坡诗话》卷一）。其词内容与辞藻并重，兼具婉约与豪放风格。张耒在《东山词序》里曾指出其词风有盛丽、妖冶、幽索及悲壮几方面。代表作有《青玉案》（凌波不过横塘路）、《鹧鸪天》（重过阊门万事非）、《台城游》（南国本萧洒）、《六州歌头》（少年侠气）等。其诗亦有佳作，如《望夫石》诗，当时即“无不爱者”（《王直方诗话》）；《游金陵雨花台》奔放苍劲，《送武庠归隐终南》慷慨悲凉等。著有《庆湖遗老集》、《东山词》等传世。生平事迹见宋程俱《宋故朝奉郎贺公墓志铭》（《庆湖遗老集》附）、《宋史》卷四四三。

陈师道（1053—1102）　宋诗人。字履常，一字无已，号后山居士。彭城（今江苏徐州）人。年十六以文为曾巩器重，留受业。元祐初，苏轼荐其文行，起为徐州教授，又为太学博士，后罢归。元符元年(1098)除棣州教授，后为秘书省正字。师道作诗好苦吟，不轻下笔，“小不中意，辄焚去”(《宋史》本传)，故传诗不多。其作境界不甚阔大，多抒写个人生活及情怀，尤多啼饥号寒之作，其写窘困之诗颇近孟郊。又多思亲怀友之作，如《送内》、《别三子》、《除夜对酒赠少章》等，皆真挚感人。师道对前人多所借鉴，尤受杜甫、黄庭坚影响。诗常点化杜甫语，尤服膺黄庭坚，甚至“一见黄豫章，尽焚其稿而学焉”(《答秦觏书》)，故前人多目以江西诗派。然师道与庭坚之“过于出奇”亦不尽相同，主张自然，故其诗亦常以通俗浅近之语写真率深挚之情，如《别三子》、《舟中二首》等皆是。其《登快哉亭》、《寒夜》则颇近陶潜。师道曾从曾巩学文，《宋史》本传称其文“精深雅奥”，然其文成就远在诗之下。著有《后山集》、《后山谈丛》、《后山诗话》等。生平事迹见《宋史》卷四四四。

晁补之(1053—1110)　宋文学家。字无咎，号济北，又号归来子。济州钜野(今山东巨野)人。十七岁随父至杭州，苏轼嘉许其文，由是知名。元丰二年(1079)进士，试开封及礼部别院，皆第一。为澶州司户参军，北京国子监教授。元祐初为太学正。后降职，监处、信二州酒税。徽宗时为户部员外郎，礼部郎中，出知河中府，有政绩。后还家筑“归来园”，号“归来子”。大观末起知达州，改泗州。其为文深受苏轼影响，时与黄(庭坚)、张(耒)、秦(观)并号“苏门四学士”。苏轼称其“为文无所不能，博辩俊伟，绝人远甚”(《晁君臣诗集引》)。补之为文主张师心而不蹈陈迹，故其作遒劲俊逸，《新城游北山记》、《拱翠堂记》皆即景抒情，借事喻理，有韩(愈)、苏(轼)风。诗以古体为主，乐府是其所长。词则俊劲清朗，《永遇乐》(东皋寓居)、《凤凰台上忆吹箫》等皆所谓“堂庑颇大”者。其清爽丽逸之作如《八声甘州》、《惜分飞》则得东坡高旷豁达之神韵。此外晁诗亦有相思风月，伤春离别之作，其中不乏清丽蕴藉、委婉深挚之佳篇。补之又于《楚辞》甚有心得，故前人曾评其作“指意高古深悲，善怨似《离骚》”。著有《鸡肋集》传世。生平事迹见宋张耒《柯山集拾遗》卷一二《晁无咎墓志铭》、《宋史》卷四四四。

游酢(1053—1123)　宋散文家、诗人。字定夫。建州建阳长平(今属福建)人。元丰五年(1082)进士，调越州萧山尉。召为太学录，改宣德郎，除博士。以奉亲不便求知河南府河清县。后复博士，除齐州签书，泉州判官。建中靖国元年(1101)，召为监察御史，转朝奉郎，出知和州等地。酢生性颖悟，资质温厚，与其兄醇俱以文行知名。著《易说》、《诗二南义》、《中庸义》、《论语杂解》、《孟子杂解》等，议论雍容俯仰，纡曲缜密，能得其深微之意。另存文数篇，《论士风奏疏》、《宣义胡公墓志铭》等，情出天然，真挚感人。诗存十余首，清隽疏淡。有《游廌山集》四卷传世。生平事迹见宋杨时《龟山集》卷三三《御史游公墓志铭》、无名氏撰《年谱》(《游廌山集》附录)、《宋史》卷四二八。

杨时(1053—1135)　宋理学家。字中立，世称龟山先生。南剑州将乐(今属福建)人。熙宁九年进士，先从学于程颢，南归时，颢目送之曰：“吾道南矣。”颢死后又从程颐学，执弟子礼甚恭，传有“程门立雪”之事。历知浏阳、余杭、萧山三县。徽宗朝召为秘书郎，迁著作郎。官至右谏议大夫兼国子祭酒。钦宗时上疏反对向金割地求和，力辟王安石学术，请罢安石配享孔庙。钦宗从其言，毁《三经新义》版本。高宗即位，除工部侍郎，兼侍读，后以龙图阁直学士致仕，专事著述讲学。卒谥文靖。学术思想继二程之统绪，经罗从彦、李侗，三传而及朱熹，开闽中道学之脉。与罗、李合称为“南剑三先生”，又与游酢、吕大临、谢良佐，号为程门“四先生”。其在无锡讲学处至明代辟为东林书院，其思想为东林诸子所宗。所著有《三经义辩》、《二程粹言》等，文集《龟山集》，已散佚，今传辑本四十二卷。《四库全书总目》评为：“本不以文章见重，而笃实质朴，要不失为儒者之言。”生平事迹见《宋史》卷四二八、清顺治八年杨令闻刊本《龟山集》附沈涵编《年谱》一卷。

谢逸(？—1113)　宋文学家。字无逸，号溪堂。临川(今属江西)人。诗文精工，秉性峻洁，以布衣名重于时。诗颇有成就，为江西诗派重要作家之一。尝作蝶诗三百首，多佳句，人呼为“谢蝴蝶”。其诗今存二百余首，风格多样，如《南湖绝句》、《蝴蝶诗》等，轻快明丽；《用邠老之句广为三绝》、《送董元达》等凝重沉郁。吕本中《江西诗社宗派图》评其诗“才力富赡，不减康乐”；《四库全书总目》卷一五五亦云：“风格隽拔，时露清新”。文存四十余篇，胡思敬《溪堂集跋》称其“文境幽折，碑志尤擅胜场”。词存六十余首，多咏风花雪月，离愁闺情。有《溪堂集》十卷传世。生平事迹见宋释惠洪《石门文字禅》卷二七《跋谢无逸诗》、谢莅《谢幼槃文集》卷一〇《祭无逸兄文》、《宋史翼》卷二六。

张耒(1054—1114)　宋文学家。字文潜。

楚州淮阴(今属江苏)人。少能文,十七岁作《函关赋》传于众口。游学于陈,受苏轼嘉赏。熙宁六年(1073)进士。元祐中擢起居舍人。绍圣初以直龙图阁知润州,坐党籍徙宣州。徽宗时召为太常寺卿,通判黄州。崇宁初复坐党籍落职,主管明道宫。在颍州闻苏轼卒,举哀行服,得罪贬房州。晚年居陈州。张耒《东山词序》言"文章之于人,有满心而发,肆口而成,不待思虑而工,不待雕琢而丽者"。故苏轼称其文"汪洋冲澹,有一唱三叹之声"(《答张文潜书》)。如《思淮亭记》描绘细腻而气势阔大,有欧、苏风。诗亦富于韵味,《于湖曲》奇丽警拔,《初见嵩山》清新传神,"数峰清瘦"一语更是为人称道。乐府诗学白居易、张籍,《劳歌》、《旱谣》等伤时悯农,风格平易。周紫芝《竹坡诗话》称"本朝乐府当以张文潜第一"。然其诗亦不免有部分作品粗疏浅露。词作仅存三首。著有《诗说》、《宛丘集》等。生平事迹见宋王偁《东都事略》卷一一六、《宋史》卷四四四。另有邵祖寿编《张文潜先生年谱》,见民国十八年(1929)田毓璠刻《柯山集》所附。

周邦彦(1056—1121)　宋词人。字美成,号清真居士。钱塘(今浙江杭州)人。少时疏隽少检,不为州里所重,而博涉百家之书。神宗元丰初,入京都为太学生;元丰六年(1083)献《汴都赋》七千余言,多古文奇字,神宗异之,命侍臣读于迩英殿,召赴政事堂,命为太学正。哲宗元祐初,出为庐州教授。元祐八年(1093)知溧水县。绍圣中还为国子主簿。元符元年(1098)哲宗召对崇政殿,重进《汴都赋》,除秘书省正字。徽宗建中靖国元年(1101),迁校书郎。历考功员外郎、卫尉宗正少卿兼议礼局检讨。以直龙图阁知河中府,而徽宗欲使毕礼书,留之逾年,乃知隆德府。政和四年(1114)徽宗颁《大晟乐》,六年入拜秘书监,进徽猷阁待制,提举大晟府(管理音乐机构的官员)。后出知真定府,改顺昌府,徙知处州,罢官,提举南京鸿庆宫。赠宣奉大夫。其诗、赋、词俱有成就,而尤以词成就最高,影响最大。张端义云:"邦彦以词当行,当时皆称美成词,殊不知美成文笔大有可观,作《汴都赋》,如笺、奏、杂著,皆是杰作。可惜以词掩其他文也"(《贵耳集》);陈郁《藏一话腴》则称:"二百年来,以乐府独步,贵人、学士、市儇、妓女,皆知美成词为可爱。"周邦彦精通音律,能自度曲,在大晟府时,致力于词调的搜求整理审定,"讨论古音,审定古调","又复增演慢曲、引、近,或移宫换羽为三犯、四犯之曲"(张炎《词源》),对词的音律颇有贡献。词作格律精严,非独遵音之平仄,即仄中亦分上去入三声。善于檃括化用唐人诗句入词,如《满庭芳》(风老莺雏),化用杜甫、刘禹锡、白居易诗;《西河》(佳丽地)檃括刘禹锡之《石头城》、《乌衣巷》,皆浑然天成。长调善铺叙,如《六丑》(正单衣试酒),写蔷薇之凋谢。上片从春归写到花谢花飞,叹以无人追惜;下片写已之惜花之情,而以御沟红叶故事寄情作结。又抚写物态,曲尽其妙,如《苏幕遮》(燎沈香),以"叶上初阳干宿雨,水面清圆,一一风荷举"描绘雨后风中荷叶姿态,颇为传神。题材不甚宽,多为咏物写景、言情怀人之作。所开创的精研音律、重视词藻的格律化词风,对南宋姜夔一派词人及后世词坛影响很大。除诗文词外,兼善书法。著有《片玉词》、《清真集》。生平事迹见《宋史》卷四四四。近人王国维有《清真先生遗事》,资料颇详,可资参考。

方千里　宋词人。三衢(今浙江衢州)人。尝官舒州金判。其词作今存九十三首,皆和周邦彦词。《宋诗纪事》又存其诗一首。有《和清真词》传世,生平事迹见明毛晋刻《宋六十名家词·和清真词》跋。

潘大临(1057?—1106)　宋诗人。字邠老。其先为闽人,后居黄州(治今湖北黄州)。应试不第,布衣终身。神宗元丰中,苏轼谪黄州,曾从轼学诗,轼称之"清润潘郎"。亦与黄庭坚、张耒交善,后客死于蕲春。少警敏不羁,与弟大观皆以诗名。其诗近黄庭坚,《浯溪中兴颂》即拟黄庭坚《书摩崖碑后》,词直意深,议论入微。《江上晚步》则句律严整,语言精工,得杜甫诗法。断句"满城风雨近重阳"以"单句神妙"而"脍炙千古"(吴文溥《南野堂笔记》卷一〇)。今有《潘邠老小集》传世。生平事迹见宋张耒《潘大临文集序》(《张右史集》卷五一)、谢茳《潘邠老哀词》(《谢幼槃集》卷一〇)、吕本中《江西诗社宗派图》。

陈瓘(1057—1122)　宋文学家。字莹中,号了翁,又号了斋、了堂。南剑州沙县(今属福建)人。元丰二年进士。绍圣初章惇入相,召为太学博士,迁校书郎,力沮绍述之论,出通判沧州,知卫州。徽宗即位,入为右正言,迁左司谏,极论蔡卞、章惇之罪,忤蔡京,出知无为军。还,为著作郎,迁右司员外郎兼权给事中,宰相曾布以官爵相笼络,反以书论布之过,出知泰州。崇宁中入党籍,除名远窜。其子正汇告蔡京不轨,父子下狱,安置通州。尝著《尊尧集》,论绍圣史官据王安石《日录》改修《神宗实录》之非，坐此羁管台州，在台五年，乃得自便，徙江州、南康，终于楚州。绍兴中谥曰忠肃。又著有《了翁易说》，其学传邵雍之象数学，又尝参以刘安世之说。生平事迹见《宋史》卷三四五、《永乐大典》卷三一四三载元陈泽编《陈了翁年谱》、明嘉靖刊本《宋陈忠肃公言行录》附明陈载兴编《陈忠肃公年谱》一卷。

李廌（1059—1109） 宋文学家。字方叔，号济南先生。华州（今陕西华县）人。六岁而孤，从叔父居。稍长以学问称乡里。元丰中以文谒苏轼，大受叹赏。然屡试不第。为"苏门六君子"之一。诗歌多游历赠答之作，尤长七言，往往发语痛快，气韵高远。《骊山歌》、《寒食》为其代表。亦能填词，《虞美人》（玉阑干外清江浦）乃怀远佳作。文章喜论古今治乱之事，如《忠厚论》、《兵鉴》皆条畅曲折，辩而中理，风格大略近于苏轼。曾撰《师友谈记》载苏轼、范祖禹、黄庭坚诸人治学为文言行，为较有价值之笔记文。著述除《济南集》外，另有《德隅斋画品》，文辞雅令多有精见。生平事迹见《宋史》卷四四四，及现存《永乐大典》卷二二五三七引李之仪《济南月岩文序》。

谢薖（？—1116） 宋文学家。字幼槃，号竹友。临川（今属江西）人。布衣终身，与从兄谢逸并以诗文称，时号"二谢"，有"逸诗似康乐，幼槃似玄晖"（吕本中《江西诗社宗派图》）之评。被吕本中列入江西诗派。诗存二百余首，风格多样。有的注重文字工力，较晦涩奇崛，如《颜鲁公祠堂》、《陶渊明写真图》；有的情趣盎然，清逸可喜，如《食藕》、《春日腊梅》、《戏咏石榴晚开》；在江西诗派中独具特色。文存二十余篇，《适正堂记》、《竹夫人赋》，朴实平正；《过隋论》、《读仁宗政要》等，含蓄蕴藉。词存十七首。有《竹友集》十卷、《竹友词》一卷传世。生平事迹见《谢幼槃集》前附《谢幼槃文集序》、后附《谢幼槃文集跋》，刘克庄《江西诗派·二谢》。

晁说之（1059—1129） 宋文人、画家。字以道。钜野（今山东巨野）人。元丰五年（1082）进士。任兖州司法参军。元符三年（1100）知定州无极县。上书得罪，罢监陕州集津仓。靖康元年（1126）除秘书少监，迁中书舍人兼太子詹事。因反对放弃汴京落职。平生博极群书，精于《易》学，笺疏自成一家。工诗能文。其《明皇打毬图》、《思四明所居》或意存讽谕，或抒泄旅恨，句律谐婉，诗风清俊。善画山水。著述甚丰，然散佚过半。除《景迂生集》外，又有《晁氏客语》一卷。生平事迹见宋陆游《渭南文集》卷二九《跋晁以道书传》、邵博《祭晁待制先生文》（《嵩山文集》附录）。

洪朋 宋诗人。字龟父。豫章（今江西南昌）人。黄庭坚外甥。自幼丧父，从祖母学经义，又从黄庭坚学诗。与弟刍等俱有才名，黄庭坚尝称其笔力扛鼎。两举进士皆不第，以直节自励。与徐俯为姻亲，颇多唱和。卒年仅三十八。其诗多写布衣生活，闲适恬淡。《写韵亭》诗多作拗句，颇似山谷；刘克庄称"龟父警句，往往前人所未道"（《后村大全集》卷九五），如断句"一朝厌蜗角，万里骑鹏背"即以造语奇警为时人所赏（见《王直方诗话》）。著有《洪龟父集》传世。生平事迹见黄庭坚《山谷集》卷一六《洪氏四甥字序》、刘克庄《后村大全集》卷九五《三洪诗序》。

邹浩（1060—1111） 宋文学家。字志完，号道乡居士。常州晋陵（今江苏常州）人。神宗元丰五年（1082）进士，调扬州颍昌府教授。哲宗朝，为右正言，坐谏立刘后，羁管新州。徽宗立，召复为右正言，迁左司谏，兵、吏二部侍郎，以宝文阁待制知江宁府，徙杭州、越州。后贬谪衡州别驾，寻徙昭州。徽宗大观元年（1107），复直龙图阁。谥忠。诗存九百余首，清王士禛《居易录》卷一二评其"古诗时似乐天，格诗深稳，与叶石林（梦得）工力相敌，北宋之雄也"。文存五百余篇，词存二首。有《道乡集》四十卷传世。生平事迹见《宋史》卷三四五、元谢应芳编《道乡先生年谱》、清李兆洛重编《道乡年谱》（道乡集附）。

宗泽（1060—1128） 宋将领、诗人。字汝霖。婺州义乌（今属浙江）人。元祐六年进士，调大名府馆陶县尉。崇宁二年（1103）为莱州胶水令。建炎元年（1127）为东京留守，屡败金兵。后为权奸所抑，忧愤成疾而终。赠观文殿学士，通议大夫，谥忠简。泽孤忠耿耿，其奏札规画时势，详细恳切。诗则愤然抒报国御寇之志，《感时》、《雨晴度关》俱悲壮豪迈。《升庵诗话》称其《华阳道中》二绝，谓"唐之名家，不过如此"。有《宗忠简集》传世。生平事迹见《宋史》卷三六〇及《宗忠简集》所附年谱。

阮阅 宋诗人。字闳休，号松菊道人。舒城（今属安徽）人。元丰八年（1085）进士，知巢县。政和间官户部员外郎。宣和间知郴州，暇日吟咏，得七绝百首，为《郴江百咏》。宣和五年（1123）编成《诗总》（后以《诗话总龟》行世）。建炎元年(1127)以中奉大夫知袁州。善诗，尤长七绝，人称“阮绝句”。《四库全书总目》谓其诗“往往有思致”，如《东山》、《乾明寺》等皆是。又《寒泉》诗构思新巧，《东楼》一首风味颇类唐人。有《郴江百咏》传世。生平事迹见清劳格《读书杂识》卷一一、余嘉锡《四库提要辨证》卷二二。

赵令畤(1061—1134)　宋文学家。初字景贶，苏轼为其改字德麟，自号聊复翁。太祖次子燕王德昭玄孙。元祐六年(1091)签书颍州公事，时苏轼知颍州，赏识其才，为之改字，力荐于朝。党祸起，苏轼被贬，坐与轼交通，罚金，名入元祐党籍，废置十年。绍圣初，官至右监门卫大将军，历荣州防御使、洪州观察使。宣和中内侍谭稹宣抚燕山，辟置其幕府，为士论所非议。绍兴初，袭封安定郡王，迁宁远军承宣使，同知行在大宗正事。传世有笔记《侯鲭录》八卷，采录故事诗话颇精赡，内载所作鼓子词《商调蝶恋花》十二首，咏元稹《会真记》事，对后世《西厢记》诸宫调及杂剧的创作有较大影响。有王国维辑《聊复集》一卷，稿本存河南历史研究所。近人赵万里辑得词三十六首，仍题《聊复集》，刊入《校辑宋金元人词》第一册。生平事迹见《元祐党人传》卷四、《宋史》卷二四四。

许翰(？—1133)　宋散文家。字崧老。拱州襄邑(今河南睢县)人。元祐三年(1088)进士。徽宗、钦宗时为给事中。高宗立，召为尚书右丞。绍兴初累官至资政殿学士。卒赠光禄大夫。翰为人正直不挠，以奸臣擅权，志卒不展。故其文多忠义之气。《再论乞用种师道札子》、《乞出第一札子》等文，指陈时弊，痛斥权奸。翰精通经术，其议论宏衍巨丽，气势恢宏。《上蔡太师书》洋洋三千余言，纵横古今，抑扬褒贬，痛快淋漓。著有《论语解》、《春秋传》、《太玄解》、《襄陵集》。生平事迹见李纲《祭许崧老文》(《梁溪集》卷一六五)、《史质》卷二五、《宋史》卷三六三。

李新　宋诗人。字元应，自号跨鳌先生。仙井(治今四川仁寿)人。哲宗元祐五年(1090)进士，累官承议郎，南郑丞。元符末上书言事得罪，夺官，谪居遂州。徽宗大观三年(1109)赦还，为普州司法。新尝受知苏轼，后经挫折，又转而趋附新贵。然其诗文亦有可观者。《四库全书总目》称其诗“气格开朗，无南渡后啁哳之音”。如《折杨柳》清新流畅，构思新奇。其文则“序记诸篇，忽排忽散，虽似不合格，而他作亦多俊迈可诵”。著有《跨鳌集》传世。生平事迹见《跨鳌集》卷二九《世系略》、清陆心源《宋史翼》卷六。

毛滂(1064—？)　宋词人、诗人。字泽民，号东堂。衢州江山(今浙江江山)人。元祐中为饶州司法参军。苏轼赏其词，荐之于朝，绍圣间为衢州推官。崇宁、大观间为祠部副郎，宣和初贬真定通判。后出知秀州。因谄事蔡京等奸佞，前人即斥其“素行猥薄，反复不常”(《四库全书总目》)。然其工诗能文，尤长于词。其词风婉约，以情韵见长。传世二百多首，除谀颂之作外，大多寄情风月吟诵景物，最著者为《惜分飞》一阕。陈造谓“其文之瑰艳充托，其韵语之精深婉雅，视秦、黄、晁、张盖不多愧”(《题东堂词集》，见《江湖长翁集》卷三一)。毛诗除《下渚湖》等气势较为宏大外，其他诗则大多以情韵胜而非以气格雄。其文前人评价甚高，然除《上察访书》、《进恢复河湟赋表》等文颇为理直气壮，余则酬答之文，且“多涉请谒干祈，不免脂韦淟涊之态”(《四库全书总目》)。生平事迹见清陆心源《宋史翼》卷二七。

苏庠(1065—1147)　宋诗文家。字养直，自号眚翁，更号后湖病民。泉州(治今福建泉州)人，居丹阳。苏坚(伯固)之子。少即能诗，苏轼见其《清江曲》，爱赏之，谓：“此篇若置在太白集中，谁复疑其非也？”由是声名藉甚。久隐江湖，无意仕进，屡召不起。居丹阳之后湖，因以为号。与徐俯、洪刍、洪炎、吕本中、向子諲等交游，为同社诗酒之乐。绍兴中居庐山，与徐俯同召，辞命不赴。其诗多咏山水隐逸之趣，张元幹评曰：“片言只字，无一点尘埃。宇宙山川，云烟草木，千变万态，尽在笔端。”(《芦川归来集》卷九《跋苏诏君赠王道士诗后》)有《后湖集》，已佚。今传《后湖词》辑本一卷。生平事迹见张元幹《芦川归来集》卷九《苏养直诗帖跋尾六篇》、罗大经《鹤林玉露》卷五、《宋史》卷四五九。

洪刍　宋诗人。字驹父。豫章(今江西南昌)人。黄庭坚外甥。幼年丧父，乃从祖母学经义，又从黄庭坚学诗。哲宗绍圣元年(1094)进士。放荡江湖间，不求闻达。尝主晋州州学，钦宗靖康中任谏议大夫。汴京失守，坐为金人括财(或云入诸王邸中，以势挟内人唱歌侍酒)获罪，高宗建炎元年(1127)除名勒停，流沙门岛卒。与兄朋、炎、弟羽俱负才名，刍诗尤工。周紫芝谓其诗“用意精深，颇加雕绘之功，盖酷似其舅”(《太仓稊米集》卷六七《书老圃集后》)。其窜海岛时诗句“烟波不隔远乡梦，风月犹随过海身"，为陆游所称道（《老学庵笔记》卷二）。佳作有《道中即事八首》等。著有《老圃集》、《诗论》传世。生平事迹见黄庭坚《跋洪驹父诸家书》（《豫章黄先生集》卷二八）、周紫芝《太仓稊米集》卷六七《书老圃集后》、刘克庄《后村大全集》卷九五《三洪诗序》。

周行己（1067—？） 宋文学家、学者。字恭叔，号浮沚。永嘉（今属浙江）人。入太学颇有盛名，与许景衡等并称"元丰九先生"。哲宗元祐六年（1091）进士。徽宗崇宁中为太学博士。大观三年（1109）罢归，筑浮沚书院讲学。宣和中除秘书省正字，出知乐清县。南渡后卒于郓。其风仪秀整，语音如钟，曾师事程颐，并最早将伊洛之学传入浙东。为文不存洛蜀门户之见，倾服苏轼，与曾巩、黄庭坚、秦观等亦多有唱和。诗文"娴雅有法，尤讲学家所难能"（《四库全书总目》）。著有《浮沚集》传世。生平事迹见宋范祖禹《手记》（《范太史集》卷五五）、陈振孙《直斋书录解题》卷一七、清陆心源《宋史翼》卷二三等。

刘安节（1068—1116） 宋文学家、学者。字元承。温州永嘉（今属浙江）人。曾与从弟刘安上俱师事程颐。以学行为时推重，称大刘、永嘉先生。哲宗元符三年（1100）进士。徽宗时为监察御史。政和三年（1113）除太常少卿，同年罢知饶州，五年徙宣州。时值水患，赈民甚力。六年卒于官。尝辑《伊川语录》。其文则"明白质实，不失为儒者之言，经义尤明白条畅。盖当时太学之程式、后来人比之权舆也"（《四库全书总目》）。著有《刘左史集》四卷传世。生平事迹见许景衡《刘公墓志铭》（《刘左史集》附录）。

刘安上（1069—1128） 宋诗人、学者。字元礼。温州永嘉（今属浙江）人。刘安节从弟，与安节俱师事程颐，并以学行为乡里所重，时称"二刘"。哲宗绍圣四年（1097）进士，任杭州钱塘尉。徽宗时为殿中侍御史。蔡京擅权，安上两次弹劾，遂罢京相。大观三年（1109）迁谏议大夫。后出知寿、舒等州，宣和初致仕。其为人耿介敢言，所作文章典重有法。《四库全书总目》称其"不在元祐诸人后"。诗工于五言，《花膽镇》、《万回道中》等皆于平淡自然之中饶具风致。著有《刘给事集》五卷传世。生平事迹见薛嘉言《刘公行状》（《刘给事集》附录）。

赵鼎臣（1070—？） 宋诗文家。字承之，自号苇溪翁。卫城（今属河南）人。哲宗元祐六年（1091）进士，绍圣二年（1095）登宏词科。政和七年至重和元年（1117—1118）以徽猷阁待制知邓州，召为太府卿。尝往来大名、真定间，与苏轼、王安石等交好，相与酬和，"故所作具有门径，能力追古人"（《四库全书总目》）。"至其杂文，刻意研练，古雅可观，亦非俭陋者所能望其项背"（同上）。其文集《竹隐畸士集》久佚，清四库馆臣从《永乐大典》中辑得二十卷。生平事迹见《四库全书总目》卷一五五、《宋诗纪事》卷三二。

廖刚（1070—1143） 宋文学家。字用中，号高峰。南剑州顺昌（今属福建）人。少从陈瓘、杨时学，崇宁五年（1106）进士。宣和初，自漳州司录除国子录，擢监察御史。时蔡京当国，论奏无所避，出知兴化军。绍兴初，召为吏部员外郎，累官至刑部侍郎。求外补，除徽猷阁直学士，知漳州。七年（1137），拜御史中丞，改工部尚书。后提举亳州明道宫致仕。文存三百二十余篇，多表奏札子之作，《漳州被召上殿札子》、《论朋党札子》等，议论坦诚，文辞简严。诗存四十余首，词七首，明快流畅，思致蕴藉。有《高峰文集》十二卷传世。生平事迹见宋张栻《南轩文集》卷三八《工部尚书廖公墓志》、宋陈渊《默堂文集》卷二一《祭廖尚书文》、《宋史》卷三七四。

唐庚（1071—1121） 宋文学家。字子西。眉州丹棱（今属四川）人。年十四能诗文，哲宗绍圣间进士，徽宗大观中为博士。张商英荐其才，擢提举京畿常平，商英罢相，坐贬惠州。遇赦还，归京师后居于景德寺，晚年徙居泸州。其为人谙达世务，文采风流，人称"小东坡"。其文长于议论，《名治论》、《存旧论》等，皆说理精密。"其诗刻意锻炼而不失气格"（《四库全书总目》），尤其岭南之咏"曲尽南州景物，略无迁谪悲酸之态"（刘克庄《后村诗话》前集卷二）。著有《唐庚集》、《唐子西文录》传世。生平事迹见《东都事略》卷一一六、《宋史》卷四四三。

李彭 宋诗人。字商老。南康军建昌（今江西永修）人。博闻强记，诗文富赡，书法得王羲之之赡丽，用颜真卿之气骨，为世所重。事迹不详，所从游唱和者多为江西诗派中人，如黄庭坚、韩驹、徐俯、吕本中等。诗刻意学黄，《四库全书总目》称其"锤炼精研，时多警策"。然刘克庄批评其"诗体拘狭，少变化"（《后村大全集》卷九五）。著有《日涉园集》传世。生平事迹见宋释惠洪《石门文字禅》卷二七《跋李商老诗》、《跋徐洪李三士诗》、《跋李商老大李云庵偈二首》等。

洪炎（？—1133）　宋诗人。字玉父。豫章（今江西南昌）人。黄庭坚外甥，与徐俯为姻亲，颇多唱和。曾从黄庭坚学诗。哲宗元祐八年（1093）进士，曾为穀城令。徽宗崇宁中，坐兄（刍）弟（羽）入元祐党籍，遭贬。后起知谯县。累官至秘书少监。钦宗靖康初家于洪州，高宗建炎三年（1129）避金兵于龙潭。绍兴三年（1133）除中书舍人，同年卒。曾主编黄庭坚诗文集，后收入任渊所编《山谷诗集·内集》。其诗率多理趣，南渡后身经乱离，渐多兴亡慨叹，如《迁居》、《山中闻杜鹃》等忧愤国事，有悲慨沉郁之风。其奏议等文，姚勉称"悉忠实而语精简"（《书洪玉父奏稿后》）。著有《西渡集》传世。生平事迹见黄庭坚《豫章黄先生集》卷一三《洪玉父照旷斋铭》、姚勉《雪坡舍人集》卷四一《书洪玉父奏稿后》、刘克庄《后村大全集》卷九五《三洪诗序》。

惠洪（1071—1128）　宋诗人、画家、评论家。又名德洪，自称洪觉范，又称觉范道人。筠州新昌（今江西宜丰）人。俗姓喻（一作彭）。年十四父母双亡，依三峰䂬禅师为童子。哲宗元祐四年（1089）试经于天王寺，得度。后依真净禅师于庐山，复从徙于洪州石门，赐号圆明禅师。政和中刺配崖州，后又坐狱百余日。善画梅竹。其生平遭际坎坷而处之泰然，时作绮语。主张"文章五色体自然"（《鲁直弟稚川作屋峰顶名云巢》），故其文伟俊，不类佛家语。诗长于七古，既"雄建振踔"（陈衍《宋诗精华录》卷四），又颇"清新有致"（《四库书前提要》）。《寄李大卿》、《石台夜坐》等诗或用笔高古，或造语新警。又善作小词，"情思婉约，似秦少游"（许彦周《彦周诗话》）。论诗则尊崇苏、黄，尤喜引用黄语。著有《石门文字禅》、《冷斋夜话》、《林间录》等传世。《宋史》无传。生平事迹见《石门文字禅》卷二四《寂音自叙》、宋谢逸《溪堂集》卷七《林间录序》、晁公武《郡斋读书志》卷一九。

吕颐浩（1071—1139）　宋文学家。字元直。乐陵（今属山东）人。后徙齐州（今山东济南）。哲宗绍圣元年（1094）进士，后为密州司户参军，累官太府少卿，直龙图阁。宣和伐燕之役，浩随军转运。南渡后起知扬州，为同签书枢密院事、江淮两浙制置使。后拜同中书门下平章事兼知枢密院事。卒赠太师，封秦国公，谥忠穆。其为人有胆略，屡请恢复中原。其文以政论著称，《上边事备御十策》、《上时政书》皆论事周密详切。其诗数量不多，间有清新可读之作。《感旧书怀》、《舟次魏村阻风》言情写景，笔触颇为清新。词则仅存一首。著有《忠穆集》传世。生平事迹见宋胡铨《澹庵集》卷二二《祭吕尚书文》、姚勉《雪坡集》卷四一《忠穆公行实跋》、刘一止《苕溪集》卷三〇《代祭吕丞相文》、《宋史》卷三六二。

苏过（1072—1123）　宋诗人、画家。字叔党，号斜川居士。眉州眉山（今属四川）人。苏轼幼子。元祐七年任右承务郎。苏轼贬惠州，过侍之。徽宗建中靖国元年（1101）轼卒，过葬之汝州，遂家颍昌。晚权通判中山府。过于苏轼三子中文名最高，其《思子台赋》、《飓风赋》早行于世，时称"小坡"。苏轼尝称其《送昙秀诗》"殆咄咄逼老人矣"（《东坡题跋》）。"书画之胜，亦克肖似其先人"（宋邓椿《画继》卷三）。苏过另有词作数首，见黄昇《花庵词选》。生平事迹见《斜川集》附录《苏叔党遗事》、宋晁说之《嵩山文集》卷二〇《苏叔党墓志铭》、《宋史》卷三三八。

许景衡（1072—1128）　宋文学家。字少伊，人称横塘先生。温州瑞安（今属浙江）人。曾从程颐学。哲宗绍圣元年（1094）进士。徽宗宣和六年（1124）召为监察御史，后罢。钦宗时迁中书舍人，后因事落职予祠。高宗立，召为御史中丞，复罢。其诗"吐言清拔"（《四库全书总目》），文章亦"坦白光明"，"一出于正"（同上）。所论多关国家大政，辞气恳挚，剀切详明。著有《横塘集》传世。生平事迹见宋胡寅撰《斐然集》卷二六《许公墓志铭》、《宋史》卷三六三。

罗从彦（1072—1135）　宋学者、诗人。字仲素，学者称豫章先生。南剑州剑浦（今福建南平）人。曾从学杨时（龟山）于萧山，与杨时、李侗并称"南剑三先生"。高宗建炎中授惠州博罗县主簿。官满即入罗浮山静坐，绝意仕进。朱熹尝谓龟山倡道东南，士之游其门者甚众，然潜思力行，任重指极，惟仲素一人而已。谥文质。其人品学问名重当时，在程朱理学传授、传播中起过承上启下作用。其著作多讲经布道，今存诗仅二十六首。或抒幽居名山，超然自得之心境；或述求学讲道，心中有得之奥秘。少数之作如《送南剑王守归》（之三）等，无游仙之气。著有《豫章文集》传世。生平事迹见《罗豫章文集》卷一四《罗豫章先生事实》、《宋史》卷四二八。

葛胜仲（1072—1144）　宋文学家。字鲁卿。常州江阴（今属江苏）人，徙居湖州吴兴。哲宗绍圣四年(1097)进士。元符二年(1099)调杭州司理参军。三年春试于学官及宏词科俱为第一。徽宗崇宁二年(1103)除太学生。政和三年(1113)迁吏部员外郎，七年迁大司成。次年落职。宣和元年(1119)起知汝州，后又落职。高宗建炎元年(1127)再知湖州。绍兴十四年卒。谥文康。胜仲于两宋间有政事、文学兼能之誉(见孙觌《丹阳集序》)，文称"雄健"，诗称"清丽"(见《行状》)，词亦有名于世。著有《丹阳集》传世。生平事迹见其婿章倧所撰《葛公行状》(《丹阳集》卷二四附)、宋周麟之《海陵集》卷二三《葛文康公神道碑》、《宋史》卷四四五。

晁冲之(1072—?) 宋诗人。字叔用，一字用道，号具茨。钜野(今山东巨野)人。补之从弟。以荫授承务郎。哲宗绍圣中隐居于阳翟具茨山下，世称具茨先生。徽宗大观、政和中重返京师。曾从陈师道学诗，与吕本中、王直方等有唱和。其诗沉郁稳健，"意度闳阔，气力宽余"(刘克庄《晁叔用诗序》)。佳作有《重过鸿仪寺》、《与秦少章题汉江远帆五首》、《夷门赠秦夷仲》等。词亦工，《汉宫春·梅》以构思新奇、笔致清丽闻名。著有《具茨集》传世。生平事迹见刘克庄《后村先生大全集》卷九五《晁叔用诗序》、刘克庄《江西诗派小序·晁叔用》。

韩驹(? —1135) 宋诗人。字子苍。仙井(治今四川仁寿)人。政和中召试，赐进士出身，除秘书省正字。坐苏氏党，谪知洪州分宁县，又召为著作郎。宣和五年，除秘书少监。六年，迁中书舍人兼修国史，寻兼权直学士院。制词简重，为时所推。后坐乡党曲学，以集英殿修撰提举江州太平观。高宗即位，知江州。卒于抚州。早年学宗苏氏，苏辙称其诗似储光羲。周紫芝评其诗"极似张文潜，淡泊而有思致，奇丽而不雕刻"(《书陵阳集后》，《太仓稊米集》卷六七)。后受知于黄庭坚，作诗重琢磨剪裁，反复更易，颇涉黄诗之格。然吕本中作《江西诗社宗派图》，列其名于图中，颇不乐，乃曰："我自学古人。"其《恭赋御画双鹊图》诗被誉为有太平气象，《和李上舍冬日》、《夜泊宁陵》二诗为其代表作，备受推许，《十绝代葛亚卿作》则以言情见称。今存《陵阳先生诗》四卷。生平事迹见《宋史》卷四四五。

王琮 宋诗人。字中玉(一作宗玉)。括苍(今浙江丽水)人。徽宗初登进士第。宣和中任大宗正丞，提举永兴常平军路。靖康初，除左司郎中。曾监永嘉酒税。历官两浙、江东转运副使，直龙图阁。以病奉祠。有《雅林小稿》一卷。生平事迹见《宋史》卷一七五、《宋诗纪事》卷七二。

徐俯(1075—1141) 宋诗人。字师川，号东湖居士。洪州分宁(今江西修水)人。哲宗朝转奉议郎。后调通判吉州，累官至司门郎。张邦昌僭位，遂致仕。高宗绍兴二年(1132)赐进士出身，四年权参知政事，后罢。早年从舅黄庭坚学诗，以诗受知于苏轼。曾对吕本中将其名列入《江西诗社宗派图》深表不满。论诗主张"自立意"(吕本中《童蒙诗训》)，认为"凡目力所及，皆诗也"(曾敏行《独醒杂志》卷四)。喜脱化前人诗句。然"诗如云态度，人似柳风流"(《赠张仲宗》)，"故山黄叶下，梦境白鸥前"(《题于生画》)等皆以巧思见长。晚年作诗则力求平易自然。亦有部分词作传世，《鹧鸪天》即造句清丽，风格俊爽。著有《东湖居士集》传世。生平事迹见《宋史》卷三七二。

王安中(1076—1134) 宋文学家。字履道，号初寮。中山阳曲(今属山西)人。哲宗元符三年(1100)进士。徽宗政和中擢御史中丞，以疏劾蔡京，迁翰林学士。后授燕山府路宣抚使。辽降将郭药师同知府事。药师跋扈，府事皆专行，安中不能制。为言者所论，责象州安置。尝拜苏轼为师，学业未完而苏轼离去。又曾受学于晁说之，因而筑室苦读，并取名"初寮"。然其为人势利轻薄，成名后颇忌讳其求学经历。其诗文则"丰润凝重，颇不类其为人。四六诸作尤为雅丽"(《四库全书总目》)。著有《初寮集》传世。生平事迹见宋周紫芝《太仓稊米集》卷七《初寮集序》、周必大《周文忠公集》卷五三《初寮先生前后集序》、《宋史》卷三五二。

俞汝砺(? —1143) 宋诗人。字迪孺。仁寿(今属四川)人。徽宗崇宁年间进士，靖康时官祠部员外郎。金人议立张邦昌为楚帝，汝砺扪其膝曰："不能为贼臣屈"，遂归隐于邛山之阳，自号"扪膝居士"。高宗即位，自京师趋行在，复为郎，除四川抚谕官。绍兴五年(1135)，知普州。十年，直秘阁，知遂宁府。诗存二十余首，多吟咏山水名胜，感慨乱后飘零，风格悲凉哀婉，如《游海云山》、《草堂》数首等。有《扪膝稿》一卷传世。生平事迹见《宋史》卷四五三。

叶梦得(1077—1148) 宋学者、词人。字少蕴，号肖翁，又号石林居士。苏州吴县(今属江苏)人，居湖州乌程(今浙江湖州)。绍圣四年进士。徽宗朝，以蔡京荐召对，官至翰林学士，极论时政。历知汝州、蔡州。帅颍昌府，发常平粟赈民，摧抑贪吏，得罪宦官杨戬。高宗即位，除户部尚书，迁尚书左丞，多陈抗金守土之计。绍兴元年，为江东安抚大使兼知建康府，兼寿春等六州宣抚使。翌年罢，八年复知建康，兼行宫留守，都督军务，阻扼金兵南犯，又兼总四路漕计，筹措军饷，使军用不乏。十二年以观文殿学士移知福州，兼福建路安抚使。致仕后退居乌程弁山，卒赠检校少保。学问博洽，精熟掌故，故著述甚丰。今存《春秋传》二十卷、《春秋考》十六卷、《春秋谳》二十二卷、《石林燕语》十卷、《避暑录话》二卷、《岩下放言》三卷。文集有《建康集》八卷，其诗文为南北宋间之大家，《四库全书总目》称其"文章高雅，犹存北宋之遗风。南渡以后，与陈与义可以肩随"。词有《石林词》一卷，婉丽处有温李遗风，晚岁趋于简淡，时出雄杰，得东坡余绪。又有《石林诗话》一卷，论诗主王安石，阴抑苏、黄，然时有中肯之论。生平事迹见《宋史》卷四四五、叶德辉辑《石林遗事三卷附录一卷》(《石林遗书》本)。

朱淑真(1078？—1138？)　宋女诗人。自号幽栖居士。钱塘(今浙江杭州)人，一作海宁(今属浙江)人。生于仕宦之家，家中父母兄嫂均解翰墨。早年即显露才华，少女时代生活天真烂漫。后因父母主婚，将之嫁与一俗吏，后情趣不合，返回娘家居住，遂终生孤寂抑郁不得志。工绘画，晓音律。工诗善词，往往借景写情，情景交融，深蕴简出，形象生动。其诗既有对美好爱情的憧憬，也有对后来不幸婚姻的抗争。魏仲恭《断肠诗词序》评其诗"清新婉丽，蓄思含情，能道人意中事"。其词意境凄凉，哀婉动人。著有《断肠诗集》及《断肠词》传世。生平事迹见宋汪莘《方壶存稿》卷一《诗余序》、近人郭清寰撰《从断肠集所窥见的朱淑真的身世及其行为》(《清华周刊》四十一卷一期)。

程俱(1078—1144)　宋文学家。字致道，号北山。衢州开化(今属浙江)人。九岁父亡，寓居外祖邓润甫家。后以外祖恩补承务郎。哲宗绍圣四年(1097)授苏州吴江主簿。徽宗崇宁元年(1102)以上书论时政罢归。政和元年(1111)起知泗州临淮县。宣和三年(1121)除礼部员外郎。高宗绍兴元年(1131)为秘书省少监。晚病风痹，秦桧荐领史事，力辞不至。绍兴十四年卒。为人刚介，其奏议如《四月二十二日车驾经由秀州赐对札子》、《缴苏易转行横行奏状》等，颇著气节。其制诰诸作"典雅闳奥"(《宋史》本传)，诗则"取径韦柳，以窥陶谢"，"兼得唐中叶以后名士众体"(《四库书前提要》)。大多为酬唱赠答，记游咏物之作，其《穹窿葬事回邑有感》、《九月写怀》等皆有萧散古淡之风。有《北山集》传世。生平事迹见程瑀所作《程公行状》(《北山小集》附录)、《宋史》卷四四五。

李光(1078—1159)　宋诗人。字泰发，一字泰定，号转物居士。越州上虞(今属浙江)人。徽宗崇宁五年(1106)进士，除太常博士。钦宗靖康初由右司谏为殿中侍御史，因反对弃地事金，贬阳朔县。高宗即位，知江州。绍兴元年(1131)迁吏部尚书，八年除参知政事。因为秦桧所恶，责授建宁军节度副使。桧死得复官。谥庄简。光尚气节，所上奏议如《论守御大计状》等皆剀切指陈，词旨凛然。其诗则"志谐音雅，婉丽多姿，大抵多托兴深长"(《四库全书总目》卷一五六)。《次韵奉酬当时参议见赠游钟山》悲慨痛切，《秋日杂咏》悲怆沉重，《双雁道中》则风格清新。所著有《庄简集》、《读易详说》、《椒亭小集》、《李庄简词》等。生平事迹见宋胡铨《澹庵集》卷三二《跋李泰发参政诗集》、《宋史》卷三六三。

刘一止(1078—1160)　宋诗人。字行简，号苕溪。湖州归安(今浙江湖州)人。徽宗宣和三年(1121)进士，为越州教授。高宗绍兴初为秘书省校书郎，迁监察御史。后以忤秦桧罢。桧死，进直学士，致仕。绍兴三十年卒。一止博学好文，"文章推本经术，出入韩柳，不效世俗纤巧刻琢"，诗则"寄意深远，自成一家"(韩元吉《阁学刘公行状》)。如《冥冥寒食雨》意境浑成，蕴含浓深。《小斋即事》构思巧妙，别开生面。《访石林》格调清新，语极平易。其词亦有名，《喜迁莺·晓行》当时盛传京师，一时有"刘晓行"之号。著有《苕溪集》传世。生平事迹见宋韩元吉《阁学刘公行状》(《苕溪集》卷五四附)、《宋史》卷三七八。

黄伯思(1079—1118)　宋学者。字长睿，别字霄宾，自号云林子。邵武(今属福建)人。哲宗元符三年(1100)中进士高等，调磁州参军，改通州司户，除河南府户曹参军等。以修书恩升朝列，除秘书省校书郎，迁秘书郎。好古文奇字，徽宗大观二年(1108)作《法帖刊误》二卷，辨析考证碑帖古器颇为精博。史称其学问慕扬雄，诗慕李白，文慕柳宗元。有《东观文集》百卷，今已失传。其次子黄訒曾合其所作《法帖刊误》、《古器说》及论辨题跋等编为《东观余论》一书刊行于世。生平事迹见宋李纲《梁溪全集》卷一六八《黄公墓志铭》、《宋史》卷四四三。

汪藻(1079—1154) 宋文学家。字彦章。饶州德兴(今属江西)人。徽宗崇宁二年(1103)进士,调婺州观察推官。政和四年(1114)以秘书省校书郎迁著作佐郎。钦宗立,召为屯田员外郎,再迁太常少卿。南宋时召试中书舍人。高宗绍兴二年(1132)除龙图阁直学士,知湖州。绍兴二十四年卒。藻对金主张退让,又对李纲前倨后恭,为时人所讥。然博极群书,擅四六文。孙觌序其集称其文"深醇雅健","闳丽精深"(《浮溪集》卷首)。其诗先学徐俯,又学韩驹,然不袭江西诗派习气,而受苏轼影响较深,"诗律高妙,兴寄深远"(孙觌《汪公墓志铭》)。如《汴中放船归阳羡》、《即事》等。有《浮溪集》传世。生平事迹见孙觌所作《汪公墓志铭》、《鸿庆居士集》卷三四及《宋史》卷四四五。

王庭珪(1080—1172) 宋文学家。字民瞻,号卢溪,一作泸溪。吉州安福(今属江西)人。徽宗政和八年(1118)进士。高宗绍兴中胡铨上疏乞斩秦桧,谪新州。庭珪独以诗送行,坐讪谤,流夜郎。桧死,许自便。孝宗召对内殿,除直敷文阁。杨万里《卢溪先生文集序》云:"盖其诗自少陵出,其文自昌黎出,大要主于雄刚浑大。"《四库全书总目》亦云:"庭珪抱经济才,郁而未发,故雄直之气时流露于诗文间。"著有《卢溪集》传世。生平事迹见宋胡铨《澹庵集》卷二九《王公墓志铭》、周必大《周文忠公集》卷二九《直敷文阁王公行状》、杨万里《诚斋集》卷八〇《卢溪先生文集序》。

朱敦儒(约1080—1175) 宋词人。字希真,号岩壑老人。洛阳(今属河南)人。早年隐居不仕,深负时望,屡辞征召。南渡后避乱岭南,高宗绍兴二年(1132)诏以为右迪功郎,既至,赐同进士出身,为秘书省正字,兼兵部郎官,迁两浙东路提点刑狱。因与主战派李光交往,被劾罢官,绍兴十九年上疏请归,寓居嘉禾(今浙江嘉兴)。秦桧当国时笼络文人,以文饰太平,出为删定官、鸿胪少卿,为时论所讥。或以为其老而爱子,畏避窜逐,故致晚节不终。桧死,亦废黜。词多写江湖隐逸之趣,词风豪放旷逸,清新晓畅;南渡后作品又融入家国之感,慷慨悲歌,沉郁苍凉。有《岩壑老人诗文集》、《猎较集》,均不传;又有词三卷,名《樵歌》。生平事迹见《宋史》卷四四五。

郭印 宋诗人。号亦乐居士。成都(今属四川)人。徽宗政和年间(1111—1118)进士,任仁寿、铜梁等地县令,左朝请大夫等。终刺史,年八十余卒。与秦桧虽曾同窗,然绝不与通,家居十八年。性嗜山水,工诗,诗存七百余首。《四库全书总目》称"其诗才地稍弱,未能自出机杼,而清词隽语,瓣香实在眉山"。佳作有《舟中遇雨》、《归云溪》等。著有《云溪集》传世。生平事迹见清王梓材、冯云濠《宋元学案补遗》卷四(文中讹作"郭邛")、傅增湘《宋蜀文辑存作者考》、余嘉锡《四库提要辨证》卷二二。

孙觌(1081—1169) 宋文学家。字仲益,号鸿庆居士。晋陵(今江苏常州)人。徽宗大观三年(1109)进士。徽宗末蔡攸荐为侍御史,历官翰林学士,吏部、户部尚书,知庐州、临安诸郡。因专主和议,为时议所鄙。高宗绍兴二年(1132)因任临安府盗用官钱,除名编管象州,三年放还。绍兴三十九年(1159)致仕。诗多酬唱赠答。文多墓志章奏,周必大为其集作序,称其名章隽句,晚而愈精。工于骈文,与汪藻、洪迈、周必大文名相埒。著有《鸿庆居士集》传世。生平事迹见周必大《鸿庆居士集序》(《周文忠公集》卷五三)、朱熹《记孙觌事》(《朱文公文集》卷七一)、清钱大昕《跋孙尚书大全集》(《潜研堂文集》卷三一)。

陈克(1081—?) 宋诗人、词人。字子高,自号赤城居士。临海(今属浙江)人,侨居金陵。高宗绍兴七年(1137)吕祉荐为幕府参谋。曾与吴若同撰《东南防守便利》三卷,后为敕令所删定官。工诗词。明瞿佑《归田诗话》卷中谓其《题三品石》与《题望夫石》"二诗皆超出常格,而意警拔"。词尤工,清陈廷焯《白雨斋词话》称其词"婉雅闲丽,暗合温、韦之旨"。有《陈子高遗稿》传世。生平事迹见明钱士升《南宋书》卷六三、清庄仲方《南宋文范作者考》上。

赵佶(1082—1135) 即宋徽宗。宋皇帝、诗人、书画家。神宗子,哲宗弟。元丰八年(1085)封遂宁郡王,绍圣三年(1096)封端王。元符三年(1100)即皇帝位。用蔡京等主持国政,禁锢元祐党人,朝政腐败。自称"教主道君皇帝"。宣和七年(1125)金兵南下,禅位钦宗,自称太上皇。靖康二年(1127)金兵陷汴京,与钦宗同被俘北去,囚死于五国城。佶工花鸟画,字以"瘦金体"自成一家。其诗多写宫中生活,词藻秾艳华美。被俘后之诗《汧州作》、《在北题壁》则有国破身辱之伤感。前期词亦为宫廷艳词,被掳北行时所作《燕山亭》、《眼儿媚》则"哀情哽咽，仿佛南唐李主”（清徐釚《词苑丛谈》）。有《宋徽宗宫词》传世。生平事迹见《宋史》卷一九至卷二二。

周紫芝（1082—？）　宋文学家。字少隐，号竹坡居士。宣城（今安徽宣州）人。南宋初，居陵阳山苦学。高宗绍兴十二年（1142）进士，时已六十一岁。十七年任枢密院编修。后除知兴国军。去职后，贫不能归，遂定居九江。因屡献诗文与秦桧，为人讥议。但其诗文亦有可取。诗受张耒、李之仪影响，主张“先严格律，后及句法”（见陈天麟《太仓稊米集序》引），而古体诗如《输粟行》、《秣陵行》等多写乱离，感慨沉痛。近体则“清新伟丽，自成一家”（唐文若《太仓稊米集序》），佳作有《题湖上壁》、《题钱少愚四画》、《戏作小诗用少陵事》等。其词前人称为“清丽婉曲”（孙竞《竹坡词序》），著有《太仓稊米集》、《竹坡词》、《竹坡诗话》传世。生平事迹见《太仓稊米集》卷首自序、唐文若序、陈天麟序及卷末程光远跋。

李纲（1083—1140）　宋大臣、诗人。字伯纪，号梁溪。邵武（今福建邵武）人。李氏为唐宗室。徽宗崇宁三年（1104），纲随父夔守官京师，补国子监生第一。政和二年（1112）进士，授承务郎。累官监察御史兼权殿中侍御史。后因京师大水，上疏得罪，谪监南剑州沙县税务。钦宗即位，除兵部侍郎，又以“专主战议”贬谪。高宗建炎元年（1127）为尚书右仆射兼中书侍郎，旋被罢。后卒于福州。谥忠定。《四库全书总目》称其诗文“雄深雅健，磊落光明”，论诗推尊杜甫，而功力不及。诗语颇拖沓，然亦有真率感人之作，如《病牛》即形象生动、意境高远。词作多为慢词，多抒其忠愤不平之气。《念奴娇·宪宗平淮西》等借昔讽今，深有感慨。奏议文章则“明白条畅，反复曲折”（陈俊卿《梁溪集序》）。著有《梁溪集》传世。生平事迹见《宋史》卷三五八、李纶撰《李忠定公年谱》（《梁溪集》附），台湾赵效宣撰《李纲年谱长编》（香港新亚研究所1968年印行）。

胡舜陟（1083—1143）　宋文学家。字汝明，号三山老人。徽州绩溪（今安徽绩溪）人。徽宗大观三年（1109）进士，历州县官，后为监察御史。钦宗时迁侍御史。后知庐州，更历数镇，终广西经略使。因忤秦桧，为吕源所陷害，死狱中。追谥少师。舜陟所作多奏议，切中时弊，文字洗练，《奏论宦官之害疏》尤为深切。诗作仅存十首。有《胡少师总集》。生平事迹见《宋史》卷三七八、清胡培翚辑《胡少师年谱》。

张纲（1083—1166）　宋诗人。字彦正，一字彦政，晚号华阳老人。润州丹阳（今江苏丹阳）人。徽宗政和五年（1115）进士，特除太学官。宣和三年（1121）再除校书郎。靖康元年（1126）为两浙提点刑狱，闻金人掳二帝遂移病去官。高宗绍兴三年（1133）除中书舍人。秦桧用事，纲卧家二十余年。绍兴二十五年召为吏部侍郎，二十七年为参知政事。初谥文定，后谥章简。为人刚介不阿，文章则雄深雅健，“每一落纸，都人即日传播”（洪迈《华阳集序》）。《四库全书总目》亦称其“诗文典雅丽则”。有《华阳集》传世。生平事迹见宋洪葴撰《张公行状》（《华阳集》末附）、《宋史》卷三九〇。

吕本中（1084—1145）　宋诗人、评论家。字居仁，学者称东莱先生。寿州（今安徽寿县）人。徙居京师，以荫补承务郎。哲宗绍圣间党事起，其曾祖吕公著追贬，本中连坐。元符中主济阴县簿。高宗绍兴六年（1136）特赐进士出身，累迁中书舍人兼侍讲。初与秦桧同为郎，后力排和议，忤秦桧，罢之。绍兴十五年卒。谥文清。吕本中作《江西诗社宗派图》，为江西诗派得名之始。其诗早年学黄庭坚，苦吟雕琢。靖康之变后，诗由抒写闲情逸致转而伤时感乱，遂不满黄庭坚之瘦硬与陈师道之朴拙，力创“流美圆转”诗风。故方回谓“居仁在江西派中最为流动而不滞者”（《瀛奎律髓》卷一七）。论诗既推崇黄庭坚、陈师道，又倡“活法”：“所谓活法者，规矩具备，而能出于规矩之外”（《夏均父集序》），此与“悟入”说皆纠偏补弊之论，在宋人中影响较大。著有《东莱诗集》、《春秋集解》、《紫微诗话》等。生平事迹见杨万里《江西宗派图序》（《诚斋集》卷七九）、陆游《吕居仁集序》（《渭南文集》卷一四）、《宋史》卷三七六。

陈渊（？—1145）　宋初文学家。初名渐，后改渊，字知默。南剑州沙县（今属福建）人。曾从杨时传二程之学。高宗绍兴七年（1137）进士，九年除监察御史，迁右正言。因忤秦桧，除秘书少监，以何铸论罢，主管台州崇道观。立朝不阿，议论时政，多切实中肯。宋杨万里序其集曰：“其词质而达，其意坦而远，其气畅而幽。”（《诚斋集》卷七九）《四库全书总目》亦谓其诗“不甚雕琢，然时露真趣，异乎宋儒之以诗谈理者”。有《默堂集》传世。生平事迹见沈度《默堂集序》（《默堂文集》卷首）、《宋史》卷三七六。

沈晦（1084—1149）　宋诗人。初名杰，字元用，号胥山。杭州钱塘（今浙江杭州）人。徽宗宣和六年(1124)状元。除校书郎,迁著作佐郎。金人攻汴,从王肃出质。高宗即位,除集英殿修撰,知信州,后被劾罢官。高宗绍兴四年(1134)起知镇江府、两浙西路安抚使。后为广西经略使,进徽猷阁直学士,改知潭州,奉祠卒。其诗作仅存九首,多为写景之作,风格清新疏淡。《全宋词》载其《小重山》一首。有《环碧亭诗集》传世。生平事迹见《宋史》卷三七八。

李清照(1084—1155?) 宋女词人。自号易安居士。济南章丘(今属山东)人。生于历城西南柳絮泉。父李格非,官至礼部员外郎,著名学者。母王氏,亦通文墨。清照"自少年便有诗名,才力华赡,逼近前辈"(王灼《碧鸡漫志》)。十八岁,嫁与宰相赵挺之季子赵明诚,明诚时为太学生,喜好收藏前代石刻。婚后夫妇共同致力于书画金石的整理和研究。徽宗崇宁二年(1103),赵明诚始出仕。后失官,清照便随之回青州(今山东益都)赵氏故里。这期间开始编写《金石录》。钦宗靖康元年(1126),金人围攻汴京。次年,赵母死于建康,明诚奔丧,未及迁家。清照遂从青州携带金石书画南奔。途经镇江遇盗,大部被掠。高宗即位后,明诚起知建康府。建炎三年(1129)病逝,清照悲痛欲绝。此后派人先将书册、金石刻送往洪州(今江西南昌),欲投奔明诚妹丈以避乱。后因洪州失陷,又从越州到明州,经奉化、台州入海,又经温州返回越州。绍兴二年(1132)又从越州移居杭州。冬,金人南犯,又自临安避乱金华,次年返回临安。晚年境遇凄凉,以至含恨离开人世。据《建炎以来系年要录》等资料记载,清照曾经改嫁张汝舟,对此,历代学者颇有争议。清照诗、文、书、画皆能,尤擅长词。其创作在北宋和南宋呈现不同的特点。北宋期间,其词多写闺中生活、自然风光和离别相思,如《如梦令》二首,《凤凰台上忆吹箫》、《一剪梅》、《醉花阴》等,活泼清新、宛转曲折。进入南宋,其词则主要抒发伤时念旧和怀乡悼亡的情感,变早年的清丽、明快为晚年的凄凉、深婉。代表作有《永遇乐》、《声声慢》等。其填词,注重协律,崇尚典雅有情致。善用白描手法,通过写具体的行动或事物,将抽象的内心活动形象化。语言优美、精巧,却不雕琢求工。王灼《碧鸡漫志》卷二称其"作长短句,能曲折尽人意,轻巧尖新,姿态百出"。清陈世焜在《云韶集·词坛丛话》中则云:"李易安词风神气格,冠绝一时,直欲与白石老仙相鼓吹。妇人能词者代有其人,未有如易安之空绝前后者。"故为婉约派代表词人。其诗所存无多,然题材较词宽广,且见解独特,如《咏史》、《夏日绝句》等。文有《金石录后序》等,该篇以金石聚散寓身世之感,质朴沉痛。另有《词论》一篇,见《苕溪渔隐丛话》,提出"词别是一家"之观点,并全面评论了北宋词人。原有集,已佚,后人辑有《李清照集》、《漱玉词》。生平事迹见《宋史》卷四四四,清俞正燮有《易安居士事辑》(载《癸巳类稿》),黄墨谷有《宋李清照易安居士年谱》(《重辑李清照集》附)。

曾幾(1084—1166) 宋诗人。字吉甫,号茶山居士。其先赣州(今江西赣县)人,后徙河南洛阳。入太学屡中高等,后出为应天府少尹。高宗朝历官广西转运判官、浙西提点刑狱等,因其兄得罪秦桧,亦被罢。后侨居上饶茶山寺七年。秦桧死,再起为浙西提刑。绍兴二十六年(1156)知台州,隆兴二年(1164)迁左通议大夫,致仕。卒谥文清。曾幾于政治上主张抗金,《寓居吴兴》等诗即反映他忧国之情。又长于经学,学生陆游称其"治经学道之余,发于文章,雅正纯粹。而诗尤工,以杜甫、黄庭坚为宗"(《渭南文集》卷三二《曾文清公墓志铭》)。论诗推重杜、黄、陈,以江西诗派继承者自居。部分作品学江西诗派重炼词、讲字眼、风格瘦硬的诗法。诗作以抒情遣兴、酬唱题赠为主,内容多模山范水,吟风弄月。后受吕本中影响,形成了清新活泼的风格,如《苏秀道中自七月二十五日夜大雨三日秋苗以苏喜而有作》、《题访戴图》、《道中遇雨》即此类代表作。五、七律讲究对仗自然,气韵疏畅。为承转江西诗派诗风的关键人物,对南宋诗坛影响很深。著有《易释象》、《茶山集》等。生平事迹见陆游《渭南文集》卷三二《曾文清公墓志铭》、《宋史》卷三八二。

曾季貍 宋诗人。字裘父,自号艇斋。南丰(今属江西)人。与吕本中、徐俯游,吕东莱数称其学有渊源。尝师事韩驹。与朱熹、张栻有书问往复(参《朱文公文集》卷八三、《南轩文集》卷一五)。张孝祥、刘珙荐之于朝,皆辞不起。孝宗乾道、淳熙间,名公多敬畏之。所著《论语训解》、《艇斋杂著》,已佚。有《艇斋诗话》一卷,论唐宋诗人炼字命意,大抵以江西诗派为宗。其诗注重冶炼字意,陆游评其诗"文辞冲澹简远"(《渭南文集》卷一五《曾裘父诗集序》)。有《艇斋小集》传世。生平事迹见《艇斋小集》朱熹、张栻序跋、《直斋书录解题》卷一八、《两宋名贤小集·艇斋小集·序》等。

赵鼎(1085—1147) 宋政论家。字元镇,号得全居士。解州闻喜(今属山西)人。徽宗崇宁五年(1106)进士。曾出为河南洛阳令、开封士曹。南渡后,历右司谏、御史中丞等。高宗绍兴四年(1134)任参知政事,力荐岳飞收复襄阳,旋拜右相兼知枢密院事。时金兵大入,鼎力主进讨,连败金人。五年迁左相,与张浚论事不和,出知绍兴府。七年复入相,受秦桧倾挤,一贬再贬,移吉阳军三年,后绝食而死。谥忠简。《宋史》本传称其"为文浑然天成,凡高宗处分军国机事,多其视草,有拟奏表疏、杂诗文二百余篇,号《得全集》"。其文皆因事而发,"盖有物之言,有不待雕章绘句而工者"(《四库全书总目》)。古今体诗与文章风格近,不假藻饰,朴实自然。其词颇为疏朗豪健。著有《忠正德文集》十卷、《建炎笔录》三卷。生平事迹见《宋史》卷三六〇。

向子諲(1085—1152)　宋词人。字伯恭,号芗林居士。临江军清江(今江西樟树)人。元符末以恩荫补官。宣和中历官淮南转运判官、京畿转运副使。建炎中,积极筹措军费,力拒张邦昌之利诱,以与李纲善,为黄潜善所罢斥。后知潭州,率军民死守以拒金兵。绍兴初移鄂州,主管荆湖东路安抚司。历知广州、江州、江东转运使,两浙路都转运使,户部侍郎,以徽猷阁直学士知平江府。于议和金使入境时,拒不拜金诏,忤秦桧而致仕。卜居清江五柳坊,号所居曰芗林。有《芗林集》,已佚。又有《酒边词》。卷首有胡寅序。上卷曰"江南新词",下卷曰"江北旧词",据题下注,新词皆绍兴中作,旧词则政和、宣和中作。生平事迹见《宋史》卷三七七。

陈东(1086—1127)　宋文学家。字少阳。镇江丹阳(今属江苏)人。以贡入太学。钦宗即位,率其徒伏阙上书,请诛蔡京、童贯等六贼。李纲罢,又率诸生上书,迫使朝廷复召纲入。除太学录。高宗南渡后,会纲得罪去,乃上书乞留纲,竟与布衣欧阳澈一同被斩于市。后于绍兴四年追赠为秘阁修撰。《四库全书总目》称其"志在匡时,言皆中理,所掊击者,皆人不敢触之巨奸"。集中上钦宗、高宗诸书,皆理直言切之煌煌大篇。其诗词残存二十余首,时有佳作,孙云翼称其"《初筮斋咏雪》一首,直与卢、韩《月蚀诗》并驱,《咏桃花菊》一首,体物 之妙,杂之苏、黄集中,人不能辨"(见《少阳集》卷五附按语)。著有《少阳集》、《靖炎两朝见闻录》等。生平事迹见其弟陈南所作《行状》(载《少阳集》卷六)、《宋史》卷四五五。

沈与求(1086—1137)　宋诗人。字必先,号龟溪。湖州德清(今浙江德清)人。徽宗政和五年(1115)进士,累官明州通判、御史中丞、吏部尚书。高宗绍兴四年(1134)出知镇江府兼两浙西路安抚使。复以吏部尚书召,除参知政事,力辟和亲之策。五年权知枢密院事。因与张浚有隙,出知明州。七年,又迁知枢密院事,卒于位。谥忠敏。以文鸣世,所作多为代皇帝草诏或应酬答谢之作。其诗圆熟,擅长写景,如《石壁寺山房即事》善用烘托,简淡隐约;《舟过荻塘》借景抒情,意逸象外。著有《龟溪集》。生平事迹见宋刘一止《知枢密院事沈公行状》(《苕溪集》卷三〇)、《宋史》卷三七二。

李处权(1086?—1155)　宋诗人。字巽伯。原丰县人,后徙溧阳(今属江苏)。其曾祖邯郸公李淑家富典籍,学问精深。故少承家学,刻苦学诗。徽宗宣和间与陈叔易、朱希真俱以诗名。南渡后尝领三衢,官至朝请大夫。高宗绍兴二十五年卒于荆州。于诗颇为深造,老而弥工。《四库全书总目》谓其"五言清脱浏亮,略似张耒;七言爽健伉浪,可拟陈与义"。佳作有《同二三子步溪上》、《夜雪偶书》、《席上赋梅》等。著有《崧庵集》传世。生平事迹见李处权《崧庵集序》、《崧庵集自序》(《崧庵集》首),邵骥《崧庵集跋》(《崧庵集》末)。

刘才邵(1086—1158)　宋诗人。字美中,号檆溪居士。吉州庐陵(今江西吉安)人。徽宗大观二年(1108)上舍释褐。宣和二年(1120)中宏词科。累迁校书郎。以养亲归,家居十年。高宗绍兴初起为秘书丞,又迁中书舍人,后出知漳州,兴修水利。官至工部侍郎、权吏部尚书。绍兴二十八年卒,赠通奉大夫。尝以五代文辞卑弱,仿扬雄《法言》著《法语》,今集中不存。其诗文时皆有名。周必大《檆溪集序》称"其制诰有体,议论有源",对其诗作评价尤高,称"凌厉乎先贤,度越乎流辈"。其所作秦桧制词,语多谀美。著有《檆溪居士集》。生平事迹见《宋史》卷四二二。

米友仁(1086—1165)　宋书画家、诗文家。原名尹仁,字元晖,小名寅哥、鳌儿、虎儿,晚号懒拙老人。祖籍太原(今属山西),徙居襄阳(今属湖北),后定居润州(今江苏镇江)。米芾长子,世称"小米"。早年以书画知名 ,徽宗宣和四年(1122)应选为书学博士。南渡后,官至兵部侍郎,敷文阁直学士,故后代又称之为米敷文。其画艺师承其父而又有创新。所作山水,多以水墨横点,连点成片,形成烟云变灭的画面,世有"米点山水"之称。作画纯运天机,不拘绳墨，不事工细，草草而成，意趣天真，每自题其画曰“墨戏”。对后世文人画的作风影响甚大。善行书，类王、谢子弟之风神。既贵之后，甚自秘重，不轻易为人作画。传世作品有《潇湘奇观图》、《云山得意图》等。其诗多题画之作，词作清逸潇洒。著作今传有《阳春集》一卷及《阳春词》一卷。生平事迹见《东都事略》卷一一六、《宋史》卷四四四。

夏倪（？—1127） 宋诗人。字均父。蕲州蕲春（今属湖北）人。夏竦之孙。以宗女夫入仕。徽宗宣和中，自府曹左官祁阳监酒，终知江州。诗存十余首，《和山谷游百花洲盘礴范文正公祠下》、《次韵汉阳蔡守题阳关图》等，古朴挥洒，蕴藉深沉。词存一首。曾著有《远游堂集》，已佚。有《五桃轩集》一卷传世。生平事迹见宋吕本中《江西诗社宗派图》、释惠洪《远游堂记》（《石门文字禅》卷二二）。

李正民 宋诗人。字方叔。扬州（今属江苏）人。徽宗政和二年（1112）进士。历官两浙、江西、湖南抚谕使。尝知吉州、筠州、洪州。高宗绍兴十二年（1142）知陈州时曾为金人所获，不失气节以归。绍兴间官礼部侍郎，吏部侍郎，徽猷阁待制等。后隐居乡间，又流寓海盐，不知何时终。其作颇丰。《四库全书总目》以为其“中书制诰之作温润流丽”，“其诗亦妍秀可诵”。诗如《南归》写陈州历险，真切感人，《快阁》、《题海月亭》等自然流畅，对仗工稳。著有《已酉航海记》、《大隐集》传世。《宋史》无传。生平事迹见宋汪藻《浮溪集》卷一四《辞免除礼部侍郎改授一闲慢职局不允诏》及《辞免除吏部侍郎恩命不允诏》、《大隐集》卷六《农隐记》等。

王洋（1087—1153） 宋诗人。字元渤。山阳（今江苏淮安）人。徽宗宣和六年（1124）进士，绍兴初累官起居舍人、知制诰、直徽猷阁。后因事免官，寓居信州，与曾幾唱和。高宗绍兴二十三年卒。周必大称其诗文“以六经为美材，以子史为英华”，“挟之以刚大之气”（《周文忠公集》卷二〇《王元渤右史文集序》）。《四库全书总目》谓其诗“极意锼刻，往往兀奡自喜，颇不为边幅所拘。文章以温雅见长”。著有《东牟集》。生平事迹见宋韩淲《涧泉日记》、清陆心源《宋史翼》卷二七。

李宏（1088—1154） 宋诗人。字彦恢。宣城（今安徽宣州）人。徽宗政和五年（1115）进士。历沧州学教授，官至御史台主簿，淮南京西转运判官。高宗绍兴二十四年（1154）卒。宏尝与吕好问、周紫芝等人友善，博学工文词，惜其诗所传无多。著有《琴溪诗集》。生平事迹见韩元吉《南涧甲乙稿》卷二〇《李公墓志铭》。

郑刚中（1088—1154） 宋文学家。字亨仲，一字汉章，号北山。婺州金华（今属浙江）人。高宗绍兴二年（1132）登进士甲科，授温州判官，累官监察御史、殿中侍御史。曾出使金国，后任四川宣抚副使，制蜀八年。曾依附秦桧而进，后又因触怒秦桧罢官，责桂阳军居住，后再徙封州而卒。谥忠愍。方回称其“文简古，诗峭健”（《桐江集》卷二《读郑北山集跋》）。其奏议条理分明，语言简古，风格凝重，《论治道人材疏》、《采用群言疏》有古文大家之风范。诗多寓身世遭遇之慨，罢斥后所作《感雪竹赋》，情感真挚，兴寄遥深。《幽居》等诗，方回以为奇丽绝妙。《秋夜山居》等则有陈与义诗风。著有《北山集》、《周易窥余》、《石羊山房集》等传世。生平事迹见《宋史》卷三七〇。

洪皓（1088—1155） 宋文学家。字光弼。饶州鄱阳（今江西波阳）人。徽宗政和五年（1115）进士。宣和中为秀州司隶。高宗建炎三年（1129）擢徽猷阁待制，假礼部尚书使金，留金十五年。绍兴十三年（1143）始得归。权直学士院。后忤秦桧，出知饶州，徙袁州，至南雄州卒。谥忠宣，赠太子太师。其《又跋金国文具录札子》叙事详备，其他奏札亦正气凛然，坦诚明快。诗词多留居金国所作，《都驿亭》、《食羊次韵》等抒写被羁悲苦。词如《木兰花慢·中秋》则沉郁悲壮，凄怆感人。南归后作品则多抒发国步日艰、忠不被用之忧愤。如《过曹溪》三首之三“危机未履已如此，欲效前贤问上苍”，痛心疾首，感人至深。著有《松漠纪闻》、《鄱阳集》传世。生平事迹见《宋史》卷三七三、清洪汝奎编《洪忠宣公年谱》。

蔡伸（1088—1156） 宋诗文家。字伸道，自号友古居士。兴化军仙游（今属福建）人。蔡襄孙。与兄佃、伷同游太学，时号“三蔡”。政和五年（1115）进士。宣和中官太学博士，出知潍州北海县，徙江淮发运司干当公事，通判徐州，在徐与向子諲同官，故屡有唱和。金人陷汴京，投高宗麾下，随之南渡，入张俊幕府参赞军事，多所筹画。寻通判真州，岁寒大火，民千余家露处雪中，伸辟寺宇官廨安置灾民，且发常平帑廪以赈济。擢知徐州，为秦桧所忌而罢归。绍兴九年金人归河南地，起知徐州，行至淮，金人再陷中原，改知德安府，又调知和州，除浙东安抚司参谋官，秩满复提举台州崇道观。官至左中大夫。晚岁退居常州，不以穷通介意。伸善诗歌，通音律，书法遒正，得祖襄笔意，然倜傥有大志，长于骑射，富有韬略，酒后辄慷慨浩歌，叹中原未复，不欲以书生余技取爵禄。有《友古词》一卷。生平事迹见周必大《周文忠公集》卷六二《中大夫蔡公神道碑》、《宋史翼》卷九。

傅察（1089—1125）　宋文学家。字公晦。孟州济源（今属河南）人。元祐名臣傅尧俞从孙。徽宗崇宁五年（1106）进士。以外家恩例，为青州司法参军。历永平、淄川县丞，入为太常博士，迁兵部、吏部员外郎。宣和七年（1125）结伴金国贺正旦使，后被劫遇害。谥忠肃。《四库全书总目》谓其诗“古体学韩不成，近体亦乏深致。文则皆表启俪偶之词，不出当时应酬之格”。著有《忠肃集》传世。生平事迹见晁公休《宋故朝散郎尚书吏部员外郎赠徽猷阁待制傅公行状》（《忠肃集》卷末）、《宋史》卷四四六。

李弥逊（1089—1153）　宋诗人。字似之，号筠溪。吴县（今属江苏）人。徽宗大观三年（1109）进士。政和间官起居郎。宣和末知冀州，力抗金兵。以上事言政贬知庐山近二十年。高宗绍兴七年（1137）召入，为起居郎，试中书舍人。十年试户部侍郎，因反对议和，被迫引退。晚岁隐居福建西山十余年，忧患而卒。弥逊少有文名，其人其文俱卓然自立。归隐西山后所作诗文笔力愈健。如《议古》数十篇，“虽泛论古事，而皆关于当世利病，深切著明，有范太史《唐鉴》之遗风。”（楼钥《筠溪集序》）诗歌如《春日即事》空寂落寞，《东岗晚步》则于田舍之中仍不忘国事。词如《水调歌头·横山阁对月》清新朗健。著有《筠溪集》、《竹溪集》。生平事迹见《筠溪李公家传》及其孙李珏跋文（均见《筠溪集》后附录）。

志南　宋诗僧。活动于北宋末期。有《绝句》一首传诵于世，云：“古木阴中系短篷，杖藜扶我过桥东。沾衣欲湿杏花雨，吹面不寒杨柳风。”宋赵与虤《娱书堂诗话》载：“僧志南能诗，朱文公（熹）尝跋其卷云：‘南诗清丽有余，格力闲暇，无蔬笋气。’如云：‘沾衣欲湿杏花雨，吹面不寒杨柳风。’予深爱之。”著作今存《天台山国清禅寺三隐集记》一卷。生平事迹见《宋诗纪事》卷九三。

吕滨老　宋诗人、词人。一作渭老，字圣求。秀州嘉兴（今属浙江）人。宣和、靖康间官于朝，以诗名。南宋赵师岌称其诗“讽咏中率寓爱君忧国意，不但弄笔墨清新俊逸而已”，如《忧国》诗云：“尚喜山河归帝子，可怜麋鹿入王宫。”其诗有“诗史气象，缙绅巨贤多录稿家藏”，又评其词“婉媚深窈，视美成、耆卿伯仲耳”（《圣求词序》）。今存《圣求词》一卷，载《宋六十名家词》。生平事迹见赵师岌《圣求词序》。

陈与义（1090—1138）　宋诗人。字去非，号简斋。洛阳（今属河南）人。徽宗政和三年（1113）及第，授文林郎，开德府教授。宣和四年（1122）擢太学博士，六年任秘书省著作佐郎，除司勋员外郎，旋擢符宝郎。是年坐王黼罢相之累，谪监陈留酒税。靖康之难，避乱襄汉，转徙福广等地。高宗绍兴元年（1131），抵达行在所会稽，除兵部员外郎。二年迁中书舍人兼掌内制。三年除试尚书吏部侍郎兼侍讲。四年改试礼部侍郎，是年八月除徽猷阁直学士，出知湖州。五年入为给事中，除显谟阁直学士，提举江州太平观。六年复为中书舍人兼侍讲，直学士院，除翰林学士知制诰。七年除左中大夫、拜参知政事。八年以病退，再知湖州卒。其前期诗作风格清新明快，惟题材较窄，以题画咏物写景为主，《和张规臣水墨梅五绝》、《夏日集葆真池上》为代表。南渡后身经乱离，感时抚事，慷慨激越，于杜甫诗尤有会心，诗风一变而为“气势浑雄，规模广大”（方回《瀛奎律髓》卷二四），不少作品寄托了深厚的家国之感，《伤春》、《登岳阳楼》、《巴丘书事》、《牡丹》等诗，皆“以简洁扫繁缛，以雄浑代尖巧”（刘克庄《后村诗话》前集卷三），上继杜甫、下启陆游，开宋诗新气象。其诗受黄庭坚、陈师道影响亦甚深，故方回以其为江西诗派“三宗”之一。词作今存十八首，代表作《临江仙·忆昔午桥桥上饮》等，前人评为“语意超绝，可摩东坡之垒”（沈雄《古今词话》）。著有《简斋集》、《无住词》。生平见宋张嵲《陈公资政墓志铭》（《紫微集》卷三五）、《宋史》卷四四五。今人白敦仁撰《陈与义年谱》，材料详实，可资参考。

吴可　宋诗人、评论家。字思道，号藏海居士。金陵（今江苏南京）人。大观三年（1109）进士。曾官于汴京。靖康之乱居于洪州。建炎后转徙楚粤等地，乾道淳熙间尚在世。其诗古体质朴，律体严谨。诗风清新，多有警句。《故人来自春陵出示初寮翰墨感时怀旧辄为长句》反映了北宋末年的社会动乱。《晚步》、《春霁》等绝句则自然新警，爽人耳目。论诗喜用禅语，又多引韩驹语，主张顿悟，反对蹈袭。针对江西诗派及西昆体之弊，主张“以意为主，辅之以华丽”,“宁对不工,不可使气弱”。有《藏海居士集》、《藏海诗话》。生平事迹见宋孙觌《鸿庆居士集》卷三四《汪彦章墓志铭》,今人郭绍虞《宋诗话考·藏海诗话考》于其事迹出处考辨颇详。

计有功 宋学者。字敏夫,号灌园居士。蜀邛州临邛郡(今四川邛崃)人。徽宗宣和三年(1121)进士。为抗金将领张浚从舅,曾与其幕府。绍兴五年,以承议郎知简州提举两浙西路常平茶盐公事,七年张浚遣其赴临安奏对,献《晋鉴》,升直徽猷阁,提举潼川府路刑狱公事。其友郭印称其“奥学沧溟深,高谈风雨驶。胸中富经纶,忧国心屡瘩”(《云溪集·送计敏夫赴阙》)。编有《唐诗纪事》八十一卷,收诗人一千一百五十家,汇集各人本事,开后来《宋诗纪事》、《明诗纪事》等先河。生平事迹见朱熹《朱文公文集》卷九五《张浚行状》、李心传《建炎以来系年要录》卷九一、卷一一一等。

张元幹(1091—1161) 宋词人。字仲宗,自号芦川居士。永福(今福建永泰)人,一说长乐(今属福建)人。出生仕宦之家,徽宗大观四年(1110)学诗于徐俯,后十年间拜谒过苏辙、郑侠等名宿,政和、宣和间又与陈与义唱和。宣和七年(1125)任陈留县丞。钦宗靖康元年(1126)为李纲僚属。后李纲遭贬,亦牵连罪放出京。高宗绍兴元年(1131)因不屑与秦桧同朝,愤而辞官。绍兴二十一年(1151)被秦桧削籍下狱。晚年曾滞留吴越。元幹“诗文皆有渊源”,“题跋诸篇,则具有苏、黄遗意”(《四库全书总目》),徐俯曾称其“诗如云态度,人似柳风流”(曾季貍《艇斋诗话》引)。靖康乱后,诗风为之大变,《建炎感事》、《建事四首丙午冬淮上作》等诗,感时伤世,文词雅健,深得杜甫遗意。而其词尤著。早年词作婉丽,后经颠沛流离“愤世嫉邪之气,间寓于歌咏”(蔡戡《芦川居士词序》)。《贺新郎·送胡邦衡待制赴新州》忠愤填膺,慷慨悲凉,“数百年后尚想其抑塞磊落之气”(《四库全书总目》),其豪放词风对张孝祥、辛弃疾等人有一定影响。著有《芦川归来集》、《芦川词》。生平事迹见宋蔡戡《芦川居士词序》(《定斋集》卷一三)、曾噩《芦川归来集序》等,另今人王兆鹏撰有《张元幹年谱》,南京出版社 1989 年 8 月版。

黄彦平(?—1139) 宋文学家。字季岑,号次山。丰城(今属江西)人。徽宗宣和元年(1119)进士。历信阳州学教授,池州司理参军。靖康初,迁太学博士。坐与李纲善,谪监虢州铜场。高宗建炎二年(1128),擢尚书员外郎,抚御京东西路使。乞外补,知筠州。擢吏部郎官,权礼部郎官,出提点湖南路刑狱。旋以言罢,主管亳州明道宫卒。文存三十来篇,诗存一百余首,大多感慨国势衰颓,战乱流离的悲愁,沉郁凄怆,颇为动人,代表作有《圣节有感》、《重过京口》、《清明诗》等。有《三余集》四卷传世。生平事迹见宋谢谔《三余集序》(《三余集》卷首)、清陆心源《宋史翼》卷二七。

邓肃(1091—1132) 宋诗人。字子宏(又曰志宏),号栟榈。南剑州沙县(今属福建)人。入太学时,即赋诗讥东南贡花石纲,被斥。钦宗立,赐进士出身,授鸿胪寺簿。后命诣金营,留五十日而还。后擢右正言。遇事感激,上言皆切当。会李纲罢相,上疏得罪,罢归居家。其论诗推崇苏轼,其《靖康迎驾行》、《后迎驾行》等诗,风格颇近杜甫赴奉先诸作。被黜后所作诗歌尤显铮铮傲骨,代表作有《感遇》二首。文章亦多抒写名节志向。佳作有《具瞻堂记》等。著有《栟榈集》。生平事迹见宋张元幹《芦川归来集》卷九《诸公祭邓正言文》、《宋史》卷三七五。

苏籀(1091—?) 宋文学家。字仲滋。眉州眉山(今属四川)人。苏辙孙。十余岁时,侍苏辙于颍昌,前后九载,未尝去侧。高宗时,官至太府监丞,将作监丞。孝宗时卒,年七十余。曾追记苏辙所言,为《栾城遗言》一卷,辨论文章流别及古今人是非得失,较为详晰。其人品虽不足称道,但“其诗文雄快疏畅,以词华而论,终为尚有典型,固亦未可遽废焉”(《四库全书总目》卷一五七)。著有《栾城遗言》、《双溪集》等传世。生平事迹见苏辙《栾城后集》卷二一《六孙名字说》、《双溪集》附苏诩《双溪集后跋》及伍崇曜《双溪集跋》。

张九成(1092—1159) 宋经学家、文学家。字子韶,号横浦居士。杭州钱塘(今浙江杭州)人。少游京师,从杨时学。高宗绍兴二年(1132)进士第一,授镇东军签判。赵鼎荐于朝,以太常博士召,迁著作郎。累官宗正少卿,权礼部、兼权刑部侍郎。因反对议和,忤秦桧,谪邵州。落职,谪居南安军十四年。桧死,起知温州,奉祠归,卒谥文忠。早与学佛者游。后研思经学,根柢精邃,文章如《书传统论》、《春秋讲义》等多为说经之作。《状元策》等极陈恢复大计,直指时弊,言辞痛切,杨时谓之“有刚大之气”。诗尚梅尧臣,谓“雕琢伤正气”,好诗应“衮衮鸣山泉,款款语亲闱”(均见《读梅圣俞诗》)。其作如《多雨偶成》真切感人,《双秀峰》、《菩提寺》

等写景亦各有佳致，然常发议论，有直露之嫌。著有《横浦集》、《心传日新》、《孟子传》等。生平事迹见《横浦先生家传》(《横浦集·附录》)、《宋史》卷三七四。

李若水(1093—1127) 宋文学家。原名若冰，字清卿。洺州曲周(今属河北)人。以上舍登第，调元城尉。试学官第一，历济南府教授，除太常博士。靖康元年(1126)使金，还授吏部侍郎。次年，金人设计邀钦宗出郊，若水随行遇害。高宗特赠观文殿学士，谥忠愍。宋赵希齐《忠愍集序》称其"文章如颜鲁公之字，字画刚方劲正，不折不沮之气，开卷凛然"。其诗多写农家疾苦，《农夫叹》、《村家行》、《村妇谣》等皆属此类；亦抒写宦游思归之情，如《归家》、《书怀》、《偶成》等皆是。著有《忠愍集》。生平事迹见宋赵希齐《忠愍集序》(《忠愍集》卷首)、《宋史》卷四四六。

李侗(1093—1163) 宋学者。字愿中，世号延平先生。南剑州剑浦(今福建南平)人。徽宗政和六年(1116)从郡人罗从彦学。后隐居山中四十余年。高宗绍兴二十三年(1153)朱熹从其受业。孝宗隆兴元年卒。为人"气节豪迈而涵养完粹"(汪应辰《文定集·李延平先生墓志铭》)，为程朱理学承上启下之重要人物。然平生不著书，亦不喜作文，今传《李延平集》乃裔孙所辑。生平事迹见朱熹所撰《延平先生李公行状》(《朱文公文集》卷九七)、《宋史》卷四二八。

王之道(1093—1169) 宋文学家。字彦猷。濡须(今安徽合肥)人。徽宗宣和六年(1124)进士，对策极言燕云用兵之非，以切直抑至下列。高宗绍兴间通判滁州，忤秦桧，沦废二十年。桧死，起知信阳，擢湖南运判，以朝奉大夫致仕。诗、文、词俱工，其诗自然真朴，其词清隽幽妙，其文慷慨激烈、通晓畅达。著有《相山集》、《相山居士词》传世。生平事迹见《相山集》卷三〇附《加赠少师王之道敕》及《故太师王公神道碑》，近人宛敏显撰有《相山居士王之道传》，载民国二十六年《学风》七卷三期。

潘良贵(1094—1150) 宋文学家。字义荣，一字子贱，号默成居士。婺州金华(今属浙江)人。徽宗政和五年(1115)进士，释褐为辟雍博士，官至提举淮南东路常平。以论时宰何㮚、唐恪等不可用，黜监信州。高宗即位，召为左司谏，官至中书舍人，求去，以徽猷阁待制提举亳州明道宫。既归，十年不出，家居甚贫，秦桧讽令求郡，不从。其学术醇正，刚介清明，朱熹以"不及洒扫其门"为憾(《朱文公文集》卷七六《默成文集序》)。文存二十篇。《论治体札子》、《矫斋》等，内容笃实，文辞清雅。诗存二十七首，《读沈约传怒其缓颊卖国……抒所怀》、《和沈秀才》等，忧怀国势，痛恨权奸，凄凉悲壮，足以感人。词存一首。有《默成文集》四卷传世。生平事迹见《宋史》卷三七六、《默成文集》所附《年谱》。

林季仲 宋诗人。字懿成，晚号芦山老人，又号竹轩。永嘉(今浙江温州)人。徽宗宣和三年(1121)进士。高宗时赵鼎荐之入朝，绍兴三年(1133)为秘书郎。累迁吏部郎、太常少卿。后因忤秦桧，罢去。七年起知泉州，八年知婺州，后以直秘阁奉祠。所上奏札，今存虽少，却深中时弊。其诗"虽边幅稍狭，已逗江湖一派，而笔力挺拔，其清隽亦可喜也"(《四库全书总目》)。七律《送会稽虞仲林》、七绝《郊行感怀》之一、二，倍受前人激赏，宋陈岩肖《庚溪诗话》卷下评为"语佳而意新"之作。著有《竹轩杂著》传世。生平事迹见清陆心源《宋史翼》卷一〇。

曹组 宋诗文家、词人。字元宠。颍昌阳翟(今河南禹州)人。尝六举不第，著《铁砚篇》以自解。宣和三年(1121)登进士第，召见玉华阁，徽宗亲作书以赐之曰："曹组文章之士。"命题作赋，援笔立就。以阁门宣赞舍人为睿思殿应制。宣和四年艮岳告成，与睿思殿应制李质奉诏同作《艮岳百咏》。王灼《碧鸡漫志》卷二称："元祐间，王齐叟彦龄；政和间，曹组元宠，皆能文，每出长短句，脍炙人口。……组潦倒无成，作《红窗迥》及杂曲数百解，闻者绝倒，滑稽无赖之魁也。"有《箕颍集》，久佚。《乐府雅词》录其词三十一首。生平事迹见《宋诗纪事》卷八七。

张嵲(1096—1148) 宋诗人。嵲一作崃。字巨山。襄阳(今湖北襄樊)人。徽宗宣和三年(1121)上舍选中第，调唐州方城尉。高宗绍兴五年(1135)，除秘书省正字。九年除司勋员外郎。金人败盟，为秦桧画策草奏。十年擢中书舍人，寻罢去。后提举太平兴国宫。嵲为著名诗人陈与义表侄，对陈诗推崇备至。其诗文皆工，尤以五古为佳。如《夷陵》、《初夏》、《江防》诸篇，刘克庄以为"词语高简，意味幽远"(《后村诗话》后集卷二)。五言绝句《出见桃花盛开》、《独夜》，七言绝句《过覃氏园偶题》、《二月二十四日至魏塘》等，"皆精宛有思致"。《读楚世家》则借古伤今，忠愤感人。文章则"典雅沈实”，论文主张复古，其作亦有北宋诸古文家之遗风。其奏议如《论和战守》、《论攻取》等，于时事条分缕析，详明恳切，语言流畅。著有《紫微集》传世。生平事迹见《宋史》卷四四五。

欧阳澈（1097—1127） 宋文学家。澈或作徹。字德明。抚州崇仁（今江西崇仁）人。靖康初应制条陈弊政，以布衣连上万言书。金兵犯阙，上书请质子女于朝，使金庭，御亲王以归。高宗即位，伏阙上书，极诋执政大臣黄潜善、汪伯彦，遂与陈东同被杀于市。死时年仅三十一岁（《宋史·忠义传》云“死时三十七”，误）。绍兴四年（1134）加朝奉郎、秘阁修撰。澈诗多朋友赠答唱和之类，“冲淡俊逸，抑扬顿挫，有唐人气味”（王克义《欧阳修撰集序》）。诗风颇似李白，然于李贺、贾岛、韩愈等，亦多所师法。亦能词，今存词七首。其文集仅存五篇，尤以《上皇帝万言书》三篇为著。有《欧阳修撰集》传世。生平事迹见欧阳铁所辑《欧阳修撰事迹》（见《欧阳修撰集》卷七）、宋吴沆《飘然集序》及陆游《渭南文集》卷三一《跋临汝志》、《宋史》卷四五五。

朱松（1097—1143） 宋文学家。字乔年，号韦斋。徽州婺源（今属江西）人。朱熹之父。徽宗政和七年（1117）进士，授迪功郎，为建州政和县尉。高宗绍兴四年（1134）除秘书省正字，后迁著作佐郎、尚书度支员外郎兼史馆校勘，参与修哲宗实录。累官司勋、吏部员外郎。秦桧议和，松上书极言不可，忤桧，出知饶州。未赴任而终。松以诗文知名。傅自得《韦斋集序》称“其诗高远而幽洁，其文温婉而典裁”，《四库书前提要》亦称其“学识本殊于俗，故其发为文章，气格高远而自得”。诗如五古《晓过吴县》、七古《答林康民见和梅花诗》，瘦硬中见清新，幽淡中见情味，具宋诗本色。文如《上赵漕书》、《清轩记》等抒发苦闷，感慨甚深。奏议《上皇帝疏》、《论时事札子》洋洋万言，典正有力。著有《韦斋集》传世。生平事迹见朱熹《皇考朱公行状》（《韦斋集》卷首）、周必大《周文忠公集》卷七〇《朱公神道碑》、《宋史》卷四二九。

张浚（1097—1164） 宋将领。字德远，号紫岩。汉州绵竹（今属四川）人。政和八年进士。高宗即位，擢殿中侍御史。平定苗傅、刘正彦之变有功，除知枢密院事。建炎三年（1129）出任川陕宣抚处置使。绍兴四年谪居福州，五年除尚书右仆射、同中书门下平章事兼知枢密院事，都督诸路军马北伐，因郦琼叛变投敌，遂罢相，七年谪居永州，九年知福州兼福建安抚大使。秦桧执政，浚摒斥在外二十年，先后谪居连州、永州。绍兴二十五年，秦桧死，浚复官。三十一年金完颜亮南侵，复被起用，判建康府兼行宫留守。孝宗即位，深受倚重，除江淮东西路安抚使，进封魏国公。隆兴元年除枢密使，督师北伐，终败于符离，和议复起，岁末拜右相，二年乞去，卒谥忠献。浚一生志在恢复，力主定都建康，知人善任，多引擢贤臣良将，人号“小元祐”。绍兴中进《中兴备览》四十一篇，受高宗嘉赏。精通《易》学，著有《易解》及《杂说》十卷，其他诸经亦各有解。《四库全书》著录其《紫岩易传》十卷。文集有《张魏公集》十卷。生平事迹见朱熹《朱文公文集》卷九五《张魏国公行状》、杨万里《诚斋集》卷一一五《张魏公传》、《宋史》卷三六一。

陈康伯（1097—1165） 宋诗文家。字长卿。信州弋阳（今属江西）人。宣和三年中上舍丙科。绍兴中，累迁户部司勋郎中。时秦桧当国，康伯虽与桧有旧，然淡泊自守，不事阿附。绍兴二十七年，由吏部尚书拜参知政事，三十一年拜光禄大夫、尚书左仆射。主持国政，折冲外交，多所建树，高宗称其“静重明敏，一语不妄发，真宰相也”。完颜亮南侵，康伯部署军事，力赞抗敌。金兵至庐州，朝臣有遣家预避者，康伯独具舟迎家入浙，劝高宗留守临安，人心以定。高宗下诏欲散百官，康伯焚诏，奏请亲征。金兵败归，康伯密赞高宗禅位大议，孝宗即位，命兼枢密使，进封信国公。屡乞致仕，隆兴元年判信州，寻辞官家居。次年金兵再犯，复拜尚书左仆射、同中书平章事兼枢密使，进封鲁国公，抱病返朝。卒谥文恭，后改谥文正。今存《陈文恭公集》十三卷，为其裔孙以范编次。生平事迹见《宋史》卷三八四。

朱翌（1097—1167） 宋诗人。字新仲，号灊山居士。舒州（今安徽潜山）人。徽宗政和八年（1118）进士。南渡后为秘书少监，中书舍人。秦桧恶其不附己，高宗绍兴十一年（1141）责授将作少监，谪居韶州。二十五年，桧死，充秘阁修撰。三十年知宣州，移平江府，授敷文阁待制。三十一年罢。孝宗乾道三年卒。翌父曾从苏轼、黄庭坚游，翌承其家学，才力富健，所作颇有元祐遗风。《四库书前提要》谓其“五七言皆极跌宕纵横，近体亦伟丽伉健。喜以成语属对，率妥贴自然”，如《送汪彦章南迁》、《与郭侯饮园中》等皆不烦斫削，倍受前人激赏 。著有《灊山集》、《猗觉寮杂记》等传世。生平事迹见《灊山集》附录《专辑》。

杨无咎(1097—1169)　宋词人、书画家。字补之。杨一作扬,一说名补之,字无咎。自号逃禅老人、清夷长者、紫阳居士。临江清江(今江西樟树)人,寓居洪州南昌。高宗朝累征不起。绘画尤擅墨梅,祖承花光仲仁,而又青出于蓝,变水墨点瓣为白描圈线,尤能显梅之清疏淡雅。水墨人物画师法李公麟。书学欧阳询,笔势劲利。今存《逃禅词》一卷,词多题画之作,风格婉丽。南宋刘克庄评曰:"过江后称扬补之,其墨梅擅天下,身后寸纸千金。所制梅词《柳梢青》十阕,不减《花间》、《香奁》及小晏、秦郎得意之作。词画既妙,而行书姿媚精绝,可与陈简斋相伯仲。"(《后村先生大全集》卷一〇七《扬补之词画》)生平事迹见吴太素《松斋梅谱》卷一四《画梅人谱》、《宋史翼》卷三六。

胡寅(1098—1156)　宋文人、学者。字明仲,一作仲刚,学者称致堂先生。建宁崇安(今福建武夷山市)人。徽宗宣和三年(1121)进士甲科。钦宗靖康初召为秘书省校书郎。从杨时学。张邦昌称帝,弃官归。高宗建炎三年(1129)张浚荐为驾部郎官,擢起居郎。绍兴五年(1135)迁中书舍人,八年擢礼部侍郎兼直学士院。后因为秦桧所恶落职,桧死复职。卒于家。寅为人有气节,诗文亦剀切激直。议论如《读史管见》、《上皇帝万言书》皆如此。诗如《纸帐》、《和赵宣》亦有豪宕俊迈之气。著有《斐然集》传世。生平事迹见宋刘𪟝《云庄集》卷二《祭胡侍郎文》、《宋史》卷四三五。

曹勋(1098—1174)　宋诗人。字公显,号松隐。颍昌阳翟(今河南禹州)人。以父恩补承信郎。徽宗宣和五年(1123)登进士甲科。钦宗靖康元年(1126)除武义大夫。从徽宗北迁,后遁归,高宗绍兴十一年(1141)授成州团练使。后宋金议和,充金国报谢副使。二十九年拜昭信军节度使。孝宗朝加太尉。卒谥忠靖。其诗作数量多,如出使金国所作《入塞》、《出塞》讽谕时事,深婉感人,可谓白居易《新乐府》之嗣响。著有《松隐文集》、《北狩见闻录》传世。生平事迹见宋楼钥《攻媿集》卷五二《曹忠靖公松隐集序》、《宋史》卷三七九。

姚孝锡(约1099—1181)　宋金诗人。字仲纯,号醉轩。丰县(今属江苏)人。徽宗政和四年(1114)登第,官代州兵曹。金兵入雁门,州将议以城降,孝锡卧床大鼾,不与其议。金人命为五台主簿,旋以疾去官,居五台,时年二十九。治生积粟至数万石,遇饥岁,尽出以赈贫乏。中年后以家事付诸子,放情山水,诗酒自娱,年八十三乃终。诗存三十余首,主要抒写国难乡愁。如《谒滕茂实祠》、《新诗》等,沉郁悲凉,凄切动人。曾著有《鸡肋集》,遭战乱而佚,今有《醉轩集》传世。生平事迹见金元好问《中州集》卷一〇、宋周密《齐东野语》卷一一。

蔡枏(?—1170)　宋诗人。字坚老,自号云壑道人。建昌军南城(今属江西)人。尝官袁州通判。壮年以诗著,与曾纡、吕本中等相唱和。著有《云壑隐居集》三卷,词《浩歌集》一卷,原本已佚。词有赵万里辑本,载《校辑宋金元人词》。生平事迹见《宋诗纪事》卷四一。

康与之　宋诗人、词人。字伯可,又字叔闻;号退轩,一号顺庵。洛阳(今属河南)人,居陈州宛丘(今河南淮阳)。建炎初高宗驻跸扬州,上《中兴十策》,名著一时。起为承务郎。秦桧当国,乃附会求进。绍兴十五年(1145)高宗以星变求言,与之上书言彗星不足畏,秦桧大喜,转改京秩。在朝以诗词应制,专为粉饰谀艳之作,名声扫地。与宦官相交游,伺机于徽宗御画扇上题诗云:"玉辇宸游事已空,尚余奎藻绘春风。年年花鸟无穷恨,尽在苍梧夕照中。"令高宗大恸。十七年擢军器监丞。后挟势为苏州乐妓赵芷脱籍,借故陷害知州周三畏与通判苏师德等。出为福建安抚司主管机宜文字。秦桧死,与之被劾,二十五年除名编管钦州,后移雷州,复移送新州牢城。其人品鄙下,然诗词尚可观,词风妍媚,陈廷焯评为"哀感顽艳"(《白雨斋词话》)。今存《顺庵乐府》一卷,诗《椒亭小集》一卷。生平事迹见《宋史翼》卷二七。

刘翰　宋诗人。字武之。长沙(今属湖南)人。北宋亡后,居武夷山中。绍兴间游于张孝祥、范成大之门,诗声日著。存诗一卷,时有佳作,如《种梅》、《石头城》等皆清新可诵。存词七首,多写思妇之情。著有《小山集》。生平事迹见《南宋文范作者考》上。

朱槔　宋诗人。字逢年,号玉澜。徽州婺源(今属江西)人。朱熹之叔父。有气节,不肯随俗俯仰。其诗闲暇,不见悲伤憔悴之态。其《春风》等诗则"雍容广大,有圣门舞雩气象"(尤袤《玉澜集后跋》)。《感事三首》则激昂慷慨,有经世之志。著有《玉澜集》传世。生平事迹见《玉澜集》卷末尤袤跋及无名氏撰《行状》。

折彦质　宋诗人。字仲古,号葆真居士。云中(今山西大同)人。以荫补官,高宗绍兴中官至签书枢密院事。因为赵鼎所荐,为秦桧排斥,谪昌化，后安置郴州。能诗，尝作《燕衽亭》六绝句，周必大称其“脍炙人口”。有《葆真居士集》传世。生平事迹见周必大《跋折彦质燕衽亭诗》(《周文忠公集》)卷一九、清庄仲方《跋折枢密锦屏山堂图》(《南宋文范》卷六〇)。

冯时行(？—1163) 宋文学家。字当可，号缙云。璧山(今属四川)人。徽宗宣和六年(1124)进士。高宗建炎中官奉节尉。绍兴中擢左奉议郎，知丹棱县，后知万州。因反对秦桧和议，乃勒停，隐居乡里十余年。桧死，乃起知蓬州。绍兴三十一年(1161)擢右朝请大夫，提点成都府路刑狱。后卒于任。其诗文往往含忠愤之气。《安清洞夜坐有怀》、《楚峡州楚塞楼》等感时抚事，格调雄浑悲壮，有辛、陆之风。朱熹谓其“议论伟然”(《朱文公文集》卷八四《跋张劲夫与冯公帖》)。然闲居里社时，亦多无聊遣兴之什。亦能词，今存词十三首，著有《缙云文集》传世。生平事迹见骞驹《古城冯侯庙碑》(《缙云文集》末附)、清陆心源《宋史翼》卷一〇。

高登(？—1148) 宋文学家。字彦先，号东溪。漳浦(今属福建)人。徽宗宣和间为太学生，金人侵逼京师，与陈东伏阙上书，乞斩六贼。高宗绍兴二年(1131)登第，授富川主簿，调古县令。后以事忤秦桧，下静江狱，编管容州，授徒以终。文存二十余篇，《上渊圣皇帝书》等，慷慨直切，正气凛然。诗存三十余首，长歌《留别》，律诗《五夜道中》等，悲壮沉郁、格调高古。词存十二首。有《东溪集》二卷传世。生平事迹见《东溪集》附录《高东溪先生言行录》、《宋史》卷三九九。

李若川 宋诗人。字子至。其籍贯不详。高宗绍兴中任江南东路转运判官。孝宗乾道初，以吏部尚书使金。其诗仅存十三首，《村社歌》、《蚕妇词》等清新可诵。著有《延月楼诗稿》传世。生平事迹见宋周麟之《海陵集》卷一八《除江西运判制》、洪适《盘洲集》卷二二《除权刑部侍郎督府参赞军事制》。

刘子翚(1101—1147) 宋学者、诗人。字彦冲，号屏山。建州崇安(今福建武夷山市)人。以荫授承务郎，通判兴化军。父死靖康之难，遂辞归武夷山，隐居十七年。讲学不倦，所与游者，皆海内知名人士。朱松死，以子熹为托。高宗绍兴十七年卒。谥文靖。子翚学问精深，于《周易》尤有心得，朱熹曾从之学《易》。诗文俱佳，《四库全书总目》以为其“谈理之文辨析明快，曲折尽意，无南宋人语录之习；论事之文洞悉时势，亦无迂阔之见”。诗以《汴京纪事》二十首为代表，笔触凝重深沉，“不减唐人”(元方回《瀛奎律髓》评语)。另有一些吟咏山水之作亦颇有情趣，如《策杖》流畅深婉，《南溪》则具有理趣。著有《屏山集》传世。生平事迹见宋朱熹《朱文公文集》卷九〇《屏山先生刘公墓表》、《宋史》卷四三四。

范浚(1102—1151) 宋文学家、学者。字茂明。浙江兰溪人。家世业儒。高宗绍兴中举贤良方正，以秦桧当政，辞不就。著《心箴》，朱熹取全文于《孟子集注》中。浚不近荣利，杜门讲学。学者称香溪先生。其诗“近体流易，犹元祐旧格，不涉江西宗派，古体颇遒，亦非语录为诗之比”(《四库书前提要》)。其文凡十九卷，陈岩肖称其“辩博而峻整”(《香溪先生文集序》)，吴师道亦称其“斩绝矫健，凿凿明整，卓然名家”(《香溪先生文集后序》)。其《猩猩赋》、《甘菊赋》、《蟹赋》短小精悍，托物写志，讥刺尖刻。著有《香溪集》传世。生平事迹见朱熹撰《香溪小传》、明童品撰《香溪先生传》(均见《四部丛刊续编》本《范香溪先生文集》卷首)，明应廷育《金华先民传》卷二。

王铚 宋文学家、史学家。字性之。颍州汝阴(今安徽阜阳)人，自称“汝阴老民”。王明清之父。绍兴初累官右承事郎，守太府丞，迪功郎，权枢密院编修官。撰成《祖宗兵制》，绍兴四年赐名枢庭备检。后罢为主管台州崇道观。九年上《七朝国史》，进右宣议郎。以言徽宗陵名不当，忤秦桧。进右宣教郎，充湖南安抚使参议官，献《祖宗八朝圣学通纪论》。十三年，献《太玄经解义》。晚年避居剡中，人称“雪溪先生”。出身书香世家，藏书丰富，又博闻强记，著述甚丰。陆游称其“记问该洽，尤长于国朝故事，莫不能记。对客指画诵说，动数百千言。退而质之，无一语缪”(《老学庵笔记》)。然以上诸作，均已失传。今存诗集《雪溪集》五卷，《四库全书总目》评其“诗格近温、李”。又有《默记》三卷，多载北宋朝野遗闻，可补正史之不足，但有时语涉怪诞，不可据为实录。又《四六话》二卷，评论宋人表启之文，总结骈文写作技巧，《四库全书总目》谓：“铚之所论，亦但较胜负于一联一字之间……终宋之世，惟以隶事切合为工，组织繁碎而文格日卑，皆铚等之论导之也。然就其一时之法论之，则亦有推阐入微者，如诗家之有句图，未可废也。”又《补侍儿小名录》一卷，乃为续洪适(一作洪刍)之书而作。此外，旧题柳宗元撰《龙城录》与冯贽撰《云仙杂记》，也有学者以为乃王铚伪托(见何薳《春渚纪闻》、张邦基《墨庄漫录》)。生平事迹见陆心源《宋史翼》卷二七、《四库全书总目》卷一三七。

胡铨(1102—1180)　宋文人、学者。字邦衡，号澹庵。庐陵(今江西吉安)人。高宗建炎二年(1128)进士，授抚州军事判官。绍兴七年(1137)为枢密院编修官。八年，因上书反议和，乞斩秦桧，诏除名流昭州，十八年谪移吉阳军。二十六年桧死，遂移衡州。孝宗即位，复左奉议郎知饶州。隆兴元年(1163)迁秘书少监。后因不附和议，出为措置浙西、淮东海道，亲率兵士御敌。淳熙七年(1180)除宝文阁待制，加资政殿大学士致仕。卒谥忠简。为人忠正尚气节，故杨万里序其文集曰："先生之文肖如其为人，其议论闳以挺，其序记古以则，其代言典而严，其书事约而悉。"《上高宗封事》慷慨陈辞，使朝野震动。他如《应诏言事状》、《上孝宗封事》亦视死如归、激昂闳切。所作诗词亦恢奇高响，多愤激慷慨语。如词作《好事近》辞意峻切，凛然无畏。诗作《次雷州朱彧秀才韵时欲渡海》写不屈之志，铮铮凛然。有《胡澹庵先生文集》、《澹庵长短句》传世。生平事迹见杨万里《诚斋集》卷一一八《胡公行状》、周必大《省斋文稿》卷三〇《胡忠简公神道碑》及《宋史》卷三七四。今人胡翯有《胡忠简公年谱》四卷，民国三十四年贵阳《中央日报》排印。

岳飞(1103—1142)　宋将帅。字鹏举。相州汤阴(今属河南)人。徽宗宣和四年(1122)，应募从军。英勇善战，屡建奇功，官至太尉，少保，河南、河北诸路招讨使，枢密副使等，封武昌郡开国公。后以坚持抗金，反对和议，为秦桧等以"莫须有"罪名所陷，囚大理寺狱死。孝宗淳熙六年(1179)，追谥武穆；宁宗嘉定四年(1211)，追封鄂王；理宗淳祐六年(1246)，改谥忠武。岳飞精忠报国，武略超人，在文学上亦颇有成就。后人编有《岳忠武王文集》八卷，存文一百六十余篇，《南京上高宗书略》、《奏乞出师札子》、《五岳祠盟记》等，激情磅礴，文辞刚劲。诗存十余首，《送紫岩张先生北伐》、《题新淦萧寺壁》等，格调高昂，一如其文。词存三首，尤以《满江红》(怒发冲冠)最为著名。生平事迹见岳珂编《岳忠武王行实编年》、《宋史》卷三六五、清黄邦宁编《岳忠武王年谱》一卷《遗事》一卷(《岳忠武王文集》附)，近人李安著《岳飞史迹考》，1970年台湾中正书局印行。

郑樵(1103—1162)　宋史学家、文学家。字渔仲，自号溪西遗民，学者称夹漈先生。兴化军莆田(今属福建)人。自徽宗政和八年(1118)，樵十六岁便深居夹漈山，读书撰著三十年。高宗绍兴二十八年(1158)，以荐召授右迪功郎，礼兵部架阁。以劾落职，改监潭州南岳庙，归抄所著《通志》。三十一年，《通志》成，授枢密院编修，兼检校诸房文字，旋罢职。樵学问博洽，治史成就尤著，撰通史体《通志》二百卷，其中"二十略"卓有创见，最受称道。其他文存七篇，《献皇帝书》、《上宰相书》等，文辞洒脱明快，《四库全书总目》评其文"滉漾恣肆，多类晚唐李观、孙樵、刘蜕，在宋人为别调"。诗五十六首，《送芹斋》、《吊采石渡口将军》等，萧散疏淡，不甚修饰。有《通志》二百卷，《夹漈遗稿》三卷等传世。生平事迹见《宋史》卷四三六。今人顾颉刚著有《郑樵年谱》(民国二十四年商务印书馆排印本)和《郑樵传》(民国十二年《国学季刊》一卷三期)。

王之望(1103—1170)　宋文学家。字瞻叔，号汉滨，襄阳穀城(今属湖北)人，寓台州。高宗绍兴八年(1138)进士，累迁太府少卿。孝宗即位，除户部侍郎，充川陕宣谕使，拜参知政事，罢。起为福建安抚使，加资政殿大学士，移知温州，寻罢归。当秦桧时，落落不合，或谓其有守，后力附和议，以割地啖敌为得计。敌势益张，讫以此废。谥敏肃。工诗文，《四库全书总目》评为"疏畅明达，犹有北宋遗矩。诸札子亦足以考见时事，与正史相参"。著有《汉滨集》传世。生平事迹见宋楼钥《攻媿文集》卷八四《祭王参政》、周必大《周益国文忠公集》卷五三《王参政文集序》、《宋史》卷三七二。

李易　宋诗人。字顺之。江都(今属江苏)人。高宗建炎二年(1128)进士第一，授签书江阴军判官。绍兴元年(1131)为太常博士，转工部员外郎，迁中书舍人。后知扬州，累迁敷文阁待制。卒于秀州。其诗存世仅十一首，多为闲居剡县时所作，风格恬淡清雅。著有《李敷文诗集》传世。生平事迹见明朱希召编《宋历科状元录》卷五及清庄仲方《南宋文范作者考》上。

吴芾(1104—1183)　宋文学家。字明可，号湖山居士。台州仙居(今属浙江)人。高宗绍兴二年(1132)进士，迁秘书正字。孝宗即位，迁礼部侍郎，终龙图阁直学士。晚退闲家居十四年，卒于家。谥康肃。《四库全书总目》称"其诗才甚富，往往澜翻泉涌"，然其诗题材范围颇窄，和寄赠答之什占现存诗作十之七八，余者亦多模山范水、叹老乞归之作。大多平易冲澹，不露芒角，颇近白居易晚年之闲适诗。晚年尤慕陶潜，作《和陶诗》三卷，更趋平淡恬适。亦能文，朱熹称其“属文不事雕刻而豪健俊整，指意明白”，又能词，仅存一首。著有《湖山集》传世。生平事迹见朱熹《龙图阁直学士吴公神道碑》(《朱文公文集》卷八八)、《宋史》卷三八七。

晁公武 宋目录学家。字子止，号昭德先生。钜野(今山东巨野)人。绍兴二年(1132)进士，靖康中避兵入蜀，为四川总领财赋司干办公事，乾道中以敷文阁直学士为临安府少尹。赅博广闻，曾受四川转运副使井度五十箧赠书，又合祖传旧藏二万余卷，披览校雠，逐一著录，成《郡斋读书志》，为我国最早私家提要书目；另著有《昭德文集》。生平事迹见《宋蜀文辑存》卷七〇《昭德晁先生文集序》、《宋元学案补遗》卷四。

程垓 宋词人。字正伯。眉州眉山(今属四川)人。其家有拟舫，名“书舟”，因以为号。活动于南宋前期。今传《书舟词》一卷，前有王称(一作偁，字季平)绍熙甲寅年(1194)之序，云尚书公尤袤称其文过于诗词，当时“方为当涂诸公以制举论荐”。王氏以为程垓诗词文兼擅，故云：“余谓正伯为秦、黄则可，为叔原则不可。”盖晏幾道仅以词名世。杨慎《词品》称其为“东坡之中表”，实误，后遂以讹传讹，《四库全书总目》亦置之于北宋词人中。况周颐《蕙风词话》辨其误。《词品》引其《酷相思》，又称《四代好》、《折红英》皆佳。许昂霄《词综偶评》评其《酷相思》：“人人之所欲言，却是人人之所不能言。此之谓本色，无笔力者，未许妄作邯郸。”生平事迹见王称《题〈书舟词〉》。

怀深 宋诗僧。寿春(今安徽寿县)夏氏子。钦宗靖康间住灵岩尧峰院，号慈受禅师。南宋高宗建炎间居洞庭。终于江宁蒋山太平兴国寺。慕唐诗僧寒山子诗“丁宁苦口，警悟世人种种过失”(《慈受拟寒山诗》卷首自序)，拟作五言诗一百四十八首。其诗宣扬释氏轮回因果之说，多以教诫说理为主。村言口语，拙于文采。有《慈受拟寒山诗》传世。厉鹗《宋诗纪事》卷九二又从《中吴纪闻》、《吴郡志》录其《中秋赏月寄高峰瑨志》、《尧峰院山居十咏》(存六首)，则有抒情风格。生平事迹见《慈受拟寒山诗》卷首自序。

胡宏(1106—1162) 宋文人、学者。字仁仲，号五峰。建宁崇安(今福建武夷山)人。胡安国之子。以荫补右承务郎，不调。曾师事杨时，传其父之学。于南山下精研理学近二十年。秦桧欲用之，宏避而不仕。桧死，被召，以疾辞。宏为理学三峰学派创始人。所作诗歌清淡疏朗，《题上封寺》、《西林寺廓然堂有怀》等皆淡泊有致。文亦醇雅婉正，《上光尧皇帝书》文辞剀切，《与秦会之书》等可为代表。有《五峰集》，《皇王大纪》，《知言》传世。生平事迹见张栻《南轩文集》卷一四《胡子知言序》、《宋史》卷四三五。

史浩(1106—1194) 宋政治家、文学家。字直翁。明州鄞县(今浙江宁波)人。高宗绍兴十四年(1144，一作十五年)进士，调余姚县尉，累官至起居郎，兼太子右庶子。孝宗即位(1163)，擢中书舍人，官至参知政事，拜尚书右仆射。后出知绍兴。淳熙五年(1178)，复右丞相。十年(1183)，请老，除太保致仕，封魏国公，进太师。卒封会稽郡王。宁宗登极(1195)，赐谥文惠；嘉定十四年(1221)，追封越王，改谥忠定。文存千余篇，多奏札、表启之作。诗存三百二十余首，词曲一百三十余篇，大多应和酬答，祝寿题记之类，雍容华丽，意境较为平淡。其大曲七套，如《采莲舞》、《剑舞》、《花舞》、《渔父舞》等，完整地保存了唐宋歌舞戏大曲的名称、组合形式、演唱细节等，是研究宋代大曲难得的宝贵材料。有《尚书讲义》二十卷，《鄮峰真隐漫录》五十卷传世。生平事迹见《宋史》卷三九六。

仲并 宋文学家。字弥性。江都(今属江苏)人。高宗绍兴二年(1132)进士。七年张浚荐为京口通判。孝宗继位，擢光禄寺丞。晚出知蕲州。幼而好学，及长潜心学问，尊孔孟之道，力排王安石之说。诗如《咏竹》、《送泉州周尚书五首》、《日暮系舟》等皆清隽拔俗。词如《忆王孙·秋闺》、《蓦山溪·有僧》清丽有致，《念奴娇·冬至夜作》、《水调歌头·浮远堂》等则颇有豪迈之气。散文尤佳，周必大《仲并文集序》谓其“论时事、条利害，深切明白，务在可行”，如《蕲州任满陛对札子》、《上宰执书》等皆是。周氏又评其“四六叙事虽闳肆而关键甚密，属对虽切而非骈俪所能拘”，谓其《蕲州谢上表》“以古文就今体，自成一家”。又云其“杂著题跋清新可爱”。著有《浮山集》。生平事迹见周必大《仲并文集序》(《浮山集》卷首)、叶適《水心文集》卷九《烟霏楼记》。

陈长方(1108—1148) 宋散文家。字齐之，号唯室。长乐(今福建福州)人。父侁为洪州录事，父卒，长方奉母徙吴，依外祖。从王蘋游，隐居乡里，闭门穷研经史，名重一时。高宗绍兴八年（1138）登进士第，调太平州芜湖尉，迁江阴军学教授，未行，以疾终，年仅四十一。其学以程氏为宗，著有《唯室集》、《步里客谈》传世。生平事迹见《唯室集》后附宋胡百能《陈唯室先生行状》及章宪、洪兴祖、张九成所撰三篇《祭陈唯室文》。

李石（1108—？）　宋文学家、画家。字知幾，号方舟。资阳（今属四川）人。少从苏符游，高宗绍兴二十一年（1151）进士及第。绍兴末以荐任太学博士，黜成都学官，乾道中再入为郎，历知合州、黎州、眉州，官至成都转运判官，后坐斥，晚年困顿，郁郁而死。其文学苏轼，故所作闳肆古雅，如《鬼神论》、《大人论》、《西江集序》、《李晋寿诗叙》、《丛桂堂记》等。"诸体诗纵横跌宕，亦与眉山门径为近"（《四库全书总目》卷一五九）。词作亦清新可读。著作今存《方舟经说》、《续博物志》、《方舟集》。生平事迹见《方舟集》卷一〇《自叙》、宋邓椿《画继》卷三、宋李心传《建炎以来朝野杂记》乙集卷一三。

黄公度（1109—1156）　宋文学家。字师宪，号知稼翁。兴化军莆田（今属福建）人。高宗绍兴八年（1138）进士第一，签书平海军节度判官厅公事，除秘书省正字，故事第一人。坐以书讥时政，罢为主管台州崇道观。秩满，通判肇庆军府事。二十六年，拜考功员外郎，旋以疾终。诗存二百余首，"格律森严，兴寄深远"（陈俊卿《知稼翁集序》），佳作有《悲愁》、《次韵宋永兄伤时》、《春日抒怀》等。洪迈亦赞其诗"铿锵蹈厉，发越沉郁，精深而不浮于巧，平淡而不近俗"（《知稼翁集序》）。文存六十余篇，《上殿第二札子》、《上陈尚书》、《送郑少齐赴官严州序》等，议论宏达切直，文笔纡徐坦诚，《四库全书总目》评其文"恬静而轩爽"。词存十五首。有《知稼翁集》十一卷传世。生平事迹见《莆阳知稼翁集》卷一二龚茂良《黄公行状》、林大鼐《黄公墓志铭》及黄沃《宋尚书郎圹铭》。

王十朋（1112—1171）　宋文学家。字龟龄，号梅溪。乐清（今属浙江）人。少颖悟，有文行，及长，聚徒教授于梅溪。高宗绍兴二十七年（1157）举进士第一，除著作郎，签判绍兴府，迁大宗正丞，请祠归。孝宗时，历知饶、夔、湖、泉诸州，救灾除弊，恤民隐，有治绩，所至，人绘其像而祠之。屡次建议整顿朝政，起用抗金将领，所奏之事多为采纳，累官至太子詹事。以龙图阁学士致仕，乾道七年卒。谥忠文。生平著述颇丰，赋、诗、文各体俱佳。其文不事雕琢而风格典雅，浑然天成。汪应辰论其文云："专尚理致，不为浮虚靡丽之词，其论事章疏，意之所至，展发倾尽，无所回隐，条畅明白。"（《文定集·龙图阁学士王公墓志铭》）刘珙称其诗"浑厚质直，恳恻条畅，如其为人"（《梅溪集·序》）。所作《会稽风俗赋》，及《东屯》、《初至泉州示七邑宰》、《王孝子诗》、《和韵题秦隐君系故居》、《泛泛江汉水》等诗，《南浦老人诗集序》、《四友堂记》、《杂说》等文，俱为佳品。著作今存《梅溪集》、《会稽三赋》、《东坡诗集注》。生平事迹见汪应辰《文定集·龙图阁学士王公墓志铭》、《宋史》卷三八七。

林之奇（1112—1176）　宋文学家。字少颖，号拙斋。侯官（今福建闽侯）人。从学吕本中，高宗绍兴二十一年（1151）进士，调莆田主簿，改尉长汀，召为秘书省正字，转校书郎。后乞祠家居，聚徒讲学，弟子甚众，吕祖谦即其中最著者。孝宗淳熙三年卒，谥文昭。吕本中颇尚佛学，故之奇所论往往杂有儒、释之义。虽究心训诂，散文却明白畅达，无语录粗鄙之气。"诗尤具有高韵"（《四库全书总目》），其诗今存约三十首，均为古诗，《江月图》、《早春偶题》有苏黄风格。著述较多，有《尚书集解》、《论语注》、《杨子讲义》、《拙斋文集》传世。编《观澜集》三十卷。生平事迹见吕祖谦撰《祭文》、姚同《拙斋林先生行实》（均见《拙斋文集》附录）、《宋史》卷四三三。

晁公遡　宋诗人。字子西，号嵩山居士。济州钜野（今山东巨野）人。晁公武之弟。高宗绍兴八年（1138）进士。历左迪功郎、梁山县尉、施州通判。乾道初知眉州，又擢提点刑狱公事。晁氏自晁迥以来，家传文学。南渡后公遡与兄公武最为知名。公遡诗挥洒自如、清新自然，如《群荷》、《秋日》、《秋江》等皆是。《嵩山十八咏》写嵩山十八景观，亦各具情态。其文成就较高，师璿称其"雄深健雅，钜丽俊杰"（《嵩山居士集序》），《四库书前提要》亦誉其"劲气直达"，如《上政治启》、《与李仁甫结交书》大抵有此特点。有《嵩山居士集》传世。生平事迹见师璿《嵩山居士集序》（《嵩山居士集》卷首）、清庄仲方《南宋文范作者考》卷上。

葛立方　宋文学家。字常之，号归愚居士。丹阳（今属江苏）人，徙吴兴（今浙江湖州）。高宗绍兴八年（1138）进士，历秘书省正字，校书郎，中书舍人，吏部侍郎，后出知袁州。孝宗隆兴二年（1164），命知宣州，被论罢归，遂不复出。文存一百余篇，《忆菁山赋》、《九效》等，古朴流畅，芮辉《归愚集序》赞其文"务去陈言而不露斧凿痕，自出机杼而不袭他人后，……闳肆驰骋而不失程度，纡徐清丽而归于雅正。"诗存约二百首，不乏伤时悯志，悲凉凄恻之作。词存三十九首，"多平实铺叙，少清新宛转之思，然大致不失宋人规格"(《四库全书总目》)。《好事近·归有期作》、《春光好·寒食将过淮作》，亦明快活泼。论诗之作《韵语阳秋》，自汉魏以来诗篇，皆参稽抉摘，品藻其是非，持论严正。有《韵语阳秋》二十卷、《归愚集》十卷传世。生平事迹见芮辉《归愚集序》(《归愚集》卷首)、《宋史》卷三三三及缪荃孙撰《葛立方传》(《归愚集》卷末)。

林光朝(1114—1178)　宋学者、文学家。字谦之，号艾轩。兴化军莆田(今福建莆田)人。孝宗隆兴元年(1163)进士，调袁州司户参军。乾道三年(1167)改知永福县。八年进国子司业兼太子侍读，出为广西提点刑狱，移广东。茶寇犯岭南，光朝击败之。除中书舍人，后知婺州。光朝以学问名世，首以伊洛之学倡于东南。所存诗文不多，诗大体学黄山谷。著有《艾轩集》传世。生平事迹见《艾轩集》附录《艾轩遗事》、周必大《周益国文忠公集》卷六三《林公神道碑》、《宋史》卷四三三。

李焘(1115—1184)　宋史学家、诗人。字仁甫，一字子真，号巽岩。眉州丹棱(今属四川)人。年少时即著《反正议》十四篇。高宗绍兴八年(1138)进士，十二年赴华阳主簿任。历秘阁修撰，累官礼部侍郎，除敷文阁学士。其性刚直，以名节学术知名海内。纂修《续资治通鉴长编》，用力四十年始成。取材广博，考订精核。诗仅存六首，诗风朴质。一生著述甚丰，惜大多亡佚，今存者仅《续资治通鉴长编》、《六朝通鉴博议》、《说文解字五音韵谱》及《李文简诗集》四种。生平事迹见宋周必大《周益国文忠公集》卷六六《李文简公神道碑》、《宋史》卷三八八。

王灼　宋文学家、评论家。字晦叔，号颐堂，又号小溪。遂宁(今属四川)人。高宗绍兴间曾为幕僚，绍兴十五年(1145)冬曾寄居成都碧鸡坊妙胜院。其论词反对墨守陈规，推崇苏轼，贬斥柳永。品评大致公允，考辨亦颇精核。博学多文，娴于音律，能为词章，多系短章。诗文有俊迈之风。著有《颐堂先生文集》、《碧鸡漫志》等传世。生平事迹见《碧鸡漫志·自序》、清丁丙《颐堂先生文集跋》。

洪适(1117—1184)　宋文学家。初名造，后改适，字景伯，晚年号盘洲老人。饶州鄱阳(今江西波阳)人。洪皓长子。以荫补修职郎。高宗绍兴十二年(1142)，与弟洪遵同中博学宏词科，改左宣教郎，入秘书省正字。父谪英州，适亦免官，后起知荆门军。绍兴三十一年(1161)除尚书户部郎中。孝宗乾道元年(1165)为尚书右仆射、同中书门下平章事，次年罢。后复起，因不为林安宅所容，家居十余年。适与弟遵、迈皆有文名，时称"三洪"。著有《盘洲集》、《隶释》、《隶续》传世。生平事迹见许及之《洪公行状》(《盘洲文集》附录)、周必大《周益国文忠公集》卷六七《洪公神道碑铭》、《盘洲文集》卷三三《盘洲老人小传》、《宋史》卷三七三。

周麟之(1118—1164)　宋文人。字茂振。其先蜀人，后徙海陵(今江苏泰州)。高宗绍兴十五年(1145)进士，授武进尉。二十一年除秘书省正字。二十七年兼实录院同修撰，上《徽宗实录》。二十九年除翰林学士知制诰，充金国告哀使。三十年兼权吏部尚书。次年责授秘书少监分司南京筠州居住。孝宗隆兴二年(1164)复原官致仕。文多制诰奏议，《四库全书总目》谓其"文章娴雅，犹有北宋馆阁之余风"。著有《海陵集》传世。生平事迹见宋周必大《周益国文忠公集》卷二〇、《海陵集序》。

汪应辰(1118—1176)　宋文学家。初名洋，字圣锡。信州玉山(今属江西)人，学者称玉山先生。高宗绍兴五年(1135)进士第一，改名应辰。初授镇东军签判。召为秘书省正字。因忤秦桧，出通判建州。遂请祠，家居累年。后流落岭峤十七年。桧死，始还朝，绍兴三十一年(1161)召为吏部郎官，迁权吏部尚书。后以敷文阁直学士为四川制置使、知成都府。复因得罪权贵连遭贬谪，遂致仕。卒谥文定。少从喻樗、张九成诸人游，后与吕祖谦、张栻相善，于朱熹为从表叔，恒相与商榷往返。不喜为文，以为不宜敝精神于无用，然所作辄过人。著有《石林燕语辨》、《文定集》传世。生平事迹见宋周必大《周益国文忠公集》卷三八《祭汪圣锡尚书文》、朱熹《朱文公文集》卷八七《祭汪尚书文》、《宋史》卷三八七。

韩元吉(1118—1187)　宋文学家。字无咎，号南涧。开封雍丘(今河南开封)人，徙信州上饶(今属江西)。以荫为龙泉县主簿。高宗绍兴二十八年(1158)为建阳令。孝宗乾道九年(1173)权礼部尚书，出使金国。淳熙元年(1174)知婺州，入为吏部尚书。后归老于上饶。

少受业尹焞，又与朱熹友善。擅诗文，陆游赞其“落笔天成，不事雕镌。如先秦书，气充力全”（《祭韩无咎尚书文》），《四库全书总目》谓其“诗体文格均有欧、苏之遗”。词有雄放豪迈之作，如《霜天晓角·题采石蛾眉亭》等，著有《桐荫旧话》、《南涧甲乙稿》、《焦尾集词》等传世。生平事迹见陆游《渭南文集》卷四一《祭韩无咎尚书文》。《宋史翼》卷一四。

洪遵（1120—1174）　宋学者、文学家。字景严，号小隐。饶州鄱阳（今江西波阳）人。与兄适同中高宗绍兴十二年（1142）博学鸿词科，赐进士出身，历徽猷阁直学士，出知平江府。孝宗朝，召除翰林学士承旨，拜同知枢密院事，历官江东安抚使，资政殿学士，提举洞霄宫。淳熙元年卒，谥文安。擅长骈文。高宗内禅时，凡禅位之诏书，登极之赦令，尊号改元等文，皆出遵手，一时传诵天下。楼钥《洪文安公小隐集序》论其文曰：“天生廊庙之文也。文从字顺，随物赋形。”（《攻媿集》卷五二）诗有《丁香花》等，亦佳。著作今存《泉志》、《翰苑群书》、《洪文安公遗集》等。生平事迹见周必大《洪文安公遵神道碑》、《宋史》卷三七三、清洪汝奎编《洪文安公年谱》、罗伯昭编《洪文安公年谱》（载民国三十年（1941）十一月《泉币双月刊》第九期）。

赵彦端（1121—1175）　宋词人。字德庄，号介庵。魏王廷美七世孙。绍兴八年（1138）进士。乾道、淳熙间，以直宝文阁知建宁府，终左司郎官。尝赋西湖《谒金门》词，有“波底夕阳红湿”之句，为高宗所赏，云：“我家里人也会作此等语。”词风婉约纤秾。有《介庵词》一卷。生平事迹见韩元吉《南涧甲乙稿》卷一《直宝文阁赵公墓志铭》。

魏杞（1121—1184）　宋文学家。字南夫。寿春（今安徽寿县）人，移居鄞（今属浙江）之碧溪，学者称碧溪先生。高宗绍兴十二年（1142）进士。孝宗朝以宗正少卿为金朝通问使，不辱使命。还迁参知政事，尚书右仆射兼枢密使，出知平江府，后以端明殿学士奉祠告老。淳熙十一年卒，谥文节。其诗文颇有成就，然多已散佚。袁燮《题魏丞相诗》曰：“魏公以诗名闻天下，清雄赡逸而归于义理之正，其发有源，故流不竭。”（《絜斋集》卷八）《全宋词》卷二收其词二首，亦委婉轻逸。著作今存《魏文节遗书》一卷。生平事迹见宋罗濬《宝庆四明志》卷九、《宋史》卷三八五、魏颂唐《魏文节公事略》及《魏文节遗书·附录》。

谢谔（1121—1194）　宋诗人。字昌国，世称艮斋先生。临江新喻（今江西新余）人。高宗绍兴二十七年（1157）进士。任乐安尉，吉州录事参军，知分宜县等，迁监察御史。光宗即位，献《十箴》，累迁御史中丞。博学工文词，然其著述多佚，今仅存诗数首。有《艮斋集》一卷传世。生平事迹见宋周必大《周益国文忠公集》卷六八《朝议大夫工部尚书赠通议大夫谢公神道碑》、杨万里《诚斋集》卷一二一《谢公神道碑》、《宋史》卷三八九。

李吕（1122—1198）　宋诗人。字滨老，一字东老，号澹轩。邵武军光泽（今属福建）人。年四十弃科举。博观子史，尤留意《资治通鉴》。周必大称其文章“可谓有补于世教”（《澹轩李君吕墓志铭》）。《四库全书总目》评其诗文“虽多朴直，少波澜回复之趣，不能成家，然明白坦易，往往有关于劝戒，不失为儒者之言”。如《遣兴》等诗大抵说理为主，不失儒雅。另有词一卷，然摹景抒怀，思故叹老，无出色之作。有《澹轩集》传世。生平事迹见周必大《周益国文忠公集》卷三五《澹轩李君吕墓志铭》、《澹轩集》卷八《澹轩自赞二首》。

李流谦（1123—1176）　宋诗人。字无变，号澹斋。汉州德阳（今属四川）人。以父荫补将仕郎，授成都府灵泉县尉，调雅州教授。后改奉议郎。终通判潼川府事。以文学知名，《四库全书总目》谓“其诗文边幅稍狭，间伤浅俚，亦未能尽臻醇粹。然笔力峭劲，不屑屑以雕琢为工”。其诗除写景咏物外，多写身边琐事。著有《澹斋集》。生平事迹见《澹斋集》附录其兄李益谦所撰《行状》。

洪迈（1123—1202）　宋史学家、文学家。字景庐，号容斋，别号野处。饶州鄱阳（今江西波阳）人。高宗绍兴十五年（1145）进士，授两浙转运司干办公事。后任秘书省校书郎、吏部员外郎。孝宗乾道六年（1170）知赣州。淳熙十四年（1187）权刑部尚书。光宗初为焕章阁学士，知绍兴府。宁宗嘉泰二年（1202）以端明殿学士致仕。谥文敏。迈与兄适、遵皆以文章取盛名。迈淹通史籍，尤精熟宋代史实，撰《钦宗实录》、《四朝国史》及《容斋随笔》，于历代历史、哲学、文学、艺术多有自得之见。又博采古今异事撰志怪小说集《夷坚志》，又有诗文集《野处猥稿》（后辑为《类稿》）。生平事迹见《宋史》卷三七三、清钱大昕《洪文敏公年谱》、洪汝奎《洪文敏公年谱增订》。

尤袤（1124—1194）　宋学者、文学家。字延之，自号遂初居士。常州无锡（今属江苏）人。入太学即以词赋称名。高宗绍兴十八年（1148）进士，为泰兴令。后为秘书丞，兼国史馆编修。孝宗乾道九年（1173）以著作郎兼太子侍读，出知台州。淳熙十年（1183）以吏部尚书兼太子侍讲，十四年权充礼部侍郎。光宗绍熙元年（1190）知婺州，后授礼部尚书兼侍讲。与杨万里、范成大、陆游齐名，称“中兴四诗人”。方回跋其诗云：“宋中兴以来，言诗必尤、杨、范、陆。诚斋时出奇峭，放翁善为悲壮，公与石湖冠冕佩玉，度骚婉雅。”其诗论主张发真情，而不一定皆取效江西诗派。故诗多清新真情之作。其文典雅平实。所撰《雪巢小集序》、《朱逢年诗集序》、《昭明文选跋》申发文论主张，不无见地。所著《遂初堂书目》更是宋代重要的目录书。又刻《文选》李善注本，为古今学者所称许。又喜藏书，尝建万卷藏书楼。著有《梁溪集》。生平事迹见宋周必大《周益国文忠公集》卷七九《祭尤延之文》、袁说友《东塘集》卷一六《祭尤尚书文》、《宋史》卷三八九。

范端臣　宋书法家、文学家。字元卿，学者称蒙斋先生。兰溪（今属浙江）人。受学于叔父范浚，高宗绍兴二十四年（1154）进士，历官秘书省校书郎、礼部员外郎，中书舍人等。文词典雅，尤工于诗。所作如《秀野亭》、《半山亭》、《藏春园》、《又仙山行》诸篇皆自然清丽，饶有风致。其书法亦精妙，颇受时人推重。著作今存《范蒙斋先生遗文》一卷。生平事迹见《南宋馆阁录》卷八、卷一二，《金华先民传》卷七。

姜特立（1125—？）　宋诗人。字邦杰。处州丽水（今属浙江）人。靖康中，以父恩荫补承信郎。淳熙中，累迁福建兵马副都监，擒海贼姜大獠，除阁门舍人，充太子宫左右春坊。光宗即位，除知阁门事，颇揽权势，屡为群臣所弹劾、夺职。宁宗时迁和州防御使，不久拜庆远军节度使。其诗兼备众体，随物赋形，不拘一格。意境超旷，往往自然流露，不事雕刻。与杨万里有诗文往还，杨《题梅山诗卷》二首曾赞他：“只消一卷《梅山集》，幻出千般景物情。”又“锦心绣口搴花草，雪碗冰瓯泻肺肝。”同时人韩元吉、范成大、陆游皆爱其诗。其词今存二十首，多咏怀酬送之作。风格婉丽。有《梅山续稿》十八卷传世。生平事迹见《宋史》卷四七〇。

吴儆（1125—1183）　宋文学家。初名偁，字益恭，又字恭父。休宁（今属安徽）人。高宗绍兴二十七年（1157）进士，调明州鄞县尉，历官奉议郎，知邕州兼广南西路安抚都监，以朝散郎致仕。朱熹、张栻、吕祖谦等皆与之友善。栻称其忠义果断，缓急可仗。其诗文以元祐诸人为法，近于陈师道。程珌《竹洲集序》称其诗文“峭直而纡徐，严洁而平澹，质而不俚，华而非雕，穆乎郁乎有正笏垂绅雍容廊庙之风，平生湖海之气”（《洺水集》卷八）。代表作有《论恢复大计》、《宰相论》、《就轩记》等文，《和吕守环秀堂三首》等诗。著作今存《竹洲集》二十卷。生平事迹见葛邲《宋竹洲先生吴公传》（明刊本《吴文肃公文集》附）、《宋史翼》卷一四。

陆游（1125—1210）　宋文学家。字务观，号放翁。越州山阴（今浙江绍兴）人。二岁遭靖康之难，随父南迁。年十八师事曾幾。高宗绍兴二十三年（1153）进士第一，然殿试时为秦桧除名。二十八年为福州宁德县主簿。孝宗隆兴元年（1163）任圣政所检讨官，赐进士出身。二年调镇江府通判。乾道二年（1166）罢官。五年起任为夔州通判，八年为四川宣抚司干办公事。淳熙二年（1175）范成大荐为成都府路安抚司参议官兼四川制置司参议官。三年免官，五年知叙州，七年复罢官。十三年起知严州。十五年任礼部郎中兼实录检讨官。宁宗嘉泰二年（1202）为中大夫，兼同修国史。其诗文生前即为世人推重。朱熹谓“放翁老笔尤健，在当今推为第一流”（《答巩仲至第十七书》），杨万里则誉之为“重寻子美行程旧，尽拾灵均怨句新”（《跋陆务观剑南诗稿二首》之一）。其经历丰富、视野阔大，师法广泛，故能突破江西诗派藩篱自成一家。形成豪宕丰腴之特色。其诗“多豪丽语，言征伐恢复事”（罗大经《鹤林玉露》卷四），读之令人荡气回肠。代表作有《关山月》、《书愤》等。写景纪游诗如《游山西村》、《怡斋》等情景融洽。其诗风格多样富于变化，“能出奇无穷者”（汪琬《剑南诗选序》），故汪琬以为南宋诗坛可称大家者仅陆游一人。亦擅词，杨慎言“放翁词纤丽处似淮海，雄慨处似东坡”（《词品》卷五）。文亦堪称大师，《入蜀记》写景传神，引人入胜。其四六文以单行之神入排偶之中，富于创新。著有《老学庵笔记》、《剑南诗稿》、《渭南文集》、《放翁逸稿》、《南唐书》等。生平事迹见《宋史》卷三九五、清赵翼《陆放翁年谱》、钱大昕《陆放翁先生年谱》、今人朱东润《陆游传》。

陆放翁　即陆游。

刘应时　宋诗人。字良佐，号颐庵居士。四明（今属浙江）人。喜为诗，与陆游、杨万里善。陆、杨皆为其诗集《颐庵居士集》作序，对其诗大加赞许。陆游摘出其诗句若干，以为卓然自得，"虽前辈以诗得名者何以加焉"。杨万里序中更以王安石拟之，四库馆臣以为"未免太过"，并云："应时诗虽格力稍薄，不能与游等并驾，而往来于诸人之间，耳濡目染，终有典型，较宋末江湖诸人，固居然雅音矣。"（《四库全书总目》）著有《颐庵居士集》两卷传世。生平事迹见《宋诗纪事》卷六三。

范成大（1126—1193）　宋诗人。字致能，号石湖居士。苏州吴县（今属江苏）人。高宗绍兴二十四年（1154）进士，授徽州司户参军。孝宗乾道四年（1168）出知处州。五年召为礼部员外郎，兼崇政殿说书、国史院编修，擢起居舍人、兼侍讲，又兼实录院检讨。六年以起居郎假资政殿大学士为祈请国信史使金，不屈节，几被杀。返迁中书舍人。七年，孝宗欲用佞臣张说，成大遂自引退。八年冬起知静江府，兼广西安抚使。淳熙元年（1174）为敷文阁待制，知成都府，任四川制置使。有善政。四年权礼部尚书。五年正月知贡举，寻兼直学士院；以中大夫参知政事，权监修国史、日历。坐事罢官归田。七年知明州，兼沿海制置使，八年改知建康府，兼行宫留守。十年以病辞归。十五年起知福州，力辞。光宗绍熙三年（1192）起知太平州，逾月即归。谥文穆。工诗，与陆游、尤袤、杨万里同为"中兴四大家"。存诗一千九百余首。诗中忧国恤民，多有佳作。其诗初学"江西"，亦学中晚唐。中年后受苏轼影响，乃逐渐自成一家。其诗风格多样，既有骨力遒劲之作（如使金时所作绝句），亦有意境开阔、清峻壮丽之作（如官桂林、成都时写景诗），尚不乏轻婉清新之作（如田园诗）。其中退居石湖之后所作《四时田园杂兴》七绝六十首，分叙春夏秋冬四季田园情景及农人哀乐，对后代田园诗有极大影响。杨万里《千岩摘稿序》赞其诗"清新"，姜夔《白石道人诗集自序》引尤袤言其诗"温润"，颇能道其特点。文亦多有佳作。杨万里称："（其）训诰具西汉之《尔雅》，赋篇有杜牧之之刻深，骚词得楚人之幽婉，序山水则柳子厚，传任侠则太史迁。"其词亦风格多样，颇具情致。著有《石湖居士集》、《揽辔录》、《骖鸾录》、《吴船录》、《桂林虞衡志》、《吴郡志》、《菊谱》、《梅谱》等。生平事迹见周必大《平园续稿》卷二一所撰神道碑文、陈造《江湖长翁文集》卷三〇所撰祭文、《宋史》卷三八六。

周必大（1126—1204）　宋政治家、文学家。字子充，一字洪道，自号平园老叟。吉州庐陵（今江西吉安）人。高宗绍兴二十一年（1151）进士，授左迪功郎，为徽州司户参军。后累官建康府教授。秘书省正字、国史馆编修、监察御史等。孝宗即位，除起居郎，迁权中书舍人。应诏论事，切中时弊。权给事中，奏事不避权倖。乾道六年（1170）除秘书少监，兼直学士院。七年（1171）权礼部侍郎。淳熙年间，累官右文殿修撰、敷文阁待制和侍讲、权兵部侍郎、兼直学士院、兵部侍郎、吏部侍郎、翰林学士、礼部尚书，以吏部尚书除参知政事、枢密使等。淳熙十四年（1187）拜右丞相。十五年（1188）封济国公。十六年（1189）正月拜左丞相，封许国公。二月孝宗传位光宗。三月拜少保，封益国公。遭谏官何澹弹劾，绍熙二年（1191）以观文殿大学士出判潭州。宁宗庆元元年（1195）以少傅致仕。谥文忠。工于文词。其诗初学黄庭坚，后学白居易而溯源杜甫，不乏清新淡雅之作。与陆游、范成大、杨万里等交谊颇深，多赠答之作。文则典雅可读，其《二老堂诗话》论历代诗作，多有精到之论。又曾用诸本编校欧阳修文集，颇为精善。著有《周益国文忠公集》二百卷。生平事迹见《周益国文忠公集》后附李壁所撰《行状》、楼钥所撰《神道碑》、其子周纶所撰《年谱》，及《宋史》卷三九一。

何耕（1127—1183）　宋诗人。字道夫，号怡庵。汉州绵竹（今属四川）人。高宗绍兴十七年（1147）四川类试第一。擢嘉州守，有惠政。与何逢原、孙松寿、宋诲号四循良，民绘像祀之。累官户部郎中，升国子祭酒，出知潼川府，孝宗淳熙十年（1183）卒，年五十七。其诗集《蕙庵诗稿》今仅存一卷，有诗二十五首，多为描绘蜀中名胜之作。生平事迹见周必大《周益国文忠公集》卷三五《知潼川府何君墓志铭》、《宋史翼》卷二一。

王质（1127—1189）　宋文学家。字景文，号雪山。其先郓州（治今山东东平）人，后徙兴国（今湖北阳新）。早年游太学，博通经史，善属文，与九江王阮齐名，又与张孝祥父子交游，深见器重。尝著《朴论》五十篇，言历代君臣治乱。绍兴三十年（1160）进士。三十一年，御史中丞汪澈宣谕荆、襄，次年枢密使张浚都督江淮，皆辟为属吏。入为太学正，孝宗即位，屡易相，国论未定，质上疏极言，被谗罢去。虞允文宣抚川陕，辟为幕职，草檄立就，辞气壮激，允文目为天才。入为敕令所删定官，迁枢密院编修。孝宗命拟进谏官，虞允文荐质为右正言，为中贵所阻。出通判荆南府，改吉州，皆不行，奉祠山居而终。精研《诗经》，历三十年，撰成《诗总闻》二十卷，说《诗》删除小序，以意逆志，自出新意，与郑樵、朱熹成《诗经》学中废《诗》序之三家。又晚年山居时慕陶渊明、陶弘景之为人，著《绍陶录》二卷，收诗词杂咏之作，清宋荦摘录其中《山友》诸词，改题曰《林泉结契》五卷。著有《雪山集》，久佚，今存辑本。生平事迹见《宋史》卷三九五、明柯维骐《宋史新编》卷一四五。

杨万里(1127—1206)　宋诗人。字廷秀，号诚斋。吉州吉水(今属江西)人。高宗绍兴二十四年(1154)进士，授赣州司户参军。历任国子博士、太常博士、太常丞兼吏部右侍郎、提举广东常平茶盐公事、广东提点刑狱、吏部员外郎等。光宗绍熙改元(1190)，借焕章阁学士，为金国贺正旦使接伴使。后出为江东转运副使，反对以铁钱行于江南诸郡，改知赣州。不赴，乞祠官而归，自此闲居乡里。宁宗开禧二年(1206)卒于家中，年八十。赠光禄大夫，谥文节。其诗歌成就尤著，与陆游、范成大、尤袤号称“中兴四大诗人”。初学江西诗派，后学陈师道之五律、王安石之七绝，又学晚唐诗。自后其“作诗忽若有寤，于是辞谢唐人及王、陈、江西诸君子，皆不敢学，而后欣如也”(《荆溪集序》)。刻意独创，终于自辟蹊径，别出机杼，形成独具特色的“诚斋体”。其作诗讲究“活法”、“透脱”，从大自然觅诗，“万象毕来，献予诗材”(《荆溪集序》)，故其诗善于摄取自然景物的特征和变态，写得新奇风趣，语言亦自然活泼、生动善巧。曾作诗二万余首，今存四千二百多首，代表作有《插秧歌》、《竹枝词》、《小池》、《初入淮河四绝句》等。其诗文理论，主要见于《诚斋诗话》和所作有关序文。其词作亦清新自然，一如其诗。赋作有《浯溪赋》、《海鳝赋》等。著有《诚斋易传》九卷、《诚斋集》一三三卷传世。生平事迹见《宋史》卷四三三、清邹树荣《杨文节公年谱》。

杨诚斋　即杨万里。

喻良能　宋文学家。字叔奇，号香山。义乌(今属浙江)人。高宗绍兴二十七年(1157)进士。补广德尉，历迁工部郎中，太常寺丞，出知处州，寻以朝请大夫致仕。乡人慕其名，立石表其地曰郎官里。与其兄良倚、弟良弼俱有文名，而良能尤杰出，为世所重。陈亮《题喻季直文编》评其文：“精深简雅，读之愈久而意若新”(《龙川集》卷十六)。常与杨万里唱和，故诗格亦近。所作皆自抒胸臆，不屑于雕琢，如《月山诸峰》、《咏怀》、《秋晓野步》、《种菊》诸篇，俱清新自然。著作今存《香山集》十六卷。生平事迹见明应廷育《金华先民传》卷七，明郑柏《金华贤达传》卷八，金江《义乌人物记》卷下。

员兴宗　宋文学家。字显道。未第时，读书九华山，因自号九华子。仁寿(今属四川)人。高宗绍兴二十七年(1157)进士，荐除教授，召试，擢著作郎。孝宗乾道中，疏劾贵倖，中谗去职，侨居润州(今江苏镇江)以终。其诗文高古简严，唯陈言之务去，较有成就。《四库全书总目》卷一六〇曰：“虽其文力追韩、柳，不无锤炼过甚之弊，然骨力峭劲，要无南渡以后冗长芜蔓之习，亦一作者也。”佳作有《议守令疏》、《馆职策》、《望仙阁记》、《清贤堂记》等，其《绍兴采石大战始末》亦铺叙得法，颇见精神。著作今存《采石战胜录》、《辨言》、《九华集》。生平事迹见宋李心传《九华集序》(《九华集》卷首)、《九华集》附录赵汝愚等所撰祭文。

陈三聘　宋词人。字梦弼。吴县(今属江苏)人。尝和范成大词。有《和石湖词》一卷，存词七十二首。生平事迹见《全宋词》第三册。

陈骙(1128—1203)　宋大臣、文学家。字叔进(亦作叔晋)。台州临海(今属浙江)人。绍兴进士。光宗时试吏部侍郎、同知贡举兼侍讲，应诏疏皆切时病。绍熙三年(1192)，同知枢密院事，次年兼参知政事，因与赵汝遇不合，亦忤韩侂胄，被罢奉祠。谥文简。著有《南宋馆阁录》，另著《文则》二卷，论评文章体式，研究六经诸子文章句法，为我国早期修辞学论著。生平事迹见《宋史》卷三九三、《南宋书》卷四一。

许及之(？—1209)　宋文学家。字深甫。温州永嘉(今属浙江)人。孝宗隆兴元年(1163)进士，任宗正寺簿，右拾遗，党事起，以谄事韩侂胄官至同知枢密院事，侂胄诛，降官，泉州居住，宁宗嘉定二年卒。其诗文效法王安石，虽不及王，亦气体高亮，琅琅盈耳，远过于宋末江湖诗派之琐屑刻画。佳作有《佛桑花》、《芍药》、《春园》、《游仙都》、《田家秋日词》、《中秋见怀》等。著作今存《涉斋集》十八卷。生平事迹见《宋史》卷三九四，今人邓广铭有《〈宋史·许及之传〉辨正》(《真理杂志》一卷四期)。

李洪(1129—？)　宋诗人。字可大，一字子大。李正民子。扬州(今属江苏)人，寓归安之飞英坊，曾知藤州、温州，宁宗庆元五年(1199)提举浙东，除本路提刑。洪所作诗，“虽骨干未坚，而神思清超，时露警秀，七言律诗尤为工稳”（《四库全书总目》）。与弟漳、泳、淦、澥有《李氏花萼集》。洪又有《芸庵类稿》，仅存辑本。生平事迹见宋陈贵谦《芸庵类稿序》。

苏泂　宋诗人。字召叟。山阴（今浙江绍兴）人。苏颂四世孙。事迹史无详载。大致与陆游同时而稍晚。据其《送陆游赴修史之命》可知，曾师事陆游。少尝从其祖宦游入蜀，及长而穷，落拓走四方。尝以荐得官，而终偃蹇不遇，卒于姜夔之后（参见其《到马塍哭尧章》诗四首）。其诗今存者多抒穷愁潦倒之情或师友赠答，题材较狭。然其尝师事陆游，“故其所作皆能镵刻淬炼，自出清新，在江湖诗派之中可谓卓然特出”（《四库全书总目》）。《春歌》、《江上遣兴》、《抒怀》、《西陵道中》、《舟中》等诗，或清新流丽，或飘逸豪放，《金陵怀古》七绝多至二百首，尤为雄奇。亦能词，原有词集一卷，已佚，今仅存词二首。著有《泠然斋集》。生平事迹见《直斋书录解题》卷二〇。

卫博　宋散文家、诗人。号定庵。历城（今山东济南）人。乾道四年（1168）正月，为枢密院编修官，四月致仕。据其诗文所述，大致曾参戎幕，随行淮、泗等地。文存一百余篇，多表奏书札之类，如《论治道札子》、《求荐书》、《代陈直阁奏札》等，工稳流丽，恳切充实。诗存三十余首，《次韵汪解元留别》、《病中书怀》等，悲凉沉郁，颇为动人。著有《定庵类稿》四卷传世。生平事迹见宋周必大《周益国文忠公集》卷九五《转两官循左儒林郎》、清庄仲方《南宋文范作者考》下。

朱熹（1130—1200）　宋思想家、教育家、文学家。字元晦，一字仲晦，号晦庵、晦翁，又别称考亭、紫阳。祖籍宋徽州婺源（今属江西），生于南剑州尤溪（今属福建），后徙居建阳（今属福建）考亭。绍兴十八年（1148）进士，任泉州同安县主簿。后罢归请祠，监潭州南岳庙。孝宗即位，诏求直言，朱熹上书主战，反对和议。淳熙五年（1178），知南康军，改提举浙东常平茶盐公事，提点江西刑狱公事，后又授秘阁修撰，奉外祠。光宗时，改知漳州，任秘阁修撰，主管南京鸿庆宫。宁宗时，授焕章阁待制、侍讲，随即以本职提举南京鸿庆宫。因得罪韩侂胄，落职罢祠，后乞致仕。谥“文”，并加封信国公，后改徽国公。是北宋以来理学思想之集大成者，孔子之后中国封建社会最大的思想家。以“天理”为其哲学的最高范畴，倡导“去人欲，存天理”。基于这一道德哲学，他对古代文化典籍重新作了系统整理与解释，以“思无邪”说《诗经》，以“忠君爱国”论屈原，文论上主张“文道合一”及“雍容和缓”、“自然浑成”、“平淡自摄”的艺术标准，反对“巧为安排”、“故作艰深”、“无一字无来处”。论历代作家颇有见地，自为诗文亦很有特色。文以平易畅达、说理缜密见长，诗则以吟咏情性、雍容和缓取胜。著有《四书章句集注》、《易本义》、《伊洛渊源录》、《资治通鉴纲目》、《诗集传》、《楚辞集注》、《韩文考异》及后人编纂的《朱文公文集》、《朱子语类》等。生平事迹见宋黄榦《勉斋集》卷三六《文公朱先生行状》、祝穆编《文公朱先生年谱》（《新安文献志》卷三三）、《宋史》卷四二九等。

吕胜己　宋理学家、词人。字季克，自号渭川居士。邵武（今属福建）人。从张栻、朱熹讲学，熹为和《东堂九咏》诗。工隶书，得汉法。仕为湖南幹官，历倅江州，知杭州，官至朝请大夫。有《渭川居士词》一卷。生平事迹见明杨应诏《闽南道学源流》卷一五，清李清馥《闽中理学渊源考》卷二〇。

韩玉　宋词人。字温甫。原为金人。孝宗隆兴初，玉挈家归南宋，授江淮都督府计议军事。乾道二年（1166），添差通判隆兴府。勒停，送柳州羁管。五年（1169），添差袁州通判。六年（1170），出为右承务郎、军器少监，兼权兵部郎官。七年（1171），兼提点御前军器所。尝与康与之、辛弃疾相唱和。今有《东浦词》一卷。其诗尚存二首。生平事迹见金元好问《中州集》卷八〇、明毛晋刻《宋六十名家词·东浦词跋》。

邓深　宋诗人。字资道，一字绅伯。湘阴（今属湖南）人。高宗绍兴年间进士，为太府丞，出提举广西市舶，以亲老求转知衡州，擢潼川路转运使。守令贪污，即劾奏。虞允文称其刚介。后以朝散大夫终于家。工诗，多山水之作，极力摹写，时有佳作。五、七古遒劲古朴，如《乡人祷雨有应时寓乌石》、《探禹穴》、《游北禅》等；五律清丽洒脱，如《春寒》、《东池把酒》、《鉴堂把酒》等；七律工稳新雅，如《春雪》、《橘花》、《喜雨》等。著作今存《大隐居士诗集》二卷。生平事迹见明凌迪知《万姓统谱》卷一〇九、《宋史翼》卷二一。

曾协（？—1173）　宋文学家。字同季。号云庄。南丰（今属江西）人。曾肇之孙。高宗绍兴中以荫任长兴丞。迁镇江、临安通判。孝宗乾道七年（1171）知吉州，后知永州。诗学苏轼、陈与义，古诗又多效“选体”。如《拟古》、《赋赵有翼仇池石》，兴寄高远，文辞超迈。律诗则疏淡清新，挥洒秀逸，如《送裘父侄还乡》、《喜晴》等皆是。词今存十四首。其文虽大多为表启书状，然繁约适中，铺陈有序。其《右中散大夫提举台州崇道观强公行状》纡曲畅达，情挚语近，犹存北宋大家风范。有《云庄集》传世。生平事迹见傅伯寿所作《云庄集序》(《曾云庄集》卷首)。

罗颂(? —1191)　宋诗人。字端归。徽州歙县(今属安徽)人。高宗绍兴二十二年(1152)以恩补承务郎，历官湖北帅司主管机宜文字、通判镇江府，知郢州。以疾卒于郡。颂学行俱著，与其兄愿齐名，诗文笔力高古，时出奇诡跌宕，有西汉风。尝著《狷庵集》，已亡佚，仅存遗文一卷。生平事迹见其弟颀所撰《罗郢州墓志》(罗愿《罗鄂州小集》附录)、《宋史》卷三八〇。

范端杲　宋文人。字元章，号扬溪。兰溪(今浙江兰溪)人。范浚从子。与兄端臣同从浚受学。官国子监学宾。曾有文集数卷，今已佚。仅存文一篇，诗三首，附于范浚《范香溪集》后。生平事迹见《范扬溪遗文序》。

张孝祥(1132—1170)　宋词人。字安国，号于湖居士。历阳乌江(今安徽和县)人。绍兴二十四年(1154)进士第一。补承事郎，签书镇东军节度判官。历任秘书省正字、校书郎、尚书礼部员外郎、集英殿修撰、显谟阁直学士等职。乾道五年(1169)因病退居芜湖。其为人刚正不阿，力主北伐。善诗文，工词。内容多反映社会现实，爱国情感浓厚。创作上致力学习苏轼。“每作诗文，辄问门人视东坡何如”，或以为其文“如大海之起涛澜，泰山之腾云气，倏散倏聚，倏明倏暗，虽千变万化，未易诘其端而寻其所穷”(谢尧仁《张于湖先生集序》)，其诗“清婉而俊逸”(韩元吉《张安国诗集序》)，其词成就最大，现存二百二十余首。“声律宏迈，音节振拔，气雄而调雅，意缓而语峭”(查礼《铜鼓书堂遗稿》评)。上承苏轼，下开辛派词人先河，在词史上有重要地位。著有《于湖居士文集》四十卷。生平事迹见《宋史》卷三八九、宛敏灏《张孝祥年谱》(载《词学》第二、三辑)。

张栻(1133—1180)　宋理学家、文学家。字敬夫，一字钦夫，一字乐斋(傃斋)，号南轩。绵竹(今属四川)人，徙居衡阳(今属湖南)。以荫补承务郎，历官左司员外郎除秘阁修撰，知江陵府兼湖北安抚使，吏部侍郎，右文殿修撰。孝宗淳熙七年二月卒，年四十八，谥宣。生平以理学为务，讲学尤严于义利之辨。其诗文淳厚典雅，合于事理。刘克庄《张尚书集序》曰：“其诗冲澹和平，可荐之郊庙，非如孟郊贾岛鸣其穷愁而已。笺奏润温丽缛，可施之典册，非如陈琳、阮瑀工于书檄而已。在上前论议，或累牍、或数语，详而贯于理，简而周于事，凿凿乎有用之言也。”(《后村大全集》卷九四)佳作有《田舍》、《游灵岩》、《城南即事》等诗，《南岳唱酬序》、《仰止堂记》、《汉楚争战》等文。著作今存《南轩易说》、《癸巳论语解》、《癸巳孟子说》、《南轩集》等。生平事迹见朱熹《晦庵集》卷八九《右文殿修撰张公神道碑》、《宋史》卷四二九、《宋元学案》卷五〇。

朱晞颜(1133—1200)　宋诗人。字子渊。又作名希颜，字子闵。休宁(今属安徽)人。孝宗隆兴元年(1163)进士。官至权工部侍郎兼知临安府。诗作今仅存十余首，包括词一首，俱为写景抒怀之作，诗风质朴，语言瘦硬，有宋诗特色。有《桂岩吟稿》一卷传世。生平事迹见《新安文献志》卷八二、《宋诗纪事》卷五八。

陈造(1133—1203)　宋文学家。字唐卿。高邮(今属江苏)人。孝宗淳熙二年(1175)进士，官至淮南西路安抚司参议。后因仕途不顺，以为无补于世，遂放荡江湖，号江湖长翁，以诗文自娱。陆游《陈长翁文集序》云：其时“或以纤巧摘裂为文，或以卑陋俚俗为诗”，而陈造乃“能居今行古，卓然杰立于颓波之外”(《渭南文集》卷一五)。所作恢奇排奡，谨严有法。佳作有《听雨赋》、《秋虫赋》等赋，《苦旱六首》、《过樊村》、《泊瓜步》、《再游福溪岩赠主僧》、《春晚郊外》等诗，《知乐亭记》、《秀野堂记》、《喜雪燕序》等文。著作今存《江湖长翁文集》四十卷。生平事迹见元申屠驷《宋故淮南夫子陈公墓志铭》(《江湖长翁集》卷首)、清吴之振《江湖长翁诗钞序》(《宋诗钞》卷三七)、清陆心源《宋史翼》卷二九。

王阮(? —1208)　宋文学家。字南卿，德安(今属江西)人。孝宗隆兴元年(1163)进士，光宗绍熙中知濠州，修战守具，金人不敢南侵。改知抚州。召入奏，因触怒韩侂胄，奉祠罢归庐山。其诗文气势雄劲，英丽多姿。宋吴愈《义丰集序》评为：“论边事则晁、贾其伦也，记铭则韩、柳其亚也。至于感物兴怀，酬唱嘲咏，笔力雄放，皆有深意，杜少陵其比也。”然其文已佚，仅《宋史》本传载其对策一篇。其诗存二百余首，佳作有《和饮酒》、《陪晦翁登妙高峰》、《题四羊图》、《太湖》等。著作今存《义丰集》一卷。生平事迹见《宋史》卷三九五。

道济（1133—1209）　宋僧人、文学家。号湖隐，又号方园叟，俗姓李。年十八受度于佛海禅师，居灵隐寺，后居净慈寺。嗜酒肉，状貌风狂，人称济颠。宁宗嘉定二年五月坐逝。能诗文，矢口成文，信笔满纸，皆洒脱超逸，隽永有味。释居简言其"着语不刊削，要未尽合准绳，往往超诣有晋宋名缁逸韵"(《湖隐方园叟舍利铭》)。佳作有《化盐菜疏》、《致少林长老书》等文；《酒怀》、《湖山有感》、《嘲灵隐寺印铁牛》等诗。著作今存《济祖师文集》一卷。生平事迹见宋释居简《北礀集》卷一〇《湖隐方园叟舍利铭》。

薛季宣（1134—1173）　宋文学家。字士龙，号艮斋。温州永嘉（今浙江温州）人。高宗绍兴十九年（1149），年甫十七，即从荆南帅辟写机宜文字。调鄂州武昌令，改知常熟县。入为大理寺主簿，进大理寺正。出知湖州，改知常州，未上，卒。然宋人多称薛常州。文存约四百余篇，《上宣谕论淮西札子》、《除湖州朝辞札子》、《上汤相论边事》等，持论确实切当，情感坦诚真挚，语言明快畅达。其《信乌赋》，联想丰富，寄兴深远，尤具特色。诗存约五百首，《观岳侯石像》、《感事》、《春愁诗效玉川子》等，慷慨悲壮，"极踔厉纵横之致"(《四库全书总目》)。有《书古文训》十六卷，《浪语集》三十五卷传世。生平事迹见宋陈傅良《止斋文集》卷五一《新改差常州薛公行状》、吕祖谦《东莱文集》卷一〇《薛常州墓志铭》、《宋史》卷四三四。

章甫　宋诗人。字冠之。鄱阳（今江西波阳）人。徙居直州，自号易足居士。少从张孝祥游，豪放不羁。曾举秀才，与陆游、韩元吉、吕祖谦等有交往，淳熙间与张用晦、张进卿并称"淮上三士"。其诗"骨力苍秀，亦具有研锻之功"，"尚能脱化町畦，自成杼轴，颇为不坠雅音"(《四库全书总目》)。亦能文，今传《杂说》三篇，放言肆志，殆为不平之鸣。著有《自鸣集》六卷传世。生平事迹见宋张端义《贵耳集》卷中及陆游《入蜀记》。

周孚（1135—1177）　宋文学家。字信道，号蠹斋。济北（今山东长清）人，寓居于京口（今江苏镇江）。孝宗乾道二年（1166）进士，擢左迪功郎，并曾作吏于边境。淳熙二年（1175）任真州教授，四年（1177）卒。友人解百禴为营护归葬。其诗初学陈师道、黄庭坚而归于杜甫，为文章"长于叙事，简洁而峻厉"(陈珙《蠹斋铅刀序》)，今有《蠹斋铅刀编》三十二卷传世。是编中有《非诗辨妄》，陈四十二事以论诋郑樵《诗辨妄》之说，以根据详明，证据精确称。生平事迹见《京口耆旧传》卷三、《宋诗纪事》卷五三、《宋元学案补遗》等。

程洵（1135—1196）　宋诗人。初字钦国，更字允夫，号克庵，晚号翠林逸民。徽州婺源（今属江西）人。程鼎之子，朱熹妻弟。从朱熹学。初任衡阳县主簿，再调庐陵录事参军。以"伪学"去官。其为学有道，善诗文。周必大《克庵先生尊德性斋小集序》称其文"大抵议论平正，辞令和粹"，方直孺《序》又称其文"简而深，粹而雅，优游恬淡，而无毕露之华"(均见《尊德性斋集》卷首)。其诗亦足称道。今存《尊德性斋集》三卷。生平事迹见其集所附周必大《序》、朱熹《尊德性斋铭》及《祭内弟程允夫文》、汪幼凤《程知录洵本传》、程瞳《程克庵传》等。

唐仲友（1136—1188）　宋学者，文学家。字与政，号悦斋。金华（今属浙江）人。高宗绍兴二十一年（1151）进士，为衢州西安簿，绍兴三十年再中弘词科、通判建康府，移知台州，后擢江西提刑，因在台州用官钱刻四子书（荀、扬、文中子、韩文）等事，为朱熹所劾罢，遂不复出，肆力于学问。于学无所不窥，尤致力于古代礼乐、刑政、兵、农等典章制度的研究，著述宏富。亦工于诗文，议论精辟，辞采华富，意境深远。佳作有《孟子论》、《诗论》、《笔说》等文，《续八咏》、《石洞》等诗。著作今存《帝王经世图谱》、《愚书》、《悦斋文钞》等。生平事迹见明应廷育《金华先民传》卷二、明郑柏《金华贤达传》卷八。

吕愿中　宋诗人。字叔恭。洛阳（今属河南）人。高宗绍兴二十四年（1154）为右承议郎直秘阁知静江府，兼主管广西经略安抚司公事。史称愿中其时率宾僚赋《秦城王气》诗媚桧，由此得召（今存《抚松集》中无此诗）。其诗多流连山水、描摹景物之作。细致工稳，然乏深蕴。著有《抚松集》传世。生平事迹见《南宋制抚年表》、《宋诗纪事》卷四六。

史尧弼　宋文学家。字唐英，号莲峰。眉州（今属四川）人。高宗绍兴二十七年（1157）进士，未授官而卒。文存八十余篇，《冗官策》、《六韬与诗书异》、《项羽论》、《安刘氏者必勃论》

等，明白晓畅，澜翻不穷，时人评其“大类东坡”(任清全《莲峰集序》)。诗存一百三十余首，纵横排宕，情致新颖。有《莲峰集》十卷传世。生平事迹见《莲峰集》卷首省斋《莲峰集序》和任清全《莲峰集序》。

崔敦礼(？—1181) 宋文学家。字仲由。通州静海(今江苏南通)人。南渡后居溧阳(今属江苏)。高宗绍兴三十年(1160)进士。历江宁尉、平江府教授，江东安抚司干官，诸王宫大小学教授，宣教郎等。文存一百六十余篇。《论立法制札子》、《乐论》、《礼论》等，议论平实，文辞质朴。《石湖赋》、《韦苏州集序》等，清朗明畅，要言不繁。诗词共存约一百首。歌词《太白远游》、《九序》等，悲愤沉郁。诗《狼山》、《题得妙亭》，词《水调歌头·垂虹桥亭》等，清淡疏远，颇富情致。《四库全书总目》评其诗文“格律平正，词气畅达；虽不能领新标异，而周规折矩，尺寸不踰”。有《刍言》三卷，《宫教集》十二卷传世。生平事迹见宋楼钥《攻媿集》卷七六《跋史太师答范参政荐崔宫教帖》、史浩《鄮峰真隐漫录》卷九《荐札》等。

葛天民 宋诗人。字无怀。越州山阴(今浙江绍兴)人，徙台州黄岩(今浙江临海)。初为僧，名义铦，字朴翁。后返初服，隐居钱塘湖，与杨万里、姜夔、叶绍翁等友善，诗文唱和，吟咏自乐。其《寄杨诚斋》诗曰“参禅学诗无两法”，大抵亦推崇诗在“妙悟”、“意境”。诗存约百首，《望越怀亲》、《江上》、《迎燕》等，清丽明快，颇有情致。宋陈起《两宋名贤小集》评其诗“风骨冷然，新警而有闲雅之度，江湖间杰构也”。有《无怀小集》一卷传世。生平事迹见宋释居简《北磵集》卷七《跋朴翁词》及卷一〇《祭葛无怀文》。

张良臣 宋诗人。字武子，一字汉卿。襄邑(今河南睢县)人，家明州(治今浙江宁波)。笃学好古，学者称雪窗先生。孝宗隆兴元年(1163)进士，然官止监左藏库。善吟咏，工诗，所作清刻高洁，尤长于绝句，语尽而意远，讲究格律。楼钥《书张武子诗集后》云：其诗“清丽粹洁，上参古作，旁出入禅门，寄兴高远”(《攻媿集》卷七〇)。佳作有《晚步南城下》、《芳草复芳草》、《雪后》、《偶题》等。著作今存《雪窗小集》一卷、《雪窗小集补遗》一卷。生平事迹见周必大《张良臣雪窗集序》(《周益国文忠公集》卷五四)、楼钥《书张武子诗集后》(《攻媿集》卷七〇)、元袁桷《延祐四明志》卷五。

蔡元定(1135—1198) 宋学者、文学家。字季迪。建阳(今属福建)人，学者称西山先生。长从朱熹游，为朱熹推重。不事科举，尤袤、杨万里荐之于朝，坚以疾辞，不就。韩侂胄兴“伪学”之禁，流道州，宁宗庆元四年卒于谪所。侂胄诛，追赠迪功郎，赐谥文节。生平以发扬儒学为务，且于书无所不读，图书、礼乐、制度、兵法、地理等，无不贯通。亦工于诗文。朱熹《律吕新书序》云其所作《律吕新书》：“明白而渊深，缜密而通畅，不为牵合傅会之谈，而横斜曲直如珠之不出于盘。”(《晦庵集》卷七六)诗如《自励诗》等篇亦佳。著作今存《西山公集》等。生平事迹见宋杜范《蔡元定传》(《清献集》卷一九)、《宋史》卷三四三。

罗愿(1136—1184) 宋诗人。字端良，号存斋。徽州歙县(今属安徽)人。以荫补承务郎监临安新城税。孝宗乾道二年(1166)登进士第。任赣州通判。秩满，差知南剑州，改知鄂州，有治绩。其博学好古，词章效法秦汉，高雅精练，朱熹特称重之。其父汝楫助秦桧加害岳飞，犯天下之公怒。而愿以学问文章卓然有以自立，不为父恶所掩。其诗技巧纯熟，其文词严理畅。著有《鄂州小集》六卷、《尔雅翼》二十卷、《新安志》十卷。生平事迹见《宋史》卷三八〇。

舒璘(1136—1199) 宋散文家。字元质，一字元宾，号广平。奉化(今属浙江)人。孝宗乾道八年(1172)进士。擢信州教授，充江西转运司干办公事。又授徽州教授，擢知平阳县，终宜州通判。璘年少苦学，有“敝床疏席，总是佳趣；栉风浴雨，反为美境”之警句盛传。后为教授，乐于教人，启迪后进，有“当今第一教官”(《宋史》本传)之称。文存一百余篇，《与陈仓论常平》、《论盐茶》、《答朱晦翁书》等，切于实用，不为高谈。张寿镛称其文“平而奇，实而虚”，神妙天然，以为“当宋乾淳之际，文气稍萎敝，自先生振之以宏实，而士气为之一变”(《舒文靖公类稿序》)。有《舒文靖集》二卷传世。生平事迹见《舒文靖公类稿》附录及《宋史》卷四一〇。

杨甲 宋诗人。字鼎卿。昌州(今属四川)人。孝宗乾道二年(1166)进士。尝仕于蜀，旋以事去官，寓居灵泉山。诗存二十首，多游览吊古之作，如《游长松寺宿石门僧舍》、《宿安静观》等，清幽疏淡。《宋百家诗存》评其诗“夭矫脱俗，孤光冷艳”；《宋人集》甲编亦称“冷艳逋峭，诗境甚高”。有《六经图》六卷，《棣华馆小集》一卷传世。生平事迹见《两宋名贤小集》卷三七四《棣华馆小集》前附小传。

吕祖谦(1137—1181) 宋理学家、文学家。字伯恭，学者称东莱先生。婺州（今浙江金华）人。绍兴二十六年（1156）应福建转运司进士举为首选。隆兴元年（1163）赐进士及第，改左迪功郎。中博学宏词科，授左从政郎改差南外宗教授。乾道五年（1169），差严州州学教授。六年除太学博士，同年十二月兼国史院编修官实录院检讨。淳熙三年（1176），除秘书省秘书郎兼职如故，以重修徽宗实录。五年（1178）除著作佐郎兼史职，六月兼权礼部郎官。七年主管亳州明道宫。少受家学，长而从林之奇、汪应辰、胡宪游。后又与朱熹、张栻为友，时称"东南三贤"。为学主"明理躬行"，治经史以致用，反对空谈阴阳性命，开浙东学派先声。著有《吕氏家塾读书记》、《东莱左传博议》等。又编有《宋文鉴》、《古文关键》等。其为学有根柢，不涉空谈，故为文闳词辩博，体格豪迈，骏发犀利。朱熹虽与之为友，然病其学太杂，又谓其文字"轻儇"。实乃见祖谦文风，不合朱熹温雅要求，亦可反证其特色。其诗平实，成就逊于文。著有《东莱集》四十卷。生平事迹见《宋史》卷四三四、吕祖俭所撰《墓志铭》。

廖行之（1137—1189）　宋文学家。字天民。衡阳（今属湖南）人。孝宗淳熙十一年（1184）进士，官巴陵尉，以亲老归，授宁乡主簿，未赴。其文不事藻绘，务以质朴为宗，切于事理，然四六之作亦颇流丽。宋田奇《廖公行状》云："公文思雄迈，机轴杰出，不甘寄人篱下，规模简古，深汲蕴奥"（《省斋集》附录）。佳作有《岩桂赋》等赋，《和苦热喜雨》、《和汤无邪》、《宿白湖即事》等诗，《省斋记》、《送彭端卿序》等文。著作今存《省斋集》十卷，《省斋诗余》一卷。生平事迹见宋戴溪《省斋集序》、田奇《廖公行状》（《省斋集》附录）。

陈傅良（1137—1203）　宋学者、散文家。字君举，号止斋。温州瑞安（今浙江瑞安）人。孝宗乾道年间，登进士甲科。官至集英殿修撰，进宝谟阁待制。终于家，年六十七，谥文节。曾师事名儒郑伯熊、薛季宣，入太学后，又与张栻、吕祖谦友善。一生强学笃志，著书明道，主经世致用，不专于坐谈心性。著有《诗解诂》、《周礼说》、《春秋后传》、《左氏章指》等。工散文，"多切于实用之文，而密栗坚峭，自然高雅，亦无南渡末流冗沓腐滥之气。盖有本之言，固迥不同矣"（《四库全书总目》）。有《止斋文集》传世。生平事迹见《宋史》卷四三四。

楼钥（1137—1213）　宋文学家。字大防，号攻媿主人。明州鄞县（今浙江奉化）人。隆兴元年（1163）进士，胡铨誉之为"翰林才"。任教官，调温州教授。乾道五年（1169）以书状官从汪大猷使金，据途中见闻作《北行日录》。光宗朝擢为起居郎兼中书舍人。立言坦明，缴奏无所回避。宁宗朝，因与韩侂胄政见不合，告老辞归。韩侂胄被诛，诏钥为翰林学士。嘉定元年（1208）以吏部尚书签书枢密院事，同年升同知枢密院事，兼翰林侍讲。二年（1209）进参知政事。五年（1212）以年老求去。进资政殿大学士，提举万寿观。六年（1213）卒，年七十七。赠少师，谥宣献。钥居官持正有守，忧国忧民。早年所作《北行日录》，对中原百姓苦况有真切反映。长期供奉内廷，使他尤其擅长书札启奏。真德秀称其"博极群书，识古文奇字，文备众体"。奏议"援处赅洽，义理条达"；诏令"词气雄浑，笔力雅健"，堪称"一代文宗"（《攻媿先生楼公集序》）。魏了翁亦称其文"公平坦易，明畅渊永"（《鹤山大全集》卷五六《攻媿楼宣献公文集序》）。其集中亦存十四卷诗作，大量作品属酬唱应作之类，也有一些反映现实的章句。其著作有《攻媿集》一百一十二卷。生平事迹见真德秀《攻媿先生楼公集序》、袁燮《絜斋集》卷一一《资政殿大学士赠少师楼公行状》、《宋史》卷三九五等。

舒邦佐（1137—1214）　宋文学家。字辅国，改字平叔，学者称双峰先生。靖安（今属江西）人。孝宗淳熙八年（1181）进士，历官善化主簿，衡州参军，俱以廉称，去官之日，民为流涕。著作今存《双峰猥稿》九卷。生平事迹见《双峰猥稿》卷首《舒公墓志铭》、《舒邦佐传》。

王炎（1137—1218）　宋学者、文学家。字晦叔，一字晦仲，号双溪。婺源（今属江西）人。孝宗乾道五年（1169）进士及第，调崇阳主簿。张栻帅江陵，闻其贤，邀入幕府。秩满授潭州教授，改知临湘县。累官至军器监，中奉大夫，赐金紫，封婺源县男。与朱熹交谊颇笃。宁宗嘉定十一年卒。学有根柢，诗文博雅精深，议论醇正，文采可观。赋如《水西风光赋》、《竹赋》，诗如《南斋中秋小酌》、《田间闲步》、《雪亭》，词如《南柯子》（山冥云阴重）、《江城子》（怯寒未敢试春衣）等，俱为佳作。著述甚丰，有《读易笔记》、《尚书小传》等多种，总题为《双溪类稿》，然俱已佚，今唯诗文集《双溪集》传世。生平事迹见《双溪集》卷首王麟《双溪类稿序》、《新安文献志》卷六九、《南宋馆阁续录》卷八、卷九。

戴敏　宋诗人。字敏才，号东皋子。天台黄岩（今属浙江）人。戴复古之父。敏博学强记，以诗自适，平生不应试，终穷不悔。临死，复古方襁褓，惟以其诗不传为念。今诗存仅十余首，《观梅》、《楼上》等，情致闲逸，疏淡幽远。有《东皋诗钞》一卷，《东皋集补钞》一卷传世。生平事迹见宋吴咏《东皋唱和集序》、《东皋唱和集后序》(《鹤林集》卷三六)、高斯得《东皋子诗序》(《耻堂存稿》卷三)。

虞俦 宋诗人。字寿老。宁国(今属安徽)人。孝宗隆兴元年(1163)进士，为绩溪令。后迁监察御史。排击权贵，朝廷肃然。累迁为浙东提刑，徙知潮州，遇荒年，救灾甚力。宁宗嘉泰元年(1201)以试刑部尚书使金。终兵部侍郎。俦“于当时废弛积弊，言之尤切”，且“辞命温雅，议论详明”(《四库书前提要》)。如《论用人听言札子》等皆是。诗如《春蚕行》、《和劝农诗》大抵明白显畅，不事藻饰。陈贵谊《尊白堂集序》称“其词章粹厚不迂，有(白)乐天之遗风”。《新晴》、《晚花》、《过千秋岭》等诗皆平易真朴。著有《尊白堂集》传世。生平事迹见陈贵谊《尊白堂集序》(《尊白堂集》卷首)。

杨冠卿(1138—?) 宋文学家。字梦锡。江陵(今湖北荆沙)人。尝举进士，知广州。以事罢职，侨居临安(今浙江杭州)。文存一百七十余篇，清俊质实。《谢中隐先生授馆舍启》、《代上执政求知启》、《辞谢广西机幕赵府判启》等四六体尤流丽浑雅。诗存二百三十余首，多抒写漂泊流离，仕途坎坷的悲苦，如《游交广用帐干赵德纵韵》、《塞上与郑将夜歌》等，沉郁凄清。词存三十六首，《谒金门·春暮有感》、《水调歌头·春日行舟》等，清丽明快。有《客亭类稿》十四卷传世。生平事迹见宋张孝祥《于湖集》卷二八《跋杨梦锡客亭类稿后》。

崔敦诗(1139—1182) 宋散文家。字大雅。通州静海(今江苏南通)人。南渡，居溧阳(今属江苏)。高宗绍兴三十四年(1160)，与其兄敦礼同登进士。孝宗乾道八年(1172)，召试馆职，授秘书省正字，除翰林权直。又历中书舍人，加侍讲，直学士院。著有《玉堂类稿》二十卷、《西垣类稿》二卷传世。生平事迹见《玉堂类稿》附录陈之芳《祭文》、陈绅《祭文》等，韩元吉《南涧甲乙稿》卷二一《崔公墓志铭》。

沈焕(1139—1191) 宋文学家。字叔晦。定海(今浙江镇海)人，后徙鄞(今属浙江)。孝宗乾道五年(1169)进士，授余姚尉，召为太学录，后调高邮军教授，通判舒州。光宗绍熙二年卒，年五十三，谥端宪。能诗文，其文钩玄阐幽，铿金戛玉。袁燮云其“属辞有典则，清远雄丽，务以义理自胜，不类举子语”(《通判沈公行状》)。佳作有《留别杨慈湖之鹅湖》等诗，《净慈寺记》等文。著作今存《定川遗书》二卷。生平事迹见宋袁燮《絜斋集》卷一四《通判沈公行状》、《宋史》卷四一〇。

陆九渊(1139—1193) 宋哲学家、教育家、散文家。字子静，号存斋，自号象山翁，学者称象山先生。抚州金溪(今江西临川)人。少时家教颇严。乾道八年(1172)试南宫，中选，赐同进士出身。淳熙元年(1174)，授迪功郎、隆兴府靖安县主簿。六年调建宁府崇安县主簿。九年荐为国子正。十三年冬，主管台州崇道观归江西故里讲学。十四年(1187)，在江西贵溪应天山讲学，四方学徒大集。十六年，孝宗内禅，光宗即位，诏知荆门军。绍熙三年十二月十四日(1193)卒于任所。在南宋哲学中，九渊始创“心学”体系，认为“心即理”，“宇宙便是吾心，吾心即是宇宙”。其学影响明代王守仁，成为哲学史上有名的陆、王学派。基于深厚的哲学功力，其文章说理周详，清明简洁。集中尚有一卷诗作，素朴古雅，有学者之诗的风范。著有《象山集》三十二卷。生平事迹见宋杨简《慈湖遗书》卷五《象山先生行状》、《宋史》卷四三四、宋人袁燮编《陆象山年谱》(《四部丛刊·象山全集》附录)、清人杨希闵编《豫章先贤九家年谱·陆文安公年谱》。

顾禧 宋文学家。字景繁，又作景蕃，号痴绝叟。吴县(今属江苏)人。不求仕进，居光福山中闭户读书，以文章擅名。高宗绍兴间，因里中同学指作周世宗宫词，祸几不解，会有司以遗逸荐，得白，于是尽焚生平所著述，凡百余卷。终不起，田居五十年而终。其与施元之合注之苏轼诗，为士林所重，陆游极称之，认为此注以施氏之绝识博学，“又助之以顾君景蕃之该洽，则于东坡之意盖几可以无憾矣”(《渭南文集》卷一五《施司谏注东坡诗序》)。后其子宏闻搜辑遗稿，得诗三十余首，编为《志道集》，其中如《震泽行》、《海棠秋》、《小春词》等，文辞亦颇可观。生平事迹见顾长卿《志道集·序》、范成大《吴郡志》卷二二。

赵汝愚(1140—1196) 宋文学家。字子直。汉王元佐七世孙。饶州余干(今属江西)人。孝宗乾道二年擢进士第一。知信州、台州，除江西转运判官，入为吏部侍郎，迁秘书少监。先后出任福建路安抚使、四川制置使。光宗继位，召为吏部尚书，迁知枢密院事。孝宗崩，光宗有疾，与外戚韩侂胄定策，奉嘉王赵扩即帝位，是为宁宗。韩侂胄专权，遂为其摈斥，罢右相，知福州，台臣乞寝出守之命，太学生伏阙请愿，侂胄忌之益深，复责永州安置，至衡州病作，为守臣钱鍪所窘，暴卒。后追谥忠定，封周王。诗文集十五卷，已佚。《四库全书》著录其所编《诸臣奏议》一百五十卷，分门类编，始自建隆，迄于靖康。生平事迹见傅增湘辑《宋代蜀文辑存》所收《忠定赵公墓志铭》，《庆元党禁》，《宋史》卷三九二。

袁说友（1140—1204）　宋诗文家。字起岩，号东塘居士。建安（今福建建瓯）人，流寓湖州（今属浙江）。隆兴元年（1163）进士，调溧阳县主簿。后入为国子正，知池州、平江府、成都府、绍兴府等地。嘉泰中，同知枢密院，参知政事。后以资政殿学士知镇江府，旋以大学士致仕。官至宣奉大夫，爵至郡公。说友学问淹博，留心典籍，为四川安抚使时，尝命属官程遇孙等辑蜀中诗文为《成都文类》五十卷，深有表章文献之功。文存二百五十余篇，《四库全书总目》评其"论事之文，曲折畅达，究悉物情，具有欧苏之体"。诗存六百六十余首，近体诗警快自然，如《绝粮》、《梨花》、《登第一山》等。古体诗尤有成就，如《大石》、《扬州堡寨》等，"格调清新，意境开拓，置之石湖、剑南集中，淄渑未易辨别矣"（同上）。有《东塘集》二十卷传世。生平事迹见宋魏了翁《鹤山大全集》卷九〇《哭袁参政说友文》、《东塘集》卷二〇《家传》。

林亦之（？—1185）　宋学者、文学家。字学可，号月渔，一号网山。福清（今属福建）人。林光朝弟子，光朝殁，继之讲学于莆田之红泉，倡理义之学，从之游者数百人。赵汝愚帅闽，荐于朝，命未下而卒。理宗景定间，追赠迪功郎，谥文介。为学倡力行，不尚著述，然所作诗文格致精严，趣味悠远。刘克庄《网山集序》论其诗文曰："网山论著，句句字字足以明周公之志，得少陵之髓矣，其诗律高妙者绝类唐人，疑老师当避其锋。他文称是。"（《后村先生大全集》卷九五）著作今存《网山集》。生平事迹见《网山集》卷首、清李清馥《闽中理学渊源考》卷八。

吴俯　宋文学家。字益章，号棣华。休宁（今属安徽）人。孝宗乾道二年（1166）进士，终太学录。诗文与弟儆齐名，时人语曰："眉山三苏，江东二吴。"然作品流传不多。其文简洁晓畅，《识斋记》、《摩苍轩记》、《见季守书》诸篇为其代表作。著作今存《棣华杂著》一卷。生平事迹见其自著《见蒋枢丐祠书》（《棣华杂著》）、《宋元学案补遗》卷七一。

吴礼之　宋词人。字子和，号顺受老人。钱塘（今杭州）人。词作仅存十九首及若干断章残句，多为感物伤情、惜春悲秋之作，词风大抵雅正端庄，婉转多情。有《顺受老人词》一卷传世。生平事迹见《全宋词》第四册。

辛弃疾（1140—1207）　宋词人。原字坦夫，改字幼安，号稼轩居士。历城（今山东济南）人。年少时生活于金人占领区，其祖父辛赞常携之登高望远，指画山河，思投衅而起。年二十二岁时聚众二千投耿京起义军，任掌书记。绍兴三十二年（1162）正月奉表归宋，授承务郎。北归途中闻耿京为叛徒张安国所杀，即率五十骑，长驱山东，于五万敌众中将张安国缚归南宋斩首。南归初被任为江阴签判，乾道四年（1168），又任建康通判。八年，出知滁州，大办荒政，使商旅毕集，上下绥泰。淳熙二年（1175）任江西提点刑狱，督捕赖文政茶商军并诱而杀之。后历知隆兴府兼江南西路安抚使、荆湖北路转运副使。八年遭免职，回上饶带湖闲居。绍熙三年（1192）复任福建提点刑狱，五年又被革职，定居铅山期思瓢泉。嘉泰三年（1203），再被起知绍兴府兼浙东安抚使，期间曾往镇江策划北伐事宜，然一年后又遭罢贬。回到铅山旧宅。开禧三年（1207），朝廷欲再度起用，然其病已沉重，终于该年九月逝世。平生以气节自负，以功业自许，一生力主抗战，曾上《美芹十论》（即《御戎十论》）与《九议》，条陈战守之策，显示其卓越军事才能与爱国热忱，又与南宋志士陈亮及理学家朱熹保持深厚友谊，与之砥励气节，切磋学问，传为佳话。然其理想志趣，在南宋苟安社会环境中处处碰壁，遂将一腔忠愤均寄之于词。抗金复国是其作品之主旋律，其中不乏英雄失路的悲叹与壮士闲置的愤懑，具有鲜明的时代特色。还以生动细腻的笔触描绘江南农村四时的田园风光、世情民俗。其词题材广阔，又善化用前人典故入词。风格沉雄豪迈又不乏细腻柔媚之处。在苏轼的基础上，大大开拓了词的思想意境，提高了词的文学地位。后人遂以"苏、辛"并称。其诗文亦有足称道者，特别是其文"笔势浩荡，智略辐凑，有权书衡论之风"（刘克庄《后村先生大全集》卷九八）。著有《稼轩词》，后人辑有《辛稼轩诗文钞存》。生平事迹见宋谢枋得《叠山集》卷七《宋辛稼轩先生墓记》、《宋史》卷四〇一，今人邓广铭有《辛稼轩年谱》。

辛稼轩　即辛弃疾。

赵善括 宋文学家。字无咎，号应斋。籍隶隆兴（治今江西南昌）。太宗七世孙。尝登进士，历官常熟令。知鄂州，终官朝请大夫。能诗文，杨万里评："其文大抵平淡夷易，不为追琢，不立崖险，要归于实用而非窾非浮"，"其诗皆感物而发，触兴而作，使古今百家、景物万象皆不能役我而役于我。"（《诚斋集》卷八三《应斋杂著序》）词亦佳，有骏迈之气。有《应斋杂著》传世。生平事迹见杨万里《诚斋集》卷八三《应斋杂著序》、《四库全书总目》卷一六〇。

项安世（？—1208） 宋学者、文学家。字平父，一作平甫，号平庵。括苍（今浙江丽水）人，迁江陵（今湖北荆沙）。孝宗淳熙二年（1175）进士，除秘书正字，迁校书郎，俄为言者劾去。后除户部员外郎，湖广总领，坐事免。宁宗嘉定元年卒。能诗文，诗作甚丰。其抒写景物，则清新隽永，记事送别，则劲健有豪气，《四库未收书目提要》云："固绍熙嘉泰间一作者也。"佳作有《明山湖阻风》、《爱秋》、《送杨主簿》、《西坡》、《江陵为浏阳柳氏作云山书院歌》、《送李知县赴蕲州广济》、《寒食道中》等诗。著作今存《周易玩辞》、《项氏家说》、《平庵悔稿》。生平事迹见《宋史》卷三九七。

蔡戡（1141—？） 宋诗人。字定夫。其先兴化军仙游（今属福建）人。高宗绍兴中寓常州武进（今江苏武进）。蔡襄四世孙。幼承门荫，补溧阳尉。孝宗乾道二年（1166）进士。历广东转运判官、广东提举、京西转运判官、淮西总领、湖北总领、广西经略、湘广总领，有惠政。又知永嘉、隆兴、静江。累官宝谟阁直学士。韩侂胄当国，乃请老。居官能鲠挺不阿，上书论事，切中时弊。其文"绳墨谨严，制作森具，巨细得体，丰约中度"；其诗"圆美清遒，浑然不见刻雕之迹"；"赋则规古，体物宏肆"（《定斋集》卷首李皐《序》）。著有《定斋集》。生平事迹见李皐《定斋集·序》、《宋史翼》卷一四、《南宋文范作者考》。

赵公豫 宋文学家。字仲谋。南渡后居常熟（今属江苏），因籍焉。早年游四方，文名日起。登进士第。高宗绍兴间知真州，居官廉正。累官宝谟阁待制。其诏策诰表多为时人传诵。诗虽属对不甚工切，然"直写胸臆，要自落落不凡"（《四库全书总目》）。佳作有《教授祖守中逢清以秋菊佳咏见贻次韵奉答》、《世途》、《秋日游焦山寺》等。有《燕堂诗稿》传世。生平事迹见《燕堂诗稿》卷首无名氏所撰《本传》、明张昶《吴中人物志》卷五。

潘柽 宋诗人。字德久。永嘉（今属浙江）人。以父任补右职，继参戎幕，召试为阁门舍人。久之，授福建兵马钤辖。喜为诗，有名于时。诗存十八首，大多即景感兴，抒写漂泊思归的情怀。如《岁暮怀旧》、《还自钱塘道中》等，闲淡哀婉，深邃幽远。有《转庵集》一卷传世。生平事迹见《两宋名贤小集》卷二八六《转庵集》前附小传。

杨简（1141—1226） 宋哲学家、诗文家。字敬仲。明州慈溪（今属浙江）人。世称慈湖先生。孝宗乾道五年（1169）进士，授富阳主簿。历任国子博士，著作郎，将作少监、国史院编修官，实录检讨官等。求去，以宝谟阁学士、慈溪县男、太中大夫致仕。文存一百余篇，《深明阁记》、《象山先生行状》、《东山赋》等，质朴雅正。其他如《家记》、《纪先训》等，杂录论经史治道之说，规模条贯，义理精深。诗存一百二十余首，率易而颇富机趣，如《咏春》、《偶作》、《绝句》等。有《杨氏易传》二十卷，《五诰解》四卷，《慈湖诗传》二十卷，《先圣大训》六卷，《石鱼偶记》一卷，《慈湖遗书》十八卷等传世。生平事迹见《宋史》卷四〇七、清冯可镛、叶意深编《慈湖先生年谱》。

游九言（1142—1206） 宋文学家。字诚之，初名九思，学者称默斋先生。建阳（今属福建）人。初为古田尉，入监文思院，调全椒令。宁宗开禧初，为淮西安抚机宜，寻知光化军，充荆鄂宣抚参谋官。卒赠直龙图阁，谥文清（"清"一作"靖"）。文存二十余篇，《过杨忠襄墓哀辞》，慷慨激烈；《送窦君入闽序》，纡曲深邃；《义灵庙迎享送神曲序》，叙事详尽，可补正史之缺。诗存二十余首，《溪上》、《秀州道中》等，清新秀拔；《乌鸦》、《秋雨叹》等，沉郁悲怆。词存四首。有《默斋遗稿》二卷传世。生平事迹见宋魏了翁《鹤山大全集》卷五四《游诚之默斋集序》、《默斋遗稿》下《游氏世谱》。

彭龟年（1142—1206） 宋散文家。字子寿。清江（今江西樟树）人。尝从朱熹、张栻游。孝宗乾道五年（1169）进士，授袁州宜春尉，吉州安福丞。得郑侨、张均荐，除太学博士。光宗时为起居舍人。宁宗朝迁吏部侍郎。庆元二年（1196）落职，嘉泰元年（1201）复官。开禧二年（1206）以待制宝谟阁致仕，卒谥忠肃，赠宝谟阁直学士，加赠龙图阁学士。为人正直，议论简捷，故其为文恳恻刚劲，敢言人之所难言。著有

《止堂集》传世。生平事迹见宋楼钥《攻媿集》卷九六《忠肃彭公神道碑》、《宋史》卷三九三。

刘光祖(1142—1222)　宋词人。字德修,号后溪,一号山堂。简州阳安(今四川简阳)人,寓居德清(今属浙江)。孝宗乾道五年(1169)进士。宁宗庆元初官侍御史,后改司农少卿,迁起居郎。韩侂胄禁道学,光祖坐谤讪夺职。后至显谟阁直学士,提举茅山崇福宫。谥文节。其为人正直,"论谏激烈似苏轼,恳恻似范祖禹"(全祖望《增补宋元学案》卷七九)。其词今存十一首,内容多为伤春、离别、咏物、祝寿等。其诗《宋诗纪事》卷五六仅存一首五律。有《鹤林词》一卷。生平事迹见《宋史》卷三九七。

曾丰(1142—?)　宋文学家。字幼度。晚岁筑室,自号"撙斋"。抚州乐安(今属江西)人。孝宗乾道五年(1169)进士。历奉议郎、静江府义宁县主管劝农公事,官至朝散大夫、德庆太守。真德秀幼时从其学。殁后,德秀为作墓志铭。恬于仕进,学有根基。其文"气刚而义严,辞直而理胜"(虞集《曾撙斋缘督集序》)。亦能诗。今有《缘督集》二十卷。生平事迹见其诗文及《缘督集》卷首虞集《序》、《宋史翼》卷二八、《南宋文范作者考》。

陈亮(1143—1194)　宋哲学家、政论家、词人。初名汝能,字同甫(即同父),二十六岁时改名亮,三十六岁时又改名同。世称龙川先生。婺州永康(今浙江永康县)人。少时"独好霸王大略,兵机利害"(《酌古论序》)。十八、九岁时,见知于婺州郡守周葵,后在其临安幕中作上客。孝宗乾道四年(1168)乡试得中。翌年中解元,应礼部考试,因所作策论不合朝官之意,落第东归。屡上书,未能如愿。淳熙五年(1178)春天,幸会辛弃疾,从此结为挚友。十五年,同游鹅湖。同年,亮亲赴长江沿岸之京口、建业,察看地形,随后再到临安上书,又遭冷遇。曾因事几度入狱。绍熙四年(1193)四月,参加礼部进士考试,光宗御提第一。七月,授佥书建康军判官厅公事。然赴任途中竟一病不起,次年初卒。亮在哲学上创立与朱熹理学相抗衡的永康学派,当时影响极大。文学成就亦高,政论文大多主题鲜明,议论生动,体不诡异,辞不险怪,体现出"意与理胜"之特点。其词往往直抒胸臆,"一毫不隐瞒,一毫不修饰,照那情感的原样子,迸裂到字句上"(梁启超《饮冰室文集》卷七一)。属苏、辛一派,引人注目。著有《龙川文集》三十卷、《龙川词》一卷。生平事迹见《宋史》卷四三六、颜虚心《陈龙川年谱长编》。

詹体仁(1143—1206)　宋学者,文学家。字元善。崇安(今福建武夷山市)人。少从朱熹学,以存诚慎独为主。孝宗隆兴元年(1163)进士,为太常少卿。周必大为相,体仁尝疏荐三十余人,皆当世知名士。官终司农卿。宁宗开禧二年卒。博极群书,善诗文。真德秀论其文曰:"为文若不经意而明白畅达,根于理致,雕镂刓劂之语,一不出诸口,神识恬畅,喜论说古今"(《司农卿湖广总领詹公行状》)。著作今存《詹元善先生遗集》二卷。生平事迹见宋杜范《清献集》卷一九《詹体仁传》、真德秀《西山文集》卷四七《司农卿湖广总领詹公行状》、叶適《水心集》卷一五《司农卿湖广总领詹公墓志铭》、《宋史》卷三九三。

赵蕃(1143—1229)　宋诗人。字昌父,世称章泉先生。其先为郑州人,南宋高宗建炎后,家居信州(治今江西上饶)。以荫出仕,恩补州文学。调浮梁尉、连州主簿,皆不赴。后为太和主簿,受知于杨万里。理宗即位,屡召不拜。以直秘阁致仕。谥文节。蕃终身好学,性宽平,恬淡自守,与人乐易而刚介不可夺。尝编选唐人绝句,"惟取中正温厚、闲雅平易。若夫雄浑悲壮、奇特沉郁,皆不之取"(谢榛《四溟诗话》卷二)。其诗杨万里誉为"貌恭气和,无月下推敲之势;神清骨耸,非山头瘦苦之容。一笑诗成,万象春风"(刘宰《章泉赵先生墓表》)。元方回《桐江集》卷四亦云:"生平恬淡而诗尚瘦劲,不为晚唐、亦不为江西,隐然以后山为宗。"(《跋赵章泉诗》)有《乾道稿》二卷、《淳熙稿》二十卷、《章泉稿》五卷存世。生平事迹见宋陈文蔚《克斋集》卷一一《祭赵章泉文》、刘宰《漫塘文集》卷三二《章泉赵先生墓表》、《宋史》卷四四五。

王子俊　宋文学家。字才臣,一字巨臣,号格斋。庐陵吉水(今属江西)人。王大临子,周必大、杨万里门下客。安丙帅蜀,以荐官成都帅幕。工诗文,尤擅四六骈文。《四库全书总目》云:"杨万里尝评子俊之文,谓史论有迁、固之风,古文有韩、柳之则,诗句有苏、黄之味。至于四六,踵六一、东坡之步武,超然绝尘,自汪彦章、孙仲益诸公而下不论也。其推重之甚至。"朱彝尊《曝书亭集》卷五二《格斋四六跋》称道其四六,则云:"爱其由中而发,渐近自然,无组织之迹,斯则彦章之亚也。"今其他文已不可见,唯《格斋四六》传世。生平事迹见杨万里《诚斋集》卷七七《送王才臣赴秋试序》、卷九九《跋王才臣史论》。

刘爚(1144—1216) 宋学者、诗人。字晦伯,学者称云庄先生。建阳(今属福建)人。与弟炳同登孝宗乾道八年(1172)进士。调山阳主簿,改知闽县,迁国子司业,累官工部尚书兼太子右庶子。其《上史弥远书》等,"陈时政、论兵事,料敌应机,识大体而达时变"(李埴《云庄集序》)。诗存一卷,或官场应酬,或朋友赠别,诗风朴质;有以文为诗倾向,如《长沙劝耕》之一。有《云庄集》二十卷传世。生平事迹见宋真德秀《真文忠公集》卷四一《刘文简公神道碑》、宋沈间编《刘文简公年谱》一卷、《宋史》卷四〇一。

袁燮(1144—1224) 宋诗文家。字和叔,学者称絜斋先生。明州鄞县(今浙江宁波)人。孝宗淳熙进士,调江阴尉。宁宗即位,以太学正召。后为浙东帅幕,福建常平属,沿海参议。嘉定初,召主宗正簿,枢密院编修官,累迁至秘书监。后罢之,以宝文阁待制提举鸿庆宫。又起知温州,进直学士。文存二百四十余篇。诗存一百七十余首。有《絜斋家塾书钞》十二卷、《絜斋毛诗经筵讲义》四卷、《絜斋集》二十四卷、《袁正献公遗文钞》二卷传世。生平事迹见宋真德秀《真文忠公集》卷四七《袁正献公行状》、杨简《慈湖遗书补编》所收《袁公墓志铭》、《宋史》卷四〇〇。

陈岘(1145—1212) 宋诗人。字寿南,一作倚南,号东斋。温州平阳(今属浙江)人。孝宗淳熙十四年(1187)中博学宏词科,赐进士出身。宁宗开禧(1205—1207)初为中书舍人兼直学士院。韩侂胄用兵北伐,欲用其亲吏苏师旦为节度使,岘力持不可。后起知广州,徙原州。其诗寓情于景,淡远有致。有《东斋吟稿》一卷。生平事迹见真德秀《陈公墓志铭》(《真文忠公集》卷四四)、《宋史》卷三七七。

杨炎正(1145—?) 宋词人。字济翁。吉州庐陵(今江西吉安)人。登庆元二年(1196)进士第。初任宁远簿,受知于丞相京镗。嘉定三年(1210)为大理司直,七年知藤州,被论放罢。后又知琼州。与辛弃疾多有唱和。所作具故国之思,志在恢复而壮志不酬,故多牢骚感愤语。《四库全书总目》评曰:"其纵横排奡之气,虽不足敌弃疾,而屏绝纤秾,自抒清俊,要非俗艳所可拟。"集中亦不乏清新婉丽之作。况周颐评其《蝶恋花》前段"离恨做成春夜雨。添得春江,刬地东流去。弱柳系船都不住,为君愁绝听鸣舻",曰:"婉曲而近沉著,新颖而不穿凿,于词为正宗中之上乘。"有词集《西樵语业》一卷,录词三十七首。周密《武林旧事》录其《钱塘迎酒歌》一首。生平事迹见杨万里《诚斋诗话》、《宋诗纪事》卷五七。

赵师侠 一作赵师使。宋词人。字介之,号坦庵。新淦(今江西新干)人。燕王德昭七世孙。孝宗淳熙二年(1175)进士,淳熙十五年(1188)官江华郡丞,宦迹达于湘、赣、闽中一带。其词今存一百五十余首。其门人尹觉序其《坦庵词》云其词章"模写风景,体状物态,俱极精巧"。《宋诗纪事》存其诗一首。有《坦庵词》一卷。生平事迹见彭龟年《止堂文集》卷一六《祭赵介之参议文》。

巩丰(1148—1217) 南宋诗人。字仲至,号栗斋,武义(今属浙江)人。少从吕祖谦游,孝宗淳熙十一年(1184)进士,尝知临安县,后迁提辖左藏库。叶適《巩仲至墓志铭》论其诗文曰:"其文无险怪华巧而以理屈人,片词半牍,皆清朗得言外趣,尤工为诗。"著作今存《栗斋诗集》一卷,《后耳目志》一卷。生平事迹见宋叶適《巩仲至墓志铭》(《水心文集》卷二二)、明郑柏《金华贤达传》卷八。

刘仙伦 宋诗人。一名儗,字叔拟,号招山。庐陵(今江西吉安)人。主要活动于孝宗淳熙年间,与诗人刘过同乡,诗风亦相近,并称为"庐陵二士"。虽为布衣,但其诗作表明他并未忘怀政治,对南宋小朝廷之苟安局面颇不满。其诗风"新警峭拔"(岳珂《桯史》卷六),自成高格,很少受江西派诗风影响。其词今存三十一首,亦为人所称道。著有《招山小集》一卷,《补遗》一卷。生平事迹见《宋诗纪事》卷六三。

严蕊 宋女词人、营妓。字幼芳。善琴弈、歌舞、丝竹、书画,色艺冠一时。又间作诗词,名闻四方。台州知州唐仲友曾命其赋《如梦令》词,后有人告其与严蕊有私,时朱熹任提举两浙东路常平茶盐公事,遂将严以有伤风化罪名投牢查办。后朱改官,岳霖继任,严为赋《卜算子》(不是爱风尘)词以自白,遂判令出狱,脱籍从良。其词今存三首。生平事迹见宋周密《齐东野语》卷二〇。

黄畲(1150—1212) 宋文学家。字子耕,号复斋。隆兴府分宁(今江西修水)人。黄庭坚叔父黄廉(字夷仲)曾孙。尝从郭雍、朱熹学。以太学生举进士。官瑞昌主簿,监文思院、知卢阳县,通判处州。先后主管官告院、大理寺簿、军器监丞。乞外任,知台州。谢良佐子孙居台者播越流落，求之民间，收而教之。设济粜仓，于青黄不接时平抑粮价；设抵当库储钱，救民之急；置丛冢二，葬棺一千五百；置养济院，收容老幼；又别造安济坊，以居病囚。勤政抚民，郡称平治。迁知袁州，从弟死，过抚州哭弟甚哀，得疾而卒。秉承家学，叶適称其“诗文似太史（黄庭坚）”，“兴指予夺之微，追古人而过今人矣”（《黄子耕文集序》）。编次黄庭坚遗文，为《别集》二十卷；又撰《山谷年谱》，于黄庭坚作品旁罗博搜，并为之考证编年。生平事迹见叶適《水心文集》卷一二《黄子耕文集序》、卷一七《黄子耕墓志铭》、《宋史》卷四二三。

叶適（1150—1223）　宋哲学家、文学家。字正则，人称水心先生。永嘉（今浙江温州）人。孝宗淳熙五年（1178）进士，历仕于孝宗、光宗、宁宗三朝，官至权工部侍郎、吏部侍郎兼直学士院。韩侂胄伐金失败，適以宝谟阁待制主持建康府兼沿江制置使，因抗金得力，被进为宝文阁待制、兼江淮制置使。曾上堡坞之议，实行屯田。宁宗开禧三年（1207），被劾归乡里，研玩群书，经十六年，成《习学记言》。一生力主抗金，不断上书，与陈亮友善。哲学上与朱熹、陆九渊形成鼎足对立，为永嘉学派之代表人物。诗文创作方面，重视文章的教化作用和独创性。其散文雄赡而才气横溢，尤其许多“记”和“碑版之作”，语言简朴厚重，名重于当世，“在南宋卓然为一大宗”（《四库全书总目》）。诗尊晚唐，推崇姚合、贾岛，与同时的“永嘉四灵”友善，曾刊印其诗集，然题材、境界较“四灵”扩大。作品“用工苦而造境生”，“艳出于冷，故不腻；淡生于炼，故不枯”（《宋诗钞·水心诗钞》）。有《水心先生文集》二十九卷、《别集》十六卷、《习学记言》五十卷。生平事迹见《宋史》卷四三四、《南宋文范作者考》。

邓林　宋诗人。字楚材，一字性之，自号四清社友。福清（今属福建）人。孝宗淳熙五年（1178）进士，授石城丞，与周必大、朱熹、吕祖谦等为友。工诗。宋萧岗《皇荂曲序》称其为诗“雅学丰词”、“正气充体”、“笼今古之变”、“抉乾坤之缊”。著作今存《皇荂曲》一卷。生平事迹见清李清馥《闽中理学渊源考》卷一七。

李廷忠　宋文人。字居厚，号橘山。於潜（今浙江临安西）人。孝宗淳熙八年（1181）进士。宁宗庆元元年（1195），初官於潜教授。嘉定八年（1215）知夔州，罢归。著有《洞霄诗集》，今不传。《宋诗纪事》录其《游大涤》一首。词作今存十五首，多为祝寿宴饮之作。其作品今存最多者为四六骈文，《四库全书总目》谓“组织尚为工稳”，然“体格稍卑，往往好博矜新，转伤繁冗”。今有《橘山四六》二十卷传世。生平事迹见《宋诗纪事》卷五五。

詹初　宋诗人。字以元。休宁（今属安徽）人，世称流塘先生。始为县尉，以荐为太学录，后罢归，遂入大庐山，不仕。文多亡佚，今仅存《翼学》、《序经》、《日录》等短篇札记，议论醇谨，多自有心得。诗存四十余首，或感慨权奸误国，深沉悲凉，如《有怀》、《闻金人入寇》等；或抒写义理，从细微见精深，充满机趣，如《闻杵》、《中道》等。有《寒松阁集》三卷传世。生平事迹见《寒松阁集》卷三宋詹阳及明詹景凤、詹璧三人所撰《寒松阁集跋》三篇及《寒松阁集》附录明诸家序跋。

吕皓　一作吕浩。宋文人。字子阳（一作旸），号云溪。永康（今浙江金华）人。初以赈粟补官，孝宗淳熙中领乡荐。会其父为人诬构系狱，皓投匦上书，愿纳所得官赎父罪，书辞甚伟。孝宗闻而壮之，朝奏夕报可，由是知名。后隐居终其生。其文流畅，文风朴素自然。今存文章三十余篇，有《云溪稿》一卷。生平事迹见《云溪稿·云溪逸叟自传》。

刘学箕　宋诗人。字习之，自号种春子，又号方是闲居士。建州崇安（今福建武夷山市）人。曾祖刘韐为宋之名将，祖父刘子翚为宋之名儒。恬于仕进。饮酒赋诗，自得其乐，然未忘怀国耻家仇。得其家传，工于词藻。刘淮《方是闲居士小稿序》称其“笔力豪放，诗摩香山之垒，词拍稼轩之肩”。四库馆臣则以为其诗似尚未能与白居易相抗衡，主要“伤于稍快稍粗”。著有《方是闲居士小稿》二卷。生平事迹见《方是闲居士小稿》首附刘淮、赵必愿、赵蕃三序，《方是闲居士小稿》末附其门人游郴跋十则及作者自记。

郑克己　宋诗人。字仁叔。青田（今属浙江）人。孝宗淳熙中（1174—1189）进士。仕至福建提刑司干官。诗存十四首，清隽疏淡，如《青衫》、《旅中遇故人》等。有《文杏山房杂稿》一卷传世。生平事迹见《两宋名贤小集》卷一七〇《文杏山房杂稿》前附传。

黄榦（1152—1221）　宋诗文家、学者。字直卿，号勉斋。福州闽县（今福建闽侯）人。少受业于朱熹，熹称其志坚思苦，以女妻之。宁宗即位，补将仕郎、铨中，授迪功郎，监台州酒务，调监嘉兴府石门酒库。历通判安丰军，寻知汉阳军、安庆府等。后归里讲学以终。文存数百篇，质朴醇实，不事雕饰。诗存八十余首，闲淡疏远，沉郁悲凉，如《寄郑惟忠、叶云叟诸友》、《读史荆卿传》等。有《仪礼经传通解续》二十九卷、《勉斋集》四十卷传世。生平事迹见《勉斋集》附录《勉斋黄先生行实》及《黄榦传》、《宋史》卷四三〇。

张镃(1153—?)　宋诗人。字功甫，一作功父、号约斋。成纪(今甘肃秦安)人。俊曾孙。官奉议郎，直秘阁。宁宗开禧初，谋诛韩侂胄。后谪桐川，再谪象台。嘉定四年后卒。善绘画，工诗词。方回《读张功甫南湖集并序》赞其诗曰："生长勋门富贵中，秕糠将相以诗雄，端能活法参诚叟，更觉豪才类放翁，举似今人谁肯信，元来妙处不全工，登金组绣同时客，合向南湖立下风。"(《南湖集》卷首)著有《梅品》、《仕学规范》、《南湖集》等。生平事迹见杨万里《诚斋集》卷八〇《约斋南湖集序》、卷九七《张功父画像赞》。

孙应时(1154—1206)　宋文学家。字季和，号烛湖居士。余姚(今属浙江)人。少时师事陆九渊，孝宗淳熙二年(1175)登进士第。初为黄岩尉，有惠政，常平使者朱熹重之，与定交。邱崈帅蜀，辟入制幕，策知吴曦之将叛，人服其先见。后知常熟县，秩满，郡守以私恨构陷之，谓其负仓粟三千斛，竟坐贬秩。宁宗开禧二年(1206)，起判邵武军，未上任而卒。能诗文。有《烛湖集》二十卷传世。生平事迹见《烛湖集》附宋杨简《孙烛湖先生圹志》及无名氏撰《承议郎孙君墓志铭》、《孙应时传》等。

刘过(1154—1206)　宋词人、诗人。字改之，自号龙洲道人。吉州太和(今江西泰和)人，长于庐陵(今江西吉安)。少怀不羁之才，以功业自许，博学经、史、百氏之书，通晓古今治乱之略。常与朋辈论边庭障堠、战守形势，屡与时宰陈恢复方略。屡试不第，落拓江湖，以布衣终。生性疏豪倜傥，傲睨万物，常浩歌痛饮，自放于礼法之外。陆游、辛弃疾、陈亮皆与之交游。宋子虚称之为"天下奇男子，平生以气义撼当世"(毛晋《龙洲词跋》引语)。其词今存八十多首，多感时论事、抒写平生豪气之作。但亦不乏纤丽俊秀者。刘熙载《艺概》卷四称其"狂逸之中自饶俊致，虽沉着不及稼轩，足以自成一家"。其诗今存二百多首，古、律诗兼备，亦多豪壮遒劲之作。陈亮《赠刘改之》诗云："刘郎吟诗如饮酒，淋漓醉墨龙蛇走；笑鞭列缺起丰隆，变化风雷一挥手。"颇能道出刘过诗的风格。其文流传较少，亦语意峻拔，剀切明快。有《龙洲集》十四卷、《龙洲词》一卷。生平事迹见宋岳珂《桯史》卷二、明钱穀《吴都文粹续集》卷四四《宋龙洲先生刘公墓表》、明钱士升《南宋书》卷六三。

蔡幼学(1154—1217)　宋文学家。字行之。瑞安(今属浙江)人。孝宗乾道八年(1172)进士，试礼部第一。历官秘书省正字，试中书舍人，宁宗时仕至权兵部尚书，兼太子詹事。少即以文鸣于时，而其学究儒理，言循礼义，不为艳丽虚浮之作。叶适《兵部尚书蔡公墓志铭》曰："虽幼以文显，无浮巧轻艳之作，既长，益务关教化养性情，花卉之炫丽，风露之凄爽，不道也，词命最温厚，亦不自矜贵，惟于国史，研贯专一，朱墨义类，刊润齐整，各就书法。"尝续司马光《公卿百官表》、《年历》、《大事记》、《编年政要》、《列传举要》等，凡百余篇。著作今存《育德堂外制》五卷。生平事迹见叶適《水心集》卷二三《兵部尚书蔡公墓志铭》、《宋史》卷四三四。

敖陶孙(1154—1227)　宋诗人。字器之，号臞庵。福清(今属福建)人。少倜傥有大志。韩侂胄用事，朱熹贬外，陶孙首以诗送，赵汝愚死贬所，陶孙以诗哭之，侂胄怒，捕陶孙，亡命江湖得免。侂胄诛后复出，宁宗庆元五年(1199)进士，终温陵通判。生平多历忧患，故明练世务。其诗文俱佳，而尤以诗称，亡命江湖后，诗名益重。刘克庄《臞庵敖先生墓志铭》云："诸文皆有气骨，可行世传远，而天下独诵其诗"，又云："先生之诗，主乎忠孝，不主乎刺议。"著作今存《臞翁诗集》二卷。生平事迹见刘克庄《后村大全集》卷一四八《臞庵敖先生墓志铭》。

高似孙　宋文学家、学者。字续古，号疎寮。余姚(今属浙江)人。孝宗淳熙十一年(1184)进士。宁宗庆元五年(1199)武学博士。开禧元年(1205)知严州，嘉定元年(1208)知江阴军，十七年为著作佐郎。理宗宝庆元年(1225)任处州守。其为官贪酷，人品无称。但学问淹博，著述丰富。《直斋书录解题》卷二〇谓"其读书以隐僻为博，其作文以怪涩为奇，至有甚可笑者。就中诗犹可观也"。著有《唐科名记》、《唐乐曲谱》、《疎寮小集》、《骚略》、《文选句图》等书传世。生平事迹见宋陈骙《南宋馆阁续录》卷八、清陆心源《宋史翼》卷二六。

周文璞　宋诗人。字晋仙，号方泉，又号野斋、山楹。阳谷(今属山东)人。少聪慧,以能诗名。宁宗时仕为内府守藏史,旋以事去官,卜居吴之凤山,山有方泉,因以为号。与姜夔、葛天民、韩淲为诗友,唱和颇多。其诗作以古体、七绝为主。《四库全书总目》讥其"颓唐","不出当时门径",惟古体短章、近体小诗"可肩随于白石、涧泉诸集之间"。著有《方泉集》四卷。生平事迹见《两宋名贤小集》卷二六二《方泉诗集》小传。

陈文蔚(1154—1239)　宋学者、诗人。字才卿,号克斋。信州上饶(今属江西)人。朱熹门人。尝举进士。理宗端平二年(1235),都省言其所作《尚书类编》有益治道,诏补迪功郎。嘉熙三年(1239)卒,年八十七。笃信朱熹师教,传朱熹之学如《师训拾遗》等。其学以求诚为本,以躬行实践为事。文亦"明白淳实,有朱子之遗"(《四库全书总目》)。诗有学者风。今有《克斋集》十七卷传世。生平事迹见《四库全书》本《克斋集》卷首附侯峒曾《克斋集序》、《正谊堂全书》本《克斋集》卷首附张时雨《纪述》、《宋史翼》卷二五。

姜夔(约1155—约1221)　宋词人、诗人、音乐家。字尧章,号白石道人。饶州鄱阳(今江西波阳)人。少时随父宦游,即有诗名,往来沔鄂几二十年。宁宗庆元三年(1197),进《大乐议》一卷、《琴瑟考古图》一卷于朝。五年,又上《圣宋铙歌鼓吹》十二章,诏免解,与试礼部,不第。一生未曾仕宦,卖字而外,皆靠他人周济生活。往来于湖州、杭州、苏州、金陵、合肥等地,与杨万里、范成大、辛弃疾、萧德藻、张镃等相结交。晚岁朋辈凋零,生计凄苦,六十余岁卒于西湖。夔少有文名,工诗、词、骈文,善书法,通晓音律。其诗现存一百八十余首,初学黄庭坚,中年摆脱江西诗派束缚,转而追随晚唐的陆龟蒙。琢句精妙,意境幽隽,杨万里称之"有裁云缝月之妙思,敲金戛玉之奇声"(《直斋书录解题》卷二〇引)。所著《白石道人诗说》,主张诗"贵含蓄",要有"气象"、"韵度",要"深远清苦"等。王士禛《渔洋诗话》甚至称其"多精至之论,严羽之前,无与比也"。其词被誉为"犹诗家之有杜少陵"(宋翔凤《乐府余论》),"文中之有昌黎"(张宗橚《词林纪事》引许昂霄语),"词中之圣"(《七家词选》),不无溢美之辞。现存词八十余首,善用洗练、疏峻的语言,低沉的声调抒写冷僻幽独的心情。词风清空冷峭,格调甚高而意境则浅。王国维《人间词话》卷上云:"古今词人格调之高,无如白石。惜不于意境上用力,故觉无言外之味,弦外之响。"然格律严密,音节谐美,能自创新谱。在这方面,上承周邦彦,下开张炎一派,影响到清代的浙派词。代表作有《扬州慢》、《暗香》、《疏影》等。今有《白石道人诗集》、《白石道人歌曲》、《诗说》、《绛帖平》、《续书谱》等著作传世。生平事迹见《白石道人诗集自叙》、《宋史・乐志六》、今人夏承焘《姜白石词编年笺校》附《白石道人行实考》。

汪莘(1155—1227)　宋文学家。字叔耕,号柳塘。徽州休宁(今属安徽)人。卓荦负俊才,不屑习举子业,隐居黄山。好读《易》,诸子百家之书靡不研究。宁宗嘉定间诏求直言,以布衣应诏,论事不用。朱熹曾与之通书,颇重之。徐谊帅江东,高其行,欲以遗逸荐之。不果。筑室柳溪之上,圃以方渠,自号方壶居士。其为文"雄壮奇伟"(《方壶存稿》卷首附孙嵘叟序),"排宕有奇气"(《四库全书总目》)。诗学太白,"造境生而造语险,不拘绳墨法度,自为方壶一家言"(《两宋名贤小集・方壶存稿序》)。今有《方壶存稿》传世。生平事迹见《方壶存稿》卷首诸家序、《宋史翼》卷三六。

赵崇鉘　宋诗人。字元治。开封(今属河南)人。太宗九世孙。其诗多描写自然景物,表现闲情逸志。如《东风》、《杂兴》、《新堤》等,俱清新可读。著作今存《鸥渚微吟》一卷。生平事迹见《两宋名贤小集》卷二九二《鸥渚微吟序》。

曹彦约(1157—1228)　宋文学家。字简甫,号昌谷。都昌(今属江西)人。尝从朱熹游。孝宗淳熙八年(1181)进士,历官建平尉,知汉阳军,兵部尚书。谥文简。生平以事功称,亦工于诗文。《四库全书总目》论其诗文云:"奏议大都通达政体,可见施行,所论兵事利害,尤确凿有识,不同摭拾游谈","惟俪词韵语稍伤质朴。"可见不乏文才。著作今存《经幄管见》四卷、《昌谷集》二十二卷。生平事迹见宋魏了翁《鹤山大全集》卷八七《曹公墓志铭》、《宋史》卷四一〇。

崔与之(1158—1239)　宋文学家。字正子。广州增城(今属广东)人。光宗绍熙四年(1193)进士。授浔州司法参军,累官秘书监,权工部侍郎,出知成都府,进本路安抚使;又为广东路经略安抚使,兼知广州。拜参知政事,右丞相,皆力辞。以观文殿大学士致仕。封南海郡开国公。谥清献。文存五十余篇。诗词共存三十余首,诗如《扬州官满辞后土题玉立亭》、《送时漕大卿淮西检法》，词如《水调歌头·题剑阁》等，格调高昂，文辞隽拔。有《崔清献公集》五卷传世。生平事迹见宋李昴英《文溪存稿》卷二〇《祭崔清献公文》、卷一一《崔清献公行状》、《宋史》卷四〇六。

郭应祥(1158—？) 宋词人。字承禧，号遁斋，自名为笑笑先生。临江(治今江西樟树)人。孝宗淳熙八年(1181)进士，尝任州县官于闽越荆楚间。与词人黄机友善，常相唱和。诗、文今已不传；至其词，詹傅敬《笑笑词序》评云："典雅纯正，清新俊逸，集前辈之大全，而自成一家之机轴。"滕仲因《笑笑词跋》则称其词"或如惊涛出壑，或如绉縠纹江，或如静练照海"。著有《笑笑词》一卷传世。生平事迹见《彊村丛书》本《笑笑词》卷首詹傅敬序、卷末滕仲因跋及无名氏《笑笑先生传赞》。

黄机 宋词人。字幾仲，一作幾叔。东阳(今属浙江)人。尝仕宦州郡，游踪多在吴楚之间，与岳珂、郭应祥等唱和。词作今存近百首，内容除相思闺怨、离情别绪之外，尚有不少关注时局、忧虑国事之作。《四库全书总目》评其词"沉郁苍凉，不作草媚花香之语"。有《竹斋诗余》一卷传世。生平事迹见《全宋词》第四册。

周南(1159—1213) 宋文人。字南仲，号山房。平江府吴县(今属江苏)人。光宗绍熙元年(1190)进士甲科。授池州教授。后以岳父黄度言忤当路为御史所劾，并罢，差为常州推官。父卒不行，主管吏部架阁文字。宁宗开禧二年(1206)干办浙东常平司。三年五月诏试馆职。上书对策反对用兵，诋忤权要，除为秘书省正字，七月丁忧去。嘉定二年(1209)十月，服阕再除，三年二月为言者劾，复罢。嘉定六年卒。自幼耽书喜诵，十五、六岁时视吴下同学止科举，心陋之。后从叶适讲学，顿悟有得。能诗善文，尤长四六。文词雅丽精切，达于时用，每以世道兴废为己任。著有《山房集》九卷传世。生平事迹见《宋史》卷三九三。

李壁(1159—1222) 宋文学家。字季章，号雁湖居士，又号石林。眉州丹棱(今属四川)人。李焘子。绍熙元年(1190)进士，为秘书省正字。开禧二年(1205)，起草伐金诏书。权礼部尚书，累官参知政事，兼枢密院事。后谪居抚州，又起知遂宁府。谥文懿。其文辞精博隽逸，与其父焘、弟埴皆以文学知名，时人比之"三苏"。周必大曾称其为"谪仙才也"(见《宋史》本传)。著有《雁湖集》、《中兴奏议》等，今仅存《中兴战功录》一卷、《王荆文公诗笺注》五十卷、词十首。生平事迹见真德秀《真文忠公集》卷四一《李公神道碑》、《宋史》卷三九八。

曾极 宋诗人。字景建。临川(今属江西)人。终身布衣。尝助李壁注王安石诗。晚以《江湖集》诗案获罪，谪道州春陵。后卒于贬所。朱熹尝得其书及诗文，誉其"文词通畅，笔力快健，蔚然有先世遗法"(《朱文公文集》卷六一《答曾景建》)。所著《春陵小雅》已不传。今存《金陵百咏》七言绝句百首，词旨悲壮，大抵均以南渡后君臣画江自守，不图中原而作，耿耿有恢复意。刘克庄以为"皆峭拔有风骨"(《后村诗话》前集卷二)。生平事迹见刘克庄《后村诗话》前集卷二、朱熹《朱文公文集》卷六一《答曾景建》。

陈淳(1159—1223) 宋学者、诗人。字安卿，号北溪，世称北溪先生。漳州龙溪(今福建漳州)人。朱熹守漳州，淳请受教。朱熹数语人：南来吾道喜得陈淳。宁宗嘉定九年(1216)待试中都，归，讲学严陵。十一年(1218)以特奏恩授迪功郎，主泉州安溪主簿。未赴任。一生致力于传播发扬朱熹学说，"发为文章，多质朴真挚，无所修饰"(《四库全书总目》)。诗大多近于语录。今存《北溪字义》二卷、《北溪大全集》五十卷、《外集》一卷。生平事迹见《宋史》卷四三〇。

韩淲(1159—1224) 宋文学家。字仲止，号涧泉。韩元吉子。世居开封雍丘(今河南杞县)，南渡后其父流离信州上饶(今属江西)，因籍焉。有高节，从仕不久即归，隐居二十年。戴复古作《哭涧泉韩仲止二首》吊之，诗云"忍贫长傲世，世风似君稀"(《石屏诗集》卷四)。所作《涧泉日记》，品评人物、考证经史、品定诗文、杂记山川古迹等，颇为精审，文笔亦佳。潜心诗歌。尝选唐人绝句，"惟取中正温厚、闲雅平易，若夫雄浑悲壮、奇特沉郁，皆不之取"(谢榛《四溟诗话》)，由此可观其诗歌好尚。诗与赵蕃(号章泉)齐名，时称"二泉"。方回《瀛奎律髓》对其诗颇为推重。其词风格婉丽。今有《涧泉日记》、《涧泉集》传世。生平事迹见戴复古《石屏诗集》卷四《哭涧泉韩仲止二首》、清庄仲方《南宋文范作者考》。

赵师秀(？—1219) 宋诗人。字紫芝，号灵秀，又号天乐。永嘉(今浙江温州)人。宋太祖八世孙，光宗绍熙元年(1190)进士。浮沉州县，宁宗庆元元年(1195)任上元主簿，终高安推官。为"永嘉四灵"之一，其诗学晚唐贾岛、姚合，曾编选二人诗为《二妙集》。今存诗一百四十一首，专以炼字炼句为工。杜小山尝问其作诗句法，答之云："但能饱吃梅花数斗，胸次玲珑，自能作诗。"（元韦居安《梅磵诗话》卷中）故其诗多野逸清瘦。宋范晞文《对床夜话》卷二云："四灵，倡唐诗者也。就而求其工者，赵紫芝也。然具眼犹以为未尽者，盖惜其立志未高，而止于姚、贾也。"有《清苑斋集》传世。生平事迹见释居简《北磵集》卷一〇《祭上元长官赵紫芝》、《宋诗纪事》卷八五、《宋史翼》卷二八。

华岳 宋文学家。字子西，号翠微。贵池（今属安徽）人。宁宗开禧元年（1205），上书谏北伐，并请诛韩侂胄、苏师旦，下建宁狱。嘉定十年（1217），登武科第一，为殿前司官属。后谋去丞相史弥远，下临安狱，杖死东市。诗存约四百首，《上韩平原》、《和戎》、《寄六安宰杨渭夫》等，直抒胸臆，悲愤沉郁，曹庭栋《宋百家诗存》评其诗"脱口豪纵，多破胆险句，锤炼处又极冶衍遒丽。"词存十八首，《满江红》"庙社如今"等，悲壮激烈。文存三篇，《开禧元年上皇帝书》、《平戎十策》和《治安药石》皆议论纵横，笔势挥洒。明佘翘《华子西论》称其"论事似晁错，谙兵似孙武，文武才也"。有《翠微南征录》十一卷、《翠微北征录》十二卷传世。生平事迹见《宋史》卷四五五。

徐侨（1160—1237） 宋诗人。字崇甫，号毅斋。婺州义乌（今属浙江）人。孝宗淳熙十四年（1187）进士，调上饶主簿。入为秘书省正字、校书郎、兼吴益王府教授，直宝谟阁，为江东提点刑狱。端平初，迁秘书少监，太常少卿。乞休，迁工部侍郎，奉内祠兼侍读。后改宝谟阁待制奉外祠。文多佚，诗存约八十首。《送真景元直院将漕江东》等，忧怀国事，沉郁悲愤；《即事》、《道中口占呈能之》等，抒写情怀，率直疏淡。有《毅斋诗集别录》一卷传世。生平事迹见《宋史》卷四二二。

张侃 宋诗人。约公元1206年前后在世。字直夫。本居扬州，后徙居吴兴（今浙江湖州）。理宗宝庆二年（1226）间，宰句容。端平二年（1235），镇江签判。虽然其父岩谄媚权奸，为时人不耻，侃独志趣萧散，浮沉末僚。与赵师秀、周文璞等游。所作诗文多清隽圆转，时有闲淡之致。有《张氏拙轩集》六卷传世。生平事迹见宋吴泳《鹤林集》卷三六《退斋记》。

危稹 宋诗人。本名科，字逢吉，自号巽斋，又号骊塘。抚州临川（今属江西）人。孝宗淳熙十四年（1187）进士。孝宗更名稹。历任南康郡教授、转运使，累迁秘书郎、著作佐郎、兼吴益王府教授。升著作郎，兼屯田郎官。宁宗嘉定中，柴中行去国，作诗送之，忤宰相，出知潮州，又知漳州。俱有名绩。久之，提举崇禧观。与乡里耆艾七人为"真率会"。卒年七十四。稹善诗文，见知于杨万里。洪迈称其文"踔厉雅健"（《两宋名贤小集》卷二六五《巽斋小集序》引）。其诗有梗概不平之气。有《巽斋小集》传世。生平事迹见《宋史》卷四一五。

李从周 宋词人。字肩吾，一字子我，号蠙洲。彭山（今四川彭县）人。博见强志，精六书之学，尝著《字通》。其词今存十首，内容几乎不出美人哀怨，然遣词造句不流于俗艳，且境界秀丽。有《蠙洲词》一卷。生平事迹见宋魏了翁《鹤山大全集》卷五三《李肩吾字通序》、清黄宗羲《宋元学案》卷八〇。

郑域 宋词人。字中卿，号松窗。三山（今福建福州）人。孝宗淳熙十一年（1184）进士及第。宁宗庆元二年（1196），曾随张贵谟使金。嘉定十三年（1220），官行在诸司粮科院干办。著有《松窗丑镜集》及《燕谷剽闻》，今佚。《宋诗纪事》存其诗三首。词作今存十一首，多为咏瓜果词，有《松窗词》一卷。生平事迹见曾丰《缘督集》卷一八《松窗丑镜集序》。

徐玑（1162—1214） 宋诗人。字致中，又字文渊，号灵渊。晋江（今属福建）人。"永嘉四灵"之一。历官建安主簿，武当令、长泰令。善诗，着意模仿唐人，力求词藻工丽。叶適云："君每为余评诗及其他文字，高者迥出，深者寂入，郁流瓒中，神洞形外，余辄俛仰终日不知所言。"（《徐文渊墓志铭》）著作今存《二薇亭诗集》一卷。生平事迹见宋叶適《水心集》卷二一《徐文渊墓志铭》。

葛洪（？—1237） 宋大臣、文学家。字容甫，自号蟠室老人。婺州东阳（今属浙江）人。尝从吕祖谦游。孝宗淳熙十一年（1184）进士，历官尚书员外郎，工部尚书，参知政事，封东阳郡公。守正不阿，有大臣风。能诗文，上疏论事，明白剀切，著文持论和平。著作今存《涉史随笔》一卷，又有《蟠室老人文集》（已残）。生平事迹见《宋史》卷四一五、元吴师道《敬乡录》卷一二。

裘万顷 宋诗人。字元量，号竹斋。新建（今属江西）人。孝宗淳熙十四年（1187）进士。

宁宗嘉定初，除吏部架阁，迁大理司直，力求外任。又任江西抚干。博识多闻，操行笃实。工诗，诗格虽未高，而清婉有余，不为当时一些诗派所囿。朱彝尊序其诗"不作硬语，清疏韶亮"。有《竹斋诗集》传世。生平事迹见宋陈元晋《渔墅类稿》卷五、刘克庄《后村集》卷三一《跋元量司直诗》、方大琮《铁庵集》卷三四《祭裘司直文》等。

史弥宁 宋诗人。字安卿。鄞县（今属浙江）人。丞相史浩从子。宁宗嘉定中，以国子舍生莅春坊事，带阁门宣赞舍人，知邵阳。其有《诗禅》曰："诗家活法类禅机，悟处工夫谁得知；寻著这些关捩子，国风雅颂不难追"，又有《评诗》曰"诗要天然莫强为"，推崇诗之"妙悟"、"天然"。诗存一百七十首，"命意遣词，务取鲜新，……其点缀映媚，时亦清警"（《四库全书总目》），如《闻笛》、《楚望》等。有《友林乙稿》一卷传世。生平事迹见《友林乙稿》前编者《序》。

吕声之 宋诗人。字大亨。越州新昌（今属浙江）人。师陈傅良而友蔡幼学，同升太学，壁记题名，在陈下蔡上。会陈蔡登进士，声之独不第，或戏之曰："所谓厄于陈蔡之间者也。"困戾久之，乃授宿松尉，徙平阳丞。宋宁宗嘉定间累官昭信军节度推官。今存诗三十四首。诗风以淡雅清新为主，忧国之情亦时时流露。著有《雁山吟》一卷传世。生平事迹见清黄宗羲《宋元学案》卷五三、厉鹗《宋诗纪事》卷六〇。

汪晫（1162—1237） 宋诗人。字处微。绩溪（今属安徽）人。以孝闻。博学多览。理宗绍定间，郡学欲荐，以编名辞。端平元年（1234）真德秀欲荐之，会德秀卒，未果。尝辑《曾子》、《子思子》二书。又有杂著二十篇、《静观常语》三十余卷，已佚。今存《康范诗集》一卷。生平事迹见《康范诗集》卷首张纯仁序、卷末附汪梦斗跋，以及所附《康范续录》、《康范实录》、《附录外集》等。

杨皇后（1162—1233） 宋女诗人。宁宗皇后。少选入宫，忘其姓氏，或云会稽（今浙江绍兴）人。庆元元年（1195），进封婕妤，以杨次山为兄，遂姓杨氏。五年，进婉仪；六年，进贵妃。嘉泰二年（1202），立为皇后。理宗立，尊为皇太后。卒谥恭圣仁烈。诗存五十余首，大多是以抒写宫廷生活为题材的宫词，笔触细微，格调清新，颇富情趣。有《杨太后宫词》一卷传世。生平事迹见《宋史》卷二四三。

幸元龙（？—1232） 宋文学家。字震甫，号松垣。高安（今属江西）人。宁宗庆元年间进士。通判郢州，忤史弥远，被劾致仕。理宗绍定四年（1231）京师灾，元龙自家上封事，论弥远窃威福，愿戮其首籍其家以谢天下，然后断己首以谢弥远，则灾自弭矣。卒谥清节。有《松垣文集》十一卷传世。生平事迹见明廖道南《楚纪》卷五二、《宋史翼》卷二二。

程珌（1164—1242） 宋诗文家。字怀古，以先世居洺水，因自号洺水遗民。徽州休宁（今属安徽）人。绍熙四年（1193）进士。授昌化主簿，调建康府教授。历宗正寺主簿、枢密院编修官、礼部尚书、翰林学士知制诰、龙图阁学士、端明殿学士等，卒后赠特进少师。珌立朝以经济自任，其上疏论守边、蠲税、用兵，拳拳于国计民瘼，详明剀切，利病井然。所作诗、词大多平正调畅，闲雅消散。较有生气者是一些畅言恢复之诗词，如《水调歌头·登甘露寺多景楼望淮有感》等。有《洺水集》六十卷，今存三十卷。生平事迹见《宋史》卷四二二。

居简（1164—1246） 宋僧人、文学家。字敬叟，号北礀。潼川（今属四川）王氏子。理宗嘉熙中敕住净慈光孝寺。擅诗文。《四库全书总目》评为"格意清拔，自无蔬笋之气"。张诚子序其集亦云："读其文，宗密未知伯仲；诵其诗，合参寥、觉范为一人不能当也"（《北礀集》卷首）。有《北礀集》十卷传世。生平事迹见其集卷首张诚子序、《宋诗纪事》卷九三。

卫泾（？—1226） 宋文学家。字清叔，晚号西园居士。嘉兴（今属浙江）人，徙居昆山（今属江苏）。孝宗淳熙十一年（1184）举进士第一，宁宗开禧初拜御史中丞，官至参知政事，封秦国公。诛韩侂胄有力，为史弥远所忌，罢归卒。其著作大都持平温雅，诸奏疏直气凛然，切中时弊。诗作不多，多歌功颂德语，亦有真率自然、苍劲有力之作。有《后乐集》二十卷传世。生平事迹见明钱穀《吴都文粹续集》卷一五《宋卫文节公祭田记》及《宋卫文节公祠堂碑》、明钱士升《南宋书》卷二七。

度正 宋文学家。字周卿，号性善。合州（治今四川合川）人。少从朱熹学。孝宗绍熙元年（1190）进士，官至国子监丞。上疏极言李全必反，且献取全之策。以礼部侍郎致仕。能诗文，其文章质实透辟，诗作词意畅达。曹彦约《跋性善堂后集》曰："其为文操纵卷舒，真得钜儒心法，非拘拘泛泛，袭纸上已成之说、架屋于屋下者”，“其平日所作，固已磊落于歌行而谆复于书、序、记、跋，反复于宏议而微妙于至理”（《昌谷集》卷一七）。著作今存《周子年谱》一卷、《性善堂稿》十五卷。生平事迹见宋程公许《沧洲尘缶编》卷一三《送度侯西归成都序》、《宋史》卷四二二。

徐照（？—1211）　宋诗人。字道晖，一字灵晖，自号山民。永嘉（今浙江温州）人。与徐玑、翁卷、赵师秀并称“永嘉四灵”。终身布衣，尤好苦吟。所与游者，除翁、赵、徐外，多为道士、僧人。“四灵”中，照最先倡导诗学晚唐，尤重贾岛、姚合。今存诗二百多首，多描写隐居生活及往来酬赠之作。由于生活环境狭窄，识见较浅，不免破碎尖酸之病。叶适评其诗云：“有诗数百，斫思尤奇，皆横绝欻起，冰悬雪跨，使读者变踔憀慄，肯首吟叹不自已。然无异语，皆人所知也，人不能道耳。”（《徐道晖墓志铭》）有《芳兰轩集》、《芳兰轩诗集》传世。生平事迹见本集及叶适《水心文集》卷一七《徐道晖墓志铭》。

宋自逊　宋词人。字谦父（一作谦甫），号壶山。金华（今属浙江）人。曾谒贾似道，受其资助结屋南昌。晚年筑室于西山之下，名专壑堂。其词今存七首，除一首《西江月》外，其余皆为长调，内容大抵抒发隐居感慨，词中好发议论，散文化倾向较浓。然七首中无一首涉及儿女风月，当时可谓独树一帜。《宋诗纪事》尚存其诗二首。有《渔樵笛谱》一卷。生平事迹见刘克庄《后村大全集》卷九〇《专壑堂记》、方回《瀛奎律髓》卷一三。

叶茵　宋诗人。字景文。笠泽（今上海松江）人。茵乃江湖间诗人，不慕荣利，萧闲自放，名其所居曰“顺适堂”，取杜甫“洗然顺所适”句之意。与徐玑、林洪相唱和。其诗闲雅清矫，与魏野、林逋的风格相近，多为抒写淡泊心境之作，如《古意》、《竹风水月》、《赏心桥》、《爱闲亭》等。著作今存《顺适堂吟稿》五卷。生平事迹见宋陈思《两宋名贤小集》卷二九三《顺适堂吟稿序》。

赵汝谈（？—1237）　宋诗人、学者。字履常。居余杭（今属浙江）。太宗八世孙。生而颖悟，十五岁时以父荫补将仕郎。孝宗淳熙十一年（1184）进士。调汀州教授。参与拥立宁宗，忤韩侂胄，罹祸斥去。宁宗嘉定六年（1213）金国内变，献“料敌”、“备边”二策。改湖北提举常平，赈饥尽力。理宗立，上书力寓劝戒，言多剀切。授江西转运判官，旋以言者罢。金亡，朝野议出师，汝谈反复言不可轻战。后宋入洛师战败，朝论始服其先见。迁宗正少师，权吏部侍郎，升侍读，兼直学院。官至权给事中、权刑部尚书。卒谥文恪（一作文懿）。其天资绝人，沉思高识，学问精深。遍注《易》、《书》、《诗》、《论语》、《孟子》等，多有卓绝特立之见。诗宗黄庭坚，风格清峭、情致高远。有《介轩诗集》存世。生平事迹见《宋史》卷四一三。

蔡沈（1167—1230）　宋诗人、理学家。字仲默，学者称九峰先生。建阳（今属福建）人。少师事朱熹，熹晚年欲著《书传》未成，遂嘱托蔡沈。沈父元定欲传《洪范》，亦托之蔡沈。沈花数十年心血，成《书经集传》、《洪范皇极》，发明先儒所未及。从父元定谪道州，父殁，隐居九峰。明代追谥文正，封崇安伯。真德秀称其文长于论辩，诗早慕李太白，晚入陶、韦社中，至于吟咏性情，摹写造化，则又渊源朱熹。其诗文传世不多，然有唐人余风，非理学家空言心性之类。主要著作有《书集传》十卷、《洪范皇极内篇》五卷、《至书》一卷、《九峰公集》一卷。生平事迹见《宋史》卷四三六、真德秀《真文忠公集》卷四二《九峰先生蔡君墓表》、《宋史》卷四三四。

刘宰（1167—1240）　宋诗人。字平国，号漫塘病叟。镇江金坛（今属江苏）人。光宗绍熙元年（1190）进士，调江宁尉。官至浙东仓司幹官，历任州县，有能声。反对韩侂胄出兵攻金，告归奉祠，不乐仕进。理宗立，屡召，皆辞官不就，隐处漫塘三十余年。于书无所不读。其讲学一以程朱为指归，所与游者，多朱子门人。其诗文“淳古质直，不事藻饰，而自然明达”（《四库全书总目》）。著有《漫塘文集》三十六卷。生平事迹见《宋史》卷四〇一。

戴复古（1167—？）　宋诗人。字式之，号石屏。黄岩（今属浙江）人。其父戴敏性爱诗，然早逝。勉继家学，少承父志，笃意学诗，尝登林景思、陆游之门。好游历，足迹遍及闽瓯、吴越、襄汉、淮南等地。终生未仕。卒于宋理宗年间，年八十余。为江湖派著名诗人，反对雕琢苦吟，主张妙悟自然，转益多师。诗学唐人，自比于贾岛、杜甫，对时政国事时有指摘，不限于自叹身世。其诗不囿于一格，各体皆佳，为世所称许。方回称其诗“清健轻快，自成一家”（《桐江集》卷四《跋戴石屏诗》）。《四库全书总目》认为其诗“精思研刻，实能独辟町畦”。代表作如《频酌淮河水》、《淮村兵后》、《织妇叹》、《刘麦行》

等，慨叹山河破碎，关心国计民生。又如《秋怀》、《晚春次韵》、《游天竺》、《湘中遇翁灵舒》、《白纻歌》、《思家》等，或抒胸臆，或写风景，皆辞句美妙，清丽精练。其词亦豪迈疏放，追迹苏、辛。明杨慎《词品》对其赞誉有加。著作今存《石屏集》及《石屏词》。生平事迹见方回《桐江集》卷四《跋戴石屏诗》、楼钥《攻媿集》卷七六《跋戴式之诗》、《宋史翼》卷二九。

杜旃 宋诗人。字仲高，号癖斋。金华兰溪（今属浙江）人。与戴复古同时。旃与兄伯高、弟叔高、季高、幼高皆有诗声，时称“金华五高”。旃属江湖派诗人，为诗推崇杜甫。惜存诗无多。著有《杜诗发微》、《癖斋小集》。生平事迹见《续金华丛书》本《癖斋小集·跋》、《南宋文范作者考》下。

许应龙（1168—1248） 宋大臣、文学家。字恭甫。闽县（今福建闽侯）人。嘉定元年（1208）进士。调汀州教授，迁籍田令、太学博士。理宗即位，累迁秘书郎、著作郎。请求外任，乃出知潮州，治尤有声。后累迁国子司业、祭酒、兼权直学士院，权兵部尚书兼中书舍人等。应龙在理宗时曾历掌内外制，今集中著作，犹以诏、制之类居多。《四库全书总目》评其文：“大抵疏通畅达，切中事情，务为有用之言，非篆刻为文者可比。虽其格力稍弱，然春容和雅，能不失先正典型。在南宋馆阁之中，亦可称一作手矣。”著有《东涧集》十四卷。生平事迹见宋赵汝腾《庸斋集》卷六《资政许枢密神道碑》、《宋史》卷四一九。

高翥（1169—1241） 宋诗人。字九万，号菊磵。余姚（今属浙江）人。孝宗时游士，曾游钱塘、金陵、洞庭、彭蠡，老年徜徉于西湖之畔，死葬杭之葛岭谈家山。工诗。元姚燧《菊磵集序》谓其诗“蓄诸心胸，发于声诗以鸣”，“气象浑厚，不务险怪艰深，哀乐皆适其中，辞气圆美流传如弹丸。”此外，《全宋词》尚存词二首。有《菊磵集》一卷传世。生平事迹见《菊磵集》卷首姚燧《菊磵集序》、《两宋名贤小集》卷三一四《菊磵小集》附传。

葛绍体 宋诗人。字元承。天台黄岩（今属浙江）人。曾师事叶適。生平仕履已不可详考。诗存二百余首，清新明快，奇巧隽永，如《饭溪石》、《观雪》、《西湖即景》等。有《东山诗选》二卷传世。生平事迹见《宋元学案补遗》卷五五、《宋诗纪事补遗》卷五八。

陈起 宋书商、诗人。字宗之，号芸居，亦号陈道人。钱塘（今浙江杭州）人。宁宗时乡贡第一，时称陈解元。开书肆于临安睦亲坊。江湖诗人多与之善。刊《江湖集》、《江湖前集》、《江湖后集》、《江湖续集》、《中兴群公吟稿》等诗集。理宗宝庆（1225—1227）初，史弥远当权。言官以起所刊诗集中有忤弥远诗句，劾奏之。《江湖集》毁板，起亦坐流配。绍定六年（1233）弥远死，禁始解。其诗清新别致，有江湖诗人之风。著有《芸居乙稿》一卷。生平事迹见《两宋名贤小集》卷三四八、《宋百家诗存》卷二八。

史达祖 宋词人。字邦卿，号梅溪。汴（今河南开封）人。嘉泰开禧间为韩侂胄堂吏，“奉行文字，拟帖撰旨，俱出其手”（叶绍翁《四朝闻见录》戊集）。开禧二年（1206），韩侂胄北伐失败，次年被杀，达祖亦受牵连，黥面发配。其词以咏物见长，或以人拟物，比类附意；或寓情于物，气象妙合。多能巧言切状，寓意深远。如《绮罗香·咏春雨》，黄蓼园评之为“句句清隽可思”（《蓼园词选》），另有不少作品抒发黍离麦秀之悲，具有时代特点，如《龙吟曲·陪节欲行，留别社友》等。姜夔评其词“奇秀清逸，有李长吉之韵。盖能融情景于一家，会句意于两得”（《梅溪词序》）。张镃则称之为“可以分镳清真（周邦彦），平睨方回（贺铸）”（《题梅溪词》）。生平事迹见《宋诗纪事补遗》卷六七，另今人雷履平、罗焕章校注之《梅溪词》附有多种传记资料。

何应龙 宋诗人。字子翔。钱塘（今浙江杭州）人。宁宗嘉泰间进士，曾知汉州（今四川）。所存诗作皆七言绝句。清曹庭栋称其“七言绝句，本法晚唐，所存之作兼多缠绵旖旎之思”（《橘潭诗稿序》）。佳作有《客怀》、《见梅》等。著有《橘潭诗稿》一卷传世。生平事迹见《宋百家诗存》卷一四《橘潭诗稿序》、清厉鹗《宋诗纪事》卷七二。

高观国 宋词人。字宾王，号竹屋。山阴（今浙江绍兴）人。与史达祖交谊甚厚，相互唱酬，一时并称。行踪大致在杭州西湖一带，“歌酒过平生”（《风入松》）。今存词一百余首，大多是其生活之写照，带有凄凉、愁苦之时代气息。长于咏物，尚清丽，风格芳菲缠绵，与周邦彦相近。亦受姜夔影响，陈造序其《竹屋痴语》云：“高竹屋与史梅溪皆周、秦之词，所作要是不经人道语，其妙处少游、美成亦未及也。”有《竹屋痴语》一卷。生平事迹见陈造《竹屋痴语》序。

翁孟寅 宋词人。字宾旸，号五峰。钱塘

(今浙江杭州)人。登临安乡试,曾为贾似道客。其词有《五峰词》,今存五首。生平事迹见《全宋词》卷四。

赵万年　宋诗人。字方叔。福州长溪(今福建霞浦)人。宁宗庆元二年(1196)进士,为襄阳制置司干办官。开禧二年(1206)金兵围襄阳,万年协助知府赵淳守城,措置多方,出奇制胜,屡却敌人。相拒九十余日,始解围。此事始末见其所著《襄阳守城录》(已刻入《粤雅堂丛书》之中)。诗有《裨幄集》,为守城却敌之歌,如《腊月初三日敌人攻城以强弩射退获捷》、《毁土山》、《却敌凯歌》等,慷慨壮烈,报国御敌之情跃然纸上。生平事迹见《两宋名贤小集》卷三五二《裨幄集·序》及余嘉锡《四库提要辨证》卷五。

赵汝鐩(1172—1246)　宋诗人。太宗八世孙。字明翁。袁州(治今江西宜春)人。宁宗嘉泰二年(1202)进士,授馆职。主东阳簿。开禧三年(1207)被劾去官。嘉定中起为镇江管榷。尝知临州。改知安、吉州,广东提刑,皆未上。以刑部郎官召对。又知温州。后为永嘉太守。刘克庄称其诗兼众体,"歌行跌宕顿挫",五、七言"妥帖丽密,若唐人锻炼之作"(《后村先生大全集》卷九四《野谷集序》),晚岁所作愈奇,"高标卓识"(同上卷一〇〇《跋赵明翁诗稿》)。而清王士禛则认为其五言律诗时有佳句,而七言俚俗,歌行漫无音节顿挫(《池北偶谈》)。今存《野谷诗稿》六卷。生平事迹见刘克庄序、跋及《刑部赵郎中墓志铭》(《后村先生大全集》卷一五二)、《两宋名贤小集·野谷诗集·序》。

翁卷　宋诗人。字续古,一字灵舒。乐清(今属浙江)人。布衣终身。与徐照、徐玑、赵师秀并称"永嘉四灵"。今存诗一百多首。以苦吟著称。其诗学贾岛、姚合,苦意淬炼,萧飒瘦寒。律诗中,尤重中间四句的雕琢。然集中亦不乏"自吐性情,靡所依傍"(叶適《西岩集序》)之作,如《乡村四月》、《野望》等。刘克庄《赠翁卷》诗云:"非止擅唐风,尤于选体工。有时千载事,只在一联中。"集中有些古体颇类《文选》中之汉魏五言诗。著有《西岩集》一卷。生平事迹见《宋诗纪事》卷二三、《宋史翼》卷二八。

卢祖皋　宋词人。字申之,又字次夔,号蒲江。永嘉(今浙江温州)人。楼钥之甥。宁宗庆元五年(1199)进士及第。嘉定十一年(1218)至十六年(1223),累官刑、工部架阁文字、秘书省正字、校书郎、著作郎、将作少监、权直学士院。卒于官。其词今存近百首,吐属清丽,长于融化前人诗句入词,风格与周邦彦、姜夔接近,为格律词派重要作家。张端义《贵耳集》云:"蒲江貌宇修整,作小词纤雅。"黄昇《中兴以来绝妙词选》亦云:"乐章甚工,字字可入律吕,浙人皆唱之。"亦能诗,曾是赵紫芝、翁灵舒之诗友。惜其诗集不传,《宋诗纪事》存其诗七首。有《蒲江词》一卷传世。生平事迹见宋戴栩《浣川集》卷一〇《祭卢直院文》、宋陈骙《南宋馆阁续录》卷八。

张辑　宋词人。字宗瑞,号东泽。鄱阳(今江西波阳)人。履信之子。受诗法于姜夔,冯去非目为东仙。其词今存四十四首,多写景伤怀之作,亦有写闺思、祝寿者。朱湛卢序其词云:"东泽得诗法于姜尧章,世所传《欸乃集》,皆以为采石月下,谪仙复作,不知其又能词矣。"(《宋诗纪事》卷六四引)可见其词名掩于诗名。其诗原有《欸乃集》,已佚,《宋诗纪事》卷六四存其七律一首。有《东泽绮语》、《清江渔谱》各一卷。生平事迹见《宋诗纪事》卷六四。

李刘(1175—?)　宋文人。字公甫,号梅亭。崇仁(今属江西)人。尝与真德秀游,宁宗嘉定元年(1208)进士。历礼部郎官、兼崇政殿说书,起居舍人,迁吏部郎中。又曾为成都路转运判官。仕至中书舍人,直学士院,宝章阁待制。平生文章以流丽稳贴为宗,无复前人之典重。《四库全书总目》谓"文章之中有此一体为别派,别派之中有此一人为名家"。今有《四六标准》四十卷传世。《宋诗纪事》存诗二首,《全宋词》存词十一首。生平事迹见宋陈元晋《渔墅类稿》卷五《跋李梅亭浮香亭说》、元虞集《道园学古录》卷三二《李梅亭续类稿序》。

洪咨夔(1176—1236)　宋文学家。字舜俞,号平斋。於潜(今浙江临安西)人。嘉泰二年(1202)进士,授如皋主簿。以荐为成都府通判,还朝为秘书郎,迁金部员外郎,转考功员外郎,旋即罢归。后以礼部员外郎召,拜监察御史,官至刑部尚书、翰林学士、知制诰。求去,加端明殿学士。卒谥忠文。诗存九百余首。其中有不少作品抨击现实黑暗,官吏贪酷,如《促织》、《狐鼠》、《腊中步月》等,痛快淋漓。亦有抒情言志吟咏山水之作。颇受江西诗派影响,善用典而能统之以意,奇巧明快。文八百余篇,《大治赋》、《豫章外集诗注序》等,叙事精要,寄意深远。词存四十四首,挥洒豪放,激昂磊落,颇有辛弃疾词风,如《沁园春·寿俞紫薇》、《贺新郎·寿成都孙宰》等。有《春秋说》三十卷、《平斋文集》三十二卷、《平斋词》一卷传世。生平事迹见《宋史》卷四〇六。

郑清之(1176—1251) 宋文学家。字德源(初名燮,字文叔),号安晚。鄞县(今属浙江)人。嘉定十年(1217)进士,调陕州教授。十六年,迁国子学录,官至参知政事,兼同知枢密院事。嘉熙二年(1238),封申国公。淳祐四年(1244),封卫国公。五年,封越国公。十一年,以太傅、保宁军节度使充醴泉观使,进封齐国公致仕。卒,赠尚书令,追封魏郡王。谥忠定。诗存四百余首,清稳朴茂,平易蕴藉,如《竹下见兰》、《家园即事》、《咏六和塔》等。七言歌行《咏梅》、《和葺芷雪韵》,高古秀拔,为时称道。文存十来篇,清丽雅正,如《白公竹阁记》。存词一首。有《安晚堂诗集》六十卷(已残)传世。生平事迹见刘克庄《后村大全集》卷一七〇《丞相忠定郑公行状》、《宋史》卷四一四。

林尚仁 宋诗人。字润叟,号端隐。福州长乐(今福建闽侯)人。卜居乡间,手自种竹,题曰"竹所",吟啸其中,自号"端隐",以示终老山林、不复仕进之意。其诗"专以姚合、贾岛为法,而精妥深润则过之"(陈必复《端隐诗稿序》)。多为赠别、游冶之作。有《端隐吟稿》一卷传世。生平事迹见《宋百家诗存》卷一八、《宋诗纪事》卷七三。

方信孺(1177—1222) 宋诗人。字孚若,号好庵。兴化莆田(今属福建)人。以父荫补番禺县尉。开禧中,自萧山丞召赴都,假朝奉郎使金,以口舌力折强敌。寻知韶州,累迁淮东转运判官兼提刑,知真州,至广西漕。诗存一百余首,多为游赏名胜古迹之作。尤其《南海百咏》,取南海古迹,每一事为七绝一首,每题之下,各注其始末;而所引之书,又多不传;故其不独文辞清丽,寄意幽远,而于考证历史地理、风俗人情亦大有裨益。如《禺山》、《南濠》、《刘氏铜像》等。存词一首。有《观我轩集》一卷、《南海百咏》一卷传世。生平事迹见刘克庄《后村大全集》卷一六六《诗境方公行状》、《宋史》卷三九五。

薛师石(1178—1228) 宋诗人。字景石,号瓜庐翁。永嘉(今浙江温州)人。隐居不仕,筑室会昌湖西,题曰"瓜庐"。一生萧闲散淡,刘植跋《瓜庐集》称其如"晋宋人也"。工诗,工书法。今存诗一百余首,多为酬和、送别及闲居之作。曹豳跋《瓜庐集》云:"余读四灵诗,爱其清而不枯,淡而有味。及观瓜庐诗,则清而又清,淡而益淡,始看若易而意味深长,自成一家,不入四灵队也。盖四灵诗虽摆脱尘滓,然其或仕或客,未免与世接,犹未纯乎淡也。若瓜庐则终身隐约,不求人知。其所为诗若淳音淡泊,自有余韵,其分数又高矣。"其诗清空淡泊,但境界较狭、立意未高,则与"四灵"同一门径。有《瓜庐集》一卷传世。生平事迹见《瓜庐集》附录王绰《薛瓜庐墓志铭》、赵汝回《瓜庐集序》、曹豳、刘植《瓜庐集跋》。

刘镇 宋词人。字叔安,号随如,学者称随如先生。南海(今广州市)人。宁宗嘉泰二年(1202)进士。据其诗文,曾宦游他乡,浪迹江湖,也曾被谪官。今存词二十六首,其诗《宋诗纪事》存一首《赠隐者》。有《随如百咏》一卷。生平事迹见《宋诗纪事》卷五九、《宋元学案补遗》卷七九。

真德秀(1178—1235) 宋理学家、诗文家。字景元,后更为希元,号西山,世称西山先生。建州浦城(今属福建)人。宁宗庆元五年(1199)进士,开禧元年(1205)中博学宏词科。召试学士院,改秘书省正字,历官校书郎、起居舍人。史弥远当政,力请外任,出为江东转运副使,在广德、太平赈灾;历知泉州、隆兴府、潭州、福州,所至有政声。理宗朝官至翰林学士、参知政事。立朝多所建言,奏疏多达数十万字,尤极言庆元党禁之非,倡正心诚意之学,学宗朱熹。为复兴理学,慨然以斯文自任,讲学著述不辍,作《大学衍义》、《四书集编》,发明朱熹之说。理学之再盛,多出其力。编诗文总集《文章正宗》二十卷,录《左传》以下至唐末之作品,顾炎武谓其"所选诗,一扫千古之陋,归之正旨;然病其以理为宗,不得诗人之趣"(《日知录》)。《续集》二十卷录北宋之文。著有《西山真文忠公文集》。生平事迹见刘克庄《后村大全集》卷一六八《真文忠公行状》、魏了翁《鹤山大全集》卷六九《真公神道碑》、《宋史》卷四三七、《宋元学案》卷八一。

孙惟信(1179—1243) 宋词人。字季蕃,号花翁。开封(今属河南)人,居婺州。少受祖泽,调监当。弃去,隐居苏杭一带。善雅谈,工诗词,今存词十一首,内容多写闺怨、怀人。存诗三首。惜其诗散佚太多。今有《花翁词》一卷。生平事迹见刘克庄《后村大全集》卷一五〇《孙花翁墓志铭》。

周弼 宋诗人、画家。字伯弜。汶阳(今山东曲阜)人。周文璞子。宁宗嘉定间进士,曾为江夏令,历官吴楚江汉间四十年。善画墨竹。所作诗众体兼备,虽境界未高,但讲究炼句,能免除江湖派一般诗人疏于锻造、诗风粗犷之弊。编有《唐三体诗》,倡"四实四虚"之说。今存《端平诗隽》四卷。生平事迹见李龏《端平诗隽序》、《图绘宝鉴补遗》、《四库全书总目》卷一六四。

林正大　宋诗人。字敬之,号随庵。永嘉(今浙江温州)人。宁宗开禧中,为严州学官。其《风雅遗音》嘉泰二年(1202)自序云:"余暇日阅古诗文,撷其华粹,律以乐府,时得一二,裒而录之,冠以本文,目曰《风雅遗音》。是作也,婉而成章,乐而不淫,视世俗之乐,固有闲矣。"其改诗为词、括文为词之举,在宋词中聊备一格。今有《风雅遗音》二卷传世。生平事迹见其《风雅遗音》自序。

蔡沆　宋文学家。字复之,号复斋居士。建宁建阳(今属福建)人。理学家、律学家蔡元定次子。元定怜外表兄虞英无子,与之为嗣,更名知方。及领乡举,从母命归宗。入则受教于家,出而从朱熹学。官至文林郎、两浙运干。承父《春秋之学》,著有《春秋五论》、《春秋大义》、《春秋衍义》等。又作《敬义大旨》、《复卦大要》二篇,以敬为入德之门户,义为一身之主宰。与人讲明《复卦》,以《复》为迁善改过之几,尝言人当以"不远复"为法,以"频复而厉"为戒,颇有功于世教。有《复斋公集》一卷,载《蔡氏九儒书》。生平事迹见明杨应诏《闽南道学源流》(嘉靖四十三年刊本)卷五一、清李清馥《闽中理学渊源考》卷二五、《宋元学案》卷六二。

程公许　宋文学家。字季与,一字希颖,号沧州。叙州宣化(今四川宜宾)人,一说眉山(今属四川)人。宁宗嘉定四年(1211)进士。调温州尉。未赴,丁母忧。服除授华阳尉。再调绵州教授。改知崇庆县。调施州通判,行户房公事。理宗端平初授大理司直,迁太常博士。淳祐元年(1241)迁秘书少监。历起居舍人、中书舍人,权礼部侍郎。进权刑部尚书。公许冲澹自守,立朝刚正。奏论朝政得失,不避权佞,屡为排挤。才气磅礴。诗大抵直抒胸臆,有雄健之气,亦有绮丽之作,而不类晚唐,不尚时风。今存《沧州尘缶编》十四卷。生平事迹见《宋史》卷四一五、《沧州尘缶编》卷首自序、王迈序等。

倪朴　宋文人。字文卿。浦江(今属浙江)人。居于石陵村,因以为号。喜谈兵剑,耻为无用之学。尝应进士举。高宗绍兴末闻金人将南下,上万言书,而未达于高宗。郑伯熊、陈亮皆极称之。孝宗淳熙中为里人诬陷,徙置筠州。久之赦还,以寒窭死。生平研究用兵攻守,备知天下山川险要、户口虚实,著为《舆地会元》四十卷及《鉴辙录》五卷,意在北征恢复。二书今皆不存。又有杂著六十篇,亦散佚。今存后人辑《倪石陵书》一卷,皆其书札等文。生平事迹见《倪石陵书》附宋濂、吴师道所撰传记及毛凤韶《序》。

戴栩(1180—?)　宋文学家。字文子,一作立子。永嘉(今浙江温州)人。宁宗嘉定元年(1208)进士,为太学博士,迁秘书郎。出知临江军,不赴,后复起为湖南安抚司参议官,终太常博士。其学从叶適。其诗风与"四灵"为近。厉鹗《宋诗纪事》卷六二引王绰语:"永嘉之作唐诗者,首四灵。继四灵之后,则有刘咏道、戴文子、张直翁。"然戴栩之诗,命词琢句,多以镂刻为工,与四灵之专主清瘦者,气格又稍殊异。其文研炼生新,酷似叶適。今有《浣川集》传世。生平事迹见宋陈骙《南宋馆阁续录》卷八、清庄仲方《南宋文范作者考》下、清黄宗羲《宋元学案》卷五五。

陈必复　宋诗人。字无咎,号药房。闽县(今福建闽侯)人。宁宗嘉定时卜居封禺山中。初爱晚唐诗之"清深闲雅",及读杜诗,"然后知晚唐诸子之诗尽在是矣,所谓诗之集大成者也。"又认为杜诗"格调工稳,饶有清苍之色",于是规仿杜甫(见《山居存稿》引其自序)。诗皆五七言律诗。多写隐居生活及描写自然风物。著有《山居存稿》一卷。生平事迹见《宋诗纪事》卷六六。

卢炳　一作卢柄。宋词人。字叔阳,自号丑斋。宁宗嘉定七年(1214)守融州,被论凶狠奸贪,罢归。其词内容多与同官唱和、咏物、写景等,风格雅淡清丽,味醇意浓。毛晋《烘堂词跋》云:"词中喜用僻字,如袢溽、皱皵、褑子之类,异花幽鸟,虽属小品,亦自可人。共六十余调,长于描写,令人生画思"。有《哄堂词》(一作《烘堂词》)一卷传世。生平事迹见《全宋词》卷三。

周端臣　宋词人。字彦良,号葵窗。建业(今江苏南京)人。宋周密《武林旧事》云其曾任"御前应制"。卒于理宗淳祐、宝祐间(1241—1258)。斯植《采芝集》有《挽周彦良诗》。其词作今存九首,内容多为伤春、怨别,其中有四首

“西湖”词。除工词外，亦能诗，《诗家鼎脔》及《宋诗纪事》收其诗九首。有《葵窗词稿》一卷传世。生平事迹见《宋诗纪事》卷七一。

袁甫(1180—?) 宋文学家。字广微。鄞县(今属浙江)人。宁宗嘉定七年(1214)进士第一，签书建康军节度判官厅公事，授秘书省正字。入对，迁校书郎，出通判湖州，寻迁著作佐郎，知徽州。历官吏部侍郎兼国子祭酒，权兵部尚书兼吏部尚书。卒谥正肃。甫为人忠鲠，学有渊源。历官所至，惟汲汲以兴利除害为事。所存诗文，晓畅明白。善为骈文。今有《蒙斋集》传世。生平事迹见《宋史》卷四〇五。

赵闻礼 宋词人。字立之，号钓月。临濮(今山东鄄城西南)人。曾官胥口监征。其词今存十四首，内容大抵伤春感怀、闺怨怀人之作，往往写景致如诗如画，刻画物体维妙维肖。其诗《宋诗纪事》尚存残句。编有《阳春白雪》。著有《钓月词》。生平事迹见《宋诗纪事》卷七七。

陈耆卿(1180—1236) 宋文学家。字寿老，号筼窗。台州临海(今属浙江)人。宁宗嘉定七年(1214)进士。十一年，作青田县主簿。十三年任庆元府府学教授。理宗宝庆三年(1227)官校书郎。绍定五年(1232)为著作佐郎。累官朝议大夫将作少监兼国史编修官、实录院检讨官兼考功郎官、魏惠宪王府教授、临海县开国男，官至国子司业。其学出于叶適，叶对之甚为称许：“陈君之作，驰骤群言，特立新意。险不流怪，巧不入浮。”又云：“君之于文，涉猎既多，培蕴亦厚，规制广而密，波澜浩而平，错综应会，纬经匀等。”(《筼窗集序》)此外尚存词二首。有《筼窗集》十卷传世。生平事迹见宋叶適《水心文集》卷二九《题陈寿老文集后》及《题陈寿老论语纪蒙后》、《筼窗集》卷首附叶適及吴子良二序、元方回《桐江集》卷二《读筼窗荆溪集跋》。

林表民 宋文学家。字逢吉，号玉溪。东鲁(今山东)人，寓居台州临海(今属浙江)。活动于宁宗嘉祐至淳祐间(1208—1252)。曾与其父台州州学学谕林师蒧(字咏道)等合编《天台集》，辑集历代题咏天台山之诗。又编有《赤城集》二十八卷，此书续陈耆卿《赤城志》，取记志书传铭诔赞颂之文为志所不载者，分门荟萃，诗文兼载，但传本仅十八卷，载文一百八十二篇而无诗。著有《玉溪吟草》一卷。生平事迹见《四库全书总目》卷一八七。

吕殊 宋诗人。字愚叔(一作牧)，号敏斋。永康(今属浙江)人。理宗嘉定元年(1208)进士，初擢江陵教授，再调温州，积官至朝奉郎。著有《敏斋稿》一卷。生平事迹见《敏斋稿》卷末小跋、元吴师道《敬乡录》卷一〇小传。

杜范(1182—1262) 宋政治家、文学家。字成之，号立斋。黄岩(今属浙江)人。宁宗嘉定元年(1208)进士，调金坛尉。绍定六年(1233)迁大理司直。端平元年(1234)改授军器监丞。嘉熙二年(1238)改知宁国府。淳祐二年(1242)，擢同签书枢密院事。四年，诏拜右丞相。议论鲠切，累劾李鸣复等行贿交结之罪。劝理宗以摒声色，远邪佞，言多切挚。其涉及朝政边备，皆直言无隐。诗文虽非大家，然亦自有体格。诗皆苍劲豪放，气势逼人。著有《清献集》二十卷传世。生平事迹见《宋史》卷四〇七。

包恢(1182—1268) 宋文学家。字宏父，号宏斋。建昌南城(今属江西)人。宁宗嘉定十三年(1220)进士，调金溪主簿。历官刑部尚书、签书枢密院事，封南城县侯，以资政殿学士致仕。卒赠少保，谥文肃。历官所至，政声赫然。经筵奏对，诚实恳恻。平生不以文名，史传亦不及其著作，惟元刘壎《隐居通议》卷一七称其“以学问为时师表，平生为人作丰碑巨刻，每下笔则汪洋放肆，根据义理，娓娓不穷，盖其学力深厚，不可涯涘”。推之甚至。今观其书、论、序、记等文体，大都晓畅明白，气势沛然。奏札诸篇，亦剀切详明，得敷奏之体。诗主自然。著有《敝帚稿略》八卷传世。生平事迹见《宋史》卷四二一。

黄昇 宋词人。字叔旸，号玉林，又号花庵词客。闽县(今福建闽侯)人。早弃科举，雅意读书，吟咏自适。尝选唐宋词及中兴以来词各十卷，名《唐宋诸贤绝妙词选》及《中兴以来绝妙词选》(后总名《花庵词选》)。其所作今存词三十九首，诗一首。毛晋跋《散花庵词》云：“昔游受斋(九功)称其诗为晴空冰柱。楼秋房喜其与魏菊庄友善，以泉石清士目之，余于其词云。”有《散花庵词》一卷。生平事迹见明毛晋刻《宋六十名家词·散花庵词跋》、《宋诗纪事》卷六九。

黄大受 宋诗人。字德容，号露香居士。南丰石门(今属江西)人。曾仕于鄞(今浙江宁波)。嘉定间(1208—1224)以诗称名于江右。诗存三十余首。其《遣载入闽从李守约》诗云“更做程文须典实，年来华藻近轻浮”，主张诗文质实。《由洞庭入五田》、《江行万里图》等，明丽清新、意境壮阔。著有《露香拾稿》一卷传世。生平事迹见《宋百家诗存》卷一五。

冯取洽　宋词人。字熙之，自号双溪翁。延平（今福建南平）人。与黄昇唱酬。有《双溪词》一卷，存词二十四首，多为次韵、祝寿之作。《宋诗纪事》卷六三存其诗二首，一为七绝，一为七律。生平事迹见《宋诗纪事》卷六三。

岳珂（1183—1240）　宋史学家、文学家。字肃之，号亦斋，又号倦翁。相州汤阴（今属河南）人。岳飞之孙，岳霖之子。嘉定间，出守嘉兴，后官至户部侍郎，淮东总领制置使，宝谟阁学士。所著主要有笔记类著述《桯史》十五卷，记南北宋杂事一百四十余条。杂家类著述《愧郯录》十五卷，多记宋代制度，一百一十七条。艺术类著述《宝真斋法书赞》二十八卷，以家藏墨迹各系以跋而为之赞。其间涉时事者，多发愤激烈，情见乎辞。史部传记类著述《金陀粹编》二十八卷，《续编》三十八卷，为辨其祖岳飞之冤而作，史料翔实宏博。诗主要有《玉楮集》八卷，三百八十五首。珂自序其诗云“遇物感形，因时言志，不责以浮靡，惟取其自然”（《玉楮集序》）。如《病虎》、《春波堂小饮怀棠湖旧隐》等。又有《棠湖诗稿》一卷，宫词一百首，乃追想东都盛事，以示黍离宗周未忘之意。词存八首，《祝英台近·北固亭》等，悲壮沉郁。除上述诸书外，尚有《刊正九经三传沿革例》一卷等传世。生平事迹见《宋史》卷三六五、《宋元学案补遗》卷六九。

许尚　宋诗人。号和光老人。华亭（今上海松江）人。生孝宗淳熙间。有《华亭百咏》一卷，收诗一百首。生平事迹见清厉鹗《宋诗纪事》卷五六。

方大琮（1183—1247）　宋文学家。字德润，号壶山。莆田（今属福建）人。开禧元年（1205）进士，词赋为南宫第三人。授南剑州州学教授，历任江西漕幕，知将乐县；起居舍人，兼国史院编修官，实录院检讨官；秘阁修撰，福建路转运判官；知广州；封莆田县开国男；进宝章阁直学士，改知隆兴府。为人敢言。奏疏多疏通畅达，切中时弊。书多应酬之作，论则涉猎古今。工四六骈体，用典贴切，属对精工，且善于剪裁，自成一体。有《铁庵集》、《壶山四六》传世。生平事迹见刘克庄《后村大全集》卷一五一《铁庵方阁学墓志铭》、卷一三八《祭方铁庵文》，宋李昴英《文溪存稿》卷一二《祭广帅右史方铁庵大琮文》及《路祭方右史文》。

陈藻　宋文学家。字元洁。福州福清（今福建福州）人。林亦之弟子。家贫，侨居福清之横塘。开门授徒，不足自给。至浮游江湖，后归，买田数亩，辄为人夺去，而以“乐轩”名其室。卒年七十五。谥文远。藻平生备历艰辛“可愁可愤可悲可噫可哭之时多矣”，“往往有感时触事之作，以泄其无憀不平之鸣”（刘克庄《乐轩集序》），其诗大抵澹远洗练，不事雕琢，时有新意佳句，如《夜宿延平水东》、《冬日融州绝句》等皆是。“古文亦主于锻炼字句，不为奔放闳肆之作”（《四库全书总目》）。著有《乐轩集》。生平事迹见宋刘克庄《后村先生大全集》卷九五《乐轩集序》、卷九〇《城南三先生祠记》、明杨应诏《闽南道学源流》卷八。

王迈（1184—1248）　宋诗人。字实之，一作贯之，自号臞轩居士。兴化军仙游（今属福建）人。嘉定十年（1217）进士，为潭州观察推官。丁内艰，调浙西安抚司。因指责廷试官舞弊被免官，调南外睦亲院教授。后召试学士院，改通判漳州。由于应诏直言，为台官所劾，削二秩。淳祐中，知邵武军。卒赠司农卿。迈少负才名，为人刚直，敢于强谏，忧国忧民。其诗风“昌明俊伟，类其为人”（《四库全书总目》），其散文剖析时弊，区别正邪，敷陈豪爽，词气凌厉，文品亦如人品。然总体风格受江湖派影响。有《臞轩集》传世。生平事迹见刘克庄《后村大全集》卷一五二《臞轩王少卿墓志铭》、《宋史》卷四二三。

许棐（？—1249）　宋文学家、藏书家。字忱夫，号梅屋。海盐（今属浙江）人。嘉熙（1237—1240）中，隐居秦溪，构屋读书，四檐植梅，因名“梅屋”。慕乐天、东坡为人，室中悬二先生像事之。家贫而性嗜书，储书数千卷。诗多写闲适之趣，较少反映社会现实，诗风质朴情真，平淡自然。文多杂著、小品，不乏针砭时弊、愤世嫉俗之作。亦能词。著有《梅屋集》、《献丑集》。生平事迹见棐自撰《梅屋记》、《融春室记》、《宋史翼》卷三六。

胡梦昱（1185—？）　宋文学家。字季昭，号竹林愚隐，因慕汲黯为人，尝名黯，字季伋。吉水（今江西吉水）人。宁宗嘉定十年（1217）进士，授南安军南安县主簿。丁母忧归，服阕，授南康军都昌县主簿。中大法科，授峡州司法，除大理评事。以论济王事忤权奸史弥远，贬死象州。宝庆元年（1225）追赠员外郎。咸淳三年（1267）追谥刚简。其为文峭直，长于讽谕。论政事之文，皆铮铮直言，文详意切，“虽简帙无多，置之晏元献、王梅边之间，无愧色矣”（胡思敬《竹林愚隐集跋》）。有《竹林愚隐集》一卷传世。生平事迹见其子柔所辑《象台始末》所附《行述》及《豫章丛书》本《竹林愚隐集》所附胡思敬《补宋史·胡梦昱传》。

魏了翁（1187—1237） 宋学者、诗文家。字华父。邛州蒲江（今四川蒲江）人。年十五著《韩愈论》。宁宗庆元五年（1199）登进士，授剑南西川节度判官。开禧二年（1206）迁校书郎，知嘉定府。后因父丧解官，筑室白鹤山下，开门授徒。嘉定四年（1211）擢潼川路提点刑狱，十年迁直秘阁，知泸州、潼川。十五年召入朝，为兵部郎中，兼国史院编修，后二年迁秘书监。后遭弹劾降三官。理宗绍定四年（1231）复职，后为吏部尚书，编修《武经要略》。卒赠太师，谥文靖。了翁精于经学，主张为文“达而不肆，心气和平”，以为韩愈“愤世疾邪”之文不足取（《韩愈不及孟子论》），故其文“醇正有法，而迂徐宕折出乎自然”（《四库全书总目》）。著有《鹤山大全集》传世。生平事迹见宋王迈《臞轩集》卷一一《祭魏鹤山先生文》、宋方岳《秋崖小稿》卷四四《祭魏参政文》、《宋史》卷四三七。

阳枋（1187—1267） 宋文学家。初名昌朝，字宗骥；一字正父，号字溪。合州巴川（今属四川）人。端平元年（1234）冠乡选。淳祐年间，以蜀难免入对，赐同进士出身。历昌州监酒税，大宁理掾，绍庆学官。晚以子炎卯贵，加朝奉大夫致仕。文存二百余篇，《上魏鹤山了翁论时政书》、《上宣谕余樵隐书》、《答门人王复孙教授》等，明白笃实，精深雅正。诗存二百余首，《买舟过太湖口入小港》、《社日过洞庭》等，清新明丽。有《字溪集》十一卷传世。生平事迹见《字溪集》附录《字溪先生纪年录》、《字溪先生阳公行状》等。

刘克庄（1187—1269） 宋诗人、学者。初名灼，后更名克庄。字潜夫，号后村。莆田（今福建莆田）人。宁宗嘉定二年（1209）以荫补将仕郎。十七年（1224）知建阳令，因咏《落梅诗》得罪权贵，免官家居十年。后通判吉州。理宗端平二年（1235）随真德秀入朝。淳祐初特赐同进士出身。景定元年（1260）授兵部侍郎兼中书舍人，因弹劾权相史嵩之，又被免官。三年权工部尚书。五年因眼疾离朝。度宗咸淳四年（1268）特授龙图阁直学士。谥文定。其诗初学“四灵”，曾受叶適赏识，后又学晚唐姚合、贾岛、许浑、王建等，与江湖诗人戴复古、敖陶孙交往。后眼界渐宽，渐觉江西诗派“资书以为诗失之腐”，晚唐诗体“捐书以为诗失之野”（《后村大全集》卷九六《韩隐居诗序》），“四灵”则寒俭刻削，江湖派又肤廓泛滥。内忧外患之下，转而推崇陆游、辛弃疾。其后又转而学习杨万里诗风，《小寺》、《晚春》等质朴清新。晚年则渐趋潦倒，诗亦渐趋颓唐。至其文，《四库全书总目》称“文体雅洁，较胜其诗”。著有《后村大全集》传世。生平事迹见《后村大全集》卷一九五《刘公墓志铭》、卷一九四《后村刘公行状》、宋林希逸《竹溪鬳斋续集》卷二〇《祭后村刘尚书文》及《祭后村墓祭文》。

何基（1188—1268） 宋学者。字子恭，号北山。婺州金华（今属浙江）人。从学朱熹门人黄榦，得紫阳之正传。其学以刻苦心地、正实工夫为要，所著《大学发挥》、《中庸发挥》、《易启蒙发挥》等书，绍述程、朱之学，今皆不传。终生以明道为己任，屡召不赴。晚年始受史馆校勘兼崇政殿说书。谥文定。其文集久佚，清光绪八年胡凤丹检辑群编，辑得《何北山先生遗集》三卷，附录一卷，收入《金华丛书》中。生平事迹见本集附录王柏撰《何北山先生行状》、《宋史》卷四三八、《宋元学案》卷八二。

徐鹿卿（1189—1252） 宋文学家。字德夫，号泉谷。隆兴丰城（今江西丰城）人。嘉定十六年（1223）进士，调南安军学教授。官至吏部侍郎、国子祭酒、礼部侍郎。卒谥清正。博通经史，为文议论明达，凡所建白，皆忠悃激发，不少隐讳。表皆四六骈体。亦善写诗、词。胡思敬《宋宗伯徐清正公存稿跋》云：“泉谷先生所著诗文，以奏札为最工。奏札又以《壬子内引》所进一篇为最沈挚。南宋诸臣，自李忠定外，未有能及之者。”有《清正存稿》、《静轩诗集》、《徐清正公词》等书传世。生平事迹见《宋史》卷四二四。

姚镛 宋诗人。字希声，又字敬庵，号雪蓬。剡溪（今浙江嵊县）人。嘉定十年（1217）进士，授吉州判官，因平寇有功，升守赣州，后忤帅臣，贬衡阳。有《雪蓬稿》一卷传世。生平事迹见《宋诗纪事》卷六二、《南宋文范作者考》下。

陈元晋（1190—？） 宋文学家。字明父。蜀（今四川）人，后居崇仁（今属江西）。登嘉祐四年（1211）进士，初授雩都尉，改文林郎广州增城县丞，迁知福州融州，累官邕管安抚使。历官所至，俱著政绩。所作札启，多指陈时政之弊。文意畅达。诗格清新。有《渔墅类稿》传世。生平事迹见《南宋文范作者考》下、《宋诗纪事补遗》卷六四。

赵汝回　宋诗人。太宗八世孙。字几道。永嘉(今浙江温州)人。宁宗嘉定七年(1214)进士,官至主管进奏院。有《东阁吟稿》一卷传世。生平事迹见《两宋名贤小集》卷二二九《东阁吟稿序》。

吕定　宋将领、诗人。字仲安。新昌(今属浙江)人。历殿前都指麾、龙虎上将军。其作品有尚武精神,不乏刀光剑影。如《调兵》、《班师》等,风格豪迈雄壮,具有阳刚之美。其怀古伤今之作尤有特色,如《戏马台》、《登彭城楼》等,凭吊项羽遗迹,追忆英雄当年,抒发对国势衰微,国土沦亡的伤感。著有《说剑集》一卷传世。生平事迹见《宋诗纪事》卷五四。

刘子寰　宋词人。字圻父,号篁嵲翁。建阳(今属福建)人。居麻沙。早从朱熹受学,宁宗嘉定十年(1217)进士,官至观文殿学士。平生乐于山林,淡泊自守。能诗文,与同邑刘潜夫齐名。其诗刘克庄《刘圻父诗序》云:"刘君圻父融液众格,自为一家,短章有孔鸾之丽,大篇有鲲鹏之壮。枯槁之中含腴泽,舒肆之中富揫敛,非深于诗者不能也。"然已不传。其词今存十九首,内容大致题咏山川泉石、四季节候及祝寿等。有《篁嵲词》一卷。生平事迹见刘克庄《后村大全集》卷九四《刘圻父诗序》。

徐经孙(1192—1273)　宋文学家。字中立,初名于柔。丰城(今江西丰城)人。宝庆二年(1226)进士,授浏阳主簿。官至刑部侍郎兼给事中、太子左庶子太子詹事、翰林学士知制诰。以忤贾似道罢归,闲居十年,卒赠紫金光禄大夫,谥文惠。其为人伉直,立朝大节,多有可称。所作奏疏,指摘时弊,皆敷陈剀切,辞旨凛然。诗词则非其所长,纪昀谓其"诗笔俚浅"(《四库全书总目》)。有《矩山存稿》、《文惠诗集》、《矩山词》等书传世。生平事迹见《宋史》卷四一〇。

徐元杰(1194—1245)　宋文学家。字仁伯。信州上饶(今江西上饶)人。绍定五年(1232)进士及第,签书镇东军节度判官厅公事。官至国子祭酒、权中书舍人、工部侍郎。以暴疾卒。其为人伉直敢言,不避权贵。所作书、表、状、启及代朝廷所写制文皆四六骈体。诗有家传,其舅张良臣为南宋著名诗人,母亦能诗。所写词今只见《满江红》一首。有《楳埜集》传世。生平事迹见《宋史》卷四二四。

白玉蟾(1194—?)　宋道士、词人。本名葛长庚,字白叟,号海蟾,又号海琼子。福州闽清(今属福建)人。生于琼州,幼习四书,七岁能赋诗,后因父亡母嫁,续为白氏子,遂名玉蟾。十二岁举童子科,后因任侠杀人,亡命之武夷。遂师事道教金丹大师陈楠,相与从游。时士大夫欲以异科荐之,不就。陈楠卒后,复盘桓罗浮、武夷、天台诸山,曾西至巴蜀,东到广闽。嘉定十一年(1218)先后两次为宁宗建醮,十五年赴临安伏阙上书,不得达,乃隐居著述,不知所终。白氏自言"三教之书靡所不就",人称其"博洽群书,究竟禅理,出言成章,文不加点",又善篆隶草书,工画,其诗文于南宋卓然一家,词名尤著。玉蟾尝撰《蟾仙解老》(一名《道德宝章》),深得道家真谛。其文亦颇具老庄神韵。《橘隐记》、《心远堂记》等皆高远飘逸之作,然亦不乏"狂歌舞柳"之怪奇情趣。诗学东坡、渊明,既能大笔抒豪壮情怀,又能柔笔写隽丽词句。其词前人尤为赞赏,《词统》称其《水调歌头》(一叶飞何处)"足与东坡匹敌"。其《酹江月》(寄言天上石麒麟)《满江红·咏白莲》等亦"冰纨火布,错杂交陈,真令人馋眼为醉"。著有《海琼集》、《道德宝草》、《罗浮山志》等。生平事迹见《图绘宝鉴》卷四、《栖真志》卷四、《宋诗纪事》卷九〇。

叶绍翁　宋诗人。约生活于南宋宁宗、理宗时期。本姓李,祖籍建安(今属福建),后为叶氏后嗣,遂改姓。字嗣宗,号靖逸,居处州龙泉(今属浙江)。其学出于叶適,与真德秀、葛天民等善。所著《四朝闻见录》,补史传之缺。其诗长于绝句,写景尤工,"满园春色关不住,一枝红杏出墙来"(《游园不值》),为千古传诵的名句。有《靖逸小集》传世。生平事迹见《两宋名贤小集》卷二六〇卷首小传。

俞桂　宋诗人。字希郄。仁和(今浙江杭州附近)人。理宗绍定五年(1232)进士。曾守海滨,治理有则。诗多写农事繁忙,乡村恬静。有《渔溪诗稿》传世。生平事迹见清厉鹗《宋诗纪事》卷六四。

吴潜(1196—1262)　宋政治家、文学家。字毅夫,号履斋。宣州宁国(今安徽宁国)人。嘉定十年(1217)进士第一,授承事郎、签镇东军节度判官,改签广德军判官。淳祐十一年(1251)入为参知政事,拜右丞相兼枢密使,封崇国公,次年罢相。开庆元年(1259)为左丞相,进封庆国公，改许国公。后因论立太子事为沈炎论劾，谪化州（今属广东）团练使，安置循州卒。其为人刚直敢言，所奏疏及与宰相论辩，忠愤激烈，皆人所不敢闻者。诗多纪游、即事之作。词在南宋则为高手，今存词二百四十六首，多写济时忧国之抱负或理想受抑之悲愤。风格则激昂凄劲兼而有之。有《许国公奏议》、《履斋遗稿》、《四明吟稿》、《履斋先生诗余·续集·别集》等传世。生平事迹见《宋史》卷四一八。

王柏（1197—1274） 宋理学家、诗文家。字会之，一字伯会，自号长啸，更号鲁斋。婺州金华（今属浙江）人。父祖辈及朱熹、吕祖谦之门。少慕诸葛亮为人，三十岁后，转而研习理学，师从何基，基授以立志居敬之旨。治家严饬，扶恤宗族，周济孤贫。授徒必先之以《大学》，聘为丽泽、上蔡两书院师。卒谥文宪。著述丰富，有四十余种，立论新异，对经书删移补缀，一出己意，以致《四库全书总目》谓其"师心杜撰"，"妄逞私臆"。工诗善画，其诗文豪迈雄肆，然大旨乃一轨于理。尝谓"古人左图右书，后世图学几绝"，遂作《研几》七十余图。著有《鲁斋集》等，《四库全书》又著录其《书疑》、《诗疑》。生平事迹见《宋史》卷四三八、《宋元学案》卷八二。

赵崇嶓（1198—1256） 宋词人。一作赵崇嶓。字汉宗，号白云。南丰（今属江西）人。商王元份八世孙。宁宗嘉定十六年（1223）进士，授石城令，改淳安。尝上疏极论储嗣未定及中人专横。官至大宗正丞。工词能诗，其词今存二十首，内容大都为风花雪月、儿女闺情，唯《望海潮·泛舟》境界较大。其诗《诗家鼎脔》卷上及《宋诗纪事》卷八五尚存五首。宋包恢《祭赵宗丞文》有"诗文英发，清新俊逸"之评，然所传不多。有《白云小稿》一卷。生平事迹见宋包恢《敝帚稿略》卷七《祭赵宗丞文》。

张枢 宋词人。字斗南，一字云窗，号寄闲。西秦（今陕西）人。居临安（今杭州）。张俊之后。今存词九首，另有三首只存片语，多写闺思、闲愁，描写细腻凄婉。其诗《宋诗纪事》尚存一首七绝。有《张枢词》一卷。生平事迹见《宋诗纪事》卷七七、《宋诗纪事小传补正》卷四。

方岳（1199—1262） 宋文学家。字巨山，号秋崖。祁门（今属安徽）人。绍定五年（1232）进士，授淮东安抚司干官。淳祐中，以工部侍郎为赵葵淮南幕中参议官。移知南康军，后忤贾似道，被移治邵武军。累官至吏部侍郎，历知饶、抚、袁三州，加朝散大夫。知袁州时，又忤权奸丁大全，被劾罢归。岳才锋凌厉，洪焱祖谓其"诗文四六，不用古律，以意为之，语或天出"（《秋崖先生传》）。岳工于四六骈体，亦善诗词。《四库全书总目》谓与刘克庄相为伯仲，王鹏运《四印斋所刻词》谓不在叶梦得、刘克庄之下，皆有见地之言。有《秋崖集》传世。生平事迹见《秋崖小稿》卷首载洪焱祖《秋崖先生传》。

赵孟坚（1199—约1267） 宋文学家。字子固，号彝斋。海盐（今属浙江）人。理宗宝庆二年（1226）进士。为湖州掾，入转司幕，知诸暨县。以御史言罢归，后终提辖左帑。修雅博识，好学工书，多藏三代以来金石名迹，善画梅竹，于山水为尤奇。襟度潇爽，有六朝诸贤遗风，时人比之米芾。其谈诗论文，皆行家语。所作诗文，大都清远绝俗。有《彝斋文编》传世。生平事迹见宋周密《齐东野语》卷一九、元姚桐寿《乐郊私语》。

宋伯仁（1199—？） 宋诗人、画家。字器之，号雪岩。湖州（今属浙江）人。举宏词科，嘉熙中为盐运司属官。以仕途不达，纵情山水，诗画自娱。善画梅，曾作梅花百图，各具情姿。诗存一百余首，自称其诗乃"随口应声，高下精粗，狂无节制，低昂疾徐，因势而出"（《西塍集序》）。如《村姑》、《家书》等，不事雕琢，命意清新。《秋晚》诗，清拔流迈，世所称道。有《西塍集》一卷传世。生平事迹见《两宋名贤小集·西塍稿》附小传、《宋诗纪事》卷七三。

高斯得（1199—？） 宋大臣、文学家。字不妄。邛州蒲江（今四川蒲江）人。理宗绍定二年（1229）进士，授利路观察推官。官至端明殿学士，签书枢密院事兼参知政事。为留梦炎所构，罢官予祠。宋亡，隐居苕霅间而卒。其立朝正直敢言。为文为诗皆直抒胸臆，有感而发，诗有白居易讽谕遗风。曾助李心传修纂《四朝会要》和《中兴四朝国史》。又著《孝宗系年要录》。今有《耻堂存稿》八卷传世。生平事迹见《宋史》卷四〇九。

戴昺（1200—？） 宋诗人。字景明，号东野。天台（今属浙江）人。戴复古之从孙。嘉定十二年（1219）进士，授赣州法曹参军。宝祐中又尝为池州幕僚。工诗，《四库全书总目》称其"皆清婉可讽，亦颇具石屏家法"。有《东野农歌集》、《农歌续集》、《农歌集钞》、《农歌集补钞》传世。生平事迹见《东野农歌集》所载杨万里《序》及其《自序》。

唐士耻 宋诗人。字子修。金华(今属浙江)人。大致生活于宁宗、理宗时代,以荫入仕,荐充改秩,曾在吉州、临江、建昌、万安诸郡任丞倅问刑之官。其制诰之作无除授姓名,即表、檄、箴、铭、赞、颂诸篇亦皆拟作,盖为备词科之用,然文气充沛,颇有秦汉遗风。《四库全书总目》曰:"洽闻殚见,古泽斑然,非南宋末流掺臆见、骋空谈者所能望其涯涘矣。"其诗今存无多,以古体见长,朴实凝重,旨深词畅。著有《灵岩集》八卷。生平事迹见《灵岩集跋》、《宋诗纪事》补遗卷七三。

孙梦观(1200—1258) 宋文学家。字守叔,号雪窗。庆元府慈溪(今属浙江)人。宝庆二年(1226)进士。调桂阳军教授、浙西提举司干办公事,累官起居郎兼右侍郎、给事中兼赞读,兼国子祭酒,权吏部侍郎。后求外补,以集英殿修撰知建宁府。其居官廉,有惠政。奏议政论,皆切中宋末之积弊,有《雪窗集》二卷传世。生平事迹见《宋史》卷四二四。

赵汝腾(1200—1260) 宋文学家。太宗七世孙。字茂实,号庸斋。居福州(今属福建)。宝庆二年(1226)进士。累官礼部尚书兼给事中,端明殿学士,提举佑神观,兼翰林学士承旨。其立朝守正不挠,为文剖析详明,所写表、疏、状,多工骈体。诗亦苍劲。有《庸斋集》传世。生平事迹见《宋史》卷四二四。

吴文英(约1200—约1260) 宋词人。字君特,号梦窗,又号觉翁。四明(今浙江宁波)人。长期流寓于苏、杭、越诸州。曾为苏州仓台幕僚。一生以布衣终老,所与交游多为达官权贵,如吴潜、史宅之、尹焕、贾似道等。理宗淳祐九年(1249),吴潜知绍兴府兼浙东安抚使,后同知枢密院事兼参知政事,文英为其幕僚。晚年为荣王赵与芮门客,与芮乃度宗生父。文英为晚宋一大词家,上承周邦彦而自成一格,词藻密丽,用典繁富,造语工曲,构成深微窈缈的词境,也不免晦涩堆垛之弊。宋末张炎谓:"吴梦窗词如七宝楼台,眩人眼目,碎拆下来,不成片段。"而清代词家对梦窗词则多所称美,如周济云:"梦窗奇思壮采,腾天潜渊,反南宋之清泚,为北宋之秾挚"(《宋四家词选目录序论》);戈载谓其词"运意深远,用笔幽邃,炼字炼句,迥不犹人。貌观之雕缋满眼,而实有灵气行乎其间"(《宋七家词选》)。此外,集中尚有空灵疏快之篇什,如《唐多令》(何处合成愁)、《风入松》(听风听雨过清明)等,见出其词风之不拘一格。今传《梦窗词》甲乙丙丁四稿。生平事迹见夏承焘《唐宋词人年谱》所载《吴梦窗系年》。

蔡抗 宋文学家。字仲节,号久轩处士。建宁府建阳(今属福建)人。理学家、律学家蔡元定之孙,蔡沈之子。绍定二年(1229)进士。召试馆职,迁秘书省正字,历官校书郎、枢密院编修官、著作佐郎、国史院编修官、江东提点刑狱、工部侍郎、吏部尚书。加端明殿学士,提举编修《经武要略》,同知枢密院事,拜参知政事。卒谥文简,因犯祖讳,改谥文肃。有《久轩公集》一卷,载《蔡氏九儒书》。生平事迹见《宋史》卷四二〇、明杨应诏《闽南道学源流》(嘉靖四十三年刊本)卷五一、清李清馥《闽中理学渊源考》卷二五。

李昴英(1201—1257) 宋文学家。字俊明,号文溪。番禺(今广东广州)人。宝庆三年(1227)进士,任临汀推官。淳祐初,官至龙图阁待制、吏部侍郎。在职不畏权奸,被史嵩之、贾似道等弹劾。坚守正直,卒谥忠简。能诗善文,《四库全书总目》谓"其文质实简劲,如其为人;诗间有粗俗之语,不离宋格,而骨力猷健,亦非靡靡之音"。著有《文溪存稿》二十卷传世。生平事迹见李春叟《文溪集序》、《宋元学案补遗》卷七九、《宋诗纪事》卷六四。

武衍 宋诗人。字朝宗,号适安。汴(今河南开封)人。工诗,理宗时有诗名。方万里评其诗"模写景物,吟咏情致,多有可笔于丹青者"(《适安藏拙余稿》卷首)。有《适安藏拙余稿》传世。生平事迹见《适安藏拙余稿》卷首方万里序、衍自序,卷末赵希意跋。

杨至质 宋诗文家。字休文,号勿斋。丰城(今江西丰城)人。江西閤皂山道士。淳祐中(1241—1252),敕赐高士、右街鉴仪,主管教门公事。文存六十余篇,皆四六书启,清丽雅洁,如《代临安倅章谢宰执》、《代回沿海制置赵都承》等。诗存一首。有《勿斋集》二卷传世。生平事迹见真德秀《真文忠公集》卷二六《勿斋记》、刘克庄《后村大全集》卷八八《云泉精舍记》。

毛珝 宋诗人。字元白,号吾竹。三衢柯山(今属浙江)人。有诗名于端平间(1234—1236)。诗存八十余首,清深雅正,沉郁悲壮,如《甲午江行》、《人才》、《吴门田家十咏》之四等。有《吾竹小稿》一卷传世。生平事迹见《两宋名贤小集》卷三一〇。

陈振孙(? —约1262) 宋目录学家。初名瑗,避理宗讳改。字伯玉,号直斋。安吉(今属浙江)人。宁宗时曾任溧水、绍兴、鄞县教授。宝庆间通判兴化军。淳祐四年(1244)为国子司业。官至宝章阁待制。曾传录他人私家藏书五万余卷。仿晁公武《郡斋读书志》,著《直斋书录解题》,记载南宋时各类书籍传存情况并间有评论。颇为后人重视。生平事迹见刘克庄《后村大全集》卷七五《通奉大夫宝章阁待制致仕陈振孙赠光禄大夫制》、《南宋文范作者考》下。

胡仲参 宋诗人。字希道。清源(今福建仙游县)人。胡仲弓之弟。负才游京师,所与交皆一时名士。宁宗嘉定间尝赴试未中,浪迹数年,乃寄情山水以自放。曹庭栋评其诗作"古羃不足,清俊有余"(《宋百家诗存·竹庄小稿小传》)。代表作有《雪晴泛湖》、《晚雨》、《寒夜作》等,有《竹庄小稿》一卷存世。生平事迹见《两宋名贤小集》卷二九八《竹庄小稿》前附作者小传。

章谦亨 宋词人。字牧叔,一字牧之。吴兴(今浙江湖州)人。理宗绍定间(1228—1233),仕为铅山令,为政宽平,人号为佛家。家置像而祀,勒石章岩,以志不忘。嘉熙二年(1238)除直秘阁,为浙东提刑,兼知衢州,平生蕴藉滑稽,不同流俗。其词今存九首,多写景,词气清拔。诗存一首五律。生平事迹见《宋诗纪事》卷六四、《宋诗纪事小传补正》卷四。

斯植 宋诗僧。字建中,号芳庭。临安(今浙江杭州)人。理宗时以诗称。住南岳寺。云游四方,相识者尽一时文人,如静佳、朱继芳、熊钚等俱与之酬唱。晚住天竺,筑室曰"水石山居",吟咏于中。自跋其诗以为:"诗,志也,乐于情性而已,非所以有关于风教者"。如《世事》、《自谓》、《上竺寺》等抒写参破凡尘之心。《水石山居》、《江林晚望》、《子规》、《愁思》等诗大抵雅炼深稳,脱去禅家套语。著作今存《采芝集》、《采芝续稿》。生平事迹见《宋诗纪事》卷九三。

朱继芳 宋诗人。字季实。建安(今福建建瓯)人。理宗绍定五年(1232)进士。其诗有浓厚的农村风味,如《农桑》:"裹饭瓯儿候暖耕,塍泥滑滑不堪行,如何说得农家苦,雨笠风蓑过一生。"又反映官府对农民的盘剥,如"四月官场入纳时,乡耆旁午上门追。请看贫妇通宵织,身上曾无挂一丝。"具有对现实的批判性。著作今存《静佳龙寻稿》。生平事迹见其集序及《宋诗纪事》卷六四。

赵希楷 宋诗人。字谊父。汴(今河南开封)人。宋太祖九世孙。理宗宝庆(1225—1227)间有诗名。其诗清新有情趣。今有《抱拙小稿》一卷传世。生平事迹见《两宋名贤小集》卷三一九《抱拙小稿·序》。

乐雷发 宋诗人。字声远,号雪矶先生。道州宁远(今属湖南)人。活动于理宗朝。累举不第。宝祐元年(1253),门人姚勉状元及第,上疏请以科第让雷发。理宗见疏,召雷发面试八事,赐特科第一,称"特科状元"。授馆职,以数议时政不用,告归乡里,隐于雪矶,因以为号。立身以气节自励,尝于策文中云:"秉正直之气节,则发忠鲠之言议。"以诗名世,宝祐五年刊行《雪矶丛稿》,后为陈起收入《江湖集》中。《四库全书总目》著录其《雪矶丛稿》五卷,谓其诗"风骨颇遒,调亦浏亮,实无猥杂粗俚之弊,视江湖一派迥殊"。明周洪谟序其诗集云:"故其声于诗,雄浑而无萎苶之弊,和畅而无乖疏之失,清新而出乎芜陋,奇古而脱乎凡鄙,可谓能诗也已。"今存诗一百五十余首。以《乌乌歌》最著名。生平事迹见《雪矶丛稿》所附作者《自叙》及明周洪谟《宋雪矶先生诗集序》。

夏元鼎 宋词人。字宗禹,自号云峰散人,又号西城真人。永嘉(今浙江温州)人。博极群书,屡试不第。理宗宝庆中为小校武官,后弃官入道。有《悟真篇讲义》七卷,《阴符经讲义》三卷,《崔公药镜笺》一卷。其词集《蓬莱鼓吹》一卷,存词三十首。大都为酬唱之作,内容多写修真学道。其诗《宋诗纪事》存一首七绝。生平事迹见《宋诗纪事》卷九〇。

潘牥(1205—1246) 宋词人。字庭坚,号紫岩。闽县(今福建闽侯)人。理宗端平二年(1235)进士第三。牥语最直,殿中侍御史蒋岘劾其不顺,调镇南军节度推官。历迁太学正,出通判潭州,日食应诏上封事,丞相游似心善其言,淳祐六年(1246),将收用之,会卒。工文,善词,会诗,曾有《紫岩集》,已佚。其文刘克庄《潘庭坚墓志铭》称之"脱去笔墨蹊径,秀拔精妙"。其词今存五首,乃写景抒怀之作,有兴亡之感。诗存六首。有《紫岩词》一卷。生平事迹见刘克庄《后村大全集》卷一五二《潘庭坚墓志铭》、《宋史》卷四二五。

严羽(? —1264) 宋诗论家、文学家。字仪卿,一字丹丘;号沧浪逋客。邵武(今属福建)人。终生未仕,以诗称誉于时。与严仁、严参齐名,世号"三严"。其诗歌理论,卓有成就。

所著《沧浪诗话》，针对宋诗之“尚理而病于意兴”，强调诗当独任性灵，专主妙远，以“不涉理路，不落言诠为上”。追求诗的“兴趣”、“妙悟”、“言有尽而意无穷”。主张崇古仿古，以“汉魏晋盛唐为师”、“以盛唐为法”。是中国诗歌批评史上重要评论家之一。对后世产生了极大的影响。明代七子和竟陵派的诗论，清初王士禛的神韵说，皆源于此。其创作，不能尽如其理论，注重摹仿，情致不足。《四库全书总目》卷一六三评其诗：“志在天宝以前，而格实不能超大历之上”，“止能摹王孟之余响，不能追李杜之巨观”。成就逊于理论。然亦不乏佳作，如组诗《有感》六首，沉郁悲凉，深邃警策。其词风格清丽挥洒，如《满江红·送廖叔仁赴阙》等。有《沧浪诗话》一卷、《沧浪集》二卷传世。生平事迹见清庄仲方《南宋文范作者考》下、清李清馥《闽中理学渊源考》卷三九。

严粲　宋诗人。字明卿，一字坦叔。邵武（今属福建）人。严羽族弟。官清湘令。精通《诗经》，于诗之本意多有发明；于音训疑似，名物异同，考证亦为精核；所著《诗缉》可与朱熹《诗集传》相表里。诗存一百二十余首，清迥流畅，颇富情致。绝句尤有成就，如《过江东》、《兵火后还里》等。有《诗缉》三十六卷、《华谷集》一卷传世。生平事迹见《两宋名贤小集》卷三二九《华谷集》前附小传。

严仁　宋词人。字次山，号樵溪。邵武（今属福建）人。与严羽、严参称邵武“三严”。词作今存三十首，多半写闺思怨别、春情春景，极尽闺阁之趣。然雅正端方，绵远悠长。又好古博雅，读书极多，故词作长于融化前人诗文。亦能诗，《宋诗纪事》卷六三存其诗两首，皆七绝。曾著《清江欸乃集》，今不传。其词今见黄昇《中兴以来绝妙词选》卷五。生平事迹见《全宋词》卷四。

施枢　宋诗人。字知言，号芸隐、浮玉。丹徒（今属江苏）人。绍定五年（1232），举试不第。端平二年（1235），入吴，摄庾台幕。嘉熙三年（1239），为浙东转运司幕属，又为越州府僚。淳祐三年（1243），任从事郎知溧阳县。能诗，诗风清丽。有《芸隐倦游稿》、《芸隐横舟稿》传世。生平事迹见《宋诗纪事》卷七二、《宋诗纪事小传补正》卷四。

欧阳守道（1209—？）　宋学者、散文家。初名巽，字公权，一字迂父。吉州（今江西吉安）人。世称巽斋先生。少孤贫力学，江万里守吉州，创白鹭洲书院，首聘其讲学。淳祐元年（1241）举进士，授雩都主簿，以丁母忧归，调赣州司户，入为秘书正字。咸淳三年（1267）迁著作佐郎兼崇政殿说书，无所不讲。后任岳麓山书院副山长。江万里为国子祭酒，又荐其为史馆检阅，后任校书郎兼景宪府教授，升秘书郎，终于著作郎。文天祥、刘辰翁皆出其门下。散文内容丰富，富于批判精神。著有《巽斋文集》。生平事迹见《宋史》卷四一一、《宋史新编》卷一六〇、《巽斋文集》附《巽斋先生传》。

张榘　宋词人。字方叔，号芸窗。润州（治今江苏镇江）人。理宗淳祐间，官句容令。宝祐中，为江东制置使参议、机宜文字。喜作次韵小令，今存词五十首，多为咏物、唱和、祝寿等词。毛晋跋《芸窗词稿》评其词云：“如‘正挑灯，共听夜雨’，幽韵不减陆放翁；如‘小楼燕子话春寒’，艳态不减史邦卿；至如‘秋在黄花羞涩处，又苦被流莺、蹴翻花影、一阑红露’等语，直可与秦七、黄九相雄长。或病其饶贫寒气，毋乃太贬乎？”其诗《宋诗纪事》只存一首七律。著有《芸窗词稿》一卷。生平事迹见汲古阁本《宋六十名家词·芸窗词》末毛晋跋。

林希逸　宋诗人、书画家。字肃翁，一字渊翁，号竹溪，又号鬳斋。福清（今属福建）人。理宗端平二年（1235）进士。初为平海军节度使推官，淳祐中迁秘书正字，历官考功员外郎，终中书舍人、直宝谟阁。善画能书。工诗。刘克庄评为“槁干中含华滋，萧散中藏严密，窘狭中见纡余”（《竹溪集序》）。著有《竹溪鬳斋十一稿续集》传世。生平事迹见宋刘克庄《后村大全集》卷九四《竹溪诗序》、卷九六《竹溪集序》、卷一〇二《跋林希逸竹溪帖》及《跋林竹溪书画》，《竹溪鬳斋续集》卷首林同《序》。

文珦（1210—？）　宋诗僧。於潜（今浙江临安西）人。出家于杭州。构谗下狱，久之乃得释。遂遁迹，元初卒。工诗。其《哀集诗稿》诗自论其诗云：“吾学本经论，由之契无为。书生习未忘，有时或吟诗。兴到即有言，长短信所施。尽忘工与拙，往往不修词，惟觉意颇真，亦复无邪思。”可见其宗旨品格。存诗近九百首，多山林闲适之作。著有《潜山集》十二卷。生平事迹见《宋诗纪事补遗》卷九六。

罗与之　宋诗人。字与甫，一字北涯。螺川（今属江西）人。理宗端平间，累举不第，遂归隐，晚年潜心性命之学。著有《雪坡小稿》两卷。生平事迹见《宋诗纪事》卷七二。

戴埴 宋诗人。字仲培。鄞县(今浙江宁波)桃源乡人。理宗嘉熙二年(1238)进士,官将漕。文存杂记体《鼠璞》一书,考订名物制度共九十八条,持论精审,博洽宏富。诗存数首,怆怀时世,语意悲凄,如《和王教暮春出游》、《辇下曲》等。有《鼠璞》一卷、《戴仲培先生诗文》一卷传世。生平事迹见《宋元学案别附》卷二。

朱南杰 宋诗人。丹徒(今属江苏)人。理宗嘉熙二年(1238)进士,官溧水令。其诗多叙事理,质朴无文。诗卷末自云:"岂敢言诗,聊以纪时。"著作今存《学吟》一卷。生平事迹见《两宋名贤小集》卷三二〇《学吟序》。

柴望(1212—1280) 宋文学家。字仲山,号秋堂、归田。江山(今属浙江)人。理宗嘉熙间为太学上舍,除中书省奏名。理宗淳祐六年(1246)元日,日蚀,诏求中外直言,望观象数指陈人事,撰《丙丁龟鉴》。此书结合干支推衍祸福,论者以其迂诞支离,语多妖妄而将其定罪下狱。不久出狱,放归故里。端宗景炎二年(1277),荐授迪功郎国史馆编校。宋亡不仕,与从弟隋亨、元亨、元彪退居山林,赓咏于烟露之间,号称"柴氏四隐"。里人苏幼安《宋国史秋堂柴公墓志铭》称其:"终身不忘故君,黍离悠悠之怀,未尝少释。""为诗文率效古法,而出以己见。今所存者,驰骋晋魏,驾轶盛唐。工小词,蕴藉风流,每每与辛黄诸名家并,可谓彬彬之作矣。"其诗文感物伤时,多黍离之悲。今存《秋堂集》二卷。生平事迹见宋苏幼安《宋国史秋堂柴公墓志铭》(《秋堂集》附录)。

李曾伯 宋文学家。字长孺,号可斋。覃怀(今河南武陟)人,后居嘉兴。通判濠州,迁军器监主簿,又通判鄂州兼沿江制置副使司主管机宜文字。迁度支郎官,授左司郎官、淮西总领,不久任右司郎官、太府少卿、淮东制置使兼淮西制置使。又任华文阁待制、宝章阁直学士、进权兵部尚书。理宗淳祐六年(1246),加焕章阁学士。度宗咸淳元年(1265)被人论劾落职。其"诗词才气纵横,颇不入格,而要亦戛戛异人,不屑拾慧于牙后"(《四库全书总目》)。著作今存《可斋杂稿》三十四卷《续稿》前八卷、《续稿》后十二卷,《可斋词》六卷。生平事迹见《可斋杂稿原序》、《宋史》卷四二〇。

薛嵎(1212—?) 宋诗人。字仲止、宾日。永嘉(今浙江温州)人。理宗宝祐四年(1256)进士,官长溪簿。《四库全书总目》云"嵎之所作皆出入四灵之间,不免局于门户"。其诗《山中吟》、《渔村晚照》可为代表。著有《云泉诗》。生平事迹见《两宋名贤小集》卷二八七《云泉诗序》、《宋诗纪事》卷六七。

利登 宋诗人。字履道,号碧涧。金川(今陕西安康西北)人。理宗淳祐元年(1241)进士。宋度宗前后在世,仕至宁都尉。由于对农村的生活有深刻的体验,故其诗有浓厚的生活气息,如《田家即事》、《田父怨》等,著作今存《骳稿》一卷。生平事迹见《宋百家诗存》卷一六附小传、《宋诗纪事》卷七三。

家铉翁(1213—1297) 宋理学家、文学家。号则堂。眉州(治今四川眉山)人。以荫补官。知常州,政誉翕然。迁浙东提点刑狱,入为大理少卿,直华文阁,以秘阁修撰充绍兴府长史,迁枢密都承旨,知建宁府兼福建转运副使,权户部侍郎兼知临安府、浙西安抚使,迁户部侍郎,签书枢密院事,拜端明殿学士。元兵次近郊,丞相吴坚、贾庆余檄告天下守令以城降,铉翁独不署,坚守城池。闻宋亡,旦夕哭泣不食饮。元朝嘉其节操,欲授高官,坚辞。元成宗即位,放还,赐金帛不受,卒于家。其学术宏博,尤深于《易》、《春秋》,亦善诗文。佳作有《中斋记》、《云斋记》、《见山亭记》等文,《中秋日菊盛开》、《晚步》、《市桥月色》等诗。著作今存《则堂集》、《则堂先生春秋集传详说》等。生平事迹见《宋史》卷四二一。

罗椅(1214—?) 宋诗人。字子远,号涧谷。庐陵(今江西吉安)人。性淡泊,博学能文,精于词赋,名播缙绅之间。宝祐四年(1256)进士及第,以秉义郎为长沙教授,提举朝请大夫。为贾似道所忌,弃官而去。尝以理学自命,然诗才横逸,所作流布甚广,有江西派风调。著作今存《涧谷先生遗集》三卷。生平事迹见明罗洪先《族祖榷院府君传》(《涧谷先生遗集》前附)、《宋季忠义录》卷一六。

翁元龙 宋词人。字时可,号处静。四明(今浙江宁波)人。理宗朝,为杜范之客。有《处静词》,今存十二首。其诗《宋诗纪事》存一首七律。生平事迹见《宋诗纪事》卷七二。

陈著(1214—1297) 宋文学家。字子微,号本堂。鄞县(今属浙江)人。理宗宝祐四年(1256)进士,官著作郎,出知嘉兴府。贾似道欲置门下,著不从。授安福令,改知嵊县,威令肃然。迁扬州通判时,嵊民设帐塞路,为之送行,至城固岭上,因名曰"陈公岭"。后以监察御史知台州，除秘书监，不就。宋亡，隐居四明山中，自号“嵩溪遗耄”。蒋岩《本堂集跋》说：“本堂陈公挟其耿介之气，发于雄深之文。岿然独立，皓首不度。”《本堂集》附录称其文“俛仰古今，感触风景，以抒其黍离麦秀之悲”。其佳作有《山之高》三章，《醉中出门得风》、《新月》、《春雪》等诗，《通黄京尹启》、《代前人通陈宪启》、《新升奉化州记》、《天井山报济庵记》等。著作今存《本堂集》九十四卷。生平事迹见《宋元学案》卷八六、《宋史翼》卷二五。

吴锡畴(1215—1276)　宋诗人。字元伦、元范，号兰皋。休宁(今属安徽)人。师事程若庸，研讨理学。咸淳间，南康守叶阊聘为白鹿洞书院堂长，不愿赴任。性善艺兰，自号兰皋子。其诗词意清新，而豪气不可遏，一洗郊岛之寒瘦。代表作有《晚步》、《林和靖墓》、《夕阳》、《姑苏晚泊》、《山行》等。著作今存《兰皋集》二卷。生平事迹见《兰皋集》卷末附录、《宋史翼》卷三五。

姚勉(1216—1262)　宋文学家。字述之，一字成一，号雪坡。新昌(今属浙江)人。宝祐元年(1253)以词赋擢第，廷对万言策第一。除校书郎 ，兼太子舍人。不久免归。所上封事奏札，以及廷对诸篇，侃侃不阿，磊落直言，如《丙辰封事》、《廷对策》等。寻常应酬之作，亦必微寓讽规，不肯苟徇时好，如《赐第谢表》、《贺丞相贾秋壑启》等。其他如《梅花赋》、《江山第一楼记》、《嫉蚊赋》等，思清韵远，畅达洒脱。胡仲云《祭雪坡姚公文》称“其文之驱涛涌泉，怒骂嬉笑，皆成章篇，豪放凌厉，自视无前”(《雪坡舍人集》附录)。诗四百余首，词三十余首，法度虽存，然微涉粗豪，成就不及其文。有《雪坡文集》五十卷传世。生平事迹见《宋史翼》卷二九、《南宋馆阁续录》卷八九。

许月卿(1216—1286)　宋文学家。字太空，又字宋士，号泉田子，人称山屋先生。婺源(今属江西)人。受学于魏了翁，入江淮幕中，以军功补校尉。理宗时廷对赐进士及第，授濠州司户参军，历任本州教授、临安府学教授。改任江西提举，治政廉肃，人号为“铁符”。贾似道当国，月卿试馆职，言语不合罢去，官终浙西运干。归故里，宋亡不仕，闭户著书，遁迹十年。善诗文，奇峭有气概。明湛若水《先天集序》云：其“尝受心学于魏鹤山先生而有所自得，故其言至今凛凛犹若有生气”。佳作如诗《明月》、《夜永》、《客来》等，文《书楚辞后》、《天多许记》、《志乐平朱氏荣绿堂》等。著作今存《先天集》十卷。生平事迹见元许飞《宋运干山屋先生行状》(《先天集》附录下)、《山屋许先生事录》(《先天集》卷末)。

万俟绍之　宋词人。字子绍。郢(今湖北钟祥)人。万俟卨曾孙。有《郢庄吟稿》一卷，存词四首。生平事迹见《全宋词》卷四。

刘黻(1217—1276)　宋文学家。字声伯，号质翁。乐清(今属浙江)人。理宗淳祐十年(1250)试入太学。上书论丞相董槐事，忤丁大全，送南安军安置。及丁大全败，召还庭试，又以对策忤贾似道，复为所抑。度宗咸淳三年(1267)召还拜监察御史。四年改正字。八年拜刑部侍郎。九年改朝奉郎试吏部尚书兼工部尚书。遭母丧解官，遂不复起。文如其人，棱岸峭直。诗嗜陈子昂，虽限于风会，格律未纯，但淳古淡泊，神思高远。今有《蒙川遗稿》、《蒙川先生遗稿》、《蒙川诗集》等书传世。生平事迹见《宋史》卷四〇五。

区仕衡(1217—1277)　宋文学家、理学家。字邦铨。顺德(广东省顺德县)人。曾入太学为舍生，生性慷慨，有智略，常以天下为己任，上书言贾似道误国，好陈恢复之策，终不见用。归，讲学九峰书院，时称九峰先生。其诗文典雅，颇有辞采。著作今存《九峰集》三卷，《理学简言》一卷。生平事迹见《九峰集》卷首附录诸序跋墓表。

陈人杰(1218—1243)　宋词人。一名经国，字刚父，号龟峰。闽(今福建)人。弱冠之年，在江南东路转运司(治所建康府，即今江苏南京)参加牒试，不第。后漫游江淮，又从黄州溯江，南下洞庭，登岳阳楼。嘉熙四年(1240)回临安，三年后卒。为人以才气自负，词作多写对国势的忧念及请缨报国之志，慷慨悲歌，豪气纵横，直逼稼轩，堪称辛派词人之后劲。有《沁园春》一词表达了他的文学见解：“诗不穷人，人道得诗，胜如得官”，“惟诗也，是乾坤清气，造物须悭”。今存《龟峰词》一卷。生平事迹见其《沁园春》(记上层楼)序。

舒岳祥(1218—1298)　宋元间诗文家。字舜侯，一字景薛。台州宁海(今属浙江)人。宝祐四年(1256)进士，官奉化尉，终承直郎。宋亡不仕，讲学以终。诗存七百余首，自然流畅，清新恬淡，颇具陶渊明诗之神韵。但身遭亡国之痛，其诗亦不乏慷慨悲歌之作。王应麟《阆风集序》评其诗：“如朱弦疏越之音，一唱三叹，微婉悲壮，友陶杜于千载。”文存二十五篇，雄健奔放，如《爱闲堂说》、《月中桂记》等。有《阆风集》十二卷传世。生平事迹见《阆风集》附录《舒阆风先生行状》、《阆风集》卷首王应麟和胡长孺二序。

真山民 宋诗人。建宁浦城（今属福建）人。或云本名桂芳，括苍（今浙江丽水）人。宋末尝登进士，宋亡后窜迹隐沦，不仕于元，唯所至好题咏，因以诗流传人间。其诗入《江湖小集》，然多为探幽赏胜之作，未尝有江湖酬应语。宋亡后诗，亦时见黍离麦秀之感，沉痛凄怆之情。《四库全书总目》卷一六五谓其"诗格出于晚唐，长短皆复相似"，既有"不出晚唐纤佻粗犷之习"的劣作，也有"颇得晚唐佳处"的杰构，"要亦宋末之翘楚也"。有《真山民集》一卷。生平事迹见万斯同《宋季忠义录》卷一五、吴之振《山民诗钞序》、《四库全书总目》卷一六五。

杨泽民 宋词人。抚州乐安（今属江西）人。生平事迹不详。约生于理宗时。尝和周邦彦《清真词》，今存九十余首。宋方千里亦有《和清真词》一卷。后人将周词与方、杨二家之和词合而刊之，称《三英集》。生平事迹见《全宋词》卷四。

方逢辰（1221—1291） 宋诗文家。初名梦魁，字君锡。严州淳安（今属浙江）人。淳祐十年（1250）进士第一，御赐改今名。释褐为平江签判，讲学于和靖书院。宝祐元年（1253），以秘书省正字召。历校书郎、著作郎、权尚左郎官，后罢归讲学。度宗即位（1265），以司封郎召，官至吏部侍郎，后以丁艰归。宋亡不仕，讲学以终。学者称蛟峰先生。文存一百余篇，《上理宗书》、《上庙堂书》等，剀切激烈；《邵英甫诗集序》、《汪称隐松萝集序》等，简严畅达。诗存三十余首，沉郁隽永，如《天对》、《题卢可庵天边风露楼》等。有《名物蒙求》一卷、《蛟峰文集》八卷传世。生平事迹见《蛟峰外集》卷三附文及翁撰《故侍读尚书方公墓志铭》、黄宗羲《宋元学案》卷八二。

龚开（1221—1308） 宋元间诗文家、画家。字圣与，号翠岩。淮阴（今属江苏）人。宋末曾先后充任赵葵与李庭芝幕僚，为两淮制置司监当官。在李庭芝幕府时曾与陆秀夫共事。入元不仕，往来江浙一带，寄意绘画，风节高亮，颇负时名。其画山水师米家父子，画人、马师曹霸，笔意粗放，尤以画马著名，喜作瘦马以寄慨，尝作《宋江三十六人画像》，其画已佚，而所作题赞则收于周密《癸辛杂识》，是研究《水浒》的重要资料。所作诗文甚多，大都散佚，今存《宋文丞相（文天祥）传》和《宋陆君实（陆秀夫）传》，见陶宗仪所辑《草莽私乘》，又收入《宋遗民录》（《知不足斋丛书》本）。生平事迹见陈高华编著《元代画家史料》。

马廷鸾（1222—1289） 宋大臣、文学家。字翔仲，晚号玩芳病叟。饶州乐平（今江西乐平）人。淳祐七年（1247）进士。度宗朝，历官参知政事兼同枢密院事，拜右丞相兼枢密使。咸淳八年（1272）乞罢。廷鸾工文辞，理宗末年，又居两制，朝廷大制作多出其手，其诗文可以罢相为界分为前后两期。前期所作，多应酬赠答之类，后期所作，则时见感时抚事之计，意境亦渐变为苍凉。著有《碧梧玩芳集》。生平事迹见《宋史》卷四一四、《史质》卷二八。

王应麟（1223—1296） 宋文学家。字伯厚，号深宁居士，一号厚斋。庆元府鄞县（今属浙江）人。九岁通《六经》，理宗淳祐元年（1241）举进士。有感于当时学风之空疏，遂潜心于典章之学。宝祐四年（1256）中博学宏词科。在朝廷正直敢言，故多迕权臣，尤为贾似道所恶。官至礼部尚书兼给事中。度宗朝，蒙古南犯，力陈边事方略，以扼守襄、樊为急务，请集诸路勤王之师，以厚赏激励士气。因左丞相留梦炎进用私党，缴奏极言其非，疏入不报，遂辞官而归，专事著述二十年，宋亡后不出。学问淹博，著述丰富，所著有二十余种，约六百余卷。最著名者有学术性笔记《困学纪闻》二十卷及类书《玉海》二百卷。二书征引宏富，贯串古今，考订精深，尤详于宋代史事，有很高的学术价值。文集《深宁集》一百卷，不传。生平事迹见《宋史》卷四三八、《四明丛书》第一集所载清钱大昕、张大昌二家所撰《王深宁先生年谱》各一卷及清陈仅所编《深宁先生年谱》一卷。

陈杰 宋诗人。字寿夫。分宁（今江西修水）人。理宗淳祐十年（1250）进士。曾为制置司属官。与方回交善。宋亡，隐居于江湖。"取所为诗删定有补于诗教者为《自堂存稿》"（胡思敬《自堂存稿跋》）。诗作题材较广泛，感时伤世之作如《读邸报》、《和郭应酉》等痛斥奸佞，语含忠愤。故《四库全书总目》谓其"源出江西而风姿峭蒨，颇参以石湖、剑南格调"。其生平事迹惟见清厉鹗《宋诗纪事》卷六六所辑片言只语，而清人胡思敬《自堂存稿跋》尚有异说（豫章丛书本《自堂存稿》末附）。

李涛 宋诗人。字养源。理宗时临川（今江西临川)人。家境清贫,喜做诗。不慕富贵,志在山林。有《蒙泉诗稿》一卷传世。生平事迹见《宋诗纪事》卷七〇。

萧立之 宋元间诗人。一名立等,字斯立,自号冰崖。宁都(今江西宁都)人。淳祐十年进士,知南城县,调南昌推官,移判辰州。据其《请兵道中作》诗:"申包胥有伤时泪,南霁云无食肉心",则立之或于宋末参加过抗元斗争。宋亡归隐萧田。诗宗江西派,其作品多爽快峭利,自成风格,其《琵琶亭》、《落梅》二诗,倍受后人赞誉(见《梅磵诗话》卷中及《升庵诗话》卷一一)。其诗,后人辑为《萧冰崖诗集拾遗》三卷。生平事迹见《宋诗纪事》卷六六。

徐集孙 宋诗人。字义夫。建安(今福建建瓯)人。理宗时,薄宦于浙。有诗名,诗风平静恬逸。有《竹所吟稿》二卷传世。生平事迹见《宋诗纪事》卷七三、《南宋文范作者考》下。

谢枋得(1226—1289) 宋元间志士、文学家。字君直,号叠山。信州弋阳(今属江西)人。理宗宝祐四年(1256)与文天祥同举进士。为人豪爽,观书五行俱下,好直言,以忠义自任。应试建康,语侵贾似道,乃诬以居乡不法,谪居兴国军。度宗咸淳中赦归,德祐初以江东提刑知信州,元兵东下,信州不守,乃变姓名入建宁唐石山,日麻衣躡屦,东向哭。已而卖卜建阳市,惟取米屦,委以钱,谢不取。宋亡,居闽中,留梦炎荐之不起。元至元二十六年,福建参政魏天祐强令北上,至元都,遂不食死,年六十四。门人私谥文节,亦称叠山先生。其忠孝大节,炳著史册。其文章,《四库全书总目》评曰:"《却聘》一书,久已脍炙人口。而其他文章亦博大昌明、具有法度,不愧有本之言。"著有《文章轨范》、《叠山集》传世。生平事迹见《叠山集》卷五附录《叠山先生行实》、李源道《文节先生谢公神道碑》、《宋史》卷四二五。

牟巘(1227—1311) 宋元间诗文家。字献之,一字献甫,学者称陵阳先生。井研(今四川井研人),徙吴兴(今浙江湖州)。登进士第,官至大理寺少卿,以忤贾似道去官。宋亡不仕,闭户三十六年,讨论六经。尤雄于文,喜称陶渊明。《四库全书总目》引王士禛《居易录》称其诗有坡、谷门风,杂文皆典实详雅。集中《周景远君子堂记》、《义斋记》、《淡轩记》诸文析理超远,深得朱熹之传。著有《牟氏陵阳集》二十四卷。生平事迹见《宋史翼》卷三四、《吴兴掌故集》卷三、《宋元学案》卷八〇。

何梦桂(1228—?) 宋文学家。字严叟,幼名应祈,字申甫,别号潜斋。严州淳安(今浙江淳安)人。咸淳元年(1265)进士,授文林郎台州军事判官。官至监察御史、奉议郎太府卿、大理寺大卿。入元后,累征终不起,筑室于故居著书自娱。为人孝友,是非分明。为文简古典雅,擅长四六。诗颇学白居易而精于对仗,词亦豪放。有《潜斋文集》传世。生平事迹见《潜斋文集》所附其八世孙何淳所写《家传》。

胡次焱(1229—1306) 宋元间文人。字济鼎,号梅岩,晚号余学。婺源(今属江西)人。其始祖本为唐宗室,五代时育于胡氏,遂冒胡姓(《梅岩文集·论姓氏》)。少孤贫,母亲策励以学。度宗咸淳四年(1268)中进士,授迪功郎、湖口县主簿,以养亲改贵池县尉。恭帝德祐元年(1275)郡守降元,次焱负母遁归,以《易》教授乡里,往来从学者百人。或以官招之,作《媒嫠问答》诗拒之,又作《雪梅赋》以明其"行乎患难而威武不能屈"之志。其气节人品有陶潜之风,诗文则泛泛,"未能自辟门户"(《四库全书总目》)。著有《梅岩文集》八卷。生平事迹见《新安文献志》卷八七、《宋季忠义录》卷一五。

卫宗武(?—1289) 宋文学家。字淇父,号九山。嘉兴华亭(今上海松江)人。理宗淳祐年间,历官尚书郎,出知常州。罢归,以诗文自娱。入元隐居不仕。推崇"文以贯道"的主张,认为"文不根于道,虽雕琢锻炼尽其工,芬芳靡曼极其华,亦奚取"(《秋声集序》)。故其诗文大多标榜气节道义,表现出眷念故国的情怀。诗存三百九十余首,有的评古论今,直抒胸臆,如《君道》、《荀彧》等;有的写景咏物,寄兴幽远,如《秋怀》之三,《秋山》、《舟泊姑苏》等。《四库全书总目》评其诗:"气韵冲淡,有萧然自得之趣。"文存三十余篇,多为诗集序,如《柳月涧吟秋后稿序》、《刘药庄诗集序》、《陆象翁候鸣吟编序》等,于研究诸家诗歌有一定参考价值。词存十一首。有《秋声集》六卷传世。生平事迹见《秋声集》卷首张之翰撰《秋声集序》及卫宗武《秋声集自序》。

蒲寿宬 宋阿拉伯诗人。自号心泉。与其弟寿庚至泉州贸易。理宗开庆、景定(1259—1264)间尝为军吏,以击海寇有功,擢为将帅,入领环卫。后辞官。度宗咸淳七年(1271)知梅州,在官俭约。咸淳末授知吉州,不赴。端宗景炎元年(1276)元军入福建,乃著董冠野服入法石山隐居,自号处士。寿宬娴吏事,善诗文,刘克庄曾称道之(见《后村先生大全集》卷一二四《戊辰生日回蒲领卫启》)。《四库全书总目》称其诗风“颇有冲澹闲远之致,在宋元之际犹属雅音”。有《心泉学诗稿》六卷。生平事迹见陈垣《西域人华化考》卷一、余嘉锡《四库提要辨证》卷二三。

赵汝茪 一作赵汝晃。宋词人。字参晦,号霞山,又号退斋。商王元份七世孙。其词今存九首,多为小令,内容香艳,然亦有较为含蓄蕴藉者,如《汉宫春》(著破荷衣)。有《退斋词》一卷。生平事迹见《全宋词》第五册。

王沂孙(?—约1290) 宋词人。字圣与,号碧山,又号中仙、玉笥山人、咏道父等。会稽(今浙江绍兴)人。入元,曾出任庆元路(治今浙江鄞县)学正,未几归隐。与周密、张炎、唐珏、王易简等遗民词人结成词社,往来唱和。张炎《琐窗寒·序》称其“能文工词”,周密《志雅堂杂钞》亦言其“犹辑《对苑》一书,甚精”。今诗、文已散佚殆尽,惟存词集二卷,名《花外集》,又名《碧山乐府》,亦作《玉笥山人词集》。其生值宋元易代之际,所作多咏物篇什:或托物以咏怀,或借景以抒情,颇多家国身世之感。词风典雅浑厚,结构曲折缜密,深为清代常州派词人所推重。如周济《宋四家词选》便以王沂孙与周邦彦、辛弃疾、吴文英四人为宋词之冠。生平事迹见《宋诗纪事》卷八〇、《绝妙好词笺》卷七引《延祐四明志》。

宋庆之 宋诗人。字元绩,一字希仁,号饮冰。永嘉(今属浙江)人。度宗咸淳进士,监庆元府盐仓,辟浙东幕。诗存十余首,清丽淡雅,含蓄有余思,如《武昌怀古》、《项园即事》等。有《饮冰诗集》一卷传世。生平事迹见宋刘克庄《后村大全集》卷九七《跋宋希仁诗》、《跋宋希仁四六》。

黄仲元(1231—1312) 宋元间散文家。字善甫,号四如。兴化莆田(今属福建)人。咸淳七年(1271)进士。调监瑞安府比较务。宋亡不仕,讲学以终。文存一百余篇,简质醇正,刚劲笃实,如《一粟窝记》、《故进士谢春塘墓志铭》等。元曹志《四如集跋》赞“其文宏深高古,精义入神,句势迫促,汪洋奇崛”。有《四书讲稿》六卷、《四如集》(一名《四如先生文稿》)五卷传世。生平事迹见《四如先生文稿》卷四《寿藏自志》、卷五《事述》、《祭文》以及《宋元学案》卷七〇。

于石 宋元间诗人。字介翁。号紫岩、两溪。婺州兰溪(今属浙江)人。师王定庵习辞赋。宋亡,隐居不出,一意于诗。金履祥《紫岩于先生诗集序》(《金仁山集》卷一)谓其“次其魁岸奇伟之气,发为清丽温雅之诗”。而门人吴师道《于介翁诗选后题》(《吴礼部集》卷一七)称其诗“豪宕激发,气骨苍劲,望而知其为山林旷士”。如《我从山中游》、《林下》、《春事》、《旅中遣怀》等,大抵有此特点。今存《紫岩诗选》三卷,乃吴师道所选编。生平事迹见上引金、吴二人题序。

刘辰翁(1232—1297) 宋诗人。字会孟,号须溪。吉州庐陵(今江西吉安)人。景定元年(1260)补太学生。后举进士,因廷试忤贾似道,置丙等。尝荐属史馆,又除太常博士,皆固辞。宋亡隐居不出。辰翁鲠直有名,文章亦见重于世。其诗文揭露权奸祸国殃民,寓愤激于诙谐之中,然亦有艰涩之弊。其词作则兼豪放、婉约之致。辰翁又多为诗文评点,其评孟浩然、王维等人诗集,今尚有传本。评诗论文虽有“意取尖新”、“破碎纤仄”之弊,然开风气之先,功不可没。著有《须溪集》、《须溪词》,选评孟浩然、王维、李贺、陆游诗等。生平事迹见刘将孙《养吾斋集》卷一一《须溪先生集序》、《宋季忠义录》卷一六、《宋元学案》卷八八、《宋史翼》卷三五。

邓郯(1232—1297) 宋元间文学家。郯一作剡。字光荐,号中斋。庐陵(今江西吉安)人。理宗景定三年(1262)进士。祥兴时(1279),官礼部侍郎,丞相文天祥重之。厓山兵溃,自尽未果,与天祥同舟北上。至燕,张弘范馆之赵冰壶家,后得放还。诗存十来首,凄凉悲壮,如《鹧鸪词》、《赞文丞相像》等。词存十三首,风格如其诗,《唐多令》“雨过水明霞”,《念奴娇·驿中言别》,最为动人。有《中斋词》一卷传世。生平事迹见清万斯同《宋季忠义录》卷一〇。

金履祥(1232—1303) 宋元间理学家、文学家。初名祥,入学更名开祥,后又更曰履祥。字吉父,号仁山。婺州兰溪(今属浙江)人。少敏睿,父兄稍授之书即能记诵。及壮,专攻濂洛之学,受业于王柏,又从何基游,为一代名儒。宋末,元军围襄樊,曾进牵制捣虚之策,请以重兵由海道直趋燕蓟,以为襄樊之师将不攻而自解。恭帝德祐初,召为迪功郎、史馆编校,辞不就。宋亡,屏居金华山中,啸咏著书为事。晚年讲学于丽泽书院,学者称仁山先生。其主要成就在经史之学,为朱熹理学的传人。其诗文,《四库全书总目》谓“其诗乃仿佛《击壤集》,

不及朱子远甚。王士禛《居易录》极称其《箕子操》一篇，然亦不工”。又谓“至其杂文，如《百里千乘说》、《深衣小传》、《中国山水总说》、《次农说》诸篇，则具有根柢，其余亦醇洁有法，不失为儒者之言”。著有《通鉴前编》、《大学疏义》、《尚书表注》、《论孟集注考证》、《仁山集》等传世。生平事迹见《仁山集》卷五《仁山金文安公事略》及《故宋史馆编校仁山金公行状》、《元史》卷一八九。

周密（1232—1298 或 1308）　宋文学家。字公谨，号草窗，又号蘋洲、四水潜夫、弁阳老人等。原籍济南，南渡后居吴兴（今浙江湖州）。早年随父往来于闽、浙间。理宗朝，曾任义乌令，度宗咸淳初，为两浙运司掾，以吏材称。宋亡，隐居不仕。兵火破家后，便长期寓居杭州癸辛街。生平交游极广，能诗工词，并好书画，是宋末词坛之中心人物。作词讲求格律，风格精美工巧，与张炎、王沂孙齐名，又与吴文英（梦窗）并称“二窗”。戈载《宋七家词选》赞誉其词“尽洗靡曼，独标清丽，有韶倩之色，有绵渺之思”。周济《宋四家词选序论》则说：“草窗镂冰刻楮，精妙绝伦，但立意不高，取韵不远。”平生著述极富：有诗集《草窗韵语》六卷，词集《蘋洲渔笛谱》、《草窗词》。此外，还有笔记文字多种，以辑录宋代文献、家乘旧闻为主，其中较重要的有《武林旧事》、《癸辛杂识》、《齐东野语》、《云烟过眼录》等。并取南宋以来词人作品编成《绝妙好词》七卷，追思故旧，寄寓情怀，“不无荆棘之悲，用志黍离之感”（柯煜序）。生平事迹见牟巘《陵阳集》卷一二《周公谨齐东野语序》、《南宋文范作者考》下，今人夏承焘有《周草窗年谱》（收入其专著《唐宋词人年谱》）。

吴龙翰（1233—1293）　宋元间诗人。字式贤，号古梅。徽州歙县（今属安徽）人。景定五年贡于乡，以荐授编校国史院实录文字，元世祖至元十三年，乡校诸生请充教授，寻弃去。好道家炼丹术，集中有《内丹诗》、《外丹诗》等篇什，又《拜李谪仙墓》云：“经营紫河车，破费十载功。金鼎驯乌兔，炎炎丹光红。”家有老梅，因以为号，尝为之赋，并以名集。今传《古梅吟稿》六卷，卷末附方秋崖和诗百韵，龙翰书其后，自称门人，且言“以诗正法眼授记于仆”，可见其授受渊源。《四库全书总目》卷一六五著录其书，称其“犹及见前辈典型，故其诗清新有致，足耐咀吟，在宋末诸家，尚为近雅。程元凤序许其句老意新，亦不诬也”。生平事迹见《宋季忠义录》卷一五、《四库全书总目》卷一六五。

黎廷瑞（？—1298）　宋元间诗人。字祥仲，号芳洲。鄱阳（今江西波阳）人。度宗咸淳七年（1271）进士，授迪功郎，肇庆府司法参军。入元隐居不仕。其诗古朴幽婉，如《送梁必大归杭省亲》、《田家》等。其词《大江东去·题项羽庙》、《一剪梅·菊酒》等，沉郁悲凉。有《芳洲集》三卷传世。生平事迹见清陆心源《宋诗纪事补遗》卷七六及卷七七《题芳洲诗集》。

陈岩（？—1299）　宋元间诗人。字清隐，号九华山人。池州青阳（今属安徽青阳）人。博极群书，有大志。咸淳末屡举进士不第，入元隐居不仕。元世祖征隐士，乃漫游江湖避之。老归青阳。其九华山诗皆七言绝句，“咏山中草木羽毛之名品，泉石岩洞之灵异”（方时发《九华诗集序》）。《四库全书总目》以为“有高人逸士风格”。又尝集杜诗为《凤髓集》，已佚。生平事迹见《九华诗集》卷首方时发《九华诗序》、《宋诗纪事》卷七九。

希坦　宋诗僧。号率庵。宋末居九华山。所咏九华山诗，如《题刘世疏庵》、《老人峰》、《李昭象读书台》等，可见其遁世之志。诗风淡雅，如《福海院》、《曹溪》等，皆可诵读。有《释希坦诗》十一首附于陈岩《九华诗集》之后。生平事迹见《宋诗纪事》卷九三。

汪梦斗　宋诗人。字玉南、以南，号杏山。绩溪（今属安徽）人。理宗景定二年（1261），江东漕试第一，授承节郎、江东司制干官。度宗咸淳初迁史馆编校，与叶李等上书弹劾贾似道，叶李等坐罪，梦斗亦遁归。宋亡，尚书谢昌言荐梦斗于元世祖，特召赴京，不受官，放还。所著《北游集》为北游纪行之作，主要内容是抒发诗人的忧国忧民之情。今存。生平事迹见《北游集·原序》、《宋史翼》卷三四。

陆秀夫（1236—1279）　宋大臣、志士。字君实。楚州盐城（今属江苏）人。生三岁，其父移家镇江。宋理宗景定元年（1260）登进士第。其性格沉静有才思，不求人知。李庭芝镇淮南，闻其名、辟置其中，三迁至主管机宜文字。恭帝德祐元年（1275），除司农寺丞，累擢至宗正少卿兼权起居舍人。二年正月，元兵迫临安，以礼部侍郎使军前请和，不就而返。益、广二王走温州，秀夫追从之，与陈宜中、张世杰立益王赵昰于福州，进端明殿学士，佥书枢密院事。祥兴元年（1278），端宗死，又与众立赵昺为帝，秀夫为左丞相。元至元十六年（1279）二月，蒙古军攻破厓山，秀夫乃杖剑驱妻子入海，复负帝昺投海而死，年四十四。秀夫虽不以文学著称于世，然其忠烈之气充溢于字里行间，亦足名垂青史。后人辑有《陆忠烈公遗集》。生平事迹见该集卷首《陆忠烈公传》、《宋史》卷四五一、蒋逸雪编《陆秀夫年谱》。

文天祥(1236—1282) 宋大臣、文学家。初名云孙，字天祥。后改名天祥，字宋瑞，又字履善，号文山。吉州庐陵(今江西吉安)人。宝祐四年(1256)举进士，理宗亲擢第一。累迁至尚书左司郎官。后忤贾似道，遂致仕。咸淳九年(1273)，起为湖南提刑。十年，改知赣州。德祐元年(1275)，元兵南侵，天祥组织义军勤王。次年，临安被围，受命入元军谈判，被执，逃归。拜右丞相。益王立(1276)，进左丞相，都督江西。卫王立(1278)，加封少保、信国公，进屯潮阳。旋兵败被俘，囚拘燕京四年，终不屈，英勇就义。诗存八百余首。以临安沦亡为界，可分为前后两个时期。前期二百余首，多咏物应酬之作，受江湖诗派影响较深；后期五百余首，以亡国被俘之惨痛发而为诗，满腔悲愤、忠义凛然，成就辉煌。如《扬子江》、《过零丁洋》、《正气歌》等，为千古传诵。风格上，后期诗主要学杜甫，沉郁悲壮。文存五百余篇，“亦极雄赡，如长江大河，浩瀚无际”(《四库全书总目》)。其《指南录后序》，最为有名。词存十余首，《酹江月》(镜里朱颜都变尽)，《满江红·代王夫人作》等，悲愤激越，一如其诗。王国维《人间词话》称其“风骨甚高，亦有境界”。有《文山全集》二十卷传世。生平事迹见《宋史》卷四一八、李安《文天祥史迹考》(1972年台北中正书局出版)。

赵文(1238—1315) 宋元间文学家。初名凤之，字仪可，一字惟恭，号青山。吉州庐陵(今江西吉安)人。理宗景定、度宗咸淳间，入学为上舍。元兵破临安，至闽入文天祥幕府。元兵至，与天祥相失，遁归故里。入元后为东湖书院山长，选授南雄文学。尝自言：“引笔为文，亦必光明易直，使人读之而可晓，考之而有证”，又谓：“古之为诗者，率其情性之所欲言”(《彭丙翁名字说》、《郭氏诗话序》)，主张作品直抒胸臆，畅达其言。其诗文皆朴实明朗，绝无雕饰。文存百余篇。诗存百余首，尤善乐府体，如《邯郸才子嫁为斯养卒妇》等。词二十余首，《莺啼序·有感》眷念故国，音情凄婉，尤为有名。有《青山集》八卷传世。生平事迹见元程钜夫《雪楼集》卷二二《赵仪可墓志铭》、元刘将孙《养吾斋集》卷二九《赵青山先生墓表》、清万斯同《宋季忠义录》卷一六。

柴元彪(1238？—？) 宋元间诗人。字炳中，号泽臞。江山(今浙江江山)人。咸淳四年(公元1268年)进士，官至察推。宋亡，与从兄柴望、柴元亨、柴随亨遁迹不仕，时称柴氏四隐。元彪亲历宋元易代之际，亡国之感，黍离之悲往往反映在歌吟之中，如《钱塘怀古》、《秋日江郎道中》诸诗，格近晚唐，而无宋人雕琢之习。著有《袜线集》，后散佚。明万历中十一代孙柴复贞等搜辑遗稿，更名为《柴元彪集》编入《柴氏四隐集》。生平事迹见《宋史翼》卷三四、《宋元学案补遗别附》卷二。

永颐 宋僧人。字山老。居临安府仁和县(今浙江杭州)唐栖寺。活动于南宋晚期。工诗善文，诗作多写杭州山水景物，表现隐逸生涯的幽情雅趣。如“草堂夜月秋花近，水阁晨霞夕霭疏。遥忆钱塘旧朝寺，绕湖钟梵早凉初”(《初秋忆湖上诸山》)；“懒于檐下读，两眼悬秋水。时看涧鼠来，食我山茶子”(《西峰日暮》)等。有《云泉诗集》一卷。生平事迹见《宋诗纪事》卷九三。

董嗣杲 宋诗人。字明德，号静传。临安人。活动于理宗、度宗间。理宗景定二、三年间(1261—1262)曾榷茶九江富池，咸淳末官湖州武康令，宋末入杭州孤山四圣观为道士，改名思学，字无益，号老君山人。《四库全书总目》评曰：“其诗亦江湖集派，然吐属新颖，无鄙俚琐碎之态，固非江湖游士所及也。”其诗皆七言律诗，每题之下各注其始末，《四库全书总目》评为“嗣杲诗格颇工整”。著有《庐山集》、《英溪集》。生平事迹见《四库全书总目》卷一六五。

陈允平 宋元间诗人、词人。字君衡，又字衡仲。号西麓。庆元府(治今浙江宁波)人。恭帝德祐元年(1275)任沿海制置司参议。帝昺祥兴元年(1278)与苏刘义书，期九月以兵船下庆元，当内应。为怨家所讦入狱。经同官袁洪解救得释。元初以人才征至北都，不受官放还。才高学博，尤擅倚声之作，为宋季格律派词家，与吴文英、翁元龙齐名。词学周邦彦，有《西麓继周集》一百二十余首，皆和清真词韵。清浙派词人极推崇其词，而常州派词人周济却以为“疲软凡庸，无有是处”(《介存斋论词杂著》)。著有诗集《西麓诗稿》、词稿《西麓继周集》、《日湖渔唱》。生平事迹见《宋元学案》卷二五、《宋诗纪事》卷六六。

黄公绍 宋元间词人。字直翁，号在轩。邵武(今属福建)人。度宗咸淳元年(1265)进士。

入元不仕,隐居樵溪。文存三十九篇,多佛氏疏榜之语。诗存十首,词存三十首,《潇湘神·端午竞渡棹歌》、《望江南·雨》等,清新明丽。有《在轩集》一卷传世。生平事迹见《宋诗纪事》卷七五、《闽中理学渊源考》卷三九。

林同 宋诗人。字子真,号空斋。福清(今属福建)人。元兵侵福州,率乡人抗元,后不屈而死。同所著诗文多亡佚,存者惟《孝诗》。举古今孝事,每事为五绝一首,内容驳杂,大多敦饰人伦说教。生平事迹见《宋史》卷四五二。

道璨 宋僧人、文学家。俗姓陶。号无文。南昌(今属江西)人。度宗咸淳间为饶州荐福寺僧。善诗文。《四库全书总目》评其诗"边幅颇狭,未能脱蔬笋之气。而短章绝句,能善用其短者,亦时有清致"。有《柳塘外集》四卷。生平事迹见元吴师道《吴礼部诗话》及明俞弁《逸老堂诗话》卷下。

郑思肖(1241—1318) 宋诗人、画家。字所南,一字忆翁。初名某,宋亡,改思肖,寓不忘赵宋之意。连江(今属福建)人。初以太学上舍应博 学弘词科。元军南下时,向朝廷献抵御之策,不报。宋亡,隐居吴下,寄食报国寺,自称三外野人。坐必向南,岁时伏腊,则望南野哭,再拜乃返。闻北语,必掩耳亟走。擅画墨兰,自易代后,为兰不画土根曝于外,或问其故,则云国土为番人夺去。终身未娶,浪迹无定。临终属其友唐东屿为书一位牌,曰:大宋不忠不孝郑思肖。语讫而卒,年七十八。其论主张"灵气说",以为诗是天地、人心"灵气"的集中表现。其诗多以怀念故国为主题,表现了忠于赵宋的坚贞气节。代表作有《寒菊》等。著有《心史》、《所南翁一百二十图诗集》、《郑所南先生文集》传世。生平事迹见《心史》前附自《序》及明曹学佺《序》、《心史》附录《题所南先生画兰》及《所南翁传》等。

汪元量(1241—1317后) 宋元间诗人、词人。字大有,号水云。钱塘(今浙江杭州)人。度宗时,为宫廷乐师。德祐二年(1276),元军攻陷临安,被俘北去,留居燕京。后求为道士,南归钱塘,终其余年。诗存四百余首,多抒写亡国北徙之见闻情怀,慷慨悲歌,周详恻怆,时人誉为"宋亡之诗史"(李珏《湖山类稿跋》),如《醉歌》十首、《越州歌》二十首、《湖州歌》九十八首等。风格上,早期受江湖诗派影响,模仿痕迹明显,意境幽窄;后期经历了亡国惨痛,满腔激愤,发而为诗,悲壮沉郁,颇似杜甫。词存五十余首,《莺啼序·重过金陵》、《六州歌头·江都》等,一如后期诗风。有《湖山类稿》五卷传世。生平事迹见《南宋书》卷六二、孔凡礼撰《汪元量事迹系年》(《湖山类稿》附)。

方凤(1241—1322) 宋元间诗文家。字韶卿,一字景山,号岩南。浦江(今属浙江)人。试太学,举礼部不第,后以特恩授容州文学。宋亡不仕,隐居仙华山。临殁,属其子樗题其旌曰"容州",以示不忘故国。文存十余篇,刚直磊落,明晰畅达,如《上陈丞相书》、《书梅节愍公文安集后》等。诗存七十余首,雄浑古雅,寄兴深婉,如《三吴漫游集唐》十首等。有《存雅堂遗稿》五卷传世。生平事迹见元柳贯《柳待制文集》卷一〇《方先生墓碣铭》、宋谢翱《晞发集》卷八《游仙华岩麓记》、《三石洞记》、《游石洞联句夜坐记》。

梁栋(1242—1305) 宋元间诗人。字隆吉。生于鄂州,后迁居镇江(今属江苏)。度宗咸淳四年(1268)进士,选宝应簿,调钱塘仁和尉。宋亡,归武林,后卜居建康。其诗含蓄蕴藉,寄兴深远,如《四禽言》、《黄葵》、《金陵三迁有感》等。词存三首。有《隆吉诗钞》一卷传世。生平事迹见明程敏政《宋遗民录》、清万斯同《宋季忠义录》卷一五。

林景熙(1242—1310) 宋元间诗文家。熙一作曦。字德阳,号霁山。温州平阳(今属浙江)人。咸淳七年(1271)进士,授泉州教授。历礼部架阁,转从政郎。宋亡不仕。景熙论诗文,注重气骨格调,谓"惟清气与正气合而为文,可以化今,可以传后。而诗其一也"。认为诗文虽"根情性而作",但当"礼义以止之"。如"为文而不关世教,虽工无益也"(《顾近仁诗集序》、《王修竹诗集序》、《二薛先生文集序》等)。其诗多感怀故国,讴歌忠义;声情幽婉,凄凉苍劲。如《山窗新糊有故朝封事稿阅之有感》、《书陆放翁诗卷后》、《读文山集》等。其文简洁含蓄,明快多姿,如《蜃说》、《燐说》、《青山记》等。有《霁山集》五卷传世。生平事迹见宋何梦桂《潜斋集》卷五《永嘉林霁山诗序》、宋方逢辰《蛟峰集》卷四《林霁山诗集序》、《霁山集》卷首附诸家题序。

陈普(1244—1315) 宋元间诗人。字尚德,号惧斋。福州宁德(今属福建)人。入元,隐居授徒。三辟为本州教授,不起。尝聘主云庆书院。晚居莆中。其诗闲淡疏远,饶有情致,如《答友人》、《秋日即事》、《野步》等。有《石堂先生遗集》二十二卷传世。生平事迹见《石堂先生遗集》卷首序、卷末跋、卷二二《书石堂先生传》。

赵必豫(1245—1294) 宋元间诗人。字玉渊,号秋晓。太宗十世孙。家于东莞。度宗咸淳元年(1265)与父崇䌷同登进士。初任高要尉,摄四会令,再任南康县丞。文天祥开府惠州,辟为摄惠州军事判官。入元后隐居温塘村。其生当宋末,又为宋宗室。慷慨从军,有报国图存之志。宋亡后隐居有节。诗文亦"体格清劲,不屑为靡靡之音"(《四库全书总目》)。诗如《和文文山中秋赏月韵》、《避地惠阳鼓峰用徐心远韵》、《题竹隐梅外二先生祠堂》、《怀梅水村十绝用张小山韵》等,绰有情韵,亦隐然有其志节。文如《答文文溪书》、《祭赵北山文》,亦可一读。又善词,如《念奴娇》(和云谷九日游星岩),与诗同调。今存《覆瓿集》。生平事迹见《覆瓿集》卷六附《赵君行状》、《赵君墓表》、《赵必豫传》。

邓牧(1247—1306) 宋元间诗文家。字牧心,号九锁山人,三教外人,大涤隐人;世称文行先生。钱塘(今浙江杭州)人。终身不仕,隐居余杭大涤山洞霄宫,与谢翱、周密等友善。创作上,主张"文章当出自胸臆,自成一家",不肯区区有所摹拟(《谢皋父传》)。其文高旷绝俗,清新秀美,如《洞霄图志》、《雪窦游志》、《吏道》、《谢皋父传》等。其诗古朴超逸,如《寄友》等。有《伯牙琴》一卷传世。生平事迹见《伯牙琴》卷首自序及卷末自跋。

张炎(1248—1314 后) 宋元间词人、词论家。字叔夏,号玉田、乐笑翁。临安(今浙江杭州)人。宋高宗时大将张俊后裔。宋亡,一度北游,后南归,纵游于浙东、苏州一带,曾于鄞县设卜市谋生,晚年落拓而卒。工于词,精于声律,是南宋格律派的最后一位重要词人。有《山中白云词》八卷。所作词用字精巧工致,风格雅正清畅。其论词极推崇姜夔,而所作词风格又近之,后人因有"二白"(姜夔词集名《白石道人歌曲》)之称。早年之作多反映贵族公子的优游闲适生活,宋亡后则以追怀往昔为主。擅长咏物,曾以《南浦·春水》词扬名天下,人称"张春水",又以《解连环·孤雁》一词得名"张孤雁",与周密、王沂孙诸人多所唱和。元仇远称其"意度超玄,律吕协洽……方之古人,当与白石老仙相鼓吹"(《玉田词题辞》)。《四库全书总目》云:"炎生于淳祐戊申,当宋邦沦覆,年已三十有三,犹及见临安全盛之日。故所作往往苍凉激楚,即景抒情,借写其身世盛衰之感,非徒以剪红刻翠为工。"所著词论《词源》一书,论词尊崇姜夔而抑损周邦彦、吴文英,主张意境清空,对词的音律、技巧、风格等亦皆有论述。生平事迹见《绝妙好辞笺》卷六、《山中白云词》郑思肖、舒岳祥诸序,以及清江昱《山中白云词疏证》。今人吴则虞校辑《山中白云词》,于集末附有"传记"、"序录",可资参看。

俞德邻 宋元间诗文家。字宗大,号大迂山人("迂"一作"玉")。永嘉(今属浙江)人,徙居京口(今江苏镇江)。咸淳九年(1273)进士。宋亡不仕,遁迹以终。诗存三百八十余首,大多抒写战乱亡国的悲愤,沉郁悲凉,寄兴幽隐,如《前哀哉行》、《感事》、《姑苏有赠》等。《京口遣怀》一百韵,尤为有名。熊禾《佩韦斋文集序》称其诗"闲雅冲淡中发扬蹈厉存焉"。《四库全书总目》亦称其诗"恬淡夷犹,自然深远,在宋末诸人之中特为高雅"。有《佩韦斋文集》十六卷、《佩韦斋辑闻》四卷传世。生平事迹见熊禾《佩韦先生文集序》(见本集卷首)、《宋季忠义录》卷一五。

谢翱(1249—1295) 宋志士、诗文家。字皋羽,一字皋父;号晞发子。福州长溪(今福建霞浦)人。后迁居浦城(今属福建)。度宗咸淳年间,试进士不第。恭宗时,元兵南下,尽捐家财,招募乡兵,投文天祥幕下,为咨议参军。宋亡不仕,漫游于两浙,组织诗社"月泉吟社"、"汐社",与郑思肖、邓牧等遗老往来唱和。诗存二百余首,多抒写亡国悲愤,讴歌忠义气节,风格高奇幽晦,凄凉悲壮,如《鸿门宴》、《冬青树引》、《书文山卷后》、《重过杭州故宫》。元任士林评其"所为歌诗,其称小,其指大,其辞隐,其义显,有风人之余,类唐人之卓卓者。"文存十余篇,《登西台恸哭记》,悲歌慷慨,最为世人称道。《四库全书总目》评:"南宋之末,文体卑弱,独翱诗文桀傲有奇气,而节慨亦卓然可观。"有《晞发集》十卷传世。生平事迹见宋方凤《存雅堂遗稿》卷三《谢君皋羽行状》,《晞发集》卷首诸家序及《晞发集》附录九诸家所撰传、墓碑记等。

蒋捷 宋词人。字胜欲,自号竹山,学者称竹山先生。阳羡(今江苏宜兴)人。宋度宗咸淳十年(一说恭帝德祐二年)进士。宋亡,遁迹未仕。元成宗大德九年臧梦解与陆垕曾交章荐之于朝,仍坚辞不出。生平"以词名一时"(沈雄《古今词话》引《松筠录》语),与周密、王沂孙、张炎并称"宋末四大家"。有《竹山词》一卷。所作词章，内容多以忆昔伤今为主；艺术上“炼字精深，音词谐畅”（《四库全书总目》），想像丰富，形式自由，风格较近辛派。后代词论家对其拒绝出仕元朝的人品气节虽一致赞赏，而对其词作的评价却分歧甚大：明毛晋、清朱彝尊、纪昀、刘熙载等人都褒赞其词，刘熙载甚至推之为“长短句之长城”（《艺概·词曲概》）；但清周济、陈廷焯、冯煦等人则贬损之，陈廷焯《白雨斋词话》卷二列之于南宋词人最末，并说：“竹山虽不论可也。”生平事迹见《宋诗纪事》卷七八、《宋季忠义录》卷一五，杨海明有《关于蒋捷的家世和事迹》一文（载《中华文史论丛》1982年第3辑），对其家世背景及中举年代、拒仕于元诸事均有考辨。

熊禾（1253—1312）　宋元间诗人。初名钚。字去非，一字位辛，号勿轩，又号退斋。建阳（今属福建）人。尝从朱熹门人游。度宗咸淳十年（1274）进士，授汀州司户参军。宋亡不仕。入武夷山筑室讲读。谢枋得闻其名，自江右来访之。博闻多识。其诗如《春雨》、《捣衣曲》等，有忧世忧民之叹；文如《题童竹涧诗集序》，可观其志行。尝著《三礼考异》、《春秋论序》、《诗选正宗》、《经序学解》、《尚书口义》等，有《勿轩先生文集》传世。生平事迹见《勿轩先生文集》附录《题勿轩先生行状》、《南宋书》卷六三、《宋史翼》卷三四。

徐瑞（1254—？）　宋元间文学家。字山玉，号松巢。鄱阳（今江西波阳）人。咸淳间，应举不第。后推为本邑书院山长。诗存三百五十余首。有《松巢漫稿》三卷传世。生平事迹见本集卷首史简撰小传。

韩性同（1257—1331）　宋元间诗人。字伯循，号中村，学者称古逸先生。福州宁德（今属福建）人。主建安云庄学院。入元不仕。其《岳王墓》诗吊古抒志，凛然有节气。《翠屏霁雪》、《蓬莱飞峰》、《双柱擎天》等诗亦古雅苍劲。有《古逸小集》一卷。生平事迹见《两宋名贤小集》卷三五六《古逸小集》前小传。

陈深（1260—1344）　宋元间诗人。字子微。所居曰宁极斋，因以自号。学者称为宁极先生。又号清全。吴县（今属江苏）人。习举子业。宋亡，笃志古学，闭门著书授业。元天历（1328—1330）间阁臣以能书荐之，潜匿不出。其诗“春容闲雅，不失古风”（《四库全书总目》），如《晚望》、《深居》、《南游》、《晓望吴城有感》等，皆有情致。著作有《读易编》、《读诗编》（此二种已佚）、《读春秋编》、《宁极斋稿》。生平事迹见《宋史翼》卷三五、《吴中人物志》卷六。

何景福　宋元间诗人。字介夫，号铁牛翁。严州淳安（今属浙江）人。学博行修，以所遇非其时，累辞不仕。惟诗酒自娱，以终其身。今存诗五十三首，赋一首。诗颇奇伟，如《伤田家》之二痛斥官吏对穷苦百姓的欺压。又如《五月五日对雨有作》、《买犊歌》等，皆从不同角度描述了农民艰难的生活，表达诗人对下层劳动人民的关切。著有《铁牛翁遗稿》一卷。生平事迹见《宋诗纪事补遗》卷八六。

汪炎昶（1261—1338）　宋元间诗人。字懋远，自号古逸民，学者称古逸先生。徽州婺源（今属江西）人。幼有奇志，于书无所不读。虽短于记诵，而能勤于自励，故学极博。宋亡不仕。受学于隐居节士孙嵩，与许月卿、江凯等游。其生当宋季，“遇时触物辄为诗，以达其情”（宋濂《宋古逸汪先生墓志铭》，如《过往岁避地之所屋毁人迁》、《悯旱》、《记蝗》等诗婉切凄壮。文如《静处记》、《游雪矼记》抒写隐逸之迹，亦可观其心志。《四库未收书目提要》称其诗文“简净古穆，具有法度”，尝著《四书集疏》，已佚。今有《古逸民先生集》传世。生平事迹见《古逸民先生集》附录赵汸《汪古逸民先生行状》、宋濂《宋古逸汪先生墓志铭》。

缪鉴　宋元间诗人。字实甫，号苔石翁。江阴（今属江苏）人。因世乱不仕，故有才而无位。善吟咏，其诗多超迈栖遁、高尚远蹈之情，不乏警句。存诗二十五首，集末陆文圭跋称“自古澄江无诗人，赖有苔石缪老人”。又称渡江初诚斋、放翁、后村号三大家，而缪鉴《客况》、《书壁》诸诗亦可次渡江后三诗家之余响。其诗对研究宋末文学史有一定价值。有《苔石效颦集》。生平事迹见《云自在龛丛书》第三集《苔石效颦集》卷首及卷尾附录。

张尧同　宋诗人。约公元1270年前后在世。秀水（今浙江嘉兴）人。其诗有《嘉禾百咏》一卷传世。有如阮阅《郴江百咏》、许尚《华亭百咏》、曾极《金陵百咏》，皆以百篇为率。故尧同所咏嘉兴风物，亦以百篇概之。诗虽不甚工，然自吴越以来，嘉兴的山川古迹、典故，颇可得其梗概，于地志考据亦有所裨益。生平事迹见《宋诗纪事》卷七二。

方夔　宋元间诗人。又名一夔，字时佐，号知非子。淳安（今属浙江）人。尝从何梦桂游。曾以荐领教郡庠。未几退隐富山，授徒讲学以终。诗存约五百首，大多抒写亡国之痛，情出肺腑，天然清隽，如《过钱塘旧京》、《闵忠·美文天祥》、《诛奸·刺贾似道》等。明商辂《富山遗稿序》评其诗："纡徐浑厚，弗事雕琢"。《四库全书总目》亦称其诗"情致缠绵，机趣活泼"。有《富山遗稿》十卷传世。生平事迹见黄宗羲《宋元学案》卷八二。

邵桂子 宋元间文学家。字德芳，号玄同。淳安(今属浙江)人。本姓吴，养于邵氏，因从其姓。度宗咸淳七年(1271)进士。任处州教授，国亡不仕，弃官归。娶华亭曹泽之女，构屋名雪舟。年八十二卒。著有《雪舟脞语》、《慵庵小集》传世。生平事迹见《宋季忠义录》卷一三、《宋元学案补遗别附》卷二。

陈德武 宋元间词人。约公元1279年前后在世。三山(今江苏南京西南)人。据其《望海潮·清明咏怀其二》所云"南冠一载，西流万里"、"富贵邯郸，雨云巫峡，回头一梦空惊"得知，曾为官，后遭贬谪。故词中多反映其忧生嗟世、有志难伸的凄苦情怀。著有《白雪遗音》一卷传世。生平事迹见《全宋词》第五册。

徐钧 宋元间诗人。字秉国，号见心。兰溪(今属浙江)人。宋末为定远(今属安徽)县尉，入元不仕，居家读书，以经籍文史自娱。与金履祥友善，金尝延其教授诸子。精于史学，有《史咏集》二卷，取《资治通鉴》所载君相事实，人为一诗，总一千五百三十首，自周威烈王迄于五代。今存诗数量不到原来的三分之一，且仅止于唐，而不及五代。其作意在于"寓褒贬而存劝戒"(黄溍序)。生平事迹见《史咏集》卷首许谦序、卷末张枢、黄溍、徐津后序及《万历金华府志》卷一六、《两浙名贤录》卷四六。

葛起耕 宋诗人。字君顾。丹阳(今属江苏)人。生平仕履不详。诗存三十余首，大多抒写异乡漂泊，怀才不遇的悲苦；风格疏淡闲远，悲婉凄凉；如《姑苏怀古》、《初春感旧》、《楼上》等。有《桧庭吟稿》一卷传世。生平事迹见《两宋名贤小集》卷三〇一《桧庭吟稿》前附小传。

邹登龙 宋诗人。字震父。临江(治今江西樟树)人。一生不仕，有诗名于时。诗存三十余首，精巧明丽，清新隽永，如《滕王阁怀古》、《水亭》等。有《梅屋吟》一卷传世。生平事迹见《宋百家诗存》卷一一。

余观复 宋诗人。字中行。盱江人。生平仕履不详。诗存十余首，多抒写知己难逢，抑郁不得志的情怀；风格疏淡悲凉，如《步绕》、《梅花》等。有《北窗诗稿》一卷传世。生平事迹见《两宋名贤小集》卷三三四《北窗诗稿》前附小传。

洪瑹 宋词人。字叔玙，自号空同词客。有《空同词》一卷，今存词十六首。毛晋跋《空同词》云："叔玙自号空同词客，先辈称其不减周美成，如'燕子又归来，但惹得满身花雨'，又'花上蝶，水中凫，芳心密意两相于'等语，尤艳惊一时。惜不多见。"生平事迹见明毛晋《宋六十名家词·空同词跋》。

李澣(？—962) 辽文学家。字日新。京兆万年(今陕西西安)人。幼聪敏，慕王杨卢骆为文章。后唐长兴三年(932)，吴越王钱镠卒，诏兵部侍郎杨凝式撰神道碑，令澣代草。凡万余言，文采遒丽，时辈称之。晋天福中，拜右拾遗，俄为翰林学士，中书舍人。晋亡归辽，世宗时授翰林学士，穆宗即位(951)，累迁工部侍郎。时澣兄涛在后周为翰林学士，密遣人召澣。澣尝欲逃归，为徼巡者捕获。屡欲自尽，未果。穆宗欲杀之，枢密使高勳以澣富于文学，救之。囚于奉国寺凡六年，艰苦万状。穆宗欲建太宗功德碑，诏李澣秉笔。所撰碑文甚合穆宗意。加澣礼部尚书、宣政殿学士。《宋史·艺文志》著录其《丁年集》十卷，乃其兄涛收其文章编成，取苏武丁年奉使之义。《通志》卷七〇著录其《应历小集》十卷，盖以穆宗年号名集。皆佚。今存《与兄涛书》、《奏阴事》、《谢周太祖赐诏书》、《留旧阁》诗，均收入《全辽文》卷四。生平事迹见《宋史》卷二六二、《辽史》卷一〇三。

耶律隆绪(971—1031) 即辽圣宗。契丹族诗人。小字文殊奴，景宗(耶律贤)长子。幼喜书翰，十岁能诗。既长，精射法，晓音律，好绘画。乾亨二年(980)封梁王，四年，即帝位于景宗柩前，年仅十二岁。在位四十九年。极好白居易诗，其《题乐天诗》有"乐天诗集是吾师"之句。曾以契丹文字译白居易讽谏诗，诏群臣读之。又好读《贞观政要》，诏汉臣摘录唐高祖、太宗、玄宗可资取法之事进呈。喜吟诗，后族萧合卓以善属文为其诗友。常出题诏宰相以下赋诗，诗成进御，一一读之，优者赐金带。有御制曲百余首，已散佚。今存《传国玺》诗(见孔平仲《珩璜新论》)、《题乐天诗》佚句(见《古今诗话》)以及诏、册、书、敕等。生平事迹见叶隆礼《契丹国志》卷七、《辽史·圣宗纪》。

杨佶 辽文学家。圣宗、兴宗时人。字正叔。南京(今河南开封)人。圣宗统和二十四年

(1006)举进士第一。历校书郎大理正、翰林学士、工部尚书、参知政事兼知南院枢密使、吏部尚书兼门下侍郎同中书门下平章事。文章号得体,宋遣梅询使辽,佶奉旨迎送,多唱酬,询每见称赏。《宋史·艺文志》著录其《登瀛集》五卷,已佚。今仅存《张琪墓志铭》、《秦晋国大长公主墓志铭并序》、《张俭墓志铭并序》。生平事迹见《辽史》卷八九。

萧孝穆(981—1043)　辽契丹族文学家。小字胡独堇,淳钦皇后弟阿古只五世孙,父陶瑰为国舅详稳。历官西北路招讨都监、九水诸部安抚使、北府宰相、东京留守、北院枢密使。曾封燕王、吴王、楚王、齐王。其生性严谨,为政务宽简。重熙八年(1039),尝表请籍天下户口以均徭役。九年,兴宗(耶律宗真)欲南伐,孝穆上《谏南伐疏》。亦好诗文,重熙六年(1037)六月,兴宗酒酣赋诗,孝穆尝赋诗属和。所著曰《宝老集》。今集已散佚,尚存《画像发愿记事碑》、《谋取三关议》、《谏南伐疏》。生平事迹见《辽史》卷八七及《兴宗纪》。

郎思孝　辽诗人。兴宗时人。早年举进士第,更历郡县。后厌弃尘俗,祝发被缁。已而行业超绝,名动天下。居觉花岛(在今辽宁兴城南十二里海中)海云寺。重熙十七年(1048)离海岛,住持缙云山。兴宗特遣阁门张世英赍御书并赐香等物问讯,赐号曰"崇禄大夫守司空辅国大师"。凡上章表,名而不臣。常与兴宗对榻讲论,礼如平交。自国主以下亲王贵主皆师事之。有《海山文集》,乃大师居觉花岛海云寺时所著,已散佚。今存《和兴宗诗》二首,《天安节题松鹤图》诗一首。生平事迹见金王寂《辽东行部志》。

萧柳　辽契丹族诗人。圣宗时人。字徒门,淳钦皇后弟阿古只五世孙。多智能文,膂力过人。统和中,叔父恒德临终荐其才,诏入侍卫。统和十七年(999)南伐宋,以骁勇有功封四军兵马都指挥使。次年迁东路统军使。从伐高丽,师还致仕。好滑稽,时人比之俳优。既卒,耶律观音奴集柳所著诗千篇,名曰《岁寒集》,已佚。生平事迹见《辽史》卷八五。

萧韩家奴　辽契丹族文学家。圣宗、兴宗时人。字休坚,涅剌部人,中书令安抟之孙。少好学,弱冠入南山读书,博览经史,通辽、汉文字。圣宗统和十四年(996)始仕。二十八年(1010)为右通进典南京栗园。兴宗重熙四年(1035)迁天成军节度使,徙彰愍宫使。兴宗命之为诗友。诏作《四时逸乐赋》,赋成,颇受称赏。与兴宗言治道之要,擢翰林都林牙兼修国史。常与兴宗饮酒赋诗,知无不言,虽谐谑不忘规讽。重熙十三年(1044),奉诏与耶律庶成录遥辇可汗至重熙以来事迹为二十卷。十五年(1046)又奉诏撰成《礼书》三卷,译《通历》、《贞观政要》、《五代史》。拜归德军节度使,召修国史。卒年七十二。著有《六义集》十二卷,已散佚。今存重熙四年对策,十三年《请追崇四祖为皇帝疏》,俱载《辽史》本传。生平事迹见《辽史》卷一〇三。

耶律洪基(1032—1101)　辽道宗,契丹族诗人。字涅邻,契丹名查剌,兴宗(耶律宗真)长子。重熙二十四年(1055)即帝位。好诗文。清宁二年(1056)三月,制《放鹰赋》赐群臣,谕任臣之意。三年八月,以《君臣同志华夷同风》诗进皇太后。六年(1060)五月,监修国史耶律良请编御制诗文,目曰《清宁集》,仍命良为序。《清宁集》已散佚,今存《题李俨黄菊赋》一首(见陆游《老学庵笔记》卷四)。此外,尚存铭、诏、册、书、祭文、敕、告、札子等零散篇章。生平事迹见叶隆礼《契丹国志》卷九、《辽史·道宗纪》。

耶律良(?—1065)　辽契丹族诗人。字习撚,小字苏。生于乾州(今陕西乾县),读书医巫闾山。重熙中为燕赵国王(道宗耶律洪基)近侍。以家贫,诏乘厩马,迁修起居注。道宗会猎秋山,良进《秋游赋》,极受赏识。清宁中,道宗至鸭子河,良又作《捕鱼赋》,更受称赏,迁知制诰兼知部署司事。曾奏请编御制诗文《清宁集》,并受命撰序。其诗集《庆会集》亦蒙道宗赐名并撰序。清宁九年(1063),因密奏重元谋乱事迁汉人行宫都部署。咸雍初(1065)同知南院枢密使事,后出知中京留守事。追封辽西郡王,谥曰忠成。其诗集《庆会集》已佚,今仅存《上重元乱谋奏》。生平事迹见《辽史》卷九六。

萧观音(1040—1075)　辽契丹族文学家。钦哀皇后弟北面官枢密使萧惠之女,小字观音。自幼娴于歌诗,旁及经、子,善书法,弹筝、琵琶尤为当时第一。辽道宗(耶律洪基)清宁元年(1055)册为皇后。因上《谏猎疏》渐被道宗疏远,后乃作《回心院》词十首,被之管弦,冀道宗回心转意。太康元年(1075),因有人诬告皇后与伶官赵惟一私通,道宗赐其自尽。皇后临死前作《绝命词》一首。直到乾统元年(1101),冤案方得昭雪,追谥为宣懿皇后。陈衍《辽诗纪事序》云:"辽则名家寥寥,当于懿德皇后首偻一指。”萧观音作品首推《回心院》词十首，清徐釚《词苑丛谈》评云：“怨而不怒，深得词家含蓄之意。斯时柳七之调尚未行于北国，故萧词大有唐人遗意也。”其《怀古诗》、《绝命词》、《谏猎疏》等作品，亦为人所称道。其作品见载于王鼎《焚椒录》中。生平事迹见《辽史》卷七一及王鼎《焚椒录》。

耶律孟简　辽契丹族诗人。字复易。道宗、天祚时人。父刘家奴官至节度使。其性颖悟，六岁时其父晨出猎，令赋《晓天星月》诗，孟简应声而成，父大奇之。既长，善属文。太康元年(1075)，枢密使耶律乙辛以奸险窃柄出为中京留守，孟简与耶律庶箴表贺。未几，乙辛复旧职，衔之，谪巡磁窑关。次年流放保州。及闻皇太子被害，不胜哀痛，以诗伤之，作《放怀诗》二十首。情辞俱佳。太康中始得归乡里，曾诣阙上《乞修国史表》。乾统中，迁六院部太保处事，改高州观察使。尝修学校，招生徒。迁昭德军节度使。以中京饥，诏与学士刘嗣昌减价粜粟，事未毕而卒。其《放怀诗》已散佚，今存《放怀诗自序》、《乞修国史表》。生平事迹见《辽史》卷一〇四。

王鼎(？—1106)　辽文学家。字虚中。涿州(今属河北)人。博通经史。道宗清宁五年(1059)擢进士第，累迁翰林学士。当代典章多出其手。大安初(约1085)，升观书殿学士。因酒醉埋怨皇帝，被流配镇州。时有赦令，独鼎不免。会守臣召鼎为贺表，因以诗贻使者，有“谁知天雨露，独不到孤寒”之句。后召还复其职。今存《焚椒录》一卷，《六聘山天开寺忏悔上人坟塔记》、《法均大师遗行碑铭并序》以及贻使者诗佚句。生平事迹见《辽史》卷一〇四。

萧瑟瑟(？—1121)　辽契丹族女诗人。天祚皇帝(耶律延禧)文妃，国舅大父萧房之女。小字瑟瑟，自幼工文墨，善歌诗。乾统三年(1103)冬，立为文妃。保大元年(1121)，萧奉先诬南军都统余覩谋立晋王，以文妃与闻，赐死。其诗以讥切不避权贵著称于世，传世之作仅《讽谏歌》(见叶隆礼《契丹国志》、《辽史》本传)和《咏史》(见宋赵令畤《侯鲭录》卷七)二首。生平事迹见宋叶隆礼《契丹国志》卷一三、赵令畤《侯鲭录》卷七、《辽史》卷七一。

刘海蟾　辽诗人，道士。初名操，字昭远；后名元英，字宗城；又名嘉，号海蟾子。燕地广陵(今河北文安)人。十六岁登科甲，以明经擢第，仕燕主刘守光为相。后解印绶辞朝，易服从道。郑樵《通志·艺文略》著录有《海蟾子诗》一卷。《金文最》卷一一《刘海蟾移石刻记》称海蟾子诗“高风莫能企及”。《海蟾子诗》已散佚，今存《还丹破迷歌》(《道藏》正乙部《诸真内丹集要》)，《易服从道诗》佚句“抛离火宅三千指，屏去门兵十万家”(薛大训《神仙通鉴》)。生平事迹见薛大训《神仙通鉴》及今人陈述《全辽文》附所辑小传。

吴激(？—1142)　宋金文学家。字彦高，号东山。建州(今福建建瓯)人。为北宋书画家米芾之婿，书画俊逸，得米芾笔意。北宋钦宗靖康二年(1127)，奉命使金，以知名留而不遣，命为翰林待制。金天会十四年(1136)，曾以生日使出使高丽(今朝鲜)。皇统二年(1142)出知深州(今河北深县)，到官三日卒。其诗词俱工，尤长于词作，与蔡松年齐名，时人号为“吴蔡体”。今存诗二十五首，词十首。刘祁认为：“彦高词集，篇数虽不多，皆精微尽善；虽多用前人诗句，其剪裁点缀若天成，真奇作也。”(《归潜志》卷八)其词代表作如《人月圆·宴张侍御家有感》。元好问评其乐府“自当为金朝第一手”(见《中州集》卷一)。其诗与词一样，亦含蓄委婉地表达了故国乡关之思。著有《东山集》，已佚。存诗见《中州集》、《全金诗》，存词见《东山乐府》，生平事迹见《金史》卷一二五。

高士谈(？—1146)　宋金文学家。字子文，一字季默。蒙城(今属安徽)人。宋韩武昭王高琼之后。宋宣和末，任忻州户曹参军。入金，为翰林直学士。皇统六年(1146)，翰林学士承旨宇文虚中以谋复宋罪被杀，他亦受牵连而遇害。士谈由宋入金，内心颇为矛盾、苦闷，作品多抒发去国怀乡之情，诗风悲凉沉挚，表达了眷念故国的情思。其词作则擅长写景，风格清新明快，与诗稍异。著有《蒙城集》，已佚。今存诗三十首，见《中州集》；存词四首，见《中州乐府》(一首附见元德明词内)。生平事迹见《金史》卷七九。

马定国　宋金诗人。字子卿，自号荠堂先生。茌平(今属山东)人。少时志趣不凡，宋宣和末题诗酒家壁，有“苏、黄不作文章伯，童、蔡翻为社稷臣。三十年来无定论，到头奸党是何人”之句(《宣政末所作》二首之一)，以是得罪，亦以是得名。金兵掳二帝北去，定国有诗为之叹惋。金天会八年(1130)建立伪齐。定国游历下亭，作诗对齐帝刘豫寄以富国强兵的厚望。豫大悦，授以监察御史，后仕至翰林学士。定国才雄气锐，自视颇高，其诗以北宋苏黄为法。著有《茅堂集》，已佚。今存诗三十一首，入《中州集》。生平事迹见《中州集》卷一《马御史定国小传》。

宇文虚中(1080—1146)　宋金文学家。初名黄中，宋徽宗赐名虚中，字叔通，号龙溪居士。成都人。大观三年(1109)进士，累官翰林学士、资政殿大学士等，后以事落职，责授安化军节度副使。高宗建炎二年(1128)，复资政殿大学士，为祈请使使金，遂留金。金人爱其才艺，授以官爵，累官翰林学士、知制诰，兼太常卿，封河南郡国公。以书《太祖睿德神功碑》，进阶金紫光禄大夫。金熙宗皇统二年(1142)，金廷移文南宋，理索虚中家属北来。四年，为翰林学士承旨，迁礼部尚书，金人号为"国师"。仕金期间，虚中协助金廷施行汉法，金朝的"官制禄格，封荫讳谥，皆出宇文虚中，参用国朝(指宋朝)及唐制而增损之"(见洪皓《鄱阳集》卷四)，并以费财劳人为由，力阻金人南侵；还以金人军机密告宋。皇统六年，以密约宋俘劫徽、钦二帝南归之罪，被金廷杀害。南宋绍兴末，赠开府仪同三司，谥忠愍。今存诗五十余首，多作于入金以后，主要抒发身在北地，心怀江南，恋主思亲，矢志守节的思想感情；长于指陈事实，直抒胸臆，语言质朴，风格明快。代表作有《在金日作三首》、《己酉岁书怀》、《上乌林天使》等。其文"最见称于当世"(后溪刘氏《宇文肃愍公文集序》)，今存皆疏札序帖之类，辞气恳切平质。词存二首，亦写故国之思。其创作对金初文学发展起了奠基作用。著有《春秋纪咏》三十卷、《纶言集》三十一卷(与其兄合撰)、《宇文肃愍公文集》等，均佚。今存诗，元好问《中州集》载五十首，施德操《北窗炙锞录》载三首，孙承泽《春明梦余录》载《题平辽碑》一首，疑系伪托。近人傅增湘《宋代蜀文辑存》，辑其文十二篇，但《文献通考·经籍考》引《宇文肃愍公文集序》中的《答曾晦之书》、《与赵庆长论文书》二文，傅氏失收。词存二首，见唐圭璋《全金元词》。生平事迹见《宋史》卷三七一、《金史》卷七九。近人毛汶有《宇文虚中年谱》，载《国学论衡》二、三期。

韩昉(1082—1149)　辽金文学家。字公美。燕京(今北京)人。天庆二年(1112)中进士第一，补右拾遗，史馆修撰。累迁少府少监，乾文阁待制加卫尉卿知制诰。保大二年(1122)，昉偕萧容使宋，奉表称藩(《契丹国志》)。辽亡入金，颇受信用。天会四年(1126)，充高丽国信使。次年，加昭文馆直学士兼堂后官。再加谏议大夫，迁翰林侍讲学士。天会十二年(1134)，改礼部尚书。天眷元年(1138)，迁翰林学士兼太常卿修国史，礼部尚书如故。昉在礼部凡七年，时金廷因革议礼制度，多取其主张。天眷三年(1140)，除济南尹。皇统元年(1141)，拜参知政事。皇统六年(1146)，表乞致仕，除汴京留守、封郓国公；复请如初，以仪同三司致仕。天德初，加开府仪同三司。《金史》本传称"昉虽贵，读书未尝去手，善属文，最长于诏册，作《太祖睿德神功碑》，当世称之"。《春明梦余录》载昉曾作《平辽碑》。其所著多佚，仅为其岳父所作的《丁文逌墓志铭》见《全辽文》。生平事迹见《金史》卷一二五。

刘著　宋金诗人。字鹏南。皖县(今安徽潜山)人。皖县有玉照乡，晚年自号玉照老人，以示不忘故土。北宋宣和末登进士第，入金预铨调，年六十余，始入翰林，充修撰。后出守武遂，终于忻州刺史。其北宋时已负文名，入金后诗益工，与吴激、蔡松年等人多有唱和。其诗多抒写由北望南的怀乡之情，诗风悲慨沉挚。如《闻雁》："千里寒云卷朔风，当轩月午雁书空。烦君为报江南客，憔悴辽东更向东。"翻进一层写步步远离家乡的愁绪，得贾岛《渡桑干》的遗意。著有《玉照老人集》，已佚。今存诗二十四首，见《中州集》。生平事迹见《中州集》卷二《刘内翰著小传》。

蔡松年(1107—1159)　金文学家。字伯坚，号萧闲老人。原籍杭州，长于汴梁(今河南开封)。宋宣和末，其父知燕山府，金兵至，随父降，辟为元帅府令史。金天会中，为太子中允，除真定府判官，遂自称真定(今河北正定)人。完颜宗弼攻宋，与岳飞军交战时，以松年为行台刑部郎中，兼总军中六部事。军还，为刑部员外郎。皇统七年(1147)，迁左司员外郎。天德初，擢吏部侍郎，迁户部尚书。金主完颜亮欲擢其显位以影响南人，遂以其为贺宋正旦使，使还，改吏部尚书，拜参知政事。后累迁至右丞相，加仪同三司，封卫国公。谥文简。诗词作品主要抒写倦游宦场、刻意林壑、思归家园的情怀，表现了由宋入金士人出处矛盾的思想感情；用典多取诸魏晋，用韵常追和东坡，风格清丽隽永。词作尤为世人推崇，与吴激齐名，时号"吴蔡体"。其创作对金初文学的发展有奠基作用。今存诗五十九首，载《中州集》卷一；有词集《萧闲老人明秀集》，原六卷，今存三卷。生平事迹见《金史》卷一二五。

完颜亮(1122—1161)　金帝王、文学家。

字元功，本名迪古乃。太祖之孙，完颜宗干第二子。熙宗时任丞相，皇统九年(1149)，杀熙宗自立，改元天德。三年(1151)，诏迁都燕京。五年(1153)，改燕京为中都，改元贞元。四年(1156)，改元正隆，颁行正隆官制。正隆六年(1161)，迁都汴京，自将三十二总管兵大举侵宋，在采石矶为宋军所败，退至瓜洲，为部将所杀。世宗大定二年(1162)，降封海陵郡王，谥曰炀；二十年(1180)，诏降为海陵庶人。早年受到良好的汉文化教育，好为诗词，造诣颇深，所作既体现了雄健踔厉的气概，也不失清新婉媚的韵致。代表作《南征至维扬望江左》诗、《鹊桥仙·待月》词等，"其桀骜之气，已溢于言表"(岳珂《桯史》卷八)；《过汝阴作》诗、《昭君怨·雪》词，则婉丽明净，表现出其多方面的创作才能。今存诗六首，五首见《全金诗》，一首见元祝诚《莲堂诗话》卷上；存词四首，收入《全金元词》。生平事迹见《金史》卷五《海陵纪》。

蔡珪(？—1174)　金文学家。字正甫。真定(今河北正定)人。金初丞相、文学家蔡松年之子。七岁赋菊诗，即语意惊人。天德三年(1151)擢进士第，其父为之赋《一剪梅》，有"白璧雄文冠玉京，桂月名香，能继家声"之句。不赴选调，求未见书读之。久乃除澄州军事判官，迁三河主簿。正隆四年(1159)丁父忧。起复翰林修撰、同知制诰。在职八年，改户部员外郎兼太常丞。坐高元鼎事得罪徙官。久之，除河东北路转运使，复入为修撰。迁礼部郎中，封真定县男。大定十四年(1174)，以礼部郎中除潍州刺史，因患风疾不能奏谢，乃致仕，寻卒。其辨博号称天下第一，朝廷稽古礼文之事，取其议论为多。其在大定年间以文名世。其文多散佚，今存文仅一篇《苏文忠公书李太白诗卷跋》(见《书画汇考》)。明胡应麟评其"不甚出宋、元下"(《诗薮》杂编卷六)。在金代文学史上占有较高的地位。赵秉文以为金大定间文章首推蔡珪。著有《补正水经》、《晋阳志》、《南北史志》、《续金石遗文跋尾》等，皆亡佚。今存诗四十六首，见《中州集》；词一首，见《中州乐府》。生平事迹见《金史》卷一二五。

刘迎(？—1180)　金文学家。字无党，号无诤居士。东莱(今山东莱州)人。初以荫试部掾。据金郦权《寄唐州幕官刘无党》诗可知，曾游幕唐州一带。大定十三年(1173)，以荐书对策第一，次年登进士第。除豳王府记室，改太子司经，颇受世宗第二子显宗允恭的亲重。二十年(1180)从驾凉陉，以疾卒。其在大定年间以诗名世。清陶玉禾认为："金诗推刘迎、李汾，而迎七古尤擅场，苍莽朴直中语皆有关系，不为苟作，其气骨固绝高也"(《金诗选》卷一)。著有诗文词集《山林长语》，金章宗时曾诏国学刊行，今佚。存诗七十六首，见《中州集》；存词二首，见《中州乐府》。生平事迹见《中州集》卷三《刘记室迎小传》。

刘汲　金文学家。字伯深，号西岩。浑源(今属山西)人。金初名士南山翁刘㧑之子。早传家学，登天德三年(1151)进士第，释褐庆州军事判官。后入翰林为供奉。卒年五十八。金代文学家李纯甫曾为其诗集作序，称其诗"质而不野，清而不寒，简而有理，淡而有味，盖学乐天而酷似之。观其为人，必傲世而自重者。颇喜浮屠，邃于性理之说。凡一篇一咏，必有深意，能道退居之乐。皆诗人之自得，不为后世议论之所夺，真豪杰之士也"(《中州集》卷二)。著有《西岩集》，已佚，今存诗十三首，十一首见《中州集》，《全金诗》补《西岩歌》及《题蒲县下库村》二首。生平事迹见《中州集》卷二《刘西岩汲小传》。

刘仲尹　金文学家。字致君，号龙山。盖州(治今辽宁盖州西南)人，迁沃州(治今河北赵县)，一说辽阳(今属辽宁)人。正隆二年(1157)进士。历官赞皇尉、潞州节度副使，召为都水监丞。元好问称"致君家世豪侈，而能折节读书，诗、乐府俱有蕴藉"，"参涪翁(黄庭坚)而得法者也"(《中州集》卷三)。刘祁也称其"能诗，学江西诸公"(《归潜志》卷四)。著有《龙山集》，已佚。今存诗二十九首，除一首《梅影》诗别载《归潜志》外，余并见《中州集》。词存十一首，见《中州乐府》。生平事迹见《中州集》卷三《刘龙山仲尹小传》。

郝俣　金文学家。字子玉，自号虚舟居士。太原(今属山西)人。正隆二年(1157)进士。官翰林修撰。大定二十五年(1185)十一月，夏国以车驾还京，俣为敕祭使。仕至河东北路转运使。享年约七十余岁。其在大定、明昌年间以诗名世。章宗曾对宰臣云："郝俣赋诗颇佳"(见《金史·党怀英传》)。其诗主要描写闲适生活及寻求自适的心境。晚年身逢离乱，诗中也流露出一些对现实的关注。著有《虚舟居士集》，已佚，今存诗二十一首，见《中州集》。生平事迹见《中州集》卷二《郝内翰俣小传》。

边元鼎　金文学家。字德举。丰州(治今内蒙古呼和浩特白塔镇)人。天德三年(1151)第进士，以事停铨。世宗即位，太师张浩表荐供奉翰林，出为邢州幕官。复坐诬累，遂不复仕进。其天资俊逸，十岁能诗，诗文有高意，时辈少及，与其兄元勋、元恕俱有时名，号称“三边”。其诗主要抒写“云泉是处堪为乐，轩冕从来只累人”（《和致仕李政奉韵》）的闲适之情，亦时有“何日上方容请剑，会乘风雨断鲸鲵”（《春花零落》）的激昂之辞。其《王文伯还家诗以迎之》诗云：“十年一梦成何事，千首新诗不负人。”可知平生作诗甚多。今存诗仅四十二首，见《中州集》卷二。生平事迹见《中州集》卷二《边内翰元鼎小传》。

赵沨（？—约1196）　金文学家。字文孺，号黄山。东平（今属山东）人。大定二十二年（1182）进士，官襄城令。大定二十九年（1189）入为应奉翰林文字，充《辽史》编修官，仕至礼部郎中。赵沨为明昌年间著名诗人，赵秉文辑《明昌辞人雅制》，选入沨诗。其诗清丽隽爽，真而不朴，华而不绮，多有佳句。如《黄山道中》：“好景落谁诗句里，蹇驴驼我画图间。”据《归潜志》卷八记载，赵沨因此诗而世号“赵蹇驴”。今存赵诗多朝廷唱和之作，反映生活面较狭窄。除以诗名世外，又工书法。赵秉文称其“正体体兼颜苏，行草备诸家体，超放又似杨凝式，当处黄鲁直、苏才翁伯仲间。党承旨篆，阳冰以来一人而已，而以黄山配之，至今人谓之‘党赵’”（《滏水文集》卷二《评竹溪黄山书》）。著有《黄山集》，已佚；今存诗三十一首，见《中州集》卷四及《全金诗》，所为文今存三篇，见《金文最》。生平事迹见《中州集》诗前附小传及《金史》卷一二六。

王磵（约1126—1203）　金文学家。字遗宾，号遗安。其先世居临洺，磵生于汴梁（今河南开封），遂为汴梁人。初学诗于伯父震，落笔惊人，震自以为不及。博学能文，不就科举，一时名士皆师尊之。明昌末，朝廷诏举德行才能之士，乡人耆德诸生五百余人荐其孝义忠信，文章为世师表，朝廷以素知名，特赐同进士，授亳州鹿邑主簿，以老疾乞致仕。其诗冲淡简洁似韦苏州，不及风月。赵秉文曾刻王磵等七人诗为《明昌辞人雅制》，今已不传；存诗十三首，见《中州集》卷四。生平事迹见赵秉文《滏水文集》卷一一《遗安先生言行碣》。

王寂（1128—1194）　金文学家。字元老。蓟州玉田（今河北玉田）人。海陵王天德三年（1151）进士。世宗大定二年（1162）为太原祁县令。十五年（1175）尝奉使往白霫治狱。十七年（1177）以父艰归。次年起复真定少尹，兼河北西路兵马副都总管。后迁通州刺史兼知军事，又迁中都副留守。二十六年（1186）河决卫州堤，奉命前往措画备御，以救灾不力贬为蔡州防御史。二十九年（1189）被命提点辽东路刑狱。章宗明昌二年（1191）召还，任中都路转运使。明昌五年（1194）摄礼部尚书，数日而终，卒谥文肃。《四库全书总目》称“寂诗境清刻镵露，有戛戛独造之风，古文亦博大疏畅，在大定、明昌间卓然不愧为作者”。著有《拙轩集》、《鸭江行部志》、《辽东行部志》。生平事迹见《鸭江行部志》（有今人罗继祖、张博泉校注本，黑龙江人民出版社1984年4月版）末附《王寂小传》。

耶律履（1131—1191）　一名移剌履。金文学家。字履道。辽东丹王突欲（耶律倍）七世孙。家广宁（今辽宁北镇）。父早亡，过继父之族兄为后。幼聪慧。及长博学多艺，善属文，恶搜检烦琐，不举进士，荫补为承奉班祗候、国史院书写。世宗兴儒术，诏译经史，擢经史院编修官，兼笔砚直长。累官参知政事，进尚书右丞。谥文献。耶律履精历算、书绘，兼擅文学。文存《天竺三藏吽哈啰悉利幢记》一篇，见《金文最》。诗存《史院从事日感怀》一首，见《中州集》。词存三首，见《校辑宋金元人词》。师法苏轼，风格旷放。《念奴娇》中有“老坡疑是前身”之句，实为作者自况。著有《乙未元历》、《揲蓍说》、《耶律文献公集》等，均佚。生平事迹见元好问《元文类·耶律公神道碑》、《金史》卷九五。

刘昂（？—约1201）　金文学家。字之昂。兴州（今河北滦平）人。曾、高祖而下，七世登科。昂登大定十九年（1179）进士第，年三十三省掾考满，调平凉路转运副使。俄丁母忧，为当途者所忌，连蹇十年。泰和初，自国子司业擢左司郎中。受辽阳人大中漏言除授事牵连，降上京留守判官，道卒。昂天资警悟，所作律赋轻便巧丽，自成一家。作诗得晚唐体，尤工绝句。赵秉文曾刻刘昂等七人诗为《明昌辞人雅制》，今已不传；存诗十一首，见《中州集》。生平事迹见《中州集》卷四小传、《金史》卷一二六。

党怀英（1134—1211）　金文学家。字世杰，号竹溪。本为冯翊（今陕西大荔）人，其父为泰安军录事参军，卒官，妻子不能归，遂为奉符（今山东泰安）人。怀英为宋初太尉党进十一代孙，少年时与辛弃疾为同舍生，师亳社刘岩老。少时颖悟过人。尝试东府取解魁。然不以世务缨怀，放浪山水间，以诗酒自娱，故生计艰困。

大定十年(1170),擢进士甲科。调成阳军事判官,迁汝阴县令。入为史馆编修,大定二十九年(1189)与凤翔府治中郝俣充《辽史》刊修官,应奉翰林文字。时章宗初即位,认为:"近日制诏,惟党怀英最善。"明昌元年(1190),再迁国子祭酒,二年迁侍讲学士,三年迁翰林学士,六年摄中书侍郎。承安二年(1197)乞致仕,改泰宁军节度使(《中州集》作泰定军节度使,此从本传)。三年召为翰林学士承旨。大安三年卒,谥文献。赵秉文《承旨党公神道碑》指出:"其文似欧公,不为尖新奇险之语;诗似陶谢,奄有魏晋;篆籀入神,李阳冰之后,一人而已。"著有《竹溪集》,已佚。今存诗六十八首,见《中州集》;存文十三篇,见《金文最》;存词五首,见《中州乐府》。生平事迹见赵秉文《滏水文集》卷一一《中大夫翰林学士承旨文献党公神道碑》、《金史》卷一二五。

王庭筠(1151—1202) 金文学家、书画家,字子端,号黄华。辽东熊岳(今辽宁盖州西南)人。其父王遵古仕至中大夫翰林直学士。庭筠幼有文才,生未期年,视书识十七字,七岁学诗,十一岁赋全题。登大定十六年(1176)进士第。释褐承事郎,授恩州军事判官。未几,再调馆陶主簿。二十年,以碌碌常选,殊不自聊,秩满单车径去,卜居隆虑。山居读书十年,自号黄华山主。明昌三年(1192),应诏为应奉翰林文字,与秘书郎张汝方品第法书名画,遂分入品者为五百五十卷。五年(1194),迁翰林修撰,同知制诰。六年(1195),荐赵秉文为应奉翰林文字、同知制诰。承安元年(1196),秉文上书言事得罪,庭筠受牵连下狱。二年(1197),外贬郑州防御判官。继丁内外艰。四年(1199),起复应奉翰林文字。泰和元年(1201),复翰林修撰,扈从秋山,应制赋诗至三十余首,章宗甚嘉之。王庭筠诗文书画均佳,风流蕴藉,冠冕一时。书法上师二王,下法黄庭坚、米芾,得之于气韵之间;绘画擅长山水、墨竹,天机俊发,有神品之称。为文辞理兼备,能道所欲言,如《文殊院斫琴飞来积雪赋》及《蜀先主庙碑记》等,皆为人传诵。其诗亦以黄庭坚为法,诗律深严,用语生新,七言长篇尤工险韵,代表作如《狱中赋萱》、《狱中见燕》等,出语微婉而用意良深。著有《藂辨》十卷,《黄华山主集》四十卷,已佚。今有金毓黻辑本《黄华集》八卷。生平事迹见《遗山集》卷一六《王黄华墓碑》、《金史》卷一二六、金毓黻著《王黄华先生年谱》(附载《黄华集》)。

周昂(?—1211) 金文学家。字德卿。真定(今河北正定)人。年二十四擢第。释褐南和主簿,有异政,迁良乡令。入拜监察御史。路铎以言事被斥,昂送以诗,坐谤讪停铨。谪东海上十数年,起为龙州都军。以边功得复召三司判官。大安军行,权行六部员外郎。大安三年(1211)从宗室承裕军戍边,承裕失利,走上谷,城陷,与其从子周嗣明同死于难。昂学术醇正,文笔高雅,以杜甫、韩愈为法,当时诸儒皆师尊之。其诗作以论诗诗和边塞诗最有特色。著有《常山集》,已佚;赵秉文曾刻周昂等七人诗为《明昌辞人雅制》,今亦不传。存诗一百首,收入《中州集》卷四。生平事迹见《金史》卷一二六。

路铎(?—1213) 金文学家。字宣叔。冀州(治今河北冀州)人,为路伯达长子,父子俱有时名。明昌三年(1192)为左三部司正,上书言事,召见便殿,迁右拾遗。五年,出为南京留守判官。承安二年(1197),召为翰林修撰。出为泰定军节度副使,除东平府治中,改景州刺史。泰和六年(1206),召为翰林待制兼知登闻鼓院,除孟州防御使。贞祐初,蒙古军陷孟州,铎投沁水而死。史称路铎为人刚正,历官台谏,有古直臣之风。为文尚奇,诗篇温润精致有理趣。著有《虚舟居士集》,已佚;赵秉文曾刻路铎等七人诗为《明昌辞人雅制》,今不传;今存诗二十六首,见《中州集》卷四。生平事迹见《金史》卷一〇〇。

郦权 金文学家。字元舆。相州安阳(今属河南)人。父郦琼,为金初名将,仕至武宁军节度使。权少时曾与辛弃疾、党怀英等同师亳社刘岩老。明昌初,召为著作郎。未几卒。其诗作笔力雄奇,曾受到元好问赞许。著有《坡轩集》,已佚。《中州集》卷四选存其诗十六首。生平事迹见诗前附小传。

萧贡(1158—1223) 金文学家,字真卿。京兆咸阳(今陕西西安)人。博学能文,不减前辈蔡珪。大定二十二年(1182)进士。调镇戎州判官、泾阳令、泾州观察判官,补尚书省令史,旋拜监察御史,迁北京转运副使。入为翰林修撰,累官治书侍御史、右司郎中、国子祭酒、刑部侍郎、南京路转运使、御史中臣等,以户部尚书致仕。谥文简。萧贡曾予修《泰和律令》,章宗嘉叹曰:"汉有萧相国,我有萧贡,刑狱吾不忧也。"(《中州集》卷五)又曾与陈大任刊修《辽史》。其诗工稳平和,擅长咏史,如《汉歌》、《楚歌》、《悲长平》、《雒阳》、《陈宫词》、《后赵》等。著有《注史记》百卷、《公论》二十卷、《五声姓谱》五卷、《文集》十卷等,已佚。诗存三十二首,见《中州集》卷五；文存一篇，见《金文最》。生平事迹见《金史》卷一〇五。

赵秉文(1159—1232)　金文学家。字周臣，号闲闲老人。磁州滏阳(今河北磁县)人。世宗大定二十五年(1185)进士及第。次年调安塞簿，迁邯郸、唐山令。章宗明昌元年(1190)，充南京路转运司都句判官。六年，由王庭筠荐举入朝应奉翰林文字、同知制诰。旋以上书言事得罪免官。承安元年(1196)，出为同知岢岚军州事。五年，转北京转运司度支判官。泰和二年(1202)，入为户部主事，迁翰林修撰。卫绍王大安元年(1209)，出为宁边州刺史。次年，改平定州刺史。崇庆元年(1212)，入为兵部郎中，兼翰林修撰，俄提点司天台。至宁元年(1213)，转翰林直学士。宣宗贞祐三年(1215)，主持省试，破格取士。次年，除翰林侍讲学士。兴定四年，拜礼部尚书，兼前职，同修国史、知集贤院事。次年，知贡举，取进士庐亚，犯重韵，削两阶致仕。元光元年(1222)，复起为礼部尚书，兼官如故。哀宗正大元年(1224)，再乞致仕，不许；改翰林学士、同修国史。是年贡举，为监试官。其仕五朝，官六卿，史称其为"金士巨擘，其文墨论议以及政事皆有足传"(《金史》本传)。为金代文坛盟主。章宗后期沉湎声色，朝廷上下侈靡成风，士大夫之学多华而少实，浮艳尖新文风弥漫文坛，其"挺身颓波，为世砥柱"(元好问《闲闲公墓铭》)，壮大新型文风阵营；并身体力行，力图从理论上、创作上改变文坛风气。在理论上，主张为文应当"明王道，辅教化"(《答李天英书》)，注重社会功用，以反对言之无物、以辞胜意的浮艳文风；主张"自然成文"(《承旨党公神道碑》)，主张"转移多师"(《答李天英书》)，进求"飞动"，以克服浮艳文风的死守成法。其创作以刚劲的笔力、豪放的气势，破除浮艳文风的轻浮软媚。其文出于义理之学，长于辨析。极所欲言而止，不以绳墨自拘。其词效东坡，如《大江东去·秋光一片》，人称与东坡原作"信在伯仲间"(《词苑丛谈》卷四)。著有《易丛说》、《中庸说》、《杨子发微》、《太玄笺赞》、《文中子类说》、《南华略释》、《列子补注》、《删集论语、孟子解》、《资暇录》、《贞观政要申鉴》、《尚书无逸直解》等，均佚；今存《闲闲老人滏水文集》二十卷。生平事迹见元好问《遗山集》卷一七《闲闲公墓铭》及《金史》卷一二五，清人王树枏著有《闲闲老人年谱》二卷(《闲闲老人诗集》附)。

师拓　金文学家。字无忌，又名尹无忌。平凉(今属甘肃)人。举进士不中，明昌中，有司荐其才，以嗜酒不果。生活窘迫。刘祁《归潜志》卷八记载："赵闲闲尝为余言，少初识尹无忌，问久闻先生不喜苏黄，何如？无忌曰：学苏黄则卑猥也。其诗一以李杜为法，五言犹工。"又称："赵闲闲于前辈中，文则推党世杰怀英、蔡正甫珪，诗则最称赵文孺沨、尹无忌拓。"元好问亦称其"作诗有气象而工于炼句"(《中州集》卷四)。赵秉文曾刻师拓等七人诗名曰《明昌辞人雅制》，今不传。今存诗十二首，见《中州集》卷四。生平事迹见诗前附小传。

杨云翼(1170—1228)　金文学家。字之美。其先赞皇(今属河北)人，六代祖忠客平定乐平(今山西昔阳)，遂家焉。云翼天资颖悟，初学语则画地作字，八岁知属对，日诵数千言，遂博通经传，至于天文律历医卜之学，无不臻极。明昌五年(1194)中经义进士第一，词赋亦中乙科。特授承务郎，应奉翰林文字。承安四年(1199)，出为陕西东路兵马都总管判官。哀宗时命其摄太常卿，寻拜翰林学士。累官礼部尚书兼侍读。谥文献。其天性雅重，自律甚严；与人交则款曲周密，国家之事，能以大节自任。宣宗贞祐二年(1214)金室南渡以后，云翼与赵秉文迭掌文柄二十年，时人号称"杨赵"。在文学观点上，他主张"学以儒为主，不纯乎儒非学也；文以理为主，不根于理非文也"(《闲闲老人滏水文集引》)。其古文长于论辩，说理明晰，时人誉为"海内文章选，人中道德师"(赵思文《吊同年杨礼部之美》)。其诗则不加藻饰而力求平直，表现出"温柔敦厚"的特点。著有《文集》，《校大金礼仪》，《续通鉴》等，均佚。存诗二十二首，二十一首见《中州集》卷四，《全金诗》增补一首，文载《金文最》。生平事迹见元好问《遗山集》卷一八《内相文献杨公神道碑铭》、《金史》卷一一〇。

王若虚(1174—1243)　金文学家。字从之，号慵夫。藁城(今属河北)人。少时先后奉其舅周昂和名士刘中为师，尽传所学。章宗承安二年(1197)，年二十四，登经义进士第。释褐鄜州录事。不久丁父忧，服除调广州录事。历管城、门山二县令，治化清净，秩满得荐举，入为国史院编修。迁应奉翰林学士同知制诰。奉使夏国，使还，授同知泗州军州事。留朝为著作佐郎，领史院事，修章宗、宣宗《实录》。哀宗正大初，迁平凉府判官。不久，召为右司谏。正大末，以资历转延州刺史，不拜，直迁翰林直学士。天兴三年(1234)金亡，年六十一，微服北归镇阳，闲居近十年而卒。王若虚认为："凡文章须是典实过于浮华，平易多于奇险，始为知本末。"(《滹南集》卷三七)主张"探《语》、《孟》之渊源，撷欧、苏之菁英"(《送吕鹏举赴试序》)，创作"辞精"、"意明"、"势倾"的文章。论诗主张师法白居易"坦白平易"(《高思诚咏白堂记》)的风格，讥讽江西诗派"夺胎换骨、点铁成金"之论，为"剽窃之黠者"(《滹南诗话》卷下)。其诗代表作为《再至故园述怀五绝》，字里行间充满黍离之悲和身世之感。大多数诗作则浅易直致，缺少余蕴。著有《滹南遗老集》、《滹南诗话》传世。生平事迹见元好问《遗山集》卷一九《内翰王公墓表》、《金史》卷一二六。

史肃 金文学家。字舜元。京兆(今陕西西安)人，侨居北京路大定府和众县(今辽宁凌源西北)。年幼丧父，养于外家。及第后历赤县及幕官，入为监察御史，迁治书，出刺通州。泰和八年(1208)，坐与蒲阴令大中私议朝政，受杖刑，谪静难军节度副使。大安初，召为中都路转运副使，超户部正郎。复坐镌降同知汾州，卒官。素尚性理之学，李纯甫学佛，自肃发之。元好问称其"作诗精致有理，尤善用事，古赋亦奇峭，工于字画"(《中州集》卷五)。著有《澹轩遗稿》，已佚；存诗三十首，见《中州集》卷五。生平事迹见诗前附小传。

李纯甫(1176—1222) 金文学家。字之纯，号屏山。弘州襄阴(今河北阳原)人。初为词赋学，后读《左氏春秋》，大爱之，遂更为经义学。承安二年(1197)，登经义进士第。泰和六年(1206)南征，两上疏策其胜负，章宗咨异，给送军中，后多如所料。宰相奇其文，荐入翰林。大安三年(1211)，蒙古兵侵金，又上疏论事，不报。旋即归隐。贞祐二年(1214)宣宗南渡后，再入翰林。时丞相术虎高琪擅权，擢为左司都事。纯甫审其必败，以母老辞去。俄而高琪伏诛，再入翰林，连知贡举。兴定末，因取士逾新格，出倅坊州，未赴，改京兆府判官，卒于汴。其年少颇自负其才，作《矮柏赋》，以诸葛亮自期，慨然有经世志。又作《重修面壁庵记》自述其所学。在文学思想上，主张言为心声，惟意所适。在创作上，其文风雄奇简古，一扫辽宋余习，对金中叶文风的转变起了关键的作用。刘祁指出："南渡后文风一变，文多学奇古，诗多学风雅，由赵闲闲、李屏山倡之。"(《归潜志》卷八)其诗以黄庭坚为法，对黄诗"天资峭拔，摆出翰墨畦径，以俗为雅，以故为新"的特色尤为肯定(《西岩集序》)。晚年自类其文，凡论性理及关佛老二家者，号《内稿》，其余如碑志、诗赋，号《外稿》，又有《中庸集解》、《鸣道集解》等，凡数十万言，今皆不传。存文七篇，收入《金文最》。存诗二十九首，收入《中州集》卷四。其词收入《全金元词》。生平事迹见《归潜志》卷一及《金史》卷一二六。

庞铸 金文学家。字才卿，自号默翁。大兴(今北京)人(《金史》作"辽东人"，此从《中州集》)。明昌五年(1194)进士，仕有声。贞祐二年(1214)南渡后，为翰林待制，迁户部侍郎。坐游贵戚家，出倅东平，改京兆路转运使。庞铸能诗善画，文采风流，为时辈所推。赵秉文有题《庞才卿画春山高隐图》、《庞才卿画长江图》二诗。元好问在《庞都运山水》中亦有"门阑喜色到崔卢，文赋声名逼两都。重为溪山感畴昔，风流还有此翁无"之叹。史称其"博学能文、工诗，造语奇健不凡"。存诗二十首，见《中州集》卷五。生平事迹见《金史》卷一二六。

李俊民(1176—1260) 金文学家，字用章，号鹤鸣老人。泽州晋城(今山西晋城)人。唐韩王元嘉之后。少通程氏之学。承安五年(1200)以经义举进士第一，入为应奉翰林文字。未几，弃官教授乡里。金室南迁后，隐于嵩山，尝遇隐士授以邵氏先天象数之学。后徙居怀州，复隐西山。元宪宗二年(1252)世祖在藩邸，以刘秉忠盛称俊民，遂以安车召见，延访无虚日，而遽乞还山，重其节而从之。卒谥庄靖先生。世祖称："朕求贤三十年，惟得窦汉卿及李俊民二人"(《元史·窦默传》)。其门生刘瀛《庄靖先生集序》云："其文章典赡，华实相副，字字有源流，句句有根柢，格律清新似坡仙，句法奇杰似山谷，集句圆熟，脉络贯穿，半山老人之体也，雄篇巨章，奔腾放逸，昌黎公之亚也，小诗高古含蓄，尤有理致而极工巧。"其词代表作如《满江红》(名利场中)，反映了其入元后的生活态度。其文代表作《睡鹤记》，中有"新居之侧有蹲石曰'睡鹤'，昔人取其似而名之'鹤鸣'，见其似而喜之"之句，当即其号"鹤鸣老人"之由来。著有《庄靖集》十卷。生平事迹见《元史》卷一五八。

元好问(1190—1257) 金文学家。字裕之，号遗山。太原秀容(今山西忻县)人。系唐元结后裔。生父德明累举不第，遂徜徉山水。喜杜诗，推崇苏轼、黄庭坚。继父元格，曾在掖县、冀州、陵川等地做官。好问亦随之赴任。师从郝天挺，潜心经传旁及百家。宣宗贞祐二年(1214)，蒙古军占领秀容城，其兄被杀。四年，寓居福昌三乡(今河南宜阳三乡镇)。兴定五年(1221)进士及第。哀宗正大元年(1224)中博学宏词科,授儒材郎,充国史院编修。八年,受诏入都,后任尚书省掾、左司都事。金亡不仕。其文学成就体现在诗、文、词、曲、理论批评等多方面。为金代最有代表性的作家。其诗今存一千三百余首,题材多样,内容丰富,且气象深邃,风格遒劲。真实地反映出当时动乱的社会现实,如《壬辰十二月车驾东狩后即事》等,清赵翼评其"国家不幸诗家幸,赋到沧桑句便工"(《题遗山诗》)。其词为金一代之冠,足与两宋名家并比,如《水调歌头·赋三门津》直逼苏、辛,但亦不乏婉约细腻之作。其文继承韩愈、欧阳修传统,众体悉备,摇曳多姿,既清新雄健又平易自然。其诗歌批评以《论诗绝句三十首》为代表,在评论建安以来诗人的同时,表现了自己强调内容,又重视艺术成就的论诗观点,也反映出传统诗教对他的影响。还著有笔记小说集《续夷坚志》。编有《唐诗鼓吹》、《中州集》、《中州乐府》,今存。有《元遗山先生全集》传世。生平事迹见《金史》卷一二六、元郝经《陵川集》卷二一《祭遗山先生文》、清翁方纲《元遗山先生年谱》。

元遗山　即元好问。

段克己(1196—1254)　金文学家。字复之,号遯庵,别号菊庄。绛州稷山(今属山西)人。兴定四年(1220),与其弟成己游京师,礼部尚书赵秉文识之,目之曰"二妙",大书"双飞"二字以名其里。正大七年(1230),登进士第。金室北渡以后,与弟一起避地龙门山中,同友人笑遨山水,结社赋诗,自耕自食,以遣余龄,终生不仕,金亡后二十年卒。其生当金、元易代的动乱之世,少有"志本期王佐"的大志。其诗文风格超旷忧愤、磊落不凡,骨力坚劲,意致苍凉。其词代表作如《满江红·过汴梁故都》、《望月婆罗门引·暮云收尽》,或反映"鼓鼙声震,天穿地裂"的战乱现实,或抒发"回首处,不见长安"的故国之思,皆情思浓郁,感人至深。所作诗词与其弟段成己作品合刊为《二妙集》。生平事迹见孙德谦《稷山段氏二妙年谱》。

段成己(1199—1279)　金文学家。字诚之,号菊轩,别号遯斋。绛州稷山(今属山西)人。少时与兄克己并以才名,当时主盟文坛的礼部尚书赵秉文目之曰"二妙",大书"双飞"二字以名其里。金哀宗正大元年(1224)登进士第,授宜阳主簿。金室北渡(1232)以后,与兄克己避地龙门山中,结社唱酬,躬耕度日。元宪宗四年(1254),其兄克己殁后,徙居晋宁北郭。世祖中统元年(1260)曾降诏起其为平阳路儒学提举,辞命不赴。至元七年(1270),为曹鋭与杨天翼所刊《元遗山诗集》作序。闭户读书,优游以终。所作诗词文亦超然拔俗,与其兄作风格近似。其大部作品虽是吟咏"投身田野间"(《余懒日甚……览者将有取焉》)、"遁迹月萝深处"(《满江红·斋居有感继遯庵兄韵》)的隐居生涯,但面对"四海疲攻战"(《和答木庵英粹中》)的惨烈现实,也禁不住发出"何当洗甲兵"(《蒲城董公……因所见以叙之云耳》)的强烈慨叹。其诗代表作如《和答木庵英粹中》:"四海疲攻战,余生寄寂寥。花残从雨打,蓬转任风飘。有兴歌长野,无言立短桥。敝庐犹在眼,殊觉路途遥。"抒发生逢乱世、淹留他乡的寂寥情怀。《午芹道中》:"渺渺江风吹葛衣,爱闲长与世相违。青丝步障柳千树,碧玉屏风山四围。入眼江花如慰眼,近人沙鸟尽望机。虚名到此成何事,一笑平生始觉非。"表现退隐闲居的怡然心境。其文原作数十卷,今仅存八篇。元吴澄《二妙集序》称其"陶之达、杜之忧盖兼而有之。其达也,天固无如人何;其忧也,人亦无如天何。是以达之辞著而忧之意微,后之善观者犹可于此而察其衷焉"。确为的评。所著诗词有与其兄克己作品合刊的《二妙集》,佚诗佚文有吴重熹、孙德谦二家辑本(吴辑见《九金人集》,孙辑见《金源七家文集补遗》)。生平事迹见孙氏《稷山段氏二妙年谱》。

董解元　金曲艺作家。或说名朗。解元为当时人对读书人的敬称。元钟嗣成称其为"金章宗时人"(《录鬼簿》),明朱权谓其"仕于金"(《太和正音谱》)。作有《西厢记诸宫调》(又名《弦索西厢》等),演唐元稹《莺莺传》事。据作品卷首所述,作者似为一不拘礼法、风流倜傥,接近社会下层的文人。其余生平事迹不详。

风格流派　并称

韩徐　指南唐文人韩熙载和北宋徐铉。陆游《南唐书》卷一二《韩熙载传》:"(韩熙载)权知制诰,书命典雅,有元和之风,与徐铉齐名,时号韩徐。"《宋史》卷四四一《徐铉传》:"徐铉字鼎臣,扬州广陵人,十岁能属文,不妄游处,与韩熙载齐名,江东谓之韩徐。"

本朝体　指宋代诗风。严羽《沧浪诗话·诗体》:"本朝体,通前后而言之。"严羽分宋诗为三个阶段，其一、“国初之诗，尚沿袭唐人，王黄州学白乐天，杨文公、刘中山学李商隐，盛文肃学韦苏州，欧阳公学韩退之古诗，梅圣俞学唐人平澹处”；其二、“至东坡、山谷始自出己意以为诗，唐人之风变矣，山谷用工尤为深刻，其后法席盛行，海内称为江西宗派”；其三、“近世赵紫芝、翁灵舒辈，独喜贾岛、姚合之诗，稍稍复就清苦之风，江湖诗人多效其体，一时自谓之唐宗”(《沧浪诗话·诗辨》)。严羽概括的宋诗特点是“以文字为诗，以才学为诗，以议论为诗”。其后，方回《送罗寿可诗序》、袁桷《汤西楼诗序》等皆因之并有所发挥。

西昆体　指北宋初期以杨亿、钱惟演、刘筠等人为代表的诗风。三人均身居高位，以诗相唱和，引来他人附和。后杨亿将众人所作取玉山册府之名，编为《西昆酬唱集》，此体因而得名。欧阳修《六一诗话》谓：“盖自杨、刘唱和，《西昆集》行，后进学者争效之，风雅一变，谓之昆体。”其特点是描写宫廷生活，且多以咏物见长，艺术上藻彩华丽、属对工巧，讲究用典，形式上模仿唐李商隐。比较注重诗歌的消闲与娱乐功用，内容空洞，思想贫乏，但在写作技巧上不无值得称道之处。

高梁柳范　指宋古文家高锡、梁周翰、柳开、范杲四人。《宋史》卷四三九《梁周翰传》：“五代以来，文体卑弱，周翰与高锡、柳开、范杲习尚淳古，齐名友善，当时有高梁柳范之称。”

柳范　指宋古文家柳开、范杲。《宋史》卷四四〇《柳开传》：“(开)尚气自任，不顾小节，所交皆一时豪隽。范杲好古学，大重开文。世称为柳范。”

二宋　指宋文学家宋祁与其兄宋庠。《优古堂诗话》：“二宋以文章齐名天下。”胡仔《苕溪渔隐丛话》前集卷二六引《西清诗话》：“二宋俱为晏元献殊门下士，兄弟虽甚显贵，为文必手抄寄公，恳求雕润。”《宋史》卷二八四《宋庠传》：“祁字子京，与兄庠同时举进士，礼部奏祁第一，庠第三。章献太后不欲以弟先兄，乃擢庠第一，而置祁第十。人呼曰二宋，以大小别之。”

三豪　指宋文学家欧阳修、石延年、杜默。石介作《三豪诗送杜默师雄并序》称：“近世作者，石曼卿之诗、欧阳永叔之文辞、杜师雄之歌篇，豪于一代矣！”其诗云：“曼卿豪于诗、永叔豪于文、杜默豪于歌。”然苏轼认为杜默不足于同欧、石并举。

苏梅　指宋文学家苏舜钦、梅尧臣。苏、梅皆是佐欧阳修开展诗文革新运动的重要作家。欧阳修在诗中每将二人相提并论，其《六一诗话》谓：“圣俞(苏舜钦)、子美(梅尧臣)齐名于一时，而二家诗体特异。子美笔力豪隽，以超迈横绝为奇；圣俞覃思精微，以深远闲淡为意。各极其长，虽善论者，不能优劣也。”魏泰《临汉隐居诗话》亦云：“苏舜钦以诗得名，学书亦飘逸，然其诗以奔放豪健为主；梅尧臣亦善诗，虽乏高致，而平淡有工，世谓之苏梅。”

九诗僧　指宋初九位能诗僧人。欧阳修《六一诗话》：“国朝浮图，以诗名于世者九人，故时有集号《九僧诗》，今不复传矣。”司马光《温公续诗话》：“欧阳公云《九僧诗集》已亡，元丰元年秋，余游万安山玉泉寺，于进士闵交如舍得之。所谓九诗僧者，剑南希昼、金华保暹、南越文兆、天台行肇、沃州简长、贵城惟凤、淮南惠崇、江南宇昭、峨眉怀古也。直昭文馆陈充集而序之。”方回认为九诗僧“皆学贾岛、周贺，清苦工密，所谓景联人人着意，但不及贾之高、周之富耳”(《瀛奎律髓》卷四七《释梵类》)。

欧梅　指宋诗人欧阳修、梅尧臣。二人皆不满宋初人沿袭晚唐诗风，志在复古。黄庭坚《次韵文潜立春日三绝句》：“渺然今日望欧梅，已发黄州首更回”(《山谷诗内集》卷十七)。又元好问《论诗三十首》：“百年才觉古风回，元祐诸人次第来。讳学金陵犹有说，竟将何罪废欧梅？”

嘉祐四友　指宋王安石、司马光、吕公著、韩维四人。“嘉祐”为宋仁宗年号。徐度《却扫篇》卷中：“王荆公、司马温公、吕申公黄门、韩公维，仁宗朝同在从班，特相友善，暇日多会于僧坊，往往谈宴终日，他人罕得而预，时目为嘉祐四友。”

欧苏　指宋文学家欧阳修、苏轼。欧、苏皆为散文大家，论者常将其与唐代韩、柳并举。南宋王十朋《读苏文》：“唐宋文章未可优劣，唐之韩、柳，宋之欧、苏，使四子并驾而争驰，未知孰后而孰先。”(《梅溪集》前集卷一九)明袁宏道《雪涛阁集序》：“有宋欧、苏辈出，大变晚习，于物无所不收，于法无所不有，于情无所不畅，于境无所不取，滔滔莽莽，有若江河。”

王荆公体　指宋王安石(封荆国公)诗风。严羽《沧浪诗话·诗体》：“王荆公体，公绝句最高，其得意处，高出苏、黄、陈之上，而与唐人尚隔一关。”叶梦得《石林诗话》卷中云：“王荆公少以意气自许，故诗语惟其所向，不复更为涵蓄”。同书卷上云：“（荆公）晚年诗律尤精严，造语用字，间不容发。然意与言会，言随意遣，浑然天成，殆不见有牵率排比处。”

三苏　指宋文学家苏洵和其子苏轼、苏辙。王辟之《渑水燕谈录》卷四：“苏氏文章擅天下，目其文曰三苏。盖洵为老苏、轼为大苏、辙为小苏也。”朱德《眉山三苏祠题辞》：“一门三父子，都是大文豪。诗赋传千古，峨眉共比高。”

二苏　指宋文学家苏轼、苏辙兄弟。黄庭坚《和答子瞻〈和子由常父忆馆中故事〉》：“二苏上连璧，三孔立分鼎。”（《豫章集》卷三）王应麟《小学绀珠》卷七“二苏”条：“苏轼、苏辙。”《宋史》卷三四六《常安民传》：“董敦逸再为御史，欲劾苏轼兄弟，安民谓：‘二苏负天下文章重望，恐不当尔。’”

东坡体　指宋苏轼诗风。杨万里《诚斋诗话》：“明月易低人易散，归来呼酒更重看。又：当其下笔风雨快，笔所未到气已吞。又：醉中不觉度千山，夜闻梅香失醉眠。又《李白画像》：西望太白横峨岷，眼望四海空无人。大儿汾阳中令君，小儿天台坐忘身。平生不识高将军，手涴吾足乃敢嗔。此东坡诗体也。”严羽《沧浪诗话·诗体》亦列有“东坡体”。东坡诗本之杜韩，韩诗影响尤大。王灼《碧鸡漫志》卷二云：“东坡先生以文章余事作诗，溢而作词曲。高处出神入天，平处尚临镜笑春。”以文为诗乃东坡体之主要特征。

七大家　指唐韩愈、柳宗元，宋欧阳修、苏轼、苏辙、曾巩、王安石七位散文大家。明李绍《苏文忠公集序》：“古今文章，作者非一人，其以之名天下者，惟唐昌黎韩氏、河东柳氏，宋庐陵欧阳氏、眉山二苏氏、及南丰曾氏、临川王氏七大家。”

唐宋八大家　指唐韩愈、柳宗元，宋欧阳修、苏洵、苏轼、苏辙、曾巩、王安石八位散文大家。明初朱右选此八家散文，集为一编，名《八先生文集》。明中叶唐顺之纂《文编》，于唐宋两代亦仅取此八家。稍后茅坤本朱右、唐顺之之说，再选八家散文为《唐宋八大家文钞》。以茅氏之书曾被奉为“初学之门径”（《四库全书总目》卷一八九），故“唐宋八大家”之名得以广泛流传。清代标榜古文的桐城派所选《古文辞类纂》，于唐宋古文，亦以此八家为限。

苏黄　指宋诗人苏轼、黄庭坚。《宋史》卷四四四《黄庭坚传》：“庭坚于文章尤长于诗，蜀、江西君子以庭坚配轼，故称苏黄。”苏、黄是代表宋诗特色的诗人，影响后世极为深远。徐俯曾言：“近世人学诗，止于苏、黄。”（曾季貍《艇斋诗话》引）刘克庄《后村诗话》前集：“元祐后，诗人迭起，一种则波澜富而句律疏，一种则锻炼精而情性远，要之，不出苏、黄二体而已。”

苏门四学士　指宋文人黄庭坚、张耒、晁补之、秦观。因同游苏轼、苏辙兄弟之门，故有此名。吴曾《能改斋漫录》卷一一《四客各有所长》条：“子瞻、子由门下客最知名者，黄鲁直、张文潜、晁无咎、秦少游，世谓之四学士。”王应麟《小学绀珠》卷六《四学士》条：“陈无己云：‘苏公之门有客四人，黄鲁直、秦少游、晁无咎，则长公之客也；张文潜，则少公之客也。”四人皆于名声未著时游苏轼兄弟之门，为轼所赏识，而声名始震。苏轼《答李昭玘书》称：“如黄庭坚鲁直、晁补之无咎、秦观太虚、张耒文潜之流，皆世未之知，而轼独先知之。”哲宗元祐年间，四人皆供职秘书省，为学士，政治上与苏轼同命运，共进退；文学上则诗文唱酬，互相切磋。四人虽同出苏门，而文学造诣不同，诗文风格各异，故吴曾认为：“鲁直长于诗辞，秦、晁长于议论。……乃知人才各有所长，虽苏门不能兼全也。”

苏门六君子　指宋文人黄庭坚、秦观、晁补之、张耒、陈师道、李廌六人。因曾游苏轼兄弟门下而得名。苏轼在《与李方叔》书中曾说：“顷年于稠人中骤得黄、张、秦、晁及方叔、履常。”已点出六人姓名。南宋人辑有《苏门六君子文粹》七十卷。方回《瀛奎律髓》卷二〇晁补之《次韵李秬梅花》诗批语：“苏门诸公以鲁直、少游、无咎、文潜为四学士，并陈无己、李方叔文集传世，号六君子。”

夔州七贤　指宋鲁有开、张俞、范镇、苏洵、苏轼、苏辙、黄庭坚七位名臣文人。七人先后曾经行于夔州府。《大明一统志》卷七〇《夔州府·宫室》：“七贤堂在万县治东，取宋鲁有开、张俞、范镇、苏洵、苏轼、苏辙、黄庭坚先后经行于此者诗翰刻于堂上，仍绘七贤像。宋陈埙作记。”

山谷体　指宋黄庭坚（号山谷）诗风。杨万里《诚斋诗话》：“风光错综天经纬，草木文章帝杼机。又：涧松无心古须鬣，天球不琢中粹温。又：儿呼不苏驴失脚，犹恐醒来有新作。此山谷诗体也。”严羽《沧浪诗话·诗体》列有“山谷体”。陈岩肖《庚溪诗话》卷下：“山谷之诗，清新奇峭，颇道前人未尝道处，自为一家。”

晏秦 指宋词人晏幾道、秦观。二人词风皆深婉有致。谢章铤《赌棋山庄词话》卷九：“晏、秦之妙丽，源于李太白、温飞卿。”冯煦《宋六十一家词选例言》：“淮海、小山，古之伤心人也。其淡语皆有味，浅语皆有致，求之两宋词人，实罕其匹。”

秦七黄九 指宋词人秦观、黄庭坚。“七”、“九”为词人之排行。陈师道称：“今代词人，惟秦七、黄九耳，唐诸人不逮也。”（《苕溪渔隐丛话后集》卷三三引）冯煦认为“其实黄非秦匹也，若以比柳，差为得之。盖其得也，则柳词明媚，黄词疏宕，而亵诨之作，所失亦均”（《宋六十一家词选例言》）。

周秦 指宋词人周邦彦、秦观。张炎《词源》卷下：“及观遗山词，深于用事，精于炼句，有风流蕴藉处，不减周、秦。”二人皆为北宋婉约派的代表词人，陈廷焯称其“实为南宋导夫先路”（《白雨斋词话》卷六）。

三沈 指宋文人沈遘、沈括、沈辽三兄弟。真德秀《沈简斋四益集序》：“予读钱塘三沈诗文，叹其琳琅圭璧，萃在一门，（陆）机、（陆）云不足道也”（《西山真文忠公集》卷二八）。王应麟《小学绀珠》卷七有“三沈”条。

黄陈 指宋诗人黄庭坚、陈师道。杨万里《跋徐恭仲省斡近诗》：“传派传宗我替羞，作家各自一风流。黄陈篱下休安脚，陶谢行前更出头”（《诚斋集》卷二六）。王迈《山中读诚斋诗》：“江西社里黄陈远，直下推渠作社魁”（《臞轩集》卷一六）。二人皆为江西诗派代表人物。

张文潜体 指宋张耒（字文潜）诗风。其作诗师法白居易、张籍，诗风平易自然而饶有奇趣。方回《春半久雨走笔》自注“张文潜体”。论其诗“自然不雕刻，山谷不敢轻也”。又《送罗寿可诗序》谓：“张文潜自然有唐风，别成一宗，惟吕居仁克肖。”吕本中《童蒙训》云：“文潜诗自然奇逸，非他人可及。”

二晏 指宋词人晏殊与其子晏幾道。晏氏父子继承《花间》词风，其高处或过之，论者谓其足以追配南唐李氏父子。毛晋《小山词跋》：“晏氏父子，具足追配李氏父子云。”冯煦《宋六十一家词选例言》以其“诚为知言”。夏敬观称：“晏氏父子，嗣响南唐二主，才力相敌，盖不特词胜，尤有过人之情”（《小山词》跋尾）。晏端书曾刻《二晏词》，今存。

欧苏秦黄 指北宋词人欧阳修、苏轼、秦观、黄庭坚。四人皆为北宋词坛大家。清舒梦兰《白香词谱笺》卷三：“俞仲茅彦曰：‘唐诗三变愈下，宋词殊不然。欧苏秦黄，足当高岑王李。’”王鹏运则认为四家词风各异，其尤高者当推苏轼，《半塘遗稿》略云：“北宋人词，如欧阳文忠之骚雅、秦太虚之婉约、黄文节之隽上，皆可抚拟得其仿佛，唯苏文忠之清雄，敻乎轶尘绝迹，令人无从步趋。”王国维则认为：“北宋人如欧苏秦黄，高则高矣，至精工博大，殊不逮先生（周邦彦）”（《人间词话补遗》）。

后山体 指宋陈师道（号后山居士）诗风。严羽《沧浪诗话·诗体》：“后山体。后山本学杜，其语似之者但数篇，他或似而不全，又其他则本其自体耳。”其体朴拙无华、“简洁峻峭而悠然深味”（刘壎《隐居通议》卷八），“其境皆真境，其情皆深情”（卢文弨《后山诗注跋》）。

周柳 指宋词人周邦彦、柳永。明徐渭《南词叙录》：“徽宗朝，周、柳诸子，以此贯彼，号曰侧犯、二犯、三犯、四犯，转展波荡，非复唐人之旧。”二人皆通晓音律，喜作长调，善于铺叙，工于写景。夏敬观称：“耆卿写景无不工，造句不事雕琢，清真效之。故学清真词者，不可不读柳词”（手批《乐章集》）。

三孔 指宋文学家孔文仲、孔武仲、孔平仲三兄弟。黄庭坚《豫章集》卷三《和答子瞻〈和子由常父忆馆中故事〉》诗：“二苏上连璧，三孔立分鼎。”王应麟《小学绀珠》卷七“三孔”条：“孔文仲（经父）、武仲（常父）、平仲（毅父）。”《宋史》卷三四四《孔文仲传》：“初，文仲与弟武仲、平仲皆以文声起江西，时号三孔。”孔氏兄弟为清江人，合著有《清江三孔集》，故又称“清江三孔”。

词家三李 指唐李白、南唐李煜、宋李清照三词人。清舒梦兰《白香词谱笺》卷三：“男中李后主、女中李易安，极是当行本色，前此李白，故称词家三李。”

李易安体 指宋女词人李清照（号易安居士）词风。辛弃疾有《丑奴儿·博山道中效李易安体》词。李清照词作“能曲尽人意，轻巧尖新，姿态百出”（王灼《碧鸡漫志》卷二），后人推其为“婉约之宗”（王士禛《花草蒙拾》），又称其“在宋诸媛中，自卓然一家，不在秦七（秦观）、黄九（黄庭坚）之下。词无一首不工，其炼处可夺梦窗（吴文英）之席，其丽处直参片玉（周邦彦）之班，盖不徒俯视巾帼，直欲压倒须眉”（李调元《雨村词话》卷三）。

杨诚斋体 指宋杨万里(号诚斋)诗风。严羽《沧浪诗话·诗体》:"杨诚斋体,其初学半山、后山,最后亦学绝句于唐人。已而尽弃诸家之体而别出机杼。盖其自序如此也。"其诗体具有新鲜活泼的独特风貌,葛天民《寄杨诚斋》称赞他"死蛇解弄活泼泼"(见《葛无怀小集》)。周必大《跋杨廷秀石人峰长篇》也评说:"今日士子见诚斋大篇巨章,七步而成,一字不改,皆扫千军、倒三峡、穿天心、透月窟之语,至于状物姿态,写人情意,则铺叙纤悉,曲尽其妙,遂谓天生辩才,得大自在"(《周益国文忠公集·平园续稿》卷九)。

周柳苏辛 指宋词人周邦彦、柳永、苏轼、辛弃疾四人。四人皆工于长调。王国维《人间词话》卷下:"长调自以周柳苏辛为最工。美成《浪淘沙慢》二词,精壮顿挫,已开北曲之先声;若屯田之《八声甘州》、东坡之《水调歌头》,则伫兴之作,格高千古,不能以常调论也;稼轩《贺新郎》词《送茂嘉十二弟》,章法绝妙,且语语有境界。此能品而几于神者,然非有意为之,故后人不能学也。"

苏辛 指宋词人苏轼、辛弃疾。二人词风沉雄豪放有相似处。清周济《宋四家词选目录序论》:"苏辛并称。东坡天趣独到处,殆成绝诣,而苦不经意,完璧甚少;稼轩则沈著痛快,有辙可循,南宋诸公无不传其衣钵。"王国维《人间词话》卷上:"东坡之词旷,稼轩之词豪。无二人之胸襟而学其词,犹东施之效捧心也。"

济南二安 指宋词人李清照、辛弃疾。李清照号易安,辛弃疾字幼安,皆济南历城(今属山东)人。清王士禛《花草蒙拾》:"张南湖论词派有二:一曰婉约,一曰豪放。仆谓婉约以易安为宗,豪放惟幼安称首,皆吾济南人,难乎为继矣!"沈曾植《菌阁琐谈》:"渔洋称易安、幼安为济南二安,难乎为继,易安为婉约主,幼安为豪放主。此论非明代诸公所及。"

三刘 指宋文学家刘攽、刘敞兄弟与敞子奉世三人。刘攽字贡甫(亦作"父")、刘敞字原甫,刘奉世字仲冯。徐度《却扫编》卷下:"刘原甫(敞)与其子仲冯(奉世)并贡甫(攽)皆精于《汉书》,每读随所得释之,后成一编,号三刘《汉书》。"《宋史》卷三一九:"刘敞博学雄文,邻于邃古;攽虽疏隽,文埒于敞;奉世克肖。世称三刘。"

尤杨范陆 指宋诗人尤袤、杨万里、范成大、陆游四人。方回《桐江集》卷三《跋遂初尤先生尚书诗》:"宋中兴以来,言治必曰乾、淳,言诗必曰尤杨范陆。其先或曰尤萧,然千岩早世不显,诗刻留湘中,传者少。尤杨范陆,特擅名天下。"又《瀛奎律髓》卷二〇《道上人房老梅》诗批语:"乾淳以来,尤杨范陆为四大诗家,自是始降而为江湖之诗。"四人又称"中兴四大家"或"南宋四大家"。

中兴四大家 见"尤杨范陆"。

尤萧范陆 指宋诗人尤袤、萧德藻、范成大、陆游四人。杨万里《诚斋集》卷四一《进退格寄张功父姜尧章》:"尤萧范陆四诗翁,此后谁当第一功?新拜南湖为上将,更差白石作先锋。可怜公等俱痴绝,不见词人到老穷。"

放翁体 指宋陆游(号放翁)诗风。方回评翁续古《道上人房老梅》诗云:"刘潜夫(克庄)初亦学四灵,后乃少变,务为放翁体"(《瀛奎律髓》卷二〇)。《四库全书总目》评:"(陆)游诗法传自曾幾,而所作吕居仁集序又称源出居仁,二人皆江西派也;然游诗清新刻露,而出以圆润,实能自辟一宗,不袭黄、陈之旧格。"然此说未能概括其雄浑沉郁的另一面。

三洪 指宋文学家洪适、洪遵、洪迈三兄弟。刘克庄《后村大全集》卷九四《退庵集序》:"惟鄱阳(原误作"番易")三洪,笔力浩大。"三洪皆中博学宏辞科,《宋史》卷三七四《洪迈传》:"从二兄试博学宏辞科,迈独被黜,绍兴十五年始中第。"王应麟《小学绀珠》卷七"三洪"条:"洪适(景伯)、遵(景严)、迈(景卢),兄弟宏辞。"

江西诗派 指以宋黄庭坚为代表的诗歌流派。最早见于南宋胡仔《苕溪渔隐丛话》前集卷四八。该集引吕本中作《江西诗社宗派图》,奉黄庭坚为诗派之祖,下列陈师道、潘大临、谢逸、洪刍、饶节、徐俯、李彭、晁冲之、江端本、杨符、谢莶、夏倪、林敏功、潘大观、何觊、王直方、僧善权、高荷等二十五人。然他书所载名单与之尚有出入。此后还有人将吕本中、曾幾、陈与义等人亦列入江西诗派。元方回在《瀛奎律髓》中又将杜甫与黄庭坚、陈师道、陈与义称为江西诗派的"一祖三宗"。诗派中人并非全为江西籍,而以其宗主黄庭坚乃江西人而得名。此派并没有明确的创作理论主张,但他们之间有相近的审美见解与相似的创作风格。黄庭坚论诗歌创作应"以俗为雅、以故为新",并提倡"点铁成金",释惠洪在《冷斋夜话》中还称其曾示人"夺胎换骨"的创作方法,在当时人中有较大影响。其他如陈师道论学诗如"学仙",韩驹论诗如"参禅",吕本中论诗主"活法"。都反映该派诗人在创作形式上刻意求新,努力探索的精神。并形成生新拗峭,不蹈袭前人的创作特色,但不免流于题材内容狭窄、以学问为诗、风格苦涩枯淡的弊端。此派在理论与实践上反映了宋诗的基本特色,在中国诗歌史上影响深远,不仅南宋的大家杨万里、陆游、姜夔等都受其濡染,其余波一直影响到近代同光体诗人。

一祖三宗 指宋江西诗派所奉之宗主。一祖指唐杜甫,三宗指宋黄庭坚、陈师道和陈与义。此说为宋末元初方回所创,其在所著《瀛奎律髓》中屡申言之。方回认为"江西诗派非江西,实皆学老杜耳"(卷二六《题省中院壁》诗批),因此提出"古今诗人当以老杜、山谷、后山、简斋为一祖三宗"(同上卷《清明》诗批)。

陈简斋体 指宋陈与义诗风。严羽《沧浪诗话·诗体》:"陈简斋体,陈去非与义也,亦江西之派而小异。"方回列其为江西诗派三宗之一。陈与义早年诗风格清婉,靖康之难后,身经颠沛流离,诗风从黄庭坚之奇巧、陈师道之朴拙而发展为雄浑沉郁,与杜诗精神气格相似。刘克庄评其诗"以简洁扫繁缛,以雄浑代尖巧"(《后村诗话前集》卷二)。

二谢 指宋江西派诗人谢逸、谢薖兄弟。刘克庄《江西诗派小序》"二谢"条:"吕紫微评无逸(谢逸字)诗似康乐,幼槃(谢薖字)诗似玄晖。按康乐一字百炼乃出冶,玄晖尤丽密。无逸轻快有余而欠工致,幼槃差苦思,其合玄晖者亦少。然兄弟在政宣间,科举之外,有歧路可进身,韩子苍诸人,或自鬻其技至显贵,二谢乃老死布衣,其高节亦不可及。"

四洪 指宋江西派诗人洪朋、洪刍、洪炎、洪羽四兄弟。四人皆为黄庭坚之甥,黄庭坚《豫章集》卷二〇《书倦壳轩诗后》:"洪氏四甥,才器不同,要之皆能独秀于林者也。"王应麟《小学绀珠》卷七有"四洪"条。

二林 指宋江西派诗人林敏功、林敏修兄弟。刘克庄《江西诗派小序》"二林"条:"二林诗极少,曾端伯作《高隐小传》,云有诗文百二十卷,今所存十无一二。兄弟皆隐君子,不但以诗重。"

瘦权癞可 指宋江西诗派中二位能诗僧人善权、祖可。方回《瀛奎律髓》卷四七僧善权《寄致虚兄》诗批:"祖可正平、善权巽中二人齐名,世称瘦权癞可。"祖可有《瀑泉集》,善权有《真隐集》。

上饶二泉 指宋诗人赵蕃(号章泉)、韩淲(号涧泉)。方回《送罗寿可诗序》:"尚有余杭二赵、上饶二泉,典刑未泯"(《桐江续集》卷三二)。二人为江西诗派在南宋的后劲。谢枋得《萧冰厓诗卷跋》:"诗有江西派,而文清昌之,传至章泉、涧泉二先生,诗与道俱隆。"(《叠山集》卷九)

周姜 指宋词人周邦彦、姜夔。二人精于音律,皆婉约词风代表作家,后人论词常将二家并举。黄昇称:"白石道人,中兴诗家名流,词极精妙,不减清真乐府。"(《中兴以来绝妙词选》卷六)邓牧称:"美成、白石,逮今脍炙人口。知者谓丽莫如周,赋情或近俚;骚莫如姜,放意或近率。"(《伯牙琴张叔夏词序》)凌廷堪称:"美成如杜,白石兼王、孟、韦、柳之长"(《词洁》)。

江左二宝 指宋文学家胡伸、汪藻。王应麟《小学绀珠》卷六"二宝"条:"胡伸、汪藻,有声太学,学中为之语曰:'江左二宝。'"《宋史》卷四四五《汪藻传》:"徽宗亲制《君臣庆会阁诗》,群臣皆赓进,惟藻和篇众莫能及。时胡伸亦以文名,人为之语曰:'江左二宝,胡伸汪藻。'"

双白石 指宋诗人姜夔与黄景说(二人皆号白石)。罗大经《鹤林玉露》卷二:"姜尧章学诗于萧千岩……自号白石道人……时黄岩老(景说)亦号白石,亦学诗于千岩,诗亦工。时人号'双白石'云。"

二窗 指宋词人吴文英(号梦窗)、周密(号草窗)。二人词风相近,论者常将其并举。清戈载《宋七家词选》:"草窗词尽洗靡曼,独标清丽,有韵倩之色,有绵渺之思,与梦窗旨趣相侔,二窗并称,尤矣无忝。"

姜张 指宋词人姜夔、张炎。姜、张皆格律派代表词人,词作注重协音合律,追求清空典雅,后世词论家常将二人并举。江藩《词源》跋称:"玉田生词与白石齐名,词之有姜、张,如诗之有李、杜也。"王鹏运辑有《双白词》,将姜夔《白石道人词集》与张炎《山中白云词》合为一集。

四灵体 指宋徐照(字灵晖)、徐玑(字灵渊)、翁卷(字灵舒)、赵师秀(字灵秀)四人诗风。四人皆永嘉人,故又称"永嘉四灵"。叶適《水心集》卷二九《题刘潜夫南岳诗稿》:"往岁徐灵晖诸人,摆落近世诗律,敛情约性,因狭出奇，合于唐人，夸所未有，皆自号四灵云。”刘克庄《后村先生大全集》卷九八：“近世理学兴而诗律坏，惟永嘉四灵复为唐，苦吟过于郊、岛，篇帙少而警策多，今皆亡矣。”四灵复倡唐音，本有救弊之义，惜其止于晚唐，转形鄙陋。在宋末很有影响。

永嘉四灵　见“四灵体”。

词坛三绝　指宋词人周邦彦、姜夔、王沂孙。清陈廷焯《白雨斋词话》卷二：“词法之密，无过清真；词格之高，无过白石；词味之厚，无过碧山，词坛三绝也。”

江湖派　南宋时书商陈起曾刊行《江湖集》、《江湖前集》、《江湖后集》、《江湖续集》等诗歌总集，收录戴复古、刘过、姜夔、赵汝鐩、利登、乐雷发等百余家作品，后人遂将集中所收诗人称为江湖派。这些诗人多为功名不就、仕途淹蹇的下层人士，他们多以浪迹江湖，归隐山林相标榜，表示厌倦社会不满朝政的生活态度。故其创作对当时社会有较广阔的反映，其风格则不同于江西派的苦涩拗峭，而以平直流畅见长，然亦不免流于粗率浅薄，境界不高。

二戴　指宋诗人戴复古与其侄孙戴颐。刘克庄《后村题跋》卷一一“二戴诗卷”：“余为仪征郡掾，始识戴石屏式之；后佐金陵阃幕再见之；及归田里，式之来入闽，又见之；皆辱赠诗。式之名为大诗人，然平生不得一字力，皇皇然行路万里，悲观感触一发于诗。其侄孙颐橐其遗稿示余……颐诗亦有石屏风骨，诸公多称之。昔《礼记》有二戴，余谓诗亦有之，敬尊石屏曰大戴，颐曰小戴。”

姜史　指宋词人姜夔、史达祖。姜、史皆格律派代表词家，所作清真淡宕，追求格高韵胜，后世词论家常将其并举。谢章铤《赌棋山庄词话》卷九：“姜、史之清真，源于张志和、白香山。”许昂霄对二家作了比较：“白石、梅溪，昔人往往并称。骤阅之，史似胜姜，其实则史稍逊尧章。”（《词综偶评》）

河汾诸老　指金元之际河汾间八位诗人。元房祺编《河汾诸老诗集》八卷，选金遗民麻革、张宇、陈赓、陈庾、房皞、段克己、段成己、曹之谦八人之诗，人各一卷，并作《后序》称：“近代诗人，遗山元先生为之冠。先生太原人，太原境与平阳接，河山胜概，地土所宜，习俗所尚，古今人物不殊。至如师友渊源，文章正脉，略与之等，故河汾间诸老与天下人材无让。”《四库全书总目》称所选“皆金之遗老从元好问游者”，“诸老以金源遗逸，抗节林泉，均有渊明义熙之志，人品既高，故文章亦超然拔俗，吉光片羽，弥足宝贵”。

婉约派　一般指以五代《花间集》开创，宋晏殊、柳永、秦观、周邦彦等人发扬的词创作风格。前人多用“婉美”、“软媚”、“绸缪宛转”来形容上述诸人的词风。至明张綖《诗余图谱·凡例》后附识云：“词体大略有二：一体婉约；一体豪放。”遂相沿用。此体多表现男女离别相思，构思细密、章法井然，遣词用句均十分讲究且注重音律谐婉，具有阴柔之美。但题材内容较狭窄。对后世影响深远，并被视为词家正宗，如徐师曾《文体明辨序说·诗余》以为词“要当以婉约为正；否则虽极精工，终乖本色”。

豪放派　一般指以宋代苏轼、辛弃疾为代表的词创作风格。宋沈义父《乐府指迷》云：“近世作词者不晓音律，乃故为豪放不羁之语，遂借东坡、稼轩诸贤自诿。”明张綖《诗余图谱·凡例》后附识云：“词体大略有二：一体婉约；一体豪放。”遂相沿用。其体多创作视野广阔，气象雄放，具有阳刚之美，又比较注意反映社会现实生活。然用典较多，有时不拘守音律。

总　　集

宋文鉴　本名《皇朝文鉴》。诗文总集。宋吕祖谦奉宋孝宗之命编选。一百五十卷，按赋、诗、奏疏、杂著等分为六十一类。一至十一卷，收赋八十余篇；十二至三十卷，收各体诗（包括“骚”）约一千零二十篇；三十一至一百五十卷，收文一千四百余篇。全书所收作者约二百余人。所选诗文，大多是当时即为人传诵的作品。编选者本着宋初“文人尚少，故所取稍宽”，仁宗以后，“文士辈出，故所取稍严”；“其人有闻于时而其文不为后进所诵习”，“亦搜求其文”；其人“不为清议所予，而其文亦自有可观”，亦“不以人废言”（吕乔年《太史成公编皇朝文鉴始末》）。陈振孙《直斋书录解题》记朱熹晚年语学者曰：“此书编次，篇篇有意。……其所载奏议，亦系一时政治大节。”据江钿编集《宋文海》增损，体例仿萧统《文选》。明、清两代均有刻本，通行有清光绪十二年（1886）江苏书局刻本、《四部丛刊》影印铁琴铜剑楼藏宋刻本。另有1992年中华书局排印本。

南宋文范　诗文总集。清庄仲方编。七十卷，外编四卷，作者考二卷。编者以宋吕祖谦《宋文鉴》皆采北宋作品，故为续编，选录均为南宋诗文，分五十五类。文以说理为主，诗仅选古体。编者服膺南宋理学，故收入大量朱熹作品，其编选大旨可见一斑。有清道光活字本、光绪年间江苏书局刻本。

清江三孔集 诗文总集。宋孔文仲、孔武仲、孔平仲著。四十卷。据苏颂《中书舍人孔公(文仲)墓志铭》，文仲有文集五十卷。武仲生前尝手编《丙辰赴阙诗稿》、《南斋集稿》、《渡江集》，今存此三集自序。三人文集，宋室南渡后已不传。宋宁宗庆元五年(1199)，权发遣临江军王蓬辑三人遗文，刊成《三孔先生清江文集》四十卷，收文仲《舍人集》二卷、武仲《宗伯集》十七卷、平仲《朝散集》二十一卷。末有王氏跋一篇。(见《藏园群书经眼录》卷一八)《直斋书录解题》、《文献通考》、《宋史·艺文志》均著录。宋刻久佚。清嘉庆二十二年(1817)，孔氏水北刊《清江三孔集》四十卷。民国六年(1917)，胡思敬以嘉庆本刊入《豫章丛书》，尝以文澜阁库本复校，然多讹脱。集前有周必大《三孔先生集序》，集后有胡思敬撰《校勘记》三卷。

辽文萃 诗文总集。清王仁俊编。其《述例》称"上古至隋唐至明皆有总集，唯五代及辽阙如"，"乃发愤为《五代文荟》、《辽文萃》"。于光绪二十四年(1898)在武昌官报局辑成辽文十四卷。因得见缪荃孙所辑《辽文存》，凡缪书已收录者，悉皆删去。且声言"有史载表奏止录大意者"、"有诏止二三语者"、"有佚句仅存者"、"有似文而实为口说者"、有"记事太质者"、"文字太俚者"、有"辽人使令为对偶文字者"、有"石刻太残泐者"，概从割爱(《述例》)，因剩一百余篇，编为《辽文萃》四卷。仍以文体流别分类编次，与《辽文存》大体相同。卷五为《补遗》，卷六为《作者考》，卷七为《逸目考》。附《辽艺文志补证》一卷。王氏将高丽之作编入此集，而于西夏则别编为《西夏文缀》二卷。《辽文萃》拾补了《辽文存》的部分阙漏，但仍有漏误失当之处。有光绪三十年(1904)元冰阁刊本及《辽海丛书》本。

辽文存 诗文总集。近代缪荃孙编。在此之前，韩小亭尝辑《辽文存》，自言大半得于荒原古社，已散亡(赵之谦《沈氏论语孔注辨伪跋》)。光绪中叶，缪荃孙总修《顺天府志》，搜拓畿辅碑志，甄录辽代诗文二百余篇，编成此书。西夏、高丽之作，其系辽年号者，亦皆编入。共六卷，按历代诗文总集惯例，以文体流别为类，分诗、诏令、册文、策问等十六类。附录《辽艺文志》、《辽金石存目》各一卷。虽有漏误失当之处，仍不失为研究辽代文学之重要资料。有光绪二十二年(1896)上海来青阁刊本。

辽文补录 诗文总集。清黄任恒编。光绪三十年(1904)，黄任恒辑《辽文最》四卷，收录辽代诗文完整篇帙一百八十余篇。1919年得见缪荃孙《辽文存》，乃将书稿中缪书所阙者七十余篇编为《辽文补录》。编次仍以文章流别为类，西夏、高丽之诗文亦收入集中，集后附录《辽文最》目录。由于未见王仁俊《辽文萃》，故所辑诗文与《辽文萃》往往互见。收入聚珍印务局1935年出版《辽痕五种》中。

全辽文 诗文总集。陈述编。编者将缪荃孙《辽文存》、王仁俊《辽文萃》、黄任恒《辽文补录》、罗福颐《辽文续拾》汇为一编，删去其中西夏、高丽诗文，以拓本校其讹谬，以新见补其所遗。除诸帝、后妃别成卷帙外，悉以作者先后为序，收诗文五百多篇。至1940年始得校讫，原题曰《辽文汇》。解放前已有纸型，但一直未付印，解放后，郭沫若托李亚农访得纸型，由中国科学院出版局于1953年初版线装本《辽文汇》四册，共十卷。刊布后，陈述又辑成《辽文汇续编》(未刊)。1982年，中华书局将《辽文汇》和《辽文汇续编》合并刊为《全辽文》十三卷出版，共收诗文八百余篇。按时间前后，以人为纲列作品，撰人佚名及时间不详者附后。集后又附录《类目索引》、《作者索引及事迹考》以及《图版》。为研究辽代历史和辽代文学之重要工具书。

中州集 诗文总集。金元好问编。书成于金亡以后，分卷首及甲、乙、丙、丁、戊、己、庚、辛、壬、癸十集。除金主显宗、章宗外，计收金代及金蒙之际二百四十九人的作品，并有作家小传。因作者多聚集于中州(今河南一带)，故名。末附《中州乐府》，不分卷。甲集为金初宇文虚中等人之作；乙集为祝简等人之作，丙集至辛集多为金末诗人之作，其中不少诗篇反映了金蒙战争时期的现实生活；壬集列"诸相"、"状元"等十余家诗；癸集列辛愿等"三知己"诗，司马朴等"南冠五人"之作，并收有元好问父德明、兄好古的作品。全集收罗广博，除当时在世之人不收外，几将金源一代可传诗词包括殆尽。其诗人小传，为《金史》诸列传所取资。宋遗民家铉翁《题中州诗集后》谓："片言一善，残编佚诗，搜访唯恐其不能尽。余于是知元子胸怀卓荦，过人远甚。”可谓定评。此集“以诗存史”，不但保存了金朝的文献，而且开创了断代诗史的新体例，为研究金蒙北方诗人心声之必备书。其书在作者生前即已刊行，但未见传本。明汲古阁影元刊本，篡改较多。一般认为董氏诵芬室影元刻本较善，中华书局于1959年用此本断句印行。

二妙集　诗词总集。金段克己、段成己合著。二人早以文学擅名，礼部尚书赵秉文推许为“二妙”，因以名集。八卷。卷首列吴澄《二妙集序》、虞集《河东段氏世德碑铭》。卷一为五言古诗（先列克己作，次列成己作，下同）、卷二为七言古诗、卷三为五言律诗、卷四为七言律诗、卷五为绝句、卷六为杂言、卷七卷八为乐府。卷末有段辅《二妙集跋语》。是集由克己之孙段辅初刻于元泰定四年（1327），并请吴澄作序，吴序称此集“陶（潜）之达、杜（甫）之忧盖兼而有之”。明成化十七年（1481），绛州守贾定访诸邑人，再为付梓。今通行有《四库全书》本、《石莲庵汇刻九金人集》本。《四库》本无贾序，似出自元刻；《石莲庵》本则出自贾本。《石莲庵》本有《逸文》一卷、《摭遗》一卷，尚有漏略，如段成己《元遗山诗集引》便失收。是集黄虞稷《千顷堂书目》、倪灿、卢文弨《补辽金元艺文志》、龚显曾《金艺文志补录》均曾著录。朱彝尊《曝书亭书目》作段镛、段铎撰，《四库全书总目》已辨系误题。

石莲庵汇刻九金人集　简称“九金人集”。诗文总集。清吴重熹辑。收金代王寂、赵秉文、王若虚、李俊民、元好问、蔡松年、段成己、段克己、白朴（由金入元）之别集。有清光绪刊本。

西昆酬唱集　诗总集。宋杨亿编。二卷。收诗人十七家，诗二百四十八首。全为近体，其中杨亿、刘筠、钱惟演三人的诗占五分之四以上。宋真宗景德元年（1004），杨亿等十三人奉命于内廷藏书秘阁编纂《册府元龟》。编书之暇，并约未参加编书的张咏、舒雅、丁谓、钱惟演参与，作诗唱和酬对，汇编成集。杨亿因将秘阁比之为神话《穆天子传》所云西方昆仑山上先王藏书之秘府，故以《西昆酬唱集》名之。今有明嘉靖玩珠堂刊本（即商务印书馆《四部丛刊》所据之底本）、中华书局1980年版王仲荦注本、上海古籍出版社1985年影印出版的由周一桢、王图玮校注本。

江湖小集　诗总集。宋陈起编。九十五卷。收录南宋洪迈、叶绍翁等六十二家诗（姚镛、周文璞、吴渊、许棐四家附有赋及杂文）。又《江湖后集》二十四卷。收录巩丰等六十四家诗，其中敖陶孙等十七人，其人已见前集而其诗未为前集所载。两集中所收之诗，主要不是从已刻印的诗集中选录，而是直接向某些诗人索稿，故大部分是未曾刊印过的作品。南宋中后期的一些诗作即赖此得以传世。该集中的作者，大多流落江湖，布衣终身，也有一部分曾居官入仕。所收诗人的诗风，或宗江西，或尚晚唐，或远模汉魏乐府，或近规陆游、杨万里。由于该集中的某些作品忤犯当时权贵，陈起曾被黜流放，该集亦被列为禁书毁版。此集宋陈振孙《直斋书录解题》、赵希弁《郡斋读书志·附志》中均曾著录，明初《文渊阁书目》载《中兴江湖集》三种，多者达五十二册，均佚。今存《江湖小集》、《江湖后集》，系从《永乐大典》中辑出。有《四库全书》本。

汲古阁景钞南宋六十家小集　诗总集。宋陈起辑。收录南宋戴复古、刘过等六十家诗集，一百四十四卷，保存了南宋诗和诗人的丰富资料。该集系明毛晋汲古阁影抄宋本，其版本价值亦弥足珍贵。民国十年（1921），上海古书流通处据明汲古阁影抄宋本影印出版刊行。后附有鲍廷博所辑知不足斋抄本影印的宋集补遗，内有姜夔等十一家诗集的补遗；又附南宋八家集，有薛师石等八家诗集的补遗十一卷。

南宋群贤小集　诗总集。宋陈起辑，清顾修重辑。源出南宋陈起所辑刊的《江湖集》，原本已佚。清修《四库全书》时，从《永乐大典》中辑其存稿九十五卷，题名《江湖小集》。清顾修据此书与残本《群贤小集》加以重刻，收入南宋危稹、罗与之、翁卷、陈起等七十四家诗，一百三十卷，成为今本。又加入清鲍廷博《群贤小集补遗》十五卷，内有姜夔和翁卷、赵师秀、徐玑、徐照等人的诗集补遗。末附南宋陈起所辑的《江湖后集》二十四卷。南渡后一些不甚知名的诗人作品，仅赖此集以传世。有清嘉庆间石门顾氏读画斋刊本。

两宋名贤小集　诗总集。旧本题宋陈思辑，元陈世隆补辑。三百八十卷。所录皆宋人诗集，始于杨亿，终于潘音，凡一百五十七家。有绍定三年魏了翁序及清朱彝尊跋。《四库全书总目》云：“考所载了翁序，与《宝刻丛编》之序，字句不易，惟更书名数字，其为伪托无疑。”又云：“然考彝尊《曝书亭集》，有宋高菊磵遗稿序，中述陈起罹祸之事甚悉，未尝混及陈思，而集中亦不载此跋。当由后人依托为之，未必真出彝尊手。”又谓朱彝尊本有宋人小集四十余种，或旧稿零落，后人得其残本，更掇拾他集合为一帙。因其稿本出彝尊，遂嫁名伪撰二跋。得出的结论是：编诗之人虽出赝托，而所编之诗则非赝托。宋人遗稿颇藉是书以荟其粹，搜罗不可谓无功。有《四库全书》本。

分门纂类唐宋时贤千家诗选 又名《后村千家诗》。诗总集。宋刘克庄（号后村居士）编。通行本二十二卷。录唐五代及宋人五七言律诗、绝句共一千二百余首，按时令、节候、气候、昼夜、百花、竹木、天文、地理、宫室、器用、音乐、禽兽、昆虫、人品十四门类分编，每门中再分小类。其中唐人入录者凡六十五家，宋诗又多于唐。所选诗多脍炙人口、通俗易懂，但时有割裂长篇以成短章之病。有清扬州诗局刻曹寅《楝亭藏书十二种》本，上海古书流通处据以影印，但讹脱较多。另明抄二十五卷本藏北京图书馆，较之通行本增出宴赏、性适两门，文字亦稍歧异，但有佚缺。更有分前集与后集者，其前集存十五卷，大体与通行本同，后集存六卷，为通行本所无，有元刻残本藏北京大学图书馆。另有贵州人民出版社校注本，名为《后村千家诗校注》。

声画集 诗总集。宋孙绍远编。八卷。收录唐宋人题画之诗，体裁主要为古体、律诗和绝句。分为二十六门类：古贤、故事、佛像、神仙、仙女、鬼神、人物、美人、蛮夷、赠写真者、风云雪月、州郡山川、四时、山水、林木、竹、梅、窠石、花卉、屋舍器用、屏扇、畜兽、翎毛、虫鱼、观画题画、画壁杂画。编者自序谓：“画有远近，诗有先后。名之曰声画，用有声画无声诗之意也。”该书编次颇为琐屑，参差不齐处甚多。但作为中国第一部题画诗总集，对后人不无影响。集中所录刘莘老等四十余人诗，其集皆不传。亦有一些不知名的诗人，颇赖是书存其一二传世之作。有宋刻本（存日本）、明写本、《楝亭藏书十二种》本、《四库全书》本。

天地间集 诗总集。一卷。宋谢翱编。附于《晞发集》后，今存仅二十首。诗人十七人，皆为宋末故臣遗老：文天祥、家铉翁、文及翁、谢枋得、郑协、柴望、徐直方、何新之、王仲素、谢钥、陆壑、何天定、王曼之、范协、吴子文、韩竹坡、林景熙。诗作流露出浓厚的爱国忠君思想和怀念故土的伤感情绪。据明宋濂所作《谢翱传》，《天地间集》原为五卷，原本已佚。今存为后人摭拾他书所集而成。有《四库全书》本。

濂洛风雅 诗总集。❶宋金履祥编。六卷。收录周敦颐、二程、张载、邵雍和朱熹等四十八位理学家的诗作。在体例上，首列濂洛风雅世系图。“濂”指周敦颐，“洛”指二程兄弟，世系图以时代先后及师承关系为序，该书的编选，旨在弘扬理学家的所谓诗教，以道学之诗与诗人之诗分庭抗礼。该书以四言诗、铭、箴、诫、赞、咏为风雅之正体，以楚辞、歌操、乐府、韵语为风雅之变体，以五七言古风及古乐府为风雅之再变，以绝句、律诗为风雅之三变。所选之诗，也颇能体现儒家的诗学观念，强调说理和议论，而缺乏文学性。有《率祖堂丛书》、《金华丛书》及《丛书集成初编》等本。❷清张伯行编。九卷。收录周敦颐、二程、朱熹等宋至明代十七位理学家的诗作，总计八百四十首，其中朱熹的诗作数量近半。其编录体例以五古七古、五律七律、五绝七绝为序。编纂宗旨及所选诗歌的体式，与金履祥编本大致相近。有《正谊堂全书》及《丛书集成初编》等本。

千家诗 诗总集。题宋谢枋得、明王相编。四卷。录唐宋人五七言近体诗二百余首，分体编排，计七绝九十余首、七律四十余首、五绝三十余首、五律四十余首。系据宋刘克庄《分门纂类唐宋时贤千家诗选》重加删选（亦有少量增补）而成，故收诗人虽有限，仍以“千家”为名。其中七言二卷旧题谢枋得编，但杂有明人诗作，恐系伪托；五言二卷乃王相续编。所选多浅显易懂、琅琅上口之篇什，旧时用以为儿童启蒙读物，流传极广。有简明注解，颇肤浅。现存数种明清刻本，1957年东海文艺出版社据莆阳郑濯之刻本断句校印，1980年浙江人民出版社、湖南人民出版社亦加印行。另有清黎恂《千家诗注》二卷、悔斋学人《续千家诗》二卷、今人王启兴等《千家诗新注》、汤霖、姚枫《千家诗注析》、李觉《千家诗今译》等相继行世。

瀛奎律髓 诗总集。元方回编。四十九卷。录唐宋诗人三百八十五家五七言律诗三千零十四首（其中重出二十二首），按类分编，计分登览、朝省、怀古、风土、升平、宦情、风怀、宴集、老寿、春日、夏日、秋日、冬日、晨朝、暮夜、节序、晴雨、茶、酒、梅花、雪、月、闲适、送别、拗字、变体、着题、陵庙、旅况、边塞、宫阃、忠愤、山岩、川泉、庭宇、论诗、技艺、远外、消遣、兄弟、子息、寄赠、迁谪、疾病、感旧、侠少、释梵、仙逸、伤悼等四十九类，类各一卷，每类中再分五言、七言，每体中大率按时代先后排列，是一部规模宏大、体制整齐的唐宋律诗选本。编者自序称“诗之精者为律”，又言取十八学士登瀛洲、五星聚奎之义，故名。每卷另有小序，说明该类诗的特点。各诗人皆有小传，诗中多有评注圈点；其评语数量多，涉及面广，总合起来相当于一部诗话。按方氏本人属江西诗派，论诗以唐杜甫为一祖，以宋江西派诗人黄庭坚、陈师道、陈与义为三宗。江西诗派好谈诗法、诗格，此书也极力标榜“格高”，并对用字、造句、对偶、声律、谋篇、作意诸法式加以总结，成为江西诗论的集大成，作者以此来排击当时的“四灵”、“江湖”诗派。所收诗，有原集已佚而赖此以存者；其评语中有珍贵传记资料。但编者的门户之见在选诗、评诗上也多有暴露，纪昀指摘它“以生硬为高格，以枯槁为老境，以鄙俚粗率为雅音”，致有标题句眼好尚生新、党同伐异之弊(见《瀛奎律髓刊误序》)。现存元至元二十年(1283)初刻巾箱本、明成化三年(1467)紫阳书院刻本、清康熙四十九年(1710)陆士泰刻本和康熙五十一年(1712)吴之振黄叶村庄刻本，《四库全书》亦加采录。另历来评点此书者不下十余家，专集行世有清纪昀《瀛奎律髓刊误》四十九卷及《删正方虚谷瀛奎律髓》四卷、许印芳《律髓辑要》七卷、吴汝纶《评选瀛奎律髓》四十五卷。今人李庆甲以诸本参校，集十余家评语及有关资料，成《瀛奎律髓汇评》，1986年上海古籍出版社出版。

四家宫词　诗总集。明林志尹编，杨慎批点。共二卷。上卷录唐王建、五代蜀花蕊夫人、宋王珪宫词各一百首，下卷录宋徽宗赵佶宫词三百首。书前有陈荐夫序，用骈文铺陈后宫生活及恩怨种种，以为宫词产生之所本。卷内有圈点及简要眉批。有明闵映璧朱墨套印本，辑入《词坛合璧》第十二册。另有嘉靖间黄鲁曾《编选四家宫词》四卷，所收四家同，人各一卷。

三家宫词　诗总集。明毛晋编。三卷。录唐王建、五代蜀花蕊夫人、宋王珪三家宫词各一卷；卷各七言绝句一百首。按编集三家宫词，始于宋人，明万历间亦有佚名所辑《三体宫词》三卷行世。毛氏此编在前人基础上重加整理，如删去旧刻王建宫词中杂入王昌龄、刘禹锡、白居易、张籍、杜牧等人诗八首，考订花蕊夫人为后蜀孟昶妃费氏，厘正花蕊夫人与王珪宫词中的部分错置等。《四库全书总目》以为“足以考当日之轶事，不但取其词之工也”。有明天启、崇祯间毛氏汲古阁刻《诗词杂俎》本，《四库全书》据以采录，民国间上海医学书局亦据以影印。

五七言今体诗钞　又名《今体诗钞》。诗总集。清姚鼐编。十八卷。录唐宋诸家五七言律诗九百余首，分前后两集。前集九卷为唐人五律(包括部分五排)，约五百六十首；后集九卷为唐宋人七律，约四百首(其中唐人六卷二百二十余首，宋人三卷一百七十余首)。前有“序目”，谓王士禛《古诗选》未收今体，故为此编以补其缺，并标举“雅正”作为选诗宗旨。“序目”还概述了五七言律诗的流变及本书各卷的安排，涉及对诸家风格的评论。姚氏尤推崇李杜，独选李诗一卷、杜诗二卷。对选录七律，提出“句引字赊，尤贵气健”(见“序目”)的要求，称许杜甫七律“含天地之元气，包古今之正变”，于晚唐特推重李商隐，于宋代推重苏轼、黄庭坚、陆游，均反映出其以气格为尚的宗趣。此选虽以唐人为主，实开启清中叶以后学宋诗的风气。书中录诗间有评语，颇精警，足资参考。有清嘉庆三年(1798)刻本、十三年重刻本和同治五年(1866)《惜抱轩全集》本，《四部备要》曾加采录；1986年上海古籍出版社据同治本校点印行，附姚氏所编《五七言绝句诗钞》。

唐宋八家诗　诗总集。清姚培谦编。选录唐韩愈、柳宗元及宋欧阳修、曾巩、王安石、苏洵、苏轼、苏辙八家诗，共五十二卷，计《昌黎诗钞》八卷(三百七十四首)、《南丰诗钞》三卷(二百零三首)、《半山诗钞》六卷(三百零三首)、《河东诗钞》四卷(一百四十二首)、《庐陵诗钞》八卷(三百五十五首)、《老泉诗钞》一卷(二十八首)、《东坡诗钞》十八卷(一千三百三十九首)、《栾城诗钞》四卷(一百五十六首)，总收诗二千九百首。首有王原序，略谓世人但知宗法唐宋八家之文，而不知其诗皆可美而传，今仿茅坤八家文抄之例汇而刻之，可破流俗一隅之见。另有编者所撰例言，说明原编仅东坡诗抄一种，后扩展为八家，其中韩愈诗全录，柳宗元十录八九，宋人除苏洵诗少全录外，余皆不免删选。各集前载诗人小传和集评，诗作均按体分编。有清雍正六年(1728)遂安堂刻本。

千首宋人绝句　诗总集。清严长明编。该书是编者仿洪迈《万首唐人绝句》之例，而去其尚奢之弊，对宋人绝句严加拣别而成。全书共分十卷，其中七绝七卷，五绝二卷，六绝一卷；选七绝六百八十六首，五绝二百十六首，六绝九十八首；共选诗人三百六十五家，其中苏轼、黄庭坚、陈与义、王安石、范成大、杨万里、陆游、姜夔等人的诗入选颇多，表明选家在扩大视野的同时，突出重点，客观地反映了宋人绝句的风格与成就。然而，由于本书的编纂时间颇为仓促，对所选诗未能细加校勘，故讹失不少，大抵有编次失当、误署作者、他诗牵合入题、非绝句而入选之弊。此书有1927年商务印书馆线装排印本，至1936年共印了四版，然商务本除订正卷五张孝祥一诗误植外，于其他讹失未作校正。今人吴战垒参校宋诗总集、别集、诗话、笔记，作了校勘，所选诗人，均作小传，并对诗作了注释，浙江古籍出版社1986年出版。

宋诗钞 诗总集。包括清吴之振、吴留良、吴自牧选《宋诗钞初集》，清管庭芬、蒋光煦补《宋诗钞补》两种。收宋诗一万二千余首，计一百家。初集一百零六卷，书目中收诗人一百家，清康熙十年(1671)刊印时尚有十六家有目无书。为避文字狱，刻本多有残损。吕留良受文字狱所连，毁墓戮尸，清刻本不署其名。所选各家名下都有小传，简述其生平行事，简评其诗歌，不乏精当之论。所选诗作则不加品题，不加批点。为一部意在反映宋诗全貌，以显示“宋诗之长”的极富参考价值的宋诗总集。商务印书馆1914年据清康熙十年刻本影印时，由李宣龚校补缺文计五十八家七百二十八字。1915年李氏从吴兴刘翰临处得别下斋旧藏本《宋诗钞补》，交商务印书馆排印，《初集》原缺十六家得以补全，其他各家之诗亦多有增益，有1945年排印本。1986年中华书局将两书合成一部，统称《宋诗钞》，删除重复，统一异名，改正错讹，校点整理为四册出版。

宋诗别裁集 诗总集。八卷。清张景星、姚培谦、王永祺编选。收宋诗六百四十五首，作者一百三十七人，包括了西昆体、江西诗派、江湖派等宋诗流派，体现出编者意在“尝鼎一脔，窥豹一斑”(傅王露《序》)。以见宋诗全貌的意图，入选诗作大都“比兴深婉”，“宫商协畅”(傅王露《序》)，体例按五言古、七言古、五言律、七言律、五言排律、五言绝、七言绝为序排列，原名《宋诗百一钞》，后人将其与《元诗百一钞》、《唐诗别裁集》、《明诗别裁集》、《清诗别裁集》合刻，称为《五朝诗别裁》，故名。有清乾隆二十六年(1761)诵芬楼初刻本、扫叶山房石印本、中华书局1973年据诵芬楼本影印线装本和1975年缩印平装本、上海古籍出版社1978年据诵芬楼本校点排印本。

唐宋诗举要 诗总集。高步瀛编。八卷。录唐宋(附金元好问)九十五家诗八百十六首(唐八十四家六百十九首，宋金十八家一百九十七首)，分体编次，计五古一卷、七古二卷、五律一卷、七律二卷、五言长律一卷、绝句一卷；每体中先唐后宋，以时代先后排列。按此书编选系以王士禛《古诗选》、《唐人万首绝句选》及姚鼐《五七言今体诗钞》为主要依据，虽眼界不免拘囿，而选篇颇精，多收大家、名家诗作，收李、杜诗达二百十六首，占所选唐诗三分之一强，其余如刘长卿、钱起等不录古体，孟浩然、储光羲多选五言，李贺专取歌行，长律只及杜甫，都显示出编者的精心安排；而各体(除五言长律)兼收者，除李、杜外，仅王维、欧阳修、王安石、苏轼、黄庭坚数家，于此可窥宗趣。每体前均有小序，概要叙述这一诗体在唐宋期间的流变。诗人名下有小传，间附考辨，并汇集前人评语于其后。所选诗一般有题解、笺注及评语，征引资料详赡、裁断精审；评语亦多汇集前人，尤以引桐城派刘大櫆、姚鼐、方东树以至曾国藩、吴汝纶诸家言论为多。有民国间刊本，流传不多，1959年中华书局上海编辑所点校印行，1978年上海古籍出版社重印。

唐宋诗醇 又名《御选唐宋诗醇》。诗总集。清高宗敕编。四十七卷。录唐李白、杜甫、白居易、韩愈及宋苏轼、陆游共六家诗二千五百余首，以人分编，计李白诗八卷三百六十余首，杜甫诗十卷六百五十余首，白居易诗八卷三百九十余首，韩愈诗五卷一百零四首，苏轼诗十卷五百三十余首，陆游诗六卷五百二十余首。前有高宗序，说明此书编选缘由为配合《唐宋文醇》，用以“见二代盛衰之大凡，示千秋风雅之正则”。此书选取李杜六人为唐宋诗歌的代表，乃以“温柔敦厚”的“诗教”为原则。“凡例”中有所评析。按李、杜宗主，早有定评；中唐则元、白齐名，此书黜元拔韩，因“微之有浮华而无忠爱”；宋代苏、黄并称，此书退黄进陆，盖“鲁直多生涩而少浑成”。书中各家诗前均有小序，论述诗人艺术成就，发扬其忠君爱国思想，这对于提高白居易和陆游在诗歌史上的地位，颇有影响。所选诗无笺注，但附评语，多引前人及时贤评，朱墨套印，另有朱笔圈点，皆足以参考。此书在过去流传颇广，有清乾隆十六年(1751)武英殿刻本、乾隆二十五年内府刻四色套印本和多次翻刻本，《四库全书》亦加采录。

宋五家诗钞 诗总集。朱自清编。为北宋梅尧臣、欧阳修、王安石、苏轼、黄庭坚五家诗选和笺注，意图在于与《古诗歌笺释三种》、《十四家诗钞》联为一体，勾勒出先秦至北宋诗史的轮廓。所选宋诗均摘抄自《宋诗钞》,自撰各家小传,排比旧注,复多方参考有价值的历代诗话;所选诗作亦别具只眼,体现出作者所推崇的宋诗特色,题曰《宛陵诗钞》、《欧阳文忠诗钞》、《临川诗钞》、《东坡诗钞》、《山谷诗钞》。后由余冠英、浦江清、王瑶、叶兢耕、冯钟芸、高熙曾等先生分别作过整理,写有跋言。上海古籍出版社又对全书进行校勘,于1980年编入《朱自清古典文学专集》出版。

永嘉四灵诗集　诗总集。宋徐照、徐玑、翁卷、赵师秀著。四人皆为永嘉(今浙江温州)人,字号中俱带灵字,创作旨趣又颇为相近,故世称"永嘉四灵"。四灵诗,徐照曾有家刻本,早佚。陈振孙《直斋书录解题》著录。南宋叶適论诗标举四灵,编纂《四灵诗选》,江湖诗人陈起予以刊行。今所传明潘是仁刻《宋元四十三家集》中徐照《芳兰轩诗集》、徐玑《二薇亭诗集》、翁卷《苇碧轩诗集》、赵师秀《清苑斋诗集》,疑为陈起刊本之翻刻,非四灵诗之全本。另钱谦益绛云楼藏宋椠《四灵诗集》为残本,然存诗反较潘刻本为多,陆心源皕宋楼、孙诒让玉海楼有此抄本。黄群所刊敬乡楼丛书二徐诗集,即据玉海楼抄本校刻。今人陈增杰据潘是仁刻本及黄群敬乡楼本为底本,并参校他本,对所有现存的四灵诗作了整理,合成《永嘉四灵诗集》,1985年由浙江古籍出版社出版,书后附有志传、序跋、诸家评论及题咏酬赠等。

全宋诗　诗总集。北京大学古文献研究所集体编辑,傅璇琮主编。已出二十册。邓广铭称"这部全宋诗,披采广博,涵容繁富,名家钜制,散篇佚作,全部荟萃于斯。而考订之精审,比勘之是当,亦远非全唐诗之所可比拟。不唯两宋诗坛之各流派、各家数均可藉此而探索其源流,而三百余年之社会风貌,学士文人之思想感情,亦均藉此而得所反映"(《全宋诗》第一册卷首题辞)。1993年开始由北京大学出版社陆续出版。

河汾诸老诗集　诗总集。元房祺编。八卷。收由金入元的麻革、张宇、陈赓、陈庾、房皞、段克已、段成已、曹之谦八位遗老之诗,人各一卷。原本共二百零一首,今存本仅一百七十七首。卷末有房祺大德五年(1301)后序和高昂霄元皇庆二年(1313)锓版时题记,知八人皆从元好问游者。以八位遗老皆隐于平阳一带,地处黄河与汾水之间,故曰"河汾诸老"。《四库全书总目》评诸老"人品既高,故文章亦超然拔俗,吉光片羽,弥足宝贵"。元皇庆二年、明弘治十一年(1498)旧刻皆佚,今存明毛晋汲古阁刊本、《四库全书》本、《粤雅堂丛书初编》本、《元人选元诗五种》本、《丛书集成》初编本、《金元总集》本;另有《四部丛刊》影印元写本,八卷之外附校语一卷。

全金诗　全名《御订全金诗增补中州集》。诗总集。清郭元釪编。七十四卷。书前有康熙五十年玄烨序及编者序。玄烨序谓"会有《全金诗》之进,遂命更加搜辑,凡金人集之断简残篇,皆令附以入"。编者序说明本书编辑缘起,乃因元好问《中州集》只收当时已故人之诗,而金源一代诗人作品缺漏尚多,故在《中州集》基础上重为增补,所收作家三百六十余人,作品五千五百余首,大大超过《中州集》。除保留元好问所作各家小传外,又采录《归潜志》、《金史》等史料,以备考核。另间有编者评说。但也有重出、漏辑的情况。有《四库全书》本。

五百家播芳大全文粹　全名为《圣宋名贤五百家播芳大全文粹》。文总集。宋魏齐贤、叶棻编。一百一十卷。所收录皆宋代之文,其中骈文占十之六七。题曰五百家,卷首序目所列姓氏实为五百二十家。文章大多为仕宦应用之作,分为贺表、谢启、制诰奏状奏札、万言书、叠幅、札子、尺牍、青词、疏、祝文、婚书、生辰赋颂、乐语、劝农文、檄文、祭文、挽词、序、碑铭、铭赞箴、颂题跋等类。作者姓名仿照《文选》体例,不书其名,只书其字,因年代久远,有些已难以考见。清朱彝尊曾见徐炯家宋刻本二百卷(《跋言》),至清编《四库全书》时,仅见一百二十六卷明抄本。该集收录虽有芜杂之病,但一些宋人篇章专集不传世者,亦赖是书以略存其梗概。有宋绍熙元年原刊本(一百卷)、《四库全书》本。

宋文选　文总集。宋无名氏编。收录北宋欧阳修、司马光、范仲淹、王禹偁、孙复、余元度、王安石、曾巩、石介、李清臣、唐庚、张耒、黄庭坚、陈瓘等十四家文,共三十二卷,文三百八十余篇。编者用意严慎,所录之文大都有关于经术政治,北宋政论的宏文名篇,约略俱见于该集。由于当时苏轼之文遭禁最严,故集中未选。又集中未选程颢、程颐之文,盖编者不视其为文士。曾巩《南丰外集续稿》,时已不传,其佚篇惟赖此集以存。为后人保存了大量的宋文资料。有《四库全书》本。

苏门六君子文粹　文总集。编者不详。七十卷。卷首《凡例》称或传为陈亮所辑,而《龙川集》不见此集序。《宋史》称黄庭坚、张耒、晁补之、秦观为苏门四学士，此集又益以陈师道、李廌，称为苏门六君子。所选之文，皆从诸家集中录出，有《淮海文粹》十四卷、《宛邱文粹》二十二卷、《济北文粹》二十一卷、《济南文粹》五卷、《豫章文粹》四卷、《后山文粹》四卷。所选文章大抵以议论之文居多，盖当时坊肆刊刻，以备学子习学应试之用。有的文章删去首尾，仅存其要。编者去取颇谨严，或为当时工文之士。李廌、张耒、陈师道集，均藉此书勘正。有明刻本、《四库全书》本。

唐宋八大家文钞 文总集。明茅坤编。一百六十四卷。收录唐韩愈、柳宗元，宋欧阳修、苏洵、苏轼、苏辙、曾巩、王安石八家之文。其中韩文十六卷，二百五十二篇；柳文十二卷，一百二十篇；欧阳文三十二卷，二百八十六篇；王文十六卷，二百十一篇；曾文十卷，八十七篇；苏洵文十卷，六十篇；苏轼文二十八卷，二百五十一篇；苏辙文二十卷，一百七十二篇；共计一千四百余篇。编排首列原序、次列论例，分述八家风格，各家文选前亦各有序，述其特色，后列作者本传，每篇均加圈点批评。本书系有感八家全集浩繁而编，旨在为初学古文者提供选本，“以为操觚者之券”（《原叙》）。所选虽非精审，亦能得繁简之中，后世流传较广，“唐宋八大家”之名实源于此。其书初刊于杭州，明万历年间茅坤孙茅著为之订正而重刊之，并始以《五代史钞》二十卷附欧阳修文后。另有清坊刻本、《四库全书》本行世。

唐宋文醇 文总集。清爱新觉罗·弘历（清高宗）编选。五十八卷。卷首有弘历序，自云此书乃“取储欣所选十家之文，录其言之尤雅者若干首合而编之，以便观览”。此书编选唐宋八大家及李翱、孙樵散文四百六十三篇。计韩愈十卷，文九十九篇；柳宗元八卷，文八十八篇；李翱二卷，文十一篇；孙樵一卷，文十篇；欧阳修十二卷，文八十一篇；苏洵四卷，文二十七篇；苏轼十三卷，文八十四篇；苏辙三卷，文二十三篇；曾巩四卷，文二十二篇；王安石一卷，文十八篇。选文后附有唐至清代的若干评语，其中玄烨（清圣祖）的评语用黄色印在篇首，弘历的评语用朱色印在篇末。此集虽在储欣选本的基础上编成，亦有储欣选本所未收者。有《四库全书》本。

唐宋十大家全集录 文总集。清储欣编。五十一卷。收录唐韩愈、柳宗元、李翱、孙樵，宋欧阳修、苏洵、苏轼、苏辙、曾巩、王安石十家散文。编者仿明茅坤《唐宋八大家文钞》体例，然不满于其“大抵为经义计”，欲“破学者抱匮守残之见”（《总序》），故于八大家之外，又增入李翱、孙樵两家。计收韩愈文八卷，二百五十三篇；柳宗元文六卷，一百四十四篇（另附《外集》文五篇）；李翱文二卷，六十九篇；孙樵文二卷，三十五篇；欧阳修文七卷，一百六十二篇；苏洵文五卷，八十一篇；苏轼文九卷，二百四十一篇；苏辙文六卷，八十六篇；曾巩文二卷，四十七篇；王安石文四卷，一百十九篇；合计一千二百余篇。各家卷首有小序、前人序跋和史书本传，选文排列先后一依作者本集次序。凡文章精妙之处，编者有眉批加以解说，文后并附备考和辑评。因此书在茅编的基础上有所发展，故在清代影响甚大。爱新觉罗·弘历编《唐宋文醇》即以此为蓝本。有清康熙初刻本、光绪苏州书局刻本。

宋四六话 清彭元瑞编。据编者自序所称，他在编选宋代骈体文集《宋四六选》之际，博览宋人群籍，其中有不少谈及骈文之语，“多一时典制，议论流利，属对精切，爱不能割，辄抄付箧，积成巨帙，略以文体诠次”。编者从一百六十九种宋代史籍、宋人文集及笔记小说中遍加捃采，以至于片辞只语，皆搜括无遗，大量地保存了当时人对骈体文的评论及流传的本事，并仿照《宋四六选》一书的体例编次，按制诏、表、启、赋檄、祝文、乐语、上梁文、杂文、散语、摘句、谐谈等文类分成十二卷，卷首题有曹振镛序文及编者自序，共收各种文话七百五十五则。该书有嘉庆八年(1803)刻本行世，此外还被收入《海山仙馆丛书》及《丛书集成初编》。

唐宋文举要 文总集。近代高步瀛编选。书分甲乙二编，十二卷。甲编为散文，八卷。前五卷选唐文一百篇，计二十六家；后三卷选宋文七十八篇，计十四家。合计四十家，一百七十八篇。乙编为骈文，四卷。前三卷选唐文四十六篇，计二十九家；后一卷选宋文二十四篇，计二十家。合计七十篇，四十九家。由于编选者意在“备学者习肆”（甲编《序》），每编之前有总序，简述唐宋两代散文和骈文的基本情况。该书选录唐宋两代优秀作品，散文部分，唐宋八大家计一百三十三篇，占所选唐宋文四分之三。八家之外作品，显示出各种不同文章风格，较全面展示出唐宋文之全貌。该书注释，详博严谨，引文多注出处，且对所引古书分辨真伪。有关历史事实、典章制度、地理沿革，必取原始材料。有关训诂音韵，必据《说文》、《广雅》等、阐说文义，博采前人论述。超过了宋、明以来某些旧注本，具有较高参考价值。有1963年中华书局排印本，1982年上海古籍出版社排印本。

宋代蜀文辑存　文总集。傅增湘辑。一百卷，续补一卷。收录宋代(包括南宋遗民)蜀人四百五十余人文章。此辑本目的在于保存文献，故凡其人文集失传，散佚之文，有见即录，不加选择，唯公牍文徒存格式者不录。全书以人系文，并依时代前后排列；一人之文，排列体例则仿《宋文鉴》。所收之文，皆注明出处，并编成《引用书目》列于卷首。此书收罗宋代蜀文献较完备，然未收闺阁、方外之人。今有民国三十二年(1943)江安傅氏北平铅印本。

全宋文　文总集。四川大学古籍整理研究所编纂，曾枣庄主编。收有宋一代文章十万余篇，作者万余人，计五千多万字，为迄今最大的一部宋代文章总集。此书体例上的特点是：所收文章按作者生年或相对生年为序排列，每一位作者的文章按文体分类排列。并附有作者小传，文章大都注明出处，间有校记。各册均附作者及篇名目录。书末附有全书总目，作者索引，篇名索引，并列出疑伪互见作品对照表，宋人文集版本目录以及别集以外引用书目等。巴蜀书社自1988年起陆续出版。

金文雅　文总集。清庄仲方编。据编者自序，有感于金代文集的大量散失，尤其是冯清甫所辑百卷本《金文至》的亡佚，故而从仅存的金代诗文总集、史籍、地方志等二十五种书籍中，"广搜严遴，汰其粗率，取其雅驯，厘为十六卷"，其宗旨为"聊存一代之文献"。该书以赋、诏令、册文、奏疏、表、书、箴、铭、颂、赞、庙碑、上梁文、记、序引、议论、原、说、题跋、祭文、哀辞、传、墓铭、墓表、墓碑等文体分卷，共录文二百二十九篇。所辑录的金代文章除采自《滹南遗老集》等仅存的五种金代别集外，均注明录自何书，如遇其有本集而不收，却从他书选入者，亦注明出处。书中附有《作者考》，将作者之名氏、爵里及其行事各述大略，以备知人论世之鉴。由于该书选材较精，因而在《金文最》刊行后仍然有其影响。有道光二十一年(1841)刻本及光绪十七年(1891)江苏书局刊本。

金文最　文总集。清张金吾编。一百二十卷。该书是继《全金诗》全面搜罗金代诗歌之后，大规模地辑录金代文章的集成之作，因取《公羊传》注"最聚"之意，故名曰《金文最》。编者有感于金人别集的大量亡佚，传世者不过寥寥数家，因而在庄仲方编辑《金文雅》的基础上，网罗散佚，掇拾遗残，成此煌煌巨制。本书之采集，自《金史》、《大金吊伐录》、《三朝北盟会编》诸书以外，凡山经地志、史书传记、金石墓碑，以至医书谱牍、杂家小说，旁及外国之书，无不广搜博采，编者积十二年之功，凡三易稿而成。该书编选的体例颇近于《金文雅》，按四十二种文类编排分卷，至于诗词一类，因有《全金诗》一编，故不再录入。该书卷首有英和、陈揆、黄廷鉴、陈澧、谭宗浚等人所作序文及编者自序，卷末有黄廷鉴及伍绍棠之跋。有光绪八年(1882)粤雅堂刊本及光绪二十一年(1895)江苏书局刊本，另有中华书局点校排印本，1990年出版。

时贤本事曲子集　词总集。宋杨绘编。仿孟棨《本事诗》，于每条词本事之下具录原词全文，实为最古的宋词总集、最古的词话。原书有前后集，已佚。今存梁启超、赵万里所辑共十四则。有《校辑宋金元人词》及《词话丛编》本。另有多则散见宋人著作。

乐府雅词　词总集。宋曾慥编。据编者南宋高宗绍兴丙寅(1146)年自序称，此集为"所藏名公长短句，裒合成编，或先或后，非有诠次，多是一家，难分优劣，涉谐谑则去之"，故名"雅词"。《直斋书录解题》著录"乐府雅词三卷，拾遗二卷"，《文献通考》著录"乐府雅词十二卷，拾遗二卷"，与上述著录不符。此书为今存最早之宋人选宋词总集，但久不传世，元、明两代未闻称引，朱彝尊自上元焦氏抄得此书，《四库全书》本即抄自上元焦氏，存词三卷，拾遗二卷，《四库全书总目》称"殆非足本"，但随意填补原本空缺，并非善本。该书大体为北宋词选，下限仅至南宋初词人。正集选录三十四家，七百余首，其中欧阳修词选录最多，共八十三首，但苏轼、秦观均不在其中(曾慥另编有《东坡词》、《东坡词拾遗》)，《拾遗》录词十六家，一百七十余首，柳永、晏幾道亦未能入选。正集卷上"转踏"中无名氏之《九张机》系从内廷传出，仅见于此。大曲则只录董颖《道宫薄媚》。所保存之"转踏"、"大曲"及入破、虚催、衮遍、催拍、歇拍、煞衮等名目均具有重要资料价值，王国维《唐宋大曲考》多取资于此。朱彝尊云："得是编，《草堂诗余》可废矣。"(《乐府雅词序》)此集因传写既久，颇多舛谬，清嘉庆丙子(1816)秦恩复刻《词学丛书》，便以此居其首。《粤雅堂丛书》二编亦录有《乐府雅词》六卷，拾遗二卷，此六卷本系将三卷本每卷一分为二而成，各卷有校语，各家名下有小传，《丛书集成初编》即用此本排印。《四部丛刊》本则据鲍渌饮校抄圈点本缩印。

花庵词选 词总集。宋黄昇（号花庵词客）编。据编者自序，是集成书于宋理宗淳祐己酉（1249），按得本之先后编次，故词人排列先后不甚严格。全书共二十卷，前十卷曰《唐宋诸贤绝妙词选》，大体为唐五代北宋词选，后十卷曰《中兴以来绝妙词选》，大体为南宋词选。共收词二百二十三家，一千余首，并附有黄昇自作词三十八首。该集自黄昇家藏善本选编，搜罗颇广，去取亦颇为严谨，所录多清俊典雅，历来为词坛推重，在校刊、辑佚上尤有价值。各家有小传，每篇题下间附评语，在选编体例上有创新。是集后十卷宋本犹存，为《石渠宝笈》故物，近人陶湘已将其影印，收入《景刊宋金元明本词》中。明毛晋汲古阁有刻本，《词苑英华》即用汲古阁旧版重印。《四库全书》本称所用之本为其“旧帙”，有淳祐己酉黄昇序，《四部丛刊》本《唐宋诸贤绝妙词选》十卷，为缩印明翻宋刊本，《中兴以来绝妙词选》十卷则据无锡孙氏小渌天藏明翻宋刊本缩印。另有中华书局1958年排印本。

草堂诗余 词总集。宋无名氏编。《直斋书录解题》著录“二卷”，称其“（皆）书坊编集者”。《文献通考》著录同。元至正辛卯（1351）刊本题为南宋何士信选编。据《四库全书总目》卷一九九《类编草堂诗余》提要考证，王楙《野客丛书》作于庆元间，已引《草堂诗余》张仲宗《满江红》词“蝶粉蜂黄”之语，则此书选编时间当在宋宁宗庆元以前。宋本岁久已佚，元至正癸未（1343）庐陵泰宇书堂刊本《增修笺注妙选群英草堂诗余》（即《类选群英诗余》）前集二卷、后集二卷（后集半页十三行，以洪武刊本补配），现藏日本。该本按题材内容分为春景、夏景、秋景、冬景、节序、天文、地理、人物、人事、饮馔器用、花禽等十一类，选录唐五代词及宋词三百余首，末附词话。所录词虽有杂而不纯之处，不如《花间集》等精善，但仍多有名章俊句，为宋人选宋词之重要选本。明、清人将其与《花间集》同作为词之范本。惟体例凌杂，注解也较粗疏。又有至正辛卯（1351）双璧陈氏刊行本。明洪武壬申（1392）遵正书堂刊本亦题为“增修笺注妙选群英草堂诗余”，前集二卷，后集二卷，吴昌绶双照楼曾将其影印，收入《景刊宋金元明本词》中，1958年中华书局已有排印本。此本各类中多有新增或新添字，标题亦曰“增修”，非宋时二卷之旧。就洪武本所录周邦彦五十首词中，增添者居其半数，其注似皆录自陈元龙集注之《片玉集》，其上卷分类亦多仿《片玉集》，其新添、新增之词话多引自《花庵词选》，非新添者多引自《苕溪渔隐丛话》。元至正癸未本后集与洪武本同，前集选目、注语、行款则有小异，且因岁久中多缺页，不如洪武本完善。天一阁旧藏明嘉靖戊戌（1538）陈钟秀校刊二卷本，题为《精选名贤词话草堂诗余》，分为时令、节序、怀古、人物、人事、杂咏六类，次序不同，注亦有异，《四印斋所刻词》本即用天一阁传抄本。明嘉靖庚戌（1550），上海顾从敬刻《类编草堂诗余》四卷，题为“武陵山人编次”，按小令、中调、长调编次，为分调本。据该本何良俊序称，此本为顾氏家藏宋刻，较世所行本多七十余调，然王鹏运则以为乃明人羼乱之本，并非宋本。然自此本行，旧本遂微，自此本所出者颇多。《四库全书》即用此本。1958年中华书局上海编辑所出版了标点本，据吴昌绶双照楼翻刻明洪武本加以断句排印，删去笺注及附录各家诗话部分。

梅苑 词总集。宋黄大舆编。卷首黄氏自序云：“己酉之冬，予抱疾山阳，三径扫迹，所居斋前植梅一株，晦朔未逾，略已粲然，于是录唐以来词人才士之作，以为斋居之玩，目之曰《梅苑》。诗人之义托物取兴，屈原制骚或列芳草，今之所见盖同一揆。”自序此书成于己酉，即宋高宗建炎三年（1129）冬，录词十卷，存词四百余首。周煇《清波杂志》卷一〇云：“绍兴庚辰（1160），在江东得蜀人黄大舆《梅苑》四百余阕，煇续以百余阕”。宋本已不可见，毛氏汲古阁有影宋抄本，今藏日本静嘉堂文库。清康熙丙戌（1706），扬州诗局刊刻《楝亭十二种》，内有《梅苑》十卷。《四库全书》亦收有此书。读有用书斋藏有何小山、戈载校本，目录为五百零八阕，仅存四百十二阕，目录后题《群贤梅苑》，与汲古阁影宋本同，其卷五、卷一〇之脱文亦同，曹元忠以为“群贤”二字与睦亲坊陈道人所刊《群贤小集》相同，则何、戈所校、汲古所影，皆出于陈氏书棚本。1919年，武进李祖年圣泽楼有新刻本，并附有校记。曹元忠序亦称之为书棚本。近人赵万里称，曹楝亭刻本讹夺满纸，而圣泽楼新刻本据吴县曹氏校何小山、戈载本移录；杂采他书校之，虽差可读，但卷五、卷一〇脱文依《花草粹编》补入者仅二首，其他讹夺未能悉正，故据《永乐大典》、《花草粹编》以校李本，补正约数百事，搜得佚词十八首，刊入《校辑宋金元人词》中。

绝妙好词　词总集。宋周密编。七卷。录南宋词一百三十二家，近四百首。始于南宋初张孝祥，终于宋末元初仇远。该书去取谨严，选录精当，所选大多为轻柔圆转之作，词家认为其精粹在《阳春白雪》、《花庵词选》及《乐府雅词》之上（张炎《词源》、《四库全书总目》卷一九九）。是集反映出南宋末年词坛推重音律形式美之倾向，又宋人词集颇多散佚，作者姓名亦不尽见于世，零玑碎玉皆赖此以传，为词选中不可多得之善本。编纂成书后，元时已为难得，其流传情况亦不可晓。清初，钱谦益绛云楼藏有抄本，该本后归钱曾述古堂。康熙年间，钱婿柯煜得以假归。然传写多讹，柯煜与其从父寓匏及江村高士奇考校缺误，再三参考，复归于正，于康熙二十四年（1685）镂板刊行。乾隆年间，查为仁、厉鹗同为笺注，用力甚勤，“不独诸人里居出处十得八九，而词中之本事、词外之佚事以及名篇秀句、零珠碎金攟拾无遗”（厉鹗《绝妙好词笺序》），颇便省览，笺成于乾隆十四年（1749）。嘉庆、道光年间，仁和余集自宋人杂著中抄撮周密未收之作别为一卷。道光八年（1828），钱塘徐楙又自《武林旧事》诸书中采摘一卷，以补余氏续抄之阙并重锓词笺，遂成《绝妙好词笺》七卷，《续钞》二卷。《四库全书》录有《绝妙好词笺》七卷，《四部备要》据钱塘徐氏校本校刊，存《绝妙好词笺》七卷，附续抄及续抄补录二卷，又郑文焯《大鹤山房全书》有《绝妙好词校录》一卷，附刻于《冷红词》之后。中华书局 1957 年 12 月已出版排印本，系据《四部备要》纸型校订重印。1984 年，上海古籍出版社将道光八年徐楙爱日轩刻本影印行世，并于书前增一总目以便翻检。

李氏花萼集　词总集。宋李洪及其弟漳、泳、洤、淛著，其侄直伦为之序。《直斋书录解题》著录“五卷”。旧本已佚。近人赵万里辑得十五首，刊入《校辑宋金元人词》中。《全宋词》亦分别辑有李氏兄弟词，共二十五首。

复雅歌词　词总集。宋鲖阳居士编。编者有《满庭芳》词传世，见《全宋词补辑》。该集提及李清照，当为宋南渡初人。《直斋书录解题》著录“五十卷”，称“题鲖阳居士序，不著姓名，末卷言宫词音律颇详，然多有调而无曲”，《文献通考》亦著录“五十卷”。南宋黄昇云：“《复雅》一集兼采唐、宋，迄于宣和之季，凡四千三百余首”（《中兴以来绝妙词选序》），故其书似为兼采词话之词集。此书久已亡佚，近人赵万里辑得十首，刊入《校辑宋金元人词》中，据赵氏序称，据近世征引所见，其书分前、后集，体例与《本事曲子集》、《古今词话》等相类似，“同可视为最古之词林纪事”，可参阅“文学理论批评”单元同名条。

阳春白雪　词总集。宋赵闻礼编。“阳春”、“白雪”本为战国时楚国之高雅歌曲，是集编次宋时（主要为南宋）名人之词并附以己作，去取谨严，因以名集，取其曲高和寡之意。《直斋书录解题》卷二一著录“五卷”，称是集“取《草堂诗余》所遗以及近人之词”，《文献通考》卷二四六亦著录“五卷”，上述著录均与现存本子卷数不符，其故不详。宋本岁久已佚。《宛委别藏》本据抄本录入，计有正集八卷，外集一卷，所选凡二百四十八家，存词六百六十八首，因成书年代较晚，约在宋理宗淳祐十年（1250）之后，选及王沂孙，亦有作者之作八首。正集中多精工美妙之作，外集中则录有张元幹、辛弃疾、刘过、刘克庄等人饱含爱国热情的慷慨悲壮之作。各卷中均先列慢词，后列令词，一些宋代不传之作多萃于是，故可供辑佚词作之用。唯编次体例较为凌乱，似为随得随选，署名则名、字、号等混用，前后不一。此书元、明时已罕见传本，朱彝尊选编《词综》时亦未获见，《四库全书》未能采录。乾隆年间，阮元获一元抄本，为赵孟頫手写草书，后改写作正书进呈，《四库未收书提要》云：“此从旧抄本依样仿写”，此本即今所见《宛委别藏》本。错讹颇多。道光九年（1829），江都秦恩复亦得一元抄本，遂摹写付梓，刊入《词学丛书》中，但无善本可校。道光十年（1830），钱塘瞿世瑛据赵孟頫手抄本及长塘鲍渌饮正书抄本校勘刻毕，又据秦恩复刻本校勘一通附录书后，此即清吟阁刊本。咸丰三年（1853），南海伍崇曜据秦刊本重刊，收入《粤雅堂丛书》中，《丛书集成》即用《粤雅堂丛书》本。1993 年 6 月，上海古籍出版社出版葛渭君校点本，该本以《粤雅堂丛书》本为底本，参校他本，校记附于每阕词作之末，别辑版本序跋、历代词家评论、词人传略及辑评作为附录，刊于全书正文之后。另附有《词人姓氏索引》及《词调篇目索引》。

花草粹编　词总集。明陈耀文编。该书主要收录唐宋时期的词作，间及元词。共选词三千二百多首，八百多调，是明人选唐宋词数量最多的一部词总集。《四库全书总目》称其“纠正之详不及万树之《词律》，选择之精不及朱彝尊之《词综》，而裒辑之功实居二家之前，创始难工”。据编者自序及李蓘序所称，该书因唐五代《花间集》、宋《草堂诗余》而起，故以《花草粹编》为名。是编搜采广泛，大致以《花间集》和《草堂诗余》所录词作为主，体例上亦仿照《草堂诗余》，以小令、中调和长调为序。所选之词，凡有原题者必录原题，稍偏僻者必录采自何书，凡有本事者，则将词话附于其后。该书传本颇少，《四库全书》收录《花草粹编》二十四卷。清咸丰七年(1857)有“评花仙馆活字本”行世，颇为罕见，然非善本。该书有明万历刻本，1933年陶风楼据此影印。

唐宋名贤百家词 又称《百家词》、《宋元百家词》。词总集。明吴讷编。卷首总目列词集一百种，其中有目无书者十种，《东坡词》及《东坡词拾遗》作两种，《笑笑词》重出，另残缺一种。自唐五代《花间集》至明王达《耐轩词》，共存词集八十七种，一百三十卷。该书编于明正统六年(1441)，其成书年代较明毛晋汲古阁刊《宋六十名家词》早二百年。其时去宋未远，易得善本，故善本赖此书传世者颇多，如南宋曾慥所编《东坡词》、《东坡词拾遗》及元阙名编《乐府补题》等。又如《稼轩词》丁集和袁易《静春词》，俱为他处未见。该书于词学研究颇具价值，但编成后并未刊行，抄传绝少，朱彝尊选编《词综》时亦未得见。有天一阁旧藏朱丝栏抄本，今藏天津图书馆，1989年9月由天津古籍出版社影印出版。近人林坚之曾据原抄本参校他本，择善而从，依代铨次重新编定，名曰《百家词》，1940年由商务印书馆刊行问世。1992年3月，天津市古籍书店据此影印出版，重编总目，以便检索，其余则一依其旧。

宋六十名家词 词丛刻。明毛晋编辑。该书为宋之后刊刻最早之大规模词集，收录自晏殊《珠玉词》至卢炳《哄堂词》共六十一家之别集。各家后附有编者跋语。跋语或为作者小传，或为其作品评论，或为其佚事、版刻。各家词集以付刻先后为序，不依年代编排，惜当时有传本之张先、贺铸、范成大、杨万里、王沂孙、张炎诸人之词集未收入，故所录词家反较明初吴讷之《百家词》为少。编者在编辑该书时，随意合并原集之卷数，增补者亦未可尽信，校勘也较粗疏，清毛扆、陆贻典、黄仪等曾据原刻手校，校本今藏北京图书馆。朱居易又辑有《毛刻六十家词勘误》。该书流传颇广，有明崇祯毛氏汲古阁刊本，《四库全书》集部《词曲类》存目。《四部备要》有排印本，1985年北京中国书店重印出版，1989年上海古籍出版社据民国间上海博古斋影印明毛氏汲古阁刊本缩印出版，书后附有索引。

宋七家词选 词总集。清戈载编。七卷。选录周邦彦、史达祖、姜夔、吴文英、周密、王沂孙、张炎七家之词作，各辑一卷，共存词四百七十四首。卷首有道光十六年(1836)冬王敬之序，称戈氏所选“盖雅音之极则也，律不乖忤，韵不庞杂，句择精工，篇取完善”，戈载自序亦称词学至宋而极盛，然纯驳不一，优劣迥殊，所选之七家皆为正轨，合雅音，句意全美，律韵兼精。每卷末皆有戈氏跋语，言及校释、评述等颇详。此书道光十七年(1837)刊，后版毁于劫火中，光绪丁丑(1877)二月，秀水杜文澜为作校注并重刻，叙次字句悉仍其旧，卷后之戈氏跋语则斟酌增益，其校注则往往能发前人未发之秘，《词律》所未及者，于眉端一一补注，颇有益于初学者。

词辨 词总集。清周济编。原为十卷，后写本在黄河粮船失事时坠水散佚，今仅存正、变二卷。该书编于清嘉庆十七年(1812)，卷首有周氏自序，书后附录之《介存斋论词杂著》有跋语。跋称：“向次《词辨》十卷，一卷起飞卿，为正；二卷起南唐后主，为变；名篇之稍有疵累者，为三、四卷；平妥清通，才及格调者，为五、六卷；大体纰缪，精采间出，为七、八卷；本事、词话为九卷；庸选恶札，迷误后生，大声疾呼，以昭炯戒，为十卷。”周济为清常州词派之重要理论家，其词学主张源于张惠言又有重大发展，论词主比兴，将其等同于《诗》、《骚》。《词辨》分正、变二卷，即自《诗经》中风雅有正变之分一说出。清道光二十七年(1847)，吴县潘曾玮得其录本，作序刊行。光绪四年(1878)及民国二年(1913)曾两次翻刻。残存之《词辨》二卷，上卷起温庭筠，止于李清照，选十八家，为正；下卷起李煜，止康与之，选十四家，为变。共收词三十二家，词作九十四首。另外，清人谭献曾应门人徐珂之请，将所录《词辨》二卷及《介存斋论词杂著》一卷审订评点后刊行，世称《谭评词辨》以别于原本。谭氏之评点系其词论之重要组成部分，曾由徐珂辑录刊入《复堂词话》。齐鲁书社1988年9月出版尹志腾校点本，该本用徐珂原刊为底本重印，刊入《清人选评词集三种》中。

宋四家词选 词总集。清周济编。该书选录宋词人五十一家，录词二百三十八首，标举周邦彦、辛弃疾、吴文英、王沂孙四家，其余各家分属此四家。卷首有编者在结集开雕之清道光十二年(1832)冬所作《序论》,《序论》与《介存斋论词杂著》一起,同为周氏词论之力作。周氏为常州词派重要理论家,《序论》中提出“问途碧山(王沂孙),历梦窗(吴文英)、稼轩(辛弃疾),以返清真(周邦彦)之浑化”、“(词)非寄托不入,专寄托不出”之词学主张,将常州派之创始者张惠言之寄托说大大推进一步,对近代词坛影响颇大。其入选作品每有评笺,而词人之分派往往有不当处,后人多持异议。同治十二年(1873)吴县潘祖荫得周济门人符南樵手抄本付刊,是为滂喜斋本。1958年6月,上海古典文学出版社曾标点出版。1988年9月,齐鲁书社出版尹志腾校点本,收入《清人选评词集三种》中。

宋元名家词　词丛刻。清江标辑刻。卷首载有光绪二十一年(1895)九月江标序,称“此彭文勤知圣道斋抄宋元人词,皆出自汲古阁未刊本”,四印斋已刻者不重出,意在搜集诸本,以补毛氏《宋六十名家词》之不足。该书校刻精善,共辑词十五种,十七卷,光绪二十一年湖南思贤书局刊行,近人傅增湘有校本。

校辑宋金元人词　词丛刻。赵万里辑校。卷首有胡適序及辑校者自序。该集所辑录者,大体为毛晋、王鹏运、江标、朱孝臧、吴昌绶诸家汇刻词集所未收,汇刻宋人词集,自长沙百家词始,至此告一段落。该集自一百三十余种、四千多卷书中辑得词人七十家,词作一千五百余首,编为七十三卷,又成《宋金元名家词补遗》一卷,收词人三十家,词作一百四十二首。该书大规模辑录已散佚词集,方法、体例谨严细密,辑佚书必详举出处,便于翻检原书,不仅可校勘文字,还可从原书之可靠程度判断所引文字真伪。每词皆注明引用原书,往往一词下注明六、七种来源,有时多达十二、三种,皆以时代为次。每书各注明卷数,词之异文亦一一注出,夹注于行间。赝作或前人误题者列为卷后附录,详加考校,贵在存真,不在求多。另略采前人词谱之例,用点表逗顿,用圈表韵脚。该书之校辑自1927年秋起,1930年冬完成,1931年由国立中央研究院历史语言研究所印行。

词选　又名《茗柯词选》。词总集。清张惠言(号茗柯)编。二卷。收录唐、五代、宋词四十四家,一百一十六首。张氏为常州词派之开创者,推尊词体,论词重比兴寄托,倡“意内言外”之说,尤推重温飞卿“深美闳约”之作。《词选》即据此宗旨选编,系清嘉庆二年(1797)张惠言与其弟张琦共同辑录而成。因选录过严,其门人郑善长又选当时作家十二人,词六十二首为附录。张氏卒后,其外孙董毅续选《续词选》二卷,计五十二家,一百二十二首,道光十年(1830)重刻时附后。该书既出,词学界褒贬不一,或称其“扫靡曼之浮音,接风雅之真脉”(陈廷焯《白雨斋词话》卷四),“古今选本,以此为最”(同上,卷一),或称其论词胶固,“深文罗织”(王国维《人间词话删稿》)。有《宛邻书屋丛书》、《四部备要》本、1957年中华书局排印本。

双白词　词丛刻。宋姜夔、张炎著。姜夔有《白石道人词集》,张炎有《山中白云词》,近人王鹏运将其合刻,刊入《四印斋所刻词》中,称《双白词》。卷首有许赓飏序,卷后有王鹏运跋,跋称“《山中白云词》直与白石老仙方驾,论者谓词之姜、张,诗之李、杜,不诬也”。该书载《白石道人词集》三卷别集一卷,卷一为令词三十三首,卷二慢词二十首,卷三自制曲十三首,其余为别集,载词十八首。王鹏运称白石道人集所见凡四,汲古阁本辑录最略,洪氏及陆氏二本皆诗词合刊,陆氏以陶宗仪本付梓,独称完善,即为祠堂本所从出,此即遵用陆本而去其铙歌琴曲,以意主刻词,非与陆异。卷四至卷八为《山中白云词》及《山中白云词补》,前有钱塘龚翔麟序,共存词二百五十八首,另有《山中白云词续补》一卷,存词四十一首。

龟溪二隐词　词总集。宋李彭老(字商隐)、李莱老(字周隐)著。旧本无考,《彊村丛书》本用汪谢城辑本,载李彭老词二十一首、李莱老词十七首。《全宋词》即从《彊村丛书》本录入。

北宋三家词　词丛刻。宋舒亶、曹组、苏庠著。舒亶有《信道词》一卷,存词五十首;曹组有《曹元宠词》一卷,存词三十二首;苏庠有《后湖词》一卷,存词二十二首。近人易大厂将其汇刻行世,题此名。并各撰有校记一卷。卷首有《校刊叙》,另有《校刊志语》,又有《校刊最录》,乃集前人著录,列三家之时代、仕履、轶闻数则。该书1933年3月由上海民智书局出版。

景汲古阁钞宋金词七种　词丛刻。近代陶湘辑。七卷。该书系据明毛晋汲古阁抄宋金词七种影印,所影七种词集依次为:《和石湖词》、《菊轩乐府》、《东浦词》、《渭川居士词》、《初寮词》、《空同词》、《知稼翁词》,均为一卷。其中除《菊轩乐府》为金人段成已所撰外,皆为宋人撰。此七种词集毛晋汲古阁刊《宋六十名家词》未录入。1961年中华书局曾用陶氏原版重印，1982年中国书店仍用陶氏原版重印，收入《景刊宋金元明本词》中。

宋词三百首 词总集。近代朱孝臧(彊村)编。卷首有况周颐序，称该书之选录"以浑成为主旨"，"抉择其至精，为来学周行之示"。此书所选以周邦彦、吴文英二家为最多，而两宋名家代表作亦大多入选，编排则沿袭成例，首录帝王，末录方外闺秀之作，共存词七十九家，二百八十三首。该书1924年9月编成，1931年唐圭璋为之作笺注，吴梅作笺序，称其据厉鹗、查为仁二家笺《绝妙好词》例，博涉群籍，反复详审，引书至二百余种，为后学辨泾渭，示门户。各词人名下附小传，词作后有注解并附前人评笺。中华书局上海编辑所有排印本，1979年9月上海古籍出版社又据以重印。

唐五代两宋词选释 词总集。俞陛云编著。该书分《唐词选释》、《五代词选释》、《宋词选释》三部分，前两部分之前均有作者自叙。共收词人一百二十家，词九百零九首。该书笺释重在"申其义而畅其趣"，旨在使初习词者审其途径，以渐窥其堂奥，与考证用典、训释字句之注释不同，于体例上有创新。上海古籍出版社1985年出版。

唐宋名家词选 词总集。龙榆生编。前有凡例，末有后记。书中选录唐五代词二十五家，一百五十三首；宋词六十九家，五百五十五首。所录各家以能卓然自树或别开生面者为主，入选作品均为名篇，所收各家均酌采旧闻作为传记，正史有传者则概用节录，酌采前人评语，所采参考资料皆用原书校勘，注有篇卷。每词除用标点外，别创符号置于字下，以标明句读、韵脚，以代词谱。该选本原系作者三十年代在暨南大学任教时之讲稿，1962年由中华书局上海编辑所出版，1978年7月由上海古籍出版社再版。

唐宋词选释 词总集。俞平伯编著。该书选录自唐、五代至南宋七十七位词人的二百六十四首词作，共为三卷。其中上卷为唐、五代之词，又分为唐、西蜀和南唐三部分，共九十三首。而中、下卷为宋词，共一百七十五首，并分别题为"宋之一"与"宋之二"，相当于北宋和南宋。本书旨在供古典文学研究者参考之用，故选词面较宽，不拘于一家一派，力求全面体现出各种词派的风格特色和词的发展趋向。注释繁简有度，颇中肯綮，亦间有校勘。编者在为本书所作的前言中，着眼于词的发展历史，介绍了词的源流及演进的途径，持论允当，不乏精见。1979年人民文学出版社出版。

宋词选 词总集。胡云翼编著。卷首有选注者前言，论及宋词之源流及选注之宗旨、体例。据选注者称，该书据思想性与艺术性统一的原则评选作品，将以苏东坡、辛弃疾为首之豪放派作骨干，重点选录南宋爱国词人之优秀作品，兼顾其他风格流派之代表作，以展示宋词丰富多采之全貌。对作品原文不作繁琐校勘，所录不主一家，择善而从，重要异文则在注释中注明。注释力求完备，着重词句串讲，有歧说者则两存之。该书共选录两宋词人七十五家(含无名氏五家)，选词二百九十余首，编排则以时间为序，首录王禹偁，终于张炎，词人名下各附小传，注释浅显通俗，另有作品简要评析，间或选录有关词话，为建国后较流行之宋词选注本。但对宋词之历史发展、风格流派、作家作品评价有失之偏颇处，如称苏、辛等豪放词为宋词主流，称周邦彦、姜夔等作家之词为"逃避现实、偏重格律的逆流"等等。1978年上海古籍出版社出版，1982年重印。

全宋词 词总集。唐圭璋编。商务印书馆1940年曾于长沙出版线装本三百卷，附录二卷，有吴梅等序。在综合前人辑刻宋词的基础上，广泛搜集宋人文集、词选、笔记，以及类书、方志、金石、题跋、花木谱诸书中所载词作，汇编成一部开创性的断代宋词总集。建国以后，编者对此书重加整理，并经王仲闻订补加工，1965年由中华书局出版，共五册。新版《全宋词》在材料和体例方面较旧本有很大提高：以善本代替从前的底本，增补词人二百四十余家，词作一千四百余首。全书词人依年代先后排列，共辑两宋词人一千三百三十家，词作约二万首。并重考词人行实，改写小传，引用书目达五百三十余种。后又续作修订补正，写成《订补续记》，附于1979年重印本卷末。此书新版问世后，孔凡礼又从明抄本《诗渊》及其他书中辑录辑佚，收录作家一百四十余人(其中四十一人已见《全宋词》)，词作四百三十余首，编为《全宋词补辑》，1981年由中华书局出版。

中州乐府 词总集。金元好问编。一卷。收录金代词人三十六家、共一百二十四首词，个别词后有小叙。是金代唯一的词总集。元好问原编有十卷本金代诗文总集《中州集》，后附有乐府。后人将之单独刊行，是有此集。有明嘉靖刻本。朱孝臧收入《彊村丛书》。此外还有日本五山仿元至大刻本的翻刻本，由仁和吴氏刊印，《四部丛刊》据此本又用傅增湘所藏元刊本校补影印，作为《中州集附》。另收入《四库全书》、《摛藻四库全书荟要》、《诵芬室丛刊初编》、《金元总集》等丛书中。

熊龙峰四种小说　白话短篇小说集。明熊龙峰刊行。收话本四篇。其中《张生彩鸾灯传》一篇，亦见于《古今小说》，题作《张舜美元宵得丽女》。此篇孙楷第认为："观其口吻风度，洵为古话本也。"（《日本东京所见中国小说书目》）《冯伯玉风月相思》篇，又见于《清平山堂话本》，题作《风月相思》。二篇文字虽略有不同，但当亦为宋元早期话本。《苏长公章台柳传》脱胎于唐许尧佐《柳氏传》韩翃故事。今妓名章台柳，狎妓者移为苏东坡，故事则略同。《孔淑芳双鱼扇坠记》叙青年徐景春遇鬼女孔淑芳故事。有日本内阁文库藏本。《张生》篇卷首标"熊龙峰刊行"字样。孙楷第等学者认为系万历时刊行。王古鲁则判在嘉靖时，见于1958年上海古典文学出版社王古鲁辑校本序。1986年上海古籍出版社重印。

京本通俗小说　白话短篇小说集。著者与编刻者均不详，未见前人著录。据发现者缪荃孙（江东老蟫）于1915年《烟画东堂小品》首次刊布时所作跋语称，他原得自"亲串妆奁中"，共四册，卷首题"京本通俗小说"，"破烂磨灭，的是影元人写本"。又云"《定州三怪》一回破碎太甚。《金主亮荒淫》两卷过于秽亵，未敢传摹"。所刊七篇为：卷一〇《碾玉观音》，卷一一《菩萨蛮》，卷一二《西山一窟鬼》，卷一三《志诚张主管》，卷一四《拗相公》，卷一五《错斩崔宁》，卷一六《冯玉梅团圆》。以前一般认为书中所收，皆宋、元人作，是当日都市中"说话"艺人的底本，为研究宋代白话小说的重要资料。今则有不少研究者对刊刻年代及此书来历提出异议，郑振铎认为系隆庆万历间产物（《中国文学研究·明清二代平话集》）。孙楷第据篇中引瞿佑词作而断为元末明初人编刻（《俗讲、说话与白话小说·中国短篇白话小说的发展与艺术上的特点》）。李嘉瑞据其俗体字特点认为不可能出自宣德前（《从俗字的演变上证明〈京本通俗小说〉不是影元写本》）。而近人更因此书各篇均见于冯梦龙《警世通言》和《醒世恒言》，对其真伪产生怀疑。此书另有有正书局影印本和多种排印本。其中1928年上海亚东图书馆刊本题为《宋人话本八种》，补入了《金主亮荒淫》一篇。建国后，人民文学出版社和上海古典文学出版社亦曾分别影印和标点排印出版。

宋人小说类编　小说总集。清秋红晚翠轩余叟辑。该书从一百五十二种宋人笔记小说中辑得，按天文、地理、帝王、官职、殃庆、科名、诗词、文学、议论、辩证、考据、书画、医卜、妇女、仙释、鬼神、隐语、笑谈、讳名、称呼、丧祭、养生、服饰、珍宝、饮食、器用、花木、禽鱼、物感、杂记、传奇、阙疑三十二目分类，编者于披览诸种宋人小说之际，有感于"讨寻原委，杳不知其在何"，因而"仿华亭类腋之法"作此类编，以便于检阅。然而在编纂成书的过程中，未经校勘，故字句颇多伪舛之处。全书共四卷，另有补抄一卷，卷首附录一百五十二种宋人笔记小说的目录及编者所作之序。有同治十年刻本，1985年北京中国书店据此刻本影印。

别　集

徐公文集　又名《徐常侍集》、《骑省集》。诗文别集。宋徐铉著。三十卷。前二十卷为徐铉自编仕南唐时作品，按赋、诗、文为序排列；后十卷为其婿吴淑所编仕宋时作品，按诗、赋、文为序排列。是集编定于淳化四年（993），陈彭年作序。天禧元年（1017），胡克顺据陈彭年藏稿本刊印，此为今所知宋人别集最早刊本。南宋绍兴十九年（1149），徐琛据天禧刊本重刻于明州。《郡斋读书志》卷一八、《直斋书录解题》卷一七皆予著录，卷数悉同。天禧刊本，今已不存。明州刊本，日本大仓文化财团尚存一部（有元危素、明文渊阁、清徐乾学等收藏印记）。后世各种抄本、刊本皆出自明州刊本。今通行有《四库全书》本、《四部丛刊初编》影印黄丕烈校跋影宋抄本，另有《四部备要》本据明州本排印，附徐乃昌《校刊记》一卷，《补遗》一卷。四川大学编《全宋文》以徐乃昌校补本为底本，补辑佚文十三篇。北京大学编《全宋诗》以《四部丛刊》本为底本，补集外诗五首，佚句若干。

宋文安公宫词　诗别集。宋宋白（谥文安）著。一卷，收宫词一百首。前有宋白自撰《宫词序》。陈振孙《直斋书录解题》卷一五著录："《五家宫词》五卷，石晋宰相和凝、本朝学士宋白、中大夫张公庠、直秘阁周彦质及王仲修，共五人，各百首。"是知自宋以来，即数家宫词合传。后又与唐王建、蜀花蕊夫人、宋王珪《三家宫词》三卷，益以《宣和御制》三卷、胡伟《集句》一卷合刊，称《十家宫词》。今有毛氏汲古阁据宋书棚本影抄《十家宫词》本、清倪灿《十家宫词》本。

咸平集 诗文别集。宋田锡著。《郡斋读书志》著录《田表圣咸平集》五十卷，《直斋书录解题》著录五十一卷，《宋史·艺文志》则著录《田锡集》五十卷，又《别集》三卷，《奏议》二卷。原集至明已佚。《四库全书》本以奏议与诗文合为一编，仅三十卷，乃后人重编之本。卷首有苏东坡《田表圣奏议序》，范仲淹《田司徒墓志铭》。计奏议一卷，书三卷，赋五卷，论三卷，箴铭二卷，诗六卷，颂、策、笏、记、表、状七卷，制考词三卷。此外，《宋人集》丁编据明祁氏淡生堂抄本刊，收《咸平集》三十卷首一卷。今四川大学编《全宋文》又增辑佚文十九篇。

王正美诗 诗别集。宋王操著。一卷，收诗十一首，逸句四。见《两宋名贤小集》卷六。今北京大学编《全宋诗》又从《历代吟谱》辑得集外诗《题水心寺壁》一首。

乖崖集 诗文别集。宋张咏(号乖崖子)著。十二卷，另附录一卷。是集宋代有两种：晁公武《郡斋读书志》著录《张乖崖集》十卷，附录钱易所作《墓志》、李畋所纂《语录》；陈振孙《直斋书录解题》著录《乖崖集》十二卷、《附录》一卷。《四库全书》所采为陈振孙所录本。此本卷一为赋，卷二至卷五为诗，卷六至卷一一为各体文，卷一二语录。后附录一卷为《宋史·忠定公传》、钱易《宋故枢密直学士礼部尚书赠右仆射张公墓志铭》、韩琦《故枢密直学士礼部尚书赠右仆射张公神道碑铭》等。现存版本尚有宋咸淳五年(1269)伊赓崇阳县斋刻本、明祁氏澹生堂抄本，清光绪八年(1882)独山莫氏仿宋刊本等二十余种。今北京大学所编《全宋诗》又从《西昆酬唱集》等辑得集外诗五首。四川大学编《全宋文》又辑得佚文九篇。

河东先生集 一作《河东柳仲塗先生文集》。文别集。宋柳开著。十六卷。《直斋书录解题》云："门人张景为行状、集序，集凡十五卷"。明清以来，多有抄本。清修《四库全书》，以乾隆翰林院抄本为底本。《四库全书总目》称柳开文："宋朝变偶俪为古文，实自开始。惟体近艰涩，是其所短耳。"今传有《四库全书》本、《四部丛刊》本(据涵芬楼藏旧抄本影印)、《三宋人集》(方氏碧琳琅馆刊本)等。

小畜集 诗文别集。宋王禹偁著。三十卷。禹偁尝自次其文，将名其集，以《易》筮之，遇《乾》之《小畜》，因以名集。《郡斋读书志》卷一九著录《小畜集》三十卷；《直斋书录解题》卷一七著录《小畜集》三十卷《外集》二十卷。《宋史·艺文志》著录二十卷。其集北宋已有刊本，然久佚。南宋高宗绍兴十七年(1147)历阳沈虞卿尝刻之黄州，后有三个主要传本：一是宋刻补抄本。宋刊配吕无党抄本，清道光元年(1821)黄丕烈购于书摊。《四部丛刊》初印时取经鉏堂抄本，二次印时即改用此本，并附张元济撰《札记》一卷，为今通行善本。二为明野竹斋抄本。从宋刻摹写，有岳西道人复初(其人姓氏不详)手跋，今藏日本静嘉堂文库。三乃清平阳赵熟典刊本。乾隆二十五年(1760)刊于爱月堂。此本与上明抄本缺文讹字大略相同，或即从之出，惟辗转传刊，讹字更多。《四库全书》盖亦源出此系，凡赋二卷，诗十一卷，文十七卷。卷首有王禹偁序，卷末有沈虞卿跋。另《武英殿聚珍版书》所收除《小畜集》三十卷附札记一卷外，尚有《小畜外集》十三卷。今四川大学编《全宋文》又辑佚文三十八篇，北京大学编《全宋诗》又辑佚诗三十六首及断句若干。

曾乐轩吟稿 诗别集。宋张维著。一卷。存诗十二首。收入《两宋名贤小集》卷二九。其子先尝取维生平所自爱诗十首，写之缣素，绘为《十咏图》。周密《齐东野语》卷一五载其诗，并述是图始末甚详。其诗第五首《宿清江小舍》，仅存一句"菰叶青青绿荇齐"。

和靖诗集 又名《林和靖集》。诗别集。宋林逋(谥和靖先生)著。四卷。卷首有皇祐五年(1053)梅尧臣序。收逋五言古诗四首、五言律诗八十二首、七言律诗一百三十一首、五言绝句五首、七言绝句七十八首、词三首，凡三百零三首。是集初著录于《直斋书录解题》，称三卷，又《宋史·艺文志》著录为七卷。今所传本皆四卷。有《四库全书》本。又有《四部丛刊》本(据江安傅氏双鉴楼藏景明抄本)，后附补一卷，补诸篇字句脱佚者，并七律一首。又有《四部备要》本(据康熙中吴调元刻本校刊)，四卷后有《拾遗》一卷，《附录》一卷，其《拾遗》部分所收五古、七律、词等为《四库全书》本中所有，而五律一首、七绝一首以及逸句若干，则可补《四库》本之缺。其《附录》部分收范仲淹、梅尧臣等与逋唱和诗及苏轼题跋、诸家诗话若干则，为清朱孔彰所辑。

东观集 又名《钜鹿东观集》。诗别集。宋魏野著，其子魏闲编。十卷。卷首有天圣元年(1023)薛田序，称野先有《草堂集》行于世。《直斋书录解题》卷二〇著录《草堂集》二卷、《钜鹿东观集》十卷，小注称："野之子闲集其父诗四百篇，薛田为之序。"《宋史·隐逸传》亦称野有《草堂集》十卷。今《草堂集》尚存三卷，见《两宋名贤小集》。《东观集》则传本较多，有宋绍定元年严陵郡斋刻本，有清黄丕烈跋，其中卷四至卷六配明抄本。尚有贵池刘氏影宋刊本。通行本有《知不足斋丛书》本，《峭帆楼丛书》本及《四库全书》本。其中《峭帆楼丛书》本有《补遗》一卷、附录一卷，较他本为优。此外，尚有《东观集》一卷本，见《宋百家诗存》卷一。

南阳集　诗文别集。宋赵湘著。原集为其孙赵抃所编，久佚。清四库馆臣从《永乐大典》中辑其佚文，厘为六卷。卷一赋，卷二至卷三为诗，卷四至卷六为文。前有宋祁原序，后有欧阳修等跋五首。此外，《武英殿聚珍版书》亦收此书，并多《拾遗》一卷。《丛书集成初编》据之排印。

逍遥集　诗别集。宋潘阆(字逍遥，一说自号逍遥子)著。《郡斋读书志》著录《潘逍遥诗》三卷，《直斋书录解题》及《宋史·艺文志》则作《潘阆集》一卷。原本久佚，清四库馆臣据《永乐大典》裒录，编为一卷。逸篇遗句载在他书者，亦并采辑以补其阙。计诗六十三首，逸句十二。除《四库全书》本外，尚有《知不足斋丛书》本。今北京大学编《全宋诗》又辑其集外诗十一首。

菘坪小稿　诗别集。宋李维著。一卷，收诗九首。收入《两宋名贤小集》卷一二三。

寇忠愍公诗集　诗别集。宋寇準(谥忠愍)著。三卷。準初尝自择其诗百余首，编为《巴东集》三卷，且自为之序(见《直斋书录解题》卷二〇)。后范雍收集其诗，得二百四十余首，类而第之，分上中下三卷(《寇忠愍公诗集》卷前附范氏《序》)，《巴东集》之诗亦编入其中。是集《通志·艺文略》、《宋史·艺文志》均有著录。明嘉靖时以旧藏本重刻，《四库全书》予以收录。《四部丛刊》三编据以影印，卷前有明王承裕《录藏宋莱国忠愍寇公诗集引》、宋孙抃奉敕撰《莱国寇公旌忠之碑》、宋王次翁《新开寇公诗集序》、范雍《忠愍公诗序》、丁理行《赠谥诰》。卷末又附宋隆兴元年(1163)辛敦《再开莱公诗集后序》、明嘉靖十四年(1535)王承裕跋文。张元济于书后有《跋》，述是集刊刻源流及清人陆心源之校勘得失，又附张氏校勘记，共二十二条。

宋真宗御制玉京集　文别集。宋赵恒(真宗)著。六卷。多数为有关祥瑞、灾异、节日、喜庆之表诰。文学色彩不浓。有清抄本。《道藏》收入第五册《洞真部表奏类》。

肥川小集　诗别集。宋刘筠著。一卷，收诗十二首。收入《两宋名贤小集》卷三八。

武夷新集　诗文别集。宋杨亿著。《直斋书录解题》著录《武夷集》二十卷，《别集》十二卷。《宋史·艺文志》著录《武夷新编集》二十卷。《四库全书》本二十卷。《四库全书总目》云："《武夷新集》者，亿景德丙午入翰林，明年辑其十年以来诗笔而自序之；别集者，避谗归阳翟时作也。"计诗五卷，杂文十五卷。此外，《浦城遗书》本亦收，并附《杨公逸诗文》一卷。另有五卷本，收入《宋元人诗集八十二种》。今四川大学编《全宋文》又辑其佚文二百五十三篇，北京大学编《全宋诗》又辑其佚诗二十七首，断句若干。

杜祁公摭稿　诗别集。宋杜衍(封祁国公)著。一卷。欧阳修《跋杜祁公书》云："又发箧，得公手书简尺歌诗，类为十卷而藏之。"(《居士集》卷二三)然今存者仅十首。周必大《文忠集》卷一九《跋杜祁公诗》云："右杜祁公《酬九华吴殿院鼠须笔》古、律诗各一篇。"二诗今不见集中。又厉鹗《宋诗纪事》卷八从《式古堂书画汇考》中辑得《题怀素自题卷后》诗，亦为集中所无。其他散佚之什尚不在少。是集无单行本传世，见于宋末陈思所辑之《两宋名贤小集》卷六九中。

穆参军集　又名《河南集》、《河南穆先生诗文集》。诗文别集。宋穆修著。《直斋书录解题》著录《穆参军集》三卷，有其门人祖无择序。《四库全书》本无祖无择序，分上、中、下三卷，卷上录诗，卷中与卷下为文。卷后附录苏舜钦《哀穆先生文》，二苏先生《悲穆孟二子联句》。此外，尚有《三宋人集》本，清光绪六年(1880)巴陵方氏碧琳琅馆刊本。《四部丛刊》本据杭州叶氏藏述古堂抄本影印，附有孙毓修撰校补一卷。

溪堂集　诗文别集。宋谢逸(号溪堂)著。十卷。《宋史·艺文志》载《谢逸集》二十卷、《溪堂诗》五卷，已佚。今有《四库全书》本，为四库馆臣从《永乐大典》辑得。以类编排。古诗三卷，七十四首；律诗、绝句二卷，一百二十首；词一卷，六十三首；杂文四卷，四十一篇。胡思敬《豫章丛书》收《溪堂集》，附《补遗》一卷，赋三篇，诗四十二首；《续补》一卷，文三篇。今人栾贵明《四库辑本别集拾遗》又辑得遗文三条。

祖英集 诗别集。宋释重显著，门人编录。二卷。《通志·艺文略》、《续通志·艺文略》并作一卷，《续文献通考·经籍考》作二卷。今传本作上、下二卷。卷首附参学小师文政天圣十年序，称总辑成二百二十首。通行有日本天保六年(1835)大智院刊本、《四库全书》本、《四部丛刊续编》本(此本影印瞿氏铁琴铜剑楼藏宋四明洪举刊本，附有《真州资福禅院新铸钟铭并序》一篇，较善)。

春卿遗稿 诗文别集。宋蒋堂著。《宋史》本传曾著录堂《吴门集》二十卷，久佚。明天启元年(1621)堂二十世孙鐄掇拾其佚稿，总为一卷，计赋一篇，诗三十七篇，记一篇，名曰《春卿遗稿》。题曰"春卿"，乃举其致仕之官所。末附《宋史》本传。《四库全书》即采此本。《常州先哲遗书》据明天启刊本重刊，增《续编》一卷。《唐宋元三朝名贤小集二十九种》所收则附《补录》一卷。今四川大学编《全宋文》又增辑其佚文九篇。

文庄集 诗文别集。宋夏竦(谥文庄)著。《郡斋读书志》著录《夏文庄集》一百卷，《宋史·艺文志》同，然原集已佚。四库馆臣据《永乐大典》所载兼以他书附益之，得三十六卷。卷一至卷二九为文，卷三〇至三六为诗。前有江邈《文庄集原序》。除《四库全书》本外，《四库全书珍本初集》亦收。另《两宋名贤小集》有《夏英公杂诗》一卷。今四川大学编《全宋文》又增辑佚文十五篇。北京大学编《全宋诗》又增辑佚诗六首。

萝轩外集 诗别集。❶宋杨备著。收诗十七首。见《两宋名贤小集》卷二四一。《宋人小集十五种》亦收。今北京大学编《全宋诗》共收其诗一百一十五首。❷宋晏殊著。宋陈思、元陈世隆辑。一卷。收诗二十六首，附录诗话数则，残句数条。有《两宋名贤小集》本。

范文正公集 又名《丹阳集》。诗文别集。宋范仲淹(谥文正公)著。富弼《范文正公墓志铭》称其"有《文集》二十卷、《奏议》十七卷、《两府论事》三卷"。《直斋书录解题》卷一七著录《范文正集》二十卷，《别集》四卷，《范文正尺牍》五卷，同书卷二二又著录《范文正公奏议》二卷。赵希弁《郡斋读书志附志》卷下著录《范文正公奏议》十五卷，并云："别有《丹阳集》二十卷，东坡先生序之。"是集今存北宋刻本，藏北京图书馆。1984年，中华书局据此本影印，收为《古逸丛书》三编之五。又有南宋乾道丁亥(1167)饶州刻本，后淳熙、嘉定两度重修，传至后世者，唯嘉定重修本。清康熙四十六年(1707)范氏裔孙能濬等"合家藏诸本，细加校勘"，于家塾岁寒堂刊成《范文正忠宣公全集》。《四库全书》著录江苏采进本，据其《总目》云即康熙本。凡诗赋五卷，共二百六十八首，文十五卷，一百六十五篇。别集四卷，收诗文二十七篇，宋綦焕辑。补编五卷则为清范能濬所辑。《四部丛刊》据明翻元天历本影印，计本集二十卷，别集四卷，政府奏议二卷，尺牍三卷，附录十三卷(附年谱及言行遗事录等)。另有《范文正公文集》二十卷，1984年中华书局据北宋刻本影印。今四川大学编《全宋文》以康熙本为底本又辑得其佚文八十九篇。北京大学编《全宋诗》以《四部丛刊》本为底本，又辑得其集外诗十五首。

晏同叔先生集 又名《晏元献遗文》。诗文别集。宋晏殊(字同叔，谥元献)著。王偁《东都事略》称晏殊有集二百四十卷；《中兴书目》作九十四卷；《宋史·艺文志》分列晏殊数集，合共亦九十四卷；皆不传。康熙时胡亦堂掇拾零散而成，有《临川文献》本。《四库全书》据此本著录，名《晏元献遗文》，合为一卷。文六篇，诗六首，词五十余首。《宋人集》乙编据《四库全书》本著录，增《补编》三卷，文十余篇，诗一百二十余首，前有胡亦堂序，后有李之鼎跋。今四川大学编《全宋文》以《宋人集》乙编本为底本，又辑得其佚文三十三篇，合为二卷；北京大学编《全宋诗》时将其诗重新补辑、编次，定为三卷。

安陆集 诗词别集。宋张先著。一卷。其集久佚。清四库馆臣用安邑葛鸣阳辑本，计收诗八首，词六十八首，其事迹始末及诸家赠答附录于后。原本诗列于前，然馆臣将词列于前，以为其词胜于诗。除《四库全书》本外，《两宋名贤小集》收有《张都官集》一卷，收诗六首。今北京大学编《全宋诗》又增辑其诗十九首。

孙明复小集 诗文别集。宋孙复(字明复)著。《宋史·艺文志》著录《孙复集》十卷，《文献通考》著录孙复《睢阳子集》十卷，均已佚。《四库全书》收入一卷，仅文十九篇，诗三篇，《四库全书总目》云："此本出自泰安赵国麟家"，"盖从《宋文鉴》、《宋文选》诸书抄撮而成，十不存一"。《孙氏山渊阁丛刊》收有《孙明复小集》三卷，有清光绪十五年(1889)孙氏问经精舍刊本。

石曼卿诗集 诗别集。宋石延年(字曼卿)

著。一卷。各体诗二十一首。有《两宋名贤小集》本。又傅增湘《藏园群书经眼录》卷一三著录《石学士集》一卷，清代石蕴玉辑，收延年诗四十五首，词一首。今北京大学编《全宋诗》又辑其集外诗四首，断句若干。

宋元宪集　诗文别集。宋宋庠(谥元宪)著。据《宋史》本传，庠有集四十卷；《直斋书录解题》及《文献通考》皆作《宋元宪集》四十四卷。已佚。今本乃清修《四库全书》从《永乐大典》辑出，以类编排，厘为三十六卷。卷一，赋八篇；卷二至卷一五，各体诗约八百首；卷一六至卷三六，各体文五百余篇。栾贵明《四库辑本别集拾遗》补辑诗三首，文十三篇。今北京大学编《全宋诗》以武英殿聚珍版丛书《元宪集》为底本，又辑得集外诗七首。四川大学编《全宋文》以文渊阁四库全书本为底本，又辑其佚文三十一篇。

文恭集　诗文别集。宋胡宿(谥文恭)著。《直斋书录解题》及《宋史·艺文志》均著录《胡宿集》七十卷，又制词四卷。已佚。四库馆臣从《永乐大典》中辑出，厘为四十卷。计赋五篇，各体诗三百四十四首，奏议二十七篇，状十一篇，议二篇，表四十七篇，笏记五篇，外制五百零四篇，内制二百四十六篇，各类杂文二百一十八篇。《四库全书总目》著录此书为五十卷补遗一卷，而《四库全书》所收仅四十卷，亦无补遗。《武英殿聚珍版书》收《文恭集》四十卷、拾遗一卷。另有《常州先哲遗书》本，四十卷。今北京大学编《全宋诗》又辑其集外诗十一首，四川大学编《全宋文》又辑其佚文二十四篇。

景文集　诗文别集。宋宋祁(谥景文)著。《宋史》本传及《直斋书录解题》称祁有集百卷，《宋史·艺文志》和《郡斋读书志》则著录祁集一百五十卷。原集久佚，四库馆臣从《永乐大典》中裒录编次，厘为六十二卷。卷首有《御制题元宪宋景文集》，卷一至四为赋，卷五至卷二四为诗，卷二五至卷六二为文。此外，《武英殿聚珍版丛书》亦收此集，《湖北先正遗书》据之影印，《丛书集成初编》据之排印。另祁有《西州猥稿》一卷，收诗八十首，见《两宋名贤小集》卷二四。今四川大学编《全宋文》又辑其佚文七十余篇。北京大学编《全宋诗》又辑其佚诗九首，断句若干。

映雪斋集　诗别集。宋孙抗著。收诗七首，皆为咏某某"洞"之作。见《两宋名贤小集》卷六六。今北京大学编《全宋诗》又从《湖北通志》中辑得集外诗一首。

武溪集　诗文别集。宋余靖著，其子余仲荀编。靖居韶州(今属广东)，二水夹城流，一曰武溪，一曰曲江。因唐人张九龄已以曲江名集，故靖集名以"武溪"。《直斋书录解题》卷一七、《文献通考》卷二三四、《宋志·艺文志》俱著录为二十卷。今所见刊本最早者，为明成化九年(1473)苏韡刊本，明嘉靖甲午(1534)唐胄重刊本。《四库全书》即据唐本著录。二十卷，卷一至卷二为诗，卷三至卷二〇为各体文。篇末附欧阳修所撰《余襄公神道碑铭》及韩璜跋《书余襄公集后》二文。此外，有《广东丛书》据明成化本影印本，附黄佛颐所辑《补佚》一卷。今四川大学编《全宋文》将其文厘定为二十二卷，北京大学编《全宋诗》，将其诗仍编为二卷。

梅谏议诗集　诗别集。宋梅挚著。收《昭潭十爱》十首。见《两宋名贤小集》卷五九。今北京大学编《全宋诗》增辑其佚诗三十二首。四川大学编《全宋文》辑其佚文七篇。

陈副使遗稿　诗别集。宋陈洎(官盐铁副使)著。洎原有诗文集二十卷(李廌《济南集》卷六《陈省副集序》)，已佚。今本见《两宋名贤小集》卷八，录诗十六首。

雪山集　诗文别集。宋王质著。十六卷。《宋史·艺文志》著录《王景文集》四十卷，别为《雪山集》三卷。《直斋书录解题》亦作三卷。焦竑《国史经籍志》则云《雪山集》四十卷。考王阮原序，称王质后人以遗稿见属，乃搜罗删次，厘为四十卷，名为《雪山集》，实即《王景文集》与《雪山集》之综合，殆非原貌。原本久佚，清修《四库全书》，四库馆臣从《永乐大典》中辑出，厘为十六卷。现存《永乐大典》录《雪山集》三十三条，馆臣漏辑十二条，见栾贵明辑《四库辑本别集拾遗》。今传本主要有《四库全书》、《武英殿聚珍版书》、《湖北先正遗书》、《丛书集成初编》等本。另有《雪山集》十二卷本，为四库馆臣从《永乐大典》辑出时副本，与聚珍本不同。

河南集　诗文别集。宋尹洙著。《郡斋读书志》著录二十卷。《宋史·艺文志》云二十七卷。《四库全书》所收为二十七卷，前有范仲淹《河南集原序》，后有附录传记资料一卷。卷一为诗，卷二至卷二七为杂体文。《邵氏闻见录》所称之《双桂楼临园驿记》，集中未载，疑编录时其文已佚。除《四库全书》本外，《四部丛刊》收《河南先生文集》二十八卷。《三宋人集》所收

《河南先生文集》二十七卷《附录》一卷，乃清光绪六年(1880)巴陵方氏碧琳琅馆刊本。

青山集 诗别集。宋郭祥正著。祥正家居当涂青山，故以名集。三十卷。《直斋书录解题》卷二〇、《文献通考》卷二四四及《宋史·艺文志》著录均同。今存宋本《青山集》亦三十卷，藏北京图书馆。收诗一千四百余首。又有《四库全书》本《青山集》三十卷、《续集》七卷，道光九年刊《青山集》三十卷、《续集》五卷。《四库》本《续集》前二卷，散见道光本《青山集》中，余五卷与道光本《续集》五卷，皆为孔平仲诗，系误入。二本附录记二篇；赋一篇，此赋乃诗，已见集中。

宛陵集 又名《宛陵先生文集》、《宛陵先生集》。诗文别集。宋梅尧臣著。据欧阳修《宛陵集序》所云，梅诗先由其妻兄子谢景初编为十卷，后由欧阳修编为十五卷。又据欧阳修《梅圣俞墓志铭》所云，其文集初为四十卷。《郡斋读书志》卷一九著录《宛陵集》六十卷。《直斋书录解题》卷一七著录《宛陵集》六十卷，《外集》十卷。《宋史·艺文志》著录《文集》六十卷，《后集》二卷。今所存最早刻本，为南宋嘉定重修绍兴本残帙。现存完帙，以明正统四年(1439)宣城太守袁旭重刻本《宛陵先生文集》(六十卷，拾遗一卷)为最早，此集有杨士奇跋，有汪伯彦《重刊版序》。明万历四年(1576)，梅氏后裔梅守德(纯甫)重刻于宣州。《四库全书》所收即万历本。《四部丛刊初编》亦据万历本影印。卷一至卷五九为诗，卷六〇为文，卷末附录一卷，拾遗一卷，另有汪伯彦后序、杨士奇题。朱东润著有《梅尧臣集编年校注》三十卷，上海古籍出版社1980年出版。今北京大学编《全宋诗》增辑集外诗十首，断句若干。

富郑公集 诗别集。宋富弼(封郑国公)著。是集收入《两宋名贤小集》卷四九，录诗七首。

徂徕集 诗文别集。宋石介(世称徂徕先生)著。有明、清抄本。《四库全书》本二十卷附录一卷。卷一至卷四为诗，卷五至卷二〇为文，后附录欧阳修《徂徕石先生墓志铭》并序、《读徂徕集》、《重读徂徕集》。此外，《正谊堂全书》收《石守道先生集》二卷。《宋诗钞初集》收《徂徕诗钞》一卷。陈植锷校点《徂徕石先生文集》，以清光绪九年(1883)济南尚志书院刻本为底本，校以他本，并辑有佚文八篇，中华书局1984年出版。四川大学编《全宋文》增辑佚文二十篇。

杏花村集 诗别集。宋唐询著。一卷，收诗十四首。见《两宋名贤小集》卷六〇。

潞公集 诗文别集。宋文彦博(封潞国公)著。四十卷。一、二卷古赋、律赋、颂；三至八卷各体诗歌，卷九论，卷十表启，卷一一序，卷一二碑记墓志，卷一三杂文，卷一四至卷四〇奏议札子。是书初著录于《直斋书录解题》，然所称《补遗》一卷为今本所无。今传有明嘉靖五年(1526)王溱刻四十卷本。据书前吕柟嘉靖五年序，彦博原书已佚，是集乃其少子文及甫追辑而成。《四库全书》本据明刻本收录。

龙学文集 诗文别集。宋祖无择著。南宋光宗绍熙三年(1192)其曾孙袁州军事判官衍始裒为十卷，原名《焕斗集》。因每卷标目又别题"洛阳九老祖龙学文集"，故《永乐大典》等称《龙学集》，而"焕斗"之名不显。原集已佚。《四库全书》本十六卷，卷一至卷六为诗，卷七至卷一六为文。计诗一百二十三首，文四十二首。末附录一卷。此外，《宋人集》丙编收《洛阳九老祖龙学文集》十六卷附录一卷，乃民国十年南城李之鼎宜秋馆据南陵徐氏影宋抄本刊。今北京大学编《全宋诗》卷三五五又增辑集外诗八首。

乐全集 诗文别集。宋张方平(号乐全居士)著。《宋史·艺文志》著录《乐全集》四十卷，《四库全书》本与之合。计诗四卷，文三十六卷。卷首有苏轼《乐全集序》，卷末附录一卷。此集《四库全书珍本初集》亦收。今四川大学编《全宋文》增辑其佚文三十八篇。北京大学编《全宋诗》增辑其佚诗五首。

镡津文集 诗文别集。宋契嵩(镡津人)著。二十二卷。卷首为明僧如卺《镡津文集引》、陈舜俞《镡津明教大师行业记》。卷一至卷一九为各体文。卷二〇至二一为诗。卷二二为附录，收诸禅师序赞诗题疏并后序，从中略可见是书刊刻流传源流。《文渊阁书目》日字第三厨著录有"僧契嵩镡津文一部五册"。《天禄琳琅书目》卷十著录明版"镡津文集一函四册"、"二十卷"，即永乐八年(1410)刊本。明弘治十二年(1499)嘉兴僧如卺重刊此集，《四库全书》即据此本收录，《四部丛刊》三编亦据以影印。

欧阳文忠公集 又名《欧阳文忠公全集》、《文忠集》等。诗文别集。宋欧阳修(谥文忠)著。宋吴充《欧阳修行状》云："尝著《易童子问》三卷，《诗本义》十四卷，《居士集》五十卷，《归荣集》一卷，《外制集》三卷，《内制集》八卷，

《奏议集》十八卷,《四六集》七卷,《集古录跋尾》十卷,杂著述十九卷,诸子集以为家书,总目八卷。其遗逸不录者尚数百篇,别为编集,而未及成。"因欧集久无定本,故其他诸家著录互有出入。光宗绍熙至宁宗庆元间周必大编刊《欧阳文忠公集》后,欧集始有定本。是集一百五十三卷。《四库全书》著录江西采进本,凡《居士集》五十卷,《外集》二十五卷,《易童子问》三卷,《外制集》三卷,《内制集》八卷,《表奏书启四六集》七卷,《奏议》十八卷,《杂著述》十九卷(包括《河东奉使奏草》二卷,《河北奉使奏草》二卷,《奏事录》一卷,《濮议》四卷,《崇文总目叙释》一卷,《于役志》一卷,《归田录》二卷,《诗话》一卷,《笔说》一卷,《试笔》一卷,《近体乐府》三卷),《集古录跋尾》十卷,《书简》十卷。前附年谱;后附行状、墓志、传文等五卷。今流行者,还有《四部丛刊》本,据明天顺本影印;《四部备要》本,据清乾隆十一年(1746)庐陵祠堂本校刊。另有万有文库本《欧阳永叔集》。

居士集　诗文别集。宋欧阳修(号六一居士)著。五十卷。卷一至卷九,古诗二百余首;卷一〇至卷一四,律诗约三百首;卷一五至卷五〇,赋及各体文二百四十余篇。此集乃欧阳修晚年自为编定,故"其选择为最审"(马端临《文献通考·经籍考》)。今存南宋绍兴年间衢州刻本残卷。南宋绍熙、庆元年间,周必大等编定《欧阳文忠公集》,《居士集》收入其中。此后《欧阳文忠公集》广为流布,《居士集》遂少单刻本。

范蜀公集　诗别集。宋范镇(封蜀郡公)著。收诗三十一首。见《两宋名贤小集》卷三九。另《范蜀公诗钞》一卷,见《宋人小集五种》。北京大学编《全宋诗》又增辑其佚诗三十六首。

苏学士集　诗文别集。宋苏舜钦著。其殁后四年,欧阳修于其岳父杜衍家搜得遗稿,编成十卷。《郡斋读书志》、《直斋书录解题》均著录为十五卷,《宋史·艺文志》著录为十六卷。《四库全书》本十六卷,卷首有欧阳修《苏学士集原序》,卷一至卷八为诗,卷九至卷一六为文。此外,《四部备要》本据清宋荦校刻本校刊,收《苏学士文集》十六卷。《四部丛刊》本据康熙中白华书屋刊本影印,附校语一卷,清何焯撰。1962年中华书局上海编辑所出版沈文倬校点《苏舜钦集》。1981年上海古籍出版社又据其1962年版重新排印。今北京大学编《全宋诗》又增辑其集外诗十八首。

安阳集　诗文别集。宋韩琦(安阳人)著。《郡斋读书志》、《直斋书录解题》及《宋史·艺文志》均著录五十卷。有明正德九年张子隆刻本,清康熙五十六年晚香书屋刊本等。《四库全书》本五十卷,盖即原本,然编次已有所脱遗。卷一至卷二〇为诗,卷二一至卷五〇为文。此外,《摛藻堂四库全书荟要》亦收。《正谊堂全书》收《韩魏公集》二十卷,《丛书集成初编》又据之排印。另《安阳集钞》一卷,见《宋诗钞初集》;《安阳集补钞》一卷,见《宋诗钞补》。今四川大学编《全宋文》又增辑其佚文七十三篇。北京大学编《全宋诗》增辑其佚诗六首。

清献集　诗文别集。宋赵抃(谥清献)著。有宋景定元年(1260)陈仁玉刻、元明递修本及明成化、嘉靖刊本。《四库全书》本十卷,前五卷诗,后五卷文。《摛藻堂四库全书荟要》亦收此集。《宋诗钞初集》收《清献诗钞》一卷,《宋代五十六家诗集》收《清献诗集》一卷。今北京大学编《全宋诗》增辑其佚诗十五首。

盱江集　又名《直讲李先生文集》。诗文别集。宋李觏(曾任太学直讲,世称盱江先生)著。诗文杂著三十七卷,年谱一卷,外集三卷。卷首有祖无择序、自序及宋魏峙撰《李直讲年谱》。卷一为赋,卷二至卷三四为各体文,卷三五至卷三七为各体诗。外集三卷皆为附录,收录朝廷任职札子,范仲淹荐章,范仲淹、欧阳修、祖无择等来书、赠诗及门人陈次公所撰墓志铭等。据祖无择序、自序及年谱记载,觏曾有《退居类稿》及《皇祐续稿》,今皆不传。是集为明左赞所编,成化间刊行。正德十三年(1518)再由孙甫刊行。万历十七年(1589)有孟绍庆重修本。今通行有《四库全书》本、《四部丛刊》本、中华书局1981年版王国轩校点本。

嘉祐集　又名《嘉祐新集》、《老泉先生集》、《类编增广老苏先生大全文集》等。诗文别集。宋苏洵(号老泉)著。"嘉祐"为宋仁宗年号。十五卷。卷一至卷八为策论,卷九至卷一二为书、启,卷一三为族谱等,卷一四为记、赞、铭、说,卷一五为诗。据欧阳修所撰墓志及《宋史》本传,洵本有集二十卷。《郡斋读书志》、《直斋书录解题》则皆称十五卷,盖当时所传已非一本。北宋末苏氏书遭禁毁,今存者皆后人所辑。今通行者有《四部丛刊》本、《四部备要》本,皆十五卷;《四库全书》本为十六卷,又附录二卷。二本相较,《四库全书》本多载文数篇。又清邵仁弘安乐居刻本《苏老泉先生全集》二十卷,多他本所未收洵《谥法》四卷。又北京图书馆藏《类编增广老苏先生大全文集》宋残本,有《游嘉州龙岩》等古近体诗十七首，为他本所无。北京大学编《全宋诗》增辑五首。

漫园小稿 诗别集。宋王琪著。收诗九首，见《两宋名贤小集》卷五七。今北京大学编《全宋诗》增辑其佚诗五首。

击壤集 诗别集。宋邵雍著，其子伯温编辑。《四库全书》本二十卷。前有英宗治平丙午(1066)自序，后有哲宗元祐辛未(1091)邢恕序。此外，《宋人集丁编》收《伊川击壤集》二十卷、《集外诗》一卷，乃民国十一年李氏宜秋馆据明文靖书院刊本校刊。《四部丛刊》所收卷数相同，乃据明成化十一年(1475)毕亨刻本影印。另《两宋名贤小集》收《安乐窝吟》一卷，计六十首诗。今北京大学编《全宋诗》又增辑佚诗四十六首。

说论集 文别集。宋陈次升著。是集初为其兄子南安丞安国所编，取哲宗顾问之语以名之。二十卷，录奏疏凡二百零七篇，已佚。四库馆臣从《永乐大典》中辑得八十六篇，又于《历代名臣奏议》中增补三十篇，厘为五卷。前有陈安国原序，后附郑棱《宝文待制陈公说论跋》、陈士壮《待制陈公行实》等传记资料。此外，《四库全书珍本初集》亦收是集。

端明学士集 诗文别集。宋蔡襄(官端明殿学士)著。四十卷。卷一至卷八收各体诗。卷九收箴一篇。卷一〇至卷一五收制诰。卷一六至卷二一收奏议，共六十余篇。卷二二收《国论要目》。卷二三至卷三四收其杂著，有书疏、表、状、记、序、启等。卷三五收其《茶录》、《荔枝谱》。卷三六至卷四〇收哀词、祭文、碑文、墓志铭等。《宋史·艺文志》著录《蔡襄集》六十卷，另附奏议十卷，而《文献通考》则作十七卷，可见当时即有数本。《四库全书总目》认为"十七"乃"七十"之伪舛，非是(详见《四库提要辨证》及《四库全书总目提要补正》)。蔡襄诗之初刊本，南宋初年即已难得，故其中散佚，当不在少，《碧溪诗话》卷七所引其"因傍低松却飞盖，为闻山鸟辍鸣驺"之句即不见是集中。乾道四年(1168)，王十朋访得其书，重编为三十六卷，乃复行于世。元代版复散佚。明万历中，莆田卢延选始得抄本于民间，御史陈一元刻于南昌，析为四十卷。此本于万历四十二年(1614)又经朱谋玮重修。雍正甲寅，蔡襄后裔蔡廷魁又哀次重刻。今存宋刻本《莆阳居士蔡公文集》三十六卷(清朱锡庚跋、序目、卷一至卷六、卷三五至卷三六配清抄本)。明万历四十四年(1616)蔡善继双瓮斋刻本《宋蔡忠惠文集》三十六卷，附别纪十卷。清雍正乾隆间蔡仕逊敏斋刻本《宋端明殿学士蔡忠惠公文集》三十六卷，附别纪补遗二卷。《四库全书》所收为四十卷。

金氏文集 又名《金君卿集》、《金正叔集》。诗文别集。宋金君卿(字正叔)著。据《江西通志》及富临《金君卿集序》称原集十五卷，已佚。今本乃清修《四库全书》从《永乐大典》辑出，以类编定。上、下二卷。卷上，赋四篇，各体诗一百余首；卷下，各体文七十余篇。今人栾贵明《四库辑本别集拾遗》补辑诗二首，文一篇。另有《宋人集》甲编本，民国三年南城李氏宜秋馆据丁氏八千卷楼抄本刊。

珠溪诗集 诗别集。宋李师中著。一卷，收诗十九首。见《两宋名贤小集》卷二七。

邕州小集 又名《陶邕州小集》。诗别集。宋陶弼(曾知邕州)著。黄庭坚《豫章集》卷二二《陶君墓志铭》云，弼有诗文书奏十八卷。《宋史·艺文志》又著录"《陶弼集》十五卷"。已佚。《两宋名贤小集》卷九六收《陶邕州小集》一卷，录诗九十二首。《四库全书》采用鲍氏知不足斋本，收《邕州小集》一卷，载诗七十三首。又附集外诗二首及残句。今流传者尚有《晨风阁丛书》本，末题乾隆乙卯(1795)十月十六日王端履手录。又宜秋馆《宋人集》甲编重刊《陶邕州小集》一卷，并辑补一卷。

章安集 诗别集。宋杨蟠(章安人)著，民国杨晨编。一卷。收诗约百首。《宋史·艺文志》载"杨蟠诗二十卷"；欧阳修亦云"卧读杨蟠一千首"(《读章安集》)。已佚。今本乃杨晨从《宋文鉴》、《苕溪渔隐丛话》、《诗人玉屑》、《舆地纪胜》、《咸淳临安志》等书中辑录而成。有《台州丛书后集》本。另见《西湖集览·钱塘西湖百咏附》，清光绪九年钱塘丁氏嘉惠堂刊本。

南阳集 诗文别集。宋韩维(封南阳郡公)著。据集后附其外孙沈晦跋文，徽宗宣和元年(1119)，晦在舅家见维之文集，然"文字舛驳，不可正是"。《直斋书录解题》著录"《南阳集》二十卷"，并云"卷首载鲜于绰所述《行状》，而晦跋其后"。《宋史·艺文志》亦著录"《南阳集》三十卷"。另《郡斋读书志·后志》著录"韩持国诗三卷"，《宋史·艺文志》著录"《颍邸记室集》一卷"、"《奏议》一卷"，则其诗、记室、奏议又有单刻本。今《四库全书》本《南阳集》凡三十卷，并附录一卷。卷一至一四为诗，卷一五至三〇为文。附录为《明堂加恩制》、鲜于绰所撰《行状》、沈晦所撰跋文。然卷二〇仅有《贺两府转官状》标题，余尽佚；卷二八《孔处士文集序》、附录《明堂加恩制》，阙文甚多；《行状》亦缺二页。

古灵集　诗文别集。宋陈襄著。其子陈绍夫所编，以其居侯官古灵村，因名其集。有宋刻本、清乾隆抄本。《四库全书》本二十五卷，据宋绍兴本抄。前有李纲所作《古灵集原序》，卷一至卷二〇为文，卷二一为赋，卷二二至二五为诗。后附录一卷传记资料及年谱。此外，《宋人小集十五种》收《述古先生诗集》四卷，《两宋名贤小集》收《古灵诗集》一卷。

周濂溪先生全集　又名《周元公集》。诗文别集。宋周敦颐(号濂溪)著。潘兴嗣《濂溪先生墓志铭》称其"有《太极图说》、《易说》数十篇，诗十卷"。《直斋书录解题》卷十七著录《濂溪集》七卷。康熙初年，其裔孙周沈珂据明嘉靖间漳浦王会刊本重刊。《四库全书》所收即以之为据，题名《周元公集》，八卷，收《太极图说》、《通书》四十篇，杂著十一篇，诗二十八首，附载诸儒议论及年谱、事状等。另有十三卷本，编者不详，收《太极图说》、《通书》四十篇，诗二十九首，文十二篇，题记五则。附录诸儒论辩、解说、语类、酬赠、序铭及年谱、事状等。有《正谊堂全书》本、《洪氏唐石经馆丛书》本，《丛书集成初编》据《正谊堂全书》本排印。

丹渊集　诗文别集。宋文同著。范百禄《文公墓志铭》称其"所为文五十卷"。《郡斋读书志》卷一九、《直斋书录解题》卷一七、《文献通考》卷二三六、《宋史》卷四四三本传均著录《丹渊集》四十卷。五十卷盖为初编，刻本则并为四十卷。四十卷本，最初乃其曾孙文鹭编刊，南宋宁宗庆元元年(1195)，邛州守家诚之厘正重刊，并附以所编年谱及所辑《拾遗》上下凡二卷。此本已佚，今传有两种明万历刊本。《四库全书》所收为明万历庚戌(1610)钱允治作序本。四十卷：卷一至卷二〇为诗赋，卷二一至卷四〇为各体文。拾遗二卷，收诗十六首，文五篇。《四部丛刊初编》亦据此影印，多附录一卷。

华阳集　诗文别集。宋王珪(华阳人)著。《郡斋读书志》卷一九和《直斋书录解题》卷一七均著录珪《华阳集》一百卷。然至明已佚。四库馆臣从《永乐大典》中辑其佚文，依类编次，厘为六十卷。卷一至卷六为诗，卷七至卷六〇为各体文。其遗闻逸事与后人评论之语见于他书者亦详加搜辑，别为附录十卷。除《四库全书》本外，《武英殿聚珍版书》亦收《华阳集》四十卷，《丛书集成初编》据此排印。另《两宋名贤小集》收《王岐公集》一卷。

独乐园稿　诗别集。宋司马光(居独乐园)著。六卷。存诗二百余首。有《两宋名贤小集》本。

传家集　又名《温国文正公文集》、《司马温公文集》、《司马光文集》等。诗文别集。宋司马光(封温国公，谥文正)著。苏轼《司马温公行状》称其"有文集八十卷"。高宗绍兴三年(1133)九月，刘峤将此集刊于福州，并于绍兴二年撰有《温国文正司马公文集序》。《郡斋读书志》卷一九著录"司马文正《传家集》八十卷"，即刘峤刻本。此本今犹传世，然卷一至四，七六至八〇配明弘治十八年卢雍抄本。藏北京图书馆。《四部丛刊初编》即据此本影印，八十卷，题名《温国文正司马公集》。《四库全书》著录江苏采进本，乃明刊本，题名《传家集》。八十卷，卷一赋，卷二至卷一五诗，卷一六至卷八〇各体文。另《司马温公文集》十四卷，有《正谊堂全书》本，《丛书集成初编》据之排印；《四部备要》本，据清陈氏培远堂刊本校刊，比正谊堂本多首一卷。

公是集　诗文别集。宋刘敞(字公是)著。其弟刘攽作《公是先生集序》(《彭城集》卷三四)云，此集原为七十五卷，其中古诗集二十卷，律诗集十五卷，内集二十卷，外集十五卷，小集五卷。《郡斋读书志》卷一九、《直斋书录解题》卷一七、《文献通考》卷二三五皆作七十五卷。原书久佚。今有《四库全书》本，盖清四库馆臣自《永乐大典》中辑其遗文而成，厘为五十四卷。卷一至卷二为辞赋，卷三至卷二九为诗，卷三〇至卷五四为各体文。《武英殿聚珍版书》亦收，多《拾遗》一卷。另有四库馆臣漏辑诗文二十条，见栾贵明《四库辑本别集拾遗》。《丛书集成初编》本据聚珍版排印。

元丰类稿　诗文别集。宋曾巩著。因编于神宗元丰年间，故名。五十卷附录一卷。《直斋书录解题》著录此书，云"《类稿》五十卷，《续》四十卷，《外集》十卷"。《宋史》本传所载同。南渡后，《续稿》、《外集》散佚，开禧间曾经校定，至宋末又佚。《文献通考·经籍考》著录"曾子固《元丰类稿》五十卷"。是书宋元以降，历代均有刻本。清修《四库全书》，据清康熙五十六年(1717)顾崧龄刻本抄入，又据清何焯点勘，订其脱误。此外，尚有《四部丛刊》本(据乌程蒋氏密韵楼藏元刊本影印),《四部备要》本(据明刻本校勘),《国学基本丛书》本。其《续稿》、《外集》之文,于《宋文鉴》、《宋文选》及宋人笔记中尚可见一二。1984年中华书局出版陈杏珍、晁继周点校之《曾巩集》,此书以顾崧龄刻本为底本,校以他本。并辑得佚诗三十三首,词一首,文七十八篇。

张横渠先生文集 文别集。宋张载(籍郿县横渠镇)著。《宋史·艺文志》著录其《文集》十卷。《正谊堂全书》收《张横渠先生文集》十二卷,卷一为《西铭》、《东铭》,卷二至卷四为《正蒙》,卷五至卷九为《经学理窟》,卷一〇为《语录钞》,卷一一为《文集钞》,卷一二为《性理拾遗》、《二程书拾遗》。《丛书集成初编》据《正谊堂全书》本排印。《四库全书》收有《张子全书》十四卷,中有《张子文集钞》一卷。另有《张载集》校点本,中华书局1978年出版。

苏魏公文集 诗文别集。宋苏颂著。七十二卷。据汪藻序,为颂殁四十年后,其子所编。《直斋书录解题》卷一七著录《苏魏公文集》七十二卷。《宋史·艺文志》著录除本集七十二卷外,又有《略集》一卷。通行为《四库全书》本,著录鲍士恭家藏抄本,今藏北京图书馆。卷一至卷一四为诗,卷一五至卷七二为各体文。道光二十二年(1842),有裔孙苏廷玉刻本,所用底本为武林文澜阁重抄本。校之四库本,卷六三多文一篇,卷一三多诗四首。民国十四年(1925),裔孙苏万灵又据苏廷玉刻本石印。1988年,中华书局出版王同策等校点的《苏魏公文集》,该本以苏廷玉刻本为底本,校以《四库全书》本,附录苏颂长孙象先所撰《魏公谭训》。

都官集 诗文别集。宋陈舜俞(曾官都官员外郎)著。此集初为其婿周开祖所编,凡三十卷,蒋之奇为之序。庆元间舜俞曾孙陈杞刊于四明,名之曰《都官集》,楼钥为作后序(见《都官集》附蒋之奇、楼钥序、陈杞跋)。《直斋书录解题》卷一七著录《陈都官集》三十卷,《文献通考·经籍考》同。《宋史·艺文志》著录"《陈舜俞集》三十卷"。原集已佚。今有《四库全书》本,为清四库馆臣从《永乐大典》中辑出其遗文,厘为十四卷。卷首为蒋之奇、楼钥、陈杞序跋,卷一至卷一一为各体文,卷一二至卷一四为诗。另馆臣漏辑者尚有九条,见栾贵明《四库辑本别集拾遗》。另有《宋人集》甲编本,据丁氏八千卷楼抄本刊行。

泗州集 诗别集。宋张公庠著。收诗二十首,其中《宫词》十八首。见《两宋名贤小集》卷三二三。另《张泗州集》一卷,见《微波榭诗钞三种》。

王荆文公诗笺注 诗别集注本。宋王安石(封荆国公)著、李壁笺注。五十卷。是集于王安石诗不仅笺释典故出处,对人物、背景亦多有涉及,具有较高的参考价值。且所收之诗,又比通行本《临川先生集》多七十二首,可为补缺。主要有元大德五年(1301)王常刻本,清乾隆六年(1741)张宗松清绮斋刻本。1958年,中华书局上海编辑所以清绮斋本为底本点校排印,后附《补遗》,补诗五首;另有《附录》,收序跋、年谱等。另有日本蓬左文库藏高丽排印本,文字较元明刻本为多。上海古籍出版社据以影印,1994年出版。

临川先生文集 诗文别集。宋王安石(籍临川)著。一百卷。主要有南宋时龙舒、临川、杭州等地刻本流传。龙舒本名《王文公文集》,文五十六卷,诗四十四卷。1962年,中华书局曾影印。1974年,上海人民出版社又以影印龙舒本为底本点校排印。临川本名《临川先生文集》,诗三十八卷,文六十二卷;与龙舒本差异大,编次不同,作品亦互有缺佚。杭州本名《临川王先生文集》,编次、卷第与临川本皆同,文字小有差异。元明清以来,较为流行的是明嘉靖二十五年(1546)应云鹫翻刻临川本,《四部丛刊》即据应本影印;民国时大东书局亦据应本排印,并增《文拾遗》一卷,附《周官新义》十二卷,《考工记解》二卷,《唐百家诗选》二十卷。又有明嘉靖三十九年何迁刻本;1959年,中华书局以何刻本为底本点校排印,并增《补遗》一卷,收岛田翰、陆心源、朱孝臧、唐圭璋等所辑佚诗文七十六篇。

祠部集 诗文别集。宋强至(官祠部郎中)著。三十五卷。《直斋书录解题》著录《强祠部集》四十卷,《宋史·艺文志》著录《祠部集》四十卷。《文渊阁书目》尚著录,其后湮没不传。清修《四库全书》,四库馆臣从《永乐大典》辑得诗文一千余条,编为三十五卷。曾巩原序(载《元丰类稿》)冠于卷首。现存《永乐大典》录《祠部集》一百条,四库馆臣漏辑十二条,见栾贵明辑《四库辑本别集拾遗》。今传主要有《四库全书》、《武英殿聚珍版书》(武英殿木活字本、福建本、广雅书局本)、《丛书集成初编》本等。

郧溪集 诗文别集。宋郑獬(居郧溪)著。《直斋书录解题》著录《郧溪集》五十卷,《宋史

·艺文志》亦载郑獬集五十卷，已佚。今有《四库全书》本，乃清四库馆臣从《永乐大典》中辑出。二十八卷。前二十二卷，收各体文六百余篇；后六卷，收诗四百余首，词三首。卢靖《湖北先正遗书》据《四库》本收入，多《补遗》一卷，诗二首；《续补》一卷，文二篇，诗一首；附《校勘记》一卷。今人栾贵明《四库辑本别集拾遗》又增辑诗三首。

伐檀集　诗文别集。宋黄庶著。为皇祐五年(1053)自编。名曰"伐檀"，乃取《诗·魏风·伐檀》篇"君子素餐"之义，以自识其愧。上、下二卷。卷上，诗一百六十余首；卷下，书启杂文六十余篇；篇首有黄庶自序。有宋刊本、明刊本，附其子黄庭坚集之后。单行有《四库全书》本、《宋人集》丁编本。陈思《两宋名贤小集》卷二五至卷二六收黄庶《伐檀集》二卷，乃仅取其诗，析而为二。

彭城集　诗文别集。宋刘攽著。《直斋书录解题》卷一七、《宋史·艺文志》及《文献通考》均著录《彭城集》六十卷。明《文渊阁书目》著录《彭城集》十五册，不列卷。皆亡佚。清四库馆臣从《永乐大典》中辑出，厘为四十卷。卷一赋，卷二至卷一八诗，卷一九至卷四〇为各体文。收入《四库全书》、《武英殿聚珍版书》。《丛书集成初编》据聚珍版收入。又有馆臣漏辑诗文四十二条，见栾贵明《四库辑本别集拾遗》。

公非集　诗别集。宋刘攽(号公非)著。一卷。攽有《彭城集》四十卷，此集即从中选诗十八首。收入《两宋名贤小集》卷六四。

冯安岳集　诗别集。宋冯山(籍安岳)著。十二卷。其原有诗文集三十卷。南宋嘉定中曾与其子澥集合刊，刘光祖为之序(《冯安岳集》卷前附刘序)。后散佚。今存其诗十二卷，通行有《四库全书》本。卷前附刘光祖序，卷一至卷五为五言，卷六至卷七为七古，卷八至卷一〇为五律，卷一一至卷一二为七律。宜秋馆《宋人集》乙编亦刊此本。

范忠宣公文集　诗文别集。宋范纯仁(谥忠宣)著。二十卷。曾肇《范忠宣公墓志铭》称其"有文章、论议三十卷"。赵希弁《郡斋读书志·附志》著录《范忠宣公文集》二十卷、《直斋书录解题》、《文献通考》、《宋史·艺文志》著录同。是集嘉定时由沈圻初刊于永州，楼钥为之序，范之柔为之跋。是刻为后来各本之祖。今通行有《四库全书》本，乃据康熙三十六年岁寒堂刊本抄。文集十八卷，奏议二卷，遗文一卷，附录一卷补编一卷。《四库全书总目》曰："奏议二卷，自治平元年为殿中侍御史，至元祐八年再相，前后所奏封事凡七十三首。又遗文一卷，载纯仁文七首，附以其弟纯礼文二首，纯粹文十九首，乃其裔孙能濬据旧本重加删补。又附录一卷，为诸贤论颂十三首。补遗一卷，载纯仁尺牍一首，附以制词题跋等十二首，亦能濬所编订。"文集卷一至五为赋、诗，卷六至十八为文。卷首有楼钥序，卷末有范之柔、沈圻、廖视、陈宗衜四跋。

寄亭诗遗　诗别集。宋章粢著。一卷。诗十首。有《两宋名贤小集》本。

节孝集　诗文别集。宋徐积(谥节孝处士)著。三十二卷。卷一至二七为诗，卷二八至三〇为文，卷三一为《节孝语录》，卷三二附录《事实》。是书宋刊本为二十卷，《直斋书录解题》卷一七著录，今已不传。元景定中，淮安州学教授翁蒙正重编为三十卷本刊行，今存元刻明补本，藏北京大学、南开大学等校图书馆。明嘉靖中，淮安兵备副使刘祐重刻本为《文集》三十卷、《语录》一卷、《事实》一卷。《四库全书》所收底本即刘祐本。清康熙中，山阳丘迈刻本多《碑记传赞》一卷。宣统三年(1911)，山阳徐氏又有重刊本。

西溪集　诗文别集。宋沈遘著。十卷。南宋初高布将此书与沈括《长兴集》、沈辽《云巢编》合刻，名《吴兴三沈集》，以是编为首。《宋史》本传称遘通判江宁，归奏《本治论》十篇，而集中未载(仅存序文)，则是书亦非全帙。又卷八《前苏州知郡司封》后缺文五篇，《四库》本补篇名并注"阙"。《四库全书总目》虽称高布校勘不苟，然亦偶有脱误。如卷三《烽火台》之一"孤穿兔穴半空推"，"孤"为"狐"之误，《四库》本已予改正。今通行有《四库全书》本、《四部丛刊》本(据明覆宋本影印)。

王校理集　诗别集。宋王安国(曾为秘阁校理)著。一卷，计五七言诗三十五首。据曾巩《王平甫集序》称"平甫既没，其家集其文集为百卷"(《元丰类稿》卷一二)。王安石《平甫墓志铭》称安国有"文集六十卷"(《临川集》卷九一)。惜其诗文大多亡佚，今存者仅《两宋名贤小集》所辑此集。

长兴集　文别集。宋沈括著。《直斋书录解题》著录四十一卷，然明人覆刻时已缺卷一至卷一二、卷三一、卷三三至卷四一共计二十二卷。《四库全书》依次编定为十九卷。《四部丛刊》据明覆宋本影印，仍著原书卷数。二本文字互有脱误，如卷一六(《四库》本卷四)《谢进宋令图赐绢表》“敢上希于宽诏”后缺五字，《四库》本补“已绝望于生还”。而卷二六《大夫赵君墓志铭》，《四库》本脱“大”字。清康熙戊戌年(1718)吴允嘉据明覆宋本重编《三沈集》，因“《长兴集》首尾皆缺，从他书遍搜存中骚赋歌诗及序说诸篇”，补其首三卷，又于卷三〇末增《自志》一篇。

东堂集 诗文别集。宋毛滂(号东堂)著。十卷。陈造《题东堂词集》称“《毛泽民集》合文、诗、尺牍、乐府为十五卷，刊于嘉禾”(《江湖长翁集》卷三一)。《直斋书录解题》载“《东堂集》文六卷，诗四卷，书简一卷，乐府一卷”。《宋史·艺文志》载《毛滂集》为十五卷。后皆亡佚。四库馆臣遂从《永乐大典》辑出诗四卷，文六卷。今人栾贵明《四库辑本别集拾遗》又从《永乐大典》中辑出四库馆臣漏收诗文各一篇。今通行即《四库全书》本。另《两宋名贤小集》有《东堂小集》一卷。

忠肃集 诗文别集。宋刘挚(谥忠肃)著。二十卷。为其子刘跂裒辑，刘安世为之序。《郡斋读书志·附志》卷下著录《刘忠肃公文集》四十卷，《直斋书录解题》卷一七、《文献通考》卷二三六、《宋史·艺文志》皆著录同。原本盖佚于明末清初，《绛云楼书目》卷三犹著录，其后遂无踪迹。清修《四库全书》时，馆臣从《永乐大典》中辑出，得文二百八十五首，诗四百四十三首，以类编排，析为二十卷。卷首有刘安世原序，卷一至一四为各体文，卷一五至二〇为诗。收入《四库全书》。现存《永乐大典》录挚诗文二十八条，馆臣漏辑五条，见栾贵明《四库辑本别集拾遗》。《武英殿聚珍版书》(福建本、广雅书局本)收入时多《拾遗》一卷，清劳格辑目、孙星华录文。《丛书集成初编》即据之排印。

无为集 诗文别集。宋杨杰著。十五卷。是集绍兴十三年(1143)知无为军赵士䴙所编，凡赋二卷，诗五卷，文八卷。赵士䴙原序云“删除芜类，取有补于教化者”编入；另有别集，今不传。今有《四库全书》本、《宋人集》乙编本。另有一卷本，见《宋百家诗存》卷三。

倚松老人集 诗别集。宋饶节(号倚松老人)著。二卷。《宋史·艺文志》载《倚松集》十四卷。今仅存两卷。为宋庆元五年(1199)黄汝嘉重刊。《四库全书》据抄本收入。《两宋名贤小集》亦收。又有一卷本，见《宋百家诗存》卷五。

三径集 诗别集。宋蒋之奇著。据《宋史·艺文志》载，之奇原有《荆溪前后集》八十九卷，别集九卷，《北扉集》九卷，《西枢集》四卷，《卮言集》五卷，《刍言》五十篇，然皆佚。今存者仅《三径集》一卷，收入《两宋名贤小集》，计诗二十四首。又有《蒋之奇遗稿》一卷，收入《常州先哲遗书》。

净德集 诗文别集。宋吕陶(号净德)著。《宋史·艺文志》著录六十卷，然久无传本。清四库馆臣从《永乐大典》中采掇搜辑，分类编次为三十八卷。卷一至卷二八为各体文，卷二九至卷三八为各体诗。收入《四库全书》、《武英殿聚珍版书》。另有馆臣漏辑诗作五首，见栾贵明《四库辑本别集拾遗》。

广陵集 诗文别集。一作《广陵先生文集》。宋王令(广陵人)著。三十卷，拾遗一卷。一作二十卷。是集为王令子王说所编，诗赋十八卷，文十二卷；又拾遗一卷，墓志、事状及交游投赠追思之作皆附入。明清抄本三十卷、二十卷互见。除《四库全书》本外，有《嘉业堂丛书》本。1980年上海古籍出版社出版沈文倬点校本，该书以嘉业堂丛书本为底本，校以他本。题为《王令集》。另有《广陵诗钞》一卷(见《宋诗钞初集》)，《广陵诗集补钞》一卷(见《宋诗钞补》)。

明道先生诗集 诗别集。宋程颢(世称明道先生)著。一卷。收诗十一首。见《两宋名贤小集》卷一三〇。

云巢编 诗文别集。宋沈辽(号云巢)著。据是集所附《沈叡达墓志铭》称其“所著《云巢编》二十卷”，然《文献通考》仅著录十卷。《吴兴三沈集》亦为十卷。《四库全书》与《四部丛刊》三编皆据《吴兴三沈集》收入，然文字互有异同。《四部丛刊》本卷十后又辑“附录”，收《云巢诗并序》及《沈叡达墓志铭》等文，为四库本所无。

丰清敏公遗书 诗文别集。宋丰稷(谥清敏)著。稷诗文因罹罪被毁。后李朴尝编次其遗文，亦佚。清厉鹗撰《宋诗纪事》，尝从《成都文类》等录其诗四首。民国二十一年张镛辑其遗文，编《丰清敏公遗书》，凡诗文一卷，诗十四首，句一联，文两篇；奏疏一卷，十六篇。又附李朴所撰《丰清敏公遗事》、朱熹《丰清敏公遗事后序》、陈瓘《墓志》及封赐诰制、《宋史》本传等。有《四明丛书》本。

钱塘集 诗文别集。宋韦骧(籍钱塘)著。骧生前料理平生文稿,集成二十卷,藏于家。又有赋二十卷,行于世(《钱塘集》后附陈师锡《墓志铭》)。文集后佚末二卷,存十八卷。孝宗乾道中,其孙能定命工锓木于临汀郡庠(《钱塘集》后附能定题识)。《直斋书录解题》著录十八卷,《宋史·艺文志》著录同。清修《四库全书》,得明吴宽家藏宋版《韦骧集》,又缺一、二、一七、一八卷。遂厘改目次,定为十四卷。卷一至卷七为古近体诗,卷八至卷一四为表、启、疏、奏、书等。陆心源所藏宋乾道刊本有十七、十八两卷,因以补录(载《群书校补》卷七〇至卷七一)。所补《钱塘韦先生文集》卷一七为记、序、传、论、策问;卷一八为杂著、歌词。后附陈师锡所撰《墓志铭》、骧孙韦能定乾道四年(1168)刊成韦集后所撰题识。

王魏公集 诗文别集。宋王安礼著。七卷。据楼钥《王魏公文集序》称,其集为"公之五世孙直显谟阁厚之编次",未言卷数。《宋史·艺文志》著录为二十卷,《直斋书录解题》著录同。明叶盛《菉竹堂书目》曾载《王魏公集》六册,明中叶后散佚。今有《四库全书》本,为四库馆臣从《永乐大典》中辑出,诗文共七卷(《四库全书总目》误为八卷)。卷一为诗,卷二至卷六为制敕札子,卷七为墓志。今人栾贵明又从《永乐大典》中补辑七条,收入《四库辑本别集拾遗》。

画墁集 诗文别集。宋张舜民著。八卷。集名取《孟子·滕文公》"毁瓦画墁"之意。据《郡斋读书志》、《直斋书录解题》、《宋史·艺文志》载《舜民集》有一百卷,南渡后又有临川雕本《浮休全集》,然其集失传。今有《四库全书》本,为四库馆臣从《永乐大典》中辑出。八卷,卷一至卷四为诗,卷五、卷六为赋、论、墓铭,卷七、卷八为《郴行录》。今人栾贵明又从《永乐大典》中补辑诗文五十则,收入《四库辑本别集拾遗》。

经进东坡文集事略 文别集选注本。宋苏轼(号东坡)著。郎晔选注。六十卷。是集所选东坡文,各体具备,注释多明出处,颇便读者;尤其征引晁补之等各家成说,足资考镜。今通行者有《四部丛刊初编》本,为上海涵芬楼借吴兴张氏、南海潘氏藏宋刊本影印。另北京图书馆藏有是书宋刻残本三十二卷,有田炤跋并岛田重礼题识。台湾国立中央图书馆藏有是书南宋建刊本六十卷(缺第四十一至四十五卷),日人阿部隆一《中国访书志》有是书解题,叙述颇详。另有文学古籍刊行社1957年出版的点校本。

东坡先生翰墨尺牍 书信别集。宋苏轼(号东坡)著。清道光中浦江周心如刊《纷欣阁丛书》本为八卷,收采较全。另有元刊残本(藏北京图书馆),明万历十九年(1591)刊《苏黄尺牍》本为四卷,名《苏文忠公尺牍》。民国上海文明书局石印《唐宋十大家尺牍》本为二卷,名《苏东坡尺牍》。单行者有上海图书馆藏明万历十七年刻本《东坡尺牍》五卷、日本大仓文化财团藏《东坡先生往还尺牍》二十卷等。

注东坡先生诗 又名《施顾注苏诗》。诗别集注本。宋苏轼(号东坡)著,南宋施元之、顾禧注。原刻本有二种。南宋淳熙年间,施、顾二人合注苏诗,后施元之子施宿补充题注并撰《东坡年谱》,请陆游作序,于嘉定六年(1213)刊行,是为"嘉定本"。景定三年(1262)吴人郑羽补修重刊,是为"景定本"。《直斋书录解题》卷二〇著录此书四十三卷,年谱、目录各一卷。然流传至清,二本皆残。康熙年间,宋荦购得嘉定残本,命其子宋至与顾嗣立、邵长蘅共同校补刊行,收入《古香斋十种》丛书,是为"古香斋本"。今嘉定残本藏台北"国立中央图书馆"。景定本,台北艺文印书馆1969年据翁同龢藏本影印,存三十四卷,附郑骞撰《提要》。1978年,台北泛美图书公司又以景定本为底本,所缺各卷以古香斋本补充(未补足),影印出版。较为通行。宋人注苏诗流传至今者,只有题王十朋的《王状元集注分类东坡先生诗》和施顾《注东坡先生诗》两种。在体例上,王注为分类,施顾注为编年;且王注既为伪托,则施顾注更显重要。陆游《施司谏注东坡诗序》极言注苏诗之难,又称:"施谏公以绝识博学名天下,且用工深、历岁久,又助之以顾君景蕃之该洽,则于东坡之意,盖几可以无憾矣。"(《渭南文集》卷一五)

苏文忠公全集 亦称《东坡七集》。宋苏轼著。一百十卷。凡《前集》四十卷,《后集》二十卷,《奏议》十五卷,《内制集》十卷,《外制集》三卷,《应诏集》十卷,《续集》十二卷。如计入《内制集》所附《乐语》一卷及书末《年谱》一卷,则为一百十二卷。有明成化四年(1468)程宗刊本,李绍序称其前六集乃据"宋时曹训所刻旧本"付梓,其《续集》乃据明仁宗"所刻未完新本"付梓,所收包括《和陶诗》四卷。嘉靖十三年(1534)江西布政司重刊此本。而宋刊旧本《东坡七集》中，今仅存《东坡集》(即《前集》)、《东坡后集》残本及《外制集》、《应诏集》、《和陶诗》等数种。除了这类分集编辑的全集外，另有分类合编的全集本，一为明刻一百十四卷本《苏文忠公集》，卷一、二为赋，卷三至卷三一为诗，卷三二起为文，无序跋，纰缪甚多，《四库全书总目》斥为"编辑无法"；一为清蔡士英刊一百十五卷本《东坡全集》，卷一至卷三二为诗，系沿《七集》中《前集》、《后集》、《续集》之旧，自卷三二起为文，则据旧刻重订，分类编排较明刻本合理，但取材仍不足，体例亦有不纯处，此本乾隆间收入《四库全书》。此外，文集单刻有宋刊郎晔编注《经进东坡文集事略》六十卷(民国间商务印书馆据以影印，收入《四部丛刊》)、明茅维刊项煜序《东坡先生全集》七十五卷。诗集单刻有宋黄善夫家塾刊《王状元集百家注分类东坡先生诗》二十五卷，元务本堂重刊本书名添"增刊校正"四字(民国间商务印书馆据以影印，收入《四部丛刊》)；有清宋荦刊宋施元之原注，清邵长蘅、李必恒补注，冯景续注《施注苏诗》四十二卷、《东坡年谱》一卷、《王注正讹》一卷、《苏诗续补遗》二卷(宋刊施元之、顾禧注《注东坡先生诗》四十二卷，今存残本)；有清刊查慎行注《补注东坡诗编年诗》五十卷；有清刊冯应榴注《苏文忠诗合注》五十卷；有清刊王文诰注《苏文忠公诗编注集成》四十六卷、《集成总案》四十五卷、《诸家杂缀酌存》一卷、《苏海识余》四卷。中华人民共和国成立前比较通行易得的苏轼全集有商务印书馆排印的《国学基本丛书》本和中华书局排印的《四部备要》本。1982年、1986年中华书局又先后出版孔凡礼点校的《苏轼诗集》、《苏轼文集》，收入《中国古典文学基本丛书》，《诗集》以王文诰集注《苏文忠公诗编注集成》四十六卷为底本，校以他本，并增补编二卷、他集互见诗二卷及附录两种(铭传、序跋)，末有篇目索引；《文集》以茅维编《苏文忠公全集》七十五卷为底本，校以他本，原卷七四、七五为词，点校本未收，附录序跋、佚文汇编，末有篇目索引，《诗集》与《文集》为迄今苏轼诗文的最全最佳本。

许文定集 诗别集。宋许将(谥文定)著。一卷。收诗十二首。见《两宋名贤小集》卷七八。

乐圃余稿 诗文别集。宋朱长文(居乐圃坊)著。其侄孙朱思所作《乐圃余稿序》云："《乐圃文集》旧百卷"。南渡后，尽毁于兵火。朱思裒集遗文，得诗一百六十三首，记五篇，序六篇，启七篇，墓志五篇，世谱、题跋、祭文、赋、书、铭各一篇，编为十卷，又以墓铭、表、传为附录一卷，刊行以传。名曰《余稿》。后岁久版佚，藏书家递相传录，惟抄本存世。康熙壬辰(1712)，其二十二世孙朱岳寿重刊《余稿》，跋称以其家"旧有写本"付梓。并附明人陆嘉颖所辑遗诗一首、赞一则。有《四库全书》本。另有二卷本，收入《两宋名贤小集》。

栾城集 诗文别集。宋苏辙著。苏氏先世为赵州栾城人，故名。五十卷，《后集》二十四卷，《三集》十卷，《应诏集》十二卷。《郡斋读书志》、《直斋书录解题》著录同。《宋史·艺文志》著录《栾城集》八十四卷，《应诏集》十卷，策、论十卷，均阳杂著一卷。前三集为辙手自编定，《应诏集》编者不详。今犹有宋刻残本存世。是集完帙现以明刊本为最早。明本上承宋椠，仍分三集八十四卷，四集九十六卷两类。嘉靖二十年(1541)，蜀王朱让栩以张潮家所藏善本八十四卷刻于成都，刘大谟序。后又有活字印本。《四部丛刊》即据之影印。明末吴郡王执礼清梦轩刊《苏文定公栾城集》，除三集外又合刻《应诏集》。此本所收章疏较嘉靖本、活字本多二十余篇，误字亦比活字本少。《四库全书》所收，著录内府藏本，其篇目与清梦轩本合，盖即据之。卷一至卷一六为诗，卷一七至卷五〇为各体文；《后集》卷一至卷四为诗，卷五至卷二四为各体文；《三集》卷一至卷五为诗，卷六至卷十为各体文。《应诏集》十二卷，包括进论、进策、省试论、策等。《四部丛刊》据明嘉靖蜀藩活字本影印。1987年，上海古籍出版社出版曾枣庄、马德富校点本《栾城集》。该本以清梦轩本为底本，校以宋残本及《四部丛刊》本、三苏祠本等，又辑佚诗、词、文凡三十七篇，为《栾城集拾遗》附于后。

云溪居士集 诗文别集。宋华镇(号云溪居士)著。原集一百卷，高宗绍兴十二年(1142)其子初成裒集刊订并于次年进于朝廷(见是集楼炤《序》及华初成《进云溪集表》)。然是书唯见明焦竑《国史经籍志》著录，明以后此书无传。清四库馆臣从《永乐大典》中辑出，厘为三十卷。卷一赋，卷二至卷一三诗，卷一四至卷三〇文。收入《四库全书》、《四库全书珍本初编》。今人栾贵明又补辑十四条，收入《四库辑本别集拾遗》。

鄱阳集 诗别集。宋彭汝砺(籍鄱阳)著。《东都事略》载其有《诗义》、《易义》、奏议诗文五十卷。《宋史·艺文志》著录有《鄱阳集》四十卷。今传本十二卷，仅收其诗，且编次错互，至有以古体入律诗,律诗入古诗及前后互见者。殆其本集散佚,后人掇拾残遗编成。通行有《四库全书》本。清嘉庆二十三年(1818)周彦、高泽复刊本有《补遗》一卷。另《宋百家诗存》、《两宋名贤小集》收《鄱阳集》一卷。

范太史集　诗文别集。宋范祖禹著。五十五卷。据汪应辰《题范太史集》(《文定集》卷一〇)云,范集初由其所编。《直斋书录解题》、《文献通考》、《宋史·艺文志》著录同。宋本久已失传。今通行有《四库全书》本,卷一至卷三为诗、卷四至卷五五为各体文。

西塘集　诗文别集。宋郑侠著。《直斋书录解题》著录《西塘集》二十卷,《宋史·艺文志》著录同。宋本久佚,今本乃明万历二十七年(1599)叶向高据宋本删汰刊成。十卷,卷一至卷八收各体文一百二十余篇,卷九收诗约一百首,卷一〇为附录,收本传、墓志等十余篇。明本尚存二十余部,分藏北京及各省图书馆。《四库全书》据明本收录,清光绪十年(1884),洪氏《公善堂丛书》亦据明本影印。另《宋诗钞》收有《西塘诗钞》一卷。

舒懒堂诗文存　诗文别集。宋舒亶(号懒堂)著。《宋史·艺文志》著录其有文集百卷,已佚。今本乃民国张寿镛汇辑残遗而成。三卷。卷一,各体诗一百一十余首;卷二,词四十八首;卷三,文十一篇。又《补遗》一卷,诗十一首,赋一篇;《附录》一卷,乃诸家纪懒堂之诗文七篇。有《四明丛书》本。

陶山集　诗文别集。宋陆佃(号陶山)著。《直斋书录解题》卷一七著录二十卷,《文献通考》卷二三七同。惜已不得见。清四库馆臣从《永乐大典》中辑出,厘为十六卷。卷一至卷三为诗,卷四至卷一六为各体文。收入《四库全书》。栾贵明又补辑一条,收入《四库辑本别集拾遗》。

演山集　诗文别集。宋黄裳(号演山)著。裳初将布衣时所为文稿整理为四十卷。后入仕,著述所积愈多,再分类析之为六十卷。《直斋书录解题》卷一八著录。卷一至卷一二为诗,卷一三至卷六〇为文。今有《四库全书》、《四库珍本初集》本。

自鸣集　诗别集。宋章甫著。宋张端义《贵耳集》卷中云其有文集十卷,然传本久佚。今有《四库全书》本,为清四库馆臣从《永乐大典》中辑出,厘为六卷。卷一为五言古诗,卷二卷三为七言古诗,卷四为五言律诗,卷五为七言律诗,卷六为五、七言绝句及六言诗。卷末附《杂说》三篇。另有《豫章丛书》本,附胡思敬《校勘记》一卷。

豫章黄先生文集　诗文别集。宋黄庭坚著。《通志·艺文略》著录前、后集八十卷。《郡斋读书志》著录"《豫章集》三十卷,《外集》十四卷",《郡斋读书志·附志》著录《豫章先生别集》二十卷,《黄文纂异》一卷。《直斋书录解题》著录《豫章集》五十卷,《外集》十四卷。今有明弘治叶天爵刻嘉靖六年(1527)乔迁、余载仕重修本。计《内集》三十卷、《外集》十四卷、《别集》二十卷、简尺二卷、词一卷、《伐檀集》(其父黄庶著)二卷、《山谷先生年谱》三十卷、《别传》一卷。《内集》为其甥洪炎编,《四部丛刊》单收此集名《豫章黄先生文集》;《外集》为南宋孝宗时李彤编,《别集》及《年谱》为黄庭坚诸孙黄𢼸编。黄集今存尚有宋乾道麻沙镇水南刘吉宅刻本《类编增广黄先生大全文集》五十卷、宋孝宗年间刻本《豫章先生文集》(残本)十六卷外集(残本)六卷,及明清刻本多种。

山谷内集诗注　诗别集注本。宋黄庭坚(号山谷)著。二十卷,宋任渊注,绍兴时与其所作《后山诗注》合刻于蜀中。《直斋书录解题》、《文献通考》著录同。又《外集诗注》十七卷,宋史容注,嘉定元年(1208)付梓,钱文子作序。淳祐庚戌(1250)史容孙季温为福建路提点刑狱,再于闽宪刊其晚年修订本。《直斋书录解题》著录此集,但未记卷数。《别集诗注》二卷,史季温注。所见皆与《内》《外》两集诗注合刊,以明弘治九年陈沛刻本为最早。《四库全书》所收《内》、《外》两集诗注用两淮盐政采进本,《别集诗注》用翁方纲校本。《四部备要》据仿宋刻本校刊。《武英殿聚珍版书》(广雅书局本)较四库本多《外集补》四卷《别集补》一卷。

西台集　诗文别集。宋毕仲游著。二十卷。是书《宋史·艺文志》著录为五十卷,《郡斋读书志》著录为二十卷。原本久佚,清修《四库全书》,四库馆臣从《永乐大典》中辑出,诗文诸体俱全,厘为二十卷。《四库全书总目》称其著作"大都雄伟博辩,有珠泉万斛之致";其"论事之作,类皆明白详尽,切中情理,不为浮夸诞漫之谈"。现存《永乐大典》录《西台集》三十二条,馆臣漏辑四条,见栾贵明《四库辑本别集拾遗》。今传本有《四库全书》本、《武英殿聚珍版书》、《丛书集成初编》本(据武英殿聚珍版书排印)。

灌园集　诗文别集。宋吕南公著。是集为其子吕郁所编，初为三十卷。《直斋书录解题》卷一七著录。原本久佚。今有《四库全书》本，为四库馆臣自《永乐大典》中辑出，依类排次，厘为二十卷。前有符行中序。卷一至卷六分体录诗，卷七至卷九为议论序记，卷一〇至卷一八为书启杂著等，卷一九至卷二〇为墓志祭文。是集《四库全书珍本初编》亦收。今人栾贵明又补辑诗文六篇收入《四库辑本别集拾遗》。

曲阜集 诗文别集。宋曾肇著。四卷。曾肇著作，《文献通考·经籍考》著录，计有《曲阜集》四十卷，《奏议》十二卷，《西掖集》十二卷，《内制》五十卷，《外制》三十卷。原集明初尚存，永乐十年(1412)，其裔孙刊行奏议，曾棨作序。其后渐次散佚。清康熙间，其裔孙曾俨等取所存奏议，益以诏制碑表等，拾掇编次，别为此集。前三卷为诗文，后一卷为附录。清修《四库全书》，即以康熙六十一年(1722)曾俨刻本抄入。此外，《豫章丛书·四宋人集》收《曲阜集》四卷附校勘记一卷；《潜园总集·群书校补》收《曲阜集补》三卷。

姑溪居士集 诗文别集。宋李之仪(号姑溪居士)著。前集五十卷，后集二十卷。前集乃吴芾乾道丁亥(1167)守当涂时命戴翚编订，并刻于州学；后集不详何人所编。《直斋书录解题》卷一七已著录《姑溪集》五十卷、《后集》二十卷，盖其时已有合刊本。《文献通考》卷二三七、《宋史·艺文志》著录同。是集宋本久已失传。今北京图书馆藏有明吴氏丛书堂残抄本，日本静嘉堂文库藏有影写宋刊本。《四库全书》收录汪如藻家藏本，当为传抄本。前集卷一至卷一一为赋、诗，卷一二至卷四四为文，卷四五至卷四七为词，其词前小序多有脱误，可据《姑溪词》补。卷四八至卷五〇收墓志铭。后集卷一至卷一三为诗、词，卷一四至卷二〇为文。清光绪乙亥(1875)南海伍氏将《姑溪》前、后集刊入《粤雅堂丛书》三编第三十集。《丛书集成初编》据《粤雅堂丛书》本排印。

龙云集 诗文别集。宋刘弇(籍安福县龙云)著。据周必大序，汴京及麻沙初刊本为二十五卷，绍兴初会昌尉罗良弼遍求别本，手自编纂，增自三十二卷，后由良弼子泌缮写定本，刊行问世。《直斋书录解题》卷一七著录《龙云集》三十二卷附录一卷，《宋史·艺文志》亦著录三十二卷。流传至今者，以明弘治刘璋刊本为最早，后《四库全书》所收及胡思敬所藏抄本皆由是本出。《四库全书》本三十二卷，卷一收赋，卷二收箴、表、颂，卷三至卷一〇收诗，卷一一至卷三二收各体文。《豫章丛书》本附有校刊记。

尽言集 文别集。宋刘安世著。十三卷。《直斋书录解题》、《文献通考》及《宋史·艺文志》皆著录十三卷。安世原有《尽言集》、《元城集》二集，前者收录谏章，后者为文集。《元城集》唯《宋史·艺文志》著录，题《刘安世文集》，久已失传。《尽言集》则因淳熙五年(1178)括苍守梁安世所刻而流布后世。括苍本久无著录，今唯南开大学图书馆藏有清南海孔氏岳雪楼影宋抄本。明有隆庆五年(1571)张佳胤、王叔杲刻本。今通行有《四库全书》本，著录山东巡抚采进本，据《四库全书总目》称即隆庆本。《四部丛刊续编》亦据隆庆本影印。卷首有明隆庆五年石星、张应福二序，十三卷均为奏议，末附淳熙五年梁安世跋。

潏水集 诗文别集。宋李复著。是书原本四十卷，为其孙李龟年、龟朋编，首刻于南宋淳熙十年(1183)。《直斋书录解题》著录。原本久佚，今有《四库全书》本，乃四库馆臣从《永乐大典》中搜辑编次而成。十六卷，卷一至卷八为各体文，卷九分体录诗。后附钱端礼、钱象祖后序各一篇及徐衡仲题诗一首。今人栾贵明又补辑一条，收入《四库辑本别集拾遗》。

淮海集 诗文别集。宋秦观(号淮海居士)著。四十卷，后集六卷。《文献通考·经籍考》著录《淮海集》三十卷；《宋史·艺文志》作四十卷。《四库全书总目》以为四十卷本"为观所自定"。今本多后集六卷及长短句三卷，盖明嘉靖中高邮张綖以黄瓒明刻本及监本重为编次。《淮海集》现存最早刻本为宋乾道九年(1173)高邮军学刻本(已残)，明清刻本颇多。今传本除《四库全书》本外，尚有《四部丛刊》本(据明嘉靖十八年张綖刻本影印)、《四部备要》本(《淮海集》十七卷后集二卷补遗一卷续补遗一卷考证一卷，据清道光十七年王敬之刻本校刊)及《国学基本丛书》本等。另《苏门六君子文粹》收《淮海先生文粹》十四卷，《宋诗钞初集》收《淮海集钞》一卷《宋诗钞补》收《淮海集补钞》一卷。其《淮海居士长短句》三卷另入词集。

学易集 诗文别集。宋刘跂(号学易先生)著。八卷。卷一至卷四为诗赋，卷五为表启书等，卷六为序记题跋，卷七、卷八为墓铭祭文。据陈振孙《直斋书录解题》载，其集原本为二十卷，最初李相之得于跋甥蔡瞻明，高宗绍兴间洪迈传于长乐官舍，后施元之刻板行世，元之旧刻久无传本，四库馆臣从《永乐大典》中掇拾排次，初录为十二卷，后奉乾隆皇帝旨，削去青词，重加编次，勒为八卷，共得诗二百十九首，文八十七篇，收入《四库全书》集部别集类。另今存《永乐大典》录刘跂诗文凡二十九条馆臣漏辑五条，其中诗四首、书启一篇。见栾贵明辑《四库辑本别集拾遗》。通行本有《四库全书》、《武英殿聚珍版书》、《畿辅丛书》、《清芬堂丛书》诸本。

乐静集　诗文别集。宋李昭玘（号乐静先生）著。三十卷。其集《郡斋读书志》、《宋史·艺文志》无著录。《直斋书录解题》著录三十卷，叶盛《菉竹堂书目》著录，而无卷数。焦竑《国史经籍志》著录三十卷。宋有刻本，清陆心源尝见一影宋抄本（见《仪顾堂题跋》卷一一《影宋本乐静集跋》）。今所传本，皆源于同一宋本。《四库全书》本所收前四卷为诗，后二十六卷为各体文。《四库全书珍本初集》亦收。另《宋百家诗存》卷四收《乐静居士集》一卷。

蒙隐集　诗别集。宋陈棣著。二卷。棣集久佚，此为《四库全书》从《永乐大典》辑出者。上卷载五言、七言古诗及五言律诗，下卷载七言律诗及绝句、回文诗。《宋人集》丙编据《四库》本刊印。现存《永乐大典》录《蒙隐集》十四条，四库馆臣漏辑十一条。见栾贵明《四库辑本别集拾遗》。

宝晋英光集　诗文别集。宋米芾著。芾斋名宝晋，堂名英光，因以名集。八卷。《直斋书录解题》则录《宝晋集》十四卷。后人刊其集又有据《英光堂帖》补入者。明吴宽曾藏写本《宝晋英光集》六卷。今传《四库全书》本，前附岳珂序文，卷一为赋、楚辞，卷二、卷三为古体诗，卷四、卷五为律绝句及词，卷六至卷八为文。《湖北先正遗书》本后附《补遗》一卷。

庆湖遗老诗集　诗别集。宋贺铸（号庆湖遗老）著。《直斋书录解题》卷二〇著录"《庆湖遗老集》九卷、《拾遗》二卷"，《文献通考》同。《宋史·艺文志》著录"《庆湖遗老集》二十九卷"。据其绍圣三年（1096）自序，作者意欲以元祐三年（1088）为界，此前所作为前集，此后所作为后集，《前集》九卷为著者手编。然据程俱《宋故朝奉郎贺公墓志铭》称，铸有"《庆湖遗老》前、后集二十卷"。《后集》至南宋时散佚，其子贺廪辑为《后集补遗》一卷。绍熙三年（1192），胡澄于邵阳郡斋刻《前集》九卷，次年刻成，补刻《拾遗》及《后集补遗》各一卷。宋刻本久已失传。元、明两代未见刊本著录，明、清写本尚存。今通行有《四库全书》本，九卷：卷一歌行，卷二至卷四古体诗，卷五近体诗，卷六至卷七近体诗长句，卷八为五言绝句，卷九为七言绝句。各卷又多自注赋诗年月日。后有《拾遗》一卷，《补遗》一卷，《附录》一卷。另有《宋人集》乙编本，民国五年李氏宜秋馆据开有益斋朱氏抄本校刊。

后山先生集　一作《后山居士文集》。诗文别集。宋陈师道（号后山居士）著。是集为师道门人魏衍所编。前有衍所作之记。《文献通考·经籍考》著录"《后山集》二十卷"。《直斋书录解题》云："《后山集》十四卷，《外集》六卷，《谈丛》六卷，《理究》一卷，《诗话》一卷，《长短句》二卷。""蜀本但有诗文，合二十卷。按魏衍作集记云：'离诗为六卷，类文为十四卷。'今蜀本正如此。"可见宋代即有不同刻本。今存宋刻《后山居士文集》二十卷藏北京；明弘治十二年（1499）马暾刻本为三十卷；《四库全书》收录之书系马暾所传，清雍正八年（1730）赵骏烈（《四库全书总目》误作赵鸿烈）刻本。此外，今传尚有《摛藻堂四库全书荟要》本、《四部备要》本、《适园丛书》本、《国学基本丛书》本等。1984年上海古籍出版社据宋刻本影印出版《后山居士文集》二十卷。

后山诗注　诗别集。宋陈师道（号后山居士）著，宋任渊注。十二卷。师道诗原本六卷，任渊作注时每卷析为二。任渊去元祐诸人不远，佚文遗迹，往往而存。任渊所注，"排比年月，钩稽事实，多能得作者本意"，且赖是书，保存不少当时文人交往之事。《后山诗注》宋元以降，代有刻本，今通行本有《四库全书》本、《武英殿聚珍版书》、《四部丛刊》本、《丛书集成初编》本等。另有《后山诗集》一卷（《宋代五十六家诗集》）、《后山集补钞》一卷（《宋诗钞补》）等。

游廌山集　又名《游定夫先生集》。诗文别集。宋游酢（学者称廌山先生）著。杨时《御史游公墓志铭》及《宋史·艺文志》均称酢有文集十卷，已佚。后人掇拾残遗重编。《四库全书》本四卷。卷一，《论语杂解》、《中庸义》、《孟子杂解》各数条。卷二，《易说》数条。卷三，《师语》、《师训》各数条。卷四，文七篇，诗十三首；并附杨时所撰《墓志铭》和无名氏撰《年谱》。又有清同治丁卯（1867）游智开重编刊刻本，名《游定夫先生集》，八卷。《论语杂解》、《孟子杂解》、《中庸义》、《易说》、《录二程先生语》、《遗文遗诗》各为一卷；并篇首一卷；附录一卷。胡玉缙《四库提要补正》以游智开本为最善。

荆斋诗集 诗别集。宋游酢著。一卷。诗六首。收入《两宋名贤小集》。

龟山先生集 诗文别集。宋杨时(世称龟山先生)著。《宋史·艺文志》有著录;《文献通考·经籍考》著录为"《龟山集》二十八卷"。旧版散佚，明弘治十五年(1502)李熙等重刻，并为十六卷；此后东林书院刻本分为三十六卷，宜兴刻本又并为三十五卷；万历十九年(1591)，林熙春重刻，定为四十二卷。清修《四库全书》，据顺治八年(1651)其裔孙杨令闻重刻之四十二卷本收入。另，尚有《杨龟山文集》六卷本行世，有正谊堂刻本，《丛书集成初编》本。

鸡肋集 诗文别集。宋晁补之著。元祐九年(1094)尝自序其集云:"食之无所得，弃之则可惜，其鸡肋乎！故裒而藏之，谓之《鸡肋集》。"其死时遗文尚未编次。绍兴七年(1137)其从弟谦之以所得编次为七十卷，刊于建阳。《郡斋读书志》卷一九著录"晁无咎《鸡肋编》七十卷"。《文献通考》同。《直斋书录解题》卷一七除著录单行七十卷本外，又著录蜀刊本《苏门六君子集》，其中有《济北集》(无咎号济北)七十卷。宋刻《鸡肋集》七十卷本明季尚存。崇祯乙亥(1635)顾凝远诗瘦阁尝照宋本翻刻，为是集今存之唯一刊本。《四库全书》据以收录，《四部丛刊初编》亦据以影印。前有晁补之自序，后有晁谦之跋文。卷一至卷三为赋辞，卷四至卷二三为诗，卷二四至卷七〇为各体文。

柯山集 又名《宛丘先生文集》。诗文别集。宋张耒(号柯山)著。是集宋刊本原有多种，卷数不一。汪藻《柯山张文潜集书后》曰:"文潜诗千一百六十有四，序、记、论、志文、赞等又百八十有四，第为三十卷。"绍兴十三年(1143)，张表臣作《张右史文集序》称:"定取七十卷，号《张右史集》。"后周紫芝《书谯郡先生文集后》云:"归于所谓一百卷者，以为先生之大全焉。"《郡斋读书志》著录"张文潜《柯山集》一百卷"，《文献通考》同。《直斋书录解题》著录蜀刊本《苏门六君子集》，其中收《宛丘集》七十五卷。宋刻各本，皆久已失传。今传明清抄本及刊本，卷数与宋人著录皆不合。《四库全书》收《柯山集》五十卷，卷一至卷二赋，卷三至卷三〇为诗，卷三一至卷五〇为文。《武英殿聚珍版书》(广雅书局本)较四库本多《拾遗》十二卷。民国十八年(1929)，田毓璠以聚珍本付梓，刊成《柯山集》五十卷，《拾遗》十二卷，《续拾遗》一卷，附邵祖寿所编《张文潜先生年谱》。《丛书集成初编》又据聚珍本排印。另《四部丛刊》收《张右史文集》六十卷，据上海涵芬楼藏旧抄本影印。另有中华书局1990年出版的点校本。

郴江百咏 诗别集。宋阮阅著。一卷，共九十二首。著者宣和间知郴州，咏其山川名胜得绝句百首，后有散失。《四库全书》用厉鹗家藏本收录。另有《宋人集丙编》本，民国十年李氏宜秋馆据《四库》本刊行。民国二十一年，陈九韶著《郴江百咏笺校》一卷，铅印行世。

竹友集 诗文别集。宋谢薖(号竹友)著。是集初为其子谢敏行编定，绍兴二十一年(1151)与从兄谢逸《溪堂集》同时付刊。《直斋书录解题》著录《竹友集》十卷，《文献通考》卷二三七、《宋史·艺文志》同。又《直斋书录解题》卷二〇"诗集类"著录《竹友集》七卷，当为刻入《江西诗派诗集》之本。是集绍兴刊本今犹存，藏上海博物馆。1935年，上海商务印书馆将此本影印入《续古逸丛书》。《四库全书》著录谢肇淛抄本，杨守敬《日本访书志》云，乃万历己酉(1609)谢氏借内府所藏淳熙重修本传录。凡十卷，古诗四卷，八十余首；律诗三卷，一百八十余首；杂文三卷，二十五篇。清咸丰四年(1854)，钱培名将是集刊入《小万卷楼丛书》，底本由守山阁借抄，亦为传抄谢本，见卷末钱氏跋。《丛书集成初编》据之排印。

襄陵文集 又名《襄陵集》。文别集。宋许翰著。十二卷。《直斋书录解题》著录《襄陵集》二十四卷，《宋史·艺文志》著录《襄陵文集》二十二卷，均佚。此乃四库馆臣从《永乐大典》与《历代名臣奏议》中辑出。卷一至四为制表等，卷六至八为论、状，卷九、一〇为书跋祭文，卷一一、一二为墓志。翰尝自谓"作为歌诗，扬厉德业"(《谢元城刘待制举文章典丽可备著述科启》)，李纲亦称其"金石铿锵，诗句清也"(《祭许崧老文》)，而今集中则无诗，则其诗已散佚殆尽。又《宋史·忠义传》称翰曾为陈东、欧阳澈"著哀词"，其文今尚见于《欧阳修撰集》卷七。集中失收，可据补。今传仅《四库全书》本。现存《永乐大典》录此集二十二条，其中有三条馆臣未收，见栾贵明《四库辑本别集拾遗》。

宗忠简集 诗文别集。宋宗泽(谥忠简)

著。八卷。《直斋书录解题》著录《宗忠简公遗事》三卷，不著撰人，今已不传。本集今存最早为明正德刊本，五卷。明嘉靖三十年，其裔孙宗旦刻本为六卷。明崇祯十三年(1640)，黄正宾、熊人霖刻本六卷，附《杂录》一卷，《始末徵》一卷。清康熙间，王廷曾重新编刊为八卷本，《四库全书》据以收录，前有方孝孺序，卷一至四为各体文，卷五为诗赋，卷六为杂著，卷七、八为遗事附录。《金华丛书》本为七卷，附录胡丹凤撰《辩讹考异》一卷。浙江古籍出版社1984年出版标点本，据《金华丛书》本排印。

济南集　又名《月岩集》。诗文别集。宋李廌著。八卷。《直斋书录解题》著录为二十卷，已散佚。今本为《四库全书》从《永乐大典》中辑出，共八卷。卷一至四为诗，卷五至八为文。又有李氏宜秋馆刊《宋人集丙编》本。《苏门六君子文粹》又收《济南先生文粹》五卷。现存《永乐大典》录《济南集》二十九条，馆臣漏辑三条。见《四库辑本别集拾遗》。

嵩山文集　又名《景迂生集》。诗文别集。宋晁说之著。其所著文稿，经靖康之乱，多所亡佚，其孙子健先辑为十二卷。《郡斋读书志》、《文献通考》皆著录十二卷。乾道三年(1167)晁子健权知汀州，再刊二十卷本。《直斋书录解题》著录此本。今所传最早者为明谢氏小草斋抄配二十卷本，藏南京图书馆。清抄本多源于宋乾道本，《四库全书》所收名《景迂生集》，二十卷，著录马裕家藏本。《四库全书总目》称当即陈振孙所见，盖亦传录宋本。《四部丛刊续编》影抄本题《嵩山文集》，二十卷，张元济跋谓其出自乾道本，并将其与四库本比较，指出馆臣窜改之劣。二十卷中计诗六卷，奏议三卷，杂著十一卷。又附晁说之《遗表》及邵博《祭文》、《晁氏年谱》等。

藏海居士集　诗别集。宋吴可(号藏海居士)著。尤袤《遂初堂书目》著录《吴思道集》、《吴师道诗》及《藏海居士诗》三种，均不详卷数，已失传。今有《四库全书》本。系四库馆臣从《永乐大典》中辑出，析为二卷，上卷古体，下卷近体，收诗五十八首。另有《宋人集》甲编本，民国三年南城李之鼎据文澜阁本刊。

道乡集　诗文别集。宋邹浩(号道乡)著。绍兴三年(1133)，其子邹柄、邹栩集其奏议一编，杨时为序。《郡斋读书志·附志》卷下著录《道乡邹忠公奏议》十卷，盖即其本。绍兴五年(1135)，李纲作《道乡文集序》云："其子柄、栩集公平生所为文，得古律诗赋、表章、四六、杂著、传记、序述及紫微制草，合为四十卷，将镂版以传于世。"绍兴刊本为后来各本之祖。《直斋书录解题》著录四十卷，《文献通考》同。今传者以明成化本为最早，是本为其十四世孙邹量所翻刻。明万历四十六年(1618)，十九世孙邹忠允又重刊，《四库全书》所收即此本。前十四卷，赋二首，各体诗九百余首；后二十六卷，各体文五百余篇。另有清道光十三年(1833)邹氏留余堂刊本，同治九年(1870)南海邹氏永诜堂刊本，清光绪七年(1881)苏州宝华山房刊本，皆有《补遗》、附《年谱》各一卷。

跨鳌集　诗文别集。宋李新(号跨鳌)著。《郡斋读书志》卷一九著录李元应《跨鳌集》五十卷，《文献通考》卷二三七同。《宋史·艺文志》著录《李新集》四十卷，盖为别本。宋本久佚，清四库馆臣从《永乐大典》辑出，收入《四库全书》。厘为三十卷，卷一至卷一一为诗词赋，卷一二至卷三〇为各体文。又有《四库全书珍本初集》本。

默堂集　诗文别集。宋陈渊著。二十二卷。据集前其门人沈度绍兴十七年序称，渊殁后遗文有五百一十四篇，度厘为二十二卷而刊之。《直斋书录解题》著录。《宋史·艺文志》称二十六卷、词三卷。今通行者为《四部丛刊》三编影宋抄本、《四库全书》本。《四部丛刊》本前有沈度序，后有赵万里跋，卷一至卷一〇为诗，卷一一至卷二二为文。卷二二第十页因原本字迹模糊，故脱去《杨补之所藏了斋书佛语》一文，共三十七行。检《四库全书》所录鲍士恭家进呈本亦阙，然库本并第九页《书萧茂德楚词后》及第十二页《书了斋笔供养发愿文》亦阙而不载。另《宋百家诗存》卷二〇亦录其诗一百四十一首。

新注朱淑真断肠诗集　诗别集注本。宋朱淑真著，宋郑元佐注。淑真诗曾经本人整理，但原稿已焚。后经宋人魏仲恭搜集整理，得诗十卷，名《断肠集》。郑元佐作注时，于十卷之外又增《后集》七卷。有民国十五年徐乃昌影印元刻本。影印时又附补遗一卷。1983年长春古籍书店影印郑无佐注《断肠诗词》，诗前集十卷，后集七卷，词不分卷。1986年上海古籍出版社出版今人张璋、黄畬校注本《朱淑真集》，诗集部分，以南陵徐氏影元刊本为底本，校以他本。词集部分，以汲古阁《诗词杂俎》本为底本，校以他本。另有1970年台北广文书局铅印本《断肠诗前集》十卷《后集》七卷附《断肠词》一卷。

晁具茨先生诗集　诗别集。宋晁冲之著。

绍兴十一年(1141)喻汝砺应作者子晁公武之请,为作《具茨晁先生诗集序》(《宋蜀文辑存》卷四七),序引公武语,谓其父平生多所论著,靖康之乱散亡,所存只诗歌二百多篇。《郡斋读书志》卷一九著录《晁氏具茨集》三卷。《文献通考》卷二四五同。《直斋书录解题》卷二〇著录《具茨集》十卷。三卷本、十卷本原本久佚。今存有明翻刻宋本,另有十五卷笺注本,无注者名。题《晁具茨先生诗集》,收诗一百六十七首,前有喻汝砺序,后有无名氏跋。阮元将其收入《宛委别藏》。另存乾隆时鲍氏知不足斋单刻巾箱本、光绪七年(1881)式训堂章氏重印知不足斋本,以及梁溪三槐堂刊本等。道光二十七年(1847),番禺潘氏又将其刊入《海山仙馆丛书》,《丛书集成初编》即据以排印。

潘邠老小集 诗别集。宋潘大临(字邠老)著。张耒《潘大临文集序》云:“政和之初,邠老之子戆既免丧拜予于宛丘,出其先人之文章若干卷,求予为序。”原集久佚,今本一卷,收入《两宋名贤小集》,存十四首,除一首外皆题画诗。

葆真居士集 诗别集。宋折彦质(号葆真居士)著。录诗七首,有《两宋名贤小集》本。

浮沚集 诗文别集。宋周行己(号浮沚)著。《直斋书录解题》卷一七著录《浮沚先生集》十六卷、《后集》三卷。《文献通考》卷二三七同。《宋史·艺文志》著录为十九卷。原本久佚。清四库馆臣从《永乐大典》辑出,厘为九卷。文七卷,一百一十三篇;诗二卷,一百四十四首。收入《四库全书》、《武英殿聚珍版书》。同治八年(1869)刊本、《丛书集成初编》本、1931年永嘉黄群《敬乡楼丛书》第三辑,皆以聚珍本为底本,敬乡楼本增《补遗》一卷。

老圃集 一名《洪驹父老圃集》。诗别集。宋洪刍(字驹父)著。《直斋书录解题》著录一卷,《宋史·艺文志》同。原本已佚。《四库全书》本系馆臣从《永乐大典》辑出,以篇帙较多,析为上、下二卷。卷上为五古、七古、五律,卷下为七律、五绝、七绝。《四库全书总目》谓收诗一百七十首。然仅一百五十七首。又将洪炎《西渡集》十四首(文二篇)附于刍诗中,为原集所无。现存《永乐大典》录《老圃集》五条,馆臣漏辑三条,见栾贵明《四库辑本别集拾遗》。另有《玉雨堂丛书》(第一集)本,清咸丰中仁和韩氏刊本,多补遗一卷。《洪氏晦木斋丛书·豫章三洪集》则收《老圃集》一卷《补遗》一卷《遗文》一卷,有清光绪二年刊本。各本剔除重复,总计存诗一百八十六首,文二篇。

摛文堂集 诗文别集。宋慕容彦逢著。蒋偕《慕容彦逢墓志铭》(《摛文堂集》附录)称其“有文集二十卷、《外制》二十卷、《内制》十卷、《奏议》五卷、《讲解》五卷藏于家”。后遭兵火散佚。淳熙十四年(1187),其第四孙慕容纶权知象州,搜访其诗文,得三十卷,以《文友公摛文堂集》刊于世。《宋史·艺文志》著录《慕容彦逢集》三十卷。原本久佚,四库馆臣从《永乐大典》中辑出,厘为十五卷。卷一至二为诗,卷三至一五为文,附录谥议、墓志铭一卷。光绪二十三年(1897),盛宣怀以传抄四库本刊入《常州先哲遗书》第一集,末附盛宣怀跋文,谓集中“有以他人文羼入者”。

刘左史集 文别集。宋刘安节著。四卷。《直斋书录解题》著录,《文献通考》同。《宋史·艺文志》著录五卷。宋本久已失传,今有清抄本十余部。孙诒让《永嘉丛书》本跋称“是集国初时已不易得,朱竹垞展转传写,始获其全。”陆心源旧藏传录朱抄本,有朱氏跋曰:“曩从刘考功公瞂(体仁)借抄二刘长史合集,元礼(安上)只得半部而已。康熙壬午(1702),福州林孝廉吉人(佶)以抄本见寄,乃得全。竹垞主人识。”(《皕宋楼藏书志》卷七九)陆氏本今藏日本静嘉堂文库,朱氏原抄本未见著录。《四库全书》收入鲍士恭家藏本,《四库全书总目》引述朱彝尊题识,则鲍氏本当即朱抄本或传录朱抄本。卷首有留元刚序,卷一为奏表,卷二为墓志、青词、经义,卷三为经义,卷四为策及杂著,卷末附《上蔡先生语录》三则及许景衡所作《祭文》、《墓志》各一篇。同治十二年(1873),瑞安孙衣言将安节集与刘安上《刘给事集》同刊入《永嘉丛书》,卷末有孙诒让跋,据跋云,所用底本为抄吴翌凤(枚庵)校本《左史集》、卢文弨(抱经)所藏旧抄本《给谏集》,与其家旧藏抄文澜阁库本对勘付梓。

刘给事集 一名《刘给谏集》。诗文别集。宋刘安上著。薛嘉言《刘公行状》称其“有诗五百首,制诰杂文三十卷”,而《直斋书录解题》著录五卷,《文献通考》同。《宋史·艺文志》著录四卷。宋刊本久已失传。今通行有《四库全书》本,用鲍氏知不足斋抄本作底本。五卷,卷一为诗及奏议,余皆为文,卷末附薛嘉言《行状》。清同治十二年(1873)瑞安孙衣言将该集与刘安节《刘左史集》同刊入《永嘉丛书》,卷末有孙诒让跋,云所用底本为抄吴翌凤(枚庵)校本《左史集》、卢文弨(抱经)所藏旧抄本《给谏集》,与其家旧藏抄文澜阁库本对勘,然后付梓。

唐先生文集　诗文别集。宋唐庚著。《郡斋读书志》著录《唐子西集》十卷。《直斋书录解题》著录二十卷,《宋史》本传同。《宋史·艺文志》著录二十二卷。《文献通考》又著录为十五卷。今通行有《四库全书》本,二十四卷,以汪亮采南陔草堂雍正三年(1725)活字本为底本。诗十卷,文十二卷,文末缀以《三国杂事》二卷。又《四部丛刊》本,三十卷,卷首有郑总,吕荣义及庚弟庚三序,收文二百五十五篇,诗赋八百九十三首。卷末有郑康佐跋、唐文若《书先集后》及张元济撰校勘记。校勘记云,所用校本有傅增湘校本、瞿氏本及汪亮采本,多所刊正。此外,尚有宋刻本《唐先生文集》二十卷。明嘉靖三年(1524)任佃刻《唐先生集》七卷,仅载诗赋而无杂文,附有清黄丕烈及傅增湘跋。

颐堂先生文集　诗别集。宋王灼(号颐堂)著。《郡斋读书志·附志》卷下著录五十九卷。《宋史·艺文志》著录《颐堂文集》五十七卷。五十七卷本、五十九卷本久佚。清钱曾《读书敏求记》卷四著录《颐堂集》五卷。今通行有《四部丛刊》三编本、《续古逸丛书》本,均据宋乾道八年(1172)刻本影印。五卷,卷一为古赋,卷二至四为古诗,卷五为近体诗。计赋五篇,诗一百三十九首。末附清丁丙《宋本〈颐堂先生文集〉跋》。

竹隐畸士集　诗文别集。宋赵鼎臣著。二十卷。《直斋书录解题》云:《竹隐畸士集》"其孙纲立,刊于复州,本百二十卷,刊止四十卷而代去,遂止。"《宋史·艺文志》、《文献通考·经籍考》俱作四十卷,此书在宋代已非完本。原刊久佚,清修《四库全书》,四库馆臣自《永乐大典》中辑出,编为二十卷。现存《永乐大典》录赵鼎臣诗文四十九条,馆臣漏辑三十五条,见栾贵明《四库辑本别集拾遗》。

乐轩集　诗文别集。宋陈藻(号乐轩)著。门人林希逸编,刘克庄序。清陆心源《皕宋楼藏书志》卷八六著录:"乐轩先生集十卷"。今通行有《四库全书》本,八卷,卷首无刘序,卷一至卷三为诗,卷四为赋,卷五至卷八为记序策问。另《两宋名贤小集》卷二〇五有《乐轩集》一卷,录诗三十三首。《宋百家诗存》卷一〇录诗七十一首。

高峰文集　诗文别集。宋廖刚(号高峰)著。乾道七年(1171),邵武军军学教授葛元鹭序云,尝请于刚子史君,刊刚文集。(十七卷明抄本卷首)咸淳七年(1271),有修补本,吴邦杰为之跋(《善本书室藏书志》卷三〇)。均不明卷数。《宋史·艺文志》著录《高峰集》十七卷。钱曾《绛云楼书目》卷三著录"宋版《高峰先生廖刚文集》八册"。宋本未见。今有明、清抄本《高峰先生文集》十七卷藏福建、浙江省图书馆。通行本为《四库全书》本,著录两淮马裕家藏本,仅十二卷,乃十七卷本之前十二卷。前九卷,札子表启等二百二十余篇;第十卷,诗四十余首,词七首;最后两卷,疏状青词等九十余篇。此本《四库全书珍本初集》亦收。另有《高峰先生文集》七卷,收入《三间草堂集录二十一种》。

北湖集　诗文词别集。宋吴则礼著。据韩驹《北湖集序》称,是集为其子吴垧所辑,原为三十卷。《直斋书录解题》卷一七著录《北湖集》十卷,长短句一卷。《文献通考》卷二三八、《宋史·艺文志》同,与韩序不合。三十卷、十卷本久已不传。今通行为《四库全书》本,乃馆臣从《永乐大典》中辑出,析为五卷。计诗三百余首,长短句二十余首,杂文三十余篇。今人栾贵明又从《永乐大典》中辑出四库馆臣漏收二条,见《四库辑本别集拾遗》。另有清鲍氏知不足斋抄本,鲍廷博校并跋;《宋人集》乙编本,民国六年李氏宜秋馆据丁氏八千卷楼抄本校刊。《涵芬楼秘笈》第四集及《湖北先正遗书》亦收是集。

和靖集　一作《和靖先生文集》。诗文别集。宋尹焞(赐号和靖处士)著。是集为尹焞门人王时敏所编,宋时即非完本。《文献通考·经籍考》著录为《尹和靖集》一卷《附集》一卷。现所见刻本以明嘉靖九年(1530)洪珠刻本为最早,为文集十卷附录一卷。明清以来刻本卷数不一;明刻本有三卷本、四卷本、五卷本等;清康熙六十年(1721)尹氏刻本则为《和靖先生文集》七卷《言行录》四卷。《四库全书》本(以明嘉靖九年洪氏刻本为底本)则编为八卷(奏札三卷,诗文三卷,壁帖一卷,师说一卷),而道光二十年(1840)刻本则作《和靖先生文集》二卷《附集》一卷。除上述诸本外,尚有《尹和靖先生集》一卷本(《正谊堂全书》、《丛书集成初编》本)、《和靖集》一卷(收入《两宋名贤小集》)等。

石门文字禅　诗文别集。宋惠洪著。《郡斋读书志》著录《筠溪集》十卷,《直斋书录解题》

著录此集三十卷,《文献通考》、《宋史·艺文志》同。盖作者先有《筠溪集》行世,后又增编为《石门文字禅》。宋代各本刊刻情况不详。明万历丁酉(1597),径山兴圣万寿禅寺尝募缘重刊。今通行有《四部丛刊》影径山兴圣万寿禅寺本、《四库全书》本。三十卷,卷一至卷一六为诗,卷一七至卷三〇为文。

忠穆集 诗文别集。宋吕颐浩(谥忠穆)著。《直斋书录解题》卷一七、《文献通考》卷二三八及《宋史·艺文志》均著录《忠穆集》十五卷。据其子吕摭《谢表》(《忠穆集》卷八),其文集南宋孝宗时两浙转运司尝有刊本。然久佚。明嘉靖十九年(1540),裔孙吕清、吕栾尝刻《吕忠穆公奏议》,今藏北京图书馆。通行有《四库全书》本,乃四库馆臣从《永乐大典》中辑出,析为八卷,卷一至卷六为奏议书启,卷七为序文诗歌,卷八为杂记。计文一百三十七篇,诗五十八首。嘉靖本《奏议》所收,已包含在此集中。馆臣漏辑二十六条。见今人栾贵明《四库辑本别集拾遗》。

横塘集 诗文别集。宋许景衡著。宋胡寅《许公墓志铭》(《斐然集》卷二六)称其有"文集三十卷"。《直斋书录解题》、《文献通考》及《宋史·艺文志》著录同。宋时曾刊于台州,明中叶后散佚。今本乃四库馆臣从《永乐大典》中辑出,厘为二十卷。卷一至六为诗,卷七至二〇为文。此集尚有遗漏,如《刘安节墓志铭》见于《刘给谏集》而此集未收。光绪元年(1875),孙衣言、孙诒让父子以传抄库本吴兴陆氏本与祥符周氏本对校后,刊入《永嘉丛书》,后有孙诒让《跋》。

斜川集 诗文别集。宋苏过(号斜川居士)著。《直斋书录解题》、《文献通考》、《宋史·艺文志》均著录十卷,而《宋史》本传云其有文集二十卷。宋刊本情况不详。明清两代曾有赝本流传,书贾或以谢薖、或以刘过之集冒充之,如今存明末刻本、清活字本《斜川诗集》即是。清四库馆编修周永年从《永乐大典》中辑出苏过诗文,吴长元又据《宋文鉴》等书考订增补,定为六卷,诗三卷,文三卷;附遗事二卷,订误一卷。此本经鲍廷博校后,收入《知不足斋丛书》,后有吴长元跋。阮元尝据传录《永乐大典》本,编入《宛委别藏》,与鲍氏本核对,编次大异。《丛书集成初编》、《四部备要》均据《知不足斋丛书》本校刊。今亦有清抄本《斜川集》十卷传世,藏四川师范大学。1941 年长沙商务印书馆有《斜川集》六卷排印本。

豫章文集 诗文别集。宋罗从彦(世称豫章先生)著。《直斋书录解题》卷五著录《遵尧录》八卷。该集即以《遵尧录》为主体,增以其他作品而成。文集初刻于宋末,卷数不详。次刻于元至正年间,十七卷,年谱一卷,有卓说序(作于至正二十七年丁未)、曹道振跋。明成化八年(1472),知沙县事张泰重刊元本。嘉靖三十六年(1557),沙县人谢鸾重刊张泰本。《四库全书》著录鲍士恭家藏本,即谢鸾重刊张泰本。十七卷,前有张泰序及《年谱》,后有谢鸾跋。卷一为解经存目,卷二至九为《遵尧录》,卷一〇为二程及杨龟山(时)语录,卷一一至一二为杂著,卷一三为诗,卷一四至一六为附录,收事实及遗稿等,卷一七为外集,收祭文等。另有《正谊堂全书》本十卷,《丛书集成初编》据之排印。清光绪八年(1882)金溪赵氏红杏山房又将《罗豫章先生集》十二卷首一卷末一卷刊入《赵氏藏书》。

丹阳集 诗文别集。宋葛胜仲著。其婿章倧《葛公行状》(《丹阳集》卷二四附)称其有《文集》八十卷、《外集》二十卷。《直斋书录解题》著录四十二卷、《后集》四十二卷。《宋史·艺文志》著录八十卷。绍兴十八年(1148)洪兴祖初刻是集,后散佚。隆兴元年(1163),宋晓有补刻本。淳熙十三年(1186)又有王信补刻本。宋本已佚。今通行有《四库全书》本,乃四库馆臣从《永乐大典》中辑出,厘为二十三卷。其中文十五卷,诗七卷,词一卷。附录章倧所撰《行状》及张颉《谥议》。收入《四库全书》。《常州先哲遗书》第一集所收,乃光绪二十二年(1896)武进盛氏思惠斋据文澜阁传抄本刊,后有盛宣怀跋。现存《永乐大典》录《丹阳集》四十五条,校《常州先哲遗书》本《丹阳集》,馆臣漏辑二十二条,为栾贵明收入《四库辑本别集拾遗》。

东湖居士集 诗别集。宋徐俯(号东湖居士)著。《宋史》本传称其著有"诗集六卷",《直斋书录解题》著录"《东湖集》三卷",今皆不传。《两宋名贤小集》卷一一四收《东湖居士集》一卷,收诗二十五首。

洪龟父集 一名《清非集》。诗别集。宋洪朋(字龟父)著。《直斋书录解题》著录其《清虚集》一卷,《文献通考》引作"《清非集》二卷"。《宋史·艺文志》著录《洪龟父诗集》一卷。《四库全书总目》引《豫章续志》谓洪朋殁后,同郡黄著裒其诗百篇为集,黄庭坚在宜州,见之称篇篇可传。疑一卷本即黄著编刊。宋本久已失传，今本乃四库馆臣从《永乐大典》辑出，厘为二卷，上卷为古诗，下卷为律体、绝句，共一百七十八首。收入《四库全书》。而《四库》本《西渡集》附录朋诗九首，五绝《与吴迪吉、刘夷季、饶次守同集酒酣题壁先归》一首为朋集所无。今人栾贵明《四库辑本别集拾遗》又录有四库馆臣漏收诗七首。光绪二年(1876)，洪汝奎将鲍廷博批校抄本刊入《洪氏晦木斋丛书·豫章三洪集》，题《清非集》，两卷外尚有《补遗》一卷。

初寮集　诗文别集。宋王安中(号初寮)著。八卷。《郡斋读书志·附志》、《直斋书录解题》均著录四十卷、《后集》十卷。原本久佚。清修《四库全书》时，馆臣从《永乐大典》中辑出，析为八卷。卷首有宋周紫芝原序、李邴序略，卷一至二为诗，卷三至八为各体文。现存《永乐大典》录王安中诗文二十六条，校广东中山图书馆藏南海孔氏抄本《初寮集》八卷，馆臣漏辑十一条，见栾贵明《四库辑本别集拾遗》。

东窗集　诗文别集。宋张扩著。十六卷。是集《宋史·艺文志》、《直斋书录解题》均著录为四十卷。原本久佚。清修《四库全书》，四库馆臣自《永乐大典》采掇编辑，析为十六卷。现存《永乐大典》录《东窗集》九十七条，馆臣漏辑四条。漏辑者见栾贵明《四库辑本别集拾遗》。今传除《四库全书》本外，尚有《四库全书珍本初集》。

忠惠集　诗文别集。宋翟汝文著。十卷，附录一卷。是集乃其子耆年所编。《宋史·艺文志》、《郡斋读书志·附志》均著录为三十卷。原本久佚，清修《四库全书》，四库馆臣自《永乐大典》中拾掇排比，编为十卷，附录一卷。现存《永乐大典》录《忠惠集》四十条，馆臣漏辑五条，见栾贵明《四库辑本别集拾遗》。除《四库全书》本外，尚有《四库全书珍本初集》本。

北山集　一作《北山小集》。诗文别集。宋程俱(号北山)著。《直斋书录解题》卷一八著录“《北山小集》四十卷”。宋叶梦得《北山小集序》(《建康集》卷三)云：“(程俱)尝裒次平生所为文，欲属余为序。会兵兴不果。后遇火焚弃殆尽，稍复访集，尚得十四五，而益以近所著为四十卷。”后之所传当源于此。今通行有《四库全书》本，“乃吴之振得之于季振宜者，盖犹从宋椠抄存，故鲜所阙佚”。四十卷，计诗赋十二卷，杂文二十八卷，后附郑作肃序。又有《四部丛刊》续编本，后附程瑀所撰《程公行状》及钱大昕诸人跋。《两宋名贤小集》卷二〇一至卷二〇三亦收其诗三卷，计二百七十首。

庄简集　诗文别集。宋李光(谥庄简)著。十八卷。据《宋史·艺文志》载，光有《庄简前后集》三十卷，焦竑《国史经籍志》载为二十六卷。钱溥《秘阁书目》、叶盛《菉竹堂书目》俱载《庄简集》八册。其后散佚。今本为四库馆臣从《永乐大典》中辑出，共得诗四百二十五首，词十三首，文六十五篇，编为十八卷：卷一至七为诗，卷八至一八为文，收入《四库全书》。现存《永乐大典》录《庄简集》二十八条，馆臣漏辑一条，见栾贵明《四库辑本别集拾遗》。《四库全书珍本初集》亦收是集。《两宋名贤小集》卷一五八收其诗十首，名《椒亭小集》。

苕溪集　诗文别集。宋刘一止著。韩元吉《阁学刘公行状》(《苕溪集》卷五四附)称其集原名《非有斋类稿》，五十卷。《直斋书录解题》及《宋史》本传著录同。今通行为《四库全书》本。《四库全书总目》云：“此本前有‘曝书亭’印记，盖朱彝尊家旧抄。题曰《苕溪集》，不知何人所改。又，诗文共五十三卷，末附《行状》一卷，《诰词》一卷，凡五十五卷，数亦非其旧，或后人掇拾遗篇增附其后，因而更名欤?”卷一至八为诗，卷九至五二为文，卷五三为词，卷五四至五五为附录，收韩元吉撰《行状》及诰词等。另外，《两宋名贤小集》卷一三四至一三五收《苕溪集》二卷，录诗五十四首。

建康集　一作《石林居士建康集》。诗文别集。宋叶梦得(号石林居士)著。八卷。其著述，《直斋书录解题》著录有《石林总集》一百卷《年谱》一卷；《石林建康集》十卷；《石林审是集》八卷。今《总集》及《审是集》俱不传，唯《建康集》存，而又与陈直斋著录不合。然卷末有梦得孙叶铬题跋，亦云八卷。对此，《四库全书总目》云：“其或《书录解题》屡经传写，误以八卷为十卷，抑或旧本残阙，亡其二卷，后人追改铬跋以伪称完帙，则均不可考矣。”是书明清以来多抄本。今传除《四库全书》本外，尚有《石林遗书》本、《郎园先生全书》本。而清咸丰六年(1856)刻本则作《石林居士建康集》八卷《补遗》一卷《石林先生两镇建康纪年略》一卷。另有《石林奏议》十五卷(明汲古阁影宋抄本，清光绪十一年皕宋楼刻本)。此外，尚有《建康集钞》一卷(《宋诗钞初集》)，《建康集补钞》一卷(《宋诗钞补》)，《石林词》一卷等。

浮溪集　诗文别集。宋汪藻著。孙觌《汪公墓志铭》(《鸿庆居士集》卷三四)谓藻有《浮溪集》六十卷行于世。《郡斋读书志·附志》著录"希弁所藏《浮溪》、《龙溪》两本卷帙皆六十卷"。《直斋书录解题》卷一八亦著录六十卷。原本久佚。明胡尧臣尝编《浮溪文粹》十五卷,收诗文八十五篇。今传本乃四库馆臣从《永乐大典》中辑出,其有《永乐大典》失载者,即以《浮溪文粹》参校补正,考辨异同,依类分排,析为三十二卷。卷首有孙觌原序,卷一至卷二八为文,卷二九至卷三二为诗。收入《四库全书》。现存《永乐大典》录《浮溪集》七十条,馆臣漏辑十七条,漏辑者见栾贵明《四库辑本别集拾遗》。陆心源尝从《播芳大全》等书辑列是集缺文之目,孙星华复检之,得诗文百篇,厘为三卷,《武英殿聚珍版书》(福建本、广雅书局本)将之附刻于后。《丛书集成初编》据之排印。《四库全书》亦收《浮溪文粹》十五卷《附录》一卷。

卢溪集 诗文别集。宋王庭珪(号卢溪先生)著。五十卷。《直斋书录解题》著录《卢溪先生文集》七卷,《卢溪词》一卷。宋本久佚。清陆心源《皕宋楼藏书志》著录明刊本《卢溪先生文集》五十卷。近人傅增湘《双鉴楼善本书目》亦著录有明嘉靖五年(1526)梁英刊五十卷本。《四库全书》即用梁本。卷首有宋胡铨、谢谔、杨万里三序,卷一至二五为诗,卷二六至五〇为各体文。附录一卷收周必大撰《行状》、胡铨撰《墓志铭》等。

大隐集 诗文别集。宋李正民著。《宋史·艺文志》载《大隐文集》三十卷。原本久佚。今通行有《四库全书》本,馆臣从《永乐大典》辑出,析为十卷。卷一至六为文,卷七至十为诗。现存《永乐大典》录《大隐集》二十六条,校南海孔氏抄本《大隐集》,馆臣漏辑四条,见栾贵明《四库辑本别集拾遗》。

自堂存稿 诗别集。宋陈杰著。《千顷堂书目》著录《自堂存稿》三卷,馆臣编《四库全书》时已云"原本久佚",仅从《永乐大典》中辑出四卷。《续修四库全书提要》集部别集类著录宋刊元明补修本《自堂存稿》十三卷,未详现藏何处。湖南省图书馆藏有十三卷清抄本一部,有蔡启勋题跋。四卷本,通行有《四库全书》本,卷一古诗,卷二五律,卷三七律,卷四绝句并附赋、记文各一篇。计诗三百三十一首。又有《豫章丛书·九宋人集》本,民国四年据朱伯修藏抄本刊。现存《永乐大典》录陈杰诗文二十六条,校《豫章丛书》本《自堂存稿》四卷,馆臣漏辑十四条,见栾贵明《四库辑本别集拾遗》。

西渡集 诗别集。宋洪炎著。《直斋书录解题》著录一卷,《文献通考》同。《两宋名贤小集》卷一一六至一一七收《西渡诗集》二卷,《四库全书》收入鲍氏知不足斋抄本,二卷,收诗一百一十二首,附录洪朋、洪刍诗文若干。清咸丰四年(1854)钱培名将是集刊入《小万卷楼丛书》,收《西渡诗集》一卷《补遗》一卷。《丛书集成初编》据之排印。又有光绪二年(1876)《洪氏晦木斋丛书·豫章三洪集》本,收《西渡集》一卷《补遗》一卷《附录》一卷。傅增湘尝借宋漫堂抄本与《豫章三洪集》本对校,据漫堂本"补《初至临安》等诗五首(在《初入浙中》之下)。似正脱一叶"(《藏园群书经眼录》卷一四)。今检四库本,亦缺此五首。

云溪集 诗别集。宋郭印(居云溪)著。十二卷。此集晁公武《郡斋读书志》、陈振孙《直斋书录解题》、《宋史·艺文志》皆无著录。唯《文渊阁书目》载"郭印《云溪集》一部,六册全",而不言其卷数。今有《四库全书》本,乃四库馆臣从《永乐大典》辑出,诗七百余首,分体编次而成。今人栾贵明《四库辑本别集拾遗》补辑诗一首。

鸿庆居士集 诗文别集。宋孙觌(号鸿庆居士)著。据宋周必大《鸿庆居士集序》称,其子兴国、太宗、介宗在其殁后,将其文集编定四十二卷,请周为序。今传即四十二卷本,诗六卷,文三十六卷,前有周必大序。有《四库全书》本、《常州先哲遗书》本。《常》本从《孙尚书大全集》辑补遗二十卷,附刻于《后编》,然真伪错杂,难以详辨。《四库全书》另收有孙觌《内简尺牍编注》十卷,宋李祖尧编订,清蔡焯、蔡龙孙增订。

陈子高遗稿 诗别集。宋陈克(字子高)著。《直斋书录解题》著录陈克《天台集》十卷,外集一卷,附长短句三卷。同书卷二一又著录其《赤诚词》一卷。皆已亡佚。今仅存《两宋名贤小集》卷一三六所辑《陈子高遗稿》一卷,录诗三十七首。又《赤城遗书汇刊》有《陈子高遗稿》一卷,补遗一卷,附录一卷。

宋徽宗宫词 诗别集。宋赵佶(徽宗)著。一卷。据卷末附帝姬长公主宣和六年跋称,佶从建中靖国二年(1102)至宣和六年(1124),制宫词共三百首。此本所录实二百九十八首,言三百首盖取整数。通行有《诗词杂俎》刊毛晋辑本(《丛书集成初编》据此影印)。另《宋诗纪事》卷一从《挥麈余话》等辑得其诗十三首。

华阳集　又名《张章简集》。诗文别集。宋张纲（号华阳老人）著。纲生平作文甚多，然遭建炎兵火，什不存一。其子坚搜辑散佚，得八百余篇，至孙釜始刊版置郡学。四十卷，其中文三十三卷，诗五卷，词一卷，附洪葴所作《张公行状》一卷。前有洪迈序。有《四库全书》本，《四部丛刊三编》本。后者用明万历于文熙覆刻本，卷末附赵万里跋，指出四库本之失，并谓从他本补万历本之缺。另有《宋百家诗存》本《华阳集》一卷，收诗六十五首；《两宋名贤小集》本《张章简集》一卷，收诗二十九首。

李延平集　诗文别集。宋李侗（世称延平先生）著。四卷。其裔孙李葆初编。卷一为诗文，卷二卷三为朱熹所辑《延平问答》，卷四附录语录及《行状》、《祭文》等。有《正谊堂全书》本（附清人张伯行《序》及《年谱》）。

梁溪集　一作《梁溪先生文集》。诗文别集。宋李纲著。是集据卷首陈俊卿序，谓李纲子秀之裒集其表章奏札八十卷，而诗文未收入。《郡斋读书志》录为一百五十卷，《直斋书录解题》则作一百二十卷，而宋代刻本则为一百八十卷，盖后人以诗文合编，已非秀之旧本。宋代以降，流传颇广，除《四库全书》本等一百八十卷附录六卷本外，其他卷帙多不一。如有明正德十一年（1516）《宋丞相李忠定公奏议》六十九卷《附录》九卷本；《宋李忠定公奏议选》十五卷《文集选》二十九卷首四卷本（崇祯刻本）；《宋李忠定公奏议选》十五卷本（清光绪刻本）；《李忠定公文集》三十九卷本（光绪刻本）等。此外尚多各类选本，如《宋丞相李忠定公别集》三卷（崇祯刻本）、《梁溪集》二卷（《两宋名贤小集》）等。

北海集　诗文别集。宋綦崇礼（籍北海）著。四十六卷附录三卷。是集《宋史·艺文志》、《直斋书录解题》俱著录《綦北海集》六十卷，然原本久佚。清修《四库全书》，四库馆臣自《永乐大典》采辑排比，厘为四十六卷。现存《永乐大典》录《北海集》二十九条，馆臣漏辑五条，漏辑者见栾贵明《四库辑本别集拾遗》。今传有《四库全书》本，《四库全书珍本初集》本。此外，《宋元人诗集八十二种》收有《北海集》一卷。

胡少师总集　诗文别集。宋胡舜陟著。六卷。为其后裔胡培翚编。卷一至卷四收靖康元年（1126）至绍兴八年（1138）奏议。卷五收文三篇，诗十首，词二首。卷六为语录。附录一卷收其弟胡舜申《乙巳泗州录》及其子胡伟《宫词集句》一百首。据胡培翚后序称，《家谱》尝谓其上疏劾秦桧，又论岳飞之冤。此疏亦不见今集，可见其文有亡佚。今有道光十九年（1839）刻本及光绪八年（1882）刻本（附《年谱》二卷）。

东莱诗集　诗别集。宋吕本中（世称东莱先生）著。二十卷。有陆游、曾幾序。是集为孝宗乾道元年（1165）沈公雅裒掇刊刻，以年编次。《直斋书录解题》著录。宋本久佚。《四库全书》据旧抄本收录。后张元济于日本访得宋本，有曾序而无陆序。与宋本相较，抄本无总目，卷十诗与宋本不合，又脱阙舛误多处。《四部丛刊》续编即据日本内阁文库所藏宋本影印。《直斋书录解题》又载《东莱外集》二卷，傅增湘曾藏此书，实为三卷（见《藏园群书题记续集》卷四）。而宋本《东莱诗集》卷十即在其三卷之中。

昆陵集　诗文别集。宋张守著。十五卷。是集《直斋书录解题》著录为五十卷。原集久佚，清修《四库全书》，四库馆臣从《永乐大典》中搜集编缀，厘为十五卷。现存《永乐大典》录《昆陵集》四十八条，馆臣漏辑十四条，见栾贵明《四库辑本别集拾遗》。除《四库全书》本外，有《武英殿聚珍版书》（十六卷）本、《常州先哲遗书》（十六卷、补遗一卷、附录一卷）本、《丛书集成初编》（十六卷、拾遗一卷）本等。

李清照集　诗文词别集。宋李清照（号易安居士）著。其文集在世时就曾刻印行世。《郡斋读书志》著录《李易安集》十二卷。《直斋书录解题》著录《漱玉集》一卷，“别本”分五卷。黄昇《花庵词选》称有《漱玉词》三卷。《宋史·艺文志》载有《易安居士文集》七卷、《易安词》六卷。均已不传。现存的诗文及词集为后人所辑。1962年中华书局上海编辑所有排印本《李清照集》，据王延梯辑稿、丁锡根和胡文楷辑稿整理而成。收词七十八首（中有三十五首归属未定），诗十五首，文三篇，《打马图经》及赋、序等若干篇，末附《赵明诚李清照夫妇年谱》等参考资料。1979年北京人民文学出版社又有王学初《李清照集校注》排印本，收词六十首，诗三十三篇，文八篇，包括残篇，并附各本误题李清照所作词二十七首、断句二则于后。1981年齐鲁书社又有黄墨谷辑并校注的《重辑李清照集》排印本，除收诗、词、文各体作品外，又附年谱、改嫁新考、历代评论等。

茶山集　诗别集。宋曾幾（号茶山居士）

著。八卷。陆游《曾文清公墓志铭》称其有“文集三十卷”(《渭南文集》卷三二),《宋史》卷三八二本传亦同。刘克庄云“《茶山诗》十五卷,九百一十篇者是也。续刊《后集》亦十五卷”(《后村诗话续集》卷四),《直斋书录解题》载《曾文清集》十五卷。后皆佚。今本乃四库馆臣从《永乐大典》中辑出,厘为八卷,计诗五百六十一首。另有馆臣漏辑九首,见栾贵明《四库辑本别集拾遗》。《武英殿聚珍版书》本、《丛书集成初编》本又附《拾遗》一卷,自《新安文献志》、《金石萃编》等书中辑文三篇,为清劳格辑目,孙星华录文。又《两宋名贤小集》有《茶山集》一卷,录诗八十二首。

环碧亭诗集 诗别集。宋沈晦著。一卷,有诗九首。见《两宋名贤小集》卷一四一。

忠正德文集 诗文别集。宋赵鼎著。因高宗赐“忠正德文”四字,因以名集。《直斋书录解题》著录十卷,卷二〇又著录《得全居士集》三卷。均久佚不传。今本为四库馆臣从《永乐大典》、《历代名臣奏议》等书辑出,仍析为十卷。计奏议七十六篇,骈体文十四篇,诗二百七十四首,词二十五首,笔录文七篇。前四卷为奏议、骈文,卷五、卷六为诗词,卷七至十为笔录。今人栾贵明补辑诗六首,文四篇,载《四库辑本别集拾遗》。

陵阳集 一作《陵阳先生诗集》。诗别集。宋韩驹(世称陵阳先生)著。四卷。是书《直斋书录解题》著录《陵阳集》五十卷。原本久佚,今存诗集四卷,有《四库全书》本等。

龟溪集 诗文别集。宋沈与求(号龟溪)著。十二卷。据书前张叔椿、李彦颖序称,与求死后,平生著述文字多散落亡佚,孝宗淳熙四年(1177),参政姚公出龟溪诗文十二卷,命张叔椿校雠并序。光宗绍熙二年(1191),其孙沈诜将家存与求文章版行于世。《直斋书录解题》著录十二卷。《四库全书》所收卷一至三为诗,卷四至一二为各体文。《吴兴丛书》本又有附录一卷,附宋刘一止《沈公行状》一卷。《四部丛刊续编》影明本,附张元济《校勘记》一卷。

檆溪居士集 诗文别集。宋刘才邵著。十二卷。前有嘉泰元年(1201)周必大序及杨万里序。据二序称,是集为其孙刘恪类集为二十二卷。然《千顷堂书目》著录已作十二卷。自明以来,传本罕见。今本为四库馆臣从《永乐大典》辑出。卷一至卷三为诗,卷四至卷九为制诏表启,卷一〇至卷一一为序记杂文等,卷一二为祭文墓铭。收入《四库全书》、《四库全书珍本初集》。现存《永乐大典》录刘才邵诗文二十六条,馆臣漏辑文一篇,见栾贵明《四库辑本别集拾遗》。

少阳集 一名《尽忠录》。诗文别集。宋陈东著。据魏了翁《陈少阳文集序》(《鹤山集》卷五四),东集在南宋时,李纲之孙大有尝为之付刊,其后又有孙正凤重编之本。此二本未见著录,今亦不传。元大德中,有东集刻本名《尽忠录》,凡八卷,编次错杂,今亦不传。明弘治年间,孙育访得《尽忠录》,属陈沂编次行世,凡十卷,本集五卷,附录五卷,并改题《陈少阳文集》。天启时,孙育之孙云翼作序,属其甥贺懋忠重梓之,并列魏了翁原序于首。天启本为今传各本之祖本。《四库全书》本声称据康熙刻本删削而成,凡六卷,前五卷为正集,第六卷为附录。观其五卷诗下有“翼按”云云,知其仍出自天启本。其后各种清刻本多为十卷,与《四库全书》本仅有附录多寡之不同。

东牟集 诗文别集。宋王洋著。十四卷。前有淳熙元年周必大序,称是集为其子昌祖编,三十卷。明以后亡佚。今本乃四库馆臣从《永乐大典》中辑出,得诗七百首,文三百五十余篇,自卷一至卷六为诗,卷七至卷一二为表状启奏等,卷一三、一四为序跋祭文。收入《四库全书》、《四库全书珍本初集》。今人栾贵明《四库辑本别集拾遗》又辑四库馆臣漏收诗文七首。

湖山集 诗文别集。宋吴芾著。芾集最早为其子吴洪编辑,周必大为之序,称“《湖山集》二十五卷,长短句三卷,《别集》一卷,《奏议》八卷”;而宋赵希弁《郡斋读书志·附志》、《宋史·艺文志》则称“《湖山集》四十三卷,《别集》一卷,《和陶诗》三卷,《附录》三卷”;朱熹《吴公神道碑》、《宋史·吴芾传》又称“表奏五卷,诗文三十卷”。然原本亡佚。此本乃四库馆臣从《永乐大典》中辑出。十卷,除卷十末附文二篇外,余均为诗。卷一为《和陶诗》,卷二、三为五古,卷四为七古,卷五为五律,卷六、七、八为七律,卷九、一〇为绝句,卷首有周必大《湖山集序》。另有《台州丛书》本,乃道光间仙居王魏胜手录杭州文澜阁《四库全书》本,又经黄岩王舟瑶据文津阁《四库全书》本校补而成。有《补遗》一卷,乃王舟瑶从《事文类聚》等书辑出吴芾散文五篇。又有《仙居丛书》(第一集)本、《宋人集》丁编本。前者除正集、补遗外,尚有附录一卷,后者有辑补一卷。

鄱阳集 诗文别集。宋洪皓著。据其子洪适《鄱阳集跋》称其以"先君北方所作诗文数百篇，仅位而叙之，以为十卷，刻诸新安郡"。《直斋书录解题》亦著录十卷。《宋史》本传则称有文集五十卷。皆久佚不传。今本乃四库馆臣从《永乐大典》辑出，四卷。前三卷录诗一百二十余首，词十一首，卷四为各体文十余篇。又有清洪汝奎辑刊《洪氏晦木斋丛书》本，附《拾遗》一卷。今人栾贵明又辑四库馆臣漏收诗一首、文一篇，收入《四库辑本别集拾遗》。

北山集 诗文别集。宋郑刚中著。三十卷。据刚中自序及其子良嗣跋称，此书原分三集：初集十二卷，又名《笑腹集》，录徽宗宣和三年(1121)至高宗绍兴五年(1135)所作诗文；中集八卷，录绍兴五年至十四年(1144)所作诗文；后集十卷，录绍兴十八年至二十四年(绍兴十四年至十八年所作诗文，因贬谪桂阳而亡佚)所作诗文。初集与中集皆刚中于绍兴十四年自编，后集为其子嗣良于乾道九年(1173)所编，凡一千二百一十四篇，年谱冠于篇首。《直斋书录解题》卷一八著录《北山集》三十卷。今存《北山集》已非其旧，三十卷相连，不分初、中、后集，篇首亦无年谱，为清康熙三十四年(1695)其里人曹定远重刻。卷首有赵泰甡等序六篇，卷末附录铭赞题跋及小传年谱等。有《金华丛书》本，《四库全书》本(无卷首卷末序跋)。《丛书集成初编》据《金华丛书》本排印。

石羊山房集 诗别集。宋郑刚中著。一卷。是集从《北山集》中选录古今体诗六十九首，自成一卷。见《两宋名贤小集》卷一二四。

琴溪诗集 诗别集。宋李宏著。一卷。收诗仅二首。见《两宋名贤小集》。

忠肃集 诗文别集。宋傅察著。三卷。《直斋书录解题》著录。为其孙傅伯寿编，前有周必大《序》。卷上为诗及颂、表，卷中为启，卷下为制、疏、青词、祭文等。末载晁公休《傅公行状》。然此集卷下误收唐人孙逖所作《唐宰相萧嵩会百官赋诗序》，似傅察曾抄录此序，而其孙据亲笔收入。然《全唐文》失收之孙逖佚文赖是集以存。有《四库全书》本。另《两宋名贤小集》卷一二八、《宋百家诗存》卷八、《乾坤正气集》皆收傅诗一卷。

筠溪集 诗文别集。宋李弥逊著。其子集成，其孙刻印。二十四卷。《直斋书录解题》及《宋史・艺文志》均著录。前有嘉定四年(1211)楼钥序。卷一至卷七为奏议书启，卷八至一〇为《议古》，卷一一至二〇为诗，卷二一至二四为序记祭文墓铭。后附乐府一卷、《筠溪李公家传》一篇及其孙李珏跋文。有《四库全书》、《四库全书珍本初集》本。明、清抄本中有题《竹溪先生文集》者，《宋百家诗存》卷七亦收有《竹溪集》一卷，"竹溪"乃"筠溪"传写之误，《四库全书总目》卷一五六辨之颇详。

三余集 诗文别集。宋黄彦平著。取三国董遇三余(冬者岁之余，夜者昼之余，阴雨者日之余)读书之意而名集。四卷。前二卷，赋一篇，诗一百余首；后二卷，各体文二十余篇。《宋史・艺文志》载黄季岑《玉余集》十卷("玉"当为"三"之误)。原本已佚。今本乃清修《四库全书》从《永乐大典》辑出，以类编次。另有《宋人集》乙编本，民国五年南城李氏宜秋馆据结一庐藏《四库》底本刊。

简斋集 诗文别集。宋陈与义(号简斋)著。与义卒后，门人周葵得其家藏诗五百余首，厘为《陈去非诗集》十卷，于绍兴十二年(1142)刻于湖州，葛胜仲为之序。此本《直斋书录解题》曾予著录，今已不传，仅存葛序于《丹阳集》中。今传简斋集有十六卷本与三十卷本之别：十六卷本出自元刘辰翁《须溪先生评点简斋诗集》十五卷本，刘本以编年为序录诗，未附词作，今存有日本翻刻明嘉靖朝鲜刊本。《四库全书》本据刘本整编，卷首载晦斋引、刘辰翁序，卷一收赋、记等九篇，卷二至卷一五分体录诗，卷一六为《无住词》。此本《武英殿聚珍版书》亦收，《丛书集成初编》据聚珍版排印。三十卷本出自南宋胡穉《笺注简斋诗集》(附《无住词》笺注一卷)。胡本首刻于南宋绍熙元年(1190)，宋本原刻至清犹存，旧藏常熟铁琴铜剑楼，江宁蒋氏湖上草堂曾予翻刻，后与元刊《陈简斋诗外集》一同影印，收入《四部丛刊》初编。《四部备要》所收亦此本，多附录一卷，校勘记一卷。1982年中华书局出版今人吴书荫、金德厚点校《陈与义集》。台湾 亦出版有郑骞著《陈简斋诗集合校汇注》，所引沈曾植手批旧抄本为中华本所无。1990年上海古籍出版社出版白敦仁著《陈与义集校笺》，校勘精审，注释详备。

崧庵集 诗文别集。宋李处权著。六卷。《宋史・艺文志》著录李处权《崧庵集》十卷，原集久佚，清修《四库全书》，四库馆臣自《永乐大典》中辑出，编为六卷。现存《永乐大典》录《崧庵集》十条，校《宋人集》甲编《崧庵集》，漏辑一条，漏辑者见栾贵明《四库辑本别集拾遗》。今传有《四库全书》本,《宋人集》甲编本。

东皋诗钞 诗别集。宋戴敏(号东皋子)著。一卷。诗十首。戴敏诗稿,原无传本。后其子复古搜访,得诗十首,冠于其《石屏集》之篇首。清吴之振《宋诗钞初集》收入,名《东皋诗钞》。蒋光煦《宋诗钞补》得戴敏诗一首,残句一联,见其《东皋集补钞》。

延月楼诗稿 诗别集。宋李若川著。一卷。收诗十三首。见《两宋名贤小集》卷二三七。

醉轩集 诗别集。宋姚孝锡著。一卷。诗三十二首。收入元好问编《中洲集》卷十。清曹庭栋《宋百家诗存》所收同。南宋陈思编《两宋名贤小集》卷三七三仅收其诗九首,名《怡云轩诗集》。

五桃轩集 诗别集。宋夏倪著。一卷。诗五首。收入《两宋名贤小集》卷六八。又清厉鹗《宋诗纪事》卷三三收夏倪诗十四首,残句一联,可互相补充。

芦川归来集 诗文词别集。宋张元幹著。十卷,附录一卷。据其同乡曾噩序,他曾集元幹诗文十五卷,又有乐府一卷,附录一卷。蔡勘《芦川居士词序》亦称"公之子靖,裒公长短句篇,属为序"。《直斋书录解题》则仅著录"《芦川词》一卷",《文献通考》同,《宋史·艺文志》则载《芦川词》二卷。诗文集各本不见著录。清有曹溶原藏《芦川归来集》抄本,《四库全书总目》谓抄本"亦似后人所窜乱,非其原本。乃考《永乐大典》所载,则所佚诸篇,厘然俱在。今裒集成帙,与抄本互相勘校,删其重复,补其残缺,定为十卷"。卷一至卷四为各体诗,卷五至七为词,卷八至一〇为表启序记题跋等。又有《芦川归来集》六卷,清抄本,丁丙跋其中青词,为现行本及旧抄本所无。另有《芦川归来集》点校本,1978年上海古籍出版社出版。

栟榈集 诗文词别集。宋邓肃著。二十五卷。宋刻不详。近人王远孙《振绮堂书录》著录元刊本《栟榈集》二十五卷,清于敏中《天禄琳琅书目·续卷》著录明刊本,卷数同。《四库全书总目》谓是集为"十六卷","仅诗一卷,词一卷,文十四卷"。而《四库全书》集部所收《栟榈集》实为二十五卷,与《总目》所云异。卷一至卷一〇为诗,卷一一为词,卷一二至二一为奏札序跋,卷二二至二四为祭文志铭,卷二五为评论。另有清道光三年刊本,二十五卷,首末附明林孜、胡琼、罗珊、清钱仪吉、邓廷桢序跋数篇。

双溪集 诗文别集。宋苏籀著。十五卷。其子苏诩编集并刊刻于筠州。卷一至五为诗,卷六为赋,卷七至一五为各体文。有《四库全书》本。此外,尚有《粤雅堂丛书初编》(第八集)本,《丛书集成初编》据之排印。

欧阳修撰集 诗文别集。宋欧阳澈著。澈集以宋吴沆所辑《飘然集》为最古,辑于绍兴二十六年(1156),并为之序。后陈思即据此本辑入《两宋名贤小集》卷一二九。嘉定十七年(1224),会稽胡衍又取其《上皇帝万言书》三篇合而刻之,厘为六卷。《宋史》本传所云之《飘然集》六卷,即此本。元季遭兵毁。明永乐十四年(1416)澈十世孙永康县丞齐重新编辑刊刻,更名为《欧阳修撰集》。金华唐光祖跋,称其书编为三卷,诗文、事迹为四卷,当时陈东同上之书,亦并取附为一卷,合为八卷。然永乐十五年崇仁知县王克义序,乃称"齐录公前后奏议,次继《飘然集》,分为六卷"。然仅分列不同,与八卷本实即一本。至万历四十二年(1614)澈二十世孙钺再刻,吴道南为序,而缺第八卷陈东之文。通行有《四库全书》本。七卷。卷一至三为《上皇帝万言书》、卷四至卷六为《飘然集》,收诗词及骈、散文各一篇,卷七为欧阳钺所辑《欧阳修撰事迹》。前有《欧阳修撰集》原序四篇。《乾坤正气集》所收之《欧阳修撰集》仅录其三书,无诗词。

横浦集 一作《横浦张先生文集》。诗文别集。宋张九成著。二十卷。是集为其门人郎昱所编,计诗赋四卷,文十六卷。此集宋代即有刻本,明清时屡有刻本。原集在集后附刻九成所著《心传录》三卷、《日新》一卷,清修《四库全书》时,因《心传录》、《日新》皆原各自为书,未收入。是集除《四库全书》本外,有明万历四十二年(1614)吴惟明刻本、四十三年方士骐刻本,清康熙二十三年(1684)张鸣皋刻本,又有民国十四年海盐张氏影明刻本。

相山集 诗文词别集。宋王之道(号相山居士)著。三十卷。《直斋书录解题》著录《相山集》二十六卷、《相山居士词》一卷。《宋史·艺文志》作二十五卷。原本久佚。清修《四库全书》时,四库馆臣从《永乐大典》中辑出,编为三十卷。卷一至一五为诗,卷一六至一八为词,卷一九至二九为各体文。卷三〇附录《故太师王公神道碑》等。现存《永乐大典》录《相山集》四十七条,馆臣漏辑六条,见今人栾贵明《四库辑本别集拾遗》。另《彊村丛书》收《相山居士词》一卷。

忠愍集 诗文别集。宋李若水著。原集为其子李淳所编。有秭归守费枢序。《直斋书录解题》著录《李忠愍集》十二卷，并云"后二卷为附录"。《宋史·艺文志》著录十卷（未有附录）。后原集并费序皆不传，今本乃四库馆臣从《永乐大典》辑出，厘为三卷。卷首载乾隆题诗一首并跋，庆元戊午（1198）赵希齐《忠愍集序》等。卷一为表启书序二十六篇，卷二为古体诗五十八首，卷三为近体诗六十二首，卷末为其子李淳所作跋语及高宗诰词。今人栾贵明《四库辑本别集拾遗》又辑馆臣漏收《次韵秦会之题梅墨》七绝一首。又有《乾坤正气集》及《畿辅丛书》本，皆一卷。《丛书集成初编》据《畿辅丛书》本排印。

默成文集 诗文别集。宋潘良贵（号默成居士）著。《直斋书录解题》著录"《默成居士集》十五卷"，《宋史·艺文志》著录"潘良贵集十五卷"。朱熹《默成文集序》亦称其"赋咏笔札之余数十百篇，集凡十有五卷"。原集已佚。今本乃清康熙时其后裔所辑。原为七卷，前二卷载本传、年谱、诰敕等，中间四卷为其著作，末卷《附录》为其从子潘畤之传志。《四库全书》收入时，馆臣以为"喧夺太甚，编次无法"，故只录其诗文四卷，旁无涉及。前三卷，札子、表状等二十篇；末卷，诗二十七首，词一首。《续金华丛书》据《四库全书》本刊。

韦斋集 诗文别集。宋朱松（号韦斋）著。十二卷。是书首刻于淳熙八年（1181）。《直斋书录解题》卷一八载"《韦斋小集》十二卷"，卷二〇又载"《韦斋小集》一卷"。盖当时已有散佚。今通行为《四库全书》本，乃其裔孙朱昌辰于康熙四十九年据旧本重刊本。前有淳熙七年傅自得序及元至元三年刘性序。卷首为其子朱熹撰《韦斋行状》，卷一至六分体录诗，卷八至一二为奏启铭志，后附明弘治十六年邝璠题记及朱昌辰题记。后亦附其弟朱槔撰《玉澜集》一卷。另有《四部丛刊续编》本，据明刊本影印。

紫微集 诗文别集。宋张嵲（字巨山）著。《宋史·艺文志》著录三十卷，《直斋书录解题》著录《张巨山集》三十卷。今皆佚。今传《四库全书》本乃清四库馆臣从《永乐大典》中辑出，析为三十六卷，卷一至卷一〇为诗赋，卷一一至三〇为策问奏状，卷三一至三六为序记墓志。现存《永乐大典》录《紫微集》六十八条，馆臣漏辑二条，见栾贵明《四库辑本别集拾遗》。另有《湖北先正遗书》本据文津阁《四库全书》本影印。

灊山集 诗文别集。宋朱翌著。《直斋书录解题》著录三卷。《宋史·艺文志》著录四十五卷，诗三卷。焦竑《国史经籍志》著录二卷。原本久佚。四库馆臣从《永乐大典》中辑出，析为三卷。《知不足斋丛书》据《四库全书》本刊，另有《补遗》一卷《附录》一卷，鲍以文辑。《丛书集成初编》又据《知不足斋丛书》本排印。馆臣漏辑十三条，收入栾贵明《四库辑本别集拾遗》。

斐然集 诗文别集。宋胡寅著。《直斋书录解题》著录"《致堂斐然集》三十卷"，《宋史·艺文志》著录二十卷。宋时有端平元年（1234）冯邦佐刻本及嘉定三年（1210）郑肇之刻本。日本静嘉堂文库藏有明影写宋端平元年刻本《致堂胡先生斐然集》三十卷。今通行为《四库全书》本，三十卷，诗五卷，文二十五卷，前有魏了翁（《四库全书总目》作"楼钥"，误）及章颖序文各一篇。《总目》称"盖犹从宋椠缮录也"。《四库全书珍本初集》亦收是集。

松隐文集 诗文词别集。宋曹勋著。四十卷。前有明正统五年（1440）洪益中序。卷一至二二分体录诗，中阙卷一四（又卷一三、一五、一六、二一等有脱篇落句），卷二三至三七为文，卷三八至四〇为词。楼钥《攻媿集》卷五二有《曹忠靖公松隐集序》（曹集未收）。据洪序称此书为勋十世孙参所藏。《四库全书》据家传本收入。又有《嘉业堂丛书》本，民国九年吴兴刘氏据旧刻本刊。

东溪集 诗文别集。宋高登（号东溪）著。《直斋书录解题》及《宋史·艺文志》皆著录十三卷。原本已佚。明嘉靖丙戌（1526）林希元重编，《四库全书》即收录此本，二卷，书疏论辩等二十篇，诗三十一首，赞五首，箴铭二十六首，词十二首，启二首。《附录》一卷，为朱熹《褒录奏状》、《祠堂记》两篇及《言行录》十条。另《正谊堂全书》收《高东溪先生遗集》二卷，《艺海珠尘》壬集收《高东溪集》六卷《附录》一卷。《丛书集成初编》据《正谊堂全本》本和《艺海珠尘》本排印，收《高东溪集》二卷《附录》一卷。

定庵类稿 诗文别集。宋卫博（号定庵）著。四卷。卷一，诗三十余首，奏札二十余篇；卷二，表五十余篇；卷三，启八十余篇；卷四，书序记颂等文二十余篇。博之别集，陈振孙《直斋书录解题》、《宋史·艺文志》等诸书皆无著录，唯散见于《永乐大典》各韵之中。此本即清修《四库全书》时辑出，《四库全书珍本初集》亦收。

尊白堂集 诗文别集。宋虞俦著。俦推尚白居易，以“尊白”名堂，并以名集。据陈贵谊序中称，其原有集二十二卷：词制奏议七卷，诗十五卷。是集久佚，今本乃四库馆臣从《永乐大典》辑出，六卷，卷首为陈贵谊《尊白堂集序》，卷一至四为诗，卷五、卷六为制诰札子。现存《永乐大典》录《尊白堂集》四十条，馆臣漏辑三条。漏辑者见《四库辑本别集拾遗》。另有《四库全书珍本初集》本。

浮山集 诗文词别集。宋仲并著。十卷。据周必大《仲并文集序》称，并之外孙孟猷尝编《浮山集》十六卷，求必大为序。《直斋书录解题》卷一八、《宋史·艺文志》皆著录十六卷。旧本久佚，今本乃四库馆臣从《永乐大典》中辑出，卷首为周必大序，卷一至三为诗词，卷四至九为表启墓志，卷一〇为杂著。现存《永乐大典》录《浮山集》十四条，馆臣漏辑三条。漏辑者见栾贵明《四库辑本别集拾遗》。

缙云文集 亦称《缙云先生文集》。诗文别集。宋冯时行著。四卷。《宋史·艺文志》载《缙云集》四十三卷。然原书至明初已散佚。嘉靖中，重庆推官李玺始访得旧抄残本刊行。《四库全书》本即从玺刻本传写而来。卷一至三为古近体诗、启，卷四为墓志、杂著、题跋及乐府，末附宋骞驹《古城冯侯庙碑》。计诗一百五十余首，文四十余篇，词十二首。然所收不及原作十分之一，除散佚无征者外，漏收亦不少。近人傅增湘《宋代蜀文辑存》卷四六及续补辑得其佚文三十四篇，可补是集之失。漏收之诗则散见《蜀中广记》、《永乐大典》及同治《壁山县志》诸书中。

归愚集 诗文词别集。宋葛立方(号归愚居士)著。《直斋书录解题》著录二十卷。宋刻已残缺不全，仅存九卷，即第四、五、六、七卷为律诗，第九卷为赋骚铭文，第十、十一卷为外制，十三、十四卷表启。今传本乃后人将其残遗重新编次，并以原别为一集的《归愚词》一卷并入。十卷，卷一至四诗约二百首，卷五词三十九首，卷六至十各体文百余篇。有清抄本。清盛宣怀又从《播芳大全》、《临安志》诸书辑得立方诗文三十余篇，为《补遗》一卷，附于篇末，光绪二十四年(1898)刊入《常州先哲遗书》(第一集)。《四库全书》仅收《归愚词》一卷。

嵩山居士集 诗文别集。宋晁公遡著。五十四卷。公遡生前尝成《抱经堂稿》，以甲、乙分第。乾道四年(1168)师传甫掇其诗文一千余篇，编为是集，并嘱师璿为序(参《嵩山居士集序》)。今传《四库全书》本。卷一为赋，卷二至一四为诗，卷一五至五四为文。《宋诗纪事》卷四八又从《成都文类》中录其《合江舟中作》一首。

雪溪集 诗别集。宋王铚著。五卷。是集《直斋书录解题》、《宋史·艺文志》俱作《雪溪集略》八卷。原本久佚，清修《四库全书》，四库馆臣据清马氏小玲珑山馆本抄入。今所存各本，均已佚三卷。今有《四库全书》本、《武英殿聚珍》本。另《宋人小集六十八种》有《雪溪集》一卷，《两宋名贤小集》收《雪溪集》三卷，《宋人小集三十二种》有《雪溪集》五卷。

玉澜集 诗别集。宋朱槔著。一卷。是集附于其兄朱松《韦斋集》后，与《韦斋集》同首刻于淳熙八年，后元至元十四年、明弘治十六年皆有刻本。今本乃康熙四十九年其裔孙朱昌辰据旧本重刊，仍附于《韦斋集》，收入《四库全书》。末有淳熙八年尤袤跋文，另有不著撰者姓名《行状》一篇。

泠然斋集 诗别集。宋苏泂著。《直斋书录解题》著录十二卷。原本久佚。今存乃四库馆臣从《永乐大典》中辑出，八卷。收入《四库全书》。现存《永乐大典》录苏泂诗四十三条，馆臣漏辑六条。漏辑者见栾贵明《四库辑本别集拾遗》。《四库全书珍本初集》亦收是集。

竹轩杂著 诗文别集。宋林季仲著。六卷。卷一、二为诗，卷四至六为文。据《直斋书录解题》载是集原为十五卷。世久失传。今本乃四库馆臣从《永乐大典》中辑出。收入《四库全书》。另有《永嘉丛书》本，多《补遗》一卷，以及清光绪二年瑞安孙诒善祠塾刊本。现存《永乐大典》录《竹轩杂著》二十条，馆臣漏辑一条。漏辑者见栾贵明《四库辑本别集拾遗》。

李敷文诗集 诗别集。宋李易著。一卷。收诗十一首，见《两宋名贤小集》卷一八四。

屏山集 诗文别集。宋刘子翚(号屏山)著，其嗣子玶所编。《直斋书录解题》卷一八著录“《屏山集》二十卷”，《宋史·艺文志》同。宋本不传，明、清刻本尚存多部。今通行有《四库全书》本，二十卷，卷一至卷九为论记墓表，卷一〇至二〇为赋诗词。前有绍兴三十年(1160)胡宪序，后有朱熹跋语两篇。

香溪集 亦称《范香溪先生文集》。诗文别集。宋范浚著。二十二卷。《宋史·艺文志》著录“范浚《香溪文集》二十二卷”。是集最初为浚侄范端臣所编，前有绍兴三十一年(1161)陈岩肖序。元代曾一度散佚，吴师道《跋》称其从应氏得前七卷，又从浚之族孙范俊家得残本（缺前一至五卷），两本合之，遂为完帙。明有章懋、胡应麟重刊本。清修《四库全书》据以收入。卷一为古赋，卷二至四为近体诗，卷五至二二为论记墓志。又有《金华丛书》本，清光绪元年据孙琴西藏抄本校刊，《丛书集成初编》据之排印。《四部丛刊续编》本，据明刊本影印，与四库本异：书前除陈、吴二序外，尚有章懋、胡应麟序、明世宗朱厚熜《御注心箴》、朱熹撰《小传》及童品撰《香溪先生传》，书后附有《范蒙斋先生遗文》及《范杨溪先生遗文》。

胡澹庵先生文集　诗文别集。宋胡铨（号澹庵）著。《直斋书录解题》著录“《澹庵集》七十八卷”。原本已佚。今通行有二本。一为《宋庐陵四忠集》本，三十二卷，附录二卷，计文三十一卷，诗一卷，附录二卷为杨万里、齐召南、胡定等人序跋及传论。一为《四库全书》本，六卷，附录一卷，计文五卷，诗一卷，附录一卷为《宋史》本传、周必大《胡忠简公神道碑》及杨万里《胡公行状》等。另外，《两宋名贤小集》卷一七七辑有《澹庵诗集》一卷，收诗二十一首，较三十二卷本及六卷本均多六首。

汉滨集　诗文别集。宋王之望著。《直斋书录解题》著录《汉滨集》六十卷。宋本久佚。清修《四库全书》时，馆臣从《永乐大典》中辑出，编为十六卷。卷一至二为赋、诗，卷三至一六为各体文。现存《永乐大典》录《汉滨集》五十一条，校《湖北先正遗书》本《汉滨集》，馆臣漏辑十四条，见栾贵明《四库辑本别集拾遗》。《湖北先正遗书》本乃据《四库全书》文津阁本影印。另《彊村丛书》收有《汉滨诗余》一卷《补遗》一卷。

岳武穆集　诗文别集。宋岳飞（谥武穆）著，其孙岳珂编。《直斋书录解题》著录十卷。即《金陀粹编》中《鄂王家集》十卷，收文一百六十四篇，诗二首，词一首。明嘉靖丙申（1536），徐阶编成一卷本，收各体文二十八篇，诗四首，词二首。篇首又冠以后人诗文四卷。故此本实为五卷，名《岳庙集》。清修《四库全书》时，以为十卷本已佚，故取徐阶所编一卷本，而剔除后人诗文四卷，名《岳武穆遗文》。清乾隆时黄邦宁又重辑《岳忠武王文集》八卷，比《鄂王家集》多诗十一首（其一为残句），词一首，乃据《家集》、《桯史》等诸书重加厘定。并附篇首一卷，收乾隆御制诗文、本传、年谱等；篇末一卷，收《忠武王遗事》、《经进家集序》、历代加封等，内容完备。有《西京清麓丛书续编·四忠集》本。

夹漈遗稿　诗文别集。宋郑樵（居夹漈山）著。三卷。卷一，各体诗五十六首；卷二，记、论各一篇，书二篇；卷三，书三篇。其别集《直斋书录解题》以下皆无著录，前后亦无序跋，不知何人何时所编。有《四库全书》本、《艺海珠尘》本等，《丛书集成初编》据《艺海珠尘》本排印。

五峰集　诗文别集。宋胡宏著，其子胡大时辑。《直斋书录解题》著录五卷。原本不存，通行有《四库全书》本。五卷。卷一收诗一百零六首，卷二计文七十九篇，卷三杂文四十四篇，卷四录皇天大纪论八十三条，卷五载经义三种。又《两宋名贤小集》卷一五五收《五峰集》诗一卷，计诗八首。今人吴仁华校点《胡宏集》，《知言》以《粤雅堂丛书》本为底本，《五峰集》以《四库全书珍本初集》为底本，校以他本，1987年中华书局出版。

鄮峰真隐漫录　诗文别集。宋史浩著，其门人周铸编。浩于家乡鄞县鄮山下建庄园“真隐”，故以名集。《直斋书录解题》著录五十卷。原本不存，《四库全书》以清抄本为底本，五十卷。前五卷，诗三百二十余首；卷六至卷四三，各体文一千余篇；卷四四，今传本缺；卷四五、四六，大曲七套；卷四七、四八，词一百三十余首；末两卷，《童丱须知》百余篇。另《彊村丛书》收《鄮峰真隐大曲》二卷《词曲》二卷附《校记》一卷。

方舟集　诗文别集。宋李石著。《直斋书录解题》著录五十卷，《后集》二十卷。然自明以来无传本。清修《四库全书》时，从《永乐大典》辑其佚文，厘为二十四卷，计诗五卷，词一卷，文十二卷，经说六卷。此外有《方舟诗集》一卷，收入《两宋名贤小集》卷一五三；《方舟诗余》一卷，收入《彊村丛书》。

唯室集　诗文别集。宋陈长方著。四卷，附录一卷。据胡百能《行状》称，其集原本十四卷，唐琢序亦称其有诗文二百篇。《千顷堂书目》著录“《唯室先生文集》十四卷”。后佚。《四库全书》本从《永乐大典》中辑出，文五十五篇，诗三十九首。卷首有唐琢序，卷一至卷三为杂著，卷四为诗。附录一卷，收宋胡峄《陈长方字序》、胡百能《陈唯室先生行状》、唐琢《陈唯室埋铭》、章宪《祭陈唯室文》、洪兴祖《祭陈唯室文》、张九成《祭陈唯室文》。

知稼翁集 一名《莆阳知稼翁文集》。诗文别集。宋黄公度(号知稼翁)著,其子黄沃编。《直斋书录解题》著录一卷。今本十一卷。前七卷,赋三篇,诗二百四十余首,挽章十六篇;后四卷,各体文六十余篇;卷末附词一卷,十五首。有李之鼎《宋人集》乙编本,乃据影宋抄本刊入;并《附录》一卷,收行状、墓志铭三篇;《校勘记》一卷。又有《四库全书》本,乃据明天启乙丑(1625)刊本收入,只分上、下二卷;卷数虽异,内容、次第大致相同;并增《附遗》,录公度《汉书镌》佚文二条。

罗郢州遗文 文别集。宋罗颂著。一卷。共收文七篇。据曹宏斋《鄂州太守存斋罗公愿传》记载,颂有《猬庵集》,然未见宋元明诸家书目记载,亡佚已久。清瞿镛《铁琴铜剑楼藏书目录》著录"郢州遗文一卷"。现存遗文数篇,附录于其兄愿所撰《罗鄂州小集》之后,收入《粤雅堂丛书》二编。《丛书集成初编》据《粤雅堂丛书》本排印,亦附于罗愿集之后。

志道集 诗别集。宋顾禧著。一卷。收诗三十余首。此集乃其子宏闻搜求遗稿,从江浙提刑转运任某处抄得,取《论语》隐居求志之义,题为《志道集》。卷首有禧侄长卿序。《四库全书总目》以为此集中年代官制颇有参差,且多俚句,疑其出于依托。故《四库全书》仅予存目。有《粤雅堂丛书》本,《丛书集成初编》据此本排印。

梅溪集 诗文别集。宋王十朋(号梅溪)著,其子闻诗、闻礼编定。五十四卷。明正统五年(1440)温州教授何潢校订,知府刘谦刊行。《四库全书》即采用此本。计有廷试策一卷;奏议四卷;前集二十卷,卷一至卷一〇为诗,卷一一至卷二〇为文;后集二十九卷,卷一赋,卷二至卷二〇为诗,卷二一至卷二九为文;末附以汪应辰所作墓志铭。《四部丛刊》亦收入此本。

会稽三赋 赋别集。宋王十朋著。三卷。乃《会稽风俗赋》、《民事堂赋》、《蓬莱阁赋》三篇。嵊县周世则注《会稽风俗赋》,后郡人史铸病其不详,又为增注,并注后二赋。周、史俱为当时人,故所注颇为征信详赡。十朋有《梅溪集》行世,收有《会稽三赋》及周世则注,未收史铸注。史铸增注之《会稽三赋》于集外别行。有《四库全书》本。

拙斋文集 诗文别集。宋林之奇著。《直斋书录解题》著录二十二卷。宋本今仅存卷四、卷五两卷,明本亦仅存十一卷。清丁丙《善本书室藏书志》著录影宋抄本二十卷拾遗一卷。《四库全书》本二十卷补遗一卷附录一卷。卷一卷二为纪闻(即《宋史》本传所谓《道山记闻》),卷三古体诗近三十首,卷四至卷二〇为各体文。《拾遗》一卷收《与曾裘文书》二篇(文渊阁《四库全书》合而为一)及《杨子讲义序》。据《四库全书总目》,旧本末附吕祖谦《祭文》、李桐《哀词》及姚同《行实》。《四库全书》本卷末《附录》一卷仅存姚同《拙斋林先生行实》一篇。

太仓稊米集 诗文别集。宋周紫芝著。七十卷。《直斋书录解题》卷一八著录。宋本已佚。上海图书馆藏明抄本一部,有叶德辉跋。日本静嘉堂文库藏有清影宋抄本,有清黄丕烈校并题跋。今通行为《四库全书》本,前四十三卷收诗、赋、颂、乐府,凡一千零二首;后二十七卷收各体文,凡三百四十四篇。另《两宋名贤小集》卷一七三至卷一七四收诗二卷,一百一十九首;《宋百家诗存》卷九收诗一卷,一百二十八首。《四库全书》另收有《竹坡词》三卷。

云庄集 诗文别集。宋曾协著。庆元六年(1200)由其子曾炅辑为二十通。《千顷堂书目》著录二十八卷。久佚。今本乃四库馆臣从《永乐大典》辑出。五卷。卷一卷二为诗词,卷三至五为表启书状共四十余篇。《豫章丛书》本附有胡思敬撰《校勘记》一卷。今人栾贵明又于《永乐大典》中辑出四库馆臣漏收诗三篇,启四篇,祭文一篇,收入《四库辑本别集拾遗》。

艾轩集 诗文别集。宋林光朝著,明郑岳编。九卷。林集先有族孙林同叔辑为十卷,后有光朝外孙方之泰搜求为二十卷,刘克庄、林希逸序之。《文献通考》著录《林艾轩集》二十卷。至明代,宋刊本已佚,仅存抄本。明正德十六年(1521)郑岳编为九卷,附录一卷,刊行于世。《四库全书》即据此收录。前有林俊序,存陈宓、刘克庄、林希逸旧序。卷一为诗五十首,卷二至九为文,附录遗事等一卷。

双溪集 诗文别集。宋王炎(号双溪)著。有明万历二十四年王孟达刻本。二十七卷。依次为赋、乐府一卷;诗八卷;词一卷;文十七卷,有表、启、书、札子、序、考古杂论、疏等。《四库全书》即用此本。

李文简诗集 诗别集。宋李焘著。马端临《文献通考》著录《李文简公集》一百二十卷,已佚。今存为陈思所编。一卷,计诗六首。见《两宋名贤小集》卷一六九。

盘洲集　诗文别集。宋洪适著。八十卷。其婿许及之所撰《行状》称，适有文集一百卷藏于家。周必大所撰《神道碑》则称有《盘洲集》八十卷。《直斋书录解题》及《宋史·艺文志》均著录八十卷。宋蜀中刻本，今犹藏北京图书馆。通行为《四库全书》本，亦八十卷，《四库全书总目》称其为汲古阁藏本，从宋刻影写。卷一至一〇为诗，卷一一至七七为文，卷七八至八〇为乐章，后附《行状》等。《四部丛刊》据宋本影印，末多《拾遗》一卷及张元济撰《札记》一卷。另有《洪氏晦木斋丛书》本，八十卷末一卷附洪汝奎撰校记一卷。

文定集　诗文别集。宋汪应辰著。《郡斋读书志·附志》著录"玉山先生表奏六卷"，《直斋书录解题》著录"玉山翰林词章五卷"。明《文渊阁书目》卷九则著录"玉山文集一部十三册全"，不明卷数。明弘治间，程敏政于内阁得其集，摘抄其要，编为文集十三卷。嘉靖间其乡人夏浚刻之，又附遗事、志传二卷，今存。清四库馆臣从《永乐大典》中辑出其诗文，与程本比较，除重增佚，析为二十四卷，卷一至二三为文，卷二四为古近体诗及帖子词。现存《永乐大典》录《文定集》十八条，馆臣漏辑十条，见栾贵明《四库辑本别集拾遗》。清陆心源又从《播芳大全集》中辑得遗文六篇，《武英殿聚珍版书》将之附为拾遗。《丛书集成初编》即据以排印。

南涧甲乙稿　诗文别集。宋韩元吉著。《直斋书录解题》、《宋史·艺文志》皆著录为七十卷。后佚。今本乃四库馆臣从《永乐大典》辑出，二十二卷。卷一至七为诗词，卷八至二二为文。现存《永乐大典》录韩元吉诗文八十三条，馆臣漏辑八条，见栾贵明《四库辑本别集拾遗》。《武英殿聚珍版书》又附拾遗一卷，收其遗文三篇。《丛书集成初编》据之排印。又《彊村丛书》收《南涧诗余》一卷，计词八十首，较《南涧甲乙稿》多十六首。

海陵集　诗文别集。宋周麟之著，其子周淮编。《直斋书录解题》著录三十二卷，《宋史·艺文志》著录二十三卷。三十二卷本已佚，今通行为《四库全书》本，二十三卷。前二卷收诗八十七首、赋一篇，后二十一卷收文五百余篇。另有《海陵丛刻》本，民国九年排印。南京图书馆藏有清抄本一部，多外集一卷，收歌谣四十首。

止堂集　诗文别集。宋彭龟年著。十八卷。据《宋史·艺文志》载，龟年有文集四十七卷。后佚。四库馆臣从《永乐大典》辑出并益以《历代名臣奏议》所录，依类编次，析为十八卷。卷一至一五为文，卷一六至一八为诗。《四库全书总目》言"二十卷"，而集中实仅十八卷。据提要云："至若祝语诸篇，本非文章正轨，今刊本概从删削焉"，知刊行本删去二卷。现存《永乐大典》录《止堂集》二十五条，馆臣漏辑十五条，见栾贵明《四库辑本别集拾遗》。《武英殿聚珍版书》亦收是集，《丛书集成初编》据之排印。

洪文安公遗集　诗文别集。宋洪遵著。《直斋书录解题》著录洪遵《小隐集》七十卷。原本久佚，清劳格搜辑佚文，仅得一卷，改题此名。辑本现存南京图书馆，未刊行。

邓绅伯集　又名《大隐居士诗集》。诗别集。宋邓深（字绅伯）著。《永乐大典》"邓"字韵下引《古罗志》载宋邓深有文集十卷。然此集久佚。清修《四库全书》时，从《永乐大典》辑其佚诗，编为《大隐居士诗集》二卷，收入《四库全书》。现存《永乐大典》录《邓绅伯集》二十三条，《四库》本漏辑十七条，今人栾贵明辑入《四库辑本别集拾遗》。

魏文节遗书　诗文别集。宋魏杞著。朱熹所撰杞行状曰："《山房集》三十卷，《勤斋诗》三卷。"（《魏文节遗书附录》）《延祐四明志》卷五载魏杞有文集三十卷，号《山房集》。然久已散佚。后魏颂唐由《永乐大典》等书辑得诗八首，文六篇，编为一卷，改题此名。又录与杞相关之制诰、行状、碑传、遗事、古迹、著述等一卷，作为附录。收入《四明丛书》第七集，民国二十九年刊。

日涉园集　诗别集。宋李彭著。十卷。《直斋书录解题》著录十卷，然世久不传。今本乃四库馆臣从《永乐大典》辑出，共得诗七百二十余首，仍编为十卷。卷一至六为五、七言古诗，卷七至八为五、七言律诗，卷九、一〇为五七言绝句。后附《补遗》一卷，据《玉涧小集》补入各体诗七首。又有《豫章丛书·四宋人集》本，民国八年胡思敬据文澜阁本刊。现存《永乐大典》录《日涉园集》四十四条，校《豫章丛书》本，馆臣尚漏辑诗六首，被收入今人栾贵明辑《四库辑本别集拾遗》。

玉涧小集　诗别集。宋李彭著。一卷，收诗十二首。见《两宋名贤小集》卷一一五。

燕堂诗稿　诗别集。宋赵公豫著。一卷。是集未见宋元明著录。清陆心源《皕宋楼藏书志》卷八四著录鲍渌饮手抄本一卷，清瞿镛《铁琴铜剑楼藏书目录》卷二一著录旧抄本一卷。据《四库全书总目》称，公豫尝著《燕堂类稿》十六卷，包括诗、赋、诰、表、策等。其文后世不传。《四库全书》所收本为泉州守蒋邕删定。一卷，存诗八十七首。另有《宋人集》乙编本，民国九年南城李氏宜秋馆据传抄文津阁本刊。

雅林小稿 诗别集。宋王琮著。《千顷堂书目》卷二九著录王琮《雅林小稿》一卷。《两宋名贤小集》卷二九七收《雅林小稿》一卷，有诗二十九首。

艮斋集 诗别集。宋谢谔著。一卷。诗七首。见《两宋名贤小集》卷一七八。

抚松集 诗别集。宋吕愿中著。一卷，收诗十五首。见《两宋名贤小集》卷一五二。

澹轩集 诗文词别集。宋李吕著。周必大《墓志铭》称是集十五卷，《千顷堂书目》卷二九著录《澹轩文集》十五卷。焦竑《国史经籍志》亦载"《澹轩集》十五卷"。世无传本。今本乃四库馆臣从《永乐大典》中辑出，八卷，卷一至三分体录诗，卷四为词，卷五至八为各体杂文，后附周必大《李滨老墓志铭》。现存《永乐大典》录《澹轩集》二十一条，馆臣漏辑四条。漏辑者见今人栾贵明《四库辑本别集拾遗》。

野处类稿 诗别集。题宋洪迈著。二卷。《直斋书录解题》著录一卷，并言"其全集未见"。《文献通考》著录为二卷。此书久佚，《四库全书》收《野处类稿》二卷，《四库全书总目》云此当《野处猥稿》之残本。集前有洪迈自序，称绍兴甲戌(1154)家居卧病时取曩时所存而未弃之诗录为二卷。然清钱大昕疑此集不出洪迈之手，后劳格以为此书乃朱松《韦斋集》(见《读书杂识》卷二)。陆心源《仪顾堂集》卷一五考定此书上卷各诗见《韦斋集》卷一，下卷各诗见《韦斋集》卷二，集外之诗虽洪迈所作，但袭取《宋诗纪事》，别无增益。则此书乃乾隆中书贾拼凑他书而成。除《四库全书》本外，又有《豫章丛书》本，附《集外诗》一卷，并附民国魏元旷、胡思敬撰校勘记二卷。

澹斋集 诗文词别集。宋李流谦著。据是集跋语称，流谦生前曾自删次文章百余卷，殁后其子廉枲于嘉定十七年(1224)刻为八十九卷。《千顷堂书目》卷二九载《澹斋先生文集》八十九卷。焦竑《国史经籍志》著录《澹斋集》八十一卷。均已佚。今本乃四库馆臣从《永乐大典》辑出，析为十八卷，卷一至八为诗词，卷九至一八为文。末附其兄益谦所撰《行状》及廉枲跋语。现存《永乐大典》录《澹斋集》三十三条，校南海孔氏抄本《澹斋集》，馆臣漏辑十三条，见今人栾贵明《四库辑本别集拾遗》。

梁溪遗稿 诗文别集。宋尤袤著。《直斋书录解题》载《梁溪集》五十卷，《宋史》本传载《遂初小稿》六十卷，并佚。清乾隆间尤侗辑其诗文为《梁溪遗稿》，二卷。卷一为古今体诗四十七首。卷二为疏、记、序等各体文二十六篇。厉鹗《宋诗纪事》又从《三朝北盟会编》、《茅山志》、《荆溪外纪》等书中辑得遗诗六首，又从《后村诗话》辑逸句四联(其中《无题》二联实为《三朝北盟会编》所录《淮民谣》中二联)。通行有《四库全书》本、《常州先哲遗书》本及《锡山尤氏丛刊集》本。

遂初小稿 诗别集。宋尤袤著。袤尝取孙绰《遂初赋》以自号，光宗遂书匾赐之，因名其集。《遂初小稿序》载尤袤有"《遂初小稿》六十卷"。然久已不传，今仅存一卷，诗三十余首。收入《两宋名贤小集》。

范蒙斋先生遗文 诗文别集。宋范端臣著。元范元玮《范蒙斋先生遗文序》称其有"诗集三卷，文集二十余卷"，然久已散佚。仅辑得诗十余首，文一篇，编为《范蒙斋先生遗文》一卷，附于《范香溪先生文集》后。《四部丛刊续编》据明刊本影印。

竹洲集 诗文别集。宋吴儆著。《千顷堂书目》卷二九著录《吴文肃公竹洲文集》二十卷。傅增湘《藏园群书经眼录》卷一四云："嘉熙二年，曾孙吴资深上其遗文为三十卷，后经兵燹，版亡。"明弘治六年，其十世孙吴雷亨始续刻之，为二十卷，卷首列程珌、吕午、洪扬祖、陈埙等序文四篇，及程敏政重刊序，后附其兄俯《棣华杂著》一卷。今存。《四库全书》本亦为二十卷。卷首存程珌、吕午二序，卷一至一四文，卷一五铭赞，卷一六古赋，卷一七至二〇诗，卷末附其兄俯《棣华杂著》一卷。此外，《宋诗钞初集》收有《竹洲诗钞》一卷；《十名家词》收有《竹洲词》一卷。

棣华杂著 文别集。宋吴俯著。《千顷堂书目》卷二九著录："吴偁《棣华杂著》一卷。"附注："吴儆弟。"按吴儆初名偁，此集著者乃其兄吴俯。明弘治六年，吴雷亨刻吴儆《竹洲集》，附吴俯《棣华杂著》一卷于后。今存。《四库全书》收入此集时亦附于《竹洲集》后。一卷。收有文六篇，其中记二篇，序一篇，书二篇，启一篇。

渭南文集　文别集。宋陆游著。陆游尝封渭南伯，因以名集。《直斋书录解题》卷一八著录《渭南集》三十卷。今传本五十卷。为陆游生前编定，卒后由其子陆子遹刊印，并撰序。卷一至四二为各体文，卷四三至四八为《入蜀记》，卷四九至五〇收词一百三十首。有南宋嘉定十三年溧阳刻本，《四部丛刊》影明弘治间华珵活字本，明正德间汪大章刊本（计五十二卷，无《蜀中记》，有诗九卷，词一卷），明汲古阁本，清《四库全书》本。1976年中华书局有《陆游集》排印本，包括诗和文两部分：《剑南诗稿》以汲古阁刊本为底本，校以宋刻《新刊剑南诗稿》残本和《放翁先生剑南诗稿》残本。《渭南文集》以宋嘉定溧阳刻本为底本，据明活字本和汲古阁本校补。文集加标点，诗集只作断句。

剑南诗稿　诗别集。宋陆游著。作者在蜀中九年，"乐其风土"，故名。八十五卷，收各体诗九千二百余首。《直斋书录解题》著录《剑南诗稿》二十卷，《续稿》六十七卷。今有宋刻本，已残；明毛晋汲古阁刻本，清鲍廷博校并跋。清康熙爱莲山房刻本，名《剑南诗钞》。另有今人钱仲联校注本，该本以毛晋汲古阁本为底本，并据多种宋、明版本校订底本误字、异文。后附陆游年表、传记材料及版本著录题跋等。上海古籍出版社1985年出版。

梅山续稿　诗别集。宋姜特立著。十八卷。是此集为特立六十以后为东宫属官时所作，前此当有稿别行。《直斋书录解题》载《梅山诗稿》六卷，《续稿》五卷。《文献通考》卷二四五载《续稿》十五卷。清修《四库全书》，用浙江鲍士恭家藏本。此本出休宁（今属安徽）汪森家，诗凡十七卷，附以杂文六篇及长短句二十首，共为十八卷。然《四库全书》修定时，已将附录杂文删去。傅增湘《藏园群书经眼录》卷一四亦著录此书有二种：一为十七卷，杂文一卷，清小山堂赵氏写本；一为十七卷，附杂文一卷，长短句一卷，旧写本，从宋刻中抄出。已不可得见。特立另有《梅山小稿》一卷，见《两宋名贤小集》。

石湖居士诗集　诗别集。宋范成大（号石湖居士）著。三十四卷。其中诗三十三卷，计一千九百一十六首；赋一卷十篇。成大原有《石湖全集》一百三十六卷，由其子范莘、范兹于宋嘉泰间刊行，《直斋书录解题》著录，世久失传。此集摘自全集而别行，卷帙次序悉依原本所编。集中载杨万里、陆游序文各一篇，及范莘、范兹跋语。有明弘治活字本，残阙甚多。清康熙间顾嗣立以金亦陶所藏宋版抄本为底本，广集诸家藏本进行校勘，刻以传世，目次后附有顾氏题识。《四库全书》所收即顾氏刊本。清沈钦韩有《范石湖诗集注》三卷，有光绪间广雅书局刻本。中华书局上海编辑所1962年排印出版《范石湖集》，分上、下册，将其诗集三十四卷、词集一卷合刊，后附沈钦韩集注三卷。上海古籍出版社1981年重版。

周益公集　诗文别集。宋周必大著。《直斋书录解题》著录"《周益公集》二百卷、《年谱》一卷、附录一卷"。乃必大平生著述之合集。《宋史・艺文志》则分别著录。清《四库全书》收其集曰《文忠集》，卷首有陆游《序》、《手谱》、《宋史》本传。凡二百卷，计《省斋文稿》四十卷，《平园续稿》四十卷，《省斋别稿》十卷，《词科旧稿》三卷，《掖垣类稿》七卷，《玉堂类稿》二十卷，《政府应制稿》一卷，《历官表奏》十二卷，《奏议》十二卷，《奉诏录》七卷，《承明集》十卷，《杂著述》二十三卷，《书稿》十五卷。又附录五卷，收他人所作祭文、李壁所撰《行状》、楼钥所撰《神道碑》及《忠文耆德之碑》等。另清光绪二十五年刊《庐陵周益国文忠公集》，无卷首三篇，《杂著述》以下题"续刊"，余与《四库全书》本同。另《宋诗钞》初集选其《益公省斋稿钞》一卷、《益公平园续稿钞》一卷，《宋诗钞补》又选其《省斋集补钞》一卷、《平园集补钞》一卷。另有《吴郡诸山录》一卷、《九华山录》一卷、《庐山录》一卷（附录一卷），见《续百川学海》巳集和宛委山堂本《说郛》弓六四。

杨文节公诗集　诗别集。宋杨万里（谥文节）著。万里有《诚斋集》。卷一至卷四二为诗集九种。清乾隆时，杨云彩任吉水教授，始刻万里文集，复刻诗集。诗集前有云彩《序》、集后有杨振鳞跋文。此集亦九种四十二卷，但分卷与宋抄本《诚斋集》诗集有异。卷一至卷八为《江湖集》，卷九至卷一三为《荆溪集》，卷一四至卷一五为《西归集》，卷一六至卷二〇为《南海集》，卷二一至卷二六为《朝天集》，卷二七至卷二八为《江西道院集》，卷二九至卷三二为《朝天续集》，卷三三至卷三六为《江东集》，卷三七至卷四二为《退休集》。集末附补遗三首。集中篇题编次大致上与宋抄本同。篇题及诗句偶有异文，可资校勘。《四部备要》据乾隆刊本排印，更名为《诚斋诗集》，较为通行。

诚斋集　诗文别集。宋杨万里（号诚斋）著。此集为其子长孺于宋宁宗嘉定元年（1208）所编，凡一百三十三卷。《直斋书录解题》和《文献通考》著录同,《宋史·艺文志》别集类仅载其诗集八十六卷,且与长孺所编不同,盖别行本。《四库全书》据汪如藻家藏本收录,亦为一百三十三卷本。《四部丛刊》借江阴缪氏艺风堂藏宋抄本影印,即长孺所编本。卷首有刘炜叔于宋理宗端平二年(1235)所作《序》。前四十二卷为诗集九种,依次为《江湖集》、《荆溪集》、《西归集》、《南海集》、《朝天集》、《江西道院集》、《朝天续集》、《江东集》和《退休集》。为杨万里手自编定。自卷四三至卷一三三,则为各体文章。

莲峰集　诗文别集。宋史尧弼(号莲峰)著。《千顷堂书目》卷二九著录《莲峰先生家集》三十卷。焦竑《国史经籍志》著录《莲峰集》三十卷。世久失传,四库馆臣自《永乐大典》中辑出,厘为十卷。前二卷,各体诗一百三十余首;后八卷,各体文八十余篇。篇首有序二篇。其一作于孝宗乾道丙戌(1166),作者自署"省斋",称曰:"因编次公平日所著文凡三十卷"。另一篇乃任清全作于宁宗嘉定癸酉(1213),称"其文至多,皆散落不存,旧集漫漶,今莲峰兄长之嫡孙师道取而再刻之"。今人栾贵明《四库辑本别集拾遗》又补辑诗一首,文三篇。

九华集　诗文别集。宋员兴宗著。《千顷堂书目》卷二九著录《九华先生集》五十卷。然久佚。今有《四库全书》本,为四库馆臣从《永乐大典》辑出,编为二十五卷,附录一卷。计有诗六卷,杂文十五卷,《论语解》一卷,《老子解略》一卷,《西陲笔略》一卷,《绍兴采石大战始末》一卷。原集所收时人祭文可考其事迹者,编为附录一卷。其漏辑者见今人栾贵明辑《四库辑本别集拾遗》。

香山集　诗别集。宋喻良能著。明金江《义乌人物记》卷下载《香山集》三十四卷。明应廷育《金华先民传》卷七载《香山集》二十四卷。焦竑《国史经籍志》卷五载《香山集》十七卷,已佚。清修《四库全书》时从《永乐大典》辑出其古今体诗,按体裁编排,厘为十六卷。卷一卷二为五言古诗,卷三卷四为七言古诗,卷五至卷七为五言律诗,卷八至卷一一为七言律诗,卷一二为五言排律、六言诗、五言绝句,卷一三至卷一六为七言绝句。卷一诗前尚收有赋三篇,辞一篇。有《四库全书》本,《续金华丛书》本。其漏辑者见今人栾贵明《四库辑本别集拾遗》。

无怀小集　诗别集。宋葛天民(字无怀)著。一卷。有清曹庭栋《宋百家诗存》本,诗六十余首。又有《两宋名贤小集》本,诗九十余首,名《葛无怀小集》。

蕙庵诗稿　诗别集。宋何耕著。一卷,收诗二十五首。见《两宋名贤小集》卷二二六。

顺适堂吟稿　诗别集。宋叶茵著。宋陈思《两宋名贤小集》卷二九三《顺适堂吟稿序》载叶茵有"吟稿五卷"。《千顷堂书目》卷二九著录叶茵《顺适堂吟稿》五卷。今有《汲古阁景钞南宋六十家小集》本。五卷。分为甲乙丙丁戊五集,每集一卷。《两宋名贤小集》卷二九三、二九四收有《顺适堂吟稿》二卷,乃其甲乙两集。

芸庵类稿　诗文别集。宋李洪著。六卷。前有陈贵谦序一篇,不署年月。卷一至卷五分体录赋、诗、词,卷六为启、记、序、跋等各体文。是集未见诸家书目记载,陈序称原为十二卷。今本乃四库馆臣从《永乐大典》中辑出,得诗词三百九十余首,文三十篇,厘为六卷,收入《四库全书》。现存《永乐大典》录是书未收二十一条,诗四首,见栾贵明《四库辑本别集拾遗》。

义丰集　诗别集。宋王阮著。宋刘克庄《王南卿集序》云:"王旦携其先大夫义丰公遗文五卷示余"(《后村大全集》卷九四)。今北京图书馆存《义丰文集》一卷,宋淳祐三年王旦刻本。近人傅增湘《藏园群书经眼录》卷十四云此本:"卷首标题及版心均题《义丰集》卷第一,则其下有文可知,兹所存者只诗一卷。"《千顷堂书目》卷二九著录王阮《义丰集》一卷。《四库全书》据清乾隆翰林院抄本收入。一卷,有诗二百余首。此外尚有《豫章丛书》本,此本附有近人胡思敬《校勘记》一卷。

晦庵集　又名《晦庵先生朱文公文集》。诗文别集。宋朱熹著。《直斋书录解题》著录《晦庵集》一百卷,《紫阳年谱》三卷。《文献通考》卷二四〇著录同。宋理宗淳祐五年(1245),王遂搜辑遗文为续集,刊而序之,然序中未言卷数。宋度宗咸淳元年(1265)黄镛《晦庵别集序》云:建通守余师鲁"搜访先生遗文,又得十卷,以为别集"。建宁府建安书院咸淳元年刻《晦庵先生朱文公文集》一百卷,《目录》二卷,《续集》十一卷,《别集》十卷。此本今存有宋刻、元明递修本,藏北京图书馆等处。又有明嘉靖潘璜等刻本,今存。《四库全书》以康熙年间臧眉锡、蔡方炳刻本为底本收入。正集仍为一百卷,然续集为五卷,别集为七卷。正集卷一至卷一〇为诗;卷一一至卷二三为封事、奏札、奏状、申请、辞免等;卷二四至卷六四为书、札子;卷六五至卷七四为杂著；卷七五至卷一〇〇为序、记、跋、墓志铭、行状、公移等。续集五卷为书。别集七卷分别为书三卷，诗、题跋一卷，杂著一卷，公移二卷。光绪年间，贺瑞麟亦以臧眉锡、蔡方炳本为底本，并参校他本，将此集收入《西京清麓丛书》，名为《朱子大全文集》，正集一百卷，续集五卷，别集七卷，末附有文集正讹一卷，文集记疑一卷，正讹记疑补遗一卷。此外通行者尚有《四部丛刊》本（据明嘉靖本影印）与《四部备要》（据明胡氏刻本排印）本。此二本正集一百卷，续集十一卷，别集十卷。续集、别集之分卷与臧眉锡、蔡方炳本不同，某些篇章之分合与文字亦稍有出入，然所收文章之篇目及顺序则基本相同。

艇斋小集　诗别集。宋曾季貍（号艇斋）著。曾诗宋代已编定，陆游曾为之作序（《渭南文集》卷一五有《曾裘父诗集序》）。此集久不传。《两宋名贤小集》卷一二五编《艇斋小集》一卷，录诗二十首。

颐庵居士集　诗别集。宋刘应时著。二卷，前有宁宗庆元六年（1200）陆游序和嘉泰元年（1201）杨万里序。是书为何人所编、刊刻于何时不详。傅增湘《藏园群书经眼录》卷一四云见明嘉靖四年刊本，前有陆、杨序，后有刘允卿、都穆跋。据跋称乃其十七世孙刘允卿重刊。今存《四库全书》本、《知不足斋丛书》本、《四明丛书》本、《丛书集成初编》本。

小山集　诗别集。宋刘翰著。一卷，收诗二十三首。收入《两宋名贤小集》及《宋百家诗存》、《南宋群贤小集》、《宋人小集四十二种》、《宋人小集十五种》、《汲古阁景钞南宋六十家小集》。

于湖集　又名《于湖居士文集》。诗文别集。宋张孝祥著。四十卷附录一卷。孝祥卒后三年（1173），历阳守胡元功曾编其诗词集，韩元吉为作序（《南涧甲乙稿》卷十四）。又二年（1175），从弟孝忠编印其文集，王质为作序（《雪山集》卷五）。今皆佚。宁宗嘉泰元年（1201）王大成校辑刊集于南昌，即今传宋本。卷首有门人谢尧仁序，从弟孝伯序。尧仁序谓“天下刊先生文集者有数处”，孝伯序称“尽以家藏与诸家所刊属其（王大成）雠校。虽不敢谓全书，然视他本则有间”。可见是晚出较完备之本。卷一为赋、辞、颂、乐章，卷二至一二为诗，卷一三至三〇为文，卷三一至三四为乐府，卷三五以后为尺牍。附录为传记资料及时人有关诗文。有《四库全书》本，另有涵芬楼借慈溪李氏所藏宋本影印本，收入《四部丛刊》。另有上海古籍出版社 1980 年排印本。

江湖长翁文集　诗文别集。宋陈造著。《千顷堂书目》卷二九著录陈造《江湖长翁集》四十卷。明万历四十六年李之藻刻《江湖长翁文集》四十卷，今存。《四库全书》收入此集。四十卷。卷一辞赋；卷二至卷二〇为诗，其中五言古诗五卷，七言古诗四卷，五言律诗一卷，七言律诗五卷，五六言绝句一卷，七言绝句三卷；卷二一至卷四〇为文，有记、序、书、札子、题跋、论、启等。此外尚有《江湖长翁诗钞》一卷，收入《宋诗钞初集》；《江湖长翁词》一卷，收入《校辑宋金元人词》。

涉斋集　诗别集。宋许及之著。《宋史·艺文志》著录《许及之文集》三十卷，又《涉斋课稿》九卷。焦竑《国史经籍志》卷五著录《许右府涉斋集》三十卷。原本佚。四库馆臣从《永乐大典》辑其佚诗，编为十八卷，收入《四库全书》。有五言古诗二卷，七言古诗三卷，五言律诗一卷，七言律诗六卷，五言排律一卷，五言绝句一卷，七言绝句四卷。《永乐大典》题为许纶撰。《四库全书总目》于此集辨之甚详，以为集中仍题许纶撰，盖存其旧。此外尚有《敬乡楼丛书》本。现存《永乐大典》录《涉斋集》诗文十七条，校《敬乡楼丛书》本《涉斋集》十八卷，《四库全书》漏辑八条。漏辑者见今人栾贵明所辑《四库辑本别集拾遗》。

南轩集　诗文别集。宋张栻著。《直斋书录解题》著录三十卷。注：“侍讲广汉张栻敬夫撰。”《文献通考》卷二三九著录同。《宋史·艺文志》著录张栻《南轩文集》四十八卷。《南轩集》今传本为朱熹所编。朱熹认为栻殁之后，其集有用别本摹印而流传者，“盖多向所讲焉而未定之论，而凡近岁以来谈经论事发明道要之精语反不与焉”（《南轩集序》）。于是乃将其遗稿四巨编并访得之文章数十篇与往还书疏，参互相较，定为四十四卷，并为之序。今存有明刻本及清康熙年间刻本。《四库全书》本为四十四卷。其中诗七卷，古诗三卷，律诗四卷；文三十七卷，有表启一卷，记五卷，序二卷，史论二卷，说一卷，书十卷，答问四卷，题跋三卷，铭、箴、赞一卷，墓志铭五卷，祝文一卷，祭文二卷。卷首载熹序。《丛书集成初编》据《正谊堂全书》本收有《张南轩先生文集》七卷，乃其选本。《两宋名贤小集》卷二一一有《南轩集》一卷，皆诗，其中有朱本未录者。

雪窗小集 诗别集。宋张良臣著。周必大《张良臣雪窗集序》云:"古赋四篇,古律诗数百首,号雪窗集。"(《文忠集》卷五四)《两宋名贤小集·雪窗小稿序》云:"诗集十卷。"元袁桷《延祐四明志》卷五载良臣"诗集十卷"。然已佚。今仅存诗一卷,三十余首。收入《两宋名贤小集》卷三〇六。此外亦收入《汲古阁景钞南宋六十家小集》与《南宋群贤小集》。此二本之《补遗》辑有《雪窗小集补遗》一卷,收其遗诗五首。

浪语集 又名《艮斋先生薛常州浪语集》。诗文别集。宋薛季宣(号艮斋)著,从孙师旦于理宗宝庆年间编。三十五卷。前三卷,赋二十篇;卷四至卷一四,各体诗约五百篇;卷一五至卷三四,各体文约四百篇(其中包括《中庸解》、《大学解》、《风后握奇经》等各若干条);卷三五,收诸公祭文、挽诗、行状、墓志铭等三十余篇。有明祁氏澹生堂抄本,名《艮斋先生薛常州浪语集》;清同治时孙衣言《永嘉丛书》即据此抄本刊行。又《四库全书》亦据抄本著录,名《浪语集》。

克庵先生尊德性斋小集 诗文别集。宋程洵著。三卷。据周必大《序》,洵卒后四年(1200),其宗人出《尊德性斋小集》一编求必大作序。此集后不传,《直斋书录解题》、《宋史·艺文志》均未著录。清嘉庆中重见抄本,鲍氏《知不足斋丛书》据抄本校刊,洵二十一世孙均百又补洵《琴堂棋轩记》和《宋圣道府君圹记》二文。凡三卷补遗一卷。卷首有周必大《序》、方直孺《序》、王炎《序》。卷末有程均百题跋等,为是集唯一传本。

西山公集 诗文别集。宋蔡元定著。宋杜范《蔡元定传》云:"所著书有《大衍详说》、《律吕新书》、《燕乐原辨》、《皇极经世、太元潜虚指要》、《洪范解》、《八阵图说》、《阴符经解》、《运气节略》、《脉书》,传于世。"(《清献集》卷一九)然今多已不传。明蔡鹍辑蔡元定及其父与子等九人诗文各一卷,为《蔡氏九儒书》,《西山公集》乃其第二卷。收有《皇极经世指要》二卷,《律吕新书》二卷,文十三篇,诗十一首,并辑尤袤、杨万里、朱熹诸人之荐章、通书、墓表、挽诗等为附录。有《蔡氏九儒书》本。

端平诗隽 诗别集。宋周弼著,李龏编。四卷。收诗一百九十八首。《四库全书总目》谓其"犹自宋本录出"。有《四库全书》本、《两宋名贤小集》本、《南宋群贤小集》本、《汲古阁景钞南宋六十家小集》本等。又有一卷本,收诗一百二十四首,见《宋百家诗存》。

蠹斋铅刀编 诗文别集。宋周孚著。三十二卷,附拾遗诗一卷。共收赋二篇;诗十四卷三百七十三首,分注年月,依年代顺序编排;文十六卷一百五十七篇,依体裁分类排列;《非诗辨妄》二卷四十二条。附录拾遗诗十三首。卷首附友人陈珙《序》文。有《四库全书》本。又《宋百家诗存》辑有一卷本,收诗一百零五首。

宫教集 诗文别集。宋崔敦礼(曾官诸王宫大小学教授)著。十二卷。卷一,赋五首;卷二,各体诗七十余首;卷三,乐章、歌词、诗余共二十余首;卷四至卷一二,各体文一百五十余篇。《千顷堂书目》卷二九著录《崔宫教集》二十卷,明焦竑《国史经籍志》载,敦礼集二十卷。原本已佚。今本乃清修《四库全书》,从《永乐大典》辑出,重新以类编次。今人栾贵明《四库辑本别集拾遗》补辑诗一首,文二篇。另有《螺树山房丛书》本,清光绪中顺德龙氏刊本。

范扬溪先生遗文 诗文别集。宋范端杲著。仅存《明复轩箴》文一篇,及《秀野亭》、《游宝惠寺》、《香山塔院》诗三首,附于范浚《范香溪先生集》卷末。有《四部丛刊续编》本。

悦斋小集 诗别集。宋唐仲友著。仲友著有《悦斋文集》。《悦斋小集》为单行之诗选集。一卷。乃诗一组共八首,总题为《续八咏》。以南朝齐礼部侍郎沈休文出守东阳(今浙江金华)时,曾作《八咏词》以咏当地山川风物,仲友用其调而更其词,别为八咏,故曰《续八咏》。收入《两宋名贤小集》卷一五九。又以《续八咏》名收入《悦斋文钞》卷一〇,有《续金华丛书》本。

鄂州小集 又名《罗鄂州小集》。诗文别集。宋罗愿著。六卷,附录一卷。卷一为赋诗词,卷二至卷六为各体文。附录一卷乃其兄颂、其弟颀、其侄似臣之文,卷末有元至大元年(1308)曹宏斋作《鄂州太守存斋罗公愿传》一文。是集为鄂州州佐刘清及其子澄于愿卒后搜求遗稿,编次刊刻,原为六卷。《宋史·艺文志》则载"罗愿小集五卷"。盖流传中有散佚,又经后人掇拾而成。今本虽卷数相合,亦非宋本之旧。有《四库全书》本、《粤雅堂丛书》本、《丛书集成初编》本(据《粤雅堂丛书》本排印)。又有陈思编选《鄂州小集》一卷,收诗十三首,见《两宋名贤小集》卷二〇七。

舒文靖集 文别集。宋舒璘(谥文靖)著,清黄宗羲编。二卷。卷上,书、志、铭六十三篇;卷下,札子、状、启五十二篇。璘原有集《广平类稿》，久佚。黄宗羲得其残遗，为之厘定而成今本。有《四库全书》本。又有张寿镛《四明丛书》本，名《舒文靖公类稿》，四卷。卷数、集名虽异，内容实同；并增《附录》三卷，收传记、墓志、杂诗文等。

攻媿集　诗文别集。宋楼钥著。是集由钥子淳哀粹遗文编成，钥季子治属魏了翁及真德秀为序。凡一百二十卷。《直斋书录解题》、《文献通考·经籍考》、《宋史》本传、《宋史·艺文志》均著录，卷数同。后辗转流传，多所散佚。《四库全书》著录一百二十卷本，乃两淮盐政采进本，中缺第七七、第七八、第七九卷以及第七三、七四卷一些篇章。《四库全书总目》云："诸家所藏刻本、钞本并同，今俱无从校补"。乃删去青词、朱表等一百六十七篇，重编为一百一十二卷。卷一至一四为古今体诗，之后分别为状、札、表、笺、奏议、外内制、序、记、书、启、墓志等。末两卷为《北行日录》。武英殿聚珍本（福建本、广雅书局本）又附拾遗一卷。《四部丛刊》影印聚珍本，另《丛书集成初编》有《攻媿集》一百二十卷，《拾遗》一卷。《宋诗钞初集》有《攻媿集钞》一卷；《宋诗钞补》有《攻媿集补钞》一卷。

东莱集　诗文别集。宋吕祖谦著。四十卷。《直斋书录解题》著录"《东莱吕太史集》十五卷、《别集》十六卷、《外集》五卷、附录三卷。著作郎东莱吕祖谦伯恭撰。其弟祖俭编录。凡家范、尺牍之类，总之《别集》，策问、宏词、程文之类，总之《外集》，年谱、遗事，则见《附录》。"《文献通考》、《宋史·艺文志》著录同。今有《四库全书》本，据两淮马裕家藏本著录。又《金华丛书》（同治光绪本、民国补刊本）、《丛书集成初编》有《吕东莱先生文集》二十卷首一卷，《续金华丛书·集部》有《东莱吕太史文集》十五卷《别集》十六卷《外集》五卷附录三卷，附《考异》四卷（民国胡宗楙撰）；《两宋名贤小集》有《东莱集》一卷；《唐宋十大家尺牍》有《吕东莱尺牍》二卷。

止斋文集　文别集。宋陈傅良著。五十一卷，附录一卷。门人曹叔远编定，并于嘉定戊辰（1208）刊行。《直斋书录解题》著录有五十三与五十卷本。《文献通考》著录为"五十二卷"，《宋史·艺文志》同。可见宋时传本非一。明弘治间，侍御史张琎（伯纯）与王瓒曾刊行《止斋集》。《四库全书》所著录即为曹叔远所编、张琎重刊本。后有曹序、王瓒序。五十一卷，依歌辞、奏状札子、讲义故事、廷对策、表、启、手书、记、序、题跋、策问、杂著、祭文、志铭、行状等次第编排。附录一卷为楼钥所作《神道碑》、蔡幼学所作《墓志》、叶適所作《行状》，而又有杂文八篇缀于其后。另《摛藻堂四库全书荟要》、《永嘉丛书》、《四部丛刊·集部》皆有《止斋集》五十二卷附录一卷。《宋诗钞初集》（康熙本·景康熙本）有《止斋诗钞》一卷；《宋诗钞补》有《止斋集补钞》二卷。

双峰猥稿　诗文别集。宋舒邦佐著。《郡斋读书志》著录八卷。《四库全书总目》著录六卷。并加以考辨，以为集中诗文多抄袭套用，所及之年代、人物亦甚为可疑。今有清道光二十九年其二十四代孙化民等刻本。九卷，首一卷，末一卷。此外有清咸丰八年舒氏重刻本。

省斋集　诗文别集。宋廖行之著。原集乃其子谦所刊，十卷。光宗绍熙二年戴溪《省斋集序》云谦为其父"裒平生遗文，得拾卷。"宁宗庆元四年丁南金《省斋集跋》云："《省斋文集》十卷。"明杨士奇《文渊阁书目》卷九著录："廖行之《省斋文集》一部六册全。"《千顷堂书目》卷二九著录："廖行之《省斋文集》十卷，附集一卷。"然清修《四库全书》时，未见传本，乃从《永乐大典》辑其诗文，仍析为十卷。前四卷为诗、词，后六卷为文，有记、序、策、札子、书、启、跋、祭文等，卷末有原跋十七篇。又辑其行状、墓记、墓志铭等为附录一卷。收入《四库全书》。现存之《永乐大典》录《省斋集》诗文三十条，《四库全书》本漏辑九条，漏辑者见今人栾贵明《四库辑本别集拾遗》。

济祖师文集　诗文别集。宋释道济著，民国年间守一子辑。一卷。有文六篇，诗十余首。载《道藏精华录》第十集，有民国无锡丁氏排印本。

玉堂类稿　文别集。宋崔敦诗著。所收乃敦诗任职翰林院（又称"玉堂"）时所作，故以名集。二十卷。前二卷，内制二十余篇；卷三至卷一〇，批答一百九十余篇；卷一一、一二，青词表疏八十余篇；卷一三至一六，口宣三百余篇；卷一七，春端贴子八十余篇；卷一八，致语、口号、乐曲数十篇；卷一九、二〇，祝册词表七十余篇。《附录》一卷，收诸家告词、祭文、挽章等二十余篇。另附《西垣类稿》二卷。收制诰等七十余篇。有南宋刻本传世。傅增湘《藏园群书经眼录》卷一四著录此书，录有日本人柴邦彦跋。另有林衡《佚存丛书》、阮元《宛委别藏》本。

定川遗书 诗文别集。宋沈焕著。宋罗濬《宝庆四明志》卷九载:“沈先生有文集五卷。”(《宋史·艺文志》著录:“沈涣文集五卷”,或即此书。)然久无传本。民国张寿镛辑其遗文,得二卷。卷一诗二首,文三篇,卷二为训语。又辑与焕相关之行状、传、祭文,往返书疏、墓志铭等为附录四卷。载《四明丛书》第四集。

客亭类稿 诗文词别集。宋杨冠卿著。十四卷。前六卷,四六编,表、箴、启一百余篇;卷七至卷一〇,杂著编,古赋、述赞、序跋等六十余篇;卷一一至卷一三,古律编,各体诗二百三十余首;卷一四,乐府编,词三十六首。冠卿别集,诸家书目皆无著录,但有宋刊巾箱小字本传世,为《四六编》四卷,《杂著编》三卷,《古律编》二卷,《诸老先生惠答客亭书启编》一卷;前后无序跋。清修《四库全书》,馆臣据知不足斋藏宋刊巾箱本抄,又从《永乐大典》中搜辑补缀,析为十四卷。又今人栾贵明《四库辑本别集拾遗》补辑诗四首。另有《湖北先正遗书》本,民国十二年(1923)沔阳卢氏慎始基斋据《四库全书》文津阁本影印。

芸居乙稿 诗别集。宋陈起著。一卷。传本见《汲古阁景钞南宋六十家小集》、《两宋名贤小集》卷三四八。《武林往哲遗著》所载多补遗一卷、附录一卷。

象山集 文别集。宋陆九渊著。三十二卷。初由其子陆持之于宋宁宗开禧元年(1205)编遗文二十八卷,《外集》六卷,杨简为之序。开禧三年(1207),抚州守、陆九渊门人高商老刊《陆象山文集》于郡庠。嘉定五年(1212),陆持之又“裒而益之,合三十二卷”,江西提举袁燮作序,刊于江西仓司。《直斋书录解题》、《文献通考》、《宋史·艺文志》均称“《象山集》二十八卷,《外集》四卷”。与袁燮刊本卷数同。《四部丛刊》本《象山先生全集》,影印明嘉靖四十年(1561)江西刊本,有袁燮、杨简序,当为嘉定本三十二卷的复刻,其后四卷为谥议、行状、语录、年谱,当为后人所加。《四部备要》本《象山全集》,则为清李穆堂评点本的重排,除附录、《年谱》略详外,与《丛刊》本基本相同。《四库全书》采用大理寺卿陆锡熊家藏本,收《象山集》二十八卷,《外集》四卷,《语录》四卷。集前有杨简、袁燮序,集后有吴杰于嘉定庚辰(1220)秋九月所作跋。无《年谱》,多《语录》四卷。其余三十二卷与传本合,依书、表奏、记、序、赠、杂著、诗、祭文、行状、墓志、墓碣、墓表次第编成。《外集》四卷为程式之文。可见此本仍从嘉定三十二卷本翻刻。又《两宋名贤小集》有《象山先生集》一卷、《半亩园丛书》有《陆象山先生集节要》六卷首一卷。

平庵悔稿 诗别集。宋项安世著。《文献通考》卷二四一著录:“《平庵悔稿》十五卷,《后编》六卷。”《宋史·艺文志》著录:“项安世《丙辰悔稿》四十七卷。”清阮元过录旧抄本,为十二卷。分前后编,共有诗一千二百八十五首。又辑遗诗四首、遗文一篇为补遗附于卷末。收入《宛委别藏》。

东塘集 诗文别集。宋袁说友(号东塘)著。二十卷。前七卷,各体诗六百五十余首;后十三卷,各体文二百四十余篇。原集已佚。今本乃清修《四库全书》从《永乐大典》辑编而成。篇末附《家传》一篇,不知何人所作;后半文已残缺,而前半叙其仕履较详。今人栾贵明《四库辑本别集拾遗》补辑诗十二首,文十一篇。

蘂阁集 诗别集。旧题辛弃疾著。二卷。前有稼轩自序。乃集六朝及唐人句为近体诗,每韵一首,五七言各三十首。然唐韵及宋礼部韵皆上平二十八部,下平二十九部,至理宗末,平水刘渊制平水韵,始并上下平各为十五部,而弃疾生当南宋高、孝、光、宁之朝,不可能用其韵,且文笔颇类明末竟陵一派,故当非辛弃疾所作。《四库全书总目》于此辨之甚详。《四库全书》未收。有清赵氏小山堂抄本,今存北京图书馆。

网山集 诗文别集。宋林亦之(号网山)著。《文献通考》卷二四〇著录有《林网山集》,然无卷数。《国史经籍志》卷五著录亦无卷数。《千顷堂书目》卷二九著录“八卷”。《四库全书》本亦为八卷。有诗二卷,文六卷。《四库全书总目》曰:“诗仅二卷而挽诗居一卷,文凡六卷而祭文居二卷,祝文、聘书居一卷,青词、募疏之类不轨于正者,又居一卷。”疑原集散佚,此集乃后人重编。

癖斋小集 又名《癖斋集》。诗别集。宋杜旃著。一卷,收古近体诗凡十六题二十首。南宋钱塘吴允嘉辑,陈起收入《江湖小集》。此后《南宋群贤小集》、《两宋名贤小集》、《汲古阁景钞南宋六十家集》、《宋百家诗存》、《续金华丛书》等均据此刊行。又陈亮《龙川文集》卷一九《复杜仲高》称旃“半落半开花有恨,一晴一雨春无力”词“令人眼动”,今集中不载,可据补。

棣华馆小集　诗别集。宋杨甲著。一卷。诗十八首。有《两宋名贤小集》本。又有清曹庭栋《宋百家诗存》本，诗亦十八首，但其中有一首与《两宋名贤小集》本异。又有民国李之鼎《宋人集》甲编本，内容、编次同于《两宋名贤小集》本；另补辑诗二首，一得自《宋百家诗存》，一得自《宋诗纪事》。

转庵集　诗别集。宋潘柽著。一卷。诗十四首。有《两宋名贤小集》本。又清厉鹗《宋诗纪事》卷五九收潘柽诗十五首，其中四首为《两宋名贤小集》本无，可互为补充。

定斋集　诗文别集。宋蔡戡著。原本四十卷，绍定三年其季子所刊，李埴为之《序》。《直斋书录解题》著录。后佚。清修《四库全书》，从《永乐大典》及《历代名臣奏议》中辑得佚文，厘为二十卷。卷首有李埴《序》。卷一至卷一五为各体文，卷一六至卷二〇为赋、诗、词。另有《常州先哲遗书》本。

慈湖遗书　诗文别集。宋杨简(世称慈湖先生)著。今传本十八卷。前五卷，序记书跋等九十余篇；卷六，赋六首，诗一百余首；卷七至卷一六，为《家记》；卷一七，为《纪先训》；卷一八，行状等。《续集》二卷：卷一，杂文七十余篇；卷二，为《孔子闲居解》。据《宋史》本传，简所著有《甲稿》、《家记》诸集，其目甚多。陈振孙《直斋书录解题》亦载其撰《孔子闲居讲义》一卷、《慈湖遗书》三卷、《慈湖甲稿》二十卷等。则今传本既非原本《慈湖遗书》，亦非原本《慈湖甲稿》；乃明时周广综合诸书遗佚，重新编次而成。有明嘉靖四年(1525)刻本及明抄本传世。清丁丙《慈湖遗书跋》云："钞本多文数十篇，其目次亦不同"。又有《四库全书》本，内容同于明刻本，但编次稍有差异，即卷一八为《续集》第一卷之杂文；而《续集》第一卷为《孔子闲居解》；最后为行状。又有张寿镛《四明丛书》本，亦据刻本著录，附清冯可镛辑《补遗》一卷，得诗文十余篇；张辑《附录》一卷，收诸家序跋十余篇，《年谱》三卷，《著述考》一卷；内容较《四库全书》本完备。

默斋遗稿　诗文别集。宋游九言(世称默斋先生)著。上、下二卷。卷上，各体诗十七首；卷下，文二十二篇，附词一首。此集《直斋书录解题》、《宋史·艺文志》皆未著录，且搜辑未备，遗文较多，似由后世之人掇拾而成。有清鲍廷博知不足斋藏本，末附《补遗》，乃鲍氏补录词三首，诗四首；《四库全书》即据此本。又有劳权丹铅精舍补校本，于鲍氏《补遗》之后再附《续补》，补录诗一首；又附《增补》，补录文六篇(其一仅存其目)；内容较为完备，李之鼎《宋人集》乙编即据此本。

缘督集　诗文别集。宋曾丰著。二十卷。《宋史·艺文志》著录"《撙斋缘督集》十四卷"。元元统间，丰之五世孙曾德安购其遗书，得四十卷，虞集为之序。明嘉靖、万历间又有选辑之十二卷本刊行。清修《四库全书》，从《永乐大典》中裒辑佚文，厘为二十卷。卷一为赋、楚词，卷二至卷九为诗，卷一〇至卷二〇为各体文。现存《永乐大典》录曾丰诗文三十七条。馆臣漏辑十一条，见栾贵明《四库辑本别集拾遗》。

詹元善先生遗集　诗文别集。宋詹体仁(字元善)著。二卷。此集乃清人所辑。卷上为语录，后附有《宋史》本传及真德秀《司农卿湖广总领詹公行状》；卷下有疏二篇，札子一篇，祭疏一篇，序二篇，诗九首；卷末附其父詹慥诗十首。有《浦城遗书》本。

乾道稿　淳熙稿　章泉稿　诗别集。宋赵蕃著。南宋乾道、淳熙间曾刊其诗，十册，赵汝腾为之序(见方回《桐江集》卷四《跋赵章泉诗》)。然世久不传。《四库全书》从《永乐大典》中辑出，依旧题厘为《乾道稿》二卷、《淳熙稿》二十卷、《章泉稿》五卷。后附《宋史·文苑传》本传及刘宰撰《章泉赵先生墓表》。武英殿聚珍本(福建本、广雅书局本)重刊此书，后有孙星华所撰《拾遗》一卷。《两宋名贤小集》卷二二四有《章泉诗集》一卷，选诗三十三首。

龙川集　诗文别集。宋陈亮(世称龙川先生)著。三十卷。《四库全书总目》云："叶適尝谓亮集凡四十卷，今是集仅存三十卷，盖流传既久，已多佚缺。"卷一至卷三〇依疏、论、问答、酌古论、论、经书发题、策、三国纪年、史传序、序说引、序、记、诗、启、书、祝文、祭文、行状、墓志铭次第编排。有《四库全书》本，及《摛藻堂四库全书荟要》本。另《龙川文集》三十卷首一卷补遗一卷附录二卷，有《四部备要》本；《龙川文集》三十卷首一卷附录一卷辨伪考异二卷，有《金华丛书》等本。中华书局有邓广铭点校本《陈亮集》。

格斋四六　文别集。宋王子俊著。一卷。此书原本题作《格斋三松集》。朱彝尊《曝书亭集》卷五二《格斋四六跋》云："庐陵王子俊才臣为周子充、杨廷秀赏识，尝引以代草笺奏书记。其所撰《三松集》世罕流传，予抄得宋本《格斋四六》计一百二首。”今《四库全书》本所收篇数与之相同,当即彝尊所见之本。此外,尚有《格斋四六》二卷补一卷附校勘记一卷,见《豫章丛书·九宋人集》。

絜斋集 诗文别集。宋袁燮(世称絜斋先生)著。《直斋书录解题》称:《絜斋集》二十六卷,《后集》十三卷。已佚。今本二十四卷。前二十二卷,各体文二百三十九篇;后二卷,各体诗一百七十七首;末附绍定初,袁燮之子袁甫所作《絜斋集书后》一篇。乃清修《四库全书》从《永乐大典》辑出。又有《武英殿聚珍版书》福建本、广雅书局本,附《拾遗》一卷,得文四篇。又有《四明丛书》收录《袁正献公遗文钞》二卷,上卷文八卷,下卷即《定川言行编》,皆为《絜斋集》永乐大典本所无。今人栾贵明《四库辑本别集拾遗》又补辑文八篇。

云庄集 诗文别集。宋刘爚著。《四库全书》本二十卷。前有嘉定十五年(1222)李埴序,末有明天顺四年(1460)吴高、聂逊后序。卷一为诗赋;卷二、卷三为祝文、祭文;卷四至卷七为记序书札等;卷八至卷一四为表诏制等;卷一五至卷一七为青词等;卷一八至卷二〇为墓志碑铭。此本为明祁承㸁澹生堂抄本,乃其十世孙刘梗于明天顺间编次。又有明正统九年(1444)其十世孙刘稳刻本,十二卷,名《云庄刘文简公文集》,内容不及刘梗所编完备。

东斋吟稿 诗别集。宋陈岘著。一卷。存诗九首。见《两宋名贤小集》卷三五三。

栗斋小集 诗别集。宋巩丰著,一卷。存诗七首。收入《两宋名贤小集》卷二二二。

寒松阁集 诗文别集。宋詹初(其读书处名“寒松草阁”)著。三卷。卷一,《翼学》十篇、《序经》二篇、《论语》上、下篇;卷二,《日录》五十余条;卷三,各体诗四十九首。有《附录》,收诸家书序题跋十余篇。其子詹阳跋称:初旧有《流塘集》二十一卷,毁于火;后于族叔体仁先生处乞得数纸,藏于家。又有其十六世孙詹景凤、十七世孙詹璧二跋,称嘉靖戊午(1558)刻于寒松草阁,故改名为《寒松阁集》。清修《四库全书》,即据影抄嘉靖本采录。另有《宋人集》丙编本,民国十年李氏宜秋馆据文津阁《四库全书》本刊。

水心集 文别集。宋叶適著。二十九卷,《别集》十六卷。適卒后,门人赵汝谠按年编次其著作并刊行。《直斋书录解题》卷一八著录。宋时刻本非一,然至明已不见完本。明景泰二年(1415),赣人黎谅访求遗本、编集汇次后重新刊行,为现存文集最早之完本。《四库全书》本,《四部备要》排印本、缩印本《水心文集》,商务印书馆影印《四部丛刊》本《水心文集》,皆用此本。全书二十九卷,然无黎本之《后集》。清光绪八年(1882)瑞安人孙依言又依据钱桂森所藏黎刻二十九卷本校正重刊,并增入重辑的《补遗》一卷,成三十卷。又《永嘉丛书》中收有《水心文集》二十九卷、《补遗》一卷、《水心先生别集》十六卷。《宋诗钞初集》有《水心诗钞》一卷,《宋诗钞补》有《水心集补钞》一卷。1961年,中华书局将《水心文集》、《别集》合编并加校点,题名《叶適集》出版。

石屏集 诗词别集。宋戴复古(号石屏)著。《千顷堂书目》著录戴复古《石屏诗集》十卷,又《石屏续集》四卷。今存最早之传本有明弘治本,《四部丛刊续编》据以影印。十卷。卷首为其父戴敏《东皋子诗》十首,卷一为近古,卷二至卷五为五言律,卷六为七言律,卷七为绝句,卷八为词,卷九卷十收东野、渔村等戴氏裔孙二十余人之诗,作为附录。《四库全书》收入此集时,卷首亦为《东皋子诗》十首,然将五言律合为三卷,绝句与词合为一卷,并删去附录二卷,编为六卷。此外尚有《石屏续集》四卷,收入《两宋名贤小集》。

信天巢遗稿 诗别集。宋高翥(所居名信天巢)著。原有《菊磵集》二十卷,久佚。清康熙二十六年(1687),其后裔高士奇搜遗补缺,共得五七言近体诗一百八十九首刻之,题此名。《四库全书总目》称《信天巢遗稿》,而书之正文又名《菊磵集》。一卷,诗一百八十九首。集后附翥侄鹏飞《林湖遗稿》一卷,翥父选、叔迈《江村遗稿》一卷,又附高似孙《疏寮小集》一卷。另有《菊磵小集》一卷,有《南宋群贤小集》本、《两宋名贤小集》本、《汲古阁景钞南宋六十家小集》本。《菊磵小集补遗》一卷,见《南宋群贤小集补遗》本,《汲古阁景钞南宋六十家小集附知不足斋辑录宋集补遗》本。《菊磵诗选》一卷,见《宋十五家诗选》本。又傅增湘《藏园群书经眼录》卷一四载《信天巢遗稿》一卷,附《林湖遗稿》一卷、《江村遗稿》一卷、《疏寮小集》一卷。此书为高江村刊本,有黄虞稷序、江村跋。又,抄本一册,分上下卷,凡一百八十七首,皆附注。前有遗像、世系图、理学嫡派、诗法嫡派二图,后缀小传,盖其二十一世孙敬璋所辑。

云溪稿 文别集。宋吕皓著。一卷。据《直斋书录解题》载，皓有《遁思遗稿》六卷、《事监韵语》三卷。明代已亡佚。是书为明胡宗楙从《太平吕氏文集》中录出，皓十二世从孙璠所校正，胡宗楙稍加厘订付梓，收入《续金华丛书》集部。

皇荂曲　诗别集。宋邓林著。一卷。有诗四十余首。收入《两宋名贤小集》卷三三六。另有《汲古阁景钞南宋六十家小集》本。

文杏山房杂稿　诗别集。宋郑克己著。一卷。诗十四首。有《两宋名贤小集》本。

橘山四六　文别集。宋李廷忠(号橘山)著，明孙云翼注。二十卷。前有明万历三十五年(1607)孙云翼序，称所藏原系抄本，万历十二年应贡之京师，偶携是集，随手笺释，后又加以订正诠次。是书未见宋代诸书目著录，自云翼笺释后始授梓行世。有《四库全书》本。

方是闲居士小稿　诗文别集。宋刘学箕著。二卷。前有宁宗嘉定间刘淮、赵蕃、赵必愿三序，末有学箕自记及其门人游郴跋语十一篇。上卷为古今体诗一百七十一首，下卷为赋及杂文二十七首、词三十八首。据其裔孙刘张元顺帝至正二十二年(1362)跋语云，是集宋刻本因兵乱散失，复重刻于至正二十二年。收入《四库全书》者，系从元刻本影抄。另有《方士闲居士小稿》一卷本，陈思编选，收诗八十二首，见《两宋名贤小集》卷二三八。

江村遗稿　诗别集。宋高选、高迈著。一卷。附清康熙二十六年(1687)高士奇所刊高选之子高翥《信天巢遗稿》(又名《菊磵集》)后。此集中，凡收诗十九首，其中高选三首、高迈五首、质斋五首、遁翁六首。此乃士奇"恐残板久复漶漫，洗而录之"，亦存残补阙之意。《四库全书》所用浙江巡抚采进本，是今唯一流传版本。

勉斋集　诗文别集。宋黄榦(号勉斋)著。通行本四十卷。前三卷，讲义、经说各数十条；卷四至卷三九，书启奏状等各体文四百余篇；卷四〇，诗八十余首。有《四库全书》本。另有宋刻本传世，名《勉斋先生黄文肃公文集》四十卷，附集一卷。

南湖集　诗词别集。宋张镃著。方回《南湖集序》曰："其前集二十五卷，三千余首。"《文渊阁书目》卷九著录："张约斋《南湖集》一部五册阙"。清修《四库全书》，从《永乐大典》辑得其诗一千又十七首，词七十八首，以类相从，编为诗九卷，词一卷。收入《四库全书》。此外，《丛书集成初编》据《知不足斋丛书》本收入此集亦为十卷。此本卷首有杨万里、方回等序，并辑镃之遗文遗事三卷为附录附于卷末。

骚略　赋别集。宋高似孙著。三卷，凡三十三篇。作者慕屈原之为人，作品全拟屈原骚辞。有《百川学海》、《宋人集》、《四明丛书》诸本。

疏寮小集　诗别集。宋高似孙著。一卷。附康熙二十六年(1687)高士奇所刊高翥《信天巢遗稿》后。《直斋书录解题》及《文献通考》俱著录《疏寮集》三卷。然此刻只收五七言诗十四首，多有他选所有而此刻无之者。有《四库全书》本。另有《南宋群贤小集》本、《两宋名贤小集》本、《汲古阁景钞南宋六十家小集》本。又《疏寮小集补遗》一卷，有《南宋群贤补遗》本、《汲古阁景钞南宋六十家小集》本。

烛湖集　诗文别集。宋孙应时(号烛湖居士)著。应时尝自编其稿五十卷，已佚。据《四库全书》本卷末所附应时侄祖祐《跋》文，汪纲修《会稽续志》时曾访采应时遗文，祖祐会粹十卷以对；后应时门人司马述以十卷本付梓。《宋史·艺文志》著录《烛湖集》十卷，或即此本。然此书久佚。四库馆臣从《永乐大典》中辑出，厘为二十卷。卷一至卷一三依表、状、启、书、序、跋等编排，卷一四至卷二〇为古近体诗。卷末又附上、下两卷，为应时父介、兄应求、应符诗，并录应时父子行状、墓志铭、传，以及应时子祖开《补官省札》等。现存《永乐大典》录《烛湖集》三十六条，馆臣漏辑五条，见栾贵明《四库辑本别集拾遗》。

后乐集　诗文别集。宋卫泾著。二十卷。泾曾取范仲淹《岳阳楼记》中语题其堂曰"后乐堂"，因以名集。原本七十卷，乃其次子樵所编，嘉兴(今属浙江)贡士常南仲覆校，绍定壬辰(1234)冬，刻之于永州(今湖南零陵)。岁久亡佚。明杨枢《淞故述》仅著其名，其本已不可见。四库馆臣从《永乐大典》中裒辑编次，厘为二十卷，即今之传本。卷一至卷一九为各体文，卷二〇为诗。栾贵明《四库辑本别集拾遗》又从现存《永乐大典》中辑得四库馆臣漏辑者十四条。

育德堂外制　文别集。宋蔡幼学著。《直斋书录解题》著录："蔡幼学《育德堂外制》八卷，《内外制》三卷。"傅增湘《藏园群书经眼录》著录宋刊本《育德堂外制》五卷，云："存卷一至五。目录卷五后有补痕，当有缺卷。"此集收入《敬乡楼丛书》第二辑，五卷，皆为制敕之文。又有民国十八年永嘉黄氏排印本。

龙洲集　诗文别集。宋刘过(号龙洲道人)

著，其弟刘澥编。有覆宋刻明嘉靖本、汲古阁本，十五卷。《四库全书》收《龙洲集》十四卷，附录二卷。计诗十卷，词二卷，启事一卷，杂文一卷。附录为宋以来各家所题序跋、诗文。1978年上海古籍出版社出版杨明点校的《龙洲集》，将词合为一卷，启事、杂文合为一卷，计十二卷。诗、词皆有所增补，是目前较为完备之本。另有《函海》本十卷，只录诗歌。《丛书集成初编》据之排印。《宋元人诗集八十二种》亦收《龙洲道人诗集》十卷。

克斋集 诗文别集。宋陈文蔚(号克斋)著。十七卷。明末，其郡人张时雨、张时泰兄弟与其裔孙良鉴得此集而刻之。凡文十二卷、赋一卷、诗四卷。《四库全书》本卷首有侯峒曾于崇祯十六年所作序。又《正谊堂全书》所刊《陈克斋集》凡五卷，卷首有张时雨所作《纪述》。卷一为书，卷二为书、表，卷三为杂著，卷四为序、记、祭文、志铭，卷五为诗。较之《四库全书》本篇目少。

介轩诗集 诗别集。宋赵汝谈著。一卷，存诗七首。见《两宋名贤小集》卷二三六。

臞翁诗集 诗别集。宋敖陶孙著。二卷。刘克庄《臞庵敖先生墓志铭》称其：“有诗文若干篇，未诠次。”今有《两宋名贤小集》本，又有《汲古阁景钞南宋六十家小集》本，此本卷末附有其诗评二篇。

方泉集 诗赋别集。宋周文璞(号方泉)著。四卷。卷一收赋六篇，卷二至卷四收诗二百四十五首，未分体裁编排。有《四库全书》本。另有一卷本、三卷本行世。一卷本收诗九十四首，见《宋百家诗存》；三卷本收诗二百三十五首，集前冠有作者小传，见《两宋名贤小集》、《南宋群贤小集》、《汲古阁景钞南宋六十家小集》。

白石道人诗集 诗别集。宋姜夔著。一卷。《直斋书录解题》载“《白石道人集》三卷”。《宋史·艺文志》载《姜白石丛稿》十卷。《四库全书总目》云：“今止一卷，殆非完本。考《武林旧事》载夔诗四首，《咸淳临安志》载夔诗三首，《研北杂志》亦载夔诗一首，皆此本所无，知在所佚诸卷之内。”此外，尚有影抄《南宋六十家集》本，存诗一百六十九首，《白石诗集》出于宋本者，当推此为最善。《南宋群贤小集》本，嘉庆六年(1801)辛酉读画斋刊。陆钟辉刊本，乾隆八年(1743)江都陆钟辉刊，此本流传很广。《中兴群公吟稿》戊集卷六亦录白石诗七十六首。又世传有《白石晚年自定集》，出于姜忠肃祠堂，夏承焘先生以为“全出伪托”(《姜白石词编年笺校》附《版本考》)。白石诗集除单行本外，又有诗词合刊本，有陆钟辉本、江春鹤本、许增本。夏承焘曾以陆氏本为底本，遍校他本，整理出《白石诗词集》。其《诗集》两卷，分卷上、卷下，又集外诗及集外诗补遗十六首，1959年由人民文学出版社印行。又有孙玄常《姜白石诗集笺注》，1986年山西人民出版社出版。

方壶存稿 诗文别集。宋汪莘(号方壶居士)著。莘原有自编之集，名《柳塘集》，后散佚。《四库全书总目》著录八卷，卷一为书、辨、序、说、颂，卷二为赋、歌行，卷三至卷七为古今体诗，卷八为诗余。前有程珌、孙嵘叟、王应麟三序，后有宇文十朋、史唐卿、刘次皋、汪循四跋，又附李以申所撰传及交游往来书。然文渊阁《四库》本只有四卷，卷首有三人序，卷一为书、辨、说、歌行，卷二为古诗五七言、律诗五言，卷三为绝句七言，卷四为诗余，无书后诸跋文附录。又有三卷本，见《两宋名贤小集》卷一九一至一九三。其词《彊村丛书》亦单刻二卷。

灵岩集 诗文别集。宋唐士耻著。八卷。卷一卷二为制诰诏表，卷三卷四为序记，卷五卷六为赞颂箴铭，卷七为启、墓铭、行状等，卷八为赋诗。是集久已失传，未见诸书著录。今《四库全书》本乃从《永乐大典》中采辑而成。《续金华丛书》所收为十卷本，据八千卷楼旧抄本刊。

昌谷集 诗文别集。宋曹彦约著。宋魏了翁《曹公墓志铭》云：“《昌谷类稿》六十卷。”《国史经籍志》著录二十卷。原本已佚。清修《四库全书》，从《永乐大典》辑其佚文，厘为二十二卷，前三卷诗，后十九卷文，有表、封事、启、状、札子、记、跋、墓志铭、杂著等。收入《四库全书》。现存《永乐大典》录其诗文八十条，四库馆臣漏辑十二条。漏辑者见栾贵明《四库辑本别集拾遗》。

崔清献公集 诗文别集。宋崔与之(谥清献)著，明永乐时崔子璲编。五卷。前四卷，奏札四十一篇；末卷，文十一篇，诗三十二首，词二首。又有以《言行录》三卷编于篇首；以理宗御札及诸家诗文为《附录》二卷编于篇末；总名《宋丞相崔献公全录》，共十卷。明嘉靖时崔炌又重编，内容无甚增损，唯卷目编次有异，并十卷为五卷。又有清道光时伍崇曜刊本，以与之奏札诗文独为一集，名《崔清献公集》，五卷，而附以本传及行状，有《岭南遗书》本。

菊坡集　诗别集。宋崔与之（其居室名“菊坡”）著。一卷。诗十首。有《两宋名贤小集》本。

涧泉集　诗文别集。宋韩淲（号涧泉）著。二十卷。淲卒后，其门人尝集其诗稿（据戴复古《石屏诗集》卷四《哭涧泉韩仲止》诗之二），然世罕传本。四库馆臣从《永乐大典》中辑得其诗二千四百余首，词七十九首，制词一首，铭二首，编为二十卷。卷一至卷一九皆为诗，卷二〇为词、杂文。另《两宋名贤小集》卷一七五有《涧泉吟稿》一卷，录诗二十六首。《彊村丛书》收《涧泉诗余》一卷，附校记一卷。

北溪大全集　诗文别集。宋陈淳（号北溪）著。五十卷。其子榘所编，理宗淳祐八年（1248）郡倅薛季良锓版于龙溪书院。元至元元年（1335）黄元渊又刻之。明弘治三年（1450）又有翻刻。《四库全书》所收，盖弘治刊本。五十卷，又外集一卷。另清乾隆、光绪时所刊《北溪先生全集》列讲义四卷、书问四卷、答问八卷、各体文三十卷、各体诗四卷、字义二卷、外集一卷、补遗一卷。

山房集　诗文别集。宋周南著。前集八卷，后稿一卷。《直斋书录解题》著录前集二十卷、后集二十卷。元明以来渐散佚。今本乃四库馆臣从《永乐大典》中辑出。其中卷一收诗九十七首，卷二至卷八收文约百余篇。后稿中又收诗三十九首，文十篇。有《四库全书》本及《涵芬楼秘笈》本。后者附清孙毓修勘误一卷及跋文一篇。

性善堂稿　诗文别集。宋度正著。《文渊阁书目》著录：“度周卿《性善堂稿》一部五册全。”《国史经籍志》著录十五卷。原本已佚。清修《四库全书》，从《永乐大典》辑其佚文，仍析为十五卷，前四卷诗，后十一卷文。收入《四库全书》。现存《永乐大典》录《性善堂稿》十三条，四库馆臣漏辑一条，见栾贵明《四库辑本别集拾遗》。

毅斋诗集别录　诗别集。宋徐侨（号毅斋）著。一卷。诗约八十首。有清阮元《宛委别藏》本、《选印宛委别藏》本。

翠微南征录　诗文别集。宋华岳（号翠微）著。集中所收，皆其下建宁（今福建建瓯）狱时所作，十一卷。卷一，《上皇帝书》一篇；卷二至卷一一，各体诗约四百首。有《四库全书》本。又有刘世珩《贵池先哲遗书》本，据鲍廷博等诸家校本著录，并附《杂录》一卷，收传记、诸家序跋十余篇。又有《四部丛刊三编》本，附张元济《校勘记》一卷。

张氏拙轩集　诗文别集。宋张侃著。六卷。钱溥《秘阁书目》载有《张拙轩初稿》四册，焦竑《国史经籍志》则为《张拙轩稿》四卷。然宋人《江湖》前、后诸集及后世选录宋诗者，多未收录。四库馆臣从《永乐大典》中辑出，卷一至卷四为诗，卷五至卷六为杂著。收入《四库全书》。

柳堂外集　诗文别集。宋释道璨著。四卷。是集宋元以来诸家书目未著录。清康熙间，释大雷始访得旧本，释元宏、灯岱因为校正锓版。今有《四库全书》本，卷一为古近体诗，卷二为铭、记，卷三为序、文、疏，卷四为塔铭、墓志、圹志、祭文。

巽斋小集　诗别集。宋危稹（号巽斋）著。《宋史·艺文志》著录其文集二十卷。已佚。今存《巽斋小集》，有《汲古阁景钞南宋六十家小集》本，一卷，并附《补遗》一卷。《两宋名贤小集》卷二六五有《巽斋小集》一卷，录诗二十七首。

苔石效颦集　诗别集。宋元间缪鉴著。原集失于元至正壬辰之兵，其孙恭遍访诸故老，搜集刊行。今仅存一卷，卷首有宣德癸丑闰八月延陵吴仲子序，卷尾附元、明人跋及苔石先生像赞十五篇。有《云自在龛丛书》本（清光绪十七年江阴缪氏刊）、《元诗选三集》本。另四川大学图书馆藏有明嘉靖六年刊本。

玉隆集　诗文别集。宋白玉蟾（葛长庚）著。六卷。计记一卷，诗一卷，传四卷。编入《道藏·洞真部》之《修真十书》卷三一至卷三六。

上清集　诗文别集。宋白玉蟾（葛长庚）著。八卷。计记一卷，诗三卷，词一卷，文三卷，有赋、序、说、铭、赞、疏语等。编入《道藏·洞真部》之《修真十书》卷三七至四四。

武夷集　诗文别集。宋白玉蟾（葛长庚）著。八卷。计记、歌一卷，历代天师赞及木郎祈雨咒并注一卷，奏事朱章一卷，诗五卷。编入《道藏·洞真部》之《修真十书》卷四五至卷五二。

海琼集　一作《海琼白玉蟾文集》。诗文别集。宋白玉蟾（葛长庚）著。明朱权编。此书前有宋端平推官潘氏序及嘉熙元年弟子彭耜所书《玉蟾事实》一篇。据《四库全书总目》称白氏有“文集四十卷”，然四库所辑仅“文集六卷，续集二卷”。今存明万历《新刻琼琯真人集》亦仅十卷。《道藏》所辑则较为完备，计有《玉隆集》六卷、《上清集》八卷、《武夷集》八卷及《海琼白先生语录》等，共计四十余卷。《重刊道藏辑要》有《琼琯真人集》(不分卷)，《彊村丛书》辑有《玉蟾诗余》一百三十五首。

琼琯真人集 诗文别集。宋白玉蟾(葛长庚)著。清彭定求辑。不分卷。按文体分类编成，依次是赋六篇，序八篇，诗三百余首(亦以五古、五律、五绝、六言、七古、七律、七绝为次)，歌十五首，词八十余首，联句十三篇，文一百四十余篇，有碑、题、跋、记、赞、传等。集末收有相关之序、跋、诗、书、札子等二十五篇，以及丹诀、图、口诀等二十余条为附录。此集收有白玉蟾《玉隆》、《上清》、《武夷》等集未收诗文，亦有彼收而此未收者。载《重刊道藏辑要》娄集。

竹斋诗集 诗别集。宋裘万顷著。三卷，附录一卷。刘克庄《后村集》卷三一《跋裘元量司直诗》，称"其犹子南昌理掾应材携竹斋遗墨古律诗三首，又其季元龄手录四十二首示余。"又云"世知竹斋者多，而见其诗者绝少。理掾盍锓诸梓，与同志皆共之"。则万顷之诗，克庄时尚无专集。清康熙四十八年(1709)其裔孙锦县(今辽宁凌海)知县曾刊刻上奏。后工部尚书裘日修又重刊之，日修亦万顷后裔。《四库全书》用两淮马裕家藏本。此外尚有《竹斋诗集》三卷，见《两宋名贤小集》卷二五二至卷二五四。

友林乙稿 诗别集。宋史弥宁著。一卷。诗一百七十首。前有编者序一篇，略述其编辑之由，但已有残缺，失题署、年月、姓氏，自称名"域"。有宋刻本传世。《四库全书》亦据宋刊本采录。

雁山吟 又名《沃州雁山吟》。诗别集。宋吕声之著。一卷，收诗三十四首。见《两宋名贤小集》卷三六四。《宋百家诗存》卷一四、《宋人集》甲编亦收入。

林湖遗稿 诗别集。宋高鹏飞著。一卷。集附康熙二十六年(1687)高士奇所刊鹏飞叔高翥《信天巢遗稿》(又名《菊磵集》)后。《四库全书》用浙江巡抚采进本，收诗十九首。另有《宋人小集十五种》及《两宋名贤小集》本。

蟠室老人文集 诗文别集。宋葛洪(号蟠室老人)著。元吴师道《敬乡录》卷一二云："有奏议杂著诗文二十四卷。"已散佚。今有宋刻本，仅有十四、十五两卷；又有清光绪六年葛芾堂等活字印本，存卷一至五、卷一四至一五、卷一八至二〇，《涉史随笔》一卷，凡十一卷。此两本今皆存南京图书馆。

芳兰轩集 诗别集。宋徐照著。《直斋书录解题》著录："《徐照集》三卷。"《四库全书总目》云："照集原本三卷，此本只一卷，不知何人所并。"《四库全书》收入此集。一卷。诗百余首。四库馆臣又辑其遗诗九首为拾遗附于卷末。此外有《南宋群贤小集》本。另《敬乡楼丛书》第一辑收入《芳兰轩诗集》。三卷，补一卷。

二薇亭集 诗别集。宋徐玑著。一卷。《直斋书录解题》著录《徐玑集》二卷，《宋史·艺文志》著录徐玑《泉山诗稿》一卷、《黄虒诗稿》一卷。清厉鹗《宋诗纪事》卷六三谓徐玑有《泉山集》、《二薇亭集》。今存《二薇亭集》一卷，有清鲍廷博知不足斋影抄《南宋八家集》本，《四库全书》本，民国冒广生《永嘉诗人祠堂丛刻》本。另有《二薇亭诗集》四卷，载明潘是仁《宋元四十三家集》中；《二薇亭诗集》一卷(存卷上)补一卷，载清黄群《敬乡楼丛书》，此本收玑诗较为完备。

康范诗集 诗别集。宋汪晫著。晫卒后门人私谥康范先生，因以名集。此集为晫五世孙汪畴所刻。一卷。卷首有张纯仁序，收五言律诗、五言古诗、七言律诗、七言绝句、七言古体、诗余。卷末附汪梦斗跋文。又附录三卷：一为《康范续录》，一为《康范实录》，一为《附录外集》。有《四库全书》本。《宋人集》乙编据其重刊，但将附录删为一卷。《彊村丛书》另刻其诗余一卷。

杨太后宫词 诗别集。宋宁宗杨皇后著。一卷。诗五十首。后有潜夫跋，称其集"秘而不传，世亦罕见，癸酉仲春得之江西"。有明毛晋《二家宫词》本。又有清黄丕烈《四妇人集》本，附《校勘记》一卷，《附录》一卷。

洺水集 诗文别集。宋程珌(号洺水遗民)著。集本六十卷，因年久散佚，仅存三十卷，乃其裔孙至远崇祯戊辰(1628)所刻。凡诗八卷，词一卷，文二十一卷。集前载程珌及其裔孙至远序。有《四库全书》本。

北磵集 文别集。宋居简(号北磵)著。近人张元济《涵芬楼烬余书录》集部著录宋刊残本《北磵文集》八卷，傅增湘《双鉴楼善本书目》卷四著录影宋抄残本，卷数同。今通行有《四库全书》本，十卷，卷首有张诚子序，卷一至一〇依赋、辞、记、传、序、铭、赞、箴、颂、杂文、跋、疏、启、铭、墓志铭、祭文、哀辞分类编次。《宋诗纪事》卷九三录其诗五首，云录自《北磵诗集》。

松垣文集　又称《幸清节公松垣文集》。诗文集。宋幸元龙(号松垣、谥清节)著。集为元龙后裔幸鸣鹤所编,十一卷。卷首有乾隆二十九年胡定序,又有道光十八年熊松之序。卷一至一一依奏疏、书、记、序、赋、行状、墓志铭、律诗次第编排。集中诗文,各系以评语,间有注释,亦颇疏略,当是幸鸣鹤所为。卷后有事迹一卷,中有幸鸣鹤万历丙辰仲秋月所作《幸清节公松垣文集序》。《松垣文集》初版于明万历年间,其本已不可得。现存清赵氏小山堂抄本《重编古筠洪城幸清节 公松垣文集》,十一卷,清丁丙跋;另有清无名氏之抄本《松垣文集》,不分卷,共二册。此两种抄本均有脱失,如其文《襄阳宝林观记》有目无篇。

梅屋吟　诗别集。宋邹登龙(室名梅屋)著。一卷。有南宋陈思《两宋名贤小集》本,诗三十九首。又有清曹庭栋《宋百家诗存》本,诗二十七首,从《两宋名贤小集》本选出,名《梅屋吟稿》。

漫塘文集　诗文别集。宋刘宰著。三十六卷。卷一至卷四分体录诗赋辞,卷五为状,卷六至卷一三为书问札子,卷一四至卷一八为表启杂文等,卷一九至卷二四为序记题跋,卷二五至卷三二为铭赞祭文墓志等,卷三三至卷三六为行状哀辞。宰著作甚多,宋理宗淳祐初,王遂裒其遗稿,十仅得四五,为之编订,名曰“前集”,理宗收入秘阁,世遂无传。明正德间大学士靳贵从阁中抄出,因授王臬锓梓,为三十六卷。清乾隆间,四库馆臣将明刻本收入《四库全书》集部别集类。今存有《四库全书》本和《嘉业堂丛书》(另有附录一卷)本。

九峰公集　诗文别集。宋蔡沈著。明万历中后人蔡有鹍辑。一卷。卷首附郭子章《蔡子传》及翁德广等四人作《像赞》各一首,卷末附诸赠诰及谢无梾《洪范皇极内篇序》、《蔡九峰墓图》、真德秀《蔡九峰先生墓志》、朱熹《答蔡仲默书六札》。收文二十三篇,赞三首,诗十三首,另有《题白鹿洞寺联》一对。通行有《蔡氏九儒书》本。另《宋诗纪事》卷六三引《诗家鼎脔》有其《赠琴士翁明远》诗,为其集内所无。

东涧集　诗文别集。宋许应龙著。十四卷。原集已佚,宋元以来书目亦失载。今本乃清乾隆中四库馆臣从《永乐大典》中辑出。卷一、二为诏,卷三为批答、德音、诰词,卷四至六为制,卷七、八为札子,卷九、一〇为状、表、祝文、策问,卷一一、一二为启,卷一三为论、序、文、跋、记,卷一四为帖子词、诗。又《历代名臣奏议》收有应龙疏奏二十余首,其中有不见于本集中者,可据以补集中之失。通行有影印文渊阁《四库全书》本。《四库全书珍本初集》亦收。

鹤林集　诗文别集。宋吴泳著。四十卷。是书未见著录,今本乃四库馆臣自《永乐大典》中裒辑编次,厘为四十卷,其散佚之文甚多。今传有《四库全书》本、《四库全书珍本初集》本。现存《永乐大典》录《鹤林集》四百六十四条,四库馆臣漏辑四百条,见栾贵明《四库辑本别集拾遗》。

靖逸小集　诗别集。宋叶绍翁著。一卷,收诗四十八首。见《两宋名贤小集》卷二六〇。

露香拾稿　诗别集。宋黄大受(号露香居士)著。一卷。有南宋陈思《两宋名贤小集》本,诗三十四首。又有清曹庭栋《宋百家诗存》本,诗十八首,从《两宋名贤小集》本选出。

裨幄集　诗别集。宋赵万年著。是集明清时有传本,后散佚。见余嘉锡《四库提要辨证·襄阳守城录》条。今本一卷,录诗十三首,见《两宋名贤小集》卷三五二。

清苑斋集　诗别集。宋赵师秀著。一卷。《直斋书录解题》著录《赵师秀集》二卷。今存《清苑斋集》一卷,有《南宋群贤小集》本,知不足斋影抄《南宋八家集》本、《四库全书》本、《永嘉诗人祠堂丛刻》本。另有《清苑斋诗集》四卷本,收入《宋元四十三家集》中。

野谷诗稿　诗别集。宋赵汝鐩著。其别墅曰“野谷”,因以名集。其诗生前已手自编定,刘克庄尝为其诗集作序(《后村先生大全集》卷九四有《野谷集序》、卷一〇〇有《跋赵明翁诗稿》)。今有《汲古阁景钞南宋六十家小集》、《四库全书》本,六卷。《两宋名贤小集》本名《野谷诗集》,一卷,录其诗六十四首。

金陵百咏　诗别集。宋曾极著。凡七言绝句一百首。有《四库全书》本。另《宋诗纪事》卷六七从《方舆揽胜》中录其诗二十九首。

倪石陵书　文别集。宋倪朴(号石陵)著。其习古文三十年,有《杂著》六十篇。已失传。明嘉靖间毛凤韶辑其佚文编集,名曰《倪石陵书》。《四库全书》据以收录。一卷。收其书、札等凡十一篇(其中《上太守周侍郎书》有缺)。后附吴莱《序》及宋濂、吴师道《倪朴传》二篇。宜秋馆刊《宋人集》丙集又以传抄本将《四库全书》本校勘重刊,卷首附毛凤韶《序》,宋、吴二人《传》，吴莱《序》。另《续金华丛书》本附有《考异》一卷。

沧州尘缶编 诗文别集。宋程公许（号沧州）著。陆机《文赋》有“惧蒙尘于叩缶，顾取笑乎鸣玉”之句，故名。据卷首淳熙元年自序，公许自编其集，“古律诗以一官为一集，赋、骚、箴、颂、铭、赞、书、序、记、志、表、启各以类相从，奏篇、谥议、内外、进退故事则自为一帙”。《郡斋读书志·附志》著录“《沧州先生尘缶编》三十五卷、《内外制》二十四卷”。后散佚。今存《沧州尘缶编》十四卷，乃四库馆臣从《永乐大典》中辑出，分类编次。卷首为其自序、王迈序。卷一为赋，卷二为拟骚，卷三至卷一二为诗，卷一三为记、序，卷一四为策问、箴、偈。

平斋文集 诗文别集。宋洪咨夔（号平斋）著。三十二卷。有《四部丛刊》续编本，据日本东京内阁文库所藏宋刻本影印。卷一，赋四篇；卷二至卷八，诗九百余首；卷九至卷三二，文约八百篇。又有《四库全书》本，亦为三十二卷，但内容远不及《丛刊》续编本完备，仅诗十余首，文约五百篇。张元济《平斋文集跋》以为《四库全书》所据之本，原必有残缺，后人窜易原编，分析以足卷数而已。清同治时洪汝奎《洪氏晦木斋丛书》亦据《四库全书》本著录，附《拾遗》一卷，其中有诗文词数篇从《咸淳临安志》、《事文类聚》、《鹤林玉露》等书辑得，为宋刻原本所无；有的则已见于宋刻本中，而校以宋刻，尚佚十之七八。

安晚堂诗集 诗别集。宋郑清之（号安晚）著。有宋刊本，六十卷。但今仅存卷六至卷一二，诗约二百五十首。《四库全书》即据此本采录。又有李之鼎《宋人集》本，附《补编》二卷，从南宋陈起《江湖后集》辑得诗一百七十余首；又《补遗》一卷，从《咸淳临安志》、《延祐四明志》、《四明山志》等书辑得诗五首；《续补》一卷，得诗七首，残句数联，文十篇。《四明丛书》即收此本。

观我轩集 诗别集。宋方信孺著。一卷。诗十五首。有《两宋名贤小集》本。

南海百咏 诗别集。宋方信孺著。是集所收乃信孺官番禺（今属广东）尉时所作，取南海古迹，每一事为七绝一首，共百首，故以名集。一卷。元大德间曾锓版行世。有《宛委别藏》本、《琳琅秘室丛书》本。

鹤山大全集 诗文别集。宋魏了翁著。明焦竑《国史经籍志》著录其集一百卷。然今传有宋开庆元年刻《重校鹤山先生大全文集》一百十卷本，存九十二卷。缺卷一八、一九、三五至三八、四三至四六、五〇至五三、七五至七七、一〇八，凡十八卷。另有缺页若干。《四部丛刊》即据乌程刘氏嘉业堂藏宋刊本影刊，缺卷已补齐，凡一百十卷。卷一至一二为诗，卷一三至九一为各体文，卷九二挽诗，卷九三策问，卷九四至九六为词和诗，卷九八至一〇三为各体文，卷一〇四至一〇七为《周礼折衷》，卷一〇八为拾遗，卷一〇九至一一〇为《师友雅言》。另明嘉靖辛亥四川兵部副使高翀亦将宋本重刻于邛州，然校定草率，且正文与目录亦不合，甚或有文无目。清修《四库全书》时，馆臣据之重加校定，析为一百零九卷。卷一至卷一〇三与《四部丛刊》影宋本编次同，卷一〇四至一〇七为《周礼折衷》，卷一〇八至一〇九为《师友雅言》，无补遗一卷。收入《四库全书》。

西山文集 一作《西山先生真文忠公文集》。诗文别集。宋真德秀著。五十五卷（一作五十一卷）。据《宋史》本传，真德秀著有《西山甲乙稿》、《对越甲乙集》、《经筵讲义》、《端平庙议》、《翰林词草》、《四六献忠集》、《江东救荒录》、《清源杂志》、《星沙集志》诸书，《文献通考·经籍考》著录“《西山集》五十六卷”，较今传本仅多一卷。考传本，除诗赋外，惟《对越甲乙集》、《经筵讲义》、《翰林词草》三种自分卷帙，其余序记等作，但以类编次，不分别名目。抑或宋时刻本，即未尝将诸书编入。宋元以降，代有刻本。是集大抵有五十五卷、五十一卷两种。五十五卷本有明正德十五年（1502）、万历二十六年（1598）、清雍正元年（1723）诸刻本。《四库全书》本即以万历二十六年金学曾刻本清初递修本抄入。五十一卷本有明嘉靖三年（1524）书林精舍刻本等刻本。今传本主要有《四库全书》本、《四部丛刊》（五十一卷，据明正德本刊印）、《万有文库》本（五十一卷本）等。另有选本多种：《真西山先生集》八卷本（正谊堂全书、《丛书集成初编》），《西山文钞》八卷本（《浦城遗书》）、《西山先生诗集》三卷本（《两宋名贤小集》）等。

瓜庐集 诗别集。宋薛师石著。一卷。师石隐居不仕，筑屋会昌湖西，题曰“瓜庐”，因以名集。师石去世后，其子薛峻于淳祐丙午（1246）刻以行世。今有鲍廷博知不足斋影抄《南宋八家集》本、《四库全书》本、民国冒广生《永嘉诗人祠堂丛刻》本。卷首载赵汝回序，集后附录《四灵留题奉赠薛景石瓜庐》及曹豳跋语。《南宋八家集》、《永嘉诗人祠堂丛刻》本还附有王绰《薛瓜庐墓志铭》及刘植跋语。

四六标准　又名《梅亭先生四六标准》。文别集。宋李刘著。明孙云翼笺注。四十卷。是集乃刘之门人罗逢吉所编，分“言时政”、“论事”、“荐举”、“谢座主”等七十一目，共一千零九十六篇。其文章颇冗滥，且注语芜杂，然可资了解当时之文风。有《四库全书》本、《四部丛刊续编》本。

蒙斋集　诗文别集。宋袁甫著。二十卷。《宋史》本传云其有“文集行世”，未言书名及卷数。明焦竑《国史经籍志》载甫著《蒙斋集》四十卷。自明以来，传本甚稀，清初李邺嗣等辑《甬上耆旧诗》，搜罗颇广，而亦未见甫集，仅从他书摭拾编次，则其佚已久。四库馆臣从《永乐大典》中辑出，以类编排，厘为二十卷。卷一至卷一八依次为经筵讲义、经筵讲故事、奏疏、制、表、状、书启、序、记、说、题跋、箴、铭、赞、祭文、志铭等。卷一九至卷二〇为赋、诗。收入《四库全书》。此外，又有《武英殿聚珍版书》(武英殿木活字本、江西书局本)及《清芬堂丛书》本。《武英殿聚珍版书》(福建本、广雅书局本)及《丛书集成初编》所收则多拾遗一卷。后有光绪甲午(1894)会稽孙星华跋。今人栾贵明《四库辑本别集拾遗》，又从今存《永乐大典》中辑得四库馆臣漏辑者七条。

浣川集　诗文别集。宋戴栩著。栩有绝句诗云：“近来万境心如洗，笑改斜川作浣川。”盖其罢官后自号浣川，因以名集。明焦竑《国史经籍志》载《浣川集》十八卷。原本久佚。四库馆臣从《永乐大典》中采掇编次，厘为十卷。卷一至三为诗，卷四至一〇为文。收入《四库全书》。今人栾贵明《四库辑本别集拾遗》又从现存《永乐大典》中辑出十二条，校以《敬乡楼丛书》本《浣川集》十卷及《补遗》一卷，增补馆臣漏辑者三条。一条为五言古诗，两条为祭文。

蒙川遗稿　诗文别集。宋刘黻著。四卷。《宋史》本传及黻弟应奎《蒙川先生遗稿序》并作十卷。据孙诒让序，十卷本清初“犹有传帙”。今所传本，体系有二：一为《四库全书》本《蒙川遗稿》，四卷，用浙江鲍士恭家藏本。卷首有应奎序，作于元大德辛丑岁(1301)上元日。又有郑滁孙《朝阳阁记》一篇。另一是《蒙川先生遗稿》四卷，补遗一卷，见《永嘉丛书》。卷首多孙诒让序，序作于光绪初元(1875)十月。又附《宋史·刘黻传》。其正文卷数篇目，全同《四库全书》本。惟卷四多《贾鎔镜墓志铭》残文一篇。补遗一卷，文八篇。另有《蒙川遗稿》一卷本，见《乾坤正气集》；《蒙川诗集》一卷本，见《两宋名贤小集》卷三六二。

篔窗集　诗文别集。宋陈耆卿著。十卷。宋赵希弁《郡斋读书志·附志》载《篔窗初集》三十卷，《续集》三十八卷。清倪灿、卢文弨《宋史·艺文志补》亦只载《篔窗文集》，但不著其卷数。原本久佚，清修《四库全书》时，从《永乐大典》中辑得文一百三十一篇，诗三十八首，词四首，厘为十卷。收入《四库全书》。卷首有自序，叶適、吴子良序。中如《荆溪林下偶谈》卷二所称之《代谢希孟上钱相启》、卷四所载《为游仲鸿谥义》之类，均已亡缺，所存仅十之一二。四首词中，亦只两首《鹧鸪天》为陈耆卿作。栾贵明《四库辑本别集拾遗》又从今存《永乐大典》中辑出四 库馆臣漏辑者十三条。今所传本除上述外，另有《篔窗集》十卷，《补遗》一卷，见《台州丛书己集》。

西塍集　又名《西塍稿》。诗别集。宋宋伯仁著。一卷。收诗一百首，计《嘉熙戊戌家马塍稿》二十七首，《嘉熙戊戌夏复游海陵稿》十八首，《嘉熙戊戌、己亥马塍稿》五十五首。有《四库全书》本。此本与南宋陈起《江湖小集》所收伯仁诗编次、内容皆相同，或即《江湖小集》中所析出别行。又陈思《两宋名贤小集》本，名《西塍稿》一卷，三十一首；《海陵稿》一卷，二十三首；《西塍续稿》一卷，七十六首。共一百三十首，多收诗三十首。

海陵稿　诗别集。宋宋伯仁著。是集所收乃嘉熙戊戌(1238)夏，伯仁游海陵(治今江苏泰州)时所作，故以名集。一卷。诗二十三首。有《两宋名贤小集》本。

敏斋稿　诗文别集。宋吕殊著。一卷。诗三首，文四首。是书为明胡宗楙从《太平吕氏文集》中录出，略加编订付梓，收入《续金华丛书》集部。

华亭百咏　诗别集。宋许尚著。一卷。百首皆五绝，咏华亭古迹，每一事为一绝句。《四库全书》用浙江鲍士恭家藏本。此外，是集又载《宋人集》丙编。

抱拙小稿　诗别集。宋赵希楷著。一卷，存诗三十二首。有《汲古阁景钞南宋六十家小集》及《两宋名贤小集》本。

勿斋集　文别集。宋杨至质(号勿斋)著。

二卷。收书启六十余篇。有《四库全书》本、《道藏》本。

敝帚稿略 诗文别集。宋包恢著。八卷。为恢自编。原本久佚。四库馆臣从《永乐大典》中辑得文七十余篇，诗八十余首，厘为八卷。前七卷为文，第八卷为诗。末简附录恢《自识》及门人郑无妄《书后》。收入《四库全书》。此外，《全宋词》从《翰墨大全丁集》卷三辑得词《水调歌头》一首。栾贵明《四库辑本别集拾遗》，又从现存《永乐大典》中辑得文《旌表陆氏门记》一篇。皆四库馆臣所遗。

清献集 诗文别集。宋杜范著。二十卷。杜范之作，《宋史》本传载："古律诗歌词五卷，杂文六卷，奏稿十卷，外制三卷，进故事五卷，经筵讲义三卷"，共三十二卷。清修《四库全书》时，用编修汪如藻家藏本，为行状本传祠记一卷，古律诗四卷，杂文四卷，奏稿十卷，书札一卷，共二十卷，乃后人重辑之本，非旧本。杜范诗集选本有《清献集》一卷，见《两宋名贤小集》卷二五五。又有《杜清献集》一卷，见《宋百家诗存》卷一四。

铁庵集 诗文别集。宋方大琮著。三十五卷。刘克庄《后村大全集》卷一五一《铁庵方阁学墓志铭》云："遗文皆精妙可传，有奏议、外制、杂著若干卷。"盖其时集尚未编定。清黄虞稷《千顷堂书目》卷二九有方大琮《铁庵集》四十五卷。倪灿、卢文弨《宋史·艺文志补》所载同。原集久佚，四库馆臣用浙江鲍士恭家藏本，乃方氏族孙良久、良节等裒辑编成，已非全帙。卷一至三五依奏议、进故事、奏状、奏申、外制、表、启、书、赋、论、策、策问、诗、记、文、序、题跋、祝文、祭文、墓志铭分类编次。清丁丙《善本书室藏书志》卷三一著录《宋宝章阁直学士忠惠铁庵方公文集》四十五卷，明正德刊本(《皕宋楼藏书志》卷九〇同)，广西按察司按察使族孙良永校正，广东布政司右参政族孙良节编刊。余嘉锡《四库提要辨证》卷二三以为《四库》本及瞿氏藏本"当同出于正德本"。傅增湘《藏园群书经眼录》卷一四于正德本亦有识语。

壶山四六 文别集。宋方大琮著。一卷。其书原不著撰人名氏，清修《四库全书》时，用浙江鲍士恭家藏本，订为方大琮撰。是集共收启札六十八篇。皆四六骈体。有《四库全书》、《四库全书珍本初集》本。

玉楮集 诗别集。宋岳珂著。《列子·说符篇》："宋人有以玉为楮叶者，三年而成一叶"，珂以是集所收乃嘉熙戊戌(1238)迄庚子(1240)三年间所作，故以"玉楮"名集。八卷。诗三百八十五首。篇首有珂自序。有明安邱张贞抄本传世，《四库全书》即收此本。又有张凤台《三怡堂丛书》本，增《附录》一卷。

棠湖诗稿 诗别集。宋岳珂著。是集所收乃珂寓居溢城(今江西九江)甘棠湖时所作，故以名集。一卷。宫词一百首。篇首有珂自序。有宋临安本传世。又有明毛晋汲古阁景宋抄本等。

招山小集 诗别集。宋刘仙伦著。陈思编选。一卷，收诗三十三首。收入《宋百家诗存》卷一二、《宋人小集四十二种》、《南宋群贤小集》、《两宋名贤小集》卷二八三、《汲古阁景钞南宋六十家小集》。又有《补遗》一卷，见《南宋群贤小集补遗》、《汲古阁景钞南宋六十家小集附·知不足斋辑录宋集补遗》。

竹林愚隐集 文别集。宋胡梦昱著。近人胡思敬辑。一卷，收奏疏、遗文共八篇。有《乾坤正气集》、《豫章丛书》两种本。编次顺序有异，以前者为佳。后者附胡思敬《补宋史胡梦昱本传》及《跋》各一篇。

后村大全集 诗文词别集。宋刘克庄著。刘集版本甚多，门人洪天锡撰《墓志铭》即称其"《前》、《后》、《续》、《新》四集二百卷，流布海内"。原本已佚，宋刻本仅存《后村居士集》五十卷《目录》二卷。明清抄本颇多，卷数亦不相同。今通行有两种：一为《四库全书》所收《后村集》五十卷本，卷首有宋林希逸原序，卷一至一八为诗，卷一九至二〇为词，卷二一至五〇为各体文。一为《四部丛刊》所收《后村先生大全集》一百九十六卷本，据赐砚堂抄本及孙氏小绿天藏爱日精庐抄本影印。卷首有宋林希逸、刘希仁二序，卷一至四八为诗，卷四九为赋，卷五〇至一七二为各体文，卷一七三至一八六为诗话，卷一八七至一九一为长短句，卷一九二至一九六为书判、行述、墓志铭、谥议等。

字溪集 诗文别集。宋阳枋(号字溪)著。十一卷。前九卷，各体文二百余篇；后二卷，各体诗二百余首；又《附录》一卷，收纪年录、行状等。明《文渊阁书目》载有《阳字溪集》，不著其卷数；清黄虞稷《千顷堂书目》则称其集为十二卷。已佚。今本乃清修《四库全书》从《永乐大典》辑出，附以其子所作年谱、行状，仍十二卷。今人栾贵明《四库辑本别集拾遗》补辑文七篇。

何北山先生遗集 诗文别集。宋何基著，清胡凤丹辑。三卷，附录一卷。据《宋史·艺文志》载，基有《北山集》三十卷，久佚不传。清光绪八年，胡氏由群书中辑得基遗文十二首，诗二十二首，评语十九则，厘为三卷，又附以赠序、寿诗、行状、祭文、挽诗等，缀诸卷末，收入《金华丛书》中。《丛书集成初编》所收即此本。

清正存稿　亦名《宋宗伯徐清正公存稿》。诗文别集。宋徐鹿卿著。六卷，附录一卷。明万历中其十二世孙徐鉴巡按福建时于《家乘》中搜辑刊行。清修《四库全书》时，用浙江鲍士恭家藏本，卷首有十三世孙徐即登《清正存稿原序》。《豫章丛书》本一至六卷所载诗文与附录一卷所载之年谱、诰诏、史志，与四库本同。只第六卷多收词十二首。且有校勘记二卷，一卷为民国宛平刘家立校，一卷为民国胡思敬覆校。清倪灿、卢文弨《宋史·艺文志补》亦载徐鹿卿《清正集》六卷、附录一卷。

静轩诗集　诗别集。宋徐鹿卿著。收诗十三首，见《两宋名贤小集》卷二四〇。此集与《清正存稿》卷六所收诗不同。

献丑集　文别集。宋许棐著。一卷。收杂文十一篇，《樵谈》三十则。前有棐嘉熙丁酉(1237)自序。今通行有《百川学海》、《宋人集》、《丛书集成初编》、《说郛》等刊本。

梅屋集　诗文别集。宋许棐著。五卷。卷一《梅屋诗稿》，卷二《融春小缀》，卷三《梅屋第三稿》，卷四《梅屋第四稿》，卷五《梅屋杂著》，收文十篇。此据台湾景印文渊阁《四库全书》本。另有《江湖小集》本、《两宋名贤小集》本、汲古阁景抄《南宋六十家小集》本、《南宋群贤小集》本。各本卷数分合不同。

东山诗选　诗别集。宋葛绍体著。上、下二卷。卷上，五、七言古诗、律诗五十余首；卷下，七言绝句一百四十余首。《郡斋读书志·附志》载："葛绍体《东山诗文选》十卷"，已佚。今有《四库全书》本，乃清修《四库全书》时从《永乐大典》辑出。今人栾贵明《四库辑本别集拾遗》补辑诗十三首。

渔墅类稿　诗文别集。宋陈元晋著。八卷。元晋尝建渔墅书院，因以名集。明焦竑《国史经籍志》载有陈元晋《渔墅类稿》十卷，已佚。清修《四库全书》时，检《永乐大典》中尚存杂文八十七篇，诗一百一十三首，以类编辑，厘为八卷，是今唯一传本。

雪蓬稿　诗文别集。宋姚镛(号雪蓬)著。一卷，收其自序及诗三十三篇，文十四篇。有《南宋群贤小集》、《两宋名贤小集》、《南宋六十家小集》诸本。

东阁吟稿　诗别集。宋赵汝回著。一卷，收诗十首。载《两宋名贤小集》卷二二九。

端隐吟稿　诗别集。宋林尚仁(号端隐)著，陈思辑。一卷，有诗五十四首。见《两宋名贤小集》卷三二八。又有《宋百家诗存》、《南宋群贤小集》、汲古阁景抄《南宋六十家小集》本。

矩山存稿　又名《宋学士徐文惠公存稿》。诗文别集。宋徐经孙著。五卷，附录一卷。此稿不见宋人著录。明万历四十二年(1614)，其十一世孙徐鉴巡按福建时始搜集刊印。但万历本是与徐鹿卿《清正存稿》合刻，称《二徐集》，已不可见。今传本有二。一为《四库全书》本，用衍圣公孔昭焕家藏本。前后无序跋，唯附录刘克庄赠其先人文集序一篇。一为《宋人集甲编》之《宋学士徐文惠公存稿》，标明"据万历刊本"。有十一世孙徐鉴《宋学士徐文惠公存稿序》及十二世孙徐登《宋学士丰城伯徐矩山文集序》，附录末有清李之鼎《徐文惠公存稿跋》。

楳埜集　诗文别集。宋徐元杰著。据其子直谅跋语，原集二十五卷，景定二年(1261)，其子直谅知兴化军时所刊。旧本已不可得见。清修《四库全书》时，从《永乐大典》中采辑编次，厘为杂文十一卷，诗词一卷。传所列奏议条目具存。卷末附直谅跋语。今所传本，除《四库全书》本外，尚有《乾坤正气集》之十一卷本，缺《四库全书》本卷一二之诗词部分。

桂岩吟稿　诗别集。宋朱晞颜著。一卷，收诗十首。见《两宋名贤小集》卷二一七。

四明吟稿　诗别集。宋吴潜著。一卷，共十九首。收入宋陈思辑、元陈世隆补《两宋名贤小集》卷三四九。又傅增湘《藏园群书经眼录》卷一四载《四明吟稿》有清顾沅艺海楼写本。

履斋遗稿　又名《履斋遗集》。诗文别集。宋吴潜著。明宣城梅鼎祚编，四卷。计诗一卷、词一卷、杂文二卷。有《四库全书》本，明吴伯敬刻本。

鲁斋集　诗文别集。宋王柏著。二十卷。明正统间，柏六世孙四川按察司佥事王迪得柏遗稿，与鄱阳刘杰、庐陵刘同编校，命何赞缮写成书，锓梓以传。清修《四库全书》时，用山东巡抚采进本，卷首有正统八年(1443)南阳杨溥序，卷末有刘同跋语。另有《续金华丛书》翻刻本，附考异一卷，并有胡宗楙《考异序》。此外，尚有《鲁斋集》十卷，附录一卷本，见《金华丛书》(民国补刊本)及《丛书集成初编》。

耻堂存稿 诗文别集。宋高斯得著。八卷。《宋史》本传载其有“《耻堂文集》行世”,明叶盛《菉竹堂书目》亦有《耻堂集》七册,而皆不言卷数。至清修《四库全书》时,检《永乐大典》各韵,辑得文五卷,诗三卷。卷首有元龚璛序。此外,尚有《武英殿聚珍版书》(武英殿活字本、福建本、广雅书局本)及《丛书集成初编》排印本,二本卷首亦附元龚璛序,其正文卷数篇目编排,较之《四库全书》本稍有差异。栾贵明《四库辑本别集拾遗》,又从现存《永乐大典》中辑得四库馆臣漏辑者二条,计五古排律一首,记一篇。

彝斋文编 诗文别集。宋赵孟坚著。四卷。明《文渊阁书目》日字号有著录。清修《四库全书》时,从《永乐大典》中摭拾补缀,厘为四卷。今所传者,又有《嘉业堂丛书》本四卷,补遗一卷。末尾有刘承幹跋,云“此本为鲍氏《知不足斋》抄藏本,校勘颇细,故为传之”。近人栾贵明《四库辑本别集拾遗》又从《永乐大典》中辑出十六条,校《嘉业堂丛书》本,四库馆臣漏辑者三条。

秋崖集 诗文别集。宋方岳著。四十卷。其集世有二本:一为《秋崖新稿》,三十一卷,据宋宝祐五年(1257)刻本景抄。一为《秋崖先生小稿》,凡文四十五卷,诗三十八卷,明嘉靖间其裔孙方谦所刊。后者所载较备,然宝祐本所有而嘉靖本所无者,诗文亦尚有数十首(篇)。又有别行本《秋崖小简》,较之二本,多书札六首。清修《四库全书》时,馆臣删除三本重复,以类合编为一集,勒为四十卷,统名《秋崖集》,即今所传之本。方岳诗集选本,有《秋崖小稿钞》一卷,见《宋诗钞初集》;《秋崖小稿集》一卷,见《宋代五十六家诗集》;《秋崖诗选》一卷,见《宋十五家诗选》;《秋崖集补钞》一卷,见《宋诗钞补》。

雪窗集 又名《雪窗先生文集》。文别集。宋孙梦观著。二卷,附录一卷。卷一奏议十八篇,卷二故事十八篇,附录一卷乃吴潜所撰孙之墓志铭、像赞,王应麟识孙之遗事,徐清叟、蔡杭等人祭孙之祭文。有《四库全书》本。此外尚有《四明丛书》本, 名《雪窗先生文集》, 正文与附录之册数篇目与《四库全书》本同。

潜斋文集 诗文别集。宋何梦桂著。十一卷。其集宋人诸家书目俱未著录。明成化十九年(1483)其八世孙何淳始访得旧印本于同邑汪廷贵家,到湖湘后,校正刊行。后其远孙又为重刊,傅增湘《藏园群书经眼录》卷一四有著录。清修《四库全书》时,用浙江鲍士恭家藏本,卷尾附何淳所写《家传》,末附《铁牛翁遗稿》一卷,其族孙何景福撰。其诗集选本有《潜斋诗钞》一卷,见《宋诗钞初集》。《潜斋集补钞》一卷,见《宋诗钞补》。

庐山集　英溪集 诗别集。宋董嗣杲著。嗣杲所著,不见于诸家书目,惟明焦竑《国史经籍志》著录嗣杲《庐山集》而缺其卷数。今本乃四库馆臣自《永乐大典》录出,原题有《庐山集》者,亦有题《英溪集》者,则嗣杲本有两集,经裒辑编次,分为《庐山集》五卷《英溪集》一卷。现存《永乐大典》录其集六十七条,四库馆臣漏辑三十四条,漏辑者见栾贵明《四库辑本别集拾遗》。今传本有《四库全书》本、《四库全书珍本初集》本、“宋元人诗集八十二种”本等。嗣杲另有《西湖百咏》两卷,系宋末入道孤山四圣观后所作,与明代陈贽和韵合刊。主要有《四库全书》本、《武林掌故丛编》本、《西湖集览》本等。

庸斋集 诗文别集。宋赵汝腾著。六卷。此集《文渊阁书目》有著录,今未见传本。《永乐大典》各韵中间收入汝腾之文,有题《赵庸斋集》者,有题《赵庸斋蓬莱集》者,有题《赵庸斋蓬莱馆集》者,有题《赵汝腾紫霞州集》者,有题《庸斋琐闼集》者。清修《四库全书》时,从《永乐大典》中搜罗残缺,厘次成编,析为六卷,统题作《庸斋集》。今人栾贵明《四库辑本别集拾遗》,又从《永乐大典》中辑得四库馆臣漏辑者二条,计五律诗一首,文一篇。

东野农歌集 诗别集。宋戴昺著。五卷。据其《自序》,乃在池州为幕僚时作。清修《四库全书》时,采得二本,一为两淮所进,题曰《戴东野诗》,一卷,附录于戴复古集后。一为浙江所进,五卷,编次稍有条理,而诗视两淮本少数篇。四库馆臣以后者为主,据前者增入诗十三首,又据《宋诗钞》增入诗二首。共收五七言诗一百三十八首,结为此集。卷首有杨万里《序》、戴昺《自序》。除《四库全书》本外,戴昺之诗,另有《农歌续集》一卷,见《两宋名贤小集》卷三七〇。又《农歌集钞》一卷,见《宋诗钞初集》、《宋代五十六家诗集》。又《农歌集补钞》一卷,见《宋诗钞补》。

应斋杂著 诗文别集。宋赵善括著。六卷。善括子曾以是集求杨万里作序(《诚斋集》卷八三《应斋杂著序》),原本卷帙今不可考。清修《四库全书》时,从《永乐大典》中辑出,厘为六卷。《豫章丛书·九宋人集》据《四库全书》本重刻，卷末附胡思敬校勘记一卷。

芸隐倦游稿　诗别集。宋施枢著。一卷。前有自序。见宋陈起编《江湖小集》，有影写宋本、黑格精抄本、旧抄本、影写邓氏藏本、嘉庆巾箱本、民国刊本。

芸隐横舟稿　诗别集。宋施枢著。一卷，首有嘉熙庚子(1240)自序一篇。收入《两宋名贤小集》、《横山草堂丛书》、《汲古阁景钞南宋六十家小集》。

竹所吟稿　诗别集。宋徐集孙著。一卷。载《南宋群贤小集》、《南宋六十家集》、《江湖群贤小集》、《宋百家诗存》卷一九、《宋人小集四十二种》等。别有二卷本，载《两宋名贤小集》。

蒙泉诗稿　诗别集。宋李涛著。一卷。收诗二十一首。载《南宋群贤小集》、《宋人小集四十二种》、《两宋名贤小集》、《汲古阁景钞南宋六十家小集》。

文溪存稿　诗文别集。宋李昴英著。二十卷。是集为元至元间其门人李春叟所辑，凡奏稿杂文一百二十二篇、诗词一百二十五首。今传最早为明嘉靖十年李翶刻本，残存五卷，藏北京图书馆。明成化中有重刻本，陈献章为之序。清修《四库全书》，据成化本收入。清康熙七年、乾隆十八年、光绪二十三年，皆有李氏后人重刊是集行世。收入丛书者，除《四库全书》外，尚有南海伍氏诗雪轩刊《粤十三家集》本。各本正集卷数悉同，惟首尾附录多寡略有差异。

适安藏拙余稿　诗别集。宋武衍著。二卷，存诗一百零一首。载《汲古阁景钞南宋六十家小集》，分《适安藏拙余稿》一卷、《适安藏拙余稿乙卷》一卷。卷首有张实甫、方万里二序，卷末附赵希意跋文。此集亦载《两宋名贤小集》卷三三二至三三三。

竹溪鬳斋十一稿续集　诗文别集。宋林希逸著。三十卷。《千顷堂书目》卷二九著录《竹溪鬳斋十一稿》九十卷。久佚不传。近人王文进《文禄堂访书记》卷四提及明谢在杭抄本《竹溪鬳斋十一稿续集》三十卷，此本今藏北京图书馆。今通行为《四库全书》本。卷首有林同原序，卷一至五为诗，卷六至一六为文，卷一七至一八为省题诗，卷一九为挽诗，卷二〇至二四为行状，卷二五至三〇为学记。

渔溪诗稿　诗别集。宋俞桂著。二卷。收近体诗八十一首，多四时风光之作。有清抄本。另有《南宋群贤小集》、《汲古阁景钞南宋六十家小集》所收三卷本，及《宋百家诗存》所收一卷本。

看云小集　诗别集。宋黄文雷著。一卷。诗四十九首。有《两宋名贤小集》本。

巽斋文集　文别集。宋欧阳守道著。二十七卷。分书、序、记、跋、启、说、铭、赞、箴九种体裁，共二百六十五篇。有《四库全书》本。

可斋杂稿　诗文别集。宋李曾伯著。该集《自序》称其《杂稿》编于淳祐十二年(1252)，《续稿》前编成于宝祐二年(1254)，《续稿》后编成于宝祐二年至景定二年(1261)。其子杓尝汇刻三稿。荆州湖北仓使刘籈重刻。今传《可斋杂稿》三十四卷、《续稿》前八卷、《续稿》后十二卷。内收表启、奏记、诗赋词、杂著等。有《四库全书》本。

潜山集　诗别集。宋文珦著。十二卷。卷一至一一为诗，卷一二为绝句、骚、记等。有《四库全书》本。

孝诗　诗别集。宋林同著。一卷。前有淳祐十年(1250)刘克庄序。作者举古今孝事，每事以一五言绝句歌咏，亦间有一诗咏二事者。诗前有小序略加说明。共有诗三百首，其中分“圣人之孝”十首、“贤者之孝”二百四十首、“仙佛之孝”十首、“妇女之孝”二十首、“异域之孝”十首、“禽兽昆虫之孝”十首。有《四库全书》、《学海类编》本。

学吟　诗别集。宋朱南杰著。一卷。收诗二十一首。有旧抄本，收入《南宋群贤小集》。影印邓氏藏本，收入《南宋六十家集》。嘉庆巾箱本，收入《江湖群贤小集》。又有《宋百家诗存》、《宋人小集四十二种》、《两宋名贤小集》等本。

北游集　诗词别集。宋汪梦斗著。二卷。卷上为诗词，卷下为附录。有《四库全书》本。另有《北游诗集》，一卷，有《宋人集乙编》本。

鸥渚微吟　诗别集。宋赵崇鉘著。一卷。收诗二十七首。收入《南宋群贤小集》；又影印邓氏藏本，收入《南宋六十家小集》，又有《江湖群贤小集》、《宋百家诗存》、《宋人小集四十二种》、《两宋名贤小集》诸本。

骳稿　诗别集。宋利登著。一卷。收诗七十余首。有旧抄本，收入《南宋群贤小集》第六册。又有《汲古阁景钞南宋六十家小集》、《江湖群贤小集》、《宋人集丙编》诸本。

秋堂集　诗文别集。宋柴望著。二卷。杨仲弘《宋国史柴望诗集序》云："公诗有《道州台衣集》、《咏史诗》、《凉州鼓吹》，在公生时已盛传于世。兵燹日久，散逸不次，兹录其遗存者若此云。"故今存乃残卷。有《四库全书》本，卷一诗词，卷二文，卷末附他人所作墓志铭等。另有《秋堂遗稿》一卷，见《两宋名贤小集》；《秋堂诗余》一卷，有《彊村丛书》本。

云泉诗　诗别集。宋薛嵎著。一卷。收诗二百七十余首。有《四库全书》本。另有《两宋名贤小集》本，二卷。

则堂集　诗文别集。宋家铉翁著。《文渊阁书目》卷九著录："家铉翁《则堂文集》一部六册全。"《千顷堂书目》卷二九著录："家铉翁《则堂先生文集》十六卷。"原本久佚。清修《四库全书》，从《永乐大典》辑出，厘为六卷。制、记、序二卷，说一卷，书、跋等一卷，诗二卷。收入《四库全书》。

涧谷先生遗集　诗文别集。宋罗椅著。三卷。为诗词一卷、文二卷。有胡思敬《豫章丛书·吉州二义集》本。另民国六年庐陵罗嘉瑞刻本，四卷，又卷首一卷卷末一卷。

兰皋集　诗别集。宋吴锡畴著。二卷。有明刻本、清抄本、《四库全书》本。又《宋元人诗集八十二种》本为一卷。

本堂集　诗文别集。宋陈著著。有《四库全书》本，九十四卷。《四库全书总目》云："是集凡诗三十四卷，词五卷，杂文五十五卷。据其原目，尚有讲义二卷，此本有录无书。"此外有清光绪十九年四明陈氏刻本，为《本堂先生文集》九十四卷，《佚文佚诗》二卷，《附录》二卷，《校录》二卷。

先天集　诗文别集。宋许月卿著。十卷附录二卷。诗六卷，文四卷，又辑他人所撰之行状及相关文字为附录二卷。有明嘉靖刻本，《四部丛刊续编》即据此本影印收入。此外有《先天集钞》一卷，载《宋诗钞初集》。

雪坡文集　诗文别集。宋姚勉（号雪坡）著，从子姚龙起编。五十卷。封事笺表七卷，讲义二卷，赋一卷，诗十一卷，杂文二十八卷，词一卷。篇首有方逢辰、文及翁序。传世有清佚名影宋本《姚舍人集》，藏南京图书馆。《四库全书》本曾以《永乐大典》校补，名《雪坡文集》。胡思敬《豫章丛书》本据四库本校刊，附《补遗》一卷，补诗一首，文四篇；《校勘记》一卷，《校勘续记》一卷，《校勘后记》一卷；正讹拾遗，较为可取，名《雪坡舍人集》。

采芝集　诗别集。宋斯植著。二卷。收诗一百四十余首。有清黄氏醉经楼抄本，《宋人小集十七种》、《南宋群贤小集》诸本。另《宋百家诗存》本，一卷，存诗九十余首。

九峰先生集　诗文别集。宋区仕衡（世称九峰先生）著。三卷又首一卷、附录一卷。有清道光伍崇曜刊本。

静佳龙寻稿　诗别集。宋朱继芳著。一卷，《乙稿》一卷。有《两宋名贤小集》本。另《南宋群贤小集》，《汲古阁景钞南宋六十家小集》本，并辑有《静佳乙稿补遗》一卷。

吾竹小稿　诗别集。宋毛珝（号吾竹）著。一卷。诗八十余首。有《两宋名贤小集》本。又清曹庭栋《宋百家诗存》本，收诗五十余首。

萧冰崖诗集拾遗　诗别集。宋元间萧立之（号冰崖）著。此集不见宋元间诸家书目著录。明弘治间萧立之九世孙萧敏多方访求，辑成三卷。卷首有明人赵鹤龄序、罗伦序。卷上收七言古诗。卷中收五言古诗、五言律诗、七言绝句，绝句中有《开元天宝杂咏》十八首，刺唐玄宗荒淫误国。卷下收七言律诗，《读文山诗》一首，颂文天祥之为人，寄兴亡之慨。有明弘治十八年萧敏刻本，卷末有萧敏之跋；有宜秋馆抄本；《四部丛刊》本据铁琴铜剑楼藏明刊本影印，卷末有张元济跋，此本虽较为通行，但文中字多舛讹脱落。另外，《全芳备祖》卷八收其《桃源》一诗；《梅磵诗话》卷上收其《杜鹃》、《秋日绝句》二诗，卷中收其《咏秦》、《咏疑冢》二诗。凡五首，为集中失收。

蛟峰文集　诗文别集。宋方逢辰（世称蛟峰先生）著，五世从孙方渊编。八卷。前七卷收逢辰诗文约二百篇；末卷，附以其弟逢振诗文二十余篇。逢辰诗文，原无别集，是集乃搜残拾遗而成。后七世从孙方中又续编《蛟峰外集》四卷。前三卷，收逢辰历官诰敕二十余篇，酬赠诗文十余首，祭文墓表十余篇；后一卷，收逢振赠答诗文数首。有明天顺七年(1463)方中刻本，为《蛟峰集》七卷，《山房先生遗文》一卷（逢辰世称山房先生），《外集》四卷。《四库全书》据明刻本收入。

碧梧玩芳集　诗文别集。宋马廷鸾著，其子端临编。二十四卷。廷鸾家有碧梧精舍，晚年又自号玩芳病叟，因以名集。前十一卷为奏状，表、诏、制等应用文，皆为骈体，系廷鸾于理宗末年居两制时所作。十二卷以后为序、记、题跋、墓志铭等散文和诗、词。凡收各体文三百七十余篇、诗一百八十七首、词四首。廷鸾集《宋史》本传及《艺文志》均不著录。端临原编本自明以来无传，卷数不得而知。今本乃四库馆臣从《永乐大典》中辑出。今有《豫章丛书》本、《四库全书》本。

四明文献集　文别集。宋王应麟著。五卷。《四库全书总目》云："（王应麟）所著《深宁集》，本一百卷。然《宋志》已不著录。焦竑《国史经籍志》亦不载其名。则散佚久矣。此本乃明鄞县郑真、陈朝辅所辑'四明文献'之一种。故一人之作，冒总集之名也。"是集计一百七十余篇，制诰居十之七，内容可与正史比勘，颇可补《宋史》度宗至宋亡时"本纪"之缺。今传除《四库全书》本外，《四明丛书》第一集有"《四明文献集》五卷《深宁先生文钞摭余编》三卷《补遗》一卷"等本。《两宋名贤小集》收有《王尚书遗稿》一卷。

叠山集　诗文别集。宋元间谢枋得著。原有杂著、诗六十四卷，遭兵火无存。明御史黄溥采辑散佚，厘为十六卷，于景泰五年刻之，并撰有序文一篇。此本卷首另有景泰五年庐陵刘儁克彦序，卷一至三为诗，卷四至一五为文，卷一六附录。今藏北京图书馆等处。嘉靖三十四年，揭阳林光祖为广信知府，又以黄本校刊行世，仅分上、下二卷。清修《四库全书》，馆臣据汪如藻家本抄。此本五卷。为康熙中弋阳知县谭瑄重订，视旧本较为详备。且馆臣删去伪作十余篇。卷一诗、诗余，卷二书、序，卷三记、铭、说、跋、启，卷四外集，卷五附录。另《正谊堂全书》收《谢叠山先生文集》二卷，《丛书集成初编》据之排印。《四部丛刊续编》收《叠山集》十六卷，乃据明本影印。另有熊飞等校注本，华东师大出版社 1994 年出版。

梅岩文集　诗文别集。宋元间胡次焱著，明胡琏、潘滋辑编。八卷。又附录二卷。卷首载潘滋《序》文，卷末附胡琏《识》文各一篇。次焱在宋末以气节称，诗文泛泛，本无刻本。明嘉靖中族孙胡琏等搜辑成编，刻印传世。卷一收赋，卷二收乐章及诗作，卷三至八收文，卷九至一〇附录友人唱和。首冠以《雪梅赋》明其素志，然原稿"承讹太甚"（潘滋《复潜斋书》），至今目次编排往往疏讹错谬。今通行有《四库全书》及《四库全书珍本初集》本。

紫岩诗选　诗别集。宋元间于石（号紫岩）著。据其门人吴师道《于介翁诗选后题》（《吴礼部集》卷一七）称，石本有诗稿七卷，其子借人为所匿。师道即据传本及所藏续抄者，摘选为三卷。又附金履祥之《序》于后。通行本有《四库全书》本，卷一为五古，卷二为歌行长短篇，卷三为五律、七律、七绝。每卷首题"元吴师道选"。无附录。另有《续金华丛书》本《紫岩于先生诗选》三卷，卷前附金氏《序》，卷末附吴氏《后题》。

史咏集　又名《史咏》、《史咏诗集》。诗别集。宋元间徐钧著。二卷。清以前传本今不可见，亦不见于藏书目录。今有《宛委别藏》本，分上、下二卷，卷首有许谦序，卷末有至正五年从甥张枢序、至正六年黄溍序及徐钧子徐津跋。许谦序称徐钧取《资治通鉴》所载君相、诸臣，疏其为人大较，相与商略，既定其得失，从而长言之，名之曰《史咏》。起于周威烈王，讫于五代，凡一千五百三十首。然今传本止于唐，而不及原来的三分之一。传本编次以朝代为线，每朝先咏人君，次咏后妃、诸王及人臣，皆七言绝句。且寓褒贬而存劝诫。另有《续金华丛书》本（据八千卷楼藏本刊），二卷。星凤阁赵之玉抄本，不分卷。

百正集　诗别集。宋连文凤著。三卷。是集《文渊阁书目》著录《百正丙子稿》一部、一册，未详卷数。已佚。今本乃四库馆臣自《永乐大典》中辑出，编为三卷。有《四库全书》本、《知不足斋丛书》（据《四库全书》本刊）本、《丛书集成初编》（据《知不足斋丛书》本排印）本等。现存《永乐大典》录《百正集》十四条，校《丛书集成初编》本，四库馆臣漏辑六条，漏辑者见栾贵明《四库辑本别集拾遗》。

真山民集　一称《山民集》。诗别集。宋元间真山民著。一卷。凡收五律四十五首，七律四十九首，五绝十首，七绝十三首。补遗《陈云岫爱骑驴》七古一首，乃《四库全书》编纂者从《元诗体要》中辑入。《浦城遗书》本《真山民集》又从《龙泉邑志》辑入《留槎阁寓感》、《题济川桥》七律二首。通行有《宋诗钞》本、《四库全书》本、《浦城遗书》本、《国粹丛书》本、《邈园丛书》本。

秋声集　诗文词别集。宋卫宗武著。张之翰《秋声集序》："名曰秋声者，古今骚人多寓意秋声，或悲时之易失，或嗟老之将至，状其凄清萧瑟。"宗武身逢宋亡，匿迹穷居，悲怀故国，故以"秋声"名集。明焦竑《国史经籍志》载《秋声集》八卷，此本已佚。今乃清修《四库全书》从《永乐大典》辑出，重新以类编次。六卷。前有宗武自序。前四卷，诗三百九十余首，词十一首；后二卷，各体文三十余篇。今人栾贵明《四库辑本别集拾遗》补辑诗三首，文一篇。

心泉学诗稿 诗文别集。宋阿拉伯人蒲寿宬（号心泉）著。明《文渊阁书目》月字第一厨尝著录"《蒲心泉诗》一部一册"。清修《四库全书》，从《永乐大典》中辑为六卷，卷一为赋，五言古诗，卷二为五言律诗，卷三为七言古诗，卷四为五言律诗，卷五为七言律诗，卷六为五言绝句、词。《四库全书珍本初集》亦收。《彊村丛书》又编其词一卷。

山居存稿 诗别集。宋陈必复著。一卷。收诗二十八首。有《汲古阁景钞南宋六十家小集》本及《两宋名贤小集》本。

四如集 文别集。宋元间黄仲元（号四如）著。五卷。前二卷，记三十余篇；卷三，序跋、说训四十余篇；卷四，墓志十余篇；卷五，为《拾遗》，书一篇。明宋濂《仲元集序》载："其门人武夷詹清子类次六经四书讲义为六卷刊之，其子梓又分记序墓铭字训之属为五卷而刊之，……遗文流落尚多，其曾孙至又裒集为十卷。"然此本正文只四卷，似非黄梓所辑五卷，更非黄至所辑十卷，乃后人重为掇拾而成。有《四库全书》本。又有《四部丛刊》三编本，卷数与《四库全书》本同，但编次稍异；并增祭文五篇；另附事述、族谱、诸家跋识；名《莆阳黄仲元四如先生文稿》；据明嘉靖二十一年(1542)黄文炳刻本影印。

须溪四景诗集 诗别集。宋刘辰翁著。四卷。各以古人四时写景之句命题，春景凡六十三题，七十二首；夏景凡三十二题，三十五首；秋景凡四十题，四十四首；冬景凡十六题，十六首。末附《东栈堂赋》一篇，为刘端伯教子读书而作。是集盖为刘氏教子备科举之用，所作"皆气韵生动，无堆排涂饰之习，在程试诗中最为高格"(《四库全书总目》)。有《四库全书》本、《宋人集》丁编本。

仁山集 诗文别集。宋元间金履祥著。四卷。卷一诗，卷二诗、操、箴、铭、赞、传，卷三为说、议、讲义、序，卷四为祭文、行状、题跋。有《四库全书》本。另有《金华丛书》本，名《仁山先生金文安公文集》，五卷，清同治十三年永康胡氏退捕斋据清雍正金律重刻本刊。《丛书集成初编》又据《金华丛书》本排印。

佩韦斋文集 诗文别集。宋元间俞德邻（斋名佩韦）著，其子俞庸编。十六卷。前七卷，诗三百八十余首；后九卷，文一百四十余篇。元皇庆元年(1312)，熊禾为之作序。有《四库全书》本。德邻别有《佩韦斋辑闻》四卷，《四库》本附于本集之后。

湖山类稿 诗词别集。宋元间汪元量（其居楼题"湖山好景"）著。五卷。前四卷，诗二百零三首；末卷，词二十八首。黄虞稷《千顷堂书目》著录原集十三卷。已佚。今传者为南宋末刘辰翁所选辑评点本（尚缺前四卷）。又有清汪森本，除收刘辰翁辑本外，又以《湖山类稿》与钱谦益抄本《水云集》互为参订，去复存缺，得诗一百七十六首，词一首，名《湖山外稿》，附于《类稿》之末；又录诸家之序并附录《宋旧宫人诗词》一卷。又有鲍廷博本，将《湖山类稿》与《水云集》合刻，其重复互见，一仍其旧；《四库全书》即收鲍本。今人孔凡礼校点本，从明抄本《诗渊》、影印《永乐大典》诸书中，新辑元量诗一百首，词二十三首，与汪森本《湖山类稿》、《外稿》合为一编，仍为五卷，诗共四百八十首（鲍本《水云集》比汪本多诗一首），词五十二首，分别按时代先后编次，名《增订湖山类稿》；并附录《汪元量研究资料汇辑》、《汪元量事迹纪年》、《汪元量著述略考》；内容最为完备。由中华书局1984年排印出版。

水云集 诗别集。宋元间汪元量（号水云）著。元量诗词，别有《湖山类稿》。明崇祯辛未(1631)，钱谦益自云间人抄诗旧册，得元量诗二百三十余首，遂成此集。一卷。与今传《湖山类稿》的内容互有增损。有《四库全书》本。又有丁丙《武林往哲遗著》本，增《附录》三卷，收诸家序跋、赠和诗文、传记材料等。

富山遗稿 诗别集。宋元间方夔（居富山）著，明方文杰编。十卷。各体诗约五百首。明商辂为之作序。有《四库全书》本。又有清佚名抄本，名《方时佐先生富山懒稿》，十九卷。虽较《四库全书》本多九卷，而诗之篇数则同。

松巢漫稿 诗赋别集。宋元间徐瑞（号松巢）著。三卷。卷一，绝句一百七十余首；卷二，近体诗一百一十余首；卷三，古体诗六十余首、赋三篇。篇末附其从子韬诗三十六首，名《仰山遗稿》。有《四库全书》本（载《鄱阳五家集》中）。又有胡思敬《豫章丛书》本，附《校勘记》、《校勘续记》。

文山全集 诗文别集。宋文天祥（号文山）著。二十卷。前十二卷，为宋亡前所作诗文，总名为《文集》；其中卷一、卷二为诗词，余皆为文。卷一三至一八为宋亡后作品，依次为《指南录》、《指南后录》、《吟啸集》、《集杜诗》、《纪年录》、《拾遗》，各为一卷。卷一九、二〇为《附录》，收传记、祭文等。有《四部丛刊》本。又有明初尹凤岐本，名《文山先生文集》，十七卷。收宋亡前诗文，景泰六年（1455）、正德九年（1514），陈价、张祥先后刻版。又有嘉靖三十一年（1552）鄢懋卿本，名《文山先生全集》，二十八卷，在尹本十七卷之外，另辑《别集》八卷（其中《指南录》二卷，《指南后录》二卷，《吟啸集》一卷，《集杜诗》二卷，《纪年录》一卷），《附录》三卷（收传记、序、祭文等）。

阆风集　诗文别集。宋元间舒岳祥（家居阆风台）著。今本十二卷。《千顷堂书目》卷二九著录舒岳祥《阆风集》二十卷。明徐象梅《两浙名贤录》载岳祥所著《史述》等十余种书，共二百二十卷。黄宗羲《宋元学案》以为，此二百二十卷，通曰《阆风集》。已佚。又明焦竑《国史经籍志》著录《阆风集》二十卷，世亦无传。今本乃清修《四库全书》时从《永乐大典》辑出。十二卷，前九卷诗七百余首、末三卷二十五篇。又有刘承幹《嘉业堂丛书》本，增《补遗》一卷，诗三首，文二篇；《附录》一卷，收行状、仕履。又今人栾贵明《四库辑本别集拾遗》补辑诗六十九首，文一篇。

陆忠烈公遗集　一作《陆忠烈公书》。宋陆秀夫著。一卷。陆秀夫负帝昺跳海死后，其著述多散佚无存，至明末王正卿搜集其遗文轶事汇集成书，编为《陆忠烈公全书》，于道光乙未年（1835）刊行，书前有熊开元和恽日初序。凡八卷，卷一为列传，共两篇，一为龚开所作《宋陆君实传》，一为《宋史》陆秀夫本传。卷二为《续纲目》，起自宋度宗咸淳十年，止于宋帝赵昺祥兴二年。卷三为陆秀夫本人著作，卷四为遗事，卷五为论赞，卷六为题咏，卷七为崇祀，卷八为议谥。卷三秀夫遗作，计有诏令四、书一、跋一、诗一、记一。道光二十八年（1848），姚莹等编《乾坤正气集》，将《陆忠烈全书》卷三抽出别为一卷，命名为《陆忠烈公书》。民国十年（1921），冒广生编辑《楚州丛书》第一集，又将《陆忠烈全书》卷三抽出别为一卷，名之为《陆忠烈公遗集》。

九华诗集　诗别集。宋元间陈岩著。岩老归家乡青阳，遍历九华之胜，随寓吟咏。据其同里方时发元至大元年（1308）所作《九华诗集·序》，此集有旧版，兵毁不全。时发掇拾散佚，得二百一十篇而重刻之。有《四库全书》本，凡咏名胜者二百零七首，咏物产者三首。又有《宋人集》丙编本。

释希坦诗　一作《释希旦诗》。诗别集。宋释希坦著。一卷，凡十一首，附于陈岩《九华诗集》之后，乃后人从《池州府志》录入。有《四库全书》本。

青山集　诗文词别集。宋元间赵文（号青山）著。明焦竑《国史经籍志》载：《青山稿》三十一卷。已佚。今本为清修《四库全书》从《永乐大典》辑出。前六卷，文百余篇；末二卷，诗百余首，词十首。又近人朱祖谋据《草堂诗余》得赵文佚词十四首，见《彊村丛书》。又顾嗣立《元诗选》载赵文诗十七首，其中有十首为《永乐大典》本无。栾贵明《四库辑本别集拾遗》补辑其文一篇。

存雅堂遗稿　诗文别集。宋元间方凤著。清张燧编。十三卷。清修《四库全书》，以其编次紊淆，重新删定为五卷。前三卷，方凤诗七十三首，文十二篇；并附其子樗、梓诗十六首，文五篇。末二卷，为《金华洞天行纪》。胡宗楙《续金华丛书》本亦据《四库全书》本著录。

在轩集　文词别集。宋元间黄公绍（号在轩）著。一卷。文三十九篇，词二十八首，乃后人掇拾遗残而成。有《四库全书》本、《四库全书珍本初集》本。

柴元彪集　诗文别集。宋元间柴元彪著。元彪所作有《袜线集》，谓"如拆袜线，无一条长"，乃自谦语。后散佚。明万历中，其十一世孙柴复贞等搜其遗稿，得诗三十二首，文一篇，词八首，并拾掇元彪从兄望、随亨、元亨之残遗诗文合为一集，名《柴氏四隐集》，《柴元彪集》见是集卷之三。有《四库全书》本。

饮冰诗集　诗别集。宋宋庆之（号饮冰）著。一卷。收诗十一首。有《两宋名贤小集》本。又厉鹗《宋诗纪事》收庆之《戍妇词》一首，为《饮冰诗集》无。

西麓诗稿　诗别集。宋元间陈允平（号西麓）著。一卷。有《汲古阁景钞南宋六十家小集》本，收诗八十六首。另有《两宋名贤小集》本。

霁山先生集　诗文别集。宋林景熙（号霁山）著。五卷。前三卷诗，后二卷文。有明天顺七年（1463）吕洪刻本。又有明嘉靖十年（1531）冯彬刊本，十卷，诗六卷，文四卷，卷数增多一倍，内容并无增补。又有《知不足斋丛书》本,增《拾遗》一卷,得诗二首,文二篇。1960年,中华书局以鲍本标点排印,增《附录》三卷,收传记、序跋、明抄本目次等,名《霁山集》。

隆吉诗钞 诗别集。宋元间梁栋(字隆吉)著。清吴之振等辑。一卷。收诗十六首。见《宋诗钞》初集。又管庭芬等辑《隆吉集补钞》一卷,见《宋诗钞补》。

石堂先生遗集 诗文别集。宋元间陈普(世称石堂先生)著,明闵文振辑。二十二卷。有明嘉靖十四年(1535)刻本。又有明天启三年阮光宁选刻本,四卷。卷一,为各体文;卷二,为赋词歌诗;卷三、卷四,为七言绝句。又有《两宋名贤小集》本《石堂集》,一卷,诗五十余首。

覆瓿集 诗文别集。宋元间赵必䂬著。六卷。卷一为律诗、绝句,卷二为古风,卷三为长短句,卷四为启、答,卷五为祭文、题跋、疏语、青词,卷六为附录,收他人所撰志传、行状、墓表、祭文、挽诗。有《四库全书》本。又《粤十三家集》刻有《秋晓先生覆瓿集》四卷、附录一卷、末一卷。

沧州集 诗别集。宋罗公升(号沧州翁)著。一卷。收诗百余首,有清曹庭栋《宋百家诗存》本。又有《宋人小集三十二种》本,五卷,名《沧州先生集》。又有《宋人小集六十八种》本,四卷,名《宋贞士罗沧州先生集》。

芳州集 诗词别集。宋元间黎廷瑞(号芳州)著。三卷。诗二百六十一首,词三十二首。有《四库全书》本。又有胡思敬《豫章丛书》本,附《校勘记》、《校勘续记》。

晞发集 诗文别集。宋谢翱(号晞发子)著。有明刻六卷本、七卷本。通行乃清康熙四十一年(1702)陆大业刻本。前八卷,各体诗二百余首;后二卷,文十余篇。附《晞发遗集》二卷,诗五十余首,文一篇;《晞发遗集补》一卷,《续琴操哀江南》四章;《天地间集》一卷,乃翱所录宋末故臣遗老诗二十首;《西台恸哭记注》,《冬青引注》各一卷。

伯牙琴 诗文别集。宋元间邓牧著。以其知音难遇,故以伯牙琴为名。一卷。前有自序,后有自跋;称其"集诗文六十余篇"。然今仅存文二十四篇,诗全佚。有《知不足斋丛书》本,辑补文五篇,诗十三首;后又续补文二篇。清修《四库全书》以鲍本著录;1959年中华书局以鲍本标点出版,1981年又加以重印。

心史 诗文别集。宋郑思肖著。据云此书成后,著者写上"大宋孤臣郑思肖百拜封"十字,装进铁匣,外写"大宋铁函经"五字,用石灰封锢,于元世祖至元二十年(1283)投入苏州承天寺井中。至明崇祯十一年(1638)十一月,因天旱浚井,才得此铁函。沉埋三百五十六年,打开后"楮墨犹新,古香触手"。崇祯十二年由大中丞金华张公捐俸刊行,此本今犹存数部。收《咸淳集》一卷,诗五十首;《大义集》一卷,诗七十首;《中兴集》一卷,诗一百三十一首,杂文三十一篇。前后有自序五篇。以后吴县陆坦、休宁汪骏声又一再刊印。徐乾学《通鉴后编考异》以是集为海盐姚士粦所伪托,后人疑信不一。今另有光绪二十年(1894)种竹书屋刻本,二卷;《明辨斋丛书》(第二集)本,二卷。又清光绪三十年清国留学生会馆日本东京铅印本,四卷;清光绪三十一年上海广智书局铅印本,五卷。

慵庵小集 诗别集。宋元间邵桂子著。收诗五首。见《两宋名贤小集》卷三五四。另《宋诗纪事》卷七五收其诗三首。

云泉诗集 诗别集。宋释永颐著。一卷。收诗一百一十余首。有《汲古阁景钞南宋六十家小集》本。另《武林往哲遗著》有《方泉诗稿》一卷、补遗一卷。

沧浪集 诗别集。宋严羽(号沧浪逋客)著。二卷。收诗一百四十六首。有清康熙时《樵川二家诗》本。又有明正德胡汝器刊本,三卷,以严羽《沧浪诗话》一卷,置于诗集之前,名《沧浪严先生吟卷》;《四库全书》即以此本著录。又有《适园丛书》本,亦为三卷,多诗三首。

勿轩集 诗文别集。宋元间熊禾(号勿轩)著。据《熊勿轩先生文集》卷前附许衡序称,禾卒后,其嗣孙熊澍家藏遗稿,族孙孟秉类次成帙,厘为八卷,传诸家塾。二世孙斌又重加考订,授梓以传。明天顺中有旧刻。清初张伯行又重刻此集。今通行有《四库全书》本,凡八卷。卷一为序跋、铭,卷二为记,卷三为记、族谱,卷四为文疏,卷五为启札,卷六为经籍、说、祭文,卷七为五言诗,卷八为七言诗、长短句。另有《丛书集成初编》据《正谊堂全书》排印本。卷前附许衡序、张伯行序,卷一为序,卷二为序、跋,卷三为记,卷四为论、疏,卷五为文、启札、说、铭。后附李让《题勿轩先生行状》、史药房《送勿轩先生归武夷序》、陈蒙正《送退斋东归序》等。

古逸小集 诗别集。宋元间韩性同(学者称古逸先生)著。一卷。收诗五首。见《两宋名贤小集》卷三五六。

宁极斋稿　诗文别集。宋元间陈深著。《皕宋楼藏书志》、《铁琴铜剑楼藏书目录》、《善本书室藏书志》均有著录。世传此集一卷,载其拟骚、古近体诗、词、铭、赞等。有明抄本。《四库全书》据以收入。另有《宋人集》乙编本据曹倦圃藏明抄本刊刻,又附校误表。

古逸民先生文集　诗文别集。宋元间汪炎昶(号古逸民)著。其诗文多散佚。明嘉靖间有人搜集其遗文,其九世孙汪元锡命吏缮录副本(汪元锡《跋古逸民先生文集》)。今有《宛委别藏》本《古逸民先生集》二卷、附录一卷。卷一为诗,卷二为记。附录一卷有赵汸《汪古逸民先生行状》、宋濂《宋古逸汪先生墓志铭》、宋云峰《与古逸先生书》、汪元锡《跋古逸民先生文集》。另像赞七首、挽诗三首。

桔潭诗稿　诗别集。宋何应龙著。一卷。收诗四十二首,俱为七言绝句。有《宋百家诗存》、《南宋群贤小集》、《两宋名贤小集》、《武林往哲遗书》、《汲古阁景钞南宋六十家小集》诸本。

嘉禾百咏　诗别集。宋张尧同著。一卷。收诗一百首。《四库全书简明目录》载"皆以七言绝句",误。查原书,皆为五言绝句。每诗之后有附考,不知何人所作。末有跋语,亦不载姓名年月。今传有《四库全书》本、宜秋馆刊本。

桧庭吟稿　诗别集。宋葛起耕著。一卷。收诗三十首。有《两宋名贤小集》本。又有清曹庭栋《宋百家诗存》本,诗二十首,但内容有异同,可互为补充。

华谷集　诗别集。宋严粲著。一卷,收诗一百二十余首。有《两宋名贤小集》本。

雪坡小稿　诗别集。宋罗与之著。二卷。有诗九十六首。有《两宋名贤小集》、《南宋群贤小集》、《汲古阁景钞南宋六十家小集》诸本。另《宋百家诗存》为一卷本。

铁牛翁遗稿　诗别集。宋元间何景福著。一卷。收诗五十三首,赋一首。是集刊刻渊源不详,今本附于《四库全书》本《潜斋文集》之后,又《元诗选三集庚集》、《宋人集甲编》皆收入。

竹庄小稿　诗别集。宋元间胡仲参著。一卷。题材皆为纪游赠答之什。有《两宋名贤小集》本,收诗七十五首;《宋百家诗存》本,收诗四十首。

戴仲培先生诗文　诗文别集。宋戴埴(字仲培)著,近人张寿镛编。一卷。诗、文、赋共七篇。埴有杂记类著述《鼠璞》传世,而诗、文、赋原无集。此乃张氏掇拾残遗而成。有《四明丛书》本。

说剑集　诗别集。宋吕定著。一卷。收诗二十五首。有《两宋名贤小集》、《宋人集》甲编本。

六朝事实杂咏　诗别集。宋杨修著。一卷。收诗三十八首。有《两宋名贤小集》本。

扪膝稿　诗别集。宋喻汝砺(号扪膝)著。一卷,收诗二十一首。有《两宋名贤小集》本。

慈受拟寒山诗　诗别集。宋释怀深(号慈受)著。慕唐诗僧寒山所作,因拟作五言诗一百四十八首。《四部丛刊》本附《寒山子诗》后。

北窗诗稿　诗别集。宋余观复著。一卷。收诗十二首。有《两宋名贤小集》本。

闲闲老人滏水文集　一称《滏水集》。诗文别集。金赵秉文(号闲闲老人)著。又其家滏阳有滏水,因以名集。二十卷。分体编纂。首卷冠以中、诚、庸诸说;卷二为古赋;卷三至卷五为古诗;卷六至卷九为律诗;卷一〇为谕、书、表、册文、制诰等杂体;卷一一至卷一二为碑文;卷一三为记;卷一四为论;卷一五为引;卷一六为颂;卷一七为箴、赞;卷一八为祭文;卷一九为书启;卷二〇为题跋。据杨云翼《闲闲老人滏水文集引》,秉文"自择其所为文章,厘为二十卷",在元光二年(1223)冬十一月之前。原刊本今不可得见,今传本皆出自明抄本,以秀水曹倦圃(溶)抄本传录最先。通行有《四库全书》本(据两淮马裕家藏本收录)、《四部丛刊》本(据上海涵芬楼借湘潭袁氏藏汲古阁精写本影印)、《畿辅丛书》本(附有《补遗》一卷)、《石莲庵汇刻九金人集》本(附有《校札记》二卷)。以《九金人集》本校刻较精,校者为吴重熹,审定刊刻者为杨守敬,光绪三十一年(1905)刻于湖北。

闲闲老人诗集　诗别集。金赵秉文(号闲闲老人)著,近人王树枏编。十卷,另附目录二卷,年谱二篇。赵秉文诗文集本名《滏水集》,共二十卷。王树枏认为,赵秉文"以道德文章主盟一世,故杨文献(云翼)、元遗山(好问)辈以韩、欧当之。然其为文不甚讲绳尺,诗则卓然大家,为金源之冠";于是"专取其诗集并词赋厘为十卷,易分体之旧为编年,始终先后,略加诠次,凡所考证,悉注于目录之中;又掇其事迹为《年谱》上下二篇,附于集后,以为读是诗者论世知人之助”(《闲闲老人诗集·卷首识语》)。是集底本为鲍氏知不足斋藏抄本,首卷为词赋,余九卷为诗,依年而编次;其作年不详者,则从任渊注黄庭坚诗之例,或以原次,或以类相从。底本可靠,编次有法。是集成于光绪十三年(1887),后刊入《陶庐丛刻》中。

拙轩集 诗文别集。金王寂著。“拙轩”乃作者斋名,因以名集。元好问《中州集》卷二《王都运寂小传》称寂“著有《拙轩集》传于世”。黄虞稷《千顷堂书目》予以著录。原本久佚,今本乃四库馆臣自《永乐大典》辑出。《四库全书总目·拙轩集》提要云:“好问所选寂诗仅七首及附见《姚孝锡传》后一首,其他亦失佚不见。惟《永乐大典》所载寂诗文尚多,虽如好问所摘《留别郭熙民》诗诸联及蒋一葵《长安客话》所纪《卢植墓》诗逸句,皆未见全篇,亦不能尽免于脱缺,而各体具存,可以得其什七矣。”馆臣因厘此书为六卷,分体编排,卷一为赋及五、七言古诗,卷二为五、六、七言律诗,卷三为五、六、七言绝句,卷四为词,卷五、六为表、牒、记、序、帖、启、书后、行状、墓志、哀词等各体文章。今人栾贵明《四库辑本别集拾遗》自《永乐大典》残卷中补辑得《咏西湖》等三诗,但栾氏所撰《王寂小传》,误以寂为“元大德二年进士”,当据《中州集》订正为“金天德三年”。除《四库全书》本外,尚有《武英殿聚珍版书》、《清芬堂丛书》、《励志斋丛书》、《丛书集成初编》诸本及《石莲庵汇刻九金人集》本(附《补遗》一卷)。

黄华集 诗文别集。金王庭筠(号黄华山主)著。据《金史》本传,庭筠原有文集四十卷,已佚。现存为近人金毓黻所辑。八卷。卷首为《黄华集叙目》,目录后为辑者识语。卷一收文六篇,卷二收诗,卷三收词,卷四至卷八收其先人诗文传记资料、他人题记及庭筠年谱。有《辽海丛书》本。

滹南集 全名《滹南遗老王先生文集》。诗文别集。金王若虚(号滹南遗老)著。四十五卷,续集一卷。前三十七卷论经学史事。卷三八至卷四〇为“诗话”,卷四一至卷四五为杂文,其中卷四五存诗九首,续集一卷存诗十五首。《四库全书总目》评:“统观全集,偏驳之处诚有。然金、元之间学有根柢者实无人出若虚右,吴澄称其博学卓识,见之所到,不苟同于众,亦可谓不虚美矣。”有明祁氏澹生堂抄本,《四部丛刊》据此影印。

庄靖集 一名《庄靖先生遗集》。诗文别集,金李俊民(谥庄靖)著。十卷,首七卷为诗赋,末三卷为文。是集初由泽州守段正卿刻于乃马真后二年(1243),名《庄靖集》,有诸门人李伸绅、王特升、刘瀛、史秉直作序。明正德三年(1508),李瀚重刊,题名《庄靖先生遗集》,有李瀚、叶赟作序。元刊本已不传。清修《四库全书》,据抄本录入。诸藏书家如马氏小玲珑山馆、张氏爱日精庐、陆氏皕宋楼、振绮堂等著录者,皆为抄本。乾隆癸巳(1773)春,太平赵熟典(药斋)于百神庙会购得明正德刊本,修整完好,并录《山西省志》“庄靖先生遗集”条于卷首。此本后归李葆恂收藏。光绪庚寅(1890),海丰吴重熹据李葆恂藏明刊本刻入《石莲庵汇刻九金人集》,并附李葆恂、吴重熹二家跋语。民国山西省文献委员会即据《九金人集》排印,收入《山右丛书初编》。

元遗山先生全集 诗文别集。金元好问(号遗山)著。四十卷。其集元中统三年(1262)即已刊行,题《元遗山先生集》,卷一署“颐山张德辉类次”,德辉为元好问连襟,搜辑当属及时。李冶、徐世隆各为序,后有杜仁杰、王鹗跋。原本已佚,后有明弘治十一年(1498)李翰、储巏重刊本,《四部丛刊》据此影印。计诗十四卷,文二十六卷。附录一卷。另有清道光三十年(1850)张穆刻本,在弘治本基础上又有增益,补辑诗八十二首。又附录一卷、补载一卷、考证一卷、新乐府(词)四卷、《续夷坚志》四卷、年谱四种,收罗最备,流传颇广。有光绪七年(1881)山西秀容书院重刊本。

范文正公诗余 词别集。宋范仲淹(谥文正)著。其本集中原未载词,《彊村丛书》本存词四首(其中《忆王孙》一首为李重元词)、补遗二首。乃自曹君直校补岁寒堂刊《范文正公集》补编本录出,其词为人从《花庵词选》等搜辑而成。《全宋词》用《彊村丛书》本并略有考订。

珠玉词 又称《珠玉集》。词别集。宋晏殊著。《直斋书录解题》著录“珠玉集一卷”,《花庵词选》卷三晏同叔下注云:“公有词,名《珠玉集》,张子野为序”,此序今已不可见。《唐宋名贤百家词》载其词一卷,一百三十六首。明毛晋汲古阁刊《宋六十名家词》载其词一卷,一百三十一首,但间有错字;《四库全书》即用毛本,商务印书馆印行之林大椿校本亦据毛本但略有订补。《全宋词》则以陆贻典、黄仪、毛扆等校汲古阁本《宋六十名家词》所载《珠玉词》为底本,另以《唐宋名贤百家词》本及南京图书馆藏明抄本校改讹字。

子野词 又称《张子野词》、《安陆集》。词别集。宋张先(字子野)著。《直斋书录解题》著录“张子野词一卷”。宋本岁久已佚。《唐宋名贤百家词》载其词一卷,存词一百三十首。清康熙二十八年(1689)侯文灿刻《十名家词集》,载《张子野词》一卷,系以明抄本为底本,存词一百零三首。《四库全书总目》称:“毛晋刻六十家词,独不及此。”乾隆间,鲍廷博得绿斐轩抄本,区分宫调,共一百零六首,又从侯文灿《十名家词集》补得六十三首,另从诸选本辑十六首,得其词二卷补遗上下卷,刊入《知不足斋丛书》中,存词一百八十四首,鲍氏跋文称,全集久亡,无从缀辑,此将其词已收拾无遗。《彊村丛书》用知不足斋本,附有校记。《全宋词》则据彊村本卷一、卷二录入九十三首,另据《十名家词集》增补六十三首,并从他书辑得九首,存词一百六十五首。

宋景文公长短句 词别集。宋宋祁(谥景文)著。有近人赵万里辑本,得词六首,附录二首,刊入《校辑宋金元人词》中。《全宋词》从赵辑本录入并略有增补,存词六首,断句一则。

雪山词 词别集。宋王质(号雪山)著。质有《雪山集》,岁久已佚。《四库全书》本《雪山集》十六卷系四库馆臣从《永乐大典》中辑出,卷首有王质自序及宋宁宗庆元四年(1198)王阮原序。是集卷一六载词七十五首。《彊村丛书》本用聚珍版《雪山集》本,《全宋词》即从《彊村丛书》本录出,并有考订增补。

乐章集 又称《柳公乐章》、《柳屯田乐章》、《柳屯田乐府》。词别集。宋柳永(官屯田员外郎)著。《直斋书录解题》著录“九卷”,汲古阁《秘本书目》著录“柳公乐章五本”,下注云:“今世行本俱不全,此宋版,特全。”今展转传录之宋本有二:一为毛扆校本,毛氏用含经堂宋本及周氏、孙氏两抄本校正,有劳巽卿传抄本;一为皕宋楼旧藏宋本。二本并依宫调分类,篇次皆同,而字句颇有差异。《唐宋名贤百家词》载其词三卷,一百八十八首,另载《续添曲子》十三首。毛晋汲古阁刊《宋六十名家词》本则合为一卷,存词一百九十四首。《四库全书》即用毛本。《四库全书总目》称“宋词之传于今者,惟此集最为残阙,晋此刻亦殊少勘正,讹不胜乙”,此本又有《四部备要》排印本。吴氏石莲庵刻《山左人词》,载《乐章集》一卷,《逸词》一卷,所附缪荃孙《校记》一卷及曹元忠《校勘记补遗》一卷,采及宋本、明抄本及诸选本,颇具价值。《彊村丛书》载有《乐章集》三卷、《续添曲子》一卷,系用劳巽卿传抄毛扆校本,毛校本则为毛扆据含经堂宋本及周氏、孙氏两抄本校补而成,朱孝臧有校记。《全宋词》则据彊村丛书本录入,另以毛扆原校本校正,略有增补考订,存词二百一十二首。1991年,中州古籍出版社出版姚学贤、龙建国之《柳永词详注及集评》,该书以《彊村丛书》本为底本,参照《宋六十名家词》等,书后列有多种参考资料。

寿域词 又称《杜寿域词》。词别集。宋杜安世(字寿域,或字安世)著。《直斋书录解题》著录“一卷”。旧本已佚。《唐宋名贤百家词》本,存词八十六首。毛晋汲古阁《宋六十名家词》本多讹脱,《全宋词》本据陆贻典校毛本刊出并有校订,存词八十四首。

欧阳文忠公近体乐府 又称《六一词》、《平山集》、《欧阳文忠公词》、《欧阳永叔词》等。词别集。宋欧阳修著。《直斋书录解题》著录“六一居士集一百五十二卷附录四卷年谱一卷”,又著录“六一词一卷”。郡人罗泌编其词跋云:“公为歌词,有《平山集》盛传于世。曾慥《雅词》不尽收也,今定为三卷。”宋本《欧阳文忠公全集》今尚存。其中庆元二年(1196)吉州刊本卷一三一至卷一三三存《近体乐府》三卷,末有罗泌跋文(见前引),各卷末附有校记。此本有吴昌绶《景刊宋金元明本词》本,后有缪荃孙跋文。另有《醉翁琴趣外篇》残宋本,原为六卷,今尚存卷四至卷六,有双照楼影刊本,多有《近体乐府》未收者。《唐宋名贤百家词》载《六一词》四卷。毛晋汲古阁刊《宋六十名家词》载《六一词》一卷,系自全集中录出,删去《乐语》等,汇为一卷,存词一百七十一首。《四库全书》本即用毛本。1986年,中华书局出版黄畬《欧阳修词笺注》,该书以吴昌绶双照楼影宋本《欧阳文忠公近体乐府》为底本,再以双照楼影宋本《醉翁琴趣外篇》、毛晋汲古阁《六一词》本及《乐府雅词》、《花庵词选》、《全芳备祖》、《花草粹编》等参校异文,另附有多种参考资料。

空同词 词别集。宋洪瑹(号空同词客)著。今有《唐宋名贤百家词》本存词十七首。毛晋汲古阁刊《宋六十名家词》本存词一卷,据毛晋跋语称,此全自黄昇《中兴以来绝妙词选》中摘出,录词十六首,但其中误收连可久《清平乐》一首。《四库全书》存目取毛本。《全宋词》则自《中兴以来绝妙词选》卷一〇录出,得十六首。

谪仙长短句 词别集。宋王琪著。原本久已不传，今有近人周泳先辑本，《全宋词》即据此辑本录入并稍有增益，存词十一首，断句二则。

南阳词 词别集。宋韩维著。维尝封南阳郡公，因以名集。《直斋书录解题》著录“南阳集二十卷”，但久已不传。《四库全书》本《南阳集》三十卷为藏书家转相缮录之本，卷三〇载词六首。《彊村丛书》本用丁氏善本书室藏抄《南阳集》本，存词六首，但脱文颇多，《全宋词》即从《彊村丛书》本录出。

临川先生歌曲 又称《半山词》、《荆公词》、《临川先生词》。词别集。宋王安石著。《四库全书》本《临川集》一百卷，卷三七载词十八首。《四部丛刊》初编影明嘉靖三十九年(1560)刊本《临川先生文集》，载词亦同。《彊村丛书》本《临川先生歌曲》一卷(附校记)系从绍兴重刊《临川集》第三十七卷刻出，编次与前述诸本不同，亦载词十八首，补遗六首。《全宋词》自宋刊龙舒本《王文公文集》卷八〇录出，补遗用《彊村丛书》本并有增补。

东堂词 又称《东堂乐府》。词别集。宋毛滂著。《直斋书录解题》著录“东堂集六卷……乐府二卷”，又著录“东堂词一卷”。旧本久佚。《唐宋名贤百家词》本，存词二百零二首。毛晋汲古阁刊《宋六十名家词》本，讹脱殊甚，《四库全书》用毛本。《彊村丛书》系朱孝臧以其友吴甘遁影写宋本为底本，并参校他本编定。附校记。凡二百零二首，然与毛刻本前后编次异。《全宋词》以彊村本为底本，收词二百零二首，孔凡礼又从《诗渊》辑得二首，收入《全宋词补辑》。

冠柳集 词别集。宋王观著。据黄昇《花庵词选》卷五云，序者称其作高于柳永词，故名“冠柳”，并以名集。《直斋书录解题》卷二一著录“一卷”，宋本久已不传。近人刘毓盘、赵万里均有辑本，赵万里《校辑宋金元人词》辑得十五首，附录二首。《全宋词》用赵万里辑本刊入而略有增删，共收词十六首，断句一则。孔凡礼又从《诗渊》中辑得十二首，收入《全宋词补辑》。

韦先生词 词别集。宋韦骧著。通行有《彊村丛书》本。《彊村丛书》本用吴氏瓶花斋藏抄本，存词十一首。《全宋词》则自鲍廷博等校旧抄本《钱塘韦先生文集》卷一八录出并略有考订。

郢庄词 词别集。宋万俟绍之著。旧本失传，今有近人赵万里辑本，得词四首，刊入《校辑宋金元人词》中。《全宋词》则自《江湖后集》卷一一及《永乐大典》中辑出四首。

画墁词 词别集。宋张舜民著。舜民有《画墁集》，然明以来无传。《四库全书》本《画墁集》八卷，系四库馆臣从《永乐大典》中搜辑编次而成，卷四载词三首。《知不足斋丛书》本《画墁集》用四库本，卷四亦载词三首。《彊村丛书》本自《永乐大典》中辑出，存词四首。《全宋词》从《知不足斋丛书》本《画墁集》中录出并有考订增补。

鲁国夫人词 词别集。宋魏夫人(曾封鲁国夫人)著。今有周泳先辑本，《全宋词》即从此辑本录出，存词十四首。

东坡乐府 又称《东坡词》、《东坡长短句》、《眉山乐府》、《苏轼词》。词别集。宋苏轼(号东坡居士)著。《直斋书录解题》著录“东坡词二卷”，又著录傅幹“注坡词二卷”。《宋史·艺文志》著录“苏轼词一卷”。苏轼词集向与全集别行，但版本颇复杂。南宋绍兴辛未(1151)曾慥刊《东坡词》二卷《拾遗》一卷，有毛晋汲古阁影写宋本。元延祐庚申(1320)叶曾于云间刻《东坡乐府》上下卷，此本按同调汇列，依字数多少编排，存词二百八十一首。《唐宋名贤百家词》载《东坡词》二卷《拾遗》一卷，存词三百一十一首。毛晋汲古阁刊《宋六十名家词》载《东坡词》一卷，按字数多少分调编次，存词三百二十四首。毛晋跋文称出自金陵本，未详其所自。毛跋又谓该本详备，但多混入他作，已悉删削。该本较元刻多六十一首，《四库全书》即用此本。《四印斋所刻词》载《东坡乐府》上下卷，系借海源阁藏元延祐刊本覆刊，后有黄丕烈跋文。《彊村丛书》本《东坡乐府》三卷，系用毛本校补元本，依编年体例，卷一、卷二编年，卷三不编年，但仍依原刻以调类列，其间元刻与毛本互有出入，悉为标注，存词三百四十首，该本并将其交游事迹或异文附注各阕后，颇为完备。《全宋词》则据曾慥本《东坡词》卷上、卷下及《拾遗》，文字从毛扆校汲古阁本录出，编次据《唐宋名贤百家词》本及紫芝漫抄本，另据元延祐本《东坡乐府》卷上、卷下等增补，存词三百四十八首，并有考订。另有1936年商务印书馆排印本龙榆生《东坡乐府笺》三卷，1958年又加以重印。

王晋卿词 词别集。宋王诜(字晋卿)著。今有赵万里辑本，存词十二首附录二首，刊入《校辑宋金元人词》中，《全宋词》用赵万里辑本但有增补，存词十五首，断句三则。

小山词　初名《乐府补亡》，又名《小山集》。宋晏幾道(字小山)著。《直斋书录解题》、《文献通考》皆著录“一卷”。宋本今已不传。《唐宋名贤百家词》存其词一卷，二百五十六首，卷端有山谷道人(黄庭坚)序，卷末有无名氏序。无名氏序称：“篇中之意，昔人定已不遗，第今无传耳，故今所制，通以‘补亡’名之”，或以为此系其自序，然后人多存疑。毛晋汲古阁刊《宋六十名家词》载其词一卷，二百五十四首。《四库全书》用毛本但略有订正。另有数种明抄本，其中许氏鉴止水斋明抄本(分上、下两卷)及赵氏星凤阁藏明抄本目次均与《百家词》本同，惟自《清平乐》后，目次与毛本迥异。《彊村丛书》载其词一卷，附有校记，此本以赵氏星凤阁藏明抄本为底本，参校毛本及他本，校正八十余字，校勘精审，存词二百五十五首，较《唐宋名贤百家词》本少《采桑子》(昭华凤管)一首。《全宋词》据《彊村丛书》本收入，并自《百家词》补入所缺一首，辑佚四首并附有存目词。

舒学士词　又称《信道词》。词别集。宋舒亶(曾权直学士院)著。其词载《乐府雅词》中。近人易大厂及赵万里均有辑本。易辑本附有校记一卷，刊入《北宋三家词》中。赵辑本刊入《校辑宋金元人词》中。《全宋词》从《乐府雅词》卷中录出，并有订正，另据易大厂校刊劳权抄本增补二首，共存词五十首，断句一则。

虚靖词　又称《虚靖真君词》。词别集。宋张继先(赐号虚靖先生)著。旧本无考。通行有《彊村丛书》本。系用知圣道斋藏明抄本刊刻，存词五十首。《全宋词》则自八千卷楼旧藏明抄九家词本录入，并据紫芝漫抄本增补一首。

演山词　又称《演山先生词》。词别集。宋黄裳著。裳所居之北有山名“演峰”，因以名集。《直斋书录解题》著录“演山集六十卷”，《四库全书》本《演山集》亦为六十卷，《四库全书总目》称其为“盖犹宋时原本”，是集卷三〇、三一载词五十三首。《宋元名家词》本则出自明毛晋汲古阁未刊本，《全宋词》自潜采堂、谦牧堂递藏旧抄本《演山先生文集》录出并略有校正。

山谷词　又称《黄庭坚乐府》、《黄鲁直词》、《黄山谷词》、《山谷琴趣》、《山谷琴趣外篇》等。词别集。宋黄庭坚(号山谷道人)著。《直斋书录解题》著录“一卷”，《宋史·艺文志》著录“黄庭坚乐府二卷”。宋本今尚存。南宋闽刻《山谷琴趣外篇》三卷，存词九十一首，而错漏颇多。陶湘《景刊宋金元明本词》、黎庶昌《续古逸丛书》、《四部丛刊》三编并将其影印行世。南宋乾道刊本《类编黄先生大全文集》后附乐章一卷，旧为黄荛圃所藏，黄氏曾作校订并有题识。明吴讷编《唐宋名贤百家词》载其词三卷，存词共计九十四首；明周希令编《山谷文集》附《小词》二卷及嘉靖五年(1526)婺源叶天爵刊、九溪乔迁订补之《豫章先生词》一卷，今并藏台北。毛晋汲古阁刊《宋六十名家词》载其词一卷，存词一百七十九首。《四库全书》本即用毛本。《四库全书·山谷集》亦载词一卷，一百八十四首，此本用明嘉靖《山谷全集》本，词同毛刻，而编次有异。《彊村丛书》本《山谷琴趣外篇》三卷，载词九十首，此本据劳巽卿以明祠堂抄本校闽刻本，并举明本为校记附后，有朱彊村跋文。《全宋词》据彊村本录入，另据明弘治刻嘉靖修本《豫章黄先生词》等增补，存词一百八十八首，断句三则。龙榆生有《豫章黄先生词》点校本，中华书局1957年出版。

闲斋琴趣外篇　又称《闲适集》。词别集。宋晁端礼著。《直斋书录解题》及《文献通考》著录皆为“一卷”。吴昌绶双照楼影宋本存词为六卷。该本“端礼”作“元礼”，第六卷为残卷，存词共一百十七首又半阕，近人赵万里《校辑宋金元人词》中《宋金元名家词补遗》一卷，从星凤阁抄本补二十三首。据影印本目录，除赵万里增补之外，第六卷卷末尚有新填徵调八首，但已亡佚。《全宋词》本从汲古阁影宋抄本及赵万里辑补本录出，存词一百三十九首。另有抄本，其中赵辑星凤阁抄校本系黄荛圃旧藏，今藏北京图书馆，可补双照楼影宋本之缺。

李元膺词　词别集。宋李元膺著。近人赵万里有辑本，辑词九首，刊入《校辑宋金元人词》中。《全宋词》据赵辑本录入。

姑溪词　又称《姑溪集》。词别集。宋李之仪著。《直斋书录解题》著录“一卷”。旧本已佚。毛晋汲古阁刊《宋六十名家词》本存词一卷，八十八首，《四库全书》用毛本。又《四库全书》所收《姑溪居士集》中，前集载词三卷，后集载词六首，《粤雅堂丛书》三编本《姑溪居士集》载词亦同。《全宋词》本则据陆贻典校补汲古阁本录入，注明全集中卷数，并略有考订，存词九十四首。

龙云先生乐府　又称《龙云词》。词别集。宋刘弇著。《直斋书录解题》著录“龙云集三十二卷，附录一卷”，并称“龙云，安福县乡名，弇所居也”,因以名集。旧本岁久已佚。《四库全书》本《龙云集》用明弘治中重刊本,卷一〇载词六首。《彊村丛书》本用明刊《龙云先生文集》本,《全宋词》即从《彊村丛书》录出并略有增补考订。

淮海词 又称《淮海居士长短句》、《淮海琴趣》。词别集。宋秦观(学者称淮海先生)著。《直斋书录解题》著录“淮海集四十卷、后集六卷、长短句三卷”,又著录“淮海集一卷”。宋本《淮海词》有单刻本亦有全集本,单刻本有南宋开禧间长沙坊刻《百家词》(凡九十一家)中之《淮海词》及南宋闽中所刻《琴趣外篇》中之《淮海琴趣》,二本俱不传。宋乾道九年(1173),里人王定国搜访遗逸,校集成编,凡四十九卷,中有长短句三卷,此即乾道高邮军学本,今藏日本国。国内有《唐宋名贤百家词》本、明张綖刻本、毛晋汲古阁刊本等,然颇多异同,且向无注本。今有徐培均校注之《淮海居士长短句》,此书广集上述各种版本,加以校勘笺注,并收录年谱与传记序跋及历代评论资料,最为详备。1985年由上海古籍出版社出版。

宝晋长短句 词别集。宋米芾著。以其斋号名集。《四库全书》本《宝晋英光集》八卷,乃后人裒辑而成,卷五载词十六首。《彊村丛书》本辑自星凤阁抄《宝晋英光集》本,亦存词十六首,《全宋词》则自《彊村丛书》录入并有考订增补。

李景元词 词别集。宋李甲(字景元)著。旧本无考,有近人刘毓盘及周泳先辑本。刘毓盘辑本得词十四首,其中《忆王孙》四首出于《唐宋诸贤绝妙词选》卷七,题为李重元作。周泳先辑本得词九首,《全宋词》即据此本录入。

东山词 又称《东山寓声乐府》、《贺方回词》。词别集。宋贺铸著。《直斋书录解题》卷二一著录“东山寓声乐府三卷”。《文献通考》著录三卷,并称:“宛邱张氏序略曰:吾友贺方回博学业文,而乐府之词婉绝一世,携一编示余,大抵倚声而为之,词皆可歌也。”宛邱张氏序,即张耒《东山词序》,见于宋残本《东山词》中。叶梦得《建康集》卷八《贺铸传》亦称:“方回既自裒其生平所为歌词,名《东山乐府》。”可见《东山词》系贺铸自编而成,当时已流传。今存残宋本《东山词》卷上存词一百零九首,卷下存词目约六十余首,原为汲古阁所藏,现藏北京图书馆,近人陶湘已将其影印,刊入《景刊宋金元明本词》中。清道光年间,因原本久已失传,钱塘王迪将亦园侯氏、常熟张氏两种残本(皆缺中、下两卷)与知不足斋鲍廷博手抄校本两种(一本与侯氏、张氏同,一本分为两卷,与侯氏、张氏本相较,同者仅八首)汇而编之,得二百四十五首,录成三卷,上、中两卷为鲍抄原本,下卷以侯本补录,仍其旧名《东山寓声乐府》,又于诸家选本中辑得四十首,为补遗一卷附于后。《四印斋所刻词》本《东山寓声乐府》一卷,系由毛晋汲古阁抄本《东山词》录出,毛本阙佚二十余阕,王氏据宋以来选本校之,仅补《小梅花》一调,后又以梁溪侯氏十家词本校补阙佚若干字,其与毛抄字句互异处并附注各阕之末。因毛氏传抄每变原书体例,故改从《东山寓声乐府》旧名,分卷仍据毛氏。末附补遗,为况周颐氏补辑。该本采辑杂乱,殊非善本。《彊村丛书》本《东山词》(卷上)一卷,用瞿氏铁琴铜剑楼藏残宋本(原为汲古阁所藏),《贺方回词》二卷(附校记)用劳巽卿传录鲍廷博抄本,《东山词补》一卷(附校记)用吴伯宛辑本,校订颇为精审。《全宋词》则从《彊村丛书》本《东山词》卷上、《贺方回词》卷一、卷二录出并据他书补入三十余首。另有上海古籍出版社钟振振校注本,1989年出版。

后山词 又称《后山居士词》、《后山长短句》、《后山诗余》、《后山语业》。词别集。宋陈师道著。《直斋书录解题》著录“(后山)长短句二卷”,又著录“后山词一卷”。宋代有全集本及单刻本,但旧本已不可见。《唐宋名贤百家词》本存词五十首。另有《宋六十名家词》本。《四库全书》本《后山集》,卷二四为长短句,存词四十九首,《全宋词》则从何义门校明弘治本《后山集》卷三〇录出,并从选本中增补数首,共存词五十四首。

宝月集 词别集。宋释仲殊著。居杭州吴山宝月寺,因以名集。《唐宋诸贤绝妙词选》卷九称其有集七卷,但已不传。今有近人赵万里辑本,存词三十四首,刊入《校辑宋金元人词》中。《全宋词》用赵万里辑本但有增补,存词四十六首,断句七则。

晁氏琴趣外篇 又称《晁无咎词》。词别集。宋晁补之著。晁氏有《鸡肋集》七十卷,其稿为元祐中晁无咎自辑,但非定本,因词不入集中,故曰“外篇”。《直斋书录解题》卷二一及《文献通考》卷二四六著录皆为“一卷”,而吴昌绶双照楼影宋本存词六卷,一百五十七首,与上述著录有异,未详其故。毛晋《宋六十名家词》本仍为六卷,但编次与宋本略有不同,存词一百五十五首。《四库全书》用毛本，并有校正，改题《晁无咎词》。《全宋词》从影宋本录出并据他本校补，存词一百六十七首。另有龙榆生点校《苏门四学士词》本，以吴氏影宋本为底本，参校毛本，校勘精审，中华书局1957年出版。另有刘乃昌等校注本，颇为完备，上海古籍出版社1991年出版。

柯山诗余　又称《柯山词》。词别集。宋张耒著。近人刘毓盘、赵万里均有辑本。赵辑本得词六首，断句三则，刊入《校辑宋金元人词》中。《全宋词》从赵辑本录入。

和清真词　词别集。宋方千里著。此集皆和周邦彦词。邦彦每制一调，方千里辄依律赓唱，故以名集。此集与《清真词》相较，二者有调名稍异者，如“浣溪沙”误为“浣沙溪”、“荔枝香近”作“荔枝香”；亦有字句、字数、平仄稍异者。毛晋汲古阁刊《宋六十名家词》本，存词九十四首，《四库全书》用毛本。《全宋词》将汲古阁毛扆校本悉数采入并有订正。

阮户部词　词别集。宋阮阅(官户部郎官)著。旧本无考，《彊村丛书》本用善本书室藏《典雅词》本，存词三首，断句一则。《全宋词》自《彊村丛书》本录入并有增补。

竹友词　词别集。宋谢薖(号竹友)著。《直斋书录解题》卷二一著录“一卷”。旧本今已不传。《彊村丛书》本据彭氏知圣道斋藏明抄本刊入，收词十九首。《全宋词》即从《彊村丛书》本录出，并据《全芳备祖》增补一首。

溪堂词　词别集。宋谢逸(号溪堂)著。《直斋书录解题》卷二一著录“一卷”。旧本已佚。《唐宋名贤百家词》本存词六十二首。毛晋《宋六十名家词》本卷首有序，署名漫叟。毛跋谓时本字句舛谬，无从考索，后获全集，末载乐府一卷，遂依其章次付梓，《四库全书》用毛本。《四库全书》又有《溪堂集》十卷，系从《永乐大典》中辑出，卷六存词六十二首。《全宋词》本则依陆贻典、毛扆等校汲古阁本所标次序及紫芝漫抄本重编，并略有考订，存词六十二首。

赵子发词　词别集。宋赵君举著。近人赵万里有辑本，得词十九首，刊入《校辑宋金元人词》中。《全宋词》即从赵万里辑本录入。

了斋词　词别集。宋陈瓘著。瓘原有《了斋集》，明以后无传。今有赵万里辑本，存词二十三首，刊入《校辑宋金元人词》中。《全宋词》系自《乐府雅词》等书中辑出并略有考订。

清真词　又称《片玉集》。词别集。宋周邦彦著。周词版本早有流传，可考者宋有《清真诗余》(见《景定严州续志》)、《圈法美成词》(见《词源》)、《美成长短句》(见毛晋《片玉词跋》)、《三英集》(见毛晋《和清真词跋》)、《清真词》二卷后集一卷(见《直斋书录解题》)、曹杓《注清真词》(同上)、《周词集解》(见《乐府指迷》)等，均佚。今存周词别集可分两个版本系统：一为淳熙溧水刊《清真集》本，一为宋陈元龙注《片玉集》本。溧水本《清真集》二卷，宋淳熙七年(1180)刻于溧水县斋，晋阳强焕序，收词一百八十二首。明汲古阁《宋六十名家词・片玉词》二卷似从此出，毛晋增其二首，补遗十首，总一百九十四首。《西泠词萃》许增校本题号、篇数悉同汲古阁。大鹤山人(郑文焯)校本题覆《清真集》，分卷及篇数同汲古阁，而字句多异，并附《校后录要》一卷。陈元龙注《片玉集》全名《详注周美成片玉集》，十卷，嘉定四年(1211)庐陵刘肃序，收词一百二十七首，按春、夏、秋、冬四景、单题、杂赋六类编排。有《彊村丛书》朱孝臧校本、陶湘涉园影宋覆刻本。又，明吴讷《唐宋名贤百家词》本《片玉集》同此而抄补二十八首，共一百五十五首。元刊巾箱本《清真集》二卷篇数与编类同宋陈注旧本而题名更易，并十卷为二卷。有明隆庆盟鸥园主人影抄本传世，王鹏运据以刻入《四印斋所刻词》，又附“集外词”五十四首，计一百八十一首。林大椿校本《清真集》二卷补遗一卷据四印斋本，又增补十三首，计一百九十四首。唐圭璋《全宋词》据四印斋本增删，得周词一百七十九首，断句一，附录十九，不分卷。吴则虞校《清真集》据林本再增十四首并断句一，共二百零六首并断句一。今注本以罗忼烈《周邦彦清真集笺注・词笺》最为详备，收词一百三十二首，附词八十首，共二百一十二首。三联书店香港分店1985年出版。

济南词　词别集。宋李廌著。廌有《济南集》二十卷，但早已亡佚。《四库全书》载《济南集》八卷，乃自《永乐大典》中辑出，卷四载词三首。有周泳先辑本。《全宋词》则自《梅苑》卷七、《乐府雅词拾遗》卷上、《碧鸡漫志》卷一、《唐宋诸贤绝妙词选》卷四录出，校以四库本，存词四首。

断肠词　词别集。宋朱淑真著。旧本已不可考，明毛晋汲古阁刊《断肠词》一卷，系据明洪武三年(1370)抄本订正，与《漱玉词》合刊入《诗词杂俎》中，存词二十七首。《四库全书》本用毛本，《丛书集成》亦据毛本影印。毛刻校勘不精，光绪己丑(1889)况周颐校补汲古阁未刊本，刊入《四印斋所刻词》中，与《漱玉词》合为一集，此本与《诗词杂俎》本互有异同，况氏订误补遗，得词三十一首。《全宋词》则从紫芝漫抄本录出，并略有增补考订。另有张璋、黄畬校注《朱淑真集》排印本，上海古籍出版社1986年出版。

晁叔用词 词别集。宋晁冲之(字叔用)著。《直斋书录解题》著录"一卷"。宋代有长沙坊刻《百家词》本，今已不传。近人赵万里从《乐府雅词》、《全芳备祖》、《苕溪渔隐丛话》、《花草粹编》等书中辑得十六首，刊入《校辑宋金元人词》中，《全宋词》即据赵万里辑本收入，并有考订。

和清真词 词别集。宋杨泽民著。所收词均按周邦彦《清真集》篇目排次，并依其原韵奉和，因以名集。通行有江标《宋元名家词》本，此据汲古阁未刊本刻印，载词九十二首。另有数种抄本，藏北京图书馆。《全宋词》则从傅增湘校江标本录出。

聊复词 词别集。宋赵令畤著。令畤有《聊复集》，今已不传。《直斋书录解题》著录其词"一卷"，亦已不可见。近人赵万里有辑本，系自《乐府雅词》、《花庵词选》及赵令畤自撰《侯鲭录》中辑出，存词三十六首，刊入《校辑宋金元人词》中，赵万里序称，自《侯鲭录》辑得《商调蝶恋花》十二首，与曾布《水调歌头》咏冯燕事(载《玉照新志》卷二)、董颖《道宫薄媚》咏西施事(载《乐府雅词》上)体制相似。惟董颖所作为大曲，故曲外无叙事之文。赵令畤则置本事于曲前。《全宋词》用赵万里辑本并略有增补考订，存词三十七首，断句一则。

后湖词 词别集。宋苏庠(自号后湖病民)著。《直斋书录解题》著录"一卷"。旧本久佚。近人刘毓盘有辑本，得词二十六首。易大厂据旧辑本校印，收入《北宋三家词》中，附有校记一卷。《全宋词》从《乐府雅词》卷下录出，存词二十三首。

颐堂词 词别集。宋王灼著。通行有《彊村丛书》本，系用宋乾道刊本翻刻，存词二十一首，《全宋词》即从彊村本悉数采入。

乐斋词 词别集。宋向滈著。《直斋书录解题》著录"一卷"。今有《唐宋名贤百家词》本，存词四十三首。江标《宋元名家词》本出自彭文勤知圣道斋藏汲古阁未刊本。《全宋词》则从紫芝漫抄本录出，存词四十三首。另有数种抄校本，分藏各地，其中星凤阁抄校本今藏北京图书馆。

紫阳真人词 词别集。宋张伯端(人称紫阳真人)著。张伯端有《悟真篇》。《道藏·悟真篇》卷五及拾遗共载词二十五首，《四库全书·悟真篇》载词十三首。《彊村丛书》用元刊《悟真篇》本，存词十二首。《全宋词》则从涵芬楼影明正统《道藏·修真十书》本录出，存词二十六首，另增补一首。

北湖诗余 又称《北湖长短句》。词别集。宋吴则礼(号北湖居士)著。《直斋书录解题》著录"北湖集十卷，长短句一卷"，《永乐大典》载有韩驹《北湖集序》，称则礼之子垌编集为三十卷。是集世久无传。《四库全书》本《北湖集》五卷系四库馆臣自《永乐大典》中辑出，卷四载词二十七首。《彊村丛书》本用知不足斋藏抄《北湖集》本，《全宋词》则自涵芬楼秘笈第四集影印旧抄本《北湖集》卷四录出。

石门长短句 词别集。宋释惠洪(居洪州石门)著。《直斋书录解题》著录"石门文字禅三十卷"。据明万历二十五年(1597)径山兴圣万寿禅寺刻本所题，此集系其门人觉慈编，该本卷首有万历二十五年达观和尚序文。《四库全书》所收《石门文字禅》卷一七载词八首。《四部丛刊》初编据江南图书馆藏明径山寺本缩印，卷一七亦载词八首。《全宋词》自周泳先辑本录出，有增删，存词二十一首。

阳春集 词别集。宋米友仁著。原无此集。《知不足斋丛书》本是集卷末有米友仁自跋及鲍廷博跋。鲍氏跋文称"此卷为其自书小词，南宋时藏金陀岳氏，录存《宝真斋法书赞》中"，又称"近年始获见之，亟为刊定"。此本载词十八首。《四库全书》本《宝真斋法书赞》载词同。《彊村丛书》本用聚珍版《宝真斋法书赞》本，《全宋词》亦从武英殿聚珍版《宝真斋法书赞》卷二四录出。

丹阳词 词别集。宋葛胜仲(丹阳人)著。《直斋书录解题》著录"一卷"。旧本已佚。今有《唐宋名贤百家词》本，存词八十首。通行有毛晋汲古阁刊《宋六十名家词》本，《四库全书》用毛本，但有考订。清四库馆臣又据《永乐大典》辑其遗文，得《丹阳集》二十四卷，其中卷二三存词一卷。《全宋词》用校汲古阁本，略有校订，并从《四库全书》本《丹阳集》卷二三增补二首，共存词八十二首。另有数种抄校本，其中毛扆校本今藏北京图书馆。

初寮词　词别集。宋王安中著。安中曾筑室曰"初寮",因以名集。《直斋书录解题》著录"一卷"。旧本已佚。今有《唐宋名贤百家词》本,存词四十九首。通行本有毛晋汲古阁刊《宋六十名家词》本,《四库全书》用毛本。陶湘《景汲古阁钞宋金词七种》中有《初寮词》一卷,《全宋词》据景汲古阁本并有考订增补,存词五十四首,断句一则。另有数种抄校本,其中毛扆校本今藏北京图书馆。

李庄简词　词别集。宋李光(谥庄简)著。据《四库全书总目》称,《庄简集》明初尚存,其后散佚。四库馆臣从《永乐大典》中掇采编次,得《庄简集》十八卷,收入《四库全书》中,卷七载词十三首。近人李慈铭将之别录,久拟付刊,然因脱误甚多,无善本可校。后并入王鹏运《四印斋所刻词》中。《全宋词》即从四印斋本录出,另据《永乐大典》增补一首。

苕溪词　又称《苕溪乐章》、《刘行简词》。词别集。宋刘一止(字行简)著。据《宋史》本传及《直斋书录解题》,其著述皆作《非有斋类稿》。后称《苕溪集》,不知何人所改。《直斋书录解题》著录"刘行简词一卷",旧本今已不传。今有《唐宋名贤百家词》本,存词四十二首。《彊村丛书》本用旧藏抄本,《全宋词》据《彊村丛书》本刊入,存词四十二首。

石林词　又称《石林琴趣外篇》。词别集。宋叶梦得(号石林居士)著。《直斋书录解题》著录"一卷",又著录其注本江阴曹鸿"注琴趣外篇三卷",二书均已不传。《唐宋名贤百家词》本存词一百首,卷后有绍兴十七年(1147)东莞关注跋文。叶梦得殁于宋绍兴十八年(1148),可见该集在其生前已成编。另有毛晋汲古阁刊《宋六十名家词》本,《四库全书》承用毛本。毛本颇多疏舛,《四库全书总目》卷一九八对毛本有辨证。《全宋词》据紫芝漫抄本录入并略有增补,存词一百零二首。又有数种抄本,其中毛扆校本(皕宋楼藏书)今藏北京图书馆。

浮溪词　词别集。宋汪藻著。汪藻有《浮溪集》,后亡佚不存。《四库全书》本《浮溪集》三十二卷系四库馆臣从《永乐大典》中辑出,卷三二载词三首。《彊村丛书》用明刊《浮溪文粹》本,《全宋词》亦从《浮溪文粹》录出并略有考订,存词四首。

芊呕集　词别集。宋田为著。原本不传。今有近人赵万里辑本,得词六首,刊入《校辑宋金元人词》中。《全宋词》即用赵万里辑本。

樵歌　又称《太平樵唱》。词别集。宋朱敦儒著。《直斋书录解题》著录"一卷",《文献通考》亦著录"一卷",《宋史·艺文志》则著录"三卷"。旧本岁久已佚。《唐宋名贤百家词》本存词二卷,二百四十五首。《宛委别藏》载《樵歌》三卷,则据传抄汲古阁旧抄本录入。四印斋单刻本三卷,据吴枚庵抄校本。《四印斋所刻词》载有《樵歌拾遗》,系抄自知圣道斋所藏汲古阁未刊本,存词三十余首。《彊村丛书》本存词三卷,系以范声山校旧抄本为底本,参校吴枚庵抄校本,校订颇为精审。《全宋词》即用《彊村丛书》本并略有考订增删。文学古籍刊行社1958年出版龙元亮校本,该本以《彊村丛书》本为底本,取《四印斋所刻词》本和常熟瞿氏铁琴铜剑楼藏旧抄本(今藏北京图书馆)、周左季鸽峰草堂抄校本和《乐府雅词》、《花庵词选》等重要选本细加比勘,择善而从,另附有多种参考资料。

卢溪词　词别集。宋王庭珪(号卢溪)著。《直斋书录解题》著录"一卷"。原本久佚。今有《唐宋名贤百家词》本存词四十三首。近人赵万里称,平生所见有吴讷《四朝名贤词》本及毛扆校紫芝漫抄本,赵氏据毛本参校吴本,并旁搜《花庵词选》、《历代诗余》、《钦定词谱》诸书,辑词四十二首,附录一首,收入《校辑宋金元人词》中。《全宋词》用赵万里校本而未尽从原校,有删改。

赤城词　词别集。宋陈克(号赤城居士)著。《直斋书录解题》著录"天台集十卷……长短句三卷附",又著录"赤城词一卷"。宋代有全集本及单刻本,但均已不可见。曾慥《乐府雅词》录陈克词三十六首。《彊村丛书》本据林无垢校补旧抄本,存词四十首。近人赵万里别有辑本,刊入《校辑宋金元人词》中,辑词四十一首,附录一首。《全宋词》用赵万里辑本增补,存词五十一首。孔凡礼又从《诗渊》中补辑四首,收入《全宋词补辑》。

宋徽宗词　词别集。宋徽宗赵佶著。此集原无刊本流传,清光绪年间曹元忠有辑本,得词十七首,断句一则,但多误收他人之作。《彊村丛书》用曹元忠辑本,《全宋词》亦自曹元忠辑本录出,但有删补,存词十二首,断句二则。

沈文伯词　词别集。宋沈会宗著。旧本已不可考,有近人赵万里辑本,刊入《校辑宋金元人词》中,存词二十三首,附录二首。《全宋词》用赵万里辑本但有删略。

华阳词 又称《华阳长短句》。词别集。宋张纲(号华阳老人)著。纲有《华阳集》四十卷,《四库全书》本《华阳集》四十卷,卷三九载词一卷,存词三十五首。《彊村丛书》本用善本书室藏抄《华阳集》本,《全宋词》则录自铁琴铜剑楼旧藏影宋抄本《华阳集》卷三九。

梁溪词 又称《丞相李忠定公长短句》。词别集。宋李纲著。据宋嘉熙元年(1237)莆田刘克庄序(见《四印斋所刻词》本附)称,尝于李纲曾孙处见其家集,有长短句数十首,为世人所未见,故锓板附《李忠定公大全集》后。旧本已佚。今有《四印斋所刻词》本,存词五十首。《全宋词》则以丹铅精舍抄本为底本,参校四印斋本并有所订正增补,共存词五十二首,断句二则。

紫微词 词别集。宋吕本中著。近人赵万里有辑本,得词二十六首,刊入《校辑宋金元人词》中。《全宋词》即自赵万里辑本采入,另有考订增补,存词二十七首。

漱玉词 词别集。宋李清照著。《郡斋读书志》卷四下著录"李易安集十二卷",《直斋书录解题》卷二一著录"漱玉集一卷",注云"别本分五卷",黄昇《唐宋诸贤绝妙词选》卷一〇则称"漱玉词三卷",《宋史·艺文志》著录"易安居士文集七卷,又易安词六卷",各家著录颇不一,但其在宋代有全集本及词集单刻本,旧本元以后散佚。明毛晋《诗词杂俎》据明洪武三年(1370)抄本录入并略有增补,录词十七首,《四库全书》本即用《诗词杂俎》本,《丛书集成》所收《漱玉词》亦据《诗词杂俎》本影印。《四印斋所刻词》以宋曾慥《乐府雅词》所录二十三首为主,旁搜宋人选本、说部,又得二十七首,皆为一集,虽较毛本为多,但真伪杂出。近人赵万里辑本录词四十三首,附录十七首则标明为前人误收误引者,刊入《校辑宋金元人词》中,此本甄别较严,较毛、王二本为佳。李文裿辑本存词七十七首,虽用力甚勤,但误收多,所注出处亦有不可信者。《全宋词》录词四十七首,断句十,用赵万里辑本增补。孔凡礼《全宋词补辑》又增补一首。中华书局《李清照集》存词四十四首,1962年版,附录三十五首及逸句。另有王学初《李清照集校注》,人民文学出版社1979年版;黄墨谷《重辑李清照集》,齐鲁书社1981年版,并附有多种参考资料。

得全词 又称《得全居士词》。词别集。宋赵鼎(号得全居士)著。《直斋书录解题》著录"一卷"。旧本久佚不传。清四库馆臣从《永乐大典》中辑得《忠正德文集》十卷,收入《四库全书》中,集中卷六存词二十五首。另有《别下斋丛书》本。近人王鹏运《四印斋所刻词》,收有《南宋四名臣词集》,存其词四十五首。于诸本为最多,据王氏跋,谓从况夔笙(周颐)藏本抄来,其源出何本,殊无说明。《全宋词》据四印斋本录入。

龟溪词 又称《龟溪长短句》。词别集。宋沈与求(号龟溪)著。《直斋书录解题》著录"龟溪集十二卷",但宋本已不可见。《四库全书》本《龟溪集》十二卷,卷三载词三首,《吴兴丛书》所载《龟溪集》亦同。《彊村丛书》本自明刊《龟溪集》录出,载词四首。《全宋词》则从《四部丛刊》续编影明万历本《沈忠敏公龟溪集》卷三录出。

酒边词 又称《酒边集》。词别集。宋向子諲著。《直斋书录解题》著录"一卷",《文献通考》著录同,并有胡寅序。吴昌绶双照楼影宋本分"江南新词"与"江北旧词"二部,前者存词一百一十四首,后者存词六十三首,共存词一百七十七首。《唐宋名贤百家词》本,卷首有胡寅序,分部与双照楼影宋本同。毛晋汲古阁刊《宋六十名家词》本,将上述二部分为上、下二卷,目次与影宋本同,卷首亦有胡寅序,《四库全书》用毛本。《全宋词》据双照楼影宋本刊入,略有校订并增补一首。又有数种抄校本,其中陆贻典校本(皕宋楼藏书)今藏北京图书馆。

友古词 又称《友古居士词》。词别集。宋蔡伸(号友古居士)著。《直斋书录解题》著录"一卷"。旧本已佚。今有《唐宋名贤百家词》本,存词一百七十五首。又有明毛晋汲古阁刊《宋六十名家词》本,《四库全书》用毛本。毛本颇多疏舛,《四库全书总目》有考订。《全宋词》从《唐宋名贤百家词》录出,其中误字据毛扆抄校本订正。

鄱阳词 词别集。宋洪皓(籍鄱阳)著。《四库全书》载《鄱阳集》四卷,系自《永乐大典》中辑出,卷三载词十四首。《彊村丛书》用吴伯宛校补旧抄《鄱阳集》本,存词十七首。《全宋词》用彊村本但自《永乐大典》增补四首,并有考订,存词二十一首。

惜香乐府 又称《仙源居士惜香乐府》。词别集。宋赵长卿(号仙源居士)著。毛晋汲古阁刊《宋六十名家词》本,存词十卷,共三百五十八首。据毛氏跋文,此集为乡贡进士刘泽所集,以春、夏、秋、冬景及总词、贺生辰等分类。《四库全书》用毛本。《全宋词》从陆贻典校汲古阁本录出，并据他本有所订正。

筠溪词　又称《筠溪乐府》。词别集。宋李弥逊(号筠溪翁)著。《四库全书》本《筠溪集》附《乐府》一卷，存词八十七首。《四印斋所刻词》本则间有讹脱。《全宋词》据《四库珍本·筠溪集》录入，略有订正，并增补一首，存词八十八首。

无住词　又称《简斋词》。词别集。宋陈与义(号简斋，曾居无住庵)著。《直斋书录解题》著录"一卷"。宋本《增广笺注简斋诗集》载词十八首，今存。此本系宋光宗绍熙元年(1190)胡穉笺注，卷首有绍熙壬子(1192)楼钥序、胡穉自序及刘辰翁序。宋本原刻旧藏常熟瞿氏铁琴铜剑楼，商务印书馆将其缩印，收入《四部丛刊初编》。吴讷《唐宋名贤百家词》录有《简斋词》一卷，存词十八首。毛晋汲古阁刊《宋六十名家词》亦录有《无住词》一卷，《四库全书》即用毛本。《四库全书》本《简斋集》卷一六亦载有其词。《彊村丛书》本则从鲍廷博校影宋抄胡穉笺本采入，卷末有吴昌绶跋。《全宋词》自宋本录入，略去注文并有订正。上海古籍出版社1990年出版白敦仁《陈与义集校笺》，校笺本以《四部丛刊》影印瞿氏藏宋本为底本，参校多种版本，其中《无住词》十八首之校笺，颇为精审详实。

晦庵词　词别集。宋李处全(一作权)著。《直斋书录解题》著录"一卷"。旧本岁久已佚。《唐宋名贤百家词》本存词四十七首。另有《四印斋所刻词》本。《全宋词》从四印斋本录出，存词四十七首。

冲虚词　词别集。宋孙道绚(号冲虚居士)著。旧本已不可考，今有近人赵万里辑本，得词九首附录三首。刊入《校辑宋金元人词》中。《全宋词》用赵万里辑本并略有考订。

芦川词　词别集。宋张元幹(自号芦川老隐)著。《直斋书录解题》著录"一卷"，《宋史·艺文志》著录"二卷"。吴昌绶双照楼影宋本《芦川词》二卷，存词一百八十五首。《唐宋名贤百家词》本，存词一卷，编次与影宋本有异。而毛晋汲古阁刊《宋六十名家词》本编次与宋刊二卷本大体相同。《四库全书》用毛本。又《四库全书》中《芦川归来集》十卷，系从《永乐大典》中辑出、与抄本校勘删补而成，卷五至卷七共存词三卷。《全宋词》用双照楼影宋本，略有考订，并增补一首。1991年，上海古籍出版社出版曹济平校注《芦川词》，该书以《全宋词》作底本，参校《百家词》本、《宋六十名家词》本及双照楼影宋本等，并附有传记序跋、书目提要、年谱简编、诸家酬唱等多种参考资料。另有数种抄校本，其中士礼居藏影写宋本及毛扆校本今藏北京图书馆。

栟榈词　又称《栟榈乐府》。词别集。宋邓肃著。明正德本《栟榈文集》存其词。《四库全书》本《栟榈集》附词一卷，存词四十四首。《四印斋所刻词》收其词一卷。《全宋词》则从明正德本文集录出，存词四十五首。

飘然词　又称《飘然先生词》。词别集。宋欧阳澈著。宋高宗绍兴二十六年(1156)吴沆将欧阳澈诗编为《飘然集》三卷并为之序，称"读之飘然有不群之思迹"。《四库全书》本卷六载词七首。《彊村丛书》本用善本书室藏抄《欧阳修撰集》本，《全宋词》则自《豫章丛书》本《飘然集》录出。

相山词　又称《相山长短句》、《相山居士词》。词别集。宋王之道(自号相山居士)著。《直斋书录解题》卷一八著录"相山集二十六卷"，卷二一著录"相山词一卷"。《宋史·艺文志》著录"相山居士文集二十五卷、相山长短句二卷"，与上述著录异，其故不详。旧本今已不可见。今有《唐宋名贤百家词》本，存词一百八十四首。清四库馆臣从《永乐大典》中搜辑编次，得《相山集》三十卷，收入《四库全书》中，内卷一六、一七、一八存词。据唐圭璋考订，此本较明抄本多四首，少二十七首，但可订补明抄本者颇多。《彊村丛书》本用梅禹金藏明抄本，但全未校勘，讹脱颇多。《全宋词》则用紫芝漫抄本，异文从劳格校本，并从《四库全书》本《相山集》卷一八增补二首，共存词一百八十六首。

灊山诗余　词别集。宋朱翌(号灊山居士)著。《直斋书录解题》著录"灊山集三卷"，但已久无传本。《四库全书》本《灊山集》三卷系四库馆臣自《永乐大典》中辑出，卷三载词四首。《彊村丛书》本用邵二云藏抄《灊山集》本，存词五首。《全宋词》则自《知不足斋丛书》本《灊山集》补遗录得三首，并有考订。

松隐乐府　又称《松隐词》。词别集。宋曹勋著。《四库全书》本《松隐集》卷三八、三九、四〇共存词三卷，一百五十八首。是集前载明正统五年(1440)大理寺正洪益中序，称只有家传抄本,从未刻板。《彊村丛书》本《松隐乐府》三卷用卢文弨抱经楼藏明抄《松隐文集》本,补遗一卷据善本书室藏抄《松隐词》补。《全宋词》则自《彊村丛书》本录入,存词一百八十三首。

东溪词 词别集。宋高登(号东溪)著。《四库全书》本《东溪集》二卷,为明人林希元所编,收词十二首。单行有《四印斋所刻词》本,《全宋词》从《四印斋所刻词》本录出并有订正,存词十二首。

逃禅词 词别集。宋杨无咎(号逃禅老人)著。《直斋书录解题》著录"一卷"。原本久佚。今有《唐宋名贤百家词》本存词一百七十三首。毛晋汲古阁刊《宋六十名家词》本讹脱颇多,《四库全书》用毛本。《全宋词》用毛扆校汲古阁本录入并增补四首,共存词一百七十七首。

秋声诗余 词别集。宋卫宗武著。宗武有《秋声集》,久佚。《四库全书》本《秋声集》六卷系从《永乐大典》采辑编次而成,卷首有至元甲午(1294)张之翰原序及作者自序。以古今骚人多寓意秋声中而名集。是集卷四载词十一首。《彊村丛书》本从《永乐大典》本《秋声集》中辑出,《全宋词》则从《四库全书珍本初集》本《秋声集》中采录。

浮山诗余 词别集。宋仲并著。《宋史·艺文志》著录"浮山集十六卷",但旧本已佚。《四库全书》本《浮山集》十卷系四库馆臣从《永乐大典》所载裒辑订正而成,卷三载词三十二首。《彊村丛书》本从《永乐大典》中辑出,《全宋词》则自《四库全书珍本初集》本《浮山集》卷三录出并有增补。

归愚词 词别集。宋葛立方著。立方曾自题草庐云:"归愚识夷途,游宦灭捷径",因以名集。《直斋书录解题》著录"一卷"。原本久佚。《唐宋名贤百家词》本存词一卷,共三十九首。毛晋汲古阁刊《宋六十名家词》本间有脱误,《四库全书》本用毛本。《全宋词》据毛扆校汲古阁本收入,存词三十九首。

顺庵乐府 词别集。宋康与之(号顺庵)著。《直斋书录解题》著录"五卷"。据黄昇《中兴以来绝妙词选》卷一称,当时所得官本,乃其婿赵善贡及其友陶安世所校订,《直斋书录解题》亦称陶安世为作序,足见其结集较早,但旧刻本明以后已不可见。近人刘毓盘、赵万里有辑本。赵辑得三十五首,附七首,刊入《校辑宋金元人词》中。《全宋词》用赵万里辑本,存词三十八首,断句五则。

屏山词 词别集。宋刘子翚(世称屏山先生)著。《直斋书录解题》卷一八著录"屏山集二十卷",此集乃其嗣子坪所编,朱熹为之序,《四库全书》本《屏山集》即用此本,集中卷二〇载词四首。《彊村丛书》本从明刊《屏山集》本录出;《全宋词》亦自明正德七年(1512)刘泽刊本《屏山集》录入。

大声集 词别集。宋万俟咏著。据王灼《碧鸡漫志》卷二记载,该集自分两体,曰"雅词"、"侧艳"。后召试入官,以"侧艳"体无聊太甚,删削再编,分五体,曰"应制"、"风月脂粉"、"雪月风花"、"脂粉才情"、"杂类",周邦彦为之序,目之曰"大声"。《直斋书录解题》卷二一著录"五卷"。宋本久已亡佚,近人刘毓盘、赵万里各有辑本。刘辑得二十三首。赵辑得二十七首,附录二首,刊入《校辑宋金元人词》中。赵辑晚出,亦较精审。《全宋词》用赵万里辑本。

澹庵词 又称《澹庵长短句》。词别集。宋胡铨(号澹庵)著。《直斋书录解题》著录"澹庵集七十八卷",《宋史·艺文志》著录"七十卷",原本岁久已佚。《四库全书·澹庵文集》系辑其残帙而成。卷六附载长短句十五首。乾隆二十二年(1757)练月楼有《澹庵文集》刊本。咸丰六年(1856)《别下斋丛书》重刊本载有《澹庵长短句》一卷,存词十五首。《四印斋所刻词》中《南宋四名臣词》载有《澹庵长短句》十五首,据王鹏运跋文称,此本系自况周颐处抄得。《全宋词》用四印斋本,另据《挥麈后录》卷一〇增补一首。

汉滨诗余 词别集。宋王之望著。《四库全书》本《汉滨集》十六卷系自《永乐大典》辑出,但未收词。《彊村丛书》本自《永乐大典》辑出,《全宋词》即从《彊村丛书》录入,存词二十六首。

鄮峰真隐大曲 词别集。宋史浩著。《直斋书录解题》著录"《鄮峰真隐漫录》五十卷",《宋史·艺文志》著录同。宋本久已失传。《四库全书》本《鄮峰真隐漫录》五十卷,为其门下弟子编排,卷四五至卷四八载大曲二卷,词曲二卷。《彊村丛书》本《鄮峰真隐大曲》二卷、《鄮峰真隐词曲》二卷,用史氏裔孙传录四库本,并以天一阁藏抄进呈底本校订,出校记一百四十余条附集后,颇为精审。《全宋词》据《彊村丛书》本录入,并依朱氏校记订正四库本妄改之处,并有增补。

樵隐词 又称《樵隐诗余》。词别集。宋毛仟著。《直斋书录解题》著录。"一卷"。旧本已佚。《唐宋名贤百家词》本存词四十二首。毛晋《宋六十名家词》有其跋文，谓该本出自杨梦羽秘藏宋元名家词抄本，卷首有乾道二年(1166)永嘉王木叔序，《四库全书》用此本。《全宋词》从陆贻典、黄子鸿、毛扆校汲古阁本录出，并有校订。

方舟词 又称《方舟诗余》。词别集。宋李石(号方舟)著。《直斋书录解题》著录"方舟集五十卷后集二十卷"，明后已无传本。《四库全书》本《方舟集》二十四卷系四库馆臣从《永乐大典》中辑编而成，卷六载词三十四首。《彊村丛书》本亦自《永乐大典》辑出，《全宋词》则从《四库全书珍本初集》本《方舟集》卷六采入，但略有考订并有增补。

知稼翁词 又称《知稼翁集》、《知稼翁词集》。词别集。宋黄公度(号知稼翁)著。《直斋书录解题》著录"一卷"。原本已不可见。今有《唐宋名贤百家词》本，卷首有宋淳熙己酉(1189)曾丰序，称此集为黄公度之子沃通守临川时所刻；卷末有黄沃跋文，称"此词近方搜拾，未得其半，姑录而藏之，以传后裔"；每词之下，系以本事，并详及同时唱酬诗文。另有毛晋汲古阁刊《宋六十名家词》本，《四库全书》用毛本。又《四库全书》本《知稼翁集》二卷，系明天启五年(1625)黄公度裔孙崇翰所刊，据称为前朝秘府本，尚有御印，但似有佚遗，其中载词十六首。《全宋词》从汲古阁本录出，存词十五首。

海野词 又称《海野老人词》、《海野老人长短句》。词别集。宋曾觌(号海野老人)著。《直斋书录解题》著录"一卷"。旧本已佚。毛晋汲古阁刊《宋六十名家词》本存词一卷，一百零三首。《四库全书》本用毛本。《全宋词》从毛扆校汲古阁本录出，存词二卷，并略有订补，共存词一百零四首。

梅词 词别集。宋朱雍著。通卷咏梅，因以名集。《千顷堂书目》卷三二著录"三卷"。旧本已不可见。《四印斋所刻词》本，存词二十首。《全宋词》据《四印斋所刻词》本录入并有订正。另有黄荛圃藏旧抄本，今藏北京图书馆。

浩歌集 词别集。宋蔡柟著。《直斋书录解题》著录"一卷"，旧本明初尚存，《永乐大典》有引用，后散佚。近人赵万里有辑本，得词五首，收入《校辑宋金元人词》中。《全宋词》用赵辑本，并增补一首。

竹坡词 又称《竹坡老人词》。词别集。宋周紫芝(号竹坡居士)著。《直斋书录解题》著录"一卷"。旧本岁久已佚。《唐宋名贤百家词》存其词三卷，一百五十首。明毛晋汲古阁刊《宋六十名家词》载有《竹坡词》三卷，存词一百五十首。《百家词》本及毛本卷首皆有南宋乾道二年(1166)孙兢序，后有其子周栞跋，跋文称此本系乾道九年(1173)汇校宣城、浔阳两板而成。《四库全书》即据毛刻本收入。《全宋词》据毛扆校汲古阁本录入，略有考订，另自《太仓稊米集》卷二一增补六首。

云庄词 词别集。宋曾协(号云庄)著。原集久佚。《四库全书》本《云庄集》五卷系自《永乐大典》中辑出，卷首有宋宁宗庆元庚申(1200)傅伯寿序，卷二载词十四首。《彊村丛书》本亦自《永乐大典》中辑出，《全宋词》据此收入。

双溪诗余 又称《双溪词》。词别集。宋王炎(号双溪)著。此集为作者手编，但旧本已不可见。《四库全书》本《双溪集》存词一卷，五十二首。此集为沈一贯家旧本，明万历丙申(1596)王镃校正刊行，卷首有王炎于宋嘉定十一年(1218)撰写的词集自序。单行有《四印斋所刻词》本，《宋元人词》本。《全宋词》从劳权校旧抄本录出并有订正，存词五十二首。

燕喜词 词别集。宋曹冠著。《直斋书录解题》著录"一卷"。旧本久已不传。《四库未收书目提要》称，此书从毛氏汲古阁旧藏本录出。王鹏运《四印斋所刻词》称世鲜传本，仅一刻于海昌蒋氏《别下斋丛书》中，此本用汲古阁旧藏本，但印行未广，版佚无存。《四印斋所刻词》本以传抄本为底本，参校《别下斋丛书》本，存词六十三首。《全宋词》从四印斋本录出，并据《典雅词》本有所订正。

绮川词 词别集。宋倪偁著。今有《四印斋所刻词》本，存词三十三首，《全宋词》从《四印斋所刻词》本录出。

宣卿词 又称《袁去华词》、《袁宣卿词》。词别集。宋袁去华(字宣卿)著。《直斋书录解题》著录"一卷"。旧本已佚，今有《四印斋所刻词》本，《全宋词》据四印斋本录入，存词九十八首。

盘洲乐章 词别集。宋洪适著。《直斋书录解题》著录"《盘洲集》八十卷"，宋本原藏涵芬楼，为海内孤本。《四部丛刊》初编初印时收汲古阁影写本，重印时改影宋本，附有张元济札记，卷七八、七九、八〇三卷，存词一百三十三首。《四库全书》本《盘洲文集》系明毛氏汲古阁所藏，从宋刻影写，亦存词三卷。《彊村丛书》本《盘洲乐章》三卷，用洪氏晦木斋校刊《盘洲集》本，附有校记。《全宋词》用《彊村丛书》本并略有增补。

南涧词 又名《焦尾集》、《南涧诗余》。词别集。宋韩元吉（号南涧居士）著。元吉不喜鄙俗歌词，曾将所作歌词"未免于俗者取而焚之"（《焦尾集序》），余者手自编集，故名。《直斋书录解题》著录"一卷"。旧本岁久散佚。清四库馆臣从《永乐大典》中辑得《南涧甲乙稿》二十二卷，卷七为词。《彊村丛书》本用吴伯宛校补《南涧甲乙稿》本。《全宋词》则从《南涧甲乙稿》卷七录出，并作了校订增补，存词八十首。

介庵词 又称《介庵乐府》、《介庵赵宝文雅词》、《琴趣外篇》、《介庵琴趣》。词别集。宋赵彦端（号介庵）著。《直斋书录解题》著录"一卷"，《宋史・艺文志》著录"四卷"。宋本岁久已佚。《唐宋名贤百家词》载《介庵赵宝文雅词》四卷，存词一百五十三首。毛晋汲古阁刊《宋六十名家词》，存其词一卷，一百五十三首，毛氏跋文称此为其家旧藏，"板甚精良"，但不详为何本。《四库全书》本即用毛本。《彊村丛书》本《介庵琴趣外篇》六卷，附补遗一卷三十二首，系据汪阆源藏旧抄本，补遗则据汲古阁本校补，附有校记。《全宋词》则据毛扆校汲古阁本录入，以《百家词》本校，并自《彊村丛书》本增收三首，自杨金本《草堂诗余前集》卷下增收一首，存词一百五十七首，并有订补。

信斋词 词别集。宋葛郯著。《直斋书录解题》著录"一卷"。原本久佚。《唐宋名贤百家词》本存词三十首。江标《宋元名家词》本用彭文勤知圣道斋汲古阁未刊本，亦存词三十首，但编次与《百家词》本异。《全宋词》据《百家词》本采入。

澹轩诗余 词别集。宋李吕著。李吕有《澹轩集》，但久已不传。《四库全书》本《澹轩集》八卷系四库馆臣从《永乐大典》中辑编而成，卷四载词二十四首，多有舛讹。《彊村丛书》本亦据《永乐大典》录入，亦未辨真伪。《全宋词》从《四库全书珍本初集》本《澹轩集》采录，有考订，并增补一首。

西溪乐府 词别集。宋姚宽（号西溪）著。《直斋书录解题》著录"一卷"。旧本今已不可见，周泳先有辑本，《全宋词》即据此辑本刊入，存词五首。

澹斋词 词别集。宋李流谦著。流谦有《澹斋集》，《宋史・艺文志》未著录。《四库全书》本《澹斋集》十八卷，系四库馆臣从《永乐大典》中辑出编次而成，卷八存词二十五首，卷末附有其子廉榘嘉定甲戌（1214）原跋，称是集为其手自覆校而成。《彊村丛书》本亦自《永乐大典》中辑出。《全宋词》则自《四库全书》本录出并略有校订增补。

文简公词 词别集。宋程大昌（谥文简）著。宋本今已不可考。《彊村丛书》本系自《典雅词》中录出，存词四十六首。《全宋词》则据《彊村丛书》本录入，略有校补。

莲社词 又称《道情鼓子词》。词别集。宋张抡（号莲社居士）著。《直斋书录解题》著录"一卷"，宋时有长沙坊刻《百家词》本，岁久已佚。今有《彊村丛书》本，录其词一卷附补遗一卷，系据善本书室藏抄本录入。《全宋词》将《彊村丛书》本悉数采入并补录三首，共存词一百余首，但颇多缺文。

静寄居士乐章 词别集。宋谢懋（号静寄居士）著。黄昇《中兴以来绝妙词选》卷四称其"有乐章二卷"。旧本散佚已久，今有近人赵万里辑本，存词十四首，刊入《校辑宋金元人词》中。《全宋词》即据赵万里辑本收入。

竹洲词 词别集。宋吴儆（世称竹洲先生）著。旧本已佚。《唐宋名贤百家词》本存词一卷，二十一首。《四库全书》本《竹洲集》二十卷，卷首有宋理宗端平乙未（1235）程珌序及淳祐七年（1247）吕午序，卷二〇载词三十首。江标《宋元名家词》用汲古阁未刊本，载词二十一首。《全宋词》则自明万历本《吴文肃公文集》卷二〇录出并有考订。

渭南词 又称《放翁词》、《放翁长短句》。词别集。宋陆游（号放翁）著。《直斋书录解题》著录"渭南集三十卷"，卷二一著录"放翁词一卷"。南宋尝有全集本及单刻本，吴昌绶双照楼影宋本《渭南词》二卷，据《渭南文集》卷四九、卷五〇别录，存词一百三十首，此本与上述著录有异。陶湘按语称此本系嘉定三年（1210）陆游之子陆遹刻。《唐宋名贤百家词》本有淳熙己酉（1189）陆游自序，据此可知陆游词在其生前已结集。毛晋汲古阁曾据无锡华氏活字版本重刊《渭南文集》五十卷，内载词二卷。据毛氏跋称，因该本尚逸十二调，章次亦错见，故载订入《宋六十名家词》本《放翁词》中，《放翁词》并二卷为一卷，较文集本精密，此本今有

《四部丛刊》影印本。《四库全书》中《渭南文集》即用汲古阁本，内卷四九、卷五〇存词二卷；《放翁词》一卷，亦用毛本。《全宋词》将双照楼影宋本录入且有增补，共存词一百四十三首。中华书局1976年曾以北京图书馆藏宋嘉定十三年(1220)溧阳刻本《渭南文集》作底本，排印出版《陆游集》，其中载词二卷。另有数种抄校本，毛扆校本原为皕宋楼藏书，今藏北京图书馆。

梅山词 又称《梅山长短句》。词别集。宋姜特立作。《直斋书录解题》著录“梅山诗稿六卷、续稿五卷”。旧本已佚。《四库全书》本《梅山续稿》十八卷，出自清人休宁(今属安徽)汪森家，附以杂文及词，存词二十首，增辑者不详。汪森序称其流传绝少，故缮写以传。《四印斋所刻词》本存词二十首，但间有脱误。《全宋词》从四印斋本录出。

箫台公余词 词别集。宋姚述尧著。述尧宋孝宗乾道四年(1168)知温州乐清县，县有箫台峰，其词皆官乐清时所作，因以名集。《宋史·艺文志》著录有“箫台公余词一卷”。《彊村丛书》本用劳权沤喜亭藏旧抄本，存词六十九首，《全宋词》即从《彊村丛书》本录出。

石湖词 词别集。宋范成大(自号石湖居士)著。《直斋书录解题》著录“一卷”。据《永乐大典》所引，宋本《范石湖大全集》载有词。但旧本今已不可见。明鲍廷博辑录八十九首，刊入《知不足斋丛书》中。然鲍本疏于校勘，《彊村丛书》本(附补遗一卷及校记)据王鹏运校《知不足斋丛书》本，并用韩氏读有用书斋藏汲古阁抄本校订，最为精审。《全宋词》则据武进陶氏影印汲古阁抄本录入，增补三十余首，共存词一百零二首，断句三则。孔凡礼又从《诗渊》中补入八首，刊入《范成大佚著辑存》中。上海古籍出版社1981年出版的《范石湖集》，载词一卷，附《补遗》，该本以《知不足斋丛书》本为底本，参校他本，又将各本间重要异文作校记附录于后。

近体乐府 又称《平园近体乐府》。词别集。宋周必大著。毛晋汲古阁《宋六十名家词》本系从其文集摘录而成，存词十二首。《四库全书》用毛本。《彊村丛书》本则从翻宋刊《平园集》录出，存词十三首，较毛本多《点绛唇》一首，字句亦略有不同。《全宋词》据晨风阁本《益公大全集·近体乐府》录入，并增补四首，共存词十七首。

诚斋乐府 词别集。宋杨万里(号诚斋)著。日本抄宋本《诚斋集》一百三十三卷今尚存，该本卷首有宋端平二年(1235)刘炜叔序，称“锓木于端平初元六月一日，毕工于次年乙未六月之既望”，卷末署曰“嘉定元年(1208)春三月男长孺编定”、“端平元年夏五月门人罗茂良校正”，其中卷九七存词七首，《四部丛刊》初编即据此本影印。《四库全书》载《诚斋集》一百三十三卷，亦系嘉定元年其子长孺所编，其中卷九八存词七首。《彊村丛书》本据日本《诚斋集》抄本录入，《全宋词》自《诚斋集》卷九七录入，另从《诗人玉屑》卷二一增补一首，存词八首。

养拙堂词 词别集。宋管鉴著。今有《唐宋名贤百家词》本，存词六十八首。又有《四印斋所刻词》本，存词数与《百家词》本同，但编次略有异。《全宋词》从四印斋本录出，并略有订正。

王周士词 词别集。宋王以宁(字周士)著。《直斋书录解题》著录“一卷”，原本久佚。《唐宋名贤百家词》本存词三十二首。毛晋汲古阁有抄本，《宛委别藏》本、《彊村丛书》本均据汲古阁抄本刊刻。《全宋词》从《彊村丛书》本录入，存词三十二首。

芸庵诗余 词别集。宋李洪著。其原集无考。惟《永乐大典》中颇散见其文，别出陈贵谦原序一篇，称原本二十卷。四库馆臣从《永乐大典》中掇拾诗词杂文，厘为《芸庵类稿》六卷，收入《四库全书》中，卷五载词十首。《彊村丛书》本《芸庵诗余》一卷，则从《永乐大典》所载《芸庵集》中录出，存词十首。《全宋词》则从四库珍本初集《芸庵类稿》、《花庵词选》及《永乐大典》等书辑出，较彊村本多二首，少一首。

克斋词 词别集。宋沈端节著。《直斋书录解题》著录“一卷”。旧本已佚。通行有《唐宋名贤百家词》本，存词四十四首。另有毛晋汲古阁刊《宋六十名家词》本。《四库全书》用毛本。然毛本讹脱颇多，《全宋词》据汲古阁本并有所校订。又增补一首，存词四十五首。

晦庵词 词别集。宋朱熹(世称晦庵先生)著。《四部丛刊》初编《晦庵先生朱文公文集》一百卷，系用上海涵芬楼影印明嘉靖本，卷一〇存词十六首。《四库全书》本《晦庵集》、《朱子全书》均录有词，其中《晦庵集》系清康熙刊本，《朱子全书》则为汇刻本。《宋元名家词》用彭文勤知圣道斋抄宋元人词，此本出自汲古阁未刊本，存词十八首。《全宋词》自《宋元名家词》

录出并略有考订。

拙庵词 词别集。宋赵磻老著。有《四印斋所刻词》本，存词十八首。《全宋词》从《典雅词》本录出，编次大体与四印斋本同。

嬾窟词 词别集。宋侯寘著。《直斋书录解题》著录“一卷”。原本久佚。今有毛晋汲古阁刊《宋六十名家词》本，然该本校勘不精。《四库全书》用毛本，因无别本可校，仅改其明显脱讹者，不能断定者姑依其旧。《全宋词》系据后人校汲古阁本录入，共存词九十五首。

竹斋词 词别集。宋沈瀛(号竹斋)著。《直斋书录解题》卷二一著录“一卷”。旧本岁久已佚。《唐宋名贤百家词》本存词八十六首。《彊村丛书》本据知圣道斋藏明抄南词本刊出，而删去《野庵曲》等四首，近人赵万里《校辑宋金元人词》中《宋金元名家词补遗》一卷又将其补入。《全宋词》本则从紫芝漫抄本录出，存词九十首。

于湖词 又称《张孝祥词》、《于湖先生长短句》、《于湖居士乐府》、《于湖长短句》、《紫微雅词》。词别集。宋张孝祥(学者称于湖先生)著。《直斋书录解题》著录“一卷”，《宋史·艺文志》著录同。宋本今尚存二种，一为宋刊《于湖文集》四十卷，此集为宋宁宗嘉泰元年(1201)其弟张孝伯尽以家藏及诸家所刊属王大成校刊付梓，卷前有其门人谢尧仁及张孝伯序，其中卷三一至卷三四载词四卷，存词一百八十二首。今藏台北中央图书馆。《四部丛刊》本据之影印。另一宋本为影抄宋本《于湖先生长短句》五卷拾遗一卷，存词一百七十四首，与全集本互有得失，且目录下各注宫调。此本底本旧藏铁琴铜剑楼，陶湘将其影印，刊入《景刊宋金元明本词》中，卷前有宋乾道辛卯(1171)汤衡、陈应行两序。陈序称其长短句“凡数百篇”，因原稿散亡，已非其旧。该本次为目录，题“状元张孝祥撰”，目中各调下侧注宫调，五卷后为拾遗，一卷，其目录之页亦题作“状元张孝祥”，各目下并侧注宫调与全集本颇多异文，且题序详尽，然有妄改及误出之字句。《唐宋名贤百家词》本《于湖词》存词一百五十四首。毛晋汲古阁刊《宋六十名家词》本存词三卷，一百八十一首，《四库全书》即用毛刻本。《全宋词》则据《于湖居士文集》录入，又据《于湖先生长短句》及拾遗、《全芳备祖》、《永乐大典》等增补，存词二百二十三首，且多有考订，然未增补其侧注宫调。上海古籍出版社1980年出版徐鹏校点本《于湖居士文集》，此本以《四部丛刊》初编影印慈溪李氏藏宋刊本为底本，参校宋乾道本《于湖先生长短句》、《宋名家词》本《于湖词》、《百家词》本《于湖词》，双照楼校写本《全芳备祖词钞》、《永乐大典》等，有校记，其卷三一至卷三四载词四卷，另有《补遗》载词四十五首，并附有多种参考资料。

渔樵笛谱 词别集。宋宋自逊著。宋自逊词集在其生前已刊版，号称“雅词”，但久已散佚。今有近人赵万里辑本，得词七首附录一首，刊入《校辑宋金元人词》中。《全宋词》即用赵万里辑本录入。

西樵语业 词别集。宋杨炎正著。《直斋书录解题》著录“一卷”。旧本已不可见。《唐宋名贤百家词》本存词三十七首。《四库全书》本用毛晋汲古阁刊《宋六十名家词》本而有订正。《全宋词》据毛扆校汲古阁本收入，并补辑一首，存词三十八首。

江湖长翁词 词别集。宋陈造著。陈造有《江湖长翁集》，《宋史·艺文志》未著录，明崇祯年间李之藻曾刻之于高邮，然所刻仅文集四十卷，非足本，诗词俱未收。今有近人赵万里辑本，存词三首，刊入《校辑宋金元人词》中，系自《永乐大典》辑出。《全宋词》亦自《永乐大典》中辑得十首，并据赵万里辑本增补。

野逸堂词 也称《野逸堂长短句》。词别集。宋张孝忠著。《直斋书录解题》著录一卷。宋本岁久已佚。《全宋词》系自《永乐大典》中辑出，得词八首。

可轩曲林 又称《可轩词》。词别集。宋黄人杰著。《直斋书录解题》著录“一卷”。旧本今已不传，《永乐大典》有引用。为近人赵万里所辑，存词七首，刊入《校辑宋金元人词》中。《全宋词》亦从《永乐大典》等书中辑入，存词九首。

东泽绮语债 又称《东泽绮语》。词别集。宋张辑(号东泽)著。黄昇《中兴以来绝妙词选》卷九称张辑“有词二卷……朱湛卢为序”，旧本已不可见。《彊村丛书》本用善本书室藏明抄本存词一卷，共二十三首，《彊村丛书》并录有张辑《清江渔谱》一卷，系自吴伯宛辑本录出，存词十二首。《全宋词》据《彊村丛书》本收入，另据《江湖后集》等增补二十首并略有考订。

笑笑词 又称《笑笑词集》。词别集。宋郭应祥(号笑笑先生)著。《直斋书录解题》著录“一卷”。旧本已不可见。今有《唐宋名贤百家词》本存词一百二十九首，卷首有《笑笑先生传赞》及宋宁宗嘉定三年(1210)会稽詹傅序，卷末有嘉定元年滕仲因跋。《彊村丛书》本，系据毛扆校紫芝抄本刊入，存词数与上同。《全宋词》从《彊村丛书》本录出。

文定公词　又称《丘文定公词》。词别集。宋丘崈(谥文定)著。《四印斋所刻词》本据抄本刊行，缺《如梦令》二首，且多脱字。《彊村丛书》本据结一庐藏旧抄本刊行，卷末有《如梦令》二首，共存词八十首。《全宋词》据《彊村丛书》本收入，并从《永乐大典》增补一首。

金谷遗音　又称《金谷词》。词别集。宋石孝友著。《直斋书录解题》著录"一卷"。原本今已不可见。《唐宋名贤百家词》本存词一百五十首。另有毛晋汲古阁刊《宋六十名家词》本和《全宋词》本。《全宋词》据毛扆校汲古阁本录入并有校订，存词一百四十九首。

和石湖词　词别集。宋陈三聘著。此为作者和范成大(号石湖)之作，因以名集。明毛晋汲古阁有影抄宋本，近人陶湘将其影印行世，刊入《景汲古阁钞宋金词七种》中。《知不足斋丛书》亦录其词一卷，末附陈三聘跋文。据曹元忠《笺经室遗集》卷一三所载跋文称，毛本倡和相间，其间脱去一页(第三十五页)，而知不足斋本分倡和各自为卷，所据当非毛本。《彊村丛书》本据汲古阁抄本录入，但原有之题序及《眼儿媚》断句均未补入。《全宋词》则据陶氏影印本采入，并略有考订。

省斋诗余　又称《省斋词》。词别集。宋廖行之著。《直斋书录解题》著录"一卷"。旧本已佚。通行有《唐宋名贤百家词》本，存词四十一首。《彊村丛书》本用姚氏邃雅堂藏抄本。《全宋词》从《彊村丛书》本录出，存词四十一首。

松坡词　又称《松坡居士词》、《松坡居士乐府》。词别集。宋京镗(号松坡居士)著。《直斋书录解题》著录"松坡词一卷"，《宋史·艺文志》著录其词二卷。宋本久已失传。明吴讷《唐宋名贤百家词》本存词四十三首，卷首有宋宁宗庆元己未(1199)门下士莆田黄汝嘉跋，称"汝嘉辄再锓木豫章学宫，附于诗集之后"。《彊村丛书》本用知圣道斋藏明抄本，附有校记。《全宋词》则自《唐宋名贤百家词》本录入，并据《彊村丛书》本改正讹字。

客亭乐府　词别集。宋杨冠卿著。旧本无考。《四库全书》本《客亭类稿》十四卷系四库馆臣从《永乐大典》中辑出，卷一四载词三十六首。《彊村丛书》从《永乐大典》录出，《全宋词》则自八千卷楼抄本《客亭类稿》卷一四录出。

稼轩词　又称《稼轩乐府》、《稼轩长短句》。词别集。宋辛弃疾(号稼轩居士)著。《直斋书录解题》著录"四卷"。《宋史·艺文志》著录"稼轩长短句十二卷"。今辛词版本分二种，其一为四卷本，名曰《稼轩词》，存词四百三十九首，分甲乙丙丁四集，甲集有淳熙戊申门人范开序，此本无晚年之作，似为其生前所刊。其二为十二卷本，名曰《稼轩长短句》，存词五百七十三首，载有其卒年之作，当刊于其身后。此本较四卷本文字多有改定。毛晋汲古阁有影宋抄本《稼轩词》四卷。元大德己亥(1299)信州广信书院刊《稼轩长短句》十二卷，此本有明小草斋影写本，陶湘将小草斋抄本影印行世，刊入《景刊宋金元明本词》中。《四印斋所刻词》载《稼轩长短句》十二卷，系据元大德刊本翻刻。另有邓广铭《稼轩词编年笺注》，1978年上海古籍出版社重版，该书所据四卷本有汲古阁影宋抄本，《唐宋名贤百家词》本；所据十二卷本有元大德己亥广信书院刊本，明代王诏校刊、李濂批点本，《宋六十名家词》本，《四印斋所刻词》本等。此编即依据上述各本汇合比勘，并以法式善、辛启泰所辑《辛词补遗》及自《永乐大典》、《清波别志》、《草堂诗余》所辑之词增补，共得词六百二十六首。此编注释及编年，侧重搜采宋、元二代之史籍、文集、笔记等，诸书中之记载凡有助考明辛氏友辈之事迹者，唯以征举典实为重，如其词藻确为脱化前人之作者，皆为之寻根探源，注明出典，并附有辛词索引以便检索。

东浦词　词别集。宋韩玉(家东浦)著。《直斋书录解题》著录"一卷"。旧本已不可见。《唐宋名贤百家词》本存词二十八首。《四库全书》用汲古阁刊《宋六十名家词》本，《四库全书总目》对此多有辨证。《全宋词》据陶湘影汲古阁抄本收入，略有考订，存词二十八首。

定斋诗余　词别集。宋蔡戡著。《直斋书录解题》著录"定斋集四十卷"，此本为绍定三年(1230)其季子所刊，但已久佚不传。《四库全书》本《定斋集》二十卷为四库馆臣自《永乐大典》中搜采，并据他书增补订正而成，卷二〇载词三首。《彊村丛书》本自《永乐大典》中辑出，存词三首，《全宋词》从《定斋集》录入并略有订正。

默斋词　词别集。宋游九言(世称默斋先生)著。旧本失传。清鲍廷博有校补《默斋遗稿》本,《四库全书》即收此本,卷下存词四首。《彊村丛书》亦用鲍廷博校补本,《全宋词》据《彊村丛书》录入并略有校改。

鹤林词 词别集。宋刘光祖著。《直斋书录解题》著录"一卷"。黄昇《中兴以来绝妙词选》卷五云:"(光祖)有《鹤林文集》,小词附焉。"《中兴以来绝妙词选》所载,即自本集录出。旧本岁久已不传。近人赵万里从《中兴以来绝妙词选》、《翰墨大全》中辑词十一首,刊入《校辑宋金元人词》中。《全宋词》亦从上述二书中辑词十一首。

龙川词 又称《龙川长短句》。词别集。宋陈亮著。《宋史·艺文志》著录其词四卷,已佚。明吴讷《唐宋名贤百家词》本,存词一卷,共三十首。毛晋汲古阁刊《宋六十名家词》本附《龙川词补》,存词三十七首,《四库全书》用毛本。载词三十首,但前后不甚诠次。近人王鹏运《四印斋所刻词》有《龙川词补》,载词二十八首。《全宋词》从《龙川集》录入,略有校订,并据四印斋本、《全芳备祖》等补入四十余首。中华书局1974年出版校点本《陈亮集》,以清同治退补斋本为底本,参校他本,共载词七十四首。

散花庵词 又称《玉林词》。词别集。宋黄昇著。以所居名集。黄昇仿王逸编《楚辞》、徐陵编《玉台新咏》体例,选编《绝妙词选》,末附己词。近人陶湘将之辑入《景刊宋金元明本词》,收黄昇词三十八首。另《唐宋名贤百家词》本,存词三十二首。毛晋汲古阁刊《宋六十名家词》本从《绝妙词选》录出,并旁摭他书,增入五首,然将"黄昇"误作"黄昃","叔旸"误作"叔阳"。《全宋词》从《绝妙词选》本,并增补一首。

箕颍词 又称《曹元宠词》。词别集。宋曹组(字元宠)著。《直斋书录解题》卷十七著录"箕颍集二十卷",但久已不传。今有近人易大厂辑本附校记一卷,刊入《北宋三家词》中。又有赵万里辑本,存词三十五首,断句一则,刊入《校辑宋金元人词》中。《全宋词》即从赵万里辑本录入。

圣求词 又称《吕圣求词》。词别集。宋吕渭老(一作滨老,字圣求)著。《直斋书录解题》著录"一卷"。旧本岁久已佚。《唐宋名贤百家词》本存词一百三十四首,卷首有宋宁宗嘉定五年(1212)赵师屴序。又有毛晋汲古阁刊《宋六十名家词》本,《四库全书》本用毛本。《全宋词》用《百家词》本录入并有校订。

古洲词 词别集。宋马子严(号古洲居士)著。旧本无考,今有近人赵万里辑本,得词二十七首,刊入《校辑宋金元人词》中。《全宋词》用赵万里辑本,但编次不同,并有增补。

坦庵词 又称《坦庵长短句》。词别集。宋赵师侠著。此集为其门人尹觉编次、刻印并为之序。《直斋书录解题》著录"一卷"。原本久佚。今有毛晋汲古阁刊《宋六十名家词》本,《四库全书》本用毛刻本。《全宋词》从陆贻典校汲古阁本录出,并有校订,存词一百五十四首。

渭川居士词 词别集。宋吕胜己(号渭川居士)著。旧本已不可见,近人陶湘曾将汲古阁抄本影印行世,收入《景刊宋金元明本词》中,存词八十九首。《彊村丛书》用善本书室藏旧抄本,以铁琴铜剑楼藏抄本校,附有校记。《全宋词》则自陶湘影印本录出。

橘山乐府 词别集。宋李廷忠(号橘山)著。旧本无考,今有近人赵万里辑本,辑词十一首,刊入《校辑宋金元人词》中。《全宋词》自赵万里辑本录入,略有增补,存词十五首。

方是闲居士词 词别集。宋刘学箕(号方是闲居士)著。初版因兵乱失散,元至正辛丑(1361)其裔孙者重刻,《四库全书》本《方是闲居士小稿》上下二卷即据此重刻本影抄。下卷载词三十八首,卷首有嘉定间建阳刘淮、东里赵蕃及开封赵必愿三序,卷末有刘学箕自记及门人游郴等跋。刘学箕嘉定丁丑(1217)自记称是集为其手订而成,存词四十一首,与现存词数有异。《彊村丛书》本用善本书室藏抄本,存词三十八首。《全宋词》则从汲古阁影元抄本录出。

南湖诗余 又称《玉照堂词》、《玉照堂词钞》。词别集。宋张镃著。镃居临安,卜筑南湖,北园有玉照堂,因以名集。《四库全书》本《南湖集》十卷,卷一〇载词七十七首。《知不足斋丛书》本《南湖集》十卷自《永乐大典》中辑出,卷首有宋淳熙己酉(1189)杨万里序及乾隆四十六年(1781)鲍廷博序,卷一〇亦载词一卷,七十八首。《彊村丛书》用《知不足斋丛书》本,附有校记。《全宋词》亦从《知不足斋丛书》本录入并有校订增补。

龙洲词 又称《刘改之词》。词别集。宋刘过(号龙洲道人)著。《直斋书录解题》著录"一卷"。旧本已佚。今有《唐宋名贤百家词》本,存词上下二卷,共四十六首,其中误收李煜《长相思》词。另有毛晋汲古阁刊《宋六十名家词》本，《四库全书》用毛本。又《四库全书》本《龙洲集》十四卷，载有词二卷，卷首有宋端平元年(1234)刘过之弟刘澥序，称该集为其所辑刊。《彊村丛书》本为上下两卷，附有补遗、校记和跋文，该本用黄荛圃藏钱尊王校本为底本(钱校本源出宋椠)，参校明沈愚《怀贤录》及他本，颇为完备。《全宋词》据彊村本录入并有订补，存词七十六首，断句一则。上海古籍出版社1978年出版排印本《龙洲集》，为诗词文合编，所载词以《蟫隐庐丛书》本为底本，参校他本，附录有关资料。

白石道人歌曲 又称《白石词》、《白石先生词》、《白石词钞》。词别集。宋姜夔(号白石道人)著。《直斋书录解题》著录"白石词五卷"，《宋史艺文志补》著录"白石道人歌曲四卷别集一卷"。南宋嘉泰壬戌(1202)钱希武曾予刊行。有元至正间陶宗仪影写叶居仲抄本，此本为《白石道人歌曲》六卷附《别集》一卷，第六卷末有钱希武题识，《别集》后有淳祐赵与訔跋。卷一《铙歌》十四首《琴曲》一首，卷二《越九歌》十首，卷三令三十二首，卷四慢二十首，卷五自度曲十首，卷六自制曲四首。《别集》存词十八首。此本自度曲十七首旁注宫调，陶宗仪抄本传者甚多，一为乾隆八年(1743)江都陆钟辉刊本，此本将六卷并作四卷，与诗等合刊，乾隆三十六年(1771)又增刻集评、投赠等条。《四部丛刊》即据江都陆氏校刻本影印。又一为乾隆十四年(1749)张奕枢松桂读书堂刻本，共六卷，经黄唐堂、厉鹗、陈恬浦先后批点校勘。《彊村丛书》用江研南传录陶抄本。《全宋词》据彊村本录入，略有考订增补。另有夏承焘《姜白石词编年笺校》，上海古籍出版社1981年出版，此书还附有多种参考资料，最为完备。

方壶诗余 又称《方壶词》。词别集。宋汪莘(自号方壶居士)著。汪莘原有全集行世，后佚，裔孙循等复就其存者辑为《方壶存稿》传世。《四库全书》本《方壶存稿》卷四载词三十二首，另有断句数则。《四库全书》方壶词存目则称《方壶词》前原有自序，宋嘉定二年(1209)尝刊版别行，是本久已亡佚。《彊村丛书》本用《方壶存稿》抄传本，此本讹脱颇多。《全宋词》则从明汪璨等刻《方壶存稿》录出，存词六十八首，并据清雍正九年(1731)刊《方壶集》订正。

梅溪词 词别集。宋史达祖著。一卷。收词一百一十二首。王鹏运《四印斋所刻词·梅溪词跋》云："其集毛氏(晋)丛刻外，绝少单行。"宋以来词总集收梅溪词者有赵闻礼《阳春白雪》、黄昇《花庵词选》、周密《绝妙好词》、何士信《草堂诗余》、吴讷《唐宋名贤百家词》、陈耀文《花草粹编》、卓人月《古今词统》等。今单行有雷履平、罗焕章校注之排印本。该集以《四印斋所刻词》本为底本，用上述多种重要词集加以校勘，并首次为之作笺注。并附有传记资料、序跋题录、词评等。1988年上海古籍出版社出版，列为《宋词别集丛刊》之一。

松窗词 词别集。宋郑域(号松窗)著。今有近人赵万里辑本，得词十一首，刊入《校辑宋金元人词》中。《全宋词》即用赵万里辑本。

涧泉诗余 词别集。宋韩淲(号涧泉)著。韩淲有《涧泉集》，但湮没已久。今《四库全书》本《涧泉集》二十卷系四库馆臣自《永乐大典》中辑出，卷二〇载词九十八首。《彊村丛书》本则从钱塘丁氏善本书室藏明抄本录出，存词一百九十七首，附有校记。《全宋词》用《彊村丛书》本并据紫芝漫抄本略有增补。

竹屋词 又称《竹屋痴语》。词别集。宋高观国(号竹屋)著。《直斋书录解题》著录"一卷"，旧本已佚。今有毛晋汲古阁刊《宋六十名家词》本，《四库全书》本用毛本。《彊村丛书》本亦据汲古阁本录入，《全宋词》则将《彊村丛书》本悉数采入并有补订，共存词一百零八首。

哄堂词 又称《烘堂集》。词别集。宋卢炳著。"哄堂"典出唐赵璘《因话录·御史三院》。后为众人同时大笑之意。此以谦词名集。《直斋书录解题》著录"一卷"。宋本岁久已佚。《唐宋名贤百家词》本存词六十三首。毛晋汲古阁刊《宋六十名家词》本有缺文、衍文，《全宋词》据毛扆校汲古阁本录入并有校补，存词六十三首。

玉蟾先生诗余 又称《白玉蟾词》。词别集。宋葛长庚(号白玉蟾)著。长庚著《上清集》一卷，有元刊本，附词二十五首，《道藏》所收《洞真部方法类·修真十书》本同。明正统七年(1442)刊本《白玉蟾集》，乃宁献王朱权重编，新安刘懋贤校刊，有宋理宗端平三年(1236)潘牥序及嘉熙元年(1237)彭耜所书事实一篇，内存词一百二十五首，此本旧藏群碧楼，今存台湾。又有明嘉靖十二年(1533)唐胄刊《海琼摘稿》本。《彊村丛书》本《玉蟾先生诗余》一卷续一卷，系据唐元素校旧抄《玉蟾集》本，与明正统本略同。《全宋词》则据彊村本录入，又从《鸣鹤余音》卷三补辑一首，并略有订补。

康范诗余 词别集。宋汪晫著。以其殁后人称"康范先生"名集。《四库全书》本《康范诗集》一卷，卷首有元至正己丑(1349)张纯仁序及元至正戊寅(1338)其三世孙梦斗跋，称其原集亡于兵火，惟诗词草本仅存，盖掇拾于残毁之余，已非其完帙，即是集也。集中载词十二首。《彊村丛书》本用劳权传录《康范集》本，《全宋词》则自明嘉靖刊本《西园康范诗集》录出，存词十二首，并增补断句一则。

随如百咏 词别集。宋刘镇(世称随如先生)著。旧本无传，今有近人赵万里辑本，存词二十六首，刊入《校辑宋金元人词》中，《全宋词》即从赵万里辑本录入。

洺水词 词别集。宋程珌(号洺水遗民)著。毛晋汲古阁刊《宋六十名家词》本，系从《洺水集》中摘出别行，存词四十首。《四库全书》存目即用毛本。又《四库全书》本《洺水集》三十卷，乃崇祯己巳(1629)其裔孙至远所刻，原序称岁久散佚，旧阙其半。存词一卷，四十首。《全宋词》从明嘉靖刊本《程端明公洺水集》卷二四录出，并有订正，存词四十三首。

顺受老人词 词别集。宋吴礼之(号顺受老人)著。《中兴以来绝妙词选》卷四称其"有词五卷，郑国辅序之"，但旧本已不可见。今有近人赵万里辑本，载词十七首附录一首，刊入《校辑宋金元人词》中。《全宋词》用赵万里辑本，稍有增补，存词十九首，断句一则。

风雅遗音 词别集。宋林正大著。旧本无考，《宋元名家词》本用汲古阁未刊本，卷首有宋宁宗嘉泰壬戌(1202)林正大自序，载词四十一首。《全宋词》则自明刊别本录出，文字较《宋元名家词》本为善。

石屏词 又称《石屏长短句》。词别集。宋戴复古(号石屏)著。此集宋本犹存，吴昌绶双照楼曾将宋本《石屏长短句》一卷影印行世，刊入《景刊宋金元明本词》中。此本存词四十首，为南宋临安府棚北大街睦亲坊南陈宅书籍铺印行。《唐宋名贤百家词》本存词则为二十六首，卷后附有宋嘉定甲戌(1214)真德秀跋文。明弘治年间刊本《石屏词》一卷，《四部丛刊》续编有影印本。另有毛晋汲古阁刊《宋六十名家词》本，为《四库全书》所收。又有《四库全书》本《石屏诗集》六卷，卷六存词二十三首。《全宋词》从双照楼影刊本录出，略有考订，并据汲古阁本及他书增补六首，共存词四十六首。

鹤林词 词集名。宋吴泳(号鹤林)著。其集《宋史·艺文志》无著录，原本无考。《四库全书》本《鹤林集》四十卷系四库馆臣自《永乐大典》中采录编次而成，卷四〇载词三十二首。《彊村丛书》本亦从《永乐大典》中录出。《全宋词》则自四库珍本初集《鹤林集》卷四〇录出但有增补。

蠙洲词 词别集。宋李从周(号蠙洲)著。旧本无考，今有近人赵万里辑本，得词十首，刊入《校辑宋金元人词》中，《全宋词》即自赵万里辑本录入。

蒲江词 又称《蒲江居士词》、《蒲江词稿》。词别集。宋卢祖皋(号蒲江居士)著。《直斋书录解题》著录"一卷"。宋时有长沙坊刻《百家词》本，但久佚。明吴讷《唐宋名贤百家词》本，存词一卷，二十五首。另有毛晋汲古阁刊《宋六十名家词》本。毛本篇目、编次、字句均与《唐宋名贤百家词》本同。《四库全书》本用毛本。《四库全书总目》称，以黄昇《花庵词选》相校，则前二十四首悉为《词选》之所录，惟最后《好事近》一阕为毛晋所增入，疑原集散佚，毛晋特抄撮黄昇所录以备一家。然毛本字句与《词选》颇有异同。《彊村丛书》本《蒲江词稿》一卷(附校记、跋文)，以南昌彭氏知圣道斋藏明抄南词本为底本，参校毛晋汲古阁本及《花庵词选》等本勘定，比毛本多七十一首，朱氏疑此即黄昇《花庵词选》所谓"有《蒲江词稿》行于世"者。《全宋词》将《彊村丛书》本悉数采入并有订补。

平斋词 词别集。宋洪咨夔著。此集有毛晋汲古阁刊《宋六十名家词》本，存词一卷，四十四首，但多有讹脱。毛氏跋文称未见其全集，仅见其词。《四库全书》用毛本。《全宋词》从毛扆校汲古阁本录出，略有订正，增补一首。

鹤山词 又称《鹤山居士长短句》。词别集。宋魏了翁著。魏了翁曾筑室白鹤山下，授徒讲学，因以名集。其集共一百零九卷，宋本尚存，卷九四至九六为词，存一百八十三首。吴昌绶双照楼曾将其影印，收入《景刊宋金元明本词》中。《四部丛刊》缩印乌程刘氏嘉业堂藏宋刊本《鹤山先生大全文集》，亦载词三卷。《四库全书》本《鹤山集》采自浙江鲍士恭家藏明嘉靖刻本，载词三卷，《全宋词》则从《鹤山先生大全文集》录出并有订正。

花翁词 词别集。宋孙惟信(号花翁)著。《直斋书录解题》著录"一卷"。宋时有长沙坊刻

《百家词》本，但久已失传。今有近人赵万里《校辑宋金元人词》本，辑词十一首。《全宋词》即用赵万里辑本。

篔窗词 词别集。宋陈耆卿（号篔窗）著。宋本岁久已佚。《彊村丛书》本系自《永乐大典》中录出，存词三首。《全宋词》亦自《永乐大典》中辑得三首。

玉楮词 词别集。宋岳珂著。集名取《列子》中刻玉为楮，三年不成之意。旧本已不可考，有周泳先辑本，《全宋词》即自《全芳备祖》、《阳春白雪》、《绝妙好词》等书中录出，存词八首。

竹斋诗余 词别集。宋黄机著。此集《直斋书录解题》及《文献通考》均未见著录。《唐宋名贤百家词》本存词九十六首，另有毛晋《宋六十名家词》本，《四库全书》即用毛刻本。《全宋词》本从《百家词》本录出，讹字则据毛扆校《宋六十名家词》本改正。

审斋词 词别集。宋王千秋（号审斋）著。《直斋书录解题》著录"一卷"。旧本已佚。今有《唐宋名贤百家词》本存词七十三首。另有毛晋汲古阁刊《宋六十名家词》本，《四库全书》用毛本。《全宋词》从毛扆校汲古阁本录出并略有考订，存词七十三首。另有数种抄校本，其中毛扆校本今藏北京图书馆，钱曾校本今藏南京图书馆。

招山乐章 词别集。宋刘仙抡（号招山）著。旧本久已不传，今有近人赵万里辑本，得词二十八首，刊入《校辑宋金元人词》中。《全宋词》即从赵万里辑本录出。

萧闲词 词别集。宋韩疁（号萧闲）著。旧本已佚，今有近人赵万里辑本，存词六首，刊入《校辑宋金元人词》中，《全宋词》即从赵万里辑本采入。

臞轩诗余 词别集。宋王迈著。王迈有《臞轩集》，明代尚有传本。《四库全书》本《臞轩集》十六卷，系自《永乐大典》中辑出，卷一六载词五首。《彊村丛书》本亦自《永乐大典》中辑出，载词五首，附补遗五首。近人赵万里亦有辑本，此本除载有《彊村丛书》本所收之词外，又从《翰墨大全》中增补七首，并重为写定，详加校订，共得词十七首。《全宋词》即用赵万里辑本并有增补。

后村词 又称《后村诗余》、《后村别调》、《后村长短句》、《后村先生长短句》、《后村居士诗余》。词别集。宋刘克庄（号后村居士）著。其门人林秀发编有《后村居士集》五十卷，其中卷一九、卷二〇存词二卷，此本宋刻尚存，近人陶湘将其影印，刊入《景刊宋金元明本词》中，存词一百二十首。《唐宋名贤百家词》亦存其词二卷，一百二十一首。毛晋汲古阁刊《宋六十名家词》载《后村别调》一卷，存词一百二十三首。《彊村丛书》本《后村长短句》五卷，系采自刘燕庭藏抄本《后村先生大全集》，以张氏爱日精庐抄本及残宋本、毛氏汲古阁本改补，附有校记，存词二百五十八首。《全宋词》则自彊村本采入，另有增补，存词二百六十四首。另有上海古籍出版 社 1980 年版钱仲联《后村词笺注》，该书用《彊村丛书》本为底本，全录朱孝臧之校记，并参用毛晋汲古阁本、《四部丛刊》初编影印赐砚堂旧抄本、陶湘影印本作校，增补校记，将可以编年者排列为两卷，计词一百三十首，不能编年者仍照《彊村丛书》本原来次序，《全宋词》所辑词六首附在后，亦编为两卷，计词一百三十四首，附有其行状、墓志铭、县志本传、省志本传、《后村别调》、《后村长短句》、《后村居士诗余》三本目次，《全宋词》后附之存词目，毛晋、朱孝臧、陶湘之序跋三篇等多种参考资料，颇为完备。

秋崖词 词别集。宋奚淢（号秋崖）著。旧本今已不可考，有近人赵万里辑本，存词十首，刊入《校辑宋金元人词》中。《全宋词》即从赵万里辑本录入。

梅渊词 词别集。宋张矩著。旧本已不可考，今有近人赵万里辑本，得词十二首，刊入《校辑宋金元人词》中，《全宋词》则自《阳春白雪》卷八录入。

钓月词 词别集。宋赵闻礼（号钓月）著。旧本宋以后失传，近人赵万里有辑本，得词十五首，刊入《校辑宋金元人词》中。《全宋词》即从赵万里辑本录入并略有考订。

篁嵲词 词别集。宋刘子寰（号篁嵲）著。旧本无传，今有近人赵万里辑本，存词十九首，刊入《校辑宋金元人词》中，《全宋词》即用赵万里辑本录入。

书舟词 又称《书舟雅词》。词别集。宋程垓著。其家有拟舫名"书舟"，因以名集。《直斋书录解题》著录"一卷"，《宋史·艺文志》著录"十一卷"。旧本岁久已佚。《唐宋名贤百家词》载词一卷，一百五十八首。毛晋汲古阁刊《宋六十名家词》载其词一卷，有王称序，存词一百五十六首，但讹脱极多。《四库全书》用毛本。《全宋词》据校汲古阁本录入，并略有考订，存词一百五十七首。

虚斋乐府 词别集。宋赵以夫著。以夫号虚斋，因以名集。宋本岁久已佚。明汲古阁毛氏有抄影宋本，卷首有宋理宗淳祐己酉(1249)赵以夫自序，存词二卷，六十六首，是本有陶湘涉园影印本，收入《景刊宋金元明本词》中，《四部丛刊》三编《虚斋乐府》二卷亦据影宋抄本影印。江标《宋元名家词》本用彭文勤知圣道斋抄宋元人词(出自汲古阁未刊本)本，载词一卷，六十七首，编次与毛氏抄影宋本不同。《全宋词》则自陶湘影印本录入，并略有校订。士礼居藏钱遵王述古堂旧藏抄影宋本今藏北京图书馆。

徐清正公词 词别集。宋徐鹿卿(谥清正)著。宋本久已散佚。《彊村丛书》本用明刊《徐清正公存稿》本，存词一卷，十一首，断句一则。《全宋词》则自《彊村丛书》本录入。

双溪词 词别集。宋冯取洽(号双溪拟巢翁)著。旧本岁久已佚，《彊村丛书》本自清劳权《典雅词》录入并以黄昇《中兴以来绝妙词选》补，存词二十四首，《全宋词》用《彊村丛书》本。

梅屋诗余 又称《梅屋词》。词别集。宋许棐(号梅屋)著。宋本一卷尚存，存词十八首。吴昌绶双照楼曾将其影印，收入《景刊宋金元明本词》中。另有《四印斋所刻词》本。《全宋词》系从双照楼影刊本录出，另从《梅屋四稿》中增补二首，共存词二十首。

退庵词 词别集。宋吴渊(号退庵)著。旧本已不可考。今有《彊村丛书》本，系用善本书室藏抄《退庵遗集》本刊刻，存词六首，但有脱文。《全宋词》即自《彊村丛书》本录入。

白云小稿 词别集。宋赵崇嶓(号白云)著。旧本已佚。《彊村丛书》用吴伯宛辑本，存词十九首。《全宋词》即据《彊村丛书》本采入并略有增补。

处静词 词别集。宋翁元龙(号处静)著。旧本无考。今有赵万里辑本，得词二十首，刊入《校辑宋金元人词》。《全宋词》即自赵万里辑本录入。

矩山词 词别集。宋徐经孙(号矩山)著。《四库全书》本《矩山存稿》五卷，卷四载词五首。《彊村丛书》用明刊《矩山存稿》本，存词四首。《全宋词》则自明万历刻本《宋学士徐文惠公存稿》卷四录出。

拙轩词 词别集。宋张侃著。旧本无考，今有近人赵万里辑本，得词四首，刊入《校辑宋金元人词》中。《全宋词》则自《永乐大典》中辑出。

蓬莱鼓吹 词别集。宋夏元鼎著。旧本已不可考。《唐宋名贤百家词》本载词三十首。《彊村丛书》本用知圣道斋藏明抄本。《全宋词》则将百家词本悉数采入。

履斋词 又称《履斋先生词》、《履斋诗余》、《履斋先生诗余》。词别集。宋吴潜(号履斋居士)著。原本久佚。明吴讷《唐宋名贤百家词》本《履斋先生诗余》一卷，载词一百零六首，续集载词六首。《四库全书》本《履斋遗稿》四卷，系明末宣城梅鼎祚裒辑而成，非原本，卷二载词一百一十六首。《彊村丛书》用邃雅堂藏抄本及宋刊《开庆四明志》辑成《履斋先生诗余》一卷、续集一卷、别集二卷(附校记)，存词二百五十五首。《全宋词》即从《彊村丛书》录出并有考订。

彝斋诗余 词别集。宋赵孟坚(号彝斋)著。其集久佚。《四库全书》本《彝斋文编》四卷系四库馆臣自《永乐大典》中辑出，卷二载词十一首。《彊村丛书》本用知不足斋藏《彝斋文编》抄本，《全宋词》自《嘉业堂丛书》本《彝斋文编》录出，并有订正。

秋崖词 词别集。宋方岳(号秋崖)著。元刊本尚存，近人陶湘曾将元椠《秋崖先生小稿》卷三五至卷三八凡词四卷影印，收入《景刊宋金元明本词》中。另有《四印斋所刻词》本。《全宋词》从陶湘影印本录出，有所订正，并增补一首，共存词八十一首。

潜斋词 词别集。宋何梦桂(别号潜斋)著。明成化刊本《潜斋先生文集》附词四十七首。《四库全书》本《潜斋文集》附词数同。另有《四印斋所刻词》本。收词四十首。《全宋词》从明成化刊本文集卷四录出，较四印斋本多七首。

梦窗词 又称《梦窗稿》、《梦窗甲乙丙丁稿》、《梦窗词集》、《吴梦窗词》。词别集。宋吴文英著。文英号梦窗，因以名集。有元至正二十年(1360)写本《吴词稿》，内存《瑞鹤仙》至《还京乐》等十六首，此本今藏台北。毛晋汲古阁刊《宋六十名家词》载有《梦窗甲乙丙丁稿》四卷补遗一卷，此本非一时所刻，故重复讹误甚多，《四库全书》用此本。咸丰十一年(1861)刊杜文澜《曼陀罗华阁丛书》载有《梦窗甲乙丙丁稿》四卷补遗一卷续补遗一卷，但校勘不精，毛本误收者则删削未尽；《彊村丛书》本《梦窗词集》一卷，补一卷（八十四首），有小笺及校记。又《彊村遗书》本《梦窗词集》一卷，为朱氏手校写定，题为四校定本，但无补编及小笺，阕后所附校语亦皆删去，与《彊村丛书》本相校，各宫调间有订改，题文及词则并采各本之最善者。《全宋词》自《彊村遗书》四校定本及《彊村丛书》补编录入，并据汲古阁本等校补，存词三百四十首。广东人民出版社1992年出版杨铁夫笺释，陈邦炎、张奇慧校点之《吴梦窗词笺释》，该书以《彊村丛书》本为底本，以不改字为原则，有朱校改定者，间依之；原题正集、集补，不分卷，兹分正集为三卷，以集补为第四卷；原朱氏之《小笺》亦悉数采入，夏臞禅（承焘）《后笺》亦择要附录。收罗较备。

应斋词　词别集。宋赵善括著。其集《宋史·艺文志》不载。《四库全书》本《应斋杂著》六卷，系从《永乐大典》中辑录而成，卷六载词四十六首。《彊村丛书》本从《永乐大典》中辑出，《全宋词》据此收录并有考订增补。

文溪词　词别集。宋李昴英著。李昴英曾归隐文溪，因以名集。今有《唐宋名贤百家词》本，存词三十首。毛晋汲古阁刊《宋六十名家词》本讹脱颇多，《四库全书》存目即取毛本。又《四库全书》本《文溪集》系元至元间其门人李春叟所辑，明成化中重刊，内存词三十首。《全宋词》从明嘉靖刻崇祯重修《文溪存稿》卷一七录出并有订正，存词三十首。

葵窗词稿　词别集。宋周端臣著。旧本已佚。今有近人赵万里辑本及周泳先辑本。赵辑本得词五首，刊入《校辑宋金元人词》中，周辑本得词九首。《全宋词》即自周泳先辑本录入。

紫岩词　词别集。宋潘牥（号紫岩）著。旧本已佚，今有近人赵万里辑本，存词七首，刊入《校辑宋金元人词》中。《全宋词》即从赵万里辑本录出。

可斋词　词别集。宋李曾伯（号可斋）著。曾伯有《可斋杂稿》三十四卷、续稿前八卷、续稿后十二卷，系其手定，其子杓尝汇三稿刻之荆州，其中杂稿卷三一、三二、三三、三四；续稿前卷七、八，续稿后卷十一均载有词，共存词二百零二首。宋本今尚存，有吴昌绶双照楼影印本，收入《景刊宋金元明本词》中。《四库全书》本《可斋杂稿》、续稿前后卷，已非宋刻之旧，载词数与宋本同。《全宋词》即从双照楼本录入。

北游词　词别集。宋汪梦斗著。梦斗有《北游集》。为其被荐于元世祖，特召赴京，北行纪游之作。《四库全书》本《北游集》二卷，卷二载词六首。《彊村丛书》本自文津阁藏《北游集》录出，有脱文。《全宋词》即用《彊村丛书》本。

碧涧词　词别集。宋利登（号碧涧）著。旧本失传，今有近人赵万里辑本，得词十首，刊入《校辑宋金元人词》中。《全宋词》则自《阳春白雪》、《隐居通议》中辑词十一首、断句二则。

秋堂诗余　又称《凉州鼓吹》。词别集。宋柴望（号秋堂）著。旧本岁久已佚，《四库全书》本《秋堂集》二卷系后人搜采编辑而成，卷一载词十首。《彊村丛书》本用善本书室藏抄《秋堂集》本，并据《阳春白雪》补三首，存词十三首。该本卷首有柴望《凉州鼓吹自序》，序云："诗余以'鼓吹'名，取谐歌曲之律云耳。"《全宋词》则自清吴氏瓶花斋抄本《柴氏四隐集》（柴望与其从弟三人称"柴氏四隐"）卷一录出并略有增补订正。

退斋词　词别集。宋赵汝茪（号退斋）著。近人赵万里有辑本，得词九首，刊入《校辑宋金元人词》中。《全宋词》即从赵万里辑本录入。

在庵词　词别集。宋谭宣子（号在庵）著。旧本失传，今有近人赵万里辑本，存词十三首附录一首，刊入《校辑宋金元人词》中。《全宋词》用赵万里辑本并略有考订。

则堂诗余　词集名。宋家铉翁（号则堂）著。铉翁有《则堂集》，久已失传。今《四库全书》本《则堂集》六卷系四库馆臣从《永乐大典》中辑出，卷六载词三首。《彊村丛书》本亦自《永乐大典》中辑出。《全宋词》从《四库全书珍本初集》本《则堂集》卷六采入。

芸窗词　词别集名。宋张榘（号芸窗）著。今有毛晋汲古阁刊《宋六十名家词》本存词一卷，五十首，但多有讹脱。《四库全书》存目即取毛本。《全宋词》用陆贻典抄校本并有订正，存词五十首。

松山词　词别集。宋曹邍（号松山）著。今有近人赵万里辑本，存词六首，刊入《校辑宋金元人词》中，《全宋词》即从赵万里辑本录入。

本堂词　词别集。宋陈著（号本堂）著。原本无考。《四库全书》本《本堂集》卷三九至卷四三载词五卷，此本有元至大戊申（1308）原跋。《彊村丛书》本从善本书室藏抄《本堂集》本录出，存词一百二十二首。《全宋词》则据《彊村丛书》本刊入。

雪坡词　词别集。宋姚勉著。宋本《姚舍人文集》有双照楼影印本，存词三十二首。《四库全书》本《雪坡文集》五十卷。文及翁序称："(勉)又尝自作长短句四卷"，但已不可考。是集卷四四载词一卷，三十二首。《宋元名家词》本用彭文勤知圣道斋抄宋元人词，出自汲古阁未刊本，亦存词三十二首。《豫章丛书》用《四库全书》本。《全宋词》则自影宋本《姚舍人集》卷四四录入。影宋抄本《雪坡姚舍人集》五十卷，今藏南京图书馆。

五峰词 词别集。宋翁孟寅(号五峰)著。旧本已不可考，今有近人赵万里辑本，得词五首，刊入《校辑宋金元人词》中。《全宋词》即从赵万里辑本录入。

碧梧玩芳诗余 词别集。宋马廷鸾著。廷鸾家有碧梧精舍，晚年又自号玩芳病叟，因以名集。原有《碧梧玩芳集》，但明以后无传。《四库全书》本《碧梧玩芳集》二十四卷系四库馆臣自《永乐大典》中裒辑编次，卷二四载词四首。近人赵万里有辑本，刊入《校辑宋金元人词》中。《全宋词》自文津阁《四库全书》本《碧梧玩芳集》录出，亦存词四首。

陵阳词 词别集。宋牟巘著。以人称其为"陵阳先生"而名集。巘有《陵阳集》，系其次子所刻，卷首有元至顺二年(1331)程端学原序。《四库全书》本《牟氏陵阳集》二十四卷用浙江鲍士恭家藏本。卷二四载词九首。《彊村丛书》用王伯沆校旧抄《陵阳集》本，《全宋词》则将《彊村丛书》本悉数采入。

碎锦词 词别集。宋李好古著。王鹏运据皕宋楼藏汲古阁影宋本，刊入《宋元三十一家词》中，存词十四首。《全宋词》据此本收入。

白雪词 又称《白雪遗音》。词别集。宋陈德武著。旧本无考。明吴讷《唐宋名贤百家词》本存词一卷共六十五首。《彊村丛书》本用知圣道斋藏明抄本录入。《全宋词》则据毛扆校紫芝漫抄本刊入，讹字依《彊村丛书》本校改。

心泉诗余 词别集。宋蒲寿宬著。寿宬有《心泉学诗稿》，久佚。《四库全书》本《心泉学诗稿》六卷系自《永乐大典》中辑出，卷六载词十八首。《彊村丛书》本用结一庐藏《心泉学诗稿》本，《全宋词》则从《四库全书珍本初集·心泉学诗稿》卷六录出。

须溪词 词别集。宋刘辰翁(居须溪)著。《四库全书》载有《须溪集》十卷，系自《永乐大典》中采编而成，卷八至卷十录词三卷。《彊村丛书》载其词一卷并附补遗一卷，据朱氏跋文称，此本初据丁氏嘉惠堂藏旧抄不分卷本，讹舛屡见，后得传录文渊阁《四库全书·须溪集》所录词三卷，乃就原刻比勘并参以他校，附有校记。补遗一卷则系朱氏据《翰墨全书》补。《全宋词》则据《彊村丛书》本录入，另增补八首，略有订正，存词三百五十四首。

蘋洲渔笛谱 词别集。宋周密(号蘋洲、草窗)著。周密另有词集名《草窗词》。南宋张炎《一萼红》题云："弁阳翁(周密别号弁阳老人)词名《蘋洲渔笛谱》"，阮元《四库未收书目提要》云："《词综》以为《草窗词》一名《蘋洲渔笛谱》，今考《草窗词》比《渔笛谱》增多数阕，知《渔笛谱》是当日原定，《草窗词》或后人掇拾所成，特以此为蓝本耳。"旧本岁久已佚。《知不足斋丛书》并刻两种：其一为《蘋洲渔笛谱》二卷，系据毛扆影写宋抄本，有宋讳缺笔，中有缺页，卷前有梦窗觉翁吴文英《踏莎行敬赋草窗绝妙词》，后有毛扆跋云："甲子仲夏借昆山叶氏旧录本影写，用家藏《草窗词》参校，西湖十景词向缺末二首，乃自《钱塘志》抄补。"其二为《草窗词》上下卷，共一百一十五首。上卷五十八首，另附有鲍廷博辑补之词四十首。另有乾隆五十一年(1786)刻江昱疏证本《蘋洲渔笛谱》二卷及《集外词》一卷，江氏跋文称原本于宋帝讳皆缺笔，乃影宋抄本。存词一百一十四首，《集外词》系江昱自《草窗词》增补，共三十九首。《彊村丛书》用江昱疏证本并略有考订，《全宋词》则自《彊村丛书》本录出，略有订补。另有《四部备要》本，亦据彊村本收录。

花外集 又称《碧山诗余》、《碧山词》、《玉笥山人词》、《玉笥词》等。词别集。宋王沂孙著。《千顷堂书目》、《词综发凡》并载"碧山乐府二卷"，但未见传本。《唐宋名贤百家词》载有《玉笥山人词集》一卷，存词共五十一首。《知不足斋丛书》载其词一卷，下注云："一名《碧山乐府》"，存词五十一首，另据《绝妙好词》等书辑得十四首为补遗，卷首载张炎题词二首、周密题词一首，行中有校语。此本有道光十五年(1835)张开福覆刻本。《四印斋所刻词》亦用知不足斋本，据王鹏运跋称，其集传本绝少，乃取鲍本重加校订，增入戈载校记数则，但偶有讹误。1988年上海古籍出版社出版吴则虞笺注本，该书各词先后次第多依四印斋本，并参校各本，择善而从，异文分注各首之后，有附录多种可供参阅。

水云词 词别集。宋元间汪元量(号水云)著。旧本岁久已不可考。《唐宋名贤百家词》本载词二十八首，有刘辰翁评点，并附有宋旧宫人赠汪水云南还词十三首。清初黄虞稷《千顷堂书目》卷三二补著录"二卷"，与《百家词》所载有异。《四库全书》本《湖山类稿》五卷为刘辰翁所选，卷五载词一卷，二十八首。《彊村丛书》本用赵氏小山堂抄《湖山类稿》本，存词一卷，微有脱误。《全宋词》存词二十九首，另有增补。孔凡礼辑校《增订湖山类稿》五卷，卷五存词五十二首，其中二十三首系自《诗渊》等书中辑出，并附有多种研究资料，堪称完备，中华书局1984年出版。

文山乐府　词别集。宋文天祥（号文山）著。《四库全书》本《文山集》卷十九《指南后录》存词五首。江标《宋元名家词》本用汲古阁未刊本，存词八首。《全宋词》则从《文山先生全集》卷六、《指南后录》、《草堂诗余》卷上等录出，共存词八首。

龟峰词　词集名。宋陈人杰（号龟峰）著。《唐宋名贤百家词》本存《沁园春》三十一首，卷末附有宋淳祐甲辰（1244）陈容公储父及陈合惟善跋文。《四印斋所刻词》本，与《百家词》本字句略有不同。《全宋词》从紫芝漫抄本录出并略有订正，存词三十一首。

中斋词　词别集。宋元间邓剡（号中斋）著。旧本久佚。有近人赵万里辑本，辑词十三首，刊入《校辑宋金元人词》中。《全宋词》即自赵万里辑本采入。

在轩词　词别集。宋黄公绍著。公绍尝取胡安国"心要在腔子里"语，名所居曰"在轩"，并以名集。旧本已不可见。《四库全书》本《在轩集》存词二十八首，为后人掇拾遗稿编成。《彊村丛书》本用邃雅堂藏抄本，《全宋词》则据《彊村丛书》本录入，并自《翰墨大全》增补二首。

日湖渔唱　词别集。宋元间陈允平著。陈允平词集有《日湖渔唱》及《西麓继周集》二种。允平号西麓，词学周邦彦，《西麓继周集》存词一百二十三首，其中和周邦彦词韵者一百二十一首，是以名集。旧本岁久已佚。《粤雅堂丛书》本《日湖渔唱》一卷及补遗，不知何人所集，前列慢曲及西湖十咏三十首，后列引令三十五首，末附寿词十九首，补遗二十二首，系道光己丑（1829）江都秦恩复刻本，秦氏称又于诸名家词中搜得长短调七十六首，为续补遗一卷，实皆见于《继周集》中，殊失旧观，《丛书集成初编》即用《粤雅堂丛书》本。《西麓继周集》有汲古阁影写宋本。《彊村丛书》本《日湖渔唱》（附校记）用吴伯宛校录何梦华藏旧抄本，《西麓继周集》（附校记）用劳巽卿传录新城罗氏写本，校订颇为精审。《四明丛书》即用《彊村丛书》本，《全宋词》亦从《彊村丛书》录出。

西麓继周集　词别集。宋陈允平著。见"日湖渔唱"条。

覆瓿词　词别集。宋元间赵必𤩪著。覆瓿为自谦之词。《四库全书》本《覆瓿集》附词一卷。另有《四印斋所刻词》本及《全宋词》本。《全宋词》从傅增湘校本《秋晓先生覆瓿集》卷二录出并有订正，存词三十一首。

竹山词　词别集。宋蒋捷（号竹山）著。今有陶湘景元人抄本一卷，存词一百零八首，该本卷首有元至正乙巳（1365）秋跋文，称"此稿得之于唐士牧家藏本"，卷末署有"乙巳春季假锡山剑光阁本校阅一过"，可见此集在至正乙巳前已结集刊行，但编者不详。另有《唐宋名贤百家词》本，分上下二卷；又有汲古阁刊《宋六十名家词》本，《四库全书》即用此本。《彊村丛书》本录词一卷（附校记），系以黄荛圃藏元抄本为底本，参校他本，据称此抄本为祖本。《全宋词》用《彊村丛书》本，并有考订增补。

山中白云词　又称《玉田词》。词别集。宋元间张炎著。《唐宋名贤百家词》载《玉田词》二卷，存词一百五十三首，卷首有郑思肖序，卷末有仇远跋。另有陶宗仪抄本，康熙年间龚翔鳞、李符校刻行世，存词二百九十六首。龚本校刻时所据异本尚多，故取他本校对，字句互异、题目迥别者，增入两存之。而朱彝尊前此所选《词综》录入之张炎词亦与龚本有异。《四库全书》即用龚本，卷首有郑思肖、仇远等原序，卷末附载戴表元送炎西游序、袁桷送炎归杭疏及仇远、袁桷赠诗。《全宋词》则据《彊村丛书》本录入，又据《词源》、《永乐大典》等增补四首，共存词三百首。中华书局1983年出版吴则虞校辑《山中白云词》，此本以龚刻为底本，参校多种他本，后附参考资料，较为详备。

勿轩长短句　词别集。宋熊禾（号勿轩）著。原有集已佚，后其族孙孟秉收辑成帙。《四库全书》本《勿轩集》八卷即孟秉所编旧本，卷八载词四首。《彊村丛书》本用汪氏裘杼楼藏抄《勿轩文集》本，亦载词四首。《全宋词》则从《熊勿轩先生文集》卷八录出并略有考订。

宁极斋乐府　词别集。宋元间陈深（号宁极）著。旧本已佚。《彊村丛书》本自善本书室藏明抄宁极斋稿本录出，存词七首。《全宋词》则据劳权校宁极斋稿本采入并略有订补。

章华词 词别集。著者不详。《四印斋所刻词》系据汲古阁影抄宋本录入，刊入《宋元三十一家词》中，存词三十余首，但断残过半。

抚掌词 词别集。宋欧良编。《四印斋所刻词》本存词十八首，刊入《宋元三十一家词》中。王鹏运曾从皕宋楼藏本得清咸丰癸丑(1853)劳权跋文，跋文称，此集卷前不署姓名，从《典雅词》传出，为南渡人词，欧良乃编集者之名。又称曾据曝书亭抄本《典雅词》校过。

耶律文献公词 词别集。金耶律履(谥文献)著。黄虞稷《千顷堂书目》、倪粲、卢文弨《补辽金元艺文志》著录《耶律文献公集》十五卷，钱大昕《补元史艺文志》、龚显曾《金艺文志补录》著录《耶律履文集》十二卷，今皆不存。此集系赵万里自《永乐大典》残卷辑出，存词三首，收入《校辑宋金元人词》。《全金元词》据赵本采入。

菊轩乐府 又名《遯斋乐府》。词别集。金段成已(号遯斋、别号菊轩)著。一卷，凡十九调，六十三首。黄虞稷《千顷堂书目》、倪粲等《补辽金元艺文志》著录，题作《遯斋乐府》。通行有《景刊宋金元明词四十种》本、《彊村丛书》本、《百家词》本。前两本题作《菊轩乐府》。《景刊宋金元明词四十种》底本系明刻，陶湘《叙录》云："此即世传段氏《二妙集》，末有嘉定四年丁卯春别嗣辅志语，其第八卷为菊轩成已也。……明成化辛丑贾定补刊。"《彊村丛书》本，据邃雅堂藏抄本《二妙集》采入。《百家词》本题作《菊轩居士词》。以上三本收词数悉同。唐圭璋《全金元词》据《彊村丛书》本录入，并称用"景元刊本"(实即《景刊宋金元明词四十种》本)校正。

遯庵乐府 亦名《菊庄乐府》、《遯庵居士词》。词别集。金段克已(号遯庵、别号菊庄)著。一卷。黄虞稷《千顷堂书目》、倪粲等《补辽金元艺文志》著录，题作《菊庄乐府》。通行有《景刊宋金元明词四十种》本、《彊村丛书》本、《百家词》本。前两本题作《遯庵乐府》。"景元刊本"底本，实系明刻，陶湘《景刊宋金元明词四十种叙录》云："此即世传段氏《二妙集》，末有嘉定四年丁卯春别嗣辅志语，其第七卷为遯庵克已，……明成化辛丑贾定补刊。"《彊村丛书》本一卷，凡二十调，六十七首，系据邃雅堂藏抄本《二妙集》采入。唐圭璋《全金元词》即据《彊村丛书》本收录，并用"景元刊本"予以校正。《百家词》本题作《遯庵居士词》，收词亦六十七首。

庄靖先生乐府 词别集。金李俊民著。一卷，凡十七调，六十四首。有《彊村丛书》本，其卷首目录下标明用汪鱼亭藏抄《庄靖先生集》本。唐圭璋《全金元词》即据《彊村丛书》本收入，并加按语云："《彊村丛书》所用底本，并非汪藏抄本，乃另一抄本。查汪藏抄本无最后《鹧鸪天》两首，惟古盐张氏研古楼抄本有之。"

遗山乐府 词别集。金元好问(号遗山)著。著者有《元遗山先生全集》，其中收词四卷。单刻者有明吴讷《唐宋名贤百家词》本，明弘治高丽刊本，均为三卷。另有石莲庵刊五卷本，但颇混入他人之作。《彊村丛书》用明弘治高丽刊本。唐圭璋《全金元词》据该本并用他本校订，删去其中三首曲调，收词三百八十余首，颇为完备。

笔记 小说 话本

牧竖闲谈 笔记小说。宋景焕(号闲吟牧竖)(《宋史·艺文志》作耿焕)著。据《宋史·艺文志》及《说郛》涵芬楼本，原书为三卷。今已不见传本，《类说》录有节文七条，《说郛》涵芬楼本及宛委山堂本收有相同三则，所记皆蜀中事：一谈药饵，一记元稹与雪涛赠笺题诗事，一述胡猴通灵性之趣闻。

洛阳缙绅旧闻记 笔记。宋张齐贤著。五卷。此书作于真宗景德二年(1005)以兵部尚书知青州时。陈振孙《直斋书录解题》亦作五卷，晁公武《郡斋读书志》作十卷，然据此书自序，明言五卷，可知晁公武误书。书中记述五代梁唐以还洛城旧事凡二十一篇，多据传说之词，约载事实以为劝戒。齐贤自称凡与正史差异者，并存而录之。书中所记，虽有讹误，然所述佚事，亦颇有足资博览者，可与《五代史阙文》诸书，同备读史之考证。此书传本主要有《四库全书》、《知不足斋丛书》、《笔记小说大观》、《丛书集成初编》诸本。

儒林公议 笔记。宋田况著。二卷。是书所记起自宋太祖建隆下迄仁宗庆历年间朝廷政事及士大夫行履得失，涉及徐铉、杨亿、钱惟演、石介、寇準、范仲淹等事迹，甚为详明。而五代十国时事亦间附一二。书中持论平允，且无门户之私。尤以有关西昆体的记载，为世瞩目。田况仕至枢密使(最高军事长官)，书中所记入阁会议诸条，明悉掌故，皆足备读史之参考。《铁琴铜剑楼藏书目录》著录旧抄本一卷。是书今传主要有明嘉靖刻本、《四库全书》、《稗海》诸本。

洛中记异录 笔记小说。宋秦再思著。尤袤《遂初堂书目》著录有此书，《宋史·艺文志》著录为十卷。此书今已不见传本，唯《说郛》(宛委山堂本)及《五朝小说》、《五朝小说大观》有摘录。《说郛》所收十则，记述唐、五代及宋初事，内容多谶语一类异闻传说，其事亦不限于洛中，书名“洛中记异”，当是此书著于洛中之故。

郡阁雅言 笔记。宋潘若同著。若同事迹不详，原书亦不传，并不知其卷帙。今唯宛委山堂本《说郛》存有八则，每则皆以晚唐、五代及宋初文人姓名为题，分别为：“杜牧”、“李远”、“王易简”、“裴皞”、“崔公佐”、“张祐”、“王定保”、“王著”。条目下记诸人轶事及有关诗作，颇类诗话。

该闻录 笔记小说。宋李畋著。《宋史·艺文志》五著录此书十卷，然今已不见传本。《说郛》宛委山堂本弓三九存文五条(作者误作李略)，涵芬楼本卷三存二条、卷九存五条(与宛委本五条同)，且著者名下注云：“字渭卿，城都(疑有误)人，尚书虞部员外郎”。其中一条有著者参谒丁谓之友唐肃事，知李畋为北宋前期人。七条皆记唐以来朝野士夫语行轶事。除《说郛》外，《五朝小说》及《五朝小说大观》亦存此书残卷。

南部新书 一作《南郡新书》。笔记小说。宋钱易著。十卷。然《郡斋读书志》著录五卷。据书前钱明逸序，此书为大中祥符间(1008—1016)著者任开封知县时所作。记唐五代轶闻旧事，涉及朝章国典、百物谣谚。亦有不少传说故事，多采自前人故籍，如“犬头妇”条出自《独异志》、“裴度追印”出自《玉堂闲话》。有《四库全书》、《学津讨原》、《丛书集成初编》等本以及1958年中华书局点校本。另有一卷本，《说郛》(重编本)、《古今说部丛书》收录，《四库全书总目》云：“别有一本，从曾慥《类说》中摘录成帙，半经删削，阙漏尤甚。”或即此本。

涑水纪闻 又名《司马光记闻》、《温公记闻》。笔记。宋司马光著。十六卷。此书原系作者平时所录以备编写《资治通鉴后纪》所用的资料，内容包括朝廷军政大事、典章制度、皇帝后妃、文臣武将、文士贤达及各种遗闻轶事，涉及著名文学家徐铉、王禹偁、寇準、晏殊、张咏、尹洙、范仲淹、欧阳修、曾巩、王安石、苏轼等人的一些事迹。不仅具有重要的史料价值，而且是重要的文学研究资料。书中对所记传闻的真伪未予辨证，但却于每条记录之下注明了传闻的来源，因而特别为史家所注目。全书今传本四百九十六条中，被江少虞《宋朝事实类苑》引录的有一百九十二条，被李焘《续资治通鉴长编》引录的有二百一十二条，被朱熹《五朝名臣言行录》、《三朝名臣言行录》引录的有一百二十八条。此集《直斋书录解题》著录十卷，《宋史·艺文志》著录三十二卷。今有《学海类编》、《武英殿聚珍版书》、《四库全书》、《学津讨原》、《有诸已斋格言丛书》、《清芬堂丛书》、《丛书集成初编》、《崇文书局汇刻书》、《宋人小说》、《宋元人说部丛书》等十六卷本和明抄本、清抄本等两卷本。1989年，中华书局出版了由邓广铭、张希清点校的十六卷排印本，且附录了《温公日记》、《温公琐语》。

渑水燕谈录 又名《渑水燕谈》。笔记。宋王辟之著。十卷。其《自序》云：“闲接贤士大夫谈议，有可取者辄记之，久而得三百六十余事，私编之为十卷。”全书分《帝德》、《名臣》、《奇节》、《忠孝》、《才识》、《高逸》、《官制》、《文儒》、《歌咏》、《书画》、《杂录》、《谈谑》等若干类，分别记录了当时的一些贤士大夫的谈议，内容涉及政事、官制和文化。特别是其中记录了宋代的著名文学家李昉、乐史、柳开、柳永、欧阳修、范仲淹、尹洙、石延年、苏舜钦、刘攽、苏洵、苏轼、苏辙等人的诗文和事迹，是文学研究的重要资料。此集《郡斋读书志》、《宋史·艺文志》著录。今传本已不足“三百六十余事”，名为十卷，实为析卷充数。有《稗海》、《四库全书》、《知不足斋丛书》、《笔记小说大观》、《丛书集成初编》、《宋人小说》等本以及1981年中华书局排印本。

归田录 笔记。宋欧阳修著。宋朱弁《曲洧旧闻》卷九：“欧阳公《归田录》初成未出而序先传，神宗见之，遽命中使宣取。时公已致仕在颍州，以其间记事有未欲广者，因尽删去之，又恶其太少，则杂记戏笑不急之事以充满卷帙。既缮写进入，而旧本亦不敢存。今世之所有皆进本，而原书盖未尝出之于世，至今其子孙犹谨守之。”陈振孙《直斋书录解题》亦有类似记载。今传本二卷，似为当时之“进本”，另有江少虞

《宋朝事实类苑》、阮阅《诗话总龟》、祝穆等《事文类聚》、无名氏《锦绣万花谷》等书录有七十多条为今传本所无，或出于原书。作者自序云："《归田录》者，朝廷之遗事，史官所不记，与夫士大夫笑谈之余而可录者，录之以备闲居之览也。"其后序又云："余之所录，大抵以李肇为法，而小异于肇者，不书人之过恶，以谓职非史官，而掩恶扬善者，君子之志也，览者详之。"足见此书之大概。全书内容涉及北宋前期的人物事迹、职官制度和官场轶闻等，多系作者耳闻目睹。特别是其中记载了宋代著名文学家杨亿、晏殊、林逋、石延年、梅尧臣等人的事迹，具有文学研究价值。今传本有《欧阳文忠公全集》本，《稗海》、《学津讨原》、《四库全书》、《四部丛刊》、《四库备要》、《笔记小说大观》、《宋人小说》等本以及中华书局1981年点校本。

嘉祐杂志 一作《江邻幾杂志》。笔记。宋江休复著。二卷。此书《文献通考》、《宋史·艺文志》皆作三卷，而《稗海》、《唐宋丛书》皆不分卷。明胡应麟《少室山房笔丛》云："江邻幾《杂志》宋人极推之，今不传。略见《说郛》。"然《说郛》所载无几，而《稗海》、《唐宋丛书》等皆三倍于《说郛》。或胡应麟所未见。晁公武《郡斋读书志》则以为《嘉祐杂志》即《江邻幾杂志》。书中皆记杂事，《宋史·艺文志》将其归入小说类。今传本有《四库全书》、《唐宋丛书》、《稗海》、《学海类编》、《纷欣阁丛书》诸本。

西斋话记 笔记小说。宋祖士衡著。此书今未见传本，亦不详其卷数，唯《说郛》涵芬楼本卷四存文三条，宛委山堂本号二九存文四条(其中三条与涵芬楼本同)。四条一记宋太祖与钱俶对答，余皆神仙神医一类奇闻异说。

东斋记事 笔记。宋范镇著。五卷。作者《东斋记事序》云："予既谢事，日于所居之东斋，燕坐多暇，追忆馆阁中及在侍从时交游语言与乎里俗传说，因纂集之，目为《东斋记事》。其蜀之人士与其风物为最详者，亦耳目之熟也。至若鬼神梦卜，率收录而不遗之者，盖取其有戒于人耳。"由此可见其书之梗概。旧本已佚。今传本乃从《永乐大典》中辑出，以类编次，厘为五卷，又采录江少虞《宋朝事实类苑》、曾慥《类说》所引，删去重复，续为《补遗》一卷。有《四库全书》、《墨海金壶》、《守山阁丛书》、《丛书集成初编》等本。

青箱杂记 笔记。宋吴处厚著。十卷。本书多记五代及北宋朝野杂事，如典章制度，民间风俗，谶纬相术，而尤详于北宋文人如王禹偁、魏野、夏竦、林逋、晏殊、王安国、曹翰、陈亚、张咏、潘阆、释惠崇等人的轶闻轶事、文学活动，并广泛收录了诸文人的诗词赋等作品，其中多有他书所未载者。此外，间亦涉及诗歌风格的讨论，且"论诗往往可取"(《四库全书总目》)。故此书有较高文学史研究与文献整理价值。晁公武《郡斋读书志》、陈振孙《直斋书录解题》及马端临《文献通考》俱著录此书。《宋史·艺文志》则将著者属黄朝英，盖与朝英《靖康缃素杂记》相混而误。今存主要传本有《稗海》本，《四库全书》本，《笔记小说大观》本(文字与《稗海》、《四库全书》本小异)，抄本(较别本多一著者序，内容与各本亦出入较大)，商务印书馆排印本(夏敬观校)。

钱氏私志 笔记。旧题钱彦远(一作钱愐、钱世昭)著。一卷。据钱曾《读书敏求记》所考，乃钱愐所记，钱世昭"叙而集之"(钱世昭序)。是书所记，皆宋时朝野杂事，涉及到欧阳修、王安石、苏轼等著名文学家的一些轶闻，乃文史研究可资参考的资料。今传本有《百川学海》、《古今说海》、《历代小史》、《说郛》、《五朝小说》、《四库全书》、《学海类编》、《说库》等本。

孙公谈圃 笔记。宋刘延世著。三卷。内容为记孙升的言论。孙升，字君孚，高邮(今属江苏)人。宋哲宗元祐中官中书舍人，绍圣初谪长汀(今属福建)。时延世父知长汀，得从升游，因录其言论而为此书。书中主要是谈论当时的朝野轶闻，涉及到著名文学家杨亿、范仲淹、晏殊、司马光、王安石、苏洵、苏轼、苏辙、黄庭坚等人的遗闻轶事。今有《百川学海》、《稗海》、《说郛》、《四库全书》、《学津讨原》、《古今说部丛书》、《说库》等本。

孔氏谈苑 笔记。旧题宋孔平仲著。此书记事以北宋为主，偶亦及唐代传闻，而内容则较杂，自朝野逸事、士大夫言行至民俗民谚、异闻传说均有涉及，其中亦有关于宋代文人诗词创作(如"王曾赋梅花诗"、"王介甫江宁夹口诗"、"范文正赋有将相器"等条)与诗歌主张(如"作诗如杂剧"、"作诗贵圆熟"等条)者。《四库全书总目》以为此书"颇病芜杂"，且有"不合当时体制"者，"必非孔氏真本"，而疑为不知典故者"摭拾成编"而成。本书有四卷及五卷两种不同传本，两者内容相同而有异文。《郡斋读书志》卷五著录五卷本，《皕宋楼藏书志》卷六二著录四卷本。四卷本讹脱较多。四卷本有《宝颜堂秘笈》与《四库全书》本，五卷本则有《艺海珠尘》与《丛书集成初编》本。

画墁录 笔记。宋张舜民著。一卷。舜民别有《画墁集》。书中多载宋时杂事，对《新唐书》、《五代史》颇有不满之辞。舜民尝从高遵裕西征，喜谈兵事，书中时有所见。其他所载，颇涉琐屑，然一时典故，颇有藉以考见者。此书今传主要有《四库全书》、《稗海》、《说郛》、《知不足斋丛书》、《唐宋丛书》诸本。

甲申杂记 闻见近录 随手杂录 笔记。宋王巩著。各一卷。《甲申杂记》凡四十二条，所记上起宋仁宗，下迄宋徽宗崇宁三年甲申(1104)，因以名书。《闻见近录》凡一百零四条，所记上起周世宗，下迄宋神宗，而以太祖、太宗、真宗、仁宗四朝事为多。《随手杂录》凡三十三条，除记吴越、南唐、周世宗事各一条外，余皆宋朝事，止于英宗之初。三书所记，以朝廷政事为多，对著名文学家杨亿、范仲淹、王安石、曾巩、苏轼、黄庭坚等人的一些诗文行迹也有所记载。由于作者曾从苏轼游学，故记东坡事尤多。《铁琴铜剑楼藏书目录》著录影抄宋本各一卷。今有《说郛》、《四库全书》、《知不足斋丛书》、《笔记小说大观》、《学海类编》等本。

湘山野录 笔记。宋释文莹著。三卷。此书作于荆州之金銮寺，故以"湘山"为名。成于神宗熙宁年间(1068—1077)。其内容主要记录了北宋前期的一些见闻杂事，涉及当时社会的政治、经济、文化和外交活动。对于当时朝廷的黑暗、官吏的残暴无知，都有所揭露。由于作者是僧人，所以书中也记述了不少鬼神佛道的怪异故事。作者还记述了著名的文学家李煜、徐铉、石介、柳开、王禹偁、魏野、杨亿、寇準、范仲淹、石延年、晏殊、欧阳修、苏舜钦等人的轶文轶事，是文学研究的重要资料。《宋史·艺文志》著录此书为三卷，《郡斋读书志》卷三下著录为四卷。今传本皆为三卷，附《续录》一卷。有《津逮秘书》、《学津讨原》、《说库》、《学海类编》、《古书丛刊》、《择是居丛书初集》、《四库全书》等本以及 1984 年中华书局点校本。

玉壶清话 又称《玉壶野史》。笔记。宋释文莹著。其自序云："玉壶，隐居之潭也。文莹收古今文章著述最多，自国初至熙宁间，得文集二百余家，近数千卷，其间神道碑、墓志、行状、实录及奏议、碑表、野编小说之类，……惜其散在众帙，世不能尽见，因取其未闻而有劝者，聚为一家之书。"全书共十卷，主要记述了五代后期南方政权的兴衰和宋初统一过程中的传闻轶事，还记述了李煜、徐铉、柳开、王禹偁、李昉、魏野、杨亿、陈彭年等著名文学家的创作事迹。因作者长于诗歌，故书中多谈诗之语。后曹溶《学海类编》摘其中论诗之语为《玉壶诗话》。《郡斋读书志》卷三下、陈振孙《直斋书录解题》卷一一及《宋史·艺文志》皆著录为十卷。至明初仍为十卷完本，编修《永乐大典》后，方始散佚。后范钦等人仍辑成十卷刊行于世。今有《知不足斋丛书》、《墨海金壶丛书》、《守山阁丛书》、《笔记小说大观》、《四库全书》等本以及 1984 年中华书局点校本。

春明退朝录 笔记。宋宋敏求著。三卷。是书《文献通考》著录。书前有敏求神宗熙宁三年(1070)自序，云"以谏议大夫奉朝请"。是年，以事忤王安石，奉朝请或因此。书中所记，多述宋朝典章制度，然杂说、杂事亦错出其间。是书传本主要有《四库全书》、《百川学海》、《唐宋丛书》、《学海类编》、《学津讨原》、《说郛》、《畿辅丛书》诸本。

文昌杂录 笔记。宋庞元英著。七卷。元英尝官主客郎中，据《通典》载，尚书省为"文昌天府"，因以名书。原本六卷，后有补遗六条，故《宋史·艺文志》作七卷。卷首有宋卫传序末有自跋，记其入(尚书)省及作书岁月。元丰间，元英在尚书省任职四年。元丰官制行，书中所记，多一时闻见。至朝廷典礼、百官拜除，其时日之先后异同，多有可以证《宋史》之舛漏。书虽记朝典为多，然亦颇涉杂事杂论。元明以来，仅抄本流传，入清后刻本渐行。今传主要有《四库全书》、雅雨堂刊本(六卷)、《学津讨原》、澹生堂余苑本(六卷)、《说库》、《丛书集成初编》诸本。

麈史 笔记。宋王得臣著。三卷。本书前有作者政和乙未(1115)自序，称平生仕途生涯中，"自师友之余论、宾僚之燕谈，与耳目之所及，苟有所得，辄皆记之"，晚年"重加刊定，得二百八十四事"，遂"类以相从，别为四十四门"。"名曰《麈史》，盖取出夫实录，以其无溢美，无隐恶而已"。卷上为"睿谟"、"国政"、"朝制"、"官制"等十二门，卷中为"贤德"、"经义"、"诗话"、"论文"等十七门，卷下为"姓氏"、"古器"、"风俗"、"奇异"等十五门。其中"诗话"与"论文"篇幅不甚多，前者杂论历代名句佳篇，探究诗词典故出处，收采时人谈诗见解，其中涉及唐诗者为多，宋代大家则有欧阳修、王安石，然不及苏轼与黄庭坚；后者杂论历代文章之优劣，而有关宋文者甚少。《四库全书总目》称此书“参稽经典、辨别异同，亦深资考证，非他家说部唯载琐事者比”。有《四库全书》、《知不足斋丛书》、《湖北先正遗书》、《宋人小说》诸本。

梦溪笔谈 笔记。宋沈括著。二十六卷，《补笔谈》二卷，《续笔谈》一卷。梦溪为沈括晚年卜居润州(今江苏镇江)之地，是书或作于此时。是书在宋代流传已广，然所传卷帙不一，《文献通考》作二十六卷，郑樵《通志·艺文略》作二十卷，《宋史·艺文志》则作二十五卷；甚至标有“二十七卷”、“三十卷”之目。至乾道二年(1166)汤修年据二十六卷本校刻，颇为完善，遂相沿流传。而《补笔谈》、《续笔谈》乾道本原无，至明崇祯四年(1631)马调元重刻时始合之。是书分为十七门，即故事、辨证、乐律、象数、人事、官政、权智、艺文、书画、技艺、器用、神奇、异事、谬误、讥谑、杂志、药议。是书以其广博的内容和科学价值历来为学者所瞩目。是书流传颇广，今传有明崇祯马调元刻本、《四库全书》、《津逮秘书》、《稗海》、《学津讨原》、《说库》、《丛书集成初编》诸本。今人胡道静有《梦溪笔谈校证》，1957 年古典文学出版社出版，1987 年上海古籍出版社再版。

漫堂随笔 笔记小说。宋吴仟著。此书今不见传本，唯《说郛》涵芬楼本卷六四存文三则，且书名下注云：“一卷”，作者名下注云：“字正仲，全椒人。”三则皆因果报应之说，其中第三则为“王安石入地狱”，可见作者之倾向。

灵异小录 笔记。曾忬著。忬事不详，此书亦无单传本，且不知其卷帙。今唯宛委山堂本《说郛》存有五条：一记某庙宇，并录有诗作；一记元夜盛况及唐人咏元夜诗；一记唐明皇友悌之事；一记龙图学士张某才思之捷；末条记隋代遗迹，亦附有诗。

异闻 笔记小说。宋何光著。是书未见《宋史·艺文志》等目录书著录，亦不见传本，唯《说郛》涵芬楼本卷三八存文三则，且书名下注云：“三卷”，作者下注云：“字履谦，四明人。”三则为“兜离国”、“碧澜堂”、“淫狱”，皆幽梦神怪事。

真率记事 笔记。著者不详。书亦不见传本，唯《说郛》涵芬楼本卷六四存文三则，且书名下注云：“一卷”。首则记秦观责监处州酒时所撰与胡子文一帖，次则记米老(芾?)轶事，末则记京师一名妓之趣语。另《说郛》(宛委山堂本)弓三一有无名氏《真率笔记》九则，疑是一书。九则皆异闻琐谈。

续世说 笔记小说。宋孔平仲著。十二卷。本书依刘义庆《世说新语》体例分为德行、言语、政事、文学等目，所记时代则承《世说》，自刘宋至五代。著者为撰此书，“囊括诸史，派引群义，疏剔繁辞，揆叙名理”(秦果《序》)，较广泛地收采了这一时期士大夫的轶事。书中有关文学家言行者不少，如“方正”之记韩愈耿介人品，“识鉴”之记萧颖士评李华赋，“夙慧”之记白居易早岁传闻等等，而“文学”一目，尤集中了数代文学家的轶事及其对诗文的见解。此书《宋史》平仲本传已述及，《直斋书录解题》卷一一、《文献通考》及《宋史·艺文志》亦皆有著录，且卷帙亦皆与今本相同。今有《守山阁丛书》本、《粤雅堂丛书》本、《宛委别藏》本、《丛书集成初编》本及《四部备要》本。其中《守山阁》本源自宋沅州公库使本，校雠亦较精审，《丛书集成初编》本即据以排印。

遗史纪闻 笔记小说。宋詹玠著。原书已佚。今仅存七条，记唐、五代及北宋朝野轶事异闻，如钱镠名大木为衣锦将军、魏埜拒召抱琴逾垣而逃、釜中之龙腾跃而去等等。有《龙威秘书》本。

仇池笔记 笔记。宋苏轼著。二卷。是书为其《志林》姊妹篇，其内容风格俱与《志林》同。故明赵开美云：“《笔记》于《志林》，表里书也。”(《仇池笔记序》)《四库全书总目》以为书中个别条目不类苏轼语，“疑好事者集其杂帖为之，未必出轼之手”，然“亦可以备考证也”。涵芬楼本夏敬观跋语亦持此说。此书最早载于南宋曾慥《类说》。明万历赵开美既刊《志林》，又从《类说》中将此书录出刊刻，“其与《志林》并见者得三十六则，去其文而存其题，庶无复辞”(见赵《序》)。后《四库全书》所收及昆山徐氏传是楼抄本皆从赵本录出，其中去文存题者三十四则。1919 年商务印书馆校刻此书，重新取自抄本《类说》，得文一〇一则，因与《志林》并见而存题者三十七则，凡一百三十八则。另有华东师范大学出版社出版的点校本。

东坡志林 笔记。宋苏轼著。此书所载为作者自元丰至元符二十年中之杂说史论。内容广泛，记游怀古、山川风物、朝政得失、前人功过、朋友情谊、身心修养、佛道哲理、阴阳术数、文学创作、奇闻异事，无所不谈。其文则长短不拘，或千言或数语，而以短小者为多。皆信笔写来，挥洒自如。体现了作者行云流水涉笔成趣的文学风格。此书宋时或称《东坡手泽》，陈振孙《直斋书录解题》卷一一即著录《东坡手泽》三卷，并注云："今俗本《大全集》中所谓《志林》也。"《四库全书总目》以为"盖轼随手所记，本非著作，亦无书名，其后人裒而录之，命曰'手泽'；而刊轼集者不欲以父书目之，故题曰'志林'"。然黄庭坚《豫章集》卷二九《跋东坡叙英皇事帖》云："往尝于东坡见手泽二囊……手泽袋盖二十余，皆平生作字，语意类小人不欲闻者，辄付诸郎入袋中，死而后可出示人者"，则《手泽》之名为作者生前自定。又苏轼元符三年内移过廉州，有《与郑靖老书》云："《志林》竟未成，但草得《书传》十三卷"，是作者亦曾预有《志林》之名。此书传本颇多，卷数亦不一，有一卷，五卷，十二卷本。较通行之一卷本有宋左圭《百川学海》本，明成化《东坡七集》本；五卷本有明万历赵开美刊本，清嘉庆张海鹏重刊赵本即《学津讨原》本，涵芬楼据赵本校印本，《丛书集成》据《学津讨原》本排印本；十二卷本则有明万历商濬《稗海》本。一卷本仅载史论而无杂说；十二卷本皆杂说而无史论，虽收罗甚丰，然讹误亦不少；五卷本兼有杂说史论，前四卷为杂说，分为记游、怀古等二十八类，卷五为史论十三篇，且去取较为精审。1980 年中华书局点校本即据涵芬楼五卷本参校别本而成。

东坡手泽　笔记。宋苏轼著。即《东坡志林》。陈振孙《直斋书录解题》卷一一著录此书三卷，并注云："今俗本《大全集》中所谓《志林》也。"称《手泽》者今已不见传本，唯《说郛》(涵芬楼本)卷二九存文十五条。参见"东坡志林"条。

渔樵闲话录　又名《渔樵闲话》。笔记小说。旧题宋苏轼著。上下二篇。此书借渔樵之间对话，谈诸如祸福成败一类人生道理，"其间往往辄语及朝政故事"(上篇)，并常以唐人小说(如唐明皇故事、裴铏《传奇》)为议论之喻。明赵开美称其"句句名喻，非理则不入，非喻则不启"(书前识语)，然《四库全书总目》云："晁公武《读书志》(卷三下)中有此书，作《渔樵闲话》，无'录'字，公武又云：'设为问答及史传杂史，不知何人所为'，亦不言出自轼手，书中多引唐人小说，议论皆极浅鄙，疑宋时流俗相传有是书，而明人重刻者复假轼以行耳。"有《宝颜堂秘笈》、《龙威秘书》等本。

龙川略志　笔记。宋苏辙著。十卷，别志八卷。晁公武《郡斋读书志》载《龙川略志》六卷，《别志》四卷。且云《略志》记四十事，《别志》记四十七事。明商濬刻此书时，离析卷帙，已非其旧。今本《略志》记三十九事，《别志》记四十八事，抑商刻本所误。《略志》首尾两卷记杂事十四条，余二十五条皆论朝政，而《别志》所述，多耆旧之余闻。此书所记，信而有征，朱熹编《名臣言行录》，引苏辙此书几及其半，由此可见一斑。今传主要有《四库全书》、《百川学海》、《稗海》诸本。中华书局 1982 年 4 月出版了俞宗宪点校的整理本。

后山谈丛　笔记。宋陈师道著。四卷。《郑堂读书记》卷六四著录。此书于北宋政事、君臣言行、对辽关系至异闻传说、节令物候、书法绘画，无不涉及。唯因师道别有《诗话》，故此书不涉诗文创作，但书中对北宋文学家如欧阳修、王安石、司马光、苏轼、刘贡父、秦少游等人事迹与传说亦有不同详略程度的记载。陆游《老学庵笔记》曾疑此书为伪作，又以为或其少作。《四库全书总目》曾据《后山集》前师道门人魏衍之附记、洪迈《容斋随笔》及本书中内容加以考辨，以为陆游之说失之臆断。此书今传有《宝颜堂秘笈》、《四库全书》、《学海类编》、《丛书集成初编》等本，《唐宋丛书》亦收有此书一卷，非完帙。又清王仁俊辑有《后山谈丛佚文》，收入《经籍佚文》之中。

明道杂志　笔记。宋张耒著。书中多记著者当时见闻及朝野文人轶事，涉及苏轼、司马光、王安石、黄庭坚、晁补之、沈括、刘贡父等文学家多人。又多谈论诗文，或评论唐人及时人诗歌短长，或研讨诗歌技巧，并录有不少时人诗作。又作者曾多次至黄州，故书中记黄州之风物民俗者亦不少。此书《宋史·艺文志》不载，书前亦无序言，唯书末有黄州守陈升庆元庚申(1200)识语，称"其间记黄事尤详，因刻板道院"，则此书宋时已有刻本。《皕宋楼藏书志》卷一一著录明嘉靖覆宋本。今传有一卷及正续二卷本两种，然内容无异。前者有《续百川学海》、《顾氏文房小说》、《唐宋丛书》、《丛书集成初编》等版本，后者有《学海类编》本。

师友谈记　笔记。宋李廌著。一卷。此书记苏轼、范祖禹、黄庭坚、秦观、晁说之、张耒等所谈，故名书《师友谈记》。书中所载，多名言格论，非小说琐录之比。又书中称哲宗为今上，可知作于元祐中；书末记苏轼为兵部尚书及帅定州事，苏轼到定州不久即贬谪南迁，则此书之成当在元祐诸人尽罹贬斥之后。主要有《四库全书》、《百川学海》、《学津讨原》诸本。

冷斋夜话 笔记。宋释惠洪著。十卷。晁公武《郡斋读书志》著录十卷，与今本合。然据《扪虱新话》引惠洪《冷斋夜话》及《宋百家诗选》内容，可知此书已经后人删削，非其完本。此书杂记见闻，而论诗者居十之八，论诗中称引元祐诸人者又十之八，而黄庭坚语尤多。惠洪本工诗，其诗论亦颇有可观处。有《四库全书》、《津逮秘书》、《稗海》、《学津讨原》诸本。

唐语林 笔记小说。宋王谠著。《郡斋读书志》著录十卷。《直斋书录解题》、《通志·艺文略》作八卷。此书采录唐五代笔记小说五十种，仿《世说新语》体例，分为五十二门，所记多为唐五代典章故实、文人轶事，极少志怪故事。其所采之书，有二十种今已亡佚。对于研究唐五代历史、政治、文学较有价值。原书已佚，今传为残本，约为原书三分之一。清四库馆臣从《永乐大典》辑得佚文四百余条，又与残本及新旧《唐书》参互校订，析为八卷，以合《直斋书录解题》著录之数，刻入武英殿聚珍本丛书。另有古典文学出版社据《守山阁丛书》排印本，1957年出版。1987年，中华书局出版了周勋初所著《唐语林校证》，此书校理订误辑佚又附录有关资料，最称完备。

云斋广录 笔记。宋李献民著。此书今已不见传本，卷帙亦不详，惟《说郛》涵芬楼本摘有两条，宛委山堂本摘有六条（含前者之二条）。六条皆记北宋士大夫作诗之轶事，并录其诗作，颇类诗话之一体。

侯鲭录 笔记。宋赵令畤著。八卷。此书广采唐及北宋文人轶事，收录名句佳篇，并间附己意与己作，内容富赡，见解亦较精审。如卷五辨唐传奇《莺莺传》事，对元稹之身世、年谱、作品有较深入的辨析，而卷内所附作者本人所撰之《崔莺莺商调蝶恋花词》十二首，对研究崔、张故事在文学史上之演变发展亦很重要。作者对苏轼甚崇敬，且与其交往密切，故书中对苏轼的言行、创作、交往、文论收采较多，对苏门诸弟子亦时有涉及，故于苏轼研究尤有价值。是书近人傅增湘《双鉴楼善本书目》卷三著录明嘉靖刊本，明以来商氏《稗海》本较为流行，后有《四库全书》本。鲍廷博编《知不足斋丛书》，以《稗海》本“误书脱简，殊不耐观”，取家藏之芸川书院本、天启海虞三槐堂坊刻本及旧抄本相参校，为较好之版本。另有《笔记小说大观》、《丛书集成初编》本。

东轩笔录 笔记。宋魏泰著。十五卷。此书乃作者晚年记录少时所闻而成（见《自序》），主要记录了仁宗、神宗时朝野的史迹。其中也记载了王禹偁、钱惟演、石介、穆修、范仲淹、晏殊、宋祁、梅尧臣、欧阳修、苏舜钦、王安石、刘攽、沈括等著名文学家的趣闻轶事，此集《郡斋读书志》卷三著录。今有《湖北先正遗书》、《稗海》、《丛书集成初编》、《四库全书》、《笔记小说大观》等本以及1983年中华书局点校本。

泊宅编 笔记。宋方勺（号泊宅）著。是编载两宋之际朝野旧事，凡文人逸事、地方民俗、朝廷财政、医药术数、怪异传闻、诗词创作无所不谈。作者曾从苏轼等名士游，故记苏轼、王安石等人逸事较多，并载有南宋初称“中兴野人”者和苏轼《念奴娇》之爱国词。有三卷本、十卷本两系统。《直斋书录解题》及《宋史·艺文志》俱录十卷本。三卷本记事一一〇条，较十卷本少八十一条，然其中二十六条又为十卷本所不载。二本孰先孰后，迄无定论。《四库全书》所收为三卷本，但该书《总目》作者据《宋史·艺文志》，疑三卷本并非原帙，而系明人“臆为窜改”所致；胡凤丹编《金华丛书》，更确认十卷本为原本。顾修编《读画斋丛书》则认为三卷本叙事较详，且有十卷本“讳而不书”之事，“或为初稿”（见顾修《跋》）。《啸园丛书》编者葛元煦亦持此说。今人许沛藻、杨立扬点校此书，则认为三卷本为方勺勒成此编前之初稿本，然当时未付梓，而十卷本则自南宋初已流行，至明万历中商濬将三卷本编入《稗海》后，二本方并行流传。今存三卷本有《稗海》、《四库全书》、《啸园丛书》本；《读画斋丛书》、《金华丛书》则并载三卷与十卷本。另有中华书局1983年版点校本亦并载上述二本。

懒真子 笔记。宋马永卿著。五卷。书中所记涉及到历代（包括宋代）的诗文、史实和杂事，对宋代著名文学家欧阳修、司马光、王安石、苏轼、邵雍等人的诗文轶事均有所记载。作者曾受学于元城刘安世，故在此书中也记述了不少其师的谈论。此集《宋史·艺文志》著录。今有《稗海》、《四库全书》、《子书百家》、《百子全书》、《养素轩丛录》、《笔记小说大观》、《丛书集成初编》、《儒学警悟》、《宋人小说》等本和《说郛》、《五朝小说》等节录一卷本。

遁斋闲览 笔记小说。宋范正敏（一作陈正敏）著。此书原为十四卷，今已不见传本，《说郛》涵芬楼本存文四十四条，宛委山堂本存四十三条（较前者少“《春秋》所引非逸文”一条），分为：“名贤”、“野逸“、“诗谈”、“证误”、“杂评"、"人事"、"谐噱"、"泛志"、"风土"、"动植"十类，可见原书之内容甚杂。其中"诗谈"即诗话；"证误"为考辨名物典籍及诗之作者；"杂评"仅"编诗"一条，记王安石编《四家诗》论李白杜甫之长。

韦居听舆 笔记小说。宋陈直著。此书未见传本，《说郛》涵芬楼本卷二一及宛委山堂本弓二八存有相同八条，且涵芬楼本书名下注云："一卷"。八则皆异闻传说，如黄朴夺魁之谶、萧子积德而延寿一类事。除《说郛》外，《五朝小说》及《五朝小说大观》之"宋之百家编录家"亦有残篇。

无名公传 小说。宋邵雍作。见《说郛》涵芬楼本卷七三。文中无名公乃作者塑造之至善至贤者，"尽天地之情，欲求己之滓，无得而去"，"口未尝不道儒言，身未尝不行儒行"，实则理学家理想人格之图解而已。

倦游杂录 笔记小说。宋张师正著。原书八卷(据《说郛》涵芬楼本)，今已不见传本，唯《说郛》(宛委山堂本及涵芬楼本)、《五朝小说》、《五朝小说大观》有摘录。《说郛》二本收有相同十二则，内容颇杂，异闻传说、鱼虫草木、异域风俗皆有涉及，但以北宋士大夫之轶闻趣事为多(如陈亚与蔡襄之戏语、某士大夫因以身尚康健不得请王安石撰墓铭之憾)，每则篇幅长短不一，文笔颇为传神。

幙府燕闲录 笔记小说。宋毕仲询著。原书为十卷。今已不见传本，《说郛》(宛委山堂本与涵芬楼本)、《五朝小说》、《五朝小说大观》有摘录。《说郛》宛委山堂本收有七则，涵芬楼本另多三则，所记为五代与北宋事，内容不一，但以士大夫轶事为多。其中如尹师鲁评范仲淹之《岳阳楼记》、欧阳修作文尚简明等内容涉及文学，可资参考。

珍席放谈 笔记。宋高晦叟著。二卷。据书中所记上自宋太祖，下至哲宗，似为哲宗、徽宗时人。书中主要记述了北宋朝廷典章制度沿革损益及士大夫的言行，涉及杨亿、范仲淹、寇準、苏舜钦、王安石等著名文学家的轶闻，且间加评论。为文史研究可资参考的资料。此书原集已佚。《四库全书》将散见于《永乐大典》中的各条摘出，辑为上、下二卷。今有《四库全书》、《函海》、《反约篇》、《榕园丛书》、《丛书集成初编》等本。

铁围山丛谈 笔记。宋蔡絛著。六卷。记载从太祖建隆至高宗绍兴约二百年间之朝廷掌故、琐闻轶事、艺文故实等，较他书详尽，向为学者所称引，史料价值很高。作者乃蔡京之子，且助父为奸，书中虽极力为当时执政者歌功颂德，粉饰太平，然基本事实尚不失之诬。故亦"不能因人废言"(鲍廷博跋语)，尤其是书中所记艺文故实及著名文学家苏轼、王安石等之遗闻轶事，更是文学研究之重要资料。《直斋书录解题》著录五卷，《皕宋楼藏书志》著录旧抄本六卷。今有《四库全书》、《学海类编》、《知不足斋丛书》诸本以及1983年中华书局排印本。

国老谈苑 笔记。旧题夷门隐叟王君玉著。二卷。陈振孙《直斋书录解题》、《宋史·艺文志》作《国老闲谈》，卷数与此相合，此书所记，乃宋太祖、太宗、真宗三朝杂事，涉及徐铉、杨亿、寇準、魏野、张咏等著名文学家的轶闻。今有《百川学海》、《说郛》、《四库全书》、《学津讨原》、《丛书集成初编》等本。

墨客挥犀 笔记。宋彭乘著。十卷。陈振孙《直斋书录解题》著录是书十卷续集十卷，而称不知撰人名氏。后为商濬刻入《稗海》，又题彭乘作，盖以书中所自称名为据。然止有十卷，其续集已佚。书中所记，有与他人所记相同者，疑为后人窜入。书中议论，大抵推重苏(轼)黄(庭坚)，且于宋代遗闻轶事以及诗话文评，征引详洽，颇有参考价值。今传本主要有《四库全书》本、《稗海》本、《古今说海》本、《涵芬楼秘笈》本等。

鸡跖集 笔记杂录。宋王子昭(一本作王子韶)著。原书今已不传，亦不详其卷帙，唯《说郛》涵芬楼本与宛委山堂本存有相同十二则(但多有异文)，每则均短小，杂录名物、异闻及六朝以来文人之传闻。

枫窗小牍 笔记。著者不详。上、下二卷。明海盐姚士粦序文考著者姓袁，其名则未详。《四库全书总目》谓查慎行注苏轼《来鹤亭》诗引为袁褧，未详何据。书中多记宋时朝野轶闻，特详于汴京故实，如艮岳、京城、河渠、宫阙、户口、工伎之类。对一些著名文学家如徐铉、杨亿、钱惟演、范仲淹、欧阳修、曾巩、司马光、王安石、苏轼等人的遗闻轶事以及《太平广记》、《册府元龟》等书的撰写情况都有所记载，是文史研究的重要资料。今有《宝颜堂秘笈》、《唐宋丛书》、《说郛》、《四库全书》、《古今说部丛书》、《说库》、《丛书集成初编》、《稗海》等本。

南窗纪谈 笔记。著者不详，一作宋徐度著。一卷。《郑堂读书记》卷六四著录。本书多记北宋时事，南宋淳熙中袁文作《瓮牖闲评》已引及此书，又书中记有叶梦得、傅崧卿事，而梦得为绍圣四年进士，崧卿为政和五年进士，《四库全书总目》据此推定为两宋间人所著。全书今存二十三条，而《瓮牖闲评》所引“卫大夫”一条已不见此本，则此书已非完书。书中多记北宋名臣轶事、职官典故，间亦涉及社会习俗(如饮茶由来、待客之礼)，颇足以资考证。此外，亦偶有关于文学者，如赞欧、苏文风之明白平易，论时下著文好学问与奇险之由来、记钱塘诗人关注之名篇等等，可借以窥见北宋后期文学风气之一斑。今通行有《四库全书》、《知不足斋丛书》、《丛书集成初编》等本。

萍洲可谈 笔记。宋朱彧著。三卷。此书多述其父朱服所见所闻。首卷记朝廷典章制度、君臣言行；卷二则于广州蕃坊市舶、贸易物产、风土民情言之甚详；卷三多记巫卜异事。书中罕言诗文创作，然三卷之中，皆记有朝野重要文人学者如王安石、司马光、苏辙、黄庭坚、沈括等人的轶事，而于苏轼记录尤详。于二苏颇有微词，而于(舒)亶与(吕)惠卿，则往往曲为解释。《守山阁丛书》本钱熙祚校语则说此书“杂记见闻，颇多轶事，虽于绍圣诸臣，意存回护，尚不至如魏泰《东轩笔录》之悖谬，惟青眉紫姑诸条，间涉鬼神，未离小说之习”。此书《宋史·艺文志》、《文献通考》著录三卷，然左圭《百川学海》、陈继儒《宝颜堂秘笈》均只五十余条，不足一卷。清编《四库全书》从《永乐大典》中辑得多条，复编为三卷，“约略校计，已得其十之八九”(《四库全书总目》)。后《墨海金壶》、《守山阁丛书》皆据《四库》本收入。《守山阁》本又将同见于《四库》本与《百川》、《秘笈》本之条目校勘一过，附有校记。后《丛书集成初编》本即据此本排印。另外，《说郛》(宛委山堂本)有此书摘录。

东皋杂录 笔记。宋孙宗鉴著。其书原为十卷，今不见传本，唯《说郛》、《五朝小说》、《五朝小说大观》有摘录。其中《说郛》宛委山堂本收有十七条，涵芬楼本收有二十条(十六条与宛委本同，另多四条，少一条)。所记内容不一，但以文人轶事及考辨文字为多，间亦录有文人诗词，涉及欧阳修、司马光、王安石、苏轼、刘贡父、黄庭坚等重要文学家多人，并录有司马光之词作，可资参考。

秀水闲居录 笔记。宋朱胜非著。此书原集已佚，唯宛委山堂本《说郛》、《古今说部丛书》有摘录。《说郛》录有八条。内容为谈今论古、考辨文史，其中五条涉及文学。如“薛许州能以诗道为己任”及评陈与义“中庭淡云照三更”诗条等，皆可资参考。

澹山杂识 笔记。宋钱功著。原书三卷(据涵芬楼本《说郛》)，今已不见传本，唯《说郛》、《五朝小说》、《五朝小说大观》有摘录。《说郛》二本收有相同七条。书中自言“十三岁时见东坡过先君”。又一条记其父与张耒饮酒时趣事。又自言曾为海州太守陈述苏轼、张耒等人轶事外，亦杂记当时人与事。

春渚纪闻 笔记。宋何薳著。十卷。此书卷一至卷五为杂记，内容大率谈谐琐事及神怪果报。卷六“东坡事实”，盖感苏轼荐父之恩，专述苏轼轶事遗文及苏门诸弟子的交往，保存了一些不见于正史的苏轼材料。卷七“诗词事略”收录唐宋诗人轶事及名句佳篇，并间附己意，乃诗话之属。卷八“杂书琴事”并附“记墨”，存有古音乐资料并杂有考辨。“记墨”及卷九“记砚”介绍墨砚，对宋代文物研究有一定价值。卷一〇“记丹药”述宋代炼丹之风。是书《直斋书录解题》及《文献通考》著录。明人姚叔祥得此书“杂记”五卷及“记墨”二十三则，校订为六卷，陈继儒收入《宝颜堂秘笈》，此为最早流行之刊本。后毛晋得十卷抄本(其中卷九脱一页)，刊入《津逮秘书》，《四库全书》所收即此本。后卢文弨据宋刻本将其缺页刻入《群书拾补》，张海鹏又据之补入原抄本卷九，并经邵阆仙校勘刻入《学津讨原》。后又有夏敬观校本，收入涵芬楼《宋元人说部书》中。另有中华书局点校本。

扪虱新话 笔记。宋陈善著。此书原名《窗间纪闻》，后由作者更名(见其门人陈益《序》)。此书多考论学术，而尤重诗文，亦兼及杂事。《四库全书总目》对此书颇多指责，以为“大旨以佛氏为正道，以王安石为宗主，故于宋人诋欧阳修、诋杨时、诋陈东、诋欧阳澈，而诋苏洵、苏轼、苏辙尤力……观其书颠倒是非，毫无忌惮，必绍述余党之子孙，不得志而著书者也”。此书于欧、苏等人确有微词，然亦多赞语。书中有不少记载当时文坛的内容，如“欧阳公喜梅圣俞苏子美诗”、“辨前辈论古今人文长短”诸条，皆有一定史料价值。又书中评论诗文创作，研讨诗文法则的内容亦复不少，如：“文章以气韵为主”、“文章有夺胎换骨法”、“本朝文章亦三变”、“文贵精工”诸条，既含有独特见解，亦反映出江西诗派的影响。此书版本甚复杂，《宋史·艺文志》著录为八卷，钱曾《读书敏求记》

则载此书有二本：一不分卷帙，一为十五卷。今传有不分卷之《唐宋丛书》本，十五卷之《津逮秘书》本，八卷之《儒学警悟》、《丛书集成初编》本，此外，又有四卷之《宝颜堂秘笈》本。相对而言，八卷本序跋既全，条目亦最多，合于书前《序》中所称之二百条。

醉翁谈录 笔记。宋金盈之著。八卷，分《名公佳制》、《荣贵要览》、《京城风俗记》、《琐闼异闻》、《禅林丛录》、《平康巷陌记》六类，记唐代遗事、宋人诗文及宋代京城风俗。书末附杨复吉、张钧衡跋语，杨氏疑此书为近人伪托。今有《碧琳琅馆丛书》、《芋园丛书》、《适园丛书》等刊本以及1958年古典文学出版社排印本。

东京梦华录 笔记。宋孟元老著。十卷。此书集前有宋高宗绍兴十七年(1147)作者自序。序称宋徽宗崇宁二年(1103)，作者随父宦游汴京。汴京沦陷后，于宋钦宗靖康二年(1127)避难江左。后追忆昔日汴京"节物风流，人情和美"，"恐浸久论其风俗者失于事实"，乃"编次成集，庶几开卷得睹当时之盛"。取《列子·黄帝》"昼寝而梦，游于华胥氏之国"语意，名集为《梦华录》。记录了东京(即汴京)的城坊、河道、宫殿、街巷、寺庙、宫观、酒楼、食店、医铺、鱼行以及四时节令的风俗，皇帝游赏的盛况等等。表现了作者对故国太平盛世的怀念，是研究徽宗时期东京的社会、经济、文化、风俗的重要资料。其中第二卷"东角楼街巷"条所记瓦舍勾栏，第五卷"京瓦伎艺"条所记勾栏瓦肆说书、演杂剧的情况，第六卷"元宵"条、第七卷"驾幸临水殿观争标锡宴"条、"驾登宝津楼诸军呈百戏"条、第九卷"宰执亲王宗室百官入内上寿"等条所记演出歌舞、百戏的情况，更是研究当时戏曲、说唱艺术的珍贵资料。作者自序尝云："此录语言鄙俚不以文饰者，盖欲上下通晓耳。"故全书文字通俗、简洁，叙述条畅清楚。今有《秘册汇函》、《津逮秘书》、《四库全书》、《学津讨原》、《三怡堂丛书》、《丛书集成初编》等刊本。1956年古典文学出版社出版的排印本《东京梦华录(外四种)》，与《都城纪胜》、《西湖老人繁胜录》、《梦粱录》、《武林旧事》四种合刊。1959年商务印书馆出版有邓之诚《东京梦华录注》。

东观余论 笔记。宋黄伯思著。二卷。伯思学问渊博，李纲所作墓志称其经史百家之书、天官地理律历卜筮之说，无不精诣。又好古文奇字，钟鼎彝器款式体制，悉能了达辨正。是书系其子黄訒于绍兴十七年(1147)，将其所著论辨题跋合而刊之，总名曰《东观余论》。书后有黄訒及楼钥跋。原书十卷，今本仅二卷。有《四库全书》、《津逮秘书》、《学津讨原》诸本等。

过庭录 笔记。宋范公偁著。一卷。书中所记皆绍兴丁卯(1147)戊辰(1148)间闻于其父之事，书名《过庭录》，盖取孔鲤趋而过庭，闻父孔子教诲之意。书中以记北宋朝野轶事为主，其中涉及文人与文学者尤多。如范仲淹、欧阳修、王安石、司马光、宋祁、苏轼、黄庭坚、张昇、张先、许将、刘贡父、李之仪等人轶闻事迹往往可见。部分记载如范仲淹作《岳阳楼记》之本事，宋祁论杜诗之语，苏轼论中岳画壁似韩愈南海碑语，黄庭坚所作《范子正文集》跋语，欧阳修呼张先"桃杏嫁东风郎中"语，皆足资参考。又多录文人诗文，文献价值亦高。《仪顾堂题跋》卷九著录有明刊本。今传有《稗海》、《四库全书》、《笔记小说大观》、《丛书集成初编》等本。

靖康缃素杂记 笔记。宋黄朝英著。十卷。据晁公武《郡斋读书志》云，是书所记凡二百事，今本卷数与晁公武所记同，然仅九十事。从宋人所著《演繁露》、《野客丛书》、《瓮牖闲评》诸书所引，均为今传本所无，可知已经明人删削而非原本。是书以考证为主，其学推崇王安石。有《四库全书》本、《唐宋丛书》、《学海类编》、《墨海金壶》、《学津讨原》、《丛书集成初编》诸本。另有1986年上海古籍出版社出版吴企明整理点校本。

石林燕语 笔记。宋叶梦得著。十卷。此书为作者于宣和五年(1123)在湖州宴游之余所作。记载朝野故实旧闻及古今嘉言善行。由于作者历经神宗、哲宗、徽宗、钦宗、高宗五朝，谙熟朝廷的典章制度和琐闻轶事，故此书具有重要的史料价值。书中还记录了著名的文学家李煜、徐铉、柳开、范仲淹、柳永、晏殊、石曼卿、梅尧臣、欧阳修、司马光、王安石、苏轼、陈师道等人的诗文轶事。由于书成于动乱之时、偏僻之地，故其所记有光凭记忆考据未详之处。后南宋产生了两部纠谬之作，一是汪应辰的《石林燕语辨》，一是宇文绍奕的《石林燕语考异》。前者今有《儒学警悟》本。后者无单刻本，修《四库全书》时，曾从《永乐大典》中辑出，分别附入《石林燕语》本条之下。故《四库全书总目》云："是一朝故事，得梦得之书，而梗概具存；得绍奕之书，而考证益密。二书相辅而行，于史学弥为有裨矣。"传本除《四库全书》本外，还有《稗海》、《琳琅秘室丛书》、《笔记小说大观》、《丛书集成初编》、《石林遗书》、《郎园先生全书》等本。1984年，中华书局出版了由侯忠义点校的排印本，除各条附有宇文绍奕的《考异》之外，篇末还附有汪应辰的《石林燕语辨》。

避暑录话 笔记。宋叶梦得著。本书作于南宋绍兴五年(据毛晋跋语)，内容极广。凡本朝典章制度、朝野士人轶闻、谈说禅理、议论史实、山川舆地、养生医术、酿酒品茶、书法绘画、文物收藏，乃至种竹植树奇闻异事无所不涉。而于宋代文人生活、交往及创作尤多记载。如晏殊收藏书简文牒之习、欧阳修扬州平山堂之生活、王安石号半山之由、司马光对禅宗之态度、苏轼之兴趣及贬黄州后作《临江仙》词之轶事、柳永生平及“凡有井水饮处即能歌柳词”一说之由来、秦观词之盛行及“山抹微云秦学士”之得名、欧阳修与王安石之交往、苏洵与王安石之关系，诸多记载，对于宋代文学研究，有较高价值。《四库全书总目》谓梦得为蔡京之门客，故所论不免以门户故阴抑曲解元祐士人，此说不为无据。《郡斋读书志》著录此书为十五卷，而《直斋书录解题》及《文献通考》则作二卷。明清以来传本亦多二卷本，未见十五卷者。毛晋《津逮秘书》跋云：“得宋刻，迥异坊本，”亦作二卷，且诸书引是书者亦皆见于二卷本中，故《四库全书总目》认为《郡斋读书志》所录为传写之谬。今有《稗海》、《津逮秘书》、《四库全书》、《学津讨原》、《石林遗书》、《郎园先生全书》、《丛书集成》等本，另有《说郛》节录本。

岩下放言 笔记。宋叶梦得著。三卷。此书乃叶梦得自崇庆节度使致仕，退居卞山时所撰。书中主要谈论了释、道二氏之学，间及宋代著名文学家欧阳修、司马光、王安石、苏轼、贺铸、沈括等人的遗闻轶事。《直斋书录解题》著录一卷。明商濬《稗海》中别有郑景望《蒙斋笔谈》二卷，其文全与此书同，只少数十条。因此书旧无刻本，或疑其即取自郑景望《蒙斋笔谈》。《四库全书总目》考证书中所述仕履、著述皆与叶梦得本传、《直斋书录解题》著录相合，故认为乃“《蒙斋笔谈》剽此书而作，非此书剽《蒙斋笔谈》而作，确有明证”。今有《四库全书》、《石林遗书》、《观古堂所刊书》、《郎园先生全书》等本。

却扫编 笔记。宋徐度著。上、中、下三卷。此书乃南渡后作者闲居吴兴时所撰，以“时方杜门却扫，因题曰《却扫编》”(《自序》)。此书成于高宗初年，主要记述了当时朝廷的典章制度，前贤逸事，其中涉及到著名的文学家杨亿、范仲淹、柳永、司马光、梅尧臣、欧阳修、王安石、苏轼、苏辙等人的事迹。《四库全书总目》称此书与王明清《挥麈录》、叶梦得《石林燕语》“可以鼎立，而文简于王，事核于叶，则似较二家为胜焉”。此集《郡斋读书志》、《直斋书录解题》著录。今有《津逮秘书》、《学津讨原》、《四库全书》、《反约篇》、《榕园丛书》、《古书丛刊》、《择是居丛书初集》、《丛书集成初编》等本。

曲洧旧闻 笔记。宋朱弁著。十卷。书中主要记述北宋君臣言行、名士遗闻，有补于史事。亦间及诗话文评，牵涉到著名的文学家邵雍、范仲淹、欧阳修、司马光、王安石、苏轼、秦观、沈括等人的遗闻轶事。而其中对欧阳修、苏轼的记载尤多。书中对欧阳修所作《醉翁亭记》、《归田录》的情况也记载较详。此集著于作者奉使赴金，为金拘留期间，然无一语言及金国事，可见其节概。此书《直斋书录解题》著录一卷。《铁琴铜剑楼藏书目录》著录明刊本十卷。今有《知不足斋丛书》、《学津讨原》、《四库全书》、《笔记小说大观》、《丛书集成初编》等本，另有《宝颜堂秘笈》四卷本和《说郛》、《五朝小说》、《古今说部丛书》等一卷本。

续骫骳说 笔记。宋朱弁(一作朱昂)著。一卷。此书原集已佚，今《说郛》宛委山堂本收有三条，涵芬楼本收有五条(含前之三条)，二本并收有著者序言，称因见晁无咎有《骫骳说》二卷，因亦述所见闻以贻好事，名曰《续骫骳说》。今存五条中“元宵词”记当时元宵盛景及晁叔用(冲之)咏元宵之《上林春慢词》；“文章有法”条论文章当以六经为法，并论及司马相如、韩愈、杜牧、欧阳修辞赋；“参寥子”条记参寥子身世交游与文学成就。

道山清话 笔记。题宋王暐著。一卷。此书所记终于宋徽宗崇宁五年(1106)，主要记载了当时的朝野遗闻，涉及到著名的文学家杨亿、石曼卿、曾巩、司马光、王安石、苏轼、黄庭坚、秦观等人的事迹，而尤详于苏轼、黄庭坚的交际议论。此集《直斋书录解题》著录。今有《百川学海》、《说郛》、《五朝小说》、《学津讨原》、《四库全书》、《古今说部丛书》、《说库》、《丛书集成初编》等本。

宋朝事实类苑 又称《皇宋事实类苑》、《皇朝类苑》。笔记总集。宋江少虞辑。七十八卷。宋代朝野事迹见于诸家笔记者甚多，作者“惜其畔散不属，难以稽考”(《自序》)，遂将诸家笔记中有关宋代的朝野事迹汇集一起，选择类次，编纂成此书。分为《祖宗圣训》、《君臣知遇》等二十四门（《自序》作二十八门）。各以四字标目，再分列子目。记录了北宋太祖至神宗一百二十多年间的朝章典故、将相名人的遗闻逸事、边政外交、风俗民情、里巷琐事等等。内容极为丰富，涉及面广。其中完全以诗文为内容的有《诗歌赋咏》、《文章四六》二门，其他各门如《德量智识》、《忠言谠论》、《衣冠盛事》、《词翰书籍》、《知人荐举》、《谈谐戏谑》等，也都有不少涉及诗文。此书引用诸家笔记约五十种，而其中半数以上现已失传或残缺，赖此书才得以保存下来。如记录杨亿平生见闻的《杨文公谈苑》十五卷，原书早已散佚。《说郛》卷二一仅引十一条，曾慥《类说》虽引六十多条，但文字都经删节。而此书辑录了一百多条。又如宋元丰初年人张师正记录其平生见闻的《倦游杂录》八卷，原书也已散佚，《说郛》卷一四、卷三七只引了十八条，《类说》卷一六虽引五十多条，但文字上也都经删节。而此书辑录了近百条。再如此书所辑录的《名贤诗话》、《三山诗话》，其他各书均未见引用；所辑录的《李希声诗话》、《汉皋诗话》和《西清诗话》等，都可补《苕溪渔隐丛话》等书引文之脱讹。引用的有些笔记，虽然现在还有传本，但江氏所据者均为原本或接近原本之版本，且是照录原文，不加增损，往往可以订补今传本之脱讹。然此书亦有误引误注或失注之处。宋绍兴二十三年(1153)曾由麻沙书坊刊刻印行。至明清仅有抄本六十三卷流传。清修《四库全书》所得即此抄本。日本于元和七年（明天启元年，公元1621年）出版过据麻沙刻本翻印的木活字本。1911年，日本木活字本流传至我国，武进董康据以重刻。1981年上海古籍出版社又以董康刻本为底本，以明蓝格六十三卷抄本参校，整理出版了排印本。此外，七十八卷本还有《诵芬室丛刊初编》本。

猗觉寮杂记 笔记。宋朱翌著。二卷。上卷皆诗话，取唐宋名家诗，考证其语词典故，而不评其文字之工拙。以杜甫、韩愈、杜牧、欧阳修、王安石、苏轼、黄庭坚诸人诗为主。下卷则杂论文章，兼及史事，不限于一朝一代。书前有著者与丞相洪适书，乞为作序，然适未及作序而卒，其弟迈为之序，称其"穷经考古，砭剂疵病，……上撢《骚》《雅》，旁弋史传。"《四库全书总目》则纠其失误十余条，以为"未为能究根柢"，然又云："其引据精凿者不可殚数，在宋人说部中，不失为《容斋随笔》之亚。"是书宋元诸家书目未著录，今传有《知不足斋丛书》本（此本割其下卷六十八条移入上卷，'以匀卷帙'，又将朱翌与洪适书移至卷末作为附录）、《四库全书》本。另又有武英殿聚珍本、《龙眠丛书》本、《笔记小说大观》本及《丛书集成》本。除二卷本外，尚有《学海类编》之六卷本及《说郛》节录本。

萤雪丛说 笔记。宋俞成著。二卷。书前《自序》云其"优游黄卷，考究讨论，付之书记，囊萤映雪，无所不为，尘积日久，遂成一编"，是为本书名称由来。内容大略有二：一为讨论儒学经典，议论道德规范，带有较浓道学气（如"忠恕违道不远"、"修外功德内功德"诸条）；一为研讨文字，议论诗文技巧（如"致字说"、"文章活法"诸条）。《四库全书总目》称"其书多言揣摩科举之学，而谆谆于假对之法以为工巧，论皆迂鄙"，然书中也录有时人对文学的见解（如"陈同甫议论作文之法"、"徐积悟作文之法"等等）。有《儒学警悟》、《百川学海》、《稗海》、《金华丛书》及《丛书集成初编》等本。

高斋漫录 笔记。宋曾慥著。此书所记皆北宋之事，"上自朝廷典章，下及士大夫事迹，以至文评诗话、诙谐嘲笑之属，随所见闻，咸登记录"（《四库全书总目》）。其中一些有关朝廷典章制度的记载，可补史志所未备，有较高史学价值。又书中记王安石、苏轼事迹颇多，故于文学史研究亦可资参考。本书陈振孙《直斋书录解题》卷一一著录为二卷，但原书已佚，仅《学海类编》等书中收有残篇。清修《四库全书》又从《永乐大典》中辑出若干条，其篇幅较《学海》本多十之三四，又将《大典》无而《学海》有者并入，合为一卷。故今存传本为二种：《学海类编》、《古今说海》、《历代小史》等为一种，卷帙较少；《四库全书》、《墨海金壶》、《守山阁丛书》、《丛书集成初编》为一种，篇数较多。

默记 笔记。宋王铚著。分上中下三卷，主要记载了北宋时期的朝野遗闻，其中也涉及到著名的文学家李煜、晏殊、石延年、尹洙、欧阳修、王安石、刘攽、司马光、苏轼、秦观、贺铸等人的事迹和其他的一些怪异传闻，此集《皕宋楼藏书志》卷六三著录旧抄本。今有《学海类编》、《四库全书》、涵芬楼《宋元人说部书》等本以及1981年中华书局排印本。

十友琐说 笔记。宋温革著。此书原本已佚，今惟宛委山堂本《说郛》存有四则："善记猫事”条记徐铉、徐锴事，“啜墨水”记苏浩然、吕行甫事，“书画”条记张彦远语，“亭子名”记苏轼与唐子西语，皆唐五代与宋文人言行，文笔则类《世说新语》。

汴都平康记 笔记。宋张邦基著。此书今已不传，《说郛》(宛委山堂本)、《五朝小说》、《五朝小说大观》有摘录。《说郛》录有三则，一记晁补之和李秬《双头牡丹诗》，一记李师师、崔念月与晁冲之(叔用)事，并录有晁诗二首；一记李师师之性格与身价。

墨庄漫录 笔记。宋张邦基著。十卷。书前自序称“归耕山间而性喜藏书，随所寓榜曰‘墨庄’，故题其首曰《墨庄漫录》”。本书记杂事，诸如异闻传说、文物古器、奇花异草乃至朝廷经济、国家户口，随笔而记，不分门类。然十之七八皆涉及文人与文学。如记苏轼词之本事，解杜甫诗之用语，录王安石之七绝、记时人之佳句等等，内容甚富。所记文人除王安石、欧阳修、苏轼、晏幾道及苏门诸人外，尚有著者所闻所见一批当时文人，史料价值较高。著者读书甚博，故书中考证亦足资参考。“如记韩愈诗‘风棱露液’字之异同，苏轼儋耳诗‘石’字‘者’字之讹误，辨杜甫诗‘王母昼下云旗翻’句、‘还如何逊在扬州’句、‘江湖多白鸟’句……皆极典核”(《四库全书总目》)。今有《稗海》、《四库全书》、《笔记小说大观》、《丛书集成初编》、《四部丛刊三编》(附校勘记一卷)等本。

视听钞 笔记。宋吴萃(一作吴华)著。原书三卷，已佚。宛委山堂本《说郛》收有其中二条，涵芬楼本《说郛》收有三条(含前之二条)：一条为“山谷诗”，对江西诗派中“不知自立者”“字字剽窃”黄庭坚诗抨击甚严；一条为“何钦圣诗”，录钱塘士人何钦圣呈苏轼七言古诗一首，长达一千四百余字，评价北宋诗坛颇详，尤推崇王安石；另一条记南方驱象之法。

昨梦录 一名《退轩笔录》。笔记小说。宋康与之(号退轩老人，一作康誉之)著。原书五卷，今存一卷。所记颇杂，或记殊方之异物异俗，或记当时之杀人案件，或述黄河之水患，或写世外之大同世界，多为小说家言。除一条记画工之作而及于韩文之评外，多不涉文坛之事。今有《广百川学海》、《古今说海》、《学海类编》、《说郛》(宛委山堂及涵芬楼本)、《五朝小说》等本。

翰墨丛记 笔记。宋滕康著。此书原集已佚。宛委山堂本《说郛》存有九则。或录当时文人(如张九成)事，或谈文史，或记地方风俗。其中一条录有岳飞家人《谢昭雪表》语。

植杖闲谈 笔记。宋钱康功著。康功事不详，书中称宋高宗“今上”，知其为南宋初人。原书已不见传本，亦不知其卷数，惟宛委山堂本《说郛》、《五朝小说》、《五朝小说大观》有摘录。《说郛》收有五条，条目为“汉兴帝”(疑有误)、“吴会”、“契丹”、“谈命”、“薛道衡”。或记事或考证，历史、地理、世风、文学皆有涉及。

寓简 笔记。宋沈作喆著。十卷。此书成于宋孝宗淳熙元年(1174)，其自序云：“予屏居山中，无与晤语，有所记忆辄寓诸简牍，纷纶丛脞，虽诙谐俚语，无所不有，而至言妙道，间有存焉。已而诵言之，则欣然如见平生故人，抵掌剧谈，一笑相乐也。因名之曰《寓简》。”书中记述议论范围极广，历代文籍、史籍、政事、时序、典章制度、奸佞贤达、山川宫观、风俗民情、易理、卦卜、释道、书画等等，间及宋代著名文学家杨亿、范仲淹、欧阳修、司马光、王安石、苏轼、黄庭坚、叶梦得等人的遗闻轶事。今有《四库全书》、《知不足斋丛书》、《丛书集成初编》等本以及《说郛》、《古今说部丛书》等一卷本。

栾城先生遗言 笔记。宋苏籀著。一卷。作者为苏辙(栾城先生)之孙，十余岁时，曾随苏辙生活九年，受其教诲颇多，因录其所闻之可追忆者，以示子孙，故书名《遗言》。书中对苏辙、苏轼兄弟之生活习性、读书心得、文学创作、学术成就以及从政业绩均有记载(如苏辙以著《春秋集传》为平生事业，苏轼少年时读《庄子》“得吾心矣”之叹等等)，而尤为集中记录了苏辙的文学见解、对历史人物的评价以及对苏轼及同时代其他文学家如欧阳修、王安石、梅尧臣、黄庭坚、张耒等人的评价，并附及诸人的部分事迹。《四库全书总目》称此书“精言奥义，亦多足以启发来学”，但认为著者“私于其祖，每阴寓抑轼尊辙之意”。是书《皕宋楼藏书志》卷五七著录有宋刊本。今有《百川学海》、《续金华丛书》、《丛书集成初编》等本。此外《四库全书》亦收有此书，而名《栾城遗言》。

云麓漫钞 笔记。宋赵彦卫著。据其《自序》，本书初名《拥炉闲记》，后易为今名。本书内容丰赡，“记宋时杂事者十之三，考证名物者十之七”(《四库全书总目》)。前者如朝廷君臣言行、宋金边界与关系、唐宋书法风尚之变、士大夫之诗文创作等，皆有史料价值。其中如岳飞题壁之文、宋迎送金使人员经费记载，尤为珍贵。名物考辨则范围极广，经史子集释诸部无所不涉。其中如考辨苏轼、黄庭坚诗，探究柳宗元、欧阳修文章所本等，皆可资参考。此书作者自序称本止十卷，先刻于汉东学宫，后官新安，并刻后五卷。然《宋史·艺文志》著录此书为二十卷续二卷，与序不符。不知是著者后有所增益整理，抑或《艺文志》偶误。今有十五卷之《四库全书》本、《涉闻梓旧》本、《丛书集成初编》本，四卷之《稗海》本、《笔记小说大观》本。此外，《说郛》有摘录。

挥麈录 笔记。宋王明清著。二十卷。《百川学海》本、《学海类编》本题杨万里撰，《历代小史》本题王清臣撰，均误。今传本作《前录》四卷、《后录》十一卷、《三录》三卷、《余话》二卷，凡二十卷四百五十则。《前录》为孝宗乾道丙戌(1166)作者奉亲会稽时所记，《后录》为光宗绍熙甲寅(1194)武林官舍中所记，《三录》为宁宗庆元初年请外时所记，《余话》补前三录所未备，兼及诗文碑铭。书中主要记述了宋代的典章制度及朝野轶闻，不仅可补史缺，亦兼备文献价值。其《后录》跋语自称所录"无一事一字无所从来"，书中每则俱著明传闻来源，故颇为时人所注目。此书曾被用作编修高宗实录的资料，也曾被当时的史书如《建炎以来系年要录》等所采用。《直斋书录解题》著录此书十八卷。今本有《津逮秘书》、《四库全书》、《学津讨原》、《四部丛刊续编》、《丛书集成初编》等本以及《百川学海》、《学海类编》等二卷本和《百川学海》(重辑本)、《历代小史》、《唐宋丛书》等一卷本。

玉照新志 笔记。宋王明清著。六卷。其自序谓时得一玉照于永嘉鲍子正，又获米芾(南宫)书"玉照"二字，揭之寓舍，因以名书。书中主要记载朝野旧闻及前人之琐事逸作，涉及到著名文学家欧阳修、苏轼、苏辙、周邦彦、陆游等人的事迹和一些遗诗遗文。对其《挥麈录》中的某些记载也作了补充，还杂录了不少神怪谐谑故事。今有《宝颜堂秘笈》、《四库全书》、《说郛》等本；此外，还有《学津讨原》、《丛书集成初编》、《宋人小说》等五卷本和《唐宋丛书》、《古今说部丛书》、《说库》等四卷本。

投辖录 笔记小说。宋王明清著。一卷。此书为其晚年所著，书前有绍兴己卯(1159)序，称"《齐谐》志怪，由古及今无虑千帙，仆少年时性所嗜读，家藏目览，鳞集麐至，十逾六七……居多暇日，记忆曩岁之所剽聆遗忘之余，仅存数十事，笔之简编"。而所以为此名，则因所记内容客所乐听，"不待投辖，自然肯留"。全书共四十四则，皆两宋之奇闻异事，如真宗率群臣由假山洞而至蓬莱、蔡元长之遇毛女、冢中墓志预示来事一类。每条之下，多注明所闻之人，如"祖父闻之于欧阳修"、"闻之陆务观"等。故《四库全书总目》称"故家文献，所言多信而有征，在小说家中，犹为不失之荒诞者。"此书陈振孙《直斋书录解题》著录为一卷，今传有《四库全书》本。此外《说郛》(宛委山堂本及涵芬楼本)、《五朝小说》、《五朝小说大观》有此书摘录。

摭青杂说 笔记小说。题宋王明清著。一卷。此书今本存小说五篇，皆著者闻于他人者。首篇述绍兴中抗金军与唐张巡、许远、雷万春所统之鬼兵相遇，并得其相助事；二篇记某士大夫女为贼所掳，于贼军中与另一陷贼士子婚配，贼破后离散，后辗转团聚事；三篇述某士大夫江上遇贼，其女堕水为人所救、终与家人团聚事；四篇记京师某茶肆主人拾金不昧事；末篇记金人侵扰京师，某知县遇害，其女沦落风尘，后终从良，且与幼时订婚之士子成婚事。各篇皆重情节，人物对话亦大抵能见其性格。惟封建贞烈观念时有流露。今有《龙威秘书》、《丛书集成初编》、《说郛》(宛委山堂本)、《五朝小说大观》等本。

宣靖妖化录 笔记小说。宋孔倜著。倜大梁人，身世不详，此书亦佚。今唯《说郛》(涵芬楼本)收有三则，一记花木之异事，一记犬羊同群之传说，一记所谓"鬼书"(实为谶诗)，皆宣和、靖康间预兆金人南下的怪异事。顾其书名，此当亦原全书之内容。

张氏可书 笔记。宋张知甫著。一卷。书中所记以北宋末年朝廷故实为多，如君臣享乐之风，士大夫轶事等，"不无沧桑之感"、"往往意存鉴戒"(《四库全书总目》)。书中又录有当时君臣的诗词创作(如徽宗悼明节皇后词等)，此外，则记南宋初之政事、军事、外交事务及士大夫之生活，间亦涉及医卜神仙及奇闻异事一类小说家言。此书《宋史·艺文志》，及诸家书目皆不载，清编《四库全书》从《永乐大典》中辑出五十条。后陆心源得穴砚斋抄本，较之《大典》所收又多六十条，陆氏以为乃宋时原本，收入《十万卷楼丛书》。故此书今版本有二：一为《四库全书》本及据《四库》本而成的《函海》、《墨海金壶》、《守山阁丛书》本；一为《十万卷楼丛书》本及据此本排印的《丛书集成初编》本。

邵氏闻见录 又名《河南邵氏闻见录》、

《闻见前录》。笔记。宋邵伯温著。二十卷。《序》称以其父邵雍之故，亲接司马光、韩维、吕公著、程颢、程颐等先辈，得前言往行颇多，赖之以成书。前十六卷主要记载了宋太祖以来北宋朝廷内外的史实，尤详于熙宁变法、元祐党争，诸如变法与反变法派主要人物王安石、章惇、吕惠卿、司马光、吕诲、富弼等人的思想、观点、言论、行为、甚而至于个人的道德品质、家庭琐事。其中杂及著名的文学家王禹偁、柳开、穆修、尹洙、欧阳修、苏洵、苏轼等，有助于了解北宋古文运动的兴起和发展。第十七卷多记杂事，如旧都洛阳形势诸条，《四库全书总目》以为"皆寓麦秀黍离之感"。十八至二十卷，皆记其父邵雍言行，其中多杂荒诞迷信之说，故后人称其"意欲神奇其父，转涉妖诬"(同上)。《郡斋读书志》、《直斋书录解题》均著录。今有《津逮秘书》、《学津讨原》、《丛书集成初编》、《四库全书》、《宋人小说》等本以及1918年商务印书馆排印本、1983年中华书局点校本。

能改斋漫录 笔记。宋吴曾著。十八卷。据书末其子复跋，称吴曾所记凡二千余条，厘为十八卷。然自元初以来，刊本久绝，后明人从秘阁抄出。原缺首尾两卷，明焦竑所藏传写之本，以第二、第十七卷各分为二，以足其数，而实非原帙。书中分事始、辨误、事实、沿袭、地理、议论、记诗、谨正、记事、记文、方物、乐府、神仙鬼怪共十三类。而诸家传本或分卷各殊，或次序颠倒，或门类不一，则因当时已无定本，无怪乎后来之纷纷。吴曾党附权奸，为时所讥，然吴曾记诵渊博，援据赅洽，辨析精核，当时虽恶其人，而诸家考证之文，则不能不征引其说。是书几与洪迈《容斋随笔》相埒。因而《四库全书总目》云："置其人品而论其学问，弃其瑕纇而取其英华，在南宋说部之中，要称佳本，则亦未可竟废矣。"今有《四库全书》、《武英殿聚珍本》、《墨海金壶》、《丛书集成初编》等本，以及1960年上海古籍出版社点校本。

云谷杂记 笔记。宋张淏著。四卷。是书不见宋代诸家书目著录，惟《文渊阁书目》载有一册。原本久佚，清修《四库全书》时从《永乐大典》中采得一百十条，依类排次，析为四卷。别有徐邦宪书帖一首及淏识语一则，乃当时冠于卷首者，又有杨楫、章颖、叶適后序三篇及淏自跋一篇，将书帖序跋分载首末，以略还原本之旧。是书以考订为主，折中精审，厘订详明，对诸家著述皆能析其疑而纠其谬，极为当时所重。今有《四库全书》、《武英殿聚珍本》、《啸园丛书》等本。

陶朱新录 笔记小说。宋马纯著。一卷。作者隆兴初以太中大夫致仕，居于浙之陶朱乡，搜采见闻，著此书，因取此名。书中所记皆宋时杂事，但以异闻传说为多。《四库全书总目》因称"亦洪迈《夷坚志》之流"。书中又时涉士人轶事，并录其诗词。又录有其家藏《元祐党人碑》全文，"与全书体例颇为不类"(同上)。此书《宋史·艺文志》不载，但周煇《清波杂志》已引及此书，并称著者尝官于宣、政间。今有《四库全书》、《墨海金壶》、《珠丛别录》等本。此外《说郛》、《五朝小说》等书有此书摘录。

清波杂志 笔记。宋周煇著。十五卷(其中《别志》三卷)。《四库全书总目》称其为周邦彦子，《丛书集成初编》疑为周邦之子，"彦"为衍文。"清波"为杭州城门之名，著者因绍兴中寓居其地，因以为书名。内容除偶涉唐、五代故实外，所记皆两宋事。朝廷典制、君臣言行、南宋初宋金之争、士大夫轶事、典籍校勘、山水名胜、地方习俗物产杂见于中。而有关文学者亦不少，或录文人诗词并记其本事，或记文人事迹，或谈文章技巧，其中如苏轼论作文之语，秦观"雾失楼台"词及其与刘禹锡之作比较、李清照夫妇事及李题浯溪中兴颂碑诗、当时《稼轩词》不载之词等等，皆有价值。《杂志》自序题为绍熙壬子(1192)、《别志》题作绍熙甲寅(1194)，二者体例一致，但偶有《杂志》已载而复见于《别志》者。《宋史·艺文志》著录有《清波别志》二卷，然传本皆三卷，疑误。今传《杂志》十二卷《别志》三卷本有《四库全书》、《知不足斋丛书》、《续古逸丛书》、《丛书集成初编》、《四部丛刊续编》(附校勘一卷)等版本。惟《稗海》之《杂志》作三卷，乃商濬合并删削之故。此外，《说郛》(宛委山堂本)有此书摘录。

鸡肋编 笔记。宋庄绰著。三卷。本书前著者自序，题为绍兴三年，而书中所记有绍兴九年李光忤秦桧事，则书成之后，或有增续。书中内容涉及前代历史文学，然以两宋之事为主，包括朝廷政事与经济、君臣言行、士大夫轶事、山川地理、建筑术数、医卜星相、民俗民谚等，而又以文人轶事与创作及诗文考辨为多。涉及欧阳修、王安石、苏轼、曾巩、王令、周邦彦、黄庭坚、陈师道、李清照等多人。《四库全书总目》以为此书价值与周密之《齐东野语》相埒，近世学者如夏敬观等人亦持此说(见夏之跋语)。本书宋代未刊行，元有影宋抄本，明有穴研斋抄本，清有影元抄本(亦即《四库全书》

采进本)。后胡珽校此书,以活字版收入《琳琅密室丛书》,另有夏敬观之涵芬楼校本及《丛书集成初编》本。此外《说郛》、《旧小说》、《宋人小说》有本书摘录。另有中华书局点校排印本。

邵氏闻见后录 或称《闻见后录》。笔记。宋邵博著。三十卷。体例大致与其父邵伯温《前录》相同,但内容比《前录》博杂,兼及经史子集。在摘引《尚书》、《易经》、《论语》、《孟子》等书时,对孔子、孟子等人的言行间加议论。评论《史记》、《汉书》、《后汉书》、《三国志》、《晋书》、《旧唐书》、《新唐书》等史籍,亦颇有见地;所记国史旧闻,多有本源;所辑录北宋遗事,尤足资考订。其中卷一四至卷二七,比较集中地记述了宋代著名文人如王禹偁、欧阳修、梅尧臣、苏洵、王安石、苏轼、曾巩、苏辙等人的轶事。其论诗,上起楚辞、乐府,中有唐之李白、杜甫、韩愈、白居易、刘禹锡等,下及北宋各大家,其中不乏卓见;其论文,涉及司马迁、曹植、王勃、韩愈、柳宗元、樊宗师、李商隐以及北宋欧、王、曾、苏诸大家与李格非。此外,还涉及地理、方言、民俗、医药等方面知识。然也不乏派系门户之见,不少地方语涉神怪,宣扬因果报应,个别条目与《前录》重出;文字或伤于疏散,或近于枯涩,较之《前录》,微嫌琐杂。但全书材料丰富,故仍不失为一部重要的宋人笔记。此集《直斋书录解题》著录。今有《津逮秘书》、《学津讨原》、《丛书集成初编》、《四库全书》、《宋人小说》等本以及1918年商务印书馆排印本、1983年中华书局点校本。

西溪丛语 笔记。宋姚宽著。上、下二卷。此书主要考证历代诗文、史籍,涉及宋代著名文学家范仲淹、欧阳修、王安石、苏轼、黄庭坚、沈括等人的诗文和议论,《四库全书总目》称此书"大致瑜多而瑕少,考证家之有根柢者也"。今有《稗海》、《津逮秘书》、《学津讨原》、《四库全书》、《啸园丛书》、《涵芬楼秘笈》、《笔记小说大观》、《丛书集成初编》等本以及《说郛》、《五朝小说》等一卷本。

容斋随笔 笔记。宋洪迈著。是书计有《随笔》十六卷,《续笔》十六卷,《三笔》十六卷,《四笔》十六卷、《五笔》十卷,凡七十四卷。是书先成《随笔》十六卷,刻于婺州。淳熙间传入禁中,为孝宗所称,洪迈因编为"续笔"、"三笔"、"四笔"、"五笔"。《续笔》有隆兴三年(1165)自序,《三笔》有庆元二年(1196)自序,《四笔》有庆元三年自序,《五笔》止十卷,书未成而迈卒。其自序称,作《随笔》首尾十八年,《二笔》十三年,《三笔》五年,《四笔》不费一年,因其晚年著《夷坚志》,于此书则着力较少。是书自经史诸子百家以及医卜星算之属,凡意有所得,即随手札记,辨证考据,颇为精确。洪迈尤熟于宋代掌故,书中所记,颇有史料价值。《四库全书总目》云:"南宋说部,终当以此为首。"书前有宋嘉定五年(1212)何异序。明李潮、马元调先后刊行。清修《四库全书》时,尚从《永乐大典》所载《琴堂谕俗编》得见有引《容斋随笔》所论服制一条,而今本则无。或是书尚有脱佚。然明人刻书,多窜乱脱漏,是书抑亦未能幸免。是书今传,除李、马刻本外,尚有《四库全书》本、清康熙三十九年(1700)重修马元调本,乾隆五十九年(1794)扫叶山房马元调本翻刻本、《四部丛刊》本等。另有1978年上海古籍出版社点校本。

对雨编 笔记。宋洪迈著。一卷,二十三则。每则标有题目,内容多与文学有关。或评名句佳篇(如"雨声孤寺"、"苏子由诗"、"东坡三诗"诸条)、或谈论人生哲理而参之以诗文(如"士之处士"、"人生五计"、"盛衰不可常"诸条),或引述典籍,记前人轶事(如"刘公荣"、"周孔醒醉"诸条),而尤以文人身世与诗文考辨为多。如"西极化人"条考《南柯太守传》及《枕中记》等唐人小说之源流;"白公俸禄"据白居易诗考其一生俸禄,"东坡和陶诗"条既赞苏、陶如出一手,又辨其误。"东坡慕乐天"考苏轼之号东坡与其仰慕白居易有关,皆征引广博,足资参考。今有《水边林下》、《说郛》(宛委山堂本)、《五朝小说》、《五朝小说大观》等本。

隐窟杂志 笔记。宋温革著。此书原三卷(据涵芬楼本《说郛》),已佚。今《说郛》、《五朝小说》、《五朝小说大观》有摘录。《说郛》收有十则,或记朝廷典制、或录文人轶事、或考辨文史。其中二条论及骈文作法,并录有时人骈文佳句。

蒋氏日录 笔记。宋蒋颖叔著。原集已佚。今惟《说郛》(宛委山堂本)存有十六则,杂录唐宋事,其中以北宋朝野士人轶事为多,间亦及地理、异闻,类轶事小说。

醉翁寱语 笔记。宋楼琦著。原集已佚,今惟宛委山堂本《说郛》存有六则,或记北宋朝野轶事。如绍圣间吴尚书喜论杜诗,听者以为苦,如孙莘老晚年读书之法;或议论文学与世风,如称当时"诸家杂说"为"文士轻薄不顾道理",又如以洛阳牡丹"万花会"为"二千石风流罪过”，带有道学色彩。

卧游录 笔记。旧题宋吕祖谦著。一卷。此编首则录刘宋画家宗炳“老疾俱至，名山恐难遍睹，唯澄怀观道，卧以游之”语，因以“卧游”为名。书前有嘉定九年(1216)王深源序。全书共四十五则，其中二至二十一则全录刘义庆《世说新语》、二十二则以下大抵录苏轼杂著及陶渊明集，亦有不知出于何书者。《四库全书总目》说此书“其言参差不伦，了无取义，祖谦必不如是之陋……殆明人之依托也”；而胡凤丹《金华丛书》本之此书序则说“不以类别，不以世次，而寻绎一过，胸次洒然……优而游之，使自得之，会心人当不远耳。然则此一卷其成公(吕祖谦)之杂录欤？抑明人之依托欤？是固可以不辨。”今有《宝颜堂秘笈》、《续百川学海》、《顾氏文房小说》、《金华丛书》及《丛书集成初编》等版本。其中前三种条目相同，唯《金华丛书》本前二十一则与诸本同，二十二则以下则大异，除苏、陶之文外，又多录六朝及唐宋之文。《丛书集成初编》则既据《顾氏》本排印，又并录《金华》本后部分异文。

行都纪事 笔记。题宋杨和甫(一作陈晦)著。原书今已不传，《说郛》(涵芬楼本、宛委山堂本)、《五朝小说》、《五朝小说大观》有摘录。所收十三则，多记南宋临安市井里巷事，此外亦记奇闻异说及文人(如杨万里、朱熹)事，其中录有诗词。

二老堂杂志 笔记。宋周必大著。五卷。《郑堂读书记》卷五六著录。本书内容较杂，大抵卷一谈经史、卷二卷三记宋代典章制度与君臣言行，卷四为琐谈，辨字、记梦、物候、医方杂见其中，卷五为游记，诸如《记昆山登览》、《记金陵登览》、《记西湖登览》，写景状物记胜抒情，兼记与所游之地有关的古今事件或诗词，文笔较自由洒脱。本书未谈诗文，盖作者别有《二老堂诗话》之故。有《芝园秘录初刻》、《学海类编》、《庐陵四忠集》及《丛书集成初编》诸本。

搜采异闻录 笔记。旧题宋永亨著。五卷。此书内容较富，不同于当时笔记杂录异闻，而往往引经据典，对所记之事详加考辨。但宋元诸家书目不载此书，唯见于商氏《稗海》刻本。《四库全书总目》考其文，以为皆剽取洪迈《容斋随笔》、颠倒其次序而成，至有洪氏本人之语而未及删改去者，其作伪者则为明季之人。除《稗海》本外，又有《笔记小说大观》及《丛书集成初编》本。

北窗炙锞录 笔记。宋施德操著。书名炙锞，取齐以淳于髡为炙锞(车之盛膏器)，喻其言长而有味意(见《史记·荀卿传》)。全祖望因书中“于伊洛再传弟子微言多所收拾”，故续修《宋元学案》时于“是书引用独多”(见全祖望跋语)。但此书不独阐释儒学，对宋代历史与文学亦多有记载与议论。如朝廷君臣言行，士大夫文人事迹，宋人诗文之作与论诗文之语，亦杂见于中。以文学家论，书中涉及王安石、司马光、苏东坡、陈师道、毛滂等多人，而所收二程门人之言，亦有涉及诗文批评者。此外，书中尚有异闻奇事之记载，有一定小说价值。此书明以来传本已稀，自朱彝尊得此书于海盐，传抄浙广。《持静斋书目》卷三著录一卷抄本，《皕宋楼藏书志》卷六三著录二卷抄本。今传有一卷之《四库全书》本，二卷之《学海类编》、《奇晋斋丛书》、《读画斋丛书》本。《读画斋丛书》本较优，《丛书集成初编》因据以排印。

后耳目志 又名《巩氏后耳目志》。笔记。宋巩丰著(宛委山堂本《说郛》误作曾巩)。唐人张鹭有《耳目记》，此书殆因之命名。原书一卷(据涵芬楼本《说郛》)，今已不传，唯《说郛》二本有摘录，其中涵芬楼本收有四十则(分在两卷中)，宛委山堂本收有二十二则(并见于涵芬楼本)。二本文字小有异处，而以涵芬楼本为优。原书分为若干门类，今可知者有“观杂书”(读书心得笔记)、“师说”(专记吕祖谦语，涉及儒学、史学、文学)、“论文”(或引述前人评文学之语，或著者本人之论，涉及欧阳修、王安石、苏轼、陆游等多人及先秦诸子著作)、“杂论”(文史考辨)、“杂言”(汇集人生与处世格言)。

瓮牖闲评 笔记。宋袁文著。八卷。此书不见著录于宋代诸家书目，惟李焘《续资治通鉴长编考异》内间引此书。明《文渊阁书目》有此书一部一册，而均未详作者姓名时代，《永乐大典》散载各韵中，亦不题撰人。考宋袁燮《絜斋集》中有为其父所作墓表，云其父袁文，有杂著一编，名《瓮牖闲评》，可知此书系袁文所作。此书以考订为主，于经史皆有辨论，条析同异，多所发明；而音韵之学尤为精审。书中所载典故事实，亦首尾完具，往往出他书所未备。此书在宋世已罕流传，至明遂佚。清修《四库全书》，从《永乐大典》中辑得四百余条，依类编次，分为八卷。卷一论经，卷二论史，卷三论天文天地人事之类，卷四专论小学，卷五论诗词书画之类，卷六论饮食衣服器用宫室之类，卷七论释道技术物产之类，卷八则为杂论、因果怪异及自记之语。今传主要有《四库全书》本、《武英殿聚珍本》、江西刻本等。1985年上海古籍出版社出版了由李伟国点校的整理本。

游宦纪闻 笔记。宋张世南著。十卷。此书以记杂事旧闻为主，诸如士大夫轶事、民情民俗、地方物产、古器鉴定、文字考辨、历法医卜，皆有涉及，然无一语及政事。书中对两宋文人事及著者所见之文人创作多有记录，如苏轼之诗文、杨万里之书简、陈师道之诗、朱熹之文等等；而其中对著者所交识的文人创作收录尤多。如卷一、卷八所录刘过词作，有不见于当时《龙洲词》者，又卷八记黄铢之母（“冲虚居士”）所作六首词，皆有价值。《四库全书总目》称此书为“宋末说部之佳本”。有《稗海》、《四库全书》、《知不足斋丛书》、《抱经堂丛书》及《丛书集成初编》等本。

密斋笔记 笔记。宋谢采伯著。此书乃其六十三岁东归以后著（据著者《自序》）。原书五卷、续记一卷（据其子谢奕楙原跋），然亡佚已久。清编《四库全书》，于《永乐大典》中将此书之散见者辑出，采录编缀，仍依原书之旧，分为《笔记》五卷、《续记》一卷。大抵卷一记两宋经济、政事、学术文化，并兼论历史，其中对王安石颇多非议之词；卷二则记载历史事件与人物，并议论其是非得失，虽足资考镜得失，然亦不少女色祸水一类迂腐之论；卷三则纵谈历代文学，于北宋则尤详于苏轼，具有一定文献价值；卷四为杂录，学术考辨、风俗民情、名胜文物、异国物产，杂见于中。卷五专谈星相医卜养生之术。《续记》内容亦杂，然以前代佚闻的记录与议论为多。有《四库全书》、《养素轩丛书》、《琳琅密室丛书》（附《校讹》一卷）及《丛书集成初编》等本。

梁溪漫志 笔记。宋费衮著。十卷。梁溪在无锡城西，以梁伯鸾寓居得名，作者居此，因以名其书。是书卷一卷二记朝廷典章制度，卷三记文人风俗与轶事，卷四专记苏轼事迹，品评其文学活动。卷五以下多考证史事、讨论诗文，其中卷九卷一〇兼涉怪异之事。“惟其持论具有根柢，旧典遗文往往而在”、“考据凿凿，不同他小说之剽袭”（《四库全书总目》）。故本书于宋开禧二年（1206）即为国史实录院收录，以备修高、孝、光三朝正史参用（见卷首附《国史实录院牒国子免解费进士》）。《宋史·艺文志》著录此书为一卷，然《牒文》即称此书十卷，初刊之宋嘉泰元年本施济跋文亦作十卷，则《艺文志》传写有误。今存影宋嘉泰抄本、明仿宋刻本、由上二本比勘而成之《知不足斋丛书》、澹生堂余苑、《学海类编》、《稽古堂丛书》、《常州先哲遗书》等本及夏敬观校《涵芬楼》本，俱为十卷。另《说郛》（宛委山堂本）及《五朝小说大观》有此书摘录一卷。

骖鸾录 笔记。宋范成大著。一卷。宋孝宗乾道八年（1172），作者由中书舍人出知广西静江府。十二月七日，作者自吴郡（今江苏苏州市）起程，经过水陆三千多里程途，于次年三月十日至桂林。此编为沿途纪行之书，取韩愈《送桂州严大夫》诗“远胜登仙去，飞鸾不暇骖”句意，名为《骖鸾录》。书中记录了沿途秀丽的江南风景、名胜旧迹、寺院宫观、碑碣铭文、前人题咏、时俗风情等等。文字简洁，雅丽可诵。今有《续百川学海》、《宝颜堂秘笈》、《稗乘》、《说郛》、《四库全书》、《知不足斋丛书》、《小重山房丛书》、《古今说部丛书》、《古今游记丛钞》、《丛书集成初编》等本。

吴船录 笔记。宋范成大著。上、下二卷。宋孝宗淳熙四年（1177），作者自四川制置使召还，五月由成都起程，取水路东下，于十月抵临安（今浙江杭州），随日记所阅历著为此书。题名取杜甫诗《绝句四首》“门泊东吴万里船”句意。书中对沿途名胜古迹如青城山、都江堰、峨眉山、乐山大佛、长江三峡、洞庭湖、赤壁、黄州、庐山等记载尤详，且时有考证。今有《宝颜堂秘笈》、《四库全书》、《知不足斋丛书》、《笔记小说大观》、《丛书集成初编》等二卷本以及《续百川学海》、《稗乘》、《说郛》等一卷本。

中吴纪闻 笔记。宋龚明之著。六卷。此书成于宋孝宗淳熙九年（1182），作者时年九十二。是书博采吴中故老嘉言懿行及其风土民情，“皆新旧《图经》及吴地志所不载者。至于鬼神梦卜，杂置其间，盖效范忠文《东斋纪事》体。谈谐嘲谑，亦录而弗弃，盖效苏文忠公《志林》体”（作者自序）。今有《四库全书》、《知不足斋丛书》、《墨海金壶》、《珠丛别录》、《学海类编》、《粤雅堂丛书初编》、《槐庐丛书四编》、《诵芬室丛刊初编》、《笔记小说大观》、《丛书集成初编》、《汇刻太仓旧志五种》等本。另有上海古籍出版社1986年出版的点校本。

桂海虞衡志 笔记。宋范成大著。一卷。是书系范成大追忆自孝宗乾道二年（1166）至淳熙二年(1175)间知静江府(今广西桂林)时当地的人情风物。在其自序中云:"凡所登临之处,与风物土宜方志所未载者,萃为一书。蛮陬绝徼、见闻可纪者,亦附著之。"全书共分十三类:志岩洞,志金石,志香,志酒,志器,志禽,志兽,志虫,志花,志果,志草木,杂志,志蛮。每部分各有小序,皆志其土之所有。然《文献通考·四裔考》中引《桂海虞衡志》几盈一卷,皆"志蛮"之文,清修《四库全书》,自《永乐大典》中得见引自此书之文,亦在一卷本之外。盖此书原有三卷,而经明人删削其大半,并为一卷,今本已非原貌。是书传本颇多,除《四库全书》本外,有《古今逸史》、《学海类编》、《唐宋丛书》、《古今说海》、《知不足斋丛书》等本。

老学庵笔记 笔记。宋陆游著。十卷。作者退居山阴(今浙江绍兴),在镜湖边筑茅屋两间以为读书室,名曰老学庵,取师旷"老而学如秉烛夜行"之语(《剑南诗稿》卷三三《老学庵》自注),是书当此时之作。书中所记多为作者耳闻目睹之事,内容丰富。凡名物典章、朝野逸事、山川地理、怪异传闻、诗词创作、民情风俗,无所不记;对于当时军民的抗金活动及不屈情绪,亦有反映。《四库全书总目》称此书"轶闻旧典,往往足备考证"。作者为文学大家,故书中记文坛逸事、文学风气及诗词创作者尤多。如所记宋初之尚《文选》,有"文选烂,秀才半"之语,建炎以来之尚苏轼文章,有"苏文熟,吃羊肉;苏文生,吃菜羹"之语,如以为东坡"非不能歌,但豪放不喜剪裁以就声律"之论,陆游原有《山阴诗话》一卷,"今其书不传,此编论诗诸条,颇足见游之宗旨,亦可以补诗话之缺"(同上)。此书初由陆游之子子遹刊于绍定元年(1228),《直斋书录解题》亦著录十卷,而《宋史·艺文志》著录为一卷,疑误。明代有商濬《稗海》本,吴江周元度刻本。其中《稗海》本流传较广,后之《津逮秘书》本即据此本参校景宋本而成。其后之《四库全书》本、《学津讨原》本、《丛书集成》本则据《津逮》本翻刻。此外,又有据陆氏家刻本抄的穴砚斋抄本及据此抄本参校别本的商务印书馆《宋元人说部书》本。另有中华书局点校本,1979年出版。

入蜀记 笔记。宋陆游著。六卷。这是作者于宋孝宗乾道六年(1170)闰五月十八日至十月二十七日,由家乡山阴(今浙江绍兴)赴夔州(今四川奉节)通判时沿途所记。书中记载了沿途长江两岸的风景名胜、寺院宫观、碑碣铭文、古文题咏以及当地的风俗民情。文笔简洁雅丽,卓有情致。今有《知不足斋丛书》、《笔记小说大观》、《丛书集成初编》等六卷本,《宝颜堂秘笈》、《四库全书》等四卷本以及《续百川学海》、《说郛》等一卷本。

避暑漫钞 笔记。题宋陆游编。一卷。书中所录包括唐、五代及两宋人笔记中若干条目,每条之下,均注明所抄书目。内容则以轶闻逸事为主,亦有涉及文学与文人者(如李煜亡国前后之事,唐代宫廷之俳优戏等)。因所抄之书有今不见传本者,故具有一定价值。此书《宋史·艺文志》未著录,书前无序、后无跋。有《古今说海》、《历代小史》、《丛书集成初编》等本。

岭外代答 笔记。宋周去非著。十卷。周去非淳熙中尝官桂林通判,因有是书。其自序谓本范成大《桂海虞衡志》而益以耳目所见闻,录存二百九十四条。因有问岭外事者,倦于应酬,书此示之,故名书为《岭外代答》。原书分二十门,今有标题者十九,一门但存子目而无标题。是书分门记述,西南诸夷,多据当时译者之辞,音字未免舛讹。然书中"边帅"、"法制"、"财计"诸门,实足补正史之未备。陈振孙《直斋书录解题》、《宋史·艺文志》均著为十卷,然原书久佚,后被并为二卷,已非原本。清修《永乐大典》,四库馆臣自《永乐大典》中辑出,仍从原目,析为十卷。今本有《四库全书》、《知不足斋丛书》、《笔记小说大观》、《丛书集成初编》等本。

涧泉日记 笔记。宋韩淲著。是书《宋史·艺文志》等不载。清编《四库全书》时,从《永乐大典》中辑出一百九十八条,并将其分为三卷,约略以类相从。卷一五十条多关两宋史实,如朝廷政事、君臣言行;卷二七十三条记载两宋人物轶事,其中有关于文学者不少;卷三多讨论史学与文学,涉及宋代诸多文学家之创作风格成就。《四库全书总目》称此书不少记载可补史传之缺,"其议论亦皆精审,宋人说部中亦卓然杰出者矣"。有《四库全书》、《武英殿聚珍版书》、《清芬堂丛书》、《厉志斋丛书》、《说库》、《丛书集成初编》等本。

芥隐笔记 笔记。宋龚颐正著。一卷。"芥隐"乃作者书室名。是书"读论典故,订正事实,辨明音训,评论文体,虽片言只语,必欲推原是正"(刘董跋语),盖以诗文之考辨为主。《四库全书总目》虽纠出其若干舛谬之处,但认为其"考证博洽有根有柢,……统合全编则精核者居多"。毛晋跋此书亦称前人有"音训之精,莫如芥隐”之语。今有《百川学海》、《顾氏文房小说》、《津逮秘书》、《学津讨原》、《四库全书》、《续知不足斋丛书》及《丛书集成初编》等本。

芦浦笔记 笔记。宋刘昌诗著。十卷。清厉鹗《跋》及《四库全书总目》以为此书乃著者任华亭芦沥场盐官时所作,故名“芦浦”。本书内容较杂,而尤以名物典章之考辨为多。如金根车之名、孙叔敖碑之舛讹、欧阳修误题《心经》为《多心经》、杜诗之错简等等,皆有卓见。卷九卷一〇专录著者所见之赋、文、诗、词,其中有不见于他书者(如张栻之《悫斋铭》即其本集所不载),有他书误收者(如署黄庭坚之《咏藕诗》实胡藏之所作),故于文学研究与整理有一定价值。此书清以前传本甚少,《四库全书》所收为明谢兆申所传抄之丹阳贺烺藏本,鲍廷博《知不足斋丛书》本曾参校所见各本,然其祖本大抵亦贺本。鲍氏后又得谢肇淛小草斋抄本补脱文两行。除上二本外,另有《学海类编》、《笔记小说大观》、《丛书集成》等本,以及中华书局1986年出版的点校本。

然藜余笔 笔记。著者不详。原集已佚。今宛委山堂本《说郛》存有十三条,记北宋及宋以前历代文人言行轶事,如颜之推之论学、元稹雪涛之交往、李白之语、孙莘老晚年之读书法、司马光蓄墨之习等。但内容多有与他书互见者。

桯史 笔记。宋岳珂著。十五卷。是书广泛记载了两宋朝野见闻。作者为岳飞之孙,故对秦桧为首的投降派多有揭露抨击,对朝野抗金志士多加歌颂。所谓“悲愤吁天间,著《桯史》以见志,公是公非,昭人文、予忠节,诛乱贼,明尊王攘夷之义“(明潘旦《书〈桯史〉后》)。此外,对两宋著名文学家如王安石、苏轼、黄庭坚、张孝祥、杨万里、范成大、辛弃疾、陈亮、朱熹、刘过及其他文人的活动亦多有记载,其中还收有金帝王完颜亮的一些诗词。所引资料不仅有助史证,且于文学研究及文献辑佚、校勘也有价值。此书《直斋书录解题》、《文献通考》著录。旧版刻于浙江嘉兴,今残存一至七卷。有铁琴铜剑楼藏元刊本,明成化本据此翻刻。《四部丛刊续编》亦据元本影印。嘉靖中桐溪钱如京据成化本重刊此书,又于十五卷外增附录一卷,收岳飞著作等。《津逮秘书》、《学津讨原》皆收此本。《四库全书》本则删去一卷附录。另外,尚有《历代小说》、《说郛》、《龙威秘书》所收一卷节录本,以及中华书局1981年出版的点校本。

野老纪闻 笔记。宋王大成著。一卷。作者乃王楙之父,此书亦附录于王楙《野客丛书》之后。全书共三十九条,主要记述当时朝野名士贤达的逸闻轶事,涉及到林逋、司马光、苏轼、苏辙、黄庭坚等著名文学家的事迹,于文学、史学的研究均有所补益。

野客丛书 笔记。宋王楙著。三十卷。共收六百余条笔记,皆考证典籍异同。考辨的范围涉及到历代(包括宋代在内)的经史、碑刻、经济、地理、文字、诗词、名物、制度、故事、风俗等各方面。其友人陈造跋语称“其议论之纯正,稽考之精确,钩摭之博洽,信可以不朽”。《四库全书总目》在指出其部分条目之秕谬之后,亦称其“考辨精核,位置于《梦溪笔谈》、《缃素杂记》、《容斋随笔》之间,无愧色也”。篇末附其父书《野老纪闻》一卷,且不避其名讳,《四库全书总目》、傅增湘《藏园群书题记》均讥其于义乖谬。此集《天禄琳琅书目》著录明刊本。今有《稗海》、《四库全书》、《笔记小说大观》、《丛书集成初编》等本以及《宝颜堂秘笈》十二卷本、《说郛》节录的一卷本。另有上海古籍出版社1991年出版的点校本。

清夜录 笔记。宋俞文豹著。一卷。所记以两宋朝廷政事及文人轶事为多。涉及范仲淹、司马光、苏轼等文人。又多涉及时人诗文创作,如宣和间讽世之谑词、张元昊之名句、范仲淹幕僚求荐之诗等。此外亦评论文学,如赞苏轼之《后赤壁赋》而不同意吕祖谦之评、论制诰之文体而批评“务腴悦而极工巧”之骈文等等,可资参考。有《顾氏明朝四十家小说》、《历代小史》、《说郛》(宛委山堂本)、《五朝小说大观》等版本。

悦生随钞 笔记。宋贾似道著。原书一百卷,已佚。今《说郛》(宛委山堂本及涵芬楼本)、《五朝小说》、《五朝小说大观》有摘录。《说郛》二本收有此书序言及二十四则。其序云:“予老来观书辄多遗忘,暇日随所披阅,约而笔之,寖盈编帙,因厘为百卷,题曰《悦生随钞》,起自国史,传以稗官小说,而六经诸史不及也。”所录内容以士大夫言行为主,间亦涉及异闻传说及药方医术。苏轼、米芾等重要文人轶事,于中可见。涵芬楼本《说郛》大率每条之下皆注明所抄书目。

养疴漫笔 笔记。宋赵溍著。所记内容颇杂,奇闻异事、医术药方、市井传闻、两宋君臣轶事,皆见卷中。其中有较多文字涉及宋代文人及文学创作，如宋太祖与李煜谈诗，靖康难后中原某驿壁所题爱国诗，金人翟钦甫之诗才等等。然亦带有较多传说成分，如记苏轼知贡举泄试题与李方叔而为章惇二子所得，记陈亮与辛弃疾交而陈惧辛害而盗其骏马以逃事等。今有《续百川学海》、《古今说海》、《说郛》（宛委山堂本）、《学海类编》等本。

鹤林玉露 笔记。宋罗大经著。是书取杜甫《赠虞十五司马》“清谈玉露繁”句命名，盖闲居与客清谈鹤林下之作（见《自序》）。“其体例在诗话、语录、小说之间，其宗旨亦在文士、道学、山人之间，大抵详于议论而略于考证”（《四库全书简明目录》）。其议论以理学为宗，多引朱熹、真德秀、陆象山等人之说，亦多爱国之语与忧民之论。书中保留了不少宋代政治、军事、经济、礼仪制度的资料，对研究宋史颇有补益。此外，书中亦记载了大量两宋文人的事迹与创作，如范成大之使金，杨万里之退居生活、辛弃疾之词旨、朱熹之诗论、柳永《望海潮》词之影响、苏轼及诸门人之活动等等。且录有不少文人诗词，并时附己意，见解亦精辟，具有很高的文学史料价值。明人叶廷秀即从此书辑诗话四十则，编为《诗谭续集》。本书版本颇为复杂，有十六卷本、十八卷本、十二卷本、二十四卷本之别，然大体可分为十六卷与十八卷两系统。十六卷本，《天禄琳琅书目》后编卷一〇著录有元刊本，后编卷一六著录有明刊本，以明万历南京刊本为代表，有明刊小字本、明刊十二卷本（缺后四卷）、明刊王承叔校本、明刊谢天瑞校本（二十四卷、十七卷以上为谢氏补撰）、明《稗海》本、清进修书院刊本及《四库全书》本等；十八卷本，《艺风堂藏书记》卷二著录，国内罕见，分三编，编六卷，较十六卷本多四十条，以日本庆安元刊活字本为代表，有日本宽文二年活字本，可归入此系统之明刊活字本六卷（目次同十八卷本之乙编六卷）以及商务印书馆之夏敬观校本等。两系统相较，十八卷本更近此书之原貌。中华书局 1983 年出版了以十八卷本为底本的点校本。

独醒杂志 笔记。宋曾敏行著。十卷。作者年二十遇疾，遂弃举子业，专意学问，积所闻见以成此书。去世后，由其子编次为十卷，于淳熙十三年丙午（1186）由家塾刻版印行。书中主要记载了宋时朝士贤达的遗言往行，还涉及著名的文学家杨亿、柳永、梅尧臣、欧阳修、王安石、苏轼、黄庭坚、秦观、贺铸、陈师道等人的遗闻轶事，其中记苏轼事尤多，为文学研究者所注目。此书以记录为主，对于一些传闻亦未予考辨。杨万里、周必大、楼钥、赵汝愚、尤袤等人均为之序跋。今有《四库全书》、《知不足斋丛书》、《笔记小说大观》、《丛书集成初编》等本。另有上海古籍出版社 1986 年出版的点校本。

示儿编 笔记。宋孙奕著。二十三卷。据书前开禧元年（1205）自序称：“考评经传，渔猎训诂，非敢以污当代英明之眼，姑以示之子孙，故名曰《示儿编》。”是书凡总说一卷，经说五卷，文说、诗说四卷，正误三卷，杂记四卷，字说六卷。书中杂引众说，往往曼衍，又征据既繁，时有笔误。然书中字音、字训，辨别异同，可资考据者居多。今有《四库全书》、《知不足斋丛书》等本。

耆旧续闻 又名《西塘集耆旧续闻》。笔记。题宋陈鹄著（一作陈鹄录正）。十卷。其书以论文为主，除偶涉唐代外，所录皆两宋文坛之事，人物涉及晏殊、欧阳修、王安石、梅尧臣、苏舜钦、黄庭坚、秦观、陈师道、陆游、辛弃疾及众多两宋文人，其中又尤以有关苏轼者为多。于文学则诗、词、文（包括骈文）均有研讨。“于诗文宗旨，具有渊源，又如驳《苕溪渔隐丛话》议东坡《卜算子》词之非，据宋祁奏议摘欧阳修撰薛参政墓志之误，亦颇有考据”（《四库全书总目》）。除文学外，书中亦录有异闻传说一类小说家言。今有《四库全书》抄本，《知不足斋丛书》（有校语）及《丛书集成初编》等本。

四朝闻见录 笔记。宋叶绍翁著。五卷。全书分甲、乙、丙、丁、戊五集，凡二百零九条，每条各有标题。记叙了南宋高宗、孝宗、光宗、宁宗四朝的朝章国政、名物制度以及时人轶事，尤其是对韩侂胄由得幸到被诛的缘由经过，记述颇详，为他书所不及。书中还记载了南宋著名文学家洪迈、陆游、杨万里、张孝祥、吕祖谦、辛弃疾、陈亮、叶適、刘克庄等人的一些事迹。此书成于南宋理学盛行之时，叶绍翁师承叶適，又与真德秀善。然《四库全书总目》称其“非攀援门户者比”，“所论颇属持平”。清周中孚《郑堂读书记》亦云“足知其是非之公”。今有《知不足斋丛书》、《浦城遗书》、《丛书集成初编》、《四库全书》等本以及中华书局 1989 年出版的点校本。

宾退录 笔记。宋赵与时著。十卷。与时为宋太祖赵匡胤七世孙。是书前后皆有题识，作者称平生闻见所及，喜为宾客诵之，宾退或笔于牍，故名为《宾退录》。书成于嘉定十七年

(1224)，有陈崇礼序。赵与时尝从杨简学。《四库全书总目》称是书“论诗多涉迂谬，于吟咏之事茫然未解。至于考证经史，辨析典故，则精核者十之六七，可为《梦溪笔谈》及《容斋随笔》之续”，可见对此书评价颇高。书中每有同一条两见者，往往后见者订正先时之误，亦足见其治学之谨严。今有《四库全书》、《学海类编》、澹生堂余苑本、《对雨楼丛书》等本。

学斋佔毕 笔记。宋史绳祖著。四卷。是书皆考证经史疑义，虽时有疏于考据处，然要之援据辨论，精确者为多。今有《四库全书》、《百川学海》、《稗海》、《学津讨原》等本。

困学纪闻 笔记。宋王应麟著。二十卷。是书内容为札记考证，凡说经八卷，天道、地理、诸子二卷，考史六卷，评诗文三卷，杂识一卷。卷首有自叙云“幼承义方，晚遇艰屯。炳烛之明，用志不分”，当成于入元后。其论学无门户之见，故所考切实可据，为时所重。是书元时尝有刻本，牟应龙、袁桷各为之序。明清时屡经翻刻，今有明弘治刻本、万历刻本、清乾隆三年(1738)祁门马氏刻本及《四库全书》等本。

贵耳集 笔记。宋张端义著。三集。集各一卷。此书乃作者在韶州时所作。每集各有序言，初集成于淳祐元年(1241)，集末一条自序生平事甚详；二集成于淳祐四年；三集成于八年。初集序中言及此书之名，以为“耳为人至贵，言由音入，事由言听，古人有入耳著心之训，又有贵耳贱目之说”，故名《贵耳》。各集均首记朝廷君臣言行轶事，后则内容甚杂，朝野人物、政治事件、奇闻怪录、神仙炼丹、学术之争(如蜀、洛之争)、文献考辨，均有涉及。书中颂扬秦桧，为其杀岳飞开脱罪责。作者为江湖诗人，故书中有关两宋文人轶事及创作者尤多。诸如苏东坡、王安石、朱敦儒、周邦彦、李清照、杨万里等两宋大家及作者同时之四灵(如赵师秀、翁卷)江湖(如戴复古、周晋仙)诗人的轶闻趣事、名句佳篇，杂见于各集之中，于宋代文学研究不无价值。书中引证史料、考辨学术时有舛误，《四库全书总目》列之甚详，然亦以为“颇有轶闻、足资考证”。今有《津逮秘书》、《四库全书》、《学津讨原》、《丛书集成》等本，另《历代小史》有一卷本、《宝颜堂秘笈》有二卷本。

吹剑录外集 笔记。宋俞文豹著。一卷。文豹有《吹剑录》(《四库全书》入存目)。又续录、三录、四录各一卷。续录、三录皆佚，四录题作《外集》。此书末载二诗，诗前题词有“绝笔斯录”之语，盖为其晚年所作。书中记道学党禁始末甚为详尽，亦评论诗文。今有《四库全书》、《知不足斋丛书》、《笔记小说大观》等本。另近人张宗祥据抄本并搜录遗文，辑成《吹剑录全编》，中华书局1959年出版。

脚气集 笔记。宋车若水著。二卷。此书据其从子惟一跋语，盖成于宋度宗咸淳甲戌(1274)，时病脚气，作书自娱，因取此名书。书中主要是杂论历代文史典籍，对苏轼、朱熹甚为推崇。今有《宝颜堂秘笈》、《四库全书》等本，另有《说郛》、《五朝小说》、《宋人小说》、《抱经楼丛刊》等一卷本。

话腴 又名《藏一话腴》。笔记。宋陈郁著。四卷。此书内篇外篇各分上、下两卷，主要记述南北宋时杂事，议论诗文史实。对宋代著名文学家寇準、范仲淹、梅尧臣、苏舜钦、欧阳修、王安石、苏轼、黄庭坚、秦观、周邦彦、李清照、岳飞、姜夔、刘过、赵师秀、翁卷、徐照、徐玑等人的诗文轶事皆有所论述。岳珂序称其“出入经史，研考本末，则可法度”。是重要的文史研究资料。岳飞《满江红》词，旧传出于此书，而今本无之，故其真伪遗佚有所争论。此集《铁琴铜剑楼藏书目录》著录二卷、《皕宋楼藏书志》著录四卷。今有《四库全书》、《适园丛书》、《豫章丛书》等本以及《百川学海》、《古今说海》、《说郛》、《五朝小说》、《学海类编》等一卷本。

齐东野语 笔记。宋周密著。二十卷。密居吴地，而祖上为济南(古齐地)人，此书取名以示其不忘中原之意(见戴表元《序》)。此书材料来源，一来自其曾祖及祖手泽十大帙、外祖日录及诸老杂书等(见作者《自序》)；一得之于所记事间之参与者。故其内容多信实可靠。“颇考正古义，皆极典核，而所记南宋旧事为多，如张浚三战本末、绍熙内禅、诛韩本末、端平入洛、端平襄州本末、胡明仲本末……庆元开禧六士、张仲孚反间诸条，皆足以补史传之阙”(《四库全书总目》)。书中品藻诗文、记载两宋文人轶事及创作者亦复不少，如“三苏不取孔明”、“诗用史论”、“放翁钟情前室”、“形影身心诗”、“范公石湖”、“陆务观得罪”、“姜尧章自叙”、“张氏十咏图”、“台妓严蕊”诸条，皆可资研究宋代文学者参考。此外，书中尚有一些辨章学术、鉴赏文物及律历医术、谈古论今的内容，亦多征引详博。此书最早有元刻本，《艺风藏书记》卷二著录。其后有明正德十年胡文璧重刻本，然今已不传。明人商氏尝刻入《稗海》，然删去此书之半，而与《癸辛杂志》混而为一，殊为乖谬。后毛晋得旧本重刻入《津逮秘书》，其书乃完。《四库全书》所据即毛本。其他较好版本尚有《学津讨原》本、《稗海》重刻本，涵芬楼《宋元人说部书》夏敬观校本。此外《历代小史》、《说郛》(宛委山堂本)等有此书节录。另有中华书局1983年出版的点校本。

癸辛杂识 笔记。宋周密著。是书有前集一卷，后集一卷，续集二卷，别集二卷。是书因作于杭州之癸辛街，因以为名。是书与其所作之另一笔记《齐东野语》大致相近。然《齐东野语》兼考证旧文，是书则辨订者无多；《齐东野语》多记朝廷大事，是书则琐言杂事居十之九。明商濬收入《稗海》，然以《齐东野语》之半误作前集，以别集误作后集，而后集、续集全阙，又佚其自序。后乌程闵元衢得之金阊小肆，毛晋为之刻入《津逮秘书》本中，始还其原帙。书中所记颇杂，然遗文佚事可资考据者实多。今有《四库全书》、《津逮秘书》、《稗海》、《学津讨原》、濬生堂余苑本等。

武林旧事 笔记。宋周密著。十卷。据作者原序，因"时移物换，忧患飘零，追想昔游，殆如梦寐"，深感"承平乐事为难遇"，遂仿《东京梦华录》之体而作是书。因杭州旧称武林，故书名为《武林旧事》。集中广泛地收录了南宋的朝章典礼、宫殿园囿、湖山胜概、节令风俗、市肆物产、教坊乐部、诸色伎艺等等，是研究南宋政治经济文化的重要资料。其中卷一"天基圣节排当乐次"条、卷四"乾淳教坊乐部"条、卷六"瓦子勾栏"、"诸色伎艺"等条所记演史、说经、小说、唱赚、鼓板、杂剧、傀儡、角觝、影戏等诸色伎艺，更为戏曲说唱艺术的研究者所注目。全书词华典赡，且南宋人遗篇剩句颇赖以存。今有《四库全书》、《知不足斋丛书》、《武林掌故丛编》、《笔记小说大观》等本。均为十卷。《宝颜堂秘笈》本有前集六卷，后集五卷，共十一卷。所多出的一卷乃是从十卷本中第六卷"诸色伎艺"条内"棋待诏"以下析出别为一卷。此外，明朱廷焕有《增补武林旧事》八卷，载《四库全书·史部》。1956年古典文学出版社出版的排印本《东京梦华录(外四种)》亦附有《武林旧事》。

船窗夜话 笔记杂录。宋顾文荐著。一卷。文荐字伯举，号兰谷，昆山人(据涵芬楼本《说郛》)，身世不详。原书今已不传，《说郛》、《五朝小说》、《五朝小说大观》有此书摘录。其中涵芬楼本《说郛》仅收一则，记宝祐间某府第怪异事；宛委山堂本录有九则(不含前者)，录有越僧钱塘怀古诗，另又有立身处世一类格言，余皆药方医术及相关之故事。

松窗百说 笔记杂录。撰者自署为"东嘉李季可"。一卷。书中大略以采摭经传为文，谈论古今治乱、人物贤愚、诗文优劣。其议论可聊备一说。此书晁公武《郡斋读书志》、陈振孙《直斋书录解题》、《宋史·艺文志》均不见著录，然当时名士如王十朋、曾幾等都极为推崇，均识有跋语，行都尹大任以其有补于风教，于高宗绍兴戊寅(1158)为之梓行。今有《知不足斋丛书》、《宛委别藏》、《笔记小说大观》等本。

厚德录 笔记。宋李元纲著。四卷。此书专记宋代朝士贤达佳言懿行，有劝人为善之意，故名《厚德录》。书中间涉著名文学家寇準、石曼卿、范仲淹、张咏、苏舜钦、欧阳修、司马光、苏轼等人的一些遗闻轶事。凡录自他书者皆于该条之下注明出处。此集《直斋书录解题》著录。今有《百川学海》、《稗海》、《笔记小说大观》、《丛书集成初编》等本以及《续百川学海庚集》、《历代小史》、《说郛》、《青照堂丛书摘次编》等一卷本。

咸定录 笔记小说。著者不详。此书未见传本，亦不详其卷数，唯《说郛》(宛委山堂本号三四)存文五则，记隋唐以来异闻趣事。其中"兴庆宫"条记唐每岁上巳宫女与亲人相见情景，于了解唐之嫔妃制度不无价值。

秘阁闲话 笔记小说。著者不详。亦不见著录(《宋史·艺文志》卷五有吴淑《秘阁闲观》五卷，不知是否即此书)，且无传本。唯《说郛》(宛委山堂本号二六)存文五则，记各种传闻异事。

桃源手听 笔记杂录。宋陈宾著(据宛委山堂本《说郛》，涵芬楼本未注撰人)。一卷(据涵芬楼本《说郛》)。原书今已不传，唯《说郛》二本收有相同十则，内容涉及军事、政事、典制、书法、立身准则。其中"骈语"、"自作墓志"、"东坡书扇"、"春雪诗"，谈文人轶事与文学。

剡溪野语 笔记。宋程正敏著，原书今不见传本，其卷帙亦不详，唯宛委山堂本《说郛》收有此书十七则。所记皆北宋士大夫言行轶事，涉及石曼卿、王安石、苏轼、司马光、范仲淹、宋祁、欧阳修、晏殊等著名文学家多人，可资参考。

苇航纪谈 笔记。宋蒋津著，五卷。原书已佚。《说郛》、《五朝小说》、《五朝小说大观》有摘录。其中《说郛》涵芬楼本存有十则，宛委山堂本存有十一则（含前者之十则）。书中记有嘉泰间事，知著者为南宋后期人。书中内容甚杂，或记奇闻异事，或考辨俗语（如“冤家”），或记朝廷君臣言行，亦谈文学，如记苏轼在杭州之遗迹，引述前人诗话并评林逋咏梅佳句等，此外，也有记他事而涉及陆游、杨万里者。

野雪锻排杂说 笔记。宋许景迂著。一卷。景迂，浙江山阴人（据涵芬楼本《说郛》），事迹不详。原书今已不传，仅《说郛》涵芬楼本存有二则、宛委山堂本存有三则（含前本之二则）：一辨当时圣节（皇帝生日）断屠三日之由来，一辨陶穀作《春光好》词本事，一记“鹤山先生”出世之异闻。

退斋雅闻录 笔记杂录。宋侯延庆著。一卷。延庆字季长，号退斋居士，除此书外，尚著有《退斋笔录》（见涵芬楼本《说郛》卷四八）。此书今不见传本，唯《说郛》宛委山堂本及涵芬楼本录有相同十一条。其中二条记药方，二条记农谚与花木，余皆记北宋与辽文人轶事与诗作，如宋庠之改名，章惇题《江村初雪图》诗、辽道宗批答臣下所进《菊花赋》诗等等。

姑苏笔记 笔记。宋罗志仁著。二卷。原书已佚，《说郛》宛委山堂本存有七则，涵芬楼本存有八则（含前之七则）。所记皆两宋文人轶事，并录其文辞，如记钱惟演、尹洙、欧阳修等人之林下优游，比较苏洵苏轼父子史论之不同，录贾似道醮词，记张孝祥题屋梁语，记苏轼之妙喻，叹郑獬文采之湮没等。

天定录 笔记小说。著者不详。书亦不见传本，唯《说郛》（宛委山堂本号三四）存文七则，每则皆以人名为题，所记皆诗谶一类事，如狄涣咏孤雁“更无声接续，空有影相随”而卒无后，苏轼有“莫欺老病未归身，玉局他年第几人”句而卒于玉局观等等传闻。

採兰杂志 笔记小说。著者不详。亦不见传本、不知卷数。《说郛》宛委山堂本号三一存有二十七条，多辨草木鱼虫服饰习俗之得名，其间穿插若干异闻传说，一些记载如“步摇”、“扶老”之名，妇女下九之戏等，有一定价值。《古今说部丛书》二集亦收此二十七则。

都城纪胜 笔记。题宋耐得翁著。不分卷。涵芬楼本《说郛》卷一四《就日录》题下注明作者“赵□□，号灌圃耐得翁”。不详与此书作者是否同一人。此书作于宋理宗端平二年（1235），正值元师灭金。故南宋君臣溺于宴安，不以恢复为念。此书即记述了当时临安的繁华侈糜。全书分市井、诸行、酒肆、食店、茶坊、四司六局、瓦舍众伎、社会、园苑、舟船、铺席、坊苑、闲人、三教外地等十四门，从中可见南渡以后的世风民俗。其中“瓦舍众伎”门记述了当时临安的瓦舍、教坊、杂剧、诸宫调、乐曲、相扑、傀儡、影戏、说话的情况，是研究南宋戏曲、说唱艺术的珍贵资料。今有《楝亭藏书十二种》、《四库全书》、《武林掌故丛编》等本。1956年古典文学出版社出版的排印本《东京梦华录（外四种）》也附有此书。

梦粱录 笔记。宋吴自牧著。二十卷。此书全用《东京梦华录》之体，以记南宋郊庙宫殿下至百工杂戏之事。集前有宋度宗咸淳十年（1274）作者自序，序称“缅怀往事，殆犹梦也，名曰《梦粱录》云”。卷一至卷六按时序记述了临安四时节令的风俗，如元宵观灯，上巳修禊，清明省坟游春，七夕乞巧，八月观潮，除夕守岁等等。卷七至卷一〇记述了临安的宫殿、寺庙及三省六部职司。卷一一、一二记述临安的山水名胜。卷一三记述杭州属县的市镇及诸色杂卖。卷一四记述祠祭，卷一五记述学校、贡院及历代古墓。卷一六记述茶肆、酒肆、食店、米铺、鱼行。卷一七记述临安历代人物、僧道。卷一八记录临安的民俗、户口、物产。最后两卷记述了临安的园圃、瓦舍、诗社集会、嫁娶风俗、妓乐、百戏、说话的情况。此书内容丰富，记述详备，是研究南宋的政治、经济、文化艺术以及世风民俗的重要资料。特别是其中所记瓦舍、杂剧、乐舞、诸宫调、唱赚、杂技、傀儡、角觝、说话等诸色伎艺，更为南宋戏曲说唱艺术的研究者所重视。今有《四库全书》、《知不足斋丛书》、《学津讨原》、《学海类编》、《武林掌故丛编》、《笔记小说大观》、《丛书集成初编》等本。1956年古典文学出版社出版的排印本《东京梦华录（外四种）》也附有此书。

西湖老人繁胜录 笔记。题西湖老人著。一卷。据书中所录，当为南宋人。此书记录了南宋临安的岁时节令、街市车驾、游赏习俗、瓦市勾栏、杂要伎艺等等。多为嬉游之事，且以繁华靡丽相夸。与耐得翁《都城纪胜》大致相类，而更为琐屑，成书时间也稍晚。是研究南宋社会经济、文化风俗的重要资料。此书载《涵芬楼秘笈》第三集，系从《永乐大典》卷七六〇三“杭”字韵中录出。1956年古典文学出版社出版的排印本《东京梦华录（外四种）》也附有此书。

醉翁谈录 笔记小说。宋罗烨著。二十卷。全书分甲乙丙丁等十集，每集两卷，每卷基本为一类，共计有私情公案、烟粉欢合、妇人题咏、花衢实录等二十二类。除传奇外，还有许多诗文资料及游戏文章。有些故事可资考证宋元话本和戏曲，而甲集卷一《舌耕叙引》所言，乃有关小说之重要理论。《小说开辟》分话本为灵怪、烟粉等八类，并列出小说名目一百零七种，更是研究小说话本、戏曲之重要资料。此书各家丛书未载，仅明代李诩《戒庵老人漫笔》曾征引过。它与金盈之《醉翁谈录》别为一书。原书由朝鲜传入日本，日人曾于1941年影印传世，称"观澜阁藏孤本宋椠"。1956年古典文学出版社又据以排印。

续夷坚志 笔记小说。金元好问著。共四卷。宋人洪迈有《夷坚志》，是书依仿洪书，于传奇志怪外也间叙记闻，故同时可作小说与野史笔记看。通行刻本有清代《得月簃丛书》本及秀容书院《遗山先生全集》所收本。

稽神录 志怪小说集。宋徐铉著。六卷。所录怪异，皆以劝善惩恶为宗旨，文字亦简率质直。《直斋书录解题》著录六卷，《宋史·艺文志》著录十卷。今本六卷载一百七十五条，《拾遗》载十三条。有《津逮秘书》、《四库全书》、《学津讨原》等本。《宋人小说》本又附《补遗》一卷四十七条，计二百三十五条。

江淮异人录 志怪小说集。宋吴淑著。二卷。《宋史·艺文志》著录三卷，原书已佚。今本从《永乐大典》辑出，二十五篇。其中所记人物，多为行侠仗义、神出鬼没的道士、侠客、术士，故事亦多诡异怪诞。不太注意谋篇布局，文笔较粗犷。其中写唐人二篇，写南唐人二十三篇。写得较好的作品有《洪州书生》、《潘扆》、《耿先生》、《聂师道》、《司马郊》等。鲁迅《中国小说史略·宋之志怪及传奇文》云："唐段成式作《酉阳杂俎》，已有《盗侠》一篇，叙怪民奇异事，然仅九人。至荟萃诸诡幻人物，著为专书者，实始于吴淑。"对后世飞仙剑侠一类小说的发展有一定的影响。有《知不足斋丛书》、《龙威秘书》、《古今说部丛书》、《函海》等本。

茅亭客话 笔记小说。宋黄休复著。十卷。此书乃杂录其所见闻。始于王（建）、孟（知祥）二氏，终于宋真宗时，皆蜀中轶事，无一条旁涉他郡。此书论炼丹之术居大半，余虽多及神怪，然往往借以劝戒。今有《四库全书》、《津逮秘书》、《学津讨原》、《说郛》、《说库》等本。

睽车志 志怪小说集。宋郭彖著。六卷。张端义《贵耳集》卷上云："宪圣（宋高宗）在南内，爱神怪幻诞等书，郭彖《睽车志》始出。"则此书似为迎合高宗喜欢神怪故事而作。以《易·睽卦》"载鬼一车"之语而得名。《直斋书录解题》卷一一著录五卷，《宋史·艺文志》著录一卷。书中多记高宗、孝宗年间传闻之鬼神怪异故事。今有《古今说海》、《说郛》、《五朝小说》等一卷本，又有《稗海》、《四库全书》、《笔记小说大观》、《丛书集成初编》等六卷本。

夷坚志 志怪小说集。宋洪迈著。原四百二十卷，《直斋书录解题》著录。今散佚为二百零六卷。卷帙浩瀚，搜罗广泛，乃宋人志怪小说中篇幅最大者。其中多数篇章为短小之笔记体，也有一些记叙委婉之传奇作品。内容多为神仙鬼怪、异闻杂录、机祥梦卜、医巫妖术，亦记载宋人若干遗文轶事，诗词歌赋，风尚习俗以及中医方药等。语言凝练浅近，声口逼肖。陆游《题夷坚志后》称此书"岂惟堪史补，端足擅文豪"（《剑南诗稿》卷三七）。清阮元《研经室外集》卷三亦云："书中神怪荒诞之谈，居其大半，然而遗文轶事可资考镜者亦往往杂出其间。"此书对后世影响较大，元明两代出现了几部以"夷坚"为名之续书，不少小说、戏曲亦从中提取素材。此书当时即有多种刻本，并广为流传。在流传过程中却逐渐散佚，今传本中收录篇目较多者是涵芬楼编印之《新校辑补夷坚志》，有初志、支志、三志加补遗共二百零六卷，约二千七百余篇。1981年中华书局据涵芬楼本重行点校出版《夷坚志》，又从《永乐大典》等书辑出佚文二十八则，作为《三补》，为目前收录最完备之版本。

括异志 志怪小说集。宋张师正著。十卷。多记朝野人物奇闻异事，内容多属命运天定，善恶有报之类。《郡斋读书志》卷一三著录十卷，二百五十篇，魏泰为之序。《宋史·艺文志》亦著录。今传《四部丛刊续编》本十卷，为明正德时人虞山逸民俞洪重依宋本抄录，无魏序，仅存一百三十三篇。另《说郛》涵芬楼本卷四四与宛委山堂本弓一一六各载《括异志》七条，互不相同，均有明抄本未载之佚文。另《太平广记》中亦多载此书佚文。

灯下闲谈 志怪小说集。著者不详。二卷。卷上有《榕树精灵》、《桃花障子》、《鲤鱼变女》等十条，卷下有《驿宿遇精》、《湘妃神会》、《升斗得仙》等十条。目录后题云:"《馆阁书目》载《灯下闲谈》二卷,不知作者,载唐及五代异闻,陈道人书籍铺刊行。"此集《宋史·艺文志》著录。今有涵芬楼《宋人小说》本。

闲窗括异志 又名《括异志》。志怪小说集。宋鲁应龙著。一卷。书中皆言神怪之事,借以阐明因果。如住庵僧事母至孝,母病危,即日夜祷于神。神感其诚孝,教以药饵,母病遂愈。又如惠州一娼被震死于市,胁下有朱书小字,称其前世为李林甫,因毒虐弄权,帝命震死等等。书中所记,有作者所闻见,亦有从《吴地志》、《舆地志》、《嘉禾志》等书所抄录者。今有《广百川学海丁集》、《说郛》宛委山堂本、《五朝小说·宋人百家小说》、《稗海》、《盐邑志林》、《敬修堂丛书》、《丛书集成初编》等本。

异闻总录 志怪小说集。著者不详。四卷。所记多为宋时怪异之事,亦间有元代至元、大德间事。其中亦有抄录他书者,如卷四"临安倡女仪珏"条即录自洪迈《夷坚志》。今有《稗海》、《笔记小说大观》、《丛书集成初编》等本。

物异考 志怪小说集。宋方凤著。一卷。此书载历代水异、火异、眚异、木异、金石异、人异、虫异等七类怪异,每类仅举几条。今有《广百川学海戊集》、《宝颜堂秘笈》、《合刻三志》、《说郛》宛委山堂本等。

鬼董 一名《鬼董狐》。志怪小说集。著者不详。五卷。据原书元泰定三年(1326)钱孚跋语云:"后有小序,零落不能详。其可考者云'太学生沈',又云'孝光时人,而关解元之所传也'。"此集《千顷堂书目》卷一二著录,题关汉卿撰。书中卷三有记宋理宗时事。可见著者似非一人。书中故事多录自他书,其中有一部分宋代作品,如引《夷坚癸志》等。为残存佚文。所记虽皆为鬼神幻惑之事,然意存劝惩,有一定的现实针对性。今有《知不足斋丛书》、《龙威秘书》、《说库》等本。

金华神记 志怪小说。宋崔公度著。叙嘉祐中汴人吴生罢任南游,月夜泊舟钱塘,有绯衣披发者出自林间,为一少女叱退。少女自谓乃金华神,与吴生前生有欢好,而绯衣者系吴生宿仇,欲害吴生,得女救护幸免。遂入舟欢饮,至旦赋诗辞去。张邦基收入《墨庄漫录》,云:"旧编入《圣宋文选》后集,今无此集。近读《曲辕集》复见之,因载之以广异闻。"另有《香艳丛书》本。

迷楼记 传奇小说。著者不详。一卷,讲述隋炀帝晚年营造迷楼、沉溺女色之故事。文字委曲详尽,时杂俚语,文采逊于《隋遗录》。鲁迅《唐宋传奇集·稗边小缀》认为此书与《隋炀帝海山记》、《开河记》"特里巷稍知文字者所为,真所谓街谈巷议。然得冯犹龙掇以入《隋炀艳史》,遂弥复纷传于世"。今有《说郛》、《古今逸史》、《古今说海》等本,鲁迅编入《唐宋传奇集》。

开河记 传奇小说。著者不详。鲁迅《中国小说史略·宋之志怪及传奇文》认为此书与《隋炀帝海山记》、《迷楼记》"自是北宋人作"。一卷,讲述隋炀帝开凿运河、游幸广陵之故事,揭露了封建统治者之荒淫残暴。描写时杂俚语,文采稍欠。今有《说郛》、《古今逸史》、《古今说海》等本,鲁迅编入《唐宋传奇集》。

绿窗新话 传奇小说集。署皇都风月主人编。二卷。罗烨《醉翁谈录·小说开辟》曾把它和《夷坚志》、《琇莹集》、《东山笑林》并列。此书多系节录或改写前人志怪、传奇、史书故事、野史笔记而成,每篇末尾多半都注有出处,意在提示故事情节,供说话人作临场敷衍之蓝本。每篇都用七字标目,也和话本形式相仿。内容多属男女神鬼之恋爱故事,间以文人才女之轶事诗文及音乐方面之传说,于后世戏曲、小说影响很大。有些本事仅见此书所载,价值尤高。此书国内仅有一、二抄本,1935年至1936年,《艺文杂志》曾据嘉业堂抄本分期刊载此书全文,共二卷一百五十四篇,比董康1927年于日本细川书店所见传本多三十五篇。1957年古典文学出版社从赵景深处借得《艺文杂志》,由周夷整理校补,重新出版。

王魁传 传奇小说。著者不详。叙王魁贫寒时与焦桂英结为夫妇,后应考得中,另娶高门,桂英愤而自杀,死后其鬼魂活捉王魁,达到复仇目的。此故事最早有《官本杂剧》,后有南戏,又由戏曲编为小说。当时流传很广,刘斧《青琐高议》、曾慥《类说》、张邦几《侍儿小名录拾遗》均有记载。此传奇收入罗烨《醉翁谈录》辛集卷二《负约类》。

梅妃传 传奇小说。作者不详。所传乃唐玄宗妃子江采蘋(梅妃)故事。采蘋美丽多才,起初很得玄宗宠爱,自杨太真入侍后,宠爱日夺,终因性情柔弱而为杨妃迁于上阳东宫。作者旨在通过描写梅妃之不幸遭遇以斥责玄宗之奢侈荒淫、浊乱四海。明吴世美曾据此故事改编为戏曲《惊鸿记》,描写梅妃几经离乱,仍与玄宗团聚。清程枚亦据此改编为《一斛珠》传奇。《梅妃传》收入陶宗仪《说郛》涵芬楼本卷三八、宛委山堂本弓一一一,亦收入鲁迅《唐宋传奇集》。此外,尚有《顾氏文房小说》、《五朝小说》等本。

李师师外传 传奇小说。作者不详。所传乃汴京镇安坊名妓李师师故事。宋徽宗仰慕师师色艺,常易服潜行至镇安坊与之相会,赏赐厚重。徽宗退位后,师师将其所赐金银献给官府以助抗金军饷。汴京失陷后,师师落入敌手,竟大义凛然,吞金簪而死。作者意在通过赞美师师之英烈以斥责宋徽宗之奢侈无度。文笔雅洁,形象生动,且是描写本朝故事,故向来受人称赞。此传出自《琳琅秘室丛书》,云所据为旧抄本。鲁迅收入《唐宋传奇集》。此外,又载《香艳丛书》第二集,《旧小说》丁集。

杨太真外传 传奇小说。宋乐史著。二卷。据唐大历以后野史笔记排比润色而成,描写杨贵妃与唐明皇缠绵悱恻之爱情故事。然作者于篇末表明"今为外传,非徒拾杨妃之故事,且惩祸阶而已"。鲁迅《中国小说史略·宋之志怪及传奇文》云:"《绿珠》、《太真》二传,本荟萃稗史成文,则又参以舆地志语,篇末垂戒,亦如唐人,而增其严冷,则宋人积习如是也。"传奇情节繁富,人物性格鲜明。宋以后描写杨贵妃作品,如元王伯成《天宝遗事》诸宫调、白朴《唐明皇秋夜梧桐雨》杂剧、清洪昇《长生殿》传奇等均受其影响。此书《郡斋读书志》著录。今传本有《顾氏文房小说》、《说郛》、《五朝小说》、《唐人说荟》、《唐代丛书》等刊本,鲁迅亦将之收入《唐宋传奇集》。

绿珠传 传奇小说。宋乐史著。一卷。据《世说新语》、《语林》等有关记载加工而成,描写绿珠因感石崇恩情而坠楼自杀之故事。传奇夹叙夹议,罗列许多前代小说、地志、诗文材料,故鲁迅《中国小说史略·宋元志怪及传奇文》称其"本荟萃稗史成文,则又参以舆地志语,篇末垂诫,亦如唐人,而增其严冷,则宋人积习如是也"。在此以后,元关汉卿著有杂剧《绿珠坠楼》(已佚),明人著有话本小说《绿珠坠楼记》(见《燕居笔记》)。此书《郡斋读书志》著录。今有《说郛》、《琳琅秘室丛书》、《广四十家小说》、《粤雅堂丛书》、《十万卷楼丛书》等本。

青琐高议 笔记小说集。宋刘斧编著。《郡斋读书志》及《宋史·艺文志》均著录十八卷。今本二十七卷。内容庞杂,有志怪、传奇、纪传、琐事、异闻、议论等,涉及社会生活诸多方面。每篇文题之下均系以七言小注,鲁迅先生以为"甚类元人剧本结尾之题目与正名,因疑汴京说话标题"(《中国小说史略》)。集中成就较高者是传奇一类作品,多描写男女爱情婚姻,鲁迅《唐宋传奇集》所收宋人传奇中有六篇选自此书。这些传奇于后世戏曲小说均有影响。王渔洋于本书别集后《跋》云:"此《剪灯新话》之前茅也。"此书南宋时已流行,绍兴初年之《绀珠集》已收有此书若干条。近代武进董氏诵芬室据士礼居写本所刻,计前集十卷、后集十卷、别集七卷。1958年古典文学出版社曾据以排印出版,1983年上海古籍出版社又据以再版,且增补了程毅中所辑佚文三十六则作为《补遗》。

远烟记 传奇小说。作者不详。载刘斧《青琐高议》,题下原注"戴敷窃归王氏骨"。所记乃筠州太学生戴敷与酒家女王氏夫妻间悲欢离合之故事,是一个非常优美的传说。

流红记 传奇小说。作者原署"魏陵张实子京"。载刘斧《青琐高议》。所记乃唐僖宗时儒生于祐与宫女韩夫人红叶题诗、御沟传情、后竟缔结良缘之优美故事。此事唐孟棨《本事诗·情感第一》、范摅《云溪友议·题红怨》已有所记载,宋初孙光宪《北梦琐言》、王铚《补侍儿小名录》亦有记录,唯人名不同。本篇乃拾掇旧文、增饰敷衍而成。情节曲折有致,诗作亦婉丽可诵。故鲁迅《唐宋传奇集·稗边小缀》评云:"宋人作传奇,始回避时事,拾旧闻附会牵合以成篇,而文意并瘁,《流红记》即其一也。"

赵飞燕别传 又名《赵后别传》、《飞燕遗事》、《赵后遗事》。传奇小说。宋秦醇著。载刘斧《青琐高议》。小说讲述赵飞燕姐妹争宠汉成帝故事,一方面鞭斥两姐妹之丑恶行径,一方面揭露汉成帝之穷奢极欲。语言俊丽,明胡应麟《少室山房笔丛》卷二九赞之云:"其间叙才数事,多俊语。"鲁迅《中国小说史略·宋之志怪及传奇文》亦称其"文辞殊胜"。今尚有《说郛》、《龙威秘书》、《晋唐小说畅观》等本。

王幼玉记 传奇小说。作者原署"淇上柳师尹"。载刘斧《青琐高议》。所记乃衡阳娼女王幼玉与东都豪俊之士柳富缠绵悱恻之爱情故事,塑造了王幼玉这一不图富贵钱财、专注于感情之女性形象。作品又收入《绿窗女史》,鲁迅《唐宋传奇集》亦收录。

张浩 传奇小说。作者不详。载刘斧《青琐高议》。叙富家子弟张浩与来园游春之少女李氏私订婚约，李氏父母不允婚事，李氏誓死践约，自赴官衙上诉，府尹乃判张浩娶其为妻。为才子佳人小说的早期之作。另《绿窗新话》亦收本篇，略有不同。《警世通言》卷二九《宿香亭张浩遇莺莺》，亦以之为本。

朱蛇记 传奇小说。作者不详。载刘斧《青琐高议》。讲述北宋郑州秀才李元在吴江救一小朱蛇后得善报之故事，有劝人为善之意。《清平山堂话本·欹枕集下》据此敷衍为话本《李元吴江救朱蛇》，冯梦龙《古今小说》卷三四又据以改写成拟话本《李公子救蛇获称心》。《宝文堂分类书目》著录为《李元吴江救朱蛇》。

谭意歌 传奇小说。宋秦醇著。载刘斧《青琐高议》。讲述妓女谭意歌与茶官张正字悲欢离合之爱情故事。描写细腻，宛曲缠绵。鲁迅将之收入《唐宋传奇集》，其《稗边小缀》云："秦醇此传，亦不似别本，殆窃取《莺莺传》、《霍小玉传》等为前半，而以团圆结之尔。"

王榭 传奇小说。作者未详。载刘斧《青琐高议》。故事描写唐代金陵巨富王谢航海去大食国途中所历之离奇艳遇。作者最后引刘禹锡《乌衣巷》诗，改"王谢"为"王榭"，证明此故事非为虚构。鲁迅将之收入《唐宋传奇集》。

东坡居士佛印禅师语录问答 一名《东坡问答录》，简称《问答录》。话本小说。作者不详。一般认为是南宋瓦舍说话人"说参请"的话本。王楙《野客丛书》卷一九曾引此书，可证当为南宋作品。因刻本在明万历间始印行，也有人疑为乃明代好事者所撰。全书共二十七段，内容为苏轼与佛印互相嘲谑的游戏文字，故事颇荒诞，词语多鄙俗。书中一些条目载有酒令和谜语，如《纳佛印令》、《佛印纳东坡令》、《与佛印起令》等条，《与佛印商谜》、《佛印与东坡商谜》、《佛印与东坡墨斗说》等条。《坡妹与夫来往歌诗》条则是《醒世恒言》中《苏小妹三难新郎》故事的雏型。有日本内阁文库藏旧抄本、《宝颜堂秘笈》本。

碾玉观音 话本小说。作者不详。载《京本通俗小说》。讲述刺绣女奴璩秀秀与碾玉匠人崔宁之间一段生死恋情。开篇即列举黄夫人、王安石、苏东坡、秦少游、邵尧夫等人咏春诗词十多首，方才转入正文，先叙述咸安郡王游春，方带出璩、崔的爱情故事。全篇情节曲折，语言生动，人物形象鲜明。明冯梦龙将其篇名改为《崔待诏生死冤家》，收入《警世通言》卷八。

菩萨蛮 话本小说。作者不详。载《京本通俗小说》。故事所述乃宋高宗绍兴年间温州府乐清县秀才陈可常出家后又陷入尘世纠缠之不幸遭遇，宣扬了佛家因果报应思想，其命意亦在劝人为善。明冯梦龙将之改名为《陈可常端阳仙化》，收入《警世通言》第七卷。

西山一窟鬼 话本小说。作者不详。载《京本通俗小说》。讲述福州威武军秀才吴洪娶鬼妻、癞道人作法召神捉怪之故事。鲁迅《中国小说史略·宋之话本》称其"描写委曲琐细，则虽明清演义亦无以过之。"明冯梦龙将其篇名改为《一窟鬼癞道人除怪》，收入《警世通言》卷一四。

志诚张主管 话本小说。作者不详。载《京本通俗小说》。讲述东京汴州开封府一家线铺主管张胜立心志诚、不贪财恋色之故事，有劝戒之意。明冯梦龙将之改名为《小夫人金钱赠年少》，收入《警世通言》卷一六。

拗相公 话本小说。作者不详。载《京本通俗小说》。讲述王安石误行新法，招致民怨沸腾，饮恨而终之故事。作者完全是站在守旧派立场痛骂新法，甚至认为靖康之祸皆由熙宁变法耗尽宋朝元气所致。明冯梦龙将之改名为《拗相公饮恨半山堂》，收入《警世通言》卷四。

错斩崔宁 话本小说。作者不详。载《京本通俗小说》。描写临安府尹错斩无辜生意人崔宁之故事，揭露了封建官府草菅人命、率意断狱之罪行。情节曲折巧妙，语言朴实生动，多用方言俗语和谚语，人物对话和心理描写均能突出人物性格。此故事流传很广，明末朱素臣据以改编为传奇《双熊梦》，又名《十五贯》，至今仍为不少剧种上演。明冯梦龙将之改名为《十五贯戏言成巧祸》，编入《醒世恒言》卷三三。

冯玉梅团圆 话本小说。作者不详。载《京本通俗小说》。故事来源于宋王明清《摭青杂说》。描写范希周与冯玉梅双镜重圆之故事。明冯梦龙《警世通言》卷一二《范鳅儿双镜重圆》文字与之基本相同，只女主角易名为吕顺哥。

柳耆卿诗酒玩江楼记 话本小说。作者不详。载《清平山堂话本》。钱曾《述古堂书目》(抄本)曾列入"宋人词话"。话本描写宋神宗时东京才子柳耆卿之风流韵事。元戴善夫与杨景贤各有《柳耆卿诗酒玩江楼》杂剧，今已散佚，从其遗曲看内容与此篇话本同。明冯梦龙《古今小说》卷一二《众名姬春风吊柳七》则据此话本改编而成，描写柳耆卿与谢玉英之恋爱故事。

西湖三塔记 话本小说。作者不详。载《清平山堂话本》，钱曾《述古堂书目》(抄本)曾列入“宋人词话”。话本写奚真人三塔镇妖故事。乃西湖民间传说之一种。元郏经有《西湖三塔记》(简称《三塔记》)杂剧(贾仲明《录鬼簿续编》著录)。

合同文字记 话本小说。作者不详。载《清平山堂话本》，钱曾《述古堂书目》(抄本)曾列入“宋人词话”。话本写汴梁城外农户刘添祥、刘添瑞两兄弟之家产纠纷案。元无名氏《包龙图智赚合同文字》、明凌濛初《初刻拍案惊奇》卷三三《张员外义抚螟蛉子 包龙图智赚合同文》，当据此改编而成。

风月瑞仙亭 话本小说。作者不详。载《清平山堂话本》。话本据司马迁《史记·司马相如传》及其他有关材料排比敷衍而成，讲述司马相如琴挑卓文君之故事。兼善堂本《警世通言》第六卷《俞仲举题诗遇上皇》引以作“入话”，三桂堂本《警世通言》则用以代兼善堂本第二十四卷《玉堂春落难逢夫》，题作《卓文君慧眼识相如》。

蓝桥记 话本小说。作者不详。载《清平山堂话本》。内容全出唐裴铏《传奇》(见《太平广记》卷五〇)，然文字更为简略，与《醉翁谈录》辛集卷一《神仙嘉会类》之《裴航遇云英于蓝桥》几乎完全相同，仅加上入话诗与散场句。话本讲述落第秀才裴航受仙人指点于蓝桥驿遇云英并喜结良缘之故事。

快嘴李翠莲记 话本小说。作者不详。载《清平山堂话本》。述东京李员外之女李翠莲因嘴太快出嫁被休后当尼姑之故事，塑造了一个蔑视封建礼俗，富于反抗精神之女性形象。话本插入许多段快板式唱词，语言通俗流畅、生动活泼，饶有风趣。

洛阳三怪记 话本小说。作者不详。载《清平山堂话本》。述洛阳章台街开金银铺之小员外潘松，清明节独自去郊外赏花游玩，遇上三个妖精之故事。与《西湖三塔记》颇相似。

阴骘积善 话本小说。作者不详。载《清平山堂话本》。写唐德宗时南剑州秀才林善甫积善得善报之故事。凌濛初据以编入《初刻拍案惊奇》，作为第二十一卷《袁尚宝相术动名卿 郑舍人阴功叨世爵》之入话。

错认尸 话本小说。作者不详。载《清平山堂话本》。写宋仁宗明道年间钱塘商人乔俊因好色贪淫家破身亡之故事。语言通俗流畅，情节曲折巧妙。明冯梦龙收入《警世通言》第三十三卷，题作《乔彦杰一妾破家》。

董永遇仙传 话本小说。作者不详。载《清平山堂话本·雨窗集上》。话本写东汉中和年间润州丹阳县董槐村董永与天仙织女结为夫妇之故事。此故事流传很广，今之黄梅戏《天仙配》即演此事。

新编五代史平话 话本小说。作者不详。吴自牧《梦粱录》卷二〇《小说讲经史》云：“讲史者，谓讲说《通鉴》、汉唐历代书史文传兴废争战之事。有戴书生、周进士、张小娘子、宋小娘子、邱机山、徐宜教。”此话本当为当时讲史家之底本。话本叙梁、唐、晋、汉、周五代故事，每代分上下两卷，前列细目，且各以诗起，次入正文，又以诗终。故事主要采自正史，亦加进许多民间传说，故鲁迅谓此书“大抵史上大事，即无发挥，一涉细故，便多增饰，状以骈俪，证以诗歌，又杂诨词，以博笑噱”(《中国小说史略·宋之话本》)。此书后附曹元忠跋语，称此书乃宋刻巾箱本。书中于宋讳不能尽避，或以出自坊肆，不甚留意；或已为元人增删。原书今已不存，今传本乃董康1911年据原书翻刻，载《诵芬室丛刊二编》。1954年，古典文学出版社又据以排印。

大唐三藏取经诗话 一名《大唐三藏法师取经记》。话本小说。作者不详。上、中、下三卷共十七段。述唐三藏法师玄奘西天取经故事，其中以猴行者为主要人物，已具备后来《西游记》章回小说的雏形。但情节较简略，每段都以其中人物咏物诗作结。如第二段末尾猴行者留诗曰：“百万程途向那边，今来佐助大师前。一心祝愿逢真教，同往西天鸡足山。”现存残本，书后有“中瓦子张家印”字样，或认为是宋代杭州书铺名记，但鲁迅认为可能刊于元代(见《中国小说史略》)。通行有罗振玉借日本三浦将军藏本影印的巾箱本，古典文学出版社1954年排印本。

梁公九谏 话本小说。作者不详。一卷。讲述武则天废东宫太子为庐陵王，贬房州，欲立侄武三思为储君，诸大臣尽皆拜舞称贺，惟宰相梁公狄仁杰不图富贵，冒死直言，屡为劝谏，终于使武则天感悟，复立皇太子。所述故事与史书互有出入。今有《士礼居黄氏丛书》、《丛书集成初编》等本。

戏剧 诸宫调

目连救母 宋杂剧。作者不详。孟元老《东京梦华录》卷八《中元节》云:“构肆乐人,自过七夕,便般《目连救母》杂剧,直至十五日止。观者倍增。”剧本已佚,其故事起源于西晋三藏竺法护所译《佛说盂兰盆经》。唐代有《大目犍连冥间救母变文》(见《敦煌变文集》卷六)。其内容是搬演佛教故事,目连因深信三宝后成圣果,而其母因在世贪恶死后却堕入阿鼻地狱,至受剧苦。目连为报母哺乳之恩,历尽艰险,终于将母救出苦海。故事情节较长,当时要演七八天,演员们定须具备一定表演之技艺,故周贻白《中国戏曲发展史纲要》认为北宋此类杂剧“是今天中国戏剧表演形式的嚆矢”。元末有《目莲救母出离地狱升天》宝卷,元明间有无名氏《行孝道目连救母》杂剧(已佚),明代郑之珍有《目连救母行孝戏文》,清代张照有传奇《劝善金科》,近代各地方剧种也都有“目连戏”。

王子高六么 宋杂剧。作者不详。作于宋神宗元丰以前。宋赵彦卫《云麓漫钞》卷一〇云:“王迥字子高,旧有周琼姬事,胡徽之为作传,或用其传作六么。”宋朱彧《萍洲可谈》卷一云:“王迥美姿容,有才思,少年时不甚持重,间为狎邪辈所诬,播入乐府,今六么所歌奇俊王家郎者,乃迥也。元丰初,蔡持正举之,可任监司,神宗忽云:‘此乃奇俊王家郎乎?’持正叩头请罪。”杂剧演王子高与仙女周琼姬游芙蓉城的故事,本事见苏轼《芙蓉城》诗序及王文诰注引胡微之《芙蓉城传》,传文琼姬作瑶英。子高亦作子乔。《绿窗新话·王子乔遇芙蓉仙》即记其事。吴文英《惜秋华·木芙蓉》词自注:“大曲六么,王子乔芙蓉城事。”此剧到南宋时尚在演出,周密《武林旧事》卷一〇《官本杂剧段数》即著录。宋元戏文有《王子高》,钱南扬《宋元戏文辑佚》辑有残曲八支。清龙燮有《芙蓉城》杂剧。

赵贞女 南曲戏文。作者不详。明徐渭《南词叙录》云:“南戏始于宋光宗朝,永嘉人所作《赵贞女》、《王魁》二种实首之。”祝允明《猥谈》亦云:“南戏出于宣和之后,南渡之际,谓之温州杂剧。予见旧牒,其时有赵闳夫榜禁,颇述名目,如《赵贞女蔡二郎》等,亦不甚多。”可知《赵贞女》是最早的南戏作品之一。《南词叙录·宋元旧篇》篇首即列其名目,且于题下小注云:“即旧伯喈弃亲背妇,为暴雷震死。里俗妄作也。实为戏文之首。”当时的说唱文学也有这一题材的作品,陆游《小舟游近村》诗云:“斜阳古柳赵家庄,负鼓盲翁正作场。死后是非谁管得,满村听唱蔡中郎。”元末明初的高明即是因为“惜伯喈之被谤,乃作《琵琶记》雪之”(《南词叙录》)。因而,南戏剧本虽已失传,由此即可知其故事梗概。《南词叙录》称“其曲则宋人词而盖以里巷歌谣,不叶宫调,故士夫罕有留意者……即村坊小曲而为之,本无宫调,亦罕节奏,徒取其畸农、市女顺口可歌而已”。亦可知此戏乃是一种民间创作,在当时农村中流传非常广泛。戏文中的蔡伯喈与《王魁》戏文中的王魁一样,都与其原型不符,系所谓“里俗妄作”。但却反映出当时一些人骤致高位,遂“弃亲背妇”的社会现实。

王魁 又名《王魁负桂英》。南曲戏文。作者不详。明叶子奇《草木子·杂俎篇》云:“俳优戏文始于《王魁》,永嘉人作之。”明徐渭《南词叙录》亦云:“南戏始于宋光宗朝,永嘉人所作《赵贞女》、《王魁》二种实首之。”可知《王魁》是最早的南戏作品之一。《南词叙录·宋元旧篇》即列有《王魁负桂英》名目,且于题下小注云:“王魁名俊民,以状元及第。亦里俗妄作也。周密《齐东野语》辩之甚详。”据周密《齐东野语》载:“王魁即宋代嘉祐年间状元王俊民,因其为榜首,故称王魁。”其故事在宋代流传甚广,周密《武林旧事》卷一〇所录《官本杂剧段数》就有《王魁三乡题》,李宪民《云斋广录》、刘斧《青琐高议》、曾慥《类说》、张邦畿《侍儿小名录》、周密《齐东野语》均载有其传奇故事。南戏剧本和官本杂剧早已亡佚,仅存戏文残曲,但从这些传奇中可知其故事梗概。王魁在患难中结识妓女桂英,桂英供其衣食,助其上京赴考。临行时山盟海誓,永不相负。后来王魁状元及第,负却前盟,桂英悲愤自尽,其鬼魂向王魁索还命债。元代南戏有无名氏《王俊民休书记》(见《南词叙录》)。明人传奇中影响较大的是王玉峰的传奇《焚香记》。

张协状元 南曲戏文。题温州九山书会才人编纂。是现存最早的南戏剧本。收入明《永乐大典》卷一三九九一,今存《永乐大典戏文三种》中。描写四川书生张协赴京途中遇盗受伤,得贫女相救,并与贫女结为夫妻,考中状元后却翻脸不认贫女,最后迫不得已才又破镜重圆。剧本中贫女之勤劳、善良、坚韧不拔,张协之利欲熏心、极端自私,均得到较好表现。曲文质朴、浅近,具浓郁的民间文学气息。然全剧结构较为松散，插科打诨太多，尚为发展过程中之南戏作品。此剧本于戏曲文学和戏曲表演艺术的研究提供了十分珍贵的资料。

王焕 南曲戏文。元刘一清《钱塘遗事》卷六《戏文诲淫》称宋度宗咸淳戊辰、己巳年间(1268—1269)，“《王焕》戏文盛行于都下，始自太学，有黄可道者为之”。黄可道事迹不详，此剧本已散佚。徐渭《南词叙录·宋元旧篇》所录《贺怜怜烟花怨》戏文，《永乐大典》所收南戏《风流王焕贺怜怜》，似即此剧。剧本亦佚，仅存残篇。剧情大致与元无名氏《逞风流王焕百花亭》杂剧(见《元曲选》)同，描写汴梁名士王焕与洛阳妓女贺怜怜悲欢离合之爱情故事。

乐昌分镜 南曲戏文。著者不详。元周德清《中原音韵》“正语作词起例”条云：“南宋都杭，吴兴与切邻，故其戏文如《乐昌分镜》等类，唱念呼吸，皆如约韵。”可知其为南宋时作品。明徐渭《南词叙录·宋元旧篇》和《永乐大典》戏文目录所著录之《乐昌公主破镜重圆》，似即此剧。然仅存残曲。故事出唐孟棨《本事诗·情感类》，《醉翁谈录》等书中有转载。所述乃南朝陈徐德言与乐昌公主夫妇间悲欢离合之故事。元沈和《徐驸马乐昌分镜记》(见钟嗣成《录鬼簿》卷下)杂剧、明《破镜重圆》、《合镜记》等传奇，题材与之同。

董解元西厢记 又称《弦索西厢》、《西厢挡弹调》。曲艺作品。金董解元作。本唐元稹传奇小说《莺莺传》，其故事流传广远，宋毛滂《调笑令》、赵令畤《商调蝶恋花》鼓子词等均敷演其事，情节基本照旧。而本作品却将元稹原作大加增益，并改变了张生原来“始乱终弃”的薄幸形象，而转为对崔莺莺、张生真挚爱情的热烈歌颂。另外还塑造了红娘、崔夫人、法聪等人物形象。突出了反礼教反封建的主题。全篇五万多字，运用十四种宫调一百三十余组套曲，既有咏唱又有说白串述情节。语言风格丰富多彩，活泼流畅。明胡应麟评：“精工巧丽，备极才情，而字字本色，言言古意，当是古今传奇鼻祖”。(《少室山房笔丛·庄岳委谈》)但其中情节支蔓游离主题之处亦为后人所诟病。对元王实甫《西厢记》有直接影响。有明嘉靖刻本、屠隆校本、汤显祖评本，1957年在绩溪发现了《古本董解元西厢记》，另有1962年人民文学出版社出版凌景埏校注本。

刘知远诸宫调 一作《刘知远传》。曲艺作品。宋金间无名氏作。此书为1907年至1908年沙俄柯智洛夫探险队在中国西北所获。1958年由苏联政府赠还中国。叙五代后汉高祖刘知远早年贫穷落魄，在患难中同李三娘结为夫妇，后从军发迹的故事。原书应为十二则，今存者不足五则，其目为：“《知远党慕家庄沙陀村入舍第一》，《知远别三娘太原投军第二》，《知远充军三娘剪发生少主第三》(此则残)，《知远投三娘与洪义撕打第十一》，《君臣兄弟子母夫妇团圆第十二》。残本旧有1937年来薰阁影印本。1958年文物出版社据以出版新影印本。

名　篇

村行 诗篇名。宋王禹偁作。见《小畜集》。作于太宗淳化三年(992)，作者谪居商州时。首联入题，点出骑马出游时初秋美景令人陶醉。颔联写山，以信马行走时所见“万壑有声含晚籁，数峰无语立斜阳”，构勒出一幅静穆悠远、动静相间的画卷。颈联“棠梨落叶胭脂色，荞麦花开白雪香”，抓住景物特点，设色以冶丽与淡雅对比，鲜明脱俗。尾联写出作者心中惆怅和思乡情结。全诗语言朴实无华，但却情真意切；结构紧密连贯，层层推进，在平易叙述中，表现出清雅蕴藉的意境。作者诗颇受白居易诗风影响，此诗尤见特点。

山园小梅 诗篇名。宋林逋作。见《林和靖先生诗集》。此诗为咏梅诗的名作，首联写百花纷谢时节，唯有梅花凌寒独放，以其秀姿妍态占尽小园风光。二、三两联写梅。“疏影横斜水清浅，暗香浮动月黄昏”两句，尤为脍炙人口。诗人不正面写梅，而用“疏影”、“暗香”来突现梅花的清幽、淡雅，并给人以广阔的想像空间，去咀嚼、体味此时的梦幻般的情景。颈联用拟人手法，以“霜禽”、“粉蝶”为梅花倾倒的神情姿态，衬托出梅花的姿质、气韵，由此更表现出梅花之所以为人喜爱的原因。尾联表达了爱梅之情和自甘淡泊的高雅情操。此诗以写意手法，从侧面来渲染梅花超尘脱俗的品格。此诗一出，广受赞誉，司马光称“疏影”二句“曲尽梅之体态”(《温公续诗话》)；南宋姜夔更以“暗香”、“疏影”作为其自度咏梅词的调名，此诗影响之广，由此可见一斑。

汉武 诗篇名。宋杨亿作。见《西昆酬唱集》。此诗是借历史讥讽朝政之作。宋真宗在与辽订立了屈辱的“澶渊之盟”后，东封泰山，西祀汾阴，又崇信道教方术，大兴土木，劳民伤财。诗人用汉武帝佞道靡费，寻求长生的史实来讥刺时政。诗中历数汉武帝信方士虚妄之言，派人入海寻蓬莱三岛以求长生之术；为求仙而筑通天台、建铜人、接云露、饮玉屑；为私欲而开边衅；才智之士清贫不能自存等借古讽今，劝谏真宗当以汉武为戒。此诗句句用典，纯用叙事，不加议论；全诗为七律，对仗工整，声律精严，音调铿锵，体现"西昆体"的特点。宋人刘攽称此诗"义山（李商隐）不能过也"（《中山诗话》）。

江上渔者　诗篇名。宋范仲淹作。见《范文正公集》。此诗一题《赠钓者》。诗仅短短四句："江上往来人，但爱鲈鱼美。君看一叶舟，出没风浪里。"读此诗，仿佛看见为了"爱鲈鱼"的"往来人"，渔翁独驾一叶扁舟，在风谷浪尖中颠簸，小舟时隐时现，令人为之担忧。此诗写得平淡如话，但却包含作者强烈的感情，作者对出没于风浪之中的渔者寄予深切的同情，使人感受到渔者的艰危。宋刘斧评此诗云："范希文《赠钓者》诗实寓深意，不徒作也。"（《诗林广记》引《翰府名谈》）

无题（油壁香车不再逢）　诗篇名。宋晏殊作。见《元献遗文》。诗又题作《寓意》、《寄远》。此为怀人诗，抒发对情人的思念：昔日乘油壁香车而来之情人，今如巫山之云飘散，音讯全无，甜蜜销魂的幽会萦绕心间无法忘怀，面对"梨花院落溶溶月，柳絮池塘淡淡风"之清幽月夜，勾引起诗人美好回忆和无限怀念。朦胧凄清之美景，更令人忧伤。伊人已去的寂寥和惆怅，使作者陷入了"几日寂寥伤酒后，一番萧瑟禁烟中"之凄苦悲凉境地。终使诗人发出了"鱼书欲寄何由达，水远山长处处同"的叹喟，这同作者在《蝶恋花》词中"欲寄彩鸾无尺素，山长水宽知何处"的名句一样，表达了真挚深沉的情感。此诗写得清新淡雅，颇有李商隐《无题》诗的意蕴。

田家语　诗篇名。宋梅尧臣作。见《宛陵先生集》。宋仁宗康定元年（1040），西夏攻宋，宋朝廷为抵御外敌，发布诏书，三丁抽一，充作乡兵，郡县官吏媚上邀功，扰民滋事，民怨沸腾，此诗记述当时人民悲惨境遇。春捐秋税，水灾蝗害，艰难度日之际，又逢"诏书来"，"三丁籍一壮"。"恶使"、"老吏"凶神恶煞，搜索催逼，连老人小孩亦不能幸免。人民只能"买箭卖牛犊"以应差，但家中却"铛缶空无粥"，已处于"死亡在迟速"的死亡线上。作者以朴素的语言，"录田家之言，次为文，以俟采诗者"，希望引起当权者注意。表达了作者对人民深切同情的感情，具有很强艺术感染力。

戏答元珍　诗篇名。宋欧阳修作。见《欧阳文忠公集》。诗题一作《戏答元珍花时久雨之什》。诗作于欧阳修被贬峡州夷陵（今湖北宜昌）的第二年（1037）。欧阳修与时任峡州军事判官的丁宝臣（字元珍）以诗相唱和，因作此诗。在对山城夷陵早春景色的描写中，寄寓了作者的思乡之情和政治上失意的感慨，也流露了作者迷惘而不悲观的心情，反映出作者豁达的胸襟和不怕磨难、积极向上的精神。诗尤以首联"春风疑不到天涯，二月山城未见花"两句备受推崇，作者对此也颇为自得，语人曰："若无下句，则上句不见佳处，并读之，便觉精神顿出。"（《西清诗话》）方回《瀛奎律髓》也说："以后句句有味"，为全诗摹景抒怀提供了广阔天地。颔联写山城独有的景色，颈联由景入情，抒发思乡情怀，尾联颇有"曾经沧海难为水"的意趣，更突出了作者之今昔之感和旷达心胸。全诗清新流畅，语言自然朴实，充满生气。

梦中作　诗篇名。宋欧阳修作。见《欧阳文忠公集》。"夜凉吹笛千山月"，记边地月夜，凉意中传来阵阵羌笛声；"路暗 迷人百种花"，述幽暗之夜迷失归途；"棋罢不知人换世"，用南朝梁任昉《述异记》中晋王质入山伐木，观童子数人下棋，而"斧柯尽烂。既归，无复时人"之典故，叹世事变迁；"酒阑无奈客思家"，则记述客居他乡、梦中思家之情。四句诗一句一意，记述梦境。近人陈衍评此诗曰："此诗当真是梦中作，如有神助。"（《宋诗精华录》）诗除第三句用典外，语言明白如画。此诗渲染出若隐若现、扑朔迷离的氛围，勾勒出不同的梦境，给人以朦胧的美感，为后人所称道。

淮中晚泊犊头　诗篇名。宋苏舜钦作。见《苏学士文集》。此诗写淮河舟行所见景色及晚泊犊头时的心情。"春阴垂野草青青，时有幽花一树明"两句，抒写春天淮河两岸景物：两岸原野草色青青，绿树丛中的鲜花分外亮丽，勾勒出富有诗情画意的画面。"晚泊孤舟古祠下，满川风雨看潮生"两句，静中有动，写出了淮河春潮陡涨，风雨中诗人夜不能寐的落寞心情。此诗一气贯注，情寓景中。南宋刘克庄以为此诗"极似韦苏州"（《后村诗话》），与韦应物《滁州西涧》诗中"春潮带雨晚来急，野渡无人舟自横"确有异曲同工之妙。清翁方纲也说此诗"妙处不减唐人"（《石洲诗话》卷三）。

初晴游沧浪亭 诗篇名。宋苏舜钦作。见《苏学士文集》。诗人于庆历年间因事获罪，闲居苏州，买田造园，筑沧浪亭，"箕而浩歌，踞而仰啸，野老不至，鱼鸟共乐"(《沧浪亭记》)。此诗即是写沧浪亭春日雨后初晴的景色。全诗围绕"初晴"着笔。"夜雨连明春水生，娇云浓暖弄阴晴"，写一夜春雨，池塘新碧，娇云轻浮，春日透晴的天光水色；"帘虚日薄花竹静，时有乳鸠相对鸣"则写园内景物：竹帘稀疏，春日煦和，在清幽的花草修竹丛中，时而传来乳鸠鸣唱之声，使人领略到沧浪亭的宁静、优美。全诗俊逸秀丽，体物工巧，气韵生动，流露出作者对沧浪亭的喜爱之情和"幽独闲放之趣"(宋胡仔《苕溪渔隐丛话》前集)。

煮海歌 诗篇名。宋柳永作。见元大德年间编修的《昌国州图志》卷六。昌国即今浙江定海，作者曾于此任晓峰盐场监督官。作者目睹盐民痛苦，因作此诗。诗中详细描述盐民煮盐的艰辛，倍受官租私租的重重盘剥。盐民年复一年，"周而复始无休息，官租未了私租逼"；为煮盐，向官府借贷，待盐成，却"秤入官中充微值，一缗往往十缗偿"。因而盐民"虽作人形俱菜色"，揭示盐民痛苦生活。"煮海之民何苦辛，安得母富子不贫"，更深刻揭露官府凶狠剥削盐民的社会现实。最后发出"甲兵净洗征输辍，君有余财罢盐铁"的呼声。全诗铺叙议论结合，一气贯注，结构严谨，语言平易朴实，感情真挚，表现作者关心民瘼、为民请命的思想情感，与其词风迥异。

甘露寺多景楼 诗篇名。宋曾巩作。见《元丰类稿》。诗题一作《多景楼》。诗写登楼所见和感受。多景楼在今江苏镇江北固山甘露寺内，北临长江。登楼远眺，山光水色尽收眼底。首联入题，"欲收佳景此楼中，徙倚阑干四望通"点出观景以此处为佳的特点。"云乱水光浮紫翠，天含山气入青红。一川钟呗淮南月，万里帆樯海外风"两联，着力描绘登楼胜景：云气水光，红墙碧瓦；夕阳青山，映入远空；梵乐钟声，千里明月；百舸云集，帆樯林立。作者选取富有特色的景物，勾勒出一幅色彩明丽的壮阔画面。"老去衣襟尘土在，只将心目羡冥鸿"，抒发壮心不已的抱负和心与道俱之高旷情怀。

明妃曲二首 诗篇名。宋王安石作。见《临川先生文集》。明妃即王昭君，汉元帝时远嫁匈奴。其一主要写昭君远别、胡地相忆等；其二则渲染昭君初嫁情景和对故乡的思念。作者在诗中一反前人写昭君出塞的俗套，敢于标新立异。如"意态由来画不成，当时枉杀毛延寿"(《其一》)，"君不见咫尺长门闭阿娇，人生失意无南北"(《其一》)，"汉恩自浅胡自深，人生乐在相知心"等(《其二》)，表达其独到见解与深刻内涵，其识见远远超越前人及同时代人，令人耳目一新。但也引起后人许多非议。诗中对昭君描写细腻，刻画传神，且诗中叙事、描写、议论相结合而又不露痕迹。此二诗章法、句法、用韵严整而富于变化，音节抑扬顿挫，胡仔《苕溪渔隐丛话》称其"辞格超逸"。

元日 诗篇名。宋王安石作。见《临川先生文集》。诗中选取新年时放爆竹、饮屠苏酒、换门神等典型节日场面，表现出春节的欢乐气氛。语言明白如话，诗意一气流注，自然顺畅，充满热烈欢快之情绪。特别是"千门万户曈曈日，总把新桃换旧符"两句，既写出冬日融融，阳光普照，家家户户在贴对联、换门神的喜庆，也流露出作者在新春来临时之愉悦心情。此诗作于作者执掌朝政、推行新法之时，因而有人认为诗另有寓意，乃作者得君行政，除旧布新，而始行己之政令之自况。

泊船瓜洲 诗篇名。宋王安石作。见《临川先生文集》。宋神宗熙宁八年(1075)二月，王安石再次拜相，奉诏赴京，舟泊瓜洲，写下此诗。全诗文笔流畅，节奏明快，描写赴京途中的心情和月夜回望钟山的感受。面对秀美的春意盎然的江南景色，作者有再次入相的喜悦，也有对复杂的政治斗争的顾虑，因而流露了终将辞官归隐的心愿。诗中"春风又绿江南岸"为脍炙人口的名句。"绿"字极为传神，将江南春色表现得淋漓尽致，且给人留下极为广阔的想像空间。宋洪迈《容斋续笔》记载："吴中士人家藏其草，初云'又到江南岸'，圈去'到'字，注曰'不好'。改为'过'，复圈去而改为'入'，旋改为'满'，凡如是十许字，始定为'绿'。"足见文字锤炼之工，此亦成为诗歌修辞的著名例子。

书湖阴先生壁 诗篇名。宋王安石作。见《王文公文集》。诗共二首，为七言绝句。湖阴先生是王安石退居金陵时的朋友杨德逢之别号。这两首题壁诗描写了杨氏居处的清幽环境，洋溢着田园气息。第一首先写庭院的洁净无苔、花木成畦，接着宕开笔墨，展现出户外绿水绕田、青山扑面的景象。"一水护田将绿绕，两山排闼送青来"是千古传诵的名句，它运用拟人手法将山水写活，读来倍感亲切有味；两句皆用《汉书》中典故，精巧贴切而又浑化无迹。第二首则由外入内，写田野桑柳，风送其余香，暗度墙垣，又传来黄莺的鸣声，扰人午梦，令诗人觉得仿佛置身自家庭园。诗人将庭院小景置于自然的大背景中，交错用笔，相映成趣，活画出一派迷人的田园风光。

暑旱苦热　诗篇名。宋王令作。见《广陵先生文集》。七言古诗，表现诗人在酷暑大旱之日心忧天下的胸襟，以及济世救民的抱负。诗先写清风无力驱除暑热，落日反而飞上山颠；人们惧怕江海枯竭，老天爷难道能听任天上的河汉干涸？接着展现了昆仑积雪、蓬莱遗寒的清凉世界，与人间的苦热形成了鲜明对比。在此铺垫的基础上，诗人发出了"不能手提天下往，何忍身去游其间"的感慨。他希望能携世人脱离苦海，共享清凉之福，正表现出他推己及人、兼济天下的宏伟抱负。此诗立意高远，气势雄壮，而且想落天外，以奇思妙语取胜。如"清风无力屠得热，落日着翅飞上山"中的"屠"与"着翅"，就用得十分生新奇特。刘克庄赞此诗为"骨气老苍，识度高远"(《后村诗话》前集卷二)。

和子由渑池怀旧　诗篇名。宋苏轼作。七言律诗。见《苏东坡全集》。嘉祐六年(1061)，苏轼出任凤翔府判官，与弟苏辙别于郑州，辙有《怀渑池寄子瞻兄》诗，此篇为和作。诗的前四句尤为传诵，云："人生到处知何似？应似飞鸿踏雪泥。泥上偶然留指爪，鸿飞那复计东西。"它传达出对人生变幻无常的感慨，以及对人的生命形态的思考，寓哲理于形象，发人深省，后人将它概括为"雪泥鸿爪"的成语。这四句一反律诗的常格，以散行相连贯，有一气流走之势，故纪昀评为："前四句单行入律，唐人旧格；而意境恣逸，则东坡本色。"(纪批《苏文忠公诗集》卷三)诗的后半则落实到题中的"怀旧"，以怀念在渑池共同经历过的旧事寄托手足之情，并回应前半的人生感慨。

游金山寺　诗篇名。宋苏轼作。见《苏东坡全集》。熙宁四年(1071)，苏轼赴杭州通判任，途经润州(今江苏镇江)，畅游金、焦诸胜，此诗即题咏之一。诗从大江东流入海写起，大江乃发源于诗人的家乡，如今又送他宦游东来。中间大段描写江上风景，从落日晚霞直至月落更深，此时江上忽现一道火炬般的亮光，照得栖乌惊起，诗人以为这是江神警告他速作归隐之计，因而最后发出了"有田不归如江水"的誓言，揭出了题旨。全诗始终围绕长江叙写，从宦游大江，写到江上望乡，最后归结为激流勇退之意，前后一意贯串，折射出诗人政治上失意的心态。苏轼在朝因与王安石政见不合，又受台谏弹劾，故自请外任，此正是他归田退隐之想的底蕴。陈衍评此诗曰："全就望乡归山落想。"(《宋诗精华录》)

李思训画长江绝岛图　诗篇名。宋苏轼作。七言古诗。见《苏东坡全集》。写于元丰元年(1078)知徐州任上。李思训为唐朝宗室，著名画家，"北宗"山水画派的创始人。此诗乃题画之作，再现了长江大、小孤山一带的景色，诗人对画不作评骘，但赞赏之意已含其间。画面上江水浩茫，山势险绝，中有客舟，似闻棹歌抑扬。诗人俨然身入舟中，体味到随波低昂的感觉。"沙平风软望不到，孤山久与船低昂"二句，与他在七律《出颍口初见淮山，是日至寿州》中的一联"长淮忽迷天远近，青山久与船低昂"，同一机杼，可见是他的得意之笔。诗的最后化用民间传说，告诫"舟中贾客莫漫狂，小姑前年嫁彭郎"，谐趣横生。但纪昀认为"末二句佻而无味，遂似市井恶少语，殊非大雅所宜"(纪批《苏文忠公诗集》卷一七)，方东树则评此诗为"神完气足，遒转空妙"(《昭昧詹言》卷一二)。

题西林壁　诗篇名。宋苏轼作。七言绝句。见《苏东坡全集》。元丰七年(1084)，苏轼由黄州贬所迁汝州，五月间途经庐山作此诗。同时所作的游庐山诗还有七首，本诗则是一首带总结性的题咏。西林寺一名乾明寺，位于庐山七岭之西，故苏轼云："最后与摠老同游西林……仆庐山诗尽于此矣。"(《东坡志林》卷一)至此，诗人回顾游山的历程，才心有所悟，豁然开朗。"横看成岭侧成峰，远近高低各不同"，游山过程中从不同方位所得的印象是分散各异的，因而诗人悟出了"不识庐山真面目，只缘身在此山中"的道理。亦即只有高瞻远瞩，才能认识事物的全貌和本质。诗人从寻常的生活现象中提炼出精辟的哲理，依托景物而发挥议论，给人以心智的启迪。此诗精妙隽永的理趣历来为人所称道，"庐山真面目"也成了流布广泛的习语。

惠崇春江晓景二首(其一)　诗篇名。宋苏轼作。诗题中"晓景"一作"晚景"，又题作《书衮仪所藏惠崇画二首》。见《苏东坡全集》。元丰八年(1085)作于汴京。惠崇，宋初淮南(一作建阳)人，诗僧"九僧"之一，又善画翎鸟小景。此诗第一首咏鸭戏春江，第二首题大雁春归。尤以第一首为人所称道，诗中不仅再现了画面上的春景，而且发挥丰富的联想，传达出景物盎然的生机。“竹外桃花三两枝”、“蒌蒿满地芦芽短”，固是画面所显现的景色；而“春江水暖鸭先知”，“正是河豚欲上时”，则是诗人迁想妙得之结果。诗人从景物中不仅获得了视觉上的审美愉悦，而且感受到触觉上的温暖，推想到鸭子的先知，进而向往着味觉上的满足。一幅画能启人作如此的联想，其生动自不待言，同时诗人的兴会意趣也可想见。

登快阁 诗篇名。宋黄庭坚作。见《豫章黄先生文集》。作于元丰五年(1082)，时黄庭坚知吉州太和县(今江西泰和)。快阁乃太和名胜，前临赣江。首联“痴儿了却公家事，快阁东西倚晚晴”，写诗人于公余之暇，登临远眺。颔联“落木千山天远大，澄江一道月分明”，写望中之景，意象明丽，境界高远，亦是诗人光风霁月般的襟抱与人格的写照。颈联“朱弦已为佳人绝，青眼聊因美酒横”，融化伯牙为钟子期死而绝弦及阮籍能为青白眼事，感叹世无知音，聊且以酒寄慨。尾联“万里归船弄长笛，此心吾与白鸥盟”，抒发归隐之思，表示意欲泛舟江湖，与鸥鸟为侣，胸无机心，一任自然。全诗一气流贯，笔力豪健，方东树评为：“起四句且叙且写，一往浩然。五六句对意流行。收尤豪放。此所谓寓单行之气于排偶之中者。”(《昭昧詹言》)此诗熔铸典故，琢字炼句，别出新意，妙趣横生，如“倚”、“绝”、“横”、“弄”诸字均用得生新奇峭，体现了诗人提出的“以故为新，以俗为雅”的创作主张。

寄黄幾复 诗篇名。宋黄庭坚作。见《豫章黄先生文集》。作于元丰八年(1085)，时黄庭坚监德州(今属山东)德平镇；黄幾复，南昌人，黄庭坚之友，时知四会县(今属广东)。首联“我居北海君南海，寄雁传书谢不能”，写与老友南北阻隔，托雁传递书信，雁也辞谢不能。颔联“桃李春风一杯酒，江湖夜雨十年灯”，前句追念当时交游之乐，后句描写今日宦游之苦。此联为全诗之警策，以寻常语构成对偶，却生动概括，映照鲜明，耐人寻味。颈联“持家但有四立壁，治病不蕲三折肱”，表现黄幾复虽穷困却谙熟世事，练达人情。尾联“想得读书头已白，隔溪猿哭瘴溪藤”，感慨黄幾复纵好学而屈居瘴疠之地。此诗融化史传中的典故成语，又时出拗句，清新明畅而兼古朴峭健，一气流贯中又有奇崛顿挫，可谓典型的山谷诗风。

武昌松风阁 诗篇名。宋黄庭坚作。见《豫章黄先生文集》。作于崇宁元年(1102)。黄庭坚于此年知太平州，但到任九日即罢官，后流寓鄂州，此诗乃九月途经武昌(今湖北鄂城)时所作。全诗分两部分。第一部分(前十五句)写夜宿松风阁的所见所闻，气象峥嵘，意境宏阔。此阁依山而建，前望有广袤平川，在星移斗转、夜色将尽之时，但见古松参天，耳闻松涛阵阵，如女娲氏的五十弦瑟在奏鸣。诗人与二三知己酒醉此阁，夜宿不归。连晓的夜雨使泉石复润，山川生辉。第二部分(后六句)转为抒情，表达对自由生活的渴望。诗人想到了业已作古的苏轼、正遭贬谪的张耒，他们都贬居于武昌对岸的黄州。诗人最后发出了“安得此身脱拘挛，舟载诸友长周旋”的感慨，回应前半描写的那个超尘脱俗的美好境界。这是作者诗艺达于炉火纯青之境的一篇佳作，笔势自然老健，造语脱去凡俗，即他所谓的“简易而大巧出焉，平淡如山高水深”(《与王观复》)展现出历经磨难而臻于超然淡泊的精神境界。诗之意境、章法显受韩愈《山石》诗之影响。

书磨崖碑后 诗篇名。宋黄庭坚作。见《豫章黄先生文集》。作于崇宁三年(1104)。黄庭坚在崇宁二年被贬宜州(今广西宜山)，次年三月途经祁阳(今属湖南)，与当地的僧俗人士同游浯溪，观赏磨崖石刻《中兴颂》碑，应众人之请写了此诗。此碑为唐元结撰文，颜真卿手书，俗称“磨崖碑”。全诗分三层，开首四句为引子，交代写作缘起。中间十六句论述史事，以雄健跌宕的笔调概括了安史之乱这段翻天覆地的历史。唐玄宗由于不能居安思危，而是恬安逸乐，宠信奸佞，以致社稷倾覆，以后又受制于人，只能凄凉苟活。诗人赞扬元结之颂如古史《春秋》，实录史事，又文寓褒贬，与杜甫咏杜鹃的诗一样，都表现了忠君爱国之忱，但世人只赏其文辞之美，实是大谬。最后四句为尾声，交代同游者的身分，抒发观碑时深沉激动的心情，“断崖苍藓对立久，冻雨为洗前朝悲”，可谓寄慨遥深。元刘壎称此诗“精深有议论，严整有格律”(《隐居通议》)。其咏史实寓贬刺，有借古鉴今之意。其章法首尾关合，紧扣纪行；中间每四句一层次，严谨匀称，叙中有议，雄深雅健，音调高朗，一韵到底，气势流贯中有顿挫波澜，深具杜甫七古之遗风。

雨中登岳阳楼望君山 诗篇名。宋黄庭坚作。见《豫章黄先生文集》。此题下共二首。作于崇宁元年(1102)。这时黄庭坚已结束在黔、戎的流放生涯，从荆州出发至江西省亲，诗即作于途经岳阳时。第一首抒写蒙赦归来的欣喜心情。“投荒万死鬓毛斑,生出瞿塘滟滪关”,由贬窜荒远、九死一生而历尽劫波、生出险地,这一转折已透出重获新生的喜悦;“未到江南先一笑,岳阳楼上对君山”,以未到先笑状其心情,则还乡后的欢欣更不待言。第二首正面写登临所见的景物。“满川风雨独凭栏,绾结湘娥十二鬟”,想像湖中之山如湘夫人的发髻,已匪夷所思;“可惜不当湖水面,银山堆里看青山”,诗人更欲在湖上的浪涛中观赏群山,豪情逸兴发挥到了淋漓尽致之境。二诗笔意豪健,想像奇妙,显现了不为磨难所屈的兀傲高旷的胸襟。

示三子　诗篇名。宋陈师道作。见《后山居士文集》。元丰七年(1084),陈师道因家贫让妻儿随岳父郭概入蜀(时郭概提点成都府路刑狱),自己留在徐州;元祐二年(1087)师道被荐得任徐州州学教授,将妻儿接回。此诗即写他与家人久别重逢的情景。首二句“去远即相忘,归近不可忍”,以今昔对比表现归期将近的激动心情。接写“儿女已在眼,眉目略不省。喜极不得语,泪尽方一哂”,久别重逢,儿女的面目已不可辨认,苦尽甘来,终于破涕为笑,矛盾变化的心情刻画得淋漓尽致。结尾“了知不是梦,忽忽心未稳”,既知不是梦境,又怀疑其真而心神不定,转折跌宕,进一层表现了相逢后的惊喜。二句从前人诗意中翻出新意。全诗以质朴浑厚的语言道出至真的亲情,体现了他提出的“宁拙毋巧,宁朴毋华”(《后山诗话》)的创作主张。

夏日绝句　诗篇名。宋李清照作。见明钟惺编《名媛诗归》。题一作《乌江》。据其内容,诗当作于宋室南渡之后。靖康二年(1127),金兵入侵,北宋覆亡;高宗赵构继位,不思御敌复国,一味仓皇南逃,勉强求得偏安一隅的局面。此诗藉项羽的故事发抒感慨见解,指斥统治者的怯懦误国。首二句“生当作人杰,死亦为鬼雄”,既是对项羽一生的概括,也是诗人的言志述怀,对一种崇高的人生观的颂扬。诗语似警句格言,掷地作金石声,激扬蹈厉,传诵千古。接下去写“至今思项羽,不肯过江东”,以项羽的事迹来印证这种人生态度。项羽兵败乌江,乌江亭长劝他回江东以图再起,项羽表示无面目再见江东父老,遂自刎而死。“至今思”表达对项羽的无限钦慕,则指斥之意自在言外。此诗表现其壮怀激烈,风格刚劲雄迈,具有悲壮的崇高美。

汴京纪事二十首　组诗名。宋刘子翚作。见《屏山集》。作于靖康二年(1127)汴京沦陷之后。这组绝句围绕靖康之变,多方面、多角度地展现了发生于汴京的历史事件,以及对这场历史悲剧的深沉思考,抒发了强烈的兴亡之感。这二十首诗,一事一咏,构成了一部北宋王朝覆灭的痛史。如第一首开宗明义痛悼故都陷敌,遗民渴望恢复,泪洒南方。第六首揭露徽宗穷奢极侈,兴建宫苑,到头来却被当作柴火烧掉。第七首指斥蔡京、王黼等权奸误国,成为千古唾骂的国贼。最后一首咏名妓李师师,藉其荣辱盛衰表家国沧桑之慨,为整个组诗作结。诗人善于选取典型事件加以描述,常用对比、反衬之法,时见讽意,章法上多错综回环,跌宕摇曳,寄慨深沉。

游山西村　诗篇名。宋陆游作。见《剑南诗稿》。乾道二年(1166)陆游自隆兴府(治所今江西南昌)通判罢官,归故乡山阴(今浙江绍兴)。此诗即写乡间的民俗风情,洋溢着淳厚的田园情趣。“莫笑农家腊酒浑,丰年留客足鸡豚。”诗人一开始即以赞赏的口吻称道农家的盛情好客。接下去写山路之蜿蜒曲折以及觅见村落时的欣喜:“山重水复疑无路,柳暗花明又一村”,笔调流丽明快,对偶工整妥贴,秀美的景色中又蕴含了生活的哲理,故历来为人传诵。继而出现的是一幅淳朴的农家节庆图:“箫鼓追随春社近,衣冠简朴古风存。”中二联其实是倒叙作客农家前的经历,故尾联的感叹“从今若许闲乘月,拄杖无时夜叩门”,则回应首联的盛情款待之意,见出诗人与农民的亲密无间。此诗珠圆玉润,流利可诵,颇能体现陆游七律的风格特色。

书愤　诗篇名。宋陆游作。见《剑南诗稿》。作于淳熙十三年(1186)春,时诗人赋闲家居已六年。前四句追念往事:“早岁那知世事艰,中原北望气如山。楼船夜雪瓜洲渡,铁马秋风大散关。”早年诗人曾驰骋在抗金第一线的镇江和南郑,报国的豪气壮志如山岳冲天;这种一往无前的气概历经挫折后,方悟到成事之艰难。首句的感喟实透出无限的悲愤。后四句进一步抒写悲愤:“塞上长城空自许,镜中衰鬓已先斑。《出师》一表真名世,千载谁堪伯仲间!”陆游曾以韬略自负,渴望一展长才,但壮志难酬,人已垂暮。尾联由悲愤中振起,一方面要效法诸葛亮之志业,一方面也对苟安误国的朝廷公卿投以讥讽。全诗沉郁顿挫,深得杜诗遗风,颔联写征战历历如绘,雄浑豪迈,世所传诵。

沈园二首　诗篇名。宋陆游作。七言绝句。

见《剑南诗稿》。作于庆元五年(1199)。绍兴十四年(1144)陆游二十岁时与唐琬结婚,因陆母不喜儿媳,婚后三年终至离异,唐琬改嫁赵士程。绍兴二十五年陆游与唐琬夫妇相遇于禹迹祠南之沈氏园,写下了《钗头凤》一词,唐琬不久就郁郁而亡。本诗是陆游于七十五岁时所写的悼亡诗。周密《齐东野语》载陆游"居鉴湖之三山,晚岁每入城,必登寺眺望,不能胜情"。第一首即写他登高眺望沈园的所见所感:夕阳西下,画角哀鸣,笼罩在这片衰飒悲凉气氛中的沈园,已非昔日旧观;但"伤心桥下春波绿,曾是惊鸿照影来",唯有绿水依旧,它曾映照着那"翩若惊鸿"的倩影飘然而至,这影子是永驻于诗人心头的。第二首感叹唐氏逝世已四十年,自己也行将入土,但这段生死情却刻骨铭心,故"犹吊遗踪一泫然",此景此情将至死不泯。第一首诗主要以景物烘托感情,第二首诗则重在直抒真情,均写得情词哀婉,与其词《钗头凤》同为不朽的爱情诗章。

示儿 诗篇名。宋陆游作。见《剑南诗稿》。陆游卒于嘉定二年(1209)十二月,本诗作于临终前,诗云:"死去元知万事空,但悲不见九州同。王师北定中原日,家祭无忘告乃翁。"诗人首先对死表达了一种旷达的态度,唯有复国之志未能实现才最令人伤心不已。从这前后的反跌中突现出他爱国之情的执着强烈,至死不渝。诗后半通过谆谆嘱告后辈深化了这种感情。垂死之人能置诸事于不顾,唯以"北定中原"为念,以"家祭无忘"报告胜利的喜讯为最后的嘱托,既映照出他的忠肝义胆,也显示出他的坚定信念,悲中有壮。这首压卷之作以朴素的语言直抒真情 ,是诗人伟大人格、高风亮节的最后写照。

四时田园杂兴 组诗名。宋范成大作。见《范石湖集》。写于淳熙十三年(1186)退居苏州石湖时。共六十首,分《春日》、《晚春》、《夏日》、《秋日》、《冬日》五组,每组十二首。诗人继承陶渊明以来的田园诗传统,但突破了单纯表现闲适静穆情调的樊篱,以中唐新乐府的精神、竹枝词的手法来写田园诗,将农家生活的各个方面,包括劳动、休闲、节庆、风俗,以及官府催租盘剥等,都摄入了笔底,较客观全面地反映了当时农民的生活,堪称"中国古代田园诗的集大成"(钱钟书《宋诗选注》)。叙事状物、写景抒情,多用白描,语言朴素自然,风格清新明快。他以一首绝句写一个场面,一组诗则集合为一个整体,构成田家生活的一幅风俗画长卷。这种结构也为后人所取法,如汪元量就写下了有名的《湖州歌》九十八首。

晓出净慈寺送林子方 诗篇名。宋杨万里作。见《诚斋集》。写于淳熙十四年(1187),时杨万里在都城临安(今浙江杭州)任秘书少监。净慈是西湖边上的著名佛寺,林子方名枅,当时正要赴福建转运判官任,杨万里为他赋诗送行。诗共二首,一般传诵的是第二首,诗云:"毕竟西湖六月中,风光不与四时同。接天莲叶无穷碧,映日荷花别样红。"开头二句即深情赞叹六月西湖的独特风光,以"毕竟"二字领起,具有先声夺人之势,它改变了正常语序,显出肆口而出的特色。三四句以传神之笔写湖上荷花,成为脍炙人口的名句。这两句不仅是绝妙的对偶,而且用互文笔法描绘出荷花的茂盛与娇艳,碧叶与红花交相辉映,展现出六月西湖的绮丽景色。

题临安邸 诗篇名。宋林升作。见明田汝成《西湖游览志馀》。林升生平不详,孝宗淳熙间人。当时正是隆兴和议后宋金之间相对稳定的一个阶段,朝野上下逸乐之风盛行,本诗为此抒发了忧国愤世之情。诗云:"山外青山楼外楼,西湖歌舞几时休!暖风熏得游人醉,直把杭州作汴州。"首句在往复回环的感叹中描绘出湖山间甲第连云的盛况,接写歌舞不休,沉溺声色,以问句出之,语含愤慨与斥责。首联从时空两方面概括了上流社会的纸醉金迷、麻木不仁。第三句更是痛感醉生梦死之风已弥漫于全社会,直逼出末句的无穷感喟。它既是冷峻的写实、辛辣的讽刺:杭州既被视为汴京,则恢复大业已为久安之计所替代;又是忧国之叹、警世之语:如此下去,必将重蹈北宋的覆辙。本诗明快犀利而又凝练深警,在后世传诵不衰。

观书有感 诗篇名。宋朱熹作。见《晦庵先生朱文公文集》。作于乾道二年(1166)。诗共二首,其第一首最为传诵,诗云:"半亩方塘一鉴开,天光云影共徘徊。问渠那得清如许?为有源头活水来。"此诗借境咏理,原意是要表达以"敬"为核心的修养论。所谓"观书"是指观二程之书,由此悟出持敬的道理,遂作此诗。"方塘一鉴"比喻"心","源头活水"比喻"敬","天光"句指人心对外物的感应。诗意谓人心如镜,只有诚敬专一才能使心澄明可鉴,犹如方塘之有活水注入,故能永保清澈,映照万象。但是人们从诗的意象中往往能获得超越其原意的哲理感悟,因而后人可以从不同的角度去体会"源头活水"的内涵,以使自己的思想或事业保持常新之境。这首诗千百年来吸引读者的正是这种启迪心智的理趣。

过垂虹 诗篇名。宋姜夔作。见《白石道人诗集》。作于绍熙二年(1191)除夕。此年姜夔前往苏州石湖拜谒范成大,盘桓三月余,诗词唱和,相得甚欢。姜夔作《暗香》、《疏影》二词,并自度其曲,范成大以歌女小红赠之。除夕,姜夔携小红返吴兴,途经垂虹桥作此诗。前二句"自作新词韵最娇,小红低唱我吹箫",表现归途中小红曼声低唱其《暗香》、《疏影》二词,诗人吹箫伴奏。这两首咏梅词乃其得意之作,故自负为"韵最娇";加之有红粉佳人相伴,如萧史之有弄玉,更感快意十足。这两句虽只直叙其事,然欣悦之意溢于言表。后二句"曲终过尽松陵(吴江古称)路,回首烟波十四桥",以浩渺的景色传达陶醉于音乐及爱情的心境,深具悠远不尽之致。前半的快意自得至此晕化为弥漫天地的爱的氤氲。其论诗主句有余味,篇有余意,含蓄蕴藉,自然高妙(《诗说》),此诗得之。

乡村四月 诗篇名。宋翁卷作。见《苇碧轩诗集》。这是一首描写江南农村初夏风光的诗。首联写景:"绿遍山原白满川,子规声里雨如烟。"以"绿"写草木葱茏,"白"写水光明澈,妙在以色彩代景物,突出明丽的视觉印象。接写杜鹃声声,烟雨迷濛的景观,可谓声色俱佳,使画面洋溢出活泼的生机。次联由自然景色转入人事活动:"乡村四月闲人少,才了蚕桑又插田。"初夏时分正是农忙季节,刚刚了却采桑养蚕,又要着手栽插水稻了。"蚕桑"与"插田"分别照应首句的"绿遍"与"白满"。"才"和"又"的虚字搭配写出了农事的紧凑繁忙。此诗动静相兼,绘声绘色,颇具范成大田园诗的风格。

雁荡宝冠寺 诗篇名。宋赵师秀作。见《清苑斋集》。雁荡山在今浙江境内,此首写作者在山上宝冠寺的游览观感。其中颔联"流来桥下水,半是洞中云",颈联"欲住逢年尽,因吟过夜分"俱用流水对,字锤句炼而又自然流转,颇代表"四灵派"五言律诗的艺术特色。近人陈衍认为"四灵派"诸人最擅长颔联,云"三四(句)在四灵中,最为掉臂游行之句"(《宋诗精华录》)。

游园不值 诗篇名。宋叶绍翁作。见《靖逸小集》。诗的前两句"应怜屐齿印苍苔,小扣柴扉久不开"扣题,写欲游园而未遇主人。首句写其寻春探幽之行,如姜夔《清波引》所咏:"屐齿印苍藓,渐为寻花来去。""小扣"状其惜春,唯恐惊动主人与园中的春景。"久不开"似将败兴而归,然三四句却转出一个全新的境界:"满园春色关不住,一枝红杏出墙来。"这一联藉比拟手法将春色具象化,展现出春天的活跃生机;前后句巧妙呼应,前句蓄势,后句喷薄而出,写活了春天冲决牢笼的气势。同时它也显示出诗人主观意境的升华,虽然游园不值,但他却从红杏出墙的盎然生意中领略到大好春光,获得了审美的快感与哲理的启迪。后人所欣赏的也正是包含其中的那种积极乐观、蓬勃向上的"理趣"。

乌乌歌 诗篇名。宋乐雷发作。见《雪矶丛稿》。写于淳祐元年(1241)。诗人有感于蒙古南侵、国势日危,遂作此诗以抒怀感愤。《汉书·杨恽传》中有"酒后耳热,仰天抚缶而呼乌乌"语,因以为题。诗的主旨是感慨在国家危急存亡之际,书生实是"百无一用"的废物,对空谈心性的道学家尤多谴责。因而诗的首尾反复以"莫读书"的愤激之语咏叹。面对着异族入侵"杀人如麻"、"流血成湖"的惨景,诗人以连串的发问叹息世无抗敌御侮的豪杰;而那些峨冠博带的儒生只会朝夕空谈,印绶累累的官僚一味望风逃跑。有感于此,诗人申述了御敌报国之志:"有金须碎作仆姑(箭名),有铁须铸作蒺藜。我当赠君以湛卢青萍之剑,君当报我以太乙白鹊之旗。好杀贼奴取金印,何用区区章句为!"诗为歌行体,以七言句为主,杂以长短错落的句子,磊落顿挫,慷慨激越,抒发了强烈的愤世忧国之情。

过零丁洋 诗篇名。宋文天祥作。见《文山先生全集》。作于帝昺祥兴二年(1279)。祥兴元年十二月,文天祥在广东海丰五坡岭被元军俘获。次年正月元军进攻南宋的最后据点厓山,元军统帅张弘范要文天祥作书招降张世杰,天祥作此诗拒之,表示了以死报国的志向。诗的前半概述了自己一生的主要经历:"辛苦遭逢起一经,干戈寥落四周星。山河破碎风飘絮,身世浮沉雨打萍。"诗人以明经入仕,在国家民族的危急存亡之秋,他起兵勤王,但应者寥寥。这两联诗均将国家命运与个人身世对举,表明诗人与宋朝同存亡的忠义之节。后半述怀抒志:"惶恐滩头说惶恐,零丁洋里叹零丁。人生自古谁无死,留取丹心照汗青!"颈联利用地名的字面义构成往复回环的巧对,抒发出英雄末路的悲怆;尾联之以死明志,成为不朽的名句及中华民族崇高气节的概括。

正气歌 诗篇名。宋文天祥作。见《文山先生全集》。作于元世祖至元十八年(1281)夏天。

诗人在帝昺祥兴二年(1279)十月解至元都燕京,囚于土室,艰苦备尝,因作此诗,颂扬坚贞刚毅的浩然正气和历尽磨难而不屈的人格风范。诗前有小序,交代囚室的恶劣环境与写作的缘起。诗先从天地之正气以及它体现于人身上的浩然之气写起,接着列举历史上十二位忠义之士的壮烈事迹来加以印证,说明它是万古长存,维系自然人伦的巨大精神力量。后半部分描述自己遭逢厄运的经历,正是有赖这股浩然正气,才能在非人的囚室中不屈不挠。最后诗人表示要以古圣贤为楷模,以他们的情操节义激励自己,取义成仁。此诗集中地展现出文天祥崇高的气节和坚贞的操守,是对中华民族的传统美德和节操的由衷礼赞。写作此诗的第二年,即至元十九年,文天祥就慷慨就义,壮烈殉国,因而这首诗是民族英雄用生命和鲜血谱写的一首正义的颂歌。

醉义歌 乐府歌名。辽寺公大师作。原为契丹文,元耶律楚材译成汉文,载《湛然居士文集》卷八。其序云:“辽朝寺公大师者,一时豪俊也。贤而能文,尤长于歌诗。其旨趣高远,不类世间语,可与苏、黄并驱争先耳。有《醉义歌》,乃寺公之绝唱也。”一百二十句,辽代现存诗作中最长的一首。抒写诗人在遭“病窜”、“斥逐”之后,流寓乡间,与村邻放歌痛饮,以发泄心中的愤懑。风格俊逸洒脱,语言明快流畅,较之辽代帝后臣僚的庙堂酬应之作别具风采。

壬辰十二月车驾东狩后即事五首 诗篇名。金元好问作。七言律诗。见《遗山集》。“壬辰”为金哀宗天兴元年(1232),三月蒙古军围攻金都汴京,十二月城内粮尽,哀宗御驾亲征河朔,是所谓“车驾东狩”。二年正月双方在黄河北岸接战,金兵大败,时元好问任左司都事,留守汴京,作此组诗。诗中描绘了这场战争的残酷以及战争造成的深重灾难:“惨淡龙蛇日斗争,干戈直欲尽生灵。高原水出山河改,战地风来草木腥。”(其二)诗人矢志报国却无力回天,期望豪杰奋起却又希望渺茫:“精卫有冤填瀚海,包胥无泪哭秦庭。并州豪杰今谁在,莫拟分军下井陉!”(同上)虽伤悼国运却壮心不已:“乔木他年怀故国,野烟何处望行人?秋风不用吹华发,沧海横流要此身!”(其四)堪称元氏诗歌的代表作,其风格慷慨沉郁、苍凉遒劲,尤得杜甫诗之神髓。沈德潜评曰:“遗山诗佳者极多,大要笔力苍劲,声情激越,至故国故都之作,尤沉郁苍凉,令读者声泪俱下。……于极工炼之中,别有肝肠迸裂之痛,此作者所独绝也。”(《宋金三家诗选》)

待漏院记 散文篇名。宋王禹偁作。见《小畜集》。作者以待漏院入题,对执掌朝政的宰相当如何处世、为政进行了论述,是对封建官僚统治经验的总结,也是作者经世济时的政治抱负的表露。作者希望吏治清明,百姓安居,国富民强。为了说明自己的见解,作者行文从立论、入题、设问、作答,环环紧扣,步步深入。为加强说理,文章运用了对比手法,文中多用排比句,增强了文章的气势。语言骈散相间,在有限的篇幅中,包涵着丰富的内容。金王若虚以为“王元之《待漏院记》,文殊不典。人所以喜之者,特取其规讽之意耳”(《滹南遗老集》卷三七)。清吴楚材则云:“将千古贤相、奸相心事,曲曲描出。辞气严正,可法可鉴”,“足以为后世戒。”(《古文观止》卷九)

岳阳楼记 散文篇名。宋范仲淹作。见《范文正公集》。此文于庆历六年(1046),应其友滕宗谅(字子京)之请而作。文章从写作缘起入手,接着以浓墨重彩铺叙登楼所见的不同景象,笔力雄健,气象阔大,描摹传神,是写景状物的杰作。然而,这不是一般的写景文字,在吟咏俯仰间,表达了作者的人生感受和远大抱负。为革除北宋积贫积弱的弊端,范仲淹主持“庆历新政”,遭到保守派的反对而失败,主张革新的官员纷遭贬谪。面对挫折,作者泰然处之。“不以物喜,不以己悲”,是对滕宗谅的安慰和鼓励,也是作者的自勉。“先天下之忧而忧,后天下之乐而乐”更表现了作者宽阔的襟怀和以天下为己任的崇高品质。文章结构谨严,气势恢宏,吸取了辞赋的特色,杂用骈偶句式,骈散结合,使文章抑扬顿挫,富有节奏感和音乐感。清金圣叹评此文云:“一肚皮圣贤心地,圣贤学问,发而为才子文章。”(《天下才子必读书》卷一五)

与高司谏书 散文篇名。宋欧阳修作。见《欧阳文忠公文集》。此文作于仁宗景祐三年(1036)。时范仲淹上书言宰相吕夷简阻塞贤路、任人唯亲获罪,被贬知饶州。朝臣纷纷上书论救,皆坐落职。作为左司谏的高若讷却趋炎附势,诋毁范仲淹诸人。欧阳修激于义愤,写了此信,痛斥高若讷的卑鄙和伪善。文章从与高若讷相识写起,进而述及对高之为人曾有三次怀疑,又察其行,观其言,揭露高的口是心非、迎合权贵的行径,并指出高“惜官位”、“顾利禄”,“推其实迹而较之,然后决知足下非君子”。此文气势充沛,文笔犀利,论说层层推进,表现了作者不畏权贵、疾恶如仇的堂堂正气。清储欣评云："义动于中，则言激于外，公因不能自制也。"(《唐宋八大家类选》卷九)更有以为此文"凛凛正气，可薄日月也"(《唐宋文醇》卷二三)。

释秘演诗集序　散文篇名。宋欧阳修作。见《欧阳文忠公文集》。此文系为僧人秘演诗集所作的序言。此文在写作、构思上别具匠心。此文由"天下无事"日久，"智谋雄伟非常之士"，"往往伏而不出"，"山林屠贩，必有老死而世莫见者"引出"廓然有大志"的亡友石曼卿，又由曼卿而及秘演。又述曼卿、秘演相交最久，且是"以气节相高"的"奇男子"。然而二人却不为世用，曼卿死，秘演亦老病，由此引发了作者的感慨："予乃见其盛衰，则予亦将老矣。"欧阳修对石曼卿诗颇为推崇，而曼卿"尤推秘演之作"，反衬秘演诗作"雅健有诗人之意"。在秘演将南游之际，作者"为叙其诗，因道其盛时，以悲其衰"，表达了作者对友人的真挚感情。明茅坤称此文"多慷慨呜咽之旨"，"命意最旷而逸，得司马子长之神髓矣"(《唐宋八大家文钞》卷一七)。

醉翁亭记　散文篇名。宋欧阳修作。见《欧阳文忠公文集》。作者从醉翁亭的由来，四周的景色，进而推出"醉翁之意不在酒，在乎山水之间也。山水之乐，得之心而寓之酒也"的题旨。然后，围绕"乐"字，层层推进。从朝暮、四时变化不同中感受到"乐亦无穷"。进而又写宴游之乐，醉归之乐，并由此转入"禽鸟知山林之乐，而不知人之乐；人知从太守游而乐，而不知太守之乐其乐也"的抒怀，点明了作者与民同乐的思想感情。此文作于欧阳修贬谪滁州时，然作者表达的是愉快、旷达的心情，反映了作者宽阔的胸襟。全文语言精练优美，文中大量"也"、"而"的反复运用，形成了回环往复的韵律。文中有不少句子，如"水落石出"、"醉翁之意不在酒"等现已成为成语，至今沿用。明茅坤赞《醉翁亭记》为"文中之画"(《唐宋八大家文钞》卷二一)，堪称至论。

秋声赋　散文篇名。宋欧阳修作。见《欧阳文忠公文集》。此文作于仁宗嘉祐四年(1059)，是欧文中的名篇。文章先用各种形象的比喻，对秋声进行了绘声绘色的描摹，将难以捉摸的声音，通过听觉，引发读者的想像，感受秋声变化之剧和来势之猛。然后，运用赋体铺张渲染的手法和骈偶句式，描述秋的色、容、气、意，又从五行学说论秋之性，说明"物既老而悲伤"，"物过盛而当杀"的盛衰之理。由此，触发了对自然和人生的感慨："奈何以非金石之质，欲与草木而争荣。念谁为之戕贼，亦何恨乎秋声"。此文对秋声、秋状、秋气的描写，委婉曲折地表达了作者宦海沉浮的慨叹。此文首尾照应，写景、抒情、议论相结合，行文中多用骈偶句式，韵律优美，为宋代文赋的典范。金圣叹评此文云："赋每伤于俳俪。如此又简峭，又精练，又径直，又波折，真是后学作文之点金神丹也。"(《天下才子必读书》卷一三)吴楚材云："秋声，无形者也，却写得形色宛然，变态百出。末归于人之忧劳自少至老，犹物之受变自春而秋，凛乎悲秋之意溢于言表。结尾虫声唧唧，亦是从声上发挥，绝妙点缀。"(《古文观止》卷一〇)

泷冈阡表　散文篇名。宋欧阳修作。见《欧阳文忠公文集》。此文作于神宗熙宁三年(1070)，是作者为其父欧阳观所作的碑文，时离欧阳观卒年已六十载。欧阳修四岁而孤，由母亲抚养成人。因而其父的碑文，便由母亲教子成人落笔。而其父的行状，则通过其母之口转述。作者选取了其父居家廉洁，事亲至孝，居官仁厚等典型事例表彰其父的仁心惠政，同时也颂扬了其母含辛育孤、俭约持家的美德。此文最大的特点是一文双表，对其父母作了高度赞扬。全文谋篇布局详略得当，选材典型，行文平易朴实而又感情真挚，历来为人推崇。清沈德潜评此文云："不特不铺陈己之显扬，并不实陈崇公(欧阳观赐爵崇国公)行事，只从太夫人语中传述一二，而崇之为孝子仁人，足以庇赖其子孙者，千古如见。此至文也。若出近代钜公，必扬其先人为周、孔矣。"(《唐宋八家文读本》卷一四)

沧浪亭记　散文篇名。宋苏舜钦作。见《苏学士文集》。苏舜钦在政治上属范仲淹为首的革新集团，后因故被劾，废居苏州。在郡学之东购得孙氏废池馆，修园筑亭，并为之作记。文章从闲居吴中，"思得高爽虚辟之地，以舒所怀"落笔，写购地种竹筑亭，并命名为沧浪亭的经过，接写游沧浪亭"箕而浩歌，踞而仰啸，野老不至，鱼鸟共乐"悠然自得的情趣及"返思""荣辱之场"之可鄙，并由此生发议论，委婉曲折地表达了政治上遭受打击、无法施展抱负的抑郁与苦闷。作者为亭起名"沧浪"，寓有政治污浊退而全身之意。此文条理清晰，层次分明，行文简洁凝练，运用移步换形的手法，读来引人入胜。此文的风格意境，可明显感受到柳宗元山水游记的影响。

辨奸论 散文篇名。宋苏洵作。见《嘉祐集》。据《宋史·王安石传》，此文系针对王安石而作。文章起句便直入主题："事有必至，理有固然，惟天下之静者，乃能见微而知著。"在对主题作了论述后，又援引史实来论证，用晋山涛评王衍"误苍生者必此人"、唐郭子仪谓卢杞"此人得志，吾子孙无遗类矣"为例，说明"今有人""阴贼险狠，与人异趣，是王衍、卢杞合而为一人也，其祸岂可胜言"，又从其人的乖戾行为，指出"凡事之不近人情者，鲜不为大奸慝"，并告诫说这样的人倘"举而用之"，"则其为天下患必然而无疑"。作者不满变法，攻击王安石，其立论虽不无可议之处，但其行文说理透辟，气势充沛，结构严谨，却可资借鉴。

六国论 散文篇名。宋苏洵作。见《嘉祐集》。本文是其《权书》(论兵之书)十篇之一，借战国时六国灭亡的史事以针砭时弊。文章开宗明义就指出："六国破灭，非兵不利，战不善，弊在赂秦。"接着从赂秦与未尝赂秦两种国家的结局来论证这一观点。秦在战胜以外之所得及诸侯在战败以外之所失，与其因战争而造成的得失相较，有百倍之悬殊。"诸侯之地有限，暴秦之欲无厌"，故而这些国家因赂秦而亡。未尝赂秦者有齐、燕、赵三国。齐国与秦结盟而不助五国，燕国用荆卿之计，赵国诛杀良将而用武不终，都被秦所灭，但燕、赵毕竟曾与秦战故而灭亡最迟，证明了"不赂者以赂者丧。盖失强援，不能独完"的道理。文章最后点明借古鉴今的题旨：六国"弱于秦，而犹有可以不赂而胜之之势。苟以天下之大，下而从六国破亡之故事，是又在六国下矣"。实则告诫统治者，以宋王朝之大不应向辽和西夏纳币屈服，而应加强战备，抗敌御侮，否则将重蹈六国之覆辙。全文论析透辟，笔力老健，正反开阖，缜密严谨而又雄辩恣肆，颇能代表其文风。

上欧阳内翰第一书 散文篇名。宋苏洵作。见《嘉祐集》。此文作于仁宗嘉祐元年(1056)，作者发愤读书十年之后重游京师，上书欧阳修，希望得到欧阳修的赏识和推荐。时欧阳修任翰林学士，因称内翰。文题或无"第一"二字，苏洵先后五次致书欧阳修，此为第一篇，因而又作"第一书"。此书第一部分纵论范仲淹、富弼、欧阳修、余靖、蔡襄、尹洙诸人的聚散离合，并表达了对时贤的慕望爱悦之情、汲汲求识之意，又言自己道未成而无由得识。第二部分，重在对欧阳修文章的推许。先对孟子、韩愈的文章加以赞扬，然后指出欧文"纡余委备，往复百折，而条达疏畅，无所间断"，进而指出欧文集各家之长而自成一体，对欧阳修的文章作了极高的评价。第三部分转而自述平生学文经历："生二十五岁，始知读书"，其后读古人之文，知不足，"尽烧曩时所为文数百篇"，又研读《论语》、《孟子》、韩愈及其他圣人、贤人之文七八年，始有所成。因而上书，以期得到欧阳修的引荐。文章写得委婉曲折又不卑不亢，叙述有致又首尾照应，明代茅坤评此文云："情事婉曲周折，何等意气，何等风神。"(《唐宋八大家文钞》卷三)而苏洵发愤苦学的精神，至今仍有其一定的积极意义。

爱莲说 散文篇名。宋周敦颐作。见《周子全书》。这是一篇托物寄意的短文。文章通过陶渊明独爱菊，世人甚爱牡丹而自己独爱莲的对比，突出莲"出淤泥而不染，濯清涟而不妖"的高洁的君子之风。又以菊、牡丹、莲三种花象征"隐逸"、"富贵"、"君子"三种不同的人，进而指出"菊之爱，陶后鲜有闻；莲之爱，同予者何人？牡丹之爱，宜乎众矣"，深刻揭示了世态人情，抒发了真隐者少，志同道合的君子难寻，而爱富贵者众的感慨。此文仅一百余字，然文笔优美，意味隽永，形象鲜明，寓寄作者洁身自好，不与世俗同流合污的高远志趣及对争名逐利的社会风气的鄙视。

西铭 散文篇名。宋张载作。见《宋史·张载传》。张载讲学关中，尝铭其书室之两牖，东曰《砭愚》，西曰《订顽》，程颐将其改为《东铭》、《西铭》，《西铭》即《订顽》。此铭摭取经传中有关天道伦理之说，主张"知化""穷神"，"存心养性"，程颐、朱熹对此极为推崇，程颐称此文"极纯无杂"，"意极完备"，"立心便可达天德"。文中语及事，多取《诗经》、《左传》、《论语》、《孟子》、《孝经》中之语，如"乾称父，坤称母；予兹藐焉，乃混然中处。故天地之塞，吾其体；天地之帅，吾其性。民吾同胞，物吾与也"；"尊高年，所以长其长；慈孤弱，所以幼其幼"；"知化则善述其事，穷神则善继其志"等，颇能体现张载的理学宗旨，并对宋代的理学产生深远的影响。后人对此文也有很高评价。清姚鼐《古文辞类纂·序目》云："箴铭类者，三代以来有其体矣，圣贤所以自戒警之义，其辞尤质，而意尤深。若张子作《西铭》，岂独其理之美耶，其文固未易几也。"

墨池记 散文篇名。宋曾巩作。见《元丰类稿》。此文系作者受临川州学教授王君之托，为城东州学旁之墨池所作之记。相传晋代大书法家王羲之曾在此"临池学书，池水尽黑"。作者从墨池来历入笔，序其处所、形状，并对墨池是否为王羲之真迹，表示怀疑，但这与作者写作此文的主旨无碍。因而作者掉转笔锋，论王羲之书法之成就，乃是"以精力自致者，非天成也"。同时指出"后世未有能及者"，是勤学苦练不够。作者并由此进而推及"欲深造道德者"，更当身体力行，刻苦钻研。最后，作者点明了此文的主旨："夫人之有一能，而使后人尚之如此，况仁人庄士之遗风余思，被于来世者如何哉！"此文的特点是小中见大，其写作手法则是借题立论，名记墨池，实为勉学，这篇短文中，包含着深刻的哲理，发人深省。后人评为"看他小小题，而结构却远而正"（明茅坤《唐宋八大家文钞》卷八）；"小中见大；得此意者，随处皆可悟学"（清张伯行《唐宋八大家文钞》）。

越州赵公救灾记　散文篇名。宋曾巩作。见《元丰类稿》。宋神宗熙宁八年（1075），越州（今浙江绍兴）大旱，次年春疫病大行，时赵抃知越州，此文即详细记载了赵抃救灾的全过程。从灾情发生，写赵抃的周密调查，采取种种措施以减轻灾民的困苦；次年春疫病流行，写赵抃"为病坊"收治患病而无归者，死者埋葬；又打破常例，延长赈济时间，且自己承担全部责任而"不以累其属"；赵抃"事巨细必躬亲"，为救灾尽了最大努力。作者写此文，一为表彰赵抃救灾之功，同时，作者也认为赵抃采取的一系列救灾措施"其法足以传后"，因而详细记述了赵抃的救灾业绩，"著其荒政可师者"以垂后世。此文写作脉络分明，条理清晰，层层写来，井然有序。且文中罗列许多具体数字，更增强文章的说服力。明茅坤评此文曰："赵公之救灾，丝理发栉无一遗漏；而曾公之记其事，亦丝理发栉，而一不入于机杼及其髻总。救灾者熟读此文，则于地方之流亡如掌股间矣。"（《唐宋八大家文钞》卷八）足见对此文评价之高。

训俭示康　散文篇名。宋司马光作。见《温国文正司马公文集》。此文系司马光为教导儿子司马康崇尚节俭而作。文章先写家世："吾本寒家，世以清白相承"，接着写自己一生节俭，"衣取蔽寒，食取充腹"，"但顺吾性而已"。然而，面对"近岁风俗尤为侈靡"的现实，作者深感不满，并告诫子孙不能随波逐流，而应继承清白家风。作者列举李沆、鲁宗道、张知白三人言行，赞叹"大贤之深谋远虑，岂庸人之所及者"。进而阐述"俭，德之共也；侈，恶之大也"之义，又用史实，来说明"以俭立名，以侈自败"的道理，并告诫司马康"非徒身当服行，当以训汝子孙，使知前辈之风俗"。全文平易朴实，感情真切，运用事实，说理透彻，因而前人评此文："家庭语，清真详复如画。朱子摭入小学，不止当文字读。"（清浦起龙《古文眉诠》卷七三）文中反对侈靡、崇尚节俭的观点，至今仍有其积极的现实意义。

伤仲永　散文篇名。宋王安石作。见《王文公文集》。这是一篇短小精悍、言简意深的议论文，作于宋仁宗庆历三年（1043）。文记农家子弟方仲永，本"未尝识书具"，五岁时忽能作诗，闻名乡里。其父为求利，"日扳仲永环谒于邑人，不使学"。待仲永渐长，则"泯然众人矣"。作者由此生发出深刻的议论：仲永虽然天资颖悟聪明，然因其父"不使学"，终于一事无成，与"众人"无异。"受之天"而智慧超群的仲永尚且不学则退，那么，不受于天的普通人不努力学习又将如何呢？作者为仲永惋惜，而其意更在警世，劝诫世人当刻苦努力，不断进取。文章简短，语言凝练，文中无大段议论，而用仲永的前后变化作铺垫，仅用数语，使之具有极强的说服力，并能让人从中悟出深刻的道理来。近代学者林纾在评论此文时云："介甫之文，以盘折胜。末段用天人比较，极言天之不可恃。天不可恃，恃学耳。仲永惟不学，所以并没其天。逼进一层，既无天资，复不恃学，并众人亦不得为。造语极危悚，又极精切。"（《古文辞类纂》卷九）

游褒禅山记　散文篇名。宋王安石作。见《临川先生文集》。作于至和元年（1054）。褒禅山在今安徽含山县境。王安石在皇祐三年到至和二年（1051—1055）任舒州（今安徽潜山）通判。本文藉记游而阐发治学之道，故以议论为主，记游为次。文章先交代此山得名之由来，继而简述游踪：一行五人，持火把入山洞，"入之愈深，其进愈难，而其见愈奇"，却因为同游人中有"怠而欲出者"，遂不能穷其胜境。作者从这一遗憾中悟到："世之奇伟瑰怪非常之观，常在于险远，而人之所罕至焉。故非有志者，不能至也。""有志"之外，还需"有力"及有"物以相（辅助）之"。本文先叙后议，上下呼应，借题发挥，层层深入，因小见大，精警深刻。清浦起龙评曰："此游所至殊浅，偏留取无穷深至之思，真乃赠遗不尽。当持此为劝学篇，而洞之窅渺，亦使人神远矣。"（《古文眉诠》卷七〇）

答司马谏议书　散文篇名。宋王安石作。见《临川先生文集》。作于熙宁三年（1070）。熙宁二年王安石任参知政事，实行新法，右谏议大夫司马光于次年二月与三月两度致书安石，全面反对新法，第一封信长达三千三百余字。王安石在三月作此答书，信中指出："盖儒者所争，尤在于名实，名实已明，而天下之理得矣。"文章即以此作为立论根据，逐一驳斥了司马光对新法的四项指责：侵官、生事、征利、拒谏，说明新法从根本上说是名符其实、名正言顺的。最后针对新法导致"天下怨谤"的责难，采取以守为攻之策，揭露其根源乃在当今"士大夫多以不恤国事、同俗自媚于众为善"，表明了坚持变法的果敢态度。此信行文简洁有力，条理清晰，针锋相对中又不失委婉，直如绵内藏针，软中透硬，显出作者既倔强坚毅又不卑不亢的气度，堪称其政论文之代表作。吴汝纶评曰："固由兀傲性成，亦理足气盛，故劲悍廉厉无枝叶如此。"（高步瀛《唐宋文举要》甲编卷七引）

读孟尝君传 散文篇名。宋王安石作。见《临川先生文集》。孟尝君田文是战国时齐国的贵族，以招贤纳士著名，《史记》有传。本文即是一篇短小精悍的读后感，全文仅九十字。作者针对"孟尝君能得士"的流行说法，针锋相对地指出："孟尝君特鸡鸣狗盗之雄耳，岂足以言得士？"顿挫斩截，有石破天惊之势。接着正面揭示他对"士"的看法："擅齐之强，得一士焉，宜可以南面而制秦。"在他看来，真正的"士"应该具有治国济世之才，不是仅有一技之长的能人。最后点明：鸡鸣狗盗之徒充斥其门，真正的"士"也就不会光顾了。文章戛然而止，却又言尽意远，发人深思。本文简洁凝练，却层层转折，波澜迭起，笔势峭拔矫健，表达出不同凡响的观点。吴汝纶评曰："此文乃短篇中之极则，雄迈英爽，跌宕变化，故能尺幅中具有万里波涛之势。"（高步瀛《唐宋文举要》甲编卷七引）

雁荡山 散文篇名。宋沈括作。见《梦溪笔谈》。沈括于熙宁七年（1074）四月考察浙东温、台地区，此文即写于考察之后。文章先探讨雁荡之名的来历，后写雁荡山脉的成因。温州雁荡山未尝载于图牒，连遍历永嘉山水的谢灵运也未提及此山，至宋真宗大中祥符间，"因造玉清宫伐山取材，方有人见之"，"山顶有大池，相传以为雁荡。下有二潭水，以为龙湫"。"雁荡诸峰，皆峭拔崄怪、上耸千尺"，它们坐落在山谷中，从山外望之，则一无所见。作者根据他在黄土高原考察所得的经验，提出了雁荡诸峰形成于流水侵蚀作用的结论："原其理，当是为谷中大水冲激，沙土尽去，唯巨石岿然挺立耳。"并以成皋、陕西的地貌现象作为印证。作者在实地考察的基础上写成此文，既有精辟的阐说，又有生动的描写，虽着墨不多，却能展现出雁荡山的独特风貌。文中穿插前人的传说和诗句，更使文情摇曳，余韵悠长。

留侯论 散文篇名。宋苏轼作。见《苏东坡全集》。作于嘉祐六年（1061）。本文为苏轼应制科考试时所上《进论》之一。张良辅佐刘邦建立汉朝后，封留侯，《史记》有《留侯世家》，其中记载了圯上老人授书给张良的故事。苏文即藉此事发挥"忍小忿而就大谋"的议论。文章开头即揭出主旨："豪杰之士者，必有过人之节"；"天下有大勇者，卒然临之而不惊，无故加之而不怒。此其所以挟持者甚大，而其志甚远也。"然后以张良的遭遇印证这一观点。苏轼认为：圯上老人之反复考验张良，其用意本不在授以兵书，而是启发培养他的能忍之心，故"命以仆妾之役"，"深折其少年刚锐之气"。文章进而归结到刘、项成败的关键就"在能忍与不能忍之间"，而刘邦之能忍则是张良所教。此文从旧有的史料中提出新见，扫除陈说，立意新颖。行文以"忍"字为核心，交错顺逆，反复论析。其议论既有严密的逻辑性，又始终与生动的史实相结合，抑扬感叹，极富感染力。茅坤评曰："此文只是一意反复，滚滚议论"；王遵岩云："此文若断若续，变幻不羁，曲尽文家操纵之妙。"（《唐宋八大家文钞》卷一四）

喜雨亭记 散文篇名。宋苏轼作。见《苏东坡全集》。作于嘉祐七年（1062）。苏轼于嘉祐六年签书凤翔府（今属陕西）判官，次年春，修治官舍，筑亭其间，时值久旱得雨，因以"喜雨"名亭。此文能因小见大，从筑亭命名的寻常琐事中开掘出关系国事民生的主题思想，故于筑亭之事只一笔带过，而于降雨过程及得雨之喜却反复叙写。接着又写宴饮于亭，通过主客对话揭出无雨的严重后果："无麦无禾，岁且荐饥，狱讼繁兴，而盗贼滋炽。"一正一反，将喜雨之意写足，从而揭示了喜雨的真正原因在于国泰民安。文章开头即点明"古者有喜则以名物，示不忘也"，又举周公等人命名的事例说明"其示不忘一也"，最后感叹今日优游之乐"皆雨之赐也，其又可忘耶"，于"不忘"可谓三致意焉。反映他不忘民瘼，同人民休戚与共，向往风调雨顺、安居乐业的精神情操。文章写得自然流畅，而又波澜迭出，妙趣横生，吴楚材评为："即小见大，以无化有。意思愈出而不穷，笔态轻举而荡漾，可谓极才人之雅致矣。"（《古文观止》

卷一一）

教战守策　散文篇名。宋苏轼作。见《苏东坡全集》。作于嘉祐六年（1061）。这年苏轼应制科，作《进策》二十五篇，包括《策略》、《策别》、《策断》三部分。本文为《策别》中的一篇，原题无“策”字，乃后人从总目所加。当时辽和西夏构成了宋王朝的主要边患，本文即针对这种形势提出了教民习武、以备战守的主张。文章一开始即点明当今之患，“在于知安而不知危，能逸而不能劳”。然后征引史实，作正反论证，说明教民习武的重要性。接着取譬设喻，以王公贵人“常苦于多疾”及农夫小民“未尝告病”的现象说明了逸与劳的不同作用，进一步论证了备战的意义。在此基础上，文章提出了国家面临辽、夏威胁的严峻局势，战乃势所必然，这就从现实的迫切性上强调了“教战守”的必要。至此，文章说理已透，然意犹未尽，再进一步具体陈述教战守的措施以及实施后的效果，使文章既具理论意义，又有实践价值。此文切中时弊，说理透辟，足资警世。议论层层深入，援史设喻，正反论证，使文势纵横翩跹，引人入胜。明陈继儒评曰：“见析悬镜，机沛涌泉”；“而语语警策，可垂不朽之文。”（《苏长公合作》卷五引）

前赤壁赋　散文篇名。宋苏轼作。见《苏东坡全集》。元丰五年（1082）作于黄州（治所今湖北黄州）。苏轼因“乌台诗案”在元丰三年贬为黄州团练副使，本篇是他与友人月夜泛舟长江时的即景抒怀之作。文中的“赤壁”是黄州西北长江岸边的“赤鼻矶”。文章首先描绘了月夜江上的美景，以及陶醉其间而产生的羽化登仙之乐。接下来一大段文字则藉主客对话揭示出思想的矛盾。友人感叹英雄豪杰终归消逝，生命短促如蜉蝣、渺小如沧海一粟，而作者的答语则传达出他从水月中感悟到的宇宙之理：“盖将自其变者而观之，则天地曾不能以一瞬；自其不变者而观之，则物与我皆无尽也，而又何羡乎？”从而在回归大自然中获得了解脱，实现了永恒。赋中所展现的思想，反映出他在贬谪的逆境中通过佛道哲学、寄情山水寻求精神解脱的历程。本文最代表苏文飘逸纵恣、舒卷自如的风格。它熔写景、抒情、议论于一炉，而情与理又都融化于一个水月交辉的清明澄澈之境，折射出作者超迈旷达的精神境界。作为文赋，本文的语言清新流畅，骈散结合，既有对偶的整练，又有铺陈排比的气势，押韵自由而变化多端，使文章富于节奏韵律之美，达到了声情并茂的化境。

记承天寺夜游　散文篇名。宋苏轼作。见《东坡志林》。作于元丰六年（1083）。时苏轼贬居黄州（治所今湖北黄州）。文章仅八十五字，写十月十二日夜趁着月色来到承天寺，与同样贬居在此的张怀民，“相与步于中庭”，但见“庭下如积水空明，水中藻荇交横，盖竹柏影也”。寥寥数语，将平常所谓的“月光如水”描绘得更形象可感，而后半部分的奇妙想像则更增强了晶莹澄澈的效果。反映出在迁谪逆境中怡情自然而获得解脱后的闲适旷达的襟怀。全文信手点染，简练精妙而意味深长。清储欣赞为“仙笔也。读之觉玉宇琼楼，高寒澄澈”（《唐宋十大家全集录·东坡集录》）。

石钟山记　散文篇名。宋苏轼作。见《苏东坡全集》。元丰七年（1084）六月由黄州赴汝州途经江西湖口时作。石钟山位于鄱阳湖水入江之口。此文记载了他实地考察的经过，发现“山下皆石穴罅，不知其浅深，微波入焉，涵澹澎湃而为此也”，明白了石钟山得名的原因，从而以具体事实证明了郦道元之说。由此作者指出了“事不目见耳闻而臆断其有无”之不可，使人领悟到：若要获得真知灼见，必须亲自实践，进行调查研究。文章中间一大段写月夜探山的情景，绘声绘影，渲染出阴森恐怖的气氛，使人有身临其境之感。这一段叙写既表现了探山的艰辛，也为下文的议论作了铺垫，说明世人之好臆断实慑于考察的艰苦。文章以记叙为主，从生动的形象中昭示哲理。

黄州快哉亭记　散文篇名。宋苏辙作。见《栾城集》。作于元丰六年（1083）。时作者谪居筠州（治所今江西高安），苏轼贬于黄州（治所今湖北黄州）。文章从大江东流的浩瀚形势，引出同是谪居黄州的张梦得筑亭“以览观江流之胜”，苏轼“名之曰快哉”一事，切入正题。描写登临所见的壮丽景色，举凡山川草木、风云涛澜、舟楫鱼龙，乃至古人的风流遗迹，最后由楚王披襟当风而称“快哉”的故事生发出一大段议论：人之忧乐皆系于心，与风无涉；“士生于世，使其中不自得，将何往而非病；使其中坦然，不以物伤性，将何适而非快”。揭示了快乐与否的关键在于人的精神修养。由此文章赞扬了张梦得不以迁谪为患，怡情山水，逍遥自适的旷达襟怀，其实也是苏氏兄弟的夫子自道。此文雄放豪迈、洒脱明快中又有纡徐委婉、跌宕摇曳之致，如末段议论中的正反笔墨即是。文字骈散结合，奇偶交错，形成纵恣畅达的

笔势。吴楚材评曰："文势汪洋，笔力雄壮，读之令人心胸旷达，宠辱都忘。"（《古文观止》卷一一）

新城游北山记 散文篇名。宋晁补之作。见《鸡肋集》。作者在十七岁时随父赴杭州新城县（今属浙江富阳），时为熙宁二年（1069），其父任知县。本文即作于居留新城期间，北山在新城县北三十里。文章采用移步换形的笔法，景物随游踪次第展现，如姿态各异的松树"曲者如盖，直者如幢，立者如人，卧者如虬"，山僧迎客惊愕，"如麋鹿不可接"，其屋"曲折依崖壁为栏楯，如蜗鼠缭绕乃得出"，皆历历如绘。后写山间夜景，秋高月明，"仰视星斗皆光大，如适在人上。窗间竹数十竿相摩戛，声声切切不已。竹间梅棕森然，如鬼魅离立突鬓之状"。绘声绘影，刻画出山中幽深凄寒的景色。文中还通过"相顾魄动而不得寐"及还家数日后"犹恍惚若有遇"的主观感受强化了这种惊心动魄的效果。此文写景状物准确生动，追求凄神寒骨的意境，有明显模拟柳宗元山水游记的痕迹，故高步瀛评为："摹写极工，巉刻处直逼柳州。"（《唐宋文举要》甲编卷八）

书《洛阳名园记》后 散文篇名。宋李格非作。见《洛阳名园记》。此书专记北宋盛时洛阳的名园，本文即书后跋语。文章从概述洛阳的地理形势入手，指出它"处天下之中"，为"四方必争之地"，故"洛阳之盛衰，天下治乱之候也"。接着以洛阳园囿在唐五代时的兴衰巨变说明"园囿之废兴，洛阳盛衰之候也"。最后揭出题旨：此书非徒然而作，而是提供历史的鉴戒，给那些只知一己的享乐而忘却国家民族的公卿大夫们敲响警钟。此文能因小见大，从园林的主题中开掘出严肃重大的思想意义，凝聚了深沉的忧患意识与责任感，联系北宋后期的社会现实，本文确是有为而发。它篇幅短小，结构严谨，三段层层递进，范围由大而小，最后聚焦于兴亡治乱的警世之论。宋谢枋得评此文谓："名园特游观之末，今张大其事，恢广其意……是至小之物，关系至大。有学有识，方能为此文。"（《文章轨范》卷六）

金石录后序 散文篇名。宋李清照作。见《金石录》。主要叙写作者夫妇收集的金石书画的聚散过程。前半部分记述他们搜罗的艰辛和乐趣。二人志同道合，虽节衣缩食，却乐此不疲，"自谓葛天氏之民"，"甘心老是乡矣"。文中详写他们共同校勘、整理、题签、摩玩的动人情景，尤其是归来堂品茗、以记诵角胜负的情节，生动展现出"乐在声色狗马之上"的志趣品格。后半部分详述靖康之变后的乱离经历。作者运用史家的纪实笔法，按时间顺序逐一写出南奔途中金石书画的相继散失，以及丈夫为官事奔走而终至病故，自己流离转徙于兵火战乱中的悲惨遭遇。最后交代写作缘起："忽阅此书，如见故人"，"今手泽如新，而墓木已拱"，抒发出不胜今昔的深沉哀怨。本文以金石书画的聚散为经，叙述他们夫妇的身世遭遇，反映时代的盛衰变迁，寄寓强烈的家国兴亡之感，笔墨间蕴含深情。叙事委曲详尽，生动传神。清李慈铭称"宋以后闺阁之文，此为观止"（《越缦堂读书记》卷九）。

戊午上高宗封事 散文篇名。宋胡铨作。见《澹庵文集》。"戊午"为绍兴八年（1138），当时宋金正在议和，金以"诏谕江南"的名义遣使南来，视南宋为属国，欲使南宋接受屈辱的和议条件，朝野为之震动。此文即是上给高宗的奏疏。文章首先痛斥使金的王伦有辱使命，为敌张目，诱使高宗接受和议，并直言不讳地批评朝廷"竭民膏血而不恤，忘国大仇而不报，含垢忍耻，举天下而臣之"。矛头直指当朝宰相秦桧，揭露他一意卖国事敌的阴谋。继而指斥参知政事孙近附会秦桧，取容充位。文中提出请斩王、秦、孙三人之头，并羁留金使，兴师问罪。此文慷慨激昂，义正辞严，表现出忠贞爱国的浩然正气与舍身取义的大无畏精神。此文一出，天下传诵，甚至"金虏闻之，募其书千金，三日得之，君臣夺气"（杨万里《胡忠简公文集序》）。

观潮 散文篇名。宋周密作。见《武林旧事》。浙江潮水，素称天下奇伟之观。这篇三百余字的小品文生动地再现了潮水的壮观及观潮的盛况。写潮水分三个层次，先总写潮水的雄伟壮丽：如"玉城雪岭"，铺天盖地而来；声如雷霆，有"吞天沃日"之势。次写水军演习：舰船分合布阵，军士舞刀弄枪，爆炸声如山崩，然后一切归于"烟消波静"。末写吴儿弄潮：手持十幅彩旗，"出没于鲸波万仞中"，"而旗尾略不沾湿，以此夸能"。观潮则分写士民与禁中，勾画出朝野同乐的升平景象。此文极尽渲染烘托之能事，先写江上壮景，末写江边盛况则与之交相辉映。而写江景则以演习及弄潮的人事烘托自然景观，突出惊心动魄的豪壮气势。

指南录后序 散文篇名。宋文天祥作。见《文山先生全集》。作于景炎元年（1276）。是作者为其自编诗集《指南录》所写的第二篇序，故称“后序”。恭帝德祐元年(1275)元兵直逼临安,文天祥受命出使元营,被敌所拘,胁迫北上,至京口(镇江)乘间逃脱,历经艰险磨难,从海路回到永嘉(温州)。文章的前半部分即记叙这一经过,并以无限感慨历数种种九死一生的境遇。后半部分交代途中作诗、后按时地编集的情况,进而抒慨明志,表示要“修我戈矛,从王于师,以为前驱,雪九庙之耻,复高祖之业,所谓誓不与贼俱生,所谓鞠躬尽力,死而后已”。本文将叙事与抒情言志交错相间,事与情相互映带,字里行间流贯着爱国的激情与报国的胆识,情词慷慨,大义凛然。

蜃说　散文篇名。宋林景熙作。见《霁山集》。约作于宋亡后十年。古人认为海市蜃楼乃蜃(蛟龙之类)吐气而成。本文记载了元世祖至元二十七年(1290)暮春在仙口(今浙江平阳县东二十五里处)海滨所见到的海市奇观。文章生动地描写了海市从显现到隐灭的全过程,起初是奇峰叠起,出没不定,而后出现了城郭台榭,鳞次栉比,还有佛寺道观列于其间,再后则变幻出各种奇异景象,至黄昏时分才逐渐消失。作者由此联想到阿房、章华、铜雀等历代的宫阙楼台也如这海市蜃楼一般,“运去代迁,荡为焦土,化为浮埃,是亦一蜃也。”故文章表面上是写海市异象,实寓江山易主,世事如梦的亡国之哀。

登西台恸哭记　散文篇名。宋谢翱作。见《晞发集》。作于元世祖至元二十七年(1290)。西台在今浙江桐庐西富春山,与东台对峙,相传为东汉隐士严光垂钓之处,故亦称钓台。记叙与友人登西台祭奠文天祥的经过,抒写对烈士和故国的深沉悼念。先追忆随文天祥抗元的始末以及别后怀念烈士的深情,以为登台祭哭的铺垫。继而详述祭奠的过程:作者与三位友人在雨中登岸谒严子陵祠,雨止登西台,设神主于荒亭之隅,跪拜号哭,以竹如意击石,作楚歌招烈士之魂;复登东台,后移舟中流,各为诗以寄所思,于风雪中归去。结尾表示欲著书以纪宋末志士的事迹,寄托故国之思。此文于记叙中抒发哀思,文中反复写歌哭号恸,传达出悲慨激越之情,而风云雨雪的烘托,隐约其词的曲笔又增添了悲抑沉郁之气。

渔家傲(塞下秋来风景异)　词篇名。宋范仲淹作。见《范文正公诗余》。宋康定元年(1040)八月,作者任陕西经略安抚副使兼知延州(治所在今陕西延安),庆历元年(1041)四月调知耀州(治所在今陕西耀县)。作者守边数年,词作于其间。据宋魏泰《东轩笔录》卷一一记载,范仲淹守边日,作《渔家傲》乐歌数阕,皆从“塞下秋来”为首句,颇述边镇之劳苦,欧阳修尝呼为穷塞主之词。然今仅存此阕。上片重在写景,突出边塞特异风情,长烟落日,千嶂孤城,气韵沉雄,苍凉悲壮。下片则抒怀,表达戍边将士深沉复杂的思绪。抵御外侮之爱国激情与欲归无计之浓重乡愁皆蕴含其中,缠绵深致,感人肺腑。在多数词人仍视词为花间尊前娱宾遣兴之“艳科”的宋初词坛,作者一扫晚唐五代以来词坛柔媚之风,拓展词疆,反映边塞生活,开豪放词先河,此词也因此成为千古传诵的名作。

苏幕遮(碧云天)　词篇名。宋范仲淹作。见《范文正公诗余》。为相思怀远之作。上片写秋景,碧云黄叶,寒烟芳草,色彩秾丽,境界高远,如画之秋景中隐含离愁别恨。下片即景抒情,层层渲染,愈转愈深。高楼独倚,酒入愁肠,相思之苦,难以排遣。在离愁别恨正一发不可收拾之际却又陡然收束,给人以不尽之回想。清彭孙遹《金粟词话》称:“前段多入丽语,后段纯写柔情,遂成绝唱”。开首“碧云天,黄叶地”等句,写景绝妙,元王实甫《西厢记》曲词“碧云天,黄花地”即由此脱化而来。

浣溪沙(一曲新词酒一杯)　词篇名。宋晏殊作。见《珠玉词》。写暮春听歌对酒,却绾合今昔,抒写对美好时光一去不返的惆怅与哀惋,以及对往事再现的朦胧愿望。尤在“无可奈何花落去,似曾相识燕归来”二句,明杨慎评“二语工丽,天然奇偶”(《词品》),清张宗橚亦曰:“‘无可奈何’一联,情致缠绵,音律谐婉,的是倚声家语”(《词林纪事》卷三)。词人善以理节情,伤春惜时之际,却以温润和婉之笔出之,乃此篇特色。

破阵子(燕子来时新社)　词篇名。宋晏殊作。见《珠玉词》。上片写景,点明季节。燕子梨花,黄鹂飞絮,展现出一派融融春光。下片写人,采桑女子天真活泼,巧笑盈盈,神情跃然纸上。全篇用白描手法及清新明快之笔触,描绘春光之明媚与少女之纯洁可爱,与当时流行写女性伤春悲秋、感伤凄苦之作品大异其趣,令人耳目一新。

天仙子(水调数声持酒听)　词篇名。宋张先作。见《子野词》。此词词牌下有序云:“时为嘉禾小倅,以病眠,不赴府会。”嘉禾,宋时秀州之别称,治所在今浙江嘉兴。作者约在宋仁宗庆历元年(1041)任嘉禾通判,时年五十二岁。或以为词中所写情事与题无关。上片由午至晚,写人之叹老伤春,自悲身世;下片则着意写晚景,沙上并禽反衬出词人离群索居之孤寂凄苦。其中"云破月来花弄影"一句,摹写细腻传神,意境空灵美丽,为千古传诵之名句。作者亦被戏称为"月破云来花弄影郎中"。王国维《人间词话》云:"'云破月来花弄影',著一'弄'字,而境界全出矣。"

望海潮(东南形胜) 词篇名。宋柳永作。见《乐章集》。相传此词即为柳永求见两浙转运使孙何而作(见宋罗大经《鹤林玉露》卷一三)。此词通过颂扬杭州繁盛,亦对坐镇此地的孙何表示谀美之意。上片总写杭州全貌,赞其江山形胜、历史悠久、都市繁华、风物优美;下片则歌咏西湖秀丽景色,描绘社会承平安宁。全篇状物写景,名句迭出,曲尽其妙。宋李之仪称其"铺叙展衍,备足无余,形容盛明,千载如同当日"(《跋吴师道小词》),陈振孙亦称"音律谐婉,语意妥贴,承平气象,形容曲尽"(《直斋书录解题》卷二一)。此词后远播北疆,相传"金主亮闻歌,欣然有慕于'三秋桂子,十里荷花'(此为词中名句),遂起投鞭渡江之志"(《鹤林玉露》卷一三)。

雨霖铃(寒蝉凄切) 词篇名。宋柳永作。见《乐章集》。词写离情。上片写长亭话别,一起三句点明送别之时间、地点、景物,"都门"数句写饯行时曲折矛盾之心绪,"念去去"数句则大笔挥洒,以写景发抒胸怀。下片先泛论离别之可哀,并推想别后种种境况,环环相扣,步步推进,余恨无穷,余味不尽。"杨柳岸晓风残月"句清丽如画。清冯煦云:"耆卿词曲处能直,密处能疏,奡处能平,状难状之景,达难达之情,而出之以自然,自是北宋巨手"(《宋六十一家词选例言》),沈谦亦云:"(其词)读之皆若身历其境,惝怳迷离,不能自主,文之至也。"(《填词杂说》)

八声甘州(对潇潇暮雨洒江天) 词篇名。宋柳永作。见《乐章集》。词写别情。上片写登临纵目,望极天涯之境界,雨后江天之景,澄澈如洗,词句洗练,大气磅礴。下片即景抒情,由自责"何事苦淹留"进而思及意中人,并进而推想意中人妆楼远望,久盼不归之愁况,再进而为意中人推想自身凭栏凝眸、思乡怀人之凄苦。章法密接,回环曲折,缠绵悱恻,苍凉激越。相传苏轼对此词赞叹备至,称"霜风凄紧,关河冷落,残照当楼"数句"不减唐人高处"(宋赵令畤《侯鲭录》卷七)。

踏莎行(候馆梅残) 词篇名。宋欧阳修作。见《欧阳文忠公近体乐府》。词写离情,上片写征人,"离愁渐远渐无穷,迢迢不断如春水"句,以春水喻离愁,化抽象之感情为具体之形象,深婉真挚,自有特色。下片为征人对居者之遥想、温厚缠绵,既深化离愁,又扩展词境,情意深远,余韵悠然。明李攀龙云:"春水写愁,春山骋望,极切极婉"(《草堂诗余隽》)。

蝶恋花(庭院深深深几许) 词篇名。宋欧阳修作。见《欧阳文忠公近体乐府》。此词又见于南唐冯延巳《阳春集》。词写闺怨。庭院深深,帘幕重重,极言庭院之幽深及独处女子之愁怨,而春光流逝,年华不再,夫婿冶游不归,更深化了其中之悲哀愁苦。末二句"泪眼问花花不语,乱红飞过秋千去",情思深婉绵邈,自然浑成,为千古名句。清人毛先舒云:"此可谓层深而浑成。何也?因花而有泪,此一层意也。因泪而问花,此一层意也。花竟不语,此一层意也。不但不语,且又乱落,飞过秋千,此一层意也。人愈伤心,花愈恼人,语愈浅而意愈入,又绝无刻画费力之迹,谓非层深而浑成耶?然作者初非措意,直如化工生物,笋未出而苞节已具,非寸寸为之也。"(王又华《古今词论》引)

桂枝香(登临送目) 词篇名。宋王安石作。见《临川先生文集》。《花庵词选》题作"金陵怀古"。约作于作者晚年罢相知江宁(今南京)时。上片写登临所见,作者总揽金陵山水。以"千里澄江似练,翠峰如簇"抓住景物特征,再以征帆残阳,西风酒旗、秦淮彩舟点染,而以"画图难足"一句收束。下片怀古,由六朝兴亡故事,借古伤今,末句"至今商女,时时犹唱,《后庭》遗曲",寄慨深远。全篇高旷超逸,又交织着深沉的历史感慨。宋杨湜评:"金陵怀古,诸公寄词于《桂枝香》,凡三十余首,独介甫(王安石字)最为绝唱。"(《古今词话》)

鹧鸪天(彩袖殷勤捧玉钟) 词篇名。宋晏幾道作。见《小山词》。此词写作者与昔日歌女久别重逢之情。作品以时间为序,上片追忆昔日相聚之欢乐,字面华美,似实而虚,下片写别后思忆之深及重逢之惊喜,情思委婉缠绵,迷离惝恍。"今宵剩把银釭照,犹恐相逢是梦中"二句,自杜甫《羌村三首》中之"夜阑更秉烛,相对如梦寐"脱化而来,但无杜诗之沉重悲怆,用以抒写轻灵婉丽之情。全篇亦今亦昔,亦真亦幻,色彩绚烂,音律谐美,聚散离合之情中，暗寓作者之身世之感。清陈廷焯云：“曲折深婉，自有艳词，更不得不让伊独步”（《白雨斋词话》卷一）。

临江仙（梦后楼台高锁） 词篇名。宋晏幾道作。见《小山词》。为追忆昔日欢乐怀念歌妓小苹之作。其《小山词》自序云：“始时沈十二廉叔、陈十君龙家、有莲、鸿、苹、云，品清讴娱客。每得一解，即以草授诸儿，吾三人持酒听之，为一笑乐而已”，“考其篇中所记悲欢合离之事，如幻如电，如昨梦前尘，但能掩卷抚然，感光阴之易迁、叹尘缘之无实也”。上片重在写眼前实景，亦有绾合今昔之笔。“落花人独立，微雨燕双飞”二句，本出自五代翁宏《宫词》，作者以前人成句入词，妙手天然，凄艳绝伦，清人谭献称其“千古不能有二”（《谭评词辨》卷一）。下片追溯往事，亦叠印时空，凝聚着作者对人生无常之憾恨。而“当时明月在，曾照彩云归”二句，“既闲婉又沉著，当时更无敌手”（陈廷焯《白雨斋词话》卷一）。

水龙吟（似花还似非花） 词篇名。宋苏轼作。见《东坡词》。词调下题作“次韵章质夫杨花词”。章质夫，名楶，苏轼友人，有诗词往还。章楶作《水龙吟》咏杨花，传诵一时，苏轼因次韵作此词，其《与章质夫》云：“柳花词妙绝，使来者何以措词？……故写其意，次韵一首寄去，亦告不以示人也。”或以为此词作于宋哲宗元祐二年（1087）苏与章同仕汴京时，亦有以为当作于宋神宗元丰四年（1081）或五年（1082）者。全篇描绘杨花飘落之情态，伤春惜时，抒发缠绵幽怨之情，吟杨花而不即不离，在似与不似之间，人花合一，情景交融，高妙卓绝。宋人张炎云：“起句便合让东坡出一头地，后片愈出愈奇，真是压倒今古”（《词源》卷下），王国维云：“东坡《水龙吟》咏杨花，和韵而似原唱；章质夫词，原唱而似和韵，才之不可强也如是”、“咏物之词，自以东坡《水龙吟》为最工。”（《人间词话》卷上）

卜算子（缺月挂疏桐） 词篇名。宋苏轼作。见《东坡词》。词调下题作“黄州定慧院寓居作”。元丰二年（1079）末，苏轼贬为黄州团练副使，次年春抵达贬所，在该处居留四年余，本篇即作于此时。上片写定慧院之清幽寂静，下片专咏孤鸿，并以孤鸿自况。全篇以鸿喻人，孤鸿行踪之飘渺无定，乃作者坎坷经历之写照，而孤鸿自甘寂寞，“拣尽寒枝不肯栖”的高洁情怀，也蕴含着作者不肯随俗俯仰、孤高兀傲之品格。宋黄庭坚云：“语意高妙，似非吃烟火食人语，非胸中有万卷书，笔下无一点尘俗气，孰能至此。”（《山谷题跋》卷二）清人黄蓼园亦云：“此东坡自写在黄州之寂寞耳。初从人说起，言如孤鸿之冷落；下专就鸿说，语语双关。格奇而语隽，斯为超诣神品。”（《蓼园词选》）

念奴娇（大江东去） 词篇名。宋苏轼作。见《东坡词》。词调下题作“赤壁怀古”。此词约作于元丰五年（1082）作者被贬黄州时。赤壁，指黄州之赤鼻矶，今属湖北黄州。非古赤壁战场，上片，从长江着笔，重在写景，刻画江山雄伟奇丽之景象，并以如画之江山为背景，映衬出古代豪杰之不朽业绩。下片则着力塑造周瑜风度翩翩、指挥若定之儒雅形象。追慕之余，慨叹自身功业无成，有“人生如梦”之空漠感。全篇赞美壮丽江山，倾慕豪杰之士，气象磅礴，格调雄浑，笔力纵横，壮阔旷达，久负盛名。金元好问云：“词才百许字，而江山人物无复余蕴，宜其为乐府绝唱。”（《题闲闲书赤壁赋后》）此词风格之豪迈奔放，“须关西大汉，铜琵琶，铁绰板，唱‘大江东去’”（宋俞文豹《吹剑录》），在宋词别开一雄浑高远境界。

江城子（老夫聊发少年狂） 词篇名。宋苏轼作。见《东坡词》。词调下题作“密州出猎”。宋神宗熙宁八年（1075），作者任密州（今属山东）知州，因天旱往常山祈雨，归途中与同官会猎于铁沟。其《与鲜于子骏书》云：“近却颇作小词，虽无柳七郎风味，亦自是一家。呵呵！数日前，猎于郊外，所获颇多。作得一阕，令东州壮士抵掌顿足而歌之，吹笛击鼓以为节，颇壮观也。”词当作于此时。上片写出猎之场面，豪迈壮观；下片抒发以身许国，消除边患，建功立业之豪情壮志。全词气概非凡、场面壮阔、热烈奔放，鲜明地体现出苏轼词之豪放风格。而苏轼任密州知州时，已年近四十，正值仕途失意之时，但仍不改初衷，乐观奋发，志在报国，显示出作者豪迈积极的精神世界。

水调歌头（明月几时有） 词篇名。宋苏轼作。见《东坡词》。词调下题作“丙辰中秋，欢饮达旦，大醉，作此篇，兼怀子由”。丙辰为宋神宗熙宁九年（1076），时苏轼因与推行新法之执政者政见不合，离京赴外任，以开封府推官通判杭州，又调知密州，其弟苏辙则在齐州任掌书记，兄弟已分别六、七年之久。上片写中秋欢饮，顿生遐想，奇情遄飞，通过问月又归入理想与现实的思想矛盾。在经历感情世界之开阖起伏之后，作者作出了入世之选择。下片仍咏月，但关合人间之别离。“月有阴晴圆缺，人有悲欢离合”数句，涵盖千古，富于哲理意味。全篇想落天外，笔势错综，飘逸空灵，具有浓郁的浪漫色彩。宋胡仔评“中秋词自东坡《水调歌头》一出，余词尽废”(《苕溪渔隐丛话》前集卷三九)。

鹊桥仙(纤云弄巧) 词篇名。宋秦观作。见《淮海居士长短句》。词以七夕牛郎织女鹊桥相会之神话为题，却一反历来以双星会少离恨无极之旧套，赞美坚贞纯洁之爱情。“金风玉露一相逢，便胜却人间无数”、“两情若是久长时，又岂在朝朝暮暮”诸句，超尘绝俗，立意非同凡响，所谓“化臭腐为神奇”(明沈际飞《草堂诗余正集》卷二)。清人黄蓼园则谓：“少游以坐党籍被谪，思君臣际会之难，因托双星以写意；而慕君之念，惋恻缠绵，令人意远矣”(《蓼园词选》)，此说未免牵强附会。

踏莎行(雾失楼台) 词篇名。宋秦观作。见《淮海居士长短句》。明毛晋汲古阁本《淮海词》词调下题作“郴州旅舍”。宋哲宗绍圣初，秦观以新旧党争被贬为杭州通判，再贬监处州(治今浙江丽水)酒税，后又遭削职，贬徙郴州，此词即作于绍圣四年(1097)春。全篇以凄婉之笔调，描述贬居地寂寥、凄凉之情景，抒发被贬后流落异乡迷惘愁苦之心绪，语意凄切，含蓄蕴藉。“郴江幸自绕郴山，为谁流下潇湘去”二句，相传为苏轼赏爱，尝自书于扇，曰：“少游已矣，虽万人何赎!”(《冷斋夜话》)清王士禛亦称之为“千古绝唱”(《花草蒙拾》)。

青玉案(凌波不过横塘路) 词篇名。宋贺铸作。见《东山词》。今人夏承焘以此词约作于宋徽宗大观三年(1109)前后，其时贺铸客居苏州(见《贺方回年谱》)。全篇写因邂逅女子而兴感，抒发孤独幽居、壮志难酬之愁闷。末三句“一川烟草，满城风絮，梅子黄时雨”，以眼前景喻闲愁，虚景实写，亦景亦情，亦虚亦实，极为警策，备受赞赏，时人因称其为“贺梅子”，苏轼、黄庭坚、李之仪等均有和作，黄庭坚曾手抄此词放置案头，常自吟味，并寄诗作者云：“解作江南断肠句，只今惟有贺方回。”清人先著称此词“工妙之至，无迹可寻”(《词洁》)。

六丑(正单衣试酒) 词篇名。宋周邦彦作。见《清真集》。调下题作“蔷薇谢后作”，一题“落花”。此为周邦彦之自度曲。据吴衡照《莲子居词话》：“《六丑》词周邦彦所作。上(宋徽宗)问‘六丑’之义，对曰：此犯六调，皆声之美者，然极难歌。高阳氏有子六人，才而丑，故以比之。”为咏物之词，而寓含身世之感。上片写花谢，下片言谢后。因人及物，因物及人，词中曰“客里”，“家何在”，“行客”，“飘流”，乃其主旨所在。时而说花，时而说人，时而花与人融会，人花难解难分，惜花亦兼自叹，情致缠绵，吞吐尽致。清黄蓼园称此词“自叹年老远宦，意境落寞，借花起兴。以下是花，是自己，比兴无端，指与物化，奇情四溢，不可方物，人巧极而天工生矣，结处尤缠绵无已，耐人寻绎”(《蓼园诗选》)。

苏幕遮(燎沉香) 词篇名。宋周邦彦作。见《清真集》。词约作于作者青年时代旅居汴京时。本篇写雨后风荷，并以此为中心，引入故乡归梦，明快清丽，风致绰约，与历来写乡愁作品之凄苦悲凉大异其趣。以“梦入芙蓉浦”作结，关合上片风荷，虚实相生，变幻莫测。清人周济云：“上阕若有意，若无意，使人神眩。”(《宋四家词选》)王国维亦称道其写水面风荷之句“真能得荷之神理”(《人间词话》)。

临江仙(忆昔午桥桥上饮) 词篇名。宋陈与义作。见《无住词》。调下题“夜登小阁忆洛中旧游”。约作于南宋绍兴五年(1135)前后。作者为洛阳(今属河南)人，洛阳为北宋王朝之文化中心。作者文才早著，为“洛中八俊”之一，在徽宗政和年间天下承平之时，与友人聚会游赏，生活潇洒风雅。靖康年间，金兵南下，北宋灭亡，陈与义颠沛流离，备尝国破家亡之苦，忆及往事，感慨万千。上片追忆昔日赏心乐事，“杏花疏影里，吹笛到天明”二句，意境空灵，明丽如画；下片抒情，劫后余生，恍若一梦。痛定思痛，往事不堪回首。全篇用笔极空灵，浑成自然，不假雕饰，宋胡仔称其造语“奇丽”(《苕溪渔隐丛话》后集卷三四)。清陈廷焯称其“笔意超旷，逼近大苏”(《白雨斋词话》卷一)。

如梦令(昨夜雨疏风骤) 词篇名。宋李清照作。见《漱玉词》。此词以咏海棠写春日闺情。流露出女主人公细致高雅的生活情趣及对韶华易逝的惆怅、惋惜之情。全篇用白描手法，以对话入词，清丽淡雅，活泼新颖。清王士禛称为“人工天巧，可称绝唱”(《花草蒙拾》)。黄蓼园《蓼园词选》云：“一问极有情，答以‘依旧’，答得极淡，跌出‘知否’二句来，而‘绿肥红瘦’无限凄惋，却又妙在含蓄。短幅中藏无数曲折，自是圣于词者。”

醉花阴(薄雾浓云愁永昼) 词篇名。宋李清照作。见《漱玉词》。本篇通过对重阳时凄清寂寥秋景之描绘，抒写女主人公独处闺中之相思别离之情。作者对环境气氛之渲染每有独到之处，“莫道不销魂，帘卷西风，人比黄花瘦”数句，为千古名句，据元伊世珍《琅嬛记》载：“易安以重阳《醉花阴》词函致明诚，明诚叹赏，自愧弗逮，务欲胜之。一切谢客，忘食忘寝者三日夜，得五十阕，杂易安作以示友人陆德夫。德夫玩之再三，曰：‘只三句绝佳。’明诚诘之，答曰：‘莫道不销魂，帘卷西风，人比黄花瘦’，正易安作也。”

声声慢（寻寻觅觅） 词篇名。宋李清照作。见《漱玉词》。南宋高宗建炎二年（1128），明诚知金陵（建炎三年后改称建康，即今南京），次年三月罢去，偕清照离建康，后独往湖州（今属浙江）赴任，是年七月，明诚在建康感疾，病势沉重，清照自外地奔建康，八月十八日明诚卒。清照葬毕明诚，又大病。时金兵南下之势日迫，清照以垂老之身痛失伴侣，毕生收藏之金石书画亦散失殆尽，孤苦无依，颠沛流离，抚今追昔，不胜身世之感，此词或即作于是时。词中通过秋日复杂之日常生活场景，抒写国破家亡之无限哀痛之情，层层铺叙，步步深化，不假雕饰，情真意切，有极高之艺术成就。宋人张端义云：“‘寻寻觅觅，冷冷清清，凄凄惨惨戚戚’，此乃公孙大娘舞剑手，本朝非无能词之士，未曾有一下十四叠字者，用《文选》诸赋格。后叠又云：‘梧桐更兼细雨，到黄昏点点滴滴’，又使叠字，俱无斧凿痕。更有一奇字云：‘守定窗儿，独自怎生得黑’，‘黑’字不许第二人押。”（《贵耳集》卷上）明杨慎亦云：“宋人中填词，易安亦称冠绝，使在衣冠，当与秦七、黄九争雄，不独雄于闺阁也……《声声慢》一词最为婉妙。”（《词品》卷二）

贺新郎（梦绕神州路） 词篇名。宋张元幹作。见《芦川词》。调下题“送胡邦衡谪新州”。此词作于宋高宗绍兴十二年（1142）。胡邦衡，即胡铨，高宗时为枢密院编修官，绍兴八年（1138），秦桧决策主和，引起朝廷内外极大愤慨。胡铨曾上书反对和议，欲斩主和派秦桧等人。书上，朝野震动，胡铨因此被贬至昭州（治今广西平乐），改监广州都盐仓。绍兴十二年，和议既成，秦桧又策动谏官弹劾胡铨“饰非横议”，胡铨遂遭除名编管新州（今广东新兴）。胡铨途经福州时，张元幹正寓居该地，作此词为之送行。上片揭示民族灾难之深重，下片抒写送别之情。全篇表现出作者对祖国大好河山惨遭蹂躏之无比悲愤，对丧权辱国之卖国贼之切齿痛恨及对友人不幸遭遇之深切同情，激昂慷慨，苍凉悲壮，体现了作者与胡邦衡共同的爱国热情。亦开南宋辛弃疾一派爱国词人豪放词风的先河。此词当时流传甚广，据南宋杨冠卿《客亭类稿》卷一四记载，秋日乘船过吴江垂虹桥，溪童俱能歌此词，“音韵洪畅，听之慨然”。

念奴娇（洞庭青草） 词篇名。宋张孝祥作。见《于湖居士文集》。词调下题作“过洞庭”。南宋乾道元年（1165），张孝祥知静江府（今广西桂林），二年八月罢官北归，途经洞庭湖，词作于此时。上片写洞庭湖水天交辉、澄澈明净之壮丽景色，下片抒写怀抱。洞庭湖洁净壮阔之景象与作者高洁坦荡之志趣相映生辉，是作者品格、襟怀之写照。全篇笔势雄奇，超尘绝俗，具有浓郁的浪漫色彩。清查礼称其多有“神来之句，非思议所能及也”（《铜鼓书堂词话》）。王闿运则称其“飘飘有凌云之气，觉东坡《水调》犹有尘心”（《湘绮楼词选》）。

钗头凤（红酥手） 词篇名。宋陆游作。见《渭南文集》。陆游初娶唐琬，伉俪相得，然不如陆母之意，后离异。唐琬改嫁同郡赵士程，陆游亦另娶。数年后一春日，陆游至城南禹迹祠附近之沈园（在今浙江绍兴）游赏，适遇唐琬与其夫，琬遣人送酒肴致意，陆游惆怅久之，遂题此词于沈园之壁。此词约作于绍兴乙亥（1155），陆游年三十一岁（见宋周密《齐东野语》卷一），或谓作于辛未（1151）三月（见宋陈鹄《耆旧续闻》卷一〇）。本篇通过与旧侣哀痛无比之重逢，抒发了作者因美满姻缘横遭摧折而产生之悔恨、绝望之情。全篇缠绵悱恻，凄苦哀怨，相传唐琬曾有和词，且不久即抑郁而死。宋宁宗庆元五年（1199），陆游已届七十五岁高龄，重游沈园，感慨万千，作《沈园》二首，其一云：“城上斜阳画角哀，沈园非复旧池台。伤心春波桥下绿，曾是惊鸿照影来”，其二云：“梦断香消四十年，沈园柳老不吹绵。此身行作稽山土，犹吊遗踪一泫然。”此二诗，可看作这首词之注脚。

诉衷情（当年万里觅封侯） 词篇名。宋陆游作。见《渭南文集》。约作于晚年闲居之时。上篇忆及当年在四川宣抚使王炎幕府襄理军务，积极筹划北伐而未果的苦闷，颇有年华虚度的感慨。下篇更慨叹空怀壮志、英雄寂寞的现实，词人发出了“心在天山，身老沧州”的浩叹。全篇慷慨中见沉郁，豪放中见悲壮，在炽烈的爱国热忱中，透露出忧国伤时的情怀。

水龙吟（楚天千里清秋） 词篇名。宋辛弃疾作。见《稼轩词》。调下题"登建康赏心亭"。词作于淳熙元年(1174)江东安抚使参议官任上。辛弃疾南归后,力陈抗金大计,然一直未被采纳。词借游览赏心亭,抒发心中的悲愤。上片即景抒情,抒发英雄无用武之地的深忧积愤;下片层层推进,连用典故,表现作者岁月蹉跎、壮志难酬的愤慨与痛苦。全篇气势雄浑,一气呵成,充分显示了辛弃疾词沉雄豪壮的风格。陈廷焯称此词"风流悲壮";(《词则》)谭献更称曰"裂竹之声,何尝不潜气内转"(《谭评词辨》)。俞陛云亦云此词有"浩荡之气",虽"极言其潦倒,仍不减其壮怀也"(《宋词选释》)。此词与《永遇乐·京口北固亭怀古》一样,堪称辛词的代表作。

破阵子(醉里挑灯看剑) 词篇名。宋辛弃疾作。见《稼轩词》。题作"为陈同甫赋壮语以寄"。陈亮字同甫,力主抗金,与辛弃疾交谊极厚。刘克庄对辛词有极高评价:"公所作,大声镗鞳,小声铿鍧,横绝六合,扫空万里,自有苍生以来所无。"(《辛稼轩集序》)这首小令,便颇能反映辛词这一特点。全词笔力矫健,写万里平戎,一气奔注,豪壮淋漓。末句陡转,壮志难酬、忠愤悲壮之情喷薄而出。清人陈廷焯云:"字字跳掷而出,'沙场'五字,起一片秋声,沉雄悲壮,凌轹千古。"(《云韶集》)梁启超评此词云:"无限感慨,哀同甫亦自哀也。"(《艺衡馆词选》)梁启超的评价,可谓颇得此词个中三昧。

摸鱼儿(更能消几番风雨) 词篇名。宋辛弃疾作。见《稼轩词》。调下题作:"淳熙己亥,自湖北漕移湖南,同官王正之置酒小山亭,为赋。"词作于淳熙六年(1179),时辛弃疾由湖北调任湖南,离抗金前线愈远,内心极为痛苦。词上片借惜春、留春、怨春抒发自己流年虚度、壮志难酬的感慨;下片伤别,以男女喻君臣,暗指屡遭冷遇的处境。末两句更以"斜阳"喻国势衰微,令人肠断。全篇用比兴手法,将忧国愤世之情委婉曲折地表达出来。陈廷焯称此词"词意殊怨,然姿态生动,极沉郁顿挫之致"(《白雨斋词话》)。梁启超更赞曰"回肠荡气,至于此极;前无古人,后无来者"(《艺衡馆词选》)。据宋罗大经《鹤林玉露》记载,宋孝宗见此词"颇不悦",亦足见此词抨击时政之寓意。

青玉案(东风夜放花千树) 词篇名。宋辛弃疾作。见《稼轩词》。题作"元夕"。可知词叙写上元灯节。上片用比喻和夸张的手法,极写上元之夜灯月交辉、车马喧阗的热闹场面;下片写在如织游人中,千寻万觅意中人而不可得,绝望之中,蓦然回首,却得之于灯火阑珊之处。悲喜交集却戛然而止,给人留下了无穷的回味。此词表现了词人的理想、追求和独到的审美情趣。陈廷焯云:"题甚秀丽,措辞亦工绝,而其气仍是雄劲飞舞,绝大手段。"(《云韶集》)王国维评曰:"古今成大事业、大学问者,必经过三种境界:'昨夜西风凋碧树,独上高楼,望尽天涯路。'此第一境也。'衣带渐宽终不悔,为伊消得人憔悴。'此第二境也。'众里寻他千百度,蓦然回首,那人正在灯火阑珊处。'此第三境也。此等语皆非大词人不能道,然遽以此意解释诸词,恐晏、欧诸公所不许也。"(《人间词话》)

菩萨蛮(郁孤台下清江水) 词篇名。宋辛弃疾作。见《稼轩词》。题"书江西造口壁"。词作于淳熙二、三年(1175—1176)任江西提点刑狱任上。词人登郁孤台,俯瞰清江,追忆四十余年前隆裕太后被金兵追至造口的往事,深感其间不尽流淌着无数难民的家国之泪,不禁思绪万千。进而词人以江水顽强地向东流去,比喻抗金复国之志依旧。然而面对朝廷的苟安江南,发出了"山深闻鹧鸪"的叹喟。辛弃疾以小令之体,发绝大感慨,陈廷焯称其"血泪淋漓,古今让其独步。结二语号呼痛哭,音节之悲,至今犹隐隐在耳"(《云韶集》)。词中突现的忧国伤时的忠愤之气,跃然纸上。"《菩萨蛮》如此大声镗鞳,未曾有也。"(梁启超《艺蘅馆词选》)确为辛词佳作。

永遇乐(千古江山) 词篇名。宋辛弃疾作。见《稼轩长短句》。题"京口北固亭怀古"。宋宁宗开禧元年(1205),六十六岁的辛弃疾被任为镇江知府。其时韩侂胄正筹划北伐。辛弃疾对此事既予以积极支持,因为北伐正合其夙愿;同时对韩侂胄冒昧行事,忧心忡忡。作者在登京口北固亭时写此词以寄意。词上片作者面对雄伟江山,追怀在此建立功业的孙权和刘裕;下片先以刘宋元嘉年间轻率北伐的历史教训,暗劝韩侂胄要作充分准备。然后转入壮志难申、无所作为的慨叹,最后以廉颇自比,表明年虽衰老,但报效国家的雄心犹在。词中通过一连串典故的运用,将英雄人物与自己的思想感情交融在一起,造成全词深宏博大的意境,纵横排宕的气势,体现其沉雄豪壮的词风。杨慎以为"辛词当以京口北固亭怀古《永遇乐》为第一"(《词苑萃编》引)。

水调歌头(不见南师久) 词篇名。宋陈亮作。见《龙川词》。题作"送章德茂大卿使虏”。词作于孝宗淳熙十二年(1185)章森(字德茂)出使金国贺世宗完颜雍生辰之际。词中既有对章森肩负朝廷使命,以力敌万夫的气概出使金国的赞许,也有对当时投降派屈节求和、苟且偷安的指斥,更表达了词人收复失地、统一祖国的强烈愿望。全篇气势磅礴,慷慨激昂,“忠愤之气,随笔涌出,并足以唤醒当时聋聩。”(清冯煦《蒿庵论词》)陈廷焯称“尧之都”五句“精警奇肆,几于握拳透抓,可作中兴露布读”。并赞陈亮词云:“陈同甫豪气纵横,稼轩几为所挫。”(《白雨斋词话》)

贺新郎(北望神州路) 词篇名。宋刘克庄作。见《后村长短句》。题为“送真州子华”。宋理宗宝庆三年(1227),陈子华知真州,这首词借送陈子华知真州,表达了收复中原的急切心情。上片希望陈子华像当年宗泽那样,招纳豪杰,联合各路义军,收复齐鲁失地;下片以东晋祖逖故事鼓励陈子华此去要好好干出一番事业。词中对南宋统治者苟且偷安、满足于半壁江山,对北方抗金义军持怀疑态度,把义军看成是长蛇难握、猛虎难骑的现实进行了尖锐的讽刺和谴责。此词无通常在送别之作中“彷徨歧路,儿女沾巾”的俗态,高呼“算事业须由人做”,洋溢着高昂的爱国精神。全篇气势磅礴,曲折跌宕,故明杨慎说此词“壮语亦可起懦”(《词品》)。

扬州慢(淮左名都) 词篇名。宋姜夔作。见《白石道人歌曲》。此词为自度曲。绍兴三十一年(1161),金人南侵,兵败采石,遂移军扬州烧杀掳掠,致使商贾云集、珠帘十里的繁华都会变成一片废墟。以至时隔十五年后孝宗淳熙丙申(1176),姜夔过扬州,仍是一片衰败景象。在“四顾萧条,寒水自碧,暮色渐起,戍角悲吟”的氛围中,作者满怀怆然,因作此篇,抒发黍离之悲。上片描写在扬州所见的残破荒凉之状,下片用杜牧游赏扬州的典故并化用其诗句,表达今昔盛衰之感。全词感情沉痛,语言含蓄,寄慨深长。陈廷焯评“自胡马窥江去后”以下几句云:“数语写兵燹后情景逼真;‘犹厌言兵’四字,包括无限伤乱语,他人累千百言,亦无此韵味。”(《白雨斋词话》)

双双燕(过春社了) 词篇名。宋史达祖作。见《梅溪词》。题作“咏燕”。词为作者自度曲。通篇用白描手法,描绘了一幅轻盈、细腻、撩人的飞燕图,并用燕子双飞双栖表现闺中人之孤寂愁苦、夜夜画栏独凭的苦闷。此词全篇说燕,却又不见一燕字,其择居徘徊之状、定巢乐居之情刻画得极为精细、传神,可谓字字天然,形神兼备。故而王士禛评此词云“咏物至此,人巧极天工矣”(《花草蒙拾》)。吴衡照更赞此词“刻画精巧,运用生动,所谓空前绝后者矣”(《莲子居词话》)。达到“所咏瞭然在目,且不留滞于物”(张炎《词源》)的艺术高度。

八声甘州(渺空烟四远) 词篇名。宋吴文英作。见《梦窗词》。题作“陪庾幕诸公游灵岩”。为吊古伤今之作。词中以吴王酒色丧国、范蠡功成身退的历史故事,表达了作者面对碧水青山,徒唤无奈的悲苦心情。全篇虚实并举、真幻结合。作者极写灵岩的高迥、辽远,在凄迷的境界中,蕴藏着词人心中古今盛衰的慨叹。其时真时幻的笔法,给人无限想像的天地。此词后人评价甚高。以为“此词气骨甚遒”(陈廷焯《词则》)、“奇情壮采”(麦孺博评《艺蘅馆词选》)。今人刘永济云:“由‘呼酒’、‘上琴台’句,可知上半阕皆在台上耳目所接,下半阕则由见闻而生感慨,用笔极矫健,如常山之蛇,首尾相应,论章法亦至为细密。可见词人之笔,无施不可。梦窗不止善写柔情,而且咏物、吊古之词,亦多苍劲之作,不可以一体概其全也。”(《微睇室说词》)

贺新郎(深阁帘垂绣) 词篇名。宋蒋捷作。见《竹山词》。题作“兵后寓吴”。“兵后”,指南宋景炎元年(1276)元军攻陷南宋京城临安。此后蒋捷飘泊于东南一带。此词便作于流寓苏州时。词从追忆往昔家人欢聚入题,对照眼前国破家亡、颠沛流离、飘泊不定的生活,“日暮乡关何处是”的悲凉油然而生。黄昏寒鸦,枯荷冷饭,更增添了词人囊空如洗、生活无着的愁绪。“羡寒鸦、到著黄昏后,一点点,归杨柳”正点明了作者亡国后无地容身的处境。全篇写得平易朴实,不事雕饰,用明白如话的语言,抒写心中块垒,于平实中见深沉,表达了词人热爱故国的情怀和当时艰难困顿的境地。

齐天乐(一襟离恨宫魂断) 词篇名。宋王沂孙作。见《花外集》。调下题“蝉”。此为咏物词,借咏深秋寒蝉,寄寓家国身世之感,哀蝉之凄苦悲楚与词人作为故国遗民之悲恸浑化无痕,隐晦纡曲,跌宕多姿,情辞婉转,真挚感人。清人周济云:“此家国之恨”(《宋四家词选》),今人唐圭璋云:“此首咏蝉,盖咏残秋哀蝉也。妙在寓意沉痛。起笔已将哀蝉心魂拈出,故国沧桑之感尽寓其中。”(《唐宋词简释》)此词又见《乐府补题》,该书所录为宋遗民有感于元僧杨琏真伽盗发宋帝后六陵而作之咏物词。

南宋祥兴二年(1279),元兵入会稽(今浙江绍兴),盗发南宋帝后陵墓,劫掠珍宝,滥施暴虐,遗民痛心疾首,乃借咏物寓亡国之恸。后人乃指此词为伤悼帝后而作。

高阳台(接叶巢莺) 词篇名。宋元间张炎作。见《山中白云》。调下题"西湖春感"。此词为宋亡后作者重游西湖之作。上片写西湖暮春景色,极写其冷落凄凉之景象;下片伤今怀昔,抒发亡国之痛及历史兴亡之感。全篇凄凉怨慕,意境深沉,空灵蕴藉,低回婉转。清人陈廷焯云:"凄凉幽怨,郁之至,厚之至,与碧山如出一手"、"情景兼到,一片身世之感"(《云韶集》卷九)。

酹江月(乾坤能大) 词篇名。宋文天祥作。见《指南后录》。词作于南宋祥兴二年(1279)。题作"和友《驿中言别》"。宋末,文天祥抗元失败被俘,与邓剡一起押送大都(今北京)。邓以疾留建康(今江苏南京),文天祥继续北上。邓作《酹江月·驿中言别》以送行,文天祥作此词相和。上片感叹自己无法实现重振河山的抱负,但坚信"方来还有英杰",一定能继承自己的未竟事业。下片更表现出词人抗元复国的"丹心难灭",为国捐躯,虽九死而无悔的气概。全篇不假雕饰,直抒胸臆。慷慨悲壮,撼人心魄,显示出深沉雄壮的气势。正如陈廷焯所云:"其人绝世,词亦非他人所能到。"(《云韶集》)王国维评:"文文山词,风骨甚高,亦有境界。远在圣与(王沂孙)、叔夏(张炎)、公谨(周密)诸公之上。"(《人间词话》)此可见一斑。

水调歌头(平生太湖上) 词篇名。宋无名氏作。见《全宋词》。词写忧国之思。上片抒发壮士归隐的英雄失路之感。以"拟把匣中长剑,换取扁舟一叶,归去老渔蓑"三句尽诉胸中牢骚。下片用"欲泻三江雪浪,净洗胡尘千里,不用挽天河"抒发激越的爱国之情,又暗寓对朝廷的失望。全篇慷慨悲壮,波澜起伏。据《中吴纪闻》载,宋高宗建炎四年庚戌(1130),有人将此首词题在吴江(即吴淞江)上(曾敏行《独醒杂志》云题于吴江长桥)。后此词传入宫中,高宗赵构查访甚急,可见这首词不同寻常的政治影响。

回心院(扫深殿) 词篇名。辽萧观音作。见《焚椒录》。此题下共有十首。作者系辽道宗耶律洪基皇后,后被疏失宠,遂作此词。此十首均从宫廷日常生活细节入手,涉及恩宠欢娱诸方面,表现了自己希冀君王回心转意的迫切心情。全篇联章铺叙、反复咏叹,描绘细腻、抒情婉转。前人有以为此篇乃诗,然况周颐《蕙风词话》卷三云:"其词既属长短句,十阕一律,以气格言,尤必不可谓诗;音节入古,香艳入骨,自是《花间》之遗。"

人月圆(南朝千古伤心事) 词篇名。金吴激作。见《中州乐府》。据该书记载,作者使金被留,一日与宇文虚中赴张侍御家宴,席间见一歌妓神情抑郁,问知乃宋宣和殿宫姬,座客对此十分感慨,各赋乐章一阕。吴激所作即此阕。词之上片前两句用唐杜牧《泊秦淮》"商女不知亡国恨,隔江犹唱后庭花"诗意,后三句用刘禹锡《乌衣巷》句子。过片以"恍然一梦"承上启下,结拍化用白居易《琵琶行》"同是天涯沦落人,相逢何必曾相识"传出自己不胜身世飘零之感。刘祁评此词:"思致含蓄甚远,不露圭角"(《归潜志》)。

水调歌头·赋三门津 词篇名。金元好问作。见《遗山集》。词铺写三门峡的壮观景色。上片以浪漫夸张的手法渲染了三门峡急流"长风怒卷高浪,飞洒日月光寒"的奇伟,下片描写三门峡耸峙如刀削斧砍般的险峻。同时通过大自然的奇观,抒发了词人坚定博大的胸怀与豪迈不羁的进取精神。全篇气概非凡,充满奇情壮采,况周颐评此词"崎岖排奡"(《蕙风词话》)。

摸鱼儿(恨人间) 词篇名。金元好问作。见《遗山乐府》。词前有序谓作者于金章宗泰和五年(1205)赴试并州,道逢捕雁者云:"今旦获一雁,杀之矣。其脱网者,悲鸣不能去,竟自投于地而死。"因买下双雁,葬于汾水之上,名曰雁丘,并作《雁丘辞》以寄悲悯,并改用此调。词围绕"情"字逐层展开,突出其"生死相许"的品德,而又绾合人事典故,并用景物渲染。清许昂霄评:"绵至之思,一往而深,读之令人低徊欲绝。"(徐珂《历代词选集评》引)

双蕖怨(问莲根) 词篇名。金元好问作。见《遗山乐府》。词牌又作《迈陂塘》、《摸鱼儿》。题下小序云:"泰和中,大名民家小儿女,有以私情不如意赴水者……是岁此陂荷花开,无不并蒂者……曲以乐府《双蕖怨》命篇……"双蕖即并蒂莲。故上片咏莲,象征对一对殉情青年的深切同情。起双关比兴设问:"问莲根、有丝多少,莲心知为谁苦?"莲、怜(爱)同音,莲根为藕(偶)、藕断丝(思)连,叹彼情事不谐而情思无尽;"莲心"(爱心)苦涩喻彼悲惨遭遇。接下以“双花脉脉娇相向”写殉情者精魂所化，点题。又愤而质问：“天已许，甚不教、白头生死鸳鸯浦？”矛头直指礼教。下片写对千古不灭的真挚爱情的赞美和珍惜。谓爱情圣洁神奇，乃仙界“灵芝玉露”滋育的至情香果，美而芳醇。词人“俯仰今古”，感叹虽地老天荒，海枯石烂，唯有“情缘”却永存，黄土亦难埋“幽恨”。但眼见秋风萧瑟，词人又担心这如同“韩凭夫妻”的“相思树”一般的并蒂莲被摧残零落：“兰舟少住。怕载酒重来，红衣半落，狼藉风雨。”一片珍惜呵护之心，沉郁之至。张炎《词源》评曰：“《双莲》、《雁丘》，妙在摹写情态、立意高远。”

研究著作 参考资料

宋代文学 研究著作。吕思勉著。全书六章。第一章“概说”，论述宋代文学在中国文学史上之地位；第二章“宋代之古文”，着重论述欧阳修、曾巩、苏洵、苏轼、苏辙、王安石之文，间及北南宋诸名家；第三章“宋代之骈文”，不仅分论徐铉、杨亿、刘筠诸名家，特指出“宋代为散文盛行之世，斯时之骈文，名为与古文对立，而实不免于古文化”。“此等风气，盖变自欧(阳修)、苏(轼)”。第四章“宋代之诗”，认为宋诗能“卓然自立于唐诗之外，而不为之附庸者也”。第五章“宋代之词曲”，论述词之起源名家名作及与俗曲之关系；第六章“宋代之小说”，论述宋人平话。有1929年商务印书馆《万有文库》本。

宋代文学史 研究著作。陈子展著。此书为其《中国文学丛编》之一。共七章，第一章“说到宋代文学”，认为“就一代文学的总成绩而说，宋代文学还是不及唐代之盛，不但宋代诗文跳不出唐代诗文的范围，而别有新的特殊的成就；便是宋词较之晚唐五代本来可说是变本加厉，继长增高了，究竟还是不能作为一代文学的主体，代表一个时代的精神。”第二至第七章分论古文运动、宋代诗人、宋代词人及宋代平话。1945年重庆作家书屋出版。

宋元文学史稿 研究著作。吴组缃、沈天佑著。全书分为宋辽金文学和元代文学两个部分。第一部分为十章，深入地探索了宋初的诗文革新运动与宋代散文繁荣的关系，重点介绍了苏轼、陆游、辛弃疾等在宋代文学史上具有重要意义的作家，对于宋诗、宋词中的优秀作品以及戏剧、小说等通俗艺术的产生和对后世的影响，亦有相当篇幅的介绍。第二部分为六章，重点介绍取代了正统文学地位的元代市民文学——话本、小说、杂剧、散曲等。充分肯定了元代市民文学中成就最高的元曲，誉之为元代文学的灵魂。对元杂剧的代表作家关汉卿、王实甫的作品，在具体分析的基础上作出了高度评价。这部专著体现出作者对于讲授文学史课程，主张以源流演变为基本线索和主要内容，来探讨文学的发展规律，力图开创文学史教学的新局面所作出的积极探索。全书二十五万字，1989年由北京大学出版社出版。

两宋文学史 研究著作。程千帆、吴新雷著。全书共十三章，以年代为序，以代表作家为纲，运用传统的文史哲相结合的方法，系统客观地描述了北宋初年至南宋末年文学发展的全过程。作者始终着力于从文学自身传统的传承以及时代风气的影响，揭示出这一时期文学史上一系列特殊的文学现象的出现，宋诗、宋词流派的发展衍变，以及其他文学体裁发生发展的客观规律。此书所引用的史料丰富翔实，论述条分缕析。对于重要作家的生平作品和著名文学流派的介绍与描述，文笔优雅生动，具有很强的可读性。对于一些传世的别集、总集的版本源流介绍，进一步增强了此书的学术信息量。书后还附有两宋建元表。全书共五十余万字，1991年由上海古籍出版社出版。

宋诗研究 研究著作。胡云翼著。全书分上下二篇共二十章。上篇十二章分论唐宋诗之异同、宋诗的背景及其特色、宋诗的发达及其派别、宋诗的革新运动以及北宋诗坛几位大家和江西诗派。下篇八章分论南渡后诗坛及大家作品及宋诗之弊。为研究宋诗的第一部专著。商务印书馆1935年出版，巴蜀书社1993年重印。

宋诗派别论 研究著作。梁昆著。鉴于历来宋诗研究中的拘执一端，以偏概全之弊，书中阐明了欲研究宋诗，必先明其派别的主张，并针对历史上有关宋诗分派的几种说法，一一作了辨析，指出各自的缺失，并提出自己的分派方法。它包括推尊白居易的香山派，宋初祖祧贾岛、姚合的晚唐派，师法李商隐的西昆派，以古文法入诗的昌黎派，以王安石和苏轼为盟主的荆公派及东坡派，以杜甫和黄庭坚为取法准则的江西派，南宋时祖祧贾岛、姚合的四灵派，刊行《江湖小集》、诗学趣味相近的江湖派，以理学家为代表的理学派和以宋末遗民为团体的晚宋派。作者依次介绍了上述各派的代表作家、宗主、诗学源流和习尚，评骘其优劣得失。书末附有各派的源流表，勾勒出每派的传承关系，并以此为纲，考察宋诗各派的源流及演进发展的脉络。本书叙述条分缕析，持论言简意赅，精切允当，足见其研究功力之深。该书于1938年由商务印书馆出版，收入王云五主编的《国学小丛书》。

宋诗选注 研究著作。钱钟书著。共选入宋代诗人七十九家，诗一百九十二首。作者的去取标准是宋诗中的精华之作，“押韵的文件不选，学问的展览和典故成语的把戏也不选。大模大样的仿照前人的假古董不选，把前人的词意改头换面而绝无增进的旧货充新也不选；有佳句而全篇太不匀称的不选，当时传诵而现在看不出好处的也不选”(《宋诗选注序》)。每一家诗选前撰有作家小传，在概括介绍作家生平行状外，对其著述及作品评价时有精辟见解。作品的注释旁征博引，其中不仅有周密翔实的考证，亦有纠正前人注释的讹误之处。人民文学出版社1988年出版。

唐宋诗之争概述 研究著作。齐治平著。作者认为，唐诗和宋诗是中国古典诗歌史上具有独特风格的两种形态，以后诗歌的发展遂因宗唐、宗宋的不同趋向而聚讼不休，故“总结此长期之争论，就纵的方面而言，有助于了解南宋以来历代诗坛风尚之嬗变；就横的方面而言，则又可以了解唐、宋诗之特点，以及学唐、宋诗者分合异同之故”(引言)。全书按史的顺序展开论述，分南宋(附金、元)、明代、清代三大部分，各又有若干小节，从南宋人对江西诗派的评议开始，一直写到清末“同光体”诗人与南社之间的争论，为持续八百年之久的这场公案理清了线索。对各种有代表性的观点均予客观介绍，指明其产生背景，并给以简要批评，持论较为公允。书末“结语”引证鲁迅、闻一多、朱自清等现代学者有关这一问题的言论，而对缪钺、钱钟书两家以“丰神情韵”和“筋骨思理”来界分唐宋诗风格特点的做法深表赞同。1983年岳麓书社出版。

宋诗史 研究著作。许总著。作者将整个宋代诗史分为六个阶段，对其中众多的诗人、丰富的题材、多样的风格的承传关系与嬗递轨迹进行了评析与宏观的描述，较注重理论把握，及文化背景的考察、诗人心态的探索，在整体结构中，展现宋代诗史特有的逻辑进程与文化特性。全书共五十万字，1992年由重庆出版社出版。

唐宋古文运动 研究著作。钱冬父著。首论骈文与古文的区别，次述唐代韩愈、柳宗元之古文创作。在“宋代新古文运动”一节中，则详细分析其产生的历史背景与文学思潮，并指出宋代新古文运动主要是解决思想内容与艺术形式关系、继承和发展唐代古文运动传统、新古文运动创作实践的标准三大问题。又分论欧阳修、苏轼、王安石、曾巩、苏洵、苏辙及其作品，最后指出“唐宋八大家”中有六大家属于宋代新古文运动时期，可见其创作的繁荣与实绩，而西魏以来的古文运动，至此也最后完成了它的历史任务。上海古籍出版社1962年出版。

宋词研究 研究著作。胡云翼著。据其自序，因有感于当时“对于宋词加以有条理的研究和系统的叙述的专著，据我所知道的，现在似乎还没有。以前虽有词话、丛话一流书籍，偶有一见之得，而零碎掇拾，杂凑无章。我著这本书的动机，就是想将宋词成功组织化、系统化的一种著作”。全书分上下二篇二十八章。上篇九章通论宋词，包括词之起源名称，宋词发达的因素、宋词概观等；下篇十九章分论作家及流派，颇突出苏轼、辛弃疾一派。1926年上海中华书局出版，1989年巴蜀书社又加以重印。

宋词通论 研究著作。薛砺若著。全书七编。第一编“总论”，分论作家及其词集、宋词之分期、南北宋词风比较及乐曲概论；第二至七编分论宋词六个发展时期的作家作品，第一期代表人物为晏殊、欧阳修，第二期杰出者为柳永，第三期有集大成者周邦彦、“天才宋徽宗赵佶与最大女诗人李清照”，第四期突出“愤世的诗人”辛弃疾及此派作家，第五期推举“风雅派(或古典派)的三大导师”姜夔、史达祖、吴文英，第六期的三大作家是王沂孙、张炎、周密。全书论及宋代词人二百余人，资料丰富但乏理论深度。1949年开明书店出版，1985年上海书店据此影印。

宋词四考 研究著作。唐圭璋著。该书分为四部分：一、两宋词人占籍考；二、两宋词人时代先后考；三、宋词版本考；四、宋词互见考。四考皆作者旧日所著，《时代先后》及《互见》两考发表于抗战前，《版本》及《占籍》两考发表于抗战期间，后略有补充。两宋词人，史鲜传记，《占籍》考两宋词人之籍历，按省分列，藉以观一代词风之盛及一地词风之盛，共考八百六十七人，皆有词流传至今者。宋词人之时代先后，足以考见一代词学之源流，此以词人生卒为主；生卒不可考，则以科第为主；科第不可考，则考其仕宦踪迹：可为学者知人论世之资。近代词籍繁富，版本各异，优劣互见，《版本考》将历来书目所载及当今传世之词汇为一处，可以探源穷流，察其完缺，辨其优劣，未传之词亦可按目寻访。词篇流传，常有互见，不辨真伪，易滋混乱，《互见考》则考其真伪，使学者不致沿讹袭谬。此书曾于1959年由江苏文艺出版社出版。后经作者修订，卷后增附《人名索引》，1985年由江苏古籍出版社出版。

唐宋词人年谱 研究著作。夏承焘著。该书收录唐宋词人年谱十种十二家，此十种年谱为：韦端己年谱、冯正中年谱、南唐二主年谱、张子野年谱、二晏年谱、贺方回年谱、周草窗年谱、温飞卿系年、姜白石系年、吴梦窗系年。据作者自序称："年谱一体，不特可校核事迹发生之先后，并可鉴定其流传之真伪，诚史学一长术"，可为初学论世知人之助。谱中引书共三百余种，书后附有《引书目》。此书问世后，读者颇为关注，评述亦多，作者将四方读者之书信、评文汇为《承教录》，亦附于书后。该书1955年由中华书局上海编辑所出版，1979年5月修订后由上海古籍出版社重版。

唐宋词论丛 研究著作。夏承焘著。收论文十二篇及附录五篇。内容分四部分，"唐宋词字声之演变"、"阳上作去入派三声说"、"词韵约律"等关于唐宋词声韵；"姜白石议大乐辨"、"姜白石词谱说"，"词律三义"等关于词乐、词谱；"梦窗词集后笺"、"易安居士事辑后语"等关于作家作品的行实和本事；"词籍四辨"、"四库全书词集提要校议"等关于词籍整理考订。书末另附"顾贞观寄吴汉槎金缕曲微事"一篇，考证吴案始末甚详。中华书局上海编辑所1962年出版。

唐宋词通论 研究著作。吴熊和著。全书七章。第一章"词源"，分论燕乐、唐教坊曲及词的形成过程；第二章"词体"，分论词的创作与词体的形成；第三章"词调"，分论词调的来源与曲类词调及变化；第四章"词派"，分论唐至宋元之际名家词派之发展，此为全书之重点；第五章"词论"，分论唐宋词学理论批评之发展；第六章"词籍"，分论唐宋词丛刻、总集、别集及词话、词谱、词韵；第七章"词学"，分论词乐及曲调考正并对词学发展进行展望。附录有"《彊村丛书》与词籍校勘"。全书涉及唐宋词的方方面面，赅博细致而有理论深度。1985年浙江古籍出版社出版。

宋人轶事汇编 资料汇编。丁传靖辑。二十卷。此书从宋元明清约五百余种著述中辑出，收录宋代六百余人的轶事。引用的书籍，以笔记、诗话为多，亦间及文集、方志、杂史等，且多为宋人之作。编者以人为条目，每条材料均注明出处，便于检阅。前三卷载帝后轶事，第四至十九卷载臣民事迹，第二十卷记故事、杂事、禅林、方士、叛逆。书中辑录了宋代大多数著名文学家的遗闻轶事，极有文学研究价值。但其引用资料节录太甚，且有改动原文之处，所注出处亦只标书名，不出卷第篇目，检阅起来颇费事，为人所诟病。此书最初于1935年由商务印书馆排印出版，1958年重印，当时仅有断句，未曾标点。1981年中华书局又重新标点出版。

现存宋人别集版本目录 四川大学古籍整理研究所编。收现存宋人别集及其版本共七百四十一家。全部条目按著者生年或大约生年编排，生年不详者排在最后，藏书单位除著录国内公共、科研、大专院校等图书馆外，散见于国外的宋人别集及版本亦予著录。据本书曾枣庄序，该书稿原为编纂《全宋文》时所用的资料，单独成书后有四个特点，一、宋人别集收录较为完备，比较完整地反映了国内外现存宋人别集的情况。二、著录现存宋人别集的版本较全。三、对现存宋人别集做了必要的考订工作。四、尽量反映前人和今人的研究成果。五、编排也较合理。为研究宋代文史的重要参考书，但也有讹误，如将北宋词人张先之父张维排在南宋诸家等。1989年巴蜀书社出版。

宋诗纪事 资料汇编。清厉鹗编辑。一百卷。因有感于明人剽拟唐人太甚，遇宋人集则概置不问，以致流传者仅数百家而编著。仿效《唐诗纪事》的著述体式并有所发展，收录宋诗人三千八百一十二家。诗人名下大多先附以小传，引录总论性质的文献资料，然后列举其诗作，缀以本事和评论。此书的特点之一是编辑者的"访求积卷"（自序），所收诗作及所引文献资料，大量采自宋人文集、别集、诗话、笔记、类书、史书、方志、金石、碑帖，搜罗宏富，且大多注明出处，保存了大量的宋诗资料，其中有个别书今天已不易见；特点之二是编辑者的"博稽深订"（自序），对于前人著述中有关宋诗作者的一些评述，以及作者有疑问的诗篇，分别于诗后间加按语予以说明。厉氏此书前后历二十年方成，具有较高的文献价值。有清乾隆十一年(1746)厉氏樊榭山房刊本，上海古籍出版社1983年据以标点整理出版。

宋诗纪事补遗 资料汇编。一百卷。《小传补正》四卷。清陆心源编著。增补宋代诗人约三千家。补充了大量有价值的宋诗和有关诗人的资料。有清光绪十九年(1893)刊本。

黄庭坚与江西诗派卷 资料汇编。傅璇琮编。上、下二卷。上卷哀集北宋至清有关黄庭坚的各种资料，下卷汇录有关江西诗派，及派中人陈师道、韩驹、徐俯、潘大临、洪朋、洪刍、洪炎、夏倪等的评论。所录资料采自宋以来四百多种笔记史乘诗话词话，且注明出处。1978年由中华书局出版。

唐宋八大家汇评 资料汇编。吴小林编。辑录自中唐刘禹锡至清末刘师培二百五十家评论唐宋古文家韩愈、柳宗元、欧阳修、王安石、曾巩、苏洵、苏轼、苏辙的资料。资料内容是对"八大家"的总体评论以及对其中数家的合评。凡有关"八大家"的专集、专著和常见的大型选本中所载资料则一般不予收录。所辑资料概按时代先后顺序排列，共分唐五代、宋、金元、明、清五部分。首有"前言"，先溯"唐宋八大家"称号之源，再论述其创作风格成就和地位影响，最后阐明其编撰缘由。后有"附录"，列其所征引二百六十余种书目，以备检阅。此书对唐宋八大家研究、古代文论研究均资参考。山东齐鲁书社1991年出版。

宋词纪事 资料汇编。唐圭璋编。卷首有吴梅序及编著者自序。自序称因"惜宋人词话之失传，又慨夫明、清人所述之词话，多剪裁节取，不尽依宋人书籍原文，因重辑此书，以宋证宋，以供研究词学者之参考"。该书征引诸籍，多宋人撰著，明、清记载征引殊鲜；荟集原文，不加增损，颇便复核；旁搜博采，辑补遗逸，多前人未及。上海古籍出版社1982年出版。

辽代文学考 资料汇编。清黄任恒编。黄任恒于光绪三十年(1904)曾辑《辽文最》四卷，收录辽代诗文完整篇帙，留下一些不可入集的零章剩句。继而又广收正史及诸说部书籍，凡与辽代文学有关的资料，悉为纂录，于光绪三十一年辑成《辽代文学考》上下两卷。卷上分"总论"、"好学"、"能文"三部分；卷下分"经籍"、"学校"、"试士"、"文字语言"、"艺术"、"释道"等六部分。从中可以搜寻到辽代文学的一些线索。此书载聚珍印务局1935年出版的《辽痕五种》中。

辽诗话 资料汇编。清周春编。周春以"辽人诗后世无传"，深感"其诗人有灵，苦心所诣，亦复不能尽泯"，因仿南宋人《全唐诗话》体例，辑《辽诗话》(《辽诗话》自序)。所采以正史为主，以地方志、笔记小说为辅，上自宫廷，下及谣谚，计数十则，汇为一卷。辑成于乾隆丁丑(1757)，有《昭代丛书》本、《清诗话》本。集前附沈德潜序及周春自序。诗话印行之后，自觉"阙漏颇多"，又经过数年收录，于乾隆壬午(1762)增订为上下两卷，计二百余则。凡事涉辽诗及后人赋辽事者悉行收录，且兼及西夏、高丽之作。集前增附秦瀛序文。有《述古丛钞》本、《藏修堂丛书》本、《翠琅玕馆丛书》及《芋园丛书》本。此书为研究辽代文学提供了较丰富的资料。然其中亦有粗率漏误之处。

辽诗纪事 诗歌及本事汇编。近代陈衍编。陈衍《辽金元诗纪事总叙》云："诗纪之体，专采一代有本事之诗，殆古人所谓诗史也。"此书收有辽代皇帝、后、妃、亲王、大臣、文士、僧侣、无名氏有本事之诗歌以及谣谚、誓语、咒辞等，又附以西夏、高丽两国诗人之作，共十二卷。书中对《辽文存》、《辽文萃》、《辽文补录》等书的某些失误有所订正。有商务印书馆1936年铅印本。

金源纪事诗 参考资料。清汤运泰编，其子汤显业、汤显榦注。八卷。运泰《自序》称"余好读史，兼好读咏史诗，每见诗集有议论史事者辄录出，尝汇古今体用编年例纂成一编，自三代以下成败得失之故约略可观，而惜咏辽金诗之少也，意辄未惬。甲子(1804)夏，读托克托二史(即《辽史》、《金史》)，旁及别史、杂史、百家传记，参校同异，有所得恒随意抒写。词不求工，事亦不专取正史，其中间有作辍，至戊辰(1808)得辽金纪事诗八百余首"。此书撰写缘起、内容、体例、注例，尚见门人周郁滨《跋》及其子所作《凡例》。全书主旨本在于以诗证史，其诗及注中涉及到一些金代作家、作品，具有一定的文学价值。如卷三《国师叹·讥宇文虚中也》，题注引《南宋书》，诗注引《本传》、《孔彦舟传》、《大金国志》、袁枚《随园随笔》、施德操《北窗炙輠录》诸书，虚中事迹略具于斯。又如卷八《野史亭·纪元好问也》，题注引《金史·文苑传》，诗注引《元德明传》、《李汾传》、《韩玉传》等，对好问"晚年栖幽壑，矢志在著作；金源一朝事，惟恐有脱落"的功绩作了表彰。书中论及的金朝史实，也足资研究文学者参考。本书有嘉庆癸酉(1813)初刻本,同治癸酉(1873)淮南书局重刊本。

金诗纪事 陈衍编。十六卷。该书是编者继《元诗纪事》后,仿其体例而成。编者有感于唐、宋、明三代纪事诗之行世,便着手补辑辽、金、元三代纪事诗之阙如,他将《辽诗纪事》、《元诗纪事》与该编合为同式,付梓板印,并撰《辽金元诗纪事总叙》一文,附于该编卷首,由于金代诗人多出于科举之士,故在编排上以科第先后为序,未及第的诗人大致以其友朋行辈为标准推考排列。至于金代初期,当时科举制度尚未形成,则以诗人生平时代先后为序。金人上承辽宋,该编所采诗人,以是否仕于金为标准;金人又下接元代,而金末诗人多不仕元,其入元尚存与否,难以推考。是编将金代诗人巨子如元遗山等有本事之诗,全部录入,其余凡属可金可元之诗人,若未入《元诗纪事》者,是编则予以辑录,若已入者,概不重录。1936年商务印书馆刊行。

宋诗鉴赏辞典 缪钺、霍松林、周振甫、吴调公等撰写。共收宋代诗人二百五十三位,作品一千二百五十三首。正文中作家的排列,大致以生平先后为序;个别情况则依据卒年;生卒年无考者,则以在世年代先后为序。书中的赏析文章,大体是每题一篇,亦有一题分数篇者或数题合为一篇者。诗中典故及疑难字句的注释,一般置于正文中,有的则置于篇末。所涉古代年份,一律用旧纪年,并括注公元纪年。书中附有与所收诗内容相关的字画三十余幅,其中以宋人作品为主。书后并附有:诗人小传、诗人年表、宋诗书目、名句索引、篇目笔画索引及北宋、南宋政区形势图等。上海辞书出版社1986年出版。

唐宋词鉴赏辞典 唐圭璋、缪钺、叶嘉莹、周汝昌、宛敏灏、万云骏等撰写。分两卷。共收词人三百二十七位,作品一千五百一十八篇。其中“唐·五代·北宋”卷收词人一百三十一位,作品七百九十九篇;“南宋·辽·金”卷,收词人一百九十六位,作品七百一十九篇。正文中作家、作品的先后次序排列,一般依照张璋、黄畲编《全唐五代词》及唐圭璋编《全宋词》、《全金元词》。原则上采用一首词一篇赏析文章,也有少数作品几首合在一起赏析。词中的疑难词句,一般在赏析文章中加以串讲,有的在文末酌加注释。所涉古代年代,一律用旧纪年,并括注公元纪年。书中附有反映五代及宋代词人生活的绘画及前人以宋词为题材的书画作品六十幅。书后附录有:词人小传、唐宋词书目、词学名词解释、名句索引、词牌简介以及篇目笔画索引等。1988年上海辞书出版社出版。

全宋词考释典故辞典 金启华主编。该书系为阅读、研究《全宋词》而编写之工具书,为读者查考宋词用典提供方便。所释典故系指宋词引用古书中之故事、典实,以及虽有出处但较为冷僻之词语,以有助于阅读宋词为选录标准,时限则上至远古,下迄两宋,凡所闻见,均予搜录。考释典故分典源、释义、用例三项。典源力求精确,溯其最早出处;释义力求简明;用例则视情况列举三、五或十数例句,以触类旁通,收举一反三之效,例句后亦视情况而稍作说明,但力避漫衍或臆说。吉林文史出版社1991年1月出版。

五　元代文学

作　　家

丘处机(1148—1227)　金元之际诗人、道士。字通密，自号长春子，世称为长春真人。栖霞(今属山东)人。十九岁出家学道，师事全真教祖王喆。为全真教龙门派创始人。蒙古成吉思汗十五年(1220)，应召往西域，以敬天爱民、清心寡欲、少杀生民为言。成吉思汗赐以金虎牌，令回燕京(今北京)掌管道教。能诗词，多涉道家语。遗著有《磻溪集》。《元诗选》二集录其诗三十九首。其弟子撰《长春真人西游记》中亦有其西行途中所作若干诗篇。生平事迹见元李道谦《甘水仙源录》卷二陈时可《长春真人本行碑》、《元史》卷二〇二。

杨奂(1186—1255)　金元之际诗人。又名知章，字焕然，人称紫阳先生。乾州(今陕西乾县)人。金末举进士不中。汴京被围时，元好问曾荐之于耶律楚材。后经考试，被任为河南路征收课税所长官兼廉访使。任职十年，以老病请休。所著《还山集》六十卷及《大典近鉴》、《正统书》等，皆已散失。今存《还山遗稿》，乃明人所辑。生平事迹见金元好问《遗山先生文集》卷二三《故河南路课税所长官兼廉访使杨公神道之碑》、元姚燧《牧庵集》卷三《紫阳先生文集序》、《元史》卷一五三。

杨弘道(1189—约1271)　金元之际诗人。字叔能，号素庵。淄川(今属山东淄博)人。金末曾监麟游(今属陕西)酒税，后转襄阳府学教谕。金亡入宋，宋理宗端平二年(1235)，任唐州司户。不久，蒙古军攻下唐州，遂寓居济源(今属河南)及济南等地，俭素自守。蒙古海迷失后元年(1249)，自编《小亨集》成，元好问为之作序，盛赞其诗，引为同调，其时已年过六十。《元诗选癸集》小传谓其"年八十余卒"。诗宗唐人，《四库全书总目》称"其所作五言古诗，得比兴之体，时时近汉魏遗音；律诗风格高华，亦颇有唐调，虽不及好问之雄浑苍坚，然就一时诗家而论，不可谓非北方之巨擘也"。其诗如《空村谣》，记蒙古军屠戮之惨，可补史料所不及。生平事迹见金元好问《元遗山先生全集》卷三六《杨叔能〈小亨集〉引》、元魏初《青崖集》卷三《素庵先生事言补序》、《元书》卷八九。

耶律楚材(1190—1244)　元诗文家。字晋卿，号湛然居士。契丹王族，辽东丹王突欲八世孙，金尚书右丞耶律履子。义州弘政(今辽宁义县)人。十七岁应进士试，成绩独优。后出任开州同知。金贞祐二年(1214)以左右司员外郎留守燕京；燕京陷，拜名僧行秀(万松老人)为师，受显诀。贞祐三年始随成吉思汗征战疆场，颇受亲信。太宗窝阔台继汗位后，拜中书令。为官三十余年，为确立蒙古之统治中原，出谋划策，功勋卓著。又曾倡议设立燕京编修所，对保存和发扬文化也作出了贡献。著有《湛然居士集》十四卷、《西游录》二卷。因随成吉思汗征行六万里，曾旅居西域十年之久，故对边疆塞外之风土人情、山川景物颇熟悉，诗文中常有生动描写。其中《西域河中十咏》以清新笔触，展现出一幅幅边地民族生活画面，最为人称道。《西游录》系其从征西域后所作，文笔流畅自然，亦生动地描绘了西域风光特色。王邻序其集曰："中书湛然性禀英明，有天然之才，或吟哦数句，或挥扫百张，皆信手拈来，非积习而成之。……如宝鉴无尘，寒冰绝翳，其照物也莹然。"清顾嗣立评其文学创作亦云："当经营创制之初，驰驱绝域，宜若无暇于文。而雄篇秀句，散落人间，为一代词臣倡始，非偶然也。"(《元诗选》)生平事迹见《元史》卷一四六。

石君宝　元杂剧作家。平阳(今山西临汾)人。孙楷第考见金武德将军石琖德玉者，字君宝，辽东盖州人，女真族。金亡后居燕城(今北京)，丙子(1276)年八十五卒，疑即石君宝(见《元曲家考略》)。然与《录鬼簿》所录姓氏、籍贯不合，仅备一说。所作杂剧十种，今存《鲁大夫秋胡戏妻》、《李亚仙花酒曲江池》、《诸宫调风月紫云亭》三种，余《柳眉儿金钱记》、《东吴小乔哭周瑜》、《吕太后醢彭越》、《赵二世醉走雪香亭》、《张天师断岁寒三友》、《穷解子红绡驿》、《士女秋香怨》七种皆佚。《太和正音谱》评其词"如罗浮梅雪"。生平事迹见《录鬼簿》。

李治(1192—1279) 一作"李冶"。金元之际诗人、数学家。字仁卿,号敬斋。真定栾城(今属河北)人。才名与元好问相当,世谓"元李"。金亡时,元好问荐之于耶律楚材。元世祖至元二年(1265)召拜翰林学士,三年以疾辞归。精于数学,著有《测圆海镜》十二卷、《益古演段》三卷。诗文亦工,有《敬斋文集》,今佚。另有《敬斋古今黈》四十卷,原书散佚,《四库全书》从《永乐大典》中辑出八卷。《元诗选癸集》录其诗五首。生平事迹见《元朝名臣事略》卷一三、《元史》卷一六〇。

白贲 金元之际诗人。字君举。隩州(今山西河曲)人。金末任怀宁主簿、岐山令。诗名与元好问相上下。入元后,于滹阳结茅为亭,著有《茅亭诗》。李治序之,称其诗"龙韬雷厉于纷拏之顷,玉唾川流于谈笑之间"。惜多不传。《元诗选癸集》录其诗二首并附其小传。

白华 元诗人。字文举,号寓斋。隩州(今山西河曲)人,与元好问为世交。兄贲有诗名。子白朴为元名曲家。金末进士,曾任枢密判官。金亡降宋,子女养于元好问。后复归元,依史天泽居真定(今河北正定),与子女复聚。其题《屏上梅》诗,有"自惜调羹品,空为落额妆"之句,颇自伤。亦能词,有《满庭芳·示刘子新》等。生平事迹见《金史》卷一一四。

商衜(1194—?) 金元之际散曲家。字正叔,或作政叔。济阴(今山东曹县)人。商氏为济阴世家。兄衡(平叔)官威戎(今甘肃静宁境)时,衜曾随游,晚年作《陇山行役图》留念。金亡时,年四十。入元后年六十犹存,《录鬼簿》称为"商政叔学士",或在元初曾为学士。工于散曲,今存小令四首,套数八篇,收入《全元散曲》。生平事迹见金元好问《元遗山先生全集》卷三九《曹南商氏千秋录》。

杨果(1197—1271) 金元之际诗人。字正卿,号西庵。蒲阴(今河北安国)人。金末进士。金亡时,元好问荐之于耶律楚材。元世祖中统元年(1260),宣抚辽西,二年升任参知政事,后出任怀孟路总管。为人善谐谑,文采风流,照映一世。工诗、词、曲,有《西庵集》。其诗多兴亡之感,诗存《元诗选》二集。其词如《摸鱼儿·和元好问〈雁丘词〉》微有感受封建礼教压抑之情绪。散曲存于《阳春白雪》、《太平乐府》等书中者,计小令十一首,套数五篇。生平事迹见元王恽《秋涧集》卷一七《参政杨公挽章》、《元史》卷一六四。

王磐(1202—1293) 金元之际文学家。字文炳,号鹿庵。永年(今属河北)人。金末进士,入元后历任益都等路宣慰副使、参议行中书省事、翰林直学士、翰林承旨、太常少卿等。其论文力主独创;文词波澜宏放,浩无津涯;作诗述事遣情,闲逸豪迈,不拘一律。著有《鹿庵集》。《元诗选》二集录其诗十一首。生平事迹见元程钜夫《雪楼集》卷二四《跋商季显所藏王鹿庵先生诗》、《元史》卷一六〇。

员炎 元诗人。字善卿。卫州(今河南卫辉)人。性豪荡,嗜酒业诗,不事生产。元初一度监嵩州酒税,旋即辞去。长游河朔,褐衣麻屦,居处惟诗稿、酒瓢,酒酣则以巨梃横膝上,掉头吟讽歌谣。杨弘道《小亨集》有《大名赠员善卿》诗,当与杨为同时人而略晚。卒时六十七岁。《元诗选癸集》录其诗六首。生平事迹见元王恽《秋涧大全集》卷四九《员先生传》、《天启同州志》卷一三。

魏璠 元诗人。字邦彦,号玉峰。顺圣(今河北阳原)人。金末为太学生,任尚书省令史,迁褒信县令。召拜朝列大夫、翰林修撰。金亡还乡里。蒙古海迷失后二年(1250),忽必烈召之至和林,问统一之计,璠条陈便宜三十余事,举名士六十余人以应。享年七十。《元诗选癸集》录其《燕城书事》诗一首,格调豪迈,对成吉思汗残破燕京后之荒凉现实有所描写。生平事迹见元王恽《秋涧集》卷八二《中堂事记》、《元史》卷一六四。

李思衍 元诗人。字昌翁,一字克昌,号两山。余干(今属江西)人。元世祖时任国子司业、礼部侍郎,官至南台御史。曾与秃卢奉使招谕安南,秃卢受安南厚币,思衍不受。世祖怒秃卢受币,思衍曰:"秃卢受,安小国之心,臣不受,全大国之体。"颇受世祖赏识。卒后张伯淳曾有挽诗,其年岁当与张相上下。有《两山稿》传世。《元诗选》二集录其诗二十二首。其中有《鬻孙谣》等篇,对元初社会现实揭露十分深刻。生平事迹见元盛如梓《庶斋老学丛谈》卷三、《元诗选》二集。

刘祁(1203—1250) 金元之际文学家。字京叔,别号神川遁士。浑源(今属山西)人。刘从益子。金太学生。金亡，筑“归潜堂”乡居。后出为山西东路考试官，又在蒙古征南行台粘合重山幕中作幕宾七年。著有《归潜志》、《处言》、《神川遁士集》等。生平事迹见元王恽《秋涧集》卷五八《浑源刘氏世德碑铭》、《归潜志自序》、《金史》卷一二六。

姚枢(1203—1280)　元诗人、政治家兼理学家。字公茂，号雪斋、敬斋。柳城(今辽宁朝阳)人，后迁洛阳。少年力学，被称为有“王佐之略”。随蒙古军南征途中，与杨惟中搜集儒书、儒士，获理学家赵复，送往北方讲学。后与许衡等同在辉州(今河南辉县)筑室讲学，遂传朱学于中原。元世祖中统元年(1260)为东平宣抚使，后拜太子太师，不受，改大司农。建议振兴儒术，并参与编制《至元条格》，法制始立。至元十年(1273)，任昭文馆大学士，制定礼仪。十三年，拜翰林学士承旨。于中原兵燹频仍、版帙散亡之际，曾“自板诸经，散之四方”，致力于恢复文化事业，许有壬称其“功不在禹下”。著有《雪斋集》。《元诗选》二集录其诗二十五首。生平事迹见《元文类》卷六〇《中书左丞姚文献公神道碑》、《元史》卷一五八。

杜仁杰　金元之际诗人、曲家。原名之元，字仲梁，一字善夫，号止轩。长清(今属山东)人。金末隐于河南内乡山中，与元好问、麻革、张澄诸人游。金亡，好问荐之于耶律楚材，未仕。至元世祖时又屡征不就，人称“杜征君”。胡祗遹《挽杜止轩》诗云：“八十康强谈笑了”，其卒时当在八十以上。能诗，王恽挽仁杰诗有“细吟风月三千首”句，而大部散佚。有《善夫先生集》，见《元诗选》。散曲今存小令一首，套数四篇，颇具特色。其中散套《耍孩儿・庄稼不识勾栏》，写金末戏曲演出情景，诙谐有致。生平事迹见元王旭《兰轩集》卷一四《祭止轩先生文》、《元书》卷九一。

赵复　宋元之际诗人、理学家。字仁甫，号江汉。德安(今湖北汉阳)人。蒙古太宗七年(1235)，太子阔端伐宋，攻陷德安，赵复被俘，欲自杀。杨惟中、姚枢奉诏于军中求儒、道、释、医、卜等士，救之，强赴燕京。于太极书院讲授所遗书籍。此前南北道阻，载籍不通，所讲程、朱诸经传注尽录以付姚枢，后枢退隐苏门，许衡、郝经、刘因皆传其学而尊信之。北方知有程朱之学，自复始。能诗，《元诗选癸集》录其诗六首。生平事迹见元姚燧《牧庵集》卷四《序江汉先生事实》、《元史》卷一八九、《宋元学案》卷九〇。

杜瑛(1204—1273)　元学者、文学家。字文玉。信安(今河北霸州)人。金将亡，避地河南缑氏山中。战乱后，转徙教授汾、晋间，迁居彰德安阳。蒙古宪宗九年(1259)，世祖忽必烈曾召问取宋之策，瑛从容对答，世祖悦，谓可大用，命从行，以疾弗果。忽必烈即位，诏征之，辞不就，杜门著书，以终其身。天历间，追封魏郡公，谥文献。《元史》本传谓其所著有《春秋地理原委》十卷、《语孟旁通》八卷、《律吕律历礼乐杂说》三十卷、《缑山文集》十卷等，但均未见传本。《元诗选》三集有《缑山集》一卷，录其诗十一首。其诗格调高古、沉郁雄阔。生平事迹见元马祖常《石田文集》卷一一《杜文献公神道碑》、《元史》卷一九九。

徐世隆(1206—1285)　元诗人。字威卿。西华(今属河南)人。由金入元，历官翰林侍讲学士兼太常卿，户部侍郎，吏部尚书，山东、淮东道按察使。《元史》称其“有《瀛洲集》百卷、文集若干卷”，今未见传本。《元诗选》二集录其诗七首。生平事迹见元王恽《秋涧大全集》卷一九《大卿徐先生挽章》、《元朝名臣事略》卷一二、《元史》卷一六〇。

许衡(1209—1281)　元诗文家。字仲平，号鲁斋。怀州河内(今河南沁阳)人。幼颖悟不凡，稍长，嗜学如渴。后与姚枢、窦默同隐苏门，讲习理学。中统元年(1260)召为国子祭酒，未几，谢病归。至元二年(1265)复召入京，命议事中书省，七年除中书左丞，八年拜集贤大学士兼国子祭酒，亲为择蒙古弟子俾教之。十年辞归。十三年再召至京，领太史院事，修成《授时历》，十七年以疾归。卒后谥文正，封魏国公。衡乃元开国大儒，其诗古朴坦诚，自成一家。其文章自然明白醇正，乃典型的理学家之作。著有《读易私言》、《鲁斋遗书》。生平事迹见《元史》卷一五八。

商挺(1209—1288)　元散曲家。字孟卿，一作梦卿，号左山老人。曹州济阴(今山东曹县)人。年二十四汴京破，北走与元好问、杨奂游。东平严忠济辟为经历，出判曹州。蒙古宪宗三年(1253)入侍忽必烈于潜邸，遣为京兆宣抚司郎中，就迁副使。中统元年(1260)佥陕西行省事，二年进参政。四年迁四川行枢密院事。至元元年(1264)入京拜参知政事。六年同签枢密院事，八年升副使。九年出为安西王相。十六年坐事罢。二十年复枢密副使，以疾免。卒后赠太师鲁国公，谥文定。有诗千余篇，惜多散佚。《元诗选癸集》存其诗四首。《全元散曲》从《阳春白雪》辑其小令十九首，多写恋情及四季风景。生平事迹见《元史》卷一五九、《元朝名臣事略》卷一一。

杨云鹏 一名杨鹏。元诗人。字飞卿。韩城（今属陕西）人。生于金，金末曾任详议官。早年从师李献能。入元后，客居东平（今属山东）达二十年之久，以元好问为知己，每有新作，必寄之。曾辑诗二千余首，号《陶然集》，请元好问作序。然此诗集未见传本。《元诗选》三集仅选其诗十九首，亦题为《陶然集》，并引元好问序曰："裕之序其诗，万虑洗然，深入空寂。荡元气于笔端，寄妙理于言外。" 其诗沉郁苍劲，七律近元好问。生平事迹见《元诗选》三集、金元好问《元遗山先生全集》卷三七《陶然诗集序》。

王义山（1214—1287） 元诗人。字元高，号稼村。富州（今江西丰城）人。精《易》学，善词赋。宋末进士。历永州户曹，升通判瑞安军府事。至元十七年（1280）被荐掌江西学事，一年后，退老于东湖之上，环所居皆莲花，因名其堂曰"君子"以自况。又题所居祖宅曰"稼村"。从学者称为稼村先生。《四库全书总目》称其为文"往往自出新意"。其论诗有"吾闻诗之天，不在巧与新，纤秾寄淡泊，清峭寓简淳"（《跋杨中斋诗词集》）之句。著有《稼村类稿》。《元诗选》二集录其诗十四首。生平事迹见《稼村类稿》卷二九《稼村自撰墓志铭》、《宋元学案补遗》卷八八。

刘秉忠（1216—1274） 元诗人。初名侃，曾从释氏，法名子聪，拜官后始更名秉忠；字仲晦，号藏春散人。邢州（今河北邢台）人。海云禅师过云中，闻其博学多才艺，邀与俱行，同见世祖。其论天下事如指诸掌，世祖甚爱之，遂留藩邸。中统元年（1260）世祖即位，一时典章礼乐规模制作，皆由其草定，时人称之为"聪书记"。至元元年（1264）拜光禄大夫，位太保，参领中书省事。在官以天下为己任，凡有关国家大体者，知无不言，言无不听。卒后赠太傅，谥文贞。其自幼好学，至老不衰，虽位极人臣，犹斋居蔬食，终日淡然，不异平昔。工诗词，有《刘文贞集》三十二卷、《藏春集》六卷。史称其诗萧散闲澹，类其为人。生平事迹见《元史》卷一五七、《藏春集》附张文谦为撰《行状》。

梁进之 元杂剧作家。大都（今北京）人。历任警巡院判、除县尹，又除大兴府判，后知和州。与关汉卿为世交。孙楷第据孙德谦辑《善夫先生集·与杨春卿书》考知乃杜善夫妹婿，善医，为"医之翘楚"，由金入元（《元曲家考略》）。贾仲明《凌波仙》词吊云："行文高古尊韩柳，诗宗李杜流。"然其诗文今不见传。所著杂剧《东海郡于公高门》、《赵光普进梅谏》二种皆佚。《太和正音谱》称其词"如花里啼莺"。生平事迹见《录鬼簿》。

王修甫（约1218—约1273） 元散曲家。东平（今属山东）人。曾受荐举。与王恽交善，恽称其"樊川风调锦囊诗"，"望君冠盖凤凰池"（《赠王修甫》）。至元十年（1273）许，恽又作《挽王修甫》诗，谓其"少日才情惊小杜"、"五十五年成底事"。《全元散曲》辑存其套数两套。生平事迹见孙楷第《元曲家考略》。

石子章 元杂剧作家。名建中，以字行。祖籍柳城（今辽宁朝阳）人。石晋之后。曾寓居大都（今北京），客游真定（今河北正定），后家于郑南（今河南郑州，一说今陕西汉中）。金亡后曾随乌古孙仲端出使西域。与元好问、李显卿、张肃、陈祐、王旭等交游友善，此数人多有寄赠子章之诗，则子章亦由金入元时人。为人"疏狂放浪无拘禁"（《录鬼簿》补吊词）。所作杂剧二种：《秦修然竹坞听琴》今尚存；《黄桂娘秋夜竹窗雨》仅存残曲一套，见《元人杂剧钩沉》。《全元散曲》辑存其散套一套。《太和正音谱》评其词"如清风爽籁"。生平事迹见《录鬼簿》、孙楷第《元曲家考略》。

王和卿 元散曲家。大名（今属河北）人。"滑稽佻达，传播四方"，中统初，因赋〔醉中天〕《咏大蝴蝶》，"由是其名益著"，与关汉卿交善，而卒年在关前。《全元散曲》辑存有小令二十一，套曲一，残套二，亦多有滑稽嘲谑，或借以讽世，笔调辛辣夸张，语言俚俗俳谐。孙楷第《元曲家考略》考见中统元年行中书省架阁仓官有太原人王和卿，又有蔚州人王鼎字和卿（1242—1320），以籍贯未合，未知与曲家王和卿是否一人。生平事迹见《录鬼簿》、元陶宗仪《辍耕录》卷一三。

李文蔚 元杂剧作家。真定（今河北正定）人。少与白朴、王思廉友善，从元好问、李治、张德辉等金遗老游于封龙山。至元十七年（1280）后，曾寄书白朴，时白已五十五岁，其年岁当相近。至元中尝任江州路瑞昌县尹。著有杂剧十二种，今存《圯桥进履》、《燕青博鱼》、《蒋神灵应》三种，其余《题红怨》、《李夫人》、

《浇花旦》、《东山高卧》、《石州慢》、《鱼雁传情》、《芭蕉雨》、《推车旦》、《燕青射雁》九种皆佚。《太和正音谱》评其词"如雪压苍松"。生平事迹见《录鬼簿》、孙楷第《元曲家考略》。

杨显之　元杂剧作家。大都(今北京)人。与关汉卿为莫逆交,凡有文辞,每相切磋修改,时人号为"杨补丁"。曲家王元鼎称之为师叔,名女优顺时秀称之为伯父,可见其知名曲坛。所著杂剧九种,今存《临江驿潇湘夜雨》、《郑孔目风雪酷寒亭》二种,余《黑旋风乔断案》、《借通县跳神师旦婆》、《报冤两世小刘屠》、《蒲鲁忽刘屠大拜门》、《萧县君风雪酷寒亭》(旦本)、《丑驸马射金钱》、《刘泉进瓜》七种皆佚。《太和正音谱》评其词"如瑶台夜月"。生平事迹见《录鬼簿》。

王仲文　元杂剧作家。大都(今北京)人。贾仲明《凌波仙》吊词云:"仲文踪迹住金华,才思相兼关郑马。"孙楷第据元黄溍为史惟良所作《史公神道碑》中"惟良少受学前进士王仲文"等语,考证王为金末进士,由金入元者,至元末尝为史惟良授学。所作杂剧十种,今存《不认尸》一种,仅存残曲者有《五丈原》、《张良辞朝》两种,其余《董宣强项》、《王祥卧冰》、《锦香亭》、《王孙贾》、《韩信乞食》、《石守信》、《诸葛祭风》七种皆佚。《太和正音谱》评其词"如剑气腾空"。生平事迹见《录鬼簿》、孙楷第《元曲家考略》。

关汉卿　元曲家。号已斋叟,一说"名一斋,字汉卿"。大都(今北京)人,又有祁州(今河北安国)伍仁村人(清乾隆《祁州志》)、解州(今山西运城)人诸说。生卒年约有三说:(一)元末郏经《青楼集序》、杨维桢《元宫词》谓为"金遗民"、"大金优谏";赵万里、郑振铎皆主其说,卒年赵考为约至元十七年(1280),郑考为约大德二年(1298)。(二)胡適、吴晓铃、王季思主生于金末(1224—1230),卒于约大德四年(1300)。(三)冯沅君、孙楷第主生于蒙古时代(1240—1250),卒于延祐末或更晚。身分亦有太医院尹、金太医院尹、"入元不仕"、太医院户诸说。《析津志》又列之于《名宦传》,云其"生而倜傥,博学能文,滑稽多智,蕴藉风流,为一时之冠"。《青楼集序》称其"不屑仕进,乃嘲风弄月,流连光景,庸俗易之,用世者嗤之"。贾仲明《书录鬼簿后》称之为"前辈玉京书会燕赵才人",并于《凌波仙》挽词誉之为"驱梨园领袖,总编修师首,捻杂剧班头"。其散曲《不伏老》还自述擅长围棋、蹴鞠、打围、歌舞、吹弹、篆籀、吟诗、双陆等多种技艺。《元曲选序》中则述其常"躬践排场,面傅粉墨,以为我家生活,偶倡优而不辞"。于当时剧坛享名极盛,致后起之杂剧作家如高文秀、沈和辈,被人称为"小汉卿"、"蛮子关汉卿"。与当时剧作家杨显之、梁进之、费君祥,散曲家王和卿,名艺人朱帘秀等皆有交往。宋亡后曾到过杭州等地。所著杂剧共六十余种,今存《窦娥冤》、《救风尘》、《拜月亭》、《望江亭》、《调风月》、《单刀会》、《西蜀梦》、《蝴蝶梦》、《绯衣梦》、《玉镜台》、《金线池》、《谢天香》、《哭存孝》、《鲁斋郎》、《五侯宴》、《陈母教子》、《裴度还带》等十七种,后四种今人或疑非其作,然乏确证;仅存残曲者有《哭香囊》、《春衫记》、《孟良盗骨》三种;仅存剧目者有《破窑记》、《哭魏徵》、《三负心》、《玉堂春》、《万花堂》等四十六种。散曲今存套数十三、残套二、小令五十七。其杂剧题材广阔,内容丰富,多揭露封建社会之黑暗腐败,表现人民,特别是青年妇女之苦难遭遇和反抗精神,塑造了窦娥、赵盼儿、谭记儿、王瑞兰、燕燕等不同类型的妇女形象。人物个性鲜明,戏剧冲突强烈,关目生动曲折,结构布局严整,语言本色精练。王国维比之为司马迁、白居易、柳永,言其能"一空依傍,自铸伟词,而其言曲尽人情,字字本色,故当为元人第一"(《宋元戏曲考》)。自周德清《中原音韵》以迄明清,皆以"关、马、郑、白"并称为"元曲四大家"。其《窦娥冤》、《拜月亭》、《单刀会》、《望江亭》等剧,为南戏、明传奇及后起之地方戏或改编,或吸收为一折,七百年来上演不衰。其散曲多婉约幽默,"造语妖娇,却如少女临杯,使人不忍对殢"(贯云石《阳春白雪序》)。今人编有《关汉卿戏曲集》、《关汉卿全集校注》。生平事迹见《录鬼簿》、《元史类编》卷三六、谭正璧《元曲六大家略传》。

费君祥　元杂剧作家。字圣父。大都(今北京)人。与关汉卿相友善。著《爱女论》行于当时。所著杂剧仅《才子佳人菊花会》一种,今佚。子唐臣,亦杂剧作家。生平事迹见《录鬼簿》。

朱晞颜(1221—1279)　元文学家。字景渊。长兴(今属浙江)人。初因能"国书"(蒙古文)而被选为平阳州蒙古掾;又为长林丞,司煮盐赋;后曾为江西瑞州监税。早年笃志于学,居阛市而能伏案危坐,牟巘称其为"廛隐"。入仕后,为良吏,士大夫多从之游。尝与杨载、揭傒斯、鲜于枢唱和往还,颇受影响。焦竑《国史经籍志》载其有《瓢泉集》四卷,而世无传本。《四库全书》从《永乐大典》中辑出其诗二卷、词一

家。字彦高，号野斋。林州(今属河南)人。少习刀槊，能挽强弩。至元二年(1265)，上书言事，廉希宪赏其才，授山东统军司知事，屡立战功。官至安远大将军、广东宣慰使。工诗，多江关戎马之作。柳贯称其"横槊赋诗，下马草檄，虽古良将复出，未敢多让"(《柳待制文集》卷八)。著有《野斋集》。《元诗选》二集录其诗十首。生平事迹见《元史》卷一六五。

魏初(1232—1292)　元诗人。字太初，号青崖。顺圣(今河北阳原)人，魏璠之养子。幼而好学，曾受业于元好问，文简而有法，世祖雅重之。历官国史院编修，监察御史，陕西河东按察副使，治书侍御史，江西按察使，御史中丞。曾上书请优待儒户及禁止役使工匠。著有《青崖集》十卷，今存辑本五卷，收入《四库全书》。《元诗选癸集》录其诗一首。能为词，《全金元词》录其词四十三首。生平事迹见元王恽《秋涧大全集》卷八〇《中堂事记》、《元史》卷一六四。

陈思济(1232—1301)　元诗人。字济民，号秋冈。柘城(今属河南)人。弱冠事世祖于潜邸。至元六年(1269)授高唐知州，除监察御史，改知沁州。累迁两浙盐运史、湖南廉访使、池州路总管，改江西廉访使，所至皆有政绩。大德五年(1301)佥河南江北等处行中书省事。卒后谥文肃。虞集《陈文肃公秋冈诗集序》谓其"平生文章之出，沛如泉原之发挥，而波澜之无津；譬如风云之变化，而舒卷之无迹"(《道园学古录》卷三三)。《元诗选》二集辑有《秋冈先生集》一卷。生平事迹见元虞集《道园学古录》卷四二《谥文肃陈公神道碑》、《元史》卷一六八。

侯克中(约1233—约1328)　元曲家、诗人。字正卿，号艮斋。真定(今河北正定)人。曾居汴梁(今河南开封)，至元中徙居浙中。幼丧明，聆群儿诵书，不终日能悉记其所授。稍长习词章，自谓不学可造诣。既而悔之，乃精心读《易》。著有《大易通义》，泰定二年(1325)付梓，诗人袁桷为之序。与曲家白朴为总角交，与名公曲家史天泽、徐琰、胡祗遹等亦相善，有诗文往还。年九十余尚健在。有《艮斋诗集》十四卷行世。其诗多涉理路，颇近邵康节体，而抒情写景亦有足资讽咏者。所作杂剧仅《关盼盼春风燕子楼》一种，今不传。《全元散曲》辑存其散曲二套。生平事迹见元袁桷《清容居士集》卷二一《大易通议序》及王国维《曲录》二。

撖举　元诗人。字彦举。陕州(今河南陕县)人。原不解文字，后自学作诗，出语奇特。郝经、王恽皆与之相识。郝经《与撖彦举论诗书》中称其"瑰丽奇伟，固非时下所及，然工于句字而乏风格"。王恽《员先生传》中附载其小传，言其客死保塞(今河北清苑)。其诗《函谷道人集》三卷，元时曾刊行，已佚。今仅鲜于枢《困学斋杂录》存其佚诗五首。《录鬼簿》列为曾作"乐府"之"名公"。生平事迹见《元诗选癸集》、孙楷第《元曲家考略》。

卢亘(？—1314)　元诗人。字彦威。汲郡(今河南卫辉)人。博学，善为文，尤工诗。元贞间，以拟著《滕王阁记》而受知于姚燧，荐为国史院编修，时年二十四。历翰林应奉、修撰，进待制。袁桷《卢彦威与余同为待制……感怆写情》诗有句云："诗艳欲追长吉制，词新深爱小蛮歌。"(《清容居士集》卷一六)《元诗纪事》谓其送邓文原十首"格调规仿唐人，而气骨成就，意象老苍"。《元诗选》二集辑有《彦威集》一卷并附有其小传。

高文秀　元杂剧作家。东平(今属山东)人。曾为东平府学生员，早卒，都下人称"小汉卿"，其创作年代当在关汉卿之后。孙楷第《元曲家考略》谓其至元十七年(1280)任溧水县达鲁花赤或曾任山阴县尹。但天一阁蓝格抄本《录鬼簿》中贾仲明所补高文秀吊词，有"早年卒不得登科"句，可证高氏未曾入仕。剧作多以历史故事及传说中侠客义士为题材，其中黑旋风故事剧即达八种，对后来《水浒传》李逵形象的塑造颇有影响。不少作品表现了正义压倒邪恶、弱者终胜强敌之主题。曲词通俗奔放，风格与关汉卿相近，《太和正音谱》称其词如"金瓶牡丹"。青木正儿《元人杂剧概说》赞誉高、关同为本色派中之豪放激越者。所作杂剧达三十四种，数量仅次于关汉卿。其《好酒赵元遇上皇》、《黑旋风双献头》、《刘玄德独赴襄阳会》、《须贾大夫谇范雎》、《保成公径赴渑池会》五种，今存；《周瑜谒鲁肃》一种，残存第二折曲词，见《元人杂剧钩沉》；其余《黑旋风诗酒丽春园》、《黑旋风乔教学》、《黑旋风借尸还魂》、《黑旋风斗鸡会》、《黑旋风敷演刘耍和》等二十八种皆佚。生平事迹见《录鬼簿》、孙楷第《元曲家考略》。

郑廷玉　元杂剧作家。彰德(今河南安阳)人。《太和正音谱》称其词"如佩玉鸣銮"。日本青木正儿则列之于本色派中敦朴自然者一类(《元人杂剧概说》)。所作杂剧见于著录者共二十三种，其《楚昭公疏者下船》、《看钱奴买冤家债主》、《包待制智勘后庭花》、《布袋和尚忍字记》、《宋上皇御断金凤钗》、《崔府君断冤家债主》六种今存，余《吹箫女悔教凤凰儿》、《风月郎君双教化》、《子父梦秋夜栾城驿》、《老敬德鞭打李焕》、《曹伯明复勘赃》等十七种，皆佚。作品虽显露宿命、轮回思想，但对社会贫富悬殊的现象多有指责。擅写公案戏，以朴实见长。生平事迹见《录鬼簿》。

武汉臣 元杂剧作家。山东济南人。所著杂剧十二种，今存《包待制智赚生金阁》、《散家财天赐老生儿》、《李素兰风月玉壶春》三种，仅存残曲者《虎牢关三战吕布》一种，余《女元帅挂甲朝天》、《四哥哥神助提头鬼》、《抱侄携男鲁义姑》、《曹伯明错勘赃》、《赵太祖创立天子班》、《穷韩信登坛拜将》、《郑琼娥梅雪玉堂春》、《谢琼双千里关山怨》八种皆佚。《太和正音谱》称其词"如远山叠翠"。生平事迹见《录鬼簿》、清姚燮《今乐考证》。

刘清叟 元诗人。字立雪。江西人，县籍不详。约元世祖至元末年(1294)前后在世。与邓剡为同门友，宋末连举不第，着意于诗，鳏居独处。入元后隐居不出，年至七十余岁，当卒于大德以后。著有《立雪稿》。《元诗选》二集录其诗十九首并附其生平事迹。

姚燧(1238—1313) 元文学家。字端甫，号牧庵。洛阳(今属河南)人。姚枢之侄。初从许衡学，并助教贵胄子弟于国子监，年近四十出仕，始任陕西、四川、中兴等路学校提举，曾奉命招降王立于钓鱼城，任陕西汉中道按察司副使，改山南湖北道按察副使，所至以兴学赈民为务。至元末年，任翰林直学士、大司农丞，翰林学士承旨知制诰。元贞初曾参与负责纂修《世祖实录》。著有《牧庵文集》五十卷，已散佚。今存《牧庵集》三十六卷。《元史》本传称其文"闳肆该洽，豪而不宕，刚而不厉，舂容盛大，有西汉风……盖自延祐以前，文章大匠莫能先之"。诗名不及其文。《元诗选》二集录其诗二十首，其中《萑苇叹》一篇，写江淮人民缴纳草料之苦，为同时诗家中少见。词作疏放，似学东坡而才力不及。《全金元词》录其词四十九首。其中《贺新郎·杜宇为谋拙》一首，责怪杜宇不善治国，化为杜鹃不应啼血，设想别致。散曲多散佚，隋树森《全元散曲》从《阳春白雪》、《太平乐府》诸书中辑得小令二十八首，套曲一篇。其《寄征衣》一首，语浅情深，传诵不衰。生平事迹见《牧庵集》附录《年谱》、《元史》卷一五八。

王思廉(1238—1320) 元诗人。字仲常。真定获鹿(今河北鹿泉)人。幼师元好问，长而仕元。官至集贤学士，授太子宾客、翰林学士承旨、资善大夫。《元诗选癸集》录其诗二首。生平事迹见《元史》卷一六〇。

钱选(1239—1301) 宋元之际诗人、画家。字舜举，号玉潭，别号习懒翁、雪川翁、清臞老人。吴兴(今浙江湖州)人。善画。与赵孟頫八人并称吴兴"八俊"，赵被荐入朝，诸人皆相附以取官爵，独选流连诗画，不屑仕进。元末名画家黄公望深赞其学问人品。遗诗有《习懒斋稿》，多为题画之作，风格雅淡。《元诗选》二集录其诗二十五首。生平事迹见《大明一统志》卷四〇、清陆心源《仪顾堂集》卷一四《钱选传》。

史樟(约1240—约1288) 元戏曲家。字敬先，一作敬仙，号散仙；元初名臣史天泽次子，大排行第九，故又称史九敬先(仙)、史九散仙。祖籍永清(今属河北)，后居真定(今河北正定)。先以荫袭为真定顺天万户，后以军功任武昌万户、金吾元帅等职。然爱庄、列之学，遂弃官入道，常麻衣草履云游四方，虽出纨绔之间而无豪贵之习。著杂剧《老庄周一枕蝴蝶梦》一种，今尚存。另据清张大复《寒山堂曲谱》，宋元南戏《东墙记》，题名"九山书会捷机史九敬先著"，《李勉》之下题名"史九敬先、马致远合著"。是否即史樟，尚存争议。生平事迹见王恽《秋涧集》卷六六《九公子画像赞》、《元史》卷一五五。

陈孚(1240—1303) 元诗人。字刚中，号笏斋。临海(今属浙江)人。元世祖时，以布衣上《大一统赋》，被任为上蔡书院山长，后历任翰林待制兼国史院编修官、台州路总管府治中。至元末，以副使身分出使安南，不辱使命。大德七年(1303)，上书斥责浙东元帅脱欢察儿怙势立威、不恤民隐等罪状，又发仓赈民。以此过劳成疾，病卒于家。《元史》本传记其作诗为文"大抵任意即成，不事雕斫"。著有《观光稿》、《交州稿》、《玉堂稿》等。有《陈刚中诗集》传世。生平事迹见《元史》卷一九〇、明徐象梅《两浙名贤录》。

刘壎(1240—1319) 元诗人、理学家。字起潜，别号水村。南丰(今属江西)人。宋末以诗文鸣。宋亡入元，任延平教授。研经究史，网罗百氏。曾作《补史十忠诗》以哀悼宋末死节义士李芾、文天祥、陆秀夫、张世杰、李庭芝、张珏等十人，为时所称。论诗主张"以厚伦美化为本，非曰谐俗寄情而已"(《补史十忠诗·序》)。

著有《经说讲义》、《哀鉴》、《英华录》、《隐居通议》等，诗集有《水云村稿》。《元诗选》二集录其诗十八首。生平事迹见元吴澄《吴文正集》卷七一《故延平路儒学教授南丰刘君墓表》。

汤炳龙（1241—约1323）　元诗人、学者。字子文，号北村老民。原为山阳（今江苏淮安）富家，家破后流寓京口（今江苏镇江）。辟庆元市舶提举。学问渊博，善谈论。于《四书》、《五经》皆有传注，尤精于《易》。诗歌甚工。元戴表元《汤子文诗序》曰："子文诗肆丽清邃，乃一如丘园书生、山林处士之作，搜罗虫鱼，抉摘烟霞。"（《剡源文集》卷九）著有《北村诗集》。生平事迹见《元诗选》三集。

卢挚（约1242—约1315）　元文学家。字处道，一字莘老，号疏斋，又号嵩翁。颍川（今属河南）人，祖籍涿郡（今河北涿州）。弱冠由诸生入仕，为元世祖侍从。至元十二年（1275）起，先后出任燕南河北道、江东道提刑按察副使，转陕西道按察使、河南路总管。大德初授集贤学士大中大夫，持宪湖南。复入为翰林学士，迁承旨。大德末致仕卜居宣城。与姚燧、刘因、吴澄、程钜夫等文坛宿旧交厚，与曲家白朴、马致远、贯云石、张可久、刘致，诗人揭傒斯、张之翰、宋褧、张雨，名优珠帘秀、张怡云、杜妙隆、解语花等皆有酬唱。诗文有《疏斋集》行于世。论著有《文心选诀》和《文章宗旨》。元吴澄评其"所作古诗类魏晋清言；古文出入盘诰中"（《新元史·文苑传》引）。元苏天爵则称其诗"始以清新飘逸为之倡"（《滋溪文稿》卷二九《书吴子高书稿后》）。文与姚燧齐名，诗与刘因比肩（《元诗选·疏斋集》）。《全元散曲》存其小令一百二十首，多抒情写景、咏史怀古之作。元贯云石《阳春白雪序》评曰："疏斋妩媚，如仙女寻春，自然笑傲。"今人李修生辑笺《卢疏斋集辑存》四卷，收诗、文、词、曲各一卷，并附《年谱》。生平事迹见《新元史》卷二三七及《天下同文集》卷五、卷一九、卷二三、卷二四中所收卢挚《移岭北湖南道肃政廉访司乞致仕牒》等文。

王实甫　元杂剧作家。名德信，以字行。大都（今北京）人。约与关汉卿同时而稍后。今人王季思等考证其杂剧创作活动在成宗元贞大德年间（1295—1307）。孙楷第复考证元代名臣王结之父名德信，祖籍易州定兴（今属河北）人，后徙家中山（今河北定州）。曾任县尹，"治县有声，擢拜陕西行台监察御史。与台臣议不合，年四十余即弃官不复仕。累封中奉大夫，河南行省参知政事，护军，太原郡公"。妻"张氏，封太原郡夫人"。事见元苏天爵《滋溪文稿》卷二三《王结行状》。此文作于后至元三年（1337），以其有封而无赠，知德信夫妇彼时犹存，年约近八十（《元曲家考略》）。《元史》卷一七八有《王结传》。《全元散曲》今存王德信《集贤宾·退隐》散套中"百年期六分甘到手"、"想着那红尘黄阁昔年羞"，"且喜的身登身登中寿。有微资堪赡赒，有亭园堪纵游"等句，确曾为官而中道退隐，六十岁尚"诗酒风流"、"抱孙孙儿成愿足"。然其卒年与《录鬼簿》"前辈已死名公才人"不符，故王结之父是否即曲家德信，尚无定论。所作杂剧十四种，其中《崔莺莺待月西厢记》、《吕蒙正风雪破窑记》、《四丞相歌舞丽春堂》三种今尚存；《苏小卿月夜泛茶船》、《韩彩云丝竹芙蓉亭》二种，各存一套，见《元人杂剧钩沉》；余《才子佳人多月庭》、《作宾客陆绩怀橘》、《厚阴德余公高门》、《曹子建七步成章》、《诗酒丽春园》、《赵光普进梅谏》、《孝父母明达卖子》、《双渠怨》、《娇红记》九种皆佚。又《曲海总目提要》以《古名家杂剧》本中《月明和尚度柳翠》亦为实甫作，然未云何据。其《西厢记》被后人誉为"北曲之冠"，流传极广。散曲仅存小令一、套数一、残套一，见《全元散曲》。元末贾仲明称其"作词章，风韵美，士林中等辈伏低"（《凌波仙》吊词）。《太和正音谱》评其词"如花间美人"，"铺叙委婉，深得骚人之趣。极有佳句，若玉环之出浴华清，绿珠之采莲洛浦"。王骥德《曲律》更以实甫未与"元曲四大家"之列而深致不平，言"世称曲手，必曰关、马、郑、白，顾不及王，要非定论"。近人曾将实甫、乔吉并关、马、郑、白合称"元曲六大家"。生平事迹见《录鬼簿》。

张伯淳（1243—1302）　宋元之际诗人、书法家。字师道。崇德（今浙江桐乡）人。宋末举进士，累除太学录。入元后，历任杭州路儒学教授、翰林直学士、庆元路总管府治中等，大德四年（1300）拜侍讲学士。与赵孟頫、邓文原交厚，皆长于书法。《四库全书总目》称其文源出韩愈，多谨严峭健，得立言之体。后人对其诗评价不高，清顾嗣立云："师道古诗，语意肤浅，近体率皆应酬之作，全篇殊不足观。而佳句颇多……觉意深语健，耐人吟讽也。"（《元诗选》二集）著有《养蒙先生集》。《元诗选》录其诗五十四首。《全金元词》录其词二十二首。生平事迹见元程钜夫《雪楼集》卷一七《翰林侍讲学士张公墓志铭》、《元史》卷一七八。

刘敏中（1243—1318）　元文学家。字端甫，号中庵。章丘（今属山东）人。早年受知于杜仁杰。至元十一年（1274）由中书省掾擢兵部主事，拜监察御史。权臣桑哥秉政，遂辞归故里。后起为燕南肃政廉访副使，入为国子司业，迁翰林学士。大德七年（1303）以宣抚使巡行辽东诸郡，除东平路总管，擢陕西行台治书侍御史。大德九年，召为集贤学士，议中书省事。武宗即位，召至上京，庶政多所更定。旋拜河南行省参政，改治书侍御史，出为淮西廉访使，转山东宣慰使，拜翰林学士承旨，以疾辞归。延祐五年卒，追封齐国公，谥文简。其为人，每以时事为忧。其为文，理备辞明。著有《中庵集》二十五卷。《四库全书总目》称其“诗文率平正通达，无勾章棘句之习”。韩性《中庵集序》亦谓其“不藻绘而华，不琢镂而工”。生平事迹见《元史》卷一七八。

戴表元（1244—1310）　元文学家。字帅初，一字曾伯，别号剡源先生。奉化（今属浙江）人。受业于王应麟、舒岳祥。宋度宗咸淳中入太学，登进士乙科，任建康府教授。后迁临安教授，行户部掌故，皆不就。元初寓居于鄞（今浙江宁波），大德八年（1304）为信州教授。调婺州，以疾辞。其后翰林集贤以修撰、博士二职交荐，仍以老疾不应。著有《剡源集》三十卷。其学识渊博，文清深雅洁，诗多伤时悯乱悲忧感愤之词。悯宋末文风之萎靡，慨然以振起斯文为己任，为至元、大德间文章大家，名重当时。生平事迹见元袁桷《清容居士集》卷二八《戴先生墓志铭》、《元史》卷一九〇。

萧国宝　元诗人。字君玉，号辉山。山阴（今浙江绍兴）人。以乡举官吴江，遂家焉。有《辉山存稿》一卷，仅存诗二十四首。乃其嗣子萧英所编，东鲁孔涛为之序。《元诗选》初集有《辉山存稿》一卷，录其诗十二首，并谓孔序“称其握瑜怀璞，韫而不沽，发而为诗，皆有补于世道”。生平事迹见《元诗选》初集。

文矩（？—1323）　元诗人。字子方。长沙（今属湖南）人。起家湖南宪司书吏，大德十一年（1307）授荆湖北道宣慰司照磨，补刑部宗正，历秘书监校书郎、著作郎。延祐间改翰林修撰，兼国史院编修官。至治元年（1321）奉使安南，还进太常礼仪院判官。工诗文，吴澄志其墓，称其“文章歌诗，虽疏宕尚气，有陈事风赋之志焉，惜其未传而遽止也！”（《吴文正集》卷八〇）赵孟頫赠诗有“我友文子方，其人美如玉。高谈动卿相，惠利厚风俗。文章多古意，清切绿水曲”之句（《松雪斋文集》卷二）。《元诗选》二集辑有《子方集》一卷。生平事迹见元吴澄《吴文正集》卷八〇《故太常礼仪院判官文君墓志铭》。

何失　元诗人。字得之。昌平（今属北京市）人。以织帽纱为业。负才气，善诗赋，思致不凡。与高克恭、鲜于枢同学为诗。至正间，公卿交荐，以亲老不就，年八十而终。其诗集散亡。《元诗选》二集辑有《得之集》一卷。生平事迹见《元书》卷八九。

王圭　元诗人。字敬仲。宣城（今安徽宣州）人。尝与戴表元、郭麟孙唱和，尤工五言。戴表元《题王敬仲野亭》诗有“披衣晓斋伴云坐，散发夜凉须月眠”，“问君生涯几何许，笑指渺漠沧洲烟”之句（《剡源文集》卷二八）。《元诗选》三集辑有《敬仲集》一卷。生平事迹见《元诗选》三集。

荆幹臣　元散曲家。东营（今辽宁辽阳）人。生于豪族。自幼游学于燕，交游宿儒名士。至元三年（1266）立制国用使司，首蒙选拔，以宿卫入仕。八年官奉训大夫彰德路转运副使，为武安县书《文庙瑞芝记》。十一年、十八年两次从忻都、范文虎等东征日本，为征东都元帅府参军书记、参议。王恽有《送荆书记幹臣北还诗并序》，称其诗“清雄奇丽”（见《秋涧集》卷二三）。李庭《寓庵集》卷四《送荆幹臣诗序》亦称其诗“语意天出，清新赡丽”。其诗今不传。《全元散曲》仅存其套数二套。《太和正音谱》评其曲“如珠帘鹦鹉”。生平事迹见孙楷第《元曲家考略》。

张时起　元杂剧作家。字才英，一作才美。东平（今属山东）人。府学生员。居长芦（今河北沧州西）。所著杂剧《昭君出塞》、《赛花月秋千记》、《霸王垓下别虞姬》、《沉香太子劈华山》四种，皆佚。《太和正音谱》评其词“如雁阵惊寒”。生平事迹见《录鬼簿》。

甘泳（？—1290）　元诗人。字中夫，一字泳之，号东溪子。崇仁（今属江西）人。性刚正，不随时俗。年二十余，浪迹东南，读前人书而不拘于古，尤工诗。《元诗选》引黄大山序其诗云：“高不诞，深不晦，劲不粗，全体似李贺而不涉于怪怪奇奇。”尝赋《出岭杂言》一首，凡一千四百字，随事起义，随义炼句，古今大篇，未或过之。著有《东溪集》。生平事迹见《万姓统谱》卷六六、《元诗选》三集。

毛直方　元诗人。字静可。建安（今福建建瓯）人。工诗文，与同邑刘边、虞韶、虞廷硕并勤著述，宋末领乡荐。入元不仕，乃优游乡里，授徒讲学。延祐复科举后，其徒多中进士，遂得荐为教授。著有《聊复轩斐稿》、《冶灵稿》，又编《诗宗群玉府》、《诗学大成》等。生平事迹见《万姓统谱》卷三三、《元诗选》三集。

刘边 元诗人。字近道。建安(今福建建瓯)人。元初与同邑毛直方、虞韶、虞廷硕齐名。工诗文。与建阳熊禾友善。著有《自家意思集》、《读史摭言》等。生平事迹见《元诗选》三集。

陈英(1247—1320?) 元散曲家。字彦卿，号草庵。析津(今北京)人。沉毅有才略。至元二十九年(1292)任山东肃政廉访副使。大德七年(1303)为江西福建宣抚使，改浙东廉访使；十年迁甘肃行省参政。延祐元年(1314)，奉使河南经理钱粮，寻拜河南行省左丞。此外尚历任监察御史、沅州判官，河东、陕西、河北廉使，江南行台侍御史，泉州治中，雄州、孟州太守，平阳、潭州路总管，右司都事，大都路知事，兵马指挥使都目等职，终资善大夫、云南行中书省左丞。《录鬼簿》称其为"陈草庵中丞"，列为"前辈名公"。《全元散曲》辑存其《山坡羊》小令二十六首。生平事迹见元张养浩《归田类稿》卷五《甘肃行省创建来远楼记》、卷一二《析津陈氏先茔碑铭》。

仇远(1247—1326后) 元文学家、画家。字仁近，一字仁父，号近村，又号山村民。钱塘(今浙江杭州)人。宋咸淳(1265—1274)年间，诗名与白珽并称吴下，人谓"仇白"。又与赵孟頫、戴表元、方回、鲜于枢、吾丘衍等为诗友，常相赠答。元至元中(1279年前后)应荐为溧阳(今属江苏)州学教授。晚年谢事，与方士游。名山胜地、佛刹灵区，多所题咏。方回《仇仁近诗序》言其作诗近体学习唐人，古体效法《文选》。释弘道赠诗云："吾爱山村友，诗工字亦工。波澜唐句法，潇洒晋贤风。"(见《元诗选》二集小传)。遗著有《金渊集》、《山村遗集》、《无弦琴谱》、《稗史》等。其《书与士瞻上人》七律云："末俗由来不贵儒，小夫小妇恣揶揄……咸平处士(林逋)真堪羡，死守梅花住里湖。"对元朝轻视儒士的风气，颇致不满。生平事迹见《弘治溧阳县志》卷四、《万历杭州府志》卷七五、《元书》卷八九。

高克恭(1248—1310) 元诗人、画家。字彦敬，号房山。其先西域色目人，父祖随元军进据中原，遂定居大都(今北京)房山。至元十二年(1275)任工部令史，始入仕途。二十五年累迁监察御史，历中书都事、兵部郎中，出为江淮行省郎中。大德元年(1297)除南台治书侍御史，历工部、吏部侍郎，改刑部，升刑部尚书。入京朝觐时，病逝于城南客寓。谥文简。好写墨竹。山水画造诣精绝，兼工诗。赵孟頫题诗有"国朝名笔谁第一？尚书醉后妙无敌"之句。柳贯谓其诗"思与境会，脱口成章，自有一种奇秀之气"(《柳待制文集》卷一八)。著有《房山集》，久已散佚，仅有数十首诗散见于《元诗选》、《元文类》等书中。其诗多为五七言绝句，尤以七绝最佳。生平事迹见元邓文原《巴西集》卷下《故大中大夫刑部尚书高公行状》、《元史类编》卷三六。

白珽(1248—1328) 元诗人。字廷玉，号湛渊、栖霞山人，又寓名唐楚友以参加月泉吟社。钱塘(今浙江杭州)人。早年曾执教于藏书之家，昼录夜诵，学业大进，宋末与仇远同以诗知名。元初应荐为江浙等处儒学副提举，淮东盐仓大使，兰溪州判。晚年结庐西湖之金沙滩，归老于栖霞山。著有《湛渊集》二十卷，已散佚；今存《湛渊遗稿》三卷，为清人沈景梁辑。另存《湛渊静语》二卷。《元诗选》二集录其诗四十八首。生平事迹见明宋濂《宋文宪公全集》卷一九《元故湛渊先生白公墓铭》、《万历杭州府志》卷七五、《元书》卷八九。

刘因(1249—1293) 元文学家。初名骃，字梦骥，后改因；字梦吉，号静修。容城(今属河北)人。得南宋入元理学家传授程朱之书，杜门深居，专精理学，以教授为生。爱诸葛亮"静以修身"之语，名所居曰"静修"。世祖至元十九年(1282)征召入朝，授承德郎、右赞善大夫。不久以母病辞归。二十八年再召为集贤学士、嘉议大夫，坚辞不就。卒于家。仁宗延祐中，赠翰林学士、追封容城郡公，谥文靖。曾自编其诗为《丁亥集》，诗风平正通达，力矫时弊。后人为之编《静修先生文集》，有影印元刻本。生平事迹见元苏天爵《滋溪文稿》卷八《静修先生刘公墓表》、《元史》卷一七一。

程钜夫(1249—1318) 元文学家。初名文海，避武宗讳以字行；号雪楼。建昌(今江西永修)人。元兵南下，从季父入觐燕京，授管军千户。世祖见而奇之，改应奉翰林文字，累迁翰林集贤直学士。复拜侍御史，行御史台事，奉诏求贤于江南。荐赵孟頫等二十余人。大德八年(1304)，召为翰林学士。武宗朝，进翰林学士承旨。延祐初，议行贡举法。三年，以病求去，加光禄大夫。敕行省时加存问。居三年卒。其仪状峻伟,音吐如钟。所著有《雪楼集》三十卷。虞集谓宋季士习卑陋,公“以平易正大之学,振文风,作士气。今代古文之践,实自公倡之”(《元诗选·程钜夫小传》引)。生平事迹见《雪楼集》附录揭傒斯《元故翰林学士承旨程公行状》、《元史》卷一七二。

胡长孺(1249—1323) 元诗人。字汲仲,号石塘。婺州永康(今属浙江)人。性刚直,与高彭、李湜、梅应春等号“南中八士”。元世祖至元二十五年(1288),强之入都,拜集贤修撰。与宰相不合,改官扬州教授,移建昌录事官、宁海主簿。晚年隐杭州虎林山。其诗颇有奇气,赵孟頫称其“天资高爽,发言便自超诣”(《元诗选》二集引)。著有《石塘文稿》。生平事迹见明宋濂《宋文宪公全集》卷四八《胡长孺传》、《元史》卷一九〇。

吴澄(1249—1333) 元文学家。字幼清,晚称伯清。崇仁(今属江西)人。至元二十三年(1286),征至京师,以母老辞归。大德初,起应奉翰林文字,除江西儒学副提举,居三月,以疾去官。至大元年(1308),召为国子监丞。皇庆元年(1312),进司业,谢归。英宗即位,拜翰林学士,同修国史。泰定初,为讲官,《英宗实录》成,加授资善大夫。卒后谥文正。著有《草庐集》四卷、《吴文正集》一百卷。平生雅好邵子(雍)书,故其诗多近之。尝作草屋数间,题其牖曰:“抱膝梁父吟,浩歌出师表。”故学者称草庐先生。生平事迹见元虞集《道园学古录》卷四四《故翰林学士吴公行状》、《元史》卷一七一。

马致远(约1250—约1324) 元曲家。号东篱。大都(今北京)人,一说东光(今属河北)人。其仕历有诸说:《录鬼簿》只云任“江浙省务提举”。贾仲明《凌波仙》则云“战文场,曲状元”,明臧懋循等亦云其举填词科(《元曲选序》)。明清方志更载其举进士,任真定府教授、知六合县、擢工部主事(《嘉靖河间府志》卷二六、《康熙畿辅通志》卷一七、《光绪畿辅通志》卷三四及《东光县志》卷一二)。孙楷第考有马称德(一作骥德),字致远,广平(今属河北)人。或即是元曲家马致远。至大四年(1311)由江浙行省员外郎擢宁国路总管府判,延祐三年(1316)丁父忧去职,六年服阕,授庆元路奉化(今属浙江)知州,至治二年(1322)除吉安路知吉水州(今属江西),三年到任,以后仕历不详。官宁国(今安徽宣州)、奉化,皆有善政。与邓文原、袁桷相友善。元贞中(1295—1296),与李时中、花李郎、红字李二等人曾在大都参加元贞书会。晚年勘破红尘,辞官隐居杭州西湖。与卢挚、张可久等有散曲唱和。又与王伯成为忘年交。所作杂剧十五种,今存《汉宫秋》、《岳阳楼》、《荐福碑》、《青衫泪》、《陈抟高卧》、《任风子》及与人合作之《黄粱梦》七种;残曲《误入桃源》一种,见《元人杂剧钩沉》;其余《酒德颂》、《马丹阳》、《戚夫人》、《斋后钟》、《岁寒亭》、《孟浩然》、《踏雪寻梅》七种皆佚。另据明吕天成《曲品》及清《传奇汇考标目》载,南戏《牧羊记》亦系马作,清张大复《寒山堂曲谱》于该剧曲下注“江浙省务提举大都马致远千里著”,且云其与史敬德合著《萧淑兰祭坟重会姻缘记》(一名《刘文龙传》)、与史九敬先合著《风流李勉三负心记》等南戏。《牧羊记》今存明改本,余二种仅存残曲。散曲有今人任讷辑本《东篱乐府》一卷,《全元散曲》辑存其小令一百一十五首,套数十六,残套三。其杂剧或写历史兴亡之爱国主题,或写士人怀才不遇之穷愁困顿,多数则写隐居乐道,神仙道化以寄孤愤。散曲多写景纪行、叹世归隐之作。风格皆豪放清逸。贾仲明称之为“曲状元,姓名香贯满梨园……共庾、白、关老齐肩”(〔凌波仙〕)。与关汉卿、郑光祖、白朴并称为“元曲四大家”。《太和正音谱》评其曲词“如丹凤朝阳”,“典雅清丽”,列为“元人第一”。生平事迹见《录鬼簿》、谭正璧《元曲六大家略传》。

郭贯(1250—1331) 元杂剧作家、书法家。字安道,号西埜。保定(今属河北)人。以才行见推,择为枢密中书掾。至元二十七年(1290)拜监察御史,历世祖、成宗、武宗、仁宗、英宗五朝,官至集贤殿大学士,朝中册宝碑额多出其手。博学善文,精篆籀,尚气节,姚燧、刘因及陶宗仪皆有文赞之。曹本《录鬼簿》于“彭伯威(成)”《四不知月夜京娘怨》剧下注:“又云郭安道作”,则其所作杂剧仅此一种。亦能诗,诗存《元诗选癸集》。生平事迹见元姚燧《牧庵集》卷四《送郭肃政安道序》、陶宗仪《书史会要》卷七、《元史》卷一七四。

元淮 元诗人。字国泉,号水镜。临川(今属江西)人。至元初,曾率军平定闽中地方武装。至元二十四年(1287),任溧阳路总管。曾有《绝句》云:“截发搓绳联断铠,撦旗作带系金创。卧薪尝胆经营了,更理毛锥治溧阳。”(见《元诗纪事》)以书生而才兼文武颇自矜许。著有诗集《金渊集》，与仇远之诗集同名，有人因改元淮此集为《水镜集》或《金困吟》。集中《吊昭君》、《昭君出塞》二律，概括马致远的《汉宫秋》杂剧，《贵妃入蜀》一诗源于白朴的《梧桐雨》，为诗坛少见。生平事迹见《元史类编》卷三六。

陈克明　元散曲家、诗人。临川（今属江西）人。曾为行省曹郎，后去官归隐。工诗，有《环籁小稿》及《一笑集》，今俱不传，唯《元诗选癸集》存其诗十一首，有题画、赠答、抒怀。散曲存小令《一半儿》八首、套数一套。因《太平乐府》将八首《一半儿》归为查德卿，故《全元散曲》仍之。然元周德清《中原音韵·定格》录其中一首评曰："一样八首，临川陈克明所作，俊词也。……音律独先。"《太和正音谱》评其曲"如九畹芳兰"。生平事迹见元朱晞颜《瓢泉吟稿》卷五《环籁小稿序》、黄镇成《秋声集》卷七《一笑集序》。

胡炳文（1250—1333）　元学者、诗文家。字仲虎，号云峰。徽州婺源（今属江西）人。自幼潜心于朱熹之学，上溯伊、洛，以达孔、孟，靡不推究。至元二十五年（1288）任江宁教谕；大德五年（1301）历信州路学录；延祐中被荐为信州道一书院山长；再调兰溪州学正，未赴。受聘掌婺源明经书院教事，成材者颇多。卒后集贤院礼谥文通先生。著有《周易本义通释》十二卷、《四书通》二十六卷、《纯正蒙求》三卷；另有诗文《云峰集》二十卷，元末毁于兵，至明正德初其八世孙胡浚重辑残篇编为十卷传世。生平事迹见明正德刊本《云峰集》卷九《云峰胡先生行状》、《元史》卷一八九、《元史类编》卷三二、《元诗选》初集。

李寿卿　元杂剧作家。太原（今属山西）人。官将仕郎，除县丞（《录鬼簿》）。孙楷第考得其于至元二十六年（1289）时为江浙总管，三十一年时为提举，皆管理财赋工匠之官。且能诗画。杭州溧阳，乃其宦游之地（《元曲家考略》）。所作杂剧十种，今存《月明和尚度柳翠》（一作《月明三度临歧柳》）、《说鱄诸伍员吹箫》二种；《鼓盆歌庄子叹骷髅》仅存残曲一套，见《元人杂剧钩沉》；余《司马昭复夺受禅台》、《吕太后使计斩韩信》、《吕太后夜锁鉴湖亭》、《吕太后祭浐水》、《吕无双远波亭》、《船子和尚秋莲梦》、《辜负吕无双》七种皆佚。《全元散曲》辑存其小令一首。《太和正音谱》评其词如"洞天春晓"，"雍容典雅，变化幽玄，造语不凡"。生平事迹见《录鬼簿》、孙楷第《元曲家考略》。

尚仲贤　元杂剧作家。真定（今河北正定）人。曾任江浙行省务官，一说湘江省务提举，与戴善夫相善。孙楷第考证疑即尚仲良，名从善，大名（今属河北）人，世业医。历官御诊太医，宣授成全郎惠民司提点，提举江浙医学。后至元三年（1337）时年近六十，尚在世。（见《元曲家考略》）然与《录鬼簿》列仲贤为"前辈已死名公才人"之年代不合，仅可聊备一说。所作杂剧共十一种（一说十种），今存《洞庭湖柳毅传书》、《尉迟恭三夺槊》、《尉迟恭单鞭夺槊》、《汉高皇濯足气英布》四种（一说《尉迟恭单鞭夺槊》为他人所作），仅存残曲者有《海神庙王魁负桂英》、《陶渊明归去来兮》、《凤凰坡越娘背灯》三种，余《武成庙诸葛论功》、《没兴花前秉烛旦》、《崔护谒浆》、《张生煮海》（次本）四种全佚。《太和正音谱》评其词"如山花献笑"。生平事迹见《录鬼簿》。

纪君祥　一作纪天祥。元杂剧作家。大都（今北京）人。与李寿卿、郑廷玉同时。所著杂剧六种，今存《冤报冤赵氏孤儿》一种；《陈文图悟道松阴梦》仅存残曲，见《元人杂剧钩沉》；余《信安王断复贩茶船》、《曹伯明错勘赃》、《韩湘子三度韩退之》、《驴皮记》四种皆佚。《太和正音谱》评其词"如雪里梅花"。生平事迹见《录鬼簿》。

戴善夫　元杂剧作家。夫一作甫。名不详。真定（今河北正定）人。曾任江浙行省务官，与尚仲贤"同里同僚"。所作杂剧共五种。其中《陶学士醉写风光好》今存；《柳耆卿诗酒玩江楼》仅存残曲一套，见《元人杂剧钩沉》；其余《诸宫调风月紫云亭》、《关大王三捉红衣怪》、《伯俞泣杖》三种皆佚。《太和正音谱》评其词"如荷花映水"。生平事迹见《录鬼簿》。

于伯渊　元杂剧作家。平阳（今山西临汾）人。所作杂剧《白门楼斩吕布》、《吕太后饿刘友》、《丁香回回鬼风月》、《莽和尚复夺珍珠旗》、《尉迟恭病立小秦王》、《狄梁公智斩武三思》六种，皆佚。《全元散曲》辑存其散套一套。《太和正音谱》评其词"如翠柳黄鹂"。生平事迹见《录鬼簿》。

张怡云　元曲名优。住大都海子（今北京什刹海）。能诗词，善谈笑，艺绝流辈，名重京师。赵孟頫、商琦、高克恭等画家，皆为写《怡云图》以赠。翰林承旨姚燧、阎复及中书左丞史彬亦与之善，尝同至其家听曲。姚偶言"暮秋时"三字，张应声续作《双调·小妇孩儿》曲，才思敏捷如此。翰林学士卢挚、程钜夫亦有《蝶恋花》词赠之。《全元散曲》仅存其残令一首。卢挚词赞其歌曲云："忽听梨园新乐府，离鸾别鹤清如许。"生平事迹见《青楼集》。

李致远 元曲家。字君深。江右(今江西)人，一说溧阳(今属江苏)人。元惠宗至正中前后在世。与元初诗人仇远交厚。仇远至元中任溧阳教授时有诗《和李致远君深秀才》(《金渊集》)，感叹彼此功名失意。《元曲选》存《大妇小妇还牢末》杂剧，题"李致远撰"。《全元散曲》辑存其小令二十六首，套数四套。《太和正音谱》评其词"如玉匣昆吾"。生平事迹见《录鬼簿》、孙楷第《元曲家考略》。

马天骥 元散曲家。字彦良。磁州滏阳(今河北磁县)人。中统元年(1260)，立行中书省于燕，与胡祗遹、李谦同为到省听任人员。至元前期官御史台都事。与王恽亦有交。博通经史，荐擢风宪，有声誉，弹劾无所避，仕至治书侍御史。今仅存《一枝花·春雨》一套，见《全元散曲》。生平事迹见元虞集《道园学古录》卷一五《户部尚书马公墓碑》、《康熙磁州志》卷一六。

邓玉宾 元散曲家。曾官同知，后弃官修道。《全元散曲》辑存其小令四首，套数四套，多写弃官道情。《太和正音谱》评其曲"如幽谷芳兰"。生平事迹见《录鬼簿》。

王廷秀 元杂剧作家。益都(今属山东)人。淘金千户。孙楷第考证元有三王廷秀：一为由金入元者，金末尝从诗人李俊民游；二为镇阳(今河北正定)人王筠字廷秀，号竹居，元贞间曾任上犹县尹，后改任庐陵县尹；三为王大有字廷秀，至顺中为湖北宪掾，后至元元年(1335)为平江路推官。三者孰是曲家尚难辨定(《元曲家考略》)。所著杂剧《盐客三告状》、《秦始皇坑儒焚典》、《周亚夫细柳营》、《石头和尚草庵歌》四种，皆佚。《全元散曲》存其散套一套。《太和正音谱》评其词"如月映寒潭"。生平事迹见《录鬼簿》。

李好古 元杂剧作家。保定(今属河北)人，又有西平(今属河南)人、东平(今属山东)人之说。孙楷第《元曲家考略》考证：西平人李好古，号浴雪，家于江南，至正六年(1346)曾官南台御史，后移官陕西行御史台，与诗人欧阳玄、许有壬等交善。又有李敏中字好古，河南人，官至陕西行省郎中，疑即御史李好古。孙氏之考甚详，唯与《录鬼簿》列李为"前辈已死名公才人"时代不合，姑以存疑。所作杂剧三种，今存《沙门岛张生煮海》一种，《赵太祖镇凶宅》、《巨灵神劈华岳》二种佚。散曲仅存《双调·新水令》套残句，见《全元散曲》。《太和正音谱》评其词如"孤松挂月"。生平事迹见《录鬼簿》、孙楷第《元曲家考略》。

费唐臣 元杂剧作家。大都(今北京)人。费君祥子。著杂剧三种，《苏子瞻风雪贬黄州》今尚存，《斩邓通》、《汉丞相韦贤籯金》，二种皆佚。《太和正音谱》评其词"如三峡波涛。神风耸秀，气势纵横"。列之第六位。生平事迹见《录鬼簿》。

赵子祥 元杂剧作家。籍贯未详。贾仲明吊词，有"一时人物出元贞"、"传奇乐府时新令，锦排场起玉京"、"《丽情集》天下流行"诸语，似亦元贞书会中人，曾编《丽情集》，惜今未传。所著杂剧《崔和担生》、《风月害夫人》、《太祖夜斩石守信》三种，皆佚。《太和正音谱》评其词"如马嘶芳草"。今人孙楷第考证赵熊字子祥，安徽宣城(今宣州)人。约生于大德末，曾为池阳郡府掾曹(《元曲家考略》)。唯与《录鬼簿》列之"前辈已死才人"时代不合，姑存疑。生平事迹见《录鬼簿》。

姚守中 元曲家。洛阳(今属河南)人，祖籍营州柳城(今辽宁辽阳)。姚燧侄，姚枢孙。曾任平江路吏。至元、大德前后在世。所著杂剧《汉太守郝连留钱》、《东都门逢萌挂冠》、《褚遂良扯诏立东宫》三种，皆佚。《全元散曲》辑存其散套《牛诉冤》一套。《太和正音谱》评其词"如秋月扬辉"。孙楷第考证《牧庵集》卷一二《希真先生祠碑》中"族侄埭"即守中(《元曲家考略》)。生平事迹见《录鬼簿》。

赵文敬 名一作"文殷"或"敬夫"。元杂剧作家、著名演员。艺名明镜。彰德(今河南安阳)人。元世祖至元年间曾任教坊色长。贾仲明吊其词云："文敬超群众所推。"(《凌波仙》)声望可见。所作杂剧《宦门子弟错立身》、《渡孟津武王伐纣》、《张果老度脱哑观音》三种，皆佚。生平事迹见《录鬼簿》、孙楷第《元曲家考略》。

吴昌龄 元杂剧作家。西京(今山西大同)人。据元曹元用撰《张提点寿藏记》拓本(今存北大图书馆)，首题"奉议大夫婺源州知州、兼管本州诸军奥鲁劝农事、吴昌龄书丹篆额"，后题"延祐七年二月二十有二日弟子佟道安等立石"，"古任王鼎刊"。孙楷第考证"或即曲家吴昌龄"，于延祐间(1314—1320)曾任婺源州(今属江西)知州(见《元曲家考略》)。所作杂剧十二种,其中《花间四友东坡梦》、《张天师断风花雪月》二种今存,《唐三藏西天取经》尚存二折,《老回回探胡洞》、《狄青扑马》、《月夜走昭君》、《浪子回回赏黄花》、《哪吒太子眼睛记》、《鬼子母揭钵记》、《浣花女抱石投江》、《张天师夜祭辰钩月》、《货郎末泥》九种皆佚。《全元散曲》辑存其散套一套。《太和正音谱》评其词"如庭草交翠"。生平事迹见《录鬼簿》、孙楷第《元曲家考略》。

刘应李(?—1311)　宋元之际诗人。初名桀,字希泌,号省轩。建阳(今属福建)人。宋咸淳十年(1274)进士,曾任建阳主簿。入元不仕,退与熊禾、胡一桂讲学于洪源山中十二年。后建化龙书院于莒潭,学者云集。曾编《事文类聚翰墨全书》十集行于世,保留宋元间应酬诗文颇多,为辑佚家所重视。《元诗选癸集》录其诗二首。生平事迹见宋熊禾《勿轩集》卷一《翰墨全书序》、《宋季忠义录》卷一五。

李京(约1252—?)　元诗人。字景山,号鸠巢。河间(今属河北)人。工诗,好读老子书,慕白居易之为人。仕元,大德五年(1301)曾奉命宣慰云南,有"回头四十九年非"(《过牂牁江》)之句,时年已五十。寻升乌撒乌蒙道宣慰副使,兼管军万户。在任作有《云南志略》四卷。平生为诗数百篇,总题曰《鸠巢漫稿》。《元诗选》二集录其诗十一首。其云南诸作尤见称于人,虞集曾谓之"虽能悲宕动人,察其意则能深省顺处,无怨尤忿厉之气"(《道园学古录》卷五)。生平事迹见《元史》卷二二、《万历云南通志》卷九。

任士林(1253—1309)　元文学家。字叔实。奉化(今属浙江)人。六岁能属文,诸子百家,无不周览,大德间教谕上虞,后乃讲学会稽,授徒钱塘。至大元年(1308)荐授湖州安定书院山长。赵孟頫为墓志曰:"叔实之于文沉厚正大,以一理为主,不作瘦语棘人喉舌,而含蓄顿挫,使人读之而有余味。"(《松雪斋文集》卷六)著有《松乡文集》十卷。生平事迹见元赵孟頫《松雪斋文集》卷六《任叔实墓志铭》、《元史类编》卷三六。

赵孟頫(1254—1322)　元诗文家、书画家。字子昂,号松雪道人、水精宫道人。吴兴(今浙江湖州)人。为宋太祖赵匡胤子秦王赵德芳的后裔。宋亡家居,自力于学,诗文书画,无所不工。元世祖征为兵部郎中,迁集贤直学士,出知济南府总管,历江浙等处儒学提举。晚年累拜翰林学士承旨。卒后封魏国公,谥文敏。诗以七律最胜,有唐风;为文辞严义密,流畅清新;书画则妙绝当世。其中书画尤享盛名,故杨载评曰:"诗赋文词,清邃高古……才名颇为书画所掩,人知其书画而不知其文章,知其文章而不知其经济之学也。"(《赵公行状》)有《松雪斋文集》传世。生平事迹见元欧阳玄《圭斋文集·赵文敏公神道碑》、《元史》卷一七二。

不忽木(1255—1300)　元散曲家。一名时用,字用臣,号静得。西域康里人。师事王恂、许衡。姿禀英特,进止详雅,世祖奇之,命给事东宫。至元十四年(1277)授利用少监,出为燕南按察副使,进正使。二十一年召中书参议,擢吏、工、刑三部尚书,拜翰林承旨。桑哥诛,拜平章政事。成宗立,拜昭文馆大学士、平章军国事。卒后谥文贞。《元诗选癸集》存其诗一首,《全元散曲》存其套数《辞朝》一套,云"宁可身卧糟丘,赛强如命悬君手"。《太和正音谱》评其词"如闲云出岫"。生平事迹见元赵孟頫《松雪斋文集》卷七《追封鲁国公谥文贞康里公碑》、苏天爵《元朝名臣事略》卷四、《元史》卷一三〇。

孟汉卿　元杂剧作家。亳州(今属安徽)人。所著杂剧仅《张鼎智勘魔合罗》一种,今尚存。生平事迹见《录鬼簿》。

张寿卿　元杂剧作家。东平(今属山东)人,或云东都(今河南洛阳)人。曾任浙江省掾吏。所著杂剧仅《谢金莲诗酒红梨花》一种,今尚存。生平事迹见《录鬼簿》。

张国宾　元杂剧作家、艺人。名一作"国宝"。艺名酷贫。大都(今北京)人。任喜时营教坊勾管,为元时"倡夫"最能通辞藻者。所著杂剧五种:《相国寺公孙合汗衫》、《罗李郎大闹相国寺》、《薛仁贵衣锦还乡》三种尚存;《歌大风高祖还乡》、《严子陵垂钓七里滩》两种佚。曲词通俗生动,有浓厚民间生活气息。生平事迹见《录鬼簿》。

李仲章　一作孙仲章。元杂剧作家。祖籍冯翊(今陕西高陵)人,后徙居大都(今北京)。大德三年(1299)前任德安府判官,卜居白兆山(今湖北安陆)。至大末擢为耀州(今陕西耀县)知州。皇庆二年(1313)春秩满赴调京师后,将南还安陆,程文海代为作序,京师名流李孟、陈俨、元明善、赵孟頫、张养浩、贯云石等皆有诗送行。归后割田建河南书院、长庚书院以教四方子弟。事见元《程雪楼文集》卷十五《代白云山人送李耀州序》及《元诗选》二集《酸斋集》引贯云石《桃花岩诗序》。所作杂剧三种，今存《河南府张鼎勘头巾》，余《卓文君白头吟》、《金章宗断遗留文书》二种佚。《太和正音谱》评其词“如秋风铁笛”。生平事迹见《录鬼簿》及孙楷第《元曲家考略》。

赵公辅 元杂剧作家。平阳（今山西临汾）人。元贞、大德前后在世。曾官儒学提举。所著杂剧《晋谢安东山高卧》、《栖凤堂倩女离魂》二种，皆佚。《太和正音谱》评其词“如空山清啸”。生平事迹见《录鬼簿》。

李孟(1255—1321) 元诗人、政治家。字道复，赐号秋谷。上党（今山西长治）人，徙居汉中（今属陕西）。历仕成宗、武宗、仁宗、英宗四朝。官至中书平章政事，集贤大学士，翰林学士承旨、知制诰、兼修国史。侍仁宗于潜邸时，力主尊贤养士，恢复科举。仁宗时主持首次科举，所作《初科知贡举》诗，有“百年场屋事初行，一夕文星聚帝京。……愿得真儒佐明主，白头应不负平生”之句，记其为国求贤之心，颇见真挚。著有《秋谷集》。《元诗选》二集录其诗十首。生平事迹见元黄溍《金华黄先生文集》卷二三《元故翰林学士承旨中书平章政事……李公行状》、《元史》卷一七五。

曹伯启(1255—1333) 元文学家。字士开。砀山（今属安徽）人。元世祖至元中，荐除冀州教授，累迁集贤侍读学士，进御史台侍御史，出浙西廉访使。泰定初以年老告退。天历初，起任淮东廉访使，拜陕西诸道行台御史中丞，辞疾不起。赠河南行省左丞，谥文贞。性庄肃，奉身清约。欧阳玄称其诗“思致敏赡，襟韵朗夷，临文抒志，造次天成”（《元诗选·曹伯启小传》引）。著有《曹文贞公诗集》（一名《汉泉漫稿》）十卷。生平事迹见《曹文贞公诗集》附录曹鉴《谥文贞公神道碑铭》、《元史》卷一七六。

滕斌 元曲家、诗文家。斌一作宾。字玉霄。黄冈（今湖北黄州）人，一说睢阳（今河南商丘）人。至元末元贞初曾师事翰林承旨徐琰。至大间（1308—1311）官翰林应奉学士，延祐间（1314—1320）出为江西儒学提举，曾主江西科举。至治间（1321—1323）往来于江西兴国、南昌，所至多有题咏。后勘破官场黑暗，弃官入天台山为道士。为人风流笃厚，其谈笑笔墨，为人传诵。与方回、吴澄、卢挚等皆有交游唱和。吴澄赞其潇洒风流、能诗善书云：“玉霄山人通身酒，淋漓醉墨龙蛇走”；“一望茶坊酒肆中，壁上家家玉霄字”（《玉霄诗赠王成教谕》、《题玉霄赠西山胡氏笔工》）。《全元散曲》今存其小令十五首，多写归隐出世。《太和正音谱》评其词“如碧汉闲云”。《全金元词》辑其词十首，《元诗选》三集选其诗四十六首，题为《玉霄集》。生平事迹散见《录鬼簿》、《青楼集》、元刘诜《桂隐文集》卷三、明叶子奇《草木子》卷四。

顾仲清 元杂剧作家。清一作卿。东平（今属山东）人。曾任清泉场司令。贾仲明《凌波仙》吊词称“高士东平顾仲清”。元贞、大德间在世。所著杂剧《知汉兴陵母伏剑》、《荥阳城火烧纪信》二种，皆佚。《太和正音谱》评其词“如雕鹗冲霄”。生平事迹见《录鬼簿》。

李宽甫 元杂剧作家。大都（今北京）人。曾任刑部令史，除庐州合肥县尹。贾仲明《凌波仙》吊词称其“局量胸襟怀抱宽”。著杂剧《汉丞相丙吉问牛喘》一种，《曲海总目提要》犹及见存，今未见流传。生平事迹见《录鬼簿》。

李潜夫 元杂剧作家。字行道，一作行甫。绛州（今山西新绛）人。贾仲明《凌波仙》吊词称之为“绛州高隐”。所著杂剧仅《包待制智勘灰阑记》一种，今尚存。生平事迹见《录鬼簿》。

陆文圭(1256—1340) 元学者、诗文家。字子方。江阴（今属江苏）人。宋咸淳六年(1270)中乡选。入元，居家讲授，学者称为墙东先生。延祐复科举，有司强使就试，再中乡举。朝廷数遣使聘之，以老疾不出。博通经史百家，为文融汇贯通，尤精于地理考核。著有《墙东类稿》二十卷。《元史》本传评其为文“融会经传，纵横变化，莫测其涯际，东南学者，皆宗师之”。栾贵明《四库辑本别集拾遗》自《永乐大典》残帙补辑其诗文八篇。其词由清人王鹏运辑为《墙东诗余》，刊入《四印斋汇刻宋元三十家词》。生平事迹见《元史》卷一九〇。

鲜于枢(1257—1302) 元诗人、书法家。字伯机，号困学民、西溪子、直寄道人、虎林隐吏。渔阳（今天津蓟县）人。任浙东宣慰司经历、江浙行省都事、太常典簿。性格豪迈。多与亡宋名士游，遂精于金石器玩鉴赏。书法与赵孟頫齐名，有“鲜赵”之称。晚年闭门谢客，著有《困学斋集》、《困学斋杂录》等。生平事迹见元戴表元《剡源文集》卷二《困学斋记》、《新元史》卷二三七。

冯子振(1257—1337?) 元散曲家、诗

人。字海粟，号怪怪道人、瀛州客。攸州（今湖南攸县）人。至元二十四年（1287）被荐入京，二十七年任集贤待制，与赵孟頫同僚，赋《梅花百咏》与中峰禅师定交。二十九年因尝作诗訾元奸臣桑哥，被"遣还家"（《元史·世祖纪》），遂离京南游。大德间起复，六年（1302）在上都和白无咎《鹦鹉曲》四十二首，多写汴、吴、两都风景。皇庆二年（1313）辞归还湘。有《海粟集》，已佚。《元诗选》三集辑存其诗七十二首。又《四库全书》收其《梅花百咏》。明宋濂称之"博学英词"，"酒酣气豪，横厉奋发"，"真一世之雄"（《题冯子振〈居庸赋〉后》）。《全元散曲》辑存其小令四十四首。元贯云石评其曲"豪辣灏烂，不断古今"（《阳春白雪序》）。生平事迹见《元史》卷一九〇、光绪二十七年百咏堂刊《山田冯氏续修族谱》。

刘将孙（1257—？）　元诗人。字尚友。庐陵（今江西吉安）人。宋遗民刘辰翁子。幼年濡染家学，颇有父风。元成宗时，曾为延平教官、临汀书院山长。其《延平谒告归省途次杂纪》一诗，有"二十年无进士科"之句，当为宋亡后二十年元朝未实行科举制度时作。他文有"延祐丁巳（1317）"字样，时年已六十一岁。前人称其"《感遇》诸作，皆效陈子昂、张九龄，虽音节不同而寄托深远，时有名理，近体亦多佳句"（《四库全书总目》）。著有《养吾斋集》。生平事迹见《养吾斋集》卷首曾闻礼等序、《元史类编》卷三六。

汪德润　元杂剧作家。汪一作江，字泽民。真定（今河北正定）人。所著杂剧《糊突包待制》一种，今已佚。生平事迹见《录鬼簿》。

陈宁甫　元杂剧作家。名一作定甫。大名（今属河北）人。贾仲明《凌波仙》吊词有"先生宁甫老前贤，名著将来二百年"。所处时期似较早。著杂剧《风月两无功》一种，今佚。生平事迹见《录鬼簿》。

陆显之　元杂剧、话本作家。汴梁（今河南开封）人。性滑稽，善隐语。著有《好儿赵正话本》，后《古今小说》改为《宋四公大闹禁魂张》。所作杂剧《宋上皇碎冬凌》一种，今佚。生平事迹见《录鬼簿》。

彭伯成　元杂剧作家。成一作威。保定（今属河北）人。所著杂剧《四不知月夜京娘怨》一种（一说为郭安道作），已佚。生平事迹见《录鬼簿》。

邓文原（1258—1328）　元文学家、书法家。字善之，一字匪石。祖籍绵州（今四川绵阳），父徙钱塘，遂为钱塘（今浙江杭州）人。仕元，官至翰林待制、集贤直学士兼国子祭酒。书法与赵孟頫齐名。诗文号称淳正典雅，为元中期开辟风气之人物。其诗古体近体皆工。近体如《题子昂马图》八句全拗，在元诗中颇属少见。古体如《山中居》，酷似李白。其《题梁贡父学士江行阻风图》，气势磅礴而无粗犷之习。著有《读易类编》、《巴西文集》、《素履斋稿》。《元诗选》二集录其诗一百一十余首。生平事迹见元吴澄《吴文正集》卷六四《元故中奉大夫岭北湖南道肃政廉访使邓公神道碑》、《元史》卷一七二。

刘致（约1258—约1336）　元曲家、诗人。字时中，号逋斋。石州宁乡（今山西中阳）人。其父彦文任广东怀集县令。以其曾寓居太原、长沙，故时有太原人、河东人、湘人诸说。大德二年（1298），姚燧荐之为湖南宪府吏。至大三年（1310），姚又荐之为河南省掾。延祐间拜翰林待制，至治泰定间迁太常博士。至顺三年（1332）出为江浙行省都事。不久辞官，"倘佯山湖间"，与曲家张可久等唱和，并为作《小山乐府跋》。死于杭州，道士王寿衍（眉叟）葬之于德清。散曲今存小令约七十首，多唱和赠答、咏山水风月之作，风格清丽秀润。《元诗选》三集收其诗九首，题名《时中集》。生平事迹见《元史类编》卷三六、《元书》卷八九。

黄宏　元诗人。字子约，号已斋。博极群书，尤长于词赋。或以史才荐之，不就。落魄江湖几三十年，文章流播天下，著有《谷城稿》。《元诗选癸集》录其诗三首。生平事迹见《大明一统志》卷四七、清万斯同《宋季忠义录》卷一三。

李溥光　元诗人、书画家。字玄晖，号雪庵和尚。大同（今属山西）人。自幼为头陀，好吟咏。善真、草、行书，尤工大字，与赵孟頫齐名，一时宫殿城楼匾额，皆出二人之手。亦善画山水、墨竹；山水学关仝，墨竹学文同。大德二年（1298）春，奉诏蓄发还俗，授昭文殿大学士、玄悟大师。有《雪庵长语》行于世。邓文原《雪庵长语诗序》谓其"为诗冲淡粹美，有山林老学贞遁之风"（《巴西集》卷上）。著有《雪庵集》。生平事迹见《元诗选》三集。

周驰　元诗人、书法家。字景远，号如是翁。聊城（今属山东）人。少有文名，尤工书法。至元二十二年（1285）任秘书监校书郎，迁翰林应奉，至大三年(1310)累升南台监察御史，终燕南宪佥。《元诗选》三集有《如是翁集》一卷。生平事迹见《元史类编》卷三六。

红字李二 元杂剧艺人、作家。京兆(今北京)人。籍属教坊，乃金代教坊色长、名艺人刘耍和婿。曾入元贞书会。所作杂剧六种，其中《全火儿张弘》、《折担儿武松打虎》、《板踏儿黑旋风》、《窄袖儿武松》、《病杨雄》五种水浒戏皆佚；与马致远、李时中、花李郎合撰之《开坛阐教黄粱梦》一种尚存，第四折为其作。生平事迹见《录鬼簿》。

花李郎 元杂剧艺人、作家。元名优刘耍和婿，时称"花李郎学士"，曾入元贞书会。所作杂剧五种，其中与马致远、李时中、红字李二合作之《开坛阐教黄粱梦》(第三折为其撰)尚存；《相府院曹公勘吉平》、《懒燥判官钉一钉》两种仅存残曲，见《元人杂剧钩沉》；《莽张飞大闹相府院》、《像生栾子酷寒亭》两种全佚。生平事迹见《录鬼簿》。

李时中 元杂剧作家。大都(今北京)人。尝入元贞书会，与马致远、花李郎、红字李二合作杂剧《开坛阐教黄粱梦》，今尚存。后历官中书省掾、工部主事。孙楷第《元曲家考略》考证：时中曹州(今山东曹县)人，家于扬州。少学于王祁(京甫)，为吴澄再传弟子。为人沉潜缜密，读书刻苦，不急一时之誉，而誉自彰。受荐于朝，得为校官。又两辟省台掾，不乐俯仰，辄弃去。延祐、至治间尚在人世。以沉郁志不获展，捐千金聚经史诸书数万卷以遗子孙。著有《江居集》，今佚。苏天爵后至元五年(1339)序其文稿，则叹其"去世之早，不得与之所讲学"(《曹南李时中文稿序》)。生平事迹见《录鬼簿》、孙楷第《元曲家考略》。

赵明道 元曲家。名一作明远。大都(今北京)人。约元贞年间(1295—1296)前后在世。所作杂剧三种，其中《灭吴王范蠡归湖》仅存残曲，见《元人杂剧钩沉》；余《韩湘子三赴牡丹亭》、《韩退之雪拥蓝关记》二种皆佚。《全元散曲》辑存其套数三、残套一。《太和正音谱》评其词"如太华晴云"。生平事迹见《录鬼簿》。

李取进 元杂剧作家。名或作进取。大名(今属河北)人。精于岐黄术，官医大夫。所作杂剧三种，其中《神龙殿栾巴噀酒》仅存残曲，见《元人杂剧钩沉》；余《司马昭复夺受禅台》、《穷解子破雨伞》二种全佚。《太和正音谱》称其词"如壮士舞剑"。生平事迹见《录鬼簿》。

岳伯川 元杂剧作家。济南(今属山东)人。或云镇江(今属江苏)人。作杂剧二种，今存《吕洞宾度铁拐李岳》一种；另一种《罗公远梦断杨贵妃》仅存残曲，见《元人杂剧钩沉》。贾仲明《凌波仙》吊词称其"玉京燕赵名驰，言词俊，曲调美"。《太和正音谱》评其词"如云林樵响"。生平事迹见《录鬼簿》。

珠帘秀 元杂剧名优。本姓朱，排行第四。杂剧为当时独步，驾头、花旦、软末泥等，悉造其妙。名优赛帘秀、燕山秀皆其高足，晚辈皆称之为朱娘娘。至元末大德间，曲家关汉卿、卢挚、冯子振，诗人兼曲家王恽、胡紫山等均与之交厚，关赠以《一枝花》套，卢赠之《蟾宫曲》、《寿阳曲》，冯赠之《鹧鸪天》词，王赠之《浣溪沙》词，胡赠之《沉醉东风》曲。珠帘秀亦有《寿阳曲》赠卢挚，时为大德七年(1303)。《全元散曲》辑存其小令一首，南曲套数一套。生平事迹见《青楼集》。

李子中 元杂剧作家。大都(今北京)人。先任知事，后迁县尹。作杂剧《崔子弑齐君》、《贾充宅韩寿偷香》二种，今皆佚。《全元散曲》辑存其散套一套。《太和正音谱》称其词"如清庙朱瑟"。生平事迹见《录鬼簿》。

狄君厚 元杂剧作家。平阳(今山西临汾)人。今存所作杂剧《晋文公火烧介子推》一种。《全元散曲》辑存其散曲《夜行船·扬州怀旧》一套。生平事迹见《录鬼簿》。

李直夫 元杂剧作家。本姓蒲察，人称蒲察李五。女真族。居德兴府(今河北涿鹿)。孙楷第考证其为至元至延祐(1264—1320)间人，于大德末、至大初官湖南肃政廉访使，与元明善相交(见《元曲家考略》)。所作杂剧共十二种，今存《便宜行事虎头牌》一种，仅存残曲者《邓伯道弃子留侄》一种，余《风月郎君怕媳妇》、《宦门子弟错立身》、《歹斗娘子劝丈夫》、《俏郎君占断风光》、《颍考叔孝谏郑庄公》、《慌郎君坏尽风光》、《晏叔原风月夕阳楼》、《念奴教乐府》、《火烧祆庙》、《尾生期女渰蓝桥》十种皆佚。《太和正音谱》评其词"如梅边月影"。生平事迹见《录鬼簿》、孙楷第《元曲家考略》。

康进之 元杂剧作家。棣州(今山东惠民)人。孙楷第考证疑其与金末进士、元初曾任东平府儒林祭酒之高唐人康显之为兄弟行(《元曲家考略》)。所作杂剧二种，其中《梁山泊黑旋风负荆》尚存，《黑旋风老收心》已佚。《全元散曲》辑存其散套一套。生平事迹见《录鬼簿》。

阿里西瑛　元散曲家，名木八剌，字西瑛。西域回回人。学士阿里耀卿子。躯干魁伟，故人常曰长西瑛。所居名懒云窝，尝作《殿前欢·懒云窝》数首自述隐居乐趣，贯云石、乔吉、卫立中、吴西逸皆有和曲。又善吹筚篥，与诗僧释惟则禅室相邻，过从甚密，惟则作《筚篥引》诗叙其事。《全元散曲》今存其小令四首。生平事迹见元陶宗仪《辍耕录》卷一一、孙楷第《元曲家考略》。

柯丹丘　元南戏作家。字里未详。由宋入元之书会才人。据清张大复《寒山堂曲谱》，为南戏《王十朋荆钗记》之编撰者。其余生平事迹无考。

刘唐卿　元戏曲作家。太原（今属山西）人。约至元前后在世。皮货所提举。与王彦博左丞善，曾于其席上赋《折桂令》（博山铜细袅香风）一曲知名。所作杂剧《李三娘麻地捧印》、《蔡顺摘椹养母》，俱佚。一说南戏《刘知远白兔记》系其改编，有传本。《太和正音谱》评其词曲，列入杰作中。生平事迹见《录鬼簿》。

曾瑞（约1260—约1330）　元曲家。字瑞卿，号褐夫。祖籍平州（今河北卢龙）人，祖、父皆学而仕。未乳而全家徙居大兴（今属北京）。宋亡后，徙家杭州。为人神采卓异，洒然若神仙中人。志不屈物，故不愿仕，以"孤竹"名斋。工山水画，学范宽一派。能隐语，善小曲。至元末至元贞初，与南宋遗民林景熙过从甚密，又与江淮杂剧女伶喜温柔交厚，尝作《梧叶儿》数首以赠之。钟嗣成自称"尝接音容，获承言话，勉励之语，润益良多"（《录鬼簿》）。江淮之达者，岁时馈送不绝。临终之日，诣门吊者以千数。编有散曲总集《诗酒余音》，明代尚存，今佚。《录鬼簿》著录其杂剧《才子佳人误元宵》一种，臧晋叔《元曲选》又收有《王月英月下留鞋记》，署"曾瑞卿撰"。今人隋树森、王季思认为二者同剧异名，断为曾作；严敦易、傅惜华则断曾作已佚，《留鞋记》为无名氏作。《全元散曲》辑存其小令九十五首，套数十七套。多写闺情及勾栏市井生活，亦有笑傲烟霞、讽时刺世之作。风格多豪旷尖新。生平事迹见宋林景熙《霁山先生集》卷四《孤竹斋记》及《录鬼簿》、《青楼集》。

揭祐民（约1260—约1330）　元诗人。号盱里子、希韦子。广昌（今属江西）人。文学家揭傒斯族父。工诗，好旅游。泰定中，官邵武（今属福建）经历。前后三至京师，公卿多乐与游，程钜夫生前尤礼敬之。其诗号称"豪荡激昂"，但也有如《绣妇行》篇，反映元时宫人织绣之命运，写得含蕴不尽，婉而多讽。生平事迹见《万历邵武府志》卷四八、《闽书》卷六二、《元诗选》二集。

黄镇成（约1260—约1334）　元诗人。字元镇，号存斋。邵武（今属福建）人。延祐初曾试于有司，不合。遂历览楚汉名山，周游燕赵齐鲁之墟，翛然有蝉蜕尘嚣之志。尝筑室城南，曰"南田耕舍"，慨然以圣贤道学自力。部使者屡荐之，不就。著《尚书通考》十卷，书成，执政荐为江西儒学副提举，命下而已卒，年七十五。集贤院谥曰文贞处士。所著诗文《秋声集》十卷，郑潜序称"大音希声，天籁自鸣"。《四库全书总目》评其诗"多忧时感事之语"，"格调楚楚，颇得钱、郎遗意"，"但边幅稍狭，气味稍薄，盖限于才弱之故"。生平事迹见《弘治八闽通志》卷七〇、《万历邵武府志》卷四六、《元史类编》卷三四、《元诗选》初集。

蒲道源（1260—1336）　元诗文家。字得之，号顺斋。兴元南郑（今属陕西）人。强记博闻，究心濂洛诸儒之学。初为兴元郡学正，罢归。皇庆二年（1313）征为翰林国史院编修，进翰林应奉，迁国子博士，年已六十。延祐七年（1320）引疾归乡。至顺元年（1330），召为陕西儒学提举，不就，优游林泉。后至元二年（1336）卧病不肯御医药，饮酒赋诗而逝，年七十七。以其一生恬于仕宦，闲居为多，故其子蒲机裒集其遗文题曰《闲居丛稿》，凡二十六卷。《四库全书总目》评其诗文"真朴"，"大抵雍容不迫，浅显不支"。清顾嗣立以为"盖当时风尚如此，可以征世运焉"（《元诗选》）。生平事迹见《闲居丛稿》卷首黄溍《顺斋文集序》、附录蒲机《顺斋先生墓志铭》、蒲道诠《顺斋先生蒲公诔》，《元诗选》初集，《新元史》卷二三八。

孔文卿（1260—1341）　元曲家。名学诗，以字行，号性斋。祖籍鲁（今山东曲阜）人，曾祖时徙溧阳（今属江苏）而占籍。《录鬼簿》云"平阳（今浙江温州）人"，实与曲家孔文升籍贯混误（见赵孟頫《阙里谱系序》及《至正直记》、《溧阳县志》）。至元十二年（1275）元兵至溧阳，主帅挟其北上，欲荐之为官，以归养父母恳请得南还。大德十一年（1307）、天历二年（1329），溧阳大饥，其赈饥葬死，倾粮以助，有司将上其名赏官，固辞谢。作杂剧《地藏王证东窗事犯》一种，今尚存。《全元散曲》存其散套《一枝花·禄山谋反》一套。《太和正音谱》列其曲为"杰作"。

生平事迹见元黄溍《金华黄先生文集》卷三九《溧阳孔君墓志铭》、《元曲家考略》。

宋无(1260—?)　元诗人。字子虚,号翠寒道人,本名名世,字晞颜。吴郡(今江苏苏州)人。宋末以兵乱,迁平江(今属湖南)。至元十八年(1281),随父东征。以父病,代父职为征东万户案牍。从征日本归,以侍亲不仕。后至元六年(1340)八十一岁,犹作《吴逸士铭》。工诗,诗风秾丽缜密,见称于赵孟頫、邓文原。其咏史之作,则时参议论,多寓讽刺。有《翠寒集》、《啽呓集》、《鲸背吟集》各一卷。生平事迹见《元史类编》卷三六、《元书》卷八九。

赵禹珪　元曲家。字天锡。汴梁(今河南开封)人。至元二十四年至元贞元年(1287—1295)间曾任江南行大司农司管勾。至顺元年(1330)始任镇江府判,阶承直郎。三年致仕。近人多误以历官江浙行省照磨、都事、财赋总管之陈州人赵祐(字天锡)为曲家天锡,然籍贯、官职皆与《录鬼簿》不符,孙楷第辨之甚详(《元曲家考略》)。所著杂剧《试汤饼何郎傅粉》、《贾爱卿金钗剪烛》二种皆佚。《全元散曲》辑存其小令七首。《太和正音谱》评其曲词“如秋水芙蓉”。生平事迹见《录鬼簿》、《至顺镇江志》卷一五。

王伯成　元曲家。涿州(今属河北)人。与马致远为忘年交,与张仁卿为莫逆交,公事之余度曲。所著杂剧三种:《李太白贬夜郎》尚存;《兴刘灭项》仅存残曲;《张骞泛浮槎》已佚。又作诸宫调《天宝遗事》,今存残曲五十余套,今人朱禧有辑定本。《全元散曲》辑存其小令二首,套数三套。《太和正音谱》评其词“如红鸳戏波”。生平事迹见《录鬼簿》。

鲜于必仁　元散曲家。字去矜,号苦斋。渔阳(今天津蓟县)人。太常寺典簿鲜于枢子。一生漫游。擅乐府音声之道,大德前期曾与杭州路总管、曲家杨梓之二子国材、少中交好,对海盐腔之形成有所贡献。《全元散曲》辑存其小令二十九首,多写南北美景及咏史之作。《太和正音谱》称其曲“如奎壁腾辉”。生平事迹见元姚桐寿《乐郊私语》。

宫天挺　元杂剧作家。字大用。大名开州(今河南濮阳)人。历学官,除钓台书院山长。尝为权豪所中,事获辨明,终不见用。卒于常州。与《录鬼簿》作者钟嗣成之父为莫逆交。所作杂剧六种,今存《死生交范张鸡黍》、《严子陵垂钓七里滩》两种(后者或云张国宾作),其余《会稽山越王尝胆》、《济饥民汲黯开仓》、《宋仁宗御览托公书》、《宋上皇御赏凤凰楼》四种均佚。《太和正音谱》评其曲词“如西风雕鹗”,“锋颖犀利,神采烨然,若揵翮摩空,下视林薮,使狐兔缩颈于蓬棘之势”。为后期元杂剧重要作家。生平事迹见《录鬼簿》。

郑光祖(?—约1324)　元杂剧作家。字德辉。平阳襄陵(今属山西临汾)人。以儒补杭州路吏。为人方正,不妄与人交,故人多鄙之,久则见其情厚,而他人莫及。善作曲,名闻天下,声彻闺阁,伶伦辈称之“郑老先生”。病卒,火葬于西湖之灵芝寺,诸吊送客作诗文悼之。所作杂剧十八种,今存《倩女离魂》、《王粲登楼》、《周公摄政》、《三战吕布》、《伊尹耕莘》、《㑇梅香》、《老君堂》、《智勇定齐》八种,《月夜闻筝》一种仅存残曲,其余《哭晏婴》、《指鹿为马》、《细柳营》、《哭孺子》、《玉树后庭花》、《秦楼月》、《梨园乐府》、《采莲舟》、《紫云娘》九种皆佚。散曲尚存小令六首,套数二套,见《全元散曲》。元钟嗣成称其“乾坤膏馥润肌肤,锦绣文章满肺腑”,又云“惜乎所作,贪于俳谐,未免多于斧凿”(《录鬼簿》)。与关汉卿、白朴、马致远并称为“元曲四大家”。明初朱权评其词“如九天珠玉”(《太和正音谱》)。近世王国维评其剧为“清丽芊绵,自成馨逸”,拟之为“温飞卿”、“秦少游”(《宋元戏曲考》)。生平事迹见《录鬼簿》、谭正璧《元曲六大家略传》。

袁易(1262—1306)　元诗人。字通甫。长洲(今江苏苏州)人。不乐仕进,而有时名。部使者拟荐于朝,谢不应。江浙行省委其为徽州路石洞书院山长,任满,复归就隐。居吴淞具区之间,筑堂曰“静春”,聚书万卷,手自校定。赵孟頫曾为其画《卧雪图》,比之以汉代高士袁安,并称其与龚璛、郭麟孙为“吴中三君子”。陆文圭《静春堂诗集序》评其诗曰:“体制精丽而不雕,音响和平而不激;抑扳陶阮,俯凌鲍谢,而机轴自成一家。”著有《静春堂诗集》四卷。《元诗选》选其诗四十五首,附其子袁泰诗四首,题为《静春堂集》。生平事迹见黄溍撰《袁君墓志铭》(《静春堂诗集》卷首)、《元史类编》卷三六。

管道昇(1262—1319)　元女诗人、书画家。字仲姬,一字瑶姬。吴兴(今浙江湖州)人。赵孟頫妻,历封吴兴郡夫人、魏国夫人。能诗词,兼工书画。生平事迹见《松雪斋文集》外集《魏国夫人管氏墓志铭》。

方澜(1263—1339)　元诗人。字叔渊。莆田(今属福建)人。隐居吴中,自少时不娶,闭门读书,训徒以自给,终身为布衣。平生喜吟咏,然不苟作。《元诗选》初集有《叔渊遗稿》一卷,录其诗十五首。其诗多五言,佳句如"万绪集双鬓,百年堪几愁"(《夜雨》)。生平事迹见《元诗选》初集。

范康　元杂剧作家。字子安。杭州(今属浙江)人。钟嗣成《录鬼簿》将其列入"方今已亡名公才人,余相知者",谓其"明性理,善讲解,能词章,通音律。因王伯成有《李太白贬夜郎》,乃编《杜子美游曲江》,一下笔即新奇。盖天资卓异,人不可及也"。《太和正音谱》评其词"如竹里鸣泉"。所作杂剧两种,其中《陈季卿悟道竹叶舟》尚存,《曲江池杜甫游春》已佚。生平事迹见《录鬼簿》。

金仁杰(?—1329)　元杂剧作家。字志甫。杭州(今属浙江)人。元文宗天历元年(1328)冬任建康崇宁务官,卒于任所。擅词曲,与钟嗣成交往二十年,相知甚深。作品多取历史题材,《太和正音谱》评其词"如西山爽气"。有杂剧七种,今存《萧何月夜追韩信》一种,余《蔡琰还朝》、《长孙皇后鼎镬谏》、《秦太师东窗事犯》、《周公旦抱子摄朝》、《玉津园智斩韩太师》、《苏东坡夜宴西湖梦》六种俱佚。生平事迹见《录鬼簿》。

沈和　元曲家。字和甫。杭州(今属浙江)人,后居江州(今江西九江)。卒于至顺初。能词翰,善谈谑,天性风流,兼明音律,且工书法。相传南北调合腔,实自其始。所作《潇湘八景》、《欢喜冤家》等曲,极为工巧。其杂剧悲欢离合,往往出人意外。江西人称之为"蛮子关汉卿"。《太和正音谱》评其词"如翠屏孔雀"。杂剧有《祈甘雨货郎朱蛇记》、《徐驸马乐昌分镜记》、《郑玉娥燕山逢故人》、《闹法场郭兴何杨》、《欢喜冤家》五种,均佚。生平事迹见《录鬼簿》。

范居中　元散曲家。字子正,号冰壶。杭州(今属浙江)人。《录鬼簿》将其列入"方今已亡名公才人,余相知者"。精神秀异,学问赅博,善操琴,能书法。大德年间北行赴都,但终以才高不见遇,卒于家。曾有乐府及南北腔行于世,今存《金殿喜重重》南北合套一套(见《全元散曲》)。《太和正音谱》列其词曲于"杰作"中。曾与施惠、黄天泽、沈珙合作《鹔鹴裘》杂剧,今佚。生平事迹见《录鬼簿》。

施惠　元戏曲家。一云姓沈;字君美。杭州(今属浙江)人。居吴山城隍庙前,以坐贾为业。与钟嗣成、赵君卿等友善,诗酒之暇,惟以填词、和曲为事。著有《古今砌话》。曾与范居中、黄天泽、沈珙合作杂剧《鹔鹴裘》,已佚。明何良俊《四友斋丛说》、清张大复《寒山堂曲谱》等均视之为《拜月亭》的作者。另据清无名氏《传奇汇考标目》,尚有杂剧《芙蓉城》、《周小郎月夜戏小乔》,今不存。此外,还有"君美名惠,即作《水浒传》之耐庵居士也"(吴梅《顾曲麈谈》)之说。生平事迹见《录鬼簿》。

鲍天佑　元杂剧作家。字吉甫。杭州(今属浙江)人。《录鬼簿》将其列入"方今已亡名公才人,余相知者",称其"初业儒,长事吏",然"簿书之役终非其志","惟务搜奇索古",劳心瘁思,故所撰多使人感动咏叹。瘦骨耸肩,状似风魔。钟嗣成尝与之讨论戏曲,受益至深。才高命薄,至昆山州吏而卒。《太和正音谱》评其词"如山蛟泣珠"。所撰杂剧仅《史鱼尸谏卫灵公》、《王妙妙死哭秦少游》二种存有残曲。余《忠义士班超投笔》、《贪财汉为富不仁》、《汉丞相宋弘不谐》、《孝烈女曹娥泣江》、《摘星楼比干剖腹》、《东莱守杨震畏金》六种皆佚。生平事迹见《录鬼簿》。

陈以仁　元杂剧作家。字存甫。杭州(今属浙江)人。约元成宗元贞中前后在世。以家务雍容,不求闻达,日与南北士大夫交游,名因是重。曾为元曲作家沈珙养老殡葬。博古,善讴歌,乐章俱有骈丽之句。《太和正音谱》评其词"如湘江雪竹"。所作杂剧两种,《十八骑误入长安》存残曲(见《太和正音谱》),《锦堂风月》已佚。孙楷第《元曲家考略》考证:以仁号复斋,本福州人而寓居杭州,晚年居婺州为道士。生平事迹见《录鬼簿》、孙楷第《元曲家考略》。

黄天泽　元杂剧作家。字德润。杭州(今属浙江)人。为沈和同母弟,风流蕴藉,不减其兄。曾屈就簿书小吏,先在漕司,后居省府,郁郁不得志。昆山听补州吏,又不获用,竟不归而终。有乐府播于世,无论贤愚皆称赏之,惜今未见。曾与范居中、施惠、沈珙合作《鹔鹴裘》杂剧,今亦不传。《太和正音谱》称其词曲为"杰作"。生平事迹见《录鬼簿》。

沈珙　元曲家。字珙之。杭州(今属浙江)人。钟嗣成《录鬼簿》列其名于"方今已亡名公才人,余相知者"。天资颖悟,文质彬彬,以不能俯仰从人,故终身不仕。所编乐章甚多,惜皆散佚。与杂剧作家陈以仁相知,后老病无所归,以仁馆之于家,不旬日而卒,以仁殡葬之。《太和正音谱》称其词曲为“杰作”。曾与范居中、施惠、黄天泽合写《鹔鹴裘》，今亦不传。生平事迹见《录鬼簿》。

张玉娘 元女诗人。字若琼，号一贞居士。松阳（今浙江遂昌）人。明慧知书，少许字沈佺。后父悔婚，而其益相爱，以死自誓。佺游京师，感寒疾而亡。其遂以忧而卒，时年二十八。著有《兰雪集》。其《暮春夜思》云：“夜凉春寂寞，淑气浸虚堂。花外钟初转，江南梦更长。野春鸣涧水，山月照罗裳。此景谁相问，飞萤入绣床。”《元诗选》于此诗后夹注云：“虞伯生读至末句，拍案曰：‘此岂妇人所及！’大为当时所称。”生平事迹见《元书》卷九四。

何中（1265—1332） 元诗文家。字太虚，一字养正。抚州乐安（今属江西）人。少颖拔，以古学自任，藏书万卷，手自校对。至顺二年（1331）江西行省聘为龙兴路东湖、宗濂二书院山长。著述甚丰，今仅存《知非堂稿》六卷、《通鉴纲目测海》三卷、《通书问》一卷。生平事迹见元揭傒斯《揭文安公全集》卷一三《何先生墓志铭》、《元史》卷一九九。

袁桷（1266—1327） 元文学家。字伯长。鄞县（今属浙江）人。大德初，授翰林国史院检阅官，擢应奉翰林文学，同知制诰，兼国史院编修官，历翰林待制、集贤直学士，同修国史。至治元年（1321）迁侍讲学士。泰定初，辞归，卒于家。赠江浙行省参知政事，谥文清。受业于戴表元、王应麟。博览古籍，熟悉掌故。朝廷制册、勋臣碑铭，多出其手。著有《易说》、《春秋说》、《延祐四明志》二十七卷及《清容居士集》五十卷。其创作高华俊逸，自成一家，与邓文原等崛起于大德、延祐之间，被称为艺林领袖。生平事迹见元苏天爵《滋溪文稿》卷九《元故翰林侍讲学士袁文清公墓志铭》、《元史》卷一七二。

龚璛（1266—1331） 元诗人。字子敬。其原籍高邮（今属江苏），后徙居平江（今江苏苏州）。宋亡，父被俘绝食死。刻苦自学，善属文。仇远、戴表元皆与之为忘年交。元初任宁国路儒学教授，升至江浙儒学副提举致仕。遗著有《存悔斋稿》。其为文反对高谈奇古，倡言文从字顺，合古文、时文而一之。生平事迹见元黄溍《金华黄先生文集》卷三三《江浙儒学副提举致仕龚先生墓志铭》、《元书》卷九一。

韩性（1266—1341） 元文学家。字明善。绍兴（今属浙江）人。天资警敏，七岁读书，数行俱下，日记万言。九岁为文，操笔立就，文意苍古。及长，博综群籍，经史百家，靡不研究。尤深造于先儒性理之学，四方学者，多受业其门。延祐中，荐为慈湖书院山长，受而不赴。卒后，赐谥庄节先生。虞集曰：“君为文优游不迫而陈义甚高，汪洋不穷而立论甚要。”黄溍曰：“先生之文，博达俊伟而变化不测。”（转引自《元诗选》）著有《礼记说》四卷、《诗音释》一卷、《书辨疑》一卷、《郡志》八卷及文集《五云漫稿》十二卷。生平事迹见元黄溍《金华黄先生文集》卷三二《安阳韩先生墓志铭》、《元史》卷一九〇。

白贲（约1267—约1329） 元散曲家。字无咎，号素轩。祖籍太原文水（今属山西），高祖时徙居杭州。父珽，宋遗民，入元曾官江浙儒学副提举。贲至大中入京，官中书省郎，延祐中出为忻州（今属山西）太守。因执法不阿，与达鲁花赤不睦，受谤几获罪，赖御史为辨诬得白，于至治三年（1323）左迁温州平阳州教授，历常州路知事，终文林郎南安路总管府经历。善画，工曲。其散曲《鹦鹉曲》颇有名，冯子振、王恽、卢挚、刘敏中、张可久、吕济民等皆先后有和作。《全元散曲》今存其小令二首、套数三套、残套一篇。《太和正音谱》以其曲入最上品，谓“如太华孤峰，孑然独立，岿然挺出”。生平事迹见《雪楼集》卷二八《白无咎素轩》、孙楷第《元曲家考略》。

郭麟孙 元诗人。字祥卿。杭州（今属浙江）人，寓吴郡（今江苏苏州）。博学工诗。与袁易、龚璛、汤弥昌、钱仲鼎相酬唱。赵孟頫称其与袁、龚二人为“吴中三君子”。出任镇江淮海书院山长，仕至录事司判官。曾为袁易《静春堂诗集》作序，认为：“诗本原于性情之正，当其遇物与怀，因时感事，形之于诗，何尝拘拘然执笔学似某人而后为诗哉！”《元诗选》辑有《祥卿集》一卷。生平事迹见《元史类编》卷三六、《元诗选》三集。

薛汉（？—1324） 元诗人。字宗海。永嘉（今浙江温州）人。幼力学有令誉，以青田教谕迁诸暨州学正。朝廷制宫悬于杭，汉董其事，乐成，荐为太祝。延祐五年（1318）辟功德使。后国子祭酒邓文原荐，泰定元年（1324）选国子助教。好书画，精鉴别，赵孟頫得古器书画，必求其辨之乃定。虞集、柳贯皆重视之。其诗严缜有法，指陈现实，意颇凄警，如《雪山盘车图》、《夜归》等。著有《宗海集》。生平事迹见《元诗选》二集、《书史会要》卷七。

赵良弼（？—1328） 元杂剧作家。字君卿。东平(今属山东)人。延祐中为嘉兴路吏,迁嘉兴县尉,屡著善政,迁调杭州。总角时,与钟嗣成同里闬,同发蒙,同师邓善之、曹克明、刘声之,后又于省府同曹。能楷书、善丹青,经史问难、诗文酬唱及乐府小曲、隐语传奇,无不究意。性风流蕴藉,开怀待客,人所不及,然亦以此见废。所作杂剧仅有《春夜梨花雨》一种,已佚。钟嗣成评"其辞甚丽"。生平事迹见《录鬼簿》、《康熙嘉兴县志》卷五、光绪《山东通志》卷一六〇。

甘立　元诗人、书法家。字允从。西夏人,占籍陈留(今河南开封)。年少有时誉,后与虞集、柯九思交游。辟奎章阁内掾,后升照磨,与修《经世大典》,官至中书检校。能装裱字画,为元文宗所赏识。杨维桢称其"平日学文,自负为台阁体,然理不胜才,惟诗善炼饬,脱去凡近。其《夜乌啼曲》可配古乐府"(《西湖竹枝集》)。《元诗选》二集有其《允从集》。生平事迹见《元诗纪事》卷一七、《书史会要》卷七。

潘伯修(?—1348)　元诗人。字省中。黄岩(今属浙江)人。曾三中省试,然会试皆不利,遂居家教授。方国珍割据浙东时,劫至庆元(今浙江宁波),欲官之,不从,遂杀之。诗作缠绵感慨,多出于二李之间。其《下第京师别诸乡友》诗,风格颇似李商隐;《石龟潭》一诗,用鸱枭啄食母脑典故,悲惨之情,令人毛骨悚然。其构思奇特,亦近李贺。《元诗选》二集有其《江槛集》。生平事迹见《元书》卷九二、《元诗选》二集。

薛昂夫(1267?—1350?)　元散曲家。名超吾,字昂夫,号九皋。"其氏族为回鹘人,其名为蒙古人,其字为汉人"(元王德渊《薛昂夫诗集序》)。汉姓马。先世以"西戎贵种"内徙居怀孟路(今河南沁阳),祖上随元军南下而始迁龙兴(今江西南昌),父官御史中丞,追封覃国公。昂夫尝受业于宋遗民、名儒刘辰翁。至元末入京为国子监生,时赵孟頫序其诗集称"诗乐府皆激越慷慨,流丽闲婉"。早年出为江西行省令史,皇庆间入为内廷符宝郎,迁佥典瑞院事,至治初出为太平路总管,天历间迁池州路总管,至顺三年(1332)迁衢州路总管,至正初改建德路总管,以秘书监卿致仕。后退隐杭州西湖。善书法,有诗名,王德渊序其诗集称"新严飘逸,如龙驹奋迅,有并驱八骏一日千里之想"(《天下同文集》卷一五)。今诗集不传。《全元散曲》辑存有小令六十五,套数三。《太和正音谱》评其词"如雪窗翠竹","松阴鹤鸣","秋兰独茂"。《南曲九宫正始序》谓其"词句潇洒,自命千古一人"。生平事迹见元虞集《道园类稿》卷二五《马清献公墓亭记》、孙楷第《元曲家考略》。

刘诜(1268—1350)　元文学家。字桂翁,号桂隐。庐陵(今江西吉安)人。生于宋末,幼孤,性颖悟,知自树立,年十二,作为科场律赋论策之文,蔚然有老成气象。既冠,重厚醇雅,素以师道自居,教授生徒,声誉日隆。延祐复科举,益肆力于名物、度数、训诂、笺注之学,然十年不第,乃刻意于诗及古文。《元史》本传称其为文"根柢《六经》、躏跞诸子百家,融液今古,而不露其踔厉风发之状"。欧阳玄序称其文"温柔敦厚,欧也,明辨雄隽,苏也"(《桂隐集》卷首序)。著有《桂隐集》。生平事迹见《元史》卷一九〇、《桂隐集》附录《刘桂隐先生墓志铭》。

王祯　元农学家、诗画家。字伯善。东平(今属山东)人。元贞元年(1295)任旌德县尹,大德四年(1300)调永丰尹。为官清廉,重视农桑。著《农书》二十二卷,其中绘农具器械二百八十一图,每图之末系以铭赞诗赋,皆能刻画摹拟,曲肖情状,颇有文学意趣。后人集之,编为《农务集》三卷。生平事迹见元戴表元《剡源文集》卷七《王伯善农书序》、《元诗选》二集。

元明善(1269—1322)　元文学家。字复初。清河(今属河北)人。读书过目成诵,精于《春秋》。历任参议中书省事、湖广行省参知政事、集贤侍读学士、翰林学士。著有《清河集》,为清人缪荃孙辑本。早以文章自豪,晚益精诣。与姚燧并称,被视为"一代儒宗"。元马祖常称其文"刻而不见其迹,新而必自己出"(《元文类》卷六七)。其诗豪放自然,代表作如《次韵危虚室过居庸》等。生平事迹见《元文类》卷五六元明善《元氏清河新阡表》、清缪荃孙辑《清河集》卷首《元复初文集序》、《元史》卷一八一。

贡奎(1269—1329)　元文学家。字仲章,号云林。宣城(今安徽宣州)人。少以文学名。初为池州路齐山书院山长。大德六年(1302)授太常奉礼郎兼检讨。九年,迁翰林国子院编修官。至大元年(1308)转应奉翰林文字。延祐元年(1314)除承事郎、江西等处儒学提举,入为翰林待制。寻拜集贤直学士。卒赠翰林直学士,谥文靖。其博综经史,识鉴清远。在词林与元明善、王士熙、袁桷、邓文原等相唱和。诗格在杨、虞、范、揭之间。为元中叶之名家。有《云林集》十卷,今存。生平事迹见元马祖常《石田文集》卷一一《集贤直学士贡文靖公神道碑铭》、

《元史》卷一八七。

黄公望(1269—1354) 元画家、诗人。字子久,号大痴,又号一峰。常熟(今属江苏)人。与王蒙、倪瓒、吴镇并称元末画苑"四大家"。幼应神童科;后博极群籍,经史九流无不通晓。钟嗣成赞曰:"公望之学问,不待文饰。至于天下之事,无所不知,下至薄技小艺,无所不能;长词短曲,落笔即成,人皆师尊之,尤能作画。"(《录鬼簿》)至元中,浙西廉访使徐琰辟为书吏,未几,弃去,隐于西湖南山之筲箕泉。延祐中游京师,为御史台察院掾,忤权豪,遭诬下狱,得出,遂不复仕。归隐富春,往来于苏杭间。工画山水,师宗董源、巨然,而运思落笔,出人意表,自成一家。诗宗晚唐,以画掩名。《元诗选》二集辑有其《大痴道人集》一卷。生平事迹见《元书》卷九一、孙楷第《元曲家考略》。

安熙(1270—1311) 元诗文家。字敬仲,号默庵。真定藁城(今属河北)人。向慕刘因之学,将造其门而因已殁,乃从因之门人乌叔备问学。不屑仕进,家居教授垂数十年,四方之来学者多所成就。其教学亦沿刘因必尊朱熹之学,时以为得刘因真传。卒后门人苏天爵为辑其遗文,编为《默庵集》十卷。其中内集五卷,外集五卷。今传本仅内集五卷,附录一卷。《元诗选》初集选其诗二十三首,以为"敬仲固刘氏之功臣,然其诗去静修(刘因)远矣"。又著有《诗传精要》、《续皇极经世书》、《四书精要考异》、《丁亥诗注》等,均未刊行。生平事迹见元苏天爵《滋溪文稿》卷二二《默庵先生安君行状》、袁桷《清容居士集》卷三〇《真定安敬仲墓表》、《元史》卷一八九。

张养浩(1270—1329) 元文学家。字希孟,号云庄。济南历城(今山东济南)人。自幼好学有行义。年二十一被荐为东平学正。至元二十九年(1292)辟为礼部令史,历台、省掾吏。大德九年(1305)出任堂邑县尹,复权知博平县事。至大元年(1308)召为太子文学,寻拜监察御史。三年,上《时事书》万余言陈十大弊端,为当国者不容,除翰林待制,复构以罪罢之。仁宗立,召为右司都事,迁翰林直学士,改秘书少监。延祐二年(1315)擢礼部侍郎,知贡举。五年,迁礼部尚书,复知贡举。英宗即位,拜中书参议。以元夕上《谏灯山疏》触怒英宗,又洞察皇族矛盾,遂于六月以父老辞官归养。于历城华不注山鹊湖处筑别墅云庄隐居八年,于时朝廷六下征诏任以吏部尚书、太子詹事丞、淮东廉使、翰林学士等职,皆力辞坚卧不起。天历二年(1329)关中大旱人相食,召拜陕西行台中丞救灾,即毅然散家财登车就道,赈生葬死,为民祈雨,出币发粟,全活生灵无数。到官四月未尝家居,鞠躬尽瘁,病死任上。关中人哀之如丧父母。平生与姚燧、陈英、刘敏中、元明善、贡奎、袁桷、虞集、范梈等诗文家交厚。元苏天爵《七聘堂记》称之为"执法牧民为贤令尹,入馆阁则曰名流,司台谏则称骨鲠,历省台则号能臣"。今存政论集《三事忠告》(《牧民忠告》、《风宪忠告》、《庙堂忠告》),有《四部丛刊三编》本;诗文集《归田类稿》二十二卷,见《四库全书·集部》;散曲集《云庄乐府》,见卢前校勘明成化本。《全元散曲》存其小令一百六十一首,套数二套。《太和正音谱》评其曲"如玉树临风";明艾俊称其曲"言真理到,和而不流"(《云庄乐府引》)。风格属豪放一路。生平事迹见元黄溍《金华黄先生文集》卷八《张公祠堂碑》、元许有壬《至正集》卷三四《张文忠公年谱序》、元苏天爵《滋溪文稿》卷三《七聘堂记》、《元史》卷一七五、明危素《说学斋稿》卷二《张文忠公年谱序》。

曹元用(?—1329) 元文学家。字子贞,号超然。世居阿城,后徙汶上(今属山东)。幼嗜书,常夜读不寐。与元明善、张养浩同时号为"三俊"。初为镇江路儒学正,后荐为翰林编修。延祐六年(1319)累迁授太常经历,除翰林待制,升直学士。泰定二年(1325)授礼部尚书。明年,拜翰林侍讲,预修仁宗、英宗两朝实录。后又奉旨纂集甲令为《通制》。译唐《贞观政要》为蒙文。凡大制诰,多为其所草。卒后追封东平郡公,谥文献。著有诗文集《超然集》四十卷。戴表元序其集曰:"其文属辞庄、屈之洁,析理孟、荀之达,而比事左、班之核也。"(《剡源文集》卷一四《赠子贞编修序》)生平事迹见《元史》卷一七二。

许谦(1270—1337) 元学者、诗文家。字益之,号白云山人。金华(今属浙江)人。曾受业金履祥之门,于四书、《诗》、《书》及天文地理、典章制度、食货刑法、字学音韵、医经术数、佛老之言,靡不该贯融通。延祐初居东阳八华山开门讲学,幽、冀、齐、鲁、荆、扬、吴、越等地前来受业者千余人。笃于孝友,处世不胶于古,不流于俗,四方之士以不及门为耻。廉访使论荐于朝,中外名臣数十次上章荐其行义,郡复请其主持乡试衡文,皆莫能致。远近学者以其身之安否为道之盛衰标志。后至元三年卒,年六十八。著有《读书丛说》六卷、《诗集传名物钞》八卷、《读四书丛说》四卷、《读论语丛说》三卷、《读中庸丛说》二卷等，今俱存。有明李伸为其编诗文《白云集》四卷传世。《元诗选》选录其诗三十二首。生平事迹见《白云集》卷首元黄溍《白云许先生墓志铭》、元吴师道《吴正传文集》卷二〇《祭许征君益之文》、元柳贯《柳待制文集》卷二〇《祭许益之文》、《元史》卷一八九等。

吴弘道　元曲家。字仁卿，号克斋；一说名仁卿，字弘道。蒲阴（今河北安国）人。大德五年（1301）曾任江西省检校掾吏，哀中州诸老往复书尺为一编曰《中州启札》，今尚传。历仕府判致仕。曾著散曲集《金缕新声》，又辑有《曲海丛珠》，今皆佚。钟嗣成《录鬼簿》跋云："右前辈编撰传奇名公……余友陆君仲良，得之于克斋先生吴公。"为《录鬼簿》提供了前期剧作家的资料。《全元散曲》录存其小令三十四首，套数四篇。《太和正音谱》评其词"如山间明月"。所作杂剧《手卷记》、《子房货剑》、《火烧正阳门》、《醉游阿房宫》、《楚大夫屈原投江》五种，亦不存。生平事迹见《录鬼簿》、孙楷第《元曲家考略》。

柳贯（1270—1342）　元诗文家。字道传，号乌蜀山人。浦江（今属浙江）人。早年受经于金履祥，学文章于方凤、谢翱等。大德四年（1300），为江山县教谕。至大元年（1308），为昌国州学正。延祐间除国子助教，寻改博士。泰定间迁太常博士、江西儒学提举，秩满归。至正元年（1341），以翰林待制兼国史院编修官起复，明年卒。文章根底深厚，雄浑严整，长于议论。为"儒林四杰"之一。诗则慷慨激烈、忧深思远，如《过大野泽》等，指陈国事，抱负非凡。有《待制集》传世。生平事迹见《元史》卷一八一。

潘音（1270—1355）　元诗人。字声甫。天台（今属浙江）人，一说绍兴人，又一说新昌人。忧时伤乱，系心宋室。崖山之覆，年甫十龄，闻之昏迷绝粒。长从吴澄治经史，读《史记·伯夷列传》，慨然长叹，耻食元粟。遂躬稼自力，非手种则不食。衣服礼节，一仍宋时之旧。居闲感愤，慷慨悲思，往往形诸吟咏。至正三年（1343），大诏天下遗逸，廉访使檄促之行，力辞不就。其《悼文丞相》诗云："总拼清骨萦荒草，不复胡沙掩素襟。"明太祖渡江取太平路，其年已八十有六，未见元亡而卒。有《待清轩遗稿》传世。生平事迹见《元史类编》卷三六。

张埜　元诗人。字野夫，号古山。邯郸（今属河北）人。其父张之翰历官监察御史、翰林侍讲。埜曾官翰林修撰，长于词。约元世祖至元末前后在世。著有《古山乐府》二卷。其词深受苏、辛影响，于辛弃疾尤为效慕，常仿稼轩体，气势豪迈，胸襟开阔，肆意挥洒、铺染；亦能柔中寓刚、婉转生情。生平事迹见《元诗选癸集》。

杨载（1271—1323）　元诗人。字仲弘。杭州（今属浙江）人。少孤，博学群书，年四十不仕。皇庆初，以荐为翰林国史院编修，预修《武宗实录》。登延祐二年（1315）进士第，授饶州路同知浮梁事。迁宁国路总管府推官而卒。为"元诗四大家"之一。《元史》本传称："其文章一以气为主，博而敏，直而不肆，自成一家言。而于诗文尤有法。"其笔力奔放，前人以为颇类李白，而纵横议论，尤近宋风。晚年多叹老嗟卑之作。有《杨仲弘诗集》八卷。另著有《诗法家数》，言诗之作法，但其真伪有异说。生平事迹见《元史》卷一九〇。

李屺（约1271—？）　元散曲作家。字伯瞻，号熙怡。蒙语名彻彻干，又作薛彻干。元初功臣、中书左丞、滕国公李恒孙，江西平章政事李世安嫡长子。博儒术，精国语（蒙古语），工晋人法书，又尝画《一香图》，自题词。泰定间官翰林直学士，天历二年（1329）归省江西龙兴，已年近六十。顺帝时任兵部侍郎。与吴澄、柳贯、许有壬、虞集等交厚。《全元散曲》存其小令七首，残令一。生平事迹见元吴澄《吴文正公集》卷四二《李公墓志铭》、《元史》卷一二九。

吾丘衍（1272—1311？）　元诗人、书法家。吾丘复姓，或省丘而称吾衍。字子行，号竹房、竹素、贞白。钱塘（今浙江杭州）人。工书法，精于小篆，通声律，能鉴别古物，而又喜谈《太玄》。买屋小巷，居楼上，授徒为业，吹箫自乐。为人简傲，好讥侮文士，然推服仇远和胡之纯、胡长孺兄弟。四十未娶，买酒家女为妾。有人称此女为其妻而讼之，衍牵连受侮，遂访仇远，未遇，留诗云："刘伶一锸事徒然，胡蝶飞来别有天。欲语《太玄》何处问，西泠西畔断桥边。"此后不知所之，有人得其遗履于断桥，疑投湖而死。西湖僧为作"文冢"于孤山，胡长孺为之铭。平生论诗鄙薄流俗之陈陈相因。《四库全书总目》谓其"颇效李贺体，不能尽脱元人窠臼，然胸次既高，神韵自别，往往于町畦之外，逸趣横生"。著有《学古编》、《闲居录》、《竹素山房诗集》等。《元诗选》二集录其诗十二首。生平事迹见明宋濂《宋文宪公全集》卷四〇《吾衍传》、《万历杭州府志》卷六六、《元史类编》卷三六。

范梈(1272—1330) 元诗人。字亨父,一字德机,人称文白先生。清江(今江西樟树)人。大德十一年(1307),以荐为左卫教授,迁翰林国史院编修。延祐中,擢海南海北道廉访司照磨,迁江西湖东宪长。泰定间,选翰林应举,改闽海道知事。未几,以疾归。天历二年(1329),授湖南岭北道廉访司经历,以养亲辞。明年,以母丧哀卒。诗主盛唐,后人以为步趋杜甫,为"元诗四大家"之一。然梈沉迹下僚,所作如《闽州歌》、《掘冢歌》,讥刺弊政,抨击世风,无台阁习气。在儋耳时,所作《郡中即事十二韵》,悲壮尤近杜甫。有《范德机诗》七卷传世。又有《木天禁语》、《诗学禁脔》等书,专论诗法,但其真伪有异说。生平事迹见《元史》卷一八一。

萨都剌(约 1272—?,一作约 1300—?) 元文学家。字天锡,号直斋。先世为西域回回,祖、父世镇云、代,得定居雁门(今山西代县)。早岁家贫,经商吴楚。泰定四年(1327)登进士第,授镇江录事司达鲁花赤,转南台掾史,入为翰林应奉,历燕南廉访司照磨、福建闽海道知事、河南河北道经历、江浙行省郎中,官至南台侍御史,贬淮西江北道经历。其诗号为有元一代诗人之冠,内容丰富,语言清新流畅,无元诗贫乏柔弱之风。《纪事》暴露宫廷秘闻,《早发黄河即事》议论开河得失,《居庸关》诅咒战争,《鬻女谣》、《织女谣》哀叹民生,被尊为一代诗史。其《上京即事》写塞外景象,《夜过白马湖》写江南风光,均极形尽态。其《宫词》清丽可诵,一时脍炙人口。善作词,其《满江红·金陵怀古》、《念奴娇·登石头城》,伤怀吊古,悲怆动人,尤为传世之作。亦作曲,今存套数一套。著有《雁门集》。生平事迹见《元史类编》卷三六、《元书》卷九一。

虞集(1272—1348) 元文学家。字伯生,号邵庵,又号道园先生。祖籍仁寿(今属四川),宋亡,随父虞汲侨居崇仁(今属江西)。宋丞相虞允文五世孙。幼时母杨氏亲授,及长,从吴澄游。大德六年(1302),以荐授大都路儒学教授。历国子助教,博士。延祐间,官太常博士,集贤修撰,翰林待制。泰定元年(1324),除国子司业。旋进秘书少监,拜翰林直学士。文宗朝,拜奎章阁侍书学士,预修《经世大典》,为总裁官。文宗崩,谢病归临川。谥文靖。为元代中期文坛盟主,诗文俱称大家。诗宗尚唐风,与杨载、范梈、揭傒斯并称,号"元诗四大家"。诗作多为唱和酬赠之作,而格律谨严。其《至正改元辛巳寒食日示弟及诸子侄》,暗怀故国之思;《挽文山丞相》,极写亡国之痛,均深沉含蓄。其散文善议论,纵横无碍。一时朝廷宏文高册,多出其手。与揭傒斯、黄溍、柳贯并称"儒林四杰"。亦作词,今存词三十二首。著有《道园学古录》五十卷、《道园类稿》五十卷等。生平事迹见《元史》卷一八一。

郭豫亨 元诗人。号梅岩野人。里籍未详,元初人。性爱梅花,凡见古今诗人梅花杰作,必随手抄录而歌咏之。暇日辄集其句,得百篇,目为《字字香》,凡二卷。自谓句煅意炼,璧合珠联,亦有天然之巧。生平事迹见其《梅花字字香》卷首《自序》。

钱仲鼎 宋元之际诗人。名一作重鼎,字德钧,号水村居士。南通州(今江苏南通)人,徙苏州居百花洲之蒲帆巷。元兵渡江,弃举子业攻古文,讲授乡里。钱以道、王钧皆出其门。年九十余卒。客于甫里陆行直家几十年,行直为其筑宅于阳澄湖滨。聚书其中以怡悦之。元成宗大德六年(1302),名画家赵孟頫为作《水村图》;延祐元年(1314),景物宛然,仲鼎因作《水村隐居记》,知名之士题咏其后者四十八人。生平事迹见《元诗选癸集》、明张昶《吴中人物志》卷九。

汪珍 元诗人。号南山。宣城(今安徽宣州)人。隐居黄山下,博学工诗,渊渟雅赡,卓有古风。卢挚雅重之。时著名学者汪泽民亦敬其为人,每称"南山先生",以晚辈自居。《元诗选》三集辑有其《南山先生集》一卷并附其小传。

汪泽民(1273—1355) 元诗人。字叔志,号堪老真逸。婺源(今属江西)人。初以《春秋》中乡贡,授宁国路儒学正。延祐五年(1318)登进士第,授平江州同知,寻迁南安路总管府推官。丁母忧。服除,授平江路推官,升兖州知州,所至有能声。召入为国子司业,与修辽、宋、金三史,书成,除集贤直学士,寻以嘉议大夫、礼部尚书致仕归。退居宣州,与张师愚合编成《宛陵群英集》十二卷。至正十五年(1355),长枪军起,城陷被杀。谥文节。其诗稿散亡,《元诗选》三集辑有《宛陵遗稿》一卷。生平事迹见《元史》卷一八五。

欧阳玄(1273—1357) 元诗文家。字原功,号圭斋。浏阳(今属湖南)人。延祐二年(1315)进士。授平江州同知,调芜湖、武冈县尹。入为国子博士,迁翰林待制兼国史院编修官。天历间，为艺文少监，预修《经世大典》。元统元年(1333)，改太常礼仪院佥事，拜翰林直学士，修《四朝实录》，俄升侍讲，兼国子祭酒。至正初，诏修辽金宋三史，为总裁官。五年，拜翰林承旨。以湖广行省右丞致仕。卒赠大司徒，追封楚国公，谥曰文。十岁能属文，弱冠后尤究心经史百家，于宋儒理学钻研甚深。为元代散文大家，名与虞集相埒。凡宗庙朝廷雄文大册、播示万方制诏多出其手。海内山川名胜、佛寺道观及王公贵人碑传，以得其文辞为荣。孔齐《至正直记》谓其"作文必询其实事而书，未尝代世俗夸诞"。揭傒斯序其集，谓其文"丰蔚而不繁，精密而不晦者，有典有则，可讽可诵，无南方啁哳之音，无朔土暴悍之气"。宋濂序其集，称其文"意雄而词赡"，"可谓奇伟不凡"，以之与宋欧阳修并举，誉为"双璧相望，照耀两间"。亦能诗词。著有《圭斋集》。生平事迹见《元史》卷一八二。

杨梓(？—1327)　元杂剧作家。先世居浦城(今属福建)，后迁海盐澉浦(今属浙江)。至元三十年(1293)从征爪哇，任宣慰司官，招降有功，授安抚大帅。大德七年(1303)任浙东道宣慰副使。后累官至嘉议大夫、杭州路总管。卒谥康惠。节侠风流，善音律，与贯云石友善。云石散曲骏逸为当行之冠，梓独得其传。所作散曲有"天马脱羁"之势，惜不传。其子杨国材、杨少中与鲜于去矜交好，去矜亦擅长乐府，故杨氏家僮皆善歌南北调。海盐之人得其家法，以能歌闻名于浙右。南戏海盐腔之流行，实与杨氏有关。所作杂剧《忠义士豫让吞炭》、《承明殿霍光鬼谏》、《下高丽敬德不伏老》三种，均存。诗见《槜李诗系》。生平事迹见《元史》卷二一〇。

刘濩　元诗人。字声之。莆田(今属福建)人。曾以经学教授钱塘。与鄱州刘汶交往甚密，二人并以德行文章称誉一时。又与黄溍、邓文原友善。殁后，门人瞿士弘集其遗文若干篇，又有黄溍所藏五七言古律诗十二首，一并汇积成集，由刘汶作序，黄溍写跋。《元诗选》三集辑有其《声之集》一卷并附其小传。

刘麟瑞　元诗人。号如村。南丰(今属江西)人。刘壎次子。元英宗至治年间，曾写律诗五十首，追怀宋末仗义死节之士，题曰《昭忠逸咏》。诗后各附其抗元事迹，涉及除文天祥、张世杰、陆秀夫外，尚有都统、儒士、布衣、烈女等。作品凛凛有生气，极富民族气节。乡人赵景良将《昭忠逸咏》与刘壎《补史十忠诗》合编，再附入汪元量等人伤时悼事之作若干首，总谓《忠义集》。《元诗选》二集录其诗五十余首。生平事迹见清万斯同《宋季忠义录》卷一六。

李泂(1274—1332)　元文学家。字溉之。滕州(今属山东)人，侨居济南。工诗文，尤善书。姚燧见其文，深叹异之，力荐于朝，授翰林编修，累官至奎章阁承制学士。天历二年(1329)预修《经世大典》，书成，引疾归。复除翰林直学士，竟以疾不能起。《元史》本传称："其为文章，奋笔挥洒，迅飞疾动，汩汩滔滔，思态叠出，纵横奇变，若纷错而有条理，意之所至，臻极神妙。"所居有湖山花竹之胜，作亭曰"天心水面"，文宗命虞集为之作记。著有文集四十卷，久无传本。《元诗选》二集辑有其《溉之集》一卷。生平事迹见《元史》卷一八三。

揭傒斯(1274—1344)　元诗文家。字曼硕。富州(今江西丰城)人。早有文名。延祐元年(1314)，程钜夫、卢挚荐为翰林国史院编修。文宗开奎章阁，首擢为授经郎。预修《经世大典》，授艺文监丞。元统初累迁翰林侍讲学士。至正三年(1343)，奉诏总修辽金宋三史，染疾卒于官，谥文安。诗列"元诗四大家"，文居"儒林四杰"。《元史》本传称其"为文章叙事严整，语简而当。诗尤清婉丽密"。如《女儿浦歌》，风调轻扬，不在南朝乐府以下，可见其所长。又如《登祝融峰赠星上人》，有李太白之豪放，《夏五月武昌舟中触目》，得三谢(谢灵运、谢惠连、谢朓)之旨趣。有《揭文安公集》行世。生平事迹见《元史》卷一八一。

钟嗣成(约1275—1345以后)　元曲作家、评论家。字继先，号丑斋。杭州(今属浙江)人，祖籍汴梁(今河南开封)。至元末、大德初分别为杭州儒学正邓文原、路学教授曹鉴之高足。及成年，累试不第。从吏则有司不能辟，亦不屑就，因杜门养浩然之志，创作诗文杂剧散曲。善音律、隐语，有文集若干卷藏于家，今俱不传。乐府小曲，长篇大什，脍炙人口，每不遗稿，未能成编。所作杂剧《寄情韩翃章台柳》、《讥货赂鲁褒钱神论》、《宴瑶池王母蟠桃会》、《韩信泜水斩陈余》、《汉高祖诈游云梦》、《孝谏郑庄公》、《冯谖焚券》等七种，今亦不传。《全元散曲》辑存其小令五十九首、套数一套。平生广交曲家，尝聆听郑光祖、宫天挺、金仁杰、曾瑞、鲍天祐、施惠等论曲，又与睢景臣、赵良弼、陈无妄、廖毅、周文质、朱凯、王晔、王仲元等曲家交厚。复从陆登善、吴弘道处获前辈元曲家资料，深感于曲家虽门第卑微、职位不振，而高才博识，俱有可录，遂撰成《录鬼簿》，为曲家立传以寄慨。为现存治元代戏曲史之重要文献。元朱凯为之作后序评曰："君之德业辉光，文行浥润，后辈之士，奚能及焉?"《太和正音谱》评其曲词"如腾空宝气"。生平事迹见《录鬼簿续编》小传，并散见于《录鬼簿》朱凯后序及孙楷第《元曲家考略》。

丁复 元诗人。字仲容。天台(今属浙江)人。延祐初游京师，公卿奇其才。与杨载、范椁同荐入馆阁，自度当国者不能用，不俟报可，翩然辞去。乃绝黄河、憩梁楚、过云梦、窥沅湘、陟庐阜，浮大江而下，侨寓金陵城北，放情诗酒。其诗不事雕琢，而自然超逸。杨翮序其诗："必因酒而作，引觞挥毫，若不经意，而语率高绝。"(《桧亭集》卷首序)故当时论诗者，亦以李白方之。著有《桧亭集》九卷。生平事迹见《元书》卷八九。

陈泰 元诗人。字志同，号所安。茶陵(今属湖南)人。延祐元年(1314)与欧阳玄同举于乡，以《天马赋》得荐，考官批其卷曰："气骨苍古，音节悠然。天门洞开，天马可以自见矣!"延祐二年中进士，授龙泉主簿。然仕途不顺，栖迟薄宦，唯以吟咏自怡，竟至以终。其著作生前亦未成集，后由其曾孙陈朴辑以成编，明华亭教谕陈章刊行于世，故题为《所安遗集》(一卷)。其生平事迹见《元史类编》卷三六。

杜本(1276—1350) 元诗人。字伯原(又称原父)，号清碧。清江(今江西樟树)人。以上《救荒策》被荐于朝，召至京师未久归隐武夷山中。文宗以币征之，不赴。至正三年(1343)以右丞相脱脱举荐召为翰林待制兼国史编修，行至杭州，称疾固辞。平生沉静寡欲，温和好义。博学善属文，天文地理、律历度数靡不通究，尤工于篆隶书。所著《四书表义》、《六书通编》、《十原》等书，今未见传；所增定《伤寒金镜录》，今尚存。又编辑《谷音》二卷，皆选宋逸民诗。死后门人程嗣祖辑其遗诗编为《清江碧嶂集》一卷，《元诗选》录其诗二十五首。生平事迹见《元史》卷一九九、《清江碧嶂集》卷首危素所撰墓碑。

干文传(1276—1353) 元诗人。字寿道，号仁里，晚号止斋。吴县(今属江苏)人。少嗜学，未冠，已有声誉。长为苏州及金坛两县学教谕，迁饶州慈湖书院山长。延祐二年(1315)登进士第，授昌国州同知，累迁长洲、乌程两县尹，升婺源、吴江两知州。所至清吏弊、纾民力，有古循吏之风。至正三年(1343)奉诏预修《宋史》，五年书成，授集贤待制，寻以嘉议大夫、礼部尚书致仕。《元史》本传谓其"气貌冲伟，识度凝远"，"为文务雅正，不事浮藻"。《元诗选》三集辑有《仁里漫稿》一卷。生平事迹见元黄溍《金华黄先生文集》卷二七《嘉议大夫礼部尚书致仕干公神道碑》、《元史》卷一八五。

张雨(1277—约1348) 一作张天雨。元诗人。旧名泽之，又名嗣真；字伯雨，号贞居子，又号句曲外史。钱塘(今浙江杭州)人。少年博览群籍，染翰为辞，悉有法度可观。然性狷介，鄙流俗，不欲随人俯仰。年甫弱冠，遍游天台、括苍诸名山，遂弃家为道士，登茅山。赵孟頫与友善，以陶弘景期之。晚年与倪瓒、顾瑛、杨维桢诸人游。维桢一代人望，独尊其为前辈。年及古稀，又识刘基，如平生欢。著有《句曲外史集》，备诗、文、词各体。《四库全书总目》称其"诗文豪迈洒落，体格遒上"。另著有《玄品录》。生平事迹见《新元史》卷二三八。

黄溍(1277—1357) 元诗文家。字晋卿。义乌(今属浙江)人。延祐二年(1315)进士。授台州临海丞，历诸暨州判官。至顺二年(1331)，入为翰林应举同知制诰，兼国史院编修，转国子博士，出为江浙儒学提举。至正三年(1343)引归，以秘书少监致仕。七年，起为翰林直学士，升侍讲。十年南还。卒后谥文献。诗文与虞集、揭傒斯、柳贯齐名，号"儒林四杰"。作文一以经术为本，布置谨严。工诗，所作《上京道中杂诗十二首》，盛传于时。有《金华黄先生文集》、《黄文献集》传世。生平事迹见《元史》卷一八一。

周德清(1277—1365) 元曲家、音韵学家。字日湛，号挺斋。高安(今属江西)人。宋周邦彦后裔。工乐府，善音律。鉴于世之作乐府有逢双不对，衬字尤多，或用韵不一，或拗而难唱，或歌其字音非其字等病，令人无所守，乃于泰定元年(1324)总结时人北曲音韵规律，著《中原音韵》，以为正语之本，变雅之端。以字之清浊分平声为阴阳，以入声直促难谐音调而悉派三声。不仅为北曲音律之准绳，后亦为南曲传奇所遵守，对近代"官话"至今日之普通话，影响深远。书后附"正语作词起例"，对辨音用字、宫调曲牌及"作词十法"均有规范论述。元虞集、欧阳玄、罗宗信、李祁、琐非复初等均为之作序。《全元散曲》辑存其小令三十一首，套数三套，残句六句。元虞集序称其曲"随时体制，不失法度，属律必严，比字必切，审律必当，择字必精”。琐非复初序云其“所作乐府，回文、集句、连环、简梅、雪花诸体，皆作今人之所不能作者。……而公议曰：‘德清之韵，不独中原，乃天下之正音也；德清之词，不惟江南，实当时之独步也’”。《太和正音谱》评其曲“如玉笛横秋”。生平事迹见《录鬼簿续编》、《中原音韵》诸序及自序。

班惟志　元诗人、散曲家。字彦功，号恕斋。汴梁（今河南开封）人，寓居杭州（今属浙江）。师事文学家书法家邓文原。元贞间随文原至京为裕圣皇后书大藏经。泰定间补浮梁州教授，除本州判官。致和元年（1328）调绍兴路总管府推官。至顺三年（1332）迁秘书监典簿。后至元三年（1337）出为常熟知州。至正初除江浙儒学提举，秩满至京授集贤待制。后南归，卒于杭州。与许有壬、黄溍、王逢、李祁、杨维桢等交游唱和。书学二王及金王庭筠，有“家家恕斋字”之名。亦善画，许有壬、张翥尝为作题画诗。《元诗选》录存其诗四首。《全元散曲》存其套数一套。《太和正音谱》列其名于“杰作”中。清王士禛《池北偶谈》谓“彦功，元人善词曲者”。生平事迹见元黄溍《金华黄先生文集》卷一〇《杭州路儒学兴造记》、《书史会要》卷七、《道光浮梁县志》卷七。

睢景臣　一作睢舜臣。元曲家。字景贤。扬州（今属江苏）人。钟嗣成《录鬼簿》言其大德七年（1303）曾至杭州与钟相识。自幼读书刻苦，以水沃面，双眸红赤，不能远视，心性聪明，酷嗜音律。居扬州时，诸友俱作《高祖还乡》套数，景臣所作《哨遍》设想新奇，寓庄于谐，诸公皆出其下。又作《一枝花》套曲，钟嗣成爱其“工巧”。此外有套数二套，俱见《太平乐府》。另有杂剧《屈原投江》、《千里投人》、《牡丹记》三本，皆佚。《太和正音谱》评其词“如凤管秋声”。生平事迹见《录鬼簿》。

李序　元诗人。字仲伦。东阳（今属浙江）人。善诗文，从许谦游，为文以左、国、史、汉为标格。尝游京师，宋褧、危素辈见其所著《四书新说》，引为莫逆交。左丞许有壬曾言于中书，牒江浙行省，使为学官，未用而省遇火，牒亦随毁，遂绝意仕进，归隐东白山中，与诗友陈樵日相唱和以自乐。早年曾追和李贺乐府诗，其气韵词调亦颇近似。诗文集久无传本，《元诗选》辑有其《䌷缊集》。生平事迹见《元诗选》三集。

项炯（1278—1338）　元诗人。字可立。临海（今属浙江）人。端行积学，通群经大义，为当时隐居名儒。一时名公硕士，如黄溍、张翥、陈孚皆从之游。曾居苏州甫里书院，时与玉山主人顾瑛唱和。《元诗选》称：“其古乐府如《吴宫怨》、《公莫舞》、《空井辞》、《江南弄》等篇酷似李长吉。惜其诗不多传。”著有《可立集》。生平事迹见元黄溍《金华黄先生文集》卷三四《项可立墓志铭》。

王都中（1278—1341）　元诗人。字元俞，一字邦翰，号本斋。福宁（今福建霞浦）人。父积翁，至元甲申（1284）出使日本，遇难于海上。世祖念之，授都中为平江路总管府治中。秩满，除浙东宣慰副使，历郴州、饶州两路总管，所至政平讼理。迁两浙盐运使，历福建、浙东、广东宣慰使元帅，境内无不晏然。后至元间，以户部尚书领两淮盐运，终江浙行省参政。卒，谥清献。《元史》为之立传，但纪事有误。有诗三卷，未传。《元诗选》三集辑有其《本斋集》一卷。生平事迹见元黄溍《金华黄先生文集》卷三一《正奉大夫江浙等处行中书参知政事王公墓志铭》。

钱良右（1278—1344）　元诗人、书法家。右一作佑，字翼之，号江村民。长洲（今江苏苏州）人。言谈举止有儒者之风。与赵孟頫、邓文原交谊笃厚。至大间任吴县儒学教谕。后卸职，无意仕进，闲居三十年，居所座客常满，咏歌酣嬉无虚日。会被旨，使书《农桑辑要》、《大学衍义》。工于书法，篆、隶、真、行、草无不精绝，豪家贵人咸珍藏之。或有所挟而强使为之，虽奉百金而不应。人以“江村先生”称之。有诗文杂著若干卷，虞集为之序。《元诗选》三集辑有其《江村先生集》一卷。生平事迹见元黄溍《金华黄先生文集》卷三二《钱翼之墓志铭》。

王艮（1278—1348）　元诗人。字止善，号止斋，晚年又号鹦游子。诸暨（今属浙江）人。少时勤学，尚节气，不苟事言说。淮东廉访司辟为书吏，考满，调庐州录事判官。历建德县尹、两浙运盐司经历、海道漕运都万户府经历，迁江浙行省检校官，除江西行省左右司员外郎，所至皆能兴利除害。以淮东道宣慰副使致仕。《元诗选》谓其“论诗务取法古人之雄浑，而脱去近世萎苶之习”。其诗文颇为当时名士赵孟頫、邓文原赏识。《元诗选》三集辑有其《止止斋稿》一卷。生平事迹见元黄溍《金华黄先生文集》卷三四《中宪大夫淮东道宣慰副使致仕王公墓志铭》、《元史》卷一九二。

陈樵（1278—1365）　元诗文家。字君采

（一作居采）。东阳（今属浙江）人。幼承家学渊源。至正中遭乱不仕，隐居于圃谷，以种药、著书为乐，戴华阳巾，衣鹿皮，因自号鹿皮子。受虞集、黄溍、欧阳玄器重，时有书信往还。有《鹿皮子集》四卷。《四库全书总目》评曰："论其所长，当仍在文章。""其古赋落落有奇气。诗古体五言胜七言，近体七言胜五言。大抵七言古体学温庭筠，以幽艳为宗；七言近体学陆龟蒙，而雕削往往太甚。"长于说经，然其著述如《易象数新说》、《洪范传》等，今均不存。生平事迹见明宋濂《宋文宪公全集》卷五《陈公先生鹿皮子墓志铭》。

彭炳 元诗人。字元亮。崇安（今福建武夷山）人。喜与海内豪杰游，历齐秦至京都，驸马乌谷孙以师事之。至正十一年（1351）征为端本堂说书，不就。潜心经学，诗学陶、柳，如"明河夜无声，茅亭四檐月"（《明簪》）、"燕拂轻花过，云随曲水流"（《草亭》）之句，不减柴桑、愚溪之风。《元诗选》有《元亮集》一卷。生平事迹见元同恕《榘庵集》卷五《彭氏新茔石表》、《元诗选》三集。

倪道原 元诗人。字太初。安仁（今属湖南）人。工诗文，以明经就试，弗利于有司而不第，乃漫游山川，所至吟咏弗辍，后殁于京都，当朝礼重而葬之，题其碑曰"江南吟士之墓"。《元诗选》辑有其《太初集》一卷。生平事迹见《元诗选》三集、《古今图书集成·文学典》卷九〇。

李源道 元诗人。字仲渊，号冲斋（一作行斋）。关中（今陕西渭河流域）人。宦学三川，历四川行省员外郎，入为监察御史，延祐五年（1318）迁翰林直学士，出为云南肃政廉访使。累迁翰林侍读学士，官至云南行省参知政事。工诗，吴澄《李侍读诗序》曰："仲渊心易直而气劲健，其为诗也肖其人，古体五言如生在魏、晋，略不涉齐、梁以下光景。七言杂言，翩翩乎钟山丞相，雪堂学士之间而无留难。约之而为近体也亦然。"（《吴文正集》卷二二）诗多散亡，《元诗选》三集辑有其《仲渊集》一卷并附其小传。

杨敬德 元文学家。字仲礼。临海（今属浙江）人。历官应奉翰林文字。泰定三年（1326）夏，选受江浙儒学提举。王士熙《送杨仲礼序》曰："杨君居史馆久，文精思缛，言议济济，志于事功，卓然勇往之资也。"（苏天爵《元文类》卷三六）曾修《赤城元统志》。有《仲礼集》一卷。生平事迹见《元诗选》三集。

马祖常（1279—1338） 元诗人。字伯庸。世出雍古部，祖辈有锡里吉思者为凤翔府兵马判官，子孙以马为氏。父马润任漳州总管府同知，家于光州。延祐二年（1315）进士第一，授应奉翰林文字，拜监察御史。劾权相铁木迭儿，罢之。后权相复出，欲中伤之，乃辞官。权相死，除翰林待制，迁翰林直学士，拜礼部尚书，再拜御史中丞兼枢密副使。诗文颇受当时文人赞赏，《元史》本传称其"工于文章，宏赡而精核，务去陈言，专以先秦两汉为法，而自成一家之言。尤致力于诗，圆密清丽，大篇短章无不可传者"。有《石田集》行世。生平事迹见《元史》卷一四三。

陈柏（约1279—1339） 元诗人。字新甫，号云峤。泗州（今江苏盱眙）人。尝为礼部侍仪舍人，阁老名公，莫不折节与交，皆呼陈公子。官至太常院太祝。后至元五年（1339）为余姚州同知，九月卒于杭。性豪宕不羁，人以陈颠称之。好结客，积金不数年散尽。《元诗选》辑有其《云峤集》一卷。生平事迹见《元诗纪事》卷一八、《元诗选》二集。

张可久（1279—约1351） 元散曲家。字小山。祖籍庆元（今浙江鄞县），后移家杭州。大德末曾北游平江、无锡、镇江、扬州等地。延祐六年（1319）春，编定散曲集《今乐府》，贯云石为之序云："小山以儒家读书万卷，四十犹未遇。"至治初始离杭任绍兴路吏。泰定初迁衢州路吏，至至顺元年（1330）犹然。后数年，调桐庐典史。秩满，约于后至元五年（1339）退隐于浙江德清余不溪。至正二年（1342）出为徽州路税务大使监税于歙县松源。九年（1349）为昆山幕僚，后归隐西湖以终。平生与曲家卢挚、马致远、冯子振、刘致、薛昂夫、吴弘道、胡存善、马谦斋、高栻、大食惟寅，诗人赵孟頫、李泂、李祁、钱惟善、张雨、倪瓒、张仲深、王寿衍，庆元路总管胡元（容斋）、衢州路总管赵仲礼（肃斋）、卢景（彦远），歌妓艺人张玉卿、樊素云等交游，多有唱和。散曲创作数量为元人第一，生前即编定《今乐府》、《吴盐》、《苏堤渔唱》、《新乐府》四种曲集，已佚。今存元末胡存善编次《小山乐府》，元抄本《小山北曲联乐府》，明李开先编《张小山小令》，任讷整理重编《小山乐府》。《全元散曲》辑存其小令八百五十五首，套曲九套。风格清雅明丽，时人誉为"玉龙嘶断彩鸾鸣"（冯子振《题张小山〈苏堤渔唱〉》），"心驰八表快神游……声传南国，名播中州"（大食惟寅《奉寄小山先辈》),“字字清殊,光生照殿珠”(高栻《题小山〈苏堤渔唱〉》)。《太和正音谱》列其名第二,评其词“如瑶天笙鹤”,“清而且丽,华而不艳”。李开先序其集,更将其与乔吉比之为唐诗之李、杜。明王骥德《曲律》、清刘熙载《艺概》咸以为张又在乔之上。生平事迹见《录鬼簿》、孙楷第《元曲家考略》。

王士熙(? —约1342)　元诗人。字继学。东平(今属山东)人。出身文学世家。尝师事邓文原,博学工诗。至治初为翰林待制,泰定四年(1327)累官中书省参政。因事被贬,天历二年(1329)放还乡里。顺帝即位,起为江东廉访使。后至元二年(1336)迁南台侍御史。至正二年(1342)升南台御史中丞,未几卒。其为诗,长于乐府歌行。与袁桷、马祖常、虞集、揭傒斯、宋本辈唱和馆阁,雕章丽句,脍炙人口。论者以为有元盛世之音。《元诗选》二集辑有其《江亭集》。生平事迹见《元书》卷五八。

胡助　元诗人。字古愚,一字履信,号纯白道人。婺州东阳(今属浙江)人。始举茂才为教官,除建康路儒学录,历美化书院山长,温州路儒学教授,入为翰林编修,累迁太常博士。至正五年(1345)致仕归。遗言勿乞人状其行铭其墓,而自著《纯白先生自传》。著有《纯白斋类稿》二十卷。吴澄《胡助诗序》云:“金华胡助诗,如春兰茁芽,夏竹含箨,露滋雨洗之余,馥馥幽媚,娟娟净好。五七言古近体皆然。”(《吴文正集》卷二二)生平事迹见《纯白斋类稿》卷一八《纯白先生自传》、《元史类编》卷三九。

杨朝英　元散曲家。字英甫,号澹斋。青城(今山东高青)人,家于龙兴(今江西南昌)。至元末元贞初曾官郡守、郎中,后归隐。与诗人张之翰、曲家贯云石、阿里西瑛等唱和。皇庆中编第一部散曲总集《阳春白雪》,贯云石为之序;至正十一年(1351)又编《太平乐府》,元人散曲多赖此二书以传。《全元散曲》辑存其小令二十七首,多写景叹世之作。元杨维桢《周月湖今乐府序》云:“士大夫以今乐府鸣者,奇巧莫如关汉卿、庾吉甫、杨澹斋、卢疏斋。”(《东维子集》卷一一)《太和正音谱》评其曲词“如碧海珊瑚”。生平事迹见元张之翰《西岩集》卷一《杨英甫郎中澹斋》、元周巽《性情集》卷五《上欧阳玄诗序》。

王懋德　元诗人。字仁父。高唐(今属山东)人。工诗,初由中书掾除户部主事,至治元年(1321)拜南台御史,累迁治书侍御史,出为淮南廉访使,转江浙参政,召拜御史中丞,后至元二年(1336)擢中书左丞。卒后,虞集为撰墓碑。《元诗选》辑有其《仁父集》一卷。生平事迹见《元诗选》三集。

郭畀(1280—1335)　元诗人、书画家。字天锡,号云山。丹徒(今属江苏)人。工诗善画,累试不第。美须髯,人称郭髯。历饶州鄱江书院山长,辟江浙省掾。画学米芾,师事高克恭。尝往来锡山,与倪瓒交往最久。倪瓒《题郭天锡画》云:“郭髯余所爱,诗画总名家。水际三叉路,毫端五色霞。米颠船每泊,陶令酒能赊。犹忆相过处,清吟夜煮茶。”(《清閟阁全集》卷三)著有《快雪斋集》、《客杭日记》各一卷。生平事迹见元郑元祐《侨吴集》卷六《郭天锡云山》、《元诗选》二集。

乔吉(约1280—1345)　元曲家。一名吉甫,字梦符,号笙鹤翁,又号惺惺道人。太原(今属山西)人。美容仪,能词章,以威严自饬,人敬畏之。终生不仕,流连江湖,自称“江湖状元”、“风月神仙”。后居杭州太乙宫前,有题西湖《梧叶儿》百篇,名公为之序。平生知音甚少,唯与歌妓李楚仪、张天香、崔秀卿、瞿子成、周士宜、王玉莲、江云、王柔卿、朱阿娇、李玉真、常凤哥、朱翠英、顾观音、孙梅哥、郭莲儿、刘牙儿等有交往题赠,尤与李楚仪交情最密。所作杂剧十一种,今存有《两世姻缘》、《金钱记》、《扬州梦》三种,皆风光旖旎之爱情喜剧;其余《黄金台》、《荆公遣妾》、《勘风情》、《认玉钗》、《托妻寄子》、《节妇牌》、《九龙庙》、《贤孝妇》八种皆佚。尝谓:“作乐府亦有法,曰‘凤头、猪肚、豹尾’六字是也。大概起要美丽,中要浩荡,结要响亮。尤贵在首尾贯穿,意思清新。”(《辍耕录》卷八《作今乐府法》)其散曲元代已辑有《惺惺道人乐府》、《文湖州集词》等别集行世。明李开先又编刻《乔梦符小令》一卷。任讷又重辑《梦符散曲》二卷。《全元散曲》录存其小令二百零九首,套数十一套。数量仅次于张可久而与之齐名。内容多写山水游乐及男女爱情,风格奇巧放纵,诡喻华美,雅俗兼包,为清丽派代表。《太和正音谱》谓其词“如神鳌鼓浪。若天吴跨神鳌,噀沫于大洋,波涛汹涌,截断众流之势”。李开先称之为曲中李白,“蕴藉包含,风流调笑,种种出奇而不失之怪;多多益善而不失之烦;句句用俗而不失其为文,自可谓与之传神”(《乔梦符小令序》)。清焦循《易余籥录》、李调元《雨村曲话》等皆以其与关、马、郑、白“四大家”并列为“一代巨手”。其散曲成就更高于杂剧。生平事迹见《录鬼簿》、谭正璧《元曲六大家略传》。

吴镇(1280—1354) 元诗人、画家。字仲圭,号梅花道人。嘉兴(今属浙江)人。工诗,善画山水竹石,每画辄题诗其上,诗、书、画皆精,时人号为"三绝"。与黄公望、倪瓒、王蒙有元画苑四大家之称。性高介,隐居不仕。所居曰"梅花庵",自署"梅花庵主"。倪瓒有《吴仲圭山水》诗云:"道人家住梅花村,窗下松醪满石尊;醉后挥毫写山色,岚霏云气淡无痕。"(《清閟阁全集》卷七)著有《梅花道人遗墨》二卷。《元诗选》二集录其诗一百四十二首。生平事迹见《四库全书总目》卷一六八、《元书》卷九一。

陈德永 元诗文家。字叔夏,号两峰。黄岩(今属浙江)人。自幼聪慧,从盛象翁、林纮斋游。德望清重,书宗李邕。为宋末诗人、画家王柏再传弟子,学者称"两峰先生"。曾任和靖书院山长,历官江浙儒学提举。《元诗选》引元清江人杜本言,称其"文章似欧阳子,尤长于理"。《元诗选》三集辑有其《两峰惭草》一卷。生平事迹见《书史会要》卷七。

陈天锡 元诗人。锡一作赐,字载之,号晋斋。福宁(今福建霞浦)人。历任福宁州学正、泉州路学教授,转盐运提举大使。天历二年(1329)累迁定海县尹,至顺初改尹建阳,秩满,加奉议大夫,知福清州。年未六十致仕归,与王荐等十人共为耆英会。寿八十而终。程钜夫《题陈天赐载之诗后》云:"亹亹辞家日,悠悠上国心。关河题欲遍,云海梦初深。卷里英雄迹,人间正始音。成连舟已远,空对伯牙琴。"(《雪楼集》卷二九)工于诗,《元诗选》辑有《鸣琴集》一卷。生平事迹见《大明一统志》卷七六、《元诗选》三集。

俞远 元诗人。字之近,号空谷,因称空谷先生。江阴(今属江苏)人。身骨清癯,好读书,隐居教授,笃行古道。至正十二年(1352),寇过残毁,乃筑土为室,啸歌其中。凡有吟咏,语必惊人。至正间卒,年七十二。同里王逢挽诗云:"襄阳一耆旧,东鲁古先生。"(《梧溪集》卷三《故空谷俞先生挽词》)《元诗选》三集辑有其《豆亭集》一卷。生平事迹见明孙作《沧螺集》卷三《空谷先生墓碑记》。

宋本(1281—1334) 元文学家。字诚夫。大都(今北京)人。至治元年(1321),为廷试第一,赐进士及第,授翰林修撰。泰定元年(1324)除监察御史,调国子监丞。天历间累迁吏部侍郎,改礼部,除艺文大监。至顺元年(1330)进奎章阁供奉学士,二年冬,擢礼部尚书。元统元年(1333),进奎章阁承制学士,二年,转集贤直学士,兼国子祭酒经筵官。《元史》本传谓其"善为古文,辞必己出,峻洁刻厉,多微词"。著有《至治集》四十卷。生平事迹见《元史》卷一八二。

李存(1281—1354) 元诗文家。字明远,更字仲公。饶州安仁(今江西余干)人。博学好古文,通医术。后从上饶陈立太传陆九渊之学。延祐间,应试不第,遂家居讲授。与祝蕃、舒衍、吴谦三人交游,时号"江东四先生"。当局三次以高蹈丘园举荐,皆不应;复拟授翰林院任职,事未果。书室取名竹庄,题曰俟庵,人称番阳先生。元末兵起,为门人何琛迎养于临川。其论文谓唐虞所有之言,三代可以不言;三代所有之言,汉唐可以不言。皆本陆学之义。著有《俟庵集》三十卷(一本作《李仲公集》),《元诗选》选录其诗四十首。《四库全书总目》称:"其诗文皆平正醇雅,不露圭角,粹然有儒者之意。"生平事迹见《俟庵集》卷首危素所撰《墓志铭》、《新元史》卷二三七、《古今图书集成·文学典》卷八九。

周文质(?—1334) 元曲家。字仲彬。其先建德(今属浙江)人,后迁杭州定居。体貌清癯,学问赅博,资性工巧,文笔新奇;善丹青,能歌舞,明曲调,谐音律;性尚豪侠,好事敬客,与钟嗣成交往二十年,惜中年早逝。《太和正音谱》评其词"如平原孤隼"。所撰杂剧,仅《持汉节苏武还乡》尚存残曲,见《元人杂剧钩沉》;《春风杜韦娘》、《孙武子教女兵》、《敬新磨戏谏唐庄宗》三本皆佚。另存小令四十三首,套数五套,多叙男女恋情,清新悦目。生平事迹见《录鬼簿》。

阿鲁威 元散曲作家。威一作翚或灰,字叔重,一作叔仲,号东泉,时人亦称之鲁东泉。蒙古族人。至治间由延平路总管迁泉州路总管,泰定间入朝任翰林侍讲学士、经筵官。天历元年(1328)辞官南游,寓居杭州。元诗人张雨《水龙吟·代玄览和东泉学士自寿之作》称:"古来宰相神仙,有谁得似东泉老?"似其或曾入相。《全元散曲》辑存有小令十九首,多叹世、怀古、旅况之作。《太和正音谱》评其词"如鹤唳青霄"。生平事迹见《阳春白雪》卷二题下注、孙楷第《元曲家考略》。

洪希文(1282—1366) 元诗人。字汝质,号去华山人。莆田（今属福建）人。父岩虎，宋代贡士，为兴化教谕。入元，父子俱隐万山中，朝晡盂饭，烧芋咬菜相唱和而无愠色。及其父死，嗣为乡先生，郡之名族争致西席，郡学聘为训导。以其父有《轩渠集》，故自命集为《续轩渠集》。凡十卷，而摭父遗诗附于卷末。郡人林以顺作序称其诗"得意处，皆自肺腑流出"；宗究序称其诗有"浑厚朴素之质"。生平事迹见《续轩渠集》卷首自序、《元诗选》初集小传、《元史类编》卷三六、《新元史》卷二三七。

吴师道（1283—1344）　元学者、诗文家。字正传。婺州兰溪（今属浙江）人。童年即工词章，赋诗清丽俊逸。弱冠好宋儒真德秀遗书，以辟异端为先务。至治元年（1321）登进士第，授高邮县丞。再调宁国路录事，会大旱，遂劝富家赈饥民；又上言部使者转闻于朝，得粟、钞赈之，三十万饥民赖以存活。后至元元年（1335），迁池州建德县尹。后被荐为国子助教，寻升博士，执教一本朱熹之旨，遵许衡成法。至正四年（1344）召主江浙行省乡试，因病未成行；朝命准以奉议大夫礼部郎中致仕，命未至而卒于家。平生与黄溍、柳贯、吴莱相与唱和。著有《易杂说》二卷、《书杂说》六卷、《诗杂说》二卷、《春秋胡氏传附正》十二卷，于经术研究颇深；其《战国策校注》、《敬乡录》于史实亦多考证；又有《吴正传文集》（一作《吴礼部集》）二十卷、《吴礼部诗话》一卷。《四库全书总目》评其"诗文具有法度。其文多阐明义理，排斥佛老，能独守师传；其诗则风骨遒上，意境亦深，裦然升作者之堂"。生平事迹见《吴正传文集》附录张枢所撰《吴君墓表》与杜本所撰《墓志铭》、《元史》卷一九〇、明宋濂《宋文宪公文集》卷三〇《吴先生碑》等。

张起岩（1285—1353）　元诗人、史学家。字梦臣，号华峰真逸。历城（今山东济南）人。博学有文，精于典籍，工诗，善篆、隶。延祐二年（1315）中进士第一名。初任州县官，后升集贤修撰，累迁监察御史。至顺间，拜礼部尚书，转中书参议，迁翰林侍讲。后至元三年（1337）出为南台侍御史，入中台，转燕南廉访使，任中抑制豪强，政声显著。至正元年（1341）升南台中丞，入为翰林承旨，诏修辽、金、宋三史，任总裁官。积阶至荣禄大夫。卒后谥文穆。所著《类稿》、《金陵集》各若干卷，今均不存；仅《元诗选》三集辑有其《华峰漫稿》。生平事迹见《元史》卷一八二。

王士元　元诗人。字善甫，号拙庵，又号具川道人。临汾（今属山西）人。延祐二年（1315）与张起岩同登进士第，任吉州知州，历官风宪，迁国子司业，以崇文少监致仕。《元诗选》三集辑有其《拙庵集》一卷并附其小传。

苏彦文　元散曲家。金华（今属浙江）人。以才学为江西行省掾，廉洁平恕，声誉翕然。进入中书省，擢引进之职。后以母忧去职以归。《全元散曲》存其套数一套。生平事迹见元李祁《云阳集》卷二《送苏彦文归金华序》。

秦简夫　元杂剧作家。大都（今北京）人，后寓居杭州。《录鬼簿》列其名于"方今才人相知者"，当与钟嗣成同时，至顺年间尚在世。所作杂剧《孝义士赵礼让肥》、《东堂老劝破家子弟》、《陶贤母剪发待宾》三种今存。《天寿太子邢台记》、《玉溪馆》两种已佚。其中《东堂老》深寓劝戒，影响较大。《太和正音谱》评其曲"如峭壁孤松"。贾仲明赞其剧"壮丽无双"（《录鬼簿》补《凌波仙》吊词）。青木正儿称其所作"排场工致，紧张有味"（《元人杂剧概说》）。生平事迹见《录鬼簿》。

赵善庆　元曲作家。名一作孟庆；字文贤，或文宝。饶州乐平（今属江西）人。善卜术，任阴阳学正。钟嗣成《录鬼簿》列其名于"方今才人相知者"，其卒年当在元顺帝至正五年（1345）以后。所作杂剧有《孙武子教女兵》、《唐太宗骊山七德舞》、《醉写〈满庭芳〉》、《村学堂》、《烧樊城糜竺收资》、《敦友爱姜肱共被》、《负亲沉子》、《褚遂良掷笏谏》八种，俱佚。散曲今存小令二十九首，内容多写景抒怀，见《全元散曲》。《太和正音谱》称其词"如蓝田美玉"。生平事迹见《录鬼簿》。

王元鼎　元散曲家。金陵（今江苏南京）人。泰定间（1324—1327）官翰林学士。与大都名优顺时秀（郭芳卿）相恋，以"吟风弄月，惜玉怜香"为青楼知重。尝作《古今历代启蒙》，赵孟頫为之序。又吴澄《玉元鼎字说》云："学者阿鲁丁，以玉氏，以元鼎字。其先西域人也。始祖玉速阿剌，从太祖皇帝出征，……为勋旧世臣家，名载国史。……元鼎读《大学》、《论语》，……于二书格言，实用其力而已。"（《吴文正公集》卷六）孙楷第疑"王"姓实"玉"之误（《元曲家考略》）。《全元散曲》辑存其小令七首，套数两套。生平事迹见《青楼集》、元陶宗仪《辍耕录》卷一九。

邓学可　元散曲家。名熙，以字行。庐陵（今江西吉安）人。曾寓维扬（今江苏扬州）。资质静重，工曲之外，又留心书法，有声于时。《全元散曲》存其套数一套。《太和正音谱》列其名于“杰作”中。生平事迹见元吴澄《吴文正公集》卷四《仁本堂记》、陶宗仪《书史会要》卷七。

贯云石(1286—1324) 元散曲家。本名小云石海涯，以父名贯只哥，遂以贯为姓；号酸斋，别号芦花道人。维吾尔族人。祖阿里海涯为平宋开国功臣、湖广行省左丞相，追封楚国公、江陵王。父为湖广、江西等行省平章政事。母为平章政事廉希闵女。年十二三，腾跨奔马，膂力绝人。弱冠袭父爵为两淮万户府达鲁花赤，镇永州，赏罚必信，行伍肃然。数年，解职逊让于弟忽都海涯，入京从姚燧学。燧大奇其才，荐于东宫，进为英宗潜邸说书秀才。仁宗即位，拜翰林学士、知制诰、同修国史。皇庆二年(1313)，参与制定行科举条例。延祐元年(1314)称疾辞归江南，定居杭州。与诗人赵孟頫、程钜夫、邓文原，曲家张可久、阿里西瑛、乔吉、杨朝英，名优杨驹儿、杨买奴，才女曹妙清等皆有交往。尝诡姓名，易冠服，卖药市肆，混迹居人。因病卒。诗文有《酸斋集》，后散佚。姚燧盛称“才气英迈，宜居代言之选”(邓文原《巴西集·贯公文集序》)。程文海称其“五七言诗、长短句，情景沦至”(《雪楼集·跋酸斋诗文》)。《元诗选》存其诗二十七首，谓“以绮丽清新之派，振起于前”(《元诗选·萨都剌小传》)。散曲尤著，尝为《阳春白雪》、《小山乐府》作序，品评有灼见。今存小令八十八首，套数十套，见任讷辑《酸甜乐府》、隋树森编《全元散曲》及胥惠民等《贯云石作品辑注》。后者并辑存诗三十八、词二、文三篇及《孝经直解》十八章。《太和正音谱》评为“如天马脱羁”；姚桐寿评为“骏逸为当行之冠，即歌声高引，上彻云汉；而惠康(杨梓)独得其传……由是州(海盐)人往往得其家法，以能歌名于浙右云”(《乐郊私语》)。则其为海盐腔之奠基者，故徐渭《南词叙录》、王世贞《曲藻序》举北曲皆首列“马(致远)、贯”或“贯、马”。生平事迹见元欧阳玄《圭斋文集》卷九《贯公神道碑》、《元史》卷一四三。

岑安卿(1286—1355) 元诗人。字静能，号栲栳山人。余姚(今属浙江)人。十岁始就学，而无意于仕途。其兄弟并登进士，独他沦落不偶。家东南有栲栳峰，常登山坐览万物，遂移家山下，并以栲栳山人为号。与李孝光、危素相善。至治以来，屡荐不就。晚年放情山水，以隐逸为趣。能诗，却不欲以诗文成名。其诗多写隐逸情怀。《四库全书总目》评曰：“其诗戛戛孤往，如其为人。惟七言古诗时杂李贺、温庭筠之体。盖有元一代风气如斯。然气骨本清，究亦不同纤媚秾冶之格。”有《栲栳山人集》三卷。《元诗选》初集选其诗四十九首。生平事迹见《栲栳山人集》卷首王至《岑贞元先生行状》、《元史类编》卷三六。

马谦斋 元散曲家。曾在大都做官，有《水仙子·燕山话别》；后来“辞却公衙，别了京华，甘分老农家”(《蟾宫曲·太平即事》)。张可久有《天净沙·马谦斋园亭》一首，二人或同时。《全元散曲》辑存其小令十七首，多叹世怀古及咏物之作。《全元散曲》有其小传。

沈禧 元散曲家。字廷锡。吴兴(今浙江湖州)人。有《竹窗词》。《全元散曲》存其套数八套。生平事迹仅见其《竹窗词》所署名字、籍贯(诵芬室抄本)。

任昱 元散曲家。字则明。四明(今浙江宁波)人。与曲家张可久、曹德交厚。少年风流倜傥，狎游平康，以小乐章流布裙钗间。晚年锐志读书，作七言诗甚工。《全元散曲》辑存其小令五十九首，套数一套。多写离情相思，咏景怀古，《太和正音谱》列其名于“杰作”中。《元诗选癸集》存其诗一首。《西湖竹枝集》、《元诗选癸集》有其小传。

童童 元散曲家。蒙古族人，兀良氏。元初中书左丞相河南王阿术孙，卜怜吉歹子。延祐至治间官集贤侍讲学士，泰定间迁河南行省平章，天历初改江浙行省平章，入为太禧宗禋使。以荒泆宴安屡为御史弹劾，至顺二年(1331)谪为嘉兴府判。能以汉文赋诗作曲，又能画，有“画梅卷”，诗人曹伯启尝为题诗。《元诗选癸集》存其诗三首，《全元散曲》存其套数二套。《太和正音谱》列其名于“杰作”中。生平事迹见《蒙兀儿史记》卷九一《阿术传》、《元史》卷三〇、卷三五、《元行省丞相平章政事年表》。

钱霖 元散曲家。字子云。世居松江(今属上海)南城。博学工文章。才不为世所用，遂于天历至顺间(1328—1330)弃俗为黄冠。更名抱素，号素庵。初营庵于松江东郭，有二斋号“封云”、“可月”，后迁吴兴(今浙江湖州)，故或以为吴兴人。晚居嘉兴(今属浙江)，筑室于鸳湖之上，命名曰“藏六窝”。因又自号泰窝道人。杨维桢曾为作《藏六窝志》(《东维子集》卷二二)。至正十六年(1356)尚在世。有词集《渔樵谱》，今已佚，仅存杨维桢为撰序，以为“有寄闲父子(张枢、张炎)之风”(《东维子集》卷一)。尝编选诸公诸曲为《江湖清思集》，又自著有散曲集名《醉边余兴》，今俱佚。《录鬼簿》评其曲："词语极工巧。"《全元散曲》存其《清江引》小令四首，套数《哨遍》一套。生平事迹见《录鬼簿》、孙楷第《元曲家考略》。

曹德　元散曲家。字明善。元统间(1333—1334)曾任衢州路吏。后至元元年(1335)六月在大都，因感愤太师伯颜专权，尽杀皇后亲属，执皇后幽于别所而顺帝亦无奈之时事，遂以"长门柳"为喻，作《清江引》二曲以讽之。"伯颜怒，令左右暗察得实，肖形捕之。明善出避吴中一僧舍。居数年，伯颜事败，方再入京"(《辍耕录》卷八《岷江录》条)。但《辍耕录》谓二曲为讽郯王彻彻都、高昌王帖木儿不花被杀事。后曾任山东宪使。与曲家薛昂夫、任昱交善。《全元散曲》辑存其小令十八首。《录鬼簿》评其曲"华丽自然，不在小山之下"，并录有其生平事迹。

徐再思　元散曲家。字德可，好食甘饴，故号甜斋。嘉兴(今属浙江)人。曾作嘉兴路吏。为人聪明秀丽，与张可久同时。曲名与贯酸斋相埒，人称"酸甜乐府"。任讷辑有《酸甜乐府》。《全元散曲》存其小令一百零三首。记录其多年飘泊，怀才不遇的感喟，但多半写闺情相思之作，刻画心理情态，婉曲清丽。《太和正音谱》评其曲"如桂林秋月"。清褚人获称其词"得相思三昧"(《坚瓠壬集·相思词》)。李调元评其闺词"人不能道"(《雨村曲话》上)。生平事迹见《录鬼簿》。

孙周卿　元散曲家。汴(今河南开封)人，一作古邠(今陕西彬县)人，或疑"邠"乃"汴"字之误。其写作活动年代在至大至泰定年间(1308—1328)。据其散曲《水仙子·日边》及《山居自乐》，知其曾作官，后辞归客居湘中。妻早殁，女嫁诗人傅若金。《全元散曲》辑存其小令二十三首，多隐居、游乐及闺情之作。生平事迹见元杨朝英《太平乐府·姓氏》、陶宗仪《辍耕录》卷一三《绿窗遗稿》条。

顾德润　元散曲家。字君泽，道号九山。淞江(今上海松江)人。由杭州路吏迁平江(今江苏苏州)路首领官。《录鬼簿》列为"方今才人相知者"，盖与钟嗣成同时。与诗人钱惟善、朱晞颜相善，朱作《顾君泽真赞》云"其谑浪笑傲睨世而废啸歌者欤"(《瓢泉吟稿》卷五)。自刊《九山乐府》、《诗隐》二集，售于肆市，今不传。《全元散曲》辑存其小令八首，套数二套。《太和正音谱》评其曲"如雪中乔木"。生平事迹见《录鬼簿》、孙楷第《元曲家考略》。

汪勉之　元杂剧作家。庆元(今浙江鄞县)人。与钟嗣成同时，元文宗至顺元年(1330)仍在世。由学官历浙东帅府令史。鲍天祐所作《曹娥泣江》杂剧中有勉之所作二折，今佚。工于乐府，所制颇多，亦不存。生平事迹见《录鬼簿》。

屈恭之　元杂剧作家。字子敬。院本作家屈彦英(英甫)侄。与钟嗣成为同窗之友，曾任上海教官、路学教授，卒年六十。所撰杂剧《田单复齐》、《孟宗哭竹》、《敬德扑马》、《升仙桥相如题柱》、《宋上皇三恨李师师》五种，皆佚。钟嗣成称其"乐府华丽，不亚于小山"(《录鬼簿》)，然今皆不传。生平事迹见《录鬼簿》。

高克礼　元散曲家。字敬臣，号秋泉。济南(今属山东)人，一说河间(今属河北)人。镇江路总管亚忠嫡脉。以恩荫入仕官至县尹。至正八年(1348)为庆元推官。治政以清静为务，简淡自处。后归隐。与乔吉、萨都剌、杨维桢等曲家、诗人相唱和。小曲乐府，极为工巧。《全元散曲》辑存其小令四首，多写儿女情态。《太和正音谱》列其名于"杰作"之中。其诗见《元诗选癸集》。生平事迹见元胡世佐《赤城别集》卷二《重建推官厅文》、《录鬼簿》、《元诗选癸集》。

萧德祥　元杂剧、南戏作家。名天瑞，号复斋，以字行。杭州(今属浙江)人。元文宗朝在杭州以医为业。凡古文俱檃括为南曲。曾参加武林书会。著杂剧四种。今存《王翛然断杀狗劝夫》一种，《四春园》、《四大王歌舞丽春园》、《包待制三勘蝴蝶梦》三种均佚。另又存南戏《小孙屠没兴遭盆吊》一种(或谓无名氏作)。孙楷第《元曲家考略》考证庐陵(今江西吉安)萧德祥业医事迹甚详，唯籍贯相异，或其客杭行医甚久，钟嗣成径目为杭州人。又《苏平仲文集》卷一二《江浙行省参政周公墓志铭》有萧天瑞，至正二十一至二十二年(1361—1362)，在平阳周嗣德幕为都事，曾随诏使入贡。未知与曲家德祥是否一人。生平事迹见《录鬼簿》、孙楷第《元曲家考略》。

陆登善　元曲家。一说姓"陈"。字仲良。祖籍维扬(今江苏扬州)，后随父迁杭州。《录鬼簿》列其名于"方今才人相知者"内，当与钟嗣成同时，元顺帝至正五年(1345)尚在世。为人沉重简默，著有乐府及隐语。钟嗣成《录鬼簿》卷上末有跋语云：上卷杂剧资料，得之于陆仲良，“仲良得之于克斋先生吴公(按：即吴弘道)”。一说为杂剧《张鼎勘头巾》作者；另有《开仓粜米》杂剧一种，已佚。散曲仅存套数《一枝花》，题为“悔悟”，收入《全元散曲》。生平事迹见《录鬼簿》。

王晔 元曲家。字日华，一作日新，号南斋。其先睦州(辖境相当今浙江桐庐、建德、淳安一带)人，后迁杭州(今属浙江)。体丰肥而善滑稽，词章乐府，题咏工巧。与朱凯合撰散曲《双渐苏卿问答》，以小曲拟判词，代言体问答，体制新奇。又集历代优人以优语讽世者，自楚优孟至金玳瑁头凡若干条为《优戏录》，今佚。诗人杨维桢至正六年(1346)秋曾为之序，称其得司马迁《滑稽列传》之旨。(《东维子集》卷一一)撰杂剧三种。今存《破阴阳八卦桃花女》一种，《卧龙冈》、《双卖华》二种佚。《全元散曲》辑存其重头小令十六首，套数一套。《太和正音谱》列其名于“杰作”之中。生平事迹见《录鬼簿》。

朱凯 元曲家。字士凯。里贯不详。自幼孑立不俗，与人寡合。至正年间任江浙行省掾，家杭州。与钟嗣成、王晔等相友善。所撰小曲极多，编有《升平乐府》，今已佚。又曾类集张可久、乔吉、钟嗣成、王晔、徐景祥等人诗谜隐语，分十二门编为《包罗天地》，今亦佚。复有《谜语》一集，亦佚。曾为《录鬼簿》作序。所撰杂剧《放火孟良盗骨殖》(一作《昊天塔孟良盗骨》)、《刘玄德醉走黄鹤楼》二种，皆存。《全元散曲》存其与王晔合撰《双渐苏卿问答》重头小令十六首。生平事迹见《录鬼簿》、明郎瑛《七修类稿》卷五《千文虎序》。

王仲元 元曲家。杭州人。钟嗣成《录鬼簿》列其名于“方今才人相知者”，并谓其“与余交有年矣”。所作杂剧《东海郡于公高门》、《郎中令袁盎却坐》、《杨六郎私下三关》三种俱佚。其散曲今存小令二十一首，套数四套，收入《全元散曲》。生平事迹见《录鬼簿》、孙楷第《元曲家考略》。

周权 元诗人。字衡之，号此山。松阳(今浙江遂昌)人。平生工诗，磊落负隽才，然不得志。延祐六年(1319)带诗稿北游京师，见袁桷，桷深重之，称之为“磊落湖海之士”，欲荐为馆职，未获准。回归江南，更专心于诗，唱和日多。当代名流赵孟頫、虞集、揭傒斯、陈旅、欧阳玄皆推许其诗才。赵孟頫《题周秀才此山堂》诗云：“青青云外山，炯炯松下石。顾此山中人，风神照松色。”著有《此山集》诗十卷。陈旅序称其诗：“简淡和平，无郁愤放傲之色。”欧阳玄序谓其诗：“无险劲之词，而有深长之味。无轻靡之习，而有春容之风。”生平事迹见《元史类编》卷三六、《元诗选》初集。

陈旅(1287—1342) 元诗文家。字众仲。莆田(今属福建)人。幼孤，笃志于学。以荐为闽海儒学官。马祖常出使泉南，一见大奇，勉游京师。虞集见其文，延至馆中，与之讲习。博学多闻，名著京师。后荐为国子助教，出为江浙儒学副提举，入为翰林应奉。至正初迁国子监丞。有《安雅堂集》十三卷。生平事迹见《元史》卷一九〇。

王冕(1287—1359) 元诗人、画家。字元章。诸暨(今属浙江)农家子。幼贫，父命牧牛，尝潜入学舍听诸生读书，暮返亡其牛，父怒挞之，他日依僧寺，夜坐佛膝，映长明灯读书。韩性异而教之，遂通《春秋》。尝试进士举不第，即焚所为文而弃去。行多诡激，颇近于狂。北游燕都，李孝光、泰不华皆尝荐于朝，辞不就。工于画梅，燕京贵人争求之，乃以一幅张壁间，题诗其上曰：“疏花个个团冰玉，羌笛吹他不下来。”或以为刺时。寻隐会稽九里山，自号“煮石山农”；又植梅千株，自号“梅花屋主”；命其居曰“竹斋”；题其舟曰“浮萍轩”，放舟鉴湖。《四库全书总目》谓：“冕天才纵逸，其诗多排奡遒劲之气，不可拘以常格。然高视阔步，落落独行，无杨维桢等诡俊纤仄之习，在元、明之间要为作者。”著有《竹斋集》三卷、续集一卷。生平事迹见《明史》卷二八五、明宋濂《宋学士文集》卷二七《王冕传》。

许有壬(1287—1364) 元文学家。字可用。汤阴(今属河南)人。仁宗延祐二年(1315)进士，累官参议中书省事。惠宗元统二年(1334)拜参知政事。至正初，转中书左丞。六年(1346)，召为翰林学士承旨，改御史中丞，以病归。起河南左丞。十五年迁集贤大学士，复拜中书左丞，寻兼太子左谕德。十七年以老病致仕，越七年卒，谥文忠。工诗文，著有《至正集》八十一卷，《圭塘小稿》十三卷。生平事迹见《元史》卷一八二。

张翥(1287—1368) 元文学家。字仲举，号蜕庵。其先晋宁襄陵(今属山西)人，后迁钱塘(今浙江杭州)。少不羁，后受业于名儒李存，又从仇远学文辞音律。乃以诗文名一时。至正初，召为国子助教，分教上都。寻退居淮东。会修三史，起为翰林国史院编修官。历应奉、修撰，迁太常博士、国子祭酒等。以翰林学士承旨致仕。长于诗，尤工近体，多忧时伤事之作。古诗则多讽谕，有元白遗意。善音律，其词婉丽风流，有南宋之风。今传有《蜕庵集》五卷。生平事迹见《元史》卷一八六。

孙子羽 元杂剧作家。仪真(今江苏仪征)人。《录鬼簿》列其名于“方今才人相知者”，当与钟嗣成同时，至正五年(1345)尚在世。著有杂剧《杜秋娘月夜紫鸾箫》一种，已佚。《太和正音谱》称之为“词林英杰”。生平事迹见《录鬼簿》。

张鸣善 元曲家。名择，以字行，字一作明善，号顽老子。祖籍平阳(今山西临汾)，家于湖南武昌(今属湖北)。流寓扬州，曾任淮东道宣慰司令史，入明任江浙提学，未几，即称病辞官，隐居吴江。与吴暾、宋梦鼎、鲁道源并称为“四先生”。元诗人张翥《蜕庵集》卷四、成廷珪《居竹轩集》卷三、王逢《梧溪集》卷五皆有赠鸣善诗。又与夏庭芝交往甚密，至正二十六年(1366)为《青楼集》作序。《录鬼簿续编》谓其“有《英华集》行于世，苏昌龄、杨廉夫拱手服其才”。《全元散曲》存小令十三首，套数两套，多揭露官场黑暗、当道昏庸。《辍耕录》卷八载其《水仙子》讥时曲，《尧山堂外纪》卷七六载其讥刺张士德攘夺民田的《咏雪》曲，皆锋利无匹，足令奸邪寒胆。《太和正音谱》评其词“如彩凤刷羽，藻思富瞻，烂若春葩”。所作杂剧《包待制判断烟花鬼》、《党金莲夜月瑶琴怨》、《十八公子大闹草园阁》三种，皆不传。其诗见《元诗选癸集》。生平事迹见《录鬼簿》、孙楷第《元曲家考略》。

高安道 元散曲家。《录鬼簿》仅云其有《御史归庄》、《南吕·破布衫》、《哨遍》等曲行世。列入“方今才人”，约与钟嗣成同时。《全元散曲》存其套数三套。《太和正音谱》列其名于“杰作”中。生平事迹见《录鬼簿》。

亢文苑 元散曲家。曾在大都作《一枝花》赠京师名旦周人爱儿媳玉叶儿(见《青楼集》)，又曾在江南漂泊。《全元散曲》辑存其套数三套，其三有“壮志难酬，任飘零身寄南州”。《太和正音谱》列其名于“杰作”中。其余生平事迹不详。

吕止庵 元散曲家。别有吕止轩，或即一人。《全元散曲》辑存其小令三十三首，套数四套，多辑自《阳春白雪》及《太平乐府》。约活动于大德延祐间，曾寓居杭州、金陵、吴江等地。曲多叹世、纪游及离别风情之作。《太和正音谱》评其词“如晴霞结绮”。《全元散曲》中有其小传。

孙叔顺 元散曲家。《全元散曲》辑存其套数二套，《一枝花》套写“情愿待休官罢职”的隐居生活。《粉蝶儿》套集药名嘲郎中与病妇通奸受刑。均辑自《阳春白雪》。《太和正音谱》列其名于“杰作”中。其余生平事迹不详。

王仲诚 元散曲家。《全元散曲》辑存其套数二套，残曲二支。其《斗鹌鹑》套有“跳出这蚁穴蜂衙”，似亦曾作官。《太和正音谱》列其名于“杰作”中。其余生平事迹不详。

景元启 元散曲家。或误作杲元启。《全元散曲》存其小令十五首，套数一套。其中有辑自元刊《阳春白雪》和《太平乐府》多首，当大德延祐间人。《太和正音谱》列其名于“杰作”中。生平事迹见《全元散曲》小传。

查德卿 元散曲家。曾活动在金陵一带。《全元散曲》辑存其小令二十二首，多辑自《太平乐府》，写怀古、叹世、离情等内容。《太和正音谱》列其名于“杰作”中。生平事迹见《全元散曲》小传。

吴西逸 元散曲家。《全元散曲》辑存其小令四十七首，多辑自《太平乐府》和《乐府群珠》，多纪行写景、离情别绪、隐居道情之作，其行踪曾到过大都、杭州、湘楚一带。《太和正音谱》评其词“如空谷流泉”。其余生平事迹不详。

赵显宏 元散曲家。号学村。《全元散曲》存其小令二十一首，套数二套。多辑自元刊《太平乐府》。《太和正音谱》列其名于“杰作”中。生平事迹见《全元散曲》小传。

王爱山 元散曲家。字敬甫。长安(今陕西西安)人。《全元散曲》辑存其小令十四首。《太和正音谱》列名于“杰作”中。生平事迹见元杨朝英《太平乐府》。

朱庭玉 元散曲家。庭或作廷。《全元散曲》辑存其小令四首，套数二十六套。不少辑自元刊《太平乐府》，当为元中后期人。多写景、咏物、闺怨、道情之作。《太和正音谱》评其词“如百卉争芳”。生平事迹见《全元散曲》小传。

李德载 元散曲家。《全元散曲》从《太平乐府》中辑其小令十首。《太和正音谱》列其名于“杰作”中。生平事迹不详。

赵彦晖 元散曲家。《全元散曲》从《阳春白雪》、《太平乐府》等书辑存其小令一首，套数三套，残套数句。《太和正音谱》列其名于"杰作"中。生平事迹不详。

孙季昌 元散曲家。《全元散曲》辑存其套数三套。其中《端正好》套集六十三个杂剧名咏闺怨离情，俳谐巧体，诡喻出奇，所列元杂剧名可补《录鬼簿》著录之缺。生平事迹不详。

沙正卿 元散曲家。《元剧研究》疑即沙可学，恐不确。可学永嘉（今浙江温州）人。至正间进士，官浙江行省掾。《元诗选癸集》存其诗二首，《全元散曲》辑自《太平乐府》存其套数二套。《太和正音谱》列其名于"杰作"中。生平事迹见元杨维桢《东维子文集》卷五《送沙可学序》、《元诗选癸集》、《元诗纪事》卷二七。

宋方壶 元散曲家。名子正。华亭（今上海松江）人。曾于华亭莺湖建房若干楹，四面为镂花方窗，昼夜长明，如洞天状，名曰"方壶"，因以为号。元末，干戈四起，隐于其间，或觞或弈，吟咏自适。与诗人贝琼友善，请琼为作《方壶记》。及明统一，尝作《斗鹌鹑·踏青》歌颂"仁主圣明朝"，"一统江山社稷"。《全元散曲》辑存其小令十三首，套数五套。其名见于元杨朝英编《太平乐府·姓氏》篇，《太和正音谱》，列其名于"杰作"中。生平事迹见明贝琼《清江贝先生集》卷五《方壶记》。

陈德和 元散曲家。《全元散曲》从《乐府群玉》中辑其小令十首咏"雪中十事"。《太和正音谱》列其名于"杰作"中。生平事迹不详。

王举之 元散曲家。多在杭州活动，与元末诗人钱惟善相友善。尝入京，钱有诗（见《江月松风集》卷九）送之。又与曲家胡存善交厚，有《折桂令》赠存善。《全元散曲》辑存其小令二十三首。《太和正音谱》列其名于"杰作"中。其余生平事迹不详。

刘庭信 元散曲家。先名廷玉，排行第五，身长而黑，人称黑刘五舍。益都（今属山东）人，祖贯彭城（今江苏徐州）。落魄不羁，风流蕴藉，超出伦辈，工于笑谈，天性聪慧，信口成句，而街市俚近之谈，变用新奇，能道人所不能道者。语极俊丽，和者甚众。与曲家兰楚芳庚和乐章，人多以元白拟之。《全元散曲》存其小令三十九首，套数七套，多写市井风情、离愁别绪。元杨维桢《沈生乐府序》谓其曲"纵于圆"，是"恣情之过"（《东维子集》卷一一）。《太和正音谱》评其词"如摩云老鹘"。生平事迹见《录鬼簿续编》及元贡师泰《玩斋集》卷一〇《故中奉大夫江南诸道行御史台治书侍御史刘公圹志铭》。

柯九思（1290—1343） 元诗人、画家。字敬仲，号丹丘生，别号五云阁吏。仙居（今属浙江）人。初以父荫补华亭尉，不就。在太学时，遇文宗于潜邸。及文宗即位，擢为典瑞院都事，置奎章阁，特授学士院鉴书博士。凡内府所藏法书名画，咸命鉴定。赐牙章，得通禁署。文宗卒，流寓江南，得暴疾卒。工诗擅画，天历间，与虞集等相唱和，及归老松江，时往来玉峰、吴閶与玉山诸君宴游，玉山主人顾瑛爱其诗，类编《草堂雅集》，以其诗压卷。称其宫词尤为得体，不在王建下。然其诗文多散佚，《元诗选》三集辑有《丹丘生稿》一卷。善写墨竹墨花，画竹师文同，有《墨竹谱》。生平事迹见《万姓统谱》卷三五、《元史》卷三五。

黄清老（1290—1348） 元诗人。字子肃，号樵水。邵武（今属福建）人。泰定三年（1326）浙江乡试第一，次年举进士。曹元用、马祖常请留馆阁，授翰林典籍，寻升检阅，迁应奉翰林文字，同知制诰，兼国史院编修官。至正元年（1341）出为湖广行省儒学提举，八年卒于官舍。少治《春秋》，为文驯雅，诗飘逸有盛唐风。张以宁序其诗曰："先生之于诗，天禀卓而涵之于静，师授高而益之以超，由李氏而入变为一家。"（《翠屏集》卷三《黄子肃诗集序》）著有《樵水集》、《春秋经旨》、《四书一贯》等。生平事迹见元苏天爵《滋溪文稿》卷一三《故元奉训大夫湖广等处儒学提举黄公墓志铭》。

陆友 元诗人、书法家。字友仁，号砚北生。平江（今属湖南）人。父以市布为业。生于商贾，独能刻苦攻读，为邻里所窃笑。及长，工诗善书。为诗有法度，尤长于五言律；书工八分隶楷。且博极群物，精鉴古器物，凡三代而下钟鼎铭刻、法书名画，一入其目，真赝立辨。曾至上都，柯九思、虞集交荐于朝，未及用，文宗崩，二公皆去职，乃偕九思归吴。辟斗室，匾曰"志雅斋"。尝著《砚史》、《墨史》、《印史》，诗文有《杞菊轩稿》、《砚北杂志》。今仅存《墨史》二卷、《砚北杂志》二卷。生平事迹见元顾瑛《草堂雅集》卷一〇、《元诗选》三集。

顾盟 元诗人。字仲赘。甬东（今浙江舟山）人。高才好学，尝馆于"杞菊轩"，诗见《草堂雅集》。《元诗选》三集辑有其《仲赘集》一卷。生平事迹见元顾瑛《草堂雅集》卷一二。

卫仁近 元诗人。字叔刚，一字子刚。华亭（今上海松江）人。好学绩文，不求仕进，有风流蕴藉才子气。书法学《黄庭经》。至正间，游吴兴，守将欲举幕官，又张士诚辟延宾馆聘之，皆谢免。授书里中，年四十七卒。著有《敬聚斋诗稿》。从杨维桢游，铁崖谓其诗音节兴象，可追盛唐。《元诗选》三集辑有其《敬聚斋稿》一卷。生平事迹见元顾瑛《草堂雅集》卷一〇。

陈谦(1290—1356)　元诗文家。字子平。吴县(今属江苏)人。修身事亲，不求仕进。尝从林宽、龚璛学。虞集、黄溍、张翥诸公交口论荐，皆力谢之。至正十六年(1356)，其兄训以照磨佐军事，张士诚兵突至，谦以身蔽训，兵怒掖出，复入，见训已被杀，伏尸哀恸，遂并遇害。一生教授馆阁，精于诗文。顾嗣立评曰："子平为文章，驰骋上下，尤善古赋及古今体诗。诡丽春容，词辩锋出不少让。黄晋卿见其文必咨嗟，以为不易逮。"(《元诗选》三集)生平著述甚丰，兵燹散失，仅存《周易解诂》二卷，别为《河图说》一卷、《占法》一卷，古今杂体诗二十四首。《元诗选》三集辑有其《子平遗稿》一卷。生平事迹见元陈基《夷白斋稿》卷三三《陈隐君墓志铭》、《元史新编》卷五〇。

黄元实(？—1353)　元诗人。字廷美。泰宁(今属福建)人。幼孤家贫，嗜学寡言，动循矩度。天历二年(1329)中乡试乙榜，授郡文学。当道荐于朝，未任而归。至正十三年(1353)县民乱起，令延其议讨平之计，起事县民突至，遂被杀。工诗。《元诗选》三集辑有其《廷美集》一卷并附其小传。

吴景奎(1292—1355)　元诗人。字文可。兰溪(今属浙江)人。七岁力学如成人，年十三为乡正。至治元年(1321)刘贞为浙东宪府掾，尝辟为从事。明年贞去，景奎亦归，绝意仕进，卒于家。其于书，无所不读，发为诗歌，词句清丽，有唐人风。宋濂序其集曰："公以雄逸之资，济通明之识，著于篇翰……雕龙彩凤，不足为之丽；冲飙激浪，不足为之豪。其凄惋也，则孤猿夜号，松露初滴；其训雅也，则冠冕佩玉，俨趋廊庙。"(《药房樵唱》卷首序)著有《药房樵唱》三卷。生平事迹见《药房樵唱》附录之三《故处士吴君墓志铭》。

曹文晦　元末诗人。字辉伯(一作伯辉)，号新山道人。天台(今属浙江)人。少从其兄文炳学，颖悟多识，雅尚萧散。鄞邑令许广大尝聘为儒学教谕，辞不赴。好吟咏，元季天台人能诗者，以其为首。诗多乐府体，亦往往有讽刺。如《夜织麻行》写村妇通宵缉麻，却债务累累；《鹅翎曲》写官方拔取鹅翎之扰民；《出塞》九首，写士卒征战之苦；《水车歌》述农民痛苦之根源在于"庙堂"，可称"为时"、"为事"之作。著有《新山稿》。生平事迹见《元诗选》二集、《元诗纪事》卷二三。

宇文公谅(1292—？)　元诗文家。字子贞。其先成都(今属四川)人，后徙吴兴(今浙江湖州)。元统元年(1333)登进士第，授徽州路同知婺源州事，入为国子助教，日与诸生辩析诸经。六馆诸生，资其培育者往往出为名臣。调应奉翰林文字，同知制诰，兼国史院编修官。后金岭南廉访司事。历官有善政。以疾请归，及卒，门人私谥纯节先生。其诗文典雅，著作宏富，有《折桂集》、《观光集》、《辟水集》、《以斋诗稿》、《玉堂漫稿》、《越中行稿》凡若干卷，均佚。《元诗选》三集辑有其《纯节先生集》一卷。生平事迹见《元史》卷一九〇。

刘汶　元诗人。字师鲁。鄜州(今陕西富县)人，居钱塘(今浙江杭州)。以文艺擢高科，由端本堂司经拜西台监察御史，纠劾不辟权贵，坐是左迁，累官户部尚书。以诗鸣，豪迈激昂，极为任士林所赏识。德行学问与刘濩齐名。《元诗选》三集辑有其《师鲁集》一卷并附其小传。

刘闻　元诗文家。字文廷。安成(今江西安福)人。习《春秋》，受知于欧阳玄，至顺元年(1330)登进士第，授临江路录事，有善政。入为国子助教，迁太常博士。至正元年(1341)丁母忧，就任吉安州儒学提举。二年，起复翰林编修。与修《宋史》，四年史成，进翰林修撰，出知沔阳府。著有《春秋通旨》、《容窗集》十卷。《元诗选》三集辑有其《容窗集》一卷。生平事迹见《元史类编》卷二二、《元书》卷八〇。

偰玉立　元诗人。字世玉，号止堂。高昌(今新疆吐鲁番东南)人，徙居溧阳(今属江苏)。其先本回纥人，居偰辇河上，因以偰为氏。以儒业起家，登延祐五年(1318)进士第，授秘书监著作佐郎，除翰林院待制，兼国史院编修官。至正九年(1349)，为泉州路达鲁花赤。考求图志，搜访旧闻，成《清源续志》二十卷。后迁湖广佥事、海北海南道肃政廉访使。《元诗选》三集辑有其《世玉集》一卷。生平事迹见元欧阳玄《圭斋文集》卷一一《高昌偰氏家传》。

潘纯(1292—？)　元诗人。字子素。合肥(今属安徽)人。少好学，有俊才，壮游京师，名公卿争相邀游。流寓吴中，日与诸贵人觞咏为乐。曾作"辊卦"以讽当世，文宗欲系而治之，因亡走江湖间。至正十二年(1352)兵起，移家绍兴，后遭行台大夫纳璘之子安安诬陷致死。《元诗选》谓其"喜为今乐府"，"歌诗秀丽清郁"。《元诗选》三集辑有其《子素集》一卷。生平事迹见元顾瑛《草堂雅集》卷六。

郑元祐(1292—1364) 元诗文家。字明德，号尚左生。遂昌(今属浙江)人，寓钱塘，又徙吴县。披阅陈编，博涉典籍，十年不出户庭。作文滂沛豪宕，为诗清峻苍古。工楷书。因儿时右臂脱臼，以左手挥毫，故号之。浙省台宪荐于朝，以臂疾却之。至正十七年(1357)，除平江路儒学教授，一岁移疾去。后七年，擢江浙儒学提举。居九月，染微恙而溘逝。性平易直率，不为矫激，扶患赒困，毕尽其力。虽至耄龄，头童齿豁而壮心未泯。倪瓒、张雨皆其交契，推为当代耆宿。著有《侨吴集》、《遂昌杂录》。生平事迹见《新元史》卷二三八。

周霆震(1292—1379) 元诗人。字亨远，号石初。吉州(今江西吉安)人。早年刻意文辞，多从宋末诸遗老游。孤介不阿，简静谦和。仁宗延祐中赴试，一再困于场屋，遂杜门授经，潜研古文歌诗。至正兵变，已度花甲，举家避乱，骨肉流离，奔走行役。明初高隐不仕。著有《石初集》，诗文多及元末史事。生平事迹见《新元史》卷二三八。

吕思诚(1293—1357) 元文学家。字仲实。平定(今属山西)人。少从萧𣂏学经史，泰定元年(1324)中进士。初授景州蓨县尹，历任国子司业、监察御史、刑部尚书、礼部尚书等官。继以治书侍御史总裁辽、宋、金三史，升侍御史，历集贤侍讲、湖北廉访使，入拜中书参知政事，进中书左丞，移光禄大夫、大司农。任国史院编修时，据事直书，拒绝元文宗调阅国史，有古史臣之风。性刚直，所至皆有声。疾卒，谥忠肃。《元史》本传谓其有文集若干卷，《两汉通纪》若干卷。均未传。《元诗选》三集辑有其《仲实集》一卷。其诗情真语切；其文章政事皆过人甚远。生平事迹见《元史》卷一八五。

陈植(1293—1362) 元诗人。字叔方，号慎独痴叟，学者称慎独处士。苏州吴县(今属江苏)人。陈深子。少负才气，以文行学术结知于士林。屡辟召不起。至正二十二年卒。工诗文，善画树石。《四库全书总目》称其与父诗"并春容闲雅，不失古风"。今存《慎独叟遗稿》，附于其父《宁极斋稿》后。生平事迹见元郑元祐《侨吴集》卷一二《慎独斋君墓志铭》。

孛罗 元散曲家。蒙古族。始任山北辽阳等路蒙古军万户。延祐三年(1316)春为周王和世㻋(武宗长子，后为明宗)常侍，护周王奉命出镇云南，途中随王抗命逃居朔漠。天历元年(1328)奉命至大都联络迎立周王为帝事。翌年春，明宗立，拜为御史大夫。八月明宗暴卒，文宗复辟，免职辞朝，寻被杀。《全元散曲》存其《一枝花·辞朝》一套，当作于免职时。生平事迹见《元史》卷三一《明宗纪》、卷三四《文宗纪》。按《元史》中同名孛罗者达二十二人(据汪辉祖《三史同名录》)，然任御史大夫者只二人。另一人为世祖至元七年(1270)以御史中丞兼大司农卿，十二年迁御史大夫，十四年除枢密副使兼宣徽院使领侍仪司事，十六年鞫治阿合马，二十年偕忠献王爱薛奉使至宗王阿鲁浑所，终留波斯不返(见《元史·世祖纪》及程钜夫《雪楼集》卷五《拂林忠献王神道碑》)。叶德钧《元代曲家同名考》以为此人即曲家。然彼仕历中并无套曲中"御史台开除我"之事。又有唐兀氏孛罗，泰定二年(1325)任南台御史，见《至正金陵新志》卷六。

李裕(1294—1338) 元诗人。字公饶。东阳(今属浙江)人。曾从学于许谦。至治间游京师，上《圣德颂》，英宗召见，补国子生。至顺元年(1330)登进士第，授陈州同知，历道州推官。工诗，篇什秀丽，尤善七言乐府，出入二李之间。尝与宋褧、杨仲礼、陈樵诸公唱和。著有《中行斋稿》。生平事迹见明宋濂《宋文宪公全集》卷五《元故承务郎道州路总管府推官李府君墓铭》。

宋褧(1294—1346) 元诗人。字显夫。大都(今北京)人。延祐中，携诗作随其兄宋本入京师，受知于元明善、张养浩、王士熙等，遂以文章显于朝。泰定元年(1324)举进士第，授秘书监校书郎，改翰林编修。后至元三年(1337)除监察御史，累迁国子司业，与修宋、辽、金三史，拜翰林直学士。卒谥文清。著有《燕石集》十五卷，欧阳玄、苏天爵、许有壬、危素等人为之序。苏天爵序称其诗："清新飘逸，间出奇古。"危素序称其诗："精深幽丽，而长于讽谕。"(《燕石集》卷首序言)生平事迹见元苏天爵《滋溪文稿》卷一三《元故翰林直学士赠国子祭酒谥文清宋公墓志铭》、《元史》卷一八二。

苏天爵(1294—1352) 元文学家。字伯修。真定(今河北正定)人。少从安熙、吴澄、虞集等学。延祐四年(1317)由国子学生公试，名列第一。泰定元年(1324)，擢应奉翰林文字，升修撰。至顺三年(1332)，官江南行台监察御史。后至元间，累迁礼部侍郎，出为淮东廉访使，入为枢密院判官，改吏部尚书，升参议中书省事。至正五年(1345)出廉访山东，寻召还集贤，又宣抚京畿，究民所疾苦，察吏之奸贪，以此为宰相所忌，罢官。后再起，拜江浙行省参政。十二年，红巾军起，奉命参政江淮行省，总兵于饶信，卒于军中。《元史》本传称："其为文，长于序事，平易温厚，成一家言，而诗尤得古法。"《四库全书总目》评其曰："词华淹雅，根柢深厚，蔚然称元代作者。其波澜意度，往往出入于欧苏。"赵汸《滋溪文稿序》谓："其文明洁而粹温，谨严而敷畅，若珠璧之为辉，菽粟之为味。"(《东山存稿》卷二)著有《滋溪文稿》三十卷、诗稿七卷，又编《元朝名臣事略》十五卷、《文类》七十卷、《松厅章疏》五卷、《春风亭笔记》二卷。晚岁复以释经为已任，学者以其所居，称之为"滋溪先生"。生平事迹见《元史》卷一八三。

朱德润(1294—1365)　元诗文家、画家。字泽民。平江(今江苏苏州)人。好诗文，工画山水人物。延祐末以赵孟頫荐授应奉翰林文字兼国史院编修官。英宗即位(1321)，出为征东儒学提举；明年，受帝命主持以金泥书写佛经之事。英宗崩，南归隐居近三十年。至正十一年(1351)，兵起，江浙行省辟为行省照磨，参议军事，曾摄守长兴。次年因病免职。著有《存复斋集》十卷及其《续集》，另有《古玉图》二卷。其画名甚著，诗文非其所长。《四库全书》以其诗"肤浅少深致"为由，未收其集，仅存其目。生平事迹见《存复斋集》附录周伯琦《朱府君墓志铭》。

王鉴(1294—1366)　元诗人。字明卿。安平(今属河北)人。少侍父宦居吴中，受学于虞集。喜唐人近体诗，时有赋咏，皆平实沉毅。游燕都，朝贵交章以茂才举试侍仪司舍人。其敛衣宵遁，随父寓盘门，隐居杜门二十余年。张士诚据吴，甚敬礼之。卒后，士诚令有司送葬恤其家，为买地葬横山。《元诗选》三集辑有其《明卿集》一卷。生平事迹见元陈基《夷白斋稿》补遗《王处士墓志铭》。

熊梦祥　元诗人、书画家。字自得，号松云道人。进贤(今属江西)人。聪敏旷达，作诗为文，思若涌泉。以茂才举为白鹿书院山长，授大都路儒学提举、崇文监丞。未几弃去，放浪淮浙间，任意诗酒，脱略不拘，有晋人风度。后居娄江上，匾"得月楼"，与玉山主人顾瑛为忘年交。顾瑛评其"博读群书，旁通音律，能作数体书，乘兴写山水尤清古，无庸工俗状"(《草堂雅集》卷六)。明初官监丞，年八十六犹存。著有《释乐书》。《元诗选》三集辑有其《松云道人集》一卷。生平事迹见元顾瑛《草堂雅集》卷六。

李孝光(1296—1348)　元文学家。字季和，号五峰狂客。温州乐清(今属浙江)人。少博学，工古文。隐居雁荡山五峰下，四方之士，远来受学，声名日显，泰不华以师事之。至正七年(1347)以秘书监著作郎召，进《孝经图说》，帝大悦，赐上尊。明年，升文林郎、秘书监丞，卒于官。为文不趋世尚，以文章负名当世。《四库全书总目》评曰："元诗绮靡者多，孝光独风骨遒上，力欲排突古人。乐府古体皆刻意奋厉，不作庸音。近体五言疏秀有唐调。七言颇出入江西派中，而俊伟之气自不可遏。"著有《五峰集》六卷。生平事迹见《元史》卷一九〇。

杨维桢(1296—1370)　元诗文家。字廉夫，号铁崖，又号铁笛道人。会稽(今浙江绍兴)人。幼聪颖，日记诵数千言。父筑楼于铁崖山而使居之，聚书万卷，俾能专心致学。登泰定四年(1327)进士，署天台尹，改钱清场监司令。十年不调。会诏修辽、金、宋三史，维桢因著《正统辨》千余言，论说元继宋为正统，辽、金不得列为正统。总裁官欧阳玄读其文，叹曰："百年后公论定于此也!"(《明史》卷二八五)将荐之而弗果。后调任江浙行省四务提举，转建德路推官。会兵乱，避地富春山，徙钱塘，泯迹浙西山水间。又忤达识丞相，遁匿松江之上，筑室有小蓬壶、草玄阁诸胜。海内缙绅、东南才俊造门纳履者，殆无虚日。与永嘉李孝光、茅山张雨、锡山倪瓒、昆山顾瑛为诗文友，与释照、子贤、文信为方外友。其文气弥雄，有先秦两汉之格，盖博极群书，能自铸伟辞，成一家之言。《四库全书总目》评曰："元之季年，多效温庭筠体，柔媚旖旎，全类小词。维桢以横绝一世之才，乘其弊而力矫之，根柢于青莲、昌谷，纵横排奡，自辟町畦，其高者或突过古人，其下者亦多堕入魔趣。故文采照映一时，而弹射者亦复四起。"其诗纵横奇诡，自成一格，世称"铁崖体"。著有《东维子集》、《铁崖古乐府》、《复古诗集》、《铁崖文集》。生平事迹见《明史》卷二八五。

谢应芳(1296—1392)　元诗人。字子兰，号龟巢。武进(今属江苏)人。自幼笃志好学，为人耿介尚节义，留心性理之学，亦工诗文。顺帝至正间，荐授三衢清献书院山长。阻兵不能赴，居吴之葑门，转徙吴淞江上，筑室松江之旁。教授之暇，以诗酒自娱。明洪武初，归隐横山，自号“龟巢老人”。年益高，学行益劭，德望重于江南。《明史》本传称其“诗文雅丽蕴藉”，《四库全书总目》谓其“诗颇雅洁，文则多应酬之作”。著有《龟巢稿》十七卷，《思贤录》五卷续一卷、《辨惑篇》五卷。生平事迹见《明史》卷二八二、《元书》卷九一。

李材（约1297—1335） 元诗人。字子构。京兆（今陕西西安）人。诗才敏妙，所作多奇句。年十七时在大都（今北京）与赵孟頫同赋《海子上即事》（一作《都门春日》）诗，孟頫为之惊叹，以为“杂于唐人诗中未易辨也”（《松雪斋集》）。尝于聚会中人赋《十月桃》时，应声吟妙句：“刘郎再来岁云暮，王母一笑天回春。”一时无人能匹敌，“皆钳口不作”。清顾嗣立称其为“唐人中李长吉也”（《元诗选》）。《元诗选》二集中录其诗十一首，编为《子构集》。生平事迹见《元书》卷八九。

吴莱（1297—1340） 元诗文家。字立夫。浦江（今属浙江浦江）人。集贤大学士吴直方子。天资绝人，七岁能属文，读书过目成诵。延祐七年（1320），经名儒熊朋来、邓文原、胡长孺以《春秋》举上礼部，以议论不合礼官，退归山中。四方学士慕其声名，多负笈从之游。监察御史许克学以茂才荐为饶州路长芗书院山长，未上而病卒于家。门人宋濂等私谥曰渊颖先生，并为编诗文集《渊颖集》十二卷传世。黄溍称：“莱之文崭绝雄深，类秦汉间人所作。”（《元史》本传）《四库全书总目》云：“莱与黄溍、柳贯并受业于宋方凤，再传而为宋濂，遂开明代文章之派。故年不登中寿，身未试一官，而在元人中屹然负词宗之目，与溍、贯相埒。”生平事迹见《元史》卷一八一、《渊颖集》卷末附录宋濂所撰《渊颖先生碑》等。

张简 元诗人。字仲简，号云丘道人，又号白羊山樵。吴郡（今江苏苏州）人。初师张雨为道士，隐居鸿山。元季兵乱以母老归养，遂返儒服。明洪武三年（1370）荐修《元史》。工诗，能书画。顾瑛谓其“作诗淡雅，有陶、韦风”（《草堂雅集》卷一二）。《西湖竹枝集》谓其“诗工韦、柳，翰墨无俗气，而暗合书法，自诗名益著，而字画因之而并行”。《元诗选》三集辑有《云丘道人集》一卷。生平事迹见《明史》卷二八五。

张昱 元明之际诗人。字光弼，号一笑居士。庐陵（今江西吉安）人。少师事虞集，得其诗法；又为张翥知赏。元至正间，任江浙行省参谋军府事，迁左司员外郎，行枢密府判官。张士诚礼致之，昱坚辞不就。与周伯温、杨维桢辈交游最善。明太祖征之至京，悯其老，曰：“可闲矣！”厚赐遣归。遂自号可闲老人。徜徉西湖山水间，日以诗酒自娱，超然物表。年八十三卒。其诗旧稿散佚已多，明正统元年（1436），杨士奇搜得其残卷序而刻之，为《可闲老人集》四卷。别本题作《张光弼诗集》（有二卷和七卷两种）。清顾嗣立《元诗选》则作《庐陵集》，录其诗一百九十五首。《四库全书总目》称“其诗才纵逸”，“或不免于颓唐”；但不少篇章“皆苍莽雄肆，有沉郁悲凉之慨”；宫词诸作“不独咏古之工，且足备史乘所未载”。生平事迹见元刘仁本《羽庭集》卷六《一笑居士传》、《明史》卷二八五。

金涓 元诗人。字德原，一作道原，号青村。义乌（今属浙江）人。尝受经于许谦，学文于黄溍。为虞集、柳贯所知，交荐于朝，皆辞不赴；明洪武初，州郡辟召，亦坚拒之。隐居教授青村，从容云山水石间以终。《四库全书总目》谓其“诗格清和婉约，虽乏纵横排奡之才，而格调春容，自谐雅度”。著有《青村遗稿》。生平事迹见《元书》卷九一、《元诗选》二集。

贡师泰（1298—1362） 元诗文家。字泰甫。宣城（今安徽宣州）人。泰定四年（1327）进士。授太和州判，改歙县丞，擢翰林应奉，除绍兴路推官。复入为翰林应奉，迁宣文阁授经郎，累拜监察御史。至正十四年（1354），除吏部侍郎，改兵部。除浙西都水庸田使，寻拜礼部尚书，迁平江路总管。历两浙盐运使、江浙参政，至正二十年，除户部尚书，分部闽中。二十二年，召为秘书卿，行至海宁卒。诗文甚多，著有《玩斋集》。生平事迹见《元史》卷一八七。

周伯琦（1298—1369） 元诗人。字伯温，号玉雪坡真逸。饶州（今江西波阳）人。自幼从父宦游京师，入国学为上舍生，以荫授将仕郎南海县（今属广东）主簿。三转为翰林修撰，同知制诰，深为顺帝所知遇。至正初，起授经郎，兼经筵译文官，升鉴书博士，出为广东宪佥。八年，召为翰林待制，累升直学士。十二年，以南士居省台，除兵部侍郎，擢监御史。十三年，迁崇文太监。十四年，出为江东肃政廉访使。迁兵部尚书，改调浙西肃政廉访使。十七年，授江浙参政，招谕张士诚。十九年进江浙行省左丞。二十四年以南台侍御史致仕。著有《说文字原》、《六书正讹》、《近光集》、《扈从集》。生平事迹见《元史》卷一八七。

朱希晦(？—约1370)　元诗人。乐清(今属浙江)人。有诗名。遭至正之乱,避地所至,遍游名山胜境。元末隐居瑶州,与吴志淳、赵彦铭游咏雁荡山中,时称"雁山三老"。明初,有荐于朝者,命未至而卒。所居曰"云松巢",因以名集。《四库全书总目》评其曰:"五言诗气格颇清,而边幅少狭,兴象未深,数首以外,词旨略同。七言稍为振拔,古体又胜于近体。溯其宗派,盖瓣香于《剑南》一集。"《元诗选》谓集中不乏佳句,"清丽简亮,可振唐人遗响"。著有《云松巢集》三卷。生平事迹见《元书》卷九一。

胡天游(？—1368)　元诗人。名乘龙,以字行;号傲轩,又号松竹主人。岳州(今湖南岳阳)人。自幼志学,聪颖俊逸,以文献世家,颇思立言立功,而抱志莫展。至正十二年(1352)夏,故里遭兵洗劫,村落为墟,惟其家岿然独存,因题其室为"傲轩"。晚岁生计艰难,然益自矜持,其徘徊乱世、向往太平之心,并未忘怀。著有诗集《傲轩吟稿》一卷。生平事迹见《元史类编》卷三六。

钱惟善　元诗人。字思复,号曲江居士、心白道人。钱塘(今浙江杭州)人。博闻强识,少壮落魄。至正元年(1341),中乡试。历官江浙儒学副提举。张士诚据吴,遂退隐。工诗,多诗友,雅善杨维桢等名流。肆意林泉,辄多吟唱。明兴,不复就仕。明洪武十二年(1379)犹存。有《江月松风集》传世。生平事迹见《元史类编》卷三六、《明史》卷二八五。

林泉生(1299—1361)　元诗人。字清源,号谦牧斋,晚号觉是轩。永福(今福建永泰)人。与卢琦、陈旅、林以顺皆以文学为闽中名士。至顺元年(1330)登进士第。授福清州同知,转泉州经历,擢福清知州,除翰林待制,迁行省郎中,仕至翰林直学士,知制诰、同修国史。寻卒,谥文敏。初以志略自负,不能下人。后稍自晦抑,晚益折节。精于《春秋》。《元诗选》称其"为文宏健雅肆,诗豪宕遒逸。所著有《春秋论断》及《觉是集》二十卷"。生平事迹见元吴海《闻过斋集》卷五《元故翰林直学士林公墓志铭》。

徐舫(1299—1366)　元诗人。字方舟,号沧江散人。桐庐(今属浙江)人。幼有侠气,好击剑、走马、蹴鞠,稍长从师受章句,治进士业,为文粲然成章。已而学为歌诗。乃游江、汉、淮、浙间,与当地名士相切磋,而诗益工。苏天爵欲荐之,竟避去。筑室江皋,日苦吟于云烟出没间,翛然若与世隔,有"平生一羊裘,甘作烟波叟"之句。元末兵乱,益韬闭不出,人莫知其踪迹。其诗如《尖山》,峻峭雄肆,气概不凡。著有《沧江散人集》。生平事迹见明宋濂《宋学士文集》卷一九《故诗人徐方舟墓志铭》、《明史》卷二九八。

李祁　元诗文家。字一初,号希蘧。茶陵(今属湖南)人。至顺三年(1332)中乡试。元统元年(1333)应殿试,列左榜第二名。旋除应奉翰林文字,预典制诰,修国史。明年还乡,丁父忧终服,以母老乞外仕便养,得佐守婺源州同知,迁江浙儒学副提举。母丧,自免去职,退隐永新山中。卒年七十余。著有《云阳集》。生平事迹见《新元史》卷二三八。

郑洪　元诗人。字君举,号素轩。永嘉(今浙江温州)人。工诗。其《周玄初来鹤诗》下注"洪武已巳",知其入明二十二年(1389)尚存。其《城上乌为李佥宪赋》,借城上乌之难以栖身,喻战乱带来之苦,亦当作于元末。《元诗选》辑有其《素轩集》一卷。生平事迹见元陈基《夷白斋稿外集·送郑君举游金陵序》、《元诗选》二集。

雅琥　元诗人。初名雅古,文宗为改此名;字正卿。西域也里可温。泰定元年(1324)进士,并任秘书监著作佐郎。授奎章阁参书。至顺二年(1331),出为广西静江路同知。后历官至福建盐运司同知。工诗,《元诗选》二集辑有其《正卿集》诗一卷并附其小传。

成廷珪　元诗人。字原常,一字元章,又字礼执。扬州(今属江苏)人。好学不求仕进,惟以吟咏自娱。奉母居集市,植竹庭院间,因题其燕息之所曰"居竹轩"。晚年遭乱,避地吴中。与张翥为忘年交,其诗音律体制,多得法于翥。又与杨维桢、危素、杨基、倪瓒等相酬答。著有《居竹轩集》四卷,张翥、危素、邹奕、郜肃等为之序。邹奕序曰:"于诗能揣练六朝之情思,以入唐人之声律,变化寻常之言为警拔之句。"郜肃序曰:"五言务自然,不事雕刿。七言律为最工,深合唐人之体。"(《居竹轩集》序)生平事迹见《元书》卷八九、《元诗选》二集。

叶颙(1300—？)　元诗人。字景南,号云鹏天民。金华(今属浙江)人。少壮闭门读书,曾仗剑西游,凭高吊古,慷慨悲歌,想望河清。因感时丧乱,复耻事干谒,遂结庐于城山之东隅，居所云深木翳，水秀峰奇，因名曰“云巘”。复移家城山之西隅，披云啸月，钓水吟风，觞咏陶情，以《樵云独唱》命其诗集。元末兵乱，举家逃难，益欲远遁深山，终老林泉。逮明洪武之际，已七旬翁矣。盘礴林麓，寂寥山阿，无复出仕之情，以赋诗娱志而终。生平事迹见《樵云独唱》卷首自序、卷末后自序，另见《元诗选》初集。

汪元亨 元曲家。字协贞，号云林，别号临川佚老。饶州(今江西波阳)人。元末官浙江省掾。后徙居常熟(今属江苏)。至正间与杂剧家贾仲明交于吴门，有《归田录》百篇行于世。所著杂剧有《娥皇女英斑竹记》、《刘晨阮肇桃源洞》、《仁宗认母》三种，俱不传。又著南戏《秋夜栾城驿》一种，今存残曲三支，见《宋元戏文辑佚》。清钱大昕《补元史艺文志》录其散曲《小隐余音》、《云林清赏》各一卷。《全元散曲》辑存其小令恰一百首，套数一套，内容多写仕途险恶及隐居情志。生平事迹见《录鬼簿续编》。

高明(约1301—约1370) 元南戏作家。字则诚，号菜根道人，人称东嘉先生。温州瑞安(今属浙江)人。出身诗礼之家，博学聪敏，为文操笔立就，一时名公皆慕名与交。至正四年(1344)中浙江行省乡试，次年中进士。任处州路录事。江浙行中书省闻其名，辟为丞相掾。八年，调为浙东阃幕都事。十一年，转江南行台掾。除福建行省都事，道经庆元府，方国珍欲留置幕下，力辞不从，乃避居明州(今浙江宁波)栎社，从事词曲创作。明太祖即位，闻其名征之，以疾辞。寻病卒。工诗文，有《柔克斋集》二十卷，已佚；《元诗选》录其诗四十五首。著有南戏《琵琶记》。另有南戏《闵子骞单衣记》(《南词叙录》著录)，已佚。其《琵琶记》备受明人推崇，尊之为“词曲之祖”(清焦循《剧说》引《道听录》)，在戏曲史上负有盛名。生平事迹见《元书》卷九一。

倪瓒(1301或1306—1374) 元诗人、画家、书法家，号称“三绝”。初名珽，字元镇，号云林子、幻霞子、荆蛮民等。以不合流俗，被称为“倪迂”。无锡(今属江苏)人。家梅里祇陀村，有园林之胜。有楼形似方塔，名清閟阁，藏书数千卷，兼聚钟鼎古玩、法书名画。不屑出仕，匿迹乡间。中年弃家逃走，飘荡江湖，以避元末重税的逼迫。明初返乡逝世。著有《清閟阁集》、《倪云林诗集》。其诗清隽淡雅，似拙而古。善画，为元代山水画四大家之一，画作以江南残山剩水最为著名，人皆重之。生平事迹见《元史类编》卷三六。

吴志淳 元诗人、书法家。字主一，以字行。无为(今属安徽)人。以父荫历官靖安、都昌二县主簿。尝与朱希晦、赵彦铭游咏雁荡山中，时称“雁山三老”。红巾兵起，徙居鄞(今浙江宁波)之东湖。入明不仕。书工古隶，学《孙叔敖碑》；诗宗唐人，其“晚凉浴罢闲无事，水阁东头看月生”句，瞿佑《归田诗话》极为叹赏。《元诗选》二集有《主一集》一卷。生平事迹见《元书》卷九一、《明史》卷二八五。

宋沂 元诗人。字子兴。清江(今江西樟树)人。泰定元年(1324)入太学。文宗时为艺文监令史，除赣州路照磨。至正五年(1345)授两淮屯田府知事，累迁常山县尹。《元诗选》三集辑有其《春咏亭稿》一卷。陈基《送宋县令诗序》谓其“瑰奇博达，诵诗书六艺百家之言，攻词章，有气识”(《夷白斋稿》卷一五)。生平事迹见元顾瑛《草堂雅集》卷八。

甘复 元诗人。字克敬。余干(今属江西)人。工诗，元末至正间从张翥游。元亡，遁迹以终。《四库全书总目》称：“其诗源出于张翥，虽不及翥之才力富健，诸体兼备，而风怀澄澹，意境翛然。五言古体，绰有韦柳之遗。其格韵乃似在翥上。”著有《山窗余稿》一卷。生平事迹见《元诗选》二集、《元史类编》卷三六。

吴海(？—1386) 元文学家。字朝宗，号鲁客。闽县(今福建闽侯)人。元季以学行称，为贡师泰、林泉生所推重。性不悦流俗，慕邹鲁之风，因自号鲁客。素与王翰友善，翰死节后，抚其遗孤王偁，教之成立。明洪武初，守臣欲荐于朝，力辞不赴。平生虚怀乐善，有规过者，欣然立改，尝以“闻过”名其斋。王偁编次其集，亦因以名其集。著有《闻过斋集》八卷。《四库全书总目》谓：“史称其文严整典雅，一归诸理。”生平事迹见《明史》卷二九八。

沈右 元诗人。字仲说，号御斋(一作纳斋)。长洲(今江苏苏州)人。出身世家，好读书，工诗文。与缙绅先生游，恂恂如诸生。所居东林有楼曰“清辉”，王祎、陈基为之记。文学行谊，一时重之。《元诗选》二集辑有其《清辉楼稿》一卷。生平事迹见《元书》卷九三、《元史类编》卷四〇。

薛兰英 元女诗人。苏州(今属江苏)人。约元惠宗至正二十七年(1367)在世。年未二十，已有诗名。时杨维桢作《西湖竹枝歌》，和者百余家。兰英与其妹蕙英见之笑曰：“东吴独无竹枝曲乎?”遂效其体作《苏台竹枝》十首,风格清新。姐妹俩著有《联芳集》。《元诗选》录二女诗十首。生平事迹见《元诗选》二集。

薛蕙英 元女诗人。约元惠宗至正二十八年(1368)在世。薛兰英妹。参见“薛兰英”条。

彭罙 元诗人。字仲愈。广陵(今江苏扬州)人。于书无所不读,学通五经,性行纯谨,言笑侃侃,陈基深敬事之。至吴中授举子业,学者甚众。工诗,《元诗选》三集辑有其《仲愈集》一卷。生平事迹见元顾瑛《草堂雅集》卷一二。

张逊 元诗人、画家。字仲敏,号溪云。其先南阳人,寓居吴郡(今江苏苏州)。博学工诗,尤精书画,善画竹。初从黄冠,与李衎同画墨竹,自以为不及,即弃墨竹而用勾勒法,妙绝当世。郭羲仲赠诗云:“好竹每怀张仲敏,泠泠风骨水为神。”《元诗选》三集辑有其《溪云集》一卷。生平事迹见元顾瑛《草堂雅集》卷一二。

文质 元诗人。字学古,号海屋,晚号雁门叟。甬东(今浙江舟山)人,隐居吴之娄江。学行卓然,词章奇放,好为长吉体。酒酣长歌,声若金石。尝与杨维桢赏梅花灯,赋《梅花灯》诗,为杨所称。《元诗选》三集辑有其《学古集》一卷。生平事迹见元顾瑛《草堂雅集》卷一二、《元诗纪事》卷二七。

陆居仁 元诗人。字宅之,号巢松翁,又号云松野褐、瑁湖居士。华亭(今上海松江)人。中泰定三年(1326)乡试第七名。隐居教授,与杨维桢、钱惟善相唱和,殁后,三人同葬于山东麓,人称“三高士墓”。王逢《陆宅之进士挽词》云:“游戏清真帖,优长雅颂文。世方趋赵孟,天竟滞刘蕡。”(《梧溪集》卷五)明洪武四年(1371)犹存。《元诗选》三集辑有其《云松野褐集》一卷。生平事迹见《明史》卷二八五。

周砥 元诗人。字履道,号匊溜生,又号东皋生。吴(今江苏苏州)人,寓无锡。自幼勤弄笔砚,稍长,才思大进,至弱冠,尤盛于诗。元末避兵宜兴之荆溪,与马治友善,二人尽穷阳羡山溪之胜,随事唱和,积诗一卷,题为《荆南倡和集》。《四库全书总目》谓:“其撰是集,正元末丧乱之际,感时伤事,尤情致缠绵。”后归吴中,与高启、徐贲等结社,已而张士诚据吴,从军会稽,殁于兵。《元诗选》三集辑有其《履道荆南倡和集》一卷、《履道集》一卷。生平事迹见《明史》卷二八五。

傅若金(1303—1342) 元文学家。初字汝砺,揭傒斯为其改字与砺。新喻(今江西新余)人。少年家贫,以织席、针工为生,后发愤读书。得同郡范梈诗法,诗文遂脍炙人口。至顺三年(1332)以布衣至京师,数日之间,词章传诵,名胜之士莫不迎为上客。虞集、宋褧以异材荐之。明年,顺帝即位,佐使安南。还授广州路儒学教授。著有《傅与砺诗文集》二十卷。揭傒斯序其集曰:“余每读与砺诗,风格不殊,神情俱诣,如复见范德机也。然德机七言歌行胜,与砺五言古律胜,余亦在伯仲之间。”生平事迹见元苏天爵《滋溪文稿》卷一三《故广州路儒学教授傅君墓志铭》、《元书》卷八九。

徐畛 元南戏作家。字仲由,号巢松病叟。浙江淳安人。明洪武十四年(1381),征秀才,被举应诏,至藩省辞归。以诗酒自放,尤工词曲。每与客酬饮吟和,执盏立就,无不清新豪迈。有《巢松集》。所作南戏《杀狗记》(一说系无名氏作),为元、明间四大传奇之一。另有南戏《王修然玉环记》、《杵蓝田裴航遇仙》,均不传。生平事迹见清张大复《寒山堂新定九宫十三摄南曲谱》卷首《杨德贤女杀狗劝夫记》注、清朱彝尊《静志居诗话》卷四“徐畛”条。

余阙(1303—1358) 元诗文家。字廷心,一字天心。色目唐兀氏,世居武威;父官合肥(今属安徽)而家焉。元统元年(1333)赐进士及第,授泗州同知。入为翰林应奉,转刑部主事,以不阿附权贵弃官归。寻以修辽、金、宋三史,召为翰林修撰,拜监察御史、改礼部员外郎。出为湖广行省郎中,累迁佥浙东廉访司事。丁母忧归庐州。至正十三年(1353),江淮兵起,召任淮西宣慰副使,都元帅府佥事,分兵守安庆。以功累升江淮行省参政,累迁淮南行省右丞。十七年冬,陈友谅合兵来攻,次年正月城陷,阙自刭沉水而死。追封豳国公,谥忠宣(或作忠愍、文贞)。阙留心经术,为文有气魄,畅达所欲言。诗尚汉魏,在元诗坛中别具一格。篆隶书亦古雅可传。明太祖嘉其忠立庙忠节坊,命岁时致祭。时论推崇其孤忠大节可与张巡、许远争烈。有《青阳集》九卷传世,《元诗选》录其诗四十九首。生平事迹见《元史》卷一四三、《书史会要》卷七、明宋濂《宋文宪公全集》卷四〇《余左丞传》等。

卢琦(1303—1362) 元诗文家。字希韩,号立斋。惠安(今属福建)人。至正二年(1342)登进士第。十二年,得永春县尹。十六年改调宁德县尹。二十二年除知平阳州,未赴任而卒,归葬惠安。以世居圭峰,所著称《圭峰集》。诗文矩矱严整,旨意幽远。生平事迹见《元史》卷一九二。

吴复 元诗人。字子中，后改字见心。富春（今浙江富阳）人。杨维桢首倡《西湖竹枝词》，和者甚众，然寓情于中，大率一律，而吴复"官河绕湖湖绕城，河水不如湖水清；不用千金酬一笑，郎恩才重妾身轻"一首，用意甚佳，为瞿佑《归田诗话》所赏。著有《云槎稿》。生平事迹见《元诗纪事》卷二二。

汪克宽（1304—1372） 元诗人、理学家。字德辅，一字仲裕。祁门（今属安徽）人。曾问业于胡炳文、吴仲。泰定三年（1326）中江浙乡试，次年会试不第，遂弃科举，居家讲学。以所居山谷环绕，名曰"环谷"，四方学者皆称为"环谷先生"。明洪武二年（1369）召至京师，与修《元史》，书成，将授官，以老疾力辞不受。《四库全书总目》谓"其文皆持论谨严，敷词明达，无支离迂怪之习"。又谓其诗有"濂洛风雅之派"，七言古诗则"造语新警，乃颇近温庭筠、李贺之格"。著有《环谷集》八卷、《经礼补遗》九卷、《春秋胡传附录纂疏》三十卷。生平事迹见《明史》卷二八二、清朱彝尊《曝书亭集》卷六二《汪克宽传》。

舒頔（1304—1377） 元诗人、书法家。字道原，号贞素。绩溪（今属安徽）人。受业于李青山。后至元三年（1337）辟为贵池教谕，调丹徒校官。至正十年（1350）转台州路儒学正，因时艰不赴，归隐山中。所居自题"贞素斋"。入明，屡召不出。唐仲实为作墓志铭云："公之为诗盘桓苍古，不贵纤巧织纴之习。字尤喜朴拙。"（《贞素斋集》附录卷一）《四库全书总目》谓："其文章颇有法律。诗则纵横排宕……七言古体尤为擅场。"著有《古潧华阳稿》、《贞素斋集》。生平事迹见《元诗选》二集、《元书》卷九一、《新元史》卷二三八。

郯韶 元诗人、画家。字九成，号云台散史，又号苕溪渔者。吴兴（今浙江湖州）人。好读书，慷慨有节气。顺帝至正中，曾辟为漕府掾，然不事奔竞，而以诗酒自乐。日往来于顾瑛玉山草堂，与四方名士相唱和。杨维桢《郯韶诗序》云："韶诗清丽而温重，无穷愁险苦之态。"（《东维子集》卷七）如《村行》写江南水乡风物，明朗如画。亦能词，今存一首，收入《全金元词》。著有《云台集》。生平事迹见《元书》卷九一。

刘永之 元诗人、书法家。字仲修。清江（今江西樟树）人。少随父宦游，治春秋学，能文词。日与郡士杨伯谦、彭声之、梁孟敬辈讲论风雅，以书籍翰墨自娱，当世翕然宗之。明初征至金陵，宋濂称其词翰双绝，赠诗有"多少荐绅求识面，江南文价为君低"之句。然以重听辞归。后徙东莱，至桃源病卒。酷好书法，篆楷行草皆有功力。著有《山阴集》。生平事迹见清朱彝尊《曝书亭集》卷六四《刘永之传》。

郭翼（1305—1364） 元诗人。字羲仲，号东郭生，又号野翁。昆山（今属江苏）人。少从卫培学，工诗，尤精于《易》。生平以豪杰自负，尝献策张士诚，不用，遂归耕娄上。老得训导官，竟与时忤，偃蹇以终。苏州知府卢熊题其墓曰"迁善先生"。杨维桢序其诗："悠然有思，澹然有旨，兴寄高远而意趣深长。"（《东维子集》卷七《郭羲仲诗集序》）在元末诗人中可谓矫然特出。著有《雪履斋笔记》、《林外野言》。生平事迹见《元诗选》二集、《元诗纪事》卷二四。

袁士元 元诗人。一名宁老，字彦章。鄞县（今属浙江）人。事父至孝，年近四十而未尝求仕。御史奥林以茂才荐，授鄞县县学教谕，历西湖书院、鄮山书院山长。以危素荐，任平江路儒学教授，召为翰林国史院检阅官，不赴。筑别墅城西，种菊数百本，自号菊村学者，隐居以终。著有《书林外集》七卷，危素为之作序，称其诗"清丽可喜"，然往往粗浅多累句。《元诗选》初集有《书林外集》一卷，录其诗三十八首。生平事迹见《元书》卷九一。

姚文奂 元诗人。字子章，号娄东生。昆山（今属江苏）人。聪敏好学，博通经史，喜吟咏，能过目成诵。辟浙东宣慰司令史，虽公事繁杂，亦不废吟咏。尝与郭翼、郯韶、顾瑛相唱和。家有野航亭，人称姚野航。又有书声斋，永嘉李孝光为之记。著有《野航亭稿》。生平事迹见元顾瑛《草堂雅集》卷一〇、《元诗选》二集。

陈肃（？—1368） 元诗人、曲家。字伯将（一作伯刚）。无锡（今属江苏）人。举博学宏才进士，为兰溪州判，累官翰林学士、兵部尚书，出为河南行省参政、左丞，迁中书省参知政事。至正十一年（1351）授行军司马参将。洪武元年（1368），明北征大军兵临大都城下，卒于军中。《录鬼簿续编》称其"文章政事，一代典型。和曲填词，乃其余事。打球蹴鞠，举世服之"。又能画，诗人张翥有诗题之（见《蜕庵诗集》卷一）。《元诗选》录其诗十六首，题为《伯将集》。所作杂剧《晋刘阮误入桃源》一种，已佚。生平事迹见《录鬼簿续编》、《万历无锡县志》卷一四、《元诗选》三集。

月鲁不花(1308—1366)　元诗人。字彦明，号芝轩。蒙古逊都思氏，居绍兴(今属浙江)。受业于韩性，为文下笔立就，粲然成章。元统元年(1333)登进士第，授台州路录事司达鲁花赤，丁外艰归。至正元年(1341)授行都水监经历，累迁吏部侍郎，改工部，除保定路达鲁花赤，改大都路，拜江南行御史台中丞。二十六年，除浙西肃政廉访使，俄改山南道廉访使，浮海北行，遇倭贼船甚众，力战不屈，遇害。谥忠肃。《元诗选》三集辑有其《芝轩集》一卷。生平事迹见《元史》卷一四五。

迺贤(1309—1368)　元诗文家。字易之。本葛逻禄氏，世居金山之西。元兴入中原，居南阳郏县(今属河南)，自称南阳人，徙鄞(今浙江宁波)，辟东湖书院山长。以荐授翰林编修，出参桑哥失里军幕，卒于军。少力学，工文辞。既壮，肆志远游，足迹遍于河南河北。所至低徊访古，考其盛衰，作《河朔访古记》十六卷(久佚，清人辑其残存者为二卷)。至于抚时触物，悲喜感慨，一皆形于咏歌。其诗如《南城咏古》十六首，指点兴废，感慨深沉;《颍州老翁歌》，哀伤民瘼。危素以为格调宗韩吏部，性情同元道州。其唱酬之作，则效六朝之流丽纤华，人以为萨都剌之亚。诗集有《金台集》。生平事迹见《新元史》卷二三八。

邵亨贞(1309—1401)　元明之际文学家。字复孺，号清溪。祖籍淳安(今属浙江)，其先移居华亭(今浙江嘉兴)。元末兵乱，避居松江(今属上海)。博学工文辞，与杨维桢、陶宗仪、钱惟善等交游唱和。博通经史，工篆、隶书。洪武中官松江府学训导。以子诖误戍颍上，久乃赦还。著有《野处集》四卷，《蚁术诗选》八卷，《蚁术词选》四卷。生平事迹见元黄玠《弁山小隐吟录》卷一《邵复孺映雪斋》、元王逢《梧溪集》卷三《题邵氏家谱》、陶宗仪《书史会要》卷七、明《万历青浦县志》卷五、清《道光建德县志》卷一二等。

邾经　一作朱经。元明之际文学家。字仲谊(义)，号玩斋、观梦道士、西清居士。维扬海陵(今江苏泰州)人，祖籍陇右而寓居杭州。少时通经术，善持论，主华亭邵氏义塾。至正初，以《毛诗》举乡贡进士，出任苏州儒学正。张士诚据吴，辟其为承德郎行元帅府经历，辞不就。明洪武四年(1371)，为浙江省考试官。侨居吴山下，往来苏、松间，自号"鹤巢"、"借巢"。性旷达，丰神潇洒，博览强记，赋诗作文，吟咏不辍，八分书极高，能隐语，人称奇士。与诗人杨维桢、徐一夔、林云翰、贝琼等人交厚，又与曲家钟嗣成、夏庭芝、贾仲明等有深交。至正二十年(1360)曾为《录鬼簿》题《蟾宫曲》，二十四年又为《青楼集》作序。诗文有《观梦集》、《玩斋集》行于世。作杂剧四种，其中《玉娇春》仅存残曲一支，《死葬鸳鸯冢》存残曲二套，均见《元人杂剧钩沉》;余《西湖三塔记》、《胭脂女子鬼推门》二种皆佚。散曲仅存小令一首，见《全元散曲》。元末贝琼评其诗"清丽有法"(《清江贝先生集》卷五《炙背轩记》)。生平事迹见《录鬼簿续编》、明徐一夔《始丰稿》卷八《送朱仲谊就养序》、孙楷第《元曲家考略》。

顾瑛(1310—1369)　元文学家。一名阿瑛，又名德辉。字仲瑛，号金粟道人。昆山(今属江苏)人。少年豪宕，轻财结客。年三十，始折节向学，购求古书名画，鼎彝秘玩，集录鉴赏。举茂才，署会稽教谕，辟行省属官，皆辞不就。年四十，以家产付托其子，卜筑别业于茜泾西，曰"玉山佳处"。每会客赋诗，四方文学之士，若张翥、杨维桢、柯九思、李孝光、郑元祐、倪瓒、张雨等辈咸聚其家，一时风流文雅，著称东南。著有《玉山璞稿》，编有《玉山名胜集》、《草堂雅集》。生平事迹见《新元史》卷二三八、《明史》卷二八五。

刘时中　元曲家。济南历城(今属山东)人。父为邹鲁儒官，后调任南宁。时中以恩荫得永州东安尉。至正十二年(1352)左右，调任永新州判。李祁《赠刘时中序》称:"予以老病畏人，不敢出与相见……而今来佐永新也，安于贫而不求，勤于事而不怨。"李为元统元年(1333)进士，后"隐永新山中"，卒于明初，年辈略长于刘。可见刘之卒年，亦当在明初。散曲今存《端正好》两套、《一枝花》一套、《新水令》一套，隋树森《全元散曲》收录。生平事迹见《录鬼簿续编》、元李祁《云阳集》卷三《赠刘时中序》。

杨翮　元文学家。字文举。上元(今江苏南京)人。初为江浙行省掾，至正六年(1346)官休宁主簿，历江浙儒学提举，迁太常博士，卒于明初。刻意于古文，《四库全书总目》称:"其文章格律，多得自师友见闻，意态波澜，能不失先人矩矱，虽边幅未广，酝酿未深，而法度谨严。"著有《佩玉斋类稿》十卷，虞集、陈旅、杨维桢等为之序。生平事迹见《万姓统谱》卷四一、《四库全书总目》卷一六八。

张端(? —1383) 元诗人。字希尹,号沟南。江阴(今属江苏)人。博学好修,以荐授绍兴路和靖书院山长。元末历官海盐州判官、江浙行枢密院都事。入明未仕。著有《沟南漫存稿》,未见传本。《元诗选》初集录其诗二十五首,亦题为《沟南漫存稿》。他曾参加澄江诗社,并以其《宾鸿吟》知名,诗后有张仲简评语:"此数句胜作大篇,关系世教。"生平事迹见《元诗选》初集。

罗蒙正 元诗人。字希吕。其先庐陵(今江西吉安)人,其父游学新会(今属广东),因居留。生有异质,博学强记,弱冠从罗斗明学诗,尽得其法,有名于时。县尹沈寿创古冈书院,礼之,从游者甚众。寻行省檄为高州路学正,秩满归。至正七年(1347)赴省试,遇开武铨,或劝其借注巡检,不就,以诗答之云:"儒冠不是将军具,只作当年措大看。"久之,以荐授南恩州学教授。吴元良阴谋割据,欲用为幕官,辞不就,因病以诗谢之云:"愿赐一廛闲养病,简编灯火伴青衿。"未几卒。《元诗选》三集辑有其《希吕集》一卷并附其小传。

瞿智 一名荣智。元诗人。字睿夫,一字惠夫。昆山(今属江苏)人。与弟信齐名,称"二瞿先生"。博学善诗,以书法勾勒兰花,笔致妙绝。至正初辟授青龙镇学教谕,迁镇江路学录,后摄绍兴府录判,寻弃官去。尝与黄溍、段天祐、成廷珪、张雨诸君友善,时居华亭,所居有"通波阁"。《元诗选》三集辑有其《睿夫集》一卷。生平事迹见元顾瑛《草堂雅集》卷一二。

吕诚 元诗人。字敬夫,后名肃。太仓(今属江苏)人。师从郑东,学端识敏,且工为诗,名士咸与之交。家有园林,尝蓄一鹤,复有鹤自来为伍,因筑"来鹤亭"。又有梅雪斋,日与郭翼、陆仁、袁华相唱和。邑令屡聘为训导,不起,终老于乡,明洪武二十六年(1393)犹存。著有《来鹤亭诗》八卷、补遗一卷。郑东谓其"词奇丽清婉"(《来鹤亭诗》序)。顾瑛谓其"诗意清新,不为腐语"(《草堂雅集》)。《元诗选》三集称其有《来鹤草堂稿》、《既白轩稿》、《竹洲归田稿》、《敬夫稿》等集,且分录诸集诗作共一百六十五首。生平事迹见元顾瑛《草堂雅集》卷九。

贡性之 元诗人。字友初,号南湖先生。宣城(今安徽宣州)人。诗文家贡师泰族子。元末以胄子除簿尉,后补闽省理官。有刚直名,明洪武初,征录师泰后,大臣荐之,则更名避居山阴,躬耕自给以终其身。门人私谥曰"贞晦先生"。会稽王冕擅画梅,得其画者无贡性之题诗则不贵重。曾题绝句云:"王郎胸次亦清奇,尽写孤山雪后枝。老我江南无俗事,为渠日日赋新诗。"故集中多题画诗。著有《南湖集》七卷。生平事迹见《元书》卷九一、《四库全书总目》卷一六八。

陈基(1314—1370) 元诗人。字敬初,号夷白子。临海(今属浙江)人。至正中,从黄溍诣京,官授经筵检讨。性忠耿,尝为人草谏章,力陈顺帝之失,顺帝欲罪之,乃引避南还寓杭。后应张士诚招,奉母入吴。明初征聘入朝,预修《元史》,卒于常熟寓舍。著有《夷白斋稿》。生平事迹见《元诗纪事》卷二八。

陈高(1315—1367) 元诗人。字子上,号不系舟渔者。平阳(今属浙江)人。性耿介不羁,尝仗剑去乡,远游淮楚。年届不惑,始登进士第。翰林欧阳玄、太常张翥等荐于朝,而以亲老请南还授职,任庆元路(今浙江宁波)录事。甫及二载,自免职,归耕田园,逍遥林壑。平阳陷,弃妻子出走,周流乎东西,栖遑转徙,莫测所往。至正二十六年(1366),浮海北上。卒于河南。著有《不系舟渔集》。生平事迹见《元书》卷九二、《元诗选》初集。

邓聚德 元南戏作家。字先觉。大都(今北京)人。业卜。著有南戏《金鼠银猫李宝闲花记》、《三十六琐骨戏文》。生平事迹见清张大复《寒山堂曲谱》卷首《金鼠银猫李宝闲花记》注。

李景云 元南戏作家。《南词叙录》以为明朝人。钱南扬《宋元戏文辑佚》据《汇纂元谱南曲九宫正始》两条注文,确证为元人。作有南戏《崔莺莺西厢记》。又《南词叙录》除了"宋元旧篇"部分著录外,于明代南戏中也记有《荆钗记》,注明"李景云编"。是本今已不传,学术界一般认为是改编本。其余生平事迹不详。

刘一棒 元南戏作家。史九敬先婿,敬先书会才人。著有南戏剧本《风风雨雨莺燕争春记》。生平事迹见清张大复《寒山堂曲谱》卷首《风风雨雨莺燕争春记》注。

孟昉 元末文学家。字天晫。河西唐兀人,家太原(今属山西),寓居大都(今北京)。延祐间为胄监生,由乡贡得举,从事臬司宪部掾枢府,进中书西曹,典国子监簿。至正二十二年(1362)为翰林待制,官至江南行台监察御史。江淮兵乱后,乞身归老镜湖,入明未详所终。能诗,善古文,有《孟待制文集》,今不传。《元诗选癸集》存其诗十三首。元苏天爵《题孟天晫拟古文后》称其“学博而识敏，气清而文奇”（《滋溪文稿》卷三〇）。元末陈基《孟待制文集序》云：“孟君之文弃峭刻而就和平，却雕镌而趋忠厚……操不野之音，宝不朽之璞。”生平事迹见元宋褧《燕石集》卷一五《跋孟天𬀩拟古卷后》、《顺天府志》卷一二四。

金文质　元明之际杂剧作家。号听雪翁。长兴（今属浙江）人。性纯雅而豪荡，善诙谐，力学好吟，隐居不仕。有散曲行于时。所作杂剧《松阴记》、《三官斋》、《誓死生锦片娇红记》三种，今均佚。生平事迹见《录鬼簿续编》、《天启吴兴备志》卷一二、《元诗选癸集》。

兰楚芳　元散曲作家。西域人。元末官江西元帅。丰神英秀，才思敏捷。与曲家刘庭信在武昌赓和乐章，人多以元白拟之。与江右名妓刘婆惜、般般丑等亦有交往。《全元散曲》辑存其小令九首，套数三套。《太和正音谱》评其词“如秋风桂子”。生平事迹见《录鬼簿续编》。

孙蕙兰　元女诗人。名淑。其先汴人。父周卿工于诗，以女子故，独教之《孝经》、《女诫》，未及诗文。而自幼颖悟，针黹之余，取架上唐诗读之，得其音格，习作五七言近体，语皆闲雅可诵，颇见工力。年二十三，归新喻（今属江西）傅若金。夫妇敬如宾友，倡和甚得。然不肯多为，或自毁其稿。家人窃收藏之，仅获孑遗。婚后甫五月而夭，家人因出其稿，若金为编成帙，题曰《绿窗遗稿》。生平事迹见元陶宗仪《辍耕录》卷一三、《元诗选》初集。

陶宗仪（1316—？）　元文学家、学者。字九成，号南村。黄岩（今属浙江）人。早年习举子业，初试不中，即弃去，专志古学。曾师事张翥、李孝光、杜本。泰不华荐，不受。元末寓居华亭，著书授徒，且身自农耕。明洪武中曾任教官，洪武二十九年（1396）曾率诸生赴南京礼部应试，赐钞而归。永乐元年（1403）八十八岁尚存。其学识广博，著述丰厚；长于诗文、精于书法。《四库全书总目》谓：“毛晋品其诗如疏林早秋，殊不甚似。然格力遒健，实虞、杨、范、揭之后劲，非元末靡靡之音。其在明初，固屹然一巨手矣。”著有《南村诗集》四卷、《南村辍耕录》三十卷、《书史会要》九卷、《沧浪棹歌》一卷，编有《古刻丛钞》一卷、《草莽私乘》一卷、《游志续编》二卷、《说郛》一百卷（别本为一百二十卷）。生平事迹见《明史》卷二八五。

夏庭芝（约1316—？）　元散曲家、戏曲史家。字伯（百）和，号雪蓑，别署雪蓑钓（渔）隐。松江（今属上海）人。世家巨族。一生风流蕴藉。凡寓公贫士，邻里细民，辄周急赡之。遍交士大夫之贤者，终日宾客满座，诸伶毕至，以故见闻广博，声誉日彰。因集南北诸伶姓氏艺事，撰成《青楼集》，记元代一百十余名优伶之戏曲活动。又撰《青楼集志》，对宋戏文、金院本、元杂剧之角色、扮演、分类等戏曲史料多所论述。家藏书极富，斋名自怡悦斋，诗人杨维桢乃其西宾，并张仲深皆有诗题斋。与曲家张鸣善、朱凯、郲经、钟嗣成等皆至交。至正十六年（1356）松江变乱，隐于泗泾。入明后与陶宗仪等交游以终。所作乐府、隐语极多，惜今多佚。《全元散曲》仅存其小令二首。《录鬼簿续编》评其曲“文章妍丽”。生平事迹见《青楼集》序、《录鬼簿续编》、孙楷第《元曲家考略》。

黄复圭（？—约1354）　元诗人。字君瑞（一作均瑞）。饶州安仁（今江西余干）人。与张翥、危素以诗鸣于江右。至正兵起，被陷敌廷，作诗大骂，遂被杀。博学工诗。《元诗选》三集辑有《君瑞集》一卷。生平事迹见《元史类编》卷四〇。

张天英　元诗人。字羲上，一字楠渠（又作南渠），号石渠居士。永嘉（今浙江温州）人。酷志读书二十年，通贯经史，征为国子助教。性刚方，不事趋谒，再调皆不就。游浙西，多居吴下，与顾瑛友善，凡有所作，必寄草堂。顾瑛称其“放肆为诗章，尤善古乐府”（《草堂雅集》卷三）。《元诗选》三集辑有其《石渠居士集》一卷。生平事迹见《元书》卷九一。

戴良（1317—1383）　元诗人。字叔能，号云林，又号九灵山人。浦江（今属浙江）人。学文于柳贯、黄溍、吴莱，学诗于余阙。初任月泉书院山长，至正二十一年（1361）以荐授淮南江北等处行中书省儒学提举。后至吴中依张士诚，知不足与谋，乃携家迁居昌乐。元亡，南还，隐四明山。明洪武十五年（1382），朝廷征入京，欲官之；良固辞，忤旨待罪。次年四月，自裁于寓舍。其以汉人而留恋元朝，自称“歌黍离麦秀之诗，咏剩水残山之句”（《九灵自赞》）。诗风高秀，多磊落抑塞之音。王祎序其诗：“质而敷，简而密，优游而不迫，冲澹而不携，庶几上追汉魏之遗音，其复自成一家。”（《九灵山房集》卷首王祎序）著有《九灵山房集》三十卷。生平事迹见《九灵山房集》外集《故九灵先生戴公墓志铭》、《明史》卷二八五。

杨允孚　元诗人。字和吉。吉水（今属江西)人。至正时为尚食供奉官。后弃去,襆被岁走万里,穷西北之胜,凡山川、地产、典章、风俗,无不以诗歌记之。著有《滦京杂咏》一卷,《元诗选》初集录其诗一百首。生平事迹见《元书》卷九一。

赵汸(1319—1369) 元诗人、经学家。字子常,号东山。休宁(今属安徽)人。师从黄泽、夏溥、黄溍,通诸经,尤邃于《春秋》。至正初,虞集见其书,深加敬异,延致于家。未几归隐著述,学者尊之。尝辅元帅汪同起兵保乡井,授为江南行枢密院都事。至正十六年(1356)后,结茅星溪古阆山。明初,召至京师,与修《元史》,既竣请还,未逾月以疾卒。汪仲鲁序其集云:"因感发而形之咏歌,虽不专乎是,然长篇短哦,亦不一字苟为也。"(《东山存稿》卷首《东山存稿序》)著有《周易文诠》四卷、《东山存稿》七卷与《春秋集传》、《春秋师说》、《春秋属辞》等。生平事迹见《东山存稿》附录詹烜《东山赵先生汸行状》、《明史》卷二八二。

王逢(1319—1388) 元诗人。字原吉,号席帽山人、梧溪子、最闲园丁。江阴(今属江苏)人。才气豪爽,敏而好学,从宿儒陈汉卿习诗,深得诗家山斗虞集之传。值江南兵燹,避地无锡之梁鸿山,辟其室曰"梧溪精舍"。平生不仕,忠于元室。张士诚据吴,用其策降元而拒明。明洪武初,欲以文学录用,征召甚迫,而坚卧不起。写诗多用典事,有不少丧乱之作。诗格沉郁,气息悲凉。有《梧溪集》传世。生平事迹见《元史类编》卷三六。

张宪(约1320—约1373) 元诗人。字思廉,号玉笥生。山阴(今浙江绍兴)人。曾从杨维桢学作诗。维桢弟子不下百余人,而独推宪。负才不羁,不娶妻,漫游四方。至京师,剧谈高论,大言天下事,众皆惊其才而骇其狂。在京不遇,失意栖遑,还浙居富春山。张士诚据吴中,曾招之为太尉府参谋,迁枢密院都事。明兴不仕,溷迹缁黄,晚年寄食报国寺以终。诗歌长于乐府体和歌行体,诗风主要受李贺影响,色彩浓烈,形象奇特。著有《玉笥集》。生平事迹见《元史类编》卷三六、《明史》卷二八五。

卞思义 元诗人。字宜之。山阳(今江苏淮安)人。气宇疏旷,早年有诗名,长于咏物。对客谈诗,终日不绝。浙西宪府以其才贤,辟为属掾。任满,庸田制司又以其通敏,再辟为掾史。尝寓陵阳,与刘有之、吴起季、王子山等相唱和。杨翮《卞宜之四咏倡和序》称:"其为辞宏丽华妙,与骚人墨客伦较律度于锱铢毫厘之内,殆将追配于古之作者。"(《佩玉斋类稿》卷八)惜其诗多散失,仅《草堂雅集》存十之一二。《元诗选》三集辑有其《宜之集》一卷。生平事迹见元顾瑛《草堂雅集》卷一三。

屠性 元诗人。字彦德。余姚(今属浙江)人。明《春秋》学,幼从黄溍游,故诗文严整有法度。至正元年(1341)领乡荐,嘉定儒学聘为经师。明年会试下第,授歙县教谕,杨翮作《送屠彦德教谕序》(《佩玉斋类稿》卷五)盛赞之。除婺州月泉书院山长。《元诗选》三集辑有其《彦德集》一卷。生平事迹见元顾瑛《草堂雅集》卷一三。

昂吉 元诗人。字启文。本唐兀氏,世居西夏。入居中原后,占籍太平(安徽当涂)。至正间留吴中。举至正七年(1347)乡荐,明年登戊子进士榜。授翰林编修,改绍兴路录事司达鲁花赤,迁池州录事。为人廉谨,不喜言笑,时往来玉山草堂唱和。《元诗选》谓:"杨铁崖送启文会试诗有云:'西凉家世东瓯学,公子才名久擅场。'"《元诗选》三集辑有其《启文集》一卷。生平事迹见元顾瑛《草堂雅集》卷一〇。

陈秀民 元诗人。字庶子。温州(今属浙江)人,寓嘉兴。博学善书。至正中为武冈城步巡检,知常熟州。后为张士诚参军,历江浙行中书省参知政事、翰林学士。明洪武二十二年(1389)犹存。曾编有《东坡文谈录》一卷、《东坡诗话》三卷。《元诗选》三集辑有其《寄情稿》一卷。生平事迹见元顾瑛《草堂雅集》卷一三。

许恕(1322—1374) 元诗人。字如心,号北郭生。江阴(今属江苏)人。性沉静,博学能文。至正中荐授澄江书院山长,未几弃去。会天下已乱,乃遁迹卖药于海上,与山僧野人为侣,善自晦匿,罕相识者,故征召不及。著有《北郭集》七卷。集中多感时伤乱之作。《四库全书总目》谓其"诗格力颇遒,往往意境沉郁,而音节高朗,无元季靡靡之音"。《元诗选》三集辑有其《北郭集》一卷并附其小传。

郑允端(1327—1356) 元女诗人。字正淑。平江(今江苏苏州)人。富雄一郡,世称花桥郑家。秀外慧中,尤善诗歌。丈夫同郡施伯仁,亦儒雅文士。夫妻相敬如宾,暇则吟诗自遣,然题涉甚广,不止写闺情。至正十六年(1356),家为张士诚军所破,遂郁郁致病而卒。宗族之士私谥曰"贞懿"。施伯仁哀之,编次其遗著成帙,名《肃雝集》。生平事迹见《元诗选》

初集。

伯颜(1327—1379)　元诗人。字子中。其先西域人;祖父宦江西,因家进贤(今属江西)。至正间中乡试,辟东湖书院山长,改建昌路教授。至正十二年(1352)郭子兴兵起,授江西行省都事。赣陷,间道入闽,除行省员外郎。佐闽帅陈友定复建昌,因浮海抵大都献捷,进兵部侍郎。持节之广东发兵救闽,至则明师已定闽广。元亡,乃变姓名,遁迹江湖间。往来居进贤之北山,创竹室三间以居。洪武十二年(1379),诏搜遗逸,不欲出,使者将至,饮鸩而死。有学行,喜谈兵。殁之前夕,作《七哀诗》哭其祖父师友,表达了国破家亡后准备舍生取义的决心。著有《子中集》。生平事迹见《元书》卷九二、《明史》卷一二四。

方行　元诗人。字明敏。黄岩(今属浙江)人。方国珍子(一说为国珍兄国璋次子)。仕于元,至正二十四年(1364)为江浙行院判官,又任江浙行省参政。后随国珍降明,国珍死,徙濠州,又谪云南,未详其终。工于诗,著有《东轩集》。宋濂《东轩集序》称其"古诗俊逸超群","律诗清丽婉切"(《宋文宪公全集》卷二二)。生平事迹见《元诗选》三集。

吴克恭(?—约1353)　元诗人。字寅夫。毗陵(今江苏常州)人。工诗、古文。其诗体格古淡,为时所称。翰林老成皆与之游,多游云林及玉山。至正十二年(1352),蕲黄军陷常州,守吏望风奔溃。未几官军来收复,与赵君谟等俱以从逆伏诛。《元诗选》三集辑有其《寅夫集》一卷。生平事迹见元顾瑛《草堂雅集》卷三。

陈方　元诗人。字子贞,号孤篷倦客。京口(今江苏镇江)人。赴省试至吴,元帅王某招致宾席,因寓吴郡。龚璛以女妻之。与郑元祐、张雨、倪瓒游,晚主无锡华氏家塾。死于张士诚之难。工诗。《元诗选》称:"其诗如'门前灌木春啼鸟,屋畔长松夜宿云。''天寒客里轻相别,花落孤村喜独来。'随事感发,锻炼最工。"《元诗选》三集辑有其《孤篷倦客稿》一卷。生平事迹见元顾瑛《草堂雅集》卷三。

郑东　元诗文家。字季明,号杲斋。温州平阳(今属浙江)人,晚寓常熟。幼嗜书,明《春秋》,应举试不合主司意,即弃去,专力于古文辞,日作万言,滚滚不休。欧阳玄奇其才,欲荐之,会疾作而卒。其弟采(号曲全)亦工诗,并有文名。元季兵乱,遗文散落,采子思先,合写成《郑氏联璧集》,厘为十四卷。宋濂序曰:"杲斋之文,则气质沉雄,如老将帅师,旌旗火鼓,缤纷交错,咸归节度。曲全之文,则规制峻整,如齐鲁大儒,衣冠伟然,出言不烦,曲尽情意。然皆有台阁弘丽之观,而无山林枯槁之气。"(《宋文宪公全集》卷一二)生平事迹见元顾瑛《草堂雅集》卷七、《元诗选》三集。

李元珪　元诗人。字廷璧。河东(今山西永济县西南)人。端厚沈毅,酷志读书。《西湖竹枝集》谓其"作诗若不经思,往往超诣颖脱"。书法追纵鲜于枢,曲尽其妙。晚年无子,滞留吴中,多叹老悲穷之作。时往来玉山,与诸君唱和。《元诗选》三集辑有其《廷璧集》一卷。生平事迹见元顾瑛《草堂雅集》卷七。

阿襤　元女诗人。蒙古族。父梁王封于昆明,适红巾来攻,为大理总管段功所败,梁王遂以襤妻之。后梁王信谗,命襤用孔雀胆毒杀段功。襤不忍,私语之,欲与同归大理。功不信,终被害。襤作《愁愤诗》云:"吾家住在雁门深,一片闲云到滇海。心悬明月照青天,青天不语今三载。欲随明月到苍山,误我一生踏里彩。吐噜吐噜段阿奴,施宗施秀同奴歹。云片波鳞不见人,押不芦花颜色改。肉屏独坐细思量,西山铁立霜潇洒。"全诗书面语和土语杂用,自然而清新,极为难得。郭沫若话剧《孔雀胆》,即据此题材创作。生平事迹见明杨慎《滇载记》。

吴讷(约1331—1357)　元诗人。字克敏。休宁(今属安徽)人。少学兵法,习骑射。至正间,荐授江浙行省建德路判官,兼义兵万户。至正十七年(1357),明兵临郡,随元帅阿鲁辉退屯浙西札溪,巡逻至界首白际岭,战败不屈,题诗石壁云:"怪石有痕龙已去,落花无主鸟空啼。"(《元诗纪事》卷二六)遂自刎死。著有《吴万户诗集》五卷。顾嗣立谓:"克敏诗豪迈,为铁崖所称。"(《元诗选》三集)生平事迹见《元史类编》卷四〇。

张渥　元诗人、画家。字叔厚,号贞期生。祖籍淮南,后寓居杭州(今属浙江)。博学明经,累举不利,遂放意为诗章。画工白描人物,师于李公麟。与玉山主人顾瑛友善,即一时景绘作《玉山雅集图》,杨维桢为之序,观者无不叹美。《元诗选》三集辑有其《贞期生稿》一卷。生平事迹见元顾瑛《草堂雅集》卷七。

李瓒　元诗人。字子粲,一字子囟,号弋阳山樵。姑苏(今江苏苏州)人。幼从余元明游。多才能文,旁通释道之学。至正十一年(1351)冬,尝过玉山,作分题序有云:"人生百年,忧患之秋多，燕乐之日少。而况友朋南北东西，迄无定居，则今日之簪盍，夫岂偶然哉！”显其胸襟之旷达。《元诗选》三集辑有其《弋阳山樵稿》一卷并附其小传。

王翰(1333—1378) 元诗人。字用文，蒙古名那木罕。唐兀氏，世居西夏灵武，元初祖上为领兵千户，后徙家庐州(今安徽合肥)定居。年十六，除庐州治中，改福州路，寻以同知升理问官，综理永福、罗源二县。擢福建行省郎中。陈友定据守全闽，留居幕府，敬且惮之。表授潮州路总管，兼督循、梅、惠三州。陈氏败，浮海抵交占界，不果。屏居永福观猎山，自号友石山人，与渔樵田夫杂处十年。明洪武十一年(1378)辟书至，自刎而死。后子王偁辑其遗稿编为《友石山人遗稿》一卷，存诗八十四首，前有陈仲述序，后附志、铭、表、词等七篇。《元诗选》载其诗二十七首。《四库全书总目》谓“虽篇什无多，而沉郁顿挫，凛然足见其志节”。生平事迹见陈仲述序、《元书》卷九二、《新元史》卷二三三、《元诗选》初集。

王蒙(？—1385) 元末明初诗人、画家。字叔明，号黄鹤山樵、香光居士。吴兴(今浙江湖州)人。赵孟頫外孙。元末一度北游京师，后曾受张士诚聘，出任理问等职。元末明初长期隐居于黄鹤山。明洪武初年任泰安知州，因尝谒权臣胡惟庸于私第，胡被杀后，受牵连瘐死于刑部狱中。是画史上的“元季四家”之一，以山水擅名；长于史学，诗文书画皆承家学渊源，“为文章不尚矩度，顷刻千言可就”(《听雨楼诸贤记》)。诗文集散佚不传，诗散见于《草堂雅集》、《明诗纪事》。生平事迹见《明史》卷二八五、清朱彝尊《曝书亭集》卷六三。

丁鹤年(1335—1424) 元诗人。名不详，以字行，又字永庚。回族。曾祖阿老丁，为巨商，以其资归元世祖，世为显官；其父职马禄丁，官武昌县达鲁花赤，因定居武昌。以祖辈几代名字均有“丁”字，遂以丁为姓。年十二，父去世。至正十二年(1352)，避兵乱，徙镇江，又徙四明，行台省屡荐教职而不就。元末或旅食海乡，授学童度日；或寄居僧舍，卖药以自给。明初，还武昌，遍寻母亲遗骨，棺敛以葬。晚年屏绝酒肉，结庐父墓以终其身。鹤年嗜读博学，笃尚志操，不求仕宦，兼以孝闻。著有《丁鹤年集》。其古诗清丽俊逸。戴良序其集曰：“凡幽忧愤闷、悲哀痛苦之情，一于诗焉发之。”“但一篇之作，一语之出，皆所以寓夫忧国爱君之心，愍乱思治之意，读之使人感愤激烈，不知涕泗之横流也。”(《丁鹤年先生诗集序》)《四库全书总目》谓其“尤长于五、七言近体，往往沉郁顿挫，逼近古人，无元季纤靡之习”。其生平事迹见《明史》卷二八五、《丁鹤年集》卷末《丁孝子传》。

周棐 元诗人。字致尧，后以字行，改字焕文。四明(今浙江宁波)人，徙崇德(今浙江桐乡)。游京师，选书《大藏经》成，授四明鄮山书院山长，调嘉兴宣公书院。明初与荐辟，不就归。《元诗选》三集辑有其《山长集》一卷并附其小传。

陆仁 元诗人。字良贵，号樵雪生，又号乾乾居士。昆山(今属江苏)人。为人沉静简默，明经好古，诗不苟作，所居曰“乾乾之斋”。与郭翼、吕诚相唱和。杨维桢谓其“诗学有祖法，清俊奇伟”(《西湖竹枝集》)。其翰墨洒然可观。《元诗选》三集辑有其《乾乾居士集》一卷，并附其小传。

马麟 元诗人。字公振，一字国瑞。太仓(今属江苏)人。自幼酷爱读书，好文尚雅。元末避兵松江之南钟巷里，筑室凿池，有田园花木之趣。日诵经史，佳客往来，觞咏不辍，与世泊如。杨维桢深器重之。工诗，有《醉渔草堂》二集。《元诗选》三集辑有其《公振集》一卷。生平事迹见元顾瑛《草堂雅集》卷一二。

杨讷 元明之际戏曲家。从姊夫姓杨，原名暹，字景贤，又字景言，号汝斋。蒙古族。居钱塘(今浙江杭州)。善弹琵琶，好戏谑，乐府出人头地。永乐初，与汤式、贾仲明同被宠遇。卒于金陵(今江苏南京)。《太和正音谱》说：“杨景言之词，如雨中之花。”所作杂剧二十种，今存《刘行首》和《西游记》两种，《保韩庄》、《东岳殿》、《西湖怨》、《生死夫妻》等十八种佚。隋树森《全元散曲》收小令二首，套数一套。生平事迹见庄一拂《古典戏曲存目汇考》卷五。

杨文奎 元明之际杂剧作家。所作杂剧四种，仅《翠红乡儿女两团圆》一种今存(一说高茂卿作)，其余《王魁不负心》、《封陟遇上元》、《玉盒记》三种均佚。《太和正音谱》评其词“如匡庐叠翠”。生平事迹见庄一拂《古典戏曲存目汇考》卷六。

丁野夫 元明之际曲家。西域人。元末回回国子监生。羡钱塘山水之胜，移家于杭州南郭外梅村。善丹青，画山水人物，学马远、夏珪，笔法颇类。所作小景，皆取诗意。工乐府，套数小令极多，隐语亦佳，驰名寰海。所作杂剧《俊憨子》、《月夜赏西湖》、《写画清风领(岭)》、《游赏浙江亭》、《碧梧堂双鸾栖凤》、《望仙亭》六种，俱佚。生平事迹见《录鬼簿续编》、元夏文彦《图绘宝鉴》卷五、《万历杭州府志》卷九一。

陆进之　元明之际杂剧作家。嘉禾（今浙江嘉兴）人。尝官福建省都事。善文章，喜作诗。词曲隐语，盛传于时。与杂剧家贾仲明友善，会于杭州。所作杂剧二种，其中《韩湘子引度升仙会》仅存佚曲二支，见《元人杂剧钩沉》；《血骷髅大闹百花亭》已佚。生平事迹见《录鬼簿续编》。

并称　社团

仇白　指由宋入元诗人仇远和白珽。宋咸淳中，同以诗"齐名吴下，人谓之仇白"（《元书》卷八九）。

元诗四大家　指元代虞集、杨载、范梈、揭傒斯四位诗人。《元诗选初集·虞集小传》云："先生诗与浦城杨仲弘、清江范德机、富州揭曼硕先后齐名。人称虞、杨、范、揭，为有元一代之极盛。"虞集尝评杨载诗如百战健儿、范梈诗如唐临晋帖，揭傒斯诗如美女簪花，而自称诗如"汉廷老吏"，世多以为然。

元曲四大家　指元代关汉卿、马致远、郑光祖、白朴四位杂剧作家。或称"关、郑、白、马"（见周德清《中原音韵》）。《太和正音谱》将马致远列于首位，关汉卿和郑光祖则被排斥在外。何良俊《四友斋丛说》改四人次序为"马、郑、关、白"。王骥德认为"四大家"中不包括王实甫，"实非定论"。近年有人提出"关、郑、白、马"中的"郑"，应是郑廷玉。

元曲六大家　指元代马致远、王实甫、关汉卿、乔吉、郑光祖、白朴六位杂剧作家。元周德清《中原音韵》自序首标"乐府……其备，自关、郑、白、马一新制作"，明何良俊《四友斋丛说》则直称四人为元曲"四大家"。明王世贞《曲藻序》又于四人之外加贯酸斋、王实甫、张可久、乔梦符、宫大用，遂开"九大家"之说。清李调元《雨村曲话》谓"贯酸斋、张可久、宫大用祗工小令，不及马、王、关、乔、郑、白远甚，未可同年语也"。"六大家"之说渐为后人认同。谭正璧编著有《元曲六大家略传》，上海文艺联合出版社 1955 年出版，古典文学出版社 1957 年重版。王忠林、应裕康又著《元曲六大家》，台北东大图书有限公司于 1977 年出版。

儒林四杰　指元代虞集、揭傒斯、黄溍、柳贯四位文学家。《元史·黄溍柳贯传》云：柳贯与同郡黄溍"及临川虞集、豫章揭傒斯齐名，人号为儒林四杰"（《元史》卷一八一）。按"儒林"本以称儒家，此实为流俗儒士之泛称。

月泉吟社　文学社团。宋末浙江人吴渭任义乌县令，入元后隐居吴溪，创立该社，延请遗民诗人方凤、谢翱、吴思齐等共主社事。至元二十三年（1286）以《春日田园杂兴》为题征诗，翌年收应征诗凡二千七百三十五卷。由方、谢铨定名次，吴则筛选品评，评选出二百八十人，并将前六十名之七十四首诗并附录摘句三十二联结集刊行，题名《月泉吟社诗》。

总　集

天下同文集　诗文总集。元周南瑞辑编。原本五十卷，今缺六卷（卷一七、一八、三一、三四、三五、四一），故实存四十四卷。卷首有刘将孙大德八年（1304）序。前四十一卷，除卷一六为元赋外，其余皆为元人各体文；卷四二至卷四七为诗，卷四八至卷五〇为词。所收诗文颇有一些为苏天爵《元文类》所未收的，如卷三崔彧《献宝玺书》、卷二安南王《贺成宗登极表》、卷一五王德渊《薛昂夫诗集序》，以及卢挚诸多诗文等。《四库全书总目》以为刘将孙序"潦倒浅陋，似乎依托"，"其体例与今时庸陋坊本无异"。但也肯定所收多有未见于他书"而足资当日典故者"，"皆可以旁资考证。其他文亦多有可观者"。有《四库全书》所收两淮马裕家藏四十四卷本、《雪堂丛刊》所收四十三卷本。

月泉吟社诗　诗总集。元吴渭编。元世祖至元二十三年（1286）冬，宋遗民吴渭创立的诗社"月泉吟社"以《春日田园杂兴》为题，征求诗作。计收二千七百三十五卷，由方凤、谢翱、吴思齐评其甲乙，选出二百八十人，于至元二十四年三月三日揭榜。此本载其前六十人诗七十四首，又选断句三十二联，其中第十八联失名。作者多不署真实姓名，如第一名罗公福下注本名为连文凤。各诗皆有评语。其诗多隐含追怀宋室的思想，"寓遁世之意，及听杜鹃、餐薇蕨语"（《四库全书总目》），风格大体"清新尖刻，别自一家"（清王士禛《池北偶谈》）。有《四库全书》本、《诗词杂俎》本等。

谷音 诗总集。元杜本编。上下两卷。书名取"空谷足音"之义。选录宋末元初隐逸人士诗篇。上卷计有王浍等十人诗五十篇；下卷计有詹本等十五人及无名氏五人诗五十一篇。《四库全书总目》称："是集所录，乃皆古直悲凉、风格遒上，无宋末江湖龌龊之习，其人又皆仗节守义之士，足为诗重。"有《四库全书》本及《四部丛刊》本。

梅花百咏 诗总集。元冯子振、僧明本著。僧明本与赵孟頫游，冯子振初轻之。后子振出所作梅花诗七绝百首相示，明本览毕即全部和之，并出所作《九字梅花歌》以示子振，子振大惊。二人遂成莫逆之交。《四库全书》本总集类收二人唱和之《梅花百咏》七绝；后附春字韵七律一百首，则仅有明本所和而无子振原作。《四库全书总目》评二人咏梅诗曰："子振才思奔放，一题衍至百篇，往往能出奇制胜。而明本所和，亦颇雕镂尽致，足以壁垒相当。"郑振铎《西谛书话》言所得《百花鼓吹》书中，有《梅花百咏》八种，除冯子振及明本二种外，尚有一种为元人韦珪所作。

忠义集 诗总集。元赵景良编。七卷。内有元刘壎《补史十忠诗》一卷，述宋末李芾、赵卯发、文天祥、陆秀夫、江万里、密佑、李庭芝、陈文龙、张世杰、张珏十人殉国事；壎子麟瑞《昭忠逸咏》四卷，扩述宋末节义之士遗事；另有景良采宋末遗老诸作二卷。其时《宋史》未修，盖有以诗存史之意。明弘治中，始有刊本。今有《四库全书》本。

元人选元诗 诗总集。民国罗振玉辑。台湾大通书局影印。内收元人所选元人诗五种：《河汾诸老诗集》，《国朝风雅》（又名《皇元风雅》、《元风雅》），《大雅集》，《敦交集》，《伟观集》。前二种在元诗选本中影响较大，单行本较多；后三种影响较小。

元诗选 诗总集。清顾嗣立编。凡三集。初集计收元人诗一百家，并附录十六家，刊行于清康熙三十三年(1694)。二集计收元人诗一百家，并附录七家，续刻于康熙四十一年(1702)。三集计收元人诗一百家，并附录十七家，续刻于康熙五十九年。每集中又分为甲、乙、丙、丁、戊、已、庚、辛、壬九集（其中三集无丁集）。有专集的诗人入甲至辛集，方外、闺秀诗人入壬集。对所收各家均附有小传与品评。顾氏在世时，曾另拟收录无专集行世而仅存数首作品的诗人，总编为癸集附后，故初、二、三集中均无癸集。惜因顾氏谢世，虽已编目并开刻，此癸集终未如期成书。后由顾氏门人席守朴编成并于嘉庆三年(1798)由其子席世臣刊印成书。此书后又散失。现存癸集本为席世臣曾孙席威于光绪十四年(1888)重新刊印而成，收录诗人二千三百余家。从初集到癸集陆续刊行，相隔二百年，均为秀野草堂刊本。全书"网罗浩博，一一采自本书，具见崖略，非他家选本饾饤缀合者可比。有元一代之诗，要以此本为巨观矣"（《四库全书总目》）。中华书局于 1987 年将此书中的初集、二集、三集整理出版。

元文类 原名《国朝文类》。诗文总集。元苏天爵编。七十卷。王理、陈旅序。凡分四十三类，总为十五门，分体编排。所录作品，自元初迄延祐。所取必有关于政治，兼以考其元初以下文章之变迁。编者本善属文，工于鉴别，故去取精审，前人以为是集足以与《唐文粹》、《宋文鉴》鼎足而三。书成于元统二年(1333)，有至元二年(1336)西湖书院刻本，今存。有《四部丛刊》影印本。

名儒草堂诗余 又称《续草堂诗余》。词总集。元庐陵凤林书院辑刊。三卷。卷首有凤林书院题识，卷上收刘秉忠等十四人词作六十二首，卷中收罗志仁等二十五人词作六十八首，卷下收王梦应等二十四人词作七十三首，总计共收元代词人六十三位、词作二百零三首。卷末有两篇跋及清厉鹗等七篇跋。据厉鹗跋称，该集所收皆元代前期至元、大德间词作，此说符实；然并非如其所说"皆南宋遗民"。所遴选之作品较严，诚如厉鹗所称"采撷精妙，无一语近凡"。可与南宋周密选辑《绝妙好词》并称。有《粤雅堂丛书》本（《丛书集成初编》收入）、《宛委别藏》抄本、《读画斋丛书》本、《词学丛书》本、《景刊宋金元明词四十种》本。

全金元词 词总集。唐圭璋编。辑入金代七十人、三千五百七十二首词，元代二百一十二人、三千七百二十一首词，共收金元词人二百八十二位、词作七千二百九十三首。体例分金词、元词两大部分，以作者为经、时代先后为纬，方外、妇女、无名氏作品，排在最后。各作者名下撰有小传。作品中有别见他人他集者，于该首词后注明。每位作家全部作品录完后，注明此集所据何本、辑佚来自何书。书前有编者前言、凡例及"引用书目"。书后附有作者索引。本书共征引二百多种书籍，所收词的数量超过前人所辑金元词，并对作品作了校勘、标点、考订，是研究词史及金元文学的重要总集。中华书局1979年10月出版。

乐府新编阳春白雪 又称《乐府阳春白雪》，简名《阳春白雪》。散曲总集。元杨朝英编。十卷，一本九卷。卷首载有元贯云石序和元燕南芝庵《唱论》。除卷一收宋、金词人苏轼、吴激等十人十首词外，余皆收元人如白朴、马致远、关汉卿、贯云石、张可久、乔吉、薛昂夫等散曲计四十四家，小令四百余首，套数七十余套。为中国文学史上第一部散曲选集。元散曲大量作品皆赖此得以流传。有钱塘丁氏八千卷楼藏元刊十卷本，元刊残存二卷本，明抄九卷本；另有清《随庵徐氏丛书》本及任讷《散曲丛刊》本，皆源出十卷本，但后者将残元本多出者增为“补集”，共十一卷；此外，隋树森有《新校九卷本阳春白雪》，源出明抄本，较为完备。

朝野新声太平乐府 简名《太平乐府》。散曲总集。元杨朝英编。八卷，一本九卷。卷首有巴西邓子晋元至正十一年(1351)序，并列《太平乐府姓氏》八十五人。前五卷收元冯子振等人小令共一千零十首，后四卷收元马致远等人套数共二百一十二套。所选“皆当代朝野名笔，而不复出诸编之所载者”(邓《序》)。体例以“分宫类调”，每调依次系作家作品，次第井然。是元人编元散曲的一部重要选集，很多曲作赖此得以流传。有元刊九卷本、元刊八卷本、瞿氏铁琴铜剑楼藏明刊本、明大字本、清何梦华旧藏抄本、民国武进陶珙影元刊本、《四部丛刊》影元刊本，隋树森校订九卷元刊本。以隋校本最为完备。

类聚名贤乐府群玉 简名《乐府群玉》。散曲总集。元无名氏编，任讷考证为元胡存善编。五卷。成书于《阳春白雪》之后，《太平乐府》之前。专收小令，不载套数。体例以作家为序，故称“类聚名贤”。收元刘时中、任昱等知名作者二十一家、失名者二家之小令共六百二十七首。其中三百二十五首为是集独具。又元乔吉《惺惺道人乐府》、张可久《今乐府》二书失传已久，而赖是集全录原书得存。但其中亦有少数以调系人，造成体例不一之处。有明抄本、罗振玉心井庵抄本、吴梅过录本、任讷《散曲丛刊》校订本(附录“诸家传略”并据《乐府群珠》补录三家八十七首)、隋树森校订本。

梨园按试乐府新声 简称《乐府新声》。散曲总集。元无名氏编。三卷。卷上收元人套数三十套，卷中卷下收小令及带过曲共五百余首。所收曲作与其他元人散曲选集颇多重复，且缺载作者名氏者过半。有常熟瞿氏铁琴铜剑楼藏元刊本，商务印书馆《四部丛刊三编》本即据此影印，隋树森有校订本。

自然集 散曲总集。元无名氏编。一卷。收《点绛唇》、《一枝花》、《新水令》、《正宫端正好》等六套元人散曲，最后一套仅残存二曲。皆未署撰者姓名。所选均道家题材，故书名下标有“道词”二字。清钱大昕《补元史艺文志》最早著录此书。近人卢前从《道藏》卷七八七“同”字第一卷中辑出校刻。有明正统《道藏》同字号本，卢前《饮虹簃所刻曲》本即据此刊印。

全元散曲 散曲总集。今人隋树森编辑。上、下两册。从元人散曲别集、元、明、清三代曲选、曲谱、词总集、词别集、曲话、诗文集、类书等一百多种书中共辑录出元人小令三千八百五十三首，套数四百五十七套(残套、残曲在外)。辑录标准求全、从宽。全书编排以作者为经、时代先后为纬；每家曲作，先列小令，后列套数，残曲最后；宫调曲牌次第依《北词广正谱》和《南曲谱》；每曲曲末皆小字详注出处及校勘记；一曲二主名而难断定者，则或两处互见，或置一处而另一处校勘记中说明。每家之首有作家小传，依正史、野史、《元诗选》，兼采近人可信之考证。书前有“自序”、“凡例”和“引用书目”，书后有“补遗”小令六十三首及“作家姓名别号索引”、“作品曲牌索引”，再版时增附“订补”和“补遗”、“附录”，又补辑小令三十首。中华书局1964年初版，1981年再版。

酸甜乐府 散曲总集。元贯云石、徐再思著。任讷辑。二卷。明蒋一葵《尧山堂外纪》云：“贯云石……自号酸斋。时有徐甜斋者，失其名(按徐再思以好食甜食，故号甜斋)，并以乐府擅称，世谓‘酸甜乐府’。”卷一收酸斋散曲，凡小令八十六首，套数九套；卷二收甜斋散曲，凡小令一百零四首。贯、徐二人均擅写闺情相思、隐逸叹世，但风格不同。明朱权《太和正音谱》评：“贯酸斋之词，如天马脱羁”；“徐甜斋之词，如桂林秋月”。贯以豪放为主而兼有“清新俊逸”，徐以清丽含蓄为主而更臻雅化。任讷据元明散曲选集七种及明人笔记辑成二人合集，并作校记，收入其编刻《散曲丛刊》中，民国二十年(1931)中华书局排印。隋树森编《全元散曲》重辑更订，得贯小令七十九首，套数八套，徐小令一百零三首。

元刊杂剧三十种 杂剧总集。原书缺名，清藏书家黄丕烈厘定成书，题名《元刊古今杂剧》。王国维以《录鬼簿》、《太和正音谱》顺理此集次序，增补作者姓氏时代等，并改题今名。该集收元人十九家杂剧二十七本，元无名氏杂剧三本，总计三十本，是元杂剧最早刻本。其中除《元曲选》有十三本、《脉望馆钞校本古今杂剧》有十六本剧目同名之外，余十四种皆为海内孤本。书中除《赵氏孤儿》外，余皆冠以“大都新编”、“大都新刊”等字样。此书虽以唱曲词为主，宾白多省略或全无，有些剧本还有残损或缺页的现象，且各本多错字、俗字、异体字，“而元剧之真面目，独赖是以见”（王国维《〈元刊杂剧三十种〉序录》，故仍不失为研究元杂剧之珍贵文献。黄丕烈厘定成册之《元刊古今杂剧》，今存北京图书馆。日本大正三年(1914)京都帝国大学文科大学复印《元刊古今杂剧三十种》，1924年上海中国书店加以影印。《古本戏曲丛刊》影元刊本，将此书列入第四集，较易见。1981年中华书局出版了徐沁君以二十二种版本校勘的《新校元刊杂剧三十种》本。

古名家杂剧 又名《元明杂剧》。杂剧剧本总集。明陈与郊选编。此书原由万历龙峰徐氏刊刻，今存残本，仅十三种。《脉望馆钞校本古今杂剧》抄存五十四种，除去重复的，共六十五种。又《汇刻书目》著录此书作品中，有十三种为残本及脉望馆抄本所无，存目无文，合计七十八种。所选以元人作品为多，明人有迟至嘉靖、万历时徐渭、程士廉等人的作品。1929年南京图书馆据残本二十七种影印时，改名《元明杂剧》。1958年中国戏剧出版社重印时因之。今存六十五种已全部收入《古本戏曲丛刊》第四集。

息机子元人杂剧选 一称《古今杂剧选》。杂剧总集。明息机子(姓名不详)选刻。收马致远《陈抟高卧》、高文秀《谇范雎》、乔吉《两世姻缘》、武汉臣《玉壶春》、李寿卿《度柳翠》、宫天挺《范张鸡黍》、罗贯中《风云会》、谷子敬《城南柳》等元明杂剧三十种。今存二十五种。又也是园旧藏《脉望馆钞校本古今杂剧》收该选本十五种。汰去重复，二者实存共二十六种。有明万历二十六年(1598)息机子刻本、脉望馆抄校本、《古本戏曲丛刊》四集《杂剧选》本(收脉望馆抄校本以外的十一种)。

阳春奏 杂剧总集。明黄正位编。因自题明尊生馆主人，故又称“尊生馆本”。以“情思深远，词语精工”(见该书《凡例》)为选剧标准。收有元明杂剧三十九种，但已残缺，现仅存卷首于若瀛序文和尊生馆主人所作“凡例”，剧本有元戴善夫《陶学士醉写风光好》、元明间罗贯中《宋太祖龙虎风云会》、元马致远《西华山陈抟高卧》三本。藏北京图书馆。有《古本戏曲丛刊》第四集影印本。

古杂剧 一名《顾曲斋元人杂剧选》。元杂剧总集。明陈与郊编。目录系补刻。卷首有“玉阳仙史”(明陈与郊别号)序，序文后有“王氏伯良”(阳文)及“白雪斋”(阳文)印各一方。该书含元关汉卿、马致远、郑光祖、白朴及元末明初贾仲明、罗贯中等所作杂剧二十本。诸本间有插图。书中《两世姻缘》、《柳毅传书》、《对玉梳》、《梧桐雨》、《红梨花》五本，各缺半页，《金线池》缺两个半页，《曲江池》、《菩萨蛮》各缺四个半页。有顾曲斋刊本、《古本戏曲丛刊》第四集影印本。

元曲选 又称《元人百种曲》。杂剧总集。明臧懋循编。一百卷。收元人三十四家杂剧六十七本；元无名氏二十四本；元末明初王子一、贾仲明等七家九本，总计一百本。其选刻来源，一是麻城刘承禧所抄藏之内府本，二是山东王氏、福建杨氏和懋循家藏杂剧，三是源于“坊间诸刻”。较元刊本有宾白具全，脱漏、错误、错字较少，曲辞更合音律等优点。较明刻其他诸本，有收剧数量多，校勘、刻印精，缺漏、讹误少等长处。卷首有臧氏自序二篇，提出“元曲妙在不工而工”等真知灼见。今存版本有明万历四十三、四十四年(1615、1616)吴兴臧氏雕虫馆原刊本，商务印书馆曾加以影印。1955年北京文学古籍刊行社重印世界书局本。1958年后中华书局又用此本重印。

元曲选外编 杂剧总集。隋树森编。辑录《元曲选》以外现存之元人杂剧。其中从《元刊杂剧三十种》中辑出十三本，从《脉望馆钞校本古今杂剧》辑出四十四本，从《顾曲斋古杂剧》辑出一本，从《古本戏曲丛刊》初集中辑出一本，再加上暖红室刻即空观本《崔莺莺待月西厢记》五本和日本翻印明刊《西游记》六本，计七十本。可与《元曲选》合为全元杂剧来使用。现存1958年中华书局排印本、1967年台湾中华书局与1982年台湾宏业书局翻印本。

元人杂剧钩沉 杂剧辑佚总集。赵景深编辑。明臧懋循所编《元曲选》及今人隋树森所编《元曲选外编》，已将现存全本元杂剧收编完备；然尚有不足全本的元杂剧残套或只曲，散见于元、明、清曲选或曲谱中。《钩沉》从《中原音韵》、《太和正音谱》、《盛世新声》、《词林摘艳》、《雍熙乐府》、《北词广正谱》、《九宫大成》等书中辑录出凡四十五种元杂剧残篇，并于每篇正文之外附有校勘、异文、说明，正文前有作家小传。编者曾于1935年辑刊《元人杂剧辑佚》(北新书局版)。《钩沉》则在此基础上新添十一种，增补四种，考订较前书亦更精细。1956年上海古典文学出版社刊行。

永乐大典戏文三种　南戏总集。明成祖时所编大型类书《永乐大典》自卷一三九六五至一三九九一，凡二十七卷，收戏文三十三本，于清末在帝国主义列强侵华战争中散失，其中戏文仅存末卷之《小孙屠》、《张协状元》、《宦门子弟错立身》三本，亦已流至国外。叶恭绰1920年游欧时从伦敦一小古玩肆中购回。原本亦在抗日战争中迷失，幸有过录本流传，古今小品书籍印行会汇集排印为《永乐大典戏文三种》。后有钱南扬《永乐大典戏文三种校注》(中华书局1979年出版)，最为善本。

永乐大典戏文三种校注　南戏总集。钱南扬校注。1979年中华书局出版。给《永乐大典》中仅存之三种戏文《张协状元》、《宦门子弟错立身》、《小孙屠》详加校注。"前言"扼要叙述三种戏文之存传情况，并考证了其产生的时代。"校"和"注"对原文作了重要校补。凡引用书共三百五十五种，列校注共一千九百七十七条，包含了大量戏剧史资料。

宋元戏文辑佚　南戏辑佚总集。钱南扬辑录。为宋元南戏剧本佚曲最完备的资料集。钱氏研究南戏，始于1924年，至1934年出版了《宋元南戏百一录》。1934年与1936年，赵景深《宋元戏文本事》与陆侃如、冯沅君《南戏拾遗》相继出版。在此基础上，是集对南戏辑佚工作作一总结，共列宋元南戏剧目一百六十七个，为一百二十本南戏辑得佚曲八百八十八支，另有失名南戏佚曲四支。对绝大多数剧本考证了本事源流。引用书达一百六十八种。1956年由上海古典文学出版社出版。

别　　集

还山遗稿　诗文别集。元杨奂著。二卷，附录一卷。元好问作奂神道碑称奂有《还山集》一百二十卷，原书久已散佚。明嘉靖初，南阳宋廷佐掇拾残剩，题为《还山遗稿》。上卷收文十余篇，下卷收诗四十余首，冠以考岁略。又附录传志题咏之类为一卷，注明采自某书，得之某人，及石刻今在某所。有《四库全书》本。

小亨集　诗文别集。元杨弘道著。六卷。卷一至卷五有赋二篇，四言诗四首，五古五十四首，七古二十三首，五律五十八首，七律七十五首，排律四首，五绝八首，七绝五十四首，词七首。卷六有杂文二十九篇。卷端有元好问所作小引。有《四库全书》本。《四库全书总目》注明辑自《永乐大典》，已非元刊之旧。

湛然居士集　诗文别集。元耶律楚材著。十四卷。钱大昕《补元史艺文志》谓其集三十五卷，然此集今未见。现存《湛然居士集》均为十四卷。集中所载以诗为多，内第八、十三、十四卷，间以书序、碑记错杂其中。卷前有释行秀(万松老人)、王邻、孟攀鳞诸序；卷末有李微后序。楚材一生随成吉思汗征战六万余里，对边疆塞外之风土人情、山川景物颇为熟习。其描写边疆人民生活的诗以《西域河中十咏》最为人称道。诗人就亲身见闻感受抒写，笔触清新，轻松优美，真实地展现了一幅幅少数民族的生活画面。其集今存版本，除《四库全书》本外，还有《四部丛刊》本、《渐西村舍汇刊》本。1986年中华书局出版谢方点校的《湛然居士集》，以《四部丛刊》本为底本，以《渐西村舍汇刊》本参校，并附有王国维所撰《耶律楚材年谱》等传记资料。

善夫先生集　诗别集。元杜仁杰(字善夫)著。善夫著述久佚，《元诗选》三集辑存其诗二十四首，题此名。

鲁斋遗书　诗文别集。元许衡著。十四卷。明万历二十四年(1596)怡愉辑刊。卷首有江学诗及怡愉序；前十卷为文；卷一一为诗词；卷一二、一三为附录，收入有关许衡的传记资料；卷一四为前人对许衡之评论及古今题咏。是较为完备的本子。另有《四库全书》采入的明嘉靖间应良重编、萧鸣凤更名刊行并为之序的十卷本。其他还有倪颙的六卷刻本、许泰和所刻《鲁斋先生集》六卷本、高杰所刻《鲁斋全书》七卷本等。

稼村类稿　诗文别集。元王义山著。三十卷。乃其子惟肖所编。其中各体诗三卷，各类文章二十七卷。集前有作者自序，谓"一生刻苦文字间，止如此，亦特一家说耳"。编集的目的全在教子，非为示人。在《学稼斋记》中又自释"稼村"之意："余之稼乃稼于书，非稼于田地。稼其托也，村其寓也。"即读书笔耕之意。其诗多应酬之作，方板平淡，缺乏激情。《四库全书总目》评其诗文“皆沿宋季单弱之习，绝少警策”。但又说：“集中说经之作，亦往往自出新意。”“表启诸作，亦颇织组自然。”今存版本有《四库全书》本及明正德年间刊本、丁丙八千卷楼藏抄本等。

藏春集 诗别集。元刘秉忠著。六卷。卷首有至元二十四年(1287)阎复序。前三卷是七言律诗，卷四是七言绝句，卷五是乐府(词)，卷六为附录诰敕、志文、行状。诗多写景纪游抒怀之作。《四库全书总目》云：“故所作大都平正通达，无噍杀之音。史称其诗萧散闲澹，类其为人。虽推之稍过，然如小诗中‘鸣鸠唤住西山雨，桑叶如云麦始华’之类，亦未尝不时露风致也。”有《四库全书》浙江鲍士恭家藏明马伟刊本，六卷。清顾嗣立编《元诗选》初集录选《藏春集》一卷，凡五十六首。

瓢泉吟稿 诗文别集。元朱晞颜著。五卷。焦竑《国史经籍志》谓其有《瓢泉集》四卷，但原书久佚不传。此集乃据《永乐大典》所载抄撮编次，厘为诗二卷、词一卷、文二卷。集前有牟巘、郑僖二序。其诗文大都条理清晰、思路周正。诗以五言较佳，其《拟古十九首》颇受牟巘序称赏，以为“颇得汉魏遗意”。《四库全书总目》评其“所作虽边幅稍狭，而神理自清”，“其杂文亦刻意研练，不失绳墨”。今存《四库全书》本、《四库全书珍本初集》本。

双溪醉隐集 诗文别集。元耶律铸著。八卷。铸乃楚材子，其集久佚不传，此集乃从《永乐大典》中辑出其分题为《双溪醉隐集》的《前集》、《新集》、《续集》、《别集》之诗文若干篇，以及数篇《双溪小稿》的序跋，统编为《双溪醉隐集》八卷。卷首有吕鲲、赵著、麻革等序；卷末有释性英跋、王万庆跋。铸早年征战西北边地，乃“生长于北庭戎马间”(麻革序)之诗人，故集中所述塞外地理典故，往往详核；又其家累世贵显，故谙习朝廷旧闻，叙述宫廷轶事及宫室制度，多金史所未及。王万庆跋曰：“尝观双溪诗，气韵高远，清新绝俗，道前人之所不道，到前人之所不到。情思飘如驭风骑气，真仙语也。”今存《四库全书》八卷本、《知服斋丛书》与《辽海丛书》六卷本。

紫山大全集 诗文别集。元胡祗遹(号紫山)著。元时有刊本六十七卷，后佚，清修《四库全书》从《永乐大典》辑出赋、诗、诗余七卷，文十二卷，杂著四卷，语录三卷，合为二十六卷。此书虽非全璧，但保存有关元初戏曲评论及杂技演出之史料，弥足珍贵。其杂著所涉元初社会、人口、经济方面之史料，亦为他书所少见。《四库全书总目》评曰：“今观其集，大抵学问出于宋儒，以笃实为宗，而务求明体达用，不屑为空虚之谈。诗文自抒胸臆，无所依仿，亦无所雕饰，惟以理明词达为主。”有《四库全书》本，《三怡堂丛书》本。

桐江集 文别集。元方回著。八卷。方回号虚谷，有《桐江续集》，据《千顷堂书目》称其前集名《虚谷集》，阮元疑即此《桐江集》。《四库全书》未录此集，而收其续集。此集多为方回入元前所作，内容丰富，其学术思想、政治态度、文学观点、生平交游及当时之世态习俗等，书中均多有表现。其中诗文序跋、考辨之文，还保存了一些久已湮没之诗文资料。《四库未收书目提要》曰：“集中诸文，居然醇儒之言。就文言文，要不可谓其悖于理也。”今存《宛委别藏》本(江苏古籍出版社影印)、《选印宛委别藏》本。《元诗选 》初集录其诗一百二十四首，亦题为《桐江集》。

桐江续集 诗文别集。元方回著。三十六卷。乃方回元时罢官后所作。卷一至卷二八是诗，卷二九至卷三六为赋、说、引、序、记等文。据集中《虚谷桐江续集序》称为二十卷，而《千顷堂书目》则著为五十卷，今考集中诗文，知此集非一次编成，系先有《桐江续稿》九卷，每卷百首；后又有十五卷本，再后乃有作者自序所称之二十卷本。但以上各元时旧本，均已残缺不全。故清修《四库全书》时，乃据其所得，重编为三十六卷(《四库全书总目》著为三十七卷，实为三十六卷)。集中《寄题桐君祠》小序说：“余守桐江七年，解官后留居五年，凡一纪而后去。”其后又数至桐江，感情颇深，因以“桐江”名其集。前人多以其降元屈节、人品卑下，对其作品每有非议。其实，方回诗作，不仅数量多，题材广，且能选取重大题材，深刻反映动乱的社会面貌，寄同情于战乱中的人民。今存《四库全书》本、《四库全书珍本初集》本。《元诗选》初集录其诗一百二十四首，题为《桐江集》。

秋涧集 诗文别集。元王恽著。其长子王公孺辑编。一百卷。全称《秋涧先生大全文集》。卷首有明弘治十一年(1498)车玺序、王恽小像。全书前七十七卷皆为各体诗、文，包括颂赋一卷、乐府(词、曲)四卷。后二十三卷中，包括《承华事略》二卷，乃裕宗在东宫时所撰进，裕宗深重其书，令诸皇孙传观；《中堂事纪》三卷，载中统元年(1260)九月在燕京随中书省官赴开平会议至明年九月复回燕京之时，于时政记录极详，可补史缺；《乌台笔补》十卷，系任监察御史时所辑御史台故事；《玉堂嘉话》八卷，乃追忆在翰林时期之见闻，谈论文章得失、典制沿革等。《四库全书总目》谓："恽文章源出元好问，故其波澜意度，皆不失前人矩矱。诗篇笔力坚浑，亦能嗣响其师。论事诸作，有关时政者，尤为疏畅详明，了如指掌。史称恽有才干，殆非虚语，不止词藻之工也。"清顾嗣立评曰："秋涧诗，才气横溢，欲驰骋唐宋大家间；然所存过多，颇少持择，必痛加芟削，则精彩愈见。"(《元诗选》)有明弘治刊本(《四部丛刊》影印)、《四库全书》所收两淮马裕家藏本、清康熙《中州名贤文表内集》本(题《王文定公秋涧集六卷》)。《元诗选》初集录其诗二百零四首。

野趣有声画　诗别集。元杨公远著。二卷。集前有吴龙翰序，卷末有方回跋。吴序释其集名曰："画难画之景，以诗凑成；吟难吟之诗，以画补足。"方回跋说："叔明能画能诗，笔愈老而须发如漆，独道貌未老也，岂胸中有所养而然乎?"其诗多写隐逸情怀，表达山斋独乐之趣。《四库全书总目》评曰："其诗不出宋末江湖之格，盖一时风尚使然。一丘一壑，亦有佳致。"此集系明嘉靖十五年(1536)汪元锡传抄于杨公远之后裔。今存《四库全书》本、《宋百家诗存》一卷本。

青崖集　诗文别集。元魏初(号青崖)著。原为十卷，明初犹存，清修《四库全书》时，从《永乐大典》辑出五卷。卷一为五古、七古、五言、七言，卷二为六言、七绝、赋，卷三为词、序、记，卷四为书、表，卷五为碑、铭等。其为文简而有法，多有涉及史实者，可补史缺；其诗"格律坚苍，不失先民轨范"(《四库全书总目》)。

艮斋诗集　诗别集。元侯克中著。十四卷。卷首无序言，集中律体居多，七言律尤最。各卷所收未按体裁类编。卷一、卷二皆咏经史之作。卷八为谐音格，每首诗均以音通字异者相叶，如：一东，叶同、峒、桐、铜、童；二冬，叶镛、庸、容、墉、蓉之类。计七言三十一首，五言二十一首。此可谓其独创之格。其诗平易通俗。《四库全书总目》谓其诗"多涉理路，而抒情赋景之作，亦时有足资讽咏者"。今存《四库全书》本、《四库全书珍本初集》本。

牧庵集　诗文别集。元姚燧(号牧庵)著。三十六卷。卷一、卷二为祝册诏制；卷三至卷九为记序；卷一〇至卷三〇为碑、铭、传、志等，多应酬文字，但关涉元初史料，故为修史者所取资；卷三一为经义题跋等；卷三二至卷三四为诗赋；卷三五至卷三六为诗余。黄宗羲曾以为韩愈、柳宗元、欧阳修、曾巩、元好问一流人物。原本已佚。《四库全书》从《永乐大典》中辑出。通行有《四部丛刊》本，末附刘致《牧庵年谱》。

陈刚中诗集　诗别集。元陈孚(字刚中)著。三卷，附录一卷。收入《四库全书》。卷一《观光稿》为至元中谒选京师时作；卷二《交州稿》为至元二十九年(1292)奉命出使安南往来道中所作；卷三《玉堂稿》皆孚官翰林时作，其中上都纪行之作与前二稿皆刻意摹绘土风，近似竹枝词，颇饶趣味；附录一卷皆载有关安南文献。

水云村稿　文别集。元刘壎著。十五卷。系其裔孙刘凝收拾遗佚编次，搜求较为完备。唯原目二十卷，而所存止十五卷，自卷一六以下有目无文，当为传写者所失。然此五卷皆青词、祝文，无关体要之作。集中所载诸启札，大抵皆在宋世所作；其他古文则多入元以后所作。《四库全书总目》谓其启札诸文"隶事铸词，亦复颇见精彩"，其他古文则"灏瀚流转，颇为有气"。今存《四库全书》本。

勤斋集　诗文别集。元萧𣝗著。八卷。𣝗之诗文多散佚。至正四年(1344)苏天爵始辑其遗稿，得文八十篇，诗二百六十首，乐府二十八篇，分为十五卷，官为刊版于淮东，后佚。此本乃从《永乐大典》辑出，依类编次，得文四十二篇，诗二百六十一首，词四首，厘为八卷。前四卷为文，后四卷为诗词。《四库全书总目》评曰："今考其文，气格虽不甚高，而质实简洁。""诗非所长，而陶冶性灵，绝去纤秾流派，亦足觇其志趣之高焉。"今存《四库全书》本。

东庵集　诗别集。元滕安上著。四卷。据姚燧《国子司业滕君墓碣》称，滕所著有《东庵类稿》十五卷，诗文兼载，由江西廉访使赵秉政刊行于世。然原集久佚不传，此集系从《永乐大典》中聚辑编次，得诗二百余首，厘为四卷。集中以七言律诗最多，成就亦最高。《四库全书总目》称："其诗格以朴劲为主，不免稍失之粗犷。而笔力健举，七言古诗尤有开阖排宕之致。"今存《四库全书》本、《四库全书珍本初集》本。

西岩集　诗文别集。元张之翰(号西岩老人)著。二十卷。据《松江府志》所载，其集有三十卷。然原本久佚，此集乃从《永乐大典》中辑录编次，厘为二十卷，前十二卷为赋及各体诗词，后八卷为各体文章。诗以七言为主。《四库全书总目》谓“其诗清新宕逸，有苏轼、黄庭坚之遗。文亦颇具唐宋旧格”。今存《四库全书》本、《四库全书珍本初集》本。

养蒙集 诗文别集。元张伯淳著。十卷。乃其子张采、长孙张炯访求遗逸编次。集前有虞集序、邓文原序、《谥文》及张采题识。前六卷为文，后四卷为诗词。邓序称其“为文耻尚钩棘，而春容纡徐，坚乎如金石之交奏”。《四库全书总目》亦评曰：“其文源出韩愈，多谨严峭健，得立言之体。”但又说：“其诗则鄙拙殊甚，古体尤劣。”集中有《题鲜于柏机所藏黄庭经》一诗，乃赵孟頫之作误入其集。此集刊本久佚，经辗转传抄，残缺颇甚，虽经清人厉鹗校正，然脱漏终不能补。今存《四库全书》本。《元诗选》二集录其诗五十四首，题为《养蒙先生集》。

中庵集 诗文别集。元刘敏中(号中庵)著。二十五卷。题为“正议大夫、前户部尚书魏谊编类”。卷首有元统二年(1334)吴善、韩性序，正文前有目录两卷，前十六卷为各体文章，后九卷为赋及诗词。韩性《中庵集序》谓其诗文“不藻绘而华，不琢镂而工，户枢门键，庭旅陛列，进乎古人之作”。修《四库全书》者，因未见此传本，乃另据《永乐大典》辑其诗文，厘为二十卷，是为不完全本。此二种版本今均存。

剡源集 诗文别集。元戴表元(号剡源先生)著。三十卷。其集入明后散佚难见，宋濂为修《元史》于四明寻得《剡源文集》二十八卷，于洪武四年(1371)序而刻之。明代中期后，此二十八卷本亦已失传。至嘉靖间，周仪复得其旧目，广为校订补辑，编为今之三十卷本，于万历间由其后裔戴洵刊行。卷首有戴洵叙、周汝砺小引、《元史》本传、宋濂序、周仪序及戴表元自序。正文中，卷二一为赋，卷二七至卷三〇为各体诗歌，其他二十五卷均为各类文章。今存《四库全书》本，此外《四部丛刊》有《剡源戴先生文集》三十卷本，《宜稼堂丛书》与《丛书集成初编》有《剡源集》三十卷附札记一卷本。《元诗选》初集录其诗九十五首，亦题为《剡源集》。

月屋漫稿 诗别集。元黄庚著。一卷。卷首有 作者元泰定四年(1327)自序云：“放浪湖海，凡平生豪放之气，尽发而为诗。”所收各体诗篇，按古诗、律诗、绝句分体编次，内容多纪游、写景、抒怀之作，且不乏佳句。如“斜阳明晚浦，落叶瘦秋山”、“清夜梦分千里月 ，同乡人各一方天”等。有《四库全书》所收两淮盐政采进本。另有《月屋樵吟》四卷，见《荫玉阁丛书》本，收诗较《月屋漫稿》稍多，顺序编排有异，但多数篇目相同。

梅花字字香 诗别集。元郭豫亨著。前后集各一卷。每卷有七律五十首，皆集句咏梅之作。书首有“至大辛亥(1311)腊八日”郭豫亨自序，称其书名盖取于晏殊词“唱得红梅字字香”句，并曰：“余爱梅花……凡见古今诗人梅花杰作，必随手抄录而歌咏之。积以岁月，遂成巨编。熟之又久，若有所得。暇日辄集其句，得百篇，目为《字字香》。其间句煅意炼，璧合珠联，亦有天然之巧，吾不知其为古作也。”《四库全书总目》评郭豫亨以集句咏梅，“又辟新境，且属对颇能工巧”，“存备诗家之小品，固亦无不可矣”。今存《四库全书》本、《琳琅秘室丛书》本及《丛书集成初编》本。

玉斗山人集 诗文别集。元王奕著。三卷。奕原著有《斗山文集》十二卷，《梅岩杂咏》七卷，均未见传本。惟此集尚存，原名《东行斐稿》，明嘉靖壬寅(1542)乡人陈中州为之刊版，佚其诗四首，而另附遗文二篇，并改题今名。卷一、卷二诗文错杂混编，卷三为词。卷末附遗文二篇，并收入明人李梦阳、费宏等的有关诗篇，及陈中州《斐稿板成告墓文》。可见此集乃拾掇残丛而混杂成书。集中诗文常流露出以宋之胜国遗民自居而对新朝又无所怨尤的矛盾心理。《四库全书总目》谓：“其诗稍失之粗，然磊落有气，胜宋季江湖一派。”今存《四库全书》本。另《枕碧楼丛书》有《玉斗山人文集》三卷本，《彊村丛书》有《玉斗山人词》一卷。

金渊集 诗别集。元仇远著。六卷。所载皆远教授溧阳之作。因流经溧阳的溧水有相传伍子胥投金乞食处称“金渊”，故名。原书久佚，清修《四库全书》，从《永乐大典》中辑出数百首，编为六卷。

山村遗集 诗文别集。元仇远著。一卷。清项梦昶编。系从《珊瑚木难》、《清河书画舫》、《成化杭州府志》、《嘉兴志补》、《上天竺寺志》、《花草粹编》诸书中搜辑而成。凡诗一百四十八首，遗句八则，文十五篇。此集诗篇皆不作于溧阳，避免了与专收仇远在溧阳所作《金渊集》重复。已收入《四库全书》。

湛渊集 诗文别集。元白珽(号湛渊)著。一卷。本集原有八卷，已佚。此一卷本系《四库全书》据浙江鲍士恭家藏清沈景梁辑《湛渊遗稿》三卷本合编而成。凡赋二首、诗六十三首、文六篇，冠以戴表元序，附以宋濂所作墓志铭。约为原有八卷诗文的十分之一。

静修集　诗文别集。元刘因(号静修)著。其集今存各种不同版本，卷数不一，所收诗文亦多寡不同，各有侧重。主要版本有：(一)《四库全书》本。注为三十卷，实为二十八卷，系据明弘治十八年(1505)刊本收入。(二)《四部丛刊》本。二十二卷，系据元刊小字本影印。(三)《畿辅丛书》本。十二卷。《四库全书总目》称："其文遒健排奡，迥在许衡之上，而醇正乃不减于衡。""其诗风格高迈，而比兴深微，闯然升作者之堂，讲学诸儒未有能及之者。"《元诗选》初集录其诗二百四十一首，分题作《丁亥集》、《静修续集》、《静修遗诗》、《静修拾遗》。

雪楼集　诗文别集。元程钜夫(号雪楼)著。三十卷。其集原由其子程大本辑录诗文，编为四十五卷，揭傒斯校正并缮写藏于家。至正十八年(1358)由程世京、揭汯重编为三十卷。至正二十三年刻于建阳，仅成前十卷。至明洪武二十八年(1395)始全帙刊行。卷首有欧阳玄、彭从吉等序、《元史》本传及程世京撰《雪楼程先生年谱》。前二十五卷为文，后五卷为诗词。卷末为附录，收揭傒斯撰《程公行状》、危素撰《程公神道碑铭》及欧阳玄等人撰《程公小像赞》。《四库全书总目》评其"文章亦春容大雅，有北宋馆阁余风"，"其诗亦磊落俊伟，具有气格"，"古诗落落自将，七言尤多遒警"。其集今存《四库全书》本、《湖北先正遗书》本。《元诗选》初集录其诗五十八首，亦题为《雪楼集》。

吴文正集　诗文别集。元吴澄(谥文正)著，其孙吴当编次。一百卷。前九十卷为文：包括杂著一卷、问答二卷，说三卷，字说四卷，书四卷，序二十卷，记二卷，碑一卷，铭一卷，题跋二卷，墓碑二卷，墓表二卷，墓志铭二卷，行状、祭文、制各一卷，其中卷五一、卷五二缺。后十卷为各体诗。附录明景泰辛未(1451)韩阳序，元危素所撰年谱，揭傒斯所撰神道碑，及其行状、列传、圹记。有明永乐四年(1406)其五世孙吴爟重刊吴当编次本、《四库全书》所收浙江孙仰曾家藏百卷本。另有明成化二十年(1484)其裔孙吴廷鉴据家藏重编四十九卷本，此本有文四十四卷，诗词五卷，另有《道学基统》一卷、外集三卷，卷首有成化二十年伍福序等，仍附危素所撰年谱。

云峰集　诗文别集。元胡炳文(号云峰)著，其裔孙明胡浚、胡琏编次。十卷。卷首有明人林瀚正德二年(1507)序，汪循正德三年序，陈音弘治元年(1488)序，储巏序，汪舜民弘治二年序等。前七卷为各体文，附赋四篇，歌词一篇；卷八为诗，附词三首；卷九、卷一〇为附录，收其本传、行状及他人赠答题咏等。卷末有何歆正德二年跋、胡浚正德三年后序。炳文秉朱熹理学，故论文以为即使接近"曹、刘"、"谢、鲍"，"何补于格致正诚"，"何补于修齐治平？"(《草堂学稿序》)以致《四库全书总目》也斥之"持论偏僻，殊为谬妄"。但也肯定其杂文"平正醇雅，无宋人语录方言皆入笔墨之习。其诗虽入击壤集派，然……皆不失雅韵"。原集二十卷，元末毁于兵。今存明正德八世孙胡浚刊十卷本，《四库全书》集部所收八卷本(缺附录二卷)，《元诗选》录其诗十一首。

芳谷集　文别集。元徐明善著。二卷。收入文章一百二十篇。《四库全书总目》谓："其文颇谈理性，而平整笃实，大致犹为雅洁。固非以方言俚语阑入笔墨者也。"有《四库全书》本。另《豫章丛书·四元人集》中又有三卷本，收文一百一十一篇。两种版本前后均无序跋，且都误收元明善所撰《赠平章董士选三代官制启》三篇，可知其集非本人手定。

兰轩集　诗文别集。元王旭著。十六卷。其集久佚不传，据焦竑《国史经籍志》谓其原本为二十卷，此本乃从《永乐大典》采辑重编。前九卷为各体诗歌及少量词赋，后七卷为各体文章。《四库全书总目》谓："其诗随意抒写，不屑于雕章琢句，而气体超迈，亦复时见性灵。"古文多讲学家言，议论和平通达，说理细致入微。今存《四库全书》本、《四库全书珍本初集》本。

玉井樵唱　诗别集。元尹廷高著。三卷。卷首有作者"自记"。卷上为五七言绝句，卷中为五七言律诗，卷下为五七言古诗。多纪游抒怀之作，每发江山兴亡之叹，个别篇什如《永嘉书所见》等亦写民生疾苦。诗风清隽自然。有《四库全书》所收两淮马裕家藏本及几种清抄本。

定宇集　诗文别集。元陈栎著。十六卷，另别集一卷。卷首有陈栎年表；卷一至卷一四皆为文，包括序二卷，跋一卷，考、辨、论一卷，说二卷，问答一卷，随录一卷，传、行状、墓志墓表一卷，书一卷，启、疏、文一卷，记、铭、赞、赋一卷，试文、讲义一卷，考评、祭文、祝文一卷；卷一五为陈氏谱略；卷一六为诗，有五七言古诗、五七言律诗、五排、七绝、词；别集一卷，收栎佚作二十一篇；卷末附录元统二年（1334）汪炎昶撰《定宇先生行状》、揭傒斯撰《定宇先生墓志铭》等资料。有康熙间其族孙陈嘉基刊本，《四库全书》据浙江鲍士恭家藏本收入。

弁山小隐吟录 诗别集。元黄玠著。二卷。玠寓居吴兴，筑室弁山，自号弁山小隐。集前有自序。上卷为五言古诗，下卷为七言古诗。故《四库全书总目》谓其诗不为近体。但《玉山名胜集》等书中，却收有黄玠五、七言律诗、绝句数十首，故清人陆心源曾判断此集并非全帙，而仅为前半部。《四库全书总目》评其集云："中多劝戒之词，其上者有元结遗意，次者亦近乎白居易。虽宏阔深厚不能及二人，要于俗音嘈囋之中读之，如听古钟磬矣！"今存《四库全书》本、《吴兴丛书》本及《四明丛书》本。

松乡文集 文别集。元任士林（号松乡）著。十集。集中以碑志传记之文居多。行文体例大抵摹仿韩愈，然其力度不及。《四库全书总目》评其文曰："南宋季年，文章凋敝……士林承极坏之后，毅然欲追步唐人，虽明而未融，要亦有振衰起废之功。"有《四库全书》本。

松雪斋集 诗文别集。元赵孟頫著，其子赵雍编。十卷、外集一卷。卷前有何贞立序、戴表元叙。卷一为赋，卷二至卷五为各体诗歌，卷六至卷一〇是各类文章及词。外集是卷一至卷一〇的补遗。卷末附有杨载撰《赵公行状》。《四库全书总目》评曰："论其才艺，则风流文采，冠绝当时，不但翰墨为元代第一，即其文章亦揖让于虞、杨、范、揭之间，不甚出其后也。"戴表元叙曰："余评子昂，古赋凌厉顿迅，在楚汉之间。古诗沈涵鲍、谢。自余诸作，犹傲睨高適、李翱云。"因其工书善画，冠绝一时，颇掩其文章之名。其集今存《四库全书》本、《四部丛刊》本。《元诗选》初集录其诗二百二十四首，亦题为《松雪斋集》。

霞外诗集 诗别集。元马臻著。十卷。卷首有黄石翁序、龚开序、仇远大德六年（1302）序。所收诗古今众体皆备，然未按体类编次。卷末有明毛晋跋。集中多写景、纪游、咏物、述怀之作，较少反映社会矛盾。然其写山川之雄拔奔放，写西湖之佳丽秀媚，交广视阔，胸次宏豁，笔力不凡。仇序等称其"刁清虚，谈淡泊，无一言及势力声利"。《四库全书总目》除谓其"集中铺张富贵者数篇，如《嗣师吴真人诗》之类，颇乖山林之格"外，总评其诗曰："皆神骨秀骞，风力遒上，琅琅有金石之音。"有明毛晋汲古阁刊本（《元人十种诗》之一）、《四库全书》所收浙江鲍士恭家藏本，《元诗选》初集录其诗二百零四首。

榘庵集 诗文别集。元同恕著。十五卷。其集原本三十卷，至正初陕西行台御史观音保等刊行于江淮，苏天爵为之序，但其入明以后，久佚不传。此集乃从《永乐大典》中辑其散见诗文，重编为文十卷、诗五卷，卷首仍为苏天爵序。卷末附有门人贾仁等撰写的《榘庵先生行状》、《同公神道碑》等。《四库全书总目》谓："其平生著作，不事粉饰，而于淳厚敦朴之中，时露峻洁峭厉之气。""集中状志之作，多有可与金元正史相参订者。"今存《四库全书》本、《四库全书珍本初集》本。

陈秋岩诗集 诗别集。元陈义高著。二卷。陈义高，字宜父，号秋岩。然以往多认为他名宜甫，故《四库全书》等均题为"陈宜甫撰"。据焦竑《国史经籍志》称其有《秋岩集》一卷，然原集久佚无传。此集乃从《永乐大典》中辑其诗若干首，厘为二卷。卷首无序，卷上为乐府歌行、五七言古诗及五言排律，卷下为五七言律诗及五七言绝句。《四库全书总目》评曰："其诗大抵源出于元、白，虽运意遣词少深刻奇警之致，而平正通达，语无格碍，不失为雅音也。"今存《四库全书》本、《四库全书珍本初集》本。

曹文贞诗集 又名《汉泉漫稿》。诗别集。元曹伯启著，其子复亨类次，胡益编录。十卷。卷首有元张起岩后至元三年（1337）序、苏天爵后至元五年序、吕思诚后至元四年序。卷一、卷二为五七言古诗，卷三至卷七为五排、五七言律诗，卷八、卷九为五七言绝句，卷一〇为词。附《后录》一卷，收曹鉴撰《神道碑》、赵楷撰《哀辞》、刘文炳等十五人题诗及吴全节撰《后序》。《四库全书总目》评其诗："多近元祐格。唯五言古诗颇嫌冗沓，其余皆舂容娴雅，渢渢乎和平之音。虽不能与虞、杨、范、揭角立争雄，而直抒胸臆，自谐宫徵，要亦不失为中原雅调矣。"有元后至元曹复亨刻本、《四库全书》所收江苏蒋曾莹家藏本、《涵芬楼秘笈》第十集《汉泉漫稿》五卷本。《元诗选》初集录其诗五十七首。

墙东类稿 诗文别集。元陆文圭著。二十卷。原书二十卷，世久无传。此集乃从《永乐大典》辑其遗佚，得文三百余篇，诗词六百余首，仍依原目重编为二十卷。卷首无序，内容按先文后诗排列，前十四卷为各类文章，后六卷为各体诗词。今存《四库全书》本、《常州先哲遗书》本，后者还附有《补遗》和《校勘记》各一卷。

养吾斋集　诗文别集。元刘将孙著。原为四十卷，后亡佚。顾嗣立编《元诗选》时，已未见其书。清修《四库全书》时，从《永乐大典》辑出，为三十二卷。其中卷一至卷七为赋、诗、词。卷八至卷三二为文。其文淹贯古今，叙事婉曲，善言情款，其诗效陈子昂、张九龄而寄托深远。

巴西集　全名《邓文肃公巴西集》。诗文别集。元邓文原（祖籍巴西）著。二卷。此集合《巴西文集》及《素履斋稿》而一，上卷为文，录各体文章七十余篇；下卷为诗，凡一百一十余首，据称抄自内府，实则出于《元诗选》。有清末绵州刻本。

秋声集　诗别集。元黄镇成著。四卷。卷首有自序。卷一为歌，卷二为五古、五排，卷三为五律、七律，卷四为五绝、七绝。内容多山水、纪游、田园、题画之类，亦有少数边塞诗。虽多隐逸恬淡情怀，亦间有不平之鸣。如《城西纪事》、《从军行》、《莫猺行》等，皆关切现实之作。清王士禛《居易录》称其写景小诗"具有风调"。《四库全书总目》以为："大抵边幅稍狭，气味稍薄，盖限于才弱之故。然近体出以雅洁，古体出以清省，亦复善用其短。故格韵楚楚，颇得钱、郎遗意。"有康熙《樵川二家诗》四卷本、《四库全书》四卷本、明洪武十一年（1378）黄钧刻九卷本、明嘉靖十二年（1533）王绵刻十卷、附录一卷本、《樵川四家诗》三卷本、《邵武徐氏丛书初刻・樵川二家诗》三卷本。以四卷本最流行。又《元诗选》录其诗七十四首。

闲居丛稿　诗文别集。元蒲道源著，其子蒲机类编，门生薛懿校正。二十六卷。卷首有黄溍至正十年（1350）序；卷一至八为赋及各体诗；卷九至卷一一为杂文；卷一二为词；卷一三至卷二六为各体散文。黄溍序称："公以性理之学施于台阁之文，譬如良金美玉，不俟锻炼雕琢而光辉自不可掩。"《四库全书总目》则认为"诗文俱平实显易，不尚华藻"，但"流弊所滋，庸沓在所不免"。评价较符合实际。有元至正十年刊本、明祁氏澹生堂抄本、《四库全书》所收江苏巡抚采进本。

翠寒集　诗别集。元宋无（号翠寒道人）著。一卷。卷首有元赵孟頫元贞元年（1295）序、冯子振延祐七年（1320）序及作者后至元二年（1336）自序。诗中颇多写景佳句，如"断崖缠赤日，孤柱擘沧溟"，"水落蛟龙缩，城空鼓角哀"，"月黑犀牛斗，波红蝃蝀垂"等等。赵孟頫序称其诗"风流蕴藉，脍炙可喜，皆不经人道"。冯子振序中摘其佳句甚多。有明刊三卷本、明汲古阁刊本、《四库全书》所收浙江巡抚采进本。

啽呓集　诗别集。元宋无著。一卷。内容为杂咏古人轶事。此集始于"禹鼎"，终于"留梦炎"。每事为七言绝句一章，并各叙其始末于诗后，凡一百零一首。其病在以论为诗。今存汲古阁、景汲古阁《元人十种诗》本。《四库全书》列入存目。《元诗选》初集于其《翠寒集》后附《啽呓集》诗一卷，录诗十四首。

鲸背吟集　诗别集。元宋无著。一卷。卷首有作者至元二十八年（1291）自序。所收三十三首七言绝句，皆至元二十八年从事征东幕府浮于海上所作，其末章云："早知鲸背推敲险，悔不来时只跨牛。"因名《鲸背吟》。卷末有自跋云："子弟录于海中诗成此帙……姑记一时风波之兴。"有商务印书馆《说郛》本、《四库全书》所收编修汪如藻家藏本。《四库全书》本署题元朱晞颜撰，序末署其字曰名世。按元赵孟頫为宋无所作《翠寒集序》，谓宋无旧字晞颜，先世自晋陵迁吴，冒朱姓。至元中，其父国珍领征东万户案牍，当行时病痿，宋无代父入海抵竹岛，经高丽诸山，未尝废吟咏。《元诗选》录《鲸背吟》二十二首，于其序末注引赵孟頫序，认为"则知晞颜即子虚（宋无字）无疑也"。但《四库全书》认为《鲸背吟序》"与代父入征东幕府情事渺不相涉；与孟頫序所称，西溪王公以茂才举之，辞不就者亦不合"，故仍署朱晞颜而不归宋无。

申斋集　文别集。元刘岳申著，门人萧洵编。十五卷。李祁为之序，曾于元季刊版行世。然久经兵燹，元刊本已亡佚不传，唯编修汪如藻家藏本尚存。李祁序称其"学问根据切实，故其文思深远"。集中碑志之作居什之四五，不少篇章可据以考证史实，如《文天祥传》，较《宋史》更为详实，而《夏贵墓志》一篇，既称其战功，又不讳言其失节偷生之事，且深致惋惜之词。今存《四库全书》本，另外尚有几种清抄本传世。

静春堂集　诗别集。元袁易（堂名静春）著，袁易殁后，其子袁泰所编。四卷。卷前有龚璛、陆文圭、杨载、汤弥昌诸序，钱仲鼎、郭麟孙识语，虞集题辞以及陈绎曾后序等，序后是黄溍撰《袁君墓志铭》。集中所收诗未按体裁类编，卷末附录三则，收其子袁泰、孙袁养福诗十三首及其他有关二人的诗文。附录后，还有三组有关本集的题跋。《四库全书总目》评曰:"元作者绮缛居多,易诗虽所传无几,而风骨遒上,固足以高步一时。"其集现存《四库全书》本,另有《知不足斋丛书》和《丛书集成初编》本(均题为《静春堂诗集》)。《元诗选》初集录其诗四十五首,附其子袁泰诗四首,亦题为《静春堂集》。

兰雪集 诗别集。元张玉娘著。一卷。卷首题张献集录,盖玉娘族孙。其诗格浅弱,不出闺阁之态。《四库全书总目》列入存目。《元诗选》三集辑录其诗五十二首。另《宋人集丙编》、《托跋廛丛刻》均有《张大家兰雪集》二卷附录一卷本。

知非堂稿 诗别集。元何中(字太虚)著。六卷。卷前有吴澄序及何中自序。卷一、卷二为五言古诗,卷三为五言律诗及排律,卷四为七言古诗,卷五为七言律诗及排律,卷六为七言绝句。据何中自序称其有《知非堂稿》十七卷、《知非堂外稿》十六卷。这与顾嗣立《元诗选》、王士禛《居易录》所载卷数一致,然与此六卷本不合。且十七卷与十六卷本的《知非堂稿》均未流传至今。今存何中文集,尚有清道光、咸丰年间刊行的《何太虚文集》十卷本,其中前六卷是诗,与六卷本《知非堂稿》内容完全相同,另四卷系《知非堂外稿》。此外,还有十一卷《知非堂稿》清抄本行于世,卷首有明黄德民序及何中自序,其中前六卷是诗,后五卷是文。据此可知,此六卷本《知非堂稿》系不完全本。顾嗣立《元诗选》录其各体诗二百零四首,亦题为《知非堂稿》。

清容居士集 诗文别集。元袁桷著。五十卷。卷一至卷二为辞赋,卷三至卷一四为各体诗,卷一五至卷一六为"开平集",卷一七至卷五〇为各体文。桷在集贤、翰林较久,凡朝廷制册、勋臣碑铭,多出其手。诗中赠答送别赓和亦多。"开平集"皆扈驾侍从上京往还之作,写北疆山川风俗人情颇悉。有《四部丛刊》影印元刊本、《四库全书》所收两淮马裕家藏本。另有清道光年间郁松年刊《宜稼堂丛书》本,多"札记"一卷,后又收入《丛书集成初编》和《四部备要》中。

存悔斋稿 诗别集。元龚璛著。一卷。据黄溍《龚先生墓志铭》所述:其子龚鲁曾辑其诗文编为若干卷,题为《存悔斋稿》。此集却只有诗而无文,且仅一卷,当非鲁辑原本。明人朱存理又辑其佚诗十七首编为补遗一卷,附于其后。集中所收未按体裁类编,次序较乱。《四库全书总目》谓:"其诗格伉爽,颇能自出清新。在元人诸集中犹为独开生面,正不必以少为嫌矣。"今存《四库全书》本及数种清抄本,又《横山草堂丛书》本则题为《存悔斋诗》一卷,且在补遗卷后,又有续补遗一卷、附录一卷,系民国年间陈庆年辑。顾嗣立《元诗选》录其诗五十三首,亦题为《存悔斋稿》。

杏亭摘稿 诗别集。元洪焱祖(号杏亭)著。一卷。卷前有宋濂、危素等人序。危素序谓此集乃其子洪存心所编;据宋濂序则本集系宋濂精选后所刊,故名"摘稿"。共存诗七十余首,以古近体分列,包括五七言古诗、五七言律诗及七言绝句。《四库全书总目》评:"其诗虽纯沿宋调,而尚有石湖、剑南风格。抗衡于虞、杨、范、揭诸家则不足,以视宋季江湖末派则蝉蜕于泥滓之中矣。"今存《四库全书》本、《洪氏晦木斋丛书》本。

桂隐集 诗文别集。元刘诜(号桂隐)著,门人罗如篪所编,明嘉靖间其族孙刘志孔所刊。八卷。卷首有虞集、欧阳玄二序,以下分为文集四卷、诗集四卷。文集卷末附录有夏以忠撰《行状》,欧阳玄撰《刘桂隐先生墓碑铭》;诗集卷末有罗如篪跋。欧阳玄序称其文"温柔敦厚,欧也,明辨雄隽,苏也",又称其"尤长于诗,诗又长于五言古体短篇"。今存《四库全书》本。顾嗣立《元诗选》录其诗三百余首,亦题为《桂隐集》。此外,尚有数种清抄本传世。

农务集 诗赋别集。元王祯著。三卷。祯著《农书》,绘有农器图二百八十一幅,每图之末系以铭赞诗赋,风雅可诵。此集凡赋五首,诗一百九十四首,赞铭七首,皆《农书》中所抄出,别立此名。集中《铁搭赋》佚其首句,足见为后人采掇舛漏,非祯所自编。《四库全书》列入存目。《元诗选》二集辑有《农务集》一卷,录其诗五十一首。

清河集 诗文别集。元元明善(大名清河人)著,清缪荃孙辑。明善"有赋五,诗凡一百六十三,铭、赞、传记五十九,序三十,杂著十五,碑志一百三十,分五十卷"(元马祖常《翰林学士元公神道碑》)。惜已散佚。本集收其诗十四篇,诏制六篇,碑志铭表十六篇,序三篇,记六篇,传三篇,杂著五篇,分为七卷。诗存十分之一,文存十分之二。卷末附有吴澄所作序一篇,张养浩、马祖常所作碑文各一篇。收入《藕香零拾丛书》。

云林集 诗别集。元贡奎著。十卷。为明弘治年间奎裔孙贡元礼据《云林诗集》增补而成。卷一至卷四为五言古风，卷五至卷六为七言古诗，卷七至卷八为五言律诗，卷九为七言律诗和五言排律，卷一〇为七言绝句。卷末附录收其文二篇及马祖常撰《贡公神道碑》、李黼撰《贡公行状》、吴澄撰《题贡仲章文稿后序》、虞集撰《游长春宫诗序》。除此明弘治增补本外，另有《四库全书》收两淮马裕家藏六卷附录一卷本，卷首有明洪熙元年(1425)陈峕序、弘治三年(1490)范吉序。

筠轩集　诗文别集。元唐元(号筠轩)著。十三卷。原有文集五十卷，乃其子桂芳手辑，但未见传本。此集系明人程敏政所编之《唐氏三先生(唐元、唐桂芳、唐文凤)集》的一部分。前八卷为诗，后五卷为文。卷首有元大德八年(1304)方回所撰《唐长孺艺圃小集序》及至正六年(1346)唐元自序。考其序文，知上述二序均非今本《筠轩集》之原序。《四库全书总目》谓其所作"多和平温厚之音"，"议论亦不诡于正"。今存《四库全书》本及《唐氏三先生集》本。

默庵集　诗文别集。元安熙(号默庵)著，苏天爵辑编。五卷，附录 一卷。卷首有元虞集泰定三年(1326)序，子安塈泰定四年附记。卷一、卷二为诗，卷三、卷四为文，卷五遗文二篇，词五首。卷末附录苏天爵撰《默庵先生行状》、袁桷撰《默庵先生墓表》。苏《行状》称其"为文章以理为主，皆有为而作；诗学渊明、晦翁，第以吟咏情性、陶写造化而已"。有《四库全书》所收两淮马裕家藏本、《畿辅丛书》本(收入《丛书集成初编》)。《元诗选》初集录其诗二十四首。

白云集　诗文别集。元许谦(号白云山人)著，明李伸编次。四卷。卷首有明成化二年(1466)陈相序、明正统十二年(1447)李伸序。卷一为赋、序、记、行状，卷二为启、文、书，卷三为论、说、讲义、箴、赞、题跋，卷四为诗、词。另有明正德十三年(1518)陈相后人陈纲重刻跋文。有明正德十三年陈纲校补重刊本、《四库全书》所收编修朱筠家藏本、《金华丛书》本(收入《丛书集成初编》)。

归田类稿　诗文别集。元张养浩著。二十二卷。卷首有孛术鲁翀元统三年(1335)序、吴师道序及张养浩自序。前十三卷为经筵余旨、疏、表、书、序、记、传、哀词、祭文、杂著、碑、铭、表志等散文；卷一四为赋、拟雅诗；卷一五至卷二二为五言、七言古诗，五言、七言律诗，五言、七言绝句。集中《上时政书》、《谏灯山疏》、《西台上王者无私疏》等文，《书大唐中兴颂后》、《赠刘仲宪》等诗，痛切时弊、矛头直指皇帝、宰相、太后；《悯农》、《古意之三》、《作诗白于朝》、《哀流民操》、《长安孝子贾海》等诗体恤民瘼，似"新乐府"；《驿卒佟锁住传》记元朝掠卖人口、辗转为奴之实事，触及元代严重的"驱口"问题，为元人诗文集中所罕见。孛术鲁翀序云："其文渊奥昭朗，豪宕妥帖……辟翕顿挫，辞必己出。"吴师道序评其诗文："和平冲淡之中，错以奇崛藻丽……流布自然，而无缀缉辛苦之态。"《四库全书》据明刻本二十七卷(包括《三事忠告》)，别采《永乐大典》所录诗文重编为二十二卷(但《四库全书总目》著录为二十四卷)，即为此本。另有元元统间刊本《张文忠公文集》二十八卷、清乾隆五十五年(1790)周永年刊本《归田类稿》二十卷。

柳待制集　诗文别集。元柳贯(官翰林待制)著，余阙、宋濂、戴良编次。二十卷，附录一卷。卷首有余阙至正十年(1350)序、危素序、苏天爵序。卷一至卷六为各体诗五百六十七首，卷七至卷二〇为各体文二百九十四篇。卷末有宋濂至正十一年跋。附录载柳贯生平资料。据苏序宋跋，柳尚另有别集二十卷，包括诗九百零七首、文二百四十八篇未编入集，然今未见传本。有元至正年间刊本(《四部丛刊》影印)、《四库全书》所收浙江鲍士恭家藏本、《续金华丛书》本。

杨仲弘集　诗别集。元杨载(字仲弘)著。八卷。卷首载明梅南翁嘉靖十五年(1536)《重刻翰林杨仲弘诗集序》，并附有元裴庚至大二年(1309)序，元范梈致和元年(1328)序。卷一为五言古诗，卷二至卷四为五言律诗，卷五为七言古诗，卷六至卷七为七言律诗，卷八为七言绝句。内容多写个人生世感慨及友朋赠答、聚别、题画等应酬之作，反映社会生活面较窄。名句如"风雨五更鸡乱叫，江湖千里雁相呼"之类，为《归田诗话》等所称道。长诗如《古墙行》等亦传诵一时。有明嘉靖十五年辽藩刻本、《四库全书》所收内府藏本、《四部丛刊》影印明嘉靖本。

畏斋集　诗文别集。元程端礼(号畏斋)著。六卷。其集原本久佚不传。此集乃从《永乐大典》中辑出，得诗文百余篇，依类编次，厘为六卷。卷首无序，前两卷为诗，后四卷为文。《四库全书总目》批评其拘泥于程朱理学云："以晦庵一集律天下万世，而诗如李杜，文如韩欧，均斥之以衰且坏，此一家之私言，非千古之通论也。”但又说：“然端礼所作，尚皆明白淳实，不骫于正。而其持论亦足以矫淫哇艳冶之弊，于文章尚不为无功。”今存《四库全书》本、《四明丛书》本。

竹素山房诗集 诗别集。元吾丘衍（一作吾衍）著。三卷。集中诗未按体裁分类。《四库全书总目》谓：“其诗颇效李贺体，不能尽脱元人窠臼。然胸次既高，神韵自别，往往于町畦之外，逸致横生。”今存《四库全书》本、《武林往哲遗著》本，后者有所增补，卷末附有《补遗》及附录，收宋濂、危素等人所作《吾衍传》、《学古编序》及其他题、跋。

范德机诗集 诗别集。元范梈（字德机）著。元葛雍仲穆编次，孙存吾校刊。七卷。卷一、卷二为五言古诗，卷三为五言律绝，卷四、卷五为歌行，卷六为七言绝句，卷七为七言律诗。集中有不少针砭时弊、关心民瘼之什，如《闽州歌》、《辘轳怨》等歌行及五古《新雨阶除……有述简诸作》等。有后至元六年（1340）刊本、《四库全书》所收山东巡抚采进本。

雁门集 诗别集。元萨都剌（居雁门）著。各本卷数不一。卷首均有元干文传“至正丁丑”（至正无丁丑，或以为乃“乙丑”即1349年之误；或以为后至元丁丑即1337年之误）所作序。集中《早发黄河即事》、《鬻女谣》、《织女图》、《题陈所翁墨龙》等篇，均揭露官吏贵族奢侈逸乐，而人民饱受苛赋徭役之苦的社会现实。《过居庸关》、《征妇怨》等诗则直斥统治者穷兵黩武给人民造成家破人亡之痛，呼吁“驱之海内消甲兵”，“千古万古无战争”；《登歌风台》、《杨妃病齿图》等怀古、题画诗，谴责最高统治者杀戮功臣、昏庸误国等罪行；《上京即事五首》、《上京杂咏五首》等诗则写塞外牧民及蒙古诸王民俗风情，别具特色。凡此皆极富现实性。有明成化十二年（1476）张习刻本（八卷）、明汲古阁刊《元人十种诗》本（三卷，集外诗一卷，题《萨天锡诗集》）、《四库全书》所收江苏巡抚采进本（三卷，集外诗一卷）、清康熙刻本（六卷）、清嘉庆其裔孙萨龙光辑刊本（十四卷）、《四部丛刊》影印《萨天锡诗集》（二卷）本。

道园学古录 诗文别集。元虞集（号道园先生）著。五十卷。分四编：《在朝稿》（卷一至卷二〇）、《应制录》（卷二一至卷二六）、《归田稿》（卷二七至卷四四）、《方外稿》（卷四五至卷五〇）。每编皆有各体诗、文，一、三两编尚有辞赋。卷末有门人李本至正元年（1341）十二月识语，云该年十月，应福建闽海道廉访副使斡玉伦徒之请，“与先生幼子翁归及同门之友编辑之”。卷首的欧阳玄序，本为刘伯温所刊《道园类稿》而作，被明景泰七年（1456）刻本误置于卷首。有明景泰七年郑逵、黄士达刻本，明嘉靖四年（1525）刻本，《四库全书》所收之浙江巡抚采进本等，皆出自元李本编定之福建刊本。另有据明刊本影印的《四部丛刊》本。

道园遗稿 诗别集。元虞集（号道园先生）著，其从孙虞堪编。六卷。卷首有杨椿、黄溍及虞堪等序。共收诗七百四十一首、词一卷。卷一为操、四言、五言古诗；卷二为七言古诗、五言律诗；卷三为七言律诗；卷四为五言绝句；卷五为七言绝句；卷六为词。据堪序称，是集所编，系补《道园学古录》和《翰林珠玉》之遗，故集中所收各体诗均为二书所未载。又《四库全书总目》云虞集“别有《道园类稿》，以校此编，《类稿》所已载者仅百余篇”。可见本集所收诗，尚有五百余篇为《类稿》所未载。集著甚富，而散佚亦多。赖堪续加搜访辑成此编，使“其名篇隽制，挂漏者亦已少矣”（《四库全书总目》）。有元至正间金伯祥原刊本、《四库全书》所收江西巡抚采进本。

圭斋集 诗文别集。元欧阳玄（号圭斋）著，其宗孙欧阳铭、欧阳镛于明成化间编次。十五卷。卷首有宋濂明洪武十三年（1380）为其二十四卷本所作序，揭傒斯后至元六年（1340）为其四十四卷本所作序。卷一为赋、颂，卷二、卷三为诗，卷四为歌行、乐府，卷五至卷一五为纪、序、碑、铭、阡表、哀词、传、经疑、书义、策、诏、表、册文、题跋、赞疏、书、祝文。附录载其生平资料。卷末有明彭时等跋文。据揭、宋序，玄原集一百余册，元后至元六年，其门人王师所辑编为四十四卷；明洪武十三年，玄之孙佑持编录其生前最后七年之作二十四卷。今两种版本俱不传。唯存明成化欧阳铭、镛辑刊本、《四库全书》所收江西巡抚采进本，《四部丛刊》影印成化本。

所安遗集 诗别集。元陈泰（号所安）著。一卷。其诗作生前向未刊行，后由其曾孙陈朴编辑，明华亭教谕陈章刊行于世，成化二十三年（1487）其后裔陈铨重刊于内江官邸。重刻时，原书蠹蚀，已非原貌。集中所收，七言歌行居十之七八，卷首是《天马赋》及考官批词，书后是陈铨跋语及王士禛跋。王士禛评其歌行：“驰骋笔力，有太平之风。在元人诸名家中，当居道园（虞集）之下，诸公之上。”今存《四库全书》本、《涵芬楼秘笈》本。另有数种清抄本及清光绪六年(1880)谭钟麟刻本行于世。顾嗣立《元诗选》亦有《所安遗集》一卷,录其诗三十三首。

揭文安公集　诗文别集。元揭傒斯(谥文安)著。十八卷。前八卷为诗集,据明隆庆本编入;诗续集一卷;文集九卷,系据清宋宾王手校旧抄本编入;卷末有《豫章丛书》编者胡思敬跋语。其诗有不少体恤民瘼、反映现实之作,如《临川女》、《渔父》、《题临江同知问流民事迹》等。该集原本乃其门人燮理溥化所编,凡五十卷,后大半亡佚。今存版本中,除《豫章丛书》本十八卷外,还有:《四库全书》所收编修汪如藻家藏本十四卷;《四部丛刊》据密韵楼藏抄本影印十四卷,诗补遗一卷。此外另有1985年上海古籍出版社《揭傒斯全集》(李梦生标校)本,是以《豫章丛书》本为底本,并增辑逸诗十四首、文八篇、附录传记、他人赠答题咏、序跋著录、评论佚事等编纂而成的。

桧亭集　诗别集。元丁复著。九卷。其居所有双桧树,复日哦诗其下,因自名其集曰《双桧亭诗》。但诗多散佚,后其婿饶介之、门人李谨之各据所得,搜辑成帙。介之所编称集,谨之所编称续集,今皆未见其本。此集乃至正十年(1350)南台监察御史张惟远合二集为九卷,刊于集庆学舍。卷前有李桓、李孝光、危素、杨翮等人所撰序文。杨翮序其诗云:"必因酒而作,引觞挥毫,若不经意,而语率高绝。"今存《四库全书》本。顾嗣立《元诗选》录其诗一百二十六首,亦题为《桧亭集》。此外,尚有几种清抄本。

伊滨集　诗文别集。元王沂著。二十四卷。辑自《永乐大典》,前十二卷主要是各体诗歌及少量词赋;后十二卷为各类文章。《四库全书总目》评曰:"沂历跻馆阁,多居文字之职,庙堂著作,多出其手。与傅若金、许有壬、周伯琦、陈旅等俱相唱和,故所作诗文,春容和雅,犹有先正轨度。"现存《四库全书》本、《四库全书珍本初集》本。

王文忠集　诗文别集。元王结著。六卷。《元史》本传谓其有诗文十五卷,然久佚不传。此集从《永乐大典》中辑出,得诗一百三十四首,词十三首,编为三卷;杂文九篇为一卷;《与临川吴先生问答》五篇为一卷;《善俗要义》三十三条为一卷。《四库全书总目》评其"诗多古体,大抵春容和平,无钩棘之态。文亦明白畅达,不涉雕华"。《与临川先生问答》是与吴澄论学的书信,可略见其学问根基;《善俗要义》系其在顺德路总管任上所作,用以化导闾里。统观所作,多缺乏文彩。今存《四库全书》本、《四库全书珍本初集》本。另《彊村丛书》有《王文忠诗余》一卷。

句曲外史集　诗文别集。元张雨(号句曲外史)著。三卷,补遗三卷,集外诗一卷。其平生诗文,多传墨迹,集则无传。明成化间,姚绶购得其稿。嘉靖甲午(1534)陈应符厘为三卷付刊,而以刘基所作墓志、姚绶所作小传附之。崇祯间,毛晋复取闵元衢所录佚诗,为补遗三卷,附以同时酬赠之作。毛晋又与其甥冯武得张雨集外诗若干首,续刻于后,仍以徐达左原序冠于集前,即为此集。其诗文豪迈洒落,体格遒上。今存《四库全书》本,汲古阁、景汲古阁《元人十种诗》本。另外,《四部丛刊》中有《句曲外史贞居先生诗集》五卷本,《武林往哲遗著》中有《贞居先生诗集》七卷、补遗二卷、附录二卷本。《元诗选》初集辑有《句曲外史集》一卷,录其诗一百九十七首。

金华黄先生文集　诗文别集。元黄溍著。四十三卷。其中初稿三卷,续稿四十卷。据卷前贡师泰序,可知初稿三卷为黄溍登科前所作,由危素编次;续稿四十卷,为登科后所作,由门人王祎、宋濂编次。初稿卷一、卷二为诗,卷三为文;续稿前三卷为诗,后三十七卷为文。卷末附有宋濂《金华黄先生行状》。《元史》本传称其:"文辞布置谨严,援据精切,俯仰雍容,不大声色。譬之澄湖不波,一碧万顷,鱼鳖蛟龙,潜伏不动,而渊然之光,自不可犯。"清顾嗣立评曰:"世之议者,谓先生为人高介类陈履常,文辞温醇类欧阳永叔,笔札俊逸类薛嗣通,历事五朝,岿然以斯文之重为己任。"有《四部丛刊》本、《续金华丛书》本。此外,《四库全书》收有十卷本,题作《黄文献集》;卷前有宋濂序、明嘉靖辛卯(1531)张俭序,而宋序实为黄溍《日损斋稿》二十五卷所作,成此本时移植于此;正文中,前两卷为诗,后八卷为文。十卷本尚有《金华丛书》本、《丛书集成初编》本。《元诗选》初集录黄溍诗一百六十二首,题作《日损斋稿》。

积斋集　诗文别集。元程端学著。五卷。其集久佚不传,此集从《永乐大典》中辑拾其诗文若干篇编次。卷首无序言,卷一为赋与诗,后四卷为各体文章。其诗有南宋江湖遗风,文章则往往以理胜而不以词胜,无雕章绘句之弊。《四库全书总目》谓其"人品端谨,学术亦醇,故其文结构缜密,颇有闳深肃括之风”。今存《四库全书》本、《四明丛书》本。

鹿皮子集 诗文别集。元陈樵著。四卷。樵隐居圁谷间,每衣鹿皮,因自号“鹿皮子”。此集题曰卢联子友编。论其所长,当在文章,然其古赋落落有奇气,诗古体五言胜七言,近体七言胜五言。大抵七言古体学温庭筠,以幽艳为宗;七言近体学陆龟蒙,而雕削往往太甚。今存《四库全书》本、《金华丛书》本、《丛书集成初编》本。《元诗选》初集辑有《鹿皮子集》一卷,录其诗八十七首。

石田集 诗文别集。元马祖常著。十五卷。卷首有王守诚、苏天爵、陈旅所作三序。所收诗赋五卷,文十卷,均分体编排。诗近八百首,题材较宽广,各体皆备。其中《观耕者言》、《踏水车行》、《缫丝行》、《拾麦女歌》等诗,皆写农夫田妇饱受天灾、赋税、戍役、官吏勒索之苦,揭露商贾、王孙、官吏豪富的骄奢逸乐,表现其深切的悯农忧时之情;《河湟书事》、《北歌行》、《昭君》等诗,则描写边塞风情、歌颂民族团结,颇具新意。苏序称其“诗接武隋唐,上追汉魏。后生争效慕之,文章为之一变”。有元刊本(影印收入《元四家集》)、《四库全书》所收两淮马裕家藏本。

纯白斋类稿 诗文别集。元胡助(号纯白道人)著。二十卷,附录二卷。其集原系自编,本三十卷。因历年既久,残缺失次。至明正德年间,其六世孙胡淮掇拾散佚,重编得二十卷,计赋一卷,诗十六卷,杂文三卷,又附录当时投赠诗文二卷。卷前有杜储、虞集、贡奎诸序及庞龙跋。其诗以《上京纪行诗》及《京华杂兴》最有影响,为其题跋者有近二十家之多。《四库全书总目》评其集曰:“助诗文皆平易近人,无深湛奇警之思,而亦无支离破碎之病,要不失为中声。”吴澄《胡助诗序》却说其诗“如春兰茁芽,夏竹含箨,露滋雨洗之余,馥馥幽媚,娟娟净好。五七言古近体皆然”(《吴文正集》卷二二),似有溢美之嫌。今存《四库全书》本、《金华丛书》本、《丛书集成初编》本。《元诗选》三集录其诗二十七首,题为《纯白类稿》。

梅花道人遗墨 一名《梅道人遗墨》。诗文别集。元吴镇(号梅花道人)著。二卷。乃吴氏乡人钱棻拾其题画之手迹荟萃成编,故称遗墨。上卷凡诗六十七首;下卷录词十三首,偈语数首,题跋十余篇。因作者名声较大,遗墨中难免真伪杂陈。有《四库全书》本、清末《啸园丛书》本、《美术丛书》本、台湾《历代画家诗文集》影印旧抄本。

梅花庵稿 诗别集。元吴镇(号梅花道人)著。《元诗选》录吴镇诗,下题《梅花庵稿》,凡诗一百四十三首,较其《梅花道人遗墨》多出一倍以上。原书在修《四库全书》时未著录。有陆芝荣三闲草堂精抄本,较《元诗选》又多数十首,或其书嘉庆时犹存,为四库馆臣所未见而失收。今藏于重庆图书馆。

续轩渠集 诗文别集。元洪希文著。十卷,附录一卷。卷首有作者自序。明蔡宗兖嘉靖十一年(1532)序。前八卷为诗三百六十九首,卷九为词三十三首,卷一〇为杂文十八篇。附录收其父洪岩虎诗三首,及元謦翁至大三年(1308)所作《再题轩渠集后》、阿鲁威延祐五年(1318)所作《轩渠集序》两文。以其父《轩渠集》已断烂不存,故摭其遗诗附于卷末,因命己集为《续轩渠集》。据其自序,原有诗词五百余首,尚未刊行;据蔡序,在编刻本集时,曾删去诗一百三十五首,只刊行四百三十五首,编为十卷。然与今存本数量皆不合。有明祁氏澹生堂抄本、《四库全书》所收浙江鲍士恭家藏本、《洪氏晦木斋丛书》本。

俟庵集 诗文别集。元李存(室名俟庵)著,其子李卓编辑。三十卷。卷首有邹济永乐三年(1405)序及危素所作李存墓志。卷一至卷一一为各体诗,卷一二至卷三〇为各体文。卷末附录虞集书一篇。有明永乐三年李光刻本(题为《番阳仲公李先生文集》)、《四库全书》所收两淮马裕家藏本。

吴正传文集 一本作《礼部集》。诗文别集。元吴师道(字正传)著,子吴沈辑编。二十卷。卷首有元黄溍序;卷一为赋,卷二至卷九为各体诗;卷一〇至卷二〇为杂著、书、表、箴、铭、赞、颂、记、序、题跋、策问、移文、祭文、事述等各体文;卷末附录张枢撰《吴君墓表》、杜本撰墓志铭等生平资料。有明抄本、《四库全书》所收两淮盐政采进本和《续金华丛书》本。

栲栳山人集 诗别集。元岑安卿(号栲栳山人)著,余姚宋禧编。三卷。禧曾为安卿题像,述其生平,亦附载于集中。其诗戛戛独往,如其为人。今存《四库全书》本。《元诗选》初集辑有《栲栳山人集》一卷,录其诗四十九首。

此山集 诗别集。元周权(号此山)著。十卷。卷首载袁桷延祐六年(1319)序、欧阳玄元统二年(1334)序及陈旅序。收赋一卷;诗八卷,未分体，署为陈旅校选、欧阳玄批点；词一卷。卷末附元人《此山堂题咏六首》、柳贯后至元五年(1339)跋，谢端跋、揭傒斯元统二年跋。欧阳玄序评其诗“无险劲之词，而有深长之味；无轻靡之习，而有春容之风”。陈旅序亦称其诗“简澹和平，而语多奇隽”。集中有赠赵孟頫、虞集、揭傒斯、欧阳玄、马祖常、陈旅等人诗。版本除此原刊十卷本外，尚有《四库全书》所收浙江鲍士恭家藏四卷本，陈旅选定，按诗体分类。卷首仍有袁、欧、陈三序，末有揭跋。

安雅堂集 诗文别集。元陈旅著，子陈吁编次。十三卷。卷首有元张翥至正九年(1349)序，元林泉生至正十一年序。前三卷为诗赋，后十卷为序、记、碑、碣、墓志铭、杂文。卷末有明杨士奇跋。集中多赠答唱和、题画写景之作。有明祁氏澹生堂抄本、《四库全书》所收两淮马裕家藏本。

至正集 诗文别集。元许有壬著。八十一卷。卷一为赋；卷二至卷一一为古诗；卷一二至卷二二为律诗；卷二三至卷二九为绝句、联句；卷三〇至卷七七皆为文，包括序、记、碑志、说、诔、传、解、铭、箴、赞、颂、辞、文、诏、制、表、笺、疏、启、题跋、公移；卷七八至卷八一为词。该集原本为一百卷，据其弟许有孚《圭塘小稿序》称，乃有壬生前编定，门生集录缮写方毕，有壬即亡故，稿亦亡佚。至明代复出，然已缺十九卷。有明崇道堂抄本、《四库全书》所收河南巡抚采进本。

圭塘小稿 诗文别集。元许有壬著。十三卷，别集二卷，续集一卷，附录一卷。本其生前自辑，后经其弟许有孚重加编次。卷首有许有孚元至正二十年(1360)和明洪武二年(1369)两序、元张翥序、明叶盛序。卷一为赋，卷二至卷四为各体诗，卷五至卷一二为文，卷一三为词，共诗词文二百四十三首。别集二卷包括诗文一百七十八篇。原有外集是补辑出的残篇断简，明成化六年(1470)，其五世孙许颙(一作容)始校正刊行，而以家乘载志文、祭文及许有孚等唱和之作编为续集。卷末有朱禋、丘霁、许颙三人明成化间跋文。全书所收诗文词，多与《至正集》重复，然亦互有出入。有明成化六年许颙刊本、《四库全书》所收浙江鲍士恭家藏本等。

蜕庵集 诗别集。元张翥(世称蜕庵先生)著。卷数不一。其诗清圆稳贴，格调颇高。近体长体句极为当时推崇，古体亦伉爽可诵，词多讽喻。王士禛《居易录》曰：“蜕庵元末大家，古今诗皆有法度，即范德机、揭曼硕未知伯仲何如。”今存五卷本有《四库全书》本，乃朱彝尊所藏，明初释大杼手抄本，前后有来复、宗泐二人序跋；今存四卷本有《四部丛刊续编》影印本，系明洪武三年(1370)锡山郎成抄本。另《元诗选》初集辑有《蜕庵集》一卷，录其诗二百六十首。

竹斋诗集 诗别集。元王冕著，其子周辑。四卷。刘基作序。卷一为五古，卷二为七古，卷三为五律，卷四为七律、五言、六言、七言绝诗。末附《梅先生传》。有《邵武徐氏丛书》本。另外，《四库全书》曾据两淮盐政采进本编入别集类，简称《竹斋集》。

丹丘生集 诗文别集。元柯九思(号丹丘生)著。五卷。九思生前无专集，是集为清曹元忠、缪荃孙编，收文四十篇，诗三百四十一首，辑自顾瑛《草堂雅集》、顾嗣立《元诗选》、张泰阶《宝绘录》等。有清光绪三十四年(1908)武昌柯氏刊本。今人宗典之《柯九思史料》(上海人民美术出版社 1985 年版)，为至今搜集最全之柯九思诗文集。

惟实集 诗文别集。元刘鹗著。七卷。《四库全书总目》著录为四卷外集一卷，《四库全书》本实为七卷，前三卷是文，后四卷是诗，附录(相当外集)系前人序记、挽诗、墓志铭等有关刘鹗生平资料。吴澄、许有壬、欧阳玄、揭傒斯等人都曾为其集作序，然《四库全书》本《惟实集》均未收入，吴、许二序仅保存在各自的文集中。《四库全书总目》评曰：“今观其集，大都落落不群，无米盐龌龊之气，可以想见其平生。”今存几种清抄本外，主要是《四库全书》本。另清姚莹等《乾坤正气集》有《惟实集》二卷本。

药房樵唱 诗别集。元吴景奎著，景奎子履与门人黄琪所编。三卷，附录一卷。宋濂序之曰：“公以雄逸之资，济通明之识，著于篇翰。雕龙彩凤，不足为之丽；冲飙激浪，不足为之豪。其凄惋也，则孤猿夜号，松露初滴。其雅训也，则冠冕佩玉，俨趋廊庙。由其才无不兼，所以体无不备。”今存《四库全书》本、《续金华丛书》本。《元诗选》二集辑有《药房樵唱》一卷，录其诗八十四首。

侨吴集 诗文别集。元郑元祐著。文六卷，诗六卷。元祐家本遂昌(今属浙江)，而侨居平江(今苏州市)凡四十年,故以“侨吴”名其集。集后有明人张习跋,乃称元祐本有《遂昌山人集》,与《侨吴集》多繁芜重出,因通录之,得诗文之精纯者,并为十二卷,仍名《侨吴集》。故此集为张习所重订,非元祐手编之本。其文疏宕有气,诗亦清峻苍古。今存《四库全书》本。另《郑氏六名家集》中有《侨吴遗集》一卷。《元诗选》初集辑有《侨吴集》一卷,录其诗九十二首。

石初集 诗别集。元周霆震(号石田子初,简称石初)著。十卷,附录一卷。庐陵晏璧编,集后之行状志铭亦为晏璧所附。霆震亲见元之盛衰兴亡,故其诗忧时伤乱,感愤至深。今存《四库全书》本、《豫章丛书·四元人集》本。《元诗选》初集辑有《石初集》一卷,录其诗七十二首。

慎独叟遗稿 诗别集。元陈植(号慎独痴叟)著。集附其父陈深《宁极斋稿》后,凡古近体诗三十九首,有《四库全书》本。《宋人集》乙编据曹倦圃藏明抄本校刊。

可闲老人集 诗别集。元张昱著。四卷。昱平生所作,多已散佚。明正统元年(1436)杨士奇搜得残稿,为之作序,令浮梁县丞时昌刻之。此本即从正统刻本传写而来,士奇原序尚载于卷端。今存《四库全书》本。

燕石集 诗文别集。元宋褧著。诗十卷、文五卷,共十五卷。卷首载有欧阳玄、苏天爵、许有壬、吕思诚、危素所作序文。有《四库全书》本。

滋溪文稿 文别集。元苏天爵著。三十卷。卷首有赵汸序,祝蕃和商企翁的两篇《苏公画像赞》,目录之后有马祖常跋和陈旅跋。卷一为词、赞、铭、诗,其余二十九卷为各体文。其中碑志达十五卷之多,元代人物史传缺略者,多可借以考见。此集系苏天爵官江浙行省参政时,由属掾高明(字则诚)、葛元哲分类编次。赵汸《滋溪文稿序》称:“其文明洁而粹温,谨严而敷畅,若珠璧之为辉,菽粟之为味。”《四库全书总目》评其“词华淹雅,根柢深厚,蔚然称元代作者。其波澜意度,往往出入于欧、苏”。今存《四库全书》本、《适园丛书》本。《元诗选》二集录其诗七首,题为《滋溪集》。

存复斋集 诗文别集。元朱德润著。十卷。有虞集题词,黄溍序,皆见微词。唯俞焯序称其文理到而辞不凡。其诗肤浅少深致。今存《涵芬楼秘笈》、《四部丛刊续编》中均有《存复斋文集》十卷附录一卷本。《四库全书》列入存目。《元诗选》初集辑有《存复斋集》一卷、附续集一卷。

五峰集 诗文别集。元李孝光(号五峰狂客)著。六卷。孝光所著诗文岁久散失,明弘治年间,怀远钱杲为乐清县令,访求遗稿,得全集于儒生周纶家,遂令其编次刊版,杲为之序,以“五峰集”为名。其诗文不分卷帙,但以各体分编。今存《四库全书》本,分为乐府四言诗、五七言古诗、五言律诗、七言律诗、绝句、杂文等六卷,卷首别有逸文目录四篇。另外,《永嘉诗人祠堂丛刻》本有《五峰集》十卷补遗一卷;《元诗选》二集辑有《五峰集》一卷,录其诗三百五十五首。

东维子集 诗文别集。元杨维桢著。三十卷,附录一卷。系其初刊诗文集。内有文二十八卷,诗二卷,又以杂文六篇足之。今存《四库全书》本,另《四部丛刊》有《东维子文集》三十一卷本。

铁崖古乐府 诗别集。元杨维桢(号铁崖)著,门人吴复所编,每卷加以评识。十卷。杨以乐府擅名,此其全帙。元季乐府,多效温庭筠体,柔媚旖旎,全类小词。维桢以横绝一世之才,乘其弊而力矫之。故其文采照映一时。今存《诵芬室丛刊》、《四部丛刊》本。《元诗选》初集辑有《铁崖古乐府》一卷,录其古乐府诗一百四十五首。

复古诗集 诗别集。元杨维桢著,乃其门人章琬类编。六卷。所载琴操、宫词、冶春、游仙、香奁等作,皆为五七言绝句。因其体为时俗所不为,故以复古名之。有《四库全书》本。

丽则遗音 赋别集。元杨维桢著,门人陈存礼所编,刊版于钱塘。四卷。专收维桢所作古赋,计三十二篇,皆其应举时私拟程式之作。至正二年(1342)维桢自为之序。其后渐佚不传。《明史·艺文志》中备录维桢著述书目,亦无此集之名。明末常熟毛晋,偶得元乙亥科湖广乡试《荆山璞赋》一册,而此集实附卷末,始为重刻以行。其《荆山璞赋》五首,并缀录于后,以存其旧。有《四库全书》本。

龟巢集 诗文别集。元谢应芳(号龟巢)著。十七卷。卷一为赋,卷二至卷五为诗,卷六至卷一一为杂文,卷一二为诗余,卷一三至卷一五又为杂文,卷一六、卷一七又为诗,编次颇为无绪。疑后人传写,乱其旧次。抑或本为前集十二卷，后集五卷。一则先诗而后文，一则先文而后诗。传写误并为一集而参错如此。其诗颇雅洁，文则多应酬之作。今存《四库全书》本。另有《常州先哲遗书》二十卷补遗一卷本、《四部丛刊三编》二十卷附校勘记一卷本。《元诗选》辑有《龟巢集》一卷，录其诗一百九十六首。

渊颖集 诗文别集。元吴莱（私谥渊颖先生）著，门人宋濂编次。十二卷，附录一卷。卷首有胡翰至正十二年(1352)序，刘基序，胡助序。卷一为赋，卷二至卷四为诗，卷五至卷一二为文，附录为碑文谥议。其中《谕倭书》规模仿司马相如《谕蜀文》，《大游赋》、《观日赋》风格近似汉赋。其诗写景纪游，词气纵横。其《时傩》、《北方巫者降神歌》、《大食瓶》、《东夷倭人小折扇子歌》、《客夜闻琵琶弹白翎鹊》等诗，写民情风俗文化，皆宏博深茂。有至正元刊本（《四部丛刊》据以影印）、《四库全书》所收两江总督采进本、《金华丛书》本、《丛书集成》初编本、《续金华丛书》本。

学言诗稿 诗别集。元吴当著。原本九卷，乃明崇仁知县叶良贵所刊。今本六卷系清人李绂重刊所并。其诗风格遒健。今存《四库全书》本。

青村遗稿 诗别集。元金涓（号青村）著。一卷。所著原有《西湖》、《青村》二集，共四十卷，兵燹之余，散失莫存。明嘉靖间，其六世孙魁始掇拾散亡，编为此本，付其子江刊版印行。因所存无几，非涓手定之原本，故题曰遗稿。同里宋濂谓："青村气雄而言腴，发为文章，尤雅健有奇气，不但长于诗而已。"（《元诗选》引）今存《四库全书》本。另《金华丛书》及《丛书集成初编》均有《青村遗稿》一卷、附录一卷。《元诗选》二集辑有《青村遗稿》一卷，录其诗六十八首。

玩斋集 诗文别集。元贡师泰著。十卷，拾遗一卷。师泰诗文甚多，有《友迂集》、《玩斋集》、《东轩集》、《奥奥集》、《闽南集》，其门人谢肃、刘钦类为一编，总题曰《玩斋集》，今未传。本集乃明天顺年间会稽沈性重加搜辑，得诗文六百五十三篇，厘为十卷，外补遗一卷，又年谱之类别为一卷附之。其文章在元末，足以凌厉一时，诗格尤为高雅，虞、杨、范、揭之后，可谓挺然而秀矣。今存《四库全书》本。《元诗选》初集辑有《玩斋集》一卷拾遗一卷，共录其诗一百八十二首。

近光集 诗别集。元周伯琦著。三卷，另附《扈从诗》一卷。卷首载虞集序及作者元至正五年(1345)自序。前二卷载其自后至元六年(1340)任国史编修至至正五年改崇文监丞期间诗作；卷三载其至正十年出为海北广东道廉使期间诗作；《扈从诗》则载至正十二年由翰林直学士、兵部侍郎，拜监察御史、扈驾上京诗作。卷末有欧阳玄、贾祥麟二跋。《四库全书总目》评曰："《近光集》中述朝廷典制为多，可以备掌故；《扈从诗》中记边塞闻见为详，可以考风土。"有明祁氏澹生堂抄本、《四库全书》所收江苏巡抚采进本。

云松巢集 诗别集。元朱希晦（所居为"云松巢"）著。其子豳所编。三卷。天台鲍原宏为之序。明嘉靖间，七世孙玄谏刊版行世，章陬又为之序。其诗清丽简亮，古体胜于近体。今存《四库全书》本。《元诗选》辑有《云松巢集》一卷，录其诗二十八首。

傲轩吟稿 诗别集。元胡天游（号傲轩）著。一卷。其集兵燹之余，篇什散落，存者仅什之一。明弘治间，其七世裔孙湘刻之。嘉靖初八世孙大器复编次重刻。观其诗，大多悲壮激烈，长歌慷慨之中，能发乎情，止乎礼义，身处末季，惓惓然想见太平，犹有诗人忠厚之遗。今存《四库全书》本、《四库全书珍本初集》本。《元诗选》初集辑有《傲轩吟稿》一卷，录其诗五十一首。

咏物诗 诗别集。元谢宗可著。一卷。计一百零六首，皆七言律诗。元人咏物诗，颇尚纤巧，宗可尤以见长。如不咏燕蝶而咏睡燕睡蝶，不咏雁莺而咏雁字莺梭。其标题亦皆纤仄。汪泽民题其卷，以为绮靡而不伤于华，平淡而不流于俗。而瞿佑《归田诗话》则谓："谢宗可百咏诗，世多传诵。除《走马灯》、《莲叶舟》、《混堂》、《睡燕》数篇外，难得全首佳者。"今存《四库全书》本。《元诗选》初集辑有《咏物诗》一卷，录其诗四十首，又摘其警句二十联。

师山文集 诗文别集。元郑玉著。文集八卷，遗文五卷，附录一卷。其文集八卷前有自序，又有程文序，盖玉所自编。遗文五卷，编者不详。据程敏政跋郑玉之《钓台》诗卷，称其裔孙郑虬装潢成册，可能出于虬等之手。附录一卷，系当时酬赠诗文及后人题咏。汪克宽称其文"以正大刚直之气，发为雄浑警拔之词，感慨顿挫，简洁纯粹"（《四库全书总目》引）。今存《四库全书》本。另《乾坤正气集》中有《师山先生文集》九卷。《元诗选》初集辑有《师山集》一卷，录其诗二十一首。

江月松风集 诗别集。元钱惟善著。十二卷。初为惟善手书真迹，藏于练川陆氏家，后归嘉兴曹溶，康熙中金侃于溶家抄得，又以甫里许氏藏本较其异同，始行于世。集前有陈旅序，称其"妥适清茜，娓娓乎有唐人之流风"。今存《四库全书》本、《武林往哲遗著》本、《清风室丛书》本。《元诗选》初集辑有《江月松风集》一卷，录其诗六十首。

云阳集 诗文别集。元李祁著。十卷。其诗冲融和平，自合节度。文章亦雅洁有法。祁殁后，俞子茂刻其遗稿曰《云阳先生集》，十卷。至明弘治年间，其五世从孙东阳搜集遗稿，属吉安守顾天锡重刻，即此本。今存《四库全书》本。《元诗选》初集辑有《云阳集》一卷，录其诗三十四首。

吾吾类稿 诗别集。元吴皋（字舜举）著。三卷。其集散佚已久，独《永乐大典》中采录其诗文，题作《吴舜举吾吾类稿》，又别收胡居敬等原序二篇。今存《四库全书》本，系从《永乐大典》中汇辑其诗一百二十余首而成，集末附有其杂文十余篇备考。此外，还有《豫章丛书·四元人集》本。

居竹轩集 诗别集。元成廷珪（所居为"居竹轩"）著。四卷。乃廷珪友部肃、刘钦搜辑遗诗，汇而刻之。今存《四库全书》本。《元诗选》二集辑有《居竹轩集》一卷，录其诗二百六十四首。

樵云独唱 诗别集。元叶颙著，其孙雍编，六卷。前有自序，谓薪桂老而云山高寒，音调古而岩谷绝响，故名。序有二篇，皆题至正甲午（1354），然集中多载入明诗，且后篇乃明兴后之语言，疑原本后篇未著年月，传写者误以前篇年月补入。其诗写闲适之怀，颇有流于颓唐之气，而胸次超然，殊有自得之趣。今存《四库全书》本、《续金华丛书》本。《元诗选》辑有《樵云独唱》一卷，录其诗七十五首。

性情集 诗别集。元周巽著。六卷。此集乃据《永乐大典》所载，搜罗编辑，厘为六卷。其诗格不高，然其抒怀写景，亦颇近自然。今存《四库全书》本。

赵宝峰先生文集 诗文别集。元赵偕（世称宝峰先生）著。二卷，附录一卷。为赵偕外孙顾恭编，后因兵燹散失。明嘉靖间赵偕裔孙继宗于杨昔济、向纯夫处得旧本，重刻行世。今存《四明丛书》本。《四库全书总目》有存目曰《宝峰集》。另《元诗选》辑录其诗八首，亦题《宝峰集》。

清闷阁集 诗文别集。元倪瓒著。十二卷。明天顺年间，宜兴蹇朝阳有刻本。至万历中，其八世孙珵等复为汇刊，十五卷。岁久漫漶，惟毛晋所刊《元人十种诗》本行世。清上海曹培廉重为编定，校勘付梓，多所增补，凡诗八卷，杂文二卷，外纪二卷（上卷列遗事、传、铭并赠答吊挽之作，下卷专载诸家品题诗画语）。有《四库全书》本，此外尚有《常州先哲遗书》本。《元诗选》初集辑有《清闷阁稿》一卷，录其诗一百六十二首。

山窗余稿 诗文别集。元甘复著。一卷。复著作多散失，仅存手稿于同里赵石蒲家，凡文数十篇，诗十余首。明成化年间，石蒲之孙赵琥始刊刻行世。虽零篇断简，所剩无多，而诗格文笔，一一高洁。《元诗选》谓邑人刘宪为之序，而今存《四库全书》本无宪序，仅有琥跋。另有《豫章丛书·四元人集》本。《元诗选》二集录其诗十首，亦题此名。

闻过斋集 诗文别集。元吴海著，其门人王偁所编，乡人邵铜重为刊行于世。八卷。海平生虚怀乐善，有规过者，欣然立改，尝以"闻过"名其斋。殁后，偁为编次。今存《四库全书》本。《嘉业堂丛书》集部有《闻过斋集》八卷、遗诗一卷，又《正谊堂全书》和《丛书集成初编》有《吴朝宗先生闻过斋集》四卷。《元诗选》二集辑有《闻过斋集》一卷，录其诗四首。

傅与砺诗文集 诗文别集。元傅若金（字与砺）著。二十卷。元至正间，其弟若川为编《清江集》，明洪武中又刻其文集。后人合为《傅与砺诗文集》。收入《四库全书》。

青阳集 诗文别集。元余阙著。是集流传广，版本多，名亦有别。主要为九卷本、五卷本与四卷本。九卷本中，明正统十年（1445）由高诚汇刊、郭奎辑刊、张毅补遗的为最善。卷首有高谷、王汝玉、程国儒、李祁诸序，附程文《青阳山房记》，卷一为诗，卷二至卷八为各体文，此八卷为郭奎辑；卷九为张毅补遗，收诗十四首，文八篇。卷末附录《元史》本传等有关资料。《四部丛刊续编》即收此本，题为《青阳先生文集》。五卷本中，清嘉庆八年（1803）张祥云校刊之《青阳山房集》，编次较合理，卷一为诗，卷二至卷五为各体文，卷末有附录一卷。四卷本则有《四库全书》据编修励守谦家所藏之《青阳集》，收入别集类。《四库全书总目》称曰："集中所著，皆有关当世安危。”又称：“其诗以汉魏为宗，优柔沉涵，于元人中别为一格。”今存版本，除上述三种外，五卷本尚有《五名臣遗集》所收《余忠宣公青阳山房集》本，《乾坤正气集》所收《青阳先生文集》本，《庐阳三贤集》所收《青阳山房集》本。《元诗选》初集录其诗四十九首，亦题作《青阳集》。

圭峰集 诗文别集。元卢琦(世居圭峰)著。元陈诚中编。二卷。抄本或误作《圭斋集》。明万历初，邑人朱一龙、福州董应举序而刻之。集中误入萨都剌诗六十余首，亦间有陈旅等人之作。以诗论，其清词雅韵不在二人之下。又载赋三篇、记六篇、志铭二篇、祭文一篇、启三篇、杂著九篇，合为二卷。另有丁丙旧藏十四卷本。《元诗选》初集辑有《圭峰集》一卷，录其诗四十五首。

玉笥集 诗别集。元邓雅著。九卷。此集系梁寅勘定，诸家书目均未著录，惟抄帙流传。卷首有梁寅序及答书一首，又何淑、丁节、戴正心序各一篇，谢观题词一首，皆极相推赞。今存《四库全书》本。

环谷集 诗文别集。元汪克宽著。八卷。以其所居山谷环绕，称曰“环谷”，因以名其集。为清康熙初其后裔汪宗豫所辑，前列行状、墓表、年谱，末附以汪泽民等序文。集中存诗仅十余首。今存《四库全书》八卷本、《汪氏三先生集》八卷附录一卷本。《元诗选》录其诗七首，厘为一卷，亦题为《环谷集》。

贞素斋集 诗文别集。元舒頔著。八卷，附录一卷，《北庄遗稿》一卷。頔著有《古淡稿》、《华阳集》，皆不传。此本乃明嘉靖中曾孙旭、玄孙孔昭等辑，其故里绩溪知县赵春所刊。卷首有頔自序及自作小传，均以陶潜自况。《四库全书总目》称其：“文章颇有法律。诗则纵横排宕，不尚纤巧 织组之习。七言古体尤为擅长。”附录一卷，载铭记数篇。《北庄遗稿》一卷乃頔弟远、逊遗诗。今有《四库全书》本。《元诗选》二集辑有《贞素斋集》一卷，录其诗九十六首，并附录舒远《北庄遗稿》诗六首、舒逊《搜枯集》诗十五首。

林外野言 诗别集。元郭翼著。二卷，附《与顾仲瑛书》一篇。《四库全书总目》称：“考《玉山名胜》及《乾坤清气》诸集所录翼诗，不见此集者尚多。又如《题刘龙洲墓道》、《道士游武当》诸诗，又皆别见吕诚集。疑或后人重编，故多所舛漏，未必即翼手定之稿也。”翼从杨维桢游，诗颇近其流派。今存《四库全书》本。《又满楼丛书》有《林外野言》二卷、补遗一卷。《元诗选》二集辑有《林外野言》一卷，录其诗一百四十四首。

羽庭集 诗文别集。元刘仁本著。六卷。仁本学问淹雅，工于吟咏，尝治兵余姚，作雩咏亭于龙泉左麓，仿佛兰亭景物。集一时文士，修禊赋诗，自为之序。诗作清隽绝俗，不染尘气。其序记诸篇，述方国珍与察罕通使及岁漕大都诸事，多为纪传所不载，可补史缺。然原本久佚。本集乃从《永乐大典》辑出，以类编次，厘为诗四卷，文二卷。今存《四库全书》本。另《乾坤正气集》有《羽庭集》四卷本；《台州丛书》有《羽庭诗集》四卷、补遗一卷，《羽庭文集》四卷、补遗一卷。

书林外集 诗别集。元袁士元著。七卷。危素为之序，称其诗清丽可喜，然往往粗浅多累句。今存《涵芬楼秘笈》本。《元诗选》初集辑有《书林外集》一卷，录其诗三十八首。

华氏黄杨集 诗别集。元华幼武著。一卷。友人陈方题其集曰“黄杨”，谓其爱诗甚笃，而夺于多事，未能肆然而为，犹如黄杨厄闰而不长。然集中又有句云：“只尺黄杨树，婆娑枝干重。叶深团翡翠，根古踞虬龙。岁历风霜久，时霑雨露浓。未应逢闰厄，坚质比寒松。”其取名当有别意。今存《盛明百家诗后编》本。《四库全书总目》列有存目，题作《黄杨集》，凡三卷，补遗一卷；《元诗选》初集录其诗三十首，亦题作《黄杨集》。

野处集 杂文别集。元邵亨贞著。四卷。集后有冯迁、汪稷二人写的跋，谓本书出于上海陆深家，系其孙陆郯刊行。《四库全书》谓其“文章大致清快，步伐井然”。现存《四库全书》本、《四库全书珍本初集》本。

蚁术诗选 诗别集。元邵亨贞著，明汪稷编刻。按文体分为五言古风、五言长律、五言短律、七言古风、七言排律、七言八句、七言绝句、会合联句，共八卷。有涵芬楼藏影印明汪稷刊本、《宛委别藏》本、《四部丛刊三编》本。

金台集 诗别集。元迺贤(字易之)著，危素编。二卷。前有欧阳玄、李好文、贡师泰三序，又有黄溍题词。危素跋称：“易之之《金台集》前稿，余既序之矣，及再至京师，又得后稿一卷。”则此集二卷乃合两稿编之。今存《四库全书》、汲古阁《元人十种诗》诸本。

子渊诗集 诗别集。元张仲深(字子渊)

著。六卷。其诗散见于《永乐大典》中，且只题元人作，《文渊阁书目》载之，亦不著作者姓氏。《四库全书总目》考元诸诗家之唱和诗判定当为张仲深之作，是以分体缀辑，得诗六卷，多为与纳新、杨维桢、张雨、危素、袁华、周焕、韩性、乌本良等人唱和之作。其古诗冲澹，颇具陶、韦风格。今存《四库全书》及《四库全书珍本初集》本。

玉山璞稿 诗别集。元顾瑛著。一卷。《四库全书总目》评其所作曰："虽生当元季，正诗格绮靡之时，未能自拔于流俗。而清丽芊绵，出入于温岐李贺间，亦复自饶高韵，未可概以诗余斥之。"今存《四库全书》本。汲古阁《元人十种诗》有《玉山草堂集》二卷集外诗一卷；另《宛委别藏》、《读画斋丛书》、《丛书集成初编》均有《玉山璞稿》二卷本。《元诗选》初集辑有《玉山璞稿》一卷，录其诗一百四十六首。

佩玉斋类稿 诗文别集。元杨翮著。十卷。此集刊于元末，有陈旅、虞集、杨维桢等作序。今存《四库全书》本。《元诗选》辑有《佩玉斋类稿》一卷，录其诗十一首。

来鹤亭诗 诗别集。元吕诚著。八卷，补遗一卷。诚工于吟咏，诗格清丽。曾于园林蓄一鹤，后有鹤自来为伍，因筑"来鹤亭"，并以名其集。此集不知何人所编，集前有杨维桢序，称尝和其古乐府，今集中皆无。则原序虽存，诗已多所散佚，非其原本。今存《四库全书》本、《枕碧楼丛书》九卷本。《元诗选》三集辑有《来鹤草堂稿》一卷，并称其尚有《既白轩稿》、《竹洲归田稿》、《敬夫稿》诸集，且分录各稿诗共一百六十五首。

桐山老农文集 诗文别集。元鲁贞(号桐山老农)著。四卷。其中文三卷，诗一卷。凡元代所作，皆题至正年号；入明以后，只题甲子。诗不出元末之格，且间有累句，非其所长。其文亦闻见颇狭，或失考证。今存《四库全书》本。

午溪集 诗别集。元陈镒著。十卷。因筑室午溪上，遂以名其集。卷首题前进士曲阜孔旸编选、前进士青田刘基校正。有黄溍、张翥、孙炎及孔旸、刘基五人序。今存《四库全书》及《四库全书珍本初集》本。

经济文集 诗文别集。元李士瞻著，其曾孙伸编次。六卷。卷首载明正统九年(1444)李伸序。前五卷为各体文，其中书札几居全集之半；卷六为各体诗；卷末附载其圹志、行状及一段上疏。李伸序称编此集时乃"烽火之余，仅存什一于千百中。"可知散佚甚多。所收诗文仅始于为右司掾时，迄于奉使闽中。《四库全书总目》谓其文"虽多属一时酬答之作，而当时朝政之姑息，兵事之乖方，藩臣之跋扈，多可藉以考见"。有《四库全书》所收浙江鲍士恭家藏本、《湖北先正遗书》本。《元诗选》录其诗十一首。

南湖集 诗别集。元贡性之(号南湖先生)著。七卷。初藏于家；明弘治年间，其六世孙钦以其稿出示少师李东阳，李称其诗清新可传，为删去什之一，付钦刊刻行世。贡钦序其集曰："会稽王元章善画梅，得其画者无贡南湖题诗则不贵重。"故集中多咏梅诗。今存《四库全书》本。《元诗选》辑有《南湖集》一卷，录其诗一百三十四首。

夷白斋稿 诗文别集。元陈基著。三十五卷，外集一卷。其寓舍有"夷白斋"，故以名其稿。内集诗十一卷，文二十四卷；外集诗文合一卷。基受业黄溍之门，所作诗文，皆操纵驰骋，而自有雍容揖让之度，能不失其师传。今存《四库全书》本，另《四部丛刊三编》有《夷白斋稿》三十五卷外集一卷、补遗一卷，附校勘记一卷。《元诗选》初集辑有《夷白斋稿》一卷、外稿一卷，录其诗一百六十二首。

麟原文集 文别集。元王礼著。二十四卷。分前后两集各十二卷。前有李祁、刘定之二序。祁序称其蔼然仁义之词，凛然忠愤之气，深切恳至，无不可人意者。今存《四库全书》本。

不系舟渔集 诗文别集。元陈高(字子上，号不系舟渔者)著。十五卷，附录一卷。明洪武初，苏伯衡访其遗集，厘定成编，题曰《子上存稿》，此本却题《不系舟渔集》，不知何人所改。其文格颇雅洁；其五言古体，源出陶潜。近体律诗，格从杜甫，面目稍别，而神思不远，亦元季之铮铮者。今存《四库全书》本、《敬乡楼丛书》本。《元诗选》初集辑有《不系舟渔集》一卷，录其诗七十九首。

静思集 诗别集。元郭钰(号静思)著。十卷。集首有明洪武二年(1369)庐陵罗大已序与明嘉靖四十年(1561)罗洪先序。由钰之八世孙廷昭集其诗编次而成。今存《四库全书》本。《元诗选》初集辑有《静思集》一卷，录其诗一百七十九首。

九灵山房集 诗别集。元戴良(号九灵山人)著。三十卷，补编二卷。其集曰"山居稿"、"吴游稿"、"鄞游稿"、"越游稿"。"越游稿"中又有《和陶诗》一卷。今存《四库全书》本、《金华丛书》本、《四部丛刊》本。《元诗选》二集辑有《九灵山房集》一卷，录其诗二百零九首。

滦京杂咏　诗别集。元杨允孚著。一卷。邑人罗大已序曰："杨君以布衣幞被，岁走万里，穷西北之胜。凡其山川物产，典章风俗，无不以咏歌记之。兵燹所过，莽为丘墟，回视曩游，慨然永叹。"其诗凡一百零八首。因滦河经上都城南，故元时有"滦京"之称。今存《四库全书》本、《知不足斋丛书》本和《丛书集成初编》本。《元诗选》辑有《滦京杂咏》一卷，录其诗一百首。

东山存稿　诗文别集。元赵汸著。七卷，附录一卷。据明嘉靖戊午(1558)鲍志定序称：此本乃志定父所编，凡诗词一卷，文六卷，附录一卷。其文议论有根柢，而波澜意度均有典型。诗词不甚留意，然往往颇近元祐体，无雕镂繁碎之态。今存《四库全书》本。《元诗选》二集辑有《东山存稿》一卷，录其诗五十一首。

梧溪集　诗别集。元王逢(号梧溪子)著。七卷。集中诸体兼备。载有宋元之际忠臣孝子义夫节妇事甚备，复以小序标其崖略，可补史之阙文，允推诗史。又多为本朝循吏诸公作挽词，寓意昭彰。集中复多游山、招隐、行旅、题画之作，融情于景，寓情于事，诗风浑厚典重而语意新警，盖学虞伯生而得其神韵，第才力少差耳。是书传本稀少。明周伯起曾手录《梧溪集》，王士禛密嘱其乡人往访求之，始得传世。《四库全书》所据即此本。另《知不足斋丛书》、《丛书集成初编》有《梧溪集》七卷、补遗一卷本。《元诗选》辑有《梧溪集》一卷，录其诗二百零九首。

玉笥集　诗别集。元张宪(号玉笥生)著。十卷。卷首有同时之杨维桢、周砥、戴良及明成化初之刘釪序，又有孙大雅《玉笥生传》、杨基《玉笥生传书后》各一篇。卷一、卷二为咏史，卷三、卷四为古乐府歌吟，卷五至卷七为古体，卷八至卷一〇为近体。咏史诗借古喻今，咏怀寄感。古乐府遍摹旧题，兼拟新题，俱用写实，文笔酣畅淋漓。其他如言志、酬赠、纪游、题画、咏物诸诗，均不乏佳作。诗中每寓伤乱之嗟，愤世之慨，忧民之心，思隐之情。原集藏常山丞黄玉辉家，玉辉托同年佥宪高汝宪付梓，为《四库全书》所本。诗末间附评语，盖维桢尝为点定云。刘釪序称："其咏史非徒详其事实，且寓褒贬鉴戒之意；其琴操、乐府、五言及近体诸作，通畅俊爽，森严壮丽，如入群玉之府，琳琅琨瑶，粲然照目；如阅武库之兵，戈矛殳戟，杂然陈列，诚非苟作者，于是益重其人焉。"今存《四库全书》本、《粤雅堂丛书》及《丛书集成初编》本。《元诗选》初集辑有《玉笥集》一卷，录其诗一百四十四首。

庸庵集　诗文别集。元宋禧著。凡十四卷。其诗清和婉转，以自然为宗，出入于香山、剑南之间。其文亦详赡明达，而不诡于理。今仅存诗集十卷，文集则已久佚。此集系《四库全书》从《永乐大典》各韵内搜集诗文，据浙本诗集参互考证汇编而成，诗仍为十卷，文集则别厘为四卷。又从《西湖志》补诗二首，《余姚志》补文二篇，统题为《庸庵集》。有《四库全书》本。

北郭集　诗别集。元许恕(号北郭生)著，其子节所辑。六卷，补遗一卷。范余庆跋，称其后张简编为七卷，然考定原本实为六卷。《元诗选》前许恕小传云："所著有《北郭集》十卷。"或因"十"、"七"笔画相近而误。集中每卷之首皆题五七言古一行，其实乃古体近体杂编。其诗格力颇遒，往往意境沉郁，而音节高朗，无元季靡靡之音。补遗卷内附录其子许节诗六首，孙许铬诗二首，又许穆诗二首，许云诗一首，乃其族孙裔所续入。今存《四库全书》本。《江阴丛书》及《粟香室丛书》中均有《北郭集》六卷、补遗一卷、续补遗一卷。《元诗选》辑有《北郭集》一卷，录其诗八十一首。

肃雍集　诗别集。元郑允端著。一卷。集首有叙传，纪其始末。此本系其殁后，其夫施伯仁辑其遗稿成帙，钱惟善、杜本为作前后序。明嘉靖中其五世孙施仁刊刻于世。今存《涵芬楼秘笈》本。《元诗选》录其诗四十二首，亦题此名。《四库全书总目》列入存目。

友石山人遗稿　诗别集。元王翰(号友石山人)著。一卷。系其子偁所辑，计诸体诗八十四首。前有陈仲述序；后附志铭表词等七篇，皆吴海所作。翰本将家子，志匡时难，不幸遭宗邦颠沛，其慷慨激烈之气，往往托之声诗。故虽篇什不多，而沉郁顿挫，凛然足见其志节。今存《四库全书》本。《嘉业堂丛书》集部有《友石山人遗稿》一卷，附录一卷。《元诗选》初集录其诗二十七首，亦题此名。

一山文集　诗文别集。元李延兴(字继本)著。九卷。集前有李敏序，称为其子方曙、方煦辑；而明景泰年间，黎公颖序则曰，乃其孙伸编。也许系其父子相继为之。其诗文俊伟疏达，能不失前人规范。长歌纵横磊落，尤为擅长。今存《四库全书》本(署名李继本)及《湖北先正遗书》本。

丁鹤年集 诗别集。元丁鹤年著。一卷。其诗作本名《海巢集》;此本题《丁鹤年集》,编者不详。末附有鹤年表兄吉雅谟丁诗九首、爱里沙诗三首、表兄吴惟善诗五首。鹤年长于五七言近体,往往沉郁顿挫,逼近古人,无元季纤靡之习。今存《四库全书》本。另《湖北先正遗书》有《鹤年诗集》三卷,《艺海珠尘石集》有《丁孝子诗集》三卷,《四明丛书》有《丁鹤年集》三卷、续集一卷、附录一卷。《元诗选》初集辑有《海巢集》一卷,录其诗一百零九首并附其表兄之诗计十三首。

梦观集 诗别集。元大圭著。五卷。其集原为二十四卷,然前三卷《梦法》、《梦偈》、《梦事》皆为佛家宗门语录,后十五卷杂文亦多青词疏引,不出释氏本色,皆无可取;惟其诗气骨磊落。故《四库全书》删除其"梦法"及杂文等卷,仅录古今体诗编为五卷,吴鉴原序称其诗"华实相副,词达而意到,不雕镂而工,去纂组而丽,屏耕锄而秀。"今存《四库全书》本。《元诗选》二集辑有《梦观集》一卷,录其诗三十首。

樗隐集 文别集。元胡行简著。六卷。此集乃从《永乐大典》搜辑编缀,厘为六卷。行简文章,以冲和淡雅为宗,虽波澜未阔,而能确守法度,不为支离冗赘之词。今存《四库全书》本。

磻溪词 词别集。元丘处机著。三卷。处机著有《磻溪集》六卷。朱祖谋《彊村丛书》用晦木斋藏旧抄《磻溪集》本,收词一百三十四首,又补遗二首,为《磻溪词》三卷。唐圭璋《全金元词》据影印金本及《道藏》本校补朱本,又从《鸣鹤余音》补八首,从《长春真人西游记》补七首(实补六首),从《金莲正宗记》补一首,从《清河书画舫》补一首,共录词一百五十二首。今存版本有陶湘《景刊宋金元明本词》本、《彊村丛书》本、《全金元词》本。

草堂集 词别集。元王丹桂(号白云子)著。一卷。《道藏·太平部》第七八六册有《草堂集》一卷,无序跋,题为"五峰白云子王先生撰",收词一百四十余首。《道藏辑要》本编入昴集,题王丹桂撰。其《水调歌头》题云:"赵舍人又写日本国人词,索和其韵。"为词中所少见。其《齐天乐》下片四字对句作"啰噎哩噎,唇歌舌诞",亦全真《捣练子》之类。

云山词 词别集。元姬翼著。一卷。翼为全真道士,著有《云山集》八卷,收入《道藏》。《云山词》取自《云山集》,载词一百六十三首。唐圭璋《全金元词》据《道藏》校补双照楼影元刊本,亦载词一百六十三首。今存《道藏》本,有王鹗序;陶湘《景刊宋金元明本词》本,卷首有《知常姬真人事迹》及章钰跋。

稼村乐府 词别集。元王义山著。一卷。义山著有《稼村类稿》三十卷。朱祖谋《彊村丛书》辑《类稿》之词作为《稼村乐府》一卷,计词九首,《乐语》二十一首。其词有兴亡感愤之思,其《乐语》乃宫廷祝寿歌词,将歌舞、说白、词曲融为一体,新巧别致,是研究宋元词曲发展的有益资料。今存《彊村丛书》本、《四库全书珍本初集》本。

藏春乐府 词别集。元刘秉忠(号藏春散人)著。一卷。秉忠著有诗文集《藏春集》,清王鹏运《四印斋所刻词》从中辑录词八十一首,题为《藏春乐府》。唐圭璋据丁丙藏四库抄本校补王本,亦录词八十一首。王鹏运跋其词:"雄廓而不失之伧楚,蕴藉而不流于侧媚,周旋于法度之中,而声情识力,常若有余,于法度之外,庶为填词当行。藏春词境,雅与之合。"其词作中流露出倦于仕途、意在山林的情愫,不失为元初颇具特色之词家。今存四印斋汇刻《宋元三十一家词》本、清汪曰桢辑《宋元十家词》稿本。

瓢泉词 词别集。元朱晞颜著。一卷。晞颜著有《瓢泉吟稿》五卷,《四库全书》著录。朱祖谋《彊村丛书》用四库《瓢泉吟稿》辑录《瓢泉词》一卷,并据章怡田校《湖州词征》本,删去混入七首,实存词四十首。唐圭璋《全金元词》另据爱日精庐藏旧抄本校补朱本,亦删去混入之七首。其词描写精致,咏物缜密,风格缠绵委婉,颇得宋人婉约词之遗风。今存《四库全书珍本初集》本、《彊村丛书》本。

天籁集 词别集。元白朴著。二卷。白朴词集世久失传。此集乃康熙庚辰(1700)六安杨希洛得之于白氏之裔孙驹,凡二百篇,以示朱彝尊,彝尊订为上下二卷,序而传之。《四库全书总目》谓其词"清秀婉逸,意惬韵谐,可与张玉田词相匹"。今存《藏园群书经眼录》卷一九著录《天籁集》二卷、《摭遗》(散曲)一卷,为清康熙四十九年(1710)刻本,有朱彝尊序。此外,有《四库全书》本、《四印斋所刻词》本、丁丙八千卷楼藏抄本、康熙杨希洛刊本、缪荃孙光绪校刊本、王文才《白朴戏曲集校注》本等。唐圭璋《全金元词》据丁丙藏抄本校补王本,录词一百零四首。

秋涧乐府 词别集。元王恽(号秋涧)著。四卷,附朱祖谋校记一卷。《四库全书》著录恽《秋涧集》一百卷,其中卷七四至卷七七为乐府,共二百八十三首。朱祖谋《彊村丛书》用元刊《秋涧大全集》本辑录《秋涧乐府》四卷。唐圭璋《全金元词》据影印元刊本《秋涧大全集》及宋宾王校本校朱本,删去朱本中《平湖乐》等三十九首曲调,存词二百四十四首。《四库全书总目》谓其"文章源出元好问,故其波澜意度,皆不失前人矩矱。诗篇笔力坚浑,亦能嗣响其师"。其词凝丽典重。况周颐《蕙风词话》称其词"清浑超逸,近两宋风格"。今存陶湘《景刊宋金元明本词》本、《彊村丛书》本。

西岩词 词别集。元张之翰(号西岩老人)著。二卷。之翰著有《西岩集》。《松江府志》载其集三十卷,原本久佚。《四库全书》从《永乐大典》辑录为二十卷,其卷一一、卷一二载词六十五首;赵万里《校辑宋金元人词》校补《四库全书》辑本,又从《永乐大典》中增辑四首,计六十九首,遂为此集。唐圭璋《全金元词》据《四库全书珍本初集·西岩集》校赵辑本。其词清丽可观。

青崖词 词别集。元魏初(号青崖)著。一卷。焦竑《国史经籍志》载魏初《青崖集》十卷,《文渊阁书目》亦载《青崖文集》一部七册。原本亡佚 .《四库全书》从《永乐大典》辑其诗文,厘为五卷,第三卷附其词。赵万里《校辑宋金元人词》用《青崖集》校录其词,收词四十三首。唐圭璋《全金元词》用赵本,亦录其词四十三首,多为长调。《四库全书总目》谓其"所作皆格律坚苍,不失先民轨范"。今存《四库全书珍本初集》本、《校辑宋金元人词》本。

淮阳乐府 词别集。元张弘范著。一卷。弘范官至蒙古汉军都元帅,封淮阳王。工诗词,著有《淮阳集》一卷,《淮阳乐府》一卷。其遗诗一百二十首,词三十余首。沈雄《续古今词话》云:"《淮阳乐府》不作夸大语。其《临江仙》有曰:'紫箫明月底,翠袖暮云寒。'风调不减晏小山,可知元之武臣,亦有能词者。"今存《四库全书》本(题作《淮阳诗余》)、四印斋汇刻本。唐圭璋《全金元词》据《词律》校四印斋本,删去其中曲调四首,载词二十七首。

兰轩词 词别集。元王旭著。一卷。王旭著有《兰轩集》。《文渊阁书目》载其集一部一册,焦竑《国史经籍志》著录其集二十卷。原本久佚,《四库全书》从《永乐大典》辑录为十六卷。丁丙八千卷楼有抄本二部。朱祖谋《彊村丛书》用孙德谦校本《兰轩集》录其词二十九首,并题为《兰轩词》。唐圭璋《全金元词》用朱本,存词二十九首。其词多为唱和祝寿之词,语多放旷。今存《四库全书珍本初集》本、《彊村丛书》本。

牧庵词 词别集。元姚燧(号牧庵)著。有《彊村丛书》本。从《牧庵文集》卷三五至卷三六中抽出别行。存词四十八首。原有《绿头鸭·锦堂深》一首系误收宋晁端礼词,朱氏已剔去。唐圭璋《全金元词》又从《永乐大典》残卷寄字韵、席字韵辑出二首补入,共四十九首。

水云村诗余 词别集。元刘壎(号水云村人)著。一卷。壎著有《水云村稿》十五卷,《隐居通议》三卷。朱祖谋《彊村丛书》据文津阁《四库全书》本《水云村稿》辑录《水云村诗余》一卷,收词三十首。唐圭璋用朱本收其词入《全宋词》。《四库全书总目》谓其"才力雄放,尤长于四六","隶事铸词,颇见精彩"。况周颐《蕙风词话》称其词"黍离麦秀之感,流溢行间","极慷慨低回之致"。今存《四库全书》本、《彊村丛书》本。

清庵先生词 词别集。元李道纯(号清庵)著。一卷。道纯乃道士,有文集《中和集》元刊本,载词五十八首。全是谈道论性、采汞炼丹之类道士韵语,枯燥无味。有《彊村丛书》覆元刊《中和集》本,题为《清庵先生词》。唐圭璋编《全金元词》,用《道藏》本校订朱本,又从《清庵莹蟾子语录》卷六补辑一首,共五十九首。

疏斋词 词别集。元卢挚(号疏斋)著。一卷。多寄赠唱和、写景抒怀之作。小令多,长调少。令词风格清新而时见妩媚,长调如《六州歌头》、《春从天上来》等,则雄浑壮丽而神思奇远。《新元史·文苑传》谓"元初能文者曰姚、卢,谓姚燧及挚也;古今体诗则以挚与刘因为首。著有《疏斋集》"。然其集久佚。近人赵万里《校辑宋金元人词》本中辑录《疏斋词》一卷,凡十七首。周泳先《唐宋金元词钩沉》据《永乐大典》辑补其词一首。唐圭璋编《全金元词》用赵本、周本外,复从《永乐大典》辑出其词四首,共二十二首。又李修生辑笺《卢疏斋集辑存》卷三收其词二十一首。

养蒙先生词 词别集。元张伯淳著。一卷。多寿词及唱和之作。其文集《养蒙集》十卷,有至正六年(1346)元刊本、宣德七年(1432)明刊本,卷一〇载词二十二首。然版久佚,清初厉鹗自绣谷亭吴氏藏明刊本抄出，辗转迻写，颇多讹缺。《四库全书》本即据此校订。朱祖谋编《彊村丛书》亦用绣谷亭明刊本辑出词二十二首，题《养蒙先生词》；唐圭璋复以丁丙八千卷楼藏厉鹗抄本校补朱本，编入《全金元词》中。

中庵乐府 又作《中庵诗余》。词别集。元刘敏中(号中庵)著。二卷。多为友朋送别赠答次韵之作。风格豪迈旷放。有《四库全书》辑《永乐大典》而成《中庵集》本，存词三十六首；朱祖谋刻《彊村丛书》收《大典》本中庵词三十二首，补遗一首；近人赵万里得元刻《中庵集》本，从集中辑其词一百四十四首，从《大典》本《中庵集》补辑四首，又从元程钜夫《雪楼集》中补辑一首，共一百四十九首，收入其《校辑宋金元人词》之《中庵乐府》中。唐圭璋编《全金元词》用赵辑本。

玉斗山人词 词别集。元王奕(号玉斗山人)著。一卷。奕有文集十二卷，久佚。明嘉靖二十一年(1542)，其乡人陈中州为刊《玉斗山人集》三卷，《四库全书》本据此。清吴云旧抄本多附录一卷。朱祖谋《彊村丛书》复刊金氏文瑞楼抄本，收其词二十七首，题《玉斗山人词》。词多黍离之感，今昔身世之慨；风格磊落豪放。今人唐圭璋用朱本编入《全宋词》。

无弦琴谱 词别集。元仇远著。上下二卷。计收词一百一十九首。朱祖谋刻入《彊村丛书》，唐圭璋《全宋词》全收之，并从《乐府补题》中补遗一首。

樵庵乐府 又作《樵庵词》或《静修词》。词别集。元刘因著。一卷。多写景抒怀之作。晚清王鹏运《跋〈樵庵词〉》云："樵庵词朴厚深醇，中有真趣洋溢，是性情语，无道学气。"况周颐《蕙风词话》评刘因曰："以谓元之苏文忠可也。文忠词以才情博大胜，文靖以性情朴厚胜。"又曰："寓骚雅于冲夷，足浓郁于平淡，读之如饮醇醪，如鉴古锦。"其《静修文集》元至顺刊本二十二卷之卷一五收词三十二首(《四部丛刊》初编据此影印)。明吴讷辑《唐宋名贤百家词》本收《静修词》一卷。清王鹏运四印斋汇刻《宋元三十一家词》本收其词三十四首(其中二首为存疑另补)，题为《樵庵词》一卷。朱祖谋《彊村丛书》据元刊《静修文集》及元刊《静修遗诗》所编之《樵庵乐府》共辑录词三十三首。唐圭璋编《全金元词》又据《历代诗余》增补二首，共收词三十五首。

雪楼乐府 词别集。元程钜夫著。一卷。所作多半为寿词，其余亦多次韵寄赠之作。有明洪武刻本《雪楼文集》三十卷，末卷收词五十五首；陶湘辑《景刊宋金元明本词》之《雪楼乐府》一卷，即据明刊本。清人江标辑《宋元名家词十五种》，有《雪楼乐府》一卷。民国十二年(1923)刊《湖北先正遗书》本《雪楼集》三十卷(影文津阁本)，所收词亦五十五首。唐圭璋编《全金元词》，用双照楼影元本校补江本，又从《永乐大典》"寄"字韵补辑一首，共五十六首。

草庐词 词别集。元吴澄著。一卷。其词意旷达，无衰飒悲叹，语言平易自然。《词苑》评曰："草庐以理学名，其和揭浩斋送春词，流传一时。"澄所居因程钜夫题为"草庐"，故学者称之草庐先生。清王鹏运四印斋汇刻《宋元三十一家词》本据《吴文正集》辑录《草庐词》一卷，十一首。唐圭璋又据何梦华抄本和《永乐大典》"寄"字韵引《草庐词》校补王本而辑入《全金元词》。

定宇诗余 词别集。元陈栎著。一卷。多为庆寿颂词，少蕴藉。其文集《定宇集》卷一六载词十六首，有康熙刊本。清朱祖谋用裘杼楼藏抄《陈定宇文集》本悉数录其词编入《彊村丛书》，题为《定宇诗余》。唐圭璋编《全金元词》即用康熙刊本校朱本辑入。

松雪斋乐府 词别集。元赵孟頫著。一卷。多写景记游、咏物抒怀之作。时有"华屋山丘"(《浪淘沙》)、"渔樵深契"(《苏武慢》)之叹，亦有数首应制颂圣之作。词风清逸有风致。《历代词话》引元邵亨贞语，谓孟頫以"王孙而婴世变，黍离之悲有不能忘情者，故其长短句有骚人之遗意"。陈廷焯在《词则》中评其词"哀怨之情溢于言表"，"艳词中亦寓忧患之思"。孟頫《松雪斋文集》有吴兴沈璜花溪义塾元刊本，其卷一〇末收词二十一首。明吴讷《唐宋名贤百家词》本、明抄本《宋元词钞八十二家》本、清侯文灿《十名家词》集本、清汪曰桢辑《又次斋词编》本、《四部丛刊》影元刊本、陶氏涉园影元刊本、江标辑《宋元名家词十五种》本、唐圭璋《全金元词》除据影元刊本辑录其词外，又据《花草粹编》、《珊瑚网法书题跋》、《孙氏书画钞》等书中辑录其词十余首，共存三十六首。

汉泉乐府 词别集。元曹伯启著。一卷。伯启有文集《汉泉漫稿》(又作《曹文贞诗集》)，其中卷一〇存乐府(词)三十五首，多写薄宦身世之感，傲世嫉俗之情；写景记游皆寓天涯宦游、风尘奔波之苦，然多以放旷自嘲出之。有明汲古阁影元刻本，陶湘辑《景刊宋金元明本词》即据元刻本；有善本书室藏旧抄本《汉泉乐府》，清朱祖谋编刻《彊村丛书》即据此抄本校录；又有其子曹复亨家塾刊大字本；唐圭璋编《全金元词》据影元刻本校订朱本。

墙东诗余　词别集。元陆文圭著。一卷。多艳情及寄赠次韵之作，风格轻婉自然。其文集《墙东类稿》久佚；《四库全书》从《永乐大典》重辑二十卷。晚清王鹏运汇刻《宋元三十一家词》本，据《四库全书》本辑录《墙东诗余》一卷，收词二十八首；唐圭璋据此编入《全金元词》中。

天游词　词别集。元詹玉（号天游）著。一卷。其词多写故国之思，兴亡之叹。《诗词余话》谓"詹可大风流才思，不减昔人"。清王鹏运四印斋汇刻《宋元三十一家词》本，据封丘败肆中抄本辑《天游词》二十二首，另据别本补一首，共二十三首。唐圭璋编其词入《全宋词》，以四印斋本《天游词》误入他人之词达十四首之多，乃另据《名儒草堂诗余》卷上辑录九首，据《翰墨大全》丙集卷一四录一首，庚集卷一五录一首，据《诗词余话》录二首，共十三首，入《全宋词》。

养吾斋诗余　词别集。元刘将孙著。一卷。其词意宕情浓，风格与乃父辰翁近似。清朱祖谋据《四库全书》本《养吾斋集》辑录其词二十首为《养吾斋诗余》，刊于《彊村丛书》中。唐圭璋又据《名儒草堂诗余》卷中补辑其词一首，合为二十一首，编入《全宋词》中。

芳洲诗余　词别集。元黎廷瑞（号芳洲）著。一卷。廷瑞著有《芳洲集》三卷，收入《鄱阳五家集》。朱祖谋《彊村丛书》据《五家集》本辑其词三十二首，为《芳洲诗余》一卷。唐圭璋将其词纳入《全宋词》。其词多黍离之感。今存《鄱阳五家集》本、《豫章丛书》本、《彊村丛书》本。

乐庵诗余　词别集。元吴存著。一卷。吴存著有《乐庵遗稿》二卷，附校勘记一卷，校勘续记一卷。《豫章丛书》将其收入《鄱阳五家集》中。朱祖谋《彊村丛书》据《鄱阳五家集》本辑《乐庵诗余》一卷，录其词三十首。唐圭璋《全金元词》亦据《鄱阳五家集》本录词三十首。今存《彊村丛书》本。

顺斋乐府　词别集。元蒲道源（号顺斋）著。一卷。其子机裒辑其遗文，题曰《闲居丛稿》，二十六卷，卷一二为乐府。黄溍序之。朱祖谋《彊村丛书》据善本书室藏抄《顺斋闲居丛稿》本，辑其词二十八首，即为此集。唐圭璋《全金元词》用朱本，又据《顺斋闲居丛稿》卷六增补寿词六首，共载词三十四首。《四库全书总目》谓其"诗文俱平实显易，不尚华藻"。

古山乐府　词别集。元张埜（号古山）著。二卷。张埜历官翰林修撰，工诗余。至治元年（1321）临川李长翁序云："可与苏、辛二公齐驱，然其词林根柢，实得于西岩先生嫡传。"（西岩即其父张之翰）其词气势雄健，意境开阔，挥洒自如，亦能摧刚为柔，婉转生情，颇得稼轩笔意。今存知圣道斋藏明抄本，《彊村丛书》校录明抄本《古山乐府》二卷，录词六十四首。另有侯文灿刊《十名家词》本、《粟香室丛书》覆刻本，江标辑思贤书局刊《宋元名家词十五种》本《古山乐府》一卷。明吴讷辑《百家词》本《古山乐府》二卷。唐圭璋《全金元词》据《彊村丛书》本《古山乐府》录词六十四首。

道园乐府　词别集。元虞集（号道园）著。一卷。虞集著有《道园学古录》五十卷，《道园遗稿》六卷。《道园乐府》无专集。《学古录》中《在朝稿》载词七首；《归田稿》载词六首；《道园遗稿》中载词四首，又附《鸣鹤余音》十三首，乃虞集和冯尊师作。朱祖谋《彊村丛书》从以上诸集中辑其词三十首，末附冯尊师《鸣鹤余音》二十首，即为此集。其词作文采风流，自然雅致。唐圭璋《全金元词》据《花草粹编》补朱本一首。删去原附冯尊师词《苏武慢》二十首另录，共载词三十一首。今存《彊村丛书》本、陶湘《景刊宋金元明本词》本、吴虞辑《蜀十五家词》本。

渔家傲鼓子词　词别集。元欧阳玄著。一卷。玄有《圭斋文集》十五卷。《四部丛刊》初编《圭斋文集》卷四杂体之末，有《渔家傲南词并序》，凡十二首，乃仿六一居士《鼓子词》。其序称："至顺壬申（1332）二月，玄修大典既毕，经营南归，属春雪连日，无事出门，晚寒附火，夜漏数刻，腹稿具成，枕上不寐，稍谐叶之。""作十二阕，以道京师两城人物之富，四时节令之华。"朱祖谋《彊村丛书》据明刊集本收《渔家傲》十二首，无"南词"二字，与《四部丛刊》有三数异文。唐圭璋《全金元词》用朱校明刊《圭斋文集》本录《渔家傲》十二首并序。今存《彊村丛书》本。

贞居词　词别集。元张雨（号贞居子）著。一卷。有吴讷《唐宋名贤百家词》本、丁丙辑《西泠词萃》本。《知不足斋丛书》刊厉鹗手抄本，载词五十三首。朱祖谋《彊村丛书》用邃雅堂抄本辑录《贞居词》五十三首，又补遗二首。唐圭璋《全金元词》据《西泠词萃》本校补朱本，删去曲调四首，录其词五十一首。《四库全书总目》谓其诗文"豪迈洒落，体格遒上"。其词语涉诙谐，章法奇横。

梅花道人词 词别集。元吴镇(号梅花道人)著。一卷。其《酒泉子》八首仿"潇湘八景"之例写其故乡嘉禾八处胜景；《渔父》词二十首，则于写景中寄隐逸闲适情趣；另有《梅花道人遗墨》二卷，载有词十二首。清朱祖谋刊《彊村丛书》，收吴伯宛校补《梅花道人词》十二首。唐圭璋编《全金元词》则用光绪二年刊《啸园丛书》本《梅花道人遗墨》辑录其词，另据《珊瑚网名画题跋》补《渔父》词十六首，据《辛丑消夏记》补《渔父》词一首，共存二十九首。

去华山人词 词别集。元洪希文(号去华山人)著。一卷。希文有文集《续轩渠集》，其中存词三十三首，有明嘉靖十二年(1533)刻本。多写景咏物之作，多林泉隐逸之趣，而感情旷放，语言浅易。近人赵万里刻《校辑宋金元人词》据傅增湘藏旧抄本《续轩渠集》辑出，题为《去华山人词》，亦三十三首，然有脱误。朱祖谋《彊村丛书》则据善本书室藏旧抄本收词十三首(原抄缺页)。唐圭璋编《全金元词》改用丁丙八千卷楼藏精抄本《续轩渠集》辑录其词三十三首。

竹窗词 词别集。元沈禧著。一卷。多写林泉渔樵逸兴雅趣，有陶然忘机之乐，不作一字忧愁语，写景清丽如画。其《踏莎行·香奁八咏》则浓艳缠绵；唯《沁园春·追次文丞相，题张巡许远两忠臣庙》于刚烈称颂中又愤慨世间"偷生恃宠、欺孤虐寡"之徒，忠愤之气溢于言表。清钱大昕《补元史艺文志》著录"沈禧《竹窗词》一卷"。朱祖谋《彊村丛书》据知圣道斋藏明抄《南词》本录其词五十五首，唐圭璋据朱本编入《全金元词》中。

此山乐府 词别集。元周权(号此山)著。一卷。周权有《此山先生诗 集》(元刻本)，其中卷一〇存词三十四首。多用《满江红》、《念奴娇》、《水调歌头》、《贺新郎》等长调，登临写景，吊古抒怀，次韵赠答，皆词气豪宕洒脱，恰如其《沁园春》所谓"笔蘸天河，手扪象纬，笑傲风云入壮题"。盖学东坡词风。朱祖谋刊《彊村丛书》从中全数辑录其词，题《此山乐府》；陶湘辑《景刊宋金元明本词》本，即据此，收词数同，唯多元欧阳玄批点。唐圭璋编《全金元词》则据影印元刊本校朱本，收词数亦同。

圭塘乐府 词别集。元许有壬著。四卷。风格多豪放悲壮。况周颐《蕙风词话》谓："许有壬《圭塘乐府》，元词中上驷也。"朱祖谋《彊村丛书》从有壬诗文集《至正集》中辑出词四卷，凡一百三十首，又用吴伯宛辑有壬《圭塘小稿》别集中词十六首，共一百四十六首，另附其弟许有孚词六首。周泳先《唐宋金元词钩沉》据《至正集》卷七九补残词一首。唐圭璋《全金元词》即据朱本和周本收入。

蜕岩词 词别集。元张翥著。二卷。凡一百三十三首。多写景、咏物、题画及摹写音乐之作，而以杭州、临川、苏州、扬州数地风物为多。《四库全书总目》专于词曲别集著录元词者，仅翥一集，谓"其词乃婉丽风流，有南宋遗格……翥所宗者犹白石梦窗之余音"。清陈廷焯《白雨斋词话》谓翥精于音律，"不独炼字炼句，且能炼气炼骨"。况周颐《蕙风词话》称其词"新而不纤，虽浅语却有深致"。有《四库全书》本；厉鹗从金绘卣家抄本，《知不足斋丛书》本即据此收入；朱祖谋《彊村丛书》校勘本；《四部备要》排印本；唐圭璋《全金元词》据朱校本收入。

燕石近体乐府 词别集。元宋褧著。有《彊村丛书》本，存词四十首。唐圭璋《全金元词》所收用旧抄本校《彊村丛书》本，较完善。

五峰词 词别集。元李孝光著。一卷。全是长调。多写雁荡山风景及山野田园隐逸乐趣，少数几首写宦游羁旅行役。风格豪放颇近稼轩，而沉郁不及。其文集为《五峰集》，有明刊本。清王鹏运四印斋汇刻《宋元三十一家词》辑录《五峰词》一卷，二十二首。唐圭璋据劳权抄本校王本，编入《全金元词》中。

龟巢词 词别集。元谢应芳著。一卷。词多作于元末明初，写伤时悯乱、飘泊流离之情，或隐逸恬淡之趣。况周颐《蕙风词话》谓其词"衰老离乱之感，言之蕴藉乃尔，令人销魂欲绝"。其文集《龟巢集》十七卷，卷一二为词，有《四库》本；道光二十六年(1846)谢兰生刊本作二十卷，卷一一为词；四明卢氏抱经楼旧藏写本二十卷，卷一一为词。朱祖谋《彊村丛书》据善本书室藏抄《龟巢集》辑其词共五十八首、题《龟巢词》一卷、补遗一卷。唐圭璋据丁氏、傅氏所藏《龟巢集》两抄本校补朱本，共辑其词六十五首编入《全金元词》。

云林词　词别集。元倪瓒(号云林)著。一卷。其词多写天涯羁旅之乡愁和“青山故国,乔木苍苔”之悲怀,清丽婉约。清江标辑刊《宋元名家词十五种》本有《云林词》一卷。《四部丛刊》初编影印天顺本,收词二十六首。唐圭璋编《全金元词》用《百家词》本《云林乐府》,删去其中属曲调者十首,另据《珊瑚网名画题跋》补一首,共存十七首。

贞素斋诗余　词别集。元舒頔著。一卷。舒頔有《华阳贞素斋文集》,存词二十余首,多忧生念乱之作,叹时事之靡宁,哀生民之涂炭。朱祖谋刊《彊村丛书》,用善本书室藏抄《华阳贞素斋文集》本辑录其词二十二首,题为《贞素斋诗余》;唐圭璋编《全金元词》用朱本,删去三首曲调,存词十九首。

蚁术词选　词别集。元邵亨贞著,明汪稷编刻。四卷。收词一百四十首。附《四部丛刊三编》所收《蚁术诗选》之后;另有《宛委别藏》本,藏故宫博物院图书馆。

韩山人词　词别集。元韩奕著。一卷。其词多写山林古寺幽寂之景,孤寒愁绪。其《女冠子·元夕》、《瑞龙吟·钱塘怀古》等词写昔盛今衰,寓黍离之悲,盖元季兵燹劫后之现实。风格沉郁凄清。其文集《韩山人集》抄本、《韩山人诗续集》,末有词三十首。清末朱祖谋《彊村丛书》收明刊集本词二十八首题为《韩山人词》。唐圭璋即用朱本收入《全金元词》中。

天籁集摭遗　散曲别集。元白朴著。一卷。《天籁集》本白朴生前手订之词集,有至元丁亥(1287)王博文为之序,元刻明初已佚。明洪武丁巳(1377)其孙白淏复抄自姑苏旧家,然传写多误,明清之际复佚。清康熙庚寅(1710)杨希洛得白氏世藏原抄,托朱彝尊为之校理,析为二卷;希洛又自《太平乐府》、《阳春白雪》、《尧山堂外纪》辑录白朴散曲三十一首作为“摭遗”一卷附于词集《天籁集》之后,刻行于世。此即白朴最早之散曲别集。今人任讷又据《太和正音谱》、《乐府新声》等书补辑,共得小令三十六首,套数四套,仍用原集之名编刻于《散曲丛刊》本中。卢前《饮虹簃所刻曲》第三十八种即据任补辑本收入。隋树森编《全元散曲》又增辑小令一首。

秋涧乐府　散曲别集。元王恽(字秋涧)著。一卷。恽撰有《秋涧集》一百卷,其中卷七四至卷七七为乐府。朱祖谋据《秋涧集》辑录《秋涧乐府》四卷,包括词和散曲,编入《彊村丛书》。卢前《饮虹簃所刻曲》卷三六专收其小令四十首,列为《秋涧乐府》散曲集一卷。隋树森《全元散曲》亦据《秋涧集》和《秋涧乐府》录其小令四十一首。其曲多言志抒怀之作,凝丽端谨。

疏斋小令　散曲别集。元卢挚(号疏斋)著,近人卢前辑。收小令凡一百一十四首。题材较广,写景咏物、咏史怀古、隐居乐道、男女风情等皆备。风格清丽端谨。贯云石《阳春白雪序》谓:“疏斋媚妩,如仙女寻春,自然笑傲。”其散曲原无别集,散见于《太平乐府》、《阳春白雪》、《乐府新声》、《乐府群珠》及《永乐大典》等书中。近人卢前始辑集,刊于《饮虹簃所刻曲》卷四十中,题为《疏斋小令》,编末有卢前乙亥(1935)三月跋。隋树森编《全元散曲》,重辑其小令一百二十首,残令一首。

东篱乐府　散曲别集。元马致远(号东篱)著。一卷。任讷辑刊,凡小令一百零四首,套数十七套,残套五篇。内容多写隐逸叹世、羁旅愁绪、写景纪胜、闺怨离情。风格潇洒放逸为主,亦有闲适恬静或清丽细密者。其小令《天净沙·秋思》、套数《夜行船》,元周德清《中原音韵》誉之为“秋思之祖”、“万中第一”。王国维亦认为“有元一代词家,皆不能办此也”(《人间词话》)。《太和正音谱》列其曲为冠首,评其曲“如朝阳鸣凤”,“有振鬣长鸣、万马皆喑之意”。任讷《曲谐》谓“杂剧推元四家,余谓散曲必独推东篱”。有任讷辑刊《散曲丛刊》本,民国二十年(1931)中华书局排印。隋树森《全元散曲》在此基础上又广搜重辑,得其小令凡一百一十五首,套数十六套,残套七篇。

诗酒余音　散曲别集。元曾瑞著。一卷。瑞长于隐语小曲,今存小令九十五首,套曲十七套。其小令除言情及代女性立言之作外,时时流露思乡寂寞之感。其套曲则以抒怀为主,叙事为辅,多抒发其隐逸之情,流露对世事的感慨。卢前《饮虹簃所刻曲》卷三一有《诗酒余音》一卷,收小令十首,套数十六套,又补遗二套。隋树森《全元散曲》则收其小令九十五首,套数十七套。录自《太平乐府》等散曲总集中。

马九皋词　散曲别集。元薛昂夫(回鹘人,汉姓马,字九皋)著。一卷。《南曲九宫正始序》谓其“词句潇洒,自命千古一人”。《太和正音谱》将其视为三人,评语云:“马九皋词如松阴鸣鹤。”“马昂夫如秋兰独茂。”“薛昂夫之词如雪窗翠竹”。卢前《饮虹簃所刻曲》卷三九有《马九皋词》一卷，收其小令三十八首，套数三套。任讷《散曲丛刊·阳春白雪》集收其小令十一首，题为马九皋撰，列于前集卷二及补集中；另收小令三首列于前集卷四，则题为薛昂夫撰。亦将其视为二人。隋树森《全元散曲》据抄本《阳春白雪》、《太平乐府》、《乐府群珠》、《北词广正谱》录其小令六十五首，套数三套，又一残曲小令。

云庄休居自适小乐府 散曲别集。元张养浩著。一卷。明成化十九年(1483)据元抄本刊行。卷首有成化十六年大梁人艾俊《引》，卷末有成化十九年金润《书张文忠公云庄乐府后》。全书共收小令一百五十余首，套数二套。多为至治元年(1321)辞官归隐济南云庄后作，或写林泉隐逸之趣，或叹宦海风波之险，或借咏史以讽今。天历二年(1329)赴陕西救灾途中所作《山坡羊·潼关怀古》等组曲尤为著名，有“兴，百姓苦；亡，百姓苦”之卓见。艾俊《引》评其曲“言真理到，和而不流……使人名利之心都尽”。《太和正音谱》评其曲“如玉树临风”。有明汲古阁藏旧抄本、明成化边靖之刊本、1930年北平孔德图书馆石印本、卢前《饮虹簃所刻曲》本。卢本系据成化本校订，并增“补遗”一卷，收小令七首。

睢景臣词 散曲别集。元睢景臣著。一卷。《太和正音谱》评其词“如凤管秋声”。其散曲无专集。今存套数三套，残曲一则，散见于《太平乐府》、《雍熙乐府》诸集中。其中以《般涉调·哨遍·高祖还乡》最为出色。钟嗣成《录鬼簿》称：“维扬诸公，俱作《高祖还乡》套数，唯公《哨遍》制作新奇，诸公皆出其下。”卢前《饮虹簃所刻曲》卷五五收其套数三套。隋树森《全元散曲》据《太平乐府》、《雍熙乐府》诸集收其套数三套，又据《录鬼簿》收残曲《一枝花·题情》一篇；并据《太平乐府》录睢玄明套数二套，或云睢玄明即睢景臣。

张小山北曲联乐府 散曲别集。元张可久著。三卷，外集一卷。系将张可久当时已刊行之散曲集《今乐府》、《苏堤渔唱》、《吴盐》、《新乐府》四集合编而成。共收五十调，七百二十二首。清咸丰间劳权据元刊过录本，重增《补遗》一卷十三首。有明汲古阁传抄元刊本，清劳权抄校本。今人任讷以此为底本重编校订，更名为《小山乐府》，收入《散曲丛刊》第五种中。

小山乐府 散曲别集。元张可久著。为范氏天一阁旧藏明永乐初抄本，不分卷，有贯云石序，刘时中跋，今存。另有同名书两种，其一为清胡莘皋抄本，其二为任讷《散曲丛刊》整理本。

张小山小令 散曲别集。元张可久著，明李开先选刊。二卷。卷首载李开先嘉靖四十五年(1566)序，卷末有后序。共收小令五百六十七首，套数一套。序谓小山才高位卑，故多“不平之鸣”，且称之“有太白诗风”，为“词中仙才”。有明嘉靖刊本、清雍正《乐府小令》刊本、卢前《饮虹簃所刻曲》本。

梦符散曲 散曲别集。元乔吉著，任讷辑。包括《惺惺道人乐府》一卷，小令一百三十七首；《文湖州集词》一卷，小令五十八首；摭遗一卷，小令三十一首，套数十套。为乔吉散曲全集。辑入《散曲丛刊》第四种。

乔梦符小令 散曲别集。元乔吉著，明李开先选刊。一卷。收小令一百九十一首，套数九套。卷首有李开先隆庆元年(1567)序，卷末有同年后序。序谓：“元之张、乔，其犹唐之李、杜乎！”又云：“蕴藉包含风流调笑，种种出奇而不失之怪，多多益善而不失之繁，句句用俗而不失其为文。自谓可与之传神。”有明隆庆刊本、清厉鹗刊本、清雍正《乐府小令》本、卢前《饮虹簃所刻曲》本。

文湖州集词 散曲别集。元乔吉著，明无名氏辑。一卷。收小令五十八首。有丁丙藏明蓝格抄本、何梦华藏清抄本、任讷《散曲丛刊》之第四种《梦符散曲》本。

九山乐府 散曲别集。元顾德润著。原本已佚。《录鬼簿》云其“道号九山……自刊《九山乐府》、《诗隐》二集，售于市肆”。卢前从《太平乐府》等书中辑得其小令八首，套数二套。收入《饮虹簃所刻曲》第三十四种中，末有卢前跋。隋树森编《全元散曲》，辑入曲数相同。《太和正音谱》谓其词“如雪中乔木”。

小隐余音 散曲别集。元汪元亨著。一卷。清黄虞稷《千顷堂书目》著录：“汪元亨《小隐余音》一卷。”清钱大昕《补元史艺文志》列汪元亨《小隐余音》、《云林清赏》各一卷。然原本皆早佚。卢前从《雍熙乐府》中辑出其小令五调百首，编为一集，跋云：“王九思《碧山新稿》，《为许柳溪作〈端正好〉套数跋》有云：‘闲中览《云林清赏》，爱而和之。’是《清赏》所载当为套数。刘效祖《词脔》有《和元学士汪云林一百首之三十二》作，原作五调百首，见《雍熙乐府》。百首词意前后一类，故总名曰《小隐余音》。”收入《饮虹簃所刻曲》第三十七种中。《录鬼簿续编》云汪元亨“有《归田录》一百篇行于世，见重于人”。隋树森编《全元散曲》疑《雍熙乐府》所存百篇小令即《归田录》之全，或即《小隐余音》。

笔记 话本 小说

长春真人西游记 笔记。元李志常著。二卷。系志常记其师长春真人丘处机西游事迹。丘处机于成吉思汗十六年(1221)应诏西征，由莱州(今属山东)启程，到大雪山行宫谒见成吉思汗。于成吉思汗十七年返回燕京(今北京)。是书上卷记述丘处机西去途中见闻及与成吉思汗谈话情况；下卷记其返回途中见闻及此后全真教发展情况，至丘处机逝世结束。书中对西域山川地理、风土人情记载详尽，颇具史料价值。丘处机西行途中所作诗篇也赖以保存。游记中还杂以诗歌，亦别成一格。《丛书集成初编》与今人杨建新主编的《古西行记选注》(宁夏人民出版社 1987 年版)均收录。

敬斋古今黈 笔记。元李治著。八卷。“黈”(tǒu)字，采自《汉书·东方朔传》“黈纩充耳，所以塞聪”，故有“不外听”之义。此书偏于考据，原目凡四十卷，久已失传。四库馆臣从《永乐大典》中采掇十之四五，辑成八卷，分为经、史、子、集四类，各二卷。其中卷七、卷八为集类，专论古今诗文。《四库全书总目》称：“有元一代之说部，固未有过之者。”有《四库全书》本、中华书局 1995 年点校本。

归潜志 笔记。元刘祁著。共十三卷，成书于蒙古时代。前十卷记金末人物逸事，多文人言行及其诗歌警句，向为纂《金史》者重视。卷一一“录大梁事”，记蒙军进入汴梁(开封)前后事，皆作者亲历，故真实而具史料价值。卷一二、卷一三系随笔。中有云：“唐以前诗在诗，至宋则多在长短句，今之诗在俗谣俚曲也……古人歌诗，皆发其心所欲言，使人诵之有泣下者；今人之诗，唯泥题目、事实、句法，将以新巧取声名，虽得人口称，而动人心者绝少，不若俗谣俚曲之见其真情而反能荡人血气也。”此见解早于李贽、冯梦龙三四百年。附录有麻革《游龙山记》及刘祁《神川遁士集》残稿数篇。有《知不足斋丛书》本。

稗史 笔记。元仇远著。一卷。皆记宋末元初事，反映出汉人反抗压迫的民族情绪，有些故事则表现出作者浓厚的封建伦理思想。原书已佚，其残存条目见宛委山房本《说郛》，另被收入《武林往哲遗著》。

湛渊静语 笔记。元白珽著。其友周陈编次并作序。署至大庚戌(1310)，称珽是年六十三岁。内容多涉及文学历史知识。《四库全书总目》称其“记汴京故宫尤为详尽”。有《四库全书》本。

困学斋杂录 笔记。元鲜于枢著。一卷。是书所记，以当时诗话、杂事为多。原本不著名氏，后曹溶收入《学海类编》，据名号及居室名考定为鲜于枢作。《四库全书总目》称其“虽随笔札录，草草不甚经意，而笔墨之间，具有雅人深致，非俗士所能伪托”。内多涉及金元间文坛逸事，可资参阅。今存《知不足斋丛书》、《畿辅丛书》、《四库全书》诸本。

闲居录 笔记。元吾丘衍著。一卷。为闲居随笔。《四库全书总目》谓其“杂谈神怪，亦多芜杂。以衍学本淹通，艺尤精妙。虽偶然涉笔，终有典型”。其中偶有诗论数条，如指摘宋末诗坛陈陈相因之流弊，颇具卓识。有《四库全书》本。

庶斋老学丛谈 笔记。元盛如梓(号庶斋)著。书分三卷，而卷二别析一子卷，故实为四卷。其书颇杂，《四库全书》列之于子部杂家。书中多辩论经史、评骘诗文之语，而朝野逸事亦间及之。耶律楚材之《西游录》，记天山西部景物一段，被采于此书，一向为治中西交通史者所重视。有《粤雅堂丛书》及《四库全书》本。

至正直记 笔记。元孔齐著。四卷。多记元末政治、经济、风俗、文艺各项杂事。卷首自序云：“凡所见闻，可以感发人心者；或里巷方言，可以为后世之戒者；一事一物可以为博闻多识之助者；随所记而笔之，以备观省。”有《粤雅堂丛书》本、《四库全书》本、上海古籍出版社 1987 年点校本。

全相平话五种 讲史话本系列性丛书。作者不详。元英宗至治(1321—1323)年间建安(今福建建瓯)虞氏刊行。邓绍基主编《元代文学史》断为元人作品。“平”通“评”。五种为《三国志平话》、《武王伐纣平话》、《乐毅图齐七国春秋后集》、《秦并六国平话》、《前汉书平话续集》。国内早已失传，日本内阁文库有藏本。国内有影印本与排印本。本丛书是在各种讲史平话单独出版之后，才汇集成丛书的。1955 年，古典文学出版社将这五种平话单行排印。

三国志平话 讲史话本。作者不详。系列性话本丛书《全相平话五种》之一。邓绍基主编《元代文学史》断为元人作品。叙魏蜀吴三国自建立至灭亡之故事。以《三国志》所载史实为基础，又大量采用了有关民间传说，拥刘反曹倾向鲜明，直接影响到《三国志演义》之创作。有《古佚小说丛刊初集》本和1955年古典文学出版社单行排印本。

武王伐纣平话 讲史话本。作者不详。系列性话本丛书《全相平话五种》之一。邓绍基主编《元代文学史》断为元人作品。其入话诗云："三皇武帝夏商周，秦汉三分吴魏刘。晋宋齐梁南北史，隋唐五代宋金收。"副标题作"吕望兴周"。内容叙武王伐纣故事。多依傍正史，而穿插了许多民间传说，又加入了大量荒诞情节，行文较活泼。对后来《列国志传》和《封神演义》之创作有直接影响。有1955年古典文学出版社单行排印本。

乐毅图齐七国春秋后集 讲史话本。作者不详。系列性话本丛书《全相平话五种》之一。邓绍基主编《元代文学史》断为元人作品。叙写乐毅伐齐故事。内容以战国时期齐燕之战为线索，而虚构了许多神怪情节。对明清神魔小说创作有一定影响。有1955年古典文学出版社单行排印本。

秦并六国平话 讲史话本。作者不详。系列性话本丛书《全相平话五种》之一。邓绍基主编《元代文学史》断为元人作品。其入话诗有云："闲将史记细铺陈。"副标题作"秦始皇传"。内容基本上依据史实，记述了秦始皇并吞六国之故事。有1955年古典文学出版社单行排印本。

前汉书平话续集 讲史话本。作者不详。系列性话本丛书《全相平话五种》之一。邓绍基主编《元代文学史》断为元人作品。副标题作"吕后斩韩信"，内容讲述刘邦听信吕后谗言，杀了楚王韩信等功臣后，诸王奋起灭吕之故事。话本虚构了一些神怪情节，而文字平易质朴。有1955年古典文学出版社单行排印本。

薛仁贵征辽事略 讲史话本。宋元间无名氏作。原书已佚，仅《永乐大典》卷五二四四收此书一卷。叙唐太宗时，百济国使臣来进贡，经过辽国。辽大将莫离支、葛苏文劫其贡品，并刺使臣面，侮辱唐朝。唐太宗派李世勣、尉迟敬德征辽。白袍小将薛仁贵参加征辽，连连获胜。最后唐军班师回朝。全书史实与虚构相结合，情节曲折生动而叙事紧凑。有1957年古典文学出版社排印之赵万里编注本。

大宋宣和遗事 一名《宣和遗事》。话本集。编者不详。邓绍基主编《元代文学史》断为元人作品。乃节录若干旧籍排比而成，始于称述尧舜而终以高宗之定都临安，按年演述。大致可分为十节：(一)叙历代荒淫无道之昏君，直至宋徽宗；(二)叙王安石变法之祸；(三)叙王安石引蔡京入朝；(四)叙宋江等三十六人梁山泊聚义之本末；(五)叙宋徽宗与娼妓李师师之交往；(六)叙宋徽宗重用道士林灵素；(七)叙腊月预赏元宵及元宵观灯之盛况；(八)叙金人入侵，攻陷京城；(九)叙徽钦二帝及帝后被掳北行受辱；(十)叙宋高宗南渡即位，定都临安。因故事来源不同，故文体较为杂乱。此话本直接影响《水浒传》创作。有《士礼居黄氏丛书》、《丛书集成初编》等本，分两集。1954年古典文学出版社以"金陵王氏洛川校正重刊"本为底本重新刊印，名《新刊大宋宣和遗事》，分为四集，内容与两集本同。

简帖和尚 又名《胡姑姑》、《错下书》。小说话本。作者不详。载《清平山堂话本》。钱曾《述古堂书目》(抄本)曾列入"宋人词话"。邓绍基主编《元代文学史》断为元人作品。写东京汴州开封府左班殿直皇甫松因洪和尚施计送情书于其妻杨氏而误休其妻之故事。情节曲折，构思巧妙，语言通俗生动，生活气息浓郁，当时广为流传。宋官本杂剧有《简帖薄媚》，金院本有《错送书》，宋元戏文有《洪和尚错下书》，所写都是同一故事。明冯梦龙《古今小说》卷三五则将之名为《简帖僧巧骗皇甫妻》。

曹伯明错勘赃记 小说话本。作者不详。明洪楩编刊《六十家小说》收有此篇，今见于《清平山堂话本》。邓绍基主编《元代文学史》断为元人作品。故事叙曹州东平府旅店店主曹伯明丧妻，因娶妓女谢小桃。谢与旧时相好倘都军私通，两人设毒计，指使贼人栽赃于曹伯明，曹遂被判入狱。后得蒲左丞查明真相，惩处了谢、倘二人，曹亦幸免冤屈。

宋四公大闹禁魂张 即《好儿赵正》。小说话本。元陆显之作。见明冯梦龙《古今小说》(《喻世明言》)卷三六。叙北宋时宋四公侠盗故事。宋为郑州人，专一抱打不平，惩治恶人，有时还与官府作对。东京开质库的张员外，人称"禁魂张"，为富不仁且吝啬成性。宋四公夜入其库,盗走金银珠宝无算。张告到官府,滕大尹派人到郑州捉拿,未获。宋有徒弟赵正、侯兴、王秀,皆怀绝技。三人一路戏耍来到东京,潜入钱王府偷出三万贯钱和羊脂玉带。滕大尹又派马翰、王遵负责捉拿。宋四公师徒使尽手段予以捉弄,最后定计将钱王失物卖到贪利的张员外解库,又将张员外失物栽到马翰、王遵家中,令两头告发。马、王冤死狱中,张员外气得自杀。按宋末罗烨《醉翁谈录》著录有《赵正激恼京师》话本一种。继后元人钟嗣成《录鬼簿》卷上"前辈已死名公才人"陆显之下"有《好儿赵正》话本"语。《好儿赵正》曾以不同名称流传,晁瑮《宝文堂书目》著录为《赵正侯兴》,后冯梦龙收入《古今小说》,改为本题目。

任孝子烈性为神 小说话本。作者不详。见明冯梦龙《古今小说》卷三八。邓绍基主编《元代文学史》断为元人作品。故事叙南宋临安府生药铺主管任珪之妻梁氏与旧好周得私通,奸情为任父察觉后,反诬任父调戏。梁氏父母则一味庇护女儿,并与周得一起捉弄、殴打任珪。后任珪探明真相,怒杀梁氏、周得、梁氏父母、使女共五人。任珪投官自首,被判凌迟示众。行刑时忽然天昏地暗,待风息天明,任珪已坐化为神。晁瑮《宝文堂书目》著录,题为《任珪五颗头》。

汪信之一死救全家 小说话本。作者不详。见明冯梦龙《古今小说》卷三九。邓绍基《元代文学史》断为元人作品。故事叙南宋汪革(字信之)外出从事冶铁业致富,在安庆麻地坡独霸一方。有散遣军校程彪、程虎应教头洪恭推荐前来投奔,被延请为教师爷,教子世雄习武。翌年,二程将武艺授毕,辞别汪家。恰逢汪革外出未归,而世雄赍发太薄,二程心生怨恨;后二程见洪恭时,又遭洪妻抢白,便萌发恶意,出首诬告汪、洪合谋反叛朝廷。汪革不意祸从天降,杀死前来诱捕的都监郭择,亡命江湖。后为保全家,投官自首。汪、洪与二程当堂对证后,官府方审明系二程陷害。但汪革命案在身,难逃一死;幸子世雄终获赦免,得沿承香火,重振家业。

魏徵梦斩泾河龙 小说话本《西游记平话》残存部分之一。作者不详。见朝鲜古代汉语教科书《朴通事谚解》。邓绍基主编《元代文学史》断为元人作品。系《朴通事谚解》编者据《西游记平话》原文改写。叙事内容与吴承恩小说《西游记》第十回中"魏徵梦斩泾河龙王"情节略同。

车迟国斗法 小说话本《西游记平话》残存部分之一。作者不详。见《永乐大典》卷一三一三九。邓绍基主编《元代文学史》断为元人作品。叙事内容与吴承恩小说《西游记》第四十五回中"车迟国猴王显法"情节略同。

娇红传 一作《娇红记》。文言短篇小说。元宋远作。写宋书生申纯随父居成都,因考试不第,至邻郡眉州母舅王通判家小住,与表妹王娇娘相见而互生爱慕之情。侍女飞红,初阻二人接近,后娇娘屈意事飞红,红反助之,二人遂得成幽会。申父托媒向王通判求婚,通判不许。既而得知二人幽会事,方欲许之,而帅府为其子求婚不能拒。娇娘以忧卒,申生闻讯自缢,死葬于锦江之滨,俗鸳鸯冢云。全文长达一万七千余字,以一对有情男女相爱而不能成眷属的悲剧故事,谴责了"媒妁之言、父母之命"的婚姻制度,为元代传奇小说之代表作。今存明建安郑云竹刻本,题作《申王奇遘拥炉娇红记》,收入《国色天香》、《花阵绮言》等书,后又为郑振铎编入《世界文库》第三册。

杂剧 南戏 诸宫调

诸宫调风月紫云亭 简名《紫云亭》。杂剧剧本。元石君宝作。四折一楔子,旦本。剧写金代爱情故事:宦家子弟完颜灵春马与说唱诸宫调之女艺人韩楚兰相恋,受到完颜之父及韩母的反对阻挠,两人被迫分离,备尝相思之苦。后灵春马登科归来,楚兰随其私奔。二人流落外乡,最后终于得到双方家长同意,结为夫妇。有《元刊杂剧三十种》本,《元曲选外编》据以排印。仅存曲辞,科白多数残缺。剧末有一阕《鹧鸪天》词和四句七言诗,为元杂剧体制所罕见。元戴善夫亦有同名杂剧,已佚。

李亚仙花酒曲江池 简名《曲江池》、《李亚仙》。杂剧剧本。元石君宝作。四折一楔子,旦本。本事出唐白行简《李娃传》传奇。写洛阳府尹郑公弼之子郑元和辞别父亲,进京赴试。三月三,至长安曲江池游春,与京都名妓李亚仙相遇,一见钟情,遂倾囊耗资宿于李家。及资财荡尽,被鸨母赶走,沦落凶肆以为人出殡唱挽歌谋生。郑府尹闻知,赶到京师,痛打元和殆死而去。亚仙闻讯赶到,救活元和;而鸨母又赶来,强拖亚仙归家。亚仙后于风雪寒天与沦为乞丐之元和相遇,救之回家调养,并以积蓄自赎从良，与之另赁房宅同居，勉其刻苦攻读。逾年，元和应试中状元，授洛阳县令，亚仙亦凤冠霞帔。元和按例参见上司洛阳府尹，郑府尹欲认子，元和拒之。终因亚仙以死规劝，父子方得相认。有《元曲选》本、顾曲斋本。元高文秀有《郑元和风雪打瓦罐》，已佚；明朱有燉《曲江池》杂剧及薛近兖《绣襦记》传奇，皆据此改编。

鲁大夫秋胡戏妻 简名《秋胡戏妻》。杂剧剧本。元石君宝作。四折，旦本。本事出刘向《列女传》及葛洪《西京杂记》，历代诗文及唐变文亦咏之。剧写秋胡纳妻罗梅英三日而从戎。梅英之父欠李大户四十石粮，李以此要挟梅英改嫁于他，并谎言秋胡已死，梅英坚贞不从。越十年，秋胡积军功拜官中大夫，衣锦还乡，见桑园中采桑妇美，悦而调戏之，妇怒骂而离去。秋胡至家梅英方认出丈夫即桑园调戏之人，毅然索休书离异。经婆母求情，乃得和解。恰李大户来抢亲，被秋胡捉送到官受惩。杂剧改秋胡主动离家求官为秀才被勾充正军，“儒人颠倒不如人”；改梅英投水殉节为怒索休书离异；又增加了李大户索债逼婚、抢婚情节。有《元曲选》本。近代京剧有《桑园会》，地方戏亦有《秋胡戏妻》剧目。

秦修然竹坞听琴 简名《竹坞听琴》。杂剧剧本。元石子章作。四折一楔子，旦本。写郑彩鸾、秦修然由父辈指腹为婚，及长，两家父母双亡，音讯断绝，婚事未谐。因官府明令二十以上女子限期出嫁，彩鸾遂随老道姑出家竹坞庵为尼。修然上京赴试，寄寓父执郑州府尹梁公弼家，一日过竹坞庵借宿，闻琴声得遇彩鸾，两相倾慕，频频往来。事为公弼察觉，虑修然荒废学业，便诳言彩鸾为女鬼作祟，令其速离赴京应试。公弼又访竹坞询得彩鸾身世，欲暗中玉成。及修然中举授郑州通判，公弼说破前因，彩鸾遂还俗与修然得谐伉俪。老道姑闻之，往责彩鸾道心不诚，偶见公弼，彼此大骇，原来老道姑即公弼失散多年之妻，于是老少夫妻皆得团聚。剧末以“但则要提对儿云期雨约，便是俺师徒们全真了道”，嘲弄宗教禁欲。有《脉望馆钞校本古今杂剧》本、顾曲斋本、《元曲选》本、《柳枝集》本。

黄桂娘秋夜竹窗雨 简名《竹窗雨》。杂剧名。元石子章作。全本已佚。《元人杂剧钩沉》辑存其〔仙吕〕残曲一套。题目作“韩伯元春日草堂吟”。残曲写桂娘因父母嫌韩生贫困而悔亲，而生幽怨相思之情。

同乐院燕青博鱼 简名《燕青博鱼》。杂剧剧本。元李文蔚作。四折一楔子，末本。剧因穿插燕青在同乐院与燕和博鱼情节而得名。叙写梁山燕青因超假受杖，气忿失明。下山医眼流落汴梁，欠债乞讨，被杨衙内走马撞倒并殴打。得燕和之弟燕顺救助，为施针灸，双目复明，遂结为兄弟。青借本钱贩鱼，至同乐院以鲜鱼为赌注，冀博数钱。遇燕和来博，赢鱼复还之。会杨衙内过，嫌青不避，砸其鱼担。燕青怒而痛殴之。和慕青拳脚，询知乃梁山好汉，便结为兄弟延养家中。和妻腊梅与杨衙内有奸，值中秋，约杨幽会于后园，为青发见，约和捉奸，杨跳窗而逃，寻复领差人至，逮和、青下狱。二人越狱出逃，杨领兵追赶。时燕顺已投梁山，闻讯下山搭救，正遇和、青于途。遂共捉奸夫淫妇押上梁山处死。剧情为《水浒传》所无，却与杨雄、石秀杀潘巧云、裴如海事相类。有《脉望馆钞校本古今杂剧》本、《元曲选》本、《酹江集》本传世。

破苻坚蒋神灵应 简名《谢玄破苻坚》、《蒋神灵应》。杂剧剧本。元李文蔚作。四折一楔子，末本。事本《晋书》增饰而成。剧写后秦苻坚大举伐东晋。东晋丞相谢安举侄谢玄为帅，谢石副之。安与王坦之对弈，召玄来观，以棋理喻兵法示以“退”之。玄心领神会，与石率众将祭祷于钟山蒋神之庙，遂率兵十万，与苻坚百万大军相遇于淝水。玄诈言寡不敌众，若苻坚退回淝水对岸，便愿投降。苻坚自恃兵多，信而允之。及过河甫半，玄忽纵兵击之；时蒋神又显灵于八公山，将满山草木皆幻化为众兵。秦兵大乱，淹死、被杀大半。玄遂大破苻坚。班师后，玄与安等俱加官进爵。今存《脉望馆钞校本古今杂剧》本、《孤本元明杂剧》本，《元曲选外编》即据此重印。

张子房圯桥进履 简名《圯桥进履》。杂剧剧本。元李文蔚作。四折一楔子，末本。本事出《史记》、《汉书》及《仙传拾遗》。剧写张良博浪沙刺秦始皇未中，亡命深山，得太白金星指引，至下邳求师。在圯桥，遇白发老父直坠其履于桥下，呼良取履。良愕然，强忍下桥取履进之。老父以为“孺子可教”，授天书三卷，皆兵法及治国良略。良拜问姓名，老父约其得志后至济北谷城山下问“黄石”。遂去不复见。良投沛公刘邦，拜为军师。出奇谋擒申阳、陆贾，又败楚将钟离昧、季布。韩信于帅府为良摆宴庆功，萧何宣诏为良等加官赐赏。有《脉望馆钞校本古今杂剧》本，《孤本元明杂剧》及《元曲选外编》皆据此排印。明佚名《赤松记》及清丁耀亢

《赤松游》传奇，皆演此事，唯俱以黄石公为主。

临江驿潇湘夜雨 简名《临江驿》、《潇湘夜雨》。杂剧剧本。元杨显之作。四折一楔子，旦本。剧中张天觉乃北宋名臣，名商英，历仕神、哲、徽三朝，累官至宰相，《宋史》有传。然未尝贬江州，落水失女事亦不详所出。金院本有《张天觉》，或为剧情所本。剧写天觉因忤高俅而谪江州，至淮遇风浪覆舟，与女翠鸾落水相失。鸾为渔父崔文远救，被认为义女。崔侄通赴考过文远家，文远即主二人成婚。通启程时誓不负鸾；及登第，谎称未婚而娶考官赵钱之女，同赴秦川县任。越三年，鸾闻讯往秦川寻夫。通不认，反诬之为盗窃家中银器之逃婢，刺配沙门岛，又阴嘱解差途中杀之。鸾沿途冻馁交加，苦不堪言。至临江驿夜雨潇潇，瑟缩檐下啼号，惊醒驿内廉使，出问之，原来廉使即天觉。向落水亦获救，今复官过此，得父女重逢。遂遣捕崔通，并赵女俱拘至；又奏免赵钱，下令斩通。恰文远赶至为侄求饶。鸾于恩仇矛盾中亦恐再嫁失节，说父允情，遂贬赵女为婢，鸾、通复为夫妇。今存顾曲斋本、《元曲选》本、《柳枝集》本。南戏《崔君瑞江天暮雪》、明传奇《江天雪》皆据此改编。

郑孔目风雪酷寒亭 简名《酷寒亭》。杂剧剧本。元杨显之作。四折一楔子，末本。剧写郑州孔目郑嵩替仗义杀人的宋彬说情，使之得免死罪，刺配沙门岛，并与之结为兄弟，馈资送行。又助官妓萧娥脱乐籍而迷恋之。郑妻终为萧娥气死。郑正为妻治丧，适逢州命赴京公干，遂托萧娥照料子女。及归，于城外店中得遇儿女，方知萧娥与人通奸，儿女不堪虐待出逃，为店主收养。郑大怒，持刀夜归杀死萧娥，而奸夫脱逃。郑至衙自首，配沙门岛，奸夫祗候高成欲加害郑而求任押解。郑儿女沿途行乞为父送饭，遇宋彬。彬昔解配途中杀解差落草居此，闻郑有难，随其儿女带路至酷寒亭。时风雪交加，高成正缚郑于亭，会彬赶至救下。遂缚成至山寨处杀之，复摆宴为郑压惊。今存《古名家杂剧》本、《元曲选》本。南戏亦有同名剧，仅存残曲，见《宋元戏文辑佚》。

救孝子贤母不认尸 简名《救孝子》、《不认尸》。杂剧剧本。元王仲文作。四折一楔子，旦本。剧中王修然乃金世宗朝名臣，知大兴府，人称"过包拯远甚"(焦循《剧说》)。《金史》本传称其"性刚严，临事果决，吏民惮其威，虽豪右不敢犯"。剧写大兴府军户李氏长子杨兴祖乃亲生，次子谢祖乃亡夫之妾生。会征兵，昆仲争往，母执意令长子去，府尹王修然甚敬其贤。临行，兴祖付刀与妻王春香托赠东军庄内弟，母命谢祖送嫂。谢祖为避嫌，送近庄以行李付嫂而归。歹徒赛卢医劫掠与小叔分手后独行的春香，并剥下春香衣服穿在被其杀害的另一哑婢身上，又毁婢容以造疑案。王母不见女归，追问李氏知谢祖所送，又发现女尸，遂告谢祖害嫂。官仅据尸首衣服即判杨母领尸，母信谢祖无罪，坚执不认。官严刑谢祖屈供，遂下死牢待批斩。后兴祖告假回家，路遇春香，询知为卢医所掠，乃执卢医至官。正遇王修然复审此案，于是冤情大白，卢医被处斩，推官、令史受杖一百罢免，兴祖兄弟母子以贤孝皆得表彰。今存《元曲选》本。南戏有《何推官错认尸》，仅存残曲，情节类似；宋元话本亦有《错认尸》，然与剧情多异。

诸葛亮军屯五丈原 一作《诸葛亮秋风五丈原》。简名《五丈原》。杂剧名。元王仲文作。全本已佚。本事出《三国志·蜀书·诸葛亮传》及《三国志平话》卷下《秋风五丈原》。今仅《元人杂剧钩沉》存第四折《双调》残曲一支，述诸葛亮临终前情景。京剧有《七星灯》，川剧、徽剧、河北梆子、同州梆子皆有此剧。

关大王独赴单刀会 简名《单刀会》。杂剧剧本。元关汉卿作。四折，末本。本事源出《三国志·吴书·鲁肃传》及裴注，颠倒敷衍而成。剧写刘备取西川后，东吴欲向刘讨还前所借之荆州。中大夫鲁肃恐荆州守将关羽不让，拟定计设宴擒之，再出兵夺取荆州。国丈乔公以关羽英雄无比，劝肃罢之。隐士司马徽历述关羽千里单骑、五关斩将之勇武，亦劝肃罢之。肃不听，下书请宴。羽慨然应允，只带周仓单刀赴会，令关平调船接应。席间肃索讨荆州，羽慷慨陈词，肃理屈词穷，欲动伏兵，为羽识破，一剑砍断桌案，手揪鲁肃，要其送至船上。会关平率船来接，遂威风凛凛上船而归。剧中屡赞"汉家气节"，歌颂羽之英雄气概，为明初《三国演义》所继承。有《元刊杂剧三十种》本、《脉望馆钞校本古今杂剧》本。《元曲选外编》据此重印。明传奇《荆州记》已佚，清宫大戏《鼎峙春秋》亦袭用此剧三、四折，近世昆剧及地方戏中尚有《训子》、《刀会》、《临江赴宴》等折上演。

单刀会 见"关大王独赴单刀会"。

关张双赴西蜀梦 简名《双赴梦》。杂剧剧本。元关汉卿作。四折，末本。系据《三国志》刘备、关羽、张飞等传中关、张遇害之事，虚构托梦情节而成。首折叙刘备称帝后，思念关、张，遣差官赴荆州、阆中宣召关、张来成都聚会。差官抵达二地，始知荆州已陷东吴，刘封、糜竺、糜芳暗通东吴，致羽被擒杀。张飞拟伐吴报仇，又被部将张达暗杀投吴。遂星夜驰回成都报丧。二折叙诸葛亮夜观天象见将星殒落，知蜀必损二将；及差官回报果然。亮虑刘备闻此噩耗不胜其悲，拟隐瞒不报。三折写关、张二魂赴都相遇，互诉被害原委，乃相约向孔明、刘备托梦以求报仇。四折叙二魂入宫托梦，不胜凄惶。刘备梦中尚以为兄弟团聚，殷勤挽留。张飞暗示被害经过，再三叮咛皇兄兴兵活捉二糜、张达，以雪冤恨。曲词苍凉悲怆，渗透了宋元之际人民痛恨内奸的时代情绪。今存《元刊杂剧三十种》本，宾白全缺。《元曲选外编》据此重印。

闺怨佳人拜月亭 简名《拜月亭》。杂剧剧本。元关汉卿作。四折一楔子，旦本。写蒙金交战时，金兵部尚书王镇之女瑞兰偕母逃难，中途被哨马冲散；穷秀才蒋世隆与其妹瑞莲亦失散。王母遇瑞莲，收为义女。瑞兰巧逢世隆，假称夫妻同行；途经虎头山被劫至山寨，因寨主恰是曾与世隆结义的陀满兴福，遂受热情款待。下山后，二人在旅店结为真夫妻。不久世隆卧病，瑞兰请医为其诊治。适逢王镇路过，嫌世隆寒微，强逼瑞兰与之分离。瑞兰归家，夜夜烧香拜月，祈祷世隆康复团聚，被义妹瑞莲听见，二人遂相认为姑嫂。后世隆和陀满各中文武状元。王镇为光耀家世，逼瑞兰招武状元为婿，令瑞莲配文状元。婚礼上瑞兰、瑞莲均认出蒋世隆。王镇尴尬中只好改变原意，令瑞兰与世隆团圆，将瑞莲配与陀满兴福。今存《元刊杂剧三十种》本，宾白不全。南戏《拜月亭记》（一名《幽闺记》）即据此改编。王国维云："南曲佳处，多出此剧。"（《元刊杂剧三十种序录》）

拜月亭 见"闺怨佳人拜月亭"。

状元堂陈母教子 简名《陈母教子》。杂剧剧本。元关汉卿作。四折一楔子，旦本。本事出《宋史·陈尧佐传》及《青琐高议》、《游宦纪闻》、《渑水燕谈录》、《清波杂志》等宋人笔记，增饰附会而成。剧写宋故陈相国夫人冯氏为激励三子攻书夺魁，特建状元堂。长子良资、仲子良叟相继两年各中状元而归。至第三年，季子良佐应试，行前夸口必中头名。未料是年状元为王拱辰所得，陈母即招之为婿；而良佐得探花归，为母打骂逐之出门。寻逢母寿日，良佐携妻来贺。母罚其烧火剥葱，席间又使子婿羞辱之。良佐愧怒，发誓再去应试，终得状元归。因途中受人蜀锦，母责其未官"先受民财"而杖之。会莱国公寇準至宣敕，言不该私杖状元，母言为诫其将来免遭刑宪。寇赞其教子有方。诏封陈母为贤德夫人，对四状元皆加官赐赏。有《脉望馆钞校本古今杂剧》本，《元曲选外编》据此重印。今人或疑非关汉卿作，然乏确证。

诈妮子调风月 简名《调风月》或《诈妮子》。杂剧剧本。元关汉卿作。四折，旦本。剧取材于现实。写金国尚书之子小千户自燕京来洛阳探望某夫人，夫人令侍婢燕燕服侍。千户爱悦之，许以小夫人而诱合。寒食节，千户踏青遇尚书女莺莺，一见钟情，互赠定物。事为燕燕察觉，知受骗，愧怒交加。异日，千户复来求欢，燕闭门而拒之。千户怒，怂恿夫人令燕往莺家说媒。燕推辞不脱，即至莺家，莺满口允婚。成婚之日，燕为莺梳妆，遭千户奚落，忍无可忍，乃当众揭发千户骗奸秽行。夫人恐家丑外扬，遂令千户娶燕为小夫人。有《元刊杂剧三十种》本，科白多缺。《元曲选外编》据以重印。宋人说话有《妮子记》目，然属灵怪类。金院本有《调风月》，而情节与此无涉。又元刘一棒《风风雨雨莺燕争春记》南戏，《永乐大典》、《南词叙录·宋元旧篇》中著录之《诈妮子》，皆佚。《宋元戏文辑佚》辑残曲八支。明佚名有《诈妮子》传奇。

邓夫人苦痛哭存孝 简名《哭存孝》。杂剧剧本。元关汉卿作。四折，旦本。本事出《旧五代史·李存孝传》及《五代史平话·唐史》，衍饰而成。写李克用破黄巢后，命义子家将康君立、李存信镇邢州，李存孝守天党。康、李嫌邢州险恶难守，怂恿李克用易存孝镇之。二人恐存孝记恨，矫传父命，令存孝改名；又回报克用，诬存孝怨恨易守而换姓反叛。克用欲兴兵讨之；夫人刘氏往邢州探明冤情，携存孝及其夫人邓氏回归，以便澄清。康、李恐事败露，谎称刘亲子亚子坠马受伤，赚刘往救；又灌醉克用，乘机进谗，克用令车裂存孝。及克用酒醒，得知实情，追悔莫及，立令收缚二奸。邓氏身背存孝骨殖，痛哭回乡。克用夫妇押二奸至存孝灵前车裂之，以祭冤魂；复以城池一座与邓养老送终。剧将正史中存孝附梁通燕伐晋诸事皆讳去，又将康、李之死改为车裂。有《脉望馆钞校本古今杂剧》本，《元曲选外编》据以排印。元末罗贯中《残唐五代史演义》、清叶稚斐《英雄概》传奇及近世秦腔《存孝归天》均述此故事。

刘夫人庆赏五侯宴 简名《五侯宴》。杂剧剧本。元关汉卿作。五折一楔子，旦本。本事出《五代史》、《五代史平话》、《刘知远诸宫调》等，多所增饰。剧写李氏典身于赵太公家当乳母三年以葬其夫。赵私改文书中“典身”为“卖身”，逼李弃亲生子王阿三于野中。适逢李嗣源猎追白兔而遇阿三，遂收为义子，改名李从珂。十八年后，从珂为五虎大将，路遇李氏受赵子脖揪凌逼欲寻自缢，因救。李氏见从珂貌似阿三，啼悲不止。从珂诘之，知其弃儿出生年月日时与己同，因疑己非嗣源亲生。归问嗣源，嗣源支吾其词。会嗣源母刘夫人设五侯宴，从珂不饮，必欲刘言明此事，否则拔剑自刎。刘始说破前因。从珂即率兵诛赵氏子，迎亲母李氏而归。王季烈《孤本元明杂剧提要》评此剧“曲文率直，绝无俊语，惟其本色处…… 皆非后人所能及”。有《脉望馆钞校本古今杂剧》本，《元曲选外编》据以复排。元刘唐卿《麻地捧印》杂剧、南戏《刘知远白兔记》，情节均受此剧影响。今人或疑非关汉卿所作，然证据不足。

钱大尹智宠谢天香 简名《谢天香》。杂剧剧本。元关汉卿作。四折一楔子，旦本。本事杂取《古今词话》中柳永缱绻江淮一官妓事、与杭妓楚楚相恋得谒孙何事、《能改斋漫录》中杭妓操琴改秦观《满庭芳》词事及宋元话本《柳耆卿诗酒玩江楼》、金院本《变柳七郎》等柳永轶事，与《钜野县志》谢天香书“秾芳亭”事及宋元话本《简帖和尚》中钱大尹事，合衍而成。剧写词人柳永与开封名妓谢天香相恋，时春闱期近，柳将辞谢赴京。适值故友钱可新任开封府尹，柳往贺钱，托其照看谢氏。钱以其恋妓，怒而责之。柳启程，谢为饯行，柳作《定风波》词留别。钱闻柳词中有“可可”二字犯己名讳，唤谢令唱，待其犯而罚之，以妓受刑不能嫁士大夫而断柳贪花之念。谢唱时改“可可”为“已已”，并巧换词韵以避惩罚。钱喜其聪慧，改念成全二人，故假娶谢为妾除其乐籍，而三年并不同房。谢不知计，暗自悲怨。柳中状元而归，怨钱夺爱。钱乃说破本意，柳谢始悟，再三拜谢，遂成眷属。有《古名家杂剧》本、顾曲斋本、《元曲选》本、《今乐府选》本。

杜蕊娘智赏金线池 简名《金线池》。杂剧剧本。元关汉卿作。四折一楔子，旦本。本事未详，唯济南趵突泉实有金线池，元人诗文多有纪之。剧写洛阳书生韩辅臣赴京应举，途经济南府，访故友府尹石好问，与上厅行首杜蕊娘一见钟情，恩爱相洽，誓相嫁娶。未几韩金尽，杜母遂以恶言驱逐，又在杜面前诋毁韩另有新欢。杜中离间计，及韩来，拒而不礼。韩求石相助。石资韩于金线池摆宴，邀众妓劝杜嫁韩。杜虽心动而仍拒之。石乃令拘杜母女至衙，责以失误官身，佯欲加杖责。杜明知此为韩所串通，而己本钟爱之，遂求韩开释，愿以身许之。韩为告免。石遂资银予杜母，为杜落籍归韩。孟称舜《柳枝集》评此剧：“写唧哝哀怨之语，字字如大珠小珠落玉盘时也。岂非大作手。”有《古名家杂剧》本、顾曲斋本、《元曲选》本、《柳枝集》本、《今乐府选》本。

赵盼儿风月救风尘 简名《救风尘》。杂剧剧本。元关汉卿作。四折，旦本。写汴梁妓宋引章，初与贫秀才安秀实相恋，后为富商周舍引诱，欲嫁之。宋之义姊赵盼儿以利害劝阻，宋不听，竟嫁周舍。周携宋归郑州，百般虐待之。宋不堪其苦，求救于赵。赵盛设装具，浓妆艳抹，驱车至郑州，止宿店家，唤来周舍，诡称欲嫁之，又授计引章至店相闹。周初不信，及见盼儿赌咒发誓，遂以休书付引章而逐之。赵索宋所得休书易以他纸，二人相挈潜行。迨周发现中计，急追赶而至，诈出宋之休书口吞之，并拖之见官，告赵诳骗其妇。赵亦告周强占有夫之妇，自写休书，又复诬告，因出真休书为据。安秀实亦预得赵约出面作证。官乃杖周，判宋归安。《曲海总目提要》评云：“小说家所载女子，有能识别英雄于未遇者……有能成人之美者……有为豪侠而诛薄情者……赵盼儿似乎兼擅众长。”王国维评此剧：“布置结构，亦极意匠惨淡之致，宁较后世之传奇，有优无劣也。”(《宋元戏曲史》)有《古名家杂剧》本、《脉望馆钞校本古今杂剧》本、《元曲选》本。今越剧、评剧犹上演此剧目。

救风尘 见“赵盼儿风月救风尘”。

钱大尹智勘绯衣梦 一作《王闰香夜月四春园》。简名《绯衣梦》。杂剧剧本。元关汉卿作。四折，旦本。本事未详，唯梦中得诗拆字破出凶手姓名或受唐传奇《谢小娥传》影响。剧写汴梁女王闰香与同城李庆安系父母指腹为婚。后李家没落，王父悔亲。闰香约李夜至家，赠李财物以充聘礼。入夜，侍婢梅香持金银包袱以待庆安，被窃贼裴炎杀害。庆安至，被尸绊倒，手染鲜血，大恐逃回。王父疑庆安杀人，告官治狱，屈打成招。上送开封府时，钱大尹审案，知有冤抑。乃祈祷狱神，使庆安呓语。果闻：“非衣两把火，杀人贼是我。赶的无处藏，走在井底躲。”知凶手乃裴炎，并察得有棋盘街井底巷。即派公差微服赴彼捕捉裴炎归案。庆安无罪获释，与闰香成婚。有《古名家杂剧》本、《脉望馆钞校本古今杂剧》本、顾曲斋刊本。宋元南戏有《林招得》，人物异而情节略同；元萧德祥亦有《四春园》杂剧，已佚。明传奇《钗钏记》、《卖水记》，拟话本《陈御史巧勘金钗钿》(见《喻世明言》)，情节均受此剧影响。因首折《点绛唇》、《混江龙》袭用白朴《梧桐雨》中《粉蝶儿》曲，三折《调笑令》中涉“水浒”人物王矮虎、一丈青，故今人或疑非关汉卿作，然证据不足。

望江亭中秋切脍旦 简名《望江亭》、《切脍旦》。杂剧剧本。元关汉卿作。四折，旦本。写白士中登科得官，赴任潭州，过清庵观，往谒观主白姑，诉以失偶。时谭记儿新寡，美而多才，与白姑常相过从，姑遂为作合，令与士中谐伉俪，同往潭州。权豪杨衙内早欲占谭为妾，闻归于白，甚恨之。诬奏白恋花酒旷职，请势剑金牌文书，自往潭州杀白。谭得知后，决定独闯龙潭智赚金牌。适值中秋，杨泊舟望江亭赏月饮酒，谭乔装渔妇献新切脍鼓棹而至，杨睹其美，命坐与痛饮。谭为作歌劝饮，待杨沉醉，乃诱取其势剑金牌。及旦，杨欲缚白无据。白出势剑金牌云：“渔妇告汝中秋欲奸占为妾事。”杨犹抵饰。白令妇出见，杨方知中计。适湖南都御史李秉忠访得其事奏于朝，诏杖杨，夺其职。白仍知潭州。吴梅评此剧“俊语颇多”，“字字芳逸”(《古今名剧选·望江亭跋》)。有息机子本、《脉望馆钞校本古今杂剧》本、王骥德编《古杂剧》本、《元曲选》本、姚燮《今乐府选》本。今京剧及川剧等地方戏亦有此剧目。

望江亭 见“望江亭中秋切脍旦”。

包待制三勘蝴蝶梦 简名《蝴蝶梦》。杂剧剧本。元关汉卿作。四折一楔子，旦本。写皇亲葛彪骑马撞倒穷儒王叟，反诬叟拦路而殴之致死。叟妻王氏率三子报仇，打死葛彪，为县差拘捕。开封府尹包拯昼梦游园，见二蝶坠蛛网被大蝶救出，一小蝶坠网，大蝶徘徊不救而去。梦醒，适差解命案人犯至。拯审勘，母子四人皆争自揽罪。拯判长子或次子偿命，母皆谓不可；判幼子偿命，母首肯。拯疑幼非亲生，怒斥母，母始供称：长、次皆前妻生，唯幼乃己出。拯方悟梦蝶事，深叹王母之贤。乃暗以死囚盗马贼赵顽驴李代桃僵而释放王三。汉刘向《列女传》有“齐义继母”故事，本剧借其关目而另寓现实内容。《元史·刑法志》规定：“人杀死其父，子殴之死者不坐。”包拯不敢判“权豪势要”葛彪有罪，亦不敢依法释放王三“不坐”，而改用“掉包计”曲为保全之，正反映出元代法律及吏治之现实。金院本原有《蝴蝶梦》，已佚。有《脉望馆钞校本古今杂剧》本、《元曲选》本。

感天动地窦娥冤 简名《窦娥冤》。杂剧剧本。元关汉卿作。四折一楔子，旦本。剧写楚州寒儒窦天章上京应举，为抵债，将七岁女儿端云送往蔡婆做童养媳。端云后改名窦娥，十七成婚，不久夫死，与蔡婆相依为命。蔡婆因向赛卢医索债被骗至荒郊将被勒死，遇张驴儿父子撞见救下。张驴儿询知蔡婆儿媳亦寡，遂以绳索威逼蔡婆招赘其父子上门，婆无奈领至家，为窦娥坚拒。张要挟赛卢医卖给毒药，投毒于汤内，欲害死蔡婆以胁窦娥就范，不料汤被张父误食，而窦娥仍守贞不从。张遂诬告窦娥“毒死公公”。昏官楚州太守桃杌严刑逼供，窦娥流血昏死仍不招。官又欲加刑于蔡婆，窦娥为救婆乃屈招，被判死刑。刑前她向天地鬼神申诉冤枉，并发血溅白绫、六月降雪、三年大旱三桩誓愿以明己冤。果然一一应验。三年后，窦天章以肃政廉访使至楚州刷卷，窦娥鬼魂泣诉，冤案方得昭雪。天章依法判张驴儿凌迟处死，赛卢医流配充军，桃杌并吏典各杖一百，永不叙用。剧中仅“三桩誓愿”故事源于《汉书·于定国传》及《搜神记》中“东海孝妇”周青故事，余皆取材于元代现实。据《元史·百官志》，至元二十八年(1291)始改“提刑按察使”为“肃政廉访使”，故剧当作于至元末至大德初(1297年前后)，是当时强梁横行、官府昏愦、草菅人命的真实写照。王国维《宋元戏曲史》称此剧“列之世界大悲剧中亦无愧色”。有《古名家杂剧》本、《元曲选》本、《酹江集》本。1935年流传欧洲，先有法译本，后又有日、英、德等外文译本。明传奇《金锁记》及近世京剧、地方戏中《六月雪》、《羊肚汤》、《斩窦娥》等，均据此改编。

窦娥冤 见“感天动地窦娥冤”。

温太真玉镜台 简名《玉镜台》。杂剧剧本。元关汉卿作。四折，末本。据《世说新语·假谲》“温公娶妇”增饰而成。写晋翰林学士温峤拜望从姑，见姑女刘倩英年轻姿美，十分钟情。适姑延峤教倩英习琴、字，行拜师礼。峤借弹琴练字之便，挑逗倩英，遭女斥责。姑又托峤为女觅婿，峤暗存自婚意，诡称有一翰林学士，才学、文章、年龄、相貌与己相侔，得姑应允后，又取玉镜台与姑为定物。后官媒至，姑始知镜台乃峤物。成婚之日，倩英以老夫少妻故，拒不同房。峤百般做小伏低，女犹不允。两月后，王府尹设宴为之调合。约学士为诗，有诗则学士饮金钟酒，夫人插凤钗；无诗则瓦盆饮水，戴草花，墨乌面皮。倩英好强恐罚，始称峤为夫，催峤做诗，并许以今后顺从。夫妇遂和好相欢。有《脉望馆钞校本古今杂剧》本、《元曲选》本、《柳枝集》本、王骥德《古杂剧》本。南戏《温太真》已佚。明朱鼎有同名杂剧和传奇。范文若《花筵赚》、卢柟《玉镜台》等传奇，均据关剧改编。

包待制智斩鲁斋郎 简名《鲁斋郎》。杂剧剧本。元关汉卿作。四折一楔子，末本。剧写权豪势要鲁斋郎强夺银匠李四之妻，李四拟告状而病倒街头，为六案孔目张珪所救。张初言助李，但得知被告系鲁斋郎时，大惊失色，力劝李四罢休，以免遭祸。后鲁见张妻美，复威胁张送妻至鲁宅。张畏其权势，只得屈从。鲁对李妻已厌，诈称己妹而送与张为妻。张携李妻归家，会李因儿女失散来张家寻找，与妻重逢。而张之儿女为寻母亦失踪。张于绝望中出家修道。龙图阁待制兼开封府尹包拯寻访民情，途中收养了李、张两家子女，闻鲁专夺人妻事，欲绳之以法，但又恐皇上袒护权豪，故于奏文中将“鲁斋郎”写作“鱼齐即”，御批下“斩”字后，复将“鱼齐即”添足而立予处决。李、张两家夫妻儿女皆得团圆。剧假借宋代清官包拯之名反映元朝现实，“智斩”正曲折地反映了元朝权豪势要享有法律特权。有《脉望馆钞校本古今杂剧》本、《元曲选》本。

山神庙裴度还带 简名《裴度还带》。杂剧剧本。元关汉卿作。四折一楔子，末本。“山神庙”一作“香山寺”或“晋国公”。本事出《唐摭言·节操》及《玉堂闲话》，略加增饰。剧写书生裴度游学至洛，贫居城外山神庙中。姨父王彦实及姨母刘氏召至家中，愿助之经商，为度谢绝，遂将度逐出门外。王知度非等闲辈，暗托白马寺长老赠金与度关照之。是日大雪，相士赵野鹤与度相面，言度翌日必死于乱砖之下。度不信，怒而去之。时洛守韩廷干受诬下狱，追赃三千。其女琼英日至邮亭卖文筹款，遇御史李邦彦，受李赠玉带一条，以充缺额。女归途中至山神庙避雪，忘带于庙中。度拾得带，坐等失主达旦。琼英母女返庙寻带，度还之送彼出门，庙忽倾塌，度幸免灾。韩夫人许女与度以报大恩。野鹤赠马、长老赠银助度进京应举。时廷干案白出狱，得邦彦保奏升任参政。适度状元及第，韩奏旨招亲。王彦实夫妇来贺，度冷落之。经长老说破激励暗助之由，度始大悟赔罪。有《脉望馆钞校本古今杂剧》本，《元曲选外编》据以重印。明传奇《还带记》及“三言”中《裴晋公义还原配》、《施润泽滩阙遇友》两篇“入话”皆述此故事。今人或疑此剧为贾仲明作，然乏确证。

唐明皇启瘗哭香囊 简名《哭香囊》。杂剧名。元关汉卿作。全本已佚。唐明皇自蜀还京，启杨贵妃瘗，故香囊犹在，帝视之，凄感流涕。事见《新唐书·后妃列传》及乐史《杨太真外传》。今仅《元人杂剧钩沉》存残曲五支，似为明皇哭香囊时所唱。

风流孔目春衫记 简名《春衫记》。杂剧名。元关汉卿作。全本已佚。本事不详。今仅《北词广正谱》存《仙吕·尾声》一曲，据曲文“我则要你成双到底，我与你为妻……咱两个到黄泉做鬼，永不分离”等语，知此当属正旦主唱之“悲欢离合”剧。

唐明皇秋夜梧桐雨 简名《梧桐雨》。杂剧剧本。元白朴作。四折一楔子，末本。系据正史和白居易《长恨歌》，旁参《明皇十七事》、《开元天宝遗事》、《太真外传》等敷衍而成。叙唐明皇与杨贵妃的爱情悲剧。自杨妃入宫后，明皇不理朝政，朝歌暮宴，无有虚日。边将安禄山损军丧师，按律该诛。帝不仅赦之，复赐予妃为义子，又封为节度使，姑息养奸。春去秋来，帝、妃七夕宴于长生殿，盟誓世世永为夫妇；复又宴于沉香亭，醉心于霓裳羽衣舞。忽报禄山造反，兵破潼关，帝仓皇出逃，次马嵬驿，六军哗变，请诛杨妃。帝被迫赐妃自尽。及肃宗复长安，明皇退位，切思杨妃。一夕梦与妃相见，正欲欢宴，忽被雨声惊醒，遂将一腔幽恨，泄怨于梧桐夜雨。悲叹结尾，迥出团圆常套，诗意浓郁，故后人每多赞赏。宋元南戏有《马践杨妃》，已佚；元王伯成有《天宝遗事诸宫调》，尚存残曲；明徐复祚、王湘均有杂剧《梧桐雨》，汪道昆有杂剧《长生殿》，已佚。今传明吴世美《惊鸿记》、清洪昇《长生殿》传奇，均受白剧影响。有李开先刻《改定元贤传奇》本、顾曲斋本、《脉望馆钞校本古今杂剧》本、继志斋本、《元曲选》本、《酹江集》本等。

梧桐雨 见“唐明皇秋夜梧桐雨”。

裴少俊墙头马上 一作《鸳鸯简墙头马上》。简名《墙头马上》。杂剧剧本。元白朴作。四折，旦本。系据唐白居易《井底引银瓶》诗增饰而成。剧写唐工部尚书裴行俭之子少俊自长安往洛阳，路经总管李世杰园，马上见其女千金于墙头，四目相觑，各有眷心。生乃作诗献逗，女和诗相答，有“莫负后园今夜约，月移初上柳梢头”句。至夜，少俊果逾墙入室，携千金私奔。至长安，不告父母，匿千金于后花园七年，生一子一女。后为行俭发现，逼少俊作休书逐女归，而留其子女。少俊举进士，适官洛阳令，迎父母至任所。寻求复婚，为千金拒绝。尚书上门赔礼，千金亦反唇相讥不认。终为一双儿女哀求所动，方允复婚，遂得破镜重圆。该剧变原题材之悲剧为喜剧，改“止淫奔”为反礼教，俊语连珠，被后人誉为元杂剧“四大爱情剧”之一。宋官本杂剧有《裴少俊伊州》，金院本有《鸳鸯简》、《墙头马》，诸宫调有《井底引银瓶》，均佚；元南戏有同名剧，存残曲十三支；明清戏曲至近代地方戏，亦多有改编此剧者。有《脉望馆钞校本古今杂剧》本、《元曲选》本、《柳枝集》本、日译本等传世。

墙头马上 见“裴少俊墙头马上”。

董秀英花月东墙记 简名《东墙记》。杂剧剧本。元白朴作。五折一楔子，生旦轮唱。叙三原马文辅与松江董秀英儿时由父母定婚。马父、董父先后亡故。文辅长而至松江寻访秀英，寓处与秀英所居后花园隔一东墙。一日文辅攀墙看花，与秀英相见，彼此有情。秀英命侍女梅香递简，约文辅至海棠亭欢会。适为董母撞见，怒斥责问。梅香陈明二人幼有婚约，劝董母成就其事以掩家丑。董母无奈许之，立逼文辅进京赴试。后文辅中状元而归，双双赴京上任。“曲中俊语甚多”(《孤本元明杂剧提要》)，然因关目与《西厢记》类同，五折及多人轮唱又逾元初杂剧常例，且剧中“马文辅”之名与《录鬼簿》著录剧目“马君卿”不合，故今人或疑非白朴原作。元史九敬先有同名南戏，今存残曲二十二支；杨讷有《风月海棠亭》杂剧，佚。明佚名有《红鞋记》、《玉环记》传奇，均同一题材改编。今仅存《脉望馆钞校本古今杂剧》本，《孤本元明杂剧》及《元曲选外编》即据以刊印。

韩翠苹御水流红叶 简名《流红叶》，杂剧名。元白朴作。演御沟红叶题诗故事，本事见宋张实《流红记》及刘斧《青琐高议》。剧本已佚，今仅存残曲《正宫》一套、《越调》一支，似为宫女韩翠苹得于祐题诗后所唱，见《元人杂剧钩沉》。明传奇有王骥德《题红记》、祝长生《红叶记》，皆同一题材。

李克用箭射双雕 简名《箭射双雕》。杂剧名。元白朴作。五代后唐李克用善骑射，能仰中双凫，曾与鞑靼部人角胜，弯弧发矢，连贯双雕，见《新五代史·唐本纪》。剧本已佚，今仅存残曲《中吕》一套，见《元人杂剧钩沉》，演李克用以箭技收伏周德威，亦自正史本传衍出。今人或以该剧仅《曲录》著录，不见于《录鬼簿》及《太和正音谱》而疑非朴所作，然证据不足。

祝英台死嫁梁山伯 简名《梁山伯》或《祝英台》。杂剧名。元白朴作。已佚。本事起源甚古，明徐树丕《识小录》云梁元帝《金楼子》已载梁祝事(今传《金楼子》无)。宋张津《乾道四明图经》引唐梁载言《十道四蕃志》云：“义妇祝英台与梁山伯同冢。”宋李茂臣《义忠王霸记》载其事尤详。白朴首演此为剧。后南戏有《祝英台》，今存残曲三支(见《宋元南戏辑佚》)。明传奇有朱从龙《牡丹记》、朱少斋《英台记》、王紫涛《两蝶诗》及无名氏《同窗记》、《访友记》。清人有《梁山伯》小说及鼓词，近世地方戏曲亦多演此故事。

好酒赵元遇上皇 简名《遇上皇》、《赵元遇上皇》。杂剧剧本。元高文秀撰。四折，末本。本事出宋话本《赵旭遇仁宗传》，而将仁宗改为太祖。剧写开封平民赵元因嗜酒，为妻和岳父所嫌。开封府尹臧某与赵妻刘月仙相好，胁迫赵写了休书，又差其申解文书到西京(洛阳)，料其必然误期，按律当斩。赵途中为风雪所阻，恰与微行之宋太祖在酒店相遇。太祖无钱付酒帐，为店家所窘，赵代付酒资二百钱，太祖感而与之结为兄弟。赵以文书误期已无生望，悲形于色，太祖在赵臂上写字，嘱其往见宰相赵光普，自可免罪。赵元到西京递交文书，赵光普见其臂上字迹，知为太祖手谕，任赵元为开封府尹。太祖惩处了臧府尹和刘月仙。有《元刊杂剧三十种》本、《脉望馆钞校本古今杂剧》本。前者仅有曲词和简单科白，“上皇”为宋徽宗。《元曲选外编》据后者校印。

黑旋风双献头 又名《黑旋风双献功》。简名《双献头》、《双献功》。杂剧剧本。元高文秀作。四折一楔子，末本。剧写山东郓城县衙孔目孙荣与妻郭念儿同上泰安东岳庙烧香，先到梁山泊请求宋江派人护送，李逵自告奋勇前往。不料郭与白衙内私通，途中相约私奔而去。李怒而欲追，孙则到衙门告状。而白早已倚势借官衙坐候三日，孙一到即被关入死牢中。李闻讯，扮作庄稼后生，伪称孙义弟探监，用蒙汗药麻翻禁卒，救出孙。白与郭自以为得计，正饮酒作乐时，李扮作祗候送酒入室，砍下白、郭人头回到梁山献功。全剧关目紧凑，曲白出色。第三折写李逵外表粗莽、内心精细之性格，借李逵之口述说庄稼人辛劳贫困之状，声口毕肖。高文秀所撰八种黑旋风戏中仅存此剧。有《脉望馆钞校本古今杂剧》本及《元曲选》本。

刘玄德独赴襄阳会 又名《刘先主襄阳会》。简名《襄阳会》。杂剧剧本。元高文秀作。四折二楔子，末本。本事出《三国志平话》"古城聚义"、"先主跳檀溪"两节。剧写刘备兵败徐州，无立身之地，特去荆州向刘表借地屯军。表次子刘琮恐备据荆州，定计杀备。在三月三日"襄阳会"上，表请备接管荆州，备固辞，力荐表长子刘琦接任。刘琮设下埋伏，而琦则暗示备速逃。琮派家将王孙盗备之"的卢"马，而王孙为备之德所动，送其出城。刘备马跃檀溪而脱险。后误入鹿门山，得徐庶为军师。曹仁、曹章奉曹操之命，率十万大军来攻新野。徐庶调兵抵御，指挥张飞等人大破曹军。有《脉望馆钞校本古今杂剧》本，《元曲选外编》据此校印。金院本已有《襄阳会》(见《辍耕录》)，南戏亦有《刘先主跳檀溪》(见《永乐大典戏文三种・宦门子弟错立身》)，俱佚。今京剧有《襄阳宴》，川剧、秦腔、湘剧等均有《马跳檀溪》。

须贾大夫谇范雎 一作《须贾大夫谇范叔》。简名《谇范雎》或《谇范叔》。杂剧剧本。元高文秀作。四折一楔子，末本。本事见《史记・范雎蔡泽列传》。剧写战国时魏相派须贾使齐，须贾荐门下范雎同行。范雎能言善辩，齐大夫邹衍盛宴范雎而轻慢须贾，并威胁须贾归国后让位范雎，以是须贾疑雎通齐，归国与魏相审讯、拷打几死，并逼令食草，置之厕中。范雎经院公帮助，逃离魏境，改名张禄入秦为相，各国遣使祝贺。须贾亦前往，不意雪中与范雎相遇，见其衣衫单薄，赠以绨袍。问及新相，范称相识，二人同往相府，范入内而久不出，须贾始悟范雎即张禄。张禄宴各国使臣时痛责须贾，亦令食草，但念其尚有赠袍之情，准其归国，责令献出魏相首级。宋元南戏有《绨袍记》、《苏娴娴》(现存残曲，见《宋元戏文辑佚》)。明传奇《范雎绨袍记》、今地方戏《赠绨袍》(《跪门吃草》)，皆此故事。今存息机子本、《元曲选》本、《酹江集》本。

保成公径赴渑池会 简名《渑池会》。杂剧剧本。元高文秀作。四折二楔子，末本。本事出《史记・廉颇蔺相如列传》。剧写秦昭公欲夺赵国国宝和氏璧，许以十五城相交换。赵派蔺相如携璧使秦。相如至秦，知彼存诈而无诚意，遂乘深夜携璧返赵。赵成公以相如完璧归赵，升其为上大夫，廉颇妒而不平。秦又约成公在渑池相会，意在擒拿成公。成公命相如同往，廉留赵防秦来袭。渑池会上，相如以智勇使成公免受秦辱，又剑逼秦昭公护成公出关。成公因之封相如为上卿，廉妒而愈恼，遣人殴打相如。时秦军来犯，相如卧病在家，廉疑相如挟私记仇，故派副帅吕成入相府探视。相如向吕表示"先国家之急而后私仇"，不愿与廉失和。廉闻知后大为感动，负荆请罪。最后将相协力，大破秦兵。今存《脉望馆钞校本古今杂剧》本，《元曲选外编》据以重印。今地方戏有《完璧归赵》、《将相和》等，亦演此故事。

周瑜谒鲁肃 简名《谒鲁肃》。杂剧名。元高文秀作。剧本佚。《元人杂剧钩沉》辑存第二折《南吕宫》一套，为周瑜遍谒朱门而未脱贫困，因欲谒鲁肃之自白。剧当系由《三国志・吴书・鲁肃传》鲁肃指困故事附会而出。《脉望馆钞校本古今杂剧》有《周公瑾得志娶小乔》，则述周瑜谒鲁肃后发迹之情形。

楚昭公疏者下船 又名《楚昭王疏者下船》。简名《疏者下船》、《楚昭公》。杂剧剧本。元郑廷玉作。四折，末本。本事出《吴越春秋》，有所增饰。剧写吴王阖庐所藏湛卢宝剑为楚昭公所得。吴索之，楚不还。吴遂以伍子胥为元帅，兴兵伐楚。楚上卿申包胥劝昭公坚守勿战，自往秦国借兵救楚。楚上大夫费无忌不听包胥之言，引兵与伍子胥决战，大败被擒。昭公与弟及妻、子出逃。渡江遇大风，艄公因船小浪急，有覆舟之险，建议昭公亲属中疏远者下船。昭公留弟，而让妻与子先后投江。申包胥痛哭秦庭七日，感动秦王，出兵救楚，伍子胥收兵罢战。而昭公妻、子皆为江中龙神所救，遂合家团圆。有《元刊杂剧三十种》本、《脉望馆钞校本古今杂剧》本、《元曲选》本。元刊本与明刊本相较，前者多一楔子，写楚昭王妻、子投江身亡之悲剧场面，无龙神救活情节。今人严敦易认为元刻本与明刻本实为两剧，元刻本为郑廷玉所撰，明刻本则系教坊改本(见《元剧斟疑》)。又南戏《杀狗记》第十七出"看书苦谏"中曾述及此剧故事。

看钱奴买冤家债主 简名《看钱奴》、《冤家债主》。杂剧剧本。元郑廷玉作。四折一楔子，末本。剧写周荣祖携妻、子赴京应考，将祖上家财埋于墙下。穷汉贾仁以补墙为生，到东岳庙向天神诉穷，神以荣祖之父曾拆毁佛寺，子孙合受折磨，示梦贾仁看守周家钱财，贾仁遂挖墙得金暴富。周荣祖下第归来，藏金被盗，投亲不遇，饥寒交迫，经门馆先生陈德甫介绍，将子长寿忍痛卖予贾仁。贾仁虽富，然悭吝至极，分文不肯多用。二十年后，贾仁患病，其子长寿去东岳敬香，经陈德甫证明，乃与生父母相认。时贾仁已死，检点其所藏银两，均有“周奉记”钤印，始知原是周家财产。贾仁所买之儿乃是冤家债主，挖墙得金只不过是做了二十年看钱奴而已。有《元刊杂剧三十种》本、《脉望馆钞校本古今杂剧》本、《元曲选》本。此剧十七、十八世纪译介到西欧，有裘利安(S. Julien)法译本和佚名英译本。日本青木正儿认为“元曲中这样的类型不多，所以是极别致的杰作”(《元人杂剧概说》)。南戏有《冤家债主》，仅存残曲(见《宋元戏文辑佚》)。明小说《诉穷汉暂掌别人钱，看钱奴刁买冤家主》(《初刻拍案惊奇》)，情节本此。

包待制智勘后庭花　又名《包龙图智勘后庭花》。简名《后庭花》。杂剧剧本。元郑廷玉作。四折，末本。剧写宋仁宗以王翠鸾赐廉访使赵忠，鸾母同去侍候。赵妻妒忌，命家人王庆害死翠鸾母女，王转令下属李顺下手。时王与李妻张氏有私。张氏为害李，怂其放走二人，王遂以李“违误官司”为由，逼令出具休书。李悟其奸，欲告状，王惧事泄而杀李，投尸井内。鸾途中与母散失，只身投宿狮子店，被店小二持斧逼奸吓死，投入井中。鸾母与书生刘天义亦来店寄宿，鸾魂与天义相晤，互赠《后庭花》词。鸾母见天义手持鸾词，即疑天义藏鸾。赵忠因翠鸾母女走失，遂请包公断案。是时鸾母亦向包公控告，呈上《后庭花》词为证。包公见词有“不见天边雁，相侵井底蛙”，疑鸾死于井中，词为阴魂所作；经查访，从李顺家井中捞出李尸，由李顺哑子证实王庆即凶手；又在狮子店井中捞出鸾尸，于是抓获凶犯，案情大白。有《脉望馆钞校本古今杂剧》本、《元曲选》本。明沈璟《桃符记》传奇即敷衍《后庭花》故事。

布袋和尚忍字记　简名《忍字记》。杂剧剧本。元郑廷玉作。四折一楔子，末本。布袋和尚实有其人，见《宋高僧传》，故事出于佛教徒之传说。剧写上方第十三尊罗汉因动凡心，被罚往下界投胎为汴梁首富刘均佐，悭吝成性。如来又着弥勒佛化作布袋和尚前去点化。布袋和尚化斋，在均佐掌中写一“忍”字而去。用水洗之，愈洗愈明；以巾拭之，竟满巾皆是忍字，均佐大为惊异。忽有乞丐刘九儿前来讹诈，均佐不能忍，当胸一掌，胸前即印忍字，倒地死去。布袋和尚复至，以均佐出家为条件，救活九儿。但均佐留恋家财，只在宅后结庵修行。其后，均佐结义兄弟刘均佑与均佐妻有私，均佐持刀入室杀奸，但见布袋和尚卧于床，方知前境为布袋幻化，乃往岳林寺出家。坐禅时忽入魔，见布袋和尚与其妻同行，忍无可忍，离寺还乡。不料到家时，其孙年已八十余岁，始知寺中虽三月，世间已百年，从而彻悟浮生之幻，重归佛道。今存《脉望馆钞校本古今杂剧》本、《元曲选》本。

宋上皇御断金凤钗　简名《金凤钗》。杂剧剧本。元郑廷玉作。四折一楔子，末本。剧写郑州秀才赵鹗携妻与子赴京赶考失期，流落状元店中。次年赵妻及店小二又催赵应考，果得中状元，不料谢恩失仪，谪为庶民，功名得而复失。赵因无力偿付店钱，到周桥卖诗，适遇谏议大夫张商英微行，遭流氓李虎讹诈。赵鹗以售诗所得二百文尽付李虎，解张之厄后空手回店，妻子索休书，店小二要房钱，正不可开交时，张为谢赵相救之恩，赠来金凤钗十只，赵以一只交店小二偿帐，余钗埋于地下。恰李虎杀死杨戬家人，窃得银匙十只闯入店中，偷听到金钗事，遂以银匙换金钗遁去。杨戬来店查问，赵掘金钗而现银匙，被误以为杀人犯，下狱论死，张商英奏请皇上复审。适李虎持金钗去银铺兑换，被店小二撞见捉住，遂案情大白。赵无罪获释，且受封为官。有《脉望馆钞校本古今杂剧》本，《元曲选外编》据之校印。

崔府君断冤家债主　简名《冤家债主》、《崔府君》。杂剧剧本。元郑廷玉作。四折一楔子，末本。崔府君名子玉，民间传其善断阴府公事，唐宋杂说多及之。剧写崔府君与晋州古城县张善友为结义兄弟。张有白银五锭被赵廷玉盗去；适五台山僧以化缘修庙所得白银十锭，寄存其家，被张妻骗赖不还，山僧懊恨而去。后张连生二子，长子善经营，家业兴旺；次子挥霍无度，乃败家子。张使两子分家度日，不料长子病死，妻被次子气死，次子也相继死去。张埋怨天地不公，向崔控告本县土地和阎神，崔召其妻子阴魂与张梦中相见。张才知长子前生是窃贼赵廷玉，特转生其家偿债；次子前生系五台山僧，为索债而来投胎，现两债具清，人各去了。至于张妻，骗赖僧人钱财，理应入地狱受苦。张至此方悟冤家债主之前因后果。此与杂剧《看钱奴买冤家债主》写作倾向相近。今存有《脉望馆钞校本古今杂剧》本和《元曲选》本。

散家财天赐老生儿　简名《老生儿》。杂剧剧本。元武汉臣作。四折一楔子，末本。本事出《搜神记》卷十“张车子”事，增饰而成。剧写刘从善家财万贯而无子，妻李氏偏爱女儿引张及婿张郎，而虐待刘侄引孙，分一草宅并百贯钱与引孙另住。刘妾小梅将产，张郎为日后争遗产而阴谋害之；引张置之僻地而谎称其潜逃。刘不知内情，反以为己吝啬招此报应，遂至开元寺散钱济贫。引孙穷困亦来请钞，为张郎、李氏奚落刁难。刘以钥匙悉付婿收管，而阴与侄两锭银令其攻书。后清明祭坟，婿只祭张家祖茔；刘家墓地冷清，唯侄持锹培土，祭一冷馒头。刘以此启发李氏感悟，乃以产业尽付侄管理。寻庆生辰，女、婿来贺，被拒之门外。小梅忽携子归家，子已三岁。原来引张恐张郎暗害，故阴送梅于姑家，常送衣食，使之得以平安生养其子至今。刘以老而得子，女变孝顺，大喜。分家财为三，令女、侄、小儿各得其一，合家庆贺。今存《元刊杂剧三十种》本、《元曲选》本、《酹江集》本及英、法、日等外文译本。明《初刻拍案惊奇》卷三八即据此改编；明传奇《双螭璧》亦大半本此，唯易姓名、添饰关目而已。

包待制智赚生金阁 简名《生金阁》。杂剧剧本。元武汉臣作，一说元末明初无名氏撰。四折一楔子，旦末合本。剧写宋蒲州秀才郭成因避百日血光之灾，携妻李幼奴赴京应举。途避风雪于酒店，献三代传家宝生金阁干谒权豪衙内庞勣欲求得官。庞见此物遇风则仙音嘹亮，甚喜，许以写帖推荐；及见幼奴貌美，复邀其夫妇至宅宴会。席间庞令郭舍妻与己，愿为郭另娶；郭不从，庞怒而囚郭于厩，而令嬷嬷劝幼奴就范。嬷深怜幼奴而大骂庞勣凌弱，为庞听见，被投入井中。嬷死前嘱子福童为之复仇。庞又铡郭成，郭头断而不仆，竟提头逾墙而逝。越岁元宵节，庞出游赏灯，忽有提头鬼追逐索命。会开封府尹包拯夜行过此，无头鬼拦道鸣冤。翌日，福童暗导幼奴逃至衙鸣冤。包拯乃置酒邀庞，佯称得西延一稀宝生金塔；庞亦夸己有生金阁，能生仙音。拯赚之出宝比验，而暗令幼奴出堂告发。遂缚庞立斩示众，判其家产分予幼奴、福童各半。剧中庞称“打死人不偿命”，又悬带“金牌铜虎”，宅挂“毡帘”、“烧羊肉”等，皆影射元蒙权豪横行之现实。该剧《录鬼簿续编》著录于“失载名氏”中；《脉望馆钞校本古今杂剧》本未题作者姓名；唯《元曲选》本题“武汉臣撰”。

李素兰风月玉壶春 简名《玉壶春》。杂剧剧本。元末明初贾仲明作，一说元武汉臣作。四折一楔子，末本。剧写书生李斌（字唐斌，号玉壶生）郊游中结识嘉兴上厅行首李素兰，彼此爱慕。斌之故友、杭州同知陶纲上京途中来探望，劝斌进取功名，斌托其带奏万言策。及斌囊空，鸨母逐斌，逼素兰接待富商甚黑子。素兰剪发坚拒不从。斌暗约素兰幽会，又被鸨母、甚黑子寻至发现，将二人扭送官府。陶纲至京代奏万言策，帝封斌为嘉兴同知，陶迁嘉兴太守。到任之日，恰理此案，遂断二李成婚。有息机子《古今杂剧选》本，未署作者名；《元曲选》本，题“元武汉臣撰”。然《录鬼簿》武汉臣名下未有此剧，《录鬼簿续编》贾仲明名下著录此剧。今人或以为剧中李唐斌即仲明友李唐宾早年狎妓之实录，唐宾亦曲家，号玉壶道人。故多以为贾作。

老庄周一枕蝴蝶梦 一作《花间四友蝴蝶梦》或《破莺燕蜂蝶庄周梦》。简名《庄周梦》。杂剧剧本。元史樟作。四折一楔子，末本。情节据《庄子·齐物论》庄周梦蝶事增饰而成。写庄周本上界大罗仙，因玉帝前见金童玉女大笑失礼，被谪人间。太白金星恐其失道，遣蓬壶仙领风、花、雪、月幻化四妓迷之，使周梦化蝴蝶而醒。金星化为没落富户劝其出家，不肯；复令四女梦中推周坠涧。周醒，遇道士复劝其学道，仍不从。金星更化为李府尹，以莺、燕、蜂、蝶四仙女各持琴棋书画向周吟一诗，戒其酒、色、财、气，犹不悟。府尹乃诈言外宦，托周代管家务，而暗遣四女遁去，另派桃、柳、竹、石四女，诱周炼丹以求长生。四女因泄天机被三曹官捉至上天问罪。李府尹归家，向周索要人口房屋。因点化迷津，周终省悟，乃登天界。今存《脉望馆钞校本古今杂剧》本，《孤本元明杂剧》及《元曲选外编》即据以排印。明初王子一亦有《花间四友》杂剧，已佚，或系同一题材。

崔莺莺待月西厢记 简名《西厢记》。杂剧剧本。元王实甫作。五本二十折。本事出唐元稹传奇《莺莺传》，北宋咏此事者有秦观、毛滂之《调笑转踏》、赵令畤《商调蝶恋花鼓子词》，金董解元有《西厢记诸宫调》，至实甫再改编创为五本杂剧。写已故崔相国之夫人携女莺莺、婢红娘等因扶夫灵柩回故里暂居河中府普救寺，待与莺莺订婚之表兄郑恒前来回博陵安葬。书生张生赴试途中游普救寺遇莺莺，一见倾心，遂借住此寺，与崔家一墙之隔。是夜二人隔墙吟诗唱和，心有灵犀。生闻崔家做道场，亦借口来到斋场，与莺互送秋波，各有眷心。叛将孙飞虎兵围普救寺，要索莺莺为妻。老夫人无奈，许有能退贼兵者，以女妻之。张生应声而出，修书与友人白马将军杜确求救，又智激火头侠僧惠明杀出重围下书。未几，杜确出兵解围。老夫人邀张赴宴，却令莺与张兄妹拜礼，托言已许郑恒为辞赖婚。崔、张皆深怨而散。月夜，张弹琴以倾衷曲，莺莺闻之凄然感动，隔墙温语相慰。张生相思成疾，红娘为张传简于莺之妆盒下，莺佯怒责红娘为“非礼”之事，复信声言要“教训”张生。张拆简乃约会情诗：“待月西厢下，迎风户半开。隔墙花影动，疑是玉人来。”是夜，红娘偕莺烧夜香，借故关门躲开。生逾墙而入，莺恐红娘发现，突然变卦，怒斥生无礼。自是生沉疴愈重。莺暗着急，复遣红娘传简，诈言为开药方，实则密约生幽会。张见简如枯木逢春。入夜，红娘强抱衾枕催莺践约，促成二人私合；从此夜夜相会。老夫人看出破绽，唤红娘拷问。红娘慨然实陈，直斥老夫人失信悔亲，并晓以利害。老夫人哑口无言，权衡得失，终允许婚；但言“崔家三代不招白衣女婿”，逼生赴京应试。翌日长亭饯别，莺反复叮咛生：“得官不得官，及早归来。”至京，生一举状元及第，修书送河中府。莺得书大喜，百感交集。生除翰林编修，然相思卧病驿馆。郑恒先赶至普救寺，造谣张生已入赘尚书为婿。老夫人再度变婚，改许莺莺嫁郑恒。适逢生改授河中府尹，先赶至报喜；郑谎言揭穿，羞愧自杀。老夫人盛设筵宴，崔、张有情人终成眷属。全剧共五本，其中有旦本，有末本，也有旦末合本。人物集中而个性鲜明，关目曲折而合理，极富有戏剧冲突和喜剧风格，反封建主题较《董西厢》更为强烈。语言清丽优美，熔雅俗为一炉。朱权评为“花间美人”（《太和正音谱》）；王世贞赞为“北曲压卷”（《艺苑卮言》）；都穆誉为“北调之祖”（《南濠诗话》）；胡应麟称为“传奇冠”（《少室山房笔丛》）；凌濛初品为“情词之宗”（《谭曲杂札》）；徐复祚许为“南北之冠”；臧晋叔序为“诸曲之冠”（《元曲选序》）；李贽奉为“古今至文”（《焚书·童心说》）；金圣叹比之为《风》、《庄》、《骚》、《左》、《史》、杜诗、《水浒》，称为“第六才子书”（《读第六才子书法》）。而封建卫道士则力诋为“导欲而诲淫”、“淫书之尤者”（澹宁居士《后西厢序》、梁恭辰《劝戒录》），恰从反面证明其反封建价值。明崔时佩、李景云、王百户、李日华、陆采等均先后改编为《南西厢记》，用昆山、弋阳、海盐诸腔演唱。明清两代几乎“家置一编，人怀一箧”。近世京剧及地方剧种亦上演折子不衰。明中叶后，始误传为关汉卿撰，或关作王续，或王作关续诸说。今存弘治金台岳刻本、万历少山堂本、天启凌濛初朱墨本、崇祯《六十种曲》等四十余种明刊本。清代亦有近四十种刻本，以金圣叹批注本最为流行。1949年由上海开明书店出版、王季思评注的《集评校注西厢记》，业已取代金圣叹批注本，成为《西厢记》的通行本。外文译本有法译本(1878)、日译本(1894)、意译本(1916)、德译本(1926)、英译本(1935)等。

西厢记 见“崔莺莺待月西厢记”。

四丞相歌舞丽春堂 简名《丽春堂》。杂剧剧本。元王实甫作。四折，末本。剧写金朝御花园设射柳会，右相完颜乐善连中三矢，御赐袍带；副统军使李圭争射不中，惭恨而退。帝复赐宴香山。李圭与乐善赌双陆，先输后赢，欲涂乐善黑脸以雪耻，乐善怒殴圭。押宴官左丞相徒单克宁奏闻，诏乐善贬济南。乐善往赴，以山水自娱。后值土寇扰乱，起乐善招抚，归见妻子，鬓发已苍。出军靖乱，贼皆投降，诏复相嘉奖，于丽春堂赐宴庆贺，令圭诣乐善谢罪。乐善扶起，邀同畅饮，情好益笃。人皆服其度量。该剧语言简淡，与《西厢记》秾丽殊异，故吴梅评曰：“可云绝无文气，而气焰自不可及”（《中国戏曲概论》）。剧中徒单克宁，《金史》有传。其余人、事于史无征。有《脉望馆钞校本古今杂剧》本、《元曲选》本、《酹江集》本。

吕蒙正风雪破窑记 简名《破窑记》。杂剧剧本。元王实甫作。四折，旦本。写刘员外之女月娥掷彩球选中吕蒙正为婿，员外嫌贫不允，月娥不听，被逐出家门，夫妇同住破窑。蒙正靠长街卖字、白马寺赶斋为生。然寺僧奉员外之命斋后鸣钟，以绝蒙正衣食之计，逼其上进。蒙正庙壁题诗述志，回窑辞妻与寇準上京应举。一举状元及第，授本县县令。归而不露真情，阴使媒人诈言蒙正已死，劝妻改嫁，不果；又乔装潦倒回窑，月娥仍一往情深。方说破中状元事，夫妻同去白马寺降香。员外来认亲，吕夫妇拒不相认。经寇準说破当初之激将法，上京银资系员外暗助，遂欣然相认和好如初。本事出《六一诗话》、《邵氏闻见录》、《避暑录话》、《青箱杂记》等宋人诗话、笔记。然所记乃蒙正父龟图与妻刘氏不睦，逐其母子于外，为龙门山利涉院僧延至寺中，以凿山岩为龛，居九年乃出，廷试第一。剧改母为妻，改刘氏遭夫逐为被父逐，改石龛为破窑。至饭后钟及题诗事，本出《北梦琐言》段文昌事及《唐摭言》中王播事。有《脉望馆钞校本古今杂剧》本，《元曲选外编》据以重印。又元关汉卿亦有同名杂剧，然题目不同。马致远有《吕蒙正风雪饭后钟》杂剧，已佚。南戏亦有同名剧，有明人改本传世。明传奇《彩楼记》及近世地方戏中，多有同题材之改编本。

韩彩云丝竹芙蓉亭 简名《芙蓉亭》。杂剧名。元王实甫作。旦本。全本已佚。剧情已难详尽。今仅《元人杂剧钩沉》存残曲《仙吕》一套，写韩彩云春情萌动，夜奔男主角某生书房，以情挑逗。某生始而拒绝，后来终于接受。明何良俊《四友斋丛说》评此套云："通篇皆本色，词殊简淡可喜。"元曾瑞《留鞋记》杂剧第一折《后庭花》云："韩彩云芙蓉亭遇故知，崔伯英两团圆直到底。"知某生名崔伯英，且二人乃"故知"。宋元南戏有《韩彩云》，仅存佚曲一支，见《宋元戏文辑佚》。叙彩云于芙蓉亭上弹琵琶诉说相思愁怨。金院本亦有《芙蓉亭》名目。

信安王断没贩茶船 一作《苏小卿月夜贬茶船》。简名《贩茶船》。杂剧名。元王实甫作。旦本。剧本已佚，仅存残曲《中吕》一套，见《元人杂剧钩沉》。双渐乃北宋庐江人，庆历进士，曾知无为军，后知汉阳。其与小卿恋爱故事，宋元民间传说盛行。南戏有同名剧，今存残曲十支，见《宋元戏文辑佚》。金商衢有双、苏诸宫调，金院本有《调双卿》，均佚。元杂剧尚有庾吉甫《苏小卿丽春园》、纪君祥《信安王断复贩茶船》，佚名《豫章城人月两团圆》，俱佚。今存元散曲中涉此故事者约数十首。综其事与明人梅鼎祚《青泥莲花记》所载略同：庐江（今安徽合肥）妓苏小卿与书生双渐两情缱绻，双渐上京赴试后，小卿矢志以待。茶商冯魁贪美，与苏母定计，伪造双渐绝情书信，遂强行买下小卿。茶船过金山寺，小卿题诗于寺壁，暗示被逼去向。恰值双渐中举得授临川县令，知小卿被冯买去，买舟追赶，至金山寺见诗而追至豫章，经官断，终与小卿团圆为夫妇。此套即写小卿得伪造绝情书后的幽怨之情。明传奇有《三生记》、《茶船记》、《千里舟》等，亦演此故事。

破幽梦孤雁汉宫秋 简名《汉宫秋》。杂剧剧本。元马致远作。四折一楔子，末本。故事据前后《汉书·匈奴传》及葛洪《西京杂记》增饰而成。剧写汉元帝命中大夫毛延寿至各地选美。秭归庄农女王嫱字昭君，美艳绝伦，因不行贿而被毛点破画像，幽居冷宫十年。后于冷宫弹琵琶，被帝闻而召见，遂获大宠，受封明妃。帝知延寿索贿，令捕杀之。延寿畏罪叛逃匈奴，图嫱以献呼韩邪单于。单于遣使来汉按图索嫱和亲，不然发兵南侵。帝不许，而朝臣皆请帝割爱从之。嫱闻讯自请和蕃以息刀兵，帝不得已，送至灞桥饯别。嫱不愿以色事敌，卸留汉装，出塞行至黑水，投江而死。单于感其义，葬之江边，而缚延寿送汉惩处。汉宫秋夜，元帝高悬昭君图像相思嗟叹，形诸梦寐，见昭君回宫，恰被长门孤雁鸣声惊醒。及旦，单于解延寿至，乃斩延寿以祭昭君，汉匈和好如初。清焦循《剧说》云："元明以来，作昭君杂剧者四家，马东篱《汉宫秋》一剧，可称绝调。臧晋叔《元曲选》取为第一，良非虚美。"明张时起、陈与郊《昭君出塞》杂剧，无名氏《和戎记》、《青冢记》传奇，清尤侗《吊琵琶》杂剧，及近代京剧、川剧等地方戏乃至话剧，莫不受马作影响。今传有《脉望馆钞校本古今杂剧》本、顾曲斋本、继志斋本、《元曲选》本、《酹江集》本及英、日等外文译本。

汉宫秋 见"破幽梦孤雁汉宫秋"。

江州司马青衫泪 简名《青衫泪》。杂剧剧本。元马致远作。四折一楔子，旦本。本事据白居易《琵琶行》诗及段安节《乐府杂录》中裴兴奴擅弹琵琶事捏合演绎而成。剧写长安名妓裴兴奴，有才技，尤擅琵琶。侍郎白居易与元稹访之。裴爱白才华，愿托以终身。后白遭贬江州司马，行前与裴约后娶。江西茶商刘一郎闻裴美，伪造居易病笃与裴绝笔书强娶之。刘携裴过江州夜泊，适元稹采访江南过居易，相与泛舟江中，夜闻琵琶，疑而访之，果是兴奴。裴泣诉始末，弹曲凄婉。白遂写下《琵琶行》。乘刘醉卧，稹令裴过舟载归。稹回京奏白罪可原，诏复原职；复奏刘伪书欺诳，诏令裴、白团圆而惩刘。按剧情多虚构，或受宋元双渐苏卿故事影响。明顾大典《青衫记》传奇，即本此剧增饰而成。今存《改定元贤传奇》本、《脉望馆钞校本古今杂剧》本、《元曲选》本、顾曲斋本、《柳枝集》本。

半夜雷轰荐福碑 简名《荐福碑》。杂剧剧本。元马致远作。四折一楔子，末本。本事据宋释惠洪《冷斋夜话》而多增饰。剧写书生张镐困顿他乡为财主张浩塾师。学士范仲淹尝与镐有八拜交，拟荐其为官，遂与镐三封荐书，令往投必有厚赠，以为进京盘费。镐两次投书，皆甫至而主人亡。时范代奏其万言长策，诏镐为吉阳县令。使臣至塾馆，官职为张浩冒受。浩又诬镐拐婢偷器，令公人赵宝杀之。镐向宝陈明冤情，宝感而释之。浩恐事泄，复欲推宝堕井灭口，会扬州太守宋公序至，带浩、宝回京勘问。镐流寓荐福寺，长老许以拓颜真卿碑帖助其资斧，不料当夜风雨交加，碑为雷电轰碎。镐穷迫欲自尽，被范赶至救下，携至京对策，加为状元。范审勘浩、宝，判浩正法，宝加官，又作伐令公序招镐为婿。剧借古寓今，写元代儒士命运。南戏有《雷轰荐福碑》，已佚。有《脉望馆钞校本古今杂剧》本、继志斋本、《元曲选》本、《酹江集》本传世。

西华山陈抟高卧 简名《陈抟高卧》。“西”一作“太”或“泰”。杂剧剧本。元马致远作。四折，末本。本事据《宋史·隐逸传》、宋庞觉《希夷先生传》、魏泰《东轩笔录》增饰而成。剧写五代末道士陈抟于汴梁卜卦，预言求卦者赵玄朗他日必为太平天子，其义弟郑恩为五霸诸侯。后果应验。赵登基为宋太祖，遣使敦请抟至京重赐，加道号希夷先生，并欲加高官。抟固辞不受。太祖令汝南王郑恩送御宴、美女至馆侍候，抟复坚拒。郑欲奏宫中盖道观，使抟住持，封为一品真人。抟亦不乐居，只乞放归华山。按抟本太宗、真宗时召见，剧移为太祖时事，又虚构卜卦、捏合郑恩等事。明清传奇《恩荣记》、《蟠桃会》皆演此故事。有《元刊杂剧三十种》本、《改定元贤传奇》本、息机子本、《古名家杂剧》本、《阳春奏》本、《元曲选》本。

马丹阳三度任风子 简名《马丹阳》、《任风子》。杂剧剧本。元马致远作。四折，末本。马丹阳乃王嘉弟子(见《元史·丘处机传》)。本事据《金莲正宗记·马丹阳传》中度脱屠夫刘清事敷衍而成。剧写普化真人马丹阳中宵望气，知终南山甘河镇有一任屠，号曰风子，有半仙之分，因至镇中点化。以其本操刀屠户，故先化一镇之人，皆断荤茹素，致使屠行折本。众屠户聚任屠家，推举任屠去谋杀道人。任屠行凶时，为马丹阳招来护法神斩首。任向马索头，转眼间头仍复生于颈上。任屠醒悟，遂离家修道。有《元刊杂剧三十种》本、《脉望馆钞校本古今杂剧》本、《元曲选》本、《酹江集》本。

吕洞宾三醉岳阳楼 简名《岳阳楼》。杂剧剧本。元马致远作。四折一楔子，末本。剧名本唐《吕岩集》中“三醉岳阳人不识，朗吟飞过洞庭湖”诗句而来；本事则据郑景望《蒙斋笔谈》及洪迈《夷坚志》等宋人笔记传说增饰而成。剧写岳阳楼下有老柳、白梅二树精作祟。纯阳真人吕洞宾望气而至，劝柳修道，柳以未得人身为辞。吕令柳、梅各投胎郭、贺两家为男女。柳、梅遂分别转世为郭马儿、贺腊梅并结为夫妇。三十年后吕再至欲度郭，郭不悟。吕三至楼，以剑授郭令其杀妻出家。郭归见妻头忽落，告官讼吕，吕谓腊梅未死，一呼而至。官以诬告罪判斩郭，郭急，赖吕救免，再视官，乃钟离仙也。于是郭、贺顿悟，双双入道。明初谷子敬《吕洞宾三度城南柳》杂剧，即袭此改编。有《古名家杂剧》本、《元曲选》本。

刘阮误入桃源洞 简名《误入桃源》、《桃源洞》。杂剧名。元马致远作。全本已佚，仅存第四折《双调》尾曲一支，见《元人杂剧钩沉》。刘晨、阮肇故事，首见于东晋干宝《搜神记》。同题材杂剧尚有元汪元亨《刘晨阮肇桃源洞》、陈肃《晋刘阮误入桃源》及元末明初王子一《刘晨阮肇误入天台》，唯后者今尚存。

邯郸道省悟黄粱梦 一作《开坛阐教黄粱梦》。简名《黄粱梦》。杂剧剧本。元马致远、李时中、花李郎、红字李二合作。四折一楔子，末本。剧本取材于唐传奇《枕中记》。写书生吕洞宾应举，宿邯郸黄化店。钟离权来店欲度吕出家，吕不从。时店母方炊黄粱，饭未熟而吕倦睡入梦：中举拜兵马大元帅。入赘高太尉家，生子女二人。领兵西征蔡州，饯宴上饮酒吐血，发誓断酒。军中受贿卖阵，归家获罪，刺配沙门岛，因誓断财。归家时睹妻有奸，休还母家，从此断色。流放途中率儿女跋涉山谷，投一老妪家，妪子醉归，摔死洞宾子女，复追杀洞宾。洞宾惊醒而黄粱未熟。洞宾酒色财气皆绝，遂悟人生虚幻，随钟离入道，终成正果。南戏有《吕洞宾黄粱梦》，明杂剧有谷子敬《枕中记》，传奇有苏汉英《梦境记》、汤显祖《邯郸记》，皆演此故事。有《古名家杂剧》本、《元曲选》本及法译本等。

说鱄诸伍员吹箫 简名《伍员吹箫》。杂剧剧本。元李寿卿作。四折一楔子，末本。本事出《左传·昭公二十年》、《史记》及《吴越春秋》，增饰而成。剧写楚平公信费无忌谗言，杀太傅伍奢及长子尚全家三百口，唯次子伍员赖楚公子芈建报信，亡命奔郑。至郑，子产不肯借兵，反欲加害，芈建死于乱军中。员奔吴，途中得助于浣纱女与归隐作渔父之昔楚国大夫闾丘亮，二人为不泄露员之去向而先后自刎。员至吴借兵复仇，未果，流落江湖吹箫度日十八年。逢秋社，于丹阳牛王庙受辱，为刺客鱄诸解救，遂结为兄弟。鱄诸妻遵母遗言，羁夫不令外出行侠。员以激将法说之以义，鱄诸允助之。旋借得吴兵十万伐楚，生擒费无忌，掘楚平公墓鞭尸三百以泄仇。又复欲伐郑，郑子产召募能退兵者赏千金。闾丘亮之子以其父有活伍员之恩，揭榜往说情，员始班师回吴。遂斩无忌而收养浣纱女之母终生。今存《元曲选》本。元吴昌龄有《浣纱女抱石投江》、郑廷玉有《采石渡渔父辞剑》等杂剧，亦写伍员故事。

月明三度临歧柳 一作《月明和尚度柳翠》。简名《临歧柳》。杂剧剧本。元李寿卿作。四折一楔子，末本。金院本有《月明法曲》和《净瓶儿》二目，或为此剧所本。剧写观音净瓶中之杨柳枝，偶污微尘，被罚往人间，化生为杭州名妓柳翠，与财主牛员外相好。值柳父亡故十周年，欲超度，显孝寺长老派烧火的风和尚凑满十僧前往。风和尚实为观音所遣月明尊者所化，做道场时点化柳出家，柳恋青春，不从；事为柳母察觉，将月明逐出门外。月明乃于柳梦中遣阎王鬼力捉之，而自为援救。柳惊醒，始悟生死皆幻，愿出家，求归与母告别。至家，牛员外柔情缱绻，柳犹豫际，月明出现拉之上船而去。柳至寺问禅，寻坐化，月明携之归西天复返本元。今存有息机子本、《元曲选》本、《柳枝集》本，均未题作者，然《录鬼簿》等诸书皆著录于李寿卿名下，故今人以存本属之。元无名氏之《度柳翠》、明徐渭《翠乡梦》、吴士科《红莲案》等杂剧皆敷演"红莲女淫玉禅师"等情节，而与此剧不同。

鼓盆歌庄子叹骷髅 简名《叹骷髅》。杂剧名。元李寿卿作。全本已佚。《录鬼簿》著录题目作"南华仙不朝赵天子"。今仅《元人杂剧钩沉》辑存残曲《仙吕》一套，写庄子拒绝出仕而逍遥林下。鼓盆叹骷髅俱出自《庄子·至乐篇》。明末《庄子叹骷髅曲词》及"三言"中《庄子休鼓盆成大道》，皆写同一题材。

汉高皇濯足气英布 简名《气英布》。杂剧剧本。元尚仲贤作。四折，末本。本事出《汉书·英布传》。剧写项羽征九江英布击汉，布因与龙且不和托病不赴。刘邦从张良计，派辩士隋何往九江说布降汉。布正犹豫，适楚使至。何出谓楚使云："九江王已归汉！"并拔剑杀楚使。布只得随何归汉，但要汉王重用优于项羽。至成皋，不见汉王迎接。请亲见汉王，汉王倨坐使侍女洗脚，而召布入。布愤而返营，欲还九江，隋何复陈说利害，使布进退两难。汉王欲挫布锐气，至此方出，令摆筵赠歌女慰布，命张良、曹参陪宴，拜布九江侯、破楚大元帅，亲为推车，又跪而为之敬酒。布方回嗔作喜，率军击楚，大败项羽，斩龙且而归。汉王加其为淮南王，领九江诸郡。今存《元刊杂剧三十种》本、《元曲选》本。

洞庭湖柳毅传书 简名《柳毅传书》。杂剧剧本。元尚仲贤作。四折一楔子，旦本。本事出唐李朝威《柳毅传》传奇。剧写泾河小龙厌薄其妻龙女三娘，乃罚龙女于泾河畔牧羊。淮阴秀才柳毅过此，见龙女憔悴忧戚，便应请为龙女传书于其父洞庭龙君。龙君夫妇见书大恸。其弟钱塘火龙窃闻侄女受难，愤怒驾风前往向泾河小龙问罪，经过一场恶杀，卒吞小龙于腹中，救龙女归洞庭。洞庭君宴谢柳毅，欲以龙女妻之；毅以杀夫夺妻不义为辞谢拒。钱塘火龙怒相威胁，毅正言反驳不屈。洞庭君令龙女出金珠财宝送毅归，毅见女风采照人，殊异前貌，始悔拒亲。旋出海归家，母告之已许下范阳卢氏婚事。及洞房之夜，见卢氏酷似龙女，问之，方知乃龙女所化，因大喜。女化虹桥扶毅母子同入龙宫，龙君大宴庆贺奇缘。今有顾曲斋本、《元曲选》本、《柳枝集》本传世。宋杂剧有《柳毅大圣乐》，金诸宫调有《柳毅传书》，宋元南戏有《柳毅洞庭龙女》，皆佚。明清许自昌《橘浦记》、黄说《龙绡记》、杨斑《龙膏记》、李渔《蜃中楼》、何镛《乘龙佳话》等传奇，均据同一题材改编，今俱存。

柳毅传书 见"洞庭湖柳毅传书"。

尉迟恭三夺槊 简名《三夺槊》。杂剧剧本。元尚仲贤作。四折，末本。本事出唐刘餗《隋唐嘉话》。剧写唐高祖之子建成、元吉与秦王李世民争帝位，惧秦王猛将尉迟恭难敌，遂诬奏尉迟为反臣，帝令逮尉迟问罪。大臣刘文静劝谏，谓尉迟有救秦王之功。帝令尉迟与元吉来日于御园当场比武以验证。尉迟深痛元吉奸险进谗，决心舍命锄奸。翌日，元吉全身披挂，悬弓佩剑持槊以待；而尉迟不挂铠甲，惟执一鞭上阵，三夺元吉之槊，鞭杀之于马下。帝怒，欲斩尉迟，赖秦王并众大臣悉相保奏，并揭露元吉阴怀篡逆志，帝遂赦之。今有《元刊杂剧三十种》本，宾白不全，《元曲选外编》据以重印。

陶渊明归去来兮 简名《归去来兮》。杂剧名。元尚仲贤作。全本已佚。题目作"王太守白衣送酒"。本事当出南朝梁萧统《陶渊明传》及《南史》本传。今仅《元人杂剧钩沉》存第四折《正宫》曲二支，述陶渊明重阳候人送酒。

凤凰坡越娘背灯 简名《越娘背灯》。杂剧名。元尚仲贤作。全本已佚。题目作"龙虎榜杨生点额"。本事出刘斧《青琐高议》载钱希白《越娘记》，叙杨舜俞与越娘鬼魂幽明相恋事。今仅《元人杂剧钩沉》辑存第四折《双调》一支，当为越娘诀别杨舜俞语。宋官本杂剧有《越娘道人欢》，话本有《杨舜俞》，南戏有《凤凰坡越娘背灯》，皆佚。

海神庙王魁负桂英 简名《负桂英》。杂剧名。元尚仲贤作。据宋夏噩《王魁传》，魁名俊民，字康侯，莱州掖县人。宋嘉祐状元及第。后得狂疾，服金虎碧霞丹而死（见《齐东野语》卷六）。世传王魁与妓敫桂英盟情于海神庙，魁显贵后负盟别娶，为桂英怨魂索命而卒，见《侍儿小名录拾遗》引《摭遗》，《醉翁谈录》、《山堂肆考》、《情史》亦有记载。剧本已佚，今仅《元人杂剧钩沉》辑存《双调》一套，叙桂英知王魁负心别娶后往海神庙内诉恨。宋官本杂剧有《王魁三乡题》目。南戏《王魁负桂英》今存残曲十八支，见《宋元戏文辑佚》。宋元南戏《王俊民休书记》、明佚名氏《桂英诬王魁》皆佚。明杂剧《王魁不负心》亦佚。明传奇王玉峰《焚香记》尚存。今川剧尚有《王魁负桂英》。

冤报冤赵氏孤儿 简名《赵氏孤儿》。杂剧剧本。元纪君祥作。五折一楔子，末本。本事出《左传》宣公二年、成公八年、《史记·赵世家》及刘向《新序·节士上》，集结增饰而成。剧写晋灵公时，奸臣屠岸贾欲害忠臣赵盾，始遣鉏麑暗杀，麑不忍，自触槐而死。继驯神獒噬盾，幸为太尉提弥明搏杀，盾得逃出。屠岸又预毁盾之车轮，仓皇间得昔所济桑间饿大夫灵辄救扶。屠岸复奏请诛绝赵氏满门三百口。盾子朔为驸马，亦赐死。朔妻公主匿宫中，产遗腹子，屠岸搜之甚急。朔门客程婴乔装医人入宫，藏孤于药箱出，为屠岸之部将韩厥搜出，厥不忍加害，纵之而后自尽。屠岸又矫诏尽收国中半岁以下婴儿欲尽杀之。程婴与归农大夫公孙杵臼谋，将婴之子易赵孤，藏杵臼家，旋由婴佯出首告杵臼匿孤。屠岸执杵臼，然又疑与婴合谋，因令婴执杖拷杵臼，杵臼受杖不供。寻搜出假孤，屠岸手刃之。而杵臼则撞阶死。屠岸于是信婴，收婴子（真孤）为义子。越廿年，孤长成，婴乃以赵氏家难绘作长卷图画，详告之。孤乃奏晋君六卿，擒缚屠岸贼，凌迟报仇。晋君使复姓袭爵，是为赵武；又表彰程婴、韩厥、公孙杵臼等。南戏有《赵氏孤儿报冤记》，明徐元《八义记》传奇、近世《八义图》京剧、《赵氏孤儿》秦腔等皆沿此改编。纪作今存有《元刊杂剧三十种》本、《元曲选》本、《酹江集》本；1735年被译为法文本，后又有英、德、俄等译本。法国伏尔泰、英国赫察特均曾改编为《中国孤儿》，后者评曰：“就是欧洲最有名的戏剧也还是赶不上的”。王国维谓此剧“即列之于世界大悲剧中，亦无愧色”（《宋元戏曲考》）。

赵氏孤儿 见“冤报冤赵氏孤儿”。

陈文图悟道松阴梦 一作《李元贞松阴记》。简名《松阴梦》或《松阴记》。杂剧名。元纪君祥作。全本已佚。今仅《元人杂剧钩沉》辑存其残曲《仙吕》一套，题目作“李元贞正果碧云庵”。本事未详。贾仲明《凌波仙》挽词有“《松阴梦》里三生事”句。当写前生、今生、来生轮回转世之事。明初金文质有《松阴记》杂剧，亦已佚，当同一题材。

陶学士醉写风光好 简名《风光好》。杂剧剧本。元戴善夫作。四折，旦本。本事出郑文宝《南唐近事》、洪遂《侍儿小名录》、释文莹《玉壶清话》等书。剧写宋初翰林学士陶谷奉使南唐游说劝降，为南唐君臣置之驿馆月余，托辞李主患病不见。金陵太守韩熙载设宴，召名妓秦弱兰侑酒，陶道貌岸然，自称孔门弟子“目不视邪色，耳不听淫声”。熙载见陶题馆墙十二字隐语中藏谜底“独眠孤馆”四字，遂阴使弱兰乔妆为驿吏之寡妻，居驿馆侧院。陶夜对月吟诗，见弱兰才貌俱佳，因求共享良宵，许异日必娶之约。弱兰遂与合欢，出手帕求题词为证。陶为题《风光好》词。次日，熙载设宴向陶“贺喜”，仍召弱兰侑酒，陶犹装正经。弱兰当场唱其《风光好》词，陶窘极，无颜回宋复命，乃投杭州吴越王钱俶，时钱已归宋。未几，宋灭南唐，弱兰避乱来杭，遇陶于钱帅府。钱奏准太祖使陶官复原职，于是设宴使二人成婚。今存有《古名家杂剧》本、《阳春奏》本、《元曲选》本。南戏亦有同名剧，仅存残曲。

柳耆卿诗酒玩江楼 简名《玩江楼》。杂剧名。元戴善夫作。剧本已佚。今仅《元人杂剧钩沉》存其残曲一套，为舟子受柳耆卿唆使，欲对杭妓周月仙强行非礼时所唱。《清平山堂话本》有同名小说，谓柳永（耆卿）宰余杭，建玩江楼。召杭妓周月仙唱曲，挑之不从。寻知彼与黄员外相好，密令舟子半渡强奸之，月仙作诗自伤。柳永命其自唱其诗，使之惶愧而服从。南戏与元末明初杨讷有同名剧。其中南戏同名剧尚存残曲三十三支，见《宋元戏文辑佚》。

都孔目风雨还牢末 一作《大妇小妇还牢末》。简名《还牢末》。杂剧剧本。元李致远作。四折一楔子，末本。剧写宋江遣李逵至东平府招五衙都头史进、刘唐上梁山入伙。逵路见不平杀人被拘至官，得孔目李荣祖解救，免死充军。逵至荣祖家赠金环一双谢恩，并与之结为兄弟。荣祖之妾萧娥与奸夫赵令史设计谋害荣祖，告其“私通梁山泊贼人李逵”。赵令史将荣祖屈打成招。刘唐于狱中挟私怨报复、拷打荣祖。萧娥又贿刘唐勒死荣祖，抛尸荒郊。荣祖死而复苏，复被捉进狱中，幸得史进关照。宋江又派阮小五下山请刘、史聚义。刘见书，始释前怨，与史进共救荣祖出狱，又与前来搭救的李逵一起，将赵令史与萧娥押赴梁山处死。此剧《太和正音谱》属无名氏作；《脉望馆钞校本古今杂剧》本未署作者；《元曲选》本题“李致远撰”；《古名家杂剧》本误题“马致远撰”。

沙门岛张生煮海 简名《张生煮海》。杂剧剧本。元李好古作。四折，有旦本与旦末合本。本事杂采民间传说：《幽怪录》有佛僧涸海、叶静能复海术；柳宗元《谪龙说》有奇女坠地、七日化龙登天事；《元诗纪事》卷九及《元诗选》初集均有宋无《沙门岛》诗，提到“龙妃”、“龙祠”之事。剧写潮州书生张羽，寓居海边石佛寺，清夜抚琴，东海龙王女琼莲闻声上岸聆听，两相爱悦。女以鲛绡帕为信物，约羽于中秋节至海岸，当招为婿。路途中一道姑告羽此龙王女，并授银锅、金钱、铁杓各一，以之煮海伏龙王。羽如法舀海水，投钱于锅煮之，锅中水浅，海水亦浅。龙王果窘，觇知羽意，乃托石佛寺长老为媒，愿招羽为婿。僧引羽入龙宫与琼莲成婚。喜庆间东华仙降，谓二人前身乃瑶池之金童玉女，遂携之升天而去。此剧与尚仲贤《柳毅传书》为元神话剧双璧。今存《元曲选》本，正旦唱三折，长老唱一折；《柳枝集》本，皆正旦唱。清李渔捏合于《柳毅传书》，改编为《蜃中楼》传奇。

张生煮海 见“沙门岛张生煮海”。

苏子瞻风雪贬黄州 简名《贬黄州》。杂剧剧本。元费唐臣作。四折一楔子，末本。剧情本史实敷衍而成。叙翰林学士苏轼反对王安石行青苗法。安石衔恨，令御史李定劾轼吟诗谤讪朝廷。帝震怒，将置之死；幸前丞相张方平疏谏救之，谪黄州团练副使。黄州致仕之马正卿闻知，于大雪风寒中备酒果迎轼慰勉。席间，轼于宦途风波之险，忠臣义士之厄，深致感喟。安石恨犹未已，复令黄州杨太守绝其资粮，致轼妻子啼饥号寒，无奈求救于衙。杨却令撵出窘辱之。幸赖马正卿时相周济得生。越数年，帝召轼回朝，官复原职。然轼已厌倦官场，萌归隐之志。正卿以为国重贤封京兆尹，杨太守以怀奸妒贤削职为民。今存《脉望馆钞校本古今杂剧》本，《元曲选外编》据此重印。

花间四友东坡梦 简名《东坡梦》。杂剧剧本。元吴昌龄作。四折，末本。本事或出《东坡问答》，多所点缀增饰。剧写苏轼谪官黄州，途经浔阳，太守贺铸留饮。席间出歌妓白牡丹，云白乐天之后，聪慧异常。轼遂携之游庐山，访东林寺故人佛印和尚。轼令牡丹诱之还俗，而佛印不为所动。次日筵间复令牡丹诱之，佛印稍饮即告睡，却暗使行者做床上替身。牡丹入方丈侍寝，欲破其戒；东坡复入而捉之。结果方知乃行者，惊疑间佛印自外大笑而入。东坡饮醉，佛印以神通遣花间四友桃柳竹梅引东坡入梦，诱以歌舞侑酒，各求东坡情词一首。庐山松神恐东坡着魔，前来驱散花间四友。东坡眷恋不已，旋惊醒方知南柯一梦。遂领牡丹至法座问禅。谁知牡丹不能难倒佛印，反被佛印脱度出家为尼。佛印又说破花间四友魔障之事，东坡忏悔，情愿拜为佛家弟子。今存《元曲选》本。

张天师断风花雪月 简名《张天师》、《风花雪月》。杂剧剧本。元吴昌龄作。四折一楔子，旦本。本事散见于《博异记》、《夷坚志》及道教传说。宋官本杂剧有《风花雪月爨》，金院本有《风花雪月》二本。剧写陈世英赴举经洛阳，寓叔父陈全忠太守宅。中秋夜醉后玩月鼓琴，时月宫桂仙为罗睺、计都二星所缠，赖琴声感动娄宿星前往搭救。桂仙深感世英，遂潜下人间，偕封姨、桃仙至世英馆中，酌酒交欢，并约以明年此夕再会。后世英相思成疾，适张天师过，谓全忠园内有花月之妖，遂设坛勾摄梅、菊、荷、桃及风、花、雪、月诸仙毕至堪问。诸仙咸怨桂仙思凡而累及众，各以词折辩。天师问明，牒往西池众仙之总长眉仙处置。以桂仙为酬恩下凡，情有可矜，竟得释免。而世英疾亦愈。《曲海总目提要》评此剧：“盖必当时举子秋榜获隽而不能得志于春闱者，故剧中以桃、桂二仙偕至，桂仙留而桃仙不留，是其寄托也。”清梁廷枏《曲话》称此剧“布局排场更能浓淡疏密，相间而出”。明朱有燉有《张天师明断辰钩月》，即据此改作。今存《元曲选》本。

唐三藏西天取经 简名《西天取经》。杂剧名。元吴昌龄作。全本已佚，仅《纳书楹曲谱》存残曲两套：一为《仙吕》题《莲花宝筏·北饯》，一为《双调》题《唐三藏·回回》，一般认为即《西天取经》剧中之二折。《元人杂剧钩沉》收入“附录”。《北饯》写唐僧辞长安西行时，尉迟恭等为之饯行；《回回》写一回族僧人接待唐僧并为之指路。二事均不见于小说《西游记》。

张鼎智勘魔合罗 简名《魔合罗》。杂剧剧本。元孟汉卿作。四折一楔子,末本。"魔合罗"出《岁时纪异》:七夕俗以蜡作婴儿形浮水中以为戏,为妇人宜男之祥,谓之化生。本出西域,谓"摩堠罗",《内典》作"磨喝乐"。剧写李德昌远出经商,从弟李文道多次调戏其嫂刘玉娘遭叱。越三月,德昌于归途中受寒,病倒在城外五道将军庙,托卖魔合罗者高山通信于妻。高入城问路,文道给指枉道,而阴怀毒药先至庙鸩杀德昌,劫资以归。高绕道达信玉娘,玉娘赶至庙,德昌已死。文道乘机挟嫂为妻,玉娘不从,遂诬其因奸杀夫。官吏受贿严拷,玉娘诬服。越一年,新官至,将就戮。玉娘诉冤于孔目张鼎,鼎以奸夫及寄信人均未落实,请复审。官限其三日破案,鼎详问,查得寄信人卖魔合罗者高山。乃拘高诘之,知高先遇文道透信并被骗指枉道,即拘文道并其父彦实。文道伏诛,玉娘得昭雪。有《元刊杂剧三十种》本、《脉望馆钞校本古今杂剧》本、《元曲选》本、《酹江集》本。

谢金莲诗酒红梨花 简名《红梨花》。杂剧剧本。元张寿卿作。四折,旦本。本事见《情史·赵汝州传》,情节稍异。剧写赵汝州慕洛阳名妓谢金莲,书托同窗好友、洛阳太守刘辅牵线,欲与谢会面。赵至洛阳访辅,问及谢,辅却佯以适人对。赵欲辞去,辅强留馆之后园;而密召金莲伪装王同知女,夜至园中看花。汝州见而悦之,引至书斋同饮。越夕,女携酒一尊、红梨花一瓶赠赵,复相与作诗唱和,情好甚笃。忽闻母命呼女,去久不至。辅恐汝州恋女不赴试,复令一妪伪作卖花者,携筐诣园采花,谓有王同知女死葬园中,常夜出魅人。汝州询其貌,与所见之女无异,大惊骇,即日就道。应举及第,得官还至洛。辅设宴款之,召金莲持扇插花而侍,汝州见之惊惧。辅始以实告,汝州大喜,即席与谢成婚。今存《脉望馆钞校本古今杂剧》本、《元曲选》本、顾曲斋本、《柳枝集》本、明刊《红梨记传奇》附录本。明徐复祚《红梨记》传奇,即据此改编增饰。《纳书楹曲谱》订有《卖花》一折。

薛仁贵衣锦还乡 简名《薛仁贵》、《衣锦还乡》。杂剧剧本。元张国宾作。四折一楔子,末本。本事出新旧《唐书》本传及《唐太宗征辽》、《薛仁贵征辽事略》(二书见《永乐大典》"辽"字条引),增饰而成。剧写薛仁贵自幼务农习武,辞亲别妻从军征高丽,身着白袍,屡立战功。总管张士贵冒领仁贵军功,引起争执。军师徐茂公令薛、张二人百步比射以定真伪。士贵不能中,而仁贵三发三中。遂贬士贵为庶民,诏封仁贵为天下兵马大元帅。仁贵梦里思乡。钦赐衣锦还乡,茂公以女妻之。仁贵还乡,路遇儿时伙伴伴哥,佯装不识而故意探听驴哥儿时状况。伴哥不知仁贵即驴哥,告以其儿时无赖之状。当获知眼前的大元帅即为儿时伙伴驴哥时,立刻告之其双亲正受贫寒煎熬,并痛责其不恤父母的行为。仁贵归家拜见父母、夸耀功勋,父母及妻柳氏皆悲喜交集。今存《元刊杂剧三十种》本、《元曲选》本。元无名氏《摩利支飞刀对箭》,明初《贤达妇龙门隐秀》等杂剧,《薛仁贵白袍记》戏文,清《射雁记》传奇,均据此改编增减。秦腔、京剧有《汾河湾》,亦演同一故事。

相国寺公孙合汗衫 简名《合汗衫》、《汗衫记》。杂剧剧本。元张国宾作。四折,末本。采用《太平广记·报应类》之《陈义郎》、《崔尉子》、《李文敏》中合汗衫故事敷衍而成。剧写开封当铺员外张义救助了冻馁大雪中的乞丐陈虎,其子孝友又将陈认作义弟收留家中。复有解配犯人赵兴孙过此,张妻赵氏认为义侄,资以衣银,赵拜谢而去。孝友妻玉娥怀孕逾月不产。陈虎骗其夫妻到徐州东岳庙占卜,张义夫妇赶至河边劝阻,孝友不听。老夫妇教儿媳将一件汗衫拆开,各执一半留念。张义夫妇归家,家被火焚尽,乃流浪度日。陈虎于途中将孝友推入黄河,强占玉娥。娥不久产子,取名陈豹。十七年后,玉娥命豹赴京应武举,携半件汗衫访寻张义员外。豹中武魁,授提察使,于相国寺舍斋济贫。沦为乞丐的张义夫妇亦来寺求斋,见豹酷似孝友而大恸。豹出汗衫施舍,张义亦出衫,合之无异,遂说破因果,祖孙相认。豹即追寻仇人陈虎,遇捕盗巡检赵兴孙领兵至,擒虎送予豹。豹与母同至寺会祖父母,共欲追荐孝友亡灵。寺僧闻讯而出,却正是十八年前坠河遇救后出家为僧的孝友。于是三代团圆,执陈虎送官法办。今存《元刊杂剧三十种》本、《脉望馆钞校本古今杂剧》本、《元曲选》本与法文译本。

罗李郎大闹相国寺 简名《罗李郎》、《相国寺》。杂剧剧本。元张国宾作。四折二楔子,末本。剧写苏文顺以其女定奴、孟仓士以其子汤哥质于友人罗李郎,向罗借得盘费,赴京应举。二人一去二十年无音讯。罗将汤哥、定奴结为夫妇,生子受春。汤哥浮浪嫖赌,罗屡教不悛。仆人侯兴觊觎定奴及罗家产,唆使汤哥负气赴京寻找生父，又赠以假银，欲使汤哥犯罪，难返家园。侯复谎报汤哥已死，罗气潓昏倒。侯乘机劫财拐走定奴、受春而去。罗知汤哥未死，外出寻找。汤哥至京因用假银犯罪，罚在相国寺执役，罗李郎寻至，出钱使之出脱。苏文顺在京为官，家中失窃，拷问小厮时，恰汤哥至，认出小厮即受春，因受牵连亦被吊打。忽罗至，与文顺相认，于是翁婿外孙团圆。会侯兴盗马被获，供出文顺失窃之壶亦其所盗，由是觅得定奴。京官孟仓士奉旨来寺进香，两家父子夫妇祖孙完聚。苏、孟置侯兴于法，同时深感罗之大恩而奉养其终身。今存《古名家杂剧》本、《脉望馆钞校本古今杂剧》本、《元曲选》本。

河南府张鼎勘头巾 简名《勘头巾》。河南府一作开封府。杂剧剧本。元李(一作孙)仲章作，一说元陆登善作。四折，末本。剧写金朝时事：乞丐王小二与刘员外吵架，愤恨时脱口称要杀刘。刘妻因与道士王知观有奸，趁机暗使王知观害死员外，嫁祸小二；告官云小二杀人窃去头巾与银环。赵令史受贿，将小二屈打成招，谎供窃头巾压在刘家菜园井石下。王知观得悉此供，暗将头巾、银环压于彼井石下。差官取回物证，判罪当斩。刑前，孔目张鼎微闻有冤，向府尹请求重勘此案。尹限期让三日破案，否则杀鼎。鼎以头巾于井石下半年而无泥滓，环亦不生锈，疑必有诈。又察得小二供状时有卖草之庄稼人在旁，追问得知彼曾转告一道士；差官取物证时亦曾见一道士惊慌而去。遂勾刘妻至，以庄稼人加道装蒙面，指谓刘妻曰："奸夫已供，汝讳无益。"刘妻不知是计，尽供其实。于是捕王道士审问伏诛，剐刘妻而释小二。有《脉望馆钞校本古今杂剧》本、《元曲选》本。

包待制智勘灰阑记 简名《灰阑记》。勘一作赚。杂剧剧本。元李潜夫作。四折一楔子，旦本。本事出应劭《风俗通义》妯娌夺子事，亦见于冯梦龙编《智囊·察智部》"黄霸"条。剧写妓女张海棠从良为马均卿妾，生一子。均卿妻与赵令史有奸，共谋下毒杀夫未果。海棠兄张林经商落魄而归，求助海棠。马妻怂恿海棠付与首饰，而谮之于均卿，谓海棠赠首饰与奸夫。均卿怒打海棠，已亦气病。妻又乘机毒死均卿，嫁祸海棠；令史则买通街坊伪证告官，逼海棠屈招。牍送开封府，妻贿解差途中杀之灭口。幸遇张林已作祗候，相救得免。府尹包拯听妻妾争讼孩子各云己生，命取石灰画阑于阶下，置儿其中，令妻妾互拽之，拽出阑外者即判与子。妻力拽屡胜，妾恐拽伤其子，故不忍用力。拯即断子必妾生。鞫妻，供出赵令史，遂并捕入狱，凌迟处死。海棠冤始得昭雪。有《元曲选》本与法文、德文、日文译本。德国布莱希特1945年据此借鉴作《高加索灰阑记》，亦用"灰阑断子"关目。

灰阑记 见"包待制智勘灰阑记"。

相府院曹公勘吉平 简名《勘吉平》。杂剧名。元花李郎作。全本已佚。吉平为汉献帝太医，谋刺曹操不遂，不屈而死，见《后汉书·耿弇传》及《三国志平话》。今仅《元人杂剧钩沉》存残曲《越调》、《双调》、《正宫》各一支。

懒懆判官钉一钉 简名《钉一钉》。杂剧名。元花李郎作，一作张国宾作。全本已佚。本事未详。按"懒懆"，元人俗语，即焦躁、烦躁之意。今仅《元人杂剧钩沉》存残曲《仙吕》一支。

灭吴王范蠡归湖 一作《陶朱公范蠡归湖》。简名《范蠡归湖》。杂剧名。元赵明道作。全本已佚。范蠡佐越王灭吴，功成身退，止于陶，自谓陶朱公，见《史记》、《吴越春秋》、《越绝书》。今仅《元人杂剧钩沉》存第四折《双调》一套，为范蠡辞官归湖时所唱，而隐有怨越王、西施意。金院本有《范蠡》，元杂剧有关汉卿《姑苏台范蠡进西施》，明传奇有《浮鸥记》，均佚；明汪道昆有《陶朱公五湖泛舟》杂剧，清徐石麒有《浮西施》，玉田仙史有《陶朱公》杂剧，皆同一题材而侧重不同。

神龙殿栾巴噀酒 简名《栾巴噀酒》。杂剧名。元李取进作。全本已佚。东汉栾巴噀酒遥救成都火灾事，见晋葛洪《神仙传》，又见于《太平广记》卷一一"神仙类"。《元人杂剧钩沉》存残曲《南吕》、《双调》各一套，前者叙火神出发施威，后者述栾巴殿上噀酒灭火。

吕洞宾度铁拐李岳 简名《铁拐李岳》。杂剧剧本。元岳伯川作。四折一楔子，末本。剧写郑州都孔目岳寿有干办才，然怙势刁恶，为非作歹。上八洞神仙吕洞宾见其夙具仙缘，化颠道人诣门欲度化之，却被岳缚吊于梁。适新官韩琦私访到此，因释放洞宾，亦被岳之差役张千吊起。及搜身索钱，见韩有金字牌，告于岳，岳顿时惊吓成疾。韩抵任，察岳案卷，竟无分毫过错，以为能吏；闻其病，赐药饵以慰之，而岳寻病卒。妻殓而焚之，训子守节。以岳生前积恶甚多，阎王欲罚其下油镬。吕现身问之："尔省悟否?"岳视之，即颠道人，知必神仙，求其度化。吕为语阎王，使复还阳。因其尸已焚，令借刚殁三日之李屠户子尸还魂，故貌丑而足跛。又赐名李岳，道号铁拐。岳还阳归家，貌已变丑，妻不相认。岳诉原委，妻始信之。李屠闻之亦来认子。两家争执诉于官府，韩琦亦难决断。洞宾前来说破因果，度岳成仙。有《元刊杂剧三十种》本、《元曲选》本、《酹江集》本传世。

罗公远梦断杨贵妃 简名《杨贵妃》。杂剧名。元岳伯川作。全本已佚。今仅《元人杂剧钩沉》辑存其残曲《正宫》一套，似写罗公远预言安史乱中马践杨妃事。

晋文公火烧介子推 简名《火烧介子推》、《介子推》。杂剧剧本。元狄君厚作。四折一楔子，末本。本事出《左传·僖公二十四年》、《史记·晋世家》及刘向《新序》。剧写晋献公听骊姬及国舅谗言，废太子申生及公子重耳为民，立骊姬子奚齐为太子；又劳民伤财，为骊姬之子盖月云台。谏议大夫介子推力谏不从，遂休官隐居山林。骊姬复遣使逼申生自杀，派国舅追杀重耳。重耳逃至介家。介以子头颅假冒重耳首级骗退追兵，偕重耳出逃，历尽艰辛，绝粮三日，自割股肉诈称山林野味与重耳充饥。后遇楚使来迎，介乃归家侍母。十九年后，重耳回晋为国君，大封群臣而独忘介。介闻之，作《龙蛇歌》悬于宫门，尚望得召见。后从母劝绝爵禄之想，隐入绵山。未几，文公见《龙蛇歌》而思介，召之出仕，不出；遂令放火烧山逼之出。介子推与母皆抱树焚死。剧末借渔樵责帝王之忘恩负义。今存《元刊杂剧三十种》本，《元曲选外编》据之重印，宾白不全。清宋廷魁有《介山记》传奇，京剧有《焚绵山》，皆据此改编。

便宜行事虎头牌 一作《武文(元)皇帝虎头牌》。简名《虎头牌》。杂剧剧本。元李直夫作。四折，末本。剧写金源时事。叙金牌上千户完颜山寿马幼孤，赖叔银柱马抚之成立，袭职千户，镇夹山口，累功升兵马大元帅行枢密院事，赐双虎符金牌便宜行事。银柱马求得金牌接任守此口，并誓戒酒，山寿马再三嘱之慎守而去。银柱马自恃乃元帅叔父，违誓醉酒误事，致丢失夹山口及人口牛马，复又带醉上马杀敌夺回。山寿马闻知，遣人拘拿问罪；银柱马殴打勾差抗命。复遣关西壮士缚之诣帅府。按律失地当斩，众亲戚并部下求情，山寿马皆不准。后知其已夺回山口，方允其将功折罪，但因抗命殴差，罚责杖一百。赖都管愿代其受杖六十，故只受四十。既申军法，山寿马乃置酒杀羊，亲至为叔慰伤请罪，言法不循私，乞叔见谅。银柱马感动，叔侄和好如初。此女真人写女真事用女真曲之剧，故《中原音韵》称其“皆以女真声音歌之”。有《元曲选》本。

虎头牌 见“便宜行事虎头牌”。

吴太守邓伯道弃子 一作《邓伯道弃子留侄》。简名《伯道弃子》。杂剧名。元李直夫作。全本已佚。本事出《晋书·邓攸传》，攸字伯道。今仅《元人杂剧钩沉》存残曲《越调·青山口》、《双调·梅花酒》各一支，前者述邓攸逃难，后者则为邓向其保全之侄儿追述前情。京剧有《桑园寄子》，写邓所弃子与伯道之弟妇相遇，团圆作结。

梁山泊李逵负荆 简名《李逵负荆》、《杏花庄》。杂剧剧本。元康进之作。四折，末本。据当时流传之水浒故事写成。写梁山泊附近流氓宋刚与鲁智恩，冒宋江、鲁智深之名，至王林酒店饮酒，见王女满堂娇美，解红绢搭与王，云当聘礼，掠女而去。适值清明，梁山好汉李逵下山踏青遇王，闻宋江夺王女事，怒甚，许为索女送还。即持斧上山，砍倒杏黄旗，大闹忠义堂，欲杀宋江、鲁智深。江令军师吴用详问后，告逵决无此事。逵不信，以红绢搭为据，必欲杀江索女方休。于是宋江立军令状与逵赌，同智深及逵至王店质对以辨真伪：真则江愿自刎，伪则取逵头。至店，王细辨谓非此二人。归后逵自知鲁莽，惭愧至极，遂负荆上山请罪。吴用等皆为之说情。江令逵擒得假冒二贼，则赦之。时王既知劫女者乃假冒，值假宋江二人复至，乃灌醉之，潜上山报信。逵至店，擒二贼，获女还王。该剧与高文秀《双献功》为水浒戏之双璧。《水浒传》第七十三回《梁山泊双献头》情节类同；今京剧《丁甲山》亦演此事。今存《元曲选》本、《酹江集》本。

李逵负荆 见“梁山泊李逵负荆”。

降桑椹蔡顺奉母 简名《蔡顺分椹》、《降桑椹》。杂剧剧本。元刘唐卿作，一作无名氏作。五折，末本。本事出《合璧事类》，略加敷衍而成。剧写东汉时蔡顺父母在映雪堂赏雪，有好汉延岑因打抱不平误伤人命，被解配郑州过此，乞讨茶饭。蔡母因延岑同姓认为义侄，赠以衣银，岑感恩而去。母寻感疾沉重，顺昏定晨省，求医侍药。母思食桑椹，而时值隆冬无处求。顺至园焚香祷天，发愿减寿以活母命。神祇感动，令满山桑树结椹；又托梦于顺，令摘椹奉母。翌日，顺上山摘椹，与落草为王之延岑邂逅，各叙别情。岑赠粳米牛蹄与顺慰母，复解散喽罗，入京取功名。蔡母食椹后病愈。适钦命传至：延岑受招安官封太尉，力荐蔡顺孝行，令全家赴京。顺封为翰林学士，妻赠贤德夫人，父母俱受赏。今存《脉望馆钞校本古今杂剧》本，《元曲选外编》据此重印。

王月英元夜留鞋记 简名《留鞋记》。杂剧剧本。元无名氏作。一说即曾瑞《才子佳人误元宵》。四折一楔子，旦本。本事出刘义庆《幽明录》。《太平广记》卷二七四引，题作《买粉儿》。宋《绿窗新话》卷上《郭华买脂慕粉郎》又添“留鞋”细节。金院本有《憨郭郎》，见《辍耕录》卷二五。剧写秀才郭华与胭脂铺女子王月英相爱。王约郭于元宵节相国寺幽会。郭因醉酒，至殿即昏睡。月英至，数推不醒，乃以罗帕裹绣鞋置郭怀中而去。郭醒后悔恨自责，吞帕堵噎殉情。小和尚巡殿发现，拖尸于外，恰遇郭之书童寻至，疑和尚为凶手，扭之告官。开封府尹包拯派人扮货郎携绣鞋沿街叫卖，为王母认出，致月英被捕受审，具告真情。包公令其同往相国寺。月英伏尸痛哭，扯出郭嘴边帕角，郭气通而复活。包公遂令郭、王匹配成婚。今有息机子本、《脉望馆钞校本古今杂剧》本，俱未题作者；《元曲选》本题“元曾瑞卿撰”。南戏亦有《留鞋记》，仅存残曲六支（见《宋元戏文辑佚》）。明童养中有《胭脂记》传奇，亦据此改编。

地藏王证东窗事犯 一作《秦太师东窗事犯》。简名《东窗事犯》。杂剧剧本。元孔文卿作。四折二楔子，末本。本事出洪迈《夷坚志》和《江湖纪闻》。剧写宋将岳飞朱仙镇大破金兵，高宗却连降十二道金牌宣之回朝，奸相秦桧于东窗与妻密谋诬飞谋反，将飞父子及部将张宪杀害。地藏王化呆行者叶守一隐于灵隐寺中，桧至寺进香，叶作诗暗讽其害飞之事。桧知东窗事泄，令何宗立捕叶，叶又留诗而去东南山。时飞等冤魂奉东岳圣帝之命托梦于高宗，揭发桧卖国害贤之罪，求申冤报仇。桧寻殁。何宗立亦为鬼吏勾入阴司，见桧披枷戴锁受审，传语令何还阳告其妻东窗事发。何以阴司所见归告朝廷新君孝宗，诏开棺戮桧尸，诛三宗九族。今存《元刊杂剧三十种》本，《元曲选外编》据以重印，宾白不全。元金仁杰有同名杂剧（已佚）；南戏亦有同名剧目；明周礼据南戏重编《岳飞东窗事犯》传奇，今尚存。

李太白贬夜郎 简名《贬夜郎》。杂剧剧本。元王伯成作。四折，末本。按史实，李白贬夜郎乃因入永王璘幕府事，而剧却杂糅稗史传闻多所增饰。写李白醉中奉召入宫，草吓蛮书；又奉旨赋词，令杨贵妃捧砚，高力士脱靴，以此得罪权贵。二次应召，带醉骑马，惊了贵妃。三次应召入宫，又撞见杨妃与安禄山私通，斥之“宫中子母，村里夫妻”。终于遭谗见逐，长流夜郎。白虽忧怨，终能旷达，解缆溯流而上。至采石渡，逢中秋节，醉后欲水中捞月而身赴水府。龙王携众水族为之举行了盛大的欢迎仪式。今仅存《元刊杂剧三十种》本，宾白不全。《元曲选外编》据此重印。明屠隆《彩毫记》及京剧《金马门》，皆据此改编增饰。

兴刘灭项 杂剧名。元王伯成作。全本已佚。《录鬼簿》及《太和正音谱》等俱失载此目，唯《曲录》著录。《九宫大成南北词宫谱》存残曲数支，题“王伯成撰”。演楚汉相争故事，本事出《史记》。

死生交范张鸡黍 简名《范张鸡黍》。杂剧剧本。元宫天挺作。四折一楔子，末本。本事出《后汉书·独行传》，《搜神记》、《谈苑》亦有记载。剧写东汉时，范式、张劭、孔嵩、王韬四人同住帝学，范、张请假回乡，孔、王皆来送行。分手前，范与张约，两年后今日必至张之家乡汝阳登堂拜母，张诺以杀鸡炊黍相候。至期，范式赴约，途遇王韬冠带加身。原来王韬盗用孔嵩托其转呈贡院之万言策，已骗得高官。至张劭家，张如约治备鸡黍相候。后范式梦张劭来辞别，以老母妻小相托，知张已死，急奔汝阳吊丧。下葬之日，灵车重滞不肯进，及范式素车白马号哭奔驰而至，亲作祭文，灵车方始前行。范式为张劭守墓，丞相第五伦奉命亲来征聘。范见故人孔嵩执仗丞相马前，于是荐嵩，同时受命。张劭母子因范式进言亦得到表彰。王韬则诈行败露。今存《元刊杂剧三十种》、《脉望馆钞校本古今杂剧》、《元曲选》、《酹江集》诸本。另明清平山堂话本《欹枕集》中有《生死交范张鸡黍》一篇，冯梦龙将其收入《古今小说》，题为《范巨卿死生鸡黍交》。

严子陵垂钓七里滩 简名《七里滩》。杂剧剧本。元宫天挺作，一说张国宾作。四折，末本。本事出《后汉书·严光传》。剧写西汉末严光字子陵，隐于富春山畔七里滩钓鱼为生。时值王莽篡位，欲灭汉室宗支，刘秀遂改名金和，隐于南阳，与光为友。越十年，刘秀登基建立东汉，是谓光武帝，遣使征光为官。光谢绝。帝请光赴京以布衣故人相会。光应邀前往，只叙离情，绝意仕途。翌日，帝大张宴席与光接风，七里滩仙鹤、野猿俱来宫寻光。光以隐居逍遥自得，遂辞帝回滩。今存《元刊杂剧三十种》本，未署作者。《录鬼簿》著录于张国宾名下有此目，宫天挺名下为《严子陵钓鱼台》。然《词林摘艳》癸集有《七里滩》中《斗鹌鹑》一套，题为"宫大用"作，与今存本第二折中的此套内容完全相同。故自王国维迄今，或以宫作，或以张作。《元曲选外编》据《元刊杂剧三十种》参校重印。

辅成王周公摄政 简名《周公摄政》。杂剧剧本。元郑光祖作。四折一楔子，末本。本事出《史记·鲁周公世家》及宋刘恕《资治通鉴外纪》。剧写周武王灭纣克商，封纣王子武庚为诸侯以存其嗣。封弟周公为鲁公，留朝佐政，弟叔鲜、叔度、叔处为管、蔡、霍三叔，号为"三监"，监视武庚。武王病危，周公筑坛祷告，愿以己身替武王死。武王临终托孤，特赐周公"如朕亲临"御制，令其摄政辅年幼之成王。未几"三监"散布流言，云"周公将不利于孺子"。又挟武庚率奄及淮夷反。周公以全家为人质，求率兵东伐，准行。遂征奄及淮夷，平息叛乱。在审问叛首后，谣言真相大白。遂杀武庚、管叔，流放蔡叔，削霍叔为民。乃还政于成王，北面就臣位。今仅存《元刊杂剧三十种》本，宾白不全。元金仁杰有《周公旦抱子摄朝》，已佚。

醉思乡王粲登楼 简名《王粲登楼》。杂剧剧本。元郑光祖作。四折一楔子，末本。本事出《三国志·魏书·王粲传》及其所作《登楼赋》。剧写汉末太常博士王默与丞相蔡邕指腹为婚。默子粲恃才矜傲，邕遣书邀粲至京，故意不放参见。粲困客店欠债，以剑抵质。邕月余乃召见之，又故不为礼，以挫其傲气；而阴托曹植具荐书，赠银两、春衣、骏马于粲，令其往荆州投刘表。表见其貌不扬，且性矜傲，不任用。粲落魄荆楚，寄万言策于植，求其上达，亦不见回音。适逢重阳，饶阳人许达邀饮溪山风月楼，粲触景生愁，感士不遇，几欲坠楼自杀，为达劝止。会朝命至，以万言策上闻，召授粲为兵马大元帅。至京，邕往拜见，粲衔旧恨，亦故不为礼以辱之。及曹植说破凡昔所荐赠，皆邕所暗助以反激进取之故，粲大悟谢罪。邕以女桂花妻之完婚。剧写元代"九儒"之悲愤，"语多慷慨，而气亦爽烈……托物寓意，尤为绝妙"(明何良俊《曲论》)。有《古名家杂剧》本、《元曲选》本、《酹江集》本。

迷青琐倩女离魂 简名《倩女离魂》。杂剧剧本。元郑光祖作。四折一楔子，旦本。本事出唐传奇《离魂记》。剧写衡州秀才王文举与张倩女由父母指腹为婚。后文举父母双亡，张父亦死。文举专程拜访岳母，问及婚事。而张母意欲悔亲，以三代不招白衣女婿为辞，许登第后始践婚约，逼王生赴试。倩女既伤离别，又怕文举得官另娶，归后相思成疾，灵魂出壳，追赶文举至江边，遂同入京。文举状元及第，寄书报张母，谓授官后即偕小姐归家。而家中倩女恹恹瘦损在床，闻讯误以文举另娶高门，顿时悲痛欲绝。三年后，文举偕魂女衣锦还乡，魂女入室与卧病倩女翕然合为一人，众人方知离魂之故。张母大办筵席，为二人完婚。明何良俊评此剧"清丽流便，语入本色"(《四友斋丛谈》)。后人更誉为元杂剧四大爱情剧之一。有《古名家杂剧》本、顾曲斋刊本、《元曲选》本、《柳枝集》本及日译本等。金有同名诸宫调、元有《王家府倩女离魂》南戏、赵公辅《栖凤堂倩女离魂》杂剧、明王骥德亦有同名杂剧，沈鲸有《青琐记》、佚名有《离魂记》等传奇，皆佚。

倩女离魂 见"迷青琐倩女离魂"。

㑇梅香骗翰林风月 简名《㑇梅香》、《翰林风月》。杂剧剧本。元郑光祖作。四折一楔子，旦本。本事无据，点簇唐人姓名虚构而成。剧写晋公裴度讨淮西为贼所困，赖步将白参军苦战救脱，裴感其恩，以女小蛮许字白之次子敏中。及裴逝，敏中往探时，裴夫人使小蛮与敏中兄妹相称，绝口不提婚事。小蛮私以香囊侑诗遗敏中，敏中因此相思成疾。侍婢樊素吟咏应对乖觉，人称"㑇梅香"，经其撮合，敏中得以与小蛮夜会，谁知恰被夫人撞见。夫人遂逼敏中入朝应举。敏中及第为翰林，奉旨与小蛮完婚。敏中以夫人常待以冷面，故于见时若不相识。樊素数以辞调侃，遂欢好如故。清梁廷枏《曲话》举出该剧有二十处与《西厢记》雷同，"前后关目，插科打诨，皆一一照本模拟"。但语言"秀丽处究不可没"(李调元《雨村曲话》)。有息机子本、顾曲斋本、《元曲选》本、《柳枝集》本及法译本等。

虎牢关三战吕布 简名《三战吕布》。杂剧剧本。元郑光祖作。四折二楔子，末本。本事出《三国志平话》，与正史不合。剧写袁绍合十八路诸侯讨董卓，在虎牢关败于卓将吕布。参谋曹操访平原令刘备，劝其带关羽、张飞同破吕布，并修书荐于孙坚。坚倨傲，以三人位卑不放参见。会吕布挑战，坚畏布装病，遭飞讥诮，恼羞成怒欲杀飞。适操催粮归，乃得释。布单索坚出战，坚败落荒郊，急脱盔甲拴树上而得脱。布解其盔甲令杨奉带回报功，途遇张飞夺回，揭穿坚谎报赢敌之事。布得报索张飞出战，飞提枪上马，与刘、关三人大败吕布，全胜而归。袁绍奉旨加封曹操为相，备为王，关、张为将军。今仅存《脉望馆钞校本古今杂剧》本。

元武汉臣亦有同名杂剧,已佚。今京剧、川剧、秦腔、豫剧、河北梆子等亦有此剧目,然情节多与《三国演义》同而与此剧异。

立成汤伊尹耕莘 一作《耕莘野伊尹扶汤》。简名《伊尹耕莘》、《伊尹扶汤》。杂剧剧本。元郑光祖作。四折二楔子,末本。本事出《吕氏春秋》及《史记·殷本纪》。剧写文曲星奉玉帝旨降生义水有莘赵氏,其母名淑女,梦吞红光入腹,不夫而孕。及生,恐遭物议,弃于伊员外庄后空桑之内。为伊留养,取名伊尹。长而耕于有莘之野,通天文地理,有经济才。方伯成汤荐之于夏桀,不用,复归躬耕。桀无道残民,诸侯多叛。汤兴义师,特遣使厚聘尹为军师。尹佐汤行兵布阵一举克夏擒桀。汤就大位,建号商,定都亳,升尹为太师左丞相。今存《脉望馆钞校本古今杂剧》本。今人或以其与《录鬼簿》著录名小异及杨维桢《元宫词》有"大金优谏关卿在,《伊尹扶汤》进剧编"句,而疑非郑作,然证据不足。

钟离春智勇定齐 一作《丑齐后无盐破连环》。简名《智勇定齐》、《无盐破环》。杂剧剧本。元郑光祖作。四折一楔子,旦本。本事出刘向《列女传·钟离春》及《战国策·齐策六》。剧写齐公子出猎,遇无盐邑采桑女钟离春,貌丑而不俗。晏婴吟诗诘问之,女以诗答,讥齐国无人能御秦楚。婴知女贤,告公子聘为正室。时强秦称霸,列国贡秦,独齐例外。秦遂遣使持玉连环至齐,令解之则免贡;燕亦遣使持蒲弦琴至齐,令弹响则奉之为上邦。齐众臣不安,独无盐女以长竿挂琴,风吹之而自响;以锥击玉环而解之;遂将两使黥面刺背而纵之归。秦、燕大怒,结魏而合兵伐齐,无盐女摆九宫八卦阵生擒三国主将。三将不服,女又纵之使再战,复大败之。于是秦会诸侯至临淄,尊齐为上国。有《脉望馆钞校本古今杂剧》本,《孤本元明杂剧》及《元曲选外编》即据此排印。今人或以其名异而疑存本非郑所作,然无确证。

程咬金斧劈老君堂 简名《老君堂》。杂剧剧本。元郑光祖作,一作无名氏作。剧中人物史皆有之,唯情节多属无稽。剧写秦王李世民率部经北邙山,偷观金墉城,为李密部将程咬金所追赶,避入老君堂中。咬金斧劈庙门,擒获以献李密,囚之南牢。唐大司马刘文静往求放秦王,密不允,亦囚文静。后密出征沧州,命魏徵、徐勣、秦琼守金墉。密因出征大捷,恩赦牢囚,唯"南牢二子,不放还乡"。徵等三人皆倾心于唐,密议由徵改诏书之"不"字为"本"字,释放世民、文静归唐。未几密败,部将皆降唐,李靖单缚咬金待命。秦王至,盛誉咬金尽忠其主,亲释其缚,奏准重用。咬金感激涕零,愿效忠秦王。元明间无名氏《魏徵改诏风云会》杂剧,情节略同。今存《脉望馆钞校本古今杂剧》本,未题作者,卷末有明董其昌跋文:"乃系元人郑德辉笔";而《录鬼簿》、《太和正音谱》郑名下均无著录,故今人或疑非郑作。

崔怀宝月夜闻筝 简名《月夜闻筝》。杂剧名。元郑光祖作。全本已佚。本事出《岁时广记》卷一七引《丽情集》,叙狂生崔怀宝与弹筝宫娥薛琼琼相恋私奔事。今仅《元人杂剧钩沉》存残曲《越调》一套,乃薛、崔二人事发后,欲托高圭请杨贵妃在明皇前说情放赦。金院本及南戏均有此剧目,南戏尚存残曲十一支,见《宋元戏文辑佚》。元白朴亦有《薛琼琼月夜银筝怨》杂剧,已佚;明清传奇有《玉马坠》、《玉马佩》等,亦涉琼琼事。

承明殿霍光鬼谏 简名《霍光鬼谏》。杂剧剧本。元杨梓作。四折,末本。本事出《汉书·霍光传》,增饰而成。剧写汉昭帝死后,大司马霍光立昌邑王继位。不足一月,新君劣迹累累。光只得将其废除,另立宣帝。宣帝封光二子霍山、霍禹为官。光知二子不堪重任,极力反对,然宣帝不从,遂辞帝向五南采访。半年后霍光回京,得知女儿霍成君被二子献与宣帝取宠,气病卧床。宣帝驾临探视,光断言二子久后必反,向宣帝告求一纸赦书,以免死后身受牵连。霍光死后,二子果然谋反,光向宣帝托梦报信。宣帝醒后,拿下霍山、霍禹治罪,诛其九族而奠祭霍光。有《元刊杂剧三十种》本、《元曲选外编》据以重印。

忠义士豫让吞炭 简名《豫让吞炭》。杂剧剧本。元杨梓作。四折,末本。本事见《史记·刺客列传》。剧写春秋时,晋由六卿执政,以智伯最强。智伯灭范氏、中行氏后,欲吞并韩赵魏三家而独掌晋权。因于兰台设宴,威逼三家公子献邑。韩、魏惧而应之,独赵襄子不屈离去。智伯不听家臣豫让苦谏,怒约韩、魏合兵围赵于晋阳城。赵遣谋士张孟说服韩、魏,三家遂合力擒杀了智伯。豫让为报杀主之仇,入赵府行刺被执,赵义释之。让因漆身为癞,吞炭为哑,行乞于市人皆不识。待赵出行,让寻机出袭,又为赵从人所获。赵允其以剑刺己衣,示其已为主复仇。让刺赵衣毕,自刎而死,赵以礼葬之。《远山堂剧品》评注云:"忠臣义士之曲,不难于激烈,难于婉转,盖有心人决不作卤莽语。

此剧极肖口吻，遂使神情逼现。”青木正儿《元人杂剧概说》誉此剧后二折“壮烈动人”。今存《脉望馆钞校本古今杂剧》本，《元曲选外编》据之重印。

下高丽敬德不伏老 又名《功臣宴敬德不伏老》。简名《不伏老》、《功臣宴》。杂剧剧本。元杨梓作。四折，末本。本事出《唐书·尉迟敬德传》及《薛仁贵征辽事略》。剧写唐太宗即位，设功臣宴，功多者簪花饮酒。敬德与叔宝正互相谦让，皇族李道宗突然入席，坐于上首，言态傲慢。敬德大怒，以拳击之，落其二齿，以是被贬职田庄闲居。高丽国探得情由，乘机兴兵犯境。徐懋功奉命宣召敬德，敬德诈疯拒宣。懋功派士兵入尉迟家哄闹，敬德性起，忘了装病，起身殴打士兵，懋功即时出现，敬德方悟中计。懋功继而以言其老迈无用激之，敬德奋然领兵出征，活捉高丽大将铁肋金牙，遂以功复爵。有《脉望馆钞校本古今杂剧》本、明富春堂刊《金貂记》附录本，《元曲选外编》据后者排印。剧本第三折写懋功计破敬德诈疯并激其出战一节，清代有折子戏。因用北曲演唱，故称为《北诈疯》或《北诈》。

陈季卿悟道竹叶舟 又名《陈季卿悟上竹叶舟》。简名《竹叶舟》。杂剧剧本。元范康作。四折一楔子，末本。本事出唐薛昭蕴《幻影传》，《太平广记》、《纂异记》、《异闻实录》亦记之。剧写陈季卿应举未中，流落京师，投奔同乡人青龙寺惠安长老。吕洞宾奉师命前往点化，季卿不从，题思乡之情于壁。洞宾遂以竹叶化作扁舟，送之还乡。季卿抵家与父母妻子相会，饮酒赋诗，颇以为乐，但转眼又再度离家乘舟赴京应考。不料途遇恶风浪，舟覆落水，一惊而醒，乃南柯一梦。此时洞宾已去，荆篮中留有题诗，读之与梦中事全合，顿悟洞宾为仙人，急追寻之，遂得洞宾度化。有《元刊杂剧三十种》本、《元曲选》本，但元刊本无楔子。两本出场人物不尽相同，曲词多有差异。

萧何月夜追韩信 又名《萧何月下追韩信》。简名《追韩信》。杂剧剧本。元金仁杰作。四折，末本。本事出《史记·淮阴侯列传》及《汉书·韩信传》。剧写韩信满腹韬略而未遇明主。值大雪天，信饥寒难熬，又受到妇人奚落与恶少胯下之辱。幸漂母怜之，赠以饭食。不久，信投项羽，只获任执戟郎；改投刘邦，亦仅得治粟吏。信郁郁不得志，遂去汉东归。汉丞相萧何知信有大将才，连夜将其追回，竭力向刘邦举荐，得拜大将。信为刘邦分析汉楚优劣，定下击败项羽之策，终致项羽垓下别姬，自刎乌江。韩信遂大获封赏。今存《元刊杂剧三十种》本，《元曲选外编》据以重印。韩信故事之元杂剧尚有王仲文《江阴县韩信乞食》、武汉臣《穷韩信登台拜将》，俱佚。明杂剧尚有陈与郊《淮阴侯》，亦佚。明清传奇中有沈采《千金记》、沈起凤《云龙会》，今存。

王妙妙死哭秦少游 简名《秦少游》、《死哭秦少游》。杂剧名。元鲍天佑作。全本已佚。《元人杂剧钩沉》辑存《正宫》、《双调》二套，述王妙妙、秦少游二人月下吹箫诉别及王哭奠秦观情景。此剧本事或出宋洪迈《夷坚志》中《义娼传》。

史鱼尸谏卫灵公 又名《荐伯玉史鱼尸谏》。简名《史鱼尸谏》、《卫灵公》。杂剧名。元鲍天佑作。全本已佚。《元人杂剧钩沉》辑存第四折《正宫》残曲二支。史䲡，字子鱼，亦称史鱼，春秋时卫国大夫。生前数荐蘧伯玉而斥弥子瑕，卫灵公不能用，遂遗言死后不殡于堂，是谓“尸谏”，事见《韩诗外传》。残曲或为灵公吊丧时途中所唱语。明初朱有燉《元宫词》云：“尸谏灵公演传奇，一朝传到九重知。奉宣赍与中书省，诸路都教唱此词。”似咏元顺帝时事。

十八骑误入长安 又名《李存孝误入长安》。简名《误入长安》。杂剧名。元陈以仁作。全本已佚。《太和正音谱》辑录第三折《越调》残曲二支。有话本《残唐五代传》，述李存孝连杀黄巢总管葛从周手下四员大将，率十八骑追葛入长安城而不觉，又夺黄巢弟黄珪坐骑“五名驹”，复误入皇城，惊倒黄巢事。从残曲表现“征驼紧跨”、“纵辔加鞭”之情状看，杂剧故事，当近于此。或谓此剧即《雁门关存孝打虎》之别名。

杜牧之诗酒扬州梦 简名《扬州梦》，杂剧剧本。元乔吉作。四折一楔子，末本。本事出唐于邺《扬州梦记》及杜牧《张好好诗序》，捏合增饰而成。剧写唐翰林侍读杜牧至豫章公干，回京前太守张纺设宴饯行，令歌妓张好好歌舞侑酒，牧赠物赋诗以谢好好。逾三年，牧再到扬州，太守牛僧孺宴请，令义女侑酒，原来即好好。二人眉目传情，牛以牧疏狂，遂冷淡之。牧屡访牛府而不得会见好好，回京前，托富户白谦为作伐说合。三年后，僧孺任满赴京，数访牧，牧不肯见。会谦亦至京，宴请牧与僧孺，当面作伐，得许婚。时朝廷以牧纵情花酒，正欲降罚，赖新任京兆尹张纺保奏得免。牧遂娶得好好，了却相思，“把一觉十年扬州梦醒”。有《改定元贤传奇》本、《古名家杂剧》本、继志斋刊本、《元曲选》本、《柳枝集》本。清陈栋《维扬梦》杂剧亦据此改编。

玉箫女两世姻缘 简名《两世姻缘》。杂剧剧本。元乔吉作。四折，旦本。本事出唐小说《玉箫传》、《云溪友议》卷中《玉箫化》条及宋曾慥《类说》卷四一《玉箫紫环》等。剧写秀才韦皋游学至洛阳，与妓女韩玉箫相恋。适朝廷挂榜招贤，韩母迫皋行。皋与玉箫约下得官来娶。逾数年，音信杳无，玉箫相思成疾，临终前自画肖像，嘱母上京寻访。母至京，知皋中状元后即奉旨西征，故不遇而还。十八年后，皋以军功累官镇西大元帅，遣人取玉箫母女，始知女亡，母亦不遇。寻奉旨回朝过荆州，访故友节度使张延赏，逢张义女，年十八，貌酷似玉箫，两人似曾相识，各有眷心。皋微呼“玉箫”，其女辄应，乃向延赏乞此女。延赏怒其无礼，皋实告韩玉箫事，亦不蒙允。皋至京，遇韩母携玉箫像至，令售之延赏。延赏见像，始知其故。皋奏上闻，帝以画验之，始信玉箫转世，以其两世姻缘可感，敕赐成婚。有《改定元贤传奇》本、《古名家杂剧》本、息机子刊本、顾曲斋刊本、《元曲选》本、《柳枝集》本。宋元话本有同名作品，明戏文有《玉箫两世姻缘》，明传奇有佚名《古玉环记》，明陈与郊、郑瑜俱作有《鹦鹉洲》传奇，皆写同一题材。

李太白匹配金钱记 一作《唐明皇匹配金钱记》。简名《金钱记》。杂剧剧本。元乔吉作。四折，末本。本事出唐传奇《章台柳传》，而添入贺知章、李白以点染。剧写京兆尹王辅之女柳眉儿佩戴御赐金钱往游九龙池，与应试秀才韩翃相遇顾盼，目成心许，故意掉金钱遗翃。翃随车追入辅后园，值辅退朝，见翃可疑，缚而吊之。适侍郎贺知章至，为翃通姓名，辅素闻翃才，聘为塾师。一日，辅发现翃书中金钱，疑与女有私情，再次绑吊问之。恰知章奉旨来宣翃，帝甚赏翃文，擢翃为状元。辅乃结彩楼，招翃为婿。而翃以两受其辱不肯允婚。知章以告李白，白闻于上，钦命成婚。按剧中赠金钱、擅入园事，借韩寿偷香事变易而来；吊打、宣召及梦见柳眉时“我见她恰行过牡丹亭，又转过芍药圃蔷薇后”等数句，又为明汤显祖《牡丹亭》所借用。有《古名家杂剧》本、顾曲斋刊本、《元曲选》本、《柳枝集》本及日译本等。石君宝亦有《柳眉儿金钱记》杂剧，已佚。清《九龙池》、《十二金钱》等传奇，皆写同一故事。

持汉节苏武还乡 又名《英雄士苏武持节》。简名《苏武还乡》，或《苏武还朝》、《苏武持节》。杂剧名。元周文质作。本事出《汉书·苏武传》。叙苏武被扣匈奴十九年，终持节而归事。剧本已佚，仅存残曲二十七支，见赵景深《元人杂剧钩沉》辑本。另有无名氏《牧羊记》传奇，亦演此事，系明清间抄本，收入《古本戏曲丛刊初集》。

孝义士赵礼让肥 简名《赵礼让肥》。杂剧剧本。元秦简夫作。四折，末本。剧写西汉末年天下大乱，赵孝、赵礼兄弟奉母避祸于宜秋山下，以打柴采药为生。一日，赵礼上山采药，为虎头寨草寇擒获，拟杀之作醒酒汤。礼乞返家告别老母和长兄再来就死，并以“信”字担保。纵之归家后，果守信回山寨。赵孝闻其事，即往救援。母亦随至。母子三人都说自己体肥，愿舍己救人。寨主马武大为感动，并释三人，且赠以衣服、金银、白米。后武解散山寨，去应武举，佐光武帝平定天下。力荐赵孝兄弟，赵氏全家受到旌表。本事出自《后汉书·赵孝传》而有所增饰敷衍。有《脉望馆钞校本古今杂剧》本、息机子本、《元曲选》本。

东堂老劝破家子弟 简名《东堂老》、《破家子弟》。杂剧剧本。元秦简夫作。四折一楔子，末本。剧写东平人赵国器、李实同在扬州经商。赵因儿子扬州奴不肖，预料他日必然败落，便立下文书，托李代为经管钱财。扬州奴受人引诱，每日花天酒地，最后出卖住房。李实屡教之，不改，便暗中出面买下。扬州奴终于贫穷落魄，居住破窑，向李实之妻借一贯钱，靠卖菜度日。李实知其已经痛改前非，便出示赵国器托孤遗嘱，将所托寄五百两银子买下的扬州奴之原有房屋田产以至家具、奴仆当面归还。贾仲明《凌波仙》吊词称此剧“壮丽无敌”。明传奇有《锦蒲团》，又名《金不换》，即据此改编。有息机子本、《脉望馆钞校本古今杂剧》本、《元曲选》本、《酹江集》本。

晋陶母剪发待宾 简名《剪发待宾》。杂剧剧本。元秦简夫作。四折，旦本。剧写学士范逵视学丹阳府，生员陶侃因无钱招待，便书“钱”、“信”二字到韩夫人当铺典押。陶母令侃赎回二字，剪发出售，假说针线钱，令侃宴请范逵，并随范上京赴试。侃得范逵保举，高中状元，授翰苑修文。陶母也因贤德，受到旌表。侃又得范逵为媒，与韩夫人之女成婚。本事出自《晋书·陶侃传》，而多所增饰。明传奇《运甓记》，亦演此事。有《脉望馆钞校本古今杂剧》本，《元曲选外编》据此排印。

王修然断杀狗劝夫 一作《杨氏女杀狗劝夫》。简名《杀狗劝夫》。杂剧剧本。元萧德祥作。一说无名氏作。四折一楔子，末本。剧写孙荣与泼皮柳、胡为伍逐其弟孙华至破窑居住。华为兄贺生日，荣打骂之，却厚待柳、胡。清明祭祖墓，荣遇华，复打骂之。一日荣与柳、胡饮酒，归途醉倒雪地，柳、胡偷荣银锭而去。会华至，救护兄归家。荣醒，疑银为华所盗，逐之出门。荣妻杨氏屡谏不听，买狗杀之，披以人衣，乘夜置于后门。荣因醉夜归蹴之，以为死人，惧受牵连，往谋于柳、胡，欲私埋之，皆不肯赴。妻劝荣召华。华至，奋身负尸埋于河边。荣感愧，与柳、胡断交。二人怨恨，诬告荣杀人灭尸。华出堂自认杀人，舍命救兄。经杨氏说破真情，官严惩柳、胡，旌表杨氏，任华为县令。明初徐畛有南戏《杀狗记》，即本此。有《脉望馆钞校本古今杂剧》本、《元曲选》本。

破阴阳八卦桃花女 一作《桃花女破法嫁周公》。简名《桃花女》、《智赚桃花女》。杂剧剧本。元王晔作。四折一楔子，旦本。叙周公（一作恭）善卜阴阳，开卦铺三十年无一算差。算李氏之子石留住及老佣彭祖必板僵身死，皆为桃花女以解禳法救之免灾。乃设计为子增福求娶彼为儿媳，专择凶日娶亲，算定桃花出门必触犯日神，将身死于途。不料均为桃花算破设法消灾，安然至周家。及入卧房，周令动乐欲惊床上白虎星，反害死己女腊梅。又令彭祖去砍城东南小桃树以绝桃花之命根。彭祖感女活命之恩，遵女嘱只砍枝叶而留树根，归以桃枝三敲门槛，周全家皆倒地而死。桃花使法救活周全家，正言责之不义；周始大惭折服。于是一家和好。剧中多写宋元婚嫁礼俗，与《东京梦华录》等书可相印证。有《脉望馆钞校本古今杂剧》本、《元曲选》本。清安庆梆子有此剧目，晚清有《阴阳斗异说传奇》小说。

刘玄德醉走黄鹤楼 简名《黄鹤楼》。杂剧剧本。元朱凯作，一说无名氏作。四折，末本。本事出《三国志平话》。写周瑜为夺荆州，设计宴请刘备于黄鹤楼。时孔明、关、张追曹操未归。赵云以为有诈，力谏勿往；刘封劝备赴宴，备渡江赴之。瑜伏甲士困备于楼上，欲逼还荆州；又令军士，无令箭者不准下楼。孔明归营闻之，密遣关平以送暖衣为名，内暗藏令箭一枝，乃昔七星坛祭风时向瑜所借。复令姜维乔扮渔翁献鱼，书其手掌"彼骄心褒、彼醉必逃"八字密示备。备悟计，与瑜饮酒，盛誉瑜乃天下英雄无敌。瑜大悦，因醉饮欲睡。备持令箭下楼登渔舟而归，见张飞正吊刘封于树上，遂令释之。孔明乃置酒庆贺。备与关、张相会，盛称孔明神机妙算。有《脉望馆钞校本古今杂剧》本，《元曲选外编》据此重印。清初郑瑜有同名杂剧；京剧亦有此目，唯情节有异。

昊天塔孟良盗骨 简名《昊天塔》、《孟良盗骨》。杂剧剧本。元朱凯作。四折，末本。本事出《宋史·杨业传》，兼采民间传说增饰而成。剧写杨业与辽将韩延寿交战，受困于虎口交牙峪。潘仁美坐视不救，七郎延嗣突围求援，为潘攒箭射死。业终撞李陵碑而殉国，辽焚其尸，吊其骨殖于昊天塔，日轮小军百人射之，曰"百箭会"。业与七郎魂度三关托梦于六郎延昭，求盗骨归葬。延昭智激部将孟良同往盗骨。夜至昊天寺，诈以布施赚僧开门，逼僧供出骨匣。延昭背匣行至五台山，遇醉僧盘问身世，方知僧即五郎。会辽兵追至，五郎智赚韩延寿入寺毙之，寻杀退辽兵，并枭韩首祭奠父灵。逢宰相寇準奉旨来迎骨殖，赐金筑坟建庙，使千秋享祭。有《元曲选》本。宋杂剧及话本均有《杨令公》，元关汉卿亦有《孟良盗骨》杂剧，皆佚。明熊大木有《杨家将传》小说，清李玉有《昊天塔》传奇。京剧《李陵碑》、《洪羊洞》、《五台会兄》等即据此改编。

贤达妇荆娘盗果 简名《荆娘盗果》、《京娘盗果》。杂剧名。《录鬼簿续编》题名为："义烈夫士廉休妻，贤达妇荆娘盗果。"元春牛张作。本事不详，剧本已佚，仅存残曲《仙吕》宫《赚煞》中一句："……托赖着当今圣主……"（见《元人杂剧钩沉》）杂剧《小张屠焚儿救母》第一折[鹊踏枝]词中有"你学那哭长城送寒衣孟姜女，莫学那无廉耻盗果京娘"，而此剧剧名上称荆娘为"贤达妇"，不悉原委。"荆娘"或"京娘"为宋元时对妇女之俗称。

西游记 杂剧剧本。元末明初杨讷作。一说无名氏作。六本二十四出。是现存最长的一部杂剧作品。写唐僧、孙悟空、猪八戒等的来历，师徒西行取经，收龙马、遇红孩儿、过女人国、火焰山等故事，最后师徒东归，均修成正果。此剧据《大唐三藏取经诗话》而加以发展，又汇集了众多民间传唱的故事，是吴承恩《西游记》以前的一部完整的西游故事剧。情节与吴作小说有许多出入，在研究西游故事的源流演化上亦有重要价值。现仅存明万历四十二年（1614）刊本，题《杨东来先生批评西游记》。

马丹阳度脱刘行首 一作《马丹阳三化刘行首》。简名《刘行首》。杂剧剧本。元末明初杨讷作。一说无名氏作。写王喆得道后，奉师父法旨到人间度脱七真，至北邙山口遇见已成鬼仙管玉斝夫人。鬼仙要求王喆度脱她，王喆嘱她托生汴梁刘家，做二十年行首，遇有三髻的马真人，方可得道。刘行首成为汴梁名妓，重阳节应官府召唤，在街市遇马真人，马真人劝她出家，刘行首不肯。刘行首要嫁给林员外，马真人入梦中告知前因，刘行首省悟愿意出家。刘行首在茅庵修道，马真人排解鸨母、林员外等的纠缠，引刘行首见众仙证果。存《古名家杂剧》本、《元曲选》本及《古本戏曲丛刊四集》影印本。

鲠直张千替杀妻 一作"刎头张千替杀妻"。简名《替杀妻》。杂剧剧本。元无名氏作。四折一楔子，末本。剧写屠户张千与员外结拜为兄弟。员外离家西去索钱。半年后，张千与其母、义嫂扫祭祖坟时，嫂支开张母，勾引张千。张佯许待回家。嫂归家备酒以待张，恰员外归，便灌醉员外，要张千杀之，张不肯。嫂自持刀欲杀员外，反被张夺刀杀死。郑州官府判员外杀妻之罪，解赴开封府。府尹包拯觉案有疑，恰张千前来自首，陈述杀人缘由。刑场上，张千临刑前嘱托员外为赡养老母。有《元刊杂剧三十种》本，宾白不全。《元曲选外编》据以重印。

诸葛亮博望烧屯 简名《博望烧屯》。杂剧剧本。元无名氏作。四折，末本。本事出《三国志平话》。剧写刘备三顾茅庐，请诸葛亮出山。曹操派夏侯惇率四十万大军攻新野。亮令赵云、关羽等诸将授计各去，独不派张飞。经备恳请，乃令飞埋伏许昌路候惇败逃时擒之。惇果中埋伏，被火烧粮草，水淹三军，败逃而来。及遇飞，巧言相激，云埋锅造饭饱餐后厮杀，而用沤烟计逃脱。飞受骗，乃负荆请罪，亮令处以军法，经刘备说情得免。曹操派亮之同窗管通来说亮归降，反为亮说服，刘备放之归去。明清小说《三国演义》及传奇《三国志》中《三闯》、《败惇》、《负荆》几出均有相同情节。有《元刊杂剧三十种》本、《脉望馆钞校本古今杂剧》本，《元曲选外编》据后者重印。

小张屠焚儿救母 简名《焚儿救母》。杂剧剧本。元无名氏作。四折一楔子，末本。剧写屠户张屠因母病思喝米粥，便以棉袄典当王员外换米，王仅给米二升。屠妻为医婆母之病，以陪嫁去换朱砂为药引，王却卖与假朱砂。张母服后呕吐难愈。屠与妻谋，以子焚诸醮盆，乞拜东岳神保佑母命。炳灵公、司命君、速报司三神为扬孝惩恶，命鬼卒将王之孩子替换屠子投醮盆烧死，而送屠子还于屠母。屠夫妇焚子还家，正悲伤际，其母却唤孙子出见，夫妇方知暗得神助，遂转悲为喜。有《元刊杂剧三十种》本。

朱太守风雪渔樵记 杂剧剧本。明初避朱元璋讳，改"朱太守"为"王鼎臣"。简名《渔樵记》。元无名氏作。四折一楔子，末本。本事出《汉书·朱买臣传》。剧写会稽郡朱买臣怀才不遇，日与王安道等渔樵为生。一日风雪打樵，误撞大司徒严助马头，遂献万言长策求转献皇帝。岳父刘二公为激其进取，令女逼买臣写下休书而逐其出门，复暗备银两棉衣托安道赍发买臣进京求官。买臣进京得授会稽郡太守，衣锦还乡。刘父女求见，买臣不认。安道说破前因，买臣夫妻翁婿始和好如初。元庾天锡有杂剧《会稽山买臣负薪》，佚。元南戏有《朱买臣休妻记》，存残曲四支(见《宋元戏文辑佚》)。明传奇有顾瑾《佩印记》、单本《露绶记》，清传奇有无名氏《烂柯山》、《渔樵记》，京剧有《马前泼水》，皆写同一故事。有息机子本、《元曲选》本。

风雨像生货郎旦 简名《货郎旦》。杂剧剧本。元无名氏作。四折，旦本。"像生货郎旦"乃以演唱院本为业之妇女。金院本有《货郎孤》、《学像生》诸本，元吴昌龄有《货郎末泥》杂剧，皆佚。盖出衢歌巷曲流传之说敷衍而成。写长安员外李彦和娶妓张玉娥为妾，气死正室刘氏。玉娥早与吏役魏邦彦通奸，共行谋财纵火。李携子春郎、乳母张三姑出奔。至洛河摆渡，魏乔扮艄公，推李等堕水，与玉娥逃逸。三姑与春郎被人救起，流落无依。春郎卖与拈各千户为子，三姑被唱货郎张𢕟古收为义女，学唱货郎为生。逾十三载，千户临殁，告以春郎身世。时张老亦殁，三姑负其骨殖归葬洛阳，道遇李彦和，知其落水遇救犹活，为人牧羊为生，遂同唱货郎赴洛。适逢新袭千户春郎外出查收窝脱银，驿中召说唱。三姑见春郎貌疑之，乃唱出以彦和家史编成的货郎曲十二调。春郎详问始末，相持大恸。会吏获一侵吞窝脱银犯，询之即魏，遂并收玉娥同处以极刑。剧中用《九转货郎儿》说唱家史，声情并茂，新颖别致。明朱有燉《义勇辞金》杂剧、清洪昇《长生殿》传奇中《弹词》出，都仿用此形式。有《脉望馆钞校本古今杂剧》本、《元曲选》本。

货郎旦 见"风雨像生货郎旦"。

玎玎珰珰盆儿鬼 简名《盆儿鬼》。杂剧剧本。元无名氏作。四折一楔子，末本。本事出自民间传说，又与《后汉书》注王忳事类似。剧写汴梁人杨国用为避百日血光之灾，外出经商。及获利而归，夜宿瓦窑村盆罐赵家，果为赵谋财害死，焚尸碾骨成粉，和泥做成瓦盆。窑神责赵伤天害理，罚其超度杨魂。赵阳奉阴违，将骨粉盆送与张憋古，意欲逃祸。杨国用鬼魂随盆儿来到张家，玎玎珰珰地哭闹不休，求张至开封府申冤。张允之，携盆至开封府，门神阻拦不得入。府尹包拯祭门神户尉，放之听诉，立拿赵夫妇归案判斩，宋元南戏有《包待制判断盆儿鬼》，已佚。明《龙图公案》小说亦载之。京剧《乌盆记》亦演此故事，惟易杨国用为刘世昌。有《脉望馆钞校本古今杂剧》本、《元曲选》本。

盆儿鬼 见“玎玎珰珰盆儿鬼”。

朱砂担滴水浮沤记 简名《朱砂担》、《浮沤记》。杂剧剧本。元无名氏作。四折一楔子，末本。本事出宋庄绰《鸡肋编》，及宋洪迈《夷坚志·张客浮沤》。剧写河南王文用为避卜者所言百日血光之灾，辞家外出经商。客店中遇凶徒白正不善，乘夜离店逃避，另投黑石头店。白正又尾追而来，王又连夜逃走，遇雨，避于东岳庙。白正复追寻至，劫其朱砂担并杀之。文用临死，指神与檐下滴水浮沤为证，欲赴阴司告状。白正寻至王家，伪称与文用结义，嘱代奉侍王父，后又推王父堕井，更欲霸占王妻。文用父子鬼魂先后诉于东岳神，往勾白正往阴司，罚永为饿鬼。有《脉望馆钞校本古今杂剧》本、《元曲选》本。

玉清庵错送鸳鸯被 简名《鸳鸯被》。杂剧剧本。元无名氏作。四折一楔子，旦本。剧写河南府尹李彦实被人诬劾解京问罪，行前乏盘资，托玉清庵道姑向刘彦明员外借银十两，年余未归。刘以索债要挟李女玉英为妻，逼道姑说媒，玉英无奈允婚。道姑约二人夜至庵圆房。玉英抱鸳鸯被至，而刘于途中被巡夜卒误当歹徒捉拿。恰逢苏州秀才张瑞卿上京应试投庵借宿。小道姑不辨而误引之入玉英室，黑暗中成就夫妻。翌日天明，瑞卿说明就里，玉英赠鸳鸯被为信物别去。刘被释后知玉英已婚，仍威逼之。玉英坚拒，乃被罚为刘当垆卖酒。瑞卿状元及第，除洛阳县尹，于酒店中认出玉英，谎称失散多年之兄，为玉英还清欠债，并佯允刘三日后来迎亲。三日后刘知其情，扭瑞卿同到官府。时李彦实已辨诬官复原职，遂治刘以罪，与玉英夫妇团聚。元南戏亦有《玉清庵》，仅存残曲一支(《宋元戏文辑佚》)。有《古名家杂剧》本、息机子本、《元曲选》本。

庞涓夜走马陵道 简名《马陵道》。杂剧剧本。元无名氏作。四折二楔子，末本。本事出《史记·孙子吴起列传》。剧写战国时孙膑、庞涓同受艺于鬼谷子，十年后，庞先下山。临别，庞立誓与孙富贵同享。庞至魏，拜武阴君、兵马大元帅，威服六国，并向公子申荐孙膑来魏。被封为四门都教练使，庞妒嫉，说公子令孙演阵比赛。孙布阵，庞难破之，反被孙擒，自是阴怀加害之心。遂矫令孙三更带兵箭射宫中以镇失位火星，旋又告孙谋反，传旨令斩首。孙言腹有六甲天书未传人，庞复佯求赦，将孙免死刖足，令抄天书。孙装疯癫，日与小儿戏，夜卧牛圈中。会齐大夫卜商使魏，设计救孙载去。齐王拜孙为军师，统兵会合六国大将伐魏。孙以添兵减灶之计，诱庞入马陵道狭谷生擒，遂斩之。明戏文有《减灶记》，传奇有汪廷讷《天书记》、佚名《马陵道》，京剧有《孙庞斗智》，皆本于此剧。有《脉望馆钞校本古今杂剧》本、《元曲选》本。

孟光女举案齐眉 一作《孟德耀举案齐眉》。简名《举案齐眉》。杂剧剧本。元无名氏作。四折，旦本。本事出《后汉书·梁鸿传》，增饰关目而成。剧写孟光与梁鸿本指腹订姻，鸿丧父母而家贫。光父孟府尹欲悔亲，置酒邀鸿并张小员外、马舍人择婿。光志坚甘贫择鸿，父母无奈遂招赘之。然只许攻书，不令二人见面。越七日，光私会鸿，鸿不悦，光问其故，云彼戴珠衣绣非所愿。光即易布袄荆钗。父撞见，怒谓辱己，逐二人出门。夫妇同为人舂米为佣，光三餐皆举案齐眉，相敬如宾。然因贫常遭张、马二人羞辱。得孟府嬷嬷私赠白银鞍马，助鸿上朝取应。鸿中状元授县令，张、马前来谢罪，孟父母亦临祝贺。鸿夫妇执意不认。嬷嬷说破乃孟府尹为激鸿上进而阳逐阴助，始和好团聚。有《脉望馆钞校本古今杂剧》本、《元曲选》本。

金水桥陈琳抱妆盒 简名《抱妆盒》。杂剧剧本。元无名氏作，近人或以为即元汪元亨《仁宗认母》。四折二楔子，末本。本事出《宋史·李宸妃传》而多所增饰。剧写宋真宗召幸李美人生仁宗。刘后嫉妒，密遣宫女寇承御诓出皇子杀之弃金水桥下。适内监陈琳抱妆盒进御园摘果，寇以情告，置皇子于盒内，求琳救出。琳急私送八大王赵德芳府寄养。逾十载，王率皇子朝真宗于后宫，欲说内情，而刘后亦侍坐，疑之。后密令陈琳痛杖寇承御，寇触阶死。又逾十年，真宗崩，仁宗即位，密询琳，琳以实奏，遂尊李美人为太后，陈琳、寇承御各有封赠。京剧亦有《抱妆盒》，即本此。有《元曲选》本。

包待制陈州粜米 简名《陈州粜米》。杂剧剧本。元无名氏作。四折一楔子，末本。剧写宋代陈州亢旱三年，刘衙内保举儿子小衙内、女婿杨金吾赈灾，又乞圣赐紫金锤以镇“顽民”。二人至陈州放粮，暗掺土糠，大秤收银，小斗量米，民怨沸腾。农民张憋古质问抗争，被紫金锤毙命。其子小憋古至京寻包拯告状。包微服至陈州暗访，遇妓女王粉莲惊驴，包为其笼驴牵行，询得王乃二奸粉头，而紫金锤在她家。包升堂捕二奸，判以贪赃残民及私授御赐金锤与妓之罪，令小憋古持锤打死小衙内，并斩杨示众，复佯囚小憋古。刘衙内向皇帝请得“赦活不赦死”诏书，星夜赶至陈州欲救子、婿，而包已斩二奸，恰好利用赦诏赦放小憋古。元陆登善有《开仓粜米》杂剧，南戏亦有《陈州粜米》，皆已佚。明《龙图公案》小说亦记此案，情节有异。明叶碧川将此剧及《盆儿鬼》合编为《瓦盆记》传奇，亦佚。该剧今存仅《元曲选》本。

陈州粜米 见“包待制陈州粜米”。

包待制智赚合同文字 简名《合同文字》。杂剧剧本。元无名氏作。四折一楔子，末本。据宋代话本《合同文字记》改编。剧写汴梁饥荒，刘天瑞夫妇携幼子安住外出谋生，行前兄天祥将祖传家产作合同文字，兄弟各执一份。天瑞携妻孥舍于潞州张秉彝家，夫妇寻病殁。临终托孤于张。十五年后安住成人，张告以身世，付文契令负父母骨还葬。安住到家，遇伯母杨氏，杨欲独占祖业，遂赚出侄合同文字，尔后将其拒之门外。安住往开封府尹包拯告状。拯移文潞州传秉彝至，察明真相，乃鞫杨氏，坚不认。问天祥，祥惑妇言亦不认。乃佯判安住混赖下狱，俄而狱吏诈报安住伤发而死。拯谓杀人论死，惟亲不问。杨急曰：“此我亲侄。”拯以口说无凭，赚出杨氏两份合同文字，遂案情大白。《清平山堂话本》有《合同文字记》，内容近似。《初刻拍案惊奇》亦载此故事。有息机子本、《元曲选》本。

锦云堂暗定连环计 简名《连环计》。杂剧剧本。元无名氏作。四折，末本。本事出《三国志平话》。剧写东汉末董卓专权，司徒王允与太尉杨彪谋锄卓。学士蔡邕向王允献连环计，杀卓。是夜，王在花园闻养女貂蝉烧香祈祷，知其为吕布失散之妻，遂说服貂蝉为国行施连环之计。乃命宴请吕布，出貂蝉相见，许以团圆之约。复请卓赴宴，令貂蝉侑酒，卓好色欲娶为妾，王诺之。次日，王送女至董府后，又密报吕布董卓强娶之讯。布大怒，闯相府击倒卓，逃至王府。李肃奉命捉布，经王允忠言所激，亦愿反戈助布，谋遂定。由蔡邕骗卓至银台门受禅，布、肃预伏，遂诛卓。允、布等俱得封赏。金院本有《刺董卓》；宋元南戏有《貂蝉女》，存残曲二支，见《宋元戏文辑佚》；明王济《连环计》传奇亦本此。有息机子本、《脉望馆钞校本古今杂剧》本、《元曲选》本。

萨真人夜断碧桃花 简名《碧桃花》。杂剧剧本。元无名氏作。四折一楔子，旦本。剧写潮阳知县徐端之女碧桃，许字县丞张珪之子道南。三月十五日，道南因追逐鹦鹉，跳入徐家花园，偶与碧桃相遇。正温情叙话，为碧桃父母见状，怒责女违礼丢丑，女愤极而死，即葬园中。道南举第，授潮阳令，赴任至园，因追思碧桃女，抚琴悼念。魂女诈称邻家女与之幽会。自是道南相思成疾。珪延请萨真人禳祷，摄碧桃，为检姻缘簿，知当复合。时碧桃妹玉兰禄尽，遂令碧桃附妹体还魂。玉兰果暴亡，比苏，则自称碧桃，叙前事历历。萨乃为珪道其详。两家遂再合姻亲。有息机子本、《元曲选》本。

逞风流王焕百花亭 简名《百花亭》。杂剧剧本。元无名氏作。四折一楔子，末本。情节出南宋黄可道《风流王焕贺怜怜》戏文及宋话本《洛京王焕》。剧写汴梁书生王焕多才多艺、能文能武，人称“风流王焕”。清明春游，与上厅行首贺怜怜相遇于百花亭，各有眷心。经人撮合，遂往贺家游宴，与怜怜约为夫妻。半载囊空。会西延边将高邈来洛办军需，欲娶怜怜为妾，鸨母遂逐焕，嫁怜怜于高。怜怜暗与焕私会，赠以路资，劝往西延立功。焕投经略种师道，以军功授西凉节度使。高因娶妾擅用公款致军需缺额，师道拘而询问得实，遂办高之罪，并断怜怜归焕。元曹元用亦有南戏《百花亭》，仅存残曲一支。明王元寿《紫骝马》传奇，亦同一题材。有《脉望馆钞校本古今杂剧》本、《元曲选》本。

汉钟离度脱蓝采和 简名《蓝采和》。杂剧剧本。元无名氏作。四折，末本。汉钟离权事出《列仙全传》卷三；蓝采和事出南唐沈汾《续仙传》。然钟度脱蓝事，盖取民间传说增饰。剧写钟离权至蓝采和作场之勾栏欲点化其出家学道，蓝不允。翌日，群优正设宴为蓝贺生日，钟又来度脱，被众逐出。乃令吕洞宾化为州官加罪于蓝，罚杖四十，钟故意来救，点化其出家。蓝妻街遇蓝，力劝其还俗归家。蓝已看破红尘，不归。越三十年，蓝行经旧居，见妻与群优皆已八九十岁，而己却青春如故。众优请其再试演杂剧，蓝若有所动，被钟、吕赶到喝止。终于断绝凡心，修成正果。有《脉望馆钞校本古今杂剧》本、《续古名家杂剧》本，《元曲选外编》据以排印。

蓝采和 见“汉钟离度脱蓝采和”。

郑月莲秋夜云窗梦 简名《云窗梦》。杂剧剧本。元无名氏作。四折，旦本。剧写汴梁书生张均卿与妓郑月莲相爱。及囊空，郑母诱劝月莲嫁茶客李多，莲执意不从。均卿辞别上京应举，莲赠首饰作盘资，相约得官来娶。郑母逼嫁不果，遂转卖莲于洛阳张行首家。李多追踪至洛，欲借叔父洛阳府判李敬之力娶莲。均卿中状元，授洛令。敬欲招之为婿，婚宴上召乐户歌唱，莲亦在。均卿见莲，两相传情，敬怒而责诘，莲、卿备述前事。敬曰：“天上人间，方便第一。”遂令均卿与莲团圆。有《脉望馆钞校本古今杂剧》本，《元曲选外编》据以排印。

狄青复夺衣袄车 简名《衣袄车》。杂剧剧本。元无名氏作。四折一楔子，末本。狄青为北宋名将，《宋史》有传。剧写大学士范仲淹命军健狄青为“押衣袄扛车大使”，护送五百衣袄车往西延边境赏军。因途中醉酒，衣袄车为番将劫夺。范闻报，令刘庆前往追青失职之罪。二人于酒店相遇，追上番将。青箭射昝雄，刀劈史牙恰，夺回衣袄车赴延边。刘庆带昝、史首级回京复命，途中被前来督察的黄轸推下山涧，夺二首级回朝冒功。番邦大将李滚听探子备述狄青勇猛过人，不敢犯边，向宋投降纳贡。狄青回朝，范欲治其罪，恰刘庆未死赶回，真相大白。范乃斩黄轸，封青为金吾上将军。有《脉望馆钞校本古今杂剧》本，《元曲选外编》据以排印。

刘千病打独角牛 简名《独角牛》，或《病刘千》。杂剧剧本。元无名氏作。四折，末本。剧写饶阳刘千自幼喜习拳摔跤，一日外出遇折拆驴摆擂交手，千将其打倒。刘父闻讯赶至，认出折拆驴乃其数年外出之胞弟，遂令叔侄相认。折拆驴嘱千三月二十八日随他至泰安与独角牛打擂。千归家染病，妻为之施舍百日义浆以乞神佑。至百日，会独角牛闻千艺高前来挑战，遇千妻，强夺义浆茶饭喂马，又无礼调戏。妻唤折拆驴来救，为独角牛打倒，并肆意羞辱而去。千闻知，发誓报仇。届时赴泰安，上独角牛擂台立下打擂文书，人见其面黄肌瘦，担心必败。及交手，千两合皆胜，赢得擂筹财物。使官奉圣命来降香，加封千为饶阳令。有《脉望馆钞校本古今杂剧》本，《元曲选外编》据以排印。

摩利支飞刀对箭 简名《飞刀对箭》。杂剧剧本。元无名氏作。四折一楔子，末本。本事出《唐书·薛仁贵传》，多所增饰。剧写高丽大将摩利支盖苏文邀劫各国献唐贡物，侵唐边境。唐皇梦一白袍将杀败之，军师徐懋功卜出此将当出于绛州龙门，遂派张士贵前去募勇。薛自幼学成一身武艺，应召揭榜，试射时拉断强弓。张妒而怒，喝令斩首，为徐劝止。会摩利支索战，及迎战，张败而逃，薛飞箭对飞刀，三箭定军山而退强敌。张回帅府谎言冒功，被徐识破革职。仁贵被封为天下兵马大元帅。元张国宾《衣锦还乡》及无名氏《龙门隐秀》杂剧，题材近似。有《脉望馆钞校本古今杂剧》本，《元曲选外编》据以排印。

施仁义刘弘嫁婢 简名《刘弘嫁婢》。杂剧剧本。元无名氏作。四折一楔子，末本。本事出《太平广记》卷一一七引《阴德录》。剧写洛阳富户刘弘行善积德。先后收养素不相识的钱塘孤儿李彦清、襄阳孤女裴兰孙等。及彦清成人，弘将兰孙许配成婚，送彦清上京应举，状元及第。李、裴之父生前乃钱塘、襄阳尹，死后封为增福神和都城隍，为报刘恩，乞上帝赐刘弘增寿二纪，又老年得子，名奇童。奇童十三岁上京应童子举，主司恰是李彦清，遂奏明皇上备述弘善行，圣旨令彦清妹许与奇童为妻，封弘为洛阳令。明《初刻拍案惊奇》、清《今古奇观》中“刘元普双生贵子”及明传奇《尺素书》、《通仙枕》均写此同一故事。有《脉望馆钞校本古今杂剧》本，《元曲选外编》据此重印。

关云长千里独行 简名《千里独行》。杂剧剧本。元无名氏作。四折一楔子，旦本。本事出《三国志平话·关公独行》。剧写曹操征讨刘备，智赚徐州，掳备之甘、糜二夫人并围下邳挟关羽投降。关为全两嫂活命，以降汉不降曹、与嫂分院而居、一得刘备消息即准寻投三条件而降。刘备、张飞向袁绍借兵讨曹操。关不知刘下落，连斩袁绍名将颜良、文丑。曹请封关为汉寿亭侯，设宴庆功。席间关得知刘备在古城，佯醉回府，挂印封金，护两嫂千里单骑寻刘。曹闻讯，率张辽等佯为送行欲擒关羽，为羽识破，未果。关至古城，刘、张责之背盟弃义，拒不开门。甘夫人力说原委，仍不信。会曹将蔡阳追至，关三通战鼓斩蔡阳，刘、张乃大开城门迎进，兄弟三人和好如初。有《脉望馆钞校本古今杂剧》本，《元曲选外编》据以排印。另有《雍熙乐府》载《千里独行》一套，则似正末关羽主唱。

二郎神醉射锁魔镜 简名《锁魔镜》。杂剧剧本。元无名氏作。四折，末本。剧写玉帝以赵昱为嘉州太守斩蛟有功，敕为灌口二郎神。赴任途中，经玉结连环寨，与降魔大元帅哪吒比射，二郎神一箭误中天狱锁魔镜。被锁之九头牛魔王和金睛百眼鬼乘机逃往黑风山。后二郎神、哪吒率天兵前往擒获妖魔。按赵昱斩蛟封神事见宋王铚《龙城录》，哪吒神降魔事见《三教搜神大全》卷七及《五灯会元》卷二，剧据此兼杂民间传说敷衍而成。有《脉望馆钞校本古今杂剧》本，《孤本元明杂剧》据以复排并析为五折，《元曲选外编》因之亦五折。

苏子瞻醉写赤壁赋 简名《赤壁赋》。杂剧剧本。元无名氏作。四折一楔子，末本。本事出宋苏轼《赤壁赋》而虚构其前后事迹。剧写宰相王安石尝有诗题扇曰："庭前昨夜西风起，吹落黄花满地金。"大学士苏轼续之曰："秋花不比春花落，说与诗人仔细吟。"王不乐。王又设宴请苏，暗令夫人混女乐中，为苏识破，醉中作词相戏，以此得罪安石。遂进谗于帝，谓苏戏弄大臣之妻。诏贬苏于黄州，使知实有菊花落英之事。秦观、贺铸、邵雍为苏送行，邵向苏述其家谱。苏至黄州谒刺史，刺史倨傲不见。黄庭坚、佛印禅师请苏泛舟夜游赤壁，苏触景生情，醉作《赤壁赋》。邵雍卒，帝索其家谱，为勒碑文，邵子云唯苏轼详知，乃召苏回朝复官。黄州刺史来送行并谢前怠慢之罪，苏讥之前倨后恭。有《脉望馆钞校本古今杂剧》本，《元曲选外编》据以排印。明沈采南戏有《四节记·赤壁记》，许潮杂剧有《泰和记·苏子瞻泛舟游赤壁》。

阀阅舞射柳捶丸记 简名《射柳捶丸》。杂剧剧本。元无名氏作。四折一楔子，末本。剧写北番将耶律万户率兵犯宋，范仲淹等八府丞相商量派兵靖边。御史唐介保荐女真人延寿马挂帅出征。延自为先锋，葛监军殿后。葛先遇耶律交战，败逃，幸延赶至射死耶律，杀败番兵。葛回京谎冒贪功。范仲淹御园摆宴，令延、葛比赛射柳击球，葛均不中。延箭中柳枝，珠穿球门，真相大白。遂封延为天下兵马大元帅，而将葛革职。有《脉望馆钞校本古今杂剧》本，《元曲选外编》据此重印。

张公艺九世同居 简名《九世同居》。杂剧剧本。元无名氏作。四折，末本。史载张公艺九世同居，唐高宗封泰山，曾亲临其宅，问睦族之道，公艺书"忍"字百余以进。剧据此而增饰。写寿张县张公艺一家自北齐至隋唐，九世同居。张使二子、三子赴京应文武科举，令长子持家，出资办义学，扶弱济贫。又出资为贫士王伯清葬父，并赠银两鞍马助其上京应举。王一举及第，除黄门侍郎，主司春闱，张氏兄弟分中文武状元。王又向皇帝保奏公艺，帝遣使问其齐家之道，公艺书"忍"字百余以进。帝大悦，赠绢百匹，为立"孝义之门"牌坊以表彰。有《脉望馆钞校本古今杂剧》本，《元曲选外编》据此重印。

赵匡义智取符金锭 简名《符金锭》。杂剧剧本。元无名氏作。四折二楔子，旦本。剧写赵匡义约义弟郑恩至汴梁太守符彦卿家御赐花园游赏，遇太守女符金锭正散步，二人一见倾心。权豪势要子韩松至，欲诱金锭同归，为郑恩举拳喝止。赵归家相思成疾。父殿前都指挥使弘殷令人往符府提亲，会韩松亦遣媒至。符父母令结彩楼招亲，金锭抛绣球于匡义怀中，被韩抢去。符父决定嫁女与匡义。为防韩抢亲，由郑乔妆新娘坐花轿，而另具轿载金锭至赵家。途中，韩果率众拦截，为郑等痛殴。赵府设宴，庆贺燕尔新婚。按《宋史·后妃传》，太宗符皇后确为魏王符彦卿第六女。而彩楼抛球争婚等事，盖出当时传说故事。有《脉望馆钞校本古今杂剧》本及息机子本，《元曲选外编》据此重印。

尉迟恭单鞭夺槊 简名《单鞭夺槊》。杂剧剧本。元无名氏作，或题尚仲贤作，或题关汉卿作。四折一楔子，末本。本事出两《唐书·尉迟敬德传》及刘悚《隋唐嘉话》。剧写秦王李世民遣兵入沙陀斩刘武周首级，劝尉迟敬德降唐，敬德约以服孝三日开城降。世民弟元吉因记敬德一鞭之仇，趁世民入京之际，赚敬德来营诬其反叛而下狱。秦王返营诘问，元吉谎称敬德叛逃被擒。茂公令元吉当场演习追擒敬德。敬德只单骑一鞭，元吉执长槊追赶，结果敬德三次夺槊使元吉坠马。适王世充部将单雄信搦战，秦王因窃观彼地形为雄信逼追，茂公急驰请来敬德，鞭打雄信吐血而逃，并夺其槊，救秦王而归。秦王携敬德同赴阙请封。今存《古名家杂剧》本、《元曲选》本及《脉望馆钞校本古今杂剧》本。

龙济山野猿听经 简名《猿听经》。杂剧剧本。元明间无名氏作。四折一楔子，末本。本事见李昌祺《剪灯余话·听经猿记》。剧写龙济山千年老猿，修炼成精，化作人形，自称幼习儒业，因家道中衰而采樵为生，名余舜夫。一日往龙济山采樵，拜见修公禅师，深为深山古刹林泉所吸引。又一日，老猿来寺，乘僧堂无人，蹑入窥如来经典，披佛祖袈裟。禅师命山神吓走。隔数日，老猿复化作秀士袁逊至寺，听禅师说法。并云看透人生无常，愿参禅归真，皈依佛门。禅师早已看出其三番所化，不予说破，留之长住，为开坛讲经。猿潜心修炼，终于彻悟坐化，升入西方极乐世界。有《脉望馆钞校本古今杂剧》本、《元明杂剧》本，《元曲选外编》据前者重印。

瘸李岳诗酒玩江亭 简名《玩江亭》。杂剧剧本。元明间无名氏作。四折，旦本。剧演牛璘、赵江梅夫妇乃金童玉女下凡，家境富裕。赵生日，牛特建玩江亭为其祝寿。铁拐李岳前来度化，但二人对尘世中酒色财气尚不能舍，李岳遂大显神通，使"寒波造酒，枯树开花"，牛由是领悟，愿意随之修行，并点化赵，后二人终成正果。以此劝人远离酒色财气。今存《脉望馆钞校本古今杂剧》本，《元曲选外编》据此校印。《也是园书目》在戴善甫名下列《赵江梅诗酒玩江亭》一剧，盖《柳耆卿诗酒玩江亭》之误，作者、剧情与本剧均不相涉。

海门张仲村乐堂 简名《村乐堂》。杂剧剧本。元明间无名氏作。四折一楔子，末本。剧写蓟州王同知生日，同僚相贺。岳父张仲不请自入，并在席间不停自夸其修建之村乐堂四季美景，使王大为抱怨。时王妾腊梅与都管有私，欲致王于死，特在王汤药中下毒，王发觉，腊梅诬指系夫人张氏所为，王遂投诉防御衙门。防御命张令史审出事实真相后，王同知欲救腊梅，以金饼赂令史，令史封金欲向府尹告发王赂金护奸。王大惧，央求岳父张仲承担贿金之罪，遭张怒斥。防御假命差役拷打张氏，张仲为救女儿，自认行贿罪名。府尹明知其故，但未追责王同知，只以腊梅和都管定罪。今存《脉望馆钞校本古今杂剧》本，《元曲选外编》据此校印。

冻苏秦衣锦还乡 简名《冻苏秦》、《张仪冻苏秦》、《苏秦还乡》、《衣锦还乡》。杂剧剧本。元明间无名氏作。四折一楔子，末本。写战国时苏秦与张仪结义为兄弟，同行求取功名。途中苏秦因病势缠绵，只得返家，遭家中人嗤笑。及张仪相秦，苏秦往投。张故意在冰雪堂以冷酒、冷汤、冷馍食之，并言"小物不堪大用，苏秦则是旧苏秦"，苏怒而离去。张仪暗中使仆陈用赠以衣马钱财，激其发奋。后苏秦游说六国，一举成功，任六国都元帅，遂衣锦还乡。父母妻子来见，苏秦拒不认。及张仪来见，苏秦亦用冷语羞辱之。张令陈用说出真情，苏秦始悟，遂与张仪及父母妻子和好如初。今存有《元曲选》本。苏秦、张仪史书均有传。据《史记·张仪列传》，实为苏秦辱张仪以激其志，剧中逆用之。青木正儿评此剧"本色而雄浑"，"结构紧张，四折都好"(《元人杂剧概说》)。元明间苏复之有南戏《金印记》；明高一苇订正之传奇有《金印合纵记》(或名《黑貂裘》)，皆演苏、张事。

神奴儿大闹开封府 简名《神奴儿》、《开封府》。杂剧剧本。元明间无名氏作。四折一楔子，末本。剧写汴梁李家兄弟俩，兄德仁有子名神奴儿，弟德义无子。弟妻王腊梅怂恿夫与兄分家。兄一气身亡，其妻陈氏与神奴儿别居。王为独占家财，趁德义抱来神奴儿时将其勒死。神奴儿魂向老院公托梦，陈氏主仆始知神奴儿已死，寻到德义家。王反诬陈氏气夫杀子，一同见官。县官受贿，竟将陈氏屈打成招。适包拯知开封府，重理此案，因公差何正曾见德义抱神奴儿回家，遂传王，王抵赖不招。包拯使法，叫门神放入冤魂，神奴儿鬼魂入堂向包公诉冤，真相乃大白，王腊梅处斩，德义亦受杖惩。今存《元曲选》本。宋元戏文亦有《神奴儿》，已佚。

争报恩三虎下山 简名《争报恩》、《三虎下山》，杂剧剧本。元明间无名氏作。四折一楔子，旦本。剧写梁山泊宋江先后差关胜、徐宁两人去东平府打探消息，并遣花荣前去接应。关下山后染病，暂住权家店。时济州赵通判赴任遇雨，留家眷于此店，俟到任后接取。赵属下丁都管在店中与关冲突打斗，挨拳倒下诈死。赵夫人李千娇见关为梁山好汉，认作姐弟，放其回山。徐宁下山亦生病落魄，食宿在权家店稍房内。丁都管与赵家二夫人王腊梅到稍房偷情，为徐撞见，丁、王反诬徐为贼，欲捆送官府。千娇知二人之语不实，为救徐，亦认其为弟而放走。赵接家眷到任，晚上李到衙后花园烧香，巧与花荣相遇，亦结为姐弟。值丁、王来园偷情听见，速告赵。赵踢门而入，花荣误伤赵而走。赵遂以李通奸害夫告官，判李死罪。关、徐、花闻讯，特下山劫法场救下李，并擒丁、王、赵等上山。宋江将丁、王处死，为李申冤；李与赵夫妻重新和好。今存《元曲选》本。此剧情《水浒传》未采入。

随何赚风魔蒯通 简名《赚蒯通》。杂剧剧本。元明间无名氏作。四折，末本。据《汉书·蒯彻传》及《前汉书平话续集》敷衍而成。剧写汉丞相萧何曾举荐韩信，韩被封为齐王后重兵在握，萧虑其谋反，与樊哙定下刘邦诈游云梦山骗韩入朝之计。韩受诏，与谋士蒯文通商议，蒯劝韩勿去。韩不听蒯劝，而蒯料其必死，便当面生祭韩信而辞归。及韩中计身亡，蒯遂佯疯避祸。萧得知蒯曾劝韩封疆自立，三分天下，亦欲杀之，但不明蒯疯癫真伪，特派随何试探，随识破蒯装疯真相。蒯入朝，冒死列举韩十大功劳及扶刘尊汉之诚，明其冤死，感动众官。刘邦下旨复韩信爵位，蒯通亦得授官。今存有《脉望馆钞校本古今杂剧》本及《元曲选》本。

谢金吾诈拆清风府 简名《谢金吾》、《清风府》。杂剧剧本。元明间无名氏作。四折一楔子，旦本。剧演契丹萧太后心腹王钦若受遣入宋为细作。王至宋，累官至枢密使。是时杨令公之子六郎杨景镇守三关，契丹不敢犯。萧太后责王办事不力，王遂借拓宽官道之机假传圣旨，令谢金吾拆毁杨家清风无佞楼，引诱杨私下三关，以便杀之有名。杨与部将焦赞中计，焦赞并杀死谢金吾家十七口，二人同被王钦若拘捕判斩。六郎妻母长国姑姑劫了法场。适六郎部将孟良抓获契丹奸细，致使王奸情败露，被朝廷处死。杨、焦获赦受赐还关，长国姑姑保忠良有功，增封食邑。此剧出场人物、情节与《杨家府演义》略异，结局与其他杨家将戏亦不相同。今存《元曲选》本。

两军师隔江斗智 简名《隔江斗智》。杂剧剧本。元明间无名氏作。四折一楔子，旦本。剧情近于《三国志平话》，写赤壁之战后，刘备占据荆州。周瑜为夺荆州，劝孙权以妹孙安许备，俟送亲时袭荆州；如此计不成，则令安成亲后乘间杀刘。孙安迫于兄命，乃往荆州。诸葛亮知瑜用心，遣张飞往迎吴将，不使入城。刘、安既成夫妇，两情欢洽，安遂不行瑜计。瑜两计俱告失败。婚满一月，刘偕安回门拜母，瑜又劝孙权趁机羁刘，迫亮交出荆州。亮早有策略，遣刘封送寒衣，附一锦囊，嘱刘备故意泄囊中之密。孙权见密信言曹操将率军攻荆州以报赤壁之仇，权立释刘、安返荆州，欲让刘死于曹手。瑜知此事后，追截刘、安之鸾车，不料车中已换成张飞。瑜、亮隔江斗智，至是三次失败，瑜气昏死。今存有《元曲选》本与《酹江集》本。明无名氏传奇《锦囊记》即据此改编。另有杂剧《刘玄德私出东吴国》、长啸山人传奇《试剑记》皆佚。今地方戏曲中之《回荆州》、《芦花荡》、《甘露寺》等，亦演此事。

小尉迟将斗将认父归朝 又名《小尉迟将斗将将鞭认父》。简名《小尉迟》。杂剧剧本。元明间无名氏作。四折，末本。剧写尉迟敬德降唐时，子保林年仅三岁，留在北番，后被番将刘季真收养，改名刘无敌。既长，武艺绝伦。刘季真攻唐，命无敌为先锋，单搦敬德出战。敬德旧仆宇文庆在番中抚无敌成人，临战遂详告真情，并以昔年敬德所留盔甲钢鞭为证。无敌与敬德战，佯败至无人处，认了父亲，约定次日缚刘季真归唐。监军与军师徐懋功因敬德不杀无敌，疑其叛唐，次日，无敌缚刘季真来降，始释疑，于是尉迟父子皆受赐加封。今存《脉望馆钞校本古今杂剧》本、《元曲选》本。京剧《白良关》(又名《父子会》、《对鞭认子》)，亦演此事。

冯玉兰夜月泣江舟 简名《冯玉兰》。杂剧剧本。元明间无名氏作。四折，旦本。剧写冯鸾除福建泉州知府，携妻女、家人赴任。舟至江中遇风，避于黄芦荡，遇巡江官屠世雄，冯相邀共饮。屠见冯妻貌美，将其掳去，杀冯鸾及家人。冯女玉兰，匿于船梢得免。乱中，屠遗落刀一口。都御史金圭巡抚江南，亦泊舟于此。夜月之中，冯舟飘近，金闻舟中啼哭之声，过舟察访，玉兰因泣诉所遇，以屠遗之刀为证。金至清江浦，查得屠世雄有一鞘无刀，取所遗冯舟之刀，入鞘正合，即命玉兰至屠舟呼母，冯妻果出。人证确凿，屠认罪伏诛。有《元曲选》本。

十八国临潼斗宝 简名《临潼斗宝》。杂剧剧本。元明间无名氏作。四折一楔子，末本。剧写春秋之际，秦穆公欲并十七国，于咸阳临潼设斗宝会，约各国出宝角胜。柳盗跖闻之，欲夺宝物，候于潼关。伍子胥保楚平公赴会，至潼关，遇吴公子姬光因夜明帘被柳部属掠去正欲自尽，遂为其夺回。柳出，子胥与战，佯败至无人处，鞭柳落马而擒之。柳不解子胥佯败之意，子胥谓不欲损其名，柳德之，遂结为昆仲。在斗宝会上，穆公以姬辇佩剑为盟府。郑卞庄、卫蒯聩不服，与姬赛戏鼎，姬三起三落，卞、蒯不能及。子胥出，举鼎筵前，穆公大惊，子胥遂佩剑为盟府。穆公欲呼甲士，子胥执之，甲士不得前。子胥逼穆公与楚联姻。于是十七国之君皆平安返国。子胥则因功进爵。今存《脉望馆钞校本古今杂剧》本。此剧与《伍子胥鞭伏柳盗跖》大体相近，重头戏在"临潼斗宝"。元李寿卿杂剧《说鱄诸伍员吹箫》，旧本《列国志》中"秦哀公设会图伯"、"伍子胥战震临潼会"，均涉及此一题材。

伍子胥鞭伏柳盗跖 杂剧剧本。元明间无名氏作。四折，末本。剧演春秋时期，秦国欲威服天下，依百里奚之计，派甘蝇邀十七国诸侯携宝物至临潼比赛。楚伍子胥保楚公子前往。行至涂山，正值吴公子姬光所携宝物夜明帘被盗贼来皮豺夺去。子胥应吴公子恳求，轻取来皮豺，夺回夜明帘。展雄为强寇二十余年，闻各国携宝赴秦，率众挡住潼关，意在夺宝。子胥与展雄大战，诈败，诱至无人处，突然反身打展雄落马，又将其扶起。展雄感子胥英雄仁义，拜之为兄。临潼会上，子胥文胜百里奚，武超秦姬辇，拳打蒯聩，脚踢卞庄，剑胁无祥，卒保各国诸侯平安还国。众公子乃为子胥设宴庆功。今存《脉望馆钞校本古今杂剧》本。此剧取材与《十八国临潼斗宝》大体相近，据之可知展雄即柳盗跖。两剧相较，此本重头戏在"鞭伏盗跖"。

田穰苴伐晋兴齐 简名《伐晋兴齐》。杂剧剧本。元明间无名氏作。四折一楔子，末本。本事出于《史记·司马穰苴列传》。剧演春秋晋燕伐齐，齐丞相晏婴荐穰苴为帅，复请以庄贾监军。穰苴与庄贾约，来日正午会于军门。庄贾恃君宠骄纵，饮酒违约，至夕始至，穰苴因斩之。于是三军肃然。穰苴居行伍，与士卒共甘苦，褒勇警怯，军威大振。后晋军败逃，燕师亦退。景公庆功赐宴，犒劳三军，拜穰苴为大司马，封庆舍大夫。今存《脉望馆钞校本古今杂剧》本。

吴起敌秦挂帅印 简名《吴起敌秦》。杂剧剧本。元明间无名氏作。四折一楔子，末本。本事出于《史记·孙子吴起列传》。剧演吴起闻鲁懿公招贤，辞母往投，不用；谒秦，亦不用。及秦昭公派姬成攻魏，魏相李克荐吴于文侯，文侯设坛拜吴为将，吴始得挂帅迎敌。吴爱护士卒，与之同衣食，士卒用命，连战皆捷，拔秦五城。魏文侯封起为元帅，母为贤德太君。今存《脉望馆钞校本古今杂剧》本。

后七国乐毅图齐 简名《乐毅图齐》。杂剧剧本。元明间无名氏作。四折，末本。本事见《乐毅图齐七国春秋平话》，与史实不尽相符。剧演乐毅投齐，不用。适燕王筑黄金台招天下士，于是投燕，受封为破齐大元帅。未及半载，毅攻下齐国七十余城。楚派大将淖齿率兵十万往救，毅许赠金银，约为内应，齐愈危。幸燕人孙膑佐齐为军师，以反间计说燕公子召回乐毅，齐田单复布火牛阵，致使燕四十万军烧死大半，齐始得收复失城。今存《脉望馆钞校本古今杂剧》本。

守贞节孟母三移 简名《孟母三移》。杂剧剧本。元明间无名氏作。四折一楔子，旦本。本事出汉刘向《列女传》"孟母三迁"和"断织劝学"故事。剧演孟少哥与邻居牧童玩耍打斗，惹事生非，孟母忧其性格由是狂荡，移居市井。少哥又与商贾屠夫交，酒醉而归，孟母忧其习染凶暴。时齐宣王命子思设立儒学，孟母遂移居学堂之侧。子思收少哥入学，为取名轲，字子舆。轲下学见母，母问其"学所至何如"，答曰"学而未至"。母以刀断织，警其不可废学。后轲学问大成。鲁平公闻其贤，欲往访，臧仓阻之。齐公子求治国之计，子舆授以仁义化民。齐以是大治，封孟母为邹国太夫人，大兴儒学。臧仓因毁伤子舆，负荆至孟宅，孟母以齐鲁相和，如管鲍之交而宥之。今存《脉望馆钞校本古今杂剧》本。宋元戏文亦有《孟母三移》，剧本已佚。

汉公卿衣锦还乡 简名《衣锦还乡》。杂剧剧本。元明间无名氏作。四折一楔子，末本。剧演刘邦、项羽灭秦之后，羽欲弃咸阳迁都彭城，执戟郎官韩信劝羽勿离咸阳，羽不听其言。张良知韩有大才，荐其投刘邦麾下。韩为汉大将后，累建大功，垓下一战，迫羽自刎乌江。刘邦建汉朝后，开国文武功臣皆有封赏，各还乡探亲祭祖。韩因曾受胯下之辱及漂母之恩，故持宝剑、黄金归乡，各报恩仇。萧何归乡后，亦感慨万分，奉圣命免除税粮，庆贺天下统一。此剧结构较散漫。今存《脉望馆钞校本古今杂剧》本。

运机谋随何骗英布 简名《骗英布》。杂剧剧本。元明间无名氏作。四折一楔子，末本。剧写濉水大战，英布败汉军，沛公欲招降之。随何与英布帐下太宰费客同乡，愿往游说，赚英布来降。费客闻随至，知其来意，闭门不见。随言有密事相告而入，费叫苦不迭，不与之言。随何见室外藏有英布细作，乃装醉诈言费欲背楚顺汉。英布据报，怒欲杀费，费求救于随，随以共说英布归汉相要，费应之。随何见英布，告其祸将及身。时"楚使"果有诏至，宣布英布罪状，随何急出而杀之。英布见状，决意归汉，不知"楚使"乃随何所遣。英布至汉，沛公拜为兵马大元帅，随何亦迁上大夫。今存《脉望馆钞校本古今杂剧》本。元尚仲贤有《汉高祖濯足气英布》杂剧，亦叙英布归汉事。

韩元帅暗渡陈仓 简名《暗渡陈仓》。杂剧剧本。元明间无名氏作。四折一楔子，末本。剧演项羽令桓楚等六将驻扎南郑、褒州，观察汉兵动静。刘邦因丞相萧何三荐韩信，拜韩为破楚大元帅。英盖自恃为沛公心腹，与樊哙误时不到，按律当斩。韩先斩英盖，将斩樊哙，刘邦得知，怒责萧。萧盛赞韩才能，沛公乃传令免樊哙死罪。众将知韩号令严明，不敢懈怠。韩令樊哙连日摇旗呐喊，修复栈道。桓楚不知此系韩信用计，嗤之。及汉兵暗渡陈仓，桓楚始如梦初醒，仓猝应战，而大溃败。信活捉丁公、雍齿二将，命其劝说项王早降而释之。今存《脉望馆钞校本古今杂剧》本。

司马相如题桥记 杂剧剧本。元明间无名氏作。四折，末本。本事出《史记》，题桥事见《华阳国志·蜀志》。剧写相如客临邛王县令处，宴于卓王孙家，卓有女文君新寡。席间相如鼓琴，文君窃听。相如有所觉，乃佯醉宿于文君书堂，王孙遂以文君妻之。为激励相如进取，王孙收回僮仆供帐，相如怒而别居，与文君酤酒于市。王孙乃复赠奁钱家僮，王县令又馈鞍马黄金，劝其赴京求取功名。文君送别至升仙桥，相如于桥柱上题曰："不乘驷马车，不复过此桥。"相如至京，献《子虚》、《上林》诸赋，上用为郎。不久，相如奉命巡抚巴蜀，即返成都，接文君同乘驷马高车，过升仙桥以偿夙愿。今存《杂剧十段锦》本、《脉望馆钞校本古今杂剧》本。

马援挝打聚兽牌 简名《聚兽牌》。杂剧剧本。元明间无名氏作。四折，末本。本事出《后汉书·光武帝纪》，情节与史实不尽相符。剧演刘秀起兵命邓禹夺取昆阳之后，正欲招兵买马，不意被王寻围困。邓派坚镡、傅俊护马武出围，去富春山请师父严光下山破敌。坚、傅迎战敌将巨无霸，马武乘间走出。无霸取出聚兽牌击之，虎豹狼豺齐来助阵，坚、傅败退入城。马武请得严光，刘秀拜为军师。严分兵布阵，令马援为先锋，接战无霸，无霸不敌，取出聚兽牌，马援按严光嘱咐将牌打碎，众将齐出，无霸败逃，昆阳之围遂解。今存《脉望馆钞校本古今杂剧》本。

汉铫期大战邳彤 简名《大战邳彤》。杂剧剧本。元明间无名氏作。五折，末本。本事出《后汉书·铫期传》。剧写王莽新朝末年，四方豪杰并起，王莽被诛，刘秀扶更始为帝。赵王刘林据河北尊王郎为主，刘秀率兵讨伐。刘林大将邳彤武艺高强，单搦刘秀大将铫期出战。刘秀军师邓禹命铫期为先锋。铫期捉彤弟岩，刘秀释之，命其劝兄来降。后邳彤力战刘秀众将，铫期出马，大战邳彤。刘林怯逃，邳彤被俘。刘秀以诚待之，彤乃归降。今存有《脉望馆钞校本古今杂剧》本，《孤本元明杂剧》据之重印。

寇子翼定时捉将 简名《定时捉将》。杂剧剧本。元明间无名氏作。五折，末本。剧写汉萧王刘秀欲收邯郸，被巨鹿邳彤拦阻。彤父邳顺屡嘱彤归汉，彤不从，大败汉将任光、马武等，且单搦铫期出战。刘秀请寇子翼相助。子翼嘱铫期引彤入阵，郅恽乘机火袭巨鹿邳彤军营，道童遵子翼令于火中救出邳彤父母。子翼作法，使狂风大作，众将借机拿下邳彤。彤以为父母被汉军烧死，拒降，及子翼使彤父子相见，彤乃降汉，刘秀遂收邯郸。此与杂剧《汉铫期大战邳彤》情节略同。子翼名恂，《后汉书》有传。今存《脉望馆钞校本古今杂剧》本，《孤本元明杂剧》据此重印。

邓禹定计捉彭宠 简名《捉彭宠》。杂剧剧本。元明间无名氏作。四折，末本。本事出《后汉书·吴汉传》。剧演西汉末年，刘秀扶更始为帝，宗室刘林扶王郎为王。秀与之相拒于河北。时彭宠据平州，拥兵五十万，归属未定，但其部将吴汉则以军粮济秀。秀恐彭宠降刘林，遣冯异请吴汉引见，说宠归秀。宠未应，而从军师冯政言，向秀开战。结果刘秀由邓禹定计，接应冯异，调兵遣将生擒彭宠。吴汉遂献出平州城归降刘秀。今存《脉望馆钞校本古今杂剧》本。

云台门聚二十八将 简名《云台门》。杂剧剧本。元明间无名氏作。四折，末本。本事出自《后汉书·光武帝纪》及《马武传论》，但多有虚构。剧演王莽末年，遣苏献率军攻南阳。南顿太守刘钦拒之，兵败。三子刘秀出逃至阴太公庄，太公以女阴丽华许之。时天色将晚，追兵在后，刘秀急走至深山恶峪迷路。得土地神指引骑虎追鸦，方得逃生，至白水村起兵，夺取五阳。王莽遣大将巨无霸兵围昆阳。巨无霸以聚兽牌引虎狼助阵。刘秀请严光出山相助。严命陈州太守马援与巨无霸战，碎其聚兽牌，巨无霸败逃，昆阳之危遂解。汉室中兴，功臣二十八人聚会云台，拜将封侯。有《脉望馆钞校本古今杂剧》本，《孤本元明杂剧》据此重印。剧中战胜巨无霸情节与杂剧《马援挝打聚兽牌》同。《宝文堂书目》中有《走鸦路》一本，即演刘秀走鸦路事。明蒲俊卿传奇《云台记》，题材同本剧。

刘关张桃园三结义 简名《桃园结义》。杂剧剧本。元明间无名氏作。四折，末本。本事出于《三国志平话》，为民间艺人所虚构。剧演东汉末年，豪杰并起。蒲州尹欲拜关羽为帅，羽不愿，避至涿州。涿州屠户张飞锐意习武，结交武士。一日外出，将千斤石压在刀上，嘱店伙云：客人能取出者割肉送之，不收银钱。适羽来店买肉，移石取刀，易如反掌，但不受馈赠。飞归店，慕而寻之，与结兄弟。后二人又与刘备相逢。三人交谈甚得，谋举大事，结义于桃园。朝廷闻之，派皇甫嵩赍诏至涿郡，经赴桃园招抚。今存《脉望馆钞校本古今杂剧》本。

关云长单刀劈四寇 简名《单刀劈四寇》。杂剧剧本。元明间无名氏作。五折二楔子，末本。剧演董卓专权，内压文武，外镇诸侯。左丞相王允设美人连环计，激吕布杀死董卓。西凉樊稠、张济、李傕、郭汜四人起兵十万，为董卓报仇。吕布出战，阵上鼻漏不止，逃归交辽为王。四寇兵逼长安，王允坠城而亡。四寇接受招安不久，又欲劫献帝至西凉建都。国舅董承闻知，迁献帝往洛阳。四寇领兵追赶，曹操令曹仁等阻拒，不敌。适逢关羽路过，即以单刀劈死四寇。董承奉旨赐羽爵位，羽不受，谓“兄弟情深，不能独享”。承又奉旨为刘备、张飞加官。此剧出于艺人虚构，与史不合。《三国演义》第八、九回或以此剧前半部为蓝本。今存《脉望馆钞校本古今杂剧》本。

张翼德大破杏林庄 简名《杏林庄》。杂剧剧本。元明间无名氏作。四折，末本。本事出自《三国志平话》。剧演东汉末年黄巾起义于杏林庄，皇甫嵩招抚贤良，刘备、关羽、张飞应招而至。张飞自告奋勇，前往敌营招降黄巾。张角不肯归降，欲擒飞。刘备等率军杀入敌营，与飞里应外合，张角大败，逃入兖州城。飞献计，佯败诱敌，擒获张角，收复兖州。据《三国志·蜀书·先主传》载，破黄巾有功者为刘备；而剧中尽归功于张飞。今存有《脉望馆钞校本古今杂剧》本。

张翼德单战吕布 简名《单战吕布》。杂剧剧本。元明间无名氏作。四折，末本。本事出《三国志平话》。剧写冀王袁绍因曹操举荐，令刘、关、张三人到虎牢关前搦战吕布。战前监军孙坚与张飞赌，如战败吕布，孙坚愿交官印。结果刘、关、张三人战败吕布，袁绍设宴庆功。张飞向孙坚索印，孙以“三人退吕”为由不允。次日张飞遂独力奋战吕布，吕败走，众诸侯顺势夺取虎牢关。张飞得孙坚官印后，挂于枪上、马上，戏呼“枪监军”、“马监军”。孙坚愧极而怒，袁绍出面和解。有《脉望馆钞校本古今杂剧》本，《孤本元明杂剧》据此重印。元郑光祖有《虎牢关三战吕布》杂剧，情节与此剧略异。元武汉臣亦有《虎牢关三战吕布》杂剧，已佚。

张翼德三出小沛 简名《三出小沛》。杂剧剧本。元明间无名氏作。四折二楔子，末本。本事出《三国志平话》卷上“张飞三出小沛”，与史事不合。剧演刘备、关羽攻袁术军，留张飞守徐州，不料吕布以曹豹为内应，袭取徐州。刘前后受敌，退居小沛。吕布差王斌、吴庆往河北购马，路经小沛地面，勒索百姓，张飞赶到，杀死王斌，夺其购马金银。吕布大怒，发兵围小沛城。张飞大战吕布，三次冲出重围向曹操借兵。曹率军击败吕布，复夺徐州。《三国演义》第十四回《吕奉先乘夜袭徐郡》或本于此。今存《脉望馆钞校本古今杂剧》本。

莽张飞大闹石榴园 简名《石榴园》。杂剧剧本。元明间无名氏作。四折，末本。本事源于《三国志平话》。剧演刘备、关羽、张飞三人不安于曹操麾下，曹欲害之，于石榴园设宴，定计擒杀刘备。刘未听简雍劝阻而赴宴，关、张得知，急调兵前往石榴园。宴席上，曹、刘斗智，遍论当世英雄。杨修暗助刘备，曹遂打杨困刘，情势甚危。幸关、张及时赶到，接出刘备。剧情与《三国演义》中“煮酒论英雄”故事相近，但具体情节有差异。今存《脉望馆钞校本古今杂剧》本。

走凤雏庞掠四郡 简名《庞掠四郡》。杂剧剧本。元明间无名氏作。四折一楔子，末本。本事出《三国志平话》。剧写赤壁鏖兵后，刘备据荆州，周瑜率军收取，被孔明三气病危。庞统往见，瑜死前托庞护其遗体返回江东，并修书荐庞于鲁肃。庞护瑜尸至江口，而孔明已先至迎候，与庞约：如江东重用则罢，不用则返荆州。庞至吴，持瑜书见鲁肃，肃不知庞即书中所荐凤雏，仅授以丹阳县令，庞遂离吴赴荆州。荆州主帅简雍亦不知庞即孔明所说凤雏，授以耒阳县令。庞至耒阳，终日饮酒，不理政事。简雍遂派张飞取庞首级，飞至耒阳误杀主簿。庞离耒阳而入江夏四郡为军师。庞意属刘备，乃说服武陵守将黄忠擒获太守金全归降，四郡皆平。庞复归备，承军师重任。有《脉望馆钞校本古今杂剧》本，《孤本元明杂剧》据此重印。《三国演义》第五十七回亦叙此事，情节略异。

曹操夜走陈仓路 简名《陈仓路》。杂剧剧本。元明间无名氏作。五折一楔子，末本。本事出《三国志平话》，与史籍不甚相符。剧演刘备夺取西川后，攻占阳平关。曹操率军来战，东川张鲁、张恕兄弟降曹。曹使张鲁攻阳平关，为张飞生擒。孔明在张鲁脸上书致曹操信释回，曹操怒斩之。张恕见兄死，心中愤恨，带领十万大军及四十万粮草降备。曹因有退军之意，餐时对“鸡肋”兴叹。杨修闻之，传令班师。曹素忌杨修聪颖，又恐泄军情，斩之。曹败，为刘备军追袭，以至割须弃袍，夜奔陈仓路而逃。今存《脉望馆钞校本古今杂剧》本。

阳平关五马破曹 简名《五马破曹》。杂剧剧本。元明间无名氏作。四折二楔子，末本。据《三国志平话》敷衍而成。剧写赤壁大战之后，曹操派夏侯渊守定军山，杨豹守阳平关，而亲率大军攻西川。诸葛亮授计黄忠攻破定军山，赵云、张飞夺得阳平关，又遣马超活捉汉中张鲁。曹军失去时机进退未定，曹操进餐食鸡，发“鸡肋”之叹，谋士杨修遂暗传班师。曹操怒欲杀之，经众将求免，始允将其逐去。曹连夜退军，沿途遭赵云、张飞伏军攻击。逃至陈仓路，又遇马超、马良、马宗、马谡、马岱等截杀。曹操脱袍易马而逃。今存《脉望馆钞校本古今杂剧》本，《孤本元明杂剧》据此重印。现存无名氏杂剧《曹操夜走陈仓路》，所演与此大同小异。

寿亭侯怒斩关平 简名《怒斩关平》。杂剧剧本。元明间无名氏作。四折，末本。剧演关羽生日，诸葛亮率张飞、赵云、马超、黄忠四将由西川至荆州祝贺，值江夏张虎、张彪领兵搦战，诸葛亮命五虎将之子关平等五人迎敌。关平生擒二张，驰马回城献功，不料途中将一孩儿踩死，其父王荣至帅府喊冤，关羽怒斥关平欺压良民，令押赴法场处斩。张飞、赵云、马超、黄忠闻讯齐来解救。关羽执意不饶，于是四将拟各斩己子，让五人同死。王荣见状自愿息词。而姜维又至，传旨允许关平将功折过，关羽始释关平之罪。史无是事，系民间艺人虚构，以歌颂关羽。按关羽曾受封为“汉寿”县之亭侯，平话艺人误为汉朝的“寿亭侯”，杂剧亦沿袭之。今存《脉望馆钞校本古今杂剧》本。

周公瑾得志娶小乔 简名《娶小乔》。杂剧剧本。元明间无名氏作。四折，末本。剧演周瑜微时游学江东，故友鲁肃与之谈及乔公二女，云大乔已嫁孙权，劝瑜娶小乔。瑜因家贫而不敢提亲，肃往见乔公言明此意。乔公闻周瑜有经世之才，欣然许诺。肃又助瑜小麦三千斛为聘礼。瑜乃弃文就武，为孙权所赏识，受封兵马大元帅，始与小乔完婚。肃亦因瑜之荐，至孙权麾下为将。今存《脉望馆钞校本古今杂剧》本。据《三国志·吴书·周瑜传》载，大乔为孙策妻。《三国志平话》中有“大乔嫁公子为妻，小乔嫁周瑜为妇”之语，杂剧据平话而误以“公子”为孙权。

陶渊明东篱赏菊 简名《东篱赏菊》。杂剧剧本。元明间无名氏作。四折，末本。本事出《晋书·陶潜传》而有所增饰。剧演浔阳隐士陶渊明，以务农为乐，无意仕途。朝廷强使其为彭泽县令，到任八十日，闻督邮将至，不愿为五斗米折腰，辞官归里。江州刺史王弘慕渊明之才，乃请渊明友庞通之为设邂逅之计，始得见。渊明友颜延之赠钱二万，渊明悉付酒家。东篱菊开，王弘、庞通之送酒至，与渊明一同赏菊饮酒，适朝廷使命前来，升陶渊明为浔阳府尹，赏良田万顷，御酒百瓮。今存《脉望馆钞校本古今杂剧》本。

魏徵改诏风云会 简名《魏徵改诏》。杂剧剧本。元明间无名氏作。四折二楔子，末本。本事出《大唐秦王词话》。剧写唐初秦王李世民不听军师李靖言，自率兵十万攻伐金墉城李密，为李密众将围截。世民躲入老君庙，秦叔宝追至，不忍杀之。程咬金亦追进门，见世民则举斧即砍，幸秦用锏架住。世民被缚，李密以为人质，囚之南牢。文静来救，亦被俘入。时沧州孟海公领兵四十万向李密挑战，密战胜之，克沧州，大喜，修书魏徵赦囚，但注明“南牢二子不放还乡”。魏徵改“不”字为“本”字，李世民得释。此与元郑光祖杂剧《程咬金斧劈老君堂》情节相近，而与史实异。有《脉望馆钞校本古今杂剧》本，《孤本元明杂剧》据此重印。

徐懋功智降秦叔宝 简名《智降秦叔宝》。杂剧剧本。元明间无名氏作。四折二楔子，末本。《资治通鉴》记云：王世充与唐兵战于九曲，秦叔宝、程知节以数十骑西驰百许步，下马拜世充曰：“荷公殊礼，深思报效，公猜忌信谗，非仆托身之所，请从此辞。”遂降唐。两《唐书·秦琼传》亦记此事。此剧剧情与史实稍异。剧演王世充兵围太原，李世民率兵迎战。世充手下大将秦叔宝，英勇无敌，不可力取。唐军师徐懋功只身入敌寨说降，秦叔宝拜辞世充而去。世充无奈，拔寨退回洛阳。唐军班师回京，设宴庆功。今存《脉望馆钞校本古今杂剧》本。

长安城四马投唐 简名《四马投唐》。杂剧剧本。元明间无名氏作。四折二楔子，末本。事本《唐书·李密传》增饰而成。剧写隋末李密、王世充各拥兵称王。世充用大将单雄信计，卑辞向密借粮十万斛。密不听徐懋功劝阻，予之粮，世充得粮而后击密。密败绩，率王伯当、柳周臣、贾闰甫驰往长安，“四马投唐”。唐公封密为邢山公。不久，元帅李世民西征薛峰得胜回朝。唐公令密至昆明驿迎接。世民昔日与密有怨，故令先行众将羞辱之。密愤不能忍，及晤世民，又吟诗互讽，遂决意背唐。世民察其意，驻军桃林以待。密陷重围，度不得脱，乃让伯当以己首献唐求生，伯当不从，矢志尽忠。及密被杀，世民许伯当以大将之职，伯当不降，跳涧身亡。其后，世民复招安魏徵、徐懋功等，遂尽收李密旧属。今存《脉望馆钞校本古今杂剧》本。京剧中有《断密涧》，亦演此事。

尉迟恭鞭打单雄信 简名《鞭打单雄信》。杂剧剧本。元明间无名氏作。四折，末本。本事源于《新唐书·尉迟敬德传》。剧写隋末英雄并起，李渊建都长安，渊子世民率军征讨洛阳王世充，世充以骁将单雄信拒之。世民安营后，与军师徐懋功同去偷看风景。单雄信知悉，单骑追杀世民。懋功与雄信曾有结义之情，是时抓住雄信袍袖，要其手下留情。雄信割袍断义，紧追世民不舍。懋功回营搬兵，路遇尉迟恭，告以危情。尉迟恭乃匹马迎战雄信，用鞭将其击伤。与无名氏杂剧《尉迟恭单鞭夺槊》二、三折情节相近，而与尚仲贤杂剧《尉迟恭三夺槊》情节不同。今存《脉望馆钞校本古今杂剧》本。

立功勋庆赏端阳 简名《庆赏端阳》。杂剧剧本。元明间无名氏作。四折，末本。剧演唐初都尉柴绍征讨北番吐谷浑，得胜回朝，房玄龄奉旨于帅府赐宴庆功。众将皆贺，惟建成与元吉不服，欲与柴绍捶丸射柳，比试高低。李道宗又故意吹嘘二人武艺，意欲恐吓柴绍，柴绍不为所动，应允比试。玄龄奉旨邀众将于端阳在御苑中捶丸、射柳。比赛中，柴绍和众将连连取胜，而建成、元吉、道宗则当众出丑。按捶丸、射柳，皆为古代游戏之事，多于端阳节举行。捶丸之法，置球于地，以棒击之，球入窝者为胜。射柳则驰马射之，断柳者为胜。今存《脉望馆钞校本古今杂剧》本。

十八学士登瀛洲 简名《登瀛洲》。杂剧剧本。元明间无名氏作。四折，末本。事见于《新唐书·褚亮传》。剧本或据此敷衍而多所虚构。剧写唐朝贞观年间，朝廷建造瀛洲仙景，由袁天罡择期，尉迟恭监造。建成后，命翰林房玄龄、杜如晦、孔颖达、虞世南等十八人往贺。天帝闻之，请西池金母与东华帝君偕同上界天仙降临游玩，为唐君增福。此剧赞颂唐太宗留意文学、厚待文士之德。今存《脉望馆钞校本古今杂剧》本。

唐李靖阴山破虏 简名《阴山破虏》。杂剧剧本。元明间无名氏作。四折，末本。本事出《新唐书·太宗纪》。剧写唐贞观年间，西突厥沙陀军屡犯界掳掠，唐朝遣唐俭出使沙陀议和，但沙陀首领颉利可汗无相安诚意，反而扣留唐使，率军南侵。唐边将接战不胜，滨(并)州都督李世勣派薛万彻回京请军师李靖赴边关破敌。李靖至定襄，用阴山设伏之计，活捉颉利可汗父子；唐俭亦乘番军兵败之机，逃返唐朝。有《脉望馆钞校本古今杂剧》本，《孤本元明杂剧》据此重印。

贤达妇龙门隐秀 简名《龙门隐秀》。杂剧剧本。元明间无名氏作。四折一楔子，旦本。据《新唐书·薛仁贵传》多所增饰。剧写薛仁贵微时，在龙门镇柳员外家佣工。一日，柳女迎春见草铺中卧白额虎，细视乃是仁贵。迎春料其以后必然发达，脱红袄覆之。员外疑女与仁贵有私，以女配仁贵，一并逐出家门。时高丽国盖苏文入侵，唐遣总管张士贵招募义军，仁贵遂投之，迎春独力采桑养蚕，缉麻织布，操持辛劳，孝养公婆。一日断炊，回娘家借米，却被兄嫂羞辱。后仁贵因军功封平辽公衣锦还乡，迎春亦获旌表。今存有《脉望馆钞校本古今杂剧》本。元无名氏《摩利支飞刀对箭》与本剧同演一事，惟为末本详于仁贵战功；本剧则详于柳氏贤德。元张国宾杂剧《薛仁贵荣归故里》亦叙及此事。

众僚友喜赏浣花溪 简名《浣花溪》。杂剧剧本。元明间无名氏作。四折，末本。剧演贺知章等八人，蒙皇恩赏假十日游春，杜甫乃邀约聚宴于浣花溪庄。与史实相去甚远，殆属艺人随意虚构。今存《脉望馆钞校本古今杂剧》本。

招凉亭贾岛破风诗 简名《破风诗》。杂剧剧本。元明间无名氏作。四折，末本。本事出《新唐书·韩愈传》，有所增饰。剧写贾岛善诗文，苦吟时思虑专一，致骑驴冲撞大尹陈皓古。陈知岛才高，决意荐其为官，嘱往妙香寺等待。适韩愈微服访贤至寺，见贾岛文章，取而读之，竟被岛毁骂。后岛知所诟者为愈，惧而投云盖寺藏身。韩愈与陈皓古荐举贾岛，上遣白侍郎往召。白寻至云盖寺避暑招凉亭，吟咏所作《风诗》以示才。贾岛闻之，一一破释出处，白知其非常人，追问身世，始知为岛，乃告以旨意。岛遂得任官受赏。今存《脉望馆钞校本古今杂剧》本，《孤本元明杂剧》据此重印。《宝文堂书目》中有《贾岛破风诗》话本，当与此剧同题材。

李嗣源复夺紫泥宣 简名《紫泥宣》。杂剧剧本。元明间无名氏作。四折一楔子，末本。剧写唐末黄巢起事，皇帝命吏部尚书陈景思赴沙陀宣李克用任破巢天下兵马大元帅，李克用令子嗣源往迎。沙陀番首领薛铁山、贺回虎有意投李效命，但担心其徒有虚名，欲较量后再决定。因此于陈景思路过时故意夺取其携带的诏书金银。陈束手无策，恰李嗣源赶到，大战薛、贺。薛、贺见嗣源武艺高强，乃诚心归顺，奉还诏书金银。剧末，李克用设宴誓师，择日发兵。此剧人物皆见于史籍，"复夺紫泥宣"事或源于民间传说。今存有《脉望馆钞校本古今杂剧》本。

压关楼叠挂午时牌 简名《午时牌》。杂剧剧本。元明间无名氏作。四折，末本。剧演黄巢起事，派大将孟截海率十万雄兵同唐朝兵马大元帅李克用交战。李克用遣新收打虎英雄李存孝作先锋。家将李存信、康君立不服，与存孝比武，大败。李克用同各路诸侯汇集河中府压关楼饮宴。孟截海前来搦战，存孝欲活捉之。朱温盛赞孟截海勇猛，以御赐玉带作赌注，限存孝午时擒孟。不料存孝果将孟截海活捉，楼上正挂午时牌。朱温只得忍痛输与玉带。此事不见于正史，与《五代史平话》亦大相径庭，盖出于民间传说。今存《脉望馆钞校本古今杂剧》本。清无名氏《雅观楼》一剧本此。

赵匡胤打董达 简名《打董达》。杂剧剧本。元明间无名氏作。五折，末本。故事出于民间平话，史据不详。剧演赵匡胤与郑恩游关西五路，道逢柴荣。柴携油伞一车，欲售作盘费，往投关西铜台元帅郭彦威。三人相识后结为弟兄。车过土桥，恶霸董达与单潮虎、歪蹄虎索取过桥钱，将一车油伞踏碎。于是双方拳脚相见。董达被赵打死，二虎逃去。是夜二虎引董父追来报仇，皆被杀死。后匡胤等三人投铜台郭元帅麾下，大受重用，封官赏赐有加。今存《脉望馆钞校本古今杂剧》本。

穆陵关上打韩通 简名《打韩通》。杂剧剧本。元明间无名氏作。四折一楔子，末本。剧写韩通与徒弟石洪称霸山东，闻说赵匡胤武艺高强，心中不服。是时匡胤途经登州，特访知友李忠节度使，忠妻赵氏染病在身，匡胤乃往穆陵关洪吉寺求药。适匡胤之叔赵思亦在穆陵谋生，思子赵景中开一酒店，匡胤求药路过此店，恰逢石洪等在店中横行，于是痛打石洪。匡胤至洪吉寺，普惠长老与约，如打赢韩通，定至登州作贺。韩通见石洪被打，亲至景中酒店与匡胤比武，结果连输三场，羞愧而去。匡胤携药回登州，忠妻病除。普惠长老如约前来祝贺，柴荣亦奉旨至登州为赵匡胤加官颁赏。今存《脉望馆钞校本古今杂剧》本。

存仁心曹彬下江南 简名《曹彬下江南》。杂剧剧本。元明间无名氏作。四折，末本。故事本《宋史·曹彬传》。剧写南唐李煜据有江南，未归降宋朝。宋丞相赵普因曹彬仁义清廉，爱惜军民，特保举其为帅，征伐南唐。李煜闻讯，急遣大夫徐铉进贡称臣，遭到拒绝。曹彬率军抵长江北岸，正欲挥师南渡，忽病卧不起，将领多来探望，曹彬自言此病惟有"仁义"二字可医，若克城之日不妄杀一人，病当自愈。众将俱唯唯受命。以是曹彬平定南唐，兵不血刃，将帅皆受封赏。今存《脉望馆钞校本古今杂剧》本。清杨潮观《吟风阁杂剧》中有《下江南曹彬誓众》一剧，亦演此事。

八大王开诏救忠臣 简名《开诏救忠》。杂剧剧本。元明间无名氏作。四折一楔子，末本。剧写韩延寿统辽军围代州，宋以潘仁美为帅、杨令公父子为先锋迎战。宋军至代州，三阵三败，潘迁怒于杨家父子，以先锋来迟为由，欲斩六郎。监军呼延奉八大王旨意力辩保杨。潘无奈，复令杨家父子带三千人马出战。杨令公父子出阵，中计被困于谷中。七郎单人突围乞援，为潘仁美所杀；令公撞李陵碑而死；仅六郎杀出重围，驰返东京告状。八大王命党太尉擒潘回朝问罪。寇準奉命勘问，假称被贬太原，顺路探望潘，套潘吐露陷害杨家父子经过，潘罪昭然，遂下狱。六郎故犯非礼之罪，与潘同囚一室而杀之。次日大赦，六郎免罪出狱。此剧事无所本，为民间艺人所虚构。今存《脉望馆钞校本古今杂剧》本。

焦光赞活拿萧天佑 简名《活拿萧天佑》。杂剧剧本。元明间无名氏作。四折，末本。剧中焦赞、萧天佑等史无记载，当采自民间传说。剧演辽国攻宋，八大王、寇準、党彦进等商定由杨六郎挂帅拒敌。在交战中，杨六郎刺死番将耶律灰，焦赞活捉萧天佑，李瑜、张盖擒获耶律马，宋军大获全胜，回到瓦桥。寇準奉旨前来封官行赏，处斩了匈奴二将。今存《脉望馆钞校本古今杂剧》本。

杨六郎调兵破天阵 简名《破天阵》。杂剧剧本。元明间无名氏作。四折一楔子，末本。剧写杨六郎借部将焦赞私下三关，杀死谢金吾家一十七口，杨被贬汝州，焦被发配郑州。奸臣王钦若诈传圣旨，派军校取杨首级，汝州太守胡祥以一重囚首级代之，藏杨于后花园太湖石旁土窨中。韩延寿闻六郎死讯，带领十万辽军犯宋，围困铜台。阴阳台官苗士安观天象，见六郎将星尚存，断定未死。莱国公寇準遂派呼延必显前往汝州宣召。呼延赶至汝州，夜入花园察探，闻六郎叹息自语，乃与之相见，说明情由。六郎领命，先到郑州收了焦赞，令其持书召旧部齐集三关。是时韩延寿摆出“周天八卦阵”，六郎调兵遣将破之。铜台围解，六郎等将佐皆受封赏。今存《脉望馆钞校本古今杂剧》本。

十样锦诸葛论功 简名《十样锦》。杂剧剧本。元明间无名氏作。四折，末本。剧演宋李昉、张齐贤奉命建立武成庙，选姜太公等十三人入庙享祭。方欲定其位次，齐贤忽梦见十三人由上天而降，自定座位，然韩信与诸葛亮互有争论，韩终屈于诸葛之下。为当时之荒诞杂剧，暗喻世人争功斗气，阴间死魂亦论功居位，到头来不过南柯一梦。今存《脉望馆钞校本古今杂剧》本。元尚仲贤有《武成庙诸葛论功》一剧，剧情或相近，惜已佚。

关云长大破蚩尤 简名《大破蚩尤》。杂剧剧本。元明间无名氏作。四折二楔子，末本。本事为山西运城民间流行之神话，明朱国祯《涌幢小品》亦载之。剧演宋时蚩尤神为祟，使解州盐池干涸。百姓无盐可食，生活艰难。朝廷召张天师询问，知关云长可降蚩尤，乃遣吕夷简往玉泉山，请出云长，大战蚩尤，将其擒住，盐池遂复旧如初。今存《脉望馆钞校本古今杂剧》本。

宋大将岳飞精忠 简名《岳飞精忠》。杂剧剧本。元明间无名氏作。四折一楔子，末本。剧写南宋初，金兀术率兵百万大举南侵。岳飞、李纲等主战，秦桧主和。秦桧曾被金国俘虏，受兀术指使，潜回南宋作内应。岳飞怒斥秦桧心怀卖国之意。在李纲力主之下，岳飞受命率师拒敌，终大破兀术，凯旋而归。盖据正史敷衍而成。今存《脉望馆钞校本古今杂剧》本，《孤本元明杂剧》据以重印。明姚茂良《精忠记》传奇本此。

张于湖误宿女真观 简名《女真观》。杂剧剧本。元明间无名氏作。四折一楔子，旦本。本事出《古今女史》。剧写长沙太守张于湖考满回京，途经金陵，至女真观借宿，遇道姑陈妙常对月抚琴，顿生爱慕之心。妙常受道规束缚，坐失姻缘，悔之不已。女真观主潘法诚之侄潘必正来观中拜望法诚。法诚留之于观中攻读，使见妙常，嘱以兄妹相称。妙常与必正一见钟情，私结伉俪。法诚觉之，缚二人至官府。不意新任建康府尹正是张于湖，张责法诚主家不正，而断妙常、必正结为夫妻。今存《脉望馆钞校本古今杂剧》本，《孤本元明杂剧》据以重印。明人有拟话本，叙此故事，见《燕居笔记》卷七。明高濂据以演述为《玉簪记》传奇。

梁山五虎大劫牢 简名《大劫牢》。杂剧剧本。元明间无名氏作。五折，末本。剧演宋江派李应下山招滦州韩伯龙入伙。不料病于招商店，又因欠下食宿钱，被店主逐出，冻倒于雪地中。伯龙怜而收留之，并认作义弟。宋江见李应不归，复遣鲁智深、武松、刘唐、阮小五至滦州接应，定计诱得伯龙上山。伯龙难舍妻子家产，不肯留住，宋江释之。此时其家已为李应纵火烧尽，妻子被官府捉拿。及伯龙归后，亦被捉下狱。李应等五人劫牢救出伯龙全家上山寨。今存《脉望馆钞校本古今杂剧》本。《水浒传》中卢俊义故事似从韩事出。

梁山七虎闹铜台 简名《闹铜台》。杂剧剧本。元明间无名氏作。五折一楔子，末本。剧写梁山泊义军缺粮，宋江派张顺往铜台城打探米价。广府监仓官臧皮混借开仓济民之机勒索民财，并欲捉拿与之论理的顺。顺跳水逃脱，泅至玉麒麟卢俊义家，恰遇李固与卢妻私约。顺欲杀二人，被卢义弟燕青阻止。宋江欲邀卢、燕二人结义，吴用扮作算命先生，言卢有百日之灾，卢遂携李固外出避难，被赚上梁山。卢不肯入伙。返家后，被李固与卢妻诬告为梁山同伙而入狱。燕青上山报信，吴用特率燕青、徐宁、雷横、秦明、朱仝、李逵下山，七虎大闹铜台城，杀死李固与卢妻，救出卢俊义回山。今存《脉望馆钞校本古今杂剧》本，《孤本元明杂剧》据以重印。《水浒传》中卢俊义故事与此颇近。

王矮虎大闹东平府 简名《东平府》。杂剧剧本。元明间无名氏作。四折，末本。剧写梁山好汉王矮虎、徐宁奉宋江之命到东平府购买元宵花灯，逢关西大汉吕彦彪在城中设擂，王矮虎争擂将吕打倒，暴露身分，东平府遂派人马追捕。宋江见二人不归，差关胜、呼延绰下山接应。结果梁山人马打败东平府追兵，抓获杨衙内等。后宋江听吴用之言，释放杨衙内等，免与东平府结怨。此故事在《水浒传》中，为燕青与李逵下山擂打任原。今存《脉望馆钞校本古今杂剧》本，《孤本元明杂剧》据以重印。

宋公明排九宫八卦阵 简名《九宫八卦阵》。杂剧剧本。元明间无名氏作。四折一楔子，末本。剧演梁山泊接受招安后，辽国兀颜受率军入侵，宿太尉传旨宋江、公孙胜等一百零八人前往迎敌。宋江等经蓟州，特赴静虚庵拜见罗真人，真人传宋江"九宫八卦阵"。临敌，宋江布好阵势，公孙胜掌令旗。兀颜受轻视之，结果入阵不得出，死于秦明狼牙棒下。宋江大获全胜。《水浒全传》第七十七回与第八十三至八十九回，与此剧情节略同。今存《脉望馆钞校本古今杂剧》本。

女姑姑说法升堂记 简名《女姑姑》。杂剧剧本。元明间无名氏作。四折二楔子，旦本。剧写开封府尹郑廉，爱寒士张端甫之才而留于府。夫人张氏认之为侄，并使与女琼梅拜为兄妹。甫、梅一见钟情，私许终身。一日乘夜化装偕逃。廉大怒，遣王怀赶杀之。怀遵夫人张氏嘱放其逃走。甫上京应试，留梅于善喜寺暂住，十年未归。梅出家为尼，后云游至幽州报国寺，适父廉调幽州节度使，往寺祭奠，因见梅，欲认，而梅不愿。会甫状元及第，授幽州尹，廉又携夫人、甫、怀等往，时梅正升堂说法，见怀而下座拜之，仍不肯还俗认父。廉因之假意迁怒吊打怀，梅为救恩人，始拜双亲，父女夫妇重聚。今存《脉望馆钞校本古今杂剧》本。

女学士明讲春秋 简名《女学士》。杂剧剧本。元明间无名氏作。四折，旦本。剧演兖州曲阜郑忭依律补军役，赴延安戍边。忭自称系当朝大学士范仲淹旧友，使妻孟氏及女持书往投之。仲淹拆书，素笺无字，心知其意。范妻悉孟氏深明春秋，人才难得，使教授女弟子。仲淹巡边，举郑忭为先锋，忭因是立功，后回京与孟氏团聚，夫妇同受赏赐。此事不详所本，或出诸艺人之手。今存《脉望馆钞校本古今杂剧》本。

清廉官长勘金环 简名《勘金环》。杂剧剧本。元明间无名氏作。四折一楔子，旦本。剧演王腊梅挑唆其夫王仲义与兄仲仁分家，又赶走仲仁妻弟孙荣。一日，仲仁拾得王婆金环，含口中匿之，误咽而死。王婆惧累已，避去。仲义夫妇为谋夺仲仁产业，诬孙氏因奸毒死亲夫，诉于官，且许仵作沈成，假报仲仁中毒致死，即以喉中探出之金环酬之。孙氏遂屈打成招。是时孙荣已举为提刑官，当复审此案。而沈成妻持金环至银匠家变卖，恰被王婆撞见。王婆知孙氏冤屈，即扭沈妻见提刑官。剧末案情大白，罪犯皆受惩处。今存《脉望馆钞校本古今杂剧》本。

若耶溪渔樵闲话 简名《渔樵闲话》。杂剧剧本。元明间无名氏作。四折，末本。剧写张愚、王鲁、赵璧、李彦四隐士分别以渔、樵、耕、牧为生，清闲自得。若耶溪上相聚闲话，于朝贵、功名、科举、吏治，尽兴指斥嘲讪。后朝廷征召遗逸进京为官，四人避而不见，临溪洗耳。其揭露世事黑暗，直言无忌，颇为尖锐激烈。然剧无情节，坐而清谈，为元明杂剧中少见。今存《脉望馆钞校本古今杂剧》本。金院本目亦有《渔樵闲话》，见《辍耕录》。

认金梳孤儿寻母 简名《认金梳》。杂剧剧本。元明间无名氏作。四折二楔子，旦本。剧演秀才安英携妻李淑兰上京应举，行至和州，投宿陈都知所开招商店。陈见李氏美，即杀安而占李。时李氏已孕，为保后嗣，勉强从贼。产后，陈都知命王妪弃儿于水中。李氏阴以金梳、玉簪赠妪，求其救儿。妪以儿付侄女素云。素云为之取名霍安礼，抚育成人。安礼十五岁中乡魁，闻人言己非霍氏子，向养母素云苦苦诘问。素云乃以实告，并偕安礼见李氏。安礼以金梳为凭，得认亲母。安礼诉冤仇于包拯，包拯设宴擒陈，按律斩之。今存《脉望馆钞校本古今杂剧》本。

徐伯株贫富兴衰记 简名《贫富兴衰》、《贫富兴衰记》。杂剧剧本。元明间无名氏作。四折一楔子，末本。剧演儒生徐伯株欲赴京应考，缺少盘缠，至叔父徐员外家求借，为徐员外拒之门外。员外妻私留伯株宿，赠以金钗、衣袄。天帝以徐员外贪财无义，降灾焚其家财。于是徐员外夫妇流落街头，以唱莲花落乞讨为生。伯株得官回乡，念婶母昔日之恩，收留其叔父全家同住。今存《脉望馆钞校本古今杂剧》本。

秦月娥误失金环记 简名《误失金环》。杂剧剧本。元明间无名氏作。四折一楔子，旦末合本。剧写钱塘秦辉任南阳令，卒于官，遗妻与女月娥，路遥不能归，滞留南阳。世交子秀才杨仲贤过南阳，月娥母留后园小住。月娥游园失金环，被仲贤拾得。月娥使婢惜春索之，仲贤不与，以诗表爱慕之情。月娥亦有意，遂与之私结为夫妇。后老夫人撞见，欲责惜春，惜春据理辩解，老夫人无言，乃同意二人缔结良缘，命仲贤上京应试。仲贤进士及第得官，遂与月娥团圆。此剧仿拟《西厢》，词曲文笔则不及远甚。有《脉望馆钞校本古今杂剧》本，《孤本元明杂剧》据以重印。又《远山堂剧品》载明朱有燉作有《金环记》北曲四折，刻意拟《西厢》，亦有肖形处。然今存《诚斋乐府》中无此剧目。

薛包认母 杂剧剧本。元明间无名氏作。四折，末本。写薛包夫妇受继母逼迫，分住于外。其父病危，临终嘱后妻及所生二子善待薛包。但继母后分家，良田美房，金银绫罗，皆分与己子，而以荒地破屋与薛包。不到一年，继母家遭火灾，家财尽丧，二子所借杨真银两，亦无力偿还，母子三人乞食于市。包迎继母同住，又替二弟还借银。杨真善其人，荐于朝廷，朝廷任包为汝阳县令。《东观汉记》卷二〇与《后汉书》卷三九均记有薛包孝行，而本剧将恶德全归于继母，与史略异。今存《脉望馆钞校本古今杂剧》本，《孤本元明杂剧》据以重印。宋元戏文有《薛包》，今仅存残曲一支。明沈璟《十孝记》传奇中亦有"薛包孝母"情节。

月明和尚度柳翠 简名《月明和尚》、《度柳翠》。杂剧剧本。元明间无名氏作。剧写柳宣教新任临安府尹，独水月寺住持玉通禅师不赴庭参，柳府尹不悦，遣妓女红莲前往水月寺勾引玉通破戒。红莲诡称迷路，得入寺投宿，百般引诱玉通。玉通戒破，方知为府尹所赚，大惭，恚曰"吾必败汝门风"，坐而圆寂。未几，柳夫人怀孕生下一女，是为柳翠。后府尹病故，家境败落，柳翠沦为妓女。月明和尚知柳翠即玉通转世，怜之，遂以无言手势说法，道出柳翠因果由来，柳翠悟而坐化。今存《脉望馆钞校本古今杂剧》本。元李寿卿有杂剧《月明三度临歧柳》，一说亦名《月明和尚度柳翠》，与此剧内容全异。明徐渭有杂剧《玉禅师翠乡一梦》，与此剧题材相同。另《古今小说》中亦有《月明和尚度柳翠》，叙此故事甚详。

飞虎峪存孝打虎 简名《存孝打虎》。杂剧剧本。元明间无名氏作。四折一楔子，末本。剧写黄巢遣张归霸兴兵，朝廷差陈景思至沙陀国宣李克用破黄巢。克用过雁门关，遇放羊娃安敬思打死猛虎，赏其勇敢，收为义子，更名李存孝，命随军破巢。后存孝大败张归霸等，乘胜攻入长安，生擒归霸。有《脉望馆钞校本古今杂剧》本。李克用破黄巢事，见两《唐书·黄巢传》。《录鬼簿续编》另著有《雁门关存孝打虎》一剧，亦存《脉望馆钞校本古今杂剧》本。两剧内容繁简稍异。"飞虎峪"，或为"飞狐峪"之讹。元陈以仁《十八骑误入长安》情节与此剧相类，或谓此剧即《误入长安》之删订本。

鲁智深喜赏黄花峪 简名《黄花峪》。杂剧剧本。元明间无名氏作。四折，末本。剧写秀才刘庆甫挈妻李幼奴去泰安进香，在酒店中遇蔡衙内，蔡逼幼奴把盏，刘不从而遭吊打，幸被梁山好汉杨雄救下。幼奴为防不测，以木梳付刘，作为分离后寻妻信物。归途中，幼奴果又被蔡抢至水南寨。刘奔梁山哭诉，李逵自告奋勇前往搭救，宋江命鲁智深暗中接应。逵扮作货郎，以木梳为信物，寻到幼奴。蔡与逵交手，被痛打而逃。蔡躲进黄花峪云岩寺，不料恰逢智深来此投宿，于是将蔡拿获，交宋江处斩，刘庆甫夫妇始得团圆。此为民间流传之梁山故事，《水浒传》未采入。"喜赏"二字与内容不相应，《录鬼簿续编》作"鲁智深大闹黄花峪"，与内容较合。今存《脉望馆钞校本古今杂剧》本，《元曲选外编》据此重印。

十探子大闹延安府 简名《延安府》、《十探子》。杂剧剧本。元明间无名氏作。四折，末本。剧写清明节司吏刘彦芳母、妻上坟祭祖，监军葛怀愍之子葛彪见而调戏刘妻。婆媳不从，被彪打死。刘得父所告恶耗后即到开封府告状。开封府衙内庞勣乃葛彪姐夫，借故将刘下入死牢。刘父当街号哭，遇廉访使李圭。时范仲淹等八府宰相聚宴，李圭带刘父前往诉冤。于是范奏明皇帝，授圭势剑金牌，令其勘问此案。圭到延安府计捕葛彪，葛怀愍遣十探子勾拿圭，均被圭责打斥退。彪乃伏罪，被下入死牢。葛监军亲率兵卒，欲与圭争辩。不料圭责其私离汛地之罪，葛乃伏地求饶。范奉圣命至延安府结案，升圭为尚书，免庞勣官职，将葛怀愍充军，葛彪处斩。此剧中有回回官人、汉儿官人、女真官人、达达官人同时出场，为当时杂剧所仅见。今存《脉望馆钞校本古今杂剧》本，《元曲选外编》据此重印。

像生番语罟罟旦 简名《罟罟旦》、《括罟旦》。杂剧名。元明间无名氏作。本事不详，剧本佚。现仅存曲词一折，见《元人杂剧钩沉》。"罟罟"即蒙古妇女所戴高桶帽子，《蒙古秘史》译为"固姑"。"像生"系说唱技艺之一，疑与近代"相声"有关。剧情虽不详，但可推知此系以蒙古族妇女为主唱之旦本，在元末明初杂剧中亦颇少见。

拂尘子仁义礼智信 简名《仁义礼智》。

杂剧名。元明间无名氏作。《太和正音谱》卷下引《仙吕·端正好》一曲云:"既相别,难留恋,为昆仲捻指十年。临行也将二弟叮咛劝:你若是居台省,掌兵权,平天下,立山川,方称了一世男儿愿。"为剧中楔子之残曲,《元人杂剧钩沉》辑存之。其余皆佚。

楚金仙月夜杜鹃啼 简名《杜鹃啼》、《月夜杜鹃啼》。杂剧名。元明间无名氏作。剧本佚。本事不详。《元人杂剧钩沉》辑存《仙吕宫》一套、《双调》一支,表现深闺少女怀春而亟欲冲破封建禁锢的心情。

蓝采和锁心猿意马 简名《心猿意马》、《收心猿意马》。杂剧名。元明间无名氏作。剧本佚。《元人杂剧钩沉》辑存第三折《中吕》二支。蓝采和为民间传说"八仙"之一,本事见《太平广记》卷二二引《续神仙传》"蓝采和"。元有无名氏杂剧《汉钟离度脱蓝采和》,叙蓝采和随钟离权、吕洞宾赴瑶池事。明末清初来镕有杂剧《蓝采和长安闹剧》,以仙人陈陶为蓝采和,盖本陆游《南唐书·陈陶传》。

女学士三劝后姚婆 简名《后姚婆》。杂剧名。元明间无名氏作。剧本佚,本事不详。《元人杂剧钩沉》辑存《越调》一套。按"姚婆"亦作"尧婆",指凶恶女人,"后姚婆"疑指不贤良之后母。残曲当为女学士劝责后姚婆之辞。

风风魔魔纸扇记 简名《纸扇记》。杂剧名。元明间无名氏作。本事不详,剧本佚。《录鬼簿续编》表题为"淋淋漓漓水布衫,风风魔魔纸扇记"。《元人杂剧钩沉》辑存《南吕·鹌鹑儿》一支:"好着好着,这的是爱小妇休前妻到头下梢。谁想我骑马一世,不想驴背上吃了一交。休了个四德三从武大嫂,自暗约,怎地好?过了今宵,须有明朝,大数难逃!不到的走了你个家奴,你可也忙怎么小桃。"另有《双调·步步娇》一句:"谁惯食店内衣食?"可见剧情或为家庭纠纷引发的断案故事。

张顺水里报冤 简名《水里报冤》。杂剧名。元明间无名氏作。现仅《太和正音谱》录有其第二折《商调·双雁儿》一首,《元人杂剧钩沉》辑存之。《水浒传》第六十四回有"浪里白条水上报冤"事,似以此剧为蓝本,叙张顺为宋江延医,独赴建康府,过江时遭截江鬼张旺暗算而死里逃生,后复过江又遇张旺,亦缚之投入江中事。今京剧《张旺截江》,又名《贪欢报》,亦演此情节。

王十朋荆钗记 一作《王状元荆钗记》。简名《荆钗记》。南戏剧本。元柯丹丘作。《南词叙录·宋元旧篇》著录。王十朋,南宋温州人。绍兴二十七年进士第一。历知饶、夔、湖、泉等州,后以龙图阁学士致仕。《宋史》有传。剧借鉴民间传说,叙王十朋家贫,以荆钗聘钱玉莲为妻。婚后半年,上京赴考,中状元,修书与母亲妻子,将接至京城同赴任所。书信被奸人改为休书。玉莲迫于后母威逼改嫁,愤而投江,被钱安抚救起。后王于钱安抚任所识见荆钗,叙说因由,夫妻遂得团圆。元本已佚。今存明人改本。流传本子六种,以《六十种曲》本最为常见。明吕天成《曲品》评曰:"《荆钗》以真切之调写真切之情,情文相生,最不易及。"

荆钗记 见"王十朋荆钗记"。

刘知远白兔记 一作《白兔记》。南戏剧本。元刘唐卿作。《南词叙录·宋元旧篇》著录。演后汉高祖刘知远妻李三娘事。《旧五代史·汉书·后妃传》载:李氏晋阳人,父为农。刘少为军卒,牧马晋阳,夜入其家劫取为妻。及即位,立为皇后。此戏叙刘知远幼孤,为继父不容,投博徒中偷生。农人李文奎怜其困穷,雇为仆,见其有异相,以女李三娘妻之。文奎卒,三娘兄李洪一虐待知远。知远投太原岳节使为军卒,岳见其伟才,以女妻之。三娘在家备受其兄虐待,于磨房产子取名咬脐。邻人送咬脐给知远。咬脐十六岁,率众打猎,追一负伤白兔,至井边见一妇人,即其母三娘。遂归告其父,得夫妇母子团圆。元本已佚。明成化本《白兔记》最接近原作。近人钱南扬《成化本白兔记校注》最为善本。明尚有富春堂刊本、汲古阁刊本,今并收入《古本戏曲丛刊初集》。明吕天成《曲品》评曰:"《白兔》,词极古直,味亦恬然,古色可挹。"

白兔记 见"刘知远白兔记"。

王瑞兰闺怨拜月亭 一作《蒋世隆拜月亭》。简名《拜月亭》。又作《月亭记》、《幽闺记》。南戏剧本。元施惠作。《永乐大典·戏文二十五》、《南词叙录·宋元旧篇》均著录。据关汉卿《闺怨佳人拜月亭》杂剧敷衍。叙蒙古军南破金国中都,兵部尚书王镇妻偕女瑞兰,书生蒋世隆偕妹瑞莲,皆于逃亡途中失散。世隆邂逅瑞兰,认作兄妹南行,在一旅店结为夫妇。王夫人偶遇瑞莲,认作义女,结伴南逃。王镇南奔行都,于旅店得遇女儿,即令丢下重病之世隆随己南下,又于驿馆巧逢夫人及瑞莲,同到汴梁。瑞兰深夜拜月祈丈夫康宁。蒙古军撤退后,朝廷诏天下文武应试。蒋世隆中状元,奉旨成婚,与瑞兰团圆。元本已佚。明人改本有世德堂、容与堂、文林阁、汲古阁、凌氏诸刻本。今《古本戏曲丛刊初集》收入世德堂刻本同容与堂刻本两种。李贽评曰:"《拜月》、《西厢》,化工也;《琵琶》,画工也……《西厢》、《拜月》,乃不如是。意者宇宙之内,本自有如此可喜之人,如化工之于物,其工巧自不可思议尔。"(《焚书·杂说》)

拜月亭 见"王瑞兰闺怨拜月亭"。

小孙屠没兴遭盆吊 简名《小孙屠》。南戏剧本。元萧德祥作。《永乐大典·戏文二十七》著录。演北宋开封府儒生孙必达,趁酒兴娶妓女李琼梅为妻。李厌恶必达终日醉酒,乃与旧情人朱令史私通,并趁必达及其弟小孙屠外出,计杀使女梅香,陷必达入狱。小孙屠探狱送饭,亦被投入狱中,遭盆吊而死。尸弃荒野,得东狱之神救活。必达与梅香鬼魂共擒李琼梅、朱令史至包龙图阁下。李、朱并受凌迟。为仅存五种本来面目宋元南戏之一,极具戏剧史料价值。今存《永乐大典戏文三种》本、《永乐大典戏文三种校注》本。

风流李勉三负心记 一作《李勉》。南戏名。元史九敬先作,或云史九敬先、马致远合作。《汇纂元谱南曲九宫正始》征引注云:"元传奇。"演穷书生李勉,娶妻韩氏,已有子。一日游名园,逢某氏女,即离家与之同往阆州居住,生二子。李勉回家,受岳父斥责,竟鞭死韩氏。元本已佚。《宋元戏文辑佚》存残曲六支。

杨德贤妇杀狗劝夫 简名《杀狗劝夫》。一作《杀狗记》。南戏剧本。元末明初人徐畛作,或以为南宋无名氏作。《永乐大典·戏文七》、《南词叙录·宋元旧篇》均著录。演北宋东京富民孙华,听信结义兄弟刁唆,赶走亲兄弟孙荣。孙华妻杨玉贞多方规劝丈夫无效,乃杀一狗于家门外,扮成人尸,要孙华托结义兄弟移尸灭迹。结义兄弟推托不来;而亲兄弟孙荣听说此事,立即移去,以此被告于官。后杨氏作证乃一狗尸,真相大白,兄弟和好。元本已佚。有明汲古阁刻本《杀狗记定本》二卷、清暖红室刊本《杀狗记》,今收入《古本戏曲丛刊初集》。

杀狗记 见"杨德贤妇杀狗劝夫"。

金鼠银猫李宝 一作《金鼠银猫李宝闲花记》。南戏名。元邓聚德作。《永乐大典·戏文八》著录。本事不详。明沈璟《南九宫十三调曲谱》卷四引《黄钟赚》集戏文名有云:"陈留李宝,银猫智伏金天神。"则此戏为神话剧。元本已佚。《宋元戏文辑佚》存残曲十五支。

忠孝蔡伯喈琵琶记 简名《琵琶记》。一作《蔡伯喈琵琶记》。南戏剧本。元高明作。蔡伯喈,名邕,东汉陈留人。灵帝时拜郎中,不久以事免。董卓征召为祭酒,累迁中郎将。后以卓党死狱中。博学好辞章,精音律,善鼓琴,工书画。后世称蔡中郎。此戏所演伯喈事,于史无征,全属附会虚构。叙陈留蔡伯喈,愿在家侍奉年老双亲而无意功名。父强其应试,一举得中状元。牛丞相奉旨招伯喈为婿。伯喈辞官辞婚皆不获准,遂强拜议郎,强赘牛府。即所谓"三被强",也称"三不从"。伯喈在牛府不忘父母与糟糠之妻,得便托人捎寄金珠回家,却被拐儿脱骗。而家乡连年饥荒,父母双亡。妻赵五娘安葬公婆毕,即乞食往京师寻夫。伯喈见到五娘,知父母去世,即日辞官,偕二妻返乡守孝。牛相上奏其事,蔡氏一门受旌表。今《古本戏曲丛刊初集》收有明刊四卷本《蔡中郎忠孝传》、清陆贻典抄本。钱南扬《元本琵琶记校注》最为善本。明人尊此剧为"词曲之祖"(清焦循《剧说》所引《道听录》),久演不衰。1956年,中国戏剧家协会曾在北京组织过《琵琶记》讨论会。

琵琶记 见"忠孝蔡伯喈琵琶记"。

宦门子弟错立身 一作《错立身》。南戏剧本。原题"古杭才人新编",无作者姓名。钱南扬以为"盖作于金亡之后,宋亡之前"。或以为作于元代后期,据杂剧《宦门子弟错立身》翻作。叙金国河南府完颜同知公子延寿马迷于戏曲,并追求散乐女艺人王金榜。在约王金榜来书房相会时,被父撞见。王金榜戏班遂被逐出河南府,延寿马亦被禁锁家中。延寿马伺机逃离家庭,于东平府找到王金榜,结为夫妇。完颜同知受诏出巡,于馆驿见到儿子和王金榜,承认其夫妻关系,一家团圆。元本已佚。今存《永乐大典戏文三种》本、《永乐大典戏文三种校注》本。

黄孝子寻母 一作《黄孝子千里寻母记》。南戏剧本。作者不详。《南词叙录·宋元旧篇》著录。写宋末元兵攻建昌,黄普集义兵拒之,兵败阵亡。普妻陈氏被掳。时子觉经方五岁,赖仆人抚养成人,立誓寻母。后遍历天涯二十八年,终于在汝州找到母亲。元本已佚,今有明人改本流传,名《黄孝子传奇》,有《古本戏曲丛刊初集》本。

教子寻亲 一作《周羽教子寻亲记》。南戏剧本。作者不详。《南词叙录·宋元旧篇》著录。叙北宋书生周羽妻郭氏向富豪张敏借银。张敏见郭氏貌美，顿起夺取之心，乃杀人移尸，借祸于羽，致羽被发配广南。时郭氏已有身孕，毁容以拒张敏。后教子瑞隆读书，中进士，授平江路吴县尹。时羽飘泊二十余年，历尽艰难。后瑞隆弃官寻亲，父子于客舍相见。元本已佚。明有多种改编本，其中富春堂刊本题《周羽教子寻亲记》，收入《古本戏曲丛刊初集》。

赵氏孤儿报冤记 一作《赵氏孤儿》、《赵氏孤儿大报仇》。南戏剧本。作者不详。《永乐大典·戏文一》、《南词叙录·宋元旧篇》均著录。叙春秋晋灵公时，屠岸贾族杀赵氏，赵氏孤儿报仇之事。本事出《左传》、《史记·赵世家》，并见刘向《新序·节士》、《说苑·复思》。元本已佚。明徐元改编题《八义记》，有《六十种曲》本。明金陵唐氏世德堂刻本《新刊重订出像附释标注音释赵氏孤儿记》二卷，今收入《古本戏曲丛刊初集》，题作《赵氏孤儿记》。

秦太师东窗事犯 一作《岳忠孝王东窗事犯》。南戏剧本。作者不详。《永乐大典·戏文十五》、《南词叙录·宋元旧篇》均著录。叙南宋抗金名将岳飞，精忠报国，却被奸臣秦桧及其妻王氏于东窗下设密谋，加以杀害。秦桧死后，在阴间受审伏罪。元本已佚。明人改本有：金陵富春堂刻本，题作《新刻出像音注岳飞破虏东窗记》；汲古阁《六十种曲》本，题作《精忠记》。

吕蒙正风雪破窑记 一作《吕蒙正破窑记》。南戏剧本。作者不详。《永乐大典·戏文二十》、《南词叙录·宋元旧篇》均著录。吕蒙正，北宋河南洛阳人，太平兴国进士，凡三入为相。《宋史》有传。元本已佚。现流传的明人修改本有：金陵唐氏富春堂刻本《新刻出像音注吕蒙正破窑记》二卷，明书林陈含初詹林我刻本《刻李九我先生批评破窑记》二卷。明王錂《彩楼记》，乃再改编本。

苏武牧羊记 南戏剧本。作者不详。《南词叙录·宋元旧篇》著录。本事出《汉书·苏武传》。元本已佚。今有清宝善堂抄本《牧羊记总本》二卷流传，收入《古本戏曲丛刊初集》。

苏秦衣锦还乡 南戏剧本。作者不详。《南词叙录·宋元旧篇》著录。本事出《战国策》及《史记·苏秦列传》。苏秦，战国之东周洛阳人，师事鬼谷先生。游说诸侯不遇，大困而归，见笑于昆弟妻嫂。乃闭门读书，期年有成，再游说山东六国，为纵约长，并相六国。苏秦过洛阳，昆弟妻嫂俯伏侍取食。苏秦散千金以赐宗族朋友。元本已佚。明无名氏改编题《冻苏秦》，已佚。后苏复之改编题《金印记》，有明刻本《重校金印记》四卷传世，今收入《古本戏曲丛刊初集》。

王祥卧冰 一作《王祥行孝》。南戏名。作者不详。《永乐大典·戏文三》、《南词叙录·宋元旧篇》均著录。本事出晋干宝《搜神记》。《晋书·王祥、王览传》、宋刘义庆《世说新语·德行》及注，所载略同。王祥事后母朱夫人甚谨。朱屡以非理使祥，弟览辄与祥俱；又虐使祥妇，览妻也趋而共之。母病，欲食活鱼，时寒冰冻，祥解衣将剖冰求之，冰忽自解，双鲤跃出。元本已佚。《宋元戏文辑佚》存残曲八十一支。

乐昌公主破镜重圆 南戏名。作者不详。《永乐大典·戏文五》、《南词叙录·宋元旧篇》均著录。本事出唐孟棨《本事诗·情感》。乐昌公主，陈后主之妹，太子舍人徐德言之妻。陈政方乱，徐与妻知不相保，乃破一镜，各执其半，约曰："他日必以正月望日卖于都市，我当在，即以是日访之。"及陈亡，乐昌入越公杨素家，宠嬖殊厚。徐流离至京，果于正月望日在都市遇苍头卖半镜者。即出半镜合之，具言其故，并题诗一首。乐昌见诗，涕泣不食。杨素既知，召徐，还其妻。遂同归江南以终老。元本已佚。《宋元戏文辑佚》存残曲三十一支。

陈巡检梅岭失妻 一作《陈巡检妻遇白猿精》。南戏名。作者不详。《永乐大典·戏文十七》、《南词叙录·宋元旧篇》均著录。故事起源于唐传奇《补江总白猿传》；本事见《清平山堂话本·陈巡检梅岭失妻记》。写陈辛以进士除南雄巡检，赴任途中路过梅岭，妻张如春为猿精白申公摄去洞中。张立志不从，被罚挑水浇花。陈辛任满北归，夜宿红莲寺，访大惠禅师求示妻踪，指以白猿所为。后得遇紫阳真人，降伏猿精，夫妇团圆。元本已佚。《宋元戏文辑佚》存残曲三十五支。

朱文太平钱 一作《朱文鬼赠太平钱》。南戏名。作者不详。《永乐大典·戏文二十五》、《南词叙录·宋元旧篇》均著录。《宋元戏文辑佚》引福建莆仙戏所演《朱文太平钱》，内容与南戏佚曲相符，当是承继关系。莆仙戏所演故事略为：西京朱文，孤身无依。至东京投亲不遇，客居王行首店中。王有养女一粒金，见朱文诚实，乃夜托终身，赠以装有二十四文太平钱之绣箧。王觉，诡称养女早死，绣箧乃鬼赠，朱惧逃走。一粒金察知王之诡计，追上朱文说明缘由，二人遂成为夫妇。元本已佚。《宋元戏文辑佚》存残曲三支。

陈光蕊江流和尚 南戏名。作者不详。《南词叙录·宋元旧篇》著录。叙唐代洪州太守陈光蕊携眷赴任，途中误上刘洪贼船，为刘推落江中。殷氏顾及有八个月身孕，顺从刘洪。刘遂冒光蕊名到洪州上任。殷氏生子满月，写血书一纸，备叙始末，随婴儿装入木匣浮于江中。金山寺丹霞禅师救得婴儿，为其取名江流。十余年后，丹霞禅师告以前事，令往洪州寻母。时刘洪已辞职。殷氏令江流诉于现任太守虞世南。刘洪被捕受罚。光蕊落水后为龙王救起，届时送回，阖家团聚。元本已佚。《宋元戏文辑佚》存残曲三十八支。明初杨讷《西游记》杂剧第一本，即演江流和尚故事。清人有《江流记》传奇，情节亦与此相同。

崔君瑞江天暮雪 南戏名。作者不详。《南词叙录·宋元旧篇》著录。叙越州诸生郑廷玉有妹月娘适同里崔君瑞。崔以金华令行取入京，为盗劫掠，乃寓月娘于王媪饭铺，只身赴苏州谒父执苏琇借贷。苏欲妻以女，崔绐以妻亡允之。月娘知崔别娶，访之苏州。崔诡云逃婢，大加折辱，械系令归。至江天驿，适廷玉登第路过，与月娘遇。又值苏琇谒廷玉，乃令押崔来驿，沿途折辱，如崔之加于月娘者。崔至，请罪，与月娘复为夫妇。元本已佚。《宋元戏文辑佚》存残曲二十九支。

林招得 南戏名。作者不详。《南词叙录·宋元旧篇》著录。本事见《林招得孝义歌》。陈州林百万子招得，与黄氏女玉英，为父辈指腹为婚。林家道中落，招得靠卖水度日。黄父嫌贫，逼其退婚。玉英得知，约招得夜至花园，将赠以财物。事为萧裴赞获悉，先至花园，冒名杀死婢女，夺财逃遁。黄父以招得杀人讼官。招得被屈打成招，押入死牢。包拯巡按陈州，辨明冤情，释之。招得入京应试，高中状元，终于与玉英成婚。元本已佚。《宋元戏文辑佚》存残曲三支。

孟姜女送寒衣 南戏名。作者不详。《永乐大典·戏文二》、《南词叙录·宋元旧篇》均著录。本事见《左传》杞良妻哭夫事。叙范喜良家道小康而功名未就，家中仅老母一人，为避官差，躲入孟家花园。孟姜女不知园中有人，于荷池入浴，为喜良所见，孟家乃招之为婿。不意官差跟踪而至，捉喜良去筑长城。孟姜女不远千里，往长城送寒衣，抵达时方知喜良已死，大哭，长城为之坍塌八百余里。元本已佚。《宋元戏文辑佚》存残曲十一支。

三负心陈叔文 一作《陈叔文三负心》。南戏名。作者不详。《永乐大典·戏文十二》、《南词叙录·宋元旧篇》均著录。本事出《青琐高议后集》卷四《陈叔文》。汴京书生陈叔文登第，授常州宜兴簿。家贫不能赴任。得妓崔兰英帮助，约为夫妇，共泛汴水东下。三年后，替回，乘舟返京。私念携妓回家，妻当兴狱讼，乃于夜间灌醉崔，并女奴推落水中。经年，叔文至相国寺遇崔与女奴。崔言向时坠水遇救，现住鱼巷城下。约明日往晤，不来将讼于官。陈市羊果壶酒，僦别巷小童负担往。陈入，至暮不出。荷担者立门外久之。居人曰："此空居耳！"因执烛共入。叔文仰面，两手自束于背，形若伏法死者。元本已佚。《宋元戏文辑佚》存残曲九支。

王子高 南戏名。作者不详。《汇纂元谱南曲九宫正始》征引注云："元传奇。"本事出《施注苏文忠公诗集》卷一四《王子高芙蓉城传略》。王迥字子高，遇仙女周琼英，夜聚日离，凡百余日。忽一日，梦周道服而至，邀王往其居所。及一处，则殿阁金碧相照，女流道装而出入者百余人，且殿上有美丈夫。又于东厢之楼上识一美女，周谓"此芳卿也，与我最相爱"。梦之明日，周来，王问梦中所至之地，周曰："芙蓉城也！"周临别，留有诗句。宋赵彦卫《云麓漫钞》亦记其事。元本已佚。《宋元戏文辑佚》存残曲八支。

王仙客 南戏名。作者不详。《汇纂元谱南曲九宫正始》征引《滴滴金》一曲注云："按：此《明珠记》，元时先有失名氏《王仙客》一本，后又有平原白寿之《无双传》。"元本已佚。《宋元戏文辑佚》存其残曲五支。参见"无双传"。

王母蟠桃会 一作《蟠桃会》。南戏名。作者不详。《汇纂元谱南曲九宫正始》征引注云："元传奇。"故事源出《山海经》、《汉武故事》等书。元本已佚。《宋元戏文辑佚》存残曲三支。

王陵 南戏名。作者不详。《汇纂元谱南曲九宫正始》征引注云："元传奇。"本事出《汉书·王陵传》。元本已佚。《宋元戏文辑佚》存残曲一支。

王质 南戏名。作者不详。《汇纂元谱南曲九宫正始》征引注云："元传奇。"本事出南朝齐祖冲之《述异记》。信安郡有石室山，晋时王质伐木至此，见童子数人棋而歌，因听之。童子以一物与质，如枣核，质含之，不觉饿。顷之，童子谓曰："何不去？"质起，视斧柯烂尽。既归，无复时人。元本已佚。《宋元戏文辑佚》存其残曲二支。

史弘肇故乡宴 南戏名。作者不详。《南词叙录·宋元旧篇》著录。《汇纂元谱南曲九宫正始》征引注云："元传奇。"史弘肇，郑州荥泽人，《旧五代史》、《新五代史》皆有传，唯无故乡宴之记载。元本已佚。《宋元戏文辑佚》存其残曲二支。

何推官错认尸 一作《何推官错勘尸》。南戏名。作者不详。《永乐大典·戏文二十六》、《南词叙录·宋元旧篇》均著录。剧情与元王仲文杂剧《救孝子贤母不认尸》相似。元本已佚。《宋元戏文辑佚》存残曲四支。

吕星哥 南戏名。作者不详。《汇纂元谱南曲九宫正始》征引注云："元传奇。"本事出《醉翁谈录》甲集卷一《张氏夜奔吕星哥》。吕星哥与表妹张织女由父母指腹为婚。星哥自幼寓张宅，与织女共几读书。张之祖父慕陈枢密之荣贵，将织女另许枢密之子。时织女、星哥十六岁，闻之皆郁郁自失。星哥知事不谐，告去。织女不渝前盟，乃尽絮首饰、金银，随星哥私奔。明年，枢密得知，诣府陈告。追到星哥、织女，责令供状。制置判云："星哥织女，如旧管亲。枢府名郎，更求新偶。"元本已佚。《宋元戏文辑佚》存残曲一支。

吴舜英 南戏名。作者不详。《汇纂元谱南曲九宫正始》征引注云："元传奇。"或曰本事出自《醉翁谈录》壬集卷二《崔木因妓得家室》。崔木，兖州人。元符间来游太学，遇京师角妓张赛赛。赛赛告以邻女舜英，父母俱亡，一人独处，愿为作媒。崔以红罗一幅，写《虞美人》词一首，请赛赛达意。舜英览词后，以黄绢和词一首。崔见词，即择日往舜英家成亲。元本已佚。《宋元戏文辑佚》存残曲四支。

宋子京鹧鸪天 南戏名。作者不详。《南词叙录·宋元旧篇》著录。宋子京名祁，与兄庠均为北宋前期著名文学家，时称大宋小宋。《唐宋诸贤绝妙词选》卷三录宋祁《鹧鸪天》有注云："子京过繁台街，逢内家车子，中有褰帘者曰'小宋也'。子京归，遂作此词。都下传唱，达于禁中。仁宗知之，问内人：'第几车子何人呼小宋？'有内人自陈：'顷侍御宴，见宣翰林学士，左右内臣曰：'小宋也。'时在车子中偶见之，呼一声尔。'上召京从容语及，子京惶惧无地。上笑曰：'蓬山不远！'遂以内人赐之。"元本已佚。《宋元戏文辑佚》存残曲三支。

李婉复落娼 南戏名。作者不详。《汇纂元谱南曲九宫正始》征引注云："元传奇。"叙李府尹之子游春，在柳花亭遇妓女李婉，两人一见钟情。婉乃脱籍与之结为夫妇。二人皆姓李，按同姓不婚的道理，被拆散。婉复落娼门。后婉不服，上告官府。终得胜诉。元本已佚。《宋元戏文辑佚》存残曲五支。

京娘怨燕子传书 南戏名。作者不详。《南词叙录·宋元旧篇》著录。《汇纂元谱南曲九宫正始》征引注云："元传奇。"本事出金元好问《续夷坚志》"京娘墓"条：王宗础任平山令，其子元老，肄业县廨之后园。夜与一女子遇，自云前任杨令之女，因与之合。他日，元老疑之，女谓曰："幽冥异路，亦难久处。今试期在迩，君必登科，当见君辽阳道中。"元老赴京，车至辽阳而轴折，忽有田夫腰斧负轴而至。治轴讫，将行，忽一车至，车中人即京娘也，曰："君不记辽阳道中相见之语乎？知君有难，故来相慰。"元老问前途所至，京娘即登车，第云"尚书珍重"而已。元老登第。后摄礼部尚书而卒。元本已佚。《宋元戏文辑佚》存其残曲三支。

孟月梅写恨锦香亭 南戏名。作者不详。《永乐大典·戏文六》、《南词叙录·宋元旧篇》均著录。《汇纂元谱南曲九宫正始》征引注云："元传奇。"演书生陈珪与少女孟月梅在锦香亭相遇并订情之事。元本已佚。《宋元戏文辑佚》存其残曲三十四支。

宣和遗事 南戏名。作者不详。《汇纂元谱南曲九宫正始》征引注云："元传奇。"本事当出宋元之际话本《大宋宣和遗事》"徽宗易服游金环巷"至"张天觉逃去"一段。叙宣和五年某日，徽宗易儒服，私出宫门，行于街市。至金环巷，遇角妓李师师，即宿李家。此后朝去暮来近两月。谏议大夫张天觉上章直谏。徽宗不便再出，乃宣李师师入内，赐夫人官帔，坐于御座之侧。宣张天觉问道："朕今与夫人同坐殿上，卿立阶下，能有章奏乎？"天觉知事不可为，乞骸骨归乡里以终天年。元本已佚。《宋元戏文辑佚》存残曲四支。

洪和尚错下书 南戏名。作者不详。《汇纂元谱南曲九宫正始》征引注云："元传奇。"本事见《清平山堂话本·简帖和尚》。在逃犯洪和尚，谋夺左班殿值皇甫松之妻杨氏。乘皇甫出官差刚回家，托人带书信、首饰给杨。皇甫一见大怒，疑杨有外遇，不听辩白，即行休弃。洪和尚冒充前任蔡州通判，娶了杨氏。一年后，皇甫与洪和尚、杨氏相遇于相国寺，寺中行者认出洪和尚系盗贼，遂捕获正法。皇甫松得知洪和尚奸计，乃同杨氏复为夫妇。元本已佚。《宋元戏文辑佚》存残曲四支。

唐伯亨因祸致福　一作《唐伯亨八不知音》。南戏名。作者不详。《永乐大典·戏文二十三》、《南词叙录·宋元旧篇》均著录。演唐伯亨内弟与唐妾通奸而欲杀害唐夫妇事。元本已佚。《宋元戏文辑佚》存残曲二十支。

祝英台　南戏名。作者不详。《汇纂元谱南曲九宫正始》征引注云："元传奇。"演梁山伯祝英台事。元本已佚。《宋元戏文辑佚》存残曲三支。

崔护觅水记　南戏名。作者不详。《汇纂元谱南曲九宫正始》征引注云："元传奇。"本事出唐孟棨《本事诗·情感》。崔护清明日游都城南，酒渴求饮，有女子以杯水至。独倚小桃斜柯伫立，属意殊厚。来岁清明，崔又往寻，门已锁扃，遂题诗于左扉。数日复往，闻哭声。叩问，有老父答以小女见门扉诗，绝食数日而死。崔请入哭之，女开目复活。老父惊喜，以女归之。元本已佚。《宋元戏文辑佚》存残曲十六支。

张浩　南戏名。作者不详。《汇纂元谱南曲九宫正始》征引注云："元传奇。"本事出宋刘斧《青琐高议》。西洛才子张浩，于家园宿香亭偶遇前来赏花之邻女李莺莺，二人一见倾心，遂订百年之好，并换帕题诗为证。有老尼惠寂为传消息，得谐缱绻。后莺莺父官于河朔，挈家赴任。浩为季父所迫同孙氏联姻。二年后，莺莺父任满归里。浩遣惠寂告莺莺实情，莺莺往讼于官。待制陈公判云："宜从先约，可断后婚。"浩与莺莺结为夫妇。元本已佚。《宋元戏文辑佚》存残曲一支。

张资鸳鸯灯　一作《张孜鸳鸯灯》。南戏名。作者不详。《永乐大典·戏文二十一》、《南词叙录·宋元旧篇》均著录。本事出《醉翁谈录》壬集卷一《红绡密约张生负李氏娘》。京师贵官子张生，元宵于乾明寺拾红绡帕，帕上题诗二首，又相约来年正月十五夜至相蓝后门相候。明年生往果遇。问之，为节度李公之偏室。乃密谋次日出逃，至苏州居住。三年，生计困窘。张生往探知秀州之父亲，闻父怒其私逃，未敢往见。正悲哭无计，为行首梁越英收留，结为夫妇。李氏往访，备悉其事，遂起讼。官判以李氏为正室，越英为偏房。元本已佚。《宋元戏文辑佚》存残曲十八支。

曹伯明错勘赃　南戏名。作者不详。《永乐大典·戏文十》著录。本事见《清平山堂话本·雨窗集·曹伯明错勘赃记》。曹州店主曹伯明娶妓谢小桃。谢与旧情人倘都军图谋陷害曹。某日，伯明拾一包裹，叫小桃收放。官府忽提捉赃犯曹伯明。而谢即持包裹自首。蒲左丞以小桃出首可疑，拘鞫，审出实情。倘都军刺配三千里牢城，小桃入宫为奴。元本已佚。《宋元戏文辑佚》存残曲二支。

梅竹姻缘　南戏名。作者不详。《汇纂元谱南曲九宫正始》征引注云："元传奇。"本事不详。元本已佚。《宋元戏文辑佚》存残曲四支。

许盼盼燕子楼　南戏名。作者不详。《汇纂元谱南曲九宫正始》征引注云："元传奇。"本事出《白氏长庆集·燕子楼诗序》。《全唐诗》收录盼盼诗并附有小传。盼盼，原姓关，徐州妓，张建中纳之为妾。张殁，独居彭城故燕子楼，历十余年。白居易以诗劝其殉夫。盼盼泣曰："妾非不能死，恐公有从死之妾，玷清范耳。"乃和白诗。旬日不食而卒。元本已佚。《宋元戏文辑佚》存残曲九支。

无双传　南戏名。元白寿之作。《汇纂元谱南曲九宫正始》征引《滴滴金》一曲注云："按：此《明珠记》，元时先有无名氏《王仙客》一本，后又有平原白寿之《无双传》。"本事出唐薛调《无双传》。元本已佚。《宋元戏文辑佚》存残曲十支。

杨实锦香囊　一作《杨实》，一作《锦香囊》。南戏名。作者不详。《汇纂元谱南曲九宫正始》征引注云："元传奇。"演杨实与妓女韩琼儿恋爱故事。韩琼儿不幸堕入烟花，与杨实相爱，情丝不断，乃私奔杨实。后经官断，结为夫妇。元本已佚。《宋元戏文辑佚》存残曲九支。

董秀才遇仙记　南戏名。作者不详。《汇纂元谱南曲九宫正始》征引注云："元传奇。"董秀才指董永。其故事最早见《孝子传》及《搜神记》，事极简略。敦煌俗文学有《董永行孝》，内容繁富。明清平山堂刊印之话本《雨窗集》中有《董永遇仙传》。谓东汉董永典身葬父，孝心感动天庭。玉帝差织女下凡嫁给董永，织绢助其偿债，三月而清。董永回家守墓，织女返回天庭。汉天子知董永大孝，诏封兵部尚书。织女产一子，玉帝取名董仲舒，送还董永抚养。仲舒经严君平指点，至太白山中见生母，后成鹤神。元本已佚。《宋元戏文辑佚》存残曲六支。

贾似道木棉庵记 南戏名。作者不详。《南词叙录·宋元旧篇》著录。本事出《宋史·贾似道传》。元兵破鄂，似道出师不利，陈宜中等交章劾之，谪为高州团练使。福王赵与芮素恨贾，募有能杀贾者送贾赴贬所。县尉郑虎臣欣然请行。似道行时，虎臣令拆去轿盖，使之暴行秋日下。又令轿夫唱杭州歌谑，辱之备至。至漳州木棉庵，虎臣累讽其自杀，不听，曰："太皇许我不死。有诏即死。"虎臣曰："吾为天下杀似道，虽死何憾！"遂拉杀之。元本已佚。《宋元戏文辑佚》存残曲一支。

甄皇后 南戏名。作者不详。《汇纂元谱南曲九宫正始》征引注云："元传奇。"甄皇后事见《三国志·魏志·文昭甄皇后传》。但后之戏曲演甄皇后事，皆从《洛神赋》取材。本事出《文选》卷一九《洛神赋》注。谓子建求甄逸女，不遂。曹操将甄女予曹丕。植殊不平，昼夜思之。后甄后为郭后谗死。植入朝，丕示以甄后玉镂金带枕。植见之泣。植还，息洛水上，思甄后。忽见甄来，示以荐枕席之意。言讫不见。复遣人献珠于植。植答以玉珮。悲喜不能自胜，遂作《感甄赋》。后明帝见之，改为《洛神赋》。元本已佚。《宋元戏文辑佚》存残曲一支。

赵普进梅谏 南戏名。作者不详。《南词叙录·宋元旧篇》著录。《汇纂元谱南曲九宫正始》征引题《赵光普》，注云："元传奇。"本事不详。据残曲，乃写夫妇离合悲欢事。元本已佚。《宋元戏文辑佚》存残曲三支。

蔡均仲 南戏名。作者不详。《汇纂元谱南曲九宫正始》征引注云："元传奇。"叙穷书生蔡均仲，丧母不久，岳父即遣人强接妻子回娘家，打算另行匹配。由此争执不休。邻里见其岳父家人凶顽，共抱不平，斥责来人，以当服孝三年相阻，始罢。元本已佚。《宋元戏文辑佚》存残曲三支。

蝴蝶梦 南戏名。作者不详。《汇纂元谱南曲九宫正始》征引，或注云："元传奇。"或注云："明传奇。"本事不详。据今见残曲，乃写丈夫久出，恋秦楼楚馆，妻子在家自伤自怨事。与关汉卿《包待制三勘蝴蝶梦》之情节、《庄子·齐物论》所载之梦蝶事均不符。元本已佚。《宋元戏文辑佚》存残曲三支。

刘文龙菱花镜 一作《刘文龙》。南戏名。作者不详。《永乐大典·戏文九》、《南词叙录·宋元旧篇》均著录。演汉朝刘文龙婚后三日辞家进京求试。临行，妻萧氏将半支金钗、半面菱花镜、弓鞋一只，与他作表记。刘及第，即出使匈奴，单于留之，招为驸马，封左贤王。后潜归汉室，进高官显爵，获准探亲。文龙一去，二十一年无消息，家中以为已死。歹人宋忠谋夺其妻，而文龙适归，出示菱花镜三件表记，遂一家团圆。元本已佚。《宋元戏文辑佚》存残曲二十一支。

磨勒盗红绡 南戏名。作者不详。《汇纂元谱南曲九宫正始》征引注云："元传奇。"本事出唐裴铏《传奇·昆仑奴传》。大历中有崔生往省一勋臣疾。勋臣命红绡妓以含桃进。生告辞出院，回顾见妓立三指，又反掌者三，然后指胸前小镜，曰："记取。"生归，恍然凝思。家中昆仑奴磨勒得知情由，遂负生赴约。继复负生与妓同归。二年后游曲江，为勋臣家见。勋臣召生诘之。生惧不敢隐。勋臣命甲士五十人往擒。磨勒持匕首飞去高垣，顷刻间不知所往。元本已佚。《宋元戏文辑佚》存残曲七支。

鲍宣少君 南戏名。作者不详。《汇纂元谱南曲九宫正始》征引注云："元传奇。"鲍宣字子都，西汉哀帝时为谏议大夫。何武为三公，拜宣为司隶。王莽秉政，诛不附己者。宣系狱，自杀。鲍宣，《汉书》有传。其妻，桓氏之女，字少君。宣尝就少君父学，少君父奇其清苦，以女妻之。装送资贿甚厚，宣不悦。少君悉归侍御服饰，更着短衣裤，与宣共挽鹿车归乡里。拜姑礼毕，提瓮出汲。修行妇道，乡里称之。事载《后汉书·列女传》。元本已佚。《宋元戏文辑佚》存残曲一支。

薛云卿鬼做媒 一作《薛云卿》。南戏名。作者不详。《永乐大典·戏文二十二》、《南词叙录·宋元旧篇》均著录。叙西京米商张员外之子文桂，在去东京游玩途中遭劫，遂流落异地。某富室乐善好施，闻其为巨富之子，且年少貌美，便收留于家。富室女胜仙，属意文桂，先使婢女送衣服，后又亲往诉说衷肠，并赠叠胜环儿做表记。文桂先拒后受。最后，有情人终成眷属。元本已佚。《宋元戏文辑佚》存残曲二十支。

赛金莲 南戏名。作者不详。《汇纂元谱南曲九宫正始》征引注云："元传奇。"本事不详。从残曲可知，赛金莲系剧中人名，出身豪门，原先已有意中人，因母亲反对，鸾凤拆散。又不幸入选宫内，如入深坑，终日自伤身世，但还盼望着有朝一日能与情人重新相见。元本已佚。《宋元戏文辑佚》存残曲九支。

韩翃章台柳 一作《韩翃》，一作《章台柳》。南戏名。作者不详。《汇纂元谱南曲九宫正始》征引注云："元传奇。"本事出唐许尧佐《柳氏传》。天宝中，韩翃有诗名而贫甚。其友李生以柳氏赠韩，又佐资三十万。韩、柳情爱甚笃。明年，翃擢上第，省家于清池。逢安史乱军占长安，柳氏剪发毁形，寄迹法灵寺。乱军去，翃随淄青节度使侯希逸至京师，知柳氏为番将沙托利所得。会淄青诸将合乐酒楼，翃色意俱丧。虞侯许俊询得情由，直入沙托利宅挟柳氏至。希逸上闻。寻有诏：柳氏宜归翃，赐沙托利钱二百万。元本已佚。《宋元戏文辑佚》存残曲六支。

韩寿偷香 一作《韩寿》。南戏名。作者不详。《汇纂元谱南曲九宫正始》征引注云："元传奇。"本事出《世说新语·惑溺》。韩寿，美姿容，贾充辟以为掾。贾女于青琐中窥视，悦之，恒怀存想，发于吟咏。寿闻之心动，遂与贾女通。西域有异香，一着人则经月不歇，女盗以贻寿。充会诸吏，闻寿有奇香，拷婢得其实，秘之，以女妻寿。元本已佚。《宋元戏文辑佚》存残曲十二支。

绣鞋记 南戏名。作者不详。《南词叙录·本朝》著录。《汇纂元谱南曲九宫正始》征引注云："明传奇。"但《南九宫词谱·黄钟赚》集戏文名有句云："游春景，绣鞋儿范四郎成契姻，显灵通圣。"则此戏当是宋元旧篇。本事不详。元本已佚。《宋元戏文辑佚》存其残曲二支。

罗惜惜 南戏名。作者不详。《汇纂元谱南曲九宫正始》征引注云："元传奇。"本事见《情史》卷三"张幼谦"条。张、罗二家相邻，张宦族而贫，罗崛兴而富。两家同日生产，张得子名幼谦，罗得女名惜惜。稍长，罗女寄学张家，与张生相与，密誓偕老。张母遣妪问婚，罗父母以张贫拒之。生随父入京，两年始归，而罗女已许辛氏。罗女约张生私会，往来月余。生又随父馆寓湖北帅厅，并于湖北应试。试毕，归而寻旧约，为罗父母觉，执送有司。后寓试揭晓，张为《周易》魁。经州守县宰示意，罗还辛聘，招张入赘。元本已佚。《宋元戏文辑佚》存残曲十三支。

兰蕙联芳楼 南戏名。作者不详。《汇纂元谱南曲九宫正始》征引注云："元传奇。"本事见明瞿佑《剪灯新话·联芳楼记》。元至正初，吴郡薛某，粜米为业。有二女，长兰英，次蕙英，皆聪明秀丽能诗文。乃于宅后建楼以处之，名曰"兰蕙联芳之楼"。楼下即官河。昆山郑生，亦甲族，其父与薛某厚，令生兴贩于郡，至则泊舟楼下，二女见而爱之。入晚，以绒索垂竹兜引生登楼。自是无夕不会。一日薛某登楼，见郑生所为诗，得知首尾，无奈生米已煮成熟饭，薛只得以书抵郑父，赘生为婿。元本已佚。《宋元戏文辑佚》存残曲四支。

荆刘拜杀 元末明初流行之南戏《荆钗记》、《刘知远白兔记》、《拜月记》、《杀狗记》的合称。明王骥德《曲律》卷三有云："古戏如《荆》、《刘》、《拜》、《杀》等。"清朱彝尊《静志居诗话》卷四谓："识曲者以《荆》、《刘》、《拜》、《杀》为四大家。"今人钱南扬在所著《戏文概论·剧本》中说："所谓《荆》、《刘》、《拜》、《杀》四大传奇……这句话当是宋人语，这四本戏文当是宋人作品。"

天宝遗事诸宫调 诸宫调作品。元王伯成作。原书已佚，仅明代《雍熙乐府》、《太和正音谱》、《词林摘艳》、《北宫词纪》，清《北词广正谱》、《九宫大成南北词宫谱》等书中共残存五十余套曲及一些只曲，宾白全缺。按近人整理辑本共分为七大段：引辞；唐明皇幸杨玉环；唐明皇游月宫；安禄山私通杨玉环；安禄山被贬造反；马嵬坡杨玉环身亡；唐明皇回转长安。每段各有数套曲辞。作者在文中直斥"玄宗无道，把儿妇强夺要"；写"七夕私语"时，"那里肯虔心暗祷"；一见广寒仙子，就欲"月宫作赘"，"为天上一时间忘了天下"。对杨妃则较多同情，写"私通"乃安禄山灌醉后所为；写马嵬事变时直斥明皇"心毒"，并质问为何"无罪遭诛"？但写禄山谋反原因全为夺杨妃，以及过多渲染"偷情"，则为后人所诟病。结构宏伟，曲辞绮丽。《太和正音谱》评其词"如红鸾戏波"。郑振铎、冯沅君、任讷、赵景深等均各有辑本，而以1986年天津古籍出版社出版的朱禧辑印本较完备。

名　篇

西域河中十咏 组诗名。元耶律楚材作。见《湛然居士集》。共五言律诗十首。为作者公元1222年随成吉思汗西征，驻河中府（即西域寻斯干）时所作。用白描写实手法记述当地风光景物，如"葡萄亲酿酒，杷榄看开花"；"六月常无雨，三冬却有雷”；“冲风磨屯麦，悬碓杵新粳”等句，颇似一幅幅古朴淳厚、风光旖旎的西域民俗画。

满江红·金陵怀古　词篇名。元萨都剌作。见《雁门集》。约至顺三年(1332)调任南台掾史时作。上片叹“六代豪华”如暮春之景一去不返，怅恨金陵“山川形胜，已非畴昔”，旧时王、谢堂前燕子而今在乌衣巷民房中栖息，成为历史盛衰的见证。唯有长江春潮似不甘寂寞在夜打空城。过片用“荒烟衰草，乱鸦斜阳”等意象写萧瑟残秋。昔日《玉树后庭花》歌声已消歇，胭脂井壁残破，露冷蝉鸣。用陈后主二典故，表现由盛而衰的历史变化，透露出强烈的虚无感。结以“蒋山青，秦淮碧”，谓历史人事皆变，唯山水亘古长存，反衬历史沧桑变化无常的悲哀。全词通过山水风物依旧、六代豪华消歇的对比，发吊古伤今之慨。词中化用前人咏金陵名句以加深历史感，上下片皆情景事交融，而上写暮春，下写残秋，又使时空拓展延伸，以见伤时之感的永久、廓大，深化了怀古主题。

般涉调·耍孩儿·庄家不识勾栏　散曲篇名。元杜仁杰作。见《全元散曲》。全篇以《耍孩儿》等八支曲子组成，用谑笔写庄家人初次进城观看院本演出的景状，客观上反映出当时戏场招徕观众、演出剧目及剧情等情况。采用庄家人的口语，幽默生动，颇具特色。

南吕·一枝花·不伏老　散曲套数篇名。元关汉卿作。见《全元散曲》。共四支曲，皆用第一人称自述。《一枝花》总述“半生来折柳攀花，一世里眠花卧柳”的“浪子风流”生活。《梁州》具体铺张夸赞“浪子风流”的荣耀。《隔尾》写在勾栏行院中的丰富阅历。《尾》曲是全套之精华，表明自己酷爱戏曲艺术，以倡优浪子为荣的顽强性格。自喻为“蒸不烂煮不熟捶不扁炒不爆响珰珰一粒铜豌豆”，把会围棋、蹴鞠、打猎、歌舞、吹弹、吟诗、饮酒、赏花等爱好、技艺嘲为“天赐与”的“歹症候”，即使遭到落牙折手的残酷迫害，也对“歹症候”要坚持到底，至死方休。全曲以玩世不恭的自我嘲谑、调侃口吻，浪漫夸张的手法，惊世骇俗的语言，极夸“浪子风流”生活和“不伏老”的顽强性格，概括了元代知识分子在民族压迫、科举中断的特定背景下，跻身才人书会、勾栏行院与倡优为伍的特殊现实，高度市民化的情趣作风，与正统儒、吏或隐居山林者皆大异其趣，在俳谐调侃的乐观自嘲中隐藏着无限的辛酸、愤懑和抗争，具有鲜明的离经叛道、反传统世俗的时代特色，表现出不畏重压、不甘屈辱的铮铮硬骨和不肯虚度年华、坚持施展才艺的顽强精神。艺术上寓庄于谐，泼辣奔放，铺排夸张，衬字灵活。

越调·天净沙·秋思　散曲小令篇名。元马致远作。见《全元散曲》。前三句“枯藤老树昏鸦，小桥流水人家，古道西风瘦马”，每句写三种景物，意象丰富，意余言外；仰见黄昏乌鸦已栖息于枯藤老树之巢，虽不免凄凉萧瑟，但毕竟胜于游子之尚无归宿；目睹小桥对岸人家之“日入而息”，全家团聚之乐，则又触动游子与亲人天各一方之悲；古道冷落，秋风扑面，瘦马蹒跚，则游子之憔悴可想。“夕阳西下，断肠人在天涯。”画龙点睛，点明背景是日落黄昏，人物是断肠的天涯游子，与前文构成情景交融、形神兼备的旷野黄昏游子秋思图。全篇二十八字，却言简意丰。前三句鼎足对，皆用名词和名词性词组组成，句法别致，造语精工。被誉为“秋思之祖”(《中原音韵》)，“寥寥数语，深得唐人绝句妙境。有元一代词家，皆不能办此也”(《人间词话》)。

中吕·山坡羊·潼关怀古　散曲小令篇名。元张养浩作。见《全元散曲》。天历二年(1329)，关中大旱，饥民相食。张已辞官归隐八年，六召不起，此次却奉诏赴任陕西行台御史中丞赈灾，路遇饥者赈之，死者葬之。途中共写了同调九首怀古组曲，此是其中最佳一首。首写潼关群山奔聚拱卫，黄河奔腾怒吼的险要形势，暗示出西都长安之屏障为历代兵家必争之地，又是历代兴亡、人民苦难的见证。次写怀古：“伤心秦汉经行处，宫阙万间都做了土。”历史上有十个王朝皆建都长安(西都)，宫殿苑林，几多民脂民膏铸成，无数改朝换代的争战又毁为焦土！末写感慨，发出“兴，百姓苦；亡，百姓苦”的强音，揭示出封建社会人民永远处于受压迫剥削的悲惨命运。以“怀古”折射现实，表现出对当代统治者的深沉愤慨和对人民的深切同情。全曲三层，将描写、抒情、议论紧密结合，言简意赅，沉郁深挚，是散曲小令中难得之杰作。

南吕·一枝花·自序丑斋　散曲套数篇名。元钟嗣成(自号丑斋)作。见《全元散曲》。共九支曲组成。自述本有男儿“学而优则仕”的理想，但因“评跋上惹是非”，更兼“外貌儿不中抬举”，故“空藏锦绣，口唾珠玑”的内才，终于不受重用。作者坦然自画丑貌：“灰容土貌，缺齿重颏”，“细眼单眉”，“短髭稀稀”，并以陈平、何晏、潘安等人俊容反衬，自嘲为“现世钟馗”。自我调侃中隐含无限酸楚与激愤，对以貌取人的社会偏见表示“心头怒起”，因为这是“胎中疾没药医”，无法自择的。进而抨击世态：“有钱的高贵，无钱的低微。”说纵然“颜如灌口，貌赛神仙”，如没钱也照样无人理睬。尾曲写“捏胎鬼”来托梦请罪，并许诺令作者“子孙多”、“货财充”、“福禄增，寿算齐”。实则暗示：貌丑已成定局，要想发达不过是虚幻梦想而已。全套用“反言若正”、自嘲调侃、夸张对比等法，抨击了以貌取人、钱能通神的世态人情，充满愤世嫉俗的悲愤、不平与抗争。《太和正音谱》评其词“如腾空宝气”，此曲亦可见一斑。

般涉调·哨遍·高祖还乡　散曲套数篇名。元睢景臣作。见《全元散曲》。共八支曲。以乡民第一人称口吻历述刘邦衣锦还乡时的见闻感叹。先写社长通知迎驾，摊派差使和粮草；接写乡民眼中的皇帝仪仗队皆怪模怪样，滑稽可笑：凤凰旗、飞虎旗、蟠龙旗在他眼中是“鸡学舞”、“狗生双翅”、“蛇缠葫芦”，金瓜锤、朝天镫是“甜瓜苦瓜黄金镀，明晃晃马镫枪尖上挑”，导驾官是“车前八个天曹判”。末四曲直写皇帝下车时“觑得人如无物”的傲慢神情；当乡民认出这原来是当年村里的大无赖刘三时，“险些气破我胸脯”！便历数当年他如何不务正业、好酒贪杯、借粟支米、抢麻偷豆……用诙谐揶揄、辛辣讽刺剥露了刘邦微时流氓无赖丑行，揭穿了衮衮华服下的封建帝王的本来面目，表现出对神圣皇权的极度蔑视。元朝皇帝每年都要回上都一次，曲作借古讽今，揭示了帝王回乡扰民的现实本质，典型而深刻。借乡民口吻，口语生动幽默，刻画入骨传神，极富农村生活气息。钟嗣成《录鬼簿》云：“维扬诸公俱作《高祖还乡》套数，唯公《哨遍》制作新奇，皆出其下。”

南吕·一枝花·上高监司　散曲套数篇名。元刘时中作。见《全元散曲》。分前后两套。前套共十五曲，约作于至正十四年(1354)，描写元末江西大旱，五谷无收，钞币贬值，物价暴涨；富户奸商却囤积居奇，趁火打劫；官吏也狼狈为奸，饱肥私囊；天灾人祸，人民家家断炊，吃野菜草根树皮，流离失所。贫富悬殊：富者购田放债、纳妾买婢；贫者饥填沟壑，“拦门斗抢”。末四曲颂扬高监司开仓救灾，“恤老怜贫，视民如子，起死回生，扶弱摧强”等“仁政”，并祝愿他早居朝班，愿为建德政碑。虽不无溢美，但反映了民心爱憎。后套长达三十四曲，约作于至正十年(1350)，早于前套四年，是元散曲中最长篇什。主要写至正钞法对人民危害无穷，揭露了从官吏到商人贪污盗窃、行贿受贿、串通勾结、霸占市场的种种罪行，对元钞的印制、库存、押运、流通过程的各种流弊，对贴库、库子、军百户、攒司、门军等官府爪牙的卑鄙行径，对粜米的、卖肉的、做皮的、开沽的、卖油的、卖盐的、卖布的等大小奸商的丑恶嘴脸，全都揭露得淋漓尽致。堪谓“诗史”。两套深刻揭示社会矛盾的现实性和“陈言献策”的形式在元散曲中皆是极为罕见的。但对高监司的颂扬近于阿谀，而对农民起义则颇存偏见。艺术上多用对比手法和细节描写，语言平实尖新，感情强烈。

正宫·醉太平·堂堂大元　散曲小令篇名。元无名氏作。见《全元散曲》。是元末人民愤怒声讨统治者的一篇檄文。开篇“堂堂大元，奸佞专权。开河变钞祸根源，惹红巾万千”。直斥元朝行将灭亡的根源和官逼民反的实质。据史载：伯颜专权、卖官贿赂、擅杀宗王大臣、仇视汉人、废止科举等暴行及脱脱执政排斥异己、相互倾轧。至正十年(1350)行“交钞法”，使物价腾贵十倍。治黄河征民夫二十余万，贪官污吏层层克扣工粮，终于激起红巾军起义。曲文后半具体揭露元末的黑暗腐败在于“官法滥，刑法重，黎民怨。人吃人，钞买钞，何曾见？贼做官，官做贼，混愚贤”。吏治腐败，百姓冤狱遍布寰中，怨声载道；经济剥削，横征暴敛，敲骨吸髓，饥殍遍野，“人相食”史不绝书。如此黑暗险恶的政治、经济和社会秩序环境，民何以堪！故以“哀哉可怜”长叹作结。愤怒火焰喷薄而出，义正辞严，痛快淋漓。《辍耕录》说此曲“自京师以至江南，人人能道之……今此数语，切中时弊”，足见其流传之广和社会价值之大。

研究著作　参考资料

录鬼簿　戏曲史专著。元钟嗣成著。二卷。记载了元代书会才人、名公士夫的戏曲、散曲作家的生平事迹、作品目录和部分评论。全书分“前辈已死名公有乐府行于世者”、“方今名公”、“前辈已死名公才人有所编传奇行于世者”、“方今已亡名公才人余相知者”、“已死才人不相知者”、“方今才人相知者”、“方今才人闻名而不相知者”七类，共载作家小传一百五十二人，作品名目四百余种，是研究古典戏曲与金元文学的宝贵历史资料。卷首有作者至顺元年(1330)初稿完成时的自序，卷末有同年朱凯后序及元邵元长跋语和所题《湘妃曲》。后于元统、至正年间又两次订正。至明初贾仲明重为增补，将七类合并为"前辈名公"、"前辈才人"、"方今才人"三类，又为上卷八十二位作家增补《凌波仙》挽词，并改杂剧正名为简名，姓名字号、生平事迹及排列顺序亦有若干改动。有明人辑《说集》抄本(万历蓝格抄本)、明孟称舜刻本、清初尤贞起抄本、清曹寅校辑《楝亭藏书十二种》本、近人刘世珩校辑《暖红室汇刻传奇》本(据尤贞起抄本)、近人董康辑刻《读曲丛刊》本和陈乃乾辑印《重订曲苑》本(皆据《楝亭藏书》本)，以上属钟氏原著之系统。明人增补者有天一阁蓝格钞本。近代有王国维校注本：以曹寅刊本与明末精抄本、清初尤抄本相校勘，并以《太和正音谱》和《元曲选》卷首曲目复校，先后辑印收入《王忠悫公遗书》、《王静安先生遗书》、《增补曲苑》、《王国维戏曲论文集》等书中。有马廉新校注本：以天一阁抄本为底本，以孟称舜刻本、楝亭藏本、暖红室本、王国维校注本及《太和正音谱》、《元曲选》等为参校本，加以校勘注文，初载于1936年《国立北平图书馆馆刊》十卷一至五号，1957年文学古籍刊行社重行排印。又有古典文学出版社1959年校辑排印的《录鬼簿(外四种)》本：以天一阁抄本、曹寅刊本、孟刻本为据重新排行，天一阁本后有"校勘记"，曹寅刊本后摘录王国维校注本注文作"校勘记"，末附刊《录鬼簿校补》。

青楼集 传记资料。元明间夏庭芝著。一卷。卷首有作者元至正十五年(1355)《青楼集志》，论述了院本与杂剧的脚色名目之不同、杂剧内容之分类以及著书之缘起；并载有时人朱经(即郝经。一本尚有张鸣善)至正二十四年序。卷末附有夏邦彦(一本尚有朱武)至正二十六年跋语。该书记述了元代一百二十名女伶生活的片段，且涉及当时男优三十余人及戏曲作家、散曲作家、诗人、"名公士夫"等五十余人之事迹。反映出元代戏坛繁荣盛况，是戏曲史的重要资料。作者因"慕孔北海座客常满，尊酒不空，终日高会开宴，诸伶毕至，以故见闻博有"(张序)，集而成编。有元末陶宗仪辑《说郛》本、明陆楫辑《古今说海》本、明《说集》蓝格抄本、明末秦淮寓客辑《绿窗女史》本和吴永辑《续百川学海》本、近人叶德辉辑《双楳景闇丛书》本、1957年古典文学出版社辑印《中国文学参考资料小丛书·教坊记(外二种)》本、1959年中国戏剧出版社《中国古典戏曲论著集成》本(附有"提要"和"校勘记")。

宋元戏曲考 研究著作。近人王国维著。原名《宋元戏曲考》，收入《王国维遗书》，单行本或改题《宋元戏曲史》，为中国戏曲史之首创性著作。著于民国元年壬子(1912)，主要叙述元杂剧，兼涉宋金院本及宋元南戏，共分十六章。(1)上古至五代之戏剧。(2)宋之滑稽戏。(3)宋之小说、杂戏。(4)宋之乐曲。(5)宋官本杂剧段数。(6)金院本名目。(7)古剧之结构。(8)元杂剧之渊源。(9)元剧之时地。(10)元剧之存亡。(11)元剧之结构。(12)元剧之文章。(13)元院本。(14)南戏之渊源及时代。(15)元南戏之文章。(16)余论。王氏自序其撰写此书之前，从事搜集考证，先行写出《曲录》六卷，《戏曲考原》一卷，《宋大曲考》一卷，《优语录》一卷，《古剧脚色考》一卷，《曲调源流表》一卷，"从事既久，续有所得"，然后再写成此书。足证其用力甚勤劳。通行有《王静安遗书》本。

元剧研究 研究著作。近人吴梅著。上下二卷，共十章。上卷考论元剧的渊源、元剧现存数目、元剧作家等。对元剧渊源，作者通过考证，认为其远祖宋代大曲，近祖董解元《西厢记诸宫调》；对元剧现存数目，经爬罗梳理，列出现存一百二十九种元人杂剧；对元剧作家的姓名、籍贯、生平、著作等，则广收博采古籍资料，整理考订。下卷剖析元剧曲文格式、剧情结构、表演动作及方言俗语等，力图使读者获得元剧最正确的知识和研究元剧的方法。有1927年7月世界书局出版本，为《ABC丛书》之一种。

戏文概论 研究著作。钱南扬著。系著者在编纂、出版《宋元戏文辑佚》、《元本琵琶记校注》、《永乐大典戏文三种校注》等集子基础上的科研成果。意在"将戏文作一个比较全面的说明"(《戏文概论·前言》)。共分引论、源委、剧本、内容、形式、演唱六个部分。凡引用书达二百二十八种。

元曲家考略 研究著作。孙楷第著。分甲、乙、丙、丁四稿，共考证元代及元末明初戏曲、散曲作家八十五人的生平事迹。其中多数为《录鬼簿》、《录鬼簿续编》、《太和正音谱》三书中皆有名而无事迹者，部分为三书连姓名也失载者。书中涉猎文献资料广博，主要从宋、金、元、明、清数代之诗文词曲总集、别集、笔记、方志、书史、画史、诗话以及正史、野史等零星记载中搜辑剔抉，多方求证，为研究元曲作家生平大略、创作背景提供了宝贵的资料和线索。个别作家如王实甫之考据虽未必确凿，但对后学进一步考辨仍有启发。有1953年上海杂志出版社初印本、1981年上海古籍出版社增订本。

元曲释词 元曲专门词语论著。顾学颉、王学奇著。分四册，共收词目三千余条，连附目共约五千余条，包括字、词、短语。收词范围以元杂剧为主，元散曲为辅。举凡风俗习惯用语、历史典章制度用语、兄弟民族词语、外来词语、歇后语、隐语、谚语、市井语、插科打诨语、方言土语、曲调特殊用语及元曲中较生僻的字、词、典故等，皆考其语义源流，辨其正误，广采例证以求确解。全书以现代拼音字母为序、按词目首字字音排列；每条词目以常见或本义为正目，附异音、异形、通假各词为附目，再举证释义。书前有"凡例"，书后附笔画索引。是阅读研究元曲的重要工具书。中国社会科学出版社自1983年至1990年陆续出版。

元人杂剧概说 研究著作。日本青木正儿著，隋树森译。原名《元人杂剧序说》，译本改之。凡七章，首章"杂剧之沿革"，二章"杂剧之组织"，三章"曲本及作家"，四、五、六三章分述"初期之本色派"、"初期之文采派"、"中期末期之名家及无名氏作"，七章"元人杂剧现存书目"。卷首有"译者序"和"新版附言"，卷末附录"北曲之遗响"。1937年由开明书店刊行，1957年由中国戏剧出版社出新一版。

元曲纪事 资料汇编。王文才编著。作者有感于元散曲已有总集，而"曲话杂著，评文纪事，辨调审音之说，犹散见诸书，未经综理，不便稽考"，故"读曲之余，窃仿诗词纪事之著，草创兹编，聊补其阙"。其体例先列元明清以迄近人吴梅对元散曲之"总评"，再按天一阁本《录鬼簿》顺序，以作家为经，作品为纬；作家之后有小传，每首曲作正文之后以小字缀其有关纪事评论，然后或加编著者按语。全书共收元散曲作家八十五名及无名氏所作散曲凡二百四十余首(包括小令、套数及残曲)及其有关纪事评论。书末附录"古曲"十二首(宋金俗曲)、"南词旧曲"九首及有关述评。是研究元散曲的重要资料。由人民文学出版社于1985年出版。

元曲鉴赏辞典 蒋星煜主编。收一百三十五位元曲作家作品。其中小令五百四十四支；散套四十五套；杂剧以折立目选曲，计一百三十七折，含曲四百六十余支。小令按曲、散套按套、剧曲按折为单位赏析，共收赏析文七百十二篇。元代散曲与杂剧中久为传诵的曲子，均收编在册，集中展现出元曲之艺术精粹；赏析文则既充分反映各家学术见解，又融会了当代元曲研究成果。隋树森写了前言。附录有《作家小传》、《作家年表》、《元曲书目》、《元杂剧关目》、《名句索引》等十种，资料丰富而查检方便。由上海辞书出版社于1990年出版。

元代文学史 研究著作。中国社会科学院文学研究所总纂，邓绍基主编。叙述始于大蒙古国统一北方后出现的文学现象，而讫于明朝的建立。共分二十七章。首章述元代文学若干历史文化背景；第二、第三章述元杂剧概况；第四至第七章分述关汉卿、王实甫、白朴、马致远生平与作品；第八至第十三章分述除元曲四大家以外的杂剧作家作品；第十四至第十六章分述散曲作家及其作品；第十七至第二十三章分述诗文概况及诗文作家与作品；第二十四至第二十七章分述南戏及话本。系统地阐述了元代文学的基本面貌，材料比较丰富，论述也比较科学。由人民文学出版社于1991年出版。

六 明代文学

作 家

郭奎(?—1365) 明诗人。字子章。巢县(今安徽巢湖)人。早年从余阙学,极受其赏识。元末战乱中,双亲与兄弟皆亡,只身飘零于江湖间,进退无依,遂仗剑从军。明太祖始为吴国公,郭奎投归,从事幕府。明将朱文正开大都督府于南昌,命参其军事。朱文正得罪死,奎亦被杀害。其五言古诗原本汉魏,颇得遗意;七言古诗则纯为唐调,律诗稍杂宋音,诗作颇受时人推许。其人虽逝于洪武开国以前,但因从朱元璋起兵,历来归明。著有《望云集》,今存。生平事迹见《明史》卷二八五。

朱升(1299—1370) 明诗文家。字允升,学者称枫林先生。休宁(今属安徽)人。元至正五年(1345)领乡荐,为池州学正。战乱中弃职隐居石门,数避兵锋而未尝废学。朱元璋攻占徽州,以邓愈荐,召问时务,对曰:"高筑墙,广积粮,缓称王。"大受赏识。吴元年(1367)授侍讲学士、知制诰、同修国史,以年老特免朝谒。明洪武元年(1368)进翰林学士。太祖大封开国功臣,制词多其所撰。后归老于家。长于经学,尤精《周易》。诗文非其所长,《明诗综》未录其诗。《四库全书总目》认为其诗学宋人邵雍《击壤集》而不成,颇近鄙俚。著有《朱枫林集》。生平事迹见《明史》卷一三六、《国朝献征录》卷二〇。

钱宰(1299—1394) 明诗文家。字子予,一字伯均。会稽(今浙江绍兴)人。元至正中中甲科,因亲老不仕,教授于乡,以宿儒称。明洪武初,以明经征修礼乐书,寻以病归。洪武六年(1373)授国子助教,曾赋早朝诗:"四鼓冬冬起著衣,午门朝见尚嫌迟。何时得遂田园乐,睡到人间饭熟时。"有人密报明太祖,被遣归。洪武二十七年又召修《书传会选》,并献《金陵形胜论》。事毕加国子博士致仕。《四库全书总目》评其诗"吐辞清拔,寓意高远,刻意古调,不屑为艳仄之体","古文虽非所擅长,而谨守法度,亦无卑冗之习"。是五代时吴越王钱氏后裔,尝自书门帖:"一门三致仕,两国五封王。"著有《临安集》。生平事迹见清朱彝尊《曝书亭集》卷六三《钱宰传》、《明史》卷一三七。

滕克恭 明诗文家、学者。字安卿,号谦斋。祥符(今河南开封)人。元末进士,仕为集贤院直学士。遇乱,避居钱塘。明洪武初,两次充任本省考试官,享年一百余岁。著有《谦斋稿》,另著有《春秋要旨》。生平事迹见《国朝献征录》卷一一五。

张以宁(1301—1370) 明诗文家。字志道。古田(今属福建)人。家于翠屏山下,学者称为翠屏先生。以《春秋》举元泰定四年(1327)进士,官至翰林侍读学士。博学强记,擅名于时,人称"小张学士"。明军取元都后,与危素等仕于新朝,被明太祖任为翰林侍讲学士。洪武二年(1369)秋,奉使安南。完成使命还朝时病死于途中。为人廉洁,所学以经学见长,尤专《春秋》,著有《春秋胡传辨疑》、《春王正月考》等,后者完成于滞留安南时,今有传本。其诗文颇有时名,有虞集、欧阳玄、揭傒斯等后继者之誉。著有《翠屏集》。生平事迹见明杨荣《杨文敏公集》卷一九所作墓志、《明史》卷二八五。

牛谅 明诗文家、书画家。字士良。东平(今属山东)人。元末流寓湖州。明洪武六年(1373)以秀才举除翰林典簿。与张以宁同使安南,还,擢工部员外郎。进至礼部尚书,以不修职降主事。工诗,长于书法,善画梅花。著有《尚友斋集》。生平事迹见《明史》卷一三六。

黄肃 明诗文家。字子邕。新城(今属江西)人。元末官礼部主事,明兴归附,仍任故官。擢侍郎,进尚书。出为广西参政。坐党祸死。其诗长于古体,诗中常有怀念故主之情。著有《醉梦稿》。生平事迹见明过廷训《本朝分省人物考》卷六一、《明诗纪事》甲签卷一二。

沈梦麟 明诗文家。字原昭。归安(今浙江湖州)人。通《易经》,元至元五年(1339)中乡试,授婺源州学正,迁武康县令。不久兵乱四起,便解职回故里花溪。刘基常到花溪探望,并赠诗:"杜陵老去诗千首,陶令归来酒一尊。"明初以贤良征,称病不复试。曾三次应聘主持闽浙乡试,两次任会试同考官,明太祖待之以礼,当面称之为"老试官"。卒年九十三。著有《花溪集》。生平事迹见《列朝诗集小传》甲集、《宋元学案》卷八二、《两浙名贤录》卷二七。

王子一 明戏曲作家。约明太祖洪武初前后在世。《太和正音谱》列为国朝曲家十六人之首,称其曲"如长鲸饮海,风神苍古,才思奇瑰,如汉庭老吏判辞,不容一字增减"。所作杂剧四种:《海棠风》、《楚岫云》、《莺燕蜂蝶》和《误入桃源》,今仅存后一种。生平事迹见明朱权《太和正音谱》。

危素(1303—1372) 明诗文家。字太朴,号云林。金溪(今属江西)人。早年出吴澄、范梈之门。元至正元年(1341)以荐授经筵检讨,与修宋、辽、金三史,由国子助教迁翰林编修。历任监察御史、礼部尚书,至元二十年拜参知政事,俄除翰林学士承旨。元末弃官居房山四年。明师将入大都,起为翰林承旨。明洪武二年(1369)授翰林侍讲学士,曾被劾罢官一年。复职后御史王著等论其为亡国之臣,不宜列侍从,谪居和州,令守元末战死的名臣余阙庙以辱之,岁余卒。在元至正间文坛有较大影响,是南方文人与大都的联系纽带之一,极受时人推重。然以元大臣而仕于明,颇为时论所不齿。其诗文皆以通达晓畅为特色,但应酬之作过多。著有文集五十卷奏议二卷、《宋史稿》、《元史稿》,但均已散佚不传,仅存诗集《云林集》、文集《说学斋稿》等。生平事迹见《说学斋稿》附录宋濂《危公新墓碑铭》、《明史》卷二八五。

鲁渊 明诗人。字道源(或作道原),以字行。淳安(今属浙江)人。元至正十一年(1351)进士,初任华亭县丞,累迁江浙行省儒学提举。张士诚据吴中,以其为博士。明初征修《礼乐书》。授江西按察司佥事,以病辞还。著有《鲁道源诗集》。生平事迹见明童时明《昭代明良录》卷二〇、《列朝诗集小传》甲前集。

朱梦炎(?—1378) 明诗文家。字仲雅。进贤(今属江西)人。元至正十一年(1351)进士,为金溪县丞。明兴,明太祖召居宾馆,令与熊鼎集古事为质直语,教公卿子弟,名《公子书》。洪武十一年(1378)由礼部侍郎进尚书。卒于官。文章详雅有根据,元末即有诗名,曾与危素、廼贤等分作《南城咏古诗》。诗散见于《明诗综》、《明诗纪事》、《列朝诗集》等总集。生平事迹见《明史》卷一三六。

李延兴 明诗文家。初名守成,字继本,号一山。大都(今北京)人。李士瞻子。至正十七年(1357)进士,授太常奉礼兼翰林检讨。因元末政局紊乱,弃职隐居。河朔间学子往往担囊负笈,远来从学。入明,河朔诸邑曾聘其任教职。至洪武二十七年(1394)尚在世,卒年不详。朱彝尊《静志居诗话》称"其诗文颇拔俗,长歌尤擅场"。著有《一山集》。生平事迹见《元书》卷八〇、清朱彝尊《静志居诗话》卷五。

梁寅(1303—1390) 明诗文家。字孟敬,因结庐于石门山授学,学者称石门先生。新喻(今江西新余)人。家贫,以务农为生,但自幼勤于学,博通经史。元末屡试不中,就馆建康,荐为集庆路儒学训导。至正十五年(1355)以亲老辞归。明洪武初征入京师修礼乐书,书成辞官不就,回到家乡,讲学授徒以终。长于经史,治学严谨。其文文理醇雅,诗格春容澹远,均较有成就。著有《石门集》,朱祖谋曾辑其词入《彊村丛书》。另著有《诗演义》、《周易参义》、《策要》等。生平事迹见《石门集》卷首石光霁所作行状、《明史》卷二八二。

鲍恂 明诗文家、学者。字仲孚。崇德(今浙江桐乡)人。元至元进士,任温州路学正,荐授翰林,不赴。明洪武四年(1371)充会试考官,洪武十五年,已八十余岁,以明经老成召至京师,命为文华殿大学士,固辞,放归。早年从师吴澄。著有《西溪漫稿》。生平事迹见《明史》卷一三七、《殿阁词林记》卷一。

孙炎 明诗人。字伯融。句容(今属江苏)人。元末与丁复、夏煜游,有诗名。朱元璋下集庆,用为行中书省首掾。为朱元璋召致刘基、章溢等。总制处州时,会苗叛,为其擒杀。追封丹阳县男,谥忠愍。其诗"谲处似李长吉,质处似元次山"(朱彝尊《静志居诗话》)。著有《左司集》。生平事迹见《明史》卷二八九。

魏观(1305—1373?) 明诗人。字杞山,号梅初。蒲圻(今属湖北)人。元末隐居乡里蒲山,明兴,聘为平江州学正等职。洪武元年(1368)受命侍太子及诸王读书,后致仕。洪武五年又荐授苏州知府,以在张士诚宫殿旧址上建府衙而被杀。太祖寻悔之,命致祭归葬。其诗风格浑朴,不从纤靡之习。著有《蒲山牧唱》。

生平事迹见《明史》卷一四〇、《国朝献征录》卷八三。

陈谟(1305—1388)　明诗文家。字一德，号心吾，学者称海桑先生。泰和(今属江西)人。幼能诗文，邃于经学，曾屡次参加元代科举考试，均未中举，转而授徒教书，学子多从之游。对元朝颇为忠诚，自称"为前朝太平幸民六十余年"(《书刘氏西斋倡和卷》)。明兴，于洪武初征赴京师，赐坐议学，受到朱元璋礼遇。宋濂、王祎均请留为国学师，但辞疾归。后屡应聘为江浙考试官，著书教授以终。其文被目为如"汤盘禹鼎，器之古也；太羹玄酒，味之正也"(晏璧《海桑集序》)。其诗则理胜于辞，较乏文采。著有《海桑集》。生平事迹见《明史》卷二八二、《国朝献征录》卷一一四。

詹同(约1305—?)　明诗文家。原名詹书，字同文。婺源(今属江西)人。元末曾任郴州路学正，避乱寓居黄州，陈友谅任为翰林学士兼御史。元至正二十四年(1364)归附朱元璋，明洪武元年(1368)任翰林直学士，赐名詹同，官至学士承旨兼吏部尚书。洪武七年致仕。卒谥文敏。诗文与宋濂、王祎齐名，诗学汉魏，讲究风骨。著有《海天集》(又名《海岳涓埃集》)、《天衢舒啸集》，后者今存。生平事迹见《明史》卷一三六、《国朝献征录》卷二四。

甘瑾　明诗人。字彦初。临川(今属江西)人。元末张翥侨居云锦山中，他与张可立等与之往还唱和，张翥评其诗为"美女簪花"。明初任严州同知(一云为翰林待制)。其诗专工律体，悲怆婉丽，多故国旧君之思。诗集久已散佚，作品散见各种选本。生平事迹见《明诗纪事》甲签卷一七。

胡翰(1307—1381)　明诗文家。字仲申，一字仲子，学者称长山先生。金华(今属浙江)人。幼聪颖，长从吴师道、吴莱学，又登同邑许谦之门。北游元大都，公卿交相誉之，尤见重于余阙、贡师泰。元末战乱中避居南华山，著书自适。明兴，朱元璋下金华，召见。授衢州教授。洪武初，与修《元史》。书成复归隐于北山，徜徉林下十余年而终。其文结为《胡仲子集》，其诗结为《长山先生集》，并著有《春秋集义》、《信安集》等。生平事迹见《明史》卷二八五、《国朝献征录》卷八五。

郑潜(?—1379)　明诗人。字彦昭，号樗庵。歙县(今属安徽)人。元末由广东帅府从事上计京师，遂辟监修国史掾，后擢端本堂正字。累迁监察御史，历任福建行省员外郎、闽海宪佥、海北廉访副使，以泉州路总管致仕，寓居怀安。入明，起为宝应县主簿，迁潞州同知。洪武十一年(1378)致仕。元末即声名颇著，但晚年名位不昌。《四库全书总目》评"其诗词意轩爽，有玉山朗朗之致。视元末纤秾之格，特为俊逸"。著有《行役小稿》、《揽辔稿》，编成于元末，后合编为《樗庵类稿》。生平事迹见明程敏政《新安文献志》卷九五。

唐桂芳(1308—1380)　明诗文家。一名唐仲，字仲实，号白云，又号三峰。歙县(今属安徽)人。元末习儒业，亦治声诗，后又攻古文。弱冠为明道书院司训，至正年间为崇安县儒学教谕，迁南雄路学正，以丁父忧归里。明兴，朱元璋下徽州，欲授官，因已失明，辞不就。不久摄紫阳书院山长。《四库全书总目》评其诗文："所作容与透迤，绝无聱牙晦涩之习。诗亦清谐婉丽，颇合雅音。"著有《白云集》。生平事迹见《明诗纪事》甲签卷二三、《列朝诗集小传》甲集。

王沂(1308—1383)　明诗人。字子与，号竹亭。泰和(今属江西)人。元末兵乱，以荐授福建行省照磨，辞不赴；又授吉安路治中，亦不就。隐于乡邑。明洪武三年(1370)荐为亲王说书。召至数月，授福建盐运司副使，以老恳辞归里。至是屏居不出。与弟齐名，并称"二妙"。诗风清爽，但格局不大，应酬之作占的比例较高。著有《竹亭退稿》及与弟王佑合著的《二妙集》，今均未见传本，另诗集《王徵士诗》，今存。生平事迹见《王徵士诗》所附传记、《国朝献征录》卷一〇四。

妙声(1308—?)　明代诗僧。字九皋。吴县(今属江苏)人。元末居景德寺，后迁常熟慧日寺，又主平江北禅寺。在元末战乱中比较活跃，与文坛联系颇密切。明洪武三年(1370)，与释子万金同被召入京，莅天下释教。卒于洪武十七年(1384)以前。《四库全书总目》谓："妙声与袁桷、张翥、危素等俱相友善，故所作颇有士风。当元季扰攘之时，感事抒怀，往往激昂可诵。杂文体裁清整，四六俪语亦具有南宋遗风，在缁流之内，虽未能语带烟霞，固犹非气含蔬笋者也。"著有诗文集《东皋录》。生平事迹见《嘉靖常熟县志》卷九、《吴中人物志》卷一二。

刘兑　元明之际杂剧作家。字东生。绍兴(今属浙江)人。所作杂剧《金童玉女娇红记》今存，另一种《月下老定世间配偶》仅存四套曲辞而无宾白，见《元人杂剧钩沉》。《录鬼簿续编》

称后一种“极为骈丽，传诵人口”。《太和正音谱》列明初杂剧家置之第二，评其曲“如海峤云霞。熔意铸词，无纤翳尘俗之气……可与王实甫辈并驱”。生平事迹见《录鬼簿续编》。

至仁(1309—1382) 明诗僧。字行中，号澹居子，又号熙怡叟，俗姓吴。鄱阳(今江西波阳)人。其父曾任江州学官，至仁自幼即于江州报恩寺出家。入明后，于洪武初应苏州知府魏观之请，修复苏州万寿寺，并住持于此。元末即有诗文名，以《黄州思贤禅寺苏文忠公祠堂记》为虞集推重；其诗颇涉世情，以七言律诗见长。著有《澹居稿》。《元诗选》初集亦选有其诗。生平事迹见《元诗选》初集。

龚敩 明诗文家。字文达。铅山(今属江西)人。明初以明经分教广信，御史荐其学行，于洪武十三年(1380)与儒士王本等同充四辅官。以老乞归。不久又召为国子监司业，历祭酒，坐放诸生假不奏闻，免职。为穷经笃学之士，诗文之名不甚著。诗多沿元季余波而清婉谐畅，亦自琅琅可诵；文则原本经术，以结构严谨见长，但较为晦涩。著有《鹅湖集》，另著有《经野类钞》等。生平事迹见《明史》卷一三七、《四库全书总目》卷一六九。

袁凯(约1310—？) 明诗人。字景文，号海叟。华亭(今上海松江)人。元末为府吏，博学诙谐有才辩。明洪武三年(1370)荐授御史。明太祖命皇太子朱标覆讯他已裁定量刑的罪犯，太子多所宽减。明太祖问他“朕与太子孰是？”他答云：“陛下法之正，东宫心之慈。”被太祖认为猾持两端，恶之。只得佯狂告归。工诗有盛名，元末以《白燕诗》极受杨维桢推重，人称“袁白燕”。著有《海叟集》。生平事迹见清朱彝尊《曝书亭集》卷六三所作传、《明史》卷二八五。

宋濂(1310—1381) 明诗文家。字景濂，号潜溪，又号玄真子。浦江(今属浙江)人，一说金华(今属浙江)人。九岁即作《兰花篇》诗。及长，师事吴莱、柳贯、黄溍，传其所学，文名甚著。元至正间荐授翰林编修，以亲老为由辞不赴，隐居龙门山著书授徒，历十余年。明兴，朱元璋礼聘为江南儒学提举。受命授太子朱标经书，寻改任起居注。洪武二年(1369)为《元史》总裁，史成，除翰林学士，累迁至学士承旨知制诰。洪武十年致仕。两年后，因长孙宋慎受胡惟庸一案牵连，全家谪迁茂州，途中遇疾，卒于夔州。正统间追谥文宪。以博学好古著称，明初礼乐制作多由其所裁定。对明初文坛影响颇大，被视为“一代之宗”。《明史》称其自少至老，未尝一日去书卷，于学无所不通。平生著述繁富，以至高丽、安南、日本等邻国使者纷纷出重金购买其文集。诸体中散文最有成就，以简洁明快、详略有致见长。《四库全书总目》评其文“雍容浑穆，如天闲良骥，鱼鱼雅雅，自中节度”。作于元代的文章，主要收入《潜溪集》中，作于明代的诗文，以《宋学士集》较完备。另著有《罗山集》、《龙门子》、《浦阳人物记》以及《周礼集说》、《孝经新说》、《篇海类编》、《萝山杂言》等。生平事迹见《明史》卷一二八及朱兴悌、戴殿江《宋文宪公年谱》。

汪广洋(？—1380) 明诗人。字朝宗。高邮(今属江苏)人，流寓太平(今安徽当涂)。早年师事余阙，淹通经史。元末举进士。明兴，朱元璋渡江，召为元帅府令史，后曾参预常遇春军务。拜江西行省参政。历任中书参政、左丞。封忠勤伯。洪武十年(1377)拜右丞相。洪武十二年受胡惟庸案牵连，贬广南。行至太平，为朱元璋所杀。为人宽和，以与奸臣同位而不能去，故祸及自己。《明史》称其“善篆隶，工为歌诗”。朱彝尊《静志居诗话》认为“忠勤诗饶清刚之气，一洗元人纤缛之态”，并引称其“平沙谁戏马，落日自登台”等诗句，以为“可入唐人《主客图》，静居(张羽)、北郭(徐贲)犹当逊之，毋论孟载(杨基)也”。著有诗集《凤池吟稿》。生平事迹见《明史》卷一二七。

刘基(1311—1375) 明诗文家。字伯温，晚号犁眉公。青田(今属浙江)人。元元统元年(1333)进士，授瑞州路高安县丞。后任江浙行省儒学副提举。曾助元军击方国珍等，与元将石抹宜孙坚守处州。为当权者压抑，弃官还居青田山中，发愤著《郁离子》以针砭时政。元末所著诗文，大都收入《覆瓿集》，其代表作有《卖柑者言》、《二鬼诗》等。朱元璋下金华，礼聘出山，成为其谋主。明朝建国，任御史中丞兼太史令，封诚意伯。受权臣李善长、胡惟庸排斥，入明仍不甚得志。于洪武四年(1371)赐还乡。郁愤而死，一说为胡惟庸毒死，野史相传系朱元璋主使。谥文成。入明诗文，收入其子刘仲璟所编的《犁眉公集》。其诗风格沉郁顿挫，不事绮靡，于元末“铁崖体”之外，另树一帜。为文闳深肃括，与宋濂、王祎等共开一代文风。明成化年间，御史戴鳖与杭州太守张僖等始将上述两集及词集《写情集》、《春秋明经》等统编为《诚意伯集》。生平事迹见其孙刘廌等所编《翊运录》(载《诚意伯文集》卷一)、《明史》卷一二八。

答禄与权　明诗文家。字道夫。系色目族中的乃蛮部后裔;父祖随元军入居中原,安家于永宁(今河南洛宁),遂自署"洛上人"。元至正二年(1342)中进士,仕为河南北道廉访佥事。明洪武六年(1373)以荐授秦王府纪善,不久就改任监察御史。历任广西按察佥事、翰林修撰。洪武十一年以翰林应奉致仕。卒于洪武十四年以后。博学强记,善谐谑,著有《答禄与权文集》,未见传本。诗文散见于《永乐大典》等。生平事迹见《明史》卷一三六、《明诗纪事》甲签卷四。

苏伯衡　明诗文家。字平仲,号空同子。金华(今属浙江)人。为人机敏,博洽群籍,尤以长于古文见称于时。元末贡于乡。朱元璋置礼贤馆,苏伯衡为其延纳,并于至正二十六年(1366)出任朱元璋的国子学录,迁学正。在太学六年,后擢翰林编修。力辞,以省亲为由还归乡里。洪武十年(1377),宋濂致仕,举苏伯衡自代,称其"学博行修,文词蔚赡有法"。明太祖即征召入京,复以疾辞而未就职。洪武二十一年受聘主持会试,事毕,仍辞归。不久被任为处州儒学教授,以表笺有误,被处死。两个儿子也一同被杀。为明初大文章家,中年以后,专门著意于写古文,宋濂《苏平仲集序》评为"不求其似古人,而未始不似"。著有《苏平仲集》,其中卷一六《空同子瞽说》又曾单刊别行。生平事迹见《明史》卷二八五。

宗泐　明诗僧。字季潭,号全室,俗姓周。临海(今属浙江)人。为元末明初著名诗僧,与来复并称。博涉古今,善属文。住持南京天界寺,明太祖见其举止异于常人,派往西域求经,历时达五年。还,授左善世,欲其还俗授以要职,固辞不就。曾被牵连进胡惟庸案,明太祖特宽宥未治。示寂于江浦石佛寺。所著今存《全室外集》,使西域之作结为《西游集》,清初尚存,今未见传本。生平事迹见明释明河《补续高僧传》卷一四。

宋讷(1311—1390)　明诗文家。字仲敏,号西隐。滑县(今属河南)人。性持重,学问该博,举元至正二十三年(1363)进士。任盐山尹。因战乱,弃官归。明洪武二年(1369)征十八位儒士编礼、乐诸书,为其中之一。后荐授国子助教,以说经为学者所宗。迁祭酒,对监生及功臣子弟就学者管束甚严。洪武二十三年病故于家,明太祖亲自撰文祭之。正德年间谥文恪。为人迂执,但其诗如《壬子秋过故宫十九首》、《挽霍元方处士七首》等,都写得真诚坦率,颇具沧桑之感。其文则讲究章法,缺乏文采,个别作品读之有沉闷感。著有诗文集《西隐文稿》(或题《西隐集》)。生平事迹见《明史》卷一三七、《皇明名臣琬琰录》卷九。

施耐庵　元末明初小说家。生平及生卒年均不详。自明以来,《水浒传》一书关于作者的题署有罗贯中、施耐庵二人。近代多归之于施氏。盖据明高儒《百川书志》所著录之百卷本,题为"钱塘施耐庵的本,罗贯中编次"。胡应麟《庄岳委谈》亦云"元人武林施某所编之《水浒传》"。今所见明嘉靖刊本《忠义水浒传》(残存第五十一至五十五回)及天都外臣序本《水浒传》均作"施耐庵集撰,罗贯中纂修"。明雄飞馆合刊英雄谱本作"钱塘施耐庵编辑"。明末由金圣叹删评的七十回本(贯华堂本)径题"东都施耐庵撰"。但鲁迅怀疑"施乃演为繁本者之托名"(《中国小说史略》)。五十年代以来,学术界颇多探讨。有学者提出"疑施耐庵即郭勋"(戴不凡《小说闻见录》),"施耐庵为郭勋门客之托名"(张国光《〈水浒〉祖本考》)。清初无名氏《传奇汇考标目》抄本之一有"施耐庵名惠,字君承,杭州人",著有《拜月亭记》(《幽闺记》)等的记载,近人吴梅《顾曲麈谈》进一步说:"《幽闺》为施君美作。君美字惠,即作《水浒传》之作者也。"(另一处则云:"《水浒传》亦其手笔云。"语气似不十分肯定。)近人对此多持怀疑。自本世纪二十年代以来,在江苏兴化地区陆续发现传为施耐庵的许多文物史料,八十年代初,在兴化、大丰又发现一批有关文物。文化部和江苏省社会科学院先后组织过实地调查。对施生平形成如下轮廓:施名子安,字彦端,又字肇端,耐庵其号。江苏兴化人,为施家桥、白驹镇一带施姓族祖。生于元,在元末动乱中迁居浙江,乱平以后回到故乡兴化。他曾拒绝张士诚的征聘,潜心撰作《江湖豪客传》。此书当即《水浒传》最初的用名。另有学者参证苏州博物馆存《顾丹午笔记·施耐庵》,及施耐庵所作诗、曲,概括其生平为:施,苏州人,生于元元贞二年(1296),至顺辛未进士,曾官钱塘二载,后与当道不合,复归苏州,及至正二年(1342),张士诚据苏,拒其征聘,乃流寓江阴授馆,晚年迁兴化,卒于淮安(刘冬《施耐庵生平探考》等)。但均未成为定论。

杜敩(1313—1384)　明诗文家。字致道,号拙庵老人。壶关(今属山西)人。元季举乡试第一,历台州儒学学正,后归家教授门生。入明于洪武十三年(1380)建四辅官时,以户部尚书范敏荐,充夏官,并兼太子宾客。在任荐宋讷任国子监助教。致仕卒。生平笃学为耆儒,以通《易》、《诗》、《书》三经著名,诗文多抒写个人情感,也能自成一格。著有《拙庵集》。生平事迹见《拙庵集》附录王宾所作行状、《明史》卷一三七。

刘三吾(1313—?) 明散文家。名昆,以字行,又名如孙、昆孙,号坦坦翁、坦斋。茶陵(今属湖南)人。仕元为广西儒学副提举。明洪武十八年(1385)召为左赞善,迁翰林学士。虽年已高迈,但博览强记,应对详敏,屡承顾问。御制书成,多使为序。后坐事戍边,建文初召还。著有《坦斋文集》。生平事迹见《明史》卷一三七。

朱右(1314—1376) 明诗文家。字伯贤,一字序贤,号邹阳子。临海(今属浙江)人。元末从陈德永学,至正二十一年(1361)尝诣阙献《河清颂》,不遇而归。明洪武三年(1370)诏修《元史》。洪武六年修日历,除翰林院编修。次年修《洪武正韵》,寻迁晋王府长史,卒于官。为文不矫语秦汉,惟以唐宋为宗,尝选唐宋古文八大家之作为一编,"八家"之目始权舆于此。《四库全书总目》评其"所作类多修洁自好,不为支蔓之词,亦不为艰深之语。虽谨守规程,罕能变化,未免意言并尽,而较诸野调芜词、驰骋自喜,终不知先民矩矱为何物者,有上下床之别"。著有诗文集《白云稿》,并著有《春秋类编》、《三史勾玄》、《秦汉文衡》等经史著作。生平事迹见清朱彝尊《曝书亭集》卷六二、《明史》卷二八五。

贝琼(1314—1379) 明诗文家。字廷琚,一名阙,字廷臣,学者称清江先生。崇德(今浙江桐乡)人。二十四岁时在云间教书,住夏景渊家十年。逢元末战乱,四十八岁时始领乡荐。张士诚屡召不就。明洪武初,聘修《元史》,洪武六年(1373)以儒士举,授国子助教,与张美和、聂铉齐名,时称"成均三助"。宋濂出任国子监司业,与其交往唱和颇多。曾以古乐不作为憾,撰《大韶赋》以见志。洪武九年改任中都国子监,教勋臣子弟。洪武十一年致仕。早年师从杨维桢,但受其影响不显著,诗风平易,为文也以通畅明白为特点。著有《清江集》。生平事迹见《明史》卷一三七、《明太祖实录》卷一一九。

李晔(1314—1381) 明诗文家。名又作昱,字宗表,号草阁。钱塘(今浙江杭州)人。少从郑僖学,僖奇其才,以女妻之。元末官常山教谕。明洪武间以荐授国子监助教,不久以病免职,卜居于永康,开门授徒,与邑人咏觞酬唱以相乐。朱彝尊《静志居诗话》云:"草阁得诗法于李季和,然季和犹为廉夫(杨维桢)薰染。草阁歌行则一气孤行,独开生面。……当时'四杰''十友''二肃''二玄'各有标榜,如此逸气高格,顾诗家月旦不及焉。"著有《草阁诗集》。生平事迹见《明诗纪事》甲签卷二四、《草阁诗集》卷首宋濂序。

刘嵩 明诗文家。字彦嵩。鄱阳(今江西波阳)人。元末战乱,与弟刘煜结乡里以自保,乱兵至辄避走。依余阙于安庆,以其孤军不振,又辞归乡里。明兴,投朱元璋于淮南,献书言事,为中书典签。洪武初,从事大都督府为掌记。出任东阿知县。阅两考,引疾归。卒年六十九。诗格抗爽挺拔,类其为人;文非所长,略显局促拘谨。著有《春雨轩集》(别本名《刘彦嵩集》)。生平事迹见《春雨轩集》卷首所载传、《明史》卷二八五。

吴伯宗(?—1384) 明学者、诗文家。名祐(或作祐),以字行。金溪(今属江西)人。洪武四年(1371)进士第一,被称为"明开科第一状元",授礼部员外郎。曾因受权臣胡惟庸排斥,谪居凤阳。奉使安南称旨,授国子助教,改翰林典籍。因忤旨,贬陕西金县教谕,未抵任所,又召还,任翰林检讨。洪武十五年,进武英殿大学士。受其弟牵连,降为翰林检讨。卒于官。为人温厚详雅,博学能文章。著有《南宫集》、《使交集》、《成均集》、《玉堂集》,均罕见传本,《四库全书》收有所著《荣进集》。生平事迹见《明史》卷一三七、《国朝献征录》卷一二。

陶安(1315—1371) 明诗文家。字主敬。当涂(今属安徽)人。早年师事李习兄弟,元至正四年(1344)举乡试,授明道书院山长,后避乱家居。明兴,朱元璋渡江,与李习率父老出迎,留参幕府,授左司员外郎。洪武初为知制诰、兼修国史,出为江西参政,卒于任。晚明时追谥文宪。博涉诸经,尤长于《易》,颇受太祖信任,曾御赐对联:"国朝谋略无双士,翰苑文章第一家。"以文章宿望,人得其赠言以为荣,故集中送人之序引几居其半。早有诗名,年十六曾为监郡薛昂夫赋《喜秋雨》诗,所作亦如其文,以平易典实为特点。著有《陶学士集》,另有《姚江类钞》、《辞达类钞》等。生平事迹见《明史》卷一三六、《国朝献征录》卷六。

朱善(1315—1386)　明诗文家。字备万，号一斋。丰城(今属江西)人。九岁通经史大义，能属文。元末兵乱，隐于山中。明洪武初为南昌儒学教授。洪武八年(1375)廷试第一，授翰林修撰。任职两年，以奏对失旨，谪辽东。未抵达其地，即赐还乡，于洪武十二年年初回到南昌。洪武十七年广东布政司请其主持科举考试，事毕，明太祖召其入朝，授翰林待诏。次年奉旨校文礼闱，授奉议大夫、文渊阁大学士。不久即告老还乡，卒于家中。著有《诗经解颐》、《一斋集》。生平事迹见《一斋集》卷首聂铉所作墓志铭、《明史》卷一三七。

徐一夔　明散文家。字大章。天台(今属浙江)人，徙居嘉兴(今属浙江)。元末活跃于东南文坛，荐授建宁儒学教授。尤以文章知名，与王祎过从密切。明洪武二年(1369)诏修礼书，与梁寅等参与其事。次年荐修《元史》，辞不赴。不久，署杭州儒学教授。召修《大明日历》，书成拟授翰林院官，以足疾辞归。洪武十九年尚在世。诗非其所长，文为明初大家，尤长于考辨史事，以严谨而讲求法度著称。著有《始丰稿》。生平事迹见清朱彝尊《曝书亭集》卷六四《徐一夔传》、《明史》卷二八五。

袁华(1316—?)　明诗人。字子英。昆山(今属江苏)人。元季学诗于杨维桢，被视为得意门生，与顾瑛等人相友善，为玉山草堂座上客。明初仕为苏州训导。其子袁生申为县吏，坐累逮系，死于京师，时当在洪武六年(1373)以后。少颖悟，尤长于乐府，善品题鉴赏书画。元至正二十二年(1362)，由杨维桢删定其诗编成《可传集》，今有传本。又有诗集《耕学斋集》，亦行于世，并编顾瑛倡和纪游之作，成《玉山纪游》。生平事迹见明叶盛《水东日记》卷三、《昆山人物志》卷三。

朱同　明诗文家。字大同，号紫阳山樵，又因外家姓陈，号朱陈村民。休宁(今属安徽)人。朱升子。元末居于家。明洪武中举明经，为徽州儒学教授。复以人才举，召为吏部员外郎，擢礼部侍郎。因文才武略、图绘丹青无所不精，时称为“三绝”。曾备员东宫，太子朱标爱其书法，甚重之。后坐事死，死因不明，仅蒋一葵《尧山堂外纪》中说，系因宫人多向其求字，一日御沟有浮尸，帝疑之遂赐死。著有《覆瓿集》。生平事迹见《国朝献征录》卷二〇。

张著　明诗文家。字则明，号永嘉子。平阳(今属浙江)人。元末游学至常熟，道梗不得归，学者争师之。举荐为州学训导，便居家于此。明洪武三年(1370)领乡荐，授肤施知县，升临江府同知。卒于任所，享年六十岁。在肤施任上以吏事见称，公暇与同年金文徵、黄廷玉唱和，有《长安唱和诗集》流播于时。著有《永嘉集》，今存。生平事迹见《列朝诗集小传》甲集、《永嘉集》卷首周椝《永嘉先生传》。

曾鲁(1319—1372)　明诗文家、学者。字得之。新淦(今江西新干)人。早慧，长以文学知名。明初召修《元史》，编类礼书，入仪曹为祠部主事，超拜礼部侍郎。以病乞归，道卒。修《元史》时，著力尤多，为总裁宋濂所肯定。著有《守约斋集》、《大明集礼》、《六一居士集正讹》、《南丰类稿辨误》等。生平事迹见《明史》卷一三六、《国朝献征录》卷三五。

张孟兼　明诗文家。名丁，以字行。浦江(今属浙江)人。为人傲然自许，然涉猎书史，颇有俊才。明初与修《元史》，授国子学录。刘基曾对明太祖说：“今天下文章，宋濂第一，其次即臣基，又次即孟兼。”以太常丞出为山西按察司佥事，迁山东按察副使。以强悍著称，据《明史》载，太祖曾“熟视孟兼曰：‘生骨相薄，仕宦，徐徐乃可耳’。”因与太祖宠臣、布政使吴印不合，为其所构，竟被械至阙下，命弃市。其诗文温雅清丽，具有体裁，字里行间“龙骧虎步之气亦隐然不可遏抑”(《四库全书总目》)。著有《白石山房逸稿》。生平事迹见明方孝孺《逊志斋集》卷二一《张孟兼传》、《明史》卷二八五。

史谨　明诗人。字公敏，或说字公谨，号吴门野樵。昆山(今属江苏)人。元末即有诗名，早年师从倪瓒，与高启、偶桓等人友善，为顾瑛玉山草堂座上客。明洪武初，以事谪居云南，后荐授应天府推官，降补湘阴县丞，寻罢归。侨居应天，构独醉亭，卖药自给。耽吟咏，工绘画，长于寒林雪景。以诗画终其身。著有《独醉亭集》。生平事迹见《昆山人物志》卷三、《明诗纪事》甲签卷一九。

刘崧(1321—1381)　明诗文家。名或作嵩，原名楚，字子高，号槎翁。泰和(今属江西)人。家贫力学，寒无炉火而手录不辍。元末举于乡。明洪武三年(1370)举明经行修，改今名。授兵部职方司郎中，迁北平按察副使，在任轻刑省事，民咸复业。洪武十三年征拜礼部侍郎，寻擢吏部尚书。因答对不称旨而致仕，但逾年又召为国子监司业，赐鞍马，未旬日卒。在明初诗坛地位颇高，《明史》本传称“善为诗，豫章人宗之为‘西江派’云”。《四库全书总目》引明胡应麟语云：“江右诗派则昉于崧”，“以清和婉约之音，提导后进。迨杨士奇等嗣起，复变为台阁博大之体，久之遂浸成冗漫。……然崧诗平正典雅，实不失为正声，固不能以末流放失，并咎创始之人矣。”著有《北平八府志》、《槎翁诗文集》、《职方集》。生平事迹见《明史》卷一三七。

虞堪 明诗人。字克用，一字胜伯。长洲（今江苏苏州）人。元末隐居不仕，避兵笠泽，为义塾师。系南宋名臣虞允文后人，力购其遗文刊行，一时名士咸赋诗美之。家富藏书，校雠日夜不休。又长于绘画，其山水思致俱佳。入明，洪武中为云南府学教授。卒年不详。为诗时有忧时感事之作，古体气格颇高，近体亦音节谐婉，但七律刻意学黄庭坚，而才力不及，读之时感沉闷。著有《希澹园诗集》，别本题作《鼓枻稿》。生平事迹见清朱彝尊《静志居诗话》卷五、《明诗纪事》甲签卷一九。

张庸 明诗人。字惟中，号全归。慈溪（今属浙江）人。少负才名，读书过目不忘。元末社会动乱，方国珍据有庆元路，署其为上虞山长，辞不就，与乡绅整饬武备，保境安民。入明，友人桂彦良等均应征聘而起，他仍家居教书为业。终生未仕。在乡里诗文之名颇著，但罕为外人知。著有《全归集》。生平事迹见《全归集》载乌斯道序及冯益后序。

梁兰（？—1410） 明诗人。字庭秀，又字不移，号畦乐。泰和（今属江西）人。早年失怙，事母甚孝。淡泊名利，屡征不就。入明归隐于柳溪、濠梁之间，有畦数亩，可耕可桑。两子均仕于明，他独辟一轩，日督诸孙问学。其为人“志平而气和，识远而思巧，故见诸篇章，渢渢焉穆穆焉，简寂者不失为舒徐，疏宕者必归于雅”（杨士奇《畦乐诗集序》）。然平生作诗不留底稿，故散佚颇多。杨士奇为其姻亲，编其诗为《畦乐诗集》。生平事迹见明杨士奇《东里文集》续集卷三九所作墓志。

王袆（1322—1373） 明散文家。初名伟，又名沣，字子充。义乌（今属浙江）人。早年师事柳贯、黄溍，在元末颇有时名，曾以古文与廼贤之诗、韩与玉之画并称“三绝”。元政衰敝，上书七八千言呈当权者，不为所用，隐居青岩山。明太祖朱元璋取婺州，召见，任之为中书省掾史，又将其与宋濂并称“江南二儒”，称：“学问之博，卿不如濂；才思之雄，濂不如卿。”洪武二年（1369）修《元史》，以之与宋濂并为总裁。《元史》修成，官翰林待制。洪武五年，奉使尚为元梁王所据的云南谕降，遇害，谥文节。正统年间改谥忠文。其文以体裁明洁、辞意畅达为长，明郑瑗评其文“精密而气弱”（《井观琐言》）。著有文集《王忠文集》，另有史学著作《大事记续编》。生平事迹见《明史》卷二八九。

桂彦良（1322—1387） 明学者、诗文家。名德偁，以字行，号清节。慈溪（今属浙江）人。元乡贡进士，为衢州包山书院山长，转平江路儒学教授。张士诚及方国珍都曾礼聘，均未就。明洪武六年（1373）大征天下儒士，被荐召入朝，授太子正字。后迁晋王府右傅，改任晋王府左长史。洪武十八年以疾辞官归里。明太祖十分器重，曾亲为文祝其任王府右傅，并推许为“江南大儒，惟卿一人”。卒，谥文裕。著有《清节》、《清溪》、《山西》、《拄笏》、《老拙》等诗文集，又有《中都纪行》，但均未见传本。其诗见《明诗纪事》、《明诗综》。生平事迹见明乌斯道《春草斋集》文集卷一所作传、《明史》卷一三七。

陈汝言 明诗人、画家。字惟允，号秋水，以多须，又号小髯（其兄号大髯）。吴县（今属江苏）人。明初曾任济南府经历。与画家王蒙友善，亦擅画山水，被称为诗中有画。著有《秋水轩稿》。生平事迹见清朱彝尊《静志居诗话》卷四。

吴文泰 明诗人。字文度，号愚庵。吴县（今属江苏）人。洪武中，官涿州同知。与同郡丁逊具以苦吟著称。评者以为其诗“僻蹇似孟郊”，但朱彝尊《静志居诗话》认为：“今观其集颇浅易，不烦冥索乃尔。”著有《愚庵集》。生平事迹见明过廷训《本朝分省人物考》卷一八、《明诗纪事》甲签卷二一。

乌斯道 明诗文家。字继善。慈溪（今属浙江）人。与其兄乌本良具有学行，又以文名与郑真、傅恕并称于乡里。元末避乱家居。入明，洪武初荐授石龙知县，调永新知县，坐事谪定远，放还，卒。父卒时年仅十八岁，全靠其兄为衣食谋，读书相当刻苦。《四库全书总目》评述其创作成就说：“斯道诗寄托深远，吐属清华，能划涤元人繁缛之弊；文亦雅令，不为剑拔弩张之状，夷犹淡宕，颇近自然。”著有《秋吟稿》、《春草斋集》。生平事迹见《明史》卷二八五。

郑真（约1322—？） 明诗文家。字千之，号荥阳外史。鄞县（今属浙江）人。出生于文献世家，早年穷研六经，尤长于《春秋》，曾受知于吴澄。与其兄郑驹、弟郑凤并以学行擅名于时。洪武五年(1372)成乡贡进士,次年赴京候选,授临淮县儒学教谕。在临淮任职十余年,自述其生活“清苦日甚”,“一贫如水”,这一时期的创作数量颇丰,多有抒“淮海天涯,梦魂千里”(《竹屏铭》)的索莫乡情之作,风格较苍凉沉郁。文章极为宋濂推重,曾认为其所作《著存堂记》是难以超越的代表作。洪武十七年(1384)自临淮入觐,改授江西广信府儒学教授。洪武二十年以后致仕,终老于家。曾类聚格言,撰《集传》等编,又著有《四明文献录》,今均未见传本。诗文收入《荥阳外史集》。生平事迹见《明史稿》卷二六六。

凌云翰(1323—1388)　明诗文家。字彦翀,号柘轩、避俗翁、五云。钱塘(今浙江杭州)人。早年受知于程以文,郏经曾读其文,称为“奇士”。元至正十九年(1359)登乡试榜,授绍兴兰亭书院山长,不赴,在姑苏授徒为生。战乱中退居吴兴。周伯温曾匾其读书处曰“安易”。明洪武十四年(1381)以荐召授四川成都儒学教授,卒于任所。读书广博,号称古今传记、稗官小说、卜筮、阴阳、杂家一切诸书莫不历览记诵。工诗,朱彝尊《静志居诗话》评其诗“华而不靡,驰骋而不离乎轨”,“才情奔放,不可羁靮,直可搴郁离(刘基)之旗,摩青邱(高启)之垒”。平生所著诗文存稿于家,至永乐末,已十不存一二,其后嗣辑为《柘轩集》。生平事迹见《柘轩集》卷首夏节《柘轩集行述》。

李辕　明诗人。字公载。钱塘(浙江杭州)人,家于永康(今属浙江)。李晔子。明初曾任宜纶县丞。有诗名,能继其家学。不幸早卒,为士林所惜。存诗仅二十余首,诗风与其父相近。著有《筠谷诗集》,附载于其父《草阁诗集》之后。生平事迹见《草阁诗集》卷首宋濂序。

蓝仁　明诗人。字静之。崇安(今福建武夷山)人。元末,杜本隐居武夷山,崇尚古学,仁与其弟蓝智俱往师之,得授宋遗民任士林诗法。遂绝意仕进,一意为诗。辟武夷书院山长,迁邵武尉,不赴。明兴,例徙濠梁,数月放归,洪武七年(1374)前后又尝出仕。卒年不详。其诗规摹唐调,而时时流入中晚唐。元末明初诗选家蒋易为其诗集作序,称誉为“和平淡雅,词意融怡”。为明初开闽中诗派先河者。著有《蓝山集》。生平事迹见《明史》卷二八五。

蓝智　明诗人。字性之,又字明之。崇安(今福建武夷山)人。元末与其兄蓝仁并往武夷山师事杜本,一意为诗。明洪武十年(1377)以荐授广西按察司佥事,在任三载,持身廉正,处事平允。晚年辞归林下。卒年不详。其诗五言结体高雅,虽雄快不足,而隽逸有余;七言顿挫浏亮,不失唐人矩矱。二蓝诗风相似,所涉及题材也大致相当。诗评家认为闽中十子诗派曾受到他们的影响。著有《蓝涧集》。生平事迹见《明史》卷二八五。

谷子敬　元明之际戏曲作家。金陵(今江苏南京)人。作品中有涉及明洪武二十四年(1391)事,卒年当在此年之后。元末任枢密院掾史。洪武初曾戍源州,《录鬼簿续编》称其“明《周易》,通医道。口才健利。乐府、隐语,盛行于世。蒙下堂而伤一足,终身有忧色,乃作《耍孩儿》乐府十四煞,以寓其意,极为工巧。”所作杂剧五种,今存《城南柳》,《枕中记》、《闹阴司》、《借尸还魂》、《一门忠孝》四种佚。明朱权《太和正音谱》评其曲“如昆山片玉”。隋树森《全元散曲》收谷子敬所作《黄钟·醉花阴》、《商调·集贤宾》两散套。生平事迹见《录鬼簿续编》、邵曾祺《元明北杂剧总目考略》。

林弼(1325—1381)　明诗文家。原名唐臣,更名弼,字元凯,号梅雪道人。龙溪(今福建漳州)人。早年研习《毛诗》。元至正八年(1348)进士,释褐为郡幕僚,后任漳州路知事。明洪武二年(1369)以儒士征召入京修礼乐等书,授吏部主事。在出使安南时,以拒收私下的馈赠而颇著时名。洪武十二年(1379)出任登州知府,在任尤为关注学校及祭祀。两年后以疾卒于任所。长于书法,又以诗文名著于闽浙,王祎《临漳杂诗》云:“科名唐进士,道学宋先儒。风流今孰继,林子亦其徒。”可见时人对其推重。原著有《梅雪文稿》、《使安南集》,后统编作《林登州集》。生平事迹见该集附录张燮《林登州传》、王廉《林公墓志铭》。

周启　明诗文家。字公明。吉安(今属江西)人。明洪武初以荐任长洲县儒学教谕。召与纂修,廷试《大明一统赋》,擢为第一。著有《溪园集》。生平事迹见《列朝诗集小传》乙集。

平显　明诗人。字仲微。钱塘(今浙江杭州)人。明洪武初官广西藤县令,后坐事谪戍云南,受到黔国公沐英礼重,辟为教读。平生足迹半天下,学博行峻,诗文皆有典则。因终于云南,其诗较少为人所知。著有《松雨轩集》。生平事迹见《明史》卷二八六。

偶桓 明诗人、诗选家。字武孟,号海翁,因眇一目,又自号瞎牛。太仓(今属江苏)人。洪武中,应秀才举,为崇安从事,授桂林河泊大使,终荆门州吏目。卒年八十二。编有元代诗选《乾坤清气集》,朱彝尊《静志居诗话》以为"明选诗家操选政者""皆有所蔽,唯瞎牛《乾坤清气》编能别开生面",《四库全书总目》亦称其"卷帙无多,而去取极为不苟"。著有《江雨轩集》、《醉吟录》等诗集,未见传本,其诗散见于《诗渊》等总集。生平事迹见《昆山人物志》卷三。

杨训文(?—1372) 明诗人。字克明。潼川(今四川三台)人。元末为淮海书院山长。避乱居江都。吴元年(1367)征为起居注,两迁左司郎中。自太常卿知湖州,移知汀州。明洪武三年(1370)授礼部尚书,四年改户部,出为河南参政,卒于任所。其诗源于萨都剌,清朱彝尊认为失之单弱(《静志居诗话》)。生平事迹见明过廷训《本朝分省人物考》卷一〇七、《列朝诗集小传》甲集。

杨基(1326—1378后) 明诗人。字孟载,号眉庵。祖籍嘉州(今四川乐山),生于吴县(今属江苏)。与高启等并称"吴中四杰"(或称"明初四杰")。九岁能背诵六经,早年曾著《论鉴》十余万言。以在文坛盟主杨维桢座上赋《铁笛歌》而倍受称誉。张士诚据有浙右,曾以其为记室。后又往依元淮南行省参政饶介。明初任荥阳知县,后落职闲居江宁。又被荐授山西行省幕僚,累官山西按察使。以事罢官,谪输作,卒于工所。其诗颇有悲慨时事之作,诗风纤秾,佳句甚多,以《春草》诗著名于时,明代诗评家认为他是四杰中仅次于高启的重要诗人。其词传世不多,如《诉衷情·秋雨》等表露出滞宦难归的情愫,感染力较强,在明初词坛有一席之地。著有《眉庵集》。生平事迹见《明史》卷二八五、《国朝献征录》卷九七、《吴中人物志》卷七。

董纪(约1326—?) 明诗文家。字良史,以字行,更字述夫,号真率道人。上海人。元末即有诗名,赖良选元诗成《大雅集》即收有其作。明洪武十五年(1382)举贤良方正,廷试对策称旨,授江西按察使佥事,不久告归。筑西郊草堂自居,终老于家。明张弼为其诗集作序时评云:"平生漫尔而仕,漫尔而归,诗文亦漫尔而著,弗冀有传",颇含微辞。著有《西郊笑端集》。生平事迹见其诗集所载诸家序跋及《四库全书总目》卷一六九。

朱元璋(1328—1398) 即明太祖。明代开国皇帝。凤阳(今属安徽)人。早年家贫,十七岁为僧,元至正十二年(1352)起兵附郭子兴反元。在元末战乱中,先后攻灭南方群雄陈友谅、张士诚等,立为吴王,于至正二十七年建元吴元年,次年创建明朝,建元洪武,并攻克元都。在位三十一年,以体察下情但施政威猛著称。诗文为其余事,但颇具个性特点,明白简洁,不事浮夸。著有《明太祖文集》(原称《高皇帝御制文集》)。生平事迹见《明史》卷一、卷二、卷三,吴晗《朱元璋传》。

守仁 明诗僧。字一初,号梦观。富阳(今属浙江)人。四明延庆寺僧,住持灵隐。洪武中,征授僧录司右讲经,升右善世。相传尝因进诗触怒明太祖,得罪几不获免。朱彝尊《静志居诗话》称其诗"诸体皆合,有云:'尽抛身外无穷事,遍读人间有用书。'可谓有志者也"。著有《梦观集》。生平事迹见《列朝诗集》闰集、《明诗综》卷九〇。

王翰 明诗人。字时举。禹州(今属河南)人。元末隐居中条山中。明洪武初为周王朱橚长史。周王骄横有异志,翰反复进谏不听,便断指佯狂弃职而去。周王败,未受牵连。后起为翰林编修,谪廉州教授,山民起事陷州城,死之。其诗往往质直少文采,流传不广。诸体中以七言律诗成就较大,声调高朗,意境真切。著有《敝帚集》、《梁园寓稿》。生平事迹见《国朝献征录》卷一〇〇。

德祥 明诗僧。字麟洲,号止庵。钱塘(今浙江杭州)人。洪武中住持径山寺,曾被征召入朝,以《西园》诗忤太祖。永乐时尚在世。其诗原出唐人孟郊,意主奇崛,而能敛才就格。亦长于草书。著有《桐屿集》。生平事迹见《列朝诗集小传》闰集、清朱彝尊《静志居诗话》卷二三。

吕敏 明诗人。字志学,号无碍居士。常州(今属江苏)人,徙居无锡(今属江苏)。元末为道士。洪武初为无锡教谕,洪武十三年(1380)举人才,此后经历不详。为"北郭十友"之一,为诗善写离愁别绪,颇染元末纤秾之习。著有《无碍居士集》。生平事迹见《明史》卷二八五。

高逊志 明诗人。名一作巽志,字士敏。萧县(今属安徽)人,侨寓嘉兴(今属浙江)。元末为郧山书院山长。明洪武二年(1369)征修《元史》,入翰林,累迁试吏部侍郎,以事谪朐山。建文初召为太常少卿,主会试。靖难后,遁迹雁荡山中以终。其诗受高启称誉，为“北郭十友”之一，气格苍凉，较具感染力。著有《青庵遗稿》。生平事迹见《明史》卷一四三、《国朝献征录》卷七〇。

韩奕　明诗文家、词人。字公望，号蒙斋。吴县（今属江苏）人。生于元文宗时，约卒于明洪武末。父精医理，奕传其术，隐于医。终生未仕，以诗文知名于时。著有《蒙斋集》（又名《韩山人集》），另有《韩山人词》编入《彊村丛书》。生平事迹见清朱彝尊《静志居诗话》卷四。

郑棠　明诗文家。字叔美，号道山。浦阳（今浙江浦江）人。其家族累世同居，几数百年，被旌为“义门”。受业于宋濂，有文行。永乐年间以文章选入翰林，由典籍升任检讨。其诗成就不高，《四库全书总目》云：“朱彝尊作《明诗综》，不登一字，盖非疏漏矣。”著有《道山集》。生平事迹见明过廷训《本朝分省人物考》卷五二、《明史》卷二九六。

罗贯中（约1330—1400）　明小说家、戏曲作家。名本。钱塘（今浙江杭州）人。有关生平资料很少。据《录鬼簿续编》记载：“罗贯中太原人，号湖海散人，与人寡合。乐府、隐语，极为清新，与余为忘年交，遭时多故，各天一方，至正甲辰复会，别来又六十余年，竟不知所终。”此外，还有几种记载，一是认为罗贯中为南宋钱塘人，“钱塘罗贯中本者，南宋人，编撰小说数十种，而《水浒传》叙宋江等事，奸盗脱骗，机械甚详，然变诈百端，坏人心术，其子孙三代皆哑，天道好还之报如此”（《续文献通考》）。“三国、宋江二书，乃杭人罗本贯中所编”（《因屋书影》）。二是认为罗贯中为明初越人，“《水浒传》相传为洪武初越人罗贯中作。又传为元人施耐庵作”（《七修类稿》）。鲁迅认为《录鬼簿续编》的发现“则罗贯中之谜，为昔所聚讼者，遂亦冰解，此岂前人凭心逞臆之所能至哉！”但有人仍坚持“太原”为“东原”之误。近年孟繁仁在太原市清徐县找到一部《罗氏家谱》，由此谱进一步证实罗贯中乃原籍太原。并非赵宝峰的门人。又鲁迅推断罗贯中盖元明间人（约1330—1400），郑振铎也认为罗贯中当是跨于元、明二代之间的一位作家（约1338—1398）。近几十年来，一直采用鲁迅说法。但近年又有争议。从其作品看，罗贯中阅历丰富，他的足迹踏遍江南浙赣一带。又是一位很有政治抱负的作家，传说中他曾在张士诚府做过幕僚。他推崇“圣君”、“贤相”，主张“忠君爱民”，以仁政治天下。据记载他的作品有数十种，保存下来的小说有《三国志通俗演义》、《残唐五代史演义传》、《隋唐两朝志传》和《三遂平妖传》，杂剧有《赵太祖龙虎风云会》。

唐肃（1331—1374）　明诗文家。字处敬，号丹崖居士。山阴（今浙江绍兴）人。通经史，兼习阴阳医卜书术。元至正二十二年（1362）举人，授杭州路皇冈书院山长，转嘉兴学正。明洪武三年（1370）荐修礼乐书，擢应奉翰林文字，以失朝罢归，谪佃临濠。卒于谪所。与上虞谢肃齐名，时称“会稽二肃”。寓居吴县时与高启等为“北郭十友”。诗风婉丽。著有《丹崖集》。生平事迹见《明史》卷二八五、《国朝献征录》卷二〇。

殷奎（1331—1376）　明诗文家、学者。字孝章，一字孝伯。昆山（今属江苏）人。少有才名，杨维桢一见奇之，即从维桢游。元末浙东宪佥孛术鲁昱闻其名而举主教席，辞而不赴。明洪武四年（1371）举昆山教谕，又调咸阳教谕，卒于任所。门人私谥文懿。平生手不释卷，故考订精详，文学渊永。诗非所长，其文则以笃实浑朴为特色。著有《强斋集》，另有《道学统系图》、《家祭仪》、《陕西图经》等。生平事迹见《强斋集》卷一〇所载志状。

王行（1331—1395）　明诗文家。字止仲，号淡如居士，又号半轩、楮园。长洲（今江苏苏州）人。家住郡城北郭，与高启比邻，为“北郭十友”之一。幼时曾日记稗官小说数本，为邻媪诵之。读《论语》，隔日成诵。后为巨富沈万三延之家塾。元末战乱中喜谈兵，坐筹交战双方胜负，百不失一二。常遇春取平江即用其法。明洪武初为有司延为儒学师，不久归隐石湖。凉国公蓝玉馆于家以课其子，数以兵法说蓝玉，颇与密议。与道衍（姚广孝）深相投契，被目为“负其桀黠之才”，“不肯槁死牖下者”（《四库全书总目》）。蓝玉被诛，其父子亦坐死。所长在于文，其作往往踔厉风发，纵横排荡，而不能悉归于醇正。诗格清刚萧爽，传世作品不多。善画泼墨山水，书学二王，尝撰《二王法书辨》。著有《楮园集》、《半轩集》、《墓铭举例》。生平事迹见《明史》卷二八五、《吴中人物志》卷九。

谢肃（1332—1385）　明诗文家。字原功，号密庵。上虞（今属浙江）人。早年与唐肃齐名，时称“会稽二肃”。元末时曾欲向丞相献偃兵息民之策，不为当权者所用。明初隐居于家乡十余年，洪武十六年（1383）以荐授职，出任福建按察司佥事。曾与按察使联名劾布政使薛大昉渎职，使其伏法。后坐事被逮至京师，朱元璋亲临文华殿提审，肃大呼："文华非拷掠之地，陛下非问刑之官。请下法司！"不久即死于狱中。死前曾作《自讼》诗，句云："此事难平谁料理，劫灰中有玉俱焚。"谓受他人牵连获罪。以诗文并称，纪行诗较有特色，其文师从贡师泰，具有法度。著有《密庵稿》。生平事迹见《明史》卷二八五、《列朝诗集小传》甲集。

张羽(1333—1385)　明诗人。字来仪，后以字行，更字附凤。原籍浔阳，侨寓吴兴(今浙江湖州)。元末领乡荐，为安定书院山长，再徙于长洲。诗名颇著，为"吴中四杰"之一。明洪武四年(1371)征至京师，应对不称旨，放归。洪武十五年又再次征召，授太常寺丞。洪武十六年，朱元璋命其为滁阳王郭子兴撰写庙碑，颇重其文才。洪武十八年坐事谪岭南，途中又奉召回京。自以为不免一死，遂投龙江自尽。诗文皆长，尤精于诗，歌行雄放，可与高启比肩。也擅作画，师法宋代山水画家米友仁。著有《静居集》。生平事迹见《明史》卷二八五、《国朝献征录》卷七〇。

徐贲(？—1380)　明诗人。字幼文，号北郭生。长洲(今江苏苏州)人。早年与高启、杨基、张羽为诗友，并称"吴中四杰"，也是以高启为首的"北郭十友"之一。元末张士诚占据吴地，辟为属官，贲与张羽遁去，避居湖州蜀山。明初被荐召入京师。曾奉使晋冀，有所查访。还朝，人检其行囊，仅有纪行诗一组，明太祖嘉之，授以给事中。累官河南布政使。洪武十二年(1379)，四川民众起事，官军征讨过其辖境，以"犒劳不时"上告，下狱，死于狱中。工诗，以格律谨严、字句妥贴为特点。五古《晋冀纪行》组诗为其代表作。又长于绘画，师法董源、巨然，有书法作品传世。著有《北郭集》。生平事迹见清朱彝尊《曝书亭集》卷六三、《明史》卷二八五。

陈则　明诗人。字文度。昆山(今属江苏)人。元末僦屋授徒，以赋紫菊诗知名，时称"陈紫菊"。明初举秀才，官至大同知府。为"北郭十友"之一，诗以清丽见长。其集今不传。生平事迹见《明史》卷二八五、《吴中人物志》卷四。

宋克　明诗文家、书法家。字仲温，号南宫生。长洲(今江苏苏州)人。少任侠，学兵法，张士诚欲致门下，不就。以善书名天下，为"北郭十友"之一。明初征为侍书，出为凤翔同知，卒于官。诗以至情流露为时所称，集已不传。生平事迹见《明史》卷二八五、《国朝献征录》卷一一五。

余尧臣　明诗人。字唐卿。永嘉(今属浙江)人。元末自会稽入吴，与高启等称"十才子"，与高启卜居郡城北郭，为"北郭十友"之一。曾入张士诚幕。明初徙濠梁。洪武二年(1369)放还，授新郑丞。在会稽之桐桂里治圃结茅，署曰"莱茳"。诗风与高启相近。著有《莱茳集》。生平事迹见《明史》卷二八五。

徐尊生　明诗文家。字大年。淳安(今属浙江)人。洪武三年(1370)召修《元史》，书成遣还。洪武六年九月，诏编《日历》，又预修其书。书成，固辞还山，拂帝意，出为陕西教授，未行而卒。诗名不著，但朱彝尊《静志居诗话》以为"大年诗格清老，譬诸画手，毫无铅粉之饰"。著有《怀归集》。生平事迹见《明史》卷二八五。

童冀　明诗文家。字中州，又作中洲。金华(今属浙江)人。元末即有诗名，与张翥等以诗文相唱和。明洪武九年(1376)被征入书馆，次年出为全州教官。后迁湖州儒学教授达十年之久。调北平教职，坐罪死。《四库全书总目》云："(童)冀在明初，与宋濂、张羽、姚广孝相倡和，词意清刚，不染元季绮靡之习，虽名不甚著，而在一时作者中，固亦肩随无愧也。"曾著《和陶诗》一卷。元明之际所作，编有《金华集》，在全州有《南行集》，在湖州有《霅川集》，在北平有《北游集》。以上四集，由后人合编成《尚絅斋集》。生平事迹见《列朝诗集小传》甲集、《明诗纪事》甲签卷一三。

叶子奇　明散文家、学者。字世杰，号静斋。龙泉(今属浙江)人。洪武时以荐授巴陵主簿，曾因事牵连系狱。笔记《草木子》即狱中所作。又曾从王毅游，闻"理一分殊"之旨，知圣教之学，以静为主，因著《太玄本旨》、《范通原理》。《四库全书总目》云："子奇学有渊源，故其书(《草木子》)自天文、地纪、人事、物理一一分析，颇多微意。"另著有《本草医书节要》、《齐东野语》及诗文集。今唯《太玄本旨》及《草木子》二书存，《四库全书》收入。生平事迹见清朱彝尊《曝书亭集》卷六三所作传、王韬《草木子》题记。

贝翱　明诗人。字季翔。崇德(今浙江桐乡)人。贝琼子。洪武中，曾任楚王府纪善。楚王府长史管时敏《蚓窍集》中多有与之唱和之作，并称其"二陆兄弟尤俊伟，三苏父子总才华"(卷六)；"锦囊平澹诗千首，近日新编几卷成”(卷八)。著有《平澹集》。生平事迹见清朱彝尊《静志居诗话》卷四。

王宾 明诗文家。字仲光,号光庵。长洲(今江苏苏州)人。通经善医,博闻强记,隐居不仕,奉母至孝。其母去世,抱而不释,呼母而绝。与姚广孝(道衍)相善,当卒于永乐年间。著有《光庵集》,又编有《虎丘山志》。生平事迹见《吴中人物志》卷九。

孙蕡(1334—1389) 明诗文家。字仲衍,号西庵。顺德(今属广东)人。早年以读书广博,文词丰美著称。元末曾受广东割据者何真礼遇。明洪武三年(1370)始行科举,先举于乡,又中进士,授工部织染局使,迁虹县主簿。一年后召为翰林典籍,与修《洪武正韵》。在平原主簿任上坐累被逮系,筑京师城垣,为朱元璋亲自释之。洪武十五年起为苏州经历,复坐累戍辽东。不久,大治蓝玉党,孙蕡尝为蓝玉题画,遂论死。临刑,作长歌而逝。其诗被目为卓然有古格,但神骨隽异不及高启。为“南园五先生”之一。著有《西庵集》、《和陶集》。又著《通鉴前编纲目》、《孝经集善》、《理学训蒙》等,多不传。生平事迹见《明史》卷二八五、《国朝献征录》卷二二、卷一一五。

胡奎(1335—1409) 明诗人。字虚白,一字应文,号斗南老人。海宁(今属浙江)人。元末仅十二岁时尝游贡师泰之门。入明以儒学征,官宁王府教授。在南昌随宁王生活七年,以年老返回家乡,卒于海宁。诗多乐府古题,仍是元末杨维桢一派遗风。朱彝尊《静志居诗话》评其诗云:“其诗功力既深,格调不免太熟,诵之若古人集中所已有者。”著有《斗南老人集》。生平事迹见《斗南老人集》前朱权序、清朱彝尊《静志居诗话》卷五。

袁珙(1335—1410) 明诗人、术士。字廷玉,号柳庄。鄞县(今属浙江)人。少遇异人授相术,论人吉凶辄验。洪武年间为燕王朱棣召至北平,一见即目其为“太平天子”。“靖难之役”后召为太常寺丞。不久以老告归。著有《柳庄诗集》。生平事迹见《明史》卷二九九、《国朝献征录》卷七〇。

睿略 明诗僧。字道权,号简庵。苏州(今属江苏)人。尝以松月匾其轩,人呼为松月翁。著有《松月集》。生平事迹见《四库全书总目》卷一七五。

姚广孝(1335—1418) 明诗文家、僧人。幼名天禧。长洲(今江苏苏州)人。本医家子,十四岁为僧,法名道衍,字斯道。洪武中选高僧,以病免。后从燕王至北平,住持庆寿寺,为燕王“靖难”谋主。燕王立(是为明成祖),录功第一,复姓并赐名广孝,拜太子少师。监重修《太祖实录》,又主持修《永乐大典》。卒赠荣国公,谥恭靖。早年从高启游,为“北郭十友”之一。其诗清新婉约,颇存古调。著有《逃虚子诗集》、《逃虚子类稿》。生平事迹见《明史》卷一四五、《国朝献征录》卷六。

高启(1336—1374) 明诗文家。字季迪,号槎轩,又号青丘子。长洲(今江苏苏州)人。早年居家郡城北,先后与徐贲、高逊志、张羽等比邻,以诗酒相娱,号“北郭十友”。后避乱移居吴淞江之青丘,因以为号。与杨基、张羽、徐贲并称“吴中四杰”。明洪武二年(1369)以荐与修《元史》,为翰林院国史编修。擢户部右侍郎,自陈年少不当重任,固辞,遂赐金放还。返青丘授书自给。苏州知州魏观颇器重之,为移家郡城。后魏观在原张士诚宫殿旧址重建郡衙,为人告发,其所作《上梁文》中有“龙蟠虎踞”之句,明太祖盛怒之下,将其腰斩,年仅三十九岁。不久此案平反。或有野史提及其获罪原因为作《宫女图》诗意存讽刺,然此说与史实不符。为元末江浙一带较活跃的文坛人物,亦为明初主要诗人之一。元末诗坛风行秾丽纤弱之作,而其独能以高古之调步武汉魏,规范唐宋。《四库全书总目》指出:“高启诗才高逸,实踞明一代诗人之上。”并谓其“凡古人之所长无不兼之”,以至于“拟汉魏似汉魏,拟六朝似六朝,拟唐似唐,拟宋似宋”,亦因如此而“未能熔铸变化,自为一家”。其《登金陵雨花台望大江》、《醉歌赠宋仲温》、《青丘子歌》、《清明呈馆中诸公》等皆为传世名作。一生所作诗文约二千篇,结为《吹台》、《江馆》、《缶鸣》诸集,后人汇辑成《高青丘集》(或题《高太史大全集》)行世。生平事迹见《明史》卷二八五。清人金檀《高青丘诗集注》附刊有其年谱。

王彝(?—1374) 明诗文家。字宗常,号妫蜼子。其先蜀人,父仕于昆山(今属江苏),遂卜居比邻之嘉定(今属上海)。少孤贫,读书天台山中,师事王贞文,得理学家金履祥之传。曾著论力斥风靡诗坛的杨维桢为“文妖”。明初与修《元史》,又以荐入翰林,因母老而乞归。时苏州知府魏观拟在张士诚旧治建衙,获罪,处以极刑,王彝与高启俱受牵连被杀。著有《王宗常集》。生平事迹见清朱彝尊《曝书亭集》卷六二、《明史》卷二八五。

管时敏(1337—1416后) 明诗人。原名管讷,字时敏,号竹间,以字行。华亭(今上海松江)人。元末师从杨维桢,与袁凯为诗友。洪武九年(1376)征拜楚王府纪善,洪武十四年从楚王之国,定居于武昌。洪武三十一年任楚王府左长史,在职十年,以年迈求致仕归田,楚王仍留他住在武昌,给予终身俸禄。时敏在楚王府任职长达三四十年,同时为楚王礼重的有西域诗人丁鹤年。两人过从密切,唱和颇多,鹤年且为管诗作评,又是其子管延枝的老师。《四库全书总目》云:“时敏学诗于杨维桢,而不蹈袭维桢之体,所作春容淡雅,多近唐音。”著有《秋香百咏》、《还乡纪事》等不传本,今存《蚓窍集》。生平事迹见《列朝诗集小传》甲集、《蚓窍集》卷首《全庵记》。

孙作 明诗文家。字大雅,号东家子,学者称清尚先生。江阴(今属江苏)人。元末挈家避兵于吴,尽弃家产,唯载书两簏。张士诚据浙东,作受其廪禄,旋以母病谢去,客松江,友人为买田筑屋而居。洪武六年(1373)聘修《大明日历》,授翰林编修,乞改太平府教授。召为国子助教,寻分教中都。逾年还国学,擢受司业。以事废为民,复起为长乐县儒学教谕。归卒于家。其诗力追北宋黄庭坚,在元末自为别调,其文“醇正典雅,动有据依”(《明史》本传)。尝著书十二篇,名《东家子》。另著有《沧螺集》。生平事迹见《明史》卷二八五、宋濂《东家子传》。

王恭 明诗人。字安中,号皆山樵者。长乐(今属福建)人。长期隐居于七岩山。明永乐初,以儒士荐修《永乐大典》,授翰林院典籍,但不久即辞归乡里。永乐九年(1411)尚在世。诗学唐代王维、孟浩然,为“闽中十子”之一。《四库全书总目》认为其人“性情本耽山野”,而今存之诗“又作于田居之日,故吐言清拔,不染俗尘,得大历十子之遗意,其格韵远在(高)棅上”。其诗凡结有三集,未仕前有《白云樵唱》、《草泽狂歌》,官翰林典籍后有《凤台清啸》,前两种今均有传本。生平事迹见《明史》卷二八六、《国朝献征录》卷二二。

林鸿 明诗人。字子羽。福清(今属福建)人。洪武初,以人才荐,授将乐县儒学训导,历礼部精膳司员外郎。年未四十自免归。在家乡结诗社,声名颇著,闽中以诗知名者,称“十才子”,以林鸿为首。论诗惟宗唐代,认为开元、天宝间声律大备,学者当以是为楷模。《明史》本传谓“闽人言诗者率本于鸿”。明代诗论家如胡应麟,在论本朝诗派时都指明闽派昉于林鸿。其诗如其诗论,刻意追摹盛唐之作,时饶清韵,颇有可诵之作。著有《鸣盛集》。生平事迹见《明史》卷二八六、《国朝献征录》卷三六。

赵迪 明诗人。字景哲,号鸣秋、白湖小隐。怀安(今福建福州)人。元末明初人,值时多故,投老林泉,终身未仕。其诗与林鸿齐名,亦是晋安一派,但未列入“闽中十子”。洪武时另有一诗人赵迪,系宜阳人,官吏部侍郎,二人常为论者相混。著有《鸣秋集》。生平事迹见清朱彝尊《静志居诗话》卷六。

黄哲 明诗人。字庸之。番禺(今广东广州)人。明初拜翰林待制,入书阁侍太子读书。出为东阿知县,迁东北通判,罢归,寻坐法死。与孙蕡等结南园诗社,时号“南园五先生”,亦称“岭南五先生”。其诗五古源于六朝,七言仿唐音,品位在孙蕡之下,王佐之上。著有《雪篷集》,部分保存在《广州四先生诗》中。生平事迹见《明史》卷二八五、《国朝献征录》卷一一五。

赵介 明诗人。字伯贞。番禺(今广东广州)人。“南园五先生”之一。明初杜门读书,不求仕进,屡荐皆辞。洪武中坐家累,逮赴京师,道卒。诗学晚唐,受元末诗坛风气影响较明显。著有《临清集》,部分保存在《广州四先生诗》中。生平事迹见《明史》卷二八五。

李德 明诗人。字仲修。番禺(今广东广州)人。明初以明经荐,官终广西义宁教谕。为“南园五先生”之一,诗学李贺,但实际上以恬淡平易为特点。著有《易庵集》,部分保存在《广州四先生诗》中。生平事迹见《明史》卷二八五、《国朝献征录》卷八九。

黎贞 明诗文家。字彦晦,号陶生、秫坡。新会(今属广东)人。洪武初举本邑儒学训导,被诬陷戍辽东,居彼十八年,从学者甚众。放归乡里卒。早年在家乡时从孙蕡游,与孙蕡同戍辽东,孙蕡以蓝玉党论死,由其为之殓尸入葬。工诗能文。著有《秫坡诗稿》。生平事迹见《明史》卷二八五、《国朝献征录》卷一一五。

顾禄 明诗文家、书画家。初名天禄,字谨中。华亭(今上海松江)人。明洪武初,以太学生除太常典簿,迁蜀王府教授。有诗名,善书画,尤工分隶。过鄱阳湖赋七律,为明太祖获知,命尽进所作,披阅于便殿。著有《经进集》。生平事迹见明何良俊《四友斋丛说》卷一六、清朱彝尊《静志居诗话》卷五。

郑涔 明诗人。字起深。黄岩(今属浙江)

人。洪武末年，为乐清训导。其诗不多传，跌宕自喜。著有《直正斋集》。生平事迹见清朱彝尊《静志居诗话》卷五。

谢林　明诗文家。字璠树。武进（今属江苏）人。谢应芳子。隐居教授，家无余粮，而不言愁苦。洪武中举为新郑教谕。有诗名。著有《雪樵集》、《煮雪窝稿》，另著有《延陵通纪》等。生平事迹见《毘陵人品记》卷六、《列朝诗集小传》甲集。

刘驷　明诗文家。字宗道，号慎独翁。龙溪（今福建漳州南）人。洪武初征秀才，入试者八千人，驷为第一，授都御史。寻坐事徙云南，卒于该地。门人私谥为爱礼先生。著有《爱礼集》。生平事迹见《爱礼集》所附《慎独翁行状》。

瞿佑（1341—1427）　明诗文家、小说家。字宗吉，号存斋。钱塘（今浙江杭州）人。少即以诗鸣。年十四，见诗人杨维桢《香奁八咏》，即席倚和，俊语迭出，因得杨赞赏。明洪武间，先后为仁和、临安、宜阳训导，周王府右长史。永乐时，曾因诗获罪，谪戍保安十年。洪熙元年（1425）赦还，在英国公府主持家塾。三年后归。生平诗文词曲创作甚丰，《列朝诗集》评之为“风情丽逸”，“多偎翠倚红之语，为时传诵”。又云：“其在保安，当兴河失守，边境萧条。永乐己亥，降佛曲于塞下，选子弟唱之。时值元宵，作《望江南》五首，闻者凄然泣下。又有《漫兴》诗及《书生叹》诸篇，至今贫士失职者，皆讽咏焉。”他在文学史上最著名的当推《剪灯新话》的创作。这是继唐宋传奇衰落以后，称著于明初的一部文言短篇小说集，曾风靡一时，并卓有影响。其余著述多有亡佚。存世者尚有《存斋遗稿》、《香台集》、《归田诗话》、《四时宜忌》、《乐府遗音》，以及《咏物诗》、《天机玄锦》等。生平事迹见《列朝诗集小传》乙集。

唐文凤　明诗文家。字子仪，号梦鹤。歙县（今属安徽）人。与祖唐元、父唐桂芳俱有文名。永乐中荐授兴国知县，改任赵王府纪善。卒年八十六岁。一生著述较多，在乡校所作成《朝阳类稿》，在兴国任上所作成《政余类稿》、《章贡文稿》，在赵王府所作成《进忠类稿》，在洛阳所作成《洛阳文稿》，归田后所作成《老学文稿》。以上诸集均未见传本，今存《梧冈集》。生平事迹见《唐氏三先生集》所附志传。

朱吉（1342—1422）　明诗文家。字季宁。长洲（今江苏苏州）人。洪武中以荐授户科给事中，首疏请宽胡惟庸、蓝玉党禁，以安反侧。后以善书改任中书舍人，寻又改侍书。出为湖广佥事。工诗能文。著有《三畏斋集》。生平事迹见《吴中人物志》卷四、明叶恭焕编《吴下冢墓遗文续编》卷一。

詹时雨　元末明初戏曲作家。随父宦游福建，因家于闽。为人沉静寡言，才思敏捷。所作杂剧有《补西厢弈棋》一种，今存本名《围棋闯局》，题“晚进王生”，或即此剧。《全元散曲》辑存其《南吕一枝花·丽情》一套。生平事迹见《录鬼簿续编》。

汤式　元明之际戏曲作家和散曲家。字舜民，号菊庄。象山（今属浙江）人。一说宁波（今属浙江）人。元末补本县吏，本非其志。后落魄江湖，明成祖朱棣在燕邸时，与杨讷、贾仲明同被宠遇。永乐间常受赏赐。好滑稽，所作乐府套数小令极多，名《笔花集》。语多工巧，江湖盛传之。明朱权《太和正音谱》评其词“如锦屏春风”。所作杂剧《瑞仙亭》、《娇红记》，均佚。生平事迹见《录鬼簿续编》等。

李唐宾　元末明初戏曲作家。号玉壶道人。广陵（今江苏扬州）人。约生于元顺帝至正三年（1343）以前。元末曾官淮南省宣使。与贾仲明交厚。著有杂剧《梧桐叶》、《梨花梦》，今仅存前一种。生平事迹见贾仲明《录鬼簿续编》等。

宋子正　元明之际散曲作家。名方壶。华亭（今上海松江）人。曾在华亭莺湖开辟住室，方疏四启，昼夜长明，如洞天状，名曰方壶，因以为号。他无心功名，但并不是不问世事的隐士，对处于社会下层的妓女也表现了深切的同情。明朱权《太和正音谱》评曰：“其词势非笔舌可能拟，真词林之英杰也。”生平事迹见贝琼《方壶记》。

顾坚　元明之际戏曲作家和散曲家。号风月散人。昆山（今属江苏）人。太学生。和杨维桢、倪瓒、顾仲瑛等相友善。寓居昆山，善发南曲之奥，被认为是昆山腔创始人之一。著有《陶真野集》、《风月散人乐府》，均佚。生平事迹见明魏良辅《南词引正》。

贾仲明（1343—？）　一作贾仲名。元明之际戏曲作家。自号云水翁，又号云水散人。淄川（今山东淄博）人。自幼聪明敏捷，博览群书，擅长吟咏，尤其精通戏曲和隐语。明洪武十三年（1380）以后，他曾与杂剧作家汤舜民、杨讷同游燕王朱棣（即后来的明成祖）邸中，甚受宠爱。每有宴会，都要他吟诗度曲，备受称赏。晚年迁居兰陵(今山东枣庄)。大约卒于永乐二十年(1422)以后。明无名氏《录鬼簿续编》说他"所作传奇乐府极多,骈丽工巧,有非他人之所及者。一时侪辈,率多拱手敬服以事之"。明朱权《太和正音谱》评论他的曲"如锦幄琼筵"。编有《云水遗音》等集,今佚。著杂剧十六种,《裴度还带》、《玉壶春》、《升仙梦》、《玉梳记》、《菩萨蛮》、《度金童玉女》(《元曲选目》简名别作《金安寿》)、《意马心猿》、《梅杏争春》(佚)、《碧桃花》(佚)、《双献头》(佚)、《节妇牌》、《调风月》(佚)、《双告状》(佚)、《燕山怨》(佚)、《双坐化》(佚)、《燕山梦》(佚)、《七世冤家》(佚)。增补元钟嗣成《录鬼簿》,一说《录鬼簿续编》亦是贾仲明所著。生平事迹见元钟嗣成《录鬼簿》、无名氏《录鬼簿续编》等书。

刘君锡 元明之际戏曲作家。燕山(今北京)人。元末官省奏。性方介正直。工隐语,为燕南独步,人称为"白眉翁"。家虽甚贫,不屈节。与贾仲明及邵允恭等交往。风流怀抱。所作乐府,行于世者极多,惜今皆佚。作杂剧三种,今存《庞居士误放来生债》,余《贤大夫疏广东门宴》、《石曼卿三丧不举》皆佚。生平事迹见《录鬼簿续编》。

高茂卿 元明之际戏曲作家。涿州(今属河北)人。所作杂剧《翠红乡儿女两团圆》一种,然今存本题"杨文奎撰"。生平事迹仅见《录鬼簿续编》。又《嘉靖扬州府志》卷五三载:高宗本,字茂卿,其先直隶雄县人。洪武初占籍太仓之镇海卫。登明景泰五年(1454)进士,授南京御史,累官河南按察副使。以老免,家于扬州。有《复斋稿》、《江淮杂稿》。今人或认为此即曲家高茂卿,然依据不足。

黄元吉 元明之际戏曲作家。与贾仲明同时。所作杂剧《黄廷道走千里流星马》一种,今尚存。《录鬼簿续编》载于无名氏下,脉望馆抄校本题"黄元吉"撰。庄一拂《古典戏曲存目汇考》认为洪武中前后在世,其余生平事迹不详。

郑楷(约1344—?) 明诗文家。字叔度,蜀王赐号醇翁。浦阳(今浙江浦江)人。出自郑氏"义门",为郑濂族子。授蜀王府教授,迁左长史致仕。宣德三年(1428)尚在世,并重纂《浦江郑氏旌义编》二卷。著有《凤鸣集》、《凤鸣后集》,后者有传本。生平事迹见明过廷训《本朝分省人物考》卷五二。

谢常 明诗文家。字彦铭,号桂轩。吴江(今属江苏)人。洪武十五年(1382)举秀才,召试《丹凤朝阳赋》称旨。明太祖欲官之,辞归,隐于震泽之东溪。早年学诗于杨维桢,诗尚纤丽。永乐元年(1403)尚在世。著有《桂轩稿》、《东溪集》等。生平事迹见清朱彝尊《静志居诗话》卷五。

许伯旅 明诗人。字廷慎,号介石。黄岩(今属浙江)人。洪武中任刑科给事中。其诗影响较大,有"小杜"之称,《明诗纪事》称其"格调高老"(甲签卷一一)。其论作诗之法及论宋元两代之诗"具有深旨",为《静志居诗话》所转录。著有《介石稿》,久佚。生平事迹见清朱彝尊《静志居诗话》卷四。

刘琏(1348—1379) 明诗人。字孟藻。青田(今属浙江)人。刘基子。明洪武十年(1377)为考功监丞,兼试监察御史,又出为江西布政司左参政。为胡惟庸所胁,堕井死。为人处事果断,刚直不阿。友人黄伯生评"其诗顾乃温柔冲淡,怛然有爱君忧国之情"(《自怡集序》)。著有《自怡集》。生平事迹见《明史》卷一二八、《皇明名臣琬琰录》卷七。

钱子正 明诗文家。原名蒙,字子正,以字行。无锡(今属江苏)人。生于元末,明洪武初曾任韩城知县。与弟钱子义,族子钱仲益并有诗名,称为"三钱"。傅增湘《藏园群书题记》评其诗"随意抒写,既无深意,又乏隽才","惟古体差为清健耳"。著有《绿苔轩集》。生平事迹见《明诗纪事》甲签卷一六。

钱子义 明诗人。无锡(今属江苏)人。钱子正弟。时人马季常有《续胡曾咏史诗》,子义不袭旧题,别成咏史一百五十首,钱谦益以为"大率《兔园册》中语"(《列朝诗集小传》)。著有《种菊庵集》。生平事迹见《列朝诗集小传》甲集。

钱仲益 明诗人。名允昇,一名永昇,字仲益,以字行,号锦树山人。无锡(今属江苏)人。元末中江浙行省乡试,为杭州录事。洪武末年又举明经,为本县训导。建文中,以荐入为太常博士,与修太祖实录,迁翰林修撰。永乐初年改汉王府长史,长于弈棋。曾待诏禁垣,为明成祖呼为"棋仙"。卒于汉王府任上。汉王反,事败,明宣宗阅其遗启,大加赏叹,免其家人连坐。著有《锦树集》。《盛明百家诗前编》收有其《钱翰撰集》一卷。生平事迹见《明诗纪事》乙签卷五、《毘陵人品记》卷六。

浦源 明诗人。字长源,号东海生。无锡(今属江苏)人。洪武间官晋王府引礼舍人。慕名入闽访林鸿，被邀入诗社。后舟经淮河，堕水死。年仅三十六岁。工诗善画，画师从倪瓒，专攻山水竹石。其诗韵远情深，特别著意于炼句，尤以风致含蓄见长。著有《舍人集》，已散佚不传。生平事迹见《明史》卷二八六、《明诗纪事》甲签卷一九。

许继(1348—1384)　明诗人。字士修，号观乐生。宁海(今属浙江)人。明洪武中官台州儒学训导。喜为诗，有魏晋人风致。精思力学，病咯血而死。著有《观乐生诗集》。生平事迹见明方孝孺《逊志斋集》卷二二《许士修墓铭》。

王汝玉(1349—1415)　明诗人。原名璲，或作燧，字汝玉，以字行，号青城山人。长洲(今江苏苏州)人。颖敏强记，元末从杨维桢学。元至正二十五年(1365)举于乡。明永乐初由应天训导擢翰林五经博士，预修《永乐大典》。应制著《神龟赋》为第一，解缙次之。以修《礼书》紊制度当戍边，为太子宥之。进左赞善。坐解缙累，瘐死狱中。洪熙时追谥文靖。朱彝尊《静志居诗话》称"其诗不费冥索，斤斤唐人之调"，诗名颇著。曾被目为永乐时诗人之首。著有《青城山人集》。生平事迹见《明史》卷一五二、《国朝献征录》卷一九。

高棅(1350—1423)　明诗人、诗选家。字彦恢，更名廷礼，号漫士。长乐(今属福建)人。博学能文，尤长于诗，与林鸿、王恭等人为诗友，是以林鸿为首的"闽中十子"之一。永乐初以布衣征为翰林待诏，后升翰林院典籍。工书善画，有豪饮之名。其诗多写个人日常生活，也有不少应酬之作。选编唐人诗为《唐诗品汇》，引申宋严羽之说，分唐诗为初、盛、中、晚四期，对后七子"诗必盛唐"的主张颇有影响。著有《啸台集》、《木天清气集》。生平事迹见清朱彝尊《曝书亭集》卷六三、《明史》卷二八六、《国朝献征录》卷二二。

赵㧑谦(1351—1395)　明诗文家。初名古则，字㧑谦，以字行，后更名谦，号琼台外史。余姚(今属浙江)人。幼孤贫，寄食山寺，与朱右、徐一夔、谢肃定文字交。以博学好古著称。明洪武十二年(1379)应聘赴京师，授中都国子监典簿。后以荐召为琼山县学教谕，卒于番禺。博究六经百氏之学，时目为"考古先生"。著有诗文集《考古文集》，另著有《六书本义》、《声音文字通》等。生平事迹见清朱彝尊《曝书亭集》卷六四所作传、《明史》卷二八五。

高得旸(1352—1420)　明诗文家。字孟升，号节庵。钱塘(今浙江杭州)人。性敏悟，日记数千言。洪武九年(1376)以文学荐授临安教谕，升高州府学教授。永乐初擢宗人府经历，充《永乐大典》副总裁。善属文，尤长于诗。其诗文以清丽为宗，但尚少含蓄。著有《节庵集》。生平事迹见明邹济《颐庵文集》卷九所作墓志铭。

周是修(1354—1402)　明诗文家。原名周德，以字行。泰和(今属江西)人。洪武末举明经，为霍丘训导。明太祖曾面询家居何为，对云："教人子弟，孝悌力田。"太祖喜，擢周王府奉祀正，迁纪善。建文元年(1399)改衡王府纪善，留京师。"靖难"兵渡淮，京城失守，留书别友人，自经于尊经阁。为人外和内刚，为文援笔立就，而雅赡条达。著有《刍荛集》，另有《纲常懿范》等。生平事迹见《明史》卷一四三。

张宇初(？—1410)　明道人、诗文家。字子璿。贵溪(今属江西)人。张道陵四十三世孙，洪武十年(1377)袭掌道教。建文时坐不法，夺印诰，明成祖即位复之。其文斐然可观，较少道学气。著有《岘泉集》。生平事迹见《列朝诗集小传》闰集。

王珙　明诗人。字廷珪，号竹居。常熟(今属江苏)人。生当元末明初，处士终身。卜居于虞山北之萧溪，植竹万竿，吟咏其中。朱彝尊《静志居诗话》云："竹居治生之余，不废吟咏，华幼武一流也。诗嫌太熟。"又引李世贤评语云："其诗和平典雅，质不近于俚，澹不流于枯。"著有《竹居诗集》。生平事迹见清曹溶《明人小传》卷一、朱彝尊《静志居诗话》卷五。

谢晋　明诗人。名或作缙，字孔昭，号兰庭生、深翠道人、葵邱。吴县(今属江苏)人。生平不详，仅推知曾以布衣应征，似未出仕。工诗善画，画以山水为工，陈田《明诗纪事》称其诗"特蕴藉，在宋人中，似陆游一派"。生卒年不详，永乐十五年(1417)尚在世。著有《兰庭集》。生平事迹见《明诗纪事》乙签卷六。

方孝孺(1359—1402)　明诗文家、学者。字希直，一字希古，号逊志，学者称正学先生。宁海(今属浙江)人。早年师从宋濂，以明王道、致太平为己任。洪武年间，以荐授汉中府教授。蜀王聘为世子师，并名其居室为"正学"。建文初年，任命为翰林侍讲学士，名重一时，深受朝野倚重。燕王朱棣"靖难"之师攻克京师，召方孝孺草登基诏书，孝孺服丧而至，号哭彻殿堂，掷笔于地，答曰：死即死耳，诏不可草。遂被杀，灭十族，受株连者数百人。其学术醇正，以道统自任，文章纵横豪放，词锋锐厉。长于议论、叙事。诗非所擅长。其文学观点集中表现在《苏太史文集序》中。著有《杂诫》，诗文集有《逊志斋集》，别本题《方正学文集》。生平事迹见《明史》卷一四一、《明儒学案》卷四三。

唐之淳 明诗文家。字愚士，以字行。山阴（今浙江绍兴）人。唐肃子。建文二年（1400）以方孝孺荐授翰林院侍读，同领书局修《鉴戒录》。卒于官。以才思敏捷著称。《四库全书总目》评其今存诗作："其诗虽未经简汰，金砾并存，而气格质实，无元季纤秾之习，塞外诸作，山川物产尤足以资考核。"文的成就逊于诗。著有诗文集《唐愚士诗》。生平事迹见《明史》卷二八五。

漏瑜 明诗文家。字叔瑜，一字大美，号越南。会稽（今浙江绍兴）人。建文年间曾任河南道监察御史。靖难后，潜迹江湖，缔交耆旧。宣德中，已年八十余，尚在乌墩与赵曦、吴焕等人结"九老之会"，传为文坛佳话。著有《石轩集》。生平事迹见清朱彝尊《静志居诗话》卷六、《列朝诗集小传》乙集。

茅大方（？—1402） 一作毛大方。明诗文家。名誧，以字行，又字希董。泰兴（今属江苏）人。洪武中为淮南教官，擢秦王府长史。建文元年（1399）为右副都御史。靖难兵下南京，死于难。博学工诗文，诗流传不广。著有《希董集》。生平事迹见《明史》卷一四一、《国朝献征录》卷五五。

郑本忠（？—1403） 明诗文家。字亦为本忠，号安分生。鄞县（今属浙江）人。少笃学，从乡先生舒卓受《尚书》。元末方国珍据浙东，杜门不仕。明洪武六年（1373）举明经，不起。以郡教授荐，任昌国儒学训导，寻升秦王府教授，卒于任。博学综览，为文必中规矩。著有《安分先生集》。生平事迹见《四库全书总目》卷一七五、明过廷训《本朝分省人物考》卷四八。

张紞 明诗文家。字昭季，号鹦庵。富平（今属陕西）人。洪武中举明经，为东宫侍书，累迁试左通政。洪武十五年（1382）为云南左参政，历左布政使，在云南十七年，土地贡赋、法令条格皆其裁定。建文时召为吏部尚书。明成祖入南京，录建文"奸臣二十九人"，紞为其中之一，以茹瑺言宥仍故职。不久又令解职，月给半俸居京师，惧而自杀。著有《冢宰文集》、《云南机务钞黄》。生平事迹见《明史》卷一五一。

刘璟（？—1402） 明诗文家。字仲璟。青田（今属浙江）人。刘基子。弱冠通诸经，洪武二十三年（1390）命袭父爵，让与兄子刘廌，任阁门使。谷王就封，为左长史。"靖难"兵起，参李景隆军，景隆败，归里。成祖即位，召见，称疾不至，逮入京，犹称成祖为"殿下"，下狱自经死。晚明福王时谥刚节。著有《易斋集》、《无隐稿》、《越吟稿》，前者有传本。生平事迹见《易斋集》卷首所载传记、《明史》卷一二八。

练子宁（？—1402） 明诗文家。本名练安，以字行，号松月居士。新淦（今江西新干）人。洪武十八年（1385）以贡士廷试对策，擢一甲第二，授翰林修撰。建文初，与方孝孺并见信用，拜御史大夫。燕王朱棣即位，缚子宁至，语不逊，被杀，族其家，姻戚俱戍边。善文章，方孝孺曾称其"多学而文"。弘治中，王佐刻其遗文为《金川玉屑集》，提学副使李梦阴立金川书院祀之，名其堂"浩然"。今存有《练中丞集》。生平事迹见《明史》卷一四一。

苏伯厚（？—1411） 明诗文家。名苏垶，以字行，号履素。建安（今福建建瓯）人。洪武初以明经荐至京师，因亲老辞归。洪武十八年（1385）授建宁训导，迁晋王府伴读。永乐初擢翰林侍书，与修《太祖实录》、《永乐大典》，迁翰林侍讲。工诗能作画，"其五言神意闲审，绰有魏晋风"（朱彝尊《静志居诗话》）。著有《履素斋集》。生平事迹见《国朝献征录》卷二二。

程通 明诗文家。字彦亨。绩溪（今属安徽）人。洪武十八年（1385）贡入太学，洪武二十三年举应天乡试。授辽王府纪善，进左长史。靖难兵起，为王上封事数千言，论战守大计。永乐初发其事，械至京师，与二子俱论死。生平著述多达百余卷，死后悉毁于官。十年之后其弟到荆州，辽王以所存图像及遗稿授之。《四库全书总目》论其人其文云："封建二策乃其受知于太祖者，持议颇正。其他诗文亦俱醇朴有法。虽所存无多，而大节凛然，有不仅以词章论者。"著有《贞白遗稿》。生平事迹见《明史》卷一四三。

王叔英（？—1402） 明诗文家。名原采，或作元彩，以字行，号静学。黄岩（今属浙江）人。洪武二十年（1387）以荐为仙居训导，改德安教授，迁汉阳知县。建文时召为翰林修撰，"靖难"兵至淮，奉诏募兵勤王，行至广德，京城失守，知事不可为，书绝命词自经于玄妙观银杏树下。永乐初簿录其家。工古文辞，其文大抵规抚韩愈，稍失之拘谨。著有《静学文集》。生平事迹见《明史》卷一四三。

任亨泰　明诗人。字古雍。襄阳（今属湖北）人。洪武二十一年（1388）进士第一，宠遇特隆，建状元坊以旌之。以礼部尚书使安南。明太祖重其学行，每呼“襄阳任”而不名。后因思明土官与安南争界事，坐免官。著有《状元任先生遗稿》。生平事迹见《明史》卷一三七。

陈诚　明诗文家。字子实，号竹山。吉水（今属江西）人。洪武二十年（1387）进士，授行人。出使安南，令还所侵思明地。永乐中，西域哈里入贡，以吏部员外郎衔与中官李暹（或作李达）等送使臣还国，并颁赐西域诸国。归献《西域番国志》（又名《使西域记》）及《西域行程记》，是明代唯一今存行纪的西域经行者。据一些研究者认为，陈诚西行与郑和下西洋、胡濙访仙，均为成祖追寻建文帝下落的举措。历西域十七国均著有纪行诗，一部分就保存在“行程纪”当中。另著有《陈竹山集》。生平事迹见《明史列传》卷一五。

程本立（？—1402）　明诗文家。字原道，号巽隐。崇德（今浙江桐乡）人。少有大志，读书不事章句。洪武中举明经、秀才，除秦王府引礼舍人。后补周王府礼官，洪武二十年（1387）进长史，坐累谪云南。洪武三十一年由荐征入翰林，预修《太祖实录》，迁右佥都御史。出为江西按察副使，未行，燕王兵入南京，自缢死。南明福王当国时追谥忠介。其诗深沉朴健，颇近唐音；其文以叙述条畅见长。著有《巽隐集》。生平事迹见《明史》卷一四三、《国朝献征录》卷五六。

王绅（1360—1400）　明诗文家。字仲缙。义乌（今属浙江）人。十三岁时其父王祎奉命出使尚为元梁王所据之云南，遇害死。后受业于父执宋濂，颇受器重。曾专程赴滇寻父遗骨，未获，即于其遇害地致祭，并撰《滇南恸哭记》以志哀思。建文帝时，以荐受国子监博士，与方孝孺友善。卒于官。著有《继志斋集》。生平事迹见《明史》卷二八九、《皇明名臣琬琰录》卷一〇。

朱橚（1361—1425）　明诗文家。明宗室。明太祖朱元璋第五子。初封吴王，洪武十一年（1378）改封周王，居开封。与燕王朱棣同母，建文时颇受疑忌，被贬蒙化。朱棣即位，复爵归原封地。卒谥定。好学、能诗赋，工书法。永乐元年（1403），成祖赐其一老妪，是元代皇后之乳母女，备陈元宫旧事，就其所述，作《元宫词》一百首。陈田《明诗纪事》称其“颇著文采”，较受诗论家关注。另外，还写有和元僧明本的《梅花百咏》诗，“清雅端洁，惜今不传”。生平事迹见《明史》卷一一六、《国朝献征录》卷一。

胡俨（1361—1443）　明诗文家。字若思，号颐庵。南昌（今属江西）人。少嗜学，于天文、地理、律历、医卜无不究览。洪武中以举人授华亭教谕。建文元年（1399）荐授桐城知县。永乐初，授翰林检讨，与解缙等俱直文渊阁。永乐二年（1404）拜国子监祭酒，永乐十九年改北京国子监祭酒。仁宗时致仕，宣宗即位，召为礼部侍郎，辞归。家居二十余年而卒。为馆阁宿儒，朝廷纂修典籍，如重修《明太祖实录》，修《永乐大典》、《天下图志》，皆充总裁官。文章气格苍老，为明初一家，其诗近于宋江西派，词旨高迈，寄托深远，不同于三杨为代表的台阁体。著有《颐庵集》。生平事迹见《明史》卷一四七、《国朝献征录》卷一二。

王绂（1362—1416）　明诗人、书画家。字孟端，号九龙山人，又号友石生。无锡（今属江苏）人。博学多能，工诗善书画，写山木竹石妙绝一时。时人比之元代倪瓒。洪武中征至京师，寻坐累谪朔州。南归后隐居九龙山。永乐初，因善书法以荐供事文渊阁，久之授中书舍人。为人高介绝俗，画不苟作。其诗结体稍弱，而以清雅见长。著有《王舍人诗集》（又名《友石山房稿》）。生平事迹见《明史》卷二八六、《国朝献征录》卷八一。

吴溥（1363—1426）　明诗人。字德润，号古厓。崇仁（今属江西）人。建文二年（1400）进士，任翰林编修。永乐初，历翰林修撰，迁国子监司业。清节苦修，官太学几二十年，不获叙迁，卒于位。居官操守如一，虽家贫，常分俸给亲族。其诗在明前期诸家中自成一体，朱彝尊《静志居诗话》称其“诗格楚楚”。著有《古厓诗集》。生平事迹见《列朝诗集小传》乙集。

赵友同（1364—1418）　明文章家。字彦如，号存轩。长洲（今江苏苏州）人。自少笃学，尝从宋濂游。洪武末任华亭训导。永乐初以荐授御医。与修《永乐大典》、《五经大全》诸书。其文章沿南宋余习，颇为平衍。在明初诸家中，成就不高。著有《存轩集》。生平事迹见《吴中人物志》卷七、《国朝献征录》卷七八。

赵玭（1365—1436）　明诗文家。字云翰。祥符（今河南开封）人。洪武二十年（1387）举人，入太学。授兵部主事，迁员外。升浙江右参政。明成祖时曾出使交趾，还擢刑部右侍郎，改工部，复任礼部尚书，改兵部、刑部尚书。致仕卒。历仕五朝，自奉如寒素。著有《伧父集》。生平事迹见《明史》卷一五〇、《国朝献征录》卷四四。

杨士奇（1365—1444） 明诗文家。原名杨寓，以字行，号东里。泰和（今属江西）人。早孤，家贫力学，授徒自给。建文初，王叔英以史才荐，召入翰林。成祖即位，改编修，后简入内阁，典机务。永乐二年（1404）为左中允。永乐六年帝北巡，命与蹇义等辅太子。永乐十五年进翰林学士。仁宗即位，擢礼部侍郎兼华盖殿大学士，并与杨荣等赐"绳愆纠缪"银章，得密封言事。宣宗即位，为总裁修《仁宗实录》，宠信有加。英宗即位时年方九岁，太后推心委任杨士奇与杨荣、杨溥三人。卒赠文贞。秉政雅善知人、直言敢谏，于谦、况钟、周忱等皆由其荐用。诗文著述颇丰，其文典则，无浮泛之病；其诗讲究词藻，雍容典雅。"台阁体"即以三杨为代表，而以杨士奇为典型。《四库全书总目》在指出"后来馆阁著作，沿为流派，遂为七子之口实"之后，又说："盖其文虽乏新裁，而不失古格，前辈典型，遂主持数十年之风气，非偶然也。"著有《东里全集》，另著有《三朝圣谕录》、《奏对录》、《历代名臣奏议》、《文渊阁书目》等。生平事迹见《明史》卷一四八、《东里全集》所附年谱。

梁潜（1366—1418） 明诗文家。字用之，学者称为泊庵先生。泰和（今属江西）人。洪武二十九年（1396）举人，授四川苍溪儒学训导。历知四会、阳江、阳春诸县，皆有治绩。永乐元年（1403）召修《明太祖实录》，擢翰林修撰。为《永乐大典》总裁。官至翰林侍读兼右春坊右赞善。有人向明成祖进谗言，诬太子擅宥罪犯，事连梁潜，下狱。后弃市。为文体格清隽，兼有纵横浩瀚之气，著述颇丰。死后遗稿与书籍皆卖钱入官，由陈循倍价赎还。有《泊庵集》传世。生平事迹见《明史》卷一五二、《国朝献征录》卷一九。

虞谦（1366—1427） 明诗人。字伯益。金坛（今属江苏）人。洪武二十八年（1395）由国子生擢刑部郎中，出知杭州府。永乐初，召为大理寺少卿。永乐七年（1409）北巡，太子奏为右副都御史，出督两浙苏松诸府粮，输南北京等地。明仁宗即位召还，为大理寺卿。卒于官。《明史》称其"工诗画，自负才望"，时人比之元人倪瓒。其诗以题画之作较有特色。著有《玉雪斋诗集》。生平事迹见明杨士奇《东里文集》卷一四所作碑铭、《明史》卷一五〇。

夏原吉（1366—1430） 明诗文家。字维喆。其先德兴（今属江西）人，徙居湘阴（今属湖南）。早孤，力学养母。洪武二十三年（1390）举乡荐入太学。擢户部主事。建文初擢户部右侍郎。永乐七年（1409）北巡，命兼摄礼、兵部及都察院事，永乐末为谏北巡系狱，仁宗即位复其官。宣宗时入阁预机务，卒于官。谥忠靖。诗文非其所长，仅以平易雅淡，不事华靡为特色。著有《夏忠靖集》。生平事迹见明杨士奇《东里文集》卷一二所作神道碑铭、杨荣《杨文敏集》卷二一所作墓志铭、《明史》卷一四九、《国朝献征录》卷二八。

黄淮（1367—1449） 明诗文家。字宗豫，号介庵。永嘉（今属浙江）人。洪武三十年（1397）进士，授中书舍人。成祖即位，召对称旨，机密重务悉预闻。帝北巡，命与杨士奇等辅太子监国。为汉王朱高煦所谮，与杨溥等系诏狱十年。仁宗立，复官，迁户部尚书兼武英殿大学士。宣德二年（1427）以疾乞休。卒谥文简。其文章春容安雅，亦与三杨相埒。著有《省愆集》、《介庵集》。生平事迹见《明史》卷一四八、《国朝献征录》卷一二。

刘廌 明诗文家。字士端。青田（今属浙江）人。刘基孙，刘琏子。洪武二十四年（1391）袭封诚意伯。以叔刘璟事牵连贬秩归里。洪武三十年又坐事谴戍甘肃，不久即赦还。建文帝及永乐帝皆欲用之，以奉亲守墓力辞不就。永乐中卒于里。曾筑室于故乡旧宅之西、鸡山之下，以其山水盘旋，名为"盘谷"。为人志行澹静，无贵游纨绔之习。诗体格不高，但韵致疏朗，"惟以抒写情怀，逍遥山水为主，殊少精警之作"（傅增湘《藏园群书题记》）。著有《盘谷集》、《盘谷唱和集》，前者今存。另著有《翊运录》。生平事迹见《明史》卷一二八。

金幼孜（1368—1431） 明诗文家。原名金善，以字行，号退庵，一作退闇。新淦（今江西新干）人。永乐二年（1404）进士，授户科给事中。永乐初授谕德兼侍讲，从帝北征，所经山川道路，辄命记之。拜文渊阁大学士，兼翰林学士。洪熙元年（1425）任礼部尚书，兼武英殿大学士。宣宗朝为总裁修两朝实录。卒谥文靖。为人简易静默，宽裕有容。文思敏捷，为文多不属草，挥笔立就。诗文均为三杨台阁一体之同调，唯视野较开阔，题材亦较宽泛。著有《金文靖公集》、《前北征录》、《后北征录》。生平事迹见明杨荣《杨文敏集》卷一七所作神道碑铭、《明史》卷一四七、《国朝献征录》卷一二。

韩经　明诗人。字本常，号恒轩。山阴（今浙江绍兴）人。南宋太尉韩琦十二世孙，活动于明永乐年间。以行谊称于乡里，屡征不出，居家教授以终。其诗语多质直，主于抒写个人心情，非屑屑仅以文字求工者。著有《恒轩集》。生平事迹见《四库全书总目》卷一七五。

解缙（1369—1415）　明诗文家。字大绅。吉水（今属江西）人。洪武二十一年（1388）举进士，授中书庶吉士，受到明太祖爱重。建文时为翰林待诏。成祖即位，擢侍读，命与黄淮、杨士奇等入直文渊阁，预机务。累进翰林学士，赞立太子为汉王朱高煦所恶，又因谏讨交阯忤旨，出为广西布政司右参议，即行，改任交阯，汉王又陷以他事，下狱死。以文思敏捷，机智渊博著称，诗文颇负盛名。某些篇什已见台阁体风致。著有《文毅集》（别本题《解学士文集》）。永乐中修《永乐大典》，实以解缙为总裁。又与黄淮等人奉敕撰《古今列女传》。生平事迹见《文毅集》附录、《明史》卷一四七。

胡广（1370—1418）　明诗文家。字光大，号晃庵。吉水（今属江西）人。建文二年（1400）进士第一，授翰林修撰，赐名靖。永乐即位，复名广，两次从帝北征，以醇谨见重。累官至文渊阁大学士。卒谥文穆。善长书法，并曾奉诏纂修四书五经性理大全。著有《胡文穆集》。生平事迹见《明史》卷一四七。

王偁（1370—？）　明诗人。字孟敭，一字孟扬，号虚舟。祖上为元代唐兀氏，从元军南征，居于庐州（今安徽合肥）；元末明初，其父王翰避兵隐居永福（今福建永泰）。洪武十一年（1378）征王翰入都，王翰将其托付友人吴海，自刎死。由吴海抚育成人，于洪武二十三年领乡荐，入国学。永乐初，荐授翰林检讨，与修《永乐大典》。学博才雄，最为解缙器重。后坐累谪交阯，解缙于永乐九年（1411）获罪，王偁也被牵连，系狱死。诗名颇著，是“闽中十才子”之一，曾编集其父遗作为《友石山人遗稿》，诗风与其父相近。著有《虚舟集》。生平事迹见《明史》卷二八六、《国朝献征录》卷二二。

陈继（1370—1434）　明诗文家、画家。字嗣初，号怡庵。吴县（今属江苏）人。陈汝言子。少孤，以孝闻。邃于经学，人称“陈五经”。洪熙元年（1425）荐为国子监博士，转翰林五经博士，预修实录，领宏文馆事，进检讨。致仕卒。其诗本之家学，持论以为“诗者，非得乎天地之清气，则无以极其妙”。善画竹，亦能文。著有《怡庵集》。生平事迹见《明史》卷一五二、《国朝献征录》卷二二。

陈琏（1370—1454）　明诗文家。字廷器，号琴轩。东莞（今属广东）人。洪武二十年（1387）举人，永乐初知许州，累迁南京礼部侍郎。卒于家。博通经史，曾进《平安颂》，大为成祖欣赏。诗作格意清新，天然秀拔，文章则以气势宏整见长。诗文与时行的台阁体气象稍殊。著有《琴轩稿》、《罗浮志》。生平事迹见《国朝献征录》卷三七。

沐昂　明诗人、诗选家。字景高，一说字景颙。凤阳定远（今属安徽）人。明开国功臣沐英子。以都指挥同知，代其兄沐晟镇守云南，累迁右都督。卒赠定边伯，谥武襄。能以余暇留心文咏。曾选辑明初官于云南或谪戍者二十一人之诗，结成《沧海遗珠》。著有《紫轩集》。生平事迹见《明史》卷一二六。

杨荣（1371—1440）　明诗文家。初名子荣，字勉仁。建安（今福建建瓯）人。建文二年（1400）进士，授编修。明成祖入南京，简入文渊阁。永乐五年（1407）命往甘肃经画军务，寻进右庶子。曾数次出塞参赞军务。永乐十四年与金幼孜俱进翰林学士。永乐十八年进文渊阁大学士。仁宗即位，累迁工部尚书。宣德中加少傅。卒谥文敏。历事四朝，与杨士奇、杨溥并入内阁，时称“三杨”。以文才著称，重修《太祖实录》及修太宗、仁宗、宣宗三朝实录，皆为总裁官。或谓处国家大事，不愧唐朝名相姚崇，而不拘小节亦颇类之。与杨士奇等同为“台阁体”诗文的倡导者与代表人物，《四库全书总目》评其诗文“雍容平易，肖其为人。虽无深湛幽渺之思，纵横驰骤之才，足以震耀一世，而逶迤有度，醇实无疵，台阁之文所由与山林枯槁者异也。与杨士奇同主一代之文柄，亦有由矣”。著有《杨文敏集》、《后北征记》等。生平事迹见《明史》卷一四八、《国朝献征录》卷一二。

曾棨（1372—1432）　明诗文家。字子启，号西墅。永丰（今属江西）人。永乐二年（1404）殿试第一，授修撰，永乐帝选进士二十八人读书文渊阁，以其为首。累扈从北征。洪熙元年（1425）升春坊大学士兼翰林侍读，进少詹事。卒谥襄敏。诗文均有时名，所作流畅洁雅，不滞不碍，颇具才华。工书法，文思敏捷，馆阁中大著作，自解缙之后，多出于其手。著有《巢睫集》、《西墅集》。生平事迹见《明史》卷二〇一、《国朝献征录》卷一八。

刘髦(1373—1445) 明诗文家、学者。字孟恂，学者称石潭先生。永新(今属江西)人。永乐六年(1408)举乡试，不仕。授徒于家乡，从之者甚众。其子刘定之在文坛较知名。其诗较晦涩，散文罕传。著有《石潭存稿》。生平事迹见明王直《王文端集》卷三五《刘公墓表》。

周述 明诗人。字崇述，号东墅。吉水(今属江西)人。永乐二年(1404)与从弟周孟简并进士及第，成祖亲奖赏之，授翰林编修。后诏解缙选曾棨等二十八人读书文渊阁，兄弟二人皆在其中。尝扈从北巡，进左春坊谕德。仁宗即位，命从皇太子谒陵南京。宣宗时进左庶子。正统初卒于官。性温厚简静，文章洁雅，其诗不出当时台阁之体。著有《东墅诗集》。生平事迹见《明史》卷一五二。

李时勉(1374—1450) 明诗文家。名懋，以字行，号古廉。安福(今属江西)人。早年勤奋好学，永乐二年(1404)进士，选庶吉士，进学文渊阁，与修(重修)《太祖实录》，书成改翰林侍读。因得罪仁宗，下锦衣卫狱。宣宗即位，先欲杀之，寻复原官。宣德五年(1430)修成《成祖实录》。正统三年(1438)又以修成《宣宗实录》进学士，正统六年为国子监祭酒。一再请求致仕，临行朝臣及国子生近三千人饯于都门。卒谥文毅，后改谥忠文。曾久任国子祭酒，以直节重望为士类所依归。为文平易通达，不露圭角，"多蔼然仁义之言"，"其所著作，以当代重其为人，脱稿多为人持去，故所存者无多"(《四库全书总目》)。著有《古廉集》。生平事迹见明杨荣《杨文敏集》卷一五《李氏族谱序》、王直《王文端集》卷三六所作墓表、《明史》卷一六三。

魏骥(1374—1471) 明诗文家。字仲房，号南斋。萧山(今属浙江)人。永乐三年(1405)举乡试，授松江训导。召修《永乐大典》，擢太常卿。仕至南京吏部尚书，景泰元年(1450)致仕，卒谥文靖。朱彝尊《静志居诗话》卷六评其诗文："其文极醇雅，诗虽非专长，亦颇蕴藉。"著有《南斋集》。生平事迹见《明史》卷一五八、《国朝献征录》卷二七。

杨溥(1375—1446) 明诗文家。字弘济。石首(今属湖北)人。建文二年(1400)进士，授编修。永乐中侍太子，为汉王所谗，系狱十年，仁宗即位始获释。擢翰林学士，掌弘文阁事。正统中进少保、武英殿大学士，入内阁典机务。卒谥文定。在宣德年间，与杨士奇、杨荣同心辅政，时称"三杨"。诗文成就逊于杨士奇、杨荣，同为台阁体的代表人物。著有《文定集》、《水云录》。生平事迹见《明史》卷一四八、《国朝献征录》卷一二。

曹端(1376—1434) 明诗文家、理学家。字正夫，学者称月川先生。渑池(今属河南)人。永乐六年(1408)举人。专心性理之学。为霍州学正，修明儒学，诸生服其教。后改任蒲州学正，霍蒲两邑各上章争之，霍州奏先上，又赴霍州。先后在霍州持教十六年，卒于任所。霍人为之罢市巷哭。私谥为静修。著有《曹月川集》、《孝经述解》、《四书详说》等。生平事迹见《曹月川集》所附年谱、明李祯《曹正学先生言行录》、《明史》卷二八二。

章敞(1376—1437) 明诗文家。字尚文，号质庵。会稽(今浙江绍兴)人。永乐二年(1404)进士，由庶吉士授刑部主事。宣德六年(1431)擢礼部侍郎，与徐琦出使安南。正统初，纂洪武以来条格，卒于官。以长于诗文著称，曾与修《永乐大典》及《五经四书大全》。著有《质庵集》。生平事迹见《明史》卷一五八。

王英(1376—1450) 明诗文家。字时彦，号泉坡。金溪(今属江西)人。永乐二年(1404)进士，选庶吉士。仁宗即位，进翰林侍讲学士，正统中累迁南京礼部尚书。卒谥文安，改文忠。其诗密切谨严，句无浮响，尤以七言律诗较佳。著有《泉坡集》。生平事迹见《明史》卷一五二、《国朝献征录》卷三六。

李昌祺(1376—1451) 明诗文家、小说家。名祯，以字行。庐陵(今江西吉安)人。弱冠即有文名。永乐元年(1403)进士，选庶吉士，授礼部郎中。与修《永乐大典》期间，同事者咸推其该博，僻书疑事，人多就质。出为广西布政使。坐事谪役，寻宥还，改官河南。平生为官清正，颇得民望。正统四年(1439)致仕归里。景泰二年卒。其文言小说集《剪灯余话》系仿效瞿佑《剪灯新话》而作，"所载皆幽冥人物灵异之事"，颇能表现其"博闻广见，才高识伟"(王英序)，是继瞿作之后明代传奇文的又一部重要作品。亦工诗文。《四库全书总目》谓其诗"清新华赡，音节自然"，陈循《运甓漫稿序》谓"本之以理，充之以气，故雅淡清丽，宏伟新奇，无不该备"。另著有《运甓漫稿》、《容膝轩草》、《侨庵诗余》。生平事迹见《明史》卷一六一、《明史列传》卷三八、《国朝献征录》卷九二。

陈敬宗(1377—1459)　明诗文家。字光世,号澹然居士、休乐老人。慈溪(今属浙江)人。永乐二年(1404)进士。选庶吉士,与修《永乐大典》,书成授刑部主事。宣德元年(1426)修两朝实录,明年转南京国子监司业,秩满迁祭酒。景泰元年(1450)致仕。卒谥文定。时与李时勉并任南京、北京国子监祭酒,时称"南陈北李",同以德望为士林师范。但以文章论,则质朴太甚,不及李时勉。诗非所长,《静志居诗话》称之为"洵盛世之音",实则是台阁体一脉。著有《澹然集》。生平事迹见《明史》卷一六三、《国朝献征录》卷七四。

朱高炽(1378—1425)　即明仁宗。明代皇帝。明成祖朱棣长子,洪武二十八年(1395)册为燕世子。朱棣起兵"靖难",以世子守北平(今北京市)。永乐二年(1404),立为皇太子,明成祖北征时,即命为监国,裁决庶政,其弟高煦、高燧一再伺隙谗构,处境艰难。永乐二十二年,成祖崩于北征途中的榆木川,八月即皇帝位,以明年为洪熙元年(1425),但在位不足一年就去世。庙号仁宗,葬献陵。即位之前曾留心诗文,他的诗往往经过太子赞善徐善述润色,朱彝尊《静志居诗话》认为其诗风格"绝似唐太宗"。著有《御制文集》、《御制诗集》。生平事迹见《明史》卷八。

林誌(1378—1427)　明诗文家。字尚默,号蔀斋,又号见一居士。闽县(今福建闽侯)人。永乐九年(1411)乡试第一,次年会试又第一,廷试第二,授翰林编修。历修撰、侍读,右春坊右谕德。早年受业于王偁,《明诗纪事》称其"诗沿闽派,时有警音"。淡泊自甘,于学无所不究,尤长于经义。著有《蔀斋集》。生平事迹见《国朝献征录》卷一九、《皇明名臣琬琰录》卷二二。

朱权(1378—1448)　明文学家。自号臞仙、大明奇士,又号涵虚子、丹丘先生。明宗室。明太祖朱元璋第十七子。洪武二十四年(1391)封为宁王。建文时,为燕王朱棣所执,随军为草檄,燕王许以靖难兵成,中分天下。及燕王即帝位,封于南昌。永乐前后,王室互相残杀,猜忌之事频频,朱权自危,乃寄情于戏曲,以示无野心而自保,日与文学士相往还。谥献,故后世称宁献王。留心史籍,诸子百家、释、老、卜、筮、修炼等亦有涉猎。著杂剧十二种,今存《大罗天》、《私奔相如》二种,《勘妒妇》、《辩三教》、《客窗夜话》、《烟花判》、《白日飞升》、《瑶天笙鹤》、《杨娭复落娼》、《九合诸侯》、《肃清瀚海》、《豫章三害》十种均佚。传奇《荆钗记》一说亦为其所作。所著《太和正音谱》不仅保留了许多戏曲史料和曲谱,还是我国第一部戏曲理论专著。研究戏曲的作品,还有《务头集韵》、《琼林雅韵》二种。史学著作有《汉唐秘史》和《通鉴博论》,此外还有《采芝吟》、《文谱》、《诗谱》、《异域志》、《寿域神方》等著作。生平事迹见《明史》卷一一七、《国朝献征录》卷一、《列朝诗集小传》乾集下。

王洪(1379—1420)　明诗文家。字希范,号毅斋。钱塘(今浙江杭州)人。八岁能文,洪武三十年(1397)进士,授吏科给事中。改翰林检讨,与修《永乐大典》,为副总裁。历翰林修撰、侍讲。明成祖颁佛曲于塞外,命其为文,逡巡不应诏。预修国史,以反对将"瑞异"书入日历,谪礼部主事,卒于官。其各体文章以朴雅见长,骈体亦工,诗则追摹唐风,尚有新意。其才学曾受到时人王偁等的推许。著有《毅斋集》。生平事迹见《明史》卷二八六、《国朝献征录》卷三五。

赵弼　明小说家。字辅之,号雪航。南平(今四川巴县)人。约活动于永乐、宣德时期。永乐初以明经授翰林院儒学教谕,宣德初任汉阳教谕。其家自成都迁京遂又移居汉阳。著有《效颦集》,系仿瞿佑《剪灯新话》之作,今存。晚年著《雪航肤见》,《四库全书总目·存目》入史部史评类,评价不高。生平事迹见《千顷堂书目》卷五《雪航肤见》叙录。

朱有燉(1379—1439)　明戏曲作家、散曲家。号诚斋,又号全阳子、全阳翁、全阳道人、老狂生、锦窠老人等。明宗室。明太祖朱元璋孙,袭封周王,就藩河南开封,谥宪,世称周宪王。是一位多才多艺的作家,于经传子史,百家九流,莫不贯通。《乾隆祥符县志》称其"博学工诗,旁通绘事,而楷篆尤冠绝一时"。尤精声律,时称"乐王"。《列朝诗集》评其诗"皆风华和婉,沨沨乎盛世之音也",又谓其所作杂剧"音律谐美,流传内府","中原弦索多用之"。所作杂剧总名《诚斋乐府》,收杂剧三十一种,现均存,以《曲江池》、《义勇辞金》、《香囊怨》等较著名。散曲集亦名《诚斋乐府》。另著有《诚斋集》、《诚斋新录》、《乐府家训》、《牡丹谱》、《东书堂集》、《古法帖》、《修褉序帖》等。生平事迹见《明史》卷一一六、《明史稿》卷一〇八、《列朝诗集小传》乾集下。

王直(1379—1462) 明诗文家。字行俭,号抑庵。泰和(今属江西)人。早年家贫力学,举永乐二年(1404)进士,改庶吉士,帝善其文,召入内阁俾属草。历仕仁宗、宣宗二朝。正统八年(1443)为吏部尚书。英宗复辟,遂乞休,赐玺书驰驿归。比家居,尝从诸佃仆耕莳,击鼓歌唱为乐。卒谥文端。在翰林二十余年,稽古代言、编纂纪注之事多出其手。与王英齐名,人称"二王"。诗文典雅纯正,有宋元遗风。著有《抑庵集》,别本题《王文端集》。生平事迹见《王文端集》卷三四自撰墓志、《明史》卷一六九、《国朝献征录》卷二四。

周忱(1381—1453) 明诗文家。字恂如,号双崖。吉水(今属江西)人。永乐二年(1404)进士,选庶吉士,与修《永乐大典》。洪熙时调越王府长史。宣德初超迁工部右侍郎,巡抚江南达二十二年,惠政大著。景泰初以工部尚书致仕。卒谥文襄。以经济名世,诗文均非所长,然性好储书、读书。著有《双崖集》。生平事迹见《明史》卷一五三、《吾学编》卷二八。

龚诩(1382—1469) 明诗人。一名龚翊,字大章,号纯庵。昆山(今属江苏)人。年十七为南京金川门卒,"靖难"兵至,恸哭而去。隐居教授,巡抚周忱重其人品,欲荐之,谢曰:"诩仕固无害,恐负往日金川门一恸耳!"竟以隐终。门人私谥为安节先生。著有《野古集》。生平事迹见《国朝献征录》卷一一六。

曾鹤龄(1383—1441) 明诗文家。字延年,一字延之,号松坡,又号松臞。泰和(今属江西)人。永乐十九年(1421)进士第一,授修撰。正统三年(1438)预修实录,进翰林侍讲学士。在翰林院任职二十年,以文辞典雅著称。著有《松臞集》。生平事迹见《国朝献征录》卷二〇。

熊直 明诗文家。字敬方,号西涧。吉水(今属江西)人。初冒姓胡,永乐十二年(1414)举人,入太学。其子熊概登第为御史,犹列名太学生。仁宗在春宫,闻之嘉叹。卒时以其子之故赠右都御史。有诗名,其文较平衍。著有《西涧集》。生平事迹见《列朝诗集小传》乙集。

况锺(1383—1442) 明诗文家。字伯律,号龙冈、如愚。靖安(今属江西)人。永乐四年(1406)为靖安县礼曹,担任九年书吏,赴吏部试,经礼部尚书吕震荐授礼部仪制司主事。宣德五年(1430)选拔干员赴任繁剧之地,被荐任苏州知府。在任积劳成疾,两乞解职未果,正统七年(1442)卒于任所。死时,"郡民罢市,如哭私亲"。是明代著名清官,事迹曾被编入小说。诗文存世不多,大多质直平易,较少修饰,曾自称"不能文"。著有《况太守集》。生平事迹见《明史》卷一六一、《况太守集》卷首所附年谱及卷一至卷三《太守列传编年》。

彭百炼(?—1433) 明诗文家。字若金。泰和(今属江西)人。永乐十三年(1415)进士,官至广西道监察御史。著有《若金集》。生平事迹见明王直《王文端集》卷二七所作行状。

孙瑀 明诗文家。字原贞,以字行。德兴(今属江西)人。永乐十三年(1415)进士,授礼部主事。正统初累擢河南右参政。景泰三年(1452)进兵部尚书。英宗复辟,罢归。家居十余年而卒,享年八十七岁。所作诗文不甚流行,亦很少为人论及。著有《岁寒集》。生平事迹见《明史》卷一七二。

萧仪(1384—1423) 明诗文家。字德容。乐安(今属江西)人。永乐十三年(1415)进士,任吏部主事。初因事谪戍,为当道疏救得免。又以反对迁都北京,下狱死。有文学,重节义,其文有纡徐曲折之致,而意境欠深;其诗较平衍,唯所涉及题材较宽。著有《袜线集》。生平事迹见明黄淮《介庵集》卷一一所作墓表。

陈循(1385—1462) 明诗文家。字德遵,号芳洲。泰和(今属江西)人。永乐十三年(1415)进士第一,授翰林修撰。洪熙元年(1425)进侍读。宣德初授侍讲学士。正统元年(1436)兼经筵官,后进翰林学士,入文渊阁,典机务。景泰中进华盖殿大学士,颇受宠信。明英宗复位,杖百戍铁岭卫。后上书自讼其冤,释为民,一年后卒。平生以文思敏捷著称,朱彝尊《静志居诗话》卷六评述:"少保(陈循)诗绝意规摹,饶越石(刘琨)清刚之气。"著有《芳洲集》及《东行百咏集句》等。生平事迹见《明史》卷一六八、《国朝献征录》卷一三、王翔《芳洲先生年谱》。

曹义(1386—1461) 明诗文家。字子宜,号默庵。句容(今属江苏)人。永乐十三年(1415)进士,改庶吉士;永乐十六年授翰林编修。历官至南京吏部尚书,天顺元年(1457)致仕。卒于家。著有《默庵集》藏于家,传本少见。生平事迹见《国朝献征录》卷二七、《皇明人物考》卷二。

陈衡　明诗文家。字克平，号半隐。淳安（今属浙江）人。永乐十五年（1417）举人，官亳州学正。著有《半隐集》。生平事迹见明何出光等《兰台法鉴录》卷四。

习经（1388—1453）　明诗文家。字嘉言，号寅清居士，晚号寻乐翁。新喻（今江西新余）人。永乐十六年（1418）进士，选庶吉士。预修成祖、仁宗、宣宗三朝实录，官至詹事府詹事。成祖时与周叙等均以赋黄鹦鹉称旨，以诗文知名。著有《寻乐集》。生平事迹见《国朝献征录》卷一八。

薛瑄（1389或1392—1464）　明诗文家、理学家。字德温，号敬轩。河津（今属山西）人。早慧，十二岁即以所作诗文呈监司。后尽焚所作诗赋，从魏希文、范汝舟究洛闽渊源，至忘寝食。永乐十八年（1420）乡试第一，明年成进士。宣德中擢御史。曾为太监王振陷害几死。景泰帝立，起为大理寺丞。英宗复辟，入阁预机务。见石亨、曹吉祥乱政，告老归。卒谥文清。是明前期最主要的理学家之一，诗文非其所长，但存世之作较多。著有《敬轩集》（或题《薛文清集》），另著有《读书录》等。生平事迹见《明史》卷二八二、《国朝献征录》卷一三。

柯暹（1390—？）　明诗文家。字启晖，更字用晦，号东冈。建德（今属浙江）人。永乐三年（1405）领乡荐，明年预修《永乐大典》，选入翰林知机宜文字。授户科给事中。以三殿灾上疏陈言，谪交阯驩州知州，累迁云南按察使。其诗文流传不广，成就不大，《四库全书总目》认为“亦登科太早，才高学浅之效”。著有《东冈集》。生平事迹见明过廷训《本朝分省人物考》卷三九、《明史》卷一六四。

林文（1390—1476）　明诗文家。字恒简，号澹轩。莆田（今属福建）人。宣德五年（1430）进士，授翰林编修。正统初进修撰，景泰年间进庶子。英宗复辟改尚宝司卿，拜学士。成化初进太常寺少卿，仍兼翰林侍读学士。致仕归，卒谥襄敏。诗文体格温淳，有异于台阁体，《明诗纪事》称其“诗格清远，有翛然出尘之致”。著有《澹轩稿》。生平事迹见《国朝献征录》卷二〇。

高穀（1391—1460）　明诗文家。字世用，号育斋。兴化（今属江苏）人。永乐十三年（1415）进士，选庶吉士，授中书舍人。明英宗时由侍讲学士进工部右侍郎，入内阁典机务。景泰初，进工部尚书，兼翰林学士，掌阁务如故。景泰七年（1456）进谨身殿大学士。明英宗复位，谢病杜门。明成化初谥文义（或作文毅）。为人俭素，位至台司，敝庐瘠田而已。其诗风格清淡，力学唐人，以七律较有成就。著有诗文集八十卷，未及版行而散佚。后人尽力搜辑，刊为《育斋诗集》。另著有《归田集》。生平事迹见《明史》卷一六九、《国朝献征录》卷一三。

吴与弼（1391—1469）　明诗文家、理学家。初名梦祥，字子傅，号康斋。崇仁（今属江西）人。十九岁时罢举业，尽读四书五经及宋代理学著作，数年不下楼。一再荐举，皆不赴。天顺元年（1457）征赴京师，授左春坊左谕德，固辞，留两月称疾笃还乡。卒于家。胡居仁、陈献章皆其弟子。诗文淳实近理，但缺乏文采。著有《康斋集》。生平事迹见《明史》卷二八二、《明儒学案》卷一。

刘球（1392—1443）　明文章家。字求乐，更字廷振，号两溪。安福（今属江西）人。永乐十九年（1421）进士。居家读书十年，从学者甚众。授礼部主事，改翰林侍讲。正统中为太监王振陷害下狱支解死。景泰时谥忠愍。其文和平温雅，词旨光明磊落，被称为“君子之文”（《四库全书总目》）。著有《两溪文集》。生平事迹见《明史》卷一六二。

周叙（1392—1452）　明诗文家。字功叙，一字公叙，号石溪。吉水（今属江西）人。十一岁即能诗，永乐十六年（1418）进士，选庶吉士。正统年间一再上疏言事，受到英宗嘉纳。正统十一年（1446）迁南京侍讲学士。景泰时请复午朝。有志重修宋、辽、金三朝史，并获诏许自撰，铨次数年便故去。负气节，笃行谊，其诗文可见台阁体风貌。著有《石溪集》。生平事迹见《明史》卷一五二。

刘俨（1394—1457）　明诗文家、学者。字宣化，号时雨。吉水（今属江西）人。正统七年（1442）进士第一，历官太常少卿。景泰中典顺天乡试，黜权臣之子，几得危祸。天顺初改掌翰林院事，卒于任。谥文介。立朝正直，居乡亦有令德。其诗文尚沿台阁旧体，“无疵累之可摘，亦无精华之可挹”（《四库全书总目》）。曾预修《五伦书》、《历代君鉴》，并任《寰宇通志》总裁。著有《刘文介集》。另著有《宋元通鉴纲目》等。生平事迹见《明史》卷一五二、《国朝献征录》卷二〇。

刘铉（1394—1458）　明诗人。字宗器，号假庵。长洲（今江苏苏州）人。生弥月而父卒，事母至孝。永乐中因善书征入翰林，举顺天乡试，授中书舍人。宣德时预修成祖、仁宗实录，正统中再修《宣宗实录》。景泰三年(1452)高穀荐为国子祭酒。天顺初改少詹事，侍东宫讲读。卒于官。宪宗时追谥文恭。生性鲠介，言行不苟，读书至老不倦。著有《刘文恭诗集》。生平事迹见《明史》卷一六三、《国朝献征录》卷一八。

陈益(？—1454) 明诗文家。字启行，号行素。高安(今属江西)人。永乐年间以五经教授乡里。其诗意境清幽而略欠深厚，其文亦大致相当。著有《敝帚集》。生平事迹见《四库全书总目》卷一七五。

马愉(1395—1447) 明诗文家。字性和，号澹轩。临朐(今属山东)人。宣德二年(1427)进士第一，授翰林修撰，宣德九年特简三十九人进学文渊阁，以其为首。正统五年(1440)以侍读学士入内阁参预机务，寻进礼部右侍郎。卒于官。为人端重简默，门无私谒，论事宽厚。诗文非其所长，名亦不著。著有《澹轩集》。生平事迹见《明史》卷一四八、《国朝献征录》卷一三。

兰茂(1397—1476) 又作蓝茂。明戏曲作家。字廷秀，号止庵，又号和光道人、玄壶子。嵩明(今属云南)人。原籍河南洛阳。性冲淡简远，不乐仕进，读书过目成诵。耻为童子章句之学，返求六经，究心关、闽、濂、洛之微。著有《韵略易通》、《声律发蒙》、《滇南本草》、《玄壶集》，散曲集《碧山樵唱》。戏曲有《性天风月通玄记》，袁文典《滇南诗略》疑系伪托。传小说《续西游记》亦其所作。生平事迹见袁文典《滇南诗略·兰茂传》、《道光云南通志》卷一五六、《民国嵩明县志》卷二六。

吴节(1397—1481) 明诗文家。字与俭，号竹坡。安福(今属江西)人。宣德五年(1430)进士，授翰林编修。历南京国子监祭酒，官至太常寺少卿兼翰林侍读学士。其诗文皆直抒胸臆，纵笔所如，无不自达，而渟蓄深厚不及古人，《四库全书总目》谓其"不践迹亦不入室"。著有《吴竹坡集》。生平事迹见《国朝献征录》卷二〇、《吴竹坡集》附录。

于谦(1398—1457) 明政治家、诗文家。字廷益，号节庵。钱塘(今浙江杭州)人。永乐十九年(1421)进士。宣德初授御史、迁兵部右侍郎，巡抚河南、山西。正统末为兵部左侍郎。"土木之变"，英宗北狩，郕王监国。瓦剌进逼北京，朝臣多有主迁都南京者，于谦力折其议。景帝命以兵部尚书提督军马，击退进犯之敌，以功加少保，总督军务。英宗复辟，石亨等人指控于谦拟迎立襄王之子，遂弃市。成化初，复其官职赐祭，谥肃愍。万历年间改谥忠肃。其诗"风格遒上，兴象深远；虽志存开济，未尝于吟咏求工，而品格乃转出文士上，亦足见其才之无施不可矣"(《四库全书总目》)。如《石灰吟》、《出塞》、《北风吹》等篇什，都是历来传诵的名作。其文主要是奏议，叙事条畅明洁，不枝不蔓。著有《于忠肃集》(或题《于肃愍集》)。生平事迹见《明史》卷一七〇。

钟复(1400—1443) 明诗文家。字彦章，号云川。永丰(今属江西)人。宣德八年(1433)进士，历官翰林院侍讲、修撰。病卒于任。其诗文不出当时台阁之体。著有《云川集》。生平事迹见《明史》卷一六二。

吴惠(1400—1468) 明诗文家。字孟仁，号天乐道人。吴县(今属江苏)人。宣德二年(1427)进士，授行人，曾出使占城。历桂林知府，广西参政。居官三十年，田庐不改其旧。在永乐、宣德间文名颇著。诗文学韩愈，集已散佚。生平事迹见《明诗纪事》乙签卷一六。

赵宗文 明诗人。名赵文，以字行。长洲(今江苏苏州)人。官鄱阳知县。有诗名，其七律《金山寺》为明诗选家所推重，推许为"可称高唱"(《明诗纪事》乙签卷二二)、"凌厉无前"(朱彝尊《静志居诗话》卷六)。其诗传世不多，率皆清稳可诵。著有《慎独斋集》。生平事迹见明刘凤《续吴先贤赞》卷一二。

姜洪 明诗文家。字启洪，号松冈。乐安(今属江西)人。宣德八年(1433)进士，改庶吉士。除翰林检讨，升修撰，以疾乞归。其文章较平淡，诗亦缺乏特色，均为台阁体余脉，被论者指作"步趋东里(杨士奇)，得其形似，格律未能遒上也"(《四库全书总目》)。著有《松冈集》。生平事迹见《四库全书总目》卷一七五。

刘绩 明诗人。字孟熙，家有西江草堂，人称西江先生。山阴(今浙江绍兴)人。通经学，隐居不仕，教授乡里为生。家贫，转徙无常地，所至，署卖文榜于门，有所值则沽酒而饮。诗以雄健为长。著有《崇阳集》，未见传本。另有笔记《霏雪录》，今存。生平事迹见《静志居诗话》卷六。

聂大年(1402—1456) 明诗文家。字寿卿。临川(今属江西)人。宣德末以荐授仁和教谕。景泰六年(1455)以修史征入翰林,次年卒于任所。博学善诗,工古文,长书法。其诗“诸体平熟,唯绝句小诗,差有韵致”(朱彝尊《静志居诗话》)。著有《冷斋集》、《东轩集》。生平事迹见《明史》卷二八六、《国朝献征录》卷八五。

廖庄(1404—1466)　明诗文家。字安止,号东山。吉水(今属江西)人。宣德五年(1430)进士,历刑科给事中、南京大理寺少卿。景泰五年(1454)上疏建言皇帝善事上皇(英宗),友爱皇储,廷杖,谪定羌驿丞。英宗复辟,召还。官终刑部左侍郎。卒谥恭敏。著有《廖恭敏佚稿》。生平事迹见《明史》卷一六二、《国朝献征录》卷四六。

徐有贞(1407—1472)　明诗文家。初名徐珵,字元玉,号天全。吴县(今属江苏)人。宣德八年(1433)进士,授翰林编修。正统中官侍讲。“土木之变”,瓦剌进迫,倡言南迁,为朝士所恶,遂改名为有贞。景泰中以佥都御史治河。英宗复辟,以其有功官至华盖殿大学士,封武功伯。诬杀于谦、王文,又为权臣石亨所构,徙金齿为民。后释归。究心经济,于天文、地理、兵法、水利、阴阳、方术之书无不博览。为人倾险躁进,为时人诟病。诗学唐人,多应酬之作。著有《武功集》。生平事迹见《明史》卷一七一。

李贤(1408—1466)　明诗文家。字原德。邓州(今属河南)人。宣德八年(1433)进士。景泰初由文选郎中超拜吏部侍郎。英宗复辟,进吏部尚书,入直文渊阁。宪宗即位,进少保、华盖殿大学士、知经筵事。以善于识拔人材知名。卒谥文达。著有《古穰集》,又著有笔记《天顺日录》、《古穰杂录》等,奉敕编《明一统志》。生平事迹见明程敏政《篁墩集》卷四〇所作行状、《明史》卷一七六。

刘定之(1409—1469)　明诗文家。字主静,号呆斋。永新(今属江西)人。幼有异禀。正统元年(1436)会试第一,殿试及第,授编修。曾因受其弟牵连下狱,得白。进侍讲。景泰帝即位,上言十事,帝优诏答之。天顺元年(1457)调通政司左参议,寻进翰林学士。宪宗立,进太常少卿。成化二年(1466)以本官进直文渊阁。卒于官,谥文安。为人谦恭质直,以文学名于时。文思敏捷,尝一日草九制,笔不停书。生平不甚喜为诗,但所作往往有出语奇崛、用事精当者。著有《呆斋集》,另著有《易经图释》、《宋史论》、《否泰录》、《文安策略》。生平事迹见《明史》卷一七六、《国朝献征录》卷一三。

周旋　明诗文家。字中规,号畏庵。永嘉(今浙江温州)人。明英宗正统元年(1436)进士第一,官至左春坊左庶子。同考会试,以勤于事致疾而卒。诗文以典雅闲淡为宗,显然受到台阁体影响,“然在当时,犹驰驱于流辈之中,未能自辟蹊径”(《四库全书总目》)。著有《畏庵集》。生平事迹见明过廷训《本朝分省人物考》卷五六、《四库全书总目》卷一七五。

王伟(?—约1469)　明诗文家。字士英,号桐山。攸县(今属湖南)人。年十四随父谪宣府。正统元年(1436)进士,改庶吉士,英宗北狩,行监察御史事,集民壮守广平。为于谦引荐为兵部职方司郎中,擢右侍郎。唯恐为人目为于谦朋党,尝密奏于谦失误,冀以自解。英宗复辟,竟坐于谦党罢归。成化三年(1467)复官,逾年告病归,卒。为人喜任智数,早慧。宣宗巡边至宣府,以献《安边颂》而知名。著有《桐山文集》、《桐山诗集》,后者今存。另著有《诗学正蒙》,已佚。生平事迹见《明史》卷一七〇、《国朝献征录》卷四〇。

刘珏(1410—1472)　明诗人、书画家。字廷美,号完庵。长洲(今江苏苏州)人。郡守况鍾闻其才,举为吏,不就。正统三年(1438)领乡荐,授刑部主事,迁山西按察佥事,居三载,弃官归吴中。老而好学,工于七言律诗,人称“刘八句”。其诗有亮节而乏微情,以宗唐标榜。晚年与沈周等人唱和,颇多歌咏隐逸生活之作。著有《完庵诗集》。生平事迹见《国朝献征录》卷九七。

陈真晟(1410—1473)　明文章家、学者。字晦德,又字剩夫、晦夫;晚居漳之玉洲,号漳南布衣。镇海卫(今福建龙海)人。年十七即自拔于流俗。到福州应试,闻考场防察甚严,待士无礼,不试而归,不复事举业。天顺二年(1458)诣阙上《程朱正学纂要》,下礼部议,侍郎邹幹寝其事。归闽潜思静坐,笃志穷研程朱之学。其学术思想近于吴与弼,文章流传不广。著有《陈剩夫集》(即《布衣存稿》)。生平事迹见《明史》卷二八二、《明儒学案》卷四六。

胡居仁　明诗文家、学者。字叔心,又作淑心,号敬斋。余干(今属江西)人。闻吴与弼讲学崇仁,往从之游,遂绝意仕进。筑室山中,四方来学者甚众。督学聘主白鹿书院。布衣终身,卒年五十三岁,万历年间追谥文敬。诗文传世不多,所作朴实无华,类其为人。著有《胡文敬集》。另著有《易象钞》、《居业录》等。生平事迹见《明史》卷二八二。

郑文康(1413—1465) 明诗文家。字时乂,号介庵。昆山(今属江苏)人。正统十三年(1448)进士,以父母相继亡故,无意于仕进,遂弃职家居。枕藉经史,文思敏捷。《四库全书总目》谓:"其诗意主劝惩,词旨质直,颇近《击壤集》体,而温柔敦厚,蔼然可挹,要不失风人之遗。文章亦不屑以修词为工,而质朴之中,自中绳墨,较其诗尤胜。"著有《平桥稿》。生平事迹见《昆山人物志》卷二。

章纶(1413—1483) 明诗文家。字大经,号拙斋。乐清(今属浙江)人。正统四年(1439)进士,授南京礼部主事。景泰初为仪制郎中,尝上太平十六策。景泰五年(1454)因抗疏陈"修德弥灾十四事"获罪,下诏狱,榜掠惨酷,逼引主使及交通南宫(英宗)状。英宗复位,立释之,擢礼部右侍郎。后与权臣石亨不睦,调任南京礼部,就改吏部。为侍郎二十年不得迁,请老去职。卒于家。谥恭毅。著有《章恭毅公集》(又称《拙斋集》),并集狱中所作诗为《困志集》。生平事迹见《明史》卷一六二、《国朝献征录》卷三七。

沈彬 明诗文家。字原质,号兰轩。武康(今浙江德清)人。正统七年(1442)进士,官至刑部郎中。天顺五年(1461)得风疾,回籍养病,卒于家。享年五十九岁。居官以强干著称,不以诗文自鸣。著有《兰轩集》。生平事迹见明张宁《方洲集》卷二九所作墓志铭。

陈宜 明诗文家。字公宜,一作字仲宜,号静轩。泰和(今属江西)人。正统七年(1442)进士,由工科给事中历官兵部侍郎,曾出为应天丞。诗文平衍,但题材较宽泛。著有《静轩集》。生平事迹见《国朝献征录》卷四三。

姚夔(1414—1473) 明诗文家。字大章。桐庐(今属浙江)人。正统初乡试第一,正统七年(1442)会试又为第一,授吏科给事中,陈时政八事,英宗命立行之。景泰初任南京刑部右侍郎。天顺七年(1463)进礼部尚书,知贡举。后改任吏部尚书。卒谥文敏。才气宏远,识见洞达;诗文非其所长,均有台阁余韵。著有《姚文敏遗稿》行世。生平事迹见《明史》卷一七七、《国朝献征录》卷二四。

商辂(1414—1486) 明诗文家、史学家。字弘载,号素庵。淳安(今属浙江)人。正统间乡试、会试、殿试均为第一,正统十年(1445)进士。授修撰,进讲经筵,升侍读。郕王监国,入参机务,景泰中官至兵部尚书。英宗复辟下狱,斥为民。成化初以故官入阁,进谨身殿大学士。卒谥文毅。为人平粹简重,宽厚有容。诗文多馆阁应酬之作,不出当时啴缓之体。著有《商文毅集》(即《素庵集》)。另著有《读资治通鉴纲目》、《蔗山笔麈》、《商文毅疏稿略》等。生平事迹见《明史》卷一七六、《国朝献征录》卷一三。

倪谦(1415—1479) 明诗文家。字克让,号静存。上元(今江苏江宁)人。正统四年(1439)进士,授翰林编修。曾奉使朝鲜。天顺初,累迁学士,主顺天乡试。因黜权贵之子,遂诬以罪,谪戍开平。宪宗诏复旧职,仕至南京礼部尚书。卒谥文僖。其文步骤严谨,朴而不俚,简而不陋,体近三杨而无"台阁体"末流之失。有质有文,自成一家。著有《倪文僖集》、《朝鲜纪事》。生平事迹见《国朝献征录》卷三六。

王恕(1416—1508) 明文章家、学者。字宗贯,号介庵,又号石渠。三原(今属陕西)人。正统十三年(1448)进士,由庶吉士授大理寺左评事,进左寺副。迁扬州知府,天顺四年(1460)超迁江西右布政使。入为刑部侍郎、左都御史。孝宗时进吏部尚书。卒谥端毅。历仕中外四十余年,刚正清严,始终如一。其文章平实浅显,不事雕饰,如其为人。著有《王端毅文集》、《王端毅奏议》,所著《玩易意见》、《石渠意见》亦收入文集。生平事迹见《明史》卷一八二、《明儒学案》卷九。

吕原(1418—1462) 明诗文家。字逢原,号介庵。秀水(今浙江嘉兴)人。正统七年(1442)进士第二,天顺初入内阁。任翰林学士时以母丧归,卒。谥文懿。不以诗名,然其古风"引伸曲喻,不求工而自然精切"(朱彝尊《静志居诗话》卷七)。著有《介庵集》(即《吕文懿集》)。生平事迹见《明史》卷一七六、《国朝献征录》卷一三。

岳正(1418—1472) 明诗文家、书画家。字季方,号蒙泉。漷县(今北京通县)人。正统十三年(1448)会试第一,授编修。天顺初改翰林修撰,入内阁参预机务。忤权臣石亨等,谪钦州同知,戍肃州。成化初复为修撰,致仕卒,嘉靖中追谥文肃。博学能文章,其诗纯是宋邵雍《击壤集》一派,诗味不足。其文则高简峻拔,追古作者。工书,画葡萄称为绝品。著有《类博稿》、《深衣注疏》、《类博杂言》。生平事迹见《类博稿》附录李东阳所作补传、《明史》卷一七六。

彭孔坚(1418—?) 明诗人。字里不详。

于弱冠从父命入邑校，习举业。屡次应举不第，贡入南京国子监。既而以薄宦罢归，隐居于乡里。享年八旬以上。著有《逸窝诗集》。生平事迹见《逸窝诗集》自序。

卞荣(1419—1487)　明诗人、画家。字伯华。江阴(今属江苏)人。正统十年(1445)进士，官至户部郎中。在景泰间盛有诗名，居郎署二十年，朝骑方归，持牍乞诗者拥塞户限，日应百篇。然大多应酬哀挽之作，率意而为，意境浅显。其画世称"卞郎中画"，名气颇大。著有《卞郎中诗集》。生平事迹见《国朝献征录》卷三〇。

叶盛(1420—1474)　明诗文家、学者。字与中。昆山(今属江苏)人。正统十年(1445)进士，授兵科给事中。景泰时擢右参政，督饷宣府。英宗复辟，遭父忧；天顺二年(1458)召为右佥都御史。成化三年(1467)入为礼部侍郎，卒谥文庄。清修积学，尚名检，薄嗜好，家居出入常徒步。历仕四朝，久为言官，关心边政。著有《菉竹堂稿)、《叶文庄奏疏》、《水东日记》等，后者尤有名。其《菉竹堂书目》亦有传本。生平事迹见《明史》卷一七七、《国朝献征录》卷二六。

王佐(1420—1505)　明诗人。字汝学，号桐乡。临高(今属海南)人。早年受业于丘濬，正统十二年(1447)举于乡，历官高州、邵武、临江同知，以久不升调辞归乡里。与丘濬、海瑞、张岳崧并称"海南四才子"、"四绝"。著有《鸡肋集》，另著有《经籍目略》、《琼台外纪》等。生平事迹见《国朝献征录》卷八七。

丘濬(1421—1495)　或作邱濬。明代戏曲作家。字仲深。琼山(今属海南)人。正统九年(1444)举于乡。卒业太学。景泰五年(1454)进士，官翰林院，为庶吉士编修，预修《寰宇通志》。成化元年(1465)，充经筵讲习官，预修《英宗实录》。进翰林学士，擢国子祭酒，十六年晋礼部侍郎。弘治元年(1488)，预修《宪宗实录》。弘治四年，擢礼部尚书。著有《续通鉴纲目》、《大学衍义补》、《朱子学的》等；编著剧本有《伍伦全备记》、《投笔记》、《举鼎记》、《罗囊记》等四种。代表作为《伍伦全备记》，以道学面目为南曲的风气因此剧而愈盛。生平事迹见《明史》卷一八一、《国朝献征录》卷一四。

项忠(1421—1502)　明诗文家。字荩臣。嘉兴(今属浙江)人。正统七年(1442)进士，授刑部主事。"土木之变"时曾羁留塞外饲马，久之逃归。仕至兵部尚书。卒谥襄毅。归里时曾结"檇李耆英之会"，时人比之白居易的洛社。著有《藏史居集》。生平事迹见《明史》卷一七八、《国朝献征录》卷三八。

韩雍(1422—1478)　明诗文家。字永熙。长洲(今江苏苏州)人。以闾右徙实京师，落籍宛平(今北京丰台)。正统七年(1442)进士，授御史，巡按江西。景泰时擢广东副使。后因劾宁王得罪，勒令致仕。天顺初复官，宪宗朝又坐累贬浙江右参政。以左佥都御史率军进击大藤峡，破三百二十四个山寨。迁左副都御史，提督两广军务。致仕卒，正德间追谥襄毅。虽威行两广，以武略雄一世，不屑以雕章绘句为工，诗文仍时饶风骨，杂文亦高视阔步，气象不凡。著有《襄毅集》。生平事迹见《明史》卷一七八、《国朝献征录》卷五八。

姚绶(1422—1495)　明诗文家、画家。字公绶，号縠庵，又号仙痴，晚号云东逸史，人称丹丘先生。嘉善(今属浙江)人。天顺八年(1464)进士，授监察御史。成化初，出守永宁郡。解官归，啸咏于丹丘。其诗文都颇有灵气，但尚欠浑厚。著有《縠庵集选》。生平事迹见《縠庵集选》所附墓志铭。

柯潜(1423—1473)　明诗文家。字孟时，号竹岩。莆田(今属福建)人。景泰二年(1451)举进士第一，历洗马。天顺初迁尚宝卿。宪宗即位，擢翰林学士。连遭父母丧，守制时终于家。邃于文章，性格高介，负词林宿望。著有《竹岩集》。生平事迹见《明史》卷一五二、《国朝献征录》卷一八。

沈琫　明诗人。字公贵，号青壁。平湖(今属浙江)人。景泰二年(1451)进士，官终监察御史。与其兄沈琮(字公礼)齐名，居父母丧，兄弟庐墓下，六年不肉食。著有《桥门漫稿》、《柏台新稿》。生平事迹见明祁顺《巽川集》卷一所作哀辞、过廷训《本朝分省人物考》卷四四、清朱彝尊《静志居诗话》卷七。

郭登(？—1472)　明诗文家、军事家。字元登。临濠(今安徽凤阳)人。武定侯郭英孙。正统七年(1442)副靖远伯王骥征麓川。景泰初以军功封定襄伯。英宗复辟，掌南京中军都督府，寻谪甘肃。宪宗立，诏复伯爵，充任甘肃总兵官，召还掌神机营。卒谥忠武。其诗气韵遒上，格调沉雄，李东阳尝以其为明朝武臣能诗之冠。著有《联珠集》，另著有《春秋左传直解》。生平事迹见《明史》卷一七三、《国朝献征录》卷一○。

王越(1423或1426—1498) 明诗文家、将领。字世昌。濬县(今河南浚县)人。景泰二年(1451)进士,授御史,出按陕西。天顺年间擢右副都御史巡抚大同。历官兵部尚书,总制大同及延绥甘宁军务。凡三出塞,收复河套失地,身经十余战,功勋卓著,封威宁伯。早年即涉书史,有大略,成名后攀结太监汪直,后又依李广,为士论所轻。卒谥襄敏。在行伍中每以吟诗作文明志,为诗选家沈德潜称誉的"发为胡笳吹作雪,心因烽火炼成丹"即其所作。著有《王襄敏集》。生平事迹见《明史》卷一七一、《国朝献征录》卷一○。

朱朴 明诗人、画家。字元素,号西邨。海盐(今属浙江)人。布衣终身。性耽诗,自少至老,未尝一日废吟咏,曾加入小瀛洲诗社,为"瀛洲十老"之首。其诗虽未完全摆脱摹拟之迹,但近体以格调清越见长,是较典型的苦吟诗人。画长于云林小景。著有《西邨诗集》。生平事迹见《明诗纪事》丁签卷一四。

钟同(1424—1455) 明诗文家。字世京,号待时。永丰(今属江西)人。钟复子。景泰二年(1451)进士,次年授贵州道监察御史。景泰五年上疏论时政,兼及复储事,与章纶同下诏狱。后帝封巨梃就狱中杖之而死。成化年间追谥恭愍。在狱中所作诗文,稿藏于章纶枕畔,为狱卒窃去,仅存文章四篇,编为《章恭愍遗文》,附刊于其父《云川集》之后行世。生平事迹见《明史》卷一六二。

刘昌(1424—1480) 明诗文家。字钦谟,号棕园。吴县(今属江苏)人。正统九年(1444)进士。历官南京工部主事、河南提学副使,迁广东参政。少即博览群典,读书尝过目不忘。为文才思华赡,言词尔雅。振笔千言,若有余裕,诗律尤温丽,称一时作者。著有《胥台》、《凤台》、《金台》、《嵩台》、《越台》、《岳台》诸集及笔记《悬笥琐谈》,编刻《中州名贤文表》。生平事迹见《国朝献征录》卷九九、《吴中人物志》卷七。

沈采 明戏曲作家。字练川。嘉定(今属上海)人。生卒年不详。明成化年间(1465—1487)前后在世。明吕天成《曲品》说:"沈练川名重五陵,才倾万斛。纪游适则逸趣寄于山水,表勋猷则雄心畅于干戈。元老解颐而进卮,词豪攦指而搁笔。"著有传奇《四节记》(一作《四游记》,《明清传奇钩沉》辑有佚曲一支)、《千金记》、《还带记》三种,后两种今存,以《千金记》最著名。《传奇汇考标目》增补本著录有《临潼记》,不详何据,今佚。生平事迹见《同治广信府志》。

姚茂良 明戏曲作家。字静山。武康(今浙江德清)人。约成化前后在世。著有《合璧记》,佚。另有《金丸记》、《双忠记》、《精忠记》,今存。明吕天成《曲品》评《精忠记》说:"此武穆事,词简净,演此令人愤裂。"生平事迹见庄一拂《古典戏曲存目汇考》卷三。

沈龄 明戏曲作家。一名受先,字寿卿,又字元寿。嘉定(今属上海)人。约成化前后在世。善书法,工画竹,精音律。曾客大学士杨一清家。武宗南巡,幸杨一清家,属撰《四喜传奇》,选绝慧者习之,随撰随习,一夕而成。明旦令奉,武宗喜,问谁所为,一清以对。召龄欲官之,不受而归。著有《练塘诗草》。传奇有《商辂三元记》、《冯京三元记》、《银瓶记》、《娇红记》、《龙泉记》、《四喜记》。吕天成《曲品》评其曲谓:"蔚以名流,雄乎老学,语或嫌于凑插,事每近于迂拘;然吴优多肯演行,吾辈亦不厌弃。"六剧中前两种今存。生平事迹见《乾隆嘉定县志》卷一○。

张弼(1425—1487) 明诗文家、书法家。字汝弼,号东海。华亭(今上海松江)人。成化二年(1466)进士,授兵部主事。迁南安知府,谢病归。自幼颖拔,善诗文,工草书。其诗信手纵笔,多不属草。与李东阳、谢铎友善。著有《东海集》。生平事迹见《明史》卷二八六、《国朝献征录》卷八七。

杨守陈(1425—1489) 明诗文家。字维新,号镜川。鄞县(今属浙江)人。景泰二年(1451)进士,选庶吉士,孝宗嗣位,迁吏部右侍郎。上章乞解部务,以本官兼詹事府,专事史馆。卒谥文懿。与其弟杨守阯学行相埒,曾对掌两京翰林院,人尤艳称之。诗文俱有时名,诗格深稳,为台阁体作者之一。著有《晋庵》、《桂坊》诸稿,后合为《杨文懿集》行世。生平事迹见《明史》卷一八四、《国朝献征录》卷二六。

刘溥 明诗人。字原博,号草窗。长洲(今江苏苏州)人。父祖皆以医术得官。八岁赋《沟水诗》,目为神童。宣德时以文学征,有言其善医道者,授惠民局副使,调太医院吏目。耻以医自名,日吟咏为事。其诗初学西昆体,后更奇纵。与汤胤勣、苏平等号"景泰十才子",并为盟主。经历"土木之变",忠愤悱恻之情时见于诗,亦颇有足取者。著有《草窗集》。生平事迹见《明史》卷二八六、《国朝献征录》卷七八。

沈愚　明诗文家。字通理，号崆峒生。昆山(今属江苏)人。善行草，晓音律。业医授徒以终。为"景泰十才子"之一，极受同辈推重。其诗"诸体皆清稳，而绝句尤矫矫轶群，在刘(禹锡)白(居易)之间"(朱彝尊《静志居诗话》)。著有《筼籁集》、《吴歈集》。生平事迹见《明史》卷二八六、《昆山人物志》卷五。

汤胤勣　明诗人。字公让。濠(今安徽凤阳)人。开国功臣汤和曾孙。为诸生，由巡抚周忱荐于朝，授锦衣千户。曾远赴沙漠通问被俘的英宗。成化年间，分守延绥孤山堡，战死。工诗，负才使气，与刘溥、苏平等唱和，号"景泰十才子"。著有《东轩集》。生平事迹见《明史》卷一二六、《国朝献征录》卷五。

沈鲸　明戏曲作家。字涅川，一作涂川。平湖(今属浙江)人。成化年间任嘉兴知事。今有传奇四种存世:《易鞋记》(一名《分鞋记》)、《青琐记》、《鲛绡记》、《双珠记》。生平事迹见《传奇汇考标目》、《万历兴化县志》卷七。

童轩(1425—1498)　明诗文家。字士昂。鄱阳(今江西波阳)人。景泰二年(1451)进士，授南京吏科给事中。宪宗时以副都御史提督松潘军务。官至南京吏部尚书。为人廉介寡合，好学不倦。《四库全书总目》指出:"其人品本为高洁，其诗亦雅淡绝俗。然在明代不以诗名，殆正德以后，北地(李梦阳)信阳(何景明)之说盛行，寥寥清音，不谐俗尚故耶。"著有《清风亭稿》、《枕肱集》，前者今有传本。另著有《纪梦要览》、《海岳涓谈》、《谕蜀稿》。生平事迹见《国朝献征录》卷三六。

张宁　明诗文家。字靖之，号方洲。海盐(今属浙江)人。景泰五年(1454)进士，授礼科给事中。天顺中与都指挥武忠出使朝鲜，曾与馆伴登太平馆楼，顷刻成七言长律六十韵。宪宗时出为汀州知府，在任以简静为治。以病免归，居家三十年而卒。以才高素负志节，久居谏垣郁郁不得志。其文磊落可观，诗则颇杂浮声，殆由才调纵横，不耐沉思之故，然亦无萎弱之态。著有《方洲集》、《方洲杂言》等。生平事迹见《明史》卷一八〇。

彭泽　明诗人。字民望，号老葵。攸县(今属湖南)人。景泰七年(1456)举人，除应天府通判。诗学唐人，风调遒上，七言律诗尤为擅场，是正统、景泰间不可多见的诗人。著有《老葵集》，传本少见。生平事迹见《明诗纪事》乙签卷一九。

文洪　明诗文家。字功大，号希素。长洲(今江苏苏州)人。成化元年(1465)举人，官涞水教谕。其子文林、其孙文徵明并有时名。以名德见重，不以诗见长，曾自序其诗云:"如春山早莺，初出深谷，舌弱语涩，不能成声。"著有《括囊稿》、《涞水集》。生平事迹见《明诗纪事》丙签卷四。

刘珝(1426—1490)　明诗文家。字叔温，号古直。寿光(今属山东)人。正统十三年(1448)进士，改庶吉士，授编修。天顺中历右中允，侍讲东宫。宪宗即位迁太常卿，成化十年(1474)进吏部左侍郎，帝每呼为"东刘先生"，寻进吏部尚书、文渊阁大学士。曾斥权臣万安(万贵妃之父)负国无耻，为其所中伤，具疏乞休。卒谥文和。成化年间万安等朋比乱政，刘珝尚能执正，但颇喜谈论，为人目为狂躁。朱彝尊《明诗综》批评其诗率意涂写，不事剪裁，盖肖其为人。著有《刘古直集》。生平事迹见《明史》卷一六八、《国朝献征录》卷一四。

何乔新(1427—1502)　明诗文家。字廷秀，号椒丘。广昌(今属江西)人。景泰五年(1454)进士，官南京礼部主事，奔父丧归里。成化四年(1468)迁福建副使，升河南按察使。成化十六年擢右副都御史。孝宗嗣位，出为南京刑部尚书。致仕卒。正德中谥文肃。历仕中外，多著政绩，气节刚方，然不以文章名。藏书多达三万余帙，皆手自校勘。著有《椒丘集》、《周礼集注》、《勋贤琬琰录》等。生平事迹见《明史》卷一八三、《国朝献征录》卷四四。

沈周(1427—1509)　明诗文家、书画家。字启南，号石田，又号白石翁。长洲(今江苏苏州)人。父祖均为隐士。少从邑人陈孟贤游，年十一游南京，作百韵诗上巡抚。及长，郡守欲荐贤良，决意隐遁终身。以奉母不远游，居恒厌入城市。书无所不览，文摹《左传》，诗学白居易、苏轼、陆游，字仿黄庭坚。尤工于画，与唐寅、文徵明、仇英并称为明四大家，评者以其为明世第一。著有《石田集》，另著有笔记《客座新闻》、《石田杂记》等。生平事迹见《明史》卷二九八、《国朝献征录》卷一一五。

黄孔昭(1428—1491)　明诗文家、学者。初名黄曜，以字行，更字世显，号定轩，晚号洞山迂叟。太平(今浙江温岭)人。天顺四年(1460)进士，授屯田主事。成化九年(1473)进文选郎中，满九年始擢右通政。官终南京工部右侍郎。嘉靖中追谥文毅。嗜学敦行，与谢铎等友善，并为士林所宗。著有《定轩存稿》，又与谢铎合编《赤城论谏录》及《赤城集》。生平事迹见明谢铎《桃溪净稿》卷一四所作墓志铭、张邦奇《靡悔轩集》卷四所作墓碑铭、《明史》卷一五八、《国朝献征录》卷五三。

徐溥(1428—1499) 明文章家。字时用，号谦斋。宜兴(今属江苏)人。景泰五年(1454)进士。由编修累官华盖殿大学士。居内阁十二年，弘治十一年(1498)以目疾乞归。卒谥文靖。在翰林时即不以文学名，所作颇多应俗之文，结体平衍。其奏议最有特点，被认为"指事陈言，委曲恳至，具见老成忧国之忱"(《四库全书总目》)。著有《谦斋文录》。生平事迹见《明史》卷一八一、《国朝献征录》卷一四。

陈献章(1428—1500) 明理学家、诗人。字公甫，号石斋，学者称白沙先生。新会(今属广东)人。正统十二年(1447)举人，以荐授翰林检讨。乞终养归，数荐不起。从学者众，创白沙学派，以静为主，开明代心学之先声。为明前中期性气诗派之代表作家。其诗效邵雍之"击壤体"，所论亦主乎以自然见道，以为"开阖万象，不离乎人伦日用，而见鸢飞鱼跃之机"，故诗亦无所不可写，均可以会通于大道。著有《白沙集》。生平事迹见《明史》卷二八三。

魏偁 明诗人。字达卿，号云松。鄞县(今属浙江)人。以贡生授石城训导。弘治初年，秩满还乡，与乡绅屠滽、杨守随等往还密切，为耆会祭酒，以诗文相酬，前后共二十余年，受到同里的推重。诗风清爽，但题材较窄。著有《云松诗略》。生平事迹见《明诗纪事》丁签卷一五、《云松诗略》所载序跋。

彭韶(1430—1495) 明诗文家。字凤仪。莆田(今属福建)人。天顺元年(1457)进士，授刑部主事。成化二年(1466)以上疏忤旨下狱。获释后迁郎中。擢右副都御史，巡抚顺天。孝宗时代何乔新为刑部尚书。致仕卒，谥惠安。持正立朝，秉节无私，公暇手不释卷，诗文均有时名。其作虽沿台阁旧体，而醇深雅正，具有根柢，不同于神瘠而貌腴者。著有《彭惠安集》，另著有《政训》。生平事迹见《明史》卷一八三、《国朝献征录》卷四四。

徐贯 明诗文家。字元一，或作原一。淳安(今属浙江)人。天顺元年(1457)进士，授兵部主事，历员外郎、郎中。出为福建参政，迁布政使。改山东布政使。擢副都御史，巡抚辽东。召为工部侍郎，进尚书。卒谥康懿。有诗名，其诗力学唐人。著有《余力稿》。生平事迹见《国朝献征录》卷五〇。

张悦 明诗文家。字时敏，号定庵。华亭(今上海松江)人。天顺四年(1460)进士，授刑部主事，进员外郎。成化中出为江西佥事，后历仕浙江、四川、湖广等地。召拜左佥都御史。孝宗立，任吏部侍郎，迁南京右都御史。弘治九年(1496)任兵部尚书，参赞机务。致仕卒，谥庄简。诗文成就不高，著有《定庵集》。生平事迹见《明史》卷一八五、《国朝献征录》卷四二。

张泰 明诗人。字亨父，号沧洲。太仓(今属江苏)人。天顺八年(1464)进士，选庶吉士，授检讨，迁翰林修撰。为人恬淡自守，独喜为诗，诗名亚于李东阳，弘治间，诗坛皆称李怀麓、张沧洲。与陆釴、陆容少齐名，号"娄东三凤"。著有《沧洲诗集》。生平事迹见《明史》卷二八六。

闵珪(1430—1511) 明诗人。字朝英，或作朝瑛。乌程(今浙江湖州)人。天顺八年(1464)进士，授御史。成化八年(1472)擢江西副使，历仕广东、广西、顺天。孝宗时进右都御史，弘治七年(1494)为左都御史，弘治十三年为刑部尚书。正德初，太监刘瑾擅权，辞归。卒谥庄懿。立身持正，吟咏非所留意。著有《闵庄懿集》。生平事迹见《明史》卷一八三、《国朝献征录》卷四四。

邵璨 明戏曲作家。字文明，一说名弘(宏?)治，号半江。宜兴(今属江苏)人。成化前后在世。明英宗时生员，一生任给事中。晓音律，工于作曲，尤精于弈。善论古人行谊，每有所契，则意气跃然。有《乐善集》存于家。著传奇《香囊记》，以《诗经》和杜甫诗句入曲，宾白亦是文语，实开有明戏曲骈俪派之先河，影响很大。生平事迹见《康熙宜兴县志》卷八。

周瑛(1430—1518) 明诗文家、学者。字梁石，号翠渠。莆田(今属福建)人。成化五年(1469)进士，知广德州。弘治初为四川参政，进右布政使。在任均有善政，操守清廉。卒于家。与陈献章友善，但观点不同。文章格调高古，雅健浑成，尝自作绝句称"老去归平淡，时人或未知"。著有《翠渠摘稿》行世，另著有《书纂》等。生平事迹见《明史》卷二八二、《明儒学案》卷四六。

罗伦(1431—1478) 明诗文家。字应魁，改字彝正，号一峰。永丰(今属江西)人。早年家贫樵牧，但挟书诵不辍。成化二年(1466)擢进士第一，授翰林修撰。因疏劾大学士李贤，谪福建市舶副提举，不久复职。改任于南京，居二年引疾归。筑室金牛山中，四方从学者甚众。嘉靖初谥文毅。为人刚正，严于律己，淡泊名利。著有《一峰集》。生平事迹见《明史》卷一七九、《明儒学案》卷四五。

董越(1431—1502)　明诗文家。字尚矩，号圭峰。宁都(今属江西)人。少孤贫，奉母至孝。成化五年(1469)进士，授翰林编修。明孝宗即位，迁右庶子，与王敞一同出使朝鲜。官至南京工部尚书。谥文僖。李东阳评其诗文"大抵清峭简洁，脱去尘俗，不为诘屈怪诞之语"(《怀麓堂集》"文后稿"卷二五)。著有《朝鲜赋》、《使东日录》，诗文集名《董文僖集》(别名《圭峰集》)。今均存。另有《朝鲜杂志》，实是《朝鲜赋》之自注，为人抽出别行，改题今名。生平事迹见《国朝献征录》卷五二、《殿阁词林记》卷五。

冯兰　明诗人。字佩之，号雪湖。余姚(今属浙江)人。成化五年(1469)进士，改庶吉士。仕至江西提学副使。同邑谢迁以宰辅归田，与其缔姻，并日以诗札酬报，并集刊成《湖山唱和诗》二卷，较有影响。著有《雪湖集》。生平事迹见明过廷训《本朝分省人物考》卷五、清朱彝尊《静志居诗话》卷八。

彭华(1432—1496)　明诗文家。字彦实，号素庵。安福(今属江西)人。景泰五年(1454)会试第一，成化二十三年(1487)由詹事迁礼部侍郎，入内阁。得风疾去。卒谥文思。性深刻，有城府，善窥人短。诗文为台阁旧体，缺乏特点。著有《彭文思集》。生平事迹见《明史》卷一六八、《国朝献征录》卷一四。

王锜(1432—1499)　明笔记作家。字元瑀，号苇庵，别号梦苏道人。长洲(今江苏苏州)人。出身大家，世力农，好学，尤熟于史。洪武初曾被征修《元史》。性刚直，布衣终身。一生主要居住于故乡，有所见闻，即笔之。著有《寓圃杂记》。生平事迹见明吴宽《匏翁家藏集》卷七四所作墓表、《吴中人物志》卷九。

祝淇　明诗文家。淇又作祺，字汝渊，号梦窗。海宁(今属浙江)人。以其子祝萃贵，封刑部主事，余不详。其诗颇受选家注意，七言绝句有晚唐风韵。著有《履坦幽怀集》。生平事迹见《列朝诗集小传》乙集。

史鉴(1434—1496)　明诗文家。字明古，号西村。吴江(今属江苏)人。系建文时著名人物史仲彬曾孙。隐居不仕，留心经世之务，王恕巡抚江南，闻名而延见。于书无所不读，尤长于史。好著古衣冠，曳履挥麈，望之者以为仙。其文究悉物情，练达时势，多关乎国计民生。诗无俗韵，但成就逊于文。著有《西村集》。生平事迹见《吴中人物志》卷九、《国朝献征录》卷一一六。

吴宽(1435—1504)　明诗文家。字原博，号匏庵。长洲(今江苏苏州)人。早年为诸生即有文行。成化八年(1472)会试、廷试均为第一，授翰林修撰，侍明孝宗于东宫。孝宗即位迁左庶子，预修《宪宗实录》，进侍读学士。弘治八年(1495)擢吏部右侍郎，弘治十六年进礼部尚书。卒于任所，谥文定。学有根柢，在馆阁三十年，制作多出其手。学宗苏氏，字体亦酷肖之，颇受时人重视。《明史》称其"行履高洁，不为激矫，而自守以正。于书无不读，诗文有典则"。其时李东阳为首的"茶陵诗派"正活跃于馆阁，吴宽被视为其羽翼。黄宗羲《明文案序》云："成(化)弘(治)之际，西涯(李东阳)雄长于北，匏庵、震泽(王鏊)发明于南，从之者多有师承。"著有《匏翁家藏集》。生平事迹见《明史》卷一八四、《国朝献征录》卷一八。

黄仲昭(1435—1508)　明诗文家。原名黄潜，以字行；号退岩居士，学者称未轩先生。莆田(今属福建)人。成化二年(1466)进士，授编修。与章懋、庄昶同谏元夕张灯，谪湘潭知县，在道改南京大理评事。弘治元年(1488)授江西提学佥事，久之再疏乞休。居家日事著述，从学者日众。著有《未轩集》，编有《八闽通志》。生平事迹见《明史》卷一七九、《国朝献征录》卷八六。

谢铎(1435—1510)　明诗文家、学者。字鸣治，号方石。太平(今浙江温岭)人。天顺八年(1464)进士，改庶吉士，授编修。弘治初与修《宪宗实录》，弘治三年(1490)擢南京国子监祭酒。谢病家居近十年，又起为国子监祭酒。引疾归，卒谥文肃。经术湛深，为文章有体要。著有《桃溪净稿》，另著有《赤城论谏录》(与黄孔昭同编)、《伊洛渊源续录》、《赤城新志》等。生平事迹见《明史》卷一六三、明李东阳《怀麓堂集》"文后稿"卷二〇所作神道碑。

陆容(1436—1497)　明诗文家。字文量，号式斋。昆山(今属江苏)人。成化二年

(1466)进士,官兵部职方郎中,累迁浙江右参政。以忤权贵罢归,卒于家。与张泰、陆釴齐名,并称"娄东三凤"。工诗文,嗜书籍。文章以洁雅顺畅为长,诗则恬淡工致。著有《式斋集》,另著有笔记《菽园杂记》。生平事迹见《明史》卷二八六、《国朝献征录》卷八四。

刘大夏(1436—1516) 明诗文家。字时雍,号东山。华容(今属湖南)人。天顺八年(1464)进士,授职方郎中。弘治间治黄河,受到孝宗嘉奖。移疾归,筑东山草堂,读书其中。弘治十五年(1502)拜兵部尚书,尤见亲信。武宗立,乞归。正德三年(1508),太监刘瑾假以他事逮系诏狱,戍肃州,后赦归。刘瑾败,复官致仕。卒谥忠宣。为人廉谨平易,《明史》本传称"其被逮也,方锄菜园中,入室携数百钱,跨小驴就道"。著有《东山诗集》、《刘忠宣公集》。生平事迹见《明史》卷一八二、《国朝献征录》卷三八。

庄㫤(1437—1499) 明诗文家、学者。字孔旸,号木斋,又号卧林居士,学者称定山先生。江浦(今属江苏)人。成化二年(1466)进士,授翰林检讨。因谏内廷张灯,谪桂阳判官。改南京行人司副。以丁忧去职。卜居定山二十余年。后丘濬当国,强起之,仍复故职,俄迁南京吏部郎中。以老病罢归。天启初追谥文节。嗜古博学,其学以主静为宗,其诗全作宋邵雍《击壤集》之体,颇受世人嗤点。著有《定山集》。生平事迹见《明史》卷一七九、《明儒学案》卷四五。

张元祯(1437—1507) 明诗文家、学者。字廷祥,号东白。南昌(今属江西)人。五岁即能诗。天顺四年(1460)进士,改庶吉士,授编修。预修《英宗实录》,与持政议不合,引疾家居,讲求性命之学二十年。弘治初,召修《宪宗实录》,书成,以养母归。武宗立,擢吏部左侍郎兼学士,入东阁。专典诰敕。卒于官,天启时追谥文裕。曾为后辈讥为迂阔,诗文刻意摹拟宋儒,但仅得形似。著有《东白集》。生平事迹见《明史》卷一八四、《明儒学案》卷四五。

贺钦(1437—1510) 明诗文家。字克恭,号医闾。定海(今浙江舟山)人。以戍籍隶辽东广宁卫(今辽宁锦州附近)。成化二年(1466)进士,授户科给事中,因大旱上章极谏,寻告病归。从陈献章学,构小楼读书其中,杜门十余年。著有《医闾集》。生平事迹见《明史》卷二八三。

章懋(1437—1522) 明诗文家、学者。字德懋,号闇然子,晚号瀔滨遗老,学者称枫山先生。兰溪(今属浙江)人。成化二年(1466)会试第一,改庶吉士,次年授编修。因谏元夕张灯,贬临武知县,未行,改南京大理左评事。自福建佥事任上力求致仕。讲学枫木山中二十余年。弘治十六年(1503)征为南京国子监司业。致仕卒。谥文懿。著有《枫山集》、《枫山语录》。生平事迹见《明史》卷一七九、《国朝献征录》卷三六、阮鹗《章文懿公年谱》。

彭教(1438—1480) 明诗文家。字敷五,号东泷。吉水(今属江西)人。天顺八年(1464)进士第一,授翰林修撰,进侍讲。卒于官。诗文题材颇窄。著有《东泷遗稿》(又名《彭状元文集》)。生平事迹见《国朝献征录》卷二〇。

郑纪(1439—1508) 明文章家。字廷纲,号东园。仙游(今属福建)人。天顺四年(1460)进士,累官太常卿。明武宗在东宫,采帝王言行各绘图作赞,名为《圣功图》以进。官终南京户部尚书。致仕卒。平生为文无宿构,不易稿。写罢为人持稿去亦不复问。入翰林后曾归卧屏山读书二十余年。著有《归田录》、《东园文集》。生平事迹见《国朝献征录》卷三一。

谢复(1441—1505) 明诗文家、学者。字一阳,晚年卜居西山之麓,学者称西山先生。祁门(今属安徽)人。闻吴与弼倡道,弃科举而从之游。身体力行,务求自得。居家孝友,丧祭冠婚,悉遵古礼。著有《西山类稿》。生平事迹见《明史》卷二八二、《明儒学案》卷二。

吴文度(1441—1510) 明诗文家。字宪之,号交石。晋江(今属福建)人,家于江宁(今江苏南京)。成化八年(1472)进士,授龙泉知县,征为南京御史。迁汀州知府。弘治中,历仕江西、山西、河南。正德三年(1508)进南京右都御史,改南京户部尚书,致仕卒。为官清廉有操守。著有《交石类稿》。生平事迹见《明史》卷一八六、《国朝献征录》卷三一。

陶辅(1441—?) 明文学家。字廷弼,号夕川老人,又号安理斋、海萍道人。凤阳(今属安徽)人。其祖先曾以军功封大同伯,本人因袭封应天卫指挥,然"薄武艺而不事,专志于经史翰墨间","又不苟于时",遂致仕家居。著有《桑榆漫志》、《四端通俗诗词》、《蚓窍清娱》、《夕川咏物诗》及文言小说集《花影集》。生平事迹见《百川书志》、张孟敬《花影集序》。

戴冠(1442—1512) 明诗文家、学者。字章甫，号濯缨。长洲（今江苏苏州）人。少颖敏笃学，刻意为古诗文，博览无所不学，然八举不中，弘治初以选贡授绍兴府学训导。罢归后潜心著述。戴氏以“好古笃学，淹贯百家”，受尚书王恕推重，尝访以时务。其文章奋迅凌轹，大学士李东阳深爱之。著有笔记《濯缨亭笔记》。家藏诗文集数十卷，未传。另著有《礼记集说辨疑》、《读史类聚》、《通鉴纲目集览精约》、《经学启蒙》等著。生平事迹见明文徵明《莆田集》卷二七所作传、陆粲《濯缨亭笔记序》。

张昇（1442—1517）　明诗文家。字启昭，号柏崖。南城（今属江西）人。成化五年（1469）进士第一，授修撰。弘治元年（1488）迁庶子，调南京工部员外郎。弘治十五年为礼部尚书。正德初以忤太监刘瑾，谢病归。卒于家。嘉靖初追谥文僖。诗文多应酬之作，成就不高。著有《张文僖集》（即《柏崖集》）。生平事迹见《明史》卷一八四。

倪岳（1444—1501）　明诗文家。字舜咨，号青溪。钱塘（今浙江杭州）人，徙居上元（今江苏江宁）。倪谦子。天顺八年（1464）进士，授编修。弘治中累官礼部尚书，又改任南京吏、兵二部尚书，还朝任吏部尚书。卒谥文毅。文思敏捷，博综经世致用之学。居官不徇名誉，铨政平允。其文章浩瀚流转，不屑为追章琢句之工。著有《青溪漫稿》。生平事迹见《明史》卷一八三、《国朝献征录》卷二四。

朱存理（1444—1513）　明诗文家、书画鉴赏家。字性甫，号野航。长洲（今江苏苏州）人。博学工文，闻有异书，必访求之。曾馆于王氏家，被称为“葑门一老儒”（何良俊《四友斋丛说》卷二六）。布衣以终。著述繁富，精于书画鉴藏，有诗名。著有《楼居杂著》、《野航诗稿》、《野航文稿》，另编著有《铁网珊瑚》、《吴郡献征录》、《旌孝录》、《鹤岑随笔》等。生平事迹见《国朝献征录》卷一一五。

朱凯　明诗文家、画家。字尧民。长洲（今江苏苏州）人。活动于弘治、正德间，与同里朱存理齐名，均工诗画，人称“二朱先生”。著有《尧民集》，未见传本。另著有《句曲纪游诗》，今存。生平事迹见《列朝诗集小传》丙集。

程敏政（1445—1499）　明诗文家。字克勤，号篁墩。休宁（今属安徽）人。十岁即以神童荐，诏读书翰林院。成化二年（1466）进士，授编修，直讲东宫。弘治元年（1488）为人所构，勒令致仕。五年后复官，寻改太常卿兼侍读学士，掌翰林院事。后以主会试被诬为出卖考题，下狱，寻又勒致仕。出狱卒。以学问该博，著述繁赡著称，颇有声望，但又一再受到倾轧，故持论时见偏颇。《四库全书总目》认为：“其文格亦颇颓唐，不出当时风气。诗歌多至数千篇，尤多率易，求其警策者殊稀。”著有《篁墩集》，另著有《宋遗民录》、《新安文献志》等，编有《明文衡》、《唐氏三先生集》、《咏史集》等总集。生平事迹见《明史》卷二八六、《国朝献征录》卷三五。

文林（1445—1499）　明诗文家。字宗儒。长洲（今江苏苏州）人。文徵明父。成化八年（1472）进士，历知永嘉、博平二县，迁南京太仆寺丞。曾建言时政十四事，不报。告病归。复起为温州太守，卒于官。诗文均以质直平易为特点。著有《文温州集》，另著有《琅琊漫钞》。生平事迹见《吴中人物志》卷五、《文温州集》附录传记。

马中锡（1446—1512?）　明诗文家。字天禄，号东田。故城（今属河北）人。成化十年（1474）举省试第一，次年中进士，拜刑科给事中。两劾万贵妃之弟，两遭杖责。出为云南佥事，改陕西，又入为太理少卿等职。在兵部侍郎任时，因劾罢刘瑾党冒功传升，瑾恨之，改南京工部侍郎，寻致仕。又逮系狱，械送辽东，田庐鬻尽，以偿辽东刍粮，斥为民。刘瑾败，起抚大同，又奉命镇压刘六起义，议用招抚，受责下狱病死。钱谦益《列朝诗集》谓其“为文有隽才，刊落凡近。于诗尤工。评者谓其体格早类许浑，晚入刘长卿、陆龟蒙之间”。诗近中晚唐。在茶陵派风靡之时，能自成风格。其寓言散文《中山狼传》尤传诵于今。著有《东田集》。生平事迹见《明史》卷一八七、《列朝诗集小传》丙集、《国朝献征录》卷五四。

屠勋（1446—1516）　明诗文家。字元勋，号东湖。平湖（今属浙江）人。成化五年（1469）进士，历刑部郎中。遇有疑狱或事连权贵，部尚书便交其审理。弘治初为大理寺少卿，累迁副都御史。武宗立，进刑部尚书。引疾归。卒谥康僖。著有《屠康僖集》（即《太和堂集》）。生平事迹见《国朝献征录》卷四四。

桑悦（1447—1503）　明诗文家。字民怿，号思玄居士。常熟（今属江苏）人。成化元年（1465）举人。为文以奇古称，鄙薄当时流行的翰苑文章。论诗亦倡导《离骚》及曹、阮等“激愤风云”、“气撼山岳”之作，批评台阁体作家柔熟和平的声调，实为明中期七子派诗论之先导。

著有《思玄集》及笔记《桑子庸言》。生平事迹见《明史》卷二八六。

李东阳(1447—1516) 明大臣、诗文家。字宾之,号西涯。祖籍茶陵(今属湖南),占籍北京。出生于北京西郊,自幼被称为神童。天顺六年(1462)中顺天乡试举人,次年成进士,选庶吉士,任职于翰林院二十九年。弘治七年(1494)入内阁,次年参预机务。历任礼部、户部、吏部尚书,文渊阁、谨身殿、华盖殿大学士,为宰辅长达十五年。明孝宗临终,遗命李东阳及刘健、谢迁辅政。正德八年(1513)致仕。卒赠太师,谥文正。为明代文坛重要人物,《明史》本传云:"明兴以来,宰臣以文章领袖缙绅者,杨士奇后,东阳而已","天下翕然宗之。"形成了以之为核心的"茶陵诗派"。作为台阁体与"七子"之间的过渡,影响很大。其诗"原本少陵(杜甫)、随州(刘长卿)、香山(白居易)以迨宋之眉山(苏氏父子),元之道园(虞集),兼综而互出之"(钱谦益《书李文正公手书〈东祀录略〉卷后》),并非专宗一家,刻意复古。其文以典雅流丽为长,不为艰涩之语,但又讲究法度,颇体现出台阁体的特点。平生著作宏富,朝廷典册又多出其手,著有《怀麓堂全集》,主持编纂校订《大明会典》、《历代通鉴纂要》、《宪宗实录》、《孝宗实录》。生平事迹见《明史》卷一八一、《怀麓堂集》附录传记年谱。

罗玘(1447—1519) 明诗文家。字景鸣,号圭峰。南城(今属江西)人。博学好古文,务为奇奥。年四十困诸生,输粟入国学。成化末领京闱乡试第一,明年举进士,授编修。正德初迁南京太常少卿,擢南京吏部右侍郎。引疾致仕。嘉靖初谥文肃。其古文规抚韩愈,多抑掩其意,迂折其词,使人思之于言外。著有《圭峰集》、《类说》、《圭峰奏议》。生平事迹见《明史》卷二八六、《国朝献征录》卷二七。

邓庠(1447—1524) 明诗人。字宗周,号东溪。宜章(今属湖南)人。成化八年(1472)进士,授行人。擢御史。历两广布政使、南京右都御史、南京户部尚书。官终苏州巡抚。有诗名,其诗不事摹拟,纯为抒发个人感受而作。著有诗集《东溪稿》。生平事迹见《国朝献征录》卷三一。

张旭 明诗文家。字廷曙,号梅岩、阳堂主人。休宁(今属安徽)人。成化十年(1474)举人,历任孝丰、伊阳、高明三县知县。其诗长于集句,采摭成语,位置联络,往往如出自然;自作诗律调工整,然伤于剽利,"盖学(白居易)《长庆集》而不至者"(《四库全书总目》)。文章大抵为应俗之作。著有《梅岩小稿》。生平事迹见《明词综》卷二。

谢迁(1449—1531) 明诗文家。字于乔,号木斋。余姚(今属浙江)人。成化十一年(1475)进士第一,授翰林修撰。弘治四年(1491)以少詹事入内阁参预机务。进兵部尚书、东阁大学士。与刘健、李东阳同心辅政,见事机敏,称为贤相。武宗即位,请诛太监刘瑾,不纳,遂致仕。嘉靖中曾为手敕促起,入相仅数月,仍以老辞归。卒谥文正。"所作诗文,大抵词旨和平,惟惓惓寄江湖魏阙之思"(《四库全书总目》)。其文集全稿嘉靖中毁于倭乱,仅存《归田稿》。生平事迹见《明史》卷一八一、《国朝献征录》卷一四。

李承芳(1450—1502) 明诗文家。字茂卿,号东峤居士。嘉鱼(今属湖北)人。弘治三年(1490)进士,授大理寺评事,升寺副。以疾辞归。与弟李承箕并称"嘉鱼二李"。生平事迹见《国朝献征录》卷六八。

周旋(1450—1519) 明诗文家、学者。字克敬。慈溪(今属浙江)人。成化二十三年(1487)进士,选户科给事中,在户科九年,颇有建树。后出参广藩。著有《西溪小稿》;另著有《杜诗质疑》、《慈溪志》、《东湖十咏》等。生平事迹见明张邦奇《靡悔轩集》卷八所作墓志铭与卷一二所作行状、《国朝献征录》卷一九。

王鏊(1450—1524) 明诗文家。字济之,又字守溪;学者称震泽先生。吴县(今属江苏)人。成化十年(1474)乡试,次年会试,俱为第一,廷试第三,授编修。杜门读书,避远权势。弘治中迁吏部右侍郎。正德元年(1506)起为左侍郎,又进户部尚书文渊阁大学士。刘瑾专权,力求致仕。卒谥文恪。学有识鉴,文章尔雅,议论明畅,为明代最有名的八股文(时文)家。著有《震泽集》、《姑苏志》、《震泽长语》、《震泽纪闻》等。其八股制义编为《王守溪文稿》。生平事迹见明文徵明《甫田集》卷二八所作传、王守仁《王文成全书》卷二五、《明史》卷一八一。

刘鸿 明诗文家。字云表,号七星居士。泰和(今属江西)人。居于七星坳。成化十三年(1477)举人。屡上公车不第,遂放游山水以终。其文格疏畅,诗则率意而成。著有《七星诗文存》。生平事迹见《四库全书总目》卷一七五。

梁储 明诗文家。字叔厚,号厚斋,晚号郁洲。顺德(今属广东)人。成化十四年(1478)会试第一,授编修。正德初进吏部尚书,掌詹事府。曾受太监刘瑾排斥,刘瑾诛,兼文渊阁大学士,入参机务。正德十年(1515)为首辅。宁王反,扈从亲征。致仕卒,谥文康。享年七十七岁。平生不留意于诗文,传世作品不多,体格亦不甚高。著有《郁洲集》(或题为《郁洲遗稿》)。生平事迹见《明史》卷一九〇、《国朝献征录》卷一五。

张吉(1451—1518)　明诗文家、学者。字克修,号翼斋、默庵、怡窝,别号古城。余干(今属江西)人。成化十七年(1481)进士,授工部主事,仕至贵州左布政使。屏绝人事,穷研诸经及宋儒之书。其文不雕章绘句,以平正通达见长。著有《古城集》、《陆学订疑》等。生平事迹见《明儒学案》卷四六、《国朝献征录》卷一〇三。

周东(?—1510)　明诗文家。字伯震,号雨村。阜城(今属河北)人。成化二十年(1484)进士,仕至大理寺少卿。正德五年(1510)往宁夏度屯田,敲扑惨酷,戍将卫卒皆愤怨。正值安化王反,遣卒杀于公署。诗文传世不多。著有《雨村集》。生平事迹见《明史》卷一一七、《四库全书总目》卷一七五。

张诩　明诗文家、学者。字廷实,号东所。南海(今广东广州)人。成化二十年(1484)进士,授户部主事。以遭亲丧隐居不仕。正德中,召为南京通政司参议,一谒孝陵即告归。师事陈献章,其学以自然为宗。卒年六十。著有《东所集》、《南海杂咏》,另编有《白沙遗言纂要》。生平事迹见《明史》卷二八三、《明儒学案》卷六。

吴廷举　明诗文家。字献臣,号东湖。梧州(今属广西)人。成化二十三年(1487)进士,除顺德知县,在任十年,后历仕成都、松江、广东、江西、湖广。世宗立,召为工部侍郎,旋改兵部,迁右都御史。议"大礼"勒致仕。卒,隆庆中追谥清惠。好薛瑄、胡居仁学,尊事陈献章。创东湖书院,积书万卷。著有《西巡类稿》。生平事迹见《明史》卷二〇一、《国朝献征录》卷五二。

丁养浩(1451—1528)　明诗文家。字师孟,号西轩。仁和(今浙江杭州)人。成化二十三年(1487)进士,选行人。擢御史。官至云南布政使。诗文之名均不著,诗力学唐人,显然与"七子"同调,但成就不高。著有《西轩效唐集录》。生平事迹见《四库全书总目》卷一七五。

李承箕(1452—1505)　明诗文家。字世卿,号大厓。嘉鱼(今属湖北)人。成化二十二年(1486)举乡试。往师陈献章,有所感悟。归隐黄公山不复仕。与其兄李承芳皆好学,并称为"嘉鱼二李"。著有《李大厓集》。生平事迹见《明史》卷二八三、《国朝献征录》卷一一四。

杨廉(1452—1525)　明诗文家、学者。字方震,号月湖,一号畏轩。丰城(今属江西)人。早以文行称,举成化二十三年(1487)进士,改庶吉士。弘治三年(1490)授南京户科给事中,迁南京光禄少卿。正德初,历顺天府尹,擢南京礼部右侍郎,就迁尚书。嘉靖二年(1523)致仕。卒谥文恪。其父受业于吴廷弼门人胡九韶,少承家学,又与罗钦顺善,为居敬穷理之学。诗文有时名,但"其诗多涉理路,文亦概似语录"(《四库全书总目》),成就不高。著有《月湖集》。生平事迹见《明史》卷二八二、《国朝献征录》卷三六。

林俊(1452—1527)　明诗文家。字待用,号见素,晚号云庄。莆田(今属福建)人。成化十四年(1478)进士。除刑部主事,进员外郎。曾上疏请斩妖僧继晓,并罪中贵梁芳,以直声震都下。弘治元年(1488)擢云南副使。武宗时进右副都御史,巡抚江西。世宗时官至刑部尚书。致仕卒,隆庆时追谥贞肃。历事四朝,抗辞敢谏,以礼进退,始终如一。《四库全书总目》云:"俊为文,体裁不一,大都奇崛博奥,不沿袭台阁之派。其诗多学山谷、后山两家,颇多隐涩之词,而气味颇能远俗。"著有《见素集》、《西征集》。生平事迹见《见素集》卷首《林公编年纪略》及附录墓志铭、《明史》卷一九四。

蔡清(1453—1508)　明诗文家、学者。字介夫,号虚斋。晋江(今属福建)人。成化十三年(1477)举乡试第一,成化二十年进士,授礼部祠祭司主事。正德元年(1506)为江西提学副使,力辞归。万历时追谥文庄。其学初主静后主虚。著有《虚斋集》。另著有《四书蒙引》、《易经蒙引》等。生平事迹见《明史》卷二八二、《国朝献征录》卷七四。

祝萃　明诗文家。字维贞,或作惟贞,号虚斋。海宁(今属浙江)人。成化二十年(1484)进士,授刑部主事,改工部。从工部侍郎徐贯赴苏松治水,以功进员外郎。正德时曾任提学使,官终广东左布政。乞归,优游著述以终。其诗文均为成化、弘治间台阁体风范,应酬之作较多。著有《虚斋集》。生平事迹见明吕柟《泾野集》卷二《送提学祝惟贞升广东参政序》、《明史》卷八八。

杨一清(1454—1530) 明大臣、诗文家。字应宁,号邃庵,又号石淙。安宁(今属云南)人,徙居巴陵(今湖南岳阳)。成化八年(1472)进士,授中书舍人。迁山西按察佥事,以副使督学陕西。弘治十五年(1502)擢左副都御史,巡抚陕西,仍督马政。正德初,总制三镇军务,进右都御史。为太监刘瑾诬陷下锦衣狱,李东阳等力救得解。刘瑾诛,拜户部尚书,改吏部,兼武英殿大学士,入参机务。致仕归。嘉靖三年(1524)起为兵部尚书,总制陕西三边军务。后为张璁等所构,去职,发背疽死。追谥文襄。平生博学善权变,尤晓畅边事。时人或比之唐代名相姚崇。诗文繁富,以题材广见长。著有《石淙诗稿》,另著有《关中奏题稿》等。生平事迹见《明史》卷一九八、《国朝献征录》卷一五。

黄瓒(1455—?) 明诗文家。字公献,号雪洲。仪真(今江苏仪征)人。成化二十年(1484)进士,累官江西右布政使。宁王朱宸濠不法,诸司多为所制,独不屈从。以治行第一升应天府尹。历巡抚山东,官终南京兵部右侍郎。嘉靖元年(1522)致仕。工诗文,诗多伉厉之响。著有《雪洲集》。生平事迹见明过廷训《本朝分省人物考》卷三〇。

赵宽(1457—1505) 明诗文家、书法家。字栗夫,号半江。吴江(今属江苏)人。成化十七年(1481)进士。历任刑部郎中、浙江提学副使,官至广东按察使。为文雄浑秀整,行草亦清润。著有《半江集》。生平事迹见明过廷训《本朝分省人物考》卷二〇、《国朝献征录》卷九九。

储巏(1457—1513) 明诗文家。字静夫,号柴墟。泰州(今属江苏)人。九岁能属文,成化十九年(1483)乡试及明年会试皆第一,授南京考功主事,调吏部郎中,擢太仆寺卿。正德年间,以刘瑾用事,引疾归。后起为南京户部左侍郎,卒于官。嘉靖时追谥文懿。为人淳行清修,介然自守。尝与李梦阳、何景明相唱和,其诗规仿陶、韦,清恬可诵;其文亦洁雅有致。著有《柴墟集》。生平事迹见《明史》卷二八六、《国朝献征录》卷二七。

程楷 明诗文家。字正之,号念斋。乐平(今属江西)人。成化二十三年(1487)进士,改庶吉士,授翰林编修。平生刻意为诗文。家居时著有《东楼日录》、《南楼日录》,游太学时有《屏岚书屋稿》,官翰林时有《来英亭稿》,均散佚不存。今存《念斋集》。生平事迹见《念斋集》诸序及附录。

石珤 明诗文家。字邦彦,号熊峰。藁城(今属河北)人。成化二十三年(1487)与其兄石玠同举进士,授检讨。正德改元,擢南京翰林侍读学士。明武宗游宣府,上疏力谏。正德十六年(1521)拜礼部尚书。世宗立为吏部尚书,兼文渊阁大学士入参机务。嘉靖二年(1523)致仕,归装仅襆被车一辆,都人叹异。卒谥文隐,隆庆时改谥文介。诗文均平正通达,乃典型的"茶陵派"风格,极受李东阳推许。著有《熊峰集》。生平事迹见《明史》卷一九〇、《国朝献征录》卷一五。

吴俨(1457—1519) 明诗文家。字克温,号宁庵。宜兴(今属江苏)人。成化二十三年(1487)进士,授编修。历掌南京翰林院,拜南京礼部尚书。明武宗北巡,曾抗疏切谏。卒于官,谥文肃。诗文犹守明初旧格,无勾棘涂饰之习。文章局度舂容,诗格亦复娴雅,往往因题寓意。著有《吴文肃摘稿》。生平事迹见《明史》卷一八四、《国朝献征录》卷三六。

朱诚泳(1458—1498) 明诗文家。号宾竹道人。明宗室。朱元璋子秦王朱樉玄孙。弘治元年(1488)以镇安王袭封为秦王。谥曰简。自十岁起,就由母亲陈妃教以唐诗,嗣位后日赋诗一篇,三十年不间断。为人恭谨,尝铭冠服以自警。建正学书院,又另建小学,以教军校子弟。其诗风骨刻削,往往有晚唐格意,与其时馆阁诸子之作有别。著有《宾竹小鸣稿》。生平事迹见《明史》卷一一六、《国朝献征录》卷一。

杨循吉(1458—1546) 明诗文家。字君谦,号南峰。吴县(今属江苏)人。成化二十年(1484)进士,授礼部主事。多病,好读书,每得意手舞足蹈不能自禁,得"颠主事"名。弘治初致仕,结庐支硎山下,课读经史。明武宗至南京,为伶人所荐,召赋《打虎曲》。晚岁落寞,益坚癖自好。一生著述繁富,或云几达千卷,被讥为"芜累颇甚"(《四库全书总目》)。然其读书广博,颇具才华,是明代中期较有影响的人物。论诗主"不当以格律体裁为论,惟求直吐胸怀,实叙景象",实开公安、竟陵派先河。诗多近俚,文章不事摹拟,以学识深湛见长。著有《松筹堂集》、笔记《苏谈》、《吴中故语》等,另有《杨南峰全集》。生平事迹见《明史》卷二八六、《国朝献征录》卷三五。

傅珪(1459—1515) 明诗文家。字邦瑞,号北潭。清苑(今属河北)人。成化二十三年

(1487)进士,授编修,与修会典与《孝宗实录》。正德六年(1511)为礼部尚书。以忤权倖致仕。卒,嘉靖元年(1522)追谥文毅。为人清正,有古大臣风。诗文尚沿台阁之体,影响不大。著有《傅文毅集》。生平事迹见《明史》卷一八四、《国朝献征录》卷三三。

都穆(1459—1525)　明诗文家、学者。字玄敬,号南濠先生。吴县(今属江苏)人。弘治十二年(1499)进士,授工部主事。官至礼部主客司郎中、太仆寺少卿。其父都邛即为笔记小说作家。都穆以学问该博,用意精勤知名于时。虽不以诗文著称,但于诗学颇为留意,所著《南濠诗话》在七子诗派兴起之前较有影响。文章以简约练达见长,是较典型的明代笔记作家。著有《听雨纪谈》、《奚囊续要》、《都公谈纂》,另著有《壬午功臣爵赏录》、《史外类钞》、《周易考异》等。生平事迹见明张千垒《名山藏》卷九五、《国朝献征录》卷七二。

杨廷和(1459—1529)　明大臣、散曲家。字介夫,号石斋。新都(今属四川)人。杨慎父。年十二,举于乡。成化十四年(1478)先其父春成进士,改庶吉士,告归娶,还朝,授检讨。正德朝累官太子太师,华盖殿大学士。嘉靖初,以议大礼,削职为民。隆庆初复官,谥文忠。工散曲,著有《乐府遗音》,但刊本混杂于其子杨慎所作《升庵十五种》内,故论者每误为杨慎所作。另著有《杨文忠公三录》。生平事迹见《明史》卷一九〇、《国朝献征录》卷一五、《列朝诗集小传》丙集。

邵宝(1460—1527)　明诗文家、学者。字国宝,号二泉。无锡(今属江苏)人。成化二十年(1484)进士,授许州知州,官至户部左侍郎。为当时名儒,重视实践,不泥于古。为文推重两汉,而不满于当时之冗弱。著有《容春堂集》。生平事迹见《明史》卷二八二。

顾清(1460—1528)　明诗文家。字士廉,号东江。华亭(今上海松江)人。弘治六年(1493)进士,授编修。刘瑾秉政,独不与通,出为南京兵部员外郎。刘瑾诛,累迁礼部右侍郎。嘉靖初,以南京礼部尚书致仕。卒谥文僖。学行端谨,砥砺名节。诗清新婉丽,天趣盎然;文章简练醇雅,自娴法度,是"茶陵派"中较有成就者。著有《东江家藏集》,另编著有《松江府志》、《傍秋亭杂记》等。生平事迹见《明史》卷一八四、《国朝献征录》卷三六。

吴一鹏(1460—1542)　明诗文家。字南夫,号白楼。长洲(今江苏苏州)人。弘治六年(1493)进士,选庶吉士。嘉靖初,召拜礼部侍郎,进尚书。为权臣所忌,出为南京礼部尚书,致仕卒,谥文端。诗文均为台阁之体,影响与成就不大。著有《吴文端集》。生平事迹见《明史》卷一九一。

钱福(1461—1504)　明诗文家。字与谦,所居近鹤滩,因以为号。华亭(今上海松江)人。弘治三年(1490)试礼部、廷试皆第一,授翰林修撰。少颖悟,诗文以敏捷见长。自登第后,名声烜赫,远近求诗文者无虚日,在民间影响深远,与解缙一样都是受尊崇的才子。其诗多俚词俪句,为选家所不取。著有《鹤滩集》传世。生平事迹见《国朝献征录》卷二一。

毛澄(1461—1523)　明诗文家。字宪清,号白斋,晚号三江。昆山(今属江苏)人。弘治六年(1493)进士第一,授修撰。正德时,历礼部尚书。世宗敬惮之,虽数忤旨,恩礼不衰。嘉靖二年(1523)以病乞归,途中去世。谥文简。著有《毛文简集》。生平事迹见《明史》卷一九一、《国朝献征录》卷三四。

方良永(1461—1527)　明诗文家。字寿卿,号松厓。莆田(今属福建)人。弘治三年(1490)进士。授刑部主事,擢广东佥事。正德初因不附太监刘瑾,勒致仕。刘瑾诛,起为湖广副使。世宗即位,拜右副都御史。以疾致仕,卒谥简肃。"其为文信笔挥洒,虽不刻意求工,而和平坦易,不事钩棘。视后来摹拟涂饰之习,转为本色。"(《四库全书总目》)著有《方简肃集》。生平事迹见《明史》卷二〇一、《国朝献征录》卷四八。

祝允明(1461—1527)　明诗文家、书法家。字希哲,生而枝指(六指),自号枝山。长洲(今江苏苏州)人。早慧,五岁即能写径尺大字,九岁能诗。稍长博览群籍。弘治五年(1492)举于乡,正德十年(1515)授兴宁知县,迁应天府通判。未几,致仕后,玩世自放,往往出于名教外。其诗取材颇富,下撷晚唐,上薄六代;其文亦潇洒自如,不甚傍依门户,而才气自足。与唐寅、文徵明、徐祯卿被称为"吴中四杰"或"吴中四才子"。著有《怀星堂集》、《祝氏集略》,另著有笔记杂著及志怪小说《九朝野记》(简称《野记》)、《苏材小纂》、《前闻记》、《祝子小言》、《语怪编》、《猥谈》、《志怪录》等。生平事迹见《明史》卷二八六、《国朝献征录》卷七五。

杭淮(1462—1538)　明诗人。字东卿,号双溪，或作复溪。宜兴(今属江苏)人。弘治十二年(1499)进士，授刑部主事。迁员外郎。正德间历云南提学副使，仕至右副都御史，致仕卒。与其兄杭济并负诗名。朱彝尊《静志居诗话》说："双溪诗极其遒炼，如茧丝抽自梭肠，似涩而有条理。五言尤擅场。"是"七子"诗派"同声而应者"。著有《双溪集》。生平事迹见《毘陵人品记》卷八、明张邦奇《靡悔轩集》卷六所作墓志铭、徐问《山堂萃稿》卷九所作神道碑铭。

徐霖(1462—1538) 明文学家。字子仁，号髯仙、九峰道人。华亭(今上海松江)人。六岁从兄居上元(今江苏江宁)。少为诸生，然放任不谐于俗，遭诬黜落，遂肆力于词翰。书画诗文皆所善。所填南北词，语语入律，颇有才情。武宗朱厚照南巡，令填新曲，极受称赏，两幸其家。扈从还京，屡命以官，固辞归。与陈铎齐名，称为当时南京曲坛大手笔。著有《丽藻堂文集》、《中原音韵注释》、《快园诗文类选》。戏曲作品有《三元记》、《枕中记》、《柳仙记》、《留鞋记》、《梅花记》、《种瓜记》、《两团圆》、《绣襦记》(一说为薛近兖作，有人认为徐霖或另有一本)。生平事迹见《国朝献征录》卷一一五、《列朝诗集小传》丙集。

熊卓(1463—1509) 明诗人。字士选，号东溪。丰城(今属江西)人。弘治九年(1496)进士，知平湖，迁监察御史，屡疏陈时事。巡抚广东，豪强敛迹。为刘瑾诬为奸党，勒令致仕。工诗，与李梦阳友善，卒后由李梦阳辑录其遗作以传。王世贞《艺苑卮言》以为其诗"如寒蝉乍鸣，疏林早秋，非不清楚，恨乏深致"，其诗多不耐讽咏，唯五言绝句尚有含蓄余韵，引人涉想。著有《熊士选集》(又名《熊御史诗选》)。生平事迹见《熊士选集》李梦阳序及所附墓志铭。

蒋冕(1463—1533) 明诗文家。字敬之，或作敬所。全州(今属广西)人。成化二十三年(1487)进士，选庶吉士，授编修。正德中累官礼部尚书，兼武英殿大学士，预机务。帝崩，与杨廷和协力诛江彬。嘉靖时以议"大礼"忤旨，遂致仕。隆庆时追谥文定。正德之季主昏政乱，有匡弼功。诗文并有时名，但未能挺出流辈，自成一家。著有《湘皋集》、《琼台诗话》。生平事迹见《明史》卷一九〇、《国朝献征录》卷一五。

秦镗(1463—1541) 明诗人。字国和，号乐易，又号类樗子。无锡(今属江苏)人。弘治十七年(1504)举人。亲没后不复进取。嘉靖中召选人不愿试者授以散衔致仕，遂循例授南京都察院都事。一生绝意时名，特以诗寄兴而已。著有《樗林摘稿》。生平事迹见《毘陵人品记》卷七。

周伦(1463—1542) 明诗文家、学者。字伯明，号贞庵。昆山(今属江苏)人。弘治十二年(1499)进士，知新安，累迁大理寺少卿。官至南京刑部尚书。卒，谥康僖。其诗力学陶潜、王维，但其内容尚沿台阁旧派，不免肤廓。著有《贞翁净稿》，另著有《西台纪闻》、《医略》等。生平事迹见《国朝献征录》卷四八。

毛纪(1463—1545) 明诗文家。字维之，号鳌峰逸叟。掖县(今山东莱州)人。成化二十三年(1487)进士，选庶吉士。正德中授翰林学士，擢礼部尚书，兼东阁大学士，入预机务。帝南征归，晋户部尚书、武英殿大学士。嘉靖初为首辅，帝衔其亢直，允其致仕。卒谥文简。有学识，居官廉静简重，正色立朝，为缙绅所倚重。诗文亦如其为人，笃实少文采，有台阁体之风。著有《鳌峰类稿》，另著有《密勿稿》、《归田杂识》、《辞荣录》等。生平事迹见《明史》卷一九〇、《国朝献征录》卷一五。

黃傅 明诗文家。字梦弼，号白露山人。兰溪(今属浙江)人。弘治三年(1490)进士，官至监察御史，年未四十而卒。受业于章懋，清苦自持，不愧其师。其诗颇有清句，而文章则欠锤炼。著有《白露山人遗稿》。生平事迹见明过廷训《本朝分省人物考》卷五三。

黃暐 明笔记作家。字日昇，号东楼。吴县(今属江苏)人。弘治三年(1490)进士。官至刑部郎中。性刚正廉洁，而用法平恕，以忤权贵归。著有《蓬窗类记》。生平事迹见《皇明世说新语》卷三、《四库全书总目》卷一四四。

靳贵(1464—1520) 明诗文家。字充道，或作道充，号戒庵。丹徒(今属江苏)人。弘治三年(1490)进士，授编修兼司经局校书。官终户部尚书、太子太保、武英殿大学士。卒，谥文僖。性静重简默，不轻臧否，居家简约。诗文均为台阁之体，大半为应俗之作。著有《戒庵集》。生平事迹见《国朝献征录》卷一五。

郑满 明诗文家。字守谦，号勉斋。慈溪(今属浙江)人。弘治五年(1492)举人，主教临清，历仕道州、濮州知州。能诗文，名不著。著有《勉斋遗稿》。生平事迹见《四库全书总目》卷一七六。

崔澂(1465—1493) 明诗文家。字渊甫。吴江(今属江苏)人。国子监监生。以诗知名于时，受到吴宽、杨循吉、都穆、沈周、史鉴等人的礼重，订忘年之交，吴宽称其为“崔小先生”。其诗“恪守唐人矩镬，而未成变化”（朱彝尊《静志居诗话》卷九）。著有《传响集》。生平事迹见《传响集》附录史鉴所作墓志铭。

姚镆（1465—1538） 明文章家。字英之，号东泉。慈溪（今属浙江）人。弘治六年（1493）进士。擢右副都御史，巡抚延绥。嘉靖中以右都御史提督两广军务，进左都御史。中流言而落职。起为兵部尚书，总制三边军务，辞不赴，卒于家。著有《东泉文集》。生平事迹见《明史》卷二〇〇、《国朝献征录》卷五七。

罗钦顺（1465—1547） 明诗文家、理学家。字允升，号整庵。泰和（今属江西）人。弘治六年（1493）进士，授编修。太监刘瑾当权时曾夺职为民。瑾诛，复官，迁南京国子监司业。世宗立，擢南京吏部尚书，省亲乞归。里居二十余年，足迹不入城市，潜心于格物致知之学。卒谥文庄。平生不经意为诗文，晚年手自选录文稿，其余均焚去，对二子说：“此等文字世间不少，慎勿出以示人，留自观可也。”著有《整庵存稿》，另著有《困知记》等。生平事迹见《困知记》所附《整庵自订年谱》、《明史》卷二八二、《国朝献征录》卷二五。

邹智（1466—1491） 明诗文家。字汝愚，号立斋。合州（今四川合川）人。年十二即能文，家贫力学，登成化二十三年（1487）进士，选庶吉士。为人诬构，谪广东石城吏目，卒年仅二十六岁。天启年间追谥忠介。诗文多发于至性，不假修饰，真气流溢，颇有感染力。著有《立斋遗文》。生平事迹见《明史》卷一七九、《明儒学案》卷六、《国朝献征录》卷二二。

张羽 明诗文家。字凤举，号东田。泰兴（今属江苏）人。弘治九年（1496）进士。由淳安知县擢御史，正德初抗疏劾太监刘瑾，直声振朝野。后出知保定，以母病乞归。嘉靖初复起为四川参政，升河南布政使致仕。其诗规摹盛唐，不落纤巧之习。《四库全书总目》认为“（张）羽之澹静峭直，又出天性”，“不为旧调之肤廓，亦不为新声之涂饰”，“在诸作者中，亦可以自为一队矣”。著有《东田遗稿》。生平事迹见《四库全书总目》卷一七一。

汪循 明诗文家、学者。字进之，号仁峰。休宁（今属安徽）人。弘治九年（1496）进士，授永嘉知县，官至顺天府通判。正德初，一月三抗疏，请裁革中官，为刘瑾所忌，罢归。其文第取流畅，不事剪裁；诗有道学气。著有《仁峰集》。生平事迹见《列朝诗集小传》丙集。

张凤翔 明诗文家。字光世，号伎陵子。洵阳（今陕西旬阳）人。生有异禀，写字以左手横书，瞬息满纸。弘治十二年（1499）进士，授户部主事，年仅三十而卒。李梦阳与其同年，曾以其比作唐初王勃，然其诗文实未能自成一家。著有《伎陵集》。生平事迹见《皇明世说新语》卷五。

张琦 明诗文家。字君玉，号白斋。鄞县（今属浙江）人。弘治十二年（1499）进士，除南京大理评事，升寺正。知兴化府，升布政使左参政。致仕归。生当前七子盛时，别以独造为宗，自辟蹊径。“用思虽苦，炼骨未轻，有意生新，未免圭角太露”，“至以案牍语入文，尤非体裁”（《四库全书总目》）。著有《白斋诗集》、《白斋竹里集》。生平事迹见《明诗纪事》丁签卷四。

游潜 明诗文家、诗评家。字用之。丰城（今属江西）人。弘治十四年（1501）进士，官云南宾川知州。有诗名，古诗摹仿李贺、温庭筠，袭古调而窘于才；近体颇近晚唐，以绝句最工。著有《梦蕉存稿》、《梦蕉诗话》、《博物志补》。生平事迹见《明诗纪事》丁签卷九。

湛若水（1466—1560） 明诗文家、理学家。字元易，号甘泉。增城（今属广东）人。弘治十八年（1505）进士，授编修。嘉靖时历南京兵部尚书。少从陈献章游，王守仁在吏部讲学，若水亦与之应和，筑西樵讲舍。平生著作繁富，诗文非其所著意，风格不出《击壤集》一派，但以其明白坦易，为人喜读。著有《泉翁大全集》。生平事迹见《明史》卷二八三、《明儒学案》卷三七。

费宏（1468—1535） 明诗文家。字子充，号鹅湖。铅山（今属江西）人。成化二十三年（1487）进士第一，授修撰。正德中累迁户部尚书，世宗即位，起加少保，入朝辅政，继杨廷和为首辅。曾为人所构，致仕，后再起官如故。卒谥文宪。因与明世宗唱和，诗名颇著。其诗多近体，纯为台阁之作，往往词藻典丽而言之无物。著有《费文宪摘稿》（即《鹅湖摘稿》），另有《费文宪诗集》、《费文宪集选要》、《宸章录》等。生平事迹见《明史》卷一九三、《国朝献征录》卷一五。

郑岳（1468—1539） 明诗文家。字汝华，号山斋。莆田（今属福建）人。弘治六年（1493）进士，为户部主事。任江西左布政使时，曾反对宁王朱宸濠侵夺民田。后为李梦阳所弹劾，夺官。世宗时召为大理卿，迁兵部左侍郎。以议大礼乞休去。诗文俱畅达蕴藉，诗深于讽谕之体。著有《山斋集》、《莆阳文献》等。生平事迹见明过廷训《本朝分省人物考》卷七四、《明史》卷二〇三、《国朝献征录》卷四〇。

王九思(1468—1551) 明文学家。字敬夫，号渼陂，又号紫阁山人。鄠县(今陕西户县)人。弘治九年(1496)进士，任翰林院庶吉士，授检讨。正德五年(1510)以刘瑾党被谪寿州同知，一年后被勒令致仕，乡居四十年卒。为“前七子”之一，初为翰林检讨时，亦效李东阳为文，时称“上有三老，下有三讨”。后康海、李梦阳相继至京师，倡导古学，王九思遂改而从之。诗文颇多忧时感事之作，气韵苍凉，格调高古。废居后诗文不多作，每与康海相聚，“挟声伎酣饮，制乐造歌曲，自比俳优，以寄其怫郁”(《明史本传》)，故所作散曲尤多愤懑不平之情。其散曲风格豪爽，造语本色，为王世贞所盛称，然精思不足，时伤做作。又有杂剧《杜子美沽酒游春》、《中山狼院本》，后者为明清短杂剧之祖，其后徐渭的《四声猿》、汪道昆《洛水悲》等在形式上均受其影响。另著有诗文集《渼陂集》、散曲集《碧山乐府》。生平事迹见《明史》卷二八六、《国朝献征录》卷二六。

鲁铎 明诗文家。字振之，号莲北。景陵(今湖北天门)人。弘治十五年(1502)会试第一，历编修。武宗立，使安南，却其馈。正德二年(1507)迁国子司业，累迁祭酒。卒，谥文恪。教士以切实之学，不专章句。以德望重于时。诗文之名不著。著有《鲁文恪存集》。生平事迹见《明史》卷一六三。

林魁 明诗文家。号白石山人。龙溪(今福建漳州)人。弘治十五年(1502)进士，官至云南兵备副使。其诗文均较俊逸，唯称心而作，殊乏锻炼之功。著有《白石野稿》。生平事迹见明过廷训《本朝分省人物考》卷七五。

徐问 明诗文家、学者。字用中，号养斋。武进(今属江苏)人。弘治十五年(1502)进士，授广平推官。累迁广东左布政使。嘉靖十一年(1532)拜右副都御史，巡抚贵州，引疾归。嘉靖二十一年召为南京礼部侍郎，久之，迁尚书。复引疾归，卒于家。隆庆初追谥庄裕。居官四十年，清节自励，敝庐萧然。好学不倦，粹然深造。其诗文平正通达，而伤于浅易，惟五言律诗清高深稳。著有《山堂萃稿》，另著有《读书札记》。生平事迹见《明史》卷二〇一、《明儒学案》卷五二。

陈霆 明诗文家、学者。字声伯，号水南。德清(今属浙江)人。弘治十五年(1502)进士，历刑科给事中。谪判六安州，历山西提学佥事。以博洽著闻，其诗意境潇洒，才气坌涌，信笔成篇，往往不暇检点；古文朴直而少波澜；词作豪迈激越，有苏辛遗范，是明中叶较有成就的一家。著有《水南稿》、《两山墨谈》、《唐余纪传》、《山堂琐语》，另《水南闲居录》、《绿乡笔林》等，不传。生平事迹见清朱彝尊《静志居诗话》卷九、《明诗纪事》丁签卷九。

毛宪(1469—1535) 明诗文家、学者。字式之，号古庵。武进(今属江苏)人。正德六年(1511)进士，授刑科给事中。武宗储嗣未建，疏请不报，以耳疾谢病归。敦行谊，矜名节，诗文颇有刚劲之气。归后与王守仁、湛若水等讲学，绳墨自守，务为笃实。著有《古庵集》、《谏垣草》、《毘陵正学编》等。生平事迹见《国朝献征录》卷八〇。

陈沂(1469—1538) 明诗文家、书画家、学者。字宗鲁，更字鲁南，号石亭。上元(今江苏南京)人。正德十二年(1517)进士，授编修。嘉靖中出为江西参议，官至山西参政、行太仆寺卿。致仕卒。与顾璘、王韦称“金陵三俊”，又与李梦阳、何景明等并称“十才子”。少好苏轼诗，自号小坡，中年宗盛唐，为文出入史汉。工书画，有时名。著有《拘虚馆集》、《遂初斋集》、《维祯录》、《金陵古今图考》等。生平事迹见《明史》卷二八六、《国朝献征录》卷一〇四。

唐寅(1470—1524) 明诗文家、书画家。字伯虎，一字子畏，号六如。吴县(今属江苏)人。弘治十一年(1498)乡试第一，故又称“唐解元”。会试时受科场舞弊案牵连下狱，被革黜功名。此后绝意仕进，致力于书画。为宁王朱宸濠聘至南昌，觉其有异谋，佯狂脱身。晚年皈依佛理，病故于家。其诗文不受“七子”风格影响，与文徵明、祝允明等独树一帜，以抒写个人真实感受为长。其画声名颇著，与沈周、文徵明、仇英合称“明四家”。江南民间多有其纵情诗酒的风流韵事流传。著有《六如居士集》(又称《唐伯虎全集》)传世。生平事迹见《国朝献征录》卷一一五、杨静庵《唐寅年谱》。

王磐(约1470—1530) 明散曲家。字鸿渐。高邮(今属江苏)人。出身仕宦之家，少时薄科举，不应试，筑楼高邮城西，与当时文士谈咏其间，自号西楼。纵情山水诗画，尤善音律，度曲清丽。正德间，宦官当权，船到高邮，辄吹喇叭以征丁役，骚扰民间，磐因作《朝天子·咏喇叭》一首以讽。清钱谦益《列朝诗集》谓王磐"工题赠，善谐谑，与金陵陈大声并为南曲之冠"。王骥德《曲律》以为"小令北调，王西楼最佳，如《咏浴裙》、《睡鞋》等曲，首首尖新"。江盈科《雪涛诗话》称其"材料取诸眼前，句调得于口头，朗诵一过，殊足解颐。其视匠心学古，艰难苦涩者，真不啻啖哀家梨也"。著有散曲集《西楼乐府》，另有《西楼诗集》、《野菜谱》。生平事迹见《列朝诗集小传》丙集、《万历扬州府志》卷一八。

柴奇(1470—1542)　明诗文家。字德美，号黼庵。昆山(今属江苏)人。正德六年(1511)进士，由吏科给事中，历南京光禄寺少卿、应天府尹。以谏南巡、劾权倖，颇著直声。著意诗文，但时名不大。著有《黼庵遗稿》。生平事迹见《国朝献征录》卷七五。

文徵明(1470—1559)　明诗文家、书画家。原名文璧，字徵明，以字行，改字徵仲，号衡山。长洲(今江苏苏州)人。文林子。早年学文于吴宽，学书于李应祯，学画于沈周。正德末年以荐授翰林待诏；世宗立，预修《武宗实录》。致仕归。四方乞诗文书画者，接踵于道。与祝允明、唐寅、徐祯卿被称为"吴中四杰"或"吴中四才子"；与沈周、唐寅、仇英是画史有名的"吴门四大家"。是明代最主要的书画家之一。著有《甫田集》，今人编有《文徵明集》。生平事迹见《甫田集》附录王世贞《文先生传》、《明史》卷二八七。

方鹏(1470—?)　明诗文家、学者。字时举，号矫亭。昆山(今属江苏)人。正德三年(1508)与其弟方凤同成进士，官至南京太常少卿，引疾归。诗文多为应酬之作。著有《矫亭存稿》，另著有《责备余谈》、《续观感录》、《昆山人物志》等。生平事迹见《国朝献征录》卷七〇。

顾潜(1471—1553)　明诗文家、学者。字孔昭，号桴斋，晚号西岩。昆山(今属江苏)人。弘治九年(1496)进士，官至直隶提学御史，以伉直忤尚书刘宇，刘宇谗之于刘瑾，出为知府，未任罢归。诗文平正朴实，不事修饰。著有《静观堂集》、《读史新知》、《林下记闻》、《稽古治要》等。生平事迹见明张邦奇《靡悔轩集》卷七、《昆山人物志》卷三。

王守仁(1472—1528)　明思想家、诗文家。字伯安，幼名云，学者称阳明先生。余姚(今属浙江)人。少有大志，十五岁就曾访客居庸关、山海关。弘治十二年(1499)成进士。历官刑部、兵部主事。正德初，为太监刘瑾排斥，谪贵州龙场驿丞，瑾败，移庐陵知县。正德十一年(1516)擢右佥都御史。十四年，宁王朱宸濠反，赖其主持军事平定叛乱。嘉靖初官至南京兵部尚书，封新建伯。六年(1527)，总督两广兼巡抚，主持针对造反土司的军事举措。在任病重，返程卒于南安。隆庆初追谥文成。曾筑室讲学阳明洞，为明代影响最大的理学家，创心学，倡"知行合一"、"致良知"，认为"心明便是天理"。其诗文能在复古风行时卓然自立，散文上承宋濂、方孝孺，下开"唐宋派"王慎中、唐顺之先河；诗思敏捷，常用以抒写自己的人生志趣。后人辑有《王文成公全书》。生平事迹见《明史》卷一九五、《王文成公全书》卷三二至卷三六所收年谱。

倪宗正　明诗文家。字本端。余姚(今属浙江)人。弘治十八年(1505)进士，官兵部武选司员外郎时，曾以言事廷杖。官终南雄知府。嘉靖中追谥文忠。其诗文名颇著，据称李东阳曾说"明之诗文，至宗正而集大成"(谢迁《丰富集序》)。但其自认为实际成就仅在方豪、郑善夫之间。著有《小野集》。生平事迹见明过廷训《本朝分省人物考》卷五一。

王韦　明诗文家。字钦佩，号南原。上元(今江苏江宁)人。弘治十八年(1505)进士，选庶吉士，授南京吏部主事，改兵部，历河南按察副使，官至太仆寺少卿。为诗婉丽多致，但往往失之纤弱。著有《南原集》。生平事迹见《明史》卷二八六、《国朝献征录》卷七二。

李梦阳(1473—1530)　明诗文家。字献吉，号空同子。庆阳(今属甘肃)人，后徙扶沟(今属河南)。弘治六年(1493)举陕西乡试第一，七年进士，授户部主事。武宗时，拟代尚书韩文属草劾太监刘瑾，事泄，谪山西布政司经历，既而以他事下狱，将杀之，康海为说情，得免。刘瑾诛，迁江西提学副使，以事夺职家居。益跅弛负气，名震海内。曾受宁王朱宸濠谋反一案牵连，削籍，卒于家。其文学主张，强调真情，倡言复古，反对虚浮的"台阁体"，对民歌在文学上的价值也有所肯定。与何景明、徐祯卿、边贡、康海、王九思、王廷相号"七才子"，世又称"前七子"，是明代最有影响的诗歌流派代表人物。其诗风格雄壮，多有抚时感事、不满弊政之作，但缺乏独创性，流于肤廓。著有《空同集》。生平事迹见《明史》卷二八六、《国朝献征录》卷八六。

顾鼎臣(1473—1540) 明诗文家。初名顾仝，以梦改名，字九和，号未斋。昆山(今属江苏)人。弘治十八年(1505)进士第一，累迁礼部右侍郎。嘉靖中以礼部尚书兼文渊阁大学士，入参机务。卒于官，谥文康。有明以青词结主，自鼎臣起，故为清议所讥。著有《顾文康集》。生平事迹见《明史》卷一九三、《国朝献征录》卷一六。

周广(1474—1531) 明诗文家。字充之，号玉岩，又号抑斋。昆山(今属江苏)人。弘治十八年(1505)进士，历知莆田、吉水，正德中授御史，官至南京刑部侍郎。所作诗文甚丰，而诗文名不著。著有《玉岩集》。生平事迹见《明史》卷一八八、《国朝献征录》卷四九。

何孟春(1474—1536) 明诗文家、学者。字子元，号燕泉。郴州(今属湖南)人。弘治六年(1493)进士，授兵部主事。正德中出仕河南、云南。世宗立，召为吏部右侍郎。“大礼”议起，上疏力争，又与百官伏阙号泣，夺俸调南京工部。嘉靖六年(1527)引疾归。卒于家，隆庆时追谥文简。少游李东阳之门，学问该博，诗文均有时名，风格亦近于茶陵派。著有《何文简集》、《何燕泉诗》、《余冬序录》、《家语注》、《何文简疏议》等。生平事迹见《明史》卷一九一、《国朝献征录》卷二六、卷五三。

王济(1474—1540) 明文学家。字伯雨，号雨舟，又号白铁道人、紫髯仙客。乌镇(今属浙江桐乡)人。出身富家，曾为太学生。后以资捐得横州通判。以母老乞休，归家。性坦荡大度，穷极声色而富乐终身。正德十六年(1521)，吴汝秀倡湖南崇雅社，不久，应邀入社，与刘麟等名士相唱和。祝允明、文徵明、黄省曾等与之作翰墨游。著有传奇《连环记》，吕天成《曲品》称之为“妙品”，“词多佳句，事亦可喜”。著有《白铁道人集》、《铁老吟余》、《谷应集》、《二溪编》、《水南词》、《君子堂日询手镜》等。生平事迹见《国朝献征录》卷一〇一。

何瑭(1474—1543) 明诗文家。字粹夫，号柏斋。武陟(今属河南)人。弘治十五年(1502)进士，选庶吉士。太监刘瑾窃政，知不为所容，乃累疏致仕。刘瑾诛，复官。历任山西提学副使、南京太常少卿，擢南京右都御史。卒谥文定。著有《柏斋集》(或作《何文定集》)、《阴阳律吕》、《医学管见》等。生平事迹见《明史》卷二八二、《国朝献征录》卷六四。

王廷相(1474—1544) 明思想家、诗文家。字子衡，号浚川。仪封(今河南兰考)人。弘治十五年(1502)进士，选庶吉士，授兵科给事中。以事忤刘瑾，屡谪。嘉靖中累迁至左都御史、兵部尚书。工诗文，为“前七子”之一。弘治、正德间曾与李梦阳、康海等鼓吹古学，倡为古文辞。其诗才情可观，然颇存摹拟之迹，当时以善论诗著称。提出“诗贵意象透莹，不喜事实粘著”(《答郭价夫论诗书》)，对诗歌艺术特点有较深的认识。还批评明初以来作诗专尚体格的倾向，而又不简单地否定体格，在肯定诗歌发展“存乎其人”的基础上，主张体格应因人而异。有《王氏家藏集》、《内台集》，今人编有《王廷相集》。生平事迹见《明史》卷一九四。今人葛晋荣著有《王廷相生平学术编年》。

陶谐(1474—1546) 明诗文家。字世和，号南川。会稽(今浙江绍兴)人。弘治九年(1496)进士，选庶吉士，授工科给事中。正德初上疏请以刘瑾误国等罪告于先帝而罪之，为刘瑾寻他事廷杖，斥为民。嘉靖初复官，仕至兵部左侍郎。卒谥庄敏。其诗文直抒胸臆，明白坦易，不甚熔铸剪裁。著有《陶庄敏集》、《南川稿》。生平事迹见《明史》卷二〇三、《国朝献征录》卷四〇。

孙绪(1474—1547) 明诗文家。字诚甫，号沙溪。故城(今属河北)人。弘治十二年(1499)进士，授户部主事。曾至边塞参赞军务。转吏部郎中，为中官张雄中伤落职。嘉靖初起为太仆卿。致仕卒。其诗文沉着雄健，骨力较高。在其《无用闲谈》中，集中表述了反对刻意复古、一味摹拟的时风，是较有见地的诗文评。著有《沙溪集》。生平事迹见《国朝献征录》卷七二。

陈洪谟(1474—1555) 明诗文家。字宗禹，号高吾子。武陵(今湖南常德)人。弘治九年(1496)进士。正德中知漳州，有惠政，历仕云南、江西，迁兵部侍郎，致仕归。著有《静芳亭摘稿》(又名《高吾摘稿》)、《治世余闻》等。生平事迹见《国朝献征录》卷四〇。

刘麟(1474—1561) 明诗文家。字元瑞，一字子振，号南坦。安仁(今属江西)人，世为南京广洋卫副千户，因家于长兴(今属浙江)。弘治九年(1496)进士，除刑部主事。正德初出知绍兴府，刘瑾衔其不谒谢，寻故罢为民，居湖州。刘瑾诛，起陕西左参政。嘉靖初进右副都御史。在工部尚书任上因故落职。罢居郊外南坦，赋诗自娱，家居三十年。卒谥清惠。早年力学能文，与顾璘、徐祯卿齐名，称"江东三才子"，寓湖州时，与孙一元等称"湖南五隐"，才名甚著。著有《刘清惠集》。生平事迹见《明史》卷一九四、《国朝献征录》卷五〇。

康海(1475—1540)　明文学家。字德涵，号对山，又号浒西山人、沜东渔父。武功(今属陕西)人。弘治十五年(1502)举进士第一，授翰林院修撰。时刘瑾擅权，欲招致之，海不往。后李梦阳下狱，始谒瑾营救之。正德五年(1510)瑾败，康海坐瑾党落职。于是放浪自恣，每与王九思相聚沜东鄠杜间，挟声伎酣饮，制乐造歌曲，自比俳优，以寄其怫郁。乡居三十年卒。弘正间文学复古运动兴起，康海实为其首导者。时李梦阳以诗兴，康海则以文倡，力矫台阁阘茸之习，而师摹秦汉高古的文风。为"前七子"之一。所作诗文沉郁简质，格调高古，情思勃郁，非后来效颦学步者可比，放逐后于诗文不复精思。每寄情于剧曲。又好为散曲，或泄愤懑之情，或写闲居之乐，风格豪壮，多本色语，又时作盘空硬语，力图摆脱明初柔靡之习，开明人散曲中豪放一派的先声。著有诗文集《对山集》、散曲集《沜东乐府》、杂剧《王兰卿贞烈传》、《东郭先生误救中山狼》。生平事迹见《明史》卷二八六、《国朝献征录》卷二一。

唐锦(1475—1554)　明诗文家。字士絅，号龙江。上海人。弘治九年(1496)进士，预修《大明会典》，除东明知县，升兵科给事中。正德初以忤刘瑾意，谪判深州。刘瑾诛，累官江西提学副使。宁王朱宸濠反，以守城获首功。后落职致仕。其诗较平衍，文则以简奥见长。著有《龙江集》。生平事迹见《龙江集》卷首朱希周所作墓志铭、《国朝献征录》卷八六。

边贡(1476—1532)　明诗文家。字廷实，号华泉。历城(今山东济南)人。弘治九年(1496)进士，授兵科给事中。峻直敢言，正德初太监刘瑾擅权，出守卫辉、荆州，有治绩。嘉靖时官至南京兵部尚书。久官留都，优闲无事，游览江山，挥毫浮白夜以继日，为都御史弹劾纵酒废职，罢归。平生癖于藏书，一夕所聚均毁于火，遂病卒。早负才名，与李梦阳等号称"弘治十才子"，又为"前七子"之一。其诗"兴象飘逸，而语尤清圆"(胡应麟《诗薮》)。著有《边华泉集》。生平事迹见《明史》卷二八六、《国朝献征录》卷三一。

潘希曾(1476—1532)　明诗文家。字仲鲁，号竹涧。金华(今属浙江)人。弘治十五年(1502)进士，授兵科给事中。嘉靖中任太常卿，以右佥都御史巡抚南赣，迁工部侍郎。治理黄河水患，筑长堤一百四十里。官终兵部左侍郎。其时虽不以文章著称，而所作直抒胸臆，沛然有余。著有《竹涧集》。生平事迹见《竹涧集》所附传记、明湛若水《泉翁大全集》卷五九所作墓志铭、《国朝献征录》卷四〇。

顾璘(1476—1545)　明诗文家。字华玉，号东桥居士。长洲(今江苏苏州)人，寓居上元(今江苏南京)。弘治九年(1496)进士，授广平知县。正德四年(1509)出知开封府。历浙江左布政使，山西、湖广巡抚，所至均有政绩。迁南京刑部尚书，罢归。构息园，大治屋舍，客常满座。初与同里陈沂、王韦号"金陵三俊"，又加上朱应登称"四大家"。少负才名，虚己好士，如恐不及。工诗，矩矱唐人，以风调胜，羽翼李梦阳，与"前七子"同调。著有《顾华玉集》、《国宝新编》、《近言》等。生平事迹见《明史》卷二八六、《国朝献征录》卷四八。

周用(1476—1547)　明诗文家、词人、画家。字行之，号伯川，或作白川。吴江(今属江苏)人。弘治十五年(1502)进士，授行人，迁南京兵科给事中。历仕广东、浙江、山东、福建、河南。嘉靖八年(1529)擢右副都御史，迁工、刑二部尚书。以九庙灾，自陈致仕。久之，以工部尚书起督河道，官终吏部尚书。卒于官，谥恭肃。端亮有节概，以通达干练著称。其诗古体多啴缓之音，近体音节宏整，成就较高。其文平实坦易，纵笔而为，特少推敲之工。著有《周恭肃集》。生平事迹见《明史》卷二〇二、《国朝献征录》卷二五。

刘节(1476—1555)　明诗文家、学者。字介夫，号梅国，更号雪台，晚号涵虚翁。大庾(今江西大余)人。弘治十八年(1505)进士，历仕浙江左布政使，迁刑部侍郎。致仕卒。为官礼贤下士，著意于学问。著有《梅国集》、《宝制堂录》、《春秋列传》等，编有《广文选》。生平事迹见《国朝献征录》卷四六。

朱应登(1477—1526)　明诗文家。字升之，号凌溪。宝应(今属江苏)人。弘治十二年(1499)进士，历云南提学副使，迁云南参政，中飞语，罢归。与李梦阳、何景明等并称"十才子"，诗宗盛唐，格调力求高古。恃才傲物，所至以文学饰吏事。著有《凌溪集》。

生平事迹见《明史》卷二八六、《国朝献征录》卷一〇二。

陆深（1477—1544） 明诗文家、书法家。初名陆荣，字子渊，号俨山。上海人。弘治十八年（1505）进士，授编修。历国子司业、祭酒，充经筵讲官。以忤辅臣，谪延平同知。累官四川左布政使。嘉靖十六年（1537）召为太常卿兼侍读学士。致仕卒，谥文裕。诗以和平典雅为宗，与徐祯卿并有文名。为人颇倨傲，书法仿李邕、赵孟頫。著有《俨山集》、《陆文裕续集》、《南巡日录》、《史通会要》、《春风堂随笔》、《玉堂漫笔》等。生平事迹见《明史》卷二八六、《国朝献征录》卷一八。

唐龙（1477—1546） 明诗文家。字虞佐，号渔石。兰溪（今属浙江）人。受业于同县章懋，登正德三年（1508）进士，授郯城知县。以御史出按云南，后召为太仆卿。嘉靖七年（1528）改右佥都御史。嘉靖十一年进兵部尚书，总制三边军务。召为刑部、吏部尚书，为僚佐所欺，黜为民，舆出国门卒。追谥文襄。诗文非其所长，但颇著意为之，其文以气势见长，其诗风格浅淡平易，五言较胜。著有《渔石集》、《易经大旨》等。生平事迹见《明史》卷二〇二、《国朝献征录》卷二五。

黄衷（1477—?） 明诗文家。字子和，号矩洲。南海（今广东广州）人。弘治九年（1496）进士，授南京户部主事。历仕湖州、福建、广西、云南、湖广。官终兵部侍郎。有诗名，其诗以描写南方景物著称。著有《矩洲集》。另著有《海语》，述海中荒忽奇谲之状，颇为详备。生平事迹见《国朝献征录》卷四〇。

田汝耔（1478—1533） 明诗文家、学者。字勤甫，号水南。祥符（今河南开封）人。弘治十八年（1505）进士。授行人。累官湖广副使，再三乞休，得归田。著有《采葑集》、《归田集》、《周易纂义》、《律吕会通》等。生平事迹见《国朝献征录》卷八八。

崔铣（1478—1541） 明文章家、学者。字子钟，一字仲凫，号后渠、少石，又号洹野。安阳（今属河南）人。弘治十八年（1505）进士。正德初预修《孝宗实录》，书成为南京吏部主事。引疾归，作后渠书屋，读书讲学其中。明世宗即位，擢南京国子监祭酒，仕至南京礼部右侍郎。致仕卒，谥文敏。中岁自励于学，以程、朱为的，斥王守仁为"霸儒"。著有《洹词》，另编著有《读易余言》、《崔氏小尔雅》、《后渠庸言》、《彰德府志》等。生平事迹见《明史》卷二八二、《国朝献征录》卷三七。

徐祯卿（1479—1511） 明诗文家。字昌穀，一字昌国。吴县（今属江苏）人。自为诸生，已有诗名。弘治十八年（1505）进士，授大理左寺副，坐失囚，贬国子监博士。少与祝允明、唐寅、文徵明齐名，号"吴中四才子"。早年诗学白居易、刘禹锡。登第后与李梦阳、何景明游，悔其少作，改趋汉魏盛唐，为"前七子"之一。论诗主情致，与后来王士禛所倡导的神韵说有相通之处。其诗风格清朗。著有《迪功集》，另著有诗评著作《谈艺录》及《异林》、《剪胜野闻》、《新倩籍》等。生平事迹见明王守仁《王文成公全书》卷二五所作墓志铭、《明史》卷二八六。

王教（1479—1541） 明诗文家。字庸之，号中川。祥符（今河南开封）人，徙居仪封（今河南兰考）。嘉靖二年（1523）进士第二，授翰林编修，迁侍读，充经筵讲官，晋国子监祭酒，官至兵部侍郎。平日不以诗文自命，自称"吾赋性蹇拙，词翰诚非所长"，但一生所作诗文较多。著有《中川遗稿》。生平事迹见《国朝献征录》卷四三。

韩邦奇（1479—1555） 明诗文家、学者。字汝节，号苑洛。朝邑（今陕西大荔）人。正德三年（1508）进士，除吏部主事。迁浙江佥事，因疏请禁止中官在浙胡作非为，逮至京师，下诏狱，斥为民。嘉靖初起为四川提学副使，入为春坊右庶子。后官南京右都御史、进兵部尚书，参赞机务。致仕归，死于陕西大地震中。谥恭简。性嗜学，自诸经、子、史等无不通究，著述颇丰。著有《苑洛集》，另著有《苑洛志乐》、《禹贡详略》、《易学启蒙意见》等。生平事迹见《明史》卷二〇一、《明儒学案》卷九、《国朝献征录》卷四二。

许相卿（1479—1557） 明诗文家。字伯台，号云邨，一字台仲，号九杞。海宁（今属浙江）人。正德十二年（1517）进士。世宗立，授兵科给事中。任职三年，一再直言进谏均未被接纳，遂谢病归。其诗以近体居多，五言有大历诗风，七言则出入于陈师道、陈与义之间。文章体裁洁雅，以书简最有特色。著有《云邨集》（别本题《黄门集》），另著有《史汉方驾》、《革朝志》等，生平事迹见《明史》卷二〇八、《黄门集》附录年谱传记。

黄云 明诗文家。字应龙，号丹岩。昆山

(今属江苏)人。家贫力学,弘治中以岁贡授瑞州儒学训导。与沈周、文徵明等人唱和往还,诗文风格亦大致相近。著有《丹岩集》。生平事迹见《昆山人物志》卷三。

朱应辰　明散曲家。字拱之,一字振之,号淮海先生。宝应(今属江苏)人。约公元1506年前后在世。与兄应登并有才名,时人比之云间二陆(陆机、陆云)。屡试不第,嘉靖十年(1531)岁贡上礼部,遂隐居不仕。与蔡羽、文徵明、王宠、汤珍等交,称莫逆。晚年筑逍遥馆于广洋湖以老。著有《逍遥馆集》,又有散曲集《淮海新声》。生平事迹见清朱克生《明代宝应人物志》(抄本)、《明诗综》卷三八。

殷云霄(1480—1516)　明诗文家、学者。字近夫,号石川。寿张(今山东阳谷)人。弘治十八年(1505)进士,历仕靖江、青田知县,累官南京工科给事中。平生雅志诗文,是弘治十才子之一。建蓄艾堂,聚书数千卷,以作者自命。著有《石川集》。生平事迹见《明史》卷二八六、《明儒学案》卷九、《国朝献征录》卷八〇。

陈罴斋　明戏曲作家。约生活在明正德(1506—1521)前后。著有传奇《跃鲤记》(又名《姜诗得鲤》)、《风云记》。生平事迹见《古典戏曲存目汇考》卷三。

夏良胜(1480—1538)　明诗文家、学者。字于中,号东洲。南城(今属江西)人。正德二年(1507)乡试第一,三年进士,授刑部主事。为谏南巡下诏狱,除名归。明世宗立,召复故官,后又以谏黜为民。为仇家所构,谪戍辽东三万卫。卒于戍所。两以直谏谪,风节凛然。诗文无意求工,亦不以词藻著名。著有《东洲初稿》、《铨司汇存》、《中庸衍义》等。生平事迹见《明史》卷一八九、《国朝献征录》卷七〇。

胡缵宗(1480—1560)　明诗人。字世甫,号可泉、鸟鼠山人。泰安(今属山东)人。正德三年(1508)进士,授翰林检讨,官至右副都御史巡抚山东,改河南。好古文辞,曾作《拟汉乐府》八卷、《拟古乐府》四卷,"题则拟汉,事亦用汉"(邹顺贤《拟汉乐府后序》),使人读之"如见古人之体貌,如闻古人之謦欬"(王廷相《拟汉乐府序》),论诗论文亦宗于古,务以雅正为归。有《鸟鼠山人集》。生平事迹见《明史》卷二〇二。

严嵩(1480—1567)　明诗文家。字惟中,号介溪。分宜(今属江西)人。弘治十八年(1505)进士,移病归,读书于钤山十年。嘉靖时累官太子太师,位居首辅,把持朝政。与其子严世蕃济恶,历为杨继盛等劾其罪状,后由御史邹应龙极论其父子不法,而勒令致仕,老病死。为古文辞,早著清誉,又以代撰青词受世宗极赏。其诗亦迥出流辈。清王士禛谓其"早年诗有王、韦之风,贵后皆应制腐恶之作耳"(《戏仿元遗山论诗绝句》第十二首注)。著有《钤山堂集》。生平事迹见《明史》卷三〇八、《国朝献征录》卷一六。

刘魁　明诗文家、学者。字焕吾,号晴川。泰和(今属江西)人。正德二年(1507)领乡荐,嘉靖中历知钧州、潮州,入为工部员外郎。以极谏建雷殿于太液池,锢诏狱四年,释又复逮,又三年始释。受业于王守仁之门,著有《省愆稿》。生平事迹见《明史》卷二〇九、《国朝献征录》卷五一。

方豪　明诗文家。字思道,号棠陵。开化(今属浙江)人。正德三年(1508)进士,历昆山知县,沙河知县,迁刑部主事。谏明武宗南巡,跪阙下五日,复受杖。历官湖广副使,罢归。为官平恕,与郑善夫、孙一元友善,诗风亦相近。著有《棠陵集》、《断碑集》,编有《蓉溪书屋集》。生平事迹见明黄绾《石龙集》卷二八有《祭方思道文》、《明史》卷二八六。

丁奉　明诗文家、史学家。字献之,号南湖。常熟(今属江苏)人。正德三年(1508)进士,授行人。历南京吏部验封司郎中。工诗,所作不事锻炼,兴酣落笔,颇具风韵,但耐读之作不多。著有《南湖留稿》、《南湖逸稿》、《通鉴节要》及《丁吏部文选》。生平事迹见清朱彝尊《静志居诗话》卷一〇。

黄卿(?—1540)　明诗文家。字时庸,号海亭,又号朝儛山人。益都(今属山东)人。正德三年(1508)进士,历知武进、涉县,迁守应州。升南京刑部郎,擢守太原。官终江西左布政使。嘉靖十九年(1540)十月入觐,卒于途中。平生嗜学,曾与石存礼等结"海岱诗社"于益都北郭禅林,并编成《海岱会集》。《明诗纪事》认为其"诗特矜练,在《海岱会集》中别自一格"。著有《编茗集》、《编茗诗话》、《闲钞漫记》、《拟珠集》等。生平事迹见明过廷训《本朝分省人物考》卷九七。

林春泽(1480—1583)　明诗人。字德敷,号旗峰。侯官(今福建闽侯)人。正德九年(1514)进士。官至平番知府。邃于礼经,工诗。卒年一百零四岁,有司为建人瑞坊。少与郑善夫游，互相切磋，故其诗颇有体裁，但乏深思逸致。著有《旗峰诗集》。生平事迹见明陈文烛《二酉园续集》卷一七。

邵经邦（？—1558） 明诗人。字仲德。仁和（今浙江杭州）人。正德十六年（1521）进士，授工部主事，进员外郎，因上疏劾张璁、桂萼，谪戍镇海卫，卒。以讲学自任，尝采古今论学语而发明其旨为《宏道录》。其诗情辞兼备。所著诗文集为《宏艺录》，卷首有《艺苑玄机》七十三条，专论作诗之法，指出"诗之教，匪以教为诗也"，对诗歌的格调、意境、气骨较为重视。生平事迹见《明史》卷二〇六。

朱豹（1481—1533） 明诗文家。字子文，号青冈居士。上海人。正德十二年（1517）进士，授奉化知县。历余姚知县，擢御史。官至福州知府。诗学中唐，以流丽清切为宗。著有《朱福州集》传世。生平事迹见明朱察卿《朱邦宪集》卷五。

孙承恩（1481—1561） 明诗文家。字贞父，号毅斋。华亭（今上海松江）人。正德六年（1511）进士，改庶吉士。历任礼部尚书，兼掌詹事府。时斋宫设醮，独不肯黄冠，遂乞致仕归。卒谥文简。平生博稽宏览，为文纯正恬雅，有明初作者之遗。著有《孙文简集》（别题《瀼溪草堂稿》）。生平事迹见《国朝献征录》卷一八。

蔡羽（？—1541） 明诗文家。字九逵，号林屋山人、左虚子。吴县（今属江苏）人。以太学生赴选调，有司知其名而奏授南京翰林院孔目。居二年致仕归。好古文辞，自视甚高。或谓其诗似李贺，竟说："吾诗求出魏晋上，今乃为李贺邪！"其文取法先秦、两汉，实际成就不高。著有《林屋集》、《南馆集》、《太薮外史》。生平事迹见《明史》卷二八七、《国朝献征录》卷二三。

周廷用（1482—1534） 明诗文家。字子贤，号八厓。华容（今属湖南）人。正德六年（1511）进士，授宣城令，擢监察御史，巡按贵州，历福建参政、江西按察使。为人豪爽，阔视放言；早有文才，时名较著，然其诗文均少文采。著有《八厓集》。生平事迹见《国朝献征录》卷八六。

毛伯温（1482—1545） 明诗文家。字汝厉，号东塘。吉水（今属江西）人。正德三年（1508）进士，授绍兴推官。嘉靖中任工部尚书，改兵部，总督宣大山西军务。曾受命平定安南。后以事削籍归，发背疽卒于家。天启初追谥襄懋。能诗文，文格颇疏畅，诗则所造不深，词多浅易。著有《毛襄懋集》。生平事迹见《明史》卷一九八、《国朝献征录》卷三九。

尹襄 明诗文家。字舜弼，号巽峰。永新（今属江西）人。正德六年（1511）进士。官至司经局洗马。卒年四十三岁。"其文持论颇纯正，而波澜结构则未造古人。"（《四库全书总目》）著有《巽峰集》。生平事迹见《国朝献征录》卷一九。

管楫 明诗人。字汝济，号平田，又号竹木山人。咸宁（今陕西长安）人。正德六年（1511）进士，官至右副都御史，巡抚山东。因与严嵩忤，辞疾家居二十年。与文徵明友善。其诗沿七子之派，与薛蕙、何景明等人倡和。著有《平田诗集》。生平事迹见明雷礼《国朝列卿记》卷八六、卷一二一，《四库全书总目》卷一七六。

赵汉 明诗人。字鸿逵，号渐斋。平湖（今属浙江）人。正德六年（1511）进士，授兵科给事中。嘉靖初请逐太监崔文，不听；又哭争大礼，系狱廷杖，以疾去。后起为工科都给事中，官终山西右参政。在七子盛行时，其诗力学江西诗派，于时为别调，然风格虽异，兴象未深，故尚不能独绝一时。著有《渐斋诗草》。生平事迹见《明史》卷二〇六、《国朝献征录》卷八〇。

顿锐 明诗人。字叔养，号鸥汀。涿州（今属河北）人。正德六年（1511）进士，入为户部主事，改代王府右长史。时人曾云："涿郡有才一石，人得其二，锐得其八。"少负诗名，晚年卜居怀玉山吟咏自适。其诗颇受诗选家、诗论家关注，朱彝尊《静志居诗话》认为其"诗颇警拔，微嫌冗长"；陈田《明诗纪事》评其诗："至五律音节高亮，对仗鲜明；七言律绝亦复翩翩振响。在正嘉之际，不失为第二流。"著有《汀鸥长古集》、《渔啸集》、《顿诗》等。生平事迹见《明诗纪事》戊签卷六、《列朝诗集小传》丁集上。

李日华 明戏曲作家。字实甫。吴县（今属江苏）人。嘉靖初在世。友人崔时佩把王实甫《西厢记》改编为《南西厢记》传奇三十六出，李日华据传奇改编本加以增补，共三十八折，《六十种曲》收入此剧。另有传奇《四景记》，佚。所作散曲见于《南词韵选》、《南北宫词纪》、《吴骚合编》等书。生平事迹见《九宫正始》引注。

崔时佩 明戏曲作家。字号不详。海盐（今属浙江）人。为吴县李日华友人，约嘉靖初在世。所作传奇《南调西厢记》，据明祁彪佳《远山堂曲品》云，现存李日华《南西厢记》即据崔时佩本增补而成。

夏尚朴　明文章家、学者。字敦夫，号东岩。永丰(今属江西)人。正德初会试京师，见太监刘瑾乱政，不试而归。正德六年(1511)进士，授南京礼部主事，迁惠州知府，投劾归。嘉靖初起山东提学副使，擢南京太仆少卿。引疾归。早年师事娄谅，传主敬之学。其诗多涉理语，文章较胜。《四库全书总目》指出："尚朴本讲学之士，不以文章为工。然其言醇正，固亦不乖于大雅焉。"著有《东岩文集》，另著有《中庸语录》(即《中庸说》)等。生平事迹见《明史》卷二八三、《明儒学案》卷四。

夏言(1482—1548)　明大臣、文学家。字公谨，号桂洲。贵溪(今属江西)人。正德十二年(1517)进士。嘉靖初为兵科给事中，受知于世宗，去谏官未浃岁而拜六卿，参机务，进居首辅。受严嵩排斥，以事夺职，寻弃市。后追谥文愍。诗文均为台阁余风，以典雅为工。未相时以词曲擅名。著有《桂洲集》及《桂洲词》、《鸥园新曲》(散曲集)、《南宫奏稿》等。生平事迹见《明史》卷一九六、《国朝献征录》卷一六。

何景明(1483—1521)　明诗文家。字仲默，号大复。信阳(今属河南)人。弘治十一年(1498)举于乡，十五年进士，授中书舍人。正德初，受太监刘瑾排斥罢官。后由李东阳荐复官。李梦阳下狱，众莫敢为直，独上书救之。进吏部员外郎，擢陕西提学副使。嘉靖初引疾归，不久卒于家。《明史》本传称其"志操耿介，尚节义，鄙荣利，与梦阳有国士风"。与李梦阳同倡复古，为"前七子"代表人物，又与边贡、徐祯卿并称"四杰"。始与李梦阳志趣一致，名成后互相诋諆，同为复古，但方法有所歧异，李梦阳主摹仿，何景明主创意，各树壁垒不相下。著有《大复集》，另著有《雍大记》、《大复论》、《四箴杂言》等。生平事迹见《大复集》附录传记、《明史》卷二八六。

孟洋(1483—1534)　明诗文家。字望之，一字有涯。信阳(今属河南)人。弘治十八年(1505)进士，授行人，擢御史。历仕佥都御史、大理寺卿。司职清勤，事无碍滞。诗风高雅绮丽，与李梦阳、何景明等人相唱酬。著有《孟有涯集》。生平事迹见《国朝献征录》卷六九。

齐之鸾(1483—1534)　明诗文家。字瑞卿，号蓉川。桐城(今属安徽)人。正德六年(1511)进士，改庶吉士，迁兵科左给事中。明世宗即位，大计京官，为人所中伤，谪崇德丞。官终河南按察使，卒于官。有直言敢谏之誉，诗文均有时名。著有《蓉川集》。生平事迹见《明史》卷二〇八、《掖垣人鉴》卷二〇。

魏校(1483—1543)　明文章家、学者。字子才，号庄渠。昆山(今属江苏)人。其先本姓李。弘治十八年(1505)进士，历南京刑部郎中。嘉靖初，起为广东提学副使，累迁国子祭酒、太常卿。寻致仕。卒谥恭简。私淑胡居仁主敬之学，而贯通诸儒之说，择持尤精。唐顺之、王应电等皆出其门。著有《庄渠遗书》、《大学指归》、《六书精蕴》、《周礼沿革传》等。生平事迹见《明史》卷二八二、《明儒学案》卷三。

孙一元(1484—1520)　明诗人。字太初，号太白山人。明宗室，因祸变姓名避难于秦(今陕西)，久之逾江淮下吴越，鹖冠布袍，足迹半天下。正德间僦居乌程(今浙江湖州)，与刘麟等结社唱和，时称"苕溪五隐"。其诗"豪纵恣肆"，"凡可喜可愕可悲可嗔，一以发之于诗"，"时出入畦径"(殷云霄《太白山人传》)，不为世风所拘。著有《太白山人漫稿》。生平事迹见《明史》卷二九八。

王周　明诗人。字质斋，号雁湖钓叟。嘉兴(今属浙江)人。屡试不售，归隐于乡，吟咏以终。活动于正德年间。其子王俸为嘉靖十四年(1535)进士。著有《雁湖钓叟自在吟》。生平事迹见该集附录。

郑善夫(1485—1523)　明诗人。字继之，号少谷。闽县(今福建闽侯)人。弘治十八年(1505)进士，正德间为户部主事。武宗南巡，偕同列切谏。次年乞归，年三十九卒。为"七子派"的重要作家，以学杜著称，颇能师承杜诗忧国伤时的现实精神。论诗则指出"长篇沉著顿挫，指事陈情，有根节骨骼，此老杜独擅之能"，然"诗之妙处正者不必说到尽，不必写到真，而其欲说欲写者自宛然可想，虽可想而又不可道，斯得风人之旨。杜公往往要到真处尽处，所以失之"(焦竑《笔乘》引)。与何景明对杜甫的批评相近，反映了明代中期开始的尚虚灵、贵神似的审美倾向。著有《郑少谷集》。生平事迹见《明史》卷二八六。

顾可久(1485—1563)　明诗人、书法家。字与新，号阳洞。无锡(今属江苏)人。正德九年(1514)进士，授行人。嘉靖初任户部员外郎，议大礼忤旨，两遭廷杖，出守泉州。以广东兵备副使致仕。有诗名，力图独标一格，但未能成就。著有《阳洞诗集》。生平事迹见《国朝献征录》卷九九。

万镗(1485—1565) 明诗文家。字仕鸣，号治斋。进贤(今属江西)人。万福子。弘治十八年(1505)进士，授刑部主事，嘉靖中累官南京右都御史，言事被斥，家居十年。严嵩柄政时官至吏部尚书，为赵文华排斥，黜为民。著有《治斋集》。生平事迹见《明史》卷二〇二、《国朝献征录》卷二五。

戴钦(？—1524) 明诗文家。字时亮，号鹿原。马平(今广西柳江)人。正德九年(1514)进士，官至刑部郎中。嘉靖三年(1524)议大礼，廷杖，创重卒。与何景明、李濂、薛蕙友善，所作刻意仿古，不出七子之余派。著有《鹿原存稿》。生平事迹见《明史》卷一九一、《明诗纪事》戊签卷一二。

李濂 明诗文家、学者。字川甫，号嵩渚。祥符(今河南开封)人。正德九年(1514)进士，历官山西佥事，嘉靖间免归。少负俊才，受知于李梦阳，后不屑附和其论。里居四十余年，以古文名于时。一生著述颇富，有诗文集《观政集》、《嵩渚集》以及《祥符乡贤传》、《祥符文献志》、《汴京遗迹志》、《医史》等。生平事迹见明李堂《堇山集》卷一五所作事略、《明史》卷二八六。

蒋山卿(1486—？) 明诗文家。字子云，号南泠。仪真(今江苏仪征)人。正德九年(1514)进士，授工部主事，以谏武宗南巡，被谪。嘉靖初复起，改刑部主事，历仕河南、浔州、南宁，官至广西参政。游顾璘门，以诗名于时。著有《南泠集》。生平事迹见明过廷训《本朝分省人物考》卷三一、《明史》卷一八九。

林炫 明诗文家。字贞孚，号榕江。闽县(今福建闽侯)人。正德九年(1514)进士，官至通政参议。诗风近于七子，缺乏特色；文章亦较浅淡。著有《榕江集》、《卮言余录》。生平事迹见《明史稿》卷一六八、《明诗纪事》戊签卷一二。

蔡昂 明诗人。字衡仲，号鹤江先生。隶淮安卫籍，嘉定(今属上海)人。正德九年(1514)以第三名进士及第，授翰林编修，官至礼部侍郎。其诗格调高古，但时名不著。著有《颐贞堂稿》。生平事迹见《列朝诗集小传》丙集、《明诗纪事》戊签卷一二。

朱淛(1486—1552) 明诗文家。字必东，号损岩。莆田(今属福建)人。嘉靖二年(1523)进士，次年授湖广道监察御史。不久为谏太后生日朝贺，廷杖，割职斥归。此后近三十年，再未复出，终老于家。《四库全书总目》评其诗文"不事铅华，独抒怀抱"，朱彝尊《静志居诗话》也极力称赞其"诗无俗韵，诵之想见其人"。其诗集未见传本，今传文集《天马山房遗稿》。生平事迹见《明史》卷二〇七、《国朝献征录》卷六五。

林文俊(1487—1536) 明诗文家。字汝英，号方斋。莆田(今属福建)人。正德六年(1511)进士，授翰林编修。预修《武宗实录》，书成擢右春坊右赞善。升南京国子监祭酒，又曾任北京国子监祭酒。官至南京吏部右侍郎。卒谥文修。文章醇雅，诗亦从容恬适，不事雕饰。著有《方斋存稿》(或作《方斋集》)。生平事迹见《国朝献征录》卷二七。

张綖(1487—1543) 明诗文家、词曲家。字世文，号南湖。高邮(今属江苏)人。正德八年(1513)举人，除武昌通判，官至光州知州。学词曲于王磐，以此擅场，诗其余事。著有《南湖诗集》、《杜诗通》、《诗余图谱》等。生平事迹见清朱彝尊《静志居诗话》卷一一、《列朝诗集小传》丙集。

欧阳铎(1487—1544) 明诗文家。字崇道，号石江子。泰和(今属江西)人。正德三年(1508)进士，授行人。历延平、福州知府。仕至南京吏部右侍郎，自陈去。有文学，内行修洁。卒谥恭简。著有《欧阳恭简集》。生平事迹见《明史》卷二〇三、《国朝献征录》卷二六。

张治道(1487—1556) 明诗人、学者。字孟独，号太微山人。杜陵(今陕西西安)人。正德九年(1514)进士，知长垣县。迁刑部主事，引疾归。在刑部时与薛蕙等为诗会，都下称"西翰林"。归隐后，与王九思、康海纵论诗文，一意读书为文章。著有《太微诗集》、《嘉靖集》，编有《长垣志》、《少陵志》等。生平事迹见《国朝献征录》卷四七。

伍餘福 明笔记作家。字君求，更字畴中。吴县(今属江苏)人。正德十二年(1517)进士，授长垣知县，嘉靖初迁工部主事，升兵部郎中，以事谪安吉州判，累官至镇远知府。《四库全书总目》又谓字天锡，临川(今江西抚州)人，官陕西按察司副使。著有《苹野纂闻》，《四库全书总目》谓所记"皆吴中故实，间及朝政"。另编著有《三吴水利论》、《浙西水利书》、《陕西志》等。生平事迹见明湛若水《泉翁大全集》卷二三《新修安吉州志序》、袁袠《袁永之集》卷一七《伍公行状》。

聂豹(1487—1563)　明诗文家、学者。字文蔚,号双江。永丰(今属江西)人。正德十二年(1517)进士,知华亭,迁平阳知府,俺答来攻被却。召拜右佥都御史。罢归。隆庆初追谥贞襄。初好王守仁说,后著《困辨录》,与王说颇有异同。其诗文讲学气息颇浓。著有《双江集》。生平事迹见《明史》卷二〇二、《国朝献征录》卷三九。

董穀　明诗文家、笔记作家。字硕甫。海盐(今属浙江)人。正德十一年(1516)举人。曾先后任安义、汉阳知县。罢官后自号碧里山樵,又号汉阳归叟,居汉阳之澉水镇。性喜著述,与父董澐同受业于王守仁。有诗,但以笔记《碧里杂存》著称。《四库全书总目》谓为"杂记琐闻,多齐东之语"。另著有《澉浦续志》。生平事迹见《列朝诗集小传》丁集、《明史》卷二八三。

张衮(1487—1564)　明诗文家。字补之,号水南。江阴(今属江苏)人。正德十六年(1521)进士,选庶吉士,改御史。官至南京光禄寺卿。久在谏垣,颇多建白;倭扰东南,于危城中条上御倭五事,亦具胆识。工诗,《明诗纪事》戊签卷一四称其"绝句极有风致"。著有《水南集》。生平事迹见明过廷训《本朝分省人物考》卷一七、《国朝献征录》卷七一。

郎瑛(1487—?)　明笔记作家。字仁宝,号藻泉、草桥先生。仁和(今浙江杭州)人。其先为古董商人,但本人自幼即好读嗜学,家富藏书,因得以博览群籍。入庠后即无意于功名,淡薄仕进,潜心于读书著述,乃得竟终身之力撰成《七修类稿》、《续稿》洋洋数十卷笔记。明陈善《七修续稿序》说他直到嘉靖四十五年(1566),年已八旬,"犹日综群籍,参互考订"。惜其缺乏名家指点,"积学待问而不遇"(陈仕贤《七修类稿序》),书中不免有一些记忆和考订失实之误,为人所指摘,但仍不失为一部内容广博的笔记著作。此外尚著有《萃忠录》、《青史哀钺》。生平事迹见明陈仕贤《七修类稿序》、陈善《续稿序》、《国朝献征录》卷一一五。

陈铎(约1488—1507)　明散曲家。字大声,号秋碧、七一居士。邳州(今属江苏)人。世袭指挥使。风流倜傥,博学经史百家而以乐府名于世。所作散套稳协流丽,被之丝竹,审宫节羽,不差毫末。寓居金陵。居第之南有秋碧轩、七一居,通人胜流,过从谈宴。工诗画,通音律,有"乐王"之称。明汤有光《乐府全集序》评:"大声之韵发而意新,声婉而辞艳,其体贴人情,描写物态,有发前人所未发者。"明曹学佺谓其散曲,"妙极俳谐,令人绝倒,大都流丽清圆,丰藻绵密,事尽而思不乏趣,言浅而情弥刺骨"。与徐霖齐名,被称为当时南京曲坛祭酒。著有《梨云寄傲》、《秋碧乐府》、《滑稽余韵》、《月香亭稿》、《可云斋稿》、《公余漫兴》等。杂剧有《花月妓双偷纳锦郎》、《太平乐事》,《郑耆老义配好姻缘》,前两种今存。生平事迹见《列朝诗集小传》丙集,赵景深、张增元《方志著录元明清曲家传略》。

韩邦靖(1488—1523)　明诗文家。字汝庆,一作字汝度,号五泉。朝邑(今陕西大荔)人。与其兄邦奇,时称"二韩"。幼聪颖,十四岁举于乡,正德三年(1508)兄弟同成进士,授工部主事,以事下狱,寻斥为民。嘉靖初起为山西参议。以疾乞归,卒于家。诗宗唐人,以含蓄蕴藉见长。著有《五泉诗集》、《朝邑县志》。生平事迹见《明史》卷二〇一、《国朝献征录》卷九七。

顾元庆　明文学家、藏书家和编辑家。字大有。长洲(今江苏苏州)人。家于阳山大石下,因号大石山人,其堂名夷白,约活动于正德、嘉靖时期。从学于都穆,杂学旁收,学识广博。从经史以至丛说,多所纂述,年七十五尚不辍。《四库全书总目》存目著录其著作有《云林逸事》、《瘗鹤铭考》、《夷白斋诗话》三种。此外尚有《茶谱》、《阳山新录》、《檐曝偶谈》、《十友谱》、《山房清事》等笔记杂著。顾氏家富藏书,曾先后以家藏之善本辑成《阳山顾氏文房》,收书四十种。另精选笔记小说编刻为《顾氏文房小说》、《顾氏明四十家小说》、《广四十家小说》三种,保存了自唐宋以来的许多笔记和文言小说。生平事迹见《列朝诗集》丁集。

张治(1488—1550)　明诗文家。字文邦,号龙湖。茶陵(今属湖南)人。正德十六年(1521)会试第一,累官南京吏部尚书,入为文渊阁大学士、进太子太保。卒谥文隐,改谥文毅,万历初又改谥文肃。生性急躁而志意慷慨,喜奖掖后进,归有光、薛应旂皆出其门。当时以识鉴称,诗文则未能自成一家。著有《龙湖集》。生平事迹见《国朝献征录》卷一六。

杨慎(1488—1559)　明诗文家、著作家。字用修,号升庵。新都(今属四川)人。正德六年(1511)廷试第一,授翰林修撰。武宗微行出居庸关,抗疏极谏。世宗立,为经筵讲官。因议"大礼"事获罪,削籍遣戍云南永昌(今保山)。投荒三十余年,死于戍所。学识广博,著述繁富,多至百余种。曾与何景明等为诗友,其诗含吐六朝,于明代独立门户。对民间文学也颇重视。其论古考证之作,范围颇广,但也时有疏失。主要作品均收入《升庵全集》中,此外别有《升庵外集》、《升庵遗集》。另有词曲《升庵长短句》、《陶情乐府》、《二十一史弹词》及笔记杂著《丹铅总录》、《续录》等。生平事迹见《国朝献征录》卷二一。

张含 明诗文家。字愈光,或作用光,号禺山。永昌(今云南保山)人。正德二年(1507)举人。少不喜为时文,其学出于李梦阳,又与杨慎最契,故所作诗文皆杨慎评定,与王廷表等被称为"杨门六学士"。王士禛《香祖笔记》称其《颍川侯祠》"足称史诗","可以泣鬼神"。著有《禺山集》、《禺山诗选》、《禺山七言律诗》等。生平事迹见《明诗纪事》戊签卷八。

杨仪(1488—?) 明小说家。字梦羽。常熟(今属江苏)人。嘉靖五年(1526)进士,正德元年(1506)任御史,世宗即位后任兵部员外郎。居京时名其寓曰"高坡"。官至山东按察司副使。晚年家居,构万卷楼,读书其中。钱谦益引为"吾乡(常熟)博雅名士","爱慕《史》、《汉》,工词曲"。嘉靖三十七年(1558)仍在世。著有小说《金姬传》,笔记杂著《高坡异纂》、《螭头密语》、《陇起杂事》,均存。《骊珠随录》为杂录诸书,自序谓皆取不盛传于世者。《常熟志》谓其尚有《南宫集》一书,疑佚。生平事迹见《明史》卷一八一、《明常熟先贤事略》卷一三、钱谦益《书杨仪〈金姬传〉后》。

朱弥钳(约1488—?) 明诗人。号秋江翁。明宗室。唐藩之后。封文成王,卒后追封唐王,谥恭。有学行,工诗,以赋物为题者居大半,《咏梅》多至百首,颇见才气。著有《谦光堂诗集》。生平事迹见《国朝献征录》卷二。

薛蕙(1489—1541) 明诗文家、学者。字君采,号西原,晚号大宁居士。亳州(今属安徽)人。十二岁能诗。正德九年(1514)进士,授刑部主事,官至考功司郎中。谏武宗南巡,受杖夺俸,引疾归。后起故官。嘉靖二年(1523)因争"大礼"下镇抚司拷讯,解任南归。于书无所不读,学者重其学行,从之者颇多。论诗反对因袭前人,主张抒写性情。著有《考功集》、《西原遗书》、《约言》等。生平事迹见《明史》卷一九一、《国朝献征录》卷二六。

文彭(1489—1573) 明诗文家、书画篆刻家。字寿承,号三桥。长洲(今江苏苏州)人。文徵明长子。岁贡生,以明经为廷试第一。授秀水训导,擢南京国子监博士。工诗,长于书画,尤以篆刻见称。著有《博士诗》,今存于《文氏五家诗》中。生平事迹见《明史》卷二八七。

黄省曾(1490—1540) 明诗文家、学者。字勉之,号五岳。吴县(今属江苏)人。举嘉靖十年(1531)乡试,以任达放佚终其身。于书无不览,从王守仁、湛若水游,又学诗于李梦阳,为七子派旁支。诗体出自六朝三唐,但为论者讥为"假山",虽尔华整,大费人力。朱彝尊《静志居诗话》曾指摘其诗品太庸,沙砾盈前,无金可采。实际成就与时名并不相符。著有《五岳山人集》,另著有《西洋朝贡典录》、《拟诗外传》、《骚苑》等。生平事迹见《明史》卷二八七、《明儒学案》卷二五。

皇甫冲(1490—1558) 明诗文家。字子浚。长洲(今江苏苏州)人。嘉靖七年(1528)举人。善骑射,好谈兵,精音乐、弈棋。其诗风格朴素,与弟皇甫涍、皇甫汸、皇甫濂并称"皇甫四杰",并以"四皇甫"与"三张"(张凤翼、张燕翼、张献翼)相提并论。著有《子浚全集》及《三峡山水记》、《枕戈杂言》等。生平事迹见《明史》卷二八七、皇甫汸《皇甫司勋集》卷五七。

许宗鲁(1490—1559) 明诗文家。字东侯,一字伯诚,号少华。咸宁(今陕西长安)人。正德十二年(1517)进士,选庶吉士,授监察御史。嘉靖初,任湖广学政,以义倡士,历湖广副使,以佥都御史巡抚保定;以副都御史巡抚辽东。嘉靖三十一年(1552)致仕。才气宏放,工诗能文,亦工书法。致仕后筑草堂,购图书,日召故友,置酒赋诗,并长于词曲。著有《少华山人集》,另有《陵下》、《辽海》、《归田》等集别行。生平事迹见《国朝献征录》卷六二。

吴廷翰(约1490—1559) 明诗文家、学者。字崧伯,号苏原。无为(今属安徽)人。正德十四年(1519)举人,十六年进士。历任兵部、户部主事,吏部文选司郎中。出为广东佥事,改任浙江参议、山西参议。中年即辞官归里。早年曾上书王守仁,又与其门徒欧阳德辩论。后来受王廷相影响,反对程朱理学。其文章以叙事清晰为长,其诗则以七言律诗最佳,疏爽俊朗,时见可诵之作。著有《湖山小稿》、《苏原全集》、《吉斋漫录》、《楱记》、《瓮记》等。生平事迹见《嘉庆无为州志》卷一八、《明诗纪事》戊签卷一四。

黄佐(1490—1566)　明诗文家、学者。字才伯,学者称泰泉先生。香山(今广东中山)人。正德中乡试第一,明世宗嗣立始成进士,选庶吉士。嘉靖初授编修。出为江西佥事,旋改督广西学校,母病辞归。后起掌南京翰林院,又任少詹事。卒谥文裕。其学以程朱为宗,平生撰述达二百六十余卷。著有《泰泉集》、《泰泉乡礼》、《乐典》等。生平事迹见《明史》卷二八七、《明儒学案》卷五一。

汪应轸　明诗文家。字子宿,号青湖。山阴(今浙江绍兴)人。正德十二年(1517)进士,授户科给事中,以谏南巡被杖,出知泗州。明世宗立,召为原职,官终江西提学佥事。卒于家,学者私谥清宪。著有《青湖集》。生平事迹见《明史》卷二○三、《国朝献征录》卷八六。

崔桐　明诗文家。字来凤,号东洲。扬州(今属江苏)人。乡试第一,正德十二年(1517)进士,授编修。谏明武宗南巡,受杖夺俸。嘉靖中,以侍读出为湖广右参议,累擢国子祭酒,礼部右侍郎。诗文均有时名。著有《南览录》、《东洲集》、《东洲续集》。生平事迹见明过廷训《本朝分省人物考》卷三一、《明史》卷一七九。

王凤灵　明诗文家。字应时,号笔峰。莆田(今属福建)人。正德十二年(1517)进士,授刑部主事,历陕西副使,迁广西参政,未赴即以谤罢归。好激论天下事,为人所忌。死于倭难。平生勤于著述,但诗文多散佚。著有《笔峰存稿》。生平事迹见《国朝献征录》卷九四。

林时(1491—1535)　明诗文家。字懋易,号介立山人。休宁(今属安徽)人,家于汝阳(今河南汝南)。正德十二年(1517)进士,改庶吉士,授翰林检讨,历国子监司业,官至南京通政司右通政。著有《介立诗集》。生平事迹见明过廷训《本朝分省人物考》卷九二、《国朝献征录》卷六七。

常伦(1492—1525)　明散曲家、书画家。字明卿,号楼居子。沁水(今属山西)人。正德六年(1511)进士,官大理寺评事,因在调判寿州时,辱骂御史,罢归。一日酣饮堕水死。多才多艺,善骑射,好谈兵击剑,任侠豪纵,诗颇效李白。所作散曲,多写颓放生活。兼工书画。著有《常评事集》、《写情集》。生平事迹见明过廷训《本朝分省人物考》卷一○一、明李绍文《皇明世说新语》卷六、明何良俊《四友斋丛说》卷二六、《明诗纪事》戊签卷一一。

张岳(1492—1552)　明诗文家、学者。字维乔,号净峰、小山。惠安(今属福建)人。自幼好学,以大儒自期。正德十一年(1516)进士,授行人。以谏南巡,谪南京国子学正。明世宗立,任主客郎中,出为广西提学佥事,升广东参政。累迁副都御史,总督两广。仕至右都御史,卒于沅州。谥襄惠。博览文章,经术深湛,不从王守仁之学,以程朱为宗。著有《小山类稿》。生平事迹见《明史》卷二○○、《国朝献征录》卷五八。

颜木　明诗文家。字惟乔,号淮汉。应山(今属湖北)人。正德十二年(1517)进士,知许昌,以荐调亳州,为人中伤,落职归。自言"吾将树风立言,示范来世",乃谢绝公府,慎交亲宾,沉酣典册,遗略世故,屹然为望于淮汉之间。为文怪奇,不拘一格。晚年始学诗,近体得唐人意蕴。著有《烬余稿》、《随州志》、《家政集》、《七礼解》、《十朝小识》及《选诗评》。生平事迹见《国朝献征录》卷八三。

苏祐(1492—1571)　明诗文家。字允吉,一字舜泽,号穀原。濮州(今河南濮阳)人。嘉靖五年(1526)进士,知吴县,改知束鹿。迁广东道御史,总督宣大军务,平大同兵变。屡迁至兵部侍郎,兼都御史总督宣大军务,进兵部尚书。致仕卒。诗文为七子旁支,不肯作唐以后格,亦不能变唐以前格。著有《穀原诗集》、《穀原文草》、《逌旃琐言》等。生平事迹见《国朝献征录》卷五七。

马汝骥(1493—1543)　明诗人。字仲房,号西玄。绥德(今属陕西)人。正德十二年(1517)进士,授编修,以谏明武宗南巡被杖,调泽州知州。明世宗时累官礼部侍郎,卒谥文简。其诗刻意熔炼,似法颜谢。明蒋一葵《尧山堂外纪》谓其诗"有沈理而无玄趣"。著有《西玄集》。生平事迹见《明史》卷一七九、《国朝献征录》卷三六。

吴鼎(1493—1545)　明诗文家。字维新,号泉亭,又号支离子。钱塘(今浙江杭州)人。正德十二年(1517)进士,授临淮知县,历南京礼部郎中,官至广西布政参议。诗文成就不高。著有《泉亭存稿》(又名《过庭私录》)。生平事迹见《国朝献征录》卷一○一。

杨爵(1493—1549)　明诗文家、学者。字伯珍,一字伯修,号斛山。富平(今属陕西)人。

年二十始读书，从同郡韩邦奇游，遂以学行名。嘉靖八年(1529)进士，授行人。擢御史，因直言下诏狱，搒掠几死，系狱数年，释又复系。因大高玄殿火灾，遂传诏急释之，卒于家。万历中追谥忠介。先后在狱中七年，与难友讲论学问。忘其身在困境。所作诗文大抵直抒胸臆，虽伤平易，但不假雕绘正是其特色。著有《杨忠介集》、《周易辨录》、《中庸解》等。生平事迹见《明史》卷二〇九、《国朝献征录》卷六五。

王寅 明诗人。字仲房，一字亮卿，号十岳山人。歙县(今属安徽)人。生卒年不详，约正德间在世。尝北走大梁，问诗于李梦阳。中年习禅，事古峰和尚。古峰云已遍游海内五岳，将再遍历海外五岳，而后出世。王寅闻而悦之，因自号"十岳山人"。尝游西湖，与高应冕等人结诗社。著有《十岳山人诗集》，另编乡人诗为《新都秀运集》。生平事迹见《明诗纪事》己签卷二〇、《静志居诗话》卷一四。

汪坦 明诗文家。字仲安，号诚环。鄞县(今属浙江)人。仅知曾仕宦奔走南北垂二十年，在贵州作过官。其诗文均受七子影响，主要活动于嘉靖、隆庆之间。著有《石盂集》。生平事迹见《明诗纪事》己签卷二〇。

江晖 明诗文家。字景旸，一字景孚，号岺粤山人。仁和(今浙江杭州)人。正德十二年(1517)进士，授翰林修撰。权臣钱宁欲妻以女，峻拒之。为谏明武宗南巡，受廷杖几死。谪官广德州，旋再召入翰林，嘉靖初，擢河南按察佥事，未赴职以病归。卒时仅三十六岁。王世贞《艺苑卮言》认为："晖好以奇僻字作文，初若不易解者，解之得平平耳。"时人王稚钦以诗嘲之，有"江生突兀扬文风，千奇万怪难与穷"之句。著有《亶爰子诗集》。生平事迹见《国朝献征录》卷九二。

王廷陈 明诗文家。字稚钦，号梦泽。黄冈(今湖北黄州)人。颖慧绝人，正德十二年(1517)进士，选庶吉士。恃才放恣，出为裕州知州。失职怨望，削秩归。屏居二十余年，嗜酒纵倡乐，益自放废。卒于家。诗文重当世，一时才士鲜能过之。王世贞《艺苑卮言》曾称其五言诗"尤是长城"。其文章则藻饰过甚，成就不如诗。著有《梦泽集》。生平事迹见《明史》卷二八六、《梦泽集》附录。

李默(？—1556) 明诗文家。字时言。瓯宁(今福建建瓯)人。正德十六年(1521)进士，嘉靖初改户部主事。后以事谪宁国同知，入为太常卿。历吏部左、右侍郎、尚书。为严嵩所衔，夺职为民。逾年，特旨复职。为赵文华所构，下狱瘐死。博雅有才辩，然性褊浅，士论不甚附之。万历中追谥文愍。著有《群玉楼稿》，另著有《建宁人物传》。生平事迹见《明史》卷二〇二、《国朝献征录》卷二五。

陆釴(1494—？) 明诗文家、学者。字举之，号少石子。鄞县(今属浙江)人。正德十六年(1521)进士，授编修。出为湖广按察佥事，擢山东按察副使。锐志学问，著述颇丰。著有《少石集》、《山东通志》、《贤识录》、《病逸漫记》等。生平事迹见《国朝献征录》卷九五。

潘潢(？—1555) 明文章家。字荐叔，号朴溪。婺源(今属江西)人。正德十六年(1521)进士，授乐清令。征入礼部，改吏部。历官提督八闽学政，南北吏、户、工、兵四部侍郎、尚书。留守南都时，分兵御敌失利，以"玩寇"论处，辞归乡里。卒，谥简肃。其文讲究章法，但略显拘谨，内容多关乎国典天常，纪纲风俗。著有《朴溪集》。生平事迹见《国朝献征录》卷四二。

王宠(1494—1533) 明诗文家、书画家。字履仁，后字履吉，号雅宜山人。长洲(今江苏苏州)人。八举不第，以诸生贡入太学。少学于蔡羽，既而读书石湖，行楷得晋法，读书广博，极受文徵明赏识。诗刻意学习颜延之、谢灵运诗风，以五古为善。著有《雅宜集》、《东泉志》。散曲作品收入《南北宫词纪》。生平事迹见明过廷训《本朝分省人物考》卷二三、《明史》卷二八七、《国朝献征录》卷一一五、《列朝诗集小传》丙集。

郑若庸 明戏曲作家。字仲伯，一字中伯，号虚舟，又号虚舟山人，又号蛣蜣生。吴县(今属江苏)人。一说昆山(今属江苏)人。明世宗嘉靖十四年(1535)前后应在世。年十六为诸生，连入科场不第，隐支硎山，殚精古文词。以诗名吴下，赵康王朱厚煜闻其名，币聘入邺(今河南安阳)，为王著书，采掇古文奇字，以二十年时间编成仿《初学记》的《类隽》三十卷。嘉靖三十九年(1560)赵康王死后，移居清源(今属山西)，年八十余而卒。著有《虚舟尺牍》、《北游漫稿》及诗文杂著《蛣蜣集》等。传奇有《大节记》、《珠球记》、《五福记》、《玉玦记》，后二种今存。其曲重文采。王骥德《曲律》评其《玉玦记》为"益工修辞，质几尽掩"。生平事迹见明王兆云《皇明词林人物考》卷一二，赵景深、张增元《方志著录元明清曲家传略》。

华钥(1494—1539)　明诗文家。字德启，号水西。无锡(今属江苏)人。嘉靖二年(1523)进士，授户部主事，官至兵部郎中。著有《水西居士集》。生平事迹见明华允诚等编《华氏传芳集》卷五。

陆粲(1494—1551)　明诗文家、学者。字子馀，一字浚明；号贞山。长洲(今江苏苏州)人。嘉靖五年(1526)进士，选庶吉士，授工科给事中，劲挺敢言，为人中伤，谪贵州都镇驿丞。迁永新知县，以念母乞归。卒于家。其诗篇什不多，但绰有风骨；其文秀美平顺，唯少波澜。著有《陆子馀集》，另有笔记《庚巳编》十卷，史学著作《左传附注》、《春秋胡氏传辨疑》等。生平事迹见《明史》卷二〇六、《国朝献征录》卷八〇。

蔡云程(1494—1567)　明诗文家。字亨之，号鹤田。临海(今属浙江)人。嘉靖八年(1529)进士，官至刑部尚书。诗文均有时名，《四库全书总目》指出："云程当王李盛行之时，独无摹拟剽窃之习，可谓不转移于风气。然根柢颇薄，亦不能自树一帜。"著有《鹤田草堂集》。生平事迹见明胡松《胡庄肃集》卷三《寿蔡鹤田先生序》、《明诗纪事》戊签卷一七。

金銮(1494—1583)　明散曲家。字在衡，号白屿。陇西(今属甘肃)人。嘉靖、万历间居建康。性俊朗，好游任侠，结交四方豪士，往来淮扬两浙，与盛时泰、吴怀梅等交谊甚笃。所作散曲以音律精工见长，往往运用民间口语，较为清新活泼。何良俊云："南都自徐髯仙后，惟金在衡最为知音，善填词，其嘲调小曲极妙。每诵一篇，令人绝倒。"(《四友斋丛说》)著有诗集《徙倚轩集》，散曲集《萧爽斋乐府》(一作《箫爽斋乐府》)。生平事迹见《列朝诗集小传》丁集，赵景深、张增元《方志著录元明清曲家传略》。

王邦瑞(1495—1561)　明诗文家。字维贤，或作惟贤；号凤泉。宜阳(今属河南)人。正德十二年(1517)进士，改庶吉士，出为广德知州。嘉靖历仕陕西提学副使、固原兵备副使等职，俺答进逼北京，以吏部左侍郎受命为总督九门，摄兵部尚书。为权臣仇鸾所谗构，竟除名归。十余年后，起故官，逾年卒。谥襄毅。为人严毅有识量，历官四十年，以廉节称。诗文非其所长。著有《王襄毅集》。生平事迹见《明史》卷一九九、《国朝献征录》卷三九。

谢榛(1495—1575)　明诗文家。字茂秦，号四溟山人、脱屣山人。临清(今属山东)人。眇一目，早年折节读书，刻意为歌诗。西游彰德，受到赵康王礼遇。入京师，与李攀龙、王世贞等人结诗社，以布衣为之长，为"七子"(后七子)之一。后为李攀龙、王世贞排斥。客游秦、晋诸藩王间，大河南北皆称"谢榛先生"。万历元年(1573)复游彰德，再次受到赵王礼遇。在北游燕赵时路经大名，客请赋寿诗百章，成八十首投笔而逝。一生未仕，刻意为诗，倡导为诗摹拟盛唐，主张"选取李杜十四家之最者，熟读之以夺神气，歌咏之以求声调，玩味之以裒精华"(见《列朝诗集小传》)。其诗被认为婉然唐音。所作《竹枝词》数十首，曾被按谱弹歌，不失毫发。著有《四溟山人集》、《四溟诗话》(即《诗家直说》)。生平事迹见《明史》卷二八七、《皇明词林人物考》卷九、清朱彝尊《静志居诗话》卷一三。

高瀔　明诗人、书画家。字宗吕，号石门子，又号霞居子、髯仙子。侯官(今福建闽侯)人。年辈晚于郑善夫，却卒于其前。从郑善夫游者九人，乡里目为"十才子"，九人中即以其为首。家贫，事母至孝，甘贫守节，一生未仕。其诗峻而不刻，清而不矫，较受诗选家重视。著有《石门诗集》。生平事迹见清朱彝尊《静志居诗话》卷一一。

章衮　明诗文家、学者。字汝明，号介庵。临川(今属江西)人。嘉靖二年(1523)进士，授御史，督学南畿，累进陕西提学副使。性狷介，其文疏爽而乏体要，诗亦有沉闷感。著有《介庵集》、《童子琐言》等。生平事迹见《国朝献征录》卷九四。

石英中　明诗文家。字子珍。上海人。嘉靖二年(1523)进士，官刑部主事。曾受诬被囚。工诗能文，所作才情俊逸，"而未能敛才就法"(《四库全书总目》)。著有《石比部集》。生平事迹见《四库全书总目》卷一七七。

狄冲　明诗人。字仲虚，号春溪。溧阳(今属江苏)人。嘉靖二年(1523)进士，历仕不达，晚为南京工部郎中。自谓"官衔四转转万里，垂老始博尚书郎"。其诗清澈恬淡，惟全篇俱佳者颇少。著有《春溪诗集》。生平事迹见清朱彝尊《静志居诗话》卷一一。

欧阳德(1496—1554)　明诗文家、学者。字崇一，号南野。泰和(今属江西)人。嘉靖二年(1523)进士，历刑部员外郎，以学行改任编修，累迁礼部尚书。卒谥文庄。从王守仁学，以宿学居显位，遇事持正，能引掖后进。著有《南野集》、《南野文选》。生平事迹见《明史》卷二八三、《明儒学案》卷一七。

卢柟 明诗文家。字少楩，一字次楩，又字子木。濬县(今河南浚县)人。家素封，输赀为国学生。好使酒骂座，得罪县令，为其罗织罪名陷于狱，作《幽鞫》、《放招》二赋，词旨沉郁。谢榛为其鸣冤，为继任县令平反出狱。后遍游吴会，落魄病酒而卒。其骚赋最为王世贞赏识，诗亦豪放如其为人。著有《蠛蠓集》。生平事迹见《明史》卷二八七、《国朝献征录》卷一一五。

李新芳 明诗文家。字元德，号漳埜。长治(今属山西)人。嘉靖二年(1523)进士，除淮安推官，改保定。入为户部主事，迁监察御史。所作均以明畅坦易为宗，但多染讲章之习，诗亦不出《击壤集》一派。著有《漳埜集》。生平事迹见《明诗纪事》戊签卷一五。

骆文盛(1496—1554) 明诗文家。字质甫，号两溪。武康(今属浙江)人。嘉靖十四年(1535)进士，授编修。曾两典文衡，号为得士。时权相当路，值内艰，服除不起，结茅山中，足迹不及城市。诗文于浅弱之中而有清远之致。著有《两溪集》。生平事迹见《国朝献征录》卷二一。

吴子孝(1496—1563) 明诗文家。字纯叔，号海峰，晚号龙峰。长洲(今江苏苏州)人。嘉靖八年(1529)进士，授工部主事。仕至湖广参议、提督太和山。诗名颇著，然格调不高。著有《玉涵堂稿》、《玉霄仙明珠集》。生平事迹见《国朝献征录》卷八八。

周复俊(1496—1574) 明诗文家、学者。字子吁，号木泾子、泾林。昆山(今属江苏)人。嘉靖十一年(1532)进士，授工部主事，历仕四川、云南，官终南京太仆寺卿。一生勤于著述，诗文亦有时名。仕云南时，与谪云南之杨慎剧谈七昼夜。著有《泾林集》、《东吴名贤记》、《全蜀艺文志》等。生平事迹见《国朝献征录》卷七二。

潘恩(1496—1582) 明诗文家。字子仁，号湛川，更号笠江。上海人。嘉靖二年(1523)进士，历仕山东、山西、浙江、河南等地，以左都御史致仕。卒谥恭定。早慧，工诗能文，时名颇大。著有《笠江集》。生平事迹见《明史》卷二〇二、《国朝献征录》卷五四。

陆采(1497—1537) 明戏曲作家。原名灼，字子玄。号天池，又号清痴叟。长洲(今江苏苏州)人。性豪荡不羁，不修举业。好远游，善于曲。著有传奇五种：《明珠记》、《南西厢记》、《怀香记》、《椒觞记》、《分鞋记》，末一种佚。另著有《史馀》、《天池声隽》。生平事迹见明陆粲《陆子馀集》卷三《陆子玄墓志铭》、《历朝诗集小传》丁集上。

皇甫涍(1497—1546) 明诗文家。字子安，号少玄。长洲(今江苏苏州)人。嘉靖十一年(1532)进士，初授工部主事，改礼部。历任仪制员外郎、主客郎中、春坊司直。后谪广平通判，迁浙江佥事。大计京官时论罢，发病卒。与兄皇甫冲等兄弟四人并好学工诗，时称“皇甫四杰”。著有《皇甫少玄集》。生平事迹见《明史》卷二八七、《国朝献征录》卷八四。

柯维骐(1497—1574) 明诗文家、学者。字奇纯。莆田(今属福建)人。嘉靖二年(1523)进士，授南京户部主事，未赴任引疾归。在乡里设帐授徒，影响较大。著有《艺余集》、《宋史新编》、《史记考要》、《莆阳名献记》等。生平事迹见《明史》卷二八七、《国朝献征录》卷三二。

华察(1497—1574) 明诗文家。字子潜，号鸿山。无锡(今属江苏)人。嘉靖五年(1526)进士，选庶吉士。曾出使朝鲜。历官翰林侍读学士，掌南京翰林院事。乞归，卒于家。为官丰裁峻厉，不肯诡随。里居时，与施渐、王懋明、姚咨唱和，称“锡山四友”。工诗，才思不如高叔嗣，诗风冲淡闲旷，近于陶潜。著有《岩居稿》。生平事迹见《明史》卷二八七、《国朝献征录》卷二三。

万表(1498—1556) 明诗文家、学者。字民望，号鹿园。定远(今属安徽)人。世袭宁波卫指挥佥事，正德十五年(1520)武会试及第，仕至漕运总兵。通习经术，熟知先朝典故，武臣中通儒学者，以其为著。著有《玩鹿亭稿》、《海寇议》、《灼艾集》等。生平事迹见《明儒学案》卷一五、《国朝献征录》卷一〇七。

王渐逵(1498—1558) 明诗文家。字鸿山，一字用仪，号青萝子，又号大隐山人。番禺(今广东广州)人。正德十二年(1517)进士，授刑部主事。家居十余年，以荐起，言事不报，复乞归，卒于家。诗文有沉闷之感，但时有佳句。著有《青萝集》。生平事迹见《国朝献征录》卷四七。

伦以训(1498—?)　明诗文家。字彦式。南海(今广东广州)人。正德十二年(1517)会试第一，殿试第二，授翰林编修。仕至南京国子监祭酒。平生俭约雅淡，博览多识，工文辞，尤熟于朝廷典制。其父伦文叙，其弟伦以谅、以诜均为进士出身，有文名。著有《白山集》。生平事迹见明过廷训《本朝分省人物考》卷一一一、雷礼《国朝列卿记》卷一六〇。

李舜臣(1499—1559)　明诗文家、学者。字懋钦，一字梦虞；号愚谷，又号未邨居士。乐安(今山东广饶)人。嘉靖二年(1523)进士，历官太仆寺卿。治学重汉儒之说。诗格雅饬，文风古质，而稍觉有意谨严，或铲削太过。王世贞曾讥其"体制纤小"。著有《愚谷集》。生平事迹见《国朝献征录》卷七二。

郑晓(1499—1566)　明诗文家、史学家。字窒甫，号淡泉。海盐(今属浙江)人。嘉靖二年(1523)进士，授职方主事。以争"大礼"廷杖。丁忧归。许赞为吏部尚书时，历考功郎中。因事贬和州同知，历仕副都御史总督漕运。御倭有功。召为吏部左侍郎，后拜刑部尚书。为严嵩所恶，落职。卒于家，隆庆中追谥端简。通经术，习知国家典故，时望蔚然，为权贵所厄，志不尽行。一生著述极丰，后人曾辑成《郑瑞简全集》，其中包括奏议、文集、《古言》、《今言》、《征吾录》、《吾学编》等。另有《禹贡图说》等，亦存。生平事迹见《明史》卷一九九、《郑瑞简全集》所附年谱。

张永明(1499—1566)　明诗文家。字钟诚，号临溪。乌程(今浙江湖州)人。嘉靖十四年(1535)进士，除芜湖知县，擢南京刑科给事中，曾劾严嵩父子贪污。出为江西参议。后以右副都御史巡抚河南。拜刑部尚书，数月后改左都御史。致仕卒，谥庄僖。为人素清谨，掌宪在严嵩罢后，以整饬纲纪为已任。其文朴实无华，多有用之言；诗则存世不多。著有《张庄僖集》。生平事迹见《明史》卷二〇二，《国朝献征录》卷五四。

顾梦圭(1500—1558)　明诗文家。字武祥，号雍里。昆山(今属江苏)人。嘉靖二年(1523)进士，官至江西右布政使。工诗文，所作皆平正通达，直抒胸臆，无钩棘涂饰之习。著有《疣赘录》。生平事迹见《疣赘录》所附传记。

张时彻(1500—1577)　明诗文家、学者、医士。字维静，一字九一，号东沙，又号芝园。鄞县(今属浙江)人。嘉靖二年(1523)进士，累官南京兵部尚书。以倭寇入侵之失，勒归，寄情文酒，而不忘用世之志。有文名，诗文不出常格，乐府喜用古题，史论则较偏颇。著有《芝园定集》、《善行录》等，编有《明文范》。生平事迹见《国朝献征录》卷四二。

吴鹏(1500—1579)　明诗文家。字万里，号默泉。秀水(今浙江嘉兴)人。嘉靖二年(1523)进士，授工部主事，历福建参政，曾往谕安南。官至吏部尚书。致仕卒。诗文多为应酬之作，佳构罕见。著有《飞鸿亭集》。生平事迹见明董份《泌园集》卷三一所作行状。

吴承恩(约1500—约1582)　明小说家。字汝忠，号射阳山人。山阳(今江苏淮安)人。曾祖和祖父两世相继为学官，至其父已沦为小商人。承恩少年即有文名。吴国荣《射阳先生存稿跋》谓"髫龄即以文鸣于淮，投刺造庐乞言问字者恒相属"。同时又好奇闻逸事，喜读野史稗官。《天启淮安府志》谓其"性敏而多慧，博极群书，为文下笔立成，清雅流丽，有秦少游之风"。但在科举上却屡困场屋，直至嘉靖二十三年(1544)四十余岁时，方考得岁贡生。几年后，他去南京谋事，毫无成就，只得卖文为生。直至嘉靖四十五年(1566)六十余岁时，才谋得长兴县丞之职，其间又被诬贪赃入狱。冤释出狱，遂拂袖而归。此后虽曾在荆王府任职，不久即归里。由于他一生郁郁不得志，故充满愤世嫉俗之情，每作不平之鸣。所著小说《西游记》，清中叶以前一直传为长春真人邱处机作。乾隆末钱大昕、纪昀始辨其讹。其后山阳人丁晏等证为吴氏所作。此外他尚有《禹鼎志》一书，已佚，仅见《禹鼎志序》一篇存其集中，此书亦志怪小说一类。兼工诗文，明陈文烛序其集云："今观汝忠之作，缘情而绮丽，体物而浏亮。其词微而显，其旨且深。"清郭麐《灵芬馆诗话》评其诗为"清而不薄，澹而能隽"。他自己也批评"近时学者""徒谢朝花而不知畜多识，去陈言而不知漱芬润，即欲敷文陈诗，溢缥囊于无穷也难矣！"既不同于前后七子的规唐摹宋，也不同于公安三袁的浮薄。此外，他还有散曲创作。著有《射阳先生存稿》，其散曲卢前辑入《饮虹簃所刻曲》，题名《射阳先生曲存》。生平事迹见明李维桢《大泌山房集》卷一二《吴汝忠集序》、赵景深《西游记作者吴承恩年谱》、苏兴《吴承恩年谱》。

叶份(1501—1536)　明诗文家。字原

学，号莲峰。婺源（今属江西）人。嘉靖元年（1522）举人，次年进士，授南京户部河南司主事，官至山东按察司提学佥事。时名不著。著有《莲峰集》，传本较少见。生平事迹见《莲峰集》附录墓表及行状。

高叔嗣（1501—1537） 明诗文家。字子业，号苏门山人。祥符（今河南开封）人。十六岁作《申情赋》数万言，远近知名。嘉靖二年（1523）进士，授工部主事。历稽勋郎中。出为山西左参政，断疑狱十二事，人称为神。迁湖广按察使，卒于官。少受知于李梦阳，但并不宗其说。其诗清新婉约。王世贞《艺苑卮言》将其诗比作"高山鼓琴，沈思忽往，木叶尽脱，石气自青"。其文成就不高。著有《苏门集》。生平事迹见《明史》卷二八七、《国朝献征录》卷八八。

孙陞（1501—1560） 明诗文家。字志高，号季泉。余姚（今属浙江）人。嘉靖十四年（1535）进士，授编修，累官礼部侍郎，官终南京礼部尚书。谥文恪。系严嵩门生，独无所附丽。论文不附和李梦阳、何景明，所作功力欠深厚，但尚能自抒情感，不尚摹拟。著有《孙文恪集》。生平事迹见《明史》卷二二四、《国朝献征录》卷三六。

文嘉（1501—1583） 明诗人、书画家。字休承，号文水。长洲（今江苏苏州）人。文徵明次子。能诗善书法，画长于山水。岁贡生，授乌程训导，迁和州学正。著有《和州诗》，今存于《文氏五家诗》之中。据《和州诗》张伯起序称，其诗存者仅十之二三，《和州诗》系其子文梦珠搜辑成编，集外佚诗散见于书画著录中，较集中所收为佳。生平事迹见《明史》卷二八七。

朱察卿（？—1572） 明诗文家。字邦宪，号象冈。上海人。朱豹子。为太学生，慷慨任侠，与沈明臣、王穉登友善。著有《朱邦宪集》。生平事迹见明王世贞《弇州山人四部稿》卷八四所作传略。

屠应埈（1502—1546） 明诗文家。字文升，号渐山。平湖（今属浙江）人。嘉靖五年（1526）进士，由郎中改翰林，官至右春坊右谕德。其父屠勋，其兄屠应埙俱有文名，喜奇节伟行，有凌驾古人之思。工诗文，善比事属辞。著有《兰晖堂集》。生平事迹见《明史》卷二八七、《国朝献征录》卷一九。

袁袠（1502—1547） 明诗文家、学者。字永之，号胥台。长洲（今江苏苏州）人。七岁能诗。嘉靖五年（1526）进士，授刑部主事，仕至广西提学佥事，病归。读书横塘别业以终。其诗不失体格，而略乏坚苍，文亦俊爽，而酝酿稍薄。著有《胥台集》，另著有《世纬》、《吴中先贤传》、《皇明献实》等。生平事迹见《明史》卷二八七、《国朝献征录》卷一〇一。

钱薇（1502—1554） 明诗文家。字懋垣，号海石。海盐（今属浙江）人。嘉靖十一年（1532）进士，由行人擢礼科给事中，为疏南巡斥为民。既归，讲学授徒，足迹不入公府。诗文均有时名。著有《海石集》（又名《承启堂集》）。生平事迹见《明史》卷二〇八、《国朝献征录》卷八〇。

陈鹤（？—1559） 明诗文家、画家。字鸣野，号海樵。山阴（今浙江绍兴）人。年十七岁，以例袭其祖军功，官百户。嘉靖四年（1525）举人。因一病七年方愈，便弃职称山人。后客居金陵，并卒于此。其诗文"虽才锋不及，而铸词差醇"（朱彝尊《静志居诗话》），绝句颇清隽，然趁笔而作，往往利钝互陈。著有《海樵集》。生平事迹见《国朝献征录》卷一一五。

徐献忠 明诗文家。字伯臣，号长谷。华亭（今上海松江）人。嘉靖四年（1525）举人，官奉化知县。及卒，门人私谥贞宪先生。其论诗云："诗人之作，代出意匠，以增前人之能。"于后学有所启迪，所作亦冲淡无累句，惟少警拔。著有《长谷集》、《唐诗品》及《吴兴掌故》。生平事迹见《明史》卷二八七、清朱彝尊《静志居诗话》卷一四、《国朝献征录》卷八五。

李开先（1502—1568） 明文学家。字伯华，号中麓。章丘（今属山东）人。嘉靖八年（1529）进士，初除户部，以才望改吏部，至文选郎，转太常寺少卿，提督四夷馆。在户部任职时，谢绝请托，后因抨击朝政，得罪权相夏言。嘉靖二十年，太庙失火，上疏请罪，被免官，家居近三十年。归家以后，广蓄声伎，征歌吟曲，为新声小令，自谓马致远、张可久无以过也。与王慎中、唐顺之、陈束、赵时春、熊过、任瀚、吕高并称"嘉靖八才子"。为人诙谐调笑，蕴藉风流。写诗作文，不拘格律。诗多伤时感世，挥洒自如，为文善于铺陈，注重细节。著《烟霞小稿》、《傍妆台小令》、《酸咸构肆》，有"词山曲海"之称。诗文集有《闲居集》。改定元人杂剧多种，编有《改定元贤传奇》。所著杂剧有《园林午梦》、《打哑禅》、《搅道场》、《乔坐衙》、《昏厮迷》、《皮匠参禅》、《三枝花大闹土地堂》，传奇有《宝剑记》、《登坛记》、《断发记》。散曲集有

《中麓乐府》，戏曲论著有《词谑》。今人编有《李开先集》。生平事迹见《明史》卷二八七、《列朝诗集小传》丁集、《国朝献征录》卷七〇。

吕希周　明诗人。字师旦，号东汇。崇德（今浙江桐乡）人。嘉靖五年（1526）进士，官至通政司通政使。其诗沾沾自喜，不遵成法，亦不入七子流派。著有《东汇诗集》。生平事迹见清朱彝尊《静志居诗话》卷一二、《明词综》卷三。

顾存仁（1502—1575）　明诗人、学者。字伯刚，一字子奇，号怀东。长洲（今江苏苏州）人。嘉靖十一年（1532）进士，除余姚知县，征为礼科给事中。嘉靖十七年疏请赦杨慎等，廷杖，编氓口外保安，往来塞上几三十年。明穆宗立，召为南京通政参议，历太仆卿。致仕卒。其诗称心而作，乏锤炼之功。著有《东白草堂集》、《太仆寺志》。生平事迹见《明史》卷二〇九、明王世贞《弇州山人续稿》卷一〇三所作神道碑。

王格（1502—1595）　明诗文家。字汝化，号少泉。京山（今属湖北）人。嘉靖五年（1526）进士，忤权臣，出知永兴县，累迁河南佥事，分巡河北。明穆宗时授太仆寺少卿，致仕里居五十余年而卒。其诗信口矢笔，略少检束；其文亦不循章法。著有《少泉集》。生平事迹见明李维桢《大泌山房集》卷一一三所作行状。

田汝成　明诗文家、学者。字叔禾。钱塘（今浙江杭州）人。嘉靖五年（1526）进士，授南京刑部主事、员外郎，寻迁礼部祠祭司郎中，历任广东、贵州等地佥事，广西右参议，官至福建提学副使，罢归。归田后，盘桓湖山，留心典籍，著述以终。博学工古文，尤善叙述，平生著述颇多，钱谦益《列朝诗集》称有一百六十卷，虽所记或有误，但今所知者，亦达七十卷左右。其诗对仗修整，但格局略小，其文时推博洽，然或伤于平易。著有《田叔禾小集》、《炎徼纪闻》、《辽记》、《西湖游览志》、《西湖游览志余》，后二种在明代有关西湖的著述中颇有影响。生平事迹见明湛若水《泉翁大全集》卷二二《赠田君之岭南序》、《明史》卷二八七、《列朝诗集小传》丁集上。

岳伦　明诗文家。字厚夫，号云石。怀安卫（今河北怀安）人。嘉靖五年（1526）进士，授行人，以抗疏奏宰相专擅，谪齐东丞。迁工部郎中。明世宗南巡，疏谏，下狱，寻放还。卒年五十一岁。著有《云石集》。生平事迹见《国朝献征录》卷五一。

闵如霖（1503—1559）　明诗文家。字师望，一作思望，号午塘。乌程（今浙江湖州）人。嘉靖十一年（1532）进士，授编修。升太常寺卿，掌国子监祭酒事，仕至南京礼部尚书。才名重一时，三典文衡，号称得人。著有《午塘诗集》。生平事迹见《国朝献征录》卷三六。

胡松（1503—1566）　明诗文家。字汝茂，号柏泉。滁州（今属安徽）人。嘉靖八年（1529）进士，知东平，历山西提学副使，以上书言边务斥为民。后以荐累官至吏部尚书。为人洁己好修，深通经术。卒谥庄肃。著有《胡庄肃集》、《滁州志》、《唐宋元名表》等。生平事迹见《明史》卷二〇二、《国朝献征录》卷二五。

徐阶（1503—1583）　明诗文家。字子升，号少湖，又号存斋。华亭（今上海松江）人。嘉靖二年（1523）进士，历礼部尚书、东阁大学士。严嵩为首辅，深相嫉之，逐严嵩后，尽反其事。为高拱所扼，致仕归。谥文贞。诗文均为台阁之体。著有《世经堂集》、《少湖集》。生平事迹见《明史》卷二一三、《国朝献征录》卷一六。

皇甫汸　明诗文家、学者。字子循，号百泉。长洲（今江苏苏州）人。七岁能诗，嘉靖八年（1529）进士，官工部主事，名动公卿，沾沾自喜，因此贬秩为黄州推官，迁南京稽勋郎中。再贬开州同知，量移处州同知。擢云南佥事，以计典论黜。卒年八十岁。好吟咏，工书法，与兄冲、涍、弟濂等四兄弟并有才学而工诗，称为“皇甫四杰”。著有《皇甫司勋集》、《百泉子绪论》、《解颐新语》等。生平事迹见明刘凤《刘子威集》卷一三所作寿序、卷一四送其游白岳序、《明史》卷二八七。

任瀚　明诗文家。字少海，号忠斋。南充（今属四川）人。嘉靖八年（1529）进士，授吏部主事，迁考功司郎中，嘉靖十九年引疾自还，勒为民。遇赦，复官致仕，中外屡荐不复用。卒年九十三岁。居家闭门读书，常从文人幽士徜徉山水，并肆力为诗文。散文不如王慎中、唐顺之，诗略近于七子。与李开先、陈束等人并称“嘉靖八才子”，为唐宋派羽翼。著有《忠斋集》。生平事迹见《明史》卷二八七、《皇明词林人物考》卷七。

丰坊　明诗文家、学者。字存礼，至吴中后更名道生，字人翁，别号南禺外史。鄞县（今属浙江）人。嘉靖二年（1523）进士，除吏部主事，以吏议谪通州同知免官。家居时坐法，逃避吴中，贫病以死。为人恃才傲物，不为时所容。著有《南禺集》、《万卷楼遗集》、《易辨》、《鲁诗世学》、《春秋世学》等。生平事迹见《明史》卷一九一、《皇明世说新语》卷八。

沈恺 明诗文家、学者。字舜臣，号凤峰。华亭(今上海松江)人。嘉靖八年(1529)进士，历湖广参政，忤权臣乞归。家居著书，与事无争。文章颇尚古雅，不肯作秦汉以下语，而模仿太甚，与七子旨趣同归。诗亦有时名，惟诗稿罕见传本。著有《环溪集》。生平事迹见《国朝献征录》卷八五。

熊过 明诗文家、学者。字叔仁，号南沙子。富顺(今属四川)人。嘉靖八年(1529)进士，累官礼部祠祭郎中，坐事贬秩，复斥为民。有时名，与陈束、王慎中等并称"嘉靖八才子"。卒年七十五。著有《南沙文集》、《周易象旨》、《春秋明志录》等。生平事迹见明赵用贤《松石斋集》卷一七所作墓志铭、《明史》卷二八七。

陈束 明诗文家。字约之，号后冈。鄞县(今属浙江)人。嘉靖八年(1529)进士，授礼部主事，以忤权臣，出为湖广佥事，累转河南提学副使，再疏求去不得，纵酒呕血而死。年仅三十三岁。与唐顺之同年，共倡为初唐六朝之作，以矫七子之习，并与王慎中等称"嘉靖八才子"。著有《陈后冈集》。生平事迹见《明史》卷二八七、《国朝献征录》卷九二。

崔涯 明诗文家。字若济，号笔山。太平(今安徽黄山)人。初养于方氏，从方姓，后复本姓。嘉靖八年(1529)进士，授御史，纠劾不避权贵。巡抚福建，贪官闻风解绶。以忤旨见斥。在当时有伉直声，而文章非其所长，诗尤不入格。著有《笔山集》。生平事迹见明过廷训《本朝分省人物考》卷三八。

罗洪先(1504—1564) 明诗文家、学者。字达夫，号念庵。吉水(今属江西)人。年十五读王守仁《传习录》即欲往受业。嘉靖八年(1529)举进士第一，授修撰。嘉靖十八年拜春坊左赞善，因上疏建储除名归。卒谥文庄。虽罢归，甘淡泊，炼寒暑，跃马挽弓，考图观史，于学无所不窥。著有《念庵集》、《冬游记》等。生平事迹见《明史》卷二八三、《国朝献征录》卷一九。

孔天胤 明诗文家。字汝锡，号文谷，又号管涔山人。汾州(今山西汾阳)人。嘉靖十一年(1532)进士第二，授编修，以藩戚外补陕西提学佥事，官至浙江布政司参议。其诗刻意摹古，五律尚自清拔。朱彝尊《静志居诗话》以为其诗如新调鹦鹉，虽复多言，舌音终是木强。著有《文谷集》、《霞海篇》等。生平事迹见《明诗纪事》戊签卷一八。

许穀(1504—1586) 明诗文家。字仲贻，号石城。上元(今江苏南京)人。嘉靖十四年(1535)会试第一，官至南京尚宝卿，罢归。好读书，以诗文名，归里与顾璘主词坛，三十年不入官府。诗格俊爽，时得古人之意，唯所作多为应俗，不免优劣并见。著有《省中稿》、《二台稿》、《归田稿》等。生平事迹见《国朝献征录》卷七七。

吕本(1504—1587) 明大臣、诗文家。字汝立，号南渠，又号期斋。余姚(今属浙江)人。嘉靖十一年(1532)进士，累官太子太保、文渊阁大学士，吏部尚书李默下狱后，代掌部务，阿附严嵩。以母丧去位，严嵩败，不复召。卒谥文安。初冒李姓，后复宗。居家时以亭馆花竹之胜，擅名一时。诗文大半应酬之作，亦属台阁风尚。著有《期斋集》。生平事迹见《国朝献征录》卷一六。

赵伊 明诗人。字子衡。平湖(今属浙江)人。赵汉子，嘉靖十一年(1532)进士，授刑部主事，改南京兵部职方司主事，升郎中。处事明决，擢广西按察副使，以父老乞归。卒年六十二岁。尝与皇甫涍兄弟谈诗，与湛若水等讲学，诗特轻脱，时近宋江湖派。著有《序芳园稿》。生平事迹见《国朝献征录》卷一〇一。

范钦 明诗文家、藏书家。字尧卿，一字安卿，号东明。鄞县(今属浙江)人。嘉靖十一年(1532)进士，嘉靖三十八年以右副都御史提督南赣，次年升兵部右侍郎。为著名藏书楼天一阁的创建人。诗文清雅可诵，有时名。著有《天一阁集》。生平事迹见清朱彝尊《静志居诗话》卷一二、《明诗纪事》戊签卷一八。

王瑛 明诗人。字汝玉，号石沙。无锡(今属江苏)人。嘉靖十一年(1532)进士，官至监察御史。著有《王侍御集》。生平事迹见《国朝献征录》卷六五。

林应亮 明诗人。字熙载，号少峰。侯官(今福建闽侯)人。林春泽子，嘉靖十一年(1532)进士，授礼部主事，出为常德知府，迁江西副使。官至户部右侍郎，总督仓场。其诗为七子余脉，成就不高。著有《少峰草堂诗集》。生平事迹见《明诗纪事》戊签卷一八。

黎民表 明诗文家、书画家。字惟敬，号瑶石山人。从化(今属广东)人。嘉靖十三年(1534)举人，久试不第，授翰林孔目。迁吏部司务，当权者知其能文，用为制敕房中书，供事内阁。加官至参议。性格坦率，好读书，其诗与梁有誉、欧大任齐名，均为黄佐弟子。书画均工。为王世贞取为"续五子"之一。著有《瑶石山人稿》、《北游稿》、《养生杂录》等。生平事迹见明王世贞《弇州山人四部稿》卷六六《瑶石山人诗稿序》、《续稿》卷一五三《祭黎少参》、《明史》卷二八七。

施峻（1505—1561）　明诗人。字平叔，号琏川。归安（今浙江湖州）人。嘉靖十四年（1535）进士，授南京刑部主事，迁员外郎，进郎中，升青州知府。生性伉直，喜规人过失。诗作隽永流丽，唯过修边幅，未免做作。著有《琏川诗集》。生平事迹见《国朝献征录》卷九六。

马攀龙（约1505—？）　明诗文家。字冲霄，号愧非子。阳信（今属山东）人。嘉靖三十四年（1555）举人，初为学官，后迁邯郸令，入为礼部主事。著有《愧非集》。生平事迹见《四库全书总目》卷一七八。

李玑　明诗文家。字邦在，号西野。丰城（今属江西）人。嘉靖十四年（1535）进士，累官至南京礼部尚书。嘉靖四十二年致仕。著有《西野遗稿》。生平事迹见明何出光《兰台法鉴录》卷一三。

赵统　明诗文家。字伯一。临潼（今属陕西）人。嘉靖十四年（1535）进士，官户部郎中。于嘉靖二十六年为人所陷，拘于狱中。万历元年（1573）释归。近三十年著力为诗，所作大抵骨力雄健，学殖淹博，亦遵七子所传。著有《骊山集》。生平事迹见《明诗纪事》戊签卷一九。

薛应旂　明诗文家、学者。字仲常，号方山。武进（今属江苏）人。嘉靖十四年（1535）进士，授慈溪知县，累迁南京考功郎中，忤严嵩，谪建昌通判，历浙江提学副使。其学出于邵宝，后从欧阳德游，又从吕柟游，出入于朱陆之间。其文雍雅，议论标致，以时文八股擅长，诗亦不随七子之习。著有《方山全集》，另编著有《宋元资治通鉴》、《考亭渊源录》、《浙江通志》等。生平事迹见《明儒学案》卷二五、《毘陵人品记》卷九。

彭年（1505—1566）　明诗文家、书法家。字孔嘉，号隆池山樵。长洲（今江苏苏州）人。少与文徵明游，工书法，名亚于文徵明，时人罕称其诗。著有《隆池山樵集》。生平事迹见《国朝献征录》卷一一五。

李诩（1505—1593）　明诗文家。字厚德，号戒庵。江阴（今属江苏）人。诸生。性耽文史，更潜心于理学，与著名文学家唐顺之交游砥砺。晚年绝意应举，读家中藏书，手披诵记不辍。著有《世德堂吟稿》、《名山大川记》、《心学摘要》等，皆亡佚，今唯笔记《戒庵老人漫笔》存世。生平事迹见《四库全书总目》卷一二八、《道光江阴县志》卷一七。

张合（1506—1553）　明诗人、书画家。字懋观。永昌（今云南保山）人。张含弟。嘉靖十一年（1532）进士，历湖广副使，以疾归。时欲清查夷田，人心浮动，张合上书五千言，遂寝其事。论诗反对一味规摹古人，在七子盛行时别出一解。其诗传世不多，散见于《明诗纪事》等书中。生平事迹见《国朝献征录》卷八八。

包节（1506—1556）　明诗文家、学者。字元达，号蒙泉。嘉兴（今属浙江）人，徙居华亭（今上海松江）。嘉靖十一年（1532）进士，累官御史，出按云南、湖广。为中官所陷，下狱榜掠，谪庄浪卫。思母饮泣而终。其诗文受《文选》影响，但失之纤丽。著有《包侍御集》，另编有《陕西行都司志》、《苑诗类选》等。生平事迹见明徐阶《世经堂集》卷一七、《明史》卷二〇七。

陈棐　明诗文家。字汝忠，号文冈。鄢陵（今属河南）人。嘉靖十四年（1535）进士，任礼科给事中，历知县、宁夏巡抚、都御史。《四库全书总目》谓其"诗文多率笔，奏疏亦多迂论"。著有《文冈集》。生平事迹见《掖垣人鉴》卷一三。

何良俊（1506—1573）　明诗文家、学者。字元朗，号柘湖居士。华亭（今上海松江）人。少笃学，二十年不下楼。嘉靖中以岁贡入国学，授南京翰林院孔目。弃官还家，值倭乱，移居长洲。与文徵明游。弟何良傅亦负俊才，时人比之"二陆"。博学多闻，仅在杨慎、王世贞等人之下。著有《何翰林集》，另著有笔记《四友斋丛说》、《何氏语林》、《世说新语补》等。生平事迹见《明史》卷二八七、《国朝献征录》卷二三。

刘绘　明诗文家。字子素，一字少质，号嵩阳。光州（今河南潢川）人。举乡试第一，嘉靖十四年（1535）进士，授行人，改户科给事中，两劾权臣夏言，出为重庆知府。罢归，居家二十年而卒。其诗局度宏整，而乏深致；文不加修饰，畅所欲言。著有《嵩阳集》。生平事迹见《明史》卷二〇八、《掖垣人鉴》卷一三。

尹台（1506—1579）　明诗文家、学者。字崇基，号洞山。永新（今属江西）人。嘉靖十四年（1535）进士，授翰林编修。权臣严嵩以同乡故善遇之，欲与为婚，竟不允。出为南京祭酒，历仕南京礼部尚书。平生留意理学，不傍倚门户，能密自体验。其诗文力学唐人，不屑为绮艳语。著有《思补轩集》、《洞麓堂集》。生平事迹见《国朝献征录》卷三六。

陈柏(1506—1580) 明诗文家。字子坚，一字宪卿，号苏山。沔阳(今湖北仙桃)人。嘉靖二十九年(1550)进士，选兵部职方司主事，以忤严嵩，外补井陉兵备副使，丁母忧归。工诗，有时名。著有《苏山集》。生平事迹见明吴国伦《甔甀洞稿》卷三五所作墓志铭。

陈昌积 明诗文家。字子虚，号两湖。泰和(今属江西)人。嘉靖十七年(1538)进士，授礼部主事，迁尚宝寺丞，兼翰林五经博士。诗文均才调繁富，驰骤自喜，细大不捐，诗尤以音调浏亮见称，较有时名。著有《两湖集》。生平事迹见《明诗纪事》戊签卷二〇、《皇明词林人物考》卷五。

陈绍儒(1506—1581) 明诗文家。字师孔，号洛南。南海(今广东广州)人。嘉靖十七年(1538)进士，授户部主事，官至南京工部尚书。诗文均有时名，其文有意仿效韩柳，而往往失之粗率；其诗音调谐美，亦学唐格。著有《大司空遗稿》。生平事迹见明曾朝节《紫园草》卷五所作神道碑。

章焕 明诗文家。字懋实，或作茂实，一字扬华，号罗浮山人。长洲(今江苏苏州)人。嘉靖十七年(1538)进士，官至督理南京仓储右副都御史。以赴任不及时为言者所劾，谪戍广东。后由刑部主事改吏部并擢南京太仆寺卿时，值倭犯两浙，上《平倭四疏》，颇为时论所重。著有《华阳漫稿》。生平事迹见明雷礼《国朝列卿记》卷一二〇、卷一五四。

丘云霄 明诗人。字凌汉，号止山。崇安(今福建武夷山)人。嘉靖十七年(1538)贡生，选授南京国子监典簿，迁柳城知县。后解组归田，栖息于武夷山中，闭关讲学。朱彝尊《静志居诗话》引徐梦阳语评其诗"雅澹劲古，景真情得"，又称其"不蹈袭前人，异乎七子之派"。著有《止山集》(或作《止山斋集》)，编有《武夷志》。生平事迹见《列朝诗集小传》丁集、清朱彝尊《静志居诗话》卷一四。

徐良傅 明诗文家。字子弼，号少初。东乡(今属江西)人。嘉靖十七年(1538)进士，授武进知县，官至吏科给事中，以言事斥为民。著有《爱吾庐集》。生平事迹见《掖垣人鉴》卷一四。今人徐朔方校笺本《汤显祖集》收有汤显祖所作传。

王廷幹 明诗文家。字维桢，号岩潭。泾县(今属安徽)人。嘉靖十一年(1532)进士，授行人，迁南京刑部主事，改户部，历员外郎。出为九江知府。其诗与蔡汝楠齐名。著有《岩潭诗集》。生平事迹见《明诗纪事》戊签卷一八。

高岱 明诗文家。字伯宗，号鹿坡居士。京山(今属湖北)人。父任县学教谕，父子均有才名，与父高节、弟高岦被时人称为"三高"。嘉靖十一年(1532)中举，到嘉靖二十九年始成进士，任刑部郎中。嘉靖四十年以与严嵩父子意见不合，力救疏劾严嵩的张翀、吴时来等人，受到排斥。景王之国，出为长史，不久即卒于任所。时人对其相当推重，甚至以汉代贾谊、董仲舒比之。诗名颇著，后世诗论家认为他"开七子之前茅"(钱谦益《列朝诗集》)。著有《西曹诗集》、《居郧稿》、《樵论》、《楚汉余谈》、《鸿猷录》。生平事迹见《康熙京山县志》卷七、《皇明世说新语》卷二。

乔世宁 明诗文家。字景叔，一作敬叔，号三石。耀州(今陕西耀县)人。嘉靖十七年(1538)进士，官终四川按察使。何景明视学陕西，乔世宁曾亲受其诗法，每次交谈"必移日"，"故其诗整而不浮，可与许少华肩并，余蔑有过焉者"(朱彝尊《静志居诗话》)。著有《丘隅集》。生平事迹见明过廷训《本朝分省人物考》卷一〇四、《皇明词林人物考》卷八。

邝元乐(1506—?) 明诗文家。字和仲，号五岭山人。南海(今广东广州)人。嘉靖间举人，博通经史，又以诗文见称。曾任广德州知州、郁林州知州，有政声。又调知宁海州。因鲠直不阿，不为上司所重。辞归乡里，设教于广州。著有《郁林集》、《五岭文集》。生平事迹见《五岭文集》所载邝敏坚跋。

王维桢(1507—1555) 明诗文家。字允宁，号槐野。华州(今陕西华县)人。嘉靖十四年(1535)进士，擢庶吉士，累官南京国子监祭酒。家居，死于陕西大地震。自负经世才，使酒谩骂，人多畏而远之。文好司马迁，诗学杜甫，终身膺服效法李梦阳。著有《槐野存笥稿》。生平事迹见《明史》卷二八六、《国朝献征录》卷七四。

沈炼(1507—1557) 明诗文家。字纯甫，号青霞。会稽(今浙江绍兴)人。嘉靖十七年(1538)进士，除溧阳知县。以忤御史，调茌平。

入为锦衣卫经历。上疏劾权臣严嵩十大罪，谪佃保安。保安人慕其忠义，多遣子弟就学。总督杨顺承严嵩旨，诬与妖人谋乱，遂弃市。后追谥忠愍。为人刚直，嫉恶如仇，然颇疏狂。著有《青霞集》。生平事迹见《明史》卷二〇九、《国朝献征录》卷八一。

唐顺之(1507—1560)　明散文家。字应德，一字义修，学者称荆川先生。武进(今属江苏)人。早年博洽群籍，举嘉靖八年(1529)会试第一，授庶吉士，调兵部主事。引疾归。后又在吏部任职。嘉靖十二年，任编修，校列朝实录。后屡任屡罢，曾卜居阳羡山中，读书十余年。召为职方司员外郎，出核蓟镇兵籍，又往南畿、浙江视师，并立有战功。嘉靖三十九年汛期至，力疾泛海，度焦山，至通州而卒。崇祯年间追谥文襄。与王慎中、陈束、李开先等并称"嘉靖八才子"，早年与王慎中见解不合，后渐一致，互相倾挹，号为"王唐"，始创唐宋派。于学无所不窥，为古文有大家风范，演迤详赡，为时人仰慕。其文迹近曾巩、欧阳修，诗非所长，但五言诗也以"文理精密，嗣响颜谢"(朱彝尊《明诗综》)见称。著有《荆川集》，另著有《叙沈希仪广右战功》(即《广右战功录》)等。生平事迹见明赵时春《赵浚谷集》卷一〇所作墓志铭、《明史》卷二〇五、《国朝献征录》卷六三。

归有光(1507—1571)　明诗文家。字熙甫，号震川，又号项脊生。昆山(今属江苏)人。嘉靖十九年(1540)中应天乡试第二名，嘉靖四十四年进士，授长兴知县。隆庆三年(1569)改顺德府马政通判，次年升任南京太仆寺丞，留北京掌内阁制敕房，纂修《世宗实录》。病故于北京。是明代中期影响较大的学者和文人，以散文见长。其文上承唐宋八家，下开桐城派先河，受人推崇，与王慎中、唐顺之、茅坤等被称为"唐宋派"。曾以坎坷老儒身分与文坛盟主王世贞抗衡，斥其为"妄庸巨子"。散文名篇有《项脊轩志》、《寒花葬志》、《先妣事略》等。其文以论说、寿序、祭文一类偏多，时有道学气和宿命论，诗非所长，传世数量也不多。著有《震川先生集》。生平事迹见《震川先生集》附录明王锡爵《归公墓志铭》、明孙岱《归震川年谱》《明史》卷二八七，近人张传年、余梅年《归震川年谱》。

皇甫濂(1508—1564)　明诗文家。字子约，一字道隆，号理山。长洲(今江苏苏州)人。皇甫汸弟。嘉靖二十三年(1544)进士，任工部主事，以事谪迁，历兴化同知，奏计便道归，遂不复出。著有《水部集》，另著有《逸民传》。生平事迹见《明史》卷二八七、《国朝献征录》卷五一。

袁炜(1508—1565)　明诗文家。字懋中，号元峰。慈溪(今属浙江)人。嘉靖十七年(1538)进士，授编修，进侍读。以中外献瑞，极词颂美而骤擢礼部尚书，改户部，寻兼武英殿大学士，入阁典机务，与李春芳等有"青词宰相"之诮。以疾归，卒谥文荣。诗文均沿台阁体余脉，成就不高。著有《袁文荣集》、《袁文荣诗略》。生平事迹见《明史》卷一九三、《国朝献征录》卷一六。

刘凤　明诗文家。字子威。长洲(今江苏苏州)人。嘉靖二十三年(1544)进士，授中书舍，擢御史，巡按河南。投劾归。家富藏书，博学强记，著述颇多。其文多僻字奥句，尤喜为涩体之饾饤者，由于在家乡名气较大，一定程度上影响了吴中文风。著有《刘子威集》、《澹思集》。生平事迹见明王世贞《弇州山人续稿》卷四〇《刘侍御集序》、过廷训《本朝分省人物考》卷二四。

郭文周　明诗文家、学者。字景复，号东山。福宁(今福建霞浦)人。嘉靖二十三年(1544)进士，授中书舍人，改御史，两次巡按广东，擢顺天府丞。论劾赵文华，忤严嵩，致仕归。诗文虽均所著意，但多应俗之作。著有《东山集》传世。另有《台中奏议》、《按粤封事》等撰著。生平事迹见明何出光等《兰台法鉴录》卷一七。

张炼　明诗人、学者。字伯纯，号太乙。武功(今属陕西)人。嘉靖二十三年(1544)进士，由行人选授刑科给事中，官至湖广按察佥事。其诗源出《长庆集》，而更加率意，一些作品殊不类诗格。著有《太乙诗集》。生平事迹见《掖垣人鉴》卷一四。

李万实　明诗文家、学者。字少虚，一作若虚；号一吾。南丰(今属江西)人。嘉靖二十三年(1544)进士，授刑科给事中，以疏论权珰改官。由广东佥事，仕至浙江按察副使。致仕卒。学传王守仁之说，其文平正通达，不事锤炼，犹存讲学家之格；诗学韦柳，意取清妍，虽风骨未就，而姿致可观。著有《崇质堂集》。生平事迹见《明诗纪事》已签卷八、《掖垣人鉴》卷一四。

朱曰藩　明诗文家。字子价，号射陂。宝应(今属江苏)人。嘉靖二十三年(1544)进士，授乌程知县，迁南京刑部主事，历礼部郎中，出知九江府，卒于官。隽才博学，以文章名家，为官亦以廉勤称。父朱应登诗仿李梦阳，本人则法杨慎，杨慎虽远在云南，亦曾选评其诗七十余首，编为《池上编》。著有《山带阁集》传世。生平事迹见清朱彝尊《静志居诗话》卷一二、《明诗纪事》已签卷八。

徐学诗 明诗人。字以言，号龙川。上虞（今属浙江）人。嘉靖二十三年（1544）进士，授刑部主事。俺答薄京师，既退，诏廷臣陈制敌之策，愤然疏陈严嵩奸状，下狱削籍。隆庆初，起南京通政参议，未之官而卒。与先劾严嵩者叶经、谢瑜、陈绍同里，时称"上虞四谏"。诗不出名，所作音节清亮，受李攀龙影响，风格与之相近。著有《石龙庵诗草》。生平事迹见《明史》卷二一〇、清章学诚《章氏遗书》卷一八。

王慎中（1509—1559） 明散文家。字思道，号南江，更号遵岩居士。晋江（今属福建）人。嘉靖五年（1526）进士，授户部主事，寻改礼部祠祭司。时四方名士唐顺之、李开先等咸在部曹，与之讲论，其学大进。后久在南京任职。擢山东提学佥事，历仕江西、河南诸地，因得罪权臣夏言落职。肆力于古文，初主"文必秦汉"，后转而推崇欧阳修、曾巩，尽焚旧作。与唐顺之齐名，人称"王唐"，是唐宋派代表人物之一。著有《遵岩集》。生平事迹见明李开先《闲居集》卷一〇所作传、《明史》卷二八七、《国朝献征录》卷九二。

赵时春（1509—1567） 明诗文家。字景仁，号浚谷。平凉（今属甘肃）人。嘉靖五年（1526）会试第一，历兵部主事，以言事切直，斥为民。久之授编修，复以言事黜。京师被寇，起官，擢佥都御史，巡抚山西。寻被论，解官归。卒于家。读书强记，文章豪肆，诗伉浪自喜，类其为人。著有《浚谷集》，编有《平凉府志》。生平事迹见《明史》卷二〇〇、《国朝献征录》卷六三。

黄姬水（1509—1574） 明诗文家、学者。字淳父。吴县（今属江苏）人。黄省曾子。曾学书于祝允明，诗文均有时名。著有《白下集》、《高素斋集》、《黄淳父集》、《高士传》。生平事迹见《国朝献征录》卷一一五。

莫如忠（1509—1589） 明诗文家、书画鉴藏家。字子良，号中江。华亭（今上海松江）人。嘉靖十七年（1538）进士，累官浙江布政使。告归，杜门著书以终。修洁自好，夏言死西市，为理其丧事。善草书，精于赏鉴。其诗颇具唐音，五言近体尤多佳句；文则多为应酬之作，唯题跋颇为洁雅，已略具晚明小品韵致。著有《崇兰馆集》。生平事迹见明陆树声《陆文定集》卷七所作墓志铭、《明史》卷二八八。

王立道（1510—1547） 明诗文家。字懋中，号尧衢。无锡（今属江苏）人。嘉靖十四年（1535）进士，选庶吉士，授翰林编修。卒年仅三十八岁。其诗格虽微见婉弱，而冲容澹宕，不为奇险之语，风格近于刘长卿、钱起；其文则纵横自喜，颇受北宋"三苏"影响。著有《具茨集》。生平事迹见《国朝献征录》卷二一。

李春芳（1510—1584） 明大臣、文学家。字子实，号石麓。兴化（今属江苏）人。廿一岁中乡试，一连五次考进士不第，便在江淮间坐馆执教。于嘉靖二十六年（1547）中进士第一。官修撰，入西苑撰青词，超拜翰林学士，累官礼部尚书，加太子太保。嘉靖四十年钦命为武英殿大学士，参机务。隆庆初，代徐阶任首辅。虽居高位而不弃昔日贫寒旧友，《西游记》作者吴承恩便是其中之一。为人谦恭谨慎，不以势凌人，与严讷等同有"青词宰相"之目。后为高拱、张居正所不容，以亲老辞归。著有《贻安堂集》、《宗藩条例》、《明隽》、《海刚峰先生居官公案传》。生平事迹见《明史》卷一九三、《国朝献征录》卷一六。

董份（1510—1595） 明诗文家。字用均，号泌园，又号浔阳山人。乌程（今浙江湖州）人。嘉靖二十年（1541）进士，授翰林编修，官至礼部尚书兼翰林学士。诗文均有时名，但所作题材颇窄。著有《泌园集》。生平事迹见明蔡汝楠《自知堂集》卷八《赠董编修叙》、《明史》卷二三三。

林燫 明诗文家。字贞恒，号对山。闽县（今福建闽侯）人。嘉靖二十六年（1547）进士，授翰林检讨，充景王府讲读官。万历中官至南京礼部尚书。卒年五十七岁，谥文恪。有诗文名，其诗受王世贞影响，读之时有沉闷感。著有《林文恪集》。生平事迹见明陆树声《陆文定集》卷七所作墓志铭、王世贞《弇州山人续稿》卷七五所作传、《明史》卷一六三。

宋仪望 明诗文家、学者。字望之，号阳山，晚号华阳。永丰（今属江西）人。嘉靖二十六年（1547）进士，知吴县，征授御史，陈时务十二策。因发胡宗宪、阮鹗奸贪状，为严嵩所忌。万历中仕至右副都御史，又以忤张居正，被劾归。卒年六十五岁。学宗王守仁，诗文均有时名。著有《华阳馆集》。生平事迹见《明史》卷二二七、《国朝献征录》卷六八。

彭辂 明诗人。字子殷。嘉兴(今属浙江)人。早慧,嘉靖二十六年(1547)进士,除江西布政司照磨,迁新淦知县,左迁应天儒学教授,进国子监博士,官终南京刑部主事。诗受王世贞影响,体格近于七子,所作多矢口肆笔而成,不耐推敲。著有《比部集》。生平事迹见清朱彝尊《静志居诗话》卷一三、《明诗纪事》己签卷九。

章适 明诗文家。字景南,号道峰。兰溪(今属浙江)人。嘉靖二十六年(1547)进士,授行人,擢礼科给事中,以疏请景、裕二王出阁讲读忤旨,告归。诗颇娟雅而酝酿不深;五言古诗步趋陶、韦,得其韵趣。著有《道峰集》。生平事迹见《明诗纪事》己签卷九。

冯惟敏(1511—约1580) 明散曲家。字汝行,号海浮山人。临朐(今属山东)人。与兄惟健、弟惟讷皆以诗文闻名齐鲁。嘉靖十六年(1537)举人。嘉靖四十一年,任涞水知县。县多中贵兼并民田,敏绳之以法,为豪右所不容。嘉靖四十四年,改任镇江儒学教授。隆庆元年(1567),聘为云南学政幕僚。隆庆三年,任保定通判。隆庆六年,辞官归田。在临朐县南海浮山修高楼三间,额名"凭襟",优游林泉,放浪诗酒以终。以散曲著名。明王世贞《艺苑卮言》谓:"北调,近时冯通判惟敏,独为杰出。"《康熙益都县志》称其承元代前期曲作家的优良传统,充分发挥了北曲豪爽奔放的特色。语言通俗,气韵生动,向有"曲中辛弃疾"之称。著有《海浮山堂辑稿》、《海浮山堂词稿》、《云庄乐府》、《石门集》、《击筑余音》及杂剧《梁状元不服老》、《僧尼共犯》。生平事迹见明李维桢《大泌山房集》卷六五《冯氏家传》、《明诗纪事》戊签卷八、《列朝诗集小传》丁集。

许潮 明戏曲作家。字时泉。靖州(今属湖南)人。嘉靖十三年(1534)举人。嘉靖二十年任新安知县。风流洒落,博洽多闻,言根经史。著有传奇《太和记》,一名《太和元气记》,实为杂剧合编。都是一折的短剧。明吕天成《曲品》论《太和记》说:"每出一事,似剧体。按岁月,选佳事,裁制新异,词调充雅,可谓满志。"与明代杨慎《太和记》设计相同,每折叙一事,共二十四事,按一年二十四节气排列。故各家著录《太和记》作者时,或署杨慎,或署杨慎、许潮,或署无名氏。今知有十七种:《公孙丑东郭息忿争》、《王羲之兰亭显才艺》、《刘苏州席上写风情》、《东方朔割肉遗细君》、《张季鹰因风忆故乡》、《苏子瞻泛月游赤壁》、《晋庾亮月夜登南楼》、《陶处士栗里致交游》、《桓元帅龙山会僚友》、《谢东山雪朝试儿女》、《武陵春》、《午日吟》、《同甲会》、《裴晋公绿野堂祝寿》、《汉相如昼锦归西蜀》、《王将军元宵会僚友》、《元微之重访蒲东寺》。另著有《易解》、《史学续貂》、《山石集》。生平事迹见《康熙靖州志》卷五、《乾隆新安县志》卷四。

张瀚(1511—1593) 明诗文家。字子文,号元洲。仁和(今浙江杭州)人。嘉靖十四年(1535)进士,历大名知府,累迁右副都御史,万历元年(1573)升吏部尚书,以忤张居正罢归。卒谥恭懿。工书法,善点染。诗文多应酬之作,虽平正无瑕而殊少酝酿。著有《奚囊蠹余》、《松窗梦语》。生平事迹见《明史》卷二二五、《国朝献征录》卷二五。

李先芳(1511—1594) 明诗文家。字伯承,初号东岱,更号北山。监利(今属湖北)人,寄籍濮州(河南濮阳)。嘉靖二十六年(1547)进士,官至尚宝司少卿。早先与李攀龙首倡诗社,后七子踵兴,而不予七子之列,为"广五子"之一。其诗与李攀龙异曲同工,名为攀龙所掩。著有《李氏山房诗选》、《读诗私记》。生平事迹见《国朝献征录》卷七七。

汪镗(1512—1588) 明诗文家。字振宗,号远峰。鄞县(今属浙江)人。嘉靖二十六年(1547)进士,累官礼部尚书兼翰林学士,兼管詹事府。历官三十年,所至简练得体。诗文有时名。著有《余清堂集》。生平事迹见《国朝献征录》卷三四。

茅坤(1512—1601) 明散文家、学者。字顺甫,号鹿门。归安(今浙江湖州)人。嘉靖十七年(1538)进士,历知青阳、丹徒。迁礼部主事,坐累,谪广平通判。屡迁广西兵备佥事,改大名兵备副使,为忌者中伤落职,以九十高龄卒于家。提倡学习唐宋古文,编选《唐宋八大家文钞》,对韩愈、欧阳修和苏轼尤加推崇。与王慎中、唐顺之、归有光等,同被称为"唐宋派"。著有《白华楼藏稿》、《玉芝山房稿》,另著有《徐海本末》、《浙省分署纪事本末》、《史记钞》等。生平事迹见《明史》卷二八七、《国朝献征录》卷八二。

谢傥(1512—?) 明戏曲家。字献忠,号海门。上虞(今属浙江)人。嘉靖二十三年(1544)进士,授泰兴知县。未及吏部考察,即被攻击,归家。傍盖湖筑白鸥山庄于荷叶山中,朝夕唯读书、著述、吟咏为事,间制戏曲。贪杯自放，不入城市者二十余年。笃于兄弟，不问生人产，家道旁落，卒不能殓。著有《海门集》，编有《皇明古虞诗集》、《葛氏家藏本诗抄》，另著有传奇《四喜记》。生平事迹见赵景深、张增元《方志著录元明清曲家传略》。

宋登春　明诗文家、画家。字应元，号海翁，鹅池生。新河（今属河北）人。少有诗名。年三十时妻、子相继亡故，遂弃家远游。晚依其兄之子，居江陵放鹅池。徐学谟守荆州，敬礼之，徐致仕归，登春访之吴中，路经钱塘投江死。生卒年不详，约活动于嘉靖、隆庆年间。论诗主先性情后文词，所作平易自然。诸体中以五言较优，颇淡远可诵。文章简质，可匹卢柟《蠛蠓集》，而奇古之趣胜之。著有《宋布衣集》。生平事迹见《国朝献征录》卷一一五。

尹耕（1513—？）　明诗文家。字子莘，号朔埜山人。代州卫（今山西代县）人。嘉靖十一年（1532）进士，以知州罢斥。征授兵部员外郎，出为河间知府，擢河南按察司兵备佥事。为给事中张万纪弹劾，遣戍辽东，遂不复用。为人豪宕不羁，性嗜酒，喜谈兵；生长边陲，曾作《塞语》十一篇，申明边防虏势之要害。诗文有时名，钱谦益评其诗云："作为歌诗，沉雄历落。《秋兴》、《上谷》诸篇，有河朔侠烈之风。"（《列朝诗集》）著有《朔埜山人集》。生平事迹见《列朝诗集小传》丁集、清朱彝尊《静志居诗话》卷一二。

俞允文（1513—1579）　明诗文家。字仲蔚。昆山（今属江苏）人。年仅十五时为《马鞍山赋》，有时名。年未四十，谢去诸生，专力于诗文书法。与王世贞友善，而不喜李攀龙诗，持论不苟。为王世贞列为"广五子"之首。著有《仲蔚集》。生平事迹见《仲蔚集》附录所载墓志铭、行状、《明史》卷二八八。

赵完璧　明诗文家。字全卿，号云壑，晚号海壑。胶州（今属山东）人。以岁贡生为兵马司指挥。嘉靖三十三年（1554）以忤锦衣卫陆炳，下狱。在狱中与杨继盛倡和，杨继盛遇害，作《杨烈妇词》以哀之。后释出，迁巩昌通判。《四库全书总目》评其人其诗："其诗多触事起兴，吐属天然，绝无叫嚣怒张之态，亦与有明末造矫激取名者有殊。徒以名位未高，史不立传，遂几于湮没不彰。"著有《海壑吟稿》。生平事迹见《明诗纪事》己签卷一九、《四库全书 总目》卷一七二。

吴维嶽（1514—1569）　明诗文家。字峻伯，号霁寰。孝丰（今浙江安吉）人。嘉靖十七年（1538）进士，官至右佥都御史、巡抚贵州。与李攀龙共倡建诗社，为"嘉靖广五子"之一。诗文与李攀龙风格相近。著有《天目山斋岁编》。生平事迹见《国朝献征录》卷六三。

李攀龙（1514—1570）　明诗文家。字于鳞，号沧溟。历城（今山东济南）人。九岁丧父，家贫嗜学，里人目为狂生。嘉靖二十三年（1544）进士。历任刑部主事、员外郎、郎中，出守顺德，擢陕西提学副使。后以母老辞归，在家乡筑白雪楼，读书其中。隆庆元年（1567）复出为浙江按察副使，在河南按察使任上因母卒还里，卒于家。与王世贞同为"后七子"领袖。认为文自西汉、诗自盛唐以下，都无足观。倡导摹拟、复古。王世贞谓其诗文"无一语作汉以后，亦无一字不出汉以前"（《艺苑卮言》）。所作诗以七言近体成就最高，为人推重。著有《沧溟集》，编有《古今诗删》，尚有旧题其编撰的《诗学事类》、《韵学事类》、《诗文原始》、《唐诗选》等，一般认为系人伪托。生平事迹见《明史》卷二八七、《国朝献征录》卷九二。

靳学颜（1514—1571）　明诗文家。字子愚，号两城。济宁（今属山东）人。嘉靖十四年（1535）进士，授南阳推官，入为太仆卿，巡抚山西。改吏部侍郎，谢病归。其诗格律清整，蹊径尚存，不脱历下流派；文则偶然挥洒而已。著有《两城集》。生平事迹见明于若瀛《弗告堂集》卷二〇《两城先生全集序》、《国朝献征录》卷二六。

余曰德（1514—1583）　明诗人。初名应举，字德甫，号午渠。南昌（今属江西）人。嘉靖二十九年（1550）进士，历官至福建按察副使。与王世贞友善，被目为"后五子"之首。其诗以七言近体受诗论家推重。所作并非刻意复古，而力求自成一格，实非七子流派。著有《余德甫集》。生平事迹见明王世贞《弇州山人续稿》卷一一二所作墓志铭、《明史》卷二八七。

海瑞（1514—1587）　明政治家、诗文家。字汝贤，一字应麟，号刚峰。琼山（今属海南）人。举乡试，入都即上开道置县以靖乡土之策。嘉靖二十八年（1549）署南平教谕。任户部主事，以谏明世宗斋醮下狱，明穆宗继位，起为佥都御史，巡抚应天，有政绩。不久谢病归。直到权臣张居正去世，才召为南京右都御史，卒于官。谥忠介。是明代著名的清官，以直言敢死谏著称。其文以实用为旨，其诗传世不多，质实平易但少文采。著有《淳安稿》、《备忘集》及《淳安县政事》等，后人辑为《海瑞文集》或《海忠介公全集》。生平事迹见《明史》卷二二六、《国朝献征录》卷六四。

梁有誉　明诗人。字公实，号兰汀。顺德（今属广东）人。与欧大任等同学于黄佐。嘉靖二十九年（1550）进士，授刑部主事。严世蕃欲延纳之，遂谢病归，卒年仅三十六岁。中进士后，始与王世贞、李攀龙结诗社，为王世贞列为“前五子”之一，又是后七子之一，但他入诗社不久以病归，不久即去世，在后七子中诗作流传最少，其诗风也较少沾染叫嚣剽拟之习，以词意婉约见长。著有《兰汀存稿》。生平事迹见《明史》卷二八七、《国朝献征录》卷四七。

董传策　明诗人。字原汉，号幼海。华亭（今上海松江）人。嘉靖二十九年（1550）进士，授刑部主事，疏劾严嵩误国六罪，下狱追问“主使”，拷掠几死，谪戍南京。万历初累迁南京礼、工二部侍郎。免归，为家奴所害。诗多激烈慷慨，如其为人。著有《采薇集》、《幽贞集》、《邕歈集》、《奏疏辑略》。生平事迹见明张鼐《宝日堂初集》卷二三《先进旧闻》、《明史》卷二一〇。

魏裳　明诗文家。字顺甫。蒲圻（今属湖北）人。嘉靖二十九年（1550）进士，以刑部郎出守济南，升山西副使。罢归，杜门著书，后进之士争师事之。为王世贞所称“后五子”之一，性质直，博学工诗文。著有《云山堂集》，另著有《湖广通志草》。生平事迹见明王世贞《弇州山人四部稿》卷八二所作传。

冯皋谟　明诗文家。字禹卿，一作明卿，号养白，学者称丰阳先生。海盐（今属浙江）人。嘉靖二十九年（1550）进士，授刑部主事，擢御史，官至福建参政。平生注意经济。卒年七十五岁。任京官时，与“后七子”梁有誉、宗臣、吴国伦、徐中行等相友善，常讨究诗艺，故其趋向相近。著有《丰阳集》。生平事迹见明冯梦祯《快雪堂集》卷一一所作墓志铭。

叶春及　明诗文家。字化甫，号石洞。归善（今广东惠州）人。嘉靖三十一年（1552）举人，隆庆初由乡举授福清教谕。上书陈时政，长达三万言，都人传诵。寻引归。又以太常卿艾穆荐，起为郧阳同知，官终户部郎中。工诗文，其文章较平直，但亦明畅通顺；其诗宗杜甫，不落程部门户，音节亦殊清亮。著有《石洞集》。生平事迹见明过廷训《本朝分省人物考》卷一一二、《明史》卷二二九。

何东序　明诗文家。字崇教，号肖山。猗氏（今山西临猗）人。嘉靖三十二年（1553）进士，出守徽州，后以右佥都御史巡抚榆林。母丧，徒步千里，庐墓三年。以忤权臣高拱罢归。隐于乡里几四十年，卒后门人私谥文钦。诗喜作乐府古题，于明人中别具一格。著有《九愚山房稿》、《九愚山房诗集》。生平事迹见明李维桢《大泌山房集》卷六六所作传。

姜宝（1514—1593）　明文章家、学者。字廷善，一作惟善，号凤阿。丹阳（今属江苏）人。嘉靖三十二年（1553）进士，授编修。不阿附严嵩，出为四川提学佥事，再迁国子祭酒。官终礼部尚书。少学于唐顺之，行文步骤开阖，颇得力于其师。著有《姜凤阿文集》、《周易传义补疑》、《春秋事义全考》。生平事迹见《明史》卷二三〇、《国朝献征录》卷三六。

庞尚鹏　明诗文家。字少南。南海（今广东广州）人 。嘉靖三十二年（1553）进士。由乐平令擢御史。任右佥都御史时以事斥为民。万历初起为福建巡抚，忤张居正罢归，居家四年而卒。天启时追谥惠敏。诗文均朴实平易，奏议尤为明畅。著有《百可亭摘稿》。生平事迹见《明史》卷二二七、《国朝献征录》卷五五。

李蓘　明诗文家、诗选家。字于田，号少庄。内乡（今属河南）人。嘉靖三十二年（1553）进士，选庶吉士，授检讨，改南京礼部郎中，出为副使。归田后纵情声伎。富藏好学，中州人以比杨慎。文章沿七子之派，未能自成一家；诗源出何景明，安雅有法，而乏深警之思。诸体中绝句最优。编有《宋艺圃集》、《元艺圃集》，颇有别裁。著有文集《李于田集》、诗集《太史集》（收入《六李集》）。另著有《黄谷琐谈》等。生平事迹见《四库全书总目》卷一二七、《明诗纪事》己签卷七、《列朝诗集小传》丁集。

李荫　明诗人。字袭美。内乡（今属河南）人。嘉靖十三年（1534）举人，授阳谷知县，改宛平，迁刑部主事。诗源何景明，近于其兄李蓘。著有《比部集》（见《六李集》），又称《李阳谷诗》。生平事迹见《明诗纪事》己签卷七。

陆楫（1515—1552）　明诗文家。字思豫。上海人。陆深子。为笔记小说丛刊《古今说海》主编者之一。著有《蒹葭堂稿》。生平事迹见《蒹葭堂稿》卷八附录明林树声《陆君墓志铭》。

叶朝荣（1515—1586）　明诗文家、学者。字良时，号桂山。福清（今属福建）人。叶向高父。隆庆间恩贡,曾判江州。诗文明白坦易,大抵偶然涉笔,非著意而为。著有《芝堂遗草》、《诗经存固》。生平事迹见明朱赓《朱文懿文集》卷九所作墓志铭。

边习 明诗人。字仲学。历城(今山东济南)人。边贡次子。授徒为生,老鳏贫窭以终。颇能诗,但所作多为应酬。著有《边仲子诗》(又名《睡足轩集》),附刊于边贡集后。生平事迹见《明诗纪事》己签卷二〇。

杨继盛(1516—1555) 明诗文家。字仲芳,号椒山。容城(今属河北)人。嘉靖二十六年(1547)进士,历南京兵部员外郎。以反对边境开马市,贬狄道典史。后迁刑部员外郎,改兵部武选司,劾严嵩十大罪,下狱三年,竟弃市。临刑赋诗,天下传诵。后追谥忠愍。著有《杨忠愍集》。生平事迹见其集卷首自著年谱、《明史》卷二〇九、《国朝献征录》卷四一。

蔡汝楠(1516—1565) 明诗文家、学者。字子木,号白石。德清(今属浙江)人。嘉靖十一年(1532)进士。知衡州,日聚诸生讲经于石鼓书院。历江西参政,仕至南京工部侍郎。中进士后始好为诗,又与邹守益、罗洪先游,究心经学。著有《自知堂集》、《说经札记》等。生平事迹见《明史》卷二八七、《国朝献征录》卷五三。

洪朝选(1516—1582) 明诗文家。字舜臣,一字汝尹,号芳洲。同安(今属福建)人。嘉靖二十年(1541)进士,历官刑部右侍郎。以忤权臣张居正,死于狱中。诗非所长,锐意古文辞,被认为得韩愈、欧阳修家法。著有《芳洲集》。生平事迹见《国朝献征录》卷四七。

万士和(1516—1586) 明诗文家。字思节,号履庵。宜兴(今属江苏)人。嘉靖二十年(1541)进士。隆庆中以礼部侍郎引疾归。万历初起为礼部尚书,以忤权臣张居正,谢病去。居正死,起南京礼部尚书,不赴。卒赠太子少保,谥文恭。诗文纯依自然,罕铸词之功。受业于唐顺之,能不染七子雕绘之习。著有《履庵集》。生平事迹见《明史》卷二二〇、《国朝献征录》卷二四。

查铎(1516—1589) 明诗文家。字子警,号毅斋。泾县(今属安徽)人。嘉靖四十四年(1565)进士,授德安推官。隆庆初任刑科给事中,又迁户科右给事中。出为山西参议。万历初任广西副使。以疾告归,在乡修复水西书院,讲学其中。著有《阐道集》,另著有《毅斋经说》、《毅斋奏疏》、《水西会语》、《校刊大学衍义补摘粹》等。生平事迹见《明史》卷二二七、《明儒学案》卷二五、《国朝献征录》卷一〇一。

欧大任(1516—1595) 明诗文家。字桢伯。顺德(今属广东)人。嘉靖四十一年(1562)以岁贡生选授江都训导,历任国子监博士,官终南京工部郎中。名列"广五子"之中,又是"南园后五子"之一,诗文受王世贞影响,其诗尚有温厚庄雅、自写性情之作。著有《虞部集》。生平事迹见《明史》卷二八七。

王叔承 明诗人。初名光胤,以字行,更字承父,晚又更字子幻,复名灵岳,号昆仑山人。吴江(今属江苏)人。早年即弃举子业,纵游齐鲁燕赵闽楚,足迹半天下。与王锡爵、李春芳友善,诗极为王世贞兄弟称赏,然其论诗却并不赞同七子之说,反对复古,反对一味摹拟古作者,但所作却较牵率,成就平平。曾作《汉宫曲》数十章,流传宫禁。著有《壮游篇》、《吴越游》等集。生平事迹见明王世贞《弇州山人续稿》卷七四《昆仑山人传》。

徐中行(1517—1578) 明诗文家。字子与,号龙湾,又号天目山人。长兴(今属浙江)人。嘉靖二十九年(1550)进士,授刑部主事,官至江西布政使,卒于官。早年入李攀龙等所倡立的诗社,是"后七子"之一,诗文之名颇著。作诗含蓄蕴藉,然摹古太似,反失自己面目。文章亦极近于王(世贞)李(攀龙)。著有《天目先生集》、《青萝馆诗》。生平事迹见《明史》卷二八七、《国朝献征录》卷八六。

胡直(1517—1585) 明诗文家、学者。字正甫,号庐山。泰和(今属江西)人。嘉靖三十五年(1556)进士。官至福建按察使。少工古文辞,后从欧阳德、罗洪先学。尝与门人讲学于螺水上。学宗王守仁之说,文章雅健有格,无抄撮语录之习,诗则较平衍。著有《衡庐精舍藏稿》,另著有《胡子衡齐》。生平事迹见明耿定向《天台集》卷一二所作墓志铭、《明儒学案》卷二二。

杨巍(1517—1608) 明诗人。字伯谦,号梦山。海丰(今属广东)人。嘉靖二十六年(1547)进士,除武进知县。擢兵科给事中,出为山西佥事,擢右佥都御史,巡抚宣府。仕至吏部尚书,致仕十五年后去世。历仕中外,甚有声望,及晚年掌吏部,素望大损。幼习举业,不知诗。中岁学诗,至归田后与山人吕时臣唱和,得诗六百余首。《四库全书总目》谓其"天分超卓,自然拔俗,故能不染埃壒,独发清音"。颇受清代诗论家王士禛赏识，以为其五言简古近于陶渊明，并曾选订其诗三卷行世。著有《梦山存家诗稿》。生平事迹见明叶向高《苍霞续草》卷一二所作墓志铭、《明史》卷二二五。

郑洛 明诗人。字禹秀。安肃（今河北徐水）人。嘉靖三十五年（1556）进士，万历间，以兵部左侍郎总督宣大山西军务。用兵洮河时，诏兼右都御史，经略陕西、延宁、甘肃及宣大山西边务。为言官所劾，谢病归。卒谥襄敏。总理边务十余年，在戎马倥偬之中，常以诗遣怀。著有《白贲堂诗草》。生平事迹见明黄辉《怡春堂逸稿》卷一《祝郑经略七袠序》、《明史》卷二二二。

佘翔 明诗文家。字宗汉，号凤台。莆田（今属福建）人。嘉靖三十七年（1558）举人，历全椒县令。与巡按御史意见相左，投劾弃官去，放游山水以终。其诗以雄丽高峭为宗，声调气格，颇近于七子。著有《薜荔园诗集》、《佘宗汉稿》、《游梁新编》、《金陵纪游》等。生平事迹见明陈文烛《二酉园续集》卷二《佘宗汉诗序》、《四库全书总目》卷一七二。

张四维 明戏曲作家。字治卿，一作治卿，号午山、五山，别署五山秀才。元城（今河北大名）人，侨居金陵（今江苏南京）。约万历初前后在世。尝与陈所闻以曲相赠答。著有传奇《双烈记》、《章台柳》、《璃璋记》三种，《双烈记》今存。另有散曲集《溪上闲情》。生平事迹见《康熙江宁县志》卷三四、《明清散曲作家汇考》上编。

王玉峰 明戏曲作家。字号未详。松江（今属上海）人。约万历十年（1582）前后在世。所著传奇今知有《羊觚记》，已佚，《焚香记》，今存。另《传奇汇考标目》别本谓《三生记》、《茶船记》亦为其作。生平事迹见《古典戏曲存目汇考》卷九。

吴世美 明戏曲作家。字叔华，号多口洞天。乌程（今浙江湖州）人。约万历十年（1582）前后在世。所著传奇今存《惊鸿记》。生平事迹见吴书荫《曲品校注》。

朱鼎 明戏曲作家。字永怀。昆山（今属江苏）人。约万历十年（1582）前后在世。所著传奇今存《玉镜台记》。生平事迹见庄一拂《古典戏曲存目汇考》卷九。

王錂 明戏曲作家。字剑池。钱塘（今浙江杭州）人。约万历十一年（1583）前后在世。著有传奇《春芜记》、《彩楼记》、《寻亲记》、《双缘舫》，除《双缘舫》一种已佚外，余均存。生平事迹见庄一拂《古典戏曲存目汇考》卷九。

高濂 明戏曲家。字深甫，号瑞南、瑞南道人、湖上桃花渔。钱塘（今浙江杭州）人。约明万历十一年（1583）在世。任鸿胪寺官。工于词曲，独出清裁，不附会于庸俗。诗文集有《雅尚斋诗草》、《芳芷楼词》。散曲有《芳芷楼曲》。杂著有《遵生八笺》，传奇有《玉簪记》、《节孝记》。其中《玉簪记》演潘必正、陈妙常相爱故事，最为著名。有多种明刊本，《古本戏曲丛刊初集》据万历继志斋本影印。生平事迹见明汪道昆《太函副墨》卷一七《高季公墓志铭》、《道光新建县志》卷七三。

郑之珍（1518—1595） 明戏曲作家。字汝席，号高石，别署高石山人。徽州（今安徽歙县）人。约万历间在世。诸生，屡试不中。喜谈诗，兼习吴歈。著有传奇《五福记》、《目连救母劝善记》。生平事迹见《古典戏曲存目汇考》卷三、《民国祁门县志·艺文考》。

车任远 明戏曲作家。一名祝齐，字远之，号柅斋、舜水遽然子。上虞（今属浙江）人。约万历间在世。工曲，著有杂剧《蕉鹿梦》、《高塘梦》、《邯郸梦》、《南柯梦》，合称《四梦记》，前二种存。另有杂剧《福先碑》、传奇《弹铗记》，已佚。生平事迹见庄一拂《古典戏曲存目汇考》卷六。

黄方胤 明戏曲作家。一名方儒，又名方印，字上舍，号醒狂、醒狂散人。金陵（今江苏南京）人。万历间在世。与陈所闻、张四维、盛敏耕等友善。所写皆市井风俗，文词鄙亵。著有《陌花轩词》。所著杂剧总称《陌花轩杂剧》，一名《柳浪杂剧》，共十折七个短剧，为《倚门》、《再醮》、《淫僧》、《偷期》、《督妓》、《娈童》、《惧内》。生平事迹见明顾起元《客座赘语》、《康熙江宁府志》卷三四。

孙柚 明戏曲作家。字梅锡，一作禹锡，又字遂初。常熟（今属江苏）人。约万历间在世。少负异才，豪放不羁，才情流丽。在虞山北麓营别业，名藤溪。与名流王伯穀、莫廷韩等觞咏其中。歌诗乐府，脍炙人口。著有《神游杂著》、《方物品题》、《虞山纪游》、《藤溪记》、《藤溪稿》、《栖霞稿》。所著传奇《昭关记》，已佚，《琴心记》（一作《琴心传奇》），今存。生平事迹见《康熙常熟县志》卷二〇、卷二六，《雍正昭文县志》卷八，庄一拂《古典戏曲存目汇考》卷九。

王澹 明戏曲作家。字澹翁，自号澹居士。会稽（今浙江绍兴）人。约万历间在世。以词曲知名，王骥德称他与史槃“皆自能度曲登场，体调流丽，优人便之，一出而搬演几遍国中”(《曲律》)。著有传奇《双合记》、《金椀记》、《紫袍记》、《兰佩记》，杂剧《樱桃园》，散曲集《敔乃编》等。生平事迹见明王骥德《曲律》、《康熙香河县志》卷一一。

徐阳辉 明戏曲作家。字玄辉。鄞县(今属浙江)人。约万历间在世。诸生。工诗文词，尤善制曲，为时所赏。著有《青雀舫乐府》及杂剧《有情痴》、《脱囊颖》等。生平事迹见《光绪鄞县志》卷三八。

徐元 明戏曲作家。字叔回。钱塘(今浙江杭州)人。约万历间在世。工于作曲，著有传奇《八义记》。生平事迹见庄一拂《古典戏曲存目汇考》卷九。

谢天瑞 明戏曲作家。名一作天佑，字起龙，号思山。杭州(今属浙江)人，或谓河南人。约万历中在世。著有传奇《分钗记》、《忠烈记》、《麦舟记》、《靖虏记》、《剑舟记》。仅《狐裘记》收入《群音类选》数曲，其余俱佚。尝校刻《玉玦记》、《刘知远白兔记》。生平事迹见《传奇汇考标目》、庄一拂《古典戏曲存目汇考》卷九。

杨珽 明戏曲作家。字夷白。钱塘(今浙江杭州)人。万历间在世。著有传奇《龙膏记》、《锦带记》。后者仅存残曲。生平事迹见庄一拂《古典戏曲存目汇考》卷九。

任环(1519—1558) 明诗文家。字应乾，号复庵。长治(今属山西)人。嘉靖二十三年(1544)进士。历任广平、沙河、滑县三县知县，官苏州同知，御倭寇入侵屡立战功，身先士卒，赏罚分明。官至山东右参政。为文严谨有度，略乏文采。著有《山海漫谈》。生平事迹见《国朝献征录》卷九五。

周思兼(1519—1565) 明诗文家、学者。字叔夜，号莱峰。华亭(今上海松江)人。嘉靖二十六年(1547)进士，除平度知州，擢工部员外郎，进郎中，出为湖广佥事。以母丧归，卒于家。门人私谥为贞靖先生。为官清廉，颇有人望。工书画，少有文名，诗文均受王世贞影响。著有《叔夜集》、《学道纪言》。生平事迹见明沈恺《环溪集》卷二四所作墓志铭、《明史》卷二〇八。

梁辰鱼(1519—1591) 明戏曲作家、散曲家。字伯龙，号少白，又号仇池外史。昆山(今属江苏)人。性好谈兵习武，不屑就诸生试。后以例入太学，但仍无意于科举。与李攀龙、王世贞等七子均有交往。又在家营建华屋，招徕四方豪杰，驰马击剑，有志于报国立功。嘉靖四十一年(1562)，受聘于总督胡宗宪，为掌书记。当时名士徐渭、茅坤、沈明臣均在幕中。后胡宗宪被捕，梁辰鱼寄居金陵，与金銮、张凤翼、潘之恒等出入歌馆酒楼。隆庆元年(1567)，与莫是龙、孙七政、殷都等人组织鹫峰诗社，放浪诗酒。隆庆四年，由金陵返昆山。时著名戏曲音乐家魏良辅改革昆山腔，梁辰鱼颇得良辅之传。晚年写出第一部昆山腔剧本《浣纱记》，以西施范蠡爱情故事的悲欢离合，写出春秋时代吴越兴亡历史，成为中国戏曲史上骈俪派代表作品，对昆山腔的发展和传播起过重要作用。所著杂剧《红线女》、《红绡妓手语情传》，已佚。另著有散曲集《江东白苎》、弹词《江东廿一史弹词》及诗文集《伯龙诗》、《远游稿》等。生平事迹见明张大复《明人列传稿》、明王世贞《弇州山人续稿》卷四二《梁伯龙古乐府序》、《列朝诗集小传》丁集。

张祥鸢(1520—?) 明诗文家。字道卿，号虚庵，或作虚斋。金坛(今属江苏)人。嘉靖三十八年(1559)进士，除户部主事，出为河东运司同知，官至云南府知府。多与“后七子”相往还，诗文能不涉其窠臼，然个人特色尚不明显。著有《华阳洞稿》。生平事迹见《明诗纪事》己签卷一三、《华阳洞稿》附录。

屠本畯 明诗人。字田叔，晚号憨先生，亦号豳叟。鄞县(今浙江宁波)人。屠大山子。承父荫，官太常寺典簿，仕至福建运使，万历前后在世。晚年起生圹于甬上，年八十余乃卒。以风流儒雅著称于乡里，诗多不拘格律。著有《屠田叔诗草》、《山林经济籍》。生平事迹见《明诗纪事》戊签卷一六、清朱彝尊《静志居诗话》卷一七。

谢三秀 明诗人。字君采，一字元瑞。贵竹(今贵州贵阳)人。万历年间以贡生拔为教官。清朱彝尊《静志居诗话》指出：“君采诗甚清稳，由其生于天末，习染全无，此黔人之轶伦超群者。”著有《雪鸿堂集》。生平事迹见清朱彝尊《静志居诗话》卷一七。

曹大章(1521—1575) 明诗文家。字一呈，号含斋。金坛(今属江苏)人。嘉靖三十二年(1553)会试第一，授翰林编修，以废疾罢。诗文多应俗之作，成就不高。著有《含斋集》。生平事迹见明张祥鸢《华阳洞稿》卷七所作行状。

徐渭(1521—1593) 明文学家、书画家。

字文清，更字文长，号青藤、天池。山阴（今浙江绍兴）人。幼敏慧，仿扬雄《解嘲》作《释毁》，人奇其才。为诸生，声名籍籍，然屡踬场屋。闽浙总督胡宗宪招致幕下，抗倭中出谋划策，甚受赏识。曾为之撰《献白鹿表》献明世宗。胡宗宪因事下狱，他佯狂自杀未遂，又因击杀继室事论死系囚。赖张元忭力救获免。七年后出狱，更放浪形骸，纵迹山水，南游金陵，北至齐鲁燕赵。寄情于诗文书画之作。晚年穷困潦倒以终。其诗"匠心独出"，"文有卓识，气沉而法严，不以摹拟损才，不以议论伤格"，"一扫近代芜秽之习"（袁宏道《徐文长传》）。在明代前后七子复古思想主盟文坛时期，他不为所拘，独树一帜，深得公安派推崇。诗文书画均表现其鲜明的艺术个性。其文如《叶子肃诗序》等旗帜鲜明地阐述其反复古主义文学主张。自称书第一，诗二，文三，画四。然其戏曲创作《四声猿》，亦属戏曲史上著名作品。著有《徐文长集》、《逸稿》。今人合辑其诗文戏曲之作为《徐渭集》。另著有戏曲论著《南词叙录》。生平事迹见明陶望龄、袁宏道各自所作《徐文长传》、《明史》卷二八八、《列朝诗集小传》丁卷。

王樵（1521—1599）　明诗文家、学者。字明远，号方麓。金坛（今属江苏）人。嘉靖二十六年（1547）进士，授行人。迁山东佥事，移疾归。万历初，补浙江佥事，擢尚宝卿。历南京太仆少卿，擢右都御史，以年老致仕。卒谥恭简。生性恬澹，邃于经学，《易》、《书》、《春秋》皆有撰述。其文章颇切实际，非模山范水、嘲风弄月之词；其诗虽不能自成一格，而冲和雅淡，不失雅音。著有《方麓集》。生平事迹见明焦竑《澹园集》卷三三所作行状、《明史》卷二二一。

汤有光　明诗人。字慈明。通州（今北京通县）人。邑诸生，负才隽，主要活动在万历年间。曾入顾养谦蓟辽幕府，晚年与范凤翼为忘年交，结山茨社，赋诗山茨。工书，并善弈。《山茨社诗品》称其诗"如西人造神仙酒"，"味则近市，难餍兰陵之口"。著有《汤慈明诗集》。生平事迹见《光绪通州直隶州志》卷一三、《明诗纪事》庚签卷三〇。

沈明臣　明诗文家。字嘉则。鄞县（今属浙江）人。诸生，屡试不第。胡宗宪率师平倭，与徐渭同入幕府。有诗名，作诗七千余首，才气坌涌，但得之太易，颇不耐读。著有《丰对楼诗选》、《越草》、《吴越游稿》，编有《通州志》。生平事迹见明屠隆《由拳集》卷一九所作传。

魏良辅（1522？—1586？）　明代戏曲音乐家。原籍豫章（今江西南昌），寄居太仓（今属江苏）。明张大复《梅花草堂笔记》卷一二谓良辅"别号尚泉。居太仓之南关，能谐音律，转音若丝"。因历来认为他是昆腔的创始人，故又以为他是昆山（毗邻太仓）人。清初余怀《寄畅园闻歌记》云："南曲盖始于昆山魏良辅。良辅初习北音，绌于北人王友三，退而镂心南曲，足迹不下楼十年。"实则昆腔始于元末，嘉靖末，他与过云石、袁髯、尤驼等前辈，及陶九官、周梦谷、滕全拙、朱南川、张小泉、季敬坡、戴梅川、包郎郎、陆九畴、宋美、黄问琴、周梦山、潘荆南等同辈曲师共同改造昆腔。他成绩最著，把昆腔推进到舒徐宛转的"水磨腔"。其婿张野塘，又使昆腔加进弦索乐乐器。著有《曲律》（一名《南词引正》）。生平事迹见明张大复《梅花草堂笔记》、《崇祯太仓州志》卷一五。

刘效祖（1522？—1589？）　明散曲家。字仲修，号念庵。其先出山东滨州，徙京师（今北京）。嘉靖二十九年（1550）进士，历任户部主事、员外郎。严嵩父子欲罗之入幕，婉拒。升转固原兵备副使，多政绩。嘉靖四十二年（1563）大计，为忌者所中伤，归。长于诗，篇什流传禁中，穆宗尝遣中官索其诗，都人盛传其事。又以散曲著名。著有《四镇三关志》、《春秋稿》、《塞上言》、《盛世宣威时行乐》、《灯市谣》、《长门词》、《云林和稿》、《空中语》、《短柱笑颦》、《闲中一笑》、《裁冰剪雪》、《都邑繁华》、《莲步新声》，编有《词脔》。生平事迹见《国朝献征录》卷九四、《康熙宛平县志》卷五、《康熙畿辅通志》卷二二。

徐学谟（1522—1593）　明诗文家、学者。初名学诗，后更今名，字叔明，一字子言，号太室山人。嘉定（今属上海）人。嘉靖二十九年（1550）进士，授兵部主事。历湖广布政使，官至礼部尚书。著述繁富。诗文均有时名，虽与王世贞同里，持论与创作均不为时风所染。著有《春明稿》、《海隅集》、《归有园稿》，另编著有《世庙识余录》、《万历湖广总志》等。生平事迹见明申时行《赐闲堂集》卷二六所作墓志铭。

张卤（1523—1598）　明诗文家。字召和，号浒东。仪封（今河南兰考）人。嘉靖三十八年（1559）进士，由山西高平知县选礼科给事中，累迁右佥都御史，拜大理卿。出为南京太常卿，忤权臣张居正致仕。著有《浒东集》。生平事迹见《国朝献征录》卷六八。

郭谏臣（1524—1580）　明诗人。字子忠，号方泉，更号鲲溟。长洲(今江苏苏州)人。嘉靖四十一年(1562)进士，授袁州推官。严世蕃贪黩无厌，谏臣持正不惧。历吏部主事、员外郎，隆庆初屡疏陈事，与张居正相忤，迁江西参政。罢归后起为郧阳巡抚，未赴任而卒。平生伉直，直言敢谏。其诗婉约闲雅，有范成大、陆游之遗风。在七子盛行时不追随风气，亦足见其孤介。著有《鲲溟诗集》。生平事迹见明申时行《赐闲堂集》卷三一所作墓志铭。

陈所闻 明戏曲作家。字荩卿，号萝月道人。上元(今江苏南京)人。嘉靖二十五年(1546)举人，任玉山知县。洞晓音律，善于词曲。卜居莫愁湖边，与王文耀、丛文蔚、金銮等结长干等社，同社耆旧四十人，啸傲风月，流连诗酒。晚年寄居汪廷讷门下，所作戏曲归名于汪廷讷《环翠堂乐府》十八种中就有八种，为《狮吼记》、《种玉记》、《长生记》、《青梅记》、《威凤记》、《同升记》、《飞鱼记》、《彩舟记》。此外还作有《金门大德记》、《相仙记》、《金刀记》、《诗扇记》。杂剧有《王子晋缑岭吹笙》、《孙子荆枕流漱石》、《周子冲》、《易须拜相》、《徐髯仙南巡应制》，又与航隐老人合撰《柳翠》。词及散曲有《濠上斋乐府》。诗文集有《游吴草》、《萝月轩集》。另编有散曲集《古今大雅南北宫词纪》。生平事迹见明周晖《金陵琐事》、吴书荫《曲品校注》。

吴国伦(1524—1593) 明诗文家。字明卿，号川楼，又号南岳山人。兴国(今湖北阳新)人。嘉靖二十九年(1550)进士，擢兵科给事中。杨继盛死，倡众赙送，忤严嵩，谪南康推官。严嵩败，起建宁同知，累迁河南左参政。大计罢归。才气横放，好客轻财。初与李攀龙、王世贞等唱和，后与李维桢等狎主诗盟，为"后七子"之一，诗文均有时名。著有《甔甀洞稿》、《陈张本末略》等。生平事迹见明李维桢《大泌山房集》卷三〇所作寿序、《明史》卷二八七。

耿定向(1524—1596) 明理学家、诗文家。字在伦，号楚侗，学者称天台先生。黄安(今湖北红安)人。嘉靖三十五年(1556)进士，擢御史，万历中累官户部尚书。告归，居天台山。卒谥恭简。学本王守仁，诗不经意而为，文则多为讲学家之言。著有《天台集》、《耿子庸言》、《先进遗风》等。生平事迹见《明史》卷二二一、《国朝献征录》卷二九。

宗臣(1525—1560) 明诗文家。字子相。兴化(今属江苏)人。嘉靖二十九年(1550)进士，除刑部主事。以忤严嵩出为福建参政，迁提学副使，卒。为"后七子"之一。诗格娟秀，近于徐祯卿。论诗文主于变化，反对模拟古作，以为"人性之文也，是时时生焉者也，非以他人之陈言庸语而借之于我也"(《谈艺第六》)。著有《宗子相集》。生平事迹见《明史》卷二八七。

张居正(1525—1582) 明政治家、诗文家。字叔大，号太岳。江陵(今湖北荆沙)人。嘉靖二十六年(1547)进士。明穆宗时，与高拱并主朝政；明神宗时为首辅，帝称之为"元辅张少师先生"。为相十年，安内攘外，整饬吏治，海内称治。卒谥文忠。卒后籍没其家。诗文均非著意而为。著有《太岳集》、《书经直解》、《太岳杂著》等。生平事迹见《明史》卷二一三、《国朝献征录》卷一七。

孙鳌(1525—1592) 明诗文家。字文器，号端峰。余姚(今属浙江)人。由太学生官上林苑丞。晚归烛湖，构漆园居之，又号漆园供事，并自作《漆园供事别传》。诗作清隽，不入前后七子之派；文则较平衍。著有《松菊堂集》行世。生平事迹见明许国《许文穆集》卷五所作墓志铭。

汪道昆(1525—1593) 明文学家。字伯玉，又字玉卿，号南明、南溟、太函，晚号涵翁。歙县(今属安徽)人。嘉靖二十六年(1547)进士，授义乌知县。教民讲武，人人能投石超距，世称义乌兵。后历官襄阳知府、福建兵备道。嘉靖四十一年，倭寇攻陷兴化府(今福建莆田)，汪道昆回浙江招募"义乌兵"，同戚继光大破之。以功升福建按察使，擢右佥都御史，巡抚福建。隆庆中，起为两阳巡抚，晋副都御史，调抚湖广。万历初，任兵部左侍郎。告归，以病卒。以诗文名世，与王世贞并称"两司马"。王世贞谓汪道昆文简而有法，钱谦益《列朝诗集小传》则谓"伯玉为古文，初剿袭空同、槐野二家，稍加琢磨，名成之后，肆意纵笔，沓拖潦倒，而循声者犹目之曰大家。于诗本无所解，沿袭七子末流，妄为大言欺世"。戏曲创作成就远在诗文之上。明吕天成《曲品》谓其戏曲有"清新俊逸之音，调笑诙谐之致"，而明沈德符《顾曲杂言》则称其剧作"都非当行"，体例近于传奇，而缺少杂剧特色。著有杂剧五种，《高唐记》、《洛神记》、《五湖记》、《京兆记》、《唐明皇七夕长生殿》，前四种今存，合称为《大雅堂乐府》，后一种佚。诗文有《太函集》。生平事迹见明喻均《山居文稿》卷七《汪南明先生墓志铭》、《明史》卷二八七、《列朝诗集小传》丁集。

张四维(1526—1585)　明大臣、诗文家。字子维,号凤磐。蒲州(今山西永济)人。嘉靖三十二年(1553)进士。万历间由张居正荐,授礼部尚书、东阁大学士,入参机务。张居正卒,由其秉政,时望颇高。卒谥文毅。诗文均守台阁体旧格,以平正通达为特点。有《条麓堂集》行世。生平事迹见《明史》卷二一九、《条麓堂集》附录。

王世贞(1526—1590)　明诗文家、史学家。字元美,号凤洲,又号弇州山人。太仓(今属江苏)人。嘉靖二十六年(1547)进士,授刑部主事。在京师与李攀龙、宗臣等人唱和,绍述前七子,名声日广。其父王忬为权臣严嵩害死,兄弟持丧归。隆庆元年(1567)赴阙讼父冤,吏部用言官荐,以副使莅大名,历仕浙江、山西、湖广、广西,入为太仆卿。万历二年(1574)以右副都御史抚治郧阳。一再被劾罢,在南京刑部尚书任上又为御史黄仁荣所诋,乃移疾归。卒于家。与李攀龙同为"后七子"首领,与其同主文坛,李殁独操柄二十年,名扬海内。作诗以乐府古体冠于一时。其持论与前七子有一脉相承处,主张文必西汉,诗必盛唐,提倡复古,晚年主张稍有改变,所作渐趋平淡。对戏曲也有研究。一生勤于著述。诗文结为《弇州山人四部稿》、《续稿》、《读书后》等集。并写有诗文论著《艺苑卮言》,对当时文人创作影响颇大,其中附录四卷论及词曲书画,对南北曲产生及优劣所作评述时有创见,传奇《鸣凤记》一般也认为是他所作。另有史学著作《弇山堂别集》。此外尚有《艳异编》、《凤洲笔记》、《觚不觚录》等大量笔记杂著。生平事迹见《明史》卷二八七、《国朝献征录》卷四五。

兰陵笑笑生　明小说家。传为《金瓶梅》一书的作者,究为何人,有多说。1931年在山西发现的万历间刊本《金瓶梅词话》卷首欣欣子序提到"兰陵笑笑生作《金瓶梅传》",从此开始对此人真实姓名和身分的探讨。学者认为,此署名至少与兰陵一地有关。运用文本的内证并参证明清以来的记载,把《金瓶梅》作者问题探索范围缩小。明清两代有人提到过有"嘉靖大名士"、"金吾戚里门客"、"绍兴老儒"、"陆柄仇人"等不确定说法,稍后又指实为王世贞、卢楠、薛应旂、李贽、徐渭、冯惟敏、沈德符等诸多人物。今人(包括海外学者)又提出了贾三近、屠隆、李开先、王穉登、汤显祖、丁耀亢、丘志充等。其中比较受人注意的当数以下诸说:一,王世贞。明沈德符已提到"闻此为嘉靖间大名士手笔"(《万历野获编》)。清人坐实为王氏。如顾公燮《消夏闲记杂钞》:"《金瓶梅》缘起王凤洲报父仇。"此指严世蕃为夺取《清明上河图》而害死其父王忬。王世贞"痛父冤死,图报无由",遂"借《水浒传》西门庆故事为蓝本"撰此一书进献严世蕃,"暗讥其闺门淫放"。另说为,其书"以毒药傅纸,冀其传染入口而毙"(王昙《金瓶梅考证》)。此之为所谓"苦孝说"。今人虽指为荒唐,但仍有学者认为王世贞说为可信。他符合"嘉靖间大名士"身分,祖籍山东,又做过三年山东兵备副使。力倡此说者为朱星、周钧韬。二,贾三近。提出此说的是张远芬。以为贾系山东峄县(今枣庄)人。峄县古为兰陵,此人亦足称"嘉靖间大名士"。以其生平、经历、文学修养、精神气质等均符合"兰陵笑笑生"的别号(《金瓶梅新证》)。三,屠隆。提出此说者为黄霖,并得到包括台湾学者魏子云在内的一些学者的响应。黄氏认为《金瓶梅》中有许多吴语区方言习俗的反映,而写山东,有时则反而很模糊甚至矛盾。屠为浙江鄞县人,曾在山东和北京做官,祖上有迁居句吴的历史。句吴为常州府,"武进县,梁为兰陵",是为南兰陵。他生活放浪,还用过"笑笑先生"的化名。小说第五十六回所引《哀头巾诗》和《祭头巾文》见于屠隆《开卷一笑》(《金瓶梅作者屠隆考》)。四,李开先。最早作出此一推测的是吴晓铃。徐朔方认定此人为小说写定者。卜键以专著《金瓶梅作者李开先考》加以论证。比较重要的论据是:李为山东章丘人,历仕于北京,又为"嘉靖八子"之一。生活放浪,生平癖好诗词俚曲,懂音律,创作并改编过著名的《宝剑记》等传奇、杂剧多种。《词话》第七十回引用了《宝剑记》中《正宫·端正好》套曲五支。以其生平经历和精神气质,均合乎"兰陵笑笑生"诸条件。五,王穉登。持此说者为鲁歌、马征。认为,王氏最早拥有《金瓶梅》抄本,且是抄本拥有者中最有资格为作者的人。他是"南兰陵"武进人,与屠隆有交往,但后来又不满其为人,故录其《哀头巾》一诗一文以讥之。他到过北京、山东等地,以其著述名望也可算是嘉靖万历时期的大名士。早年生活放荡而晚年又颇追悔,符合《金瓶梅》小说的寓意(《金瓶梅作者王穉登考》)。但也有学者认为,1932年发现的《金瓶梅词话》冠有"新刻"的字样,初刻或原刻,可能即沈德符《万历野获编》提到的吴中刻本。初刻或原刻是否有欣欣子序,颇值得怀疑,故"兰陵笑笑生"亦可能为子虚乌有的伪托。目前尚待进一步研究。

张佳胤（1527—1588） 明诗文家。字肖甫，初号卢山，更号居来山人。铜梁（今属四川）人。嘉靖二十九年（1550）进士，万历中任浙江巡抚，官至太子太保、总督蓟辽尚书兼都御史。卒谥襄宪，或作襄敏。与王世贞等人唱酬，为“嘉靖七子”之一。诗文才气纵横，唯乏深致。著有《居来山房集》。生平事迹见明王世贞《弇州山人续稿》卷一二三所作墓志铭、《明史》卷二二二。

李贽（1527—1602） 明思想家、文学批评家。原姓林，名载贽，号卓吾，又号宏甫、笃吾、思斋、温陵居士、百泉居士、龙湖叟、秃翁等。晋江（今属福建）人。嘉靖三十一年（1552）举人，初任河南辉县教谕，后累官北京国子监博士、礼部司务、南京刑部员外郎、云南姚安知府。后弃官，先后客寓黄安、麻城、龙湖等地，以著书讲学为务。万历三十年（1602）以“敢倡乱道、惑世诬民”罪为礼科给事中张问达所劾，逮系狱中，自刭死。其为学初受佛学，继而受王学左派的影响，富于怀疑批判精神，提出“孔子之是非为不足据”。尤其斥责宋明间被奉为正统的理学的虚伪，以为“《六经》、《语》、《孟》乃道学之口实，假人之渊薮也”，因而被时人目为“异端”之尤者。论文则提出“童心说”，认为“天下之至文，未有不出于童心者也”，“夫童心者，绝假纯真，最初一念之本心也”（《童心说》）。此说对于批判理学之伪，批判“七子派”末流的肤廓模拟，均有积极意义，也对晚明公安派以及部分戏曲、小说的创作与批评产生重大影响。此外在《忠义水浒传序》中提出“发愤著书”说，批语中对水浒人物形象塑造的分析，在《拜月》、《西厢》、《琵琶》三者孰优孰劣的讨论中关于画工、化工的辩析，亦均有一定的理论价值。著有诗文集《焚书》、《续焚书》，史评《藏书》、《续藏书》以及《水浒》评点、《西厢》、《琵琶》评点等多种。生平事迹见铃木虎雄《李贽年谱》、容肇祖《李贽年谱》、张建业《李贽评传》、厦门大学历史系编《李贽研究参考资料》三辑。

桑绍良 明戏曲作家。字于遂，一字季子，又字遂初。濮州（今河南濮阳）人。嘉靖三十四年（1555）进士。万历二年（1574）任岚县知县。著有杂著《春郊声韵》，所作杂剧存《独乐园司马入相》一种。生平事迹见《康熙濮州志》卷二、《乾隆濮州志》卷二。

张凤翼（1527—1613） 明戏曲作家。字伯起，号灵墟、冷然居士。长洲（今江苏苏州）人。嘉靖四十三年（1564）举人。后四次会试，皆不第。遂绝意仕进。闭门深居，读书养母以终。与弟张燕翼、张献翼并有才名，吴人称赞说：“前有四皇（弘治嘉靖时长洲皇甫冲、皇甫涍、皇甫汸、皇甫濂均中进士），后有三张。”与梁辰鱼、顾大典、屠隆、汤显祖、梅鼎祚、徐复祚、佘翘等都有交谊。工于词曲，精通音律，还能登场演出。自演《琵琶记》中蔡伯喈，次子演赵五娘。文学作品，独迈时流。著有诗文集《处实堂前集》、《处实堂后集》、《谈辂》、《文选纂注》、《梦占类考》、《四书句解》、《瑞芝阁景行录》、《清河逸事》等。传奇有《红拂记》、《祝发记》、《窃符记》、《虎符记》、《灌园记》、《扊扅记》，总称曰《阳春六集》，前五种今存。还有传奇《平播记》、《芦衣记》，均佚。散曲《敲月轩词稿》，见冯梦龙编《太霞新奏》、《吴骚合编》。生平事迹见明刘凤《太霞草》卷九《寿伯起六十序》《明史》卷二五七、《列朝诗集》丁集。

田艺蘅 明诗文家、学者。字子艺。钱塘（今浙江杭州）人。田汝成子。十岁从父过采石，赋诗有警句。以岁贡生为徽州儒学训导，罢归。性放诞不羁，嗜酒任侠，多闻好奇，时人比之杨慎，于嘉靖、隆庆间以博洽著称。诗文有才调，为时人所重。著有《田子艺集》，另著有《大明同文集》、《留青日札》、《老子指玄》等。生平事迹见《明史》卷二八七、《皇明词林人物考》卷七。

汪道贯 明诗文家。字仲淹，号次公。歙县（今属安徽）人。汪道昆弟。博学强记，气概英迈，工词赋，旁及书法。与弟汪道会（字仲嘉）齐名，时称“二仲”。著有《汪次公集》。生平事迹见明汪道昆《太函副墨》卷一四所作行状。

戚继光（1528—1587） 明军事家、诗文家。字元敬，号南塘，晚号孟诸。登州（今山东蓬莱）人。世袭登州卫指挥佥事，好读书，通经史大义。嘉靖中历浙江参将，破浙东倭寇。转战江西、福建，战功卓著，升总兵。所部号“戚家军”。蓟门多警，又以都督同知，总理蓟门三镇军务。卒谥武毅。诗风伉健，如燕赵之音。著有《止止堂集》，另著有《纪效新书》、《练兵实纪》、《武备新书》等。生平事迹见《明史》卷二一二、《国朝献征录》卷一〇六。

穆文熙（1528—1591） 明诗文家、史学家。字敬甫，号少春。东明（今属山东）人。嘉靖四十一年（1562）进士，授行人。官至广东副使。诗文均有时名。著有《逍遥园集》、《七雄策纂》、《四史鸿裁》、《阅古随笔》等。生平事迹见明李廷机《李文节集》卷二〇所作墓志铭。

蔡国珍(1528—1611)　明诗文家。字汝聘，号见麓。奉新(今属江西)人。嘉靖三十五年(1556)进士，严嵩以同里欲罗致门下，不听。就南京刑部主事，迁福建提学副使。万历间累官吏部尚书。致仕卒，谥恭靖。以学行称，著清操。诗长于近体，文尚平易。著有《怡云堂集》。生平事迹见《明史》卷二二四、《明史列传》卷八〇。

张元凯　明诗人。字左虞。吴县(今属江苏)人。以世职为苏州卫指挥。督漕运北上，有功不得叙，自免归。少习《毛诗》，折节读书，寄情诗酒。诗作当时流传不广，王世贞在其去世后得其行卷，叹赏不已，作诗以酹之，并序其集以行，此后始为诗坛所知。《四库全书总目》称："其诗大抵推陈出新，不袭窠臼，而风骨遒上，伉壮自喜。每渊渊有金石声"，"盖其才华本富，又脱屣名利，胸次旷夷，故……世贞之心折不置矣。"著有《伐檀斋集》。生平事迹见明王世贞《弇州山人续稿》卷四二《伐檀斋集序》。

黄维楫　一作黄惟楫。明文学家。字说仲。天台(今属浙江)人。善诗工曲，早岁才情蔚起，与蔡雅含、王永叔、董光宏等友善。著有《诗草》。董光宏《秋水阁副墨》第六册有《赠黄说仲》诗："旧忆天台路，无因问石梁。自交黄叔度，如见孟襄阳。圣世身犹隐，名山副可藏。夜阑更对语，寒月下匡床。"《四库全书总目》称其诗多与王世贞、欧大任等唱酬之作，盖亦沿七子流波云。吕天成《曲品》称其曲"说仲尚书之裔，推竞爽于侯家"。著有传奇《龙绡记》，一作《龙箫》，叙柳毅传书故事，今仅《月露音》内存有残曲。生平事迹见清曹溶《明人小传》卷四。

莫是龙　明诗文家、书画家。字云卿，后以字行，更字廷韩，号秋水，又号后明。华亭(今上海松江)人。莫如忠子。十岁能文，长善书画，受王世贞、皇甫汸称赏。以贡生终。诗以才情见长，不耐深思；文则以题跋较优。著有《石秀斋集》。生平事迹见《石秀斋集》卷首所附张所敬著小传。

王恒　明戏曲作家。字伯贞，号少谷，又号四明东方士。奉化(今属浙江)人。约万历十年(1582)前后在世。弃诸生业，游名公间，到辄留题。著有诗集《两都游草》、杂著《甘露卮》。传奇有《合璧记》，万历刊《乐府名词》选有此曲。生平事迹见《乾隆奉化县志》卷一一、《光绪奉化县志》卷二四、庄一拂《古典戏曲存目汇考》卷九。

张献翼　明诗文家。字幼于，后更名敉。长洲(今江苏苏州)人。张凤翼弟。嘉靖中为国子监生。为人放诞，言行诡异，与李攀龙多笔札往还，与皇甫涍尤契，诗文均受七子影响，其学含咀魏晋，而未能自成一家。著有《文起堂集》及《纨绮集》，另著有《读易经闻》、《读易韵考》、《舞志》等。生平事迹见《明诗纪事》己签卷七。

许仲琳　明小说家。号钟山逸叟。应天(今江苏南京)人。约生活于嘉靖、隆庆间。明舒载阳刊《封神演义》题："钟山逸叟许仲琳编辑"。清梁章钜《归田琐记》曰："吾乡林樾亭先生言：'昔有士人罄家所有嫁其长女者，次女有怨色。士人慰之曰无忧贫也。乃因《尚书·武成篇》"唯尔有神，尚克相予"语，衍为《封神传》，以稿授女。后其婿梓行，竟大获利云。'"《浪迹续谈》又曰："忆吾乡林樾亭先生尝与余谈《封神传》一书，是前明一名宿所撰，意欲与《西游记》、《水浒传》鼎立而三。"其余生平事迹不详。

余邵鱼　明小说家。字畏斋。建安(今福建建瓯)人。出身于明代建阳出版世家，撰有长篇小说《列国志传》。著名小说家和出版家余象斗重刊此书时，称之为"先族叔翁"，则其生活年代，当在嘉靖、隆庆期间。其余生平事迹无考。

熊大木　明小说家、出版家。字钟谷，又字鳌峰。福建建阳人。约生活于嘉靖、隆庆时期。《南北两宋志传》三台馆主人序云："昔大本先生，建邑之博洽士也，遍览群书，涉猎诸史"。孙楷第认为此"大本"，即"大木"(《日本东京所见小说书目》)。经他之手出版和编撰的小说，多为历史演义，今见者有《全汉志传》、《唐书志传通俗演义》，《南北两宋志传》中的《北宋志传》(又名《杨家将传》)、《大宋中兴通俗演义》(又名《大宋演义中兴英烈传》)。他在《大宋演义中兴英烈传序》认为，史书与小说有不同，稗官野史实记正史之未备。若使事迹显然不泯者得录，则难以成野史之余意。其余生平事迹不详。

茅溱　明散曲家。字平仲，一字平甫。丹徒(今属江苏)人。据其与欧大任等同游扬州、丹徒一带的时间推算，当生活在明隆庆、万历时期。幼好学，不求闻达，闭门著书。诗不工应酬，与邬佐卿辈唱和，以布衣老于乡。所著诗文集

《四友斋集》已佚，存《韵谱本义》。散曲创作见于《南北宫词记》。生平事迹见《列朝诗集小传》丁集。

袁尊尼 明诗文家、学者。字鲁望。吴县（今属江苏）人。袁袠子。早慧，十岁通诸经，长益博涉群书。嘉靖四十四年(1565)进士，授刑部主事。历南京吏部考功郎，擢山东提学副使。诗文务求详赡，但或病冗长。著有《鲁望集》，另著有《礼记集说正讹》。生平事迹见明王世贞《弇州山人续稿》卷四〇《袁鲁望集序》、《明史》卷二八七。

周朝俊 明戏曲作家。字夷玉、仪玉。鄞县（今属浙江）人。万历初在世。诸生。少有才，诗词俱所擅长，诗学李长吉。所著戏曲，以传奇《红梅记》为最著名，常演不衰。王穉登《红梅记序》谓："其词真、其调俊，其情宛而畅。其布格新奇，而毫不落于时套。削尽繁华，独存本色。"另有传奇《香玉人》、《画舫记》、《李丹记》三种，前二种佚。生平事迹见王穉登《红梅记序》、《甬上耆旧传》及《光绪鄞县志》卷三八。

薛论道（约1531—约1600） 明散曲家。字谈德，号莲溪居士。定兴（今河北易县）人。少因病跛一足。举业无望，乃弃文就武，读兵书，自负智囊说剑，都下公卿呼为刖先生。许襄毅辟为参谋，有功，升指挥佥事。万历初，戚继光镇蓟，建议弃黑谷关，他驰白制臣，力谏不可，以是失戚帅意，移疾罢。久之，守大水谷，制敌有功，擢官三级。以参将请老，加副帅归。以武人身分作曲，故作品雄奇壮伟，高歌慷慨。著有散曲集《林石逸兴》。生平事迹见《康熙保定府志》卷一六、《乾隆定兴县志》卷一〇。

沈鲤（1531—1615） 明大臣、文章家。字仲化，号龙江。归德（今河南商丘）人。嘉靖四十四年(1565)进士，授检讨。明神宗立，进左赞善，累迁吏部左侍郎。拜礼部尚书。神宗时，颇蒙恩眷，性鲠亮，曾请复建文年号，修景帝实录。拜东阁大学士，进文渊阁。与沈一贯相左，致仕归。卒谥文端。著有《亦玉堂稿》，另著有《文雅社约》等。生平事迹见明叶向高《苍霞续草》卷一四所作神道碑、《明史》卷二一七。

史槃（约1531—约1630） 明戏曲作家。字叔考。会稽（今浙江绍兴）人。善书画，工词曲。与王骥德同为徐渭门人。能度曲登场。著有《童羖斋集》，杂剧《清凉扇余》、《苏台奇遘》、《三卜真状元》等三种，均佚。又有传奇《朱履记》、《冬青记》、《青蝉记》等十六种，《樱桃记》、《吐红记》、《鹣钗记》三种今存。《梦磊记》有冯梦龙改本。《合纱记》、《忠孝记》有残出。另有散曲集《齿雪余音》。生平事迹见明王骥德《曲律》卷四、清黄宗羲《思旧录》。

陈文烛 明诗文家。字玉叔，号五岳山人。沔阳（今湖北仙桃）人。陈柏子。嘉靖四十四年(1565)进士，授大理评事。官至南京大理寺卿。颇负时名，诗文均受王世贞影响，但尚有其自身创作风格。著有《二酉园集》。生平事迹见《明诗纪事》己签卷一五、明李维桢《大泌山房集》卷二九所作寿序。

王圻 明诗文家、学者。字元翰。上海人。嘉靖四十四年(1565)进士，除清江知县，调万安。擢御史，忤权臣出为福建按察佥事。历官陕西布政参议，乞养归。筑室淞江之滨，种梅万树，目为"梅花源"，以著书为事。著有《王侍御类稿》，编有《续文献通考》、《东吴水利考》、《稗史汇编》、《三才图会》。生平事迹见《明史》卷二八六、《明史稿》卷二六八。

张九一（1533—1598） 明诗文家。字助甫，号周田。新蔡（今属河南）人。嘉靖三十二年(1553)进士，授黄梅知县。官至右佥都御史，巡抚宁夏。早年入李攀龙诗社，为王世贞所称"吾党有三甫"之一（余二人为余曰德，字德甫；张佳胤，字肖甫），并列入"后五子"。为七子诗派中较有影响的诗人。著有《绿波楼诗集》，另著有《朔方奏议》。生平事迹见明李维桢《大泌山房集》卷九二所作墓志铭、《明史》卷二八七。

沈节甫（1533—1601） 明藏书家、编辑家。字以安，号镜宇。乌程（今浙江湖州）人。嘉靖三十八年(1559)进士。授礼部主事，迁祠祭司郎中。因谏阻建祠禁内，得罪尚书高拱，移疾归。万历初起复，历南京刑部侍郎，改工部，摄部事，归卒。赠右副都御史。天启初追谥忠清。家富藏书，编有《玩花楼藏书目录》。又辑成笔记小说丛书《纪录汇编》。生平事迹见明郭造卿《海嶽山房存稿》文卷三《马要沈氏续修族谱序》、《国朝献征录》卷五一。

沈璟（1533—1610） 明戏曲作家、戏曲理论家。字伯英，号宁庵，又号词隐生。江苏吴江人。万历二年(1574)进士，历任兵部、吏部主事、员外郎。后以上疏获罪降职，万历十六年(1588)又因涉嫌乡试舞弊案被劾，乃告病还乡，长期从事戏曲著述，自署词隐生以明志。论曲主张格律重于一切，推崇语言本色。所论得到王骥德、吕天成、袁晋、范文若等昆腔名家支持,并奉为领袖。他们在当时曲坛颇有影响,人称吴江派,实为当时昆曲之正宗。其重音律的主张与临川汤显祖相左,曾引发吴江、临川两派之争,对传奇创作和戏曲理论批评有推动作用。著有《属玉堂传奇》十七种。散曲集三种已佚,今存套数四十二套,小令十六支。曲论专著有《遵制正吴编》、《论词六则》、《唱曲当知》(未见);其套数曲《二郎神》(刊《博笑记》卷首)集中概述其曲律见解。《南九宫十三调曲谱》尤为南曲格律范本。今人编有《沈璟集》。生平事迹见《明史》卷二〇六、《康熙吴江县志》卷三二、凌景埏《词隐先生年谱》。

贾三近(1534—1592)　明诗文家。字德修,号石葵,又号宁鸠子。峄县(今山东枣庄)人。隆庆二年(1568)进士,选庶吉士,授吏科给事中,一度归里,万历初起复。曾屡疏陈宽赋革弊。平江伯陈王谟以太后家姻,夤缘得镇湖广,又劾其垢秽,多切直之言。官至兵部右侍郎。与于慎行交厚。著有《东掖漫稿》、《东掖奏草》。于慎行《贾公墓志铭》称其"尝著《左掖漫录》,多传闻时事,盖稗官之流,未及见也"。均佚。今唯所编寓言集《滑耀编》存世。其诗文尚散见于《明诗综》、《明诗纪事》暨所编纂《峄县志》等书。近有人考证认为他是《金瓶梅词话》的作者,迄难定论。生平事迹见于慎行《穀城山馆文集》卷二〇《贾公墓志铭》、卷三三《祭少司马贾公文》,《明史》卷二二七。

王锡爵(1534—1610)　明文章家。字元驭,号荆石。太仓(今属江苏)人。嘉靖四十一年(1562)会试第一,廷试第二,授编修。万历初掌翰林院,进礼部侍郎,擢礼部尚书。万历二十一年(1593)为首辅,为言官所攻,改吏部尚书。卒谥文肃。诗文均有台阁之风。著有《王文肃集》、《王文肃奏草》。生平事迹见《明史》卷二一八、《国朝献征录》卷一七、《王文肃集》附录。

吴稼竳　明诗文家。字翁晋。孝丰(今浙江安吉)人。吴维嶽子。官南京光禄寺典籍,累迁云南通判。少以诗见称于王世贞,长与吴梦旸、臧懋循等游,并称"四子"。所作以乐府较佳,近体则学北宋西昆体。著有《元盖副草》。生平事迹见清朱彝尊《静志居诗话》卷一七。

赵用贤(1535—1596)　明诗文家、学者。字汝师,号定宇。常熟(今属江苏)人。隆庆五年(1571)进士,万历时因疏论首辅张居正夺情,与吴中行同遭杖戍。张居正死,起官,终吏部侍郎。卒谥文毅。为人刚直嫉恶,议论风发,有诗文名。著有《松石斋集》,另著有《三吴文献志》、《国朝典章》、《因革录》等。生平事迹见《明史》卷二二九、《国朝献征录》卷二六。

姚汝循(1535—1597)　明诗文家。字叙卿,号凤麓。江宁(今江苏南京)人。嘉靖三十五年(1556)进士,累官大名知府,谪嘉州知州。罢官后游历燕赵及蜀地,退耕秦淮。自大名罢官后,著《屏居集》,嘉州再罢,著《浪游集》,晚著《耕余集》,今均有传本。生平事迹见明焦竑《澹园集》卷二七所作墓表。

吴梦旸　明诗人。字允兆。归安(今浙江湖州)人。与同郡臧懋循、茅维、吴稼汎等并称"四子",生性鲠直,不避权贵,好吟诗,善度曲。晚游金陵,时名颇著。布衣终身,卒于万历末年。其诗曾被认为是明季布衣之冠,然应酬之作较多,写作亦较率易,实际成就不高。著有《射堂诗钞》。生平事迹见《明诗纪事》庚签卷二六、《列朝诗集小传》丁集。

朱理堦(?—1601)　明诗文家。号玉源。明宗室。沈王朱模七世孙,隆庆元年(1567)袭封泌水王。卒谥康僖。其诗格调近于南宋四灵派,其文则受到七子影响。多与布衣之士交往,文名颇著。著有《沧海披沙集》行世。生平事迹见明朱谋㙔《藩献记》、《明史》卷一一八、《明史稿》卷一〇九。

朱孟震　明诗文家、学者。字秉器。新淦(今江西新干)人。隆庆二年(1568)进士,历官副都御史、巡抚山西。诗文不出当时习尚,音节谐畅,惟意境欠深。著有《朱秉器集》,另著有《河上楮谈》、《汾上续谈》、《浣水续谈》、《玉笥诗谈》等。生平事迹见明陈文烛《二酉园续集》卷二《朱秉器诗序》。

朱赓(1535—1608)　明大臣、文章家。字少钦,号金庭。山阴(今浙江绍兴)人。隆庆二年(1568)进士,万历中累官礼部尚书,兼东阁大学士,参预机务。卒于官,谥文懿。一生醇谨无大过,以与权臣沈一贯同乡而蒙诟病。其文平易通达,但往往一览无余。著有《朱文懿文集》。生平事迹见《明史》卷二一九、《国朝献征录》卷一七。

王穉登(1535—1612)　明文学家。字百穀,号玉遮山人。先世江阴(今属江苏)人,移居苏州(今属江苏)。少有文名,善书法。嘉靖末游京师,客大学士袁炜家。万历时曾召修国史,未上而史局罢。诗名甚著,其时布衣、山人以诗名者十数人,以其为最。受申时行、王世贞器重。一生著述颇丰，随著随刻，或因地为编，编自为名，长短不一。诗文多写个人日常生活，风格平易，接近公安三袁。著有《王百穀集》、《谋野集》、《南有堂诗集》、《吴郡丹青志》、《弈史》、《吴社编》等存世。另著有传奇《全德记》、《彩袍记》，杂剧《相思谱》。辑明代散曲为《吴骚集》。生平事迹见明李维桢《大泌山房集》卷八八所作墓志铭、明申时行《赐闲堂集》卷三四所作祭文、《明史》卷二八八。

申时行(1535—1614) 明诗文家。字汝默，号瑶泉，晚号休休居士。长洲(今江苏苏州)人。嘉靖四十一年(1562)进士第一，授翰林修撰，历左庶子，掌翰林院事。万历五年(1577)由礼部右侍郎改吏部。张居正去世，与张四维相继柄政。因立明光宗为太子事受时论非议。后力求免职，诏驰驿归。卒于家，谥文定。为明后期元老重臣，对朝野影响颇大。其文主要是官场应用之作，诗有台阁体遗风。著有《赐闲堂集》，另著有《书经讲义会编》、《召对录》、《纶扉牍草》。生平事迹见《明史》卷二一八、《国朝献征录》卷一七。

徐显卿(？—1602) 明诗文家。字公望，号检庵。长洲(今江苏苏州)人。隆庆二年(1568)进士，官至吏部侍郎。诗文名不著，所作大都抒写个人生活情趣，未受七子影响，但失之平淡。著有《天远楼集》。生平事迹见明申时行《赐闲堂集》卷三四所作祭文。

华叔阳 明诗文家。字起龙。无锡(今属江苏)人。华察子。隆庆二年(1568)进士，官礼部主事。卒年仅二十九岁。诗文明显受到其父及其岳父王世贞影响，五言颇有父风，七言词调朗爽，兼入七子流派。著有《华礼部集》。生平事迹见明李维桢《大泌山房集》卷一二《华礼部集序》。

余象斗 明小说家、出版家。字仰止、文台、子高，号三台山人。建安(今福建建瓯)人。约生活在隆庆、万历时期。出身于出版世家。“余氏双峰堂”为当时著名刻书坊。他自己也撰作小说。所著有《五显灵官大帝华光天王传》(简称《南游记》，《四游记》之一种)、《北方真武祖师玄天上帝出身志传》(简称《北游记》，《四游记》之一种)、《皇明诸司廉明公案》、《皇明诸司公案》(《续廉明公案》)。此外，还编有短篇小说集《万锦情林》。经他刊刻的书有《三国志传评林》、《忠义水浒志传评林》、《列国志传》等。他对通俗演义有自己独到的看法，以为十七史之作，“其序事也，或出幻渺；其意义也，或至幽晦”，缘由“世无信史”，故而需要由历史演义来“统而纪之，序而理之”，“条之以理，演之以文，编之以序”(《列国志传序》)，补正史之不足。其余生平事迹无考。

王世懋(1536—1588) 明诗人、诗论家。字敬美。太仓(今属江苏)人。王世贞弟。嘉靖三十八年(1559)进士，仕至南太常少卿。其诗古体有建安风骨，近体似中晚唐，“意极变化，语鲜雷同”(陈文烛《王奉常集序》)，既受七子派复古之论的影响，又有意创新求变。论诗亦反对一味标举汉魏盛唐的格调，认为不妨“稍稍纵其性灵(《李唯寅贝叶斋诗集序》)，“且莫理论格调”，以达到“独擅一家之长”(《艺圃撷余》)。为明万历初文风转变时期的重要诗论家。著有《王奉常集》及论诗专著《艺圃撷余》。生平事迹见《明史》卷二八七。

朱载堉(1536—约1610) 明散曲家。字伯勤，号句曲山人，又自号狂生。明宗室。郑恭王朱厚烷长子。厚烷被禁锢，载堉筑土室宫门外，席藁独处十九年。厚烷死，载堉让爵盟津之曾孙朱载玺，诏许之，仍封其子孙为东垣王。学无师援，但能自励，辨黄钟，演历法、算经，被之琴瑟，皆奥衍无涯。晚年幅巾策杖，杂处农樵间。卒谥端清。发明“十二平均音律”，在音乐史上影响很大。著有《乐律全书》、《律吕正论》、《韵学指南》、《历学新说》、《嘉量算经》等。散曲作品收入清贺汝田辑《醒世词》中，多感叹世情冷暖，荣辱无常，语言通俗，风格清新。生平事迹见《明史》卷一一九、《畴人传》卷三一、《藩献记》卷三、《顺治怀庆府志》卷七。

钱希言 明文学家。字简栖。常熟(今属江苏)人。少遇家难，迁居吴门。性孤高耿介，好诋呵人事而不屑屑干谒贵人之门。游浙东、荆南、江西，与王百穀、屠隆、汤显祖交。万历四十一年(1613)尚在世，卒以穷困死。生前博览好学，诗词笔记均有撰作。梁溪邹彦吉序其集谓：“读其所著书而与之交，土木其身而龙虎其文，憨转为惠，无味转为有味。”《四库全书总目·存目》著录有其《剑筴》、《戏瑕》、《狯园》三种。另还有《松枢》、《辽志》(此二种已不存)、《桐薪》、《听鉴志》等。生平事迹见《列朝诗集》丁集。

周晖 明诗文家。字吉甫。上元(今江苏南京)人。诸生。约生活于嘉靖、万历时期，享年八十余。老而好学，为乡里所重。博古洽闻，多识往事，又性好编录。吟咏自适，不求人知。著有《金陵琐事》、《幽草斋集》。生平事迹见明焦竑《金陵琐事序》、顾起元《客座赘语》、《列朝诗集》丁集。

张元汴(1538—1588)　明诗文家、学者。字子荩，号阳和。山阴(今浙江绍兴)人。隆庆五年(1571)进士第一，授修撰。尝抗疏救御史胡涍。进左谕德，直经筵，卒于官。天启初追谥文恭。早年从王畿游，传良知之学。论学矩度俨然。诗文无语录粗鄙之习，但成就不高。著有《不二斋文选》，另编著有《绍兴府志》、《云门志略》、《翰林诸书选粹》。生平事迹见《明史》卷二八二、《国朝献征录》卷一九。

沈懋学(1539—1582)　明诗文家。字君典，号少林，又号白云山樵。宣城(今安徽宣州)人。万历五年(1577)进士第一，授修撰。引疾归，寻卒。追谥文节。诗文均有时名。著有《郊居遗稿》。生平事迹见明王世贞《弇州山人续稿》卷一二五所作墓表。

王教(1539—1603)　明诗人。字子修，号秋澄。淄川(今山东淄博)人。隆庆五年(1571)进士，授户部主事，历官吏部文选郎中。坐事斥为民。诗名不甚著，很少为诗选家注意。著有《铨部诗集》，另有《修县志小序》一卷，常附诗集以行，并纂修《淄川县志》。生平事迹见《铨部诗集》卷首所载传记、《明史》卷二三〇。

温纯(1539—1607)　明诗文家、学者。字景文，一字叔文，号一斋，晚号亦斋。三原(今属陕西)人。嘉靖四十四年(1565)进士。由寿光知县征为户科给事中，累迁左都御史。以与首辅沈一贯意见不和，致仕归。谥恭毅。在隆、万之际，正色立朝，不负君国。其文明白晓畅，易于观览，不以文字为工。其诗大抵沿七子之派而稍失之于粗。著有《温恭毅集》。生平事迹见明叶向高《苍霞续草》卷一四所作神道碑、《明史》卷二二〇。

祝世禄(1539—1610)　明诗人、书法家、学者。字延之，号无功。鄱阳(今江西波阳)人。万历间进士，历尚宝司卿。耿定向讲学东南，从之游。善草书，其诗格伉爽，而简汰未严；尺牍开公安三袁一派先河。著有《环碧斋集》、《环碧斋小言》(又名《祝子小言》)。生平事迹见《明儒学案》卷三五、《明诗纪事》庚签卷一六。

顾大典(1540—1596)　明文学家。字道行，号衡宇、恒嶽。吴江(今属江苏)人。少孤，依母家周氏读书，过目成诵。善古文词。隆庆元年(1567)举人，二年进士。授绍兴府学教授，迁处州推官。万历二年(1574)擢刑部主事，改南京兵部，久之，转吏部郎中。万历十二年升山东按察副使，改福建提学副使。为官清正，遭忌者追论其为郎时放于诗酒，遂自免归。再起开州，不就，与沈璟等诗酒流连，作香山济社之游。家有谐赏园、清音阁，池台清旷，宾从觞咏不辍。又妙解音律，颇蓄歌妓，自为度曲，不入公府。为吴江派戏曲作家。著有诗文集《清音阁集》、《海岱吟》、《闽游草》、《园居稿》等。传奇今知有《青衫记》、《义乳记》、《葛衣记》、《风教编》，合称《清音阁四种》。其中《义乳记》一种已佚。《风教编》仅《南九宫谱》存残曲三支。生平事迹见明骆问礼《万一楼集》卷三四《北行集序》、陈文烛《二酉园续集》卷四《入闽游草序》、《康熙吴江县志》卷三五。

王弘诲(1542—?)　明诗文家。以避清高宗讳，清人改名宏诲，字绍传，号忠铭(一作字忠铭)。定安(今属海南)人。嘉靖四十四年(1565)进士，授庶吉士，仕至南京礼部尚书。早年值海瑞廷杖下狱，曾尽力调护之，亦特介之士。诗有沉郁苍凉之气，文则多应酬之作。著有《天池草》。生平事迹见明雷礼《国朝列卿记》卷二二、《明诗纪事》己签卷一五。

邓以讚(1542—1599)　明诗文家、学者。字汝德，号定宇。新建(今属江西)人。隆庆五年(1571)进士，授编修。张居正当国，时有匡谏，移疾归。两起两罢，后召为南京国子监祭酒，擢礼部右侍郎，复就转吏部。居母忧，卒，谥文洁。未第时从王畿游，传王阳明良知之学。诗文均有时名，作品传世不多。著有《邓文洁集》、《定宇集》。生平事迹见明邹元标《愿学集》卷六所作墓铭、《明史》卷二八三、《明儒学案》卷二一。

屠隆(1542—1605)　明文学家。字长卿、纬真，号赤水、鸿苞居士。鄞县(今属浙江)人。万历五年(1577)进士。历官颍上、青浦知县，礼部主事、郎中等职。生有异才，文思敏捷，早年作诗，即受里族延誉。性格疏放不拘，做青浦令时，日与吴越名士泛舟置饮，而以仙令自许。任职礼部郎中时，因与西宁侯宋世恩肆筵曲宴，被视为男女杂坐，喧传都下，致被劾罢官。此后他纵情声伎，优游吴越，以诗文戏曲创作自娱。其诗文直抒胸臆，散文尤为流畅明快，时寓谐趣，不受七子之拘。王世贞以之为“末五子”之一。又工声律，虽家无余资，犹蓄声伎，以填曲赏艺为乐事。著有诗文集《白榆集》、《由拳集》、

《采真集》、《鸿苞集》存世。另著有传奇《昙花记》、《修文记》、《彩毫记》三种，合称《凤仪阁乐府》，参与编订民间笑话集《开卷一笑》。生平事迹见《明史》卷二八八、《列朝诗集小传》丁集、《康熙青浦县志》卷七、《康熙松江府志》卷三四。

郭子章(1542—1618) 明诗文家、学者。字相奎，号青螺、蠙衣生。泰和(今属江西)人。隆庆五年(1571)进士，累官贵州巡抚，以破杨应龙，进太子少保、兵部尚书。其为官清正，事迹在民间有流传。万历间有《郭青螺六省听讼录新民公案》一书，系以其事迹为基础撰成的公案小说。于书无所不读，著述繁富。平生所作之文，每仕一地，即编刊成一集，今存有《粤草》、《蜀草》、《晋草》、《楚草》、《黔草》，另外尚有《家草》、《留草》等多种。所作多应酬或公文。另著有《平播始末》、《圣门人物志》、《易解》、《子章诗话》等。生平事迹见清郭孔延《郭青螺年谱》。

夏树芳 明文学家。字茂卿，一说字方卿，又字习池。江阴(今属江苏)人。万历元年(1573)举人，自万历二十九年以后，念母年高，遂谢公车，以图终养。著有文集《消暍集》。集中有词二卷，近人赵尊岳编为《消暍词》，辑入《惜阴堂明词汇刊》。生平事迹见明李维桢《大泌山房集》卷一三《冰莲集序》、《明词汇刊》所收《消暍词》跋。

周履靖 明文学家。字逸之，号梅癫、梅癫居士、梅癫道人、螺冠、螺冠子，别署抱真先生。秀水(今浙江嘉兴)人。万历中布衣，筑舍鸳湖之滨，种梅百余株，废千金买古今典籍，读书其中。与妻桑贞白偕隐唱酬及老。与王世贞为莫逆交。卒年八十四，一说卒年九十一。诗文杂著及所编书极多，《光绪嘉兴县志》著录达四十六种，有《梅墟杂稿》、《夷门广牍》、《绿绮新声》、《螺冠子》、《梅坞贻琼》、《闲云馆诗余》等。散曲有《鹤月瑶笙》。传奇有《锦笺记》。生平事迹见明李日华《梅墟先生别录》、《康熙秀水县志》卷六、庄一拂《古典戏曲存目汇考》卷九。

魏允中(?—1585) 明诗文家。字懋权。南乐(今属河南)人。为诸生，受王世贞器重。岁乡试，与顾宪成、刘廷兰并为举首，时称“三解元”。万历八年(1580)进士，官至吏部考功主事。其诗五律疏爽，七律调高而多浮响，显然受七子风格影响。著有《魏仲子集》。生平事迹见明王世贞《弇州山人续稿》卷四〇《魏懋权时义序》、《明史》卷二三二。

余继登(1544—1600) 明诗文家。字世用，号云衢。交河(今属河北)人。万历五年(1577)进士。历礼部侍郎摄部事。曾上疏请罢诛求开采之害民者、停矿税中官等，均不报。郁郁成疾，卒于官，谥文恪。曾与修《明会典》，又曾充任正史副总裁，熟悉历朝实录，具有史才。为人朴直慎密，廉洁奉公。著有《淡然轩集》，另著有《典故纪闻》等。生平事迹见《明史》卷二一六、《国朝献征录》卷三四。

李尧民(1544—1606) 明诗文家。字畊尧，号雍野。济宁(今属山东)人，家于郓城(今属山东)。万历二年(1574)进士，授永年知县，擢御史，历大理卿，升应天府尹，致仕卒。其文以明白畅爽为长，诗秀润有余，兴象不足，纯为七子风格。著有《快独集》。生平事迹见明于若瀛《弗告堂集》卷二四所作行状。

支大纶 明诗文家。字心易，号华平。嘉善(今属浙江)人。万历二年(1574)进士，由南昌府教授擢泉州府教官，坐事谪江西布政司理问，官终奉新知县。诗文均有时名。著有《支子余集》、《支华平集》。生平事迹见明邹迪光《始青阁稿》卷一一《支华平集序》。

庄履丰 明诗文家。字中熙，号梅谷。晋江(今属福建)人。万历五年(1577)进士，改庶吉士。奉兄丧归里，遘疾早卒。诗文平正通达，但乏特色。著有《梅谷集》。生平事迹见《皇明词林人物考》卷一二。

顾绍芳 明诗文家。字实甫，号宝庵。昆山(今属江苏)人。万历五年(1577)进士，选庶吉士，授翰林检讨，官至左春坊左赞善。假归卒。朱彝尊《静志居诗话》评其诗：“实甫工于五律，不露新颖，矜炼以出之，颇有近于孟襄阳、高苏门者。”但《四库全书总目》则认为：“今观其集，终觉意境未深也。”著有《宝庵集》。生平事迹见明张大复《梅花草堂集》卷一〇、清朱彝尊《静志居诗话》卷一五。

章嘉祯 明诗文家。字元礼。德清(今属浙江)人。万历八年(1580)进士，官至大理寺丞。诗文清隽，而往往率易下笔。著有《姑孰集》、《南征集》、《中林集》等。生平事迹见明李维桢《大泌山房集》卷一〇《南征集序》、陈鼎《东林列传》卷一四。

陈与郊(1544—1611) 明文学家。字广野，号隅阳，别署玉阳仙史，或高漫卿、任诞轩，人号陈佛子。海宁(今属浙江)人，徙钱塘(今浙江杭州)。本高氏裔,赘陈,因以为氏。性嗜学,好辞赋。万历二年(1574)进士。授河南府推官。历官吏科给事中、太常寺少卿。丁母忧居家。后以事口罢免。闭门著述,凡数万言。诗文词曲有《乐府古题考》、《隅园集》及杂剧《文姬入塞》、《中山狼》、《昭君出塞》(已佚)、《淮阴侯》(已佚)、《袁氏义犬》等五种,传奇《樱桃梦》、《灵宝刀》、《鹦鹉洲》、《麒麟罽》等四种,合称《诊痴符》。辑刻有《古名家杂剧》、《续古今名家杂剧》。生平事迹见明李维桢《大泌山房集》卷七八《陈公墓志铭》、《康熙浙江通志》卷三一、《康熙海宁县志》卷一一。

沈一中(1544—1614)　明诗文家。字长孺,号太若。鄞县(今属浙江)人。沈一贯从弟。万历八年(1580)进士,授户部主事,迁礼部郎中,历湖广兵备、山东参政、贵州左布政使。引疾归,卒。著有《梅园集》。生平事迹见明薛三省《薛文介集》卷四所作墓志铭。

余寅　明诗文家。字君房,一字僧杲。鄞县(今属浙江)人。万历八年(1580)进士,除工部主事,转礼部员外郎,历郎中,出为陕西提学副使,迁山东参政,入为太常少卿。卒年七十五岁。以古文自负,于诗则自谓"涉其藩未窥其奥"。著有《农丈人集》、《乙未私志》。生平事迹见清朱彝尊《静志居诗话》卷一五、《明史稿》卷二六八。

于孔兼　明诗文家。字元时,号景素。金坛(今属江苏)人。万历八年(1580)进士,授九江推官,入为礼部主事,再迁仪制郎中,以疏争"三王并封",为万历帝所衔。不久又因疏救赵南星,谪安吉判官。投牒归,居家二十年,杜门读书,为乡里所敬重。著有《山居稿》、《江州余草》。生平事迹见《明史》卷二三一、《明史列传》卷八五。

张恒　明诗文家。字伯常。嘉定(今属上海)人。万历八年(1580)进士,历知茶陵、兴国二州,入为刑部员外郎,出知饶州,历按察副使,升太常寺少卿。后因母老告归。为人博通经史,意趣超然。诗文颇不经意,诗多为明志而作,而文则用以阐述个人见解。著有《明志稿》、《长吟草》,另著有《因明子》、《学蔀撤辨》等。生平事迹见清朱彝尊《静志居诗话》卷一五。

孟化鲤(1545—1597)　明诗文家、学者。字叔龙,号云浦。新安(今属河南)人。万历八年(1580)进士,历户部主事、文选郎中。以忤旨除名。居官清白自持,不徇权贵,少以圣贤自期,学本于王守仁,以无欲为主,归之慎独。著有《孟叔龙集》。生平事迹见明邹元标《愿学集》卷五所作墓碑、吕维祺《明德集》卷一一所作传、《明史》卷二八三。

于慎行(1545—1607)　明大臣、诗文家。字可远,更字无垢,号谷山。东阿(今属山东)人。隆庆二年(1568)进士。万历初由翰林修撰充日讲官。因得罪权臣张居正,以疾辞归。张居正卒,复官,迁礼部尚书。以累疏请早建东宫,为帝严旨诘责,遂致仕。家居十余年,廷推阁臣,诏加太子太保,兼东阁大学士,入参机务。以疾归。卒谥文定。学有原委,贯穿百家。与李攀龙为同乡,而不沿七子流派,其诗典雅和平,自饶清韵。著有《穀城山馆诗集》、《读史漫录》等。生平事迹见《明史》卷二一七、《国朝献征录》卷一七。

华善继(1545—1621)　明诗文家。字孟达,号济川。无锡(今属江苏)人。初官浙江布政司都事,历桐乡、昌化知县,官至永昌通判。与其弟华善述并有才名,与王世贞友善,被目为"四十子"之一。著有《折腰漫草》。生平事迹见明华允诚等重编《华氏传芳集》卷六。

盛敏耕(1546—1598)　明散曲家。字伯年,号壶林。上元(今江苏南京)人。与张四维、陈所闻、李登等友善并结白社。终身落魄。有散曲作品见《南北宫词记》。其余无考。

冯梦祯(1546—1605)　明诗文家。字开之。秀水(今浙江嘉兴)人。出身富商家庭。隆庆四年(1570)举于乡,家境败落而为学益勤。万历五年(1577)举会试第一,选庶吉士,与沈懋学、屠隆以文章气节相尚,忤权臣张居正,病免。后复官,累迁南京国子监祭酒,与诸生砥名节,正文体,影响较大。为人所中伤,移病去官。钱谦益作墓志铭称:"其为文穿穴解故,摆落畦径,含咀菁华,匠心独妙。"所作诗文均有不复剪裁持择之病,也因之受到论者批评。平生著作繁富,有《快雪堂集》、《快雪堂漫录》、《历代贡举志》等。生平事迹见明李维桢《大泌山房集》卷六六所作家传、清钱谦益《牧斋初学集》卷五一所作墓志铭。

俞安期　明诗文家。初名俞策,字公临,更名安期,字羡长。吴江(今属江苏)人。以长律一百五十韵投王世贞,世贞为之延誉。因名附七子而成,诗亦不出其流派。著有《翏翏集》,编有《唐类函》、《诗隽类函》等。生平事迹见明李维桢《大泌山房集》卷一一《俞羡长集序》。

丁元荐 明诗文家。字长孺，号慎所。长兴（今属浙江）人。万历十四年（1586）进士。未授官即告归。家居八年，始谒选为中书舍人。甫期月，即上书万言，极陈时弊，得罪权要。万历二十七年京察，时正家居，亦坐浮躁论调。十二年后起复，又因疏劾奸党论罪。天启初，廷臣交讼其冤，起为尚书宝卿，次年又罢职。前后居于林下四十年，在任不足一年，以节行著称。晚年隐居西山。为学初奉许孚远，后又受业于顾宪成，为东林党人。《四库全书总目》谓其"文章质直，不出讲学家窠臼"。著有《尊拙堂文集》、《西山日记》。生平事迹见《明史》卷二三六、清邹漪《启祯野乘》卷三。

沈瓒 明笔记作家。字孝通，又字子勺、子与，号定庵。吴江（今属江苏）人。沈璟弟。万历十四年（1586）进士。历官南京刑部主事、郎中，出为江西按察司佥事。以行义著乡里。著有《近事丛残》。生平事迹见清曹溶《明人小传》卷三、朱彝尊《静志居诗话》卷一六。

卓明卿 明诗人、诗选家。字澂甫。钱塘（今浙江杭州）人。万历年间由国子监监生任光禄寺署正。卒年六十岁。其诗受王世贞兄弟称赏，风格也受七子影响。著有《卓光禄集》、《卓澂甫诗续集》等，另编有《唐诗类苑》、《卓氏藻林》。生平事迹见明王世贞《弇州山人续稿》卷七四所作传。

朱鼎臣 明小说家。字冲怀。广州（今属广东）人。邑庠生，约生活于万历时期。著有《唐三藏西游释厄传》、《南海观世音菩萨出身修行传》。另日本尊经阁藏有万历刊本《鼎锲徽池雅调南北宫腔乐府吴板曲响大明春》一书，题"后学庠生冲怀朱鼎臣集"，可知他对戏曲亦有嗜好。其余生平事迹无考。

邵景詹 明小说家。号自好子。约生活于万历时期。有仿瞿佑《剪灯新话》而作《觅灯因话》一种。内小引一篇，撰于万历二十年（1592）。其余生平事迹无考。

杨寅秋（1547—1601） 明文章家。字义叔，一作义叙。号临皋。庐陵（江西吉安）人。杨士奇裔孙。万历二年（1574）进士。历仕左江兵备道、贵州参议、云南副使，官终广西副使。在任以军功著称。所著文章，大抵和平典雅，有明初风习，被目为"故家典型，风流余韵尤有存者"（《四库全书总目》）。著有《临皋文集》。生平事迹见《临皋文集》附录明郭子章《杨公墓志铭》。

华善述（1547—1609） 明诗文家。字仲达，号玉川子、被褐先生。无锡（今属江苏）人。与兄华善继并有才名。初习举业，后学作诗，乃弃科举，吟咏以终。著有《被褐集》。生平事迹见明华允诚等重编《华氏传芳集》卷六。

钟惺（1547—1624） 明诗文家。字伯敬，号退谷，又号止公居士、晚知居士，临终受戒，法名断残。祖籍永丰（今属江西），后迁于竟陵（今湖北天门）。早年困于诸生十二年，万历三十一年（1603）中乡试，次年与谭元春定交。万历三十八年中进士，历官行人、工部主事、南京礼部仪制司主事、祠祭司郎中。天启元年（1621）迁福建提学佥事，后丁父艰去职，随之受到弹劾。卒于家。与谭元春同是"竟陵派"的创始者，于诗文提倡抒写性灵，反对七子摹古，但又以公安派的作品为轻率，追求表现"幽情单绪"的狭隘内容，倡导"幽深孤峭"的险僻风格，作品因而流于冷涩。曾与谭元春编选《古诗归》及《唐诗归》，为其文学主张张本。生前文名颇著。著有《隐秀轩集》，另著有《史怀》、《诸经图》、《毛诗解》、《钟评左传》等。生平事迹见明谭元春《谭友夏合集》卷一二所作墓志铭、《明史》卷二八八。

李维桢（1547—1626） 明诗文家、学者。字本宁，号翼轩，又号大泌山人。京山（今属湖北）人。隆庆二年（1568）进士，由庶吉士授编修。出为陕西右参议，迁提学副使。浮沉外僚近三十年。天启初以布政使家居，屡召，起为南京礼部右侍郎，进尚书，不久即乞归，卒于家。为人乐易阔达，博闻强记。文章弘肆有才气，负重名垂四十年。然文多率意应酬，品格不高。著有《大泌山房集》，另著有《史通评释》、《黄帝祠额解》等。生平事迹见《明史》卷二八八、清钱谦益《牧斋初学集》卷五一所作墓志铭。

周汝登（1547—1629） 明诗文家、学者。字继元，号海门。嵊县（今属浙江）人。万历五年（1577）进士，累官南京尚宝卿。其学欲合儒释而会通之。诗文亦染讲学气，成就不高。著有《东越证学录》。生平事迹见《明史》卷二八三、《明儒学案》卷三六。

梅鼎祚（1549—1615） 明文学家。字禹金，号胜乐道人，又号梅真子、太一生。宣城（今安徽宣州）人。生于京。年十六，廪诸生。郡守罗汝芳招致门下，龙溪王畿呼为"小友"，受王学左派影响。同乡沈茂学中进士，鼎祚弃举子业，以古学自任，饮食寝处不废书，发为文辞，沉博雅赡。与王世贞、汪道昆、汤显祖等为友。万历时大学士申时行荐其出仕,不就。又与焦竑、冯梦祯等切磋交游。终归隐书带园,构天逸阁藏书,坐卧其中。博闻强识,长于编纂。著有《鹿裘石室集》,编有《历代文纪》、《汉魏诗乘》、《古乐苑》、《唐乐苑》、《书记润诠》。编笔记小说《青泥莲花记》、《才鬼记》。又著杂剧《昆仑奴》,传奇《玉合记》、《长命缕》、《玉导记》。生平事迹见明吴伯与《素雯斋集》卷一三《祭梅禹金》、汪道昆《太函副墨》卷三《古乐苑序》、《康熙宁国府志》卷一九。

孙继皋(1550—1610)　明诗文家。字以德,号柏潭。无锡(今属江苏)人。万历二年(1574)进士第一,授修撰,累迁少詹事。拜礼部侍郎,又改任吏部侍郎,摄铨事。二十四年,以上疏言事忤旨,致仕去。卒赠礼部尚书。其诗文雍容恬雅,有承平台阁之风。著有《宗伯集》、《柏潭集》,前者今有传本。生平事迹见明叶向高《苍霞续草》卷一〇所作墓志铭、《明史》卷二三四。

汪廷讷　明戏曲作家。字昌朝,一作昌期,号无如、无无居士、清痴叟,又号坐隐、坐隐先生、全一真人。休宁(今属安徽)人。历嘉靖、万历、天启三朝。任盐运使、长汀县丞、鄞江左司马。好诗赋词曲。为吴江派沈璟弟子,又与张凤翼、屠隆、梅鼎祚、王稺登、陈所闻、方于鲁、李贽、佘翘、史槃、汤显祖等相往还。著有诗文集《坐隐先生集》,其中卷九为南北散套、小令及杂作《人镜阳秋》、《无无子正续赘言》、《环翠堂随笔》。编有《文坛列俎》、《环翠堂华衮集》。著杂剧《中山救狼》、《青梅佳句》、《捐夜嫁婢》等九种,又著有传奇《二阁记》、《义烈记》、《种玉记》等十八种,其中《狮吼记》、《长生记》、《青梅记》、《威凤记》、《同升记》、《飞鱼记》、《彩舟记》、《种玉记》八种,清周晖《续金陵琐事》说是汪廷讷门客陈所闻著。生平事迹见清曹溶《明人小传》卷四、朱彝尊《静志居诗话》卷一八、《皖志稿·集部考》卷一〇。

顾宪成(1550—1612)　明诗文家、学者。字叔时,号泾阳。无锡(今属江苏)人。万历八年(1580)进士,授户部主事,因上疏语侵当政者,谪桂阳判官。历迁吏部文选司郎中,以廷推阁臣忤旨,削籍归。卒后于崇祯二年(1629)追谥端文。归乡后建东林书院,与弟允成和高攀龙等讲学其中,讽议时政,臧否人物,东林之名大著。魏忠贤用事,群小附之,作《东林点将录》,攻击无虚日,遂成朋党之祸,直至明亡。《四库全书总目》称"宪成持身端洁,恬于名利,且立朝大节,多有可观。其论说亦颇醇正,未尝挟私见以乱是非。"著有《泾皋藏稿》、《顾端文遗书》、《小心斋札记》等。生平事迹见《明史》卷二三一、《明儒学案》卷五八。

汤显祖(1550—1616)　明文学家。初字义少,改字义仍,号海若、若士、清远道人、茧翁。临川(今属江西)人。早年即有文名,曾拒绝首辅张居正延揽,而四次落第。万历十一年(1583)进士。历任南京太常寺博士、礼部主事。万历十九年因上疏弹劾大学士申时行,降职为广东徐闻典史。后改任浙江遂昌知县。又以不附权贵而被议免官,未再出仕。晚年欲隐居庐山,皈依佛教,未果。曾从泰州学派罗汝芳读书,后又受李贽和僧人达观的影响,并和早期东林党领袖顾宪成、高攀龙、邹元标及著名文人袁宏道、沈茂学、屠隆、徐渭、梅鼎祚等相友善。思想上崇尚真性情,反对假道学,文学上提倡重性灵,反对复古模拟。在戏曲创作上独树一帜,主张"言情",反对拘泥于格律。被称为"临川派",又称"玉茗堂派",与沈璟为代表的过于讲求声律的"吴江派"对立。其影响一直延续到清代。著有传奇《紫箫记》、《紫钗记》、《还魂记》(即《牡丹亭》)、《南柯记》、《邯郸记》五种,后四种合称《玉茗堂四梦》,或《临川四梦》。其中《牡丹亭》是中国戏曲史上杰出的爱情悲喜集,是《西厢记》之后的一部里程碑式的伟大剧作。剧作通过杜丽娘因情而死,由情而生的过程,揭露批判了封建礼教和程朱理学"存天理、去人欲"的残酷和虚伪,歌颂了杜丽娘和柳梦梅为追求自由爱情和个性解放的进步理想。诗文集有《红泉逸草》、《向棘邮草》、《玉茗堂集》。近人编有《汤显祖集》。生平事迹见《明史列传》卷八四、《明史》卷二三〇、徐朔方《汤显祖年谱》及黄文锡、吴凤雏《汤显祖传》等。

臧懋循(1550—1620)　明戏曲家、文学家。字晋叔,号顾渚。长兴(今属浙江)人。万历八年(1580)进士,曾任南京国子监博士。与王世贞、汤显祖等友善。为人风流任诞,不屑屑于礼法,终被劾罢官。挈家留居金陵,过闲居生活,以搜辑编订戏曲诗文为已任,其中最著名的就是《元曲选》,被誉为骚坛大观。此外还有《古诗所》、《唐诗所》、《古诗逸》等,他对戏曲尤为关注,精音律,观点近于吴江派。还改订《玉茗堂传奇》,以适于舞台演唱。崇尚本色,以为元人杂剧"妙在不工而工"(《元曲选序》)。亦工诗文,著有《负苞堂集》。生平事迹见《列朝诗集小传》丁集、《乾隆长兴县志》卷八。

赵南星(1550—1627) 明诗文家、学者。字梦白,号侪鹤。高邑(今属河北)人。万历二年(1574)进士,历文选员外郎,以上疏触时忌乞归。后起为考功郎中,主京察,贬斥要路私人,被严旨落职。明光宗立,历左都御史、吏部尚书。为魏忠贤矫旨削籍,戍代州,卒于戍所。崇祯初追谥忠毅。其诗文有台阁体遗风,时名颇著。著有《赵忠毅集》。另著有《史韵》、《学庸正说》等。生平事迹见明姚希孟《棘门集》卷三所作墓志铭、《明史》卷二四三。

王骥德(?—1623) 明戏曲理论家。字伯良,一字伯骥,号方诸生、秦楼外史、玉阳仙史。会稽(今浙江绍兴)人。早年曾师事同里徐渭,得其赏识。徐渭作《四声猿》,"每了一剧,辄呼过斋头,朗读一过,津津意得"(《曲律·杂论下》)。又从沈璟研讨曲律,与吕天成、孙如法、顾大典、史槃诸戏曲家游,为众人所推重。一生行踪不定,浪迹中原与江南地区。晚年曾两次入都,应文友之邀,于米氏湛园讲解《西厢记》,蜚声曲坛。后返江南,闭门十余年,撰著《曲律》,自称"平日所积,成是书,曲家三尺具是矣"(毛以遂《曲律跋》引)。当时曲坛有以汤显祖与沈璟为代表的临川派与吴江派之争,沈主曲律,汤尚意趣,各执一偏,冰炭不相容,王骥德独能折衷二家,提出"法与词必两擅其极"。一方面自宫调以至韵之平仄、声之阴阳,无不"穷其元始","法尤密,论尤苛"(冯梦龙《曲律叙》);一方面又强调字句声调之上有"词致"、"词情"。所论全面而系统,成为明代曲学的集大成之作。其创作成就远不及其理论,所作剧曲"事固奇矣,词亦斐然"(徐复祚《曲论》),但结构松散,格律严而才情不足。其散曲以秀丽见称,然亦缺乏韵致。所著尚有诗文《方诸馆集》、散曲《方诸馆乐府》、传奇六种、杂剧五种以及《南词正韵》、《声韵分合图》等,今仅存传奇《题红记》、杂剧《男王后》及套曲、小令近百首。有陈多、叶长海辑佚本,附《王骥德曲律》后。生平事迹见明毛以遂《曲律跋》、《乾隆绍兴府志》卷五四。

葛昕 明诗文家。字幼明,号龙池。德平(今山东临邑)人。明万历年间在世。以荫起家,初授都督府都事,寻迁工部屯田司郎中,以汰厂司内官,祸几不测。官终尚宝司卿。有风节,持正不阿,天下壮之。其文亦疏爽骏快,肖其为人。著有《集玉山房稿》。生平事迹见明邢侗《来禽馆集》卷一九《葛公行状》。

娄坚 明诗文家。字子柔。长洲(今江苏苏州)人。隆庆万历间贡生,早年师从归有光。经明行修,乡里推为大师。贡于国学,不仕而归。为"嘉定四先生"之一,又与唐时升、程嘉燧并称"练川三老"。工书善诗文,其诗清新可诵,其文被王士禛称为"真古文",《四库全书总目》谓:"(娄)坚以乡曲儒生,独能支拄颓澜,延古文之一脉。其文沿溯八家,而不剿袭其面貌,和平安雅,能以真朴胜人,亦可谓永嘉之末,得闻正始之音矣。"著有《吴歈小草》、《学古绪言》。生平事迹见《明史》卷二八八、清朱彝尊《静志居诗话》卷一八。

唐时升 明诗文家。字叔达。嘉定(今属上海)人。从归有光游,专意学古。后入都。家贫,灌园艺蔬,怡然自得。与娄坚、程嘉燧并称"练川三老"。又为"嘉定四先生"之一,谢三宾为邑令,合刻三人及李流芳之诗为《嘉定四先生集》。其文得归有光之传,诗皆放笔而成,语不加点,五言古诗高闲淡远,时有佳境;五七言近体则力学王维、刘长卿。著有《三易斋集》。生平事迹见《明史》卷二八八、清朱彝尊《静志居诗话》卷一八。

胡应麟(1551—1602) 明诗人、文学评论家。字元瑞,号少室山人、石羊生。兰溪(今属浙江)人。万历四年(1576)举于乡,久不第,于兰溪山中筑二酉山房,藏书四万余卷,著述以终。工诗,得王世贞激赏,登其名于"末五子"之列。其文学思想亦明显受王世贞影响,推宗汉魏盛唐的格调,注重贯通古代名家之作,各体兼备,"集其大成"。同时针对"七子派"末流拟袭肤廓之弊,于格调外,另提出"兴象风神"为之补充,追求诗歌内在的风韵之美,上承严羽、下启明清之际的神韵说。著有诗文集《少室山房类稿》、笔记《少室山房笔丛》及论诗专著《诗薮》。生平事迹见《明史》卷二八七。

邢侗(1551—1612) 明诗文家、书画家。字子愿。临清(今属山东)人。万历二年(1574)进士,官终陕西行太仆卿。能诗文,善书画,与董其昌、米万钟、张瑞并称"邢张董米"。筑来禽馆于古犁丘,输财奉客,其家遂致中落。其诗文不从七子风习,以和平雅秀为长,清王士禛《论诗绝句》以"来禽夫子本神清"评之。著有《来禽馆集》。生平事迹见明李维桢《大泌山房集》卷七九所作墓志铭、《明史》卷二八八。

邹元标(1551—1624) 明诗文家、学者。字尔瞻,号南皋。吉水(今属江西)人。举万历五年(1577)进士，初出为官，以得罪张居正，谪成都匀卫六年。旋任谏官。母死后，家居讲学近三十年，为东林党首领之一。天启元年(1621)还朝，任吏部左侍郎，改左都御史。为魏忠贤所忌，利用他建首善书院讲学京师事，嗾使言官弹劾，被迫辞官归。崇祯初追谥忠介。早年师从胡直，其学亦王守仁之支派；致仕陛辞时上《老臣去国情深疏》，为人所传诵。著有《愿学集》。生平事迹见《明史》卷二四三、《明儒学案》卷二三。

李登　明文学家。字士龙，又字如真，号如真生。上元(今江苏南京)人。主要生活在万历年间。嘉靖四十四年(1565)贡生。万历二十年(1592)年与陈所闻、盛敏耕、王元坤、王元贞共结白社，和焦竑、汤显祖等友善。散曲好集古句，借人酒杯，浇己块垒，但缺乏自己的创作个性，收入《南北宫词纪》中。著有《六书指南》，编有《摭古遗文》、《书文音义便考私编》等。诗文集有《冶城真寓稿》、《冶城真寓续稿》，皆佚。生平事迹见《四库全书总目》卷四三。

顾允成(1554—1607)　明诗文家、学者。字季时，号泾凡。无锡(今属江苏)人。顾宪成弟。举万历十一年(1583)会试，十四年始赴廷试，以语侵郑妃，落第。后任南康、保定等地儒学教授，入为国子监博士，迁礼部主事。后以忤阁臣，谪光州判官，乞假归，不复出。与兄讲学东林，名声颇著。其诗文成就不高，文章皆论诗讲学之语，书简尤多，直抒胸臆，不事修饰。其诗为《击壤集》一派。著有《小辨斋偶存》。生平事迹见《明史》卷二三一、《明儒学案》卷六〇。

邓志谟(1554？—1624？)　明小说家、戏曲作家。号景南，别号竹溪散人，又作竹溪散生、竹溪风月主人，又号百拙生。饶州(今江西波阳)人。屡试不第，出游河南、湖北、江苏等地。遇瘟疫，父母妻子前后去世。本人又身患疟疾三年，乃弃科举，以教书、著书、编书为业。学识渊博。谙佛、道、儒家言，通医药、天文、地理。编著甚丰，小说有《飞剑记》、《咒枣记》、《铁树记》，寓言和诗词合集有《山水争奇》、《风月争奇》、《花鸟争奇》、《童婉争奇》、《蔬果争奇》等。戏曲今存传奇《百拙生》，含《并头花记》、《玛瑙簪记》、《凤头鞋记》和《八珠环记》。此外还有《艺林晋故事白眉》、《精选故事黄眉》、《事类捷类》、《丰韵情书》、《丽藻》、《洒洒篇》、《古事苑定本》、《一扎三扎》等。生平事迹见《中国古典戏曲序跋汇编》卷一一、庄一拂《古典戏曲存目汇考》卷一〇。

张大复(1554—1630)　明诗文家。字元长，号病居士。昆山(今属江苏)人。诸生，中年以后弃举子业，专心著述，与姚希孟、朱鹭、邵濂、钦叔阳等交往。其梅花草堂常为以文会友之所。万历四十四年(1616)与同里归昌世、顾咸正结雪堂社。又赴杭州，与冯梦祯订交。江阴徐弘祖亦径至昆山造访。晚年失明，犹孜孜于著述。其散文较有成就，常能在愤世疾俗中表现其洒脱的追求，文笔清隽。著有《梅花草堂笔谈》，另著有《昆山人物传》、《名宦传》，均辑入其《梅花草堂集》，又各有单刻行世。生平事迹见清钱谦益《牧斋初学集》卷五四《张元长墓志铭》。

吴宗儒　明诗人、词人。字次鲁，号黄麓，晚号止耕。休宁(今属安徽)人。约生活于万历中。诗工于声律，然运意不深，风骨亦未成就。词小令颇得宋人遗韵。著有《巢云轩诗集》。生平事迹见《四库全书总目》卷一七九。

单本　明戏曲作家。字槎仙。会稽(今浙江绍兴)人。约万历前后在世。高奕《新传奇品》称其作品“新妆越女，粉媚脂香”。著有传奇《合钗记》、《菱镜记》、《鼓盘记》、《蕉帕记》、《露绶记》，总名曰《漱虹传奇五种》，前三种佚。另著有诗文集《漱虹雅调》。生平事迹见庄一拂《古典戏曲存目汇考》卷九。

邹迪光(1555—？)　明诗文家、书画家。字彦吉，号愚谷。无锡(今属江苏)人。万历二年(1574)进士，历官湖广学政。年四十罢归，卜居惠山。优游林下几三十年。诗文皆欲矫雕饰之习，翻成浅易平淡。著有《始青阁集》、《郁仪楼集》、《石语斋集》、《调象庵稿》等多种诗文集。生平事迹见明吴国伦《甔甀洞稿》卷四五所作赠序、《明诗纪事》庚签卷七。

孙高亮　明小说家。字怀石。钱塘(今浙江杭州)人。其祖父为于谦好友。据祖父讲述有关于谦的事迹，著《于少保萃忠全传》。生平事迹见《于少保萃忠全传序》。

程大约　明诗文家、工艺家。字幼博，号君房。歙县(今属安徽)人。善制墨，所制尝进献明神宗。卒于万历中，传说为其对手方于鲁所害。其诗多畅所欲言，不拘格律，亦不受七子风格制约。著有《程幼博集》、《程氏墨苑》。生平事迹见明李维桢《大泌山房集》卷一四《墨苑序》。

潘之恒(1556—1622)　明文学家、戏曲理论家。字景升，号鸾生、鸾啸生、亘生、庚生、天都逸史、冰华生。歙县(今属安徽)人。须髯如戟,故人称髯翁,自称髯。中年寓居南京、苏州、扬州等地。嘉靖间官至中书舍人。曾游于汪道昆、王世贞之门,与当时剧作家汤显祖、沈璟等交好,与很多曲艺演员有交往,并为众多演员写下文辞艳丽的小传,成为不可多得的戏曲曲艺史料,有"姬之董狐"之称。曾从事《盛明杂剧》编校工作。撰有《叙曲》、《吴剧》、《曲派》等剧评,均收入《亘史》、《鸾啸小品》两集中,另有诗集《涉江集》。今人辑有《潘之恒曲话》。生平事迹见《列朝诗集小传》丁集、《康熙歙县志》卷一〇。

冯从吾(1556—1627) 明诗文家、学者。字仲好,学者称少墟先生。长安(今陕西西安)人。早年受业于许孚远,精研濂洛之学。万历十七年(1589)进士,授御史。由抗章言帝失德,寻告归。居家二十五年,光宗立,起为尚宝卿,累迁工部尚书。致仕卒,崇祯初追谥恭定。著有《冯少墟集》,另著有《元儒考略》、《冯子节要》、《古文辑选》等。生平事迹见《明史》卷二四三、《明儒学案》卷四一。

朱国祯(?—1632) 一作国桢。明笔记作家。字文宁,号虬庵居士。乌程(今浙江湖州)人。万历十七年(1589)进士,授祭酒,谢病归。天启初擢礼部右侍郎,进尚书,兼东阁大学士。旋改文渊阁,加少保兼太子太保。时魏忠贤柄国,叶向高、韩炉相继罢首辅,国祯继之,亦为魏党所劾,引疾归。卒赠太傅,谥文肃。著有《大政记》、笔记《涌幢小品》。生平事迹见《明史》卷二四〇。

王肯堂 明散文家、医学家。字宇泰。金坛(今属江苏)人。万历十七年(1589)进士,选庶吉士,授检讨。倭寇朝鲜,上疏陈议,请缨练兵,疏留中,遂引疾归。后荐补南京行人司副,终福建参政。精于医理。著有《证治准绳》、《世竞传》、笔记《笔麈》(又名《郁冈斋笔麈》)等。生平事迹见《明史》卷二二一。

方大镇 明笔记作家。字君静。桐城(今属安徽)人。万历十七年(1589)进士,官至大理寺少卿。著有《方大理集》、《荷新义》,已佚。《天启崇祯两朝遗诗》存有其诗。传世者仅其笔记《田居乙记》。生平事迹见《天启崇祯两朝遗诗》卷四。

董其昌(1556—1637) 明诗文家、书画家。字玄宰,号思白。华亭(今上海松江)人。万历十七年(1589)进士,改庶吉士,授编修。充讲官,皇长子每目属之,坐失执政意,出为湖广副使。天启初累官太常寺卿,修《神宗实录》,擢礼部右侍郎,拜南京礼部尚书。致仕卒,谥文敏。诗文多率意而成,不假锻炼,以流畅自然为长。书画冠绝一时,为时人所宝重。著有《容台集》、《学科考略》、《画禅室随笔》等。生平事迹见《明史》卷二八八、《明史稿》卷二六九。

董应举(1557—?) 明诗文家。字崇相。闽县(今福建闽侯)人。万历二十六年(1598)进士,除广州教授,迁南京国子监博士。告归,起为南京大理寺丞。天启元年(1621),再迁太常少卿,擢太仆卿兼河南道御史,改工部右侍郎、兼户部侍郎,并理盐政。被劾落职,崇祯初复官,卒于崇祯十二年(1639)以后。居官慷慨任事。好学,善为文,其文多有关经济举措,尤重于筹划海事。著有《崇相集》。生平事迹见《明史》卷二四二、《明史稿》卷二二九。

许自昌 明戏曲作家、藏书家。字玄祐,号梅花主人,又号高阳生。长洲(今江苏苏州)人。万历时人。好奇文异书,手自雠校。与陈继儒等人交友。屡踬场屋,谒选后,授文华殿中书。著有诗文杂著《秋水亭草》、《唾余集》、《樗斋诗草》、《樗斋漫录》、《捧腹编》。校刻《太平广记》。另著有传奇《橘浦记》、《水浒记》、《弄珠楼》(佚)、《报主记》(佚)、《种玉记》、《瑶池宴》(佚)、《节侠记》、《临潼会》、《灵犀佩》、《花亭记》,其中一部分乃改定他人作品。此外尚有若干散曲作品传世。生平事迹见明李流芳《檀园集》卷九《许母陆孺人行状》、《康熙苏州府志》卷六七。

冯琦(1558—1603) 明诗文家。字用韫,一字琢庵,号北海。临朐(今属山东)人。万历五年(1577)进士,授编修,累迁礼部尚书。卒于官,谥文敏。学有根柢,莅政勤肃,力抑营竞。诗文均有时名,诗以典雅平稳为特色。著有《北海集》,编有《经济类编》等。生平事迹见明王锡爵《王文肃文草》卷一二所作墓志铭、朱赓《朱文懿集》卷八所作墓表、《明史》卷二一六。

曹于汴(1558—1634) 明诗文家、学者。字自梁,号贞予。安邑(今山西运城)人。万历二十年(1592)进士,以推官征授吏科给事中,明熹宗立,迁左佥都御史。崇祯初拜左都御史,致仕卒。遇事敢言,非沾沾以文章名家,诗文亦在理学、举业之间,或似语录,或似八股。著有《仰节堂集》、《共发编》等。生平事迹见《明史》卷二五四、《明儒学案》卷五九。

陈继儒(1558—1639)　明文学家、书画家。字仲醇，号眉公，又号麋公。华亭(今上海松江)人。少以文鸣，为同郡大学士徐玠和诗人王世贞赏识。诗文书画与董其昌齐名。二十一岁时补诸生，但不久即绝意功名，取儒衣冠焚弃之，隐居于昆山。喜交友，重然诺，声气通天下，达官贵人，布衣寒士，皆交之。三吴文士争欲以为师友。虽屡奉征召，皆以疾辞。晚年筑室东佘山，杜门著述。《明史》本传称其"工诗善文，短翰小词，皆极风致，兼能绘事。又博文强识，经史诸子、术伎稗官与二氏家言，靡不较核。或刺取琐言僻事，诠次成书，远近竞相购写。"其文学主张，迹近公安三袁。其诗重情韵，有自得之趣。所作笔记杂著为多，尤擅小品文。著有《书画史》、《妮古录》、《太平清话》、《偃曝余谈》、《文奇豹斑》、《见闻录》、《笔记》、《狂夫之言》，文言小说集《闲情野史》、《珍珠船》、神仙故事集《香案牍》、通俗小说《南宋飞龙传》等，诗文有《眉公十集》、《陈眉公全集》、《眉公杂著》、《晚香室小品》、《白石樵真稿》，又有《古今诗话》、《清明曲》。此外尚编有《宝颜堂秘笈》、《古文品外录》、《秦汉文脍》等。生平事迹见《明史》卷二九八、清邹漪《启祯野乘》卷一四、《列朝诗集小传》丁集。

叶向高(1559—1627)　明大臣、诗文家、学者。字进卿，号台山。福清(今属福建)人。叶朝荣子。万历十一年(1583)进士，累官吏部尚书、东阁大学士，致仕归。光宗立，再为首辅。魏忠贤欲兴大狱，惮向高而未遂。知事不可为，致仕去。卒谥文忠。为人忠厚，有德量，好扶植善类。诗文不事摹拟，以坦易通达为长，所著碑传较少谀墓之词，多详实可信。著有《苍霞草》、《说类》。生平事迹见明顾起元《嬾真草堂集》卷一〇《少师台山先生六十序》、《明史》卷二四〇。

徐复祚(1560—1620后)　明戏曲作家。原名笃儒，字阳初，号謩竹、三家村老、破悭道人。常熟(今属江苏)人。诸生。博学能诗文，尤工词曲。著有杂剧《一文钱》、《梧桐雨》、《闹中牟》，前一种存。传奇《投梭记》、《红梨记》、《祝发记》、《宵光剑》、《雪樵记》、《题塔记》、《题桥记》，前二种存。另著有《三家村老委谈》，论曲甚精。编有《曲选》、《南北词广韵选》。生平事迹见《雍正昭文县志》卷七一、庄一拂《古典戏曲存目汇考》卷六。

董嗣成(1560—1595)　明诗人。字伯念，号青棠。乌程(今浙江湖州)人。董份孙。万历八年(1580)进士，历礼部员外郎。以疏争忤旨，夺职归。家世贵显，重气节，为士论所称。诗学陶谢王岑，但学力尚浅，不足以成家。著有《青棠诗集》。生平事迹见明范允临《输寥馆集》卷五所作行状、《明史》卷二三三。

李廷机(？—1616)　明文章家。字尔张，号九我。晋江(今属福建)人。万历十一年(1583)进士第二，授编修。累迁礼部尚书，入参机务。万历四十年致仕，卒谥文节。遇事有持，尤廉洁，然性深刻，不谙大体。著有《李文节文集》。生平事迹见《明史》卷二一七、《国朝献征录》卷一七。

袁宗道(1560—1600)　明诗文家。字伯修，号石浦。公安(今属湖北)人。万历十四年(1586)会试第一，授庶吉士，进编修。仕至右庶子，卒于官。与弟袁宏道、袁中道齐名，时称"公安三袁"。曾受焦竑赏识，就竑问学；后心倾李贽，尝访贽于龙潭。时王世贞、李梦龙倡导"诗必盛唐"，宗道则提倡"自家本色"、"天趣横生"，反对"应酬心肠，格套口角"，反对文学复古，在三袁中，以"稳实"为长。钱谦益《列朝诗集小传》认为"其才或不逮二仲，而公安一派，实自伯修发之"。于古作者，推崇白居易、苏轼，名其室为"白苏斋"。著有《白苏斋集》。曾著有传奇二种，未传。生平事迹见明袁中道《珂雪斋集》卷一七《石浦先生传》、《明史》卷二八八。

王衡(1561—1609)　明戏曲作家。字辰玉，号缑山，另署蘅芜室主人。太仓(今属江苏)人。万历十六年(1588)举乡试第一，二十九年中进士，授翰林院编修。诗文俱有名。著有《缑山集》、《纪游稿》、《归田词》及杂剧《郁轮袍》、《没奈何》、《真傀儡》、《再生缘》等。生平事迹见《明史》卷二一八。

薛冈(1561—？)　明诗文家。字千仞，号天爵翁。鄞县(今属浙江)人。早年以事避居京师，为新进士代作考馆文字，因有盛名。曾于崇祯十三年(1640)集六十年间所作元旦、除夕诗为一卷。晚年归鄞县，构室鉴湖东岸。擅诗，尤工古文。著有《天爵堂集》、《天爵堂笔余》。生平事迹见《明诗纪事》庚签卷二六。

湛然　明僧人、戏曲作家。号散木，又号寓山居士。会稽(今浙江绍兴)人。约万历时人，与叶宪祖、汤显祖等友善。著传奇《妒妇记》，佚，杂剧《地狱生天》，佚，杂剧《鱼儿佛》，今存。其余生平事迹无考。

陈所蕴 明诗文家。字子有。上海人。万历十七年(1589)进士,授南京刑部主事,历员外郎,就改吏部。出为湖广参议,历仕大名、河南,在河南参政任上乞归。起为南京太仆寺少卿。早年所作诗文纯为七子一派,摹拟太甚,难见特色;归里后,诗风趋于自然平实。著有《竹素堂藏稿》、《续稿》。生平事迹见《明诗纪事》庚签卷一六、《胜朝殉节诸臣录》卷九、《明史稿》卷二七三。

区大相 明诗人。字用孺,号海目。高明(今属广东)人。万历十七年(1589)进士,选庶吉士,授检讨。历赞善、中允,改南京太仆寺丞。其诗持律颇严,尤长于五律。朱彝尊《静志居诗话》称其"上自初唐四杰,下至大历十子,无所不仿,亦无所不合",并引屈大均语,以其为明代岭南诗人之最。著有《区太史诗集》。生平事迹见《明诗纪事》庚签卷一。

陶望龄(1562—1609) 明诗人。字周望,号石篑。会稽(今浙江绍兴)人。万历十七年(1589)进士,授翰林编修,官至国子监祭酒。其为学"谈玄说妙"、"泛滥于方外"(《明儒学案》),诗文创作亦务在适性,信心而言,信口而发,不拘于一格一体。论诗倡"偏至"之说,反对"求全于所短",认为"独至之所造,夫是之谓日新"(《马曹稿序》),与李攀龙所称"拟议成变"、"日新富有"之说针锋相对。又提出"常怪相倚"(《稗海序》),主张作诗但求真性灵,或常或怪均无所不可。著有《歇庵集》。生平事迹见《明史》卷二一六。

高攀龙(1562—1626) 明诗文家、学者。字云从,后字存之,号景逸。无锡(今属江苏)人。万历十七年(1589)进士,授行人。因疏诋杨应宿,谪揭阳典史。家居垂三十年。熹宗立,累官左都御史,为魏忠贤所恶,削籍归,又矫旨逮问,投池死。崇祯初追谥忠宪。与顾宪成修复东林书院,讲学其中,宪成卒,继导讲席,影响颇巨,世称"高顾",为东林党首领之一。能诗文,诗意冲淡,文格清遒,无明末纤诡之习。文章以书、序较有成就。著有《高子遗书》、《周易易简说》、《二程节录》等。生平事迹见《明史》卷二四三、《明儒学案》卷五八。

缪昌期(1562—1626) 明诗文家。字当时,一字又元,号西溪。江阴(今属江苏)人。万历四十一年(1613)进士,授检讨。天启初历迁谕德。杨涟劾魏忠贤,或谓其疏乃昌期所草,竟为削职逮问,死于狱中。南明弘光时追谥文贞。著有《从野堂集》。生平事迹见《明史》卷二四五、缪之镕《缪文贞公年谱》。

陈汝元 明戏曲作家。字起侯、太乙,号太一、太乙山人、燃藜仙客。会稽(今浙江绍兴)人。万历二十五年(1597)举人,任陕西清涧知县,四十五年任城堡厅同知。著有杂剧《红莲债》,传奇《太霞记》(佚)、《金莲记》、《紫环记》(佚)。又与陶望龄、商濬等校订《稗海大观》。生平事迹见《康熙山阴县志》卷二〇。

顾正谊 明散曲家、诗人、画家。字仲方,号亭林。华亭(今属上海)人。神宗万历(1573—1620)时以太学生官中书舍人。晚年筑小亭园于江畔,终老其间,因号亭林。作画初学马琬,后学王蒙、吴镇、倪瓒等。与宋旭、孙克弘友善。画山岩多作方顶,层峦叠嶂,少著林树,自然幽秀,称"华亭派"。工诗,以初唐为宗。著有《亭林集》、《诗史》、《百咏图谱》、《顾氏丛书》、《兰雪斋稿》。其散曲善兼融画境,有《笔花楼新声》存世。生平事迹见俞宪《盛明百家诗》卷四。

胡文焕 明文学家。字德甫,德父,号全庵,又号抱琴居士、西湖醉渔。钱塘(今浙江杭州)人。监生。万历四十一年(1613)官耒阳县丞。四十三年升兴宁(今属广东)知县。博学多才,工于词曲。著有《诗文要式》、《文会堂诗韵》、《文会堂词韵》、《文会堂琴谱》、《全庵词选》、《墨娥小录》、《古器统说》等。编刻《格致丛书》数百种,中多珍本秘笈。又编《群音类选》,保存了不少杂剧、传奇今已亡佚的曲词。另著有传奇《奇货记》、《犀佩记》、《三晋记》、《余庆记》。今仅《犀佩记》和《余庆记》并杂剧《桂花风》,有残存佚曲。生平事迹见庄一拂《古典戏曲存目汇考》卷六。

薛近兖 明戏曲作家。字百昌,一字信馀。武进(今属江苏)人。薛应旂第四子。万历二十三年(1595)进士。历官浙江、河南布政使。工于作曲。著有传奇《绣襦记》(一说为徐霖所著)。生平事迹见清邹漪《启祯野乘》卷三、《康熙石门县志》卷四。

董斯张 明诗人、词人。字遐周。乌程(今浙江湖州)人。董嗣成弟。万历、天启间在世。国子监生,一生未仕。早年学诗于周广业,及入闽,心折曹学佺。诗格学习宋人,于竟陵派盛行时能不受其影响,冥心苦构,力图自成一格。著有《静𪇖斋集》。生平事迹见《明诗纪事》庚签卷八、清朱彝尊《静志居诗话》卷一八。

归子慕(1563—1606) 明诗文家。字季思，号陶庵，学者称清远先生。昆山（今属江苏）人。归有光子。幼有文行，万历十九年（1591）举人，再试礼部不第。屏居江村，与高攀龙、吴志远讲明理学。为人乐天知命，甘于隐遁。居槿墙茅屋，咏歌以为乐。诗学陶渊明，颇为神似。著有《陶庵集》。生平事迹见《天启崇祯两朝遗诗》卷八、《明史》卷二八七。

许学夷（1563—1633）　明诗论家。字伯清。江阴（今属江苏）人。性疏略，不理生产，不应科举，"杜门绝轨，惟文史是紬"（恽应翼《许伯清传》）。少学诗，于古今诸作，靡不探流溯源，历四十年，著成《诗源辨体》，所论以体制格调为本，重视源流正变的发展衍化，而以雅正为归。生平事迹见恽应翼《许伯清传》。

祁承㸁（1565—1628）　明诗文家、藏书家。字尔光，号夷度。山阴（今浙江绍兴）人。万历三十二年（1604）进士，历江西右参政。其藏书之地名"澹生堂"，多有旧抄秘本，为世宝重。为人沉酣典籍，怡志林泉，诗文亦多记访书、校勘，可见其心志。著有《澹生堂全集》。另曾采辑历代循吏事实编为《牧津》。生平事迹见明陈仁锡《无梦园遗集》卷六所作墓表。

顾起元（1565—1628）　明诗文家、学者。名顾培，以字行，又字太初，号邻初。江宁（今江苏南京）人。万历二十六年（1598）进士，官至吏部左侍郎。卒谥文庄。博学多识，诗文均有时名。著有《懒真草堂集》、《客座赘语》、《说略》、《金陵古金石考》、《蛰庵日记》等。生平事迹见明张大复《梅花草堂集》卷二、清邹漪《启祯野乘》卷七。

李日华（1565—1635）　明诗文家、画家。字君实，号九疑，又号竹懒。嘉兴（今属浙江）人。万历二十年（1592）进士，初授九江推官，以事谪汝州判官。历西华知县、南礼部主事，至太仆少卿。其间多次起伏，均以恬淡处之。其秉性和易，与物无忤。家居二十年，惟以读书、著述、书画自娱。钱谦益谓为一时风流儒雅，好古博物之士，"书画亚于玄宰（董其昌），博雅亚于损仲（王惟俭），而微兼二公之长"（《列朝诗集小传》）。其诗亦如其人，恬淡娴雅。题画及笔记散文纡徐自如，清隽可喜。著有《恬致堂集》、《六研斋笔记》、《味水轩日记》、《竹懒画賸》、《梅墟先生别录》（与郑琬同撰）、《礼白岳记》、《官制备考》等。生平事迹见《列朝诗集小传》丁集、《明史》卷二八八。

孙慎行（1565—1636）　明诗文家。字闻斯，号淇澳。武进（今属江苏）人。幼习闻于外祖父唐顺之绪论，即嗜学。万历二十三年（1595）进士，授编修，累官左庶子。万历四十一年擢礼部右侍郎。后四疏乞归。明熹宗立，召拜礼部尚书。崇祯元年（1628）命以故官协理詹事府，力辞不就。崇祯八年召见，带病起程，卒于都门。谥文介。操行峻洁，为一时缙绅冠。研精《易》学，诗文其余事，亦明畅有法。著有《玄晏斋诗选》、《玄晏斋集》、《困思钞》、《恩恤诸公志略》等。生平事迹见明陈仁锡《无梦园遗集》卷七所作寿序、《明史》卷二四三、《明儒学案》卷五九。

查应光（？—1637）　明诗文家、词人。字宾王，号玄岳先生。休宁（今属安徽）人。万历二十五年（1597）举人，会试十余次均未第，乃自称"逸民"，别构池草阁，读书其中近三十年，闭户不闻外事。崇祯九年（1636），当道者举荐，辞不赴。逾年以微疾卒。诗词均有时名，其诗与七子风格有别，以抒写个人感受为主。其词蕴藉而较纤弱。著有《丽崎轩诗集》、《丽崎轩诗余》、《靳史》、《四书陶瓶集》、《易经陶瓶集》等。生平事迹见《丽崎轩诗集》所附俞彦《查宾王传》。

胡震亨　明诗文家、诗论家。字孝辕，号遯叟、赤城山人。海盐（今属浙江）人。为诸生，即以经济自负。万历二十五年（1597）举人，授固城教谕，知合肥县。崇祯年间，以荐授定州知州，擢兵部员外郎，乞归。家富藏书，精于校勘。辑成唐代诗总集《唐音统签》，成为清代编《全唐诗》的蓝本。其中"癸签"三十三卷为诗话，是研究唐诗的重要资料。另著有《赤城山人稿》等，未见传本。生平事迹见《明诗纪事》庚签卷一八。

米万鍾（？—1628）　明诗文家、书画家。字仲诏，号友石。关中人，徙居顺天（今北京）。万历二十三年（1595）进士，授永宁令，累官江西按察使。为魏忠贤所恶，削籍。魏忠贤败，起为太仆寺卿。家蓄奇石甚富，又善书画。著有《北征吟》，另有《篆隶订讹》。生平事迹见《明史》卷二八八、清邹漪《启祯野乘》卷九。

陈邦瞻（？—1623）　明诗文家、史学家。字德远。高安（今属江西）人。万历二十六年（1598）进士，授南京大理评事，历河南右布政使，迁兵部右侍郎，总督两广军务。天启初进兵部左侍郎，兼户、工二部侍郎，专理军需。卒于官。其诗力求自成一格，七律绵邈丽密。为文长于记叙，以严谨、简洁见称。著有《荷华山房集》，另著有《宋史纪事本末》、《元史纪事本末》等。生平事迹见《明史》卷二四二、《明史稿》卷二二九。

谢国 明戏曲作家。字简之，又字弘仪，号寤云。会稽（今浙江绍兴）人。万历三十八年（1610）武状元。以中丞出镇粤东，多所建树。著有传奇《蝴蝶梦》。生平事迹见《康熙会稽县志》卷二一、清谈迁《北游录》。

程嘉燧（1565—1644） 明诗人、画家。字孟阳，号松圆、偈庵。休宁（今属安徽）人，侨居嘉定（今属上海），归老于歙县（今属安徽）。少不羁，弃举子业，学击剑不成，折节读书。精音律、工书画，尤长于诗，时人称为“松圆诗老”，又与娄坚、唐时升、李流芳并称“嘉定四先生”。论诗主张先立人格，然后有诗格，反对诗坛上的剽窃摹拟之风。钱谦益尤推重之。其诗“清丽温婉，诵之令人意消”（《明诗纪事》）。著有诗集《浪淘集》，收入《嘉定四先生集》，另有诗集《偈庵集》、《耦耕堂集》。生平事迹见《明史》卷二八八、《明史稿》卷二六九、清徐沁《明画录》卷五。

范凤翼（？—1655） 明诗人。字异羽。通州（今属江苏）人。万历二十六年（1598）进士，除滦州知州，改顺天教授，历国子监助教，迁户部主事。谪长芦运判，迁工部主事。天启初进尚宝少卿，以朋党落职。崇祯初，起复，寻迁光禄少卿。卒于清初。为人好客，曾结山茨社，为其主要成员。工书善诗，谈吐蕴藉，词为王士禛所称。著有《勋卿集》。生平事迹见《天启崇祯两朝遗诗》卷四、《明诗纪事》庚签卷一九。

沈宠绥（？—约1645） 明戏曲音乐家。字君徵，号适轩主人。吴江（今属江苏）人。对声律极有研究，能歌唱。著有戏曲音乐论著《度曲须知》和《弦索辨讹》，论述南北曲演唱技巧，系作者实际经验之积累，亦为后来昆曲演员唱曲之依据。生平事迹见颜俊彦《度曲须知序》、《道光苏州府志》卷九二。

公鼐（？—约1626） 明诗文家。字孝与。蒙阴（今属山东）人。万历二十九年（1601）进士，选庶吉士，授编修。累官礼部右侍郎。天启初，魏忠贤乱政，引疾归。卒谥文介。有诗名，论诗主张一代有一代之声情，反对复古模拟。其纪行诗与晚年山居诗善于写景。王士禛称其“诗文淹雅，绝句尤工”（《带经堂诗话》）。著有《问次斋集》。生平事迹见《明史》卷二一六、清邹漪《启祯野乘》卷四、《明史列传》卷七五。

叶宪祖（1566—1641） 明戏曲作家。字美度，一字相攸，号六桐、桐柏、槲园外史、槲园居士、紫金道人。余姚（今属浙江）人。万历四十七年（1619）进士。授新会知县。姻家黄尊素弹劾魏忠贤，宪祖左迁大理评事，转工部主事。魏忠贤欲建生祠于长安街，忤其意，被削籍。崇祯元年（1628），起为南刑部郎，出守顺庆（今四川南充）。后改任广西按察使，未赴，以疾归家。与同邑孙鑛以古文辞相期许，其戏曲创作直追元人，古淡本色，吴炳、袁令昭皆从其指授为弟子。好度曲，每写成，即付伶人习之，刻日上演。信佛，与僧湛然甚亲密。著有《大易玉匙》、《青锦园集》、《白云初稿》、《白云续集》、《蜀游草》，另著杂剧二十四种，今存《三义成姻》、《四艳记》、《北邙说法》、《易水歌》（一名《易水寒》）、《寒衣记》、《渭塘梦》、《琴心雅调》、《骂座记》。传奇六种，今存《玉麟记》、《鸾锟记》。散曲有《古乐府曲集》。生平事迹见《康熙绍兴府志》卷五〇、《康熙浙江通志》卷三七。

王嗣奭（1566—1648） 明诗人、杜甫研究家。字右仲，号于越。鄞县（今属浙江）人。万历二十八年（1600）举人，为黄岩宣平教谕，天启五年（1625）擢宿迁知县。崇祯六年（1633）迁知涪州，以忤监司被劾，遣置会稽。入清后以明遗民自居。早年治《易》，四十三岁起专门研究杜甫诗，到八十岁始写成《杜臆》一书，对于杜诗意旨颇有阐发。另著有《泠然草诗编》。生平事迹见《明诗纪事》庚集卷一九。

佘翘（1567—1612） 明诗文家、戏曲作家。字聿云，一作聿文，号浮斋，一号燕南，又号铜鹊山人。池州（今安徽贵池）人。古诗文皆有根底。幼聪慧，汤显祖见而奇之，呼为“小友”。万历十九年（1591）中举，试进士不第，回乡筑学圃，著书其中，直至去世。著有《翠微集偶记》、《浮斋集》、《白下游草》等。传奇作品有《量江记》、《赐环记》。杂剧作品有《琐骨菩萨》，皆不传。生平事迹见明梅鼎祚《鹿裘石室集》卷二四《幼服集序》及《翠微集序》。

谢肇淛（1567—1624） 明文学家。字在杭。长乐（今属福建）人。万历二十年（1592）进士，除湖州推官，历官工部郎中、广西右布政使。其诗“声律圆稳”、“风调谐合”（钱谦益《列朝诗集小传》），被视为当时闽中诗人领袖。论诗推宗盛唐，然反对七子派堆垛铺叙、规摹格调之陋习，亦不同于公安派“但恐不达，何露之有”的主张，而与严羽、徐祯卿一脉的诗论较为接近。又关注小说、戏剧的创作，于笔记《五杂俎》中提出“虚实相半，方为游戏三昧之笔”，反对以正史的观念束缚其发展。著有《小草斋集》及《小草斋诗话》、《五杂俎》、《长溪琐语》、《文海披沙》、《滇略》等。生平事迹见《明史》卷二八六。

袁宏道（1568—1610）　明诗文家、文论家。字中郎，号石公。公安（今属湖北）人。万历二十年（1592）进士，选吴县知县，不久解官去，起授顺天教授，历国子助教、礼部主事，以清望擢吏部验封司主事，改文选，移考功员外郎，迁稽勋郎中。与兄宗道、弟中道并称三袁。是公安派的创始者。在“三袁”中宏道成就最高。其思想受李贽影响较深，于诗文不满李攀龙等的摹拟、复古主张，强调“独抒性灵，不拘格套”（《序小修诗》）。企图在一定程度上突破传统思想的束缚。重视小说戏曲和民歌在文学上的地位，认为《水浒传》文学成就高于《六经》、《史记》，在其《觞政》中，还以《水浒传》、《金瓶梅》并列为“逸典”。作品真率自然，游记散文清新秀逸，成就较大。著有《袁中郎全集》。杂著多种，收于《袁中郎集》者有《狂言》、《觞政》、《瓶史》、《广庄》等九种。生平事迹见明袁中道《珂雪斋集》卷一八所作行状、《明史》卷二八八。

江盈科　明诗人。字进之，号渌萝山人。桃源（今属湖南）人。万历二十年（1592）进士，授长洲知县。时袁宏道为吴县令，二人诗酒唱和，过从甚密。后袁氏兄弟在京师结葡桃社，江亦与之。其诗不拘格调，不避俚俗。推宗白居易、苏轼，称二人“元神活泼”，“其衷洒然，其趣怡然”（《白苏斋册子引》），鲜明地反映了公安派的文学旨趣。其“文尤佳妙”（袁中道《江进之传》）。著有《雪涛阁集》。生平事迹见明袁中道《珂雪斋集》卷一七《江进之传》。

岳和声　明诗文家。字尔律，号餐微子。嘉兴（今属浙江）人。万历二十年（1592）进士，除汝阳知县，征授礼部主事，历员外郎。出为庆远知府，改赣州、东昌，迁福建副使，历广西参政，以右佥都御史巡抚顺天。天启中，起补延绥巡抚。著有《餐微子集》。生平事迹见《明诗纪事》庚签卷一七。

黄辉　明诗人。字平倩，又字昭素，号慎轩。南充（今属四川）人。万历十七年（1589）进士，改庶吉士，授编修，官至少詹事兼侍读学士。工古文，博学与焦竑相伯仲，诗与陶望龄齐名，“奇而藻”，才情颇盛，为公安派中人物。论诗重视天赋，提出“时与性若”，务使诗人的主观精神在客观世界中得到体现。著有《黄太史怡春堂逸稿》，天启间其门人高明柱增辑为《黄慎轩文集》。生平事迹见《明史》卷二八八。

邓原岳　明诗文家。字汝高，号翠屏。闽县（今福建闽侯）人。万历二十年（1592）进士，授户部主事，官终湖广按察副使。闽中诗文自明初十才子之后，由郑善夫继之，至万历中，曹学佺等复起，谢肇淛、邓原岳和之，风雅复振。原岳诗颇见功力，但仍留有摹拟之迹。著有《西楼集》。生平事迹见明叶向高《苍霞续草》卷一〇所作墓志铭、《明史》卷二八六。

吴士奇　明诗文家。字无奇。歙县（今属安徽）人。万历二十年（1592）进士，知宁化县，调归安，升南京户部主事。历陕西左布政使，迁太常寺卿。留心国史，诗文特其余艺，要非所长。其文受到归有光、唐顺之影响，文从字顺，尚不蹈七子之习；诗则颇牵率。著有《绿滋馆稿》、《史裁》。生平事迹见清朱彝尊《静志居诗话》卷一六。

罗懋登　明小说家、戏曲作家。字登之，别号二南里人。万历年间在世。著有《三宝太监西洋记通俗演义》，戏曲传奇《香山记》，注释过《投笔记》，并给《西厢记》、《拜月亭》、《琵琶记》作过音释。据《曲海总目提要》记载，他是陕西人，从《香山记》和《西洋记》等作品看，他又熟悉江浙一带的地理、风俗和语言，很可能是从陕西迁居江浙寓居者。从作品可知，他对佛、道、儒三家都比较精通，尤其对佛教备加崇仰，似为一位佛教信徒。其余生平事迹无考。

杨致和　明小说家。字齐云。约生活于万历、天启时期。著有《西游记传》小说一种。其余生平事迹无考。

杨尔曾　明小说家、出版家。字圣鲁，号雉衡山人，又号夷白主人。浙江钱塘（今杭州）人。约生活于万历、天启时期。著有小说《东西晋演义》、《韩湘子全集》，刊刻过《海内奇观》、《图绘宗彝》等书。其余生平事迹无考。

研雪子　明清之际戏曲作家。传奇《翻西厢》、《卖相思》，俱署“古吴研雪子编”。研雪子，一说为沈谦（1620—1670），字去矜，号东江。仁和（今浙江杭州）人。与陆圻、吴百朋、柴绍炳、孙治、陈廷会、张纲孙、毛先舒、丁澎、虞黄昊称“西泠十子”。一说为秦之鉴，字尚明。武进（今属江苏）人。崇祯十六年（1643）进士，官仁和（今浙江杭州）知县。

毕自严（1569—1638） 明诗文家。字景曾。淄川（今山东淄博）人。万历二十年（1592）进士，除松江推官，历工部员外郎中。泰昌时仕为太仆卿。天启元年（1621）以右佥都御史巡抚天津，后掌南京都察院，改户部尚书。致仕卒。著有《石隐园藏稿》。生平事迹见《明史》卷二五六、《明史稿》卷二四〇、《明诗纪事》庚签卷一七。

袁中道（1570—1627） 明诗文家。字小修。公安（今属湖北）人。袁宗道、袁宏道弟。十余岁，作《黄山赋》、《雪赋》，已知名。长益豪迈，从兄宦游京师，多交四方名士，足迹半天下。万历三十一年（1603）始举于乡，万历四十四年成进士。由徽州教授，历国子博士，南京礼部主事。天启四年（1624）进南京吏部郎中，卒于官。其文学主张，反对摹拟，崇尚性灵，与其兄力排七子之学，号“公安三袁”，又被称为“公安派”。一生著述繁富。其诗早年以平易坦直为主，中年后转为幽深奇崛。散文成就较高，传记、游记、书札等均有所长。著有《珂雪斋前集》、《珂雪斋近集》、《珂雪斋集选》、《游居柿录》等，今人合辑为《珂雪斋集》。生平事迹见《明史》卷二八八、清邹漪《启祯野乘》卷七。

王象晋 明诗文家。字荩臣，又字康宇、子进。新城（今山东桓台）人。万历三十二年（1604）进士。历官礼部主事、员外郎、河南按察使、浙江右布政使等。思想上受理学影响，恪守礼法。入清后隐居不仕，自号明农隐士，享年九十三岁。著有笔记小说《剪桐载笔》，此外尚编有《群芳谱》、《清寤斋欣赏编》、《秦（观）张（綖）诗余合璧》。《天启崇祯两朝遗诗》录有其诗作，但未见其结集。生平事迹见清姜宸英《湛园未定稿》卷九《新城王方伯传》。

谢兆申 明诗文家、藏书家。字保元，号耳伯，又号太弋山樵。建宁（今福建建瓯）人。万历贡生。平生喜交异人、购异书。其诗均为四言、五言古体，因不屑为唐以后语，故不作律诗。诗文好深沉艰刻之思，为险怪难解之语。著有《谢耳伯集》。生平事迹见清钱谦益《牧斋初学集》卷八一《追荐亡友疏》。

江东伟 明文学家。字清来，号壶公。开化（今属浙江）人。万历三十四年（1606）举人。其友人但宗皋《芙蓉镜寓言序》称他“妙龄夺袍，早上孝廉船”，“偶然有托，遂绝公车想”。中举次年以足疾为由归里，闭门著述。身处明末多事之秋，常怀忧国忧民之心。他不满当时的社会现实，揭露道学的虚伪为“而容崖然，而口阏然。”所谓“正心”、“诚意”，“不过门面大话而已”（《芙蓉镜寓言序》）！著有《心经注》、《演连珠》、《净土诗》等。于笔记杂著用力最勤，著有《芙蓉镜寓言》、《芙蓉镜韵言》、《芙蓉镜卮言》、《芙蓉镜元言》、《芙蓉镜孟浪言》等。生平事迹散见其友人潘汝桢、但宗皋《芙蓉镜寓言序》。

陈荐夫 明诗文家。原名藻，以字行，改字幼孺。闽县（今福建闽侯）人。万历三十二年（1604）举人。与其兄陈价夫诗品相近，为明末闽派诗人中较有成就者，论诗主“性灵”，与公安派有相呼应处。著有《水明楼集》。生平事迹见《明诗纪事》庚签卷八。

宋懋澄（1572—1622） 明文学家。字幼清，号稚源，一作自源。华亭（今上海松江）人。先世为赵宋宗室，随南宋迁杭。宋亡，遂以宋为姓。入明，迁松江为大族。幼孤，少年即能文，喜交游。年三十始习儒业，北游京师，为太学生。四十岁举于乡，此后屡试未第。性慷慨任侠，轻财仗义，好奇计，平生纵迹南北。其诗文颇为时人所重，但更好稗官杂说。其《将迁居金陵议》曾表示，愿“僦数廛于金陵，汇坟典，诵读其中，穷群经诸史之奥，及国朝掌故与百家言，暨《周髀》、《甘石》、稗官、艺术之书，以迄于二氏”。其诗文别集已佚。今传《九籥集》已有残缺。生平事迹见明陈子龙《安雅堂稿》卷一〇《宋幼清先生传》、清吴伟业《梅村家藏稿》卷四七《宋幼清墓志铭》。

卜世臣（1572—1645） 明戏曲作家。字大匡，一字大荒，又字蓝水、孝裔、长公，号大荒逋客。秀水（今浙江嘉兴）人。磊落不谐俗，日闭门著书。与吴江派代表人物沈璟为表亲，和吕天成同为沈璟嫡传弟子。王骥德《曲律》称：“自词隐作词谱，而海内斐然成风，衣钵相承，尺尺寸寸，守其榘矱者二人，曰吾越郁蓝生，曰槜李大荒逋客。”著有《拄颊言》、《玉树清商》、《多识编》、《乐府指南》、《卮言》、《山水合谱》及传奇《冬青记》、《乞麾记》、《双串记》、《四劫记》，末三种佚。生平事迹见《康熙嘉兴府志》卷五三、庄一拂《古典戏曲存目汇考》卷九。

马之骏 明诗文家。字仲良。新野（今属河南）人。万历三十八年（1610）进士，官工部主事，迁员外。诗文俱有时名，与钟惺为同年，受竟陵派影响较明显。著有《妙远堂集》。生平事迹见《明诗纪事》庚签卷二二。

郑之文　明戏曲作家。字应尼，一字水濂，又字豹先，号豹卿，又号愚公。南城（今属江西）人。万历三十八年（1610）与钱谦益同榜进士。任南京工部主事，历郎中，真定太守。为人高洁简俊，风流轶群。与黄贞甫、曹能始、钟惺、王思任、钱谦益等友善。居家三十年，足不履公门，乡里重之。崇祯末去世。著有《远山堂集》、《锦砚斋集》、《郑工部诗》。与吴兆合作杂剧《白练裙》，已佚。传奇有《芍药记》、《旗亭记》二种，前者已佚。生平事迹见明李维桢《大泌山房集》卷二一《工部诗序》、《列朝诗集小传》丁集、《同治南城县志》卷八。

文翔凤　明诗文家、学者。字天瑞，号太青。三水（今陕西旬邑）人。万历三十八年（1610）进士。除莱阳知县，官至光禄寺少卿。朱彝尊《静志居诗话》称其“学有异端，诗亦有异端。文太青、王季重是已”。著有《伊川集》、《海日集》、《云门集》，另有《太微经》、《东极篇》。生平事迹见清邹漪《启祯野乘》卷七、朱彝尊《静志居诗话》卷一七。

茅维　明戏曲家。字孝若，号僧昙。归安（今浙江湖州）人。茅坤第三子。与同郡臧懋循、吴稼竳、吴梦旸并称“四子”。万历四十四年（1616）进士，拟受翰林院孔目，协修国史，以珰祸起，谢去。崇祯二年（1629），诣阙上《治安疏》、《足兵饷》，不用。归卒。诗文杂著有《嘉靖大政记》、《菰园集》、《幽愤录》、《闽游草》、《佩觿草》、《十赉堂甲集》、《十赉堂乙集》、《迂谈》等。著杂剧《凌霞阁内外编》，收《秦廷筑》、《苏园翁》、《金门戟》、《闹门神》、《双合欢》、《醉新丰》六种。生平事迹见《明史》卷二八七。

祁麟佳　明戏曲作家。字元孺，别署太室山人。山阴（今浙江绍兴）人。祁彪佳兄。约天启、崇祯间在世。善诗文词曲。著有诗集《问天遗草》，杂剧《太室三房四剧》，仅存一种。生平事迹见庄一拂《古典戏曲存目汇考》卷六。

王应遴　明戏曲作家。字堇父，号云来。山阴（今浙江绍兴）人。约天启、崇祯间在世。官至礼部员外郎。明亡时，死节。通历象医术，天启时参与修历事。著有杂剧、传奇各一种，及《王应遴杂集》、《乾象图书》等。生平事迹见《康熙山阴县志》卷二九、庄一拂《古典戏曲存目汇考》卷六。

姚子翼　明戏曲作家。字襄侯，号仁山。秀水（今浙江嘉兴）人。约崇祯初在世。传奇作品有《祥麟现》（一名《七子圆》）、《上林春》、《白玉堂》、《遍地锦》，其中《白玉堂》一种已佚。另说与著《后寻亲》的姚子懿，疑为一人。生平事迹见庄一拂《古典戏曲存目汇考》卷九。

文震孟（1574—1636）　明大臣、诗文家。字文起，号湛持；初名从鼎。长洲（今江苏苏州）人。天启二年（1622）殿试第一，授翰林修撰。崇祯时擢礼部左侍郎，兼东阁大学士，与温体仁不和，被劾落职。卒于家，南明弘光朝追谥文肃。其诗较平缛。著有《药圃诗稿》。生平事迹见《明史》卷二五一、清汪琬《尧峰文钞》卷三五所作传。

冯梦龙（1574—1646）　明文学家。字犹龙，又字子犹、耳犹，别署龙子犹、墨憨斋主人。又《三言》及明末一些小说序跋题署的可一居士、无碍居士、绿天馆主人、茂苑野史氏、詹詹外史等，郑振铎、孙楷第及日人盐谷温等认为均可能是冯氏化名。长洲（今江苏苏州）人。与兄梦桂、弟梦熊称“吴下三冯”。十余岁为诸生，至年五十七岁，方得补贡生。崇祯间曾为福建寿宁知县。晚年遭逢国变，于忧愤中去世。生长江南，得明中叶以来吴下城市风气开化之先，又接受王学左派和李贽异端学说影响，与徐渭、汤显祖并公安三袁的文学主张相呼应，倡导写“情”文学，抨击伪道学，反对程朱理学对个性的禁锢，认为“情始于男女，凡民之所必开者，圣人亦因而导之”（詹詹外史《情史序》），带有思想解放的色彩。诗文集有《七乐斋稿》、《游闽诗草》，已佚，经学著作有《麟经指月》、《四书指月》、《春秋衡库》等。其主要成就在通俗文学的搜辑、整理、改编和创作上，在文学史上有突出地位。早年收集刊印两部民歌集《挂枝儿》和《山歌》。又著有散曲集《宛转歌》，已佚，惟所编散曲选《太霞新奏》存。已作，改定和创作传奇十余种，题《墨憨斋定本传奇》。今可见十三种中，《双雄记》可断为冯氏所作。其戏曲观近于吴江派，著有《墨憨词谱》，已佚。从事于白话通俗小说的搜辑、改写和创作，成就最大。他认为“大抵唐人选言，入于文心；宋人通俗，谐于里耳。天下之文心少而里耳多，则小说之资于选言者少，而资于通俗者多”（《古今小说序》）。改写、增补过《三遂平妖传》、《新列国志》。《皇明大儒王阳明先生出身靖难录》也署名为“墨憨斋新编”。而影响最大的当推《三言》的编纂。《三言》即《古今小说》（《喻世明言》)、《警世通言》、《醒世恒言》三部短篇小说集,共一百二十篇,均经冯氏加工、改写,其中有一部分是冯氏自己的创作。此外他还有笔记小品《智囊》、《智囊补》、《笑府》等著作传世。署名詹詹外史的《情史类略》人们认为也是冯氏编撰的。生平事迹见明陈仁锡《无梦园遗集》卷二《四书指月序》、容肇祖《明冯梦龙生平及其著述》。

曹学佺(1574—1647) 明诗文家、诗选家、学者。字能始,号石仓,又号泽雁。侯官(今福建闽侯)人。万历二十三年(1595)进士,授户部主事,天启间官广西参议,以撰《野史纪略》得罪魏忠贤党,被劾削职,家居二十年,居石仓园著书立说。甲申变后,唐王立闽中,官礼部尚书,事败自尽,清乾隆中追谥忠节。万历中闽地文风颇盛,实系由其倡之。著有《石仓集》,另有《凤山郑氏诗选》、《石仓历代文选》、《石仓十二代诗选》,后者虽未竟其事,但已刊者多达千卷,是明代最大的一部古今诗选本。另著有《蜀中名胜记》、《舆地名胜记》、《易经通论》、《春秋阐义》等。生平事迹见《明史》卷二八八、清李瑶《南疆绎史摭遗》卷二、徐鼒《小腆纪传》卷二六。

张龙文(?—1645) 明戏曲作家。字掌麟。武进(今属江苏)人。廪生,曾入复社。甲申年抑郁不得志,卒死于难。著有杂剧《旗亭燕》存世。生平事迹见清徐鼒《小腆纪年》卷一〇、《乾隆常州府志》卷二五。

魏大中(1575—1625) 明诗文家。字孔时,号廓园。嘉善(今属浙江)人。魏学洢父。万历四十四年(1616)进士,累迁至吏科都给事中,以疏劾太监魏忠贤,为其矫旨切责,后又为其党诬指受杨镐、熊廷弼贿,矫旨下诏狱,酷刑拷讯,为狱卒害死。崇祯初追谥忠节。早年受业于高攀龙,其文亦受其影响。著有《藏密斋集》。生平事迹见《明史》卷二四四、《藏密斋集》卷一《自谱》。

李流芳(1575—1629) 明诗文家、书画家。字茂宰、长蘅,号香海、泡庵,晚号慎娱居士。嘉定(今属上海)人。万历三十四年(1606)举人,天启初,北上会试,抵京郊闻警,赋诗而返,遂绝意仕进。工诗善书,尤精绘事,知名于乡里,与娄坚、程嘉燧、唐时升并称"嘉定四先生"。著有《檀园集》。生平事迹见《明史》卷二八八、清钱谦益《牧斋初学集》卷五四所作墓志铭。

宋凤翔 明笔记作家。字羽皇。嘉兴(今属浙江)人。万历四十年(1612)举人。洞明经书理奥,能诗词古文。因子孙零替,所作诗文已散佚。熟悉八股时艺,有选本行世,被认为品骘精当。著有笔记《秋泾笔乘》。生平事迹见此书所附小传。

刘荣嗣(?—1636) 明诗人。字敬仲,号简斋,又号半舫。曲周(今属河北)人。万历四十四年(1616)进士,授户部主事。历仕山东参政、左布政,晋顺天府尹。崇祯时,以工部尚书兼右都御史,总理河道,提督军务。历三年而无成效,下狱论死。卒于狱中。为人博雅好古,敦笃友谊。工诗,曾编其与钱谦益唱和之作为《钱刘唱和诗》。著有《简斋诗钞》。生平事迹见《列朝诗集小传》丁集、清邹漪《启祯野乘》卷六。

鹿善继(1575—1636) 明诗文家、学者。字百顺。定兴(今属河北)人。少读王守仁著作,不肯与俗浮沉。万历四十一年(1613)进士,授户部主事。坐事降级外调,光宗立,复职。从大学士孙承宗巡阅榆关。崇祯初为太常少卿,告归。清兵攻定兴,自乡入城助守,城破而死。谥忠节。著有《认真草》、《无欲斋诗钞》、《四书说约》等。生平事迹见《明史》卷二六七、《明儒学案》卷五四、清陈鋐《鹿忠节公年谱》。

韩上桂(1575—1644) 明戏曲作家。字孟郁,一字芬男,号月峰、天游子。番禺(一说南海,均治今广东广州)人。少攻骚赋,惊才风逸。万历二十二年(1594)举人。后任南京国子监博士,长于古诗歌行。晚年好填南词,酒间曼声长歌,多操粤音。钱谦益《列朝诗集小传》评其为"万历间岭南第一才子"。著有《朵云山房诗文稿》、传奇《相如记》、《凌云记》。生平事迹见《列朝诗集小传》丁集、庄一拂《古典戏曲存目汇考》卷九。

王思任(1575—1646) 明诗文家。字季重,号谑庵。山阴(今浙江绍兴)人。万历二十三年(1595)进士,历仕兴平知县、九江佥事、南京刑部主事等职。明亡,仕鲁王朝为礼部右侍郎、进尚书。顺治三年(1646)绍兴城破,绝食而死。性通脱、好谑浪,作品恣肆诙谐,毫不理会古文家所倡言的义理、体制。当时以小题文字名于世,汤显祖称其"灵心洞脱,孤游皓杳","能于笔墨之外,言所欲言"(《王季重小题文字序》)。论文标榜"二字诀:曰轻、曰活"(《张郡公减斋近稿序》),主张"不守父师成说,而独写性灵"(《青谿儒童小试叙》)。所作所论,均于古文家外独标一帜。著有《游唤》、《时文叙》、《尔尔集》等，合为《王季重十种》。生平事迹见清邵廷采《思复堂文集》卷二《明侍郎遂东王公传》。

张凤翼(?—1636)　明诗文家。字九苞。代州(今山西代县)人。万历四十一年(1613)进士，授户部主事。天启初，起为右参政，饬遵化兵备。崇祯三年(1630)召为兵部尚书。与温体仁友善，居宰辅五年之久，屡次督师出征，因清兵进逼京师，为言官所劾，忧病而卒。著有《句注山房集稿》。生平事迹见《明史》卷二五七。

来复　明诗人。字阳伯。三原(今属陕西)人。万历四十四年(1616)进士，任户部郎，历官江西布政使，备兵扬州，归田后卒于家。性通慧，为人重义好客，交游广泛，诗文书画之外，琴棋剑器百工伎艺，无不通晓。诗以才思敏捷著称，钱谦益《列朝诗集小传》称其"能诗而不能工，亦多能累之也"。著有《来阳伯诗集》、《来阳伯文集》。生平事迹见明何乔远《名山藏》卷一〇三、《列朝诗集小传》丁集。

曹履吉　明诗文家、画家。字元甫，号博望山人。当涂(今属安徽)人。万历四十四年(1616)进士，授户部主事，历员外郎，出为河南佥事，迁参议。擢光禄少卿。诗文均有时名，画学元人倪瓒，笔力高雅。著有《博望山人稿》。生平事迹见《明诗纪事》庚签卷七。

沈德符(1578—1642)　明诗文家。字虎臣，又字景倩、景伯。秀水(今浙江嘉兴)人。万历四十六年(1618)举人。思想受公安派影响，但论诗则近于竟陵派，宗晚唐皮日休、陆龟蒙，宋人则推崇陆游，与钟惺、谭元春相合。曾赞许钟、谭为"二子世楷模，艺林作司命"(《与谭友夏夜话》)。但其创作实际并不相同。幼居京邸，于朝政国故，习闻熟察。好读书而无时下空谈之习。钱谦益谓其于"唐以后书，而景倩独近搜博览；其于两宋以来史乘别集、故家旧事，往往能敷陈其本末，疏通其端绪。家世仕宦，习闻国家故事，且及见嘉靖以来名人献老，讲求掌故，网罗放失，将勒成一家之言"(《列朝诗集小传》)。晚年归里，即撰成《万历野获编》一书，其文运笔挥洒，其事则多有史料价值。另著有《清权堂集》。生平事迹见《列朝诗集小传》丁集、清朱彝尊《静志居诗话》卷一七。

刘宗周(1578—1645)　明学者、诗文家。字起东，号念台，晚更号克念子。山阴(今浙江绍兴)人。万历二十九年(1601)进士，天启初为礼部主事，历右通政，以劾魏忠贤、客氏，削籍归。崇祯初起顺天府尹，累迁左都御史，后革职归。南明福王时，起复原官。以劾马士英等人不见用，告老还乡。杭州失守，绝食死。门人私谥正义，清朝追谥忠介。为晚明著名理学家，其学以诚意为主，慎独为功。著有《刘蕺山集》、《周易古文钞》、《论语学案》等。生平事迹见《明史》卷二五五、《明儒学案》卷六二。

王同轨　明小说家。字行父。黄冈(今湖北黄州)人。正德时给事中王廷陈从孙，以贡生为江宁令，迁南太仆主簿。尝从吴国伦游，与王世贞等有过从。钱谦益评其诗为"自有风格，不欲寄诸公篱下"(《列朝诗集小传》)。其集名《王行父集》、《兰馨集》，未见。传世者唯《耳谈》、《耳谈类增》。《耳谈》成书于万历二十五年(1590)，《类增》成于三十一年。生平事迹见明李维桢《大泌山房集》卷一三、卷一四《王行父集序》、《耳谈序》及《列朝诗集小传》丁集。

李绍文　明小说家。字节之。华亭(今上海松江)人。据所著《皇明世说新语》刻于万历三十四年(1606)，《艺林累百》成于天启三年(1623)，其人当生活于万历、天启时期。其祖李日章曾官山东按察副使，父豫亨官鸿胪序班。家道中落，本人亦未见有功名。文学上，除家学渊源外，又曾受知于当时的华亭知县熊剑化。生平事迹见《皇明世说新语》及陆平仲等序。

徐石麒(1578—1645)　明诗文家。初名文治，字宝摩，号虞求。嘉兴(今属浙江)人。天启二年(1622)进士，授工部营缮司主事，忤太监魏忠贤削籍。崇祯三年(1630)起为南京礼部主事，累官刑部尚书。以忤帝意落职。南明福王时拜吏部尚书。嘉兴城为清军攻陷，自经死。谥忠襄。著有《可经堂集》。生平事迹见《明史》卷二七五、清秦瀛《小岘山人集》卷五所作墓碑。

商濬　明诗文家、编辑家。又名维濬，字初阳。会稽(今浙江绍兴)人。约生活于万历前后。未见有功名，著有《古今评录》，《四库全书总目·存目》著录。其岳家钮氏世学楼积有藏书达百万卷，时得纵览，因辑成丛书《稗海》(又名《古今稗海》)，为后世保留了大量笔记小说作品。生平事迹见此书自序、《四库全书总目》卷一二八。

郑仲夔　明笔记杂著作家。字胄师、龙如。玉山(今属江西)人。天启七年(1627)举人。博学工诗，以孝友诗名闻于乡里。其诗文集未见。今传世者唯笔记杂著多种。除《四库全书总目存目》著录之《兰畹居清言》、《耳新》外，尚存《隽区》、《偶记》、《冷赏》三种。此外，《同治上饶县志》还著录有《质草》。生平事迹见《隽区》明文震孟题词、清黄虞稷《千顷堂书目》、《四库全书总目》卷一四三。

凌濛初（1580—1644） 明文学家。字玄房，号初成，别号即空观主人。乌程（今浙江湖州）人。十八岁补廪膳生，三十岁时曾入都就选，四中副榜。崇祯七年（1634）选授上海丞。十五年擢徐州通判。因上《剿寇十策》何腾蛟聘为幕僚。于抗拒李自成农民军役中呕血而死。生长末世，有维护明朝统治的正统思想，但他青少年时期出生浙江，游历吴下，并长期寓居南京，亦深受明季东南沿海城市风气开化的熏陶。凌氏著述甚丰，经史杂著和诗文选评不下二十种，大多散佚。今见收入《四库全书》者有《圣门传诗嫡冢》、《言诗翼》、《诗逆》三种，存目有《国门集》、《东坡禅喜集》、《合评选诗》、《陶韦合集》四种。所著杂剧八种，现存除《二刻拍案惊奇》中之《宋公明闹元宵》外，尚有《红拂三传》之虬髯、李靖二传。传奇三种存《乔合衫襟记》一种，为高濂《玉簪记》之改编本。精于曲学，曾著《曲律》、《谭曲杂札》、《南音三籁》。其成就尤在于小说。以二十余年时间写作《初刻拍案惊奇》、《二刻拍案惊奇》，自谓“宋元旧种，亦被蒐括殆尽”，“因取古今来杂碎事可新听睹，佐诙谐者，演而畅之”（《拍案惊奇序》）。二书广泛地反映了社会生活，尤其是明中叶以后社会和城市经济的变化、青年男女对婚姻理想的追求，对社会黑暗也有所暴露和批判。近代多与《三言》并举，为白话短篇小说的重要成就。生平事迹见清郑龙采《别驾初成公墓志铭》（《嘉庆凌氏宗谱》卷二）、叶德均《凌濛初事迹系年》（《戏曲小说丛考》）。

陈仁锡（1581—1636） 明诗文家。字明卿，号芝台、澹退居士。长洲（今江苏苏州）人。天启二年（1622）进士，授翰林编修。因不肯为魏忠贤撰铁券文而落职。崇祯初复官，迁国子监祭酒。卒谥文庄。《明史》本传称其“讲求经济，有志天下事，性好学，喜著书，一时馆阁中博洽者鲜其俦”。著有《陈明卿集》、《陈明卿别集》、《无梦园集》等，编有《古文奇赏》、《苏文奇赏》、《奇赏斋广文苑英华》等。生平事迹见《明史》卷二八八、《天启崇祯两朝遗诗》卷一〇。

艾南英（1583—1646） 明文学家。字千之。东乡（今属江西）人。幼以文名，然屡困场屋，年四十二始中举，终未成进士。明亡入闽，唐王授为兵部主事、升御史，卒。为明末制义名家，与同郡章世纯、罗万藻、陈际泰并称于世。为“豫章社”首领。力持唐宋派观点，继王、唐、归、茅之后，斥前后七子不遗余力。当时陈子龙提倡师法秦汉文，乃与之反复论辩，语甚激烈。指出古文之名是相对于魏晋齐梁“偶俳摘裂，填事粉泽”之文提出的，意在“刊落浮华”，而返于“平淡古质”，如七子派所谓的古文不过是“古文辞”（《答夏彝仲论文书》），以辞华为古，恰恰是舍本逐末。著有《天佣子集》。生平事迹见《明史》卷二八八。

沈自晋（1583—1665） 明戏曲作家。字伯明，又字长康，号西来，晚号鞠通生。吴江（今属江苏）人。沈璟侄。弱冠补博士弟子员。明亡，隐居吴山，善度曲，尤精音律。词尚家风，其戏曲创作理论与实践能兼“临川派”与“吴江派”之长，无门户之见，一时海内名家如范文若、冯梦龙、卜世臣、袁晋等皆推服之。冯所选《太霞新奏》推为压卷；范有“新推袁、沈擅词场”、“幸有钟期沈、袁在”之句。著有《广辑词隐先生增定南九宫十三调词谱》（又称《南词新谱》）、《赌墅余音》、《鞠通乐府》，传奇《望湖亭》、《翠屏山》、《耆英会》，以《望湖亭》最著称。生平事迹见沈自友《鞠通生小传》、复明《沈鞠通先生年表》、凌景埏《鞠通先生年谱》。

周顺昌（1584—1626） 明诗文家。字景文，号蓼洲。吴县（今属江苏）人。万历四十一年（1613）进士，授福州推官。天启中历文选司员外郎，署选事，乞假归。以忤魏忠贤，为其党羽陷害，死于狱中。崇祯初追谥忠介。不以诗文名世，所作颇丰，但在被逮时，仓促间为友人投火灭迹，故所存不多。著有《烬馀集》。生平事迹见明张溥名作《五人墓碑记》、《明史》卷二四五。

谭元春（1586—1637） 明诗文家、诗选家。字友夏。竟陵（今湖北天门）人。与同里钟惺齐名，两人曾共同评选隋以前诗为《古诗归》、唐诗为《唐诗归》，名满天下。所作以幽深孤峭为宗旨，时人称为“竟陵体”。中天启七年（1627）乡试，是时钟惺已去世。年辈晚于钟惺，学识也稍逊。公安三袁力矫七子诗派之弊，钟、谭反对三袁文风，以为“俚俗”，《明史》认为“两人学不甚富，其识解多僻，大为通人所讥”。著有《岳归堂稿》、《谭友夏合集》。生平事迹见《明史》卷二八八、清邹漪《启祯野乘》卷七。

徐弘祖（1586—1641） 明散文家、地理学家。字振之，号霞客。江阴(今属江苏)人。自幼好读奇书，博览舆地、图经等书籍，立下“问奇于名山大川”之志。从万历三十五年(1607)出游，三十年间足迹遍及东南各省，直至身患重病，才为云南丽江太守送归乡里。回乡后第二年即去世。在旅行考察途中著有《徐霞客游记》，为古代最负盛名的游记文学著作，又是优秀的地理著作之一。生平事迹见清钱谦益《牧斋初学集》卷七一所作传略。

叶昼　明小说戏曲评点家。字文通，又自称锦翁、不夜、阳开、叶五叶、梁无知等。无锡(今属江苏)人。家故贫，素嗜酒，多读书，有才情，留心二氏之学，多“诡异之行”。万历二十二年(1594)曾就学于东林党领袖顾宪成。天启四、五年(1624—1625)间游梁，倡海金社，“合八郡知名之士，人镌一集以行”。中州文社之盛，即自海金社始。据钱希言《戏瑕》、盛于斯《休庵影语》、周亮工《书影》等记载，托名李卓吾批点的《水浒传》、《三国志演义》、《西游记》、《皇明英烈传》、《琵琶记》、《拜月亭》、《红拂记》、《明珠记》、《玉合记》等，皆出自其手。这些评点摹仿李贽的口吻、笔调，表达了一系列重要的文学观点，对后世金人瑞等评点小说戏曲有重大影响。生平事迹见清钱希言《戏瑕》卷三、周亮工《书影》卷一。

范景文(1587—1644)　明大臣、诗文家。字梦章，号思仁。吴桥(今属河北)人。万历四十一年(1613)进士，历文选员外郎，天启中为文选郎中。与魏忠贤之党魏广微同乡，但不登其门，亦不附东林。崇祯间累官工部尚书、东阁大学士，入参机务。李自成攻陷北京，赴井死。南明追谥文贞，清初改谥文忠。著有《范文忠集》、《大臣谱》等。生平事迹见《明史》卷二六五、《天启崇祯两朝遗诗》卷三。

阮大铖(约1587—约1646)　明戏曲作家。字集之，号圆海、石巢、百子山樵。怀宁(今属安徽)人。万历四十四年(1616)进士。擢户科给事中。天启时依附魏忠贤，崇祯时坐魏党，削职为民。寄寓南京。从事戏曲创作。清兵入关，与凤阳总督马士英拥立福王于南京，任弘光朝兵部侍郎。次年擢兵部尚书。清兵渡江，破南京，福王被擒，大铖走金华，为绅士所逐，转投方国安，寻降清，从攻仙霞岭，落马跌死在岩石上。一说为清军所杀。阮氏品节不端，历来为人诟病，但戏曲作品享有盛名。张岱《陶庵梦忆》说他的剧作“本本出色，脚脚出色，出出出色，句句出色，字字出色”，被后人称为“临川派”的重要代表作家之一。亦工为诗。除诗集《咏怀堂诗》、《咏怀堂诗外集》外，著有传奇十一种：《井中盟》、《老门生》、《忠孝环》、《桃花笑》、《狮子赚》、《翠鹏图》、《赐恩环》、《燕子笺》、《春灯谜》、《牟尼合》、《双金榜》。前七种均佚，末四种今存，称《石巢四种》。生平事迹见《明史》卷三〇八、金天羽《皖志列传稿》。

叶绍袁(1589—1648)　明诗文家、词人。字仲韶，号天寥道人。吴江(今属江苏)人。天启五年(1625)进士，官工部主事，以母老告归。与妻沈宜修及五子三女并有文才，一门之中，更相唱和，由其辑刊《午梦堂集》。南明弘光朝覆亡，弃家为僧，自号粟庵。著有《湖隐外史》、《叶天寥四种》。后者为三种自撰年谱及《甲行日注》，借个人身世浮沉，寓家国兴亡之感，颇具感染力。诗、词均辑入《午梦堂集》，以细致含蓄的感情表述见长。生平事迹见《叶天寥四种》。

沈宜修(1590—1635)　明诗人、词人。字宛君。吴江(今属江苏)人。叶绍袁妻。工诗词，有文才，与三女五子及叶绍袁唱和之作，结为《午梦堂集》。所作以婉约淡雅见长，唯题材较窄。生平事迹见其夫叶绍袁所著《叶天寥四种》。

范文若(1590—1637)　明戏曲作家。初名景文，字香令，又字更生，号吴侬荀鸭。松江(今属上海)人。万历四十七年(1619)进士。历任山东汶上、浙江秀水、湖北光化等县知县，迁南京兵部主事。为考功中伤，左迁，稍移南京大理评事。以忧去官。美姿容，工谈笑，雅慕晋人风度，好为乐府词章，识者以汤显祖拟之。戏曲著作丰富，庄一拂《古典戏曲存目汇考》评为“结构玄畅，可追元人步武。”著有传奇《花筵赚》、《花眉旦》、《金明池》、《勘皮靴》、《雌雄旦》、《梦花酣》、《鸳鸯棒》、《欢喜冤家》，《鸳鸯棒》、《花筵赚》、《梦花酣》合称《博山堂三种》。另《千里驹》、《金凤钗》等八种，已佚。此外尚有散曲集《博山堂乐府》。生平事迹见《乾隆上海县志》卷一〇、《嘉庆上海县志》卷一九、庄一拂《古典戏曲存目汇考》卷一〇。

孙源文(1590—1644)　明戏曲作家。字南公，又字笨庵。江苏无锡人。明诸生。著有《笨庵遗稿》、《晴天屐》与杂剧《饿方朔》等。生平事迹见《康熙无锡县志》卷二一、庄一拂《古典戏曲存目汇考》卷六。

陈邦仪　明诗人。字开甫。高安(今属江西)人。崇祯中诸生。生逢乱世,奔窜于兵火间,故作品多悲楚之语,对明末战乱感受颇深。著有《弹剑草》。生平事迹见《四库全书总目》卷一八〇。

瞿式耜(1590—1650) 明诗文家、抗清将领。字伯略,一字起田,号稼轩。常熟(今属江苏)人。早年受业于钱谦益,受东林影响颇深。万历四十四年(1616)进士,授吉安永丰知县。崇祯初,迁户科给事中,曾为人诬陷下狱,释出后还乡。南明福王时期任应天府丞、广西巡抚。拥立桂王于肇庆,建元永历,任吏、兵两部尚书、文渊阁大学士。桂林城破被俘,不屈死。清乾隆时谥忠宣。死后由后人将其诗文结集,编成《虞山集》,并有《瞿忠宣集》刊本行世。生平事迹见《明史》卷二八〇、清瞿元锡《庚寅始安事略》。

沈自徵(1591—1641) 明戏曲作家。字君庸。吴江(今属江苏)人。沈璟侄。国子监生。曾遍历西北边塞,考察形势,在京师十年,为诸大臣筹划兵事,皆中机宜。归乡后,仍茨屋躬耕无愧色。崇祯十三年(1640)国子监祭酒某荐诸朝,以贤良方正辟。辞不就。工为曲,仿元人作北曲《渔阳三弄》以自寓,时人目为明以来北曲第一。著有《霸亭秋》、《鞭歌妓》、《簪花髻》杂剧三种。今存,收录于《盛明杂剧》中。杂剧《冬青树》,已佚。另有《脍残编》。诗文散曲有《沈君庸先生集》。生平事迹见清邹漪《启祯野乘》卷六、庄一拂《古典戏曲存目汇考》卷六。

徐熥 明诗文家、藏书家。字惟和。闽县(今福建闽侯)人。万历四十六年(1618)举人。负才淹蹇,肆力诗歌。其诗大抵圭臬唐人,而不为割裂饾饤之学,七绝原本王昌龄,多情至语。《四库全书总目》谓:"明季诗道冗杂,如熥者亦可谓蝉蜕秽浊矣。"著有《幔亭集》,编有明闽人诗选《晋安风雅》。生平事迹见《明诗纪事》庚签卷三。

徐𤊹 明诗文家、书法家。字惟起,更字兴公。闽县(今福建闽侯)人。徐熥弟。家富藏书,博学多识,才思敏捷,诗文均有时名,善草隶。万历中与曹学佺主闽中文坛,后进皆称"兴公诗派"。以布衣终。著有《鳌峰集》、《笔精》、《闽南唐雅》、《榕阴新检》等。生平事迹见《明史》卷二八六、《明诗纪事》庚签卷三、《列朝诗集小传》丁集、清朱彝尊《静志居诗话》卷一八。

卓人月 明戏曲作家。字珂月,号蕊渊。仁和(今浙江杭州)人。崇祯八年(1635)贡生。才情横溢,善诗文词曲。与孟称舜、袁于令相善。以未遇早逝,世谓才命并同长吉。著有《蟾台集》、《蕊渊集》、《寤歌词》、《古今词统》、杂剧《花舫缘》。生平事迹见明曾异《纺授堂集》卷一《卓珂月蕊渊蟾台二集序》、庄一拂《古典戏曲存目汇考》卷六。

王元寿 明戏曲作家。字伯彭,号西湖居士。郃阳(今陕西合阳)人。明末在世。王无(元)功兄。著传奇《异梦记》、《梨花记》、《景园记》、《鸳鸯被》、《石榴花》、《北亭记》、《一轮画》、《中流柱》、《玉马坠》、《玉扼臂》、《空缄记》、《将无同》、《莫须有》、《紫骝马》、《紫绮裘》、《紫绶记》、《紫台怨》、《领春风》、《击筑记》、《题燕记》、《宝碗记》、《灵宝符》、《郁轮袍》、《鸾书错》等二十四种。现仅存《梨花记》、《异梦记》、《景园记》三种。又一说,指王域,字元寿,号两瞻。生平事迹见清计六奇《明季南略》。

石子斐 明戏曲作家。字成章。绍兴(今属浙江)人。明末人。著传奇《正昭阳》、《大造化》、《龙凤山》、《镇灵山》,前二种存,后二种佚。生平事迹见庄一拂《古典戏曲存目汇考》卷三。

王无功 明戏曲作家。名异,又名权。郃阳(今陕西合阳)人。祁彪佳《曲品》谓系戏曲家王元寿之弟,则"无功"疑应为"元功"。明末人。著有传奇《水浒记》、《弄珠楼》、《花亭记》、《保主记》、《看剑记》、《种玉记》、《检书记》、《灵犀佩》、《玛瑙簪》。首二种今存,《花亭记》一剧有佚曲见《词林逸响》,其余俱佚。按许自昌亦有《水浒记》、《种玉记》、《灵犀佩》、《弄珠楼》同名传奇。前二种庄一拂《古典戏曲存目汇考》认为系王氏改订之作,后二种究为谁作,尚待考核。其余生平事迹见庄一拂《古典戏曲存目汇考》卷九。

王彦泓(?—1642) 明诗人。字次回。金坛(今属江苏)人。崇祯时以岁贡生为华亭训导,卒于官。博学好古,诗名"艳体",格调近于韩偓。朱彝尊《静志居诗话》云:"金坛王次回,结撰深得唐人遗意。""诵之感心嫮目,回肠荡气"。但陈田《明诗纪事》对其评价不高,认为仅能"以备一格"。著有《疑雨集》、《疑云集》。生平事迹见《明诗纪事》辛签卷三二。

傅一臣 明戏曲作家。字青眉,号无技,一作无枝,别号西泠野史。浙江杭州人。约生活于明末清初。著杂剧十二种,因作于苏州,故总称《苏门啸》，即《人鬼夫妻》、《死生仇报》、《没头疑案》、《买笑局金》、《智赚还珠》、《义妾存孤》、《钿盒奇姻》、《截舌公招》、《卖情扎囷》、《贤翁激婚》、《错调合璧》、《蟾蜍佳偶》。其题材俱取自凌濛初初、二刻《拍案惊奇》。生平事迹见庄一拂《古典戏曲存目汇考》卷五。

孙传庭(1593—1643)　明将领、诗文家。字伯雅，一字白谷。振武卫(今山西代县)人。万历四十七年(1619)进士，天启中由商丘知县入为吏部主事，以魏忠贤乱政，乞归。崇祯九年(1636)擢右佥都御史，巡抚陕西，以忤兵部尚书杨嗣昌下狱。崇祯十五年起兵部侍郎，总督陕西。次年加兵部尚书，李自成破潼关，陷阵死。谥忠靖。诗文非其所长，传世作品也不多。著有《白谷集》、《鉴劳录》。生平事迹见《明史》卷二六二、清邵廷采《思复堂集》卷二所作传。

凌义渠(1593—1644)　明诗文家。字骏甫。乌程(今浙江湖州)人。天启五年(1625)进士，崇祯时任给事中，擢山东布政使。入为大理卿，李自成攻陷北京，自经死。南明谥忠清，清初改谥忠介。早年以制义知名，所作清新婉约，为世传诵。服官后不留意于诗文，所作也不多。著有《凌忠介集》、《湘烟录》等。生平事迹见《明史》卷二六五、《天启崇祯两朝遗诗》卷三。

刘侗(约1594—约1637)　明散文家。字同人，号格庵。麻城(今属湖北)人。早年以"文奇"被礼部参奏，又遭人嫉忌，在乡里不能立足，至京师捐监生。崇祯六年(1633)举人，次年成进士。外放吴县知县，赴任途中死于扬州，年仅四十四岁。文章受谭元春影响，有竟陵派风格。与于奕正合著《帝京景物略》。另著有《尤井崖诗》、《雉草》、《南京景物略》等，已散佚。生平事迹见《明诗纪事》辛集卷二〇。

倪元璐(1594—1644)　明诗文家、书画家。字玉汝，号鸿宝，一号园客。上虞(今属浙江)人。天启二年(1622)进士，授编修。崇祯初抗疏抨击魏忠贤余党，累迁国子监祭酒。为温体仁所忌落职。崇祯十五年(1642)诏起兵部右侍郎，旋超拜户部尚书。李自成攻占北京，自缢死。南明谥文正，清初改谥文贞。善行草书法，工画竹木山石。诗文名不著。著有《鸿宝应本》、《倪文贞集》、《兒易内外仪》。生平事迹见《明史》卷二六五、清邵廷采《思复堂集》卷二所作传、倪会鼎《倪文正公年谱》。

周楫　明小说家。字清原，一作清源，号济川子。钱塘(今杭州)人。约生活在万历、崇祯间。《西湖二集》作者(《一集》已佚，不知是否为同一作者)。据湖海士序称："周子间气所钟，才情浩瀚，博物洽闻，举世无两，不得已而借他人之酒杯，浇自己之磊块，以小说见。"又谓其"蹭蹬厄穷，手琵琶以求知于世"。郑振铎据小说有关材料认为"作者是很有'用世之心'的"(《明清二代的平话集》)。谈迁《北游录·记邮》顺治十一年(1654)七月壬辰载："观西河堰书肆，值杭人周清源。云：虞德园先生门人也。尝撰《西湖》小说。"至清初尚在世。《西湖二集》有崇祯刊本，附《西湖秋色百韵》。诗文集未见。其余生平事迹无考。

陆云龙　明出版家、选评家、作家。字雨侯。钱塘(今浙江杭州)人。堂号翠娱阁，馆名峥霄馆。生卒年待考，推测为万历二十五年(1597)到崇祯末。幼年丧父，家境贫寒，姊弟五人由嫡母和生母扶养成人。青少年时代，刻苦攻读，冀科举仕进，但屡试不第，后坐馆执教为活。对魏忠贤为首的阉宦专权深恶痛绝，撰《魏忠贤小说斥奸书》。主要从事编选、评点和出版工作，为许多书写序，共有百余篇。《翠娱阁近言》系他自己的诗文集，评选的文集共有三十余种。如《翠娱阁评选行笈必携》、《翠娱阁评选诸家小品》、《峥霄馆评定型世言》、《明文奇艳》、《翠娱阁评选钟伯敬先生合集》、《李映碧公余录》等。生平事迹见《翠娱阁近言》及《型世言》等书序评。

陆人龙　明小说家。字君翼，别号平原孤愤生。钱塘(今浙江杭州)人。约生活于万历至明末。幼年丧父，由嫡母和生母扶养成人，参与其兄陆云龙的出版、选评活动。如《翠娱阁评选行笈必携》中的《格言序》就是人龙所撰。《词菁》和《小札简》皆署"陆人龙君翼父较定"，《四六俪》则署人龙"参阅"。他重视传统道德观念，向往清明政治，反对魏忠贤窃权，对明末官场黑暗和社会腐败深恶痛绝。曾以平原孤愤生的笔名撰写长篇小说《辽海丹忠录》，又以陆人龙本名撰写《型世言》，因此书在国内冷落三百余年，《辽海丹忠录》又系清代禁书，故其名鲜为人知。1987年《型世言》被法籍华人教授陈庆浩发现于韩国奎章阁后，在多处出版，其人遂为人所知。

黎遂球(？—1645)　明诗文家、学者。字美周。番禺(今广东广州)人。天启七年(1627)举人。再试礼部不第。时进士郑元勋集四方名士于扬州影园，赋黄牡丹诗，由钱谦益品题，作者南还经此，即席成十首，冠于诸贤，一时呼为"牡丹状元"。南明唐王监国于福建，受兵部职方司主事，提督广东兵援赣州，城破身死。谥忠愍。诗以才情胜，不为格律所拘。著有《莲须阁集》，另著有《易史》、《周易爻物当名》等。生平事迹见《明史》卷二七八、清温睿临《南疆逸史》卷三。

吴应箕(1594—1645) 明诗文家、抗清义士。字风之，更字次尾。贵池(今属安徽)人。阮大铖以附珰削籍居南京，吴应箕与复社人士作《留都防乱公揭》声讨之。中崇祯十五年(1642)副榜，贡入京。南明福王立于南京，阮大铖得志，急遣骑捕之，夜遁去。南京失陷，起兵抗击清兵，败走山中，被获，慷慨就死。清乾隆时追谥忠节。善今古文，意气横厉一生，论诗宗旨为"诗本性情，述意志，心口相传，宜无他假者"，诗文之名颇著。著有《楼山堂集》。生平事迹见《明史》卷二七七、夏燮《吴次尾先生年谱》。

曹臣 明诗文家。字野臣、荩之。歙县(今属安徽)人。钱谦益谓为"山人"，《列朝诗集小传》云："崇祯戊寅，余识之于长安，角巾布袍，落落有逸气。知余有书癖，数为余访求古书，后殁于白下。野臣诗冥搜苦索，不由康庄，转入僻径。"其集名《鬼订》，"以为非时人所知也"。未见。另著有笔记《舌华录》，《四库全书总目·存目》著录。

吴炳(1595—1648) 明清之际戏曲作家。字可先、石渠，号粲花主人。宜兴(今属江苏)人。少年时即能填词。万历四十七年(1619)进士。授蒲圻(今属湖北)令。历官刑部主事、工部员外郎、郎中。崇祯十四年(1641)任江西提学副使。南明永历元年(1647)，授为兵部右侍郎兼东阁大学士。永历帝奔靖州，吴炳扈从太子而行，为孔有德所俘，次年正月于湘山寺绝食而死。乾隆时谥节愍。工曲，曲词绮丽，情节工巧。其《西园记》演出长盛不衰，至今仍被改编为不同剧种在舞台演出。郑振铎《插图本中国文学史》称吴炳、孟称舜、范文若"同为临川派的最伟大的剧作家"。著有《说易》、《雅俗稽言》、《绝命诗》等，另有传奇《西园记》、《情邮记》、《画中人》、《疗妒羹》、《绿牡丹》，合称《粲花五种》(一名《石渠五种曲》)。生平事迹见《明史》卷二七九。

张采(1596—1648) 明诗文家。字受先。太仓(今属江苏)人。崇祯元年(1628)进士，授江西临川知县，有政绩。明亡，仕福王朝为礼部主事，进员外郎。幼工文，与同里张溥齐名，称"娄东二张"。后又与张溥组织"应社"、"复社"，以"尊经复古"为口号(见张溥《五经征文序》)，推行古学，以读书学道为写作诗文的门径，所论接近于理学家的观点。著有《知畏堂集》。生平事迹见《明史》卷二八八、《明文海》卷四三九《故礼部员外张先生行状》。

陶琰(1597—1645) 明诗文家。字稚圭，号别峰；其名或误作陶炎或陶琬。昆山(今属江苏)人。崇祯诸生。清军南下，组义军奋起抗击，昆山城破，闭门自尽。《四库全书总目》认为："其学以佛为宗，诗文多类禅偈，不出李贽、屠隆旧习。"死后由后人辑其遗作为《仁节集》行世。生平事迹见《明史》卷二七七、《仁节集》附录其子陶甄《先君行状》。

张岱(1597—1684或1689) 明清之际诗文家。一名维城，字宗子、石公；号陶庵、蝶庵。山阴(今浙江绍兴)人。侨寓杭州。出生于书香门第，早年受李贽及公安、竟陵派影响较深，不事时文八股，贬斥理学。明亡，入嵊县西白山中著书。为晚明散文小品大家，文笔清新，时杂诙谐，作品表现出明亡后的怀旧感伤情绪，久已脍炙人口。著有《陶庵梦忆》、《西湖梦寻》，诗文集今存《琅嬛文集》、《张子文秕》。另著有《石匮书》，现存《石匮书后集》，记载崇祯至南明史事。生平事迹见清徐鼒《小腆纪传补遗》卷三、今人夏咸淳点校本《张岱诗文集》附录张岱传略。

卢象昇(1600—1638) 明将领、诗文家。字建斗。宜兴(今属江苏)人。天启二年(1622)进士，历大名、广平、顺德兵备，进按察使。以右佥都御史抚治郧阳，进兵部侍郎。清兵入关，入卫京师，总督宣大山西。与清兵遇，矢尽援绝奋战而死。南明福王追谥忠烈，清初改谥忠肃。戎马半生，无意为文，然其所作以其情绪强烈而感人至深。著有《卢忠肃集》。生平事迹见《明史》卷二六一、清卢安节《卢忠肃公年谱》。

黄家舒(1600—1669) 明清之际戏曲作家。字汉臣。无锡(今属江苏)人。明诸生。天启、崇祯间曾与钱陆灿、唐德亮等号"听社十七子"。著有杂剧《城南寺》及《焉文堂集》、《南忠纪录》。生平事迹见《乾隆无锡县志》卷二〇、庄一拂《古典戏曲存目汇考》卷六。

徐士俊 明戏曲作家。一名翙，字三有，号野君。仁和(今浙江杭州)人。约明末清初在世。

工词曲，兼通音乐绘画。与戏剧家卓人月交厚。所作杂剧今存《春波影》、《络冰丝》二种。生平事迹见清王晫《霞举堂集》所作传、《光绪唐栖志》卷一二。

孟称舜(1600—1684)　明清之际戏曲作家。字子塞、子若、子适，号卧云子、花屿仙史。会稽(今浙江绍兴)人。明崇祯秀才，曾加入复社。入清为贡生，任松阳训导。工诗文词曲。传奇作品有《风云会》、《绣被记》、《二贞记》、《贞文记》、《娇红记》，前二种佚。所存三种《古本戏曲丛刊》二集、三集分别据明崇祯刊本影印。杂剧有《红颜年少》、《桃花人面》、《花前一笑》、《眼儿媚》、《死里逃生》、《英雄成败》，前一种佚。校刻评点元明杂剧，编《古今名剧柳枝集》、《古今名剧酹江集》，合称《古今名剧合选》，被认为臧懋循《元曲选》之后最为丰富之曲选。又校刻元钟嗣成《录鬼簿》。生平事迹见《古今名剧合选序》、《天启崇祯两朝遗诗》卷八。

路迪(？—约1690)　明戏曲作家。字惠期，号海来道人。宜兴(今属江苏)人。著传奇《鸳鸯绦记》，《古本戏曲丛刊二集》据明崇祯间刊本影印。生平事迹见庄一拂《古典戏曲存目汇考》卷一〇。

张溥(1602—1641)　明诗文家。字天如。太仓(今属江苏)人。崇祯四年(1631)进士。幼嗜学，与同里张采具以文名，时称“娄东二张”。起初为“尊师取友，互相砥砺”，合士子十一人为应社，后交游日广，乃扩为复社，人以千数。其时虽以“尊经复古”相号召，然“声气通朝右”，颇以“嗣东林”自许(见《明史》本传)，政治色彩便越来越浓。其为文主于复古，然意不在古文辞，而在古之道，古之事理。针对当时尚奇而不知古的文风，提出“夫好奇则必知古，知古则必知经，知经则必知所以为人”(《程墨表经序》)。其论文遂由七子派之重文辞转向重人品、重实践。著有《七录斋集》。汇编唐以前文章成《汉魏六朝百三家集》，每集前均有题辞，今人殷孟伦撰有《汉魏六朝百三家集题辞注》。生平事迹见《明史》卷二八八。民国二十四年商务印书馆出有蒋逸雪《张溥年谱》。

祁彪佳(1602—1645)　明戏曲作家、戏曲理论家。字虎子、幼文、宏吉，号世培。山阴(今浙江绍兴)人。天启二年(1622)进士，后升御史，巡抚苏松，因和豪门作对，为大学士周延儒所忌，告归田里。南明弘光时，以右佥都御史巡抚江南，不久，又为马士英所不容，再次回乡。清兵破山阴，投水自杀。著有《救荒全书》、《祁忠敏公日记》等。对戏曲颇有研究。所作传奇有《全节记》、《玉节记》二种，一说《玉节记》即《全节记》。现均不存。又有《远山堂曲品》、《远山堂剧品》，今存。此外，尚残存一些零星散曲。生平事迹见《祁忠敏公日记》、《明史》卷二七五。

史可法(1602—1645)　明诗文家、抗清将领。字宪之，一字道邻。祥符(今河南开封)人。崇祯元年(1628)进士，授西安推官。后屡历军伍，南明弘光朝拜兵部尚书，督师淮扬，抗击清兵。扬州城破，遇难。扬州民葬其袍笏于梅花岭。后人称为“史阁部”，谥忠靖。清乾隆时谥忠正。文以人传，历来颇受重视。著有《史忠正集》。生平事迹见《明史》卷二七四、清王先谦《虚受堂集》卷八所作传、杨德恩《史可法年谱》。

周之夔　明诗文家。字章甫。闽县(今福建闽侯)人。崇祯四年(1631)进士，授苏州府推官，坐事罢官，疑事因张溥而起，甚恨之，伏阙上书，言张溥等把持典计，又涉及复社恣横事状。南明唐王时，为尚书张肯堂所用。入清，居僧寺以卒。著有《弃草集》。生平事迹见清徐鼒《小腆纪传》卷六二。

申佳胤(1603—1644)　明诗人。字孔嘉，又字井眉。永年(今属河北)人。崇祯四年(1631)进士，授仪封知县，以才调杞县，擢吏部文选主事。以事左迁南京国子博士。李自成攻下居庸关，驰入都，遍谒大臣为画战守策，皆不省。北京城陷，投井死。谥端愍，清初改谥忠愍。《四库全书总目》谓其诗“与李(梦阳)、何(景明)颇不相似。大抵直抒胸臆，如其为人。但体格尚未成就，且不免浸淫明末纤仄之习”。著有《申忠愍诗集》。生平事迹见《明史》卷二六六、申煌《申端愍年谱》。

郑元勋(1604—1645)　明诗文家。字超宗，号惠东。江都(今属江苏)人。天启四年(1624)举人，历官兵部职方司主事。幼好文章，然以为“沉博大章”使人敬畏，而不能使人爱悦，乃独标“小品”(见《文娱自序》)，称其“幅短而神遥，墨希而旨永”(唐显悦《文娱序》引)，为人情之所寄、人性之所适。为复社成员。曾辑小品文集《媚幽阁文娱》，以发明其旨。著有《影园集》。生平事迹见清杭世骏《道古堂文集》卷二八《明职方司主事郑元勋传》。

邝露(1604—1650)　明清之际诗人。本名瑞露，字湛若。南海（今广东广州）人。明诸生。南明永历时，以荐入翰林。少客金陵，与阮大铖交善。以才略自负，见海内多事，因学骑射。以事亡命广西，游于五姓土司，为瑶族女将云亸娘掌书记，归著《赤雅》一书，纪其山川风物、民俗人情。清兵下广州，抱其宝琴投水死。善鼓琴，工书法，尤精篆隶。所为诗"忧天悯人，主文谲谏"，"虽《小雅》之怨悱，《离骚》之忠爱，无以尚之"（屈大均《广东新语》）。王士禛《渔洋诗话》称其为粤东诗派"开其先路者"，汪端《明三十家诗选》谓其诗"清旷超妙，如月冷江空，孤鹤夜警"。著有诗集《峤雅》。生平事迹见清朱彝尊《静志居诗话》卷二一、《明诗纪事》辛签卷七、《清诗纪事初编》卷二。

黄淳耀（1605—1645） 明诗文家。初名金耀，字蕴生，一字松厓，号陶庵，又号水镜居士。嘉定（今属上海）人。崇祯十六年（1643）进士，不受官职。南明弘光元年（1645）嘉定人民起义抗清，他与侯峒曾被推为首领。嘉定破，与弟渊耀自缢于西城僧舍。门人私谥贞文。早年为文原本于六经，诗古文卓然名家。著有《陶庵集》，另著有《山左笔谈》等。生平事迹见《明史》卷二八二、《天启崇祯两朝遗诗》卷七、陈树德《陶庵年谱》。

陈龙正（？—1645） 明诗文家、学者。字惕龙，号幾亭。嘉善（今属浙江）人。崇祯七年（1634）进士，授中书舍人。居冷曹，好言事。被劾为"学非而博，言伪而辩"，崇祯十七年正月左迁南京国子监丞。南明弘光朝用为祠祭员外郎，不就。南京失守，病故。早年从高攀龙游，留心世务。卒后私谥文洁。著有《幾亭全书》，另著有《救荒策会》、《程子详本》。生平事迹见《明史》卷二五八、《明儒学案》卷六一。

魏学洢 明诗文家。字子敬。嘉善（今属浙江）人。诸生。好学工文。其父魏大中被魏忠贤罗织罪名下狱，学洢微服入都刺探起居，父死，扶榇还乡，晨夕号泣死。乡人私谥为孝烈先生。崇祯初诏旌为孝子。诗文均有时名，历来传诵的《核舟记》即出其手笔。著有《茅檐集》。生平事迹见《明史》卷二四四、清邹漪《启祯野乘》卷五。

陈子龙（1608—1647） 明文学家。字卧子，一字懋中、人中，号轶符，又号大樽，易姓李，又号颍川明逸、於陵孟公。曾以出家为掩护，法名信衷。华亭（今上海松江）人。崇祯十年（1637）进士，任绍兴推官，擢兵科给事中。南明弘光朝为权奸所嫉，辞归。南京为清兵所陷后，在松江起兵，称监军。事败，避匿山中，结太湖义军抗清。事泄，在苏州被捕，械送途中乘隙投水死。清乾隆时追谥忠裕。早年曾受东林影响，崇祯初加入复社，又与夏允彝等结幾社，以复兴古学相期，砥砺文章气节。诗文尤著名于当时，诗受"后七子"影响，倾向复古。晚遇国难，诗风变为高迈雄浑。其词历来深受评者推许，以雅丽为归，情致婉转真切，与李雯、宋徵璧等形成云间词派。吴伟业称他"负旷世逸才"（《梅村诗话》），王士禛以为其七言律诗"沉雄瑰丽，近代作者未见其比"（《香祖笔记》）。有明诗殿军之誉。著有《陈忠裕全集》。生平事迹见其集所附《自述年谱》、《明史》卷二七七。

金铉（1610—1644） 明诗文家、学者。字伯玉，一字在六。武进（今属江苏）人，占籍大兴（今属北京）。崇祯元年（1628）进士，累官工部主事。被劾落职，十七年起为兵部主事，北京陷落，投金水河死。谥忠节，清朝改谥忠洁。著有《金忠洁集》（又题《金伯玉集》）。生平事迹见《明史》卷二六六。

叶小纨（1613—？） 明清之际女戏曲作家。字蕙绸。吴江（今属江苏）人。工部郎中叶绍袁次女，戏曲家沈自徵甥女，戏曲家沈璟孙沈永祯妻。幼端慧，与姐昭齐、妹小鸾以诗词相唱和，后相继夭殁。小纨痛伤之，乃作杂剧《鸳鸯梦》以寄意，人以为有贯云石、乔吉之风。三十四岁而寡。诗作丰富，晚年汰存二十之一，名《存余草》。生平事迹见《乾隆吴江县志》卷三七。

张煌言（1620—1664） 明诗文家、抗清将领。字玄著，号苍水。鄞县（今属浙江）人。崇祯十五年（1642）举人。南明弘光元年（1645）南京被清军攻占，与同郡钱肃乐等奉鲁王监国于绍兴，据守浙东，官至权兵部尚书。永历十三年（1659）与郑成功合兵，进入长江，围攻南京。他别率一军到芜湖，乘胜攻下四府、三州、二十四县。终因郑成功兵败，孤军无援而退。鲁王政权覆灭后，他又与荆襄十三家农民军联系抗清。至清康熙三年（1664），因见大势已去，遂解散余部，隐居海岛。为清军所获，不屈死。清乾隆间追谥忠烈。其诗文集为清代禁书，长期仅以抄本流传，其诗文名亦为其抗清业绩所掩。原有《冰槎集》、《奇零草》等集，清末始有《张苍水集》行世。生平事迹见清全祖望、赵之谦等所撰《张忠烈公年谱》。

曹元方 明词人。字介皇，号耘庵，明亡后自署槜李遗民。海盐(今属浙江)人。崇祯十六年(1643)进士,南明隆武时授吏部验封司郎中。兵败后还乡,隐居硖石以终。其词多抒家国之感,并写隐居意趣,意切情真,颇具感染力。唯尚有音律谬误处。著有《淳村词》。生平事迹见《惜阴堂明词汇刊》本《淳村词》跋语。

夏完淳(1631—1647)　明诗人。原名复,乳名端哥,号存古、小隐、灵首。华亭(今上海松江)人。夏允彝子。幼年师事张溥、陈子龙等,被目为"神童"。五岁通五经,九岁善诗词古文。明崇祯十七年(1644)与杜登春等"江左少年"上书缙绅四十家,乞举义师勤王。清顺治二年(1645)清军下松江。其父死节,从陈子龙起兵太湖,事败,入吴易军为参谋。吴易军败,屏处草野,仍图谋复明。唐王遥授为中书舍人,因谢恩表为清军所获而入狱。在南京狱中痛斥洪承畴,被害。其诗古体窥汉魏初唐堂奥,律诗高华沉郁,极具个性特征与时代特点。著有《南冠草》等集,另有纪明末史事的《续幸存录》,后人合编为《夏内史集》,今人另辑有《夏完淳集》。生平事迹见《明史》卷二七七、今人白坚《夏完淳集校笺》附录传记资料。

陆治　明散曲作家。字叔平。吴县(今属江苏)人。少年为侠游,长而求学自好,种菊支硎之旁,淡泊自守。工写生,晚年贫困。年八十余而卒。诗亦有秀句可诵。其散曲辑入《全清散曲》。生平事迹见《列朝诗集小传》丁集。

程士廉　明戏曲作家。字小泉。休宁(今属安徽)人。著有杂剧《幸上苑帝妃春游》、《泛西湖苏秦赏夏》、《醉学士韩陶月宴》、《忆故人戴王访雪》四种,搬演春夏秋冬四景,总题为《小雅堂乐府》。今仅存前一种。生平事迹见庄一拂《古典戏曲存目汇考》卷六。

金怀玉　明戏曲作家。字尔音。会稽(今浙江绍兴)人。陶情诗酒,无意功名,工曲,曲辞谐俗。所著传奇有《八更记》(一名《凿壁记》)、《宝簪记》、《望云记》、《完福记》、《妙相记》、《摘星记》、《绣被记》、《香毬记》、《桃花记》、《三槐记》,今存《望云记》、《妙相记》、《桃花记》。生平事迹见庄一拂《古典戏曲存目汇考》卷一〇。

高一苇　明戏曲作家。居杭州(今属浙江)。著有传奇《金印合纵记》、《葵花记》存世。《金印合纵记》系明初苏复之《金印记》改订本。生平事迹见庄一拂《古典戏曲存目汇考》卷一〇。

孙锺龄　明戏曲作家。字仁孺,号峨眉子,又号白雪道人、白雪楼主人。蜀人。工于作曲。著有传奇《东郭记》、《醉乡记》,合称《白雪楼二种曲》。生平事迹见庄一拂《古典戏曲存目汇考》卷九。

杨柔胜　明戏曲作家。字新吾。武进(今属江苏)人。著传奇《玉环记》,佚。传奇《绿绮记》演司马相如、卓文君故事。吕天成《曲品》云:"词有佳处,茂陵女作妓,点缀亦好,无妨。以文君为处子,正不必。至于投庵,则套矣。"有残曲传世。生平事迹见庄一拂《古典戏曲存目汇考》卷九。

顾觉宇　明戏曲作家。系梨园艺人。著传奇《织锦记》,一名《天仙记》,演董永行孝遇仙故事,今仅存残曲一折。《跃鲤记》,一说改编陈罴斋所作而成。又《绨袍记》,均佚。生平事迹见庄一拂《古典戏曲存目汇考》卷一〇。

范世彦　明戏曲作家。字君澂,号槜李阇父。秀水(今浙江嘉兴)人。著传奇《磨忠记》。生平事迹见庄一拂《古典戏曲存目汇考》卷一〇。

王光鲁　明戏曲作家。名汉恭,号款思居士。广陵(今江苏扬州)人。著有《碧澌堂诗草》,传奇《想当然》,托卢楠之名以传世。生平事迹见庄一拂《古典戏曲存目汇考》卷九。

邹玉卿　明戏曲作家。字崑圃。长洲(今江苏苏州)人。著有传奇《青虹啸》,演东汉末曹操诛董承、杀董、伏二后事;传奇《双螭璧》,本事据《拍案惊奇》卷三七《占家财狠婿妒侄》改编。生平事迹见庄一拂《古典戏曲存目汇考》卷一〇。

朱九经　明戏曲作家。字无期。著传奇《崖山烈》,演南宋兴亡遗恨。生平事迹见庄一拂《古典戏曲存目汇考》卷一〇。

硕园　明戏曲作家。曾改编明汤显祖《还魂记》,有明毛晋《六十种曲本》。生平事迹见庄一拂《古典戏曲存目汇考》卷九。

李逢时　明戏曲作家。名九标,字逢时。武陵(今湖南常德)人,一说杭州(今属浙江)人。杂剧有《四大痴传奇》,即《酒痴》(一名《酒懂》)五折;《色痴》九折;《财痴》六折;《气痴》六折。传奇《铁面图》,佚。一说作者非一人,《酒痴》为李氏所作。生平事迹见庄一拂《古典戏曲存目汇考》卷六。

朱京藩　明戏曲作家。一名京樊,字价人,号不可解人。著有杂剧《玉珍娘》,一折。传奇《半襦记》,佚;传奇《风流院》,存。生平事迹见

《中国古典戏曲序跋汇编》卷一一、庄一拂《古典戏曲存目汇考》卷六。

杨之炯 明戏曲作家。字星水，别署云水道人。浙江余姚人。著有传奇《蓝桥玉杵记》，杂剧《天台奇遇》及《蓬瀛真境》散曲一套。生平事迹见庄一拂《古典戏曲存目汇考》卷六。

风格流派 并称 社团

北郭十友 又称“十才子”。指十位活动于吴中郡城（江苏苏州）北郭的明初文人，《明史·王行传》：“初，高启家北郭，与（王）行比邻，徐贲、高逊志、唐肃、宋克、余尧臣、张羽、吕敏、陈则皆卜居相近，号‘北郭十友’，又称‘十才子’。”其中高启、徐贲、张羽等又为“吴中四杰”的成员，就创作成就而言，也以上述三人较知名。

吴中四杰 指明初吴中（江苏苏州）的四位诗文家高启、杨基、张羽、徐贲。《明史·高启传》：“明初，吴下多诗人，（高）启与杨基、张羽、徐贲称四杰，以配唐王杨卢骆云。”清汪端《明三十家诗选》高启小传：“（高启）又与杨基及羽、贲称‘吴中四杰’。”一些文献中又将“四杰”记为“四士”。“四杰”中以高启成就最大，其余三人大致相当。

二蓝 又称“崇安二蓝”。指明初崇安（今福建武夷山）籍诗人蓝仁、蓝智兄弟。朱彝尊《静志居诗话》：“二蓝学文于武夷杜清碧，学诗于四明任松卿，其体格专法唐人，间入中晚。”

会稽二肃 指明初会稽（浙江绍兴）籍诗人谢肃、唐肃。朱彝尊《静志居诗话》卷四：“谢肃……夙与唐处敬（肃）齐名，号会稽二肃。其诗虽不及处敬，亦磊落不凡。”

闽中十子 又名“十才子”。指明初闽中（福建）十位风格相近的诗人。《明史·林鸿传》：“闽中善诗者，称‘十才子’，（林）鸿为之冠。十才子者，闽郑定，侯官王褒、唐泰，长乐高棅、王恭、陈亮，永福王偁及鸿弟子周玄、黄玄。”十子中以林鸿成就最高，论诗专主唐音，是明初闽派（晋安派）代表人物。明人袁表、马荧编有《闽中十子诗》，今有传本。

南园五先生 又名“南园五子”。指明初广州籍诗人孙蕡、王佐、黄哲、李德、赵介。朱彝尊《静志居诗话》依次论列了上述五人的诗作，并谓“自蕡以下，世所称‘南园五先生’也”，系因“结社南园”故名。在五人中，孙蕡“才调杰出四人”。又称“广中五先生”。明人葛微奇于崇祯十年（1637）以御史巡抚广东，据陈暹编刊的《广中五先生诗选》订正重刊，并题作《南园五先生集》。

广中五先生 即南园五先生。

三杨 指明代永乐至正统时秉政数朝的三位权臣杨士奇、杨荣、杨溥。《明史·杨溥传》：“是时（正统初）王振尚未横，天下清平，朝无失政，中外臣民翕然称‘三杨’。以居第目士奇曰‘西杨’，荣曰‘东杨’，而溥尝自署郡望曰南郡，因号为‘南杨’。”三杨均为台阁体代表人物，杨士奇诗文成就最大，有《东里全集》，杨荣有《杨文敏集》，杨溥不如前二人，集久不传。

台阁体 指主要流行于明永乐至正统年间，以杨士奇、杨荣、杨溥为代表的诗文创作风格。以其均为台阁重臣而得名，《四库全书总目》卷一七〇《东里全集》提要：“明初三杨并称，……后来馆阁著作，沿为流派。”《明诗纪事》乙签序：“永宣以还，沐浴膏泽，和平啴缓之音作，而三杨台阁之体兴。”台阁体实肇始于洪武时进士第一的吴伯宗，至三杨而大成气候，此外较知名的尚有金幼孜、黄淮、周述、王直等人，其影响直到成化年间尚未衰竭。七子派兴起，即以反对台阁体为口实。其典型风格是平正纡徐，雍容典雅，内容不外歌功颂德，吟咏升平，多官场应酬之作而缺乏个性特点。

景泰十才子 指明代宗景泰年间（1450—1456）以刘溥为代表的十位诗人。《明史·刘溥传》：“（刘溥）与汤胤勣、苏平、苏正、沈愚、王淮、晏铎、邹亮、蒋忠、王贞庆号‘景泰十才子’，溥为主盟。”十人中，以刘溥、汤胤勣、沈愚成就略高，大都沾染台阁体之习。缺乏特色。

茶陵诗派 指以李东阳为领袖的诗文流派。因李东阳为茶陵（今属湖南）籍，故称。成化、弘治年间，以“三杨”为代表的台阁体的流弊益甚，诗文作品啴缓冗沓，陈陈相因，不但缺乏生气，也因千篇一律而日受非议。李东阳立朝五十年，才高识绝，又喜奖掖后进，所作散文以典雅、讲究章法见长；诗则力宗杜甫，并致力于乐府古题写作。论诗主“格调”说，所作受到时人推重，并形成以其为代表的茶陵诗派。茶陵诗派虽未完全摆脱台阁体风范，但已开七子复古之先河。出于李东阳门下，传茶陵诗派者尚有石珤、邵宝、顾清、罗玘、鲁铎、何孟春等人。上述六人均较有成就，为诗论家比为“苏门六君子”。明胡应麟《诗薮·续编》曾论证李东阳及茶陵诗派在明代诗坛的地位：“成化以还，诗道旁落，唐人风教，几于尽隳，独李文正（东阳）才具宏通，格律严整，高步一时，兴起李何，厥功甚伟。”

十才子 指明成化、弘治间以李梦阳、何景明为首的十位诗文家。《明史·李梦阳传》：“（李）梦阳才思雄鸷，卓然以复古自命，……与何景明、徐祯卿、边贡、朱应登、顾璘、陈沂、郑善夫、康海、王九思等号十才子。”这十人当中，有六个是“前七子”成员，故其风格亦是以复古为特点。又有明诗文家并称如“闽中十子”、“北郭十友”、“景泰十才子”亦有此称。

四大家 指明前七子领袖李梦阳、何景明，后七子领袖王世贞、李攀龙。《明史·李梦阳传》：“天下推李、何、王、李为四大家，无不争效其体。”四大家的总体风格就是七子复古理论的主要体现者。

前七子 指明成化、弘治间以李梦阳、何景明为代表，以复古为宗旨的七位诗文家。《明史·李梦阳传》：“（李）梦阳才思雄鸷，卓然以复古自命……倡言文必秦汉，诗必盛唐，非是者弗道……又与（何）景明、（徐）祯卿、（边）贡、（康）海、（王）九思、王廷相号‘七才子’，皆卑视一世，而梦阳尤甚。”在七子当中，李梦阳、何景明在如何拟古方面意见并不完全一致，李梦阳从反对近世俗体，进而提倡学习古之高格，“三杨”及台阁体是其反复抨击的对象。在复古过程中，甚至强调文学创作如“摹临古帖，即太似不嫌”（《再与何氏书》），这一较极端的观点，在七子内部亦有反对者。七子在推动明代文学的发展上，有其重要意义。《明史·文苑传序》云：“弘、正之间，李东阳出入宋元，溯流唐代，擅声馆阁。而李梦阳、何景明倡言复古，文自西京，诗自中唐而下，一切吐弃，操觚谈艺之士翕然宗之。明之诗文，于斯一变。”后世文论家对李、何七子的创作提出过严厉批评，并指责其模拟剽窃。但七子以复古为变革，于有明一代文学的影响，仍有着积极的一面。为了区别于此后以王世贞、李攀龙为代表的七子，故又称其为“前七子”。

后七子 指明嘉靖、隆庆间以李攀龙、王世贞为代表，继承前七子复古倾向的七位诗文家。《明史·李攀龙传》：“（李）攀龙之始官刑曹也，与濮州李先芳、临清谢榛、孝丰吴维岳辈倡诗社。王世贞初释褐，先芳引入社，遂与攀龙定交。”数年后，宗臣、梁有誉、徐中行、吴国伦又参加诗社，“摈先芳、维岳不与”，其余七人“乃改称七子。诸人多少年，才高气锐，互相标榜，视当世无人，七才子之名播天下。”为与此前李梦阳、何景明等七子相区别，故又称作“后七子”。开始为李攀龙、王世贞共主文盟，李去世后，王世贞“独操柄二十年”。与其意气相投、声息相近者，尚有所谓“后五子”、“广五子”、“续五子”、“末五子”、“四十子”等人，一时影响颇大。其持论与前七子大致相同，谓文自西汉，诗自唐天宝而下，俱无足观，于本朝独推李梦阳。王世贞进而概括为“文必西汉，诗必盛唐，大历以后书勿读”。至其晚年，反对其论者渐多，持论为文也渐造平淡。与此大致同时的唐宋派，略迟的公安派、竟陵派均反对“后七子”的拟古之风。

七子 又称“七才子”。又分为“前七子”、“后七子”，分见各条。

皇甫四杰 又称“四皇甫”。指明长洲（今江苏苏州）皇甫录的儿子皇甫冲、皇甫涍、皇甫汸、皇甫濂等四位诗文家。《明史·皇甫涍传》：“（皇甫）录，弘治九年（1496）进士。任重庆知府，生四子：冲、涍、汸、濂。冲、汸同登嘉靖七年（1528）乡荐，明年，汸第进士。又三年，涍第进士。又十三年，濂亦第进士。而冲尚为举子。兄弟并好学工诗，称‘皇甫四杰’。”

弘正四杰 指明弘治、正德间诗文家李梦阳、何景明、徐祯卿、边贡。四人均为“前七子”成员，诗文创作倾向很接近。《明史·何景明传》：“天下语诗文必并称何（景明）、李（梦阳），又与边贡、徐祯卿并称‘四杰’。”清人张祖同辑四人诗作成《弘正四杰诗集》，故诗评家往往据以称之。

唐宋派 指明代以王慎中、唐顺之、归有光为代表的崇尚唐宋古文的散文流派。明自弘治以来至嘉靖间，前后七子称雄文坛，提倡“文必秦汉，诗必盛唐”的复古主张，王慎中、唐顺之、归有光、茅坤等散文家不以为然，在肯定先秦两汉散文的同时，力主为文应依据唐宋古文家的法度，而又不失去自己的面目。王慎中为文，初亦主秦汉，谓东京以下无可取，后悟欧阳修、曾巩作文之法，尽焚旧作一意师仿，尤得力于曾巩。唐顺之初不以王慎之为然，久亦变而从之。茅坤最心折唐顺之，选辑《唐宋八大家文钞》，一时风行海内，学为韩、柳、欧、苏之文者日众。归有光年辈略晚，但影响最大，成就最高，敢于批评王世贞，甚至称其为“妄庸人为之巨子”（《项思尧文集序》）。他们的创作能直抒胸臆，朴素自然，以简雅取胜，对于清代的“桐城派”散文，有显而易见的影响。

嘉靖八才子 指明嘉靖年间以王慎中、唐顺之为代表，不依附七子派的八位诗文家。《明史·陈束传》：“嘉靖八年(1529)廷对，世宗亲擢罗洪先、程文德、杨名为一甲，而置唐顺之及(陈)束、任瀚于二甲”，“时有‘嘉靖八才子’之称，谓(陈)束及王慎中、唐顺之、赵时春、熊过、任瀚、李开先、吕高也。”参见“唐宋派”。

明八大家 指明宋濂、刘基、方孝孺、王守仁、唐顺之、王慎中、归有光、茅坤等八位诗文家。八人成就大致相称，所作又均以古文见长，清初张汝瑚辑八人文章成《明八大家集》。“八大家”之说遂为文选家、文论家所接受。

前五子 指明代与后七子代表人物王世贞声气相投的五位诗文家。《明史·王世贞传》：“世贞自号凤洲，又号弇州山人。其所与游者，大抵见其集中，各为标目。曰‘前五子’者，(李)攀龙、(徐)中行、(梁)有誉、(吴)国伦、(宗)臣也。”这五人又都是后七子成员。王世贞有五言组诗《五子篇》分咏之，见《弇州山人四部稿》卷一四。

后五子 指明代与后七子代表人物王世贞声气相投的五位诗文家。《明史·王世贞传》：“世贞自号凤洲，又号弇州山人。其所与游者，大抵见其集中，各为标目”，“后五子则南昌余曰德、蒲圻魏裳、歙汪道昆、铜梁张佳胤、新蔡张九一也”，“其所去取，颇以好恶为高下。”王世贞有五言组诗《后五子篇》分咏之，见《弇州山人四部稿》卷一四；又另作有《重纪五子篇》，见《弇州山人续稿》卷三。

广五子 指明代与后七子代表人物王世贞声气相投的五位诗文家。《明史·王世贞传》：“世贞自号凤洲，又号弇州山人。其所与游者，大抵见其集中，各为标目”，“广五子则昆山俞允文、濬卢柟、濮州李先芳、孝丰吴维岳、顺德欧大任也”，“其所去取，颇以好恶为高下。”王世贞有五言组诗《广五子篇》分咏之，见《弇州山人四部稿》卷一四。

续五子 指明代与后七子代表人物王世贞声气相投的五位诗文家。《明史·王世贞传》：“世贞自号凤洲，又号弇州山人。其所与游者，大抵见其集中，各为标目”，“续五子则阳曲王道行、东明石星、从化黎民表、南昌朱多煃、常熟赵用贤也”，“其所去取，颇以好恶为高下。”赵用贤又为其列入“末五子”中。王世贞有五言组诗《续五子篇》分咏之，见《弇州山人四部稿》卷一四。

末五子 指明代与后七子代表人物王世贞声气相投的五位诗文家。《明史·王世贞传》：“世贞自号凤洲，又号弇州山人。其所与游者，大抵见其集中，各为标目”，“末五子则京山李维桢、鄞屠隆、南乐魏允中、兰溪胡应麟，而(赵)用贤复与焉。其所去取，颇以好恶为高下。”赵用贤曾为其列入“续五子”中。王世贞有五言组诗《末五子篇》分咏之，见《弇州山人续稿》卷三。

四十子 指明代作为后七子代表人物王世贞羽翼的四十位诗文家。王世贞曾标举自己的友人、门生为前五子、后五子、广五子、续五子、末五子，又纪远交近游，目为“四十子”，并作五言组诗《四十(子)咏》以纪之，即指皇甫汸、莫如忠、许邦才、周天球、沈明臣等四十人，其中一些人，譬如朱多煃、张九一等已列入前、后五子中，见《弇州山人续稿》卷三，小序云：“诸贤操觚而与余交，远者垂三纪，迩者将十年。不必一一同调，而臭味则略等矣。”

南园后五子 指明诗文家欧大任、梁有誉、黎民表、吴旦、李时行。明初广州籍诗人孙蕡、王佐、黄哲、李德、赵介曾结南园诗社，号“南园五子”（或“南园五先生”、“广中五先生”）。清陈文藻又将广东顺德籍欧大任、梁有誉，从化籍黎民表，海南籍吴旦，番禺（今广州）籍李时行等五人之诗合刊为《南园后五子诗集》，诗评家遂以此五人为“南园后五子”。

兴公诗派 指明万历年间流行于闽地，以诗人徐𤊹为代表的诗派。徐𤊹，字兴公，《列朝诗集小传》丁集：“兴公博学工文，善草隶书。万历间与曹能始(学佺)狎主闽中词盟，后进皆称兴公诗派。”

临川派 或称“玉茗堂派”。指以明戏曲作家汤显祖为代表的戏曲流派，因其为江西临川人，故名。吴梅《曲学通论》称“以临川之笔协吴江之律”之协调派为临川派，吴梅以及青木正儿所列举的成员不同，有梅鼎祚、陆天池、吴炳、孟称舜、阮大铖、李玉等人。吴志达《明清文学史》则以“表现出反封建思想倾向”，“艺术风格上与汤显祖的剧作有某些共同之处的戏曲家，形成一股进步的潮流，也许他们之间没有直接关系，但就戏曲创作基本倾向而言，大体上都可以归属玉茗堂派（或称临川派）”。所举成员，除汤显祖外，有高濂、孙鍾龄、周朝俊、孟称舜、吴炳、阮大铖六人。但徐朔方在《汤显祖和晚明文艺思潮》一文中，却认为“汤显祖下面并未形成一个流派”。

吴江派 指以明戏曲作家、理论家沈璟为领袖的戏曲流派，因其系吴江（今属江苏）人，故名。因其重视戏曲格律，所以又称格律派。其创作主张主要有三个方面：一是强调讽谕教化作用；二是注重曲律，要求合律依腔；三是提倡语言本色。依吕天成《曲品》、王骥德《曲律》等所列，其成员主要有吕天成、王骥德、卜大荒、叶宪祖、冯梦龙等。此外，人们提到的还有顾大典、范文若、袁于令、沈自晋等。沈璟著有《论词六则》、《唱曲当知》，整理增订《南九宫谱》，辑有《南词韵选》，形成了一套完整的戏曲理论。其成员的戏曲创作成就各有高下，主张也不尽相同，但在戏曲创作和演出方面曾对当时剧坛有重要影响。

三袁 又称“公安三袁”。指明末公安（今属湖北）籍诗文家袁宗道、袁宏道、袁中道兄弟三人。参见“公安派”。

公安派 指明代后期以袁宗道、袁宏道、袁中道三人为代表的诗文流派。因三袁均为公安（今属湖北）人，故名。主要活动于明万历年间。“伯修（袁宗道）在词垣，当王李词章盛行之日，独与同馆黄昭素（黄辉）厌薄俗学，力排假借盗窃之失。于唐好香山（白居易），于宋好眉山（三苏），名其斋曰‘白苏’，所以自别于时流也。其才或不逮二仲，而公安一派实自伯修发之”（《列朝诗集小传》丁集）。为反对七子“文必秦汉，诗必盛唐”，“物不古不灵，人不古不名，文不古不行，诗不古不成”的拟古风气，公安派主张通变，提倡独抒性灵，不拘格套，其“性灵说”与李贽“童心说”有相通之处。在创作上长于散文小品、游记、尺牍，文字清新活泼。诗歌能抒写出个人情性，表现其韵趣，对明末文坛有相当大的影响。其创作被称之为“公安体”。但内容不够深厚，题材亦较狭窄。三袁中，以袁宏道创作成就最高。三袁外，该派成员尚有陶望龄、黄辉、江盈科、雷思霈等人。

练川三老 指明万历间嘉定籍隐逸诗人娄坚、唐时升、程嘉燧。练川为嘉定旧称。《列朝诗集小传》丁集：“娄贡士坚……与唐叔达（时升）、程孟阳（嘉燧）为练川三老。”三人又均为“嘉定四先生”中人。

嘉定四先生 指明万历间嘉定（今属上海）籍诗人程嘉燧、唐时升、娄坚、李流芳。四人皆隐于乡里，以诗知名。明末谢三宾知县事，汇刻四人诗成《嘉定四先生集》行世，故知名于诗坛。

苕中四子 指明万历时归安（今浙江湖州）籍文人茅维、臧懋循、吴稼竳、吴梦旸。苕为归安旧称。《列朝诗集小传》丁集：“茅维，字孝若，归安人。”“万历间，苕之称诗者，臧懋循晋叔、吴稼竳翁晋、吴梦旸允兆，而孝若与之抗行为四子。”

晋安二徐 指明万历年间晋安（今福建福州）籍诗人徐熥、徐𤊹兄弟。《明诗纪事》庚签序：“万历人才，接迹天启”，“晋安二徐，抑其次也”。

钟谭 指明末竟陵籍（今湖北天门）诗文家钟惺、谭元春。参见“竟陵派”。

竟陵派 指明代后期以钟惺、谭元春为代表的诗文流派。因两人均为竟陵（今湖北天门）人，故名。钟、谭均反对复古拟古，要求抒写性情，其文学见解受公安派影响，又力图纠公安主张之失，主要创作成就在散文方面。《明史·袁宏道传》：“先是，王（世贞）、李（攀龙）之学盛行，袁氏兄弟独心非之”，“至宏道，益矫以清新轻俊，学者多舍王李而从之”，“其后，王李风渐息，而钟谭之说大炽”，“自宏道矫王李诗之弊，倡以清真，惺复矫其弊，变而为幽深孤峭，……钟谭之名满天下，谓之竟陵体。然两人学不甚富，其识解多僻，大为通人所讥。”竟陵派在明末影响较大，著作家沈德符所作亦被称为“著色竟陵”（《明诗纪事》庚签卷二三），刘侗、于奕正的《帝京景物略》也显然受到竟陵体影响。追随钟谭风格，被认为竟陵派的，还有蔡复一、张泽、华淑等人，但成就均不高。

娄东二张 指明末太仓（今属江苏）籍文人张采、张溥。娄县为秦汉时古地，位于太仓之西，故称太仓为“娄东”。《明史·张溥传》：“张溥字天如，太仓人”，“与同里张采共学齐名，号‘娄东二张’。”二人“为主盟，倡复社”。为明末江南文人领袖人物。

云间词派 指明末以陈子龙、李雯、宋徵璧、宋徵舆为领袖的词派，因其成员均属当时江苏松江府治，而松江古称云间，故名。除松江府籍外，尚有邻近的青浦、奉贤等县籍的词人。陈子龙与其词友在明代中叶以来词学衰颓的情势下，标举南唐、北宋之旨，提倡“境由情生，辞随意启，天机偶发，元音自成”（陈子龙《幽兰草题辞》），所作风格婉丽，无浮薄轻艳之气。明清易代之际，陈子龙、夏完淳捐躯赴难，所作每有凄怨激楚之音，以抒亡国悲愤，而李雯、宋徵舆出仕新朝，所作则有凄苦惆怅之意，以寄失节愧疚。清顺治四年（1647）后，陈、李已殁，该词派便名存实亡。清代词号中兴，论者以为云间派实系承前启后的转折点。

小瀛洲诗社 诗社。明嘉靖中海盐人徐咸等创办。徐咸致仕归里后，建“小瀛洲”园于城闉，与同邑布衣朱朴、思南知府钱琦、福建布政使吴昂、布衣陈鉴、海宁指挥使刘锐、济南知府钟梁、龙岩知县陈瀛、释子永瑛、光泽知县徐泰（徐咸之兄）称为“十老”，并在此集会宴饮，“其十人为社会，饮酒赋诗。陈询为绘画，而咸自作记”（《四库全书总目》），为一时之盛。崇祯年间，钱琦孙钱薷谷、钟梁孙钟祖述将诗社所作结为《小瀛洲社诗》刊行。十人诗风相近，虽不入七子流派，但成就不高。

海岱诗社 诗社。明嘉靖间石存礼、蓝田、冯裕、刘澄甫、陈经、黄卿、刘渊甫、杨应奎等八人创办。八人或致仕或家居，时于益都北郭禅林联吟。清人王士禛《带经堂诗话》称“吾乡六郡，青州冠盖最盛”，“而世宗时，林下诸老为海岱诗社，倡和尤盛”，“诗各体皆入格，非浪作者”。后人结其社诗为《海岱会集》，附《社约》、《同社姓氏》及《会集序》五篇，可资参阅。

应社 文社。由明末太仓（今属江苏）人张溥创办，为复社前身。天启四年（1624）创建于常熟，首批成员仅十一人，由张溥、张采主社事。后参加者日众，于崇祯二年（1629）以其为基础，联合南北诸文社，成立了明末影响最大的文社——复社。

幾社 文社。由明末松江（今属上海）人夏允彝、陈子龙共同创建。为与东林党相呼应，张溥等人于崇祯二年（1629）成立复社，夏允彝与同邑陈子龙、徐孚远等亦结幾社相应和。崇祯中始结社，首事仅有六人，以诗古文辞相砥砺，六人为陈、夏及徐孚远、周立勋、杜麐徵、彭宾，六人所作之文结为《幾社壬申文选》，此六人号为“幾社六子”。后与其他文社并入复社。之所以名为幾社，清杜登春《社事始末》解释为：“幾者，绝学有再兴之幾，而得知幾其神之义也。”立意同于复社。最盛时，成员多达百人，明亡仍有活动，至康熙初解体。其中徐孚远远走台湾，曾成立“海外幾社”。

复社 文社。由晚明太仓（今属江苏）人张溥、张采共同创办。张溥、张采共学齐名，号“娄东二张”。天启四年（1624）于常熟始建文社——应社，最初仅十余名成员。后入社者日众，张溥于“崇祯元年（1628）以选贡生入都，（张）采方成进士，两人名彻都下。已而采官临川。溥归，集郡中名士相与复古学，名其文社曰复社”（《明史》卷二八八）。崇祯二年，张溥召集各省文社于尹山（在江苏吴江）集会，以“兴复绝学”为宗旨，在应社基础上成立复社，并自称“吾以嗣东林也”。为明末最有影响的文学社团之一。成立后，继承东林党精神，积极参预明末政治斗争，全盛时期约有三千名成员。较知名的有陈贞慧、吴应箕、侯方域、孙临、杨廷枢等。不少人后来成为抗清义士。有关史料有陆世仪《复社纪略》（见《国粹丛书》），吴伟业《复社纪事》（见《梅村家藏稿》卷二四）、杜登春《社事始末》（见《艺海珠尘》）、谢国桢《明清之际党社运动考》。

总 集

明文征 诗文总集。明何乔远编。七十四卷。卷首有崇祯四年（1631）靳於中序、何乔远自序等序文。所收诗文，起于洪武迄于崇祯初，分体编次，各体之中再分类别。据其自序，选编之意是凡有关国家设施建立、士大夫之经营论著，悉具其中，并兼及方外闺秀之作。除诗文，尚录有少量八股文。有明崇祯间刻本。

明文在 诗文总集。清薛熙编。一百卷。全书体例仿照《文选》，于诗文诸体中各以类从，共录入明人诗文二千余篇，“所录亦颇存鉴别。盖熙为汪琬门人，于古文有所受之也。然数多则简择难精，世近则是非未定，榛楛未剪，则亦势使之然耳”（《四库全书总目》）。有清光绪间江苏书局刻本。

午梦堂集 诗文总集。编者不详。二十一卷。收入明叶绍袁、沈宜修夫妇和子女的诗词作品。其中有叶绍袁著《窃闻》二卷、《秦斋怨》一卷、《琼花镜》一卷，沈宜修著《鹂吹》（又名《午梦堂遗集》）三卷、《梅花诗》一卷，叶纨纨著《愁言》（又名《芳雪轩遗集》）二卷，叶小鸾《返生香》（又名《疏香阁遗集》）二卷、《鸳鸯梦》一卷等。有明崇祯九年（1636）刻本、民国五年

(1916)吴江唐氏宁俭堂排印本等。

三华集　诗总集。明钱公善编。十八卷。收有钱子正《绿苔轩集》六卷,钱子义《种菊庵集》四卷,钱仲益《锦树集》八卷。钱子正兄弟及其侄钱仲益诗集原均别行,明正统中,由钱仲益族子钱公善等合而刻之,以此三人均为钱氏英华,故名。另有《四库全书》本。

沧海遗珠　诗总集。四卷。卷首有明英宗正统元年(1436)杨士奇序。据此序,本书为明初黔宁王沐英的仲子、字景颙者所编,《四库全书总目》以为即是沐昂。但沐昂字景高,且是沐英第三子,所以此说尚有疑问。收入二十位诗人的三百余首诗,均为明初流寓或迁谪于云南者。诗人名下简注字里,《四库全书总目》评其所选"为刘仔肩、王偁诸家诗选所不及,故曰'遗珠',二十人皆无专集,此编去取颇精审,所录多斐然可观"。有明成化十三年(1477)陈璨重刊本、《四库全书》本。

盛明百家诗　诗总集。明俞宪编。三百卷。卷首有明隆庆五年(1571)俞宪自序。分为前、后两编,共选录了三百四十余位诗人的诗作,基本上人各一卷,但也有一人数卷,数人一卷者。每人各冠以小序,略如唐人殷璠选《河岳英灵集》之例。许多名不著、集不传的诗家均赖以占据诗坛一席之地。《四库全书总目》批评其编选宗旨:"其学沿七子之余波,未免好收摹仿古调、填缀肤词之作。又务以标榜声气为宗,不以鉴别篇章为事,故略于明初而详于同时。"以至竟将包括高启在内的"吴中四杰"仅编成三卷。有明隆庆间刻本。

明诗选　又名《皇明诗选》。诗总集。明陈子龙、李雯、宋徵舆选编、评述。十三卷。本集篇幅虽不能与陈子龙另一部明文选《明经世文编》相比肩,但也是分量颇足、选评认真、具有代表性的明诗选本。选编者有意以此编"移风易俗,返于醇古",以振明末衰颓的文风。卷首有陈子龙、李雯、宋徵舆(未署名)序各一篇。全书以古近体、五七言类编;诗人首见时附有传略,并有上述三人评语,分别署"卧子"(陈子龙)、"舒章"(李雯)、"辕文"(宋徵舆)。评语除表达选编者的文学见解外,还附有有关背景材料。本集编成于明末,首刊于崇祯年间。由于陈子龙及本集校订者夏完淳都是抗清志士,所以清代曾遭禁毁,传本颇少,且无重刻本。华东师范大学出版社于1991年据原刻本影印。

晋安风雅　诗总集。明徐熥编选。十二卷。晋安即福建福州旧称,本集选录明代福州一府之诗,故名。选录范围起于洪武,迄于万历,共收入二百六十四位诗人的作品,按体裁分编,姓氏下简介里贯等。系仿高棅《唐诗品汇》体例而成。有明末刻本。

广中五先生诗选　诗总集。明陈暹编。二卷。广中五先生即南园五先生,指明初广州籍诗人孙蕡、王佐、黄哲、李德、赵介。明嘉靖三十六年(1557)无锡谈恺刻五先生诗,因未见赵介《临清集》,故以另一广州籍诗人汪广洋补足五先生之数。嘉靖四十四年,陈暹自称获《临清集》旧本,又恢复了五先生原状,重新刊刻了本集。五先生各集之前均有小传,存诗多少不一,仍以赵介分量较弱。有明嘉靖末年刻本。

小瀛洲社诗　又名《小瀛洲十老社诗》。诗总集。明钱瓀谷、钟祖述编。六卷。明嘉靖中,襄阳知府徐咸致仕归海盐,筑"小瀛洲"园,与朱朴、钱琦、徐泰、刘锐、吴昂、陈鉴、钟梁、释永瑛、陈瀛,共结小瀛洲诗社,集会宴饮赋诗。崇祯十二年(1639)钱琦孙钱瓀谷,钟梁孙钟祖述合辑十老社诗为本集。卷首有钱瓀谷为十人所撰小传。并有陈询所绘之图。有清顺治间刻本。

明诗归　诗总集。清程如婴、朱衣编。八卷。卷一为五古,卷二分上、下卷,为七古,卷三为五言排律,卷四为七言排律,卷五为五律,卷六分上、下,为七律,卷七为五绝,卷八分上、下,为七绝。选七律、七绝均在千首以上,总收诗近四千首。书首有编者序及凡例。所选诗每有评语,以"不即不离,随时而发抒其所见"为旨(见《凡例》)。以《明诗归》为名,盖继竟陵钟惺、谭元春《古诗归》、《唐诗归》而编,惟《古诗归》、《唐诗归》按人编次,此书则按体编次。有清顺治间刊本,罕见。

天启崇祯两朝遗诗　又称《忠节录》或《启祯集》。诗总集。清陈济生编。十卷(前八卷为初集,后二卷为续集)。卷首有吴甡序、归庄序、自序等八篇序及《凡例》。卷末附作者小传、《启祯两朝遗诗考》。全书选辑了明万历以后的约七百位诗人的诗作,从选辑宗旨上,力图以其"有补于世道人心"(归庄序),实是"以人为重,以节义为主"(《凡例》),故反映明末政争及反清复明斗争之作选录较多,是其重点。因之,清顺治年间成书并刊行后,遭人告讦,受到清朝厉禁,后世流传绝少。近人陈乃乾据流传极少的几个残本手订整理,存诗人六百九十余家，1958 年由中华书局上海编辑所分三册影印出版。此书可补钱谦益《列朝诗集》之未备。

列朝诗集 诗总集。清钱谦益编。八十一卷。凡乾集二卷，甲前集十一卷，甲集二十二卷，乙集八卷，丙集十六卷，丁集十六卷，闰集六卷。乾集为帝王，闰集为方外妇女等，甲前集至丁集按诗人年辈排列，共选录了约二千位明代诗人的作品。本集初编于明天启初，明亡后，又于清顺治三年(1646)续撰，历三年而成书。其编选本意欲仿元好问《中州集》，以成有明一代之诗选。各人名下均列有小传，不但记载生平，且间有评语。乾隆年间，清廷以本集“语涉诽谤”，列为禁书，毁版禁行，故流传颇少。其中诗人小传部分，则为后人辑出另编《列朝诗集小传》行世。本集涉及面较宽，不少名声不著的小家藉此传世，但就明末诗坛情况所作的持择，则时有以个人好恶取代客观标准者。有清顺治九年毛晋刻本。近有 1990 年上海三联书店影印毛刻本。

明诗综 诗总集。清朱彝尊编。一百卷。编者于清康熙十八年(1679)举鸿博，与修《明史》，以熟悉明代诗文及发展情况著称。本集以帝王为首，以方外、妇女等为末，其余诗人则以年辈次序先后排列，共录存明初诗人至明亡后遗民三千四百余人的作品，对于明代各个时期及不同流派，均有相应的篇幅，是明诗选本中分量最大、选人最多、最具权威性的一种。在所选各家里贯仕履之后，分录诸家评论，并以自著《静志居诗话》按人附载于最后。“虽隆、万以后，所收未免稍繁，然世远者篇章易佚，时近者部帙多存，当亦随所见闻，不尽出于标榜。其所评品，亦颇持平。于旧人私憎私爱之谈，往往多所匡正”(《四库全书总目》)。有清康熙间刻本，并曾编入《四库全书》。

明诗百卅名家集钞 诗总集。清王企埥编。二十四卷。前有汤永宽序、清康熙六十一年(1722)编者自序及凡例。选诗较宽，推崇七子，亦不薄公安，“但取其佳者录之，以为诗家之矩矱，未敢执一格以相限”(《凡例》)。正编选一百三十人，附于师友、父兄之后者三十八人，僧道、女流亦有采入者。编者自谓“是编所登，往往未备”，“倘天假之年”，“将另集一编，为《明诗补遗》”。有清康熙间刊本。

明诗别裁集 诗总集。清沈德潜、周准选编。十二卷。全书共收录三百余位诗人的一千零十首诗。卷首有清乾隆三年(1738)沈德潜序，阐明编选宗旨，即以“怨而不怒”、“和平渊雅”为准绳，力求体现其尊唐尚古的诗歌理论，并申明，“因诗存人，不因人存诗”。全书按作者行年先后排列，各人名下均有小传，部分诗后附有笺评。本书实是沈德潜锤炼其“格调”说诗论的蓝本。与《唐诗别裁集》等合称“五朝诗别裁”，是流传颇广，分量适中的一部明诗选本。有乾隆四年原刊本，又有 1975 年中华书局影印本、1979 年上海古籍出版社标点排印本。

海岱会集 诗总集。明冯琦编。十二卷。明人石存礼、蓝田、冯裕、刘澄甫、陈经、黄卿、刘渊甫、杨应奎等八人，或致仕还乡，或丁忧里居，或未出仕，共结海岱诗社于益都北郭禅林。后由冯裕曾孙冯琦选编所作成集，名为《海岱会集》。卷首有万历二十七年(1599)魏允贞序。共录诗约七百五十首。“八人皆不以诗名，而其诗皆清雅可观，无三杨台阁之习，亦无七子摹拟之弊”(《四库全书总目》)。有《四库全书》本。

文氏五家诗 诗总集。编者不详。十四卷。收入明代长洲(江苏苏州)文氏三世五人之诗。计包括文洪《括囊稿》二卷，文徵明《甫田集》四卷，文彭《博士诗》二卷，文嘉《和州诗》一卷，文肇祉《录事诗》五卷。有《四库全书》本。

闽中十子诗 诗总集。明袁表、马荧编。三十卷。凡收入明初“闽中十才子”诗集十种，计有林鸿《林膳部集》五卷、陈亮《陈徵君集》四卷、高棅《高待诏集》五卷、王恭《王典籍集》五卷、唐泰《唐观察集》一卷、郑定《郑博士集》一卷、王偁《王检讨集》五卷、王褒《王翰林集》二卷、周玄《周祠部集》一卷、黄玄《黄博士集》一卷。有《四库全书》本、清光绪十二年(1886)沁泉山馆刊本。

广州四先生诗 诗总集。编者不详。四卷。凡收黄哲《雪篷诗选》一卷、李德《易庵诗选》一卷、王佐《听雨诗选》一卷、赵介《临清诗选》一卷。以上四人均为明初广州籍诗人，与孙蕡合称“南园五先生”、“广州五先生”，但诗集均已散佚。后人辑成本集，因孙蕡有集别行而未收入，故称“四先生”。各卷之前均有小传，摘引自《广州人物传》，存诗多少不一，卷四最少，仅录六首。明代粤东诗派，数人实开其先，“其提倡风雅之功，有未可没者”(《四库全书总目》)。有《四库全书》本。

明三十家诗选 诗总集。清汪端编。十六卷。凡初集八卷，二集八卷。初集卷一收刘基，卷二收高启，卷三上收李东阳，下收李梦阳，卷四收何景明，卷五上收徐祯卿，下收谢榛，卷六上收李攀龙，下收王世贞，卷七上收陈子龙，下收顾炎武，卷八上收陆世仪，下收陈恭尹，另各卷附录杨慎、邢昉等二十二家。二集卷一上收贝琼，下收张以宁，卷二上收杨基，下收袁凯，卷三上收孙蕡，下收林鸿，卷四上收李昱，下收程本立，卷五上收边贡，下收皇甫汸，卷六上收高叔嗣，下收区大相，卷七上收徐熥、徐𤊹，下收曹学佺，卷八上收邝露，下收夏完淳，另各卷附录张羽、高棅等四十八家。前有道光二年(1822)曹贞秀序、梁德绳序及编者凡例，凡例中颇贬抑公安、竟陵派，然亦不满前、后七子。有道光间刊本。

全明诗　诗总集。全国高等院校古籍整理研究工作委员会规划重点项目，由复旦大学古籍整理研究所、北京大学古文献研究所、南京师范大学古文献整理研究所、杭州大学中文系部分成员所组成的编纂委员会编，章培恒、李灵年、平慧善、倪其心、李庆主编，谈蓓芳、韩结根任副主编。1990 年 12 月起由上海古籍出版社陆续出版。分正、续两编，正编拟收现存全部明人别集(包括《盛明百家诗》之类丛书中的别集)和绝大部分总集中的明诗，续编将收入方志、笔记等各类书籍、碑刻以及正编未收总集中的明诗。此书收录别集中明诗均尽量保存该别集的原貌；于别集外辑得之诗，皆注明出处；诗歌的排列，基本上以作家生年为先后；所收每位作家诗歌前，均列有该作家的小传；所收入作品，一般均以时代较早的善本为底本，并据他本校勘。规模宏大，收罗完备，校勘精细，考订亦颇审慎，是研究明代文学的重要资料。

明文衡　文总集。明程敏政编。一百卷。卷首有程敏政自序。本集将文章分为三十八类，并"悉从《玉台新咏》之例，题作者姓名。惟方孝孺则书字，盖是时靖难文禁稍弛，而尚未全解，故存其文而隐其名"(《四库全书总目》)。收入文章均作于洪武至成化的一百余年间，是明前期诸家较权威的选本。选录范围"在北地、信阳之前，文格未变，无七子末流摹拟诘屈之伪体。稽明初之文，固当以是编为正轨"。本集各卷尚有若干缺文，另外也收入了一些品位较低的文章，"不免芜杂之讥"(同上)。有明正德五年(1510)、嘉靖六年(1527)等刻本，并编入《四库全书》。

明文苑　文总集。明张时彻编。九十六卷。编成于嘉靖末。编者因病其太繁，后又自行删选出六十八卷，重题为《明文范》行世，成为明人选明文的分量适中、比较流行的版本，本集反而不太流传。有明嘉靖四十三年(1564)刻本。

明文范　文总集。明张时彻编。六十八卷。本集初名《明文苑》，编者病其太繁，乃重加删芟，而成为六十八卷。卷首有张时彻自序，指出"范"的含意为无所不包，"范"者"如范范金也"。收入明洪武到嘉靖的四百四十二家的文章，编成于隆庆三年(1569)。收录正德、嘉靖间的文章偏多。有明万历间刻本。

明文奇赏　文总集。明陈仁锡评选。四十卷。陈仁锡曾编有《古文奇赏》三集，选录自屈原《离骚》至南宋文天祥、王炎午所作之文。本集专选评明文，收入自宋濂、杨维桢至陈勋、王衡，凡一百八十余家之作。卷首有天启三年(1623)陈仁锡自序，并有为编续集的征文启事，但续集未见。《四库全书总目》批评本集"去取亦多未审，盖务博而不精，好分流品而无绪，悉不免冗杂之失"。有明天启间刻本。

明文霱　文总集。明刘士鏻评选。二十卷。卷首有崇祯七年(1634)朱徽序等序文三篇及刘怿《举例》(即全书凡例)。收入自刘基、宋濂至钟惺、谭元春的文章，成书于崇祯初。刘士鏻，字羽石，仁和(浙江杭州)人。崇祯四年进士，官行人。本集为其侄刘怿协助纂辑。清代曾列入《禁书总目》，有明崇祯间刻本。

明十六名家小品　文总集。明何伟然选，陆云龙评。三十二卷。所收为小品文。卷首有何伟然序，丁允和序。所谓"十六名家"指屠隆、徐渭、李维桢、董其昌、汤显祖、虞淳熙、黄汝亨、王思任、袁宏道、文翔凤、曹学佺、陈继儒、袁中道、陈仁锡、钟惺、张鼐。每人二卷。入选者均是以小品知名于世者，故有一定的代表性。每篇文章均有评语，但评语水平不高。有明崇祯间刻本。

明经世文编　文总集。明陈子龙、徐孚远、宋徵璧编。五百卷，补遗四卷。自明崇祯十一年(1638)二月始编，十一月成书，列名选辑者二十四人，列名参阅者一百四十二人。卷首有方岳贡、徐孚远、陈子龙等序文及三十三则凡例。选入文章以作者为序，一人一卷或数卷，或数人合编一卷，共录存五百余人的文章，是迄今为止选录面最广，篇幅最大的一种明文选集。据以选录的明人文集在千种以上，不少种或是今已不传，或是十分罕见，另有一部分是直接获自作者的后人。本集编选目的是为经世致用，故广泛收录有关时政及国计民生的文章是其特点。由于一些史料为清廷所忌，故在清朝将其列为禁书，罕见流传。由于成书时间较短，选编上也存在一些问题，譬如个别文章两出，某些方面宽严尺度亦不一致。有明崇祯末平露堂刻本。中华书局于1962年据四种刻本配合成最完整的一部，影印出版，并附有“作者姓名索引”、“分类目录”。

明文授读 文总集。清黄宗羲编。六十二卷。编者原编有《明文案》二百卷，后又扩充为《明文海》六百卷(《四库全书》删为四百八十二卷)。其子黄百家以《明文海》卷帙浩繁，请其再从中选出最精萃部分，编成本集。卷首有黄宗羲序，系为《明文海》作，由其门人张锡琨移植于本集之前。有清康熙三十八年(1699)味芹堂刻本。

明文海 文总集。清黄宗羲编。原六百卷，今存四百八十二卷。在康熙十四年(1675)之前，编者曾辑成《明文案》二百卷，既而复得昆山徐氏所藏明人文集，便进一步扩编成本集。全书将明代文章分作二十八体，每体之中又列有子目。黄宗羲本意在于保存有明一代典籍，为此而阅读明人文集几近二千家，搜罗极富，“考明人著作者，当必以是编为极备矣”(《四库全书总目》)。书成于一人之手，未最后定稿，时有分目过细，兼收并采，失之冗滥等疵病。无刊本，以抄本流传。清代乾隆年间编《四库全书》，删去其中有关晚明的一百十八卷，仅以四百八十二卷收入书中，此后的清抄本亦多为四百八十二卷。中华书局于1987年又据涵芬楼抄本影印出版。

全明文 文总集。全国高等院校古籍整理研究工作委员会规划重点项目，由钱伯诚、魏同贤、马樟根担任主编，吴格担任副主编，自1992年12月起由上海古籍出版社陆续出版。该集是继《全明诗》编纂而开展整理的明代文总集，收罗现存明人文集及其他典籍中所收之明文，编纂体例与《全明诗》同。全书分为正编与补编，正编编入现存明人别集、总集中所载明文，明人集部著述之序跋，《明实录》、《明史》、《明史稿》及明人诏令、奏议、会典、类书等典籍中所载明文。补编则编入上述典籍以外之明人著述及地方志、档案史料、石刻、题跋中所载明文。入录各文，以作家及其作品为单元编次，以作家生年先后为序。具体编次，原有文集者排列在先，基本保持原貌；增补辑录之文附后，各注明出处；原集已佚或本无文集传世而经辑得之文，又排列于同时期有集作家之后。各家文前，均撰有小传，并介绍文集版本源流及辑补情形。所据底本，均为刊刻时代较早之善本，且据他本加以校勘。搜罗繁富，校点审慎，是研究明代文学的重要资料。

国朝诗余 词总集。明钱允治编。四卷。卷首有万历四十二年(1614)钱允治自序。本集全名为《类编笺释国朝诗余》，并署“长洲钱允治功甫编，同邑陈仁锡明卿释”，但书中的笺释文字“仅及饾饤”(赵尊嶽语)。所收词作以词调类次，卷一、卷二为小令，卷三为中调，卷四为长调。各词牌之下所收，则大致编年排次，作者不称名，而署以字号，从体例上看，尚沿元人《阳春白雪》之旧格。本集传世版本颇少见，今存《明词汇刊》本。

古今词汇二编 词总集。明末清初卓回选编。四卷。卓回字休园，号方水，明诗文家卓人月之弟，闲暇时与大梁周雪客等人汇辑成《古今词汇》共三编，其中第二编为明代词选集。卷首有清康熙十七年(1678)卓回著《古今词汇缘起》。其编选方式，略同于明人钱允治的《国朝诗余》，以词牌类次，词牌又依小令、中调、长调排列。本集首刊于清康熙中，近人赵尊嶽从南陵徐氏积学斋藏书中手抄一部，并编入其《明词汇刊》。

明词综 词总集。清王昶编。十二卷。朱彝尊编有《词综》二十六卷，经汪森补辑成三十卷，选词止于元代。王昶得朱氏所选明词的稿本数卷，“于是即其所有，合以平生所搜辑，得三百八十家，共成十二卷，汇而镌之，以附《词综》之后”(《明词综》王昶序)。按照《词综》体例，首录皇帝、皇族，末录僧道无名氏及妇女域外之作，此外均按作者编年排列，每人名下撰有小传。卷首有清嘉庆七年(1802)王昶自序。有清刻本，另有民国间《四部备要》排印本、《明词汇刊》本。

明词汇刊 又名《惜阴堂汇刻明词》、《惜阴堂明词丛书》。词总集。近人赵尊嶽编。凡收明词别集二百五十七种、词选五种、合集三种、词谱二种、词话一种。本集始辑于民国十三年(1924)。前人毛晋、朱祖谋辑刊词集均止于明代，赵尊嶽立意辑刊有明一代之词，得到词学家赵万里、唐圭璋及藏书家董康、徐乃昌、叶恭绰等相助，汇集当时罕见之本，各集均撰跋语，或介绍作者生平、或言及版本源流，言简意赅。编成试印后曾校对两次，均作出校记，但一直未能正式出版。1992年始由上海古籍出版社以试印底本影印行世。卷末附录上海复旦大学图书馆古籍部所编词名及首句索引。

惜阴堂汇刻明词　见“明词汇刊”。

乐府群珠　曲总集。明无名氏编。原抄本二卷，今印本四卷。收元、明人散曲小令，除失注撰人及无名氏外，凡八十余家，二十六调，一千八百十一曲。所收以元人作品居多。有不少作品不见于他书。今存海盐朱氏旧藏本，商务印书馆1955年出版卢前校注本，四卷即为卢氏厘定。按今传本实为一残本，原本并非只收小令，而是兼收散套及剧曲。李玉《北词广正谱》选曲有五十多条出自《群珠》，其中有刘伯亨散套及北杂剧《西厢记》、《汉宫秋》曲文。又李开先辑《小山小令》曾据《群珠》，其《后序》云：“小山词载在《乐府群珠》，……仅数十曲。”今传本有小山词二百余首。故知《群珠》原本约成书于明初，与今传本面目也甚为不同。

盛世新声　曲总集。明无名氏编。十二集。收元明散套和剧曲曲文四百余套，小令五百余首，并有不少时调小曲，按宫调编排。为明代大型曲选之一。正德刻本《引》云：“予尝留意词曲间，有文句鄙俗，甚伤风雅，使人厌观而恶听。予于暇日，逐一检阅，删繁去冗，存其脍炙人口者四百余章，小令五百余阕，题曰《盛世新声》。”又张禄曾据本集增补为《词林摘艳》。刘楫序《词林摘艳》云：“顷年梨园中搜辑自元以及我朝，凡辞人骚客所作，长篇短章，并传奇之奇特者，宫分调析，萃为一书，名为《盛世新声》。”因知本书所辑，大都为梨园中擅场之曲。正德、嘉靖、万历间曾四次刊行。今存最早刊本为正德十二年（1517）本，1955年文学古籍刊行社据之影印行世。又今存明嘉靖刻十二卷本，已经过张禄增改，当为《词林摘艳》之初版。内题名元倖，应即张禄字。

词林摘艳　曲总集。明张禄编。十集。含元、明两代散曲小令、散套及剧套各数百篇。南北兼收，为明代大型曲选之一。此书系在另一曲选《盛世新声》基础上编成。编者张禄认为《盛世新声》“贪收之广者，或不能摘其精粗；既成之速者，或不暇考其讹舛”，因对之进行加工：“去其失格，增其未备，讹者正之，脱者增之”；“不减于前谓之‘林’，少加于前谓之‘艳’。更名曰《词林摘艳》。”张禄并增收不少自己的作品，其中不乏新警优秀之作。全集重大改进之一是增补了部分作者姓名及剧曲之剧名，为研究考校提供了依据。又因其选录校刻较为精审，故可用于校正他本之失。如臧晋叔编《元曲选》，曾对作品进行删改，有些属于妄改不妥，则可据本书纠核其误。又本集收录有不少时兴小曲，亦可由此考知小曲发生发展的情况及其对戏曲的影响。其缺点是南北混淆，剪裁衬字。今存嘉靖四年（1525）刻本，有自序及刘楫序。又有嘉靖三十年徽藩刻本，万历二十五年（1597）内府刻本。三本内容互有差异。《古今书刻》著录有明隆福寺刻本，已佚。1955年文学古籍刊行社据嘉靖四年刻本影印行世。参见“盛世新声”。

雍熙乐府　曲总集。原书不题编者姓名，经近代学者考证为明郭勋所编。二十卷，收金、元、明三代杂剧、传奇、诸宫调等套曲一千一百二十一套，南北曲小令（集中称“杂曲”）一千八百九十七首。体例按宫调编排。此集为至今所知明嘉靖以前最大规模的曲文选集，较之《乐府群珠》、《词林摘艳》等数量更大，当代曲家任讷称之为“山海之观”。嘉靖四十五年丙寅（1566）刻本有春山（荆聚）识云：“比见旧刻，汇辑国朝并金元以来诸名公钜卿佳词妙曲，套数小令，凡若干章，宫分调别，灿然具备。作非一手，调出一腔，信皆乐府之指南，先得我心之同然者也。”“自惟际世雍熙，仰受隆恩，和平安乐，斯能乐此！爰锓诸梓，用广其传，仍其旧名，曰《雍熙乐府》。‘雍熙’云者，盖采唐虞时雍咸熙之语，以昭盛世之治和也。且欲歌之听之者，咸知声乐之所自云。”集中有许多不见于他集的作品，如《天宝遗事》诸宫调五十余套，元苏彦文《越调·斗鹌鹑》“地冷天寒”套，曾瑞《中吕·梧叶儿》、小令“赠嘉温柔”等等，皆为仅见。此外集中还收有大量无名氏优秀剧作。任讷云：“《雍熙》所载元明人无名氏作，有极尖新者，有极灏烂者。”并举出《沉醉东风》“马上美人”等多首作品析以为例，或称其“语调则圆转如圜，词意则痴迷欲绝”，或赏其“造境固然幽蒨，遣句特为清纯，曲中一切粗犷喧嚣、鄙野猥琐之气，至此都绝。”此类曲作于各家曲集中亦不多见，赖《雍熙》得以保存。本集最大缺陷是作品不署撰人，剧套并不署剧名、折次。隋树森著有《雍熙乐府曲文作者考》（书目文献出版社1985年出版）已考出其中过半曲文作者及剧名。版本最早的为嘉靖十年（1531）初刻本，次为嘉靖十九年楚藩刻本，前有长春山人序。荆聚本刻于嘉靖四十五年。民国间商务印书馆

《四部丛刊续编》据之影印。又《四库全书总目·存目》著录为十三卷，海西广氏编者，实为郭勋辑本之选本。今存万历间内府刻本。

叶儿乐府 曲总集。明无名氏编。二卷。以元明小令散套为主，偶录剧曲。书内引有张禄《词林摘艳跋》语，知成书在嘉靖四年以后。卷端题“元张可久小山氏著”。王重民《中国善本书目提要》云：“按是书抄选元人小令数十家，不尽小山一人所作。然题为小山著者，殆以小山最为此道翘楚欤？是书不见著录，唯《明诗综》卷五九云：‘祁承㸁富于藏书。将乱，其家悉载至云门山寺，唯遗元明来传奇多至八百余部，而《叶儿乐府》散套不与焉，予犹及见之。’此本似为明清间抄本，殆明人所选者。”此抄本八册，味经书屋旧藏本，今存台湾。

选古今南北剧 曲总集。明徐渭编。十卷。本集虽名为“选剧”，实则散曲多而剧曲少，编辑较为随意，无甚条理，似为随手抄录。前有编者自序及陶望龄序。有万历间清远斋刻本。

群音类选 曲总集。明胡文焕编。四十六卷。本集为胡文焕编校的《格致丛书》之一种。其中“官腔”（指昆曲）二十六卷，皆为剧曲；“诸腔”（指弋阳、青阳、太平、四平等腔）四卷，亦皆为剧曲；“北腔”（北方曲腔）六卷，前四卷剧曲，后二卷散曲；“清腔”（南曲散曲及南北合腔）八卷，其中一至六卷为套数，卷六为“南北调”，卷七、卷八为小令。最后有“群音□（疑为‘补’或‘续’字）选”二卷，亦分上属四类，卷一“官腔”、“诸腔”、“北腔”剧曲，卷二散曲。总计曲数剧曲一百五十八种，散套二百二十九套，小令三百二十三首（此为今存数，“官腔”因存本残缺，不知确数）。本书所选曲文内容丰富，质量亦较高，可作为文学选本阅读，亦可供戏曲史研究参考。如其分类法及数量比例，说明万历间昆腔已大盛，成为剧坛主流，弋阳、青阳及北腔等亦拥有不少观众，散曲清唱也很流行。另外各剧曲所属声腔也由其分类显示出来，作品写作年代和作者生存年代也可由此书之编选时间（万历中期）考知其下限。本书剧曲中有六十余种全剧已佚，于此编存曲亦可窥其一斑。本书刊刻时间当与《格致丛书》他书略同，即万历二十一至二十四年（1593—1596）前后。但全本今已无存，今存本无“官腔”类一至五卷，正文前是否有序文、题词、凡例及总目亦不可知。又今存较完整之南京图书馆本最后二卷，卷首及书口有挖补痕迹，当为书商篡改。此外，首都图书馆尚存一残本。1980年中华书局据南京本影印出版。

吴歈萃雅 曲总集。原署“茂苑梯月主人选编，古吴隐之道民校点”。卷首有周之标《题辞》，或疑茂苑梯月主人即明人周之标。四集，分为四卷，前二集为散曲套数，后二集为剧曲，共二百八十套，含元、明两代曲作，俱为南曲，故书名“吴歈”。自序谓本集以“情真境真”为选录标准，实则甚为驳杂。然其所选元明传奇《琵琶记》、《彩楼记》等曲文片断附有点板，以便清唱。今存本卷首有自序，又附有魏良辅之《曲律十八条》。《曲律》为魏良辅论昆曲唱法之重要著作，亦见于《词林逸响》与《吴骚合编》，而以《吴歈萃雅》卷首附刻本最为完善。有万历四十四年（1616）刻本。

增订乐府珊珊集 曲总集。明周之标编。四卷。前二卷为套数，以作家为序编排，后二卷为剧曲。据周之标自序及《凡例》云，前此有武林所刻《珊珊集》，所录戏曲多而时曲少，故手自增订之。此刻以时曲为主，时曲数增十之五，戏曲增十之三。标题“新刻出像点板增订乐府珊珊集”，署名“吴中宛瑜子手定”。凡例末署“来虹阁主人谨识”。宛瑜、来虹殆周之标自号。今存明刻本“校”字不避天启帝讳，当刊于万历间。

乐府遴奇 曲总集。明无名氏编。三卷，增补一卷。卷上、中收散曲套数，卷下及增补卷收剧曲。无序跋。有明刻本，标题“新镌乐府遴奇”，署“新都汪公亮校梓”。增补卷署“新都崇义堂校梓”。又有《新镌乐府争奇》一种，只存目录（含增补）及上、中二卷正文，内容与《遴奇》全同，当为本书翻刻本。

昔昔盐 散曲总集。明魏之皋编。五卷。以题材为类分别编排。今存万历刻本，标题《新刻点板情词昔昔盐》，前有编者万历三十四年（1606）自序。另有影抄本。

吴骚集 散曲总集。明王穉登编。四卷。“吴骚”指昆曲。故本集所收俱为南曲。有万历张琦校刻本，前有万历四十二年甲寅（1614）陈继儒序。

吴骚二集 散曲总集。明张琦、王煇编。四卷。本集系继《吴骚集》后选编之南曲集，体例亦略同于初集。今存万历间刻本，卷首有万历四十四年（1616）许当世序。

吴骚合编 散曲总集。明张楚叔（琦）、张旭初兄弟编。初由楚叔广收，辑为三集，旭初删订为一集，共分四卷。本集为以南曲为主的选集，尤以梁伯龙、沈伯良等一派曲作为多。内容"专录丽情散曲，惟幽期欢会、惜别伤离之词得以入选"（凡例）。曲后间有曲话，或注明出处，或校其格律，或评议记事，出自多家。又于曲辞格律方面，分析正赠，辨订牌调，正板式讹误，考集曲之字句，均甚详明。编排体例照谱所序宫调分列，各宫正曲居先，犯调列后，而南北调及北调附列终篇，井然有序，便于查核。曲学家吴梅称本集为"散曲中尽善之作，《（南词）韵选》而外，首屈一指矣"。卷首题标"白雪斋选订乐府吴骚合编"，有花裀上人许当世序一，张楚叔及原《吴骚集》初、二、三集序各一，又附不署名之《衡曲麈谭》、《填词训》、《作家偶评》、《曲谱辩》、《情痴寤言》四部分，据考，即为张楚叔自撰。又附魏良辅之《曲律》。插图多帧，为画家项南洲绘，甚为精美。有崇祯十年（1637）刻本，商务印书馆《四部丛刊续编》据之影印行世。又存明清"吴郡大莱堂梓"残本，存三卷，十册。

南词韵选　散曲总集。明沈璟编。十九卷。皆明中叶南曲，以用韵为序编排，后世称其立法甚严。沈璟精于曲学，故所选皆精审详核。曲学家吴梅在《吴骚合编》跋语中对本集评价颇高，他认为："散曲总集，莫富于《雍熙（乐府）》，而莫精于《南词韵选》。"吴氏虽曾称《吴骚合编》为"散曲中尽善之作"，但仅云"《（南词）韵选》而外，首屈一指矣"。万历三十三年所刻《南宫词纪》凡例已提及此书，其成书当在此前。今存万历间刻本。另《奕庆藏书楼书目》著录有《曲学六种》本。

乐府先春　散曲集。明陈继儒编。三卷。大多为南曲套数。今存明万历间徽郡谢少连刻本，标题《精选点板昆调十部乐府先春》。

北曲拾遗　曲总集。明无名氏编。一卷。计收套数二十七套，小令五十四首。套数中有南北合套，元明两代之作俱收，前列套数，后列小令。有作者姓名六人，其中景世珍、虞味蔗、洗尘、湖西主人之名仅见于此书。另王舜耕、杨南峰所作散曲很多，而明代各曲选所登甚少，此书各录有一套，甚为可贵。又曲文与《雍熙乐府》同录者有七套，可两书相互考校。景世珍《点绛唇・嘲扬州盐商》套在《雍熙乐府》中未有作者。隋树森《雍熙乐府曲文作者考》即据此书补录。又所录元人《误入天台》、《虎头牌》两套与《元曲选》所载文字不同，《早乡儿》一曲载于本书而为《元曲选》本所无，足资参校。所录有《俏书生断酒色财气》一名，极类杂剧，又恰有四套，宫调各别，甚似剧套，而各剧目均不载此，可供考索。小令五十四首文字首尾完整，他书所不及。又如《出队子》、《阿姑令》、《皂旗儿》用调均甚新奇，文字亦多豪辣。有明抄本，天一阁旧藏，民国十四年（1925）任讷购得此本，与《雍熙乐府》参订，民国二十四年商务印书馆排印出版，前有卢前及任讷序。

南北词广韵选　曲总集。明徐复祚编。十九卷。本集系沈璟所辑《南词韵选》的增广，除南曲外，还增选北曲，体例依韵部分列。曲后有评语，其中不乏有价值的见解。有明稿本、清初刻本及抄本。

迦陵音　一名《太平清调迦陵音》。散曲总集。明叶华编。一卷。收小令七题十三首，南北曲兼有，其中还有名《西方乐》、《金纽丝》之曲各一首。二牌名不经见，疑为时调小曲。又有套曲十一套。其中北曲六套，南曲五套。但北曲中题名《闲情》之"百岁光阴"一套系元马致远之名作《秋思》套，不知何由阑入。此集内容由标题"省悟"、"述隐"、"漫兴"、"志乐"、"志感"、"悟真"、"参禅"、"眺雪"、"避暑"等可见一斑。风格颇近元人隐逸、叹世之类。此卷初见于叶华所撰杂著《青莲露》，有明刻本。1920年北平故宫博物院以据此本影印行世，赵万里跋云："明人散曲侧艳语居多，而茂原（叶华字）此作独悠然作出世想。"卢前编此集入《饮虹簃所刻曲》时将次序重新排列，删去马致远"百岁光阴"套及卷前录自张炎《词源》中句，称作"迦陵音指迷"之部分。卢氏于后记中并认为"此集是否尽为茂原所作亦未可必"。

北宫词纪　全称《古今大雅北宫词纪》。散曲总集。明陈所闻编。六卷。与《南宫词纪》合称《南北宫词纪》。兼收元明两代曲家作品。其中元五十六人，作品约八十篇，其余均为明人作品。所选俱为套数，编排体例首按题材性质如宴赏、祝贺、栖逸、送别等分类，以下则按宫调排列。选曲标准据"凡例"云，首重守韵，"虽有佳制，弗韵弗选"；其次格律规范，"间有一、二稍逸于格，必其词意超绝，未忍割爱删者"；再次则"遣词命意，贵在雅俗并陈"，"质不俚，文不支"，并以情词为多。以人而言，以元明间的汤式和明后期陈铎为多。在《笔花集》未发现以前，此集所存曲对了解汤式及明初曲有特殊价值。此外还收有他集未收的一些作品。有万历三十二年（1604）陈氏继志斋原刻本，前有龙洞山农题词云："金陵故都，居南北之中，擅场斯艺者，往往而是。陈大声（铎）金在衡（銮）皆卓然能名其家。余友陈君荩卿经子之暇，旁及乐律，其所撰造业已无逊古人矣，复闵今昔名篇，日就湮没，乃铨择其合作，裒而录之，用示同好。”然其中也有讹误。1958年中华书局出版赵景深校订本。

南宫词纪 全称《古今大雅南宫词纪》。散曲总集。明陈所闻编。六卷。与《北宫词纪》合称《南北宫词纪》。绝大多数为明人所作南曲，极个别元人作品。卷一至卷三为套数，卷四至卷六为小令，体制首按题材如美丽、闺怨、宴赏、咏物等十余类分列，以下按宫调排列。刊于万历三十三年(1605)，为刊行最早的南曲选本。据其凡例，其选曲标准首重守韵，“出韵弗录”；次重文采，“词欲藻，意欲纤，用事欲典，丰腴绵密，流丽清圆。”它保存了不少明代曲家，特别是南京曲家的作品，有些且不见于其他曲选和本人曲集，故有相当重要的文献价值。万历陈氏继志斋原刊本今存，前有俞彦序。1958年中华书局出版赵景深校订本。参见“北宫词纪”。

词林逸响 曲总集。明许宇编。四卷，分“风”、“花”、“雪”、“月”四集。前二卷选录明人散曲，以套数为多，后二卷选录元、明人剧曲。所选多为名作，如《琵琶》、《西厢》、《荆钗》、《白兔》、《幽闺》、《浣纱》诸记。无宾白，附有点板，专供清唱用。有天启初刻本，卷前有天启三年(1623)愚谷老人序，并附有《昆腔原始》，即魏良辅之《曲律》。此后有萃锦堂本等。

彩笔情辞 散曲总集。明张栩编。十二卷。专收涉及妓女的散曲。编者自序云：“往岁六观堂刻《青楼韵语》，声价藉藉，一时海内争相构赏，夫非谓彼妓也，而能诗若诗余若歌曲至是哉！详观所载集，而妓人之情见乎词矣。愚方契佳人之篇章，幸已寿诸木，而尤惜才士之清歌，尚閪汶纠纷而无所托也。乃喜值清和，昼长人静，搜汗漫中，得套数二百余套，洎小令三百余阕，命之曰《彩笔情词》。噫！有是刻而青楼诸丽，其与佳词并不朽云。”近人任讷藏有《青楼韵语广集》，内容与《彩笔情辞》全同，曲学家马廉曾疑《青楼韵语》系就《情辞》改印。王重民以今本《情辞》书名与著者题名有铲改痕迹，则疑《情辞》或从《韵语》旧版改来。王氏并云：“然张栩序所称六观堂《青楼韵语》皆选辑妓女所作，殆与《闲情女肆》相同，因别选元明才士歌咏妓女之作，辑为是书，俾两者并行。今任本乃与是书完全相同，岂张栩果窃其书，而故为相反之语欤？抑六观堂所刻《韵语》其内容果如张栩所言，而窃改《情辞》为《韵语广集》者，不知其事，遂借用旧名，致为张冠李戴也？”有天启四年(1624)序刊本，除编者自序外，并有张冲《引》。

太霞新奏 散曲总集。明冯梦龙编。十四卷。前十二卷为套数一百六十五套，后杂犯曲、小令各一卷，选曲一百五十四首，按宫调编排。大都为南曲，并以吴江派作品为多，且不少以元人北词翻为南词之作。选曲重格律及用韵。冯氏在《发凡》中说：“如往时所传诸套，习闻易厌，兹选取名‘新奏’，大都名家新制，未经人耳目者。间采一、二古调，或拂下里之尘蒙，或显高人之玉琢，要令遗珠早获，残璧再完，匪云借才，实谐公好耳。”又云：“是选以调协韵严为主，二法既备，然后责其辞之新丽。若其芜秽，庸淡，则又不得以调韵滥竽。”卷前还有沈璟《二郎神》散套代序，内容也叙格律派曲论主张。曲文篇后多有冯氏评语，大都指点作曲方法，间及曲坛掌故，颇具实用性及研究价值。今存天启七年(1627)刊本。

缠头百练 曲总集。明冲和居士编。六卷。卷五为散曲，余为剧曲。以礼、乐、射、御、书、数为集次，集为一类，各四字题名，依次为：幽期写照、南音独步、名流清剧、弦索元音、新词清赏、弋阳雅调。均从各南北曲本节选而出。末篇有编者(署“曲痴子”)自撰《骂玉郎带上小楼·西厢余韵》一曲，书名取“千金买一笑，不惜缠头锦”之意。今存明末刻本。书名原题《新镌出像点板缠头百练》，后四字曾被挖改为《怡春锦曲》，故书目亦别录《怡春锦》。前有空观子序。今存崇祯刻本，又据著录有乾隆间刻本。

缠头百练二集 曲总集。明冲和居士编。六卷。题《新编出像点板缠头百练二集》。体例与初集同，卷五亦为散曲，余为剧曲，首瓠落生序。今存明末刊本。参见“缠头百练”。

怡春锦 曲总集。明冲和居士编。按此书即《缠头百练》。今存《新镌出像点板怡春锦曲》明末刻本，标题中“怡春锦曲”四字有明显挖改迹象，而卷一及即空观子序尚未铲改，明是一书无疑。赵景深云：“此书性质与《最娱情》极似，所选曲(指剧曲)亦多有雷同，大约时代与《最娱情》极相近，最早是明末。”参见“缠头百练”。

南音三籁 曲总集。明凌濛初编。四卷。卷一、卷二为散曲，收套数九十七套，小令五十八首；卷三、卷四为剧曲一百二十七出，只曲若干。为元明两代作品，俱为南曲，因名“南音”。其体例则依宫分调，仿谱例，带诸宫者以首曲，并加点板，标出韵目，闭口韵亦别之，又加圈于佳句。作者又依其评曲“贵当行，不贵藻丽”的观点，分曲为三等，称“三籁”：“古质自然、行家本色”为天籁；“俊逸有思、时露质地”为地籁；“粉饰藻缋，沿习靡词”为人籁。卷首附《谭曲杂札》，为凌氏重要曲论著述。它极力推崇元曲之本色，贬斥梁伯龙之工丽和沈璟的矫揉。其余论说亦不乏精见。今存明末原刻本，清康熙七年(1668)袁园客增订重刻本。原刻本在流传过程中曾被一位佚名曲律研究者用朱笔作了批改，主要是参照《缠头百练》、《太霞新奏》、沈璟《南曲谱》等作了比较，写了不少批语。1963年上海古籍书店据康熙刻本参照明刊本影印，保留了上述批改文字。

情籁　词曲总集。明骑蝶轩主人辑。四卷。前二卷为词，后二卷为散曲，仅选姚小涞、余壬公、伍灌夫、张苇如等六七人的作品。近人任讷评此集云：“同一弊在抉穿词曲界限，而混和出之，终也词不成词，曲不成曲。在曲则更嫌其滞塞晦昧，毫无疏宕驰骤之趣。六、七人中，张苇如作较为警策。”又云：“《情籁》一书，向未见著录。如《脉望馆》、《千顷堂》、《也是园》诸目，均列曲本甚多者，亦阙然无名。殆以其书陋，当时即不通行欤？”有明末刻本。

词林白雪　全称《新镌出像词林白雪》。曲总集。明窦彦斌编。八卷。前六卷为散曲，后二卷为剧曲，散曲按题材分类编排。前有编者自序。有万历三十四年(1606)刻本。

古今奏雅　散曲总集。明吴长公编。六卷。按宫调分类次序编排。有明崇祯九年(1636)刻本。

全明散曲　散曲总集。谢伯阳编。不分卷。五册。书首有1988年编者自序述编纂缘起，另有《凡例》十二条以及《引用书目举要》。全书共收作者四百零六家(无名氏不计)，共辑得小令一万零六百零六首，套数二千零六十四篇(复出之篇章除外)，所收以殁于明代的作者为主，由元入明或由明入清的作者，视其活动时间和毕生言行，酌情取舍。编排以作者的生活时代先后为序，无名氏作品俱系于编末，每家均缀小传，间录序跋及曲评。所辑录的书籍除曲别集、曲总集外，还有明人的诗、文、词别集及小说、戏曲、笔记、曲谱、曲话等。为了便于读者覆检原书，凡是从两种以上书籍中搜辑来的曲文，以及无名氏的作品，分别不同情况，采取不同的方式，标明出处。来源单一仅见作者曲别集的，一概不另注书名，其出处参见《作者小传》或《引用书目举要》。一曲见诸各书而彼此主名互异，其中有颇难确定作者的，则依不同情况标明：凡皆出自别集者，双收之；凡一见于词集，一见于总集者，以别集为主录之，另立复出条目；凡同见于曲选总集者，酌情或两处互见，或置于一人名下而于另一人之篇(首)末标注“复出”。字句、题目、作者有异者皆于篇(首)末出详细校勘记。书后另有《明人散曲有关作品作者异名表》、《作者姓名字号籍贯索引》、《曲牌及使用此曲牌之作品首句索引》等附录三种。1994年3月齐鲁书社出版。

杂剧十段锦　杂剧剧本总集。明无名氏编。收朱有燉《曲江池》、《义勇辞金》、《八仙庆寿》、《仗义疏财》、《继母大贤》、《豹子和尚》、《团圆梦》、《烟花梦》杂剧八种，及陈沂《题桥记》、无名氏《汉赋题桥》(亦作《题桥记》)，共十种，故名。主要是朱有燉的剧作(《献赋题桥》一种，庄一拂《古典戏曲存目汇考》亦归于朱有燉名下)。有嘉靖三十七年(1558)绍陶室原刻本。1913年武进董氏诵芬室据以影印。

元明杂剧　杂剧剧本总集。明无名氏编。收有元马致远《荐福碑》、乔吉《金钱记》、明贾仲明《金童玉女》、王九思《杜甫游春》等杂剧四种。这些剧本虽也收入其他戏曲总集，但版本以此为早，很有校勘价值。有明陈氏继志斋刊本，《古本戏曲丛刊》据之影印。另收元明杂剧之戏曲总集《古名家杂剧》残本，近人整理出版亦题《元明杂剧》。

摘锦奇音　全名《徽板合像滚调乐府官腔摘锦奇音》。戏曲作品总集。明龚正我编辑。六卷。书分上下二栏，上栏为小曲、酒令、灯谜等，下栏为剧曲，收三十二种六十六个单出(折)，包括《白兔记》、《琵琶记》、《会真记》、《幽闺记》、《玉簪记》等著名剧作的单出(折)，也选了《皮囊记》、《嫖院记》、《箱环记》、《男后记》(《男王后》)等不为人注意的作品。其中如阙名《嫖院记》，今全剧已佚，此书残存二出。从剧种说，包括了元明南戏、传奇和杂剧；从声腔说，兼收南调、北调和弋阳、青阳、昆山诸腔。所选当多为明中叶以前仍在舞台演出者。有明万历三十九年(1611)书林张三怀刻本。今人王古鲁《明代徽调戏曲散出辑佚》收有本书作品。

大明春　全名《徽池雅调南北官腔乐府点

板曲响大明春》，又名《万曲长春》。戏曲作品总集。明末程万里编。六卷。分三栏，中栏为小曲、杂诗、方语等，上下二栏为戏曲。收明代传奇三十一种中的五十四个单出。著名作品有《玉簪记》、《玉环记》等。其中《天缘记》仅见于《曲海总目提要》著录，《征辽记》、《征蛮记》、《织锦记》见《远山堂曲品》著录，《谪仙记》、《兴刘记》、《结义记》未见诸书著录，此书均保存了散出。有万历书林金魁刊本。

柳枝集 全名《古今名剧柳枝集》。杂剧剧本总集。明孟称舜编。收元人作品包括杨显之《潇湘夜雨》、白朴《墙头马上》、郑德辉《倩女离魂》等十六种；明人包括谷子敬《城南柳》、朱有燉《三度小桃红》，以及孟称舜自己的作品在内的杂剧十种，共二十六种。其中《二郎收猪八戒》一种实系杨讷《西游记》之第四本。取柳永词〔雨霖铃〕"杨柳岸晓风残月"为题名，以"婉约"为选编宗旨。附选编者的评点。有崇祯刊本。此书与《酹江集》合称《古今名剧合选》。《古本戏曲丛刊四集》已全部影印出版。

酹江集 全名《古今名剧酹江集》。杂剧剧本总集。明孟称舜编。收关汉卿《窦娥冤》、马致远《汉宫秋》、王德信《丽春堂》等元人杂剧十八种。明人包括朱有燉《仗义疏财》及孟称舜本人作品在内的杂剧十二种，共三十种。附鍾嗣成《录鬼簿》。书取苏轼《念奴娇》(赤壁怀古)"一樽还酹江月"为题，以"雄爽"为编选宗旨。附选编者评点。有崇祯刊本。此书与《柳枝集》合称《古今名剧合选》。《古本戏曲丛刊四集》已全部影印出版。

古今名剧合选 杂剧剧本总集。明孟称舜编。为《柳枝集》和《酹江集》的合刊本。共收元明杂剧五十六种。首有崇祯六年(1633)选编者自序。此序合各剧所附评点，代表了作者的戏曲批评思想和审美观。此书作品已由《古本戏曲丛刊四集》全部影印出版。

六十种曲 戏曲剧本总集。明清之际毛晋编。共收杂剧《西厢记》一种，传奇五十八种，其中汤显祖《还魂记》兼收原作与硕园改订本，总计六十种。全书共六套，每套各收十种。是我国古代篇幅最大、流传最广的一部戏曲选集。此书是无注释、无题评的白文本，对选取的底本，也未作说明或著录。所收虽六十种，却包罗了"荆、刘、拜、杀"等南戏主要剧目，影响甚广的《西厢记》、《琵琶记》、《浣纱记》，以及汤显祖的全部作品、沈璟的主要作品。其中有的选本所用底本，较其他刊本有较多优点，还有十六种选本在此以前未见刊本。此书编刻于明末清初，有毛氏汲古阁刊本。原刻本每套均标名汲古阁《绣刻演剧十种》，前后共分六次刊行。清初重刻本因系一次出书，始有"六十种曲"之称。另有民国二十四年(1935)开明书店排印本，1955年文学古籍刊行社依开明书店本重印，并对缺漏错讹之处作了校补。

墨憨斋定本传奇 传奇剧本总集。明冯梦龙改订。冯氏为吴江格律派戏曲家。他对戏曲仅供案头欣赏而不适于演出感到不满。如对于汤显祖，他认为是"千古逸材"，而《四梦》以"《牡丹亭》最胜"，但"识者以为此案头之书，非当场之谱，欲付当场敷演，即欲不稍加窜改而不可得也。"(《牡丹亭小引》)他还把经他改订过的《牡丹亭》易名为《三会亲风流梦》。有的作品，如《女丈夫》一本，又系张凤翼《红拂记》、凌濛初《虬髯记》及刘方《女丈夫》三剧合并增删而成。各剧并多有序或小引和评点，用"墨憨斋定本"之名陆续予以刊刻。他所改订的作品据《双雄记序》，为数当不下"数十种"之多。今见崇祯刊刻十四种，其中包括了冯氏之《双雄记》、《万事足》两种，尚有上述二种以外的《新灌园》、《酒家佣》、《量江记》、《精忠旗》、《梦磊记》、《洒雪堂》、《楚江情》、《邯郸梦》、《人兽关》、《永团圆》。其中《女丈夫》分上、下，故实存十一种。1960年中国戏剧出版社汇集影印，分上、中、下三册出版。

盛明杂剧 杂剧剧本总集。明沈泰编。分初、二两集。集三十卷，卷各一种，共收明代杂剧六十种。前有崇祯二年(1629)张元徵、徐翙、程羽文三序。《凡例》云：此书"非快事、韵事、奇绝、趣绝者不载"，"又如旁及诙谐，足捧滑稽之腹亦附集末。其他俗本虽多，未堪解酲，岂敢灾梨。"说明沈泰在编集时有所甄选。主要是嘉靖以后的作品，故以"盛明"冠之。其中有如徐渭《四声猿》、沈自徵《霸亭秋》、《簪花髻》、孟称舜《桃花人面》、康海《中山狼》、王九思《沽酒游春》、朱有燉《香囊怨》等著名剧作，亦有如《一文钱》、《齐鲁绝倒》之类旁及诙谐之作，足以反映明中叶以后的杂剧成就，故张元徵序认为，是书可"与(臧懋循)元人百种(《元曲选》)并传"。初集刊刻于崇祯二年，二集刊刻于十四年。民国七年(1918)诵芬室翻刻了初集，后于民国十四年翻刻了二集。1958年中国戏剧出版社据以影印出版。

玄雪谱 全名《新镌绣像评点玄雪谱》。戏曲单出总集。明末清初锄兰忍人选辑、媚花香史批评。四卷。收元明作品三十九部中的八十二个单出。其中有元杂剧《西厢记》，南戏《琵琶记》，明代传奇《望湖亭》、《东郭记》等剧。有的全剧今已不存，此书存有散出，如《冰山记》等。有明崇祯间刊本。

万壑清音　全名《新镌出像点板北调万壑清音》。戏曲单出总集。明末止云居士编选。八卷。收三十八种戏文和传奇中的六十八个单出。每剧一到五出不等，包括《连环记》、《千金记》、《鸣凤记》、《昙花记》等著名作品，也收入一些不为人注意的作品，如《李丹记》、《负薪记》、《歌风记》等剧的散出。其中，后二种全剧今已佚，赖此书保存了部分作品。有明末刊本。

歌林拾翠　全称《乐府清音歌林拾翠》。传奇单出总集。选编者为明末清初人，姓氏不详。初、二两集，各十册。初集收《寻亲》、《浣纱》、《烂柯山》、《荆钗》等十六出；二集收《金貂》、《白袍》、《绣襦》、《玉簪》等十四出。皆明代著名传奇之选萃，从中可知这些剧作演出不辍，深受群众欢迎。今存清顺治十六年(1659)金陵奎璧斋刻本。

纪录汇编　笔记丛书。明沈节甫编。《明史·艺文志》杂家类著录二百一十六卷，辑书一百二十三种。《四库全书总目》杂家类存目，谓一百一十九种。首陈于廷序谓："是书虽稗官野史之流，然皆识大识小之事，因亟登梓，以广同好"。是书专记明代故实。按类分从，卷一至卷九为明太祖至世宗之御制诗文；卷一〇至卷一五记君臣间问对及恩遇诸事；卷一六至卷二三记土木堡之变、英宗蒙尘，景帝监国；卷二四至卷二五记英宗南巡；卷二六至卷三四记太祖、成祖平定诸方事；卷三五至卷五六为明中叶以来平定各少数民族地区的记载；卷五七至卷六六为平定诸藩国之见闻；卷六七至卷九六记明代各朝政治；卷九七至卷一二三为人物传记；卷一二四以后为杂编。其中主要为各朝名臣、贤士及科第人物；所采书较著者有如刘昌《悬笥琐谈》、王锜《寓圃杂记》、徐祯卿《翦胜野闻》、田艺蘅《留青日札》、叶盛《水东日记》、何良俊《四友斋丛说》、王世贞《凤洲杂编》等。《四库全书总目》评为其中"一概阑入，未免务博好奇，伤于冗杂。且诸书有全载者，有摘抄者，或甚有一书而全录其半，摘抄其半者，为例亦复不纯"。是编初刊于明万历四十五年(1617)。《丛书集成初编》收入。

烟霞小说　笔记小说丛书。明陆贻孙编。二十二卷。是编收稗官杂记，但题名不一，有一书多名者。张元济《涵芬楼烬馀书录》曾指出："明《烟霞小说》有《蓬轩吴记》、《蓬轩别记》，歧为二名，又误题杨循吉著。"所以实际收书只十二种，计：杨循吉《吴中故语》、黄暐《蓬轩吴记》、马愈《马氏日钞》、杜琼《纪善录》、王凝斋《名臣录》、陆延枝《说听》、陆粲《庚巳编》、徐祯卿《异林》、祝允明《语怪编》、《猥谈》、杨仪《高坡异纂》、陆灼《艾子后语》。其体例仿曾慥《类说》，对于所取之书多有删削，但并无文字改篡。如《语怪编》仅存一卷。《庚巳编》则十卷存四。存明刊本、清光绪二十七年(1901)上海文贤阁本等。

广快书　笔记小说丛书。明何伟然、吴从先编。五十卷。每卷选书一种，是《快书》以后的又一辑刻。《四库全书总目》谓为"又以五十种广之"。各书题名，一如前编，多非原有。如来斯行《无尽灯》，乃从《客邸麈谈》改题而来，篇目也有删略。方弘静《燕贻法录》原题《家训》，洪月诚《秋月镜》原题《肊见》。"所采皆明人说部，每一书为一卷，卷帙多者，则删剟其文，立名诡异，有曰《一声莺》者，有曰《有情痴》者，有曰《照心犀》者，有曰《呕丝》者。"何伟然自序云："书名一家，总取悦性，不益王济之略，不删谢艾之繁，探赜容裁，期于快心而止。"可知其编选时，很注意它的文学性和可读性。今存崇祯刊本。

别　集

望云集　诗别集。明郭奎著。五卷。元末战乱中，作者从朱元璋起事，其双亲及兄弟均亡，故以"望云"名集，以表思亲之情。卷首有赵汸、宋濂序。卷五之末，附有郭奎所撰三篇短文。本集收入的诗都写于元末，应酬之作占的比例颇大。有嘉靖十年(1531)吴廷翰重刊本，《四库全书》本。

枫林集　诗文别集。明朱升著。八卷。学者称其为"枫林先生"，故名。卷首有明万历四十四年(1616)范涞序。卷一前半为朱元璋手敕、官诰，后半才是其文。卷八以后为附录，收入《徽州府志》本传、廖道南赞诗(编为卷九)；友人所赠诗文(编为卷一〇)，故本集一般均著录为十卷本。《四库全书总目》斥为"殊为非体"，仅列名于别集类存目。卷末有范槱跋。署"新安明儒学士朱升著，晞阳居士范涞校，裔孙时新阅辑、时登参辑”。有万历间刻本。近有黄山书社排印《安徽古籍丛书》本，题《朱枫林集》。

临安集 诗文别集。明钱宰著。十卷，别本六卷。作者系五代吴越王钱氏后裔，本籍临安，故以名集。凡文集五卷、诗集五卷，文集前有明洪武二十九年(1396)自序，诗集前亦有同年的“又序”。均为其生前手自编定。传本罕见，《明史·艺文志》、明焦竑《国史经籍志》均未收入，仅著录于《千顷堂书目》卷一七。有明祁氏澹生堂抄本。清乾隆年间编《四库全书》，因未见原本，便据《永乐大典》辑录其诗文，重编成《临安集》六卷。今人栾贵明《四库辑本别集拾遗》又据《大典》残帙补辑出诗二十七篇。六卷本卷一、卷二为诗，卷三至卷六为文。

翠屏集 诗文别集。明张以宁著。四卷。作者家于古田翠屏山下，学者称“翠屏先生”，因以名集。作者死于自安南使归途中，由其子张孟晦编成文集，门人石光霁编成诗集，分别由宋濂、刘三吾、陈南宾作序。其孙张隆又编刊了写于出使安南时的作品。后由裔孙张淮统编而成今本四卷。作者在元末明初文名颇著，《四库全书总目》指出：“其文神锋隽利，稍乏浑涵深厚之气；其诗五言古体意境清逸，七言古体亦遒警。”但又具体批评道：“惟《倦绣篇》、《洗衣曲》等数章，稍未脱元季绮缛之习。近体皆清新，间有涉于纤仄者。”本集诗、文各二卷，卷首有洪武二十二年(1389)陈南宾序，卷末有洪武二十三年石光霁跋。有宣德三年(1428)刻本、成化十六年(1480)刻本、《四库全书》本。

花溪集 诗文别集。明沈梦麟著。三卷。作者故里在归安花溪，因以名集。卷首有明弘治六年(1493)彭韶序。卷一为文章及古乐府，卷二、卷三为诗。卷末有八则补辑的佚作及沈溥跋，明弘治九年李恩仁跋，弘治十年未署名后序。本集为作者后裔沈清编，沈来瑞“命子锓梓以传”。其文数量较少，诗以七律最为工稳得体，被时人称为“沈八句”。与赵孟頫同乡又是姻亲，诗文均受到赵孟頫影响。一生著述颇丰，但因死后其家罹祸，子孙谪戍北边，文稿散佚，今存者仅此三卷。常见版本有《枕碧楼丛书》(据日本旧抄本刊行)本、《四库全书》本。

云林集 诗别集。明危素著。二卷。云林山在危素家乡金溪，其又曾以云林为别号，故名。本集署“南阳廼贤易之编”，廼贤即马易之，是入居中原的葛逻禄族人士，死于至正二十八年(1368)，故本集收入的都是作于元代的诗。卷首置虞集作于顺帝至元三年(1337)的赠行序作为代序，仅录诗七十八首。危素不以诗名，存诗数量、质量均不能与其文相称。有民国间吴兴刘氏嘉业堂刻本，卷末附有由清鲍廷博辑《云林集补遗》、《云林集续补》。

说学斋稿 文别集。明危素(室名说学斋)著。十卷(别本四卷)。危素原有文集五十卷，但在明初就已散佚。明嘉靖三十八年(1559)归有光从吴氏借抄危素文稿，原不分卷，但题目之下注有写作时间(干支)，均为元时所作，共存文章一百三十三篇。此后各种版本的《说学斋稿》均出于此，只是析卷不同。卷首有明隆庆五年(1571)叶恭焕序。所收文章绝大部分为记、序二体。卷末有归有光跋。主要有民国吴兴刘氏嘉业堂刻十卷本，后有附录一卷，收入有关志传，另有民国二年(1913)刘承幹跋。四卷本有《四库全书》本、清刻本等。

危太朴文续集 文别集。明危素(字太朴)著。十卷。作者原有文集五十卷，佚于明初。至明嘉靖末，才从稿本中录出危素文一百三十三篇，重编为《说学斋稿》十卷(或四卷)。民国间，吴兴刘氏嘉业堂除了刊刻其《云林集》、《说学斋稿》，又刊刻了刘承幹本人所辑的此续集十卷。共录危素佚作一百三十篇，主要录自知圣道斋旧抄的《说学斋稿》二册，此旧抄本当与归有光所发现的《说学斋稿》同为文集原稿的不同片断。有附录一卷，收入有关诗文，并有民国三年(1914)刘承幹所写跋语。《四库全书》别集类存目曾注录一种《危学士全集》十四卷，系《云林集》、《说学斋稿》合刊的一种本子，此续集并非十四卷本的续集。

一山集 诗文别集。明李延兴(号一山)著。九卷。卷首有李敏序，景泰四年(1453)黎公颖序。卷一、卷二为赋、诗，卷三至卷九为文。本集为其孙李伸编次，黎公颖受福建监察御史许公之命校正。其诗较平淡，成就不如其文，其文俊伟疏朗，不失前人规范。有清初金侃抄本、《四库全书》本，后者曾影印收入《湖北先正遗书》，流传较广。

石门集 诗文别集。明梁寅著。卷数各本不一。作者曾结庐石门山，学者称为石门先生，因以名集。《四库全书》收入的为七卷，清乾隆十五年(1750)刻本为十卷，另有明嘉靖三十一年(1552)刻本为二卷，清抄本为十五卷。各本内容互有出入，但大致相差不多。《四库全书总目》认为十卷本是从七卷本析成，但十卷本较常见，是通行本。卷前有清人序二篇、明嘉靖三十一年李先芳《重订石门集序》、洪武二十三年(1390)石光霁撰《石门行状》、《明史·梁寅传》。卷一至卷三为文，卷四、卷五为诗及词，卷六至卷八为经史论文，卷九、卷一〇为策论。卷末有门人黎卓后序，嘉靖九年张鹏跋。

蒲山牧唱　诗别集。明魏观著。不分卷。作者于元末曾隐居蒲山，读书避乱，故名。其诗讲究气骨，在元末明初特为挺出。集中之作以体裁类编。有成化四年(1468)其曾孙魏铭编刊本。

海桑集　诗文别集。明陈谟著。十卷。学者称其为“海桑先生”，故名。卷首有明永乐七年(1409)晏璧序。卷一、卷二为诗，卷三至卷一〇为文。其集始编于陈谟之甥杨士奇，是为诗文各二卷，但未见传本。所作以文较优，体格简雅，诗则春容蕴藉，于杨士奇台阁体不无影响。有清康熙十九年(1680)裔孙陈邦祥重刊本，《四库全书》据以收入。

天衢舒啸集　诗别集。明詹同著。二卷。其诗风格挺劲，与元末纤秾之习迥不相同。有清初抄本，卷末有“补遗”，当为抄者所补辑。

白云樵唱　诗别集。明王恭著。四卷。卷首有永乐九年(1411)林环序，卷末有成化十九年(1483)黄镐跋。四卷均为古今体诗，诗后有附录一卷，收有林慈《皆山樵者传》等有关其生平的文章。其集流传不广，至明中叶已相当少见，成化间黄镐才于吏部郎中、长乐黄汝明家得见此集，并刊刻行世。附录的文章，系得自福州举人吴锵。黄刻本后收入《四库全书》。

草泽狂歌　诗别集。明王恭著。五卷。作者长期隐居乡里，故名。卷首末无序跋，所录皆其中年所著，被认为有“大历十才子”遗音。朱彝尊《静志居诗话》卷三以为“安中(王恭)整练不及子羽(林鸿)，而风华跌宕，多缥缈之音，固似胜之”。有《四库全书》本、《四库全书珍本初集》本。

胡仲子集　诗文别集。明胡翰(字仲子)著。十卷。据《明史》，其文集为《胡仲子集》，其诗集为《长山先生集》，本集则兼有诗文，当系统编二集而成，编者是其门人刘刚及王懋温。有洪武十四年(1381)原刊本，罕见。今所见多出于旧抄本。卷首有洪武十三年宋濂序，卷一至卷九为各体文，卷一〇为诗。卷末有洪武十四年刘刚后序。诗存世不多，而格意特为高秀；其文受到元代古文家吴师道、吴莱的影响，被目为“学林老虎文渊鲸”(宋濂语)，但略显质直。另有《四库全书》本、《金华丛书》、《丛书集成初编》等本。

樗庵类稿　诗别集。明郑潜(别号樗庵)著。二卷。元末所作诗编有《行役小稿》、《揽辔稿》各一卷，后合编成《樗庵类稿》。但此集久无传本，清乾隆年间修《四库全书》，从《永乐大典》中辑出古体诗五十首，近体诗一百四十六首，并录有程以文、贡师泰、揭轨原序各一篇，重编为二卷本，并认为“所遗亦无几矣”。今人栾贵明《四库辑本别集拾遗》据《永乐大典》残帙，又辑出四库本漏收诗七篇。郑潜虽仕于明，但本集所收诗都作于元末。今传本除《四库全书》本外，有《四库全书珍本初集》本。

王徵士诗　诗别集。明王沂著。八卷。王沂未仕于元明，但于洪武三年被徵为亲王说书，故以“徵士”名集。卷首有明洪武十年(1377)乌斯道序、彭镛序；卷末附有梁潜《王竹亭行状》(又收入《国朝献征录》卷一〇四)、杨士奇《王竹亭墓志铭》、永乐十二年(1414)胡广《故徵士王竹亭墓表》。据乌斯道序，本集为其门人萧翚所编，但志传不载其名，仅云有《竹亭退稿》与《二妙集》。后者是王沂兄弟合集，收王沂诗八卷、王佑诗四卷，亦由萧翚编次。故本集应即《二妙集》的王沂诗部分。传本极罕，清阮元《四库全书未收书目提要》著录。有《选印宛委别藏》本。

白云集　诗文别集。明唐桂芳(号白云)著。七卷。本集或分称《白云诗稿》四卷、《白云文稿》三卷。诗稿卷四除诗外尚收有赋、辞、词。有明程敏政刻《唐氏三先生文集》本，另有清《四库全书》本。

东皋录　诗文别集。明妙声著。三卷。作者居室有东皋草堂，因以名集。生前曾缮写生平所作，藏之山房。洪武十七年(1384)春，由其法孙德瓛写了跋语，并刻版传世，是为七卷本，凡诗三卷、文章四卷。今传本为三卷，卷上为诗，卷中、卷下为文，当系明末藏书家毛晋所归并。有《四库全书》据毛氏汲古阁抄本收录本。

澹居稿　诗文别集。明至仁(号澹居子)著。二卷。本集署“前饶州路总管府判官皇甫琮廷玉编”，卷首有元至正二十四年(1364)江左外史克新序。卷一为文，卷二为诗。集中诗文均作于元代。有清抄本，另外尚有日本宽文甲辰(清康熙三年，1664)刊本。

鹅湖集　诗文别集。明龚敩著。六卷。据明焦竑《国史经籍志》，龚敩集原本六卷，亡佚已久。清乾隆年间编《四库全书》，因不见本集传本，特从《永乐大典》中辑出其诗文，亦厘成六卷。今人栾贵明《四库辑本别集拾遗》又据《永乐大典》残帙补辑诗一篇。本集卷一至卷三为诗，卷四至卷六为文。有《四库全书》本。

海叟集 诗别集。明袁凯（号海叟）著。四卷。原本系袁凯自定，明初有祥泽张氏刻本，但传本极稀。明隆庆年间何玄之据原本改排的活字本是现存较早的版本，后万历年间又由张所望重刊。清康熙末年曹炳曾略作校补又再次刊行，内容较为完备，《四库全书》即以此为底本。卷首有李梦阳、何景明序，正德元年（1506）陆深题识，嘉靖四十三年（1564）董宜阳序，万历十七年（1589）王俞序。四卷之后，还有补遗五首（《四库全书》本未抄）及嘉靖八年（1529）刘诜跋。袁凯另有《在野集》，为明人朱应祥所选，内容不全，仅有二首出《海叟集》之外，康熙本已辑入补遗。另有李梦阳、何景明校选的《海叟集》，也是选本。

潜溪集 文别集。明宋濂（号潜溪）著。八卷。本集所收，均为写于元末之文，原本系郑涣兄郑仲舒所辑，由郑涣增补编定。初刊于元至正年间，有陈旅序、至正十三年（1353）王袆序、欧阳玄序、至正十六年郑涣跋。另有明黄溥辑刊《潜溪集》十八卷，与本集内容不同，是宋濂一生著作的选本。据《宋学士文粹》郑济跋，《潜溪集》原本四十卷。但今见此集均只八卷，当为明人所删并。八卷。原刊本已不可见，今存明嘉靖十五年（1536）温秀校刊本。

潜溪后集 文别集。明宋濂（号潜溪）著。十卷。宋濂有《潜溪集》八卷。本集所收均系作于元末的文章。卷首有欧阳玄序，卷末有至正十七年（1357）杨维桢及赵汸等人的后序，当始编于此前后，而《潜溪集》则编成于至正十六年。本集存本颇稀，有洪武刊本。另以上两集的文章均未收入《宋学士集》七十五卷。

宋学士集 诗文别集。明宋濂（官翰林学士）著。七十五卷。身为一朝文宗，其著作曾一再结集，版本颇繁。作于元朝的，编有《潜溪集》、《潜溪后集》；而作于明朝的，以此七十五卷本较为完备。全书系由《銮坡前集》（即《翰苑前集》）十卷、《銮坡后集》（即《翰苑后集》）十卷、《翰苑续集》十卷、《翰苑别集》十卷、《芝园前集》十卷、《芝园后集》十卷、《芝园续集》十卷、《朝京稿》五卷组成。在朝所作，即“翰苑”四集，归田所作，即“芝园”三集，最后是补遗。卷首有杨维桢于洪武三年（1370）为《翰苑前集》所作序及揭汯、贝琼序。揭汯序称其集为《潜溪新集》，此当为原稿最初题名。本集有明正德九年（1514）太原张缙刊本，曾影印收入《四部丛刊》，较为通行。张缙本系据宋濂手定八编原稿刊行。宋濂诗文集尚有洪武十年（1377）所刊由刘基选定的《宋学士文粹》十卷、天顺五年（1461）黄誉刊《宋学士文集》二十六卷、嘉靖间韩叔阳刊《宋学士全集》三十三卷；较常见的尚有《丛书集成初编》所收《宋学士全集》三十二卷补遗八卷、《四部备要》所收《宋文宪公全集》五十三卷、《四库全书》所收《宋学士全集》三十六卷等。

凤池吟稿 诗别集。明汪广洋著。十卷。以其久在中书省任职，中书省又称凤池或凤凰池，故名。集中诗作以清刚典重为长，“虽当时为宋濂诸人盛名所掩，世不甚称，然观其遗作，究不愧一代开国之音”（《四库全书总目》）。此集编刊于明初，然原本罕传，常见本有《四库全书》本。

覆瓿集 诗文别集。明刘基著。《四库全书总目》称其十卷，但未见传本，今存该集，均为二十四卷。“覆瓿”语出《汉书·扬雄传》“吾恐后人用覆酱瓿也”，系自谦之词。所收诗文，都作于元末，颇有忠于元室的辞句。后因归并为十卷，编入《诚意伯文集》（卷五至卷一四），单行本少见流通。今存有明宣德五年（1430）罗汝敬序刊本，编印者刘貊为刘基孙。

犁眉公集 诗文别集。明刘基（晚年号犁眉公）著。五卷。本集所收诗文，均作者入明所作。后因归并为二卷，编入《诚意伯集》。单行本少见流传。有明宣德五年（1430）李时勉序刊本，为其孙刘貊所编。

诚意伯集 诗文别集。明刘基（封诚意伯）著。二十卷（别本十八卷）。刘基原有《覆瓿集》、《犁眉公集》、《写情集》等集，至成化六年（1470）杨守陈序刊本，始将其统为二十卷。卷一为《翊运录》，实是有关作者生平的资料；卷二至卷四为《郁离子》；卷五至卷一四为《覆瓿集》；卷一五、一六为《犁眉公集》；卷一七、一八为《写情集》；卷一九、二〇为《春秋明经》。各集顺序并未打乱，且附有原序跋文字。后有正德十四年（1519）林富序刊，嘉靖七年（1528）叶式序刊，隆庆六年（1572）谢廷杰序刊等本，内容基本相同，仅各集先后排列略有不同。谢廷杰序刊本卷下题"丽水何镗编校"，曾影印收入《四部丛刊》，较为通行。此本特点是收入序跋及有关碑传相当全，写刻亦精，但书前目录与正文编次并不一致，且打乱各集次序，重按文体类编。本集另有嘉靖三十五年(1556)序刊本，为樊献科编次，归并为十八卷。

苏平仲集　诗文别集。明苏伯衡(字平仲)著。十六卷。卷首有洪武四年(1371)刘基序，正统七年(1442)黎谅识语，洪武十三年宋濂序。卷一至卷一四为文，卷一五为诗，卷一六为《空同子瞽说》二十八则，"空同子"为其别号。卷一六末有洪武八年胡翰跋。其文文词蔚赡，颇有宋人轨范，以碑传最佳。其诗传世不多，五言诗颇见气骨。《空同子瞽说》仿先秦诸子文体，多托物寓意之词，是别具一格之作。本集早期有蒙阴县主簿林与直编刊本，但罕见传本。有明正统七年黎谅重刊本、《四库全书》本、《四部丛刊》本等。

全室外集　诗文别集。明宗泐(号全室)著。十卷。卷首有徐一夔序。又分为正集九卷，卷一至卷八为诗，卷九为文；续编一卷，均为诗。徐序称"其诗众体毕具，一字一句，涤去凡情俗韵"，其古体诗气势超拔，与元明之际僧诗相比，较少蔬笋气。有《四库全书》本、《赤城遗书汇刊》本。《盛明百家诗后编》收入的《释全室集》系其选本。

西隐文稿　又名《西隐集》。诗文别集。明宋讷(号西隐)著。十卷。据刘三吾撰墓志，其集原为十七卷，但今传本皆十卷，当系明人所删并。卷一为赋，卷二至卷四为诗，卷五至卷一〇皆文。并录有明太祖手敕四道、《白云茅屋赋》及记。集中的《太学碑》是奉敕所撰，极受明太祖赏识；其诗被称为"有风人忠厚之遗"(《四库全书总目》)。今存万历六年(1578)刻本，有顾尔行序及刘师鲁后序，署"滑台后学王崇之编次，东莱后学刘师鲁校刊"。《四库全书》所收即此本。

坦斋文集　诗文别集。明刘三吾(号坦斋)著。三卷(别本二卷)。卷首有成化十二年(1476)俞荩序。本集系其玄孙刘谟编次，俞荩校刊。《四库全书总目》云"其集在明代不甚传"，且云"三吾于洪武中典司文章，颇被恩遇。然其文钩棘而浅近，未能凌轹一时"。有成化刊本。别本二卷，有附录一卷，卷首有万历六年(1578)刘应奉序，卷末有谭希恩跋。有万历刻本。

拙庵集　诗文别集。明杜敩(号拙庵老人)著。十卷。卷首有明天顺八年(1464)叶盛序，成化八年(1472)钱溥序。卷一为"圣制"，所收均为明太祖敕谕等，卷二至卷七为诗，卷八、卷九为文，卷一〇是"附录"，收入行状酬赠等有关作者生平的资料。卷后有明嘉靖四年(1525)刘龙后序、张友直跋。本集传本颇少见，有成化、嘉靖刊本。

白云稿　文集。明朱右著。十二卷。本集传本极少见。清乾隆年间修《四库全书》，所获均只有前五卷。清末全本始为人所知。卷首有元至元五年(1339)李孝光序、张天英及宋濂序、至正四年(1344)危素序、至正二十年刘仁本序、杨翮序、至正十四年倪中序。朱右为文出入于经史，但往往理胜于辞。上述各序均作于元末，但本集中有入明所作篇什，当系明初所编。收入各体文章一百七十八篇。有明初刻本。

清江集　诗文别集。明贝琼(世称清江先生)著。四十卷。其中文集三十卷，包括《海昌集》一卷、《云间集》七卷、《两峰集》三卷、《金陵集》十卷、《中都稿》(亦称《中都集》)九卷；诗集十卷(其中卷一〇为赋与词)。卷首有徐一夔序，称本集为贝琼子翱任楚王府纪善时刊。有明洪武刊本，《四部丛刊》据之影印。另有《四库全书》本，其底本乃清金檀于康熙四十六年(1707)所刻。四十一卷。然其文集卷三一实将《中都稿》卷九后半之《归田稿》单独析出别为一卷。《四库全书总目》云该集仅有抄本流传，至金檀始有刻本，当是未见洪武本所致。

草阁诗集　诗别集。元末明初李晔(别号草阁)著。六卷，附拾遗一卷、文集一卷。诗集是其友人胡伯宏、徐孟玑等人所辑，拾遗是其门生唐光祖所辑，文集仅录文四篇，似亦为唐光祖辑。卷首有宋濂序，卷末有残跋一则。本集一般还附有李晔子李辕的《筠谷诗集》一卷。主要版本有《四库全书》本，但题作者为李昱；另有《武林往哲遗著》、《湖墅丛书》中所收的本集。以上三种版本卷帙、编次均相同，当源于同一抄本。

春雨轩集　诗别集。明刘枬(或作刘炳)著。四卷。有居室名春雨轩，因以名集。本集初结于元季，系其门人刘子昇所编，杨维桢评定。有清康熙间《鄱阳五家集》本，后收入民国间刊《豫章丛书》，并附魏元旷撰《校勘记》、胡思敬《校勘续记》。刘枬别有《刘彦枬集》九卷，前八卷亦为诗。

刘彦昺集 诗文别集。明刘昺(字彦昺)著。九卷。其集原题《春雨轩集》,系诗集四卷。本集将诗词析为八卷(卷一至卷七诗,卷八词),又增辑一卷文,改题今名。原本为门人刘子昇所编,杨维桢评定。卷首有洪武初玄虚羽人叙,危素、宋濂、杨维桢(作于元季)、俞贞木等序。卷后附有数篇与其家世有关的志铭及王祎著《春雨轩记》等文章,末为周象初的"后序"。有清抄本及《四库全书》本。

荣进集 诗文别集。明吴伯宗著。四卷(别本三卷)。伯宗为洪武三年(1370)解元,次年廷试第一,号称"明开科第一状元"(本集题署),故名其集为"荣进"。原有文集二十余卷,但今存仅此。卷一为乡试、会试、殿试的考卷,卷二、卷三为诗及赋,卷四为杂文。《四库全书总目》以为"其诗文皆雍容典雅,有开国之规模。明一代台阁之体胚胎于此"。收入《四库全书》的四卷本当系抄本,另有万历年间刻本《吴状元荣进集》三卷,署"族裔孙吴兆璧辑,后学傅文兆校,金陵后学周文华梓",卷首有嘉靖二十三年(1544)黄直序。

陶学士集 诗文别集。明陶安(官翰林学士)著。二十卷。其诗原有《辞达集》、《知新近稿》等集,但均未见传本。本集卷一至卷一〇为赋、诗、词,卷一一至卷二〇为文。以上各集均类次编入前十卷当中。其文近半数为赠人送行之序引,措词结构等有雷同处。"安声价亚于宋濂,然学术深醇,其词皆平正典实,有先正遗风"(《四库全书总目》)。本集一般尚附收有夏炘著《陶主敬先生年谱》一卷。有弘治十三年(1500)刻本。

一斋集 诗文别集。明朱善(号一斋)著。十六卷。本集系其子编集,卷首有聂铉序及墓志铭,墓志铭称朱善为朱善继,当为刊误。前集十卷,卷一至卷八为各体文,卷九为题辞、诗(仅十首),卷一〇又是文,编次较乱。后集五卷,卷一至卷四为文,卷五为诗,仅卷一题《辽海集》,但卷五之诗全系往返辽海所作纪行篇什。后集之后又附有《广游文集》一卷,是洪武十七年(1384)应广东布政司之请主持粤省文衡时的作品。原刊本未见传世,今存早期刊本有成化二十二年(1486)六世孙朱维鉴重刊本。

始丰稿 文别集。明徐一夔著。十四卷。据《千顷堂书目》,著录十五卷,但今传本均只十四卷,有文无诗。其诗今散见于《明诗纪事》等书。此十四卷又分为前稿(卷一至卷三)、后稿(卷四至卷一四)两部分。其文以"记"较有文采,而"杂述"中的《辨钱塘铁箭》等篇被认为是"精于考核"(《四库全书总目》引王士禛语)的大手笔。有《四库全书》本及《武林往哲遗著》本,后者尚有补遗一卷、附录一卷。

可传集 诗别集。明袁华著。一卷。袁华系元末诗坛盟主杨维桢的得意门生,杨维桢于元至正二十二年(1362)将其所作千余首诗选出八十四首,编成一卷,视其为能够传世之作,故名《可传集》。所收诗均作于元末,即作者二十岁至五十岁之间,风格与杨维桢倡导的"铁崖体"并不一致,无纤秾之习,"大都典雅有法"(《四库全书总目》)。有《四库全书》本。

耕学斋诗集 诗别集。明袁华著。十二卷(别本十卷)。本集传本相当少见,其诗也较少为人所论及。此集无序跋,凡古体诗七卷,近体诗五卷,卷一尚收有几篇"骚"。未知为何人何时所编,所收诗凡可推定写作时间的,大都作于元末,最晚者为洪武六年(1373)所作,即《癸丑正月风雨中偶成》,颇怀悲凉感慨之思。有《四库全书》本。北京大学另有十卷本,为清抄本,署"汝阳袁华子英著,河东吕昭克明编",罕见。

覆瓿集 诗文别集。明朱同著。八卷。《汉书·扬雄传》有"恐后人用覆酱瓿"之语,系自谦之词,因以名集。卷一至卷三为诗,卷四至卷七为文,卷八是附录,收入一组友人所赠诗文。卷末有范檏跋,云"从其后裔求旧迹,见画菊题咏及是稿数种。文追两汉,书逼晋人,诗俪盛唐,洵所谓三绝者也",并说本集系其裔孙朱无垢所刻。有万历四十四年(1616)歙县朱氏家刻本,清代收入《四库全书》。

永嘉集 诗文别集。明张著(号永嘉子)著。十二卷。卷首有明宣德二年(1427)吴讷序,宣德三年王直序,永乐六年(1408)周榘撰《永嘉先生传》。卷一至卷八为诗,卷九为集句,卷一〇至卷一二为文。署其子张规、张矩集,严本校正。未见明刊本传世,《明诗纪事》甲签卷二六指出:"'永嘉'一集,雅健丽则,诸体并工,亦明初诗家罕见之笈也。"《四库全书》未收,有明抄本及清初旧抄本,另有《敬乡楼丛书》本。

白石山房逸稿 诗文别集。明张孟兼著。二卷。孟兼曾于白石山中筑书斋,故以名集。据《明史·艺文志》、焦竑《国史经籍志》所载,张孟兼集为六卷,已不见传本。到清乾隆年间修《四库全书》时,能见到的张集有两种,一为五卷本，一为二卷本。前者为其十一世孙张思煌重编，但其中十之七八是他人与张孟兼题赠之作，所收诗文较后者尚少数篇，故取二卷本编入《四库全书》。卷上为诗，卷下为文。文后有"义门"郑渊的《跋张孟兼白石山房诗卷》。最后是附录，收有一组有关的文章。除《四库全书》本外，尚有《续金华丛书》本，有补录一卷，内容较前者略多。

独醉亭集　诗别集。明史谨著。三卷。史谨侨居金陵，构独醉亭以处，故名。原本系其自编，只以诗体分而不分卷。传本于后半部之前题曰"遗稿"，当系其去世后由后人编辑佚诗附于原本而行。诗中以题画之作最有特点，数量也颇大。其诗以意境深幽，颇耐讽诵见长，不涉元末绮靡之习，亦不追宋末酸腐之调，个人风格比较鲜明。清乾隆《四库全书》本，据进呈不分卷旧抄本厘为三卷。

槎翁集　诗文别集。明刘崧(号槎翁)著。十八卷。刘崧在明初文坛颇有影响，号称平生所著诗文万篇，然罕见传本。清乾隆时修《四库全书》，仅收入《槎翁诗集》八卷，认为其文"颇伤流易，殊不及其诗"，故弃而不取。其诗始刻于明代的邑人萧氏，然亦非全稿。明正德十五年(1520)，吉安知府徐士元从刘氏后人处觅得家藏文集，编成十八卷，并捐俸刻之，至嘉靖元年(1522)夏始成书。此嘉靖元年刻本是本集仅存的版本，卷首有罗钦忠序，卷末有邹守益后序。据王重民《中国善本书提要》，《四库全书》存目的《槎翁文集》即是此集的文集部分。另有《刘槎翁先生诗选》十二卷，今存万历刻本，卷首有万历二十五年(1597)张应泰序，洪武五年(1372)宋濂等序，据张序，可知此十二卷所收，当为其全部诗作的十分之七。

希澹园诗集　诗别集。明虞堪著。三卷。卷首有桑以时序。卷末有丁未(元至正二十七年，1367)虞堪跋。本集为其门生襄阳丘晋所编，存诗共三百三十三首，皆为作于元代的作品。有《四库全书》本及数种旧抄本。另有虞堪诗集，题作《鼓枻稿》，或四卷，或六卷(有补遗一卷)，存诗全同于本集，唯前后编次、分卷略有不同，《四库全书总目》认为很难确定它是原本还是后人据《希澹园集》略作改动之本，故将之列为存目。

全归集　诗别集。明张庸(号全归)著。六卷。卷首有明洪武二十二年(1389)乌斯道序。卷末有正统六年(1441)冯益后序。据后序，可知本集系作者之孙张琳编次。张庸身处元明易代之际，既未为元朝所用，亦未仕于新朝，是典型的"处士"。足迹不出家乡四明，诗的题材较狭窄，仅以格律老到工稳见长。仅见明抄本。

畦乐诗集　诗别集。明梁兰著。一卷。梁兰隐居不仕，故以"畦乐"自号，因以名集。全集共录古今体诗二百三十四首，其中七首原缺，实有二百二十七首。卷首有明洪武三十一年(1398)杨士奇序，据此序，可知收入的诗均为杨士奇早年从作者游时所记诵者，梁兰卒于永乐七年(1409)，此集编成于他生前，当系其亲自阅定之本。此集原附于梁兰子梁潜《泊庵集》之后行世，《四库全书》编者始将两集分立。主要版本有《四库全书》本、《三梁文集》附收本。

王忠文集　文别集。明王祎著。二十四卷(别本二十卷)。王祎于建文时谥文节，正统中又改谥忠文。全书分为前后二集，各十二卷。前集题鄱阳刘杰编辑、庐陵刘同校正，有胡翰、胡行简二序；后集则题刘同编辑、刘杰校正，有宋濂、苏伯衡二序。正统刊本另有杨士奇专为此本所作序。王祎是明初古文大家，宋濂序称其文凡三变：初年所作，幅程广而运化宏；壮年出游之后，气象益以沉雄；四十以后，乃浑然天成，条理不爽。其文以"序""记"二体著力最深，成就也最大。有明正统间刘同、刘杰校刊本，《四库全书》即据此收入。《乾坤正气集》中收有二十卷本，尽管不是原本，但流传较广，曾编入《金华丛书》，后又收入《丛书集成初编》。

春草斋集　诗文别集。明乌斯道著。春草斋为其居家奉母之室。十卷，别本十二卷。本集前五卷为诗，后五卷为文。卷首有宋濂序，序称"乌君继善自幼学文于梦堂"，"为文俊洁如明月珠，起伏如春江涛"。诗如《晚年病目》(七首)，文如《清节先生(桂彦良)传》、《先兄春风先生(乌本良)行状》都以明白晓畅为特色。有《四库全书》本、崇祯二年(1629)浙江萧氏刊本。另《四明丛书》三集所收为十二卷本。《千顷堂书目》著录本集即为诗文各五卷，故十卷本当是其原编旧貌。

荥阳外史集　诗文别集。明郑真(号荥阳外史)著。原本一百卷。本书传本十分少见，仅乾隆年间编《四库全书》时，由两淮盐政进呈了一部残本，存六十五卷(《四库全书总目》等均注录为残存七十卷，误)。今四库底本已不存，也未见其他更全的版本，《四库全书》所收六十五卷又编入《四库全书珍本初集》，较为常见。原刻卷六七以前为各体文，卷六八至卷八六全佚，卷八七至卷九六为古今体诗，卷九七为《同年录》、《计偕录》（行程日记），卷九八为《濠梁录》，卷九九为《进牌录》，卷一〇〇为《归程录》。这几种“录”实为日记。

柘轩集 诗文别集。明凌云翰（号柘轩）著。五卷。其诗文生前未结集行世，至明永乐二十年（1422），其后人才捃拾旧稿编为此集，但仅及遗稿的十之一二。卷首有明宣德元年（1426）王羽序及永乐二十年（1422）夏节《柘轩集行述》。卷一至卷三为诗，卷四为文，卷五为词。有《四库全书》本。另《武林往哲遗著》所收本四卷，有附录二卷。

筠谷诗集 诗别集。明李辕（号筠谷）著。一卷。存诗仅二十余首，多为应酬之作。本集一般附载于其父李晔的《草阁诗集》之后，主要版本有《四库全书》本、《湖墅丛书》本、《武林往哲遗著》本。

蓝山集 诗别集。明蓝仁著。六卷。蓝仁建有蓝山书院（或书舍），因以名集。原刊本为明洪武庚辰秋蓝山书院刊本，洪武庚辰实是建文二年（1400）。卷首有正统二年（1437）陈琏序，洪武庚辰倪伯文序，洪武八年（1375）张榘序，蒋易序。清乾隆年间修《四库全书》时未见本集，所收系从《永乐大典》中重辑而成，六卷。今人栾贵明《四库辑本别集拾遗》又补辑出佚诗一首。今另存明嘉靖间刊本及据此抄录的旧抄本数部。

蓝涧集 诗别集。明蓝智著。六卷。卷首有元至正二十二年（1362）张昶序、张榘序、明洪武五年（1372）蒋易序。本集为“方外友生上清道士程嗣祖芳远编集”，初刊于永乐元年（1403），重刊于嘉靖五年（1526）。初刊本罕传，今存有嘉靖刊本及从其所出的旧抄本。清乾隆年间修《四库全书》时因未见本集传本，便从《永乐大典》中重辑出六卷，今人栾贵明《四库辑本别集拾遗》又从《永乐大典》残帙中补辑出佚诗一首。《永乐大典》所引蓝智诗，均称“蓝性之诗”，但《明史》等称字明之，当以前者为准。

林登州集 诗文别集。明林弼（官登州太守）著。二十三卷。原名林唐臣，明初明令禁止以国名为名字，更名弼，但本集仍有署林唐臣所著者。卷一至卷七为诗，卷八至卷二三为文。系统编所著《梅雪文稿》、《使安南集》两书而成。作于元末的诗文比重较大，也较有特点。王著在墓志铭中称其“所为诗文皆雄伟逸宕，语或清峻，夐出尘表”。主要版本有清康熙间林兴刻本。另有《登州林先生续集》五卷，署林子润编集、郭惠刊行，今存永乐间刻本。

溪园集 诗文别集。明周启著。七卷。卷首有景泰四年（1453）王直序。卷一、卷二为诗，卷三为辞赋，卷四至卷七为各体文。卷末有景泰四年周源跋。另有附录，卷一为周榘著《随庵先生集》，卷二为周道著《山溪先生集》，卷三为周迪著《筠溪先生集》。本集传本颇少见，有景泰间刻本。

松雨轩集 诗别集。明平显著。八卷。卷首有宣德五年（1430）张洪序，景泰元年（1450）柯暹序，嘉靖十九年（1540）陈霆序。本集初刻于滇南，后为裔孙重刊。传本少见，《四库全书》未收，而阮元《四库未收书目提要》作《松雨轩诗集》，其云：“今观其诗，及风土之同异，道途之厄塞，以及友朋之离合，悉见于篇。盖得于远游之助为多耳。”有明嘉靖刻本及《宛委别藏》丛书所收本，《武林往哲遗著》本尚有“补遗”一卷，附录二卷。

眉庵集 诗别集。明杨基（号眉庵）著。十二卷。全书所收诗作按体裁类编，卷一二为词。各体之内，则大致以写作先后排次，并加有小字注，注明写作时期。卷首为成化二十年（1484）江朝宗序；卷末有“补遗”，录诗十五首，并有成化二十一年张习写的后志。有明人张习成化二十一年刻本。此前尚有郑钢编刊本，据说错讹颇多，今已不见传本。此后尚有明人陈邦瞻万历年间的校刊本。张习刻本为其“明初四家集”之一，较有影响。《四库全书》即以其为底本，并曾影印编入《四部丛刊三编》。

西郊笑端集 诗文别集。明董纪著。不分卷。西郊草堂是其耕读之所，集名本此。董纪故后，文稿藏于门人周鼎家，至成化年间，始由周鼎之孙周庠刊刻行世。卷首有成化四年（1468）钱溥序、成化九年张弼序（又见《东海集》卷一）、宣德六年（1431）周鼎跋、成化十年周庠跋。本集传本颇稀，仅见此成化刊本。《四库全书》所收，亦据此本，但删去原序跋，并将诗、文各析为一卷。

明太祖文集 又名《高皇帝御制文集》。诗文别集。明朱元璋著。二十卷。朱元璋为明代开国君主，庙号太祖。本集初刻于洪武七年（1374），终明之世曾数次重刊，卷帙也不尽一致，但以二十卷本较流行，各本一般均有洪武七年刘基及郭传序，宋濂跋(或称后序)。本集的万历十四年(1586)刻本(即《四库全书》本)为姚士观等校刊，全书分十八类，即诏、制、诰、书、敕命、策问、敕问、论、乐章、乐歌、文、碑、记、序、说、杂著、祭文、诗。其中存诗共二卷(卷一九、卷二〇)，是较富文学意味的内容。其诗以气势阔大见长，其文多有以白话写就的，但不少篇显然为文臣修饰过。除上述版本，尚有嘉靖十四年(1535)刻本及万历十年、二十四年等刻本行世。

主一集　诗别集。明吴志淳(字主一)著。一卷。其集原本已不存，仅清康熙年间顾嗣立辑刊《元诗选》，在二集中收有本集，但从内容判断，并非选自原集，而系顾氏所辑。其诗骨气清健，时名颇大。《元诗选》二集有清康熙间秀野草堂原刊本。《盛明百家诗后编》也收有《吴主一集》一卷。

梁园寓稿　诗别集。明王翰著。九卷。王翰曾任周王朱橚长史，朱橚于洪武十四年(1381)就藩开封，开封为汉梁孝王梁园故地，因以名集。明正德年间刻本，卷首有正德十二年(1517)韩邦奇序、正德十三年吕经序。其诗七律最有特色，数量也最多，占全书多半篇幅(卷五至卷九，共五卷)，所收均为入明之后的诗篇。有正德刻本、《四库全书》本。

桐屿集　诗别集。明德祥著。四卷。卷首有福建布政使姚肇序。本集为诗集四卷，又附录有集外诗一首。其诗与宗泐齐名，但气格薄弱，成就应在宗泐之下。有明刻本、明抄本。

道山集　诗文别集。明郑棠(号道山)著。六卷。据《明史·艺文志》，原集为二十卷，但久无传本。《四库全书总目》以"是集编次猥杂"，"于诗殊不擅长"，故仅著录于别集类的"存目"中。卷一为赋，卷二杂收辞颂诗词及文，卷三为记序及诗、杂文，卷四为经筵讲义，卷五、卷六为《元史评》。此当为二十卷本失传后，后人拾掇残篇而混编。有旧抄本。

强斋集　诗文别集。明殷奎著。九卷。卷首有洪武十五年(1382)陈振祖叙。卷一至卷六为各体文章，卷七至卷九为诗，卷一〇则收入有关殷奎的赠答、志状、祭文等资料，故一般著录为十卷本。是殷奎学生余熂所编次。《四库全书总目》指出："如奎等者，在当时不以文章名，而行规言矩，学有根柢，要不失儒者之言，视后来雕绩之词，乃有径庭之别矣！"本集传本颇稀，有洪武十五年原刊本、《四库全书》本。

半轩集　诗文别集。明王行(号半轩)著。十二卷。卷一至卷九为各体文，卷一〇为诗，卷一一为词，卷一二为方外杂著，后附"半轩集补遗"及"半轩方外集补遗"各一卷。卷末是《王半轩传》等及弘治四年(1491)张习"后录"。据"后录"，原本《半轩集》所收"乃元末诸作，尤为粹美"，张习访得《半轩》、《楮园》二集抄本，汇为一集，统编为十二卷，此即今本。卷后附录补遗是此书将刻成时，又据王行诗文的旧抄残本录出的篇什。由此可知，今本《半轩集》包含《半轩》、《楮园》两集的内容。有成化四年(1468)张习刊本，《四库全书》即据此本收入。

密庵稿　诗文别集。明谢肃(号密庵)著。十卷。今传本《密庵稿》始刻于洪武三十一年(1398)，再刻于隆庆元年(1567)，三刻于天启五年(1623)。但传本颇稀，清编《四库全书》，仅据《永乐大典》另辑出《密庵集》八卷。本集前五卷为诗，后五卷为文，卷次以天干为序。诗集署"门人始宁任守礼校正；沛郡刘翼南编次"，洪武刊本有戴良、刘翼南二序，隆庆、天启本各增刊有其后裔写的序文。文集有戴良序。有明洪武刻本，曾影印收入《四部丛刊三编》，并附有校记及傅增湘的跋。

静居集　诗别集。明张羽(号静居)著。六卷(别本四卷)。六卷本卷首有弘治元年(1488)左赞叙，全书按古近体、五七言类编，卷末附有童冀《太常司丞张来仪墓铭》、吕勉《静居先生挽诗》、弘治四年张习《静居集后志》。本集是张习所刊的"明初四家"集之一。《四库全书总目》云："今观其集，律诗意取俊逸，诚多失之平熟，五言古体低昂婉转，殊有浏亮之作。"有弘治四年张习刊本，曾影印收入《四部丛刊三编》。《四库全书》所收则以明万历年间陈邦瞻所刊四卷本为底本。

北郭集　诗别集。明徐贲著。十卷，别本六卷。作者曾居于吴城北郭望齐门外，又与高启等同称"北郭十子"，自号"北郭生"，因以名集。卷首有成化二十二年(1486)闵珪序，目录之后附有高启《读徐七记室北郭诗集有感》、周履道《读故友徐幼文诗集有怀》。全书以古近体类编。卷末附张习《北郭集后录》。有成化二十三年张习刊十卷本，曾影印收入《四部丛刊三编》。另有明人陈邦瞻于万历年间所刊本，六卷，《四库全书》所收即此本。

尚䌹斋集　诗文别集。明童冀著。五卷。本集卷一、卷二为《金华集》上、下，诗文均作于元末明初；卷三为《南行集》，系作者离南京赴全州所作诗文；卷四为《霅川集》，系作于湖州儒学教授任上的诗文；卷五为《北游集》，系赴北平所作的诗。原别有打乱四集、统分诗文两集的版本，但罕见流传。据近人傅增湘《藏园群书经眼录》，此五卷四集之本已经《四库全书》编者"改削"。今常见版本，除《四库全书》本、《四库全书珍本初集》本，尚有《续金华丛书》本。

光庵集 诗文别集。明王宾（号光庵）著。二卷。卷一为文，卷二为诗。诗即《吴中古迹诗》，计一百三十七首，各首均有小序。其文务为奇崛之语，间落冗赘，其诗颇伤流易。有旧抄本传世。

斗南老人集 诗别集。明胡奎著。六卷（别本四卷）。据明人都穆《南濠诗话》，胡奎路过望湖亭，曾和苏轼诗一首。忽有老人来诵此和诗，曰："子非斗南老人耶？"举首不知其所在。因此自号"斗南老人"，并以名集。卷首有宁王朱权序，序中也提到上述传说。其集似为未经筛选的全本，有不少诗味道颇淡，为随意所作。本集有宁王府文英馆原刊本，清人徐乾学传是楼又据以影抄传世。《四库全书》所据底本即此宁王府刻本。另有四卷本，源出于天籁阁抄本，署"教授臣胡奎虚白子撰、教授臣周冕奉敕编次"，似亦出于宁王府刊本，但卷数不同，且无宁王序，有明人项元汴题词一则。

柳庄诗集 诗别集。明袁珙（号柳庄）著。一卷。卷首有明永乐九年（1411）姚广孝序。作者是明初著名相士，有关传说颇多，不以诗名，但诗尚清淳，不为诡异之语。本集刻本罕传，有旧抄本。

松月集 诗别集。明睿略著。一卷。睿略曾以松月匾其轩，人称"松月翁"。卷首有洪武二十六年（1393）俞贞序。卷末有姚广孝（道衍）著塔铭。其诗大致沿宋代九僧、四灵之派，而未能融汇成一体，故边幅浅狭，言意并尽，五首以外，规模略同。有明刻本。

西庵集 诗别集。明孙蕡（号西庵）著。十卷，别本九卷。孙蕡于洪武中坐事戍辽东，以蓝玉党，被杀于戍所，正值其门生黎贞也因事戍辽东，不但殓其尸葬之，还将其诗编成本集。卷首有明弘治十六年（1503）吴郡张习序，卷末有顾恂跋。孙蕡诗以七律最佳，所作也多。本集传本最早的即弘治十六年张习金兰馆活字本。此外，另有明万历年间刊本九卷，八卷诗，一卷文（仅四篇），题"姑苏叶初春选"，卷首有叶汝贤序。万历九卷本与弘治十卷本相较，仅多出诗四首，却少收七律九十一首，非足本。《四库全书》即以万历九卷本为底本。

逃虚子类稿 又名《独庵稿》。文别集。明姚广孝（号逃虚子）著。十卷。卷首有永乐十年（1412）自序。其诗文疏宕有清气，要为明初一家，但其行迹为后人所讥议，故流传不广，亦未见刊本。其集别有十一卷、五卷等几种版本。有旧抄本。

逃虚子诗集 诗别集。明姚广孝（号逃虚子）著。十卷。作者诗名早著，只因行迹诡异，为士林所訾。本集未见刊本行世，有旧抄本、清金氏文瑞楼抄本等。

高青丘诗集注 诗文别集。明高启（号青丘子）著。二十五卷。原有《吹台集》、《江馆集》等诗别集，存诗二千余首。自选为《缶鸣集》十二卷，收诗九百余首，由其内侄周立刊于永乐元年（1403），是最早版本。明景泰初，徐庸以《缶鸣集》为基础，扩编为《高太史大全集》十八卷，民国间商务印书馆影印收入《四部丛刊》，流传较广。成化年间张习辑明初四家诗集，另编刊高启门人吕勉所传的高启诗集《槎轩集》十卷。高启之文，有正统九年（1444）周忱序刊的《凫藻集》五卷；高启之词，亦有正统九年所刊《扣舷集》一卷。以上两种均收入《四部丛刊》。清雍正年间金檀始将诗、文、词汇辑为一书，并对诗集十八卷、遗诗一卷作了较详尽的笺注，题为《高青丘诗集注》，于雍正六年（1728）由文瑞楼刊刻行世，成为高启集最完备、最流行的版本。本集卷一至卷一八为诗集，诗按体裁类编；此后为"遗诗"一卷、《凫藻集》五卷、《扣舷集》一卷。卷末附录有高启碑传、年谱、集序、诗评、哀诔等。上海古籍出版社于1986年出版徐澄宇、沈北宗校点本，题《高青丘集》，收入《中国古典文学丛书》。

凫藻集 文别集。五卷。明高启著。本集原本，为明正统九年周忱序刊，卷首有周忱序、洪武八年（1375）李志光撰《高太史传》。为高启内侄周立所编。各体文以类相从。清雍正年间，金檀辑刊高启作品，将其与《高青丘诗集注》汇为一编，重刻行世，《四库全书》所用底本即金檀刻本。正统刊本《凫藻集》后，附刻有高启词集《扣舷集》，亦为周立编集。该集曾影印收入《四部丛刊》，流传较广。

王宗常集 诗文别集。明王彝（字宗常）

著。四卷。本集卷首有明人都穆序。卷一至卷三为各体文,卷四为诗。据序云,本集即都穆编定,由邑人刘子珍刊刻行世。旧本一般又有附录,即补遗一卷、续补遗一卷。卷末有弘治十五年(1502)浦杲、刘廷璋两篇后跋。王彝集原名《三近斋稿》,浦刘二人据以补出都编《王宗常集》所遗之作,附于刘子珍本之后。传世相当少见,但论者对其评价颇高,清人王士禛甚至认为王彝可以替代张羽成为"吴中四杰"之一。有《四库全书》本。

蚓窍集　诗别集。明管时敏著。十卷。集名"蚓窍"出于韩愈《石鼎联句诗》"时于蚯蚓窍,微作苍蝇鸣",系自谦之意。卷首有洪武三十一年(1398)吴勤序、周子治《全庵记》、永乐元年胡粹中序。"全庵"是管时敏居室之名,《全庵记》则是有关管时敏生平的主要资料之一。全书署"云间管时敏撰;西域丁鹤年评"。诗按古近体裁类编,丁鹤年的评语或附于句末或诗末。有永乐间楚王府刻本,曾影印收入《四部丛刊三编》,流传较广。

沧螺集　诗文别集。明孙作著。六卷。卷首一般附有宋濂的《东家子传》(或题为《沧螺集原序》),卷一为诗,卷二至卷六为文,卷末有明弘治九年(1496)薛章宪《记沧螺集后》。孙作集初结于元末,由周伯琦作序,但未刊刻行世。弘治中,薛章宪先于都穆处觅得文集,又于黄应龙处觅得诗集,统编成六卷本《沧螺集》刊行。常见版本另有毛晋汲古阁刊本、《四库全书》本、《江阴丛书》本、《元四家集》本,《常州先哲遗书》本于六卷之外又多一卷补遗。

鸣盛集　诗别集。明林鸿著。四卷。林鸿论诗推尊开元、天宝间诸诗人,又以为其诗"始窥陈拾遗(子昂)之阃奥,而骎骎乎开元之盛风","虽天资卓绝,心会神融,然亦国家气运之盛驯致然也",故以"鸣盛"名集(刘嵩《鸣盛集序》)。卷首有洪武三年(1370)倪桓序,洪武十三年刘嵩序。卷一至卷四均为古近体诗,卷四最后收入十三首词。卷末附录两篇赋及《梦游仙记》(《四库全书》本无此记)。后有明成化三年(1467)邵铜后序。本集即署"三山林鸿子羽著,郡人邵铜振声校编"。成化原刻本罕见传本。另有《四库全书》本,《闽中十子诗集》所收五卷本林鸿《林膳部诗集》,尚有补遗。

鸣秋集　诗别集。明赵迪(号鸣秋)著。二卷。卷首有林志序。卷末有其仲子赵壮写于景泰五年(1454)的后序。其诗古体颇为薄弱,律诗谐畅,有唐人意蕴,是明初闽籍诗人中较有成就者。有旧抄本。

秫坡诗稿　诗文别集。明黎贞(号秫坡)著。七卷。本集有诗词赋三卷,各体文章四卷。另有附录一卷(编为卷八)。初刊于明嘉靖二十九年(1550),岁久散佚,清康熙二十五年(1686)由后裔重辑刊行。有康熙刻本。

爱礼集　诗文别集。明刘驷著。门人私谥其为爱礼先生。九卷。卷一至卷三为文,卷四、卷五为诗,卷六为"中庸说",卷七至卷九为书启。末附有附录一卷(卷一〇)。有弘治六年(1493)浙江参政林进卿刊本。

梧冈集　诗文别集。唐文凤(号梧冈)著。十卷。本集卷一至卷四为诗,卷五至卷一〇为文。《四库全书总目》认为"其诗文亦丰缛深厚,刊落浮华,能不失其家法"。有《四库全书》本;明人程敏政曾将唐元、唐桂芳、唐文凤所著诗文汇刊为《唐氏三先生集》,集末并附录有祖孙三人的志传资料等。

三畏斋集　诗文别集。明朱吉著。四卷。"三畏"典出《论语·季氏》:"君子有三畏。"本集卷一、卷二为诗,卷三、卷四为文。《四库全书总目》云:"元末明初作者林立,吉之所著,殊未能伯仲其间,所以世不甚传。"原刊本今罕见,有旧抄本。

凤鸣后集　诗文别集。明郑楷著。十卷。既名"后集",当另有《凤鸣集》,但未见传本。本集仅卷一有近体诗数首,其余所收均为各体文。有旧抄本。

自怡集　诗别集。明刘琏著。一卷。卷首有洪武十三年(1380)黄伯生序,卷末附洪武十三年吴从善著《故参政刘君孟藻哀辞》。存诗共九十四首,是为其身后所存的全部文稿。其诗以七律较优,《四库全书总目》评为"颇涉流利圆美,不出元末之格,然仅四首,盖非其喜作"。其五言古诗颇有父风,占全集大半篇幅,"皆词旨高雅,而运思深挚"。据黄伯生序,本集为其子刘廌所辑刊,但明初原本不存。有《四库全书》本。

绿苔轩集　诗别集。明钱子正著。六卷。卷首有洪武二十四年(1391)王达序,存诗按七律、七绝、五律、五绝、五古、七古排列。此本系其族孙钱公善于明正统年间辑刊的《锡山钱氏三华集》之一。其他两集为其弟钱子义《种菊庵集》、族子钱仲益《锦树集》,均为钱公善编次。三华者,盖三集皆钱氏英华也。其正统原刊本罕见流传，今存据正统本传抄的旧抄本。《三华集》亦曾编入《四库全书》集部总集类，并有《四库全书珍本初集》本行世。

种菊庵集 诗别集。明钱子义著。四卷。作者为钱子正弟。卷首有明洪武八年(1375)自序。其诗颇见浅易，似无宿构，皆类口号。《列朝诗集小传》指其咏史诗“大率《兔园册》中语”，是其缺乏含蓄与深意一例。为族孙钱公善辑刊于正统年间的《锡山钱氏三华集》中的一种。原刊本罕传，有《四库全书》及《四库全书珍本初集》本。

锦树集 诗别集。明钱仲益(号锦树山人)著。八卷。卷首有魏骥序。本集是《锡山钱氏三华集》之一，另两集为钱子正《绿苔轩集》、钱子义《种菊庵集》。均系族人钱公善辑刊于明正统年间。其诗在《三华集》中成就最高，生平跨元明两代，卒于永乐年间，其阅历与识见均有超于常人处，故诗格爽朗，意蕴真切，诗的题材也较广泛。正统原刻本罕传，有《四库全书》及《四库全书珍本初集》本。

观乐生诗集 诗别集。明许继(号观乐生)著。五卷。本集卷末有方孝孺跋。署“四明茅仲清刊”，是明初诗集中较少见的一种。其诗风格冲澹，有魏晋遗意，但题材偏窄，视野不宽。有成化刊本。

青城山人集 诗别集。明王汝玉(即王璲。别号青城山人)著。八卷。卷首有景泰元年(1450)魏骥序等序文。作者生前诗名颇著，因死于狱中，诗稿多已散佚。至正统十二年(1447)始有其孙王锟编成本集，由姻亲华靖删定后刊行。有景泰间刊本、《四库全书》本。

啸台集 诗别集。明高棅著。二十卷。本集收入的八百余首诗，均作于作者山居时。其诗与林鸿开晋安一派，论诗专主唐音，诸体以五律较优。传世版本极罕，仅有旧抄本。

木天清气集 诗别集。明高棅著。十四卷。本集所收诗篇，均作于永乐中入京之后。《四库全书总目》指责道：“《木天清气集》六百六十余首，大率应酬冗长之作。‘清气’之云，殆名不副实。”仅见旧抄本。

考古文集 诗文别集。明赵㧑谦(或作赵谦)著。二卷。㧑谦为时人目为“考古先生”，故名。卷首有清顺治十四年(1657)黄世春序。卷一为文，卷二为文、诗及“遗言”、附录等。据《明诗综》引黄宗羲之言，其诗集名为《考古铨事》，存诗千首。但此集久已不传，黄世春序云系“于太冲氏得其裔孙所录古文五十余篇、古今诗十余篇”，今存仅此。有清抄本及《四库全书》本。

节庵集 诗文别集。高得旸(号节庵)著。八卷，续编一卷。卷一为文，卷二至卷八为诗。平生诗文写成后多不存稿，故所存仅此。有旧抄本、《武林往哲遗著》本。

刍荛集 诗文别集。六卷。明周是修著。《诗·大雅·板》：“先民有言，询于刍荛。”以“刍荛”名集，乃以草野之人自谦。卷一至卷三为诗，卷四至卷六为文。卷末附杨士奇著周是修传，解缙著墓志铭。《四库全书总目》评本集：“大抵风骨棱棱，溢于楮墨，望而知为忠臣义士之文。其矩度波澜，亦具合古法，不在当时作者下。世不甚称，殆转以气节掩欤！”有旧抄本、《四库全书》本。

岘泉集 诗文别集。明张宇初(号岘泉)著。四卷(别本十二卷)。卷首有王绅序，永乐五年(1407)辽王序、程通序。卷一至卷三为文，卷四为文、赋、诗、词等。据朱彝尊《明诗综》卷八九称，张宇初有集二十卷，诗占半数，由王绅作序。今存四卷本虽亦有王绅序，应系掇拾重编。有《四库全书》本。另外《道藏》中的“正乙部”有《岘泉集》十二卷，系编成于明正统之前，或即原本，仅卷次又有合并。

竹居诗集 诗别集。明王珙著。一卷。王珙卜宅萧溪，植竹万竿，容与其间，因以竹居为号。本集为其曾孙王仲申所辑，由六世孙王古刊行于世。其诗出入于宋遗民的“月泉吟社”一派，亦时有秀句。集中全是五七言近体，可见其根柢。有明刊本。

兰庭集 诗别集。明谢晋(或作谢缙。别号兰庭生)著。二卷。卷首有永乐元年(1403)周传序、张肯序。谢晋颇以诗自负，曾自戏称为谢叠山。张肯序称有诗二百余篇，此正相当于本集的半数。而下卷中亦有写于永乐十五年之作，故张序当为上卷而作，下卷所收应系其后所写。谢晋较受到诗论家的注意，其诗风格恬澹，符合其一生志趣。有明抄本、《四库全书》本。

逊志斋集 诗文别集。明方孝孺(号逊志)著。二十四卷。方孝孺死于靖难之后，为明成祖戮十族，文禁甚严。死后由其门人王稌收藏遗稿。至明英宗天顺年间四川始有刻本，称为“蜀本”，共辑有诗文三百一十四篇。成化年间，由谢铎、黄孔昭编为四十卷(文集三十卷、拾遗十卷),梓于宁海,称为“邑本”或“宁海本”。正德年间,顾璘并为二十四卷,刊于台州,称为“郡本”。此后流行的方孝孺文集即此二十四卷本。明嘉靖四十年(1561),由唐尧臣等人据以上三种版本参校,重刻了《逊志斋集》,后影印编入《四部丛刊》,流传较广。嘉靖本除收入诸本序言,还附录了有关作者生平的资料。二十四卷计分杂著八卷、书三卷、序三卷、记三卷、题跋一卷、赞一卷、祭文等一卷、传志二卷、古体诗一卷、近体诗一卷。通行本另有《四部备要》排印本。明人都穆在《南濠诗话》中批评本集编订不够精审,多杂入他人诗篇。这显然是与其早期流传情况有关。别本题《方正学文集》,七卷,有《正谊堂全书》本,后编入《丛书集成初编》。

唐愚士诗　诗文别集。明唐之淳(字愚士)著。不分卷,或析为四卷。今存此本原系杂录手稿,诗文并存却仅题为“诗”,而且仅存丁卯(洪武二十年,公元1387年)、戊辰(洪武二十一年)两年之作,本不分卷。清乾隆年间编《四库全书》据原本析为四卷。有明抄本、《四库全书》本,其《总目》注为二卷,实误。

会稽怀古诗　诗别集。明唐之淳(会稽人)著。一卷。卷首有紫霞子序、翁好古序、王俊华序。存五言古诗三十首,诗题下各有小序以明原委。题“山阴唐之淳著,长洲戴冠次韵”,并附有戴冠和诗三十首,但大抵拼凑成篇,不能与原作并论。《四库全书总目》评这一组怀古诗:“如《舜庙》不取地志耕象之说,《禹庙》不取禹穴藏书之说,皆为有识。”有明刻本。《四库全书总目》曾注明,已将此集附载于《唐愚士诗》之后,但文津阁本无。

安分先生集　诗文别集。明郑本忠(号安分生)著。十卷。卷首有陈山序,吴讷序。卷一至卷三为记,卷四至卷六为序,卷七至卷九为赋、诗,卷一〇为杂文。卷末有永乐元年(1403)郑复言跋,正统八年(1443)郑雍言跋。本集即其子郑复言、郑雍言编辑。有正统间刻本;《四库全书》未收,仅著录于别集类存目中,题作《安分斋集》。

冢宰文集　诗文别集。明张纮著。一卷。张纮曾任吏部尚书(古称冢宰),故名。卷首有明嘉靖六年(1527)徐岱序。卷末有嘉靖七年王道跋。本集即王道所辑刊。据其跋,张纮诗文在烽火之余仅存什一于千百,余者尽于此。有明刻本,又有天一阁藏抄本行世,《四库全书》即据抄本著录于别集类存目中。又有《张鹗庵先生集》二卷,卷一为后人所撰关于张纮的墓碑祠记等文字,卷二同于本集,亦王道所辑。有嘉靖刊本。

易斋集　诗文别集。明刘璟著。二卷。卷首有《刘仲璟长史传》。卷上为诗,卷下为文及补入的诗文“续搜杂著”。《千顷堂书目》有其集十卷,今罕传本。今本系明末杨文骢为青田令时,从诸生蒋芳华家得抄本,始刊行于世。其诗文伤于率易,不能比肩其父刘基。但论者往往因其人品气节而给予较高评价。有《四库全书》本。

练中丞集　诗文别集。明练子宁著。二卷。卷首有万历三十七年(1609)郭子章序,曾樱序,曾植序,万历三十九年徐既登序。卷一为文,卷二为文、赋、诗。卷后有“中丞遗事附录”。据《四库全书总目》其集此前作者有《金川玉屑集》,后由其裔孙练绮增辑成本集。有明万历刻本、《四库全书》所收即此本。

贞白遗稿　诗文别集。明程通著。六卷。贞白为其书斋名。卷首有胡松序。卷一至卷四为文,卷五、卷六为诗。此后有附录四卷(亦编为卷七至卷一〇)。卷末为程伯祥跋,嘉靖三十一年(1552)程长后序。本集系其从孙程长等人搜访佚编,辑成六卷。有明刊本,《四库全书》所收即为此本。

静学文集　文别集。明王叔英(号静学)著。一卷。卷首有黄绾《静学文集本传》,洪武间林佑序。存文三十篇,仅序、记二体。卷末有成化九年(1473)徐敬孚跋。据跋语,杨士奇尝欲纂其集,求无全本,深为悼惜。成化年间有谢世修者“募刻以广其传”,此即今本。有明成化刊本,《四库全书》所收即此本。

任先生遗稿　诗别集。明任亨泰著。二卷。全名为《状元任先生遗稿》,以曾举洪武二十一年(1388)状元故名。卷首有正德十年(1515)顾英序。共存诗六十一首,全是出使安南时所作。卷末有正德六年陈镐跋。五世孙任鼎曾求序于陈镐,拟付梓而未果,顾英为刻于郡庠。署张琮编辑,曹璘校正。有明正德间刻本。

陈竹山集　诗文别集。明陈诚(号竹山)著。四卷。陈诚于永乐中奉使西域,历十七国而还,并献《西域行程记》等书。其西行诗文,又辑成此集。内集二卷,收入陈诚西行所著文十余篇,诗一百三十余首;外集二卷,收入时人赠行诗文及其先世诸状。明以“闭关”(嘉峪关)为国策，国人对西域知之甚少，陈诚此集诗文是历代西域诗重要组成部分，上承元代邱处机、耶律楚材，下启清人之先河。有明刊本行世，但极罕见。《四库全书》未收入本集，仅于别集类存目著录。

巽隐集 诗文别集。明程本立（号巽隐）著。四卷。本集有明嘉靖、万历，清康熙等本。嘉靖本为其曾孙程山编定，卷首有弘治十八年（1505）桐乡县令李廷梧序，嘉靖元年（1522）杜庭棉序。卷一、卷二为诗，卷三、卷四为文，后附"事状略"。系南溪吴德翼刊于福建。此后，西虞范氏又曾重刊。《四库全书》所收为万历本，系万历年间桐乡知县得遗稿于其裔孙程九泽，嘱训导李诗校刊。《四库全书》纂修者未见嘉靖本，以为"岁久皆散佚"。康熙本系康熙五十八年（1719）桐乡金星轺编刊。与嘉靖本相较，内容大致相同，但嘉靖本诗文均编年排列，康熙本则各按体裁类编。上述各本，以嘉靖本最善。此外，行世版本尚有《文端楼丛刊》本等。

继志斋集 诗文别集。明王绅著。九卷（别本二卷）。卷首有永乐元年（1403）邹缉叙、王达序。卷一至卷四为诗，卷五至卷九为文。本集传本较少见，诸家书目所注卷次亦不一致。《明史·艺文志》所载为三十卷，《千顷堂书目》卷一八所载为二十卷，到清乾隆时修《四库全书》，仅征集到十二卷本，但此本亦系残本，由四库馆臣重编为九卷（无附录），收入书中，但总目仍误注作十二卷、附录一卷。另有《续金华丛书》所收二卷本。

颐庵文选 诗文别集。明胡俨（号颐庵）著。二卷。据《千顷堂书目》、《明史·艺文志》，其集原为三十卷（或题《胡祭酒文集》），但传本极罕见。较常见的仅此二卷本文选。卷首有宣德七年（1432）涵虚子（宁王朱权）序，洪武二十七年（1394）熊钊序，永乐十四年（1416）胡广叙等序文。卷一为赋、乐府诗、文，卷二为诗，内容颇丰富，平生佳作基本收入。有明刻本、旧抄本、《四库全书》本。

王舍人诗集 又名《友石山房稿》。诗别集。明王绂（官中书舍人，号友石生）著。五卷。本集为其子王默所编。卷首有永乐二十年（1422）曾棨序，洪熙元年（1425）王进序。卷末附录有王洪著《王孟端小传》（又收入《国朝献征录》卷八一）、章昞如著《王公行状》、胡广著《王孟端墓表》。有《四库全书》本。

古廷诗集 诗别集。明吴溥（号古厓先生）著。八卷。本集传本不常见，有明刻本。

存轩集 文别集。明赵友同（号存轩）著。不分卷。本集收入赋、颂、记、序等各体文一百四十四篇。其文曾受宋濂影响，但往往失之于平铺直叙。有明抄本。

东里全集 诗文别集。明杨士奇（号东里）著。九十三卷。杨士奇一生著述繁富，文集版本也颇多。本集含有文集二十五卷，诗集三卷，续集六十二卷（五十三卷文，九卷诗及少量词），别集三卷（分别为"代言录"、"圣谕录"、"奏对录"）。文集前有正统五年（1440）黄淮序，诗集前有正统元年杨溥序，续集（或称续编）前有正统九年李时勉序。别集之后一般附有志传及酬答诸作。以上诸集均有单行本。有正统刻本、嘉靖刻本、《四库全书》本。

泊庵集 文别集。明梁潜（学者称其为泊庵先生）著。十六卷。卷首有王直序、胡俨序，卷末附杨士奇著墓碣铭。本集为其子梁叔蒙等编次，只收有各体文而无诗。据其裔孙梁天清《续刻家集小引》说，其诗集"已瘗文冢，不复存人间"，是旧本久佚诗集。有清康熙二十年（1681）刊本，《四库全书》即据以收入。

玉雪斋诗集 诗别集。明虞谦著。三卷（别本二卷）。卷首有宣德元年（1426）杨士奇序，晏璧序，永乐二十二年（1424）曾棨序。存诗编年排列，所收止于永乐二十年前后。本集尚附有《谕祭文》及杨士奇《虞公墓碑铭》。有宣德间刻本。另有《千顷堂书目》著录二卷本，并有清嘉庆间重刊本。

夏忠靖集 诗文别集。明夏原吉（谥忠靖）著。六卷。卷首有正统八年（1443）杨溥序，弘治十八年（1505）张元祯序。卷一为赋颂表等，卷二至卷六为诗。卷末有弘治十四年李东阳跋。后附录"遗事"一卷，为其孙夏廷章所辑。其诗是三杨"台阁体"的追随者，在诗坛名位不著。有明弘治原刻本、清康熙四十四年（1705）重刊本，《四库全书》即据后者收入。

省愆集 诗别集。明黄淮著。二卷。明成祖北巡，留黄淮等辅太子监国，永乐十二年（1414）还都，太子遣使迎稍缓，因汉王朱高煦谮，下黄淮等东宫官属于狱。本集之诗均作于系狱十年间，故以"省愆"为名。卷上为赋、诗，卷下为诗、词。《四库全书总目》指出："当患难幽忧之日，而和平温厚，无所怨尤，可谓不失风人之旨。"有《四库全书》本。

介庵集　又名《黄文简集》。诗文别集。明黄淮(号介庵)著。十二卷。本集又分为"退直"、"入觐"、"归田"三稿,各稿按文体类次,卷一二为补遗。因其诗文门径与三杨很相似,所以《四库全书》未收入本集,仅著录于别集类存目。有正统间黑口刻本,全名为《黄文简公介庵集》,另有《敬乡楼丛书第三辑》本。

盘谷集　诗文别集。明刘廌著。十卷。刘廌乃刘基孙、刘琏子,被称为"小诚意伯",在青田鸡山下筑室,以山水盘旋,名为"盘谷",因以名集。卷首有"门人同里"陈谷序,卷一至卷六为诗,卷七至卷一〇为文。本集为陈谷所编,传本殊少见。有旧抄本。

金文靖集　诗文别集。明金幼孜(谥文靖)著。十卷。卷一至卷五为诗,卷六为赋赞颂等,卷七至卷一〇为文。前后《北征录》未在集中。卷末附有"三朝恩荣录"一卷,系有关作者生平业绩的资料。《四库全书总目》评云:"其文章边幅稍狭,不及士奇诸人之博大。而雍容雅步,颇亦肩随。"有明刊本,系其子金昭伯所辑的原刊本。另有《四库全书》本。

恒轩集　诗别集。明韩经(号恒轩)著。六卷。凡二卷古体诗,四卷近体诗。传本相当少见。作者一生未仕,足迹大致不出乡里,故题材颇窄,内容略见重复。有旧抄本。

文毅集　诗文别集。明解缙著。十六卷,别本十卷。解缙著述颇丰,但获罪死后,书稿多散佚。明天顺初,始有黄谏辑成遗文三十卷,但后亦渐湮。嘉靖中,邑人罗洪先与解缙从孙解桐辑成十卷本,传本亦颇罕见。至清康熙五十七年(1718)其十世孙解悦又重辑为十六卷本。该本卷首有任亨泰序,嘉靖四十一年(1562)罗洪先序。卷一、卷二为奏表、疏等,卷三至卷六为诗,卷七至卷一六为文。附录有"行状"、跋等文字。明人李东阳认为,解缙诗无全稿,真伪相半。盖因名气颇大,多有窜乱伪托。十六卷本有康熙五十七年、乾隆三十二年(1767)刻本及《四库全书》本。十卷本题作《解学士文集》,有嘉靖间原刊本。

胡文穆集　诗文别集。明胡广(谥文穆)著。二十卷。计收入诗八卷,应制诗文一卷,文七卷,题跋二卷,杂著一卷,扈从诗及《北征日记》一卷。杂著曾单行于集外。其诗文以平衍质实为长,但乏文彩。有明刻本行世。

虚舟集　诗别集。明王偁(号虚舟)著。五卷。卷首有永乐九年(1411)王汝玉(璲)序,解缙序两篇(其一署为永乐五年作),弘治六年(1493)桑悦《重刊虚舟集序》。作者诗名颇著,是明初闽派十才子中较有成就者。《四库全书总目》指出,"集中若《感寓》诸作,规模拾遗;《咏史》数篇,步趋记室;《将进酒》、《行路难》等亦颇出入于太白,虽未必尽合古人,而意度波澜,时复具体,固不比于衣冠优孟也"。本集卷末文两篇,《自述诔》对了解其生平家世,创作立意等均有参考价值。有弘治间王世英刻本、《四库全书》本。

杨文敏集　诗文别集。明杨荣(谥文敏)著。二十五卷。卷首有正德十一年(1516)王瓒序,正统五年(1440)胡俨序,正统十一年王直序,周叙序,钱习礼序。后四序是原为杨荣《两京类稿》所作。卷一至卷七为诗,卷八为赋、文,卷九至卷二五均为文。卷末附录有志传资料。王瓒序说,杨荣集原名为《两京类稿》及《玉堂选稿》,均由其子梓行。后板毁于火,其诸子又重刻其集,总名为《杨文敏集》。有正德间刻本,《四库全书》即据以收入。

西墅集　诗文别集。明曾棨(号西墅)著。十卷。诗文风格均与"三杨"之作有异,以才气灵动见长,但究其实质,仍应归之台阁体。论者以其诗"佳处不减昆体"(郑瑗《井观琐言》),"绝似唐人"(曹安《谰言长语》),主要指词藻典雅,体格工致而言。本集为万历中永丰知县吴期炤选编而成,对其诗文已"颇为简汰"。有万历十九年(1591)刊本。

巢睫集　诗别集。明曾棨著。四卷。卷首有成化七年(1471)吴琛序。存诗约二百首。作者时名颇大,诗纯是"才子"之作,一题百首,往往信笔所为,不耐推敲。作者去世后,成化初长清张大振曾"命工翻刊",但传本亦少见。有数种抄本。

石潭存稿　诗文别集。明刘髦(学者称其为石潭先生)著。三卷。上卷为诗,中卷为《易传撮要》,下卷为《义方录》。中卷曾单刊别行,下卷是其寄给儿子刘定之的手札。其诗成就不高,手札颇能于严肃中见亲情,较耐读。有旧抄本。

东墅诗集　诗别集。明周述(号东墅)著。六卷。其诗在当时较有名,诗评家一般均以其作为三杨为首的台阁体诗人,其诗尚有韵致清绝之作,不纯是三杨余风。有明抄本。

古廉集　诗文别集。明李时勉(号古廉)著。十一卷。卷一至卷一〇为文,卷一一为诗。

有附录一卷，收录敕命志传等文字。卷末为明成化十年(1474)戴难跋、孙颙跋，成化十七年萧尚彝后序。本集是明成化中其门人戴难所编，由其孙长乐知县李容所刊。有明刊本传世，《四库全书》所收即此本。

曹月川集 诗文别集。明曹端(学者称其为月川先生)著。一卷。本集一卷兼录诗文杂著，是清人张伯行辑刊，卷末附“诸儒评论”及“年谱”。曹端是明初理学家，诗文本非所长。其诗皆《击壤集》一派，文章亦质直朴素，不以章句为工。有清刻本及《四库全书》本；《续中州名贤文表》丛书所收则析作二卷。

质庵集 诗文别集。明章敞(号质庵)著。不分卷。原有集四十卷，系其子章瑾等编，后毁于倭乱。其裔孙章元纶继之搜辑佚稿，所得不及原集的十之二三，此即为本集。所收有诗百余首，赋、文不足十篇，编次混乱无序，当系未定稿。朱彝尊《静志居诗话》卷六论列云：“其诗不费雕镂，间合矩度。”未见刻本，仅有明抄本。

运甓漫稿 诗别集。明李昌祺著。七卷。“运甓(砖瓦)”典出《晋书·陶侃传》，喻勤习勤练以自励。卷首有正统元年(1436)陈循序，正统三年李时勉序。全书所收都是古近体诗及词。系吉安儒学教授郑纲所编。对其诗的评价颇不一致，朱彝尊《静志居诗话》等书以为是“务谢朝华，力启夕秀”，但郑瑗《井观琐言》却认为浮艳太逞，不类庄人雅士所为。其实这正符合作者的创作风格。有明正统间刻本，《四库全书》所收即此本。

澹然集 诗文别集。明陈敬宗(号澹然居士)著。十卷(别本五卷)。卷首有天顺二年(1458)魏骥序。卷一至卷七为文，卷八至卷一〇为诗。据魏序，本集是作者晚年授稿于邑令贾奭，由其编次并梓行。据《明史·艺文志》，陈敬宗集为十八卷，但未见传本。《四库全书》所收是五卷本，诗三卷、文二卷，系万历四十四年(1616)由慈溪知县陈其柱编刊，刊刻晚于十卷本，内容也较少。本集有天顺间刻本。

蔀斋集 诗文别集。明林誌(号蔀斋)著。十二卷。卷首有洪熙元年(1425)“诰命”，宣德二年(1427)“谕祭文”，《国史列传》及正统八年(1443)王用盛序等序文二篇。其诗力学唐人，受到明初闽派影响，其文则较拘谨，多涉经义。据卷首王用盛序，其集首刊于正统时，但未见传本。万历间其六世孙辑得诗文六十六篇，重编成十二卷，另附录三卷志状、挽诗等内容，此三卷亦与正文统编卷次，故往往著录作十五卷。由于是重辑再刊，故全称为《续刻蔀斋公文集》。有万历间活字本。

毅斋集 诗文别集。明王洪(号毅斋)著。八卷。卷末有刘公潜所作挽诗，莫琚后跋(又载于《国朝献征录》卷三五)。卷一为赋、表，卷二至卷四为诗，卷四最后为十余首词，卷五至卷八为文。本集为莫琚所编，《四库全书总目》指出，王洪“虽名位不昌，要为有明初年屹然一作者”。有明抄本、《四库全书》本，后者未录挽诗、后跋。

抑庵集 诗文别集。明王直(号抑庵)著。五十卷。本集又分为正集十三卷，后集三十七卷。正集前有景泰五年(1454)萧镃序，后有吴节后序。后集前有成化三年(1467)张时启序。正集(又称前集)为其子王希诚辑刊，后集(又称续集)是其次子王稹辑录原集未收及归田后所作而成。本集是明人文集中内容相当丰富的一种。有明成化间刻本，《四库全书》即据以收入。王直别有《王文端集》四十卷行世。

王文端集 诗文别集。明王直(谥文端)著。四十卷。系明人刘教所编，传世版本有隆庆二年(1568)王有霖刊本。王直别有《抑庵集》，流传较广，内容也比本集完备。

野古集 诗别集。明龚诩(居野古堂)著。三卷。卷首有明天顺七年(1463)自序，《野古集年谱》。附录有其上周忱书以及他人所著志传资料。本集是其八世从孙龚挺所刻，已将诗作删去不少。其诗格调在《白氏长庆集》、《击壤集》之间，《四库全书总目》称：“要其性情深挚，直抒胸臆。律以选声配色，雕章琢句，诚不能与文士争工；律以纲常名教之旨，则不合于风人者尠矣!”有崇祯八年(1635)刻本、《四库全书》本。

松朧集 诗文别集。明曾鹤龄(号松朧)著。二十八卷。其诗文成就不高，诗多牵率之作，命意不深，而措词结篇，往往受到用韵的制约。其文则说理明畅，次序有法，大抵规抚欧阳修。有明刻本。

西涧集 诗文别集。明熊直(号西涧)著。十六卷。卷首有宣德五年(1430)杨士奇序。卷一、卷二为诗，卷三至卷一六为文。有旧抄本。

况太守集 诗文别集。明况鍾(官苏州太守)著。十六卷。居官不延幕僚，一切公文案卷都亲自执笔，生前曾由次子况寰纂成八卷集，由后人题为《忠贞录》；其他诗文及他人投赠之作况寰又编成《文献集》、《传芳集》。清乾隆二十八年(1763)九世裔孙况廷秀在上述诸集基础上又编成本集。卷首有序六篇,记一篇及祠碑五篇。卷一至卷六为《太守列传》及敕谕等文字,卷七至卷一三为况鍾自撰公文等作,卷一四为"听纳"(他人的献辞),卷一五为"题咏"(诗),卷一六为有关仕绩的档案。卷末是补遗、跋。此十六卷仅有半数为况鍾自著,实是一部有关其生平的资料汇辑,与其他文集有别。本集刻本颇多,乾隆二十八年初刻本,道光六年(1826)重刊本均较常见。江苏人民出版社1983年出版吴奈夫等点校本。

若金集　诗文别集。明彭百炼(字若金)著。二卷。卷首有任敬敏序,收入文三十篇、诗四首。后附录他人所作传记资料。最后是其族孙彭敏求跋。原集为十四卷,但未见传本,本集是原集散佚之后重辑而成。有旧抄本。

岁寒集　诗文别集。明孙瑀(即孙原贞)著。二卷。卷首有李东阳序。卷一为文,卷二为诗。其诗文大抵纯任自然,不事结构。有明抄本。

袜线集　诗文别集。明萧仪著。十五卷。原目为二十卷,诗、文各十卷,今传本仅存诗五卷。本集流传不广,系其子萧超进所编。刻本罕见,仅见旧抄本。

芳洲集　诗文别集。明陈循(号芳洲)著。二十卷。本集分为文集十卷,诗集四卷,续集六卷。书前有万历二十二年(1594)柯挺序,万历三十五年郭子章序,万历二十五年张应泰序,万历二十一年陈以跃序。续集前有祁承㸁序,曾凤仪序,万历四十六年严尧日序。署"玄孙以跃编梓"。有万历刻本。《四库全书》别集类存目仅著录文集十卷,未见诗集及续集,并在提要中指出:"《自讼疏》本传尚载其略,乃削而不存,未喻何故。殆久而佚其稿耶?"

东行百咏集句　诗别集。明陈循著。九卷。陈循系景泰帝宠信大臣,明英宗复辟,被杖百戍辽东铁岭卫,此即其赴戍所途中集古人诗句而成的七言绝句。初仅得三百首,复迭和其韵至千余首。《四库全书》别集类存目著录云:"集句多不著姓名,颇多窜易牵就。和韵诸作,更多累句。"卷末附门人王翔所撰陈循年谱一卷,"当时敕谕及循所进诗颂俱载其中,亦非体例也"。有明正德二年(1507)刊本。

默庵集　诗别集。明曹义(号默庵)著。五卷。作者所著诗文集均藏于家,但今仅见诗集行世。卷首有明成化四年(1468)曹安序。卷末有附录(又作"后集")一卷,收入悼念作者的诗文及文集、诗集原序各一篇。署"剡溪刘兰、金溪邓春编次,华亭曹安校正"。传本较少见,诗多为吟咏志趣及酬答之作,特点不明显。有明成化刻本。

半隐集　诗文别集。明陈衡(号半隐)著。十卷。卷一至卷六为文,卷七至卷一〇为诗。附录有其甥方汉所撰行状。其文以序较好,数量也最多,占四卷篇幅。《四库全书》编者认为其"诗文皆不入格,于明初诸人为未能方轨并骛也",仅于别集类存目。有明刻本。

寻乐集　诗文别集。明习经(晚号寻乐翁)著。二十五卷。本集为其子习襄任兴化同知时所编刊。《四库全书总目》存目,提要认为:"其文结构颇有法,而意境太狭,往往失于枯寂,未可云似淡而腴。诗则七言长句清婉颇似东阳,而他体未能悉称也。"有明刻本。

敬轩集　诗文别集。明薛瑄(号敬轩)著。二十四卷(别本四十卷)。本集又题为《薛文清集》,文清为其谥号。卷首有弘治二年(1489)张鼎序。卷一为赋、古诗,卷二至卷一〇为诗,卷一一至卷二四为文。张鼎编校,张铨重刊,其文稿主要得自监察御史畅亨。传世版本有万历间刻本,《四库全书》即据以录入。另有《薛文清公全集》四十卷,有明弘治刻本、万历刻本。

东冈集　诗文别集。明柯暹(号东冈)著。十卷。卷首有天顺六年(1462)刘定之序,天顺三年吴节序。本集为作者晚年手订,故较完备。其文豪迈有余,而落笔太快,少潆洄渟蓄之致;诗亦仿佛信口而成,不耐咀咏。有天顺间刻本。

澹轩稿　诗文别集。明林文(号澹轩)著。十卷。卷一至卷三为诗,卷四至卷一〇为文。另有附录二卷(编作卷一一、卷一二)、补遗一卷。初刻本为其孙岳州同知林希范辑刊,后又有其重孙南京大理寺寺正林炳章校刊本。

育斋诗集　诗别集。明高穀(号育斋)著。十七卷。卷首有景泰七年(1456)钱溥序,弘治四年(1491)汪谐序。卷末有弘治三年李绂跋。署"户部员外郎门生卞荣编辑,翰林院学士门生钱溥校正"。本集系扬州府同知李绂校刊。有弘治刻本。

康斋集　诗文别集。明吴与弼(号康斋)著。十二卷。卷首有明嘉靖五年(1526)徐岱序,万历十八年(1590)刘世节序,弘治七年(1494)

吴泰序。卷一至卷七为诗，卷八为奏议杂著，卷九至卷一二为文，内含《日录》一卷。本集刻本较多，几乎历朝均有刊本。最早为抚州所刻，有万历十八年刻本、崇祯五年(1632)刻本，《四库全书》即据后者录入。

两溪文集　文别集。明刘球(号两溪)著。二十四卷。卷首有成化六年(1470)彭时序，刘定之序。卷一、卷二为讲章、奏疏等，卷三为赋颂，卷四至卷二四为各体文，卷末有成化六年刘钺跋、张瑄后序、胡荣跋。系其子刘钺等人类编成集。有明成化间刻本，《四库全书》即据以录入。

石溪集　诗文别集。明周叙(号石溪)著。七卷。卷一至卷三为诗，卷四为赋、颂、词，卷五至卷七为文。有附录一卷。诗文虽有春容宏敞之气，而不免失之肤浅。《四库全书总目》存目，谓："其集编次无法，至以五言六句别标一体，区之古诗之外，而五言长律反入于古诗之中，殊乖体例。"有明刻本。

刘文介集　诗文别集。明刘俨(谥文介)著。三十卷。本集收入文二十五卷(含策、表、讲章一卷)，诗五卷。文章较拘谨，诗则较平庸，缺乏特色，故流传亦不广。有明刻本。

刘文恭诗集　诗别集。明刘铉(谥文恭)著。六卷。卷首有嘉靖二十八年(1549)文徵明序，弘治十六年(1503)吴宽序。卷末有"行实"一卷，并有嘉靖二十八年刘畿跋，嘉靖二十七年皇甫冲跋，刘凤跋，嘉靖二十八年刘璞跋。本集为作者曾孙刘畿辑刊，其跋云："先高祖文恭公遗《假庵集》六十卷，曾伯祖宪副公尝以全集求序于吴文定公(宽)，闻刻诸闽中，而恨未之见。先大父汤溪公谋重刻于家，又以早世，弗竟厥绪。畿每痛之，乃始旁搜博采，积之数年，仅得是诗三百余首，因体别而类聚之，均为六卷。"有嘉靖间刻本。

敝帚集　诗文别集。明陈益著。二卷。"敝帚"取自珍之意。两卷均为诗，文仅数篇。本集为其子陈扬辑刊于弘治年间，后版毁于火，其裔孙陈德又重刊行世，并于卷末辑入同时人哀挽之作，作为附录一卷。有万历间陈德刊本。

澹轩集　诗文别集。明马愉(号澹轩)著。七卷，别本八卷。作者去世后，文稿散佚，成化年间，山东参政邢居正命青州知府刘时勉搜辑遗存而编刊成本集。卷一至卷四为诗赋，卷五至卷七为文章(卷六中有诗错杂其间)。诗文多应酬之作，成就不高。有明成化刻本传世。别本为乡人迟翔凤以本集的残本补葺而成，凡八卷。目录中有"续刻"二字者，皆为迟氏所增。有明刻本。

吴竹坡集　诗文别集。明吴节(号竹坡)著。三十三卷。本集计分文集五卷，诗集二十八卷。卷末附录彭华所著《行状》。称其诗文以流畅而不事摹拟见长，"无刻苦艰窘状"。但缺乏佳构，不足以名家。今存明刊本为其七世孙吴琦所刊。

于忠肃集　诗文别集。明于谦(谥忠肃)著。十二卷。卷首有叶向高、苏茂相等七篇序。卷一至卷一〇为奏议，即如《明史・艺文志》所云分作"北伐"、"南征"、"杂行"三类。卷一一为诗，卷一二为文。卷末有成化十二年(1476)于冕跋。附录四卷，均为与其有关的文献。有明天启间刻本，《四库全书》即以此为底本收入。另有《于肃愍集》八卷、附录一卷，内容大致同于本集，有嘉靖刻本。

云川集　诗文别集。明钟复(号云川)著。六卷。其诗文属于台阁体，缺乏特色。集后附刊有其子钟同的《钟恭愍遗文》一卷及章纶所著钟同墓志铭，遗文仅录有佚作四篇。有明刻本。

松冈集　诗文别集。明姜洪(号松冈)著。十一卷。本集卷一至卷三为序、记，卷四、卷五为歌诗，卷六为赋颂等，卷七至卷一一为近体诗。其诗优于文，曾为朱彝尊《明诗综》选录。有明刊本。

廖恭敏佚稿　诗文别集。明廖庄(号恭敏)著。一卷。原有《东山居士集》，但久无传本；《千顷堂书目》载其《渔梁集》二卷，今亦未见。本集存文二十篇，诗五首，为后人廖仲蔚及里人李日东所辑。《四库全书总目》指出，本集所收均为"草率应酬之作，庄固不必藉是以传"。卷末有附录一卷。有明刻本。

武功集　诗文别集。明徐有贞(封武功伯)著。五卷。卷一为"蒙学稿"，卷二为"登瀛稿"，卷三至卷五为"史馆稿"，各稿均编入诗文之作。其文优于诗，《四库全书总目》评其文云："然其干略本长，见闻亦博，故其文奇气坌涌，而学问复足以济其辨。"又指出一些篇章"多杂纵横之说，学术之不醇，于是可见；才气之不可及，亦于是可见"。有明刻本、《四库全书》本。

古穰集　诗文别集。明李贤著。三十卷。李贤是河南邓州人，穰为邓州古称，故名。卷一、卷二为奏疏，卷三至卷二〇为文，卷二一、卷二二为诗，卷二三、卷二四为和陶诗，卷二五至卷二七为《顺天日录》，卷二八至卷三〇为《古穰杂录》。后二种亦有单行者。《四库全书总目》认为“其时去明初未远，流风余韵，尚有典型。故诗文亦皆质实娴雅，无矫揉造作之习”。本集为其婿程敏政所编。有明刻本、《四库全书》本。

呆斋集　诗文别集。明刘定之(号呆斋)著。四十五卷。本集分为前稿十六卷、存稿二十四卷、续稿五卷。卷首有正德八年(1513)李东阳序。前稿、存稿又分为“代祀录”、“永新人物录”等集，续稿则不分集，自成化元年(1465)至成化五年，每年所作编作一卷。有明正德间刻本。另有《呆斋藏稿》六卷(《千顷堂书目》著录为八卷)，有明抄本行世。又有清乾隆至咸丰间永新刘氏所刊《刘文安公全集》(又名《呆斋全集》)，内收《刘文安公文集》十五卷、诗集六卷、《呆斋策略》(即《文安策略》)十卷、《易经图释》十二卷、《宋史论》三卷等。

畏庵集　诗文别集。明周旋(号畏庵)著。十卷(别本六卷)。卷首有明成化十八年(1482)章纶序。卷一至卷五为赋、诗，卷六至卷一〇为各体文。卷末有成化十九年刘逊后序。其诗以平淡为长，诗味不浓；文章亦以明白晓畅见称。有明成化间刻本行世，传本颇少见。《敬乡楼丛书》中收有《畏庵集》六卷，并有附录一卷。

桐山诗集　诗别集。明王伟(号桐山)著。九卷。另有吴琛序刊之《桐山文集》，罕见传本。诗九卷之后，有附录一卷(编为卷一〇)，收入告归疏及赠行诸作，为其弟王杰所辑。诗多率意应酬之作，缺乏研炼之功。《四库全书总目》认为“盖才士之文往往如斯”。今存其子王添桢重刻本。

完庵诗集　诗别集。明刘珏(号完庵)著。一卷。卷首有吴宽序。有明抄本。

陈剩夫集　又名《布衣存稿》。文别集。明陈真晟(字剩夫)著。三卷。卷首为“行实”、清康熙四十八年(1709)张伯行序。卷一至卷三均为各体文，卷四为附录。其文较平衍简易。有清初刊本、《正谊堂全书》本，并曾收入《丛书集成初编》。

胡文敬集　诗文别集。明胡居仁(谥文敬)著。三卷。所作诗文不多，由其门人余祐搜罗遗佚，编成本集。卷一、卷二为文，卷三为诗。有《四库全书》本、《正谊堂全书》本、《丛书集成初编》本。

平桥稿　诗文别集。明郑文康著。十八卷。以其居住在昆山平桥，故名。卷一至卷五为诗，卷六至卷一八为文。卷后有附录一卷。本集初刊于天顺五年(1461)，由叶盛作序。清康熙三十二年(1693)其裔孙郑起泓又重刻行世。有康熙刻本，《四库全书》即据以收入。

困志集　诗别集。明章纶著。一卷。章纶于景泰五年(1454)五月抗疏，陈“修德弥灾十四事”。下诏狱，拷掠几死，系狱达三年，英宗复辟始释之。本集所收为狱中所作诗一百九十四首，故题为《困志集》。卷首有成化十年(1474)倪谦序，并有嘉靖三十七年(1558)吴朝凤刻《氏族实纪》。卷末则有钱溥跋。署“门人海虞张惩校正，侄婿永嘉潘廷易编集，乡贡进士男章玄应、国子生男玄会刊藏”。有明成化刻本，并曾编入《敬乡楼丛书第四辑》。

兰轩集　诗文别集。明沈彬(号兰轩)著。四卷。沈彬死于风疾，故后遗稿散佚，至隆庆三年(1569)始由邑人周维新搜辑成书。集后附有墓志、墓表等资料。传世版本即为隆庆间周维新序刊本。

静轩集　诗文别集。明陈宜(号静轩)著。十三卷。据明人路璧所著作者小传，陈宜有《金台集》、《金陵集》、《滇南集》等诗文集，但均未见传本。本集为其子陈佩所编，其体例与常见的文集有异。卷一至卷七实是附录，收入累朝敕诰家谱与投酬之作(甚至包括陈佩所作)，卷八至卷一三才是陈宜所作诗文。有明刻本。

姚文敏遗稿　诗文别集。明姚夔(谥文敏)著。十卷。卷首有成化十九年(1483)万安序，弘治三年(1490)丘濬序，像赞数篇。卷一至卷五为诗，卷六至卷一〇为文。卷末有附录。有《渐西村舍汇刊》本，曾编入《丛书集成初编》。

商文毅集　一名《素庵集》。诗文别集。明商辂(谥文毅)著。十卷，别本十一卷。首刊于明隆庆六年(1572)，为十一卷本，卷首有徐楚序，系郑应龄所编。后由刘体元重编为十卷本，刊行于万历三十一年(1603)。十卷本由十一卷本出，而编次颇多移易，一般改动均较合理。卷首有金学曾序，万历三十年刘体元序。卷一至卷九为文，卷一〇为诗。卷末有万历三十一年吴一栻后序。是商集较常见的版本。

倪文僖集　诗文别集。明倪谦(谥文僖)著。三十二卷。卷首有弘治六年(1493)李东阳序。卷一为赋、四言诗，卷二至卷一一为诗，卷一二至卷三〇为文，卷三一、卷三二为方外诗文。卷末有弘治六年其子倪岳跋。据李东阳序，倪谦著有《玉堂稿》一百卷、《上谷稿》八卷、《归田稿》四十二卷、《南宫稿》二十卷，奉使朝鲜之作为《辽海编》别行。而今存仅见本集。今存有明弘治间刻本，《四库全书》即据以收入；《武林往哲遗著后编》所收《倪文僖公集》在三十二卷之外尚有补遗一卷。

王端毅文集 文别集。明王恕(谥端毅)著。九卷，续集二卷。卷首有乔世宁序，卷一至卷六为文，卷七即《玩易意见》，卷八即《石渠意见》，卷九为“意见拾遗”。此后为续集。本集系祥符李濂所编。后三卷为经学著作，曾别本单行。有嘉靖三十一年(1552)河南左参政乔世宁刊本。

类博稿 诗文别集。明岳正著。十卷。卷一、卷二为诗，卷三为“类博杂言”，卷四至卷一〇为文。有附录二卷，附录卷二是李东阳所作“补传”。本集即其门人李东阳搜辑遗稿编成。有明刻本，《四库全书》即据以收入。

重编琼台会稿 诗文别集。明丘濬著。二十四卷。其文集传本编次不一，最初由门人蒋冕等编刊诗集名《琼台吟稿》，又编其文为“类稿”。嘉靖中郑廷鹄合二集再增入其他诗文成“会稿”十二卷。至天启年间，其裔孙丘尔穀选“类稿”十之二，增“会稿”十之三，并“吟稿”合刻，曰“重编会稿”，即成本集。虽不及“类稿”、“会稿”之完备，但所作菁华俱在，去取颇严，成为丘濬文集的通行本。卷一至卷六为诗、词、集句，卷七、卷八为章奏，卷九至卷二四为文。有天启元年(1621)刻本，《四库全书》即据以收入。

逸窝诗集 诗别集。明彭孔坚(居逸窝)著。二卷。卷首有弘治十年(1497)自序。自云“自垂髫时学作诗”，“以薄宦罢归，杜迹逸窝。今年已八旬，思无一善可取，妄意欲将谬作锓梓，以示子孙”。有弘治刻本。

卞郎中诗集 诗别集。明卞荣(官户部郎中)著。七卷。卷末附有所作文章十余篇。其诗虽有时名，但所作大抵恃才率意，颇不耐读。本集为其门人吴键所刊。有明刻本。

菉竹堂稿 诗文别集。明叶盛著。八卷。菉竹堂为其藏书室，故名。卷一至卷四为诗词，卷五至卷八为文。系作者自订。诗词皆非所长，文有劲直之气，略胜于诗，然亦乏杰构。碑志等文章以整饬有法见长。有明刊本。

王桐乡诗三百首 诗别集。明王佐(号桐乡)著，今人韩林元编注。五卷。卷首有任访秋序。卷一至卷四为诗，卷五为词、赋、歌谣。卷末有后记。全书共收入诗词三百二十四首，诗后附“说明”，并作了注释。其诗名不著，但具有地方色彩。广西人民出版社 1986 年出版。

襄毅集 诗文别集。明韩雍(谥襄毅)著。十五卷。卷一至卷八为诗(卷八收词一阕)，卷九至卷一五为文。其集流传不广，传本较少见。有《四库全书》本。明葑溪草堂刊本内容同于《四库全书》本，题作《韩襄毅公家藏文集》。

穀庵集选 诗文别集。明姚绶(号穀庵)著。十卷。作者原有集三十卷，未见传本。本集卷首有嘉靖三十七年(1558)文徵明序，邵锐序，屠应埈序。卷后有附录二卷，收入志传资料，末为嘉靖三十九年文彭跋等四篇跋。卷一至卷五为诗，卷六为词，卷七至卷一〇为文。有明嘉靖间“姚氏世刻”本。

竹岩集 诗文别集。明柯潜(号竹岩)著。二卷，补遗一卷。卷首有嘉靖三十三年(1554)康大和序，嘉靖三十四年董士宏序。卷上为诗文，卷下为文，补遗诗文均收。有附录一卷。康序称其“为诗淡澹清婉，不落畦径”，“为文平妥整洁，不事浮葩艳藻、佶屈聱牙之习”。原有刻本，仅二卷，传本罕见。《四库全书》编者据传抄本收入时，又增辑了“补遗”一卷。有《四库全书》本。

王襄敏集 诗文别集。明王越(谥襄敏)著。四卷(别本三卷)。卷首有嘉靖九年(1530)吴洪序，万历十三年(1585)赫瀛序。卷末有但贵元跋。《四库全书》别集类存目曾著录两种王越集：《王太傅集》二卷、《王襄敏集》二卷续集一卷，后者卷一为疏议，卷二为杂文，卷三(续集)为诗词。四卷本编在此两集之后，所收诗文及附录志传资料都相当多，署赫瀛选，王凤竹校，但贵元编。其文多为公文及酬答之作，其诗有河朔激壮之音，而往往伤于粗率。有万历年间刻本。

西郇诗集 诗别集。明朱朴(号西郇)著。二卷，补遗一卷。卷上为诗，卷下除诗外尚有集句、词。另有补遗一卷。本集为其孙朱彩所编。《四库全书总目》指出：“朴独闭门苦吟，不假借嘘枯吹生之力，其人品已高，其诗品苕苕物表，固亦理之自然矣！”有旧抄本及《四库全书》本。

杨文懿集 诗文别集。明杨守陈(谥文懿)著。三十卷。卷首有弘治十二年(1499)杨守阯序。卷一为《晋庵稿》，卷二至卷五为《镜川稿》，卷六至卷一五为《东观稿》，卷一六至卷二〇为《桂坊稿》，卷二一至卷二九为《金坡稿》，卷三〇为《铨部稿》。各稿前尚有自序、何乔新序，程敏政序等序文。有弘治间刻本。

草窗集 诗别集。刘溥（号草窗）著。一卷。作者是"景泰十才子"之首，也是其中仅见诗集行世者。时人论其诗以为"短章既从容，长篇亦跌宕"（转引自清朱彝尊《静志居诗话》）。有旧抄本。

东海文集 文别集。明张弼（号东海）著。四卷。其诗文原合编为一集，好友谢铎称其诗文成一家言。但今存本均只有各体文而无诗。卷首有吴钺序。有附录一卷（编为卷五）。其文直抒胸臆，不事锻炼，但成就不如诗。有正德十年（1515）华亭张氏刻本。

清风亭稿 诗别集。明童轩著。八卷。卷首有天顺三年（1459）张楷序，天顺四年陶元素序，项麒序。卷一为骚赋，卷二至卷八为五七言诗。卷后附魏骥、杨守陈题诗，曹安后序。本集为其门人李澄编集，刘珝、张弼评，俞泽重评。有天顺间刻本，《四库全书》即据以收入。

方洲集 诗文别集。明张宁（号方洲）著。四十卷（别本三十二卷）。本集卷首有弘治四年（1491）夏时正序，除收录诗文，尚录有《奉使录》、《读史录》等著述，传本较少见。有弘治四年海昌许清编刊本。《四库全书》所收本集为三十二卷，卷一、卷二为廷策奏疏，卷三至卷一一为诗及词赋，卷一二至卷一三为《奉使录》（使朝鲜所作诗文），卷一四至卷二六为文，卷二七至卷三二为《读史录》（读史札记）。所据底本为明钱陞重刊本，《四库全书总目》认为此本即四十卷本，卷数不同"或钱陞重刊改并"。其中的《奉使录》二卷有多种单行本，常见的有《丛书集成初编》本。

刘古直集 诗文别集。明刘珝（号古直）著。十六卷。卷首有嘉靖三年（1524）王承裕序，正德十年（1515）李东阳序，嘉靖九年李春芳序。卷一至卷五为诗，卷六至卷一六为文。有嘉靖刻本。

椒丘集 诗文别集。明何乔新（号椒丘）著。三十四卷。卷首有嘉靖元年（1522）舒芬序。卷一至卷三为策略，卷四至卷八为史论，卷九至卷一四为文，卷一五为赋等，卷一六至卷二〇为文，卷二一至卷二五为诗，卷二六至卷三一又为文，卷三二至卷三四为奏议事略。后附"外集"，系志传及酬答诗文。卷末为嘉靖元年余蓝后序。有嘉靖刻本，《四库全书》即据以收入。

石田集 诗文别集。明沈周（号石田）著。九卷。卷首有崇祯十七年（1644）钱谦益序，弘治十三年（1500）吴宽序。卷一至卷八为诗及词，卷九为文。卷末有附录一卷（编为卷一〇），收录钱谦益所辑"事略"。后为正德元年（1506）李东阳跋。沈周原有诗集十卷（别本十一卷）行世，此为其诗文合集本，并经瞿式耜、钱谦益等人选编，流传较广。其诗以自然平易见长，文则较浅近。有崇祯末瞿氏耕石斋刊本。

陈白沙集 诗文别集。明陈献章（号白沙）著。九卷。其集传本较多，卷次不一。原本称"全集"，共二十卷，诗文各十卷，为罗侨所刻，后又增为二十一卷，另有文集十二卷、"诗教解"十五卷合刊本。后由高简于嘉靖年间删并为九卷本，其他各版遂不甚通行。本集卷首有嘉靖十二年（1533）高简序，嘉靖三十年湛若水序等五篇序文。卷一至卷四为文，卷五至卷九为诗。有万历刻本，《四库全书》即据以收入。

谦斋文录 诗文别集。明徐溥（号谦斋）著。四卷（别本八卷）。卷一为策、章奏、诗，卷二至卷四为文。其诗文成就不高，人称"文章不如器量"。常见版本有《四库全书》本。另有《徐文靖公谦斋集》八卷，有嘉靖八年（1529）宜兴徐氏家刻本。

云松诗略 诗别集。明魏偁（号云松）著。八卷。卷首有弘治七年（1494）序（署名残缺）。卷末有萧赞跋。本集即为门人萧赞摘编，欧阳鹏评点，门人黄吉、杨敏等刊行。所谓"诗略"，是从所作三千余首诗中选录了十分之一左右。有弘治间刻本。

彭惠安集 诗文别集。明彭韶（谥惠安）著。十卷（别本七卷）。其集原名《从吾滞稿》，后散佚。明嘉靖中重又编刊时改题今名。卷首有郑岳序。卷一为奏议，卷二至卷八为文，卷九为诗，卷一〇为赞。据《明诗综》、《莆风清籁集》等书，集外之诗尚多。有嘉靖刻本，《四库全书》即据以收入。另有别本七卷，乃御史陈时周重编，内容少于十卷本，卷首有嘉靖十八年（1539）刘勋序，亦有嘉靖刻本行世。两本卷末都有附录一卷。

余力稿 诗文别集。明徐贯著。十二卷。卷首有明嘉靖三十七年（1558）薛应奎序，弘治十二年（1499）自序，嘉靖三十一年徐健序、徐楚序。本集系作者之子徐颐初刊于舒城，但未将遗作全部编入，嘉靖三十一年次子徐健倅归州时，增订再版，即是今本。《四库全书总目》别集类存目著录，并指出："诗文皆平实，然大半应酬之作也。"有嘉靖间刻本。

定庵集 诗文别集。明张悦(号定庵)著。五卷。卷一为诗，卷二至卷五为文。所作大抵伤于流易，而颇乏隽永之味。有明刻本。

沧洲诗集 诗别集。明张泰(号沧洲)著。十卷，续集二卷。所作诗歌曾与李东阳齐名，以不幸早终，未能成就大家。其诗大抵流便圆转，而短于含蓄。有成化、弘治间刻本。

闵庄懿集 诗别集。明闵珪(谥庄懿)著。八卷。其诗大抵为应酬之作，其中七言律诗就有六卷之多。罕为诗论家言及，仅《明诗综》卷二二选有其诗作。有旧抄本。

涞水集 诗文别集。明文洪(官涞水教谕)著。二卷。卷首有作者自序，指明集中存诗百篇，均为自选所作。卷末又附有遗文七篇。其诗饶有恬淡之致，但耐读者不多见。有旧抄本。

括囊稿 诗文别集。明文洪著。二卷。作者另有自选之《涞水集》别行于世。本集卷一为诗，卷二为文。有《四库全书》所录《文氏五家诗》本。

翠渠摘稿 诗文别集。明周瑛(号翠渠)著。七卷。本集为其门人林近龙所选录，故名"摘稿"。本集卷一至卷五为文，卷六至卷八为诗。卷末有补遗一卷，系康熙四十七年(1708)由其七世孙周维镳所辑，以郑岳所撰"本传"冠于首。有清初刻本，《四库全书》本。

一峰集 诗文别集。明罗伦(学者称其为一峰先生)著。十四卷。卷首有嘉靖二十八年(1549)聂豹序、罗洪先序。卷一为策、疏、状等，卷二至卷九为文，卷一〇至卷一四为诗。卷末有嘉靖二十八年张言跋、林应芳跋。《四库全书总目》称："今览其文，刚毅之气形于楮墨；诗亦磊砢不凡。虽执义过坚，时或失于迂阔，又喜排叠先儒传注成语，少淘汰之功，或失于繁冗。"有明嘉靖间刻本，《四库全书》本。

董文僖集 诗文别集。明董越(谥文僖)著。四十二卷。卷一至卷四为讲章、策问等，卷五至卷一一为诗，卷一二、卷一三为歌行及文，卷一四至卷四〇为各体文，卷四一为《使东日录》，卷四二为《朝鲜赋》。据著录，董越有《圭峰文集》，当为本集别名。本集系作者生前亲自辑成，由其子董天锡校编。有旧抄本，传本少见，《四库全书总目》即称"未见其本"。

彭文思集 诗文别集。明彭华(谥文思)著。九卷。卷一为经筵讲章，卷二至卷八为文，卷九为诗、词。有附录一卷(编为卷一〇)。卷末有弘治十六年(1503)杨廉书后，弘治十五年杨循吉后序。有弘治间安福彭氏刊本。

履坦幽怀集 诗文别集。明祝淇(或作祺)著。二卷。本集为余姚胡培所编，卷一为文，卷二为诗。有明祝氏家刻本。

西村集 诗文别集。明史鉴(号西村)著。八卷。卷首有周用序、卢襄序。卷一至卷四为诗(含赋、词)，卷五至卷八为文。卷首尚录有"征聘诏"、小传、挽诗等有关诗文。卷五都是明初人物的列传，或曾欲著野史而未成，仅余此篇章。其集原为二十八卷，但今仅见此本。有嘉靖年间其孙史周刊本，《四库全书》即据以收入。

匏翁家藏稿 诗文别集。明吴宽(号匏翁)著。七十七卷。卷首有正德三年(1508)李东阳序，正德四年王鏊序，卷末有正德三年徐源后序。序中指出，本集由吴宽手自编订，计诗凡三十卷，各体文四十卷；后序则称诗三十卷、文四十七卷，又正符本集实际卷数。《四库全书总目》认为：前七十卷乃其手订，后七卷是其子吴奭"搜阅简笥"所补益。本集卷三〇除诗还录有词三十余篇，卷七七之后，又有"补遗"之文六篇。有正德间原刊本，民国间《四部丛刊》据之影印，较常见。《四库全书》所收亦为此本，唯简其名为《家藏集》。

未轩集 诗文别集。明黄仲昭(学者称其为未轩先生)著。十二卷。卷首有刘玉序，成化五年(1469)罗伦序，嘉靖三十七年(1558)康大和序。卷一至卷六为文，卷七至卷一一为诗，卷一二为词。卷末有附录一卷，并有嘉靖三十四年黄希白跋。有嘉靖间刻本，《四库全书》本。后者附"补遗"二卷。

桃溪净稿 诗文别集。明谢铎著。八十四卷。卷首有弘治二年(1489)李东阳序，正德十六年(1521)顾璘序。卷一至卷四五为诗稿，卷四六至卷八四为文稿。据李东阳序后自记，本集原名《桃溪杂稿》，"后十三年，西涯先生再取而芟之，俾录为'净稿'"。对此，《四库全书总目》仍认为"然瑕瑜参半，不能悉为刊除也"。有正德间刊本。

式斋集 诗文别集。明陆容(号式斋)著。

三十七卷。卷首有弘治十五年(1502)王鏊序。凡分为《式斋稿》二十二卷,《浙藩诗稿》八卷、文稿三卷,《归田稿》四卷。卷末有弘治十四年都穆跋。各稿大致编年,所收为其全部诗文。有弘治间刻本。

东山诗集 诗别集。明刘大夏(号东山)著。二卷。卷首有正德十六年(1521)吴廷举序,卷末有同年王韦后序,嘉靖五年(1526)屠应埙后序。本集共存诗三百三十一首,是其仲子刘祖修所辑。初刻于正德间,重刻于嘉靖初。有嘉靖初屠应埙重刻本。

定山集 诗文别集。明庄昶著。十卷。庄昶曾卜居定山二十余年,学者称为定山先生。卷首有嘉靖十四年(1535)湛若水序、周满序,正德元年(1506)王华序。卷一至卷五为诗,卷六至卷一〇为文。卷末又有补遗一卷,但所收为生平碑传等文字。有嘉靖刻本,后收入《四库全书》及《金陵丛书》丁集。

东白集 诗文别集。明张元祯(号东白)著。二十三卷。本集卷末有附录一卷(编为卷二四),收入传记资料。其诗文均朴实无华,但时见迂阔之言。有明刻本。

医闾集 诗文别集。明贺钦著。九卷。贺钦徙籍辽东广宁卫,常读书于广宁医无闾(或作医巫闾)山中,自号医闾山人,并以名集。卷首有明嘉靖八年(1529)李承勋序。卷一至卷三为"言行录",卷四至卷八为文、奏稿,卷九为诗。卷末有嘉靖九年成文跋。其文章多信笔所至,不甚修词。有嘉靖间刊本,署郑晓参定、唐顺之重校。另有《四库全书》、《四明丛书》及《辽海丛书》本。

枫山集 诗文别集。明章懋著。九卷(别本四卷)。章懋曾讲学枫木山中,称枫山先生,因以名集。卷首有嘉靖三年(1524)余祜序,嘉靖九年毛宪序。其内容始廷策、奏疏,次书简等,最后是诗词赞赋,但以上四类数量很少,均不足以单独成卷。署"从弟井庵居士沛编辑,毘陵后学毛宪校正"。有明嘉靖间刻本,并收入《金华丛书》、《丛书集成初编》,较常见。另有四卷本,未收入诗,内容少于九卷本。卷末附录一卷,收有传记资料,有嘉靖十八年刊本,《四库全书》所收即此四卷本。

东泷遗稿 又名《彭状元文集》。诗文别集。明彭教(号东泷)著。四卷。卷首有李东阳序。其诗文多应酬之作。有明刻本。

东园文集 文别集。明郑纪(号东园)著。十三卷。卷一为经筵讲章等,卷二至卷四为奏议,卷五至卷一三为文。卷末有续篇一卷,收录二十一篇文。末为乾隆三年(1738)九世孙郑英梁跋。有清乾隆刻本,《四库全书》即据以收入。

东园诗集续编 诗别集。明郑纪(号东园)著。八卷。作者之子郑主一、郑主敬曾编其诗集为十二卷,但传本罕见。本集系其少子郑忠搜辑遗篇而成,故名"续编"。其诗成就不高,受南宋江湖派影响。有明抄本。

西山类稿 诗文别集。明谢复著。五卷。作者晚年卜居西山,学者称为西山先生,故名。其诗文不出讲学之门径,缺乏文采与蕴含。有明刻本、旧抄本。

交石类稿 诗文别集。明吴文度(号交石)著。三卷。作者在南京御史任上,与同官孙需论妖僧继晓,被廷杖,并迁汀州知府,在任有惠政,汀州人士为刊此集以志遗爱。本集卷一为诗,卷二、卷三为文。诗文词旨朴僿,颇乏词采。有明汀州刊本。

张文僖集 又名《柏崖集》。诗文别集。明张昇(谥文僖)著。三十六卷。卷首有嘉靖元年(1522)邵宝序,称本集原名"柏崖",刻成而赐谥之命适至,故改今名。本集包括文集十四卷,诗集二十二卷。其诗近体多于古体,近体中又主要是七言,应酬成分颇大。有嘉靖间刻本。

青溪漫稿 诗文别集。明倪岳(号青溪)著。二十四卷。卷一为赋辞、乐府,卷二至卷九为诗及词,卷一〇为经筵讲章,卷一一至卷一四为奏议,卷一五至卷二四为文。倪岳不以文章名,诗文均较平淡,奏议有北宋诸贤遗风。卷末有附录一卷。有正德八年(1513)徽郡守熊世芳刊本、《四库全书》本,《武林往哲遗著》本多"补遗"一卷。

楼居杂著 文别集。明朱存理著。一卷。存文三十篇,其中题跋共二十二篇,不但数量较多,也较有价值,多可据以考订元明文集版本。有《四库全书》本、《天尺楼丛钞》本。

野航集 诗文别集。明朱存理(号野航)著。诗稿一卷,文稿一卷。本集系作者族孙朱观潜所辑,诗文仅存此两卷。诗以本色为重,文多杂著。卷末附录有投赠、志传等有关资料。一般附刊于《楼居杂著》之后,有《四库全书》本、《天尺楼丛钞》本等。

句曲纪游诗 诗别集。明朱凯著。一卷。句曲即茅山,本集所录是正德二年(1507)与沈用之兄弟同游茅山所作的诗,故名。卷首有自序，卷末有吴奕跋。录古体诗七首，近体诗十七首。有明抄本。

思玄集 诗文别集。明桑悦(别号思玄居士)著。十六卷。本集卷一为赋，卷二至卷九为文，卷一〇至卷一五为诗，卷一六为词。卷末有附录一卷。作者自称其诗“根于太极”。有明刻本。

篁墩集 诗文别集。明程敏政著。九十三卷。因家乡新安原有黄墩之地，程敏政独称实应为篁墩，并为之作记，并取以为别号，因以名集。卷首有正德元年(1506)李东阳序，正德二年李汎序(或作为后序)。卷一至卷一〇为青宫直讲、奏议等，卷一一至卷六〇为文，卷六一至卷九三为诗(词杂在卷中，未单列)。卷后有正德二年何歆跋。一般尚有附录(或拾遗)一卷。有正德二年徽州知府何歆刊本，《四库全书》即据之收入。

文温州集 诗别集。明文林(官温州太守)著。二卷。卷首有徐祯卿为文林所撰诔。卷一诗中多有感时伤事之作，一些诗篇直接反映了社会现实。卷二则是其与友人唱和酬答之作，涉及沈周、李东阳、吴宽等人。其诗成就不高，但在茶陵派之外自成一家，也颇难得。传本少见，《四库全书总目》于存目中著录有《文温州集》十二卷，是诗文合集。有弘治间刻本。

东田集 又名《东田漫稿》。诗文别集。明马中锡(号东田)著。六卷(别本十五卷)。卷首有嘉靖五年(1526)孙绪序，嘉靖十七年王崇庆序。又分为文集三卷、诗集三卷。卷末有嘉靖十七年文三畏后序、许来学跋。孙绪序称其诗卑者亦迈许浑，高者当在刘长卿、陆龟蒙之列。《四库全书总目》则认为“然中锡诗格，实出于(陆游)《剑南集》中”。本集系其子马师言所编。有嘉靖间原刊本、《畿辅丛书》本、《丛书集成初编》本。别本十五卷，凡文五卷，诗十卷，有康熙四十六年(1707)邑人贾棠刊《马东田孙沙溪两公遗集合编》本。

屠康僖集 又名《太和堂集》。诗文别集。明屠勋(谥康僖)著。六卷。卷首有正德十四年(1519)王鏊序、张弘至序。卷一至卷四为诗，卷五、卷六为文。卷末有附录一卷。万历年间屠氏后裔合本集与其子屠应埈《兰晖堂集》，而成《屠氏家藏二集》，改称本集为《太和堂集》，并冠以朱国祚序、万历四十三年(1615)陈懿典序。有明刻清印本。

怀麓堂集 诗文别集。明李东阳著。一百卷。东阳祖籍在湖广茶陵的岳麓山，曾建居室名“怀麓堂”，以此名集含有思念家乡之意。系生前亲自编定，并题为《怀麓堂稿》，由其门生熊桂付刻时改题今名。九十卷为诗文，其中又分为前稿、后稿。所谓“前”，指在翰林院时所写诗文；所谓“后”，指在内阁时写的诗文。十卷为杂记，包括《南行稿》、《北上稿》等文稿及《怀麓堂诗话》。本集刻本较多，或又题为《怀麓堂全集》，较常见的有清康熙二十一年(1682)茶陵州学正廖方达校刊本，《四库全书》所收即此本；嘉庆八年(1803)学易堂刊本等。岳麓书社1984年起出版周寅宾点校本，分诗一编、文二编共三册，先后印行，改题《李东阳集》。

李东阳集 诗文别集。明李东阳著。一百卷，分为三册。原有《怀麓堂集》(或称“全集”)一百卷，本集系由今人周寅宾以清嘉庆八年陇下学易堂刊本《怀麓堂全集》为底本，标点、校勘、整理成三编(实即三册)，改题为《李东阳集》。书首有周寅宾著《前言》。一编(第一册)收有全部诗作，包括:《诗前稿》二十卷，《诗后稿》十卷，“杂记”中的诗(《南行稿》、《北上录》、《东祀录》、《集句录》及《后录》、《哭子录》)，卷末尚有一些新辑的补遗。二编(第二册)收录文章，包括:《文前稿》三十卷，“杂记”中的《南行稿》、《北上录》所录的文章，《讲读录》、《东祀录》中的文，《求退录》、《怀麓堂诗话》。三编(第三册)收录文章，包括:《文后稿》三十卷，“杂记”中其他文章。卷后附录有关作者生平的传志年谱等资料。1984年至1986年由岳麓书社出版。

圭峰集 诗文别集。明罗玘(学者称其为圭峰先生)著。三十卷。卷一至卷二四为文(卷二四有少量词)，卷二五至卷三〇为诗。其集原本卷次不一，刻本较多。曾初刻于常州，再刻于荆州，但刊版均佚。嘉靖五年(1526)陈洪谟据荆州本六卷再增以其他文稿重新编刊。后邑人黄端伯又于其后裔处求得佚稿，合编为三十卷本。《四库全书》认为本集“编次颇无体例”，文以寿文为冠，诗亦以寿诗排于其首而名为“古乐府”。有清康熙二十九年(1690)八世从孙罗美才刊本，《四库全书》即据以收入。

东溪稿 诗别集。明邓庠(号东溪)著。十卷。卷一至卷五为“吟稿”，卷六为《入觐联句录》，卷七至卷九为“续稿”，卷一〇为“别稿”。卷末附有石瑶所作小传。有明刻本。

梅岩小稿 诗文别集。明张旭(号梅岩)

著。三十卷。卷首有弘治十七年(1504)吴宽序、自序。卷一至卷二二为诗,卷二三至卷三〇为文。卷末有程材跋、汪循跋。有作者手定的弘治间刊本。

归田稿　诗文别集。明谢迁著。八卷。其文集全稿毁于嘉靖间倭乱,仅存致仕以后及再召入朝时期的作品,就自题"归田",以付其子。卷一至卷四为文,卷五至卷八为诗。诗数量多而且成就大于文。本集长期仅有稿本、抄本流传,到清康熙年间其七世孙、大名府同知谢钟和才重加编校,刊行于世。今存有康熙刊本,《四库全书》即据以收入。

东峤集　诗文别集。明李承芳(号东峤)著。十五卷。是集诗多俚俗,文亦拙涩。《四库全书总目》讥其"堕入下劣诗魔",并引曾玙序中说作者"诗文则甚自类"之语,指为"盖讥其无所师法"。有明刻本。

震泽集　诗文别集。明王鏊(号震泽)著。三十六卷(别本三十八卷)。卷首有明嘉靖十五年(1536)霍韬序。卷一为赋诗,卷二至卷八为诗,卷九为联句、词,卷一〇至卷三六为文。其古文湛深经术,典雅遒洁,有唐宋遗风。传世版本有明嘉靖间刻本,《四库全书》即据以收入。其别本题《王文恪公集》,在三十六卷之外附有"鹃音"一卷,"白社诗草"一卷,有万历间刻本。

七星诗文存　诗文别集。明刘鸿著。十二卷。作者居于七星坳,因以七星居士自号。卷首有正德五年(1510)罗顺钦序。其文风格疏朗,多自抒抑塞磊落之怀;诗则率意而成,兴寄颇浅。本集为泰和知县区时行所编。有正德刊本。

郁洲集　又名《郁洲遗稿》。诗文别集。明梁储(号郁洲)著。十卷(别本八卷)。卷首有嘉靖四十五年(1566)朱大韵序,黄佐序,黄衷序。卷末有嘉靖三十二年王世贞后序,王渐逵后序。本集原名《郁洲集》,后其孙梁孜官中书舍人,从内阁录出其疏奏补入集中,厘为十卷,又题为《郁洲遗稿》。有嘉靖间刻本。《四库全书》所收即此本,但删去卷一的行状墓志,并作八卷,卷一至卷七为文,卷八为诗。

古城集　诗文别集。明张吉(号古城)著。六卷。卷一为"三朝奏议",卷二为"陆学订疑",卷三为"贞观小断",卷四为文略,卷五、卷六为诗。后有补遗一卷,所收都是各体杂文。卷末为杨枨跋。《四库全书总目》认为,张吉"犹兢兢守先民矩矱。高明不及王守仁,而笃实则胜之;才雄学富不及李梦阳、何景明,而平正通达则胜之"。有清康熙三十年(1691)刊本、《四库全书》本,前者另有首一卷。

雨村集　诗文别集。明周东(号雨村)著。二卷。卷一为诗,卷二为文。此后有《正论》八篇(编为卷三、卷四),系其子所作。诗文皆率意而为,较粗浅。有明抄本。

东所集　诗文别集。明张诩(号东所)著。十三卷。卷首有嘉靖三十年(1551)黄佐序,张希举序。卷一至卷九为文,卷一〇至卷一三为诗。卷末有伦以谅、沈瀚跋。有旧抄本。

南海杂咏　诗别集。明张诩著。十卷。南海即今广州市,系作者籍贯。本集咏广州古迹,分为九门,每题之下,各列小序,"皆摭志乘为之,无所纠正,诗亦罕逢新语"(《四库全书总目》)。有旧抄本、清刻本。

西巡类稿　诗文别集。明吴廷举著。八卷。本集所收系其于正德初任广东按察副使时,巡视省治以西诸郡所作,故名。录有所上奏疏、公文书简及诗词。诗文均为应用之作。有明刻本。

西轩效唐集录　诗文别集。明丁养浩著。十二卷。西轩为其别号,效唐系取法唐人之意。卷一至卷八为诗,卷九至卷一二为文。《四库全书总目》认为所作"殊不类唐音"。有嘉靖八年(1529)刊本。

李大厓集　诗文别集。明李承箕(号大厓)著。二十卷。卷首有吴廷举序,弘治三年(1490)李承芳序等序文。卷一至卷一二为诗,卷一三至卷二〇为文。卷末有附录一卷。有明抄本。

月湖集　诗文别集。明杨廉(号月湖)著。四十八卷。本集又分为六编,计《月湖净稿》十九卷,"续稿"二卷,"遗稿"一卷,"四稿"十卷,"五稿"七卷,"六稿"七卷。有明刻本。

见素集　诗文别集。明林俊(号见素)著。四十七卷。其集原为诗集十四卷、文集三十五卷,版毁于嘉靖四十一年(1562),其孙林及祖于万历时重刊,统成本集,有文集二十八卷,续集十二卷,奏议七卷。文集卷首有正德元年(1506)张翊等序,二十八卷均为各体文。续集前有嘉靖十五年王凤灵等序,卷一至卷五为诗,卷六至卷一二为文。后有附录二卷,收录生平家世文献。并有万历十三年(1585)林及祖跋。文集与续集中之文正好 三十五卷,而诗只五卷,已不符十四卷之数。其诗集十四卷,今存有明正德十四年原刊本。有万历十三年林及祖南京刊本,《四库全书》即据以收入。

西征集 诗文别集。明林俊著。不分卷。林俊于正德四年(1509)再任四川巡抚,将平定巴夔变乱时所作诗文汇辑成集,故名"西征"。收有诗歌一百零二首,文五十九篇。卷末附有戴锦所撰《西征传》,备述此行始末。有明抄本。

虚斋集 又名《清虚斋文集》。诗文别集。明蔡清著。五卷。蔡清之学初主静后主虚,故以"虚"名斋。卷首有明正德十六年(1521)林俊序。卷一为诗及杂著,卷二至卷五为文。本集为正德间葛志贞所辑。有明刊本及《四库全书》本。别本八卷,是清初其族孙蔡廷魁增辑重刊,除原五卷内容,仅益以补遗、附录,所增仅限于少量手迹。有清初刊本。

虚斋先生遗集 诗文别集。明祝萃(号虚斋)著。十卷。卷一至卷五为文,卷六至卷一〇为诗。《四库全书总目》认为其"文颇舂容,诗亦妥帖,盖成弘间台阁之体"。有明刻本。

石淙诗稿 诗别集。明杨一清(号石淙)著。十九卷(或著录为二十卷)。据《明史·艺文志》,作者原有《石淙类稿》四十五卷、诗二十卷,罕见传本。本集分为《凤池稿》、《省墓稿》等十余集,各以类分。《督府稿》后误编入简札一卷。各稿有正德五年(1510)自序,嘉靖五年(1526)段炅序,嘉靖七年方鹏序,以及熊桂等跋。诗中多有涉及西北边塞战和之作,气格雄阔。有嘉靖间所刊李梦阳等评点本。

雪洲集 诗文别集。明黄瓒(号雪洲)著。十四卷。卷首有嘉靖七年(1528)方鹏等序。卷一至卷六为诗,卷七至卷一二为文,卷一三、卷一四为"续集",诗文并存。卷末有孙继鲁等后序或跋。本集为其子黄襄所编。有嘉靖九年徽郡黄长寿刊本。

半江集 诗文别集。明赵宽(号半江)著。十五卷。本集原有正德间王思诚刻本,凡十二卷,嘉靖末其子赵禴得手稿一册,便据以重编为十五卷。卷首有正德十一年(1516)费宏序,正德十年王守仁序,嘉靖四十年(1561)沈啓序、徐师曾序。卷一至卷八为诗,卷九至卷一五为文。卷末有附录一卷及王弘后序。有嘉靖末吴江赵氏家刻本。

柴墟集 诗文别集。明储巏(号柴墟)著。十五卷。卷首有嘉靖二十八年(1549)邵宝序。卷一至卷五为诗,卷六至卷一五为文。卷末有天启三年(1623)储元基跋。集中序有三卷之多。有嘉靖刻、天启间修版刷印本。

念斋集 诗文别集。明程楷(号念斋)著。十四卷(别本十五卷)。卷首有嘉靖元年(1522)刘绶、汪必东等序。卷一至卷九为文,卷一〇至卷一四为诗。卷末有附录一卷及詹陵后序。有嘉靖刻本。别有《四库全书总目》别集类存目著录本,计文七卷,诗词八卷,卷末有方冀跋,系郡人史简所摘抄。

熊峰集 诗文别集。明石珤(号熊峰)著。十卷。其集曾由皇甫汸删定为四卷,清初孙光㷆为藁城知县,又得别集于其家,合而重刊之。后自梁清标家获其全稿,又续刊行世,即拼成本集。故本集卷一至卷四、卷七至卷九为诗;卷五、卷六、卷一〇为文。"盖刊版已定,不能依类续入,故其体例丛脞如是"(《四库全书总目》)。有清康熙间刊本,《四库全书》即据以收入。

吴文肃摘稿 诗文别集。明吴俨(谥文肃)著。四卷。其集初藏于家,万历十二年(1584)始由其孙吴士遇刊行,系经同邑王升等人删并遗文,故曰"摘稿"。卷首有王升序,万历十二年万士和序。卷一、卷二为诗,卷三、卷四为文。后有王升跋。其诗文名不著,作为李东阳茶陵派羽翼而行世。有万历刻本,《四库全书》即据以收入。

小鸣稿 诗文别集。明朱诚泳著。十卷。卷一为乐府,卷二至卷七为诗,卷八为联句,卷九为文,卷一〇为"恩赐胜览录"。本集是由秦王府纪善强晟校刊,由其孙、秦定王朱维焯表上之,诏付史馆,故本集又题作《经进小鸣稿》。有明抄本、《四库全书》本。

杨南峰全集 诗文别集。明杨循吉(号南峰)著。二十二卷。本集收入作者的十种著作,计《辽小史》一卷,《金小史》八卷,《苏州府纂修识略》六卷,《金山杂志》一卷,《庐山客记》一卷,《攒眉集》一卷,《菊花百咏》一卷,《都下赠僧诗》一卷,《斋中拙咏》一卷,《灯窗末艺》一卷。各集均曾单行,但前两种清代列为"违碍"之禁书,故流传不广。《菊花百咏》、《都下赠僧诗》又曾选收进《松筹堂集》卷一。有万历间徐景凤校刊本。

松筹堂集 诗文别集。明杨循吉著。十二卷。本集系作者自选,卷首有万历元年(1573)顾从德序,黄省曾序。卷一、卷二为赋、诗,卷三至卷九为文,卷一〇为词,卷一一为骈文,卷一二为乐府。《四库全书》编者对其评价不高,认为"是集虽经别裁,尚多俗体。盖循吉任诞不羁,故其词往往近俳",故弃而不收。有黑格精抄本。另《松筹堂遗集》五卷，系本集的补编，有明抄本。

傅文毅集　又名《北潭集》。诗文别集。明傅珪（谥文毅）著。八卷。卷首有嘉靖四十五年（1566）高燿序，嘉靖十九年陆深序。诗文各为四卷。卷末有附录一卷，并有王济跋。本集初刊于嘉靖十七年，初未分卷，到嘉靖四十五年才据旧版重编。有明嘉靖刊本。

容春堂集　诗文别集。明邵宝著。六十一卷。本集又分为前集二十卷，后集十四卷，续集十八卷，别集九卷。卷首有李东阳序，正德十二年（1517）王鏊序，正德九年浦瑾序，正德十三年林俊序。前集卷一为辞赋，卷二至卷八为诗，卷九至卷二〇为文。后集卷一至卷八为文，卷九至卷一三为诗词，卷一四为书简。续集卷一至卷五为诗，卷六至卷一八为文。别集卷一至卷四为诗，卷五至卷九为文。邵宝出于李东阳之门，其诗文矩度，皆宗法李东阳。有正德刊本，《四库全书》即据此本收入。

东江家藏集　诗文别集。明顾清（号东江）著。四十二卷。卷首有嘉靖三十四年（1555）孙承恩序，嘉靖九年汪佃序，嘉靖三十一年章焕序。又分为“山中稿”（初集）四卷，卷一为赋，卷二、卷三为诗，卷四为文。“北游稿”（中集）二十九卷，卷五为辞赋，卷六至卷一五为诗，卷一六至卷三三为文。“归来稿”（后集）九卷，卷三四为赋、诗，卷三五、卷三六为诗，卷三七至卷四二为文。卷末有附录一卷并董宜阳跋。有嘉靖刊本，《四库全书》即据以收入。

吴文端集　诗文别集。明吴一鹏（谥文端）著。四十卷。其集世不甚传，朱彝尊指出，“（吴一鹏）诗集十卷，选家罕有录之者”（《静志居诗话》卷九）。卷首有徐阶序，集系其子吴纯叔所编。有明刻本。

鹤滩集　诗文别集。明钱福（号鹤滩）著。六卷。卷末附有《鹤滩纪事》一卷，为后人缀辑遗闻而成，多有溢美之词。《四库全书总目》指出：“诗文以敏捷见长，故委巷鄙俚之词率以归之。今观是集，实少俳谐之作，知小说多附会也。”有旧抄本。

毛文简集　文别集。明毛澄（谥文简）著。二卷。卷首有李维桢序。两卷均为文。原有其子毛希原辑成《三江集》，未刊而散佚。后由从曾孙毛君明重辑成本集，但诗已一无所存。有明刻本。

方简肃集　文别集。明方良永（谥简肃）著。十卷。本集十卷均为各体文。河南按察使郑茂编，隆庆四年（1570）其孙山东布政使方攸续刊行。有附录一卷，汇辑有关生平的资料。有万历八年（1580）方攸续豫章刊本，《四库全书》本即据此收录。

怀星堂集　诗文别集。明祝允明（室名怀星堂）著。三十卷。卷一、卷二为赋、骚，卷三为乐府，卷四至卷八为诗，卷九为诗、箴铭，卷一〇至卷三〇为文。祝允明另有《祝氏集略》三十卷，《四库全书总目》认为当是另一种文集。但今人王重民《中国善本书提要》认为“此两集应相同，盖后之翻刻《集略》者，易其名为《怀星堂集》者”。有嘉靖间苏州刊本，《四库全书》本。

祝氏集略　诗文别集。明祝允明著。三十卷。见《怀星堂集》。

双溪集　诗别集。明杭淮（号双溪）著。八卷。本集为其弟杭洵所编。集中之作多有与李梦阳、徐祯卿、陆深、王守仁唱和之作，诗风亦受“七子”影响。《四库全书总目》评本集：“其诗格清体健，在弘治、正德之际不高谈古调，亦不沿袭陈言，颇谐中道。”有清朱彝尊曝书亭旧藏本，《四库全书》即据以收入。

熊士选集　诗别集。明熊卓（字士选）著。一卷。卷首有正德七年（1512）李梦阳序。存诗六十三首，五言绝句约占半数。李梦阳与熊卓同被刘瑾矫诏罢黜。刘瑾诛，而熊士选已故。李复官江西，哭于其墓，并收辑其诗，选录六十余首编成本集。卷末有吴嘉聪跋，嘉靖二十二年（1543）陈德文跋，并有附录一卷。有嘉靖间范钦校刊本。

湘皋集　诗文别集。明蒋冕著。三十三卷。本集分疏奏讲章等八卷，诗八卷，词一卷，文十六卷。作者历仕数朝，久在枢要，所作不失其身分，但亦难觅其个性。有嘉靖三十三年（1554）王宗沐所刊殷从俭编次本。

樗林摘稿　诗别集。明秦鏜著。三卷。卷末有附录一卷。本集为其子秦淮、秦漳所刊。其诗特为遣兴寄意，成就不高，视野亦较窄。有明刊本。

贞翁净稿　诗别集。明周伦（晚号贞翁）著。十二卷。本集为赵士英删定，卷首有赵序。有明抄本。

鳌峰类稿　诗文别集。明毛纪（号鳌峰）著。二十六卷。卷首有嘉靖二十一年（1542）徐缙序。卷一至卷一八为文，卷一九至卷二六为诗。本集为作者致仕家居时所手定。有嘉靖间刻本。

白露山人遗稿 诗文别集。明黄傅(号白露山人)著。二卷。本集诗文各一卷,内容比较单薄。有旧抄本。

戒庵集 诗文别集。明靳贵(号戒庵)著。二十卷。本集为吴郡蔡羽所编,传本少见。卷一至卷一八为文,卷一九、卷二〇为诗。有嘉靖间刻本。

勉斋遗稿 诗文别集。明郑满(号勉斋)著。三卷。卷一、卷二为文,卷三为诗。诗文大旨严正,但颇乏修词之功。有明抄本。

东泉文集 文别集。明姚镆(号东泉)著。八卷。卷一、卷二为序记,卷三至卷六为奏疏,卷七为文,卷八为学政事宜。文皆啴缓,尤多吏牍之辞,盖其本以武略见称,文非所长。有嘉靖二十六年(1547)梧州同知郑尚经刊本。

整庵存稿 诗文别集。明罗钦顺(别号整庵)著。二十卷。晚年亲自删汰文稿,不欲其传世,只留以自观,故本集以"存稿"为名。卷一至卷一五为文,卷一六至卷二〇为诗及词。《四库全书总目》评"集中所作,虽意境稍涉平衍,而典雅醇正,犹未失成化以来旧格。诗虽近'击壤'派,尚不至为有韵之语录。以抗行作者则不能,在讲学诸家亦可云质有其文矣!"有天启二年(1622)罗珽仕重刊本、《四库全书》本等。

立斋遗文 诗文别集。明邹智(号立斋)著。五卷。卷首有天启五年(1625)李廷梁序。卷一至卷四为文,卷五为诗(有词一首)。卷末附录有关其生平的诗文。本集旧版早毁,今传本系由李芳麓重刊。有天启间刻本,《四库全书》即据以录入。

东田遗稿 诗文别集。明张羽(号东田)著。二卷。卷首有嘉靖二十二年(1543)储洵序。卷上为诗、词(附收赞一篇),卷下为文。本集为其季子张桢所编。本集传本颇少见,有明刻本行世,《四库全书》即据以收入。

仁峰集 诗文别集。明汪循(号仁峰)著。二十四卷。卷一至卷一七为文,卷一八、卷一九为"日录",卷二〇至卷二四为诗。末附诗话数条、附录(外集)一卷。有嘉靖十年(1531)书林刘氏刊本。

伎陵集 诗文别集。明张凤翔(号伎陵子)著。七卷。卷一至卷六为诗及赋,卷七为文。集中附有李梦阳的评点,《四库全书总目》以为这些评点"惟《白岩赋》一篇称扬过甚,其他诗文,率多讥弹之语。则梦阳实未尝心满之也"。有明刊本。

白斋诗集 诗别集。明张琦(号白斋)著。九卷。卷首有正德八年(1513)林素序。卷末有自作跋语。本集是作者于出守兴化府时所编刊,选收了作于此前的诗。陈田《明诗纪事》认为"白斋诗如饮苦酒,食楝果,森森自有正味。在李、何盛行时,不可无此一体"。有正德间刻本。

白斋竹里集 诗文别集。明张琦(号白斋)著。七卷。卷首有嘉靖二年(1523)自序。据自序,可知作者《白斋诗集》是刊于出守兴化时,而归田后"又得若干首",得到友人资助,重新编刊本集,以诗为主,"文稿力绵,不能尽刻,姑芟摭数十篇,附诗之后"。有嘉靖间刻本。

梦蕉存稿 诗文别集。明游潜著。四卷。梦蕉亭为其别业。卷首有嘉靖四十四年(1565)陈尧序,王心序。卷一至卷三为诗,卷四为文。其诗工拙互见,以七绝较佳。有明刻清印本。

泉翁大全集 诗文别集。明湛若水(号甘泉)著。八十五卷,续编三十三卷。本集主要收入其语录,诗文仅数卷。大全集有嘉靖十九年(1540)岭南朱明书院刊本,续编有嘉靖三十四年刊本。

费文宪诗集 诗别集。明费宏(谥文宪)著。十五卷。本集为其子费懋良类编,铅山知县黄中刊行。有嘉靖刊本传世。

费文宪摘稿 又名《鹅湖摘稿》。诗文别集。明费宏(号鹅湖,谥文宪)著。二十卷。本集为其诗文选本,传世版本有明嘉靖三十四年(1555)江西巡按吴遵之刊本。另有《费文宪集选要》七卷,是徐阶、刘同升据本集选录,有明刻本。

山斋集 诗文别集。明郑岳(号山斋)著。二十四卷。所著诗文有《蒙难录》,《西行纪》,《南还录》,《山斋吟稿》、漫稿、净稿、续稿、奏议等集。后经兵燹,所存不过仅有吟稿三卷等数种。明万历中,其曾孙郑炫搜辑遗稿重编为本集行世。卷一至卷七为诗,卷八至卷二四为文。卷末有郑炫跋,自称所收不足全集十之二三。有万历十九年(1591)莆田郑氏家刻本,《四库全书》即据以收入。

渼陂全集 诗文词曲别集。明王九思(号渼陂)著。二十七卷。本集计收入《渼陂集》十六卷,续集三卷,再续集八卷。各集前有嘉靖十一年(1532)康海序,嘉靖十年自序等十余篇序。《渼陂集》为嘉靖十二年门人王献所刊;续集为嘉靖二十五年翁万达所刊，收入晚年之作；再续集则为崇祯间张宗孟所刊，并合前二集旧版，刷印成全集。再续集收入五种词曲作品，前二集则为诗文集。其诗体文格近于李梦阳、康海，但成就逊于二人。有明刻本。

鲁文恪存集　诗文别集。明鲁铎（谥文恪）著。十卷。卷首有嘉靖二十七年(1548)李濂序，李维桢序。卷一至卷四为诗，卷五为《使交稿》，收入奉使安南时所作，卷六至卷一〇为文。卷末有隆庆元年(1567)方梁跋。诗文多为应时而作，较平衍浅淡。有万历间刻本。

白石野稿　诗文别集。明林魁（号白石山人）著。十七卷。卷首有自序。有明抄本。

山堂萃稿　诗文别集。明徐问著。十六卷。卷首有嘉靖二十年(1541)唐顺之序。卷一至卷六为诗（附奏疏三篇），卷七至卷一六为文。集中附有孙伟、方豪、黄佐三人评语。有明嘉靖二十年常州知府张志选刊本。另有续稿四卷，有嘉靖间刻本行世。

水南稿　诗文别集。明陈霆（号水南）著。十九卷。尚收有诗话一卷。有嘉靖四十三年(1564)刻本。

古庵集　诗文别集。明毛宪（号古庵）著。十卷。卷一至卷八为文，卷九、卷一〇为诗。本集为其子毛䜣所编。有嘉靖四十一年(1562)武进毛氏刻本。

六如居士集　又名《唐伯虎全集》。诗文别集。明唐寅（晚号六如居士）著。六卷。其集先后刊行数次，卷次、内容不一，以本集较为完备。卷首有明人袁宏道、清人唐仲冕等八篇序文。卷一为赋、乐府及诗，卷二、卷三为诗，卷四为词、曲，卷五、卷六为文。另有补遗一卷。卷后有附录，系“轶事”、“制义”、“画谱”等内容。有清嘉庆六年(1801)后裔唐仲冕辑刊本行世，此后复刻、翻印本较多。流传较广的有1918年上海广益书局排印本。

甫田集　诗文别集。明文徵明著。三十五卷。卷首有王世贞著《文先生传》。卷一至卷一五为诗，卷一六至卷三五为文。卷末有附录一卷，是其子文嘉所著“行略”。其诗存七百四十余首，于雅饬之中时饶逸韵。其文多应用之作，长于叙事，风格清新。有嘉靖间刊本。

文徵明集　诗文别集。明文徵明著。三十五卷，凡诗词十五卷，文二十卷；另补辑三十二卷，凡诗词曲十八卷，文十四卷。系以《甫田集》四卷本、三十五卷本，《文翰林甫田诗选》、《文翰诏集》、《续文翰诏集》、《文太史诗》为底本，去其重复，另加增补而编成。书前有编校说明，书后有附录五卷，一为序跋题记，二为传记志文，三为年表，四为交游酬赠，五为评论及诗词话。是目前所收作品最全、资料最丰富的本子。辑校者周道振。上海古籍出版社1987年出版。

矫亭存稿　诗文别集。明方鹏（号矫亭）著。十八卷；续稿八卷。有嘉靖十四年(1535)昆山方氏家刻本，续稿为嘉靖十八年所刊。

鶒庵遗稿　诗文别集。明柴奇（号鶒庵）著。十卷。卷首有正德十六年(1521)题识（自序）。卷一至卷六为诗，卷七至卷一〇为文。据题识，本集系作者手编。诗文皆平易有余，精深不足。有嘉靖三十九年(1560)昆山柴氏家刻本。

静观堂集　诗文别集。明顾潜著。十四卷。卷一至卷六为诗，卷七至卷一四为文。传世版本有明刻本。

王文成公全书　诗文别集。明王守仁（谥文成）著。三十八卷。其集版本繁复，卷帙不一。明崇祯时，曾由施邦曜统编诸本，划分为三帙，首理学，次经济，又次文章（诗文）。其较完备的善本即此三十八卷本，系隆庆年间谢廷杰辑刊。卷首有徐阶序，隆庆二年(1568)制诰及王守仁像。此后有诸旧本序五篇及《刻文录叙说》。卷一至卷三为“语录”，卷四至卷八为“文录”（各体文），卷九至卷一八为“别录”（公文奏疏等），卷一九、卷二〇为“外集”（诗），卷二一至卷二五为“外集”（文），卷二六至卷三一为“续编”，卷三二至卷三六为“年谱”及附录，卷三七、卷三八为“世德纪”及附录。主要版本即隆庆原刊本，民国间影印收入《四部丛刊》，较常见。清《四库全书》所收亦此本。

小野集　诗文别集。明倪宗正著。二十二卷。作者著有《丰富集》、《突兀稿》等集，晚年成《小野集》十六卷。本集系其七世孙倪健宗汇辑各集而成，仍名为《小野集》。有清康熙刻本。

南原集　诗文别集。明王韦（号南原）著。七卷。卷一至卷三为诗，卷四至卷七为文。作者与朱应登、顾璘、陈沂相友善，文坛有“朱顾陈王”之目。本集为顾璘选辑，卷首有顾璘著小传。有明刻本。

空同集　诗文别集。明李梦阳（号空同子）著。六十六卷。卷首有黄省曾序，万历三十年(1602)冯梦桢序，嘉靖十年(1531)王廷相序等序文。作者文集各本卷次不一，有六十三卷、二十一卷等多种版本，以本集较为完备。卷一至卷四为赋、颂，卷五至卷三七为诗，卷三八至卷六四为文，卷六五、六六为外篇。卷末有附录二卷。其诗以才力富健高出于流辈，足以称雄一时，而古体则有食古不化之病；其文故作聱牙，成就不如其诗。有万历间刻本、《四库全书》本。另有《空同诗选》一卷、《空同精华录》三卷等，均为其选集，并有明刻本传世。

顾文康集 诗文别集。明顾鼎臣（谥文康）著。二十八卷。其集版本、卷次均不一。有十八卷本，为其孙顾晋璠等辑；有二十二卷本，题《未斋集》，《四库全书总目》著录于存目中；《明史·艺文志》所载为二十四卷。本集较诸本完备，分为文草十卷，诗草八卷，续稿六卷，三集四卷。卷首有首一卷。并有蒋德璟等序，崇祯十三年（1640）顾天叙跋。有崇祯刊本。

玉岩集 诗文别集。明周广（号玉岩）著。九卷。所著诗文曾结为《初稿》、《鸣琴稿》等十余集，卷帙甚富，由其子与邑人周凤鸣等据之简汰编定为本集。卷一至卷六为诗，卷七至卷九为文。有附录一卷。有明刊本。

何燕泉诗 诗别集。明何孟春（号燕泉）著。四卷。本集为嘉靖间蒋文化选录，系其诗的选本，但仍觉较宽泛，平庸之作时有所见。有明刻本。

何文简集 诗文别集。明何孟春（谥文简）著。十八卷。本集系其故后由郭崇嗣编次。《四库全书总目》指出："孟春少游李东阳之门，传其诗派，而才力不及其富赡，故往往失之平衍。"其文颇有足资证史者。有万历二年（1574）永州同知邵城刊本。

柏斋集 诗文别集。明何瑭（号柏斋）著。十一卷，别本十卷。本集又题为《何文定集》，文定为其谥号。卷首有贾待问序，嘉靖二十八年（1549）郑王序等序文。卷一为讲章、奏疏等，卷二至卷一〇为文，卷一一为诗（其前有嘉靖四年自序）。本集十卷本为郑王所刻，收文九卷，诗一卷，未录讲章等内容，后收入《续中州名贤文表》。十一卷本有嘉靖刻本、万历刻本、《四库全书》本。

陶庄敏集 诗文别集。明陶谐（谥庄敏）著。八卷。其集原为十二卷，名《南川稿》，又细分为《西行稿》、《北上稿》等十集。后重新统编为本集行世。卷首有自序。卷一至卷六为诗，卷七、卷八为文。卷末附有《兰渚遗稿》一卷，系其孙陶允淳所著。有明刊本。

沙溪集 诗文别集。明孙绪（号沙溪）著。二十三卷。卷一至卷八为文，卷九为赋，卷一〇为杂著，卷一一至卷一六为"无用闲谈"，卷一七至卷二三为诗。其诗格接近于"茶陵诗派"，但又反对何孟春等人称李东阳"过于李杜"之说；论诗与"七子"复古之说持相反意见，在当时当颇难得。其诗文评论一般均保存在"无用闲谈"中。传本较少见。有《四库全书》本。

静芳亭摘稿 又名《高吾摘稿》。诗别集。明陈洪谟著。八卷。作者致仕后居高吾山下，筑亭山中，名为"静芳"，又自称"高吾子"，故名。其诗音节谐畅，而意境不深，"盖弘正之间，风气初变，渐趋七子之派，而未尽离三杨之体"（《四库全书总目》）。有明刻本。

刘清惠集 诗文别集。明刘麟（谥清惠）著。十一卷。卷首有万历三十四年（1606）朱凤翔序。卷一、卷二为诗，卷三至卷一一为文。卷一二为附录，收有有关其生平的资料。本集为其曾孙所编。朱凤翔序称其文出入秦汉，诗则骎骎韦、杜。有万历三十四年湖州知府陈幼学刊本，《四库全书》即据以收入。

内台集 诗文别集。明王廷相著。七卷。本集编刊于嘉靖十五年（1536），其时作者在都御史任上，故名"内台"。卷首有嘉靖十五年张鹏序。卷一、卷二为诗，卷三为词，卷四至卷七为奏疏杂文。此前作者编有《王氏家藏集》（即《浚川集》）四十一卷，其中不包括本集。有嘉靖十八年洪洞李氏刊本。近有中华书局排印《理学丛书》本《王廷相集》，亦收此集。

王氏家藏集 又名《浚川集》。诗文别集。明王廷相著。四十一卷。卷首有嘉靖十五年（1536）唐龙序、杜柟序等序文。计分为《沟断集》、《台史集》、《近海集》、《吴中稿》、《华阳稿》、《泉上稿》、《家居集》、《鄂城稿》、《小司马集》、《金陵稿》十种别集。有嘉靖刻本。近有中华书局排印《理学丛书》本《王廷相集》，亦收入此集。

对山集 诗文别集。明康海（号对山）著。十九卷，别本十卷。其集版本较多，明代有张太微辑本、王世懋选本；清代有康熙中里人马氏所刊全集本，乾隆年间里人孙景烈据张太微本加以删并而成的十卷本。张太微辑本十九卷较早出，内容较全，卷首有嘉靖二十四年（1545）王九思序、刘储秀序、张治道序、吴孟祺序。卷末有赵时春后序。传世有明嘉靖二十五年刻本。十卷本虽晚出，但去取严谨，于诗汰之尤严，“较诸本特为完善，已足尽(康)海所长矣”(《四库全书总目》)。卷首有万历九年(1581)王世懋序。卷一至卷八为文，卷九、卷一〇为诗赋，卷末有清乾隆二十六年(1761)张洲后序。有乾隆刻本，《四库全书》即据以收入。

华泉集　诗文别集。明边贡(号华泉)著。十四卷。卷首有嘉靖二十三年(1544)李宠序，魏允孚序(为其文而作)。卷一至卷七为诗，卷八至卷一四为文。卷末有嘉靖十七年刘天民跋。附录有李廷相所撰边贡神道碑。《四库全书总目》认为：“今考其诗，才力雄健，不及李梦阳、何景明善于用长；意境清远，不及徐祯卿、薛蕙善于用短。而夷犹于诸人之间”，“亦不甚受后人之排击”。诗集为郡人刘天民汇次，文集为大名魏允孚所续刊。有明嘉靖刻本，《四库全书》即据以收入。

顾华玉集　诗文别集。明顾璘(号华玉)著。三十九卷，别本四十卷。本集是其诗文全集，内含《浮湘集》四卷、《山中集》四卷、《凭几集》五卷、《凭几续集》二卷、《息园存稿》二十三卷、《缓恸集》一卷。各集是一生各个时期所作，诗文均另成卷次。以《息园存稿》内容最多，计诗十四卷、文九卷。据朱彝尊《明诗综》所载，尚有《归田集》，但未包括在内。《四库全书总目》评其集“远挹晋安(指林鸿为首的闽派)之波，近骖信阳(何景明)之乘，在正嘉间固不失为第二流之首也”。有嘉靖十七年(1538)刻本，《四库全书》即据以收入，《金陵丛书甲集》所收为四十卷。

龙江集　诗文别集。明唐锦(号龙江)著。十四卷。卷首有隆庆三年(1569)潘恩序、顾名世序。卷一为诗，卷二至卷一四为文。有隆庆间刻本。

竹涧集　诗文别集。明潘希曾(号竹涧)著。十二卷。竹涧为其别号。卷一至卷四为诗，卷五至卷八为文，卷九至卷一二为奏议。卷末附录有关志传资料。本集为明嘉靖时长洲黄省曾校刊。有嘉靖二十年(1541)刊本，《四库全书》即据以收入。另有《续金华丛书》本，较常见。

周恭肃集　诗文别集。明周用(谥恭肃)著。十六卷。卷首有嘉靖二十八年(1549)朱希周序。卷一至卷九为诗，卷一〇为词，卷一一至卷一六为文。有附录一卷。有嘉靖刻、万历印本，嘉靖二十八年吴江周氏川上草堂刊本。

梅国集　诗文别集。明刘节(号梅国)著。四十一卷。卷一至卷一二为诗，卷一三至卷四一为文(含少量词)。《四库全书总目》评其诗文“唯取明白条畅，尽所欲言，往往下笔不能自休，故不免稍伤于蔓衍”。有明刊本、《四库全书》本。

矩洲集　诗别集。明黄衷(号矩洲)著。十卷。本集原为二十卷，诗文各十卷，文十卷罕见传本。诗十卷又分为《吴中稿》一卷、《南中稿》一卷、《闽中稿》一卷、《粤中稿》一卷、《湖中稿》一卷、《伐檀稿》一卷、《草堂前后稿》二卷、《续稿》二卷。作者历仕各地，其诗亦以描写各地风景之作见长，朱彝尊《静志居诗话》称为“诗无根核，兴到笔酣”，“状南中风景，历历在目”。卷末附有其弟黄褩《樗亭集》一卷。有明刻本。

凌溪集　诗文别集。明朱应登(号凌溪)著。十七卷。卷首有许宗鲁序。卷一、卷二为赋，卷三至卷一二为诗，卷一三至卷一七为文。卷末有附录一卷(编为卷一八)。作者平生以李梦阳为宗，故诗文格调相类，然沈著顿挫处才力则不及李梦阳。有明刊清印本。

俨山集　诗文别集。明陆深(号俨山)著。一百卷。卷首有费寀序，嘉靖二十五年(1546)徐阶序。卷一为赋，卷二至卷一九为诗，卷二〇至卷二二为乐府诗，卷二三为“乐章”(曲)，卷二四为词，卷二五为诗话，卷二六至卷一〇〇为文。本集为“门生黄标校编”，并有文徵明后序。有明嘉靖刊本，清《四库全书》本附有续集十卷。

陆文裕续集　诗文别集。明陆深(谥文裕)著。十卷。卷首有嘉靖三十年(1551)唐锦序。卷一至卷七为赋、诗，卷八至卷一〇为文。卷末有陆师道跋。本集内容不包括在《俨山集》一百卷之内，故《四库全书》将其作为《俨山集》的续集。有明嘉靖刻本、《四库全书》本。

渔石集　诗文别集。明唐龙(号渔石)著。四卷。原有《黔南》、《江右》、《关中》、《晋阳》、《淮阳》诸集。后由陕西提学佥事王维贤合而刻之。本集卷首有嘉靖十一年(1532)赵时春、孔天胤序，嘉靖十三年黄省曾序，嘉靖十年高叔嗣“读唐渔石集”。卷一、卷二为文，卷三诗文各半，卷四为诗。卷末有嘉靖十三年白悦题后、《渔石唐公传》。有明嘉靖间刻本、《金华丛书》本，并收入《丛书集成初编》。

洹词　文别集。明崔铣著。十二卷(别本十七卷)。其家安阳境内有洹水，曾自号洹野，因以名集。卷一、卷二为“馆集”，卷三为“退集”，卷四为“雍集”，卷五至卷一〇为“休集”，卷一一、卷一二为“三仕集”，文章均编年排序，不分体裁。有明赵王府味经堂刊本，《四库全书》及《续中州名贤文表》所收即十二卷本。别本十七卷，卷首有嘉靖二十八年(1549)王引年序，卷末有附录四卷及嘉靖三十三年周镐后序。有明嘉靖刻本。

迪功集 诗文别集。明徐祯卿(官迪功郎)著。六卷。其集版别较多，但本集系作者自定，所以精华尽在，流传较广。卷首有李梦阳序、顾璘序。卷一至卷四为诗，卷五、卷六为文。卷末一般附刊《谈艺录》一卷。有明正德十五年(1520)刻本，清《四库全书》即据以收入。

中川遗稿 诗文别集。明王教(号中川)著。三十三卷。卷首有嘉靖三十八年(1559)李濂序。卷一、卷二为赋，卷三至卷一五为诗，卷一六为乐章、词，卷一七至卷三三为文。所作卷帙虽丰，大抵纵笔所之，不甚剪裁结构。本集为其子王在阡所编。有明嘉靖三十九年刻本、清乾隆修补新印本等。

苑洛集 诗文别集。明韩邦奇(号苑洛)著。二十二卷。卷首有嘉靖三十一年(1552)孔天胤序。卷一至卷九为文，卷一〇、卷一一为诗及联句，卷一二为词、曲，卷一三至卷一七为奏牍公文，卷一八至卷二二为“见闻考随录”。卷末有嘉靖三十年张文龙跋。当“前七子”风行一时之际，韩邦奇独不附和，以著书余事发为诗文，不求沾沾合于古人。有明嘉靖间刊本，《四库全书》即据以收入。

云邨集 诗文别集。明许相卿(号云邨)著。十四卷。卷首有嘉靖二十四年(1545)许相卿自序。卷一为赋，卷二为诗，卷三至卷一四为文。卷末有其子许闻造跋。有明嘉靖刻本，《四库全书》即据以收入。许相卿另有题为《黄门集》的诗文集十二卷，内容与此大致相同。

黄门集 诗文别集。明许相卿著。十二卷。许相卿曾任给事中，给事中唐代属门下省，又一度改称黄门省，故名。内容大致同于其《云邨集》，但诗文略为完备。有明万历刊本行世。参见“云邨集”。

丹岩集 诗文别集。明黄云(号丹岩)著。十卷。本集卷一至卷四为诗，卷五至卷一〇为文。系其门人朱实昌所编。有明刻本。

可泉辛巳集 诗文别集。明胡缵宗(别号可泉)著。十三卷。本集所收诗文，始于正德三年戊辰(1508)，止于正德十六年辛巳(1521)，故原名《正德集》。卷首有嘉靖三年(1524)邵宝序，卷末有归仁等跋。有嘉靖初刻本。本集又并为四卷，编入《鸟鼠山人小集》。

鸟鼠山人集 诗文别集。明胡缵宗(别号鸟鼠山人)著。三十四卷。本集又分为小集十六卷，后集二卷，愿学编二卷，近取编二卷，雍音二卷，唐雅八卷。小集包括《正德集》四卷，《嘉靖集》三卷，《鸟鼠集》九卷。有嘉靖三年(1524)至顺治十年(1653)间的序跋二十余篇。其诗激昂悲壮，颇近秦声，是其所长；多粗厉之音，是其所短。有明嘉靖刻清初印本。1993年书目文献出版社出版《鸟鼠山人诗选》，由李天舒选注，选诗四百五十首。

石川集 诗文别集。明殷云霄(号石川)著。五卷。作者官靖江知县时所作编为《瀛洲集》；官青田知县时所作编为《芝田集》，两集合为本集。卷首有嘉靖二十八年(1549)王廷著序。卷一至卷三为诗，卷四、卷五为文。卷末附录《金陵稿》一卷。其诗多与孙一元唱和，风格亦颇相似，虽才情富赡，而骨格未坚，故未能自成一家。有明嘉靖间刻本。另有《殷给事集选》三卷，系皇甫汸就上述二集选得诗六十八首，文十二篇而成。有明抄本。

东洲初稿 诗文别集。明夏良胜(号东洲)著。十四卷。卷首有正德十四年(1519)舒芬序。卷一至卷七为文，卷八为诗，卷九为《考定皇极指掌图说》，卷一〇为《天文便览叙》，卷一一至卷一四为《仕止随录》，含《北瞻》二卷、《南归》二卷，均诗文统编。附录有有关诗文。系门人罗江、江治编辑。有明正德嘉靖间建昌府推官危德校刊本，《四库全书》即据以收入。

钤山堂集 诗文别集。明严嵩著。四十卷(别本三十五卷、三十六卷)。作者中进士后，曾于钤山读书十年，故以名居室，并以为集名。本集自嘉靖中期屡次刊行，卷帙也一再增加，自三十二卷本，一直增到四十卷。卷首有湛若水、王廷相、杨慎等序文多篇。有嘉靖三十年(1551)严氏自刊本。

省愆稿 诗别集。明刘魁著。五卷。作者以直谏，前后系狱七年，本集收入其狱中所作诗，故名。在狱中，作者尚与杨爵、周怡讲论学问，作诗系一时遣兴，殊乏深意。为其六世孙刘承琦所编。有旧抄本。

棠陵集 诗文别集。明方豪(号棠陵)著。

八卷。卷首有嘉靖七年(1528)陈德文序。卷一至卷六为文,卷七、卷八为诗。作者在正德间较有诗名,但成 就不高。有嘉靖刻本。

丁吏部文选　又名《南湖文选》。诗文别集。明丁奉著。八卷。作者曾任南京吏部验封司郎中,著有《南湖留稿》、《南湖逸稿》两集,后由宣城梅守箕合而选录成本集,故名。卷一至卷四为诗,卷五至卷八为文。"诗末附以史赞,文末又附诗三首,体例颇为丛脞。诗文皆未成家"(《四库全书总目》)。有万历三十二年(1604)姑苏丁氏刊本。

编苕集　诗文别集。明黄卿著。八卷。卷首有嘉靖二十一年(1542)苏祐序。卷一为赋,卷二至卷七为诗,卷八为文。其文数量不多,非其所长;诗较整练,是海岱诗社的八位成员中较有成就者。有嘉靖间刻本。

旗峰诗集　诗别集。明林春泽(号旗峰)著。十卷。卷首有李丕显序,嘉靖十年(1531)常序序。卷末有嘉靖三十三年柯乾敷后序。有天一阁藏明刊本、清道光间抄本。本集传本极少见,其曾孙林愼以为不存,曾重辑为《人瑞翁集》,但仅一卷。

朱福州集　诗文别集。明朱豹(官福州知府)著。六卷。卷一至卷三为诗,卷四至卷六为奏议。系其子朱察卿及其友冯迁所编。有明刻本。

孙文简集　又名《瀼溪草堂稿》。诗文别集。明孙承恩(谥文简)著。五十八卷。卷首有明万历十一年(1583)陆树声原序。卷一至卷七为箴表疏及讲章,卷八至卷一〇为赋,卷一一为乐府,卷一二至卷二五为诗,卷二六为词,卷二七至卷五八为文。本集为其门人杨豫孙、董宜阳、朱大韶所编。有明万历刊本,清代收入《四库全书》。

林屋集　诗文别集。明蔡羽(号林屋山人)著。二十卷。卷首有自序。本集诗文各为十卷,系其门人所编。清朱彝尊《静志居诗话》评曰:"其集具在,篇无妍辞,句无警策","虽有诗赋八百余首,文二百首,恒河之沙,钩金安在?"缺乏筛选,是其短处。有明嘉靖刊本。

南馆集　诗文别集。明蔡羽著。十三卷。蔡羽曾任南京翰林院孔目,故晚年所作题为《南馆集》。本集诗五卷、文八卷。卷末有嘉靖二十八年(1549)其门人陈宏策跋。跋云本集系其没后为郡守南岷王公所刊,到嘉靖二十七年又重加校对,与《林屋集》并行。其诗文受清朱彝尊批评,认为自负过甚。近人傅增湘则云:"平心而论,九逵为文力求矫俗,而体薄气孱",但"诗笔冲雅,体格秀整。"(《藏园群书题记》)有嘉靖三十二年刻本。

八厓集　诗文别集。明周廷用(号八厓)著。十三卷。卷一为赋,卷二至卷七为诗,卷八、卷九为文,卷一〇至卷一三为"绪论"。有明刻本。

毛襄懋集　诗文别集。明毛伯温(谥襄懋)著。十八卷。作者生前曾于嘉靖十八年(1539)辑刊《东塘集》十卷,本集系其全集,编入包括《东塘集》在内的全部诗文。卷首有童承钦序。卷一至卷一〇为诗,卷一一至卷一八为文。有明刻本。

巽峰集　诗文别集。明尹襄(号巽峰)著。十二卷。卷首有嘉靖三十一年(1552)黄佐序,嘉靖十年林文俊序。卷一至卷五为诗,卷六至卷一二为文。有附录一卷。后有嘉靖二十七年曹韩跋、尹祖懋跋等跋。据尹祖懋跋,本集原为十卷,刻于福建,后增辑成十二卷。有明嘉靖刻本。

平田诗集　诗别集。明管楫(号平田)著。二卷。卷首有张治道序及自序。本集初刊于明嘉靖初,后由作者删去十分之三再刻,均未见传本。其诗学晚唐,题材颇窄。有清乾隆中裔孙管锡绶刊本。

渐斋诗草　诗别集。明赵汉(号渐斋)著。二卷。卷首有许相卿序。卷末有嘉靖三十四年(1555)赵伊跋、钱德洪后序。有明嘉靖间刻本。

鸥汀集　诗别集。明顿锐(号鸥汀)著。十卷。本集又分为《长古集》二卷、前集二卷、别集二卷、续集一卷、《渔啸集》二卷、《顿诗》一卷,皆曾单行。各集有嘉靖三十四年(1555)裴绅等序跋。五言古诗气韵清拔,颇为入格,七言古诗跌荡自喜,而少剪裁。近体专尚音节,数篇以外,意境多同。"盖变化之功犹未至也"(《四库全书总目》)。有明嘉靖、万历间刻本。

东岩文集　文别集。明夏尚朴(号东岩)著。六卷。卷一为"中庸语录"(即《中庸说》),卷二至卷六为文。有《四库全书》本。

东岩诗集　诗别集。明夏尚朴(号东岩)著。八卷。其诗宗法《击壤集》,成就不如其文,故《四库全书》未收本集,仅入存目,指出:"(其诗)多涉理语,近白沙、定山流派。"有明刻本。

桂洲集　诗文别集。明夏言(号桂洲)著。十八卷。卷一至卷八为赋、诗、词,卷九至卷一八为文。诗文宏整平易，犹明中叶之旧格，词亦甚工致。本集未包括其奏议及散曲。有明万历刻本。

大复集 诗文别集。明何景明（号大复）著。三十八卷。其集版本较多，卷次不一，本集是较完备、通行的一种。卷首有嘉靖十六年(1537)王廷相序，嘉靖三年康海序，嘉靖三十七年王世贞序。卷一至卷三为赋，卷四至卷二九为诗，卷三〇至卷三八为文。卷后附录一卷志状等传记资料。主要有明万历五年(1577)南海陈堂刊本、嘉靖袁璨刊本（为三十七卷）、《四库全书》本。近有中州古籍出版社点校本《何大复集》。另有二十六卷本《何氏集》，有嘉靖三年唐龙序刊本；《何仲默集》十卷，乃康海、张治道选录何景明诗文而成集，亦有嘉靖刊本。

孟有涯集 诗文别集。明孟洋（字有涯）著。十七卷。卷一至卷一三为诗，卷一四至卷一七为文。诗格多效何景明，是七子附庸。有嘉靖十七年(1538)徐九皋苏州刊本。

庄渠遗书 文别集。明魏校（号庄渠）著。十六卷。卷首有嘉靖四十年(1561)胡松序。卷一至卷一〇为正集，卷一一至卷一六为拾遗。《四库全书总目》评本集："文律严谨，不失雅正，考据亦具有根柢，无忝于儒者之言。"本集为门人 归有光编次。传世有明嘉靖间苏州知府王道行校刊本，《四库全书》即据以收入，但提要误注为十二卷。

雁湖钓叟自在吟 诗别集。明王周（别号雁湖钓叟）著。九卷。其诗率意直书，不拘格律，故名"自在吟"。本集诗皆编年排次，内容气格较单弱。有旧抄本。

太白山人漫稿 诗别集。明孙一元著。八卷。尝栖太白山之巅，以"太白山人"自号，故名。卷首有崇祯十二年(1639)周中度序，正德十三年(1518)郑善夫序，正德十五年方豪序等序跋。《四库全书总目》评其诗："排奡凌厉，往往多悲壮激越之音。"有明崇祯刻本，《四库全书》即据以收入。作者另有《太白山人诗》五卷，附录一卷，是本集的初刻本，有明正德间刻本；《太白山人诗选》二卷、补遗二卷、附录一卷，系其诗选本，亦有明崇祯间刻本。

少谷集 诗文别集。明郑善夫（号少谷）著。二十二卷（别本二十四卷）。卷一至卷八为诗赋，卷九至卷二二为文。另有三卷附录（或编为卷二三至卷二五），收有志传投赠等文字。其诗规模杜甫，多忧时感事之作，曾被人讥为"时非天宝，地远拾遗，为无病而呻吟"。有明抄本，《四库全书》本。另有清道光四年(1824)郑炳文刊本，为二十四卷。

阳洞诗集 又名《在涧集》。诗别集。明顾可久（号阳洞）著。二十卷。作者原有《在署草》、《在疚草》等诗集，总而统编成本集。其诗古体较散漫，律诗则尚乏坚老之作。有明嘉靖间刻本。

治斋集 诗文别集。明万镗（号治斋）著。十七卷。本集卷一至卷一〇为奏议，又细分作"顺天"、"南京"等八集；卷一一至卷一四为文，卷一五至卷一七为诗词。作者阿附严嵩，奏议未必尽可据，诗文成就不高。有嘉靖间刻本。

鹿原存稿 诗文别集。明戴钦（号鹿原）著。九卷。其集初刻于闽中，为《玉溪存稿》八卷；再刻于滇，为《戴秋官集》二卷。由其侄戴希颢合而编次成本集。卷一、卷二为文，卷三至卷九为诗。有明刻本。

嵩渚集 诗文别集。明李濂（号嵩渚）著。一百卷。卷一至卷三八为诗，卷三九至卷一〇〇为文。本集系作者自订。诗文于七子之外，挺然一格，大抵笔锋犀利，而剪裁尚疏，不免才多之患。《四库全书总目》认为本书良莠并陈，"自定己作，乃不能尽剪榛楛，信乎割爱之难也"。有明刻本。

禺山集 诗文别集。明张含（号禺山）著。五卷。卷首有杨慎序。卷一为文，卷二至卷五为诗。杨序对其诗推挹备至，《四库全书总目》则以为是过誉，"慎名既重，闻者咸推波助澜"，"含遂盛为文士所称。实涂饰之学，与其师（指杨慎）同一病源"。有明刻本。另有杨慎选评的《禺山七言律诗》一卷，卷首有嘉靖三十九年(1560)华云序，有嘉靖间刻本。

南泠集 诗别集。明蒋山卿（号南泠）著。十二卷。本集为其自订，门人乔佑校刊，卷首有自序、顾璘序。其诗近于七子，缺乏特色。有嘉靖间刻本。

榕江集 诗文别集。明林炫（号榕江）著。三十卷。卷首有嘉靖二十七年(1548)林世壁序。本集传本较少见，凡诗十卷，文二十卷。《千顷堂书目》仅著录为十卷，当系仅指诗集而言。为其子林世壁编刊。有嘉靖间刻本。

颐贞堂稿 诗别集。明蔡昂著。六卷。卷一为赋、歌，卷二至卷六为诗。本集传本较少见，有明刻本。

天马山房遗稿 文别集。明朱淛著。八卷。卷首有隆庆三年(1569)朱得之序。本集编成于作者故去之后，由靖江知县张秉铎访求遗文，并刊刻行世。《四库全书总目》评其诗文“不事铅华，独抒怀抱”。有隆庆原刻本、万历间刻本等。

方斋存稿　诗文别集。明林文俊(号方斋)著。十卷。卷一、卷二为表疏，卷三至卷九为文，卷一〇为诗。本集传本相当少见，故诗文名不著。有旧抄本传世，《四库全书》编辑时即云“世无刊本”，亦据抄本收入。

南湖诗集　诗别集。明张綖(号南湖)著。四卷。卷首有嘉靖三十一年(1552)朱曰藩序，嘉靖十七年许椪序。卷末有张守中跋。其诗多艳体，意境近于词，每卷亦附入词数篇。“殆玉台、香奁之末流”(《四库全书总目》)，在七子盛行时，也颇独特。有嘉靖间刻本。

欧阳恭简集　诗文别集。明欧阳铎(谥恭简)著。二十二卷。其文娟秀自喜，而边幅颇狭；诗多近体，成就不如文。有嘉靖间刊本。

太微诗集　诗别集。明张治道(号太微)著。十二卷，后集四卷。卷首有嘉靖十年(1531)康海序，刘储秀序；后集卷首有嘉靖二十年王九思序。诗风近于七子，但摹拟、复古之迹不太明显。康海、王九思两序写作时间，即是两集结集时间。后于嘉靖三十一年又编刊了写于嘉靖二十年至三十一年之间的诗作为《嘉靖集》八卷，拾遗一卷。以上三集均有嘉靖刊本传世。

双江集　诗文别集。明聂豹(号双江)著。十四卷。卷首有吴凤瑞序。卷一至卷一一为文，卷一二为诗，卷一三、卷一四又为杂文。本集即吴凤瑞校刊，其从子聂静编辑。有嘉靖间刻本。

水南集　诗文别集。明张衮(号水南)著。十一卷。卷首有隆庆元年(1567)范惟一序。卷一、卷二为诗，卷三至卷一一为文。有隆庆间刻本。

谦光堂诗集　诗别集。明朱弥钳著。八卷。卷首有嘉靖二十年(1541)其子朱宇温(署思诚子)序。本集系正德十三年(1518)作者自编。卷末有正德十三年王鸿儒后序。极少应酬之作，专以咏物为工，是本集特色。有嘉靖间刻本。

五泉诗集　诗别集。明韩邦靖(号五泉)著。四卷。本集为其兄韩邦奇所编，卷首有刘凤池序，嘉靖十六年(1537)康海序。卷末有附录二卷。其诗以含蓄蕴藉见长，“比于西原、南泠不足，方之孟有涯、李嵩渚，似胜一筹”(清朱彝尊《静志居诗话》)。有嘉靖间刻本。

龙湖集　诗文别集。明张治(号龙湖)著。十七卷(别本十五卷)。卷首有嘉靖三十二年(1553)雷礼序，卷末有嘉靖三十三年薛应旂、陈柏后序。本集题为十四卷，但卷一三又分上中下卷，卷一四又分上下卷，故实有十七卷。有嘉靖间刻本。另有清雍正年间其后裔张思眷校正本，编作十五卷，文十卷，诗五卷。有雍正四年(1726)张维新刊本。

升庵全集　诗文别集。明杨慎(号升庵)著。八十一卷。卷首有陈大科序。卷一至卷一〇为文，卷一一至卷四〇为诗，卷四一至卷八一为杂记，收入《丹铅总录》、《谭苑醍醐》诸书，去其重复，分类重编。作者著述繁富，各集卷次不一，题名互异，而比较重要的诗文及杂记，大都收入本集。署“从子有仁录，韩城张士佩订，维扬陈大科校”。有万历间刻本。

考功集　诗文别集。明薛蕙(官吏部考功司郎中)著。十卷。卷一为赋、四言诗、乐府，卷二至卷八为诗，卷一〇为文。有嘉靖十四年(1535)李宗枢后序。卷末为附录一卷，录有行状等资料。其诗清削婉约，其文“议拟多而变化少”(《四库全书总目》)，然在笔墨之外，别有微情，非生吞汉魏、活剥盛唐者比。有嘉靖间刊本，《四库全书》即据以收入。

五岳山人集　诗文别集。明黄省曾(号五岳山人)著。三十八卷。卷首有王世贞序。卷一至卷一八为赋、诗，卷一九至卷三八为文。其中的卷二〇为“客问”，卷二一、卷二二为“拟诗外传”，卷二三为“黄氏家语”，均又曾别行于世。有嘉靖间吴郡黄氏家刻本。

少华山人集　诗文别集。明许宗鲁(号少华山人)著。五十二卷。卷首有嘉靖二十六年(1547)王九思序、嘉靖三十六年乔世宁序等序文。计分文集十五卷，前集十三卷，后集九卷，续集十五卷。其文内含丰富。其诗“诸体皆工，寓和婉于悲壮之中，譬之秦筝，独无西气”(清朱彝尊《静志居诗话》)。有嘉靖间刻本。

吴廷翰集　诗文别集。明吴廷翰著。十四卷。作者号苏原，原有《苏原全集》，但传本极罕见，仅日本藏有全本。本集系今人容肇祖据《苏原全集》点校改编而成，内含《吉斋漫录》二卷，《瓮记》二卷，《椟记》二卷，《湖山小稿》三卷，文集二卷，诗集二卷，《洞云清响》(曲集)一卷。卷前有容肇祖《吴廷翰的哲学思想概述》等文章，卷末有其小传。有中华书局1984年排印本。

泰泉集 诗文别集。明黄佐(号泰泉)著。十卷。卷首有嘉靖二十一年(1542)屠应埈序、林云同序、薛应旂序。卷一为赋,卷二至卷九为诗,卷一〇为集句。卷末有李时行后序。其诗吐属冲和,颇见研炼,"于时茶陵之焰将熸,北地(李梦阳)之锋方锐,独能力存古格,可谓不失雅音"(《四库全书总目》)。有明嘉靖间刻本。《四库全书》即据以收入。

青湖集 诗文别集。明汪应轸(号青湖)著。十四卷。卷一至卷七为文,卷八至卷一四为诗。本集为其子汪延长所编。诗文率皆朴实,犹守成化、弘治之旧格。有明刻本。

南览录 诗别集。明崔桐著。一卷。本集收录作者于嘉靖八年(1529)巡视楚学时所作之诗,故名。卷首有嘉靖十四年(1535)赵维序。有嘉靖间刻本。

东洲集 诗文别集。明崔桐(号东洲)著。二十卷,续集十一卷。卷首有嘉靖二十九年(1550)曹金序。卷一至卷九为诗,卷一〇为词,卷一一至卷二〇为文。续集卷一至卷六为诗,卷七至卷一〇为文、卷一一为杂著。卷末有嘉靖三十四年(1555)周希哲跋。有嘉靖间刻本。

笔峰存稿 诗文别集。明王凤灵(号笔峰)著。五卷。所著有《淮阳急稿》等共四集八十卷,旋皆散佚。其孙王介搜辑编成本集,卷一至卷四为文,卷五为赋诗。有明崇祯时刻本。另有《笔峰集》不分卷本,有明抄本。

介立诗集 诗别集。明林时(号介立)著。六卷。作者诗名不著,集亦少见流传。据《介立林公行状》(《国朝献征录》卷六七),尚有文集七卷,未提到本集。有嘉靖间刻本。

常评事集 诗文别集。明常伦(官大理寺评事)著。一卷。本集虽仅一卷,但内容颇丰,除诗及乐府一百多首外,尚有赋、文章等约十篇。作者早夭,但诗气骨高朗,声名颇著,历来受到诗选家、诗评家关注。有明刻本、明抄本等。

小山类稿 诗文别集。明张岳(号小山)著。二十卷。张岳去世后,其弟刻遗文为《张净峰文集》,吴文华督两广,又于桂林选刊,改题《小山类稿》,前者今未见传本。本集卷首有嘉靖三十五年(1556)王慎中序,万历十五年(1587)吴文华序。卷一至卷一九为文,卷二〇为赋诗。其文文义朴直,诗非其所长。有万历间刻本,《四库全书》即据以收入。

烬余稿 诗文别集。明颜木著。四卷,别本六卷。全名为《淮汉烬余稿》,淮汉为其别号。四卷本内容少于六卷本,较精练,但两本诗文均止于嘉靖二十年(1541)。四卷本有嘉靖间刻本;六卷本有明抄本,卷首有嘉靖十六年自序。

縠原文草 文别集。明苏祐(号縠原)著。四卷。每卷分上下,故实有八卷篇幅。"词多骈俪,规仿《文选》,而真气不足以充之"(《四库全书总目》)。有明嘉靖、隆庆间刻本。

縠原诗草 又名《縠原集》。诗别集。明苏祐(号縠原)著。其诗力学李攀龙,音节琅琅,但乏新意。有嘉靖、隆庆间刻本。另有《縠原诗草续集》一卷,亦有隆庆间刻本行世。

西玄集 诗别集。明马汝骥(号西玄)著。八卷。本集古体二卷,近体六卷。其诗队仗森然,求之声律,未造其深,亦不失为高流。本集初刻于嘉靖二十二年(1543),仅一卷。有嘉靖间刻本。

泉亭存稿 又名《过庭私录》。诗文别集。明吴鼎(号泉亭)著。七卷,外集一卷。"过庭"典出《论语·季氏》,代指父教,本集为其仲子吴遵晦所录,故名。卷首有许相卿《泉亭先生墓志铭》。七卷均文,仅于最后附录赋骚古诗数首;外集一卷均诗。《四库全书总目》认为,其所作"文有整饬平雅者,亦有微近俗调者,金石文字,颇失剪裁。有韵之文则更逊矣"。有嘉靖间刻本。

杨忠介集 诗文别集。明杨爵(谥忠介)著。十三卷。卷首有明万历十六年(1588)吴达可序、天启元年(1621)李应策序、周应期序。卷一至卷七为文,卷八至卷一三为赋、诗、词。有附录五卷。卷末有杨国楫等五篇跋。其集版别不一,卷次也不同,但以本集最完备。有清顺治间刻本,《四库全书》即据以收入。

斛山遗稿 诗文别集。明杨爵(号斛山)著。五卷。卷首有隆庆六年(1572)杨彩序。卷末有万历元年(1573)安嘉善后序。本集为杨彩辑刊。杨爵另有《杨忠介集》,内容较本集完备。有明万历十七年吴达可刊本。

十岳山人诗集 诗别集。明王寅(号十岳山人)著。四卷。其诗音节宏亮,皆步趋七子之派,而铸语未坚,时多累句。诗多见于《西湖八社诗帖》中,本集为其自编。有旧抄本。

石盂集 诗文别集。明汪坦著。十七卷。卷首有屠隆序。卷一至卷一〇为赋、诗,卷一一至卷一七为文。本集为其子汪长文所刊,有万历间刻本。

亶爰子诗集　诗别集。明江晖著。二卷。其诗以多见奇字怪句著称，在当时文坛较突出。有附录一卷，所录为其任职广德州时的德政。有嘉靖间刻本。

梦泽集　诗文别集。明王廷陈（号梦泽）著。十七卷。其集初刻于淮安，再刻于苏州，三刻于颍州。卷首有嘉靖四十四年(1565)皇甫汸序。卷一为赋，卷二至卷一一为诗，卷一二至卷一七为文。此后有拾遗一卷（又编为卷一八），附录五卷（又编为卷一九至卷二三），故本集往往著录为二十三卷。今存有嘉靖间苏州刻本、颍州刻本，《四库全书》即据后者收入。

群玉楼稿　诗文别集。明李默著。七卷。卷首有万历元年(1573)康太和序，隆庆六年(1572)何镗等序。卷一至卷五为文，卷六、卷七为诗。卷末有附录一卷（编作卷八）。有万历间建安李氏家刻本。

少石集　诗文别集。明陆钰（号少石）著。十三卷。卷首有张时彻序。卷一至卷五为诗，卷六至卷一三为文。卷末有万历八年(1580)陆懋龙跋。诗文均较平易，颇乏深致。有万历间刻本。

弘艺录　诗文别集。明邵经邦著。三十一卷。作者以讲学自任，采古今论学语，发明其旨为《弘道录》，又删掇诸史为《弘简录》，故题其诗文集为《弘艺录》。诗文皆自抒胸臆，不屑屑以研炼为工。卷末有附录五卷。有嘉靖间刻本。

朴溪集　文别集。明潘潢（号朴溪）著。九卷。卷首有明嘉靖三十五年(1556)吕怀序、余世儒序，万历间王宗沐序，卷末有万历十二年(1584)潘士藻祭文，万历十三年赵士桢跋。九卷均是各体文章，传本较少见，《四库全书》未收。系其从子潘士藻编，孙潘可贤等校。今存有万历十三年潘文星刻本。

雅宜集　诗文别集。明王宠（号雅宜山人）著。十卷。卷首有嘉靖十七年(1538)胡缵宗序等六篇序文。卷一至卷八为诗，诗分体编次，又各以“正德稿”、“嘉靖稿”标于题下，以示大致编年；卷九、卷一〇为文。所作“大抵才力富赡，而抑郁之气激为亢厉，亦往往失之过粗。文则非所留意，姑附存诗后”（《四库全书总目》）。有嘉靖间刻本。

蛣蜣集　诗文别集。明郑若庸（号蛣蜣生）著。八卷。卷一至卷七为文，卷八为诗。有明刻本。

水西居士集　诗文别集。明华钥（号水西居士）著。八卷。卷一、卷二为诗，卷三至卷八为文。诗多庆贺赠答之作，流丽有余，而深厚不足。文意境较浅。有明抄本。

陆子余集　诗文别集。明陆粲（号子余）著。八卷。卷首有吕光洵序，嘉靖四十三年(1564)周复俊序。卷一至卷七为文，卷八为诗。卷末有附录一卷。有明嘉靖刻本，《四库全书》即据以收入。

鹤田草堂集　诗文别集。明蔡云程（号鹤田）著。十卷。卷一至卷三为诗，卷四至卷一〇为文。传本较少见。有旧抄本。

王襄毅集　诗文别集。明王邦瑞（谥襄毅）著。二十卷。卷首有隆庆五年(1571)姚弘谟序。卷一至卷八为诗，卷九至卷二〇为文。卷末有隆庆五年温如春后序。本集为其婿温如春刻于湖广，有隆庆间刻本。

四溟集　诗别集。明谢榛（号四溟山人）著。二十四卷。其集有多种版本，卷次不一，以本集较为完备、精审。卷首有嘉靖二十六年(1547)枕易道人（赵王）序，万历二十四年(1596)恒易道人（嗣赵王）序，嘉靖二十九年苏祐序，万历二十三年张泰徵序，邢云路序。二十卷为诗，四卷为《诗家直说》（即《四溟诗话》）。卷末有苏潢、陈养才、程兆相诸跋。据序跋，枕易道人先刻《四溟旅人稿》四卷，后恒易道人合“游燕”、“适晋”等稿续成本集，并于初刻十年后又再次校订重刊于万历三十二年。有万历三十二年赵王府冰玉堂刻本。《四库全书》所收为十卷，是将本集诗二十卷两卷并为一卷，《诗家直说》另析入“存目”，虽卷数差一半，当亦属于同一来源。

石门诗集　又名《霞居集》。诗别集。明高瀔著。一卷。石门、霞居均为其别号。卷首有林向哲序，将其与郑善夫并称。仅有抄本传世。

介庵集　诗文别集。明章衮（号介庵）著。十一卷。卷一为《大学口义》，卷二为《中庸口义》，卷三至卷九为文，卷一〇为诗，卷一一为语录。有明抄本。

石比部集　诗文别集。明石英中著。八卷。作者曾任刑部主事，故名。本集传本相当少见，一些诗作于系狱时，“颇磊落有气”（《四库全书总目》）。有旧抄本。

春溪诗集　诗别集。明狄冲（别号春溪）著。四卷。本集又分为“未达”、“筮仕”、“南行”、“移滇”、“居筠”、“近游”、“金陵”七稿。“其拟李东阳乐府一百二首，自谓神似，然全袭原题，篇模句仿，实床上床、屋下屋也”(《四库全书总目》)。有旧抄本。

南野集 诗文别集。明欧阳德(号南野)著。三十卷。卷一至卷一〇为“内集”，皆讲学之作；卷一一至卷一六为“外集”，皆应制奏议公文；卷一七至卷三〇为“别集”，皆收诗文。本集为其门人王宗沐所编。有嘉靖三十七年(1558)陕西刻本。另有《南野文选》四卷，为门人冯惟讷所选，有隆庆间刊本。

蠛蠓集 诗文别集。明卢柟著。五卷。据本集自序称，蠛蠓洁于自奉，介于自守，不如蚊蚋之侵秽强啖；又以事系狱，类蠛蠓之厄燕吭、罹蛛网，振其音而喑喑者。故以名集。卷首有嘉靖二十二年(1543)自序。卷一、卷二为文，卷三为赋，卷四、卷五为诗。卷末有万历三年(1575)穆文熙重刻引。诗文真气坌涌，一意还往，绝不染涂饰钩棘之习。有万历间刻本，《四库全书》即据以收入。

漳埜集 诗文别集。明李新芳(号漳埜)著。八卷。卷一至卷六为文，卷七、卷八为诗。附录有志状资料。为其门人杨世卿所编。其中讲学之作，占其文章的半数。有明抄本。

两溪集 诗文别集。明骆文盛(号两溪)著。十四卷。嘉靖末，蔡汝楠曾编刊其诗集七卷，并加以评点。后由杨鹤续增杂文、笔记七卷，即为本集。卷首有蔡汝楠序、金九皋序。卷末有附录一卷及隆庆三年(1569)周维新跋。有隆庆间刻本、万历四十一年(1613)杨鹤校刊之《武康四先生集》本。

泾林集 又名《六梅馆集》。诗文别集。明周复俊著。八卷。卷一至卷三为诗，卷四至卷八为文。其诗有杨慎评语。有明刻本。

笠江集 又名《潘恭定集》。诗文别集。明潘恩(别号笠江，谥恭定)著。十二卷。卷首有陆树声序。卷一至卷五为赋诗，卷六至卷一二为文。本集为诸生聂叔颐编次。有嘉靖三十四年编刊本。

皇甫少玄集 诗文别集。明皇甫涍(号少玄)著。三十六卷。本集又析为正集二十六卷，外集十卷。外集为其死后由其子皇甫枢等补辑。正集卷首有嘉靖二十八年(1549)皇甫冲序，皇甫汸序，皇甫濂序。卷一为赋，卷二至卷二〇为诗，卷二一至卷二六为文。外集卷首有嘉靖四十五年皇甫汸序，黄姬水序，王穉登序，皇甫枢序。卷一至卷九为诗赋，卷一〇为文。古文非其所长，亦不着意于此；诗则长于五言近体。有明嘉靖间刻本，《四库全书》即据以收入。

岩居稿 诗文别集。明华察著。八卷。由于集中收入的作品均为退休后所作，故名“岩居”。卷首有王慎中序，嘉靖三十一年(1552)黄佐序等序。卷末有嘉靖三十四年卜大有跋及袁尊尼等后序。本集曾多次翻刻，影响较广。有嘉靖、隆庆间数种刻本。

玩鹿亭稿 诗文别集。明万表著。八卷。卷首有全天叙序。卷一、卷二为诗，卷三至卷八为文。作者才兼文武，每与唐顺之等讲学，御倭亦有功绩，然其诗文气格稍弱。本集为其子万达甫编辑、其孙万邦孚校刊。有万历间刻本。

青萝集 诗文别集。明王渐逵(号青萝子)著。二十卷。卷一至卷八为文，卷九至卷二〇为诗，诗又分为“北游”、“大隐”等十二稿，每稿一卷。有明刻本。

愚谷集 诗文别集。明李舜臣(号愚谷)著。十卷。卷首有王世贞序，孔天胤序。卷一至卷四为诗，又析为“部署稿”、“金陵稿”、“江西稿”、“归田稿”；卷五至卷一〇为文。集中有多篇自著经史论文之序，可考见其学术思想概要。有明刻本、明抄本，清《四库全书》本。

郑瑞简集 诗文别集。明郑晓(谥瑞简)著。十二卷。卷首有万历二十八年(1600)彭梦祖序。卷一为说经，卷二为诗，卷三至卷八为文，卷九至卷一二为奏疏。卷一二又分为上、中、下三卷，故实有十四卷。为其子郑履淳辑，曾经编为《郑瑞简全集》的一种。有万历间其孙郑敬仲刻本。

张庄僖集 诗文别集。明张永明(谥庄僖)著。五卷。本集原分为礼、乐、射、御、书、数六集(六卷)，另有“外纪”(附录)二卷。传本较少见。《四库全书》编者删去“礼集”(内容为诰命、祭文等)及“外纪”，重编作五卷。卷一至卷五均为文，仅卷五最末收录十余首诗。有《四库全书》本。

疣赘录 诗文别集。明顾梦圭著。九卷，续录二卷。集名有自谦之意。卷首有归有光序。卷一至卷五为文，卷六至卷九为诗。续录二卷均为文，卷二亦收入诗。《四库全书总目》指出作者之诗“有捶字未坚者”，并论证道：“盖当有明中叶，风气初更，学问移于姚江(王守仁)，而文章未移于北地(李梦阳)，犹沿长沙(李东阳)旧格者也。”有旧抄本。

芝园定集 诗文别集。明张时彻(号芝园)

著。五十一卷。作者原有《芝园全集》八十五卷（或说八十六卷），此集卷首有刘凤序、嘉靖二十二年（1543）邹守愚序等序跋。卷一至卷二〇为赋诗，卷二一至卷四七为文，卷四八至卷五一为史论。有嘉靖间刻本。

飞鸿亭集　诗文别集。明吴鹏著。二十卷。飞鸿亭为其谢事娱老之所。诗文未能精汰，有冗杂之感，但纪行诸篇，写异域情态，尚有可观。有明刻本。

莲峰集　诗文别集。明叶份（号莲峰）著。七卷。卷首有万历四十五年（1617）汪应蛟序。卷一至卷四为诗，卷五至卷七为文。卷末有附录一卷，并有万历四十四年李应裕跋，詹轸光跋。本集流传不广，其诗文较少受到论者言及，仅《明诗综》卷三九选录有其诗。有明万历间刻本。

苏门集　诗文别集。明高叔嗣（号苏门山人）著。八卷。卷首有陈束序。卷一至卷四为诗，又析作卷一“考功稿”，卷二“读书园稿”，卷三“晋阳稿”，卷四“入楚稿”；卷五至卷八为文。卷末有嘉靖四十二年（1563）张正位后序，毛恺跋。有嘉靖刻本，较少见，《四库全书》本即据以收入。

孙文恪集　诗文别集。明孙陞（谥文恪）著。二十卷。卷一至卷一四为文，卷一五至卷二〇为诗。卷末附有其继室杨文俪之诗一卷。有明刻本。

朱邦宪集　诗文别集。明朱察卿（字邦宪）著。十卷（别本十五卷）。本集为其友人沈明臣所订定，有明云间朱长世等重刊本。

兰晖堂集　诗文别集。明屠应埈著。四卷。卷一、卷二为诗，卷三、卷四为文。原单行于世，后其曾孙屠绳德将之与其父屠勋《太和堂集》合刊，名为《屠氏家藏二集》。有旧抄本、明万历间刊本、清康熙间刊本。

胥台集　又名《袁永之集》。诗文别集。明袁袠（号胥台）著。二十卷。卷首有郑复亨序。诗文各十卷。初为其子袁尊尼所刊，题为《袁永之集》。后为万历十二年（1584）衡王府重刻。有嘉靖二十六年（1547）姑苏袁氏家刻本（即袁尊尼所刊本）及万历间刻本。

海石集　又名《承启堂集》。诗文别集。明钱薇（号海石）著。二十七卷。卷首有嘉靖四十二年（1563）丰道生序，万历二十八年（1600）许闻造序。卷一至卷七为诗，卷八至卷二七为文。附录一卷（编为卷二八）。卷末有万历四十二年钱端焕跋。有万历刊本、崇祯刻本。后者另附收其曾孙钱嘉徵二疏及志传资料。

海樵集　诗文别集。明陈鹤（号海樵）著。二十一卷。卷一为赋，卷二至卷一四为诗，卷一五至卷二一为文。本集为其故后，其子以世职于隆庆元年（1567）任粤东军职时，嘱黎民表校正编次。有隆庆间刻本。另有《陈山人小集》八卷，为方廷玺校刊，有嘉靖间刻本；《陈海樵律诗》二卷，亦有嘉靖间刻本。

长谷集　诗文别集。明徐献忠（号长谷）著。十五卷。卷一为赋，卷二至卷四为诗，卷五至卷一五为文。本集为其门人董宜阳所编次，由松江知府袁汝是与其乡绅合资刊刻于嘉靖四十三年（1564）。传世版本即此嘉靖间松江刻本。

闲居集　诗文别集。明李开先著。十二卷。集中所收诗文均为其归田后所作，故名。卷首有嘉靖三十五年（1556）自序。卷一至卷四为诗，卷五至卷一二为文。所著随笔挥洒，一篇或至数千言，诗亦往往叠韵至百首。有嘉靖间刻本、隆庆万历间刻本等。今有路工辑校本，题《李开先集》，中华书局上海编辑所 1959 年出版。

东汇诗集　诗别集。明吕希周（号东汇）著。十卷。集中存诗约一千三百首，编年排列，起嘉靖四年（1525），迄于嘉靖三十三年，本集即编成于该年。有旧抄本、明刊本。

东白草堂集　诗别集。明顾存仁著。四卷。卷各一集，即《使蜀初编》、《居庸内编》、《居庸外编》、《居庸别编》。后三种均作于编管保安时，所作无颓唐之气，颇能表达超拔心态。有明抄本。

少泉集　诗文别集。明王格（号少泉）著。三十三卷。卷首有王世贞序，内分诗选十卷，续选八卷，诗新选六卷，文选五卷，续文选四卷。有明刻本。作者另有《少泉诗集》十卷，有嘉靖、隆庆间刻本行世。

田叔禾集　又称《田叔禾小集》。诗文别集。明田汝成（字叔禾）著。十二卷。卷首有嘉靖四十二年（1563）蒋灼序。作者全集名为《豫阳集》，又名《杨园集》，但未见传本。本集为作者晚年令其子田艺蘅所编，未及收入五十岁以后之作。有嘉靖、隆庆间刻本。

云石集　诗文别集。明岳伦（号云石）著。五卷。卷一至卷三为文，卷四、卷五为诗。附有其子岳鲁《讼冤疏》。有明刻本。

午塘诗集 诗别集。明闵如霖(别号午塘)著。七卷。本集为其门人姚宏谟所编,"诗多应酬之作,虽清圆而乏骨力,古体尤不擅长"(《四库全书总目》)。有旧抄本。

胡庄肃集 诗文别集。明胡松(谥庄肃)著。八卷(别本六卷)。卷首有隆庆六年(1572)徐栻序,周弘祖序。卷一至卷六为文,卷七、卷八为诗。卷末有邵梦麟后序,万历十三年(1585)胡梗后序。本集初刻于江西,再刻于滁阳。有明万历刻本。别本六卷,仅卷二后半是诗赋,余皆文。有明刻本行世。

世经堂集 诗文别集。明徐阶著。二十六卷。卷一至卷二四为文,卷二五、卷二六为诗词及赋颂。"其中敷陈治体之文,皆能不诡于正,余则未见所长"(《四库全书总目》)。有万历间华亭徐氏刻本。

皇甫司勋集 诗文别集。明皇甫汸(官司勋郎中)著。六十卷。卷首有万历二年(1574)自序(《集原》)。卷一为赋,卷二为骚,卷三至卷三三为诗,卷三四至卷六〇为文。其诗文原编为《政学》、《还山》等十余集,晚年亲自删定为本集。其诗虽乏深湛之思,而雅饬雍容,风标自异,"在明中叶不失为第二流人"(《四库全书总目》)。有万历刊本,《四库全书》即据以收入。

环溪集 文别集。明沈恺著。二十六卷。其中卷一八为诗话,卷一九为赋,其余均为各体文。有万历间刻本。另有六卷本,卷首有徐阶、文徵明等序,有明刻本。

南沙文集 文别集。明熊过(号南沙)著。八卷。卷首有万历十五年(1587)陈文烛序。卷末有隆庆二年(1568)熊敦朴跋。本集系其门人严清所刊,内容大抵为应酬文字。有万历间刻本。

陈后冈集 诗文别集。明陈束(号后冈)著。诗集一卷,文集一卷。诗集为唐顺之所编,收入诗篇多作于嘉靖十三年(1534)、十四年、十六年。文集为张时彻编刊,分京、楚、闽、洛四集,初刻于蜀中,又刻于吴郡。诗集卷首有嘉靖二十五年四川按察佥事赵廷相序,有嘉靖刻本传世。文集有万历刻本传世。

笔山集 诗文别集。明崔涯(号笔山)著。十卷。卷首有万历八年(1580)康大和序等四篇序文。卷一至卷七为文,卷八为诗,卷九为"虎异",卷一〇为"鹊异"。有万历间刻本。

念庵集 诗文别集。明罗洪先(号念庵)著。二十二卷。卷一至卷一八为文,卷一九至卷二二为诗。其集初刻于抚州,再刻于应天,最后由诸门人合编为本集。其学凡三变,其诗文风格也与之相适应,初效李梦阳,后从唐顺之,晚年自行己意。有明刻本、《四库全书》本。另有《念庵文要》六卷,乃其文的选本,有明万历间刻本行世。

文谷集 诗文别集。明孔天胤(号文谷)著。四十四卷。又分为文集十六卷,续集四卷,诗集二十四卷。有明刻本。另有《文谷诗集》十四卷,为洪朝选刊行,有明刻本。

霞海篇 诗别集。明孔天胤著。一卷。本集系作者督学浙江时案临台州所作,故名。凡诗三十四首,力摹三谢,仅得形似。有明万历间刻本、旧抄本。

期斋集 诗文别集。明吕本(号期斋)著。十四卷。卷一至卷四为诗,卷五至卷一四为文。为其子礼部主事吕元所编。有明刻本。

序芳园稿 诗别集。明赵伊著。二卷。本集为其甥沈懋孝所选,并有刘子伯的批点。有旧抄本传世。

天一阁集 诗文别集。明范钦著。三十二卷。天一阁为其创建的藏书楼。卷首有万历十九年(1591)沈一贯序。卷一至卷一七为诗,卷一八至卷三二为文。其诗以格律自矜,第取材太近。在七子盛行时,亦是别调。有明万历间刻本。

王侍御集 又名《石沙漫稿》。诗别集。明王瑛著。古体二卷,近体五卷。作者居于石沙山,因以为号,官终御史,故名。为其子王同谷所刊。卷首有郑启谟序及欧大任所著作者小传。卷末附跋数篇。有明刻本。

瑶石山人稿 诗别集。明黎民表(号瑶石山人)著。十六卷。卷首有万历十六年(1588)陈文烛序。除卷一有三篇赋,余均为诗。作者归老后曾亲自辑成诗集,由镇江钟太守刊刻行世;去世后其子黎君华又重刻之。其诗"错彩镂金,而风骨典重,无绮靡涂饰之习",虽"同列为'续五子',而终非四人所可及"(《四库全书总目》)。有明刻本传世,《四库全书》即据以收入。

琏川诗集 诗别集。明施峻(号琏川)著。八卷。卷首有顾应祥序、嘉靖三十五年(1556)徐献忠序等四篇序。卷末有张永明、茅坤等跋语。有嘉靖间刻本。

愧非集 诗文别集。明马攀龙(号愧非子)著。十四卷。又分为《谈略》四卷,《乾坤逆旅集》一卷,《漫稿》一卷,《游涉稿》一卷,《游林稿》一卷,《邯郸学步集》四卷,《忙忙亭稿》二卷。有明刻本。

西野遗稿　诗文别集。明李巩(号西野)著。十四卷。卷首有何镗序。卷一至卷一〇为文,卷一一至卷一三为诗,卷一四为杂著。《四库全书总目》认为"诗中以古体与五言古风分为二目,殊乖体例"。本集为其曾孙李九畴所刊。有崇祯间刻本。

骊山集　诗文别集。明赵统著。十四卷。作者为陕西临潼人,故名。本集为杨光训选编。卷一至卷九为赋、诗,卷一〇至卷一二为文,卷一三、卷一四为诗话。有万历三十一年(1603)渭上杨氏刻本。

方山全集　诗文别集。明薛应旂(号方山)著。六十八卷。卷首有嘉靖三十四年(1555)马理序等七篇序文。作者诗文皆随作随刊,初有《文录》二十二卷,又有《随寓录》、《诗稿》、《外录》等集,本集即为上述诸集的汇刻本。有嘉靖刊本。

隆池山樵集　诗别集。明彭年(号隆池山樵)著。二卷。其诗以边幅胜,其词亦颇有抑扬。卷首有王世贞序。有明抄本。

包侍御集　诗文别集。明包节著。六卷。作者曾任御史,故名。卷一、卷二为《台中稿》,卷三至卷六为《湟中稿》。两稿均兼收诗文。有明刻本。

文冈集　诗文别集。明陈棐(号文冈)著。二十卷。有明万历九年(1581)鄢陵陈氏家刻本。

何翰林集　又名《柘湖集》。诗文别集。明何良俊(官南京翰林院孔目)著。二十八卷。卷首有嘉靖四十五年(1566)何全序等序文四篇。二十八卷各以二十八宿之名为记。作者颇有时名,所作纵横跌宕,有六朝遗意,然不免才子轻脱之习。有明刻本传世,另有《云间两何君集》影印本。

嵩阳集　诗文别集。明刘绘(号嵩阳)著。二十卷(别本不分卷)。卷首有万历元年(1573)皇甫汸序。卷一为赋,卷二至卷五为诗,卷六至卷二〇为文。有万历刻本。初刊本则不分卷,盖旋作旋刊,亦有明刻本。

洞麓堂集　诗文别集。明尹台著。十卷。去其家里许有奇洞,遂以名堂,且以名集。卷首有万历三十五年(1607)邹元标序。卷一至卷六为文,卷七至卷一〇为诗。与另一尹台集《思补轩漫集》相比,本集对嘉靖三十九年之前诗文作了删汰,又增收了此后的作品,故比较完备。仅有明抄本,即《四库全书》底本。

思补轩漫集　诗文别集。明尹台(室名思补轩)著。八卷。卷首有嘉靖四十年(1561)王材序,嘉靖三十九年自序。卷末有尹重民跋。此集编于严嵩父子未败时,故集中时见与之唱和之作,系作者手自编定。有嘉靖间刻本行世。

苏山集　诗文别集。明陈柏(号苏山)著。二十卷。卷一至卷一〇为诗,卷一一至卷二〇为文。诗颇宕逸有致,而失于薄弱;文不及诗。另有莆田黄谦选定的《苏山集选》七卷,凡诗四卷,文三卷。有明刻本传世。

两湖集　诗文别集。明陈昌积(号两湖)著。三十四卷。作者原有《松风轩藏稿》八卷行世,后自选文稿为《龙津原集》。其子陈文扬、陈文振又编入古今体诗,合而辑成本集。传世版本有明刻本。《龙津原集》六卷,有嘉靖间毛汝麒等校刊本。

大司空遗稿　诗文别集。明陈绍儒著。十卷。作者官至南京工部尚书,故以"大司空"名集。卷一至卷八为文,卷九、卷一〇为诗,诗均作于嘉靖四十年(1561)至万历八年(1580)间。有明刻本。

华阳漫稿　诗文别集。明章焕著。十四卷。卷一至卷四为奏疏,卷五至卷一三为文,卷一四为诗。卷末附有其子章德基诗百余首,皆随父戍广东时所作。本集即章德基所编。有明刻本。

止山集　诗文别集。明丘云霄(号止山)著。二十卷。本集又析为《南行集》四卷、《东游集》二卷、《北观集》四卷、《山中集》十卷。前三集均为诗集。《南行集》卷首有嘉靖十三年(1534)丰熙序,卷一为《建安稿》,卷二为《延津稿》,卷三、卷四为《晋安稿》。《东游集》二卷均为《括苍稿》。《北观集》卷首有嘉靖二十六年黎节序,卷一为《楚稿》、《越稿》、《吴稿》,卷二为《宋稿》、《鲁稿》、《齐稿》,卷三、卷四为《燕稿》。《山中集》卷首有嘉靖二十六年冯承芳序,卷一至卷四为诗,卷五为赋,卷六至卷一〇为文。有旧抄本,《四库全书》据以录入。

爱吾庐集　诗文别集。明徐良傅著。八卷。其诗体略近七子,气度安雅而风骨不足以振之;古文则以序最优,而且数量多至数十篇。有明刻本。

岩潭诗集　诗别集。明王廷幹(号岩潭)著。十二卷(别本十卷)。卷首有嘉靖三十二年

(1553)蔡汝楠序、皇甫汸序。卷一至卷三为《奉使稿》,卷四为《寓闽稿》,卷五、卷六为《佐台稿》,卷七至卷九为《留署稿》,卷一〇为《守江稿》,卷一一为《两浙稿》,卷一二为《南安稿》。卷末有嘉靖三十四年曾迪跋。有嘉靖刻本。别本十卷,仅止于《守江稿》。

西曹诗集 诗别集。明高岱著。九卷。西曹为刑部别称,高岱久在刑部任职,故以名集。卷首有嘉靖四十二年(1563)胡直序,嘉靖三十九年李先芳(伯承)序、李蓘序,嘉靖四十年张九一序。高岱自认为其诗近于唐人孟浩然,但他实与王世贞、李攀龙等"后七子"风格相近。本集中多有与李先芳唱和之作。有嘉靖间刊本。

五岭文集 文别集。明邝元乐(号五岭山人)著。二卷。本集原本在明万历年间就已失传,仅有抄本传世,但知之者甚少。光绪十六年(1890)重修《南海县志》搜集资料时,由里人献出抄本,才复显于世。两卷均为文章,卷末附有后人补入的九首诗。最后有其十五世孙邝敏坚跋。仅有清光绪间抄本。

槐野存笥稿 又名《王氏存笥稿》。诗文别集。明王维桢(号槐野)著。三十八卷。卷首有万历三十三年(1605)黄升序、王图序、盛以孙序,《原旨》六首等及作者行状等。卷一至卷二八为文,卷二九至卷三八为诗。卷末有南师仲书后。有万历三十四年渭南王氏刊本。

青霞集 诗文别集。明沈炼著。十一卷(别本九卷)。卷首有嘉靖四十二年(1563)茅坤序,卷一至卷三为文,卷四为赋,卷五至卷七为诗,卷八为论草,卷九为兵说,卷一〇、卷一一为尺牍。卷末附"年谱"等五卷。其文章劲健有气,诗亦郁勃磊落,肖其为人。有明嘉靖间刻本传世,《四库全书》将其所附他人表章赞记诸作删去,收入书中。别本九卷,卷首有隆庆元年(1567)沈襄《纪原》,嘉靖四十五年俞咨益序,茅坤序。有隆庆、万历间刻本传世。

荆川集 诗文别集。明唐顺之(学者称其为荆川先生)著。二十卷(别本十二卷)。本集版本较多、卷次不一。生前即有王慎中序刊本十二卷,后于嘉靖三十二年(1553)、三十四年数次刊行。万历元年刻本为十七卷。诸本中以二十卷本最完备,亦刊于明万历年间,计文集十七卷(同于嘉靖刻本)、外集三卷。卷首仍有嘉靖二十八年王慎中序,文集卷一至卷四为诗,卷五至卷一七为文;外集三卷均为文。其文深受唐宋古文八大家(尤其是曾巩)影响,《四库全书总目》评为:"考索既深,议论具有根柢,终非井田封建之游谈。"又指出"其文章法度,具见文编一书。"二十卷本曾影印收入《四部丛刊》,流传较广。《四库全书》所收,则为十二卷本。

震川先生集 诗文别集。明归有光(学者称其为震川先生)著。四十卷(文集三十卷、别集十卷)。本集旧本有两种:一为其族弟归道传所刻,凡二十卷;另一为其子归子祜等所刻,凡三十二卷。两集去取多不相同。清初由归庄亲手勘定重编为今之四十卷本。卷首有康熙十二年(1673)王崇简序、董正位序,康熙十四年徐乾学序,顺治十七年(1660)钱谦益序,凡例。文为三十九卷,古今诗为一卷(别集卷十)。卷末附录:王世贞《归太仆赞》、钱谦益《列朝诗集小传》中的归有光传、王锡爵《归公墓志铭》、归庄的一文一诗。此后通行的即此本。或云集外仍有未刊稿,但未见再有补辑。主要有清康熙年间常熟刊本,即由归庄手定本;嘉庆元年(1796)玉钥堂刊本(题为《震川先生大全集》)。后者将康熙本所留墨钉尽量作了补救,前者曾影印收入《四部丛刊》,流传较广。今有1981年上海古籍出版社出版周本淳点校本。

水部集 诗文别集。明皇甫濂(官工部都水主事)著。二十卷。卷首有隆庆三年(1569)皇甫汸序。作者晚年习吐纳之术,所作亦有道家气。有隆庆间刻本。

袁文荣集 文别集。明袁炜(谥文荣)著。七卷。卷首有万历元年(1573)王锡爵序。目录编为卷一,卷二至卷六为文,卷七为颂,卷八为《端居公事实》等。有万历元年刻本。

袁文荣诗略 诗别集。明袁炜(谥文荣)著。二卷。卷首有申时行序,王稺登序。其诗词藻典丽,但内容较空洞。一般与《袁文荣集》合刊,有万历元年(1573)刻本。

刘子威集 文别集。明刘凤(字子威)著。五十二卷。卷首有王世贞序、万历四年(1576)余寅序等序文及自序。自卷三三起,原为"续集",又题作《太霞草》。其文受王世贞影响,力求复古,且多应酬之作。有明万历间刻本。

澹思集 诗别集。明刘凤著。十六卷。作者另有《刘子威集》,为其文集;本集则为其诗集。卷首有万历十年(1582)屠隆序,自序。其诗总体风格与文一致,以复古为尚,是典型的七子派。有明万历间刻本。

东山集　诗文别集。明郭文周(号东山)著。九卷。又分为文集七卷,诗集二卷;诗集题作前、后卷,前卷为《南畿稿》,后卷为《菊边闲谭集》、《解组集》。有旧抄本。

太乙诗集　诗别集。明张炼(号太乙)著。五卷。卷首有万历三十年(1602)关廷访序。卷末附有一卷词。其诗伤于浅易,词则以清雅见长。有万历间刻本。

崇质堂集　诗文别集。明李万实著。二十卷。卷一至卷九为诗,卷一〇至卷二〇为文,其中包括奏疏三卷。奏疏原名《恬仕录》,曾别行。清陈田认为"少虚诗有萧爽之气,明人讲学者有此一派"(《明诗纪事》)。有明刻本。

池上编　诗别集。明朱曰藩著。二卷。史称作者在金陵,悬杨慎像于寓斋,焚香荐茶,极为崇拜,并效法其诗。杨慎亦选录评点其诗七十余首,编成本集。《四库全书总目》则曰:"然其诗秾丽,仅得慎之一体。"是集卷首有嘉靖三十四年(1555)杨慎序。有嘉靖间刻本。

山带阁集　诗文别集。明朱曰藩著。三十三卷。卷首有嘉靖三十四年(1555)杨慎序,万历元年(1573)陈文烛序。卷一至卷二五为诗词,卷二六至卷三三为文。有万历刻本、明刻清印本等。

石龙庵诗草　诗别集。明徐学诗著。四卷。卷末有附录二卷,其中包括所上劾严嵩疏及志传资料。有旧抄本。

遵岩集　诗文别集。明王慎中(号遵岩)著。二十五卷。卷首有洪朝选序。卷一至卷七为诗词,卷八至卷二五为文。本集为隆庆五年(1571)其子王同康及其婿庄国桢编辑。其集版本较多,但大多流传不广。本集序称为四十卷,正文却仅二十五卷,但此二十五卷容量颇大,其一卷往往相当于其他文集之数卷篇幅,故似非佚去十五卷,乃重刊时又加归并。有明隆庆五年洪朝选苏州刊本,《四库全书》即据以收入。洪朝选所刻王集,另外尚有《王遵岩家居集》七卷,今亦存有明嘉靖刊本。

浚谷集　诗文别集。明赵时春(号浚谷)著。十六卷。卷首有万历八年(1580)徐阶序等序文。卷一至卷六为诗,卷七至卷一六为文。作者以武略自命,不屑屑以诗文名,《明史》称所作与唐顺之、王慎中齐名,然实际成就与影响均不能并论。有万历间刻本。

白下集　诗文别集。明黄姬水著。十一卷。白下为南京别称,本集写于自吴门徙居南京时,故名。卷首有王世贞序,嘉靖三十六年(1557)自序。卷一至卷六为诗,卷七为赋,卷八至卷一一为文。早年所作,以清丽宏博自喜,自游白下,稍趋淡雅。有万历间刻本。

黄淳父集　诗文别集。明黄姬水(字淳父)著。二十四卷。作者原有《白下集》十一卷、《高素斋集》二十九卷。万历十三年(1585)其婿顾大思以前二集所收及未刊者汇为一编,即成本集。卷一至卷一六为赋颂及诗,卷一七至卷二四为文。有万历间刻本。

崇兰馆集　诗文别集。明莫如忠著。二十卷。有明刻本。

具茨集　诗文别集。明王立道著。十三卷。卷首有万历三十三年(1605)孙继皋序。又析为诗集五卷,文集八卷(其中卷八为《具茨遗稿》)。有万历间刻本,《四库全书》即据以收入。

贻安堂集　诗文别集。明李春芳著。十卷。卷首有于慎行、李维桢等序。以文为主,诗仅不足一卷之数,虽以青词受知于嘉靖帝,但集中未收这类文字。卷末有附录一卷。本集为其子李茂材所编。有万历十七年(1589)山东巡抚李戴刊本。

泌园集　诗文别集。明董份(号泌园)著。三十七卷。卷一至卷七为诗,卷八至卷三七为文。为其孙董嗣茂所编。有明万历三十四年(1606)乌程董氏家刻本。

林文恪集　又名《学士集》。诗文别集。明林燫(谥文恪)著。二十二卷。卷一至卷六为诗,卷七至卷二二为文。卷末附有王世贞、王穉登所撰作者小传。有明刻本。

华阳馆集　诗文别集。明宋仪望(号华阳)著。十七卷,续集二卷。原有《华阳文集》十二卷,诗集十四卷,后人合而编成本集,计文十二卷,诗五卷。续集卷一为"内篇",卷二为饬士子条规。有明刻本。

道峰集　诗文别集。明章适(别号道峰)著。六卷。卷首有王世贞序。卷一至卷五为诗,卷六为文。以一篇奏疏冠于集首。为其死后由邑人所刊。有明刻本。

奚囊蠹余　诗文别集。明张瀚著。二十卷。自序云:奔走四方二十余年,每以一囊自随,凡所作俱纳其中,积久蠹蚀,因仅录出尚能读之者以传,故名。卷首有隆庆二年(1568)徐养正序、自序等三篇序文。卷一为赋,卷二至卷一〇为诗,卷一一至卷二〇为文。卷末有张佳胤后序。有隆庆刻本及万历元年(1573)庐州知府吴道明刊本。

李氏山房诗选 诗别集。明李先芳著。六卷。作者原有《东岱山房诗录》,但传本罕见。仅其中的《江右诗稿》二卷、《使金陵稿》一卷、《濠梁集》一卷等尚可分别见到。本集为《东岱山房诗录》选本,故名。为皇甫汸所选辑,分体编次,间有评语。有旧抄本。

余清堂集 诗文别集。明汪镗著。三十二卷。卷一至卷八为诗,卷九至卷三二为文。诗文均以平易为特点,但流传不广。有明刻本。

白华楼藏稿 诗文别集。明茅坤著。三十四卷。计分《藏稿》十一卷、《续稿》十五卷、《吟稿》八卷。前二种为文集,后一种为诗集。其文刻意摹仿司马迁、欧阳修,喜跌宕激射。“秦汉之文有窠臼,自李梦阳始;唐宋之文亦有窠臼,则自坤始”(《四库全书总目》)。成就逊于唐顺之、归有光。卷首有王宗沐序,《吟稿》前有万历十一年(1583)自序。有万历刻本。其全集今有1993年黄山书社排印本《茅坤集》。

玉芝山房稿 诗文别集。明茅坤著。二十二卷。自序云:“玉芝山房者,予以万历壬午移家练溪所卜筑读书处”,因以名集。卷首有万历十六年(1588)自序。卷一至卷一六为文,卷一七至卷二二为诗。有明万历间刻本。其全集今有1993年黄山书社排印本《茅坤集》。

耄年录 诗文别集。明茅坤著。七卷。所收均晚年之作,故名。本集诗文杂编,所作“则精力既衰,颓唐自放,益非复壮盛之时刻意为文之旧矣”(《四库全书总目》)。有明万历刻本。其全集今有1993年黄山书社排印本。

宋布衣集 诗文别集。明宋登春著。三卷。以其一生未仕,故名。卷一为文,卷二、卷三为诗。其诗集原名《鹅池集》,文集原名《燕石集》,由徐学谟刻于荆州。清康熙二十四年(1685)王培益始并为本集。有康熙刻本行世,《四库全书》即据以收入,另有《畿辅丛书》本,曾编入《丛书集成初编》。

朔埜山人集 诗文别集。明尹耕(号朔埜山人)著。四卷。卷首有崇祯十年(1637)林铭球序。卷一、卷二为文,卷三、卷四为诗。有崇祯间刻本。

仲蔚集 诗文别集。明俞允文(号仲蔚)著。二十四卷。卷首有嘉靖三十五年(1556)王世贞序、又序,卷末有附录一卷及万历十一年(1583)顾绍芳后序等三篇跋。有万历间休宁程善定刊本。

海壑吟稿 诗文别集。明赵完璧(晚号海壑)著。十卷。卷首有王之垣序。本集只有十卷正文,但将目录排为卷一,故又标作十一卷。卷二至卷六为诗,卷七为赋、词、文,卷八至卷一一为文。有明抄本,《四库全书》即据以收入。

天目山斋岁编 诗别集。明吴维嶽著。二十四卷。本集皆其读书天目山中吟咏唱和之作,分年编次,故名。所收起于嘉靖十八年(1539),止于嘉靖四十一年。其诗被朱彝尊讥为“铅刀土花,不堪洒削”(《静志居诗话》卷一四),又认为“其五律颇具岑嘉州、张司业风格”,“较之明卿、子与辈,故自胜之”。有旧抄本。

沧溟集 诗文别集。明李攀龙(号沧溟)著。三十卷。卷首有隆庆六年(1572)张佳胤序等序文。卷一至卷一四为诗,卷一五至卷三〇为文。卷末有附录及徐履道后序。本集由作者之友王世贞首刊于隆庆六年,此后曾多次重刊,是流传颇广的明人诗文集。清道光二十七年(1847),其后裔李献方奉父命对本集作了校勘,重刻行世,成为较常见、较精审的版本。1992年上海古籍出版社出版包敬第标校《沧溟先生集》,即以道光本为底本,其附录为两卷,内容多于明代隆庆、万历间各本。

白雪楼诗集 诗别集。明李攀龙著。十卷(别本十二卷)。作者归里时于华不注山、鲍山之间筑白雪楼,读书其中,故以名集。本集原刊本为十卷,有嘉靖刊本传世。后有汪时元增辑为十二卷,初刻于隆庆年间。卷首有嘉靖四十二年(1563)魏裳序,许邦才序,自序,卷末有隆庆四年(1570)汪时元跋。

两城集 诗文别集。明靳学颜(号两城)著。二十卷。卷首有万历十三年(1585)王圻序,万历十七年于若瀛序。卷一为赋,卷二至卷一三为诗,卷一四至卷二〇为文。有万历刻本。

余德甫集 诗别集。明余曰德(字德甫)著。十四卷。有旧抄本。

海瑞集 诗文别集。明海瑞著,今人陈羲钟编校。上下两册。海瑞文集版本较多,卷次不一。《明史·艺文志》著录有《海瑞文集》七卷,清康熙二十七年(1688)刻有《海忠介先生备忘集》(《四库全书》所收即此本),又有明刻《海刚峰集》。本集以后者为底本,将全集统为上下两编,上编多为公文,下编一至七为各体文章,八为诗,九为专著《元祐党籍碑考》。附录一为传记，二为序跋，三为参考资料。是有关海瑞生平著述较完备的版本。书前是今人吴晗所著《论海瑞》，书后有“编校后记”。中华书局1962年出版。

兰汀存稿 又名《比部集》。诗别集。明梁有誉(号兰汀)著。八卷。又曾任刑部主事三年，故称“梁比部”。卷首有嘉靖四十四年(1565)曹天祐序。有嘉靖刻本。

云山堂集 诗文别集。明魏裳著。六卷。卷首有张佳胤序。卷一至卷三为诗，卷四至卷六为文。作者为“七子”羽翼，诗文均受到王世贞影响。有明刻本。

丰阳集 诗文别集。明冯皋谟著。十二卷。学者称其为丰阳先生，故名。卷一至卷四为诗，卷五至卷一二为文。系七子派风格。有旧抄本。

石洞集 诗文别集。明叶春及(号石洞)著。十八卷。卷一、卷二为《应诏书》五篇，即《明史》本传所云“上书陈时政，缅缅三万言”之作，卷三至卷七为惠安政书，为其官惠安知县时所作，卷八、卷九为公牍，卷一〇、卷一一为志论，卷一二至卷一六为文，卷一七、卷一八为诗。有旧抄本、《四库全书》本。

九愚山房诗集 诗别集。明何东序著。十三卷。卷首有万历二十八年(1600)汪以时序等五篇序文。有万历刻本。

姜凤阿文集 文别集。明姜宝(号凤阿)著。三十八卷。本集分为《初稿》、《中秘稿》、《读礼稿》等十稿，除《史馆稿》三卷、《家居稿》、《留部稿》各十一卷，余均为一、二卷。其文附和唐宋派，但成就不如唐顺之等人。有明刻本。

百可亭摘稿 诗文别集。明庞尚鹏著。九卷。本集又分为三编，计奏疏四卷，文三卷，诗二卷。有明刻本。

芝堂遗草 诗文别集。明叶朝荣著。七卷。作者判江州时，有灵芝生于其仕学轩前，改轩为“瑞芝堂”，自为之记，并以名集。卷一为诗，卷二至卷七为文。传世版本为其子叶向高于万历间所刊行。

杨忠愍集 诗文别集。明杨继盛(谥忠愍)著。三卷(别本六卷)。继盛以经济气节自许，后人重其人品，将其遗著辑刊行世。其集版本较多，卷次不一。此本卷首有康熙三十七年(1698)毛奇龄序。卷一为奏疏，卷二为文，卷三为诗。后有一卷附录(或编作卷四)。由萧山章钰校刊。有康熙刊本，《四库全书》即据以收入。明刊《杨忠愍集》有六卷本，内容与三卷相同，但分卷及附录有不同。

自知堂集 诗文别集。明蔡汝楠著。二十四卷。署“德清蔡汝楠子木著，衡阳门人朱炳如校”。卷首有嘉靖三十八年(1559)朱衡序，嘉靖三十三年杨慎序等五篇序。卷一至卷七为诗，卷八至卷二四为文。卷末有嘉靖四十三年朱炳如后序。汝楠中年以后复好讲学，不专心为诗文，故“诗格遂渐颓唐，颇有寿陵余子失其故步之讥”(《四库全书总目》)。本集为其生前自订，有嘉靖刻本。

履庵集 又名《万文恭摘稿》。诗文别集。明万士和(号履庵，谥文恭)著。十二卷。卷一至卷三为诗词，卷四至卷一二为文。有明万历二十年(1592)宜兴万氏素履斋刻本。

毅斋查先生阐道集 诗文别集。明查铎著。十卷。查铎崇信王守仁，提倡理学，故名。生前其志不在诗文，遗稿不多。死后裔孙查一诚辑刊其集于杭州。卷首有万历三十七年(1609)樊良枢序，卷末附录有关志传资料。卷一为奏疏，卷二、卷三为书札，卷四、卷五为语录，卷六至卷九为文，卷一〇为诗。其文多官场应用之作，诗亦非所长，仅以明志唱和而已。有万历间刻本。

梦山存家诗稿 又名《梦山诗稿》。诗别集。明杨巍(号梦山)著。八卷。所谓存家，是自谦不欲其传世。卷首有万历三十年(1602)自序、邹观光序。卷末有吕时臣序。有万历刻本，《四库全书》即据以收入。

青萝馆诗 诗别集。明徐中行著。六卷。卷首有隆庆四年(1570)陈有守序，俞允文序，汪道昆序。本集为其婿汪时元校刊，对其诗精选删汰，是比较精练的本子。有隆庆间刻本。

天目先生集 诗文别集。明徐中行著。二十卷。作者曾读书天目山下，故名。卷首有万历十二年(1584)张佳胤序，王世贞序。卷末有附录一卷。有万历浙江刊本。

衡庐精舍藏稿 诗文别集。明胡直著。四十卷(含续稿十卷)。作者取衡、庐二山以名其室，又以名集。卷首有未署名序。卷一为赋，卷二至卷七为诗，卷八至卷三〇为文。续稿卷一为赋诗，卷二至卷一〇为文。本集为其门人郭子章所刻。有万历间刻本。《四库全书》即据以收入。

白贲堂诗草 诗别集。明郑洛著。十四卷。卷首有万历二十七年(1599)陈蕖序，万历九年张佳胤序。作者长期总制西北边塞军务，其诗

“不假雕饰，丰融典则”（陈蕖序）。有万历二十七年重刻本。

薜荔园诗集 诗别集。明佘翔著。四卷。卷首有未署名序。其人品颇高，诗亦有清致，深受王世贞等的赏识与影响，甚至赞誉为“更教何物夸三绝，为有余郎七字诗”（王世贞语）。仅存旧抄本，《四库全书》即据以收入。

山海漫谈 诗文别集。明任环著。三卷。卷一、卷二为文，卷三为诗词。有附录二卷，收有有关传记资料及诸家题咏。《四库全书总目》指出本集存在“有见即收，不暇铨择”之病，又认为其“古文皆崭崭有笔力，且高简有法度”，“绝非以时文为古文者”。诗“亦间有可观，而冗俗者多”。其集久佚，清乾隆十二年（1747）今人庚屿始辑成本集刊行于世，《四库全书》即据以收入。

叔夜集 诗文别集。明周思兼（字叔夜）著。十一卷。卷端载王世懋著《贞靖周先生传》。有万历十年（1582）冯大受后序等序跋四篇。本集为王世贞所选，文颇学三苏，诗则七子之流派。有万历间刻本。

华阳洞稿 诗文别集。明张祥鸢著。二十二卷。卷首有万历十八年（1590）龚文选序等序文。卷一至卷一三为文，卷一四至卷二二为诗。卷末有附录一卷。其诗以清润为主，不染叫嚣之习，因之亦不为时人所称。清朱彝尊《静志居诗话》以为其诗颇类南宋永嘉四灵。其文成就不如诗。有万历间金坛张氏家刻本。

含斋集 诗文别集。明曹大章（号含斋）著。十五卷。卷首有万历九年（1581）王世懋序，万历二十八年王肯堂序。卷一至卷一二为文，卷一三至卷一五为诗。卷一〇又分为上下卷，故实有十六卷。集中“多庆祝哀挽之篇，应试策论亦悉载焉”（《四库全书总目》）。有明万历间刻本。

徐文长三集 诗文别集。明徐渭（字文长）著。二十九卷。生前曾编有《文长集》十六卷、《阙编》十卷，《樱桃馆集》（未刊）等三种文集，后由门人商维濬合为本集，故名。卷一为赋，卷二为乐府诗，卷三至卷一一为诗，卷一二为词，卷一三至卷二九为文。一般附刊有其杂剧《四声猿》一卷。有万历二十八年（1600）刻本。

徐文长逸稿 诗文别集。明徐渭（字文长）著。二十四卷。卷一至卷八为诗，卷九为赋，卷一〇为乐府，卷一一为表启，卷一二为词，卷一三至卷二四为文。作者死后由门人商维濬编刊了《徐文长三集》，后由张岱校辑三集之外的遗文，编成本集。有天启三年（1623）刻本。

徐文长佚草 文别集。明徐渭（字文长）著。七卷。作者原有《徐文长三集》，《徐文长逸稿》二种诗文集。1925年，慈溪沈氏抱经楼又据旧抄本排印了本集。本集所收文章一般均未收入上述二集。有民国间慈溪沈氏排印本。

徐渭集 诗文别集。明徐渭著。中华书局编。为“中国古典文学基本丛书”之一。本集为徐渭文学作品的全集，不但收入《徐文长三集》、《徐文长逸稿》、《徐文长佚草》三种诗文集，还收入了杂剧作品《四声猿》、《歌代啸》。另有“补编”，是本集编者补辑的诗文。卷末附有附录。不但对所收作品作了标点、校勘，还把各集重收之作予以删除。是目前较完备、精审的徐渭文集。中华书局1983年排印出版。

方麓集 诗文别集。明王樵（号方麓）著。十六卷（别本十一卷）。卷一至卷一三为文，卷一四为诗，卷一五为《戊申笔记》，卷一六为《紫薇堂札记》。其诗数量不多，一卷中又分为《使蜀》、《使代》、《西晋》、《山东》等集，均编年排列，但本集以诗为长。有明刊本传世，《四库全书》即据以收入。十一卷本为文九卷，《老子解》一卷，诗一卷，内容少于本集，有万历刻本行世。另有十四卷本，乃十六卷本略去诗文以外内容而成。

汤慈明诗集 诗别集。明汤有光（字慈明）著。三十二卷。卷首有天启二年（1622）周长应序，范凤翼序。据范序，本集为州守周长应“捐月俸”而付梓。《明诗纪事》庚签卷三〇称：“慈明入范异羽（即范凤翼）山茨社，近体时有警动之作。”有天启间刻本。

丰对楼诗选 诗别集。明沈明臣著。四十三卷。其平生作诗凡七千首，本集选录约十分之六，由广陵陈大科校梓行世。卷首有万历二十四年（1596）陈大科序，王世贞序等四篇序文。有万历间刻本。

春明稿 诗文别集。明徐学谟著。十四卷。“春明”代指京师，本集所收的诗文，均以尚书召起再入都时所作，故名。卷一至卷一〇为文编，卷一一至卷一三为诗编，卷一四为续编。文编末四卷为《齐语》，均为杂说。其文不事摹拟，力图自成一家；诗骨力较弱。有明刻本。

海隅集 诗文别集。明徐学谟著。七十三卷。卷首有冯时可序。又分为文编四十三卷，诗编二十二卷，外编八卷。《春明稿》的内容已收入本集(题为《京稿》),传本比较少见。卷末有万历四十年(1612)徐元嘏跋。有万历间刻本。

归有园稿 诗文别集。明徐学谟著。二十九卷(别本三十二卷)。本集诗文均其归田后所作,自云士大夫以官为家,罢则无所归,故早岁即构一园,名曰"归有",故名。卷一至卷二二为文,卷二三至卷二九为诗。有万历间刊本。

浒东集 诗文别集。明张卤(号浒东)著。十四卷。卷首有天启五年(1625)王安仁序。卷一至卷六为诗,卷七至卷一四为文。本集为其子张永忠及门人王安仁所订定。有天启刻本、清重刻本。

鲲溟诗集 诗别集。明郭谏臣(号鲲溟)著。四卷。卷首有王世贞序,除收诗六百七十余首,又附收奏疏二篇。有明刻本,《四库全书》即据以收入。题《郭鲲溟诗集》。

甔甀洞稿 诗文别集。明吴国伦著。五十四卷,续稿二十七卷。卷首有万历十二年(1584)王世贞序等五篇序文,续稿有万历二十三年郭子章序等三篇序文。前稿为作者手定,续稿为其子吴士良校刊。有万历间兴国吴氏递刊本。

天台集 诗文别集。明耿定向著。二十卷。作者告归居天台山,人称天台先生,故名。卷首有万历二十六年(1598)刘元卿序。卷一为诗赋,卷二至卷二〇为文、杂著。有万历刊本。

宗子相集 诗文别集。明宗臣(字子相)著。十五卷(别本八卷)。卷一为赋,卷二至卷一一为诗,卷一二至卷一五为文。并录有欧大任著《宗子相传》等志传资料。其诗跌宕俊逸,颇能取法李白,唯意境未深,间伤浅俗。有万历间闽中刻本。别本八卷,为嘉靖三十九年(1560)由门人黄中等刊,诗文各四卷。有嘉靖间刻本。

太岳集 诗文别集。明张居正(号太岳)著。四十七卷。卷首有万历四十年(1612)沈鲤序、吕坤序。诗文均非所长,诗数量、成就均难成家;文以启札较有特点,往往纵笔而成,气势贯通。有明万历间刻本,清乾隆间抄收入《四库全书》。今通行有1984年上海古籍出版社影印明刊本。

太函集 诗文别集。明汪道昆号太函著。一百二十卷。卷首有万历十九年(1591)自序等序文。卷一至卷一〇六为文,卷一〇七至卷一二〇为诗。作者此前编有《副墨》五卷,此后又从《副墨》及本集选出二十二卷,题为《太函副墨》。"《副墨》行世,暴得时名"(《四库全书总目》),本集便不加剪裁,务求卷帙繁富,故反不及前者流行。有明万历间金陵刻本。

松菊堂集 诗文别集。明孙鏊著。二十四卷。卷一至卷二〇为诗,卷二一至卷二四为文。诗文均不事摹拟,无复古趋向,然不耐玩诵。有明刻本。

条麓堂集 诗文别集。明张四维著。三十二卷。卷首有万历二十三年(1595)陈经邦序等序文。卷一至卷三为诗,卷四至卷三二为文。另有附录二卷(编为卷三三、卷三四)题为《永命录》,收录较详尽的传记资料。卷末有张泰徵、张定徵之后序。有明万历间刻本。

弇州山人四部稿 诗文别集。明王世贞(号弇州山人)著。一百八十卷。所谓"四部",是指作者将此卷帙浩繁的文集又分为四类,即:赋部、诗部、文部、说部四部,非所谓经史子集四部。说部包括《艺苑卮言》、《札记内篇》、《札记外篇》等。本集所录之诗多至五十一卷,各体文章亦有八十多卷,故《四库全书总目》在论及本集及续稿时曰:"自古文集之富,未有过于世贞者。"作者另有《弇山堂别集》一百卷,则为此《四部稿》之外别行的史学著作。卷首有万历五年(1577)汪道昆序,目录另编成十二卷。有明万历五年吴郡王氏世经堂刊本。《四库全书》所收为一百七十四卷,内容基本相同,仅删并了某些卷次。

弇州山人续稿 诗文别集。明王世贞(号弇州山人)著。二百零七十卷。本集是作者致仕之后,手辑晚年所作以授其少子王士骏,至崇祯年间始刊刻行世。卷首有王锡爵序,刘凤序,李维桢序。本集因无"说部"一类,故未称"四部续稿",卷一为赋,卷二至卷二五为诗,卷二六至卷二〇七为文。其文章数量之大,类别之多,是十分罕见的,应酬之作比例也相当大。以至明人艾南英甚至说:此后后生小子不必学作文,也不必读书,每遇应酬,取前后四部稿裁割,顷刻便可成文。有明崇祯间刊本行世,《四库全书》即据以收入。

焚书 诗文别集。明李贽著。六卷。自序云,"自有书四种","一曰《焚书》,……所言颇切近世学者膏肓。既中其痼疾,则必欲杀我矣。故欲焚之",故名。卷首有自序,焦竑序,袁中道《李温陵传》。卷一至卷四为文,卷五为读史,卷六为诗。本集初刻于万历年间,中华书局于

1960年排印出版，1975年再版，均与《续焚书》合为一册。

续焚书 诗文别集。明李贽著。五卷。卷首有焦竑序，张鼎序，汪本钶序。卷一至卷四为文，卷五为诗。本集初刻于明万历四十六年(1618)，中华书局于1960年排印出版，1975年再版，均与《焚书》合为一册。

崌崃山房集 诗文别集。明张佳胤(号崌崃山人)著。六十四卷。卷一为赋，卷二至卷二九为诗，卷三至卷六四为文。卷末有附录一卷(编为卷六五)。有明刻本。

处实堂集 诗文别集。明张凤翼著。八卷。卷首有王世贞、徐显卿序。卷一至卷四为诗，卷五至卷七为文，卷八为《谈辂》(笔记)。平生好填词，集中多论传奇之语。有万历间刊本。

田子艺集 诗文别集。明田艺蘅(字子艺)著。二十一卷。卷一至卷一八为其诗文选，卷一九至卷二一为《北观初稿》、《二稿》。诗文选系为诸生时所选刊，《北观》则是以岁贡入京廷试所作。有明刻本。

止止堂集 诗文别集。明戚继光著。五卷。又分为《横槊稿》三卷，《愚愚稿》二卷。卷首有万历二年(1574)胡朝宾序。有明万历刻本。

逍遥园集 诗文别集。明穆文熙著。二十卷(别本十卷)。卷一至卷一〇为诗，卷一一至卷二〇为文。诗文均较涩滞，乏灵动之气。有万历二十九年(1601)魏郡穆氏家刊本。十卷本卷首有万历十五年石星序、刘怀恕序，亦有万历间刻本。

伐檀斋集 诗别集。明张元凯著。十二卷。张有"伐檀斋"，取《诗经·魏风·伐檀》"坎坎伐檀"义，因又以为集名。卷首有万历六年(1578)王世贞序。卷末附有"伐檀集诸名家赠答诗"一卷。有旧抄本及《四库全书》本。

文起堂集 诗文别集。明张献翼著。十卷。卷一为赋，卷二至卷七为诗，卷八至卷一〇为文。诗文多参以排偶。有明刻本。作者早年所作结为《纨绮集》一卷，未包括进本集，亦有明刻本。

鲁望集 诗文别集。明袁尊尼(字鲁望)著。十二卷。卷首有王世贞序，"是集纯为七子之体，故王世贞序极称之"(《四库全书总目》)。有明万历间姑苏袁氏家刻本。

亦玉堂稿 文别集。明沈鲤著。十卷。沈尝任翰林院(玉堂)掌院学士，归里后以廊庙山林视为一致，故名。原集为王象乾校刻，计正集十卷，续集八卷。明末版片毁于兵燹，清康熙二十九年(1690)由刘榛重辑遗文，合正续稿汇成十卷，内容仅余其半。有康熙刻本，《四库全书》即据以收。

亦玉堂续稿 文别集。明沈鲤著。八卷。原有正续二稿，正稿十卷今未见传本，康熙间《亦玉堂稿》十卷非原之正集，而是合原正续二集残编并为一集。本集为原集续稿，卷首有王象乾序。有天启、崇祯间刻本。

二酉园集 诗文别集。明陈文烛著。四十九卷。又分为诗集十二卷，包括《汉阴诗》、《廷中诗》等八卷；文集十四卷，包括《五嶽山人前集》、《后集》；《续集》二十三卷，均为文章。各集均有序跋，诗集之前的序多至二十余篇，为明人诗文集所少见。诗文集有万历十二年(1584)龙膺刻本行世，续集为其殁后由其孙陈之蘧所辑，亦有明万历刻本。

王侍御类稿 诗文别集。明王圻(曾官御史)著。十六卷。卷首有万历十三年(1585)吴国伦序等序引四篇。有万历间刻本。作者另有《洪洲类稿》，仅诗一卷、文三卷，为其提学湖广时所刊，内容远少于本集。

绿波楼诗集 诗别集。明张九一著。十四卷。作者任湖广参议时，尝筑绿波楼以居，因以名集。其诗受王世贞、李攀龙影响，是七子诗派中坚之一。有明刻本、清康熙中新蔡知县吕民服重刊本。

王文肃集 文别集。明王锡爵(谥文肃)著。五十三卷。卷首有申时行序，卷末有其曾孙王时敏跋。本集即王时敏所编，据云文稿仅存约半数，虽经经年广搜，诗稿亦未能成帙。另有附录二卷(编为卷五四、卷五五)。有明万历间刻本。

负苞堂集 诗文别集。明臧懋循著。九卷。分为文选四卷，诗选五卷。"诗多绮罗脂粉语，未免近靡靡之响"，"词曲序引屡见集中，亦结习之所在也"(《四库全书总目》)。有明刻本。今又有古典文学出版社1958年校点排印本。

十赉堂集 诗文别集。明茅维著。传本少见，仅见甲集文部十二卷，丙集诗部十一卷，词部一卷。作者与同郡臧懋循、吴稼竳、吴梦旸并称"四子"，诗文均受七子影响，集分文部、诗部，或系从王世贞《弇州山人四部稿》之例。有明末吴兴茅氏家刻本。

射堂诗钞 诗别集。明吴梦旸(居曰射堂)著。十四卷。作者故后，文稿散佚，诗仅存本集所载，为其友人茅维、其侄萧斋君所编。卷末有附录挽诗等及陈继儒跋语。有明末刻本。

沧海披沙集　诗文别集。明朱理堦著。十三卷。作者为明皇族，袭泌水王。所著有《衡漳初稿》、《栖云洞集》等多种诗文集，后合编成本集。有明刻本。

朱秉器集　诗文别集。明朱孟震（字秉器）著。八卷。卷首有张九一序，万历十六年（1588）吴国伦序等七篇序文。文集四卷，诗集四卷。为吴国伦、张九一等选录。有万历间刻本。

朱文懿文集　文别集。明朱赓（谥文懿）著。十二卷。卷首有王思任序。卷末有补遗（仅收文一篇）、自赞，并有乾隆二十年（1755）、康熙五十七年（1718）两跋。有天启刻、清康熙修补、乾隆印刷本。

南有堂诗集　诗别集。明王稺登著。十卷。卷首有崇祯九年（1636）曹学佺序，卷末有陈衎后序，陈克懋跋。本集即为曹学佺就其子王弗莠所提供的全集选录。有崇祯刻本。

谋野集　文别集。明王稺登著。十卷（别本八卷）。《左传》有"子产载裨谌以适野，与谋可否"之句，因以为名。本集是书信集，其书信以风格清新平易自然，深受时人喜爱，并对晚明小品文有直接影响。卷首有冯时可、郁文周序。别本八卷，当系初刻本。另外，其《王百穀集》亦编入本集，但仅四卷，为屠隆评点。均有万历间刻本。

王百穀集　诗文别集。明王稺登（字百穀）著。共二十一种，四十二卷。王氏著作随编随刊，题名、版本均颇繁杂。万历末年，始由史兆斗汇为一编出版。卷首有万历四十七年（1619）史兆斗序。计收入《晋陵集》等二十一种单集，一般均各有序或跋。有万历末刻本。

赐闲堂集　诗文别集。明申时行著。四十卷。申时行久任首辅，后力求免职，诏许归，故名归养居室为"赐闲堂"，并以名集。卷首有叶向高序，李维桢序，万历四十四年（1616）冯时可序、邹元标序、焦竑序。本集诗赋共六卷，杂著文章共三十四卷。《四库全书总目》别集类存目，谓"其相业无咎无誉，诗文亦如其为人"。有万历刻本。另有《申文定公集》十八卷，只存文而无诗，系由作者生前亲自编定，卷首列万历二十年自序。亦有万历刻本。

天远楼集　诗文别集。明徐显卿著。二十七卷。卷首有王稺登序。本集为其嗣子徐元溦所编。明万历间刻本。

华礼部集　诗文别集。明华叔阳（官礼部主事）著。八卷。故名。卷首有徐学谟序，卷末有华仲亨跋。本集分为《诗部》、《文部》，显然受到其岳父王世贞《弇州山人四部稿》影响。有万历间刻本。

王奉常集　诗文别集。明王世懋著。六十九卷。作者曾官太常少卿，故名。卷首有万历十七年（1589）吴国伦序，李维桢序，陈文烛序。卷一至卷一五为诗，卷一六至卷六九为文。其中收入曾别行的《艺圃撷余》等著述。有万历间刻本。

张阳和先生不二斋文选　又名《张阳和文选》。诗文别集。明张元忭著。七卷。卷首有一组志状资料，并有万历三十年（1602）邹元标序，万历二十一年邓以赞序，吴达可序，万历三十一年周汝登序。卷一至卷六为文，卷七为诗。其诗文名不著，文章多关于学术，缺乏文采。有万历间刊本。《正谊堂丛书》所收仅三卷，均为文，另收入《丛书集成初编》，流传颇广。

郊居遗稿　诗文别集。明沈懋学著。十卷。卷首有叶向高序，万历三十三年（1605）何乔远序。卷一至卷三为诗，卷四至卷一〇为文。有明万历三十三年（1605）沈有容福建刻本。

铨部诗集　诗别集。明王教著。一卷。吏部又称铨部，作者官吏部郎中，故名。本集常附其《修县志小序》一卷。卷末有万历四十四年（1616）张至发后序。有万历刊本。

温恭毅集　诗文别集。明温纯（谥恭毅）著。三十卷。卷一至卷六为疏，卷七至卷一七为文，卷一八至卷二四为诗，卷二五至卷二九为尺牍，卷三〇为"理学"。所谓理学，是六十一条论学语录。有崇祯十二年（1639）西京温氏家刻本，《四库全书》即据以收入。

环碧斋集　诗文别集。明祝世禄著。十一卷，其中包括《留垣疏草》二卷，《环碧斋诗》三卷，尺牍五卷，"小言"一卷。各集卷首有万历三十年（1602）、万历二十一年焦竑两序，万历三十九年郑以伟序等序跋七篇。有万历间刻本。

澹园集　诗文别集。明焦竑（号澹园）著。七十六卷。分为前集四十九卷，续集二十七卷。前集有明万历刻本，卷首有万历三十四年（1606）方时俊序、吴梦旸序等序文，卷末有许吴儒跋。民国初年，《金陵丛书》乙集排印收入了包括续集二十七卷在内的《澹园集》，成为本集较常见的传世版本。

天池草 又名《尚友堂稿》。诗文别集。明王弘诲（一作"宏诲"）著。二十六卷。卷一至卷二〇为诗，卷二一至卷二六为文。附录在卷首。因其曾任万历十七年（1589）会试副总裁，故集中附录了本科题名录，《四库全书总目》以为"从来编别集者无此变体"。有明刻本。

邓文洁集 诗文别集。明邓以讚（谥文洁）著。四卷。本集所录语录、文、诗均为邹元标搜辑于断简残帙中，由宜兴吴达可梓行。有明刻本。作者另有《定宇集》六卷，亦为吴达可所刊，有万历三十一年（1603）刻本。

由拳集 诗文别集。明屠隆著。二十三卷。本集编成时，作者方知青浦县，其地古称由拳，故名。卷首有万历八年（1580）沈明臣序等序文。卷一为赋，卷二至卷一一为诗，卷一二至卷二三为文。有明万历间刻本、明末刻本。

采真集 诗文别集。明屠隆著。三十一卷（别本三十卷）。卷首有万历十八年（1590）邹迪光序。本集为吕胤基所选录。别本三十卷，卷首有万历二十六年邹迪光序。两本均有明万历间刻本。

白榆集 诗文别集。明屠隆著。二十八卷。卷首有万历二十八年（1600）程涓序、丁应泰序。卷一至卷八为诗，卷九至卷二八为文。其诗文受到七子影响，又有效法公安派倾向。有万历间刻本。

消暍集 诗文别集。明夏树芳著。三十二卷（别本二十四卷）。卷首有董其昌序，崇祯元年（1628）周延儒序等序文。原题二十卷，但其中卷二等九卷又分为上下或上中下，总计为三十二卷。有崇祯刻本。另有二十四卷本，亦有崇祯刻本传世，当系早期刊本。其中"诗余"一卷，为近人赵尊嶽辑入《明词汇刊》，编为二卷，改题《消暍词》。

梅颠稿选 诗文别集。明周履靖（号梅颠）著。二十卷。平生著述颇多，曾辑成《夷门广牍》一百二十六卷，又收入自著诗集《山家语》、《野人清啸》、《寻芳咏》等。本集为明人陈继儒从作者多种别集中汇选而成。有明刊本。

淡然轩集 诗文别集。明余继登著。八卷。卷首有冯琦序。卷一至卷七为文，卷八为诗。《四库全书总目》批评本集诗文中应酬之作未经删削，但又指出所作"大抵平正淳实，无万历中佻薄之习，亦尚不失典型"。有万历间刻本，《四库全书》即据以收入。

快独集 诗文别集。明李尧民（居曰快独楼）著。十八卷。卷首有李维桢序，万历三十六年（1608）康丕扬序。卷一至卷六为诗，卷七至卷一八为文。卷末有侯正鹄跋。有明万历间刻本。

支华平集 诗文别集。明支大纶（号华平）著。四十卷。作者原有《支子余集》五十二卷行世，收入万历四年（1576）前的诗文杂著。本集为其殁后十余年由后人辑成，以诗文类次。卷首有邹迪光等序文，卷末有万历四十八年戈靖邦跋。有明万历、泰昌间刻本。

梅谷集 诗文别集。明庄履丰（号梅谷）著。十八卷。卷一至卷一四为文，卷一五至卷一八为诗。本集为其门人黄汝良、何乔远等所编。有明刻本。

宝庵集 诗文别集。明顾绍芳（号宝庵）著。二十四卷。卷一至卷八为诗，卷九至卷二四为文。有明万历四十年（1612）刻本及明抄本。前者卷首有万历九年自序，万历四十年吴应宾序。

姑孰集 诗文别集。明章嘉祯著。二卷。作者曾为当涂知县，当涂古称姑孰，故名。"是集诗文杂编，殊无体例。盖未定之稿"（《四库全书总目》）。有旧抄本。

隅园集 诗文别集。明陈与郊著。十八卷。作者全集名为《奉常佚稿》，共分四集，本集为其一；其二为奏议集《黄门集》三卷；其三为书札集《蘋川集》八卷；其四为《詅痴符》，语出《颜氏家训》，谓可笑之诗赋，系自谦之词。仅前三种有传本。有明末海宁陈氏家刻本。

梅园集 诗文别集。明沈一中著。二十卷。卷一至卷八为赋、诗，卷九至卷二〇为文。所作"大抵欲以才藻见长，而短于剪裁澄汰"（《四库全书总目》）。有万历间刻本。

农丈人集 诗文别集。明余寅著。二十八卷。为文集二十卷，诗集八卷。卷首有万历三十二年（1604）郭子章序。所收作品均其归田以后所作。有万历三十二年周礼写刻本。

山居稿 诗文别集。明于孔兼著。十卷。本集结辑于作者投牒家居时，故名。卷首有首一卷，另有万历四十年（1612）钱士完序、自序。卷一至卷七为文，卷八至卷一〇为诗。本集为其子于玉全、于玉瑞编校。有万历间刻本。

明志稿 诗文别集。明张恒著。六卷。在本集自序中，作者自云其作"语不必工，意不必远，古不必合，今不必离，生不必名，殁不必传。聊明吾志而已"，故题此集名。卷首有明万历四十年(1612)自序。卷一、卷二为诗,卷三至卷五为文,卷六为续稿,收入《心学论》等文章。其诗多关世情,清朱彝尊《静志居诗话》卷一五称其“古风磊落,近体亦安详,比于同邑四先生,似觉挺拔”。又常涉及明末与后金的战和,清代乾隆年间曾定为全毁书。其文明正通达,唯少含蕴。有万历原刊本。

孟叔龙集 又名《孟云浦集》。诗文别集。明孟化鲤(字叔龙,号云浦)著。八卷。卷首有万历二十五年(1597)张维新序。卷一为《尊闻录》,卷二至卷七为文,卷八为诗。卷首有门人王以悟所编年谱,卷末有附录一卷。有万历二十五年刻本、清康熙二年(1663)重刊本。

榖城山馆集 诗文别集。明于慎行著。六十二卷。榖城为其籍贯东阿的古称。卷首有叶向高序,陆树声序。又分为诗集二十卷,文集四十二卷。诗集刻于万历三十二年(1604),最后一卷为赋,文集刻于万历三十五、三十六年间。系门人郭应宠编。传本较少见,清乾隆间编《四库全书》,只征集到诗集二十卷,未见到文集。有万历间刻本。

快雪堂集 诗文别集。明冯梦祯著。六十四卷。其家藏有王羲之《快雪时晴帖》,因建堂曰“快雪”,并用以名集。卷首有李维桢序,万历四十四年(1616)焦竑序,万历四十三年朱之蕃序,顾起元序,黄汝亨序,丁元荐序,门人朱鹭别序(或作为跋)。各体文章计三十一卷,尺牍十三卷,语录、漫录各一卷,日记十七卷,诗二卷。《四库全书》未收本集,仅于存目中著录,其《总目》云:“(梦祯)所作皆喜于疏快,不以镂刻为工。而随意所如,无复古人矩矱矣。”有万历刻本。

翏翏集 诗文别集。明俞安期著。四十卷。卷一为骚,卷二、卷三为赋,卷四至卷三九为诗,卷四〇为文。清朱彝尊《静志居诗话》卷一八评其诗“原本李献吉(梦阳),长于獭祭,赋景有余,言情不足”。卷首有汪道昆序。作者又有《俞羡长集》,李维桢曾为之序,但未见传本。本集有万历末年刊本。

卓光禄集 诗文别集。明卓明卿(官光禄寺署正)著。三卷。原有《卓澂甫诗集》、《续集》、《文集》、《北游稿》等集行世,由其子卓尔康请曹子念删并为本集。有万历间刻本。

临皋文集 文别集。明杨寅秋(号临皋)著。四卷。其政绩有足称者,然不以文章知名,故诸家书目多不载,因之不为文评家称及。卷末有附录,收入郭子章著《杨公墓志铭》,可考其生平大略。有旧抄本,《四库全书》本。

被褐集 诗文别集。明华善述(号被褐)著。十七卷。卷一至卷一六为诗,卷一七为文。有旧抄本。

大泌山房集 诗文别集。明李维桢(号大泌山人)著。一百三十四卷。卷首有王世贞序,万历三十九年(1611)张惟任序,自序。卷一至卷六为诗,卷七至卷一三四为文。其中志传类文章占六十卷,其中保存了不少有用的资料,也含有大量散漫应酬之作,《四库全书总目》认为,“记载之富,无逾于是,然牵率之作过多,不特文格卑冗,并事实亦未可征信。”有万历间刻本。

隐秀轩集 诗文别集。明钟惺著。四十二卷。“隐秀”语出《文心雕龙》,隐秀轩为其读书处,在皂市五华山伏羲祠下。中进士之后,作者曾结集为《隐秀轩时义》,但已无传本。今存本为其自选,并由友人林古度首刊于南京,卷首有明万历四十四年(1616)自序。本集最初有三十三卷(即三十三集,以《千字文》的首三十三字分集)、八卷本、二十卷本等多种不同版本。上海古籍出版社 1992 年出版的李先耕、崔重庆标校本,始统编为四十二卷。卷一至卷一四为诗,卷一五至卷四二为文,并有附录三卷。是较完备、精审的通行本。其集通行本另有 1936 年上海贝叶山房排印《中国文学珍本丛书》本《钟伯敬合集》。

东越证学录 诗文别集。明周汝登著。十六卷。卷首有陶望龄序,万历三十三年(1605)邹元标序。卷一至卷五为“会语”(讲学语录),卷六至卷一四为文,卷一五、卷一六为诗。有万历间刊本。

梅禹金集 诗别集。明梅鼎祚(字禹金)著。二十卷。凡《庚辛草》四卷,《与元草》八卷,《予宁草》八卷。其诗与七子风格有异。有明刻本。

鹿裘石室集 诗文别集。明梅鼎祚著。六十五卷(别本五十二卷)。卷首有天启三年(1623)李维桢序等四篇序文。作者别有《梅禹金集》,为诗集,本集兼收诗文尺牍,为邑人汤宾尹所订。作者学问宏富,诗文亦以才学见长。有天启间刻本。

宗伯集 诗文别集。明孙继皋著。十卷。因其卒赠礼部尚书,即大宗伯,故名。卷首有叶向高序。卷一至卷九为文,卷一〇为诗。卷二之末有其子孙源文跋，称其父生前不敢自居于名，故谏草都焚，其他著述亦多不存。有万历末刊本，《四库全书》即据以收入。

泾皋藏稿 文别集。明顾宪成著。二十二卷（别本二十卷）。本集收各体文，为顾氏文集初刻本，有万历间刊本传世，《四库全书》即据以收入。崇祯二年(1629)追谥端文，崇祯间再刻此集，便改题《顾端文集》，计正文二十卷，附录二卷，内容与本集同。

玉茗堂集 又名《汤若士全集》。诗文别集。明汤显祖著。四十六卷。本集原有二十九卷本，四十六卷本为明人韩敬所编，内容较为完备，但未收入作者早年诗文（即《红泉逸草》、《问棘邮草》）及戏曲作品。有天启元年(1621)刻本行世。中华书局上海编辑所1962年出版的《汤显祖集》，由徐朔方将其诗文分编为四十四卷（诗十六卷，赋六卷，文二十二卷），作为《汤显祖集》中《汤显祖诗文集编年校笺》的卷六至卷四九。1982年上海古籍出版社新版重印，改题《汤显祖诗文集》。

赵忠毅集 诗文别集。明赵南星（谥忠毅）著。二十四卷。卷首有崇祯十一年(1638)范景文、王心一、周凤翔序。本集于清代被列入《全毁书目》，故《四库全书》未收，少见流传。本集为范景文校阅，有明崇祯十一年吴桥范氏刊本传世。另外，《乾坤正气集》收有十八卷本，系选本。另有《畿辅丛书》本《味檗斋文集》十五卷，只收文而无诗，曾编入《丛书集成初编》，流传较广。

集玉山房稿 诗文别集。明葛昕著。十卷。卷一为疏，卷二为恩衅赞语，卷三为诗，卷四至卷一〇为文。本集流传不广，系其子葛如龙等所编。其诗文很少为评家论及。有《四库全书》本。

学古绪言 文别集。明娄坚著。二十五卷。所收为各体文，诗在集外别行。传本少见，有《四库全书》本。

少室山房集 诗文别集。明胡应麟著。一百二十卷。少室山房为其书斋名。卷首有万历四十六年(1618)江湛然序，王世贞著《石羊生传》。卷一至卷八〇为诗，卷八一至卷一二〇为文。所著《少室山房笔丛》未收入本集。《四库全书总目》指出："应麟虽仰承（七子）余派，沿袭颓波，而记诵淹通，实在隆万诸家上，故所作芜杂之内尚具菁华。"原有集十余种，此为诸集合编本。有万历间金华通判江湛然刊本，《四库全书》即据以收入。

来禽馆集 诗文别集。明邢侗著。二十九卷（别本二十八卷）。作者曾于古犁丘筑来禽馆，故名。卷首有万历四十六年(1618)李维桢序等序文。卷一至卷二四为文，卷二五至卷二九为诗。有万历原刊本、崇祯翻刻本等。

愿学集 诗文别集。明邹元标著。八卷。卷首有时人序文十余篇。卷一为诗，卷二至卷八为文。其中卷五、卷六又分为上下卷，故本集实有十卷。由其邑人龙遇奇巡视淮盐时所刻，时在万历末年，作者尚在世。有明万历刻本，《四库全书》所收即据此本，但未录序文。

小辨斋偶存 诗文别集。明顾允成著。八卷。卷一至卷七为奏疏文章，卷八为诗，题《吾与吟》。卷末尚有《事定录》三卷，附录其志传等生平资料。有明刻本，《四库全书》即据以收入，但未抄存其《事定录》。

巢云轩集 诗词别集。明吴宗儒著。十二卷。又分为诗集六卷、续集五卷、词集一卷。有旧抄本。

郁仪楼集 诗文别集。明邹迪光著。五十六卷（别本五十四卷）。卷首有冯时可序，万历三十二年(1604)自序。卷一为赋，卷二至卷三〇为诗，卷三一至卷五六为文。收入写于归田之后前八年（万历二十二年至万历二十九年）所作诗文。有万历间刻本。

调象庵稿 诗文别集。明邹迪光著。四十卷。"调象"典出《涅槃经》，作者晚年心归释氏，因以名其集。卷首有李维桢、汤显祖序，万历三十六年(1608)自序。有万历间刻本。

程幼博集 诗文别集。明程大约（字幼博）著。六卷。卷首有焦竑序。卷一、卷二为文，卷三至卷六为诗。本集为于慎行所选录。有明刻本。

冯少墟集 诗文别集。明冯从吾著。二十二卷。学者称其为少墟先生。卷一至卷一二为语录，卷一三至卷一七为文。卷一七后半为诗，卷一八为奏疏，卷一九、卷二〇为族谱家乘，卷二一、卷二二为《关学编》（学者列传）。其集初刊所收止于万历四十年(1612)，后由其次子冯嘉年增辑此后之作，成为本集。有明崇祯刻本，《四库全书》即据以收入。

容台集 诗文别集。明董其昌著。十九卷（别本十七卷）。卷首有崇祯三年(1630)陈继儒序等四篇序文。计文集十卷，诗集四卷，别集五卷。本集为崇祯七、八年间所增刊。尚有崇祯三年刻本十七卷,包括文集九卷,诗集四卷,别集四卷。

崇相集 诗文别集。明董应举(字崇相)著。十九卷(别本十八卷)。卷首有叶向高序,天启三年(1623)董可威序,泰昌元年(1620)吕纯如序,钟惺题诗。本集诗仅一卷,其余均为文。有崇祯间刻本。

北海集 诗文别集。明冯琦(号北海)著。四十六卷。卷一至卷五为诗、词,卷六至卷二九为文,卷三〇至卷四五为奏疏等公文。附录一卷有万历间云间林氏刊本。

仰节堂集 诗文别集。明曹于汴著。十四卷。卷首有高攀龙序,天启五年(1625)冯从吾序,清康熙二年(1663)吕崇烈重刊本集序。卷一至卷一一为文,卷一二至卷一四为诗。高攀龙序称其文足以定群嚣、明学术;诗足以畅天机、流性蕴。冯从吾序谓其不以文章自许。本集明末初刻于首善书院,康熙初其外孙曹景望购得残板,与门人吕崇烈等重刻。《四库全书》即据康熙重刻本收入。

陈眉公全集 诗文别集。明陈继儒(号眉公)著。六十卷。卷首有方岳贡序。据目录后所录其子陈梦莲跋,原计划将其遗作分为四刻,此为初刻,尚有二刻二十卷,三刻、四刻各约二十卷。本集刻成于崇祯十六年(1643),一年后明亡,以后诸刻均未见传本。由于作者时名颇大,坊中赝本纷出,"前人诗句俚词俗语,颇多纂入(其集)",此据华亭陈氏家藏原稿编成,崇祯末付梓。

苍霞草 诗文别集。明叶向高著。六十四卷。本集曾数刻,有两种十二卷本。此为天启间致仕后所编定,计:《苍霞草》二十卷,诗八卷,《余草》十四卷,《续草》二十二卷。各集卷首有郭正域序、自序、何乔远序等序文多篇。一般本集之后尚附有《纶扉奏草》、尺牍等,是明代文集中内容较丰富的一种。有明天启间刻本。

青棠诗集 诗别集。明董嗣成(号青棠)著。八卷。卷首有谢肇淛序、章嘉桢序,茅国缙著《董伯念传》。本集为其殁后由其友茅维所编。有万历间刻本。

李文节文集 文别集。明李廷机(谥文节)著。二十八卷。卷首有叶向高序,崇祯七年(1634)洪启遵序。卷一至卷九为奏疏等公文,卷一〇、卷一一为馆课,卷一二至卷二八为文。有崇祯间刻本。

白苏斋集 诗文别集。明袁宗道著。二十二卷。平生好白居易、苏轼诗文,名居室为白苏斋,因以名集。诗文均以自家本色为依归,但吐属俚俗;晚年专学苏轼,仅得形似,为《明史》本传指责为"戏谑嘲笑,间杂俚语,空疏者便之"。有明写刊本。1989年上海古籍出版社排印本,题《白苏斋类集》。

缑山集 诗文别集。明王衡(号缑山)著。二十七卷。卷首有高出序、唐时升序等序文。卷一至卷五为诗、词,卷六至卷二七为文。作者负才早卒,所作文采斐然,但略欠深致。有万历间太仓王氏家刻本。

天爵堂集 诗文别集。明薛冈(号天爵子)著。十九卷,附《笔余》三卷。卷首有天启四年(1624)李维桢序,天启五年米万钟序,崇祯五年(1632)范汝梓序等四篇序文。有明崇祯间刻本。

竹素堂藏稿 诗文别集。明陈所蕴著。十四卷。卷首有王弘诲、陈文烛序。卷一至卷一一为文,卷一二至卷一四为诗。本集所收为其早期诗文,主要作于在南京郎署任职时。有万历间刻本。

竹素堂续稿 诗文别集。明陈所蕴著。二十卷。本集为其《竹素堂藏稿》之续编。卷首有冯时可序,万历三十三年(1605)朱家法序、黄体仁序。有万历间刻本。

区太史诗集 诗别集。明区大相著。二十七卷。作者曾在翰林院任职,故以太史名集。卷首有崇祯十六年(1643)陈子壮序。其诗学初盛唐,颇受诗论家重视。所作五律虽有摹拟之迹,但不同于七子末流,所谓"思深而不苦,律细而不狭,气壮而不厉,调高而不浮"(《明三十家诗选》)。有明末刻本。

歇庵集 诗文别集。明陶望龄(号歇庵居士)著。二十卷(别本十六卷)。卷首有黄汝亨序,万历三十九年(1611)余懋孳序,乔时敏序。本集仅有诗二卷,余为各体文。系门生乔时敏校刊,友人谢伯美、弟陶奭龄等订阅。早年诗文颇有时名,清朱彝尊《静志居诗话》卷一六评其诗:"早年诗格清越,……中岁讲学逃禅,兼惑公安之论,遂变为芸夫荛竖面目。白沙在泥,与之俱黑,良可惜也。"有万历时乔时敏刻印于仁和之本。别本十六卷,署"王应遴校",亦有万历刻本传世。陶望龄另有《陶文简公集》十三卷(即《天水阁集》),有天启刻本。

高子遗书 诗文别集。明高攀龙著。十二卷。卷首为崇祯五年(1632)钱士升序,崇祯四年陈龙正序。卷一至卷五为语录、经解等,卷六为诗,卷七至卷一二为文。其中卷八、卷九又各分上下二卷,实为十四卷,但诗文仅九卷。文章以书、序较有成就,各占两卷篇幅。末有附录一卷。有崇祯刊本,《四库全书》即据以收入。

澹生堂全集 诗文别集。明祁承𤐣著。二十一卷。澹生堂为其藏书室名。卷首有陈继儒、范允临序,万历三十四年(1606)梅鼎祚序以及张鼐等人序。卷一至卷六为诗,卷七至卷一六为各体文,卷一七至卷二一为尺牍、吏牍。有崇祯刻本。

懒真草堂集 诗文别集。明顾起元(居懒真草堂)著。五十卷。卷首有顾起元自序。卷一至卷二〇为"诗部",卷二一至卷五〇为"文部"。其诗文均受到七子影响。据《列朝诗集小传》,作者"诗文集累百卷",但仅见此本传世。本集为其弟顾起凤校订。有万历四十六年(1618)刻本。

玄晏斋集 诗文别集。明孙慎行著。七卷。本集分三集,即文抄二卷,前有贾之凤序;诗三卷内、外、杂三篇,前有潘润民序;奏议二卷,前有何宗彦、洪世俊序及作者自识,写作时间为万历四十一年(1613)五月六日至四十二年八月五日,时在礼部右侍郎任上。有万历四十三年刻本。另有《玄晏斋诗选》五卷,系编年选录,始万历四十一年,止崇祯三年(1630),卷首有自序。有崇祯间刻本。

丽崎轩诗集 诗别集。明查应光著。四卷。卷首有崇祯十二年(1639)欧阳铉序、俞彦序、郑元勋序,并附有俞彦所撰《查宾王传》。有崇祯十二年序刊本。

荷华山房诗稿 诗别集。明陈邦瞻著。二十六卷。卷首有万历四十六年(1618)孙承宗序、自序,卷末有王尧民跋。有明万历间刻本。另有《荷华山房摘稿》六卷行世,系其选集,亦有明刻本行世。

袁中郎全集 诗文别集。明袁宏道(字中郎)著。四十卷。卷首有雷思霈序、杨汝楫序,崇祯二年(1629)陆之选"缘起"。其集或有二十三卷本,或分《锦帆集》等单行于世。本集为钟惺编定,谭元春携到杭州,遂刻之。卷一至卷二五为文,其中包括《觞政》、《瓶史》等杂著在内;卷二六至卷四〇为诗。有崇祯二年武林佩兰居刻本。今人钱伯城又以此为底本,将之增辑为五十五卷,并加以笺注校勘,成《袁宏道集笺校》。为袁宏道诗文集较完备、精审的一种。上海古籍出版社 1981 年出版。

餐微子集 诗文别集。明岳和声(号餐微子)著。三十卷。卷首有天启二年(1622)陈懿典序,沈德符序。卷一至卷二四为诗,卷二五为联句,卷二六为词,卷二七至卷三〇为《后骖鸾录》。《后骖鸾录》为其出守庆远时纪程之作,仿宋人范成大例,故称"后录",《明诗纪事》称此作"颇称好事,诗强作聱牙语"。有天启间刻本。

西楼集 诗文别集。明邓原岳著。十八卷。卷首有万历三十九年(1611)翁正春序等四篇序文。卷一至卷一〇为文,卷一一至卷一八为诗。卷首有谢肇淛所著小传。有万历间刻本、崇祯间刻本等。

绿滋馆稿 诗文别集。明吴士奇著。九卷。卷一至卷八为文,卷九为诗。有明刻清印本。

石隐园藏稿 诗文别集。明毕自严著。八卷。卷首有高珩序。卷一为诗,卷二至卷四为杂文,卷五至卷七为疏,卷八为书。著者平生读书广博,文思敏捷,但诗文名不著。有崇祯刻本,《四库全书》即据以收入。

珂雪斋集 诗文别集。明袁中道著。三十八卷。珂雪斋为其室名,取《观无量寿经》的"观如来白毫相如珂雪"之意。作者原有《珂雪斋近集》十卷,《珂雪斋前集》二十四卷,《珂雪斋集选》二十四卷,《游居杮录》(即《珂雪斋外集》)十三卷,今人钱伯城统而编之,去其重复,成为本集。卷首有"前言"、"说明"及原序等,卷一至卷八为诗,卷九至卷二五为文,卷二六至卷三八为《游居杮录》(日记)。卷末附有《袁祈年诗》、《柞林纪谭》。是较完备的本子。上海古籍出版社 1989 年出版。

谢耳伯集 诗文别集。明谢兆申(字耳伯)著。二十四卷。卷首有邑人曹能始序。计诗集八卷,文集十六卷。有崇祯间绥安谢氏刻本。

水明楼集 诗文别集。明陈荐夫著。十四卷。卷首有万历四十三年(1615)曹学佺序。卷一至卷九为诗。卷一〇为词,卷一一至卷一四为文。本集系陈一元选录。有万历间刻本。

妙远堂集 诗文别集。明马之骏著。四十卷。卷一至卷一四为文,卷一五至卷四〇为诗。诗文均受竟陵派影响。有天启七年(1627)新野马氏金陵刻本。

王季重集 诗文别集。明王思任(字季重)著。十五卷(别本八卷)。卷首有徐时进、陈继儒等序。计分为《避园拟存》、《杂文序》、《时文序》、《历游纪》、《墓志铭》、《传》、《杂记》、《律陶》、《庐游杂咏》、《游庐山记》、《奕律》、《游唤》、《尔尔集》、《读书佳山水》等十四种。有崇祯间刻本。

石仓诗集　诗别集。明曹学佺(号石仓)著。三十三卷。本集每卷为一集,如卷一为《金陵初稿》,卷二为《金陵集》,卷三二为《西峰集》,卷三三为《西峰四六草》等,系作者诗全集。卷首有叶向高序及乾隆十九年(1754)同里陈治滋序。为其曾孙曹岱华所汇刊。有清乾隆间刻本。

藏密斋集　诗文别集。明魏大中著。二十五卷(别本二十四卷)。卷首有钱士升、瞿式耜、陈梁等序。卷一为其自著年谱,二十五卷中,诗仅一卷,成就不如其文。文中以书信最多,有十卷,较有特色,并以《魏忠节公尺牍》之名别刊。有明末刻本。

檀园集　诗文别集。明李流芳著。十二卷。著者三上公车而不第,绝意仕进,筑檀园读书其中,故名。卷首有崇祯二年(1629)谢三宾序。卷一至卷六为诗,卷七至卷一二为文。六卷文章中两卷为书画题跋。诗文皆以词句雅洁为长。本集即谢三宾所辑刊《嘉定四先生集》之一种,系作者生前手定。有明崇祯刊本,《四库全书》即据以收入。

简斋诗钞　又名《半舫集》。诗别集。明刘荣嗣(号简斋、半舫)著。十卷。卷首有崇祯八年(1635)卢世漼序。《列朝诗集小传》评其为诗"用意冲远,自谓迥出时流"。有明崇祯间刊本。

认真草　文别集。明鹿善继著。十六卷。其集传本卷次不一,《乾坤正气集》中所收的《鹿忠节集》为二十一卷。本集全为文章,诗另有《无欲斋诗钞》传世。所作文章多讲论学问,受王守仁影响较明显。有《畿辅丛书》本,曾收入《丛书集成初编》。

无欲斋诗钞　诗别集。明鹿善继著。一卷。《四库全书总目》评:"善继成仁取义,大节凛然。诗笔亦有遒劲之气,而不耐苦吟,未免失之粗率。"并列为存目。题为"成云洞定本",诗后间有未署名人之评语。有清抄本。

句注山房集稿　诗文别集。明张凤翼著。十八卷。卷首有李茂春序。本集署"雁门张凤翼九苞著,门人孙传庭校梓"。所收作品均作于万历年间,其文平正通达,多言及当时的兵备军事。有万历间刻本。

来阳伯诗集　诗别集。明来复(字阳伯)著。二十卷。卷首有天启元年(1621)毕懋康序,来宗道序,冯汝京序。来复另有《来阳伯文集》二十卷,与本集同时刊刻行世。其诗流畅但少含蓄。有天启间金陵刻本。

博望山人稿　诗文别集。明曹履吉(号博望山人)著。二十卷。卷一至卷六为诗,卷七至卷二〇为文。本集为作者归田之后手自编定。有崇祯元年(1628)刻本。

刘蕺山集　诗文别集。明刘宗周(世称蕺山先生)著。十七卷。卷一至卷五为奏疏,卷六至卷一六为文,卷一七为赋、诗。原本为二十四卷,系乾隆十七年(1752)雷鋐所刊,原卷一至卷七为《人谱》、《学言》。收入《四库全书》时,编者以其别有单行本,将其删去,只存卷八至卷二四,重编为十七卷。

可经堂集　诗文别集。明徐石麒著。十二卷。卷首有余飏序。本集分为《疏辑》、《诗辑》、《文辑》、《书辑》共四辑,诗仅二卷,而书则为六卷,占全书一半,有清顺治间刻本。

无梦园集　诗文别集。明陈仁锡著。四十六卷。陈仁锡获一古砚,砚铭有"良宵恐无梦,有梦即同游"之句,故以"无梦"名其园,亦以名其集。全集分为"初集"三十五卷,"遗集"八卷,"小品"二卷,"家乘文"一卷。初集卷首有崇祯六年(1633)自序、征文自引,自序声称"为谢客请"而辑成本集,文稿"多得之僧舍山寮,破瓮败壁间"。初集又按"岂有文章惊海内,漫劳车马驻江干"分为十四集,各集卷数不一。其中"惊集"二卷为诗。遗集卷首有崇祯八年陈礼锡跋,系陈仁锡卒后由其弟礼锡辑刊。小品为陆云龙选,陈嘉兆评,原题"翠娱阁评选无梦园集小品"。陈仁锡集在清代因有"违碍"而列入《禁书总目》,故传本少见。有明崇祯八年古吴陈氏刻本行世。

烬余集　诗文别集。明周顺昌著。三卷。平生所作诗文繁富,被逮下狱时,友人将其文稿投火灭迹,本集系事后由其子周茂兰、孙周靖重辑佚文而成,故名。卷一至卷三为文,卷三文后收有十余首诗,另外有他人次韵诗数首(即"寻声谱")。有崇祯刻本,《四库全书》据以收入。

谭友夏合集　诗文别集。明谭元春(字友夏)著。二十三卷。其集原有《嶽归堂稿》、《鹄湾集》,后由苏州人张泽合而刻之,即为本集。卷首有崇祯六年(1633)张泽序。卷一至卷五为《嶽归堂新诗》,卷六至卷一四为《鹄湾文草》,

卷一五至卷二二为《嶽归堂已刻诗选》，卷二三为《诸稿自序》，并附他人之序十六篇。署徐汧、张泽评，其评语“皆刻意摹仿元春语”（《四库全书总目》）。钟、谭死后，竟陵派受到论者的普遍诋斥，故本集流传不广。有崇祯间刻本。

范文忠集 诗文别集。明范景文著。十二卷。李自成攻克北京，范景文投井殉明，南明谥文贞，清改谥文忠。卷一至卷四为奏疏等，卷五至卷八为文，卷九至卷一一为诗，卷一二为简牍。诗又分为《小东草》、《石城游草》、《馀草》、《苕云草》、《闻鹤草》、《留都稿》等六集，每卷二集。作者原有《味元堂疏稿》、《思仁堂存稿》等多种，本集系由其子范毓秀、甥王孙锡合编而成。有清初刻本，《四库全书》本。

弹剑草 诗别集。明陈邦仪著。不分卷，分为前集、续集两部分。前集编刊于崇祯三年(1630)；续集则为崇祯十五年至十七年间所作。有旧抄本。

瞿式耜集 诗文别集。明瞿式耜著。四卷。著者殉难两年后，曾由其孙瞿昌文辑成诗文集，由于故里常熟与殉难之地桂林均有虞山，故名为《虞山集》。清道光十四年(1834)常熟许氏又将此集更名《瞿忠宣集》刊刻行世。本集系由江苏师范学院历史系苏州地方史研究室整理，卷一为《掖垣疏草》、《留守封事》，卷二为《耕石斋诗》、《桂林诗》、《浩气吟》及补遗，卷三为书牍，卷四为杂文。书后有附录，收入《明史》本传、《瞿式耜年表》。上海古籍出版社1981年出版。

幔亭集 诗文别集。明徐熥(号幔亭)著。二十卷。卷首有万历二十四年(1596)屠本畯序，张献翼序，万历二十九年屠隆序等六篇序文。卷一至卷一四为诗，卷一五为词，卷一六至卷二〇为文。有明万历间刻本；《四库全书》即据以收入，但仅存十五卷诗词，文五卷不存。

鳌峰集 又名《红雨楼集》。诗别集。明徐𤊹(号鳌峰)著。二十八卷(别本二十六卷)。红雨楼为其家藏书楼之名。其诗风行福建，与曹学佺齐名，实际成就不如其兄徐熥，风格典雅清稳，与七子及公安、竟陵派均不一致。有天启五年(1625)刻本。

白谷集 诗文别集。明孙传庭(字白谷)著。五卷。卷一至卷三为奏疏，卷四为杂著，附《清屯录》，卷五为诗。另有卷六为附录，收志传资料。有清初刊本，《四库全书》本。

凌忠介集 诗文别集。明凌义渠(谥忠介)著。六卷。卷一至卷四为诗，卷五、卷六为文。卷四是《使岷诗集》，并有补遗一首。本集未收入奏议，当为编辑时有意抽出。系其友人徐汧、门人姜垓所校定。有清刊本，《四库全书》即据以收入。

倪文贞集 诗文别集。明倪元璐(谥文贞)著。三十八卷。卷首有文震孟序，崇祯十五年(1642)黄道周序，陈子龙序，倪会鼎序。本集含文集十七卷，续编三卷，奏疏十二卷，讲编四卷，诗集二卷。作者曾官翰林，掌外制之词，文章典雅，为馆阁所宗。于崇祯九年归里后编有《鸿宝应本》十七卷，崇祯十五年取旧作重为刊定付其子倪会鼎。本集则是清乾隆年间由其玄孙倪安世编次重刊。有清刻本，《四库全书》即据以收入。另有《倪文正集》四卷，乃其选集，有《乾坤正气集》本。

楼山堂集 诗文别集。明吴应箕著。二十七卷。卷首有周镳序，崇祯十二年(1639)张自烈序，侯方域序等序文。卷一至卷六为史论，卷七为《国朝纪事本末论》，卷八至卷一九为文，卷二〇为赋、诗，卷二一至卷二七为诗。有《粤雅堂丛书》本，曾编入《丛书集成初编》。

仁节集 诗文别集。明陶琰著。十六卷。卷首有潘道根致陶涛(陶琰后人)书，并有唐振芳序。卷一为文，卷二为诗，卷三为游径山报友人书及诗，卷四为航海谈及诗，卷五为《游径退寻》，卷六为《雪船述》，卷七、卷八为《游学日记》，卷九至卷一六为《游楚日记》。卷末有其子陶甄的《先君行状》等志传文。《四库全书总目》别集类存目有陶琬《仁节遗稿》一书，云为其邑人柴源岷所编，不分卷。有旧抄本。

琅嬛文集 文别集。明张岱著。六卷。原稿本为诗文合集，分题《琅嬛文集》、《琅嬛诗集》，清光绪三年(1877)会稽王惠以稿本付梓，只收入文章及乐府、琴操、词等，而无诗。近有岳麓书社排印本。今人夏咸淳将张岱诗文合编成《张岱诗文集》，将本集编入，上海古籍出版社1991年出版。

张岱诗文集 诗文别集。明张岱著。十一卷。张岱原有《琅嬛文集》、《张子文秕》等集，都是诗文合集。清光绪间刊《琅嬛文集》只存文。本集诗集部分以《张子文秕》中的“诗秕”为底本，编成五卷，文集部分则以《琅嬛文集》为底本，编成六卷(卷六含词)。又据其他资料作了诗文的“补编”。卷首有前言，卷末有附录，收入张岱传记、诗文集序跋等内容。未收入久已单行的《石匮书后集》、《陶庵梦忆》、《西游梦寻》。为张岱诗文较完备的版本。由今人夏咸淳点校整理，上海古籍出版社 1991 年出版。

卢忠肃集　诗文别集。明卢象昇（谥忠肃）著。二卷。卷一为诗、词及文，卷二为文。另有附录一卷。诗文均有未署名者的注释。原有奏疏六集，由其侄孙卢豪然汇刻别行，诗文集初则为其幼子卢天驭等编刊于康熙年间。本集系其曾孙卢安节补辑刊行。有清刻本，《四库全书》即据以收入。

七录斋集　诗文别集。明张溥著。近稿六卷，存稿五卷（别本十五卷）。七录斋为其书斋之名。卷首有陈子龙序，周立勋序。署"娄东张溥天如著，同盟周鍾介生、张采受先阅"。本集传本较少见，作者有诗文名，其《五人墓碑记》是选明文必录的佳作，但其集不如其所辑《汉魏六朝百三名家集》通行。有明末刻本。别本十五卷，计文十二卷，诗三卷，亦有明末刻本传世。

知畏堂集　诗文别集。明张采（居知畏堂）著。十六卷（文存十二卷，诗存四卷）。卷首有清康熙十三年（1674）序。本集辑成于崇祯十六年（1643），并即付梓，因明亡未及刊行。顺治五年（1648）作者去世，由其甥金起麟、方瑛校刊于康熙初。由于此后列入清廷《禁书总目》，故本集流传不广。有清康熙刻本。

史忠正集　诗文别集。明史可法（谥忠正）著。四卷。卷首有"赐谥谕旨"等。卷一至卷四均为文，仅卷四录有三首诗。卷末有附录一卷。本集流传较广，有《畿辅丛书》等本，曾收入《丛书集成初编》。别有《史道邻遗稿》三卷，内容与本集大致相同。1984 年上海古籍出版社排印本，题《史可法集》。

弃草集　诗文别集。明周之夔著。十七卷。计诗集七卷、文集八卷，二集二卷。诗集卷首有崇祯八年（1635）自序，文集卷首有自序及沈际飞、毛晋序，二集有崇祯十一年自序及瞿式耜题识。集中关于与张溥、张采相讦事的尺牍，为了解复社始末提供了不同角度的参照资料。有崇祯间刻本。

申忠愍诗集　又名《申端愍集》。诗别集。明申佳胤（谥忠愍）著。六卷。卷首有家传。本集为其子申涵光编刊。有清刊本，《四库全书》即据以收入。

峤雅　诗别集。明清之际邝露著。二卷。无刻书年月，约顺治间海雪堂精刊。孙殿起《贩书偶记》著录作无卷数，又注云："原编次作十卷，附文一卷。"另有其族孙邝廷瑶注本，名《邝海雪集笺》，十二卷，有咸丰元年（1851）绮错楼刊本。

陶庵集　诗文别集。明黄淳耀（号陶庵）著。二十二卷。卷首有清顺治六年（1649）吴伟业序，陆陇其序，朱彝尊序。卷一至卷八为文，卷九至卷一七为诗，卷一八为"吾师录"，卷一九至卷二二为《陶庵自监录》。其中卷八、卷一七为文、诗之补遗。其集原由门人陆元辅所辑，为十五卷本。后人续辑为本集。作者湛深经术，刻意学古，文章和平温厚，矩矱先民；诗亦浑雅天成，绝无儒响。有清初刊本，《四库全书》即据以收入。另有清光绪八年（1882）刊本，附录有志状年谱等资料，较完备。

幾亭全书　诗文别集。明陈龙正（号幾亭）著。六十四卷。卷首有钱继登序，李清序，熊开元序，康熙三年（1664）王弘祚像序。内收《学言》三卷、《学言详记》十七卷，《政书》二十卷、《文录》二十卷、《因述》、《家传》各二卷，《家传》为其子陈揆等著。清代曾将其列入《禁毁书目》、《违碍书目》。有清初刻本。

茅檐集　诗文别集。明魏学洢著。八卷。卷一为赋，卷二、卷三为诗，卷四至卷八为文。其集初刊于魏大中门人钱棻，再刊于其弟魏学濂。诗文均以朴直为长，一些篇什如《猛虎行》等对明末社会状况多有激愤之词。有清初刻本、《四库全书》本（据魏学濂再刊本收入）。

陈忠裕全集　诗文别集。明陈子龙（谥忠裕）著。二十卷。作者去世后，友人宋徵舆曾收存其遗作，由于受清廷禁忌，故未刊行。其后门人王沄曾将遗作结为全集，亦未刊行。其集首刊于乾隆十四年（1749），今已不见传本。乾隆四十一年颁行《胜朝殉国诸臣录》，追谥包括作者在内的抗清义士，王昶始编本集，到嘉庆八年（1803）才成书。卷首有王昶序。卷一、卷二为文，卷三至卷一九为诗，卷二〇为词、曲。卷末有附录。有清嘉庆间刻本。其诗文未收入本集的尚有《安雅堂文集》、《兵垣奏议》，词则有《幽兰草》、《棣萼香词》等。上海古籍出版社于 1983 年出版的《陈子龙诗集》（由施蛰存、马祖熙标校），即取本集卷三至卷二十别行。1989 年华东师大出版社影印其文集为《陈子龙全集》。

金忠洁集　又名《金伯玉集》。诗文别集。六卷（别本二卷）。明金铉（字伯玉，谥忠洁）著。

卷一至卷五为文，卷六为诗。本集为其后裔金镜辑刊，有《畿辅丛书》本，曾编入《丛书集成初编》。《常州先哲遗书》所收为二卷本。

张苍水集 诗文别集。明张煌言（号苍水）著。四编。第一编为《冰槎集》，第二编为《奇零草》，第三编为《采薇吟》，第四编为《乡荐经义》、《北征录》。卷末附录有年谱等资料。张煌言以抗清死，其诗文在清代遭严禁，仅有抄本行世。至光绪二十七年（1901）章太炎始据甬上张氏抄本排印出版，此后又有黄节校勘本、《四明丛书》本等问世。中华书局上海编辑所于1959年出版了点校排印本，后上海古籍出版社曾重印，流传颇广。

南冠草 诗别集。明夏完淳著。一卷。本集内的诗都作于被捕时及狱中，故取"楚人南冠"之典名集，以明志向。原单行本未见传本，今均将集内诸诗统编入《夏内史集》中。参见"夏完淳集笺校"条。

夏完淳集笺校 诗文别集。明夏完淳著。十卷。今人白坚笺校。夏完淳死节后，后人辑其遗作成集，版本颇多。主要有清嘉庆年间王昶辑刊《夏节愍公全集》十卷（另有补遗二卷，卷首卷末各一卷）；《艺海珠尘》丛书所收《夏内史集》九卷，附录一卷。中华书局1959年所出《夏完淳集》即据前者排印。本集有《前言》、《凡例》，内容统编夏氏全部遗作为十卷，卷一为赋，卷二为骚、乐府，卷三至卷七为诗，卷八为词、曲，卷九为文，卷一〇为《续幸存录》。另有附录六种，所载有关资料相当完备。正文均加"笺""校"或"评"，一些唱和之作还尽量附了原作。是夏完淳作品较完备的集子。上海古籍出版社1991年出版。

写情集 词别集。明刘基著。四卷。洪武十三年（1380）已有刻本问世。叶蕃序评云："其词藻绚烂，慷忧激烈，盎然而春温，肃然而秋清，靡不得其性情之正焉。"清末吴昌绶、陶湘辑《景刊宋金元明本词》据明本刊行。1989年上海古籍出版社重新影印。

眉庵词 词别集。明杨基著。一卷。收词七十余首。其词丁丙《善本书室藏书志》赞为"婉约流利，韶秀独绝"。其词附载于《眉庵集》。今有民国间赵尊嶽辑刻《明词汇刊》本，系自《眉庵集》中录出。

扣舷集 词别集。明高启著。一卷。高启以诗鸣世，其词承宋元余绪，自抒情怀，天然秀丽。丁丙《善本书室藏书志》誉为"和雅流丽，秀雅天成，亦足自立于词坛，非永乐后诸人所及也"。有正统九年（1444）刊本。景泰元年（1450）徐庸辑《高太史大全集》收入，民国间《四部丛刊》据以影印。1985年上海古籍出版社出版由徐澄宇、沈北宗校点的《高青丘集》亦收录之。

梦庵词 词别集。明张肯著。一卷。收词二十八首。《正德姑苏志》谓其"所为诗文清丽有法，尤长于南词新声"。今有赵尊嶽辑《明词汇刊》本，系据明梅禹金藏旧抄本及何梦华抄本、赵辑宁抄本付刊，小有脱略，末据《词综》补词一首。后有民国二十三年（1934）唐圭璋识语。

柘轩词 词别集。明凌云翰著。一卷。柘轩为其别号，有《柘轩集》行世。词以清丽为宗，略近于南宋姜夔。有《西泠词萃》本、《彊村丛书》本。

乐府遗音 词别集。明瞿佑著。一卷。收词一百余首，附北曲小令十余首。其词明田汝成《西湖游览志余》称"多偎红倚翠之语，为时传诵"。有明天顺七年（1463）刻本，前有陈敏政序，已佚。今存赵尊嶽辑《明词汇刊》本，系据丁丙八千卷楼所藏从明影抄天顺本过录的抄本付刻，前有明天顺七年陈敏政序，后有光绪十三年（1887）丁丙题跋及编者识语。

桂洲词 词别集。明夏言（号桂洲）著。九卷（别本六卷）。卷首有嘉靖十七年（1538）吴一鹏序，嘉靖二十年费宷序等序文，卷末有皇甫汸跋等跋语。本集一直在其诗文集《桂洲集》、《赐闲堂稿》以外单刊别行，初刊为六卷，系皇甫汸刊于吴中，名《桂洲集》，后又以《玉堂余兴》、《桂翁词》等异名一刻再刻，本集为最后出，有万历间刻本，并附《鸥园新曲》一卷。民国间赵尊嶽辑《明词汇刊》，收入六卷本《桂洲集》，收词二百五十余首，前录吴一鹏序，后录皇甫汸、石迁高跋。另收入《桂洲集外词》一卷，系自《赐闲堂集》录出，收词八十首，后有编者识语。

升庵长短句 词别集。明杨慎（号升庵）著。六卷。作者有《升庵全集》行世，本集则单刊别行，凡正集三卷、续集三卷。正集卷首有嘉靖十六年（1537）杨南金序，嘉靖十九年唐锜序，许孚远序。续集卷首有嘉靖二十二年王廷表序。其词或写云南风光，或抒个人怀抱，在旷达中时见颓伤情愫。正集有明万历福建刻本，续集则有旧抄本。民国间赵尊嶽将两集合编，刻入《明词汇刊》。

芳芷栖词　词别集。明高濂著。二卷。高濂以戏曲著称，词一如其曲，清丽婉转。今有民国间赵尊嶽辑刻《明词汇刊》本，系据丁丙八千卷楼藏抄本付刊，后有民国二十三年(1934)编者识语。

淳村词　词别集。明曹元方著。二卷。淳村当系晚年别号。词以长调较佳，也较著意。小令则弗如，数量亦较少。是明清易代之际专一以词抒写个人感受的遗民。早期仅以抄本形式流传，知之者甚少。民国间赵尊嶽据涉园张氏所藏抄本编入《明词汇刊》。

丽崎轩诗余　词别集。明查应光著。一卷。收词三十三首。有明崇祯十二年(1639)序刊《丽崎轩诗集》本，卷四为词。另有民国间赵尊嶽辑刻《明词汇刊》本，后有编者识语。

陈忠裕公词　词别集。明陈子龙(谥忠裕)著。一卷。收词近八十首。其词王士禛评为"神韵天然，风味不尽，如瑶台仙子独立却扇时，而湘真一刻，晚年所作，寄意更绵邈凄恻"(《明词综》引)。作者原有《湘真阁词》、《江蓠槛词》两种，久佚。今传为清代王昶辑本，收入《陈忠裕公全集》。1983年上海古籍出版社排印本《陈子龙诗集》亦收录其词。另有民国间赵尊嶽辑刻《明词汇刊》本，后有编者识语。

梅里词　词别集。明朱一是著。三卷。朱氏明末为举人，明亡后不仕，过着遗民的生活。词中常怀黍离麦秀之悲，风格苍凉深曲。有清初清远堂刻本。

夏内史词　词别集。明夏完淳著。一卷。多为乙酉(1645)国难以后抒怀之作。其词收入全集中，如乾隆封氏抄本《夏内史集》，收词二十二首。王昶、庄师洛等辑《夏节愍全集》增至四十一首。今人所编《夏完淳集》、《夏完淳集笺校》亦收有其词。民国间赵尊嶽辑刻《明词汇刊》本，题《夏内史词》。赵尊嶽跋谓其"词意境俱足"，"要之正气所钟，充塞天地，生有自来者，文章犹其余事而已。"

笔花集　散曲别集。明汤式著。不分卷。旧本早期已佚，书名见于明人曲选。1931年马廉于宁波发现一明抄残本，存套数四十余套，小令一百六十四首。为元末明初仅存之散曲别集。内容多为酬答应和及题咏、闺情之类，风格仍存元人遗意，与明中后期曲迥别。贾仲明(一作无名氏)《录鬼簿续编》称其"所作乐府、套数、小令极多，语皆工巧，江湖盛传之"。朱权《太和正音谱》评其词如"锦屏春风"。旧藏天一阁，今人隋树森辑《全元散曲》收入明抄本之曲，又据其他选本辑出若干佚曲补入并进行校勘。

诚斋乐府　散曲别集。明朱有燉(号诚斋)著。原刊本不分卷。计小令二百七十四首，套数三十五。内容多为庆寿、贺宴、咏景、赏花之类，表现了宫廷曲家以曲为娱乐富贵和装点太平的特色。还有一些题咏风情之作，间或流露对妓女不幸遭遇的同情。少数作品表现出对民生疾苦的关怀。大多为北曲，音律谐美，语言通俗。诚斋知音之名，传遍宇内，李梦阳《汴中元夕》诗云："空中骑吹名王过，散落天声满九州。"中左史诗云："唱彻宪王新乐府，不知明月下樊楼。"沈德符评曰："诚斋乐府至今行世，虽警拔稍逊古人，而调入弦索，稳惬流利，犹有金元风范。"近人吴梅称其《柳营曲》之"风月担儿"二十二篇，《醉太平》"风流体"二十篇"诙嘲谑浪，微伤鄙俚。"又称其《白鹤子·秋景》序"畅论南北曲之流别，为词隐、鞠通辈所未悉。"今人任讷认为明初曲家除《太和正音谱》所列十六家外，"零星无足数者，惟周宪王有燉之《诚斋乐府》，裒然成帙，足称一家，而论其文字，乃十九端谨，且庸滥居多。豪、丽两面，均鲜至处。"此集明刻本甚多，但大都失传。今传宣德九年(1434)原刻本系孤本，自《南吕一枝花·咏帘》套后有残缺，因无他刻，无从校补。卢前《饮虹簃所刻曲》收此本，厘为二卷。上海古籍出版社1989年辑《散曲聚珍》，亦收此集之校点本。又朱有燉之杂剧集亦名《诚斋乐府》。

侨庵乐府　散曲别集。明李禎著。一卷。所收皆北曲小令，仅《天净沙》五首，《满庭芳》十一首，《金字经》四首，《一半儿》三首，计二十三首。其中《满庭芳·自述》概叙其半生生活旨趣："早乞微躯，纳印绶，辞归里闾。买田园教绕村居，忘形处麻衣草屦，放浪狎樵渔。"有钱塘丁氏善本书室藏传抄本及何梦华藏旧抄本。两本颇有不同。丁氏曾以明抄本列入宋九家词中，致其书不显于世。卢前以丁、何二本参校，收入《饮虹簃所刻曲》。

乐府余音　散曲别集。明杨廷和著。一卷。收小令一百一十余首，套数四套，俱北曲。大都写其削职归田后生活。廷和官至华盖殿大学士，因议大礼罢官，然曲中则表现为旷达雍和之气度。同年曾玙序其集云："(廷和)信意自然，不屑屑于求合。晚年乐府又皆课耕农，劝读诵，称说孝友，沐浴膏泽。雍雍喈喈，《卷阿》之余音也。”有嘉靖刻本，今存。又因其集混杂于其子杨慎《升庵十五种》内，著录及论者每误为慎作。今通行本有卢前辑《饮虹簃所刻曲》本。

葵轩词余 散曲别集。明夏旸著。一卷。收北曲一百首，即《雁儿落带得胜令》、《折桂令》、《朝天子》、《沉醉东风》、《醉太平》各二十首。内容皆描写四时景物及闲情逸趣一类，卢前《饮虹簃所刻曲》收此集，记曰：“甲戌中春赵斐云得传抄本于北都以寄赵叔雍尊嶽，前从叔雍许录副词，仅二十九首，而北曲五调各二十首，都一百首。旸曾任府司狱，惜事迹无可考。”“今得此集为曲林增竹林佳话也。”今传世即《饮虹簃》本。

碧山乐府 散曲别集。明王九思著。二卷，卷一小令一百七十七首，卷二套数九套。大都是作者因附刘瑾被免官后家居所作，故多个人失意不平的感慨。康海在序言中称其“宕而弗激，迫而弗怒”。九思与康海过从唱和甚密，曲风亦相近。明人于碧山曲作评价不一。王世贞称其“秀丽雄爽”，“声价不在关汉卿、马东篱下”，王骥德则认为“王渼陂词固多佳者”，但不得与元人抗衡，以王世贞之评“皆过情之论”。评其风格则曰“艳而整”。《四库全书总目》云：“是编所录，大半依弦索越调而带犯之，合拍颇善。又明人小令多以艳丽擅长，九思独叙事抒情，宛转妥协，不失元人遗意。其于填曲之四声，杂以带字，不失尺寸，可谓声音文字兼擅其胜。”今人任讷以王骥德之言为然，且云《碧山乐府》“殊鲜俊逸之词”，“其故总在泛滥。若严于下笔，慎于出手，则何至于是？然而谨严两字，固难以言于康王之一派也。”于王世贞所评“秀丽雄爽”，任氏则曰：“敬夫之秀丽，乃有句而无章；敬夫之雄爽，又每呈外强中干景况。”于其个别篇章如《水仙子》“紫泥封”则颇予首肯。《碧山乐府》版本甚多，传世则有嘉靖辛亥(1551)宋廷琦刻本，又有崇祯本，皆并收《新稿》、《续稿》、《南曲次韵》等。卢前《饮虹簃所刻曲》据崇祯本收入，而以其中多出之五十余曲另辑为《乐府拾遗》，亦入该编。1989年上海古籍出版社《散曲聚珍》本据饮虹簃本整理。

碧山续稿 散曲别集。明王九思著。一卷，收小令三十九首，套数三套。为作者六十三岁至六十六岁所作，内容多写家居晚景自娱之乐。《赠妓》之类艳情曲甚多。作者自序云：“风情逸调，虽大雅君子亦有所不取。然谪仙、少陵之诗，亦往往有艳曲焉。或兴激而语谑，或托之以寄意，大抵顺乎性情而已。”碧山曲作虽多，然作风粗疏。今人任讷评曰：“碧山《新稿》《续稿》虽递出甚多，若精整机趣之篇，则寥寥无几耳。”该集初刻于嘉靖癸巳，今不存。今传者有崇祯本。卢前《饮虹簃所刻曲》收有此集。上海古籍出版社1989年《散曲聚珍》将此集与《碧山乐府》等五种收入一册。参见“碧山乐府”条。

碧山新稿 散曲别集。明王九思著。一卷。收小令七十一首，套数十七套。为作者六十七岁以后的曲作。内容与《续稿》相近，而庆寿、自寿曲更多。所以名《新稿》者，据作者自序云：“豁田先生近辱赐予书曰：‘乐府风情甚矣。《诗》不云乎：“善戏谑兮，不为虐兮。”公其裁之。’……奉教以来，每有述作，辄加警惕。语虽未工，情则反诸正矣。”故集中绝少艳情。并有祭祀祖先之曲数首，近乎雅乐。吴孟祺序云：“吾观渼陂翁《新稿》，易而典，广而含……沨沨乎太和之遗，《诗》乐之绪也。”此稿编辑次序亦与前系于曲牌不同，是以所得先后排列，小令与套数相混。自序署嘉靖二十年(1541)，吴序于二十七年(1548)，然二本原刻皆不见。存世版本情况参见“碧山乐府”条。

乐府拾遗 散曲集。明王九思著。一卷，收小令五十三首，套数二套，南北曲兼有。此集所收曲皆在崇祯本《碧山乐府》中，而为嘉靖本所无者。书名不见于其他书目，当是近人卢前据崇祯本辑出，列入《饮虹簃所刻曲》中。内容则多为游戏、香艳之作。参见“碧山乐府”条。

南曲次韵 散曲别集。明王九思著。一卷。百首小令，皆以《南仙吕·傍妆台》写成，为和李开先而作。李开先之百首另辑为《中麓小令》。所和每首前均附中麓原作。前有碧山小序，云得李作和之，两阅月始完，时年七十八岁。内容以隐退生活为中心，既写闲适之乐，又对“凤池外，麟阁边，一朝逐出似逃禅”的遭遇心怀愤懑。今人任讷评云：“敬夫和伯华作时，已年七十八，目昏不克自检，令其孙捧李作朗诵，识而和之，虽多冲淡之志，殊鲜俊逸之词。”此百首小令后人辑入《碧山乐府》。

柏斋先生乐府 散曲别集。明何瑭著。一卷。原附于正德本《碧山乐府》之后，仅四套，俱北曲。近人卢前从《碧山乐府》中录出，冒广生又从《北宫词纪》中录一套，增为五套，收入《饮虹簃所刻曲》中。其《自述》、《寿王渼陂》等作，为世所罕见。冒广生序《饮虹簃》本云“(瑭)不为刘瑾所容，乃累疏乞致仕。卷中《新水令·自述》一词，盖即作于家居之时，谓之草堂体可，谓之宗匠体亦无不可也。”

伯虎杂曲　散曲别集。明唐寅著，何大成辑。二卷。收小令五十首，套数五十套，系从《词林选胜》、《吴骚集》等书录出。大都为南曲，间有南北合套。据辑者云，曾以他本勘误；又有署其他名者，亦皆收入。故不排除有误收者。王骥德评其曲“小有致”。王世贞亦云：“伯虎小词，翩翩有致。”今人任讷评其“令词中，妥溜有余，豪宕不足。且疵累甚多，罕有完璧。”今人李昌集《中国散曲史》称伯虎曲“雅丽纤媚，工巧有致，风格颇似其画”。并指其《叹世词》八首乃其志情之作，可见伯虎真实人格境界之一斑。此书初刊于万历丙辰(1616)，收入《六如集》卷四。近人卢前以此本“错综失次”，加以整理，以小令在前，套曲在后，按宫调编排，并补入佚作，收入《饮虹簃所刻曲》。1980年广陵古籍刻印社以之与《射阳先生曲存》、《长春竞辰乐府》合刊为《伯虎杂曲等三种》单行。

王西楼乐府　散曲别集。明王磐(号西楼)著。一卷。收小令六十五首，套数九套。内容以写作者布衣隐居、徜徉山水、寄兴烟云者为多。王磐是著名画家，散曲也颇富画意。集中还有少数优秀的讽世作品，如《朝天子·咏喇叭》讽刺阉宦，入木三分，为传世名作。明人对王磐评价即已很高。如王骥德云：“西楼工短调，翩翩都雅”；“客问今日词人之冠，余曰，于北词得一人，曰高邮王西楼，俊艳工炼，字字精琢。”今人任讷称其“工雅而能出奇，清也潇疏放逸。”又云：“王氏之作，以清丽胜，颇能融乔、王二家之长，写怀、咏物、讽刺、俳谐，俱称能手。”该集初刻版早毁于火，今存最早版本为嘉靖三十年辛亥(1551)张守中刻本，前有张诞(王磐婿)序。其次为万历汪廷讷环翠堂《四词宗合刻》本。近人整理本有中华书局1931年出版任讷《散曲丛刊》所收本及上海古籍出版社1989年《散曲聚珍》本等。

沜东乐府　散曲别集。明康海著。二卷。卷一小令二百四十九首，卷二套数二十九套。皆作于其因刘瑾之败落职“谢事山居”之后，内容多咏叹隐逸避世之趣，而透露出不平和愤世的激情。其风格以北曲之慷慨朴实为范。康海与王九思善，曲风相近。但明人多以康不如王，王骥德说康“非不莽具才气，然喜生造，喜堆积，喜多用老生语，不得与王并驱”。今人任讷则以为王说“殆未必然”，并举其《沉醉东风·答客》等数作云：“或精整，或机趣，似皆非王集所能见也。”又评其“《沜东乐府》用本色为豪放，摆脱明初阘茸之习，力为振拔，有功于明代散曲之作风不少。”又指其“贪多务博，殊欠剪裁”，“用俗之处，往往为俗所累”，“其中极热极怨，而表面以解脱之语盖之，时觉捉襟露肘”，是其三失，而有异于元人。有正德八年(1513)原刊大字本，嘉靖三年(1524)刻本，民国间卢前《饮虹簃所刻曲》、任讷《散曲丛刊》均收此集，并增入据《南北宫词纪》辑出之佚曲九首(套)。上海古籍出版社1989年《散曲聚珍》收入重新校点本。

苑洛集　散曲别集。明韩邦琦著。一卷。收小令三十首，无套数，并皆为北曲。邦琦性刚直，尚节概，故为官屡起屡罢。其散曲多抒发其人生感慨，如《朱履曲·思归》云：“我也曾披金甲坐镇玉关，我也曾步玉阶侍讲金銮，都是一场傀儡闹喧喧。也未必山林好，也未必省台安。得抽身便宜了千千万。”磊落豪壮，颇与其生平及个性相一致，在散曲中别具风貌。有《饮虹簃所刻曲》本。

长春竞辰乐府　散曲别集。明朱让栩著。让栩为明宗室，蜀献王椿五世孙，谥成，世称蜀成王。此书收其套数二套，小令三十八首。内容大都咏四时景物、风花雪月，间或流露隐居乐道之趣，而又不离贵族生活烙印。今传本为卢前从《长春竞辰余稿》中摘出。该稿三卷，卷三称《拟元人乐府》，即本集。1980年广陵古籍刻印社以之与《伯虎杂曲》、《射阳先生曲存》合刊，称《伯虎杂曲等三种》，前缀《明史·朱让栩传》、钱谦益《列朝诗集》让栩小传及朱彝尊《静志居诗话》有关文字，尾有卢前跋文。

鸥园新曲　散曲别集。明夏言著。一卷。收南曲十一套，大都为重头合前加[尾声]体。内容多叙述自己罢职还乡后在白鸥园家居之情境及乐趣。语意旷达。如《锦堂月·夏日白鸥园泛舟》：“追省位极三公，黄扉九载，一朝谢却千钟。……而今勘破繁华梦，野服山巾伴老农，一笑朱颜藉酒红。”钱谦益《列朝诗集小传》云：“今所传元相《桂翁词》及《鸥园新曲》，皆梦羽(杨仪字)序而行之。……诗余小令，草稿未削，已流布都下，互相传唱。殁后未百年，黯然无闻。《花间》《草堂》之集，未有及贵溪氏名者，求如前代所谓曲子相公，亦不可得，可一慨也。”今存嘉靖丙午(1546)陈尧文重刻本，与《桂翁词》六卷并刻，又有万历刻本，吴春辑，吴莱校刻。今传卢前《饮虹簃所刻曲》本。

双溪乐府　散曲别集。明张炼著。二卷。收小令一百九十三首，套数三十八套。内容多四时行乐、庆寿、闲情自适之作，其间亦不乏对人生的感慨和世事的嘲讽。风格近王九思、康海。炼为康海甥，宜乎受其熏染。有传抄本（残），卷尾有双溪老人嘉靖四十五年（1566）自跋云："然击壤之歌，非求脍炙；沧浪之咏，用畅性情而已。意之肤舛，词之芜哆，非所恤也。"近人卢前据抄本收入《饮虹簃所刻曲》，并求序于于右任，于题诗云："大雅元音郁昼霾，遗编尽扫劫尘开。何年残月晓风里，带得铜琶铁板来。"今传世者唯此本。

秋碧乐府 亦作《秋碧轩稿》、《秋碧轩词稿》。散曲别集。明陈铎著。《千顷堂书目》著录二卷，今传本一卷，收小令六十余首，套数十一套。约为秋碧早期作品，以香奁之作居多，大都为南曲，流丽清新，音韵谐和。王骥德谓"陈秋碧、梁少白最称烂熳"，大抵指此类曲作，今人任讷则以为"陈之文字，绝未入《江东白苎》圈套"。秋碧之乐府在当时盛传于歌坛。万历本《陈大声乐府全集》汤有光序云："自金元迄我国家，以南北曲名者亡虑千百辈，乃今三星逸客，按拍花前，两京教坊，弹丝樽畔，才一开口，便度陈大声曲，此何以故？正以大声之韵发而意新，声婉而辞艳，其体贴人情，描写物态，有发前人所未发者。何元朗取其稳协，王元美服其当行，真知言哉！"万历汪廷讷序亦云："总之其韵严，其响和，其节舒。词秀而易晰，音谐而易按。言言蒜酪，更复擅场，借使骚雅属耳，击节赏音，里人闻之，亦且心醉，其直词坛之鼓吹，而俳谐之杰霸乎！"今传有万历三十九年（1611）汪氏环翠堂刻《陈大声乐府全集》本，近人卢前辑《饮虹簃所刻曲》本，1989 年上海古籍出版社《散曲聚珍》以本集与《梨云寄傲》、《滑稽余韵》合为一册，称《陈铎散曲》。

梨云寄傲 散曲别集。明陈铎著。一卷。收作品一百零五首，除一首可算套数外，余均为小令，大都为同题数首重头。题材较《秋碧乐府》为广，除写风情外，还有写景、咏物及闲情隐逸等，风格则与之相近，南北曲兼有。也应属陈铎早期作品。版本有万历辛亥（1611）汪廷讷环翠堂刻《精订陈大声乐府全集》本，卢前《饮虹簃所刻曲》本。1989 年上海古籍出版社辑本集及《秋碧乐府》、《滑稽余韵》为一册，称《陈铎散曲》，入《散曲聚珍》丛书。

滑稽余韵 散曲别集。明陈铎著。一卷。皆为北曲小令或带过曲，共十二种，每种以一曲牌写十首或二十首，总计一百四十首，每首以一种社会职业或从业者为题，如儒士、训蒙、医人、道士、和尚等，也有以某种事物为题的，如冠帽铺、生药铺、挑担、划船等，均以城市风光为主。作者以白描的手法，通俗的语言，写尽景物情态和市民众生相，不仅为明散曲中空前绝后别开生面之作，且为后世研究明代社会不可多得的史料。曹学佺序环翠堂本《陈大声全集》云："滑稽余韵、太平乐事，则又妙极俳谐，令人绝倒。大都流丽清圆，丰藻绵密，事尽而思不乏趣，言浅而情弥刺骨。以彼作乎，岂独为昭代白眉哉，前无古人矣。"汪廷讷所谓"言言蒜酪"，主要也指此类作品。有万历三十九年（1611）汪廷讷环翠堂刻《精订陈大声全集》本，卢前辑《饮虹簃所刻曲》本。1989 年上海古籍出版社以本集及《秋碧乐府》、《梨云寄傲》合为《陈铎散曲》一册，收入《散曲聚珍》丛书。

莲湖乐府 散曲别集。明夏文范著。一卷。收南曲散套四套。此集原载在新建夏氏家乘中。家谱云其作者为宋祥符间人，然集中有《商调·集贤宾》一套，题《和陈秋碧》，秋碧为明曲家陈铎号，作者亦当为明人。卢前辑入《饮虹簃所刻曲》，跋云："宋无南北曲。明之南词自魏（良辅）梁（辰鱼）后别具一种风格。卷中《村居》一套，雅与近之，此可见隆、万间俗尚矣。盖遗稿丛残，子孙编次，偶不细察，归之远祖。"今传世即饮虹簃本。

陶情乐府 散曲别集。明杨慎著。正集四卷，卷一套数四套，卷二至卷四计小令一百四十余首。又有续集一卷，收套数及小令八十余首（套），为杨慎门人李君锡所辑，其中有近五十首（套）与正集重出，亦有误收元及明初他人之作及当时之俚俗艳曲在内。升庵散曲大都作于谪戍滇南之后。简绍芳曾序其集云："得古今奇谪，然气益平宕，言益蕴藻。"张愈光序云："若博南之词，本山川，咏风物，托闺秀，喻岩廓，谓之曲史可也。"王世贞评为："流脍人口，颇不为当家所许。"王骥德称其"俊而葩"。今人任讷云："升庵之作，韵律确乎难言，而才情果然富有。"今人李昌集谓杨慎散曲"充满悲剧情调"，"旷而不放"，"平中见深，可耐咀嚼。"今存嘉靖本，有嘉靖十三年（1534）禺同山人和嘉靖十六年两依居士两序，又传有所谓徐渭编定本，殆为伪托。近人整理本有任讷《散曲丛刊》本，卢前《饮虹簃所刻曲》本及 1989 年上海古籍出版社《散曲聚珍》本。四川人民出版社 1984 年王文才辑校《杨慎词曲集》亦收。各整理本多以之与《玲珑唱和》及《杨夫人散曲》合为《杨升庵夫妇散曲》。各本或附《补遗》一卷，系由各选本辑出，亦不免混有他人作品。

玲珑唱和　散曲别集。明杨慎著。一卷。此集为杨慎与友人唱和之作。杨慎谪戍云南，时友人顾应祥抚滇，为慎构广心楼于旅次。杨慎因撰《玲珑七犯》四首，称“改旧词”，实借闺情以抒谪谴之愁。顾箬溪、张石川等皆次韵相和，杨再答四首，小序云：“惜往日，悲回风，感知音，怀良友，不知老泪之横集也。”后其弟惇、慥及李钧等人均续有和作。有嘉靖刊单行本，明刊《杨升庵杂著》亦收此集。近人整理本多以入《杨升庵夫妇散曲》。参见“陶情乐府”条。

杨夫人乐府　散曲别集。明黄峨（杨慎继室）著。旧本作五卷，收套数八套，小令一百三十余首。但其中大量与《陶情乐府》重出，其余见于他选亦有署杨作者，又有时俗俚曲混入，盖坊贾刊刻时混淆，至今难辨真伪。但杨夫人擅散曲已见于明人记载。王世贞《艺苑卮言》云：“杨用修妇亦有才情。杨久戍滇中，妇寄一律云云。又《黄莺儿》一词‘积雨酿轻寒’云云。杨又别和三首，俱不能胜。”原万历刊五卷本序曰：“乃于友笥得杨升庵夫人词，读之，旨趣娴雅，风致翩翩，填词用韵，天然合律，余为之左逊焉。”此序署徐渭虽系伪托，然评亦的当。卢前云：“夫人何其似李易安也！《漱玉》之集既以词名于宋，夫人变其体而以曲为有明声家别子，皆天地扶舆之气所偏钟也。”李昌集《中国散曲史》说“黄峨散曲的最大特色在于紧紧扣住情态表现情感”，“柔中有刚”。任讷编定本三卷，与杨慎散曲合为《杨升庵夫妇散曲》单行本。卢前《饮虹簃所刻曲》本题《杨夫人乐府》，附其别传。四川人民出版社《杨慎词曲集》附本及《散曲聚珍》（上海古籍出版社 1989 年）本皆取任氏编定本。

写情集　散曲别集。明常伦著。二卷。卷上原题“乐府”，大抵为套数，下卷收小令一百六十余首。多为北曲。内容大都因遭遇挫折而寓不平之气于放达自适。常伦二十岁登进士第，授大理寺评事，然常酣狂豪杰，忤逆当道，弃官后益放佚。贾景德序其集云：“（伦）盛年骤失志，纵情声伎，醉即矢口成词，自度新声，悲壮艳丽，直薄金元之室。”今人任讷云：“常楼居散曲负盛名，放肆豪快处，雅近冯海浮。”评其《山坡羊》第四首“亦愤慨，亦解脱，的是楼居一生行径也。”李昌集《中国散曲史》称“常伦及壮而卒，才未尽展，然观其散曲，颇见其磊落豪爽之胸怀和富赡盈溢之才情。”“若论任真放逸，则楼居又自领其风骚。”常伦有《常评事集》，四卷（又作一卷或八卷），其友取其所传乐府为一卷，称《写情集》，附其后。有《常评事集》原刻本，《山西丛书》本，卢前辑《饮虹簃所刻曲》本。

唾窗绒　散曲别集。明沈仕著。原刻已无存，不知卷数。书名初见于梁辰鱼《江东白苎集》，中有“效沈青门《唾窗绒》体《驻云飞》十首”。清厉鹗集中有作于雍正癸丑之《唾窗绒跋》，足见该集其时尚存。今本为今人任讷由《南词韵选》、《南北宫词纪》等各选本中辑出，计小令七十四首，套数十二套，多属香奁体。厉跋云：“所作多倚红偎翠之语，未免以笔墨劝淫。”任讷以沈仕曲为明中后期之重要一派，以“丽”为特色，并说“青门香奁，真有他人不可及者，纵令道学家见之，当亦同为忍俊，而不忍遽加呵叱也。”又云：“香奁之体，诗词中每不能肆为之，至曲中一发而不可遏，惟至明人面目又多变，沈氏其大宗也。”沈德符谓“康王陈沈所作，并为化治之音，后所不及。”可知沈作非香奁一体。今人李昌集称沈曲有工雅与本色两类，其共同倾向，“虽写怨写恨，却极少见感伤情调。”本集于明末曲坛影响甚大，除梁辰鱼外，施子野等亦有“效《唾窗绒》体”之作。任辑本见 1930 年中华书局《散曲丛刊》。又明辽王朱恩锴亦有名《唾窗绒》之曲集，见《辽邸纪闻》。然久佚无传。

萧爽斋乐府　散曲别集。明金銮著。二卷。上卷套数二十四套，下卷小令一百三十四首。内容既有吟咏闲适生活及风云月露之作，也有对世情之诙谐嘲谑，取材较广泛。语言活泼，音律调谐，近于王磐。何元朗云：“南都自徐髯仙后惟推金在衡最为知音。善填词，嘲调小曲极妙，每诵一篇，令人绝倒。”今人任讷评曰：“《萧爽乐府》，即可以‘萧爽’二字为评也。”任氏尤赏其《河西六娘子・闺情》首曲，谓“风物人情，四件写得无一不美，无一不真，而文字于妩媚中犹令人觉朗畅，合之涵虚（朱权）评林，则吴西逸之空谷流泉，张云庄之临风玉树，仿佛似之”。又称其《水仙子・广陵夜泊》“雅洁细致，如古蕃锦，酷似元人张小山作”。有万历刻本。卢前《饮虹簃所刻曲》本附王骥德《曲律》及陈田《明诗纪事》有关评介文字多种。今人整理本有 1989 年上海古籍出版社《散曲聚珍》本。

中麓小令　散曲别集。明李开先（号中麓）著。一卷。为《南仙吕・傍妆台》百首，俱作者归田后作，内容系回顾平生遭际，感慨世情。作者于《引》中云：“每于箫鼓中按拍，弦索上发声，中多悲愤之音，激烈之辞，似乎游心浮气，尚有存者。语云：'老骥伏枥，志在千里，烈士暮年，壮心不已'，予岂若是哉！"中麓又曾以此百首寄王九思，九思逐首次韵相和，共辑之为《南曲次韵》。前有小序，评中麓之作"感愤激烈，有正有谑，洋洋乎盈耳哉！"然王世贞则诋其辞曰"不足道"。王骥德亦以为"尽伧父语，一字不足采。"今人任讷云："李作意则感愤，辞殊泛常，多集谚语，而无妆点剪裁，尘气满纸，又冗长拖沓。"然"百阕之中亦不无一、二可诵者。"李昌集《中国散曲史》以为中麓曲流露了济世的"儒心"。认为北派散曲家不求摹景造境，不求含蓄温雅，而以急切痛快、意念直陈及豪率为其共同倾向，开先之表现最为明显。今存清抄本。今人路工辑校之《李开先集》(1959年版)收入此集。曲文又见《南曲次韵》。

淮海新声　散曲别集。明朱应辰著。一卷。清詹湘亭谓其曲文"用意深厚，犹是元人之旧，非明末人刻画尽致者比"。吴敏道序曰："淮海先生，才情隽丽，襟素高闲。张锦幄以坐花，清哇缀乎六引；飞琼觞而醉月，妍节凌乎七盘。搞毫则思逐紫云，握板则音翻白雪。遂使渼陂却步，枝山敛容。"今人任讷评云："今按其词，凤头豹尾，法度犹元，而嚼徵含商，已伤敛束。""湘亭所论，殆未着实。至若渼陂、枝山，原不足盛称，敏道所拟，亦狃于时尚也。"(《曲谐》卷四)《新声》每于长套之前以七绝一首为引，即以末句数字，用入曲调起拍，仿佛宋词"调笑""转踏"的体制，任氏亦以为"殊非曲家本色"。万历以前刊本已佚，今存嘉庆间詹湘亭校订本。

射阳先生曲存　散曲别集。明吴承恩著。一卷。收小令《驻云飞》四阕，题及第、翰林、内阁、归隐，然并非自写生平。又《满庭芳·春游》一阕。南、北套曲各一，为庆寿及赏景之作。今存有卢前《饮虹簃所刻曲》本。广陵古籍刻印社1980年出版《伯虎杂曲等三种》亦收此集，皆卢前校订。唯此集未附卢氏序跋，不知其所据何本。

海浮山堂词稿　散曲别集。明冯惟敏著。四卷。卷一大令(北散套)，卷二上归田小令，下小令，卷三击节余音散套(含《僧尼共犯》剧曲一套)，卷四杂曲小令。计小令五百余首，套数近五十套，数量为明人散曲别集之首。题材广泛，内容丰富，触及社会现实，关心民生疾苦，揭露官场黑暗，讽刺世态丑恶，也有不少啸傲山林、吟咏隐退生涯的作品。风格近于元人，在北派曲家中成就最为杰出。有如词中之辛稼轩、陈迦陵。李昌集《中国散曲史》则认为"海浮散曲的特色即在其最大限度地保留了(元)散曲的审美特质"，"使元散曲远离现实而多浮空言'闲'、言'超脱'、言'世理'的弊端在海浮散曲中得到了相当的纠正"。有嘉靖四十五年(1566)原刊本，隆、万间刊本，俱四卷，汪廷讷环翠堂《四词宗合刻》本作二卷。今人任讷《散曲丛刊》本据嘉靖本整理。1980年上海古籍出版社出版凌景埏、谢伯阳校点排印本，1989年该社《散曲聚珍》亦收此集之整理本。

江东白苎　散曲别集。明梁辰鱼著。二卷。又有《续江东白苎》二卷。计收小令五十四首，套数三十八套(内《补陆天池〈无双传〉二十折后》为剧套)。其曲怀古抒情、写景咏物、应答酬和及男女恋情，题材多样。而语言雕琢，风格绮靡，格律工整，文采烂熳，并首以昆曲为腔。晚明曲家皆深受其影响，称"江东白苎派"。今人任讷云："梁辰鱼之曲派为文雅蕴藉，细腻妥贴，完全表现南方人性格之长处。"又云："南曲散词中，一种甜俗红腐之习，阘茸委靡之风，虽不必即由《江东白苎》一集创，而集中如《九嶷山》、《巫山十二峰》等集曲，体段极长，不套不令。声律成昆腔之始，虽有相当之可贵，而文字则一味铺排，满纸'娘行'、'多娇'，读之令人昏昏欲睡，迥非王、沈、金、冯比者，实使之然也。"(《散曲概论》)有嘉靖刊本，汪廷讷环翠堂《四词宗合刻》本(作一卷)，暖红室刊本及武进诵芬室刊本等。近人整理本有任讷《散曲丛刊》本，卢前《饮虹簃所刻曲》本及上海古籍出版社1989年《散曲聚珍》本等。

敲月轩词稿　散曲别集。明张凤翼著。一卷。仅套数三套，小令五首，俱南曲。凤翼极富才情，各体皆擅，而尤习音律，驰名歌坛。曾参与昆曲创制。散曲风格属梁辰鱼藻丽一派。王世贞赞之云："伯起才无所不际，骋其靡丽。……高者醉月露，下者亦不失雄帅烟花。"(《曲藻》)有卢前《饮虹簃所刻曲》辑本。

词脔　散曲别集。明刘效祖著。一卷。收套数一套，小令一百一十二首，南北曲兼有。效祖有散曲集《都邑繁华》、《闲中一笑》、《混俗陶情》、《剪冰裁雪》、《良辰乐事》、《空中语》等，均曾镂版行世，旋多散佚。其从孙芳躅搜集其仅存者结集，取"尝鼎一脔"之意，命曰《词脔》。芳躅序云："先伯祖念庵公……一官龃龉遽遂初，悒郁不自得，恒寄情词曲，以抒写其愁思，往往多蒜酪体，新声盛传一时，至闻之禁掖。"故其曲于自然景物的描写及闲情逸致的抒发中透露出对社会不平的愤懑。语言既通俗自然，又新颖活泼，至清初尚流播于歌坛。有康熙三十五年(1696)胡介祉谷园刻本，卢前《饮虹簃所刻曲》本。

晚宜楼杂曲　散曲别集。明毛莹著。收小令二十八首，套数五套。内容多寄托自己不苟合于世的旨趣，《仙吕入双调·玉抱肚》有"刘安鸡犬自登仙，独据糟丘作酒颠"之句。亦有"妓酌"、"娈童"、"赠美人"等写艳情的题目。于格律则时有不协。自识云："余于词曲好而不精，偶有所作，律以九宫谱不能无出入也……聊以遣兴而已，存之庸何伤?"此集原附作者《晚宜楼集》卷末，刻本有柳亚子收藏本，卢前由该本录出，入《饮虹簃所刻曲》，柳亚子为作序。

林石逸兴　散曲别集。明薛论道著。十卷。每卷一曲牌，撰小令百首，共一千首。俱北曲。内容除传统归隐、风情及咏物等题材外，有大量直抒胸中不平之愤和揭露世态丑恶的作品。即咏物，也多有讽谕。作者曾从军三十年，故集中多有咏赞武将的题目，大都表现其效忠国家的凌云壮志及慷慨气节。如《智将》、《勇将》、《宿将》等。曲文中有"腥膻未净，心常耿耿"，"一身报国何惜死，两鬓逢人不再青"，"匈奴未灭，壮怀激烈，堂堂中国，谁是豪杰?"等壮语，于散曲中为鲜见。自序云："既而学以病废，竟堕武流，自分樗散，无堪世用，乃游乐圃，用情词苑，颇得音律之微，歌咏之趣。或感慨于夙昔，或游玩于心目。辄敢忘其谫陋，昼咏宵兴，措得千曲。""或忠于君，或孝于亲，或忧勤于礼法之中，或放浪于形骸之外，皆可以上鸣国家治平之盛，而亦可以发林壑游览之情。"有万历刻本。卢前《饮虹簃所刻曲》所收为残本，仅余首卷及卷三之二十九首。

隅园集　散曲别集。明陈与郊著。一卷。收套数七套，小令五十八首。卢前于《饮虹簃所刻曲》所收本集后记云："沈泰(《盛明杂剧》)称其能为元人白描之笔，前读所为令套，亦不让杂剧也。"与郊别集名《隅园集》，十八卷，所为散曲在最末一卷。有天启间赐绯堂本。《饮虹簃所刻曲》本即从此本录出。

濠上斋乐府　散曲别集。明陈所闻著。一卷。南北曲兼有。内容多题赠、庆寿、游宴一类。李昌集认为所闻一些曲作"纯正而不失机趣，本色而兼清俊，非明中叶南北派散曲所能范围。""其成就尚在梁(伯龙)张(凤翼)之上"。(《中国散曲史》)原刻本不存，今《饮虹簃所刻曲》本为近人卢前从《南北宫词纪》中辑出。

鹤月瑶笙　散曲别集。明周履靖著。四卷。卷一"霞外清音"，皆为道词；卷二"闲云逸调"，写幽栖穴隐，闲云野鹤的生活；卷三"鸳湖渔唱"，写渔家水上生活之乐；卷四"梅里樵唱"，写采樵山木之趣，寄托了作者的生活理想，未必皆写实。又每卷十套，多为南曲，间有南北合套者。每套曲后各缀七绝一首。吕天成《曲品》评周履靖："著述俱侈，吟咏颇饶。放乎葛天、无怀，解乎《南华》、《道德》，"指的当主要是其散曲。此集初收入周履靖编《夷门广牍》丛书，万历间刊本。卢前《饮虹簃所刻曲》收入此本，上海古籍出版社1989年《散曲聚珍》亦收。

方诸馆乐府　散曲别集。明王骥德著。二卷。原刊本已佚，近人卢前辑其小令五十余首，套数三十套，亦作二卷，俱为南曲。冯梦龙评其"字字文采，却又字字本色，此方诸馆乐府所以不可及也"(《太霞新奏》卷三王骥德《白练序》套尾评)。陆侃如、冯沅君《中国诗史》评曰："婉约者颇似李(清照)词，艳冶者颇似沈(仕)曲。悲壮与沉咽二种则充分地表现出作者的傲岸、牢落、孤寂、烦闷。此外如《见书》的质素，《咏雪》的工巧，这些直难枚举。"但也有学者以为不足与元人北曲抗衡。卢前辑《饮虹簃所刻曲》本由商务印书馆印行。

芳茹园乐府　散曲别集。明赵南星著。一卷。收小令三十八首，套数八套。内容多抒写其对官场及社会黑暗的愤懑，形式则以民间小曲为主。清初尤侗说："高邑赵侪鹤冢宰，一代正人也。予于梁宗伯处，见其所填歌曲，乃杂取歌谣、俚谚、耍弄、打诨，以泄其肮脏不平之气。"曲中也有对妇女生活的反映，流露了作者对被压迫女性的同情。有明末刊本。清光绪间王灏辑《味檗斋文集》亦收有此集。卢前辑此集入《饮虹簃所刻曲》，后记云："案集中《银纽丝》、《一口气》、《劈破玉》诸调诚多市井谑浪之言，岂当时人所伪托，抑果梦白之作欤?"

笔花楼新声　散曲别集。明顾正谊著。一卷。收南曲套数四套，小令《四季闺情》两组。一组《金索挂梧桐》重头小令春、夏、秋、冬各一首，另一组《桂枝香》重头小令春、夏、秋、冬各四首。其体风流绮丽。陈继儒序称其"咏物、闺情，各抒才韵；绘拟所至，生气凑合。可以夺化工之权，结思人之涕。盖出其余膏剩馥，便能鼓吹词场，递传千古谱风流者。”除陈序外，还有陈继礼序及王穉登跋。有万历间刻本，今存。卢前《饮虹簃所刻曲》亦收此本。

山居咏 散曲别集。明王征著。一卷。收套数三套。俱北曲。作者陕西人，天启进士。曾于西安城南数十里廉价购得一地，筑别墅数椽为读书处。该地位于杜曲韦曲间，景致绝佳，征字之曰“简而文”，《山居咏》即以散曲吟咏其居于此间读书览胜之乐，兼抒怀抱。作者系天主教徒，受西方文化影响，曾在德国教士邓玉函帮助下制作机器，又为比利时教士金尼阁《西儒耳目资》作序，故曲中颇多天主教典故及有关事件的反映，如“百样颠危赖主扶”句出教徒之早晚课；“奇人幸得多奇遇”、“资人耳目”等指西人及其著作等。此类曲于明散曲家数中不多见。散曲中固有有关释、道、回各教之作，明末天主教盛，至此，亦有有关曲作出现。卢前评其成就“即论文藻，视康、王、韩、张盖无愧色。”有民国于右任藏抄本，卢前为编订校刻，以入《饮虹簃所刻曲》，并请当时(1946年)南京教区司铎方豪为笺证。集中并附王征《简而文自记》及梁尔壮《简而文引》。

山居咏和 散曲别集。明张炳璿著。仅《正宫·端正好》及《双调·新水令》二套。作者系《山居咏》作者王征之表弟，又与征同住“简而文”别居，曲二套皆与征唱和之作。民国于右任家藏《山居咏》抄本，此集附其后。并有古近体诗十五首，卢前整理时去之，以二套单行，入于《饮虹簃所刻曲》，今传世即此本。

步雪初声 散曲别集。明张瘦郎著。一卷。收南曲二十四套，后附席浪仙曲三套。内容多香奁闺情，风格活泼生动。冯梦龙序云：“野青氏年少负隽才，所步《花间集》韵，既已夺宋人之席，复染指南北调，感咏成帙，浪仙子从而和之，斯道其不孤矣。意所乐而性复近之，其所至殆不可知矣也。”瘦郎江西石阳(今属新干)人，以南人而作北曲。故冯氏又云：“楚人素不辨冰青，得此开山，尤为可幸。《白雪》故郢调，今其再振于黄乎？因名之曰《步雪初声》。”有《饮虹簃所刻曲》本。

花影集 别称《秋水庵花影集》。词、散曲别集。明施绍莘著。五卷。其中散曲四卷，词一卷。卷一至卷三俱套数，卷四兼套数及小令，计套数八十六套，小令七十二首。套数之多为明散曲家第一。题材内容不拘一格，而与花有关者多。绍莘字子野，又慕宋张先(子野)之词(有“云破月来花弄影”之句)，故自名其集曰“花影”。绍莘生在晚明，而不为梁伯龙一派所囿，艺术境界阔大而丰富，特色在率情而认真，成就突出。其友沈士麟序其集曰：“其性灵颖慧，机锋自然，不觉吐而为词，溢而为曲，以故不雕琢而工，不磨涤而净，不粉泽而艳，不穿凿而奇，不拂拭而新，不揉摛而韵。”为明人散曲之集大成者。今存有明抄五卷本。有陈继儒等三序。王重民《中国善本书提要》疑此本为子野手定。又有明末刻本，增沈士麟及作者自序，王氏以集内多天启间作品，认为此本或刻于明而印于清。近人整理本有任讷《散曲丛刊》本，卢前《饮虹簃所刻曲》本及上海古籍出版社1989年《散曲聚珍》本。三种皆删去诗余一卷。

泺涵乐府 散曲别集。明末清初叶承宗著。一卷。收北曲五套。善于描写世态人情。如《仙吕入双步步娇·临川散粥》写灾年百姓领取施舍，其穷困饥饿、在死亡线上挣扎之惨状生动逼真，有元人之致。清顺治间其弟承祧校刻都诗、词、杂剧十卷，曰乐府。散套为一卷。传世有卢前《饮虹簃所刻曲》本。

鞠通乐府 散曲别集。明末清初沈自晋著。含《黍离续奏》、《越溪新咏》、《不殊堂近草》三种，皆为作者入清以后的作品(作者早年所作《赌墅余音》、《越溪诸咏》、《黍离新奏》皆佚)。内容多写家居生活之闲情逸致，而《黍离续奏》中部分作品抒发了个人在鼎革之际流离的惨痛及兴亡之感，悲凉深沉，为元明散曲中少有。今人李昌集以为自晋散曲反映了“从晚明的‘花间’走向现实之‘人间’的倾向”，认为其前期散曲“尚是一派脂粉裙衩”，而身逢丧乱之后期作品即今存世的《鞠通乐府》乃“脱尽脂粉而表现现实生活思绪、现实生活情趣”(《中国散曲史》)。其曲音律谐协，风格清俊疏朗，为明末清初之大家。自晋为沈璟族侄，曾从璟习声律，其集中有《解酲乐·偶作》述吴江派作曲主张通俗详切，是以曲写的曲论。有《瘦吟楼合刻》本，1928年吴江敦厚堂刊本，卢前《饮虹簃所刻曲》本。今人整理本有齐鲁书社《全清散曲》所收本，上海古籍出版社《散曲聚珍》本等。各本皆收其弟自南序，今人整理本又增入了保存在《南九宫大全谱》、《吴骚合编》及《太霞新奏》中的若干作者早期的作品。

狱中草 散曲别集。明夏完淳著。一卷。收小令三首，套数二套。顺治初，完淳因抗清被逮下狱，史载其狱中作乐府数十阕，今存仅此数首(套)，其语句句慷慨雄健而又情深意挚，爱国正义之气，动人肺腑。如《傍妆台·自叙》中："英雄恨，泪满巾，何年三户可亡秦?""盼杀我当日风云，盼杀我故国人民，盼杀我西笑狂夫，盼杀我东海孤臣。"堪称天下至文。今人李昌集云："完淳的散曲是特殊环境中特殊气质的人所写出的血泪之文。将其曲划入任何一派都毫无意义。其曲结构之浩荡、排奡，开阖有致，语言之清俊而兼遒健，后人或可学之，而其襟怀气质，岂又学而可企及哉!"(《中国散曲史》)嘉庆中王昶、庄师洛编《夏节愍全集》，辑其曲为一卷，不标牌调，小令套数亦未次第，字句错落尤甚。近人卢前为校定并收入《饮虹簃所刻曲》。1991年上海古籍出版社《夏完淳集笺校》收入。

笔记 小说

郁离子 笔记。明刘基著。二卷。全书共分为十八章、一百九十五条，主要是针砭时政的寓言或故事。明刊本卷首有吴从善序、洪武十九年(1386)徐一夔序。徐序说，本书是作者元末弃官"屏居青田山中"发愤所著之书，"郁离者何?离为火，文明之象用之，其文郁郁然为盛世文明之治，故曰《郁离子》"。本书后又为人归并成三卷，收入《诚意伯文集》(卷二至卷四)。近有1982年上海古籍出版社《明清笔记丛书》排印本及1987年天津古籍出版社排印傅正谷《郁离子评注》。

草木子 笔记。明叶子奇著。据黄衷序为二十二篇，郑善夫序又云二十八篇，今见其裔孙叶溥于正德十二年(1517)重刻本，仅为四卷八篇，曰《管窥篇》、《观物篇》、《原道篇》、《钩元篇》、《克谨篇》、《杂制篇》、《谈薮篇》、《杂俎篇》。或已被删节，非其原貌。清林昌彝《射鹰楼诗话》卷四有云："(叶氏)洪武时用荐巴陵主簿"，"十一年春，有司祭城隍神，群吏窃饮猪脑酒，县学生发其事，子奇适至，以株连就逮。狱中用瓦磨墨，有得辄书。事释家居，续成之，号《草木子》。其书稽上下之仪，星躔之轨，律历推步之验，阴阳五行生克之运，海岳浸渎戎貊希有之物，神鬼伸屈之理，土石之变，鱼龙之怪，旁及释老之书，而归于六籍，兼记时事失得，兵荒灾异。曰《草木子》者，以草计时，以木计岁，以自况也。"前有自序题于洪武十一年(1378)十一月，盖书成之日。书中记元末红巾军事颇详。《克谨篇》尝于叙徐州韩山童一事后分析云："是时天下承平已久，法度宽纵，人物贫富不均，多乐从乱。"《四库全书总目》著录云："其书自天文、地纪、人事、物理，一一分析，颇多微义。"文笔通透清峻。嘉靖、万历至清末续有重刻。近有1959年中华书局校点排印本。

寓圃杂记 笔记。明王锜著。十卷。《四库全书总目》谓："是书载明洪武迄正统间朝野事迹，于吴中故实尤详。"其中，卷五有文苑旧事数条，如"沈通理绣鞋诗"谓："通理乃宣德间金陵十才子中一人也。"谓沈有《吴宫词》诸篇，《续香奁》四卷。"周伯器"条谓周"作诗文三十余篇，追录旧文四卷"，"今吴中诸公评其所作，谓诗过于文云。""《剪灯新话》"条，谓此书非瞿佑作。余如"祝希哲作文"、"元敬乞米诗"、"邢丽文见访"，卷六"刘廷美以诗取怨"，卷九"陈嗣初绝句"等，均为明代文学史料。书前有弘治十三年(1500)祝允明序。今见有《玄览堂丛书》本。《纪录汇编》本、《金声玉振》本及《丛书集成》初编本有删节。1984年中华书局以玄览堂本为底本，参校他本点校，与于慎行《榖山笔麈》合订出版。他本多出的十则，另列"补遗"附后。

悬笥琐探 笔记。明刘昌著。存一卷。《四库全书总目》云："昌字钦谟，吴县(今苏州)人。正统乙丑(1445)进士，历官河南提学副使，迁广东参政。"是书多记天顺、成化间历官所见所闻，包括人文、天象、灾异，文笔生动。如"龙斗"条记天顺七年(1463)某日："时微雨且晴，忽见西南有黑物在薄云间，蜿蜒如圈者，其首尾莫可辨，惟身显然，若草书云字之状。忽又有一白物在其下，如乙字然，相去尺许，久之始灭，人皆言龙斗云。"又"风变得雨"条记某日尘暴亦类此。也有一些文人活动的记叙。《国史经籍志》、《千顷堂书目》归小说家类。有顾氏《明朝四十家小说》本、《明钞五种》本、《续说郛》本等。《纪录汇编》本等则题"摘钞"，可知今见一卷已非全貌。

谰言长语 笔记。明曹安著。一卷。自序谓："予少游乡塾，见先生长者嘉言善行，即笔之于楮。或于载籍中间见异人异事亦录之。长而奔走四方，所见居多，凡三四帙。""老而弥勤，人皆哂之，予独不倦，暇日一一手录，以备遗忘。率皆零碎之辞，何益于事，因名曰《谰言长语》。谰言，逸言也；长语，剩语也。"此略可说明其内容、来源和写作经过。作者力图借见闻阐教化，正人心。其诗歌批评，《四库全书总目》评为“其论诗不中肯綮。所录诸诗，亦大抵不工，盖真德秀《文章正宗》，金履祥《濂洛风雅》之派”。“然大致持论醇正，于人心风俗，多有所裨。”代表明代正统儒学的诗论。有成化初刊本。正德十年乙亥(1515)重刊本、《四库全书》本。

水东日记 笔记。明叶盛著。有三十八卷本和四十卷本两种。此书有珍贵的史料价值。《四库全书总目》著录云：“是书记明代制度及一时遗文逸事，多可与史传相参。”“盛留心掌故，于朝廷旧典考究最详。又家富图籍，其《菉竹堂书目》，今尚有传本，颇多罕觏之笈。故引据诸书，亦较他家稗贩成编者特为博洽。”又云其“又好自叙居官事迹”，开自叙体笔记之例，“王士禛作《居易录》，多自记言行，有如家传，其源滥觞于此。”又兼及宋元至明初文人学士之行事及诗文、民歌俗谣，多有不经见之史料，为文学史家所重视。如卷一五载《陆放翁家训》一文，为陆游佚文，赖此书得以保存。文笔简洁，但也有许多富故事性的生动记叙，如卷五“广西帅府吏郑牢”条，记郑牢对前后两位上司的犯颜直谏，制止了前任的横暴滥杀，又帮助后任保持了清白廉洁。表现此人的“鲠直敢言”。有弘治常熟徐氏初刻和正德活字本，三十八卷。嘉靖三十二年(1553)其裔孙叶恭焕据家藏本补刻二卷为四十卷，此后各本俱从叶本翻刻。1980年中华书局校点排印出版。

菽园杂记 笔记。明陆容著。十五卷。《四库全书总目》谓“是编乃其札录之文，于明代朝野故实叙述颇详，多可与史相考证，旁及谈谐杂事，皆并列简编”。此书内容颇广，举凡朝政、科举、岁赋、农事、社会风俗等均有涉猎，时有独到之见。如卷一三有一条，对世人指斥秦桧提出异议，作者独言宋金和议，“推原其本，实由高宗怀苟安自全之心，无雪耻复仇之志。桧之奸，有以窥知之，故逢迎其君，以为容悦，以固恩宠耳”。有一些具有故事性的记述，如卷八记苏州商人蔡某一条，为凌濛初改写为《乌将军一饭必酬，陈大郎三人重会》，收入《拍案惊奇》。冯梦龙撰《刘小官雌雄兄弟》、《赫大卿遗恨鸳鸯绦》都曾吸收过本书材料。是书对明代刻书、版本，乃至诗文、戏曲小说，也有考证和评论。如末卷考《逊志斋集》内《勉学诗》二十四章，断为窜入之陈谦作品。明代有以重币为贽求为哀挽哭悼之作，“受其贽者，不问其人贤否，漫尔应之。”作者对文坛这种现象提出批评。有明《守山阁丛书》本、嘉靖间刊本、清嘉庆十五年(1810)《墨海金壶》本。1985年中华书局校点排印出版。

濯缨亭笔记 笔记。明戴冠(号濯缨)著。十卷。《明志》子部小说家类著录，题《笔记》。《四库全书总目》入子部杂家类存目，云：“是书杂记见闻，终以辨物字义，皆钞撮前人成说。”“旧本以《礼记集说辨疑》一卷附此书之末，殊为不类。今析出别入经部焉。”其稿原名《随笔类记》，都穆为易今名。前有嘉靖二十六年(1547)陆粲序，后有华察跋。据陆序“余为绪正讹阙，除其复重，厘为十卷，华学士子潜取而刻之。”知稿本曾经陆粲整理编订，华察梓刻。又据序云：“是编所存仅什二三，盖非其至者”，则此书所收，仅作者笔记的小部分。刻本今已罕见，据谢国桢《明清笔记谈丛》介绍，为“白棉纸印本，字大悦目，刊刻精工。”此书记有明一代掌故制度，尤以他所居苏州和掌教的绍兴两地事迹尤详，有许多民间传说故事。今人王利器藏有精抄本二册。

琅琊漫钞 笔记。明文林著。一卷。《四库全书总目》谓“是书杂记琐闻逸事，间亦考证经史，凡四十八则，无甚可采。其‘三皇’一条，至谓司马贞祖邵子之说而成本纪，则唐宋不辨矣！”然此书考证，常有独出心裁之见，如以“史迁好摭拾不经之言为传”云：“世以《史记》赵氏孤儿作杂剧，是以杂剧为《史记》也。”“《经》曰：‘赵盾弑其君’，则盾固未尝杀于灵公也。盾之善终，又何尝死于屠岸贾也邪！史之言不足信者多。”又记“瑞安高世则墓”，“淞江钱尚书治第”二条，均可见明季缙绅之家的没落。又提出诗歌之变，由三百篇而骚赋，以为“子昂效汉魏而作者，又何怪其托于仙佛也。”均可备一说。是书未见单刻。今存《顾氏明朝四十家小说》本、《五朝小说》本、《古今说部丛书》本、《丛书集成初编》本等。

听雨纪谈 笔记。明都穆著。一卷。自序谓作于成化二十三年(1487)夏秋。《四库全书总目》谓“其书皆考经史异同”。然亦不限于文献记载者，大凡朝章国故，岁时习俗，器用服饰，皆在其列。间多传闻无考者，如云：“字书谓‘伥’为虎伤。盖人或不幸而罹于虎口，其神魂不散，必被虎所役，为之前导。今之人凡毙于虎者，其衣服巾履皆别置于地，此伥之所为也。伥可谓鬼之愚者。或曰虎捕人，已死，能步绕咒祷，使死人自去衣服而后食。‘褫’字从衣从虎者，以此更考之。”是书亦涉及文学品评，如论文，谓“文章贵简不贵繁，言简而意尽，文之至妙者也。”论人，谓“东坡‘真’之一字，可谓断尽陶（潜）公一生。”有《明朝四十家小说》本、《说库》本、《丛书集成初编》本，《续说郛》本则有删节。

苏谈 笔记。明杨循吉著。一卷。杨氏吴县（今苏州）人，曾为礼部主事，三十三岁时即告病乞归，一生大半在故乡生活。有笔记多种，记元明之际吴中一带风俗及遗闻逸事。文笔疏朗明快，朴实简洁。是书与《吴中故语》堪称为姊妹篇。记吴中风习，如《黠妓赚诗》篇，记一妓好诗，黠骗老书生陈体方赠诗百首为聘，“体方信之，为赋至六十余篇而没，情致清婉”，“时人多笑其老耄，被绐而欣然”。又记官吏政迹，如《苏治失火》篇，叙况鍾为苏州知府时痛杖了火灾事故的犯事衙吏，但当上奏朝廷时，则“一力归罪己躬，更不以累吏也”，承担了主管之责。书中多有故事性作品，如叙一不怕鬼故事的《吴都宪胆气》等。现存《顾氏明朝四十家小说》本、《古今说部丛书》本、《广四十家小说》本及《丛书集成初编》本等。

吴中故语 笔记。明杨循吉著。一卷。内容主要记明初作者故乡吴中的一些遗闻逸事，对明初杀戮功臣及“靖难之变”株连无辜颇有微词。首篇“太傅收城”记击破张士诚于苏州的故事。次“魏守改郡治”，叙魏观奉太祖命守苏州，但却为乱后恢复苏州旧制受谗，与高启同时被杀。又次“严都堂刚鲠”，叙洪武旧臣严德明逸事。严“自述老子是洪武遗臣，任佥都御史，不幸有疾，蒙恩发南丹。”隐然有朱棣“靖难之变”株连之迹。其刚介性格跃然笔间。全书仅七篇，既富有史料价值，叙事又具故事性，文笔简洁生动。有《广百川学海》本、《烟霞小说》本、《五朝小说》本及《古今说部丛书》本。

井观琐言 笔记。明郑瑗著。三卷。郑，成化进士，福建莆田人，官至南京礼部郎中。旧本题宋人，非。《四库全书总目》谓：“其书大抵皆考辨故实，品骘古今，颇能有所发明。”然颇留心于古文辞，多有褒贬，时有自得之论，如卷二有云：“欧阳文纡徐曲折，偃仰可观，最耐咀嚼。荆公文亦高古，意见超卓，所乏者雍容整暇气象耳。曾子固文敦厚凝重，如秦碑汉鼎。老苏一击一刺，皆有法度。东坡胡击乱刺，自不出乎法度。”有时亦未免失之偏颇，如同卷评《史记》则云：“《左传》法度森严，辞气古雅而整暇不迫。马迁才豪，故叙事无论理，又杂以俚语，不可为训。”又云宋濂“该博群书，（为文）才气汪洋不竭，学者靡然，但于吾儒性命之学不甚理会”。未免明儒学究之气。有《四库全书》本。又有《宝颜堂秘笈》本、《唐宋丛书》本。

青溪暇笔 笔记。明姚福著。焦竑《国史经籍志》、《千顷堂书目》、《国史志》著录作二卷。《四库全书总目》存目，作三卷。今见《顾氏明朝四十家小说》本、《纪录汇编》本、《续说郛》本、《历代小史》本等均为一卷。《小史》本题《清溪暇笔》。《四库全书总目》称：“是编皆札记读书所得，及杂录耳目见闻。”又云“其首卷所述明初轶事，多正史所不载”者，如一卷本一则云：“元灭，其臣拥兵不降者，惟扩廓帖木儿也。即王保保也。”朱元璋独赞为“好男子”。又一则云“前代藏书之富，无逾本朝”，惜“正统己巳南内大（火）灾，文渊阁向所藏之书悉为灰烬。此岂非书之厄运也欤！”书中颇多传奇故事，类于小说。

复斋日记 笔记。明许浩著。二卷。卷首有作者于弘治八年（1495）自序一篇，谓此书为“随笔记录”而成，与叶盛《水东日记》“事多相同”。唯《四库全书总目》则谓“此书皆纪叙明初以来朝野事迹，与叶盛《水东日记》颇相出入。”“其中如杨荣料敌、于谦治兵、汪直乱政诸条，叙述颇详。然如谓王振初时闲邪纳诲，以成英庙盛德，不为无补，则纰缪殊甚。至于‘儿能成名妾不嫁，良人瞑目黄泉下’一诗，乃明初高启《张节妇词》。载于本集，而以为章纶之母所作，亦失实也。”此书上卷记分宜人陈寿的故事，即《醒世恒言》卷九《陈多寿生死夫妻》所本，此外尚有范仲淹、王冕、高启文学活动的记叙和作品品评，以及一些不经见的诗文纪事，可补文学史料之阙。有《涵芬楼秘笈》本，《历代小史》本，《丛书集成初编》本则为一卷。

玉堂漫笔 笔记。明陆深著。三卷。据书中自叙“予登乙丑科，今三十六年，浮沉中外六十有三岁”，是知著于嘉靖十九年（1540），官翰林院编修时，书中考证多于记闻。《四库全书总目》谓此书“记其每日所得而于考核典故为尤详。其载杨士奇子稷得罪，为出于陈循所构陷，亦修史者所未详也。”如扬州漕河东岸有讹呼为“夏国公墓”者，当为“夏（音虔）国公”，“盖镇远侯顾公玉之赐葬”。又考明代巡抚之职，始于宣德间。书中有其文学批评见解，如谓“诗贵性情，要从胸次中流出”。批评李梦阳、何景明近体“似落人格套，虽谓之拟作可也。”这一批评，在当时殊属难能可贵。其论文赞赏宋富弼“尝病今之作文字，无所发明，但模棱依违而已”之论。是书收入《俨山外集》。又《宝颜堂秘笈》本、《纪录汇编》本、《续说郛》本均作一卷。

蓬窗类记 笔记。明黄暐著。五卷。分功臣、科第、赋役及著作、诗话、技艺等二十九纪，涉及领域广泛。《四库全书总目》谓："此书杂记旧事，上自朝廷典故，下及诙谐鬼怪之属，无所不录。"因作者系吴县人，故"所载吴事尤多，然颇芜杂，不尽可据。"所记多成化、弘治前事。如记景泰五年(1454)"吴多雪，正月望日，一夕积七八尺。比晓，城廓填咽，民居被压，攲侧者覆，缚茅者栋穿檩之绵，而瘠者咸折。通衢委巷，僵而卧者，比比皆是，突而烟者十二三而已。"但郡守汪浒"以为祥"，张灯结彩，大事庆祝。涉及文学的记述也颇丰富，如"诗话"纪：王尚文《咏棉花》、沈启南《咏蚕》，作者认为"此二诗亦可传也"。又高启于元末至正年十六岁时应召作《题倪云林竹木图》。年十八，因走马赋"西风吹折荻花枝"而得妇，均有文学史料价值。有《涵芬楼秘笈》本。

剪胜野闻 笔记。明徐祯卿著。一卷。《四库全书总目》云："所记皆明太祖初年之事，亦多互见他书，陶珽《续说郛》、黄虞稷《千顷堂书目》皆载此书，题吴郡徐桢(祯)卿著。然《明史》桢(祯)卿本传及《艺文志》俱不载。书中所纪，亦往往不经。如谓徐达追元顺帝，将及之，而遽班师。常遇春愬于帝，达入自疑，拔剑斩闸而出。真齐东野人之语。桢(祯)卿似未必至是也。"然明焦竑《国史经籍志》已著录，未必以《明史》为是也。考"徐达傅"条，徐达于帝(指朱元璋)前有自白："达有异图，不在今日。虽曰晚矣，然吾临江鞠旅，亦能抚有江淮，顾弗为尔。且吾之不擒元帝，亦筹之熟矣。彼虽微也，亦尝南御中国，我执之以归，汝曷治焉？"帝释然，于情于理俱合。"干鳖"条记平张士诚后，"取其臣黄、蔡、叶三人者刳其肠而悬之，至成枯腊。"太祖胸襟，于此可见，此书多有记叙。有《广百川学海》本、《明朝四十家小说》本、《纪录汇编》本、《五朝小说》本。

七修类稿 笔记。明郎瑛著。正编五十一卷，续编七卷。分天地、国事、义理、辨证、诗文、事物、奇谑七类，因以取名，卷帙浩繁。嘉靖成书之时，文网稍弛，对于国初至中叶史实，因能直录其事，并昌言得失。如卷八对于方国珍、张士诚、陈友谅诸人皆有"始末略"。卷九径设"国初忠臣"、"建文忠臣"诸条目。《四库全书总目》并云："所载如杭州宋官署考，则《咸淳临安志》及西湖各志所未详。又纪明初进茶，有探春、先春、次春、紫笋诸名，及漕河开凿工程，皆《明会典》及《明史》诸志所未及，亦间有足资考证者。"与文学有关者，尤详诸辨证、诗文二类。"然采掇庞杂，又往往不详检出处，故踳谬者不一而足，如以宋李建中为南唐人，谓谢无逸以《蝴蝶诗》得名，后李商隐窃其义，则以唐人而蹈袭宋人。引武林女子金丽卿诗：'梅边柳外识林苏'句，讥其不能守礼，出则拥蔽其面，皆极为王士禛所诋斥，见于《香祖笔记》中。此外如记杨维桢为明太祖所召，托疾固辞，作诗缢死，则全无事实。"清周中孚《郑堂读书记》卷五七评曰："其书综百家之所长，竟终身之得力，虽雅俗并存，巨细并举，然类聚条分，杂而不越"，"其中记忆之讹，字句之累，为后人所驳正者，亦复不少。"有嘉靖福建坊刻本。其识语自谓："拙稿初为备忘，谬陋不计，讨论相知，展转录出。"另有清乾隆四十年(1775)耕烟草堂刻本、《四库全书》本、1959年中华书局排印本。

真珠船 笔记。明胡侍著。八卷。侍字奉之，号濛溪。咸宁(今陕西西安)人。正德十二年(1517)进士，官鸿胪寺少卿。《明史》卷一九一有传，作宁夏人。是书卷首有嘉靖二十七年(1548)自序，谓书名取元稹语："读书每得一义，如得一真珠船。"为读书笔记，杂采经史，也有作者见闻杂感和考证，有一些谈异说怪的果报故事。《四库全书总目》存目，谓为"征引拉杂，考证甚疏。"有明嘉靖刻本。

海槎余录 笔记。明顾岕著。一卷。兹编系著者于嘉靖元年至六年(1522—1527)官儋州时所录见闻。自序云："儋耳孤悬海岛，非宦游者不能涉，涉必有鲸波之险，瘴疠之毒，黎獠之冥顽无法，为兹守者，多不能久，久亦难其终也。余自嘉靖龙飞，承乏是郡，迄于丁亥，乃有南安之命。山川要害，土俗民风，下至鸟兽虫鱼，奇怪之物，耳目所及，无不记载，共几百余则。"然"颇多散失"，是编为追忆所及，仅得四十余则，然亦饶富南国情趣，堪为游记之作。如记"番车鱼"："海槎秋晚，巡行昌化属邑。俄海洋烟水腾沸，竞往观之，有二大鱼游戏水面，各头下尾上，决起烟波中，约长数丈余，离而复合者数四。每一跳跃，声震里许。余怪而询之于土人，曰此番车鱼也。间岁一至此，亦交感生育之意耳。今中州药肆悬大鱼骨如杵臼者，乃其脊骨也。"又记海南气候，谓"四时晴冽，则穿单衣；阴晦则急添单衣几层。谚曰：四时皆是夏，一雨便成秋。又曰：急脱急着，胜如服药。"文笔清脱。有《明朝四十家小说》本、《说库》本。

山樵暇语 笔记。明余弁著。十卷。前有嘉靖十年(1531)自序一篇。据书末引太史公绪训云:“人未四十未可著书,过四十又精力日衰,忽便衰老,子孙以吾为戒可也。”可知此书为中年以后所作。《四库全书总目》存目,谓“是书杂录古今琐事及词章典故,间加考据,亦有全录旧文者,盖偶随所得而录之,故编次皆无伦序,亦多疏舛。”作者另有《逸老堂诗话》二卷,此书诗歌品评亦较多,如云:“古人作诗,皆由所养,而不假雕琢,故其气象非后世所及。”但常借引录发挥,如“杨南峰云:作诗不以格律体裁为论,惟求能直吐胸怀,实叙景象,读之可以谕妇人小子皆晓所谓者,斯定为好诗。”又赞扬苏轼所谓“街谈市语,皆可入诗”为“亦自有味”。其余文人雅谑、词令,社会风习,土地物产等亦略备一格。如云:“秦少游在东坡座中,或调其多髯。少游曰:‘君子多乎哉!’东坡笑曰:‘小人樊须也。’”今存明抄本。《四库全书总目》著录有宁波天一阁藏本。

碧里杂存 笔记。明董穀著。二卷。《四库全书总目》存目。其提要云:“是书杂记琐闻,多齐东之语。”并举其例云:“如谓明太祖作钞,用贤人心肝,马皇后凿鸡鸣山石磴望太学,成祖甑蒸僧碧峰,皆不近事理。其以邹衍为汉儒,亦殊疏舛。甚至以礼部壁上所见‘读书须努力,写字莫糊涂’之句,为杂之少陵集中亦不可辨,尤不可解也。”类此大约均采之民间不经之传说。有明万历许琳刻《见闻纪训》附刻本、《宝颜堂秘笈》本(缺下卷)、《盐邑志林》本及《丛书集成初编》本等。

今言 笔记。明郑晓著。四卷,三百四十四则。内容主要为明开国至嘉靖历朝政事掌故、兵戎经济。《四库全书总目》存目,入史部杂史类。嘉靖四十五年丙寅(1566)自序称:“文献不足,杞、宋无征,方策尚存,文、武未坠,盖通今学古非两事也。”本年作者去世,此为其最后一部著作。书中不乏少见的文学史料。如第二百六十五则记王学夔,二百七十三则记李叔正,三百零一则记王瓒、董玘等。云李叔正:“(洪武时)诗称江西十才子,叔正其一也。”又第三百则云:“近记时事小说书数十种。大抵可信者多。惟《双溪杂记》、《蹇斋琐谈》二种好短人,似其好恶亦欠端。然《杂记》中言哈密事却是。”有嘉靖四十五年其甥项氏刊行本,但后来流行不广。另有万历间《纪录汇编》本,亦见于《郑端简公全集》。清代有《碧琳琅馆丛书》本、《芋园丛书》本。1984年中华书局点校出版。

戒庵老人漫笔 又名《戒庵漫笔》。笔记。明李诩著。八卷。是书由其孙李如一初刊于万历二十五年(1597)。清顺治五年(1648),其玄孙李成之重刊时又有所补充。李成之跋谓作者“每究心时务,精研理学,综该经史,驰骋百家,一一亲为删订,参以心得,而汇为崇帙,皆其壮时事也。晚年更博极群书,凡耳目睹记,辄捉笔识之,不分古今,不别事类,久而成编。”此书从嘉靖至万历初,撰写过程很长,随时缀录,积久而成,卷帙芜杂,不究其事类编次,但涉及广博,诗文评识和考订,亦颇有可采,如《四库全书总目》所云:“记苏轼、黄庭坚真迹诗句,可补本集之亡佚。记刘基画《蜀川图》,可证《图绘宝鉴》之阙漏。又如论《孟子》古本同异,则较王士禛《池北偶谈》所摘为详。又据《三水小牍》以证洪迈《夷坚志》之蹈袭。辨《两山墨谈》所称苏轼有妹嫁秦观之诞妄”,皆为“沙中金屑”。类此尚有如卷四所录《文信国公家书》,亦为文天祥佚作;卷六辨《唐诗鼓吹》误收宋人胡宿诗等。本书还有许多采自民间和其他记载的故事,可视为小说的作品。如卷四据杨慎《孝烈妇唐贵梅传》改写的《唐孝烈妇》,情节感人。嗣后收入李绍文《皇明世说新语》“贤媛”门。除上述诸本外,近代有《常州先哲遗书》本。1982年中华书局点校排印。

四友斋丛说 笔记。明何良俊著。三十八卷。包括经、史、杂记、子、释道、文、诗、书、画、求志、崇训、尊生、娱老、正俗、考文、词曲、续史等,各一至十数卷不等。初刻自序谓:“四友云者,庄子、维摩诘、白太傅与何子而四也。”又谓:“何子少好读书,遇有异书,必厚资购之”,“所藏书四万卷,涉猎殆遍。”此书盖为作者之读书笔记。涉猎浩繁,所记广博,于明代史事记述尤详,亦有作者亲见亲历之异闻掌故,间有考证和评述。然细大不捐,未免时有失误。如《四库全书总目》所云:“往往摭拾传闻,不能核实。”举例如“朱国桢《涌幢小品》尝辨王守仁实以宸濠付张永,而此书云责中官领状。”诸如此类。杂记及诗文词曲诸门中,保留了许多不经见的文学史料。如记戏曲家李开先尝蓄家乐,“家戏子二三十人,女妓二人,女僮歌者数人”,“中麓每日或按乐”。诗文见解,如卷二三云:“南宋之诗,犹有可取;文至南宋,则尖新浅露,无一足观者矣。”其评复古之风,谓“今人作文,动辄便言《史》、《汉》。夫《史》、《汉》何可以易言哉。昔人谓韩昌黎力变唐之文,而其文犹夫唐也。”此书初刻于隆庆,三十卷。后又续撰八卷,一并重刻于万历七年(1579)。1959年中华书局据以点校出版。

西湖游览志 笔记。明田汝成著。二十四卷。卷一为西湖总叙,卷二为孤山三堤胜迹,卷三至卷七为南山胜迹,卷八至卷一一为“北山胜迹”,卷一二为“南山城内胜迹”,卷一三至卷一八为“南山分脉城内胜迹”,卷一九为“南山分脉城外胜迹”,卷二〇至卷二一为“北山分脉城内胜迹”,卷二二至卷二三为“北山分脉城外胜迹”,卷二四为“浙江胜迹”。作者于卷首自叙云:“海内名山率皆有志,而西湖独无,讵非阙典。”但按其意,亦非惟补地志之阙,盖“西湖无志,犹西子不写照,〔霓裳〕不按谱也。”故又以“游览”名之。作者在描绘西湖湖光山色的同时,又以大量的笔墨介绍沿湖的名胜古迹,历朝的兴废沿革及文人雅士的题咏唱和。文字饱有感情。往往情景如画,间有山水游记的特点。如写断桥:“桥堤烟柳葱青,露草芊绵,望如裙带。”写南屏山:“峰峦耸秀,怪石玲珑,峻壁横坡,宛若屏障。凌空而中峙者为慧日峰。”有时引古证今,并不忘介绍其有关传说。介绍雷峰塔,“俗传湖中有白蛇青鱼两怪镇压塔下”。此书合《西湖游览志余》初刻于嘉靖二十六年(1547),万历间曾经范鸣谦、季东鲁和商惟濬先后三次重刻。商刻有所增删。中华书局上海编辑所1958年据嘉靖本排印出版。1980年上海古籍出版社重印。同年浙江人民出版社也有排印本出版。

西湖游览志余 笔记。明田汝成著。二十六卷。此书之作,作者在《西湖游览志》自叙已提到,系前书“裁剪之遗,兼收并蓄,分门汇总为卷者二十有六题。”可知二书系嘉靖中同时所作。所不同者,此书以杭州为中心,介绍其人文、风俗、历史沿革,王朝兴衰,并杂以种种遗闻佚事和传说故事,卷一卷二为“帝王都会”,卷三为“偏安佚豫”,卷四卷五为“佞幸盘荒”,卷六为“板荡凄凉”,卷七至卷九为“贤达高风”,卷一〇至卷一三为“才情雅致”,卷一四卷一五为“方外玄踪”,卷一六为“香奁艳语”,卷一七卷一八为“艺文赏鉴”,卷一九为“术技名家”,卷二〇为“熙朝乐事”,卷二一至卷二五为“委巷丛谈”,卷二六为“幽怪传疑”。前叙又云:“客有病予此书多述游冶之事,歌舞之谈,导欲宣奢,非以长化也。予则以为志者史家之一体也。史不实录,则观者何稽也。”因此,此书对于官私稗乘、民间传说,以至杭州地方的风俗陋习,商业发达下城市社会风气之败坏,均不惮记述。其中许多动人的故事,后来还被《西湖二集》等书改写成小说。卷二一至卷二五之“委巷丛谈”另被单独辑出刊刻成书,收入《广百川学海》、《续说郛》及《五朝小说》等丛书。全书合《西湖游览志》初刊于嘉靖二十六年。万历间又经范鸣谦、季东鲁和商惟濬先后三次重刻。中华书局上海编辑所1958年据嘉靖本排印出版。1980年上海古籍出版社重印。同年浙江人民出版社出版校点本。

委巷丛谈 笔记。明田汝成著。一卷。即《西湖游览志余》卷二一至卷二五辑出单刻成书者。内容涉及杭郡山川、人文、地理,而尤重在笔录宋元明三朝与杭州有关的人物的遗闻佚事。上自帝王,下及平民,文人学士如王安石、苏轼、辛弃疾、陆九渊及明代的一批士子。如云“辛幼安流寓江南,而豪侠之气未除也。”“所相与谈天下事。幼安酒酣,因言南北利害,言南之可以并北者如此;北之可以并南者如此。钱塘非帝王居。”记元之诗社:“豪杰不乐进取者,率托情于诗酒。其时杭州有清吟社、白云社、孤山社、武林社、武林九友会。儒雅云集,分曹比偶,相睹切磋,何其盛也。国初犹有余风,故士人以诗学相尚。”有许多首尾完整的故事,如记宋时有团头女择士人而嫁,助其仕进,后遭推坠于水,此即冯梦龙《金玉奴棒打薄情郎》所本。有《广百川学海》本、《续说郛》本、《五朝小说》本。《明百家小说》本有删节。

松窗梦语 笔记。明张瀚著。八卷。为作者晚年罢职闲居所作。因书斋“楹前一松”,“有承露沐雨之姿,凌霜傲雪之节”(自序),而取以为名。瀚历仕为官,见闻广博,经历丰富,因而内容广泛地涉及明代的政治、经济、军事、社会风俗、少数民族、对外关系等许多方面。许多内容都是他亲闻目睹的经历,有丰富的史料价值。全书三十三纪。卷一宦游纪,卷二南、北、东、西四游纪,卷三北虏、南夷、东倭、西番四纪,卷四士、农、百工、商贾四纪,卷五象纬、堪舆、祥瑞、灾异、花木、鸟兽六纪,卷六方术、盛遇、异闻、先世、梦寐五纪,卷七权势、忠廉、时序、风俗、自省五纪,卷八铨部、宗藩、漕运、西粤四纪。百工纪述明中叶以来商品经济的发展引起社会风气之变,云:“迩来国事渐繁,百工技艺之人疲于奔命,广厦细旃之上,不闻俭朴而闻奢靡;深宫邃密之内,不闻节省而闻浪费。”商贾纪记趋利之商:“日夜驰骛,犹自以为不足也”。作者一反重农抑商的传统,对官府对商贾的苛待持不平之鸣。此书于奇闻异事类乎志怪传奇之事，亦不惮记述。叙事详明，文笔清奇雅洁。原存抄本，清光绪间始有《武林往哲遗书》刻本。1985年和1986年中华书局及上海古籍出版社均有点校本出版。

北窗琐语 笔记。明余永麟著。一卷。余，鄞县(今属浙江)人，嘉靖七年(1528)举人，官苏州通判。是书杂记见闻，有亲历目睹，也有耳闻所及。《四库全书总目》谓："书中叙日本出处、土俗、朝贡三事颇详，其余纪载，则颇多失实。如周岐凤以邪术坐罪，而永麟以为豪侠跌宕，力为左袒。又谓明太祖杀徐中山王达夫人。太祖虽猜忌残忍，何至如是。殆近于无稽之谈。至所载淫辞琐事，更不足观矣。"反映此书自有褒贬，常能反映民间倾向。书以明人事迹为主。如云明初太祖定苏松重赋之策，为友人所见"苏松旧册一本"。但记方国珍、张士诚、于谦、贾似道等遗闻逸事，多为民间流传的故事。又记明初至嘉靖间衣冠服饰之变，亦为社会风俗之实录。作者酷嗜谈诗，用以事系诗的方法，保留了许多传为某人所作的诗。谈艺品画，提出"古人远矣，阎立本、吴道子，唐人也，犹不复见一笔，况顾、陆之徒，可得见乎！"提出"论画者，当以耳目可考者为准。"书中对今人已难见到的宋人书画，提出了许多精辟评论，可供治画史及文艺学者参考。有《砚云甲编》本、《古今说部丛书》本、《申报馆丛书续集》本、《丛书集成初编》本。

蓬窗日录 笔记。明陈全之著。八卷。全之字粹仲，闽县(今福州)人，嘉靖二十三年(1544)进士。后序有云："余自庚子(嘉靖十九年)观光上国，晨途夕舟，风江雨湖，历睹时事，遍窥陈迹，凡得见闻，雅喜抄录。或搜之遗编断简，或采之往行前言，上至圣神帝王吟咏，下至阛阓闾里碎言；近而衽席晤谈，远而裔戎限界。岁积月盛，篇盈帙满，不觉琐屑，涉乎繁芜。辛亥(嘉靖三十年)官南宫，删其稿。庚申(嘉靖三十九年)转芦沧，重订之。"此可知其撰作时间与成书过程。全书分寰宇、世务、事纪、诗谈四门。《四库全书总目》著录谓为"'世务'一门多可采，'寰宇'一门颇参舆记陈言，'诗谈'、'事纪'则更伤猥杂矣！"是书涉猎广泛，有裨于史学。"诗谈"门提供的文学史料颇有价值。如所录明太祖诗有《渡江诗》、《咏菊诗》、《咏雪诗》等。元好问七绝《北岳诗》为世本所无。《贯酸斋诗集》久已佚，明初人尚可获睹，所录《题芦花被》诗，首联下句："翠蓑聊复籍为裀"，可纠今存明人辑《宋元四十家集》中元诗《芦花被》该句之误。书中还有作者的诗文批评。有嘉靖间刊本。1979年上海古籍书店据以影印。

吴社编 笔记。明王穉登著。一卷。王曾长期居住吴中，是书专记吴中里社赛神之"会"。自序云："吴风淫靡，喜讹尚怪，轻人道而重鬼神，舍医药而崇巫觋，毁宗庙而建淫祠，黜祖祢而尊野厉。呜呼！弊也久矣。""每春夏之交，妄言神降"，于是有迎神赛会之俗。又曰："凡神所栖舍，具威仪箫鼓杂戏迎之曰'会'。优伶伎乐，粉墨绮缟，角抵鱼龙之属，缤纷陆离，靡不毕陈。香风花霭，迤逦日夕，翱翔去来，云屯鸟散，此则会之大略也。"是书详记会之名目，会之组成、扮演，还有"妆会"、"走会"、"舍会"的场面。扮演有"杂剧则"、"人物则"、"技术则"、"缠头则"、"乐部则"等。除民风民俗外，尚可了解江南一带戏曲之盛。有《八公游戏丛谈》本、《广百川学海》本、《宝颜堂秘笈》本、《王百穀全集》本及《续说郛》本等。

笔乘 又名《焦氏笔乘》。笔记。明焦竑著。六卷，续集八卷。《四库全书总目》存目，题《焦氏笔乘》。其提要云："是书多考证旧闻，亦兼涉名理。然多剿袭说部，没其所出。"并举例"如'周易举正'一条，乃洪迈《容斋随笔》语。'秃节'一条，乃宋祁《笔记》语。'开塞书'一条，乃晁公武《(郡斋)读书志》语"。大率此书为焦氏读书随笔，有得辄记，颇受后人重视并常被称引。其关于明代的记述，备具史料价值。如关于刘俨，《明史》本传极为简略，而此书"刘文介公"条记述甚详，尤其关于景泰中典顺天乡试，黜大学士陈循、王文子，几得危祸事，备记始末，可供治明史者参考。有关文学的，如"史痴翁"条，谓史忠能诗与新声乐府。收入《江南二隐》一书，"惜未能板行耳"。此书有万历刻本二种，六卷，续集六卷。又《粤雅堂丛书》、《金陵丛书》及《丛书集成初编》各本为六卷、续集八卷。近有1986年上海古籍出版社排印本。

玉堂丛话 亦作《玉堂丛语》。笔记小说。明焦竑著。八卷。据书前自序所署万历四十六年(1618)，次年作者即去世，知此书乃焦竑最后一部著作。是书略仿《世说新语》例，分五十四类，"采摭明初以来翰林诸臣遗言往行，分条胪载。"(《四库全书总目》)包括德行、政事、文学、言语等，"义例精而权量审，闻见博而取舍严。词林一代得失之林，煌煌乎可以考镜矣。"(顾起元序)它保存了明代的许多珍贵史料，文笔畅达生动。如卷一记《永乐大典》纂修过程中，由布衣而副总裁的陈济，“六馆执笔之士，凡有疑难，辄从质问。先生随问随答，未尝抵滞，疏扶剖析，咸有源委，非口耳涉猎者可比。故一时之人无不服其赅备。”王恭故家贫，曾伐柯为樵，予修《大典》中，受人讥讽。《大典》成，授翰林典籍，“居顷之，投牒归”，“布衣萧然，不慕名利”。余如高启、高棅、杨士奇、丘濬等皆有记述。有万历四十六年曼山馆初刻本。1981年中华书局校点排印出版。

榖山笔麈 笔记。明于慎行著。十八卷。内容广博。冯琦《题辞》谓是书集“朝家之典章，人物之权衡，经籍、子史、礼乐、兵刑，以至财赋。厄塞之区，耳闻目睹之概，纤悉备具，而又综二氏之异同，考四裔之源委，运折冲于寸管，总经纬于毫端”，为寓考据、义理于一体的著作。所记重点在嘉靖、隆庆、万历三朝的政治、经济、文化和士大夫面貌。卷八有“诗文”一章，集中表达作者的文学思想和诗文批评。如谓“文体之弊，大端有四：曰谲而不平，曰驳而不粹，曰巧而不浑，曰华而不实。”“宋文之浅，韩文兆之也；宋诗之芜拙，杜诗启之也。韩之文大显于宋，而宋文因韩以衰；杜之诗盛行于宋，而宋诗因杜以坏。”卷一五“杂闻”，“间杂齐谐”，近小说家言。是书先以抄本流传。万历四十一年(1613)由其门人郭应宠付刊。天启间又有沈械据家藏本再刊。1984年中华书局据万历本校点，与王锜《寓圃杂记》合订出版。

留青日札 笔记。明田艺蘅著。三十九卷。其中包括《诗谈》二卷，《玉笑零音》一卷，《大统历解》三卷，《始天易》一卷，皆曾单行，性质不类。《四库全书总目》认为“以足卷帙，尤可不必”。其余性质比较一致，皆杂录见闻，涉猎广泛，包括朝野故实、风土人情。名物掌故、艺文事典等，《四库全书总目》评为“芜杂特甚”。但编次仍差有条理，于中可见明中叶以来社会风气之变，如卷三“男娼”：“今吴俗此风尤甚，甚至有开铺者。”卷二〇“妇衣”：朝定妇人服制，“今则婢子衣绮罗，倡妇厌锦绣矣。”卷四记刘瑾、钱宁、江彬、严嵩之败。查抄家产，备列细目，叹为惊人。卷二〇“杨玉环”、“复见两木兰”，卷二一“祝英台”，卷三五“沈万三”等，均有关戏曲小说本事。“复见两木兰”中记金陵黄善聪事，即冯梦龙《李秀卿义结黄贞女》故事依据之一，当是弘治间实事。是书初刻于万历初，前有隆庆六年(1572)庞嵩等序及万历元年(1573)刘绍恤序。今存黄汝亨序明末重刻本，有残缺抄补。1985年上海古籍出版社据之影印出版。

说听 笔记。明陆延枝著。据书后王禹声万历十九年(1591)跋，知其作年当在此前。原书四卷，晚出的两卷本有所删削。本书记述当时见闻杂事，也有不少神怪故事，但篇幅较短小，文字简率，文学性较差。所记当时人轶事如卷二陆容拒绝夜奔女子条，即《型世言》第十一回故事；卷三太仓州吏顾某施恩获报事，即《二刻拍案惊奇》卷一五所本。又卷二周八尺与溺死鬼交往故事，似为《聊斋志异》的《王六郎》渊源所自。作为小说史料，还有一定参考价值。有明刻《烟霞小说》本，罕见；通行的两卷本不尽可据。

少室山房笔丛 笔记。明胡应麟著。四十八卷。《四库全书总目》评为“其中征引典籍，极为宏富，颇以辨驳自矜。”全书计分十二部：卷一至卷四甲部“经籍会通”，阐述古代典籍及其流传、收藏情况。卷五至卷一二续甲部“丹铅新录”，为经籍考据，主在驳难杨慎之失误。卷一三至卷一八乙部“史书佔毕”，史评。卷一九至卷二六续乙部“艺林学山”，诗文品评与考订正讹，亦为驳杨慎而作。卷二七至卷二九丙部“九流绪论”，论诸子百家源流得失。卷三〇至卷三二丁部“四部正讹”，伪书考。卷三三、卷三四戊部“三坟补逸”，专论汲冢遗书《竹书纪年》、《逸周书》、《穆天子传》，以补三坟之阙。卷三五至卷三七己部“二酉缀遗”，为稗官杂著所载奇闻异事之缀补考订。卷三八、卷三九庚部“华阳博议”，综论古今学术。卷四〇、卷四一辛部“庄岳委谈”，杂考神仙怪异、传闻故事和戏曲小说。卷四二至卷四五壬部“玉壶遐览”，谈道家和道书。卷四六至卷四八癸部“双树幻钞”，谈佛家与内典。本书涉猎广泛，其中“艺林学山”、“二酉缀遗”、“庄岳委谈”尤关诗文、戏曲和小说。其考证与评论，材料丰赡，评论时有精当见解，为文学史家所重视和引用。虽“舛讹处多不能免”，仍不失其学术价值。有万历三十四年(1606)初刻本。通行本有清末广雅书局刻本，1958年中华书局上海编辑所排印本。

典故纪闻 笔记。明余继登著。十八卷。是书选录明开国至隆庆历朝故实，意在提供历史经验。按冯琦序谓作者的初衷为“取法于远，不如近也”，故“凡关国家大政大本则书，非大事而于世为急则书，非大非急，而为异闻见则书，非异而事所从起则书。”卷一至卷五为太祖朝事，卷六卷七为成祖朝事，卷八至卷一〇为仁宗、宣宗两朝事，卷一一至卷一三为英宗、景帝朝事，卷一四至卷一六为宪宗、孝宗、武宗朝事，卷一七卷一八为世宗、穆宗朝事。然亦往往因细大不捐，未免类似于《起居注》或某朝实录加以“润色之词”，而受到《四库全书总目》的指摘。但仍不失其史料价值，对于了解明代文学和文化思想，亦可供参考。如卷二明初朱元璋反对“深怪险僻用语”，“雕刻为文”。卷一〇记宣宗言“朕于取士，不尚虚文”，对明初文风有影响。卷一七记嘉靖时出现“创为异说，诡道背理，非毁朱子者”。文学风气之大变，至如卷一八所云：“文藻竞工，览者每为所眩。”书中每有许多寓言或故事性的记述，清隽可读。有万历间初刻本，清光绪间《畿辅丛书》据以重刻，民国间收入《丛书集成初编》。1981年中华书局点校排印。

梅花草堂笔谈 笔记。明张大复著。十四卷。《四库全书总目》著录附《二谈》六卷，应为另一著作《闻雁斋笔谈》六卷之误。阿英跋语已有辨剖。此书多记明中叶以来作者家乡苏州一带的遗闻琐事、风土人情和个人经历。据《江南通志》文苑传，乃其丧明以后追忆而作。提要谓为“辞意纤佻，无关考证”。以文笔论，如“胜池名园，满幕如锦，故不如空庭袅娜”（卷七“蔷薇”），“山桂盛开，明月如昼，天香飘忽，花影凌乱，与元初辈小饮山房”（卷八“中秋”），俱晚明小品之境。其记吴中戏曲之盛，颇多可采，如卷一二“昆腔”条云魏良辅“居太仓之南关，能谐声律，转音若丝。张小泉、季敬坡、戴梅川、包郎郎之属，争师事之维肖。”云梁辰鱼“起而效之，考订元剧，自翻新调，作《江东白苧》、《浣纱》诸曲。”均为研究昆曲盛衰之可贵资料。此书有关剧曲的评述，为曲家所重视，曾辑为《梅花草堂曲谈》出版。此外尚有诗文绘画、小说故事的记叙，生动可读。有明崇祯间刻清顺治间修补本。近代有上海杂志公司排印本。1986年上海古籍出版社据谢国桢瓜蒂庵藏本影印行世。

画禅室随笔 笔记。明董其昌著。四卷。卷一论用笔、论法书等四目，皆论书；卷二画诀、画源等四目，皆论画；卷三为纪事、纪游、评诗、评文，亦四目；卷四杂言上、下，并楚中随笔、禅悦四目。由于作者精于书画，故评书画占据了大部分篇幅。除首二卷外，衡文品诗和杂言，几随处可见与书画的关系。如云“唐人诗律，与书法颇似，皆以浓丽为主，而古法稍远矣。”（卷三）《四库全书总目》又认为：“其评文一门，多谈制艺。”但作者指出“文章要有精神”，反对“卑琐局曲情态”，“直须放开此心，令之至虚，若天空，若海阔”，却又自有见地。全书疏于考据，“未免有小误”，但文笔清脱，如云大田县七岩，“临水，山下皆平田。秋气未深，树凋叶落，衰柳依依。”“高邮夜泊，望隔堤大湖，月色微晦，以为地也，至诘旦，水也。竺典化城，无乃是耶？”（卷三）诚晚明小品。此书有康熙十七年（1678）裕文堂刊本、长洲杨氏刊本（前有康熙五十九年梁穆敬序）。此外还有乾隆董绍敏刊本、《笔记小说大观》本等。

田居乙记 笔记。明方大镇著。四卷。是书为其家居读书时所著。分四门，卷各一门：一曰“潜见”，下设“记学”、“记仕”二目；二曰“筌宰”，下设“记君”、“记臣”二目；三曰“伐阅”，下设“记操持”、“记作用”二目；四曰“居息”，下设“记家论”、“记性命”二目。《四库全书总目》子部杂家类存目，评谓“所录虽皆前人格言善事，然条缀原文，无所阐发。其出处或注或否，体例亦不画一。”今存万历活字本，前有万历三十五年（1607）作者自序，谓成书在病中，“但目之所触，心之所赏，则效古人读书法，辄乙其处，命儿子孔炤笔之。”文笔略似《世说新语》。有明刊本。书后有祁承㸁跋。另有《宝颜堂秘笈》本、《五朝小说》本删存一卷。

尧山堂外纪 笔记。明蒋一葵著。一百卷。“尧山堂”为其读书斋名。《四库全书总目》谓“是书取记传所载轶闻琐事，择其稍僻者，辑为一编”。以历史人物四百余人为其标目，上自先秦，下迄于明，以人系事。所采有史传稗乘，也有里巷杂闻，故“雅俗并陈，真伪并列，殊乏简汰之功。”然是书不拘正史惯例，是其长处。有关戏曲的资料，尤受曲家重视，如王和卿、关汉卿、贯云石、郑德辉、高则诚、王九思、康海等，均有述及。记高则诚儿时颖异云：“邻有尚书某绯袍出送客。高适自塾归，时衣绿衣。尚书呼语之曰：‘出水蛙儿，穿绿衣，美目盼兮。’高应声曰：‘落汤虾子，着红衫，鞠躬如也。’尚书大惊异，称为奇童。”其论曲部分，今人任讷辑为《尧山堂曲纪》，作为《新曲苑》的一种。印行有明原刊本。

偃曝谈余 又作《偃曝余谈》。笔记。明陈继儒著。上、下二卷。其自序云：“余入冬喜负暄读书，已渐相昵，往往狎夏日鼾睡以为快，庶几有鲁恭王行阳之意与。”故曰“偃曝”。是书杂记异闻，虽间以考证，但难以实事求之。如云：“狮子乳，以金银宝器盛之，皆漏，惟玻璃则否。庭州灞水，在大荒之外，以金铁承之皆漏，惟角与瓠叶则否。枸夷山中有流水亦如之。"其解诗文词语，往往可备一说。如云："温庭筠诗云：'招客先开二十双'，此句不解所谓。答云：双，五亩也。末句云'四十双'，盖二百亩也。见《唐书·南诏传》：'官给田四十双'，为二百亩也。陶南村《辍耕录》则谓一双为四亩。"释"梼杌"云："其状如虎，长三尺，人面虎爪，口牙一丈八尺，人或食之。战斗终不退却，惟死而已，甚哉！史官之宜死其职也。又史者示往知来者也。梼杌之为物，能逆知来事，故以此目之。"《四库全书总目》谓之"取其平日与客谈者钞撮成书，无他考证。所纪历代年号一则，遗漏尤多。"有《宝颜堂秘笈》本、《丛书集成初编》本。

珍珠船 笔记。明陈继儒著。四卷。《四库全书总目》子部杂家类存目，评谓："是书杂采小说家言，凑集成编，而不著所出。"然亦未尽然，如卷二一则云："李贺作歌诗，属意花草蜂蝶间，竟不远大。"注："赵璘《因话》。"也有随文带出者。有一些神仙故事，如卷三一则："明皇赐张果酒。曰：'臣有弟子能饮。'俄一小道士自殿檐下，年十六七，美风姿，善谈笑。帝赐一斗不醉。又逼饮之，酒忽从顶出，化一酒榼，乃集贤院物也。"内容不论，随笔而录，略无编次，然皆摘要而饰之，文笔生动简洁，如珍珠之载于船，故名。有明刊本、《宝颜堂秘笈》本、《丛书集成初编》本。

太平清话 笔记。明陈继儒著。四卷。凡数百则。皆以简短文字摭拾琐事，笔录心得。尤重于记述文人活动，以及诗文书画、金石收藏的品评考证。如卷二有云："阳明先生游匡庐天池山之佛手岩。岩插出山外，下临无底，人无到者。公乃局身徐步，若龙蜿蜒，竦立岩前，瞻顾而叹曰：'奇绝！'人服其胆。"卷三评《世说新语》："临川王义庆《世说》全学《檀弓》，其妙妙在章法，若专以微言冷语求，何啻千里。"考证如卷三："严光本新野人，避乱会稽。《任延传》云：'天下新定，道路未通，避乱江南者，皆未还中土。会稽颇称多士，延为会稽都尉，如董子仪、严子陵皆待以师友之礼。'以此证之，子陵非会稽人明矣。范晔失于检考耳。"然如卷一云"李白生于漳明县之青莲乡，故号'青莲'。"卷二："山谷欲取所作诗文为内篇，其不合周孔者为外篇。"则未云所据。此书征引失实处，《四库全书总目》已有指出。有《宝颜堂秘笈》本、《丛书集成初编》本。《眉公十种藏书》、《说库》收入，但均为二卷。

六研斋笔记 笔记。明李日华著。四卷，又《二笔》四卷、《三笔》四卷，共十二卷。《四库全书总目》谓："日华工于书画，故是编所记论书画者十之八。词旨清隽，其体皆类题跋。盖锦赙玉轴，流览既久，意与之化，故出笔皆辄肖之也。其他所记杂事，亦楚楚有致。"大要为小品散文。如卷一二则："甲子冬十二月四日，春波旧居，改构落成。移居之前二月，搬运大都书画十之九，床、几、琴、砚、奇石、古敦彝十之五，而他物仅足用，先君宝器，多破裂者，不忍弃也。赵子昂句云：'贫尚典衣贪购画'……余所贻后人者，书画二事，虽未能精丽，然亦粗足备玩索矣。"又："文衡山先生《寒林》，捎空戳云，有从地一涌而出者。断不可以手追。焚香默坐，对之如在荒江野岸，维舟霜柳之下而已。"至于考证，则每有所失。提要已指出，并云："大抵工于赏鉴，而疏于考证。人各有能，有不能，取其所长可矣。"有崇祯间初刻本，前有天启六年(1626)其门人刘日羲序及崇祯三年(1630)陈懋仁、王起隆序、鲁得之序，崇祯七年江元祚序多篇。嗣后有清乾隆中刊本、《四库全书》本、上海有正书局本、《国学珍本文库》本、《李竹懒先生说部丛书》本。

客座赘语 笔记。明顾起元著。十卷，不分门目。关于此书命意，作者自序有谓："余顷年多愁多病，客之常在座者，熟余生平好访求桑梓间故事，则争语往迹近闻以相娱。"顾南京人，故是书以记南京故实及异闻逸事为主。《四库全书总目》评谓："虽颇足补史乘之阙，而亦多神怪琐屑之语。"内容涉及官场及士林活动，有关南京的人文风俗、都市沿革、文物古迹以及物产岁赋等。对于戏曲的记述，尤为曲家所注意。如卷九《戏剧》一则，述及明代中叶富贵之家戏曲歌舞宴集的情况。并云南戏"其始止二腔，一为弋阳，一为海盐。""后则有四平，乃稍变弋阳，而令人可通者。今又有昆山，较海盐又为清柔而婉折。"昆山腔兴起，乐器的改革，至有"吴人盖以洞箫及月琴"。有关散曲的创作，见于《警世词余》、《海浮赠曲》、《髯仙秋碧》、《四景联句》诸则。《文士》一则还有周晖、黄祖儒、黄复儒、傅汝舟、孙起等众多南京作家的记载，为他书所少见。是书有万历四十六年(1618)初刻本、清光绪三十年(1904)《金陵丛刊》本。1987年中华书局校点出版。

五杂俎 笔记。明谢肇淛著。十六卷。分天、地、人、物、事五部，故名。计天部二卷，地部二卷，人部四卷，物部四卷，事部四卷。包罗万象，举凡天文地理，物产经济，朝章国故，人文风俗，靡不该备。至搜奇志异，亦为其特色。其思想常有悖逆礼教之论者，如卷一天部云朱熹“谓理即天，恐终未是。理者虚位，天者定体；天有毁坏，理无生灭。”“况圣人举天以敌奥灶，此即苍苍之天，不专言理也。”又笔无忌碍，语无藏锋，如卷三地部一则，云“燕云只有四种人多：阉竖多于缙绅，妇女多于男子，娼妓多于良家，乞丐多于商贾”，至言“尽人间不美之俗，不良之辈，而京师皆有之”。清初因其多讳忌之语而遭查禁。书中尽多短小的故事，如卷八人部叙金陵黄善聪为生计而女扮男装，与同伴李英经商三年竟未觉察事，即冯梦龙《古今小说》卷二八《李秀卿义结黄贞女》故事。另一则叙男诈为女而奸淫妇女事，类似于凌濛初《闻人生野战翠浮庵》入话故事。有明万历如苇轩刻本、1935年上海中央书店排印本、1959年中华书局《中国文学参考丛书》排印本。

西山日记 笔记。明丁元荐著。上、下二卷。书名“西山”，为作者归隐之所。《四库全书总目》小说家类存目，云“是编杂录自洪武迄万历朝野事迹”。分英断、相业、延揽、才略、深心、名将、循良等三十六类，末附五箴。宗侄丁澎序称是书宗旨不外“垂鉴戒于天下后世”，“严邪正之别”。书中人物多为明代朝野之显宦名流，涉及许多政治事件中的著名人物，但也包括文人学者乃至不见经传的平民百姓。下卷设“文学”类，专记文坛逸事，有史料价值。如记唐寅：“尝一赴宁王聘，有反形，佯为清狂以免。”又云：“弘治初，北地李献吉首为古文，以变宋元之习，文称左迁，赋尚屈宋，诗古体宗汉魏，近体法李杜，学士大夫翕焉从之。其时济南边贡、姑苏徐祯卿及何景明最有名，世称四杰。”有清康熙先醒斋刻本、《涵芬楼秘笈》本。

秋泾笔乘 笔记。明宋凤翔著。一卷四十五则。宋，秀水人，居于乡之秋泾小巷，因以为名。《四库全书总目》子部杂家类存目，谓“是书皆载史传杂事，而附以议论，类多迂阔。其记太仓王千户入海，见龙抱石事，则又涉于神怪矣”。然其议论亦有可取者。如记英宗土木堡之变，郕王嗣位，但英宗复辟，废帝，寻死。意颇不平，云：“正统己巳之变，宗社危如一发，使非郕王继统，祸乱何由而平，銮舆何由而还。追先帝复辟，其贪天功以为己力者，遂加厚诬，使不得正其终。”他敢于直言批评朱祁镇。又记蜀乱，谓为饥寒所迫，宜劝农耕以尽地力，建仓储以备荒，亦是的论。其记史事尝多传闻，如记韩世忠与梁红玉、张浚老卒海外以美女换良马珠宝之类。有《学海类编》本。

笔麈 全名《郁冈斋笔麈》。笔记。明王肯堂著。四卷。万历三十年(1602)自序则谓“业已成三卷”，时尚未完稿。其谓：“余幼而好博览九流百家亡勿探也。遇会心处，欣然至忘寝食。”“时时札记，以管城写为谈麈。”书中学术讨论占重要篇幅。又因作者精于医术，关于医学方面的谈论亦甚多，此外杂论释道、天文历算、诗文书画、文字音韵，《四库全书总目》以为“亦颇足资参考”。作者生于心学盛行之时，议论颇受其影响。卷四论诗亦盛赞袁中郎《锦帆集》：“物真则贵。真则我面不能同君面，而况古人之面貌乎。”(《与丘长孺》)并以此为据论诗歌之变。是书有明万历刻本。1928年北平图书馆据以影印，1930年另又排印。

山林经济籍 笔记。明屠本畯著。二十四卷。王嗣奭万历三十五年(1607)序云：“屠先生豳叟，身絓圭组，心在云壑。既初返服，若释重负，于是辑《山林经济籍》成，以示不佞。”“或创或因，或衷或翼，总以颐性灵而畅山林之趣也。”可知是书当成于王序前不久，时屠已赋闲在家。全帙以其题名分山、林、经、济、籍五部。每部各占若干卷。如山部三卷，分题隐逸首策、群书品藻、书画金汤、护书(卷一)；山林友议、处约(卷二)；隐览(卷三)。内容庞杂，细大不捐，皆随得而录，再分类编纂而成，但材料丰富，对研究古代文化、经济和社会生活，不失为一部有史料价值的著述。书有跋语一篇，提到作者曾见过嘉靖间流传的《金瓶梅》小说抄本二帙，并述及此书卷帙、内容、语言特点，其流传情况及袁宏道的评价，为《金瓶梅》研究提供了重要史料。存明万历刊本。今存另有一部同名笔记，明末刊刻，不分卷，列栖逸、达生、治农、训族、奉养、寄兴、漫游、玩物八类。王重民《中国善本书提要》断为伪托之作。

金陵琐事 笔记。明周晖著。计正编四卷，续编二卷，二续二卷，共八卷。周有《尚白斋客谈》，已佚。此书内容系从前书辑出刊刻。前有万历三十八年(1610)自序及焦竑序，所记皆明代自开国至万历间南京之遗闻轶事，包括一些神怪传说。焦竑序称：“上关典常，复及俶诡，包前修之往行，具名流之嘉话。下而街谈巷议与圣人所不语者，往往在焉。读之可以辨风俗，征善败。国史郡乘，或裨其阙，非徒小说之靡而已。”是书篇制不拘，文笔生动，往往寓庄于谐。

如正编卷四《买太史公叫》一则，记一自负其才而不遇的士人黄白仲，一日“偶过内桥，闻乞儿化钱之声悲切，遂谓之曰：‘如此哀求能得几何？若叫一声“太史公爷爷”，当以百钱赏汝。’乞儿连叫三声。白仲探囊中钱尽以与之，一笑而去。乞儿问人云：‘太史公是何物？值钱乃尔。’”有关文学艺术的记述和作品品评，集中在“画品”、“曲品”、“诗话”等名目中，涉及的人物有陈铎、徐霖、胡懋礼、金銮、张四维、马湘兰、杨慎、王世贞等。对明代剧品亦有许多记述。书中颇多故事性作品，如卷三《银走》一则，为凌濛初《拍案惊奇》卷一《转运汉巧遇洞庭红》入话所本。今存明万历刊本、《国学珍本文库》排印本、1955年文学古籍刊行社影印本。

涌幢小品 笔记。明朱国桢著。三十二卷。《四库全书总目》存目，谓：“是书杂记见闻，亦间有考证。其是非不甚失真，在明季说部之中，犹为质实。”据自叙，作者初欲仿洪迈《容斋随笔》之例命笔，继而感“畸杂兼收，若无伦序”，遂弃而以自创之活动书斋“涌幢”命其名。“其曰小品，犹然《杂俎》遗意”，兼仿唐段成式《酉阳杂俎》。是书内容庞杂，涉及朝章国故、文化典籍、天文舆地、民风民俗、名物掌故，以及金石碑铭。《四库全书总目》评之为“而贪多务得，使芜秽汩没其菁英，转有沙中金屑之憾。”书中记述了明代著名人物如于谦、海瑞，学者如陈献章、王守仁、李贽等的遗闻逸事，亦有作者的许多考据心得。衡文品诗，亦此书之一大内容，如卷一八“文选”条，评《昭明文选》谓：“《文选》所收，多浓郁，兰亭简旷，自所不取。”谓“韩昌黎文本之于经，而得法于《孟子》”，“后王临川得之独深，而边幅独缺”。余如“文字简古”、“文冗长”、“文照顾”、“文淫妖”、“文奇字”等，表达了作者散文创作的见解。卷二二纪诗人诗作，涉及唐宋诗人韩愈、许浑、罗虬、韦庄、刘克庄等。卷一九多奇闻异事的记叙，类如志怪小说。明刻有万历四十七年(1619)及天启二年(1622)二种。1959年中华书局校点出版。

舌华录 笔记。明曹臣著。九卷。《四库全书总目》谓：“是书取前人问答隽语，分类编辑，分十八门，《世说新语》之余波也。所录皆取面谈，凡笔札之词不载，故曰《舌华》。取佛经舌本莲华之意。上起汉魏，下逮明人，颇为猥杂。原序亦自言，近时之事，多所润饰，则非尽实录可知矣。”十八门为慧语、名语、豪语、狂语、傲语、冷语、谐语、謔语、清语、韵语、俊语、讽语、讥语、愤语、辩语、颖语、浇语、凄语。各门分别有小序，以释其义。所录多为历朝著名人物言语，文苑如卷一“慧语”门一则：“庞安聋而颖悟。人与之言，以指画字，不尽数字，辄了人意。苏东坡戏之曰：‘余以手为口，尔以眼为耳，皆一时异人也。’”卷二“豪语”门一则：“袁中郎同陶石篑游鉴湖，袁谓陶曰：‘尔狂不如季真，饮酒不如季真，独两眼差同耳。’陶问故。袁曰：‘季真识谪仙，尔识袁中郎。’”卷首列有所采书目，示以文献依据。《凡例》云：“所采诸书，惟取语，不取事，即语涉鄙俚，不甚佳者，亦弃去，此《舌华》本义。”是书有万历刻本、上海进步书局石印本、《笔记小说大观》本、1934年上海新文化书社排印本及次年上海大达图书供应社排印本。

天爵堂笔余 笔记。明薛冈著。二卷。是书追记所历所闻并读书心得，时有精当之见。如卷一针对“近日无人不诗，无诗不律”，专攻唐人之近体，指出“七言律法度贵严，纪律贵整，音调贵响，不易染指”，“以此为入门之路，宜其欲入而自闭其门，终身不得窥此道。”此反映明代诗坛在七子“诗必盛唐”口号下之流弊。又云：“风人与训诂人肝肠意见绝不相同。训诂者往往取风人妙义，牵强附会。”批评《剡溪漫笔》“解(老杜)‘三峡星河影动摇’引《天官书》注”为谬误。此书保存了一些文学史料。如卷二一则云“往在都门，友人关西文吉士以抄本不全《金瓶梅》见示，余略览数回”，后又谓曰：“友人包岩叟以刻本全书寄敝斋，予得尽览。”以下兼有评语，为研究《金瓶梅》版本和成书提供了重要材料。此书有崇祯刊本，薛三省、李维桢、米万钟、范汝梓各为序。今易见者为《广快书》本、《续说郛》本、《五朝小说大观》本及《古今说部丛书》本。

万历野获编 又名《野获编》。笔记。明沈德符著。正编三十卷，补遗四卷，先后完成于万历三十四年(1606)和万历四十七年。正编自序云：“余生长京邸，孩时即闻朝家事，家庭间又窃聆父祖绪言，因喜诵说之。比成童，适先人弃养，复从乡贤先达剽窃一二雅谈，或与陇亩老人谈说前辈典型及琐言剩语，娓娓忘倦。”此书即“辄复紬绎故所记忆”而成。《续补小引》又云“胸臆旧贮，遗忘未尽”，继又续书。是书初未刊刻，亦未分卷，仅有传抄行世，散佚颇多。后经朱彝尊多方搜辑，赖以具备。康熙间钱枋据朱抄分类编为三十卷、四十八门，补编四卷。是书内容包罗广泛，举凡明朝自开国至万历朝二百五十年间的重要事件、人物活动、朝章国故、社会兴革、文艺科举、民风民俗，乃至遗闻逸事，均有涉猎。其中于嘉靖、万历朝记述尤详。是研究明朝历史、政治、经济、宗教、文化的重要资料。文学史料，如卷五“武定侯进公”条，关于郭勋家藏《水浒传》天都外臣序本的记载，卷二五“《金瓶梅》”条，关于此书抄本流传的记载，都是研究这两部小说的版本、作者、成书过程等的重要资料。此书有关戏曲的论述颇多，后人辑出以《顾曲杂言》的书名单独行世。《四库全书》词曲类收入。关于诗文作家、作品品评亦颇多，如卷二三“徐文长”，谓“其人高伉猬洁，于人无所俯仰，诗文久为袁中郎所推戴，谓出弇州上”。“一世少所许可，独注意汤义仍”。卷二五“袁中郎论诗”谓其“其攻王李颇甚口而詈于鳞尤苦”，均可窥知明中叶诗歌流派之争和文学思潮的动向。通行本推清道光七年(1827)钱塘姚氏扶荔山房刻本。1959年中华书局据以校点排印出版。

剪桐载笔 笔记。明王象晋著。一卷，分传、赋、解、说、记五类。《四库全书总目》子部小说家类存目，谓“是书因奉使册封途中所作，故取义于剪桐”。但批评其属于“解”类的《四公厚德解》“体近于戏”，卷首列《贺登极》一表，《贺惠王升位》一启为“尤不伦也”。书中多记奇闻异事，富故事性。如《丹客记》一篇，与冯梦龙《古今谈概》卷二一《丹客》(《智囊补》一篇同)，都是讲丹客以骗术谋人钱财事，为凌濛初《拍案惊奇》卷一八《丹客半黍九还，富翁千金一笑》故事所本。《燕僧记》揭露佛门寺僧不守清规，奸骗妇女，好色纵淫颇有力。《燕妇奇妒说》一篇用夸张的手法刻画一妒妇的心理，以至不能见人娶妾，否则竟气绝昏厥。但说教倾向也极浓，反映了作者不免于理学思想的束缚。今存明汲古阁刊本。

徐霞客游记 笔记。明徐弘祖(号霞客)著。存十卷。此书用日记体，不仅是一部具有较高文学价值的山水游记，而且是我国古代的一部地理、地貌考察的著作。它的科学价值受到中外地学界的肯定，给以极高的评价。《四库全书总目》指出，我国古代山水志记渊源极早，“然未有累牍连篇，都为一集者。宏(弘)祖耽奇嗜僻，刻意远游，既锐于搜寻，尤工于摹写，游记之夥，遂莫过于斯编。”“然以耳目所亲，见闻较确，且黔滇荒远，舆志多疏。此书于山川脉络，剖析详明，尤为有资考证，是亦山经之别乘，舆记之外篇矣。存兹一体，于地理之学，未尝无补也。”钱谦益则誉之为“世间真文字，大文字，奇文字”(《嘱仲昭刻游记书》)。徐氏自二十二岁起，前后三十余年，遍历吴越、闽、楚、齐、鲁、燕、冀、嵩、雒，登天台，攀华山，旋历终南，访峨眉、恒山，又南越大渡河至黎雅、金沙江，又从澜沧江北寻盘江，复出石门关，行程数千里，穷星宿海而还。足迹所至，随时记录。但他的手稿于去世后即有所散失。后由其友季梦良整理编次成书，但在传抄过程中又有散失。今传本为杨名时于康熙二十四年(1685)和四十九年两次收辑整理而成。时间自万历四十一年癸丑(1613)，迄于崇祯十三年庚辰(1640)，共二十七年。计十卷，每卷厘为上下。卷一卷二为东南地区及中原嵩华等地。卷三至卷四上为粤西，卷四下以后均为黔滇的经历，为徐氏对“百蛮荒徼之区，皆往返三四”的记录。清初潘耒序评谓：“记文排日编次，直叙情景，未尝刻画为文，而天趣旁流，自然奇警。山川条理，胪列目前；土俗人情，关梁厄塞，时时著见。向来山经地志之误，厘正无遗。奇踪异闻，应接不暇，然未有怪迂侈大之语，欺人以所不知。”各篇汇地理名胜、风土人情于一体，有记游，有探胜，有考证，有抒情，别创游记散文之一体。此书于乾隆四十一年(1776)由其裔孙徐镇据杨名时辑本校订刻印，此后续有刊刻。近发现题《徐霞客西游记》五册，为浙游至粤西游旧抄。所记日数、字数较乾隆本为多。有季梦良壬午(1642)题识。据判断，应为季氏编本残存部分。今通行本为1980年上海古籍出版社排印本，所收日记最全。

玉芝堂谈荟 别题《谈荟》。笔记。明徐应秋编著。三十六卷。作者小序自云是书“未及典谟垂世之经奇，止辑史传解颐之隽永”。计八百余条，内容广博，涉及政事、史地、天文、历算、工艺、风俗、饮馔、佛道等。但以搜奇记逸为主，如卷二“一门执象笏者百人”、“父子兄弟状元”之类。《四库全书总目》以为是书与《太平广记》、《说郛》相类，虽“体例与二书小别，而大端相近”。“其例立一标题为纲，而备引诸书以证之”，因而具有类书的性质，惟采自笔记杂著、小说家言为多。与文学掌故有关者，如卷六有“御沟题叶”条，举各书所见凡六。“梦笔生花”，举凡八见，云：“今人但知江淹梦笔耳。”又“倩女离魂”条，记离魂故事四件。可备典故查检之用。此外尚有“郑虔三绝”、“落花诗”、“芦花被诗”、“长卿作赋”等有关文学的条目。记志怪传奇类事亦甚多，为小说家所采摭。如卷一〇“女子男饰”条，即《醒世恒言》“刘小官雌雄兄弟”

所本。“取材宏富，足资采择”，其中多有不经见的引书。也有一些工艺和科技方面的条目，如卷二七“鸡鸣枕”，记西洋自鸣钟的传入。卷二〇“日中黑斗”，记万历四十六年(1618)某次日观异象。此书间附考证，订正名物。今有《四库全书》本、《笔记小说大观》本等。

昨非斋日纂 笔记。明郑瑄著。二十卷。卷各一目，曰宦泽、冰操、种德、敦本、诒谋、坦游、颐真、静观、惜福、汪度、广慈、口德、内省、守雌、解纷、悔过、方便、径地、韬颖、冥果。取作者官应天巡抚时斋室为名，为作者公余之暇逐日读书所得分类编纂而成。《四库全书总目》杂家类存目，谓为“皆记古人格言懿行”，以为后学楷模。各类前有小引，发表作者修身养性之道德论，正文多为一些历史人物的片断故事。如卷二“冰操”一则：“后汉王良为大司徒，在位恭俭。妻子不入官舍，布被瓦器。时司徒吏鲍恢过其家，夫人布裙曳柴从田中归，吏叹息而还。”亦有诸小说家言，如卷二〇“冥果”一则记王姓台州民因祭厕神，厕神授以药，涂耳，乃得窃听蚁群相语，获白金十铤，当为稗官所记。有明崇祯刻本，三集二十卷。《笔记小说大观》收入。据顾锡畴又序：“郑汉奉《昨非庵前纂》，余既序之行世，兹踵前加广焉。”可见内容有所增补。

戏瑕 笔记。明钱希言著。三卷。成书于万历四十一年(1613)。书名取《文心雕龙·正纬》篇：“尹敏戏其深瑕，张衡发其僻谬”义。是书多关考证。自序谓：“见有沿袭舛误者，随事随摘，随摘随记。”所考之事，举凡姓氏称谓，风俗礼仪，泛杂不论，艺文事类亦甚多。作者虽以博识自矜，然茫昧无征，附会失实处亦复不少，为《四库全书总目》所指摘，但也肯定其成就，如引陆龟蒙诗证宋玉真有《微咏赋》；引陈鸿《长恨歌传》证《说郛》所收《飞燕外传》之赝托；引《琅嬛记》出自《桑怿集》等。书中有一些关于戏曲小说的珍贵史料，如卷一“水浒传”一则云：“词话每本头上，有请客一段，权做过得胜利市头回……即《水浒传》一部，逐回有之，全学《史记》体。”“今坊间刻本，是郭武定删后书矣。”此为《水浒传》成书和版本史之重要记载。又卷三“赝籍”云李贽书，有叶昼“刻意摹仿，次第勒成，托名于温陵之名”的伪作。“李宏父批点《水浒传》、《三国志》、《西游记》、《红拂》、《明珠》、《玉合》数种传奇及《皇明英烈传》，并出叶笔，何关于李？”今存明刻本、清《泽古斋重钞》本。

偶记 笔记。明郑仲夔著。八卷。朱谋玮序谓是书“尝拟刘氏《世说》”，“略似洪景胪《随笔》，多识近世嘉言懿行，杂以古昔奇奥之闻，其纠是与非，可资千古针砭，功不细矣。”人物以明代朝野名人和士大夫为主。如卷四“颠主事”：“杨仪部循吉，字君谦，吴人。狂诞傲物，每读书有所得，则叫跳不休。人因称颠主事。顾华玉谓人，过吴不可不一造君谦，亦未易造君谦。”又卷五写文徵明：“文徵明仲父林，为温州太守，卒于官。僚佐大夫以千金致赙。辞曰：‘先大夫守郡曾未货取，不幸先朝露毙，得其正，使不肖受斯赠，是欺死也。且先大夫以正死，不肖可以不正生乎？’固不受。”有《玉麈新谭》本。

清言 又名《兰畹居清言》。笔记。明郑仲夔著。十卷。有曹征庸万历四十五年(1617)序，谓是书踵《世说》、《语林》诸书之后而葺，“虽晚出而旨微不同。大抵《世说》在因事以傅言，其言精；《清言》在因言以征事，其事该。《世说》之精，使人流想于片言，《清言》之核，期以示的于千古。”书中颇多士大夫、文人的活动记载，如宋濂、李攀龙、康海、卢柟、谢榛、徐渭等，有文学史料价值。如卷一一则记李攀龙评诗：“李廉宪过关中，过许中丞。许问：‘今天下名能诗何人？’李云：‘王元美，次宗子相。’许便请子相诗观之，李勃然曰：‘夜来火烧却矣。’”又：“济南居官廉慎，谢榛尝以私事来干，冀其枉法，祈请再三，李终不听。谢瞋目奋袂起，以拳击之。于鳞走入，得免。谢怒犹未平，鞅鞅而去，便欲离间五子，王、吴咸不直谢，以榛语来告，于鳞始遗榛书，与绝。”文笔生动。有《玉麈新谭》本。

耳新 笔记。明郑仲夔著。八卷。作者自序云为生平经历之所述，“耳涉之而成新，殊不忍其流湮而遁没也，随闻而随笔之。”书中有不少明末史事，如魏忠贤之成败，周顺昌、黄尊素、杨琏之死难等记述，褒贬爱憎亦寓其间，可供治史者参考。还有诸多明末文人的活动以及作品品评，表现其文学批评观点。如卷二“博赡”评刘基《春兴》诗“雄伟悲壮，方之杜少陵《秋兴》，工力悉敌”。“立言”提出：“善为文者”，须“观天之道，类物之情，广稽乎酉藏之秘，冥探炳巧智之渊”。重视作家之品格、学问、知识的全面修养。但书中亦不乏迷信怪诞的内容，《四库全书总目》评为“多及神仙因果，亦《辍耕录》之流亚”。是书据崇祯七年(1634)刻本作者自序“书成行世且久”的说法判断，此前已有初刻行世，并有“邓泰素凡雨为余序”，未见。此后刊刻甚多，较著者有《玉麈新谭》本、《申报馆丛书》本、《说库》本、《古今说部丛书》本、《丛书集成初编》本等。

帝京景物略 杂著。明刘侗、于奕正著。八卷。帝京指明代首都北京。本书胚胎于《水经注》、《洛阳伽蓝记》，是编详载北京景物，奕正摭求事迹，而侗排纂成文，以京师东西南北各分城内城外，并载西山及畿辅，列目一百二十九。每篇之末，各系以诗。作者受谭元春影响，行文出入于竟陵、公安，笔触冷隽、细致。《四库全书总目》归入史部地理类，但作为文学散文，亦颇为耐读，历来受到好评。有明崇祯八年(1635)原刊本、清乾隆三十一年(1766)纪昀删定本等，北京出版社1963年出版排印本。

智囊 笔记。明冯梦龙编。二十八卷。《四库全书总目》称其为“取古人智术计谋之事”而成。冯氏自叙谓：“人有智，犹地有水。地无水为焦土，人无智为行尸。智于人，犹水于地，地势坳则水满之，人事拗则智满之。”可知编撰者欲为人们提供古人行事处世甚至指挥争战的智慧和谋略，懂得怎样度过难关，怎样取得成功的经验。冯氏把大量摘抄或重新编写的故事分部归类。计上智部：见大、远犹、通简、迎刃四卷；明智部：知微、亿中、剖疑、经务四卷；察智部：得情、诘奸二卷；胆智部：威克、识断二卷；术智部：委蛇、谬数、权奇三卷；捷智部：灵变、应卒、敏悟三卷；语智部：辩才、善言二卷；兵智部：不战、制胜、诡道、武案四卷；闺智部：贤哲、雄略二卷；杂智部：狡黠、小慧二卷。部有总序，卷有引语，篇后也多有评。由于系摘编性质，往往有片断性，但就某人某事而论，则是完整的。如上智部“见大”：“太公、孔子”一则，叙吕尚诛华士，孔子诛少正卯，欲说明吕尚和孔子能即小见大，深谋远虑。明智部“亿中”：“范蠡”一则，叙范蠡次男杀人，囚于楚，遣长男往救而未果，因惜财故，非明智之举。本篇称范蠡有“所善庄生”，并嘱其长男往见之，纯系寓言。是书初刻原为二十七卷(未见)，后经“补遗”，并作《智囊补自序》。今见刊本已是再次增补，并将增补部分分类编入各卷，共得一千余则。是书有明刻和日本翻刻本，均题《智囊》二十八卷。明天禄阁及清斐斋刻本题《智囊补》。维经堂本题《新增智囊补》。《笔记小说大观》题《增广智囊补》。1986年江苏古籍出版社校点出版。1988年花山文艺出版社又出版了整理校点本，题《智囊全集》。

古今譚概 笔记。明冯梦龙编。简称《谈概》，后改名《古今笑》、《古今笑史》、《笑史》。李渔谓：“同一书也，始名《谈概》，而问者寥寥，易名《古今笑》，而雅俗并嗜，购之者惟恨不早。”(清康熙朱氏刻本序)《四库全书总目》杂家类存目著录，云：“是编分类汇辑古事，以供谈资，然体近俳谐，无关大雅。”乃一部讽刺笑话故事集。取材自正史至稗官野史，笔记杂著，人物自帝王将相至市井细民，多为真实人物。三十六卷，卷各一部类，计：迂腐部、怪诞部、痴绝部、专愚部、谬误部、无术部、苦海部、不韵部、癖嗜部、越情部、佻达部、矜嫚部、贫俭部、汰侈部、贪秽部、鸷忍部、容悦部、颜甲部、闺诫部、委蜕部、谲智部、儇弄部、机警部、酬嘲部、塞语部、雅浪部、文戏部、巧言部、谈资部、微词部、口碑部、灵迹部、荒唐部、妖异部、非族部、杂志部，二千三百余条。书中许多动人的故事，成为《三言》、《二拍》入话或正文故事所本。如卷一二矜嫚部“卢柟”条，卷一八颜甲部“聂以道断钞”，卷二四酬嘲部“苏小妹”等，冯梦龙据以铺饰为短篇小说《卢太学诗酒傲王侯》(《醒世恒言》)、《陈御史巧勘金钗钿》(《古今小说》)、《苏小妹三难新郎》(《醒世恒言》)。卷五谬误部“讹言”条，卷二一谲智部“丹客”条等为凌濛初《拍案惊奇》中《韩秀才乘乱聘娇妻》、《丹客半黍九还》故事所本。对白话短篇小说的创作多有影响。《千顷堂书目》著录有三十四卷本，未见。现存有明叶昆池刻本，三十六卷。清康熙朱石钟兄弟刻本有删节。1989年春风文艺出版社据明刻校点出版。

陶庵梦忆 笔记。明张岱著。八卷，一百二十三篇。创作于清初作者之晚年。其自序云：“陶庵国破家亡，无所归止，披发入山，駴駴为野人。”“因想余生平，繁华靡丽，过眼皆空，五十年来，总成一梦。今当黍熟黄粱，车旅蚁穴，当作如何消受。遥思往事，忆即书之。”其所创作，多为作者早年生活的回忆，充满了对于繁华往事的追忆，对明朝的覆亡，流露深沉的哀痛。作为山阴人，述家乡及杭州、西湖尤多。如《湖心亭看雪》、《西湖七月半》诸名篇。亦有非越中之经历者，如《栖霞》写金陵栖霞山之游：“日晡，上蹑山顶观霞，非复霞理。余坐石上痴对；复走庵后，看长江帆影，老鹳河、黄天荡，条条出麓下，悄然有山河辽廓之感。”以清新秀丽的文笔，写出如画之景。人与景交相辉映。作者身处晚明思想解放的时代，受公安、竟陵文学之影响，又兼有二派之长，反拟古，抒性灵，绝无道学家的严肃说教。但明清鼎革，繁华梦去，转眼皆空，亡国之痛，黍离之悲，未免给他的作品带来某种感伤的色彩。如《越俗扫墓》忆“男女袨服靓妆，画船箫鼓，如杭州人游湖，厚人薄鬼”的盛况，今则“乙酉方兵，画江而守，虽鱼艜菱舠，收拾略尽。坟垅数十里而遥，子孙数人，挑鱼肉楮钱，徒步往返之。妇女不得入城者三岁矣！萧索凄凉，亦物极必返之一。”形成鲜明对照。余如《二十四桥风月》、《柳敬亭说书》等，皆为名篇。晚明散文，张岱为其代表之一，在五四时期，备受读者推崇，并影响及于近代抒情散文的创作。是书最早有乾隆五十九年(1794)仁和王文诰刻本。此后有道光刊本、《粤雅堂丛书》本、《丛书集成初编》本。1932年北京朴社俞平伯标点本等。上海古籍出版社于1982年出版了与《西湖梦寻》合刊的马兴荣校点本。

西湖梦寻　笔记。明张岱著。五卷，七十二篇。前有王雨谦、祁豸佳、李继佐、武林道隐、李长祥及自序六篇。《四库全书总目》谓：“是篇乃于杭州兵燹之后，追记旧游。以北路、西路、南路、中路、外景五门分记其盛，而杂采古今诗文列于其下。岱所自作尤夥，亦附著焉。体例全仿刘侗《帝京景物略》，其诗文亦全沿公安、竟陵之派。”此云五门之外，尚遗“总记”一篇。所谓“小序”，实为释文。张岱自序云：“余生不辰，阔别西湖二十八载，然西湖无日不入吾梦中，而梦中之西湖，实未尝一日别余也。”“因作《梦寻》七十二则，留之后世，以作西湖之影。”文中备记某景之文化历史、地理沿革、自然景观，而融作者之亲切感受于其中，集记叙、抒情于一体。故祁豸佳序谓：“笔具化工。其所记游，有郦道元之博奥，有刘同人之生辣，有袁中郎之倩丽，有王季重之诙谐，无所不有。其一种空灵晶映之气，寻其笔墨又一无所有。为西湖传神写照，政在阿堵矣。”此书自康熙至光绪续有刻本。1982年上海古籍出版社与《陶庵梦忆》合刊校点出版。

快园道古　笔记。明张岱著。二十卷。是书略仿刘义庆《世说新语》，设盛德、学问、经济、言语等共二十门。卷各一门。虽多为作者先世、亲朋及一些名流雅士的遗闻佚事，但内容广博，涉及社会生活的各个方面。文笔简练，博雅诙谐。如卷一二“小慧”：“唐伯虎出游遇雨，过一皂隶家，出纸笔求画。伯虎画海狮数百，题其上云：‘海物何曾数着君？也随盘馔入公门。千唤万唤不肯出，直待临时敲窟臀。’”卷一四“戏谑”：“成化末，刑政多乖。阿丑剧戏于上前，作六部差遣状，命精择之。一人云：‘姓公名论。’主者曰：‘公论如何去不得！’一人曰：‘姓公名道。’主者曰：‘公道如今行不通！’后一人曰：‘姓胡名涂。’主者曰：‘胡涂如今才是当行！’”寓庄于谐。此书未见刊刻，原稿久佚。1989年浙江古籍出版社排印出版了近期发现的一个清代残抄本，存卷一至卷五，卷一二至卷一五共九卷。前有张岱于顺治十二年(1655)所作小序。

赤雅　笔记。明邝露著。三卷。是书为作者游广西，遍历少数民族地区岑、蓝、胡、侯、槃五姓土司，归而述所见闻的记录。共一百九十七条，略以土制风俗为一卷，山川古迹为一卷，物产一卷。多为奇闻异事。有的条目首尾完整，颇具故事性。如归顺“赵臣庙”，初不省所祀何神，父老讲出“倜傥好奇计”，立功平叛，而终未受赏的“夷门故事”。但许多记述类《山海经》，如“蚺蛇”：“九十丈者吞赤蚁，六十丈者吞象，三十丈至九丈者吞豺狼虎豹与鹿豕人。”“印娘”条述邕宜以西有石洞野女，“群雌无雄，遇男子辄负去，倾洞求合”，“缘崖走屋，其行如飞”。“木客”条：木客乃秦时造阿房宫采木者流寓广西，“好为近体诗”，且云“予在恭城见之”。《四库全书总目》谓为“大不近情”，“既称为秦时采木之人，何以能作律诗？”其附会涂饰，实类小说。有《四库全书》本、《知不足斋丛书》本、《龙威秘书》本、《啸园丛书》本、《说库》本、《丛书集成初编》本。

剪灯新话　文言短篇小说集。明瞿佑著。四卷并附录一篇，共二十一篇。多以元代社会为背景。其中近半数作品以青年男女的婚姻爱情为主题，如《金凤钗记》、《联芳楼记》、《滕穆醉游聚景园记》、《牡丹灯记》、《渭塘奇遇记》、《爱卿传》、《翠翠传》、《绿衣人传》、《寄梅记》等皆是。着意于表现对爱情的执着追求，仕途奔波和社会动乱中的悲欢离合，对封建礼教有所批判。其余相当作品写元末动乱中读书人的境遇和科举梦。如《华亭逢故人记》中的全、贾二生，生不逢时，只能“嗜酒落魄，不拘小节”，放纵自己。后助张士诚，失败后投水死，魂魄游荡无依，哀叹“贫贱常思富贵，富贵常履危机”。《水宫庆会录》写潮州士人某在水宫大展文才，受到隆遇。他的科举梦在另一个世界得到补偿。《令狐生冥梦录》叙某生之刚正，听说冥府亦不免贪赃枉法，愤而作诗谴责，几遭冥祸，终以“秉志不回，非可威曲”，折服了冥王而放回阳间。但对于忘恩不报的书生，如《三山福地志》中的缪君，则作了无情鞭笞。有的作品，如《天台访隐录》反映了社会动乱中人们对世外桃源的向往。是书规摹唐人，又兼用志怪手法，但艺术上则往往不逮。鲁迅评之为“文笔殊冗弱不相副”(《中国小说史略》)。题材狭隘，作者又好卖弄才情，节外生枝地羼入大量诗词之作，但往往以情节新奇，富于故事性受到欢迎，致仿效者迭起。对于后来的拟话本创作也有影响。其中《三山福地志》、《金凤钗记》、《翠翠传》三篇，还被凌濛初改写成通俗话本，收入《拍案惊奇》。本书据作者自序称“凡四十卷”，这应是指他蒐录的故事总数，实际按高儒《百川书志》的著录为四卷并附录一卷，二十一则故事。国内今已无足本。日本有与李昌祺《剪灯余话》并刊的庆元、元和(相当于明万历二十四年至四十三年)间活字印足本。诵芬室主据以翻刻。民国间又有郑振铎编《世界文库》本。1957 年上海古典文学出版社据以重新排印。此书合《剪灯余话》、《觅灯因话》合称《三灯》，近有 1981 年上海古籍出版社出版周楞伽校注本，其中《新话》附录又增入《寄梅记》一篇。

剪灯余话 文言短篇小说集。明李昌祺著。据作者自序云，此书实为瞿佑《剪灯新话》的“锐欲效颦”之作，故名之为“余话”。卷帙亦相类，计五卷二十二篇，不外烟粉灵怪类题材，多以元末明初社会为其背景。其间叙婚姻爱情之作，如《连理树记》、《鸾鸾传》、《凤尾草记》、《芙蓉屏记》、《贾云华还魂记》等，常常能在悲欢离合中写出青年男女矢志不渝之情，颇能感人。其余《长安夜行录》、《听经猿记》、《泰山御史传》、《江庙泥神记》等，亦往往别出新裁，寄托遥深。或假鬼魅神仙托改史书，讽世间记载多有失实；或假灵猿听经悟道，或叙神人至人间取士为官，泄愤世嫉俗之情，讥人间仕途之不公。然亦有通篇宣扬因果报应之作，而行文支蔓，随处夹杂诗词，则又较瞿作为甚。此书有明成化刊本，四卷。清乾隆五十六年(1791)刊本、同治十年(1871)镇江文盛堂刊《剪灯丛话》本均三卷。日本庆长、元和(相当于明万历二十四年至四十三年)刊本较全，诵芬楼主曾据以翻刻。1935 年《世界文库》收入。近有 1957 年古典文学出版社与 1981 年上海古籍出版社周楞伽校注本，均与《剪灯新话》并刊。

奇见异闻笔坡丛脞 文言短篇小说集。明雷燮著。一卷。今存弘治十七年(1504)书林梅轩刊本。原书第一页首行题“卷之一”，似不止一卷，但未见第二卷。存《按察使祠志》、《邯郸指腹志》、《西庵联句录》、《三殇子乞铭录》、《桃源访隐录》、《武夷幽隐传》、《鄢陵野中辩语》、《汴梁怪物志》、《老尼传》等二十四篇，多记元末明初时故事。当为明初人所作。篇末有南谷的评论，南谷似即作者的别号。书中故事比较简单平直，穿插诗词甚多，与《剪灯新话》系列小说相近。故事多有所本，如《雪崖和尚东游记》，叙僧人雪崖入一人家劝募，见无人，留一抄题疏簿而出。其家主妇与少年通奸，以刀杀夫，雪崖涉嫌被捕，将处刑，少年自首，雪崖得释。情节近似唐人《集异记》的《宫山僧》，而奸夫自首又似《冯燕传》。又如《池蛙雪冤录》，叙陈威谋夺罗汀之妻，诱罗同出，沉之于江中，终于败露真情。构思类似《夷坚志补》卷五《张客浮沤》及元杂剧《朱砂担滴水浮沤记》。

效颦集 文言短篇小说集。明赵弼著。共三卷二十五篇(后序谓二十六篇，误)。约作于永乐至宣德(1403—1435)间。此书所记，自云：“昔闻先辈硕老所谈，与己目之所击者。但初以为暇中之戏，不意好事者录传于士林中，每愧不经之言，恐贻大方家之诮”，“因题其名曰《效颦集》”。其书多仿效《夷坚志》及《剪灯新话》。《四库全书总目》小说家类著录，称其书“皆记报应之事，意寓劝惩，而词则近于小说”。实则大部分作品近于笔记体，但也有情节曲折，堪称小说者，如《钟离叟妪传》、《续东窗事犯传》、《木绵庵记》三篇，叙王安石、秦桧、贾似道故事，其情节，略同于先于此书的宋元话本《拗相公》(见《京本通俗小说》)及后来冯梦龙《古今小说》的《游酆都胡母迪吟诗》、《木绵庵郑虎臣报冤》。其间的关系，学界多有探讨。此书有明宣德原刊本。1957 年上海古典文学出版社校点出版。

花影集 文言短篇小说集。明陶辅著。四卷二十篇。前有正德十一年(1516)张孟敬序，云：“首之以《退逸子传》，公自道也……终之以《晚趣西园记》，间以《梦梦翁录》，则又叙其休致林泉、幽雅自适之情怀。”可知作品或自叙，或借以述志。又作者引言自称，其创作时，曾“较(《剪灯新话》、《剪灯余话》、《效颦集》)三家得失之端，约繁补略”，但多数作品难以和瞿佑之作比并。其中写得较为成功的有《刘方三义传》、《心坚金石传》等。此外尚有《节义传》一篇同被收入《燕居笔记》、《绣谷春容》等小说合集。《刘方三义传》一篇又被冯梦龙改写为白话短篇小说《刘小官雌雄兄弟》，收入《醒世恒言》。又卷四《丐叟歌诗》一篇，首叙临清晏公庙任道士弟子李自然故事，其“情节与《金瓶梅词话》第九三回陈经济投靠晏公庙任道士当徒弟的故事非常相似”，《金瓶梅词话》这一部分可能取材自《花影集》或临清地方的传说”（程毅中《〈花影集〉与陈经济故事》，见《文学遗产》1993年第三期）。有明刊本，已佚。今存朝鲜刻本。

谈纂 笔记小说集。明都穆著。上、下二卷。卷首下署“门人陆采编次”，故又名《都公谈纂》。是书记录元明以来至明正德初遗闻逸事。《四库全书总目》谓为“多涉神怪，不足征信。书中《龚泰》、《轩轨》、《张仙》三条，注称‘采曰’者，乃其门人陆采附记”。然《郑堂读书记》认为，其书虽“间涉神怪，亦不尽荒诞”。这是从文学特点而言。如《四明陈子桱》条，写明初史学家陈桱撰作《通鉴续编》时，秉笔直书“宋太祖废周主为郑王”，竟有雷霆击案，赵匡胤托梦威胁事，实为对朱元璋杀陈桱不满的曲笔。此书对洪武间专制杀戮颇多微词，以春秋笔法出之。其人物描写，多能抓住特征事件或细节。如卷上写于谦一条，记其某日遇盗劫舟，除腰间一金带外，余无贵重之物，盗竟舍之而去。还朝更无一物馈赠大臣，以状其公忠廉洁。书中还有许多民间流传的僧道侠客和传奇故事，颇为生动。如冯梦龙《大树坡义虎送亲》一篇入话即采自本书卷下一则故事。有《砚云甲编》本、《申报馆丛书》本、《丛书集成初编》本等。

志怪录 文言短篇小说集。明祝允明著。五卷。《四库全书总目》著录谓“所载皆怪诞不经之事”。但作者自序云：“志怪虽不若志常之为益，然幽怪之事，固宇宙之不能无，而变异之来，非人寻常念虑所及”，书之可以“趋避”，可以“劝惩”还可以“夺目警耳”，故为“吾侪之所喜谈而乐闻”，有娱悦作用。书成于弘治初。篇幅多为数十字至数百字。有的作品写得比较生动。如《鬼买棺》，写成化间吴中疫疠盛行，至“有一家七人同死无孑遗，无人为殓”者，于是有死者自己到市场买棺事。《海神请读书人》长达六百余字，叙海神亦课子弟读书，误将一少年捉去，欲延为馆课之师，发现误会后只得遣还。《谢老牛》写苏州杨姓所畜一牛，已为主人行磨十八年，老而欲卖、欲宰。老牛竟一一托梦于成交者。遂至无人敢问津。主人无奈，只得养牛终身。无非人间社会的种种写照。但大多数故事仅粗陈梗概，且不脱因果报应。有的优美故事惜无终结，如《妓乘鱼》即是。今存明刻本五卷，另《纪录汇编》本、《古今名贤汇语》本均为一卷。

野记 文言短篇小说集。明祝允明著。四卷。是书记明洪武至嘉靖九朝事，故《续说郛》又题作《九朝野记》。《四库全书总目》子部小说家类存目谓“多委巷之谈”，以史实乖违责之。但本书题名“野记”，即已无意以信史标榜。书中虽兼及典章国故，而大多采自里巷传闻，具备故事性。作者身当嘉靖之世，文网渐弛，又生性磊落，放任不羁，故能对列朝史事秉笔直录。尤其是明初洪武残暴猜忌，滥杀无辜的事件，书中反复叙及。书中有许多民间故事，如卷二记永乐中，曾率众起义的女子唐赛儿的故事，但并无凌濛初《拍案惊奇》卷三一《何道士因术成奸》的内容。卷四蔡指挥女为父报仇、蒋霆戏言得妇、无赖恶少徐达骗拐新妇，酿成一命案的三则故事，亦分别被冯梦龙和凌濛初敷衍为两篇拟话本小说。徐达一篇案中有案，曲折迷离，而本篇交代条理清晰，文字雅洁。作者另有《前闻记》一卷，“大抵于所为《野记》中别撮为一书，而小更其次第”（《四库全书总目》存目《前闻记》提要），内容和文字多相同。个别篇乃是由本书小注敷衍成文。今存明刊本、《续说郛》本（一卷）、《历代小史》本、同治元和祝氏刻本等。

国色天香 全称《京台新锲公余胜览国色天香》，又名《幽闲玩味夺趣群芳》。文言小说集。明吴敬所编，十卷。正文分上下两层，上层包括诗词歌赋和文言短篇十五篇：即《古杭红梅记》、《相思记》、《虾蟆牝丹记》、《金兰四友传》、《东郭集》、《笔辩论》、《虬须叟传》、《侠妇人传》、《张于湖传》、《续东窗事犯传》、《清虚先生传》、《丽香公子传》、《飞白散人传》、《玄明高士传》、《风流乐趣》等。这些小说，用简练的文言写成，篇幅短小，情节简单，其中多数篇章属寓言体小说，如《东郭集》描写好心人东郭因可怜狼，终被狼食。下层包括《龙会兰池》、《刘生觅莲记》、《寻芳雅集》、《双卿笔记》、《花神三妙传》、《天缘奇遇》、《钟情丽集》等中篇文言小说，每篇篇幅三万字左右，都是描写青年男女的爱情，乃嘉靖到万历年间流行的作品。有万历间周氏万卷楼重刊本、明益善堂刊本，清康熙大梁周文炜敬业堂刊本、周氏先霁堂刊本等。近有春风文艺出版社1989年排印本，删去诗词歌赋。

艾子后语 笑话故事集。明陆灼著。一卷。自传为苏轼作《艾子杂说》后，踵事者不绝。是书集笑话十五则，亦仿效之作。作者自序云：

“余幼有谑癖,有所得必录之。岁丙子游金陵,客居无聊,因取尤雅者纂而成编,以附坡翁(《艾子杂说》)之后,直用为戏耳。”其故事当另有来源。艾子其人虽不见史载,其事则往往借历史故事发挥。如本书樊於期索头、鲁季孙氏养士三千等则。也有纯系杜撰者,如艾子罚其孙跪雪,其子亦傍跪,曰:“汝冻吾儿,吾亦冻汝儿。”有《烟霞小说》本、《续说郛》本、《古今说部丛书》本等。

金姬传 又名《金姬小传》、《李姬传》。文言短篇小说。明杨仪著。一卷。作于嘉靖二十四年(1545)。小说叙元末张士诚与金姬故事。金姬原名李金儿,系名门之后。从小受到良好教育,至精于医卜星算。元末动乱中被张士诚所掳,为其母曹氏侍儿。张每用兵,必由金予卜,多奇合,但不为张的非礼所动。金儿卜知张士诚气运仅十二年。张据有平江后,欲册封为妃,金儿不慕荣华,祈祷上天而死。清黄廷鉴跋称赞“其文之华赡奇丽,实堪与《虬髯》、《红拂》等篇并传矣”。是书明天启时钱谦益把它视作史传作品,加以删削,“存其近是者若干言,附于《平吴录》之后”,后又发现其事“乃知其尽诬也”(《书杨仪〈金姬传〉后》)。说明它纯系小说虚构。有《借月山房汇钞》本、《泽古斋重钞》本,系用清黄廷鉴藏抄,有杨仪序跋各一,黄跋一。附《别记》一卷《李嘉谟不拜伪齐官》等六则故事。《香艳丛书》本、《说库》本(作《李姬传》)未题作者,用清黄丕烈藏抄本。有无名氏序一篇并《附记》、《别记》,仅存故事四则。

高坡异纂 笔记小说集。明杨仪著。三卷。《四库全书总目》云:“是篇乃志怪之书,前有自序。谓高坡者,京邸之寓名。”作者自云本不信神仙鬼怪之说,“正德、嘉靖间两见邑中怪事,始叹古人记载未必皆妄。天地造化之妙,有无相乘,始终相循。梦想声色,倏忽变幻,皆至理流行,特其中暂而不能久,变而不能常者,人自不能精思而详察之耳,岂可尽谓诞妄哉!”故事率皆小说家言,而作者却称“或本于父老之真传,或即其耳目之睹记,凿凿皆有依据”。书中所记,往往荒诞。所记神仙灵怪,异人施术之类,往往缺乏情节构织和形象塑造,但亦偶见佳制。如卷下叙书生木元经与田娟娟的爱情故事,哀婉曲折,近于传奇风格。有《烟霞小说》本、《古今说部丛书》本、《说库》本,三卷。《四库》著录为二卷。又《续说郛》、《五朝小说》则为一卷。

庚巳编 文言短篇小说集。明陆粲著。十卷。书成于正德年间,为作者早年所作。约一百七十篇,多志怪与传奇,富故事性。如《洞箫记》,写书生徐鏊初与仙女相爱,后娶妻相绝,遭到仙女杖责。《芭蕉女子》写学士冯权遇一绿衣女来,欲相狎,女截衣而去。冯所执得一衣角,恰与庭中一芭蕉新断叶相吻合,自是悟为蕉蕉精怪。《金华二士》叙王生、张生遇酆都使来阳间捕人。张生遵使者所嘱得以避难,而王生则于当晚死去。《元坛黑虎》叙吴人张廷芳嗜斗蟋蟀之戏至倾家荡产,后得神人指点获一黑大者,斗无不胜,获利无算。《还金童子》叙一被逐而无家可归,寄食于人的小僮却能拾金不昧,后来发迹成一武官的故事。被凌濛初改写成白话小说,题名为《袁尚宝相术动名卿,郑舍人阴功叨世爵》,收入《拍案惊奇》。是书所写有男女爱情、官吏断狱,也有仕途经济,民风民俗。有因果报应,也有颂圣之作,如《金生》写太祖金口,言必有应。许多作品对后来的白话小说有影响。有明万历《纪录汇编》本,《丛书集成初编》本。又《烟霞小说》本、《古今说部丛书》本、《说库》本均四卷。1987 年中华书局校点本,与顾起元《客座赘语》合订。

虞初志 文言短篇小说集。明陆采编。原刻八卷。其中《续齐谐记》跋说到外舅都公“命余锓梓”。都公即陆采的岳父都穆。《四库全书总目》存目作《陆氏虞初志》。所收前人小说除吴均《续齐谐记》、薛用弱《集异记》外,均为唐人传奇的名篇,如《李娃传》、《柳毅传》、《任氏传》等。书中《续齐谐记》、《集异记》、《虬髯客传》、《谢小娥传》、《莺莺传》、《霍小玉传》、《非烟传》、《高力士传》八种署有作者姓名,其余都不署撰人。后出的翻刻则改为七卷,乱加了许多作者,如《离魂记》署韦庄撰,《红线传》署杨巨源撰,《枕中记》署李泌撰,造成了混乱。翻印本还加上了汤显祖、袁宏道、屠隆等人的评语,可能出于伪托,因而或题汤显祖辑。有如隐草堂原刻本,通行本有中国书店 1988 年影印扫叶山房排印本,其底本为明末凌性德翻刻本。

冶城客论 笔记小说集。明陆采著。二卷。《四库全书总目》子部小说家类存目著录。并云“是编乃其肄业南雍时所闻见”。故所记多有关于金陵,冶城亦为金陵一地名,但自明季以来,仅以抄本流行。今见清末丁丙藏抄已非完本,1947 年《金陵秘籍》收入,一卷八十五则,二卷存六则。全书为与客谈论,故每则均注出所来自,以资征信。记明代各朝政事,颇寓微词,如洪武朝之专断暴虐,洪熙朝之崇佞道士。“狐妓”一则写狐化之二妓失京师其母之所在，原来“正德皇帝还自大同，边军出没，虽狐狸亦薰食已尽，尚何胡大妈之有？”是书以狐媚灵怪、神仙道化为题材的故事尤多，但也有不假狐鬼的现实故事。如“鸳鸯记”一则，写有夫之妇范氏与秀才郑卿相通而坚拒郑卿岳父谢某的勾引，对此类有悖于礼教的情爱的肯定，殊属匪夷所思，故《四库全书总目》斥为“淫媟万状”。书中有的故事往往亦见于他书。

苹野纂闻 笔记小说集。明伍余福著。一卷。卷末有其子跋语云：“此先君家食时所纂”，“先君捐馆后，始于笥中捡出”；时为嘉靖十九年(1540)。《四库全书总目》谓“是书所记仅二十条，皆吴中故实，间及朝政”。其中有志怪作品如《终南勇士》，记二贾人迷途终南山之奇遇。《叶湘尸潦》叙贾人叶湘过淀山湖遇害，其魂魄出没湖上，终于报仇。《安化伏诛》涉刘瑾之败，因参与安化王寘鐇谋叛，武宗时伏诛。有《学海类编》、《广四十家小说》、《丛书集成初编》诸本。《续说郛》本及《五朝小说》本作《苹野纂闻》，疑误，因书名盖取《诗经·小雅鹿·鸣》“呦呦鹿鸣，食野之苹”意。

鸳渚志余雪窗谈异 简名《志余谈异》。笔记小说集。是书未见著录，仅存明刊孤本，存原东北人民大学图书馆。题“鸳湖钓客评述”，并有“卧云居士批句”。上下二帙，三十篇。其中二篇有目无文。从故事多以秀水为背景看，作者当系今浙江嘉兴人。其《德政感禽录》一篇，首云“郡侯杨继宗以阳城进士来守我土”。查《明史》卷一九五传云继宗于“成化初，用王翱荐，擢嘉兴知府”，九年去。小说末评：“自杨侯至今，仅百年耳。”又兼此书有迟至“万历改元”(《海变录》)之事，故此书当成于万历三年(1575)前后，作者应为嘉靖万历时人。书中《西子泛雪记》、《隐居仙访录》、《高尚处士记》、《醒迷全录》等篇，皆颂扬全身远害及佛老弃绝尘世之故事，夹杂大段议论和说教。但也有许多生动的故事，如《敝帚惑僧记》，叙一少僧为一美女所惑至无以自拔，众僧为之解救，尾逐而知为一敝帚之精。对佛教禁欲主义不无讽刺。《德政感禽录》颂扬一刚正不阿之守令。《鬻柑老人传》写一夜间能自育柑橘而白日出售之异人。《酒孽迷人传》写一人素忌酗酒，却见财起意，偷愿醉人之银，借酒怪予以惩戒的故事，人物有褒有贬。此书许多故事，为后来的小说选本如《国色天香》等所收。

古今奇闻类记 笔记小说集。明施显卿编。《钦定续通考》、《四库全书总目》存目著录。《千顷堂书目》著录三卷，题《奇闻类记》。今见《纪录汇编》本，四卷，已非完本，前有作者万历四年(1576)自序，当为成书之年。书分天文、地理、五行、神祐、前知、奇遇、骁勇、降龙、伏虎、禁虫、除妖、緘毒、物精、仙佛、神鬼，共十五纪。降龙、仙佛二纪有目无文。自序云：“余归老读书，遇事之奇异者，必以片纸录之，恐久而散逸也，乃厘为十卷。”皆奇闻异事，也有许多传奇作品，但大都抄撮他书，于文中或文末注出。但也常作改动。如“奇遇纪”有《程宰遇辽阳海神》一篇，全文录了蔡羽《辽阳海神传》。另“前知纪”又有较短的《辽阳美人前知宸濠败亡》一篇，则又从《辽阳海神传》摘出一段改编而成一独立的故事。

语林 笔记小说集。明何良俊著，故又名《何氏语林》，以别于东晋裴启《语林》。三十卷。书用裴著旧名，并略仿南朝宋刘义庆《世说新语》例，增“言智”、“博识”二门，至三十八门。文徵明序称：“元朗雅好其书(《世说新语》)，研寻演绎，积有余年。搜览篇籍，思企芳躅。昉自两汉，迄于宋元，上下千余年。正史所列，传记所存，奇踪胜践，渔猎靡遗。凡二千七百余事，总十余万言(按应为二十余万言)。类列义例，一惟刘氏之旧；而凡刘所已见，则不复书。”是书并仿刘孝标《世说新语》注例，广征博引，自为注释。《四库全书总目》评曰：“其简汰颇为精审，其采掇旧闻，剪裁熔铸，具有简澹隽雅之致”，“援引考证，亦未尝不极确核。虽未能抗驾临川，并驱千古，要其语有根柢，终非明人小说所可比也。”书中有许多生动的历史人物的故事，但也不避采自里巷传闻及魏晋志怪者，经作者改写，率极生动可读。如卷二二“博识”门的老桑煮龟故事，其中老桑与大龟的对话，寓意深微，颇为精采。有嘉靖间清森阁刊本，但流传极少。今见《四库全书》本即据此抄收。

剑侠传 文言短篇小说集。明王世贞编。二卷。此书明吴琯《古今逸史》本题为唐人撰，不著名氏，二卷。《四库全书总目》子部小说家类存目著录即据此本，谓为“皆记唐代剑侠之事，与《太平广记》一百九十三卷至一百九十六卷所载豪侠四卷文尽相同”，断为“明人剿袭《广记》之文”。按，见于《太平广记》之《卢生》、《红线》、《聂隐娘》等唐人传奇，实仅十九篇，其中《扶余国主》叙隋事，还有多篇五代作品。《广记》未收之作尚有《老人化猿》，采自《吴越春秋》；《虬髯叟》、《韦洵美》二篇采自《灯下闲谈》。余外另有如采自《青琐高议》之《任愿》等书的十一篇五代两宋作品，共计三十三篇。明隆庆三年(1569)履谦子翻刻时又增附四篇，其中已有明人《剪灯余话》之《青城剑术》一篇。今人余嘉锡据《弇州山人四部稿》中《剑侠传小序》一文，以为此书当为王世贞所辑(《四库提要辨证》)。是书今传除履谦子翻刻本外，还有清汪士汉《秘书廿一种》本，四卷。《郑堂读书记》认为当系汪士汉所分。咸丰七年(1857)王龄刊本从之。《说郛》(重编本)、《唐人说荟》本、《丛书集成初编》本等均删存一卷。

初潭集 笔记小说集。明李贽编。三十卷。此书汇辑南朝宋刘义庆《世说新语》并明焦竑《类林》二书而成，分夫妇、父子、兄弟、师友、君臣五门，下又设若干类。辑者《又叙》云："临川王撰《世说》，自汉末以至魏晋，二百年间物耳，上下古今固未备也。焦氏《类林》起自羲、轩，迄于胜国，备矣，而复遗《世说》不载"，"今观二书，虽千载不同时，而碎金宛然，丰神若一，学者取而读之，于焉悦目，于焉赏心，真前后自相映发，令人应接不暇也。""是书也，合之则连璧，分之则双珠。"五门各有"总论"一篇，文中有夹批、尾批，以示品评褒贬，如卷一夫妇门"丧偶"条记王戎子亡，其媳寡而不许求娶一则故事。尾批："王戎不成人，王戎不成人！"卷一三师友门"为文"条记扬雄评枚皋、司马相如之文，尾批："说的是。"《四库全书总目》存目评为"狂诞谬戾"，实则表现了编者的反理学思想。此书明末颇流行。明刻除三十卷本外，尚有二十八卷、十二卷本多种。中华书局于 1974 年据三十卷本校点出版。

才鬼记 文言短篇小说集。明梅鼎祚编。十六卷。按旧有《才鬼记》一书，各本题有唐郑蕡撰、唐郑哲撰、宋张君房撰不同。仅《卢充》、《王敬伯》、《长孙绍祖》等十三篇。是书为其扩编。自周迄明，各选若干则，皆从诸小说采出，少者一则，如春秋末吴有《吴王女紫玉》，选自《搜神记》。多者如唐代有七十二则，占三卷，宋代三十二则，二卷。末"箕语"，三卷，共二百余则。编者《题记》自云："其间或由好事，或互讹传，若《剪灯》、《耳谈》之属，亡是乌有，聊亦兼收。"其名才鬼，皆饱学多才，生而不遇者，或托之于冥间，展其才情，一伸其志，或据而抗争，舒其抑郁不平。但也有许多故事中的人物称之为"才鬼"颇为勉强，如《四库全书总目》所云："《左传》所载浑良失梦噪之词，偶成韵语，目为才鬼，似乎未然。又如《搜神记》之段孝直、《水经注》之鲜于冀，但有辨枉之词，亦不得以才论。至《搜神记》之刘伯文寄一家书，即谓之才，尤为非理。"此书原为编者《三才灵记》之一，另二种为《才神记》和《才妖记》，未见。今存明万历刻本。另有清宣统三年(1911)上海古今小说社排印八卷本。

青泥莲花记 笔记小说集。明梅鼎祚著。正、外编共十三卷。清周中孚《郑堂读书记》著录云："其书记历代女妓事迹，皆捃摭子、史、别集中琐闻而成。凡分记禅、记玄、记忠、记义、记孝、记节、记从七门，所记共一百二十余人。又外编分记藻、记用、记豪、记遇、记戒五门，所记共八十余人。"所说之妓，如"凡例"所云："昔家乐亦称为妓，顾多自主，列次姬侍，非可与人尽夫者等也，不在此内。"所采书籍，实较周氏所云为广，举凡佛经道书、诗话词话、类书如《太平广记》、《古今说海》等均经搜辑，共二百余种。至如唐人传奇《李娃传》、《霍小玉传》等首尾完整之名篇，亦在其内。名妓的故事，如卷九《苏小小》、《薛涛》等，均搜罗殆尽，也有一些不经见者。辑者于每类之末略仿《史记》体例，以"女史氏曰"为附评，书名"青泥莲花"，"谓冶荡之中亦有节行"(《四库全书总目》)，意欲表彰出淤泥而不染的风尘女子。有万历间刊本、清宣统三年(1911)北京自强书屋石印本、1988年中州古籍出版社校注本。

霞外麈谈 笔记小说集。明周应治著。十卷。周，万历八年(1580)进士，官观察使。是书当为其辞官后作。分霞想、冥鸿、恬尚、旷览、幽赏、清鉴、达生、博雅、寄因、感适十类。《四库全书总目》谓"此书辑逸高尚之事"。写了古代的许多著名学者、文人和高人隐士的故事或片断言行。他们厌薄世俗，不与世浮沉，从某个方面反映了世道之险恶。文笔清隽秀雅。如记"袁粲"一则，云其领丹阳尹时，"独步园林，诗酒自适，每策杖逍遥。当其意得，悠然忘返。郡南一家，颇有竹石，粲率尔步往，不通主人，直造竹所，啸咏自得。""阮咸醉骑"一则："人皆指而笑曰：'此老子骑马似乘船行于波浪中。'"于简短的文字中，往往能刻画出人物的性格情趣。有的颇有故事性，如"卢简辞"条，写他于亭榭清赏中，忽见二人循岸牵舟而来，闻舟中白衣人与衲僧煮茗吟笑，写高逸中更有高逸。故事大多原有来自，如"刘晨阮肇"，原出《幽明录》，"吕翁"条，出自《枕中记》，但并不只是抄撮。原刻存佚不明。1984 年广陵古籍刻印社据上海进步书局石印本《笔记小说大观》影印。

近事丛残 笔记小说集。明沈瓒著。四卷。题名取桓谭《新论》:"小说家合丛残小语,近取譬喻,以作短书"之意。收作品一百九十七篇,多为作者为官时期及家乡吴兴一带的所历所闻。其中不乏搜奇记异,谈鬼说怪之作。但大量的作品是以读书人为对象,用传奇性文笔,写他们读书、求仕、做官的遭遇和经历,其表现和心态,有反映吏治腐败、科场舞弊和黑暗的《石秀才》、《沈象先》,也有表扬廉明的《苏州三贤守》、《吴江贤令》,更多的是写科举制度下读书人的种种变态和为官以后恶行的,其中有读书至不善生业,为官糊涂,任从家人胡行至身死家败者(《虹台公》);也有傲忮自矜,做官后作恶一方的(《周养室》);还有身为庠生却读书不明理的无赖(《吴庠生赖银》);甚至有亲家蒙冤落职即翻脸绝交,十六年后对方起用为官后又反诬其赖婚的御史(《赵少宰》)。余外佯狂放纵、性变态者、挖空心思设计挖人地财者,不一而足。书中也写了原为农家之子而成为学者的杜虹野(《杜虹野》),"小人而有君子之行"的张芹(《张芹》)。还有一些篇幅较长的公案故事。如《冤鬼报官》,被凌濛初改写为拟话本小说《酒谋财于郊肆恶,鬼对案杨化借尸》收进《拍案惊奇》。有的作品如《李贽》、《利玛窦》有一定纪实性。今存清乾隆五十九年(1794)刊本、嘉庆刊巾箱本、1928 年北京广业书社铅印本及《明清珍本小说集》本。

耳谈类增 文言短篇小说集。明王同轨著。五十六卷。王初有《耳谈》,又名《赏心粹语》,十五卷。《千顷堂书目》著录。《四库全书总目》子部杂家类存目,云:"其书皆纂集异闻,亦洪迈《夷坚志》之流。"后增订为本书,为任职江宁时撰著。题名耳闻之谈,故每篇必详所谈之人,以示征信。多为正德至万历间时事,然奇诡怪俶,故陶冶序谓"其事不必尽核,理不必尽合,文不必尽讳"。属小说创作,然颇能反映十六世纪明代现实生活。许多情节曲折、故事生动的作品被它书所采录。如《古今情海》、《情史》同名为《金三妻》的一篇,《古今闺媛逸事》之《破毡隐语》,均抄录了本书《武骑尉金三》篇。亦即冯梦龙《警世通言》中《宋小官团圆破毡笠》所本。《阿寄》、《汪太公归婢》、《王玉英》、《王世名》等,均被《三言》、《二拍》作者改编为白话短篇小说。亦有已见于前人笔记者,如洪迈《夷坚丁志》之《张客奇遇》,冯梦龙《情史》收入,主人公名念二娘,本书改为穆小琼并以为篇名。与《王玉英》篇一样,都是人鬼相恋的故事,缠绵动人。增订本成书于万历三十一年(1603),卷首有张文光、江盈科等及作者的序。

明世说新语 又题《皇明世说新语》。笔记小说集。明李绍文编。八卷。据书前万历三十四年(1606)陆从平序推断,当编著于万历中期。是书全仿刘义庆《世说新语》,其三十八门,如德行、言语、政事、文学等,一仍其旧。前有释名一卷,详列书中诸人名字、谥号、爵里,皆明代迄于嘉靖、隆庆朝野人物的遗闻琐事。多取材于明代稗官野记,亦有采自正史、方志及诸家别集。由于选择精当,编纂严整,使许多生动的故事汇萃一集。然亦有不尽符合所引原书者,如《四库全书总目》所指出的:"今书'方正'门,以文徵明论先人世谊语属之对上相杨公;'品藻'门,以王畿贪嗔痴救戒定慧语属之对陆树声,皆与他说部不合。是传闻异词,未能尽确。又以杨士奇为东杨,杨荣为西杨,其释名亦颇多舛互云。"涉及人物广泛,其中包括了明代的开国元勋、历朝名臣,如宋濂、刘基、方孝孺,"三杨"之杨荣、杨溥、杨士奇和于谦、张居正,也有众多儒林学者、文人画士,如解缙、王守仁、李梦阳、沈周、唐寅、祝允明、文徵明、王世贞、袁宏道等。全书因取资于不同书籍,致不同的思想倾向、艺术风格并存一集,此与刘义庆《世说新语》有别。现存万历三十八年(1610)云间李氏原刻本,前有沈懋孝、王圻、陆从平及陈继儒序。

九籥集 文言笔记小说集。明宋懋澄著。宋有全集,清初人尝多见之,今已无传本。孙殿起《清代禁书知见录》著录有十卷本、二十四卷本二种,亦未见。今本包括正集十卷,别集四卷,皆为文集。1984 年中国社会科学出版社据王利器藏本整理排印,附辑佚诗八十六首。正集包括记、序、论、表、稗、传文。《别集》署"娄东吴伟业骏公甫选",则清初或曾刊刻。除卷一赤牍外,余均为稗编,然卷三之"稗"编全部,卷二之《日本刀》,卷四之《负情侬传》、《顾思之传》,均见于正集。宋博学多识,正集卷八《将迁居金陵议》自叙生平,谓曾"僦数廛于金陵,汇坟典,诵读其中,穷群经诸史之奥,及国朝掌故与百家言,暨《周髀》、《甘石》、稗官、艺术之书,以迄于二氏",将稗官杂著与群经诸史等列。其重视的态度,亦反映在本书中。此书《吕翁事》、《杂伎》、《御戏》、《鉴定》等均具戏曲小说史料价值,尤可珍贵者为集中的笔记小说,其中《负情侬传》为今见写得最早的杜十娘故事,为冯梦龙《杜十娘怒沉百宝箱》所本。《刘东山》一篇,则为凌濛初《拍案惊奇》卷三《刘东山夸技顺城门，十八兄奇踪村酒肆》所本。《别集》中《珠衫》一篇，亦即冯梦龙《蒋兴哥重会珍珠衫》之蓝本。余如《李福达》、《朱丐儿》、《吴中孝子》等，皆为笔记小说创作。

觅灯因话 文言短篇小说集。明邵景詹著。二卷八篇。是在瞿佑《剪灯新话》影响下创作而成。据作者《小引》自叙著于万历二十年(1592)，命名之意，"盖灯已灭而复举"也。全书不外梦中因果，劝善惩恶及忠孝节义之类的说教，不涉男女风情，理学色彩浓厚。但对人情浇薄、尔虞我诈之世态亦不无揭露与斥责。如《桂迁梦感录》，以果报形式谴责了忘恩负义、以怨报德之桂生。此篇冯梦龙改题为《桂员外途穷忏悔》收入《警世通言》。《孙恭人传》旌扬了一妇女为保存恩人的一脉遗孤而不惜自毁其容的义烈精神。《唐义士传》通过对宋亡以后陵寝遭盗掘，帝骨暴野，有唐生者能冒死搜集掩埋，于表彰忠节中寄托哀思。各篇文笔朴实，鲜于诗词歌赋之类的穿插，但又往往代之以大段的议论和说教。此书合《剪灯新话》、《余话》，1957年经上海古典文学出版社点校出版，1981年又有上海古籍出版社校注本。

万锦情林 又名《新刻芸窗汇爽万锦情林》。文言小说集。明余象斗编。六卷。此书正文分上下两层，内容庞杂，文备诸体，以小说作品为主。上层：包括诗词歌赋文及文言短篇等，往往杂采宋元人作品。下层为文言中篇居多，篇目多和《国色天香》、《绣谷春容》、《燕居笔记》重复。包括《钟情丽集》、《白生三妙传》、《觅莲传记》、《浙湖三奇》、《情义奇姻》、《天缘奇遇》、《传奇雅集》等，上下两层的小说多记叙爱情故事。存明万历双峰堂刊本，题"三台馆山人仰止余象斗纂"、"书林双峰堂文台余氏梓"。

绣谷春容 又名《灾梨祸枣》。文言小说集。题赤心子汇编。十二卷。全书分上下两层，文备诸体，以小说作品为主。上层题"芸窗清玩"，包括中短篇文言小说十二种。即《吴生寻芳雅集》、《龙会兰池全录》、《联芳楼记》、《刘熙寰觅莲记》、《申厚卿娇红记》、《白潢源三妙传》、《李生六一天缘》、《祁生天缘奇遇》、《古杭红梅记》、《辜辂钟情丽集》、《柳耆卿玩江楼记》、《东坡佛印二世相会》。下层题《骚坛摭粹嚼麝谭苑》，包括《新话摭粹》、《寓言摭粹》、《稗编摭粹》、《怡耳摭粹》、《微言摭粹》等。《新话摭粹》又分乐艺类、音乐类、贤行类、滑稽类、诙谐类、节义类等。这些"摭粹"简短扼要，说明故事内容，类似小说的提要。存明万历金陵世德堂刊本，藏北京图书馆。台湾天一出版社影印出版。

狯园 笔记小说集。明钱希言著。十六卷。其题名寓狡狯戏弄之意。共十类，计一仙幻、二释异、三影响、四报缘、五冥迹、六灵祇、七淫祀、八奇鬼、九妖孽、十瑰闻，皆神仙怪异之事。不同之处为，此书所叙皆现实题材，多有社会传播之新闻，具时事性，篇末必云何所遇，何所闻，但往往经过作者富有想像的改造、虚构。有时一个故事拆为两篇，如《四库全书总目》所举例指出的影响类中陈祖皋陷冤狱一篇，其妻出资营救，反为人所给事。篇中作其姻家钱日省，因其从子朗生诱骗镪三百缗及金凤钗诸物，为沈儒宗所胁致败。祖皋妻死而为厉鬼。又灵祇类一篇同叙此事，其由乃指挥采成文构陷，祖皋之母出镪六百缗营救，为同里沈某所诱骗。成文因未有所得，陷祖皋于大辟，化为厉鬼者却为祖皋父与郊。《总目》批评："两卷之中，姓名事迹自相矛盾。记所见如是，记所闻可知矣。"其实作为小说，并无伤于大雅。集中有许多富有情节的故事，如瑰闻类《毛面人》，富有小说情节，语言生动，为凌濛初《拍案惊奇》卷八《乌将军一饭必酬，陈大郎三人重会》故事所本。书成于万历四十一年(1613)。存明刊本。通行为不足斋重订本。

风流十传 又名《闲情野史风流十传》。文言小说集。原编者不详。今存者仅八传(卷)。据顾廷宠序有："陈仲醇所删八传"语，知删者为明人陈继儒。计《钟情丽集》、《双双传》、《三妙传》、《天缘奇遇》、《娇红记》、《三奇传》、《融春集》、《五鱼传》八种，每传篇幅较一般文言短篇为长。除《双双传》、《五鱼传》，余均分别见于《绣谷春容》、《国色天香》、《万锦情林》及《燕居笔记》。有万历四十八年(1620)顾廷宠序刻本。

燕居笔记 文言小说集。此书有三种刻本。一为万历金陵刻本，何大抡编，名《重刻增补燕居笔记》，十卷，分上下两栏，收小说三十一篇，其中二十八篇分别采自《剪灯新话》、《剪灯余话》、《效颦集》、《国色天香》、《风流十传》、《万锦情林》、《绣谷春容》等。只有三篇为其他选本所无，即《杜丽娘慕色还魂》、《红莲女淫玉禅师》、《绿珠坠楼记》。一为清初刻本，署"明叟冯犹龙(即冯梦龙)增编"，名《增补批点图像燕居笔记》，不分上、下栏，除全收《重刻增补燕居笔记》本小说外，多收三十二种，如《郑元和嫖遇李亚仙记》、《绿衣人记》、《张老夫妇成仙记》、《独孤遐叔记》等，总计六十三种。有的篇目则来自《古今小说》和《拍案惊奇》，如《蒋兴哥重会珍珠衫》、《刘元普天赐佳儿》、《转运汉巧遇洞庭红》。此外尚有明余泗泉萃庆堂刻本，林近阳编，名《新刻增补全相燕居笔记》，十卷。

剪灯丛话 文言短篇小说集。明自好子编。原无编者姓名，书前虞淳熙题辞称之为自好子，疑即《觅灯因话》作者邵景詹，当为万历时人。十二卷，收历代文言小说一百三十七篇，包括晋代至明的作品，选录较宽，但多数“妄制篇目，改题撰人”。如晋贾善翔《天上玉女记》、汉赵晔《楚王铸剑记》等，都出于干宝《搜神记》；宋郑景璧《红裳女子传》，实即周密《齐东野语》卷一八《宜兴梅冢》；元吾衍《三女星传》，出于唐陈翰《异闻集》。书中一部分篇目亦见于《绿窗女史》、《五朝小说》等书。其谬误之处相同，还不知何者在前。有一部分仅见本书的篇目，实际上也是弄虚作假，改头换面的作品，多不足为据。此书只存孤本，原为董康所藏，今归北京图书馆。另有一种清刻本的《剪灯丛话》，乃《剪灯新话》、《剪灯余话》、《觅灯因话》的合刊本。

续剑侠传 文言短篇小说集。明周诗雅编辑。五卷。周，字延吹，武进（今属江苏）人。万历四十七年（1619）进士。是书万历四十年辑者自序谓前曾辑有《剑侠传》一书，五卷（已不存）。此为补编。书内又题作《增订剑侠传》。自春秋战国迄于明，共收作品一百二十篇，以年代先后为序。各篇多改题篇名，不注出处，文字亦有更动。如《黄须老翁》一篇，据篇后按语，知本于唐杜光庭《虬髯客传》。《碧线传》即《剪灯余话》卷二《青城舞剑录》。书中不尽属剑侠故事，亦有神仙术士、勇士烈女之类，故未免有漶漫庞杂之感。按由明至清，称为《剑侠传》及其续书者有多种，此为明人与王世贞《剑侠传》并传的一种。今存清翻刻本，并有插图。

芙蓉镜寓言 笔记小说集。明江东伟著。四集。是书全仿刘义庆《世说新语》，分德行、言语、政事、文学等三十六门。据自序云：“道学家之作伪也，而容崖然，而口阚然。”“则夫正心、诚意云者，不过门面大话而已。”作者对道学颇不以为然。序末署天启丁卯（1627），盖成书之年。书中多抄录旧著，上自上古秦汉，近迄明季稗官，“而《世说》一字不入，何氏《语林》间收十之三”（凡例）。亦有不经见之史料，如“赏誉”门载礼部主事梁焯言：“宸濠反时，朝士归心者十之七，且曰：‘濠必成功。’”与官书有异。“豪爽”门记嘉靖时沈青崖不忿严世蕃之横虐，以酒灌严。又杨顺杀平民报功，为诗刺之曰：“白草黄沙风雨夜，冤魂多少觅头颅。”“或劝公隐默自全。公曰：‘我昔非言官，今非哑子。若辈杀人，欺君要赏，吾誓不与共天。’”冯梦龙《沈小霞相会出师表》作沈青霞，其事可互为印证。是书以志人为主，三言两语，往往能传神。末附“壶公”评语。有天启刻本，十卷。1986年浙江古籍出版社据以点校排印出版。

幽怪诗谭 文言短篇小说集。题西湖碧山卧樵纂辑，栩庵居士评阅；为明人所撰。六卷。每卷收作品十余篇不等，共九十四篇，皆以神鬼狐怪为题材。每篇以四字为标题，如《申阳福地》、《清江遇故》、《月下良缘》、《江笔眩士》。与明代笔记杂著中大多数片断性故事相比，此书作品显然是有为而作。篇制均衡，即简短者亦有近千字，但较《剪灯新话》则又短捷明快、穿插诗词歌曲。其中虽有不少作品系抄自他作，如牛僧孺《玄怪录》（卷一《蝌蚪郎君》、卷三《再世冤报》）、《广艳异编》（卷一《桂花传馥》、卷二《砧杵惑客》、《菊瓣争秋》、《荔枝分爱》等）诸书，但均改易篇题，稍作修改，增插诗词。入选之作，显然都是较好的作品，可看出纂辑者的眼光。其中大量作品，虽然尚不能断定其来历，但有一部分必定为纂辑者的自创。故事生动，情节完整，文字也颇能传神，许多是以宋元社会为背景的，文中往往有交代，或从地名、职官可知。如卷一《清江遇故》一篇，叙一科举不第之士悒郁而死，其鬼魂前来与故友相会。其人自云：“自离大都，忽构危疾”，可知为元代故事，其故事所本，待考。书中也有公案故事，如卷五《驿女鸣冤》，但以花妖狐魅与人的恋爱写得最多。明代，则有晚至署万历壬子（1612）的《废宅联诗》（卷六）一篇。有崇祯二年（1629）刻本，残存二卷，但有抄本全六卷存，前有崇祯二年石听居士小引。文中有“不观……汤临川赏《金瓶梅词话》乎”以及“《金瓶梅》一部《世说》也”诸语，可证汤显祖确曾读过《金瓶梅词话》，并有赞语，惜已不见于今之《汤临川集》，此处提供了《金瓶梅》研究的一条重要史料。

西樵野记 笔记小说集。明侯甸著。四卷。《四库全书总目》存目著录。提要云：“《明史·艺文志》载此书作十卷，此本卷数不符，疑有散佚。然原序称一百七十余条，计数无阙。或《明史》误也。”今存《古今名贤汇语》本、《续说郛》本、《五朝小说》本，均仅一卷。《古今奇闻类记》存有此书二十八篇。所记奇闻异事，有许多实系天体和宇宙间自然现象，附以迷信传说，如记轰雷击盗救妇的一则故事。云一盗攘妇之银，妇失银欲自缢，忽盗被雷击，持原物跪妇前而死，作了果报不爽的附会。作者吴郡人，记吴地事尤多。如记吴城山移旧址一则，近于今之山体滑坡。有许多生动的故事，如“潘生”一则，“姜子奇”一则，都是写明初战乱百姓之苦的。潘生因曾收埋大军骸骨，医治过伤病者，死后竟闻众鬼泣声送葬。吴人姜子奇战乱中，妻被明军掳至北京，后重逢，如实描写了明初朱元璋攻破张士诚据守之平江以后的残酷掳掠。有一些传奇故事异常优美，如湖州优人俞氏遇鬼召去演戏一则，姑苏薛家墩一老蓐医被鬼请去接生一则，高邮张指挥得鬼妻生子一则等，写神鬼亦通人情的故事。又有“帚怪”一则，云苏城卖花王某，遇一女子买花。女持花去而久不付赀。入室寻人，只见一数十年敝帚首簪二花竖厕中。厕中敝帚亦爱花，亦寓讽刺。均堪称明文言小说之佳作。

文苑楂橘 文言短篇小说集。明无名氏编。国内已不见传本，惟日本宫内省并成篑堂分别有藏本二种，均作《删补文苑楂橘》，二卷，可知非足本。卷首无序，孙楷第认为系高丽抄本，活字排印(见《日本东京所见小说书目》)。所收以唐人传奇为主，兼收明人作品，共十九篇，计卷一《虬髯客》、《红线》、《昆仑奴》、《古押衙》、《韦十一娘》、《义倡汧国夫人》、《负情侬》、《崔莺莺》、《赵飞燕》；卷二《裴谌》、《韦鲍生》、《崔玄微》、《韦丹》、《灵应》、《柳毅》、《薛伟》、《淳于棼》、《张直方》、《东郭先生》。选材精当。其中《负情侬》一篇出自宋懋澄《九籥集》，为冯梦龙《警世通言》卷三二《杜十娘怒沉百宝箱》故事所本。《韦十一娘》一篇，为凌濛初《拍案惊奇》卷四《程元玉店肆代偿钱，十一娘云冈纵谭侠》故事所本。

春梦琐言 文言小说。明无名氏著。卷首有署名“沃焦山人”序一篇。故事略云：会稽富春人韩仲琏一日出游，进入一山洞，遇李姐、棠娘二女，侍寝交欢，备极缱爱。忽山鹃一声惊醒春梦，己身方凭石而坐。见旁有二树，一素李，花如积雪；一海棠，英如升霞。悟李姐、棠娘者，乃此二树之精。此篇兼有《桃花源记》及传奇《游仙窟》、《枕中记》等之影响。未见著录及介绍，亦未见国内有传本。荷兰学者高罗佩于日本购得抄本后，即为校勘，于1950年铅印线装二百部，并撰英文序言一篇介绍。

情史 又名《情史类略》、《情天宝鉴》。文言短篇小说集。署“江南詹詹外史评辑”。一般认为即明冯梦龙。二十四卷。书前有署名“吴人龙子犹”及“江南詹詹外史”序文二篇。分题情贞、情缘、情私、情侠、情豪、情爱、情痴、情感、情幻、情灵、情化、情媒、情憾、情仇、情芽、情极、情秽、情累、情疑、情鬼、情妖、情外、情通、情迹二十四类名。内容皆古往今来有关男女情爱的故事。辑者不废男女之大欲，詹詹外史序云：“情始于男女，凡民之所必开者，圣人亦因而导之，俾勿作于凉。于是流注于君臣、父子、兄弟、朋友之间而汪然有余乎！异端之学，欲人鳏旷以求清静，其究不至无君父不止。情之功效亦可知已！”是书广采博收，举凡官私稗乘，笔记传奇，乃至民间故事，均不惮收辑。文字多经辑者润饰、加工甚至改写，因成许多动人的小说故事。其中有如隋炀帝、陈后主、唐明皇等风流帝王的内闱秘闻，也有如崔护、陆游、姜夔等文人的男女韵事；有的是见诸载籍的著名故事，如孟姜女与范杞梁，梁鸿与孟光，卓文君与司马相如，关盼盼与张建封的曲折恋爱，但更有大量历来未受注意的人物故事。一些采自民间和以明代时事为题材写成的作品尤为难得。它们中的许多故事再经冯梦龙改写为通俗白话作品，收入《三言》，成为著名作品。如由卷四“情侠卷”《沈小霞妻》改写的《沈小霞相会出师表》(《古今小说》)，由卷一四“情仇类”《杜十娘》故事改编的《杜十娘怒沉百宝箱》(《警世通言》)皆是。凌濛初《二拍》中的许多作品，亦曾不同程度地借用了本书的故事。编撰者广泛采撷的总数为八百八十二则的故事，还成为后世小说戏曲和民间说唱的题材。本书有明末东溪堂藏版本，清初芥子园刊本。嘉庆、道光以后又续有刊刻。1934年上海会文堂曾出版过排印本，但经过删节。1986年春风文艺出版社重新校点出版了足本。

如意君传 又名《阃娱情传》。文言小说。作者不详。不分卷，约九千余字。叙武则天宫廷秘事。谓武则天称帝以后，有薛敖曹者获其恩爱，成为男宠，戏封为“如意君”，改年号亦为“如意”。薛也报以忠心，但拒绝武则天欲加之封赐。在武、李二姓嗣位的矛盾中，极力回护武则天之子李显。后武因淫乐过度，自感不支，恐身后薛遭不测，命其出宫暂避，二人因此悲泣分别。后武身体渐复，欲再召之入宫，薛已逸去。李显登基为中宗后，亦未获其踪迹。书中多性描写，入清后遭查禁。《金瓶梅》的一些性描写，有其痕迹。万历刊《金瓶梅词话》欣欣子序有“周静轩之《秉烛清谈》，其后《如意传》、《于湖记》”等语。按《秉烛清谈》作者周静轩（名礼），弘治前后人。此书嘉靖前当已问世，嘉靖中已有人读过。惟国内已无传本，今存二种，其一藏美国国会图书馆，不题撰人。首有“甲戌秋华阳散人题”序一篇，末页题《阃娱情奇》，并“庚辰春相阳柳伯生”跋语一则。另一存日本，内封双行大字：《则天皇帝如意君传》，右上“吴门徐昌龄著”，左下“清閟阁梓”。正文卷端亦题《阃娱情传》，亦有相同序跋各一。台湾天一出版社影印出版。

龙会兰池 又名《龙会兰池全录》。文言小说。作者不详。上下两卷。叙蒋世隆和黄瑞兰的爱情故事。此故事流传于元代戏文中，早在关汉卿的《闺怨佳人拜月亭》和南戏《王瑞兰闺怨拜月亭》等戏曲中可见，唯此篇情节仍有独创。谓黄瑞兰遇蒋世隆，一路同行，彼此产生爱慕之情，到潇湘镇同居。瑞兰父黄尚书探明二人住处，不顾蒋生重病卧床，强迫瑞兰到临安。临别时瑞兰赠世隆“浣火衣”为信物。黄尚书假说蒋生已死，逼瑞兰另嫁。瑞兰日夜祈祷，被瑞莲听到。妹嫂相认，倾诉衷肠，瑞兰矢志不嫁。蒋世隆到临安应试，画一幅“龙会兰池图”并题引，有意卖给黄家，瑞兰见图知蒋生未死，已来临安，托乳母向生索浣火衣，二人得通信息。蒋世隆大魁天下，得与瑞兰团圆，又找到失散的妹妹瑞莲。此小说被选入文言小说合刻《国色天香》、《绣谷春容》等集子中。

刘生觅莲记 又名《觅莲记传》、《觅莲雅集》。文言小说。作者不详。上下两卷。叙刘一春和孙碧莲、苗秀灵、许文仙三女性的爱情、婚姻。刘一春十八岁补邑庠，乃一代才子。偶然在赵家花园遇一女子，美艳绝伦，遂产生爱慕之情，但未来得及表示便离开赵家。后游学到落石村金家，又见那女子，知为孙碧莲，乃赵家之甥女。二人以诗词传递情思，并且在花前月下谈情说爱。刘生随舅父兵部副使远征讨贼，与碧莲分别，得胜而归，思念与碧莲缔结百年之好。刘生在路过雁岭时从荒野中救出一女子苗秀灵，结为姻缘，又收妓女许文仙。最后，才找到孙碧莲，终成眷属，刘又以中进士作结。此小说收入明代文言小说合刻集《国色天香》、《绣谷春容》、《万锦情林》等集子，在万历年间广为流传。

寻芳雅集 又名《吴生寻芳雅集》。文言小说。作者不详。上下两卷。叙吴廷璋和王娇鸾、王娇凤的爱情故事。湖州人吴廷璋，号寻芳主人，文武兼备，遇兵变逃往临安。偶遇王娇鸾、王娇凤姊妹，遂有倾慕之意，便以父执礼拜见二娇之父王士龙。士龙深爱吴生，留在园中攻读。王妾柳巫云爱慕，假娇鸾之名先与私通。生因巫云而得娇凤，在婢女春英帮助下，又与娇鸾共欢。吴廷璋向王父求与娇凤婚，王许诺。士龙死，其弟王士彪诬告吴廷璋，并逼娇凤另嫁。娇凤与廷璋私奔，逃到凤凰山。吴廷璋考中进士，选为翰林，奉旨与娇凤完婚，凤不忘鸾，姊妹同嫁吴廷璋。王士彪羞愧自尽。此小说收入明代文言小说合刻集《国色天香》、《绣谷春容》和《万锦情林》。

双卿笔记 文言小说。作者不详。一卷。叙华国文同张正卿、张顺卿的爱情故事。华国文字应奎，身材魁梧，天资聪慧，潜心学问，古今坟典无所不精，尤其善于诗词歌赋。刻苦攻读，一心应举。国文迎娶才女张正卿，二人情感融洽，夫妻相伴游园，被华父遇见斥责误读。父令国文到学馆读书，不许回家，考中解元后仍要他孤处苦读。正卿之妹顺卿，未嫁夫死。华到张家吊唁，便留在这里读书，逐渐爱上顺卿。正卿发觉后，说服父母、公婆，让华国文再娶顺卿，三人效舜与娥皇、女英之美。盖才子佳人故事。未见单刻，仅见于明代文言小说合刻集《国色天香》。

花神三妙传 又名《白潢源三妙传》、《白生三妙传》、《情义奇姐》。文言小说。作者不详。上下两卷。叙白景云和四位女子的爱情故事。荆州别驾公子白景云，偶遇三位女子，一是新寡赵锦娘，一是李琼姐，一是陈奇姐。这三人乃嫡亲表姐妹，都有倾城之貌。白生便有爱慕之意，遂借赁赵家之左室居住，得与三女为邻。又主动认锦娘母为义母，称锦娘为妹，借探视赵母病之机会锦娘。在锦娘相助之下，先后和琼姐、奇姐合欢。四人常常肆意欢聚。后来，陈奇姐母为媒，白生与琼姐定婚。白生赴京应试，因赵家遭兵变，奇姐受辱自刎而死。白景云原聘徽音送来完婚，锦娘、琼姐同嫁白生。此小说收入明代文言小说合刻集《国色天香》、《绣谷春容》、《万锦情林》、《燕居笔记》等。

天缘奇遇 又名《祁生天缘奇遇》。文言小说。作者不详。上下两卷。约成书于明万历之前。叙祁羽狄一生的风流艳遇。吴中才子祁羽狄，貌美，多次与美妇谐欢。偶然与玉香仙子绸缪，从而精力无限。祁生到姑家，先后与三位表姐妹（廉玉胜、廉丽贞、廉毓秀）有私，唯钟情于丽贞。后被仇家萧某所害,囚于萧府,萧子妇因爱祁生才貌,暗放其归。祁生逃入山中避难,得龚老赏识,将女道芳许配。祁生考中探花,又被铁木儿奏准赴边平乱,大捷而归,帝赐宫女四人,即廉丽贞、廉毓秀、晓云和娇元,都是过去的情人。娶龚道芳为妻,妻妾十二人,称"香台十二钗",婢女百余人,谓"锦绣万花屏"。道芳均能和睦相待。后来官至极品,所有仇敌都受到惩罚,祁生隐退,到终南山修行。此小说宣扬了一夫多妻,高官厚禄,功成名就,隐归山林的士大夫人生哲学。和戏曲《玉香记》、《玉如意》、《奇缘记》内容相近。被收入《国色天香》、《绣谷春容》、《燕居笔记》、《万锦情林》等集子。

钟情丽集 又名《辜辂钟情丽集》。文言小说。明邱濬著。上下两卷。叙辜辂和黎瑜娘的爱情故事。琼人辜辂到祖姑家读书,与祖姑的孙女黎瑜娘相爱,二人以诗词书画传情。辜生原住西轩,假说有鬼移入东轩,靠近女室,得与瑜娘通,两情缱绻。辜生两次回家后遣媒求亲,黎父允婚。后辜父死,家境衰落,生守制两年未通音信,黎父又允婚苻氏,瑜娘执意不肯,自缢得救。辜生第四次来黎家,在祖姑的帮助下,二人终于私奔。苻氏告到官府,辜辂、瑜娘陷入囹圄。虽经曲折,终成眷属。其间穿插诗词韵和,才子佳人小说格套。此小说早在明嘉靖年间晁氏宝文堂就出过单行版,后被收入《国色天香》、《绣谷春容》、《万锦情林》、《风流十种》等多种集子,在明代得以广泛流传。

李生六一天缘 文言小说。作者不详。上下两卷。叙李春华的风流故事。李春华恍忽入仙洞,遇仙女赠白扇和锦囊,醒来手中确有此二物。后出游,与邻船女子鸣婵结识,私订终身。上岸后又被刘某看中,将爱女无瑕相许。李住在刘家,又爱上刘小姐的表妹许芹娘、金月英。芹娘、月英求助无瑕,要求三人同嫁给他。几番曲折,终于共欢。不久李生应试中榜首,遂娶无瑕、月英、芹娘。在京师又遇美女赛娇,娶为第四夫人。李在朝做官,因条陈权相蠹国,被谪岭南,路救一落难女子桂娟友,其父又将女许配,成为第五夫人。李后来又在庙中遇上鸣婵,皇上恩旨娶为第六夫人。李春华官场也很得意,一直做到兵部尚书兼翰林院学士太子少保。妻妾满堂,功名遂愿,实现了当时读书人的梦想。小说收入明代文言小说合刻集《绣谷春容》。

娇红拥炉记 又名《申厚卿娇红记》、《拥炉娇红》。文言小说。作者不详。上下两卷。叙申厚卿和娇娘的爱情故事。洛阳书生申纯(字厚卿),随父寓居成都,到舅舅家读书,与表妹娇娘产生爱慕之情,先是彼此以诗词唱和,后来终谐鱼水之欢,但求亲被拒绝。使女飞红亦爱申生,娇、红相妒,飞红故意声张申生与娇娘的关系,从此不得相近。娇娘只得将香珮、珍珠赠生。申生与弟联捷,再到舅家,有妖夜化娇娘与生相聚,飞红发现,将生移入内室,申生得病。此时有帅府子闻知娇娘美貌,遣媒求婚,飞红告知申生,申将娇娘接出,帅府子以势相逼,娇娘无奈作绝命诗而死。申生题诗后自缢。舅妗将二人合葬,有一对鸳鸯飞舞坟上,人称鸳鸯冢。小说虽类于才子佳人,但以悲剧结束,未受格套拘束。最早见于明嘉靖年间晁氏宝文堂书目,收入《绣谷春容》、《燕居笔记》。

怀春雅集 文言小说。明卢民表著。上下两卷。叙苏道春和潘玉贞的爱情故事。苏道春能文能武,才华出众。元宵佳节观灯遇到宦门闺秀潘玉贞。玉贞貌似仙子,又是才女。二人一见钟情。玉贞为人冰清玉洁,道春每有非礼要求,玉贞均以计脱身。后道春中进士,邓平章欲招为婿,断然拒婚归里。玉贞知此情况后,便写信给道春,约结百年之好。新婚之际,玉贞劝道春说:"方今纲纪纵横,民生涂炭,应柱石朝廷,雨露海宇。"小说作者旨在宣扬男女自由相爱,但反对伤风败俗的淫乱行为,为明代言情小说中较严肃者。《宝文堂书目》著录,今见《燕居笔记》。

古今小说 白话短篇小说集。明冯梦龙编著。为其所编《三言》之一。明泰昌、天启间天许斋原刻用名。嗣后的衍庆堂本始用《喻世明言》之名。但近人据天许斋原刻绿天馆主人序:"茂苑野史氏(冯梦龙)家藏古今通俗小说甚富,因贾人之请,抽其可以嘉惠里耳者,凡四十种,畀为一刻",及天许斋识语:"本斋构得古今名人演义一百二十种,先以三之一为初刻云","古今小说"应为《三言》各集之总名,今则专指《喻世明言》(见郑振铎《明清二代的平话集》和胡士莹《话本小说概论》)。参见"喻世明言"。

喻世明言 原名《古今小说》。白话短篇小说集。明冯梦龙编著。四十篇。《三言》之一。部分篇目原是宋元早期话本,如《闲云庵阮三偿冤债》、《羊角哀舍命全交》、《众名姬春风吊柳七》、《范巨卿鸡黍死生交》、《陈从善梅岭失浑家》、《明悟禅师赶五戒》、《李公子救蛇获称心》、《简帖僧巧骗皇甫妻》,均见于《清平山堂话本》。《张舜美元宵得丽女》一篇,亦见于《熊龙峰四种小说》。冯氏重刊时，对篇名、入话和正文的若干文字作了适当的改动和增饰。此外尚有虽不见于宋元话本集，但也大致可判断为宋元旧作者，如《新桥市韩五卖春情》、《赵伯昇茶肆遇仁宗》、《史弘肇龙虎风云会》、《张古老种瓜娶文女》、《宋四公大闹禁魂张》、《汪信之一死救全家》等篇。可见诸史料者，有《穷马周遭际卖䭔媪》、《木绵庵郑虎臣报冤》、《晏平仲二桃杀三士》，但均有所增饰。大量的作品则系据笔记杂著、文言传奇或民间传说写出，如《葛令公生遣弄珠儿》、《吴保安弃家赎友》、《滕大尹鬼断家私》、《杨八老越国奇逢》、《闹阴司司马貌断狱》诸篇，可视为明人的再创作。有的作品，如《蒋兴哥重会珍珠衫》、《陈御史巧勘金钗钿》、《单符郎全州佳偶》、《金玉奴棒打薄情郎》、《沈小霞相会出师表》等，胡士莹等学者认为可能出诸冯氏的创作(《话本小说概论》)，尤能反映明人的思想和价值观念，艺术上也达到相当的高度，为中外小说史研究者所重视。为《三言》中最早刊行者，现存明泰昌、天启间天许斋原刊本，题《全像古今小说》。日本内阁文库及尊经阁各藏一部。映雪斋抄本(残)并题《七才子书》。衍庆堂刊本仅二十四卷，二十四篇，改题《喻世明言》，以配《三言》之其余二书。孙楷第认为"当系《古今小说》残板"(《中国通俗小说书目》)。1947年商务印书馆据王古鲁所摄天许斋本照片排印。1955年文学古籍刊行社出版了许政扬校注本。近年来又有多种排印本出版。

警世通言 白话短篇小说集。明冯梦龙编著。四十篇。《三言》之一。其中一部分为宋元早期的作品，如见于《京本通俗小说》的《拗相公饮恨半山堂》、《陈可常端阳仙化》、《崔待诏生死冤家》、《一窟鬼癞道人除怪》、《小夫人金钱赠年少》、《崔衙内白鹞招妖》。见于《清平山堂话本》的有《白娘子永镇雷峰塔》、《乔彦杰一妾破家》、《蒋淑真刎颈鸳鸯会》等。题目均系冯氏重拟。其余如《钱舍人题诗燕子楼》、《三现身包龙图断冤》、《乐小舍拚生觅偶》、《计押番金鳗产祸》、《宿香亭张浩遇莺莺》、《万秀娘报仇山亭儿》、《福禄寿三星度世》等。学者认为，也可能系宋元旧篇的改作。有的见于《宝文堂书目》和《也是园书目》。新作从人物、情节结构到文字，都作了重大改动。如《白娘子永镇雷峰塔》叙白蛇与许仙的故事，较之旧作《西湖三塔记》，已完全成了新篇，故事从此完善并基本定型。关于历史人物的故事，如《俞伯牙摔琴谢知音》、《庄子休鼓盆成大道》、《王安石三难苏学士》、《李谪仙醉草吓蛮书》、《赵太祖千里送京娘》，都糅进了民间传说的成分。据笔记杂著、文言作品，以至戏曲故事改作者，如《吕大郎还金完骨肉》、《俞仲举题诗遇上皇》、《苏知县罗衫再合》、《桂员外途穷忏悔》等，均可视为新作。有的作品，如《老门生三世报恩》、《玉堂春落难寻夫》、《唐解元一笑姻缘》、《赵春儿重旺曹家庄》、《杜十娘怒沉百宝箱》、《王娇鸾百年长恨》等，胡士莹等学者认为当出于冯氏之笔(《话本小说概论》)，包括《白娘子永镇雷峰塔》等在内，均可视为明人的作品，表现了明中叶以后的社会理想和美学追求，艺术上也达到相当的高度，受到中外小说研究者的重视。本书有明天启兼善堂刊本和稍后的衍庆堂本。清代有三桂堂覆明本。衍庆堂本和三桂堂本各有不同的残缺。近代世界文库本仍缺第三十七卷一篇。1962年人民文学出版社出版了由严敦易校注的足本。近年又有多种排印本出版。

醒世恒言 白话短篇小说集。明冯梦龙编著。四十篇。《三言》之一。其中宋元旧作，有见于《京本通俗小说》的《金海陵纵欲亡身》、《十五贯戏言成巧祸》两篇。题为冯氏另拟。另《小水湾天狐诒书》、《闹樊楼多情周胜仙》、《张孝基陈留认舅》等，胡士莹《话本小说概论》认为即非宋元旧作，亦当据宋元口头故事写成。所收故事来源复杂，有的故事曾有历史依据，如《三孝廉让产立高名》所叙东汉许武事，见于《后汉书·许荆传》。但有的历史人物故事却非实有，如《苏小妹三难新郎》、《佛印师四调琴娘》即是。得自笔记杂著或民间故事写定者，尚有《两县令竞义婚孤女》、《大树坡义虎送亲》、《乔太守乱点鸳鸯谱》、《杜子春三入长安》、《马当神风送滕王阁》等。本辑主要以明代现实生活写定者较多，如《钱秀才错占凤凰俦》、《陈多寿生死夫妻》、《刘小官雌雄兄弟》、《赫大卿遗恨鸳鸯绦》、《施润泽滩阙遇友》、《蔡瑞虹忍辱报仇》等。有的故事背景虽非明朝，如《卖油郎独占花魁》、《白玉娘忍苦成夫》、《吴衙内邻舟赴约》等，但以篇中所反映的思想感情和价值观看，亦应为明人之作。加上《灌园叟晚逢仙女》、《张淑儿巧智脱杨生》等一些不详出处的作品，其反映明代社会的色彩鲜明，为小说史家所称引。其中有的可能即冯氏所作。本书有明天启丁卯(1627)叶敬池刊本。嗣后的衍庆堂刊本有两种，一为四十卷足本，一为删去第二十三卷《金海陵纵欲亡身》后，将第二十卷《张廷秀逃生救父》析为上下二卷的一种。近代有世界文库排印本。1956年人民文学出版社出版了顾学颉校注本。近年又有多种排印本出版。

三言 明冯梦龙编著的《喻世明言》(《古今小说》)、《警世通言》、《醒世恒言》三部小说集的合称。

拍案惊奇 又名《初刻拍案惊奇》。白话短篇小说集。明凌濛初编撰。四十卷四十篇。《二拍》之一。据署名为即空观主人的凌氏自序称，此书系"取古今来杂碎事可新听睹，佐诙谐者，演而畅之"。可知此书作品多系创作。据学者考证，故事取自《太平广记》者即有多种。如出于《集异记·裴越客》的《感神媒张得容遇虎，凑吉日裴越客乘龙》；出于李公佐《谢小娥传》的《李公佐巧解梦中言，谢小娥智擒船上盗》即是。由唐刘肃《大唐新语》一则故事改编的有《西山观设箓度亡魂，开封府备棺追活命》。由宋洪迈《夷坚志补》故事改编的有《恶船家计赚假尸银，狠仆人误投真命状》。还有一些得之于戏曲故事的作品。更多的出于明人笔记杂著、文言小说。如出自《剪灯余话》的《宣徽院仕女秋千会，清安寺夫妇笑啼缘》、《顾阿秀喜舍檀那物，崔俊臣巧会芙蓉屏》。《赵司户千里遗音，苏小娟一诗正果》一篇，据末尾自述，则当出于明人梅鼎祚《青泥莲花记》。著名的《转运汉遇巧洞庭红，波斯胡指破鼍龙壳》，故事实出于周云晖《泾林续记》。本书包括了自唐至明各个时代、不同题材的故事，但因多为编撰者"演而畅之"的再创作，所以能鲜明地反映作者所处时代的思想和观念，特别是明中叶以来商品经济发展带来社会生活的变化及作者的反理学思想。是书今存明尚友堂本，藏日本日光轮王寺慈眼堂法库。广岛大学所藏为不全之三十九卷本，题作《初刻》。国内藏复尚友堂本与复消闲居本，亦为不全之三十六卷本。1956年上海古典文学出版社出版了由王古鲁校注的排印本，三十七卷。1985年上海古籍出版社据章培恒由日本复制带回的三十九卷尚友堂本影印出版。此外略经删节的排印本，近年来已有多家出版社出版。

二刻拍案惊奇 白话短篇小说集。明凌濛初编撰。四十卷。与《拍案惊奇》(或称《初刻拍案惊奇》)合称《二拍》。除末卷《宋公明闹元宵》为杂剧外，收入小说三十九篇。据署名即空观主人的凌氏自序称，此书系"偶戏取古今所闻一二奇局可纪者演而成说"，可知与《初刻》一样，作品实系凌氏自撰。其故事来源多取自笔记杂著，以取自洪迈《夷坚志》者为最多，计《小道人一着饶天下，女棋童两局注终身》、《吕使君情媾宦家妻，吴太守义配儒门女》、《沈将士三千买笑钱，王朝议一夜迷魂阵》、《满少卿饥附饱飏，焦文姬生报死仇》等十二篇。取自《剪灯新话》的，有《李将军错认舅，刘氏女诡从夫》、《庵内看恶鬼善神，井中谈前因后果》。采自《齐东野语》的，有《赵五虎合计挑家衅，莫大郎立地散神奸》。还有由戏曲故事改编的，如《权学士权认远乡姑，白孺人白嫁亲生女》、《莽儿郎惊散新莺燕，龙香女认合玉蟾蜍》。有的系移自当代人作品，如出自冯梦龙《智囊补》的《程朝奉单遇无头妇，王通判双雪不明冤》。据蔡羽文言小说《辽阳海神传》改写的《叠居奇程客得助，三救厄海神显灵》等。许多作品融合多种记载。主题涉及社会生活的各个方面，从揭露官吏贪贿，判案不公，统治黑暗，到描写男女欢爱及社会、家庭的各方面问题。大量的作品写明代发达的城市生活，商人们如何聚敛财富，梦想发财。青年男女对情爱的无所顾忌的追求，表现了作者的反理学思想。作品的性描写也较多。是书今存明崇祯尚友堂刊本，藏日本内阁文库。其中第二十三卷《大姊魂游完宿愿，小妹病起续前缘》一篇与《初刻》二十三卷同。国内藏本多残缺严重。1957年上海古典文学出版社出版了王古鲁以日本内阁文库藏本为底本的搜录编注本。1982年上海古籍出版社据章培恒于日本所摄尚友堂本照片影印出版。近年来，略经删节的排印本有多种出版。

二拍 明凌濛初编撰的《拍案惊奇》(亦称《初刻拍案惊奇》)与《二刻拍案惊奇》两部白话短篇小说集的合称。

今古奇观 白话短篇小说集。明末姑苏抱瓮老人选编，其真实姓氏不详。选小说四十篇，计选自冯梦龙《古今小说》(《喻世明言》)八篇，《警世通言》十篇，《醒世恒言》十一篇；凌濛初《初刻拍案惊奇》八篇，《二刻拍案惊奇》三篇。实乃《三言》、《二拍》的一个选本。文字则略有润饰。《二拍》诸作，选编者重拟了单句题目。选刻的时间，当在崇祯五年(1632)至崇祯末明亡以前(郑振铎《明清二代的平话集》)。据笑花主人序云："(《三言》、《二拍》)合之共二百种，卷帙浩繁，观览难周"，故有是编。实际《三言》、《二拍》历经沧桑，版本诸多毁损难觅，有清二百余年，话本之作，赖此书得以在广大读者中传播，其功不可没。今存明末吴郡宝翰楼原刻（藏巴黎图书馆）。此后续有清刻本多种。1957年人民文学出版社出版顾学颉校注本。

觉世雅言 白话短篇小说集。明无名氏编。八卷。孙楷第《中国通俗小说书目》和大塚秀高《增补中国通俗小说书目》均著录。明刊，首绿天馆主人序。藏巴黎国家图书馆。卷各一篇，均选自《三言》、《二拍》。计选自《古今小说》者，为《陈御史巧勘金钗钿》、《杨八老越国奇逢》；选自《警世通言》者，为《旌阳宫铁树镇妖》；选自《醒世恒言》者，为《张淑儿巧智脱杨生》、《白玉娘忍苦成夫》、《吕洞宾飞剑斩黄龙》、《黄秀才徼灵玉马坠》；选自《初刻拍案惊奇》者，为《夸妙术丹客提金》。据刘修业以此书卷三《夸妙术丹客提金》一篇与巴黎藏明刻《今古奇观》比较，发现二书不仅行款相同，书眉上评语亦均相同。其余与明刻《三言》比较，亦是如此。断定此书系利用《今古奇观》和《三言》藏板，任意择出几篇印就，仅将卷数挖改而已（《古典小说戏曲丛考》）。

清夜钟 白话短篇小说集。题"薇园主人述"。十六回。孙楷第《中国通俗小说书目》著录，并据书中印章断为杨某著。路工则认为系陆云龙。今存残本二部，其一存第一、二、六、七、八、十三、十四计七回，郑振铎旧藏，已由路工标点收入人民文学出版社出版之《古本平话小说集》。另一存第一至八回，藏安徽图书馆。故共存十回。即第一回"贞臣慷慨杀身，烈妇从容就义"、第二回"村犊浪占双娇，洁流竟沉二璧"、第三回"群贤力扶弱主，良宦术制强权"、第四回"少卿痴肠惹祸，相国借题害人"、第五回"小孝廉再登第，大砚生终报恩"、第六回"侦人片言获伎，圉夫一语得官"、第七回"挺刃终除鸮悍，皇纶特鉴孝衷"、第八回"狂言竟至杀身，坚忍终伸大怨"、第十三回"阴德获占巍科，险肠顿失高第"、第十四回"神师三致提撕，总漕一死不免"。其中第四回写弘光朝事，故此书当成于明末清初。皆以明嘉靖以后社会为背景，从"流贼"作乱，朝廷腐败，到家庭纷争，反映了明末社会政治，世途险恶，道德沦丧之种种黑暗现实，寓因果报应之类的说教于其中。

型世言 全称《峥霄馆评定通俗演义型世言》。白话短篇小说集。明陆人龙 著。四十回，每回一篇。成书于明崇祯年间。绝大多数篇章取材于明代社会现实生活，从正史、稗乘可得到佐证。如第一回"烈士不背君，贞女不辱父"，歌颂忠臣铁铉、贤士高贤宁、烈女铁氏姊妹。这都实有其人，铁铉、高贤宁在《明史》有传。第二回"千金不易父，一死伸国法"，第九回"避豪恶懦夫远窜，感梦兆孝子逢亲"，都是颂扬孝子的故事，其主人公王世名，见《明史·孝义传》。第二十五回"凶徒失妻失财，善士得妇得货"，则以崇祯元年浙江沿海一带海啸、狂风、暴雨造成特大水灾为题材。海宁县朱安国，趁灾掳箱、搠女子入水，因而失去未婚妻；朱玉舍身救人，而得妻、得财。后几篇小说内容荒诞，但寓意深刻，隐含着作者反阉宦专权的政见。其中还有十几篇公案小说，揭露人间罪恶，针砭现实有独到之处。《型世言》系《幻影》、《三刻拍案惊奇》、《别本二刻拍案惊奇》之祖本。有明末刻本，未见各书目著录。1987年法籍华人陈庆浩教授发现于汉城大学奎章阁，1992年台湾中央研究院中国文哲研究所影印出版。1993年中华书局、四川文艺出版社校点出版。

幻影 又名《三刻拍案惊奇》、《型世奇观》。白话短篇小说集。作者不详。今存明刊本两种，一题"梦觉道人编辑"，一题"明梦觉道人、西湖浪子辑"。孙楷第疑为福建邵武人周学霆（《中国通俗小说书目》），复有学者推测系陆云龙（北京大学出版社排印本"前言"）。北京大学图书馆藏明刊本八卷三十回，每回故事一则。前七卷各四回，第八卷存二回，其间第十三回至十五回已残缺，可知已为不全之残本，且非原刻。足本可能为十卷四十回，今据原郑振铎藏第一至七回残本及巴黎国家图书馆藏三十四卷本别本《二刻拍案惊奇》对照，别本前十篇出于凌濛初《二刻》，第十一卷以下与本书重合者达十六篇。其余八篇，学者推测可能为本书之佚篇（见中国文联出版公司《中国通俗小说总目提要》）。此书每回以五言对句为篇题，故事多以浙江、江苏为背景，反映明季江浙一带社会生活，城市商业发展，对男女婚姻及社会不平俱有所涉及。1987年北京燕山出版社排印出版，题《三刻拍案惊奇》。

三刻拍案惊奇 亦名《幻影》。见"幻影"。

西湖一集 白话短篇小说集。编著者不详。已佚，惟见《西湖二集》卷一七《刘伯温荐贤平浙中》篇有云："《西湖一集》中《占庆云刘诚意佐命》大概已曾说过，如今这一回补前说未尽之事。"知此书有此一目，其余已不详。清乾隆时陈树基辑《西湖拾遗》收《西湖二集》二十七篇，未见《一集》选篇，则此书当时或已佚。

西湖二集 白话短篇小说集。明周清源著。周名楫，武林（今杭州）人。湖海士序称其为“旷世逸才，胸怀慷慨，朗朗如百间屋”。又说他“抵掌而谈古今”，“怀才不遇”。可能是一落拓文人。全书三十四卷，每卷一篇。故事采自《西湖游览志》、《西湖游览志余》、《情史类略》、《剪灯新话》、《南村辍耕录》等书，俱系列朝与西湖有关之事。关于帝王的，如卷一《吴越王再世索江山》，卷二《宋高宗偏安耽逸豫》。历史人物逸事，如卷九《韩晋公人奁两赠》，卷一五《文昌司怜才漫注禄籍》，卷一七《刘伯温荐贤平浙中》。婚姻爱情故事，如卷一二《吹凤箫女诱东墙》，叙唐贾客吕筠卿与黄杏春相爱事；卷一六《月下老错配本属前缘》，叙宋女词人朱淑真婚姻悲剧。全书涉及官场黑暗及种种世态人情。有时假神鬼以蓄讽刺，如卷四《愚郡守玉殿生春》，叙宋孝宗时赵雄以痴呆闻，由一女鬼报恩，竟使科场中举，由西蜀太守至位极人臣。但全书不少平庸之作。此书有明崇祯刊本及复刊本。1981年和1987年先后由浙江人民出版社和人民文学出版社据上海杂志社旧排印本重新校点出版。

笔獬豸 白话短篇小说集。明无名氏著，题“独醒人编次”。每卷六回叙一故事，已残。有不全之三卷。它们是《人情薄》（全）、《鱼肠鸣》（残）、《釜豆泣》（有目无文）。此明刊残本原藏北京大学图书馆，已不存。孙楷第《中国通俗小说书目》著录。

壶中天 白话短篇小说集。著者不详。存第六、七、八三回，每回叙一故事。第六回《痴花子死恋无情种》（残），叙一花子之男癖。第七回《龚西园脉学冠医林》，叙一落拓士人功名无就，改习医业，却每逢佳运，成名医，御赐“医林状元”。第八回已残，叙康海故事。孙楷第《中国通俗小说书目》未见著录，今存残抄本。据胡士莹《白话小话概论》从语言和风格判断当为明末人所作。

七十二朝人物演义 又名《七十二朝四书人物演义》。白话短篇小说集。作者无考。四十卷。孙楷第《中国通俗小说书目》著录，并云：“为绎述性质，去通俗小说甚远，姑附诸书之后。”按书以“演义”为名，每篇冠以诗词，正文前有入话。行文用白话，穿插诗词赞语，人物对白则用文言，以求与《四书》原话协调，不失为通俗小说性质。是书写《四书》人物，又摘其文句为篇题，如《论语》：“公冶长可妻也，虽在缧绁之中，非其罪也”、“宰予昼寝”之类。各以一个人物为中心，又据它书故事敷演成篇。其中，可能重点参考了明薛应旂《七十二朝四书人物考》一书，但每每望文生义，虚构、附会之处亦甚多，未必尽合史实。有明刊本，题“李卓吾先生秘本”，“诸名家汇评写像”。清刻有光绪上海十万卷楼石印本。1988年书目文献出版社据北京图书馆藏本点校出版，残缺部分据日本藏本补足。

明镜公案 全称《新刻名公神断明镜公案》。白话短篇小说集。葛天民、吴沛泉编。残存七卷。分类编公案故事，计有人命类、奸情类、盗贼类、雪冤类、婚姻类等。诸多故事分别见于《廉明公案》、《续廉明公案》等书，也有些新鲜案例，如“林侯求观音祈雨”，柯氏被二僧劫入一寺中强奸，后恳求一老僧放归。柯告官府而不能确指寺院，惟记得观音像的大趾刻有指甲印。林县尹命令各寺抬出观音求雨，遂追出二僧，判处斩。有明三槐堂王昆源刻本，题“新刻名公神断明镜公案”，“葛天民、吴沛泉汇编，三槐堂王昆源梓行”，上图下文。

一片情 白话短篇小说集。作者不详。四卷十四回。现存三回。第一回，“钻云眼暗藏箱底”，叙溪南大树村富翁符成，娶妾数人，均未生育，续娶一妙龄少女新玉。后符成又染病，新玉便与浪子燕轻私通，被人发现，家人勒死燕轻，新玉亦郁闷成疾，半年而亡。第二回“邵瞎子尽听淫声”，湖州府某镇有一邵瞎子，靠占卜而有了积蓄，近邻杜家遂将女儿杜羞月许配。羞月欺邵眼瞎与杜云私通，在众邻里的劝说下，邵无奈决定让羞月另嫁他人。第三回“憨和尚调情甘系颈”，和尚六和看中寡妇罗氏，便与萧花嘴合谋，用珠簪引诱罗氏，并强迫罗就范，相约待六和蓄发后成婚，名义上先嫁和尚的好友桂香。罗氏与桂香拜堂后，洞房中却是六和强迫罗氏同床，罗氏啼哭不止。六和便将罗氏给了桂香，又去勾引冯炎之妻，冯炎用计惩罚了六和。小说从不同侧面揭露了中国古代封建婚姻的弊病，并表明了作者的看法。有明刊本，卷首有序，署“沛国樗仙题于西湖舟次”。

石点头 又名《醒世第二奇书》、《五续今古奇观》。白话短篇小说集。题“天然痴叟著”。十四卷，每卷演一故事。如第一卷“郭挺之榜前认子”，秀才郭乔，科场不利，投广东韶州府母舅家，一次路救青凤女，娶之，生子郭梓。后乔归故里，与青凤长期分开。五十六岁时，赴京应试，发现同榜进士中有郭梓，于是父子榜前相认。第十二卷“侯官县烈女歼仇”，侯官县秀才董昌娶申屠希光为妻，希光美而贤。恶棍方六一欲占希光，先伪交董昌，后诬为盗首。董昌被处斩。希光假允婚，洞房之夜，一连杀了方六一、姚二妈等数口。随即携方六一之首级到董昌坟前祭奠，自缢于墓旁。事后，真相大白，申屠希光被封为侠义夫人，其子喜中进士。其他十二卷，均为描写明末人情事态的小说。有明叶敬池刊本，题"天然痴叟著"，"墨憨主人评"，卷首有犹子龙序；另有带月楼刊本及多种清刊本。1935年戴望舒据叶敬池本校点，由贝叶山房印行。另有1957年古典文学出版社排印本及1986年上海古籍出版社排印本。

皇明诸司廉明公案 又名《皇明诸司奇判公案》。白话短篇小说集。明余象斗编。四卷一百零五则。书成于万历年间，系分类编辑的公案小说。即人命类二十则，奸情类八则，盗贼类九则，争占类十六则，骗害类十 一则，威逼类四则，拐带类三则，坟山类二则，婚姻类五则，债负类五则，户役类五则，斗殴类三则，继立类四则，脱罪类三则，执照类五则，旌表类三则。其中很多案例内容与《龙图公案》、《法林灼见》相同，只是分类编排而已。也有一些新鲜的故事。如争占类"秦巡捕明辨攘鸡"，叙邻里二妇女争鸡，各诉鸡为己有，秦巡捕先命两妇呼鸡，鸡应呼而来；秦巡捕又令鸡自寻其家，归一巢。巡捕判断，呼之皆应，是因新主藏匿有日，饲养已有印象，也正因藏匿鸡才不知新巢。两妇人诚服，鸡断还原主。存明刊本，题"三台山仰止余象斗集""建阳余氏建泉堂刊"。卷首有余象斗叙。书尾记"万历戊戌岁(1598)仲夏月余氏文台堂梓"。台湾天一出版社1987年影印出版。

江湖历览杜骗 全称《鼎刻江湖历览杜骗新书》，又名《江湖奇闻》。白话短篇小说集。明张应俞著。四卷八十三则。分类编辑有关骗术的小说二十四类，计：脱剥骗、丢包骗、换银骗、诈哄骗、伪交骗、牙行骗、引赌骗、露财骗、谋财骗、盗劫骗、强抢骗、在船骗、诗词骗、假银骗、衙役骗、婚娶骗、奸情骗、妇人骗、拐带骗、买学骗、僧道骗、炼丹骗、法术骗、引嫖骗。如"在船骗""娶妾在船夜被拐"，叙贾知县赴任路过扬州，拟娶一妾。危氏受八十两聘银将女儿许配知县，然后派女婿撑船尾随知县的船，女寻机随夫逃回。知县发觉，回危家寻妾，危氏反诬其敲诈，又骗银十两。皆社会小说，反映了当时社会坑蒙拐骗问题严重。存明万历存仁堂陈怀轩刊本，藏日本内阁文库。大连图书馆亦藏一部，款式同内阁文库藏本。又张怀耿梓行本，首有万历丁巳(1617)三岭山人熊振骥序。

皇明诸司公案 又名《续廉明公案》。白话短篇小说集。明余象斗编。六卷五十九则。系分类编辑的公案小说。人命类九则，奸情类九则，盗贼类十一则，诈伪类十一则，争占类十则，雪冤类九则，主要是颂扬清官。如人命类第一"曾大巡判雪二冤"，广元县屠户岳充杀害昭化县猪贩子史符，弃尸枯井。三年后，史符的同乡安其昌来广元，见裁缝梁华成妻马氏貌美，便施以小惠，博取欢心。安在病中把心事诉于梁，并送银五两求与马氏欢娱一宵，至夜梁外出，安因故不能赴约。皮匠池源清持刀调戏马氏，马氏不从而被杀害。池将马氏头挂岳充肉钩上，岳发现后亦投枯井。梁告安杀妻，曾察院故意重责安并判死刑，暗中遣人打探，因池源清叹息可疑，拘审，招供杀马氏罪。再拘岳充，供投首罪，仵作从枯井中得一头、一骸骨。再拘审岳，又供，判处岳、池斩首，杖梁，释安。牵连人物众多而破案殊易。存明万历三台馆刊本，题"山人仰止余象斗编述"，"书林文台余氏梓行"，藏日本内阁文库。

欢喜冤家 又名《贪欢报》、《欢喜奇观》、《艳镜》、《三续今古奇观》、《四续今古奇观》。白话短篇小说集。题"西湖渔隐主人"著。十二回并续十二回，共二十四回，每回演一故事，都属婚姻爱情悲喜剧。如第三回"李月仙割爱救夫"，书生王文甫与世友章必英一起生活。王娶李月仙为妻。趁文甫外出之机，必英诱奸月仙，又把文甫推到河里。文甫未死，告官，必英被判死刑。他在狱中买通官府衙役，反诬文甫为盗，陷之入狱。月仙知道真情后，呈状州衙，为文甫申冤。续十二回"一枝梅空设鸳鸯计"，描写梁上君子一枝梅行侠仗义的故事。此故事和《二刻拍案惊奇》第三十九回"神偷寄兴一枝梅，侠盗惯行三昧戏"的情节基本一致。有明山水邻原刊本，卷首叙，署"重九西湖渔隐题于山水邻"，另有道光庚寅(1830)刊本。近有春风文艺出版社、北京师范大学出版社点校本。

僧尼孽海 短篇小说集。作者不详。三十六则。成书于明万历至崇祯年间。每则演一至五个故事，共五十五个故事，篇幅长短不齐，有文言，亦有白话。内容比较集中，均属描述和尚奸淫民女及尼姑不守佛戒的故事。如第一则"沙门献昙"，叙北齐武成帝时，印度僧人献昙，住持相国寺。帝崩，后主即位，献昙与胡太后私通，善内媚，甚得太后欢心和宠爱，常以讲佛为借口带百余僧人入内廷，与宫女淫乐，宫内呼献县为太上。事发，献县等人被处斩。胡太后淫性如旧，齐亡，嫁少年泼皮，并寻找和尚同居，死后，元髡杨琏真伽挖墓，面色如生，被众奸尸。前四十五篇集中揭露僧人的丑行。后十篇为“附辑”，专门描写尼姑的劣迹，如“杭州尼”，就写杭州两个尼姑，共同勾引良家子弟王七，使王淫死于庵，王父告官，方明。存日抄本，首有《僧尼孽海题词》，署“吴越唐寅字子畏撰”。正文前有一“僧家乐”，书末有表现僧尼淫乐的艳曲。所题“南陵风魔唐伯虎选辑”，显系托名，因书中有万历年间事，而唐寅已于嘉靖间去世。

二十四尊得道罗汉传 白话短篇小说集。题“抚临朱星祚编”。六卷二十四则。每则记述一罗汉，但书缺第二十位罗汉，只有二十三位，即：长眉、伏魔、聪耳、抱膝、劝善、捧经、降龙、绯衣、戏珠、飞锡、杯渡、振铎、施竺、持履、伏虎、换骨、浣肠、现相、跨象、拊背、焚佛、赋花、却水。分别记叙他们的故事，从名字的由来、成仙得道的过程、特异本领，一直到圆寂升天。其内容多有依据，如第十九位“跨象罗汉”就来源于《五灯会元》。跨象罗汉，本名难生，西竺中印度人，因母孕六十年而生故得名。生时其父还梦见一白象入堂跳舞。后受戒，终跨象而去。孙楷第评谓：“所述半文半白，殆不足为小说，仅浅短之记述而已。”(《日本东京所见中国小说书目》)存明万历聚奎斋本，扉页题“万历乙巳年(1605)夏书林聚奎斋梓”，第一卷则题“书林清白堂梓”，末卷亦题“万历甲辰(1604)冬书林杨氏梓”。存日本内阁文库。台湾天一出版社据以影印。

古今律条公案 白话短篇小说集。题“海若汤先生汇集”，海若系汤显祖之号，疑系伪托。八卷四十六则。卷首为“律条”，分类编辑公案故事。共十三类，计：谋害类、奸情类、强盗类、窃盗类、淫僧类、除精类、除害类、婚姻类、妒杀类、谋产类、混争类、拐带类、节孝类等。如谋害类“马代巡断问一妇死五命”云：王十六之妻杨氏貌美，屠户奚云趁十六外出之机，夜入王家逼奸，杨氏不从，被杀，奚将女首弃孙一门前。当夜富商刘信七也想奸杨氏，见杨氏已死，两手沾满鲜血而归。孙一晨起见妇头，欲藏匿，适被一后生发现，孙贿赂后生遭拒而杀之，将后生尸和妇人头埋在后花园。王十六回家见妻子被杀，怀疑刘信七，赶到刘家见手上血迹，告刘杀妻，判刘死刑。刘子为父鸣冤又告到马代巡处，马深入调查，一妇死牵连五条人命。存明万历刊本，题“金陵陈玉秀选校”，“书林师俭堂梓行”，藏日本内阁文库。

包龙图判百家公案 又名《新刻京本通俗演义增像包龙图判百家公案》。白话短篇小说集。明安遇时著。十卷一百回。书成于万历年间。前附《包文拯国史本传》和《包待制出身源流》，总叙包公生平。正文叙包公判案的一百例。如第一回判“焚永州之野庙”。包公因庙神要求每年以童男童女祭祀，便放火焚庙毁神。但是大雨如注，庙不能焚毁。包公入城隍庙祈祷，过了三天，风雨大作，只听庙中有杀伐声。再去看时，野庙已毁，一条白蛇数十丈死于地。又第三十六回“孙宽谋杀董顺妇”，云孙宽与董顺妻杨氏通奸，二人欲私奔，天雨，杨不想走。孙便谋其细软金银杀妇，将尸扔入枯井，恰一投宿和尚落井中。包公假判和尚因奸杀妇，故意麻痹真凶，然后亲自调查，找出杀人犯孙宽。存明万历二十二年(1594)朱氏与耕堂刊本、万卷楼刊本和书林景生杨文高刊本。

国朝名公神断详刑公案 全称《鼎镌国朝名公神断详刑公案》，简称《详刑公案》。白话短篇小说集。题“京南归正宁静子辑，吴中匡直淡薄子订”。八卷四十则。分类编辑的公案故事，计分人命、奸情、婚姻、奸拐、威逼、除精、除害、窃盗、抢劫、强盗、妒杀、谋占、节妇、烈女、双孝、孝子十六类。每类一到九个故事不等。如“苏县尹断光棍争妇”：金华府金华县潘贵一，娶妻郑月桂，夫妻带着未足岁幼儿为岳家庆寿，月桂在船上喂乳，光棍洪昂偷看了其乳下有黑痣。下船时，洪昂便说月桂是其妻，以左乳下黑痣为证。丘知府以此为据判月桂为洪昂之妻。新任金华知县苏万民，见三人在府前啼哭，带进重审，潘、郑二人所言家庭状况、父母年岁、成亲年月均相符。故判洪昂无故强占人妻，责打四十刺配塞外充军。有明南闽潭邑刘氏太华刊本。

弁而钗 白话小说集。题“醉西湖心月主人著，奈何天呵呵道人评”。四集二十回。分情贞纪、情侠纪、情烈纪、情奇纪四集，每集五回一篇，皆演同性恋的故事，故名。“情贞纪”中主人公探花风翔，爱上扬州书生赵王孙，便更名换装，投赵王孙门下，赵为真情所感，与狎邪。风翔两次做考官使赵王孙连连得捷，顺利进入仕途。后风翔因得罪中贵判斩，赵王孙亦为其申冤得释。二人辞官归乡，世代友好。“情侠纪”描写天津卫秀才钟图南和张机的曲折故事。“情烈纪”描写文韵与云汉的同性恋，云汉为文韵的患难相知，为报恩以身相许。后文韵为云汉死，阴魂处处保护、帮助云汉。“情奇纪”则写男妓李又仙与监生匡时从同性恋到生死谊的故事。作者似颇欣赏此类心理变态的行为。“弁而钗”者，裙钗男性也。此书和《宜春香质》同出一人之笔，堪称姊妹篇。今存明笔耕山房刻本。

郭青螺六省听讼录新民公案 又名《新民公案》。白话短篇小说集。明无名氏著。四卷四十三则。按青螺名子章，隆庆五年(1571)进士，累官巡抚，史有其人。此书前有《郭公出身小传》，以下各篇分门别类记叙郭青螺审案判案的事例。计有欺昧、人命、谋害、劫盗、赖骗、伸冤、奸淫、霸占八类。如欺昧类“富户重骗私债”：刘知幾借富户曾节银百两，经年归还。因还时忘取借批，数年后节昧心向刘索取借银本利，刘答已还，节状告到浦城县，县令判刘还钱。刘诉之理刑郭青螺处，郭从曾历年流水帐簿查出刘还银记录，遂为刘知幾伸冤。存万历乙巳(1605)序刊，日本延享元年(1744)抄本，藏台湾大学图书馆。题“建州震晦杨百明发刊”，“书林仙源金成章绣梓”，卷首有“新民录引”，署“时大明万历乙巳孟秋中浣之吉，南州延陵还初吴迁拜题”。

宜春香质 白话小说集。题“醉西湖心月主人著，且笑广芙蓉僻者评，般若天不不山人参”。二十回。分风、花、雪、月四集，每五回为一篇小说。此书和《弁而钗》一样，专写同性淫乱，故事更为曲折离奇，因果说教的色彩愈加浓重。如花集，写江南小官单秀言，以男色诱人钱财。他勾引古董商谢裕，使其倾家荡产而弃之。又去和风镇勾引和宾王，随和享尽富贵。豪杰铁一心从辽阳来和风镇，单先以男色迷住铁生，然后与铁妾艳姬私通。铁发觉后，单买通官府，诬铁为盗，将铁驱出和风镇，并欲途中谋杀。幸亏六度和尚救铁，一路进京，单则独占艳姬。和宾王落魄投单，单拒而不见，汪巧英相救。和进京应试得中三甲，擢为翰林，奉旨到山东平乱，铁生、六度、谢裕均为其部下，得胜回师路过和风镇，由谢裕擒拿单秀言与艳姬，处以极刑。和与汪巧英成亲。居官三十年而仙。作者意在说明“善恶到头终有报，只争来早与来迟”。存明崇祯笔耕山房刻本。有图像三十二幅，并有旁批和回评。

名公断案法林灼见 全称《合刻名公断案法林灼见》，简称《法林灼见》。白话短篇小说集。题“清虚子编辑”。残存二卷。分类编辑公案故事。计卷一奸情类、窃盗类共十篇，卷二人命类八篇。其中有许多故事和其他公案小说重复。少数未见。如卷一“明火劫掠”，客商谢启以一千五百两银子买了吴文佐的杉木，惯盗潘有奇带领四十余人来抢杉木，并强奸吴妾卞氏。吴以为谢启所为，上告，谢家仆人因惊逃到山上，正遇见潘等众盗分赃，告官，真相大白。卷二“仆人同谋家主”，刘永太与仆人进兴一起出外经商，住在马夫汪华家。见一山鸡受猎将死，买回放生，因而露富。进兴、汪华合谋将其杀害，均分赃银。山鸡为刘永太鸣冤，并引导官府掘出尸体，并发现马夫常用的挽手，从而找出真凶。是书刊刻年代不清，署“闽建书林高阳生绣梓”，分上、下两栏刊刻，上栏为法律知识，下栏为案例。

国朝宪台折狱苏冤神明公案 简称《神明公案》。白话短篇小说集。作者不详。残，尚存二卷十二则，其中二则失题。情节与明代此类公案小说略似，但亦有不同者，如卷二“纪三府断人命偷尸”：云南大理府龙泉观有一道士，名何永清，家富巨万，下乡课租，打死佃户米大。其弟米有告到卞大巡抚处。何永清得知，纠集其党把米大尸体埋葬观中。卞大巡抚批示纪通府审理，寻尸不见，无法审判。纪通府夜听有歌声：“南去北来休便休，龙泉观里好游游，举头三尺神明在，荒草斜阳土一丘。”纪通府便去龙泉观寻找，果然找到掩埋的尸体，真相大白，遂惩办凶手。破案赖有鬼助。此书刊本有插图四幅，雕刻精致。刊刻年代不详。

贪欣误 白话短篇小说集。题“罗浮散客鉴定”。此书文中有“我朝有了总兵姓纪名光，号南塘，是个当世名将”。知为明人所作。六回，每回演一故事。第一回“王宜寿”，叙王基因无子娶妾柳氏。柳生子宜寿后被原妻安氏逐出，在外行乞，由神相助宜寿得与母相认。第二回“明青选”，眉州明青选，行侠仗义，靠道术解救了蒙冤的周森夫妇；又为妓女玄英赎身，成就其自主婚姻。第三回“刘烈女”，刘大姑与吴嘉谏有婚约，被商人子阿官诬陷而死，鬼魂追冤明志。第四回“彭素芳”，彭员外将女素芳许配杨公子，素芳和陆二郎相爱，誓不嫁杨。彭、陆二人相约私奔，二郎爽约，素芳误随张福逃到京城，而发家致富。第五回“云来姐”，东昌府女子云来，精通法术，每每胜过神卜石道明，并为乡里解厄、延寿，而迫使石家父女认输。第六回“李生、徐生”，唐士子李登，少年中解元，因贪图女色，诱奸良家女子，被除籍。新都丞徐谦，因受贿杀人，减寿三十年。今存明刻本。

鸳鸯针 又名《觉世棒》。白话小说集。题“华阳散人编辑”。四卷十六回，每卷四回演一故事。从几个侧面写明代科举制度下几种不同儒生的形象，是早于《儒林外史》百年的描写儒林的小说集。第一卷“打关节生死结冤家，做人情始终全佛法”。写明嘉靖年间仁和县秀才徐鹏子，苦心攻读，考卷出众，不但落榜，反遭迫害的故事。揭露科举考试的弊端和明代政治黑暗。第二卷“轻财色真强盗说法，出生死大义侠传心”。江西秀才时大来受大侠风髯子的帮助，二人成为知交。后来二人都受到朝廷重用。第三卷“真文章从来波折，假面目占尽风骚”，才子宋连玉屡遭不幸，假名士卜亨，从不读书，把别人的作品当自己的炫耀，赴试，得了劣等。后夤缘纳监，被御史当名士请到府中起草文书，一个字写不出，从狗洞里爬出。第四卷“欢喜冤家一场空热闹，赚钱折本三合大姻缘”。米店老板范顺，一再诓骗欺诈致富，但在范外出期间，家中妻妾与人通奸，家产荡尽。唯女儿守节嫁一穷儒。后女婿为官又解救了受害者。存写刻本，约刊于清顺治间。春风文艺出版社 1985 年校点出版。所附王汝梅《〈鸳鸯针〉及其作者初探》一文认为“华阳散人”即明末清初的吴拱宸。

一枕奇 全名《拾珥楼新镌绣像小说一枕奇》。白话小说集。题“华阳散人编辑，蚓天居士批评”。二卷八回，即《鸳鸯针》的第一、二卷。今存广东坊刻本。

双剑雪 全名《拾珥楼新镌绣像小说双剑雪》。白话小说集。题“华阳散人(吴拱宸?)编辑，蚓天居士批阅”。二卷八回。即《鸳鸯针》的第三、四两卷。今存广东坊刻本。

天凑巧 白话短篇小说集。题“罗浮散客鉴定”。与《贪欣误》作者当为同一人。残存三卷。孙楷第《中国通俗小说书目》著录有《天然巧》一本，当即此书。每卷演一故事，各以三字标题，曰《余尔陈》、《陈都宪》、《曲云仙》。所述“《曲云仙》记万历间援朝鲜事”，应为天启初年之误。有杜颖陶藏本。《中国通俗小说总目提要》(中国文联出版公司)、《中国古代小说百科全书》亦均著录。

鼓掌绝尘 白话小说集。题“古吴金木散人编”。四集四十回。风、花、雪、月各一集，十回叙一故事。风集描写翰林杜灼养子杜萼与康汝平同相府歌妓韩玉姿、韩蕙姿的爱情故事。杜、康二人去凤凰山的船上，见韩氏姐妹貌美，能诗、善乐，产生爱慕之情，趁元宵节潜入相府暗题扇相赠，杜萼爱的是玉姿，但因姊妹相貌相同，却误赠蕙姿，阴差阳错，才得与玉姿共诉衷情，并一起私奔。蕙姿则由相国配予康生，有了归宿。后杜中状元、康中进士。不外才子佳人风流韵事，又科举得意，金榜题名，大团圆结局。雪集描写姑苏书生文荆卿和李若兰的曲折浪漫爱情故事。花集和月集则写以骗术谋生的人物。有明崇祯年间刊本，各集有评，卷首有题词和叙，署“崇祯辛未(1631)之元旦闭户先生书于罡园之烹天馆”，藏大连图书馆和日本内阁文库，春风文艺出版社曾校点出版。

三教偶拈 白话小说集。明无名氏编。三卷。卷一为冯梦龙《皇明大儒王阳明先生出身靖难录》；卷二为佚名《济颠罗汉净慈寺显圣记》；卷三为《许真君旌阳宫斩蛟传》，采自邓志谟《铁树记》。以儒、释、道各选一代表人物的小说故事合为一编，以明三教合一之旨。有明末刊本。大塚秀高《增补中国通俗小说书目》著录，藏日本东京大学东洋文化研究所。孙楷第《中国通俗小说书目》著录有《三教同理小说》满文抄本一部，首“东吴畸人七乐生撰”序一篇，或疑此序者和编者即冯梦龙。

关帝历代显圣志传 又名《英烈神武传》、《关帝神武志传》。白话短篇小说集。题穆氏编辑。四卷三十五篇。均为三国蜀汉关羽死后为神及其显灵之类故事，不免浓厚的宗教崇拜色彩。如卷一《当阳灵建玉泉刹》，写关羽死后其魂不灭，受天台智者大师点化受戒故事。《解州大破蚩尤神》、《延庆寺助诛淫僧》等，皆写其为民锄害事。有一些明人附会之传说，如卷二《嘉馀常州三杀贼》，写关公显圣，助官兵破倭寇。此书正文前收录了大量有关关帝祀庙碑铭、匾联等资料。有明末刊本。据书中称朱元璋为“我太祖高皇帝”及晚及崇祯三年(1630)事，可知为该年以后刊刻。大塚秀高《增补中国通俗小说书目》著录。

国朝名公神断详情公案 全名《新镌国朝名公神断李卓吾详情公案》，又名《详情公案》。白话短篇小说集。题名李卓吾。但书中有万历三十三年(1605)的事，此时李卓吾已卒，显系伪托。六卷三十九则，或二十九则。分门别类编排，计有节妇类、双孝类、孝子类、强盗类、谋害类、人命类、索骗类、妒杀类、谋占类、婚姻类等。如“断二仆争鹅”：富人龚昆，极其吝啬，差仆人长财到岳父家送礼，并嘱咐将礼中一鹅带回。谁料，岳家厨师见礼仪菲薄，把鹅收下。长财无奈，于途中偷了招禄放在田间的一只鹅。为此，长财与招禄二人争辩到县衙。林大尹依据鹅次日粪便，判断此乃放牧在田间食草菜之鹅，而非饲养在家中食谷粟之鹅。此书多数故事与《龙图公案》、《律条公案》、《诸司公案》重复。有明崇祯存仁堂陈怀轩刊本，除有李卓吾的题名外，封面又题“眉公陈先生选”，上图下文。另有覆印陈怀轩刊本。

幻缘奇遇 白话短篇小说集。题“撮合生”编辑。十二回。均选自明代几部短篇小说集，改换篇题，计选自《欢喜冤家》的有第一回、第三回、第四回、第六回、第七回、第九回、第十一回；选自《古今小说》的有第二回、第十回；选自《初刻拍案惊奇》的有第十二回；选自《二刻拍案惊奇》的有第五回；选自《贪欣误》的有第八回。有清初爱月轩刊本。

醉醒石 白话短篇小说集。署“东鲁古狂生”编辑。成书于明末清初。十五回。每回一则故事，为明人拟话本作品。书中有称明为“我朝”者，除第六回写李微化虎，系唐朝事，余悉明代晚至崇祯朝事，约成书于明末清初，并以明代现实生活为背景。如第三回“假淑女忆夫失节，鲁同袍冒姓诓妻”，写兄长死后，其弟竟将亲侄女卖给年长二十岁的男人为填房。侄女不慎透露了过去有过订亲之事，又遭一恶徒冒名拐骗。第四回“秉松筠烈女流芳，图丽质痴儿受祸”，讲到一大户竟强迫已将成婚之女子与己订亲，打官司时又买通光棍为其作指腹为婚的伪证。县官将该女判归大户，造成父女两条人命冤案。第十三回“穆琼姐错认有情郎，董文甫枉做负恩鬼”，叙妓女琼姐有心从良，却被商人骗走钱财的故事。皆明末世风浇薄，奸伪横行之反映。然此书说教意味也极浓，宣扬因果报应，忠孝节义。如第二回“恃孤忠乘危出城，仗侠孝结友除凶”，歌颂了一名为进剿“山贼”被杀的武将，又赞扬其子既为父报仇，又为朝廷荡平山寨的忠孝行为。第十四回“等不得重新羞墓，穷不了连缀巍科”，写莫氏不耐贫穷，嫌丈夫连考不中，改嫁为一酒家妇。不料丈夫终于连科及第，衣锦还乡，莫氏羞愧自缢。故事类似朱买臣休妻。有的故事受宋元话本影响，如第三回、第十三回，有《错斩崔宁》、《碾玉观音》的痕迹。存清初原刊本，另有乾隆五十四年(1789)覆刻本、民国间董康《诵芬室丛刊二编》本、1956年古典文学出版社排印本、1986年上海古籍出版社排印本。

龙阳逸史 白话短篇小说集。署“京江醉竹居士浪编”。二十回。每回演一故事。内容皆叙“南风”之事，且大都是“大老”淫“小官”，故这种同性恋性变态行为本身又包含着人格上的侮辱和不平等，而作者却认为“鸡奸一事”，也可“暂时遣兴”，只是反对“着实了，小则倾赀废业，大则致命伤身”(第三回)而已。故小说写大老与小官相好而多有善终，甚至赞赏妻子为丈夫“拣标致的小厮讨两个凭他早晚受用”为“贤慧”(第四回)。全书不少篇章又重在宣扬因果报应和消极出世，确是一部庸俗的淫书。文笔亦粗劣。故清代刘廷玑《在园杂志》说：“更甚而下者，《宜春香质》、《弁而钗》、《龙阳逸史》，悉当斧碎枣梨，遍取已印行世者尽付祖龙一炬，庶快人心。”今存崇祯五年(1632)刊本。

十美图 白话小说。作者不详。一卷。叙吴门才子张灵风流俊逸，佯狂傲世，非惟无意功名，且婚姻无当意者。与唐寅友善。一日知唐寅、祝允明在虎丘宴集，遂佯为行乞而往，醉而归。唐寅等亦假为不识，事后绘《行乞图》志其事。恰有江西崔明经妻丧，扶榇归。舟次虎丘，遇唐寅，要去此图。崔女素琼留舟中，有丐者长跪求见，家僮见其醉而搀回。崔女见其不俗，及其父持图归，览而知为张灵，遂有意焉。时宁王宸濠欲假唐寅绘《十美图》进献圣上。状元季孙采得知，因曾求婚被拒，挟私报复，以素琼荐足十美之数。素琼窘急中题诗一首托其父密致唐寅，唐寅知张灵与崔女相爱之情，又见宸濠有谋反之意，遂佯狂疯癫，宸濠不得已遣归，但素琼已入京。张灵痛失所爱，题诗《行乞图》而逝。宸濠叛平，十美遣归。素琼至墓前奠祭，张图于墓，读其遗诗，悲恸自经于其墓前。题材类明末才子佳人故事，然以悲剧结尾，不落窠臼。情致宛转凄恻。故事取材于明人笔记诸如《皇明世说新语》等敷衍成书。今存清刻本。唯据蒋瑞藻《小说考证》引《花朝生笔记》所云“明人有《十美图》说部纪其事”，可知为明人作品。

蒋兴哥重会珍珠衫 白话短篇小说。见明冯梦龙《古今小说》(《喻世明言》)。叙青年商人蒋兴哥与妻子王三巧悲欢离合的故事。原出于冯氏《情史》卷一六《珍珠衫》。据其篇末“九龠生曰”字样，知其本为宋懋澄《九龠集》之一篇，此书已不经见。宋字幼清，万历时人，可知此为明中叶流行的一个故事。经冯氏用话本形式改写，于曲折缠绵中，更突出了时代性。兴哥与三巧新婚燕尔，原感情深厚。丈夫外出经商，三巧空房独守，为新安商人陈大郎所乘而失身。兴哥发现妻有外遇，虽不免悲恨，但亦自责："当初夫妻何等恩爱，只为我贪着蝇头微利，撇她少年守寡，弄出这场丑来，如今悔之何及。"休妻时，仍以三巧所用十六只箱笼相赠。后兴哥吃人命官司，三巧恳请改嫁以后的丈夫、合浦知县吴杰宽释。吴又令其夫妻重圆。珍珠衫者，蒋氏祖传，三巧赠予大郎，被兴哥发觉。大郎死后，其妻改嫁兴哥，珍珠衫重归蒋氏，故云。曲折的情节和细腻的心理描写，表现了明中叶以后市民社会新的妇女观和贞节观，颇受近代文学史家重视。成为《三言》名作。明袁于令和佚名的柳某均有《珍珠衫》传奇之作。闲闲子《远帆记》及叶宪祖杂剧《会香衫》皆演此事。

滕大尹鬼断家私 白话短篇小说。见明冯梦龙《古今小说》(《喻世明言》)。叙明永乐时顺天府香河县一乡宦知府倪守谦七十九岁娶十七岁小妻梅氏，生子善述。虑死后母子受前妻之子继善欺侮，只得将全部房屋田产交付继善，而仅以一《行乐图》予梅氏。图画一老人，怀抱一小儿，一手指地。善述长成后，将图送呈知县滕大尹剖析。滕发现此为一遗嘱，暗寓地下埋银一万，金一千，并写明以银三百赠有司。而滕大尹装神弄鬼骗取了遗产千金。故事在明中叶以后约已流行。明人《龙图公案》卷八《扯画轴》、余象斗《皇明诸司廉明公案》卷三争产类《滕同知断庶子金》已有此故事，但前者为包公案故事。李玉又据此演为传奇《长生像》。冯氏改作，不仅文字更为通俗晓畅，描写细腻深致，且更以人物刻画著称。滕大尹素称廉明，不免见财起意，弄神弄鬼，名利双收。倪太守老来风流，处心积虑安排后事，仍不免被骗去大宗遗产。作品以其揭露官府的深刻和多角度地刻画人物备受小说史家称述。

金玉奴棒打薄情郎 白话短篇小说。见明冯梦龙《古今小说》(《喻世明言》)。叙南宋绍兴时，丐户"团头"女金玉奴美貌聪慧，其父又悉心培育，致诗书女工，无所不会。并誓欲为女择一士人为婿。以变更门庭。但无人下聘，无奈招赘得一穷书生莫稽。玉奴对其夫不吝资助，供其读书会讲。终使连科及第，授无为军司户。其实莫稽懊恼自己贫穷无奈，做了"团头"女婿，早存一段心事。赴任途中，将玉奴推堕落水。所幸并未溺死，被淮西转运使许德厚留养于家。莫稽正是其下属。参谒之日，许德厚假说以女许配，莫稽正中下怀。许夫人说动玉奴，并授计洞房之夜予以痛笞。莫稽悟玉奴未死，又受此痛责，悔罪求饶，终于两相重好。小说原欲责莫稽之薄幸无义，但以一顿"棒打"并提高玉奴门第化解了矛盾，皆大欢喜。此一著名故事，明嘉靖时人王同轨《耳谈》、田汝成《西湖游览志余》已有记载。冯梦龙《情史》卷二另有《绍兴士人》一篇亦记其事，但影响最大的，当数此白话小说，戏曲曲艺屡有搬演说唱。

月明和尚度柳翠 白话短篇小说。见明冯梦龙《古今小说》(《喻世明言》)。大旨如篇首一诗所云："待得正果，非同容易。"叙南宋绍兴时，临安府尹柳宣教莅任，为水月寺长老玉通未去迎接，遂立意报复。令妓红莲扮作民女前去勾引，终于破了玉通色戒。玉通原已修持五十二年，但不敌美色之诱。故事又续写玉通坐化，圆寂以后投胎为宣教之女翠翠，宣教死后沦为妓女。月明和尚点破前身，柳翠彻悟坐化。前因后果，报应不爽。故事在民间广泛流行。据篇末"至今皋亭山下有个柳翠墓古迹"知应为元明作品。其余笔记杂著亦多有记载。田汝成《西湖游览志》卷十"南山分脉城内胜迹"有其本事。《志余》卷二〇引平话有《柳翠》。《燕居笔记》卷八有《柳府尹遣红莲破月明和尚记》。《绣谷春容》"怡耳摭粹"录有与《三言》同名小说一篇。戏曲自金代即有院本杂剧《月明法曲》一种。其余著名者当推徐渭《四声猿》之《玉禅师翠乡一梦》。数百年间，由一宗教修行故事进而突出了对禁欲主义的讽刺。

沈小霞相会出师表 白话短篇小说。见明冯梦龙《古今小说》(《喻世明言》)。胡士莹《话本小说概论》认为系冯氏自作，反映明嘉靖年间一段反严嵩斗争的史实。前半主人公沈鍊事迹，见《明史·沈鍊传》。叙锦衣卫经历沈鍊生性鲠直，常抄写《出师表》以自励。因得罪严嵩父子家破人亡。沈鍊及次子遇难，夫人及幼子充军云州。严嵩又派人赴绍兴捉拿长子沈小霞进京。小霞有妾闻氏，虑途中凶险，为防不测，愿与丈夫随行。果然发现解差有杀人灭口的阴谋，遂教丈夫假托讨债，躲入父执冯主事家地道中，闻氏则伪称公差蓄意奸辱，杀了丈夫，闹到官府，坚索其夫。官府找不到小霞，一时无奈。追捕之事亦渐渐松弛。十年后，严嵩失势，小霞重见天日，与闻氏尼庵相会，又借《出师表》找到母亲与幼弟。后半多有发挥。江盈科《明十六种小传》卷三、《情史》卷四及《智囊补》卷二六皆有《沈小霞妾》篇，均以闻氏为中心。明人传奇有阙名《出师表》一种存。

俞伯牙摔琴谢知音 白话短篇小说。见明冯梦龙《警世通言》。叙春秋时俞伯牙和钟子期故事。此一表达知音之求与贵贱之交的故事，具见《列子》、《荀子》、《吕氏春秋》及《韩诗外传》等诸多记载，后世广为传诵，并成为著名的成语典故。本篇据史料缘饰而成。略谓：楚人俞伯牙，善鼓琴，出为晋国上大夫，奉使楚国。返程中舟次汉江口，抚琴遣兴。樵夫钟子期临水驻足伫听，伯牙雅为知音，敦请上船。畅谈中钟讲出了一番琴理并善解伯牙琴中高山流水之意。二人情意投契，约为兄弟，并订于次年仲秋再会。不料届时伯牙践约前往，钟已病故。临终乞葬于江边，意与伯牙相会。伯牙大恸，在坟前挥泪鼓琴为祭。奏毕断弦摔琴，以谢知音。万历末《小说传奇合刊》有《贵贱交情》一篇，胡士莹《话本小说概论》认为"可能即为本篇的底本"。

庄子休鼓盆成大道 白话短篇小说。见明冯梦龙《警世通言》。故事本《庄子·内篇·逍遥游》及同书《外篇·至乐》。故事原型阐发庄子哲学，本篇又兼采民间传说。叙战国时宋人庄生师从老子李耳，得其真传，但"虽宗清净之教，原不绝夫妇之伦"。与妻田氏恩爱相敬。一日见一妇人搧坟，得知其丈夫新死，相约坟干即可再嫁。庄生十分感慨，归家语妻。妻不以为然。数日后庄死。又七日有楚王孙来访，田氏动了爱心，不惜移出庄生灵前"凶器"，屈从成婚。婚后又劈棺取庄生脑髓以疗救楚王孙心痛之病。不料棺木劈开，庄生挺坐而起，田氏羞愧自缢。死后庄生鼓盆而歌，歌毕摔盆烧屋而去，得道成仙。关于此故事，原已有金院本《庄周梦》一出。元人史樟有杂剧《破莺燕蜂蝶庄周梦》，主题类似。小说故事以本篇为最完整。明清以后多有以此一故事的剧目演出，如《蝴蝶梦》、《大劈棺》等，广为人知。

王安石三难苏学士 白话短篇小说。见明冯梦龙《警世通言》。叙宋苏轼自恃聪明，对王安石的著作妄加讥评。王恶其轻薄，贬为湖州刺史。回京后，又妄评王安石《咏菊》"吹落黄花满地金"为不合理，再贬黄州团练副使。临行时王托他带一瓮瞿塘中峡水来。苏至黄州的次年秋，确见菊花有落英的现象，方悟自己读书阅历之欠缺，但过三峡时，却误过中峡，只得以下峡水充之，被王识出，并语以《水经补注》上的记载。王又试以诗才和对句，苏均惶悚不能答对，谢罪而出。篇末之诗有"为人第一谦虚好，学问茫茫无尽期"句，道出主题。篇中所述俱有所本。主要有宋曾慥《高斋漫录》、《类说》，郑侠《西塘集·耆旧续闻》及五代时尉迟偓《中朝故事》等，惟事件、人物往往移易。如，据《西塘集》，"吹落黄花满地金"作"残菊飘零满地金"，批评者为欧阳修，此处移作苏轼。熙宁中王安石与苏东坡的故事，早有戏曲搬演，已知者如元费唐臣杂剧《贬黄州》、吴昌龄《东坡梦》等，对本篇创作，均有启发。

李谪仙醉草吓蛮书 白话短篇小说。见明冯梦龙《警世通言》。叙唐李白嗜酒，自命"谪仙人"，受人之怂恿赴长安应试。贺知章极力引荐，但试官杨国忠讥其只配为己磨墨，太监高力士则云只配为己脱靴。不料番邦奉表来使，满朝不识蛮文，贺知章荐李白至帝前，帝赐白进士及第上殿认读，并授命草拟复书。时李白犹带酒气，帝亲为调羹，白命高力士脱靴，杨国忠磨墨。书成，番邦以为神仙下凡，不敢再事侵扰。后李白终于受谗被黜，乞归，云游四方，卒登仙而去。关于李白受明皇召见事，见唐孟棨《本事诗》"李白"，段成式《酉阳杂俎》及宋人撰《唐摭言》等诸多笔记杂著。唐范传正《唐左拾遗翰林学士李公新墓碑》并有李白为明皇"论当世务，草答蛮书，辩如悬河，笔不停辍"等语。好事者遂加以附会敷衍。《国色天香》卷三更录有《吓蛮书》一文。本篇据以撰成洋洋洒洒、首尾完整的故事，传颂颇广，民间多有说唱及戏曲演出。

赵太祖千里送京娘 白话短篇小说。见明冯梦龙《警世通言》。叙赵匡胤未为帝时，曾避仇至太原，寄居其叔赵景清家。时其叔为清油观主。响马张广儿、周进掳一绝色女子京娘寄顿观中。匡胤见义勇为，亲送她回蒲州。二人以兄妹相称，一路上历尽艰险。途中恰与张广儿和周进相遇，遂将二人杀死。京娘见赵英雄正直，愿以终身相托，但为赵正色拒绝。到蒲州家中，兄嫂疑京娘与赵有私，赵拂袖而去，京娘无以自明，遂自缢而死。赵即位后，派人寻访，知其已死，嗟叹不已。故事当有所本。金元好问《续夷坚志》有"京娘墓"一则。元人彭伯城（一作伯成、伯威）有《四不知月夜京娘怨》杂剧，已佚，《录鬼簿》著录，疑演此事。《宋元戏文辑佚》辑有《京娘怨燕子传书》一种。另，《曲海总目提要》卷二七著录《风云会》一种，以京娘为赵普之妹而许嫁郑恩，非同出一源。然清吴璇《飞龙全传》第十八回"卖华山千秋留迹，送京娘万世英名"、第十九回"匡胤正色拒非词，京娘阴送酬大德"，乃承《三言》故事而来。至今仍为戏曲传统剧目，并有电影改编。

玉堂春落难逢夫 白话短篇小说。见明冯梦龙《警世通言》。题下原注："与旧刻《王公子奋志记》不同。"未见。现存乾隆刊《真本玉堂春全传弹词》尚保存了其中的一些情节，当系另一写本。故事又见于万历刊本《全象海刚峰居官公案传》卷一第二十九回《妒妾成狱》(一作《妒奸成狱》)、《情史》卷二《玉堂春》。相传男主人公王三官即万历进士王三喜。王河南永城县人，《明史》有传。当为明代现实故事，小说则云正德间。叙礼部尚书王琼回籍时，留其子三官名景隆者在京读书，冶游中与妓玉堂春相爱，殆床头金尽，老鸨设计逐客，至沦为丐。幸而又遇玉堂春，受二百两银馈赠，重返妓院。玉堂春授计使未明离去，假诬鸨母害死，迫使其允诺赎身。景隆归家发奋读书，连科皆中，而玉堂春却被鸨母骗卖给山西洪洞富商沈洪。沈有正妻皮氏，因与监生赵昂有奸，以砒霜药死沈洪，反诬玉堂春。玉堂春屈打成招，下在狱中，恰遇王景隆被委山西巡抚，重审此案，冤情始白。故事以团圆作结。明清以来，小说故事传播海内，戏曲说唱以此为题材者甚多。京剧《玉堂春》、《三堂会审》等皆誉为传统折子。

唐解元一笑姻缘 白话短篇小说。见明冯梦龙《警世通言》。叙唐伯虎点秋香故事。按篇末"至今吴中把此事传作风流话柄"，知明代即已流行。明周复俊《泾林杂记》、冯梦龙《情史》载其事。《古今谈概》引作《泾林续记》，误。明代有孟称舜《花前一笑》、卓人月《唐伯虎千金花舫缘》杂剧演出。小说则以本篇为最详尽。故事略谓吴中才子唐寅放浪轻世，中解元后，因科场案牵连，遂绝意功名，回到姑苏。一日乘船出游，见一画舫中有秀婢对其掩口一笑，为之惊艳动情，经尾随至无锡，方访得系华学士府夫人贴身丫环秋香，遂乔装混入华府为仆，学士先用作儿子伴读，取名华安，又为内室书记，继而有意用为主管，并欲为之娶室安家。华安提出愿择府中丫环一名。学士夫妇答应合府之中任其选择。华安点中秋香。后真相大白，终成佳话。故事在入清以后，又续经附会增饰为"三笑姻缘"，笔记杂著多有述及。弹词有《三笑姻缘》，近代并有影视改编，但故事大致均不出本篇所述。

白娘子永镇雷峰塔 白话短篇小说。见明冯梦龙《警世通言》。叙许宣与白娘子的爱情故事。系在西湖民间流行故事的基础上写成的最早，也是最完整的一篇作品。据明田汝成《西湖游览志余》所述，故事在南宋绍兴年间即已产生。《西湖游览志》、《西湖佳话》等皆有叙及。明人传奇演此事者，有陈六龙《雷峰记》，惜已佚。本篇主人公许宣，清明祭祖遇千年修炼成形的蛇精白娘子和鱼精幻仙的丫环小青。白许嫁许宣并赠银一锭为婚娶之用。不料此银为官库失盗之物，带累许宣下狱。保出后到苏州，白娘子追至苏州，终成夫妻。一日，遇一道人，指出许宣身带妖气，授以符咒驱邪，反被白娘子所破。不久公差又发现许宣衣着系当铺失物，白娘子又使异术使其脱罪。但一连串的事件终令许宣生疑，因而只身逃至镇江。又遇白娘子尾追而来。二人在镇江开药铺为生，终于被金山寺长老法海禅师所战败。许宣回到杭州，白娘子又跟踪而至。法海也来到杭州，白娘子被法海所授之钵罩住，现出原形。许宣又在其上砌了一座七层雷峰宝塔，本人也剃度出家。明清以来，此故事传播吴越，脍炙人口。清代有黄图泌《雷峰塔》传奇演其事。岫云词逸改本并增衍《产子》、《祭塔》诸出。另还有方成培同名传奇及弹词《义妖记》等，演唱不衰。

杜十娘怒沉百宝箱 白话短篇小说。见明冯梦龙《警世通言》。所叙杜十娘故事，当系明万历年间轰动之事件。宋懋澄《九籥集》卷五有《负情侬传》一文备记其事。末云："余自庚子(万历二十八年、公元1600年)秋闻其事于友人。"《九籥别集》、《情种》、《文苑楂橘》、《史外丛谈》、《情史》等均引录。本篇当出于冯氏之手。叙李布政之子李甲在京读书，迷恋名妓杜十娘，至床头金尽，老鸨欲逐客。十娘久思从良而有意于李甲，智激老鸨允以三百两银赎身。李甲筹措无门，十娘见其真诚，愿自出私蓄一百五十两，其余嘱其更谋。此事感动了李甲之友柳遇春，慷慨筹出另半，终使十娘脱籍。但李私心终畏其父不允，于携十娘南归途中，受好色之富商孙富挑动，以一千两银让出。十娘闻后痛彻于心，终悟所识匪人。人财交换之日，十娘将身藏百宝箱中价值不啻万金之珍宝尽抛江中，于痛斥孙富、李甲之后，也投水自尽。作品以其细腻之文笔和震撼人心的力量，历来为文学史家所称道。其"宁为玉碎，不为瓦全"的爱情观念，实已透露了近代的精神。其故事，明末即有郭濬《百宝箱》传奇之改编，惜已佚。清雍乾间，复有黄图泌之同名剧作及夏秉衡《八宝箱》各一本问世。此外戏曲曲艺演唱不衰，并有现代影视拍摄，均受本篇影响。

卖油郎独占花魁 白话短篇小说。见明冯梦龙《醒世恒言》。正文叙卖油郎秦重与妓女莘瑶琴结合始末故事。明人有《占花魁》一剧，主角为秦种与王美娘，剧情略同。或云为李渔所作。故事背景虽云宋朝，郑振铎据小说中出现〔桂枝儿〕曲，此曲至明嘉隆间始流行，因断为明人所作(《明清两代的平话集》)。《情史》卷五《史凤》条附载其事。首有"小说有卖油郎慕一名妓"语，盖即此篇。略谓北宋末金兵入侵，汴梁人莘善携妻女南逃，中途失散。其女瑶琴被骗卖到临安为妓。由于聪明美貌，声价倍增，人称"花魁娘子"。卖油小贩秦重也对她产生了爱慕之情。以辛苦积攒小本盈利十两，得到一次相会的机会。不想是夜瑶琴迟迟归来，已醉酒不省人事，朦胧中见是卖油小贩秦重，颇有怪罪轻蔑之意。秦重则全然忘记此来的初衷，对她的遭遇反百倍同情，殷勤服侍，体贴万分，连一件花了银子刚买的绸衣也作了接吐秽物之用，转而使对方产生了好感。后来瑶琴遭吴八公子侮辱和迫害，又亏得遇秦重相救，促使她作出嫁给秦重的决心。以卖油小贩作为小说爱情主人公，并以其至深至挚之情，赢得一位令临安城里的"富豪公子"人人爱慕，有"天大的名声"的花魁娘子的爱情，表现了它独特的价值观念，为文学史家所称引。

灌园叟晚逢仙女 白话短篇小说。见明冯梦龙《醒世恒言》。本篇故事出处待考。叙宋平江府长乐村老翁秋先，园中广种花果。他爱花护花，嗜花如命，人称"花痴"，他自称"灌园叟"。宦家子弟张委竟凭借权势，带领仆从撞进园中，并恣意摧残践踏。秋翁痛惜护花，又遭殴打。张委率众走后，幸花神施术复原。张委欲霸占花园，诬秋翁善施妖术，与贝州王则同党，捉将官里。张委虽占住了园子，但一阵大风，满园花卉尽被吹落，张委也落粪窖淹死。秋翁获释后重整花园，后来飞升成仙。清人有传奇《卫花符》演其事。本篇曾受到小说研究者重视。胡士莹认为"是《三言》中唯一直接揭露地主兼并农民土地的阶级斗争的作品"(《话本小说概论》)。

乔太守乱点鸳鸯谱 白话短篇小说。见明冯梦龙《醒世恒言》。叙一婚姻错迕的故事。略谓杭州有医名刘秉义，生一子一女。子名刘璞，聘孙寡妇女珠姨；女名慧娘，受聘于药铺裴老九之子。吉期将临，刘璞突患重病，孙母虑有不测，误女儿终身，以其弟玉郎乔装代姊去应付这一婚事。而刘母因刘璞病重不能同房，亦以其妹慧娘代替，是夜玉郎遂与慧娘同宿。数日后发现差错，然木已成舟。玉郎逃回家中，两家因而构讼。杭州府乔太守自任冰人，顺水推舟，判玉郎与慧娘为夫妻，裴老九之子则判与玉郎原聘之未婚妻徐氏结亲，令各得其所。情节殊曲折离奇。事云在宋景祐年间，与罗烨《醉翁谈录》丙集卷一之《因兄姊得成夫妇》相类，似以此为蓝本。但《古今谈概》卷三六《嫁娶奇合》云嘉靖间昆山实有此奇事。《情史》卷二《昆山民》条亦载其事，并称"小说载此事，病者为刘璞"云云，乃知本篇故事有实事为本。小说改其判牒为："弟代姊嫁，姑伴嫂眠，爱女爱子，情在理中。一雌一雄，变出意外。移干柴近烈火，无怪其燃。"乃明人嘲弄理学之调侃口吻。此一喜剧故事嗣后借以流传。明沈璟《四异记》，阙名《碧玉串》(一名《双玉串》)皆演此事。

苏小妹三难新郎 白话短篇小说。见明冯梦龙《醒世恒言》。叙苏洵之女小妹富有才学，自择婚配，选中了秦少游。新婚之夜，小妹出题试才。第一题出绝句一首，要新郎弄明题意作和诗一首；第二题又是绝句一首，四句各以一古人为典，要新郎猜出。以上，少游均顺利对答出来。唯第三题，小妹出一上联："闭门推出窗前月"，要对出下联，少游一时难住，幸苏东坡从旁暗示，方对出"投石冲开水底天"。少游终于被允进入洞房。此后伉俪情笃，闺房酬唱，两情欢洽。小妹之才名也远播京师，连皇太后也请她题咏。通篇并无曲折情节，然饶有情趣。清李玉有《眉山秀》传奇演其事。然秦少游非苏轼妹婿，明《戒庵老人笔记》等书已有辨正。清末平步青《霞外攟屑》卷九有《秦淮海妻非苏小妹》一文辨之尤详。小说家言，民间乐闻其说。

闹樊楼多情周胜仙 白话短篇小说。见明冯梦龙《醒世恒言》。今人据篇中用语、风俗和汴京街市建筑等的熟练描写，断为早期宋人话本。本事源出洪迈《夷坚支志》庚卷《鄂州南市女》一篇。宋廉布《清尊录》、王明清《投辖录》亦有类似故事，但人物名姓不同。《情史》卷一〇录有《夷坚支志》此一故事。《龙图公案》卷六"红牙球"与本篇一样，俱为此一故事衍化而来。叙青年范二郎与贩海商人周大郎女儿胜仙于清明节游金明池邂逅相遇，一见钟情。胜仙托媒订姻，但大郎以门户不当拒绝。胜仙气蹶而死。埋葬后遇贼朱真盗墓奸尸，竟苏醒过来。朱真带胜仙回家，胜仙趁邻居失火之乱逃出，径奔范二郎处。二郎以为遇鬼，失手将胜仙打死。开封府包大爷审理此案，二郎入狱，梦中见胜仙来,欢会三日,了却夙愿。朱真盗墓事亦案发,被判死刑。二郎以打鬼失手,终无大罪,获释。此篇人物性格逼真,情节生动,历来被视为话本之佳作。它所表现的爱情悲剧,有力地暴露了封建婚姻制度下青年男女的不幸命运。

施润泽滩阙遇友 白话短篇小说。见明冯梦龙《醒世恒言》。本篇部分情节,虽与《古今谭概》卷三六《张生失金》所叙类似,但一般认为它无所依傍,乃明代现实生活的反映。其背景为嘉靖年间,叙吴江盛泽镇施复拥有一张织机,养蚕织绸。一日拾得六两银子,喜不自禁,但考虑再三,仍决定寻失主归还。数年间,施复经营得法,织机增了三四张,人称"施润泽"。不料那年正值蚕入三眠,桑叶不济,合镇俱告紧缺,施复只得到四十里外的滩阙购买,巧遇当年失银的朱恩让出多余的桑叶,救了他燃眉之急。不要他分文并送他回盛泽。二人结为兄弟,又结为儿女亲家。篇中写盛泽镇居民稠密,"男女勤谨,络纬机杼之声,通宵彻夜。那市上两岸绸丝牙行,约有千百余家。远近村坊织成绸匹,俱到此上市。四方商贾来收买的,蜂攒蚁集,挨挤不开,路途无伫足之隙;乃出产锦绣之乡,积聚绫罗之地。"俱为江南经济的实况。所提倡的勿见利忘义,有难相助,正是当时所提倡的市民精神。《三言》、《二拍》中多次出现这一主题。本篇描写动人,有代表性,为文学史家和历史学家所注意。

十五贯戏言成巧祸 白话短篇小说。见明冯梦龙《醒世恒言》。为早期话本之一。题下原注:"宋人作《错斩崔宁》。"《也是园书目》列入"宋人词话"类。《清平山堂话本》收入,原"我朝元丰年间",《醒世恒言》改为"却说故宋朝中",但仍有不少地方保留了南宋说话人的口吻,想见其故事在南宋民间早已流行。叙临安刘君荐,读书不济,做小买卖又一再亏本,丈人不得已赠钱十五贯助其经营。刘醉后回家,对其妾小娘子陈二姐戏称此钱为典伊所得。二娘情急之中,夜间逃至邻居朱三妈家,拟天明回家报信。不料是夜窃贼光顾,不仅窃走十五贯钱,争斗中刘君荐也被杀。邻居发现时,陈二姐已不在。一路追赶前去,见二姐与一青年同行,并从青年身上搜出十五贯钱,一并扭送官府,坐以奸拐杀人问斩。一年后刘妻王氏被盗寇静山大王抢作压寨夫人,无意中得知其盗十五贯并杀刘的经过,逃离山寨后告至官府,案情方大白。原来那青年名崔宁,与二姐不过系路遇结伴同行。说书人愤而质问:"这段冤枉,仔细可推详出来,谁想问官糊涂,只图了事,不想捶楚之下,何求不得。"故事传颂古今。清人朱素臣有《双熊梦》、又名《十五贯》传奇演其事。另又有《十五贯》弹词。昆曲《十五贯》更是尽人皆知。

转运汉遇巧洞庭红 波斯胡指破鼍龙壳 白话短篇小说。见明凌濛初《拍案惊奇》。叙成化间,苏州府长洲县人文若虚不理生业,眼看坐吃山空,遂经商图利,又每每失败,人称"倒运汉"。百计无奈,索性随贩海商人张乘运等去航海观光。在别人鼓励下,将仅有的一两银买了百余斤洞庭橘上船。不想吉零国人从未见过此物,尝后争相购买,得银计数百两。返航中遇风暴,漂至一荒岛,又见一床大的败龟壳,便拖上船作个海外一游的证见。船至福建,被波斯商人玛宝哈以五万两巨金购去。原来波斯胡识宝,此乃万年鼍龙壳,二十四根肋骨间均有大夜明珠一颗。从此文若虚成了巨富。此事明人《泾林续记》已有记载。《金陵琐事》亦有类似故事。今各文学史、小说史均以为此乃明中叶后海外贸易、商品经济发展下,商人发财梦的典型。篇中关于商人的活动,口岸的盛况,亦符合明代的现实。

刘东山夸技顺城门 十八兄奇踪村酒肆 白话短篇小说。见明凌濛初《拍案惊奇》。此为一侠客故事。叙嘉靖间北直隶交河县缉捕军校头目刘东山弓马熟娴,矢无落空,人称"连珠箭"。三十余岁后退役经商。一日冬残,带着贩马所得百余两银返程,至顺城门。闻人言良乡郑州一带盗贼猖獗,劝其勿独来独往。刘以武艺夸口,不以为意。途遇二十来岁一少年愿与同行。少年身材巧小,刘又向他夸耀弓箭,少年索其弓一试,若一条软绢带,刘则用尽力气不能张满少年所背的弓。又见少年发矢如风,百步穿杨,知来者不善,只得将腰间骡马钱奉上。刘东山从此开一酒店。一日来了十一位骑马客人,均腰束弓箭。内中一少年,仅十五六岁,众人称之为十八兄,对他尤其恭敬。刘认出即前所见少年,吓得魂不附体。少年却以故友相待并还以十倍之数的骡马银。众人豪爽痛饮,飘然而去,不知所之。刘从此不敢再夸武艺。《九籥别集》卷二《刘东山》条已记其事。《虞初新志》卷五《秦淮健儿传》另有一则类似故事。此篇写得有声有色,艺术亦颇见独到之处,堪称白话侠客小说早期作品之一。

乌将军一饭必酬 陈大郎三人重会

白话短篇小说。见明凌濛初《拍案惊奇》。本篇入话云“近来苏州有个王生”，正文又云“如今再说一个也是苏州人”，可知都是现实题材。《情史》卷一八《邵御史》及陆容《菽园杂记》、钱希言《狯园》均载有此故事，似吴下流传颇广，清初还有笔记叙及。叙苏州吴江有商人姓欧阳者，妻曾氏，崇明人，膝下子女各一。女儿招陈大郎为婿，一家和睦。一日大郎到苏州办货，遇一相貌奇伟，满面胡髭的人。仅出于好奇心，请他吃了一顿饭。二年后，大郎妻与舅氏因往崇明探望外祖母而失踪，家中乱作一团。大郎无奈至普陀求神问签，回程时船被大风刮至一海岛，为岛上海盗所掳。盗首“乌将军”即前所遇满面胡髭者。大郎妻舅二人也掳在此。乌将军为报一饭之酬，送还了妻舅，盛情款待，临行并赠以厚礼。此后互相往来，大郎从此也骤富。

张员外义抚螟蛉子　包龙图智赚合同文　白话短篇小说。见明凌濛初《拍案惊奇》。本事已见于《清平山堂话本·合同文字记》。元有无名氏《包待制智赚合同文字记》杂剧演其事。明万历时有《包龙图判百家公案》第二七回“拯判明合同文字”，为宋元以来的一个著名故事。本篇当据以上敷衍而成。叙汴京刘天祥、刘天瑞兄弟，尚未分家。天祥妻杨氏系再醮，带来一女。天瑞妻张氏，生子安住，二岁时聘李社长之女为妻。遭灾之年，天瑞一家外出逃荒，临行与兄订下合同文字，证明尚未分家并家产情况，由李社长为证。天瑞至山西高平县，就食于张富户，其子安住亦认张为义父。不期天瑞夫妇病死，安住由张抚养成人。待至十八岁，带着文书回京。杨氏骗走文书，不认侄儿，意欲独占家产。安住遭痛殴，李社长不平，告到开封府。包龙图假意将安住收监，并谎称伤发破伤风而死，要杨氏抵命，若是同族长幼误伤，可以减刑。杨氏情急中喊出安住系侄儿。包公要杨氏拿出证据，杨氏以合同文书为证，包公据此判财产由安住全部继承，杨氏赘婿与刘姓无瓜葛。

青楼市探人踪　红花场假鬼闹　白话短篇小说。见明凌濛初《二刻拍案惊奇》。叙四川新都县一乡宦杨某，私蓄强盗家丁，杀人越货，凶暴残忍。前在云南做兵部佥事时，曾受一廪生张寅的三百两现银和价值二百两银的祖传金器二件抵押，托其摆布庶弟，以便独占家产。不料杨佥事因官声太坏，事尚未及办理，便被人参革回乡。张寅不甘心，带了四名家人，趁赴京考试之机前往新都，欲讨回其贿赂和抵押，反被其杀害，五具尸首俱埋在后园红花场内。一年多以后，张之二子按迹寻踪去打听，从成都青楼妓女口中知其父前往新都，并已遇害。二人惧其势力，只好状告到四川按院，最后由两名承差史应、魏能侦破此案。史、魏先扮作红花商人，访知杨家内外得实，又结交其纪姓主管，套出真情。将纪诱至成都扣作证见。以重兵围捕的同时，又起出五具尸首，由其子认尸，证据凿凿，终于伏法。情节曲折，案情险恶。行文重点放在侦破和获取罪证的过程。本事来源不明。

同窗友认假作真　女秀才移花接木

白话短篇小说。见明凌濛初《二刻拍案惊奇》。叙成都一世袭指挥之女闻蜚娥，盼望家中出个文士，于是女扮男装，到学堂读书，还中了秀才。与同学魏撰之、杜子中犹如兄弟。闻女意婚事必在此二人之中，于是射箭卜婚。箭为杜拾得，但因一时有事，把它交给了一旁的魏。闻女以为婚事已属魏。后其父被诬入狱，闻女男装进京营救。此时魏、杜二人已由举子而进京会试。闻女在途中被一景姓小姐相中，托媪自媒。闻女意欲代杜子中物色一女子，便应允了。进京时，魏、杜皆进士及第，魏因急于完婚而回成都了，只杜子中一人在京，在同居一室时识破了闻的女身，并说明箭系他先拾得，闻女方知自己的姻缘原在杜子中身上。此时，闻父冤情已白。闻、杜回成都完婚，也帮助魏撰之与景小姐成其好事。两对婚姻，美满幸福。明末清初，才子佳人小说时兴，但以中篇为多，此则为一短篇之代表。明末抱瓮老人《今古奇观》已收入此篇。本事来源不明。

错调情贾母詈女　误告状孙郎得妻

白话短篇小说。见明凌濛初《二刻拍案惊奇》。出处未详。《情史》卷一〇、《古今闺媛逸事》卷四均载其事。叙吴淞有孙官人与邻居贾姓寡妇之女闰娘俱各有意。孙思念不得，一次误将其母错认为闰娘，与之调情。贾母因而詈女逼认，致闰娘自缢。其母诓孙官人至家，与闰娘遗体共锁屋内，自去告官。孙与闰娘遗体作爱，竟复苏。其母领差役前来捉拿时，二人已同床二三日。县令顺情成就了这对夫妻。此一喜剧，对于礼教社会的婚姻现象，未免是一个嘲弄，似为民间流传的一个故事。明代还有杂剧《错调合璧》演其事。

叠居奇程客得助　三救厄海神显灵

白话短篇小说。见明凌濛初《二刻拍案惊奇》。故事本于明人蔡羽《辽阳海神传》。叙徽州商人程寀、程宰兄弟经商辽阳,屡次折本,无颜回乡,遂以管账身分留居辽阳。程宰竟喜遇海神绻爱,又受海神指点,把握机遇,屯积居奇,买卖皆获巨利,因成为富商。七年后,程宰因思念家乡,辞别海神。途中遇到兵变、捕人、巨风等三大厄难,又蒙海神搭救,平安抵家。程宰年过六十,尚容颜常驻,只如四十来岁。情节殊奇,却反映了明中叶以来,城市商品经济发达下,商人们远途经商和他们不择手段的发财梦,具有特殊的认识价值,为小说史家所称述。

贪婪汉六院卖风流 白话短篇小说。见明署名天然痴叟著《石点头》。正文叙贪官吾爱淘故事,来源不详。叙宋西河人吾爱淘,本名爰鼎,因羡慕陶朱公致富,改了名字。此人秉性奸滑狠躁,做秀才后,即包揽词讼,武断乡曲。乡里人恨之入骨,巴望他不再中举。他五十开外入了贡,又广事贿赂,考试顺利,终于做了荆湖路条例司监税提举。从此他大肆搜刮,朝廷税制之外,又自定了种种条例,苛剥商民,怨声载道。连过路的汪姓徽商也弄得财货两空。又整治得近邻王大郎家破人亡。削职为民以后,竟无处安身,异想天开地用搜刮的钱财在南京开了一家妓院,让六院粉头兼充他的妾媵。后来汪姓富商前来,揭露了他的丑行,王大郎冤魂又附身索命,死后暴尸街头,腐臭糜烂,无人收拾。小说以夸张的手法写了明代的一名贪官,亦当时地方政治黑暗之一斑。清杜 纲《娱目醒心编》卷一〇《诈平民恃官灭法,置美妾藉妓营生》实本于本篇故事。

生报华萼恩　死谢徐海义 白话短篇小说。见梦觉道人、西湖浪子所著《幻影》(又名《三刻拍案惊奇》)。叙海寇徐海与王翠翘故事。本篇故事背景,可见《明史》卷二〇五《胡宗宪传》。传中并有"海妾受宗宪赂,亦说海(降)"的记载。明末笔记杂著记徐海事颇多。周清原《西湖二集》、余怀《王翠翘传》已形成一完整的传奇故事。改编为白话小说的,则自本篇始。小说写王翠翘的出身、经历,颇令人同情。她原出身于一个美满家庭。父亲本系明朝一名仓官,只因粮仓失火,家产尽数赔补尚不足,翠翘自愿卖身救父,至沦落为娼。虽被仗义疏财的华萼赎出,又被徐海所掳。华萼后来受胡宗宪之命前来说降,险送性命,为王翠翘所救。翠翘在徐海处,屡有规劝,徐海颇为宠爱听从。又接受翠翘规劝投顺官府,不料被胡宗宪所欺。徐海投水死后,王翠翘自觉有负于徐海,亦蹈水死。此一悲剧故事,清初形成长达二十回的中篇小说《金云翘传》。越南阮攸又据以改写为"喃传",广为传颂,对越南近代文学产生深远影响。在关于王翠翘故事的小说序列中,本篇为其重要环节。

愚郡守玉殿生春 白话短篇小说。见明周清源《西湖二集》。正文叙南宋赵雄故事,见田汝成《西湖游览志余》卷二三,言富贵穷通,皆由偶然。本篇有所增饰、渲染,旨在批评科举之弊。略谓资州人赵雄自幼呆愚,父母因见其无事可做,才送去读书。读到十六七岁,也只会对"两只烧鹅朝北走"。二十开外,只晓得写两个"之乎者也"。近三十岁时意兴勃发,竟去临安赴举人考试。杭州人编了个顺口溜来嘲笑,不料竟然高中。原来试官以为是一位朋友的考卷,赵雄的答卷合了其中的暗号。后来他又赴进士考试,谁想邻座一考生考场发急病,中途退场时把考卷赠送给他,于是又中了同进士出身。官由县尉升到西蜀太守。但此人虽呆愚,却老实至诚,不做伤天害理之事,人也谦和,官声竟然不错。孝宗又点他做了宰相,做了十二年,门生故旧满朝。退职下来,又福寿延年。命意所在,在于攻击试官不是偏私,便是糊涂,"头昏眼闷,好的看做不好,不好的又看做好"。对科考极尽揶揄攻击,读书人只好叹命运。学者认为作者可能即为一怀才不遇之士,本篇代表了他的思想。

三国志演义 原名《三国志通俗演义》,清以后名《三国演义》。章回小说。明罗贯中著。二十四卷二百四十回。现流行的本子为一百二十回。小说的内容主要来自陈寿的《三国志》和裴松之注。同时,也吸收了元代《三国志平话》和宋元以来三国戏曲的有关情节,扬弃了《平话》与戏曲中许多不合理的、乃至庸俗的成分。为我国第一部长篇小说,从汉末动乱、三国鼎立到晋统一,包容了将近一个世纪的历史。以这一时期错综复杂的矛盾斗争为题材,通过扣人心弦的复杂冲突和惊心动魄的场面描写,用文学作品的形式,描写了三国的形成和终结,揭示了其中的某些历史动因。东汉末年,桓灵二帝宠信宦官,"十常侍专权,卖官害民,非亲不用,非仇不诛,欺君罔上"。天下人欲食十常侍肉,而灵帝却敬之如父母。皇权旁落,宫廷内部纷争残杀。最后酿成董卓弄权,黄巾为乱,十七路诸侯讨董卓,声势浩大,但又各怀异心。曹操刺杀董卓未果,便打出旗帜,招兵买马,招贤纳士。官渡之战,曹操消灭了北方最大的诸侯袁绍,成为最大的军事势力。王允等人用计灭董卓后，曹操挟天子令诸侯，雄心勃勃。文有郭嘉、荀彧、程昱等，武有许褚、典韦、夏侯惇、张辽等。东吴孙坚父子，广泛结纳天下贤才，有鲁肃、周瑜、太史慈、甘宁、凌统等文才武将。刘备、关羽、张飞自桃园结义后，立誓安天下，先破黄巾立大功，后在讨董卓的战斗中显示非凡的英雄气势。刘备三顾茅庐，请出诸葛亮，确定了联吴抗曹的方针。赤壁之战奠定了魏、蜀、吴三足鼎立的基石。诸葛亮在蜀中实行宽仁爱民的政策，国势逐渐强大，安居退五路，七擒孟获，巴蜀人民安享太平。关羽违背联吴路线，不但失守荆州，而且败走麦城。关、张之死使刘备不能自制，招来夷陵之战的惨败。诸葛亮六出祁山终不能征服曹魏，只落得事业未竟身先死。东吴传至孙皓荒淫无能，很快为司马氏所灭，司马氏进而灭蜀统一中国为晋。此书共涉及历史人物千余名，创造了一系列个性鲜明的人物形象，如诸葛亮、曹操、关羽、张飞、周瑜、鲁肃，乃至袁绍、吕布、蒋幹等。小说成功地描写了众多的场面，许多历史上的著名战争写得惊心动魄、扣人心弦。作为我国小说史上第一部长篇巨著，它从多方面提供了艺术经验，一直影响着以后长篇小说的发展，在国外也享有崇高的声誉。是书版本很多，仅明万历年间就有二十多种，最早的版本当属明弘治本。卷首有蒋大器的序言，署“弘治甲寅(1494)仲春幾望庸愚子拜书”，题“晋平阳侯陈寿史传”，“后学罗本贯中编次”。嘉靖壬午(1522)本同，仅加了修髯子的引序。万历年间有《李卓吾先生批评三国志》，卷首为李卓吾的序，增加夹评和总评。总起来说，万历诸本与嘉靖本不同的是：一、加了图像；二、加了周静轩的诗；三、加了批评、注音、释义和考证；四、开头加了总汉歌、宗寮姓氏，结尾附一首古风；五、改二十四卷为十二卷或二十卷，改二百四十则为一百二十回，各卷加了纪年。到了清代，毛宗岗父子修改了《三国志通俗演义》，去掉李评，加上毛氏评点，加强了贬曹拥刘的倾向，并将书名改成《三国演义》，于康熙间刊行，这便是以后广为流传的版本。今通行本题《三国志演义》者主要有1975年人民文学出版社影印本、1980年上海古籍出版社排印本，题《三国演义》者主要有1959年人民文学出版社排印本(后多次重印)、1991年上海古籍出版社排印本。

三遂平妖传 又名《平妖传》。章回小说。明罗贯中著。四卷二十回。属神魔小说。叙开封府巨富胡员外，得一仙画，夜有美女从画中走出与之谈笑，其妻怒烧画，纸灰入口而孕，生女永儿。永儿遇仙姑送其“如意册儿”，按册上所载能变钱变米。胡员外以为妖，烧毁宝册。永儿凭记忆仍能变金银，并能撒豆成兵。胡员外有意惩罚永儿，将她嫁给憨哥。憨哥呆傻，永儿出走到郑州去寻送如意册的圣姑姑。原来圣姑姑曾与盗得九天秘笈的蛋子和尚及左黜一起炼成七十二般道术。永儿本是圣姑姑托生胡家之女。永儿至贝州引诱都排王则，并嫁则为妻。圣姑姑便偕蛋子和尚、左黜等，辅佐王则哗变起事，杀知州，自立为东平王。宋仁宗派文彦博统兵征讨王则，两军相持之时，蛋子和尚弃王则等而去，遵神佛之旨，化为甘泉寺老僧诸葛遂智，合同马遂、李遂，用“天罡正法”击破“地煞邪法”，平息王则叛乱，九天玄女降服圣姑姑，天雷震死左黜、永儿。王则被生擒，凌迟处死。存明万历刊本，一至三卷，题“东原罗贯中编次”，“钱塘王慎修校梓”。四卷题“金陵世德堂校梓”。卷首有武胜童昌祚开甫撰“重刻平妖传引”。有图三十幅。藏北京大学图书馆、日本天理图书馆。1983年北京大学出版社排印出版。

隋唐两朝志传 又名《隋唐志传通俗演义》。章回小说。明罗贯中原著，林瀚重编。十二卷一百二十二回。是集自隋公杨坚于陈高宗大建十三年辛丑岁(581)受周主禅即帝位起，历四世禅位于唐高祖，以迄僖宗乾符五年戊戌岁(878)唐将高元裕戮王仙芝止，凡二百九十五年。记述了隋唐两朝重大事件和主要战争，两朝重要人物皇帝、名将、忠臣、义士、仁人等。罗本《隋唐两朝志传》，乃隋唐系列小说的祖本，如熊大木的《唐书志传》、褚人穫的《隋唐演义》，后来的《隋炀帝艳史》、袁于令的《隋史遗文》都由此演变而来。明万历刊本，题“东原贯中罗本编辑”，“西蜀升庵杨慎批评”。书末云“万历己未岁(1619)季秋既望金阊书林龚绍山绣梓”。卷首有杨慎序，另有林瀚序，谓曰：“访有此作，求而阅之，始知实亦罗氏原本，因于暇日遍阅隋唐(诸)书所载英君名将忠臣义士，凡有关风化者悉编为一十二卷，名曰《隋唐志传通俗演义》。”罗氏原本难见，林本存日本东京尊经阁。

残唐五代史演义 又名《绣像五代残唐演义》、《残唐五代史演义传》，简称《五代残唐》。章回小说。明罗贯中著。六卷六十则。叙唐僖宗到宋太祖共八十五年的历史。僖宗年间，武举状元黄巢，因貌丑被革职，反上金顶山，聚饿夫百万，攻占长安，迫使僖宗避难祁州。僖宗封李克用破巢兵马大元帅，克用收打虎英雄安敬思为世子，赐名李存孝，为飞虎大将军。存孝率军屡败黄巢，巢自杀。朱温买通佞臣田令孜，被封为梁王，诬李克用谋反。田、朱劫驾，僖宗困饿而死。李克用杀退朱温，处死田，立唐昭宗。李有信、康君立因嫉妒李存孝而害之。朱温杀昭宗自立，改国号为大梁。李克用聚七十二诸侯讨梁，屡战屡败，气死。李嗣源败梁，李存勗为帝，即后唐。石敬瑭灭后唐，建后晋，为契丹灭。刘知远称帝为后汉，郭威废刘承佑立后周。赵匡胤奉命征河东，至陈桥兵变，众推赵匡胤为帝，称宋太祖。今存明刊本，有插图，有"玉茗堂批点"和"李卓吾批点"两种版本。卷首有"长洲周之标君健"序。清刊本颇多。近有 1985 年宝文堂书店印行本。

水浒传 章回小说。关于它的作者，自来说法不一。一作施耐庵，一作罗贯中，或作"施耐庵的本，罗贯中编次"。施、罗皆元末明初人。近人一般认为是施耐庵所作。有一百零四回、一百回、一百二十回、七十回等本。小说以北宋末年的宋江起义为题材。写其聚义、壮大到受官府招安而失败的过程。在作家统一成篇以前，它的故事业经民间流传，并成为说书和戏曲创作的题材。关于宋江起义，已见诸南宋的历史记载，如王偁《东都事略》："宋江以三十六人横行河朔、京东，官军数万，无敢抗者。"《宋史・张叔夜传》又载："宋江起河朔，转略十郡，官军莫敢撄其锋。"起义队伍后来受招安，又应命征方腊，亦有记载。其故事，自南宋始已有流传，画家李嵩并为宋江等三十人画像。据龚圣予所作赞序，已列有三十六人的绰号。罗烨《醉翁谈录》小说家数中已有"石头孙立"、"青面兽"等关目。元代的一部被认为系说书人底本的《宣和遗事》已有了杨志卖刀，智取生辰纲等情节并三十六将姓名、绰号。元人杂剧以梁山故事为题材者，亦不下十余种。虽涉及三十六将的人名、绰号多有出入，但已有"三十六大伙，七十二小伙"及"一百零八个头领"的说法。此外，有学者认为，《水浒》人物和故事，还移置了南宋初年钟相、杨么的起义事迹。小说故事略可分英雄聚义、与官军对抗及受招安以后奉命征辽，平田虎、王庆，征方腊三大部分。其中，与官军的对抗同时也穿插在英雄聚义故事中。其中，以聚义故事写得最为精彩动人，可谓小说的主要部分。作者用生动的文笔描写了史进、鲁智深、林冲、晁盖、吴用、阮氏三雄、武松、宋江、李逵、石秀、杨志、解珍解宝兄弟等梁山主要人物的遭遇和被迫落草、反抗的过程。主要人物和事件，往往集中数回，用浓重的笔墨加以描绘。如鲁智深落草二龙山，林冲雪夜上梁山，诸多故事，都说明他们被迫为"盗"，都由社会不平造成。杨志本为"三代将门之后"，官殿前制使。宋江为衙门押司，本奉公守法，又怀有浓厚的忠孝思想，小说写他们加入梁山起义队伍，更是经历了曲折反复。梁山聚义，在小说里被描写成百川汇海的过程。其中像林教头风雪山神庙、景阳冈武松打虎等，写得绘形绘色，成为广泛传诵的精彩章段。作品写官府一方，上自蔡京、高俅，下至州府官吏、豪绅恶霸，无非亲朋党羽，狼狈为奸。梁山英雄以"替天行道"为旗帜，以"忠义"为号召，提出"大碗喝酒，论秤分银"的口号，赢得了百姓的拥护。起义队伍形成浩大的声势，战绩显赫，但终不免接受招安而走上失败的道路。小说故事影响深远，除了拥有广大的读者，还是我国戏曲舞台和民间说唱历久不衰的题材。它对后世的小说创作亦有很大的影响，明清两代，还有如《水浒后传》、《后水浒传》等许多续书的出现。作为一部跻身世界名著之列的作品，已有日、英、法、德、俄等十多种译本，并展开了研究。小说的早期版本已不可得见，今所见者均系明嘉靖万历以后的刻本，有繁简两大系统。简本无繁本的诗词赘语和人物、情节的过多的修饰、渲染，但都有受招安以后的征辽、平田虎、王庆和征方腊的故事，故有"文简事繁"之称。今所见最早刻本为明万历建阳余氏双峰堂刊、余象斗评《京本增补校正全像忠义水浒志传评林》，二十五卷，一百零四回。1956 年经北京文学古籍刊行社影印出版。繁本系统有嘉靖刊天都外臣序本《忠义水浒传》，二十卷，一百回，题作"施耐庵集撰，罗贯中纂修"。今残存五回。据郑振铎意见，此当为郭武定侯刻本(《劫中得书记》)。今存最早的完整刻本为明万历容与堂刻《李卓吾先生批评忠义水浒传》，一百回，有征辽和征方腊的故事。1965 年和 1975 年中华书局上海编辑所和上海人民出版社先后影印出版，改名为《明容与堂刻水浒传》。繁本系统的一百二十回，是在百回本基础上增入平田虎、王庆的故事。现存最早的有万历袁无涯刻《李卓吾评水浒全传》。1954 年由人民文学出版社排印出版时简名为《水浒全传》。崇祯贯华堂刊《第五才子施耐庵水浒传》，七十回，则是金圣叹截取前七十一回故事，将首回改为"楔子"以后的节本。文字经过金氏的润改。此本三百年间流行最广。繁本和简本孰先孰后，学界多有分歧，迄无定论。

东汉通俗演义 又名《东汉演义传》，全名《东汉十二帝通俗演义》。章回小说。明谢诏著。十卷一百四十六则。书名"东汉十二帝"，实以刘秀为主，占七卷之多。明帝、章帝以下，俱匆匆而过。无功业可述者，以它事实之。如写明帝，则叙梁鸿、孟光故事。和帝时，窦太后临朝，征匈奴，插入班固、班昭修《汉书》事，诸如此类。刘秀讨新莽，开东汉历史，称光武中兴，斑斓多采。书从王莽出身叙起，历封侯、擅权、弑帝、篡位，赖大将军苏献为其羽翼。刘秀从平民起兵，几经危难，均化险为夷，其间，得马武、姚期、邓禹等人之助。又从邓禹之言，借新市、平林之兵揭旗举义，势大振。昆阳之战，终于大败新莽军，拔长安，诛逆贼，二十八位中兴名将会聚。刘秀登大位后，又收铜马、赤眉，平巴蜀、陇右之乱，偃武修文，天下归一。是书有明大业堂刊本，题"金川西湖谢诏编集"，藏日本宫内省图书寮。剑啸阁批评《东西汉通俗演义》所收东汉故事，即从此本，题《东汉演义传》，但删为一百二十五则。此后屡有刊刻，俱从剑啸阁本出。

西游记 章回小说。明吴承恩著。二十卷一百回。叙唐僧师徒西天取经的故事。唐太宗贞观年间僧人玄奘到天竺(印度)取经，历经艰险，富有传奇色彩。后由其弟子写成《大唐西域记》、《大唐慈恩寺三藏法师传》，不仅颂扬了玄奘的丰功伟绩，且增加了神魔内容。在广泛流传的过程中，越传越奇。到南宋时期就有了话本《大唐三藏取经诗话》，南戏有《陈光蕊江流和尚》，金院本《唐三藏》，元代有吴昌龄的杂剧《唐三藏西天取经》，无名氏的《二郎神锁齐天大圣》和杨景贤的《西游记》。除杨景贤的《西游记》外，大都佚失。元明间有《西游记平话》，保留在《永乐大典》"送"韵、"梦"字条中的"梦斩泾河龙"即其中一段。朝鲜汉语教科书《朴通事谚解》也保留了"车迟国斗圣"的片断。吴承恩的《西游记》是在民间流传的唐僧取经故事和有关话本、杂剧的基础上，经过再创作而成。小说主要人物是孙悟空，他乃花果山一石猴所变，受过菩提祖师的真传，学到长生不老之术，能七十二变，会筋斗云；闹龙宫，索来如意金箍棒；大闹天宫，被老君在八卦炉内炼了四十九天，炼出一双火眼金睛，被如来佛压在五行山下，五百年后随唐僧取经。一路上披荆斩棘，降妖伏怪，忠心保护唐僧。途中唐僧还收了猪八戒和沙和尚。师徒四人历经艰险，终到灵山，见到如来，取来真经五千零四百十八卷。观音发觉他们尚少一难，回来的路上又被老鼋淬下水去。历经九九八十一难后，回到长安受封后，四人同归仙界。这八十一难写得惊心动魄，起伏曲折。如"观音院僧谋宝贝"，"尸魔三戏唐三藏"，"孙行者三调芭蕉扇"，"姹女育阳求配偶"等情节，都显示了一波三折、引人入胜的艺术效果。小说首创了亦人亦神亦物的形象，如孙悟空、猪八戒、牛魔王、铁扇公主等。鲁迅《中国小说史略》指出此书"'复善谐剧'，故虽述变幻恍忽之事，亦每杂解颐之言，使神魔皆有人情，精魅亦通世故，而玩世不恭之意寓焉"。重要版本有金陵世德堂刊本，书名为《新刻出像官板大字西游记》，题"华阳洞天主人校"，间题"金陵荣寿堂梓行"，"书林熊云滨重锲"。卷首有秣陵陈元之的序，署"壬辰(1592)夏端四日"，藏北京图书馆，今通行本《西游记》即据此本校点排印。另有清白堂刊本，亦署"华阳洞天主人校"。卷首秣陵陈元之序，则改署"癸卯(1603)夏念一日"，还有二十卷本，以"五言绝句"一首为序，每卷五回，上图下文，藏日本内阁文库。此外，有《李卓吾批评西游记》，卷首有题词，尾署"幔亭过客"，加了凡例、夹批、注释和回末总评，藏中国历史博物馆、河南省图书馆、日本内阁文库。清刊本多种，最早的为《西游证道书》，题"钟山黄太鸿笑苍子西陵汪象旭憺漪子同笺评"，藏日本内阁文库，此本加入"陈光蕊赴任受灾"，有关唐僧出身的一节，为第九回，将原第九回、第十回、第十一回三回合并为两回。此后，清代刻本均依此翻印。今有1955年人民文学出版社第一次排印本和1971年第二次排印本。

英烈传 全名《新锲龙兴名世录皇明开运英烈传》，又名《皇明英武传》、《新刻皇明开运辑略武功名世英烈传》、《官板皇明全像英烈传》、《云合奇踪》。章回小说。明郭勋著，一说明徐渭编。有八卷本、六卷本、二十卷本。叙朱元璋开创明朝的故事。元末大乱，各地起义者有颍州刘福通、台州方国珍、闽中陈友谅、泰州张士诚等。朱元璋乃上界金童转世，生有异像，智慧超群，幼年当放牛娃，父母双亡后，于皇觉寺剃度为僧。他练就一身武艺，闯荡江湖，扩大势力，趁机而起，招揽贤才良将，虚心听取徐达、刘基、宋濂等人施政大计。南征北战，首先消灭陈友谅，再打败张士诚，取得全胜，统一中国，建立大明。对于太祖，备极颂扬，如他严惩送礼者，拒绝女色，鼓励百姓鸣冤告状等。八卷本题"原本南京齐府刊行"，"书林明峰杨氏重梓"；明三台馆本，改八卷为六卷，题"玉茗堂批点"，末有黄冠野叟跋，明万历丙辰刊本改为二十卷，题"徐渭文长甫编"，"玉茗堂批点"。今有1981年福建人民出版社排印本。

咒枣记 全名《五代萨真人得道咒枣记》，又名《萨真人咒枣记》。章回小说。明邓志谟编著。二卷十四回。书成于万历年间。叙萨真人得道成仙的故事。萨真人为五代时人，前世为富户陆右，因拒少女求鱼水之欢，感动上天，暗赐金五百两。陆右锄地时见到一窖金，慨然分给鳏寡孤独和残疾病弱者，因而此世做了神仙。后又托生西河县萨家，取名守坚，聪明过人，诗文绝顶。先做吏，欲弄刀笔救人，反而害了一命。大悟，去学医，行医时一女子因吃错药而丧生，守坚便弃医修道。得张清虚、王方平、葛仙翁的点化。一路救苦救难，又找到张天师。所谓咒枣，即葛道长教以咒枣之法，念动咒语，枣大如梨，一日咒九枣，每食三枣，可以免饥。皆道家修炼成仙之说。存明万历癸卯(1603)余氏萃庆堂刊本，署"安邑竹溪散人邓氏编"，"闽书林萃庆堂余氏梓"。台湾天一出版社1985年影印出版。

飞剑记 全名《唐代吕纯阳得道飞剑记》，又名《吕仙飞剑记》，或《吕祖飞剑记》。章回小说。明邓志谟编著。二卷十三回。书成于万历年间。叙吕洞宾的故事。吕号纯阳子。他原为汉钟离的徒弟慧童，因起凡心，投胎永乐县吕海洲家为子，自幼聪明。虽学识超群，然六十四岁方中进士，授咸宁知县。赴任路上遇钟离，遂弃官归山修行。钟离七试洞宾后，便授以黄白秘方，引他到终南山碧天洞，教以内、外丹法，送赠素书。又受火龙神人雌雄二剑。吕携剑遨游环宇，斩蛇劈虎，救黎民百姓。又遇白牡丹，寻采阴补阳之术。黄龙教唆白牡丹取了吕的丹田至宝，又到高邮修行九年，养成真阳，再次遨游，继续行除妖救难之事。终随钟离上天朝天，玉帝封为演正警化真人。小说云为唐时事，实道家养生、修炼、异术、成仙的演绎。存明刊本，题"安邑竹溪散人邓氏编"，"闽书林萃庆堂余氏梓"，有图。台湾天一出版社1985年影印出版。

铁树记 全名《晋代旌阳得道擒蛟铁树记》，又名《许真人收孽龙铁树记》、《许仙铁树记》。章回小说。明邓志谟编著。二卷十五回。叙许真人除孽龙的故事。老君预知四百年后江西当出异人，派孝悌王下凡择人间德行纯全者传以道法。孝悌王传兰期，兰期传谌母，并嘱传吴猛、许逊。许逊为颍阳许由之后，前身是玉洞天仙，受玉帝差遣下凡。他拜吴猛为师学道。晋武帝嘉其笃孝，诏为蜀郡旌阳县令。许在任廉洁奉公，深得民心，惠帝时因天下无道而隐退。蜀人从者无数，遂建许氏营。许逊为百姓斩妖除怪，又受玉帝所赐两口神剑，从谌母处学到诸般法术和金丹秘诀，遂称真君，斩尽妖怪之党，最后终于把妖党之首孽龙锁在铁树上。属于道教故事。存明万历癸卯萃庆堂余泗泉刊本，有插图。台湾天一出版社1985年影印出版。

唐书志传通俗演义 又名《秦王演义》、《隋唐演义》。章回小说。明熊大木编著。八卷九十节。书以隋末动乱的历史为题材。始于隋炀帝大业十三年(617)，止于唐贞观十九年(645)太宗亲征高丽为止。隋末失政，李密造反。炀帝巡幸江都，为宇文化及所弑。李渊、宇文化及、窦建德、王世充等先后称帝，天下大乱。秦王李世民在征战中屡建奇功，文臣得魏徵、杜如晦、房玄龄，武将有徐世勣、李靖、尉迟敬德、秦叔宝、程知节等，声望卓著。在宫廷斗争中，又击败建成、元吉兄弟。嗣继大统后，励精图治，国运昌盛。书以李渊父子起兵于太原，统一天下，建立大唐基业为中心。是书现存嘉靖杨氏清江堂刊本，题："金陵薛居士的本，鳌峰熊钟谷(大木)编集"。首李大年序。余氏三台馆刊本题作"红雪山人余应鳌编集"。另有不题撰人之唐氏世德堂本和武林藏珠馆本，皆万历时期刊本。

大宋中兴通俗演义 又名《武穆王演义》、《大宋演义中兴英烈传》、《大宋中兴岳王传》、《宋精忠传》、《精忠全传》、《岳鄂武穆王精忠传》。章回小说。明熊大木编著。八卷八十则。叙岳飞抗金事。岳飞，字鹏举，生时有异象，有大鸟飞鸣树上，因得名。幼习兵法，练武艺，背刺"精忠报国"四字，矢志报国。北宋末，金人入侵。徽、钦二帝被掳，局势岌岌可危。飞先投宗泽，后在张所麾下，屡建战功，蒙褒升迁。岳治军严明，其部号岳家军，受百姓爱戴，有"撼山易，撼岳家军难"之称。飞转战两河，又截杀金寇于江南。黄天荡一役，韩世忠大获全胜，飞设伏于牛头山，追击败敌，令金人闻风丧胆。岳家军苦战多年，绍兴十年(1140)，进驻河南朱仙镇，正待收复汴京，直捣黄龙府，不料高宗听信奸臣秦桧之言，用十二道金牌召回，父子二人同时被害于风波亭。故事不尽拘史实。又穿插平洞庭杨么故事。关于岳飞抗金故事，当以此书为最早，嗣后屡有删节、改编之作出，实以此为祖本。有嘉靖杨氏清白堂本，是最早的一个刻本，首熊大木序。万历周氏万卷楼刊本同。此外尚有万历三台馆刊本、天德堂刊本（不题撰人）及萃锦堂本。清初有映秀堂本。

岳武穆王精忠传 章回小说。明熊大木原著，明无名氏编订。六卷六十八回。叙岳飞抗金"精忠报国"事。有明"玉茗堂原本"和清初刊本二种。题"邹元标编订"。据孙楷第《中国通俗小说书目》意见："此书即熊大木（《大宋中兴通俗演义》）本删节归并。回目用偶语，省略处不甚合理，按语论断均删去，当系假托。"

南北两宋志传 又名《南北宋志传通俗演义》、《南北宋传》。章回小说。明陈继儒、熊大木著。内容实为两部小说合集，前为《南宋志传》，后为《北宋志传》，共二十卷，各十卷五十回。南宋传叙宋太祖赵匡胤艰苦创业，建立宋朝的故事。书从后唐李存勗叙起，继石敬瑭篡立，称臣于契丹，献燕云十六州，直至汉周更替，战争频仍。赵先投后周，为勇将，屡建战功，颇受信任，渐握兵权。世宗崩，诸将黄袍加身，拥立为帝，西伐蜀而南取唐，海内统一。又励精图治。鉴于五代纷纷皆方镇拥兵自重之故，遂广置田舍，释诸将兵权而集于一身，建立大宋基业。北宋传叙杨家将故事，从北汉与宋对峙起。杨业初为汉将，太宗爱其才而用计招降。虽屡建战功，但受潘仁美忌恨。太宗幽州被围，杨家父子救驾，七子损其三，四郎被擒，五郎失踪，后于五台山削发为僧。潘、杨不和，七郎突围求救，反被潘乱箭射死。狼牙村一役，陷杨业于重围。杨业血战力穷而碰死李陵碑下。六郎延昭镇守三关，收孟良、焦赞，令辽兵不得轻易入寇，辽人遂利用枢密王钦为奸细，屡欲加害于延昭，然亦终未得逞。宋室幸赖杨家祖孙三代子媳儿孙得以保定江山。此书所叙，已有破天门阵以及穆桂英并七姐、八妹、姑嫂诸女将出征之故事，为说部中杨家将题材之较早成篇者。明三台馆刊本《南宋志传》卷首题"云间陈继儒编次"，《北宋志传》则无署题，惟卷首序云："昔大本先生""乃综核宋事，汇为一书"。按"大本"当为大木之误。另明本还有金阊叶崐池本。世德堂本则二书分刻。清康熙经国堂本北宋传作《杨家将传》，光绪务本堂巾箱本作《杨家将演义全传》。源记书局石印本南宋传则作《南宋飞龙传》。关于书名，孙楷第提出"命名至为不通"，"余疑其书本名《宋传》，及续集。记宋开国事之《宋传》先出，即今之《南宋志传》。嗣有续书，补缀太宗及真、仁三朝事，多是俚谈，即今之《北宋志传》"（《日本东京所见中国小说书目》）。但近有学者据第五十二回赵匡胤受周世宗封"南宋王"一事，认为书名不误（石麟《有关〈南宋志传〉书名问题的一点线索》）。此书北宋传部分1980年岳麓书社单行出版，题名《杨家将传》。

封神演义 又名《封神传》、《商周列国全传》，近代坊刻称《封神榜》。章回小说。明许仲琳著，一说为明陆西星著（见《传奇汇考》）。一百回。叙周武王伐纣故事，沿宋元平话旧题，大量糅杂仙道斗法，神魔教派之争，光怪陆离，去史实殊远。时间起自商纣七年，迄于西周灭商，姜子牙归国封神，武王裂土分封。纣王无道，宠信狐精幻化的妲己，荒淫无度，又造炮烙铜柱，修虿盆、酒池肉林，残害忠良贤臣。梅伯被戮，比干剖心，皇后和西宫俱先后受谗遇害，太子殷洪、世子殷郊被迫出逃，大臣黄飞虎反出朝歌。周武王奉天承运，讨伐无道，但双方都有异人相护。西周方面有姜子牙奉阐教元始天尊之命下山相助，拥有阐教文殊广法天尊、慈航道人、赤精子、黄龙真人等神仙；殷纣一方太师闻仲手下亦有截教十大神仙并姚天君、赵公明、申公豹等异人，双方斗法角术，最后至请出各自的教主，阐教为太上老君、元始天尊，截教则为通天教主较量。双方均陈兵数十万，赖三教祖师鸿钧老祖为说合方才罢休，而西周终于灭商，姜子牙归国封神。其中融会了一些民间故事，如姜子牙八十拜相，哪吒剔骨还父等。现存最早有明舒载阳刊本，有钟惺评。另有清蔚文堂覆明刊本、清四雪草堂本、清善成堂藏板本、清乾隆间茂选楼刊本等。近有1955年作家出版社、1973年人民文学出版社、1980年齐鲁书社、1988年岳麓书社、1989年上海古籍出版社等所出排印本。

金瓶梅 章回小说。一百回。取小说中潘金莲、李瓶儿、春梅三个人物的名字合为书名。作者待考。今见《金瓶梅词话》卷首欣欣子序称作者为"兰陵笑笑生"。同刻廿公跋则称"为世庙一巨公寓言"。沈德符《万历野获编》又称"闻此为嘉靖间大名士手笔"。入清以后，即逐渐坐实为王世贞，鲁迅《小说旧闻钞》认为"极不近情理"。近年来又有学者重申此说。目前在关于作者的诸多倡说中，较有影响的主张为李开先、贾三近、屠隆、王穉登等人。也有学者认为它与《水浒传》等作品一样，是“世代积累型创作”，其写定者有李开先、李渔二说。小说假《水浒传》西门庆和潘金莲故事敷演成篇。云武松误杀李外传，是以西门庆得以无恙并娶潘金莲。西门庆是小说的中心人物。他“原是清河一个破落户财主”，但小说开始时，已重新发迹，家中已有一妻三妾。在与潘金莲勾搭时，娶进富孀孟玉楼。金莲过门后，又与结义兄弟花子虚之妻李瓶儿私通。待花死后，娶为第六房妾，因而得到孟、李带来的两注横财。西门庆平日贿买官府，交结权贵，谋得清河县提刑所副千户之职，御史、太监、州府地方官员等都不惜前来与他屈尊攀结，因此他的权势日炽而商业更形兴旺。生药铺外，又陆续开设了解当铺、缎子铺、绸绢铺、绒线铺，“外边江湖上又走标船，扬州兴贩盐引，东平府上纳香蜡，伙计主管约有数十。”财运亨通，势炎日炽，与杭州、湖州、松江、南京等东南沿海地区也有密切的商业联系。小说细致地描写了他的暴发过程。西门庆豪侈纵欲，家中除了妻妾，还收用了金莲之婢春梅，内外淫媾。为了达到淫佚作乐的目的，无视伦理，不择手段，甚至致人于家破人亡。终因身体渐亏，在暴发的过程中，死于与潘金莲的淫媾中。小说写西门庆及其家庭的兴衰，他的广泛的社会网络和私生活。他如何暴发致富，又如何纵欲身亡，家庭分崩离析。描写涉及明代广泛的社会生活，也表现了十六世纪市民社会的人生观和价值观。它打破了古代小说以历史和神怪为题材的传统，运用白描的手法和生动的口语表现人物和他们所属的特定阶层的日常生活。它以西门庆和他的家庭生活为中心，采用网状结构把复杂的现实生活交织在一起。全书人物约八百，上自朝廷显贵，地方权豪，下及负贩匠作，巫医卜算，乃至帮闲篾片，娼妓优伶，僧尼道姑，市井泼皮，婢仆媒婆，形形色色的人物，构成一幅具有特征的城市生活的风俗画。但大量的性描写穿插在情节中，因而曾蒙受“淫书”之谥，但近代学者认为它在小说史上有重要地位，对包括《红楼梦》在内的后世小说有过不同程度的影响。小说在明万历中已经以抄本形式流传。袁宏道《致董思白书》问“《金瓶梅》从何处得来？”此信约写于万历二十三年(1595)或二十四年，它传达了小说问世的信息。至于它的成书时间，目前有嘉靖时，嘉靖、弘治间，万历时诸说。本书现存最早的刻本是1931年在山西发现的《新刻金瓶梅词话》，首有欣欣子序及署为万历丁巳(1617)东吴弄珠客序二篇并廿公跋。简称词话本或东吴弄珠客序本。此本古佚小说刊行会和人民文学出版社曾先后于1933年和1956年影印出版。原缺第五十二回两页，据崇祯本配补。学者推测，此书既云“新刻”，应尚有原刻。沈德符《万历野获编》提到过有吴中刻本的初刻，其刊刻时间，鲁迅推测当在万历庚戌年(1610)，未见。又日本日光山轮王寺慈眼堂与德山毛利氏栖息堂亦有《词话》本各一部，均有残缺，1963年大安株式会社据两部配补影印出版。崇祯刻本，全称为《新刻绣像批评原本金瓶梅》，无欣欣子序，有眉批和旁批。文字有改动，以西门庆故事直接开场并删去了词话本的许多唱念词文，因称说散本。后来流传最为广泛的清初张竹坡批本(全称《皋鹤堂批评第一奇书金瓶梅》)即据此本，俗称张批本。此本除加评外，文字又作了进一步润饰。张批本和崇祯本近年来亦分别经齐鲁书社和北京大学出版社以排印和影印的形式出版。1987年香港墨海文化出版有限公司出版了梅节全校本《金瓶梅词话》。梅本据崇祯本和张批本统一和改正了原词话本的许多异体字、同音假借字和错讹字。1985年人民文学出版社据词话本出版了经过少量删节的排印本，以便较多的读者得以阅读。

四大奇书 明代四部长篇小说的合称。李渔为毛纶父子评本《三国志演义》作序时说，王世贞曾将《史记》、《南华》、《水浒》、《西厢》称为“四大奇书”，而冯梦龙“亦有四大奇书之目，曰《三国》也，《水浒》也，《西游》与《金瓶梅》也”。李渔认为，“书之奇当从其类”，故“冯说为近是”。后一般均从冯说。

玉娇李 又作《玉娇丽》。长篇小说。明无名氏著。沈德符《万历野获编》卷二五云：“中郎又云：‘尚有名《玉娇李》者，亦出此(嘉靖)名士手，与前书(《金瓶梅》)各设报应因果。武大后世化为淫夫，上烝下报；潘金莲亦作河间妇，终以极刑；西门庆则一呆憨男子，坐视妻妾外遇，以见轮回不爽。’中郎亦耳剽，未之见也。去年抵辇下，从邱工部六区(志充)得寓目焉，仅首卷耳，而秽黩百端，背伦灭理，几不忍读。其帝则称完颜大定，而贵溪(夏言)、分宜(严嵩)相构亦暗寓焉。至嘉靖辛丑庶常诸公，则直书姓名，尤可骇怪，因弃置不复再展。然笔锋恣横酣畅，似尤胜《金瓶梅》。”张无咎《新平妖传》初刻、重刻二序亦均提及，作《玉娇丽》。先云“效《水浒》而穷者也”。继云“另辟幽蹊，曲中奏雅”。原书已佚。但由于是《金瓶梅》的最早续书，故颇受后世学者瞩目。孙楷第《中国通俗小说书目》著录。

征播奏捷传通俗演义 简名《征播奏捷传》。章回小说。明无名氏著。六卷一百回。叙明万历间李化龙讨播州杨应龙叛事。孙楷第《日本东京所见中国小说书目》著录，藏日本尊经阁文库。题“万历癸卯(三十一年、1603)秋佳丽书林谨按原本重镌”，栏外横题“巫峡望仙岩藏板”，似此前尚有旧本。然所载九一居主人序及“作者”名衢逸狂自记，均题癸卯，则实为原本。序谓：“余公余游阅，观其言事论略，皆有根由实迹，悉同之蜀院发刊《平播事略》并秋渊路人《平西凯歌》、道听山人《平播集》书中来，又非抵虚架空者埒。”又据名衢逸狂自记：“西蜀省院刊有《平播事略》备载敕奏文表，风示天下。道听子纪其耳聆目瞩之颠末，积成一帙，梓行坊中。不佞因合二书之所叙事迹敷演其义，而以通俗命名，令人之易晓也。即未必言言中窾，事事协真；大抵皆彰善瘅恶，非假设一种孟浪议论以惑世诬民。”则此名衢逸狂当为作者之化名。全书六卷，以礼、乐、射、御、书、数为目。自第一回“朱太祖定鼎金陵”起，至第九八回“普天下共乐昇平”止。第九九回之逸狂赞颂平播诗，一百回之翰林川贵用兵议，俱附第九八回。正文并无标题。每回文字甚短，实勉强凑成此数。按李化龙，《明史》卷二二八有传。其平播事起自万历二十七年，“自出师至灭贼凡百有十四日”。有其自著《平播全书》记其事，距小说刊行仅三年。平播时，“贵州巡抚郭子章驻贵阳”，与其事。郭著有《平播始末》。《四库全书总目》杂史类存目。提要云：“子章尝有《黔记》颇载其事。晚年退休家居，闻一二武弁迭作平话，左袒(李)化龙，饰张功迹，多乖事实，乃仿纪事本末之例，以诸奏疏稍加诠次，复为此书，以辨其诬。”所云“平话”，似即本书。

隋唐演义 章回小说。不题撰人。十卷一百一十四节。是书内容从第九节至第九八节同熊大木《唐书志传通俗演义》，第九节前及第九八节后则同罗贯中《隋唐两朝志传》，有明武林书坊刻本。首“新镌隋唐演义序”，署“山阴徐渭文长撰”，显系伪托。目录页题“新镌徐文长先生批评隋唐演义”。按万历武林藏珠馆刊《唐书志传通俗演义》别题《隋唐演义》，并署“新刊徐文长先生评唐传演义”，是书当用此本拼合。参见“唐书志传通俗演义”及“隋唐两朝志传”。

东游记 又名《东游记上洞八仙传》、《八仙出处东游记》、《东游八仙全出身传》。章回长篇小说。明吴元泰著。二卷。五十六回，别本四十五回。叙八仙故事。各有出身，铁拐李玄，魂随老君游西，身被徒弟杨子焚毁，依附饿莩之尸，故蓬首垢面，坦腹跛足。钟离权为汉朝大将，后弃官学道，成仙。蓝采和乃赤脚大仙降生，常赤一足，遇铁拐被度化成仙。张果原为白蝙蝠，受天地之气，日月之精，后入仙班。吕洞宾乃华阳仙人后身，两举进仕不第，被钟离点化为仙。曹国舅因恶其弟仗势欺人，散尽家财，被钟离、吕仙引入仙班。八仙赴王母蟠桃会，乘兴过海，各显神通，战胜龙王所设种种阻碍，请齐天大圣、如来、观音、老君讲和。此书先叙八仙出身，后叙八仙战龙王，尤为精采。有明余文台刊本，藏日本内阁文库，清嘉庆十六年(1811)本，道光十年(1830)致合堂《四游全传》合刊本。上海古典文学出版社《四游记》合刊本，1956年出版。

济颠语录 全称《钱塘渔隐济颠禅师语录》。白话小说。题“沈孟柈述”。一卷。记高僧济颠的一生。宋时，天台李家生一男孩，国清寺长老赐名修元。修元出生时有异象，且聪慧超群。十八岁父母双亡，便投灵隐寺为僧，法名道济，第一天坐禅，跌下三次，觉得苦不堪熬，欲辞归。长老劝戒，道济一头撞去，发起疯颠。从此，称之“济颠”。随之疯愈甚，饮酒、吃肉，全不管佛门戒律。众僧向长老告状，要求逐出他，长老却一再容忍，圆寂时反将衣钵传于济颠。一日酩酊大醉，被人拉到妓院，与妓女同床，而禅心不乱。所得布施，均散于乞儿。灵隐寺不能容他便到净慈寺，使太后自愿捐钱三千贯给罗汉重塑金身。屡屡显圣点化世俗，死后仍不断显圣。故事殆本传说，为济公系列作品最早的一种。存明隆庆己巳(1569)四香高斋平石监刻本，藏日本内阁文库。还有明崇祯刻本和清乾隆刊本。为上海古籍出版社《明清平话小说选》之一种，1986年出版。

全汉志传 全称《全像按鉴演义东西汉志传》，或称《新刻按鉴编集二十四帝通俗演义全汉志传》。章回小说。题蔡伯喈编，当系明人伪托。十四卷(西汉九卷，东汉五卷)。卷一至卷九演西汉十二帝的历史，卷一〇至卷一四演东汉两帝的历史。从周文王遇姜太公开篇，一直写到东汉明帝时班超征西域结尾，着重描叙汉高祖刘邦夺取天下和汉光武刘秀剪灭王莽，汉室中兴这两段历史。与同一题材的历史演义小说比较，本书更接近史实记载。举凡东汉明帝以前的重大历史事件和重要人物都有记述。如文帝视察细柳营、景帝诛晁错、武帝令董仲舒对策等等。均被按鉴编入。汉朝历代与西域匈奴的矛盾也写得很具体，如文帝亲征，苏武出使，李陵碰碑，卫青伐匈奴，元帝遣王昭君和亲，明帝派班超西征等。唯较少艺术渲染。作者对民族英雄、爱国志士给予热情褒奖。有清宝华楼覆明三台馆刊本，上图下文，题“汉史臣蔡邕伯喈汇编”，“明潭阳三台馆元素订梓”，卷首有袁宏道序。藏北京大学图书馆。

孔圣宗师出身全传　全名《全相孔圣宗师出身全传》。章回小说，明无名氏著。四卷十九回。记述孔子一生。从孔子二十六岁奔母丧写起，到七十三岁逝世为止。以年龄为主线，串联起一系列言论和行迹，缺情节。诸如孔子奔齐反鲁，孔子鼓瑟见老聃，孔子论历代帝王得失成败，孔子讲论五经，孔子师徒问答，孔子去周游卫、曹、宋、郑、陈诸国等。均据史书编成若干“通俗”的故事。从而将孔子的哲学思想、孔子的道德观念、孔子的教育思想、孔子的政治主张以及居官态度，一一记录下来。小说形式独特，文字质朴。胡適跋谓：“编者是一位学究先生，文字不很高明，仅仅能抄书，却不能做通俗文字，所以这部书，实在不能算作一部平话小说。”存影抄明刊本，藏浙江图书馆。

天妃济世出身传　一名《天妃娘妈传》，章回小说。明吴还初编。二卷三十二回。叙玄真乃北天妙极星君之女，因梦中猴、鳄二妖害死群蚁，遂立誓灭二妖。王母赐灵丹，并令其拜观音为师，学成去游中界，托生在福建莆田林长者家为女。十六岁，梦与鳄精斗法。从此不食人间烟火，拒绝婚姻，拜辞父母，飞往湄州。此时，正逢猴精到处兴妖作怪，扰乱民生。林长者之子二郎应诏灭妖，她授兄密诀、阵法，赠神马、火旗、风扇等宝物，并暗护兄进京，助灭龟精。教场复选，林二郎被封为护军，赴边。番兵靠猴精作怪，二郎扣香囊，妹在云头助之，而大败猴精。经过反复较量，终灭猴妖。林二郎奏凯回朝，汉明帝封玄真为护国庇民天妃林氏娘娘，二郎为靖国法师护教圣兄。归来途中又灭白蛇精和鳅精，后杀鸡精，与龙王同灭鳄精。林长者一家升天。存明万历忠正堂刊本，题“南州散人吴还初编”，“昌江逸士涂德孚校”，“浑邑书林熊龙峰梓”。上图下文。近有1990年上海古籍出版社排印本，题《天妃娘妈传》。

列国志传　全名为《春秋五霸七雄列国志传》，又名《春秋列国志传》。章回小说。明余邵鱼著。有八卷本、十二卷本两种，不分回。叙春秋列国故事。起自商末，止于战国末，秦灭楚后继而欲假道灭齐止，似缺一结尾。然周朝八百年历史故事已尽罗于中。全书循《春秋》传、注史事，择其生动可感者编集成篇，串为一部大书，重要的故事，如武王伐纣，周公辅政，幽王宠褒姒，平王东迁，五霸图强，勾践灭吴，晏子使楚，孙庞斗智，乐毅伐齐，孟尝君养士，信陵君窃符救赵，相如使秦，荆轲刺秦王等等均汇萃一集。其间杂采野史笔记，民间故事，亦有虚构失实之处，如秦哀公十八国临潼斗宝之类，受到冯梦龙的批评（见冯梦龙《新列国志》凡例）。此书八卷本系统，有万历三台馆余氏重刊本，梅园梓行本。十二卷本有万历姑苏龚绍山梓行本。

浪史　又名《巧姻缘》、《浪史奇观》、《梅梦缘》。章回小说。题“风月轩又（一作‘入’）玄子著”。四十回。叙秀才梅素先人称“浪子”，先与有夫之妇李文妃有私情，不久，又勾搭赵大娘母女前后成奸，丫环春娇也逃脱不开。又看上文妃的结拜姐妹潘素秋。素先的继妹俊卿与仆人绿珠有染，他假装绿珠玩弄继妹。文妃夫亡与素先成亲，又爱上绿珠，两男一女同欢，绿珠死于淫乱过度。又与濠州司农铁木朵鲁妻妾私通。浪子乘舟迎接文妃，路遇郑恒、崔莺莺夫妇，他为莺莺私奔昭雪洗耻。后梅竟中了进士，不愿为官，又娶了七美人，十一侍妾。色欲、物质享受达于极点后，扁舟而去。此书公开宣扬情欲至上，置一切纲常伦理于不顾，文字淫秽。《凡例》称“此书疑是元人手笔”，叙元朝事显系伪托。存抄本，藏大连图书馆。啸风轩本，藏日本千叶掬香。

唐三藏西游释厄传　全名《鼎锲全像唐三藏西游释厄传》，或称《鼎锲唐三藏西游传》。章回小说。明朱鼎臣编著。十集十卷。本世纪二十年代在日本发现。内容为唐玄奘去西天取经的故事，文字却比吴承恩《西游记》简单得多，全书不过十二万字。前七卷与吴本前十五回近似，后三卷，与杨致和《西游记传》卷二第三回以后的情节基本一致。其中杨本卷三“唐三藏梦鬼诉冤”，卷四“孙行者收伏青狮精”，“唐三藏收妖过通天河”，“昴日星官收蝎精”，“显圣郎弥勒佛收妖”等回的内容为朱本所缺。郑振铎认为，本书与杨本都是依据吴本改写而成（《中国文学研究》上册《西游记的演化》）。八十年代以来，有的学者指出，杨致和本最早，朱本前七卷，利用吴承恩的未完成稿，而后三卷，则依杨本补足（见陈新《唐三藏西游释厄传》

"整理后记")。存明万历刊本,题"羊城冲怀朱鼎臣编辑,书林莲台刘永茂绣梓"。人民文学出版社于1984年将其与《西游记传》合为一册出版。

南海观音菩萨出身修行传 又名《观音出身南游记传》,《南海观音全传》,《观音传》,《南海观音菩萨出身香山修行》。章回小说。明朱鼎臣著。四卷二十六回。叙南海观音菩萨修行成仙的历程。云其本为西域王婆伽三个女儿之一,名妙善。执意不赘嫁,专心念经,又到白雀寺修行。她不怕豺狼虎豹的威胁,忍受各种苦累活计的折磨,真心感动了玉帝,分派诸神代劳和保护。西域王为逼女儿出寺,火烧白雀寺,将妙善绑赴法场。因有玉帝保护,刀砍刀断,枪戳枪折。虎神把妙善背出法场,其灵魂游地府,见各种罪人受刑,便超度冤魂让其托生极乐世界。妙善的善心,使地狱化天堂,刑具化莲花。妙善还魂后,释迦牟尼引其到越国南海香山,在此修行九年终成正果。玉帝封为观音菩萨,并赐莲花宝座。西域国王受到感化也去修行,大姊妙清为文殊菩萨、二姊妙音为普贤菩萨。存明焕文堂刊本,署"南州西大午辰走人订著,羊城冲怀朱鼎臣编辑,浑城泰斋杨春荣绣梓"。清嘉庆大庆堂覆明本。台湾天一出版社1985年影印出版。

绣榻野史 又名《警世奇言》。白话小说。明吕天成著。上下两卷,九十七节,不分回;另有四卷本。叙扬州秀才姚同心,自号东门生,娶一丑妻,妻死后暗与小秀才赵大里勾搭。后娶金氏为妻。赵大里趁姚外出时与金氏及丫环阿绣疯狂奸宿。姚同心决意报复,勾引赵之寡母麻氏。于是麻氏嫁东门生,金氏嫁赵大里,一家和睦相处,姚与赵继续保持同性恋关系。后麻氏、金氏都因淫乱无度而死,赵大里暴死于瘟疫。小说以东门生梦见麻氏变母猪,金氏变母骡,大里变公骡,三人向他诉说报应之理,因而大彻大悟,当了和尚。全书充斥淫秽描写,标志着明万历以来小说创作中一种不良倾向。明万历刊本,题"卓吾李贽批评"、"醉阁憨憨子校阅"。另有江篱馆校本。1915年上海图书馆出了排印本,题"情颠主人著"、"小隐斋居士校正"。

昭阳趣史 全称《新编出像赵飞燕昭阳趣史》。章回小说。题"古杭艳艳生编"。二卷。叙汉赵飞燕、赵合德姊妹故事。谓二女乃燕精和九尾雌狐转世,少小父母双亡,姊妹流落京城长安,风流公子射鸟儿引诱二人成奸。侍郎节度使赵临,收为义女,改姓赵,教以歌舞。汉成帝即位,赵临将飞燕送给成帝,成帝贬皇后立飞燕为后,封赵临为咸阳侯。成帝听说合德更美,也诏进宫,赐号婕妤,住昭阳宫。后在宫中淫乱,被成帝发觉。飞燕又谎称有孕骗帝,两次买子入宫未成。合德扼杀宫人朱氏之子,飞燕认定陶王为子,立为太子。射鸟儿离宫去当和尚,成帝亡于淫乐。定陶王即位,欲究成帝死因,合德呕血而死。后飞燕自缢身亡。书中多猥亵描写,故事本《赵飞燕外传》和《赵飞燕别传》。明玩花斋刊本,藏英国博物馆残本四卷。民国间中央书店出过删节本,上下两卷,三十四回。文字稍有改动。

玉妃媚史 白话小说。题"古杭艳艳生编"。二卷不分回。孙楷第《中国通俗小说书目》著录:"《在园杂志》卷二引作《媚史》,当即此书。"存清乾隆刊本,阿英旧藏。《小说闲话》云:"书中极写贵妃之荒淫。大半是敷衍《太平广记》中所记杨贵妃故事,及《绿窗新话》中所载贵妃事而成。《新话》中有《杨贵妃私安禄山》、《杨妃窃宁王玉笛》……等目,故即谓全据《新话》亦无不可。所征引诗歌,大都从李、杜等唐人集中来。书凡三万余言,近百十页。余所得者,讹误极多,或系翻印本。"

于少保萃忠全传 又名《旌功萃忠录》,章回小说。明孙高亮著。十卷四十回。记述于谦一生的事迹。书谓于谦乃文天祥转世,聪明超群,少年能吟诗联对,结识徐理、石亨叔侄。及第后,被授为监察御史,宣德时,曾随从皇帝征讨叛逆,巡抚过山西、河南,立下功劳,升都察院佥都御史,兼兵部右侍郎。正统时,王振专权,谦因当众斥振遭降职。土木之变,他力阻南迁,镇定自若,平息廷乱,又奉太后旨请郕王即位,尊正统为上皇。谦任兵部尚书。他身先士卒,杀退瓦剌敌军,受封少保。他忠心辅佐景泰。终因劳累而病。景泰崩,石亨、徐理、曹钦等谋复上皇,逮于谦于狱,以迎立外蕃罪处斩。存明万历刊本,题"后学孙高亮怀石甫纂述",卷首有万历年间林从吾序。清道光十五年(1835)十二世孙士俊重刊本,首于忠肃像,并道光元年十一世孙于灿的跋。另有清宝翰楼、务本堂、双璧堂等多种刻本。此外还有题"西湖沈士俨幼英父纂述"的七十回本。人民文学出版社1988年校点排印。

承运传 全名《新锲国朝承运传》,章回小说。明无名氏著。四卷四十回。以燕王朱棣夺位称帝为小说的题材。叙明太祖驾崩,皇长孙嗣为建文帝，黄子澄等四人辅佐，恐燕王为后患，欲除之。便诏燕王到南京，燕王斩使，以讨四凶为名发兵南征，两次失败。之后，燕王拜姚广孝为军师，第三次南下，先收保定、真定、临清等地，姚广孝作法冰冻黄河，大军直抵汴梁城。周王、秦王、晋王先后来拜燕王。唯齐王受四党之命起兵山东，燕王亲率诸王攻打齐王，齐兵败。北军攻淮河、过长江，直逼南京。武定侯之子郭胜献金川门，燕王大兵直入南京，四党自绝。燕王登宝位，改元永乐，称太宗。瓦剌乘虚南侵，太宗亲征，得胜而归，定都北京。孙楷第评曰："此书极陋，于本朝事尚不能知其梗概。至以黄子澄、练子宁、铁铉、景清为奸党，贪贿赂，嗜酒乱政，则尤颠倒是非之甚者。"(《日本东京所见中国小说书目》)存明万历间福建坊刊本，上图下文。台湾天一出版社影印。

南游记 又名《华光天王南游志传》、《五显灵官大帝华光天王传》、《南游华光传》。章回小说。明余象斗编著。四卷十八回。叙华光天王故事。华光原为如来佛前一盏油灯，修成人身，名妙吉祥。被罚到下界投生，名三眼灵光。他为父报仇杀死龙王，被困死，又托生为炎梓宫炎玄天王之子，名三眼灵耀。灵耀拜八景宫妙乐天尊为师，神通广大，变化无穷，被封为火部兵马大元帅。因在琼花会上打了金枪太子，被天兵捉拿，便反出天界，自号华光大王，终败于北方玄天上帝，再次到中界托生为萧家之子，名华光。与铁扇公主成婚，当得知其母在酆都受恶报时，三下地狱救母；又入天宫偷仙桃医好其母嗜人的怪病。与齐天大圣相斗，议和结为兄弟，最后归灵山。此书明显受吴承恩《西游记》的影响。存明昌远堂李铺梓行本，"三台馆山人仰止编"，上图下文。清嘉庆十六年《四游记》本收入，有图，署"福文堂"。还有道光十年《四游全传》、小蓬莱仙馆《四游合传》等均收入。

北游记 又名《北方真武玄天上帝出身志传》，《北游记玄帝出身传》，《北方真武祖师玄天上帝真武志传》。章回小说。明余象斗编著。四卷二十回。叙真武玄天上帝的故事，玄天上帝乃传说中道家所崇拜的偶像之一。隋炀帝时，玉帝见刘家琼花树金光灿灿，乃分一缕真魂托生为刘氏后代。因琼花树当不起玉帝后身供养，三清点明本相，指引到蓬莱山修行。二十年后，凡心动，又托生为哥阇国玄明太子，享十年太平天下，再到蓬莱山修行。因经不起女色，又投胎为西霞国王子，名玄晃，做十五年国王后，经天尊点化，弃国到灵鹫山修行。修成真仙去见玉帝，封他去掌管太阳宫，宫中三十六将均下凡作乱。他再次下凡为净洛国王子，斗母元君度其成仙，天尊赐宝剑，玉帝封为真武大将军。奉旨收妖，降伏妖魔三十六名，均为玄天部将。真武被封为混元九天万法教主荡魔天尊。存清道光十年大经堂《四游记》合传本，启文堂单行本，小蓬莱馆《四游合传》亦收入。

西游记传 又名《西游唐三藏出身传》，《唐三藏出身传》。章回小说。明杨致和编著。四十一回。故事情节与吴承恩的百回本《西游记》基本相同，只是文字简略、篇幅缩短很多。吴承恩本、朱鼎臣本和杨致和本孰前孰后学术界说法不一：一种说法此为吴本简本，当在吴本之后，一说此为吴本蓝本，在吴本之前。存道光十年(1830)《四游全传》中，小蓬莱仙馆藏本《四游合传》收入，嘉庆十六年(1811)坊刻本《四游传》亦收入。

四游记 又名《四游合传》，《四游传》，《四游记合传》。小说合刊。包括明余象斗的《南游记》和《北游记》，明吴元泰的《东游记》，明杨致和的《西游记》四种。有嘉庆十六年(1811)坊刻本、道光十年(1830)本、小蓬莱仙馆刊巾箱本。1957年古典文学出版社出版排印本，1986年上海古籍出版社新一版修订重印。

列国前编十二朝传 章回小说。明余象斗编著。四卷五十章。先是余邵鱼有《列国志传》，余象斗曾为之重刊，呼作者为"先族叔翁"。此书为其自创之"前编"，自开天辟地，三皇五帝，尧、舜、禹夏至商，共"十二朝"史事，以与《列国志传》衔接。识语谓是书之创，乃鉴于"人民不识天开地辟、三皇五帝、夏商诸事迹，皆附相讹传"，故而"搜采各书，如前诸传式、按鉴演义，自天开地辟起，至夏(商纣)王宠妲己止，将天道星象，草木禽兽，并天下民用之物、婚配饮食药石等出处始制，今皆实考，所不至于附相讹传，以便观览云"。故是书博采史料传闻，并讲史演义，考究史实，衍为此说部。所云"按鉴演义"，当指前此钟惺所著《盘古至唐虞传》、《有夏志传》、《有商志传》等，取长补短。行文附注释，章后有释疑、鉴断等考释，但颇注意形象化的细节描写，为崇祯时周游《开辟衍绎通俗志传》之蓝本。存明万历三台馆刊本。

三宝太监西洋记通俗演义 又名《三宝开港西洋记》，简称《西洋记》。章回小说。明罗懋登著。二十卷一百回。叙郑和下西洋的故事。

据史载明永乐三年(1405)到宣德八年(1433)郑和先后七次通使西洋,历涉三十余国。小说多取材于有关记载,如《瀛涯胜览》、《星槎胜览》、《西洋番国志》等。在此已将史料神魔化,主要不是写三宝太监征西大元帅郑和和副帅王景弘,而是写国师金碧峰和天师张真人。二人受永乐封赏,随宝船西征,一路上移山倒海、降妖除魔,保护宝船前进。路过软水洋,碧峰将软水换硬水;在宝莲金象国,大战姜老星父女;到爪哇国,擒咬海干,与王仙姑、火母斗术、斗宝;在女儿国三位公主为争与明将唐英成亲,发生火并,唐英杀铜头公主得泉水解救误饮子母河水的官兵;至撤发国,王明盗凤凰蛋和隐身草。金毛道长以法败天师,碧峰借永乐帝真魂使金毛归位。在金眼、银眼两国,碧峰指挥军马大败金角、银角、鹿角三仙和百里雁。最后宝船到天堂极乐世界,再到酆都国,游遍十八层地狱。阎王示意碧峰止兵,超度亡灵,满载各国贡物而归。存明万历年间刊本,有插图,题"二南里人著","闲闲道人编辑",有清步月楼覆刻映雪斋本,咸丰己未厦门文德堂覆明本,上海书局石印本,申报馆、商务印书馆、人民文学出版社都出过排印本。

牛郎织女传 全名《新刻全像牛郎织女传》。白话小说。明朱名世编。四卷不分回。描述牛郎织女的故事。小说据民间传说繁衍而成。叙金童与天孙织女互相爱慕。玉帝得知要斩金童,太上老君保奏金童下凡,托生到牛员外家为次子,名牛金郎。令天孙织女到云锦宫织锦。金郎年幼父母去世,常受嫂嫂马氏毒打折磨。太白金星奏知玉帝,准命牛金星下凡为牛陪伴金郎。牛能言,祸事皆赖以告知,使金郎躲过灾难。金郎依牛言和兄嫂分家,十三岁升天,在天河遇见织女,二人倾诉旧情,玉帝赐二人成婚。他们婚后只恋夫妻之情,忘却天职,玉帝大怒,擒拿后欲斩。后又改令金童在河西天将行宫内,织女在河东云锦宫工织,二人不得相会。由于太白金星请太上老君讲情,方允逢七月七日相会一次。存明万历书林余成章刊本,上图下文,题"儒林太仪朱名世编"。上海大观书局石印本题书名为"新编神怪小说牛郎织女",十二回。

戚南塘剿平倭寇志传 全名《京锲皇明通俗演义全像戚南塘剿平倭寇志传》。章回小说。不题撰人。残存三卷。是一部未见各家著录的明代小说。叙戚继光平倭寇的故事。从仅存可知:汪五峰、徐碧溪领倭入犯,官兵连连败绩,派使者游说汪,二使被汪的气势所慑,越发认定官兵无法与之对抗。官兵便用金银、布帛买和。虽有郗游击趁机大破倭贼,但由于内外朝政腐败,严嵩专权,倭乱愈炽而百姓遭殃。戚继光练兵选将,创阵法,严军纪,与倭贼交战,连获十捷:戚公计沉贼船,一捷;大破花街贼,二捷;进围白水洋,三捷;桃渚贼受反间计,四捷;新河大捷,五捷;大破温岭贼,六捷;白碧败贼,七捷;隘顽戚公祭海神,八捷;进拔藤岭寨,九捷;进兵救海门,十捷。十战十捷闽倭遂平,士民为戚立生祠。此书原由郑振铎发现并收藏,现残本藏北京图书馆。

达摩出身传灯传 章回小说。明朱开泰著。四卷六十四回。书成于万历年间,叙达摩事迹。南印度香至国的三王子,原名菩提多那。自幼聪慧纯笃,行善布施,并有志沙门,拜般若多罗为师,改名达摩,接受多罗的衣钵。经他与多罗其他弟子论辩,使六宗归一。香至国王欲毁佛尊儒,达摩先后派二徒去说佛性,国王始悟,迎来达摩,方知乃自己的叔祖。达摩为其忏悔,治病,国王始尊三宝。六十年后,达摩遵师嘱往震旦(中国)传法,途中收蛟龙,伏猛虎,历三载至南海。梁武帝遣使接至金陵,筑宝殿以待,武帝沐浴斋戒,亲往城外迎接,执弟子礼,盛况空前。达摩发现武帝只为虚名,便离京去嵩山少林寺。日久年深,肖像形于石上。婆罗门僧人神光,慕名来谒,直到神光断臂明志,方收为徒,为其更名慧可,授予如来正法。达摩功德圆满,端坐而逝。慧可受其衣钵,为东土佛门始祖。后师徒皆升天。此书内容基本据《景德传灯录》、《续传灯录》等有关达摩故事敷衍而成,实为传记体小说,借达摩以宣扬佛法。存明万历杨氏清白堂刊本。台湾天一出版社据以影印。

五鼠闹东京包公收妖传 白话小说。明无名氏著。二卷。内容当系明代流行的故事。此书以外,见诸说部者,还有如《轮回醒世》卷一七《五鼠闹东京》、《包龙图判百家公案》第五八回《决戮五鼠闹东京》。此外《三宝太监西洋记》第九五回亦有类似故事。大意云:宋仁宗时有秀才施俊辞妻何赛花赴京应试,途中被五鼠精之一所迷,中毒腹痛。鼠精又化作施俊模样去施家,何氏不察被奸骗。真施俊幸得茅山道士解救。但科考落榜,回乡后家人莫辨真假,诉诸王丞相。鼠精之一又化作丞相同入朝面君,另一鼠精又化作仁宗。二仁宗同见国母,又一鼠精亦化作国母。由包拯审理,又出现另一包拯，人皆不能辨。后由真包拯之神赴上界，查得系雷音寺五鼠犯下界。因借得寺中玉面猫，方伏五鼠精。存世有书林刊本，刊刻年代不详，藏伦敦英国博物院。柳存仁《伦敦所见中国小说书目提要》著录。不分章回，用四字小题标目，如卷一“五鼠演法”、“商议思凡”、“三鼠言志”；卷二“真假争雄”、“包公服毒”、“包公上天”。但若干地方已用“还是如何的，且听下回分解”的分回套语。《提要》认为，此书为三侠五义故事成型以前的原始形态，是民间流行的一个演义本子。其流行的年代，约为明万历中期。

唐钟馗全传 又名《唐书钟馗降妖传》、《唐书钟馗斩妖传》。白话小说。明无名氏著。四卷三十五则。叙钟馗一生事迹。唐儒生钟惠之子钟馗，生来面貌奇异，才智超群，赴京应试不第，羞归故里，孤身一人去终南山，其妻望夫不归忧病而死。钟馗再度应试考中状元，唐王嫌其貌丑不用，便触阶而亡。钟馗生而有异行，死后升天，奉玉帝旨遍查地狱之善恶。玉帝赐降妖简，封降妖都元帅。钟馗返回终南山，诛迷人山魈，为明皇除虚耗妖孽。明皇诏吴道子画钟馗像供奉，并封为护国佑民降妖大元帅。后钟馗除掉千年蝙蝠精苏昆玉、逼奸友妻的郄元弼，并帮助李浩申冤，捉拿杀人犯丁千、丁万。以后的《斩鬼传》、《钟馗平鬼传》都与此书有关，但以此书为全，不但写了钟馗降妖除害，还写了他的身世家室。存明刊本，上图下文，题“书林正安堂补正”，“后街刘双才梓行”。存三十三则，台湾天一出版社据之影印行世。

海刚峰先生居官公案传 又名《海忠介公居官公案传》、《海瑞案传》，简名《海公案》。章回小说。明李春芳编，一说虚舟生编。四卷七十一回。书成于明万历年间。正文前有开头为“海忠介公全传”，简要记述海瑞生平。全书由七十一个小故事组成，每个故事都能独立成篇，短者至不足百字。连贯起来看，又类似长篇小说。每个故事即一个案例，每一案例由告、诉、情节梗概和海公判组成，有的省略告，有的省略告、诉，但情节和判，每篇必不可少。例如“判鳄豪占妻”一案：广州官家之子骆可显，仗势欺人，看到尤得才之妻冯氏标致，便霸占为妾，并为冯氏认假父母，反告尤强占己妾，知县准告。数年后骆可显又到海公处告余清郎拐其妾。海公从前后两被告不同发现破绽，巧审冯氏及假父母，再经过仔细观察，终辨出真假，判骆可显充军，冯氏归原夫。存明万历丙午(1606)金陵万卷楼刊本，焕文堂、郁文堂重印本。还有锦文堂刊本。清嘉庆十四年(1809)，有《龙图刚峰公案合编》本，上栏为刚峰公案，下栏为龙图公案。

杨家通俗演义 又名《杨家将演义》、《杨家府演义》、《杨家府世代忠勇演义志传》。章回小说。明纪振伦著。八卷五十八回。叙北宋杨家将抗辽故事，与《南北两宋志传》所叙大略相同而亦间有出入。此本以宋太祖登基开篇，不以北汉为起始。杨业名用杨继业，原系北汉刘钧之甥，开端即云太祖伐汉，继业拒师，是为杨家战绩之始。七子中二郎延广，三郎延辉，名殊不同。杨家故事叙至文广六十为帅，偕其子怀玉为先锋拒新罗国王所遣“八臂鬼王”犯宋，共五代人的故事，与熊本仅止于杨文广者不同，突出了世代忠勇的主题。又间以神道斗法，渲染了传奇性，重情节而略于敷饰，三百年间流行甚广。现存最早的有明万历三十四年(1606)卧松阁本，题“秦淮墨客校阅”，秦淮墨客即纪振伦。此外尚有清乾隆、嘉庆等刻本。1980年上海古籍出版社以嘉庆十四年(1809)刊本为底本，校以明万历本，排印出版，题《杨家府演义》。

续英烈传 又名《云合奇踪后传》。章回小说。题“空谷老人编次”，孙楷第认为明纪振伦著。五卷三十四回。叙朱棣靖难之变故事，与《承运传》内容相近。云太祖立允炆时，曾有犹豫，遂将一密封大箧交太监王钺收藏。燕王朱棣自比李世民，心怀不服。在姚广辅佐下，操军买马。太祖崩，允炆登基，改元建文。建文帝恐诸王奔丧有变，以诏阻之。燕王至淮安接诏忿忿而返。黄子澄等四臣奏除燕王，建文帝未允。黄派人到燕京察访，回报燕王有变，建文帝降诏斥燕王。燕王杀了报密人，佯狂避不接诏，又以靖难为名南征，请杀黄等四臣。建文帝兵败后，王钺献箧，内有袈裟、僧帽、僧鞋，并剃刀，建文帝便剃发出走。正统时，建文帝回到京城，后寿终正寝。传闻不实之事，参半其中。存明刊大字本，有图，清有道光双桂堂本和光绪盛桂堂本。

素娥篇 白话小说。明邺华生著。作者无考。书成于万历年间。据唐传奇《甘泽谣》之《素娥篇》敷衍而成。叙武则天之侄武三思与侍女素娥的故事。着重演述房中术所谓四十三式，每式有图有题，文字不多。如“掌上轻盈”、“花开蝶恋”、“野渡横舟”、“驻马扳鞍”等。继而写名臣狄仁杰要会素娥，因狄为人耿直，素娥自称为花月之妖，不敢相见。狄坚持要见，素娥无奈只好与狄相会。事后，辞别武三思，归隐终南山。不久，三思也退隐该山，二人白日飞升。此书故事荒诞，作为小说，堪称特殊。大部分为版画，或半页一图，或整页一图，每图附以诗词。有明万历刊本。

三国志后传 又名《续三国志》。章回小说，题"酉阳野史编次"。十卷一百四十回。此书从魏元帝景元四年邓艾征蜀写起，到东晋成帝时温峤、陶侃、郗鉴三帅灭苏峻、祖约为止，包容了六十多年的历史。凡这一时期的重大事件、内外战争无不触及。如司马氏统一三国建晋、武帝大封宗室、贾后妒害太子引起内乱、异族入侵、民族矛盾激化、北方数国更迭等等，直到西晋灭亡、东晋建立都作了详尽描述。作者的倾向性鲜明，主要颂扬蜀汉后裔，假刘渊为梁王刘理之子璩改名，刘曜为北地王刘谌幼子。又有张苞之子张宾，关兴之子关防、关谨，赵云之孙赵概、赵染，共同辅佐刘氏成功。正像卷前诗所言"予怀汉亡关张后，史册不传书不备。而今表出世人看，聊泄生平忠义气"。和《东西晋演义》比较，其中许多虚妄之处。有明刊本，序署"万历岁次己酉(1609)嘉平月谷旦"，篇终有"原共为二十卷，今分二集而刊"的字样，后十卷未见。

两汉开国中兴志传 又名《两汉志传》。白话小说。明无名氏著。共六卷，列四十二目。名为两汉，实叙刘邦开国，建立汉王朝至王莽篡汉，光武中兴，迁都洛阳，建立东汉为止，演三百年历史故事，以开国和中兴的军事争战为两大重点。日人长泽规矩也认为"此本较万历十六年刊本熊大木《全汉志传》为详"(《中国通俗小说书目》引)。小说远从周文王梦兆飞熊，秦始皇得梦求长生叙起，然后转入刘邦斩蛇起义，群雄逐鹿，楚汉相争。由于刘邦能顺从民心，多谋善断，又文用萧何、张良，武用韩信，终于以弱胜强，打败项羽，击破各路诸侯残余，定鼎中原。此后又果断地诛除胸有异志的韩信，继灭彭越、英布，天下统一。然去世以后，宫廷内争，吕后专政，终由陈平、周勃灭吕安刘。王莽篡汉，刘秀起兵，昆阳之战为决定性战役。是役刘秀以少胜多，获降卒六十余万，终使新莽于军事上一蹶不振。有明万历乙巳(1605)刊本，题"抚宜黄化宇校正"。孙楷第谓抚宜"似是江西抚州府宜黄县"(《中国通俗小说书目》)。

西汉通俗演义 又名《西汉演义》、《西汉演义传》。章回小说。明甄伟著。八卷一百零一回。本书名为《西汉演义》，实则叙至吕后篡政为止。主叙西汉开国历史，多据史书，但亦经作者巧妙编织，间采稗官野记，如开篇叙周穆王会西王母，出于《穆天子传》。次叙秦宫廷秘史，共九则。至叙始皇身世，云嬴政乃吕不韦子，故接帝位后吕氏揽权，又叙徐福受命入山求长生术，均富传奇色彩。秦末大乱，楚汉相争，汉平诸侯，项羽兵败垓下等，多循《史记》等书所记，但鸿门宴，刘邦献传国玉玺，又于史有异。汉朝立国，诛韩信，斩彭越、英布，为一姓之计，然高祖一死，政权终不免旁落吕氏，则又有所未料，概历史演义所寓鉴戒在此。孙楷第《中国通俗小说书目》著录有明万历四十年(1612)大业堂本，明末剑啸阁批评《东西汉演义》之《西汉演义传》，即据大业堂本覆刻。清刻又多从剑啸阁本出，删为一百则。

东西汉全传 又名《东西汉通俗演义》、《两汉演义传》。白话小说。明无名氏编。十卷。西汉部分六卷，系取甄伟《西汉通俗演义》，起自战国末秦并六国、又二世而亡。高祖斩蛇起义，统一全国至驾崩。东汉部分则取谢诏《东汉通俗演义》，起自王莽篡汉、光武中兴至桓帝止。实为二书合刊。有清初金阊书业堂刊本、拔茅居刊本。

东西两晋志传 章回小说。作者不详。凡西晋四卷一百一十六回，东晋八卷二百三十一回。叙三国魏末晋王司马昭病死，其子司马炎篡魏自立是为晋武帝，平吴灭蜀，结束三国鼎立局面。平吴之战中，将军王浑、王浚争功，均赖武帝安抚平息，于是修文偃武。及惠帝立，帝后贾氏妒忌权诈，后宫淫乱，顾命大臣杨骏及其女太后杨氏合族遇害。贾氏专权，西晋衰弱。又历八王之乱，匈奴入侵，终于倾覆。琅邪王司马睿率皇族及北方大姓南下，定都建业，进入东晋。此时外有北方异族的南侵，内有世族王敦之乱，东晋几度陷于危难。其间皇族和世族人物纷繁，事件错综复杂，赖作者精心组织，脉络清晰。全书以刘裕篡位，受禅为宋帝止。有明万历四十年(1612)大业堂刊本，不题撰人，东西晋分叙，不标回数。首有雉衡山人序。雉衡山人即杨尔曾。疑为五十回本《东西晋演义》所有而移置于此。清代有带月楼及英德堂等重刊本。

东西晋演义 又名《东西两晋演义志传》。章回小说。明杨尔曾著。十五卷五十回。叙司马氏建晋兴衰。略谓：司马炎篡魏建晋，是为武帝。平吴以后，朝政渐怠，帝后杨氏并父党杨骏、杨珧、杨济擅权，士族争功斗富，互相不和，生活奢靡。惠帝即位，贾后阴谋诛杨氏三族并太后，内争愈剧，互相残杀。不久匈奴南侵，继后又有氐羌反晋。怀王立，稍能招纳贤才，安抚矛盾。但此时北方各部强盛，至愍帝五年，洛阳终被匈奴刘渊所破。东晋自元帝，经明、成、康，至穆帝，始终受北方前后赵、燕及诸部侵扰，无力抵御，而晋室始终内讧不已，无以自强。前秦苻坚南侵，幸赖谢安从容授策，淝水一战，能大败秦师，然内无明主，不久帝位被刘裕所篡代。此书对晋室交错复杂的内外军政和北方各部的纷争，政权嬗代，均有所兼顾。孙楷第《中国通俗小说书目》著录，称《别本东西晋演义》，然与大业堂本《东西两晋志传》实非一书，叙事较详。明代有三台馆刊本（已佚）和武林刊本二种。清嘉庆敬书堂复明三台馆本，有雉衡山人杨尔曾序。

韩湘子全传 又名《韩湘子十二度韩昌黎全传》、《韩昌黎全传》、《韩湘子得道》。章回小说。明杨尔曾著。三十回。书成于天启年间，叙韩湘子修道成仙度韩愈一家升天的故事。云韩湘子几经磨难，先是汉丞相之女所化之白鹤。数百年后被钟离、吕祖度脱，托生到昌黎韩姓家，取名湘子。湘子幼年丧父母，由其叔韩愈抚养成人，聘卢英为妻，受课于钟离、吕祖，终出家成仙。玉帝命湘子度脱韩愈，湘子借祈雪、祝寿，化仙鹤、倾刻花等一系列仙术点化韩愈，愈仍不悟。后湘子奏请玉帝，使愈被贬潮州，经蓝关处绝境。湘子再次点化，愈终于醒悟成仙。吕祖又助湘子使用各种道术，度愈妻窦氏和卢英升天。小说融韩愈生平于其中，至韩愈官潮州，作《祭鳄文》，亦为湘子所嘱而撰，离奇荒诞。存明天启三年（1623）金陵九如堂刻本，题“钱塘雉衡山人编次”，“武林泰和仙客评阅”。另有武林人文聚刊本，清代翻刻者颇多。1991年上海古籍出版社据九如堂本影印出版。1987年春风文艺出版社将其收入《八仙全传》。

大唐秦王词话 又名《大说唐全传》、《唐传演义》。章回小说。明诸圣邻著。八卷六十四回。郑振铎《中国俗文学史》认为：“殆为最早的鼓词。”按此书目录前所题“重订唐秦王词话”。各卷前又分别题“按史校正唐秦王本传”、“按史校正唐传演义”，此书当已非民间说唱本原貌，已经著者参校史书作了改订，保留了七字句和十字句的唱词，增加了说散部分，向小说迈进了一步。全书以隋末动乱为背景，写秦王李世民扫荡群雄，统一天下，建立大唐帝国的故事。郑振铎认为“所述和小说《隋史遗文》等相差不远”，但此书第二十一回以后突出尉迟敬德的故事，堪为一大特色。绘声绘色，故事紧扣人心，且表现了其人物性格。此书有原郑振铎藏明末刻本，题“澹园主人编次”，按“澹园主人”为明万历间诸圣邻署号。另有清乾隆刻本，藏英国皇家博物院（见柳存仁《伦敦所见中国小说书目提要》）。1955年文学古籍刊行社据郑藏本影印出版。残损部分以傅惜华藏刻本订补。1986年中州古籍出版社又据以校点排印出版。

三教开迷归正演义 章回小说。明潘镜若著，潘万历间人。二十卷一百回。大塚秀高《增补中国通俗小说书目》著录，有白门万卷楼刊本。存日本天理图书馆。书叙万历时林兆恩与弟子宗孔、僧宝光、道士袁灵兴三教盛会，创三教合一之说，祛邪除妖，破除世人痴顽迷惘事。卷首凡例说：“本传独重吾儒纲常伦理，以严政教，而参合释道，盖取其见性明心，驱邪荡秽，引善化恶，以助政教。”林兆恩字懋勋，号龙江，又号子谷子，别号三教先生。黄宗羲《南雷文案》有传。此或据其生平主张演绎成书。

七曜平妖传 全名《皇明通俗演义七曜平妖全传》。又名《平妖全传》。章回小说。明沈会极著。六卷七十二回。书成于明天启年间。叙山东白莲教徐鸿儒起义故事。书云天启选后妃，使得民心惶惶，山东徐兖一带妖贼四起。丰县徐洪儒为黄河水兽应劫人世，被滕县白莲教主沈晦等尊为东八天宋教主兴隆大王，扬言有天子之分，封沈晦、高麋、洪流为正、左、右三军师。借机举事，占领滕县，百姓头顶香花迎接。继攻取邹、峄等县。啃聚二十余万人。山东巡抚赵彦率军援兖。攻兖州，为许定国所败；二攻兖州，因许月娥倒戈，白莲教又大败；白莲教前后八攻兖州，六攻徐州，皆败。终为明军困于邹县。城破，徐洪儒等落荒而逃，被冤魂追杀。这场战争使邹、峄、滕、费县一带尸横遍野，血水成河。书中神仙灵怪，连同孔圣暨弟子，皆一一出场，光怪陆离。存清刊本，题“吴兴会极清隐居士编次”，“洪都瀛海嫩仙居士参阅”，“彭城双龙延年处士订正”，卷首序，署“岁天启甲子春月上浣序，友人文光斗撰”。另存明残本卷二至卷五。

开辟衍绎通俗志传 全名《新刻按鉴编纂开辟衍绎通俗志传》。章回小说。明周游著。六卷八十回。叙述自盘古开天辟地到周武王吊民伐罪的故事，包容了周以前的历史传说几万年。将丰富的史前神话传说按时间序列串连起来，成为一部历史神话小说。首云盘古乃西方佛祖命毗多崩娑下凡。后有五帝教民渔猎熟食，苍颉造字，女娲继兄伏羲为女皇，伐共工，并炼石补天，神农教民稼穑，尝百草，治民疾，其女化精卫鸟衔石填海，轩辕氏定舟车等故事。尧即位，命羿射九日，又有嫦娥奔月，尧舜禅让，禹治洪水等，皆据神话传说，夏、商、周三代嬗代，桀纣无道，商汤文武革命，亦多传闻敷饰，故曰"衍绎"。存明刊本，题"五岳山人周游仰止集"，"靖竹居士王黉子承绎"，"钟伯敬先生原评"，序署崇祯八年(1635)"靖竹居士王黉子承父书于柳浪轩"。

盘古至唐虞传 又名《盘古志传》、《盘古唐虞传》。章回小说。托名明钟惺著。上、下二卷，七回。自盘古开天辟地至禹受禅让。集上古神话传说于一书，间亦发挥想像。首叙天地洪荒，盘古氏凿开混沌，天地定，阴阳分而日月明。功成身退后，继有天皇氏立干支，地皇氏定昼夜星辰，人皇氏辟天地为九区，民始有君臣之分。结束穴居以后，又有有辰氏教民剥皮御风寒，有巢氏教民架木为巢以避野兽，狩猎取食。燧人氏教民钻木取火，于是民得熟食而繁衍生息，定婚嫁，知有父。余外，小说还编入了仓颉造字以及轩辕氏、神农氏、伏羲氏等的著名传说故事，以及共工氏怒触不周之山，女娲炼石补天，轩辕帝与蚩尤大战，羿射九日等神话。今存明末余季岳刊本，题"景陵钟惺伯敬父编辑"，"古吴冯梦龙犹龙父鉴定"。

有夏志传 白话小说。托名明钟惺著。四卷十九则。演绎夏朝历史故事，情节多于史无征之神怪传说。略谓：帝舜之时，天下大水，鲧治水无效，命其子禹继其父业。禹使伯益掌火，率朱虎、熊罴并风火二将等克毒蛇猛兽、山神鬼怪，又得河精献图，终于成功，受禅即帝位，铸九鼎，坐江山。死后传位于子启，启又传位于孙太康，子孙兄弟相继，是家天下之始。太康之时，得有穷之君羿扈从。羿善射，有武艺，专事征伐，但愤太康不理朝政而出走，得不饥不死之术。娶嫦娥，太康羡而欲夺，嫦娥偷羿不死之药奔月。太康死，羿拥其弟仲康为帝。仲康死，传子相，羿夺其位，但又为其徒逢蒙所害。及相之子少康复国，是为中兴。历十五世，传至桀，造酒池肉林，荒淫无道，为成汤所灭。存明刊本，题"景陵钟惺伯敬父编辑"、"古吴冯梦龙犹龙父鉴定"。孙楷第《中国通俗小说书目》认为"当与《盘古志传》为同时一人所刻"。

有商志传 章回小说。传为明钟惺著。四卷十二回。叙商朝兴亡故事。据书叙，商汤至纣，前后十五帝，几经盛衰而复兴。汤用伊尹、莱朱，天下大治。其子太甲即位，初甚暴虐，放伊尹而终悔悟。六传而至太戊，政复衰微，伊尹之子伊陟教以勤政爱民之道，由是复兴，如是者三。其间插叙西岐之兴，四夷侵扰。盘庚迁殷，数传而至纣，宠幸妲己而乱政，暴虐无道，终致覆国，超过全书四分之三的内容为虚实参半。是书明刊本已佚。今传有清嘉庆间稽古堂《夏商志传》合刊本。题"景陵钟惺伯敬父编辑"，"古吴冯梦龙犹龙父鉴定"，当为覆明刻本。所题钟伯敬编辑，当系伪托。

警世阴阳梦 章回小说。题"长安道人国清编次"。十卷四十回。书成于崇祯元年(1628)。叙魏忠贤的故事，分阳阴二梦。阳梦谓魏原本河间府肃宁县破落子弟，曾为礼部长班。因诈人钱财，被杖五十，释放后再次流浪到涿州，患了梅毒，烂掉阳物，先是入殷内相府当太监，教习歌童，随之入宫，当了东宫使令，颇得太子欢心。天启即位后发迹，管东厂，赐名忠贤，勾结奉圣夫人客氏，残害忠良等。主要情节与《魏忠贤小说斥奸书》殊无大异。阴梦写魏忠贤与客氏死后皆入十八层地狱，受尽严刑，魏托生为牛，客为马。蒙冤忠臣皆受玉帝敕封。写阳世阴间二世事，故曰"阴阳梦"，警策世人。存明刊本卷首《醒言》，题"崇祯戊辰砚山樵元九题于独醒轩"，末署"龙兴致元戊辰季夏大士升日，长安道士国泰终南山广山庵"书，存大连图书馆。春风文艺出版社排印出版。

近报丛谭平虏传 简名《平虏传》。章回小说。明无名氏著。二卷十九回。书成于崇祯年间。记述崇祯初军民抗击关外"东酋"的事迹。史载天启末至崇祯三年(1630)皇太极曾率军大举南侵，书以此为背景。小说写到固安刘知县率军民坚抗，斩敌探，炮轰敌军，城破后刘知县遭断尸，壮怀激烈。敌军渐逼京师，形势危险，袁崇焕奉命征剿。山东布政朱万冲阵，胜敌方略，宁夏巡抚耿如杞伏击敌军，敌方退。又有响马高敬石啸聚山林之众数百人，同心灭虏。末尾歌谣四起，言传袁崇焕不该杀毛文龙，又有说他贻误战机，崇祯三年下狱。反映了当时舆论。小说叙至自此狼烟不起，天下太平。书当成于崇祯初。今存明末刊本，卷首有吟啸主人序，有图，疑作者即吟啸主人，藏日本内阁文库，台湾天一出版社有影印本。

新列国志 章回小说。明冯梦龙编著。一百零八回。叙东周五百余年事。厉王暴虐，为国人所杀。宣王败于羌戎。幽王宠幸褒姒，失信于诸侯，被犬戎所杀。平王迁都洛阳，是为东周，王权衰落、五霸争逐，挟天子以令诸侯，先后为盟主。进入战国，并为齐、楚、燕、赵、韩、魏、秦七雄，互相征伐，至秦并六国止。前后内容，皆本于《春秋》传注、《国语》、《战国策》等史书。其中串合了许多动人的历史故事，如第四回“郑庄公掘地见母”，据《春秋》隐公元年“郑伯克段于鄢”。第十六回“战长勺曹刿败齐”，据《春秋》庄公十年曹刿论战故事。余如公子小白立为齐桓公，用管仲为相而强，骊姬之乱，晋公子重耳出亡，吴越争霸，鲁孔子故事，三家分晋，七国争雄，赵蔺相如、廉颇故事，合纵连横之议等，本来就颇有故事性，经编著者艺术加工，成为一长篇通俗历史演义，是清人蔡元放据以改编为《东周列国志》的蓝本。今存明金阊叶敬池刊本，藏日本内阁文库，国内有明末覆刻本、赠言堂刊本和清初刊本等。

新平妖传　全名《墨憨斋批点北宋三遂平妖传》。章回小说。明罗贯中编著，冯梦龙增补。四十回。书成于明泰昌元年。系依据罗贯中的《三遂平妖传》改编而成。除文字改动外，加了二十回，把每个人物的来龙去脉交代清楚。白猿被罚往白云洞守护天书。圣姑乃左黜的母亲，带领左黜和女儿媚儿往西京求法，梦中得知媚儿前身为张宗昌，应与武则天转世的王则结为夫妻，二十八年后在贝州发迹。泗州迎晖寺主持于水中得一蛋，蛋中出小儿，为蛋子和尚。蛋僧长大去白云洞偷来天书。圣姑知此天书为“如意册”，按此册共同练法，三年练成。媚儿因混入宫中惑太子，为关圣所斩，其灵入绘像中，开封府富翁胡浩得此画像，夜会画上仙女，其妻见而焚之，遂生女胡永儿。以下叙王则故事，亦略有增饰变动。存天许斋评点本，题“宋东原罗贯中编”，“明陇西张无咎校”，有张无咎序。墨憨斋批点金阊嘉会堂重刻本，题“明东吴龙子犹补”。清旭雪斋批点怀德堂本等。孙楷第认为系冯梦龙增补(《中国通俗小说书目》)。

皇明大儒王阳明先生出身靖乱录　一名《王阳明出身靖乱录》。章回小说。明冯梦龙编。上、中、下三卷。不分回而实则一卷即一回。以王阳明的生平事迹为题材，阳明幼年好学，拾金不昧，深研兵法，有经略四方之志。后中进士，授官刑部主事。不久辞官，筑室阳明洞，潜心圣贤之学。而后赴京讲学，因抗疏得罪刘瑾，被下狱挺杖，贬贵州龙场驿驿丞。入贵州建贵阳书院，传播儒家思想。刘瑾伏法，阳明出山。平宸濠之叛，收广西反贼，乞归等等，一一具备。盖皆从搜集史料所得，惟缺乏文采。开卷甚至充满学究气。阳明诗贯穿其间。存日本弘毅堂刊本，有“藤川太郎校正藏本”，“东都书林冈村屋庄助”字样。收于《三教偶拈》之中。台湾天一出版社影印出版。

魏忠贤小说斥奸书　全称《峥霄馆评定出像通俗演义魏忠贤小说斥奸书》，简名《斥奸书》。章回小说。明陆云龙著，一说为明冯梦龙著。八卷四十回。书成于崇祯元年。叙魏忠贤一生劣迹。魏忠贤原名魏进忠，河间肃宁人，自幼与纨袴子弟鬼混。时年大旱，父母双亡，进忠为债所逼，割了阳物，休妻进京谋事。后入宫至司礼监，与东宫小爷相善。小爷登基，魏随之高升，作司礼监秉笔，受莽袍玉带，成为近臣。魏与圣上乳母客氏相勾结，先设计陷害老太监王安，从而掌东厂大权，各监局库厂大权均落其亲信把持，恩宠日深，改名忠贤。纵帝声色狗马，选三千精壮宦官操练，为家兵，广收党羽，与客氏内外呼应，剪除异己，扰乱朝纲。田尔耕、崔呈秀等皆拜魏为父。魏党陷害无辜，打击忠良。利用权势，搜刮民财，大封魏客子侄，建生祠，无所不为。崇祯即位，打尽魏党，平反冤狱，魏自缢而死。存明崇祯年间峥霄馆刊本，首有盐官木强人、草莽臣自叙；罗刹狂人序，残本藏北京大学图书馆。

隋炀帝艳史　一名《风流天子传》。章回小说。题“齐东野人编演”。八卷四十回。演隋炀帝的风流故事。书从隋文帝篡北周为帝叙起，谓晋王杨广阴结杨素废太子勇，弑文帝而登帝位，即炀帝。炀帝先占文帝宠姬华阳夫人，后宣旨天下选美。大兴土木，建造宫院，日与十六院夫人、三百二十名美人和无数宫女淫乐其中。又慕江都琼花遂南巡。沿途造离宫，构御女车。开凿运河，用千名殿角女拉纤；用船万余，文武百官两岸恭候迎驾，水陆并进。到江都修建楼，选民女三千充其中，帝车任意行幸宫女，日夜狂欢。此时国库空虚，百姓涂炭，干戈四起。李密、窦建德造反，李渊在晋阳起事。炀帝乐不思危，仍令开丹阳至余杭的新河，至宇文化及兵变杀之，隋亡，至李渊父子平天下止。小说集史传稗记传闻于一体。存明人瑞堂刊本，首有笑痴子序、崇祯辛未(1631)槜李友人委蛇居士题词、野史主人序等。台湾天一出版社影印出版。长江文艺出版社、中州古籍出版社均有排印本。

孙庞斗志演义 一名《前七国孙庞演义》。章回小说。题“吴门啸客述”。二十卷（回）。叙战国孙膑、庞涓故事。燕人孙膑与魏人庞涓同拜鬼谷先生为师。三年后，鬼谷遣庞涓下山，正当魏与齐战，庞涓率魏军大败齐师，被封为武音侯、飞武大元帅，招为驸马。庞涓恐孙膑下山为别国所用，遣徐甲三请膑事魏。涓又嫉膑之才，诬以谋反罪，欲斩。因孙膑在临刑前有枉读三卷天书之语，涓为得天书，劝魏王将斩首改为刖刑。孙膑终识其为人，假装疯魔，被庞涓送到乞丐院，欲纵火烧死孙膑。孙膑在友人帮助下逃到齐国，屡建功勋，被封为司马。邹忌挟私报复，约庞涓举兵攻齐。庞涓指齐攻燕，孙膑困魏，迫使魏求和。庞涓又指齐伐韩，孙膑计赚庞涓上马陵道而擒之，问斩。孙膑辞官出家修行。有明刊本，有望古主人和戴氏主人序。清康熙五年（1666）《前后七国志》合刊本，题《前七国孙庞演义》。有梅士鼎公燮序，另一清刊本题“澹园主人编次”，“清修居士参订”。山东大学出版社1985年排印出版。

禅真逸史 又名《妙相寺全传》、《残梁外史》。章回小说。明方汝浩著。八卷四十回。故事内容据明刊本“凡例”所云，为写齐梁“两朝隆替兴亡”。鲁迅《小说旧闻钞》则以为系“凭空结撰”。前半主叙东魏镇南大将军林时茂的经历，后半主叙其徒聚义起兵的故事。林因得罪丞相高欢之子高澄，弃官为僧，号澹然，奔梁，为妙相寺副主持，旋又受住持钟守净的排挤、诬陷而出逃。几经磨难，因得天书三卷而有异术，遂广结江湖豪杰。大盗苗龙先是为林复仇，火烧妙相寺。其后代杜伏威、薛举、张善相等众小英雄又拜林为师，三人同习武艺韬略。因偷习天书，得异术，义结金兰，聚义造反，树起“除暴安良，替天行道”的旗帜，攻城略地。只因听从了林澹然的指点，顺时而行，先受招安于梁，复归大唐受封。林澹然也功德圆满，坐化升天。此书有明天启古杭爽阁主人履先甫原刻本，题“清溪道人（方汝浩）编次”。清初有翼圣斋复刻本。光绪上海书局石印本改题《妙相寺全传》，另一石印本则作《残梁外史》。近有1987年浙江古籍出版社排印本，略有删节。

禅真后史 章回小说。明方汝浩著。十卷六十回。书接《禅真逸史》，叙卢溪秀士瞿天民为一坐怀不乱的君子，晚年得子瞿琰，生有异象，但屡受长嫂张氏暗算，其父不得已而送至友侄、刺史刘仁轨家寄养。在刘家得僧人传授异术。唐高宗时在协助刘仁轨平定番酋作乱中立功，除授东部司理。瞿琰一生做了一番惊天动地的事业，除奸诛怪，驱疫赈灾，做到大理寺少卿。武后时又为朝廷招抚巨寇，击退突厥进犯，升为兵马大元帅，受到武后钟爱，欲再升擢为兵部左侍郎，瞿疾辞归省，云游四方，继续为民惩治贪官污吏，治病救难。最后得昔年所遇老僧指点，并吞服四粒仙丸而大彻大悟，飞升上界。原来老僧即前书之林澹然，瞿琰即其徒薛举。此次投胎为生，为补前生功德，令其圆满。有明峥霄馆刊本，钱塘金衙刻本，题“清溪道人编次”。首有崇祯二年（1629）翠娱阁主人陆云龙序。清代另有五十三回刊本，系据此书删去七回而成。1988年齐鲁书社据六十回本标点出版，略有删节。

扫魅敦伦东度记 又名《续证道书》，一名《东游记》。章回小说。明方汝浩著。二十卷一百回。书成于崇祯年间。叙佛教禅宗祖师达摩扫魅敦伦的故事。南印度王子不如密多尊者，用佛法为人排忧解难，道长长爪梵志的徒弟与巫师及代表酒色财气四恶的雨里雾等“四里”勾结，危害百姓。尊者欲度化他们，他们便逃到东印度，迷惑国王。尊者到东印度超度众生，击败梵志师徒。回南印度，香玉国王第三子菩提多罗出家，拜般若多罗为师，法名达摩。六十年后东度震旦（中国），时值东晋孝武年间，他先后收道副、尼总持、道育、惠可为徒。此时“四里”在震旦作祟，达摩超度“四里”，消除妖孽，并将衣钵传授惠可，坐而圆寂。弟子将他葬于熊耳山，若干年后，达摩在葱岭手携只履翩翩独迈云间。存明崇祯万卷楼刊本。首崇祯乙亥（1635）世裕堂主人题序，同年华山九九老人引。清刊本，款式同明版，序改署“康熙已酉（1669）”。台湾天一出版社有影印本。1988年浙江古籍出版社以《东游记》之名排印此书。

辽海丹忠录 又名《丹忠录》。章回小说。明陆人龙著。八卷四十回。书成于崇祯年间。叙明末山海关外毛文龙的抗清事迹。后金努尔哈赤倡乱，攻城略地，明军屡为所败。毛文龙弃文习武，在辽东抵抗。时形势日非，熊廷弼代杨镐为经略使，旋因遭谤离去。接任的袁应泰懦弱无能，致辽阳失陷，袁自刎，仅剩金、复、海、盖四卫。毛文龙率二百勇士前往招抚，旋又进驻皮岛，任总兵，砺兵秣马，屯田戍守。又鼓励商贸，以利税济饷，因得足食强兵，渐成拱卫之势。又联络朝鲜拥明的国王李倧，屡获战绩。毛作战英勇，足智多谋，成为辽东抗清主力，他原有恢复全部辽东失土之志，终因权重招忌，为督师袁崇焕诱杀。书题旨在表彰忠节，故名“丹忠”。有明崇祯翠娱阁刊本。首翠娱阁主人序。序言：“此予弟《丹忠》所繇录也。”翠娱阁主人为明末钱塘陆云龙之号。据此知为乃弟陆人龙所作。此书1989年已由辽沈书社排印出版。

梼杌闲评 一名《明珠缘》。章回小说。明无名氏著。五十回。孙楷第《中国通俗小说书目》著录，属讲史演义。叙明末魏忠贤与客氏勾结乱政篡权事。前二十回主叙魏氏出身经历。云其母侯一娘原为杂技女艺人，已婚。魏忠贤系其母与昆角魏云卿勾搭成奸而生。母子浪迹江湖，结识了客氏，并与其女订亲。又曾做过长随、男宠、赌徒等，其间结识了不少官吏和内监。终娶民女傅如玉为妻，但婚后不听妻子劝告，仍胡作非为，至沦为乞丐，满身疮疥，因狗伤其势而阉。二十回后叙魏氏进宫，因偶然的原因而发迹。此时客氏也进宫为皇孙乳母。客、魏勾结，用阴谋掌握了东厂大权，又篡夺司礼监掌印，处置了对立的忠谏之臣。又编造谎言诬陷东林人士，朝中大臣纷纷遇害，客、魏二姓俱受荣宠，直至崇祯即位，魏党覆败为止。邓之诚《骨董续记》谓：“其所载侯、魏封爵制辞，皆不类虚构；述忠贤乱政，多足与史相参。”并引缪荃孙《藕香簃别钞》等记载，疑作者系受魏党牵连之李清所撰。欧阳健《梼杌闲评作者为李清考》（载《社会科学战线》）又作了进一步考证。此书以魏阉为主人公并贯穿始终，以明末政治和社会动乱为背景，殊为特色。又穿插男女私事，非一般讲史演义之笔法。李保恂《旧学庵笔记》所云大字本，今未见。存清刻本。成都古籍书店影印（1981）。人民文学出版社据清刻和石印本等校点排印（1983）。

玉闺红 章回小说。题“东鲁落落平生”著。三十回。取小说中金玉文、李闺贞、红玉三人名字之一字合为书名。书叙御史李世年因劾魏忠贤下狱死，其女李闺贞并随身丫环红玉逃出家门，不意受骗落入娼门。后双双跳出火坑，红玉至金尚书府，闺贞被其舅父救出，与尚书之子玉文订亲。在明末才子佳人小说创作风行中，作者不拘俗套，没有写郎才女貌、花前月下之卿卿我我，反写女方的凄惨经历，上及朝廷政治，下及市井细民乃至土娼窑妓的生活。但骗子身死，魏阉受戮，又不免果报不爽之说教。男女秽事，累累其间。是书存明刊本，首白眉老人序，有“今春间君（东鲁落落平生）以近作《玉闺红》见示”云云，末署崇祯四年辛未（1631），可知当作于此前不久。是书曾由丽华出版社排印，删存二十回。刘辉、薛亮《明清稀见小说经眼录》认为此书颇受《金瓶梅》创作的影响（见《文学遗产》1993年第1期）。

醋葫芦 章回小说。题“西子湖伏雌教主编，且笑广芙蓉癖者评”。四卷二十回。叙临安处士成珪，幼年孤苦，靠勤劳经营，娶都娟为妻。都氏貌美能干，成珪凡事均靠内助，所以甘心受妻子管制受罚，出外须点香计时。但成家数十年，拥有万金却无儿女。都氏口说要为成珪纳妾，却连妙龄丫环都卖了，竟至刻一图章在丈夫的龟头上盖印，每晚都要检查。忽然都氏为成珪娶熊氏为妾，原来是一石女。熊家怀歉意，特让丫环翠苔陪嫁。成珪为了生子与翠苔偷情，都氏把翠苔活活打死，投进河里，反陷翠苔逃跑。家人成茂救了翠苔，送到周智家养伤。周智特安排成珪与翠苔重逢，并造了假印，都氏发现，扭打到街上，因误会吃了官司。用夸张手法写其变态心理，直至被阎罗抽去妒筋，完全转变，才接受了翠苔及其子。存明刊本，首有笔耕山房醉西湖心月主人序。台湾天一出版社影印出版。

西游补 章回小说。明清之际董说著。十六回。书假唐僧取经故事繁衍而成。叙唐僧师徒离火焰山后，来至一牡丹树下，入寐后行者化斋至“新唐”国，又至“青青世界”万镜界。在各种镜中见到现在、过去、未来的种种世态，如科考放榜，榜前士子们的种种丑态。又变作虞美人，与西楚霸王假为亲昵，害死真虞姬。入未来世界，逢阎王病故，权代阎王审秦桧。秦桧不服，称当今奸臣大有人在云。行者处以极刑。又见岳飞，则五体投地，拜为师。此外还见到唐僧娶妻的场面，唐僧辞退了八戒和沙僧。因此奉新唐国王之命征西时，八戒只得做伙头军，而悟空混作先锋与婆罗密王战。不料婆罗密王乃悟空之子，为悟空钻入铁扇公主肚皮所生。此皆师徒受鲭鱼精气迷惑而梦中所见。鲁迅《中国小说史略》评谓“全书实于讥弹明季世风之意多，于宗社之痛之迹少”，“惟其造事遣辞，则丰赡多姿，恍惚善幻，奇突之处，时足惊人，间以俳谐，亦常俊绝，殊非同时作手所敢望也”。今存崇祯刊本，题“静啸主人著”。天目山樵序云南潜作。南潜为董说皈佛以后的法号。近代有申报馆、北新书局等排印本。1956年人民文学出版社整理出版。

岳武穆尽忠报国传 章回小说。明于华玉编。七卷二十八回。叙岳飞“精忠报国”故事。明崇祯友益斋刊，有“卧治轩评”。是书实熊大木《大宋中兴通俗演义》删繁节要的一个本子。全书按旧编岳飞故事，顺序改为每卷四则相对独立的故事，每卷大致另配一二个重要人物，如李纲、宗泽、韩世忠、吴璘，自为起迄。

中兴圣烈传 章回小说。明乐舜日著。五卷四十回。书成于崇祯初年。叙魏忠贤一生劣迹。书云魏忠贤原名魏进忠，河间人，父惯打劫，母美好淫，梦与狐交生忠贤。父母亡后，因吃喝嫖赌，典房卖妻。患毒疮烂掉阳物，进京在司礼监谋职。为人极善柔媚，结识客氏，而出入内廷。天启帝即位留魏在身边，改名忠贤。魏忠贤恃宠专横，先陷害老臣王安，再逼迫邹元标等骨鲠之臣回乡。崔呈秀认魏为父，私结东酋，结党营私。魏客权势日炽，进逼内宫，以酒色玩乐诱惑皇帝。魏矫旨建生祠，顺者昌、逆者亡。伙同客氏盗窃皇家宝库，捏造罪名杀杨涟、左光斗等人。故意拖欠军饷，使抗酋受损。抗酋得胜，又据为己功。崇祯即位，全民共庆，诛除逆党，大快人心。此书和《魏忠贤小说斥奸书》等均依据邸报写成，有较强的时事性。唯对崇祯皇帝的颂扬区别于同题材的其他三部小说。存明刊本，题"西湖义士述"，"野臣乐舜日著"，有图七幅，首有乐舜日的"小言"。台湾天一出版社影印出版。清光绪三十二年(1906)上海中新书局排印《魏忠贤轶事》即此书。

镇海春秋 章回小说。明无名氏著。残存十回。叙明天启、崇祯间辽东抗后金努尔哈赤的故事。以镇江(今丹东)总兵毛文龙为中心，穿插朝鲜宫廷政争。明军孱弱，毛文龙孤军奋战，以反间计借努尔哈赤之手除其总督哈都。朝鲜国王李倧感激毛文龙助其平定内乱，支援明军，因而获得胜绩。但毛文龙终于死于袁崇焕之手。袁坐视后金南侵，又与敌勾结，被明廷逮问下狱。今存明刊本，第十至二十回，藏中国社会科学院文学研究所。

剿闯通俗小说 又名《剿闯孤忠小说》、《忠孝传》、《剿闯小史》。章回小说。著者不详。十回。以甲申之变为题材，叙魏忠贤擅权，明朝失政，国运中衰，流民蜂起。李自成进京，明室倾覆，一时宫廷百官遭劫。吴三桂引清军入关，始驱逐闯兵出京。时南京福王嗣位，于大局无能为力，赖山陕义兵勤王，配合关外巡抚黎玉田与吴三桂追剿。李自成中箭死，闯军败绩。末叙吴三桂上表，福王封爵，天下太平。书成于弘光朝覆灭前，故有此描写。有南明弘光元年(1645)刊本，题"西吴懒道人口述"，《中国善本小说》著录，题《新编剿闯孤忠小说》。清初刻本，题《忠孝传》。此本孙楷第《中国通俗小说书目》著录为明末写刻本。另有清抄本，题《剿闯小史》。

后水浒传 章回小说。题"青莲室主人辑"。四十五回。故事从《水浒全传》翻出。叙水浒英雄遇难，二十八宿、九曜再次应劫下凡。宋江、卢俊义均托生河东养奎刚家，兵乱散失。宋江托生之妖儿被一杨姓收养，取名杨么，次卢俊义托生之魔儿为一老兵抱去。杨么幼得神女指拨，艺高胆大，闯荡江湖中，结识了一伙英雄好汉，占山为王。时宋朝奸佞当道，杨么与官府对抗，多次被官府拘捕，终由结义兄弟救出。魔儿在北方，先收养于辽将王突，后得辽主赏识，但终受排挤而下山，与兄长杨么厮会。众好汉先是分别在天雄山、白云山、焦山、峨眉岭占山为王，后大聚义于洞庭君山，共得三十六位头领。为恢复河山，结束偏安局面，杨么曾面见高宗，勿用。岳飞进剿，杨么不敌，遂隐于轩辕井，三十六天罡各现本相，化成黑气，凝聚不出。此书存清初刊本，藏大连图书馆。正文卷端题"新镌施耐庵先生藏本后水浒传"，显系伪托。书前有"采虹桥上客题于天花藏"序一篇，并钤"素政堂"、"天花藏"印二方，因此有学者归之于天花藏主名下。按序中"作者之微意见矣"等语气，著者当另有其人，且早于此刻本的清初人刘廷玑《在园杂志》卷三已提及此书。又据此序在概括全书历史背景时有云："如宋徽、钦二帝无治世之才，任用奸佞，以致金人自北而南"，"大都天心又将北眷，国运已入西山"，似为身处明末鼎革之际的作者有所寄托而作。1981年春风文艺出版社据大连藏本校点排印。

痴婆子传 章回小说。题"芙蓉主人辑"。上下二卷三十三则。叙一女子名阿娜的一生风流故事。郑、卫之墟，有一老妇，年已七十，仍逸态飘动，丰韵潇洒，她对客讲述了自身经历。阿娜于十二三岁时，因听北邻妇讲男女之情而动心，诱表弟慧敏初试云情。十七八岁时，又同老仆之子有私情。后嫁给塾师栾克佣，丈夫外出游学，她忍受不住孤寂，主动勾引仆人盈郎，另一仆人大徒偶遇二人幽会而奸之，匆忙中又被大伯克奢发现，大伯乘机挟而私之。阿翁本与姆姆沙氏私通，也移情阿娜，达数年之久。阿娜到寺庙祈祷，又被和尚如海所奸。夫弟克饕成人后也与阿娜共寝，盈郎为媒和妹夫费郎通奸，曾经与来家的戏子有情。后来，又勾引上教师谷德音，把以前的情人全抛开，致使翁、叔、仆、妹夫等均怨恨她。克佣知真情后把阿娜遣回娘家。从此,她悔恨已极,拒绝一切男人,吃斋独处三十年至今。全书故事均出自主人公回叙,又不脱文言用语。内容淫秽,清人刘廷玑《在园杂志》斥其“流毒无尽”。存日本刊本,题“芙蓉主人辑”,“情痴子批校”,卷首有乾隆甲申(1764)桃浪月序,尾有日人木规子跋,署明治辛卯(1891)春日。由于三余堂覆明本《东西晋演义》佚名序中引及此书,故可断为明人之作。

杂剧 戏文 传奇

误入桃源 又名《刘阮天台》。全称《刘晨阮肇误入桃源》。杂剧剧本。元末明初王子一作。叙刘晨、阮肇见晋室衰颓,奸佞当道,归隐天台山下。天台山桃源洞有二仙子,系紫霄仙女,因思凡被降谪人间。暮春时,刘晨、阮肇入山采药,太白金星化为樵夫,使二人迷路,指引他们到桃源洞借宿。两位仙女出洞远迎,当晚遂与刘阮结为夫妻。刘阮在洞中一年,又值暮春,思归心切,仙女恋恋不舍,送至十里长亭。归途所见景致与入山时完全不同。刘晨到家,其子刘弘已死,刘弘之子刘德大为惊讶。事本《太平广记》“刘晨阮肇”,马致远有《刘阮误入桃源洞》。有《古名家杂剧》本、《元曲选》本、《柳枝集》本及《古本戏曲丛刊四集》影印本。

娇红记 全称《金童玉女娇红记》。杂剧剧本。元末明初刘兑作。上下两卷,每卷四折一楔子。叙金童玉女思凡,被九光龟台金母降谪人世,金童在申家名申纯,玉女在王家名娇娘。申纯奉父命到王家探望,无意中与娇娘相见,二人互相爱慕,遂私下约会,夜去明来,不觉数月。申纯参加科考后,又借口避邪,到王家与娇娘盟誓。上司杨都统向王家求亲,申纯、娇娘为此忧思成疾。申父为治申纯之病,到庙里求神,得知申纯、娇娘乃前世姻缘,若不结为夫妇,病将不治。杨都统亦随神意,同意二人成亲。成婚之日二人重被金母招升仙道。该剧取材于元宋远同名小说。有明宣德金陵积德堂刊本,《古本戏曲丛刊初集》据以影印。

世间配偶 全称《月下老定世间配偶》。杂剧剧本。元末明初刘兑作。本事出《续幽怪录》中定婚店故事。叙富贵人家一年四季夫妻豪华享乐之生活状况。《录鬼簿续编》著录此剧云“四套,极为骈丽,传诵人口”。未明言是杂剧抑或散套。《太和正音谱》等则著录为杂剧。原本已佚。唯《元人杂剧钩沉》从《盛世新声》、《词林摘艳》、《雍熙乐府》、《北词广正谱》等书中辑出四套曲辞,缺宾白。

城南柳 全称《吕洞宾三度城南柳》。杂剧剧本。元末明初谷子敬作。据元马致远《岳阳楼》杂剧改编。叙吕洞宾奉命去岳州度脱柳树,为达目的,吕将吃剩的桃核置于地上,待桃树长成,与柳树俱成花月之妖,再来度脱。柳精因生而头白,人唤老柳;桃精名叫小桃。二人长大后为夫妻。吕洞宾三到岳阳楼,劝他们出家,小桃听之,老柳却不从,气极杀死小桃,被公人所捉。吕洞宾至,与公人皆恢复八仙原形,老柳终于醒悟,和小桃同登仙境。在同题材剧作中,尚能自出机杼。有脉望馆抄校《古名家杂剧》本、明息机子编《古今杂剧》本、《柳枝集》本及《古本戏曲丛刊四集》影印本。

围棋闯局 又名《补西厢弈棋》。全称《莺莺红娘着围棋》。杂剧剧本。元末明初詹时雨作。一折。系增补《西厢记》第一本之作。叙莺莺听琴后,与红娘下围棋,张生逾墙相见,惊散棋局。此剧《录鬼簿续编》著录。今存本明弘治十一年(1498)金台岳刻本《西厢记》卷首附载,谓“接头卷第三折越调后”,未署作者;明闵遇五刻本《西厢记》亦附载,题“晚进王生”;暖红室刊本《西厢记》亦附录“对弈”一折。

梧桐叶 全称《李云英风送梧桐叶》。杂剧剧本。元末明初李唐宾作。叙唐故丞相李林甫的孙女李云英,其夫任继图去西番参赞军事,夫妇分离。不久安史乱发,云英为乱军所掳,后被牛僧孺收为义女,与女儿金哥作伴。安史之乱平定,云英回到京师。一日去大慈寺烧香,在殿壁上见词一首,是继图笔迹。云英遂和词一首于其后。并题诗于梧桐叶上,愿诗叶随风传至继图手中,云英之愿果然满足。继图与朋友仲清各中文武状元,牛僧孺命二女抛球招婿。云英、继图在彩楼上下已互相认出,金哥、仲清遂结百年之好。云英、继图终于夫妻团圆。此剧取材唐传奇小说《任继图》。取桐叶题诗为名。今有《古名家杂剧》本、《古杂剧》本、《古本戏曲丛刊四集》影印本。

玉梳记 又名《对玉梳》。全称《荆楚臣重对玉梳记》。杂剧剧本。元末明初贾仲明作。叙松江府上厅行首顾玉香与扬州秀才荆楚臣的爱情故事。顾玉香与荆楚臣相爱二年,情投意合,鸨母见荆楚臣没钱财了,便撵他出去,另请来贩棉花的客商柳茂英。顾玉香着使女怜儿寻来荆楚臣，母女为此事争吵。荆楚臣立志前去进取，顾玉香解下钗环作为盘缠，并将玉梳分为两半，二人各留一半以为表记。自荆楚臣走后，柳茂英到来，顾玉香假意依从，夜里收拾细软与怜儿出逃寻夫。柳茂英追至丹阳，强逼顾玉香随顺，顾玉香不屈，喊叫有贼杀人，恰遇荆楚臣状元及第赴任县令，将柳拿获。夫妻团圆，玉梳复合。有《古名家杂剧》本、《元曲选》本、《柳枝集》本及《古本戏曲丛刊四集》影印本等。

金童玉女　又名《金安寿》。全称《铁拐李度金童玉女》。杂剧剧本。元末明初贾仲明作。叙西王母命铁拐李度化金童玉女还归仙界的故事。青木正儿《元人杂剧概说》评道："此类剧的特色，是投胎—即托生于下方人间—者限于金童玉女，而以描写青年男女之爱情或夫妇生活之快乐为主眼，如本剧便是如此"；此剧"开了后来周宪王那样歌舞杂剧的端绪"。有《古名家杂剧》本、明万历间继志斋本、《元曲选》本及《古本戏曲丛刊四集》影印本。

玉壶春　全称《李素兰风月玉壶春》。杂剧剧本。元末明初贾仲明作。叙李斌与名妓李素兰故事。李斌，即明初曲家李唐宾，号玉壶道人。嘉兴府名妓李素兰清明去郊外踏青，适逢广陵书生李斌，二人相互爱慕，并互赠信物，从此眷恋难舍。李斌故友陶纲，为杭州同知，奉命赴京，途经嘉兴，携李斌所作万言长策，欲举荐他晋升官职。后李斌财尽，鸨母欲将他逐出，恰有山西富商甚舍来访，鸨母遂强迫素兰嫁与甚舍，素兰剪发示志非斌不嫁。鸨母以斌挑拨母女不合为由，告官明断。陶纲新任嘉兴太守，且已将李斌的长策献与皇帝，李斌得授嘉兴府同知。于是陶纲除去素兰妓籍，复其原姓张氏，主持斌、兰成婚。今存《元曲选》本及《古本戏曲丛刊四集》影印本。

萧淑兰　又名《菩萨蛮》。全称《萧淑兰情寄菩萨蛮》。杂剧剧本。元末明初贾仲明作。叙萧淑兰热恋其兄之友张世英，两寄《菩萨蛮》词，倾诉爱慕之情，开始遭到拒绝，终于如愿以偿。本事亦见《词苑丛谈》。郑振铎《插图本中国文学史》评此剧道："《萧淑兰》写一位大胆的处女向她哥哥的友人调情的故事，其描状是很活泼的。我们在杂剧里还不曾见到过像萧淑兰那样大胆的女性。"有《古名家杂剧》本（脉望馆抄校本）、《古杂剧》本、《元曲选》本、《柳枝集》本及《古本戏曲丛刊四集》影印本。

来生债　全称《庞居士误放来生债》。杂剧剧本。元明间刘君锡作。四折一楔子。末本。本事出释氏《稽古录》。叙贫儒李孝先借庞居士银为贾，本亏无力偿还而忧郁成疾。庞念行善济人，遂面折券，复赠以银。又赠伙计罗和以银，嘱其经商自给。一夕庞过马槽门，闻驴马作人语，皆言前世少欠庞银，故今世作驴马偿还。庞大惊，方悟平日好施行善，其实皆放来生债害人。于是释驴马，焚田宅券，不顾妻阻拦，尽载家财沉之东海，携家入鹿门山编笊篱为生。一秀才因功名不遂落发为僧，见庞女美姿色，以言挑之。女以色空之理点化使悟。增福神奉玉帝敕召庞全家升入仙界。有《元曲选》本。

两团圆　又名《儿女团圆》。全称《翠红乡儿女两团圆》。杂剧剧本。元末明初高茂卿作。叙韩弘道、俞循礼两家儿女团圆故事。韩弘道有家私万贯，老来无子，兄长早年去世，身后留下两子，嫂子要求分家另过，占去大部分家财。韩弘道的妾李春梅有了身孕，嫂子恐生下儿子继承财产，遂挑拨韩弘道妻妾间关系，韩妻迫使韩将春梅休弃。王兽医因姐夫俞循礼想要儿子，便将春梅所生儿子送给姐姐，取名添添；又将姐姐所生女儿认做己女，取名桂花。后因俞循礼悭吝，王兽医与其不和，遂将十三年前调换子女之事告诉了韩弘道。王兽医又寻到春梅使其与韩相见，且撮合添添桂花结为夫妻。今存《元人杂剧选》本、《元曲选》本及《古本戏曲丛刊四集》影印本。

流星马　全称《黄廷道夜走流星马》。杂剧剧本。元末明初黄元吉作。写唐初塞外沙陀野驴（耶律）万户有流星马一匹，日行千里，背驮三将，入水如履平地。房玄龄受太宗之命选派幽州总管之女婿黄廷道投身万户门下去弄来流星马。万户赏识黄廷道，将女儿赐配给他。黄廷道原配前来寻夫，帮助黄廷道盗得流星马，万户之女亦随黄廷道入居中原，不料竟是假马。后万户思女心切，携宝马归顺唐朝。有脉望馆抄校本、王季烈校刊《孤本元明杂剧》本及《古本戏曲丛刊四集》影印本。

冲漠子　全称《冲漠子独步大罗天》。杂剧剧本。明朱权作。叙纯阳子吕洞宾、紫阳张真人奉东华帝君之命，至匡庐南彭蠡西点化冲漠子。冲漠子是皇甫寿的别号，隐居在洪涯洞天。"冲漠子"，亦是朱权的道号，此剧是作者自遣的作品，反映了他当时的心态。有明万历四十五年（1617）脉望馆抄校本、王季烈校刊《孤本元明杂剧》本及《古本戏曲丛刊四集》影印本。

卓文君 又名《私奔相如》。全称《卓文君私奔相如》。杂剧剧本。明朱权作。叙司马相如往长安求仕途中,投宿卓王孙家,与卓家女文君双双私奔。后来司马相如因《子虚赋》得皇帝赏识,平步青云,二人终于衣锦还乡,夫贵妻荣。情节本《史记·司马相如列传》并《西京杂记》。宋元以来演为剧曲者甚多。王季烈《孤本元明杂剧提要》评道:"有元人之古朴,而无元人粗野之弊。有明人之工丽,而无元人堆砌之病,虽关白马郑,无以过焉。"有脉望馆抄校于小穀本,王季烈校刊《孤本元明杂剧》本,及《古本戏曲丛刊四集》影印本。

牡丹园 全称《十美人庆赏牡丹园》。杂剧剧本。明朱有燉作。叙东华仙见天下太平,花卉荣昌,牡丹最为繁盛,遂命女仙之尊西金母下降中州,赏玩名花,增福延寿。下方园中有十位牡丹仙子,在百花中号为美人,另有号酸、甜、辣、淡四妮子为她们作梅香,同在园中游赏。司花女把众位美人一一通知,让她们到牡丹亭迎接金母。金母下降,因中原物华天宝,人杰地灵,牡丹国色天香,特赐十美人名列仙班,又赐仙桃仙酒,使她们寿同天地,长生永久。祁彪佳《远山堂剧品》列此剧入"艳品",并云:"周藩三传牡丹,以美人配名花,飘韵欲仙,缀词如绣,繁英嫩蕊,零落满楮。"有明宣德间原刻本、脉望馆抄校本。

曲江池 全称《李亚仙花酒曲江池》。杂剧剧本。明朱有燉作。叙唐代荥阳郑元和携百万钱去长安参加科考,与长安城鸣珂巷名妓李亚仙相好。郑元和不第,一年后金尽,被鸨母施计逐出,沦为乞丐。其父来长安寻子,盛怒之下命仆人将其打得半死。李亚仙救出郑元和,助其攻读诗书,终于考中状元,除授成都府参军。郑元和父亲为李亚仙之举感动,亲为儿子迎娶,朝廷亦封李亚仙为汧国夫人。此剧本传奇《李娃传》。祁彪佳《远山堂剧品》列入"妙品"。有明初《古今杂剧残存十种》本、明宣德间周藩原刻本、《杂剧十段锦》本、脉望馆校《古名家杂剧》本。

半夜朝元 又名《夜半朝元》。全称《小天香半夜朝元》。杂剧剧本。明朱有燉作。叙瑶池金母小女玉卮,因有思凡之心,被谪往下界长安,托身梨园名小天香。小天香十八岁时嫁给安生右丞,生有一子,不久丈夫亡故,小天香母子遂与假母杨氏过活。杨氏劝小天香接客养家,小天香不肯,一日帮闲来欲强行,小天香怒而自缢,幸被救起。小天香为跳出风尘,逃往华山修道。华阳庙道人心起歹意,小天香不从被赶走。梦中,小天香得陈抟指示,并赐名守静,到华山顶玉女峰头修行。二十年后,守静终于功成,陈抟约她的姐姐同去玉女峰,夜半时分予金丹服后,守静忆起前情,随姐姐飞返瑶池。有明宣德间周藩原刻本。

豹子和尚 全称《豹子和尚自还俗》。杂剧剧本。明朱有燉作。故事与《水浒传》不合。叙宋江引三十六兄弟啸聚梁山泊,其中花和尚鲁智深因擅杀良家妇女,被宋江打了四十棍后,气愤不过当和尚去了。过了半年,鲁智深不回。宋江更加想念鲁智深,李逵自告奋勇去劝说。未成功,宋江又派鲁智深之妻子孩儿去劝。原来鲁智深曾从僧人还俗,娶妻生子,后来随宋江落草。但鲁智深宁可休妻,也不愿再回山寨。宋江只得派鲁智深的母亲去劝,仍未成功。最后,宋江令喽罗去鲁母家寻衅,鲁智深赶到,终于忍无可忍,大打出手。这时宋江赶到,点明鲁已破了戒律,并表明自己苦心,鲁智深无奈,重返梁山泊。有明宣德间周藩原刻本、《杂剧十段锦》本。

仗义疏财 全称《黑旋风仗义疏财》。杂剧剧本。明朱有燉作。叙宋江聚义梁山,因山寨缺粮,派浪子燕青与黑旋风李逵去东平府采买。东平府老汉李憋古,有女千娇、二幼子,因无力交纳官粮,带二幼子去市上出卖以抵粮。赵巡检人称赵老虎,垂涎千娇姿容,要千娇为妾,李老汉不肯,被吊在树上。燕青、李逵路过,李逵痛打赵巡检,救出李老汉一家,并留下五十石粮。李逵又与一丈青同去赵巡检家,再次教训他。赵巡检最后被捉往梁山杀死。有明脉望馆抄校本,另有《杂剧十段锦》本、《酹江集》本。

辰钩月 全称《张天师明断辰钩月》。杂剧剧本。明朱有燉作。叙书生陈世英有一朋友娄大王,原是天上二十八宿之一娄金狗。一年月蚀,娄大王应陈生之邀前去救月,嫦娥因而欲报陈生之恩。一夜陈生于园中操琴,桃花精托名嫦娥打动陈生,遂互期终身,夜来朝去,陈生日渐萎顿。奶母请人捉鬼,嫦娥亦知此事。在众花仙帮助下,张天师明断是非,洗清嫦娥污名,使之万古清光显耀。此剧据元吴昌龄《张天师断风花雪月》改编。祁彪佳《远山堂剧品》列入"雅品"。有宣德间周藩刻本、脉望馆抄本。

义勇辞金 全称《关云长义勇辞金》。杂剧剧本。明朱有燉作。叙三国故事。刘备兵败后，关羽为保护两位嫂嫂，不得已投降曹操。曹操派张辽携黄金、带美女游说关羽，企图打消他重投刘备的志向。关羽不为所动，为报曹操之恩，愿立功后辞曹奔刘。果然单刀匹马斩颜良之后，关羽保护嫂嫂奔刘备而去，曹操亦不强留。祁彪佳《远山堂剧品》将此剧列入“雅品”，评道：“每恨关公未有佳传，得此大畅”。后世花部戏颇有受此剧影响者。有明初《古今杂剧残存十种》本、宣德间周藩刻本、《杂剧十段锦》本。

香囊怨 全称《刘盼春守志香囊怨》。杂剧剧本。明朱有燉作。叙乐工之女刘盼春，姿容出众，才艺不凡，拒绝盐商陆源的梳拢，一心与书生周恭相好。不料二人各自为父母所阻挠，一日巧遇于一茶馆，周恭赠盼春书简并《长相思》词。后盼春自缢身死，焚化时唯一香囊不毁，中有昔日周恭所赠。周恭捧回骨殖，自愿为刘家婿，死后与盼春合葬。可能是现实题材，梅鼎祚《青泥莲花记》有记载。祁彪佳《远山堂剧品》将此剧列入“妙品”。有明宣德间原刊本、脉望馆抄校本、《盛明杂剧》本。

蟠桃会 全称《群仙庆寿蟠桃会》。杂剧剧本。明朱有燉作。叙瑶池蟠桃从开花、结实到成熟需九千年，凡尝者福寿同天地山岳，蟠桃成熟时，金母娘娘设蟠桃会，广请三界真人、十洲仙子同来庆赏。东方朔本是太上仙官，因故谪往人间。每逢蟠桃熟时便去偷吃，已经偷了三遭，今番故技重施，又如愿而归。金童玉女又请来东华木公、南极星君，群仙饮酒赏桃，仙童仙女献歌献舞。金母娘娘请寿星下界庆寿一回，众仙人下降中州，下方宪王府中众臣在殿前恭候，香山九老、八仙、河山之神等亦来庆寿。祁彪佳《远山堂剧品》列此剧入“雅品”。有明宣德间原刻本、脉望馆藏古今杂剧本。

团圆梦 全称《赵贞姬身后团圆梦》。杂剧剧本。明朱有燉作。系作者采集当时时事写成。叙山东济宁卫军中钱继昭，生子钱锁儿，与本卫军人赵友深之女官保指腹为亲。长大后，因钱家贫窘，不敢言娶。而赵父与官保深明大义，虽赵母欲将女儿另嫁有钱的爿舍，钱父又不幸亡故，赵家还是置办财礼完亲。不久，锁儿被派往口北操练，官保与婆婆相依为命。清明，赵父瞒过老伴，让儿子为官保送去银两，被赵母发现追回。锁儿为人厚道，品行端正，口北何老欲招之入赘，锁儿以家有原配辞绝。后锁儿染疾，自知必死，托人带回骨殖。官保心碎肠断，爿舍贼心不死，官保将婆婆托付给邻居后，自缢身亡，锁儿、官保终于死后团圆。有明宣德间周藩原刻本、脉望馆藏《古名家杂剧》本等。

踏雪寻梅 全称《孟浩然踏雪寻梅》。杂剧剧本。明朱有燉作。剧中把唐代孟浩然、李白、贾岛、罗隐四位诗人捏合一处，互为好友。其中孟浩然铁石心肠，胸藏锦绣。冬日，贾岛请来三位诗友小酌，秦娥从旁佐酒。秦娥灵心慧质，李白惊其才艺，即席赋《忆秦娥》。大雪连日，贾岛约罗隐、孟浩然去灞桥赏雪。孟浩然生平喜梅，领小童前往，贾、罗因天寒地远有所畏难，孟浩然遂独自赏梅，尽兴而返，并将数枝梅花移植在亭院中。李白邀贾、罗至孟浩然处，其间李白、孟浩然各赞牡丹、梅花，贾岛从中和解。李白知孟浩然学问渊深，见识高广，向朝廷保奏，孟得封玉堂学士，赐金百两。有明宣德间周藩原刻本、息机子刊本、脉望馆抄校息机子本等。

牡丹仙 又名《风月牡丹仙》。全称《洛阳风月牡丹仙》。杂剧剧本。明朱有燉作。宋欧阳修有《洛阳牡丹记》。叙欧阳修赴京应举，到洛阳时因天晚借宿于张家园小红亭中。欧阳修在花丛中吹箫，引来二牡丹花仙，相约次日聚会，愿作《洛阳牡丹记》赞赏牡丹。牡丹因而傲立菊花、梅花等诸仙之中，欧阳修也从此位尊名显。此剧以歌舞为主，排场颇为热闹，祁彪佳《远山堂剧品》列入“艳品”。有明宣德间原刻本、脉望馆抄校本、《盛明杂剧》本、《柳枝集》本。

中山狼 杂剧剧本。明王九思作。一折。叙赵简子围猎，射中一狼，未中要害，狼仓皇逃走，军卒追赶。燕人东郭生路过赵国中山地方，狼跑来，央求东郭生救他一命，狼被东郭生藏进书箱。危险过去，狼被放出来，感觉饥肠辘辘，遂欲吃掉东郭生充饥。东郭生与狼争辩，后遇一土地神所扮老者，设计使狼重进书箱，狼被杀死。事本马中锡《中山狼传》。论者多以为此剧开明代单折杂剧的先声。有明崇祯张宗孟重刻《王渼陂全集》本、《世界文库》本。

曲江春 又名《沽酒游春》。全称《杜子美沽酒游春》。杂剧剧本。明王九思作。叙唐诗人杜甫闲居长安，一日到曲江池游春，目睹宫殿萧条，恨李林甫专权误国，乃入贾婆婆酒店饮酒。席间卫太郎与杜甫论诗，称道李林甫，杜甫愤然离去。后杜甫至慈恩寺，与岑参同饮，并去渼陂庄游赏。翌日，杜甫携妓泛舟至钓鱼台，房琯派使臣宣杜甫入朝，杜甫力辞不就。剧中所写渼陂为作者故乡名胜，作者亦以之为号，故多以为杜甫实为作者自况。有明崇祯十三年(1640)张宗孟重刻《王渼陂全集》本、明刊《四太史杂剧》本、《盛明杂剧》本、《酹江集》本。

中山狼 全称《东郭先生误救中山狼》。杂剧剧本。明康海作。与王九思《中山狼》同一题材。沈泰《盛明杂剧》评云："独摅澹岩，一洗绮靡，直掩金、元之长，而减关、郑之价矣。韵绝！快绝！"有《盛明杂剧》本、《酹江集》本。

通玄记 全称《性天风月通玄记》。杂剧剧本。明兰茂作。二十出。叙痴痴子受师傅之命去下界度风月子入道。一日风月子遇柴旦、煤旦二妓，柴旦讲述炼丹火理并送柴与风月子。风月子又求黄婆为姹女、婴儿作媒。姹女之母西山母大虫不允，且要出兵与婴儿交战。风月子率六贼应战，以火克金，降服西山洞主，姹女、婴儿得以匹配。痴痴子见风月子功劳卓著，度他直上蓬莱仙境。有清乾隆抄本、《古本戏曲丛刊五集》据成都李氏藏本影印本。

洞天玄记 全称《宴清都洞天玄记》。杂剧剧本。明杨慎作。叙形山道人无名子修炼仙道，见辖境昆仑山下有六贼癫狂，于是趁中秋六贼酣饮之际降服。又有东蛟老龙兴雷作雨，无名子取符牌镇伏老龙。西林之下有一怪虎，也被无名子和六贼战败。无名子功行圆满，众仙迎他升天。有学者认为此剧系窃自兰茂《性天风月通玄记》而成(《古典戏曲存目汇考》)。惟艺术上堪为明杂剧变北曲体制之始，如同一折中不用一个宫调，卷首不用楔子而以副末登场。有脉望馆抄校《古名家杂剧》本、明刊《四太史杂剧》本、王季烈校刊《孤本元明杂剧》本。

苦海回头 全称《善知识苦海回头》。杂剧剧本。明陈沂作。叙胡仲渊进士及第。与同年李迪、丁谓赴慈恩寺游玩，酒至半酣，胡作诗一首，丁以为诗讽刺自己，心里结下怨恨，寻机报复，使胡流放雷州。胡在雷州一年，忽接中书省送来札子，传胡回朝复官，并知丁谓因巧言作祟，亦被贬谪雷州。胡仲渊收拾行装，与当地父老乡亲告别，就在这时，胡顿悟万事皆空，决定不去赴官，上山参禅皈道。此剧《远山堂剧品》曾题作"周藩诚斋"作。有明刊《四太史杂剧》本、《杂剧十段锦》本、脉望馆抄校《古名家杂剧》本、《古本戏曲丛刊四集》影印本。

一笑散 戏曲剧本合集。明李开先作。包括《园林午梦》、《打哑禅》、《搅道场》、《乔坐衙》、《昏斯迷》和《三枝花大闹土地堂》杂剧六种，现仅存前二种。附见于明人刘龙田《重刻元本题评音释西厢记》以及《六幻西厢》。

打哑禅 系《一笑散》之第一种。杂剧剧本。明李开先作。一折。叙汴梁相国寺长老真如，见众生嫉妒贪嗔，连大徒弟撇空也赌博浪游，毁师骂祖，决心拿祖传的佛法救渡众生。于是出一个哑禅，贴在山门前，有谁打得了，就与他十两黄金。屠户贾不仁从寺前经过，看了招帖，便进寺碰碰运气。一阵比划过后，长老急唤撇空拿金子给屠户。长老盛赞屠户，撇空则径投屠户为师。其实，屠户所比划的根本与哑禅无关。原刻未见，存清初抄本，收入路工辑《李开先集》。

园林午梦 又名《园林午梦记》。系《一笑散》之第二种。杂剧剧本。明李开先作。一折。叙一位渔父，读了崔莺莺、李亚仙二传，觉得二人行事相近，难分贵贱。时当正午，渔父困倦，便在园林中打盹片刻。梦中，崔、李二人因渔父之见，互不服气，前来争辩。争辩中互相指责，各唤出自己婢女红娘、秋桂助阵，终于打了起来。渔父醒来，顿觉自己机心尚在，致使梦境不安，决心从此早断尘缘，达到至人无梦之境。嘉靖原刻未见，有明万历间刘龙田《重刻元本题评音释西厢记》卷尾附录本、崇祯间闵遇五辑刻《六幻西厢》附录本、暖红室《汇刻传奇西厢记》附录本。

太平仙记 全称《证无为作太平仙记》。杂剧剧本。明陈自得作。剧情与杨慎《洞天玄记》相似，有人以为是抄袭杨著而成。有脉望馆抄校本、王季烈校刊《孤本元明杂剧》本、《古本戏曲丛刊四集》影印本。

四声猿 杂剧剧本合集。明徐渭作。包括《渔阳三弄》、《翠乡梦》、《雌木兰》、《女状元》四个剧本，约作于万历初年。

渔阳三弄 又名《渔阳弄》、《狂鼓吏》。全称《狂鼓吏渔阳三弄》。杂剧剧本。明徐渭作。系《四声猿》之一种。叙汉末祢衡与曹操的鬼魂同在阴曹，一日，判官闻知玉帝欲招祢衡做修文郎，乃令祢衡和曹操同来，把当年骂座的情形重演一番，以留在阴间作千古的话柄。祢衡骂完，由判官亲送至阴阳交界处，曹操仍收监。本《后汉书》，惟将鼓吏与骂曹合为一事，后世多演此事。有万历十六年(1588)新安龙峰徐氏刊本、万历二十八年《徐文长三集》附刻本、万历四十二年袁宏道评点本、崇祯间刻澂道人评本、《盛明杂剧》本、《酹江集》本等，《古本戏曲丛刊初集》据万历间刻本影印。其中以《盛明杂剧》本较流行。

翠乡梦 又名《玉通和尚骂红莲》、《玉禅师》。全称《玉禅师翠乡一梦》。杂剧剧本。明徐渭作。系《四声猿》之一种。叙柳府尹因水月寺玉通和尚不赴庭参，而怀恨于玉通，派妓女红莲前去勾引。玉通破了色戒，得知此事是柳府尹设下的圈套，羞愤而亡，死前发誓要败柳家门风。玉通死后投胎为柳府尹之女柳翠。不久府尹身亡，柳翠沦为娼妓。一日，柳翠至大佛寺，月明和尚指出其本来面目，柳翠大悟，出家为僧。按此故事五代以来颇流行。《西湖游览志》、《西湖游览志余》均有所述。话本有冯梦龙《月明和尚度柳翠》。有明万历十六年(1588)新安龙峰徐氏刊本、万历二十八年《徐文长三集》附刻本、万历四十二年袁宏道评点本、《盛明杂剧》本、《酹江集》本、崇祯间刻澂道人评本，《古本戏曲丛刊初集》据万历刻本影印。

雌木兰 又名《木兰女》、《代父从军》。全称《雌木兰替父从军》。杂剧剧本。明徐渭作。系《四声猿》之一种。叙木兰从军故事。云北魏人花弧之女木兰自幼知文习武，当时魏国受黑山贼侵扰，花弧在应征之列。木兰念父老弱，弟妹又小，乃女扮男装，替父从军。木兰十年征战，生擒黑山贼首豹子皮。朝廷授木兰尚书郎，并许其探家三月。木兰重穿女装，与王司训之子成婚。存万历十六年(1588)新安龙峰徐氏刻本、万历二十八年《徐文长三集》附刻本、万历四十二年袁宏道评点本、崇祯间刻澂道人评本、《盛明杂剧》本、《酹江集》本等，《古本戏曲丛刊初集》据万历间刻本影印。

女状元 又名《黄崇嘏女状元》、《求凰得凤》。全称《女状元辞凰得凤》。系《四声猿》之一种。杂剧剧本。明徐渭作。叙五代时蜀人黄崇嘏幼时父母双亡，禀赋聪慧，工琴棋书画，不愿困守闺门，乃女扮男装赴京应试。丞相周庠主考，黄崇嘏得中魁首，除授成都府司户参军。三年任满，丞相又以疑案等证其能力，黄崇嘏应付圆满，丞相欲招之为婿。黄崇嘏只得说明真情。后丞相之子凤羽中状元，娶黄崇嘏为妻。黄崇嘏事，五代金利用《玉溪编事》已有记叙，收入《说郛》，惟中状元及配周庠子为妻皆增饰。有明万历十六年(1588)新安龙峰徐氏刊本、万历二十八年《徐文长三集》附刻本、万历四十二年袁宏道评点本、崇祯间刻澂道人评本、《盛明杂剧》本、《酹江集》本，《古本戏曲丛刊初集》据万历刻本影印。

歌代啸 杂剧剧本。明徐渭作，一说无名氏作。叙三清观里一对和尚，一个姓张，一个姓李。张和尚重利，李和尚好色。张和尚欲骗取李和尚的钱，李和尚识破机巧，灌醉张和尚，偷走他的僧帽。有女吴氏嫌丈夫王辑迪猥琐，早已与李和尚私通。一日吴氏正与李和尚调笑，丈夫回来，李和尚溜走，把张和尚的僧帽遗留下来。王辑迪发现僧帽，得知隐情，便到州里告状，张和尚被打入狱中。正在这时，衙役忽报后宅失火。原来州官为便于自己偷情，防止夫人前来纠缠，在穿堂后门新置栅栏。夫人一气之下，放火烧了后宅草屋。百姓纷纷提灯赶来救火，州官反诬百姓明火执仗，夤夜私行。有清道光山阴沈氏鸣野山房精抄本，民国二十年(1931)南京国学图书馆据以影印。

不伏老 又名《玉殿传胪记》。全称《梁状元一世不伏老》，或称《梁状元不伏老玉殿传胪记》。杂剧剧本。明冯惟敏作。叙宋代梁灏少年中举，后入京会试屡次落榜，亲友皆劝其选官，梁灏不肯。又逢开科，梁灏年近八旬，人见其进场皆有取笑之意。揭榜后又名落孙山。三年后，梁灏又赴会试，仆人梦其高中魁首，最后果然应验。洪迈《容斋随笔》引陈正敏《遁斋闲览》已记其事。有《海浮山堂词稿》附刻本、《盛明杂剧》本、《酹江集》本。

僧尼共犯 杂剧剧本。明冯惟敏作。写僧明进与尼惠朗私会，被人发现，送至官府审问。明进口称与惠朗隔墙打坐，并无分外闲事，暗中贿赂官府。二人挨了几棍，被官府责令还俗，乐得跳出佛门，喜结夫妇。后有昆曲《思凡》演此事。有《海浮山堂词稿》附刻本、脉望馆抄本、王季烈校刊《孤本元明杂剧》本，《古本戏曲丛刊四集》据脉望馆本影印。

大雅堂乐府 杂剧剧本合集。明汪道昆作。包括《高唐梦》、《五湖游》、《远山戏》、《洛水悲》四种。

高唐梦 全称《楚襄王阳台入梦》。杂剧剧本。明汪道昆作。一折。为《大雅堂乐府》之一种。叙楚襄王与宋玉同游云梦，见高唐观上云气奇异，问宋玉是何缘由。宋玉言这是朝云，并述其父曾在高唐台上梦与巫山神女欢会之事。襄王听罢，神思飞动，当晚亦梦与巫山神女相会，醒后命宋玉作赋一篇以记奇遇。此本历史故事。元杨讷《楚襄王梦会巫娥女》、明王子一

《楚岫云》均用此题材。有明万历原刻《大雅堂乐府》本和《盛明杂剧》本。

洛水悲 又名《洛神记》。全称《陈思王悲生洛水》。杂剧剧本。明汪道昆作。一折。为《大雅堂乐府》之一种。叙三国时甄后倾心于曹植而未如愿，死后鬼魂托名洛水水神。一日，闻知曹植将经洛水东归，乃盛装以待。日暮，曹植到洛水边，见河洲之上有一女子若玉天仙子，容色与甄后一般，遂遣侍者通问求见，知其是洛水之神。曹植十分伤感，与洛神互赠玉佩、明珠，归后作《洛神赋》以记所遇。有明万历原刻《大雅堂乐府》本、《盛明杂剧》本。

远山戏 又名《京兆记》。全称《张京兆戏作远山》。杂剧剧本。明汪道昆作。一折。为《大雅堂乐府》之一种。叙汉张敞画眉故事。云：汉京兆尹张敞上朝，其妻膏沐妆成，蛾眉不画，以待其归。张敞回来后，亲将彩笔为妻画眉，然后同至阁楼赏玩。夫妻举杯对饮，歌舞相伴，乐以终日。有明万历原刻《大雅堂乐府》本、《盛明杂剧》本。

五湖游 又名《五湖记》。全称《陶朱公五湖泛舟》。杂剧剧本。明汪道昆作。一折。为《大雅堂乐府》之一种。叙春秋时越国大臣范蠡辅佐越王勾践灭吴后，深知越王勾践不可共安乐，乃改名鸱夷子，号陶朱公，携西施泛舟五湖。一日在湖中遇一渔家夫妇，二人谈吐不俗，赠范蠡渔歌一曲。范蠡细思渔歌之意，知二人乃避世隐者，乃叹自己虽功成身退，实身隐名彰，遂决意隐没踪迹。剧本《吴越春秋》故事，元人赵明道《陶朱公范蠡归湖》已有同题材一剧。有明万历原刻《大雅堂乐府》本和《盛明杂剧》本。

红线女 又名《红线》。全称《红线女夜窃黄金盒》。杂剧剧本。明梁辰鱼作。叙唐潞州节度使薛嵩帐下青衣红线，有胆识，能剑术。当时魏博节度使田承嗣图谋自固，欲发兵吞并潞州。薛嵩得知，束手无策，红线见此，自愿孤身夜入田营，以探其形势。红线直入田承嗣寝室，将其枕侧金盒取走。薛嵩依红线计，令人持金盒并信送与田承嗣，田遂不敢谋乱。红线辞别薛嵩，入山修道而去。事本唐袁郊《甘泽谣》，此剧以语俊词美著称。有《盛明杂剧》本、《酹江集》本。

独乐园 又名《司马入相》。全称《独乐园司马入相》。杂剧剧本。明桑绍良作。叙宋司马光因反对王安石变法未遂，因而恳请放外任至洛阳，筑"独乐园"闲居，潜心编撰《资治通鉴》。平章政事富弼、文彦博等十二位年过七十的老臣结"耆英会"。司马光虽不到七十，但因人品学问也被请入会。一日，富弼请画十三人像于寺壁以纪其盛。司马光历时十九年，终于编成《资治通鉴》，得皇上嘉许。待王安石退位，司马光升门下侍郎参知政事，后封为温国公。事本《洛阳名园记》。祁彪佳《远山堂剧品》将此剧列入"妙品"，误署"苏澹作"。有明赵琦美藏万历间抄本、脉望馆抄校《古今杂剧》本。

陌花轩杂剧 杂剧剧本合集。明黄方胤作。包括《倚门》、《偷期》、《淫僧》、《惧内》、《娈童》、《再醮》、《督妓》七种。

督妓 杂剧剧本。明黄方胤作。为《陌花轩杂剧》之一种。叙教坊户归氏，养女二姐以接客为生。归氏因身感不快，暂往姨娘家将养，半月始归。问二姐于家中留了几客，二姐因生得脸麻唇厚，半月间唯有黄牙臭口的毛二郎曾留一宿。归氏命二姐修情书一封，邀毛二郎再来相聚，并将青楼接客秘诀道与二姐。写市井敝俗。有清顺治刊《陌花轩杂剧》本、诵芬室覆刻本。

再醮 杂剧剧本。明黄方胤作。为《陌花轩杂剧》之一种。叙丁大姐年方十八，四年间连嫁三夫。第一个是眼花发白、老不济事的，嫁后一月，便不得不送丁氏回家。第二个是商人，嫁后一月，便外出经商，丁氏不堪冷落，与之分手。第三个年逾半百，进门三日摸清丁的底细，便将其打发回家。丁氏空受了许多闲气，未曾享些欢娱，央媒婆另说一门好亲事。媒婆欲要钱发个利市，丁未曾带钱，媒婆暗恼，将丁氏支到郑大娘处。郑氏自十四岁守寡三十多年，守身如玉且心直口快。丁不知故里，寻上门来，被郑大骂。媒婆看了窃笑。谑写市井敝俗。有清顺治刊《陌花轩杂剧》本、诵芬室覆刻本。

娈童 杂剧剧本。明黄方胤作。为《陌花轩杂剧》之一种。叙皮嵩年方十五，油头粉面，卖股以为生涯。尹仁素与皮相好，因有个福建蛮子欲寻少年相会，便来邀皮。皮因困倦且见对方无礼，遂拒之。尹路遇常文史，常生平癖寐娈童，颇属意于皮，取银三钱，托尹去说合。皮见钱，迎常入屋叙欢。市井恶俗，于中可见。有清顺治刊《陌花轩杂剧》本、诵芬室覆刻本。

惧内 杂剧剧本。明黄方胤作。为《陌花轩杂剧》之一种。叙韩修家有寡母，内助乏人，欲觅一贤淑的女子为妻。不料命蹇运乖，误听媒人撺掇，娶了个貌丑心雄的悍妇熊氏。一日日上楼头，熊氏仍在床上未起，命韩上街买蹄爪来吃。韩买归，韩母讨吃，韩不予。熊嫌蹄爪无味，命韩送回娘家，再买只熏鸡来吃，趁便再买件衫裙来穿。韩母闻言，就讨旧裙蔽身，韩仍不予。韩母哭骂，熊氏揪住厮打，且以出家相要挟。韩无奈，跪求熊氏饶恕，愿寻个唱词的来与娘娘散闷。韩修别号惧内，取以为剧名。有清顺治刊《陌花轩杂剧》本、诵芬室覆刻本。

淫僧 杂剧剧本。明黄方胤作。为《陌花轩杂剧》之一种。叙永宁寺和尚染指，别号思秋，一日服侍客商在厢房饮酒作乐，见座中一女乐似颇属意于己，凡心顿起。翌日早起，便将佛磬肩至客商处，当得纹银一两，来到蒋一妈处狎妓，蒋唤出三姑娘作陪。染指一夜风流，决定拜辞师父，焚了度牒木鱼，还俗后再与三姑娘鬼混。有清顺治刊《陌花轩杂剧》本、诵芬室覆刻本。

偷期 杂剧剧本。明黄方胤作。为《陌花轩杂剧》之一种。叙方氏虽已嫁夫十年，却不遵妇道，花前月下、朝去暮来，唯以抛瓦楼头为记，历经数载，悄没人知。其夫贾学龙别号如痴，生平唯以饮酒为乐，一日喝得烂醉，至午时未起。方因私约期至，将贾唤醒，支出家门。冯人爱小字远哥，经楼头抛瓦探明消息，进门与方厮混。这时贾又喝得大醉回来，方扶贾上床，嘱冯下次早来。有清顺治刊《陌花轩杂剧》本、诵芬室覆刻本。

倚门 杂剧剧本。明黄方胤作。为《陌花轩杂剧》之一种。叙王恩原是殷实富户，因排行第八，人称王八哥。三年前娶了个好吃懒做、不理家务的褚十娘，从此家道萧条。为避免夫妻冻馁而死，王恩劝妻子偷接个把人儿。褚氏不肯，后见丈夫以死相要挟，只得依允。卜成器别号一溜，平日使两贯闲钱拈花惹草，对褚氏垂涎已久。这日终于得逞，光棍兄弟吴仁、吴义窥破秘密，与卜成器发生冲突，众人告到郡衙。郡守审明实情，判将王恩、卜成器及吴氏兄弟各杖责三十，枷号一月，将褚氏发城官卖。有清顺治刊《陌花轩杂剧》本、诵芬室覆刻本。

昆仑奴 全称《昆仑奴剑侠成仙》。杂剧剧本。明梅鼎祚作。叙唐郭子仪故友之子崔生，一日去郭府问安，别时郭令家姬红绡代送。红绡暗示崔生十五夜来会。至期崔生与仆人昆仑奴摩勒同往，摩勒有异术，负崔生逾墙入郭府。红绡欲从崔生，摩勒负之而逃。郭派人暗中缉访，两年后，崔生、红绡和摩勒三人在酒店被认出，郭饶过崔生、红绡，令兵将捉拿昆仑奴，兵将不敌，昆仑奴飞身离去。不久，昆仑奴作了道人，郭始觉昆仑奴非同常人。郭劝其出山为朝廷出力，昆仑奴不从。盖本裴铏《传奇》之《昆仑奴》。祁彪佳《远山堂剧品》评道："虽此剧经文长删润，十分洒脱，终是女郎之唱晓风残月耳。"有明万历四十三年(1615)山阴徐氏刊本、《盛明杂剧》本、《酹江集》本。

文姬入塞 又名《蔡文姬》。杂剧剧本。明陈与郊作。叙蔡文姬归汉故事，左贤王令其子护送文姬到关界，母子临别失声，文姬诉说身世，依依不舍。祁彪佳《远山堂剧品》称其"略具小境。以此入塞，而配《昭君出塞》耳"。有《盛明杂剧》本。

昭君出塞 杂剧剧本。明陈与郊作。此剧并见于作者的《麒麟罽》传奇中，作为戏中串戏之用。叙西汉时王昭君和藩故事。祁彪佳《远山堂剧品》评道："明妃从来无南曲，此剧仅一出，便觉无限低回。"有《盛明杂剧》本。

袁氏义犬 又名《义犬记》。杂剧剧本。明陈与郊作。叙南朝宋人袁粲为尚书令，门生狄灵庆官拜兰台令史。狄为人势利奸滑。袁粲家养一犬名卢獒，幼子蕊儿常骑之戏耍，狄见之，言此为骑龙弄凤之兆。不久，袁粲及长子死于逆贼戴僧静之手，乳母救出蕊儿，连夜投至狄府。戴僧静派人四处搜寻，狄闻出首袁氏幼子者可官升三级，便将蕊儿交出。此后狄坐卧不宁，妻与子亦心神恍惚，已而卢獒犬至，将其一门三口咬死。狄死后在阴曹遭铁鞭重责，被拔舌抽肠；而义犬卢獒受阎罗嘉赏，转世为人，官拜兰台令史。祁彪佳《远山堂剧品》云："先生林居时，大不得意，作此以愧门墙之负心者。"有《盛明杂剧》本。

再生缘 杂剧剧本。明王衡作。叙西汉武帝宠妃李夫人病死，以玉钩殉葬。武帝终日思念，感伤成疾，乃出榜寻觅有道之士。有齐人李少翁，通神仙之术，作法使武帝与李夫人相见。鬼魂告武帝她转世为河间女子，十五年后当再会。后朝中诏选嫔妃，于河间得陈氏女，其品貌出众，惟双手拳曲不开。武帝乃亲开其手，中有玉钩，是为钩弋夫人。按史无李夫人后身即钩弋夫人一说。按褚少孙《补史记》钩弋夫人姓赵，此改姓陈。有《盛明杂剧》本。

真傀儡 全称《杜祁公藏身真傀儡》。杂剧剧本。明王衡作。叙宋丞相杜衍七十致仕后隐于市井中，终日逍遥自在。又二十年，时值春日，杜便服去桃花村看傀儡戏，有商员外等乡绅见其穿戴可笑，戏谑之。戏演汉丞相痛饮中书堂、曹丞相铜雀台及宋太祖雪夜访赵普故事。杜与村民开怀欢笑，十分尽兴。这时朝使奉旨前来赐赏，直寻到戏场。杜不及换上朝服，乃借了戏场的衣冠谢恩。商员外等大骇，请杜饶其怠慢之过，杜恕之。此剧真假幻出，意在说明官场即戏场。祁彪佳《远山堂剧品》评道："境界妙，意致妙，词曲更妙，正恨元人不见此曲耳。"按刘宾客《嘉话录》"傀儡戏"事，本唐杜佑，非宋杜衍。有天启《杂剧三种合刊》本、《盛明杂剧》本、《酹江集》本。

郁轮袍 全称《王摩诘拍碎郁轮袍》。杂剧剧本。明王衡作。叙唐岐王请诗人王维到九公主处弹奏琵琶，许以状元及第相酬，被王维拒绝。有王推者闻知此事，乃冒充王维去弹奏《郁轮袍》，得中状元。主考官宋璟复查试卷，改取王维为第一。王推恼羞成怒，便状告王维受岐王庇护而中魁，王维也被黜落。后岐王前来揭穿真象，但王维已识破科场内幕，辞受状元再回辋川隐居。"郁轮袍"事见薛用弱《集异记》。明人谓此剧乃作者借题发挥以解嘲之作。有万历间刻本、天启《杂剧三种合刊》本、《盛明杂剧》本、《酹江集》本。

夭桃纨扇 全称《任夭桃巧合鸾皇》。杂剧剧本。明叶宪祖作。叙金陵人石中英在刘令公家作伴随，一日与赖三舍遇名妓任夭桃，发誓娶之为妻。赖三舍将事说与石父，石父大怒，至任家寻回儿子，逼其赴京应试。并将夭桃接到自家园亭住下，以使儿子绝望。石中英临行未能与夭桃作别，遂托侍女转赠纨扇诗书，夭桃十分感动。石中英在京候榜，梦与夭桃相会，醒来人报状元及第。不久，石中英至金陵与夭桃团聚。有《盛明杂剧》本。

碧莲绣符 又名《碧莲纨绣符》。全称《陈碧莲出阁成亲》。杂剧剧本。明叶宪祖作。叙书生章斌端午节于途中拾得秦侍中美妾陈碧莲失落的绣符。时侍中已过世，留下夫人和儿子女儿。秦夫人妒碧莲姿色，将其拘禁在后房，令青奴看管。章斌得知秦家欲聘书记，乃改名孔兼前往。不久学院按临扬州，秦公子让孔兼代其应试，孔兼以诗考取第一。青奴得知孔兼曾拾得绣符，有心成全他与碧莲，遂与孔兼商定：假称回家娶亲，秦公子必然不允，再提出将碧莲许配方可留在府中。秦公子果然应允，章斌与碧莲成亲。有《盛明杂剧》本。

丹桂钿合 全称《徐丹桂重配新知》。杂剧剧本。明叶宪祖作。叙徐丹桂幼时由父母许配给表兄，后父亲亡故，与母同住。七夕之夜，丹桂至寺中求愿，与来自京师的探花权次卿相遇，互生爱慕。权次卿从寺中长老处得知丹桂的表兄住在京师，二十年未曾相见，遂冒充此人至徐家西堂住下。一日徐母突病，丹桂急去问安而不及锁门，权次卿进其屋，睡倒在绣床上，不慎将定神丹药丸遗落。徐母知药丸惟京师有售，今出现在女儿房内，定与权次卿有关，恐生枝节，不若将女儿许配权次卿，遂央长老为媒。徐母言幼时许配曾以紫金钿合分半互持，权次卿便将自己在京城所购一半与之相合，恰好成为一个，徐母将女儿嫁之。有《盛明杂剧》本。

素梅玉蟾 全称《杨素梅守志重圆》。杂剧剧本。明叶宪祖作。叙武林贫士凤来仪与邻女杨素梅相爱。素梅有侍女名龙香，常为二人传情递简。一日来仪与素梅约定夜晚欢会，被朋友冲散，来仪十分懊恼，央龙香传信来日晚再会，不料素梅被外婆冯氏接走。时春试将开，来仪母舅金员外催其赴考。来仪走后，金员外听说冯家有一好女，欲为外甥聘之。金家有白玉蟾蜍一对，其中一只已与来仪，便将另一只送与冯家。来仪金榜及第，顺路回家，知婚事而不悦。素梅亦恋来仪，心中愁闷。后发现聘礼中的白玉蟾蜍与原来来仪送自己的是一对，转忧为喜。成婚之日，二人见对方皆意中人，庆贺有加。有《盛明杂剧》本。

四艳记 杂剧剧本合集。明叶宪祖作。包括代表春、夏、秋、冬之《夭桃纨扇》、《碧莲绣符》、《丹桂钿合》、《素梅玉蟾》四种。

易水寒 又名《易水歌》、《易水离情》。全称《壮荆卿易水离情》。杂剧剧本。明叶宪祖作。叙战国时齐人荆轲好游侠，与善击筑的高渐离交厚。燕太子丹欲报秦仇，经谋臣田光举荐，拜荆轲为上卿。时秦攻燕甚急，荆轲乃携燕国地图、匕首和秦亡将樊於期的头颅起行。太子丹和高渐离等送荆轲至易水，高渐离击筑为变徵之声，二人慷慨悲歌，饮酒作别。荆轲至秦庭，奉上燕国地图，秦王观之，图穷而匕现。荆轲拽住秦王，令其悉返所侵诸侯之地，秦王一一应允，并让侍从待荆轲若上宾。已而王子晋降临下界，称荆轲本仙班故友，带其入仙境。本《史记·刺客列传》。有明万历间刊本和《盛明杂剧》本。

使酒骂座 又名《骂座记》。全称《灌将军使酒骂座记》。杂剧剧本。明叶宪祖作。叙西汉魏其侯窦婴失势闲居，原门下宾客纷纷转投田蚡，只有灌夫不走。田蚡是太后的同母弟，官居丞相，封武安侯。新娶燕王之女，太后诏旨令列侯宗室皆往丞相府贺喜。窦婴与灌夫亦往。席间宾客对田蚡阿谀谄媚，而对窦婴倨傲不恭。灌夫看不惯这种情态，借酒醉辱骂众宾。田蚡以不敬帝后为名，将灌夫拘禁，窦婴出面营救，二人终被处死。灌夫之魂向田蚡索命，田蚡亦亡。故事本《史记》、《汉书》灌夫传。有脉望馆抄校《古名家杂剧》本。

金翠寒衣记 又名《寒衣记》。杂剧剧本。明叶宪祖作。叙金定与翠翠幼年同窗，两心相投，年长后结为夫妻。婚后半年，逢张士诚兵乱，翠翠为其部将李将军所掳，强纳为妾。金定与翠翠失散后，经过七年探寻，终于得知翠翠的下落。金定伪称是翠翠之兄，入李将军府为门馆先生。时值寒秋，金定借请翠翠缝制棉衣之机，互达诗书。不久，元帅徐达抚治江南，金定前往诉冤并陈告李将军恶行，李将军满门被诛，金定、翠翠团圆。故事本瞿祐《剪灯新话》之《翠翠传》。有脉望馆抄校《古名家杂剧》本。

北邙说法 杂剧剧本。明叶宪祖作。叙甄好善死后为天神，骆为非死后为饿鬼。某夜，甄好善云游至北邙山，骆为非月下求食亦到此间。二人见到枯骨和死尸各一，经土地爷指点知是各自的前身。甄好善对着枯骨礼拜，感谢他好善苦修，使自己做了天神，骆为非则鞭打死尸，恨他贪图快乐使自己做了饿鬼。这时空禅法师来到现身说法，谓神者如自骄功德，可堕饿鬼道，饿鬼如悔改前非，或可成神。二者听后顿悟。此剧依民间传说敷衍而成，借以表现作者的佛家思想。有《盛明杂剧》本。

广陵月 又名《闻歌纳妓》。全称《广陵月重会姻缘》。杂剧剧本。明汪廷讷作。叙唐大将韦青善音乐，常以歌儿舞女自娱。有歌女张红红与父卖唱街头，韦青怜而纳为妾。一日乐师李龟年至韦府，见张红红歌艺精绝，遂荐之于唐明皇。唐明皇诏张红红入宫，封为才人，掌管宜春院女歌。后安禄山作乱，唐明皇亡命西蜀，宫人逃难四方。红红过广陵，月夜于舟中歌水调，适韦青携家避难在侧，闻声知是红红，乃拢船迎之。不久乱平，诏免旧日宫人入宫，韦青与红红团圆。本事出唐段安节《乐府杂录》。有《盛明杂剧》本、清乾隆间抄本。

泰和记 杂剧剧本合集。明许潮作。包括杂剧剧本二十四种，今存十七种：《卫将军元宵会僚友》、《公孙丑东郭息忿争》、《兰亭会》、《武陵春》、《写风情》、《午日吟》、《汉相如昼锦归西蜀》、《赤壁游》、《东方朔割肉遗细君》、《南楼月》、《同甲会》、《元微之重访蒲东寺》、《陶处士栗里致交游》、《龙山宴》、《张季鹰因风忆故乡》、《谢东山雪朝试儿女》、《裴晋公绿野堂祝寿》等。

午日吟 杂剧剧本。明许潮作。为《泰和记》之一种。叙唐诗人杜甫避居成都，端午节时剑南节度使严武前去拜访。二人坐于草堂之上，眼前龙舟竞发，江中夺锦，遂一边观赏，一边联句吟诗，后兴致一发而不可收，乃移席莲舟之上，乐以终日。有《盛明杂剧》本。

同甲会 杂剧剧本。明许潮作。为《泰和记》之一种。史载北宋宰相文彦博晚年居洛阳时曾结耆英会，本剧依此，但有虚构。叙文彦博与中散大夫程珦、朝议大夫司马旦、司封郎中席汝言俱年七十八岁，四人同为同甲会。金秋十月，文彦博排下小宴请三人聚饮，席间文彦博传令优人演戏以助兴，内容为徂徕公朝风弄月、庾岭母窃玉偷香、嶰谷娥栖鸾舞凤、淇园子傲雪欺霜。四人观之，以为剧情正与各自风致相似，遂畅怀豪饮，尽兴而散。有《盛明杂剧》本。

武陵春 杂剧剧本。明许潮作。为《泰和记》之一种。叙秦人避乱隐居桃源洞天，已历七百年而无人知晓。时天下归晋，有武陵人黄道真以捕鱼为业，自幼学得仙经道录，每遇奇山异水之处，无不留心寻访。一日，黄道真捕鱼至武陵溪口，见溪水不同寻常，遂沿溪而上来到桃源仙境。桃源仙翁十分惊异，摆酒相待，君山父老、沧浪渔父、太上隐君、青溪道士诸仙闻知，纷纷来到相庆。天台二仙女亦乘云而至，请黄道真传书与刘晨、阮肇，约定五百年后与刘、阮二人再结良缘。黄道真留恋七日后归，众仙送至洞口，并嘱其勿与世人言知此事。有《盛明杂剧》本。

写风情 全称《刘苏州席上写风情》。杂剧剧本。明许潮作。为《泰和记》之一种。叙刘禹锡为苏州刺史，不久朝中召取赴京，途经扬州，故友杜司空留宴。杜命名妓如云、赛月奉酒，并嘱二人向刘禹锡索诗。酒至半酣，如云、赛月索诗，刘禹锡成诗一首相赠，诗中极言二妓的姿容和自己的倾慕。杜又命如云、赛月作词劝酒，刘禹锡大醉，由二妓扶至驿馆歇息。翌晨，刘禹锡酒醒，如云、赛月索要回帖，刘复作诗一首以表心迹。本事见唐范摅《云溪友议》，此剧据以敷演。有《盛明杂剧》本。

兰亭会 全称《王羲之兰亭显才艺》。杂剧剧本。明许潮作。为《泰和记》之一种。叙暮春三月上巳之日，王羲之与谢安、殷浩等诸友相约于会稽兰亭，以寻古人修禊事。诸君依次行酒，各讲一个上巳故事，之后诸友共请王羲之一展才华。王羲之抚琴一曲，与殷浩对弈一局，又挥毫写字作画，继而为文以记兰亭盛会。诸友赞赏不已，称王羲之的琴、棋、书、画、文为五绝。有《盛明杂剧》本。

汉相如昼锦归西蜀 杂剧剧本。明许潮作。为《泰和记》之一种。叙汉司马相如有妻文君，家徒四壁，卖赋得金千镒，买妾名蜀锦。相如应诏进京，日久未归，文君正因思夫而伤感，忽报相如因献《上林赋》，为武帝所擢用，官拜中郎，奉命晓谕巴蜀。不久，相如至，夫妻相见。临邛县令王吉系相如故交，与卓王孙夫妇登门谒见。因卓王孙曾以女儿文君私奔相如为耻，相如遂不与见，经王吉力劝，方言归于好。相如、文君和蜀锦置酒月下，畅饮抒怀。有明万历间刻《阳春奏》所收本。

赤壁游 全称《苏子瞻泛月游赤壁》。杂剧剧本。明许潮作。为《泰和记》之一种。叙苏轼贬黄州时，于七月之望，邀黄庭坚和佛印禅师往赤壁赏玩。有唐人张志和玄真子之后人，化身渔翁，同此一游。是夜清风徐来，水波不兴。四人乘舟来至赤壁，思古之情油然而生，遂将曹操、刘备、孙权、周瑜写作四阄，各拈取其一，吟诗一首。吟罢复举杯进酒，感叹江山如故而英雄难觅，至夜深方放舟归去。有《盛明杂剧》本。

陶靖隐栗里 全称《陶处士栗里致交游》。杂剧剧本。明许潮作。为《泰和记》之一种。叙陶渊明辞去彭泽县令，归隐栗里。时值重阳，携妻至东篱赏菊。因有花无酒，便抚琴以自慰。江州太守王弘遣使者送酒至，渊明大喜，开怀畅饮。适檀道济、颜延之造访，三人对饮言志。王弘久慕渊明，未曾获见，闻他与庞参军、惠远禅师等相友善，遂托庞置酒庐山寺，邀渊明等人会饮。众人高谈畅饮，至日暮方散。惠远久居庐山寺，送客从不过虎溪，过之则虎鸣矣。惠远送客下山，边走边谈，不觉过溪，虎骤鸣，众人大笑而去。有万历间刻《阳春奏》所收本。

齐东绝倒 又名《海滨乐》。杂剧剧本。明吕天成作。叙古代舜帝之父瞽瞍杀人，执法官皋陶欲杀瞽瞍。皋陶特请示舜帝，舜帝左右为难，既不忍心处死父亲，又不愿曲宥坏法，百般忧愁之中，只好决定放弃帝位，偷偷背负瞽瞍逃往海滨。后因朝中无君而天下大乱，众官员公议请舜回朝，并免去瞽瞍死罪。剧名"齐东绝倒"依孟子语义，乃作者自以此剧为齐东野人之语，荒诞可笑令人绝倒。有《盛明杂剧》本。

男王后 又名《裙钗婿》。全称《陈子高改妆男后记》。杂剧剧本。题"秦楼外史编"，即明王骥德作。叙陈子高容貌秀丽，宛然如女，梁末避侯景乱，为临川王陈蒨所得。陈王爱其美色，令作女妆，立为王后。王妹玉华公主知其为男子，乃以情调之，并送明珠、团扇为信物，子高与玉华相好。后陈王即以玉华嫁子高。此剧在曲调与语言上颇有创新。有《盛明杂剧》本。

一文钱 别称《财痴》。杂剧剧本。明徐复祚作。叙富人卢至性极悭吝，家存万贯，却让妻儿受冻挨饿。一日卢至拾得一文钱，直到饿得不能再忍时，才狠心买了几粒芝麻。帝释见其如此贪欲，予酒使之醉，然后自己幻化为卢至至其家，言曾被悭吝鬼所缠而今鬼被圣僧驱走，故欲将家财散给穷人，以赎往日罪孽。帝释又告卢妻，悭吝鬼与卢至形象相同，数日后若来可用乱棍打走。真卢至醉后十日方醒，急忙回家，人皆视为悭吝鬼假冒而痛打之。卢至愤而到释迦佛处告状，佛使十个弟子皆化为卢至以示，卢至省悟世上一切皆为虚幻，乃弃家成正果。有《盛明杂剧》本。另有崇祯间山水邻刻《四大痴传奇》本，版心题《财痴》。

樱桃园 又名《樱桃梦》。杂剧剧本。明王澹作。叙书生欧阳彬屡次落第，羞归乡里，寄居扬州多罗寺。有张刺史之亡女玉华，灵柩停于寺中，张去任时未曾带走。一夜，欧阳彬读书，见窗外有一女啼哭，猜测是张女灵魂不安而悲，于是天明将其藏于寺后小园樱桃树下。时值春闱，魏闻道与主考官汪藻会于小园中，汪与魏父同年，嘱魏在《易》篇中用三个古字，以便取为第一。玉华鬼魂闻知，即将此事托梦于欧阳彬，以报其恩。至试期，魏因病未考，欧阳彬遵梦嘱，果中状元。汪藻觉事蹊跷，后问欧阳彬方知。魏闻道听后，顿时悔悟，离家访道而去。事出宋人稗史。有《盛明杂剧》本。

红莲债 又名《红莲记》。杂剧剧本。明陈汝元作。叙浙江净云寺住持五戒禅师因私通红莲而破二十载修行，五戒师弟明悟，知师兄丑事，乃作诗暗讽，五戒自羞一念之差破了道身，旋即坐化。明悟见此，恐五戒来世毁佛谤僧，乃随之圆寂。五戒转世为苏轼，娶妾朝云，另有歌妓琴操。明悟转世为佛印和尚，见苏轼心恋红尘，遂至其府道明因果。话本有《五戒禅师私红莲记》，《古今小说》有《明悟禅师赶五戒》叙其事。有万历间陈氏函三馆刊本、《盛明杂剧》本。

四梦记 杂剧剧本合集。明车任远作。包括《蕉鹿梦》、《高唐梦》、《邯郸梦》、《南柯梦》四种。

蕉鹿梦 杂剧剧本。明车任远作。为《四梦记》之一种。叙樵夫乌有辰在山中得鹿，用蕉叶覆盖，已而忘其地点，遍寻不见，自以为是梦境，结果鹿被渔人魏无虞拾去。不久乌有辰又梦见魏无虞取鹿一事，乃照梦中路径往寻，果然见鹿。二人争执不下，后由官家裁断，将鹿分与每人一半。事本《列子》寓言，谓人生如梦，借以点醒世人。吕天成《曲品》评："甚有奇幻意，可喜。"有《盛明杂剧》本。

逍遥游 又名《衍庄新调》。杂剧剧本。明王应遴作。叙庄子生逢战国，厌恶名利，逍遥物外。见盐城县尹梁栋虽有仙缘，但被世网纠缠，名根极重，乃欲度其超脱。路上道童拾得一具骷髅，见口中有铜钱一文，欲凿而取之。庄子不许，为劝诲道童，乃将仙丹投入骷髅口中，使变为活人。不料骷髅成活后反诬二人抢了东西，争执不休，适梁栋经此将三人带往县衙。庄子言可用一口水使被救的骷髅重现原形，梁栋不肯相信，经再三要求，梁许试之，果如其言。梁栋见生死只在转眼之间，乃知人生如梦，遂弃官从庄子学道。串合庄子寓言，敷衍成曲。有天启间原刊本(附《王应遴杂集》内)、《盛明杂剧》本。

脱囊颖 杂剧剧本。明徐阳辉作。叙毛遂自荐故事。谓毛跛足，初遭平原君家美人嘲笑，毛遂怒而求平原君杀美人头，平原君不从。时秦兵围赵都，门客因平原君不杀笑者，尽去。美人闻之，自刎身亡。平原君提美人头至毛遂处谢罪，毛遂大为感动，思图报效。平原君奉命赴楚结盟以救赵，欲带二十勇士而仅得十九，毛遂自荐同行。至楚，平原君求楚王抗秦，楚王不肯，毛遂乃按剑劫楚王，定盟约，使楚王遣将救赵。平原君回国后，奉毛遂为上宾。本《史记·平原君列传》。有《盛明杂剧》本。

有情痴 杂剧剧本。明徐阳辉作。叙蓬莱道士卫叔通见世人痴迷，下山来指点迷津。有儒生名有情痴，年三十余，一日遇于街市，倾心交谈，自云三年前游金陵曾与妓女玉娘及同学玉郎交厚，至今思恋。卫叔通谓此二人是其冤孽，而今容貌已非，不可再思，有情痴不信。卫叔通乃施幻术，使二人先后出现，果然面目全非。有情痴见此，色心遂冷，欲随卫叔通出家，卫不允，告诉有情痴尚需行善积德，三十年后方可相会于华山之巅。卫叔通事见《列仙传》，此为神仙道化题材。有《盛明杂剧》本。

渔阳三弄 杂剧剧本合集。明沈自徵作。包括《霸亭秋》、《鞭歌妓》、《簪花髻》三种。有《盛明杂剧》本。

霸亭秋 全称《杜秀才痛哭霸亭秋》。杂剧剧本。明沈自徵作。叙宋人杜默自幼攻习儒业，学成满腹文章，但世道不振，累举不成名。一日路经乌江，入谒项羽庙，时杜默正酒醉之后，乃焚香拜谒，据项羽神像之颈，拊其首而恸，为项羽英雄而不得天下和自己有才而不得进取，泪下如雨。庙祝见此，恐其获罪，扶掖以出。已而秉烛检视神像，见其亦垂泪不已。其事见洪迈《夷坚志》。祁彪佳《远山堂剧品》评道："传奇取人笑易，取人哭难。有杜秀才之哭，而项王帐下之泣，千载再见；有沈居士之哭，即阅者亦唏嘘欲绝矣。长歌可以当哭，信然。"有《盛明杂剧》本。

鞭歌妓 全称《傻狂生乔脸鞭歌妓》。杂剧剧本。明沈自徵作。叙唐人张建封，空怀奇才，贫无自立，流落江湖。一日，尚书裴宽乘舟外出，路遇张建封，视其非一般之辈，乃以礼邀请，并将所乘船只及歌妓尽与之。歌妓见张建封衣衫褴褛，乃肆意取笑，张大怒，令人鞭之，众妓遂惧。尔后，张尽弃裴尚书所予而去。祁彪佳《远山堂剧品》评道："裴尚书举舟赠张本立，即鞭笞奴妓之偃蹇者，了无愧色。此其寄牢骚不平之意耳。剧中妙在深得此意。不然，与小人得意、一旦夸张者何辨！"张建封，新、旧《唐书》有传，鞭妓事则不知所出。有《盛明杂剧》本、《酹江集》本。

簪花髻 又名《簪花记》。全称《杨升庵诗酒簪花髻》。杂剧剧本。明沈自徵作。叙明代状元杨慎字升庵被贬云南，玩世不恭，常于酒醉后吟诗作赋，用笔写在歌妓身上。一日杨慎到郊外游春，身着女服，胡粉傅面，一路上惹得人哄笑不已。有人取笑他是妇人，杨慎乃反唇相讥，言三教圣人皆是妇人。时有人从成都捎得杨夫人书信一封，中问杨慎何日得归，杨读罢感伤万端。至日中，有富翁出重金求字，杨慎不肯。须臾，杨慎酒醉情发，向歌妓身上尽情写去，直写到风飘花舞，泪下如雨。其事见王世贞《艺苑卮言》。祁彪佳《远山堂剧品》评道："人谓于寂寥中能豪爽，不知于歌笑中见哭泣耳。曲白指东扯西，点点是英雄之泪。曲至此，妙入神矣！"有《盛明杂剧》本。

死里逃生 又名《伽蓝救》。杂剧剧本。明孟称舜作。叙刑部郎中杨宗玄与西山寺僧了缘相识，因案牍烦冗眼疾顿发，到西山寺静养。寺中了缘僧徒心术不端，贪恋女色，诱李六娘、张大姐藏于密室，并欲施暴。一日宗玄闲步入内，忽见两妇大惊。了缘恐事泄于外，乃将宗玄囚禁，令其自尽。寺中伽蓝神怜而护之，使鼠穿穴屋顶，通光室内，宗玄遂缘神像而上，破屋顶遁出。宗玄归家后，遣吏擒住了缘等，救出李、张二人。其事与冯梦龙《智囊》所载吴中某生事类似。有《盛明杂剧》本。

英雄成败 又名《残唐再创》。全称《郑节度残唐再创》。杂剧剧本。明孟称舜作。叙唐末宦官田令孜擅权，时逢开科，黄巢、郑畋等入朝应试。主考官刘允章依附田令孜，贪赃受贿，使无才有势的令狐滈中了状元，而黄巢、郑畋皆落第。黄巢怒而痛打刘允章，不久起事，一路过关斩将，擒获刘允章，攻进长安，自称大齐皇帝。时郑畋新科中选，闻天下事变，乃刺血写表，集合众诸侯勤王。黄巢战败被杀，部下溃散。唐皇回到长安，将刘允章、令狐滈斩首，升郑畋为平章政事兼凤翔节度使。此剧为感愤时世而作。有《盛明杂剧》本、《酹江集》本。

桃花人面 又名《桃源三访》。杂剧剧本。明孟称舜作。叙秦川叶家之女蓁儿年逾二八，未获良缘，终日惆怅。博陵人崔护进士及第，清明节游春至此，因口渴向蓁儿讨水，互生爱慕之情。崔护走后，蓁儿终日思念，郁郁寡欢。次年清明，蓁儿随父去西冈扫墓，崔护来访，见桃花依旧而人去门锁，乃题诗于门上。蓁儿回家见诗伤感而亡。崔护后又一次来访，见蓁儿为情而死，抚尸痛哭。蓁儿竟复生，二人遂结为夫妻。事出孟棨《本事诗》，为唐时著名故事。沈泰《盛明杂剧》评道："不减杜丽娘寻梦"，"此盛唐诗也，不止向乐部争"。有《盛明杂剧》本、《柳枝集》本。

花前一笑 杂剧剧本。明孟称舜作。叙唐伯虎与文徵明、祝枝山到金阊游玩，适逢吴兴沈公佐的养女素香到金阊探母，看到唐伯虎的风采，不由相视一笑。唐伯虎见其艳丽有情，乃假装酒醉，辞别文、祝跟踪素香直到沈府。沈公佐官居八府之职，正告病在家，督导两个儿子读书。两位公子不通文义，想找一个代笔人来搪塞父亲，唐伯虎于是化名唐畏入沈府佣书。一日唐伯虎在花园中偶遇素香，素香见之惊疑不已。唐伯虎苦于无缘再见，乃伪称要辞佣回家娶妻。两公子怕他离开，答应他在府内任选一丫鬟为妻。唐伯虎无意于丫鬟，两公子无奈，只得以义妹素香相许，其父亦同意。所演乃《三言》"一笑姻缘"故事，惟秋香易为素香，华学士易为沈公佐，故事亦略有小异。祁彪佳《远山堂剧品》列此剧入"逸品"，评道："此剧结胎于《西厢》，得气于《牡丹亭》，故触目俱是俊语。"卓人月《花舫缘》杂剧以此剧为蓝本。有《柳枝集》本，《古本戏曲丛刊四集》据以影印。

眼儿媚 又名《泣赋眼儿媚》。全称《陈教授泣赋眼儿媚》。杂剧剧本。明孟称舜作。叙岳阳府学教授陈诜与上厅行首江柳相恋，暗中来往已经两年。知府孟之经知道后，劝诫陈诜不成，便以江柳延误官身为借口，将其刺配辰州。陈诜为江柳送行，赠《眼儿媚》词，又托解卒向知府称江柳患病，得以暂缓解送。宋开庆元年，元兵入侵湖湘，贾平章出征，命陈诜的同窗陆云西为其招募贤才。陆云西至岳阳，点名要来江柳，并与孟之经为媒，使陈诜与江柳成婚。陈诜进入贾平章幕府。祁彪佳《远山堂剧品》列此剧入"雅品"，评道："陈教授多情至此哉，可为《牡丹亭》之陈教授解嘲矣。"本事见宋张端义《贵耳集》，此剧据以敷衍。有《柳枝集》本，《古本戏曲丛刊四集》据以影印。另有《杂剧三集》本。

花舫缘 全称《唐伯虎千金花舫缘》。杂剧剧本。明卓人月作。据孟称舜《花前一笑》改编。祁彪佳《远山堂剧品》评道："此即子若传唐子畏原本，易佣为奴，易养女为婢。调中别出佳句，欲与孟剧较胜，而丰韵正自不减；乃其叶调之严整，更过于孟；而用韵少杂，则二剧同之。"有《盛明杂剧》本。

春波影 全称《小青娘情死春波影》。杂剧剧本。明徐士俊作。叙冯小青故事，谓扬州名妓冯小青嫁杭州富家子冯子虚为妾。遭大妇百般虐待。子虚有姑杨夫人，见此情形，乃送小青住在冯家孤山别业。大妇不允子虚前往，小青难耐凄凉，染病不起。一日，小青读《牡丹亭》，深为自己和杜丽娘感伤，遂请来画师为自己画像，祭奠后托人将书信及画送与杨夫人，旋即一恸而亡。大妇闻知，将小青所遗诗文焚毁。子虚悲痛而至呕血。最后小青亡魂被道士度脱。事据《虞初新志》。清焦循《剧说》评云："演小青故事为传奇者有《疗妒羹》、《风流院》两种。当以徐野君《春波影》为最。"有《盛明杂剧》本、明末《雁楼集》本。

络冰丝 全称《奇女子风里络冰丝》。杂剧剧本。明徐士俊作。叙南朝梁沈约故事。叙沈约雨夜斋中独坐，风吹竹门，有一女子携络丝之具，入门而坐。风飘细雨如丝，女子随风引络，络绎不断，断时皆随口续之，与真丝无异。女子谓之冰丝，悉赠与沈约，继而随风作舞，舞罢离去。沈约大为惊奇，表示将依其言裁成纨扇。本元伊世珍《嫏嬛记》。祁彪佳《远山堂剧品》评云："奇事也，而以休文之情语度之，鲛人之泪，莹莹纬络矣。"有《盛明杂剧》本。

孟山人踏雪寻梅 杂剧剧本。明邓志谟作，一说无名氏作。为《梅雪争奇》杂剧之一。叙孟浩然隐居襄阳，眼见得秋去冬来，梅清雪艳，正是玩赏时节，遂吩咐诗奴准备行装，一主一仆径往灞陵桥陇头上踏雪寻梅。诗奴问浩然：当初朝见天子时，何不吟些好诗句，博个高官封妻荫子。浩然答曰：非是我不以好诗句博名爵，我山人品地自是如此。说话间，二人已来到桥头。浩然见飞雪中几枝寒梅怒放，顿觉情怀畅达，庆幸自己早脱出名疆利场。有邓志谟编《七种争奇》所收本、明春语堂刊本。

举烽取笑 全名《幽王举烽取笑》。杂剧剧本。明邓志谟作，一说无名氏作。为《童婉争奇》杂剧之一。叙褒姒自进幽王宫后，从未开颜一笑。一日，幽王排宴凤霄楼上，命侍臣取紫霞杯进酒，褒姒仍不乐。幽王无奈，问褒姒如何才能开口一笑，答曰：只喜闻裂缯之声，闻此便觉心旷神怡。幽王即命侍臣取锦缯百匹，当庭裂碎，褒姒仍不悦。幽王遂下令于朝门外举烽火。各路诸侯望见烽火，急统兵入京勤王。一时间，军马如蜂屯蚁聚，褒姒见了不禁大笑。有邓志谟编《七种争奇》所收本、明春语堂刊本。

唐苑鼓催花 杂剧剧本。明邓志谟作，一说无名氏作。为《花鸟争奇》杂剧之二。叙早春时节，唐明皇与杨贵妃排宴沉香亭上，饮酒赏玩。明皇见园中百花尚未尽开，便命内臣取来羯鼓，击鼓催花。鼓声过，见牡丹、海棠、芍药等诸花果然次第开放，一时间园内姹紫嫣红，众人皆惊喜。贵妃赞明皇神力，并乘醉起舞相贺。明皇见其醉态妩媚，心中欣喜，立誓要与之白头偕老。有邓志谟编《七种争奇》所收本、明春语堂刊本。

太室三房四剧 杂剧剧本合集。明祁麟佳作。包括《红粉禅》、《救精忠》、《庆长生》、《错转轮》四种，今仅存末一种，有《盛明杂剧》本。

错转轮 杂剧剧本。明祁麟佳作。叙书生王贤精晓律法，地府因之常召其议事。转轮殿判官水浣尘有疑案数宗不能决断，王贤协其办理。其友张子才求与之同赴地府，王不肯。时冥府又召，王即去，张子才自缢使鬼魂追王而去，不料途中被一恶鬼转轮为李贵家猪。张妻在家见丈夫数日还未返魂，乃至王贤家讨命，王因地府无召不便前去，只得缢死以寻张魂。王寻遍地府不见，便托之水判官。水判官查明张魂下落，将恶鬼和解卒重罚。王贤回到阳世，将李家猪尽杀之，使张魂重回阳间。祁彪佳《远山堂剧品》评云："水判之语雄，王生之语婉。雄则近怒，婉则近喜。至于拟狱数段，有痛骂处，有冷嘲之，令人忽怒忽喜，以是见文人之舌，不可方物乃尔。"有《盛明杂剧》本。

虬髯翁 又名《正本扶馀国》。全称《虬髯翁正本扶馀国》。杂剧剧本。明凌濛初作。为《红拂三传》之一。叙隋末诸英雄皆存举事之心，虬髯翁屯粮招兵以待时机。李靖、红拂二人欲投太原李世民，途中与虬髯翁相遇，结为朋友。不久三人会于太原汾阳桥，同去李靖之友刘文靖处，遇李世民正与刘对弈。虬髯翁见李世民气象不凡，知天下必属此人，遂将家私悉数与李靖、红拂二人佐李世民之用，自己携家眷移居扶馀国。时扶馀国内乱，虬髯翁乘机夺取王位。李世民即位后，传檄于海外诸国共讨高丽，虬髯翁当即发兵助唐。此剧本唐杜光庭《虬髯客传》，作者析为卫公、红拂、虬髯客三本，合称《红拂三传》，惟写卫公李靖的《蓦忽姻缘》一本已佚。一人各主一剧。一事而为三剧，实乃别具一格，但不免"有叠床架屋之病"（庄一拂《古典戏曲存目汇考》）。有《盛明杂剧》本。

宋公明闹元宵 杂剧剧本。明凌濛初作。叙宋代词人周邦彦与京城名妓李师师交好，二人正相会时，遇宋徽宗来幸，周邦彦慌忙躲于床下。徽宗与师师谑言戏语，俱被周邦彦听取，因以填[少年游]词。后徽宗发现词作，怒将周邦彦逐出京城。其时，宋江带柴进、戴宗、燕青、李逵等进京观灯。柴进闯入宫中，知徽宗时刻以宋江为心腹之患，遂设计打通关节，向皇上讨个招安。后决定以师师为途径，徽宗前来，宋江欲直接陈情，为燕青所阻。周邦彦因献佳作得以赦免，升为大晟府待制。李逵与戴宗等在城外，误以为宋江入青楼寻欢，盛怒中打倒出行的太尉，京城大乱。徽宗从地道逃出，宋江等人出城。此剧以师师为关键人物，又纠合《水浒》与周邦彦两线，实失主次。见于明崇祯五年(1632)尚友堂刊《二刻拍案惊奇》卷四十。

小雅堂乐府 亦名《小雅四纪》。杂剧剧本合集。明程士廉作。包括《幸上苑帝妃春游》、《泛西湖苏秦赏夏》、《醉学士韩陶月宴》、《忆故人戴王访雪》四种，搬演春夏秋冬四景。今仅第一种存全本，有《古名家杂剧》本，余三种《群音类选》有选曲。

帝妃春游 全称《幸上苑帝妃春游》。杂剧剧本。明程士廉作。叙唐明皇与杨贵妃上苑游春，召韩、虢、秦三国夫人陪从，极尽游赏之乐。安禄山闻讯而至，献助情香，跳胡旋舞，取悦帝妃。三夫人又作霓裳羽衣舞。天晚，唐明皇命安禄山出宫，安心怀怨诽。内臣在旁侍奉宴饮，见安禄山擅入禁苑进香，皇上不仅不加罪责，反而赐以美酒，不禁发出亡国的感慨。有《古名家杂剧》本。

饿方朔 杂剧剧本。明孙源文作。叙蓬莱宴上，王母娘娘问众仙人，人间何者为第一。顽仙东方朔答文章学问第一，劣仙郭滑稽却称有福之人第一。二人各陈己见，争执不休。于是，王母令东方朔、郭滑稽各选一班人，比试胜负。东方朔选的是终军、司马迁、司马相如、李陵和大长公主之女陈氏。郭滑稽选的是落第秀才、酷吏、吝啬鬼、胡奴和妓女。王母对郭选的五人颇不满意。数年后，王母驾至瑶池，见一南一北两根怨气冲天，遂命仙女下凡察看。原来东方朔举荐的五位贤人皆遭厄运，与此相反，郭滑稽挑出的五人却青云直上，狗运亨通。王母见人间如此贤佞不分，只得长叹；东方朔到下界觅食，不仅吃不着，还遭戏弄。对人间不平意存讽刺。有清顺治刊《杂剧新编三十四种》本。

凌霞新剧 杂剧剧本合集。明茅维作。包括三十五个杂剧剧本，今存《苏园翁》、《秦廷筑》、《金门戟》、《醉新丰》、《闹门神》、《双合欢》六种。有《杂剧新编三十四种》本。

金门戟 杂剧剧本。明茅维作。叙汉代董偃原系珠宝商之子，自幼随母经常出入皇姑窦太公主府邸。窦氏寡居已久，见董偃可爱，将其收养府中，教以琴棋书画各艺。十八岁加冠，窦氏破财百万，使其名满京城。窦氏又为董偃筹划求见圣上之策，故意称病不朝，邀武帝亲临窦府。一日，武帝引侍臣驾幸窦府，窦氏命董偃接迎，董偃果然深得武帝喜爱。夜深酒阑，武帝起驾回宫，亦令董偃随行。辇驾至宣室宫，东方朔持戟立于门前，不许董偃入内。武帝无奈，只得改驾北宫，从东司马门入。事本《汉书·东方朔传》。有清顺治刻《杂剧新编三十四种》本。

秦廷筑 杂剧剧本。明茅维作。叙荆轲刺秦王未果，燕终为秦所灭。高渐离逃出燕国，隐姓埋名，在一大户人家佣身力作，待机为国为友复仇。一日，庄主设宴待友，席间有一伶人击筑侑酒，渐离在旁技痒难忍，击筑一曲，果然非同凡响，众乃悟其为高渐离，渐离为秦兵所擒。秦王惜其身怀绝技，令人刺瞎双目，免其一死。一日秦王大宴群臣，渐离上廷击筑，趁秦王专注入迷之机，用筑伤秦王腿胫。秦王见渐离失明尚如此忠烈，将其与诸侯门客尽逐出函谷关外。有清顺治刻《杂剧新编三十四种》本。

醉新丰 又名《新丰记》。杂剧剧本。明茅维作。叙骊山龙母接到天符，要行雨一尺以救生民，恰龙子们不在身边，仓促之间，只得请来庙中投宿的李靖、马周代为行雨。李、马二人本紫仙官下凡，遂慨然应允。行雨事毕，龙母取两尊神像赠与二人作酬劳，李靖取了金甲威神，马周取了玉堂仙吏，一武一文分别去辅佐大唐天子。马周作事放任，又好饮酒，数次遭遇不利。扫花使者扮作樵叟为其指点迷津，劝其建功立业，以早离红尘。后来马周应唐太宗召，上疏所议事事精详，被封为翰林院学士兼兵科给事中。奉旨巡边，令夷人臣服，加封为中书令。演穷马周，又撮合李靖事。祁彪佳《远山堂剧品》评道："词意条畅，一洗油腔陋习。但马周穷困之状，描写未尽，转觉乏慷慨之概。"有清顺治刻《杂剧新编三十四种》本。

闹门神 杂剧剧本。明茅维作。叙阴历腊月三十，新门神兴冲冲来太平巷第一家接任，不料旧门神不遵一年一换之礼，在顺风耳帮助下已在此霸占六、七年不让位。新、旧门神展开激烈的辩论，诸神在侧俱帮新门神说理。九天门使者奉上帝敕旨，于除夕下凡稽查百神功过，见太平巷人物凋敝，知为旧门神作祟、占位不让所致，遂令神将押送旧门神、顺风耳往沙门岛受苦，新门神到位。此剧暗讽官场恶习。有清顺治刻《杂剧新编三十四种》本。

双合欢 杂剧剧本。明茅维作。叙某相公自号勾曲外史，隐居洁溪，因阁中多年虚席，遂效唐代玄真子之例，收养一双男女，取名文漪、紫兰。相公择吉日为紫兰拢头扶为正室，并为文漪聘下村女绛树。文漪之姐蕊珠与相公曾有过一段旧情，是日为兄弟迎亲亦来到府上。相公见了蕊珠，旧情重萌，欲与之结百年之好，紫兰亦从旁撺掇，蕊珠几番推辞后终于应允。相公大喜，携二人登阁望月，同入洞房。有清顺治刻《杂剧新编三十四种》本。

苏园翁 杂剧剧本。明茅维作。叙宋丞相张浚以匡复社稷为己任，为朝廷招募贤才，欲寻同乡苏云卿襄助军务。苏云卿满腹才学，为人坚毅隐忍，因胡虏进扰，只身独居于东湖之上，日以灌园自娱，人称苏园翁。新任豫章漕帅受张丞相之托，微服踏访苏云卿园上。苏不知其真实身分，与之议论朝政、褒贬贤佞，所言甚多。漕帅向苏云卿转达张浚求贤之意，并留下缄书聘币，约定翌晨来迎。苏云卿一夜难寐，终于决定辞聘不受，悄然远遁。张浚闻讯，怅然若失。事本《宋史·隐逸传》。有清顺治刻《杂剧新编三十四种》本。

相思谱 杂剧剧本。题吴中情奴作。叙书生周郎与妓女王娇如相恋，订下生死之约。鸨母与义姐三哥从中阻隔，瞒周郎迁居扬州。娇如写血书托邵船婆通知周郎，并附金凤钗和汗巾为信物。邵船婆贪财，扣下了书和信物。相思鬼见周郎日夜思念娇如，乃戏之，风月仙姑见周郎被纠缠，乃驱走相思鬼。周郎醒后，更难忘梦中情景，娇如亦终日思念周郎，闻卜举人传言周郎战死，不禁哀伤病倒。风月仙姑见二人相思成疾，遣相思鬼引二人梦中聚会。二人正在倾诉，却被金甲神将梦惊散。有《盛明杂剧》本，题"吴中情奴编"。庄一拂《古典戏曲存目汇考》归入王穉登名下。

城南寺 杂剧剧本。明黄家舒作。叙新科状元杜牧之，弱冠登第，声振京邑，所赋诗亦被选入御前承应，官绅争欲与之交结。杜因躲避清闲，来到城南文殊寺。寺中有一无名禅师，寄迹城南已三十年，饱睹人间冷暖，每见智慧奇男子为名利所障，埋没在应举登科之中，便欲指点迷途，唤得繁华梦醒。今见杜来寺中，即将佛法禅理讲与杜听。杜豁然醒悟，从此看破红尘，皈依空门。本唐孟棨《本事诗》，事属附会。有清顺治刊《杂剧新编三十四种》本。

天台奇遇 杂剧剧本。明杨之炯作。情节与王子一《刘晨阮肇误入桃源》相似。有明万历间浣月轩《蓝桥玉杵记》附刻本，《古本戏曲丛刊初集》据以影印。

苏门啸 杂剧剧本合集。明傅一臣作。包括《买笑局金》、《卖情扎囤》、《没头疑案》、《截舌公招》、《智赚还珠》、《错调合璧》、《贤翁激婿》、《义妾存孤》、《人鬼夫妻》、《死生仇报》、《蟾蜍佳偶》、《钿盒奇姻》等十二种。有崇祯十五年(1642)敲月斋刊本。

人鬼夫妻 杂剧剧本。明傅一臣作。为《苏门啸》杂剧之一种。本事出小说《剪灯新话·金凤钗记》，亦见《二刻拍案惊奇》之《大姐魂游完宿愿，小姨病起续前缘》。有崇祯十五年(1642)敲月斋刻《苏门啸》本。

死生仇报 杂剧剧本。明傅一臣作。为《苏门啸》杂剧之一种。本事出《夷坚志》，亦见小说《二刻拍案惊奇》之《满少卿饥附饱飏，焦文姬生仇死报》。有崇祯十五年(1642)敲月斋刻《苏门啸》本。

没头疑案 杂剧剧本。明傅一臣作。为《苏门啸》杂剧之一种。本事出《智囊补》，亦见《二刻拍案惊奇》之《程朝奉单遇无头妇，王通判双雪不明冤》。有崇祯十五年(1642)敲月斋刻《苏门啸》本。

买笑局金 杂剧剧本。明傅一臣作。为《苏门啸》杂剧之一种。出《夷坚志》，本事同小说《二刻拍案惊奇》之《沈将仕三千买笑钱，王朝议一夜迷魂阵》。有崇祯十五年(1642)敲月斋刻《苏门啸》本。

智赚还珠 杂剧剧本。明傅一臣作。为《苏门啸》杂剧之一种。本事出《耳谈》，亦见小说《二刻拍案惊奇》之《伪汉裔夺妾山中，假将军还珠江上》。有崇祯十五年(1642)敲月斋刻《苏门啸》本。

义妾存孤 杂剧剧本。明傅一臣作。为《苏门啸》杂剧之一种。本事出《夷坚志》，亦见小说《二刻拍案惊奇》之《张福娘一心贞守，朱天锡万古符名》。有崇祯十五年(1642)敲月斋刻《苏门啸》本。

钿盒奇姻 杂剧剧本。明傅一臣作。为《苏门啸》杂剧之一种。与《四艳记》之《丹桂钿合》剧情相似，《二刻拍案惊奇》之《权学士权认远乡姑，白孺人白嫁亲生女》亦叙其事。有崇祯十五年(1642)敲月斋刻《苏门啸》本。

截舌公招 杂剧剧本。明傅一臣作。为《苏门啸》杂剧之一种。本事出小说《拍案惊奇》之《酒下酒赵尼媪迷花，机中机贾秀才报怨》。有崇祯十五年(1642)敲月斋刻《苏门啸》本。

卖情扎囤 杂剧剧本。明傅一臣作。为《苏门啸》杂剧之一种。出《夷坚志》,本事同《情史》及《二刻拍案惊奇》之《赵县君乔送黄柑,吴宣教甘偿白镪》。有崇祯十五年(1642)敲月斋刻《苏门啸》本。

贤翁激婿 杂剧剧本。明傅一臣作。为《苏门啸》杂剧之一种。本事出《觅灯因话·姚公子传》,亦见小说《二刻拍案惊奇》之《痴公子狠使噪皮钱,贤丈人巧赚回头婿》。有崇祯十五年(1642)敲月斋刻《苏门啸》本。

错调合璧 杂剧剧本。明傅一臣作。为《苏门啸》杂剧之一种。本事出《情史·吴淞孙生》,亦见小说《二刻拍案惊奇》之《错调情贾母詈女,误告状孙郎得妻》。有崇祯十五年(1642)敲月斋刻《苏门啸》本。

蟾蜍佳偶 杂剧剧本。明傅一臣作。为《苏门啸》杂剧之一种。与《四艳记》之《素梅玉蟾》剧情相似,《二刻拍案惊奇》之《莽儿郎惊散新莺燕,龙香女认合玉蟾蜍》亦叙其事。有崇祯十五年(1642)敲月斋刻《苏门啸》本。

酒懂 杂剧剧本。明李逢时作。为《四大痴》杂剧之第一种,叙浯溪人姜应召平生滴酒不沾,稍闻即醉。一日同村人钱小竹酒醉丢失一锭银子,被姜拾到私匿。天神知之,命酒魔神下界去惩罚姜应召。从此,姜闻见酒味,便觉香美异常,经常滥饮大醉。如是几年,姜家产耗尽,行止凄凉。天神见姜渐有悔改之意,令桃花仙子下凡再行试探。桃花仙子化作村女夜间敲门,姜正在院中愧悔藏银之事,坚拒桃花仙子于门外。姜应召通过试探,依旧闻酒生厌。全家厄运过去,其子高中浙江乡榜,戒酒、色、财、气者也。有明崇祯间山水邻刻《四大痴传奇》本。

色痴 杂剧剧本。作者不详。为《四大痴》杂剧之一,按酒、色、财、气分作四痴,此为第二种。叙庄周梦蝶故事。叙庄子得病,日渐沉重。其妻田氏日夜涕泣,自誓守节不嫁。庄子气绝,七天后楚王孙来访。田氏见王孙风流标致,请人代为疏通情义,欲结伉俪。洞房花烛夜,忽然王孙病倒,言须吃生人或死后未满四十九日者脑髓即活。田氏开棺欲取庄子脑髓,不料庄子挺身坐起。田氏自觉无颜,悬梁自缢。庄子鼓盆而歌,从此遨游四方。有明崇祯间山水邻刻《四大痴传奇》本。

旗亭宴 杂剧剧本。明张龙文作。演"旗亭画壁"故事。叙唐代诗人王之涣进京应试,途居于旗亭,见窗外瑞雪,吟就"雪中迟客"一诗。适遇诗友王昌龄、高適造访,闻诗赞叹。三人商议至旗亭酒家赏雪饮酒吟诗。又闻花萼楼上皇上设宴赏雪,奏〔霓裳羽衣〕。忽又见李龟年引一班女乐来旗亭饮酒。席间,有女乐唱王昌龄的"寒雨连江夜入吴",有女乐唱高適的"开箧泪沾臆",无人唱王之涣的诗。王之涣指座中李十二娘曰,其诗只有伊人才能唱得。说完,果听李十二娘唱王之涣的《凉州词》。三人大笑,众女乐过来问讯,方知乃诗作者也。事本《集异记》。存清顺治刊《杂剧新编三十四种》本。

鱼儿佛 全称《金鱼翁证果鱼儿佛》。杂剧剧本。明湛然作。叙渔父金婴时常钓得几尾鲜鱼,换个一醉,其妻钟氏信佛,劝金勿杀生。观世音手提鱼篮下界点化,金问其念什么佛,观世音言鱼儿佛,钟氏乃与之问法,后随观世音而去。观世音作法,鬼卒将金婴押入地狱。金婴目睹了渔夫的罪孽,于是皈依佛法,与妻一同超升。有《盛明杂剧》本,题"古越湛然禅师原本,寓山居士重编",已非原著。

苏九淫奔 全称《庆丰门苏九淫奔记》。杂剧剧本。作者不详。叙濮州苏九姐自幼许配本州孟怀仁,因怀仁蠢笨,婚后九姐不悦。山东冠县人唐国相住孟怀仁家,见九姐貌美,便设法勾引,两人一拍即合。相约夜间私奔,九姐收拾细软交唐国相,唐见财起意,骗走财物潜逃。孟怀仁告到官府,苏九姐被杖责,且被判与孟离婚。苏九姐回到娘家,打算再挑如意郎君。有当朝尚书的堂弟名李廷材,愚蠢龌龊,喜好狎妓,托帮闲向苏九姐疏通。苏九姐以为得计,至见面方知上当。有脉望馆抄校本、王季烈校刊《孤本元明杂剧》本、《古本戏曲丛刊四集》影印本。

下西洋 全称《奉天命三保下西洋》。杂剧剧本。作者不详。叙郑和下西洋事,略云:明朝皇帝因西洋各国不来进贡,命殿官召集大臣,保举一能干官员下西洋,宣谕各国进献宝物。众人一致推荐太监郑和。郑和领命后,与王景弘、陈瑄等在江口祭神,然后扬帆出发。苏禄国王闻讯后,纠合几个小国欲拦劫郑和船队,被郑和擒获,使之归顺。西洋国王同爪哇等国夷长常想到明廷进贡,苦于海阔未能成行,知郑和下西洋,便准备好奇珍异宝以待。郑和船队收到各国进贡的许多珍宝。其间多怪异之事,非据信史。有脉望馆抄校内府本、王季烈校刊《孤本元明杂剧》本、《古本戏曲丛刊四集》影印本。

风月南牢记 简名《南牢记》。杂剧剧本。作者不详。剧云：彰德府女子李善真，自幼来兖州居住，靠为大户人家弹唱谋生。本城护卫统制官徐仁，美貌风流，李善真曾到他家弹唱，两人一见钟情。但李父却把李善真嫁给了一校尉。李善真仍与徐仁暗中往来，校尉知道后，告到官府，徐仁几乎丢官，并不许李善真再到徐家。不久，李善真听说徐仁相思成疾，便托同行姐妹刘坠儿去代为问候。刘坠儿本性淫荡，早看中了徐仁，趁机绝了徐仁对李之念，两人打得火热。另一同行姐妹臧大姐也去勾引徐仁，与刘坠儿先吵后打，大闹一夜。徐仁与刘坠儿相狎日久，百般虐待原配龚氏。龚氏之兄闻讯，再告一状，奸夫淫妇终受惩罚。有脉望馆抄校本、《孤本元明杂剧》本、《古本戏曲丛刊四集》影印本。

双林坐化 全称《释迦佛双林坐化》。杂剧剧本。作者不详。叙释迦如来在双林说法，魔王波旬请其涅槃，毗婆达多假做重身妇人，前来百般诋侮。如来作法，使毗婆达多现出原形。接着，如来授法于阿难迦舍，将钵盂禅杖挂树上，坐化于双林。韦驮尊天奉佛法语，神游三界，请众位天神前去迎接。毗婆达多恨如来破其神通，点就十万魔鬼，欲夺如来法座，再杀尽和尚，结果被华光讲主擒住。佛母在紫金阙闻如来坐化，慌忙赶去双林，却见如来出棺相见，并吟一偈语绝母。众神诵经奏乐，放火焚佛后各还本位。王季烈《孤本元明杂剧提要》评云："曲文顺适，排场热闹。元明杂剧中，道家言甚多，释家言颇少，此本堪云别开生面。"有脉望馆抄校本、《古本戏曲丛刊四集》影印本。

渭塘奇遇 全称《王文秀渭塘奇遇记》。杂剧剧本。作者不详。叙句容县王文秀家底殷实，其父欲其应举以改换门庭，终日闭门温书苦读。一日，父亲让王文秀去华亭县讨租，路过渭塘镇，来到卢家酒肆。卢用纯颇有资财，下有一女玉香，闺房与酒肆相邻。隔着门帘，王文秀与玉香相望，双方顿生情致。晚上，文秀与玉香分别梦见对方，且互赠信物。醒后信物尚在。翌晨，文秀与卢用纯当面约定婚事。后王文秀一举成名，择吉与玉香成婚。事本《剪灯新话》之《渭塘奇遇记》。有脉望馆抄校本、王季烈校刊《孤本元明杂剧》本、《古本戏曲丛刊四集》影印本。

齐天大圣 全称《二郎神锁齐天大圣》。杂剧剧本。作者不详。情节略同于《西游记》之大闹天宫，似为明人作。叙齐天大圣装成看炉仙童，盗走太上老君金丹数颗；又去天厨御酒局中，盗走仙酒数瓶，准备在水帘洞大摆筵席。二郎神受乾天大仙请求，决定带十万天兵与齐天大圣一战，夺回仙丹仙酒。双方展开激战，巨灵神领兵为二郎神助战。齐天大圣兄弟三人不敌，被拿送驱邪院主。齐天大圣免去一死，被罚下阴司，永世不得超升。有脉望馆抄校内府本、王季烈校刊《孤本元明杂剧》本、《古本戏曲丛刊四集》影印本。

鱼篮记 全称《观音菩萨鱼篮记》。杂剧剧本。作者不详。写洛阳府尹张无尽，尚未娶妻，前身本罗汉。释迦佛担心他为尘世迷乱，特派观世音化作渔妇去点化，又派弥勒化为布袋和尚、文殊普贤化为寒山拾得同去。观音直赴其府前，张无尽为其相貌所动，欲娶为妻，观世音同意，但提出需满足三件事：看经、持斋、修善。渔妇进张家，并不随顺，张无尽气极，想法折磨她，都未得逞。一日，张无尽发现渔妇与三个疯模样的人聚在一起，经其中布袋和尚的指点，方明白四人来历。张无尽终于重归天界。与戏文《观音鱼篮记》情节颇有不同。有脉望馆抄校内府本、王季烈校刊《孤本元明杂剧》本、《古本戏曲丛刊四集》影印本。

金印记 戏文。元末明初苏复之作。叙战国洛阳人苏秦，师事鬼谷先生。出游数岁，大困而归，受其兄嫂妻子讥笑轻视，乃闭门读书，诵习兵书，以合纵之说说燕赵。赵王饰车百乘，黄金千镒，以约诸侯。韩、魏、齐、楚许与合纵，身佩六国相印。苏秦途经洛阳时，车骑辎重拟于王者，家人侧目俯伏不敢仰视，又百般奉承。事本《史记·苏秦列传》，但以其弟苏厉为兄，与史有异。父母偏爱，与兄嫂分居，亦为史书所无。徐渭《南词叙录》曾提到有宋元南戏《苏秦衣锦还乡》一本，或云即据此改编。吕天成《曲品》著录，列为"妙品"，并评曰："写世态炎凉曲尽，真足令人感喟发愤。近俚处具见古态。"晚明高一苇据以改订为《金印合纵记》，增入张仪事，今昆曲尚演之。有万历刊本，《古本戏曲丛刊初集》据以影印。

伍伦全备记 全称《伍伦全备忠孝记》，又名《伍伦全备纲常记》。戏文。明丘濬作。二十九出。叙伍氏一家忠孝节义事。寡妇范氏抚养三子：长子伍伦全为元配夫人所生，次子伍伦备为己出，三子安克和则是其夫同僚遗孤。克和误杀醉汉，范氏让伦备偿命。官员感其义，为其开脱。伦全、伦备聘淑清、淑秀二女为妻。三兄弟赴京赶考,伦全中状元,伦备中榜眼。回乡毕姻,不料淑秀双目失明,伦备毅然成婚。伦全在谏议大夫任上触怒权贵被贬抚州。淑清送其妾景氏上边城,半途景氏为匈奴克汗逼婚至死,范氏闻讯一病而亡。伦备、克和为救兄赴敌营,愿以身相替。克汗感动,归顺朝廷。朝廷念伍氏一家五伦俱全,授官封赠。一家人死后成仙。此剧历来被视为是迂腐说教的代表。王世贞认为:"《五伦全备》是文庄元老大儒之作,不免腐烂。"(《曲藻》)有明万历年间金陵世德堂刊本,《古本戏曲丛刊初集》据以影印。

投笔记 一作《班超投笔记》。戏文。明华山居士作,一说明丘濬作。二卷三十八出。叙《后汉书》班超出使西域事。班超家贫,至钦差河北屯田的戊己校卫任尚幕中求取功名,遭嫉妒,只能抄写屯田册籍。班超不堪忍受,投笔从戎,被征西大帅窦固任命为假司马使通西域,说动鄯善国王宾服汉室。汉中郎将李邑出使西域,嫉妒班超,奏劾班超私通外邦。将其一家投入狱中。李邑秘密勾结匈奴,攻打鄯善。班超设计大破匈奴。鄯善王向汉纳贡称臣。于阗等国无故杀死李邑,班超借故讨罪,大败诸国,威镇四方。班超被封为定远侯,奉诏荣归,全家团圆。祁彪佳《远山堂曲品》将其列入"能品":"词虽平实,局亦正大。投笔出关处,相见古人慷慨之概。'无语依南楼'一曲,歌者盛习之。"今京剧、川剧、汉剧等都有班超投笔之剧目。今存有明万历三十八年(1610)三槐堂刻本等,《古本戏曲丛刊初集》据存诚堂本《魏仲雪批评投笔记》影印。

举鼎记 戏文。明无名氏作。二卷二十三出。叙伍员临潼赴会事。秦穆公设计以天子令诏取各路诸侯赴临潼斗宝,将其一网打尽,以吞并列国。御弟姬辇献计:秦有一只千斤铜鼎,他能使其三倒三起。可在临潼会上,以能将鼎三倒三起者为监筵官,诛戮天下君臣。伍奢之子伍员在梦中得太上老君赐金丹一粒,授追魂夺命枪,随楚平王赴会。至登州,各路诸侯为山寇所阻。伍员请战。今存残本至此,但似并未完结,应有伍员举鼎,保诸侯回归等故事。祁彪佳《远山堂曲品》将其列入"具品"类,十八国临潼斗宝,剧家多以为题,本于史无稽,此作更出以作者己意,点金成铁。有郑振铎藏传抄本,《古本戏曲丛刊初集》据以影印。

香囊记 戏文。明邵璨作。三十二出。叙宋代张九成中状元后,因触怒秦桧被派入岳飞幕中,参与讨伐契丹。所佩紫香囊在战场上失落,为败兵拾得,行乞至九成家,误报九成已死。不久,契丹南下,九成母媳途中失散。母在驿中与九成相逢,得以团聚。妻贞娘为周姥姥所救。赵运使之子从乞丐处得紫香囊,以此为聘礼欲强娶贞娘。贞娘上诉于新任观察使,岂料正是张九成。夫妻团圆。此剧为说忠教孝的作品,多蹈袭前人剧作,好用故事作对,开明代戏曲骈俪派之端绪。有明万历间金陵世德堂刻本等,《古本戏曲丛刊初集》据明万历间继志斋本影印。

双忠记 全名《张巡许远双忠记》。戏文。明姚茂良作。二卷三十六折。叙安史之乱时,真源县令张巡起兵讨贼,协助睢阳太守许远守城。援兵不至,城中粮尽,张巡烹爱妾饷军。其妾魂归家乡,告知张巡母亲和妻子睢阳惨况,婆媳相继亡故。不久,睢阳城破,张、许壮烈殉职,化为厉鬼,协助郭子仪、李光弼剿杀反贼。许远和张巡一家死后升天,朝廷也加以封赠。张巡,新、旧《唐书》有传,韩愈有《张中丞传后叙》。此剧参以神鬼,欲歌颂张、许的耿耿忠心,但说教色彩太浓,是本剧一大缺点。有明万历间富春堂刊本,《古本戏曲丛刊初集》据以影印。

金丸记 又名《妆合记》、《金弹记》。戏文。明无名氏作,或谓姚茂良作。二卷三十出。叙宋真宗、李宸妃事。李宸妃获得宋真宗射出的金弹丸,命中为太子之母,得真宗宠幸,不久产下一子。刘皇后嫉恨宸妃,命寇承御杀死太子。寇诓出太子,遇太监陈琳。陈将太子装入妆盒内送入楚王府中。一年后真宗决定选楚王次子进宫为嗣。刘皇后见太子生疑,逼问寇承御致死。陈琳面禀真宗。真宗降旨,李妃册为正宫,刘皇后被贬入冷宫。该剧揭露了封建社会宫闱之争的惨烈,具有一定的认识价值,后世演为狸猫换太子事,在舞台上广为流传,于小说、传奇和京剧等都有影响。有康熙间抄本,《古本戏曲丛刊初集》据以影印。

精忠记 戏文。明无名氏作,或谓姚茂良作。二卷三十五出。叙宋代名将岳飞受命抗金,获朱仙镇大捷。丞相秦桧与金暗通,以十二道金牌将岳飞召回京师,投入大理寺狱中。又与其妻在东窗之下定计,将岳飞父子害死于风波亭。岳飞死后为神,冥间勘问秦桧夫妻,打入酆都地狱,不许轮回。宋帝亦嘉岳飞之忠,追封他为鄂国武穆王。剧本歌颂岳飞的精忠报国,抨击秦桧的卖国。至今京剧等仍有《岳母刺字》、

《风波亭》等剧目上演。此剧参以神仙道化。有明末汲古阁原刻初印刊本,《古本戏曲丛刊初集》据以影印。以《六十种曲》本最为流行。

连环记 戏文。明王济作。二卷三十出。据《三国演义》和元佚名《锦云堂美女连环记》杂剧改编。写吕布投靠董卓,助纣为虐。司徒王允有除董之心,与歌妓貂蝉定下连环计。先将貂蝉许与吕布,复又献与董卓。董、吕二人矛盾顿生。王允趁机劝吕布反戈,将董卓杀死。该剧刻画人物生动细腻,形象丰满,对后世舞台有深远的影响。有郑振铎藏清抄本,《古本戏曲丛刊初集》据以影印。中华书局1989年出版点校本。

千金记 又名《韩信登坛记》。戏文。明沈采作。四卷五十出。以韩信和他的妻子为主要线索,写楚汉战争故事。韩信发迹前,穷困潦倒,蒙漂母赠饭食,受过胯下之辱。投至项羽帐下,未被重用。到汉营后,又不遇,决意亡去,幸萧何慧眼识才,月下将其追回,劝刘邦任其为大将军。韩信治兵有方,最终帮助刘邦打败项羽,统一天下。圣旨封韩信为齐王,赐金千镒。韩信还乡,馈赠漂母千金,对使他受胯下之辱的恶少也予以宽容,最后与妻子团圆。事本《史记·淮阴侯列传》。筑坛拜将事,又见《汉书》。剧中刻画了项羽勇而无谋和刚愎自用的性格,将韩信的发迹置于楚汉之争的背景下来写,颇有气魄,格调豪放。对后世影响颇大,京剧、秦腔、川剧等都有《霸王别姬》、《萧何月下追韩信》等演出。有明万历间金陵世德堂刊本,《古本戏曲丛刊初集》据富春堂刊本影印。以《六十种曲》本最为通行。

四节记 又名《四游记》。戏文。明沈采作。已佚。吕天成《曲品》著录,云:"一记分四截,是此始。"值得注意。盖演春、夏、秋、冬四季,各一名人故事。庄一拂《古典戏曲存目汇考》据《醉怡情》等书推测其"似各有元人杂剧为其根据"。春为《杜子美曲江记》,夏为《谢安石东山记》,秋为《苏子瞻赤壁记》,冬为《陶秀实邮亭记》。《八能奏锦》题作《四游记》。赵景深《明清传奇钩沉》辑有佚曲一支。

还带记 全称《裴度香山还带记》。戏文。明沈采作。二卷四十一出。叙裴度在香山寺中拾得一女子遗忘的玉带、犀带,归还失主,积下阴德。玉帝赐他福禄双至。次年,裴度赶考中状元,领兵征讨吴元济,大胜回朝。裴度爵封晋国公,归田与家人团圆。故事原见王定保《唐摭言》,关汉卿、贾仲明有杂剧演此事,写书生始贫终富,颂扬学而优则仕。此剧语言平易,无一般传奇艰涩拗口之弊。有明万历十四年(1586)金陵世德堂刻本,《古本戏曲丛刊初集》据以影印。

商辂三元记 又名《断机记》。戏文。明无名氏作。《今乐考证》注云:"当为沈寿卿(龄)作。"二卷三十八折。叙浙西人商霖聘妻秦雪梅,向秦家求婚不成,竟一病而亡。其妾鲁爱玉产下遗腹子商辂。雪梅为抚养商家后代,定居商家,与鲁氏共抚商辂,并仿孟母断机教子。商辂发愤读书,终于连中三元。此剧后世评价不高,祁彪佳《远山堂曲品》将其列入"杂调"。有明万历间金陵富春堂刻本,民国二十三年(1934)郑振铎收入《汇印传奇》第一集,《古本戏曲丛刊初集》又据以影印。

冯京三元记 又名《冯商还妾三元记》。戏文。明沈龄作。二卷三十六出。叙江夏富人冯商,行善好施,多救人于困厄之中。年四十无子,托人买一妾,却发现是卖女还债,冯商立即将她送还家中。因其为善积德,感动玉帝,命文曲星降生冯家为冯京。冯京长大后,连中三元,冯商夫妇也受到封赠。此剧写因果报应固不足取,但内含惩恶劝善的思想。吕天成《曲品》对沈龄作品多有微词,但对此剧却有好评,以为"有致"。有汲古阁原刻初印本,《古本戏曲丛刊初集》据以影印。以《六十种曲》本最为常见。

宝剑记 戏文。明李开先作。二卷五十二出。取材于水浒故事,但情节与《水浒传》略有不同。叙禁军教头林冲因上书弹劾太尉高俅,为高记恨。高俅以看林冲祖传宝剑为名,将林骗入白虎节堂,问成重罪。林冲妻张贞娘击鼓鸣冤。林冲被刺配充军,途中幸得鲁智深救护免于危难,到沧州又遭高俅派人追杀,被迫投奔水泊梁山。贞娘遭高俅之子高朋胁迫,逃出汴京。高朋派王进携林冲的宝剑追杀贞娘,王进未害贞娘,反将宝剑送还。贞娘入庵为尼。林冲发兵汴京,朝廷震恐,赦免林冲,并将高氏父子处死。梁山兄弟接受招安。林冲偶于尼庵见到宝剑,与贞娘重逢,夫妻团圆。吕天成《曲品》列之于"具品",颇有赞赏之意。此剧中《鸣冤》、《夜奔》等出盛行于舞台上。有明嘉靖二十八年(1549)原刻本,《古本戏曲丛刊初集》据以影印。今人傅惜华和路工均有标点本,分别收入《水浒戏曲集》第二集及《李开先集》。

玉玦记 戏文。明郑若庸作。四卷三十六出。叙南宋山东人王商，赴京应试，妻秦庆娘赠与玉玦，盼其早回。王商落第，羞归乡里，结识妓女李娟奴。时叛将张安国纵兵掠夺山东，庆娘被掳，毁容拒辱。王商醉心于娟奴，将玉玦系于神象佩刀鞘上，以示弃妻的决心。后王商千金耗尽，被鸨母和李娟奴逐出，发愤读书，终于状元及第。李娟奴与鸨母谋财害命，将商人昝喜杀死。案发，由王商审理，李娟奴为昝喜冤魂追摄而死，鸨母被处以极刑。张浚、辛弃疾等破叛将张安国军，将所囚妇女送京审查。王商在俘囚中发现庆娘，出示玉玦，夫妻团圆。此剧似受《绣襦记》影响，但与其不同的是，此剧一反同情妓女的立场，揭露和谴责了李娟奴的无情。全剧情节繁杂，虽巧为安排，但堆砌过多，曲辞典雅工丽，“开后人骈绮之派”（《曲品》）。有明万历间金陵富春堂刻本、明末汲古阁原刻初印本、《六十种曲》本、《古本戏曲丛刊初集》本。

刘汉卿白蛇记 戏文。明郑国轩作。二卷三十六出。叙成都府书生刘汉卿，娶妻王氏，与继母张氏和异母弟刘汉贵一同居家度日。刘汉卿外出经商途中，见一农夫欲杀一条白蛇，买下白蛇放生。张氏欲害汉卿，让他带假银经商。汉卿被捉回乡，张氏逼他归还银两，他无奈投江求死，幸被当年放生之白蛇救起。白蛇是龙宫太子，送他夜明珠等宝物，教他往京师献宝，求取功名。汉卿献宝于丞相李斯，被封为修长城总管。刘汉贵被捉修长城，兄弟二人结伴还乡。王氏被诬杀人，经汉卿救出，一家团圆。有明富春堂刊本，《古本戏曲丛刊初集》据以影印。

跃鲤记 又名《姜诗跃鲤记》。戏文。明陈罴斋作。四卷四十二出。叙姜诗妻庞氏尽孝蒙冤事。广汉姜诗和妻庞三娘以孝闻名。同村秋娘在姜母与三娘间搬弄是非，姜母误以为三娘不孝，命姜诗休妻出门。三娘被休后，仍思尽孝，为婆母做鱼汤，送衣衫、香扇，如此两年。姜母幡然有悟，命孙儿将三娘接回，一家和好如初。三娘孝心感动上天，因姜母喜食鲤鱼，玉帝命江神于姜宅旁开一泉眼，每日跃出双鲤鱼，供三娘尽孝。此剧宣扬封建孝道，但也表达了作者对被压迫妇女的同情，描写细腻，真挚感人。今存明万历间金陵富春堂刻本，《古本戏曲丛刊初集》据以影印。

目连救母 全称《目连救母劝善记》，亦名《目连记》、《劝善记》。戏文。明郑之珍作。三卷一百零二出。叙刘氏不敬神明，被打入地狱。其子罗卜往西天求佛超度，克服种种困难，到达西天。佛祖嘉其孝行，许他皈依佛门，法号大目犍连。目连下地狱寻母，遍历十殿，百折不回，终于感动天帝，使其母子相见，合家升入天界。此剧是在变文和杂剧的基础上改编而成，体制宏伟，内容丰富，在戏曲史上极为罕见。郑振铎称赞此剧为伟大的宗教剧，“充满了恳挚的殉教的高贵的精神”（《插图本中国文学史》）。此剧流传甚广，各地方戏在搬演此剧时，又融入各地的风俗民情、方言土语等，更加多姿多彩，为研究戏曲的嬗变以及民俗学、宗教学、语言学等提供了丰富的资料。有明万历间高石山房刻本、万历间金陵富春堂刻本、清会文堂刻本、道光间刻本等。

古城记 戏文。明无名氏作。二十九出。取材于《三国演义》。叙关羽与刘备、张飞徐州失散，闻刘备已死，为保护二位皇嫂，无奈投奔曹操。为报曹操而斩颜良，诛文丑，威震四方。后知刘备未死，关羽千里走单骑，过五关斩六将，寻找刘备至古城。张飞误以为关羽真心降曹，闭门不纳。关羽在城下力斩曹将蔡阳，张飞方信，刘关张终于在古城重逢。此剧写来通俗、粗犷，郑振铎认为“很雄莽可喜”（《插图本中国文学史》）。有明万历间刻本、万历间金陵文林阁刻本等，《古本戏曲丛刊初集》据万历间刻本影印。

四贤记 戏文。明无名氏作。三十八出。叙元朝贤臣乌古孙泽的故事。乌古孙泽为官刚正，其妻杜氏年过四十未能生子，为夫纳妾王氏。不久杜氏怀孕，产下一子良禎。杜、王二氏共同将良禎抚养长大，王氏坚请落发为尼。不久，陈州兵乱，乌古孙泽一家冲散。良禎赴京应考，一举及第。后告假寻亲，先寻得双亲，又遇王氏，一家人重归故里，得以团圆。《曲海总目提要》推测出于元人之笔。有明末汲古阁原刊本、《六十种曲》本等。

绨袍记 又名《范雎绨袍记》。戏文。明无名氏作。四卷四十五出。叙范雎更名张禄秦国拜相，须贾赠绨袍事。战国时魏国人范雎赴京献策，被魏王授客卿之职。魏王命范雎、须贾为使，到齐国通音问。须贾回国后诬陷范雎受金卖国，丞相魏齐拷打范雎。范雎出逃入秦，献远交近攻之策，被授以相位，改名张禄。秦败六国，魏派须贾入秦求和。范雎先微服与须贾相见，须贾以绨袍相赠。范雎念须贾尚有故人之情，赦其死罪，让魏国斩魏齐来献。范雎妻苏琼琼往秦国寻夫，终于得见。后，范雎退职还乡，荣归故国。事本《史记·范雎列传》，明人尚有顾觉宇同名传奇一种，已佚。此本范妻苏琼琼、妾苏简简则史无其人。《曲品》列为“下上品”，《远山堂曲品》列为“具品”。有明万历间金陵富春堂刻本，《古本戏曲丛刊二集》据以影印。

草庐记 全称《刘玄德三顾草庐记》。戏文。明无名氏作。五十三出。叙诸葛亮自受顾出山直至佐刘备西川称帝的故事，事本《三国演义》。此剧语言通俗，气魄宏大，对后世戏曲影响较大，如《长坂坡》、《赤壁之战》、《草船借箭》、《借东风》、《华容道》、《芦花荡》、《甘露寺》、《回荆州》等，都是经常上演的剧目。有明万历间金陵富春堂刻本，《古本戏曲丛刊初集》据以影印。

玉环记 全名《唐韦皋玉环记》。又名《续缘记》。戏文。著者不详。三十四出。《传奇汇考标目》别本著录有杨柔胜《玉环记》一本，或云即此本。杨，武进(今属江苏)人，万历前后在世。据唐人传奇文《玉箫传》改编。叙韦皋少孤，上京应试途中与妓玉箫相爱，为鸨母所阻。皋临别赠玉环，约得官后来迎娶。皋落第，投父执张延赏。时张为四川节度使，张夫妇以女妻之。后张受谮，逼皋离去。投李晟幕，以军功授四川节度使，代延赏之任，夫妻团聚。玉箫则郁郁病亡，与玉环并葬，托生为副节度使姜承之女。会有贼兵犯蜀。承本不知兵，设宴款待韦皋，令女侍酒，二人一见如故。姜承有怒，与韦皋赌誓，若贼平，即以女许嫁。后皋果谕贼降，娶为次室。此剧情节多有发挥而不合《玉箫传》者，与元乔吉杂剧《玉箫女两世姻缘》也有出入。有明万历富春堂刊本、慎余馆刊本、明末汲古阁刊本及《古本戏曲丛刊初集》本。

十义记 又名《韩朋》。戏文。作者不详。二卷二十八出。叙关中人韩朋因拒黄巢夺妻而夫妇同遭难，韩朋逃走，妻翠云被抢。翠云已有身孕，欲死不能，毁容苟活，产下一子名困英。韩朋的结义兄弟郑田、李昌国学救赵氏孤儿之事，由李昌国将困英救走，改名李泰；郑田顶罪，被黄巢杀死。十八年后，李泰长大，中文武双魁，授函关节度使。韩朋扮云游道人回乡寻妻，巧遇李泰，父子相认。翠云出家为尼，遭无赖纠缠，上告衙门。李泰亲审，母子相认，一家团圆。李泰请命征讨黄巢，擒而杀之。一门俱受封赠。参与救助者共男女十人，故名。此剧明显受到元杂剧《赵氏孤儿》及南戏《赵氏孤儿报冤记》的影响。今存明万历间富春堂刻本，收入郑振铎《汇印传奇》，《古本戏曲丛刊初集》据以影印。

升仙记 全称《韩湘子九度文公升仙记》。戏文。作者不详。三十六出。叙韩湘子度脱韩愈成仙事。韩愈夫妇年老无子，将侄湘立为己子，抚养成人。韩湘被钟离权、吕洞宾度脱，出家成仙。湘子知韩愈亦有神仙之分，奏明玉帝，要度他出家。湘子助韩愈祈雪成功，以此为他出家的条件，但韩愈反悔。吕洞宾指点湘子和蓝采和定下迎佛骨、贬潮州之计。韩愈上表谏迎佛骨，被贬潮州。一路上，湘子、蓝采和多方点化韩愈，终于在其走投无路时将其度脱成仙。事本宋刘斧《青琐高议》，传奇文《韩仙传》。《远山堂曲品》将此剧列为“杂调”：“传湘子，不及《蟾蜍记》。若删其俚调，或可收之具品中。”今存明万历间金陵富春堂刻本、近人番禺许之衡环翠楼过录明本，《古本戏曲丛刊初集》据富春堂本影印。

白袍记 又名《征辽记》。戏文。明无名氏作。二卷四十六出。叙薛仁贵征东的故事。唐时高丽国叛唐，唐王亲征。薛仁贵投军，却遭绛州太守张仕贵嫉妒，以穿白袍为由责打仁贵。后仁贵巧遇程咬金，得以从军。在征辽过程中，仁贵屡建奇功，却每被张仕贵冒领。唐王亲自出战，幸被仁贵救出，杀败辽兵。张仕贵要害仁贵，被太白星救护得免。最后冤仇得报，薛仁贵衣锦还乡。《远山堂曲品》列之为“具品”，对此剧多有非议。而郑振铎则称它气魄阔大(《插图本中国文学史》)。此剧流传很广，今京剧及地方戏中均有据之改编的剧目。有明万历间金陵富春堂刻本，《古本戏曲丛刊初集》据以影印。

鹦鹉记 又名《苏英皇后鹦鹉记》、《鹦哥记》。戏文。明无名氏作。二卷三十二出。叙梅妃陷害苏皇后事。周王宠幸苏、梅二妃，苏妃有娠，被册立为皇后。西番进贡的温凉盏、白鹦哥、醒酒毡三宝交由苏后收管。梅妃妒恨苏后，将温凉盏打碎，白鹦哥摔死，反诬苏后所为。周王赐死苏后，幸丞相潘葛夫人李氏以身相替，苏后得以逃出，产下太子。半路上无力抱持太子，只得弃舍。十三年后，苏后遇已改名张龙的太子，母子相聚，向周王奏明此事。周王正为没有太子发愁，立即迎取苏后、太子还朝，太子登基。郑振铎盛称此剧：“往往富古朴之趣，本色之美，若未斫之璞，荒芜之园，别饶一种萧野的风味。”(《插图本中国文学史》)有明万历金陵富春堂刻本，《古本戏曲丛刊初集》据以影印。

荔镜记 戏文。作者不详。五十五出。由

《荔枝记》改编而成。叙陈三送兄嫂赴任，路经潮州，与黄五娘相遇，各生爱慕之情。林大贪恋五娘貌美，上门提亲。五娘不听父母之命，誓死不嫁。陈三返回，又经潮州，五娘从楼上抛下荔枝、手帕。陈三乔装磨镜匠到黄家磨镜，故意打碎宝镜，卖身黄家为奴。五娘、陈三终于结合，相偕私奔。林大贿赂知州，将陈三发配。恰陈三兄长得见，遂重审此案，奏闻皇上。圣旨下，林大被发配，知州削职为民，陈三则奉旨与五娘完婚。此剧故事来源已久，因反对封建礼教，屡遭禁演，但一直盛行于闽南、粤东沿海一带。有明嘉靖四十五年(1566)建阳余氏刻本，1985年广东人民出版社出版《明本潮州戏文五种》据以影印。

苏六娘 戏文。作者不详。十一出。叙郭继春和苏六娘为表兄妹，自幼青梅竹马。长大后，相互爱慕。六娘闻听表兄突然患病，遂夜半焚香，求神保佑。继春病情日见沉重，六娘毅然割股取肉，和在药中煎熬。继春痊愈，对六娘感激万分。后六娘母欲将女儿别嫁，引起继春和六娘的一场误会，均欲以死殉情。婢女桃花从中帮助，六娘、继春终得婚配。此剧多用潮州当地民间曲调，杂以方言俚语，乡土气息浓郁，久演不衰。有明万历刊本，广东人民出版社1985年出版《明本潮州戏文五种》据以影印。

颜臣 戏文。作者不详。叙陈彦臣与连靖娘由父亲指腹为婚，幼时同馆读书，彼此爱慕。靖娘母反对这门婚事，不许二人结婚。二人遂相约七月七日乞巧之夜，在花园相会。但此事被发现，二人被囚进监牢。剧情仅写到此，原应尚有宪台王刚中审清此案，判二人结婚的结局。此剧多用民间俚曲，地方色彩鲜明。今存明嘉靖四十五年(1566)建阳余氏刻本，广东人民出版社1985年出版《明本潮州戏文五种》据以影印。

金花女 戏文。作者不详。十七出。叙书生刘永，娶金花女为妻，感情甚笃。刘永欲上京应试，奈无盘缠。金花向兄嫂借贷不成，四处奔走，方借得白银十两，与夫相偕入京。途中遭遇强盗，将刘永扔到江中，金花女亦投水自尽。夫妻二人先后被救。金花女返兄家，誓不再嫁，为嫂逼迫牧羊南山。刘永及进士第，授官任职，至金花女投江处致祭，不料与金花女相会，终于团圆。有明万历间刻本，广东人民出版社出版《明本潮州戏文五种》据以影印。

金钗记 戏文。作者不详。叙书生刘希必娶妻三日即上京赴试。临行前，妻萧氏赠以金钗半支、菱花镜半面、绣鞋一只，盼其高中后早回。刘希必得中状元，却因拒绝曹丞相嫁女，被派护送王昭君去匈奴和亲。单于招希必为驸马，羁留匈奴十八年。希必思念故国亲人，感动了公主，终得放归。帝嘉其忠义节孝，封为列侯，荣归故里。萧氏在家苦守，歹人宋忠逼婚，萧氏欲投水自尽。恰希必赶到，出示信物，终与萧氏团圆。此剧今存明宣德间写本，是我国目前见到的最早的戏文写本，广东人民出版社出版《明本潮州戏文五种》据以影印。

高文举珍珠记 又名《米团记》、《珍珠记》。戏文。作者不详。二卷二十三出。叙宋代洛阳书生高文举上京应试，临行前与其妻王金真剖开珍珠，各执一半，誓不重婚，期早日珠合人圆。文举中状元，却被丞相温阁逼婚。文举不忘旧情，差人持书接家人来京，却被温氏发觉将家书改为休书。金真不信丈夫变心，亲往京中寻夫。温氏诬陷金真冒认亲夫，责其在相府浇花扫地。文举一日偶思吃米团。金真亲做米团，将半颗珍珠藏于团中。两人得以相会。文举使金真赴开封府告状，包拯秉公断案，诏谪温阁，处罚温氏。此剧赞扬了高文举富贵不能移的高贵品质，有力地鞭挞了温氏父女的自私和凶狠，是这类题材中较为成功的作品。有明万历间文林阁刊本，《古本戏曲丛刊二集》据以影印。另有吴书荫整理点校本，收入《明清传奇选刊》，中华书局1989年出版。

高文举还魂记 戏文。作者不详。二十七出。叙穷书生高文举，辞别妻子贞贞，赴京应试，得中状元。宰相温和仗势强迫文举入赘相府。文举因圣旨难违，与温女成亲。温和设计，将贞贞诓至相府，先罚其为奴，后竟将其毒死。贞贞得三官神人以还魂丹相救，向包拯告状。包拯审明冤案，将温和等人下监。文举夫妇衣锦荣归，全家团聚。按《南词叙录》著有《高文举珍珠记》一本，《寒山堂曲谱》引作《高文举两世还魂记》。当为二种。此剧的发现填补了高文举戏文演变史由明初到嘉靖的空白，也给《珍珠记》找到了真正的出处。今存同治七年(1868)转抄本。

浣纱记 又名《吴越春秋》。传奇剧本。明梁辰鱼作。二卷五十二出。叙越国大夫范蠡微服出游，巧遇浣纱姑娘西施，两人一见钟情，定下终身。不久，吴王夫差领兵伐越，越国战败，越王勾践被俘。三年后，勾践回国，他卧薪尝胆，励精图治，采用范蠡之计，献美女以迷惑夫差。范蠡荐西施担此重任。夫差为西施的美貌倾倒，沉湎酒色，荒废朝政。勾践乘吴国伐齐、后方空虚之际，攻入姑苏，夫差自杀。范蠡和西施悄然远遁，泛舟湖上。情节本赵晔《吴越春秋》。此剧虽然以爱情作为贯串线索，但它主要不是描写范蠡和西施的悲欢离合，而是总结吴越兴亡的历史教训，借古喻今，针砭现实，这一传奇格局别具风采，为后代的《长生殿》和《桃花扇》所仿效。此剧为明代昆山腔早期代表作。戏曲史家认为，南曲盖始于昆山魏良辅，“梁伯龙闻，起而效之，考订元剧，自翻新调，作《江东白苎》、《浣纱》诸曲。”“金石铿然，谱传藩邸戚畹，金紫熠爚之家，而取声必宗伯龙氏，谓之昆腔。”（张大复《梅花草堂笔谈》卷一二）其音律平仄甚谐，宫调不失，尽管流于冗长，仍不失为传奇之佳作。明清两代的戏曲选集，几乎都选有《浣纱记》的散出。京剧和其他地方戏中有关西施的剧目，也多源于《浣纱记》。传本较多，有明万历间金陵富春堂刻本、文林阁刻本、武林阳春堂刻本、崇祯间怡云阁刻本、李卓吾评本、《六十种曲》本、清康熙间抄本等。1959 年中华书局上海编辑所排印收入《明清传奇丛刊》。又有今人校注批评本，收入郭汉城主编《中国十大古典悲喜剧集》，上海文艺出版社 1989 年出版。

鸣凤记　传奇剧本。明无名氏撰，一说明王世贞作。四十一出。叙明嘉靖年间，严嵩父子把持朝纲，残害忠良事。兵部武选司员外郎杨继盛愤然上书痛陈严氏父子罪恶，惨遭杀害，夫人刘氏亦殉节。不久，邹应龙、林润会试及第，未去拜谒严嵩，却去祭扫忠臣夏言之墓，激怒了严世蕃，将二人发配到外地。其后又有众多直臣弹劾严嵩，皆遭毒手。最后，邹应龙、林润联合朝中孙丕扬等，前仆后继，终于斗倒严嵩奸党。郑振铎认为“传奇写惯了的是儿女英雄，悲欢离合，至于用来写国家大事、政治消息，则《鸣凤》首为嚆矢”（《插图本中国文学史》）。因此，它是戏曲史上最早表现当代重大政治事件的作品，影响颇为深远，《清忠谱》、《桃花扇》等都或多或少地受到《鸣凤记》的影响。在格局上，此剧有二生（邹应龙、杨继盛）、二旦（邹妻沈氏、杨妻刘氏），这就打破了以一生一旦为主的传奇格局。人物形象突出、性格鲜明。但剧中人物繁多，结构松散冗长，语言骈俪，是其缺点。版本有明万历间宝晋斋刻本、李卓吾评本、明末汲古阁原刻初印本、《六十种曲》本、清抄本、同治咸丰间瑞鹤山房抄本等，《古本戏曲丛刊初集》据汲古阁本影印。1959 年中华书局上海编辑所排印收入《明清传奇丛刊》。

明珠记　又名《王仙客无双传奇》。传奇剧本。明陆采作。二卷四十三出。叙唐襄阳王仙客与表妹刘无双订婚。时泾原兵变，两人暂别，临行无双赠仙客一颗明珠。乱平，仙客回京师，无双父户部尚书刘震遭诬被捕，无双及母没入宫廷。新帝即位，命众宫女去皇陵服役。仙客乔装于途中和无双会面，得其书信，求救于侠士古押衙。押衙感其诚，亲去茅山道士处求得灵药续命胶，又矫旨到皇陵命无双服毒自尽，请得其尸，果使其复苏。仙客与无双远走成都，巧遇赦后的刘震夫妇，一家终于团圆。本唐薛调《无双传》，讴歌了王仙客和刘无双忠贞不渝的爱情。作者把爱情的悲欢离合同政治动乱和反权奸斗争结合在一起，具有较强的社会意义。剧情曲折，结构严谨。有明万历间刻本、明末吴兴闵齐伋校刻朱墨套印本、汲古阁原刻初印本和《六十种曲》本。《古本戏曲丛刊初集》据汲古阁本影印。

怀香记　又名《青琐记》、《韩寿偷香记》。传奇剧本。明陆采作。二卷四十出。叙晋司空贾充，征辟南阳文士韩寿为掾史。一日，贾充寿诞，韩寿前来拜祝。贾女午从华堂青琐中窥见，顿生爱慕之意，托侍女春英传情，寿亦为之动心。适逢贾充受诏安边，两人伺机相会。贾午以帝赐异香相赠，作为定情礼物。后被贾充察觉，老夫人拷问春英，得知实情。贾家怕家丑外扬，欲将贾午嫁给韩寿，但又不招白衣之婿。贾充趁征吴用人之时，举荐韩寿。寿征吴获胜，功成名就，与贾午结成夫妻。本事出《晋书》及刘义庆《世说新语》。剧作结构完整，但关目多有因袭前人剧作之处。有明末汲古阁原刻本，《古本戏曲丛刊初集》据以影印。以《六十种曲》本流传最广。

南西厢记　传奇剧本。明陆采作。二卷三十七折。作者因不满李日华《南调西厢记》而作此剧。叙张珙与崔莺莺爱情故事。其自序谓：“李日华取实甫语翻为南曲，而措辞命意之妙，几失之矣。予自退休日时缀此编，固不敢媲美前哲，然较之生吞活剥者，自谓差见一斑。”其创造主要在曲辞方面，然凌濛初评曰：“陆天池亦作《南西厢》，悉以己意自创，不袭北剧一语，志可谓悍矣。然元词在前，岂易角胜，况本不及？”（《谭曲杂札》）所评甚是。今存明万历间周居易刻本,《古本戏曲丛刊初集》据以影印,自序及缺页据暖红室本补刊。

南调西厢记 传奇剧本。明李日华作。二卷三十六折。前后情节,皆从王实甫《西厢记》杂剧,唯改北曲为南词。后人对此剧褒贬不一。褒者认为"其翻变之巧,顿能洗尽北习,调协自然,笔墨中之炉冶,非人官所易及也。"(明张琦《衡曲麈谈》)贬者如凌濛初则贬其为"点金成铁手"(《谭曲杂札》)。但后世昆剧所演《西厢记》,均用此剧之词。有万历间金陵富春堂刻本,《古本戏曲丛刊选集》据以影印,此外尚有万历间周居易校刻本、明末闵遇五校刻《六幻西厢记》所收本及《六十种曲》本等。

绣襦记 传奇剧本。明徐霖作,一说作者不详。全剧四十一出。叙唐传奇《李娃传》故事。唐代郑元和上京赶考,恋名妓李亚仙。待床头金尽,鸨母将其逐出。元和流为乞儿,得遇亚仙救助,二人同居如旧。亚仙激励元和发愤读书。元和状元及第,授成都参军,与亚仙一同上任。恰郑父升任成都府尹,父子相会。郑父感亚仙节义,同意二人结婚。绣襦者,亚仙所赠物。吕天成《曲品》称此剧"情节亦新,词多可观"。演李亚仙事,自元以来,已有戏文和杂剧多种,流传甚广,不少地方戏均有此剧目。有明万历间刻本、明末汲古阁原刻初印本、《六十种曲》本、康熙五十九年(1720)沈氏咏风堂抄本等,《古本戏曲丛刊初集》据明末朱墨套印本影印。

五福记 传奇剧本。作者不详,或云为明徐时敏作。全剧二卷三十二出。叙北宋时,韩琦登进士第。仁宗殿见时,忽有五色祥云出现,遂授官司谏,并令其娶工部侍郎崔立之女为妻。不久,出为相州通判。前任官员郭守义财尽资乏,欲卖妻柳氏。崔氏为夫买妾。韩琦坚拒不受,令送还其夫,不料途中为西夏王赵元昊劫掠。韩琦还人之妻,感动天帝,赐韩琦妻妾同时产下五子。仁宗以为祥瑞,赐五福堂匾并五子姓名。后韩琦受命平赵元昊之乱,得郭守义妻、子相助,大破西夏兵。据韩琦史事敷演,以其五福俱全,故以为名。有清初抄本,《古本戏曲丛刊三集》据以影印。

想当然 传奇剧本。明王光鲁作。二卷三十八出。叙刘一春往拜师赵思智,恰遇其外甥女孙碧莲及婢女匀笺,心生爱慕,惜不知何氏。后刘生出游姑苏,住在父友金公家,适碧莲全家亦在金府。一日,刘生与碧莲、匀笺相遇书房,遂对月盟誓。刘生赴京应试,得中进士,复访赵师。其师愿为刘生与碧莲主婚,刘生终与碧莲、匀笺双谐婚姻。小说有《刘生觅莲记》,见《国色天香》,为同一故事。有明崇祯间刻本,《古本戏曲丛刊初集》据以影印。

红拂记 传奇剧本。明张凤翼作。三十四出。叙隋末李靖,胸怀大志,往投西京留守杨素幕中。杨素府中歌妓红拂与李靖一见钟情,两人相偕往投李世民。途遇虬髯客,结交为友。李靖升任兵部尚书,征伐高丽。高丽王逃遁,为虬髯客所获,献给李靖。李靖凯旋而归。唐人传奇有《红拂传》、《虬髯客传》,此剧综合其事颇受李贽激赏,评谓:"此记关目好、曲好、白好、事好。"(《焚书》卷四《杂述·红拂》)但徐复祚《曲论》认为此剧中加入乐昌公主与徐德言合镜一段,"遂成两家门,头脑太多"。此剧影响深远,明凌濛初有《红拂三传》杂剧,清曹寅有《北红拂记》杂剧。明冯梦龙有《女丈夫》传奇,清许喜长有《风云会》传奇。京剧《红拂传》、川剧《三异图》、滇剧《三义图》,亦均源于《红拂记》。有明万历二十九年(1601)金陵继志斋刻本、万历间杭州容与堂刻本、万历间金陵文林阁刻本、万历间萧腾鸿刻本、明书林游敬泉刻本、明汪氏玩虎轩刻本、明末吴兴凌玄洲校刻朱墨套印本、明末汲古阁原刻初印本、《六十种曲》本,《古本戏曲丛刊初集》据凌氏校刻朱墨本影印。

虎符记 传奇剧本。明张凤翼作。四十出。叙元末怀远人花云随朱元璋起兵,奉命镇守太平。汉王陈友谅与其子陈理率兵攻破太平,花云被俘,宁死不降,其妻郜氏、妾孙氏偕子花炜出逃。途中,郜氏与孙氏、花炜走散。雷公下凡,引孙氏偕花炜入京,见朱元璋,与郜氏团聚。多年后,花炜长大,随常遇春出征陈理,陈理投降。花炜救出父亲,以虎符为信,与父相认。合家团圆。京剧有《战太平》,花云战死,其他地方戏亦无花云不死情节。有明万历间金陵富春堂刻本、清延陵嘉兴抄本、清抄本、朱格抄本、《古本戏曲丛刊初集》据富春堂本影印。

窃符记 传奇剧本。明张凤翼作。二十四出。叙战国时,赵平原君迎娶魏公主,两国交好。秦国欲灭赵,佯言伐魏。魏派晋鄙统兵御秦,赐他飞虎兵符。晋鄙部下仇仁抢夺王叟之女,被魏公子信陵君救下,送往宫中,被封为如姬。秦攻赵国,赵兵大败。平原君挂帅出征,其妻求救于弟信陵君,请魏王发兵,魏王不肯。信陵君请如姬窃得兵符,代晋鄙为将,大败秦军。本《史记·信陵君列传》。此剧今存明万历间金陵继志斋刻本、万历间新安汪氏环翠堂刻本；清雍正间沈闰生抄本，《古本戏曲丛刊三集》据以影印。

祝发记 传奇剧本。明张凤翼作。二十八出。叙南朝梁国子监博士徐孝克，和母亲陈氏、妻子臧氏，贫居度日。时侯景叛乱，攻入都城。徐家断粮，求助邻居朱媪。朱媪求于叛军先锋孔景行，孔以孝克妻为条件。臧氏舍身尽孝，徐母知媳妇被卖，命孝克祝发出家。后大都督王僧辩勤王，平定叛乱，遇到徐孝克，劝其还俗出仕。孝克在孔府中见到臧氏，夫妻得以团圆。此剧作于万历丙戌(1586)六十岁，其母八十寿辰。吕天成《曲品》评云："伯起以之寿母，境趣凄楚逼真。布置安插，段段恰好，柳城称为七传之最。但事情非人所乐谈耳。"有明万历间金陵富春堂刻本、万历间金陵继志斋刻本、万历间玩虎轩刻本，《古本戏曲丛刊初集》据富春堂本影印。

灌园记 传奇剧本。明张凤翼作。三十出。叙战国时齐湣王荒淫无度，世子田法章忧国，使其太傅王蠋谏湣王。湣王不听，反发配法章去莒州。王蠋献计，让法章改名王玄，去莒州太史敫家当灌园的仆人。太史敫之女君后心慕王玄，在侍女朝英的帮助下，与王玄私合。后田单用兵，大败燕国，前往莒州迎接世子。世子以田单为媒，娶君后为妃。朝英则以世子为媒，嫁与田单。其情节出《史记·田单列传》。吕天成《曲品》评云："有风致而不蔓，节侠具在。"明末冯梦龙不满此剧情节，删改为《新灌园》传奇。有明万历间金陵富春堂刻本、明末汲古阁原刻初印本、《六十种曲》本，《古本戏曲丛刊初集》据富春堂本影印。

双珠记 传奇剧本。明沈鲸作。二卷四十六出。叙唐时王楫去袁天纲处问卜，得知不久有大难。果然，王楫在郧阳遭陷害，被判绞刑。其妻郭氏以为夫必死，将临行前王母所赠一颗明珠系在儿子九龄衣上，将儿子送与他人，自己寻死，却被神仙救起，指引她去寻袁天纲救夫。时楫妹慧姬入宫，母亲以另一颗明珠相赠。后王楫得天纲所请北斗七星相助，改戍剑南。九龄长大后，状元及第，思念父母，常持玩明珠。仆人告知如姬亦有明珠，遂得见祖母与母亲，并得知父亲尚存。九龄进蜀寻父，一家终于团聚。全剧以双珠串连一起，前半据《辍耕录》"贞烈妇"郭氏事。吕天成《曲品》评曰："情节极苦，串合最巧，观之惨然。"有明末汲古阁原刻初印本，《古本戏曲丛刊初集》据以影印。另有《六十种曲》本、康熙五十九年(1720)盛瑞卿抄本、清内府抄本、梅兰芳原藏清抄本。

鲛绡记 传奇剧本。明沈鲸作。二卷三十出。叙南宋时魏从道，有子必简；与同年沈必贵女琼英订有姻盟。富豪刘均玉为子向沈氏求婚不成，诬告魏、沈两家谋刺宰相秦桧，治罪。从道从刑场逃脱，必简发配淮州，必贵往崖州。必简因破金兵有功，升任经略使，巡视各省。必贵戍守崖州，招讨使张彪欲得琼英。一日，沈氏母女将必简给的礼物鲛绡帕罩在灯上祝寿，被张彪抢走。必简审理此案，方知沈氏母女皆在。于是上奏朝廷，与琼英完婚，诛杀刘均玉父子，父子团圆。吕天成《曲品》云："魏必简事似有之。情节亦苦切。"构思有新巧处。有顺治七年(1650)沈仁甫抄本，《古本戏曲丛刊初集》据以影印。

易鞋记 传奇剧本。明董应翰作。二卷四十五出。叙宋代程鹏举与白玉娘因遭兵乱，被掠到张万户部下配为夫妻，两人不甘为奴隶，密谋逃离万户，被发觉。鹏举出逃，玉娘以所穿鸾鞋一只易鹏举凤履一只，各执为记。万户逼玉娘改嫁，玉娘不从，削发为尼。鹏举数年后升任陕西参政，派人携鸾鞋往兴元寻找玉娘。玉娘见鞋，悲喜交加，夫妻终于团圆。祁彪佳《远山堂曲品》评曰："大意与涅川之《分鞋》不远，但音调既疏，构词转多俗语。"有明万历间金陵文林阁刻本，《古本戏曲丛刊初集》据以影印。另吕天成《曲品》、姚燮《今乐考证》等又著录有陆采、沈鲸同名《分鞋记》二种，皆据元陶宗仪《辍耕录》程鹏举妻分鞋事。

双烈记 又名《麒麟记》。传奇剧本。明张四维作。二卷四十四出。叙韩世忠、梁红玉故事。云：韩世忠赴江南投军途中，与官妓梁红玉相遇，二人成婚。世忠掌先锋印，平定方腊起义。红玉产下麒麟。时苗傅、刘正彦谋反，世忠发兵勤王，擒杀二贼。高宗令世忠守镇江拒金兵，封红玉为梁国夫人，赐给帅旗。兀术率兵渡江，红玉亲执桴鼓，金兵败入黄天荡，乘夜掘河逃走。红玉责怪世忠骄兵纵敌，上奏朝廷。高宗不追究，反升其官。后秦桧陷害岳飞，世忠上奏，斥责秦桧，却遭贬职。居家十年，诏封为蕲王。今京剧《战金山》、汉剧《黄天荡》等剧目，均源于此剧。有明末汲古阁原刻初印本、《六十种曲》本、清抄本等，《古本戏曲丛刊二集》据以影印。

修文记 传奇剧本。明屠隆作。四十八出。

叙蒙曜与妻韩神姬、女湘灵、子玉枢、玉璇一家入道修行之事。先是湘灵受神仙指点，努力修炼，为仙母接上仙界。湘灵离家后，蒙曜潜心修道，遍访名师。玉枢与妻先在地狱受苦，后亦为神仙收为弟子。玉璇则成仙。后玉枢与妻会同湘灵，返家拜见得道父母。因湘灵升为修文仙史，家中以修文阁供养湘灵。此剧实际上是作者的一部自传，在戏曲史上以自传为戏，此剧是第一部，对后世影响很大。但情节殊荒诞离奇，赋予想像，别有意趣。有明万历间刊本，《古本戏曲丛刊初集》据以影印。

彩毫记 传奇剧本。明屠隆作。四十二出。叙李白受仙人点化，言日后当遇明主。唐玄宗闻白才名，诏见李白。李白醉写乐章，得罪高力士，遂辞官而去。后永王璘起兵，欲夺天子位，邀李白为军师。白不从，被拘禁，后逃出，与逃避战乱的妻子湘娥相会。战乱平后，帝欲杀李白，幸得郭子仪力请赦罪。帝褒白不从永王之德，让其官复原职。此剧也是作者的自我写照，借李白的遭遇抒写个人的境况。但关目过于散漫，亦未能刻画出李白磊落不羁的人格。此剧对后世写李白的戏曲较有影响。有明末汲古阁原刻初印本，《古本戏曲丛刊初集》据以影印。

昙花记 传奇剧本。明屠隆作。五十五出。叙唐定兴王木清泰，受神仙点化，决意从道。临行前手折昙花枝插于庭前，并许愿：若此行成道，昙花无根生长。他随疯僧傻道出游，一路历尽考验。其子龙驹寻父，神仙交给他一封家书。龙驹回家后，却见昙花枝正长叶抽枝。木清泰修行十年，终成大道。其妻妾亦修成正果。众人同至昙花阁前，共赏奇葩，然后同登上界。此剧亦作者自况，然失之繁冗，人物太多。有明万历武林天绘楼本、万历臧懋循评朱墨本、明末汲古阁原刻初印本及《六十种曲》本，《古本戏曲丛刊初集》据天绘楼本影印。

玉合记 又名《韩君平玉合记》。传奇剧本。明梅鼎祚作。四十出。叙唐韩翃、柳氏"章台柳"故事。南阳才子韩翃流寓长安，羡歌妓柳氏美貌，将一枚玉合托赠与她，两人遂成夫妻。韩探花及第，赴山东任职。时安史之乱，叛军攻入长安，柳氏祝发为尼。乱平后，骠骑将军沙吒利强抢柳氏。后韩回长安，寻找柳氏。两人偶遇，柳氏以帕包玉合投还于韩，以示永诀。韩友设计抢回柳氏，并上告皇帝。帝命柳氏还属韩翃，两人俱获封赠。据《太平广记》卷四八五引唐许尧佐《柳氏传》等记载。此剧一出，即引起轰动。评论家褒贬不一，多怪其冗杂散漫，但以曲词典丽见长。有明虎林容与堂李卓吾批评本、万历金陵世德堂本、万历继志斋本、《六十种曲》本等，《古本戏曲丛刊初集》据容与堂本影印。

长命缕 传奇剧本。明梅鼎祚作。二卷三十出。叙单飞英与邢春娘青梅竹马，飞英将自己的长命缕赠予春娘，互订终身。后逢靖康之变，飞英随军，抗击金兵。春娘逃往全州，被卖入妓院，更名杨玉。飞英抗金有功，命为全州司户，更名单英符。两人相见，春娘取出长命缕，方知原是情侣，终成婚配。此剧本事出宋王明清《摭青杂说》"夫妻复旧约"一篇。有明末崇祯刻本，《古本戏曲丛刊初集》据以影印。另有清初玉夏斋刊《山水邻传奇十种》本。

梦境记 传奇剧本。明苏元儁作。二卷三十二出。叙唐时吕洞宾，路遇汉钟离，向其求道。汉钟离奉天帝之命前来度脱洞宾，见其道念未坚，便借其睡时用神通点之。梦中，吕洞宾经历了种种荣枯得失，历四十年之久，信以为真。醒来方觉荣华富贵皆已落空，遂从汉钟离出家。神仙道化题材。元杂剧有《黄粱梦》，此剧深受其影响。有明继志斋刻本，《古本戏曲丛刊初集》据以影印。

双鱼记 传奇剧本。明沈璟作。二卷三十出。叙刘皞与邢春娘同年同月同日生，以白玉双鱼为聘约婚。刘皞外出求职，后任扬州司户。春娘父母被杀，贼人将其卖至扬州为妓。刘皞与春娘相遇，向春娘求婚，春娘一心思皞，后皞说出姓名，又问及双鱼，方真相大白，两人终于成婚。吕天成《曲品》列此记为"上上品"，赞其描述"书生坎坷之状，令人惨动"。有明万历间继志斋刻本，《古本戏曲丛刊初集》据以影印，又有海盐朱希祖复抄本。

桃符记 传奇剧本。明沈璟作。二卷三十出。叙洛阳书生刘天仪，游学汴京，卖字为生，书"长命富贵，宜入新年"于桃符上，店小二以此为卖字招牌。时有裴青鸾，与人为妾，为大妻不容，逃出，至天仪寓所。店小二欲强奸青鸾，鸾不从，昏厥而死。店小二埋尸后园，以"长命富贵"一片压之。天仪回寓，与青鸾相遇。青鸾母诬天仪藏女，告之官府。青鸾赠天仪碧桃花，次日化为桃符。包拯据桃符为线，得破此案。青鸾被神丹救活，与天仪成婚。此剧为敷衍元郑廷玉《包龙图智勘后庭花》杂剧而成，后世多以为不如郑作。有清康熙抄本及乾隆精抄本，《古本戏曲丛刊初集》据鄞县马氏大雅堂藏精抄本影印。

红蕖记 传奇剧本。明沈璟作。二卷四十出。叙有韦楚云、曾丽玉二女，随家人乘舟赴湘潭。途中，楚云采得红蕖一束，丽玉题字于花瓣后，扔入水中，为书生崔希周获得。书生郑德璘赴湖南应试，与韦、曾两家相遇。璘见楚云貌美，遂题诗红绡勾引，楚云亦题诗红笺投回。后韦家船覆，楚云为水神救，送至璘船旁，二人结为夫妇。丽玉父死，母欲逼其为娼，丽玉不从，愿嫁题词莲瓣的崔希周。其母嫌崔贫穷，欲嫁与富豪。双方诉至官府，县官郑德璘问清底细，主崔与丽玉成婚。两对姻缘皆由红蕖而成。本事出薛莹《郑德璘传》。此剧为沈璟的代表作，颇受好评。吕天成《曲品》列为"上上品"，祁彪佳《远山堂曲品》亦列为"艳品"，俱赞此剧构思精巧，曲白工美。有明万历间继志斋本，《古本戏曲丛刊三集》据以影印。

埋剑记 传奇剧本。明沈璟作。二卷三十六出。叙南诏国兵犯边境，书生郭仲翔与吴保安一起从军，二人结为金兰之好，郭赠以家传龙泉宝剑，吴还赠珊瑚鞭。郭被捕，拒不投降，沦为奴隶，受尽折磨。吴在边境十五年，终于赎回郭仲翔，交还宝剑。后吴病故，郭亲扶柩归葬，并将宝剑与珊瑚鞭同埋入墓中。唐牛肃《纪闻》有《吴保安传》一篇，本此。《曲品》列此为"上上品"，称赞："郭飞卿事奇。描写交情，悲歌慷慨。"《远山堂曲品》列为"雅品"。有明万历间继志斋刊本，《古本戏曲丛刊初集》据以影印。

博笑记 传奇剧本。明沈璟作。二卷。共列十种剧情名目，分别是：《巫举人痴心得妾》、《乜县佐竟日昏眠》、《邪心妇开门遇虎》、《起复官遘难身全》、《恶少年误鬻妻室》、《诸荡子计赚金钱》、《安处善临危祸免》、《穿窬人隐德辨冤》、《卖脸客擒妖得妇》和《英雄将出猎行权》。此剧为沈璟所创新体，"多采异闻，每一事为几出，合数事为一记"(茗柯生《博笑记题词》)。作品均采取喜剧手法，可博人一笑，故名。后世于此剧多有好评，《曲品》列其为"上上品"。郑振铎《博笑记跋》说："《博笑》所载故事十则，颇多讽劝，不仅意在解颐而已。……词隐论曲，贵本色而贬繁缛，故《博笑》曲白，并明白如话，无一艰深之语，是盖场上之剧曲，而非仅案头之读物也。"有明天启三年(1623)刻本、民国二十一年(1932)上海传真社所辑《传奇三种》本、《古本戏曲丛刊初集》据天启本影印本。

义侠记 传奇剧本。明沈璟作。二卷三十六出。叙梁山泊英雄武松故事。从武松景阳冈打虎，至与鲁智深等人共赴梁山泊入伙止。吕天成《曲品》列之为"上上品"，评论说："激烈悲壮，具英雄气色。"此剧流传甚广，今京剧、昆曲、川剧、湘剧、评剧等剧种关于武松故事的剧目，大都源于《义侠记》。有明万历间继志斋刊本、富春堂刊本、文林阁刊本、环翠堂刊本、明末汲古阁原刊初印本、《六十种曲》本等，《古本戏曲丛刊初集》据继志斋本影印。

坠钗记 又名《一种情》。传奇剧本。明沈璟作。二卷三十一出。叙崔兴与何兴娘自幼以金凤钗为聘订婚。崔兴访仙问道，十五年不归。兴娘抱恨而死，以金凤钗随葬。崔兴归，岳父将其留下。玉皇感兴娘为夫而死，许其与夫做一年魂魄夫妻。兴娘魂托妹庆娘，故将金凤钗坠于地上，崔兴拾之，与兴娘合欢，被仆人发现，遂逃走。一年后，崔兴回岳父家，兴娘魂灵附在庆娘身上，劝父母成全崔兴与庆娘婚姻。后崔兴得中探花，与庆娘成婚。兴娘魂灵亦被超度，飘然而去。吕天成《曲品》评说："兴娘、庆娘事，甚奇。又与贾女云华、张倩女异。先生自逊，谓'不能作情语'，乃此情语何婉切也。"有清康熙二十八年(1689)抄本，《古本戏曲丛刊初集》据以影印。

青衫记 传奇剧本。明顾大典作。二卷三十出。叙唐诗人白居易赴京应试，临行前，侍妾樊素、小蛮与之饯行，并备一件青衫于行囊中。白居易进士及第，在京城为官。一日与名妓裴兴奴相识，兴奴善琵琶，居易将青衫典当，畅饮至酣，与兴奴共宿。时逢战乱，兴奴赎回青衫，与母避难，巧遇樊素、小蛮。兴奴迫于母命，嫁与茶商，却心思白居易。白居易被贬江州司马，饮酒舟中，忽闻琵琶声声，遂与兴奴重逢。此剧根据白居易的《琵琶行》和马致远杂剧《青衫泪》改编而成，但妄加不少情节，以青衫为贯串全剧的线索，殊多牵强之处。有明万历间金陵凤毛馆本、《六十种曲》本，《古本戏曲丛刊二集》据汲古阁本影印。

葛衣记 传奇剧本。明顾大典作。二卷二十七出。叙任西华家贫，以冬衣解当为母祝寿。西华父任昉早年与吏部尚书到溉为友，到将其女慧贞许配西华。西华往到府认亲，却被到溉逼迫写下退婚书。慧贞守节，坚不他嫁，入庵为尼。西华苦读兵法，学成后带兵破贼，升官回乡，与慧贞重逢，终于喜结良缘。故事本《南史·任昉传》。《曲品》将此列为"上中品"，评之："感溉交情，令人呜咽。妇入庵似落套，然无可奈何!”所评甚是。今仅存梅兰芳所珍藏旧抄本,《古本戏曲丛刊五集》据以影印。

牡丹亭 一名《还魂记》,又名《牡丹亭还魂记》。传奇剧本。明汤显祖作。二卷五十五出。叙杜丽娘与柳梦梅生死离合的爱情故事。南宋时,江西南安府太守杜宝,有女儿丽娘,美丽聪慧,年方十六,情窦初开。杜宝请腐儒陈最良讲习诗书礼仪。一日,丽娘在侍女春香的怂恿下,偷游后花园,引起无限伤感。于牡丹亭小憩时,梦中与一持柳枝的风雅才子幽会。时有书生柳春卿,梦中在梅花树下与一丽人相见,改名梦梅。丽娘终日思念梦中情人,积思成疾,画下一幅肖像后死去,遗言葬于梅花树下。三年后,柳生至此,游花园时拾得一幅美人图,正是梦中丽人。丽娘死后,为花神救出地狱,许其转入人世。柳生遂与丽娘幽魂相会。丽娘嘱柳生,掘墓可使其复生。柳生应试,发榜前往扬州寻找业已升迁的岳父。杜宝大惊,以柳生为盗墓贼,押入大狱。幸柳生得中状元,方才解脱。杜仍不认婿,丽娘亲见帝说明原委,钦命归第成亲,一家俱获升迁。此剧在当时就引起轰动,“家传户诵,几令《西厢》减价”(沈德符《顾曲杂言》)。吕天成《曲品》列此剧为“上上品”,评曰:“杜丽娘事甚奇。而着意发挥,怀春慕色之情,惊心动魄,且巧妙叠出,无境不新,真堪千古矣。”青木正儿《中国近世戏曲史》认为:“此记曲词清新,逸出蹊径之外,秾丽淡白,随境变化手法,不独自由自在驱使笔端显示入神妙技,且科白亦用意周到,善于描写人物性格,尽其委曲。至若结构,针线绵密,事件展开,绝无不自然处。”此剧问世后,一直流行于歌场,时至今日,京剧和许多地方戏还演出据以改编的剧目。《牡丹亭》业已成为我国戏曲瑰宝。此剧刻本甚多,有三十余种,主要有:明万历间金陵文林阁刻本、石林居士刻本、明末汲古阁原刻初印本、《六十种曲》本、《古本戏曲丛刊初集》本。此剧还被收入上海文艺出版社1989年出版之《中国十大古典悲喜剧集》和浙江古籍出版社1989年出版之《中国四大古典名剧》、1962年中华书局出版《汤显祖集》。

紫钗记 传奇剧本。明汤显祖作。二卷五十二出。此剧是在《紫箫记》的基础上重新创作而成。叙唐陇西人李益流寓长安,以功名未遂、佳偶未聘为憾。元宵佳节,霍小玉与母观灯,遗失紫玉钗,恰被李益拾到,并以此求婚于霍家,两人成婚。不久,益应试,中状元,却因得罪当朝卢太尉,被遣边关任职,益与玉灞桥相别。卢太尉强招李益为婿。玉为寻益,欲将紫钗出售,闻卢府小姐招婿求玉钗,售之卢府。卢用计骗益,言玉已嫁他人。玉知益已赘于卢府,身染沉疴。李益诸友同情小玉,设计请李益共赏牡丹,将其带入小玉宅中。两人相见,互诉衷肠,知皆中卢太尉毒计。益将紫钗还给小玉,两人和好如初。吕天成《曲品》论此剧“描写闺妇怨夫之情,备极娇苦,直堪下泪,真绝技也。”吴梅《中国戏曲概论》认为“词藻精警,远在《香囊》、《玉玦》之上。‘四梦’中以此为最艳矣。”京剧《霍小玉》、川剧《玉燕钗》、闽剧《紫玉钗》,均受此剧的影响。有明万历间玉茗堂刊本、继志斋刊本、明末汲古阁原刊本、《六十种曲》本、清初竹林堂《玉茗堂四种》本、暖红室刻本等,《古本戏曲丛刊初集》据明末柳浪馆刊本影印,亦收入中华书局1962年出版《汤显祖集》中。

南柯记 又名《南柯梦》、《南柯梦记》。传奇剧本。明汤显祖作。二卷四十四出。叙唐淳于棼,罢官还家,常聚众豪饮。一日醉梦至大槐安国,被选为驸马。国王为防檀萝国入侵,命淳于镇守重郡南柯。淳于治郡二十年,功高还朝,升为左丞相,却遭人嫉恨。国王亦不喜淳,遣之还乡。淳于醒来,向友述及,友称是庭中老槐作怪。挖掘树根,果然似梦中所至槐安国。淳于往访契玄禅师,请其为槐安国众蚁超度。梦中又见公主,欲重为夫妻,却被禅师斩断情义。醒来顿悟人生如蝼蚁一场,一切皆空,遂立地成佛。此据李公佐《南柯太守传》增饰。吕天成《曲品》评此剧:“从梦境证佛,此先生妙旨也。眼阔手高,字句超秀。”吴梅《中国戏曲概论》论汤显祖此剧宗旨说,“‘四梦’中唯此最为高贵,盖临川有慨于不及情之人,而借至微至细之蚁,为一切有情物说法。又有慨于溺情之人,而托喻乎沉醉落魄之淳于生,以寄其感喟。”有明万历间金陵唐振吾刻本、郑振铎原藏万历刻本、明刻朱墨印本、汲古阁原刊初印本、《六十种曲》本、清初竹林堂刻本、清末暖红室汇刻传奇本等,《古本戏曲丛刊初集》据郑所藏本影印。本剧亦收入中华书局1962年出版《汤显祖集》中。

邯郸记 又名《邯郸梦》、《邯郸梦记》。传奇剧本。明汤显祖作。二卷三十出。叙邯郸卢生羡慕荣利,一日与吕洞宾相遇,吕赠枕使生睡。梦中,卢生与崔氏成亲,得做高官。经历了被贬陕州、战败吐蕃、封公列爵等事之后,寿终正寝。卢生梦醒后,得吕洞宾点化,悟彻人生,升至仙界。故事本沈既济《枕中记》。王骥德

《曲律》卷四评论说："至《南柯》、《邯郸》二记，则渐削芜类，俯就矩度。布格既新，遣辞复俊。其掇拾本色，参错丽语，境往神来，巧凑妙合，又视元人别一蹊径。技出天纵，非由人造。使其约束和鸾，稍闲声律，汰其剩字累语，规之全瑜，可令前无作者，后鲜来哲，二百年来，一人而已。"有明万历间玉茗堂刊本、崇祯间独深居刊本、明末汲古阁原刊初印本、《六十种曲》本、清初竹林堂《玉茗堂四种》刊本、民初暖红室刊本等，《古本戏曲丛刊初集》据明天启刻朱墨本影印。本剧亦收入中华书局1962年出版《汤显祖集》中。

紫箫记 传奇剧本。明汤显祖作。三十六出。据蒋防《霍小玉传》增饰，但无小说中因李益负心而致霍小玉于死的情节。叙唐时李益，赴京应举，得遇霍王之女霍小玉。郎才女貌，欣然成婚。元宵佳节，益携小玉往华清宫观灯，与小玉走失。小玉拾到一支玉箫，内监以为偷窃宫中之物，捉小玉。郭妃审问，知是霍王女，赐小玉玉箫。益与小玉感情正笃，殿试发榜，益中状元，奉命调往朔方，两人灞桥伤别。时吐蕃王意欲征伐唐朝，闻李益等镇守边关，不敢入侵，与唐和亲。帝旨召益等返京，益与小玉于七夕之日再度欢聚。吕天成《曲品》列此剧为"上上品"："琢调鲜美，炼白骈丽。"祁彪佳《远山堂曲品》称其为"艳品"，认为"工藻鲜美，不让《三都》、《两京》。"有明万历间富春堂刊本、金陵世德堂刊本，《古本戏曲丛刊初集》据富春堂本影印。亦收入中华书局1962年出版《汤显祖集》中。

玉茗堂四梦 又名《临川四梦》。传奇剧本合集。明汤显祖所作《紫钗记》、《还魂记》、《南柯记》和《邯郸记》四部传奇剧本的合称。玉茗堂是其书斋，临川为其籍贯，这四种传奇又都有描写梦境的情节，故名。有明张氏著增刊本、清乾隆六年(1741)金阊映雪草堂刊本，均题《玉茗堂四种传奇》。另1962年中华书局排印《汤显祖集》，1978年上海古籍出版社排印《汤显祖戏曲集》亦收录四剧。清代戏曲音乐家叶堂曾为四剧制谱，称为《四梦全谱》，附于《纳书楹曲谱》中。

香山记 又名《观世音修行香山记》。传奇剧本。作者佚名，因有明罗懋登序，遂有疑为罗作者。二卷三十出。叙妙庄王有三女，二女已嫁，唯妙善不愿出嫁，而欲学道。王大怒，处处为难她，幸得佛世尊屡显神通，助其过关。王赐妙善死，妙善遍游地狱，复返阳世，到香山紫竹林，为众讲解佛经。妙庄王体不安，妙善化医前往。王病愈后，到香山拜谢，妙善忽现千眼千手。佛旨封妙善为大慈大悲救苦救难灵感观世音菩萨，王为伽蓝，母为天仙圣母，二姊为文殊、普贤。有明万历间金陵富春堂刻本，《古本戏曲丛刊二集》据以影印。

红梅记 传奇剧本。明周朝俊作。二卷三十四出。叙南宋书生裴禹游西湖时折红梅，与卢昭容相遇，昭容以梅花相赠。贾似道欲纳昭容为妾，裴生挺身而出，权充为婿，被贾似道幽禁府中。贾似道侍妾李慧娘因游西湖顾盼裴禹而被贾杀害。此时慧娘鬼魂与裴生相会，救其脱难，并与贾似道面辩，严词斥责。时元军南下，贾似道隐瞒军情，被贬途中，为人所杀。裴生思念昭容，前往扬州寻访。两人久历磨难，终得成婚。祁彪佳《远山堂曲品》称赞此剧："手笔轻倩，每有秀色浮动曲白间，当是时调之隽。"此剧一直盛演不衰，多专演裴、李故事。今存明万历间金陵广庆堂刊本、明玉茗堂评本、明剑啸阁本，《古本戏曲丛刊初集》据玉茗堂评本影印。另有1985年上海古籍出版社出版校注本，收入《古代戏曲丛书》。

丹桂记 传奇剧本。明徐肃颖据周朝俊《红梅记》删润而成。亦三十四出。因将《红梅记》之《折梅》改为《折桂》而名《丹桂记》，改动不大。有明万历间刊本，《古本戏曲丛刊初集》据以影印。

樱桃梦 传奇剧本。明陈与郊作。二卷三十五出。叙书生卢生，屡试科场不第。僧人黄黑先生欲度他出家，作法令其入梦。卢生得遇一手持樱桃的青衣，原来是自己姑母的婢女，遂拜谒姑母。姑母为其娶亲，又令其科考。卢生得中状元，平步青云，出将入相。却因遭太监等忌恨，两度被贬。卢生宦海沉浮，荣华富贵、世态炎凉、悲欢离合都已尝遍，醒后大悟，随黄黑先生出道。此剧合小说《樱桃青衣》并《枕中记》，写于作者辞官家居时，亦为自寓之作。有明万历四十四年(1616)海昌陈氏原刻本，《古本戏曲丛刊二集》据以影印。

麒麟罽 又名《麒麟坠》、《麒麟记》。传奇剧本。明陈与郊作。二卷三十六出。剧写韩世忠与梁红玉故事。叙韩从军江左，妓女梁红玉慧眼识英雄，赠以麒麟扇坠，结为夫妇。梁母激世忠求助功名，遂从王渊镇压方腊起义，平定苗傅、刘正彦叛乱。兀术南下，世忠镇守镇江，红玉戎装上阵，大败兀术。后秦桧陷害岳飞，韩世忠面斥奸相，抱愤辞官，夫妻隐居西湖。有明万历间海昌陈氏原刻本，《古本戏曲丛刊二集》据以影印。

鹦鹉洲 传奇剧本。明陈与郊作。剧演韦皋与玉箫两世姻缘故事。谓韦皋赴汉阳访友姜荆宝。名妓薛涛受元稹之邀至洛阳。韦、薛二人邂逅，薛涛赠以玉指环一对，韦皋则称他日发达，当以女校书相酬。韦皋至汉阳，慕姜义妹玉箫。姜为二人撮合成婚。韦皋被召，临别许以七年，即来迎娶，并以玉指环相赠。玉箫苦等，相思成疾，绝望而亡。姜将其葬在鹦鹉洲头。天帝垂悯，准玉箫重生，十三年后与韦皋再做夫妻。薛涛闻元稹与歌伎相厚，愤而出家。玉箫投生卢家，长至十三岁时，卢请薛涛教其文墨。时韦皋六十寿诞，卢将玉箫送与韦皋，终成两世姻缘。元稹前来传旨，进韦皋为中书令，与薛涛相逢。是剧博采诸书，合为一传，情节殊奇。有明万历四十八年(1620)原刻本，《古本戏曲丛刊二集》据以影印。

狮吼记 传奇剧本。明汪廷讷作。二卷三十出。叙宋人陈慥妻柳氏生性嫉妒，常命家仆打探丈夫踪迹，一有所闻，便责打陈慥。陈慥旧友苏轼作诗戏称柳氏怒号为“狮子吼”。苏轼送侍女与陈为妾，又为柳氏察觉，以绳缚陈足，禁其出门。适巫妪至，以羊易陈。柳氏牵绳，羊鸣而来，巫妪告知是鬼神惩罚。又使柳氏之魂入冥府受阎王审问。佛印至，乞菩萨慈悲，又使柳氏巡视地狱，柳氏幡然悔悟，愿出家为尼。后苏轼迁翰林，荐陈慥为东宫伴读，柳氏则为佛印度脱。事本宋人笔记《调谑篇》，是我国古典戏曲中杰出的喜剧之一，吕天成《曲品》评曰：“惧内从无南戏，汪初制一剧，以讽枌榆，旋演为全本。备极丑态，总堪捧腹。”此剧中《游春》、《跪池》、《三怕》诸出，一直盛行于昆曲舞台上。有明万历间环翠堂原刻本、明末汲古阁刊本，《古本戏曲丛刊二集》据汲古阁本影印。以《六十种曲》本最为流行。

种玉记 传奇剧本。明汪廷讷作，一作陈所闻作。三十出。叙汉霍仲孺故事。仲孺，河东平阳人，为平阳侯府小吏。与侍女卫少儿私通，被少儿之兄卫青发觉赶走。仲孺后娶俞氏为妻，生子霍光。少儿也生子霍去病，为骠骑将军击匈奴，立功边疆。霍光也尚公主为妻，霍氏一门荣耀，题取仲孺私通少儿生子，故名。故事糅合《史记》、《汉书》关于霍去病、霍光和卫青的传记而有剪裁。霍光尚公主事，则为史传所无而增饰。吕天成《曲品》著录云：“吾越金叟撰《摘星记》，即霍仲孺事。此记略具幽情，兼扬将相之业，胜《摘星》多矣。”许自昌有同名剧作之改订本，存；王异又有再次改本，已佚。有万历环翠堂刊本。

投桃记 传奇剧本。明汪廷讷作。二卷三十出。叙南宋时扬州知府潘昉之子潘用中邂逅兵部侍郎黄裳之女黄舜华，两人以诗帕裹胡桃传情，彼此爱慕。在周婆的帮助下，两人得以幽会，并将胡桃一分为二，以待成婚为验。国舅谢端欲强娶舜华，恰得诗帕，遂呈于理宗，意欲害死用中以得舜华。用中卧病，将半个胡桃交付舜华，只待一死。舜华托周婆带回，以示坚贞。理宗传潘、黄两家及国舅上殿，查明实情，又念潘昉、黄裳有功于社稷，遂在金殿合桃主婚，舜华、用中终成眷属。吕天成《曲品》云：“潘用中事见小说，予初欲谱之。今观此记，甚有情趣。”今存明万历间环翠堂刊本，《古本戏曲丛刊二集》据以影印。

彩舟记 传奇剧本。明汪廷讷作。二卷三十四出。叙商人江朝宗携子江情经商，江情向氤氲大帝祈祷婚姻。大帝感其情真，故意将福州太守吴冶及其女的船与江船共泊一处。江情与吴小姐一见钟情，得以私会。小姐告诉江情，见其船窗上悬有彩丝，便可过窗幽会。不料江情出言不逊，惹怒大帝，大帝令风平浪静，两家船行，而江情尚在吴家船上，被吴家发现。吴冶怕家丑外扬，将小姐许之为亲，令其回禀父母。途中江情被歹人推入水中，幸为龙王所救，并得知前事皆因得罪大帝所至，遂请龙王求告大帝。后江情得中状元，与吴小姐终成婚配。小说有《情史》之《江情》篇、《醒世恒言》之《吴衙内邻舟赴约》叙其事。有明万历间环翠堂刊本，《古本戏曲丛刊二集》据以影印。

天书记(重订) 又名《七国记》、《七国传》。传奇剧本。明汪廷讷作。二卷三十四出。叙齐人孙膑、魏人庞涓同学于鬼谷先生，庞涓自以为学成，先下山，被封为魏国元帅。孙膑于山中石函内偶得天书，庞涓恐其胜于己，遂将孙荐于魏王，以便剪除。庞涓设计将孙膑刖足，又令其写出天书。孙膑装疯，其母求救于齐王，齐王遣使将孙膑偷运归齐，拜其为军师。庞涓率兵攻韩，孙膑设计解围，并在马陵道围杀庞涓。事据《史记·孙子吴起列传》演绎。祁彪佳《远山堂曲品》称赞此剧：“记孙、庞事，不肯袭元剧中语，亦堪自家生活。但北词多讹，是以昌朝再订之，而后付梓。”有明万历间环翠堂刊本，《古本戏曲丛刊二集》据以影印。

三祝记 传奇剧本。明汪廷讷作。二卷三十六出。叙北宋时，朝中吕坦、夏竦等专权用事，党同伐异。西夏主赵元昊趁机联合诸羌，欲得宋室江山。时谏议大夫范仲淹上疏，怒揭吕坦等人结党营私，专权误国，反被罢知饶州。吕坦等又欲杀之，趁朝廷选人征讨元昊，奏以仲淹镇守边关。仲淹到关后，对元昊晓以大义，又加强军备，边防得以巩固，元昊议和退军。朝廷召仲淹进京任参知政事，后封魏国公。其子四人后皆在朝廷为官，一门富贵。先是仲淹苦读时，曾有张术士赠白金一囊，仲淹未用。后张术士子张贫士穷困，仲淹与之，贫士祝仲淹多福，多寿，多男子，是为"三祝"，后皆灵验。此剧立意陈腐，且繁冗拖沓。有明万历间环翠堂刊本，《古本戏曲丛刊二集》据以影印。

义烈记 传奇剧本。明汪廷讷作。二卷三十四出。叙东汉末年，侯参、曹介、董卓等人狼狈为奸，左右朝政。时有陈蕃、窦武等忠臣欲起图之，荐张俭为侯参家乡防东督邮；以扼其势。值侯母死，侯拆他人坟墓为己用，大筑茔墓。张到任后，籍没侯参家产，发冢抛尸，并上疏弹劾侯、曹二奸，却被诬遭捕，张逃至孔褒家避难。先帝死后，太后临朝，陈、窦等人俱获升迁，又联劾侯、曹二奸。二奸先发，诬众人欲废新君，夺太后宝玺。太后大怒，处死陈、窦等人。张俭再至孔家躲避。董卓追至，张逃走，孔褒被杀。后蔡邕上书，弹劾二奸，皇帝始悟，诛杀二奸，流放董卓。张俭回朝，得以封赏。党人之冤，大白于天下。事本《后汉书》记载。有明万历间环翠堂刊本，有残缺，《古本戏曲丛刊二集》据环翠堂原刊本影印。

分金记 又名《管鲍分金记》。传奇剧本。明叶良表作。四卷三十八出。叙战国时管仲与鲍叔牙结为挚友，共同经商，每至分利，鲍叔牙令管仲多取。后鲍叔牙投公子小白，杀齐王无知。管仲事公子纠，率兵截击小白，射中小白带钩。小白佯死，至齐立为桓公。鲁国将管仲送还齐国，鲍叔牙舍死相救。管仲官授大夫，抵御犬戎，大败赤戎，又征服楚国，助桓公成霸业。后管仲为谢鲍叔牙知遇之恩，欲将相位让与鲍叔牙，两人皆获封赏。事本《史记》等书，亦有虚构。有明万历间金陵富春堂刻本，《古本戏曲丛刊初集》据以影印，另有传抄本一部，藏北京图书馆。

金锁记 传奇剧本。明叶宪祖作。二卷三十三出。据《窦娥冤》杂剧改编而成。叙蔡婆为其子昌宗聘秀才窦天章之女为妻，窦赴京应试，蔡婆将窦娥领回家中，将昌宗所戴金锁付窦娥收藏。昌宗赴京过河时，被摄入龙宫，与龙女冯小娥成亲。时有无赖张驴儿欲调戏窦娥，窦娥拒之，遗金锁在地，被张驴儿拾得。张欲霸占窦娥，从赛卢医处买毒药以害死蔡婆，并将金锁与赛以封其口。不料张母误食毒汤而死，张遂诬告窦娥，县官胡图将窦娥问成死罪。玉帝知窦娥含冤，在炎天降雪，提刑官见状将窦娥带回收监。后得其父窦天章昭雪，窦娥幸未遇害。昌宗与冯小娥三年姻缘已满，赴京赶考中榜首，回乡途中与窦娥相遇，合家团聚。此剧以团圆结束，但郑振铎认为，较关剧"更凄怖动人"(《插图本中国文学史》)。有清康熙间抄本，乾隆四年(1739)朱瑞琛抄《串本金锁记》等，《古本戏曲丛刊二集》据清内府精抄本影印。

鸾镵记 传奇剧本。明叶宪祖作。二卷二十七出。叙唐代襄阳人杜羔，父母在日曾以一对碧玉鸾镵聘赵文姝为妻。杜与温庭筠、贾岛交好，文姝则有邻女鱼惠兰为伴。宰相令狐绹欲赠友一妾，要娶文姝。文姝不肯，幸惠兰挺身相救。临行，文姝将一对鸾镵赠与惠兰，惠兰仅取一支以作留念。杜羔赴京赶考，文姝赠他另一支鸾镵。但杜、温、贾三人因得罪令狐绹均名落孙山。惠兰后出家做了道士，取名玄机，温慕其诗名，作诗一首。玄机回诗一首并以鸾镵相送。又到大比之年，杜、贾、温三人俱中进士。文姝为温、鱼说合婚事，一对鸾镵、两对佳人终于团圆。事属虚构，但借古人遭遇揭露了晚明科举制度的黑暗。艺术上以鸾镵为线索，结构巧妙，文辞亦颇清美。有明末汲古阁原刊初印本、《六十种曲》本，《古本戏曲丛刊二集》据汲古阁本影印。

锦笺记 传奇剧本。明周履靖作。二卷四十出。叙梅玉不愿赴京应试，逃至杭州义姨柳氏处。柳氏有女名淑娘，偶吟伤春诗，写在锦笺上，不慎遗失。梅玉拾得，心仪淑娘，柳氏许婚。后柳家北上，梅玉与淑娘各执一半锦笺，伤感而别。帝大选宫女，淑娘中选，以侍女芳春代替。梅玉蒙帝赐婚，发现是芳春，遂告假南还，与淑娘成婚。吕天成《曲品》评此剧"炼局遣词，机锋甚迅，巧警会心"。有明万历间金陵文林阁刊本、明末汲古阁原刊本、明末刻李卓吾评本、明末刻玉茗堂本、《六十种曲》本，《古本戏曲丛刊二集》据明万历间继志斋刊本影印。

望湖亭 又名《望湖亭记》。传奇剧本。明沈自晋作。二卷三十六出。叙淞城书生钱万选，苦志读书，文曲星叹其勤奋，欲其金榜题名。钱生考秀才第一，县官荐其到颜家开馆。颜家子秀貌丑，又惧读书，却欲娶富家小姐高白英为妻。高家欲择才貌双全之婿，要亲自相看。颜秀无奈，请钱生代为相亲。高家一见钱生俱很高兴，同意亲事。到迎亲之日，高翁定要新郎亲迎，无奈钱生再度代往。天降风雪，高家怕误婚期，令新人先完花烛。钱生与高白英在洞房苦熬三日。颜秀在望湖亭苦等，向县官告状，县官将高氏断归钱生。钱生入京应试，高中状元而归，喜成婚配。《情史》中《吴江钱生》记其事。青木正儿盛赞"此剧关目布置，并不散漫，针线亦极为自然，无牵强痕迹。梗概中虽略去未述，其背景往往点缀诸神加护事，表明运命之神秘，以此又不令场上感冷静，洵可谓当行之作也。曲辞之用本色白描，无绮靡之弊，而不陷于平实乏味。其数写太湖景致逼真，确为生长太湖畔之作者得之自然天趣，当非外人所可能者"（《中国近世戏曲史》）。有玉夏斋刊本、明末刊本，《古本戏曲丛刊二集》据以影印。

翠屏山 传奇剧本。明沈自晋作。二卷二十七出。叙水浒故事。拚命三郎石秀与杨雄结为兄弟，并替其开肉铺。杨妻潘巧云欲引诱石秀不成，又与报恩寺海阇黎勾搭成奸。石秀发觉此事，告知杨雄，却被潘氏诬告。石秀辞走，趁夜潜伏，将海阇黎杀死。杨雄大悟，于翠屏山杀死潘巧云后，与石秀同投梁山。青木正儿称此剧"曲辞亦用本色，得曲白调和之妙，有读元曲之概，其散出至今尚往往上演，其流行不减于沈璟之《义侠记》也"（《中国近世戏曲史》）。现京剧及川剧、湘剧、秦腔、河北梆子、徽剧、汉剧中亦均有《翠屏山》。有旧抄本，《古本戏曲丛刊二集》据以影印。

冬青记 传奇剧本。明卜世臣作。二卷三十六出。今已残缺。大致描写元灭宋之际，宋臣袁杰、林景熙、唐珏为人忠直却不为所用。后僧人杨琏真伽发宋诸帝后陵寝，唐、林等冒死偷宋帝骨殖埋葬，又移宫中冬青树植其上作为标志。元统一后，杨惧发陵盗宝等事败露，意欲将唐、林、袁等人一网打尽，却被袁等人将其生擒斩首。元帝感众人忠诚，赐唐、林、袁三人官职，并冠以"故宋"二字，以全其节。事本《辍耕录》之《唐义士传》。表现了较强的爱国精神和侠义气概，演出时颇受欢迎。吕天成《曲品》评曰："悲愤激烈，音韵精工，情景真切。"清代蒋士铨撰《冬青树》传奇，写文天祥等人事，其中亦插演此剧中事，可见受其影响。《古本戏曲丛刊二集》据明刊残本影印。

旗亭记 传奇剧本。明郑之文作。二卷四十出。叙北宋末胶水知县董国度，因金兵陷中原，他不愿仕金，弃官隐居民间，娶一豪客之妹隐娘为妾。隐娘婚后十分高兴，为夫缝寒衣时，将一囊箔金缝在衲袍中。国度思念乡国，隐娘欲与他南归，用计使其兄先送董回宋，自己也随后南去和董团聚。分别时，隐娘送衲袍与国度，并嘱咐若兄赠金，切不可受，只出示此袍，兄必会来接她南去。又再三叮嘱留意此袍。豪客送国度到江南，在旗亭作别，果如隐娘所说。国度回家，一心奉养老母，但家计艰难。妻细察衲袍，发现其中金箔，一家俱叹隐娘女中豪杰。此时隐娘来到，一家团聚。剧本以歌颂隐娘才智和她兄长的豪侠生活为主。汤显祖作序评此剧说："其事可歌可舞"，"千秋之下，某氏一戎马间妇人，时勃勃有生气，亦词人的笔机也。"有明万历间继志斋刊本，《古本戏曲丛刊二集》据以影印。

琴心记 传奇剧本。明孙柚作。四十四出。叙司马相如与卓文君故事。以琴曲挑文君，故名"琴心"。但全剧冗繁，头绪多而脚色众，反不如同题材的其他作品擅场。有明万历间金陵富春堂刻本、明末汲古阁原刻初印本、《六十种曲》本，《古本戏曲丛刊二集》据汲古阁本影印。

玉簪记 传奇剧本。明高濂作。叙金陵女贞观道士陈妙常，才貌俱佳。时观主的侄儿潘必正借居观中。二人相遇，茶叙琴挑，俱各生情。妙常写情诗一首，为必正所见。两人互诉衷肠，私自结合。观主得知，促必正赴试。妙常为必正送行，互赠玉簪、鸳鸯扇坠而别。后必正登第，两人团圆。事出《古今女史》。小说有《张于湖误宿女贞观》一篇，《国色天香》、《燕居笔记》、《万锦情林》均收。此剧颇为后世所重，其词语清丽，《琴挑》、《秋江》等出，至今仍在舞台演出，有的被改编为其他剧种。但后世对其用律亦有批评。吴梅《曲选》评其"文彩固自可观，而律以韵律，则不可为训"。有明继志斋本、文林阁本、汲古阁原刊本、《六十种曲》本，《古本戏曲丛刊初集》据继志斋本影印本。另有1956年古典文学出版社排印黄裳校注本。

节孝记 传奇剧本。明高濂作。上、下两卷。上卷十七出，写陶潜几出几入官场，终不愿为五斗米折腰，而寄情诗酒泉石之间，表现出清高的气节。下卷十五出，写李密夫妇尽心奉侍祖母，典衣买药，割股疗病，直至祖母病故，方出仕以尽臣节。此剧体制较为特殊，上下两卷所写人物不同。上卷言节，下卷言孝，实为两剧联合而成。但思想较迂腐，不足取。今存明万历世德堂刊本，有缺页，《古本戏曲丛刊初集》据以影印。

綵楼记 传奇剧本。明王錂改订。二十出。叙宰相刘懋之女刘千金綵楼招婿，将綵球抛给贫穷书生吕蒙正。刘懋嫌蒙正贫寒，将千金、蒙正赶出家门。蒙正夫妇无处可去，只得住进城南破窑。夫妇一贫如洗，乞讨度日。蒙正往木兰寺赶斋，反遭寺僧戏弄。刘夫人思念，命丫环送来银米。后蒙正状元及第，遣使迎取夫人。蒙正衣锦荣归，重游破窑、木兰寺，感慨良多。刘懋派人迎接女儿女婿回府，一家重归于好，喜庆团圆。此剧据明人《破窑记》改写而成，今存清内府抄本，《古本戏曲丛刊二集》据以影印。

春芜记 传奇剧本。明王錂作。二卷二十九出。叙战国时楚人宋玉，沉抑未显。一日，与东邻相国之女季清吴相遇，一见钟情。经清吴侍女秋英牵线，二人相会，清吴赠春芜罗帕为证。宋玉西邻住着大夫登徒履，垂涎清吴美色，遭到拒绝，便怀恨在心，阻挠宋玉与清吴相会。宋玉友荆生仗义打伤登徒子。时楚襄王游云梦台、望高唐观，欲寻高才作赋以纪盛况。宋玉作《高唐》、《神女》，得授上大夫职。登徒子诋毁宋玉好色，襄王查明实情后，革去登徒子官职，并亲为宋玉和清吴主婚。据宋玉《登徒子好色赋》杜撰。有明末汲古阁原刻初印本、《六十种曲》本，《古本戏曲丛刊二集》据前者影印。

寻亲记 传奇剧本。明王錂重订。三十四出。叙生员周羽为保正黄德所逼，借银以代服役。后周羽无力偿还，债主张敏要以其妻郭氏抵债，周羽不从。张敏设计陷害，周羽被判流放，临行，嘱妻将子抚育成人，为父伸冤。郭氏自毁容貌，断绝张敏邪念。其子瑞隆长大后，得知真相，弃官寻父。千里追寻，终得父子相见，返乡团聚。后范仲淹任开封府尹，查明实情，奏明朝廷，周羽一家俱受封赠。吕天成《曲品》列此剧为"能品"。旧本有《周羽教子寻亲记》，吕天成认为"古本尽佳，今已两改，真情苦境，亦甚可观"。有明万历间金陵富春堂刻本、明汲古阁原刻初印本、《六十种曲》本、清世德堂卫氏抄本等，《古本戏曲丛刊初集》据富春堂本影印。

李丹记 传奇剧本。明刘还初作。二卷三十六出。叙隋时裴谌和王恭伯结拜为兄弟，同到终南山白鹿洞访真学道。王恭伯中途退却，入世为官，聘宰相赵朏女瑶娟为妻。裴谌心诚志坚，吞丹李成仙。王恭伯折狱淮阳，遂重返白鹿洞修仙。赵瑶娟自幼就虔诚道教，终于先吞食一枚丹李，得道成仙。王恭伯经人度脱，亦食丹李一枚，与瑶娟双双升仙。此剧以宗教题材入剧中，借以抒发作者对宦海沉浮的感慨。有明刊本，《古本戏曲丛刊五集》据以影印，所缺页，据中国艺术研究院戏曲研究所藏本配补。

运甓记 传奇剧本。明吾邱瑞作。二卷四十出。叙晋朝陶侃故事。谓侃初授武冈县令，时有陈敏、杜弢等先后作乱，陶侃一一平定，官封东乡郡侯。因受钱凤、王敦谗谮，迁为广州刺史。在州无事，侃朝运百甓于中庭，暮则运入内室，借以劳形。不久，王敦叛乱，陶侃起兵勤王，平定叛乱。继而苏峻又起逆兵，陶侃率兵前往，射杀苏峻。朝廷授侃官太尉，封长沙郡王。侃与妻子团圆，喜庆结局。有明末汲古阁原刻本、《六十种曲》本。

题红记 传奇剧本。明王骥德作。二卷三十六出。叙唐时于祐与韩偓为友，偓叔泳，有女翠屏，应召入宫。祐与偓应试，祐中状元，偓为榜眼。翠屏幽居宫中，题诗红叶，将叶放入御沟流水中。祐拾得红叶，亦题诗红叶，放入水中。氤氲大帝遣鬼判行逆风将红叶送入宫中，为翠屏所得。韩泳以年迈请求辞职，上不允，遣翠屏回家。后泳招祐为婿，新婚之夜，双方各取红叶相认，始知自有天缘。有明万历间金陵继志斋刻本，《古本戏曲丛刊二集》据以影印。

四喜记 传奇剧本。明谢谠作。二卷四十二出。叙宋时宋郊、宋祁，年少时，有西竺僧言二子皆当大魁。祁游春时遇妓女董青霞，两人定下盟约。鸨母闻知，迁居别处。二宋赴试，祁中状元，郊为二甲进士，皇太后不喜弟先于兄，拔郊为状元。青霞移居开封，有恶少欲强娶其为妻。青霞上告官府，推官孙奭是郊同榜进士，告知祁，祁即迎娶青霞。后有同年李淑忌恨二宋，奏劾宋郊姓名不祥，宋祁娶妓为妾。郊于是改名祥，且同郊上表辞官。诏命归家省亲，衣锦团圆。事据《宋史·宋庠传》。吕天成《曲品》评曰："二宋事佳，词亦工美。上虞有曲派，此公甚高。"有明末汲古阁原刻初印本、《六十种曲》本，《古本戏曲丛刊二集》据前者影印。

玉丸记 传奇剧本。明朱期作。二卷三十八出。叙朱其隐居三山。一日得见云太师之女娟，心生爱慕，求人作媒。娟称若能和弄丸八咏，即以身相许。朱生当即题咏，娟读罢欲悔，心中实已生情。次日娟病，朱生往探，娟赠以玉丸。两人遂得成亲。时毛鳌等聚众叛乱，抢走玉丸。朱生赴京应试，得中进士，却弃职归里。后毛鳌被剿，朱生重得玉丸。中间插入汪直通倭，胡宗宪平寇等事。有明万历间刻本，《古本戏曲丛刊初集》据以影印。

蕉帕记 传奇剧本。明单本作。二卷三十六出。叙东吴人龙骧，寄居都招讨使胡章家中，思慕其女弱妹。一白狐变形为弱妹，将蕉叶变成罗帕，题诗约龙生花园幽会。龙生向胡家求婚，得以入赘。新婚之夜，龙生提及幽会之事，弱妹怨怒，白狐在龙生襟上题诗解释，弱妹才与之相合。白狐得吕洞宾点化，登仙箓，为长春子。龙生得长春子庇佑，得中状元，又率兵大败金兵，解胡章所率宋军之围。凯旋回朝，翁婿俱获升迁。吕天成《曲品》评此剧“情节局段能于旧处翻新，板处作活，真擅巧思而新人耳目者”。清人有据此剧改作的传奇、小说，地方戏中也多有演出。有明万历间文林阁刊本、汲古阁刊本、《六十种曲》本，《古本戏曲丛刊二集》据文林阁本影印。

玉杵记 又名《蓝桥玉杵记》。传奇剧本。明杨之炯作。二卷三十六出。叙玉天仙张苇娘与妻玉女樊云英，相约到桂殿折枝，重叙旧情。玉帝知后，谪他们下凡。张再世为裴航，樊投生李家为李晓云，生时并带有月宫玉杵臼，后因李家贫穷，玉杵臼被卖。裴航与晓云相识，晓云送五丛爱符与裴航。航向晓云求婚，晓云祖母玄静令其访购玉杵臼为聘礼。航赴京赶考，得中探花，解职后购得玉杵臼，与晓云结婚，此时方知晓云即云英。夫妻偕至玉峰洞中修证，玉帝降旨，召回天界。唐裴铏《传奇》有《裴航》一篇，写裴航遇仙事，后世演为戏曲，多有创新。有明万历间浣月轩刻本，题云水道人著，《古本戏曲丛刊初集》据以影印。

金莲记 传奇剧本。明陈汝元作。二卷三十六出。叙苏轼与弟辙应试及第，钦授同直史馆，撤殿前金莲玉烛，送轼归第。同榜章惇欲借光，轼傲而拒，章怀恨在心。此后，章屡次谗劾轼，将其一贬再贬，而轼每至一处，总能随遇而安，自得其乐。同榜秦观上本弹劾章，钦命召轼回京任官。轼友佛印往京点化轼，轼方知自己为五戒后身。后轼二子同中进士，一门欢聚。剧中摭拾风流韵事。《曲品》评此剧“词白俱骈美”。《远山堂曲品》则认为，“记苏长公，此可称实录。然亦有附缀以资谐笑”。有明万历三十四年(1606)陈氏函三馆原刻本、明末汲古阁原刻初印本、《六十种曲》本，《古本戏曲丛刊二集》据汲古阁原刻初印本影印。

红梨记 又名《红梨花》、《三错认》。传奇剧本。明徐复祚作。三十出。叙宋时赵汝州，与官妓谢素秋题诗相约会面。适太傅王黼欲占素秋为妾，素秋不从，被拘家中。忽金兵攻占汴京，王黼贿赂金统帅，且欲赠素秋等家妓。素秋与花婆逃至汝州友钱济之处。汝州以为素秋已送往金营，遂投济之处。素秋携一枝红梨花，与汝州相会，两人各题《红梨花诗》。时康王开选场，汝州不欲赴试。花婆谎称红梨花为鬼花，吓走汝州。汝州赴试，得中状元，遂与素秋结婚。明凌濛初甚赞此剧，“佳思佳句，直逼元人处，非近来数家所能。才具虽小狭于汤(显祖)，然排场停匀调妥，汤亦不及”(《谭曲杂札》)。有明万历间洛涌生原刻本、明末朱墨套印本、明末汲古阁原刻初印本、《六十种曲》本、清康熙间抄本等，《古本戏曲丛刊初集》据明末刻朱墨本影印。

宵光记 一名《宵光剑》、《霄光剑》。传奇剧本。明徐复祚作。二卷三十出。叙汉卫青父死后，弟跖独占家产。跖强迫青写文契，声明不是兄弟，青欺跖不识字，作戏言。跖得知，命人以宵光剑杀人，上有卫青名。青被捕入狱。时青姊已入宫，遂告帝已怀孕，乞大赦天下。青因而出狱。跖又诱青入府，欲杀之，幸得友相助，逃出府中。后匈奴入侵，卫青被荐出征，获胜而归，被封为大将军。事本《汉书·卫青传》。有明万历间金陵唐振吾刻本(存上卷)、近人番禺许之衡饮流斋手订抄录本，《古本戏曲丛刊初集》上卷据前者、下卷据后者影印。

投梭记 传奇剧本。明徐复祚作。二卷三十二出。叙晋谢鲲，与妻王氏守贫不仕。时王敦谋反，欲聘鲲，王氏辞礼不受。鲲邻家女元缥风，被逼为妓，与鲲有情，订下私盟。鸨母嫌鲲贫，竟投梭折断其齿。鲲被诏起用，鸨母逼缥风与商人赴江西逃走，缥风守节。鹿仙索要童贞女，鸨母将缥风卖与鲲岳父祭献。鲲闻讯，劝说鹿仙不食童贞女，擒拿鸨母，以为缥风已死。后鹿仙助鲲，平定叛乱。缥风为鲲岳父所救，领回家中，得与鲲结合。清焦循评此剧“笔墨雅洁，情词婉妙为胜”(《剧说》)。有明末汲古阁原刻初印本，《古本戏曲丛刊三集》据以影印。

惊鸿记 传奇剧本。明吴世美作。二卷三十九出。叙唐明皇与杨贵妃事。剧中梅妃称为

"梅精"。杨玉环入宫,两妃争宠。明皇与杨妃盟誓长生殿。安禄山起兵,杨妃自缢。乱平后,玄宗思念二妃,命将杨妃移葬,召梅妃入宫。多为著名故事。剧中散出常为后世演出,尤以据《脱靴》一出改成的《太白醉写》久演不衰。有万历十八年(1590)原刊本、万历间金陵世德堂刻本、万历间金陵文林阁刻本,《古本戏曲丛刊二集》据世德堂本影印。

八义记 传奇剧本。明徐元作。二卷四十一出。叙赵氏孤儿故事,本于史传,为春秋时晋灵公时事。宋元戏文有《赵氏孤儿报冤记》,元纪君祥杂剧《赵氏孤儿》。祁彪佳《远山堂曲品》称此剧"运局构思,有激烈宏畅之致"。后世地方戏中都有根据此剧改编的《八义图》等剧目演出,其中以京剧《搜孤救孤》和秦腔《赵氏孤儿》影响最大。有明汲古阁原刊初印本、《六十种曲》本,清乾隆二十年(1755)抄本、清抄本等,《古本戏曲丛刊二集》据汲古阁本影印。

玉镜台记 传奇剧本。明朱鼎作。二卷四十出。叙晋朝温峤故事。元关汉卿原有《温太真玉镜台》杂剧,此剧关目殊异。谓温以玉镜聘其表妹润玉为妻。石勒联合刘曜灭晋,晋室南迁。温峤辞母别妻,随祖逖北伐。大败石勒。祖逖病故。又有王敦作乱。温峤以卫王室为号召,讨伐王敦。王敦拘捕温母婆媳,令招降温峤。婆媳不从,托人带出玉镜,以明心志。温峤感其节义,率兵攻杀,擒获王敦。全家团圆,温峤也被封侯。郑振铎颇赞此剧,认为"虽亦为写悲欢离合的剧本,却全异于一般的恋爱剧。在这里,国家的大事,占据了家庭变故的全部"(《插图本中国文学史》)。有明末汲古阁原刊初印本。《古本戏曲丛刊二集》据以影印。以《六十种曲》本最为流行。

樱桃记 传奇剧本。明史槃作。二卷三十六出。叙唐时书生丘奉先和好友高凭赴京赶考,路遇黄巢,三人结拜为友。发榜后,丘、黄二人未中。丘至姨夫穆青家,小姐爱娟打樱桃时与丘相识,两人共堕爱河。后被穆青发现,将丘赶走,欲嫁女与管晏。黄巢则赶至途中酒店,迎娶已聘的丁香。不料,丁婆贪图管家钱财,已将丁香送至管家。黄巢怒投王仙芝义军,发兵劫夺穆小姐,杀死丁香,并将二人换了衣服,送爱娟至高凭府隐藏。奉先得中状元,管晏亦袭世职,两人均以为小姐已死,兵讨黄巢。高凭告知奉先真相,奉先遂装病不行,管晏为黄巢所杀。奉先与爱娟终成婚配。有明末刊本,《古本戏曲丛刊二集》据以影印。

鹣钗记 传奇剧本。明史槃作。二卷三十四出。叙吏部侍郎荆浩女燕红,有清华使者赠鹣钗半股,言他日成对,便是佳偶出现。一日,宋璟至,使鹣钗成对,但小姐未能见宋。妓女真国香与康璧两情相悦,被康父发现,逼迫其去荆浩家祝寿。璧无奈,请宋代往。丫环认出宋即是拾钗人,燕红心喜。不料荆浩发觉,将宋赶走。京兆韦安石欲纳国香为妾,国香离家进京。后荆浩入京为官,燕红将鹣钗插在花上,不料被韦取走。韦强抢国香入府,国香拾得鹣钗,逃至荆府。宋中状元,璧中探花,宋、康两家向荆家求亲。荆家欲将燕红配与康公子,正好成全了宋璟与燕红、康璧与国香两对新人,皆大欢喜。有明末书林杨居寀刊本、清初抄本,《古本戏曲丛刊三集》据杨本影印。

吐绒记 又名《吐红记》。传奇剧本。明史槃作。二卷三十出。叙皇甫曾泊船江边,邻船卢纶之女忘忧做针线时,将红绒线头吐在皇甫曾身上。两人一见钟情,皇甫曾跳到忘忧船上。不料卢家船开,皇甫曾仓皇逃走。忘忧含羞出走。意欲自尽,为卢尚忠夫妇所救。后皇甫曾状元及第,寻找忘忧,终于与之成婚。有旧抄本,《古本戏曲丛刊三集》据以影印。

量江记 传奇剧本。明佘翘作。二卷三十六出。叙赵宋围攻南唐,秀才樊若水赴金陵献救国之策。后主李煜不纳,宰相弓洎将若水逐出京城。若水视南唐危殆,奸臣蔽主,决心转投赵宋。他雇一渔舟,测量长江宽度,向宋太祖献浮桥渡兵之计,受到重用。弓洎赴赵宋打探军情,遭若水奚落。弓洎回朝后,拘捕若水母、妻,打入内宫。宋兵过江,擒杀弓洎,后主请降。若水查阅宫眷册,找到母妻,一家完聚。事本《宋史·樊叔清传》,假传奇以敷演。吕天成《曲品》甚称此剧,"樊若水事,奇。全守韵律,而词俱工,一胜万矣"。有明万历三十六年(1608)继志斋刊本,《古本戏曲丛刊二集》据以影印。

水浒记 传奇剧本。明许自昌作。二卷三十二出。叙宋江与晁盖为友。晁盖等义劫生辰纲,遭官府缉捕,幸宋江密报,晁盖等得以逃脱,投水泊梁山。时郓城县有阎婆,生活不济,卖女阎婆惜与宋江为妾。晁盖派人送给宋江书信和金银,不料被阎婆惜发现,借以要挟宋江。宋江杀阎婆惜,投梁山泊,途经浔阳,乘醉题反诗,被捕问成死罪。梁山好汉大闹法场,将宋江接上梁山。祁彪佳《远山堂曲品》列之为"能品”，评曰：“记宋江事，畅所欲言，且得剪裁之法。曲虽多稚弱句，而宾白却甚当行，其场上之善曲乎？”此剧后世一直盛行于舞台上。有明末汲古阁原刻初印本、《六十种曲》本、清康熙四十五年(1706)永睦堂龚氏抄本、民国元年(1912)藜光社石印本等，《古本戏曲丛刊初集》据汲古阁本影印。

灵犀佩 传奇剧本。明许自昌作。二卷三十五出。叙琼玉与其母梅夫人到文昌庵还愿，尤尚书之子尤效拾得琼玉遗落之灵犀佩，欲得琼玉。不久，他与书生萧凤侣赴试，途中住店，店主养女宝湘灵喜欢凤侣。尤效欲抢湘灵，遂告官。湘灵被判归尤效后，自缢而死。尤效又抢得琼玉，琼玉亦投水而死。两人魂灵到阴间，被告知阳气未终，二人还魂，只是两人的魂灵与身体错配。此后，梅夫人错认女儿、尤效错认湘灵，几经波折。萧凤侣得中状元，二女错配的身体、魂灵也得到改正，尤效落水而死。萧凤侣终于得与梅琼玉、宝湘灵团圆成婚。有天启查味芹抄本，《古本戏曲丛刊三集》据以影印。

橘浦记 传奇剧本。明许自昌作。二卷三十二出。叙柳毅为虞世南西宾，一日，其母病，柳毅到橘浦买鱼，遇一牧羊女子，自称是洞庭龙君之女，受到丈夫泾阳龙君之子的虐待，请柳毅代她送信给父亲。柳毅将信送到，龙女亦被接回洞庭。虞世南之女湘灵将其父给她的玉带丢失，被柳毅拾到，反遭诬陷。幸得洞庭君父女等人搭救，才免于难。后在众神仙的撮合之下，柳毅与湘灵、龙女成亲。柳毅传书的故事原本单纯而富有情趣，而此剧串入虞湘灵，多有“骈枝”之嫌。有明万历四十四年(1616)梅花墅刊本、《古本戏曲丛刊初集》据日本京都九皋会影万历本重印本。

节侠记 传奇剧本。明许自昌作。二卷三十二出。叙唐时太仆寺丞裴伷先的伯父裴炎，被诬谋反，遭到杀害。武则天武周时，伷先为伯父伸冤，被流放岭南，与卢郁金完婚，返回家乡。奸臣武承嗣、李秦授得知，告于武则天，伷先又被发配塞北。武、李仍不甘心，进谗欲武则天尽杀流人，以绝伷先。幸果毅都尉李多祚派人通知，伷先得以迁徙。后伷先被捕，李多祚上殿力奏，太后颁旨，赦免流人，立斩李秦授，重新起用伷先。伷先派人往岭南接回郁金，一家团圆。按许三阶有《节侠记》，据《太平广记》之《裴伷先别传》敷演此剧为许之改订本。有明崇祯间刻本，《古本戏曲丛刊初集》据以影印。

弄珠楼 传奇剧本。明王异作。二卷三十二出。叙宋时阮翰进京赶考，泊舟枫桥，有女子霏烟弄珠楼题诗，诗笺落于翰船，翰回诗一首，两相爱慕。在城中，翰又得遇才女柳枝，与她订下婚约。纨袴子弟阮瀚献千金于当朝韩侂胄，欲中进士。发榜时，翰中状元，瀚却落第。瀚迁恨翰，诬告其结交朋党。后翰再度应试，又中状元，终于得娶霏烟为妻，柳枝为妾。祁彪佳《远山堂曲品》评云：“轻描淡染，不欲一境落于平实。但姓名之错认，创于《拜月》，遂多为不善曲者所袭。”今存明崇祯间杭州凝瑞堂刻本，有残缺，《古本戏曲丛刊三集》据以影印。

焚香记 传奇剧本。明王玉峰作。二卷四十出。叙宋人王魁，会试不第，暂寓莱阳，与妓女敫桂英相好，订下终身。考期又近，魁欲上京，桂英怕其负心，带他到海神庙，焚香发誓永不负心。魁得中状元，丞相韩琦欲召他入赘。魁以已聘妻推辞，并托人带信接桂英前来。时有莱阳富豪金员外，欲纳桂英为妾不成，遂擅改魁之家书，言其已入赘相府。桂英见信，恨魁负心，自缢而死。海神拘押王魁魂魄，与魁对质后，将桂英还阳。金员外被判处刑，王、敫二人重圆。旧有宋元戏文《王魁负桂英》，民间多责之。此剧一改其结局，落于传奇俗套，反不如悲剧来得壮美。有明玉茗堂评本、汲古阁原刻初印本、《六十种曲》本，《古本戏曲丛刊初集》据原刻本影印。

龙膏记 传奇剧本。明杨珽作。二卷三十出。叙唐时有书生张无颇，袁天纲之女袁大娘以暖金盒盛玉龙膏赠之。宰相元载女湘英忽得异疾，无颇以玉龙膏治愈，被元载留在府中。无颇与湘英邂逅，互表爱慕之情。金盒本是元家之物，为袁大娘盗来，元载发现金盒，以为女儿私赠无颇，遂设计将无颇投入狱中。后元载夫妇为人陷害，侍婢冰夷代湘英受罪，发配至郭子仪府为奴，郭视其为己女。大娘救出无颇，并得中进士。郭招无颇入赘，及合卺时，才知是冰夷。后郭接湘英入府，二人始得完姻。袁大娘下凡点化无颇、湘英，往山中学道。事见唐裴铏《传奇》。有明末汲古阁原刻初印本、《六十种曲》本、光绪间上海飞影阁石印本，《古本戏曲丛刊二集》据汲古阁本影印。

梨花记 又作《红梨花记》。传奇剧本。明王元寿作。二卷三十四出。叙南宋末年，才子赵汝州欲结交妓女谢金莲，以梨花为题，赠诗一首。金莲亦和诗一首，题于扇上。金莲携侍女蕣华迁往洛阳，汝州随至，其好友刘公弼为使他安心读书，命金莲装鬼勾引汝州。汝州惊惧，往临安应试，得中状元。时元兵犯南宋，金莲被俘。赵汝州领兵赴洛阳解围。金莲弹筝，使元兵军心动摇。汝州大败元兵，在战俘中发现金莲，两人终于团圆。有明快活庵评本、明万历间杨居宷刊本，《古本戏曲丛刊初集》据后者影印。原未题撰人。庄一拂《古典戏曲存目汇考》断为王元寿作。

异梦记 传奇剧本。明王元寿作。二卷三十二出。叙秀才王奇俊往京城赶考，路过一花园，游赏中与园主之女顾云容相遇，两情依依。当夜，奇俊梦入云容闺中，题诗相赠。云容赠以紫金碧甸环，奇俊以水晶双鱼佩作答。梦醒后，奇俊果得环失佩，云容得佩失环。奇俊赴京应试，不料友人张曳白窃得环去，向顾家求亲。云容不从，投水自尽，为人所救，辗转得至范夫人家。后奇俊得授西台御史，与云容相见，终于成婚。范夫人也将其女琼琼嫁与奇俊。情节与《剪灯新话》之《渭塘奇遇记》(亦见《燕居笔记》)多有类似。祁彪佳《远山堂曲品》称此剧“排场转宕，词中往往排沙见金，自是词坛作手”。有明万历玉茗堂评本，《古本戏曲丛刊二集》据以影印。

景园记 又名《石榴花》、《巧联缘》。传奇剧本。明王元寿作。二卷三十六出。叙《情史》张幼谦与罗惜惜相爱故事，云二人在园中石榴花下指花为誓、私订终身。富家子弟辛无文欲夺惜惜，罗家不敢得罪。惜惜与侍女巫云女扮男装逃走，两人走散。幼谦赴京应试，途遇巫云，携其入京。惜惜为湖北枢密使赵葵所救，收为义子，带回京城。幼谦高中状元，惜惜疑幼谦已有妻室，暗中探听，留下一首幼谦以前的和词。幼谦得见，拜访赵葵，终得见惜惜，两人团圆。有长乐郑氏藏抄本，《古本戏曲丛刊三集》据以影印。

回春记 传奇剧本。明朱葵心作。一卷十四折。叙吴县书生诸文止入京应试，因试官受贿，落第而归，遂与友人汤去三游杭州西湖，结识高士斌，三人畅谈国事。试期又至，汤中状元，诸亦入第。时李自成兵陷北京，福王起用高为征西大将军，汤为行军参谋，大败李自成。汤以功升任天下廉访使，严惩天下奸臣赃官。汤功成辞官，诏封西平公。有明崇祯十七年(1644)刻本，《古本戏曲丛刊三集》据以影印。

上林春 传奇剧本。明姚子翼作。二卷二十六折。叙武则天游上林苑，万花齐放，唯牡丹未开，遂诏贬洛阳。庐陵王李显向武后进言应修德禳天，被贬房州。房州人安金鉴题牡丹诗，被诬遭捕，其弟金藏替之。来俊臣诬其为李显的心腹，金藏自破其腹以示冤屈。金鉴妻为激发丈夫仕进，假装离家出走。金鉴赴试，又题牡丹诗，欲将金藏救出。武后感动，定金鉴为状元，金藏为銮卫仪指挥，又召李显入京，禅让皇位。二金告假探家，金鉴方知其妻的良苦用心。情节综合正史和志怪杂著。正史有金藏剖腹以明李显不反，金鉴则无其人。其他亦皆牵合附会。有明崇祯抄本、清抄本，《古本戏曲丛刊二集》据后者影印。

遍地锦 传奇剧本。明姚子翼作。二卷二十二出。叙官宦子弟赵襄，人称“遍地锦”。刘寡妇有女娴娴、养女环环，织锦绦为生。赵襄人才出众、文武双全，二女均有意于他。但刘氏闻其浑名，不愿将女儿嫁给他。左都御史毛仲宾赏识赵襄，派人到刘家迎亲，环环代娴娴应聘。为救友人之父，赵襄耽搁婚期。不久，又中状元，仓促赴任，途遇为逃亲而流落昙云庵的娴娴。赵襄因处事干练，深得皇帝赏识，擢为兵部尚书，终于与娴娴、环环成亲。有清康熙间抄本，《古本戏曲丛刊二集》据以影印。

蝴蝶梦 又名《蟠桃宴》。传奇剧本。明谢弘仪作。二卷四十四出。叙战国时庄周，偕妻韩氏，隐居山中，一日做梦化为蝴蝶。赵王子以厚币聘庄周，谏止赵王击剑。赵王欲留庄周，庄辞归故山。西王母在瑶池会群仙，长桑受命度脱庄周。长桑以骷髅点化庄周，又令其度脱韩氏。庄周托疾诈死，自己幻为美少年，守在墓旁。韩氏欲托身于美少年，发现却是庄周未死，遂坚心修道。长桑复至，携庄周夫妇飞升。庄周梦蝶，鼓盆成大道，剧家以此为题材，各有千秋。此剧庄周妻为韩氏，终成正果，是其不同处。有明崇祯间拄笏斋刻本，《古本戏曲丛刊三集》据以影印。

偷桃记 传奇剧本。明吴德修作。二卷二十出。剧云：东方朔曾往蟠桃园偷桃，被张天师追逐。汉武帝以东方朔善诙谐，将其留在宫中。武帝之妹与董偃私通，欲请武帝封官。东方朔闯宴，叱董为佞臣。董怀恨在心，勾引匈奴入侵。东方朔奉诏出征，以司马相如为参谋，大破匈奴，班师回朝。张天师在天界为东方朔说情，西王母偕众仙至东方朔家，做蟠桃仙会。东方朔偷桃，源于《汉武故事》，戏曲小说多增饰之。有明万历间金陵广庆堂刻本，《古本戏曲丛刊二集》据以影印。

如意珠 传奇剧本。明秦子陵作。四卷四十八出。叙秀才龙为霖偶遇凤仙，遂请媒婆说媒。凤母称，须用明珠万颗。龙为霖想请好友帮忙，却被推下海去，幸得东海龙王之臣云鳌搭救。两人登望海楼，云鳌观海，不禁泪下，化作万颗珍珠。龙再去提亲，凤母答应，嘱其求取功名。龙赴京应试，高中探花。龙、凤终成婚配。今存旧抄本，前有天启七年(1627)题辞。

东郭记 传奇剧本。明孙钟龄作。二卷四十四出。叙齐人本儒生，交友淳于髡、王驩。二人先后为官，而齐人则扮作乞丐，每日醉饱而归。其妻妾怀疑，跟踪他到东郭坟地，见其乞讨，责怪他不知羞耻。齐人带礼物投淳于髡，被荐为大夫。后齐王伐燕，齐人用计大败燕军，被升为亚卿。王驩又向其献媚讨好，两人和好如旧。后齐人又被封上大夫，赐号东郭君，遂辞掉官职，携妻妾隐居。郑振铎认为此剧"组织《孟子》里的故事，极见工夫，连题目也全用《孟子》原文"，"不免借古人的酒杯，来浇自己的块垒。而嬉笑怒骂，便也都成文章。"并认为"像《东郭记》那样的讽刺剧，在我们整个的戏曲史上本来便少见"(《插图本中国文学史》)。有万历四十六年(1618)原刻本、明末汲古阁原刻本、《六十种曲》本、清初文茂堂重刻本等，《古本戏曲丛刊二集》据万历原刻本影印。

醉乡记 传奇剧本。明孙钟龄作。二卷四十四出。叙绝世才子乌有生，住在无何有之乡。乌有四友，每游酒海、睡醉乡，学司马相如、王羲之，求亲不成，反被白一丁、铜士臭得娶。他们又去参加大比，文魔蒙住主考欧阳修的眼睛，白、铜居榜首，乌有生五人却落第回乡。邻居无是公有女焉娘，两人互相爱慕。七夕时，乌有生设祭遥拜织女，情魔、穷鬼都被赶走。乌有生与四友一举夺魁，衣锦还乡，与焉娘完婚。郑振铎谓此记与《东郭记》"在一般的幻想离奇的恋爱剧中，独弹出一种别调"。"可以充分地表现不第书生们的愤慨"(《插图本中国文学史》)。有明崇祯三年(1630)刻本，《古本戏曲丛刊二集》据以影印。

息宰河 传奇剧本。明沈嵊作。二卷三十出。叙明苌公孟忠心报国。时云南土酋普名声为乱，公孟慨然赴任广西太守，招降普名声，平息边乱，转赴杭州上任。李自成攻破扶风，公孟一家逃散，子英蕫被掳，逃出后辗转得投其父。英蕫未婚妻薛兰英逃往舅父家，被逼再嫁。兰英不从，投河自尽，被婆婆沈氏救起，同至杭州，一家终获团圆。有明万历刊本。

绾春园 传奇剧本。明沈嵊作。二卷四十四出。叙元末秀才杨珏，乡试不第，寄居杭州。一日游阮翀绾春园，得遇借居在此的扬州崔因之女倩云。倩云遗诗帕和琥珀坠于地，杨珏拾得，一往情深。崔家走后，杨珏打听得阮翀妹名茜筠，以为即是倩云，遂将诗帕和琥珀坠送与茜筠。茜筠留下诗帕、坠儿，另赠诗帕及玉环与杨珏。后阮翀被诬流放，茜筠逃至扬州，住崔家隔壁。倩云来访，发现自己的诗帕，暗暗收起。后阮翀复官，杨珏得中进士，遂与茜筠成婚，方知不是倩云。倩云再次寓居绾春园，终得与杨珏相遇。有明刊钟伯敬、谭友夏评本，《古本戏曲丛刊二集》据以影印。

双雄记 一名《善恶图》。传奇剧本。明冯梦龙作。二卷三十六折。叙书生丹信、刘双，有志报国。丹信家产为叔父丹三木霸占，家贫。丹三木妻病亡，三木借此诬告丹信、刘双，二人入狱。丹信妻魏二娘欲上诉救夫，丹三木使人加害，未果，魏二娘得救。时倭患日甚，守官许囚犯立功赎罪，丹、刘二人从军抗击倭寇。丹三木欲续家室，看中歌妓黄素，黄笃情于刘双，逃出妓院。后丹三木家失火，三木沦为乞丐。丹信、刘双立功而还，与魏二娘、黄素团聚。有明墨憨斋刊本，《古本戏曲丛刊二集》据以影印。总评谓丹三木事为万历中实有。

万事足 传奇剧本。明冯梦龙作。二卷三十六折。叙书生高谷，婚后无子。妻邳氏不许其娶妾，高谷乡试途中私娶新莺为妾。后高谷与友陈循、顾愈金榜题名，赴京为官。时新莺已产下一子，为无赖纠缠，幸为顾愈所救。高妻悍妒，不容纳妾。高谷无奈，欲休新莺，陈循教训高妻，终于同意丈夫纳妾以续宗嗣。此剧取名据古谚"无官一身轻，有子万事足"，思想迂腐，情节牵强。有明墨憨斋刊本，《古本戏曲丛刊二集》据以影印。

女丈夫 传奇剧本。明冯梦龙作。二卷三十六出。叙隋末风尘三侠事，而以红拂为中心。李靖投奔西京留守杨素，杨素侍女红拂心仪李靖，当晚与其私奔。途遇虬髯客，结为兄妹。李靖夫妇投奔李世民，平定战乱。唐军攻打高丽国，红拂献策，智败高丽王，虬髯客擒得高丽王来献。李靖夫妇得胜回朝。此剧系冯梦龙根据张凤翼《红拂记》传奇、刘方《女丈夫》和凌濛初《北红拂》、《虬髯翁》杂剧，更定而成。有明墨憨斋刻本等。

酒家佣 传奇剧本。明冯梦龙作。二卷三十七折。叙东汉时，太尉李固因与大将军梁冀政见不一,被害身亡。门生王成携固子夔外逃,以避追杀。另一门生郭亮冒死殓葬李固尸首,暗访李夔。王、李逃至彭城,夔改名郑成,于一酒店为佣工。店主滕公怜其身世,将女儿幼鸾许配。七年过去,新帝登基,郭亮上疏力劾梁冀,梁受诛,李固得到昭雪。李夔入京为官,王成辞官不就,祭扫恩师墓地。滕公闻讯,送幼鸾与李夔完婚。陆无从、钦虹江原有《存孤记》一种,此为冯氏之改作,删其情节支蔓失实处。冯氏在剧本中还对人物表演有具体要求,这在一般的传奇剧本中少见。有明墨憨斋刊本,《古本戏曲丛刊二集》据以影印。

新灌园 传奇剧本。明冯梦龙作。二卷三十六出。此剧系根据张凤翼《灌园记》传奇更定而成。冯梦龙以张作"于王孙母子忠义不录,大失轻重"(《智囊》),而加以改正。剧中增加了齐大夫王孙贾母以忠义训儿的情节,并使君后与田法章只有婚姻盟誓,不涉私情淫滥,以维持风化。此外,冯梦龙对原剧针线不密处,多作缀补,对原作的曲词宾白,也多有增删修润。有明墨憨斋刻本,《古本戏曲丛刊初集》据以影印。

风流梦 传奇剧本。明冯梦龙作。二卷三十七折。叙杜丽娘、柳梦梅生生死死的爱情故事。此剧系冯梦龙改订汤显祖原作《牡丹亭》,以适于当场。经冯氏更定后,此剧的确便于用昆曲演唱。昆曲舞台上的《春香闹学》、《游园惊梦》等剧目,都有采用冯本的地方。有明墨憨斋刊本,《古本戏曲丛刊初集》据以影印。

楚江情 传奇剧本。明冯梦龙作。二卷三十六出。此剧系冯梦龙重定袁于令《西楼记》传奇之作,其《自序》认为此记"不过欲描写佳人才子相慕之情而已,忽而杀一妾,忽而杀两生,多情者将戒心焉",因而将原作杀妾轻鸿,及杀赵祥、池同二生事删除。此外,对原作中一些细节和曲辞亦有改易。有明墨憨斋刻本等。

精忠旗 传奇剧本。明李梅实作,冯梦龙改订。二卷三十七出。叙岳飞精忠报国事。岳飞屡败金兵,宋高宗赐以"精忠旗"一面。秦桧与金暗通,密谋杀害岳飞,以十二道金牌召岳飞回朝,又以莫须有的罪名将岳飞父子杀死。岳飞死后,天帝下诏封他为天曹真官,并由他审判秦桧、王氏等奸贼。后岳飞孙子珂上朝辩冤,皇帝下诏追封岳飞一门老小。有明墨憨斋刊本,《古本戏曲丛刊二集》据以影印。

洒雪堂 传奇剧本。明梅孝已作。二卷四十出。叙书生魏鹏与贾娉娉指腹为婚。魏至贾府,贾母不提婚事,两人幽会。魏考中进士,还乡又欲娶娉娉,贾母拒绝,娉娉思念魏鹏,一病而亡。魏抚棺哭祭,在柩前睡去。娉娉魂灵入梦,称其将借尸还魂,再续情缘。后娉娉果然复活,贾家将其送入魏鹏衙内成婚。有明墨憨斋刊本,《古本戏曲丛刊二集》据以影印。

娇红记 全名《节义鸳鸯冢娇红记》,又名《鸳鸯冢》。传奇剧本。明孟称舜作。二卷二十四出。叙成都人申纯与表妹王娇娘,郎才女貌,互生爱慕。母舅王文瑞以表兄妹不能结婚为由,拒绝申家求婚。两人数见数离,感情愈深。后帅节镇之子派人求亲,王惧帅府权势,答应亲事。娇娘坚辞不从,抑郁而死,申纯闻讯,亦绝食而亡。王送娇娘灵柩到申家合葬,两人精魂化为鸳鸯,成仙团圆。元宋梅洞有同名小说,元末明初郏经、汤式、刘兑以此为题材撰成杂剧,明沈龄也有同名传奇。此剧显受《西厢记》、《牡丹亭》的影响,且过于冗长。今存明崇祯间陈洪绶评点本,《古本戏曲丛刊二集》据以影印。1988 年上海古籍出版社出版欧阳光注本,收入《古代戏曲丛书》。

二胥记 传奇剧本。明孟称舜作。二卷三十出。叙楚平王无道,费无忌擅政。太傅伍奢进谏,一门被害,独伍子胥逃出。下大夫申包胥进谏,亦被贬谪回乡。两人相遇,子胥誓要亡楚,包胥誓要存楚。子胥逃至吴国,率吴兵伐楚,大败楚军。子胥鞭平王之尸,剜无忌之心,祭祀父兄。包胥劝子胥收兵回吴,子胥不肯。包胥又请兵秦国,终于吴王撤兵回国。子胥、包胥再度相见,两国讲和,覆楚复楚、尽孝尽忠,各遂其愿。本《史记·伍子胥列传》等敷衍。有影抄明崇祯刻本,《古本戏曲丛刊三集》据以影印。

贞文记 传奇剧本。明孟称舜作。二卷三十五出。叙宋末沈佺与张玉娘订有婚约,张父懋嫌沈佺家贫,有意悔婚。王尚书之子依仗家势,欲娶玉娘。玉娘坚辞不从,并与沈佺立下生死相连的誓言。沈佺赴京廷试,考中进士,却因思念玉娘,一病而亡。玉娘哭祭沈佺,誓不从王家婚事,终亦病倒,泪尽而亡。张家将两人合葬,村民为玉娘立祠名贞文祠,墓名鸳鸯墓。沈佺、玉娘原为观音座下侍者,又得以重回菩萨身边。近代诗人樊增祥作有《玉娘曲》。有明崇祯间刻本,《古本戏曲丛刊二集》据以影印。

蝴蝶梦 又名《蝴蝶记》。传奇剧本。明陈一球作。三十二出。剧演庄周梦蝶故事。云庄周欲出道，其妻惠氏不满。庄周前身为散仙，因与玉女玉真调情，被谪下凡。太上老君因其二人宿缘未断，遂遣玉真下凡，与庄周成就夫妻，并产下一子。庄周受尹喜点化，筑室修持，其妻仍苦劝其出仕。玉真托梦庄周，令其梦蝶脱身。庄周诈死，化身为楚国王孙，以试惠氏。其妻为王孙美貌所动，欲成婚媾。庄周忽然还阳，惠氏羞愧而死。庄周鼓盆而歌，升上天界，惠氏亦成正果。有传抄本。

元宵闹 又名《玉麒麟》、《翠云楼》。传奇剧本。明李素甫作。二卷二十七折。叙《水浒》卢俊义上梁山故事。今存清雍正间抄本，《古本戏曲丛刊二集》据以影印。

凌云记 传奇剧本。明韩上桂作。二卷二十出。叙司马相如卓文君故事。司马相如授为著作郎，将唐蒙作乱，兵围临邛，逼卓王孙交出文君，文君坚执不从。朝廷加相如中郎将，命其平定叛乱。相如斩杀唐蒙，得胜回朝。相如、文君俱获封赠。祁彪佳《远山堂曲品》列其为“能品”。有韩慈铭民国二十一年(1932)抄本，《古本戏曲丛刊五集》收入。

青虹啸 又名《詹头水》。传奇剧本。明邹玉卿作。二卷三十折。叙汉末曹操驾临献帝之上，献帝赐血诏于国舅董承，令其保护皇上。后事情败露，董承等被杀。其子董圆投奔司马懿，改名司马师。董妃亦为曹操所杀，遗子高贵卿。贵卿长大后，携青虹剑寻找董圆。时曹芳在位，司马师奉高贵卿为主子，拥兵入朝，擒杀曹芳。贵卿即位，封司马师为晋王。有传抄本，《古本戏曲丛刊二集》据以影印。

双螭璧 传奇剧本。明邹玉卿作。二卷三十一折。叙钱塘人裴硕夫妇为女儿招赘奚屺为婿，不料奚屺欲独吞家产。他先与乡宦乔德商议，诬告裴硕侄儿正宗与白莲教勾结，将其发配。临行前，裴硕把祖传的双螭璧中一枚送给正宗。奚屺又欲害硕妾生下的儿子延宗，幸被救走，随身带有另一枚螭璧。后奚屺被杀，正宗、延宗二人赴京应试，因乔德偷璧，兄弟俩才得以相认，并与家人相会。故事略同于《拍案惊奇》之《占家财狠婿妒侄》。今存清康熙三十一年(1692)抄本，《古本戏曲丛刊三集》据以影印。

磨忠记 传奇剧本。明范世彦作。二卷三十八出。叙魏忠贤事。谓魏忠贤擅权专政，滥杀忠臣。监生陆万龄为魏忠贤建生祠，致使天神怨怒。杨涟、魏大中、周顺昌之魂，上奏天帝，旨派鬼兵捉拿魏忠贤。值新帝即位，魏忠贤遭劾被贬。鬼兵捉拿魏忠贤到案，杨涟等人勘问魏忠贤。总兵毛文龙，大破建州兵，收复辽东，天下太平。剧中间采“里中父老言”，“欲令天下村夫嫠妇、白叟黄童，睹其事，极口痛骂忠贤”(《序》)。有崇祯间刊本，《古本戏曲丛刊二集》据以影印。

花筵赚 传奇剧本。明范文若作。二卷二十九出。叙晋代人温峤有心于姑母之女碧玉，而碧玉却着意于峤之好友谢鲲。姑母托峤为碧玉选婿，峤以玉镜台金镜为聘礼，假作代谢鲲为媒。时王敦谋叛，将温峤罗致幕下，并在军中为其与碧玉举行婚礼。碧玉厌峤肤黑而多须，以侍女芳姿顶替。后温峤因打败叛军，诛杀王敦，有功受封。此时，碧玉始生夫妇之情，而把芳姿给谢鲲作妾。此温峤玉镜台故事，戏曲多有饰演，此剧牵合谢鲲，用误会法，至增纠葛。有明崇祯间博山堂原刻本，《古本戏曲丛刊二集》据以影印。

梦花酣 传奇剧本。明范文若作。二卷三十四出。叙北宋书生萧斗南，梦中与一女子相会，醒后画下图像。少女谢蒨桃看到画的是自己，相思而病亡。时辽兵南侵，萧斗南流亡途中，与蒨桃魂交。九天仙官张园叟令蒨桃借尸还魂，终与萧斗南成婚。此剧与《牡丹亭》情景略同，但更为诡异。有明崇祯间博山堂原刻本，《古本戏曲丛刊二集》据以影印。

鸳鸯棒 传奇剧本。明范文若作。二卷三十出。叙书生薛季衡，穷困时娶妻钱惜惜。后薛季衡考中进士，嫌钱家出身卑贱，意欲他娶，竟将惜惜推入江中。成都太守张咏救起惜惜，收他为义女，又托人作媒，欲招赘薛季衡。结婚时，太守派仆婢棒打新郎，又取出鸳鸯棒，让其发誓不生二心。钱惜惜痛责薛季衡，薛知真相，惭愧不已，夫妇重归于好。《古今小说》有《金玉奴棒打薄情郎》，情节相合，此剧比小说更曲折，有兴味，关目布置巧妙、自然。有明崇祯间博山堂原刻本，《古本戏曲丛刊二集》据以影印。

续精忠 又名《小英雄》。传奇剧本。明汤子垂作。二卷二十五出。叙岳飞之子报仇故事。略云：牛皋携岳飞之子岳雷、岳电，占山为王，不再入朝。岳飞显灵，牛皋感动，率二岳勤王。秦桧夫妇被诛，其子秦熺降金。牛皋之子牛通，被秦熺召为先锋，屡败宋将，擒住牛皋。通母金氏说明真相，牛通欲谋反，被秦熺关入狱中。施全之子施宽救出牛皋一家，岳雷、岳电率兵，打败秦军，擒熺得功。今存清抄本，《古本戏曲丛刊二集》据以影印。

升仙记 传奇剧本。明黄粹吾作。二卷二十出。为续《西厢记》之作。叙张生及第后，告病还家。欲纳红娘为妾，为莺莺所阻。西方迦叶尊者以一枚黑枣度脱红娘，红娘遂断绝尘念，诵经念佛，并劝张生亦修行归道。莺莺误以为红娘勾引张生，欲烧红娘修行的西庵。郑恒未娶得莺莺，向阎王告发。阎王将莺莺拿问，幸红娘辩清事由，莺莺方得回阳。后张生、莺莺等皆拜红娘为师，皈依佛门。《西厢记》精神全失。有明崇祯间来仪山房刻本，《古本戏曲丛刊初集》据以影印。

明月环 传奇剧本。明张楚叔作。二卷三十二出。叙乔松欲在石鲸、荆棘二人中择一女婿，其女罗浮慕石鲸文才，赠以明月环。荆棘请石鲸伴读，其妹青娥亦爱慕石鲸。荆棘买通乔松妻，欲诬告石鲸，反被识破，乔松将罗浮许给石鲸。上界氤氲使者勾取荆棘魂魄，荆棘害怕，将青娥嫁给石鲸。石鲸上京赶考，高中状元，得娶罗浮、青娥二人。剧以明月环为前后关目，故名。有明崇祯间刻《白雪楼五种曲》本，《古本戏曲丛刊二集》据以影印。

金钿盒 传奇剧本。明张楚叔作。二卷三十二出。叙权次卿买得半面紫盒，此盒原是白门之物。次卿装成白家亲戚，投至白家，欲娶白氏女徐妁英。两人互慕才情，作诗相和。次卿欲请妁英姑姑作媒，又遇其女妁秀，钟情于她。后次卿被贬，几经周折，终于得娶妁英、妁秀二人。与叶宪祖《四艳记》中《丹桂钿盒》一剧略同。有明崇祯间刻《白雪楼五种曲》本，《古本戏曲丛刊二集》据以影印。

诗赋盟 传奇剧本。明张楚叔作。二卷三十六出。叙骆俊英偶遇于志宁之女如玉，两人诗赋酬答，互生爱意，订下婚约，于夫人也同意婚事。虞世南之子亦心仪如玉，托人向于志宁说媒，于答应求亲。夫妇二人争论不下，如玉忧闷成疾。骆俊英上朝陈情，皇上恩赐如玉和俊英完婚。皆凭空结撰。有明崇祯间刻《白雪楼五种曲》本，《古本戏曲丛刊二集》据以影印。

灵犀锦 传奇剧本。明张楚叔作。二卷三十六出。叙张善相自幼聘下段琳瑛，桑嘉拦路窥视琳瑛，被善相赶走，遂怀恨在心，设计诬告善相杀人。善相从狱中逃出，杀死桑嘉，并与琳瑛相会，侍女瘦红将琳瑛所佩之灵犀锦偷出，给予善相，助二人再次相会。善相投奔杜伏威等，在山中起兵，杀死前来征讨的桑嘉父。后琳瑛父段韶招降杜伏威等，授以高官显爵。善相亦得以娶琳瑛为妻、瘦红为妾。按段韶、杜伏威、张善相皆历史人物，然互相牵合，据《禅真逸史》增饰。有明崇祯间刻《白雪楼五种曲》本，《古本戏曲丛刊二集》据以影印。

郁轮袍 传奇剧本。明张楚叔作。二卷三十二出。叙唐诗人王维作《郁轮袍》，小姐苏惠芳闻后，心生爱慕，其母误认维弟绿，以其貌丑，婚事作罢。王维上京会试，被取为状元。王绿指使富家子弟王推诬告王维，幸岐王查明真情，王维得以洗清冤情。安禄山反，要王维任职，维吞吃哑药拒绝。王绿、王推先后冒名追求蕙芳，遭到痛斥。蕙芳为叛军所掳，李光弼破安禄山，将蕙芳收养家中。乱平后，由李光弼作合，蕙芳、王维终得相见成婚。与笔记及王衡《郁轮袍》情节殊异。有明崇祯间刻《白雪楼五种曲》本，《古本戏曲丛刊二集》据以影印。

风流院 传奇剧本。明朱京藩作。二卷三十四出。叙舒新弹三次赴考，名落孙山，与南山老人同住。扬州女小青，嫁与冯家为妾，遭冯妻妒恨，病重而亡。新弹得见小青诗笺，视为知己，遂请南山老人施术相救。时小青鬼魂已被送风流院入籍，新弹拜谒院主汤若士，又请院仙柳梦梅、杜丽娘为媒，与小青成婚。玉帝闻知此事，派东大司捉拿南山老人，反为所败。后南山老人向玉帝为二人求情，玉帝赐小青再还阳世，与舒新弹结为夫妻。按小青事，见冯梦龙《情史》。此剧牵合汤显祖，又以柳梦梅、杜丽娘为院仙，殊属荒诞奇想。今存明崇祯间德聚堂刻本，有残缺，《古本戏曲丛刊二集》据以影印。

崖山烈 传奇剧本。明朱九经作。演南宋兴亡事。叙元兵南侵，贾似道率军抗元，大败而归。文天祥率兵勤王，却遭左丞相贾似道构谗，诏其赴元军议和，为元军扣押。文天祥逃回，又督兵与元会战，兵败被俘。宋全军覆没。陆秀夫、张世杰护少帝逃至海上崖山，又为元军所困。陆秀夫负帝投海自尽。文天祥被押三年，宁死不屈，慨然就义。盖悼明亡而作。郑振铎盛赞此剧，“传奇写家国大事而充满了无可奈何的悲痛，当以此剧和《桃花扇》为最”（《插图本中国文学史》）。今存康熙二年(1663)抄本，《古本戏曲丛刊二集》据以影印。

双凤记 又名《双凤齐鸣记》。传奇剧本。明陆华甫作。二卷四十二出。叙南宋时赵范、赵葵同举进士，奉旨随父赵方守边，大败金兵。山大王李全因抗金有功，授以观察使之职，却欲叛宋降金，准备攻打临安。二赵奉命镇守扬州，以防李全。李军兵困扬州，二赵出兵搦战，大败李全。赵方父子因抗击金兵、平定李全叛乱有功，俱获升迁，二赵奉旨成婚。事据正史。今存明万历间金陵世德堂刊本，《古本戏曲丛刊二集》据以影印。

三桂记 又名《三桂联芳记》。传奇剧本。明纪振伦作。二卷三十二出。叙金正退官家居，与侍女安小桃偷情。不久，金正回京任职，临行，小桃告已怀孕。金正走后，其妻杜氏折磨小桃，欲害母子性命。其子金孝暗中保护，小桃生下二子，金孝给他们取名大桂、小桂，并教他们读书。十八年后金正致仕还乡，命金孝携二桂上京应试。金孝中状元，大桂中榜眼、小桂中探花。朝廷闻知此事，褒封金正一家。三子均折桂，故名“三桂”。有明万历间唐振吾刊本，《古本戏曲丛刊二集》据以影印。

七胜记 传奇剧本。明纪振伦作。二卷三十六出。叙诸葛亮南征孟获，七擒七纵。孟获感孔明之德，终于心服，归顺蜀国。孔明班师凯旋。此剧以《三国演义》为本，中间插叙孔明二位夫人的思念之情，作为对孔明专心王事的衬托。祁彪佳《远山堂曲品》评此剧：“孔明七胜孟获，事故可传。此剧演出热艳，亦可免于荒俚。”京剧及川剧、汉剧等地方戏均有《七擒孟获》剧目，或受此剧影响。有明万历间唐振吾刊本，《古本戏曲丛刊二集》据以影印。

全德记 传奇作品。作者不详，或云王拱恕作。二卷三十二出。叙窦禹钧，壮年无子。致仕后，舍资财赈济九族。高怀德家贫，禹钧借钱与他经营。怀德义子高童儿迷恋妓馆，银子被骗走。怀德无奈，卖女偿还债务，自己远走。禹钧闻讯，收留高女，视为己出。时赵匡胤广延英雄，石守信闻讯前往，遇禹钧。禹钧以高女嫁守信。怀德、守信皆投匡胤，俱升高官。禹钧广行善事，天帝遣五德星君下投窦门，使生五子，俱各显荣。王稺登有同名传奇，皆据《范文正公别集》之《窦谏议录》敷衍。有明万历间金陵广庆堂刻本、清抄本，《古本戏曲丛刊二集》据前者影印。

飞丸记 传奇剧本。明张景作。二卷三十三出。叙易弘器赴京会试，先参拜奸臣严世蕃，留寓府中。弘器偶遇世蕃之女玉英，两人以诗笺传情。后弘器知世蕃谋害忠臣之事，逃出京城，被世蕃缉捕。时邹应龙、林润等劾奏严氏父子罪恶，世蕃发配充军，玉英发至仇严府中为奴。仇严欲收玉英为妾，玉英不从，被罚苦役。弘器得中进士，劾奏仇严。玉英终与弘器成婚。有明末汲古阁原刻初印本、《六十种曲》本。

荷花荡 又名《莲盟记》。传奇剧本。明马佶人作。叙秀才李素，在荷花荡盛会上，得遇傅员外之女莲贞，两人以莲互赠，互生爱慕之情。李素潜入傅府，向莲贞表白，但莲贞已许与封云起，两人发誓来世再作夫妻。后封云起与妓女幽会，惊吓而死。莲贞致书李素，李素此时已授官翰林，遂赶回向傅员外求婚，来世之盟终得在今生实现。有明末刊本，《古本戏曲丛刊二集》据以影印。

鸳鸯绦 传奇剧本。明路迪作。二卷三十八出。叙书生杨直方，与友赴京会试，取道山东，寄宿宝华寺中。张小二与寺僧勾结，欲图财害命。直方逃出，却误投张小二家。张母去寺中报信，其女张淑儿心仪直方，赠鸳鸯白玉绦为信物，订下终身，将其放走。寺僧杀死张小二，又骗张家母女逃难。途中，直方友胡平救下二人，收淑儿为义女。直方得中探花，回乡探亲。胡平欲嫁淑儿，直方、淑儿不知详情，仍恪守旧盟，后得知原来正是对方，两人欣然成婚。小说有《醒世恒言》之《张淑儿巧智脱杨生》。剧中有《虏蠢》诸出，颇涉讳碍，乾隆时遭禁。青木正儿评此剧“结构绵密，凑合复杂，事件甚巧，可见其手段不凡”(《中国近世戏曲史》)。有明崇祯刻本，《古本戏曲丛刊二集》据以影印。

进瓜记 传奇剧本。明王崑玉作。十八出。叙渔夫吕全得术士袁守诚指点，总网到大鱼。泾河老王恼怒，害其家人。魏徵奉玉旨斩杀老龙，唐太宗见龙头一病而死。魏徵求救于袁守诚，唐太宗得以还阳。天妃娘娘嘱唐太宗进瓜果以谢恩，吕全为谢袁守诚，愿赴阴司进瓜。天妃娘娘感吕全忠心，让其妻借尸还魂，与吕全重为夫妻。刘全进瓜，当系民间故事，《西游记》亦用。唯姓氏不同。此剧每出均注明曲牌所用韵目，大部分为昆腔，偶有弋腔。今存旧抄本。

云台记 传奇剧本。明蒲俊卿作。二卷四十四出。叙东汉兴国事，云王莽欲窃汉自立，大夫冯异、刘演进谏，反被诬遭罪。王莽篡位成功，建立新朝。冯异报告刘演的弟弟刘秀，并与他一起兴兵。刘秀得邓禹、马援等相助，攻入京城，王莽逃亡途中被杀。刘秀恢复汉室，建云台，列功臣姓名于台上。有明文林阁刊本，《古本戏曲丛刊二集》据以影印。

胭脂记 又名《绣鞋记》。传奇剧本。明童养中作。二卷四十一出。叙书生郭华赴京赶考，偶遇开胭脂铺的王月英，彼此爱慕。王月英约郭华正月十五在相国寺相会，但她赶到时，却见郭华醉卧寺中，酣睡不醒，只好留下鞋与帕而去。郭华醒后，懊悔不已，吞帕自尽。包公命人查出是月英的东西。众人同到寺中，拽出郭华口中手帕，使其复苏，包公判月英与郭华成婚。今存此剧源出戏文《王月英月夜留鞋》明万历间金陵文林阁刻本，《古本戏曲丛刊初集》据以影印。

二奇缘 传奇剧本。明许恒作。二卷三十八出。叙扬州人杨维聪、费懋中同赴京应试，途经宝华寺。寺僧悟石、觉空与张小乙狼狈为奸，欲图财害命。费懋中跳入古井，得进龙宫，娶龙女襄玉为妻。杨维聪避难，却误入张小乙家，张妹淑儿让其离开，两人定下姻盟。后悟石等人谋反，淑儿逃走。杨、费二人分中状元、探花，奉命征伐叛军，力擒悟石等贼。杨维聪巧遇淑儿，回京完婚。双谐奇偶，故名。有明崇祯十六年(1643)刻本，《古本戏曲丛刊三集》据以影印。

桃花记 一名《崔护记》。传奇剧本。明金怀玉作。二卷三十五出，已残缺。叙崔护“人面桃花”事。云崔与庄慕琼指腹为婚，但不知其详。崔护路经庄家，口渴求水，与慕琼相遇，两人一见钟情，互诉衷曲，私订终身。慕琼劝崔护考取功名，再来求婚。崔护得中探花，又劝说吐蕃归降唐朝，圣上准其归娶。崔护至庄家，恰慕琼外出，遂留桃花诗一首。慕琼归见题诗，气急晕倒。次日，崔护赶来，救醒慕琼，终成婚配。本事出唐孟棨《本事诗》。有明万历刊本。

望云记 又名《望云忠孝记》。传奇剧本。明金怀玉作。二卷三十八出。叙唐名臣狄仁杰为官清正，剑斩巨蟒，力保忠臣，招安南越，升为左丞相。武则天篡唐，废李显为庐陵王。狄仁杰决心扶助唐室，力劝武则天返周还唐。武则天感狄仁杰忠心，召回李显，使之重登帝位。狄仁杰恳请回家养亲，武后、李显送出都门。吕天成《曲品》云“演之可观”。有明文林阁刊本，《古本戏曲丛刊二集》据以影印。

金印合纵记 又名《合纵记》、《黑貂裘》。传奇剧本。作者不详，明高一苇订正。叙苏秦与好友张仪赴秦国应招，秦相商鞅妒苏秦才华，只录张仪而不用苏秦。三年后，苏秦穿着破烂的貂裘回乡，遭家人冷眼。他苦志读书，几年后，又赴魏国，献合纵之计，终为所用，被六国封为都丞相，而张仪亦被秦封为横约之长。苏秦回乡，故意着旧衣，家人极尽辱骂，待苏秦出示六国丞相印，家人百般奉承。苏秦怒斥众人无情，随即认亲。此剧刻意描写苏秦得势前后家人的变化，暴露了封建社会的世态炎凉。按明初有苏复之戏文《金印记》，同演此事。有崇祯间刻本，题“西湖高一苇订正”；清初《玉夏斋传奇十种》所收本等。

葵花记 传奇剧本。作者不详，明高一苇订正。叙秀才高彦真，娶妻孟日红。彦真赴京应试，考中状元。宰相梁计有女月英，逼其入赘，又将彦真家书扣留。日红在家侍奉婆婆，后几经辗转，进京寻夫。梁计令月英款待日红，遂下毒酒中，日红当场死去。梁计将日红埋入井中，以葵花覆盖。九天玄女救活日红，并授她兵书、宝剑。日红投军，得胜而归，上诉太后，欲报前仇。后梁计事败，被贬口外，彦真、日红终于团圆，月英无辜，亦得以共聚。今存明刊本，但已残缺。日本《船舶书目》有《孟日红葵花记》，题“钱塘高一苇订正”。

并头花 传奇剧本。明邓志谟作。二卷四十出。叙才子宜男生与水仙子成婚，夫妇和谐。却有蕉美人心仪男生，苦于男生已婚，欲往昙花观为尼。男生得中探花，任职中书。时有贼人园棘、墙茨欲害男生家人，幸逃至昙花观，未遭毒手。水仙子遇蕉美人，知其心事，劝其共事一夫，同为并头花。男生出征平定藤花王之乱，生擒园棘、墙茨二贼，得胜回朝。男生衣锦荣归，与水仙子相会，又与蕉美人成亲。邓有《五局传奇》，用花、鸟、骨牌、曲牌、药为主人公名，皆杜撰。此用花名。有玉芷斋抄本。

珠环记 一名《八珠环记》。传奇剧本。明邓志谟作。二卷三十七出。叙才子人参才与和淑一见钟情，两家议婚，和家求八珠环为聘仪。巫山神女知人参才必中状元，欲其洗刷自己所受千古之诬，遂造八珠环一对、七星剑赠人参才。人、和成婚。后人参才赴试，作诗为神女平反，果中状元。巫山四鬼偷走八珠环，为钟馗没收。时有秃爪龙领兵作乱，人参才仗七星剑之威，大破贼兵。人参才衣锦还乡，又娶琼姑、瑶姑为妻，八珠环亦从梅花树下发现，皆大欢喜。为作者《五局传奇》之一。有玉芷斋抄本。

凤头鞋 传奇剧本。明邓志谟作。二卷三十八出。叙才子黄鹂鹖，与慧娘一见钟情，结为夫妇。黄生赴京赶考，临别，夫妻各执一只凤头鞋。邻妇老鸽鹕窃走凤头鞋，送与鹞将军。鹞将军欲抢慧娘为压寨夫人，幸观音菩萨命红孩儿前来相救，并夺回凤头鞋。黄生考中探花，在任上闻家中变故，致仕回家，途中在观音祠菩萨手中捡回凤头鞋，终与慧娘团聚。此为作者《五局传奇》之一，用鸟名。有玉芷斋抄本。

玛瑙簪 传奇剧本。明邓志谟作。二卷三十三出。叙才子槟郎邂逅红娘子，一见钟情，两家议亲。槟郎赴京赶考，临别两人各执一玛瑙簪。时有山大王乌贼、木贼欲抢红娘子，幸女仙将其变成一丑女子，才免遭此难，而玛瑙簪却被抢去。槟郎考中状元，奉旨讨伐全胡，生擒乌、木二贼，夺回玛瑙簪。槟郎得胜回朝，出将入相，与红娘子成婚。为作者《五局传奇》之一，用药名。有玉芷斋抄本。

凤求凰 传奇剧本。明陈玉蟾作。二卷三十出。叙司马相如、卓文君故事。两人一见钟情，相约私奔。相如入京为官，正值唐蒙蜀中作乱，相如驰檄谕蜀，诸夷闻风朝汉。相如功高，爵列通侯，却携文君隐居茂陵。有明崇祯间刻本，《古本戏曲丛刊二集》据以影印。

牟尼合 又名《牟尼珠》、《马郎侠》。传奇剧本。明阮大铖作。二卷三十六出。叙萧思远因得罪招讨使封其蔀，被诬谋反，化名出逃，临别，与妻荀氏各执牟尼珠一颗，以待来日相会。思远一路颠沛，几为贼人所杀，幸得达摩祖师相救。开河总管麻叔谋欲食婴儿，封其蔀指名要萧思远之子佛珠。荀氏将牟尼珠放入佛珠怀中，佛珠被人救走。时有芮小二为报萧思远恩德，告发麻、封二人罪恶。佛珠长成，金榜题名，成婚之际，萧思远、荀氏凭牟尼珠认出佛珠，一家终于团圆。事属杜撰。或云借思远以自寓。有明刊本，《古本戏曲丛刊二集》据以影印。

春灯谜 又名《十错认》。传奇剧本。明阮大铖作。二卷三十九出。叙宇文彦正月十五观灯猜灯谜时，邂逅女扮男装的韦影娘。不料，两人误上了对方的船。影娘为宇文彦父认做养女，而宇文彦却被韦家抛入江中，为人所救。后宇文彦考中状元，其父为养女招赘，终于父子相见，有情人得成婚配。阮氏在明末，颇为士林清议。庄一拂认为此剧亦有寓意，“言己是误上人船，非有大罪。通本事事皆错，以见当时错认之事甚多。”(《古典戏曲存目汇考》)有明刊本，《古本戏曲丛刊二集》据以影印。

燕子笺 传奇剧本。明阮大铖作。二卷四十二出。叙秀才霍都梁与妓女华行云有情，并为其作画，送与裱匠装裱。恰巧，官家小姐郦飞云亦送画来裱。两家取画时，相互拿错。飞云睹画思人，题诗笺上，却被燕子将笺衔去，送给霍都梁。安史之乱后，霍都梁考中状元，主考官正是飞云父郦安道。霍都梁终于得娶华行云、郦飞云为妻，一家皆获封赠。此剧影响较大，曾供奉内廷，在后世舞台上久演不衰。钱杏邨《弹词小说评考》谓，此剧以平话《燕子笺》为蓝本，说白及诗词俱吻合。梁廷枏《曲话》评云：“鸾交两美，燕合双珠，设景生情，且征巧思。”有怀远堂本，《古本戏曲丛刊二集》据以影印。1986年上海古籍出版社出版注本，收入《古代戏曲丛书》。

双金榜 传奇剧本。明阮大铖作。二卷四十六出。叙皇甫敦被诬盗宝，发配海南，临行将子孝标托付给邻人詹员外。至海南后，为卢家招赘，生子孝绪。后孝标、孝绪皆长大成人，赴京应试，孝绪得中状元，孝标得中探花，兄弟却不相认。皇甫敦在海南以夏化夷，受圣上封赠，父子兄弟始得相认团圆。通过盗宝与通海，令情节变幻。有明刊本，《古本戏曲丛刊二集》据以影印。

西园记 传奇剧本。明吴炳作。二卷三十三出。叙西园有二女，名玉英、玉真。才子张继华闲游西园，得见玉真，心有所思。后玉英死，继华误以为玉英即所见女子，为己而死，日夜思念玉英。玉英魂魄感其真情，与之幽媾。友人夏玉为继华、玉真议婚。新婚之夜，继华方知实情，遂为玉英做水陆道场，使之得升天界。情节诡幻奇丽，关目组织亦佳，至今仍在戏曲舞台演出。有明崇祯间金陵两衡堂刻本，《古本戏曲丛刊三集》据以影印。

情邮记 传奇剧本。明吴炳作。二卷四十三出。叙书生刘乾初途经黄河东岸驿时，题诗壁上。慧娘、紫箫先后至此，两人合成一首和诗。刘生复至，思念和诗之女子。紫箫遭大妇嫉妒，将被转卖他人。适刘生友闻知此事，买下紫箫，与刘生结婚。刘生考中状元，负责审理慧娘父罪案，慧娘愿嫁刘生，以救其父。刘生、慧娘、紫箫三人相会，方知前情，于是一家团圆。以其邮亭赋诗为契机，故名。有崇祯间刻本，《古本戏曲丛刊三集》据以影印。

画中人 传奇剧本。明吴炳作。二卷三十四出。叙书生庾启尝画美人图，又从华阳真人处学得呼唤美人之术，遂呼“琼枝”。果然美人自画中走出，与之相会。庾生表兄胡图窃得美人图，亦呼之。琼枝见非庾生，化鬼形遁出。真人擒拿琼枝魂，命其投再生寺。时琼枝父携夫人、琼枝赴任，途中琼枝身亡，棺柩停于再生寺。后庾生上京应试，途经再生寺，得遇琼枝魂，并告之详情。庾生使琼枝复活，送还其父。后庾生考中状元，与琼枝成婚。有明崇祯间刻本，《古本戏曲丛刊三集》据以影印。

绿牡丹 传奇剧本。明吴炳作。二卷三十出。叙才子谢英与顾粲为友，在柳希潜家为塾师。柳不好学，与车本高为友。沈重为女婉娥择婿，招柳、车、顾三人作《绿牡丹》诗。柳令谢英代作，车则令妹静芳代作。静芳得见柳生诗，心生爱慕，遣乳娘前往探视。谢英亦慕静芳才华，以柳生应对。柳、车二人商议，柳娶静芳，车娶婉娥。后婉娥识破真情，嘱其父再开文会。柳、车辞去，顾生所作甚得沈重赞赏。后谢英、顾粲乡试中第，沈重为谢英与静芳作媒，而以婉娥许配顾生，二家同时举行婚礼。剧以绿牡丹为关目，故以为名。有崇祯间金陵两衡堂刻本，《古本戏曲丛刊三集》据以影印。《中国十大古典喜剧集》亦收入此剧。1985年上海古籍出版社又出版校注本，收入《古代戏曲丛书》。

疗妒羹 传奇剧本。明吴炳作。剧云：有杨器者，年过三十，尚无子嗣。妻颜氏劝其纳妾，杨不肯。时有富豪褚太郎，年老无子，其妻苗氏生性嫉妒，虐待妾小青，且不许褚太郎接近。颜氏见小青，心生怜爱，助杨器与小青相见，复又劝苗氏将小青移居别处。小青郁闷得病，仿《牡丹亭》中杜丽娘，欲画小像留念。杨器友韩向宸受托作画，适小青病亡，韩即以灵药救活，藏于家中。杨器闻小青死，心中甚悲，思念不已。颜氏遂引小青与之见面，劝杨纳其为妾。后颜氏、小青各生一子，褚家夫妇前往祝贺。韩生拔剑威胁苗氏，令其发誓不再嫉妒。本剧不唯排场关目生动，词藻亦略胜他作，其《题曲》一折，亦逼真《牡丹亭》。有明崇祯间金陵两衡堂刻本，《古本戏曲丛刊三集》据以影印。

磨尘鉴 传奇剧本。明钮格作。二卷二十六出。叙唐玄宗宴饮御花园，天空降下一部《骷髅格》。西方散圣黄缁绰应召讲解，并依此曲律，作《磨尘鉴》戏文。演后汉范滂故事，宣讲人生轮回之义。玄宗观后十分高兴，令今后取士不用诗文，而用戏文。后安史之乱，玄宗西幸，贵妃自缢。梨园领班李猪儿乘醉杀死安禄山，郭子仪率兵平定叛乱，迎玄宗回京。黄缁绰亦自玉峰山入宫拜见玄宗。此剧采用戏中套戏的结构，讲述前车之鉴的道理。今存玉霜簃藏抄本，《古本戏曲丛刊三集》据以影印。

双红记 传奇剧本。明更生子作。二卷二十九出。叙昆仑、红线本为天神，被谪降人间。昆仑至崔庆家为仆，红线则为薛嵩幕中记室。崔庆拜见其父故友郭子仪，与家妓红绡相遇。红绡暗示崔庆十五月圆之时与其幽会，并求昆仑救她脱离郭家，与崔庆成婚。时有田承嗣欲并吞潞州，红线为报效主人，夜盗田床头的金盒，嘱崔嵩派人送回。田惧，打消进军的念头。昆仑、红线向崔嵩、崔庆、郭子仪说明来历，遂作别，准备修成正果，并劝众人急流勇退。剧合唐人小说《昆仑奴》红绡与《红线》故事而成，故名“双红”。后世京剧及地方戏所演剧目，均受其影响。有明万历间文林阁刊本，《古本戏曲丛刊二集》据以影印。

千祥记 传奇剧本。明无心子作。二卷三十出。叙贾凤鸣年八十无子，被荐出山，任长沙知府，途中救下一女玉娥。后贾凤鸣在千祥轩向玉娥求欢，竟得一子，取名贾谊。贾凤鸣戏称其子日后亦管长沙。贾谊长大后，颇善文章。时有长沙王白伦的左妃受冷落，打入长门宫中，遂请贾谊作《长门赋》。长沙王得知此赋为贾谊所作，慕其才学，上表朝廷，求贾谊为太傅。贾谊到任后，接来父母，并与父亲在千祥轩宴请长沙官员。此剧所叙贾谊其父耆年生子，附会杜撰，以解嘲。有清康熙芸晖堂抄本、《古本戏曲丛刊二集》影印本。

金雀记 传奇剧本。明无心子作。二卷三十出。叙晋时潘岳貌美，每出，妇人必投之以果。元宵灯市，井王孙之女文鸾遇潘岳，以一对金雀投之。井王孙为女择婿，甚爱潘岳诗，以女许之。潘岳以金雀为聘礼，两人成亲。后潘岳往河东谋职，临别，两人各执一金雀。潘岳慕青楼女子巫彩凤美貌、贞节，又以金雀为聘。晋武帝得见潘岳赋，甚喜，令其往河阳任职。文鸾往河阳寻夫，途遇出家为尼的彩凤，又见金雀，劝其为潘岳妾。文鸾至河阳，佯装不容，却将彩凤接来。潘岳终与一妻一妾团聚。潘安掷果事，《晋书》本传有载，亦见《世说新语》。青木正儿评此剧，“秾艳之中，颇有滑稽风味，写晋代文士之风气，稍得神似，为典雅之喜剧中成功作品”(《中国近世戏曲史》)。有明崇祯间白鹤山樵校刊本、明末汲古阁原刊初印本、《六十种曲》本。

撮盒圆 传奇剧本。明磊道人、癯先生合作。此剧已佚，仅存有散出。《曲海总目提要》录其故事梗概。叙闻人渊闲游庙市时，购得半面金钿盒盖，并发现此物系两家定婚凭证。渊偶遇甘氏及女紫鸳，正是盖中文书所言之人，遂假冒当年定亲之人，向甘氏求婚，并出示钿盒盖。后事虽泄露，然甘氏感天作巧合，仍将紫鸳许配给闻人渊。此剧情节与《金钿盒》传奇相似。《复庄今乐府选》收有此剧的十三出。

妆楼记 传奇剧本。明玩花主人作。二卷四十三出。叙眉州刺史周程与陈宜中的父亲曾指腹联姻。陈宜中赴京应试，遇周女意娘，夜间得上周家妆楼，互诉情思。宜中考中进士，因拒绝贾似道招赘，被贬调边关，后因抗金有功，获得升迁。周程得罪贾似道，被捕问罪。陈宜中上朝力劾贾似道，周程无罪复职。意娘为躲金兵，出逃在外，恰遇陈宜中。宜中大破金兵，升为宰相。皇帝降旨，命周程收宜中为婿，回乡完婚。有明万历间刊本，《古本戏曲丛刊二集》据以影印。

芙蓉影 传奇剧本。明西泠长作。二卷三十二出。叙韩樵在芙蓉道院巧遇前来还愿的名妓谢鹃娘。两人情投意合，次日便成亲。时韩往西湖访友，又与妓女宋远娘相会同居。鹃娘在家生活困顿，富商牛八欲以鹃娘抵债，鹃娘宁死不从。韩樵听友劝告，赴京应试。远娘自西湖来到金陵，与鹃娘结为姐妹。韩樵得中状元，回乡与二女团聚。有明崇祯刊本，《古本戏曲丛刊二集》据以影印。

玉钗记 又名《两重恩》。传奇剧本。明心一山人作。四卷四十四出。叙儒生何文秀，往南京艳游，与妓女刘月金订下终身。后文秀钱财被骗，意欲离去。临别，月金以玉钗相赠。时何家遭难，文秀逃至苏州，与太师府小姐琼珍相会，被太师捉住，欲杀二人。太师夫人放走二人。文秀、琼珍逃至海宁，又有张堂见琼珍美貌，遂诬陷文秀杀人。文秀出逃，赴试中选，授浙江巡按。琼珍不从张堂，告状至巡按衙门。文秀严惩张堂，与琼珍团聚，又将月金接来，一夫二妻，终得团圆。祁彪佳《远山堂曲品》评此剧：“何文秀初为游冶少年，后来备尝诸苦。写至情境真切处，令人悚然而起。若于结构处敷以新词，当成佳传。”有明万历间富春堂刊本，《古本戏曲丛刊初集》据以影印。

钗钏记 传奇剧本。明月榭主人作。二卷三十一出。叙皇甫吟父在日，聘史直的女儿史碧桃为妻。史直嫌吟家穷，欲将女改嫁。碧桃约吟相见，促其早娶。不料此事为吟学友韩时忠从吟口中得知，遂与碧桃相会，收钗钏等物。碧桃久等吟不至，投江自尽，为御史张所搭救。皇甫吟被诬因奸害命，问成死罪。幸为学士李若水查明真相，严惩韩时忠，将钗钏还与皇甫吟。后皇甫吟考中进士，恰遇张所。碧桃认出钗钏乃是己物，张所遂送碧桃与皇甫吟成亲。吕天成《曲品》评此剧：“皇甫吟事，非假托者。词简而朗。观此可为密事告友之戒。”有清康熙年间抄本，《古本戏曲丛刊二集》据以影印。

袁文正还魂记 传奇剧本。明欣欣客作。二十七出。叙宋时袁文正携妻韩秀真赴京应试。国舅曹二欲抢韩氏为妻，遂鸩杀文正，并将其尸埋在后园芭蕉树下。曹府中怪象丛生，曹二命迁新居。百姓往包拯衙门告状，包拯见此事蹊跷，命人细察，发现文正尸体，遂将曹二斩首，又面奏皇帝，乞开金库取温凉帽救文正还魂。文正还魂后，封为五霸诸侯，赐锦衣与韩氏还乡。有明万历间文林阁刊本，《古本戏曲丛刊二集》据以影印。

箜篌记 传奇剧本。作者不详。吕天成《曲品》云：“越人证圣成生作。”二卷三十四出。叙韦宓得中状元，却因得罪杨国忠而遭贬。时吐蕃侵边，杨国忠请以寿阳公主和蕃，韦宓力主举兵退敌。玄宗命韦宓护送寿阳公主前往边境，可战可和，并赠一箜篌与寿阳公主。公主慕韦宓才学，以箜篌相赠，作为定情之物。韦宓大胜吐蕃，令其向唐称臣。时安史之乱，韦宓领兵平叛有功，升官封侯，与寿阳公主结为夫妇。本史传敷衍。有明万历间会稽商氏半野堂刊本，《古本戏曲丛刊二集》据以影印。

喜逢春 传奇剧本。明清啸生（或作清笑生）作。二卷三十四出。叙明时魏忠贤控制内宫，擅权专政，设立东厂。时有直臣毛士龙等人上书弹劾魏忠贤。魏假传圣旨，将毛士龙等人削职为民。奸人崔呈秀投至魏忠贤门下，诬陷毛士龙等。毛士龙被贬平阳卫，每日鞭打草人以发泄对魏的愤恨。后新帝即位，魏忠贤被贬，自缢而死，毛士龙等人官复原职。毛回乡探亲，与家人团聚，恰逢新春，众人祝酒相庆。据明代史事敷衍。有明崇祯间刊本、清初玉夏斋刊本、长乐郑氏《汇印传奇》影印本、《古本戏曲丛刊二集》据崇祯本影印本。

三社记 传奇剧本。明其沧作。二卷三十三出。叙名士孙湛好结社遨游，于富春情社中，与名妓周文娟相会，订下终身。后孙湛遍游五岳，历时十年。文娟坚守誓约，受尽折磨。孙湛妻吴氏在家教育二子，终皆成人。孙湛归来，将文娟接回家中。时值孙湛父八十寿辰，圣旨赐孙湛为四游外史，二子亦从任上回家为公公庆寿，一家欢庆。此剧戏剧性不强，倒像一部游记性作品。有明崇祯间必自堂刻本，标李笠翁评定，有洪承畴序一篇。《古本戏曲丛刊三集》据以影印。

还金记 传奇剧本。明张瑀作。十四出。叙张瑀父亲病逝前，留白银百两与亲戚梁相保存，托其日后交给张瑀。梁相恐张瑀得财后不思进取，秘而不宣。瑀发愤读书，七次赴考，皆未考中。最后一次下第归来，已是家徒四壁。梁相遂将保存了二十八年的银子如数归还。此剧在明代传奇中极为罕见，实为一部自传性作品，颇为别具一格。今存清初抄本。

芙蓉记 传奇剧本。明江楫作。两卷三十一出。剧演崔英夫妇悲欢离合的故事。崔英雇船往永嘉任职。途中，船家顾阿秀起歹意，将崔英推入水中，把崔妻王氏带回家中。崔英被救，到御史高纳麟府中做塾师，等候破案。王氏乘顾阿秀夫妻喝醉之际，逃至寒山庵为尼。顾阿秀把劫来的《芙蓉图》施舍给寒山庵。王氏睹画思夫，在画上题词一首。后此画流至高府，高即派人缉捕顾阿秀，将王氏接回，夫妻得以重合。明人辑《燕居笔记》已有小说《芙蓉屏记》叙其事。明人演此事的还有叶宪祖的杂剧《芙蓉屏》等，当为现实故事。有清康熙刊本，《古本戏曲丛刊五集》据以影印。

红杏记 传奇剧本。明无名氏作，或云郑之玄作。二卷三十六出。叙才子陈淳得梦：聘妻袁氏，有红杏一枝。书生袁甫妹洁贞亦得梦，有一神人授红杏诗一首。后两人邂逅，果如梦中。不久发榜，袁甫中状元，因得罪贾似道，被遣任青田县尹。陈淳与洁贞分别，相思成疾。其友为其寻一酷似洁贞的妓女方慕贞，与其欢聚，并劝其求取功名。贾似道欲娶慕贞为妾，慕贞逃亡青田，亦得梦，与洁贞结为姊妹。方氏、袁氏相遇，两人融洽。后陈淳中状元，得娶袁、方二美，众人皆获封赏。有明天启间潭阳黄氏存诚堂刊本。

四美记 传奇剧本。作者不详。二卷四十三出。叙蔡兴宗家贫无子，妻王玉贞持斋三年，期满怀孕。时兴宗赴京赶考，一举及第，受命出使辽东，因拒绝辽东王逼娶公主，被扣留。王氏孤身无靠，回娘家居住。途经洛阳，狂涛大作，忽有神语，称状元在舟中，声罢涛息。王氏发誓如生子中状元，定造洛阳桥以济行人。后果生一子，取名蔡襄。后蔡襄长成，考中状元，选任洛阳太守，兴建洛阳大桥，正遇从辽东回来的父亲，一家团聚。大桥终于落成，蔡襄与父俱获升迁。按洛阳江在泉州，蔡襄于宋皇祐间曾为泉州太守，并造万安渡石桥（见《万安桥记》）。剧据此敷衍。有明万历间文林阁刊本，《古本戏曲丛刊二集》据以影印。

衣珠记 又名《珠衲记》。传奇剧本。作者不详。叙书生赵旭家贫，为应试往祖姑家求助。祖姑拒而不见，孙女湘云、侍女荷珠却慕赵旭。湘云遣荷珠约赵旭初更相见，荷珠欲自己赴会，假传三更。小姐赴会，误入冰窟，为龙神所救，送衣衲一件，并嘱某日有贫士求缝衣，以此相送。荷珠与赵旭作了夫妻，送其上京赴试。赵旭途中被抢，衣衫褴褛，至王妈家求缝补，湘云赠以衣衲。仁宗梦九轮红日，遂私服访贤臣，得见赵旭，并拿走其衣衲中明珠，命其任陕西安抚使。后仁宗下旨，令其与湘云结婚，一夫二妻终于团圆。《古今小说》有《赵伯昇茶肆遇仁宗》，同一故事。今存清初抄本，《古本戏曲丛刊三集》据以影印。

西湖记 传奇作品。作者不详。二卷四十三出。叙书生秦一木游西湖，遇富豪段百万携眷出游。段女如圭遗下珊瑚玉树一支，秦生误以为如圭有意于己。秦生入段家为书佣，欲与如圭相合，遭到拒绝，秦生相思成病，如圭劝其以功名为重，待金榜题名，再来迎娶。秦生上京应试，得中探花，旋即归乡省亲，终娶如圭为妾，一家团圆。与《唐解元一笑姻缘》事有所类同。《传奇汇考标目》列于金怀玉名下。有明万历间金陵唐振吾刊本，《古本戏曲丛刊二集》据以影印。

赤松记 传奇剧本。作者不详。二卷四十一出。剧演汉张良故事。略云：张良为黄石公穿鞋，学成太公兵法。刘邦起兵，张良往投，封为军师。刘邦进兵秦都，秦王投降。项羽设鸿门宴，欲杀刘邦，幸张良安排，刘邦得还霸上。后刘邦建汉，以张良功大，欲封其三万户。张良固辞，挂冠归里。与妻妾团聚后，即云游四方，并在黄石公的帮助下，得随赤松子学仙，登入仙籍。而萧何则下吏、韩信被斩。有明万历间文林阁刊本，《古本戏曲丛刊二集》据以影印。

青袍记 传奇剧本。作者不详。二卷三十一出。叙北宋书生梁灏系文曲星下凡，吕洞宾为谢梁灏相救之恩，将薛琼之女玉梅送至望仙楼与梁灏相会。灏坐怀不乱，脱青袍与其蔽体，欲将其送回家。玉梅感灏德义，与之成婚。后玉梅生子梁固，长大后，与父同往京城应试，得中状元。灏只中探花，耻居子下，情愿来科再考。历时九年，终于考中状元，一门俱获封荫。有明万历间文林阁刊本，《古本戏曲丛刊二集》据以影印。

和戎记　传奇剧本。作者不详。二卷三十六出。叙西汉宫女王嫱因未贿赂画师毛延寿，被其画坏容颜。元帝大怒，将其贬入冷宫。王嫱抚琴，帝为所动，召她入见，封为昭君，册为正宫皇后。毛延寿逃至沙陀国，向单于献上昭君画像。单于率兵与汉开战，索要昭君。宫女萧善音替昭君赴沙陀。不料，毛识破计策，单于再度发兵。昭君决意去沙陀和番，先命单于杀死毛延寿，后以白雁传书与元帝，投江自尽。有明万历间金陵富春堂刊本，《古本戏曲丛刊二集》据以影印。

金花记　传奇剧本。作者不详。二卷二十九出。叙书生周云，妻娄金花系九姑星思凡降世。周赴试未中，羞归故里。娄抗拒恶少抢亲，女扮男装，上京寻夫。娄参加科考，得中状元。时北方朔漠南侵，娄拜帅御敌。周因病误科考，遂投军中。娄知其为夫，却故意不用。周憾才高却不为所用，欲逃走。娄委其先锋之职，果然大败敌军，得胜回朝，夫妻相见。今存梅兰芳原藏红格抄本、郑振铎原藏传抄本，《古本戏曲丛刊三集》据后者影印。

金貂记　传奇剧本。作者不详。四十二出。叙尉迟恭为薛仁贵被诬之事不平，上殿奏本，被唐太宗贬为平民。后辽邦来犯，徐勣保奏仁贵出征，将功赎罪。奸臣李道宗欲杀仁贵妻、子，二人出逃，变卖家藏金貂，遇尉迟恭。薛军被围，程咬金杀出，赴京求援。李道宗举荐尉迟恭，欲借敌手除之。唐军内外夹攻，击败辽邦。功成凯旋，尉迟以女儿嫁与仁贵子，两家团圆，俱获封赠。今存明万历间金陵富春堂刻本，有残缺。《古本戏曲丛刊初集》据以影印。

霞笺记　传奇剧本。作者不详。二卷三十出。叙元李玉郎在学馆读书，邻院住着妓女张丽容。玉郎题诗霞笺，掷过墙头。丽容得笺，也回赠一首，两情相悦。后两人相见，私订终身，以霞笺为信物。后苏松都统制阿鲁台欲讨好右丞相伯颜，强抢丽容，送至京城。玉郎闻讯，亦追至京城。伯颜欲将丽容送与太后，玉郎混入护送队伍中，与丽容相见。玉郎一举考中状元，终于夫妻团圆，荣归故里。有明万历间金陵广庆堂刊本、明末汲古阁原刻初印本、《六十种曲》本等。

赠书记　传奇剧本。作者不详。二卷三十二出。叙才子谈麈与青楼女子魏轻烟两相钦慕，不料宰相卫三台因忌恨谈父，派兵捉拿谈麈。谈逃至富家贾府，见府中有兵书上卷，遂请下卷一读。贾府小姐巫云赠书与谈。魏轻烟因资助谈逃走遭捕，逃脱后落草为寇。谈男扮女装，出家为尼，后被太监贵有收为义女。巫云为逃选美，女扮男装，为忠臣傅子虚收为义子。卫三台欲害傅子虚，令其征剿魏轻烟。巫云阵前说降轻烟。圣旨下，赐巫云与谈麈结婚。两人各怀心事，后从兵书看出情由，真相大白。谈麈得娶巫云为妻、轻烟为妾。有明末汲古阁原刻初印本、《六十种曲》本。

名　　篇

白燕诗　诗篇名。明袁凯作。见《海叟集》。作者在元末于杨维桢宅上，席间见客咏白燕，惜其未尽体物之妙，数日后用其韵作本诗，为杨所叹服，时人因称之为“袁白燕”，名动一时。诗为七律，用精雕细凿之笔，摹写白燕之情态，而全不落于实处，唯以传其神韵为务，诚为咏物佳构。全篇语言清丽，用典贴切，中二联“月明汉水初无影，雪满梁园尚未归。柳絮池塘香入梦，梨花庭院冷侵衣”，着想神奇，笔致空灵，处处扣住“白燕”之“白”，尤为篇中警策处。

二鬼　诗篇名。明刘基作。见《诚意伯文集》。诗为七古，系神话诗，长达一千二百余字。中写结璘、郁仪二鬼奉天帝命司日月，因过劳而被天帝暂放人间游戏，五十年不得相见。后日月无光，宇宙变动，二鬼乃相会，为天帝除翳，重整乾坤，不意被天帝错怪，“养在银丝铁栅内，衣以文采食以麋”。二鬼无奈，只得耐心“等待天帝息怒解猜惑，依照天上作伴同游戏”。清钱谦益认为二鬼是隐指作者与宋濂，或疑其非。此诗表露了作者的抱负志向，也曲折地显现了他在朱元璋的猜忌下的内心不安和郁抑。全篇想像超卓，语言奇诡，境界宏阔。钱谦益以为“此诗盖拟昌黎《双鸟》而作”，明程孟阳亦称其“又在卢仝、马异间，奇怪仿佛昌黎矣”（见《明诗综》）。

青丘子歌　诗篇名。明高启作。见《高青丘集》。高启于元末隐居吴淞之青丘，自号青丘子，闲居无事，终日苦吟，被人嘲为“诗淫”，因作此歌解嘲。诗先自述其志，为无意于功名奔竞，唯好吟咏；次细写其苦吟之种种情态，以见其于诗之执着痴迷。继之云：“斫元气，搜元精，造化万物难隐情。冥茫八极游心兵，坐令无象作有声。”既写出其兀兀苦吟的追求目标与收获，也体现出作者生当元季战乱之时，力求摆脱世俗纷扰、获取个人精神自由的愿望，历来为论元明之际诗风者所重视，盖其代表了当时士人的共同心情。诗为七言歌行体，间杂有三言、五言乃至十四言句，笔法纵横错落有致，造语奇诡怪幻。全篇声势宏大，奔流直下，颇具太白诗风。

登金陵雨花台望大江 诗篇名。明高启作。见《高青丘集》。“金陵”即今江苏南京市，明兴，以其为首都。“雨花台”在南城聚宝门外，梁武帝时云光法师于此讲经，天降雨花如雪片，故名。洪武二年(1369)二月诏修《元史》，征高启及汪克宽、胡翰等十六人入京，参与纂修，诗即作于是年。全诗借景抒怀，从历史回顾、山川形势，归结到新朝兴起，国家统一，百姓脱离战乱兵燹，向往安居乐业，颇具时代特色。其中“大江来从万山中，山势尽与江流东。钟山如龙独西上，欲破巨浪乘长风”，以及“从今四海永为家，不用长江限南北”数句写得气势磅礴，一扫元末衰颓之风。历来被视为有明一代诗歌的开篇之作。

清明呈馆中诸公 诗篇名。明高启作。见《高青丘集》。高启于洪武二年(1369)被征召入京(南京，即金陵)，与修《元史》，《高青丘年谱》系此诗作于次年清明。系修《元史》时在清明假期中写给同馆修史的十五位同事的。既写有客居的寂寞，也写出了帝都芳草凄迷，百废待举景象的感受。是历来传诵的名篇。尤其第二联“白下有山皆绕郭，清明无客不思家”看似不经意著笔，实写尽南京清明的客思。是凡选明诗必录的佳构。

梅花 诗篇名。明高启作。见《高青丘集》。诗凡九首，皆为七律，用遗貌取神的笔法，反复咏颂梅花高洁清雅的品质，兼寓作者的人格抱负，语淡韵远，高标超俗。第一首之“雪满山中高士卧，月明林下美人来”一联，尤为人传诵。高启一生咏梅之作甚夥，此九首为其中翘楚。

石灰吟 诗篇名。明于谦作。见《于忠肃集》。于谦不以诗文名，但诗多慷爽可诵之作。诗云：“千锤万击出深山，烈火焚烧若等闲。粉骨碎身全不怕，要留清白在人间。”其诗虽浅直，但把石灰的洁白及制作之难，与个人操行品德的把持及敢于面对生活磨炼作了相当成功的比较，不但前人没写到过，而且很容易使人产生共鸣，因之对其节操更加景仰，所以传诵较广，颇为知名。

桃花庵歌 诗篇名。明唐寅作。见《六如居士集》。作者科举失利后，住苏州桃花坞，自号桃花庵主。本诗为七言歌行，即写作者在桃花坞中放浪形骸、笑傲王侯、鄙弃富贵之种种情态，而以“但愿老死花酒间，不愿鞠躬车马前”为一篇之宗旨。全诗语言通俗浅近，多杂口语，近于白居易体，为作者后期作品之典型风格。

秋望 诗篇名。明李梦阳作。见《空同集》。诗为七律，系作者于弘治十三年(1500)奉使赴榆林犒军时所作。全篇均为秋日在塞上望中所见，有苍凉之风光，有豪健之将士，有对古战场之凭吊，有对当世乏良将之慨叹。诗笔劲健，格调高古，明王世贞评为“雄浑流丽”(《艺苑卮言》)。诗的结构亦开合多变，诚如清沈德潜所言：“七言近体开合动荡，不拘故方。准之少陵，几于具体。”(《明诗别裁集》)

杪秋登太华绝顶 诗篇名。明李攀龙作。见《沧溟集》。诗为七律，共四首，系作者在嘉靖三十七年(1558)秋末登华山所作。以第二首写登顶俯看之颔、颈二联“苍龙半挂秦川雨，石马长嘶汉苑风。地蔽中原秋色尽，天开万里夕阳空”最为出色，景色壮观，境界阔大，虽皆为景语，而古今沧桑之慨，已尽含其中。清沈德潜云：“沧溟诗有虚响，有沉著，此沉著一路。”(《明诗别裁集》)诚为的评。李诗虽多摹拟，然其七言近体，高华整丽，亦有人所不及处，本诗可谓为其中代表。

袁江流钤山冈当庐江小吏行 诗篇名。明王世贞作。见《弇州山人四部续稿》。袁江为江西江名，流经明朝奸相严嵩的家乡分宜县钤山冈。此诗为揭露严嵩及其子严世蕃的罪恶之作，长达一千五百余字，仿《庐江小吏行》(即汉乐府《孔雀东南飞》)之体，系作者在嘉靖末年所作的组诗《乐府变》中的一首。诗以浓墨重彩的笔法，细数缕陈的叙述，从严氏父子的发迹起家，把持国柄说起，将其如何排挤、陷害忠良，招权纳贿，结党营私，骄奢淫逸，一一详尽道出。然后又写严氏父子倒台，余党窜散，世蕃被诛，严嵩穷老以死。在诗的最后部分，作者借严嵩乡人之口，痛斥严嵩："汝云不负国，国负汝老奴？谁令汝生儿，谁令汝纵臾？谁纳庶僚贿，谁朘诸边储？谁僇直谏臣，谁为开佞谀？谁仆国梁柱，谁翦国爪牙？"言辞严正，痛快淋漓，读来大快人心。诗以"为子能负父，为臣能负君。遗臭污金石，所得皆浮云"为结，给严氏父子作了盖棺论定。全篇得古乐府铺陈绘饰之遗意，具史诗立论之严谨，夹叙夹议，笔墨酣张，讽刺辛辣，虽名为仿作，实多具新意。

别云间　诗篇名。明夏完淳作。见《南冠草》。作于作者因从事抗清活动在家乡松江(古称云间)被逮、即将递解南京之际。诗为五律，其中充溢着家国沦丧之悲、复国不成而身为俘囚之恨，结句"毅魄归来日，灵旗空际看"，更显示出作者的以身殉国之愿和至死不回的报国之志。全篇慨慷悲壮，有怒发冲冠之气势。

送东阳马生序　散文篇名。明宋濂作。见《宋文宪公全集》。马生，字君则，东阳(今属浙江)人，太学生。明洪武十一年(1378)，作者入朝南京，马生来谒，因作本文以赠之。文中自述其早年求书、求学、从师之艰难与勤奋，及读书之乐趣与成就，以勉励后生精于学业。文章语气平和，有循循善诱之致，无妄自矜夸之气。全篇文字晓畅明白，布局次序井然，文意转接自如，足以体现作者的老成典型之面目。

王冕传　传记篇名。明宋濂著。见《宋文宪公全集》。宋濂以人物传记为其散文特长，在元末写有《浦阳人物记》二卷，明初又因总裁《元史》，特别留意于人物传记的写作。王冕是宋濂友人，元末的诗人，画家，以有个性，有才华，不为世俗所理解著称，而这些特点，在宋濂笔下得到了形象具体的表现。身处末世，大乱将作，无论写诗、作画、交友、处世，王冕都有其特有的敏感与超然态度，而当朱元璋在元末群雄中屹立，即受到王冕拥戴。作者通过一个人物的传记，成功地把特定的时代与特殊人物结合起来，使其产生了长久的影响，清人吴敬梓作《儒林外史》，即以王冕为开卷第一人。

卖柑者言　散文篇名。明刘基著。见《诚意伯文集》。本篇应作于元末，以记一卖柑故事开始，略云此卖柑人，能窖藏柑橘，经历寒暑之后仍如刚成熟的样子，但买者要剖食，则会发现其中已"干若败絮"。作者就此而立论，针砭时政世风。《古文观止》编者曾这样概括："青田此言，为世人盗名者发，而借卖柑影喻。满腔愤世之心，而以痛哭流涕出之。士人之金玉其外，而败絮其中者，闻卖柑之言，亦可以少愧矣！"通篇又寓哲理于短短三百余字中。被选入《古文观止》等多种文选。

中山狼传　寓言小说。明马中锡作。见《东田文集》。小说系据古代传说改写，略谓战国赵襄子大猎于中山，有狼中箭而逃，幸为墨者东郭先生所救，始免于死。及襄子去，狼不思报恩，反欲啖东郭先生，后被一老丈设计杀死。小说讽刺了世俗间恩将仇报的恶德，告诫世人不可陷于愚仁，具有警世作用。文中东郭先生之迂而仁，中山狼之狡诈而能巧辩，皆刻画深切，形象生动。相传作者之作此文，系讽刺李梦阳曾为康海所救，后康海削籍，梦阳却不一援手。《四库全书总目》疑此传说不确，谓为好事者附会。

瘗旅文　散文篇名。明王守仁著。见《王文成公全书》。正德四年(1509)秋天，作者受到贬斥，正在贵州龙场驿丞任上。一天，一位来自京城的吏目带着儿子、仆人赴任。路经龙场，当再次启程上路不久，吏目就死在路边。不久，他儿子、仆人又相继死在他身旁。吏目姓名、里贯，为何从京师到此穷乡僻壤来，又因何而死，这些作者都不清楚，但他仍亲自去掩埋了这三具抛弃荒野的尸体，并为他们写下这篇文字。感情真挚，是王守仁诗文中深具感染力的杰作。作者并借此表达了自己谪宦天涯，受到不公正待遇的郁闷心境。《古文观止》评此文说："先生罪谪龙场，自分一死，而幸免于死。忽睹三人之死，伤心惨目，悲不自胜。作之者固为多情，读之者能无泪下！"

竹溪记　散文篇名。明唐顺之作。见《荆川先生文集》。原题作《任光禄竹溪记》，任光禄，名未详，为作者舅，在宜兴(今属江苏)荆溪上筑园，遍植以竹，因请作者为之记。文中先言京师贵人以千钱求竹，和江南人贱竹而贵奇花石，皆为不知竹。然后赞美竹之本性是"绝无声色臭味可好，故其巧怪不如石，其妖艳绰约不如花，孑孑然孑孑然有似偃蹇孤特之士，不可以谐于俗。"既称扬了任光禄植竹的高致，也道出了自身的恬淡素洁襟怀。本篇虽名为"记"，实重在议论，立意新颖，见解深切，语言自然，颇具唐宋名文之遗规。

项脊轩记　又名《项脊轩志》。散文篇名。明归有光著。见《震川先生文集》。其远祖归道隆曾居住于太仓项脊泾，或因此而名其居室为"项脊轩"。本篇是明代有名的抒情散文，借回忆青年时读书的书斋，写出了自己的生活情趣、志向及家人对自己的期待。记叙、写景、抒情融为一体。对明末以至近代感怀忆旧的抒情小品的创作有深刻影响。

先妣事略 散文篇名。明归有光作。见《震川先生文集》。作者母周氏，名桂，十六岁来归，二十六岁卒。本文记述周氏鞠育儿女、勤俭持家、宽厚待人、课子勤学等诸般情事，语虽琐琐，而感情淳厚，读来有味。"事略"虽为应用文体，但作者善寓抒情于叙事之中，故未觉呆板。此后公安派如袁宗道、袁宏道作此类散文，皆仿其笔法。

寒花葬志 散文篇名。明归有光作。见《震川先生文集》。文为悼作者夫人的陪嫁婢女寒花殇逝而作，仅一百许字。文中以两个细节点染出寒花幼年时的娇憨天真之态，着墨无多，而人物的动作、面目如在眼前，诚妙手笔。文之首尾各有一叹息语，亦语短情凄，令人低回。

报刘一丈书 散文篇名。明宗臣作。见《宗子相集》。刘一丈为作者父执，名未详。明嘉靖间，严嵩专权，贿赂公行，无耻士大夫皆奔走其门，备极丑态。本文即揭露了此际的情事，文中对奔竞者的钻营奉承、摇尾乞怜及自命得宠后的虚言夸示，对相府门人的敲榨勒索，对"主者"(当指严嵩)受贿时之装腔做作，均作了入木三分的详尽描述，令人读之如见丑态，如闻丑声。文末且表露了自己不肯同流合污，宁可"不见悦于长吏"之志。清吴楚材、吴调侯评曰："摹写其丑形恶态，可为尽情"，"有关世教之文"(《古文观止》)。

夏梅说 散文篇名。明钟惺作。见《钟伯敬合集》。文谓世人但知梅花开于冬春之际为极冷，而不知此时雅俗趋赏，正是极热。而梅至夏日，唯剩枝叶，虽为极热，而无人咏赏，实是极冷时。由此得出"此趋梅于冬春冰雪者之人也，乃真附热者也"的结论。此文立意新巧，议论精辟，具竟陵派文风之典型特征。

牡丹亭记题词 散文篇名。明汤显祖作。见《玉茗堂集》。本文系作者自题其所作戏曲《牡丹亭》的题词，文中赞美女主人公杜丽娘因情而死，复因情而生，"乃可谓之有情人耳"。又云："人世之事，非人世所可尽。自非通人，恒以理相格耳。第云理之所必无，安知情之所必有邪！"此中所言"理"与"情"之对立，实是以程朱理学为代表的封建礼教与晚明资本主义萌芽时代所产生的思想解放思潮的对立。故作者之主"情"非"理"，亦是对当时追求个性自由的倾向的全力肯定。

虎丘记 散文篇名。明袁宏道作。见《袁中郎全集》。本文是成功的写景散文，也是体现"公安派"文体风格的代表作。虎丘又名海涌山，在今苏州西北阊门外，春秋时吴王阖闾葬于此，相传有白虎蹲踞于其上而得名。作者写虎丘，把景色与记游融作一体，游人则作为虎丘景色的颇具特色的组成部分。

徐文长传 传记篇名。明袁宏道作。见《袁中郎全集》。此文记明代著名诗文家、戏曲家、书画家徐渭(字文长)的生平。重点写了徐渭"数奇不偶"、"抱愤而卒"的经历，人物跃然纸上。行文中时见作者对他的钦佩与景仰，而所记述的行实又充满形象感与立体感，给读者留下了深刻印象。这篇文章是"公安派"的名作之一，几乎选明文则必录。

与丘长孺书 散文篇名。明袁宏道作。见《袁中郎全集》。丘长孺，名坦，麻城(今属湖北)人，时为诸生，后官至海州参将。明万历二十三年(1595)，作者在吴县任知县，因丘游南京，作书寄之。文中自述为官之烦苦，谓"大约遇上官则奴，候过客则妓，治钱谷则仓老人，谕百姓则保山婆。一日之间，百暖百寒，乍阴乍阳，人间恶趣，令一身尝遍矣"。将身为下等官员的苦状，刻画得维妙维肖，而文字又不失风趣，颇具公安派小品之特征。明陆云龙评上述引文云："比拟肖绝，亦是随处现身说法。"(《翠娱阁评选袁中郎先生小品》)

游黄山后记 散文篇名。明徐弘祖作。见《徐霞客游记》。题为后人所加。为作者于万历四十六年(1618)游黄山之日记，前二年作者亦曾游山并有记，故本篇题为"后记"。全文共记四日游程，主要为九月初四、初五登黄山天都、莲花二峰之记。文中详尽记述了二峰的高峻秀壮之景，以及作者不畏险阻的寻幽探胜之志。全篇文字自然流动，不事绘饰，而奇趣美景，一一从笔底流出，读之令人如身历。

湖心亭看雪 散文篇名。明张岱作。见《陶庵梦忆》。文写作者在大雪三日之后，深夜乘舟往杭州西湖中小岛湖心亭，途中饱看西湖雪景，登岛后复逢二佳客，与共饮而归等事。西湖景色向以秾丽著称，本文则别开生面，状出西湖另一番清丽景象。文中云："雾凇沆砀，天与云、与山、与水，上下一白，湖上影子，惟长堤一痕、湖心亭一点,与余舟一芥、舟中人两三粒而已。”出语、造境,皆秀绝清绝。

西湖七月半 散文篇名。明张岱作。见《陶庵梦忆》。本文写于明亡国之后,借对往日西湖风光民俗的追忆,抒写出沧桑之感,是典型的晚明小品。杭州有七月半游湖之俗,而本文却在开篇指出:“西湖七月半,一无可看,只可看看七月半之人。”题用“西湖”,却不去着力写西湖之景,而以各色各样游湖之人为角度,使全文色彩纷呈,有声有色。宋亡之后,一些遗民写有《武林旧事》、《梦粱录》等回忆杭州往事的著述,借怀旧抒写心中之积郁,本文显然受到这些作品的影响。

柳敬亭说书 散文篇名。明张岱作。见《陶庵梦忆》。柳敬亭,明末著名的说书艺人,曾为马士英、阮大铖门客,后因疾其奸邪而离去,入左良玉幕,颇受赏识。为人有气节,明亡后多以说书抒其悲愤,一时文人如黄宗羲、吴伟业均为文传其事。本文先写柳敬亭相貌奇丑,继则以其说书技艺之出神入化反衬之。文末又赞柳“衣服恬静”、“故其行情正等”。全篇文字短小精悍,生动传神,如记柳说武松打虎之辞:“武松到店沽酒,店内无人,蓦地一吼,店中空缸空甓皆瓮瓮有声。”是足可为柳氏说书之精巧技艺生色不少。后黄宗羲亦称柳“每发一声,使人闻之或如刀剑铁骑、飒然浮空,或如风号雨泣、鸟悲兽骇,亡国之恨顿生,檀板之声无色”(《柳敬亭传》)。

五人墓碑记 散文篇名。明张溥作。见《七录斋集》。明末天启年间,太监魏忠贤当权,清官周顺昌不愿为其所用,乞假回乡,却为其党羽诬陷系捕,自吴县逮赴京师,死于狱中。周顺昌被捕时,吴县士民以复社成员为骨干,募钱财为他送行,借以表达对魏忠贤及其党羽的愤恨。巡抚毛一鹭是魏党,便借口吴民暴乱,捕杀了参与其事的五人。死后不到一年,魏忠贤就失势死去,五位义士之案也翻了,在迁葬时,张溥写了这篇“墓碑记”。本文不但忠实记述了普通民众与奸党进行的舍生忘死的斗争,也谴责了见风使舵、卖身投靠的“高爵显位”者。

核舟记 散文篇名。明魏学洢作。见《虞初新志》。本篇是记述古代微雕艺术的名篇。明天启间,“奇巧人”王叔远在一枚桃核上刻出了一幅宋人苏轼出游赤壁图。小小一枚桃核,竟刻有一舟,五人,而且形态各异,细至苏轼前后《赤壁赋》中的名句,俱清晰可辨。画面情景交融,生动逼真。作者记述这一微雕艺术杰作时层次清楚,读之使人有身临其境之感。

狱中上母书 散文篇名。明夏完淳作。见《夏完淳集》。清顺治四年(1647),作者被逮,系南京狱中,此为致其嫡母盛氏之绝命书。文中先述壮志未遂、而身将先死之恨,次以家事托付盛氏,既有不克尽孝之憾,又有恋恋于慈母之情。文后半部分言及立嗣,谓:“大造茫茫,总归无后。有一日中兴再造,则庙食千秋,岂止麦饭豚蹄不为馁鬼而已哉。”又谓:“二十年后,淳且与先文忠(作者父夏允彝)为北塞之举矣。”显示出以恢复大业为重、而以家事为轻的豪情壮志。全篇辞气铿锵,强健有力,虽字字血泪,而全不作小儿女态,实为感人至深之绝笔。

临江仙(滚滚长江东逝水) 词篇名。明杨慎作。作者曾以正史所记之事为题材,参以稗官野史,以浅近文言撰长篇说唱文学作品《廿一史弹词》,此阕《临江仙》即《廿一史弹词》第三段说秦汉开场词。首二句自杜甫《登高》诗“不尽长江滚滚来”、苏轼《念奴娇》词“大江东去,浪淘尽千古风流人物”化出。上片借景抒情发论,慨叹人去万事空,下片写渔樵对酒笑谈,以山林隐逸之闲散映衬英雄成败之雄壮与悲凉。全篇语言通俗流畅,“并未提出秦汉以来具体英雄故事,而给人以丰富的想像,此以扫为生法也”(夏承焘《金元明清词选》评语),丁绍仪《听秋声馆词话》评为“清空”。此词后又作为小说《三国演义》的开场词,影响较大。

朝天子·咏喇叭 小令名。明王磐作。见《王西楼乐府》。此曲为讽刺明武宗正德年间宦官横行之作。据蒋一葵《尧山堂外纪》:“正德间,阉寺当权,往来河下无虚日。每到辄吹号头,齐民夫,民不堪命。西楼(王磐号)乃作《咏喇叭》以嘲之。”全篇即小见大,由喇叭之“曲儿小,腔儿大”,影射宦官的狐假虎威、擅作威福;由喇叭之“吹翻了这家,吹伤了那家,只吹的水尽鹅飞罢”,反映出宦官当道给百姓所带来的灾难。曲文通俗上口,而辛辣中不失含蓄,为明代小令之佳作。

研究著作 参考资料

录鬼簿续编 戏曲史专著。明无名氏著。一卷。因原本附在明初贾仲明增补之《录鬼簿》后面,且其中在叙述罗贯中、杨景贤等人小传中，涉及与著者交往的时代又恰与贾氏生存年代相符，故今人或疑为贾氏所著，唯尚乏确证。该书续钟嗣成《录鬼簿》之后，记述了元末明初戏曲、散曲作家小传共七十一人；著录这些作家的杂剧作品七十八种和无名氏杂剧七十八种。体例与《录鬼簿》大致相同，唯未划分作家类别，不作挽词。也是研究元明间戏曲史的珍贵史料。原只有天一阁蓝格抄本独存，1938 年北京大学出版组据郑振铎、赵万里、马廉合抄本石印影印出版。另外亦收入马廉《录鬼簿新校注本》、上海古典文学出版社校印的《录鬼簿(外四种)》及中国戏剧出版社出版的《中国古典戏曲论著集成》等书中，后两种均附有"校勘记"。

明诗评 研究著作。明王世贞著。四卷。为作者品评明诗的专门论著，涉及诗人一百一十八位。其体例为先叙诗人生平简历，再下评语。前者用散体文写成，后者则多用韵语。如评李梦阳"如孙吴用兵，奇正阖辟，变化不穷；又如苍鹘击空，云龙戏海，健急怪伟，种种入神"。评何景明"如西施王嫱，工艺绝世，婉娈有情，气力少让"。评徐祯卿"诗韵本清华，调复古秀，如白云自流，山泉泠然，残雪在地，掩映新月"。其论诗倾向崇尚盛唐情性，大抵不出后七子重视学古的范围。然亦时有卓见，推崇诗人的师心独创之处。有明《纪录汇编》本及源于此本的《丛书集成初编》本。

国朝诗评 研究著作。明王世贞著。一卷。共品评诗人八十余位，与《明诗评》所评诗人，略有出入。品评体例也与《明诗评》有所不同，取消了对诗人生平的简介，三言两语，直接品评诗人及其作品的风格和优劣，如评刘基"如刘宋好武诸王，事力既称，服艺华整，见王谢衣冠子弟，不免低眉"。评高启"如射雕胡儿，亢急健利，往往命中；又如燕姬靓妆，巧笑便辟"。评刘崧"如雨中素馨，虽复嫣然，不作寒梅老树风骨"。评杨基"如西湖柳枝，绰约近人，情至之语，风雅扫地"。评汪广洋"如胡琴羌管，虽非太常乐，琅琅有致"。评语简洁形象。有明《天都阁藏书》本及源于此本的《丛书集成初编》本。清《学海类编》丛书亦收此书，题为《诗评》。

国雅品 研究著作。明顾起纶著。全书分士品、闺品、仙品、释品、杂品五类，对明代二百四十六位诗人作了品评。每品之中，均依时代先后排列。其体例，略仿王世贞《国朝诗评》，多用韵语；而某些评语，则直接录自《艺苑卮言》。至于品评标准，大要以唐诗为旨归。如论高季迪云："佳在实境得句，足以嗣响盛唐。"论倪元镇则"振秀绝响，不忝韦柳"。论张节之称其"陵逼少陵"。论吴峻伯、俞汝成则"并堪大历十才羽翼"。其他如"亦李唐四杰之选"，"殆与高岑方轨"，"直造开元大历妙处"等评语，都能看出作者对唐诗的高度推崇。故其论诗，多以情致高远，含蓄有味者为佳。有丁福保《历代诗话续编》本，1983 年中华书局据以出版。

列朝诗集小传 传记评论著作。清钱谦益编著。钱氏仿金代元好问《中州集》的编纂体例，选录明代二百余年间约一千六百余人的代表作，编成《列朝诗集》，共八十一卷，旨在以诗存史，保存明代诗歌创作文献。其中尤为引人注目之处在于他为每位入选诗人撰写了扼要的小传、有关作者生平的记述，为研究明诗史提供了颇有价值的史料和线索；同时钱氏作为诗坛一代盟主，在诗人小传中也时常表露出他对入选诗作的理解和品评，虽不免有门户之见和意气之言，但对文学史和文学批评史的研究均具参考价值。《小传》由钱氏族孙钱陆灿于康熙三十七年(1698)单独刊行，另有 1957 年古典文学出版社标点排印本，1959 年中华书局上海编辑所再版，上海古籍出版社 1983 年重印。

静志居诗话 传记评论著作。清朱彝尊著。二十四卷。作者因不满钱谦益所编明诗总集《历朝诗集》持论过偏，遂自编明诗总集《明诗综》一百卷，所收三千四百余位诗人皆有小传，并缀以诗话。本书即为姚柳依仿钱陆灿自《历朝诗集》中辑出《历朝诗集小传》单独刊行之例，抽录《明诗综》中作者小传与诗话编订而成。编次一如原书，"首十帝，本纪也；次宗潢，重本支也；次乐章，祀郊庙以告成功也；次为诸臣，曰家数，列传之体也；中为党锢，为节义，为隐逸之士，书独行也；次属国，大无外之规也；次宫闱，理阴教也；又其次为释子，为道流，为工，为贾，为青衣，杂流也；而以神怪、杂歌谣辞终焉，志五行也。"见嘉庆二十四年(1819)赵慎轸序。曾燠序评为"考事务核，持论悉平，足以备一朝之掌故，而补史乘所不久，庶几乎诗家南董矣"。有嘉庆二十四年扶荔山房刊本，1990 年人民文学出版社据之点校出版。

明人诗品 研究著作。清杜荫堂编。二卷。该书专辑清人对明代诗人、诗派及其作品的品评之语，传统诗话中习见之轶事、考证之类较少，故无芜杂之感。凡有明一代较为重要的诗人、诗派均有评论。所辑文字，选自朱彝尊《静志居诗话》等论诗著作，但不少品评只录作者，不标出处。某些品评甚至不标作者，疑为辑者自撰。书中内容，或认为严羽论诗所谓“诗有别材，非关学也”为似是而实非，使“公安竟陵派行空疏者得以藉口”。或认为诗“语不必工，意不必远，古不必合，今不必离，生不必名，没不必传，自明吾志而已”，“譬诸候至而物鸣，若有使之而不能已者，以写其优柔澹荡之思”。或认为作诗学古终非正路，李攀龙“止窥字句而遗其神明”，实非善学。有《小石山房丛书》本。

明代文学 研究著作。钱基博著。为《百科小丛书》之一。全书按文、诗词、曲、八股文四类分章叙述。与一般论明代文学偏重戏曲、小说者不同，此书重视展现当时文坛的实际面貌，对文章中影响较大的台阁体及八股文均作了详细的介绍。民国二十三年(1934)商务印书馆出版。

明文学史 研究著作。宋佩苇(又名云彬)著。该书重点考察了明代文学思潮的几次变迁，并分为五个时期予以论述：一、明开国至永乐初，作家们多能矫元末纤秾之弊，各抒心得，自然流露。二、永乐初至成化弘治间，诗文趋于雍容平易，台阁体风行。三、弘治、正德之际，“茶陵派”继起，至“前七子”出现，倡导复古，时人靡然从之，诗文风气为之大变。四、嘉靖、万历之际，文学作风变化多端，唐宋派、后七子、公安派、竟陵派相继兴起。五、天启初以迄明清之交，社会剧烈变动，诗文亦多慷慨激昂之音，悲郁凄惋。该书不涉小说戏曲，据云为避免与郑振铎《插图本中国文学史》等著作重复。作者对八股文的论述值得注意，对其起源、演变、作法、代表作家、对明文学产生的深刻影响等所作的分析颇具启发意义。该书为王云五主编《国学小丛书》之一，民国二十三年(1934)商务印书馆出版。

晚明文学新探 研究著作。马美信著。本书所谓晚明文学不是泛指晚明时期的一切文学作品，而是指从万历间到明末这一时期具有市民意识和体现了思想解放的文学作品。并通过探讨这一类文学赖以产生和发展的社会环境和政治思想基础，分析其独特内容和积极的思想意义。同时它还充分注意到从文学本身发展的内在规律探索其形成的渊源，并通过与西欧文艺复兴时期文学的比较来确定其民族的时代的特征，从而肯定晚明文学在中国文学发展中的地位与影响。1994年台湾圣环图书有限公司出版。

中国江浙地区十四至十七世纪社会意识与文学 研究著作。陈建华著。本书主旨在阐述明代重视个性表现、蕴含世俗精神的市民文学浪潮的渊源与发展，故选取城市经济比较发达的江南地区作为论述对象，从社会文化状况及文人生活心态着眼，描述其文学思想与文学创作的特征。因为江浙地区自元末以来长期处于全国文化的中心位置，故所论几乎涉及明代所有的文学流派，包括台阁体作家与前七子，体裁也遍及诗歌、小说、戏剧、古文及小品文等诸方面，因此全书已相当于一部以个性意识发展为线索的简要的明代文学史。1992年学林出版社出版。

晚明小品论析 研究著作。陈少棠著。本书首先追溯“小品”一词的渊源，界定小品文的内涵，指出晚明小品与近代小品文的含义有同有异，它大多是作者抒写一己的情怀，或描写生活的小节，如品茶、读书、旅行、交游、书画等，是晚明文人特定的名士气派与反抗传统教化论的文学观念的体现。接下详细地分析了晚明小品文在题材、类别、风格、写作技巧等方面的特征，并从政治、经济、社会文化、学术思想等多种角度探索其兴盛的原因。在肯定小品文在中国文学发展中的重要价值的同时也指出其内容狭窄，以致附庸风雅、驰趣险仄的流弊。1981年香港波文书局出版。

明诗纪事 资料汇编。近代陈田编。全书原分为甲、乙、丙、丁、戊、己、庚、辛、壬、癸等十签，但壬、癸二签注为“嗣出”，未见刊行。甲签三十卷，卷一、卷二收入帝王皇族及郊庙乐章，其余各卷收入洪武年间诗人之作；乙签二十二卷，收入建文至景泰年间诗人之作；丙签十二卷，丁签十七卷，收入天顺至正德年间诗人之作；戊签二十二卷，收入前后七子时期诗人之作；己签二十卷，收入嘉靖年间诗人之作；庚签三十卷，收入万历年间诗人之作；辛签三十四卷，收入天启、崇祯年间诗人之作。原计划以壬、癸二签收入遗民及方外闺秀等方面的诗作。每签之前有陈田所著的序，略论这一时期诗坛情况，可视作本书的总纲。本书不但内容丰富、征引广博，而且各签之序及诗人小传、笺评都是有关明诗的重要资料。全书共选收了四千余家诗人之诗，范围比《列朝诗集》多一倍，比《明诗综》多约五分之一。本书始编于清光绪九年(1883)，光绪二十五年成书，共历时十七年之久。编成后，即由陈氏听诗斋自刻行世，到宣统元年(1909),共刊出甲至辛签,共一百八十七卷。另有民国间商务印书馆《万有文库》、《国学基本丛书》排印本,近有1993年上海古籍出版社排印本。

竟陵派与晚明文学革新思潮 研究著作。竟陵派文学研究会编。系据1985年5月在湖北省天门县召开的首届竟陵派文学讨论会上学者们提交的论文选编而成。全书选录有关论文三十五篇,内容涉及对竟陵派及其代表钟惺、谭元春所处时代、文学主张、创作风格、在文学史上的地位、贡献及其局限性等方面的探讨和评价。所收论文普遍认为,竟陵派文学在明末清初的文坛上占有重要位置,是继公安派而起的又一个传播改革、创新思潮的文学流派。他们富有创新精神的文学观点和具有自己特色的文学作品,在明末清初文坛曾产生广泛的影响,其反复古主义精神和提倡抒写个性的离经叛道思想,在某种程度上为"五四"新文学运动的前驱者批判地继承。1987年武汉大学出版社出版。

李卓吾先生批评忠义水浒全传(袁无涯刊本) 小说评点本。一百二十回。袁无涯(名叔度,明末苏州刻书家)刊于万历四十二年(1614)。有眉批、旁批和回末总评。卷首有杨定见"小引"一篇,次为《出像评点忠义水浒全书发凡》,称此书得之李贽门人杨定见,为李评之真本,但多数研究者认为是袁无涯等所伪托。此书强调忠义,歌颂招安,对小说中人物形象的个性化、情节结构、细节描写、景物点缀、气氛烘托等发表过一些较有见地的看法。今存袁无涯原刊本及此后多种印本。

李卓吾先生批评忠义水浒传(容与堂本) 又称《明容与堂刻水浒传》。小说评点本。一百回。有眉批、旁批和回末总评。今一般认为是明末叶昼托名李贽而作。本书通过评点,严厉地抨击了"贪官"、"奸臣",痛斥"假道学";在艺术上较为清醒地认识到"真"与"假"的关系,指出"《水浒传》文字原是假的,只为他描写得真情出,所以便可与天地相始终",而描写"真情"的基础是"世上先有《水浒传》一部";在刻画人物方面,提出了"同而不同处有辨"的著名论断,接触了共性与个性的关系问题;又认为"天下文章当以趣为第一",强调作品具有戏剧性的效果。初刊于万历三十八年(1610)。1966年1月中华书局上海编辑所据北京图书馆藏本影印,线装二十册。后又有平装四册本,由上海人民出版社出版。

李卓吾先生批点忠义水浒传(芥子园本) 小说评点本。一百回。芥子园系李渔入清后所开书肆,后几易主人,此本刊行是否与李渔有关,目前尚无根据。有眉批、旁批。其评语基本与袁无涯刊本李评《水浒传》相同,故署"李卓吾"批点,然亦有少量批语为袁本所无,卷首又有大涤余人《刻〈忠义水浒传〉缘起》序文一篇。其评点也肯定"《水浒》惟以招安为心",赞扬忠义,对人物个性刻画和情节结构等艺术问题亦有所注意。今存芥子园原刊本。

水浒传与中国社会 研究著作。萨孟武著。全书十七节,从分析《水浒传》反映的明代社会生活入手,对中国封建社会的阶级、政治、经济、伦理等关系作了剖析。不少章节的论述如梁山泊的社会构造、"替天行道"的意义、杀猪的郑屠何以能在延安府称霸、小霸王劫婚与中国社会中的性问题、十万贯生辰纲之社会学的考察、王伦何以不配作梁山泊领袖、由潘金莲与西门庆说到恋爱与结婚、快活林酒店的所有权问题与资本的原始蓄积、由宋江的家族关系说到中国古代的政治、宋江得到天下之后李逵的命运如何、由祝家庄与曾头市说到中国的官僚组织与军队制度、吴用何以只能坐第三位交椅等,都较有见解,是一部用社会学观点研究《水浒传》的专著。1934年南京正中书局出版。

水浒人物论赞 研究著作。张恨水著。作者在《序》中谈到写作目的时说:"虽取材小说,卑之无甚高论。但就技巧言,贡献于学作文言青年或不无小补云尔。"全书共九十篇,其中论天罡人物三十五篇,地煞人物二十三篇。另有外篇三十二篇,所论人物颇为广泛,如王进、史文恭、祝氏父子、洪教头、王伦、李鬼、董超、薛霸、武大、郓哥、高衙内、高俅、蔡京、梁中书、林冲娘子、潘金莲、阎婆惜、王婆、潘巧云、何道士等皆在论述之列。又有关于《水浒传》作者施耐庵、罗贯中和评点者金圣叹的论赞。其论述体例为,三十六天罡,每人皆有论赞;七十二地煞,则不全有,以原传无故事供给,难生新意,不必强作雷同之论;外篇人物以选择能发人感叹者为文。该书作为《万象丛书》之四由南京万象周刊社1944年初版,上海万象周刊社1947年再版。

水浒研究 研究著作。何心著。共二十章,着力于《水浒传》有关问题的考证。诸如水浒故事的来源、作者、版本、故事流变、金圣叹的修改、三十六人传说的参差、梁山泊英雄的结局以及《水浒传》中的官名、地名、浑号、衣食住行、风俗习惯、方言俗语,《水浒传》中的错误等。细密的考辨兼著者的见解,可予人以启发。某些章节针对前人的研究提出了不同观点。该书是建国后问世较早的一部《水浒传》研究专著,曾多次修订再版,在古代小说研究界具有一定影响。1954 年上海文艺联合出版社初版。1980 年作者在逝世前又据研究所得,改写了部分章节,并补作《水浒传人物与历史人物》、《元明杂剧中的梁山英雄》二章,较之以前各版更加完备。1985 年上海古籍出版社出版。

水浒研究论文集 研究著作。作家出版社编辑部编。辑录建国后至该书结集前发表于各报章杂志上的有关《水浒传》研究论文共四十八篇。依其性质,大略可分为七组。第一组三篇,内容涉及《水浒传》的人物性格、结构、细节描写等艺术问题;第二组十二篇,内容涉及《水浒传》与农民革命、历史真实与艺术真实、《水浒传》的著者及其时代等;第三组八篇,讨论阅读《水浒传》的态度;第四组七篇,探讨林冲、李逵、武松等主要人物和故事情节的刻画;第五组十篇,考证《水浒传》本事;第六组三篇,考察《水浒传》的后半部和金圣叹的评点问题;最后一组五篇,内容涉及《水浒传》的戏曲、续书等。附录三篇,谈版本与校订问题。该书基本体现了建国后至 1957 年期间学术界对《水浒传》的研究和争鸣情况,具有学术、资料价值。1957 年作家出版社出版。

水浒传的演变 研究著作。严敦易著。为研究《水浒传》故事与版本演变的考证性专著。包括“历史上的宋江”、“传说的形成”、“说话表现的形式”、“在元代”、“多种版本出现的时期”、“发生了作者问题”、“最近的三百年”、“总结”等几个部分。作者从历史记载中搜集了有关水浒故事传说的丰富资料,分析了“水浒”故事赖以产生的复杂社会背景,据此,著者将“水浒”故事的产生断为萌芽茁发期、融合炼铸期、凝固定型期三个阶段,从时间上经历了宋王室南渡到元代的漫长时期。作者认为,《水浒传》编写于元末明初的观点不符合南宋起已有“水浒”传说和话本的具体演变规律。其形成是自“说话”递承而来,并非一个人的独立创作。即使是加工、编纂、润色、整理,也无从确指何人所为。其作者只能有一个象征性的代表,此人应以施耐庵较为妥当。1957 年作家出版社出版。

水浒与金圣叹研究 研究著作。张国光著。为作者多年来研究《水浒传》与评点家金圣叹的论文结集,共收文十九篇。其特点在于对胡適、鲁迅以来《水浒传》研究领域流行的一系列学术观点提出质疑,如《需要从胡適水浒“考证”的桎梏中解放出来》、《鲁迅以来盛行的水浒简本“加工”为繁本说的再讨论》、《〈历史上的宋江不是投降派〉一文质疑》、《再质疑》、《金圣叹是封建反动文人吗》等均能自出机杼,阐述自己独到的观点。书中有多篇论文重点对金圣叹的启蒙思想、文学理论、批改《水浒传》的贡献等学术界颇有争议的问题作了详细论证。其基本论点是:两种《水浒传》,两个宋江;肯定了金圣叹腰斩《水浒传》的重大贡献。1981 年 9 月中州书画社出版。

水浒新议 研究著作。欧阳健、萧相恺著。收入论文共计二十五篇。作者在鲁迅《中国小说史略》有关论述的启迪下,从梁山英雄们的身世经历、作品本身丰富的社会内容和艺术效果、《水浒传》一书的形成史、《水浒传》所赖以产生的社会历史背景、《水浒传》的作者群以及最后写定者施耐庵的社会地位、生活环境等。论证这部小说旨在“为市井细民写心”,展示了市民社会的广阔场景,表达了市井细民的憎和爱,也反映了他们的思想局限。作者据此对《水浒传》的情节和结构作了分析。此外,该书还探讨了《水浒传》研究史,对金圣叹、胡適、鲁迅等人在《水浒传》研究方面的贡献作了评价,批驳了“文革”期间有关《水浒传》评价的各种错误观点。1983 年重庆出版社出版。

水浒戏曲集论 研究著作。耿湘沅著。对元明清三朝敷演水浒故事的戏曲作了较为全面的论述。共六章。首章“绪论”探讨水浒故事产生的时代背景和水浒故事盛行于民间的原因。次章“水浒故事与水浒戏曲”主要考察了从宋代民间创作直至明清水浒戏曲的发展演变。第三章“水浒戏曲剧目考录”对现存水浒戏曲二十一种(杂剧十五种,传奇六种)和已佚四十五种(杂剧二十四种,传奇二十一种)分别予以叙录,考订其作者、题目和版本。第四章“水浒戏曲析论”对现存二十一种水浒戏曲作品的结构、联套、脚色和词采作了颇为详细的分析。第五章“忠义璇图探微”专门论述现藏台北中山博物院,清乾隆年间由张照等奉敕所编的大型水浒戏《忠义璇图传奇》。末章“结论”从时代意义、艺术造诣和社会意识三方面对水浒戏曲做了总结。1979年台北新世纪书局出版。

水浒资料汇编 资料汇编。马蹄疾编。辑录自南宋以来至"五四"新文化运动(1919)约七百余年间,有关梁山泊农民起义故事的记载和《水浒传》及其作者的主要资料。按内容性质分为六卷。卷一为《水浒传》各种重要版本的序言、引言、缘起、凡例、题跋和按语,并将有关续书、戏曲和绘画的序跋附编于末。卷二辑录《水浒传》四种有代表性的版本的署名为李贽、金人瑞和王仕云的评点。卷三为另三种资料的辑录,它们是一、清人陈忱《水浒后传》评注;二、清道光听香阁刻《水浒传》,程穆衡注,王开沃补注;三、钱静方《小说丛考》中有关《水浒传》的资料。卷四为明清两代诗文、笔记、尺牍、公文中有关资料。卷五为《水浒传》本事篇,包括南宋以来梁山泊故事的形成、发展及有关地理和人物的考证。卷六为有关《水浒传》作者施耐庵和罗贯中的生平资料。各卷资料基本依作者时间先后排列。1980年中华书局出版。

水浒传资料汇编 资料汇编。朱一玄、刘毓忱编。计分"本事"、"作者"、"版本"、"评论"、"注释"、"影响"六编。"本事编"辑录《水浒传》成书以前有关宋江等人的记载及其他可能与《水浒传》创作有关的资料。"作者编"兼收施耐庵和罗贯中两人的材料。鉴于某些论者主张施耐庵即是《幽闺记》作者施惠,也将有关施惠的几条材料予以收录。"评论编"辑录明、清、近代各家的评论,包括序言和笔记等。"注释编"主要收录清程穆衡《水浒传注略》。"影响编"同时收录与《水浒传》有关的小说、明清以至近代的水浒戏曲、水浒人物画。各编中所收资料,原则上按时代先后排列,注明时代、作者、出处。年代不明者在注中予以说明。"五四"以后某些有关人物、故事和版本考证等方面的资料也酌情收录。1981年天津百花文艺出版社出版。

新刻绣像批评金瓶梅 小说《金瓶梅词话》评改本。二十卷一百回。评改者或疑为明冯梦龙。也有指为清李渔者,实不可能。卷首存东吴弄珠客序,附图二百幅。有眉批、旁批。正文在词话本基础上作了全面修改、润色,使之更具小说的阅读性。其评点肯定了《金瓶梅》是一部"世情书",深刻地揭示了小说的创作主旨,高度地赞扬了小说摆脱了传统的传奇写法,在写人、状物、绘景等方面能逼真生活,并对《金瓶梅》的艺术表现手法多有探索,对清代张竹坡的评点很有影响。此本存世十三种十四部,正文和评语均互有异同。近年北京大学图书馆藏本、日本内阁文库藏本分别有影印本、排印本问世。

瓶外卮言 研究著作。姚灵犀编著。除卷首"江东霁月"序外,共收录有关《金瓶梅》研究的论文九篇,即吴晗《金瓶梅的著作时代及其社会背景》、阚铎《红楼梦抉微》(《金瓶梅》与《红楼梦》作对比部分)、郭源新(郑振铎笔名)《谈金瓶梅词话》、无名氏《金瓶梅版本之异同》、痴云《金瓶梅与水浒传、红楼梦之衍变》,以及编者本人的《金红脞语》、《金瓶小札》、《金瓶集谚》和《金瓶词曲》。除吴晗与郭源新二文外,余均索隐抉微之作,时有沿袭旧说、穿凿附会之处。《金瓶小札》约一千八百七十条左右,占全书大半篇幅,对《金瓶梅》中的名物、行止、习尚、方言及佛道用语等作了详细考证,为阅读和理解《金瓶梅》提供了一定便利。该书为《金瓶梅》研究方面的第一部论文集。1940年天津书局出版。

金瓶梅论集 研究著作。徐朔方、刘辉编。收入有关《金瓶梅》研究的论文共十五篇。其中属总论性质的论文有吴小如《我对金瓶梅及其研究的几点看法》;涉及时代、作者、成书过程的有四篇,为徐扶明《金瓶梅写作时代初探》、王利器《金瓶梅之蓝本为水浒传》、卜键《金瓶梅作者李开先补证》、徐朔方《金瓶梅的成书以及对他的评价》;阐述思想与艺术的有五篇,为黄霖《我国暴露文学的杰构金瓶梅》、张俊《历史性的贡献——简论金瓶梅在中国小说史上的地位》、沈天佑《论西门庆形象的典型意义》、曦钟《从人物形象看金瓶梅与红楼梦》、宋谋瑒《略论金瓶梅评论中的溢美倾向》;另有吴敢《张道渊与他的两篇〈仲兄竹坡传〉》等四篇则探讨评点、版本诸问题。鉴于郑振铎《谈金瓶梅词话》一文较早对《金瓶梅》作出了全面系统的分析和评价,特冠于卷首,以备参考。1986年人民文学出版社出版。

金瓶梅新证 研究著作。张远芬著。该书第一部分介绍了小说的主要内容、认识价值、艺术成就和影响。以下五个章节依次推论《金瓶梅》作者的籍贯、作者、小说中的明代史实与作者之关系。考证"兰陵笑笑生"之"兰陵"是山东峄县而非江苏武进;词话本欣欣子序末尾"欣欣子书于明贤里之轩"中的"明贤里"暗指兰陵而非吴中;小说中的金华酒并非浙江金华所产,而是兰陵(峄县)酒;小说中的方言,大部分源于峄县。从而得出兰陵笑笑生是山东峄县人的结论。在此基础上,进而从家世生平、文学修养、精神气质、笔名以及与《金瓶梅》有关的各种资料论证“兰陵笑笑生”即是山东峄县人贾三近。又据贾三近和其父贾梦龙所撰的约三百余篇著述从八个方面具体论证了《金瓶梅》所反映的重要史实与贾三近的密切关系。该书还对《金瓶梅》的付印人刘承禧作了考证。1984年齐鲁书社出版。

论金瓶梅 研究著作。胡文彬、张庆善选编。全书辑录自1932年《金瓶梅词话》在山西发现以来有关《金瓶梅》研究的论文二十九篇，略分：一、时代及作者。收吴晗《金瓶梅的著作时代及其社会背景》、郑振铎《谈金瓶梅词话》、张远芬《金瓶梅作者新证》、黄霖《金瓶梅作者屠隆考》等计七篇。二、思想艺术。收徐朔方《论金瓶梅》、赵景深《金瓶梅的题材、主题与人物》等八篇。三、版本及评点。收朱星《金瓶梅版本问题》、蔡国梁《谢肇淛与金瓶梅》、王汝梅《评张竹坡的金瓶梅评论》、戴不凡《张竹坡评本金瓶梅》等四篇。四、语词史料。收张远芬、赵景深、徐朔方、蔡国梁、戴鸿森、朱星、陈诏、戴不凡等人论文共九篇。卷首有鲁迅《谈金瓶梅》，辑自《中国小说史略》；卷末附有“金瓶梅在国外”和研究论著索引等。1984年文化艺术出版社出版。

金瓶梅研究 学术刊物。中国金瓶梅学会编辑，主编刘辉。创刊于1990年9月。不定期出版。旨在提供“同行和读者内外沟通，发表研究成果，借以切磋、讨论的一块园地”（徐朔方《前言》）。举凡《金瓶梅》的作者、成书过程、版本问题、评点、传播、思想艺术、影响和“金学”发展史等均在刊载之列，内容从小说美学到文化、历史。自创刊以来，先后发表了一批具有影响的论文。创刊号有刘辉《回顾与瞻望——〈金瓶梅〉研究十年》、黄霖《关于〈金瓶梅〉崇祯本的若干问题》、田秉锷《〈金瓶梅〉与中国酒文化》、卢兴基《中国十六世纪的社会与〈金瓶梅〉的悲剧主题》等长篇论作。鉴于海外“金学”亦十分发达，该刊还为海外有关学者发表学术成果提供便利，为促进学术文化交流，共同推动学术发展起到一定作用。自创刊以来，已出版四辑，由江苏古籍出版社出版。

金瓶梅西方论文集 研究著作。徐朔方编选、沈亨寿等翻译。编选者的《前言》比较了中西不同文化背景对文学作品的影响，简要介绍了《金瓶梅》在海外的流传、译介、研究情况。正文收入论文十二篇，侧重于考证的有美国学者韩南《金瓶梅探源》、芮效卫《汤显祖创作金瓶梅考》和美籍华裔学者郑培凯《金瓶梅词话与明人饮酒风尚》。侧重于评论和艺术手法探讨的有美籍华裔学者夏志清《金瓶梅新论》、杨沂《宋惠莲及其在金瓶梅中的象征作用之研究》和美国学者史梅蕊《金瓶梅和红楼梦中的花园意象》、柯丽德《金瓶梅中的双关语和隐语》。前苏联学者马努辛《金瓶梅中表现人的手法》和娥尔嘉·费舒曼《论金瓶梅》两篇侧重于全面评介。还有雷威安和艾金布勒的两篇法文全译本的前言以及美国学者浦安迪对于崇祯本《新刻绣像金瓶梅》及其评点的版本研究。卷末附有各篇作者的简历，对了解海外《金》学状况颇有助益。1987年上海古籍出版社出版。

金瓶梅的世界 研究著作。胡文彬编。收我国台港地区和美、法、日、前苏联等国学者的《金瓶梅》研究论文和资料计二十篇，“意在使研究者了解近几十年来《金瓶梅》在海内外翻译、研究的概况”（《后记》）。分总论、时代·作者、版本·评点、艺术·语言、资料·序言、人物论等六个部分。如：夏志清《金瓶梅新论》，后藤基已《金瓶梅的时代背景》、勃·弗里京《兰陵笑笑生和他的金瓶梅》、魏子云《从金瓶梅的问世演变推论作者是谁》、《金瓶梅的传钞、付梓与流行》和《金瓶梅头上的王冠》、韩南《金瓶梅的版本及其他》、雷威安《金瓶梅初刻本年代商榷》、戴维特·罗依《张竹坡对金瓶梅的评论》，孙述宇《金瓶梅的写实艺术》等。书末并附录有宋隆发《金瓶梅研究书目》。海外《金》学成果和动态借此可窥一斑。1987年北方文艺出版社出版。

金瓶梅考论 研究著作。黄霖著。收入作者自1979年以来研究《金瓶梅》的主要论文共计十六篇。对《金瓶梅》的作者、时代、思想主题、艺术价值、人物形象、版本流变、评点与评点者，均作了深入探讨。作者提出《金瓶梅》作者应为屠隆。书中有《〈金瓶梅〉作者屠隆考》、《〈金瓶梅〉作者屠隆考续》、《〈金瓶梅作者屠隆考〉答疑》、《〈金瓶梅作者屠隆考〉答疑之二》等论文作了论证和答辩，成为一说，在国内外小说界产生了较大影响。该书附录有魏子云、徐朔方、张远芬与作者商榷的论文。1988年辽宁人民出版社出版。

金瓶梅考证 研究著作。朱星著。全书除前言、后记外，共有十个部分。着重对《金瓶梅》的版本、作者、文学价值和历史价值予以探讨。关于版本，作者据沈德符《野获编》，同意鲁迅在《中国小说史略》中提出的明万历三十八年(1610)吴中刻本为最初刻本,且为真正洁本的观点,并比较了各种刻本的异同。该书根据七种理由判定《金瓶梅》的作者为王世贞。作者还认为《金瓶梅》是社会小说之祖;为中国第一部文人创作的长篇小说,在结构、语言、修辞等方面也卓有成就。该书还从政治、经济、文化、民俗四个方面论证了《金瓶梅》的历史价值。1980年百花文艺出版社出版。

金瓶梅成书与版本研究 研究著作。刘辉著。收录有关《金瓶梅》研究的论文九篇。其中《从词话本到说散本》、《屠本畯的〈山林经济籍〉与〈金瓶梅〉》二篇,通过对小说抄本的流传到刊刻、考察,判定词话本是民间的集体创作。《金瓶梅版本考》、《金瓶梅主要版本所见录》二篇考索抄本的渊源和各种刻本的刊刻年代。《张竹坡及其金瓶梅评本》、《略谈文龙批评金瓶梅》等文对《金瓶梅》的两个评点者张竹坡、文龙分别作了研究,探讨了张竹坡的家世、生平、评点《金瓶梅》的年代及其评语的价值;对鲜为人知的评点者文龙及其在"第一奇书本"各回中的大量评语作了介绍。附录文龙关于《金瓶梅》的全部回评和独立成段的旁批。1986年辽宁人民出版社出版,收入《金瓶梅研究丛书》。

金瓶梅资料汇编 资料汇编。❶朱一玄编。共五编。(一)"本事编",辑录《金瓶梅》从古代笔记和小说中采用和借鉴的资料三种:《夷坚支志》、《志诚张主管》、《水浒传》。(二)"作者编",辑录《游居柿录》、《万历野获编》、《识小录》、《山林经济籍》等作者研究方面的有关资料十八种。(三)"版本编",辑录明人有关抄本的流传和小说的刊刻等版本资料凡十三种。(四)"评论编",辑录李日华《味水轩日记》、张竹坡《竹坡闲话》等《金瓶梅》问世后的有关评论凡六十二篇。(五)"影响编",分为对小说的影响和对戏曲的影响两个部分。前者收清西湖钓叟《续金瓶梅集序》、清天隐道人《续金瓶梅序》等三十五种,后者收明张岱《陶庵梦忆》等五种。(六)"附录编",附录编者所编人物表和故事编年以及张竹坡《第一奇书》卷首所列有关西门庆房屋的记述。所收资料,均按时代先后排列,注明年代、作者、版本和引书的卷数。南开大学出版社1985年10月出版。❷侯忠义、王汝梅编。该书资料的编选以张竹坡评点的《第一奇书金瓶梅》为中心,共分六个部分。第一部分辑有《第一奇书凡例》、《杂录》、《竹坡闲话》、《冷热金针》、《寓意说》、《苦孝说》、《第一奇书非淫书论》、《第一奇书金瓶梅趣谈》、《批评第一奇书金瓶梅读法》、《批评第一奇书金瓶梅回评》等。第二部分为有关张竹坡生平、著述资料,包括张竹坡致张潮的信、《幽梦影评语》等。第三部分为《金瓶梅》序、跋,包括欣欣子、弄珠客、廿公、谢肇淛、谢颐等所作的序、跋及满文译本序。明清《金瓶梅》研究资料为第四部分。此外,该书还编著了"金瓶梅词语选释"、"金瓶梅研究论著索引"作为第五、六部分,颇便检索。1985年北京大学出版社出版,收入《中国古典小说戏曲研究资料丛书》。

金瓶梅研究资料汇编 资料汇编。黄霖编。辑录了自明代万历至"五四"时期约三百余年间有关《金瓶梅》的主要资料。全书五卷。卷一为不同版本及其续书、戏曲等的序跋、缘起、凡例等;卷二为清张竹坡评本的各篇附论及回评;卷三为明清以来有关文集、笔记、书信中的杂记、杂评;卷四为据《金瓶梅》改编的戏剧的有关内容;卷五则为文龙批本的回评。所辑资料力求据原本抄录,原则上按时间先后排列,同时亦考虑内容相近者编排在一起,注明出处与版本,以便查检。某些资料因版本不同而有较大出入者,均出校记予以说明或校正。并对各条资料作者的真实姓名作了简要注释。为中华书局《古典文学研究资料汇编丛书》之一,1987年出版。

金瓶梅书录 资料汇编。胡文彬编著。选录小说《金瓶梅》问世以来有关的重要书面资料。略分为版本类、续书类(包括译本)、评论类、文献类(包括序跋、札记、评点)、书目类、改编类(包括子弟书、俗曲、弹词、戏剧、小说、电影)、绘画类。凡所著录,以刊载时间先后为序,并撰有提要,介绍著者生平、出版时期、收藏情况等,重要的序跋、目录和评论,则原文录出。其中外文研究资料,为准确起见,西文译为中文时,一般均附有文章标题、著者和出版单位原文。日文资料除个别情况均直接译为中文。书末附有"著译者索引",颇便检索。本书将分散的资料集中起来,为研究者使用参考提供了便利。1986年辽宁人民出版社出版,收入《金瓶梅研究丛书》。

李卓吾先生批评三国志 小说评点本。一百二十回。卷首有署名"秃子"和"缪尊素"的序各一篇。另附庸愚子序及《读三国史答问》、《三国志宗寮姓氏》。有眉批和回末总评。回末总评处每有"梁溪叶仲子谑曰"云云,故一般学者据钱希言《戏瑕》等记载而认为此书实由叶昼所评。其评对历史事件和人物的评判多从政治、道德、才略等角度出发，少艺术性的见解。其笔调嬉笑怒骂，多指斥时世之语，对假道学尤痛恨，个别文字涉及历史演义特点的探讨。此书对后《三国》钟评本、毛评本及李渔评本影响均大。有明末建阳吴观明刊本及多种翻刻本。

三国演义论集 研究著作。鲁地著。收入五十年代所作有关《三国演义》研究的论文八篇，即《试论〈三国演义〉的人民性》、《三国故事的演化和〈三国演义〉的创作》、《如何理解刘备这一形象》、《略谈〈三国演义〉中的关羽》、《说曹操》、《关于〈三国演义〉的悲剧结局》、《关于〈三国演义〉中的迷信成分》、《关于〈华容道〉》。著者对小说的几个重要方面，如三国故事的演化与小说的创作过程、小说的人民性、正统思想、悲剧结局与迷信思想等，作了比较深入的探讨，并着重分析了刘备、关羽、曹操等主要人物的形象。同时也批判了当时《三国演义》研究中若干不够正确的论点，有针对性地提出了自己的观点。1957年杭州东海文艺出版社出版。

三国演义研究论文集 研究著作。作家出版社编辑部编。收入建国后至1957年发表于报刊杂志上的有关《三国演义》研究论文共十七篇。依其性质大致分为三组：第一组七篇，总论小说的成败得失；第二组五篇，关于此书的人民性、倾向性和正统思想问题；第三组四篇，分析主要人物张飞、曹操、诸葛亮和"赤壁之战"的人物描写问题。最后一篇为少若《从关羽、祢衡的问题谈到对历史人物的分析和评价》。附录三篇，为陈登原《读了鲁迅〈小说旧闻钞〉后关于〈三国演义〉的补充》、顾学颉《〈三国演义〉的校补工作》、孙楷《简介新版〈三国演义〉》。该书基本体现了建国初期国内学术界在《三国演义》研究方面的成果。1957年作家出版社出版。

三国演义研究集 研究著作。《社会科学研究丛刊》编辑部、四川省社会科学院文学研究所编。收入刘知渐、李厚基、黄钧等人所作论文二十八篇，大致划分为主题思想讨论、艺术描写问题、人物论、成书年代及版本演变四组。又有沈伯俊、王丽娜分别整理的国内外《三国演义》研究论著目录和首届三国演义学术讨论会及建国以来三国演义研究情况综述二篇。该书主要是据1983年4月在成都召开的首届《三国演义》讨论上诸学者提交的论文选编而成。李希凡《跋》称它"代表了这一时期的主要成就"。1983年四川社会科学院出版社出版。

三国演义试论 研究著作。董每戡著。该书前列《批判胡適"三国志演义序"》一文，对胡適从思想方法到有关《三国演义》的各种言论作了针对性批判。正论部分包括三方面内容，一、由口头传说到小说演义：论述了三国故事从民间口头流传、民间艺人的加工创造、直至罗贯中最后定型的成书过程；介绍了罗贯中的生平，充分肯定了他作为最后编定者的贡献。二、《三国演义》所反映的本质。著者认为，东汉末年三国时期的内部矛盾，为小说本质所在。三、通过主要人物形象看三国：重点分析了曹操、刘备、关羽、张飞、赵云、孙权、周瑜和诸葛亮等八个主要人物形象，比较了历史上其人其事与小说经过艺术处理后的异同，充分肯定了编撰者的高度艺术技巧。该书是建国后出版的第一部《三国演义》研究专著。1956年古典文学出版社出版。

三国演义学刊 学术刊物。主编刘世德，副主编章培恒、谭洛非。为《三国演义》学会会刊。创刊于1985年7月。四川省社会科学院出版社出版。编者在《发刊词》中阐述该刊的指导方针为：发扬学术民主，开展百家争鸣，以促进《三国演义》的研究和教学工作，力求办得有自己的特色，办得有探索性和开拓性，坚持以学术性为主，并适当注意普及与提高相结合的问题。该刊辟有"总论"、"作者与版本源流"、"主题与思想内容"、"人物形象研究"、"创作方法与艺术成就"、"毛评面面观"、"说长道短谈《三国》"、"改编与再创作"、"海外学者论《三国》"等栏目，曾发表了一系列有关《三国演义》的学术论文，为国内研究《三国演义》的学术园地。已编辑出版二辑。

三国演义资料汇编 资料汇编。朱一玄、刘毓忱编。包括"本事"、"作者"、"版本"、"评论"、"影响"共五编："本事编"辑录晋到元末关于三国人物故事的历史记载和文艺作品。"作者编"辑录有关作者生平、思想和著述的材料。"评论编"辑录小说问世以后各家的评论。"影响编"包括对诗文、小说和笔记、戏曲三个方面的影响材料。其中除小说本身外，也有由三国历史和其他文艺作品对后世产生的影响，为便于研究，一并收入。所收资料下限，除个别条目外，一般截至"五四"运动。各编材料以作者时代先后为序，无生卒年可查者，依其作品所在各书中与其他作者排列之次序酌订之。每条材料，均注明作者、卷数和所根据的版本。1983

年百花文艺出版社出版。

李卓吾先生批评西游记 小说评点本。一百回。据钱希言《戏瑕》、盛于斯《休庵影语》等载,题"李卓吾先生批评"系明末叶昼假托。卷首有袁于令《题辞》。有旁批、夹批和回末总评,是《西游记》最早的评点本。其评点将全书的宗旨归结为"心"的解脱,肯定小说"幻中见真","天下文章,至此极矣",尤以大量笔墨探讨人物性格的刻画,并常以嬉笑怒骂的笔调,借端讽世。有时流露了玩世不恭的情趣。有明天启、崇祯间刊大字本及明金陵大业堂重刊本。1980年中州书画社有影印本。

西游证道书 小说评点本。目录题"钟山黄太鸿笑苍子、西陵汪象旭澹漪子同笺评",正文题汪"笺评"、黄"印正"。有夹批和回前总评。总评前只题"澹漪子曰"。一百回。明刊《西游记》一百回本均未署作者名,此书首倡作者为丘长春说,为清刊各种《西游记》及研究者所本。又自谓得古本,增撰第九回陈光蕊事,成清代通行《西游记》之定本。评者以道家理论为指导,把《西游记》看作"道藏全书",认为"《西游》一记,处处皆借物证道"。然在具体评点中,亦盛赞此书为"天地间绝奇文字",指出其具有"说假成真"的高度技巧和"传神写照、咄咄逼人"、"先后次第、灼然不紊"等艺术特色。有些评语也能针砭现实,抨击世情。有清初原刻本。后坊刻本,如怀德堂本、怀新楼本等,所题评者除汪象旭、黄太鸿之外,又加入蔡元放、金圣叹、陈士斌、李卓吾诸家,实即于每回之后节录此书总评数条,非诸家所评。

西游记人物研究 研究著作。张静二著。该书以研究百回本《西游记》的人物为主,旁及该书的结构与主题。绪论部分探讨了《西游记》外缘方面的六个问题:(一)我国历史上西行求法的高僧甚多,何以玄奘取经独成西游故事的源头?(二)《西游记》的撰者到底是邱处机,抑是吴承恩?(三)《西游记》书中有无微言大义?(四)五行生克跟《西游记》一书的人物和结构是否有关?(五)朱鼎臣《唐三藏西游释厄传》与杨致和《西游记》是(百回本)《西游记》的祖本,抑系节本?(六)江流故事仍应采为《西游记》第九回吗?以下六章依小说人物在书中的重要性分成悟空、三藏、八戒、沙僧、龙马、观音分别予以讨论。其特点是"着重人物形貌的刻划,身份、功能的剖析,及其人格发展过程的探索,冀能呈现百回本在这些方面的优越成就"(《自序》)。附录三篇:(一)《西游记》八十一难各本对照表;(二)玄奘法师取经所历诸国(地)一览表;(三)《西游记》八十一难一览表。1984年台湾学生书局出版。

西游记研究 研究著作。江苏省社会科学院文学研究所编。收入有关《西游记》研究的论文共十六篇。其中涉及思想倾向、研究方法的有赵明政《西游记思想倾向琐议——兼谈评价西游记的方法》、何满子《西游记研究的不协和音》、李希凡《西游记与社会现实》等七篇;考察艺术特色和成就的有刘毓忱《论西游记的幻想艺术》、郑云波《风云谲诡,神与物游——略论西游记奇特的艺术构思》、金燕玉《西游记和童话》等四篇;高明阁《取经诗话阅读札记》、李时人《西游记的成书过程和孙悟空形象的渊源》、陈新《西游记版本源流的一个假设》、陈澉《吴承恩的"荆府纪善之补"和西游记的写作刊刻》、刘怀玉《吴承恩墓地调查记》等五篇则探讨了版本源流、作者生平等方面的问题。该书系1982年10月在江苏淮安—连云港举行的首届《西游记》学术讨论会上收到的论文编选。1984年江苏古籍出版社出版。

西游记研究论文集 研究著作。作家出版社编辑部编。收入有关《西游记》研究的论文共十八篇。其中属总论性质的有张天翼《西游记札记》、胡念贻《西游记是怎样的一部小说》、沈仁康《西游记试论》、张默生《谈西游记》、霍松林《略谈西游记》等十篇。高熙曾《西游记里的道教和道士》、彭海《西游记中对佛教的批判态度》二篇主要探讨了小说的佛道思想倾向。魏建功《略论西游记的结构形式和语言工具的成就》、方白《谈猪八戒》、严敦易《西游记和古典戏曲的关系》等对结构、语言、人物、渊源与影响等问题作了阐述。黄肃秋《论西游记的第九回问题》和《西游记的校订和注释工作》等则侧重于论述小说的版本、校订问题。该书基本体现了建国初期《西游记》研究的水平。具有学术、资料参考价值。1957年作家出版社出版,收入《中国古典文学研究论文集》。

西游记考论 研究著作。李时人著。收入有关《西游记》的研究论文共十一篇。大致可分为三组。第一组《西游记论略》,阐述了西游故事的累积演化、作者问题、对世态人生的评价、对宗教的嘲弄批判和艺术风格等。第二组收论文六篇,内容涉及《西游记》成书过程、孙悟空形象的渊源、《大唐三藏取经诗话》的成书时代、闹天宫故事的形成等。第三组关于版本,涉及明刊朱鼎臣《西游释厄传》及各本《西游记》

的关系。该书特点在于能够将考证与小说美学研究相结合，如关于闹天宫故事的形成，通过对材料的分析，论定《西游记》前七回是吴承恩为突出全书主角而匠心独运的安排，“大闹天宫”与“西天取经”不可分割，由此否定所谓《西游记》存在两个主题的说法。其他如论《西游记》对世态人生的评价、对宗教的嘲弄批判等也颇富新意。1991年浙江古籍出版社出版。

西游记研究资料 资料汇编。刘荫柏编。分为四编：(一)作者生平：收录有关史料及考辨，以其诗文属之。并附正史、野史、县志中可供参考的资料，旨在明了吴氏生活的时代背景。(二)本事衍变及影响：收录玄奘及有关西游取经故事衍变的史地资料及论考，对后世小说、戏曲、宝卷、弹词等影响之资料。(三)版本和序跋评点：收录明清几种《西游记》刊本中有代表性之序跋、几种评点本中有代表性之评语，并附有对几种刊本之论考。(四)评论：节录或全录不属于以上三编之明清学者和近代现代学者对《西游记》论考的文章或专著。并附有建国前后及台湾、香港学者《西游记》研究论文索引。各编所收资料，均注明年代、出处。间附编者案语，或辨明资料真伪，或探讨与小说之关系。1990年上海古籍出版社出版。

西游记资料汇编 资料汇编。朱一玄、刘毓忱编。共五编：(一)“本事编”，辑录自《大唐西域记》以来到《西游记》成书以前有关取经故事的历史资料。(二)“作者编”，辑录吴承恩生平、思想和著作的资料。(三)“版本编”，辑录有关《西游记》版本论述和书目。(四)“评论编”，辑录《西游记》问世以来各家的评论。(五)“影响编”，分为对社会的影响、对后世小说创作的影响和对戏曲的影响三个部分，并包括民间有关唐僧取经的传说及《西游记》问世前后以取经为题材的其他文学艺术作品的影响资料。各编所收内容，均按作者时代先后排列。“五四”以后价值较高的资料亦酌情收录。为便于使用者核查，均注明时代、作者、引书的卷数和版本。为《西游记》研究提供了便利。1983年中州书画社出版。

三言二拍资料 资料汇编。谭正璧编。上、下两册，收录有关《三言》《二拍》本事来源及其影响的材料共六十余万字，旨在为研究《三言》《二拍》者追本溯源、探讨影响提供便利。小说入话亦因其有故事性和研究价值而作为收辑范围。本事来源包含直接来源、间接来源，故事类似者亦酌情收入。小说故事的改编及对同时代或后世小说、戏剧、说唱文学等的影响，亦作为重要资料列出。末注引书出处。遇有某些出处不同而字句小有异同者，编者并有按语予以说明，不另具列。1980年上海古籍出版社出版。

元明南戏考略 研究著作。赵景深著。据作者1937年至1949年间所写十六篇论文修订而成。该书重点在于南戏作品版本的鉴别，旨在通过具体比勘，阐明《荆钗记》、《白兔记》、《拜月亭》、《杀狗记》、《琵琶记》、《黄孝子寻亲记》、《陈光蕊江流和尚》、《崔怀宝月夜闻筝》等多种南戏作品的版本流变。著者精心搜辑，发现诸多南戏通行本里阙如的戏文。鉴于张大复《寒山堂曲谱》对元明南戏研究的重要性，特作《元明南戏的新资料》予以系统介绍。末篇《秋夜月》谈到《王祥卧冰》、《苏武牧羊记》、《孟姜女送寒衣》等南戏的改本也颇具参考价值。1958年作家出版社出版。

论汤显祖及其他 研究著作。徐朔方著。收入作者自1954年至1981年所收论文凡二十八篇。该书特点之一在于以戏曲证小说，以小说证戏曲，前者如《金瓶梅的写定者是李开先》，以《宝剑记》论定《金瓶梅》的成书上限不早于嘉靖二十六年(1547)，推论它的写定者不是王世贞，而是李开先。后者如《汤显祖和金瓶梅》，探讨小说影响及于戏曲。特点之二在于对中国小说戏曲史上的世代累积型集体创作现象作了较为深入的论述，《从宋江起义到〈水浒传〉成书》、《金瓶梅成书补证》、《〈琵琶记〉的作者问题》等对书会才人、说唱艺人和民间无名作家在文学创作方面的贡献给予了高度评价。基于作品的内证，将《金瓶梅》、《琵琶记》置于世代累积型集体创作的行列。又《汤显祖与莎士比亚》比较了中西不同文化传统背景下，作家所使用的艺术手段的差异，颇为新颖。1983年上海古籍出版社出版。

明传奇联套研究 研究著作。汪志勇著。共七章。首章“绪论”概述了中国戏曲的渊源流变和明传奇的发展与派别。次章“明传奇之定名与结构”，对传奇的由来、名称、特色，南词的宫调、角色、板式、常用曲牌做了考辨。第三至五章依次阐述明传奇联套的特质；引子、过曲、尾声在套曲中的地位与联缀之关系；剧情、剧情变化、组场与脚色对联套的影响。并对特殊联套予以专门介绍。第六章“明传奇联套述例”，以五十八种传奇为例，详细论列了一般联套、叠用联套、借宫联套、集曲联套、换头联套、南北合套、循环联套和特殊联套共八类联套的例式、曲牌连缀次第等。末章分析了南北曲联套的差异。书末用图表和百分比具体描述传奇联套体类、宫调和用曲章数的多寡，以说明南词联套及用曲的分配关系。全书体例严谨，论证精密，具有一定学术价值。1976 年台湾嘉新水泥公司出版。

明代杂剧全目 文学书目。傅惜华编著。三卷。卷一著录明代前期杂剧作家的作品，始于明王朝建国，终于弘治正德年间。这一时期承元人余绪，北曲势力犹盛，杂剧创作尚不乏人。卷二著录明后期杂剧家的作品，始自嘉靖而迄于明末。这一时期北杂剧渐趋衰微，昆曲繁盛。杂剧作家在填词、角色安排、折数等方面吸收了南方传奇的特点，是为杂剧的革新时期，作家辈出，较前期更显繁盛。卷三则著录明代姓氏无考的杂剧作品。为便于检索，该书对所收作品，均依次列出其名目、版本、存佚、现在收藏地和作家小传，并附有引用书籍解题、作家名号索引、杂剧名目索引等。该书作为中国戏曲研究院编《中国戏曲史资料丛刊》之一种，1958 年由作家出版社出版。

明代传奇全目 文学书目。傅惜华编著。著者将明传奇的发展分为两个时期：朱元璋洪武初年至嘉靖初年，北曲杂剧日趋没落，“海盐”、“弋阳”、“余姚”诸腔蔚然称盛，是为南戏复兴时期；嘉靖中叶以后，昆曲崛起，至万历崇祯年间，昆曲作家辈出，传遍各地，独霸剧坛，是为昆曲繁盛期。并据此分期将全书分为六卷：卷一著录南戏复兴时期作家作品，卷二至卷四著录昆曲繁盛时期作家作品，卷五、卷六著录无名氏传奇作家作品。总计著录明传奇九百五十种，其中有姓名可考者六百一十八种，无名氏作品三百三十二种。对所录作品，均列出名目、版本、存佚、现在收藏地点、作家小传，并附有引用书籍解题、作家名号索引、传奇名目索引等，颇便检索。该书为中国戏曲研究院编《中国戏曲史资料丛刊》之一种，1959 年人民文学出版社出版。

中国文学大辞典

ZHONGGUO
WENXUE
DACIDIAN

下

上海辞书出版社

七　清及近代文学

作　家

林古度(1580—1666)　明清之际诗人。字茂之，号那子，又号乳山道士。福建福清人，寄寓南京。少以《挝鼓行》诗受知屠隆，与曹学佺友善。后又与钟惺、谭元春交游。旧居华林园侧，有池馆之胜，明亡悉为车库马厩，乃徙真珠桥南陋巷，穷困日甚而琴诗不废。年逾八十，尚往来扬州，与王士禛唱酬于红桥，以年辈为东南名士魁硕。其诗早期所作刻意六朝，"清绮婉缛"(王豫《江苏诗征》)，结交钟、谭后，乃濡染竟陵派诗风。王士禛选其明天启四年(1624)以前之作为《林茂之诗选》，于是其家国兴亡之篇几不传。生平事迹见《清史列传》卷七〇、《国朝耆献类征》卷四七〇。

邵潜(1581—1665)　明清之际诗人。字潜夫，号五岳外臣。江南通州(今江苏南通)人。明末布衣。入清，以气节自高。性急善骂，述先朝遗事，常至泣下。晚年穷居如皋，无妻无子，贫不能自给。王士禛访于曲巷，却寿金不受。少时尝从潘景升等名士游，好读周秦两汉之书而尤精《文选》。工书法，善籀篆隶书。诗工五言古体，气势磅礴，钱谦益亟称之。著有《邵山人诗集》。生平事迹见《国朝耆献类征》卷四六三、《国朝书人辑略》卷一。

钱谦益(1582—1664)　清文学家、史学家。字受之，号牧斋、蒙叟、东涧遗老、绛云老人等。江南常熟(今属江苏)人。明万历三十八年(1610)进士。崇祯初官礼部右侍郎，为温体仁所摒，削籍归。南明福王朝官礼部尚书，谄事马士英。降清，任礼部右侍郎管秘书院事，充修明史副总裁。任职六月即告归，秘密从事抗清活动，与瞿式耜、李定国、郑成功等都有联系。博学，古文、诗歌、史学、佛学均精，阎若璩称与海内读书者游，博而能精者，仅有谦益与顾炎武、黄宗羲三人。尤以诗名，归庄谓其"除榛莽、塞径窦，然后诗家始知趋于正道，还之大雅"(《王异公诗序》)。冯班谓其"学元裕之(好问)而过之，每称宋、元人，矫王(世贞)、李(攀龙)之失也"(《钝吟杂录》)。陈文述谓其"沉郁藻丽，原本杜陵，逸情高致，远在梅村祭酒之上"(《颐道堂文集》)。与吴伟业、龚鼎孳合称为"江左三大家"。论诗论文既反七子之复古模拟，又反公安派之肤浅、竟陵派之狭隘，主张"根于志，溢于言，经之以经史，纬之以规矩"(《周孝逸文稿序》)，既提倡"情真"，又重视学养。著有《初学集》、《有学集》、《投笔集》、《杜诗笺注》，编有《吾炙集》、《列朝诗集》，其他尚有《开国群雄事略》、《楞严蒙钞》等。生平事迹见《清史稿》卷四八五、《清史列传》卷七九、《国朝名家诗钞小传》、顾苓《东涧遗老钱公别传》、葛万里《牧翁先生年谱》、金叔远《钱牧斋先生年谱》。

吴光　清诗文家。字与岩，号野翁。江南武进(今属江苏)人。明太学生。平生厌弃帖括之学，究心经济，务为有用之学。明亡，取平日所著，悉付之一炬。自是绝意人事，隐居滆东僻壤，惟玩《易》自适。曾作《野翁传》以见志。康熙九年(1670)陕西李容至常州，访之，已年近九十，相与论学甚契，为忘年交。著有《五愿斋文集》、《耕娱集》、《遂初集》、《弄瓦吟》、《易粕十笺》、《象数易理》、《大学格致辨》、《读书录钞》等。生平事迹见《清史列传》卷六六、李容《吴先生光传》。

孙奇逢(1585—1675)　清学者、诗文家。字启泰，号钟元，因久居夏峰，学者称夏峰先生。直隶容城(今属河北)人。明万历二十八年(1600)举人。天启间，与左光斗、魏大中、周顺昌等交厚。明末避乱入易州五峰山。顺治二年(1645)以学行荐，力辞。七年，迁辉县苏门山夏峰，率子弟躬耕，清廷屡征不起。其学宗陆、王，亦不薄程、朱，以慎独为宗，以体认天理为要，以日用伦常为实际，虽野夫牧竖，必以诚意接之。尝著《理学传心纂要》以述道统。诗文为余事，然"不事藻缋，而胎息深厚，情意真挚，似南宋所作"(邓之诚《清诗纪事初编》)。著有《夏峰集》、《读易大旨》、《甲申大难录》等。生平事迹见《清史稿》卷四八〇、《清史列传》卷六六、汤斌《孙征君墓志》、汤斌等《征君孙先生年谱》。

卢世㴶(1588—1653) 清诗人。字德水,号紫房,晚号南村病叟。山东德州人。明天启四年(1624)进士,官户部主事,告终养归,起转礼部,改监察御史。降清,起复原官,以疾不赴。居尊水园,以书酒自娱。论诗崇杜甫、陶渊明,自作亦似杜之悲凉凄怆。著有《尊水园集略》、《读杜私言》。生平事迹见田雯《卢先生世㴶传》。

读彻(1588—1656) 清诗僧。俗姓赵,初字见晓,后更苍雪,号南来。云南呈贡人。幼年随父祝发于昆明妙湛寺,十九岁远游入吴,受法于诸高僧,奉通润为师。清初礼部行取天下高僧入直万善殿,独不与,全祖望目为"僧中遗老"。吴伟业谓其诗"苍深清老,沉着痛快……不徒僧中第一"(《梅村诗话》)。著有《南来堂诗集》。生平事迹见钱谦益《中峰苍雪法师塔铭》、陈乃乾《苍雪大师行年考略》。

邢昉(1590—1653) 明清之际诗人。字孟贞,一字石湖。江南高淳(今属江苏)人。明诸生。其家近石臼湖,人称邢石臼。明季社事大兴,江淮之间,昉实为职志,遂与夏允彝、陈子龙等定交。尝入杨文聪幕。入清不仕,不屑借交游以博名誉,伏处湖滨,以遗老终。其诗为王士禛、施闰章等赞赏,宋荦称"孟贞诗,凄清悲壮,山峙云涌,……具体少陵,而出入于韦、孟、钱、刘,以发其菁华,才兼众体,诚名家也"(陈田《明诗纪事》引)。李敬甚至推之为明季布衣诗人第一。著有《石臼集》。生平事迹见《国朝耆献类征》卷四二八、《国朝名家诗钞小传》、汤之孙《邢孟贞年谱》。

徐波(1590—1663) 明清之际诗人。字元叹,号顽庵。江南吴县(今属江苏)人。少孤向学,为诸生,旋入太学。负意气,任侠急友朋之难,至欲不惜破家为友报仇。好为诗,吴中求同调不易得,则至楚交钟惺、谭元春。明亡,葬父母吴县天池山麓,遂结庐隐居终老。往日谭元春与之别,曾题"落木庵"三字以赠,遂揭之于庵门,究心佛学,与中峰、灵岩二高僧往还。钱谦益、王士禛等均称赏其人其诗。杨际昌《国朝诗话》谓其诗"清微冲淡,不染纤尘",沈德潜《徐先生波传》谓其诗"湔除尘俗,抽思练要"。著有《谥箫堂集》、《落木庵集》。生平事迹见《清史稿》卷四八四、《国朝耆献类征》卷四七〇、沈德潜《徐先生波传》及自撰《顽庵生圹志》。

贾应宠(1590—1674) 清曲艺作家。字思退,又字晋蕃,号凫西,又号木皮散客。山东曲阜人。明崇祯贡生。崇祯末官固安知县,擢兵部主事,迁刑部江西清吏司郎中,后告归乡居。入清,初不愿再仕,因受县尉欺辱,遂于顺治八年(1651)复入京师补旧职。借公事过里门,执县尉扑之。不数月,引疾乞归,不得请,乃自劾以说稗词废公务。晚年悲愤佯狂,竟不容于乡里,移家滋阳卒。与丁耀亢交契,喜作稗官鼓词讲唱之,语言通俗而隽永,以嬉笑怒骂为能事,经史中帝王将相,均"别有评驳,与儒生不同","闻者咋舌,以为怪物"(孔尚任《木皮散客传》)。醉溪道人识语称其"以神工鬼斧之笔,摅苦恨牢骚之意","不是冷极语,正是热极语"。亦工诗。著有《木皮散人鼓词》,有多种刻本与抄本,另著有《诗纲》,其诗集《澹圃诗草》则见于所著《澹圃恒言》卷四。生平事迹见《乾隆曲阜县志》、卢见曾《国朝山左诗钞》卷四、孔尚任《木皮散客传》、丁叔言《贾凫西先生事略》。

李天植(1591—1672) 清诗人。字因仲,改名确,字潜夫,浙江平湖人。明崇祯六年(1633)举人。遭明末丧乱,削发入陈山,训童子十年。山僧开堂,避喧返其蜃园故居。卖文为食,不足则与妻编棕鞋竹器以佐之。贫甚亦不受施与,有司往访,避而不见,终至饿死。其诗多感怆。著有《蜃园遗集》。生平事迹见《清史稿》卷五〇一、全祖望《蜃园先生神道表》、罗继祖《李蜃园先生年谱》。

袁于令(1592—1674) 清戏曲作家。原名韫玉,后改名晋,字令昭、研昭,号凫公,又号箨庵、白宾、幔亭仙史、吉衣主人等。江南吴县(今属江苏)人。明贡生。入清,历官清源司榷、荆州知府。顺治十年(1653)以失上官意遇劾罢归。后流寓金陵,又至扬州访王士禛,参与红桥诗会。晚居会稽,忽染异疾卒。以创作戏曲享誉当世,早年曾受业于叶宪祖。王士禛称之为"红颜顾曲袁荆州"。高奕评其所作"如海鹤鸣秋,声清影淡"(《新传奇品》)。代表作为《西楼记》传奇,另著有《瑞玉记》、《鹔鹴裘》、《金锁记》、《长生乐》、《战荆轲》、《玉符记》、《合浦珠》、《珍珠衫》传奇及《留砚斋稿》,小说《隋史遗文》一般也认为是其所作。生平事迹见《光绪苏州府志》卷七六、《民国吴县志》卷七九。

孙承泽(1592—1676) 清学者、诗人。字耳伯,号北海,又号退谷、退翁、退道人。山东益都(今青州)人,世隶上林苑籍。自幼力学,不附魏党,时人目为“东林秀才”。明崇祯四年(1631)进士,历官陈留知县、刑部给事中。李自成克北京,任为四川防御使。入清,历任太常寺少卿,兵部、吏部侍郎,加太子太保、都察院右都御史衔。年六十引退,家居二十余年卒。晚年闭门著述,潜研经学。好收藏古器物。娴于吟咏。著有《尚书集解》、《九州山水考》、《己亥存稿》及《庚子销夏录》、《春明梦余录》等。生平事迹见《清史列传》卷七九、王崇简《太子太保都察院右都御史吏部左侍郎孙公承泽行状》。

冯舒(1593—1649)　明清之际诗人。字己苍,号默庵。江南常熟(今属江苏)人。冯班兄。明诸生。入清不仕。知邑中钱粮之弊,与邑诸生合辞上知县瞿四达贪状,为其借词曲杀于狱。与弟班并负才名,号“海虞二冯”,为虞山诗派重要成员,钱谦益颇推许之。又以评点《才调集》阐其诗论闻名。其诗“近体以晚唐为宗,古风才气视定远(冯班)差纵逸”(《晚晴簃诗汇》)。著有《默庵遗稿》、《海虞妖乱志》。生平事迹见《清史列传》卷七〇、《民国重修常昭合志》卷二〇。

金之俊(1593—1670)　清诗人。字彦章,又字岂凡,号息斋。江南吴江(今属江苏)人。明万历四十七年(1619)进士,官至兵部右侍郎。入清,以原官起用,升工部、兵部尚书,调左都御史。官至中和殿大学士兼吏部尚书。康熙元年(1662)告归。谥文通。为新朝文学顾问,而立身立朝,无可称举。宋实颖称其诗“顿挫击节,波澜独老”(《晚晴簃诗汇》引)。著有《金文通集》。生平事迹见《清史列传》卷七九、《清史稿》卷二三八及自编《年谱韵编》。

谈迁(1594—1657)　明清之际学者、诗人。初名以训,字观若,明亡改名迁,字孺木,一字若观,又字仲木、冠木,号枣林。浙江海宁人。明诸生。南明弘光朝,以布衣佐高砼斋、张慎言幕,二公颇为引重,荐授中书,召入史馆,固辞不就。入清弃儒冠,抱遗民之痛,浪迹江湖。北走昌平拜明思陵,复欲赴阳城哭张慎言,未至而卒。平生关注明朝典故,著史书《国榷》,稿成失窃,又以坚强毅力重著。工诗,陈田《明诗纪事》谓其“长于咏古,多哀艳之音”。另著有《枣林诗集》、《枣林杂俎》、《艺篑》以及《北游录》。生平事迹见《清史稿》卷五〇一、《国朝耆献类征》卷四六三、黄宗羲《谈先生迁墓表》。

刘正宗(1594—1662?)　清诗人。字可宗,又字宪石,清世祖赐字中轩。山东安丘人。明崇祯元年(1628)进士,由推官行取编修。南明福王时授中允。入清以荐官编修,迁秘书院学士、吏部侍郎、弘文院大学士、吏部尚书,改文华殿大学士。顺治十七年(1660)以罪革职,从宽免死。《晚晴簃诗汇》谓其“簪笔禁近,躬阅兴亡,故诗多感伤之慨,集中如《老妇行》、《对镜叹》,皆自况也”。著有《逋斋诗》、《雪鸿草》。生平事迹见《清史稿》卷二四五、《清史列传》卷七九。

朱之俊(1594—1663后)　清诗人。字擢秀,号沧起。山西汾阳人。明天启二年(1622)进士,选庶吉士,授编修,历官国子监司业,以忤宦官归。崇祯改元(1628),原官起用,后谒假归。清顺治二年(1645)被迫入都,授侍读,典顺天乡试,事竣乞归养母。诗不作伤时语。著有《吴越游草》、《砚庐诗》、《峪园诗草》、《排青楼诗》。生平事迹见《清诗纪事初编》卷六。

李元鼎(1595—?)　清诗人。字吉甫,号梅公。浙江吉水人。明天启二年(1622)进士,官至光禄寺少卿。入清,历官太仆寺少卿、太常寺卿、兵部右侍郎。顺治三年(1646)以误荐匪人定死罪,诏免。后复原官,又以事获罪,应绞,改杖徙。未几卒。《晚晴簃诗汇》称其诗“以绵密安雅胜”。著有《石园全集》,内八卷为与其妻朱中楣唱和之作。生平事迹见《清史列传》卷七九。

贾开宗(1595—1661)　明清之际诗文家。字静子。河南商丘人。明诸生。壮岁尝北历燕齐,南适吴越,广交名士奇人,与侯方域为同学至交。南明弘光时举家至淮上,欲倚刘泽清为用而无所就。后犹数往来淮徐之间。“其为诗文初尚僻异,而终出入庐陵(欧阳修)、眉山(苏轼)、北地(李梦阳)、娄江(吴伟业)”(徐作肃《墓志铭》)。著有《贾静子集》。生平事迹见《国朝耆献类征》卷四四、徐作肃《贾静子墓志铭》。

黄翼圣(1596—1659)　清诗人。字子羽,号摄六。江南太仓(今属江苏)人。崇祯八年(1635)以贡生廷试,授新都知县,升吉安知州。入清后,皈心佛教,自号莲蕊居士。翁同龢谓其诗“如秋雁唳空,不见其影,而有余音”(邓之诚《清诗纪事》引)。著有《黄摄六诗选》。生平事迹见《民国太仓州志》卷一九、钱谦益《莲蕊居士传》、《黄子羽墓志铭》。

邹式金(1596—1677)　清戏曲作家。字仲愔，号木石。江南无锡（今属江苏）人。明崇祯十三年（1640）进士，南明隆武时，官泉州知府。辞归，洪承畴两荐出山仕清，皆不就。筑众香庵于双河口，三十年不下楼，卒年八十二。少工古文词，思致艳逸，所制歌曲，每命侍儿司吟坛玉尺，自吹箫度之。编《杂剧新编》三十四卷，卷各一剧，补沈氏之遗阙，为曲苑所称。著有杂剧《风流冢》，今存，另著有《宋遗民录》、《香眉亭诗稿》。生平事迹见《道光无锡金匮续志》卷六、《古典戏曲存目汇考》卷八。

许令瑜（1597—1650） 明清之际诗人。字元忠，一字芝田，号容斋道人，明亡后号灵泉遁翁。浙江海宁人。崇祯十六年（1643）进士，授仙游知县，南明唐王时官礼部主事，迁给事中。明亡归隐于乡。诗多激楚之音。著有《容庵存稿》，另著有《孤臣述》、《孝经释义注》。生平事迹见《国朝耆献类征》卷四六一。

蒋臣（1597—1652） 明清之际诗人。本名姬胤，字子卿，更名臣，字一个，号谁庵。江南桐城（今属安徽）人。早岁受知于张溥、张采，隶名复社。明崇祯九年（1636）以拔贡生应廷试，授知县，辞不就。后以荐官户部司务，擢主事。南明弘光时往依史可法，留参军务，所陈不得用，遂辞去，削发为僧，释名道用。其诗朱彝尊谓为“虽乏浑涵，亦自萧散”（《明诗综》）。著有《无他技堂遗稿》。生平事迹见《清诗纪事初编》卷一、方拱乾《原户司徒郎谁庵蒋公传》。

陈弘绪（1597—1665） 清诗文家。字士业，号石庄，又号恒山，以避清高宗讳，名又作宏绪。江西新建人。明崇祯间，以荐授晋州知州，谪湖州经历，署长兴、孝丰二县事，有惠政。免归。入清，屡荐不起，移居章江，辑《宋遗民录》以见志。诗文与其乡徐世溥齐名，王士禛称二人为南州眉目。施闰章序其文云：“士业之为文，不务诡奇，不侯搜讨修饰，而油然沛然，敷陈略尽，……所为忠正发愤，道贤臣义士之行，啸呼歌泣，若草木之于春，……若凄风骤雨之于秋冬。”著有《陈士业全集》、《石庄初集》、《石庄先生文录》、《寒夜录》、《江城名迹志》。生平事迹见《清史稿》卷四八四、《清史列传》卷七〇、《国朝先正事略》卷三七。

陈洪绶（1598—1652） 明清之际画家、诗人。字章侯，幼名莲子，一名胥岸，晚号老莲，又名小净名，明亡后为僧自号老迟，又称悔迟、弗迟、悔僧、云门僧、九品莲台主。浙江诸暨人。明监生。崇祯间召为舍人，入内廷摹历代帝王像。南明时，鲁王授翰林待诏，唐王授监察御史，皆不赴。清兵下浙东，入绍兴云门寺为僧。晚以卖画自给。为著名画家，尤工人物，与崔子忠齐名，号“南陈北崔”。其诗“皆于真率中见风趣”（《晚晴簃诗汇》）。著有《宝纶堂集》、《筮仪象解》。今人辑有《陈洪绶集》。生平事迹见《清史稿》卷五〇四、《清史列传》卷七〇、《国朝先正事略》卷四四、黄涌泉《陈洪绶年谱》。

王猷定（1598—1662） 明清之际诗文家。字于一，号轸石。江西南昌人。明贡生。倜傥善辩论。史可法征为记室，传檄之文，多出其谋。袁继咸亦疏荐之，坚辞。入清绝意仕进。晚年寓西湖僧舍，颇为大吏所重，按察使宋琬尤与之相契。精书法。文名甚高，与侯方域埒。“所为文多郁勃，如殷雷未奋；又如崩崖压树，枒槎盘礴，旁枝得隙，突然干霄”（《清史列传》），论者以为能独开风气。《义虎记》、《汤琵琶传》等文，颇近唐人小说。其诗则“骚情古意，跌宕萧寥”（陈田《明诗纪事》）。著有《四照堂集》。生平事迹见《清史列传》卷七〇、《清史稿》卷四八四、《国朝耆献类征》卷四二三、《国朝先正事略》卷三七。

方拱乾（？—1664） 清诗人。字肃之，号坦庵，又号甦翁。江南桐城（今属安徽）人。明崇祯元年（1628）进士，官詹事，入清荐补翰林学士，罹科场狱与二子谪戍宁古塔。旋捐资赎还，卒年七十许。工诗，尝谓“诗必从杜入，方有真性情，修饰辞藻不能登大雅之堂”，沈德潜称“读其诗，一如论诗之旨”（《国朝诗别裁集》）。著有《何陋居草》、《白门》、《铁鞋》、《裕斋》、《出关》、《入关》诸集及《绝域纪略》。生平事迹见金天羽《皖志列传稿》卷二、陈诗《皖雅初集》。

毛晋（1599—1659） 明清之际藏书出版家。字子晋，号潜在，原名凤苞，字子久，晚号隐湖。江南常熟（今属江苏）人。明诸生，以布衣自处。父以务农起家，晋奋起读书，好古博览，喜藏书、校书、刻书、抄书。构汲古阁，藏书八万余册，多宋元善本，手自校雠，常废寝食。刻印《十三经》、《十七史》、《津逮秘书》、《宋名家词》、《六十种曲》等，抄录孤本秘籍而以“毛钞”本见重于世，所为有功于文化事业甚多。游钱谦益之门，诗文均有根柢。著有《和古今人诗》、《野外诗题跋》、《虞乡杂记》、《隐湖小志》等，不传。今存《毛诗陆疏广要》、《香国》等。生平事迹见《清史列传》卷七一、《国朝耆献类征》卷四二八、钱谦益《隐湖毛君墓志铭》、钱大成《毛子晋年谱稿》。

丁耀亢(1599—1669)　清文学家。字西生,号野鹤,又号紫阳道人、木鸡道士、野航居士。山东诸诚人。明万历末诸生。南明弘光时授监纪司理,监王遵坦军。入清,顺治五年(1648)拔贡,充镶白旗教习,改镶红旗。历官容城教谕、惠安知县,以病目乞归。少从董其昌等游,尝与陈古白、赵凡夫结山中社,又与宋子房讲经世之学。《四库全书总目》谓其"少负隽才,中更变乱,栖迟羁旅,时多激楚之音;自入都后,交游渐广,声气日甚,而性情之故亦日薄"。诗文外,兼通词曲、小说。著有《丁野鹤遗稿》、《天史》,小说《续金瓶梅》、传奇《赤松游》、《化人游》、《西湖扇》、《蚺蛇胆》,今存,另《星汉槎》、《非非梦》等传奇,已佚。生平事迹见《乾隆诸城县志》卷三六、《国朝诗人征略》卷一四及丁氏《自述年谱以代挽歌》诗。

朱之瑜(1600—1682)　清学者、诗文家。字鲁屿,号舜水。浙江余姚人。明崇祯诸生。明代屡征不出,南明福王授江西按察副使,亦不就。清兵下江南,曾于舟山组义师抗清,兵败流亡日本,欲乞师图恢复。后见事不可成,遂定居日本。先住长崎,后迁江户(今东京),授徒讲学,为日人所重。卒后门人私谥文恭先生。为明末清初著名思想家,其学影响日本颇深。亦工诗文,其域外诗作抒爱国之情,记海外风光,尤有价值。著作今人辑为《朱舜水集》。生平事迹见梁启超《朱舜水先生年谱》、郭垣《朱舜水年谱及族系表》、中山久四郎《朱舜水先生年谱》。

徐世溥(1601—1651)　明清之际诗文家。字巨源。江西新建人。明诸生。明亡,弃举子业,高蹈不出。顺治八年(1651),陈名夏柄政,作手书遣使持礼币往山中邀其出,坚拒不纳。使者归,会有盗闻风夜入其室索币,以火灼之,遂被害。在明末以博学能文名,艾南英与之约为兄弟,钱谦益等亦皆推重之。才雄气溢,与侯方域并负文誉,又与熊人霖、万茂先、陈士业称"江右四公子"。亦擅诗,宋荦以为远胜侯方域。著有《榆墩集选》、《榆溪诗钞》、《榆溪逸诗》、《夏小正解》、《韵蕞》等。生平事迹见《清史列传》卷七〇、《国朝耆献类征》卷四六二、《国朝先正事略》卷三七。

查继佐(1601—1676)　清学者、文学家。初名继佑,初字三秀,更字支三,号伊璜、敬修、与斋,题书画署钓史,入清更名省,字不省,或隐姓名为左尹,别号非人氏,学者称东山先生。浙江海宁人。明崇祯六年(1633)举人。南明鲁王时授兵部职方主事,参与抗清斗争,兵败后归里讲学。以庄廷钺《明史》案受牵连系狱,旋释归。论学以存诚为体,经济为用。工书画,诗文词曲皆有造诣。查羲谓其"诗文不肯蹈袭前人一字"(阮元《两浙輶轩录》引),《晚晴簃诗汇》则以为其"行文尤近钟、谭纤隽一派"。著有《钓业》、《粤游杂咏》、《敬修堂诗集》、《罪惟录》,《续西厢记》杂剧,《三报恩》、《非非想》、《眼前因》、《梅花谶》、《鸣鸿度》传奇等。生平事迹见《国朝耆献类征》卷四六三、《国朝书人辑略》卷一、沈起《查东山先生年谱》。

恽日初(1601—1678)　清学者、诗人。字仲升,号逊庵,又号黍庵。江南阳湖(今江苏武进)人。恽格父。明崇祯六年(1633)副贡。久留京师,应诏上备边五策,不报,知事不可为,归隐天台山。南明鲁王遣使聘之,固辞。避清兵入闽、粤,祝发为僧,法名明昙。顺治六年(1649),在建宁入王祈义师抗清,兵败潜还。外传张煌言弟乃其门人,匿其家,县官将收捕,既而事解。乡居授徒以终。少与杨廷枢、钱禧等共结文社,后受业刘宗周。论学重知行,以格物为先。徐永宣谓其诗"刿目怵心,鬼设神施,下视南田,犹审言之于子美也"(杨钟羲《雪桥诗话余集》引)。著有《逊庵诗文集》、《见则堂四书讲义语录》、《野乘》。生平事迹见《清史稿》卷五〇〇、《清史列传》卷六六、汤修业《恽先生日初传》、恽敬《逊庵先生家传》。

冯班(1602—1671)　清诗人、书法家。字定远,号钝吟,又号双玉生。江南常熟(今属江苏)人。明诸生,入清不仕。与兄舒齐名,时称"二冯"。为人落拓,性不谐俗,歌哭无恒,因排行第二,时人称为"二痴"。论诗力诋严羽,著《严氏纠谬》,尤不取江西宗派,而好李商隐与西昆体。为钱谦益门人,谦益作序称其诗"沉酣六代,出入于义山、牧之、庭筠之间"。赵执信于清初诗人少许可,见班所著,怀"私淑门人"名刺来常熟谒其墓。工书法,四体皆精,小楷尤胜。著有《冯定远集》,近代张鸿辑有《常熟二冯先生集》。生平事迹见《清史列传》卷七〇、《清史稿》卷四八四、《国朝耆献类征》卷四二九、《国朝先正事略》卷三八。

王崇简(1602—1678)　清大臣、诗文家。字敬哉。直隶宛平(今属北京)人。明崇祯十六年(1643)进士,告假营葬其妻,值李自成破北京,遂挈家南迁。顺治三年(1646)选庶吉士,除检讨,历官侍读、祭酒、侍读学士、少詹事、吏部侍郎、礼部尚书加太子太保。以疾告归。谥文贞。喜从名士游，顾炎武、申涵光颇称许之。《晚晴簃诗汇》称其“诗敦穆澹永，不屑屑规摹古人，直行胸臆，萧然自远”。著有《青箱堂集》。生平事迹见《国朝耆献类征》卷四五、毛际可《王文贞公传》、汪琬《太子太保礼部尚书王公行状》及其《自订年谱》。

陶汝鼐(1602—1683) 清诗人。字仲调，又字燮友，号密庵，明亡更名鞠延，字忍草，号忍头陀，或署石溪农。湖南宁乡人。明崇祯六年(1633)举人。廷试授知州，不就。弘光元年(1645)官新会教谕。唐王时授检讨。永历元年(1647)授御史，已回乡山居。入清不仕，顺治十年(1653)以反清嫌疑入狱论死，囚系年余始得脱。后在湘历参志局，与修方志。早年入复社，有文名。朱彝尊称其“诗未脱竟陵之派，然觉爽气殊伦”(《明诗综》)。著有《荣木堂集》。生平事迹见《清史稿》卷五〇一、《国朝先正事略》卷四五、梅英杰《陶密庵先生年谱》。

李世熊(1602—1686) 清诗文家。字元仲，号但月、愧庵，又号寒支子。福建宁化人。明诸生。南明唐王时荐授翰林院博士，不就。后曾至江西，与魏禧、彭士望等交游。耿精忠反，遣使聘请，严拒之。山居四十余年，以文章气节为世所重。其“为文，沉深峭刻，奥博离奇，悲愤之音，称其所遇”(《清史稿》)。诗“亦戛戛独造，间效长吉，尤与宋遗民谢皋羽为近”(《晚晴簃诗汇》)。著有《寒支集》、《钱神志》，编有《宁化县志》。生平事迹见《清史列传》卷七〇、《清史稿》卷五〇一、魏礼《李君世熊墓志铭》、蓝鼎元《寒支先生传》、自编及李权续编《李寒支先生岁纪》。

冯如京 清诗人。字修隐，又字修武，号秋水，又号紫乙。山西代州(今代县)人。明崇祯元年(1628)恩贡。崇祯十三年举海内经明行修之儒，廷对称旨，除知滦州，迁永平同知。清兵入关，擢为永平知府。历官按察副使、参政，榆林、西宁、金衢道，江南右布政使，以广东左布政使致仕。卒年六十八。邓之诚《清诗纪事初编》谓“其文事迹议论俱无可征，诗格清稳，称意而言，于同时云间、楚中两派，皆无所染，不趋风气，可谓自好之士”。著有《秋水集》。生平事迹见《国朝耆献类征》卷一五二、魏象枢《方伯冯先生如京传》。

商景徽 清女诗人。字嗣音，一字仲商。浙江会稽(今绍兴)人。明吏部尚书商周祚女，上虞徐咸清妻。生有国色，与姊景兰俱能诗。尝作《子夜歌》，时人以为深得乐府遗意。康熙十八年(1679)，其夫应试博学鸿词报罢归里，夫妻偕隐，唱和以老。年八十，犹吟诗不辍。著有《咏雏堂诗草》。生平事迹见《清代闺阁诗人征略》卷一。

邹兑金 清戏曲作家。字叔介。江南无锡(今属江苏)人。邹式金弟。明举人。明崇祯十年(1637)，公车北上赴试，渡江泊金山寺，狂风覆舟，兑金出金呼众救人，又捐资设救生船。财尽，竟归，不复与试。著有杂剧《空堂话》，其兄式金称其深入禅那，文从妙悟中流出。生平事迹见《嘉庆无锡金匮县志》卷四〇、《古典戏曲存目汇考》卷八。

万寿祺(1603—1652) 明清之际文学家。字年少，一字介若，又字内景，晚为僧，法名慧寿，称明志道人，或曰寿道人。江南徐州(今属江苏)人。明崇祯三年(1630)举人。早年游吴门，与复社诸君子交。明崇祯十七年(1644)国变，重至吴下，次年五月，与沈自炳、戴之儁、钱邦芑、黄家瑞、陈子龙、吴昜等义师会合抗清，事败被执，得脱还江北，削发易僧服，隐居不出。多才艺，精书画篆刻。《晚晴簃诗汇》称其诗“工整密栗，其视李、何诸子正犹西昆之于义山……国变后，多作激楚之语”。著有《隰西草堂集》、《遁渚唱和集》。生平事迹见《清史稿》卷五〇〇、《国朝耆献类征》卷四七一、罗振玉《万年少先生年谱》。

王翃(1603—1653) 清诗人、戏曲作家。字介人，又字翀父。浙江嘉兴人。王庭从兄。家设染坊，常持古书与布商、菜佣相答。弱冠，偶读元人词曲，以为不难作，遂学之，竟合调。明崇祯末，竟陵派势盛，翃慨然以起衰自任，独尚唐音。既遭世变，多感愤之作，狂放不羁，人多以祢衡目之。游绍兴，与陈洪绶相友善。从弟王庭官岭南，往诣之，至赣州遇盗，所著尽没于水。抵广州，拥被记忆，十不存一。归次京口，卒。少见重于陈子龙，谓其诗有盛唐风。居梅里，因有“梅里派”之称。朱彝尊兄事之，为其选遗诗付梓。著有《二槐草存》及传奇《红情言》，另有传奇《纨扇记》、《博浪沙》、《词苑春秋》、《榴巾怨》，佚。生平事迹见《清史列传》卷七〇、《国朝耆献类征》卷四二七、《道光梅里志》卷一〇。

殷岳(1603—1670) 清诗人。字伯岩，一字宗山。河北鸡泽人。明崇祯三年(1630)举人。

父为人诬陷下狱，岳走京师为讼冤，父遽卒，乃乞遗骨归。顺治初谒选知睢宁县，申涵光劝之归，岳慨曰："吾岂以一官易我友。"遂辞官隐居小砦。后南游福州，客死。作诗但为古体，格调直逼建安。与申涵光相交甚得，开河朔诗派。时人以之与申涵光、张盖并称为"畿南三才子"，又称"广平三君"。王士禛评其《咏史》诗"古郁悲壮，有横槊之风"（《居易录》）。著有《留耕堂诗集》。生平事迹见《清史稿》卷四八四、《清史列传》卷七〇、朱彝尊《殷先生墓志铭》、申涵光《殷宗山先生行状》。

阎尔梅（1603—1679）　清诗人。字用卿，号古古、白耷山人。江南沛县（今属江苏）人。明崇祯三年（1630）举人。早为东林党人。与陈子龙、夏允彝、杨维斗、钱谦益等交游。清军南下，曾入史可法幕，劝以视师淮徐，号召规复。明亡，破产养死士，罹狱几濒于死。曾亡命奔走于齐楚蜀粤秦晋燕，图谋恢复。为清初著名遗民诗人。诗从明七子出。朱庭珍《筱园诗话》称其"独工七律，对仗极齐整，时有生气，亦颇能造警句，惟粗率廓落处太多耳"。著有《白耷山人集》，后人辑有《阎古古全集》。生平事迹见《清史稿》卷五〇五、《国朝名家诗钞小传》、阎圻《文节公白耷山人家传》、鲁一同编、张相文增订《白耷山人年谱》。

陈贞慧（1604—1656）　明清之际散文家。字定生。江南宜兴（今属江苏）人。陈维崧父。明诸生，曾中乡试副榜。少侍父宦游。入复社，文采风流，著名当世，与侯方域、方以智、冒襄号"四公子"。崇祯十一年（1638），与吴应箕、顾杲共议声讨阮大铖，草《留都防乱公揭》贴于南京。南明弘光朝（1645）受阮迫害，一度入狱。入清隐居，不入城市十余年，遗民故老时往诣之。其文骈散兼擅，温雅婉丽。著有《雪岑集》、《皇明语林》、《书事七则》、《山阳录》、《秋园杂佩》。生平事迹见《清史稿》卷五〇一、《国朝耆献类征》卷四六三、黄宗羲《陈定生墓志铭》。

陈确（1604—1677）　清学者、诗文家。原名箎永，字原季，号逊肤，庠名道永，字非玄，入清改名确，字乾初。浙江海宁人。明诸生。与黄宗羲等从学于刘宗周。明亡后，坚持气节，不仕新朝，居家讲学，奉慎独之说，躬行实践。晚年因病，足不出户十五年。其学不囿成说，敢于立异，反朱熹"存天理、灭人欲"之论。诗文为余事，亦"清真大雅，寄托遥深"（陈元龙《陈氏理学乾初先生传》）。又工书法，有钟、王之风。著有《乾初先生文钞》、《遗诗》。今人辑有《陈确集》。生平事迹见陈元龙《陈氏理学乾初先生传》、吴骞《陈乾初先生年谱》、陈敬璋《乾初先生年表》。

来集之（1604—1683）　清戏曲作家。字元成。浙江萧山人。明崇祯十三年（1640）进士，官安庆府推官。时天下大乱，灾荒连年，集之防御赈恤，不遗余力。弘光时，左良玉勤王兵东下，皖民赖其进言而免受兵掠之苦。马士英知其才，荐授兵科给事中。集之不附其门，士英恚，改枢部。未几晋太常寺少卿。后归隐萧山以终老。好学负文誉，喜奖掖士子。崇祯十五年分校应天乡试，称得人。戏曲书画诗文流传海内，为两越名宿。著有《秋风三叠》杂剧三种、《两纱剧》杂剧二种及《倘湖遗稿》、《樵书》、《读易偶通》、《春秋志在》等。生平事迹见《康熙安庆府志》卷一二、《康熙宿松县志》卷二三、《乾隆萧山县志》卷二四、毛奇龄《故明太常寺少卿来君墓碑铭》。

王端淑　清女诗人。字玉映，号映然子。浙江山阴（今绍兴）人。顺治前后在世。王思任女，诸生丁肇圣妻。好读史，工诗善书，能对客挥毫，兼绘花草，有疏落苍秀之致。父常称："身有八男，不易一女。"著有《玉映堂集》、《吟红集》，编有《名媛文纬》、《诗纬》、《历代帝王后妃名》、《古今年号名》、《史愚》。生平事迹见《清画家诗史》癸上、《清代闺阁诗人征略》卷一、《国朝书人辑略》卷一一。

白胤倩（1605—?）　清诗文家。字子益，号东谷，避清世宗讳，名一作允谦。山西阳城人。明崇祯十六年（1643）进士，选庶吉士。入清，授检讨。顺治中擢吏部侍郎、刑部尚书，以科场案决狱不严降级调用。补太常寺卿，迁通政使司通政使。康熙初致仕，时年五十九，又十余年卒。以理学享名，其学专事求仁复性，而以存诚主敬为功。其"文虽无文采，而不失雅正"（邓之诚《清诗纪事初编》）。著有《东谷集》、《归庸集》、《桑榆集》。生平事迹见魏象枢《通政使司通政使前刑部尚书东谷白公允谦墓表》。

贺贻孙　清诗文家、诗论家。字子翼。江西永新人。明诸生。明末党社兴盛，曾与陈弘绪、徐世溥等结社乡里。入清不仕。顺治七年（1650），学使慕其名，特列贡榜，不就。御史笪重光欲荐举博学鸿词，亦力辞。结茅深山，不复见其踪迹。身遭国变，诗中每有"蹙蹙不自得之语"（《晚晴簃诗汇》）。《四库全书总目》称其为文“跌宕自喜”，“特一气挥写，过于雄快，亦不免于太尽之患”。其品评前朝各家诗作，阐述论诗宗旨文字，见诸《诗筏》。著有《水田居全集》。生平事迹见《清史稿》卷四八四、《清史列传》卷七〇。

朱鹤龄（1606—1683） 清学者、诗文家。字长孺，号愚庵。江南吴江（今属江苏）人。明诸生。入清不仕。初专力于词赋，自顾炎武勉以本原之学，始研治群经，遂长于笺疏之学。注经外，又尝注杜甫、李商隐诗集，名传一时。王光承序其文，谓其“古文诸体据依经史，裁铸古今，理沉研而诣极，色绚练以趋新”。《四库全书总目》称其诗“颇出入于二家（杜甫、李商隐）之间，而寄兴清远，能不自掩其神韵”。著有《愚庵小集》、《尚书埤传》、《禹贡长笺》、《诗经通义》等。生平事迹见《清史稿》卷四八〇、《清史列传》卷六八、《国朝先正事略》卷三二。

程先贞（1607—1673） 清诗人。字正夫，号葸庵。山东德州人。明季以祖荫历官工部员外郎，入清以原官用，顺治三年（1646）告归，不复出。钱谦益、柳如是北行，顾炎武过德州，均曾居其家。顾炎武颇重其人。钱谦益序其诗，称其能“汲古起雅”。先贞自谓学陶渊明、杜甫。著有《海右陈人集》。生平事迹见《国朝山左诗钞》卷七、《清诗纪事初编》卷六。

姜埰（1607—1673） 清诗人。字如农，号敬亭山人、宣州老兵。山东莱阳人。明崇祯四年（1631）进士，官仪征知县、礼科给事中。以弹劾权贵，受廷杖入狱，谪戍宣城卫。北都先后为李自成军、清军所破，乃移家江南。南明弘光朝以原官用，鲁王又授以兵部右侍郎，皆不就。与弟姜垓居吴下以遗民终，时称“二姜先生”。门人私谥贞毅先生。朱彝尊《明诗综》称“公晚岁始为诗，风格一本杜陵”；《四库全书总目》谓其“诗才本清刚，气尤激壮，故诗文皆直抒胸臆，自能落落不凡，然纵笔所如，不暇锻炼，故粗犷之语，亦时时错杂其间”。著有《敬亭集》。生平事迹见《南疆绎史》卷一九、《小腆纪传》卷五六、卢见曾《渔洋感旧集小传》、《国朝耆献类征》卷四七一。

沈寿民（1607—1675） 清诗人。字眉生，又字耕岩。江南宣城（今安徽宣州）人。明诸生，崇祯九年（1636）举贤良方正，以劾杨嗣昌报罢，名震一时。与黄宗羲交厚。声名之盛，与张溥、张采、沈士柱齐名称“吴中二张、江上二沈”。南明弘光时，阮大铖欲害之，遂变姓名入金华山中。明亡，以死力拒征辟，足不入城市四十年。学者私谥贞文先生。工诗，多黍离麦秀之音。著有《姑山遗集》、《昔者诗》、《谥议》等。生平事迹见《国朝耆献类征》卷四七二、《国朝先正事略》卷四五、黄宗羲《征君沈耕岩先生墓志铭》。

胡承诺（1607—1681） 清学者、诗人。字君信，号石庄。湖广天门（今属湖北）人。明崇祯举人，入清隐居山林，卧天门、巾柘间。顺治十二年（1655），部铨县职。康熙五年（1666）檄征入都。次年抵京师，以老乞归。构石庄于西村，穷年诵读。于书无所不窥，而深自韬晦。晚著《绎志》六十一篇，根柢经史，折衷周敦颐、程颐、程颢、张载、朱熹之说，自拟于徐幹《中论》、颜之推《颜氏家训》。余事为诗，李念慈序谓其“宏深博奥，不屑为新颖秀发以趋时尚”（《晚晴簃诗汇》引）。诗有《菊佳轩诗》、《檄游草》、《青玉轩集》、《颐志堂诗》等集，合为《胡石庄先生诗集》。生平事迹见《清史列传》卷六六、《清史稿》卷四八四、《国朝先正事略》卷二八。

傅山（1607—1684） 清学者、诗文家、书法家。初名鼎臣，字青竹，后改名山，字青主，一字仁仲，号真山，又号啬庐、石道人等。山西阳曲人。明诸生。崇祯九年（1636）袁继咸为阉党诬劾，山约众伏阙陈情，以是义声闻天下。明亡，坚持气节，不释道士装。顺治十一年（1654）为人供其通南明，下狱，绝食不屈，后赖救得免。康熙十八年（1679）当道迫应博学鸿词试，固辞不获，板床舁之入都，卧病不与人接，遂放归。于学无所不能，实主王学而出入老庄，杂以禅释。又擅书法，精医术。李果序其集，称其“文出入于诸子，盖蓄经史百家之腴而为之，……绝去枝蔓，不为肤媚软弱，往往造语精深，孤行独诣，无所依傍”。戴廷栻序其诗，称其“时高时典，时雄时厚，时老时艳，时淡时远，至性至情，……而未尝无格”。著有《霜红龛集》，《傅青主男科》、《女科》，杂剧《红罗镜》等。生平事迹见《清史列传》卷七一、《清史稿》卷五〇一、戴廷栻《石道人别传》、全祖望《阳曲傅先生事略》、丁宝铨《傅青主先生年谱》。

萧诗（1607—1686后） 清诗人。字中素，号芷崖，又号南村、药房。江南华亭（今上海松江）人，一作江都人。明诸生，入清后隐为木工。操斧锯之暇，不废读书吟咏。其诗学陶，笔意高淡，多自道生平之作，尤以《度关》、《建业怀古》二律最为当时传诵。王士禛《渔洋诗话》尝摘其警句而叹赏之。亦工词。著有《释柯集》，另有《南浦集》、《南村草》、《药房近草》。生平事迹见《国朝耆献类征》卷四二三、《国朝诗人征略》卷五、《江苏诗征》卷三七。

王庭(1607—1693)　清诗人。字言远，号迈人。浙江嘉兴人。顺治六年(1649)进士，时两广初定，除广州知府。历官广西左江道、按察副使，四川川北道、按察使，江西右布政使，以忧归，服除，补山西右布政使。在官有政声。年六十一致仕，优游林下，以著书明道自任。尝以宋明诸儒互有得失，因以己意折衷之，著《理学辨》。《晚晴簃诗汇》称其"诗品甚高，直抒胸臆，其神似陶、韦处，非从摹拟得之"。史传谓其五言清古，可与同时邢昉相伯仲。著有《秋闻三仕》、《二西漫余》诸草。生平事迹见《清史列传》卷七〇、《国朝耆献类征》卷一五三、《清画家诗史》甲下。

李雯(1608—1647)　清文学家。字舒章。江南青浦(今属上海)人。明崇祯十五年(1642)举人。与夏允彝、陈子龙、周立勋、徐孚远、彭宾号"云间六子"。清顺治初，廷臣交荐其才可用，授弘文院撰文、中书舍人，一时诏诰书檄，多出其手。后尝充顺天乡试同考官。以父丧归。诗词与陈子龙、宋徵舆齐名，倡云间诗派、词派。杨际昌称其诗"宗王弇州、李于鳞，不无肤廓，然天才自俊"(《国朝诗话》)。所为词则深具凄清婉丽之致。著有《蓼斋集》。生平事迹见《国朝耆献类征》卷一三九。

金人瑞(1608—1661)　清文学批评家、诗人。字圣叹，本名采，字若采，又名喟。江南吴县(今属江苏)人。明诸生，入清后绝意仕进。少有才名，一生好衡文评书，尝谓《离骚》、《庄子》、《史记》、杜甫诗集、《水浒传》、王实甫《西厢记》为天下六才子书，以批点后两种书著称，又曾腰斩《水浒传》一百二十回为七十一回。顺治十八年(1661)清世祖哀诏至吴，适人瑞与倪用宾等十八人集众告吴县知县贪酷不法，群哭于文庙，被坐以震惊先帝、聚众倡乱等罪名，遇害，史称"哭庙案"。其诗学杜甫而较通俗，乐府诸篇，自见性情。其文学批评重视人物形象的个性化，强调创作中必须"深于情"，写出人之"至情"。冯镇峦称："金人瑞批《水浒》、《西厢记》，灵心妙舌，开后人无限眼界，无限文心。"(《读〈聊斋〉杂记》)著有《沉吟楼诗选》，另有《语录纂》、《圣人千案》、《随手通》等十一种，辑入《唱经堂才子书汇稿》。今人辑有《金圣叹集》。生平事迹见廖燕《金圣叹先生传》。

金圣叹　即金人瑞。

函罡(1608—1685)　清诗僧。字丽中，又字天然，俗姓曾，名起莘。广东番禺(今广州)人。明崇祯六年(1633)举人。崇祯十二年会试，公车北行，舟次南康，诣归宗寺，谒道独和尚，落发为曹洞宗第三十四传。崇祯十七年(清顺治元年)后避地雷峰。历主长庆、归宗、海幢、丹霞、芥庵、华首诸刹。其弟子全为今字排行，有遗民诗人今吼(王邦畿)、今种(屈大均)、今释(金堡)、今竟(陆圻)等。虽处方外，不忘国事。工诗，少尝与释二严(李云龙)及其子李云子结净社于天关，入清后每以诗吊死节之士。著有《瞎堂诗集》。生平事迹见《晚晴簃诗汇》卷一九五、《粤东遗民传》及孙静庵《明遗民录》。

马世俊(1609—1666)　清诗文家。字章民，号甸丞，一作甸臣。江南溧阳(今属江苏)人。顺治十四年(1657)举人，十八年进士第一，授修撰，官至侍讲。少以制举业与同里陈名夏、宋之绳齐名。工诗古文辞，兼精书画。未第时贫甚，以诗谒龚鼎孳，大受称赏。"所为诗，潜思隽旨，声戛金石，一洗诗人之习"(《清史列传》)，以贫而屡试不第，亦多酸辛语。著有《匡庵集》、《京稿诗集》。生平事迹见《清史列传》卷七〇、《国朝耆献类征》卷一一六、《国朝先正事略》卷三八。

吴伟业(1609—1671)　清文学家。字骏公，号梅村、鹿樵生。江南太仓(今属江苏)人。明崇祯四年(1631)进士第二，由编修历官左庶子，南明福王朝任少詹事。清顺治十一年(1654)被迫出仕，历官秘书院侍讲、国子监祭酒。十三年乞假归。伟业能诗词传奇杂剧散文，诗最工，多寄身世之感，并常揭露黑暗现实。少作风华绮丽，经乱后有苍凉之音。各体都工，尤长七言歌行，学"长庆体"而自具面目，世称为"梅村体"。钱谦益《与吴梅村尺牍》称其"攒簇化工，陶冶古今"。赵翼《瓯北诗话》谓其"宗派既正，词藻又丰，不得不推为近代中之大家"。与钱谦益、龚鼎孳合称为"江左三大家"。词虽非专长，也有"接迹屯田(柳永)，嗣音淮海(秦观)"(《四库全书总目》)之誉。其戏曲作品颇得吴梅等好评。著有《梅村集》、《梅村家藏稿》、《绥寇纪略》、传奇《秣陵春》、杂剧《临春阁》、《通天台》等。其诗注本有程穆衡《吴梅村诗集笺注》、靳荣藩《吴诗集览》、吴翌凤《吴梅村诗集笺注》、钱仲联《吴梅村诗补笺》。生平事迹见《清史稿》卷四八四、《清史列传》卷七九、《国朝名家诗钞小传》、顾湄《吴梅村先生行状》及顾师轼、铃木虎雄分别所编《吴梅村先生年谱》。

吴梅村 即吴伟业。

纪映钟(1609—1681后) 清诗人。字伯紫,又作伯子、蘗子,号戆叟,又号钟山遗老。江南上元(今江苏南京)人。明崇祯诸生,弃去入天台山为僧,复舍去。曾主金陵复社事。晚客于总角交龚鼎孳处十年,龚死后南归,移家仪真以终。龚鼎孳、王士禛、徐釚等于其诗均有好评,邓汉仪称其诗"气极雄浑,识极超卓,而运置天然,自合尺度"(《诗观二集》)。著有《戆叟诗钞》。生平事迹见《清史列传》卷七〇、《国朝耆献类征》卷四二三、《国朝名家诗钞小传》。

邓旭(1609—1683) 清诗人。字元昭。江南寿州(今安徽寿县)人。邓汉仪兄。顺治四年(1647)进士,选庶吉士,授检讨,出为洮岷道副使。罢官后归居江宁。杨钟羲谓其诗"酷嗜长吉古体,多奇语,近体似王、孟,间入于温、李"(《雪桥诗话余集》)。著有《林屋诗集》。生平事迹见杨钟羲《雪桥诗话余集》、《清诗纪事初编》卷五。

李长祥 清诗文家。字研斋。四川达州人。明崇祯十六年(1643)进士,选庶吉士,吏部荐备将帅之选。北京破,乘间南奔。福王立,改监察御史,巡浙江盐政。鲁王监国,以右佥都御史督师,加兵部侍郎。鲁王败走海上,长祥集残部于浙东抗清。事败亡命,为清总督陈锦所捕,寻获释。隐居岩谷,复出游,当局不安又捕之,以计得脱。往来南北,与屈大均等游。天下大定,始居常州,筑读易堂以终老。著有《天问阁集》,与杨大鲲合撰《杜诗编年》。生平事迹见《清史稿》卷五〇五、《小腆纪传》卷四七、全祖望《前侍郎达州李公研斋行状》。

李渔(1610—1680) 清戏曲作家。初名仙侣,后改今名,字谪凡,号笠翁。浙江兰溪人。约年十八,补博士弟子员。入清,居南京,名所居曰芥子园,开设书铺,编刻图书。又率家养戏班走江湖卖艺,广交达官显贵、文坛名流。其主要成就在戏曲小说创作及戏曲理论。戏曲作品以喜剧为主。杨恩寿《词余丛话》言其"位置、脚色之工,开合、排场之妙,科白、打诨之宛转入神,不独时贤罕与颉颃,即元明人亦所不及,宜享其重名也"。孙楷第序《十二楼》,言其短篇小说为清代第一。其戏曲理论重视舞台表演,认为"填词之设,专为登场",音律之外,尤重戏曲结构,提出"立主脑"、"密针线"、"减头绪"等结构方法,又强调宾白要有个性,结局要"自然而然,水到渠成"。形成一套完整理论,影响较大。著有戏曲《笠翁传奇十种》、短篇白话小说集《无声戏》、《十二楼》,一般认为长篇小说《肉蒲团》、《合锦回文传》亦为其所作。诗文杂著有《笠翁一家言》、《闲情偶寄》。另编有《资治新书初集》、《二集》,《尺牍初征》、《四六初征》、《列朝文选》、《明诗类苑》等。今人辑有《李渔全集》。生平事迹见朱传等编《李渔研究资料》所辑传记、萧荣《李渔评传》、单锦珩《李渔传》。

彭士望(1610—1683) 清诗文家。字达生,号躬庵,又号晦农。江西南昌人。明诸生。少从父命师黄道周,道周以党祸下狱,士望倾身为之营解,几遭不测。南明弘光时,史可法督师扬州,召之往,进策以左良玉、高杰军清君侧,未见用,辞归。至宁都,讲学易堂,与魏禧兄弟等号"易堂九子"。其学宗王守仁、罗洪先,晚讲求实用。古文与"宁都三魏"齐名,"诗兀傲有似山谷,激烈之气则近放翁"(《晚晴簃诗汇》)。著有《耻躬堂文钞》与《诗钞》。生平事迹见《清史列传》卷六六、《国朝耆献类征》卷四〇〇、《国朝先正事略》卷三七。

蒋薰(1610—1693) 清诗人。字丹崖,后自号南村退叟。浙江海宁人。明崇祯九年(1636)举人。入清,官伏羌知县。以赋诗立碑,为巡抚所纠罢官。其诗多至万首,删之犹存其半。所作"凌厉直前,空无依傍,而意透情深,亦复苍凉有韵"(邓之诚《清诗纪事初编》)。著有《留素堂集》。生平事迹见《国朝耆献类征》卷二一六、朱彝尊《知伏羌县事蒋君墓志铭》。

黄宗羲(1610—1695) 清学者、诗文家。字太冲,号梨洲,又号南雷。浙江余姚人。明诸生。父尊素明天启间官御史,以抗直为魏忠贤所陷,死狱中。宗羲年十九入京讼冤,对簿时出袖锥刺仇人,名传天下。及归,从刘宗周游。参与《留都防乱公揭》抨击阮大铖,南明初,几为阮所害,以弘光朝覆灭,得免。归浙东组义军抗清,依鲁王入海,授左副都御史。清兵定浙,遂间行归里,从事著述、讲学。康熙十八年(1679)荐举博学鸿词,十九年荐修《明史》,均力辞,以遗老终。其学虽源自刘宗周,远绍王守仁,然以慎独为宗,实践为主,恢宏博大,与王夫之、顾炎武并为清初三大思想家。尤精于史学,开史家浙东一派。论文主张言之有物,力反模拟剽窃,对宋诗派的形成有一定贡献。郑梁序其集,称其文"浩浩乎胸中,而落落乎笔端,固濂洛、韩欧所不能兼也"。阮元《两浙輶轩录》称其虽不以诗名,然所作佳者"正如老树著花，自含古韵”。著有《南雷文案》、《南雷诗历》等，合称《南雷集》。另著有《明夷待访录》、《宋元学案》、《明儒学案》，编有《明文海》，今人辑有《黄宗羲全集》。生平事迹见《清史稿》卷四八〇、《清史列传》卷六八、《国朝汉学师承记》卷八、全祖望《梨洲先生神道碑文》、谢国桢《黄梨洲年谱》。

马之瑛（？—1656后）　清诗人。字倩若，号正谊。江南桐城（今属安徽）人。明崇祯十三年（1640）进士，授阳江知县。明末大乱，弃官归。顺治九年（1652）以江南总督马国柱荐，出佐长芦鹾幕。迁定陶知县，有政声，以劳卒于任。生平好为诗，深自矜秘，不以示人。殁后，家人始哀辑之。故当时诗名为政声所掩。《晚晴簃诗汇》引方东树语谓其“诗五七言佳处出入陶、杜，淡语愈浓，浅言弥深。七古多陈时事，气体豪俊，极似高达夫。七律导源辋川、东川，而黍离之音，多与梅村、翁山相近”。著有《秫庄集》。生平事迹见《康熙安庆府志》卷一五、《晚晴簃诗汇》卷二一。

宫伟镠（1611—？）　清诗人。字紫阳，一字紫玄，号紫悬、组弦，别号桃都漫士。江南泰州（今属江苏）人。明崇祯十六年（1643）进士。入清不仕，以布衣遗民终。工诗词。曾将闻于庭训之泰州杂事，纂成《庭闻州世说》。另著有《微尚录存》、《春雨草堂别集》、《宝吕一家词》、《采山外纪》。生平事迹见《四库全书总目》卷一四三、《民国泰县志稿》卷二八。

雷士俊（1611—1668）　清诗文家。字伯籲，世称艾陵先生。江南江都（今属江苏）人，祖籍陕西泾阳。庠生。攻古文、经史。已而潜研理学，留心时政。入清，弃诸生，筑室艾陵湖上，闭户著书，往来者唯袁继咸、孙枝蔚、施闰章、王士禛诸人而已。贫老负气，悲愤得疾以卒。《扬州府志》言其“为文鉥心刿胃，既脱稿，必琢磨再四，始出示人”。著有《艾陵诗文钞》，另有《艾陵文集》。生平事迹见《清史列传》卷六六、陈鼎《雷艾陵传》、刘绍攽《关中文人传》。

方以智（1611—1671）　清诗人、学者、思想家。字密之，号鹿起，又号曼公。江南桐城（今属安徽）人。明崇祯十三年（1640）进士，授检讨。永历时，任左中允，充经筵讲官，拜礼部尚书、东阁大学士，辞不就。后削发为僧，改名大智，字无可，别号弘智、药地、浮山愚者等。为明末四公子之一，又是复社领袖。博学多能，于哲学和自然科学都有研究。文学创作以诗词为主，风格雄壮，沉郁苍凉，多身世之感，家国之恨。朱彝尊称其“乐府古诗，磊落嵚崎，五律亦无浮响，卓然名家”（《明诗综》）。出家后不多作，往往“以禅语自喻”（陈田《明诗纪事》引）。著有《浮山集》、《物理小识》、《通雅》、《切韵声原》、《药地炮庄》、《两粤新书》、《易余》、《嚮言》、《膝寓信笔》、《印章考》、《医学会通》等。生平事迹见《清史稿》卷五〇〇、《清史列传》卷六八、任道斌《方以智年谱》。

计南阳　清词人。字子山，原名安。江南华亭（今上海松江）人。明诸生。明崇祯十六年（1643）曾授夏完淳读。与周茂源、蒋平阶等同为复社、几社之分支景风社主要成员。入清后寓居金陵，为人幕客。康熙二十五年（1686）尚在世。其词属云间词派，“婉丽中透爽利韵味”（严迪昌《清词史》），后期因遭遇世变，语多悲慨。著有《负灯草》、《江枫集》等。生平事迹见《国朝耆献类征》卷四二六、《国朝书人辑略》卷一。

汤燕生　清诗人。字玄翼，号岩夫。江南太平（今安徽黄山）人，侨寓芜湖。明诸生，入清弃去，授徒自给。志尚甚高，知县馈金，不纳。卒年八十余。精篆隶，与郑簠齐名。诗尚唐音，每有兴亡之感，《赭山怀古》四章，为吴伟业激赏，以为诗史。著有《商歌集》，不传，黄钺辑其诗一卷，与萧云从诗合编为《萧汤二老遗诗》。生平事迹见《国朝耆献类征》卷四七〇、《国朝书人辑略》卷一。

叶时章　清戏曲作家。字稚斐，一作名雉斐，字美章。江南吴县（今属江苏）人。与李玉、朱素臣等交往甚密。长于戏曲，高奕《新传奇品》评为“渔阳三挝，意气纵横”。著有《琥珀匙》、《女开科》、《开口笑》、《三击节》、《逊国疑》、《英雄概》、《八翼飞》、《人中人》传奇，另与人合著《四大庆》传奇。今存《英雄概》、《琥珀匙》、《四大庆》。生平事迹见《古典戏曲存目汇考》卷一一。

李玉（约1611—1671后）　清戏曲作家。字玄玉，号苏门啸侣。江南吴县（今属江苏）人。明崇祯间中乡试副榜。入清，绝意仕进，肆力于戏曲创作。作品盛行，名满天下。新作甫出，戏班竞相争演。与吴伟业、朱佐朝、朱皠、毕魏、叶时章、张大复等戏曲作家善。吴伟业《北词广正谱序》称其所作戏曲“即当场之歌呼笑骂，以寓显微阐幽之旨。忠孝节烈，有美斯彰，无微不著”。高奕《新传奇品》谓之如“康衢走马，操纵自如”。其作品可考者三十九种（一说四十二种）。行世者有《一捧雪》、《人兽关》、《永团圆》、《占花魁》、《牛头山》、《太平钱》、《眉山秀》、《两须眉》、《清忠谱》、《千钟禄》、《万里圆》、《麒麟阁》、《意中人》等。前四种为《一笠庵四种曲》，合称“一人永占”。又曾与朱佐朝合写《一品爵》、《埋轮亭》传奇。兼精曲律之学，编有《北词广正谱》，乃北曲曲谱之最为完备者。生平事迹见焦循《剧说》卷四、《民国吴县志》卷七五。

陆世仪（1611—1672） 清学者、诗文家。字道威，号刚斋，晚又号桴亭。江南太仓（今属江苏）人。明诸生。与同里陈瑚等以道义相砥砺，蒿目时艰，于古今政治经济制度因革源流颇为究心。明亡，乃隐居与同志讲学，远近归之。当道屡欲荐举，力辞不出。其学归于程朱，亦不薄陆王。“诗歌非其大志所存，间一有作，则能抒写其中之所独得，而为寻常思虑所不及”，“中年遭值国变，忧愁幽思，时近《离骚》”（《晚晴簃诗汇》）。其文极平实有法。著述甚富，后人辑有《陆桴亭先生遗书》二十二种，主要有《文集》、《诗集》、《思辨录前后集》、《论学酬答》等。生平事迹见《清史列传》卷六六、《清史稿》卷四八〇、《国朝先正事略》卷二七、陈瑚《尊道先生陆君行状》。

张履祥（1611—1674） 清学者、诗文家。字考夫，号念芝，人称杨园先生。浙江桐乡人。明诸生。初受业于刘宗周，后专意程朱理学。明亡，教授里中，来学者，一以友道处之。其学大要以仁为本，以修己为务，居敬穷理，知行并进，力主耕、读不容偏废，毋空言著书。讲学之余，颇习农事。所著《补农书》，凡农家事，精粗毕具，为世所重。颇能诗，朱彝尊称其所作“无头巾气”，徐世昌谓为“音旨和雅，亦见寓托”（同上均见《晚晴簃诗汇》）。著有《杨园先生全集》。生平事迹见《清史稿》卷四八〇、《清史列传》卷六六、《国朝先正事略》卷二七、姚夏《张杨园先生年谱》。

徐夜（1611—1683） 清诗文家。初名元善，字长公。慕嵇康（字叔夜）之为人，更今名，字嵇庵，一字东痴。山东新城（今桓台）人。明末诸生，入清隐居东皋郑潢河上，与顾炎武、张光启诸遗民交游，放浪山水间。为清初著名诗人王士禛中表兄弟。王尝索其稿，逊谢不予。后渡浔阳，稿尽没于水。少为文章“原本《史》、《汉》、《庄》、《骚》，工于哀艳”（王士禛《徐东痴诗序》）。《晚晴簃诗汇》评其诗“五言澄思幽敻，结响坚奥。写难状之景，神似东野。其作田园语，柔厚淡古，渐近自然，又去陶、储不远，风骨特胜于近体”。王士禛摭拾其遗诗，辑为《徐东痴诗》。生平事迹见《清史列传》卷七〇、《小腆纪传》卷五五、《国朝名家诗钞小传》。

黄周星（1611—1680） 清诗文家。字景虞，号九烟，初育于周氏，从其姓，后复姓黄。湖南湘潭人。明崇祯十三年（1640）进士，官户部主事。入清不仕，自称黄人，字略似，号半非，又号圃庵、汰沃主人、笑苍道人等，寓居浙江长兴，多与遗民文人相往还。年七十，忽感怆于怀，于五月初五效屈原投南浔河死。其诗文书画篆刻俱精妙。陈田称其诗“长歌真气喷薄而出，微嫌拉杂；近体傲兀，自见风节”（《明诗纪事》）。著有《九烟先生遗集》、《夏为堂别集》，另有《梦史》及《人天乐》传奇等，不传；编有《唐诗快》。生平事迹见《国朝耆献类征》卷四七三、陈乃乾《黄九烟年谱》。

杜濬（1611—1687） 清诗人。字于皇，号茶村，原名绍先。湖广黄冈（今湖北黄州）人。明崇祯十二年（1639）副贡生。少倜傥有志，既无所遇，遂一意为诗，于时人独重宣城沈寿民、吴中徐枋。明亡，隐居金陵鸡鸣山，自甘贫困，不轻受人之惠。求诗者至，多谢绝。晚贫益甚，往来维扬间，遂卒。为著名遗民诗人。朱彝尊《明诗综》谓“（天）启、（崇）祯之间，楚风无不效法公安、竟陵者，于皇独以杜陵为师，是亦豪杰之士”。吴伟业自言读其《焦山》诗而五律有进境，阎若璩于时流多所非议，独推其五律为圣者。其后张维屏《国朝诗人征略》亦誉之为“苍朴沉郁”，而朱庭珍《筱园诗话》则贬之为“枯槁粗硬”。著有《变雅堂集》。生平事迹见《清史稿》卷五〇一、《清史列传》卷七〇、《国朝先正事略》卷四八、方苞《杜茶村先生墓碣》、汪士铎《杜茶村先生年谱》。

冒襄（1611—1693） 清诗文家。字辟疆，号巢民，又号朴庵。江南如皋（今属江苏）人。明崇祯十五年（1642）副贡生，当授推官，以世乱不出。南明弘光时，阮大铖以旧怨兴党狱，赖救幸免。入清屡征不起，于水绘园结客酬唱以终。门人私谥潜孝先生。襄高才盛气，与侯方域、陈贞慧、方以智并称明末“四公子”。书法精妙，文笔调秀逸，笔记《影梅庵忆语》尤有名，诗《晚晴簃诗汇》评为“萧寥跌宕”。著有《巢民诗文集》、《影梅庵忆语》，编有《同人集》。生平事迹见《清史列传》卷七〇、《清史稿》卷五〇一、《国朝耆献类征》卷四七八、韩菼《冒征君襄墓志铭》。

吴乔(1611—1695?)　清诗论家、诗人。一名殳,字修龄。江南昆山(今属江苏)人。自谓"一生周陋,息交绝游,惟常熟冯定远班、金坛贺黄公裳所见多合"(《围炉诗话序》)。其诗论尊唐排宋,抨击明七子,强调比兴,贬抑赋体,又反神韵之说,斥严羽《沧浪诗话》为玄言惑人。其"意喻之米,……文喻之炊而为饭,诗喻之酿而为酒"之论,亦颇有名。赵执信曾采其"诗中须有人在"一语入《谈龙录》。所为诗不能自副其说,沈德潜评为"摹仿西昆","而未能自然"(《国朝诗别裁集》)。著有《围炉诗话》、《答万季野诗问》、《西昆发微》。生平事迹见《清史列传》卷七〇、《清史稿》卷四八四、《国朝诗人征略》卷五。

吴景旭(1611—1695)　清诗人、诗评家。字又旦,一字旦生,号仁山。浙江归安(今湖州)人。明诸生,入清弃去。早岁流离艰苦,晚年田园旷适,卜筑于南山堂(原赵孟頫别业旧址),一时名流多会于此。诗与白居易为近。著有《南山堂自订诗》、《乐府》、《词》、《历代诗话》。生平事迹见《清诗纪事初编》卷二。

函可(1612—1660)　清诗僧。字祖心,号剩人,俗姓韩,名宗騋。广东博罗人。明诸生。其父仕明为礼部尚书。少有才名,负经世之志。年二十九,因睹晚明社会动荡、吏治黑暗,乃入庐山出家为僧。南明弘光元年(1645),至南京请经,遇清兵南下,亲见抗清义士之奋战及清兵之暴行,著私史记其事,为清兵所捕,百般拷掠后送京师,又减死戍沈阳。在普济寺读经,又历主广慈、大宁、永安、慈航诸寺。与左懋泰、李呈祥、魏琯、季开生等结冰天诗社。其诗"自谓绕塔高歌,正如风吹铃鸣塔,又何曾经意"(《晚晴簃诗汇》),其感慨家国兴亡之作,最为动人。著有《千山诗集》、《剩诗》。生平事迹见屈大均《广东新语》卷一二、《晚晴簃诗汇》卷一九五。

方文(1612—1669)　清诗人。字尔止,号嵞山,又名一耒,字明农,别号忍冬。江南桐城(今属安徽)人。明诸生。少孤,与从子以智年相若,同学十四年,并负才名,又与吴应箕及复社、几社诸君子相厚善。入清,心怀悲愤,放废不自检,母卒后,益浪迹四方。还居金陵,以医卜自活。后又出游,康熙七年(1668)谒明孝陵,次年殁于芜湖客舍。其诗早年所作"高老浑脱,有少陵风"(王泽弘《北游草序》),晚学白居易,"兴会所至,冲口而出,……真至浑融,从肺腑中流出"(施闰章《西江游草序》)。著有《嵞山集》、《四游草》。生平事迹见《国朝耆献类征》卷四七三、《国朝名家诗钞小传》、朱书《方嵞山先生传》。

周亮工(1612—1672)　清诗文家。字元亮,一字减斋,号栎园。河南祥符(今开封)人。明崇祯十三年(1640)进士,官潍县知县,迁浙江道御史。入清历官两淮盐法道,扬州兵备道,福建按察使、布政使,左副都御史,户部右侍郎。被劾论死,赦免。起为青州海防道,调江安粮储道,又被劾论死,再遇赦。爱才好士,名与龚鼎孳埒。尤嗜书画篆刻,善鉴赏,喜收藏。魏禧序其集,称其文博学而不好征引,"笔之所至,浩浩瀚瀚若江河之放,一曲千里而不可止"。其诗学杜,《晚晴簃诗汇》以为"权奇磊落,语语皆见性情"。著有《赖古堂集》、《闽小记》、《读画录》、《印人传》、《书影》。生平事迹见《清史列传》卷七九、姜宸英《前户部右侍郎栎园周公墓志铭》、鲁曾煜《周栎园先生传》、周在浚《周栎园年谱》。

钱澄之(1612—1693)　清文学家、学者。字饮光,初名秉镫,字幼光,号田间、西顽道人。江南桐城(今属安徽)人。明诸生。少与方文、方以智主本邑坛坫,又与陈子龙、夏允彝联云龙社,以继承东林。福王时,避阮大铖迫害,亡命走浙、闽,入粤。唐王时授吉安府推官,改延平府。桂王时,擢礼部主事。永历三年(1649)特试,授翰林院庶吉士兼诰敕。忌者众,乞假间道归里。后因避祸,曾削发为僧,名幻光。治经精《易》、《诗》,又以庄子继《易》,以屈原继《诗》,著《田间易学》、《田间诗学》、《庄屈合诂》等以阐其旨。后方苞承其绪论,蔚为儒宗。工诗,自谓所拟乐府,以新事谐古词,胜于王世贞,五言宗汉魏,除学杜甫外,不作唐以后语,七言近体诗亦非长庆以下比。反映南明史事及行役艰险之作,最有价值。晚年家居,平淡得陶潜诗之长。古文亦工,多关时事。诗文有《藏山阁集》、《田间诗文集》。生平事迹见《清史稿》卷五〇〇、《清史列传》卷六八、《国朝名家诗钞小传》、钱㧑禄《先公田间府君年谱》。

高珩(1612—1697)　清诗人。字葱佩,别字念东,晚号紫霞道人。山东淄川(今淄博)人。明崇祯十六年(1643)进士,选庶吉士。入清授检讨,官至刑部左侍郎,请归。康熙十八年(1679)以荐复起为原官,次年即以老病乞归。赋性简远,不饰衣履,嗜读书。《四库全书总目》称:"其诗多率意而成,故往往近元、白长庆体。"著有《栖云阁集》。生平事迹见唐梦赉《紫霞先生高珩传》、王士禛《刑部左侍郎念东高公神道碑铭》。

钱陆灿(1612—1698) 清诗文家。字尔弢,号湘灵,又号圆沙。江南常熟(今属江苏)人。顺治十一年(1654)以前明贡生廷试得候缺通判,十四年中举,以奏销案除名。客金陵、扬州几三十年,晚寓居武进。学古文于顾大韶,学诗于吴伟业,学时文于马世奇,学佛学于熊开元。论诗不满冯班兄弟,论文力称钱谦益。"其诗不为虞山派所缚,别调独弹,戛戛自异"(沈德潜《国朝诗别裁集》),"古文不名一家,磊落自喜"(王豫《江苏诗征》引)。著有《调运斋集》、《圆沙和陶诗》、《再生录》。生平事迹见《国朝耆献类征》卷四二九、《国朝诗人征略》卷四、《民国重修常昭合志》卷二〇。

陈忱(1613—约1670) 清文学家。字遐心,号樵余,又号雁宕山樵、古宋遗民。浙江乌程(今湖州)人。明遗民。入清后,卖卜自给,贫困以终。平生究心经史,稗编野乘,无不贯通。好作诗文。曾与顾炎武、归庄、顾有孝、朱鹤龄等参加惊隐诗社。陈田《明诗纪事》谓其"遐心苦吟类郊、岛,大节似柴桑。集中《九歌》,激烈悲壮,声出金石"。又引韩纯玉语评其诗及杂著小说"驱策史册典故,如数家珍。而郁郁无聊,肮脏不平之气,时复盘旋于楮墨之上"。著有《续二十一史弹词》、长篇小说《后水浒演义》(又名《混江龙开国传》、《三续水浒传》、《水浒后传》)、《雁宕诗集》、《痴世界》传奇(已佚)。生平事迹见《咸丰南浔镇志》卷一二、《同治湖州府志》卷五九、《明诗综》卷八〇。

陆圻(1613—?) 清诗人。字丽京,一字景宣,号讲山。浙江钱塘(今杭州)人。明贡生。入清不仕,曾走海上参义军,后隐居行医。受累于庄廷𨱔之狱,输金得免。耻于苟全,遂于康熙六年(1667)弃家为僧,往广东丹霞山,不知所终。少与弟堦、培齐名,号"三陆",又与陈子龙结登楼社。王士禛、朱彝尊以之为"西泠十子"之冠。陈田谓其诗在十子中"劲健不及祖望(张丹),藻丽不如去矜(沈谦)",因"名德足重",故"当时推为风雅领袖"(《明诗纪事》)。著有《威凤堂文集》与《诗集》。生平事迹见《清史列传》卷七〇、《清史稿》卷四八四、《国朝耆献类征》卷四七五、《国朝先正事略》卷三七。

周茂源(1613—1672) 清诗人。字宿来,号釜山。江南华亭(今上海松江)人。顺治六年(1649)进士,授刑部主事,擢郎中,官至浙江处州知府,在任颇有德政。顺治十八年江南奏销案起,被罢官。后家居读书著述以终老。明末参加几社,名与几社六子相亚。与夏允彝、陈子龙、李雯为友,夏完淳为其门人,完淳与允彝死难,为之营葬,厚恤其后。入清官刑部时,又与同署宋徵舆、施闰章相过往。其诗词均属云间一派。《四库全书总目》谓其"所作葩藻丽缛,浴齐梁之余艳",邓之诚《清诗纪事初编》称其"诗善比附,字字工切,才不及卧子而深稳过之"。著有《鹤静堂集》。生平事迹见《国朝耆献类征》卷二一六、《国朝诗人征略》卷一、《清诗纪事初编》卷四。

归庄(1613—1673) 清诗文家。字玄恭,又字尔礼,号恒轩,或称归藏、归妹、归乎来,又有悬弓、园公、圆照、普明头陀、鏖鏊钜山人等别号、别称,入清后更名祚明。江南昆山(今属江苏)人。明归有光曾孙。明诸生。年十七入复社。顺治二年(1645)昆山县丞阎茂才下薙发令,庄鼓动士民杀之,闭城拒清兵。事败,一度改僧服亡命。九年,应万寿祺之聘往淮阴授徒,或传此时会顾炎武,谋联络志士反清。后隐居不出,以遗民终。与同里顾炎武齐名,有"归奇顾怪"之目。精草书,善画墨竹。"其文不立间架,不事涂泽,浩浩落落,苍苍莽莽"(赵允怀《归玄恭文钞序》),"诗述家难,意酸辞苦,至于登临游览,神气飞腾,奇乃在骨"(邓之诚《清诗纪事初编》)。其《万古愁》曲子,"瑰瓌恣肆,于古圣贤君相,无不诋诃,而独痛哭流涕于桑海之际,盖《离骚》、《天问》一种手笔"(全祖望《鲒埼亭集外编》)。著有《悬弓集》等,不传,今存清末人辑《归玄恭文续钞》、《归玄恭遗著》,今人辑有《归庄集》。生平事迹见《清史列传》卷七〇、《国朝耆献类征》卷四六四及归曾祁、赵经达各自所编《归玄恭先生年谱》。

吕阳(1613—1674) 清文学家。字全五,又字詹望,号薪斋。江南无锡(今属江苏)人。明崇祯十三年(1640)进士。入清,历官湖广道佥事、浙江布政使司参议、温州兵备道等。官浙时,多惠政,有立祠祀之者。高汇之《薪斋集序》谓其诗"以孝友为本,静穆为品,经术为资,诸子百家为驱使,森丽婉缛,惊魂灿目。或谓五古逼徐陵,近体逼温李,不知其搜千古之秘,穷五声之变,惟欲成一家之言也"。著有《薪斋集》。生平事迹见《江苏诗征》卷一〇一、顾光旭《梁溪诗钞》。

陈瑚(1613—1675) 清学者、诗文家。字言夏,号确庵,又号无闷道人。江南太仓(今属江苏)人。明崇祯十六年(1643)举人。少与同里陆世仪为挚交,治学博大精深,以经世为己任,尝上书当事言救荒策,而时不能用。入清绝意仕进,隐居昆山蔚村;游其门者,多英伟之士。又导乡人治水,颇有成效。门人私谥安道先生。《晚晴簃诗汇》以为"其诗与桴亭(陆世仪)相近,桴亭以浑灏胜,确庵则以沉雄胜,在明季遗民诗中,皆当推为巨擘"。其文则人称廉悍,尤善纪事。著有《确庵先生诗文钞》、《顽潭诗话》。生平事迹见《清史列传》卷六六、《清史稿》卷四八〇、《国朝先正事略》卷二八、陈溥《陈安道先生年谱》。

孙默(1613—1678)　清诗人。字无言,又字桴庵,号黄岳山人。江南休宁(今属安徽)人。布衣。客寓扬州,以能诗闻。凡名公巨卿或寒士畸人,工诗文擅书画者,无不折节与之交。尤喜奖掖后学。终生不事生产,交友文字中,无毫发涉私事。晚年欲归黄山,四方送行之作不下数千首,一时名流如王士禛、朱彝尊、施闰章、宋琬等皆有诗。终卒于扬州。著有《留松阁集》。又辑同时名家吴伟业、宋琬、王士禄、尤侗、陈维崧、王士禛等人词作为《国朝名家诗余》,《四库全书总目》以为"一时倚声佳制实略备于此,存之可以见国初诸人文采风流之盛"。生平事迹见王士禛《祭孙无言文》、汪懋麟《孙处士墓志铭》、施闰章《孙无言六十序》。

顾炎武(1613—1682)　明清之际学者、思想家、诗文家。初名绛,字宁人,号亭林。江南昆山(今属江苏)人。明诸生。少年时参加复社反宦官权贵斗争。及清兵南下,嗣母王氏殉国,乃参加昆山、嘉定一带人民抗清斗争,鲁王授兵部司事务,唐王授兵部职方郎。坚持民族气节不仕清,历游山东、京师、关外、浙东、山西、陕西等地,定居华阴,图谋复明。清康熙十七年(1678),大臣荐举博学鸿词科,誓死拒。与黄宗羲、王夫之并称清初三大儒,治经重考据,注意经世致用,反对空谈心性,开清代学术风气。强调博学于文,行己有耻,天下兴亡,匹夫有责。为古文雅正笃实,有物有序。诗沉雄悲壮,爱国精神强烈。沈德潜称其"词必己出,事必精当,风霜之气,松柏之质,两者兼有"(《国朝诗别裁集》),其后潘德舆至金天羽,也都推为特绝。著书繁富,不下五十种,亡佚者近半,今存学术著作有《天下郡国利病书》、《肇域志》、《日知录》、《音学五书》,诗文有《顾亭林诗文集》,其诗近人王蘧常有《顾亭林诗集汇注》,胜于徐嘉旧注。生平事迹见《清史列传》卷六八、《清史稿》卷四八一、全祖望《顾宁人先生神道碑》、张穆《顾亭林先生年谱》、谢国桢《顾宁人学谱》。

曹溶(1613—1685)　清文学家。字秋岳,一字洁躬,又作鉴躬,号倦圃。浙江嘉兴人。明崇祯十年(1637)进士,官御史。入清,由原职历官顺天学政、太仆寺少卿、左通政、左副都御史、户部侍郎、广东布政使、山西阳和道。康熙十八年(1679)举博学鸿词,丁忧未赴。工诗词,李因笃称其五古如羚羊挂角,无迹可寻,七古奥衍宏深,五七律根柢杜甫,间涉昆体,奄有众长。家富藏书,朱彝尊纂《词综》,多从其家藏宋人遗集中录出。自为词亦工,开浙派词先河。彝尊从之游,受其影响。著有《静惕堂集》、《静惕堂词》。生平事迹见《清史稿》卷四八四、《清史列传》卷七八、《国朝名家诗钞小传》。

宋徵璧　清诗人。初名存楠,字尚木,一作让木,号幽谷朽生,别署歇浦村农。江南华亭(今上海松江)人。与弟徵舆少负隽才,称"大小宋"。明崇祯十六年(1643)进士。入清,授秘书院撰文中书,转礼部员外郎,迁潮州知府。工诗古文词,陈子龙称其诗凡三变:由芳泽绮艳,而感慨闵激,而深婉和平。吴伟业亦亟称之。盖遭际不同,亦犹绚烂归于平淡云。亦善作散曲,风骨高秀,沉思凄惋。著有《抱真堂诗稿》、《棣萼香词》,其他尚有《三秋词》、《歇浦唱和香词》、《宋名家词品》、《左氏兵法测要》等。生平事迹见《光绪重修华亭县志》卷一六、陈子龙《宋尚木诗稿序》、吴伟业《宋尚木抱真堂诗序》。

高奕　清戏曲作家。字晋音,一字太初。浙江会稽(今绍兴)人。明末清初在世。自评其传奇"清修洁操,不入世气"。著有《春秋笔》、《双奇侠》、《貂裘赚》、《千金笑》、《聚兽牌》、《锦中花》、《揽香园》、《古交情》、《四美坊》、《眉仙岭》、《如意册》、《风雪缘》、《固哉翁》、《续青楼》等传奇十四种,均佚。另著有《新传奇品》。生平事迹见《古典戏曲存目汇考》卷一一。

吕师濂　清文学家。字黍字,号守斋。浙江山阴(今绍兴)人。明文渊阁大学士吕本曾孙。平生极慕明徐渭之为人。甲申之变后,散财结客,好谈兵。入清,省故墓而去,浮大江,渡黄河,浪迹四方。至云南,为吴三桂幕府上客,滇人比之枚乘、刘桢。复游闽、粤而归。其踪迹颇奇。阮元《两浙輶轩录》引王士禛语谓其"古文滔莽雄浑,填词峭雅而旨艳"。《晚晴簃诗汇》称其诗“豪迈不羁，时寓沧桑之感”。著有《何山草堂诗稿》、《守斋词》、传奇《金马门》。生平事迹见《国朝词综》卷三、《晚晴簃诗汇》卷一七、方孝标《何山草堂诗集序》。

吴屯侯 清诗人。字符奇，号西亭。江南嘉定(今属上海)人。明季武举，清初为诸生。曾隶水师。入清后因逋赋放废。年七十卒。早为程嘉燧所赏，乃受诗法。因功名失意，而为诗益有所成。《晚晴簃诗汇》评其诗曰：“乐府得古意，近体有中晚风格。”著有《延陵合璧》、《西亭诗》。生平事迹见《光绪嘉定县志》卷一九、《晚晴簃诗汇》卷三三。

宋存标 清文学家。字子建，号秋士，别署蒹葭秋士。江南华亭(今上海松江)人。明崇祯十五年(1642)副贡，官候补翰林院孔目。诗尚华缛，然自有丰致；词曲则宛转缠绵，情文并胜，为云间诗派、词派代表作家之一。著有《秋士香词》、《翠娱阁集》、《棣萼集》、《兰台嗣响》杂剧以及《史疑》、《国策本论》、《情种》、《墨妙法式论注》等，编刻几社古文《壬申文选》。生平事迹见《光绪重修华亭县志》卷一六。

魏耕(1614—1663) 明清之际诗文家。原名璧，字楚白，明亡后改今名，又名甦，别字白衣，号雪翁、雪窦山人。浙江慈溪人。少失业，学为衣工于湖州。为富室招赘，隶归安籍，成诸生。明亡，弃诸生，交当世豪杰，参与苕上义军抗清，事败亡命江湖。后又遣死士致书说郑成功入长江、攻金陵。郑氏兵败，为人出首，被捕死难。与同死于杭州的张煌言、杨文琮被时人称作“西湖三忠”。曾馆于山阴祁氏，得尽读澹生堂藏书。朱彝尊《明诗综》谓其“中年专学子美，末年专学太白，惜乎未见其止也”，蒋驭闳谓其“游意篇幅之外，洋然自得，不以烦简为度”(《雪翁诗集》附录)。著有《息贤堂集》、《雪翁诗集》，后者今存。生平事迹见全祖望《雪窦山人坟版文》、魏霞《明处士雪窦先生传》。

宋琬(1614—1673) 清文学家。字玉叔，号荔裳，一号无今。山东莱阳人。顺治四年(1647)进士，授户部主事，迁郎中，历官陇西道、永平道、宁绍台道，擢按察使。族子因宿怨，诬其与闻于七变乱密谋，下狱三年，久之得白，流寓吴、越间，寻起授四川按察使。入觐，值吴三桂反，成都陷，闻变心忧在蜀之家属，遂得病卒。始官京师时，与严沆、施闰章、丁澎辈酬唱，有“燕台七子”之目。王士禛以与施闰章并称为“南施北宋”。施、宋又与王士禛、朱彝尊、赵执信、查慎行被目为“清初六家”。吴伟业序称其诗“才情隽丽，格合声谐”，“备文质而兼雅怨”。王士禛《池北偶谈》称其“五言古歌行，时闯杜、韩之奥”。亦工词，谭献《箧中词》以“忧谗”评之。著有《安雅堂全集》、《二乡亭词》。生平事迹见《清史稿》卷四八四、《清史列传》卷七〇、王熙《四川按察使宋公琬墓志铭》。

陶贞怀 清女弹词作家。江南无锡(今属江苏)人。明末清初在世。所著《天雨花》弹词三十余卷，叙明代万历、天启间朝廷政事，一韵到底，洵乎杰作，杨芳灿举与《红楼梦》并提，有“南花北梦”之说。据《自叙》，是书脱稿于顺治八年(1651)。或以为此书实出浙江徐致和手，则陶氏为其托名而并无其人，见蒋瑞藻《小说考证续编》卷一。

徐灿 清女词人。字明霞，号湘蘋，晚更号紫管。江南吴县(今属江苏)人。徐子懋女，海宁陈之遴继妻。之遴未第时，以丧偶故游苏州，避雨徐氏园，徐翁遂以女许配。之遴为明崇祯进士，官中允。入清，累官弘文院大学士，加少保。坐结党营私，以原官发辽阳居住。寻召还，以贿结内监吴良辅论斩，免死流徙，卒于徙所。灿随夫谪迁塞外。夙工诗词，精书画，词得北宋风格，工艳流丽而绝纤佻之习。陈维崧称之为“南宋后闺秀第一”(《清史稿》引)。谭献《箧中词》称其《踏莎行》“兴亡之感，相国愧之”，《永遇乐·舟中感旧》“外似悲壮，中实悲咽”。朱祖谋《望江南》词称其“词是易安人道蕴，可堪伤逝又工愁”。著有《拙政园诗集》、《拙政园诗余》。生平事迹见《清史稿》卷五〇八、《清代闺阁诗人征略》卷二、《清画家诗史》癸上。

吴琪 清女词人。字蕊仙。江南长洲(今江苏苏州)人。举人吴康侯女，管勋妻。明末清初在世。早与吴江女诗人周琼齐名，合著《比玉新声集》。夫在洪承畴军中，卒于官，遂独身艰难周旋于兵荒马乱之世，无娇柔儿女态。周琼赠诗云：“岭上白云朝入画，尊前红烛夜谈兵。”堪称纪实。后慕杭州山水之胜，乃与琼往游，得晤慧灯禅师，乃削发皈依佛门，法名上鉴。周铭《林下词选》评其词“幽逸，似得源于山谷者”。著有《锁香庵词》。生平事迹见《清代闺阁诗人征略》卷一、《清画家诗史》癸上。

邓汉仪 清诗人。字孝威。江南泰州(今属江苏)人。康熙十八年(1679)，召试博学鸿词，以年老授内阁中书。试归，日以诗酒自娱，执经问业者，车马塞路。早负诗名，与吴伟业、龚鼎孳游。所编《诗观》四集，搜罗宏富，遗集罕传者颇赖之存梗概，其别裁伪体，力追雅音，亦颇为海内诗家所重。所为诗，《晚晴簃诗汇》以为"近体雅近钱、刘，七绝态秾意远，胜处尤多，《息夫人庙》一首，为时传诵"。生平著述甚富，游淮有《淮阴集》，居扬有《官梅集》，游粤有《过岭集》，游颍有《濠梁集》，游燕有《燕台集》，游越有《甬东集》，膺荐有《被征集》，皆逐年编次，手自删订。生平事迹见《清史列传》卷七一、《清史稿》卷四八四、《国朝先正事略》卷三九。

郑瑜　清戏曲作家。一名若羲，字玉粟，号夕可。江南无锡（今属江苏）人。顺治十年（1653）前后在世。年仅三十，妻殁，遂不再娶。年六十卒。工戏曲，所著杂剧，每署"西神郑瑜"。著有杂剧《汨罗江》、《黄鹤楼》、《滕王阁》、《鹦鹉洲》、《椽烛修书》，另著有《正谊堂诗稿》、《西神丛话》。生平事迹见《古典戏曲存目汇考》卷八。

朱皠　清戏曲作家。字素臣，又字九先。江南吴县（今属江苏）人。李玉著《北词广正谱》，皠与同校。又与扬州李书云合编《音韵须知》。与朱佐朝为兄弟，同为清初著名剧作家。吴绮曾为其所撰传奇《秦楼月》作序。高奕《新传奇品》评其戏曲之作如"少女簪花，修容自爱"。著有传奇《十五贯》、《文星现》、《未央天》、《四大庆》（合著）、《四奇观》、《秦楼月》、《朝阳凤》、《万年觞》、《聚宝盆》、《翡翠园》、《锦衣归》、《龙凤钱》，有刊本或抄本行世，部分影印收入《古本戏曲丛刊三集》，另有传奇《一着先》、《大吉庆》、《四圣手》、《全五福》、《忠孝闾》、《振三纲》、《狻猊璧》、《通天台》、《瑶池宴》，已佚。所著以《十五贯》最有名。生平事迹见高奕《新传奇品》、《古典戏曲存目汇考》卷一一。

朱佐朝　清戏曲作家。字良卿。江南吴县（今属江苏）人。与朱皠为兄弟。为清初著名剧作家。与丘园、叶时章等交契。高奕《新传奇品》称其所作如"八音纵鸣，时见节奏"。著有传奇《五代荣》、《石麟现》、《四大庆》（合著）、《四奇观》（合著）、《吉庆图》、《血影石》、《牡丹图》、《轩辕镜》、《乾坤啸》、《御雪豹》、《万寿冠》、《渔家乐》、《夺秋魁》、《莲花筏》、《绵云裘》、《双和合》、《璎珞会》、《艳云亭》，均有抄本存世，部分影印收入《古本戏曲丛刊三集》，另著有传奇《一斛珠》、《一捧花》、《元宵闹》、《太极奏》、《玉素珠》、《建皇图》、《飞龙凤》、《清风寨》、《瑞雪亭》、《瑞霓罗》、《落花灯》、《万花楼》、《寿荣华》、《凤双栖》、《赘神龙》、《宝昙月》，已佚，又传奇《九莲灯》则仅存残抄本上卷十六出。生平事迹见高奕《新传奇品》、《古典戏曲存目汇考》卷一一。

王岱　清诗人。字山长，号了庵，又号且园。湖南湘潭人。明崇祯十二年（1639）举人。入清，屡试不第，选安乡教谕，迁随州学正、顺天府教授。康熙十八年（1679）举博学鸿词不遇，二十二年迁澄海知县，卒于官。善画，诗文体近钟谭，务以奇胜。著有《了庵集》、《且园近诗》、《近集》。生平事迹见《国朝耆献类征》卷二一五、《鹤征录》卷五。

陈子升（1614—1673后）　清诗人。字乔生。广东南海（今广州）人。南明隆武时以贡生荐授中书。永历元年（1647）擢吏科给事中，转兵科右给事中。顺治七年（1650）粤东再陷，未及随南明朝廷西行，流转山泽以老。其诗"丽而有骨，原本义山"（沈德潜《国朝诗别裁集》），入清后则"多板荡黍离之感"（卓尔堪《明遗民诗》）。著有《中洲草堂遗集》。生平事迹见《清史列传》卷七〇、《国朝耆献类征》卷四六九、《国朝诗人征略》卷五。

丘维屏（1614—1679）　清学者、散文家。字邦士，号慢庑，一作漫无，又号松下先生。江西宁都人。明诸生。督学侯峒奇赏之。遭国变避乱翠微峰中，与魏际瑞、魏禧、魏礼及彭士望等同为魏兆凤易堂学子，年最长，为三魏姐夫。为人高雅恬淡，终生不言人短，特推重魏禧。晚年精研历数、易学及西洋算术，方以智誉为"神人"。教授学生，手批口授，日夜不懈。以古文名重一时，魏禧以为司马迁、欧阳修之流亚。"其为文，修词雅洁，意境奇淡，别饶理趣，深意委折，千萦万缕，出没不测"（刘声木《桐城文学渊源考》）。著有《松下集》、《丘邦士文集》、《易义选参》。生平事迹见《清史稿》卷四八四、《清史列传》卷七〇、魏禧《丘邦士传》。

金堡（1614—1680）　清词人。字道隐，号卫公。浙江仁和（今杭州）人。明崇祯十三年（1640）进士。永历二年（1648）诣肇庆，谒桂王，授礼科给事中，立朝侃侃，每持正论，曾下狱，谪戍清浪卫，未达，留客桂林，桂林留守大学士瞿式耜馆之。桂林破，出家为僧，法名今释，号澹归，又号性因、蔗余、借山野衲、茅坪衲僧、跛阿师。住广东韶州丹霞寺，往来庐山间。其词抒发亡国之恨，语多沉郁悲壮，自成风格。叶恭绰《广箧中词》评之曰"痛切"。亦工诗文。著有《遍行堂集》。生平事迹见《南疆绎史》卷二八、

《小腆纪传》卷三二、徐乾学《丹霞澹归释禅师塔铭》。

彭孙贻(1615—1673) 清诗人。字仲谋,号羿仁。浙江海盐人。彭孙遹从兄。明拔贡生。与同邑吴蕃昌创瞻社,为名流所重,时称"武原二仲"。豪于饮,人有"长鲸"之目。痛父殉国难,蔬食布衣二十余年,尚气节,终身不仕清。工诗,为王士禛所赏。《晚晴簃诗汇》谓其诗"沉壮郁勃,七言古间作初唐体,律诗亦偶涉宋法",又称其集"当与《松桂堂集》(彭孙遹著)并传"。所著《流寇志》,记明末李自成事颇详。另著有《茗斋集》、《方士外纪》、《彭氏旧闻录》等。生平事迹见《清史列传》卷七〇、《晚晴簃诗汇》卷一七。

龚鼎孳(1615—1673) 清文学家。字孝升,号芝麓。安徽合肥人。明崇祯七年(1634)进士,官兵科给事中。李自成入京城,授直指使。入清,历官礼科给事中、太常寺少卿、左都御史、刑部尚书。谥端毅。晚贵显,倾囊恤穷,出气力以荫庇遗民志节之士,士论往往恕其堕节。工诗,为世祖所赏识,尝在禁中叹曰:龚某真才子也。与钱谦益、吴伟业并称"江左三大家"。钱谦益称其"标举兴会,笼挫古今",徐世昌谓其"感慨兴亡,声情悲壮,有不可一世之概","七绝多杰作"(《晚晴簃诗汇》引)。亦工词,颇如其诗之跌宕风华,沧桑之感,时有合作。著有《定山堂诗集》、《香严词》等,合辑为《定山堂遗书》。生平事迹见《清史稿》卷四八九、《清史列传》卷七九、《国朝名家诗钞小传》、严正矩《龚端毅公传》、董迁《龚芝麓年谱》。

王广心(1615—1680后) 清诗人。字伊人,号农山。江南华亭(今上海松江)人。王顼龄、王鸿绪、王九龄父。顺治六年(1649)进士,历官御史。明末曾加入几社。其诗名与尤侗埒,杨际昌《国朝诗话》评为"秀气成采,长篇如《大梁行送林平子》,韵致仿佛梅村"。著有《兰雪堂稿》,与朱锦、宋徵舆等共纂《松江府志》,与邓汉仪、宗元鼎等共纂《江南通志》。生平事迹见《国朝耆献类征初编》卷一三三、《国朝诗人征略》卷一。

周肇(1615—1683) 清诗人。字子俶。江南太仓(今属江苏)人。顺治十四年(1657)举人。科场狱起,同考官论死,为之治殓。晚得任青浦教谕,升新淦知县,未几卒。少入复社,为张溥高足弟子,盛有诗名。吴伟业编《太仓十子诗选》,以之为首。其诗"大抵瑰词雄响,瓣香弇州者"(《晚晴簃诗汇》)。著有《东冈文稿》、《东冈集》。生平事迹见《清史列传》卷七〇、《国朝先正事略》卷三八、《国朝诗人征略》卷一四。

应㧑谦(1615—1683,一作1619—1687) 清学者、诗人。字嗣寅,号潜斋,又号无闷。浙江仁和(今杭州)人。明崇祯间诸生。明亡后谢绝人事,闭门不复出,沉潜理学,以躬行实践为主,不喜陆九渊、王守仁之言。教授生徒自给,暇则悉心著述。康熙十八年(1679),荐举博学鸿词,以老病辞。著有《潜斋先生集》、《周易应氏集解》、《春秋考集解》、《礼学汇编》、《古乐书》、《性理大中》,编有《教养全书》。生平事迹见《清史稿》卷四八〇、《清史列传》卷六六、全祖望《应先生㧑谦神道碑》。

盛符升(1615—1700) 清诗人。字珍示,号诚斋,又号赣石。江南昆山(今属江苏)人。康熙三年(1664)进士,历官内阁中书、礼部主事,考授广西道御史。三十八年清圣祖南巡,献《两京赋》、《三驾平朔赋》,赐御书"年登大耋"。少从张溥、夏允彝游,与云间诸子相切磋。允彝就义,为之营葬,著声于时。继出王士禛之门,称高足,佐编《渔洋山人精华录》,诗功益进。徐乾学评其所作"原本少陵,诗外别有事在"(沈德潜《国朝诗别裁集》引)。著有《诚斋集》。生平事迹见《国朝耆献类征》卷一三四、《国朝诗人征略》卷七、《清代学者像传》卷一。

纪映淮 清女诗人。字冒绿,小字阿男。江南上元(今江苏江宁)人。明诸生。纪青女,诗人纪映钟妹,莒洲诸生杜李妻。明崇祯十五年(1642)清军破城,夫被难,与姑及六岁幼儿避深谷中,茹荼席草三十余年,以节孝闻。少从映钟学诗,夫亡后绝笔不复作。其《咏秋柳》"栖鸦流水点秋光"句,为王士禛激赏。亦能词。著有《真冷堂词》。生平事迹见《清代闺阁诗人征略》卷一、《晚晴簃诗汇》卷一八三。

柴绍炳(1616—1670) 清诗文家。字虎臣,号省轩,又号翼望山人。浙江仁和(今杭州)人。明诸生。崇祯间与东林党吴麟征、刘宗周、倪元璐、黄道周等以志行相砥砺。明亡后,隐居南屏山下。康熙八年(1669)举山林隐逸,以老病力辞。学问广博,凡天文、舆地、历法、礼制、乐律以及农田、水利、兵制等无不穷原竟委。少即有文名,号为"西陵体",诗亦负时誉。与陆圻、丁澎、孙治、陈廷会、张丹、毛先舒、沈谦、吴百朋、虞黄昊称"西泠十子"。陈子龙以"东南奇士"目之。毛先舒评其诗"如连云夏屋,无论榱栋，即欂栌支撑，都无细干”（《西泠十子诗评》）。著有《省轩诗文钞》、《白石轩杂稿》、《西湖赋》、《考古类编》、《柴氏古韵通》。生平事迹见《清史稿》卷四八四、《清史列传》卷七〇、周清原《柴先生绍炳传》、毛际可《西陵五君子传》。

徐作肃（1616—1684）　清诗文家。字恭士。河南商丘人。顺治八年（1651）举人。性清刚方正，不妄交游，所与往来者多一时才俊，如陈维崧、宋荦、计东等，尤与同里侯方域交厚，尝于顺治间与侯方域、贾开宗、徐世琛、徐邻唐、宋荦结“雪园六子社”。其文学王安石，擅作议论，亦长于诗，计东《偶更堂诗稿书后》谓其“五古无一轻靡之笔”。著有《偶更堂集》。生平事迹见《国朝耆献类征》卷四二六、侯方域《赠徐恭士序》。

李因（1616—1685）　清女诗人。字今是，又字今生，号是庵，又号龛山逸史。浙江会稽（今绍兴）人。明光禄卿葛徵奇妾。原为明末名妓，与柳如是、王修微有三鼎足之誉，爱读书，工诗书画。顺治二年（1645）其夫抗清殉难后，茕然独处四十年。怀黍离之感，长夜佛灯，时与老尼酬对。其诗“清扬婉妩，如晨露初桐，又如微云疏雨，自成逸品，绝去饾饤习气”（葛徵奇序），“有中唐余韵”（金燕《香奁诗话》）。亦工词。著有《竹笑轩吟草》、《竹笑轩诗余》、《明心录》。生平事迹见《国朝耆献类征》名媛卷五、《清代闺阁诗人征略》卷一、黄宗羲《李因传》。

魏裔介（1616—1686）　清大臣、诗人。字贞白，又字昆林，号石生，又号贞庵。直隶柏乡（今属河北）人。顺治三年（1646）进士，选庶吉士，改工科给事中，历官兵科都给事中、太常寺少卿、左副都御史、左都御史，加太子太保，进吏部尚书，拜保和殿大学士。以病乞休回籍，进太子太傅。乾隆间追谥文毅。其论诗倡“自出机杼，不屑屑捃摭剽窃为工”（《晚晴簃诗汇》）。所为诗邓汉仪《诗观二集》评为“傲岸苍浑”。亦工为文。著有《兼济堂文集》、《易经大全纂要》、《四书经义汇解》等。生平事迹见《清史稿》卷二六二、《清史列传》卷五、《国朝先正事略》卷三。

黄宗炎（1616—1686）　清诗人。字晦木，号立溪。浙江余姚人。黄宗羲弟。明贡生。积极参加抗清活动，两次被捕，得不死。入清不仕，以制砚为生。精研易学，工诗善画，诗学宋人，大似杨万里，有“不呈面目真高士，闲过春秋胜地仙”之句，为世所称。晚年鬻画浙西，人称高士画，争购之。著有《二晦集》、《山栖集》及《周易象辞》、《寻门余论》、《图书辨惑》。生平事迹见《清史稿》卷四八〇、《清史列传》卷六八、全祖望《鹧鸪先生神道表》。

余怀（1616—1695后）　清文学家。字澹心，一字无怀、广霞，号鬘翁，又号鬘持老人。福建莆田人。侨寓南京。与杜濬、白梦鼐相唱和，时号“余杜白”，谐音“鱼肚白”。晚隐居吴门，征歌选曲，有如少年。工诗，才情艳发，生明清之际，辞多凄丽，曾赋《金陵怀古》诗，王士禛以为“不减刘宾客”（《渔洋诗话》）。邓汉仪谓“澹心诗，纯以气象胜，是初唐沈、宋之遗”（《诗观》）。又工词曲，吴伟业曾谓“澹心词大要本于放翁，而藻艳轻俊，又得之梅溪、竹山”（王昶《国朝词综》引）。所著《板桥杂记》，多存明末故事。其他著作甚多，有《三吴游览志》、《味外轩文集》、《研山堂集》、《玉琴斋词》等。生平事迹见《清史列传》卷七〇、《国朝耆献类征》卷四二八、《文献征存录》卷一七。

王炘（1617—1672）　清诗人。字济似，号晓岩，别号茨庵。直隶雄县（今属河北）人。明崇祯十七年（1644）国变，徙居六合，课子女作诗，躬耕为生，凡四十年。康熙十年（1671）始还里。“其诗格调高古，多河朔幽燕之气，郁勃之怀。兴亡之感，时流露于笔端”（邓之诚《清诗纪事初编》）。著有《茨庵集诗钞》。生平事迹见《大清畿辅先哲传》卷二七。

严沆（1617—1678）　清诗人。字子餐，号显亭。浙江余杭人。顺治十二年（1655）进士，改庶吉士，授兵科给事中。历官吏科、户科、刑科、礼科给事中，太仆寺少卿，佥都御史，宗人府府丞，左副都御史，户部侍郎。工诗，与丁澎、宋琬、施闰章、陈祚明、张文光、赵宾同官京师，结诗社唱和，时称“燕台七子”。性谦让，遇有讥弹其诗者，常应时改定。阮元谓其“诗古文浸沉六经、《史》、《汉》”（《严侍郎沆传》）。著有《皋园集》、《北行日录》、《皋园奏疏》。生平事迹见《清史稿》卷四八四、《国朝先正事略》卷四〇、《国朝诗人征略》卷四、阮元《严侍郎沆传》。

曹尔堪（1617—1679）　清诗文家。字子顾，号顾庵。浙江嘉善人。顺治九年（1652）进士，改庶吉士，授编修，迁侍读，升侍讲学士。有经世之志，为清圣祖所赏，许为学问最优，坐是见嫉，中蜚语罢归，优游田园以卒。与人游，于其人之身世及所作诗文，积久不忘，人目为唐虞世南之“行秘书”。在京师与宋琬、王士禛、施闫章等唱和，士禛选其诗与王士禄、汪琬、程可则诸人诗合刻之，称“海内八家”。又工词，为柳州词派中坚，与曹贞吉并称“南北二曹”。尤侗谓其文“鼓吹六经，酒浆诸子，沐浴润泽于八家之中”，诗“登开元之堂，入大历之室”，词“品格在眉山、渭南之间”（《曹顾庵六十寿序》）。著有《南溪文略》、《南溪词略》、《杜鹃亭稿》。生平事迹见《清史列传》卷七〇、《国朝耆献类征》卷一一五、《晚晴簃诗汇》卷二六。

方孝标（1617—1680后） 清诗文家。原名玄成，避清圣祖讳，以字行，号楼冈，一号楼江。江南桐城（今属安徽）人。方拱乾子。顺治六年（1649）进士，改庶吉士，授编修，历官侍读学士。十四年，以弟章钺受江南科场案牵连，父子兄弟同戍宁古塔。十七年赎归，入云南充吴三桂翰林。三桂反，避去为僧，释名方空。事平，以首迎降，免死。卒后以涉戴名世《南山集》案被戮尸。邓之诚称其诗“颇有事实”，“不同泛作”（《清诗纪事初编》）。著有《钝斋诗选》与《文选》。生平事迹见《清诗纪事初编》卷五、武新立《明清稀见史籍叙录》。

魏象枢（1617—1687） 清大臣、学者、诗文家。字环极，一字环溪，号庸斋，又号崑林，晚号寒松老人。山西蔚州（今河北蔚县）人。明崇祯举人。顺治三年（1646）进士，选庶吉士，改刑科给事中。历官吏科都给事中、光禄寺丞、贵州道御史、左佥都御史、顺天府尹、大理寺卿、户部侍郎、左都御史、刑部尚书。康熙二十三年（1684）以病乞休。谥敏果。居官参劾权贵，举荐贤能，有直声。时号“尚书门第，秀才家风”。治程朱理学，兼擅诗文。奏议与魏裔介并称“二魏”，诗“直抒胸臆，不假雕饰”（《晚晴簃诗汇》）。著有《寒松堂集》、《儒宗录》、《庸斋闲话》。生平事迹见《清史稿》卷二六三、《清史列传》卷八、《国朝先正事略》卷三及《寒松老人自述年谱》。

阎修龄（1617—1687） 清诗文家。字再彭，号牛叟，又号容庵，晚号丹荔老人。山西太原人，侨居江苏淮安。阎若璩父。明诸生。明亡，遁迹白马湖滨，以耕钓自隐。早师事黄道周，又与张养重、靳应升为世外交，朝夕行吟，结望社相倡和，名重江南北。同时如杜濬、傅山、王猷定、魏禧、阎尔梅等皆与其为友。李元赓称其诗“高洁无烟火气，不减储、王”（《望社姓氏考》）。著有《秋心》、《秋舫》、《冬涉》、《影阁》诸集及《红鹤亭词》。生平事迹见《国朝耆献类征》卷四七一、《江苏诗征》卷九〇、王弘撰《阎处士修龄传》。

丘园（1617—1690） 清戏曲作家。字屿雪，号乌丘山人、乌丘先生。江南常熟（今属江苏）人。隐居东乡坞丘山，养草种花，纵情诗酒。善画，其泼墨山水自成一家。诗词有《既耕堂草》、《竹溪杂兴》、《梅圃诗余》等集。喜作戏曲，高奕评之为如“入薄后庙，绮丽满身”（《新传奇品》）。著有《幻缘箱》、《党人碑》、《御袍恩》（《百福带》）、《虎囊弹》（一说为朱佐朝作）、《一合相》、《蜀鹃啼》、《岁寒松》、《闹勾栏》、《双凫影》等传奇，前三种尚存。另与朱素臣、朱佐朝、叶雉斐等合撰《四大庆》传奇。生平事迹见《国朝耆献类征》卷四七四、《民国重修常昭合志》卷二〇。

杨炤（1617—1692） 清诗人。字明远，号潜夫。江南常熟（今属江苏）人。承父志，不事科举。早从金俊明学，与徐枋、徐柯兄弟为莫逆交。垂髫之年作诗学陶、杜五言，已为先辈所称。数十年中，朝代更迭，存亡感愤，皆发之于诗。一时名士如钱谦益、吴伟业、王时敏、曾灿、宋琬、邢昉等皆有评赞。钱谦益尝曰：“谢皋羽之诗长留天地间者，微斯人谁与归？”（《杨明远诗引》）著有《怀古堂诗选》。生平事迹见《国朝耆献类征》卷四二八、《明诗纪事》辛签卷三一、钱谦益《杨明远诗引》。

杜岕（1617—1693） 清诗人。一名绍凯，字苍略，号些山。湖广黄冈（今湖北黄州）人。明诸生。杜濬弟。明亡，以遗民终。淡泊自甘，专力学古，人以博雅称之。与方苞、曹寅、孔尚任等相往还。诗风清雅古淡，与兄之奇崛警健不同。著有《些山集》。生平事迹见《清史稿》卷五〇一、《清史列传》卷七〇、《国朝耆献类征》卷四七五、《国朝先正事略》卷四八。

李栋（1617—1711） 清诗人、戏曲作家。字吉士，一作吉四，号松岚。江南兴化（今属江苏）人。举人。父早殁，母苦节教栋及弟栻，兄弟皆成名。擅诗文戏曲，尤工画，善篆隶。著有传奇《七子缘》，又名《诗缘记》、《七才子》，演明中叶李梦阳、何景明等前七子事，融入当时时政，已佚。焦循《剧说》引《越巢小识》评此剧云：“关白甚整，通部不用旦角，自是高手。”另有《犊鼻裈》传奇，亦已佚。诗集存者有《楚游杂咏》、《游白岳诗》、《游黄山诗》。生平事迹见《江苏诗征》卷九三、《古典戏曲存目汇考》卷一二等。

吴百朋（？—1670） 清诗人。字锦雯。浙江钱塘(今杭州)人。明崇祯十五年(1642)举人。入清,历官苏州推官、南和知县。与同里陆圻、丁澎、柴绍炳、沈谦、毛先舒等游,称"西泠十子"。少有奇慧,下笔千言立就。博洽多闻。好交友,极文酒之欢。与徐世臣等以瑰丽奇伟之文,为时所重,史传称其"诗才斐娓,兼有气势"。著有《朴庵集》。生平事迹见《清史稿》卷四八四、《清史列传》卷七〇、《国朝耆献类征》卷二二〇、《国朝先正事略》卷三七。

侯方域(1618—1655)　清散文家。字朝宗。河南商丘人。明末诸生。年二十二应试南京,交陈贞慧、吴应箕等东南名士,主盟复社。南明弘光朝,阮大铖修旧怨捕复社诸子,乃走扬州入史可法幕府,又客高杰军中。杰被杀,方域说其军中大将规划东南,不听。旋为阮大铖捕获,弘光朝亡,得脱。入清,有司促应顺治八年(1651)河南乡试,中副榜。生长世家,与方以智、冒襄、陈贞慧号"四公子"。以古文名世,早期流于华藻,后学韩愈、欧阳修,并上溯《左传》、《史记》。时人以之与魏禧、汪琬合称"国初三大家"。宋荦《三家文钞序》称其所作"奋迅驰骤,如雷电雨雹之至,飒然交下,可怖可愕,霅然而止,千里空碧"。《四库全书总目》则谓其文"体兼华藻,稍涉于浮夸"。传记文如《马伶传》、《李姬传》等名篇,有唐传奇色彩。其诗学杜甫,"仍沿云间余派,声采蔚然"(《晚晴簃诗汇》)。著有《壮悔堂文集》、《四忆堂诗集》。生平事迹见《清史列传》卷七〇、《清史稿》卷四八四、胡介祉《侯朝宗公子传》、侯洵《侯朝宗年谱》。

黄宗会(1618—1663)　清学者、诗文家。字泽望,号缩斋,学者称石田先生。浙江余姚人。幼倜傥不拘,年二十七,举拔贡,值国变,遂不复出仕。举凡天官地志、金石算数、艺术杂学无不冥搜博览。诗初喜僻奥,后变其文,华藻错落。著有《缩斋文集》、《缩斋日记》、《学御录》以及《瑜伽师地论注》、《成唯识论注》等。生平事迹见《清史稿》卷四八〇、《清史列传》卷六八、黄宗羲《乡进士黄泽望墓志铭》、方粲如《黄宗会传》。

柳如是(1618—1664)　清女诗人。本姓杨,名爱,字蘼芜,又名云娟、影怜,后改姓柳,名隐,又名是,字如是,号我闻室主,人称河东君。浙江嘉兴人。明末名妓。幼年为盛泽徐佛养女,后入吴江故相周道登家为侍婢。崇祯四年(1631)自周家出,流落风尘,交陈子龙、宋徵舆等。十四年,嫁钱谦益为妾。谦益降清后,助之暗中参与复明运动,交通海上义军。谦益受黄毓祺案牵连,又醵金力脱其难。谦益卒,族人争产,自经死。其风神才艺,世所艳传。诗幽艳秀发,蕴酿颇深。著有《戊寅草》、《湖上草》及《河东君集》,后人辑为《柳如是诗集》。生平事迹见钮琇《觚剩》卷三、顾苓《河东君传》、陈寅恪《柳如是别传》、胡文楷《柳如是年谱》。

许珌　清诗人。字天玉,号星亭,别号铁堂、星斋。福建侯官(今闽侯)人。许友族兄。明崇祯举人。入清,官至安定知县。居京师时与王士禛往来甚密,互相唱和。一时如周亮工、施闰章、汪琬、杜濬、吴绮皆与订交。王士禛曾作《慈仁寺双松歌》赠之,称其为"闽海奇人许夫子"。施闰章亦称其诗"气雄力厚,如巉岩猛虎,凛乎其不可攀,森然其不可犯"(《梁园诗序》)。著有《铁堂诗钞》。生平事迹见《晚晴簃诗汇》卷二七。

陆舜(?—1692)　清文学家。字元升,一字吴州。江南泰州(今属江苏)人。明诸生,崇祯十四年(1641)与张幼学、张一侨等在里结曲江社。康熙三年(1664)成进士,官刑部主事,擢浙江提学道。十七年,举博学鸿词,托病不赴。家居二十年,诗文甚富,兼工戏曲。著有《双虹堂集》、《吴州文集》、传奇《一帆记》、《双鸾记》,另有《石门诸山记》,收入《小方壶斋舆地丛钞》。生平事迹见《鹤征录》卷四、《己未词科录》卷五。

宋徵舆(1618—1667)　清诗人。字辕文、直方,号林屋、佩月骚人。江南华亭(今上海松江)人。顺治四年(1647)进士,选刑部主事,擢员外郎,历福建布政使右参议、尚宝卿,官至副都御史。明末为诸生时,以诗文名世,与陈子龙、李雯等创几社,称"云间三子"。《四库全书总目》评其"所作以博赡见长,其才气睥睨一世,而精炼不及子龙,故声誉亦稍亚之云"。著有《林屋文稿》、《诗稿》及《海闾香词》、《广平杂记》、《琐闻录》等,编有《全闽诗钞》,与宋徵璧合辑所作散曲为《棣萼香词》。生平事迹见《国朝耆献类征》卷四六、《国朝诗人征略》卷一、《光绪重修华亭县志》卷一六。

任源祥(1618—1676?)　清诗文家。初名元祥,字王谷,号息斋,又号善权子。江南宜兴(今属江苏)人。明诸生,入清后弃去。精研经世之学,无所得食,乃入州县之幕理刑名钱谷。与陈维崧、侯方域相友善。魏禧亦称赏其文。其"诗不薄七子而上窥汉魏,取径三唐,……文初学六朝,折而为韩(愈)、欧(阳修),浸淫于两汉，得其朴茂”（邓之诚《清诗纪事初编》）。著有《鹤鸣堂集》。生平事迹见《清史列传》卷七〇、任启运《任息斋先生传》、瞿源洙《任王谷先生传》。

姚文然（1618—1676） 清诗文家。字弱侯，号龙怀。江南桐城（今属安徽）人。明崇祯十六年（1643）进士，选庶吉士。顺治三年（1646）荐授国史院庶吉士。历官礼科给事中、兵科都给事中、副都御史、刑部侍郎、左都御史、刑部尚书，谥端恪。诗文皆有根柢。诗颇具标格，文长于议论。著有《姚端恪公全集》。生平事迹见《清史列传》卷七、《清史稿》卷二六三、《国朝耆献类征》卷四六、《国朝先正事略》卷三。

刘体仁（1618—1677） 清诗人。字公㦷。河南颍川卫（今许昌）人。顺治十二年（1655）进士。有家难，弃官，从孙奇逢讲学。后官吏部郎中，与汪琬、王士禛以诗文唱和。喜作画，工鼓琴，慕鲁仲连、陆贾、司马徽、桓尹、沈麟士、王绩、韦应物之为人，以“七颂”名其堂。王士禛称其诗有奇气，似孟郊（见《居易录》），而《四库全书总目》则谓其“欲力脱七子之窠臼，而诗或生硬，文或纤佻，实出入于公安、竟陵之间”。著有《七颂堂诗集》、《七颂堂词绎》、《空中语》、《文集》、《尺牍》、《识小录》。生平事迹见《清史列传》卷七〇、《清史稿》卷四八四、《国朝耆献类征》卷一四〇。

林时益（1618—1678） 清诗人。字确斋，原名朱议滃，字作霖。江西南昌人。明宁王后裔。授奉国中尉。入清，变姓名。与彭士望同里相友善。士望与魏禧一见定交，极言金精诸山可为耕种处，时益乃携家与士望同往。侨居十余年，常与魏氏兄弟相切磋。康熙七年（1668），清廷命明故宗室子弟回乡复姓氏，时益久客宁都，不愿归，以耕种自养。晚好禅悦。善制茶，远近名曰“林茶”。工书法。“诗于杜为别出，人咸推服之”，“往往悲歌慷慨，见精悍之色”（陈田《明诗纪事》引）。著有《朱中尉集》。生平事迹见《清史稿》卷四八四、《清史列传》卷七〇、《国朝耆献类征》卷四七二、《国朝先正事略》卷三七。

施闰章（1618—1683） 清诗人。字尚白，号愚山、蠖斋、矩斋。江南宣城（今安徽宣州）人。顺治六年（1649）进士，历官刑部主事、员外郎，山东学政，江西参议分守湖西道。康熙十八年（1679），召试博学鸿词，授侍讲，典试河南，转侍读。与宋琬齐名，号“南施北宋”。与同邑高咏友，主东南坛坫数十年，时号“宣城体”。后人以与宋琬、王士禛、朱彝尊、赵执信、查慎行并称“清初六家”。其诗远承其乡人宋代梅尧臣的传统而又有变化，风格高雅淡素，不少作品对当时的社会黑暗、人民疾苦，有真实反映。钱谦益序其集，称其“能以诗回斡元气”。王士禛称其五言诗“有风人之旨”，为作摘句图。张裕钊选其五律与姚鼐七律、郑珍古诗为“清三家”诗。著有《施愚山先生全集》，内有《学余文集》、《诗集》、《蠖斋诗话》等。生平事迹见《清史稿》卷四八四、《清史列传》卷七〇、《国朝耆献类征》卷一一八、《国朝先正事略》、毛奇龄《施君闰章墓表》、施念曾《施愚山先生年谱》。

吴嘉纪（1618—1684） 清诗人。字宾贤，一字野人。江南泰州（今属江苏）人。家贫寒，初事科举，后弃去。入清不仕，隐于家乡安丰场，名所居为“陋轩”。寡交游，与孙枝蔚、汪楫相契。汪言之于周亮工，王士禛又因周而知其人，强邀之一游扬州。其诗继承杜甫传统，风格苍劲，擅长白描。时当清兵南下，为《李家娘》诗以控诉清兵血洗扬州的罪行，为《嗟老翁》诗以颂扬坚持民族气节而死的黄周星。由于生活在社会底层，长期接近穷苦人民，自身又深受剥削和饥寒之苦，故诗中不仅表现了民族感情，更深刻地反映了阶级矛盾，对封建剥削者的罪恶，多有真实的揭露和批判。陆廷抡序其诗，称“数十年来，扬郡之大害有三：曰盐筴，曰军输，曰河患。读《陋轩集》，则淮海之夫妇男女，辛苦垫隘，疲于奔命，不遑启处之状，虽百世而下，了然在目，甚矣吴子之以诗为史也！”卓尔堪《明遗民诗》称为“海内大家”。沈德潜《国朝诗别裁集》称其“以性情胜，不须典实而胸无渣滓，故语语真朴，而越见空灵”。潘德舆《养一斋诗话》称其“字字入心腑，殆天地元气所结”，“以为陶杜之真衣钵”。胡先骕以与郑珍并举，称为清代两大诗人。著有《陋轩诗》。今人杨积庆有《吴嘉纪诗笺校》。生平事迹见《清史稿》卷四八四、《清史列传》卷七一、《国朝先正事略》卷三九、《国朝名家诗钞小传》。

黎士弘（1618—1697） 清诗文家。字愧曾。福建长汀人。顺治十一年（1654）举人。选广信府推官，历官永新知县、甘州同知、常州知府、洮岷道副使署甘山道事、甘肃按察使及布政司参议，以母老乞归。少游李世熊之门，称入室弟子。所为诗文颇受周亮工等赏识，“其古文清新俊逸，未尝步武前人，而动与古会；诗格随年而变，大抵刊落陈言，清真朴老”（郑方坤《托素斋诗钞小传》）。著有《托素斋集》。生平事迹见《清史稿》卷二八五、《清史列传》卷七〇与七四、《国朝名家诗钞小传》、陈寿祺《黎士弘传》。

尤侗（1618—1704）　清文学家。字同人，又字展成，号悔庵，又号艮斋，晚号西堂老人。江南长洲（今江苏苏州）人。弱冠补诸生，才名藉甚。以贡谒选，除永平府推官，因事落职。康熙十八年（1679）举博学鸿词，授检讨，与修《明史》。居三年，告归。四十二年清圣祖南巡，授侍讲。“其诗词古文，才既富赡，复多新警之思，体物言情，精切流丽”（《清史列传》），名动禁中，清世祖目为“才子”，清圣祖称其“老名士”。精戏曲，吴梅谓之“别具一变相，其运笔之奥而劲也，使事之典而切也，下语之艳媚而油油动人也，置之案头，竟可作一部异书读”（《中国戏曲概论》）。著有《西堂全集》、《余集》共三十五种，《百末词》与杂剧《读离骚》、《吊琵琶》、《桃花源》、《黑白卫》、《清平调》、传奇《钧天乐》，在《全集》中，另有《鹤栖堂稿》。生平事迹见《清史稿》卷四八四、《清史列传》卷七一、《国朝先正事略》卷三九、《国朝名家诗钞小传》。

周容（1619—1679）　清诗人。字鄮山，一作茂三，号躄翁。浙江会稽（今绍兴）人。明诸生。少以诗受知于钱谦益。入清不仕，放浪湖山，世多比之徐渭，所至多与遗民如申涵光、傅山辈交好。与海上抗清义军通，曾仗义说营将王朝先释徐水心，既而以受贿嫌下狱，得还已跛一足。痛于亡国，曾削发为僧，以母在返初服。康熙十七年（1678），举博学鸿词，以死力辞。陈田称其诗“清词丽句，风发泉涌，傲岸突兀，独来独往”（《明诗纪事》）。著有《春酒堂遗书》。生平事迹见《清史列传》卷七〇、《国朝耆献类征》卷四七三、全祖望《周征君墓志铭》。

顾有孝（1619—1689）　清诗人。字茂伦，号雪滩钓叟，临终更号为雪滩头陀。江南吴江（今属江苏）人。明诸生。康熙十七年（1678）拒应博学鸿词之试，以遗民终。少游陈子龙之门。慨旧有唐诗选承讹踵谬，遂编《唐诗英华》，钱谦益序称之为“焕然复睹唐人之面目”。自为诗矜慎不苟作，出言必隽永为人所服。著有《雪滩钓叟集》，另编有《江左三大家诗钞》、《乐府英华》、《骊珠集》、《风雅嗣响》、《五朝名家七律英华》等。生平事迹见《清史列传》卷七〇、《国朝先正事略》卷三八、徐釚《雪滩头陀顾有孝传》。

王夫之（1619—1692）　清思想家、文学家。字而农，号薑斋、夕堂，别号双髻外史、一瓢道人，更名壶。湖南衡阳人。明崇祯十五年（1642）举人。明亡时，曾在衡山举义兵抗清。兵败后退居肇庆，任南明桂王朝行人司行人。从瞿式耜军，瞿殉难后，决心隐遁，辗转于湖南、广东一带，最后居衡阳之石船山，从事著述，学者称船山先生。与顾炎武、黄宗羲被后人称为“清初三大儒”。其学兼精经、史、子，诗、文、词皆工。其文学理论，见于《夕堂永日绪论》、《诗绎》及《古诗评选》、《唐诗评选》、《明诗评选》中。论诗强调“以意为主”，反对“求形模，求比拟，求词采，求故实”，“立门庭与依傍门庭”。艺术上突出情与景在“神理凑合时自然拾得”。文兼擅骚、赋、骈、散，不染明代七子摹仿、公安浮滑、竟陵纤仄之习。邓显鹤谓“诗其余事，词旨深复，气韵沉郁”，徐世昌谓“楚材称雄，斯冠一代”（《晚晴簃诗汇》）。王闿运则以为“其诗境不能高”，“不离乎空灵妙寂而已”（《湘绮楼说诗》）。词芳悱缠绵，风格遒上，往往冲破音律限制。朱祖谋《望江南》词称为“万古湘灵闻乐地，云山韶濩入凄音，字字楚骚心”。叶恭绰以为“故国之思，体兼骚辨，言皆有物，与并时批风抹露者迥殊”（《广箧中词》）。著作有一百多种，后人合编为《船山遗书》。文诗词有《薑斋文集》、《薑斋诗集》、《鼓棹初二集》、《潇湘怨词》，后人辑为《王船山诗文集》。生平事迹见《清史稿》卷四八〇、《清史列传》卷六六、《国朝先正事略》卷二七、余廷灿《王先生夫之传》、王之春《船山先生年谱》。

赵进美（1619—1692）　清诗人。字嶷叔，又字韫退，号清止。山东益都（今青州）人。明崇祯进士。官给事中参政；入清后官太常博士、福建按察使。“与姜垓、方以智、宋琬、陈子龙、李雯、宋徵舆辈以诗名雄视南北”（《合葬行实》）。自称服膺于宋严羽、明徐祯卿、王世贞。王士禛称其“少为诗清真绝俗，得王、孟之趣。使江西时，尤刻意二谢”，“后官京师，与龚芝麓尚书、曹秋岳侍御诸公唱和，一变而高华尚声调”（《赵公墓志铭》）。著有《清止阁诗》、《诗余》，另有《清止阁集》抄本，戏曲著有传奇《瑶台梦》、《立地成佛》。生平事迹见《文献征存录》卷一〇、王士禛《福建提刑按察使清止赵公墓志铭》、赵执信《先叔祖韫退赵公暨元配张淑人合葬行实》。

吴绮（1619—1694）　清文学家。字薗次，一字丰南，号绮园，又号听翁。江南江都（今属江苏）人。顺治十一年（1654）拔贡生，荐授中书舍人，迁兵部主事、郎中，授湖州知府，以风雅好事劾罢。善骈文，与陈维崧齐名，为清初名家，《四库全书总目》称其“源出徐、庾，……出入于樊南诸集，以秀逸擅胜”。又精词，以“把酒祝东风，种出双红豆”句，得号“红豆词人”。诗则学李商隐、杜牧、温庭筠。著有《林蕙堂集》、《岭南风土记》及《啸秋风》、《绣平原》传奇，编有《宋金元诗永》。生平事迹见《清史列传》卷七一、《清史稿》卷四八四、《国朝先正事略》卷三九、《国朝名家诗钞小传》。

沈珩(1619—1695)　清文学家。字昭子，号耿岩，又号稼村。浙江海宁人。康熙三年(1664)进士，授中书。十八年举博学鸿词，授编修，与修《明史》，充顺天乡试副考官。二十一年以病乞休。少孤好学，为先达所称。工诗古文词，其文规仿欧阳修，平易近人。著有《耿岩文钞》、《耿岩诗集》、《栖迟草》、《宏词草》、《投闲草》及《消夏谈诗》、《稼村偶见》、《甲辰策稿》等。生平事迹见《清史列传》卷七〇、《国朝先正事略》卷三九、赵士麟《翰林院编修沈珩传》及自订年谱。

王揆(1619—1696)　清诗人。字端士，号芝廛。江南太仓(今属江苏)人。王时敏次子。顺治十二年(1655)进士，以推官用，不出。康熙十七年(1678)开博学鸿词科，巡抚慕天颜疏荐，力辞。居乡关心民生，尝请执政除税课之敝，刘家河久淤，又上书巡抚请疏浚之。承家学，与弟撰、抃、摅，结课赋诗，宗尚正轨，田雯甚称之，吴伟业选娄东十子诗，录其所作。著有《芝廛集》。生平事迹见《清史列传》卷七〇、《国朝耆献类征》卷四二六。

周体观　清诗文家。字伯衡。直隶遵化(今属河北)人。顺治六年(1649)进士。历官吏科给事中、江西饶九南道副使等。喜臧否人物，纵谈天下事。好读《左传》、《国语》及魏晋人书。文独赏柳宗元，诗酷嗜杜甫，与河朔诗人申涵光、郜焕元等同称“河北七子”。施闰章为其进士同年，与之交好，称其诗“朴而秀，直而雅，颓唐而蕴藉，而其清真一气，则得之子美为多”(《南州草序》)。著有《晴鹤堂诗钞》、《南州草》。生平事迹见《大清畿辅先哲传》卷一九、《国朝诗人征略》卷一。

陈允衡(？—1672)　清诗人。字伯玑，号玉渊。江西南昌(或作南城)人。早年为乡前辈熊文举、黎元宽等所赏。家东湖，明清之际，避乱芜湖，以诗自娱，食贫而不轻以言求人。与王士禛、施闰章交最笃。顺治十一年(1654)赴乡试，既而悔之，以母命为解，且以爱琴名集，示不再出之意。王士禛《渔洋诗话》谓其工五言，以为能承王维、韦应物诗风。邓之诚《清诗纪事初编》称“其诗镂肝刻肺，能为苦吟”。著有《爱琴馆集》、《勤补堂愿学集》、《古人几部》，编有《诗慰初集》、《二集》、《续集》及《国雅初集》。生平事迹见《清史列传》卷七〇、《文献征存录》卷一〇、《国朝诗人征略》卷三。

吴绡　清女诗人。字素公，一字片霞，号冰仙。江南长洲(今江苏苏州)人。常熟许瑶妻。工书画，兼擅丝竹。其诗词均清丽婉约，尝与吴伟业相倡和。著有《啸雪庵诗集》。生平事迹见《清代闺阁诗人征略》卷一、《民国重修常昭合志》卷二〇。

李茂英　清诗人、戏曲作家。字君玉。江南高淳(今属江苏)人。庠生。顺治间在世。朱绪曾《金陵诗征》选录其诗。著有《居闲草》、《木铎余音》，戏曲作品有《南湖五种曲》，已佚。生平事迹见《古典戏曲存目汇考》卷八。

薛旦　清戏曲作家。字既扬，号䜣然子，一作听然子。江南长洲(今江苏苏州)人。顺治、康熙间在世。生而慧敏，吐属风流，自称欲步徐渭、沈自徵之后，绮思艳语，往往施之于词曲。其继室名停云，为名家女，擅歌唱。夫妇寓居无锡。年八十七卒。高奕《新传奇品》谓其戏曲之作“如鲛人泣泪，点滴成珠”。著有杂剧《昭君梦》，传奇《喜联登》、《齐天乐》、《醉月缘》，今存；另著有传奇《一宵泰》、《九龙池》、《土山会》、《玉麟符》、《取金陵》、《长生桃》、《状元旗》、《飞熊兆》、《后西厢》、《粉红裲》、《书生愿》、《紫琼瑶》、《翡翠园》、《赐绣旗》、《战荆轲》、《芦中人》、《续情灯》，已佚。其诗作散见于《江苏诗征》、《梁溪诗钞》，生平事迹即见此二书作者小传，另见《古典戏曲存目汇考》卷一一。

张大复　清戏曲作家。一名彝宣，字心期，又字星其。江南吴县(今属江苏)人。居阊门外寒山寺，颜其室曰寒山堂，又自号寒山子。考订南词最精，所作无失律语。著有《寒山堂南曲谱》，与钮少雅《南曲九宫正始》齐名，称“钮张”。高奕《新传奇品》称其所作“如去病用兵，暗合孙吴”，吴梅跋其《快活三》传奇，谓其《如是观》、《醉菩提》“最脍炙人口，今歌场中尚未绝响也”。著有传奇二十余种，今存《如是观》、《醉菩提》、《快活三》、《海潮音》、《金刚凤》、

《吉祥兆》、《重重喜》、《钓鱼船》、《紫琼瑶》、《双福寿》、《读书声》等十余种，另《天下乐》仅存《嫁妹》一出。生平事迹见《民国吴县志》卷七五、吴梅《快活三传奇跋》、《古典戏曲存目汇考》卷一一。

吴学炯　清诗人。字星若。江西南城人。顺治、康熙间在世。颇有诗名，魏宪尝选其诗一卷入《百名家诗选》。《江西诗征》称其"广搜博览，潜心古学"。《国朝诗人征略》摘其佳句"绿野陶真性，青山养大才"、"杯斝皆殊制，盘餐出异乡"等。生平事迹见《国朝诗人征略》卷一四、《江西诗征》卷六八。

杨陆荣　清诗人。字采南，号潭西。江南青浦(今属上海)人。诸生。顺治、康熙间在世。卒年八十八。平生性好著述，而于经史之源流及训诂音韵之精要，则尚未深造有得。余事为诗。王昶《蒲褐山房诗话》谓其诗"往往诃天骂鬼，与世抹杀"，"排奡中往往蛟螭杂蝼蚓"。后人辑其所作为《杨潭西先生遗书》，另著有《三藩纪事本末》。生平事迹见《湖海诗传》卷二九、《江苏诗征》卷六二。

陈子玉　清戏曲作家。字希甫。江南吴县(今属江苏)人。约顺治十八年(1661)前后在世。能诗善画，尤工词曲。高奕《新传奇品》评其所作如"花盆小景，工致自佳"。著有传奇《玉殿缘》(又作《玉殿元》、《御殿圆》、《金銮配》)、《三合笑》、《欢喜缘》。生平事迹见《古典戏曲存目汇考》卷一一。

陈二白　清戏曲作家。字于令。江南长洲(今江苏苏州)人。约清顺治十八年(1661)前后在世。高奕《新传奇品》言其所作传奇如"闺女靓妆，不增矫饰"。著有传奇《双冠诰》(一作《双官诰》)、《称心人》(一名《巧移花》)、《彩衣欢》、《昼锦归》。生平事迹见《民国吴县志》卷七五。

徐石麒　清戏曲作家、词人。字又陵，号坦庵。江南扬州(今属江苏)人。少承父教，精研名理，淡泊不慕荣利。不应科举考试，而喜著书。王士禛官扬州，郡中名人无不游其门，石麒独不往见。李渔就访，亦终日默不与语。善画花卉，工诗词，尤精度曲，一家老幼，亦尽擅倚声，有《徐氏一家词》之刻。同邑郭士璟谓其感愤寄之诗赋，滑稽则寄之南北剧。自称所著书得之疾病、愁苦、呻吟、涕泪中者为多。清兵陷扬州，曾冒死入城取残稿。著有杂剧《大转轮》、《买花钱》、《拈花笑》、《浮西施》及《坦庵诗余瓮吟》、《坦庵乐府忝香集》，合刊为《坦庵词曲》六种，另著有《诗余定谱》、《三忆草堂诗集》、《蜗亭杂订》、《壶天暇笔》、《坦庵琐录》、《客斋余话》、《古今青白眼》及传奇《九奇逢》、《珊瑚鞭》、《胭脂虎》、《辟寒钗》，多不存。生平事迹见《国朝耆献类征》卷四二三、《嘉庆扬州府志》卷五三、《光绪增修甘泉县志》卷一二。

蒋平阶　清词人。初名雯阶，字斧山，又字大鸿。江南华亭(今上海松江)人。明诸生。少游陈子龙之门，明末曾随其师起义军抗清，事败脱走，避居嘉兴。久之，徙越中卒。工诗文，性豪宕有古侠士之风。为堪舆大家，神解超迈，百年间研求术数者奉为圭臬。亦留心晚明史事，著有《东林始末》。康熙十五年(1676)前后仍在世。《晚晴簃诗汇》称其"诗宗唐人，才力丰健，犹有几社余风"。其词学观主张"直接唐人"、"专意小令"，为云间派之旁支。编有《支机集》，为其与门人及其子词作之合集。生平事迹见《国朝耆献类征》卷五〇七、沈季友《槜李诗系》。

许友　清诗人。初名宰，一名眉，字有介，又字介眉，号瓯香，又号友眉、友原。福建侯官(今闽侯)人。明诸生。少师事倪元璐，善书画。慕宋米芾，建米友堂作文记之。子遇，孙鼎，均亦能诗，闽中咸推许氏为诗世家。钱谦益最爱其诗，选入《吾炙集》达一百零七首之多。评语称："得许生诗，霍然目开。每逢佳处，爬搔不已"，"有率易处，有粗浅处，有入俗处，病痛不少，然不妨其为妙也"。著有《筿茧室诗集》、《米友堂诗集》。生平事迹见《清史列传》卷七〇、《国朝耆献类征》卷四二八、《文献征存录》卷一、陈寿祺《许友传》。

朱中楣(1620—?)　清女诗人。字远山。江西庐陵(今吉安)人。明宗室朱议汶女，兵部侍郎李元鼎妻。常与其夫唱和，夫妇酬答之作，编为《倡和集》，钱谦益为作序。其诗《晚晴簃诗汇》评为"明丽秀逸"。亦工填词，每有隽妙之句。入清后诗词之作，时有沧桑之感。著有《石园随草》、《镜阁新声》。生平事迹见《清代闺阁诗人征略》卷一。

刘淑英(1620—?)　清女诗人。字静婉。江西庐陵(今吉安)人。明扬州知府刘铎女，庐陵王蔼妻。刘铎忤魏忠贤死，淑英方七岁。母萧氏课读，所教旁及兵法剑术及佛典。年十八而寡。清军入京，闻变矢志报国，散财募兵勒成一旅，自披甲佩剑训练之。南明将张先璧驻永新，闻名欲娶之，淑英大怒，遂尽遣所部归里，奉佛以终。著有《个山遗集》。生平事迹见《小腆纪传》卷六〇、《清代闺阁诗人征略》卷一。

顾大申（1620—?） 清诗人。本名镛，字震雉，号见山。江南华亭（今上海松江）人。顺治九年（1652）进士，授工部主事，升郎中，分事夏镇河道。康熙十二年（1673）授洮岷道佥事，卒于任所。善书画。崇祯时在里与彭宾、王广心、卢元昌建赠言社，“诗工乐府，七律高华，可追王（世贞）、李（攀龙）”（《清史列传》）。著有《堪斋诗存》、《鹤巢诗选》，编有《诗原》、《河渠书》。生平事迹见《清史列传》卷七〇、《国朝耆献类征》卷二〇七、《国朝诗人征略》卷二。

沈谦（1620—1670） 清文学家。字去矜，号东江。浙江仁和（今杭州）人。明诸生。明亡后隐于医，常与毛先舒、张丹登南楼啸吟，时称“南楼三子”。三人又与陆圻、柴绍炳、孙治、陈廷会、丁澎、吴百朋、虞黄昊号“西泠十子”。朱彝尊论其诗曰：“西陵十子各以格调自高，去矜兼采组于六朝，故特温丽。”（《明诗综》）沈雄称其词“率从屯田、待制浸淫而出，言情最为浓挚”（《古今词话》）。谢章铤则谓其“取法未高”，“且时时阑入元曲”（《赌棋山庄词话》）。著有《东江集钞》、《东江别集》。别有传奇六种，不传。生平事迹见《清史列传》卷七〇、《清史稿》卷四八四、《国朝先正事略》卷三七、毛先舒《沈去矜墓志铭》。

申涵光（1620—1677） 清诗人。字和孟，又作孚孟、符孟，号凫盟，又号聪山。直隶永年（今属河北）人。明诸生。不屑为举子业，日与同志者论文立社。明崇祯十七年（1644），痛父殉难，渡江南谒陈子龙、夏允彝，请为父作志传。归里后足不入城，日与殷岳、张盖往来酬唱，人称“广平三君”。顺治十七年（1660）郡县举孝行，后再举隐逸，均力辞，以遗民终。晚究心理学，师事孙奇逢。又解琴理，工书法。为著名遗民诗人。其诗见赏于王士禛、汪琬等，士禛谓其“开河朔诗派”（《渔洋诗话》），《晚晴簃诗汇》引张玉书语，称其所作“吐纳百氏，不名一家，而音节顿挫，沉郁激昂，一以少陵为师”。著有《聪山集》。生平事迹见《清史稿》卷四八四、《清史列传》卷七〇、《国朝先正事略》卷四七、申涵煜《申凫盟先生年谱》。

魏际瑞（1620—1677） 清散文家。原名祥，字善伯，号伯子，又号东房。江西宁都人。魏禧、魏礼兄。顺治十七年（1660）贡生。以明亡诸弟皆弃诸生，为支持门户而独出就试。家贫游食四方，多在浙、闽、粤地军幕中。重信义，翠微峰诸隐者倚之为安危者三十余年。后因为总兵哲尔肯说降吴三桂部将韩大任而遇害。负时誉，与两弟号“宁都三魏”。喜读《庄子》、苏轼文，而“为文复不求似，能道人胸膈间事”，“不斤斤绳墨”，“诗亦激越悲壮”（邓之诚《清诗纪事初编》）。著有《魏伯子文集》。生平事迹见《清史稿》卷四八四、《清史列传》卷七〇、《国朝先正事略》卷三七、魏禧《先伯兄魏祥墓志铭》。

董说（1620—1686） 明清之际文学家。字若雨，号西庵。浙江乌程（今湖州）人。明诸生。幼年受业于复社领袖张溥。又曾从黄道周学《易》。明亡易姓名为林蹇，号南村，后削发为僧，法名南潜，字月函，一字宝云，号补樵、枫庵。从灵岩释弘储游，出家三十余年。尝葺丰草庵以居，足不出户，潜心著述。工诗古文词，其文“极奇倔，杂以诸子佛理，辨驳恣肆，不受羁勒”（邓之诚《清诗纪事初编》）。其诗“硬语涩体，绝不犹人，方诸涪翁不足，比于饶德操（节）有余”（朱彝尊《明诗综》），而“遁迹空门，未黜绮语”（陈田《明诗纪事》）。又能为小说，作《西游补》“言孙悟空梦游事，凿天驱山，出入庄老，而未来世界历日先晦后朔，尤奇”（钮琇《觚賸》）。另著有《南潜日记》、《丰草庵杂著》、《楝花矶随笔》、《丰草庵诗集》、《宝云诗集》、《禅乐府》等。生平事迹见《国朝耆献类征》卷四七一、《国朝先正事略》卷四七、孙静庵《明遗民录》。

孙枝蔚（1620—1687） 清诗人。字豹人，号溉堂。陕西三原人。少年时，散家财与李自成军作战，败，奔扬州为盐商。旋折节读书，结交四方名士，遂以诗名。然不事生产，家渐贫。康熙十八年（1679）举博学鸿词，求罢不允，入试不中幅而出，授内阁中书衔。放归益贫，游食四方。当时著名文人如施闰章、王士禛、魏禧、陈维崧辈并推重之。其诗操秦声，郑方坤谓为“冲口而出，摇笔而书，老干纷披，天真烂熳，而调高格古，不作一涂泽语”（《溉堂诗钞小传》）。著有《溉堂集》。生平事迹见《清史稿》卷四八四、《清史列传》卷七一、《国朝耆献类征》卷四二六、《国朝先正事略》卷三八。

毛先舒（1620—1688） 清文学家。字稚黄，一名骙，字驰黄，晚自号菜佣，又号四福先生。浙江钱塘（今杭州）人。明诸生，父殁即弃去，不求仕进。少受知于陈子龙，后又从刘宗周讲学。一生不出里门，以著作终老。时人以之与毛奇龄、毛际可并称“浙中三毛”。为“西泠十子”之一，与柴绍炳同订《西陵十子诗选》。其文善持议论。其诗“《东苑诗钞》大抵音调浏亮，犹有七子之余风，……《蕊云集》皆所作艳体，……《晚唱》皆摹李商隐、李贺、温庭筠、韩偓四家之体”（《四库全书总目》）。其词则步趋云间派而阑入《花间集》、《草堂诗余》门径。著有《溉语》、《小匡文钞》、《稚黄子文洴》、《思古堂文集》、《东苑文钞》、《蕊云集》、《晚唱》、《东苑诗钞》、《鸾情集选》等，辑为《思古堂十四种书》。生平事迹见《清史稿》卷四八四、《清史列传》卷七〇、《国朝先正事略》卷三七。

梁清标（1620—1691）　清大臣、诗人。字玉立，号苍岩，又号蕉林、棠村。直隶真定（今河北正定）人。明崇祯十六年（1643）进士，选庶吉士。入清以原官起用，寻授编修，历官侍读学士，詹事，秘书院学士，礼部、吏部侍郎，兵部、礼部、刑部、户部尚书，保和殿大学士。身处显宦，风雅好文，邓汉仪称其诗“妙于秀艳中特露警拔”（《诗观二集》），徐釚谓其小词能“夺宋人之席”（《本事诗后集》）。著有《蕉林诗集》、《棠村词》。生平事迹见《清史列传》卷七九、《大清畿辅先哲传》卷一。

吴骐（1620—1695）　清文学家。字日千，号铠龙，又号九峰遗黎。江南华亭（今上海松江）人。明诸生。幼有神童之目。以诗文受知于陈子龙、夏允彝。曾与周茂源、陶㤞在乡里结雅似堂社。明亡，绝意进取。汤斌抚吴，闻其名欲招致，力辞。后又辞徐乾学之邀，不入《一统志》局。诗文外兼工传奇。汪端《明三十家诗选》评其诗“于苍凉古直之中，极沉郁顿挫之致”。著有《吴日千先生集》、《芝田词》、《杜鹃楼词》及《金钱记》、《蓝桥月》、《碧霞记》、《天台梦》诸传奇，其传奇今已佚。生平事迹见《明诗纪事》辛签卷二八、姚光《吴先生传》、宋际楷《吴日千先生行状》。

宗元鼎（1620—1698）　清诗人。字定九，号香斋，又号梅岑，别号东原居士、梅西居士、小香居士。江南兴化（今属江苏）人。康熙十八年（1679）贡生，考授州同知，未就。家苦贫，榜其处曰新柳堂，课一二老仆，耕废田以食。酷嗜梅花，堂有古梅一株，人谓之“宗郎梅”。其诗师事王士禛，士禛《渔洋诗话》评之为“以风调为主，酷学《才调集》”。七言绝句最受称赏，“以神韵论，可称得髓者”（《晚晴簃诗汇》）。著有《芙蓉集》。生平事迹见《清史列传》卷七〇、《清史稿》卷四八四、《国朝耆献类征》卷四二三。

黄与坚（1620—1701）　清诗文家。字庭表，号忍庵。江南太仓（今属江苏）人。顺治十六年（1659）进士，官知县。康熙十八年（1679）举博学鸿词，授编修，与修《明史》。典贵州乡试，擢赞善，乞归。吴伟业选娄东十子诗，以之为冠。《晚晴簃诗汇》谓其诗“词条丰蔚壮丽，而有情韵，几社遗风未坠”。著有《愿学斋集》。生平事迹见《清史稿》卷四八四、《清史列传》卷七〇、《国朝耆献类征》卷一二〇、《国朝先正事略》卷三八。

任绳隗（1621—？）　清文学家。字青际，号植斋，一度更名方斗。江南宜兴（今属江苏）人。顺治十四年（1657）举人，以江南奏销案除名。早年师从张溥，颇参与复社事务。宜兴诸任皆有文采，绳隗文不及源祥坚卓，“亦俊快可喜”，诗则“由长吉以摹云间”，“气力深厚”（邓之诚《清诗纪事初编》），词为阳羡派代表作家之一，王士禛评为“亦其年（陈维崧）季孟，阳羡同时，有此双绝”（《倚声初集》）。早作风情旖旎，后一变为清峭苍凉。著有《植木斋全集》。生平事迹见《清诗纪事初编》卷四、张玉书《任青际传》。

戴本孝（1621—1691）　清诗人。字务旃，号鹰阿山樵，又号前休子。江南和州（今安徽和县）人。戴移孝兄。明遗民。甲申国变后，与弟隐居鹰阿山中，不接流俗，以布衣终。性情高旷，诗画皆超绝。尝在京师，夜与友人谈华山之胜，晨起，即襆被往游。所为诗得王士禛赏识，沈德潜以为其诗“近平直”（《国朝诗别裁集》）。著有《余生诗稿》。生平事迹见《清画家诗史》乙上、《国朝诗人征略》卷五。

戴移孝　清诗人。字无忝。江南和州（今安徽和县）人。戴本孝弟。明遗民。清初与兄本孝以布衣隐山中。卒后，以其诗集罹文字狱，被戮尸。工诗，陈维崧有“文章清丽”、“体制遥深”之评（《无忝诗序》），沈德潜以为“诗品高于乃兄”（《国朝诗别裁集》）。著有《碧落后人诗集》。生平事迹见卢见曾《渔洋感旧集小传》。

宗渭　清诗僧。字筠士，又字绀池，号介山。江南华亭（今上海松江）人。顺治、康熙间在世。少学诗于宋琬，中年后游尤侗之门，得所传授。其与门人论诗以为“诗贵有禅理，勿入禅语”。阮常生评其“鸟啼黄叶寺，僧语夕阳桥”句，可称“诗中画、画中诗”。著有《绀池小草》。生平事迹见《晚晴簃诗汇》卷一九六、《清画家诗史》壬下。

大灯　清诗僧。字同岑，号退岩道人，俗姓项。浙江秀水(今嘉兴)人。明末清初苏州洞庭西山橘香庵僧。工诗，陶写吴中山水，颇为人称。著有《洞庭诗稿》。生平事迹见《国朝诗别裁集》卷三二。

正岩 清诗僧。俗姓郭，字溪堂，号芉庵，一号藕渔，又作藕余，别署南屏隐叟。浙江仁和(今杭州)人。生于明末，入清为僧，顺治、康熙间先后住杭州灵隐、净慈及常熟三峰寺。善画，仿元四家。工诗，王士禛以为清丽无香火气，比之汤惠休、帛道猷之流。著有《同凡草》。生平事迹见《清画家诗史》壬下、《国朝书画家笔录》卷四。

通门 清诗僧。字牧云，号澹云，又号樗叟，俗姓张。江南常熟(今属江苏)人。明末祝发于兴福寺，后历主古南、鹤林、天童等寺。工诗善文，颇与士大夫游，故当时文士往往称之。著有《懒斋别集》，为毛晋所刊。生平事迹见《四库全书总目》卷一八一、《晚晴簃诗汇》卷一九六。

通复 清诗僧。字文可，号冬关，俗姓胡。浙江嘉兴人。明末清初在世。少与曹溶游，以诗文相酬唱，晚乃托迹于佛门。以《春草》诗著名，曹溶赠以诗，有"共排流俗论，重起杜陵人"之句。《四库全书总目》则评其诗"格落晚唐"。诗稿多散佚，朱彝尊选《明诗综》，搜访不能得。及至康熙四十八年(1709)，其友人盛远等始为辑刊。著有《冬关诗钞》。生平事迹见《四库全书总目》卷一八一。

顾景星(1621—1687) 清诗文家。字赤方，号黄公。湖广蕲州(今湖北蕲春)人。明贡生。南明弘光朝考授推官，马士英使人密招，却之。入清后，浮家淀湖，为长隐计，有司屡征不起。康熙十八年(1679)举博学鸿词，亦称病不就。与杜濬齐名，称"杜顾"。在京师与方孝标、邵长蘅、周亮工、施闰章等交游，颇受推重。《四库全书总目》称："景星记诵淹博，才气尤纵横不羁，诗文雄赡，亦一时之霸才。而细大不捐，榛楛勿翦"。著有《白茅堂集》。生平事迹见《清史列传》卷七〇、《国朝耆献类征》卷四二六、《国朝先正事略》卷三七。

毕魏(约1622—?) 清戏曲作家。字万后，一名万侯，字晋卿，号姑苏第二狂。江南吴县(今属江苏)人。年甫弱冠，所作传奇《三报恩》即为龙子犹所赏，谓其"有此奇才异识，将来岂可量哉"(《三报恩序》)。颜其室曰滑稽馆，可见其生平旨趣。所著大半散佚，晚近曲家、藏书家多未经见。高奕《新传奇品》称其传奇"如白璧南金，精采耀目"。著有传奇《三报恩》、《竹叶舟》，今存，另《杜鹃声》、《红芍药》、《万人敌》、《呼卢报》等，已佚。生平事迹见许饮流《竹叶舟传奇序》、《古典戏曲存目汇考》卷一一。

王艮 清散文家。本名炜，字无闷，号不庵。江南歙县(今属安徽)人。清初人。通《易》理，工文章。《四库全书总目》评其文曰："艮与顾炎武等游，故文章颇有法度，而谨守古格，未能变化。"著有《易赘》、《鸿逸堂稿》。生平事迹见《四库全书总目》卷九。

徐喈凤(1622—?) 清词人。字鸣岐，又字竹逸，号荆南山人。江南荆溪(今宜兴)人。顺治十五年(1658)进士，官云南永昌推官。十八年，以本籍奏销案降调，即退归家乡，后曾被荐举，不就。康熙二十五年(1686)主修《宜兴县志》。居官干练有才识，能为民请命。为阳羡派重要词人，聂先《名家词钞·荫绿轩词》评语称"荆溪其年(陈维崧)昆仲，独倡声教，而先生鼓吹之功实多"。喈凤自谓自云南归后，访邹祗谟，得读《倚声集》，始学填词，"拈题拟调，语多径率，不能为柔辞曼声"(《词证》)。其词作尤以本色语见长，论者以为能以秋爽之气驭深沉之情。著有《荫绿轩词》。生平事迹见《国朝词综》卷一一。

李邺嗣(1622—1680) 清诗人。本名文胤，以字行，号杲堂。浙江鄞县人。明诸生。少与其父棡奔走山寨海岛之间，以图复明。南明鲁王败灭后，父为谢三宾告密死狱中，邺嗣亦缚置马厩中七十日。得脱理父丧毕，又被囚。获释后，矢志不应荐举，以遗老终。其诗语重句奇，沈德潜谓为"刊落凡庸，不肯一语犹人，浙人中独开生面者"(《国朝诗别裁集》)，甬东诗派，实由邺嗣启之。文多记沧桑间事，笔亦明畅。著有《杲堂诗文集》、《两汉节义传论》等，编有《甬上耆旧诗》。生平事迹见《清史列传》卷七〇、《国朝先正事略》卷四〇、黄宗羲《李杲堂先生墓志铭》、全祖望《李杲堂先生佚事状》。

丁澎(1622—1686?) 清诗文家。字飞涛，号药园。浙江仁和(今杭州)人。回族。明末举人。顺治十二年(1655)进士，官刑部主事，调礼部郎中。主河南乡试，以罪废，谪辽东靖安五年。康熙四年(1665)放归。与弟景鸿、潆称"三丁"，为"西泠十子"之一。诗学晚唐，柴绍炳序十子诗选称之为"如合德(赵飞燕)入宫，芳香竟体，以自然标胜"。著有《扶荔堂集》。生平事迹见《清史列传》卷七〇、《清史稿》卷四八四、《国朝先正事略》卷三七。

韩洽(1622—1689)　清诗人。字君望,号寄庵,晚号羊山畸人。江南长洲(今江苏苏州)人。明诸生。甲申之变,自溺于泮池,为家人所止。晚年隐居羊山,从学者众。贫寒以终。笃学通经,尤好诗,与杨炤、俞玚有“吴中三诗人”之目,朱彝尊《明诗综》推之为“巨擘”。所为诗述江南政局、军事、民情者,可备诗史。著有《篆学测解》、《四书因注》、《寄庵诗集》,编有《(明)诗存》。生平事迹见《小腆纪传》卷五八、韩骐《寄庵公小传》。

徐枋(1622—1694)　清诗人、书画家。字昭法,号俟斋,又号涧叟、秦余山人、秦望山人、雪床庵主、雪林庵主人。江南长洲(今江苏苏州)人。明崇祯十五年(1642)举人。父殉难,枋欲从死,未成,自此遁迹山林,终其生不入城市。卜居灵岩山涧上,汤斌巡抚江南,往访,避不见。与沈寿民、巢鸣盛称“海内三遗民”。所往来唯寿民与姜垓、杨无咎、门人潘耒及释弘储。家贫绝粮,惟受弘储之粟,谓之世外清净食。工书画,书法孙过庭,画宗巨然。亦长于诗。《晚晴簃诗汇》谓其“文辞健拔”。著有《居易堂集》、《读史稗语》。生平事迹见《清史稿》卷五〇一、《国朝耆献类征》卷四七八、《国朝先正事略》卷四五、罗振玉《徐俟斋先生年谱》。

沈钦圻　清代诗人。字得舆。江南长洲(今江苏苏州)人。顺治间诸生。以孙沈德潜之贵显赠内阁学士兼礼部侍郎。从陆世廉学诗,规模陶渊明、杜甫,下涉刘长卿、陆游,自摅胸臆,不受公安派之风濡染,其师称之为“豪杰之士”。著有《晤书堂集》。生平事迹见《国朝诗人征略》卷五、沈德潜《诰封内阁学士兼礼部侍郎先大夫得舆公行述》。

孙治　清诗人。字宇台,号鉴庵。浙江仁和(今杭州)人。顺治间诸生。家贫力学,手不释卷。工诗文,行文宏丽,刻意摹古。以著述称于时,四方求文者接踵而至。为人慷慨尚气节,敦友谊,与陆圻、陈廷会、丁澎、柴绍炳、毛先舒、张丹、吴百朋、沈谦、虞黄昊等齐名相友善,称“西泠十子”。著有《鉴庵集》。生平事迹见《清史稿》卷四八四、《清史列传》卷七〇、毛际可《西陵五君子传》。

虞黄昊　清诗人。字景明。浙江钱塘(今杭州)人。康熙五年(1666)举人,官临安教谕。禀性聪颖,十岁即善属文。尝薄柳宗元《乞巧文》,更作《辞巧文》。又能诗,与陆圻、丁澎、柴绍炳、毛先舒、孙治、张丹、吴百朋、沈谦、陈廷会并称“西泠十子”。《清史列传》称其“五言古体,尤号独步,比于毛先舒”。生平事迹见《清史稿》卷四八四、《清史列传》卷七〇、《国朝耆献类征初编》卷四二四。

田茂遇　清诗人。字楫公,号髯渊。江南青浦(今属上海)人。顺治十四年(1657)举人,授新城知县,不赴。康熙十八年(1679)举博学鸿词,罢归。少负时名,师夏允彝,以诗文雄于时。陈子龙曾以伟器称之。赴试京师,与王崇简、魏裔介唱和,积篇成帙。家贫而好客,尤喜奖掖后进。重义气,陈子龙殁,为其刻遗集。晚筑水西草堂,觞咏以老。《晚晴簃诗汇》谓其诗“有伉爽之气”。亦工词。著有《水西草堂集》,编有《燕台文钞》、《十五国风》、《高言集》、《清平词》等。生平事迹见《清史列传》卷七〇、《国朝耆献类征》卷四二六、《鹤征录》卷六。

王舟瑶　清诗人。字白虹。浙江余姚人。顺治、康熙间在世。举人,官兴安知县。与陈允衡交善,怀才不遇,“诗多悲愤抑郁,不规摹一家,而时有合作。词笔嫌重,殊乏轻灵委宛之致”(邓之诚《清诗纪事初编》)。著有《水云集》。生平事迹见《清诗纪事初编》卷七。

吴懋谦　清诗人。字六益,号华苹山人,一号独树老夫。江南华亭(今上海松江)人。布衣。少从陈子龙、李雯诸人游。明亡,托迹林皋。康熙初往来南北,人比之以明谢榛。康熙十一年(1672)曾与沈白、宗元豫、魏禧聚会苏州虎丘。晚归,葺独树园居之。卒年七十三。论诗多以汉魏盛唐为宗,力追明七子。与申涵光齐名,有南吴北申之目,然实不及申。朱彝尊《明诗综》称其诗“雅多慷慨,振刷秾纤谲丽之习,跻于和平之音”。著有《苎庵遗集》、《苎庵二集》、《华苹山人诗集》。生平事迹见《明诗纪事》辛签卷二八、《四库全书总目》卷一八一。

张盖　清诗人。字覆舆,一字命士,号箬庵。直隶永年(今属河北)人。明诸生。少敦气节,以能诗闻名,兼工草书。与申涵光、殷岳有“畿南三子”之目。明崇祯十七年(1644)甲申之变后,得狂疾,筑土室于村外,闭户不与人交往,穴居进食,岁时一出拜母,虽妻、子不与见。饮酒醉,辄痛哭。惟申涵光、殷岳至,则延入土室,谈甚洽。其为诗,哀愤过情,常自毁其稿。久之狂益甚,竟死。卒年六十。所作五言尤高简,在王维、韦应物间。著有《柿叶庵诗选》。生平事迹见《清史稿》卷四八五、《清史列传》卷七〇、《国朝耆献类征》卷四六六、《国朝先正事略》卷四七。

陈祚明(1623—1674) 清诗人。字胤倩。浙江仁和(今杭州)人。布衣,家贫卖文以给食。顺治十三年(1656)入都,以诗酒遨游公卿间,王崇简、龚鼎孳甚礼重之,为"燕台七子"之一。卒以穷死。所为诗取径三唐,格律精整。著有《采菽堂诗集》,编有《采菽堂古诗选》。生平事迹见《清诗纪事初编》卷二。

叶封(1623—1687) 清诗人。字井叔。湖广黄陂(今属湖北)人,原籍浙江嘉兴。顺治十六年(1659)进士,除延平府推官,改登封知县,迁西城兵马司指挥。康熙十八年(1679)荐试博学鸿词,报罢。二十六年,铨授工部主事,已卒。擅金石之学,辨证碑版文字甚精博。家武昌之樊湖,以渔钓诗酒自娱,及官河南,诗益雅健可诵。王士禛尝为其点定诗集,以之与宋荦、王又旦、曹贞吉、颜光敏、田雯、丁重辉、丁炜、曹禾、汪懋麟并列为十子,由是名益起。著有《慕庐集》、《嵩游集》、《嵩阳石刻集记》。生平事迹见《清史列传》卷七〇、《国朝耆献类征》卷一四〇、王士禛《工部虞衡清吏司主事叶公封墓志铭》。

笪重光(1623—1692) 清诗人、书画家。字在辛,号江上外史,晚改名蟾光,自号郁岗真隐。江南句容(今属江苏)人。顺治九年(1652)进士,由刑部郎中转湖广道监察御史。以劾明珠、余国柱罢归。郑成功攻镇江,重光缒城求援兵。事平,赐御书榜,然终未再仕。晚好道,善龚贤、张风、程邃等逸士。书、画皆绝伦。诗不甚经意,而有闲旷之思。著有《江上诗集》、《书筏》、《画筌》。生平事迹见《清史稿》卷二八二、《国朝耆献类征》卷一三三、《国朝书人辑略》卷二。

姚文燮(1623—1692) 清诗文家。字经三,号羹湖,晚号听翁,又号黄柏山樵。江南桐城(今属安徽)人。顺治十六年(1659)进士,授建宁府推官,补雄县知县,擢开化府同知,摄阿迷州事。吴三桂反,陷于狱,逃归,召京赐对。滇平,乞归养。历官皆有政声,以循吏称。诗工琢句,自饶情韵。著有《无异堂文集》,编有地方志《雄乘》,另有《李贺诗注》。生平事迹见《清史列传》卷七四、《清史稿》卷四七六、《国朝耆献类征》卷二五〇。

梅清(1623—1697) 清画家、诗人。原名士羲,字渊公,号瞿山,别署梅楞、雪庐、瞿山道者、新田山人、敬亭山农、瞿硎老人等。江南宣城(今安徽宣州)人。顺治十一年(1654)举人。赴礼部试不第,往还南北,士大夫多与之交,王士禛、徐元文尤赏之。性爱丘山,常与诸友好赋诗饮酒,流连光景。其画多奇气,与戴务旃、渐江、石涛同为"黄山画派"领袖。亦工书,学颜真卿。所为诗凡数变,壮年盛气,叱咤成篇,晚取旧作校删过半。施闰章序其集,谓其诗"见沉至缠绵之意"。著有《天延阁前后集》、《瞿山诗略》,编有《梅氏诗略》。生平事迹见《清史稿》卷四八四、《清史列传》卷七〇、《国朝先正事略》卷三七、《国朝耆献类征》卷四三〇。

顾贞立(1623—1699) 清女词人。原名文婉,字碧汾,号避秦人。江南无锡(今属江苏)人。同邑侯晋妻,顾贞观姊。郭麐《灵芬馆词话》评其词云:"语带风云,气含骚雅,殊不似巾帼中人作者,亦奇女子也。"著有《栖香阁诗》、《栖香阁词》。生平事迹见《清代闺阁诗人征略》卷二一。

严绳孙(1623—1702) 清诗文家。字荪友,晚号藕荡渔人。江南无锡(今属江苏)人。以诗古文辞名动公卿。康熙十八年(1679)以布衣举博学鸿词,因目疾仅赋诗一首,清圣祖久知其名,列入二等,授检讨,与修《明史》。充山西乡试正考官,迁右中允,告归。与朱彝尊、姜宸英有"江南三布衣"之目,诗词古文外,书画亦有名。《晚晴簃诗汇》谓其诗"宗黄初、建安,近体出入温、李,蔚茂而婉丽"。吴绮序其词,有"揽香于兰畹"之评。著有《秋水集》,与徐永言合编《无锡县志》。生平事迹见《清史列传》卷七〇、《清史稿》卷四八四、《国朝先正事略》卷三九。

顾湄 清诗人。字伊人。江南太仓(今属江苏)人。本程新子,新与顾梦麟交厚,梦麟无嗣,以湄为子,遂姓顾。诸生,顺治十八年(1661)以奏销案除名,绝意仕进。师事陈瑚,能传其父治毛《诗》之学,徐乾学慕名延馆于家。吴伟业选其诗入《太仓十子诗选》,钱谦益称"其为诗陶冶性情,清丽婉约,名章秀句,芊眠绮合","确庵子拟之于元人者,信也"(《题伊人近诗》)。著有《水乡集》(载《太仓十子诗选》),另有《载庵集》等。生平事迹见《清史稿》卷四八四、《清史列传》卷七〇、《国朝耆献类征》卷四一七、《国朝先正事略》卷三八。

王撰(1623—1709) 清画家、诗人。字异公，号随庵。江南太仓（今属江苏）人。王摅兄。年十三即为州学生，旋入太学，累试十二次不遇。以不事生产，家渐落，晚益贫，惟以诗画自娱。于先世遗著刻意搜罗，整理其祖锡爵、父时敏诗集。善画工诗，吴伟业刻其《三余集》入《太仓十子诗选》中。所为诗冲和闲雅，微婉处近白居易。著有《揖山集》。生平事迹见《国朝耆献类征》卷四二六、《国朝先正事略》卷三八、《民国太仓州志》卷二〇。

毛奇龄（1623—1716）　清文学家、学者。原名甡，字大可，一字于一，又字齐于，号河右、西河、僧弥、僧开、初晴、秋晴、晚晴、春庄、春迟等。浙江萧山人。明诸生。明亡，曾入保定伯毛有伦军。后仇家屡陷之，乃变姓名为王士方，亡命浪游。康熙十八年（1679），荐举博学鸿词，授检讨，充明史纂修官、会试同考官。假归不复出。经术湛深，通乐律，工诗文词。其文“纵横博辨，傲睨一世，与经说相表里，不古不今，自成一格”（《四库全书总目》）。《平滇颂》尤称骈文名篇，八代高格。其诗阮元称为“咀含六朝三唐之胜，沉博绝丽，窈眇情深”，徐世昌称为“多伫兴而成，然格律严，骨韵隽，思力亦沉”（均见《晚晴簃诗汇》）。词学《花间集》，兼有南朝乐府遗意。陈廷焯谓“在五代、宋初之间，但造境未深，运思多巧”（《白雨斋词话》）。朱祖谋称为“脱手居然新乐府，曲中亦自有齐梁”（《望江南》词）。著作宏富，诗文有《西河文集》，全集称《西河合集》。生平事迹见《清史稿》卷四八一、《清史列传》卷六八、《国朝先正事略》卷三二、《国朝名家诗钞小传》。

程可则（1624—1673）　清诗文家。字周量，又字彦揆，小字佛壮，号石臞，又号湟溱。广东南海（今广州）人。顺治九年（1652）会试第一，十七年应阁试授内阁中书，历官户部主事、员外郎，兵部郎中。出为桂林知府，三藩乱作，以忧劳卒。少受业于陈邦彦，与陈恭尹、王邦畿、方殿元等称“岭南七子”。后出游各地，交朱彝尊、施闰章、汪琬、王士禛等。其诗名略亚“岭南三大家”，施闰章序其集，谓为“腾踔奋伟，熊熊有光焰”。著有《海日堂集》。生平事迹见《清史稿》卷四八四、《清史列传》卷七一、《国朝先正事略》卷三八。

蒋超（1624—1673）　清诗人。字虎臣，号绥庵，又号华阳山人。江南金坛（今属江苏）人。顺治四年（1647）一甲三名进士，授编修。提督顺天学政，秩满谢病归，遍游诸名山。游嵩洛谒孙奇逢于夏峰。又自楚之蜀，卒于峨眉山伏虎寺。耽禅理，自称前身为峨眉老僧。施闰章《绥庵诗稿序》谓其诗“匠心独造，瓌瑰森拔，不肯一语近人”。所作以《金陵旧院》两绝最著名，王士禛尤赏其中“荒园一种瓢儿菜，独占秦淮旧日春”二句。著有《绥庵诗稿》。生平事迹见《国朝耆献类征》卷一一五、《国朝诗人征略》卷一、《国朝书人辑略》卷二。

谭吉璁（1624—1680）　清诗文家。字舟石，号筑岩。浙江嘉兴人。少有孝行，以诸生试国子监第一，授中书。康熙九年（1670）出为延安府同知，十八年荐试博学鸿词，报罢。擢登州知府，卒于官。生平勤于读经，擅文，好著述。顾炎武尝谓：“我行天下，仅见此人。”极为推重。工诗，初由中唐入手，后学杜甫之沉郁。文胜于诗，体格近于欧阳修、曾巩。著有《嘉树堂集》、《鸳鸯湖棹歌》、《肃松录》、《尔雅纲目》。生平事迹见《清史稿》卷四八四、《清史列传》卷七一、邵长蘅《登州太守谭君吉璁传》。

陈圆圆（1624—1681）　清女词人。名沅，一作元，小字圆圆，字畹芬，原姓邢。江南武进（今属江苏）人。苏州名妓。崇祯初在田畹家，后赠吴三桂为妾。李自成破北京，被掠。后复归三桂，随军往云南，知其野心不可劝，出家为尼，法名寂静（或谓为女道士）。三桂反清失败，昆明城破，圆圆自沉于城北商山寺莲花池。工词。《荷叶杯·有所思》、《转应曲·送人南还》、《丑奴儿令·梅落》等词，为人所赏。著有《舞余词》。生平事迹见钮琇《觚剩》卷四、陆云士《圆圆传》、丁传靖《圆圆传辑补》。

魏禧（1624—1681）　清散文家。字冰叔，一字叔子，号裕斋，一号勺庭。江西宁都人。魏际瑞弟，魏礼兄。明诸生。入清不仕，隐居翠微峰，后出游江、浙，以文会友，结纳贤豪。康熙十八年（1679），举博学鸿词，以疾辞，有司催就道，验疾得实，放归。学古文于邱维屏，以此享名，世人以之与侯方域、汪琬称“国初三家”，又与际瑞、礼号“宁都三魏”。自言“少好《左传》、苏老泉，中年稍涉他氏。然文无专嗜，唯择吾所雅爱者”（《与诸子世杰论文书》）。“其为文主识议，凌厉雄杰，遇忠孝节烈事，则益感慨淋漓”（刘声木《桐城文学渊源考》）。《四库全书总目》则谓“（汪）琬笔嫌弱，而（侯）朝宗略无渟洄，视禧坚卓不移，气象万千，不止上下床之别”。亦工诗，《晚晴簃诗汇》称“虽非专家，思深语隽，如幽泉咽涧，迥异尘音”。著有《魏叔子集》、《左传经世》、《兵法》、《兵谋》、《兵迹》。生平事迹见《清史稿》卷四八四、《清史列传》卷七〇、魏礼《先叔兄纪略》、温聚民《魏叔子年谱》。

周筼(1624—1687) 清诗人。初名筠，字公贞，更字青士，别字筜谷。浙江嘉兴人。明诸生，入清弃去，隐于市廛，读书卖米，与同里朱彝尊等唱和。后生计窘迫，往来嘉善、桐乡间，以诗法授人。晚至京师为塾师二年，不赴徐乾学之招，南归时卒于宿迁。其诗“真趣流行，清超朴淡，五言尤胜”(许灿《梅里诗辑》)。著有《采山堂诗》。生平事迹见《清史列传》卷七一、《国朝名家诗钞小传》、朱彝尊《布衣周君墓表》。

汪琬(1624—1690) 清诗文家。字苕文，号钝翁，别号玉遮山樵。江南长洲(今江苏苏州)人。顺治十二年(1655)进士，授主事，迁刑部郎中，坐累降职，迁户部主事，榷江宁西新关，以疾归，结庐尧峰山，人称尧峰先生。康熙十八年(1679)举博学鸿词科，授编修，再乞病归。门人私谥文清。少孤，自奋于学，治经有得。谓古今文章家好名寡实，故务为经世有用之学。性卞窄善骂，于当世人物，不少宽假。其古文疏畅类南宋诸家，叙事有法，与侯方域、魏禧合称“国初三家”。诗学范成大，时有秀语，亦多轻率，郑方坤讥其“取径太狭，造语太纤”(《国朝名家诗钞小传》)，朱庭珍以为“格卑才弱，远次于文”(《筱园诗话》)。著有《尧峰文钞》、《钝翁前后类稿》、《续稿》。生平事迹见《清史列传》卷七〇、《清史稿》卷四八四、陈廷敬《翰林编修汪先生琬墓志铭》、汪筠《钝翁年谱》。

吴祖修(?—1694) 清诗人。字慎思，号柳塘。江南吴江(今属江苏)人。明诸生。明亡，以遗民终。少从胡悦之、陈伯玑、周伯衡学诗，后受知于汪琬。论诗主张与钱谦益相合。其才为田雯所重，名益起，一时学者归附者甚众。门下颇多知名士。沈德潜称其“诗尚才情，议论不主蕴含，能成一家言者”(《国朝诗别裁集》)。著有《柳塘诗集》。生平事迹见《四库全书总目》卷一八四、袁景辂《国朝松陵诗征》、杨钟羲《雪桥诗话余集》。

史惟圆 清词人。字云臣，号蝶庵，又号荆水钓客。江南宜兴(今属江苏)人。陈维崧姻表亲，论交三十年之久，关系极为密切。少时意气豪壮，颇有抱负，后历经沧桑，以隐逸终老。为阳羡词派重要作家，蒋景祁《瑶华集》选其词多至四十五首，仅次于陈维崧与朱彝尊，可见其当时在词坛之地位与影响。曹贞吉《摸鱼儿·寄赠史云臣》将其与南宋词人蒋捷后先并提，称其能“平分髯客(陈维崧)旗鼓”。其创作大抵与陈维崧相同，早年令慢词多曼声轻隽，后期则一转而为恢奇狂逸，体现其“入微出厚”而重在“志意”的主张。著有《蝶庵词》。生平事迹见《国朝词综》卷一七。

盛际时 清戏曲作家。字昌期。江南吴县(今属江苏)人。生平事迹无考。顺治、康熙间在世。著有《人中龙》、《飞龙盖》、《胭脂雪》、《双虬判》传奇四种，高奕《新传奇品》评为“珍奇罗列，时发精光”。见王国维《曲录》。

车万育 清诗人。字与山，一作与三，号鹤田，又号云崖。湖南邵阳人。康熙三年(1664)进士，选庶吉士，改户科给事中，转兵科掌印给事中。罢官后，奉母侨居金陵，卜筑怀园，与丁炜、曹禾、汪懋麟、曹贞吉等交游。其诗多流连光景、羁旅怀人之作。著有《怀园集杜诗》、《怀园集》，编刻《萤照堂明代法书》。生平事迹见《国朝耆献类征》卷一三四。

叶奕苞 清文学家、学者。字九来。江南昆山(今属江苏)人。诸生。康熙十八年(1679)举博学鸿词，报罢。博雅好放言高论，乡里中颇有狂名。工书画，好金石，著述甚富，钱曾尝谓其所著《金石录》及《续跋》学识远出赵明诚上。亦工诗，与姜宸英、施闰章、陈维崧、归庄等游，为时所重。又擅作戏曲。著有杂剧《老客归》、《长门赋》、《卢从史》、《燕子楼》，另著有《花间续草》等集。生平事迹见《清史列传》卷七一、《国朝耆献类征》卷四二六、《鹤征录》卷七、《己未词科录》卷七。

王邦畿 清诗人。字诚籥，又字说作。广东番禺(今广州)人。明末副贡生。明亡，隐居罗浮山。兴亡之感，家国之恨，悉发于诗，于岭南三大家外，自树一帜。名列“岭南七子”、“粤东七子”。凌扬藻谓其“所为诗引喻藏义，寄托微远，非身其际者莫得其比兴所由”(《国朝岭海诗钞》)。著有《耳鸣集》。生平事迹见《清史列传》卷七一、《国朝诗人征略二编》卷二。

曾畹 清诗人。初名传镫，字庭闻。江西宁都人。曾灿兄。顺治十一年(1654)举人。少尝随父明太常卿曾应遴于军中，奔走闽、越、关、陇，抗清失败，遂入籍宁夏。乡举后始归里省母。与弟曾灿并负诗名。《晚晴簃诗汇》谓其诗“有苍凉之音，在宁都诸子中亦矫矫者”。著有《金石堂集》。生平事迹见《国朝诗人征略》卷四、《晚晴簃诗汇》卷二七。

计东(1625—1676) 清诗文家。字甫草，号改亭。江南吴江(今属江苏)人。明末曾著《筹南五论》上史可法,不用。顺治十四年(1657)中举人,以奏销案除名,遂绝意仕进。家贫无以养,游食四方,广交名士奇人。负奇气,过郧城,倾其囊为明诗人谢榛修墓,过顺德,于明古文家归有光旧官署旁废圃焚香再拜,事为沈德潜等称道。曾从汤斌讲学,从汪琬问古文法。其文"醇正和雅"(宋荦《改亭集序》),颇负时誉;诗则"所作皆以气骨胜"(袁景辂《国朝松陵诗征》)。著有《改亭集》。生平事迹见《清史稿》卷四八四、《清史列传》卷七〇、《国朝耆献类征》卷四二六、《国朝先正事略》卷三八。

潘高(1625—1678?) 清诗人。字孟升,号鹤江。江南金坛(今属江苏)人。明诸生。贫而工诗,早岁受知于钱谦益,后与龚鼎孳、徐乾学等游。王士禛称其五言善学韦应物、柳宗元,与同时邢昉、王庭相颉颃,以此有名于时。应督学试,列下等,怡然自得,人诮之,一笑而已。金陵诗社赋《秦淮晓渡》诗,争胜者多长篇,高自谓年老才尽,作一五绝,有"一声孤棹响,残梦落清淮"之句,众见之皆敛手。沈德潜《国朝诗别裁集》称其"诗古淡生新,绝无雕饰,而自然合度,金坛诗人无出其右者",《晚晴簃诗汇》亦谓其"诗以淡雅胜,七言绝句尤有风致"。著有《南郭集》。生平事迹见《清史列传》卷七一、《国朝耆献类征》卷四二八、《国朝先正事略》卷四〇。

费密(1625—1701) 清学者、诗人。字此度,号燕峰。四川新繁(今新都)人。少时曾上书当政,进御张献忠之策,不用。后入明将杨展幕,说其屯田。顺治十五年(1658)回乡省墓,几为人执杀。后奉父走陕西,下吴越,流寓泰州,隐居不仕,以教授为生。门人私谥贞孝先生。交阎若璩、毛奇龄等,又曾专往苏门山拜师孙奇逢。为学倡中实,主立新道统。其诗陈田以为"格律苍老,才笔雄骏"(《明诗纪事》)。五律《朝天峡》为王士禛所激赏。著有《燕峰诗钞》、《燕峰文钞》、《弘道书》、《荒书》、《古今笃论》等。生平事迹见《清史列传》卷六六、《清史稿》卷五〇一、《国朝耆献类征》卷四二八。

柴静仪 清女诗人。字季娴,又字季畹。浙江钱塘(今杭州)人。柴世尧之女。顺治、康熙间在世。与其姊贞仪并擅诗名。与冯又令、钱云仪、林亚清、顾启姬诸闺秀结"蕉园吟社",时称"蕉园五子"。其子沈用济与媳朱柔则亦以诗名,一时传为佳话。其诗沈德潜评为:"本乎性情之贞,发乎学术之正。韵语时带箴铭,不可于风云月露中求也。"(《国朝诗别裁集》)。著有《凝香室诗钞》。生平事迹见《清史列传》卷七〇、《清代闺阁诗人征略》卷二。

黄永 清词人。字云孙,号艾庵。江南武进(今属江苏)人。顺治十二年(1655)进士,官刑部员外郎。以奏销案罢官。家居后,发奋读书,至老不倦。工诗词,与同邑董以宁、邹祇谟、陈维崧有"毗陵四子"之称。其词"不趋新斗险,整摄自余情致"(沈雄《古今词话》)。著有《黄云孙诗选》、《溪南词》、《艾庵存稿》、《姗姗传》。生平事迹见《江苏诗征》卷六四。

陈维崧(1625—1682) 清文学家。字其年,号迦陵。江南宜兴(今属江苏)人。明末"四公子"之一陈贞慧之子。诸生。少负才名。康熙十八年(1679),举博学鸿词科,授检讨,与修《明史》。工骈文,导源庾信,泛滥于初唐四杰,气脉雄厚,纪昀称其"才力富健,风骨浑成"(《四库全书总目》),汪琬谓唐开元、天宝后无与抗。诗雄丽沉郁,为吴伟业派,徐乾学称其"近体似玉溪,歌行之运笔顿挫,婉转丰缛,前少陵而后香山",徐世昌谓其"纯以气胜,七言古体,开阖驰骋,出入浣花、眉山,最为擅场"。(均见《晚晴簃诗汇》)词最工,一生所作,有一千六百二十九阕之多,古今词家所未有。为阳羡派的开山,与浙派词首领朱彝尊并称,曾合刊《朱陈村词》。谭献《箧中词》以为"锡鬯、其年出,而本朝词派始成,顾朱伤于碎,陈厌其率,流弊亦百年而渐变。锡鬯情深,其年笔重,固后人所难到。嘉、道以前,为二家牢笼者十居八九"。陈廷焯《白雨斋词话》以为"国初词家,断以迦陵为巨擘","迦陵词沉雄俊爽,论其气魄,古今无敌手"。维崧关心民瘼,以杜诗和元、白乐府精神为词,并有大量反映明末清初国事之作,尤足称"词史"。虽导源辛弃疾,而自拓疆宇,所以为大手笔。著有《湖海楼全集》。生平事迹见《清史稿》卷四八四、《清史列传》卷七一、《国朝先正事略》卷三九、《国朝名家诗钞小传》、陆谦祉《陈迦陵年谱》。

董含(1626—?) 清诗人。字阆石,一字榕庵,号莼乡赘客。江南华亭(今上海松江)人。董俞兄。顺治十八年(1661)进士。观政吏部,以奏销案被黜,削籍归里。与弟俞并有文名,时称"二董"。工诗,所作"大抵苍凉幽咽,有骚人哀怨之遗。而惝怳其词,知其意有所寓,而莫名其寓意之所在焉"(《四库全书总目》)。著有《闵离草》、《闲居草》、《三冈识略》、《莼乡赘笔》。生平事迹见《清史列传》卷七〇、

《江苏诗征》卷九一。

潘柽章(1626—1663) 清学者、诗文家。字力田,又字圣木。江南吴江(今属江苏)人。潘耒兄。明诸生,入清弃去。顺治七年(1650)与同里周灿、朱鹤龄、顾有孝,昆山顾炎武、归庄,无锡钱肃润,浙江陈忱等结惊隐诗社,集四方能文遗民。以精史事具史才,与同里吴炎广收文献私修《明史》。康熙二年(1663)庄廷𬬻狱起,与吴炎同被株连论死,天下冤之。《晚晴簃诗汇》称其诗"才力不逮次耕(潘耒),而真宰所存,未可磨灭"。著有《观复草庐剩稿》,编有《松陵文献》,另所著《国史考异》、《杜诗博议》等,不存。生平事迹见《清史稿》卷五〇六、顾炎武《书吴潘二子事》、戴笠《潘力田传》。

王士禄(1626—1673) 清诗人。字子底,又字伯受,号西樵山人。山东新城(今桓台)人。顺治九年(1652)进士,选莱州府教授,迁国子监助教,擢吏部主事、员外郎。典试河南,罣吏议下狱,得雪后,免归。复起原官,又免归。其弟士祜、士禛从之学诗,三人号"济南三王"。"其为文条鬯芊蔚,绝去雕饰,诗则幽闲澹肆,极乎性情之所之,而一归于正,于唐人独爱孟襄阳。"(《清史列传》)陈融《颙园诗话》则谓其诗自杜甫入,取径于北宋。著有《十笏草堂诗选》、《辛甲集》、《上浮集》、《炊闻词》、《读史蒙拾》。生平事迹见《清史稿》卷四八四、《清史列传》卷七〇、《国朝先正事略》卷六、《国朝名家诗钞小传》。

顾苓(1626—1685 后) 清诗文家。字云美。江南长洲(今江苏苏州)人。明遗民。少笃学,潜心篆隶,善识古金石文字。瞿式耜殉难桂林,收其幼子玄镜为赘婿。晚为钱谦益弟子,作《河东君传》记柳如是事颇详。眷怀故国,常肃衣冠拜明思宗御书,遗民如万寿祺、归庄辈皆与之交,宋琬等尊之为吴中老宿。著有《塔影园文集》、《南都死难纪略》及《宿香亭》传奇。生平事迹见《国朝耆献类征》卷四七〇、《国朝书人辑略》卷三。

汪楫(1626—1689) 清诗人。字舟次,号悔斋。江南江都(今属江苏)人。始以岁贡生署赣榆训导,康熙十八年(1679)举博学鸿词,授检讨,充册封琉球正使。未几出为河南府知府,积升福建按察使、布政使。早著诗名,与族人汪懋麟称"二汪"。在赣榆学官任上,力为吴嘉纪延誉,嘉纪由是知名。又与孙枝蔚交厚,常相唱酬。周亮工序其集,谓其诗"萧远闲旷,得古人之意,而深之以性情"。王士禛、施闰章等亦颇称赏其诗。著有《悔斋集》。生平事迹见《清史列传》卷七一、《清史稿》卷四八四、《国朝先正事略》卷三九、《国朝名家诗钞小传》。

曾灿(1626—1689) 清诗人。本名传灿,字青藜,号止山。江西宁都人。南明时从父命入闽赣为唐王招兵抗清,事败削发为僧,游闽浙两广间。后归耕养母与祖母,复侨居吴下二十余年,客游燕市以终。少有才名,长以诗文与海内名流相往还。为"易堂九子"之一。钱谦益序其诗,称"其思则黍离麦秀也,其志则《天问》、《卜居》也",又惜其后期诗"精强剽悍之色,瞀然已失之矣"。著有《六松堂集》,又选海内名家诗为《过日堂集》。生平事迹见《清史列传》卷七〇、《清史稿》卷四八四、《国朝耆献类征》卷四二五、《国朝先正事略》卷三七。

沙张白(1626—1691) 清诗人。原名一卿,字定峰,号介臣,一作介人。江南江阴(今属江苏)人。明崇祯间诸生。长于史学,经史之外,医卜星相之类亦广为涉猎。性兀傲,耻奔竞。入都,冯溥、魏裔介交口誉之;王崇简延之家塾,寻谢归。会奏销案作,以布衣三上相国书。康熙十一年(1672)再试秋闱不第,遂闭户著书终老。其乐府诗出入汉魏,或用古题,或自制新题。曹禾为之评点,吴伟业、龚鼎孳、王士禛并加推许。著有《定峰乐府》、《读史大略》。生平事迹见《道光江阴县志》卷一七。

马之骦(1626? —1695 后) 清诗人。字旻徕。直隶雄县(今属河北)人。官江都主簿。与孙奇逢交好。其诗颇受王士禛称赏,《感旧集》曾录其所作。其"诗格老苍,无卑弱之习,古体多合之,同时北方诗人鲜及之者"(邓之诚《清诗纪事初编》)。著有《古调堂初刻》。生平事迹见《清诗纪事初编》卷五。

卢震(1626—1702) 清诗人。字亨一。汉军旗人,原籍湖北竟陵。顺治九年(1652)以诸生特试,授编修。康熙初,累擢学士。八年(1669),出为湖广巡抚。吴三桂反,弃长沙遁逃,治罪论绞,获免。管乌喇船厂,放归。喜与文人逸士游。评论杜诗,"力开奥窔,亦多得作者之意"(杨钟羲《雪桥诗话三集》)。其自作颇春容。著有《说安堂集》、《杜诗说略》。生平事迹见《清诗纪事初编》卷六、陈奕禧《卢中丞行状》。

陶季(1626—1703) 清诗人。初名澂,字季深,以字行,复去深称季。江南宝应(今属江苏)人。明诸生。崇祯末,天下乱,挈妻子避居吴地。南明弘光朝立,弃举子业,专心肆力于诗古文词。与莱阳董樵同以布衣游京师,俱以一字为字,遂以诗赋定莫逆交。康熙间举博学鸿词,公卿争欲荐之,力辞不就。纵游四方,其诗多于舟车中得之,顾景星称二百年来山林无此作者。《晚晴簃诗汇》谓其所作"才锋踔厉,笔势耸突凌纸,突兀而起","盖当明季民穷政乱,感愤既深,不得不作变徵之声也"。著有《舟车集》、《湖边草堂集》。生平事迹见《清史稿》卷四八四、《清史列传》卷七一、《国朝耆献类征》卷四二八、《国朝名家诗钞小传》。

王泽弘(1626—1708)　清诗人。字涓来,号昊庐,又号鹤岭山人。湖广黄冈(今湖北黄州)人。顺治十二年(1655)进士,选庶吉士,授编修,官至礼部尚书。康熙三十九年(1700)致仕后,移家金陵。生平好与诸名士游,又喜奖掖后进。其诗"所作类皆和平安雅,不失台阁气象,而骨体未坚,酝酿未厚,尚不能凌轹一时"(《四库全书总目》)。著有《鹤岭山人诗集》。生平事迹见《国朝耆献类征》卷四九、《国朝诗人征略》卷二三。

冷士嵋(1626—1711)　清诗文家。字又湄,号秋江。江南丹徒(今属江苏)人。明诸生。入清绝意仕进,以授徒自给。痛前明之天不复见,地不复履,常戴箬笠,著芒鞋,寒暑晴雨不易。晚贫甚,寄居焦山僧舍。与魏禧为挚交,禧序其文,谓其"朴而不雕,淡而弥远"。其诗每有兴亡之感,家国之恨,《四库全书总目》评曰:"刻意学杜,多为激壮之音。"著有《江泠阁集》。生平事迹见《清史列传》卷七〇、《国朝耆献类征》卷四八〇、黄中坚《秋江散人小传》。

王昊(1627—1679)　清诗人。字惟夏。江南太仓(今属江苏)人。王曜昇兄。明诸生。不就省试,往来江浙间与诸名士交好。时吴中文社盛起,争招之往。奏销案起,被逮入都,康熙元年(1662)得释。以其家渐困,遂归筑当恕轩,研治经史,授徒自给。康熙十八年(1679)举博学鸿词,授正字。复加内阁中书衔,命下而已卒。沈德潜谓其诗"于'娄东十子'中尤铮铮有声"(《国朝诗别裁集》)。著有《硕园诗稿》、《当恕轩随笔》。生平事迹见《清史列传》卷七〇、《清史稿》卷四八四、《国朝耆献类征》卷四二六、《国朝先正事略》卷三八。

汤斌(1627—1687)　清大臣、学者、诗文家。字孔伯,号荆岘,又号潜庵。河南睢州(今睢县)人。顺治九年(1652)进士,授检讨,出为潼关道副使,调岭北道,以父丧归。闻孙奇逢讲学夏峰,负笈往从。康熙十八年(1679)举博学鸿词,授侍讲,典浙江乡试,转侍读,历官左庶子、内阁学士、江宁巡抚、礼部尚书,管詹事府事,辅导东宫,转工部尚书卒。谥文正。居官品行清端。为著名理学家,所诣深粹,身体力行,不尚讲论。《四库全书总目》谓其"实以词科入翰林,故集中诗赋诸文,亦皆彬彬典雅,无村塾鄙俚之气"。著有《汤子遗书》、《洛学编》。生平事迹见《清史稿》卷二六五、《清史列传》卷八、耿介《汤潜庵先生斌传》、方苞《汤文正公年谱》。

王士禧(1627—1697)　清诗人。字礼吉,又字仲受,号抱山。山东新城(今桓台)人。监生。与其兄士禄、弟士祜、士禛,自幼相唱和,四人俱以诗名世。而兄弟三人皆成进士,独士禧以岁贡终。《四库全书总目》评曰:"其诗绰有风调,而才地较弱。"著有《抱山集选》。生平事迹见《国朝耆献类征初编》卷四二六、《四库全书总目》卷一八二、《晚晴簃诗汇》卷二六。

唐梦赉(1627—1698)　清诗文家。字济武,号豹岩、岚亭。山东淄川(今淄博)人。顺治六年(1649)进士,改庶吉士,授检讨,以上疏讦直言事罢归。寄情山水,与李呈祥、高珩等交游。以经济自负,诗文为其余事。王士禛谓其诗"源出苏、陆"(《渔洋诗话》),《四库全书总目》则称"其诗运思颇深挚,吐属亦颇温雅"。著有《志壑堂集》,与蒋焜合编《济南府志》。生平事迹见《清史列传》卷七〇、《国朝耆献类征》卷一一五、《国朝先正事略》卷三三、高珩《唐太史梦赉生圹志》。

许缵曾(1627—1700)　清诗人。字孝修,一字孝达,号鹤沙,别号悟西、定舫。江南华亭(今上海松江)人。顺治六年(1649)进士。官至云南按察使。早与杜同春、杜登春、夏完淳、徐度辽、王奭、沈荃等在松江共结西南得朋会。师事徐孚远。晚又与钱陆灿、尤侗等十余人二次于秦望山庄作耆年之会。《四库全书总目》评其诗曰:"乐府规仿旧文,七言古诗多学初唐四杰之体,皆拟议而未能变化。"著有《宝纶堂集》、《滇行纪程》、《东还纪程》。生平事迹见《四库全书总目》卷六四、《国朝诗人征略二编》卷一。

林云铭　清诗文家。字西仲。福建闽县(今闽侯)人。顺治十五年(1658)进士,官徽州府推官，以裁缺归。康熙十三年(1674)耿精忠反，被囚十八月。后居杭州，卖文为活。“以《林四娘记》知名，他文殊纤仄，近钟(惺)、谭(元春)”，“诗词不多，郁勃之情如见”(邓之诚《清诗纪事初编》)。“所评注选刻，大抵用时艺之法，不能得古文之源本”(《四库全书总目》)。著有《损斋焚余》、《吴山鷇音》、《庄子因》、《楚辞灯》、《古文析义》等。生平事迹见《国朝耆献类征》卷二四九。

叶燮(1627—1703) 清诗论家、诗人。字星期，号已畦。江南吴江(今属江苏)人，原籍浙江嘉兴。晚年寓居横山，人称横山先生。康熙九年(1670)进士，康熙十四年官宝应知县。后因伉直忤上而被参落职。自此专心著述，教授生徒，直至病卒。以诗论见称，其《原诗》为清代最具系统的诗歌美学著作，认为“源流、本末、正变、盛衰，互为循环”，“时有变而诗因之”，“变之中有不变者在”，要求能以“在我”之“才、胆、识、力”反映“在物”之“理、事、情”，贵在独创，贵用活法。所论高屋建瓴，体系完整，为历代诗话所不及。其诗文创作也能“内求之察识之心而专征之自然之理”(《已畦文集自序》)，自成一家。文如《留侯论》、《范增论》、《诸葛孔明论》等，议论风发，挥洒自如。诗如七律《京口作》、七绝《客发苕溪》等，措语老练，气象雄浑，除《原诗》外，尚著有《已畦诗集》、《已畦文集》、《汪文摘谬》等多种。生平事迹见《清史稿》卷四八四、《清史列传》卷七〇、沈德潜《叶先生燮传》。

王曜昇 清诗人。字次谷。江南太仓(今属江苏)人。王昊弟。诸生。性豪迈倜傥。与兄皆有文名。顺治十八年(1661)以奏销案除生员籍，悒悒出游。暮年客死京师。吴伟业选其诗为《东皋集》，编入《太仓十子诗选》。生平事迹见《清史列传》卷七〇、《国朝耆献类征》卷四二六、《国朝先正事略》卷三八。

邹祗谟(约1628—1670) 清词人。字讦士，号程村。江南武进(今属江苏)人。顺治十五年(1658)进士，谒选待授职时，遇江南奏销案，未能得官。性颖悟，经史百家之学，均有所涉猎。与王士禛为同年，交往甚密，又与陈维崧、董以宁为词友。著《远志斋词衷》，是清初较早专心研讨词学的词人。曾参加“十郡大社”，顺治初往来淮扬一带，沟通毗陵、广陵两地词人，为大江南北词学交流的重要人物。早孚文名，古文辞与陈维崧、董以宁、黄永称“毗陵四子”。其词谢章铤《赌棋山庄词话》谓为“修洁有《花间》遗意”，实则亦有愤世嫉俗之作。所编《倚声初集》选明清之交各家词近二千，极具文献价值。另著有《远志斋集》、《丽农词》。生平事迹见《清史列传》卷七〇、《国朝耆献类征》卷四二三、《国朝先正事略》卷三八。

严我斯(1628—1687后) 清诗人。字就思，号存庵。浙江归安(今湖州)人。康熙三年(1664)进士第一，授修撰，官至礼部左侍郎，年未六十即乞致仕归里。《四库全书总目》称“其诗近体最富，古体仅十之二三，大抵长于华赡之作，汤惠休所谓如镂金错采，亦雕缋满眼也”。邓之诚《清诗纪事初编》则谓其“不追逐云间、虞山之风气，卓然期乎自立”，“各体皆工，于唐为近”。著有《尺五堂诗删》。生平事迹见《国朝耆献类征》卷五二、《国朝诗人征略》卷七。

申涵煜(1628—1694) 清诗人、书画家。字观仲，号鹤盟。直隶永年(今属河北)人。与兄涵光、弟涵盼以忠孝学行闻于海内垂五十年。十岁能文，顺治九年(1652)贡入太学，在京师与李霨、魏裔介、魏象枢等结诗社。顾久困场屋，康熙五年(1666)始中举。遂绝意仕进，家居近三十年，赋诗自娱。学诗于兄，用唐法，工五言，而近体时时出入中晚唐。书法王羲之，写兰竹仿赵孟頫，时称三绝。著有《敏庵集》、《江杭草》等。生平事迹见《国朝耆献类征》卷三八二。

杨端本(1628—1694) 清诗人。字树滋，号函东。陕西潼关人。顺治九年(1652)进士，官临淄知县。《晚晴簃诗汇》谓其“生明季，值岁饥兵起，诗多忧时愍祸之言，其音促数，其辞质直，所谓乱世之音。入国朝，登第入官，诗亦渐归和雅”。著有《潼水阁集》，编有《潼关厅志》。生平事迹见《国朝耆献类征》卷二一七、王士禛《临淄县知县函东杨公墓志铭》。

姜宸英(1628—1699) 清诗文家。字西溟，号湛园。浙江慈溪人。明诸生。康熙十八年(1679)荐试博学鸿词，后期而罢。以荐入明史馆，纂修《刑法志》，又入《一统志》局为分纂。三十六年成进士，授翰林院编修。后二年，充顺天乡试副考官，以物论纷纭被劾罢，卒狱中。绩学工古文辞，名达禁中，与朱彝尊、严绳孙称“江南三布衣”。其文“闳肆雅健，往往有北宋人意”(《四库全书总目》)，《楚子文论》、《二氏论》等，尤善议论。其诗“兀奡旁魄，宗杜而参之苏，以尽其变”(《四明清诗略》)。著有《姜先生全集》。生平事迹见《清史列传》卷七一、《清史稿》卷四八四、《国朝先正事略》卷四〇、全祖望《编修湛园姜先生墓表》。

安致远(1628—1701)　清诗文家。字静子,号玦庵,一名如磐,字拙石。山东寿光人。安箕父。康熙十一年(1672)拔贡生,十五次应乡试不售,晚构草堂三间,颜曰"晚读",与其子安箕讲习其间,卒偃蹇以没。少与同乡李渭清、丁野鹤齐名,为周亮工所称赏。工诗文,自谓诗喜王维,文摹欧阳修。《四库全书总目》评其所作"从容闲雅,不事钩棘,故能不染明末纤诡之习,而精神魄力,亦未能凌跨诸家"。著有《安静子集》。生平事迹见《四库全书总目》卷一八一、《晚晴簃诗汇》卷三七。

田兰芳(1628—1701)　清学者、诗文家。字梁紫,又字伍众,号篑山。河南睢州(今睢县)人。明诸生。少豪放不羁,年四十而自悔,遂究心理学。与徐邻唐、张沐相研讨,又与汤斌往来论学,陆陇其见其文,深服其学有渊源。安贫乐道,执贽从游者甚众。其诗文"实足当一真字,绝去町畦,自抒胸臆,使人玩味不尽"(邓之诚《清诗纪事初编》)。著有《逸德轩全集》。生平事迹见《清史列传》卷六六、郑廉《田君兰芳传》、汤准《诚确先生传》。

赵吉士(1628—1706)　清文学家。字天羽,号恒夫。浙江钱塘(今杭州)人,原籍安徽休宁。顺治八年(1651)举人。康熙七年(1668)官文城知县,以平山寇有功,擢户部主事。二十五年,迁户科给事中。有忌之者,劾其父子异籍,吏议被黜。旋补国子监学正。居京师宣武门外寄园,与四方名士相酬唱,交朱彝尊、姜宸英、何焯等。于汉翔曾贻诗四首,吉士依韵酬答;后凡遇他题,皆叠此韵,得诗凡一千五百余首,编为《林卧遥集》,为诗坛之创格。所著笔记《寄园寄所寄》,为世传诵。另著有《万青阁集》(含《林卧遥集》)、《续表忠记》。生平事迹见《清史稿》卷四七六、《清史列传》卷七四、《国朝耆献类征》卷一三三、《国朝先正事略》卷四九。

潘江(1628—1711)　清文学家。字蜀藻,号木厓,又号耐翁。江南桐城(今属安徽)人。少孤,母吴氏教之学。十岁试文郡邑,人目为神童,长益博极群书。明末天下大乱,避居金陵。乱定还里,以著述自娱。康熙十八年(1679)举博学鸿词,不就。卒年八十四。工诗古文,四方从游者甚众。诗取法白居易,亦时出入钱起、刘长卿。著有《木厓诗文集》、《桐城乡贤实录》,编有《龙眠风雅集》,其他尚有《六经蠡测》、《字学析疑》、《诗韵尤雅》、《记事珠》,均佚。生平事迹见金天羽《皖志列传稿》卷二、《晚晴簃诗汇》卷四六。

叶方霭(1629—1682)　清大臣、诗人。字子吉,号讱庵。江南昆山(今属江苏)人。顺治十六年(1659)一甲三名进士,授编修。江南奏销案起,削职。旋起复原官,历官国子监司业、侍讲、左庶子、侍讲学士、侍读学士,《鉴古辑览》、《皇舆表》、《明史》总裁,兼掌院学士、礼部侍郎、刑部侍郎。谥文敏。以诗文为清世祖、圣祖所赏,其诗多"沨沨乎盛世之音"(《四库全书总目》),亦偶有反映民生疾苦之作。著有《叶文敏公集》。生平事迹见《清史稿》卷二六六、《清史列传》卷九、《国朝先正事略》卷六。

吕留良(1629—1683)　清思想家、诗文家。字庄生,一字冀野,原名光轮,字用晦,后改字留侯,号晚村。浙江崇德(今桐乡)人。诸生。早岁曾与里人结社,工制举文。从黄宗羲游,交通海上,图谋复明。后知事不可为,遂归,以讲学致盛名。顺治十年(1653)始出就试,晚拒博学鸿词、山林隐逸之举,削发为僧,取名耐可,字不昧,号何求老人。雍正间因曾静狱牵连被戮尸。文似朱熹,诗则《晚晴簃诗汇》以为"纯用宋法,……而益以苍坚,颇多警策,……往往以质直出之"。著有《吕晚村先生文集》、《东庄吟稿》、《四书语录》、《四书讲义》及《惭书》、《论文偶钞》等,与吴之振、吴自牧合编《宋诗钞》。生平事迹见张符骧《吕晚村先生事状》、包赉《吕留良年谱》。

丘象升(1629—1689)　清诗人。字曙戒,号南斋。江南山阳(今江苏淮安)人。顺治十二年(1655)进士,选庶吉士,授编修,迁侍讲,外调琼州、武昌府通判,官至大理寺左署丞。少与弟象随以诗文名,时称"二丘"。其诗作"绝灵奇险"(邓汉仪《诗观三集》)。著有《南斋诗集》。生平事迹见《清史列传》卷七〇、《国朝先正事略》卷三九、李澄中《侍讲邱公象升传》。

晓青(1629—1690)　清诗僧。字鉴青,号碓庵。为洪储传法弟子,继主中峰。洪储不忘先朝,多与遗老交游。晓青于是得识名流,遂以文学显名。晚居华山。清圣祖过寺题诗,礼遇甚异。"诗格韵俱工,唯不特无蔬笋气,转嫌文人积习过重。文多为教乘作,……书、记翩翩,辞约意雅,一时高手皆逊之"(邓之诚《清诗纪事初编》)。著有《高云堂诗集》与《文集》。生平事迹见《清诗纪事初编》卷三。

黄虞稷(1629—1691)　清藏书家、诗人。字俞邰，号楮园。原籍福建晋江，徙居江南上元(今江苏南京)。诸生。康熙十八年(1679)举博学鸿词，遇母丧不与试。以荐入《明史》馆，分纂列传及艺文志，后又充《一统志》纂修官，以辛劳卒。家世藏书，有声于时，士大夫多借阅之。精校雠版本目录之学，又健于文笔，其诗见赏于毛奇龄、姜宸英等。著有《我贵轩集》、《朝爽阁集》、《蝉窠集》、《楮园杂志》等，多亡佚，编有《千顷堂书目》。生平事迹见《清史稿》卷四八四、《清史列传》卷七一、《国朝耆献类征》卷四二七、《国朝诗人征略》卷三。

元玉(1629—1695)　清诗僧。俗姓马，字祖珍，号古翁，晚号死庵。江南通州(今属江苏)人。康熙初住持泰山普照寺。礼部行取天下高僧供奉大内，独不与。与高珩、唐梦赉、孔尚任交，其诗颇近陶渊明、韦应物，王士禛盛称之，"谓如获异嗜，啖江瑶柱"(邓之诚《清诗纪事初编》引)。著有《石堂集》、《石堂近稿》、《金台随笔》。生平事迹见唐梦赉《祖珍和尚塔铭》。

显鹏(？—1708)　清诗僧。字彬远，又字秋蟾，号啸翁，又号鹤使。浙江永嘉人。康熙间杭州东郊栖禅院僧。卒年僧腊六十七。或以为系明故侯之裔。形貌奇古，"与人语未尝言诗，而其诗昭彰跌宕，具体翁山"(杨钟羲《雪桥诗话续集》)。与徐介、吴允嘉、钱璜、施相、沈用济、丁文衡诸人交往。著有《萍州集》、《萍州诗略》、《啸翁近稿》、《啸翁云外稿》、《半篙堂近稿》、《村居以后诗》等诗集八册。生平事迹见《晚晴簃诗汇》卷一九五、杨钟羲《雪桥诗话续集》。

钱曾(1629—1701)　清藏书家、诗人。字遵王，号也是翁。江南常熟(今属江苏)人。明贡生。家富藏书，又得其族祖钱谦益绛云楼烬余秘籍，复常与江南藏书家如毛晋辈交往，抄校图书，所获善本益多。所撰《读书敏求记》为最早善本书提要。诗为虞山诗派翘楚，其《秋夜宿破山寺绝句》为钱谦益激赏，取为《吾炙集》之冠。其集有今人谢正光《钱遵王诗集笺校》。另编有《也是园藏书目》、《述古堂书目》。生平事迹见《国朝耆献类征》卷四二七、《国朝诗人征略》卷五、叶昌炽《藏书纪事诗》卷四。

安璿(1629—1703)　清诗人。字苍涵，号盂公，又号洁园、广居子。江南无锡(今属江苏)人。工书画，敏于诗。顺治十一年(1654)与同里严绳孙、顾贞观等结云门社，后隐居里中罨画楼，藏书万卷，以高士称。著有《罨画楼诗草》、《苍涵外史独语》。生平事迹见《国朝耆献类征》卷四二九。

梁佩兰(1629—1705)　清诗人。字芝五，一字药亭，号郁洲。广东南海(今广州)人。顺治十四年(1657)乡试第一，康熙二十七年(1688)进士，选庶吉士，次年即告假归里。四十二年，令词臣在籍者，赴馆供职，又不得已而出，终以不习清书，革庶吉士。与屈大均、陈恭尹并称"岭南三大家"。又与程可则、陈恭尹、王邦畿、方殿元、方还、方朝并称"岭南七子"。与中原士大夫交游唱酬，深为王士禛、朱彝尊、潘耒等所推重。王煐序三家诗称其所作为"才人之诗"。康发祥云："岭南三家诗，梁药亭藻丽辞豪，歌行独妙。"(《伯山诗话》)擅七言古体，如《养马行》、《日本刀歌》诸作，堪称名篇。著有《六莹堂集》。生平事迹见《清史列传》卷七一、《清史稿》卷四八四、《国朝先正事略》卷三八、《国朝耆献类征》卷一二一。

朱彝尊(1629—1709)　清文学家、学者。字锡鬯，号竹垞，又号金风亭长、小长芦钓鱼师。浙江秀水(今嘉兴)人。早年曾作客山阴祁班孙、理孙家，与魏耕辈共图复明，几祸及。事解，南游广东，北上河北、山西，以布衣负重名，与顾炎武、魏禧、屈大均、陈恭尹等遗民游。康熙十八年(1679)举博学鸿词，授检讨，充《明史》纂修、日讲起居注，典江南乡试。二年后被劾罢官。归后殚心著述，集古今说经之书作提要，成《经义考》。其文以雅洁胜，不先立格，惟取达意，顾炎武谓出侯方域、王猷定上，王士禛谓其纡余澄淡，蜕出风露。诗为浙派诗开山祖，宗唐而求变，晚喜为拗体。与王士禛齐名，有"南朱北王"之称。赵执信《谈龙录》谓"王之才高，而学足以副之；朱之学博，而才足以运之"，但又有"王爱好、朱贪多"之讥，洪亮吉惜其不能熔铸唐宋自成一家，沈曾植则推其能结唐宋分驰之轨。词为浙派词首领，宗姜夔、张炎，以清空醇雅为归，陈廷焯《白雨斋词话》称其"独出冠时，微少沉厚之气"，"文过于质"，况周颐则推为清代词人之冠。编有《词综》、《明诗综》，著有《腾笑集》、《曝书亭集》、《日下旧闻》。诗有杨谦、江浩然、孙银槎三家注本，词有李富孙注本。生平事迹见《清史列传》卷七一、《清史稿》卷四八四、《国朝先正事略》及朱桂孙、稻孙《竹垞府君行述》、杨谦《朱竹垞先生年谱》。

徐沁　清戏曲作家。字永浣，号野公、野畦，又号若邪野老。浙江余姚人。监生。曾入河道总督朱之锡、浙江总督李之芳幕中，多所赞画。康熙三十三年(1694)荐举博学鸿词，辞不就。退居若邪溪畔，著书于秋水堂。通经史，善考证，工为文辞，所著传奇《香草吟》，李渔序以为"有非警拔二字足以概其能者"。另著有传奇《芙蓉楼》、《载花舲》、《广寒香》等，总称《曲波园传奇》。其他尚有《秋水堂稿》、《越书小纂》、《三晋纪行》、《楚游录》、《墨苑志》、《谢皋羽年谱》。生平事迹见《乾隆绍兴府志》卷五四、《余姚六仓志》卷三三。

季开生(1630—1662)　清诗人。字天中，号冠月。江南泰兴(今属江苏)人。顺治六年(1649)进士，选庶吉士。迁礼科给事中，数上疏建言，调兵科右给事中。以谏买扬州女子，下刑部杖，赎流尚阳堡。卒于戍所。其诗早擅才名，出关之作，如《尚阳堡即事》数篇，"语多悲壮，在沧溟(李攀龙)、怀麓(李东阳)之间"(康发祥《伯山诗话》)。著有《戆臣诗稿》。生平事迹见《清史稿》卷二四四、《国朝耆献类征》卷一三三、《国朝诗人征略》卷一。

董以宁(1630—1669)　清文学家。字文友，号宛斋。江南武进(今属江苏)人。诸生。少明敏负文誉，同里结国仪社，启札皆以宁为之。与邹祗谟齐名，时称"邹董"。又与陈维崧、邹祗谟、黄永有"毗陵四子"之目。工诗词，兼通天算、乐律。晚岁潜心经学，弟子常数百人。所为诗词"秾纤婉丽"(徐釚《本事诗后集》)，王士禛称其词"善写闺襜之致"(《花草蒙拾》)。著有《正谊堂诗集》、《文友文选》、《蓉渡词》、《天文说》。生平事迹见《清史列传》卷七〇、《国朝耆献类征》卷四〇三、《国朝先正事略》卷三八。

季振宜(1630—1674)　清藏书家、诗人。字诜兮，号沧苇。江南泰兴(今属江苏)人。季开生弟。顺治四年(1647)进士，授兰溪知县，行取刑部主事，迁户部郎中。十五年，考选浙江道御史，数上疏言事。后受命巡视河东盐政。乞归。家本豪富，好藏书，江南故家善本多为其购得。又因钱谦益旧稿踵事校补，辑《全唐诗》稿本七百十六卷，康熙间编《全唐诗》，即以之为基础。邓汉仪称其诗"专务创辟，而又无处不法古人"(《诗观初集》)。著有《静思堂诗稿》、《季沧苇书目》。生平事迹见《清史稿》卷二四四、《国朝耆献类征》卷一三三。

万树(1630？—1688)　清词学家、戏曲作家、词人。字红友，又字花农，号山翁。江南宜兴(今属江苏)人。诸生。少遇变乱，家境清贫，入学国子监，才名藉甚。又客游陕西、山西，复归里。康熙十八年(1679)起，先后在福建、广东为巡抚、总督吴兴祚幕僚。后病归，卒于广西濛江舟中。擅戏曲创作，吴梅称其"承石渠(吴炳)之传，以新颖之思，状物情之变，论其优劣，远胜笠翁(李渔)"(《中国戏曲概论》)。亦工词，纯情自然，多流动活泼之趣。词学上贡献甚大，编有《词律》，考订声律，"为词宗护法，可称功臣"(吴衡照《莲子居词话》)。著有《香胆词选》、《璇玑碎锦》，《空青石》、《念八翻》、《风流棒》(合称《拥双艳三种》)传奇，另有《堆絮园集》、《花农集》及《十串珠》、《玉双飞》传奇等，已佚。生平事迹见《嘉庆宜兴旧志》卷八。

陆陇其(1630—1692)　清学者、诗文家。初名龙其，字稼书。浙江平湖人。康熙九年(1670)进士，授嘉定知县，因事罢归。十七年，举博学鸿词，以父丧未及试。二十二年，补灵寿知县，迁四川道御史。乞假归，不复出。乾隆初追谥清献。为官清廉，政绩卓著。学宗朱熹，以居敬穷理为本，为著名理学家。兼擅诗文。《晚晴簃诗汇》谓其"间为韵语，皆粹然有德之言"。著有《三鱼堂文集》、《困勉录》、《松阳讲义》、《读礼志疑》、《问学录》、《读朱随笔》。生平事迹见《清史稿》卷二六五、《清史列传》卷八、《国朝先正事略》卷九、陈廷敬《监察御史陆君墓志铭》。

魏礼(1630—1695)　清散文家。字和公，号季子。江西宁都人。魏际瑞、魏禧弟。明诸生，入清弃去，与其兄际瑞、禧居翠微峰，一门师友，人称"易堂三魏"，合彭士望、林士益、李腾蛟、邱维屏、彭任、曾灿为"易堂九子"。顺治十六年(1659)至吴中，欲探海上义军消息。又南至粤，北至燕，西入秦，通声问于孙奇逢、李颙、李因笃。年五十始返。受业于禧，"其文尤奇辟警动，而终归于正大"(陈田《明诗纪事》)。诗近唐人，长于五古，"辞朴而意深"(《晚晴簃诗汇》)。著有《魏季子文集》。生平事迹见《清史列传》卷七〇、《清史稿》卷四八四、《国朝先正事略》卷三七。

屈大均(1630—1696)　清文学家。字介子，一字翁山，又字华夫、泠君。广东番禺(今广州)人。幼寄养邵氏，年十六以邵龙名补县学生员，后复屈姓，易名绍隆。年十八随其师陈邦彦从军抗清，失败后走肇庆，上书南明永历帝陈中兴策，将授官，以父病归。后削发为僧，法名今种，字一灵，又字骚余。出游大江南北，曾出关探辽地虚实，复往绍兴与祁班孙、魏耕等密谋，引海上义军攻南京。事败被缉捕，避去，返初服。旋又走塞上，交顾炎武、李因笃。回粤，吴三桂反清，曾参其军务，既知其心叵测，辞去，以遗民终。一生以恢复为己任，诗词多慷慨悲壮之音。其诗祖屈原而宗李白，又出入于杜甫，为“岭南三大家”之冠，在遗民诗中，与顾炎武、吴嘉纪鼎足而三。金天羽谓“亭林端委，能抉经心，翁山奇服，别具仙骨”（《答樊山老人论诗书》），王煐称其诗“如奔壑飞涛，一泻千里，故而不息，流而不竭，其中多藏蛟龙神怪”（《岭南三大家诗选序》）。其文则魏世傚称为“浩瀚磅礴，能自行其气”，何磻称为“一铲韩、欧窠臼，独成三代以上之文”（《翁山文外题辞》）。词亦豪健，具郁勃怒张之势，朱孝臧举清代诸家，即以之冠首。著有《翁山诗外》、《翁山文外》、《道援堂集》、《广东新语》、《皇明四朝成仁录》。今人辑有《屈大均全集》。生平事迹见《清史稿》卷四八四、《国朝耆献类征》卷三二九、《国朝先正事略》卷三八、邬庆时《屈翁山年谱》。

陆棻（1630—1699） 清诗人、词人。原名世枋，字次友，号义山，又号宜山、雅坪。浙江平湖人。康熙六年（1667）进士，管内秘书院典籍。十八年，举博学鸿词，授编修，分纂《明史》。迁左赞善，典试福建、顺天，超擢内阁学士，兼礼部侍郎衔总裁诸书局。告归。少于兵乱中救父，为某将军收作己子。后脱归。与朱彝尊为中表，时以诗词相唱和。《晚晴簃诗汇》谓其“诗有三唐矩矱，伍铁山称其坚净，方雪岷称其雄丽”。词尤佳，疏朗中见凝重，并时有凄清慷慨味，为“六家”之外浙西重要词人。著有《雅坪诗文稿》、《雅坪词谱》，编有《历朝赋格》。生平事迹见《清史稿》卷四八四、《清史列传》卷七〇、《国朝先正事略》卷四〇、毛奇龄《内阁学士兼礼部侍郎陆公棻神道碑铭》。

唐甄（1630—1704） 清学者、散文家。原名大陶，字铸万，后更名甄，别号圃亭。四川达县人。顺治十四年（1657）举人。康熙十一年（1672）官长子知县，仅十月即以事落职。僦居吴市，贫甚而著书不辍。研精覃思，撰《衡书》言学论治，成九十七篇，后又改名为《潜书》。其思想之深刻，文笔之精湛，为人所重，当时魏禧叹之为周汉之书。另著《毛诗传笺合义》、《春秋述传》、《潜文》、《潜诗》等。生平事迹见《清史稿》卷四八四、《清史列传》卷七〇、王闻远《西蜀唐圃亭先生行略》。

朱克生（1631—1679） 清诗人。字国桢，又字念义，号秋厓。江南宝应（今属江苏）人。诸生。尝从其兄出按福建，归乃北游京师。平生足迹半天下，所至皆纪以诗。康熙三年（1664）就试铨曹，闻父病，冒暑南还，八昼夜抵里。好表彰前哲，尝搜罗邑中人事迹，编为《人物志》。肆力于诗，与陶澄、陈钰唱和，以风格相高，为宝应三诗人。王士禛、汪琬皆爱重之，士禛尝为其点定诗稿，称其诗“警拔磊砢，得少陵之骨”（《晚晴簃诗汇》引）。著有《朱秋厓诗集》、《恒阳消夏录》、《雪夜丛谈》、《秋舫日记》、《忆游偶记》、《毛诗考证》等。生平事迹见《清史列传》卷七〇、《国朝诗人征略》卷五。

吴兆骞（1631—1684） 清文学家。字汉槎。江南吴江（今属江苏）人。少有隽才，入慎交社，名闻远近。顺治十四年（1657），参加江南乡试，中式为举人，以科场舞弊案，被仇人诬告牵连，次年赴北京复试，除名，流放宁古塔，十六年出塞。在戍所二十余年，任将军巴海家庭教师，与友人结“七子诗会”。康熙二十年（1681），经纳兰性德、徐乾学、徐元文、顾贞观等为之醵金二千，以输少府助将作，遂得循例放归。工诗，才华富丽，风格遒上，自称其师为吴伟业，传伟业衣钵。塞外所作，凄怨中有悲壮。亦能词。并能骈文，以《长白山赋》知名。著有《秋笳集》。生平事迹见《清史列传》卷七〇、《清史稿》卷四八四、徐釚《孝廉吴君兆骞墓志铭》、李兴盛《吴兆骞年谱》。

董俞（1631—1688） 清诗人、词人。字苍水，号樗亭，又号莼乡钓客。江南华亭（今上海松江）人。董含弟。顺治十七年（1660）举人。康熙十八年（1679），举博学鸿词，罢归。中举后不久，江南奏销案起，士绅同日除名者万余人，俞名列其间。于是弃举子业，致力于诗词辞赋。少时，诗名与钱芳标相埒，人称“钱董”。入都后，又曾与王士禛相唱和。归里后，卜筑南村，歌啸自如。宋琬称“其诗亦闳深涵演，非复专家小乘之所敢望”（《董苍水诗序》）。又善为婉丽之词，所作“源于清商诸曲”，“若矫健疏宕处，则又歌行佳境”（沈雄《古今词话》）。著有《樗亭诗稿》、《玉凫词》，又与田茂遇同编《高言集》。生平事迹见《清史列传》卷七〇、《国朝耆献类征》卷四二三、《鹤征录》卷六。

李因笃（1631—1692） 清学者、诗文家。字天生，更字孔德，又字子德，号中南山人。陕西富平人。明诸生。明季曾走塞上，访求勇士以报国，无应者。入清屡北游雁门，南游三楚，皆有所图。康熙十八年（1679）举博学鸿词，将以死辞，其母劝之应试，授检讨，以母老病乞养归。宗朱子，重有用之学，长于经史，欲师事顾炎武不可，乃为友，与李颙、李柏称“关中三李”。其诗宗盛唐，效法明七子，“大抵意气苍莽，才力富赡，而亢厉之气，一往无前，失于粗豪者盖亦时时有之”(《四库全书总目》)。著有《受祺堂文集》、《汉诗音注》、《汉诗评》、《古今均考》。生平事迹见《清史列传》卷六六、《清史稿》卷四八〇、《国朝先正事略》卷三九、《国朝宋学渊源记》卷上。

徐乾学(1631—1694)　清诗文家。字原一，号健庵。江南昆山(今属江苏)人。顾炎武甥。康熙九年(1670)一甲三名进士，授编修。典顺天乡试，坐副榜未取汉军降级。复原官后，历赞善、侍讲、侍讲学士、詹事、内阁学士、礼部侍郎、左都御史，官至刑部尚书。二十九年春，请假回籍。尝充《明史》总裁、《大清会典》与《一统志》副总裁。身被殊遇，爱才好客，为士林所称。其学闳博淹贯，颇有根柢，“然文章则功候未深，大抵随题衍说，不甚讲求古格”(《四库全书总目》)，诗则“格律圆整，音调和谐，不离唐诗正声”，“意余于匠，情深于文，蔚然成一家言”(郑方坤《国朝名家诗钞小传》)。著有《憺园集》、《读礼通考》、《资治通鉴后编》。生平事迹见《清史稿》卷二七一、《清史列传》卷一〇、韩菼《经筵讲官刑部尚书徐公乾学行状》。

彭孙遹(1631—1700)　清文学家。字骏孙，号羡门，又号金粟山人。浙江海盐人。七岁咏凤，称神童。顺治十六年(1659)进士，授中书，罢归。康熙十八年(1679)召试博学鸿词，授编修，历官吏部侍郎，兼翰林院学士，充经筵讲官、《明史》总裁。素工词章，与王士禛齐名，号曰“彭、王”。工诗，早年有《南淮集》，才气尤盛。王士禛、尤侗皆推重之。沈德潜《国朝诗别裁集》谓其诗“词气和平，在唐人中最近大历十子，在十子中最近文房”。其词多写艳情，工小令，朱孝臧称之为“吹气如兰彭十郎”(《彊村弃稿》)，丁绍仪谓其“旨趣颇近欧、晏，微乏风骨，且未精纯”(《听秋声馆词话》)。著有《松桂堂全集》、《延露词》、《金粟词话》等。生平事迹见《清史稿》卷四八四、《国朝耆献类征》卷五九、《国朝先正事略》卷三九。

陈恭尹(1631—1700)　清诗人。字元孝，号半峰，又号独漉山人，亦称罗浮布衣。广东顺德人。明诸生。幼时，其父邦彦抗清牺牲，避匿得免。以父荫，南明桂王赐锦衣佥事。清兵陷广州，间关至闽、浙，溯江至金陵，由苏州趋杭州，留闽、浙者七年。返粤，一游海外，归与何衡、何绛、陶窳、梁无技相砥砺，世称“北田五子”。桂王在云南，欲往从，道梗，由湖南再往金陵，游开封，北渡黄河至太行，旋南归。吴三桂称帝时，以名重，一度被清廷捕入狱。得脱后，隐居广州以终。工诗，真气盘郁，激昂顿挫，足以发其幽忧哀怨之思。与屈大均、梁佩兰合称“岭南三大家”。王士禛谓其在三家中“尤清迥拔俗”(《渔洋诗话》)。张维屏谓“诗以沉为极诣”，“梅村、独漉之诗皆沉，梅村沉丽，独漉沉挚”(《国朝诗人征略》)。著有《独漉堂集》。生平事迹见《清史稿》卷四八四、《清史列传》卷七〇、《国朝先正事略》卷三八、冯奉初《明世袭锦衣佥事怀远将军陈元孝先生传》、温肃《陈独漉先生年谱》。

储欣(1631—1706)　清散文家。字同人。江南宜兴(今属江苏)人。康熙二十九年(1690)举人。少孤，率两弟苦读，博通经史。后曾馆于盐商。《四库全书总目》云：“欣以制艺名于时，而古文亦谨洁明畅，有唐宋家法，大致于苏轼为近。”姜宸英亟称赏之。尝选《唐宋十家文全集录》，于茅坤所定八家外，增李翱、孙樵，后《唐宋文醇》即本此。又与同里蒋景祁合纂《春秋指掌》及《前事》、《后事》，另著有《在陆草堂文集》。生平事迹见《清史列传》卷七一、《国朝耆献类征》卷四三〇、《国朝先正事略》卷三八。

杨雍建(1631—1707)　清诗文家。字自西，号以斋。浙江海宁人。顺治十二年(1655)进士，授高要知县，迁兵科给事中、刑科都给事中、左副都御史，授贵州巡抚，官至兵部侍郎，乞终养归。直声震朝野，尤以《谏猎疏》、《天变修省疏》最著称，王士禛誉为清开国后谏官第一。工诗，范骧所作诗序，称其诗如其人，道真性情。著有《景疏楼诗文稿》、《弗过轩诗钞》、《自怡集》及《黄门疏稿》、《抚黔奏疏》、《政学编》等。生平事迹见《清史稿》卷二七四、《清史列传》卷六、朱彝尊《兵部左侍郎杨公神道碑铭》。

刘百章　清戏曲作家。字景贤。浙江乐昌人，世居江南吴县(今属江苏)。约顺治、康熙间在世。著有传奇《摘星楼》，演武王伐纣故事；《七步行》，演曹植七步成诗故事；《瓦岗寨》，演程咬金等聚义瓦岗寨故事。另著《大阴报》、《牡丹圆》、《佐飞龙》、《状元印》、《状元旗》、《祝家庄》、《集翠楼》、《传家诀》、《醉禅师》、《翻天印》诸传奇，俱佚。生平事迹见《古典戏曲存目汇考》卷一一。

马上骧 清诗人。字天衢。河南孟津人。顺治间举人，官山东学官。于王铎兄弟为姻家子，从受诗法，篇翰斐然，绰有唐音，有推为"孟津诗派"者。康熙十四年(1675)刻其诗集《纫兰斋七言律》。生平事迹见《清诗纪事初编》卷八。

丘象随 清诗人。字季贞，号西轩。江南山阳(今江苏淮安)人。丘象升弟，兄弟齐名称"二丘"。年十四能诗，才名藉甚。顺治十一年(1654)拔贡生，康熙十八年(1679)荐试博学鸿词，授检讨。官至司经局洗马。著有《西山纪年集》、《淮安诗城》。生平事迹见《清史列传》卷七〇。

王士祜(1632—1681) 清诗人。字子侧，又字叔子，号东亭、古钵山人。山东新城(今桓台)人。康熙九年(1670)进士，未仕而卒。与兄士禄、弟士禛齐名，时称"三王"，计东云："三王并著诗名，西樵、阮亭早达，故声誉易起，若东亭之才，讵肯作蜂腰哉?"王士禛曰："山人幼沉默，寡言笑，读书好深湛之思，为文章，刻深窈杳，不取悦时目。"(均《晚晴簃诗汇》引)著有《古钵山人遗集》。生平事迹见《清史稿》卷四八四、王士禛《先兄东亭行述》、徐乾学《进士东亭王君墓志铭》。

方象瑛(1632—1685) 清诗文家。字渭仁，号霞庄。浙江遂安(今淳安)人。康熙六年(1667)进士，官内阁中书。十八年举博学鸿词，授编修，典四川乡试，历官侍讲。"其诗格律俱备，倜傥有致"，"与同里毛际可共为八家之文，记序多而传志少"，"亦颇有名，然去侯、魏、汪、姜尚远"(邓之诚《清诗纪事初编》)。著有《健松斋集》、《封长白山记》。生平事迹见《清史列传》卷七〇、《清史稿》卷四八四。

潘问奇(1632—1695) 清诗人。字云程，又字云客，号雪帆。浙江钱塘(今杭州)人。明诸生。入清不仕。年十五即有诗名，性狷介而傲岸自异。壮岁游鄂、豫、冀、蜀，至京师而南归，客死于扬州天宁寺。《晚晴簃诗汇》称其"诗格清雄，五、七律尤多警句"，"生易代之际，裴回恻怆，时见于言"。著有《拜鹃堂诗集》。生平事迹见《江苏诗征》卷一四、《清诗纪事初编》卷一。

丁炜(1632—1696) 清诗人。字澹汝，号雁水。福建晋江人。幼孤，成童丧母，顺治八年(1651)补县学生，从定远大将军济度攻取漳州，授漳平教谕，历官鲁山县丞，献县知县，户部主事、员外郎，兵部郎中，赣南道，湖北按察使，以事谪降。起补姚安知府，复原官，以目疾归。为"金台十子"之一。张维屏《国朝诗人征略》引《东越文苑传》，称其诗"力追唐贤，而能以文采润饰其吏治"。著有《问山集》、《紫云词》。生平事迹见《清史列传》卷七〇、《清史稿》卷四八四、陈寿祺《丁炜传》。

吴兴祚(1632—1697) 清诗人。字伯成，号留村。汉军正红旗人，原籍浙江山阴(今绍兴)。顺治七年(1650)以贡生授萍乡知县，历官大宁知县、沂州知州。降调，补无锡知县，迁行人司行人，历官福建按察使、巡抚，兵部尚书，两广总督，以事降谪，后又复原秩。喜与文士交游，颇有人望。"其诗吐属清雅，气度萧散，与其人不类"(邓之诚《清诗纪事初编》)。著有《留村诗钞》，编有《宋元声律选》等。生平事迹见《清史稿》卷二六〇、《清史列传》卷九、《国朝耆献类征》卷一五三、《满洲名臣传》卷二二。

毛宗岗(1632—?) 清小说、戏曲评点家。字序始，号孑庵。江南长洲(今江苏苏州)人。康熙四十八年(1709)尚在世。与《隋唐演义》作者褚人获为同学，与金人瑞也有交往。康熙三、四年间(1664—1665)，协助其父毛纶(字德音，号声山)评改《三国志演义》和《琵琶记》，尤以毛本《三国演义》著称于世。其评改本增删情节，整理回目，虽然加强了封建正统观念，然在文字上作了进一步修饰，其评点艺术分析较为细致、精到，成为清代最流行的《三国》小说本子。另著有笔记《孑庵杂录》。生平事迹见褚人获《坚瓠集》、《第七才子琵琶记》浮云客子序。

吴文炜(?—1696) 清诗人、画家。字山带，又字仪汉，号虎泉，别号宪白先生，原名韦。广东南海(今广州)人。康熙三十二年(1693)举人。家富藏书。十岁能诗，与岭南三家之一梁佩兰同塾，时相唱和。作诗初效李贺，争奇嗜险、相矜为乐，名噪一时。晚以诗古文辞倡导后学，以自然灵妙为宗旨。画亦为时人所重，论者谓有徐渭之风。著有《金茅山堂诗集》。生平事迹见《清史稿》卷四八四、《清史列传》卷七一、戴名世《吴文炜传》。

吴农祥(1632—1708) 清诗文家。字庆百，号星叟，别号啸台、宜斋、大涤山樵。浙江钱塘(今杭州)人。诸生。康熙十八年(1679)，荐举博学鸿词，因故报罢。家藏书逾万，与弟登楼撤梯，尽发所藏苦读。与吴任臣齐名，时有"二吴"之目。至京师，客冯溥邸，与陈维崧、毛奇龄、吴任臣、王嗣槐、徐林鸿合称"佳山堂六子"。作诗甚丰,袁枚以为"古人诗集之多以香山、放翁为最,本朝则未有多如吾乡吴庆伯先生者"(《随园诗话》)。为学条贯五经,尤精于《易》,与毛奇龄相切磋。章抚功称其文"才辨宏博,茹经涵史,驰骋百家",称其诗"激昂发越"(《吴征君行状》)。著有《萧台集》、《梧园集》。生平事迹见《清史列传》卷七〇、《国朝耆献类征》卷四三一、方桑如《吴征君农祥传》、章抚功《吴征君农祥行状》。

吴历(1632—1718) 清画家、诗人。原名启历,字渔山,号墨井道人,又号桃溪居士。江南常熟(今属江苏)人。父早亡,家道中落。少时学经于陈瑚,学诗于钱谦益,学琴于陈岷,学画于王时敏、王鉴。稍长,遂以卖画为生。母、妻亡后,乃萌出世之念,初好佛,后于康熙二十一年(1682)入天主教为耶稣会修士,教名西满。后升司铎,居澳门七年,复归乡里。其山水画有重名,为清初六家之一。其诗钱谦益称之为"思清格老,命笔造微"(《题桃溪诗稿》)。著有《墨井集》。生平事迹见《清史稿》卷五〇四、《国朝耆献类征》卷四六五、陈垣《吴渔山年谱》。

田登 清诗人。字春帆,号梅岑。江南江都(今江苏扬州)人。生于明末,家贫,游食四方。康熙间三藩之变,曾从军湖湘数年。扬州知府傅泽洪以其诗与潘问奇(1632—1695以后)诗合刊为《二家诗》,两人年龄略同。阮元《淮海英灵集》谓其诗"多沉雄矫鸷之音,与黄冈杜于皇齐名"。著有《埋照集》。生平事迹见《清诗纪事初编》卷一。

储方庆(1633—1683) 清诗文家。字广期,号遁庵。江南宜兴(今属江苏)人。康熙五年(1666)乡试第一,六年成进士。授清源知县。十八年,举博学鸿词。肆志于文章,魏象枢作墓志铭,谓其文"倜傥幻化,义不与古今人苟合,为当世所称"。作各体诗千首,皆散佚,文二百篇,刊为《遁庵文集》。生平事迹见《清史列传》卷七一、《国朝耆献类征》卷二二〇、《鹤征录》卷六、魏象枢《储君方庆墓志铭》。

黄百家 清学者、诗人。字主一。浙江余姚人。黄宗羲子。国子监生。清康熙中,《明史》馆开,宗羲以老病不能行,徐乾学延百家入史馆,成史志数种。博学通经,亦能诗。阮元《两浙輶轩录》选录其诗。著有《独体私钞》、《王刘异同》、《幸跌草》、《学箕初稿》。生平事迹见《清史稿》卷四八〇、《清史列传》卷六八。

恽格(1633—1690) 清画家、诗人。字寿平,后以字行,改字正叔,又字叔子,号南田,又号白云外史、云溪外史、东园客等。江南武进(今属江苏)人。年十五随父日初入闽中王祈义军,为清军总督陈锦掠去,养为己子。后出家灵隐寺为僧,旋归。以父忠于明,不应举仕清,卖画养父。其画为清初六家之一,花卉尤出神入妙,加以书法、题咏,人称"三绝"。诗为"毗陵六逸"之冠,郑方坤称其"诗率幽渺凄戾,托寄遥深,故与月泉吟社相类"(《南田诗钞小传》)。著有《瓯香馆集》、《南田诗钞》。生平事迹见《清史稿》卷五〇四、《国朝耆献类征》卷四二六、恽敬《恽先生格家传》及杨巨彬编、张名世增补《恽南田年表》。

翁叔元(1633—1701) 清诗文家。初名楠,字宝林,又字静乡,号铁庵。江南常熟(今属江苏)人。康熙十五年(1676)进士,授编修,历官国子监祭酒,吏部侍郎,工部、刑部尚书,曾主山东乡试,取赵执信等,称得人。以病致仕。先后从孙永祚、陈瑚学。未第时即以文章名海内,与韩菼齐名。王应奎谓其"诗笔秀整"(《海虞诗苑》)。著有《铁庵文稿》、《梵园诗集》。生平事迹见《清史稿》卷二七一、《国朝耆献类征》卷五九、韩菼《刑部尚书翁公叔元神道碑》及自订《翁铁庵年谱》。

王晫(1633—1705后) 清文学家。初名棐,字丹麓,号木庵,又号松溪子。浙江仁和(今杭州)人。诸生。好读书藏书,聚经史子集数万卷,于霞举堂纵观之。每读一书必贯穿首尾,撷其精要。好宾客,士大夫至杭,多与之定交。亦喜参与名士宴集,然性如山林中人。好刻书,刻有《檀几丛书》。著有《今世说》,仿刘义庆《世说新语》而成,惟载入己事,颇乖体例。另著有《遂生堂集》、《霞举堂集》、《墙东草堂词》。生平事迹见《清史列传》卷七〇。

李绳远(1633—1708) 清诗文家。字斯年,号寻壑,又号樵岚山人、补黄村农。浙江秀水(今嘉兴)人。李良年、李符兄。诸生,入国学,考授州同知,未就。尝入湖广总督丁思孔幕。康熙二十八年(1689)归,买杭州竹径庵居之,奉佛以老。其诗格意颇新,能以沉著出之。最善骈文,功力之深,不让陈维崧、吴绮。著有《寻壑外言》。生平事迹见《清史列传》卷七一及自撰《补黄村农生圹志》。

毛际可(1633—1708) 清诗文家。字会侯，号鹤舫，晚号松皋老人。浙江遂安（今淳安）人。顺治十五年（1658）进士，授彰德府推官，历官城固、祥符知县。康熙十八年（1679）举博学鸿词，不遇，回任，以事罢官归里。二十二年，应聘为《浙江通志》总裁。淹雅博闻，以文章名，与毛奇龄、毛先舒有"浙中三毛"之目。著有《松皋文集》、《鹤舫文钞》，增以新作，合为《安序堂文钞》，另著有《松皋诗选》、《浣雪词钞》（一名《映竹轩词》）。生平事迹见《清史列传》卷七〇、《国朝先正事略》卷三七、《鹤征录》卷五、吕履恒《毛先生际可墓志铭》。

梅文鼎（1633—1721） 清学者、诗文家。字定九，号勿庵。江南宣城（今安徽宣州）人。儿时从塾师罗王宾学，即喜观天象，于其运行颇了然。年二十七又师事倪正，后遂以精天文历法之学为一代宗师。李光地曾荐之于朝，为康熙帝所敬重。诗文为其余事，可见其郁勃之怀、高尚之志。著有《绩学堂诗文钞》，另有《律算全书》等天文律算书近百种。生平事迹见《清史稿》卷五〇六、《清史列传》卷六八、《国朝先正事略》卷四三、李俨《梅文鼎年谱》、商鸿逵《梅定九年谱》。

孙郁 清诗人、戏曲作家。字右汉，号雪崖，别署苏门啸侣。直隶元城（今河北大名）人。康熙三年（1664）进士，官浙江桐乡知县。工诗，杨钟羲《雪桥诗话续集》评其所作"性情、骨力为五鹿诗人称首"。又工曲。著有《孙雪崖诗》以及《绣帏灯》、《双鱼佩》、《天宝曲史》等传奇三种。生平事迹见《清诗纪事》康熙朝卷。

高层云（1634—1690） 清诗文家、书画家。字二鲍，又字谡苑，一作谡园，号菰邨。江南华亭（今上海松江）人。康熙十五年（1676）进士。十八年，举博学鸿词，报罢。授大理寺左评事，历官吏科给事中、通政司右参议、太常寺少卿。尝充广西乡试副考官、《一统志》纂修官。少刻意为诗文，初入都时，清世祖幸学宫，即泚笔作《临雍赋》，见称于时。诗规模杜甫，颇能脱俗，尤工书画，山水法董其昌，骨格灵秀，神韵冲和，时称"太常三绝"。著有《改虫斋集》。生平事迹见《清史稿》卷二八二、《清史列传》卷七〇、《国朝耆献类征》卷五九、徐乾学《太常寺少卿高君层云神道碑》。

曹贞吉（1634—1698） 清文学家。字升六，号实庵。山东安丘人。康熙三年（1664）进士，考授内阁中书，出为徽州同知。又入为礼部郎中，以疾辞湖广学政归里。诗格遒炼，为宋荦所推许。与宋琬、王又旦、颜光敏、叶封、田雯、谢重辉、丁炜、曹禾、汪懋麟称"金台十子"，王士禛选其诗入《十子诗略》。其论词谓"离而得合，乃为大家"（《珂雪词话》）。自为词能副其所言。王炜《珂雪词序》谓其"肮脏磊落，雄浑苍茫，而语多奇气，惝恍傲睨，有不可一世之意"。陈廷焯《白雨斋词话》谓其"于国初诸老中，才力不逮朱、陈，而取径较正"。朱祖谋作《望江南》词称其"脱尽词流芗泽习，相高秋气对南山，骎度《衍波》（王士禛词集名）前"。同时吴绮选名家词，推为压卷。著有《珂雪诗》、《珂雪词》。生平事迹见《清史稿》卷四八四、《清史列传》卷七〇、《国朝耆献类征》卷一四一、《国朝先正事略》卷三七。

毛师柱（1634—1711） 清诗人。字亦史，号端峰。江南太仓（今属江苏）人。诸生。少从陆世仪研习程、朱理学，究心时务。家贫游食四方。江南奏销案起，除诸生名。自此绝意仕进，专力于诗。数客如皋冒襄水绘园，在扬州与王士禛相契。晚始归老乡里。其诗早受知于吴伟业，而风格与同时"太仓十子"不类。晚与同里唐孙华、沈受宏、王吉武齐名，三人自以为不如。"其诗不矜标格，亦无激语，而自然高远，颇耐人思"（邓之诚《清诗纪事初编》）。著有《端峰诗选》、《端峰诗续选》。生平事迹见《民国太仓州志》卷二〇、《清诗纪事初编》卷一。

王士禛（1634—1711） 清文学家。雍正朝避帝讳，被改名士正，乾隆时又改称士祯，字子真，一字贻上，号阮亭、渔洋山人。山东新城（今桓台）人。顺治十五年（1658）进士，授扬州推官。康熙朝历官礼部主事、员外郎，户部郎中，侍讲，侍读，侍讲学士，国子监祭酒，詹事府詹事，兵、户部侍郎，左都御史，刑部尚书等。谥文简。士禛少年时为钱谦益称赏，康熙时继钱主盟诗坛。论诗创神韵说，选《唐贤三昧集》以标宗旨。早年诗作清丽澄淡，中年后转为苍劲。擅长各体，尤工七绝。但未能摆脱明七子余习，时人诮之为"清秀李于鳞（攀龙）"。但传其衣钵者不少，影响直到清中叶，清末谭献尚称"本朝诗终当以渔洋为第一"（《复堂日记》）。与朱彝尊齐名，称"北王南朱"。而赵执信有"王爱好，朱贪多"之微词，袁枚有"一代正宗才力薄"（《论诗绝句》）之贬语。余力为词，特长小令。唐允甲序《衍波词》称："贻上束其鸿博淹雅之才，作为《花间》隽语，极哀艳之深情，穷倩盼之逸致。"古文以天姿朗悟、自然修洁取胜，读书考订，评论得失，辨别真伪，时有独到之见。著有

《渔洋诗集》、《蜀道集》、《渔洋续集》、《渔洋文略》、《蚕尾集》、《续集》、《后集》、《南海集》、《雍益集》，总为《带经堂全集》。另著有《渔洋诗话》、《居易录》、《池北偶谈》、《古夫于亭杂录》、《香祖笔记》等。晚年自删定其诗为《渔洋山人精华录》，词集单行者名《衍波词》。生平事迹见《清史稿》卷二六六、《清史列传》卷九、《国朝名家诗钞小传》、《渔洋山人自撰年谱》、金荣《渔洋山人年谱》。

王渔洋　即王士禛。

宋荦(1634—1713)　清诗人。字牧仲，号漫堂，又号西陂。河南商丘人。顺治四年(1647)应诏以大臣子列侍卫。历官黄州通判，理藩院院判，刑部员外郎、郎中，直隶通永道，山东按察使，江苏布政使，江西、江苏巡抚，吏部尚书，加太子少师。精于鉴赏，善画，尤长于诗。邵长蘅曾以其诗与王士禛诗合刻为《二家诗钞》，谓其诗“含吐蕴藉，标格隽上，如良玉之温润缜密，而精采四照也”。然实非士禛之敌，其诗自云：“绵津三舍避渔洋，新屋诗题讵敢当。”著有《绵津山人集》、《西陂类稿》、《漫堂说诗》。生平事迹见《清史列传》卷九、《清史稿》卷二七四、《国朝先正事略》卷九、汤右曾《太子少师吏部尚书宋公荦墓志铭》、顾栋高《宋漫堂传》。

唐孙华(1634—1723)　清诗文家。字实君，号东江。江南太仓(今属江苏)人。康熙二十七年(1688)进士，选朝邑知县，以荐廷试称旨，授礼部主事，调吏部，充浙江乡试副考官。后以事落职。徐乾学开《一统志》局，招之往。少工为文，晚岁始致力于诗，体近苏轼，沈德潜谓为“不趋高超，专崇质实，皆其言有物者”(《国朝诗别裁集》)。著有《东江诗钞》。生平事迹见《清史列传》卷七一、《国朝耆献类征》卷一二一、《国朝先正事略》卷三八、《国朝名家诗钞小传》。

崔华　清诗人。字不雕。江南太仓(今属江苏)人。顺治十七年(1660)举人，为王士禛分校江南乡试所得士。居直塘，性孤洁寡合，吴伟业目之为“直塘一崔”。工画。诗作清异出尘，以《浒墅舟中别相送诸子》七律中“丹枫江冷人初去，黄叶声多酒不辞”一联得名，人呼为“崔黄叶”。著有《樱桃轩集》。生平事迹见《清史列传》卷七〇、《国朝先正事略》卷三八、《清画家诗史》甲下。

方殿元　清诗人。字蒙章，号九谷。广东番禺(今广州)人。成鹫兄。康熙三年(1664)进士，历官郯城、江宁知县。引疾归，以兵乱道阻不得返乡里，携其子还、朝侨寓苏州。粤中以方氏父子三人与陈恭尹、梁佩兰、程可则、王邦畿并称“岭南七子”。其诗“高华伉爽，依傍一空”(沈德潜《国朝诗别裁集》)，“其乐府节韵尤苍峭入古”(凌扬藻《国朝岭海诗钞》)。著有《九谷集》。生平事迹见《清史列传》卷七一、《清史稿》卷四八四、《国朝诗人征略》卷七。

邵远平　清学者、诗人。初名吴远，字戒三，号戒庵，又号蓬观子。浙江仁和(今杭州)人。康熙三年(1664)进士，选庶吉士，授户部主事，历官郎中、江西学政、光禄寺少卿。十八年举博学鸿词，授侍读，迁庶子、少詹事。寻致仕归，息影湖庄，琴史自娱。工诗，《四库全书总目》评为“酷摹唐音，颇见宏赡”。著有《京邸集》、《粤行集》、《史学辨误》、《元史类编》。生平事迹见《清史稿》卷四八四、《清史列传》卷七〇、《国朝先正事略》卷三九。

吴孟坚(1635—？)　清诗人。字子班。江南贵池(今属安徽)人。父吴应箕，明末清流，尝与复社诸生揭帖讨阮大铖，清兵入关，举义殉难。孟坚能守父志，尚气节，好交游。搜辑亡父遗作《启祯两朝剥复录》、《留都见闻录》为刊行。康熙五十二年(1713)，作《复社姓氏序略》，年已七十八。卓尔堪《明遗民诗》称其诗“咏叹激顽”。著有《偶存草》、《雁字和韵诗》、《一草亭读史漫笔》、《逸民心略》。生平事迹见《明遗民诗》卷一、《晚晴簃诗汇》卷三四。

祁班孙(1635—1673)　清诗人。字奕喜，小字季郎，以行称祁六公子。浙江山阴(今绍兴)人。南明弘光朝苏松巡抚祁彪佳子。少为大儒刘宗周弟子，宗周起兵反清，与兄理孙倾家资助。通海案起，遣戍辽东。三年后潜归，于苏州尧峰山削发为僧，后为常州马鞍山寺住持，称咒明林大师。好议论古今，不谈佛法，语及前明，则掩面痛哭。死后遗命归祔祖茔。工诗，所作大多悲凉凄怆，发抒压抑不平之气。著有《东行风俗记》、《紫芝轩集》等，生前均未刊刻，后经同乡杜煦兄弟编入《祁忠惠公遗集》中。生平事迹见《清史稿》卷五〇一、全祖望《祁六公子墓碣铭》。

曹申吉(1635—1680)　清诗人。字锡余，号逸庵，一号澹余。山东安丘人。曹贞吉弟。顺治十二年(1655)进士，授编修，历官湖广右参议，睢陈道副使，左通政使，大理寺卿，礼部、吏部、工部侍郎，右副都御史，贵州巡抚。吴三桂反，被执，或云降敌，不知所终，或云被害殉难。与其兄贞吉得舅祖刘正宗指授诗法，王士禛称其诗"深思老笔，揉以清苍(邓汉仪《诗观三集》引)。著有《澹余诗集》，《黔行》、《黔寄》二集。生平事迹见《清史列传》卷八〇、张贞《巡抚贵州工部右侍郎曹公申吉墓志铭》。

王又旦(1635—1685)　清诗人。字幼华，号黄湄渔人。陕西郃阳(今合阳)人。顺治十五年(1658)进士，选潜江知县。行取给事中，丁父忧归，读书中条山阴芥川之上。康熙二十年(1681)授吏科给事中，转户科，以疾卒于官。京师以诗名者，称"两王先生"，一为王士禛，一即又旦。姜宸英谓其诗"与阮亭蹊径自别，古体老而益肆，外露奇倔而内涵静穆，非学醇而功力深至不易臻斯境界"，徐世昌称其与孙枝蔚、李因笃在关中诗人中"如泰华三峰，俯视培塿"。(均见《晚晴簃诗汇》)著有《黄湄诗选》。生平事迹见《清史列传》卷七四、《国朝先正事略》卷三八、朱彝尊《户科给事中郃阳王君墓志铭》、姜宸英《户科掌印给事中黄湄王公墓表》。

刘榛(1635—1690)　清文学家。字山蔚，号董园。河南商丘人。诸生。少聪颖力学而不妄交游，与睢州田兰芳、同里郑廉相友善。其文法初得自同里徐作肃，以秀洁称。其后学益进，文益工，与田兰芳齐名，四方来求教者甚多。中年历游齐、鲁、吴、越，孙奇逢、汤斌、宋荦亟称之。尝从学使游两浙，忽念母辞归。窦克勤建朱阳书院，欲聘其掌教，未行而卒。古文外，亦工词，所作"以自然条畅，气盛自得称于时"(严迪昌《清词史》)，与傅世垚同为豫东词人中羽翼阳羡词派者。著有《虚直堂集》，内含《董园词》，另著有《女使韵统》。生平事迹见《清史列传》卷七〇、《国朝耆献类征》卷四二七。

李良年(1635—1694)　清文学家。字武曾，又作符曾，号秋锦，尝更姓名虞兆潢，字法远。浙江秀水(今嘉兴)人。诸生。少贫力学，与兄绳远、弟符有"三李"之称。又与朱彝尊并称"朱李"。曹申吉巡抚贵州，招致幕下。康熙十八年(1679)，荐试博学鸿词，未中。后一度入凤阳知府幕。徐乾学开《一统志》局，聘为分修，未几病卒。其诗清峭洒落，其词则"规模南宋，羽翼竹垞"，号为"雅正"(陈廷焯《白雨斋词话》)，居"浙西六家"之次席，为浙派词主将之一，虽开阔不及朱彝尊，而润密过之。著有《秋锦山房集》。生平事迹见《清史稿》卷四八四、《清史列传》卷七一、《国朝先正事略》卷四〇、朱彝尊《征君李君行状》。

李天馥(1635—1699)　清大臣、诗人。字湘北，号容斋。河南永城人，原籍安徽桐城。顺治十五年(1658)进士，改庶吉士，授检讨。历官国子监司业，侍讲，侍讲学士，侍读学士，詹事府少詹事，内阁学士，户部、吏部侍郎，工部、刑部、兵部、吏部尚书，武英殿大学士。谥文定。素好士，文人从游者甚众。《晚晴簃诗汇》谓其诗"皆以雍容渊秀出之"。著有《容斋千首诗》，别有古宫词百首。生平事迹见《清史列传》卷九、《清史稿》卷二六七、《国朝耆献类征》卷七、《国朝先正事略》卷六。

颜元(1635—1704)　清学者、思想家、散文家。幼姓朱，名邦直，字易直，三十九岁复姓，字浑然，号习斋。直隶博野(今属河北)人。诸生。明末父戍辽东，殁于关外，元贫无立锥，百计觅骨归葬。少曾务农，又曾行医、教书。居丧守朱氏《家礼》惟谨，既而觉其非是，乃著《存学》、《存性》、《存治》、《存人》四编以立教，名所居曰"习斋"。与门人李塨倡实学，主"习行"、"习动"，建立颜李学派。晚主讲肥乡漳南书院，设文事、武备、经史、艺能四科。其文多阐述其思想，辞锋锐利，论点精到，独树一帜。诗不多作，亦笔力劲健。著有《四存编》、《四书正误》、《习斋记余》、《朱子语类评》等，均收入《颜李丛书》，今人合辑为《颜元集》。生平事迹见《清史稿》卷四八〇、《清史列传》卷六六、李塨《颜习斋先生年谱》、郭霭春《颜习斋学谱》。

田雯(1635—1704)　清诗文家。字纶霞，一字紫纶、子纶，号山薑，又号漪亭，晚号蒙斋。山东德州人。康熙三年(1664)进士，授内阁中书，历官工部郎中，湖广督粮道，光禄寺卿，江苏、贵州巡抚，刑部、户部侍郎。论诗不强分唐宋，尤推重黄庭坚，不依附王士禛之门墙，"负其纵横排奡之气，欲以奇丽驾士祯(禛)上，故诗文皆组织繁富，锻炼刻苦，不肯规规作常语"(《四库全书总目》)。著有《古欢堂集》、《黔书》、《河志籍考》，编有《历代诗选》、《历代文选》。生平事迹见《清史稿》卷四八四、《国朝先正事略》卷三七、《国朝名家诗钞小传》及《蒙斋自编年谱》。

陈维嶽(1635—1712)　清词人。字纬云，晚号苦庵。江南宜兴(今属江苏)人。诸生。陈贞慧子，陈维崧、维嵋弟。其父去世后，在外为幕僚多年。后以太学生考选州判，未赴任，闭门著述以终老。与兄皆以诗词文章名世。徐乾学、王士禛、朱彝尊皆称赏之。尤长于词，为阳羡词派重要成员。早作颇绮丽，后转为苍凉。著有《秋水阁古文》、《潘鬓词》、《红盐词》诸集藏于家。生平事迹见《嘉庆重刊宜兴县旧志》卷八。

董元恺（？—1687）　清词人。字舜民，号子康。江南武进（今属江苏）人。顺治十七年（1660）举人，次年即因罹江南奏销案被黜。以佳公子而怀才不遇，遭此打击，遂漫游四方，登山临水，凭吊古迹，"以抑塞磊落之才，使飞扬跋扈之气；以嵚崎窈窕之遇，抒缠绵凄怆之怀"，所为词"哀乐过人，一往有深情"（尤侗《苍梧词序》），慷慨激昂之处，风格最近陈维崧《湖海楼词》。晚年远游归里，足迹常在阳羡山水间，论者以为其词乃阳羡派词风之一翼。著有《苍梧词》。生平事迹见尤侗《苍梧词序》、《清名家词》作者小传。

李国宋（1636—？）　清诗人。字锡山，又字汤孙，号大村。江南兴化（今属江苏）人。康熙二十三年（1684）举人。其诗以杜甫为宗，每多伤时念乱之作，格老笔苍，声情并茂。著有《赢隐集》、《珠尘集》。生平事迹见《国朝耆献类征》卷四二六。

吴钦（1636—？）　清戏曲作家。字允哲，号叩壶。浙江仁和（今杭州）人。康熙三十一年（1692）诸生，就馆于临平最久，与西泠十子之一沈谦相交，集中多唱酬之作。诗文外，兼工戏曲。著有《叩壶集》及《白雪楼》传奇。生平事迹见《两浙辅轩续录》卷三。

陆次云（1636？—）　清诗人、学者。字云士，号北墅。浙江钱塘（今杭州）人。康熙十八年（1679），举博学鸿词，罢归。后以拔贡官郏县知县，以忧归。复起为江阴知县。居官多善政。风雅好客，众名士至则必过访之。尤与汤右曾交密。沈德潜《国朝诗别裁集》谓其"诗本性情出之，故语多沉着。而所选诗转在宋元，以之怡情，不以之为宗法"。《四库全书总目》称其"五古短篇及宫词之类，颇能自出新裁，而蹊径不免于太狭"。著有《澄江集》、《玉山词》（一名《北墅词》）、《八纮绎史》、《八纮荒史》、《湖壖杂记》、《北墅绪言》、《尚论持平》、《析疑待正》、《事文标异》，编有《诗平初集》。生平事迹见《清史列传》卷七〇、《国朝诗人征略》卷一四、《鹤征录》卷六。

王摅（1636—1699）　清诗人。字虹友，号汲园。江南太仓（今属江苏）人。王时敏第七子。以廪生入国子监，才名噪都下，又历游燕、晋、豫、粤等地。受业于陈瑚，尝从吴伟业问学，复交王士禛、朱彝尊等。吴伟业选其诗入《太仓十子诗选》。沈德潜称"太仓王氏昆季多才，而《芦中》一集，尤为矫矫"（《国朝诗别裁集》）。邓之诚谓其"七言歌行，一唱三叹，有极似梅村（吴伟业）者。惜以游食贫窭，损其壮心，多伤郁伊，未能突兀。然刻划山川，每有佳咏"（《清诗纪事初编》）。著有《芦中集》。生平事迹见《清史列传》卷七〇、《国朝先正事略》卷三八。

陈玉璂（1636—1700后）　清散文家。字赓明，号椒峰。江南武进（今属江苏）人。康熙六年（1667）进士，授内阁中书。十八年举博学鸿词，不遇。少有大志，凡天文、地理、兵刑、礼乐、河渠、赋役诸事，无不究心。与同里董以宁、邹祗谟、龚百药合刻《毗陵四子文》。《四库全书总目》谓其文"亦颇有源委，不同剿说，然大致逶迤平衍，学宋格而未成"，诗则"非所长矣"。著有《学文堂集》，编有《续毗陵人品记》。生平事迹见《清史列传》卷七一、《国朝先正事略》卷三八、《国朝耆献类征》卷一四一。

大汕（1636—1705后）　清诗僧。字石濂，俗姓徐。江南吴县（今属江苏）人。康熙初，主广州长寿庵，夺飞来寺为下院，收租贩运。后为按察使许嗣兴擒押出境，至赣州，复为巡抚李基和逮解回籍，死于常山途次。喜结纳名士。与屈大均、潘耒先交而后绝。工诗与画，有巧思。其诗清丽，颇见才情。著有《离六堂集》、《离六堂近稿》。生平事迹见《清画家诗史》壬下、《清史纪事初编》卷三。

徐釚（1636—1708）　清诗人。字电发，号拙存，又号虹亭，晚号枫江渔父。江南吴江（今属江苏）人。康熙十八年（1679）举博学鸿词，授检讨。早受业于宋实颖。袁景辂《国朝松陵诗征》评其诗"体尚华秀，"王昶《国朝词综》引梁云麓语称其词"高处在秾艳中时见本色"。其词流入朝鲜，有会宁都护官仇元吉，用金一饼购去。而其《词苑丛谈》一书，史传称其"援据详明，具有鉴裁"，大有裨益于后世治词学者。著有《南洲草堂集》、《青门集》、《菊庄词》、《词苑丛谈》、《本事诗》、《啸虹笔记》。生平事迹见《清史稿》卷四八四、《清史列传》卷七一、《国朝耆献类征》卷一一九、《国朝名家诗钞小传》。

吴兆宜　清诗歌笺注家、诗人。字显令。江南吴江（今属江苏）人。吴兆骞弟。诸生。与诸兄并以才藻流誉远近。诸兄务广交，兆宜独闭门著书。笺注徐陵、庾信、韩偓诸人集，征事训释，穷日夜不倦。袁景辂以为“吾邑词赋作者如林，笺注之博洽，应推显令为擅场”（《国朝松陵诗征》）。著有《玉台新咏笺注》、《徐孝穆集笺注》、《庾开府集笺注》。生平事迹见《江苏诗征》卷一二、《国朝松陵诗征》卷七。

元璟 清诗僧。字借山，号红椒，又号晚香，初名通圆，字以中。浙江平湖人。康熙间在世。天童寺（或谓化成庵、栖心寺）僧。木陈忞再传弟子。早入空门，遍参临济宗诸名僧。清圣祖南巡，诣吴门接驾，献诗，有旨进京供奉。既入都，诗名大噪，公卿士大夫皆与订交，后放归。游历南北，足迹半天下。王士禛谓其诗“笔秀骨清，造境闲而远，悟性空而灵”（《晚晴簃诗汇》引），《四库全书总目》则称“其诗以清雅为宗，时有秀句”，“盖其居杭州时，曾结西溪吟社，所与酬唱者，皆一代胜流，耳濡目染，落笔自能远俗，但根柢不深，气味不免太薄耳”。著有《完玉堂诗集》。生平事迹见《四库全书总目》卷一八一、《晚晴簃诗汇》卷一九六、陶元藻《全浙诗话》。

成鹫（1636—1707后） 清诗僧。原姓名方颛恺，字麟趾，披剃于本师石洞禅师，法名成鹫，字迹删，号东樵山人。广东番禺（今广州）人。方殿元弟。明诸生。与陶环、何绛等通海上，奉南明永历正朔者结为生死之交。尝渡江至澳门、琼州，踪迹突兀，实有所图。陈恭尹居西樵，乃自号东樵，若与之抗，与屈大均、梁佩兰皆有唱酬。“其文尽情发泄，不拘守八家准绳，颇有似《庄子》处”，“诗亦快吐胸臆，不作禅语，无雕琢摹仿之习”（邓之诚《清诗纪事初编》）。著有《咸陟堂集》。生平事迹见《清诗纪事初编》卷二。

赵俞（1636—1713） 清诗人。字文饶，号蒙泉。江南嘉定（今属上海）人。年四十二始中举，康熙二十七年（1688）成进士。受知于徐乾学，徐罢官归，以鱼肉乡里受控，遂被牵连下狱。后亡命京师，历五年事始白，纳赀得选定陶知县。与同邑孙志弥、王畮、侯开国合称“疁城四子”，又与姜宸英交密。《四库全书总目》谓其“诗格极为遒上，但才锋太锐，少一唱三叹之致”。著有《绀寒亭集》。生平事迹见《清史列传》卷七四、《国朝名家诗钞小传》卷三、张云章《知定陶县事赵先生俞行状》。

杨无咎（1636—1724） 清诗文家。字震百，号易亭，别号小宛、正孝先生。江南吴县（今属江苏）人。明亡，父杨廷枢殉难芦墟，无咎年仅十二。杜门隐居七十余年。与徐枋、朱用纯交游，三人并以先人尽忠殉节，益以气节相砥砺，时称吴中三高士。著述甚富，随手散佚。诗文外，兼擅书、琴。著有《小宛集》、《唐风》、《谈经录》、《三易卦位图说》、《示后录》、《管窥录》、《论世》等。生平事迹见《清史列传》卷七〇、《国朝耆献类征》卷四七八、《江苏诗征》卷六二。

黄百穀 清文学家。字农师。浙江余姚人。黄宗羲弟黄宗炎子。少即能文，以医为业。康熙间卜居西湖之滨，吊古感伤，发于吟咏。后以穷饿卒。工诗，亦善作戏曲。著有《稼轩诗稿》，另有《蕙江缘》、《返魂香》传奇，已佚。生平事迹见《两浙輶轩续录》卷三、《古典戏曲存目汇考》卷一一。

曹亮武（1637—？） 清词人。字渭公，号南耕，原名璜。江南宜兴（今属江苏）人。为陈维崧二姑父曹茂勤嗣子。其父早卒，乃从舅父陈贞慧学，又受业于侯方域。少与陈维崧同学，长以诗文相切磋。维崧导之学词，初不肯为，后溯楚江，越彭蠡，登匡庐，葺废阁读书两年，填词纪游，归后遂致力于词。为阳羡派重要词人。《四库全书总目》谓“亮武以倚声擅名，与陈维崧为中表兄弟，当时名几相埒，其缠绵婉约处，亦不减于维崧，而才气稍逊，故纵横跌宕，究不能与之匹敌也”。然其词清峻挺拔，自属难得。著有《南耕草堂诗》、《南耕词》。生平事迹见《四库全书总目》卷二〇〇、陈维崧《南耕词跋》。

荫在（1637—1674） 清诗僧。字香谷，号桤庵，俗姓皇甫。江南吴江（今属江苏）人。顺治、康熙间六都妙华庵僧。幼失怙，携弟晦迹入山，师事宝云和尚，穷经探史，精研声律，遂以诗名。袁景辂谓其“诗宗山谷，以幽深古峭为主，兼有似卢仝、刘叉者”，“往往以奇语胜人”（《国朝松陵诗征》）。著有《香谷集》。生平事迹见《国朝松陵诗征》、《晚晴簃诗汇》卷一九五。

嵇永仁（1637—1676） 清戏曲作家。字留山，又字匡侯，号抱犊山农。江南无锡（今属江苏）人。少游苏州，补府学生。尚气节，以经世之才自负。福建总督范承谟闻其名，延入幕府掌书记。耿精忠有反迹，永仁为范承谟设计应付。耿精忠响应吴三桂叛清，设宴召二人囚之。下于狱中二年，不为所动，常与范承谟烧炭画壁，作诗明志。范承谟被害，永仁遂自经。著有《抱犊山房集》、《百苦吟》，《续离骚》、《游戏三昧》杂剧，《扬州梦》、《双报应》传奇及《东田医补》、《集政备考》。生平事迹见《清史稿》卷四

八八、《清史列传》卷六五、《国朝耆献类征》卷三四二。

韩菼(1637—1704)　清大臣、诗文家。字元少，号慕庐。江南长洲(今江苏苏州)人。康熙十二年(1673)进士第一，授修撰，进侍讲、内阁学士兼礼部侍郎，官至礼部尚书兼掌院学士，谥文懿。以文学受知，久值内廷。其文学欧阳修、曾巩，以时文作古文，《四库全书总目》称为“法度谨严”，然“不能脱然于畦封”；其诗则郑方坤谓能“刻露性情，吐纳风雅”，“卓然成一家之言”(《有怀堂诗钞小传》)。著有《有怀堂诗文稿》。生平事迹见《清史稿》卷二六六、《清史列传》卷九、《国朝先正事略》卷一〇、朱彝尊《礼部尚书兼掌院学士韩公菼墓碑》。

邵长蘅(1637—1704)　清诗文家。一名衡，字子湘，号青门山人。江南武进(今属江苏)人。十岁即为诸生。后因奏销案除名，乃谢去举子业，肆力于诗古文辞。康熙间游京师，施闰章、王士禛、朱彝尊、陈维崧等皆与之交。又入太学试得州同知，不就，束装归。宋荦巡抚苏州，礼致之幕府。乃选王士禛、宋荦诗为《二家诗钞》。其古文规摹唐顺之、归有光，“洮汰锻炼，粹然一出于正”，诗则“格高气遒”，“雄肆奇伟，卓然成一家言”(郑方坤《青门诗钞小传》)。著有《青门簏稿》、《旅稿》、《剩稿》，合为《邵青门全集》。生平事迹见《清史列传》卷七一、《清史稿》卷四八四、《国朝名家诗钞小传》、宋荦《青门山人墓志铭》。

郑梁(1637—1713)　清诗人。字禹梅，号寒村。浙江慈溪人。康熙二十七年(1688)进士，改庶吉士，授户部主事，积升郎中。三十三年，充会试同考官。出为高州知府，居官二年，即请归养亲。晚病风，遂改名风，右体不遂，以左手写作。父与黄宗羲交最密，命梁师事之，学有心得。宗羲殁后，为建二老阁祀之。家中藏书甚富，与宁波范氏天一阁相埒。以《晓行》诗得名，朱彝尊尝赠以诗。史传谓其“诗近陈献章，文类归有光”。黄宗羲评其诗为“澥汰秋水，表里霜雪”(《晚晴簃诗汇》引)。著有《寒村诗文集》。生平事迹见《清史列传》卷七一、《国朝诗人征略》卷一五、《晚晴簃诗汇》卷三〇。

秦松龄(1637—1714)　清诗文家。字汉石，又字次椒，号留仙，又号对岩。江南无锡(今属江苏)人。顺治十二年(1655)进士，授检讨，以奏销案落职。康熙十八年(1679)举博学鸿词，复授检讨，与修《明史》，典试江西，历左赞善，迁谕德。二十三年主顺天乡试，又被究落职。与王士禛为同年，相友善。其“诗文和厚，无凄苦之音”(邓之诚《清诗纪事初编》)。著有《毛诗日笺》、《苍岘山人集》、《微云词》。生平事迹见《清史列传》卷七〇、《清史稿》卷四八四、《国朝耆献类征》卷一一八。

顾贞观(1637—1714)　清文学家。字华峰，号梁汾。江南无锡(今属江苏)人。康熙十一年(1672)举人，官内阁中书。早与吴兆骞齐名，及吴戍塞外，贞观方馆于纳兰明珠家，力请其子性德营救，性德见其寄吴之《金缕曲》词，大为感动，为言于明珠，吴竟得生还。时称为嘉话。工诗，自定其集，仅五言三十余篇，旨在古淡，清微婉笃，上追韦应物、柳宗元。而世特传其词，与陈维崧、朱彝尊称词家三绝。尝云：吾词独不落宋人圈缋，可信必传。取《华严经》弥勒弹指，楼阁门开之义，自名其词集。其词有传至朝鲜者。杜诏序谓其“极情之致，出入南北两宋，而奄有众长，词之集大成者也”。陈廷焯《白雨斋词话》则谓其“不悟沉郁之妙，终非上乘”。著有《纻塘集》、《积书岩集》、《征纬堂诗》、《弹指词》。生平事迹见《清史稿》卷四八四、《清史列传》卷七〇、《国朝耆献类征》卷一四二、《国朝诗人征略》卷九。

申涵盼(1638—1682)　清文学家。字随叔，号定舫。直隶永年(今属河北)人。申涵光、涵煜弟。幼聪慧，与两兄长俱有才名。顺治十八年(1661)进士，授检讨，与修《实录》。康熙十一年(1672)引疾归，家居十年，病卒。工诗，初从兄学，以杜甫为宗，而近法李梦阳、何景明，时有俊语。尝仿李东阳乐府作咏史诗百余首，奇峭激宕，具有史法，宋琬称其“言远而旨该，论严而语隽，不独音节之妙”(《晚晴簃诗汇》引)。归田后诗益工，因自矜慎，故流传者绝少。精研史学，善碑版纪序之文。著有《定舫诗草》、《忠裕堂集》等。生平事迹见《大清畿辅先哲传》卷一九、《国朝耆献类征》卷一一六。

叶映榴(1638—1688)　清诗人。字苍岩，号炳霞。江南上海(今上海市)人。顺治十八年(1661)进士，选庶吉士，历官户部主事、员外郎，礼部郎中，湖北粮储道。楚兵夏逢龙聚众反，被执杀，谥忠节。“清初云间诗派称盛，李张二董三周诸曹各擅胜场，映榴虽未足与之联镳并驾，而造诣亦深”(邓之诚《清诗纪事初编》)。著有《叶忠节遗稿》。生平事迹见《清史列传》卷七〇、《清史稿》卷二五三、曹一士《叶忠节公映榴传》、王一宁《忠节叶苍岩公传》。

曹禾(1638—1700) 清诗文家。字颂嘉,号峨嵋,又号未庵。江南江阴(今属江苏)人。康熙三年(1664)进士,官内阁中书,告归养母。十八年举博学鸿词,授编修,与修《明史》。历官国子监祭酒,因事去职归。其诗"寄意深婉,不以藻绘求工"(《晚晴簃诗汇》),与田雯、宋荦、汪懋麟、颜光敏、王又旦、谢重辉、曹贞吉、丁澎、叶封并称"都门(或作金台)十子"。文在"十子"中尤有成就。著有《未庵初集》。生平事迹见《清史列传》卷七一、《清史稿》卷四八四、《国朝先正事略》卷三九。

万斯同(1638—1702) 清学者、诗文家。字季野,号石园。浙江鄞县人。南明鲁王时授户部主事。为黄宗羲高弟子,精通诸史,尤熟明代事。康熙十七年(1678)开博学鸿词科,辞不就。十八年,徐元文延之往,不署衔、不受俸,以布衣与修《明史》。后张玉书、陈廷敬、王鸿绪相继为总裁,皆聘之,于《明史》之成功绩甚著。门人私谥贞文。少时致力于诗古文辞,颇有根柢。著有《石园文集》、《历代史表》、《儒林宗派》、《历代宰辅汇考》、《群书疑辨》、《书学汇编》等。生平事迹见《清史稿》卷四八四、《清史列传》卷六八、黄百家《万季野斯同墓志铭》、全祖望《万贞文先生传》。

仇兆鳌(1638—1717) 清诗歌笺注家、诗人。字沧柱,一字知几,晚号章溪老叟。浙江鄞县人。康熙四十八年(1709)进士,选庶吉士,授编修。历官侍讲,侍读,内阁学士,礼部、吏部侍郎。为黄宗羲弟子,学宗刘宗周,以理学自任,与李光地等交好。穷二十余年心力,编撰《杜诗详注》,篇帙浩瀚,援引繁富,解释详赡,"无千家注杜之陋习","可资考证者为多"(《四库全书总目》)。得清圣祖玄烨赞赏,遂命总纂《方舆程考》。所作诗亦雄健,有"壁立高崖尽,溪回一线开"等句。其他尚著有《悟真篇集注》。生平事迹见《国朝耆献类征》卷六二、《文献征存录》卷一七、《国朝诗人征略》卷一五。

江闿 清诗文家。字辰六,号辟炯生。江南歙县(今属安徽)人,迁居江都(今属江苏)。少依姻亲改姓越,后复本姓。吴绮婿。康熙二年(1663)以贵州籍应乡试中举人。十八年举博学鸿词,未中,选益阳知县,擢均州、解州知州,卒于官。结纳当世名流,尤受知于王士禛,诗词皆有才笔。著有《江辰六文集》。生平事迹见《国朝耆献类征》卷二二〇、《鹤征录》卷六。

李符(1639—1689) 清文学家。原名符远,字分虎,号耕客。浙江秀水(今嘉兴)人。与兄绳远、良年号"浙西三李"。早受知曹溶,得读其藏书,又与朱彝尊等结诗社,故其学颇有渊源。《晚晴簃诗汇》称其诗"才力不逮两兄,然清空隽逸,一气奔放,亦非两兄所能掩"。其词尤有名,才气胜于乃兄,亦在"浙西六家"之列,能"反从北宋追南宋"(谭莹《论词绝句》)。著有《香草居集》,内有词二卷,即《耒边词》。生平事迹见《清史列传》卷七一、高层云《布衣李君墓表》。

陈廷敬(1639—1710) 清大臣、诗文家。原名敬,字子端,号悦岩。山西泽州(今晋城)人。顺治十五年(1658)进士,选庶吉士,授检讨,擢内阁学士、礼部侍郎、左都御史,官至文渊阁大学士兼吏部尚书。久值南书房,领官修书,始终恩礼不衰。谥文贞。与王士禛、汪琬为友,而诗文各不相袭。"论诗宗杜甫,不为流连光景之词",文则"燕许大手,海内无异词焉"(《四库全书总目》)。著有《午亭文编》。生平事迹见《清史列传》卷九、《清史稿》卷二六七、《国朝先正事略》卷六、《国朝耆献类征》卷七。

劳之辨(1639—1714) 清诗人。字书升,号介岩。浙江石门人。康熙三年(1664)进士,由庶吉士改户部主事,迁礼部郎中,官至左副都御史,四十七年,因事受杖责,黜罢,五年后复职。诗摹白居易,喜及时事,自注甚详。著有《静观堂诗集》。生平事迹见《清史稿》卷二八六、杨瑄《左副都御史劳公之辨墓志铭》。

陈迁鹤(1639—1714) 清学者、散文家。字声士,号介石。福建龙岩人。康熙二十四年(1685)进士,改庶吉士,授编修。累官至左庶子,入直南书房。四十七年,致仕归。邃于经学,不墨守前人成说。李光地见其说,称赏之,遂与之订交。著有《春树堂文集》、《易说》、《尚书私记》、《毛诗国风绎》、《读诗随记》、《春秋纪疑》、《闲居咫闻》、《小学疏意大全》。生平事迹见《清史列传》卷六七、《国朝耆献类征》卷一二一、《文献征存录》卷一等。

徐昭华 清女诗人。字伊璧,号兰痴,又号枫溪女史。浙江上虞人。徐咸清女,骆家采妻。其母商景徽及姨景兰俱以能诗名。幼承家教。尝从毛奇龄学诗,称女弟子。诗名噪一时。兼擅书画,毛奇龄有诗赞曰:"书传王逸少,画类管夫人。"吴德旋谓"闺中人作雄词,堕小说家女侠习气,独昭华《塞上曲》沈情超笔,汉世乐章,忘其为唐山作也"(《初月楼续闻见录》)。著有《徐都讲诗》。生平事迹见《清画家诗史》癸上、《清代闺阁诗人征略》卷四、《国朝书画家笔录》卷四、《国朝书人辑略》卷一一。

吕熊 清小说家、学者。字文兆，号古稀逸田叟。江南昆山(今属江苏)人。性情孤冷，举止怪僻。康熙二十一年(1682)，游幕北京，与刘廷玑交。次年客于成龙幕。成龙卒，南还游浙江。刘廷玑改官南昌，自昆山往会尽欢。四十三年，又赴淮阴访廷玑，出所著长篇小说《女仙外史》全稿，廷玑为作题语。后客陈奕禧幕。奕禧卒，复往岭南探胜。六十一年，以《女仙外史》触当道忌，由南昌还居苏州，年八十余卒。除《女仙外史》外，所著尚有《诗经六义辨》、《明史断》、《续广舆记》等。生平事迹见孙楷第《中国通俗小说书目》、蒋瑞藻《小说考证》、张慧剑《明清江苏文人年表》。

周在浚(1640—?) 清诗文家。字雪客，一字龙客，号梨庄。河南祥符(今开封)人，寓居南京。周亮工子。官经历。幼承家学，淹通文史。康熙十一年(1672)游京，会纪映钟、徐釚，还金陵，晤吕留良，又与宗元鼎、洪昇等交。穷十年之功注《南唐书》，为王士禛所称。其诗邓汉仪以为“往往造微而入变”(《诗观初集》)。著有《遗谷集》、《梨庄集》、《天发神谶碑释文》、《云烟过眼录》。生平事迹见《清史列传》卷七〇。

颜光敏(1640—1686) 清诗人。字逊甫，改字修来，号乐圃。山东曲阜人。康熙六年(1667)进士，除国史馆中书舍人。以系颜子六十七世孙，加恩授礼部主事，充会试同考官，出督龙江关税务，调吏部主事，积升郎中，充《一统志》纂修官。书法擅一时，尤工诗，与田雯、宋荦、王又旦、丁澎、曹禾、曹贞吉、谢重辉、叶封、汪懋麟并称“金台十子”，王士禛尝语施闰章：“吾乡迩来英绝，当让此人。”《晚晴簃诗汇》称其诗“高华丽则，格调老成，古体浑灏流转，今体秀逸绝尘”。著有《乐圃集》、《南行日记》、《未信编》。生平事迹见《清史稿》卷四八四、《清史列传》卷七〇、《国朝名家诗钞小传》、李克敬《曲阜三颜公传》。

汪懋麟(1640—1688) 清诗文家。字季甪，更字蛟门，晚号觉堂。江南江都(今属江苏)人。康熙六年(1667)进士，授内阁中书。十七年举博学鸿词，以未终制，力辞，再论荐，以刑部主事充纂修官，与修《明史》。入值侯公事毕，辄竟夜读书。后遇劾归。诗师王士禛，而风格与之不类，与汪楫号“二汪”。王士禛谓其诗“票姚跌荡，其师法在退之、子瞻两家，而时出新意”(《汪比部传》)。其文学王安石，杜濬序其集，称为“质坚而气厚”。又工填词。著有《百尺梧桐阁集》、《百尺梧桐阁遗稿》、《锦瑟词》。生平事迹见《清史列传》卷七一、《清史稿》卷四八四、《国朝名家诗钞小传》卷二、王士禛《汪比部传》。

沈皞日(1640—1696后) 清词人。字融谷，号茶星，又号柘西。浙江平湖人。拔贡生。选授来宾知县，后升辰州同知。为清初“浙西六家”词人之一。曾于康熙十七年(1678)会龚翔麟，唱酬累月。后至京师，又与朱彝尊、李良年诸人雅集。居官岭南、湘西僻远之地，前与今释澹归(金堡)酬唱，后又与金人望等交游，受此数人影响，在词学观上修正浙派理论颇多，当朱彝尊不复倚声填词，李良年、李符去世后，仍有作品流传。龚翔麟序谓其词“况之古人，殆类王中仙、张叔夏”，“情之所至，发为声音，莫不缠绵谐婉”。著有《柘西精舍集》。生平事迹见《清史列传》卷七一。

翁澍(1640—1698) 清诗人。字季霖，号胥母山人。江南吴县(今属江苏)人，世居洞庭东山。诸生。不谋仕宦，放情诗酒，与遗民诗人黄周星、屈大均等多有往还。诗学晚唐，富有才藻；中年以后，因家道中落，豪情顿减，则颓唐而流于率易。邓之诚《清诗纪事初编》谓其啸咏山川之作，“使读其诗者，觉七十二峰之胜，如在目前”。曾汇刻《江南春词》，著有《胥母山人诗集》，编有《具区志》。生平事迹见《清诗纪事初编》卷三。

蒲松龄(1640—1715) 清文学家。字留仙，一字剑臣，号柳泉居士。室名聊斋，人称聊斋先生。山东淄川(今淄博)人。先世仕元为官，学界有其原为蒙古族，或回族、女真之说。幼随父读书，十九岁应童子试，以县、府、道三第一补博士弟子员，深得施闰章赞赏。又与同郡张笃庆、李尧臣善，结“郢中诗社”，时称“郢中三友”。后屡试不售，七十一岁时方援例得补贡生。由于家庭析产不均，生活渐入困境，饱尝世情冷暖。三十一岁时，一度为友人宝应知县孙蕙请为幕宾，逾年即北归。此后，屡设帐缙绅家。年七十，遂归老不复他游。所著以《聊斋志异》最著名，包括近五百篇文言短篇小说，约在作者二十余岁即已开始创作，康熙十八年(1679)初步结集，后又续写十余年，是一部借谈狐说鬼寄托愤世疾俗之情的不朽之作，在短篇小说的表现艺术上有多方面的开拓、创造。

其诗文词曲十四种，今人路大荒辑为《蒲松龄集》。生平事迹见自撰《述刘氏行实》、蒲箬《祭父文》、《柳泉公行述》、张元《柳泉蒲先生墓表》及路大荒《蒲柳泉先生年谱》。

吴之振(1640—1717) 清诗人。字孟举，号橙斋，别号黄叶村农。浙江石门(今桐乡)人。贡生。官内阁中书。淡于荣利而好施与，退隐后筑黄叶村庄，宾朋宴乐，诗酒风流，为时所称。师事钱谦益，与吕留良交厚。《晚晴簃诗汇》称其"意在力矫嘉(靖)、隆(庆)后尊唐黜宋之偏，隐以挽回风气自任，故其诗亦近宋，出入于宛陵、东坡、山谷诸家"。为有清宋诗派先导。著有《黄叶村庄诗集》，与吕留良、吴自牧合选《宋诗钞》。生平事迹见《清史列传》卷七一。

毕大生 清诗人。字雨稼，号豫瞻。江南青浦(今属上海)人。贡生。尝游山东，入北京，历久无所遇，终客死山东。与朱彝尊、查慎行、魏坤交最密。工书法。"诗宗范、陆"(王豫《江苏诗征》)，蒋景祁选其诗入《辇下和鸣集》。著有《兰秋介雅堂诗略》。生平事迹见《嘉庆华亭府志》卷五七。

张韬 清戏曲作家。字球仲，又字权六，号紫薇山人。浙江海宁人。康熙十五年(1676)贡生，援例授乌程教谕，改官天全六番州经历，康熙四十七年任休宁知县。与毛际可、徐倬、韩纯玉交游。著有杂剧《续四声猿》，续明徐渭《四声猿》，其题辞自谓"物不得其平则鸣，胸中无限牢骚，恐巴江巫峡间，应有'两岸猿声啼不住'耳"。所著别集名《大云楼诗文集》，附《茗溪唱和诗》、《响臻堂偶参》、《续四声猿》。另著有《四书偶参》。生平事迹见《康熙海宁县志》卷七、《道光休宁县志》卷七、《道光海昌备志》卷三二。

刘中柱(1641—?) 清诗人。字两峰，号砥澜，又号渔山、料错道人。江南宝应(今属江苏)人。康熙中，由诸生授临淮教谕，迁国子监学政、户部郎中，奉命监京仓。出为真定知府，居官清廉。未几乞归。工诗古文辞，与朱彝尊、查慎行、汪懋麟、孔尚任、乔莱、王式丹、史申义、邓汉仪等相唱和。王豫《江苏诗征》引田雯语云："两峰诗波澜老成，光辉发越。"著有《兼隐斋诗钞》、《又来馆诗集》、《渔山园集》、《史外丛谈》、《宝应名胜纪略》，编有《梓里诗选》。生平事迹见《清史列传》卷七一。

张笃庆(1642—?) 清诗人。字历友，号厚斋。山东淄川(今淄博)人。康熙二十五年(1686)拔贡。少受知于学政施闰章，会有博学鸿词之征，有欲荐之者，笃庆力辞。既贡京师，公卿士大夫闻其名，问诗唱酬者，往来不绝。应进士试不第，归而闭门读书于昆仑山下，以著述终老。与王士禛友善，士禛诸诗，笃庆每有和作，士禛亟称之，以为一滴水可知大海味。诗宗盛唐，《晚晴簃诗汇》谓其"淹博华赡，千言立就，歌行尤擅场，犹有空同(李梦阳)、大复(何景明)家法"。著有《昆仑山房集》、《班范肪截》、《五代史肪截》、《两汉高士传》，编有《八代诗选》。生平事迹见《清史稿》卷四八四、《清史列传》卷七〇、《国朝耆献类征》卷四二七、《国朝先正事略》卷三七。

归允肃(1642—1689) 清诗人。字孝仪，号惺崖。江南常熟(今属江苏)人。康熙十八年(1679)进士第一，授修撰，历官日讲起居注、中允、侍讲、侍读、侍讲学士、侍读学士、少詹事。曾主顺天乡试，称得人。以疾告归。其"诗皆简质厚重"(单学傅《海虞诗话》)。著有《归宫詹集》。生平事迹见《同治苏州府志》卷八八。

乔莱(1642—1694) 清诗文家。字子静，号石林。江南宝应(今属江苏)人。康熙六年(1667)进士，官中书，擢礼部主事。十八年举博学鸿词，授编修，与修《明史》，典试广西，官至侍读，罢归。后应召入京，未半年卒。师王士禛、汪琬、毛奇龄，其文讲求实际，其诗王士禛称为"奇秀峭拔"(《渔洋诗话》)，其赋汪琬称为"丽而不淫，典而有法"(《乔石林赋草序》)。著有《使粤集》、《直庐集》、《归田集》、《石林赋草》、《西曚丛话》及《耆英会》传奇，编有《宝应县志》。生平事迹见《清史列传》卷七〇、《清史稿》卷四八四、《国朝先正事略》卷三九、潘耒《翰林侍读乔君墓志铭》。

周篆(1642—1706) 清诗文家。字籀书，号草亭。江南青浦(今属上海)人，徙南浔、华亭(今上海松江)、吴江，终侨居丹徒。少问学于顾炎武，明经世致用之旨，遂博究经史。长参文武幕府，谙河渠兵农钱谷之事，悉以所得寓于诗文。其诗颇为王士禛称赏。著有《草亭先生集》、《杜诗集说》、《蜀汉书》。生平事迹见《国朝松陵诗征》、周廉《周草亭年谱》。

孙致弥(1642—1709) 清诗人。字海似，一字恺似，号松坪。江南嘉定(今属上海)人。康熙二十七年(1688)进士，改庶吉士，授编修，官至侍读学士。幼贫力学，著书满家。工书，得董其昌笔法。尤以诗词名当世，与赵俞、张铭、王度、李圣芝、侯大年、张云章、王晦有“练川八子”之目。郑方坤称其所作“七言律婉丽和谐”，“五七言古体排奡淋漓，瓣香苏陆”(《国朝名家诗钞小传》)；谭献评其词“骨坚音脆”(《箧中词》)。著有《杕左堂诗集》与《词集》。生平事迹见《清史列传》卷七一、《国朝耆献类征》卷一二一、《国朝名家诗钞小传》。

张玉书(1642—1711) 清大臣、散文家。字素存，号润甫。江南丹徒(今属江苏)人。顺治十八年(1661)进士，选庶吉士，授编修。累迁左庶子，擢内阁学士，迁礼部侍郎，兼翰林院掌院学士。丁父忧归，服除，起为刑部尚书，调兵部、礼部，拜文华殿大学士，兼户部尚书。清圣祖征噶尔丹、南巡，皆扈行，深为帝所赏识。谥文贞。早以制义闻名，古文亦为时人所重，《四库全书总目》谓其文“春容典雅，沨沨乎盛世之音”，其诗张学仁、王豫《京江耆旧集》评为“气雄笔健，格调苍浑”。著有《文贞公集》，参与编纂《康熙字典》、《佩文韵府》。生平事迹见《清史稿》卷二六七、《清史列传》卷一〇、《国朝先正事略》卷七。

李光地(1642—1718) 清大臣、学者、诗文家。字晋卿，号厚庵，又号榕村。福建安溪人。康熙九年(1670)进士，改庶吉士，授编修。省亲乞假归。值耿精忠反，奉亲避山谷间，拒诱降，使人带蜡丸进京陈机密。事平，升侍讲学士。历官内阁学士，掌院学士，兵部、工部侍郎，直隶巡抚，文渊阁大学士。谥文贞。《四库全书总目》云：“光地所长在于理学经术，文章非所究心，然即以文章而论，亦大抵宏深肃括，不雕琢而自工。盖有物之言，固与鞶帨悦目者异矣。”著有《李文贞公全集》、《榕村全书》，内诗文集名《榕村集》。生平事迹见《清史稿》卷二六二、《清史列传》卷一〇、彭绍升《文渊阁大学士李文贞公事状》、李清植《文贞公年谱》。

王顼龄(1642—1725) 清大臣、诗人。字颛士，又字容士，号瑁湖，晚号松乔老人。江南华亭(今上海松江)人。王广心子，王鸿绪、王九龄兄。康熙十五年(1676)进士，授太常博士。十八年举博学鸿词，召试一等，授编修，与修《明史》。历官右赞善、侍讲、四川学政、侍读、侍讲学士、侍读学士、少詹事、宗人府丞、礼部与吏部侍郎、工部尚书、武英殿大学士。雍正元年(1723)重宴鹿鸣，加太子太傅。以年老乞休。谥文恭。弱冠即负诗名，《晚晴簃诗汇》称其“所为诗，规橅三唐，不逾尺寸，谨守法度中仍以闳博胜”。著有《世恩堂诗集》。生平事迹见《清史稿》卷二六七、《清史列传》卷一〇、《国朝先正事略》卷一〇、《国朝耆献类征》卷一二。

龙燮(1643—？) 清文学家。字理侯，又字二为，号石楼，又号改庵、雷岸居士。江南望江(今属安徽)人。诸生。善时文，然久困科场。援河工例，入国学。康熙十七年(1678)，荐应博学鸿词试，得中，授检讨，与修《明史》。擢中允，改刑部主事，左迁大理寺评事。官至工部员外郎，卒于京师。诗与王士禛、庞垲等相唱和，又曾与孔尚任等在京仿明七子故事，以郎官结诗社。著有《和苏诗》三集，《晚晴簃诗汇》云：“石楼之和苏，本于苏之和陶。和苏而不泥于苏，亦犹苏和陶而不泥于陶，只自抒其胸中所欲吐，而隐然与之神行意会。”又擅词曲，著有传奇《江花梦》(一作《琼花梦》)、杂剧《芙蓉城记》，编有《望江县志》。生平事迹见《乾隆望江县志》卷七、金天羽《皖志列传稿》卷一、《鹤征录》卷二、《己未词科录》卷三。

翁照(1643—1702) 清诗文家。初名玉行，字朗夫，号霁堂，又号子静。江南江阴(今属江苏)人。诸生。乾隆元年(1736)举博学鸿词，以疾未与试。十四年，再以经学荐，不遇。晚约沈德潜结庐吴地采葑溪，未果而卒。受学于毛奇龄、朱彝尊。诗以咏蓑衣“风雨一身秋”句享誉，名与李果、诸锦等埒。《晚晴簃诗汇》称其所作“堂宇未闳，而裁量精密，多亲切有味之语”。著有《赐书堂集》。生平事迹见《清史列传》卷七一、《国朝耆献类征》卷四三五、《国朝先正事略》卷二五。

邵陵(1643—1707) 清诗人。字湘南，一作湘纶，号青门，又号雪虬、孩叟。江南常熟(今属江苏)人。布衣。豪放嗜酒，家贫游食依人，尝客泰州十年，又客镇江、庐州。返里后，益放废纵酒。里人周济不能继，竟以贫死。沈德潜称其“诗以流易为工，不出眼前景，口头语，自能奕奕动人”(《国朝诗别裁集》)。著有《青门诗集》。生平事迹见《民国重修常昭合志》卷二〇、《清诗纪事初编》卷一。

沈用济 清诗人。字方舟，号芳洲。浙江钱塘(今杭州)人。康熙间国子监生。少承母教，及长，登泰山，历楚闽，足迹半天下。至岭南，与屈大均、梁佩兰定交，诗益进。既游京师，抵边塞，一变而为燕赵之声，为安和亲王蕴端所重，名遂大噪。与幼弟沈溯洄合刻所作为《荆花集》，毛先舒、陆繁弨深赏之。工近体，持律精严，饶有情趣，袁枚以为“音节沈雄，得明七子梗概，而新颖过之”（《随园诗话》）。晚岁贫老无子，依参议张廷校以终。著有《方舟集》，与费锡璜同辑《汉诗说》。生平事迹见《清史列传》卷七〇、《国朝耆献类征》卷四二九、《国朝先正事略》卷四〇。

江浩然 清诗歌笺注家、诗人。字万原，号孟亭，又号北田。浙江嘉兴人。康熙间诸生。少壮时欲以功名自奋，屡试不遇，弃举子业。嗜诗，广搜博采，转益多师，尤喜读朱彝尊诗。尝注《曝书亭诗集》，世推赅洽。郑方坤称其诗“剪刻生新，无西抹东涂、佣耳剽目之习，而亦不以搜奇抉怪、刻肾雕肝为能事，洵乎得长水（朱彝尊）薪传，而不至如昔人所讥还珠而买椟也”（《国朝名家诗钞小传》）。著有《杜诗集说》、《北田文略》、《北田诗臆》、《江湖客词》。生平事迹见《国朝名家诗钞小传》、《两浙輶轩录》卷三〇。

戚玾 清诗人。字后升，号笎尔、绥耳。江南泗州（今安徽泗县）人。康熙间以优贡授知县。早年与黄周星结忘年交，周星目之为奇才。后乃负笈走京师，王士禛甚称之。甫得官，旋罢，出游大江南北，客死途中。《晚晴簃诗汇》谓其诗“发抒性灵，镵刻物变，无一语寄人篱下”。著有《笑门诗集》。生平事迹见《晚晴簃诗汇》卷三八。

黄仪 清学者、诗人。字子鸿，又字六鸿，号纫兰。江南常熟（今属江苏）人。博学精史地，康熙间应徐乾学之聘入书局，与顾祖禹、阎若璩、胡渭等同修《一统志》。尝绘水图，以明都邑沿革及山川险阻，顾祖禹称其为“郦道元千古以下第一知己”（江藩《国朝汉学师承记》）。工诗，“诗笔秀整，颇学晚唐”（王应奎《海虞诗苑》），风格与同邑冯班相近。亦能词，钮琇称其词可“追响东堂（毛滂），齐踪西麓（陈允平）”（吴衡照《莲子居词话》引）。精于书法，尤能为宋体。著有《订晋书地理志》、《纫兰集》。生平事迹见《清史稿》卷四八四、《清史列传》卷七〇。

成文昭 清诗人。字周卜，号过村，又号钝农。直隶大名（今属河北）人。诸生。屡试不中，入赀为候补主事。生长贵盛，而踪迹多在江湖。性好名山，喜与贤士大夫游，尝从田雯问诗法，又谒宋荦于吴中，与朱彝尊、宋荦之子宋至及顾嗣立朝夕讨论，故所作壮而愈工。《晚晴簃诗汇》称其诗“壮伟跌宕，以韩、苏为宗，而七古尤与东坡为近”，又引《红豆树馆诗话》谓其诗“无仪形饰貌、依傍新城（王士禛）门户之习，未始非豪杰之士”。著有《谟觞集》。生平事迹见《大清畿辅先哲传》卷二一、《晚晴簃诗汇》卷五〇。

俞玚（1644—1694） 清诗人。字犀月。江南吴江（今属江苏）人。通经史，征引考据，能穷源极流。顾嗣立编《元诗选》，注韩愈、温庭筠二家诗，多与之商榷。著有《旅农诗略》。生平事迹见《同治苏州府志》卷八八。

吴雯（1644—1704） 清诗人。字天章，号莲洋。奉天辽阳（今属辽宁）人，后占籍山西蒲州。诸生。康熙十八年（1679）举博学鸿词，不遇。晚年买圃筑室郑谷之口，母殁，以哀毁卒。少而食贫，数游京师无人赏识，后王士禛见其诗，叹为仙才，收归门下，其名遂扬。朱彝尊、陈维崧、赵执信等亦颇推许之。其诗风格“郁葱秀拔”（郑方坤《莲洋诗钞小传》），“清挺生新”（沈德潜《国朝诗别裁集》）。著有《莲洋集》。生平事迹见《清史稿》卷四八四、《清史列传》卷七一、王士禛《吴征君天章墓志铭》、翁方纲《莲洋吴征君年谱》。

廖燕（1644—1705） 清文学家。字梦醒，又字人也，号柴舟，初名燕生。广东曲江（今韶关）人。诸生。家贫而性简傲，不屑为举子业，筑室武水西，颜曰“二十七松堂”，潜心读书著作。自负经世之略，好放言高论，以不谐俗被目为狂者。最善金堡，又交陈恭尹、魏礼等。其思想承李贽之绪余，出言颇为激切。邓之诚以为其文能驰骋，而雅驯不及陈恭尹、屈大均，与魏礼同气相求，又瓣香金圣叹，高明之处，自足不朽，又称其诗“新警雄逸，亦非今人所能及”，“山居诗七律三十首，襟怀淡宕，寄托遥深，实足继屈、陈而起”（《清诗纪事初编》）。又擅戏曲创作，著有《醉画图》、《镜花亭》、《诉琵琶》、《续诉琵琶》杂剧。另著有《二十七松堂集》。生平事迹见曾璟《廖燕传》、王源《廖处士墓志铭》。

沈受弘（1644—1713后） 清诗人。字台臣，号白溇。江南太仓（今属江苏）人。诸生。少从同里陆世仪游，受经世之学，弱冠以诗受知于吴伟业。家酷贫，游食四方。尝南至闽粤，北及齐鲁，又一再至京师，以诗名动贵显。其诗“思沉力厚，归于浑成”（郑方坤《白溇诗钞小传》），“吐辞渊雅，无志微噍杀之音”（沈德潜《国朝诗别裁集》）。著有《白溇集》。生平事迹见《国朝名家诗钞小传》、《国朝诗人征略》卷二〇。

裘琏(1644—1729)　清戏曲作家。字殷玉，号蔗村，又号废莪子。浙江慈溪人。康熙五十四年(1715)进士，选庶吉士，以年老乞归。早孤，发愤苦读，家藏图书数千卷，无不通晓。康熙二十六年开《一统志》局，总裁徐乾学访士于黄宗羲，宗羲荐琏，为乾学所赞赏。清圣祖南巡及六旬寿诞，尝献赋及戏曲。归里后，徜徉湖山以自娱。工诗文，姜宸英序其集，赞为"辞藻艳发，足以名家而不谐于俗"。著有戏曲甚多，现存刊本《明翠湖亭四韵事》杂剧四种，自题《玉湖楼第三种》，另有钞本《女昆仑》、《万寿升平》传奇，其余《混天盒》、《醉书箴》、《绣当庐》等传奇，已佚。另著有《横山初集》。生平事迹见《清史列传》卷七一。

梅庚　清诗人、书画家。字耦长，又字子长，号雪坪，又号听山。江南宣城(今安徽宣州)人。康熙二十年(1681)举人，官泰顺知县，多善政，在任五年，以老病归，不复出。少孤力学。其才艺见赏于施闰章，引为忘年交。乡试又出朱彝尊门下。游京师，公卿咸乐与之交，而性狷介，不妄谒人，人益重之。与王士禛、顾景星、陈维崧、邵长蘅等游，又与查慎行等结诗社，诗名重一时。卢见曾《渔洋感旧集小传》引《国雅集》谓其"诸体皆合古人法度，而才情溢出"。又工书画。著有《知我录》、《漫兴集》、《天逸阁集》、《玉笥游草》、《吴市吟》。生平事迹见《清史稿》卷四八四、《清史列传》卷七〇、《国朝名家诗钞小传》、《国朝先正事略》卷三七。

孙元衡　清诗人。字湘南。江南桐城(今属安徽)人。贡生。官台湾同知、东昌知府。康熙四十四年(1705)至四十六年在台湾同知任上所作诗，名《赤嵌集》。《四库全书总目》评曰："多纪海外土风物产，颇逞才气，而未能尽轨于诗律，王士祯(禛)为之点定，谓其追踪建安，蹑迹长公(苏轼)，似乎太过也。"《晚晴簃诗汇》则谓其诗"奇情壮采，颇足称山川"，"写景言情，达所难达，不同浮响"。另著有《片石园稿》，已佚。生平事迹见《四库全书总目》卷一八四、《晚晴簃诗汇》卷六二。

钱良择(1645—?)　清诗人。字玉友，号木庵。江南常熟(今属江苏)人。康熙十七年(1678)与刘廷玑等读书于北京无倦轩，又交惠周惕、查慎行等。曾随大吏出使海外，又同朝贵使塞外绝域，后皈依佛门。沈德潜称其"为诗感激豪宕，不主故常，而所选唐诗，又兢兢规格，如出二人"(《国朝诗别裁集》)。著有《抚云集》、《出塞纪略》，编有《唐音审体》。生平事迹见《国朝耆献类征》卷四二九、《国朝诗人征略》卷二〇、《民国重修常昭合志》。

洪昇(1645—1704)　清戏曲家、诗人。字昉思，号稗畦，又号稗村、南屏樵者。浙江钱塘(今杭州)人。出身望族，幼受业于陆繁弨，后又从毛先舒、朱之京学。年二十四为国子监生，自伤不遇，归里。年二十七前后遭天伦之变，不容于父母，流寓困穷，以至断炊。康熙十三年(1674)再入京师，以诗投李天馥，大受称道；又见赏于王士禛，从之受业。然居京不易，卖文为活。十八年，因父以事遣戍，奔走显贵间求情，又急归侍父北行，会遇赦得免。二十八年，招伶人演《长生殿》，都下名流多往观之，时佟皇后病逝，尚在丧期，因为人借词弹劾，革国学生籍。不得已归里。四十三年，江宁织造曹寅请为上宾，演全部《长生殿》三昼夜，返经乌镇，酒后登舟堕水卒。擅戏曲创作，以《长生殿》传奇享盛誉，与作《桃花扇》的孔尚任并称"南洪北孔"，为古典戏曲的发展作出了卓越的贡献，在中国文学史上占有重要地位。亦工诗，沈德潜称"其诗流澹成家，渔洋及门中，在吴天章下，余子之上，应以可传许之"(《国朝诗别裁集》)。著有《稗畦集》、《稗畦续集》、《啸月楼集》、《诗骚韵注》，《长生殿》传奇、《四婵娟》杂剧，另有《回文锦》、《回龙记》、《锦绣图》、《闹高唐》传奇，《节孝坊》、《天涯泪》、《青衫湿》杂剧，今佚。今人辑有《洪昇集》。生平事迹见《清史列传》卷七一、《康熙钱塘县志》卷二二、《乾隆杭州府志》卷九四、章培恒《洪昇年谱》。

高士奇(1645—1704)　清诗文家。字澹人，号竹窗，又号江村。浙江钱塘(今杭州)人。康熙初，以荐由监生供奉内廷，迁内阁中书。十九年(1680)，授额外侍讲，屡擢至少詹事。因结党揽权纳贿被劾致仕。三十三年再起，值南书房，以养母乞归。后又擢礼部侍郎，未赴。谥文恪。少落魄，卖文为活，后以才华敏赡受宠于清圣祖。所为诗"丰而不失之靡，约而不失之促，和平尔雅而不为钩章棘句之习"(郑方坤《清吟堂诗钞小传》)。著有《清吟堂全集》、《左传纪事本末》、《春秋地名考略》、《江村消夏录》、《塞北小钞》、《松亭行纪》、《北墅抱瓮录》、《天禄识》等。生平事迹见《清史列传》卷一〇、《清史稿》卷二七一、《国朝先正事略》卷六。

王式丹(1645—1718)　清诗人。字方若，号楼村。江南宝应(今属江苏)人。康熙四十二年(1703)进士第一，授修撰，旋告归。

为诸生时即有盛名，巡抚宋荦极赏之，尝取式丹与徐昂发、顾嗣立等人诗合刻为《江左十五子诗选》，而以之列首。入翰林，凡大撰作，同馆皆推之。归里后，侨居郡城，与乡士大夫论文为乐，士多从之游。其诗为王士禛、田雯所推许，查慎行俯首下心以兄事之。史传称其诗“排奡陡健，一洗吴音啴缓，盖以昌黎为的，而泛滥于庐陵、眉山、剑南、道园之间”。著有《楼邨集》。生平事迹见《清史列传》卷七一、《国朝先正事略》卷三八、《国朝名家诗钞小传》。

彭定求(1645—1719) 清诗文家。字南止，一字勤止，号访濂，又号南畇，晚号止庵。江南长洲（今江苏苏州）人。康熙二十五年(1686)进士第一，官修撰，迁国子监司业，进侍讲，二十八年以父丧归。后尝受命就扬州书局校《全唐诗》。少承庭训，师事汤斌，学宗陆九渊、王守仁而参酌于程颐、程颢、朱熹。其“文多说理之作，虽乏劲健，而辞旨和厚，诗摹范（成大）、陆（游）”（邓之诚《清诗纪事初编》）。著有《南畇文稿》、《南畇诗稿》、《儒门法语》。生平事迹见《清史列传》卷六六、《清史稿》卷四八〇、《国朝先正事略》卷三〇、罗有高《翰林院侍讲赠右吏部侍郎彭公定求行状》。

王鸿绪(1645—1723) 清史学家、诗人。原名度心，字季友，号俨斋，又号横云山人。江南华亭（今上海松江）人。王广心子，王顼龄弟，王九龄兄。康熙十二年(1673)进士第二，授编修，晋侍讲，转侍读，充《明史》总裁。累擢内阁学士、户部侍郎、左都御史。二十八年被劾与高士奇招权纳贿，予休致。复以荐召入京修书，授工部、户部尚书。才学敏赡，以词翰擅盛名。“其诗不脱云间之习，以藻缋胜”（邓之诚《清诗纪事初编》）。著有《横云山人集》。生平事迹见《清史列传》卷一〇、《清史稿》卷二七一、《国朝先正事略》卷一〇、张伯行《户部尚书加七级王公墓志铭》。

王吉武(1645—1725) 清诗人。字宪尹，号冰庵。江南太仓（今属江苏）人。康熙十五年(1676)进士，授中书舍人，左迁国子博士，擢民部郎中，出为绍兴知府，忤大吏，去职。退居乡里，不复出。少随同里周悬著治经，为经世致用之学。性嗜吟咏，禀娄东王氏家风。诗名与唐孙华埒，而孙华自嗛不如。郑方坤《冰庵诗钞小传》谓其“温柔敦厚，人如其诗，风动声入，政如其诗，远近胥叹服如一口”。著有《冰庵诗钞》。生平事迹见《国朝耆献类征》卷二二一、《国朝名家诗钞小传》、《国朝诗人征略》卷九。

蒋景祁(1646—1695) 清词人。初字次京，改字京少，一作荆少。江南宜兴（今属江苏）人。贡生，康熙时举博学鸿词，未遇。官至府同知。为词师事乡前辈陈维崧，维崧病逝时，付以遗稿。景祁自为词亦豪壮悲凉，步趋其师，为阳羡词派重要成员。尝捐资刊行《乐府补题》，辇下诸公词体为之一变。又尝辑顺治、康熙间词人五百零七家，词二千四百六十余首为《瑶华集》。著有《梧月词》、《罨画溪词》，与储欣合著《春秋指掌》。生平事迹见《国朝词综》卷一四、朱彝尊《蒋京少梧月词序》、任绳隗《蒋次京心声集序》。

陶元淳(1646—1698) 清诗文家。初名垣，字子师，号南崖，又号退庵。江南常熟（今属江苏）人。康熙十八年(1679)举博学鸿词，以疾不与试。二十七年成进士，选昌化知县，自奉俭约，关心民生，多善政。尤喜接交诸生，讲论常至夜分。以勤劳卒于官。擅诗古文词，何焯多取其文入《行远集》，《晚晴簃诗汇》谓其诗“具见生平节概”。著有《南崖集》、《志学集》，与修《一统志》。生平事迹见《清史稿》卷四七六、《清史列传》卷七四、储大文《陶先生元淳墓表》、冯景《昌化令陶子师传》。

潘耒(1646—1708) 清学者、诗文家。原名栋吴，字次耕，号稼堂，晚号止止居士。江南吴江（今属江苏）人。康熙十八年(1679)举博学鸿词，授检讨，与修《明史》，充日讲起居注、会试同考官。二十三年降调，四十二年复原官，辞荐举，不起。少因其兄柽章罹庄廷鑨之狱，家累北徙戍边，备尝艰辛。后变姓名为吴开琦，避地西山，从徐枋游，又至太原师事顾炎武。博通经史，精音韵、象数之学。其“古文蹊径较平，稍逊于魏禧诸人，而气体浑厚，空所依傍，则又耒所独得也”（《四库全书总目》），其诗“直达所见，浩气空行”，“登临怀古诸作，尤为光焰腾上”（沈德潜《国朝诗别裁集》）。著有《遂初堂集》、《类音》。生平事迹见《清史稿》卷四八四、《清史列传》卷七一、《国朝名家诗钞小传》、沈彤《检讨潘先生传》。

钮琇(？—1704) 清文学家。初名珌，字玉樵，又字玉城。江南吴江（今属江苏）人。康熙十一年(1672)拔贡生，由教习考授知县，历知项城、白水，卒于高明知县任所。其友潘耒序其集，称其“诗章绮拔而隽永，……造诣微深”，“诸体杂文，各有理趣”，“四六骈体，……精切典雅，不纤不靡”。笔记《觚剩》，记人叙事，亦修洁可喜。另著有《临野堂集》。生平事迹见《清史列传》卷七〇、《国朝耆献类征》卷二二二、《国朝先正事略》卷三八。

王戬　清诗人。字孟谷。湖广汉阳（今属湖北）人。康熙四十七年（1708）副贡生。游岳麓，客中原，两入滇南，长年旅食于外。后朝内外辟举山林隐逸九人，戬列名其中，未赴。嗜学好古，工诗古文辞，与同邑李以笃、彭心锦、文师鸿、江颖并称“汉阳五家”，又与王岱并称“楚中二王”。受业于王士禛，又与吴雯唱和。其诗“少学温李，老尚气韵，修洁有与士禛相类者”（邓之诚《清诗纪事初编》）。著有《突星阁诗钞》。生平事迹见《清史列传》卷七〇、《国朝名家诗钞小传》。

孙蕙（1648—1686）　清诗人。字树百，号泰岩，又号笠山。山东淄川（今淄博）人。顺治十八年（1661）进士，授宝应知县，善治水。擢户部给事中，亢直敢言。丁忧归，卒于家。好吟咏，西游秦陇，南穷瓯越，诗日益工。格调清丽，无尘俗气，王士禛以为虽古作者无以加。《晚晴簃诗汇》评其诗“沿明七子声律，而出以隐秀，安谐流美，蔚然成家”。著有《笠山诗选》。生平事迹见《清史列传》卷七四、高珩《户部给事中孙公蕙墓志铭》。

刘献廷（1648—1695）　清学者、诗人。字继庄，又字君贤，号广阳子。直隶大兴（今属北京）人。布衣。十九岁起，侨居吴江垂三十年。晚游楚、燕，复归吴江。少颖慧好读书，为学与顾炎武旨趣同，重经世致用。博通天文、律历、农耕、刑法、财赋、军事、医药及宗教之学，尤精地理、音韵。康熙间曾入京与修《明史》、《一统志》。《晚晴簃诗汇》称其“诗特余事，逸情伟论时时流露，亦非铮铮细响”，沈德潜《国朝诗别裁集》赞为“豪气飙驰，逸情云上”。著述多佚，今存《广阳诗集》、《广阳杂记》。生平事迹见《清史稿》卷四八四、《清史列传》卷七〇、全祖望《刘继庄传》、王勤堉《刘继庄先生年谱初稿》。

陈奕禧（1648—1709）　清书画家、诗人。字子文，又字六谦，号香泉、葑叟、玉山居士。浙江海宁人。岁贡生。历官安邑县丞，深泽知县，户部主事、郎中，石阡、南安知府。居官有政声。擅书法，为清圣祖、世宗所赞赏，又工画。少以诗见赏于王士禛，为其弟子，又尝游于黄宗羲之门。其诗清稳高秀，颇得王士禛之神韵，然为书名所掩。著有《春霭堂集》、《绿阴亭集》、《金石遗文录》，编有《安南府志》。生平事迹见《清史列传》卷七一、《国朝耆献类征》卷二二六、《国朝书人辑略》卷二。

王源（1648—1710）　清学者、散文家。字昆绳，号或庵。顺天大兴（今属北京）人。康熙三十二年（1693）举人。与李塨、刘献廷相友善，五十六岁始拜师颜元，为颜李学派重要成员。从魏禧学古文，自谓所作必传于世。游京师，公卿皆降爵齿与之交。或病其不为时文，因就有司求试，中举后弃去，不应礼部试。徐乾学开书院于洞庭山，招致天下名士，聘之往。尝与修《明史》、《一统志》。张舜徽《清人文集别录》谓其“非特识力之卓，宜与李塨骖靳，即其文辞之美，亦卓然足以名世”。著有《兵法要略》、《舆图指掌》、《平书》等，皆佚，存世者有《居业堂文集》。生平事迹见《清史稿》卷四八〇、《清史列传》卷六六、《国朝先正事略》卷三〇。

邵廷采（1648—1711）　清学者、散文家。字允斯，又字念鲁，本名行中。浙江余姚人。少从毛奇龄、黄宗羲学。年二十为县学生，耻为应举之文。家贫，课童为生，以王阳明之学主讲姚江书院。游京师，诏入《一统志》馆，以老病辞归，卒于会稽，遗命归葬余姚。平生于学尤长于《易》及《诗》。多交明末遗民，著有《东南纪事》、《西南纪事》，记南明事。另著有《思复堂文集》、《姚江书院志略》。生平事迹见《清史稿》卷四八〇、《清史列传》卷六七、邵晋涵《族祖邵先生廷采行状》、朱筠《邵先生墓表》。

孔尚任（1648—1718）　清戏曲作家、诗人。字聘之，一字季重，号东塘，又号岸塘、云亭山人。山东曲阜人。孔子六十四代孙。国子监生。康熙二十一年（1682）应衍圣公孔毓圻之请修《家谱》、《阙里志》，教习礼乐，监造祭器。二十三年清圣祖南巡，被荐讲经称旨，破格升为国子监博士。次年进京赴任，即随工部侍郎孙在丰往维扬，协助疏浚淮河海口。三十四年擢户部主事，三十九年迁户部员外郎。以疑案罢免，出游各地。四十一年回乡，卒于家。与当世文人、遗老冒襄、孙枝蔚、宗元鼎、叶燮、汪琬、吴绮、邓汉仪、石涛等交游，颇熟谙明清易代之际掌故，以侯方域、李香君事谱《桃花扇》传奇，誉满天下，在中国文学史上占有重要地位，与作《长生殿》的洪昇并称“南洪北孔”。亦工诗，杨际昌称之为“才思濬发，挥洒自如，绝无锲舟刻楮之迹，太冲口处，不免元轻白俗，极俊脱处，自是作手”（《国朝诗话》）。著有《湖海集》、《岸塘稿》、《节序同风录》，《桃花扇》、《小忽雷》传奇（后者与顾彩合撰），今人辑有《孔尚任诗文集》。生平事迹见《乾隆曲阜县志》卷八七、《国朝耆献类征》卷一四二、《国朝诗人征略》卷一三、袁世硕《孔尚任年谱》。

帅我（1648—1725） 清文学家。字备皆，号简斋。江西奉新人。康熙五十年（1711）举人，官内阁中书。弱冠淹通群籍，工书画，尤明医理。擅诗文，循江西旧法。著有《墨澜亭集》，不分卷，凡文一百四十篇。另著有《简斋诗文稿》。生平事迹见《四库全书总目》卷一八四。

沈名荪 清诗文家。字涧芳，一字硐房。浙江仁和（今杭州）人。沈元沧子。家贫亲老，奔走四方，以馆俸致养。年逾四十，始于康熙二十九年（1690）中举人。谒选得攸县知县，随以年老见斥，殁于京师。少从王士禛游，又与查慎行、朱昆田友善。曾与朱昆田仿两汉博闻之例，摘取《南北史》佳句异事，成《南史识小录》、《北史识小录》，论者以为《艺文类聚》之比。著有《蛾术堂文集》、《青灯竹屋诗》、《笔录》、《史裔》、《冰脂集》及《凤鸾俦》传奇。生平事迹见《清史列传》卷七一、《国朝诗人征略》卷一五。

惠周惕（？—1695后） 清学者、诗文家。原名恕，字元龙，又字砚溪（或作研溪），号红豆主人。江南吴县（今属江苏）人。惠士奇父。康熙三十年（1691）进士，选庶吉士，以不习国书，外补密云知县，卒于官。少从徐枋、汪琬游，长以经学名世，子士奇、孙栋承其家学，世称“吴门三惠”。亦工诗古文辞，其“诗格每兼唐宋，然皆自出新意，风神转佳”（《国朝诗别裁集》），“朴学工诗，殆罕其匹”（《晚晴簃诗汇》）。著有《研（砚）溪先生全集》。生平事迹见《清史稿》卷四八一、《清史列传》卷六八、《国朝汉学师承记》卷二、《国朝名家诗钞小传》。

冯廷櫆（1649—1690） 清诗人。字大木。山东德州人。康熙二十一年（1682）进士，官内阁中书，二十六年，充湖广乡试副考官。王士禛《居易录》谓其煤炭中毒而卒。与赵执信以同乡同年，又同在馆阁，至为相契。王士禛虽与执信持论不同，亦颇称赏之，以为其“文清迥绝俗，歌诗尤超逸”（《渔洋诗话》）。赵执信序其诗，谓其“标新领异，与时消息，而神韵泠然，去俗远矣”，又称其“比兴深切，风格超峻，以余力为奇情险语，迈古骇今”。著有《冯舍人遗诗》。生平事迹见《清史稿》卷四八四、《清史列传》卷七一、《国朝先正事略》卷三八、《国朝名家诗钞小传》。

张潮（1650—1709） 清文学家。字山来，号心斋居士。江南歙县（今属安徽）人。年十五补诸生。自康熙十年（1671）起，一直侨居扬州，广交同好，以读书、著述自娱。康熙三十年援例捐纳京衔，以岁贡生授翰林院孔目，未赴任。年五十，家遭难。康熙四十年，又复遭不幸，无力刊行其著作，贫病交加而卒。对各种一般士大夫认为不入大雅之堂的文字如小说、戏曲、民歌、小品文及其他杂著，兴趣浓厚，自称平生无所嗜好，唯好读新人耳目之书。曾化名为张竹坡《皋鹤堂批评第一奇书金瓶梅》作序。一生著述甚富，编有文言小说集《虞初新志》、杂著丛书《昭代丛书》、《檀几丛书》以及《尺牍偶存》、《友声集》，著有《聊复集》、《幽梦影》、《青泪痕》、《忆闻录》、《奚囊寸锦》、《心斋杂俎》、《咏物诗》、《笔歌》、《古文尤雅》、《四书会解》、《焦山古鼎考》等。生平事迹见《乾隆歙县志》卷一二、《民国歙县志》卷七。

严允肇 清诗文家。字修人，号石樵。浙江归安（今湖州）人。顺治十八年（1661）进士。官寿光知县。早慧，年十五六即通诸子，有文名。龚鼎孳评其集曰：“古文词力追秦汉，诗歌从容骈俪，大雅元音，庶几不坠。”（《石樵诗稿序》）吴伟业称其文：“自六经以下，嚅哜搜讨，尤潜心于八家之作，得其疾徐抗坠，罔不中节。”（《宜雅堂集序》）著有《石樵诗稿》、《宜雅堂集》。生平事迹见吴伟业《宜雅堂集序》、《国朝诗人征略》卷四。

李天根 清戏曲作家。原名大本，字云墟。江南江阴（今属江苏）人。康熙间在世。不事科举，学画，学医，学园艺，均无师自通。诗规模陶渊明、韦应物，尤擅作戏曲。生平不妄言，严于自律，顾好为人所不为之事。康熙四十五年（1706）春，同人集为惜字会，以素纸刷印虫鱼草木花板，装订成帙，易城乡女子夹针线破书，数年中得稗官野史千余种，又得计六奇《明季南北略》残稿，编次整理南明弘光、永历朝事，著成《爝火录》。另著有诗集《云墟小稿》及杂剧《紫金环》、《白头花烛》、《颠倒鸳鸯》。生平事迹见《民国江阴县续志》卷二〇、《清诗纪事初编》卷一。

王慧 清女诗人。字韫兰。江南太仓（今属江苏）人。王长源女，诸生朱方来妻。康熙间在世。好读书，早寡。沈德潜称其“一门风雅，得所承受，故其诗清疏朗洁，其品最上”，徐世昌谓其“所著《凝翠楼诗》，不示外人，年七十余，其弟见之，乃付梓行世，长律或至千言，古体辄成数十韵，风格时近老杜”。（均见《晚晴簃诗汇》）著有《凝翠楼集》。生平事迹见《清代闺阁诗人征略》卷二、《晚晴簃诗汇》卷一八三。

倪瑞璿　清女诗人。江南宿迁（今属江苏）人。进士宜兴徐起泰继妻。康熙间在世。幼奇慧，八岁能诗，读书过目成诵。诗才飘逸类李白，偶亦作元白歌行体。沈德潜《国朝诗别裁集》谓其诗能“发潜阐幽，诛奸斥佞”，令人“每一披读，悚然起敬”。年三十而卒，卒前自焚诗文六册。其夫辑其遗稿，得二百余首，编为《箧存诗稿》，另著有《静香阁诗草》。生平事迹见《清代闺阁诗人征略》卷二。

邵瑸（？—1709）　清词人。原名宏魁，字殿先，号柯亭。直隶大兴（今属北京）人。康熙十四年（1675）举人，官新河教谕，迁昌邑知县。童年与龚翔麟同砚席，相交甚洽，龚氏先于瑸为文章不三四年，而瑸已先能“歌鹿萍之诗”（龚翔麟序）。康熙十六年（1677）与龚氏同至南京，开始填词创作，其词集中所收基本上是白门唱酬之作。《四库全书总目》指出：“其填词之学出于朱彝尊”，在当时有得瑸而“浙西六家”可成“七”之说。其词绝类六家情致，而最近龚翔麟，唯较龚氏细密。咏物佳者，“清淡设色，疏朗有神”（严迪昌《清词史》）。亦多题图之作。著有《情田词》。生平事迹见《四库全书总目》卷二〇〇。

吴宗爱（1650—1674）　清女诗人。字绛雪。浙江永康人。嵊县教谕吴士骐女，诸生徐明英妻。早慧，九岁通音律，十余岁作诗辄工，尝代父与同年生唱和，服其精当。善写生，间作设色山水，皆有致，为龚鼎孳所珍赏。绣《同心栀子图》回文诗锦囊，见者叹为双绝。早寡。会耿精忠叛，其总兵徐尚朝入浙东，至永康，宣言以绛雪献者免屠城。乃挺身而行，至三十里坑，乘隙投崖自尽。林昌彝《海天琴思录》称：“吴绛雪诗原本性情，宪章风雅。五七绝尤超异，七律亦摆脱凡俗。”著有《六宜楼稿》、《绿华草》、《绛雪诗钞》。生平事迹见《清史稿》卷五一五、《清代闺阁诗人征略》卷二、黄安涛《吴绛雪传》、俞樾《吴宗爱年谱》。

沈岸登（1650—1702）　清词人。字覃九，又字南渟，号惰耕村叟。浙江平湖人。沈皞日侄。性耽山林泉石，不求闻达，短衣蔬食，虽贫而淡泊自如。为清初词“浙西六家”之一，在诸人中最具隐逸风。工诗善书画，时有“三绝”之目。其词写村居而富画意，为其特点，其他内容之作，亦笔致细腻，精于造语。朱彝尊序谓其词“可谓学姜氏（夔）而得其神明者矣”。著有《春秋纪异》、《黑蝶斋诗词钞》。生平事迹见《清史列传》卷七一、《清画家诗史》乙下、《国朝书人辑略》卷一。

严虞惇（1650—1713）　清诗文家。字宝成，一字思庵。江南常熟（今属江苏）人。康熙三十六年（1697）进士第二，授编修。三十八年顺天科场狱兴，以子侄连中，考官皆其同年友，涉嫌去职。起补国子监丞，转大理寺副，典四川、湖广乡试，累迁至太仆寺少卿。“其为文……陶铸群言，奥衍宏深，大致与欧、曾为近。诗不主一格，……力厚思沉，动与古合。”（郑方坤《太仆诗钞小传》）著有《严太仆集》、《诗经质疑》。生平事迹见《清史列传》卷七一、《清史稿》卷四八四、《国朝先正事略》卷四〇、杨绳武《太仆寺少卿严先生虞惇墓表》。

顾彩（1650—1718）　清戏曲作家、诗人。字天石。江南无锡（今属江苏）人。举人。游燕赵楚粤，察风土人情，交名公巨卿，然不屑屈志乞援引。久客曲阜孔府，所著传奇至数十种，以康熙三十三年（1694）与孔尚任合著之《小忽雷》传奇最著名。诗得力于李白、杜甫、韩愈。著有《往深斋诗集》及《小忽雷》、《南桃花扇》、《后琵琶记》传奇。生平事迹见《民国续曲阜县志》卷五。

杨宾（1650—1720）　清诗文家。字可师，号耕夫，晚号大瓢山人。浙江山阴（今绍兴）人。父坐事流放宁古塔，殁，扶丧奉母归。以布衣终。诗文多记沧桑间事。兼擅书法。沈德潜《国朝诗别裁集》称其“诗体专主沉著”。著有《晞发堂诗文集》、《力耕堂诗稿》、《杨大瓢杂文残稿》、《柳边纪略》、《铁函斋书跋》、《大瓢偶笔》、《金石源流》等。生平事迹见《清史稿》卷四九九、《清史列传》卷七〇、姜宸英《安城杨君墓志铭》。

查慎行（1650—1727）　清诗人。初名嗣琏，字夏重，后更今名，字悔余，号初白、他山。浙江海宁人。少时为诸生，从军贵州。历游山东、河北、河南、江西、福建、广东等地。康熙四十二年（1703）进士，官编修。帝幸南苑捕鱼，命近臣赋诗，查有“臣本烟波一钓徒”之句，俄而宫监传呼烟波钓徒查翰林。时以比唐代赋“春城无处不飞花”诗传于宫禁之韩翃。充武英殿书局校勘，乞病归。雍正时，坐弟嗣庭得罪被逮，诏特许放还乡里。为黄宗羲门人，诗学宋，尤致力于苏轼，曾补注苏诗。尝教人作诗，谓诗之厚在意不在词，其雄在气不在貌，其灵在空不在巧，其淡在脱不在易。所作多写行旅之情，也有反映民生疾苦之作。善用白描手法，袁枚比之于画家之李龙眠。赵翼《瓯北诗话》论古人诗，标举十家，以其继吴伟业之后，且谓其“功力之深，香山、放翁后一人而已”。张维屏《国朝诗人征略》谓其诗“极清真，极隽永，亦典切，亦空灵，如明镜之肖形，如化工之赋物，其妙只是能达”。为“清初六家”之一。著有《敬业堂集》。生平事迹见《清史稿》卷四八四、《清史列传》卷七一、《国朝名家诗钞小传》、沈廷芳《查先生慎行行状》、陈敬璋《查他山年谱》。

陈讦（1650—1732后）　清诗文家、学者。字言扬，号焕吾。浙江海宁人。贡生。官淳安县教谕。为黄宗羲门人，又与查慎行同里友善，故诗格文格俱有所受。又精数学。编有《宋十五家诗选》，《晚晴簃诗汇》评为“菁英略具，后来言宋诗者莫能外也”，“铨择具有意旨，与吴孟举《宋诗钞》、曹六圃《宋百家诗存》足相方驾”。著有《时用集》、《勾股引蒙》、《勾股述》、《开方发明》。生平事迹见《四库全书总目》卷一〇七、卷一八三，《晚晴簃诗汇》卷三九。

吕履恒　清诗人。字元素，号月岩，又号坦庵。河南新安人。吕谦恒兄。康熙三十年（1691）进士，授宁乡知县。四十二年，由青城知县行取湖广道御史。官至户部侍郎。沈德潜《国朝诗别裁集》称许其诗“不但不落唐以下，并蕲追六代以上而从之，可云特立独行”，《晚晴簃诗汇》亦以为其诗“命意瑰奇，结响苍远，非优孟唐贤者比”，“在国初中州诸贤中当推大家”，而杨际昌《国朝诗话》则称其诗“气格声调似明七子，故非卑响，终未免规模痕”，邓之诚《清诗纪事初编》则指出其“奉王士禛、陈廷敬为师，而诗格不类”。著有《冶古堂文集》、《梦月岩诗集》、《梦月岩词》及《洛神庙》传奇。生平事迹见《国朝耆献类征》卷六五、《乾隆河南通志》卷五八。

许汝霖（？—1720）　清诗人。字时庵。浙江海宁人。官江南学政、礼部尚书。作诗不事雕琢，与查慎行唱和甚相得。集内开边、治河诸作，关涉时政，可补史书之缺。晚年诗风流于谐谑，自称：“半残蚁盏尝欺口，百补貂冠且诳头。巴唱盈筒夸李杜，吴侬满座认应刘。”《四库全书总目》称其“才思富赡”。著有《德星堂集》、《河工集》。生平事迹见《清史列传》卷一二、《国朝耆献类征》卷六〇、《国朝诗人征略》卷一五。

王汝骧　清诗文家。字云衢，又字云劬、耘渠。江南金坛（今属江苏）人。康熙至乾隆初在世。由贡生官通江知县。喜诵沈德潜诗。沈德潜《国朝诗别裁集》云：“云衢丈制义宗工，中岁为诗，不落宋、元气习，古体尤上，外人不知为诗人，以文名掩也。”又评其《鸡头关》、《黄牛峡》二诗“能造险语，仿佛老杜入蜀诸诗”。著有《墙东杂著》、《炳烛集》。生平事迹见《四库全书总目》卷一八四、《国朝诗别裁集》卷二五、《国朝诗人征略》卷二〇。

陆繁弨（1651—1700）　清诗文家。字拒石，号偎吾，一作偎胡，又号拒石子。浙江钱塘（今杭州）人。陆圻侄。父培于明清之际殉节于横山，繁弨乃穷居著述，与叔弟霞隐于河渚，俱以孝义为乡里表率。文思敏捷，尤长骈体文，有六朝风。时骈文名家陈维崧、吴绮等皆下世，繁弨遂自负海内无双。得其指授者，有章藻功等。亦能诗。著有《善卷堂四六》，雍正间桐城吴自高为之作注，另有《善卷堂诗文集》、《拒石子》。生平事迹见《清史列传》卷七〇、《两浙輶轩录》卷五二。

陈梦雷（1651—1723后）　清诗文家。字则震，号省斋。福建侯官（今福州）人。康熙九年（1670）进士，选庶吉士，授编修。耿精忠反，迫受官职。与李光地谋以蜡丸密报朝廷，光地事成据为己功，梦雷以从逆论斩，减死流放尚阳堡。三十七年，召还，侍诚王读书，总纂《古今图书集成》。雍正初，又与家口遣发黑龙江，卒于戍所。早岁即以文章名世，其诗长于古体，“才气奔放，不可拘以绳墨”（邓之诚《清诗纪事初编》）。著有《松鹤山房集》、《闲止书堂集钞》。生平事迹见《国朝耆献类征》卷一一六、陈寿祺《陈编修梦雷传》。

沈季友（1652—1698）　清诗人。字客子，号南疑。浙江平湖人。康熙二十六年（1687）副榜贡生。陆棻婿。少精制艺，工诗古文辞，侍父西平县衙，毛奇龄见之叹为旷世才。“其诗清丽，近于晚唐，长篇稍窘篇幅，波澜未壮”（邓之诚《清诗纪事初编》）。著有《学古堂诗集》，编有《槜李诗系》。生平事迹见《两浙輶轩录》卷五三、《清诗纪事初编》卷七。

朱昆田（1652—1699）　清诗人。字文盎，号西畯。浙江秀水（今嘉兴）人。朱彝尊子。家有藏书八万卷，尽能读之，含英咀华，才名远播，一时有"小朱十"之目。好游，每游往往数年不归，归则不数月又出。尝供奉内廷，既谪官，寓京师十年。郑方坤《国朝名家诗钞小传》称其"诗才雄骜，吐故纳新，无一字拾人牙慧，亦其耳濡目染，胚胎家学者深矣"。著有《笛渔小稿》，附其父《曝书亭集》行世。生平事迹见《清史列传》卷七一、《国朝耆献类征》卷四二六、《国朝名家诗钞小传》。

冯景（1652—1715）　清诗文家。字山公，一字少渠。浙江钱塘（今杭州）人。诸生。宋荦巡抚江苏，聘入幕府，荦内迁，以母老辞归。卒后学者私谥文介先生。通经术，学有根柢。自负能文，唯赏魏禧，于毛奇龄、朱彝尊则颇以气折之。"其文得力于《庄子》，妙绪无端，史论诸作，使人读之气正；诗亦雅健，无衰飒之气"（邓之诚《清诗纪事初编》）。著有《解舂集诗文钞》。生平事迹见《清史稿》卷四八四、《清史列传》卷六八、《国朝耆献类征》卷四一六、杭世骏《冯景传》。

田霡（1652—1729 后）　清诗人。字子益，号乐园，又号香城居士。山东德州人。田雯弟。康熙二十五年（1686）拔贡生。授堂邑教谕，以病不赴。兄雯、需俱以文学著述享名，霡独甘寂寞。好养菊，自号菊隐，又编篱为垣，榜曰"香城"。年七十六自作墓志铭。学诗于王士禛，士禛序其集，谓冲澹、自然、清奇三者为诗之最上品，而其诗兼有之。著有《鬲津草堂诗集》、《菊隐集》、《南游稿》。生平事迹见《晚晴簃诗汇》卷四八、《国朝山左诗钞》卷四二。

王材任（1652—1739）　清诗人。字子重，号西涧。湖北黄冈（今黄州）人。王泽弘子。康熙十八年（1679）进士，由中书官至佥都御史，四十三年罢去，移居常熟。性好吟咏，与诗人王誉昌辈结社倡和。晚岁坎坷，仍悠然自得，不仰攀地位显赫之旧交，竟以穷饿终。"其诗清词娓娓，情致绵邈"（邓之诚《清诗纪事初编》）。著有《尊道堂诗钞》、《尊道堂别集》。生平事迹见《民国重修常昭合志》卷二〇。

申颋　清诗人。字敬立。直隶永年（今属河北）人。申涵煜子。康熙十七年（1678）副贡，授唐县教谕，辞不就。工书画，尤长于诗，《四库全书总目》评其五言古诗"大抵源出阮籍《咏怀》、陈子昂、张九龄《感遇》，多托意寓言之作。而其运思取径，又出入于黄庭坚、苏轼之间，颇为拔俗"，又惜其或有"伤于快纵者，伤于纤仄者，伤于实相者"。《晚晴簃诗汇》称其"律句韵味不减凫盟（其叔父申涵光）"，又谓"国初广平诗人最盛，后起斯为健者"。著有《耐俗轩诗集》。生平事迹见《四库全书总目》卷一八三、《晚晴簃诗汇》卷三七。

戴名世（1653—1713）　清散文家。字田有，一字褐夫，号药身，又号忧庵，世称南山先生。江南桐城（今属安徽）人。以授徒自给。后由廪生考得贡，补正蓝旗教习，授知县，弃去。自是往来南北，以卖文自活。康熙四十八年（1709）中进士，授编修。后二年，以所撰《南山集》中"语多狂悖"下狱，又二年被处死，为清代文字狱中一牺牲者。其古文深为方苞推重，于桐城文派之形成颇有贡献。戴钧衡序其文集，谓"其境象如太空之浮云，变化无迹，又如飞仙御风，莫窥行止"，"而其气之逸，韵之远，则直入司马子长之室而得其神"。著有《南山集偶钞》、《孑遗录》，遭禁毁，后人辑有《潜虚先生文集》，今人辑有《戴名世集》。生平事迹见《清史稿》卷四八四、萧穆《戴忧庵先生事略》、徐宗亮《戴先生传》及戴钧衡编、王树民订补《戴南山先生年谱》。

边汝元（1653—1715）　清诗人。字善长，号渔山。直隶任丘（今属河北）人。诸生。少随父宦游，康熙三十一年（1692）以贫馆京师。中岁归里，十赴乡试不举，遂以授徒为生。精音律，擅书画，诗以杜甫为宗，清苍雄健，与庞垲埒，又擅作戏曲。著有《桂岩草堂诗集》及《傲妻儿》、《鞭督邮》杂剧。生平事迹见《乾隆任丘县志》卷九、《大清畿辅先哲传》卷一九。

刘廷玑（1653—1715 后）　清诗人。字玉衡，号在园，又号葛庄。汉军镶红旗人。荫生。历官处州知府、江西按察使，降江南淮扬道。少年时作诗已得王士禛称赏。诗尚浅近，"自记有人评其诗曰：'此亦出入于香山、剑南之间而未纯者'，自以为允"（《四库全书总目》）。著有《葛庄分体诗钞》与笔记《在园杂志》。生平事迹见《八旗通志》、《国朝诗人征略》卷一三。

汪森（1653—1726）　清文学家、词论家。字晋贤，号碧巢。浙江桐乡人，原籍安徽休宁。拔贡生。官桂林通判，调太平，迁郑州知州，以母丧未赴官。服除，补刑部员外郎，擢郎中。年六十一告归。少工诗，后又从黄宗羲、朱鹤龄、朱彝尊、潘耒诸学者游。与兄文桂、弟文柏并称"汪氏三子"。朱彝尊编《词综》，森增辑补苴，为其重要合作者。所撰《词综序》，推尊词体，崇尚

“醇雅”，为浙派词学理论代表作之一。史传谓其诗“五言古得力于陶，七言古有高、岑风格，近律则浸淫于大历诸家”，朱彝尊称其词“能标举新异，一洗《花间》、《草堂》陋习”（王昶《国朝词综》引）。著有《小方壶存稿》、《裘杼楼诗稿》、《桐扣词》，编有《粤西诗载》、《粤西文载》、《粤西丛语》。生平事迹见《清史列传》卷七一、《国朝耆献类征》卷一四二、储大文《户部郎中貤封监察御史汪君森墓志铭》。

吕谦恒（1653—1728） 清诗人。字天益，号涧樵。河南新安人。吕履恒弟。康熙四十八年（1709）进士，由编修改御史，转给事中，迁鸿胪、大理，官至光禄寺卿。与兄履恒同官禁近，以诗文相砥砺。其诗渊源明七子，而“才华稍逊，锤炼不足”（邓之诚《清诗纪事初编》）。著有《青要山房诗选》。生平事迹见《国朝耆献类征》卷六五、《国朝诗人征略》卷一九、方苞《光禄卿吕公墓志铭》。

卓尔堪（1654—？） 清诗人。字子任，号鹿墟，一号宝香山人。江南江都（今属江苏）人。少从李之芳军平耿精忠之叛，为右军前锋，身被数创，颇有战功。康熙二十年（1681），以母病乞归。壮游四方，历辽、江、荆、衡，又航海千里，经普陀、蓬莱观海市。急人之难，有豪侠名，又喜与诸逸老游，求其诗以刻之。邓汉仪称其诗“下笔英矫伟丽，一往见其沉雄，固见万夫之勇”（《诗观三集》）。著有《近青堂诗》，编有《明遗民诗》。生平事迹见《国朝耆献类征》卷三二七。

玄烨（1654—1722） 即清圣祖。公元1661—1722年在位。爱新觉罗氏，号体元主人。八岁即位，年号康熙，由鳌拜等四大臣辅政。康熙六年（1667）亲政，八年计除鳌拜。康熙二十年平吴三桂等三藩之乱，二十二年统一台湾。注重河工、漕运，实行“滋生人丁永不加赋”之制，固定人口税。与俄国订立《尼布楚条约》，加强对喀尔喀和内蒙古的统治。尊崇理学，重用理学名臣。好学能文，敕命编纂《全唐诗》、《佩文韵府》、《渊鉴类函》、《历代赋汇》、《历代诗余》等。崩，葬景陵，庙号圣祖，谥仁皇帝。著有《御制文集》一、二、三、四集。生平事迹见《清史稿》卷六、七、八，马齐、朱轼等《清圣祖实录》，《清历朝起居注》等。

纳兰性德（1655—1685） 清词人。其姓纳兰本作纳喇，初名成德，后改性德，字容若，号楞伽山人。满洲正黄旗人。武英殿大学士明珠长子。康熙十四年（1675）进士，由三等侍卫再迁至一等侍卫，曾奉使塞外。善骑射，好读书，爱宾客，一时名士，颇多往归之。尝刻《通志堂经解》，有功宋、元儒学文献。善诗词，作《原诗》诗，反对临摹仿效，而又主别裁伪体，师法骚雅。谓诗发乎性情，亦须有才有学。徐乾学序其诗，称其童子时已句出惊人，久之益工，得开元、天宝间风格。而其特著者则在词。最工小令，顾贞观谓其“婉丽清凄，使读者哀乐不知所主”（《通志堂词序》）。陈维崧谓其“哀感顽艳，得南唐二主之遗”（《词评》）。王国维谓其“以天赋之才，崛起于方兴之族，其所为词，悲凉顽艳，独有得于意境之深，可谓豪杰之士，奋乎百世之下者矣”（托名樊志厚《人间词乙稿序》），又谓其“以自然之眼观物，以自然之舌言情”，“北宋以来，一人而已”（《人间词话》）。况周颐则以为“惜享年不永，力量未充，未能胜起衰之任”（《蕙风词话》）。著有《通志堂集》、《纳兰词》。生平事迹见《清史稿》卷四八四、《清史列传》卷七一、徐乾学《纳兰君墓志铭》、韩菼《纳兰君神道碑铭》、张任政《纳兰性德年谱》、陆谦祉《纳兰容若年谱》。

汪灏 清诗人。字文漪，又字天泉。山东临清人。康熙二十四年（1685）进士，改庶吉士，授编修，历官侍读、内阁学士、礼部侍郎、河南巡抚。《四库全书总目》谓其诗“一以王士祯为法”，“然姿韵略同，而近体多凑泊语，不及士祯之天然也”。《晚晴簃诗汇》则称其诗“安谐缜密”。著有《倚云阁诗集》。生平事迹见《国朝耆献类征》卷三七九、赵士麟《汪氏四孝友传》。

王时宪（1655—1717） 清诗人。字若千，号禊亭。江南太仓（今属江苏）人。康熙四十八年（1709）进士，由宜兴教谕改庶吉士，授检讨。曾聘校浙江乡试，后典试陕西，卒于西安。诗“喜摹魏晋唐宋，不名一家。与（毛）奇龄标格出于云间、专骛三唐者有合”（邓之诚《清诗纪事初编》）。著有《性影集》。生平事迹见《太仓州志》卷二〇、《国朝诗人征略》卷一九。

汤右曾（1656—1722） 清诗人。字西厓。浙江仁和（今杭州）人。康熙二十七年（1688）进士，改庶吉士，授编修，历官刑科给事中、户部掌印给事中、河南学政、光禄寺卿、太常寺卿、吏部侍郎兼掌院学士。少即工诗，清远鲜润，见赏于王士禛，为其入室弟子。沈德潜云：“浙中诗派，前推竹垞，后推西厓。竹垞学博，每能变化，西厓才大，每能恢张。变化者较耐寻味也。”（《国朝诗别裁集》）谓朱彝尊、汤右曾相继主浙中诗教，而汤略逊于朱。著有《怀清堂集》。生平事迹见《清史列传》卷九、《清史稿》卷二六六、《国朝先正事略》卷四〇、《国朝名家诗钞小传》。

金人望　清词人。字留村，又字道洲，一作道驺。江南山阳（今江苏淮安）人。康熙十一年（1672）副贡，官广西马平知县，改关中长武知县。三十八年，充陕西乡试同考官。三仕一令，两遭诖误，不谐于俗。与汪森、钮琇、阎若璩等交游，与"浙西六家"之沈皞日谊在师友之间。为词嗜辛弃疾，自序其词称："予年三十二弃帖括乞升斗，涉江越峤，携稼轩辛公词一卷为水行山宿伴。"其自为词"淋漓痛快"，"放胆无畏"，"无限牢骚全盘托出"（严迪昌《清词史》），善"借古人之调，以吐胸中之奇"（阮晋跋《瓜庐词》），气盛而情郁，能发扬稼轩词风。著有《瓜庐词》。生平事迹见《瓜庐词自序》、阮晋《瓜庐词跋》。

龙震（1657—1713后）　清诗人。字文雷，号东溟。直隶天津（今天津市）人。喜与闲社诸友唱酬，当时名士，则殊少往还。独善陈仪，仪亦独奇之。以其狂相近，与吴雯交甚笃。其诗不乏郁勃之情、讥时之作。自编康熙三十三年（1694）至五十二年之诗为《玉红草堂集》（内一卷为文）。生平事迹见《大清畿辅先哲传》卷二七、陈仪《龙东溟传》。

庞垲（1657—1725）　清诗文家。字霁公，号雪崖，晚号牧翁。直隶任丘（今属河北）人。康熙十四年（1675）举人，十八年举博学鸿词，授检讨，分修《明史》。降补内阁中书，迁工部主事，升户部郎中，授建宁知府，勤于吏事，境内安宁。后告归，旋卒。官京师时，与彭孙遹、冯勖、丘象随、李垲、李澄中等唱和，取杜诗研索其法，所诣益进。《四库全书总目》谓"当王士祯名极盛时，能文之士，率奔走门墙，假借声誉，垲独落落不相亲附"，《晚晴簃诗汇》称其"诗名隽修洁，绝无矜声衒色，冲瀜演迤，而一归于雅正"。著有《丛碧山房集》、《诗义固说》。生平事迹见《清史稿》卷四八四、《清史列传》卷七〇、《国朝先正事略》卷三九、《国朝耆献类征》卷二二二。

曹寅（1658—1712）　清文学家。字子清，号荔轩，又号楝亭、雪樵。原籍直隶丰润（今属河北），为满洲贵族之包衣，隶正白旗。曹雪芹祖父。康熙十年（1671），寅年十三，挑御前侍卫。后以郎中差苏州织造，改江宁织造。四十三年，兼巡视两淮盐务。官至通政使。寅少有神童之称，善骑射，能文学。朱彝尊序称其诗"无一字不熔铸，无一语不矜奇"，"于学博综，练习掌故，胸中具有武库，浏览全唐诗派，多师以为师"。顾景星序称其诗"清深老成，锋颖芒角，篇必有法，语必有源"。《四库全书总目》称其"出入白居易、苏轼之间"。邓之诚以为其"诗词皆有逸笔，文亦雅洁"（《清诗纪事初编》）。兼通天竺文。尝汇刻前人文字音韵书为《楝亭五种》，汇刻前人文艺杂著为《楝亭藏书十二种》。自著有《楝亭集》及杂剧《太平乐事》、《北红拂记》、传奇《虎口余生》、《后琵琶记》等。生平事迹见《清史稿》卷四八五、《清史列传》卷七一。

汪士鋐（1658—1723）　清诗文家。字文升，号退谷，又号秋泉，初名巽。江南长洲（今江苏苏州）人。康熙二十六年（1687）中乡试副榜，考授镶黄旗教习。三十六年（1697）成进士，选庶吉士，授编修，历官右中允。工诗古文辞，与兄份、钧，弟倓齐名，有"吴中四汪"之称。擅书法，与姜宸英齐名，称"姜汪"。著有《秋泉居士集》、《瘗鹤铭考》，编有《近光集》、《黄山志续集》。生平事迹见《清史列传》卷七一、沈彤《右春坊右中允汪先生士鋐行状》。

龚翔麟（1658—1733）　清词人。字天石，号蘅圃。浙江仁和（今杭州）人。康熙二十年（1681）副贡，补兵部主事，出榷广东关税。授监察御史，历掌浙江、山西、陕西、京畿、河南诸道事，致仕归。长于吏事，为御史时能言人所不能言。少工诗古文辞，为曹溶、朱彝尊所赏，结为忘年交。其诗出入于六朝、三唐，而归于苏轼，词尤有名，为清初"浙西六家"之一，"大率以石帚为宗，而旁及于梅溪、碧山、玉田、蘋洲、蜕岩、西麓各家之体格"（李符《红藕庄词序》），然谢章铤以为其"所得比诸家较浅，绵丽不及竹垞，淡远不及武曾"（《赌棋山庄词话》）。著有《红藕庄词》、《田居诗稿》。生平事迹见《清史稿》卷二八二、《清史列传》卷七一、顾栋高《御史龚公翔麟传》。

褚人获　清小说家。字学稼，又字稼轩，号石农。江南长洲（今江苏苏州）人。康熙间在世。平生不求闻达，于书无所不阅，尤谙明代野史稗乘，雅好著述，与尤侗、洪昇、毛宗岗交游，尤侗颇称赏之。康熙三十四年（1695），曾以四雪草堂名订正刊行《封神演义》。四十二年，自著笔记《坚瓠集》成。搜录秦汉以迄明清历代轶事，并访诸故老旧闻，次为一编。一时名流如尤侗、顾贞观、洪昇等皆称之。五十八年，又以四雪草堂名刊行所著长篇小说《隋唐演义》。二书均风行于世。另著有《退佳琐录》、《读史随笔》、《鼎甲考》、《圣贤群辅录》、《续蟹谱》。生平事迹见《坚瓠集》各集序、张慧剑《明清江苏文人年表》。

胡介祉(1659—?)　清诗人。字存仁,号循斋,又号茨村。直隶宛平(今属北京)人,先世居浙江山阴(今绍兴)。父胡兆龙为顺治朝部院大臣,介祉以荫生历官河南按察使。康熙三十四年(1695)罢官。其诗为“宗太白、摩诘,而得其正者”(毛奇龄《西河诗话》引)。著有《茨村咏史新乐府》、《谷园诗集》、《天中咏古诗》及《广陵仙》传奇,增补沈自晋所编《南词新谱》为《南九宫谱大全》。生平事迹见《光绪顺天府志》卷一二五、《光绪畿辅通志》卷一三六、《两浙輶轩录》卷一二、李天馥与姜宸英《谷园续集序》。

方登峄(1659—1725)　清诗人。字凫宗,号屏柘。江南桐城(今属安徽)人。贡生。康熙中官工部主事,受戴名世《南山集》案牵累,与其子式济、侄世庄等长流黑龙江卜魁城。处危苦之境,而能种花赋诗,自得其乐。张维屏称其“古诗得乐府神理,近体亦苍健”(《国朝诗人征略》)。著有《述本堂诗集》。生平事迹见《清史列传》卷七一、《国朝耆献类征》卷一四三、《国朝诗人征略》卷二〇。

沈玉亮　清戏曲作家。字瑶岑,又字亦村,号纫芳。浙江武康人。康熙间诸生,屡困场屋。工诗古文辞,兼长度曲。著有《钟馗吓鬼》套曲,嘲骂科场颇深刻,另著《鸳鸯坟》杂剧附《课蒙余录》,又尝与陈琬同编《凤池集》,裒辑时人应制之诗,分体编辑,末附杂剧一折,《四库全书总目》以为“自古所无之创例”。此外《今乐考证》所录沈瑶琴作《春富贵》传奇,疑亦玉亮所作。生平事迹见汪唯宪《沈瑶岑记》。

沈嘉然　清小说家。字滕友,号悔堂。浙江山阴(今绍兴)人。康熙间以诸生入江南大宪幕中。尝病《封神榜》俚陋,据《禹贡》及《山海经》、《神仙通鉴》、《古岳渎经》等,别创一编,演大禹治水故事,成六十卷、一百二十回。曹寅欲为梓行,以事涉神怪力辞。后自扬州归里,覆舟吴江,感寒疾而卒。生平事迹见徐承烈《燕居续语》。

李塨(1659—1733)　清学者、散文家。字刚主,号恕谷。直隶蠡县(今属河北)人。康熙二十九年(1690)举人,年六十始得选通州学正,居官月余,以母老告归。年三十一投颜元门下为弟子。友郭金汤为桐乡知县,邀往议政,遂之萧山,学乐于毛奇龄,并受经学。又入京与万斯同交。友杨勤为富平知县,复邀之往。以讲学闻名,权臣、藩王交聘,皆不就。晚交方苞,二人所学不同而志相得。其学以实用为主,躬行实践,与程朱理学异,为清初著名思想家,与其师颜元并称“颜李”。《四库全书总目》云:“其文根柢仍出八家,但开合断续,不主故常,异乎明以来学欧曾者惟以纡余曼衍为长耳”,“塨天分本高,其学自成一家,以经世致用为主,亦具有根柢。然负气求胜,其文或失之粗豪,少古人淳穆之气。”著有《恕谷后集》、《恕谷诗集》及学术著作二十余种,收入《颜李丛书》、《国粹丛书》等丛书中。生平事迹见《清史稿》卷四八〇、《清史列传》卷六六、方苞《李刚主墓志铭》、冯辰《李恕谷先生年谱》。

车江英　清戏曲作家。江西人。康熙、雍正间在世。工杂剧,著有《蓝关雪》、《柳州烟》、《醉翁亭》、《游赤壁》等,分别演韩愈、柳宗元、欧阳修、苏轼四人事,总题曰《四名家填词摘出》。浚仪散人序称其“负隽俊之才,寝食于韩、柳、欧、苏之文者数十年”,“是以搦管舒啸之下,得以言夫四君子之所欲言,而遂其四君子未逮之志焉”。生平事迹见《古典戏曲存目汇考》卷八、浚仪散人《四名家传奇摘出序》。

石成金(1659—1739后)　清文学家。字天基,号学海,又号惺斋。江南扬州(今属江苏)人。康熙四十五年(1706)进士,授宝坻知县。事亲以孝,交友以信,以诚笃称,又虔信佛教。尝取俗语俚言,写通俗讽喻作品,以期端正世道人心,所著风行于世,对社会影响较大。著有话本小说集《雨花香》、《通天乐》,另《道情》四种,笑话集《笑得好》、《俗语正讹》、《传家宝俗谚》、《五更调》等,均收入《传家宝六集》中。生平事迹见《俚言自序》、《全清散曲》作者小传。

刘青霞(1660—1717)　清散文家。字啸林。河南襄城人。少即聪颖能文章。不屑为举子业。年三十八始补博士弟子员,又十年成廪生,又十年而卒。平生刻苦读书,于诸史百家稗言杂说,无不强记贯穿。好为史论。尤酷嗜司马迁文,心摹手追。晚年得李颙《二曲集》,遂潜心理学。与青骏、青震、青莲、青藜、青芝一门从兄弟,皆以人品学问文章著名,时有“中州六刘”之称。著有《慎独轩文集》、《史论》。生平事迹见方鸿《文学刘青霞传》、王心敬《襄城啸林刘子别传》。

杨名时(1660—1736)　清大臣、诗文家、理学家。字宾实,一字赓实,号凝斋。江南江阴(今属江苏)人。康熙三十年(1691)进士。历官顺天学政、直隶巡道、贵州布政使、云南巡抚、兵部尚书、云贵总督。雍正间革职。乾隆初召授礼部尚书。谥文定。居官有政声,耿直敢言。出李光地之门,讲求性理之学,诸经皆有讲义。余事为诗。著有《杨氏文集》、《杨氏别集》等,皆收入《杨氏全书》,别有《自滇入都程记》等。生平事迹见《清史稿》卷二九〇、《清史列传》卷一四、全祖望《杨文定公行述》、杨敦厚《杨文定公年谱》。

李必恒(1661—?)　清诗人。字北岳,又字百药。江南高邮(今属江苏)人。廪生。少多病,后屡试不举,郁郁伤身,终至耳聋。康熙三十六年(1697)宋荦巡抚江苏,见其铙歌诸篇,极为叹赏,招之入幕,待以上宾,刻其诗入《江左十五子诗选》。诸人后皆显达,独必恒终身未遇。郑方坤谓其诗"赡博雄奇,如韩愈、卢仝之弹压百怪"(《三十六湖草堂诗钞小传》)。著有《三十六湖草堂诗集》。生平事迹见《国朝耆献类征》卷四二六、《国朝名家诗钞小传》。

林佶(1661—?)　清诗人。字吉人,号鹿原。福建侯官(今闽侯)人。少与兄侗并负才名。康熙四十四年(1705)以举人献赋及手书御制诗集,召试入值武英殿。五十一年特赐进士,补官中书。雍正元年(1723)以陈梦雷事得罪放归。工楷书,以其文师汪琬,诗师陈廷敬、王士禛,乃手写《尧峰文钞》、《午亭文编》、《渔洋山人精华录》付雕。《四库全书总目》谓其诗"渊源有自,故体格犹为近古,特才分差弱,出手微易耳"。著有《朴学斋诗稿》与《文稿》。生平事迹见《清史列传》卷七〇、《国朝耆献类征》卷一四三。

史申义(1661—1712)　清诗人。原名伸,字叔时,号蕉隐,一作蕉饮。江南江都(今属江苏)人。康熙二十七年(1688)进士,授编修,充云南乡试考官,改御史、礼科给事中,乞病归。少即工诗,与同里顾图河齐名,人称"维扬二妙"。登第后从王士禛游,与汤右曾并称王门"二弟子"。又为陈廷敬赏识,清圣祖问翰林院中能诗者,陈对以史申义与周起渭,一时有"翰苑两诗人"之目。郑方坤谓其诗"煎香摘艳,倾液漱芳,无激昂驳痹之音,有朱弦疏越之致"(《黄门诗钞小传》)。著有《使滇集》、《过江集》、《芜城集》。生平事迹见《清史列传》卷七一、《清史稿》卷四八四、《国朝耆献类征》卷一三五。

史夔(1661—1713)　清诗人。字胄司,号耕岩。江南溧阳(今属江苏)人。康熙二十一年(1682)进士,选庶吉士,授编修,历官侍读学士、詹事府詹事,曾典试浙江。沈德潜《国朝诗别裁集》称其诗"意足韵流,无一闲句闲字,得唐贤之三昧者也。台阁而不涉应酬,山林而不入寒瘦,足觇诗品"。著有《观涛集》、《扶胥集》、《扈跸集》、《樟亭集》、《东祀集》等。生平事迹见《国朝耆献类征》卷一二一。

王苹(1661—1720)　清诗人。字秋史。山东历城(今济南)人,原籍浙江杭州。康熙四十五年(1706)进士,授知县,以母老改就成山卫教授。逾年以养母乞归。负奔轶之才,人以狂士目之。田雯读其诗,荐之于巡抚张鹏。其诗"肮脏有奇气,不屑一语雷同,而趣味澄夐,如清沇之贯逵"(《国朝山左诗钞》引)。以"乱泉声里才通屐,黄叶林间自著书"一联,为王士禛目为"王黄叶"。著有《二十四泉草堂集》、《蓼村文集》。生平事迹见《清史稿》卷四八四、《清史列传》卷七〇、《国朝先正事略》卷三七、《国朝名家诗钞小传》。

何焯(1661—1722)　清学者、诗文家。字润千,号无勇,后改字屺瞻,号茶仙、憩闲老人,学者称义门先生。江南长洲(今江苏苏州)人。康熙四十一年(1702)以太学生荐直南书房,次年赐举人,复赐进士,改庶吉士,授编修。兼武英殿纂修。以事系狱,事白,解官,仍参书局。好时文,初师韩菼,后师李光地。勤读书,精于校勘,长于评点。于学颇自负,平生唯服膺钱谦益,于汪琬、朱彝尊皆致訾议,谓之耳学,"实有著述之才,惜无成就"(邓之诚《清诗纪事初编》)。工楷书,手所校书,人争传宝。著有《义门先生集》、《义门读书记》。生平事迹见《清史稿》卷四八四、《清史列传》卷七一、沈彤《翰林院编修何先生焯行状》。

焦袁熹(1661—1736)　清诗人、学者。字广期。江南金山(今属上海)人。康熙三十五年(1696)举人。自以非用世材,遂不与会试,一意事亲著书。精于经学,工制义。亦善诗,沈德潜评为"孑孑独造,不侪流俗"(《国朝诗别裁集》)。著有《此木轩诗钞》、《此木轩直寄词》、《此木轩杂著》、《此木轩论诗》及《经学汇编》、《此木轩四书说》等。生平事迹见《清史列传》卷六七、《国朝耆献类征》卷四四。

王九龄(1662—1709) 清诗人。字子武,号薛澱。江南华亭(今上海松江)人。王广心子,王顼龄、王鸿绪弟。康熙二十一年(1682)进士,改庶吉士,授编修,历官侍讲学士,少詹事,内阁学士,礼部、兵部、吏部侍郎,左都御史。先后入几社、赠言社,又与修《松江府志》及《江南通志》。《四库全书总目》称"其诗欲挹何、李之流波,而才思富艳,加以纤秾"。著有《懒云书屋诗稿》、《艾衲山房集》。生平事迹见《清史列传》卷一〇、《嘉庆华亭府志》卷五七。

赵执信(1662—1744) 清诗人、文学评论家。字伸符,号秋谷,晚号饴山老人。山东益都(今青州)人。康熙十八年(1679)进士,授编修。时名流集京师,过从谈议,最为朱彝尊、陈维崧、毛奇龄所重。出典山西乡试,迁右赞善。二十八年,坐国丧间观《长生殿》演出而革职。曾南游至苏州、广东等地。为人峻峭,娶王士禛甥女,初相引重,后不合。曾向王问诗声调,王不与,乃自加研讨,成《声调谱》。又因王论诗比之神龙见首不见尾,所露仅一鳞一爪,遂著《谈龙录》,主张诗言志,诗中有人,诗外有事,意在诋王。独服膺常熟冯班,自称私淑弟子,然班诗崇尚李商隐与宋代西昆体,与赵诗"以思路劖刻为主"(《四库全书总目》)者不相近,而班著《钝吟杂录》斥倡言妙悟之严羽,故赵借冯以反对王之神韵说。赵诗有若干讽刺现实、意义深刻之作,如《甿入城行》等,为时人所不敢为。与宋琬、施闰章、王士禛、朱彝尊、查慎行合称"清初六家"。著有《饴山堂集》。生平事迹见《清史稿》卷四八四、《清史列传》卷七一、《国朝名家诗钞小传》、汪由敦《前右春坊右赞善赵先生执信墓志铭》。

刘青藜(1663—1708) 清诗人。字太乙,号啸月,又号卧庐。河南襄城人。康熙四十五年(1706)进士,选庶吉士,请养归。素工书,尝手写《渔洋集》。平生专意于诗,不名一家,以古乐府一百十五首得名,颇见赏于王士禛。著有《高阳山人集》。生平事迹见《清史稿》卷四九七、《国朝先正事略》卷五六、《国朝耆献类征》卷一二三。

陈鹏年(1663—1723) 清大臣、诗人。字北溟,号沧洲。湖南湘潭人。康熙三十年(1691)进士,授浙江西安知县,历官山阳知县,海州、江宁、苏州知府,署布政使,出署霸昌道,回京修书。随尚书张鹏翮勘山东、河南运河,署河道总督。以勤劳致疾卒于任。谥恪勤。其诗颇有关怀民生疾苦之作。《晚晴簃诗汇》谓其诗"以沉郁顿挫,抑扬排荡见长,盖得于工部为多"。著有《沧洲诗集》、《道荣堂诗集》。生平事迹见《清史稿》卷二七七、《清史列传》卷一三、《国朝先正事略》卷一二、余廷灿《陈恪勤公鹏年行状》。

金埴(1663—1740) 清诗人。字苑孙,又字小郯,号鳏鳏子、耸翁、浅人、壑门,晚又号带秋老人。浙江山阴(今绍兴)人。诸生。幼随父居山东郯县。屡应举不第,以教馆作幕僚为生。曾参修《兖州府志》,与洪昇、孔尚任相友善。以诗谒王士禛,亦颇受赏识。著有笔记《不下带编》、《巾箱说》,文隽永有味,所为诗亦多在其中。生平事迹见《两浙輶轩录》卷一六。

周起渭(1664—1713) 清诗人。字渔璜,号桐野。贵州贵阳人。康熙三十三年(1694)进士,改庶吉士,授检讨,历官詹事府詹事。贵州本边僻之地,起渭独起其间,以诗名世。清世祖曾问近今诗人于陈廷敬,陈以史申义与周起渭对,一时翰苑有"两诗人"之目。其诗肆力于苏轼、元好问、高启诸家,"骨干坚实,藻韵不匮"(《晚晴簃诗汇》),人以为不愧为道光、咸丰间郑珍、莫友芝之先导。著有《桐野诗集》。生平事迹见《清史稿》卷四八四、《清史列传》卷七〇、《国朝名家诗钞小传》、陈田《周渔璜先生年谱》。

李孚青(1664—1719后) 清诗人。字丹壑。江南合肥(今属安徽)人。李天馥子。康熙十八年(1679)进士,官编修。早归养,父殁,遂不出。早慧,能以诗继其家声。毛奇龄、王士禛、彭孙遹等皆称其诗才清丽,蕴藉深秀。著有《野香亭诗集》、《盘隐山樵集》、《道旁散人集》。生平事迹见《国朝耆献类征》卷一一七、《国朝诗人征略》卷九。

费锡璜(1664—?) 清诗人。字滋衡,一作滋蘅。四川新繁(今新都)人,侨居江苏江都。费密子。康熙三十五年(1696)随父会友,作《江舫唱和》诗,满座皆惊,称"凤毛"。与黄叔威、刘静伯结诗社,颇有影响。性格豪放,诗如其人。尝登罘罘,投诗于海,痛哭而返,盖悲怀才不遇,欲求交于水神。兼工古文。李调元谓其诗"古乐府直接汉、魏,五、七律绝亦在李颀、崔颢之间"(《蜀雅》)。曾作《北征哀叹曲》,长二千一百字,抒离乱之情,自谓"心血横流,吟成鬼泣"。著有《道贯堂文集》、《掣鲸堂诗集》。生平事迹见《国朝耆献类征》卷四二八、徐世昌《颜李师承记》卷五、《国朝诗人征略》卷二〇。

方舟(1665—1701)　清散文家。字百川。江南桐城(今属安徽)人。方苞兄。好读书,倜傥不事章句,为文得韩愈、欧阳修之神理,与弟苞、武进管世铭被推为清代时文正宗极轨。著有《自知集》。生平事迹见《国朝耆献类征》卷四三〇、《国朝先正事略》卷一四、方苞《兄百川墓志铭》、陈鹏年《方先生舟墓碣》。

顾嗣立(1665—1722)　清诗人。字侠君,号闾邱、秀野。江南长洲(今江苏苏州)人。康熙三十八年(1699)举人。四十四年清圣祖南巡,召试行在,被选,至京与修《宋金元明四朝诗选》诸书,议叙内阁中书。五十一年赐进士,改庶吉士。以荐入武英殿修书,例当授中书,不就,改知县,以疾归。所为诗"初仿金、元"(沈德潜《国朝诗别裁集》),"出入韩、苏,才力健举,五七言古体纪游诸作最为擅场"(《晚晴簃诗汇》)。辑《元诗选》三集,网罗极富,名与《宋诗钞》、《明诗综》埒,著有《秀野堂诗集》、《闾丘诗集》、《寒厅诗话》、《昌黎诗集注》、《温飞卿集笺注》。生平事迹见《清史列传》卷七一、《国朝先正事略》卷四〇、《国朝名家诗钞小传》及《秀野公自订年谱》。

朱轼(1665—1736)　清大臣、散文家。字若瞻,号可亭,江西高安人。康熙三十三年(1694)进士,改庶吉士,授潜江知县,历官刑部主事、员外郎、郎中,陕西学政,光禄寺少卿,奉天府尹,通政使,浙江巡抚,左都御史,吏部尚书,文华殿大学士,谥文端。学宗朱熹,沉潜义理,虽负文名,而议论多迂阔难行,惟辟迷信、崇俭约诸文颇可取。著有《朱文端公集》、《周易传义合订》、《仪礼节要》、《吕氏四礼翼》、《史传三编》、《广惠编》等,主编《大清律集解》。生平事迹见《清史稿》卷二八九、《清史列传》卷一四、张廷玉《文端朱公墓志铭》及朱瀚、朱舲《朱文端公年谱》。

储大文(1665—1743)　清诗文家。字六雅,号画山。江南宜兴(今属江苏)人。储方庆子。康熙六十年(1721)进士。选庶吉士,授编修。告归后,主扬州安定书院。四十八年曾与王奕清等修《词谱》、《曲谱》。雍正十二年(1734)与修《山西通志》。肆力为古文,从从祖欣游。读书九峰楼数十年,欣及姜宸英皆称赏之。著有《存砚楼集》。生平事迹见《清史列传》卷七一、《国朝耆献类征》卷一二五、《国朝诗人征略》卷二二。

周稚廉(约1666—约1694)　清文学家。名一作汝廉,字冰持,号可笑人。江南华亭(今上海松江)人。周茂源孙。国子监生,屡试不第,牢骚以死,年二十九。有才名,尝于文会作《浙江潮赋》,奋笔立就,满座皆惊。性放浪不羁,众皆目为狂士。康熙二十八年(1689),遇洪昇于扬州,昇酬之以诗。又与同郡范缵齐名,人称"周范"。所作诗文词、传奇皆工。王士禛评曰:"下笔千言,悠悠忽忽,迹类清狂。"(《江苏诗征》引)著有《容居堂词》、《珊瑚玦》、《元宝媒》、《双忠庙》传奇,未刊者尚有诗、骈文及传奇数十种。生平事迹见《乾隆江南通志》卷一六六、《光绪重修华亭县志》卷一六、二四。

沈元沧(1666—1733)　清书法家、诗人。字麟洲,号东隅,又号晚闻翁。浙江仁和(今杭州)人。幼聪慧,为毛奇龄、万斯大所称赏。康熙四十四年(1705)、五十六年两中副榜,以教习授文昌知县,在职四年,有政绩。后以事劾免,编管宁夏,扶病而行,不逾年卒。乾隆间以子沈廷芳之贵,赠通议大夫。工书,得赵孟頫、董其昌之神。其诗"探源骚雅,出入于杜、韩、苏、陆诸家","取法正而根柢深"(郑方坤《滋兰堂诗钞小传》),时朱彝尊、汤右曾、陈鹏年均推重之。著有《滋兰堂集》、《云旅词》、《念旧词》、《充安斋杂著》、《今雨轩诗话》、《杜诗补注》等。生平事迹见《清史列传》卷七一、《国朝名家诗钞小传》。

杜诏(1666—1736)　清文学家。字紫纶,号云川,别号浣花词客、蓉湖词隐,学者称半楼先生。江南无锡(今属江苏)人。康熙五十一年(1712)钦赐进士,改庶吉士,以终养告归。少从严绳孙、顾贞观游,得其指授。晚与道士洞泉、僧天钧订世外交,结九龙三逸社,又应洞泉之招,再续碧山吟社。亦工填词。郑方坤谓其诗"略杜之形骸,而得其神俊"(《国朝名家诗钞小传》),顾贞观称其词"风流酝藉,词如其人,丽而则,清而峭,晏、周之流亚也"(《国朝词综》引)。古文亦能得欧阳修之神髓。著有《云川阁集》、《凤髓词》、《浣花词》、《蓉湖渔笛谱》,编有《唐诗叩弹集》。生平事迹见《清史列传》卷七一、《国朝先正事略》卷四〇、《国朝耆献类征》卷一二四、华希闵《杜吉士诏传》。

石庞(1667—?)　清文学家。字晦村,一字天外。江南太湖(今属安徽)人。弱冠即成诗词文集《天外谈初集》,姚文燮作序,极称其才俊。又尝著《雪赋》、《春赋》,皆回文,一时以为惊才绝艳。康熙三十五年(1696)又刻《晦村初集》,胡任舆作序,谓其文似金圣叹,诗似徐渭。《四库全书总目》则称其"诗文皆纤仄佻巧,堕入魔趣","盖小有才而未读书,聪明过于学问者也"。邓之诚《清诗纪事初编》亦以为"其诗文尚未入格"。擅作戏曲,著有传奇《后西厢》、《因缘梦》、《壶中天》、《无因种》、《诗囊恨》、《薄命缘》,均佚。生平事迹见《民国太湖志》卷一九、《四库全书总目》卷一八三。

刘璋(1667?—?) 清小说家。字于堂,号介符,又号烟霞散人、樵云山人。山西太原人。康熙三十五年(1696)举人。雍正元年(1723),官深泽知县。在任四年,被解职。擅小说,兼工绘事,有画传世。著有长篇章回小说《斩鬼传》,号称"第九才子书"。另著有《凤凰池》、《巧联珠》、《飞花艳想》,今存。生平事迹见《同治深泽县志·名宦传》。

郎廷槐(1667—?) 清诗人。字梅溪,自署千山。汉军镶黄旗人。康熙三十七年(1698)官新城知县,升达州知州,以事落职发往军前效力。年羹尧委充监收同知,题补遵义府通判。雍正三年(1725),以年党革职治罪。著有《江湖夜雨集》。生平事迹见《清诗纪事初编》卷六。

屈复(1668—1739后) 清诗人。字见心,号金粟,晚号悔翁。陕西蒲城人。年十九应童子试得第一,后不事科举,出游四方。流寓郏城,周历晋、豫、吴、越、闽、粤,垂老乃转徙京师,以诗学教授弟子,名公卿多从之游。乾隆元年(1736),以布衣荐举博学鸿词,辞不就。熟于诸史兴亡,史家谓其出游盖有所为,行迹略同顾炎武、刘献廷。其诗"大率多残山剩水之思,麦秀黍离之感,……如白首狂夫歌哭道中,辄向黄河欲渡,令人累欷增戚而不能已已"(郑方坤《弱水诗钞小传》)。著有《弱水草堂诗集》、《楚辞新注》、《杜工部诗评》、《玉溪生诗意》、《唐诗成法》。生平事迹见《清史列传》卷七一、《国朝先正事略》卷三八、刘绍攽《关中文人后传》。

黄之隽(1668—1748) 清文学家。字石牧,号唐堂。江苏华亭(今上海松江)人。康熙六十年(1721)进士,选庶吉士。雍正元年(1723)授编修。出为福建学政,迁中允。四年被劾降职,次年革职。乾隆元年(1736),荐试博学鸿词,以弱视不能作书,罢归。未第时,陈元龙延之入幕,归田后屡辞钟山、鳌峰、淮阴、安定、粤秀诸书院之聘。《四库全书总目》称其"综览浩博,才华富赡,兴之所至,下笔不能自休,往往溢为狡狯游戏之文,……殆陆机之患才多矣"。著有《香屑集》、《唐堂集》、杂剧《郁轮袍》、《梦扬州》、《饮中仙》、《蓝桥驿》、传奇《忠孝福》。生平事迹见《清史列传》卷七一、《国朝耆献类征》卷一二五、《国朝先正事略》卷四〇。

方苞(1668—1749) 清散文家、学者。字灵皋,又字凤九,号望溪。安徽桐城人。康熙三十八年(1699)举人,四十五年成进士,以母病未仕。五十年,以戴名世《南山集》案牵连下狱,免罪入旗籍。清圣祖赏其文,得李光地之荐,召直南书房。清世宗即位,赦归原籍。授左中允,累迁侍讲学士、内阁学士、礼部侍郎,以足疾辞官,仍以原衔食俸。后以事削侍郎衔,赐侍讲衔还里。尝历充《一统志》、《皇清文颖》、《三礼义疏》正、副总裁。为学宗程、朱,尤究心《春秋》、《三礼》,治经颇有心得。少以时文名天下,既长以古文称巨擘,其为文"取法昌黎,谨严简洁,气韵深厚,力尚质素,多征引古义,择取义理于经,有中心恻怛之诚","运掉凌空,实能以宋儒之理衍八家之文"(刘声木《桐城文学渊源考》)。清代桐城派散文,以方苞为创始人,经刘大櫆、姚鼐发扬光大,遂在清代文坛占据统治地位垂二百年,其作文重义法、重雅洁之旨,亦影响后世极深。少亦学诗,后弃不为。著有《望溪先生集》。其他经学著作等,与文集汇刊为《抗希堂十六种》。生平事迹见《清史稿》卷二九〇、《清史列传》卷一九、沈廷芳《方望溪先生传》、苏惇元《方望溪先生年谱》。

杨守知(1669—1730) 清诗人。字次也,号致轩,别号晚研、稼亭、意园。浙江海宁人。康熙三十九年(1700)进士。官平凉知府。早从查慎行游。与归安沈树本、平湖陆奎勋、嘉善柯煜合称浙西四才子。陈勋论清初诗派谓:"海宁诗派自陆辛斋、朱岷左父子、查韬荒为国初眉目,至初白、查浦兄弟以五、七字冠冕一时,致轩从诸人游,虽别自成家,而渊源可考"。(阮元《两浙輶轩录》引)法式善、阮元皆称其工咏物诗,多佳句。著有《致轩集》。生平事迹见《国朝先正事略》卷四、《国朝诗人征略》卷八、《晚晴簃诗汇》卷五五。

安箕 清诗人。字青士。山东寿光人。安致远子。康熙间贡生。幼随父读,克承家学,所为诗文俱有矩度,唯波澜尚未老成,《四库全书总目》以为问世太早之故。尝作《青社先贤咏》百二十五首,自战国至明,乡州文献略备,显微阐幽，王士禛亟称赏之。著有《五亩园集》、《绮树阁诗稿》、《南阳咏稿》。生平事迹见《晚晴簃诗汇》卷三八。

徐昂发　清诗人。榜姓管，字大临，号畏垒山人。江苏昆山人。康熙三十九年(1700)进士。历官编修、江西学政。雍正初以事遣戍新疆。以文酒自豪，常倾四座。尤长于考证。《四库全书总目》称其诗“五言古体大抵刻峭清新，一往骏利，有透空碎远之音”。沈德潜称其骈文“追仿六朝”，近体“得力樊南，而能自出面目。同时谈艺名士，无与俪者”(《国朝诗别裁集》)。未第时，作《宫词百首》，遍播旗亭酒社间。著有《畏垒山人集》、《乙未亭诗集》、《畏垒山人笔记》。生平事迹见《清史列传》卷七一、《国朝耆献类征》卷一二一、《国朝名家诗钞小传》、《国朝书人辑略》卷三。

万承勋(1670—?)　清诗人。字开远，又字宇光，号西郭。浙江鄞县人。万斯同侄。雍正初，以诸生荐，奏对称旨用为磁州知州。父万言官五河知县，以忤大吏论死罪。承勋时未弱冠，跋涉万里，乞哀于当世贤大夫，醵金告赎，父终得释生还。少即以诗名，查慎行赠诗称其“翻澜涕泪随声出，彻骨冰霜炼句来”。尝自谓生平时文不如古文，古文不如诗，诗不如人。著有《冰雪集》。生平事迹见《清史列传》卷六八、《国朝耆献类征》卷七二、《国朝名家诗钞小传》。

蕴端(1670—1704)　清诗人。初名岳端，字正子，又字兼山，号玉池生，别署红兰室主人。清宗室。初封勤郡王，降贝子，以事夺爵。勤学好客，礼贤下士。选刻孟郊、贾岛诗，命曰《寒瘦集》，王士禛亟称之。姜宸英谓其诗有“体兼浓丽清逸者，义山、致尧之遗”；有“奇情激昂，飙驰湍发而不可遏抑者，鲍明远之宕逸，高达夫之悲壮”(《晚晴簃诗汇》引)。兼精戏曲。著有《玉池生稿》、《云笥诗》、《织字轩诗》，《扬州梦》传奇。生平事迹见《清史稿》卷四八九、《清画家诗史》乙下、《晚晴簃诗汇》卷七。

许遂　清诗人。字扬云。广东番禺人。康熙三十五年(1696)举人。官清河知县。荐举博学鸿词，格于部议，不得与试。平生与沈德潜最善，沈氏序其集谓其“古诗规模汉京，近体不肯落大历、元和以下，取道既正，复以雄丽浩衍之学济之，卓然成一家之言”。著有《真吾阁集》。生平事迹见《清史稿》卷四八五、《清史列传》卷七一、吴应逵《七先生传》。

汪绎(1671—1706)　清诗人。字玉轮，号东山。江苏常熟人。钱曾外孙。康熙三十六年(1697)进士，三十九年廷对第一，授修撰，后三年告归。四十四年奉命至扬州校《全唐诗》，旋卒。志尚幽闲，与同里邵陵交厚，唱酬最多。其诗“骨秀天成”(沈德潜《国朝诗别裁集》)，“于真挚中自饶逸韵”(瞿绍基跋)。著有《秋影楼诗集》。生平事迹见《国朝先正事略》卷三八、《国朝耆献类征》卷一二一、《国朝诗人征略》卷一八。

惠士奇(1671—1741)　清学者、诗文家。字天牧，又字仲孺，号松崖，又号半农，学者称红豆先生。江苏吴县人。惠周惕子，惠栋父。康熙五十年(1711)进士，改庶吉士，授编修。充湖广乡试正考官，提督广东学政。迁右中允，超擢侍讲学士，转侍读学士。雍正间以事罚修镇江城。乾隆间复起为侍读，以病告归。少工文辞，盛年治经史，晚尤邃于经学。清圣祖尝问廷臣谁工作赋，蒋廷锡以王顼龄、汤右曾与士奇对。其诗沈德潜谓为“近唐人，以自然为宗”，视其父“各有所得”(《国朝诗别裁集》)。著有《红豆斋诗文集》、《易说》、《礼学》、《春秋说》。生平事迹见《清史稿》卷四八一、《清史列传》卷六八、《国朝先正事略》卷三三、钱大昕《惠先生传》。

蒋衡(1672—1743)　清书法家、诗人。又名振生，字湘帆。江苏金坛人。少为诸生，试辄不利。乃益肆力于古，受文法于岳丈王源，而峭利坚削，时或过之。又从杨宾习书法，博涉晋唐以来名家碑帖，积学既久，名噪大江南北。尝立志校正重书《十三经》全文刻石，于乾隆三年(1738)完工，装潢成册，由总督上呈清帝，奉旨授国子监学正衔。当写经时，以恩贡选英山教谕，又举博学鸿词，均力辞。著有《拙存堂集》、《易卦私笺》。生平事迹见《清史稿》卷五〇三、《清史列传》卷七一、《国朝书人辑略》卷三。

张元(1672—1751后)　清诗人。字殿传，号榆村。山东淄川(今淄博)人。雍正四年(1726)举人，官鱼台教谕。诗有家学，又及闻王士禛绪论。卢见曾为永平知府，延其主书院，助成《感旧集小传》。及卢再至扬州，选《国朝山左诗钞》，元又寄诗贺之。与其祖、其父三世均享高寿，人以为罕觏。《晚晴簃诗汇》称其诗“端凝开拓，风格自高”。著有《绿筠轩诗》。生平事迹见《晚晴簃诗汇》卷六六。

黄叔琳(1672—1756)　清诗文家。字昆圃，一字宏默，号研北。顺天大兴(今属北京)

人。康熙三十年(1691)进士,历官编修,侍讲,侍读,太常寺卿,内阁学士,山东学政、按察使、布政使,浙江巡抚,礼部、刑部、吏部侍郎。以文学政事受知三朝,识拔人才甚多。富藏书,与方苞为友。著有《砚北丛录》、《砚北杂录》、《文心雕龙辑注》、《史通训故补》、《诗统说》、《周礼节训》、《砚北易钞》等。生平事迹见《清史稿》卷二九〇、《国朝先正事略》卷一〇、戈涛《黄昆圃先生传》、顾镇《黄昆圃先生年谱》。

章藻功 清诗文家。字岂绩。浙江钱塘(今杭州)人。康熙四十二年(1703)进士,改庶吉士,仅五月,即引疾归。《清史列传》言其诗"登临诸咏,流连悱恻,情见乎词"。其骈文几与陈维崧、吴绮齐名,而欲以新巧胜,故遁为别调,李元度称其"纯用宋格,则公安、竟陵之流亚也"。著有《思绮堂集》。生平事迹见《清史列传》卷七一、《国朝先正事略》卷三九、《国朝诗人征略》卷一九。

李绂(1673—1750) 清诗文家、学者。字巨来,号穆堂,又号巨洲。江西临川人。康熙四十八年(1709)进士,改庶吉士,授编修。历官侍讲学士、内阁学士、左副都御史、兵部侍郎、广西巡抚、直隶总督。雍正五年(1727),坐事当斩,免死,令纂修《八旗通志》。乾隆初起为户部侍郎,旋降詹事。以母丧归。起迁内阁学士,以病致仕。其学宗陆九渊、王守仁。杨希闵《乡诗摭谭正集》称其"古文直达肝膈,无所缘饰","诗有才气,凌厉无前,尤工次韵,挥斥如意,良由腹笥充、天资胜也"。著有《穆堂类稿》、《穆堂别稿》(合称《李穆堂诗文全集》)、《春秋一是》、《朱子晚年全论》、《陆子学谱》、《阳明学录》等。生平事迹见《清史稿》卷二九三、《清史列传》卷一五、《国朝名家诗钞小传》、全祖望《阁学临川李公绂神道碑铭》。

沈德潜(1673—1769) 清诗人、诗论家。字确士,号归愚。江苏长洲(今苏州)人。乾隆四年(1739)进士。选庶吉士,授编修,历官中允、侍读、左庶子、侍讲学士、少詹事、詹事、内阁学士、礼部侍郎,加礼部尚书衔。卒赠太子太师,谥文悫。身后因徐述夔一柱楼诗案牵连,夺赠官削谥。少时受诗法于叶燮,论诗尊盛唐,主格调,与王士禛之主神韵,袁枚之主性灵,分别影响于当时诗坛。曾著《说诗晬语》,选《古诗源》、《唐诗别裁集》、《国朝诗别裁集》等标举宗旨。自为诗风格朴老,但缺少神味,模拟痕迹太显。偶有反映现实、同情人民疾苦之作。名篇如《制府来》刺噶礼、《汉将行》悼年羹尧,虽形式摹旧,尚可比美明七子同类型乐府。清高宗序其集,称其伯仲高启、王士禛,赞誉过当。著有《归愚诗文钞》。生平事迹见《清史稿》卷三〇五、《清史列传》卷一九、钱陈群《赠太子太师大宗伯沈文悫公德潜神道碑》及其集所附自订年谱。

蓝鼎元(1675—1733) 清诗文家。字玉霖,号鹿洲,又号任庵。福建漳浦人。诸生。康熙六十年(1721),台湾朱一贵反,鼎元随从兄南澳镇总兵蓝廷珍出征,为掌书记。事平,复随廷珍驻台,岁余而返。雍正元年(1723),以拔贡入太学。校书内廷,分修《一统志》。六年,授普宁知县,官至广州知府。居官多惠政。《四库全书总目》谓其"文笔条畅,多近事理,在近人文集中犹可谓有实际者也"。《晚晴簃诗汇》评其《台湾近咏》云:"番俗夷情,洞若观火,坐而言可起而行,非徒夸山川之瑰丽,赋物产之珍奇者。"著有《鹿洲全集》。生平事迹见《清史稿》卷四七七、《清史列传》卷七五、《国朝耆献类征》卷二二七、陈寿祺《蓝鼎元传》。

王时翔(1675—1744) 清诗人。字抱翼,又字皋谟,号小山。江苏镇洋(今太仓)人。诸生。少与同学顾陈垿为性命交,又受经于杨无咎。游京师,为监生,公卿皆折节愿交。乡试屡踬,以荐官晋江知县,历官政和、瓯宁知县,漳州、蒲州同知,成都知府,卒于任所。为官有惠政,能得民心。沈德潜称其"诗能从情性中出,往往清绝"(《国朝诗别裁集》)。著有《小山诗稿》。生平事迹见刘绍攽《王先生时翔传》、沈起元《成都府知府镇洋王公墓志铭》。

陈祖范(1675—1753) 清诗文家。字亦韩,号见复。江苏常熟人。雍正元年(1723)举人,其秋试礼部中式,以病不与殿试。告归后读书华汇之滨。时诏天下设书院,大吏争延为师,教导有法,然不一二年即辞去。乾隆十六年(1751)荐举经学,以年老不赴,赐国子监司业。其文"畅所欲言,亦自合古人法度",其诗"直抒胸臆,不烦绳削"(《四库全书总目》)。著有《司业诗集》、《司业文集》。生平事迹见《清史列传》卷六八、《清史稿》卷四八〇、《国朝先正事略》卷三三。

方世举(1675—1759) 清诗人、诗歌笺注家。字扶南,号息翁。安徽桐城人。桐城方氏为邑大族,而世举独与从弟贞观以诗鸣。少游朱彝尊之门,多见古书秘本。康熙间游京师,李绂甚推重之,尝以其所赋险韵长篇夸示同人。中年以戴名世《南山集》案牵连远戍塞外，雍正元年(1723)赦归，寓扬州。乾隆元年(1736)，举博学鸿词，谢不就。以韩愈诗旧注未尽善，乃钩稽群籍，发明旨趣，著《韩昌黎诗集编年笺注》。嗜韩诗，自作长篇，瑰谲亦往往似之。著有《江关集》、《草堂诗钞》、《汉书辨注》、《世说考义》、《家塾恒言》、《兰丛诗话》。生平事迹见《国朝耆献类征》卷四三五、《国朝先正事略》卷四一、萧穆《方息翁先生传》。

许廷鑅(1675—1760)　清诗人。字子逊，号竹素。江苏长洲(今苏州)人。康熙五十九年(1720)举人。官武平知县。晚主韩江、娄东书院讲席。少喜慷慨论古今事，精弓马武技，遍游四方，交海内名士。曾以诗谒王士禛，士禛叹为后生可畏。高其倬有作亦常与之商榷。晚归里村居，犹时时入城与沈德潜交往论诗。王昶称其"诗才绮丽，始学杜牧之、王仲初，继而规模何大复、徐昌谷，志和而节雅，七言绝句尤为人所传诵"(《湖海诗传》)。著有《竹素园诗钞》。生平事迹见《清史列传》卷七一、《国朝先正事略》卷四〇、《国朝诗人征略》卷二二。

方楘如　清诗文家。字若文，又字文辀，号朴山。浙江淳安人。康熙四十五年(1706)进士，官直隶丰润知县，以事免职。乾隆元年(1736)举博学鸿词，以格于部议，不与试。后以经学荐，亦不就。少受业于毛奇龄，涉猎经史百家，于汉儒笺注，尤能指其讹误，义理必折衷于朱熹，亦不效毛氏之排摈。晚主敷文书院讲席，卒年逾八十。工古文，亦能诗。史传称其古文"奥劲有笔力，时与方苞并称，惟喜雕琢襞积，遂成别派"，《晚晴簃诗汇》谓其诗"用宋法，组织致工，风韵远出，亦足名家"。方苞、杭世骏极推重之。著有《集虚斋学古文》、《周易通义》、《尚书通义》、《毛诗通义》、《郑注拾瀋》、《离骚经解》。生平事迹见《清史列传》卷七一、《国朝耆献类征》卷二二五、《国朝先正事略》卷四〇。

高其倬(1676—1740)　清诗人。字章之，号芙沼，又号种筠。汉军镶黄旗人。康熙三十三年(1691)进士，改庶吉士，授检讨，兼佐领，历官中允、侍讲、山西学政、庶子、侍讲学士、内阁学士、广西巡抚，云贵、闽浙、两江总督，降调江苏、湖北、湖南巡抚，擢工部、户部尚书。谥文良。少即以诗名，后愈有进境。沈德潜、袁枚等执诗坛牛耳者，均致好评。法式善谓其"以元微之自许"，"有长庆风韵"(《梧门诗话》)，朱庭珍谓其"律诗皆有唐音，能切而不浮，清而不薄，造诣颇深。五古尤高，《蓟州新城》、《碧云寺》诸大篇，洋洋洒洒，真挚古厚，卓然可传"(《筱园诗话》)。著有《味和堂诗集》。生平事迹见《清史稿》卷二九二、《清史列传》卷一四、《国朝耆献类征》卷六二、《国朝先正事略》卷八。

杨椿(1676—1754)　清散文家。字农先。江苏武进人。康熙五十七年(1718)进士，改庶吉士，授检讨。迁左中允、侍读学士。以原官休致，复召入京修书。曾与修《政治典要》、《明史》、《一统志》、《三朝实录》、《宪皇帝实录》、《明鉴纲目》。居馆局二十余年，论者以为可匹万斯同。治学淹贯经义，于《易》、《诗》、《书》、《春秋》、《三礼》多所撰述。为李绂、方苞所推服，一称其文似韩愈，一称其文似欧阳修。著有《孟邻堂集》、《诗经释辨》、《春秋类考》、《周礼订疑》、《稽古录》、《水经注广释》、《毗陵科第谱牒》。生平事迹见《清史列传》卷七一、《国朝耆献类征》卷一二四、齐召南《翰林院侍讲学士杨公椿墓志铭》。

任兰枝(1677—1746)　清诗文家。字香谷，号南楼，又号随斋。江苏溧阳人。康熙五十二年(1713)进士，授编修。雍正间历官内阁学士，兵部、吏部侍郎，曾宣抚安南，不辱主命。高宗即位，命任《世宗实录》总裁，擢礼部尚书。乾隆十年(1745)以年老致仕，越岁卒于家。少喜为诗，并工古文词，尤擅律诗，不失杜陵家法，如五言古诗，亦皆有古韵。平生爱才若渴，门下士以文学著名者有胡天游等。著有《南楼诗文集》。生平事迹见《清史稿》卷二九〇、《清史列传》卷一九、任兆麟《予告经筵讲官礼部尚书任公兰枝神道碑》。

方式济(1678—1717)　清诗人。字沃园。安徽桐城人。方登峄子。康熙四十八年(1709)进士，官内阁中书。受戴名世《南山集》案牵累，随父兄等流放黑龙江卜魁城，先于父没于戍所。其"诗格廉悍，乐府尤矫矫不群"(《清史列传》)，每多记关外风土人情之作。著有《述本堂诗集》、《龙沙纪略》。生平事迹见《清史列传》卷七〇、《国朝耆献类征》卷四三、《国朝诗人征略》卷一九。

程梦星(1678—1747)　清诗人。字伍乔，又字午桥，号洴江，又号茗柯、香溪、杏溪。安徽歙县人。康熙五十一年(1712)进士，选庶吉士。后四年，以母丧归，不复出。居扬州筿园，与一时名流以诗酒相往还。雅好李商隐诗，以旧注未精，重为笺注。《四库全书总目》云："其诗略近剑南一派，而间出入于玉溪生。词亦具南宋之体，但格力差减耳。”著有《今有堂诗集》、《茗柯词》，编有《平山堂小志》、《江都县志》、《两淮盐法志》，另有《李义山诗集笺注》、《词调备考》。生平事迹见《国朝耆献类征》卷一二四、《清画家诗史》乙下、《国朝诗人征略》卷二一。

许廷录（1678—1747后） 清戏曲作家。又名逸，字升闻，号适斋。江苏常熟人。监生。擅画花卉山水，喜研字学、诗律，有文名。张师濬序其集谓“以诗文名重五十年，而仅终于国学，识者惋之”。又善填词度曲，自称“年逾二十喜填南北院本”。著有《东野轩诗文集》、传奇《两钟情》、《五鹿块》、杂剧《蓬壶院》。生平事迹见《民国常昭合志》卷一八、《古典戏曲存目汇考》卷八。

茅星来（1678—1748） 清散文家、学者。字岂宿，号钝叟，又号具茨山人。浙江归安（今湖州）人，徙桐乡。诸生。少锐志于学，研治经史。年近三十，读书圆义精舍，览《近思录》，有感于“科举夺志”一语，遂弃举子业，潜心理学三十余年。年五十，携其诗文游京师，谒方苞、任兰枝、王汝骧等，诸公激赏之，以是闻名。著有《近思录集注》、《钝叟文钞》。生平事迹见《清史列传》卷六七、沈彤《茅叟星来传》。

浦起龙（1679—？） 清学者、诗歌笺注家、诗人。字二田，又字起潜，晚号三山伧叟（或作伧父、老人），学者称山伧先生。江苏无锡人。雍正八年（1730）进士，历官苏州府学教授。平生读书有得，从其学者颇多，门下名士有王昶、钱大昕、王鸣盛等。精研杜诗，所著《读杜心解》为清代著名杜诗注本。论诗以为“不可以格调拘，不可以时代限”，而应本乎“性情”。杨钟羲《雪桥诗话续集》摘其诗佳句，以为“置之《南宋群贤小集》中，可分一席”。另著有《史通通释》、《古文眉铨》、《不是集》、《酿蜜集》等。生平事迹见《国朝耆献类征》卷二五三。

沈炳震（1679—1737） 清学者、诗文家。字寅驭，号东父。浙江归安（今湖州）人。康熙间岁贡生。自幼好学，后专攻史部，著述甚多，成绩斐然。亦工诗文，沈德潜作传，称其诗初学王维、柳宗元，中年出入于苏轼、黄庭坚，后流衍于范成大、陆游，“然营心编纂，不欲以韵语自鸣”。著有《增默斋集》、《蚕桑乐府》、《唐诗金粉》、《增默斋杂著》、《二十一史四谱》、《唐书宰相世系表订讹》、《历代世系纪年编》，尤以《新旧唐书合钞》著称。生平事迹见《清史稿》卷四八五、《清史列传》卷六八、沈德潜《沈征君炳震传》、全祖望《沈东甫墓志铭》。

方贞观（1679—1747） 清诗人。本名南堂，字贞观，以字行。安徽桐城人。于方苞、方登峄为从兄弟，《南山集》之狱，隶入旗籍，雍正元年（1723）释归。乾隆元年（1736）举博学鸿词不赴。工书，晚客扬州，卖字为生。郑方坤称其诗“取明白坦易”，“大抵于张籍、王建及《长庆集》为近”（《南堂诗钞小传》）。著有《南堂诗钞》。生平事迹见《国朝耆献类征》卷四三四、《国朝先正事略》卷四一、《国朝名家诗钞小传》。

李果（1679—1751） 清诗人。字实夫，又字硕夫，号客山，又号在亭，晚号悔庐。江苏长洲（今苏州）人。布衣。年十四弃童子试，入官舍佣书养其祖母。与沈德潜同游叶燮之门，齐名“沈李”。特立独行，以文誉应督抚之聘，为掌奏记，卖文为活。虽生较晚，然喜与遗老游，熟知旧事。晚年文誉甚高，沈德潜称其“诗格苍老，一洗肥腻”（《国朝诗别裁集》）。著有《在亭丛稿》、《咏归亭诗钞》。生平事迹见《清史列传》卷七一、《国朝先正事略》卷四〇、《国朝诗人征略》卷二五。

文昭（1680—1732） 清诗人。字子晋，号芗婴居士、紫幢轩主人、北柴山人。清宗室。少时及王士禛之门，辞爵读书。尝侍从祖蕴端，分韵得句云：“花香高阁近，书味小楼深。”深为蕴端所赏。手录古诗及曹植、陶渊明、陈子昂、张九龄诗为《古诗管》，录王维、李白、杜甫、韦应物、杜牧诗为《三唐诗管》，录苏轼、黄庭坚、陆游、元好问、虞集、刘基、高启、王士禛诗为《五朝诗管》，以标宗尚。王式丹谓其诗“以鲍、谢为胚胎，而又兼综众有，撷诸家之精华，其味在酸咸之外”（《晚晴簃诗汇》引）。著有《紫幢轩诗集》。生平事迹见《清史稿》卷四八四、《国朝耆献类征》卷四三一、《晚晴簃诗汇》卷九。

鄂尔泰（1680—1745） 清大臣、诗人。西林觉罗氏，字毅庵，号西林。满洲镶蓝旗人。康熙三十八年（1699）举人，袭佐领，授三等侍卫。雍正间历官江苏布政使、云南巡抚、云贵桂三省总督、保和殿大学士兼兵部尚书。受命出巡陕甘，经略军务。乾隆初命总理事务，辞去，授军机大臣，兼理侍卫内大臣、议政大臣，赐号襄勤。后因结朋党屡遭清高宗斥责，乾隆十年以病解职，同年卒。谥文端。官吴中时与诸生相酬唱，有《南邦黎献集》之编。沈德潜称其“不欲以诗名，而意格自高”（《国朝诗别裁集》）。著有

《西林遗稿》、《鄂少保公奏疏》、《六河总图说》。生平事迹见《清史稿》卷二八八、《清史列传》卷一四、袁枚《武英殿大学士太傅文端公鄂尔泰行略》、鄂容安等《襄勤伯鄂文端公年谱》。

夏纶(1680—1753后)　清戏曲作家。字惺斋。浙江钱塘(今杭州)人。诸生。虽有名于时,然屡困于科场,八试未中举人。四十以后,以赀郎进而挠于铨吏。乾隆元年(1736)举博学鸿词,已年近六十,不遇。以著述自娱,终老乡里。作戏曲在年六十以后,督课之余而成之。其所作"皆主惩劝,常举忠孝节义,各举一种,事切情真,可歌可泣"(梁廷枏《曲话》)。著有《惺斋五种曲》,凡《无瑕璧》、《杏花村》、《瑞筠图》、《广寒梯》、《南阳乐》传奇五种,又增《花萼吟》一种而合刊为《新曲六种》。生平事迹见徐梦元《惺斋五种曲序》、龚淇《撚髭图记》、《古典戏曲存目汇考》卷一一。

倪璠　清学者、诗文笺注家。字鲁玉。浙江钱塘(今杭州)人。康熙四十四年(1705)举人,官内阁中书。见闻广博,长于史学,喜为骈体文。曾著《神州古史考》、《方舆通志》、《补辽金元三史艺文志》等。又编有《庾信年谱》,所著《庾子山集注》,《四库全书总目》评为"旁采博搜,辨证精审",为著名别集笺注本。生平事迹见《清史列传》卷七一。

张坚(1680?—1771前)　清戏曲作家。字齐元,号漱石,又号洞庭山人。江苏江宁人。少有才名,受知于大学士鄂尔泰。娴于音律曲调。乾隆初,开设音乐馆,募海内知音,或有劝其应召者,力辞。九江关监督唐英雅好戏曲,引之为同调,罗致幕中,出资为其刊所作传奇。晚自号江南秀才,年八十三卒于陕中。杨恩寿《词余丛话》谓"漱石四种中,惟《梦中缘》排场变幻,词旨精微,洵为昉思(洪昇)后劲,足开藏园(蒋士铨)先声,湖上笠翁(李渔)不足数也"。著有《玉燕堂四种曲》,凡传奇《玉狮坠》、《梅花簪》、《梦中缘》、《怀沙记》等四种。生平事迹见《同治上江两县志》卷一六、《古典戏曲存目汇考》卷一一。

薛雪(1681—1770)　清诗人、医学家。字生白,号一瓢。江苏苏州人。工诗善画,师事叶燮,尝谓"学诗须有才思,有学力,尤其有志气,方能卓然自立,与古人抗衡"。与燮主张正合。沈德潜称其诗"绮丽者本飞卿,镌镵荒幻者本昌谷,平易者本乐天、东坡,而最上者则又闯入盛唐壶奥"(《晚晴簃诗汇》引)。又以医学闻名,诗名反为所掩,与叶桂(天士)齐名。著有《一瓢诗存》、《抱珠轩诗存》、《斫桂山房诗存》、《吾以吾鸣集钞》、《一瓢诗话》、《扫叶庄稿》,编有《唐人小律花雨集》。医著有《医经原旨》、《温热论》、《温热条辨》,以及《薛生白医案》等。生平事迹见《清史稿》卷五〇二、《国朝耆献类征》卷四八二、《民国吴县志》卷七五。

沈树本　清诗人。字厚余,号操堂,晚号觡翁。浙江归安(今湖州)人。康熙五十一年(1712)进士,选庶吉士,授编修。工诗,少时以咏白萍句得名,人呼"沈白萍"。其诗出入苏轼、陆游之间,与海宁杨守知、平湖陆奎勋、嘉善柯煜称浙西四才子。生性恬淡,喜奖掖后学。著有《竹溪诗略》、《觡翁诗集》及《玉玲珑山馆词》,编有《唐宋六大家诗》、《湖州诗摭》等。生平事迹见《国朝耆献类征》卷一二四、《国朝诗人征略》卷二一。

王世琛(?—1727)　清诗人。字宝传,号艮甫。江苏长洲(今苏州)人。康熙五十一年(1712)进士第一,授修撰,历官侍读学士、少詹事。家为名宦望族,世代以文章名于时,三百年间,吴中言文事者,必首推洞庭王氏。世琛后出,领袖玉堂二十载。视学山东,以家法化导,青、齐文风一变。少负俊才,所为词赋俪于古人,而于诗尤工,沈德潜云:"欧阳永叔评梅圣俞诗谓'清丽闲肆,涵演深远,使得见于朝廷,宜作为《雅》、《颂》,以歌咏功德,荐之清庙,而追《商周鲁颂》之作者',先生庶几无愧。"(《晚晴簃诗汇》引)著有《橘巢小稿》。生平事迹见《国朝先正事略》卷三八、《清画家诗史》乙下、《国朝书人辑略》卷三。

李重华(1682—1755)　清诗人。字实君,号玉洲。江苏吴江人。雍正二年(1724)进士,改庶吉士,授编修。充四川乡试副考官。乾隆初供职《一统志》局,分纂江西志。少有才名,诗得张大受指授。生平游踪颇广,登临眺赏,得江山之助,所作益工。王昶称其"笔力崭新,滔滔自运,其宗法盖在杜、韩间"(《湖海诗传》)。时同邑蒋恭棐以古文名,重华以诗名,人莫能分上下。著有《贞一斋集》、《贞一斋诗话》、《三经附义》等。生平事迹见《清史列传》卷七一、《国朝先正事略》卷三八、《国朝名家诗钞小传》、刘大櫆《翰林院编修李公墓志铭》。

唐英(1682—1756)　清戏曲作家。字俊公,又字叔子,晚号蜗寄居士。奉天(今辽宁沈阳)人,隶汉军正白旗。籍属内务府,年十六供奉养心殿。雍正间任员外郎,驻景德镇窑厂监窑务。乾隆间,历监淮安、九江、粤海关,复调回监九江关,仍兼监督窑务。先后在景德镇管理瓷器制造等事务二十余年。精通制瓷之术,能仿古名瓷,亦有创新,所督造之瓷器,世称"唐窑"。热心文教,好吟咏,工书画,尤以擅作戏曲驰名。著有《陶冶图说》、《问奇典注今释》、《窑器肆考》、《陶人心语》,所著传奇《转天心》、《双钉案》,杂剧《巧换缘》、《三元报》、《芦花絮》、《梅龙镇》、《面缸笑》、《虞兮梦》、《天缘债》、《英雄报》、《女弹词》、《清忠谱正案》、《长生殿补阙》、《十字坡》、《笳骚》,合称《古柏堂传奇》。生平事迹见《清史稿》卷五〇五、《国朝耆献类征》卷一四五。

华嵒(1682—1756) 清书画家、诗人。字秋岳,又字德嵩,号新罗山人,又号东园生、离垢居士、白沙道人。福建长汀人。慕杭州西湖之胜,因家焉。曾在造纸作坊为徒工。侨居扬州卖画甚久,晚复归杭州。诗书画均善,人称"三绝"。其画擅人物、山水,尤精花鸟草虫,空灵骀宕,可方驾恽格。书学钟繇、虞世南。所为诗"神致翛远,惜古体过于刻意","七言歌行尤工"(《晚晴簃诗汇》)。著有《离垢集》。生平事迹见《清史稿》卷五〇四、《国朝书人辑略》卷四、《清画家诗史》丙上。

马朴臣(1683—1738) 清诗人。字相如,又字春迟,号渔山。安徽桐城人。家贫力学,与同里方贞观友善,才名籍甚,时有"瑜亮"之目。后从诸贵游子弟授经,转徙各地。雍正十年(1732)中举人,屡试不第,推择为中书舍人。乾隆元年(1736)举博学鸿词,不遇。郑方坤称康熙末年"馆阁诸公,尚仍唐制,一二轶才之士,复跌宕自恣于眉山、剑南之间","方氏(贞观)矫以清真,有若弹丸脱手。相如接踵而兴,抗袂而起,风格虽微逊一筹,要自有其君形者存,非苟作者"(《春迟诗钞小传》)。著有《报循堂诗钞》。生平事迹见《国朝耆献类征》卷一四四、《国朝名家诗钞小传》、《国朝诗人征略》卷二六〇。

赵殿成(1683—1756) 清诗歌笺注家。字武韩,号松谷。浙江仁和(今杭州)人。雍正初,举孝廉方正,不就。事父母以孝闻,父病,割己肉以进,母殁,悲泣致右眼失明。注唐王维诗,广征博引,成《王右丞集笺注》付刊,人称其详赡精当。另著有《古今年谱》、《群书索隐》、《临民金镜录》。生平事迹见《清史列传》卷七一、《国朝耆献类征》卷三八八、杭世骏《赵松谷墓志铭》。

黄任(1683—1768) 清诗人。字莘田,号十砚先生。福建永福(今永泰)人。康熙四十一年(1702)举人,官四会知县,有善政。罢官归,贫不能自存,而用力于诗,所作不下数千首,删存者尚近千首。五古接近王维、孟浩然、常建、刘昚虚淡远高洁一路,也有如《赈粥行》、《筑基行》等学白居易讽喻诗之作。尤工七言绝句,兼有李商隐、杜牧、温庭筠、苏轼诸家俊逸风格,袁枚称之为"唐代诗原中晚佳"(《论诗绝句》)。诗集初为《十砚斋稿》,既而有《秋江集》,最后为《香草斋诗钞》,仅六卷,可知其芟汰之严。生平事迹见《清史列传》卷七一、《清史稿》卷四八四、《国朝先正事略》卷四〇、《国朝名家诗钞小传》。

王应奎(1684—1757) 清诗人。字东溆,号柳南。江苏常熟人。诸生。应乡试八次未中,退隐。同邑陈祖范、王峻辈雅重之,郡邑修志等事,必咨访之。王豫《江苏诗征》称其"古文博深,典赡中有修洁之致","诗品更高,不拾人牙慧"。著有《柳南诗文钞》、《柳南随笔》,编有《海虞诗苑》。生平事迹见《光绪苏州府志》卷一〇一、《民国重修常昭合志》卷二〇。

盛锦(?—1756) 清诗人。字廷坚,又字青嵝。江苏吴县人。康熙间诸生。为人淡泊,不屑屑于科名仕宦。平生游踪遍于南北,当世贤达咸折节与之订交。沈德潜称其"早岁诗多芳华明丽;中年一变为沉雄顿挫;晚岁更趋深婉,归于敦厚,与翁霁堂(照)、周迂村(准)唱酬甚盛,其诗兼有两君之长"(《晚晴簃诗汇》引),又举与张锡祚、黄子云并称,有《灵岩三家诗》之刻。著有《青嵝遗稿》。生平事迹见《国朝先正事略》卷四〇、《国朝诗人征略》卷二五、安吉《盛青嵝小传》。

沈起元(1685—1763) 清诗人。小名传时,字子大,号敬亭。江苏太仓人。康熙六十年(1721)进士,选庶吉士,改吏部主事,迁员外郎,历官福州、兴化、台湾知府,河南、直隶布政使,终光禄寺卿。乾隆十三年(1748)引疾归。曾主钟山、济南、扬州、太仓诸书院。诗与许廷鑅齐名称"许沈"。《晚晴簃诗汇》以为其诗"踔厉沉雄,于国初诸大家外,能独树一帜"。著有《敬亭文稿》、《敬亭诗草》、《桂轩诗草》、《周易孔义集说》。生平事迹见《清史稿》卷三〇〇、《清史列传》卷七五、彭绍升《光禄寺卿前直隶布政使沈公起元事状》。

李锴(1686—1755)　清学者、诗人。字铁君，一字眉山，号廌青，又号幽求子、焦螟子。汉军正黄旗人。娶大学士索额图女，家世贵显，而不慕荣利，淡泊自甘。尝仕为官库笔帖式，旋弃去。乾隆元年(1736)，举博学鸿词，报罢。十五年，举经学，辞以老病。筑室盘山廌青峰下，闭户吟诗，人罕见其面。通经学，工诗，与陈景元、戴亨并称“辽东三老”。雷鋐以之与陈景元、朱燉、陈廷策、陈梓合称“五布衣”。《四库全书总目》称其诗“意思萧散，挺然拔俗，时有古松奇石之态，而刻意求高，务思摆脱，亦往往有劖削骨立，斧凿留痕”。著有《睫巢诗集》、《文集》、《原易》、《春秋通义》、《尚史》。生平事迹见《清史列传》卷七一、《清史稿》卷四八五、《国朝先正事略》卷四三。

汪士慎(1686—1759)　清书画家、诗人。字近人，号巢林，又号溪东外史。安徽休宁人。长期流寓江苏扬州。精篆刻，善隶书，擅画花卉，墨梅尤气韵高洁。为“扬州八怪”之一。兼工诗，著有《巢林集》。生平事迹见《国朝书人辑略》卷二九、《国朝书画家笔录》卷一、李斗《扬州画舫录》卷二。

诸锦(1686—1769)　清诗人、学者。字襄七，号草庐。浙江秀水(今嘉兴)人。雍正二年(1724)进士，改庶吉士，选金华府学教授。乾隆元年(1736)举博学鸿词，召试一等三名，授编修，充《三礼》馆纂修官，福建、山西乡试正、副考官，官至左赞善。少孤奉母教，苦读有成，顾嗣立等为之延誉，名遂起。长于笺疏考证。告归后，乡居十余年，以读书著述终老。尝辑浙人诗，编为《国朝风雅》。诗法黄庭坚、陈师道，郑江评为“掐擢胃肾，抉摘杳微”，陆奎勋评为“言近旨远，根柢深而英华自茂”(均王昶《湖海诗传》引)。著有《绛跌阁诗稿》、《毛诗说》、《夏小正诂》。生平事迹见《清史稿》卷四八五、《清史列传》卷六八、《国朝耆献类征》卷一二六、《国朝先正事略》卷四一。

钱陈群(1686—1774)　清诗文家。字主敬，号香树，又号集斋、柘南居士。浙江嘉兴人。少孤贫，母教之读，力学不倦。康熙六十年(1721)进士，改庶吉士，授编修。历官赞善、庶子、侍讲学士、侍读学士、右通政兼顺天学政、太仆寺卿、詹事、内阁学士、刑部侍郎，以病乞归，清高宗赐诗送之。高宗南巡时又先后加刑部尚书、太子太傅衔。卒谥文端。谕曰：“儒臣老辈中，能以诗文结恩遇、备商榷者，沈德潜故后，惟钱陈群一人而已。”著有《香树斋集》。生平事迹见《清史稿》卷三〇五、《清史列传》卷一九、姚鼐《钱文端公墓志铭》、钱仪吉《文端公年谱》。

金农(1687—1763)　清书画家、诗文家。字寿门，又字司农、吉金，号冬心，又号稽留山民、曲江外史、昔耶居士、心出家庵粥饭僧等。浙江钱塘(今杭州)人。少受业于何焯，后游历山东、陕西、山西、湖北、广东等地。乾隆元年(1736)举博学鸿词，在京未就试。晚寄食扬州，卖书画自给。为“扬州八怪”之一，擅书法，楷书号“漆书”，自成一家，亦能篆刻，年五十始学画，笔致古拙。其诗“清妙绝尘”(李堂《缘庵诗话》)，“意致萧散”(法式善《梧门诗话》)，自序谓“所好常在玉溪、天随间”。著有《冬心先生集》、《冬心斋砚铭》。生平事迹见《清史稿》卷五〇四、《清史列传》卷七一、《国朝先正事略》卷四一。

田榕(1687—1771)　清诗人。字端云，号南村。贵州玉屏人。康熙五十年(1711)举人。官内阁中书，改授安陆知县。黔中诗人，周起渭之后，田榕、潘淳差堪继武，榕趋响王士禛，曾注《渔洋山人精华录》，淳赠诗云：“功臣何处求毛、郑？独有平溪田孝廉。”所注惜未传。诗名藉甚，为钱载、吴省钦、张大受所称赏。著有《碧山堂集》。生平事迹见《晚晴簃诗汇》卷五八。

符曾(1688—?)　清诗人。字幼鲁，号药林。浙江钱塘(今杭州)人。监生。以汪漋荐，累官至户部郎中。乾隆元年(1736)，举博学鸿词，以父丧不与试。与同里沈嘉辙、吴焯、陈芝光、赵昱、厉鹗、赵信等，同撰《南宋杂事诗》，人各百首，采据浩博，足资考证。查慎行名之曰“七君子”，并为之作序。所为诗“气和而色淡，志逸而神清”(杨钟羲《雪桥诗话续集》)，“当其至处，几几欲登白石之堂而夺其席”(全祖望《春凫集序》)。著有《春凫小稿》、《赏雨茆屋小稿》。生平事迹见《清史稿》卷四八五、《清史列传》卷七一、《国朝先正事略》卷四一。

张鹏翀(1688—1745)　清诗人。字天扉，一字抑斋，号南华山人。江苏嘉定(今属上海)人。雍正五年(1727)进士，改庶吉士，授编修。充云南乡试正考官。乾隆间历官侍讲、右庶子、少詹事、詹事。乞假省墓，道卒。以才思敏赡受知于清高宗，高宗与沈德潜论诗，谓德潜诗虽以风格胜，然不如鹏翀敏捷。又工绘画，尤长山水，书法亦苍润明秀，时称“三绝”。其“诗以密胜疏，古歌行排奡有力”（袁行云《清人诗集叙录》）。著有《南华文钞》、《南华诗钞》。生平事迹见《清史稿》卷五〇四、《清史列传》卷七一、《国朝先正事略》卷四一、《国朝名家诗钞小传》。

沈彤（1688—1752） 清学者、诗文家。字冠云，号果堂。江苏吴江人。曾师事何焯。乾隆元年（1736）荐举博学鸿词，报罢。与修《三礼》、《一统志》。书成，授九品官。精于礼学，著述颇多。初从何焯游，中岁师方苞，又与全祖望、徐大椿交厚。所为诗文“深厚古质，格律端谨，不事文饰，务蹈理道，无哗嚣浮侈之习”（刘声木《桐城文学渊源考》）。著有《果堂集》、《周官禄田考》、《尚书小疏》、《仪礼小疏》、《春秋左传小疏》、《气穴考略》等。生平事迹见《清史稿》卷四八一、《清史列传》卷六八、全祖望《沈果堂墓版文》、惠栋《沈君果堂墓志铭》。

马曰琯（1688—1755） 清诗人、藏书家。字秋玉，号嶰谷。安徽祁门人，徙居江苏江都。马曰璐兄。诸生。官候选知州。家有藏书楼，见善本书，必重价购之。《四库全书》馆开，进书七百余种，优诏褒嘉。好宾客，全祖望、厉鹗、符曾、金农皆馆其家结邗江吟社，觞咏无虚日。“诗缠绵清婉，沈德潜以为峭刻得山之峻，明净得水之澄”（《清史列传》）。著有《沙河逸老小稿》、《嶰谷词》、《焦山纪游录》；编有《林屋唱酬录》、《韩江雅集》。生平事迹见《清史列传》卷七一、《国朝耆献类征》卷四三五、《国朝先正事略》卷四一、杭世骏《候补主事马君墓志铭》。

赵昱（1689—1747） 清诗人、藏书家。原名殿昂，字功千，号谷林。浙江仁和（今杭州）人。贡生。乾隆元年（1736）荐试博学鸿词不遇。家有小山堂，富藏书，多其外祖家澹生堂祁氏旧本，与扬州马曰琯丛书楼齐名。筑春草园，与名流觞咏其间。曾与厉鹗等各赋《南宋杂事诗》百首，享誉海内。全祖望谓其所作“其气穆然以清，其神游然以莹，其取材浩乎莫穷，其别裁盖非一师一家之可名也”（《晚晴簃诗汇》引）。著有《爱日堂吟稿》、《秋芙蓉吟稿》、《春草园小纪》，另撰辑《南宋杂事诗》、《小山堂唱酬集》等。生平事迹见《清史稿》卷四八五、《清史列传》卷七一、《国朝耆献类征》卷四三四、《国朝先正事略》卷四一、杭世骏《赵谷林传》。

允礼（？—1738） 清诗人。清宗室。清圣祖第十七子。康熙四十四年（1705）从幸塞外，自此常随帝出行。雍正元年（1723）封果郡王，管理蕃院事，六年，进亲王。命管工部事，总理户部三库，又授宗令，管户部。清世宗病重，受遗诏辅政。清高宗即位，命总理事务，管刑部。薨，谥曰毅。《晚晴簃诗汇》称其诗“笃雅冲和，具有矩度，纪行诸什，登临凭吊，得江山之助，摅怀籀胜，于此不凡，综其所诣，不在慎恪（靖）郡王下，自来谈艺者，多推《紫琼》而不及《春和》、《静远》诸集，殆非笃论”。著有《春和堂集》、《静远斋集》、《奉使纪行诗集》。生平事迹见《清史稿》卷二二〇。

六十七 清诗文家。名或取其谐音作陆世琦，字居鲁。满洲旗人。雍正、乾隆间在世。由内阁中书历官给事中。出身于风雅之家。父关舒泰、叔关宝惟善皆能诗。为诗敏赡。尝出巡台湾，撰《番社采风图考》记当地风土，堪称翔实，收入《小方壶斋舆地丛钞》，另著有《台湾府志》、《使署闲情》、《游外诗草》、《台阳杂咏》、《西域闻见录》。生平事迹见铁保《熙朝雅颂》、《国朝耆献类征》卷一三六、《晚晴簃诗汇》卷六九。

石文 清诗人。字贞石。浙江上虞籍，钱塘（今杭州）人。康熙间诸生。家奇贫。少学为诗，无所承受，独以己意钻索于故纸堆中，而凄唳幽怨，自成一家言。与同里厉鹗、金农、丁敬、陈章辈结文字交，酬唱清谈，无三日不会。终无所遇，侘傺幽忧以死，年仅三十二岁。卒后诸故人掇拾遗编，得十之一二，刻《贞石诗钞》行世。生平事迹见《国朝名家诗钞小传》。

卢存心（1690—1759） 清诗人。原名琨，字玉岩，又字敬甫，号白云。浙江钱塘（今杭州）人。卢文弨父。恩贡生。乾隆元年（1736）举博学鸿词，不遇。与桑调元为总角交，里中有“双先生”之目。岳父冯景以诗文名世，存心渊源有自，尤豪于诗。桑调元赋《镇海楼》长律二百韵，存心即赋《浙江潮》二百韵以配之。桑调元序称其诗“力掀岳渎，拉熊鲸，不动声色”。《杭州府志》言其“诗不一格，或澄淡似陶，或奇崛似韩，或豪骋似苏，或深秀似王、孟”。著有《白云诗集》、《蜡谈》。生平事迹见《国朝耆献类征》卷四三五、《鹤征后录》卷一一。

卢见曾（1690—1768） 清诗人。字抱孙，号淡园，又号雅雨。山东德州人。康熙六十年（1721）进士。授洪雅知县，丁忧归。服阕，起补蒙城知县，迁六安、亳州知州，江宁、颍州知府，饶九南道。乾隆初官两淮盐运使，以事谪戍。起补滦州知州、永平知府，迁长芦盐运使，复调两淮。所至皆有政绩。爱才好士，官盐运时，名流咸集，极一时文酒之盛。尝校刊《乾凿度》、《战国策》、《尚书大传》、《周易集解》等书，又补刊朱彝尊《经义考》，辑山东籍人诗为《国朝山左诗钞》。平生得王士禛、田雯指授，以诗名世。《晚晴簃诗汇》谓其“诗笔健拔，而词旨深厚”。著有《雅雨堂诗文遗集》、《旗亭记》、《玉尺楼》传奇。生平事迹见《清史列传》卷七一、《国朝耆献类征》卷二一〇、卢文弨《故两淮都转盐运使雅雨卢公墓志铭》。

张照(1691—1745) 清大臣、诗人。初名默，字得天，又字长卿，号泾南，又号天瓶居士。江苏娄县(今上海松江)人。康熙四十八年(1709)进士，改庶吉士，授检讨。历官赞善、侍讲、侍读、庶子、侍讲学士、少詹事、内阁学士、刑部侍郎、左都御史、抚定苗疆大臣。乾隆初以罪革职。复起授内阁学士，历官刑部侍郎、刑部尚书。谥文敏。擅书画，工诗。清高宗作《怀旧诗》，列其名于五词臣中。沈德潜谓其“性地高明，通释氏教，所作诗左磕右触，皆禅语也”(《晚晴簃诗汇》引)。著有《得天居士集》(一作《古香亭集》)、《天瓶斋诗钞》。生平事迹见《清史稿》卷三〇四、《清史列传》卷一九、《国朝耆献类征》卷七一、《国朝先正事略》卷一四。

程廷祚(1691—1767) 清学者、诗文家。初名默，字启生，号绵庄，又号青溪居士。江苏上元(今南京)人，原籍安徽歙县。诸生。乾隆元年(1736)举博学鸿词，报罢。十六年复以经学荐，亦罢归。初识恽鹤生，闻颜、李之学，后又问学于李塨，其学遂以颜元为主，参以顾炎武、黄宗羲，而好非议程、朱。姚鼐序其书，至为推重。《晚晴簃诗汇》谓其诗“华实并茂，不类经生家言”。著有《青溪文集》、《岫云阁诗钞》、《青溪诗说》及《程氏易通》、《尚书通议》、《春秋识小录》、《大易择言》等。生平事迹见《清史稿》卷四八〇、《清史列传》卷六六、程晋芳《绵庄先生墓志铭》、袁枚《征士程绵庄墓志铭》。

厉鹗(1692—1752) 清文学家、学者。字太鸿，号樊榭。浙江钱塘(今杭州)人。康熙五十九年(1720)举人。乾隆元年(1736)荐举博学鸿词，报罢。扬州马曰琯、马曰璐小玲珑山馆富藏书，延鹗馆其家，尽探其秘笈。大江南北，主盟坛坫，凡数十年。学问渊博，诗词兼工，尤熟于辽史、两宋朝章典故，所撰《辽史拾遗》、《南宋杂事诗自注》，考史事者重之。诗词向称为朱彝尊以后浙西诗派和浙西词派的代表作家。其诗多表现闲逸情致，时有孤寂之感。风格清幽淡雅，于王维、孟浩然后自辟蹊径。但有饾饤冷僻典故之病，姚鼐曾贬之为恶派。其词谭献《箧中词》称为“真可分中仙(王沂孙)、梦窗(吴文英)之席”。陈廷焯《白雨斋词话》称为“幽香冷艳，如万花谷中，杂以芳兰，在国朝词人中，可谓超然独绝者矣”，“窈曲幽深，自是高境，然其幽深处在貌而不在骨，绝非从楚骚来，故色泽甚饶，而沈厚之味终不足也”。词中亦有饾饤窳弱之作。著作宏富，以所辑《宋诗纪事》最为巨帙。另著有《樊榭山房集》。生平事迹见《清史列传》卷七一、《清史稿》卷四八五、朱文藻原编缪荃孙重订《厉樊榭先生年谱》、陆谦祉《厉樊榭年谱》。

汪由敦(1692—1758) 清大臣、诗文家。字师茗，号谨堂。浙江钱塘(今杭州)人，原籍安徽休宁。雍正二年(1724)进士，选庶吉士，授编修。擢内阁学士，以事左迁侍读学士。累迁工部尚书，调刑部，兼署左都御史，命在军机处行走。金川平，加太子少师、协办大学士。以事降兵部侍郎，调户部。复授工部尚书，加太子太傅，兼刑部尚书，复调工部、吏部。谥文端。记诵淹博，文章“典重有体”(《四库全书总目》)，清高宗赋《怀旧诗》，列之五词臣中。亦工书法。著有《松泉诗文集》。生平事迹见《清史稿》卷三〇二、《清史列传》卷一九、钱维城《吏部尚书谥文端汪由敦传》。

史震林(1692—1778) 清诗文家、书画家。字公度，号岵冈，又号梧冈、瓠冈居士。江苏金坛人。乾隆二年(1737)进士，官淮安府学教授。九年，解职归，客淮扬间，以教馆为生，从游者甚众。性孤介，不肯与时俯仰，与曹学诗、屈复、吴震生潜心禅悦，往来多方外之交。工隶书，善写兰竹，以生秀为宗，不落前人窠臼。擅诗文，袁枚《随园诗话》称其“好为幽冷之诗”，王豫《群雅集》称其诗“闲逸有致”。著有《华阳诗稿》、《仙游散草》、《华阳散草》、《华阳散稿》、《止园笔谈》等，所作笔记《西青散记》尤有名。生平事迹见冯金伯、吴晋《墨香居画识》卷二八、《国朝书人辑略》卷五、《清画家诗史》丁上、《群雅集》卷三。

明中(？—1768) 清诗僧。字大恒，号烎虚，又号啸岩、紫衣僧、北山主人、牧牛行者、慧日峰主，俗姓施，名演中。浙江桐乡人。七岁于秀水楞严寺出家为僧。其师教之读儒释书，过目成诵。行脚入京师，侍永觉无碍禅师，直万善殿讲禅学。雍正十三年(1735)放还，住持杭州净慈等寺。擅诗，与厉鹗、杭世骏、梁同书等结诗社相唱和。亦擅篆刻。其诗王昶评为“澄淡幽夐，癯然以瘦，皎然以清，如孤鹤警露，清猿嗷霜”（《湖海诗传》）。著有《茇虚大师遗集》。生平事迹见《江苏诗征》卷一八二、《湖海诗传》卷四六。

郑方坤 清诗文家。字则厚，号荔乡。福建建安（今建瓯）人。雍正元年（1723）进士，历官邯郸知县，河间同知，登州、武定知府。天分既高，记诵尤广。诗古文辞颇有成就，与兄方城齐名。“其诗下笔不休，有凌厉一切之意。尤力攻严羽《沧浪诗话》‘诗不关学’之非”（《四库全书总目》），其文“根柢在六朝”，“大抵俪体居多”（同上）。亦能词，“有后村别调风味”（谢章铤《赌棋山庄词话》）。著有《蔗尾集》、《青衫词》、《经稗》、《补五代诗话》、《全闽诗话》、《国朝名家诗钞小传》。生平事迹见《清史稿》卷四八四、《清史列传》卷七一、《国朝耆献类征》卷二二四。

周大枢 清诗人。字元木，一字元牧，号园牧。浙江山阴（今绍兴）人。乾隆元年（1736）举博学鸿词，不遇。十四年，复以经学荐。十七年中举人，时年近六十。官平湖教谕。博学多才，尤娴于《易》。工诗词，与胡天游、万光泰交谊最深，诗亦受胡影响，为江东诗社翘楚。尝为阿里衮所知，延为上客。法式善称其诗工七古，洋洋洒洒，沉郁似杜甫，奔放如苏轼。其自序《调香词》及为万光泰所作《樊邻词序》，杭世骏以为风韵不减三唐。著有《居俟堂稿》、《存吾春轩诗钞》、《周易井观》、《鸿爪录》等。生平事迹见《清史列传》卷七一、《国朝先正事略》卷四一。

马维翰（1693—1740） 清诗文家。字默临，号墨麟，又号侣仙。浙江海盐人。康熙六十年（1721）进士，选吏部主事，迁员外郎，历官陕西道御史，工科、户科给事中，建昌、常镇道，以父丧归。著作精悍如其人，“诗宗杜、韩，以纵横排奡为之，然神锋太俊者居多”（《清史列传》）。著有《墨麟诗》、《墨麟古文》、《旧雨集》。生平事迹见《清史稿》卷三〇〇、《清史列传》卷七一、桑调元《常镇道马君维翰传》。

查为仁（1693—1749） 清诗人。一名成甦，字心穀，号莲坡。直隶宛平（今北京丰台）人。康熙五十年（1711）举人。以事下狱，八年始归。因发愤读书，遂博通典故。时与万光泰、厉鹗、赵执信探研诗词书画。袁枚称“其诗清妙”，“深得初白老人（查慎行）之教”（《随园诗话》）。所作《莲坡诗话》，以述诗人轶闻为多。其词 出于雅正，“华而不靡，刻而不露”（冯金伯《词苑萃编》）。又与厉鹗同作《绝妙好词笺》。另著有《蔗塘未定稿》、《押帘词》。生平事迹见《国朝名家诗钞小传》、《大清畿辅先哲传》卷二〇、《国朝诗人征略》卷二一。

郑燮（1693—1766） 清书画家、文学家。字克柔，号理庵，又号板桥。江苏兴化人。乾隆元年（1736）进士，曾官山东范县、潍县知县，因得罪豪绅而罢官。在官前后，皆居扬州，鬻画为生，画以写兰竹著称，书号“六分半体”，均有重名，为“扬州八怪”之一。其诗词作品能反映其不满黑暗现实、同情人民疾苦的思想感情和反抗压制、心胸磊落的情操。抒情写意，痛快淋漓。所为乐府诸篇，言近旨远，风格似白居易、陆游，沉郁悲凉之慨，上追杜甫。其文艺理论，亦多独创，具有鲜明的战斗性。《词钞自序》自称其词“中年感慨学辛、苏”。陈廷焯谓其“摆去羁缚，独树一帜”，“真词坛霹雳手也”（《白雨斋词话》）。亦擅通俗文学，所作道情脍炙人口。著有《板桥集》。生平事迹见《清史稿》卷五〇四、《清史列传》卷七二、《国朝先正事略》卷四三、《国朝名家诗钞小传》、中华书局编《郑板桥年表》。

郑板桥 即郑燮。

姚培谦（1693—1766） 清诗文家、诗歌笺注家。字平山。江苏华亭（今上海松江）人。诸生。雍正四年（1726）被保举，以居丧不赴。好读书，不求闻达，然多与文人学者交游，曾与陈祖范助黄叔琳纂《文心雕龙辑注》。亦喜刻书、注书，校刊《后村居士文集》，编选评注《古文斲》，撰《李义山诗集笺注》、《楚辞节注》。另著有《松桂读书堂集》，编有《类腋》、《元诗百一钞》等。生平事迹见《光绪华亭县志》卷一六。

徐大椿（1693—1772） 清诗人、医学家。曾改名大业，字灵胎，晚号洄溪老人。江苏吴江人。诸生。不屑仕进，遂弃举子业。工诗词声律，尤精医学，兼善水利学，往来吴淞、太湖一带。诗清新隽逸，所撰《洄溪道情》，以通俗语言宣传立身处世之高尚情操，为袁枚所钦服。著有《画眉泉杂咏》、《乐府传声》、《管见集》。医学著作有《难经经释》、《医贯砭》、《医学源流论》、《慎疾刍言》、《外科正宗评》等。生平事迹见《清史稿》卷五〇七、彭启丰《徐君大业墓志铭》、袁枚《徐灵胎先生传》、宋大仁《徐灵胎年表》。

严遂成(1694—?)　清诗人。字崧瞻，一作松占，又字海珊。浙江乌程(今湖州)人。雍正二年(1724)进士，乾隆元年(1736)荐举博学鸿词，未与试。成进士后二十多年，始补临县知县，后官至嵩明知州。其诗与厉鹗、钱载、王又曾、袁枚、吴锡麒并称为“浙西六家”。吴应和谓“海珊与樊榭相友善，而诗思豪迈，迥不相类。所作《明史杂咏》，时称诗史，又有《梅花诗》传诵京师”，“蹇伤迟暮，乃益发奋于诗。历游豫、楚、滇、黔，登临吊古之作，率皆悲壮激烈，奇气横溢，铁崖(杨维桢)乐府、渊颖(吴莱)歌行，殆兼师其意，而不袭其貌。少陵所云‘语不惊人死不休’，海珊有焉”(《浙西六家诗钞》)。法式善谓其咏物诗“如李龙眠画入神品”(《梧门诗话》)。阮元谓其诗具有“造句雄奇”和“言情旖旎”“两种笔意”(《定香亭笔谈》)。著有《海珊诗钞》、《明史杂咏》。生平事迹见《清史列传》卷七一、《国朝耆献类征》卷二二八、《国朝诗人征略》卷二四。

车腾芳(?—1755)　清诗人。字图南，号蓼洲。广东番禺(今广州)人。康熙五十九年(1720)举人。乾隆元年(1736)，荐举博学鸿词，县令强之应试，故意拖延赴京日期，终因后期而归。后主邑讲席二十余年。晚年官海丰教谕，兼主讲惠阳书院。一生淡于名利，人重其道德文章。工诗文，“其禀气中和，涵养纯粹，为骚坛中程伯淳(颢)”(凌扬藻《国朝岭海诗钞》)。著有《萤照阁集》。生平事迹见《清史稿》卷四八五、《清史列传》卷七一、吴应逵《七先生传》。

姚世钰(1695—1749)　清诗文家。字玉裁，号薏田。浙江归安(今湖州)人。诸生。少与弟汝金有“二陆双丁”之目，又与姊婿王豫同学。学宗何焯，贯穿经史，考订详核。喜山水，好交游，与金农、厉鹗最相契。中年以后，郁郁不得志，又屡丧亲人，遂以穷厄而终。诗古文清隽高洁，全祖望尝称为当世有用之才，沈德潜则谓之为备文质、兼雅怨者。著有《孱守斋遗稿》。生平事迹见《清史列传》卷七一、《两浙輶轩录》卷二一、全祖望《姚薏田圹志铭》。

丁敬(1695—1765)　清诗人、篆刻家。字敬身，号钝丁、砚林，又号龙泓山人、孤云石叟、胜息老人。浙江钱塘(今杭州)人。乾隆元年(1736)举博学鸿词，不遇。生平不习举子业，笃好金石，尤工篆刻，为“西泠八家”之首，浙派大师。刻苦作诗，与金农齐名，所作“造语奇崛秀异逊于农，然长篇铺陈终始，农亦不能逮”(《清史列传》)。又与布衣张沅相唱和，互叠险韵，至不能休。著有《龙泓馆诗集》、《砚林诗集》、《武林金石录》。生平事迹见《清史列传》卷七一、《国朝先正事略》卷四一、《国朝书人辑略》卷四。

吴震生(1695—1769)　清戏曲作家。字长公，号可堂、南村，又号玉勾词客、东城旅客。安徽歙县人。诸生。累试无所得，以赀官刑部主事。旋乞归，寄居杭州太平桥侧。与厉鹗、丁敬诸人交游相友善。好吟咏，工诗文，精音律。著有传奇《换身荣》、《天降福》、《世外欢》、《秦州乐》、《乐安春》、《生平足》、《万年希》、《闹华州》、《临濠喜》、《人难赛》、《三多全》、《成双谱》、《地行仙》，合称《太平乐府》，又称《玉勾十三种》。另著有《葬书或问》、《性学私谈》、《太上吟》、《金箱壁言》、《丰南人事考》、《大藏摘髓》、《南村遗集》等。生平事迹见《国朝耆献类征》卷一四六、杭世骏《刑部贵州司主事吴君墓志铭》。

桑调元(1695—1771)　清学者、诗文家。字伊佐，号弢甫，又号独往生、五岳诗人、南邻处士。浙江钱塘(今杭州)人。年十五受教于劳史，究心宋儒之学。雍正四年(1726)中举人，十一年召试通知性理，赐进士，授工部屯田司主事，引疾归。历主濂溪、鸳湖、滦源书院讲席，弘扬师说。为人清鲠绝俗，有游山癖。《四库全书总目》谓其“才锋踔厉，学问亦足以副之，故诗文纵横排奡，摆落蹊径，毅然自为一宗，而恃其才学，不主故常，豪而失之怒张，博而失之蔓衍者，亦时有之”。著有《桑弢甫集》、《论语说》等。生平事迹见《清史稿》卷四八〇、《清史列传》卷六七、《国朝先正事略》卷三〇。

胡天游(1696—1758)　清诗文家。榜姓方，名骙，字云持，号稚威，一说初姓方，名游。浙江山阴(今绍兴)人。雍正七年(1729)副贡。乾隆元年(1736)荐举博学鸿词，以服丧未赴，次年补试，因病不终场而出。十四年，再举经学，又报罢。游食四方，享高名而为人所忌。往山西依故人田懋，卒于蒲州。工骈文，齐召南序称为“磊落有奇气，下笔惊人，矫挺纵横，不屑屑蹈常袭故，雄声瑰伟，足与古作者角力”。诗镵刻雄奇，学韩愈、孟郊而自成面目，其长篇《烈女李三行》，最为袁枚所称。金天羽《与樊山老人论诗书》谓“天游傲诞，洞精骇瞩，此其特绝者也”。清诗奇诡一派，开自天游，其后舒位、王昙继之，至龚自珍而造极。著有《石笥山房集》。生平事迹见《清史稿》卷四八五、《清史列传》卷七一、朱仕琇《方天游传》、胡元琢《先考稚威府君年谱纪略》。

陈弘谋(1696—1771) 清大臣、诗文家。字汝咨,号榕门,以避清高宗讳,名又作宏谋。广西临桂(今桂林)人。雍正元年(1723)进士,改庶吉士,授检讨。历官吏部郎中,浙江道御史,扬州知府,江南驿盐道,云南布政使,江苏按察使,江西、陕西、湖北、河南、福建、甘肃、湖南、江苏巡抚,两广总督,吏部、礼部、工部尚书,东阁大学士,加太子太傅。以原品休致,卒于回籍途中。谥文恭。《晚晴簃诗汇》谓其"所著《五种遗规》,足为官箴士范,集中文章尔雅,皆粹然有德之言"。著有《培远堂偶存稿》、《四书考辑要》、《五种遗规》。生平事迹见《清史稿》卷三〇七、《清史列传》卷一八、袁枚《东阁大学士陈文恭公传》、陈钟珂《陈文恭公年谱》。

尹继善(1696—1771) 清大臣、诗人。章佳氏,字元长,号望山。满洲镶黄旗人。雍正元年(1723)进士,改庶吉士,授编修。历官侍讲,侍读学士,江苏巡抚,云贵、广西、川陕、两江总督,刑部尚书,协办大学士,江南河道总督,文华殿大学士,赠太子太保。谥文端。身居高位,公余惟好读书,寒暑不辍。为诗好叠韵,喜听人吟己作,字有未安,必改之。与袁枚唱和最多。《晚晴簃诗汇》谓其"诗沿溯中唐,而以剑南、石湖为宗,冲融和易,动中自然,适肖其为人"。著有《尹文端公集》。生平事迹见《清史稿》卷三〇七、《清史列传》卷一八、袁枚《文华殿大学士尹文端公继善神道碑》。

杭世骏(1696—1773) 清学者、诗文家。字大宗,号堇浦,晚号秦亭老民。浙江仁和(今杭州)人。雍正二年(1724)举人。乾隆元年(1736)举博学鸿词,授编修,校勘《廿四史》、《十三经》,纂修《三礼义疏》。改御史,以言"朝廷用人,宜泯满汉之见",得罪罢归。晚主讲安定、粤东书院。后迎驾西湖,赐复原官。少贫苦读,既长,精礼学,好藏书。与同里厉鹗、符曾、汪沆等善。"学富才高,为两浙冠冕,而诗格清老疏澹,逸气横流,不为书卷所累"(潘瑛、高岑《国朝诗萃初集》)。著有《道古堂集》、《词科掌录》与《余话》、《续礼记集说》、《经史质疑》、《榕城诗话》等。生平事迹见《清史列传》卷七一、《国朝先正事略》卷四一、应澧《杭大宗墓志铭》。

祝维诰(1697—?) 清诗人。字宣城,号豫堂。浙江海宁人,原籍秀水(今嘉兴)。乾隆三年(1738)举人,官内阁中书。少有才名,善诗。与钱载、王又曾、万光泰等结为诗友。所作诗"清丽芊绵,尤工乐府"(《清史列传》)。深得李锴、沈德潜、全祖望赏识。《晚晴簃诗汇》亦称其"诗宗西江,而去其生涩,宏肆类竹垞(朱彝尊),雅洁类秋锦(李良年)"。著有《绿溪诗稿》。生平事迹见《清史稿》卷四八五、《清史列传》卷七一、《国朝耆献类征》卷一四五。

惠栋(1697—1758) 清学者、散文家。字定宇,号松崖,世称小红豆先生。江苏吴县人。惠周惕孙,惠士奇子。诸生。乾隆十五年(1750)诏举经明行修之士,陕西总督尹继善、两江总督黄廷桂均荐之,未及进呈所著书而罢。幼承家训,笃志向学,既长精于经学,为乾嘉朴学吴派领袖。著作繁多,以学者身份注王士禛诗,成《渔洋山人精华录训纂》,为时所重,另有《松崖文钞》、《九曜斋笔记》、《九经古义》、《古文尚书考》、《周易述》、《易汉学》、《易例》等。生平事迹见《清史稿》卷四八一、《清史列传》卷六八、《国朝先正事略》卷七、《国朝汉学师承记》卷二。

雷鋐(1697—1760) 清散文家。字贯一,号翠庭。福建宁化人。雍正元年(1723)举人,荐授国子监学正。十一年,成进士,改庶吉士,乞假归。乾隆元年(1736),授编修,迁谕德。历官庶子,少詹事,通政使,提督浙江、江苏学政,左副都御史,乞养母归。学宗程、朱。师事方苞,受古文法,"其文得方苞宽博之一体","深厚而切至,安定而光明,宽而不衰,峻而不迫,淡而弥旨,约而弥余","言简意足,不失本宗","无张皇偃蹇之态,攀援盖覆之饰"(刘声木《桐城文学渊源考》)。亦能诗,非所措意,故所传不多。著有《经笥堂文钞》、《翠庭诗集》。生平事迹见《清史稿》卷二九〇、《国朝先正事略》卷一七、朱仕琇《都察院左副都御史雷公墓志铭》。

梁诗正(1697—1763) 清大臣、诗人。字养正,又字养仲,号芗林。浙江钱塘(今杭州)人。雍正八年(1730)进士,授编修。历官侍读,侍讲学士,侍读学士,内阁学士,刑部、户部侍郎,户部、兵部、刑部、吏部尚书,掌院学士,协办大学士。以事革职,命留任。以父丧归。复起后进东阁大学士,加太子太傅。谥文庄。少与兄启心有"二难"之目,后又与杭世骏、陈兆仑等结文社,编同人之作为《质苇集》。《晚晴簃诗汇》称其"应制诸作,庄雅雍容,自然合节。情文相生之妙,专家苦吟,不过如是"。著有《矢音集》、《钱录》,与人共编《钦定叶韵汇辑》、《西湖志纂》、《西清古鉴》。生平事迹见《清史稿》卷三〇三、《清史列传》卷二〇、杭世骏《大学士文庄梁公墓志铭》、王昶《梁文庄公诗正行状》。

彭端淑(1697—1777)　清诗文家。字仪一,号乐斋。四川丹棱人。雍正十一年(1733)进士,授吏部主事,迁员外郎、郎中,出为广东肇罗道,为官清廉有政绩。赋归后家居十余年,主锦江书院讲席,以实学造士,多所成就。有文名,与弟肇洙、遵泗号"三彭"。古文学《左传》、《史记》,诗质实厚重,尤工五古,张维屏以为"苍健沉郁,大有杜意,似非船山所能及"(《国朝诗人征略》)。著有《白鹤堂文稿》、《晚年自订诗稿》、《戊戌草》、《雪夜诗谈》。生平事迹见《清史列传》卷七一、《国朝先正事略》卷四四、《国朝耆献类征》卷二一一。

杨述曾(1698—1767)　清诗人。字二思,号企山,别号南圃。江苏武进人。杨椿子。乾隆元年(1736)举博学鸿词。乾隆七年一甲二名进士,授编修。历充云南、广西、陕西乡试副考官,历官侍读、右中允、日讲起居注。少承家学,留心诸史。曾助父编写《明史纲目》三编,方苞见之,称其有良史才。与朱筠、蒋和宁、张霁、王昶诸人定《通鉴辑览》体例,修订舆地谬讹,汇为《笺释》。汤大奎《炙砚琐谈》称其诗"宗杜、韩、苏,丁卯典试滇南,著《使车集》,佳处直逼东坡"。著有《南圃文稿》、《使车集》。生平事迹见《清史列传》卷七一、《国朝耆献类征》卷一二四、《鹤征后录》卷八。

方观承(1698—1768)　清大臣、诗人。字遐穀,号问亭、宜田。安徽桐城人。幼遭家难,寄食僧寺。雍正十一年(1733)任记室,随征准噶尔,归授内阁中书。以治河功历任吏部郎中、直隶清河道、山东巡抚、直隶总督,加太子太保,谥恪敏。善书法,尤工诗。其诗"随境为哀乐,早年于役,诸诗苍凉悲壮,尔后渐入亨途,多应制之作,风格亦稍稍下矣"(《晚晴簃诗汇》)。著有《问亭集》,其他尚编著有《直隶河渠志》、《两浙海塘通志》、《海塘新志》、《卜魁风土记》、《从军杂记》、《赈记》等。生平事迹见《清史稿》卷三二四、《清史列传》卷一七、姚鼐《方恪敏公家传》、袁枚《方恪敏公神道碑》。

刘大櫆(1698—1779)　清散文家。字才甫,又字耕南,号海峰。安徽桐城人。雍正间登副榜,未能中举。乾隆元年(1736)举博学鸿词,十五年举经学,皆不遇。年逾六十,得选黟县教谕,数年告归,居枞阳江上不复出。善古文,游方苞之门,得其义法,下传姚鼐,世称"方刘姚",而桐城派古文遂风行天下。其文集庄、骚、左、史、韩、柳、欧、苏之长,其气肆,其才雄,其波澜壮阔,颇多卓越之见。诗宗唐人,能熔诸家为一体。从学者多以诗文名世,而以姚鼐、吴定为最著。姚鼐作传,称其"文与诗并极其力,能包括古人之异体,熔以成其体,雄豪奥秘,麾斥出之"。著有《海峰集》,编有《历朝诗约选》。生平事迹见《清史稿》卷四八五、《清史列传》卷七一、吴定《刘先生大櫆墓志铭》、姚鼐《刘海峰先生传》。

贺双卿　清女词人。字秋碧。江苏丹阳人。约乾隆间在世。嫁为金坛周氏妇。负绝世才,秉绝代姿,为农家之媳,而姑恶夫暴,终劳瘁以死。生平所为诗词,不愿留墨迹,每以粉笔书芦苇上,以粉易脱,叶易败也。遇人不淑,故所作每多抒写凄苦悲切之情。造语不落俗套,抒情细致入微,而毫无造作之迹,与一般闺秀词显著不同。陈廷焯《白雨斋词话》评其词"其旨幽深窈曲,怨而不怒,古今逸品也"。所作词十二阕,后人辑为《雪压轩词》。生平事迹见史震林《西清散记》、陈廷焯《白雨斋词话》卷五。

杨庸　清小说家。字邦怀,号慎园。江西丰城人。雍正、乾隆间在世。尝取明代冯梦龙《新列国志》之精要,辑成《列国志辑要》八卷一百九十节。生平事迹见孙楷第《中国通俗小说书目》卷二。

李凯　清戏曲作家。字图凌,一字雷崖。浙江鄞县人。雍正八年(1730)进士。乾隆十九年(1754)官绍兴教谕。平居孝友,亲友家贫,凯每年各赡银米,终身不变。叔父殁,堂弟俱幼,凯以银米接济,至各成年乃罢。卒年六十九。擅戏曲,亦能诗文。少留心声律之学,与范梧交。梧精于音律,尝出所作《红玉燕》传奇相示,凯乃作《寒香亭》传奇四卷,范梧见之,叹为不及。又著有《越吟草》、《学庸说文》。生平事迹见《光绪鄞县志》卷四二。

何梦瑶　清诗人。字赞调,一字报之,号西池,晚号研农。广东南海(今广州)人。雍正八年(1730)进士,官辽阳知州。荐举博学鸿词,辞不赴。学问博雅,撰述甚富,凡天文、术数、乐律、算法、医学无不究心。惠士奇督学广东,曾延其入幕,为"惠门八子"之一。少即好诗,与罗天尺、苏珥结南香诗社。晚年与杭世骏交契,相与酬唱。生平论诗,推崇李白,以为独擅千古。所为诗"炼不伤气,清不入佻,南海诗人之薮,而梦瑶为之魁”(《清史列传》)。著有《菊芳园诗文钞》、《算迪》、《皇极经世易知》、《琴学纂要》、《何氏医碥》,编有《肇庆府志》、《岑溪县志》。生平事迹见《清史稿》卷四八五、《清史列传》卷七一、《国朝耆献类征》卷二三〇。

边连宝(1699—1772) 清诗人。字赵珍,一作肇畛,号随园,晚号茗禅居士。直隶任丘(今属河北)人。边汝元子。雍正十三年(1735)拔贡,乾隆元年(1736)荐试博学鸿词,报罢;十四年(1749)复荐经学,辞不赴,遂无意仕进。一生耽于经史,笃学好古,为钱陈群所赏识。蒋士铨称其诗“出入昌黎、东野、香山、玉川间,才力纵恣,雄起北地”(《征士边君随园传》)。著有《随园诗集》、《杜律启蒙》、《南游埙篪集》(与边中宝同撰)、《古文病余草》、《续草》、《长语》。生平事迹见《清史稿》卷四八四、《清史列传》卷七〇、《大清畿辅先哲传》卷二一、蒋士铨《征士边君随园传》。

黄图珌(1700—?) 清戏曲作家。字容之,又字容工,号守真子,又号蕉窗居士。江苏华亭(今上海松江)人。荫生。官杭州、衢州同知,迁卫辉知府。自称“自小性好填词,时穷音律”,所著剧,“未尝不取古法,亦未尝全取古法”(《看山阁集闲笔识语》)。著有《排闷斋传奇》,凡《雷峰塔》、《栖云石》、《双痣记》、《解金貂》、《温柔乡》、《梅花笺》等六种,另著有《看山阁集》、《看山阁闲笔》。生平事迹见《古典戏曲存目汇考》卷一一、张慧剑《明清江苏文人年表》。

劳孝舆(约1701—约1750) 清诗文家。字巨峰,号阮斋。广东南海(今广州)人。雍正十三年(1735)拔贡。少随父游海南岛。弱冠游江淮间。受知于惠士奇,与何梦瑶、吴世忠、罗天尺、苏珥、陈世和、陈海六、吴秋有“惠门八子”之目。与修《广东通志》,发凡体例等,多出其手。乾隆元年(1736),荐举博学鸿词,未遇。历知锦屏、镇远、清镇、龙泉、清溪、毕节诸县,卒于任。居官重文教,多惠政。《晚晴簃诗汇》称其诗“才锋朗映,歌行胜于近体”。著有《阮斋诗文钞》、《春秋诗话》、《读杜识余》、《西江源流说》。生平事迹见《清史稿》卷四八五、《清史列传》卷七一、吴应逵《七先生传》。

吴敬梓(1701—1754) 清小说家。字敏轩,一字粒民,晚号文木老人、秦淮寓客。安徽全椒人。雍正元年(1723)诸生。吴氏家族科甲鼎盛,敬梓少时过继长房吴霖起为嗣。霖起死,族中争遗产,敬梓感慨良多,三十岁前,遂耗尽田产。三十三岁移家南京,作《移家赋》,自谓:“有瑰意与畸行,无捷径以窘步。吾独好此姱修,乃众庶之不誉。”从此卖文为生。或以为《儒林外史》中杜少卿乃作者自况。乾隆元年(1736)开博学鸿词科,为安徽巡抚所荐,托病不赴,生活益困,作《除夕述怀诗》以自遣。终客死扬州。长篇小说《儒林外史》为其一生所著影响最大之作,对晚清谴责小说具有重大影响。鲁迅《中国小说史略》称此书“凡官师、儒者、名士、山人,间有市井细民,皆现身纸上,声态并作,使彼世相,如在目前”。除小说创作外,兼工诗文。吴湘皋序其集谓其“以名家子好学诗古文辞杂体以名于世。凡有所作,必曲折深入,横发截出,就于古人,彀率规矩而始已”。另著有《文木山房集》。生平事迹见《国朝耆献类征》卷四三五、程晋芳《文木先生传》、胡適《吴敬梓年谱》、孟醒仁《吴敬梓年谱》。

马曰璐(约1701—1761后) 清诗人、藏书家。字佩兮,号半槎。安徽祁门人,徙居江苏江都。马曰琯弟。国学生。乾隆元年(1736)举博学鸿词,不就。家有小玲珑山馆,藏书极富,常与诸名士作诗酒之会。杭世骏谓其诗“写孤韵而抽清思”,“诗笔清削”(《南斋集序》、《词科掌录》)。著有《南斋集》、《南斋词》、《韩柳年谱》,编刻有《小玲珑山馆丛书》六种。生平事迹见《清史列传》卷七一、《国朝耆献类征》卷四三五、《国朝先正事略》卷四一。

金德瑛(1701—1762) 清诗人。字汝白,一字慕斋,号桧门。安徽休宁人,移籍浙江仁和(今杭州)。乾隆元年(1736)一甲一名进士,授修撰,入直南书房,连充福建、江苏、江西考官,提督江西、山东、顺天学政。由侍读学士、内阁学士,迁至都察院左都御史。淹贯经史,爱才若渴。在江西独识蒋士铨为第一才人。王昶入京师,招与同游。性乐佳山水,凡过胜区,必登览吟啸。王昶《湖海诗传》谓其于诗主黄庭坚,以清新刻削、酸寒瘦涩为能。钱陈群序其诗,称其所作“春容奥衍,有古作者风”。著有《桧门诗存》,编有《西江风雅》。生平事迹见《清史稿》卷三〇五、《清史列传》卷二〇、陈兆仑《仁和金公德瑛墓志铭》。

商盘(1701—1767) 清诗人。字苍雨、苍羽,号宝意。浙江会稽(今绍兴)人。雍正八年(1730)进士,初以知县用,特旨改庶吉士,授编修,以养亲乞外补,授同知,累官至元江知府,随军远征缅甸,病卒于途。精音律,伶人度曲,常吹箫和之。其风流时人比之温庭筠、杜牧。《晚晴簃诗汇》称其诗"初仿玉谿，既而出入杜、韩、元、白、苏、陆间，歌行尤瑰丽纵恣，跌宕自喜，才情富赡，与厉樊榭名相埒"。著有《质园诗集》。生平事迹见《清史列传》卷七一、《国朝耆献类征》卷二三〇。

陈兆仑(1701—1771)　清诗文家、书法家、学者。字星斋，号句山。浙江钱塘(今杭州)人。雍正八年(1730)进士，以知县分发福建，闽浙总督郝玉麟使之主鳌峰书院讲席，兼领通志局事。十三年入都，授中书，充军机章京。乾隆元年(1736)举博学鸿词，授检讨。与修《世宗实录》、《清会典》、《明纪纲目》、《续文献通考》。历官左中允、侍读学士、太仆寺卿、顺天府尹、太常寺卿、通政司副使，复转太仆寺，乞假归。假满，仍直上书房。卒于任。以博闻强识见称于时，尤喜奖掖后进。精书法，取意简远。为学不专主一家。其"诗文不以气炫才，不以词害志，醇古淡泊，清远简放，适如心之欲出"(《清史列传》)。著有《紫竹山房集》，编有《陈太仆批选八家文钞》。生平事迹见《清史稿》卷三〇五、《清史列传》卷七一、《国朝先正事略》卷四一、陈玉绳《陈星斋年谱》。

吴颖芳(1701—1781)　清学者、诗人。字西林，号临江乡人。浙江仁和(今杭州)人。为人端重寡言笑，幼赴童子试，为隶役所诃，以为大辱，自此一意研学，终身不复谋仕进。生平博览群书，究心金石、文字、音韵之学，又精佛学。晚年名益著，雷铉视学浙江，庄存与典试浙江，皆访其所著书而去。少与厉鹗善，诗与厉鹗、杭世骏各有专长，《晚晴簃诗汇》谓其"诗如水碧金膏，自然清丽，有过于雕刻者，为勇汰之。朴学工诗惟此数子，非社集标榜一流所可拟已"。著有《临江乡人诗集》、《吹豳录》、《说文理董》、《音韵讨论》、《文字源流》、《金石文释》。生平事迹见《清史列传》卷七一、《国朝耆献类征》卷四三八、王昶《吴先生颖芳小传》。

彭启丰(1701—1784)　清诗人。字翰文，号芝庭。江苏长洲(今苏州)人。彭定求孙。雍正五年(1727)进士第一，授修撰，迁左中允。乾隆间历官侍读学士，左佥都御史，内阁学士，刑部、吏部、兵部侍郎，左都御史，兵部尚书。以事降职，又命原品休致。后主讲苏州紫阳书院。谥文勤。性耽吟咏。少与沈德潜同学，又尝结北郭诗社，与徐夔、盛锦诸人唱和。《晚晴簃诗汇》谓其"应制文字多称旨，诗笃雅有绳尺"，"有中晚唐名家风度"。晚岁诗王昶《湖海诗传》评为"写景关情，神妙独到"。著有《芝庭文稿》、《诗稿》。生平事迹见《清史稿》卷三〇四、《清史列传》卷一九、《国朝先正事略》卷一六、王芑孙《兵部尚书彭公启丰神道碑铭》。

姚范(1702—1771)　清诗文家。初名兴涑，字已铜，又字南菁，号薑坞，晚号几蘧老人。安徽桐城人。乾隆七年(1742)进士，选庶吉士，授编修。未几告归，往来天津、扬州之间，主讲书院。与齐召南、杭世骏、胡天游、邵齐焘等交游，致力于经传子史，晚尤好释氏书。论文重声响音节，风格主古雅，然亦推服唐李翱"创意造辞皆不相师"之说。论诗于明七子及沈德潜格调说，颇有微词，而崇尚宋黄庭坚，同时又兼采唐李商隐。其说对其侄姚鼐及桐城诗派形成有重要影响。所为诗"导源义山而别开蹊径，实与昆体不同，亦无宋人粗劲之习"(《晚晴簃诗汇》)。包世臣称其诗文"必达其意，绝去依傍，自成体势"(《墓碑》)。著有《援鹑堂集》、《援鹑堂笔记》，以及《曝书亭诗评点》、《望溪文集评点》等。生平事迹见《清史列传》卷七二、李兆洛《桐城姚氏薑坞惜抱两先生传》、吴德旋《姚薑坞先生墓表》、包世臣《崇祀乡贤姚君墓碑》。

沈廷芳(1702—1772)　清学者、诗文家。字畹叔，号椒园。浙江仁和(今杭州)人。沈元沧子。乾隆元年(1736)以监生荐举博学鸿词，授编修，擢山东道监察御史，直言敢谏。历官山东登莱青道，河南、山东按察使，有政声，与陈鹏年、陆陇其齐名。以年老致仕，卒于京师寓所。师事方苞，受古文法，其文"尽得方苞之传，萃经籍之腴，所得至深，冲融醇懿，称其德量，虽规矩森然，时得变化之趣"，诗则"吐词清拔，结思邈远，绝去粗浮怒张之习"(刘声木《桐城文学渊源考》)。著有《隐拙斋集》、《理学渊源》、《鉴古录》、《古文指授》。生平事迹见《清史稿》卷四八五、《清史列传》卷七一、汪中《山东提刑按察使司按察使沈公廷芳行状》。

乔亿(1702—1778)　清诗人。字慕韩，号剑溪，别署实亶居士。江苏宝应人。乔莱孙。少以诗名江淮间，与沈起元、方观承、沈德潜交善。美须髯，善谈论。以国学生应顺天乡试不售，弃去，专肆力于诗。客游山西，为猗氏书院山长。工五言诗，近体在王、孟、钱、刘间，古体直追汉魏。著有《小独秀斋诗》、《窥园吟稿》、《江上吟》、《三晋游草》、《惜余存稿》、《剑溪外集》、《剑溪文略》、《燕石碎编》、《杜诗义法》、《剑溪说诗》，汇刻为《乔剑溪选集》。生平事迹见《清史列传》卷七〇、朱彬《乔剑溪先生墓表》。

金甡(1702—1782) 清诗文家。字雨叔，号海住。浙江仁和(今杭州)人。雍正元年(1723)举人，授国子监学正。乾隆七年(1742)进士第一，授修撰，迁侍讲学士、礼部侍郎。典试广东、江西、山西，督学安徽、江西。前后入直上书房十七年。以病乞归，主讲敷文书院。精研经史，长于诗文。晚年常与乡里耆英啸歌湖山。杭世骏称其“诗宗韩、杜，骈体得南宋二李之遗”(《词科余话》)。著有《清语录》、《史汉平林订误》、《静廉斋诗集》。生平事迹见《清史稿》卷三〇五、朱珪《礼部左侍郎加二级金公墓志铭》、袁枚《礼部侍郎海住金公传》。

程穆衡(1702—1794) 清诗文家、诗歌笺注家。字惟淳，号迓亭。江苏镇洋(今太仓)人。乾隆二年(1737)进士，授榆社知县。以耿介忤上官，罢归。博闻多识，工诗文。曾与修《太仓州志》。在京时成《吴梅村诗笺》十二卷、《诗余附笺》一卷，推寻诗旨本事，人称精到。另著有《复社年表》、《娄东耆旧传》、《据梧斋麈谈》、《燕程日记》、《投绂堂集》，辑有《鴂吟集》。生平事迹见《镇洋县志》卷九、《鹤市志略》。

齐召南(1703—1768) 清学者、诗人。字次风，号琼台，晚号息园。浙江天台人。雍正七年(1729)副贡，乾隆元年(1736)召试博学鸿词，改庶吉士，授检讨。历官中允、侍读、侍读学士、内阁学士、礼部侍郎。以博识能诗为清高宗所赏。十四年夏堕马受伤，乞归。后因族子牵累，削职放归，旋卒。精舆地之学，著有《水道提纲》。天才敏捷，为诗文援笔立就，与同时浙江名家厉鹗、杭世骏鼎足齐名。《晚晴簃诗汇》称其诗“沈博绝丽，宏伟秀彦，非山泽之臞可比”。诗文著有《宝纶堂诗文钞》及《和陶百咏》。生平事迹见《清史稿》卷三〇五、《清史列传》卷七三、袁枚《原任礼部侍郎齐公召南墓志铭》、秦瀛《礼部侍郎天台齐公墓表》。

王琦 清诗歌笺注家。字载韩，号琢庵，又号琢崖、百拙居士、胥山老人。浙江钱塘(今杭州)人。与齐召南、杭世骏友善。早鳏，闭门著述，有宋隐士林逋之风。长于笺注之学，杭世骏为其李白诗注作序，称其“专精覃思，寤寐太白于千载之上，一一扣其出处，而究其指归”，使“太白之精神与前注之得失，轩然若揭日月”。尤精熟佛典，赵殿成撰《王右丞集笺注》，以王维本通佛理，旧注多未详，特嘱其助为之，以补未备。著有《李太白诗集注》、《李长吉歌诗汇解》。生平事迹见《清史列传》卷七一。

宋弼(1703—1768) 清诗人。字仲良，号蒙泉。山东德州人。乾隆十年(1745)进士，选庶吉士，授编修，以诗事清高宗。历官右春坊右赞善、分巡巩秦阶道，擢甘肃按察使，迁提刑。入觐，道卒于洛阳寓所。居官廉介。诗文皆有法度，严守王士禛门径。著有《蒙泉学诗草》、《思永堂文稿》，并补辑王士禛所著《五代诗话》，编有《山左明诗钞》。生平事迹见《国朝耆献类征》卷一八〇。

赵青藜 清学者、诗人。字然乙，又字星阁。安徽泾县人。乾隆元年(1736)进士，改庶吉士，授编修。历官江西、山东道监察御史，数典乡试。十三年，以耳疾乞休。年八十余卒。为官有直声，数上疏言事。诗宗杜甫、韩愈。古文师方苞，主“义法”，风格属桐城派。著有《漱芳居集》、《星阁诗钞》，另有《箴友言》、《读左管窥》。生平事迹见《清史稿》卷四八五、《清史列传》卷七二、《国朝先正事略》卷四二。

汪沆(1704—1784) 清文学家。字师李，又字西灏，号槐堂，一作槐塘。浙江钱塘(今杭州)人。诸生。乾隆元年(1736)，举博学鸿词，报罢。游天津，客查氏水西庄，南北称诗者奉为坛坫。大学士史贻直将以经学荐，以母老辞。好为有用之学，自农田、水利、边防、军政，靡不条贯，尝参修《浙江通志》及《西湖志》。受诗法于厉鹗，与王曾祥、杭世骏、符之恒、张增称“松里五子”。杨钟羲《雪桥诗话余集》称其诗“淡沱逶迤，丰容流美”。著有《槐塘诗文稿》、《水香园遗诗》、《小眠斋读书日札》、《青囊解惑》。生平事迹见《清史稿》卷四八五、《清史列传》卷七一、《国朝先正事略》卷四一、邵晋涵《征士汪先生家传》。

钟令嘉 清女诗人。字守箴，晚号甘荼老人。江西余干人。诗人蒋士铨母。夙善文章，嫁蒋氏后，家贫无物，尝于除夕大雪，抱两月儿，坐冷屋中，括三钱沽酒与夫相对饮。士铨方四岁，令嘉口授四子书及唐诗，以儿幼不能执笔，削竹枝为细丝，教其组合笔画成字。士铨成进士，官翰林后，迎其就养京师。居未久，语士铨不如归。士铨以行谊文学为时推重，与之交游者，皆升堂拜其母。著有《柴车倦游草》。生平事迹见《晚晴簃诗汇》卷一八四、《国朝耆献类征》名媛卷四、《清代闺阁诗人征略》卷三。

全祖望(1705—1755) 清学者、诗文家。

字绍衣，号谢山，又号双韭。浙江鄞县人。雍正七年(1729)贡生。乾隆元年(1736)举博学鸿词，以同年先中进士，选庶吉士，已入词馆，不与试。散馆，以知县候选，不复出。主讲于蕺山、端溪书院，为士林仰重。上承黄宗羲经世致用之学，为浙东史学大家。负气忤俗，贫病而著述不辍，三笺《困学纪闻》，补辑《宋元学案》，晚年七校《水经注》。阮元谓其兼经学、史才、词科三长。其传志序记诸文，叙人物，论学术，精当为世所重。记明末遗民志士事迹，尤有价值。诗学宋，较为质直。著有《鲒埼亭集》、《鲒埼亭诗集》，另有《汉书地理志稽疑》等。生平事迹见《清史列传》卷六八、《清史稿》卷四八一、《国朝耆献类征》卷一二六、《国朝先正事略》卷三四、董秉纯《全谢山年谱》。

夏敬渠(1705—1787)　清小说家。字懋修，号二铭。江苏江阴人。诸生。通经史，旁及诸子百家礼乐兵刑天算之学，无不涉猎。生平足迹几遍海内，所交尽贤豪。为人迂直，一生不得志于科场。于学尊程朱而斥陆王，崇儒学而攘释道。乾隆元年(1736)游京师，识杨名时。十五年，大学士高斌礼聘之讲论性理。三十九年，怡英王祝其七十大寿，题额曰："天鹭耆英。"著章回小说《野叟曝言》以抒其平生不得展之抱负，鲁迅《中国小说史略》谓："以小说为庋学问文章之具，与寓惩劝同意而异用者，在清盖莫先于《野叟曝言》。"另著有《纲目举正》、《经史余论》、《全史约编》、《学古编》、《浣玉轩文集》、《诗集》等，不传。生平事迹见《光绪江阴县志》卷一七、赵景深《〈野叟曝言〉作者夏二铭年谱》。

湛泛　清诗僧。俗姓徐，法名又作湛性，字药根，又字药庵。江苏丹徒人。乾隆间扬州祇园庵僧。出家而以孝闻，极为赵青藜所重。往来扬州、江宁，与诸名士唱和。尝游京师，谢墉、秦大士、李中简、沈初诸人颇称赏之，时有方外才人之目。《四库全书总目》谓其诗"宗法王士禛，……故结体修洁，时有隽语，……然骨力未坚，兴象颇浅，十首以外，语意略同"。著有《药庵集》，已佚，后人刻有《双树轩诗钞》。生平事迹见《四库全书总目》卷一八五、《湖海诗传》卷四六、《晚晴簃诗汇》卷一九七。

朱夰　清戏曲作家、美术家。初名杏芳，字云裁，改今名，字山渔，号公放，又号蒉稗老农。浙江归安(今湖州)人。邑诸生。久困场屋，遂不事进取。放情山水，不治生计，以笔墨自娱，有唐张志和之风。工书画，精篆刻，善治金石之学，又能叠石为假山。客扬州，与金农、郑燮友善。尤工度曲，乾隆十六年(1751)春，清高宗南巡，江苏巡抚庄有恭延谱《迎銮新曲》，脍炙人口。卢见曾为两淮盐运使，亦尝延馆署斋月余，撰传奇付梨园子弟演之。亦工诗，诗才清隽。游幕京师，卒于某藩邸。著有《蒉稗集》、《倚声杂记》及传奇《玉尺楼》、《鲛绡帐》、《宝母珠》，后二种今佚。生平事迹见《光绪长兴县志》卷二三、三一、《光绪归安县志》卷四一，汪启淑《飞鸿堂印人传》卷一。

牛运震(1706—1758)　清学者、散文家。字阶平，号真谷，晚号空山先生。山东滋阳人。雍正十一年(1733)进士。乾隆元年(1736)召试博学鸿词，不遇。历官秦安、平番知县，居官不延幕友，事必躬亲，平冤狱，兴农业，除虎患，设书院，百姓颂其德，上官异其才。为忌者劾罢，贫不能还乡，留主皋兰书院。及归，有走千里送至灞桥者。归后闭门治经学，历主晋阳、河东两书院。性好金石，精经术，工文章，善弈能琴。著有《空山堂集》、《空山堂易解》、《春秋传》等。生平事迹见《清史稿》卷四七七、《清史列传》卷七五、孙星衍《平番知县牛君运震墓表》、蒋致中《牛空山年谱》。

王又曾(1706—1762)　清诗人。字受铭，号谷原。浙江秀水(今嘉兴)人。乾隆十六年(1751)高宗南巡，召试赐举人，授内阁中书。十九年成进士，官刑部主事。同县钱载论诗宗黄庭坚，又曾与朱沛然、陈向中、祝维诰和之，号"南郭七子"。又与万光泰、汪孟鋗等同时镞厉，缒深凿险，不堕臼科，号秀水派。毕沅序其集，谓"于汉魏六朝及唐宋诸家外，能融会变化，自成一家"，"取材于众所不经见，用意于前人所未发，此又谷原之所独到"。又举秀水诗人朱彝尊、钱载与其并列为三家。陈衍《石遗室诗话》谓："沈子培(曾植)论谷原诗胜于樊榭(厉鹗)，余谓谷原固有老于樊榭者，然樊榭佳处较多。"后人以其与厉鹗、严遂成、钱载、袁枚、吴锡麒合称"浙西六家"。著有《丁辛老屋集》。生平事迹见《清史稿》卷四八五、《国朝耆献类征》卷一四五。

江昱(1706—1775)　清学者、文学家。字宾谷，号松泉。江苏仪征人。诸生。安贫嗜学，勤于著述。雷鋐、刘藻、沈德潜皆以"国士"称之。于声音训诂、金石文字之学，造诣颇深。以诗名于时，其诗与程梦星、卢见曾、厉鹗等相唱酬，"最工咏物，刻貌镂形，牢笼万态，本原深厚，非元人纤巧可及"(阮元《淮海英灵集》)。其词“得南宋遗意，虽未臻深厚，却与浅俗者迥别”（陈廷焯《白雨斋词话》）。著有《韵歧》、《潇湘听雨录》、《松泉诗集》、《梅鹤词》、《蘋洲渔笛谱疏证》、《草窗集外词疏证》，编有《唐律颔珠集》、《精粹词钞》。生平事迹见《清史列传》卷七一、《国朝耆献类征》卷四二〇、《国朝诗人征略》卷三三。

鲍倚云（1707—1777） 清诗人。字薇省，号退余，又号苏亭。安徽歙县人。优贡生。少工诗，吴瞻泰尝以《红豆歌》使和之，援笔立就。中岁以后，绝意仕进，教授于乡。清高宗南巡，召试，以病未就。晚往来于江、淮间。其诗“出入汉、魏、唐、宋诸家，清微雅健，一洗雕章琢句之陋”（《清史列传》）。著有《寿藤斋诗》。生平事迹见《清史列传》卷七二、姚鼐《鲍君墓志铭》。

汪师韩（1707—1780） 清文学家、学者。字抒怀，号韩门，又号上湖、坦桥。浙江钱塘（今杭州）人。雍正十一年（1733）进士，改庶吉士，授编修。乾隆初，受诏勘经史。充湖南学政，降调入都，大学士傅恒荐入上书房，复授编修，以事落职。后主讲莲池书院。师韩少以文名世，时称为近代之刘攽、王应麟。中年以后，一意治经，诸经皆有著述，于《易》尤邃。曾为王安石诗李壁注作补笺、勘误，为学者所重。杭世骏谓“诗之道熟易而涩难，韩门诗有涩味，所以可传”（阮元《两浙輶轩录》引）。著有《上湖纪岁诗编》、《上湖分类文编》、《观象居易传笺》、《韩门缀学》、《谈书录》、《诗学纂闻》。生平事迹见《清史列传》卷七一及自编《上湖纪岁诗编目录系年》。

李海观（1707—1790） 清小说家。字孔堂，号绿园，晚号碧圃老人。河南宝丰人。乾隆元年（1736）举人。三十七年，官印江知县，兴利除弊，颇有贤声。未几辞官去。前后舟车游历四方数十年。擅诗文，有“诗僧”之谑号。与刘青芝、童钰、吕公溥等相往来。四十三年，曾与吕公溥等为戊戌九老诗会。所作诗多爽劲流利，纪游诸作，亦多大力磐礴，神与俱流。学问淹博，尤洞达人情物理，乃以觉世之心，自托于稗官小说。撰长篇小说《歧路灯》，历三十年而后成，人争传写之。乾隆庚子过录本吕中一评语云：“以左丘、司马之笔，写布帛菽粟之文。”又著有《绿园文集》、《拾捃录》、《绿园诗集》、《家训谆言》。今人辑为《李绿园诗文辑佚》。生平事迹见栾星编《李海观年谱》，载《歧路灯研究资料》中。

帅家相 清诗人。字伯子，号卓山。江西奉新人。乾隆二年（1737）进士。改庶吉士，授吏部主事，历官深州知州、浔阳知府。工诗，善学少陵，气格沉雄，有幽燕气。与从父念祖时有“大小帅”之目。曾燠尝选其诗与陈允衡、王猷定、曾畹、蒋士铨、汪轫、杨垕、何在田诗合刻，名《国朝江右八家诗选》。著有《三十六乘书楼诗集》。生平事迹见《晚晴簃诗汇》卷七四。

钱载（1708—1793） 清诗人、画家。字坤一，号萚石。浙江秀水（今嘉兴）人。乾隆十七年（1752）进士，选庶吉士，授编修。历官中允、侍读、庶子、侍读学士、少詹事、詹事、内阁学士、山东学政、礼部侍郎。屡典乡试、会试。诗学黄庭坚，险入横出，崭然成一家。同县王又曾、万光泰辈相与唱酬，号秀水派。又与厉鹗、严遂成、王又曾、袁枚、吴锡麒并称为“浙西六家”。黄培芳以为其诗“大约不拘唐宋，空所依傍，生面独开”，“其七律之独到者，体大思精，字字真实沉着，洗尽矜浮之气，非绨章绘句之徒专事皮相者所能望见”（《香石诗话》）。吴应和以为“其旨敦厚，其气清刚，其意沉着，其辞排奡，汉、魏、六朝、三唐、两宋体制，靡不兼有，尤得力于少陵，造诣深沉，脱尽肤言浮响，自成一大家面目”（《浙西六家诗钞》）。更极为晚清同光体诗人所推崇，陈衍谓“有清一代诗宗杜、韩者，嘉、道以前，推一钱萚石”。又谓其“造语盘崛，专于章句上争奇，而罕用僻字僻典，盖学韩而力求变化者”（《近代诗钞》、《石遗室诗话》）。惜反映现实、同情人民疾苦之作不多。能画，苍秀高劲，亦如其诗。著有《萚石斋诗集》与《文集》。生平事迹见《清史稿》卷三〇五、《清史列传》卷二五、朱休度《礼部侍郎秀水钱公载传》、吴文溥《故礼部侍郎钱公传》。

舒瞻（？—1756） 清诗人。他塔喇氏，字云亭。满洲正白旗人。乾隆四年（1739）进士，历官浙江桐乡、平湖、海盐知县，居官廉明。性朴厚，屏居曲巷，无异寒素之家。工诗，少时曾以“性爱登临同谢傅，志存温饱愧王曾”句得名。作宰浙江时，与厉鹗、施安流连唱和，极一时之盛。诗风丽逸，沈德潜序以为“诗品在元白之间，近情处迥不易及”。著有《兰藻堂集》。生平事迹见《清史列传》卷七一。

钱琦（1709—1790） 清诗人。字相人，又字湘莼，号玙沙，晚号耕石老人。浙江仁和（今杭州）人。乾隆二年（1737）进士，选庶吉士，授编修。历官河南道御史，江苏按察使，四川、福建布政使，七十五岁以原品致仕。淡于荣利，以宁静不扰民为政。历主乡试，能得士。生平雅好吟咏，与袁枚交好垂五十年。申发祥谓其"诗得中气，高不入粗，深不堕晦，质而不俚，巧而不纤，在三唐两宋间"（符葆森《国朝正雅集》引）。著有《澄碧斋诗钞》。生平事迹见《国朝耆献类征》卷一七八、《清代学者像传》卷二、袁枚《福建布政司布政使钱公琦墓志铭》。

沈大成（1710—1781）　清学者、诗文家。字学子，号沃田。江苏华亭（今上海松江）人。诸生。父卒于官，家道中落，自此屡就幕府之征，游历广东、福建、浙江、安徽，前后四十年。晚偕惠栋寓官梅亭。舟车往来，必以书自随，潜心经籍，学有根柢，与戴震、王鸣盛、杭世骏相契。诗文亦有名，"其文深醇峻洁，得归有光神解，记有远神，绳尺法度力追古人，未尝强为摹拟而能自出机杼。诗则优柔和雅，得于性情者深"（刘声木《桐城文学渊源考》）。著有《学福斋集》、《近游诗钞》。生平事迹见《清史列传》卷七二、《国朝耆献类征》卷四二〇、汪大经《沈先生大成行状》。

杨潮观（1710—1788）　清戏曲作家。字宏度，号笠湖。江苏金匮（今无锡）人。乾隆元年（1636）顺天乡试举人。初授文县知县，又署辉县，补林县，调固始。以为政廉敏有治绩，擢邛州知州，调简州、泸州，告归。幼擅才华，兼工书法。平生雅好著述，居官每以兴学为务。政事之余辄喜作戏曲，袁枚演其剧于金陵随园，一座倾倒。在邛州曾觅得卓文君妆楼旧址，建吟风阁，与友朋觞咏其中。吴梅推之为乾隆、嘉庆间戏曲代表作家，且以为其杂剧"分演固佳，合唱亦善，此较明人为优者"（《中国戏曲概论》）。著有《吟风阁杂剧》，另有《吟风阁诗钞》、《周礼指掌》、《左鉴》、《易象举隅》等，多散佚。生平事迹见《乾隆固始县志》卷一七、《嘉庆无锡金匮县志》卷二二、《国朝耆献类征》卷二三二、袁枚《邛州知州杨君笠湖传》。

董榕（1711—1760）　清戏曲作家。字念青，又字渔山，号恒岩，又号繁露楼居士。直隶丰润（今属河北）人。雍正十三年（1735）拔贡生，历官巩县、孟津、济源、新野、夏邑知县，陈州通判，郑州知州，金华、南昌、九江知府，吉南赣宁道。以母丧归。坠水死滕王阁下。为政之余，以著作自娱。能诗，尤工度曲，尝谱《芝龛记》传奇，写明女将秦良玉、沈云英事，括明季万历、天启、崇祯三朝史事，"翕辟张弛，褒贬予夺，词严义正，惨澹经营，洵乎以曲为史"（姚燮《今乐考证》引黄叔琳语）。另著有《浭阳集》、《周子年谱》等。生平事迹见《乾隆郑州志》卷六、《道光赣州府志》卷四一、《光绪丰润县志》卷六。

杨鸾（1711—1778）　清诗文家。字子安，号迂谷，别号可诗老人。陕西潼关人。乾隆四年（1739）进士。历官犍为、醴陵、长沙、邵阳知县。罢官后乃具装由粤东抵金陵，涉大江，游苏、杭名胜，与名流贤士相往还，山川人物之盛，古今兴败之迹，悉收为歌咏之资。早学诗于屈复，又仿西昆体，与刘继贡、胡钍等人诗文唱和。《晚晴簃诗汇》称其诗"高亮明秀，不为伉厉之声"。妻亡故，所作《悼亡诗》百首，人称"深情宛挚"。著有《邈云楼诗文集》。生平事迹见《清史列传》卷七一、王梦祖《迂谷先生杨鸾墓志铭》。

弘历（1711—1799）　即清高宗。公元1735—1795年在位。爱新觉罗氏，号长春居士、信天居士，晚号十全老人。雍正十一年（1733）封和硕宝亲王，十三年即位，年号乾隆。在位期间，于新疆设行政机关，驻军屯田；于西藏置驻藏大臣，定金瓶掣签制确认达赖、班禅转世；于云南、贵州、广西、四川等少数民族地区继续实行改土归流，加强中央政府对边疆地区的管理、控制。以文治武功号称盛世。敕命编纂巨型丛书《四库全书》，共收书三千四百五十余种，存目六千七百六十余种，每书撰有提要，又御定《唐宋文醇》、《唐宋诗醇》等。但屡兴文字狱，禁毁书籍甚多。嘉庆元年（1796）传位仁宗，自为太上皇。崩，葬裕陵，庙号高宗，谥纯皇帝。著有《乐善堂诗文全集》等。生平事迹见《清史稿》卷一〇至一五，庆桂、董诰等《清高宗实录》，《清历朝起居注》等。

舒梦兰　清诗人。字白香。江西靖安人。乾隆初诸生。性恬淡，不求仕进，以著述自娱。工诗，以所作《和陶诗》得名，一时贵游折节与交。尤精倚声，深研词律。著有《白香集》、《天香词》等，另编有《白香词谱》，收常见词牌一百种，至今通行词坛。生平事迹见《晚晴簃诗汇》卷七八。

尚廷枫（1712—？）　清诗人。字岳师，号茶洋。江西新建人，原籍陕西兴安。以父荫官户部主事。乾隆元年（1736）荐试博学鸿词，罢归。为人诡诞不经，忽而结驷连骑，忽而布衣褴褛。在京师日，与万光泰、袁枚有三异人之目，李绂极赏之，以为旷世逸才。博览经史诸子，下笔云飞涛卷，莫测涯涘。符葆森以为其诗“可匹大历十子”，蒋士铨尝以“清真雅切、独标正宗”许之（均见《国朝正雅集》）。著有《贺莲集》。生平事迹见《清史列传》卷七一、《鹤征后录》卷九。

万光泰（1712—1750） 清诗人、学者。字循初，又字柘坡。浙江秀水（今嘉兴）人。乾隆元年（1736）荐举博学鸿词，报罢，同年中举人。通经术，于小学、音韵，皆有所得。齐召南以为其学精进，人未见其比。工诗，与王又曾、祝维诰齐名，时目为秀水派。杭世骏《词科掌录》称其“少年有高才，诗骨秀朗，小词温丽如周、秦，体若不胜衣，而文章气夺万夫”。又善画山水。著有《柘坡居士集》、《转注绪言》、《汉音存正》、《遂初堂类音辨》。生平事迹见《清史稿》卷四八五、《清史列传》卷七二、全祖望《万君光泰墓志铭》。

允禧（1712—1758） 清诗人。号紫琼道人。清宗室。清圣祖第二十一子。康熙五十九年（1720）始从帝巡幸塞外。雍正八年（1730）封贝子，同年进贝勒。十三年，清高宗即位，进慎郡王。薨，谥曰靖。虽生长贵盛，饮食被服，同于寒素。每斋居，左右图书，一览辄得其旨要。好延接四方博雅之士，日相切劘。工画，远追董源，近学文徵明。其诗清秀，《晚晴簃诗汇》评为“高朗潇洒，得韦、柳之旨而不蹈其畦町”。著有《花间堂诗钞》、《紫琼岩诗钞》。生平事迹见《清史稿》卷二二〇、《晚晴簃诗汇》卷五。

裘曰修（1712—1773） 清大臣、诗文家。字叔度，号漫士，又号诺皋。江西新建人。乾隆四年（1739）进士，选庶吉士，授编修，历官侍读学士，詹事，内阁学士，兵部、吏部、户部侍郎，工部尚书，加太子少傅，谥文达。平生以文学受知，侍值内廷三十余年，深得清高宗恩宠。为文不加构思，每朝廷嘉礼，辄奏赋颂。诗与袁枚唱酬甚多。法式善谓其诗“如阳春煦物，善气迎人”（《梧门诗话》）。著有《裘文达公集》。生平事迹见《清史稿》卷三二一、《清史列传》卷二三、于敏中《工部尚书兼管顺天府尹谥文达裘公曰修墓志铭》、戴震《工部尚书太子少傅裘文达公墓志铭》。

冯浩（1713—？） 清诗文笺注家、诗文家。一名学浩，字养吾，号孟亭。浙江桐乡人。乾隆元年（1736）举人，十三年（1748）进士，改庶吉士，充国史馆纂修。尝与修《文献通考》。其后典试江南，官至御史。以母忧还里。服阕赴补，因心疾发而告归，不复出。先后主常州、龙城、浙东、浙西、崇文、蕺山、鸳湖诸书院讲席。于诗推崇唐李商隐，“爰其设采繁艳，吐韵铿锵，结体森密”（冯浩《玉溪生诗笺注序》）。著有《玉溪生诗笺注》、《樊南文集笺注》，精详为后世所推重。另著有《孟亭居士诗文稿》。生平事迹见《清史列传》卷七一、《国朝耆献类征》卷一三七、《清代学者像传》卷二。

恒仁（1713—1747） 清诗人。字育万，一字月山。清宗室。英亲王阿济格四世孙。初袭辅国公爵，以不应袭，旋罢。乾隆三年（1738）投牒入宗学，师从沈廷芳等。仅廿余日，以尝受封，例不得留学，垂涕而出。家居，学益勤。九年，又从沈德潜学，受唐诗之法。以时乖运蹇，自伤不遇，悒悒而殁。沈德潜称其诗“吐属皆山水清音”，沈廷芳谓其诗“清微朴老，克具古人风格，足传于后无疑”（《晚晴簃诗汇》引）。著有《月山诗集》、《月山诗话》。生平事迹见《晚晴簃诗汇》卷七。

李化楠（1713—1768） 清诗文家。字廷节，号石亭，又号醒园。四川罗江（今分入绵阳、德阳、安县）人。乾隆七年（1742）进士。初官余姚知县，后兼代平湖知县。治绩为浙中第一。补顺天府北路同知。卒于官。早年以时文名家，时人推为蜀中时文第一。兼擅诗，尤好苏轼，虽公务繁忙，不废吟咏。李调元《蜀雅》引唐乐宇语，言其诗“出入韩苏”。法式善《梧门诗话》则谓其诗以性灵为主。著有《万善堂集》、《李石亭文集》、《醒园录》。生平事迹见《国朝耆献类征》卷二五四、李调元《同知顺天府北路事石亭府君行述》。

杨履基（1713—1775） 清学者、诗文家。字履德，号铁斋，初名开基。江苏金山（今属上海）人。乾隆优贡生。早从平湖陆奎勋游，治理学，私淑陆陇其。有文才，五岁授汉魏六朝诗，即能成诵。清高宗南巡，召试诗赋，取入二等，赐内府文绮。著有《铁斋诗文集》、《铁斋偶笔》、《三礼臆说》、《观礼编》、《律吕指掌图》等。生平事迹见《清史列传》卷六七、《大清畿辅先哲传》卷一二。

廖景文（1713？—1782后） 清文学家。字琴学，一字觐扬，号檀园，又号羡行氏、古檀氏。江苏娄县（今上海松江）人，一说青浦（今属上海）人。乾隆十二年（1747）举人，官合肥知县。公余作《小青杂曲》，令伶人演之。居官五、六年，以事罢。卜宅青浦，筑小檀园于清溪桥畔，间则出游闽粤。遇佳山水，辄赋诗以纪其胜。王豫《江苏诗征》言其诗以香艳胜。著有《吟香集》、《古檀诗草》、《罨画楼诗话》、《古檀诗话》、杂剧《遗真记》。生平事迹见王昶《青浦诗传》卷三〇、《江苏诗征》卷一四四、《光绪华亭县志》卷一六。

郑虎文(1714—1784)　清诗人。字炳也，号诚斋。浙江秀水(今嘉兴)人。乾隆七年(1642)进士，改庶吉士，授编修。三充顺天乡试同考官，一主河南乡试，又充礼部会试同考官，先后任湖南、广东学政。致仕后，主讲徽州紫阳书院十年，主讲杭州紫阳书院、崇文书院五年。家有盛湖草堂，常邀文士作诗酒之会。工诗而以经济自负，不欲以诗名。法式善称其虽“善为排律”，然“至者乃自见性灵之作”(《梧门诗话》)。著有《吞松阁集》。生平事迹见《清史列传》卷七二、《国朝耆献类征》卷一二六、《国朝诗人征略》卷三一。

丁时显　清诗人。字名扬，号鹏搏，又号青蜺居士。直隶天津(今天津市)人。乾隆十年(1745)进士。以朝考未入翰林，悒悒不乐，遽卒于京。少负隽才，以“青帘杨柳市，黄蝶菜花天”句得名，人称为“丁黄蝶”。与倪象恺相友善。象恺归田，尝作诗以送。著有《青蜺居士集》。生平事迹见《晚晴簃诗汇》卷七九。

曹雪芹(1715?—1763?)　清小说家。名霑，字梦阮，雪芹为其号，另又号芹溪、芹圃。祖籍辽阳(今属辽宁)。汉族，祖为满洲正白旗包衣。曾祖曹玺任江宁织造，始迁家南京。祖曹寅亦领江宁织造，去世后由子曹颙接任，三年病逝，又由曹頫接任。三代四人任江宁织造，前后近六十年，深受皇帝信任。雍正五年(1727)曹頫以“行为不端，织造款项亏空甚多”等罪名革职抄家入狱，曹家从此败落。雪芹即出生于这一家庭。祖曹寅富于文学修养，诗文戏曲皆有所长，雪芹自幼即受家庭文学气氛之熏陶。籍家北返后，曾与宗室敦敏、敦诚兄弟及墨香、明琳等失意贵族子弟交游、唱和，晚年又与诗人张宜泉订交。敦敏《赠芹圃》称其“燕市哭歌悲遇合，秦淮风月忆繁华”。敦诚《赠曹雪芹》称其“司业青钱留客醉，步兵白眼向人斜”。一生中最后几年在僻居西山中度过。生活困顿，以至举家食粥，卖画为生。最后因悲痛爱子夭折，一病不起。有学者据敦诚《寄怀曹雪芹》“当时虎门数晨夕，西窗剪烛风雨昏”二句，考定他二十余岁时曾在右翼宗学供职(吴恩裕《曹雪芹丛考》)。或云其三十六岁时曾一度入两江总督尹继善幕(周汝昌《红楼梦新证》)。其不朽著作为长篇小说《红楼梦》。此书创作于晚年，今存前八十回。但全书构思已就，并已写出了八十回以后的若干章节，惜文稿散失不存。已完成部分，曾经作者几度增删修改，“字字看来都是血，十年辛苦不寻常”，为融铸作者毕生经历的血泪之作。生平事迹，由于传世材料欠缺，尚多不详。即生卒年亦尚有争议。其卒年计有乾隆二十七年(壬午)、二十八年(癸未)、二十九年(甲申)诸说。其生年则又有据敦诚甲申《挽曹雪芹》诗“四十年华付杳冥”，或张宜泉《伤芹溪居士》诗序“年未五旬而卒”，以及他是否曹颙妻马氏遗腹子推算而得的不同结论。近年来，传为有关曹雪芹的文物史料(包括遗物、佚著)续有发现，但学术界对其真伪尚有争议。近数十年来，关于曹氏家族和曹雪芹生平的探讨，吸引了众多学者和《红楼梦》爱好者，遂有称此项研究为“曹学”者。生平事迹可参见吴恩裕《曹雪芹丛考》、周汝昌《红楼梦新证》等。

曹霑　即曹雪芹。

朱仕玠　清诗人。字碧峰，一作碧丰，号筠园。福建建宁人。朱仕琇兄。乾隆十八年(1753)拔贡生，授德化教谕，调凤山，丁忧归。服除，补尤溪教谕，迁内黄知县，未赴官，卒年六十二。通经史诸子，与弟仕琇相切磋，仕琇攻古文，仕玠遂专攻诗。游京师，沈德潜见其诗，评为得选诗神理，黄叔琳、方苞皆一见推许。尝涉黄河，游太学，以振发诗之意气。所为诗，“抑而不愁，顺而不荡，俯仰容与，体清心远，雅近韦、孟，然规格虽具，而精气盖寡”，亦工古文，“能造精微”(刘声木《桐城文学渊源考》)。著有《筠园诗稿》、《谿音》、《音别》、《小琉球漫志》等。生平事迹见《清史列传》卷七二、《文献征存录》卷五。

朱仕琇(1715—1780)　清诗文家。字斐瞻，号梅崖。福建建宁人。乾隆十三年(1748)进士，改庶吉士，授夏津知县，以足疾改福宁府学教授。归主鳌峰书院讲席。宗程、朱理学，继雷鋐以古文鸣于闽，闽人治古文者，多为其弟子。时古文多尊桐城方苞，仕琇独病其肤浅，而一以荀况、司马迁、韩愈为师，“其文体格极正，宁艰涩而不肯不工，宁晦滞而不肯不奥，专于炼句炼字，雕琢太过，往往意为辞累”，“晚年文从字顺，渐近自然，神到之篇亦自入妙”(刘声木《桐城文学渊源考》)。朱筠推其崭然自成一家。亦工诗。著有《梅崖居士全集》。生平事迹见《清稿》卷四八五、《清史列传》卷七二、《国朝先正事略》卷四〇、鲁仕骥《朱先生仕琇行状》。

弘瞻(?—1765) 清诗人。号经畬道人。清宗室。清世宗第六子,允礼嗣子。乾隆三年(1738),袭果郡王。缘事降贝勒,后复封果郡王。不久去世,谥曰恭。少时曾从沈德潜学诗,"恪守三唐遗轨,近体尤高秀"(《晚晴簃诗汇》)。又雅好藏书,其名与冰玉道人弘晓相埒。著有《鸣盛集》。生平事迹见《清史稿》卷二二〇。

韩锡胙(1716—1776) 清戏曲作家、诗人。字介屏,又字介圭,号湘岩,别署河干妙有山人。浙江青田人。乾隆六年(1741)拔贡,补八旗教习。十二年(1747)中举人。历知平阳、禹城、金匮、宝山等县。升安庆知府,调松江、苏州,分巡苏松太道。所至有政声,尤以兴水利为务。博极群书,自经史、天文、乐律、方技、道书、释典无不通晓。尝主泺源、繁露两书院讲席。能书画,诗古文尤俊拔绝俗。颇自负,称青田刘基后,仅己一人而已。著有《滑疑集》及《渔村记》传奇。生平事迹见《两浙輶轩录》卷二三、刘耀东《韩湘岩先生年谱》。

查礼(1716—1783) 清诗人。原名为礼,又名学礼,字恂叔,号俭堂,又号铁桥。直隶宛平(今北京丰台)人。查为仁弟。乾隆元年(1736)举博学鸿词,报罢。入赀为户部主事,补庆远同知,擢太平知府,以母丧归。服除,补宁远知府,历官川北道、松茂道。小金川用兵,专司督粮。事平,授四川按察使,迁布政使,擢湖南巡抚。入觐,卒于京师。年十五即以能诗名,从其兄读书水西庄,与海内名士唱酬。《晚晴簃诗汇》谓其"少作类皆清新婉约,出自性灵,服官后之作,才气骏发","盖诗以境殊,非复吟风弄月之旧矣"。著有《铜鼓书堂遗稿》。生平事迹见《清史稿》卷三三二、《国朝耆献类征》卷一八一、《国朝书人辑略》卷四、《大清畿辅先哲传》卷二〇。

袁枚(1716—1798) 清文学家。字子才,号简斋。浙江钱塘(今杭州)人。乾隆四年(1739)进士。选庶吉士,改知县,历知溧水、江浦、沭阳,调任江宁,称循吏,曾两次惩治某将军不法家奴。引疾家居,再起发陕西,丁父忧归,遂不出。卜筑江宁小仓山,号随园。奖掖后进,教授女弟子。笃于友谊,程晋芳死,举债券五千金焚之,并恤其孤。天才颖异,论诗主性灵,能达他人欲达而不能达之意,士多效其体。与赵翼、蒋士铨称三家。吴应和称其"有轶群之才,腾空之笔,落想不凡,新奇眩目,诚足倾倒一世。惟是轻薄浮荡习气与三百篇无邪之旨相悖"(《浙西六家诗钞》)。金天羽谓"清乾隆盛时,仓山诗卷,已夺渔洋、归愚之席","洎嘉、道间,诗教凌迟,谄言躁行之徒接迹,则仓山之烈也"(《与郑苏堪论诗书》)。盖枚喜声色,诗句或病滑易,尚镕谓其"有纤佻之病","如画舫摇湖,荡人心目"(《三家诗话》)。然其借指斥汉武帝以刺乾隆,借咏鸡以揭示剥削者用心,借咏马嵬以揭示帝王爱情与人民疾苦之对立,皆非吟风弄月,文廷式以为"不愧风人之旨"(《琴风余谈》)。亦工古文,碑版文有斥权贵罪恶之作,论赞亦多借讽时政之篇。钱振锽以为"奇男子","以死奋笔,岂寻常绳墨文字漫无痛痒者可几及"(《袁枚传》)。亦工骈文,抑扬跌宕,以才调胜,吴鼒列入"八家四六"。能为笔记小说,著有《子不语》。诗学理论,详于其《续诗品》、《随园诗话》中。平生毁誉参半,章学诚、潘德舆对之抨击最力。著作繁多,收入《随园全集》凡三十余种。诗文为《小仓山房集》。今人辑有《袁枚全集》。生平事迹见《清史稿》卷四八五、《清史列传》卷七二、孙星衍《袁君枚传》、姚鼐《袁随园君墓志铭》、杨鸿烈《袁枚年谱》。

陶元藻(1716—1801) 清诗人。字龙溪,号篁村,又号凫亭。浙江会稽(今绍兴)人。乾隆间贡生。久困科场,不谋生计,肆意诗文。尝游京师,题诗旅舍,袁枚见而激赏,特为撰记。客扬州时,赴卢见曾红桥雅集,即席赋诗,传诵一时。后倦游归里,筑泊鸥庄于西湖,以撰述自娱。《晚晴簃诗汇》谓其"诗格不高,而才分充足,情味蕴藉,在越中同时足与商宝意相抗"。亦能词。著有《泊鸥山房集》、《珠江集》、《香影词》、《凫亭诗话》、《越彦遗编考》、《越画见闻》,编有《全浙诗话》。生平事迹见《国朝耆献类征》卷四三三、《国朝诗人征略》卷三三。

卢文弨(1717—1795) 清学者、散文家。字召弓,一作绍弓,号檠斋,又号矶渔、抱经。浙江余姚人。卢存心子。乾隆十七年(1752)进士,选庶吉士,授编修,上书房行走。历官左中允、侍读学士、湖南学政。以事降级,乞养归,遂不复出。主讲江浙各书院二十余年,以经学导士。潜心汉学,与戴震、段玉裁友善。为清代著名校勘家、藏书家。所校《逸周书》、《荀子》、《吕氏春秋》、《韩诗外传》、《春秋繁露》、《方言》、《白虎通》、《经典释文》诸本,汇刻为《抱经堂藏书》。

余事为文。著有《抱经堂文集》、《仪礼注疏详校》、《钟山札记》、《龙城札记》、《广雅释天以下注》等。生平事迹见《清史稿》卷四八一、《清史列传》卷六八、《国朝先正事略》卷三五、佚名《翰林院侍读学士卢公文弨墓志铭》。

永恩(1717—1795)　清诗人。字惠周,号漪园。清宗室。康亲王崇安子。雍正十二年(1734),封多罗贝勒。乾隆十八年(1753),袭封和硕康亲王,因事夺爵。后复封礼亲王。谥曰恭。生平待人甚厚。勤读书,善骑射,作诗文皆有法度。姚鼐作传谓其"文以义法为要,诗以清远淡约为宗"。著有《诚正堂集》、《律吕元音》。生平事迹见《清史列传》卷一、姚鼐《礼恭亲王永恩家传》。

蔡上翔(1717—1810)　清散文家。字元凤,号东墅。江西金溪人。乾隆二十六年(1761)进士,官四川东乡知县。在任八年,务以勤事约己为本,政尚严肃。丁忧归。平生工于文章,早岁喜为纵横驰骤之文,晚则沉潜于唐宋大家而得其意,务轨于法。归田后,以王安石因变法受谤,乃博考群书,参互证明,为其辨诬,著《王荆公年谱考略》。另著有《东墅文集钞》。生平事迹见《光绪江西通志》卷一五四、《光绪抚州志·文苑传》。

金兆燕(1718—?)　清文学家。字仲樾,号棕亭。安徽全椒人。乾隆三十一年(1766)进士,官扬州教授,迁国子监博士,分校《四库全书》。后归扬州,馆于康山草堂。幼称神童,与张鹏翀齐名。两淮盐运使卢见曾尝延入署中。工度曲,署内大戏词曲,皆其所为。亦工诗,夙爱王士禛、朱彝尊,后闻赵执信"贪多爱好"之论,始稍稍厌去之。吴锡麒称其诗"兴来如赠,情往若答,纵横排宕,不可以派别绳之"(《皖志稿集部考》引)。所作骈散文,皆有法度。著有《旗亭记》传奇、《棕亭文钞》、《棕亭诗钞》、《棕亭词钞》。生平事迹见《清史列传》卷七一、《湖海诗传》卷三一。

邵齐焘(1718—1769)　清诗文家。字荀慈,号叔宀。江苏昭文(今常熟)人。乾隆七年(1742)进士,改庶吉士,授编修。两充顺天乡试同考官,年三十六即罢归。三十年,清高宗南巡,召试,以母老辞。主讲龙城书院,黄景仁、洪亮吉出其门下。以骈文负时誉,吴鼒选之入《八家四六文钞》,《四库全书总目》称其"所作以气格排奡、色泽斑驳为宗,以自拔于蹊径,而斧痕尚未浑化也"。其诗《晚晴簃诗汇》以为"冲淡闲适,如瘦竹幽花,翛然相对"。著有《玉芝堂集》。生平事迹见《清史稿》卷四八五、《清史列传》卷七二、《国朝先正事略》卷四二、郑虎文《翰林院编修邵君齐焘墓志铭》。

刘星炜(1718—1772)　清骈文家。字映榆,号圃三,又号印于。江苏武进人。乾隆十三年(1748)进士,改庶吉士,授编修,迁侍讲,提督广东、安徽学政,擢侍读学士、内阁学士,官至礼部、工部侍郎,卒于任。曾主讲安定书院,严长明、王文治等出其门下,又历充顺天、河南、江西乡试考官,与修《续文献通考》、《历代通鉴辑览》。擅骈文,吴鼒辑其所作入《八家四六文钞》,蒋士铨称之为"雅懿鸿穆,润烁纶绂"(《墓志铭》)。著有《思补斋文集》与《诗集》。生平事迹见《清史稿》卷三〇五、《清史列传》卷二六、《国朝先正事略》卷四二、蒋士铨《工部左侍郎圃三刘公暨夫人合葬墓志铭》。

程晋芳(1718—1784)　清学者、诗文家。初名廷镄,字鱼门,号蕺园。安徽歙县人,迁居江苏江都。程廷祚侄。乾隆七年(1742)召试,授内阁中书,十七年成进士,补吏部主事,迁员外郎,充《四库全书》纂修官,擢编修。官京师贫甚,乞假往西安,欲与巡抚毕沅商归老计,抵关中卒。家本殷富盐商,独能好学不倦,问经义于从父廷祚,学古文于刘大櫆,晚与朱筠、戴震游,乃治经。其文"以归、方为宗,醇清遒简"(刘声木《桐城文学渊源考》),其诗为袁枚所称赏,洪亮吉评为"如白傅作诗,老妪都解"(《北江诗话》)。著有《勉行堂集》、《诗毛郑异同考》、《周易知旨编》、《春秋左传翼疏》、《诸经答问》、《群书题跋》等。生平事迹见《清史稿》卷四八五、《清史列传》卷七二、《国朝先正事略》卷四二、袁枚《翰林院编修程君墓志铭》。

甘运源(1718—1794)　清诗人。一名源,字道渊,号啸岩,又号我道人、千一叟、十三山外史。汉军正蓝旗人。家道中落,欲有所为而屡试不中,遂隐于诗酒。晚年始仕,官英德象冈司巡检。师事桐城刘大櫆,工诗文词,兼擅书画。"诗文上宗七子,殊有豪气,为旗籍文士之冠"(昭梿《啸亭杂录》),与弟运瀚号"二甘",颇得名家李锴、陈景元赏识。铁保亦与之相善,称其"诗学宋人,远追汉魏,得其神而不效其体"(《甘道渊传》)。著有《长江万里集》、《西域集》、《啸岩诗存》。另与汪松、顾邦英、王麟书、甘运瀚之诗合刊为《海沱集》。生平事迹见《国朝耆献类征》卷二五七、《国朝诗人征略》卷四一、铁保《甘道渊传》。

李中简 清诗人。字廉衣，号子静，又号文园。直隶任丘（今属河北）人。乾隆十三年（1748）进士，改庶吉士，授编修。历官中允、侍讲、云南学政、侍讲学士，充山东、湖南、湖北乡试正考官。三十六年，任山东学政，以罣吏议罢。赏编修，以疾归。在词馆时，与朱筠、朱珪、纪昀、戈涛等相切磋，文誉蔚起。赵怀玉师事之。《晚晴簃诗汇》称其诗"清新遒上，五古源出子寿、伯玉，七古专学大苏，近体兼效中晚唐"。著有《嘉树山房集》。生平事迹见《清史列传》卷七二、《大清畿辅先哲传》卷二二。

邵齐然 清诗人。字光辰，又字光人，号闇谷，榜名焕。江苏昭文（今常熟）人。邵齐焘弟。乾隆十三年（1748）进士，选庶吉士，以部郎历官杭州知府。修学校，纂志书，文教一新。因与巡抚监司龃龉，忿恚而卒。兄弟五人，先后登科入馆阁，而齐然尤以风度胜，京师名人交口誉之。工书，学苏轼，与沈君栻齐名。诗不多作，而清婉可诵。著有《聊存草》。生平事迹见《国朝书人辑略》卷五、单学傅《海虞诗话》。

戈涛 清诗文家。字芥舟，号遂园。直隶献县（今属河北）人。弱冠举于乡，官嵩县知县，以事解职。乾隆十六年（1751）成进士，改庶吉士，授编修。迁御史，转刑科给事中。先后充江西、云南、福建乡试考官。从戴亨学诗，受知于督学钱陈群。择交尤严，惟与边连宝、李中简以文章道义相切磋。其诗"格律谨严，气势浩翰，兼有高岑、王孟、苏陆诸家胜概"（《晚晴簃诗汇》）。"古文师魏禧，疏宕有奇气"（《清史列传》）。著有《坳堂杂著》、《坳堂诗集》，编有《畿辅通志》、《献县志》。生平事迹见《清史列传》卷七二、《国朝耆献类征》卷一三七、《大清畿辅先哲传》卷二二。

清恒 清诗僧。字巨超，号借庵，俗姓陆。浙江桐乡人。乾隆间焦山定慧寺僧。得圆照衣钵之传，又精理学。工诗，胸次高旷，与悟霈、慧超酬和最密，一时名流袁枚、王文治、赵翼、洪亮吉、王昶、曾燠、伊秉绶、阮元辈皆与之交。尝游天台、雁宕、洛伽、黄山、九华，探幽凿险，穷山水之胜，而诗亦日进。洪亮吉称其诗"如荇叶制羹，藉清牢醴"（《北江诗话》）。谢堃《兰言集》推为"近日诗僧中之巨擘"。著有《借庵诗钞》。生平事迹见《湖海诗传》卷四六、《晚晴簃诗汇》卷一九七。

达瑛 清诗僧。字慧超，号练塘。江苏丹阳人。乾隆间主摄山栖霞寺，后古光长老留住萸湾精舍，又尝挂锡松寥、蜗庐间。罕与人接，洪亮吉呼为懒僧。工诗，与焦山定慧寺清恒、万寿寺悟霈相唱和，王豫为刻《三上人诗》。著有《旃檀阁诗钞》。生平事迹见《晚晴簃诗汇》卷一九七。

悟霈 清诗僧。字古岩，俗姓黎。江苏丹阳人。乾隆间主云门寺。工诗，《晚晴簃诗汇》称其诗"才具敏捷，格调清超，佳处直造中晚"。赵士英、王豫尝推为一时诗僧之冠，与王豫唱和交往尤密。著有《击竹山房集》。生平事迹见《晚晴簃诗汇》卷一九七。

钱维城（1720—1772） 清书画家、文学家。字宗磐，一作宗盘，号幼庵，又号稼轩、幼安、茶山。江苏武进人。乾隆十年（1745）进士第一，授修撰，擢中允，累官至刑部侍郎。奉使苗疆，事未竟，遇父丧归，以哀毁卒。谥文敏。书法学苏轼，山水画得元人笔意，尤有重名。诗文为画名所掩，洪亮吉《北江诗话》评其诗"如名流入座，意态自殊"。著有《钱文敏公全集》。生平事迹见《清史稿》卷三〇五、《清史列传》卷二三、《国朝先正事略》卷一五、王昶《刑部左侍郎赠尚书钱文敏公维城神道碑铭》。

储秘书（1720？—？） 清词人。字玉函。江苏宜兴人。乾隆二十六年（1761）进士，为郎官数年，后历官湖北郧阳、黄州知府，以事报罢。家为宜兴望族，阳羡派大词人陈维崧为其曾祖辈姻亲，诗人储方庆为其曾祖父。博览经史，工诗词，词与同里任曾贻、史承谦齐名。集中词大致为乾隆二十年（1755）前所作，今之论者以为与史承谦相比较，"才情不如史氏隽逸深婉，笔势则较挺拔，是该词人群里风格稍多高亢，还保持阳羡词派的一些遗风的作家"（严迪昌《清词史》）。其诗王昶评为"浅而实腴，清而不激，正如素练轻缣，雅宜时用"（《湖海诗传》）。著有《缄石斋集》、《花屿词》。生平事迹见《国朝词综》卷三八、《湖海诗传》卷二五。

任曾贻 清词人。字淡存。江苏荆溪（今宜兴）人。诸生。年齿与词人史承谦相近，词名亦相埒。储国钧评其词，称之为"删削靡曼，独抒性灵，于宋人不沾沾袭其面貌，而能吸其神髓，一语之工，令人寻味无穷"（王昶《国朝词综》引）。今之论者，谓其"措语隽妙，略同史词，追求韵味而意嫌不足，则较《小眠斋词》严重"，又谓任词"密丽"，史词"疏朗"，为二人风格差异（严迪昌《清词史》）。著有《矜秋阁词》。生平事迹见《国朝词综》卷三二。

史承谦(？—1756)　清词人。字位存，号兰浦。江苏荆溪(今宜兴)人。诸生。为阳羡望族史孟麟后裔，行辈属史惟圆曾孙一代。生平落魄无所遇，其境况遭际与稍后之黄景仁相似。其词"特多抒述盘结心底的凄凉情思，但他不像黄景仁那样以郁勃之态出现，而是低沉婉转地抽发凄楚情怀"(严迪昌《清词史》)，变阳羡派词之外张型抒情为内敛型。历代词论家对其词均评价较高，陈廷焯《云韶集》称其词"独标新异，卓然名家，在乾隆初年时，无出其右者"，储国钧序谓其词"一种幽情逸韵，流于笔墨之外，盖能自出杼轴，而又得体裁之正者"。著有《小眠斋词》。生平事迹见《国朝词综》卷三二、万之蘅《小眠斋词序》。

史承豫　清词人。字衍存，号蒙溪。江苏荆溪(今宜兴)人。史承谦弟。诸生。与兄并擅词名，称"宜兴二史"。其词风格近于其兄，"而隽韵差逊，不若承谦清疏自然"(严迪昌《清词史》)。著述甚富，有《苍雪斋诗文集》、《苍雪随笔》、《蒙溪诗话》及杂剧《碧云亭》等，编有《荆南风雅》、《国朝词隽》，词集名《苍雪斋词》。生平事迹见《国朝词综》卷三二。

韦谦恒(1720—1796)　清诗人。字慎旃，号约轩，又号木翁。安徽芜湖人。乾隆四年(1739)拔贡。二十二年召试，赐内阁中书。乾隆二十八年(1763)成进士，授编修。官至贵州布政使、巡抚，降鸿胪寺少卿。其诗宗尚安徽乡前辈梅尧臣、施闰章，讲究"古雅纯粹"、"简切淡远"。《晚晴簃诗汇》称其诗"专主性灵，其至情语动人心膈，与随园(袁枚)、藏园(蒋士铨)诗派相近，而浅易之病亦同"。著有《传经堂诗钞》。生平事迹见《湖海诗传》卷二八、《晚晴簃诗汇》卷九二、戴璐《藤阴杂记》。

孙士毅(1720—1796)　清大臣、诗人。字智冶，又字致远，号补山。浙江仁和(今杭州)人。乾隆二十六年(1761)进士，历官内阁中书，户部郎中，广西、山东布政使，云南、广西、广东巡抚，两广、四川、两江总督，兵部尚书，协办大学士，加太子太保。谥文靖。平生出将入相，而酷嗜吟咏。郭麐《灵芬馆诗话》谓其"集中五七古浑厚沉雄，皆出胸中之所有，不屑依傍前贤，而骨体自高。五七律不作唐以后语，七律尤高华典赡，精光显然"。著有《百一山房诗集》。生平事迹见《清史稿》卷三三〇、《清史列传》卷二六、朱珔《协办大学士兵部尚书孙文靖公传》。

汪孟鋗(1721—1770)　清诗人。字康古，号厚石。浙江秀水(今嘉兴)人。汪仲鈖兄。乾隆三十一年(1766)进士，官吏部主事。与金德瑛为亲戚，得其指教者多。又与万光泰、王又曾、钱载相切磋。通内典，兼精术数。与其弟仲鈖以诗名江浙。《晚晴簃诗汇》称秀水"诸家皆发源西江，入奥出新，不落畦町"，"刊落槎枒，独标名隽"，而孟鋗"在诸家中如骖之靳，与柘坡居士(万光泰)为近"。著有《厚石斋集》。生平事迹见《国朝耆献类征》卷一四二、《湖海诗传》卷三一、《国朝诗人征略》卷四〇。

李百川(1721？—1771后)　清小说家。字号籍贯不详。旧谓其为浙江人，或山西人，据今人考证，可能为江南人。生于乾隆盛世而生活艰辛，浪迹四方。早年家境尚好，每于月夜邀友共话新奇事，流连诗酒。后屡遭变故，生计困窘，遂移居乡塾。乾隆十一年(1746)代人借金，破产，仅能偿其半。十八年，携家中古董售于扬州，又遇骗尽失故物。遂依亲友为生，奔走于扬州、盐城、辽州、梁州及陕西各地。性喜谈鬼，又多读野史稗乘，乃于乾隆十八年在扬州旅舍起草长篇小说《绿野仙踪》，至二十七年抵河南时始完稿。此书行世后，影响较大，为清中叶一部较重要作品。生平事迹见百回抄本《绿野仙踪》作者自序。

童钰(1721—1782)　清诗人、画家。字二如，改字二树，号璞岩，又号借庵。浙江会稽(今绍兴)人。少弃举子业，专攻诗古文。久客开封，不事生产。与同郡刘文蔚、沈翼天、姚大源、刘鸣玉、茅逸、陈芝图结社联吟，称"越中七子"。河南巡抚阿思哈聘修省志，以体例谨严，为人所称。好藏书，又好金石书画，尤工画梅，人以为诗、画"二绝"。《晚晴簃诗汇》称其"诗才清拔，在画人中足名一家"。著有《二树今体诗》、《诗略》、《写梅歌续编》。生平事迹见《清史列传》卷七一、《国朝耆献类征》卷四三六、蒋士铨《越州七诗人小传》。

江春(1721—1789)　清诗人。字颖长，号鹤亭。安徽歙县人。祖、父侨寓江苏扬州，遂占籍焉。诸生。事举子业久无所遇，遂承父业为盐商。清高宗南巡，葺康山草堂接驾，召对称旨，赐内务府奉宸苑卿，加布政使衔。江都自马氏曰琯、曰璐兄弟外，能读书好客者，推江春。好古玉，曾刻印《宋淳熙敕编古玉图谱》。工为诗，袁枚初轻其为贾人，及读其诗，颇称赏之，以为其佳篇"心胸笔力，迥异寻常"(《随园诗话》)。著有《随月读书楼诗集》、《黄海游录》。生平事迹见阮元《歙县江鹤亭橙里二公传》、袁枚

《布政使江公墓志铭》。

吴镇(1721—1797) 清诗人。字信辰,又字士安,号松崖,又号松花道人。甘肃狄道(今临洮)人。乾隆三十三年(1768)举人,任耀州学正、韩城教谕,官至沅州知府。忤权贵被劾,解任后,掌教兰山书院。少负不羁之才,负笈求师,游于四方。平番知县牛运震留之署中,学业益进。所至放浪山水,篇什甚多。袁枚颇赏其诗,王鸣盛谓秦中诗派,孙枝蔚、李因笃、王又旦后,惟镇为绝伦。与杨鸾、刘绍攽、胡釴有"关中四杰"之称。《晚晴簃诗汇》称其"才格并高,研求声律,故其诗音节尤胜","当为西州诗学之大宗"。亦工词,况周颐《蕙风词话》评为"铿丽沉至,是能融五代入南宋者",杨芳灿跋谓其"有稼轩之豪迈,兼白石之清疏"。著有《松花庵全集》。生平事迹见《清史列传》卷七一、《晚晴簃诗汇》卷九四。

江声(1721—1799) 清学者、文学家。字鲸涛,更字叔沄,号艮庭。江苏元和(今苏州)人。少与兄筠同学,不习制举文。嘉庆元年(1796),诏开孝廉方正科,江苏巡抚费淳首举江声,赐六品顶戴。师事惠栋,专攻《尚书》,于文字、音韵,均得精诣。工书法,好作古篆,毕沅闻其名,延其校刊刘熙《释名》。少与过春山、吴泰来以词唱和,后专心经术,遂辍不为,而所存秀句佳篇,并堪吟咏。著有《尚书集注音疏》、《论语俟质》、《六书说》、《释名疏证》、《艮庭小慧》、《艮庭文集》、《艮庭词》。生平事迹见《清史稿》卷四八一、《清史列传》卷六八、《国朝汉学师承记》卷三、孙星衍《江声传》。

张九钺(1721—1803) 清诗人。字度西,号紫岘。湖南湘潭人。乾隆二十七年(1762)举人。历官南丰、峡江、南昌知县,遇母丧归。服除,复出为始兴、保昌、海阳知县,所至有治声。以事牵连落职,遍游嵩、洛、偃、巩间。晚归湘潭,主讲昭潭书院。才名震一时,乾隆中,西师奏捷,行郊劳礼,方观承请其为赋乐歌。归田后,毕沅重其名迎之入节署。诗学李白,《晚晴簃诗汇》评为"奇情壮采,沉博绝丽,在乾隆中自是一作手"。著有《陶园集》、《晋南随笔》,编有《峡江志》、《偃师志》、《永宁志》、《巩县志》。生平事迹见《清史列传》卷七二、《国朝耆献类征》卷二二三、《国朝先正事略》卷七。

弘晓(1722—1778) 清诗人、藏书家。号秀亭,别署冰玉主人、讷斋主人、侍萱主人。清宗室。清圣祖第十三子怡贤亲王允祥之子,雍正八年(1730)袭怡亲王爵。父子俱嗜藏书,多宋元善本,有《怡府书目》,收书四千五百余种。与曹雪芹关系密切,亦嗜说部,其藏书中有己卯残本《石头记》、庚辰抄本《石头记》二种,或称均为其自抄。工诗,造句隽永,耐人寻味。胤禧序称其"言语文章,自能发挥所得,彬彬乎有法度可观"。著有《明善堂集》。生平事迹见《晚晴簃诗汇》卷七。

王太岳(1722—1785) 清诗人。字基平,号芥子。直隶定兴(今属河北)人。乾隆七年(1742)进士,改庶吉士,授检讨。历官侍讲、侍读、甘肃平庆道、西安督粮道、湖南按察使、云南按察使与布政使,以事落职。起为《四库全书》总纂,数迁国子监司业。居官清正有惠政。与邵齐焘、郑虎文、顾汝修诸人友善,以诗文相切劘。王昶称其"诗宗魏、晋,下及唐人,醇古淡泊,可称高格"(《湖海诗传》)。著有《清虚山房集》、《芥子先生集》、《泾渠志》。生平事迹见《清史稿》卷四八五、《清史列传》卷七二、王昶《国子监司业前云南布政使王公太岳行状》。

过春山 清词人。字葆中,号湘云。江苏吴县人。诸生。家居市井,而性好隐逸,独与沙维杓、吴泰来、朱昂等为友。博通群籍,尤精于新、旧《唐书》,尝为补遗纠误,惠栋极称之。未及成书而卒,年仅二十九。杨磊《寄怀》诗云:"花药图书并赏音,笔床茶灶伴微吟。最怜小阁联床语,多病常怀出世心。"可见其为人。王昶谓其诗"宗刘昚虚、王龙标及王、孟、韦、柳、钱、郎,澄鲜幽逸,妙悟天然,自出清襟,不由袭取,玉楼早赋,赏识者希"(《湖海诗传》)。吴泰来称其诗词"如雪藕冰桃,沁人醉梦"(王昶《国朝词综》引)。著有《湘云遗稿》。生平事迹见《国朝词综》卷三七、《湖海诗传》卷一二。

吴泰来(1722—1788) 清诗人。字企晋,号竹屿。江苏长洲(今苏州)人。少由副贡生选校官,乾隆二十五年(1760)成进士,二十七年召试,赐内阁中书,不赴。与王鸣盛、钱大昕、程晋芳等交。毕沅巡抚陕西,延之主讲关中书院,后又至河南主大梁书院。为"吴中七子"之一,诗与洪亮吉、钱泳等唱酬,"取法渔洋,意致萧闲,才情明秀"(《晚晴簃诗汇》),王昶甚为推许。著有《砚山堂诗集》、《净名轩集》、《昙花阁琴趣》(一名《古香堂词》)。生平事迹见《清史列传》卷七二、《清史稿》卷四八五、《国朝耆献类征》卷一四五、《国朝先正事略》卷四二。

王鸣盛(1722—1797) 清学者、诗文家。

字凤喈，号礼堂，又号西庄，晚号西沚。江苏嘉定（今属上海）人。乾隆十九年（1754）进士，授编修，擢侍讲学士，典福建乡试，官至内阁学士兼礼部侍郎，以事左迁光禄寺卿，寻以母丧归，卜居苏州垂三十年。著述宏富，长于经史之学，为著名朴学家。其"古文宗遵岩、震川，诗兼综三唐，……既而旁涉宋人，……虽转益多师，终归大雅"（王昶《湖海诗传》）。沈德潜刻"吴中七子"诗，以之为首。著有《西庄始存稿》、《十七史商榷》、《蛾术编》、《尚书后案》等。生平事迹见《清史稿》卷四八一、《清史列传》卷六八、《国朝先正事略》卷三四、《国朝汉学师承记》卷三。

汪仲鈖（1723—1753）　清诗人。字丰玉，号桐石。浙江秀水（今嘉兴）人。汪孟鋗弟。乾隆十五年（1750）举人。其曾祖汪森嗜书好文，仲鈖承其家风，少即肆力于诗，酷爱黄庭坚、王安石二家，"而缜密深秀，语必翻新，无江西生硬粗鄙之习"（《晚晴簃诗汇》）。亦能词。著有《桐石草堂集》、《怀新词》。生平事迹见《两浙輶轩录》卷二五、《晚晴簃诗汇》卷八〇。

戴震（1723—1777）　清学者、散文家。字东原，一字慎修。安徽休宁人。乾隆二十七年（1762）举人。三十八年，以总裁荐充《四库全书》纂修官。四十年，赐同进士出身，改庶吉士。卒于官。少从江永问学，经学、小学皆能得其全。至京师，获交钱大昕，大昕称之为天下奇才。一时学人，如纪昀、王鸣盛、王昶、朱筠等，皆与之定交。为学由声音文字以求训诂，由训诂以寻义理，为清代朴学皖派领袖。虽不以诗文著称，然钩稽佚文，校注古籍，审定诗韵，亦有功于文学。其思想反对宋儒理学，否定"理在事先"，认为"必就事物剖析至微，而后理得"（《孟子字义疏证》）。著有《戴东原集》、《尚书义考》、《毛郑诗考正》、《方言疏证》、《屈原赋注》、《孟子字义疏证》等。今人辑有《戴震全集》。生平事迹见《清史稿》卷四八一、《清史列传》卷六八、《国朝汉学师承记》卷五、钱大昕《戴先生震传》、段玉裁《戴东原先生年谱》。

陆燿（1723—1785）　清诗文家。字朗夫，一作朗甫，号青来。江苏吴江人。乾隆十七年（1752）举人。十九年，考授内阁中书。历官户部主事，登州、济南知府，甘肃西宁道，山东运河道，山东按察使、布政使，湖南巡抚。工诗擅画。郭麐《灵芬馆诗话》谓"诗特其偶然存稿"，"然和平雅正，度越凡流，望而知为有德之言"。著有《切问斋集》、《保德风土记》，编有《切问斋文钞》。生平事迹见《清史稿》卷三二四、《清史列传》卷二四、袁枚《湖南巡抚陆公神道碑》、冯浩《湖南巡抚陆君墓志铭》。

梁同书（1723—1815）　清书法家、诗文家。字元颖，号山舟，晚号不翁，九十后自署新吾长翁。浙江钱塘（今杭州）人。大学士梁诗正子，出为诗正兄启心嗣子。乾隆十二年（1747）举人。十七年，特赐进士，改庶吉士，授编修。充顺天乡试、会试同考官，擢侍讲。以父丧归。服阕，以足疾不复出。嘉庆十二年（1807）加侍读学士衔。工书法，与刘墉、王文治并称于时。梁绍壬《两般秋雨庵随笔》言其诗"隽词独绝，逸趣横生"，潘衍桐《两浙輶轩续录》亦称之为"风华隽赡，神韵弥远"。著有《频罗庵遗集》。生平事迹见《清史稿》卷五〇三、《清史列传》卷七二、许宗彦《学士梁公家传》、张云璈《翰林学士梁公传》。

翟灏（？—1788）　清学者、诗文家。字大川，号晴江。浙江仁和（今杭州）人。乾隆十九年（1754）进士，官金华、衢州府学教授。见闻淹博，所著书精于考证，为世所推。僻居东郭，颜所居曰"书巢"，与处士吴颖芳结读书之社。杭世骏称其"诗才清丽，为吾乡后来英俊领袖"（《晚晴簃诗汇》引）。吴颢编《国朝杭郡诗辑》，录其诗，谓："（灏）唾地千言，顾征引撦拾，不免细碎之病，取尤为清迥者。"著有《无不宜斋诗文稿》、《通俗编》、《尔雅补郭》、《四书考异》、《家语发覆》、《周书考证》、《山海经道常》、《说文称经证》、《湖山便览》。生平事迹见《清史稿》卷四八一、《清史列传》卷六八、梁同书《翟先生灏传》。

袁景辂（约1724—约1767）　清诗人。字质中，号朴村。江苏震泽（今吴县）人。贡生。受诗学于沈德潜，与同里王元文、顾汝龙、顾我鲁、袁益之、陈毓升、陈毓咸等结竹溪诗社，分题斗韵，跌宕文史，为人所称。《晚晴簃诗汇》称其诗"能谨守唐人矩矱，清婉处自不可及"。著有《小桐庐诗钞》，编有《国朝松陵诗征》。生平事迹见《晚晴簃诗汇》卷八六、《国朝耆献类征》卷四三七。

邵齐熊（1724—1800）　清诗文家。字方虎，号松阿。江苏昭文（今常熟）人。邵齐焘弟。乾隆十二年（1747）举人，考授内阁中书，兄弟五人皆擅文辞，里中有"五凤齐飞"之誉。尤好古文，尝选唐宋以来十八家，编为《文系》，刊入《隐几山房七录》。著有《隐几山房稿》。生平事迹见《国朝耆献类征》卷一四五、《民国重修常昭合志》卷二〇。

纪昀(1724—1805) 清大臣、学者、文学家。字晓岚，又字春帆，晚号石云。直隶献县(今属河北)人。乾隆十九年(1754)进士，改庶吉士，授编修。迁左庶子，擢侍读学士。以卢见曾案革职戍乌鲁木齐。释还，复授编修。《四库全书》馆开，任总纂官，得清高宗奖勉。补侍读，再擢侍读学士，历官詹事，内阁学士，礼部、兵部侍郎，左都御史，礼部、兵部尚书，协办大学士，加太子太保。谥文达。学问淹通，主撰《四库全书总目提要》，持论简而明，修词淡而雅，阐幽发微，识见甚高。纵论历代文学发展变化，颇具历史眼光，于各家各派之渊源，剖辨颇明，于各家风格成就之异同高下，亦多能作持平之论。自为诗，则“多华贵典赡之作”(《晚晴簃诗汇》)，谪戍塞外，作《乌鲁木齐杂诗》，亦和雅无愁苦之音。洪亮吉《北江诗话》谓其诗“如泛舟苕霅，风日清华”。又仿《聊斋志异》体，作小说集《阅微草堂笔记》。另著有《纪文达公遗集》、《沈氏四声考》、《河源纪略》、《玉谿生诗说》等。生平事迹见《清史稿》卷三二〇、《清史列传》卷二八、朱珪《协办大学士礼部尚书文达纪公昀墓志铭》、王兰荫《纪晓岚先生年谱》。

王昶(1724—1806) 清诗文家。字德甫，又字述庵，号兰泉。江苏青浦(今属上海)人。乾隆十九年(1754)进士。清高宗南巡召试，授内阁中书，充军机章京，三迁刑部郎中。以事夺职。佐阿桂、温福幕府，从征缅甸、金川，叙劳授吏部主事，再迁郎中，擢鸿胪寺卿，三迁左副都御史，历江西、直隶、陕西按察使，云南、江西布政使，刑部侍郎，以老乞归。搜采金石，编为《金石萃编》；选乾隆间诗续沈德潜《国朝诗别裁集》，编为《湖海诗传》；选明、清词编为《明词综》、《国朝词综》。早从沈德潜游，与王鸣盛、钱大昕等号“吴中七子”，在京与朱筠互主骚坛，有“南朱北王”之目。洪亮吉《北江诗话》评其诗“如盛服趋朝，自矜风度”。其古文则“闳博渊雅，醇谨深厚”(刘声木《桐城文学渊源考》)。著有《春融堂集》。生平事迹见《清史稿》卷三〇五、《清史列传》卷二六、阮元《刑部右侍郎王公昶神道碑》、秦瀛《刑部侍郎兰泉王公墓志铭》。

赵文哲(1725—1773) 清诗人。字升之、损之，一字璞庵、璞函。江苏上海(今上海市)人。乾隆二十七年(1762)，清高宗南巡，召试赐举人，授内阁中书，入直军机处，以事落职。阿桂总督云贵，以之掌书记。后随总督温福征大小金川，起为内阁中书，擢户部主事，死于战场。诗笔甚健，为“吴中七子”之一，吴嵩梁谓其诗“清而不佻，华而不缛，壮而不粗，哀而不激”(《石溪舫诗话》)，法式善尤赏其从征记山川风俗之作。著有《媕雅堂诗集》、《娵隅集》，合为《赵璞庵全集》。生平事迹见《清史稿》卷四八九、《清史列传》卷六五与七二、《国朝先正事略》卷四二、王昶《户部主事赵君墓志铭》。

蒋士铨(1725—1785) 清文学家。字定甫，又字心余、苕生，号清容，又号藏园，别署离垢居士。江西铅山人。乾隆十九年(1754)由举人官内阁中书，二十二年成进士，改庶吉士，授编修，记名以御史用。归主蕺山、崇文、安定三书院。少与汪轫、杨垕、赵由仪有“江西四才子”之目。高宗以与南昌彭元瑞并称为“江西两名士”。与袁枚、赵翼并称“三大家”。袁枚称其为奇才。诗沉雄坚实，王昶以为“论诗于当代，以君为首”。潘德舆为论诗绝句，贬斥袁、赵，而云“稍喜清容有诗骨，飘流不尽作风花”。梁启超《清代学术概论》则统斥三家为“臭腐不可向迩”。金天羽谓乾隆时诗极盛而将敝，先有胡天游与蒋出而矫之，指明其有起衰之功。蒋尤博通，诗以外，古文、填词、度曲，无所不工。徐珂《近词丛话》以其词与郑燮并举，谓近陈维崧。陈廷焯《白雨斋词话》则以为二家“金刚努目，正是力量歉处”。著有《忠雅堂集》、《铜弦词》、《藏园九种曲》。生平事迹见《清史稿》卷四八五、《清史列传》卷七二、《国朝先正事略》卷四二、王昶《翰林院编修蒋君士铨墓志铭》、陈述《蒋心余先生年谱》。

靳荣藩(1726—1784) 清诗歌笺注家、诗人。字价人，号绿溪，又号镇园。山西黎城人。乾隆十三年(1648)进士。改庶吉士，以父丧归。二十二年，选琼山知县，以母老改新蔡。历官龙门知县、蔚州知州、大名知府。以注吴伟业诗闻名，世称详核。《晚晴簃诗汇》谓“其所自作，亦与之(吴伟业)相近，但不逮其华赡耳”。又擅词。著有《绿溪全集》、《潞郡旧闻》，编注《吴诗集览》。生平事迹见《国朝耆献类征》卷二三六、朱珪《大名知府靳君荣藩墓志铭》。

祝喆 清诗人、画家。字明甫，号西涧。浙江秀水(今嘉兴)人，原籍海宁。祝维诰子。乾隆二十五年(1760)举人。工画梅，横斜偏仄，各极自然，与金农异曲同工。晚游沧州，主讲渤海书院。诗与钱世锡、王复迭相唱和，均为秀水诗派后起之秀。《晚晴簃诗汇》称其诗“镵刻幽秀，缒深凿险，无一习见语扰其笔端，尤工体物之作”，又谓“秀水诗派源出西江而变其面目，诸子皆能世其家业，固不独竹垞（朱彝尊）有西畯（朱昆田）”。著有《西涧诗钞》。生平事迹见《清史稿》卷四八五、《清画家诗史》丁上、冯金伯《墨香居画识》卷一〇。

曹锡黼（1727—1755）　清戏曲作家。字诞文，一作旦雯，号菽圃。江苏上海（今上海市）人。诸生。与兄蓉圃，并有才名。得官太常寺所牧，年二十九卒于官。藏书甚富，晨夕披览，博而能赅。善词曲，著有《四色石》杂剧，仿《四声猿》例，有《张雀网廷平感世》、《序兰亭内史临波》、《宴滕王子安检韵》、《寓同谷老杜兴歌》四折；又有《桃花吟》杂剧。另著有《碧鲜斋诗集》、《无町诗余》，已佚。生平事迹见《乾隆上海县志》卷一〇、《嘉庆上海县志》卷一四。

吴璜（1727—1773）　清诗人。字方甸，号鉴南。浙江山阴（今绍兴）人。乾隆二十五年（1760）进士。官至湖南澧州知州。用兵金川，入蜀治粮事，战殁。入祀昭忠祠。生平喜为诗，人称其有诗癖。早从舅氏商宝意学诗，颇为周长发、严遂成所重，又出王昶门下。好作苦吟，篇成数改窜，一字不安，至废寝食。一时名流多与酬唱。王昶《蒲褐山房诗话》称其诗“春容庄雅，而才气自不可遏”。著有《黄琢山房集》、《苏门纪游》。生平事迹见《国朝耆献类征》卷三五三、《湖海诗传》卷二二、蒋士铨《鉴南吴公传》、程晋芳《四死事传》。

阮葵生（1727—1789）　清文学家。字安甫，又字宝诚，号唐山，一作吾山。江苏山阳（今淮安）人。生之夕，父梦有客赠宝石，故小字宝石。幼慧，能诵诸经。随父入京师，与弟芝生有“淮南二阮”之目。乾隆十七年（1752）举人，历官内阁中书，刑部主事、员外郎、郎中，官至刑部右侍郎。有治狱才，为官廉洁，公事之余青袍布袜如诸生时，唯以读书自娱。好吟咏，在京师与钱大昕、程晋芳等设消寒、吟秋诗会。郭麐《灵芬馆诗话》引其诗，谓其“寄兴缠绵，吐辞秀曼，不愧风人”。晚年自订诗文为《七录斋集》，另著有笔记《茶余客话》，多记文坛掌故，论者以为不让王士禛《池北偶谈》。生平事迹见《国朝耆献类征》卷九六、阮元《刑部侍郎唐山阮公传》。

阮芝生　清诗人。字秀储，号谢阶，又号紫坪。江苏山阳（今淮安）人。阮葵生弟。乾隆二十二年（1757）进士，历官内阁中书、永定河同知。与兄葵生以诗文齐名一时，有“淮南二阮”之目。袁枚《随园诗话》亟称其题于谦墓五言排律。读书而外无它嗜好，唯遇名山大川，登临不倦。著有《听潮集》、《左传杜注拾遗》。生平事迹见《清诗纪事》乾隆朝卷。

赵翼（1727—1814）　清诗文家、史学家。字云崧，一字耘松，号瓯北。江苏阳湖（今常州）人。乾隆十九年（1754）举人，官内阁中书。二十年成进士，历官编修、镇安知府、广州知府、贵西兵备道。有经世之略，在官多建树。辞官后，主讲于安定书院，专心著述。五十二年，台湾林爽文起事，李侍尧赴福建治军，邀翼与俱。深于史学，诗与袁枚、蒋士铨称乾隆朝三大家。论诗主张推陈出新，反对摹拟。张维屏称其诗“七古才气奔腾，时见剽滑；五七律多工巧奇警之句，然力求工巧，可称能品，非诗家第一义也”（《国朝诗人征略》）。尚镕谓“云松如吴越锦机，力翻新样”，“五七言古意欲以议论之警辟，才力之新奇，独开生面，几于前无古人，然趁韵凑句，殊欠雅健”，又谓“云松宦游南北数千里之外，所表见固皆不虚，而极险之境地，极怪之人物，皆收入诗料，遂觉少陵、放翁之入蜀，昌黎、东坡之浮海，犹逊其所得所发之奇，可谓极诗中之伟观也”（《三家诗话》）。其论诗语，除《瓯北诗话》外，多见于本集若干论诗诗中。著《赵瓯北全集》凡七种，为《廿二史札记》、《陔余丛考》、《檐曝杂记》、《皇朝武功纪盛》、《瓯北诗钞》、《瓯北诗话》、《瓯北集》。生平事迹见《清史稿》卷四八五、《清史列传》卷七二、姚鼐《贵西兵备道赵先生翼家传》、清刊本《瓯北先生家传》、《瓯北全集》所附年谱。

芮熊占（？—1792）　清诗人。字飞庵，号蕉亭。顺天宝坻（今属天津）人。乾隆二十五年（1760）副贡。诗与刘端宸、刘端明齐名，有《宝坻三子诗》之刻。徐定邦谓其诗作“抒写性灵，发响天籁，出入于香山、放翁之间，而独得真趣”（《晚晴簃诗汇》引）。张维屏《国朝诗人征略》多录其佳句。身后遗稿散佚，嗣孙芮照检录所存之作，编为《蕉亭闲咏》。生平事迹见《晚晴簃诗汇》卷八九。

方芳佩（1728—？）　清女诗人。字芷斋，号怀蓼。浙江钱塘（今杭州）人。湖北巡抚汪新妻。早年师事杭世骏、翁照、厉鹗，后随夫宦胜地，与徐德音、钱孟钿、杭澄为诗友。相传有知人鉴，知其夫为大器，然须晚成，其父遂为之定亲。嘉庆十二年（1807），梁同书重宴鹿鸣，赋诗四首，和者百余人，芳佩时年八十，和诗三首，评者谓众皆不及。著有《在璞堂稿》。生平事迹见《清代闺阁诗人征略》卷五、《晚晴簃诗汇》卷一八五。

梦麟(1728—1758) 清诗人。西鲁特氏,字瑞占,又字文子,号谢山,又号喜堂、午塘、耦堂。蒙古正白旗人。乾隆十年(1745)进士,改庶吉士,授检讨。历官侍讲学士、祭酒、内阁学士,典江南乡试,提督江苏学政,门下士有钱大昕、严长明等。迁工部侍郎,调署兵部,兼镶白旗蒙古副都统。复调户部、工部侍郎,署掌院学士。其诗为沈德潜、朱庭珍、张维屏、林昌彝等所称赏。王昶称其"乐府力追汉魏,五言古诗则取盛唐,兼宗工部。七言古诗,于李杜韩苏无所不效,无所不工。风驰电掣,海立云垂","虽系才多,实由天纵"(《湖海诗传》)。著有《太谷山堂集》、《梦喜堂诗集》。生平事迹见《清史稿》卷三〇四、《国朝耆献类征》卷四三、《国朝先正事略》卷四三、《满洲名臣传》卷三七。

汤大奎(1728—1786) 清诗人。字曾辂,号纬堂。江苏武进人。乾隆二十八年(1763)进士,授福建凤山知县。任满俟代,适林爽文起事,城陷身死。少工诗,咏鸦有"飞近马头晴雪处,立残牛背夕阳时"之句,为人传诵。史承豫称其诗"以气格胜,取裁于唐宋之间。七言长句尤属擅场,驰骋笔力,有东坡、渊颖之风"(符葆森《国朝正雅集》引)。著有《纬堂诗略》、《炙研琐谭》。生平事迹见《清史稿》卷四八九、赵怀玉《福建凤山县知县世袭云骑尉汤君大奎墓表》。

钱大昕(1728—1804) 清学者、诗文家。字晓征,号辛楣,又号竹汀。江苏嘉定(今属上海)人。乾隆十九年(1754)进士,选庶吉士,授编修,擢右赞善、侍讲学士,官至少詹事,典山东、湖南、浙江、河南乡试,提督广东学政。四十年,丁艰归,不复出,历主钟山、娄东、紫阳三书院垂三十年。为清代著名朴学大师,于经史之学造诣极深。工诗文,少与王鸣盛等有"吴中七子"之目,"诗清而能醇,质而有法,古体文亦以震川为归"(王昶《湖海诗传》)。著述甚多,有《廿二史考异》、《元史艺文志》、《疑年录》、《十驾斋养新录》、《潜研堂集》等。今人辑有《嘉定钱大昕全集》。生平事迹见《清史列传》卷六八、《清史稿》卷四八一、《国朝汉学师承记》卷三、自编(钱庆曾补订)《竹汀居士年谱》。

苏去疾(1728—1805) 清诗文家。字献之,晚号园公。江苏常熟人。乾隆二十八年(1763)进士,改庶吉士,授刑部主事,出为贵州直隶州同知,以逸狱囚罢官。逾年起复,引疾归。主讲山西、河南诸书院,老而返里,家居三十年,以诗文自娱。亦工书法。王昶《湖海诗传》谓其"乐府最古质奇奥",某些诗句"又极清远萧淡"。著有《涉艺园集》。生平事迹见《湖海诗传》卷二八、姚鼐《苏献之墓志铭》。

鲍廷博(1728—1814) 清藏书家、诗人。字以文,号渌饮,别号通介叟、得闲居士、拨鹑居士。安徽歙县人,寄居浙江桐乡。诸生。嘉庆十八年(1813)钦赐举人。以孝闻,父嗜书,乃力购前代书以为欢,久之,得益多而精,遂为大藏书家,通版本目录校勘之学。乾隆三十八年(1773),《四库》馆开,进家藏善本六百余种,为天下献书之冠。四十一年,取善本校刻《知不足斋丛书》三十集二百二十种。性宽厚,笃风义,每赠书贫寒士。亦耽吟咏,尝作《夕阳》组诗,袁枚以为"清妙可喜","可称古有'鲍孤雁',今有'鲍夕阳'"(《随园诗话补遗》)。著有《花韵轩小稿》、《花韵轩咏物诗存》。生平事迹见《清史列传》卷七二、《国朝耆献类征》卷四四一、阮元《知不足斋鲍君传》。

董潮(1729—1764) 清诗人。字晓沧,号东亭,又号臞仙。江苏阳湖(今常州)人,移居浙江海盐。乾隆二十八年(1763)进士,选庶吉士。乞假归,主修《毗陵志》,书垂成卒。出赵翼之门,善诗词,工骈体文。其诗远绍温、李,近接渔洋,时人推为"嘉禾八子"之冠,袁枚亦以为"隔面"之知己。尝以赋《芙蓉庄红豆树歌》得名,称"红豆诗人"。词尤绮丽,丁绍仪评为"凄清遒逸,迥殊凡响"(《听秋声馆词话》)。著有《红豆诗人集》、《东皋杂钞》。生平事迹见《国朝耆献类征》卷一二九、《清画家诗史》丁上。

朱筠(1729—1781) 清学者、诗文家。字竹君,又字美叔,号笥河。直隶大兴(今属北京)人。乾隆十九年(1754)进士,改庶吉士,授编修。由赞善擢侍读学士,先后提督安徽、福建学政,历充福建乡试正考官、顺天乡试同考官以及多年会试同考官,一时名士,多出门下。博学多才,聚书至数万卷,尤好金石小学。曾奏请将《永乐大典》中罕见之书悉为抄录,并广求天下遗书。诗宗韩愈、李贺,出入唐宋,五言力追汉魏,造句古朴拗折,奇警不凡,《随园诗话》尝举其《登湖楼》诗称之。古文亦深厚奥博。著有《笥河集》。生平事迹见《清史稿》卷四八五、《清史列传》卷六八、朱珪《先叔兄朱公墓铭》、孙星衍《笥河先生行状》、姚名达《朱筠年谱》。

敦敏(1729—1796?) 清诗人。字子明,号懋斋。清宗室。敦诚兄。与弟同入右翼宗学。

曾任锦州税务官，后又任右翼宗学总管等职。与其弟敦诚同为著名小说家曹雪芹挚友，写有《赠曹雪芹》、《小诗代柬寄曹雪芹》、《访曹雪芹不值》、《题芹圃画石》等诗。《晚晴簃诗汇》称："乾、嘉之际，宗人能诗者樗仙、嵩山、臞仙三家鼎立，迭相酬唱，懋斋兄弟稍后起，取径晚唐，颇具逸趣。"著有《懋斋诗钞》。生平事迹见《晚晴簃诗汇》卷一〇。

吴省钦（1729—1803）　清诗文家。字充之，一字冲之，号白华。江苏南汇（今属上海）人。乾隆二十二年（1757）高宗南巡召试，赐举人，二十八年成进士。历官侍读，四川、湖北、顺天学政，光禄寺卿，工部侍郎，左都御史。嘉庆四年（1799）因事夺职。早在苏州紫阳书院从常熟王峻学。王昶称其诗"精心果力，不屑蹈袭前人"，"句必坚凝，意归清峻"，文"于唐似孙樵、刘蜕，于宋似穆修、柳开，亦戛戛然自异"（《湖海诗传》）。著有《白华前后稿》、《白华入蜀诗文钞》、《十国宫词》、《五代宫词》。生平事迹见《清史列传》卷二八、王昶《都察院吴君墓志铭》、吴敬枢《吴白华年谱》。

周春（1729—1815）　清诗人。字松霭，号芚兮，晚号黍谷居士。浙江海宁人。乾隆十九年（1754）进士，官岑溪知县。丁忧去官。归后潜心读书著述三十余年。深于诗学，所著《辽诗话》，得沈德潜赞赏，称其"事典而核，语赡而雅"（《辽诗话序》）。自为诗"不屑屑于规行矩步以为能，心精所至，真意自流"，兼"眉山之恣肆，渭南之盘郁"（潘衍桐《两浙輶轩续录》引徐叶昭语）。著有《松霭诗钞》、《十三经音略》、《海昌览胜》、《杜诗双声叠韵谱括略》、《耄余诗话》等。生平事迹见《清史稿》卷四八四、《清史列传》卷六八。

袁树（1730—？）　清诗人。字豆村，号香亭。浙江仁和（今杭州）人。袁枚从弟。乾隆二十八年（1763）进士，历官肇庆知府。诗学袁枚，格调清婉。袁枚《随园诗话》曰："香亭弟偶吟，往往如吾意所欲出，不愧吾家阿连也。"《随园诗话补遗》又称其香奁体艳诗可与王彦泓抗手。著有《红豆村人诗稿》。生平事迹见《晚晴簃诗汇》卷九一、冯金伯《墨香居画识》卷六、《清画家诗史》丁下。

李文藻（1730—1778）　清诗文家、学者。字素伯，一字茝畹，晚号南涧、贷园。山东益都（今青州）人。乾隆二十六年（1761）进士，选恩平知县，到任后，奉檄署新安县，又调潮阳县。擢桂林府同知，卒于官。为官多惠政。年十三，随父游曹家亭，仿《赤壁赋》作记一篇，见者以为神童。出钱大昕之门，致力经术，又治金石学。生平乐表人善，与周书仓访张尔岐、惠栋、江永等人之遗书汇刻为《贷园丛书》。称赏冯敏昌、胡亦常、张锦芳，作《岭南三子歌》。尤推重黎简。钱大昕序称其诗"读之似近而远，似质而雅，似浅而深"。著有《岭南诗集》、《南涧文集》、《诸城金石略》，又与胡德林同编《历城县志》，与宫懋让同编《诸城县志》。生平事迹见《清史列传》卷七二、《国朝汉学师承记》卷六、钱大昕《李南涧墓志铭》。

毕沅（1730—1797）　清诗文家、学者。字纕蘅，又字秋帆，号灵岩山人。江苏镇洋（今太仓）人。乾隆十八年（1753）举人，授内阁中书，充军机章京。二十五年进士第一，授修撰，再迁庶子。历官巩秦阶道、安肃道，陕西按察使、布政使、护理巡抚、巡抚，河南巡抚，湖广总督，卒赠太子太保。以文学起官，爱才下士，署中多四方文人学者。少从沈德潜游，以能诗闻。性好游山水，为诗益多且工。天性和易，《晚晴簃诗汇》谓其诗"春容大雅，亦肖其为人"。又精经史及金石、地理之学，著有《山海经校注》、《续资治通鉴》、《晋书地理志校注》、《关中金石记》、《中州金石记》、《山左金石记》等。诗文集编为《灵岩山人集》。生平事迹见《清史稿》卷三三二、《清史列传》卷三〇、钱大昕《太子太保兵部尚书毕公墓志铭》、史善良《弇山毕公年谱》。

吴兰庭（1730—1801）　清诗文家、学者。字胥石，又字虚若，号镇南，又号千一叟。浙江归安（今湖州）人。乾隆三十九年（1774）举人。长于史地之学，尤精五代史，为钱大昕、章学诚所推重。同邑丁杰深于经，兰庭熟于史，故一时有"丁经吴史"之称。少以文名吴越间，壮游燕赵之地。年六十余，流寓京师，与吴长元齐名，号称"二吴"。嘉庆元年（1796），赴千叟宴，获御赐，荣耀一时。王昶《湖海诗传》称其诗"多苍深清健之作"，"耐人讽咏"。著有《南雪草堂集》、《五代史记纂误补》、《五代史记考异》、《读通鉴笔记》。生平事迹见《清史列传》卷七二、《清史稿》卷四八五、《湖海诗传》卷三三。

王文治（1730—1802）　清书法家、诗文家。字禹卿，号梦楼。江苏丹徒人。乾隆二十五年（1760）进士，授编修，充顺天乡试及会试同考官，升侍读，出为临安知府，以事免归。曾主讲崇文书院。擅书法，为清代名家，曾随使节至琉球，当地人以其翰墨为宝。又通音律，精度曲。“其为文尚瑰丽，至老归于平淡”（《清史列传》），其诗洪亮吉称“如太常法曲，究系正声”（《北江诗话》），袁枚称“细筋入骨，高唱凌云”（钱泳《履园丛话》引）。著有《梦楼诗集》、《快雨堂题跋》。生平事迹见《清史稿》卷五〇三、《清史列传》卷七二、《国朝先正事略》卷四二、姚鼐《云南临安知府丹徒王君墓志铭》。

褚廷璋（？—1797） 清诗人。字左峨，号筠心。江苏长洲（今苏州）人。清高宗南巡，召试，授内阁中书。乾隆二十八年（1763）成进士，改庶吉士，授编修。典试江西、山西、福建，官至侍讲学士，以事降主事，乞归，主讲吴江震泽书院。少有“荀令”、“谢郎”之目。受学于沈德潜，又与曹仁虎、赵文哲等结社，以诗鸣。王昶《湖海诗传》称其诗“初学青丘，既学元、白，旨远词文，卓然大雅”。著有《筠心书屋诗钞》、《西域图志》、《西域同文志》。生平事迹见《清史列传》卷七二、《国朝耆献类征》卷一二九。

吴恒宣 清戏曲作家。字来旬，号郁州山人。江苏海州（今东海）人。早慧，精术数，喜谈兵，善歌，自称青藤后身，时人目为狂生。乾隆三十五年（1770），在淮安入漕督崔应阶幕。著有传奇《火牛阵》、《双仙记》（与崔应阶合作），另著有《郁州山人集》，编有《云台山志》。生平事迹见《嘉庆海州直隶州志》卷二五。

严长明（1731—1787） 清诗文家。字冬友，又字道甫，号东有。江苏江宁（今南京）人。早慧，为方苞等所识，在扬州安定书院从刘星炜学。乾隆二十七年（1762）以诸生献赋，特赐举人，授内阁中书，擢侍读，与修《一统志》。丁父忧去官，遂引疾不出。毕沅督抚陕西，延入幕中，主修《西安府志》、《汉中府志》，又主讲庐阳书院。著有《严冬友诗集》，编有《千首宋人绝句》。另有《汉金石例》等，不传。生平事迹见《清史列传》卷七二、《清史稿》卷四八五、《国朝先正事略》卷四二、钱大昕《内阁侍读严长明传》。

曹仁虎（1731—1787） 清诗人。字来殷，号习庵。江苏嘉定（今属上海）人。乾隆二十二年（1757）清高宗南巡，召试列一等，赐举人，授内阁中书。乾隆二十六年成进士，改庶吉士，授编修。历官右中允、侍读、侍讲学士。督学广东，遭母忧，以哀毁卒于奔丧途中。博学有文才，与钱大昕、王鸣盛并称“嘉定三才子”，深受沈德潜赏识。又以诗与王鸣盛、吴泰来、王昶、黄文莲、赵文哲、钱大昕称“吴中七子”。“其诗初宗四杰，七言长篇，风华缛丽，壮而浸淫于杜韩苏陆，下逮元好问、高启、何景明、陈子龙，及本朝王士禛、朱彝尊诸公，横空排奡，才力富有，七律尤高华工整”（王昶《湖海诗传》）。诗名远播海外，日本国相以重金购其诗集。著有《曹学士遗集》。生平事迹见《清史列传》卷七二、《清史稿》卷四八五、《国朝先正事略》卷四一。

顾光旭（1731—1797） 清诗人。字华阳，号晴沙，又号响泉。江苏无锡人。乾隆十七年（1752）进士，历官户部主事、员外郎，浙江道御史，工科给事中，宁夏、平凉知府，甘肃凉庄道，署四川按察使。所至有惠政，以循吏称。四十一年以病乞归，主里中东林书院。精书法，名与王文治、梁同书埒。喜为诗，《晚晴簃诗汇》称其所作“音节兴象，直逼唐人，以陇、蜀诸作为最胜”。著有《响泉集》、《清溪乐府》，编有《梁溪诗钞》。生平事迹见《清史稿》卷三三六、《清史列传》卷七五、王昶《甘肃凉庄道署四川按察使顾君光旭墓志铭》及其自编《响泉年谱》。

朱彭（1731—1803） 清诗人。字亦篯，号青湖。浙江钱塘（今杭州）人。岁贡生。嘉庆元年（1796）诏举孝廉方正，郡县以名闻，固辞不就。家素贫，著书不辍，阮元视学浙江，与谈名物掌故，亦有所得。工诗，杭州自厉鹗、杭世骏后，诗学不振者数十年，彭独倡唐音，一字不安，不惮百改，四方名士过杭州者，无不出其所作以就正。著有《抱山堂集》、《武林谈薮》、《南宋古迹考》、《吴越古迹考》、《南渡寓贤录》、《书画所见集》。生平事迹见《清史列传》卷七二、《国朝诗人征略》卷四二。

彭元瑞（1731—1803） 清大臣、诗文家。字掌仍，又字辑五，号云楣，又号潜源。江西南昌人。乾隆二十二年（1757）进士，选庶吉士，授编修，迁侍讲、少詹事，历官工部、户部、兵部、吏部侍郎，礼部、兵部、吏部尚书，加太子少保、协办大学士。嘉庆初加太子太保，命修《高宗实录》。卒谥文勤。以文学受知两朝，与纪昀同有才人之目，清高宗尝称为“异想逸材”。《晚晴簃诗汇》谓其“才思敏捷，久直南斋，应奉文字婉丽清新。高宗日必有诗，群臣赓和，多学其体，文勤往往泽以华藻”。著有《恩余堂经进稿》，编有《宋四六选》、《宋四六话》。生平事迹见《清史稿》卷三二〇、《清史列传》卷二六、《国朝先正事略》卷一七。

朱珪（1731—1806） 清大臣、诗文家。字石君，号南厓，晚号盘陀老人。直隶大兴(今属北京)人。朱筠弟。乾隆十三年(1748)进士，选庶吉士，授编修。累迁侍读学士，出为福建粮驿道、按察使，丁父忧归。服除，起补湖北按察使，调山西，迁布政使。历侍讲学士、礼部侍郎，安徽、广东巡抚，左都御史、兵部尚书、两广总督、户部尚书、协办大学士、翰林院掌院学士，官至体仁阁大学士。谥文正。《晚晴簃诗汇》谓其诗"探源汉魏，参以昌黎，博大雄深，直吐胸臆，承平台阁中，固当首屈一指也"。著有《知足斋集》。生平事迹见《清史稿》卷三四〇、《清史列传》卷二八、阮元《大兴朱文正公珪神道碑》、朱锡经《朱文正公年谱》。

汪辉祖(1731—1807)　清学者、文学家。幼名鳌，字焕曾，号龙庄，晚号归庐。浙江萧山人。乾隆三十三年(1768)举人，四十年成进士，官宁远知县，两署道州知州，兼摄新田县事，善治狱，有政声。归里后，闭户读书，其环碧山房积书至数万卷，手自校雠。工诗文，尤精史学。文朴实而有法度，诗则寄兴深远。著有《龙庄先生诗稿》、《龙庄四六稿》、《楚中杂咏》、《诊愁符词草》、《独吟草》、《元史本证》、《元史证误》、《二十四史同姓名录》、《二十四史希姓录》、《读史掌录》等。生平事迹见《清史稿》卷四七七、《清史列传》卷七五、洪亮吉《萧山汪君墓志铭》、陈让《汪辉祖年谱》。

余萧客(1732—1778)　清学者、诗人。字仲林，号古农。江苏长洲(今苏州)人。为惠栋弟子，清代朴学吴派重要成员，于经学、小学均有深入研究，著述为世所重。工诗，《晚晴簃诗汇》称其"诗格幽秀"。著有《古经解钩沉》、《文选纪闻》、《文选音义》、《选音楼诗拾》。生平事迹见《清史稿》卷四八一、《清史列传》卷六八、任兆麟《余君萧客墓志铭》。

鲁九皋(1732—1794)　清散文家。初名仕骥，字絜非，号山木。江西新城(今黎川)人。乾隆三十六年(1771)进士。居家养亲，十余年乃出仕。官夏县知县，有惠政，以积劳卒于官。尝至建宁谒朱仕琇，得古文之法。又与姚鼐善，得其指授。里居授学于子弟后进，其甥陈用光亦得其传。论者以为清中叶后桐城派古文，其源皆出于九皋。"其文以和平温厚为主，虽自惜篇幅而自成体格"，"淳古淡泊，不事雕饰，适尽其意之所欲言"，"诗虽非所留意，然亦质厚有味"(刘声木《桐城文学渊源考》)。著有《山木居士集》、《诗学源流考》、《制义准绳》。生平事迹见《清史稿》卷四八五、《清史列传》卷七二、《国朝耆献类征》卷二四一、《国朝先正事略》卷四二。

朱休度(1732—1812)　清诗人。字介裴，号梓庐。浙江秀水(今嘉兴)人。乾隆十八年(1753)举人，官嵊县训导。历新喻、广灵知县，引疾去，乡人思其惠政，立祠祀之。归后主讲剡川书院，选《史记》、《汉书》以来文章教士。博闻通识，无书不读，在嵊县时，尝采遗书四千余种，呈上《四库全书》馆。其诗《清史列传》谓为"深于南宋，排比声律最精"，《晚晴簃诗汇》则称"律以宋、金，不失为庐陵、滏水之遗"。著有《小木子诗三刻》、《紫荆花下闲钞游笔》、《学海观沤录》、《石药记》、《三天竺志》。生平事迹见《清史列传》卷七二、《清史稿》卷四七七、《国朝先正事略》卷五三。

姚鼐(1732—1815)　清诗文家。字姬传，一字梦谷，号惜抱。安徽桐城人。乾隆二十八年(1763)进士，选庶吉士，改礼部主事，擢员外郎，历充山东、湖南乡试副考官，分校会试，擢刑部郎中、《四库全书》纂修官，乞养归。主梅花、钟山、紫阳、敬敷诸书院讲席凡四十年。时学者多尚新奇，攻击宋儒，诋为空疏。鼐独反复辨论，以为义理、考据、词章三者不可缺一。著《九经说》以见义理考证之合，辑《古文辞类纂》以尽古今文体之变，选《五七言今体诗钞》以明振雅祛俗之旨。并倡阳刚阴柔之说。自为文高淡雅洁，得衣钵于其师刘大櫆，由方苞以上溯明代归有光，"和而不刻，精而不浮，其气敛而不放，其神静而不散，其尤盛者空明澄澈，含咀靡尽"(刘声木《桐城文学渊源考》)。方、刘、姚皆桐城人，故世称为"桐城派"。其诗承其伯父姚范及大櫆之说，兼采唐宋，而尤重视黄庭坚诗，自成一家，影响后来的宋诗派。张之洞、张裕钊、沈曾植、范当世俱加推崇。著有《惜抱轩集》。生平事迹见《清史稿》卷四八五、《清史列传》卷七二、姚莹《姚先生鼐家状》、郑福照《姚惜抱先生年谱》。

钱世锡(1733—1795)　清诗人。字慈伯，号百泉。浙江秀水(今嘉兴)人。钱载子。乾隆四十三年(1778)进士，改庶吉士，授编修。初入翰林，钱载与英廉充教习，英廉语世锡："子入翰林，而上即命其父为之师，可谓至恩。"一时称盛事。诗与祝维诰子祝喆、王又曾子王复唱和。《晚晴簃诗汇》称其诗"瘦硬通神，谨守家法"，又谓"其论祝西涧(喆)诗，谓幽静娟秀，深微隽妙，能得古人神韵风味于语句之外。盖其得力所在，见相似者，而为之倾倒也"。著有《麂山老屋诗集》。生平事迹见《国朝诗人征略》卷四五、《晚晴簃诗汇》卷一〇一。

罗聘(1733—1799) 清画家、诗人。字遁夫,号两峰,又号蓼洲渔夫、却尘居士、金牛山人、衣云和尚。安徽歙县人,侨居江苏扬州。布衣。为金农高足弟子。擅画人物、佛像、花果、梅竹、山水,笔致古逸,自成风格,为"扬州八怪"之一。尤工画鬼,数作《鬼趣图》以刺世,极为名流所称赏。人遂谓其生有异禀,能目见鬼物。三上京师,虽名动公卿,终无所遇,居久,贫至典衣。耽禅悦,梦中入佛寺曰花之寺,仿佛前身所在,遂自号花之寺僧。老益贫,犹跌宕诗酒。曾燠为两淮盐运使,捐资助其归扬州,未几卒。亦工诗,《晚晴簃诗汇》称其"诗境清饞斐亹,非寻常画师题咏可比"。著有《香叶草堂诗存》、《白下集》。生平事迹见《清史稿》卷五〇四、《国朝先正事略》卷四四、吴锡麒《罗两峰墓志铭》、陈金陵《罗两峰年表》。

桂馥(1733—1802) 清学者、文学家。字冬卉,号未谷。山东曲阜人。乾隆五十五年(1790)进士,选永平知县,卒于官。少承家学,又先后交翁方纲、周永年,互相切磋经术。于许慎《说文解字》,尤为精通。为清代治《说文》四大家之一。孔宪彝称其"涵茹古今,羽翼经传。其论经史诸作,皆有阐明,《诗疏》、《尔雅》、《广韵》诸篇,驳正尤见精核。《惜才》一论,则自道学力,诱掖后进。传志诸作,则气体古茂,克见典则,非浸淫于三代两汉未易臻此也"(《晚学集后序》)。诗为余事,马履泰称"类皆骨干坚凝,风格遒上,在同时流辈中,正复未遑多让"(《晚晴簃诗汇》引)。亦擅戏曲创作。著有《晚学集》、《未谷诗集》、《后四声猿》杂剧及《说文解字义证》、《札朴》等。生平事迹见《清史稿》卷四八一、《清史列传》卷六九、《国朝先正事略》卷三六、蒋祥墀《桂君馥传》。

吴骞(1733—1813) 清藏书家、诗文家。字槎客,号兔床山人。浙江海宁人。诸生。少从陈鳣讲训诂之学,长而笃嗜典籍,遇善本书辄倾囊购置,校勘精审,筑拜经楼藏之。兼好金石,又工画。"所为诗文,词旨浑厚,气韵萧远,晚益深造,不屑为流俗之作"(潘衍桐《两浙輶轩续录》)。著有《拜经楼诗集》(附《万花渔唱》)、《愚谷文存》、《拜经楼诗话》,另有题跋等收入《拜经楼丛书》。生平事迹见《清史列传》卷七二、《国朝耆献类征》卷四二七。

翁方纲(1733—1818) 清诗文家、学者。字正三,号覃溪。顺天大兴(今属北京)人。乾隆十七年(1752)进士,选庶吉士,授编修,擢国子监司业,迁内阁学士,历广东、江西、山东学政,典江西、湖北、顺天乡试。治经,尚考订训诂,衷于义理。曾为《经义考补》。精金石之学,著《两汉金石记》。于文,能贯串其学。诗则提倡"肌理说",以学问考据为诗,所作有以文为诗之病,当时袁枚即讥其"误把抄书当作诗"(《论诗绝句》)。然"其深厚之作,魄力既充,韵味亦隽,非尽以斗靡夸多为能事"(《晚晴簃诗汇》)。著有《复初斋文集》、《复初斋诗集》、《石洲诗话》、《苏诗补注》等。生平事迹见《清史列传》卷六八、《国朝耆献类征》卷九一、《国朝先正事略》卷四二、自编《翁氏家事略记》。

李旦华 清诗文家。字宪吉,号厚斋。浙江嘉兴人。李集子。少慧好学,通经史,擅诗文,才名藉甚。乾隆二十二年(1757)、二十七年,清高宗南巡,召试并列高等。以拔贡入京师,贵人争欲罗致门下。性刚直,不肯屈己逢迎。年未三十卒。吴文溥《南野堂笔记》谓其"为诗博综宏丽。出都以后作多凄惋愁叹之辞,境使然欤"。著有《青莲馆集》、《十六国世系表》,又撰《周易象义》,未成。生平事迹见《湖海诗传》卷三五、《两浙輶轩录》卷三四。

罗有高(1734—1779) 清学者、诗文家。字台山,号尊闻居士,又号吉云山人。江西瑞金人。乾隆三十年(1765)举人。年三十一曾得狂疾,自焚得救不死,入山易僧服,既而渡钱塘、扬子江,过甬东,多托迹佛寺中。中举后,与座师之子彭绍升友善,相与论学。临殁,尽焚其所著书。生平儒佛兼用,于释教服膺磬山语录,理学宗程颐、陆九渊,经学主孔颖达、贾逵。章学诚《庚辛之间亡友列传》称其文清朴健举,《晚晴簃诗汇》谓其"存诗虽不多,导源汉魏,根本性情,其意味甚深厚"。著有《尊闻居士集》、《罗台山文钞》,后者辑入《汪罗彭薛四家合钞》。生平事迹见《清史列传》卷七二、王昶《罗君有高墓志铭》、恽敬《罗台山外传》。

敦诚(1734—1791) 清诗人。字敬亭,号松堂。清宗室。敦敏弟。乾隆二十二年(1757)监山海关税务,后罢官。又曾任宗人府笔帖式、太庙献爵等小官。性嗜酒,别构小舍悬帘户外,题曰"葛巾居",常与客共饮其中。与著名小说家曹雪芹交情甚厚,互有酬唱,写有《寄怀曹雪芹霑》、《赠曹雪芹》、《挽曹雪芹》等诗。其诗七言歌行颇有气势,笔致豪宕洒脱,写景之诗则风格淡雅清丽。著有《四松堂集》。生平事迹见《晚晴簃诗汇》卷一〇。

陆锡熊（1734—1792）　清学者、诗文家。一名锡荣，字健男，号耳山，又号篁邨、淞南老人。江苏上海（今上海市）人。乾隆二十六年（1761）进士，归班候铨。次年春，清高宗南巡，献赋行在，召试一等，赐内阁中书，充方略馆撰修官。奉敕编撰《通鉴纲目辑览》称旨，遂入直军机处。历官宗人府主事，刑部员外郎、郎中，侍读，右庶子，侍读学士，光禄寺、大理寺卿，福建学政，左副都御史。与纪昀同为《四库全书》总纂官。晚年潜心于经济之学。亦擅诗文，雷国辑《龙山诗话》称其“诗雅炼俊洁，足为浮廓针砭”。著有《宝奎堂文集》、《篁邨诗集》，编有《三元诗》、《娄县志》，与纪昀总纂《历代职官表》。生平事迹见《清史稿》卷三二六、《清史列传》卷二五、《国朝先正事略》卷四二、王昶《左副都御史陆公锡熊墓志铭》。

李调元（1734—1802）　清文学家。字雨村，又字羹堂，号童山，又号卍斋、蠢翁、醒园、赞庵、鹤洲、蔗尾、墨庄、卧雪山人。四川绵州（今绵阳）人。乾隆二十八年（1763）进士，改庶吉士，授吏部主事。迁考功司员外郎。提督广东学政。擢通永兵备道。以事罢官，遣戍伊犁，以母老赎归。遂不复出，以著述自娱。肆力于学，凡经史百家稗官野乘，无不博览，诗文词曲兼工。与从弟鼎元、骥元有“绵州三李”之目，于同时诗人，推重袁枚、赵翼、纪昀。尝作《南宋宫词》百首，论者比之王建、厉鹗。朝鲜诗人徐浩修亦极服其诗。孙桐生《国朝全蜀诗钞》谓其“诗文敏捷，天才横溢，不假修饰”。而朱庭珍《筱园诗话》则云调元“专拾袁枚余唾以为能，并附和云松（赵翼），其俗鄙尤甚”。著有《童山集》、《蠢翁词》、《雨村四话》，编有《粤风》、《蜀雅》、《全五代诗》，辑蜀人罕见秘籍三百余种汇刊为《函海》。生平事迹见《清史列传》卷七二、《国朝先正事略》卷四四、杨懋修《李雨村先生年谱》。

方正澍（1734—1805）　清诗人。一名正添，字子云。安徽歙县人。监生。寓居金陵，学诗于何士客。闭门冥思苦索以觅佳句，与袁枚激扬风雅，争长诗坛，袁枚作《论诗绝句》，以之与何士客、陈毅并称为金陵诗人。毕沅选《吴会英才集》，以其为第一，谓其“忘情仕进，乐志衡门，今之贾阆仙、罗昭谏也。工于体物，一联一语，唐人得之，皆可名世”，推许不免过当。《晚晴簃诗汇》称其诗“托思清新，选辞丽密，尤工近体，高者不减杜樊川、刘文房”，论较持平。著有《伴香阁诗集》。生平事迹见《清史列传》卷七二、《国朝诗人征略》卷三三。

杨垕（1735—1766）　清诗人。字子载，号耻夫。江西南昌人。乾隆十八年（1753）拔贡生。世以武功显，而父子兄弟以诗文相师友数世。早慧，六岁解吟咏，九岁以诗名。与汪轫相伯仲，时称“两才子”。又与蒋士铨相交如兄弟。卒后蒋士铨有诗哀之云：“新诗自陶炼，收束笔逾陡。”符葆森称其“七古纵横跌宕，七律音节苍凉”（《寄心庵诗话》）。新乐府诸作尤佳。著有《耻夫诗钞》。生平事迹见《清史列传》卷七二、《清史稿》卷四八五、《国朝耆献类征》卷四三五、《国朝先正事略》卷四二。

钱塘（1735—1790）　清学者、诗人。字学渊，又字禹美，号溉亭。江苏嘉定（今属上海）人。钱大昕族子。乾隆四十五年（1780）进士，改教职，选江宁府学教授。与大昕共学，又与大昕弟大昭及弟坫相切磋，为考证之学，于音律、文字、推步，尤有神解。早岁工诗，名列“练川十二子”中，《晚晴簃诗汇》称其所为诗“吐属名隽，亦不减潜研堂（大昕）风格”。著有《鹤原诗草》、《述古编》、《律吕古义》、《史记三书释疑》、《伴官雅乐释律》、《说文声系》、《淮南天文训补注》。生平事迹见《清史稿》卷四八一、《清史列传》卷六八、《国朝先正事略》卷三四、钱大昕《钱教授塘别传》。

永忠（1735—1792后）　清诗人。字良辅，号渠仙，又号臞仙、玉海生、琨林子、栟榈道人、九华道人。清宗室。勤郡王允禵孙。封辅国将军。常不衫不履，散步街市，遇奇书秘籍，必购之，虽典衣绝食不顾。《晚晴簃诗汇》称其“诗体秀逸，书法遒劲，颇有晋人风味”。著有《延芬室集》。生平事迹见《清史稿》卷四八四、《晚晴簃诗汇》卷一〇、《清画家诗史》丁上。

沈初（1735—1799）　清大臣、文学家。字景初，号萃岩，又号云椒。浙江平湖人。幼颖异，钱陈群称为异才。乾隆二十七年（1762）清高宗南巡，召试赐举人，授内阁中书。次年成进士，授编修，历官侍讲，右庶子，侍讲学士，侍读学士，少詹事，詹事，礼部、兵部、吏部侍郎，左都御史，军机大臣，兵部、吏部、户部尚书。嘉庆元年与会千叟宴。谥文恪。平生立朝不立异，不苟同，论者以为难能。“诗以清隽胜，汪容甫作序，为品目曰：‘深微远适’”（《晚晴簃诗汇》）。夙工骈文，兼擅古文，遂以文学受知两朝。著有《兰韵堂集》、《西清笔记》等。生平事迹见《清史稿》卷三五一、《清史列传》卷二八、《国朝耆献类征》卷九七。

金榜(1735—1801) 清学者、诗文家。字蕊中,又字辅之,号檠斋。安徽歙县人。乾隆三十七年(1772)一甲一名进士,授修撰。充山西副考官。以父丧归,遂不出。邃于经学,尤深三《礼》。与戴震同为江永弟子,所为《礼笺》一书,得朱珪赏识。尝从刘大櫆学诗古文辞,颇显才华。著有《周易考占》、《礼笺》、《海曲方域小志》等。生平事迹见《清史稿》卷四八一、《清史列传》卷六八、《国朝汉学师承记》卷五、吴定《翰林院修撰金先生榜墓志铭》。

段玉裁(1735—1815) 清学者、散文家。字若膺,号懋堂。江苏金坛人。乾隆二十五年(1760)举人。少补诸生,学使尹会一授以小学,遂究心文字、训诂、音韵。至京师,见戴震而好其学,因师事之。以教习得官玉屏知县,旋调署富顺、南溪县事,又办理化林坪站务。公余辄挑灯著述不辍。后引疾归,居苏州枫桥。通经学,尤长于研治《说文解字》,积数十年心力著《说文解字注》,世称精详,与桂馥、王筠、孙诒让号清代《说文》四大家。另著有《经韵楼集》、《六书音韵表》、《古文尚书撰异》、《毛诗小学》等。生平事迹见《清史稿》卷四八一、《清史列传》卷六八、《国朝先正事略》卷三五、刘盼遂《段玉裁先生年谱》。

方薰(1736—1799) 清画家、诗人。字兰坻,号樗庵。浙江石门(今桐乡)人。布衣。幼随父游吴越间,多见书画珍品,又广交艺坛耆宿,遂兼有众长,山水花卉,皆能擅胜。亦工诗,《晚晴簃诗汇》称其诗"清而腴,阮文达公谓有大历十子遗意"。著有《山静居论画》、《山静居稿》。生平事迹见《清史稿》卷五〇四、《国朝耆献类征》卷四三六、《清画家诗史》丁下。

沈叔埏(1736—1803) 清学者、文学家。字剑舟,又字埴为,号双湖。浙江秀水(今嘉兴)人。乾隆三十年(1765)清高宗南巡,召试一等,赐举人,授内阁中书。五十二年成进士,授吏部主事。到部未十日,以母老乞归养。筑室锦带、宝带两湖间,学者称双湖先生。主魏塘讲习尤久,多所成就。著有《颐采堂集》。生平事迹见《清史列传》卷七二、阮元《吏部稽勋司主事沈君墓志铭》。

钱孟钿(1736—1806) 清女诗人。字冠之,号浣青。江苏武进人。钱维城女,崔龙见妻。幼以孝闻。从母金氏受诗,遂谙吟咏。年十九就婚京师,事姑甚谨。为诗宗唐贤,以浣花、青莲为归,故自号浣青。洪亮吉《北江诗话》称其诗"如沙弥升座,灵警异常"。亦擅词。著有《浣青诗草》、《浣青诗余》及《鸣秋合籁集》。生平事迹见《清代闺阁诗人征略》卷五。

野蚕 清诗僧。字梦绿,号老野,俗姓宋,名启祥。安徽合肥人。乾隆间诸生,中岁学佛,祝发开封相国寺。貌寝,眇一目。衲衣敝垢,不喜与贵人游。精篆隶,善画山水竹石,有奇趣。尤工诗,《晚晴簃诗汇》评为"清隽超逸,不作凡俗语",杨钟羲《雪桥诗话续集》则谓其"原本少陵,沉雄激壮,嵺峭魁梧,每以自喜"。著有《梦绿诗钞》。生平事迹见《晚晴簃诗汇》卷一九八、法式善《梧门诗话》、李子渊《合肥诗话》。

王汝璧(?—1806) 清诗人。字镇之。四川铜梁人。钱陈群婿。乾隆三十一年(1766)进士,授吏部主事。累迁郎中。出为直隶顺德知府,调保定,以事降同知,署直隶宣化府同知。累擢大名道。历山东按察使、江苏布政使、安徽巡抚,召授内阁学士、礼部侍郎,复授安徽巡抚,再召为兵部侍郎,调刑部,以病请归。弱冠所为诗,每一篇出,辄为钱陈群激赏,时有"快婿清才"之目。少受沈德潜、钱陈群诗教,通籍后,与程晋芳、钱沣联会赋诗,时称作手。《晚晴簃诗汇》称"其诗专学昌黎,戛戛独造,力洗凡庸,但喜押险韵,时有附会"。著有《铜梁山人诗集》。生平事迹见《清史稿》卷三〇八、《国朝先正事略》卷九九。

黄文旸(1736—?) 清学者、诗人。字时若,又字秋平。江苏甘泉(今江都)人。贡生。工诗古文词,通声律之学。乾隆间两淮盐政设词曲局,被聘为总裁,奉旨修改苏州织造府进呈之古今词曲,因得尽阅所有杂剧传奇,辑成《曲海》,收录一千零十三种,为研究中国古代剧曲重要资料。中年奔走齐、鲁、吴、越间,馆衍圣公家,又从阮元于杭州。返里后,盐运使曾燠招入题襟馆中,与时流相倡和。诗清越高洁,称其为人。著有《扫垢山房诗钞》、《通史发凡》、《隐怪丛书》、《古泉考》、《葫芦谱》。生平事迹见《清史列传》卷七二。

王庆澜(1737—?) 清词人、散曲家。字安之。河南夷门(今开封)人。屡试不第,一生游幕在外。其散曲今存小令七首,套数四十四首,在清散曲家中创作数量较多。著有《巢睫词》、《枕霞词》、《镜虚词》、《菱花集杂曲》等。生平事迹见《全清散曲》作者小传。

孙志祖(1737—1801)　清学者、诗人。字诒穀,一字颐谷,号约斋。浙江仁和(今杭州)人。乾隆三十一年(1766)进士,官刑部主事、郎中,擢江南道监察御史。晚年掌教紫阳书院。学宗毛奇龄,尝与厉鹗等相质疑。著有《申郑轩遗文》、《颐谷吟稿》以及《文选李注补正》、《文选考异》、《孔子家语疏证》、《读书脞录》等,辑有《风俗通佚文》、《重订谢承后汉书补逸》。生平事迹见《清史稿》卷四八一、《清史列传》卷六八、阮元《孙颐谷侍御史传》、孙星衍《故江南道监察御史孙君志祖传》。

周书　清戏曲作家。字天一,号澹圃。江苏宝山(今属上海)人。乾隆间诸生。大学士尹继善门下士。生性旷达,同邑凌存淳出为粤东地方官,遭巡抚诬陷,书为白其冤。或劝之仕,不从。工戏曲,著有《鱼水缘》传奇,平步青称其"曲文流逸可玩"(《小栖霞说稗》)。亦能诗,尝作《采砚歌》以讽粤东开砚山事。另主纂《恩平县志》。生平事迹见《光绪宝山县志》卷一〇。

徐映玉(1738—1762)　清女诗人。字若冰,号香溪。浙江钱塘(今杭州)人。苏州诸生孔毓艮妻。夫妇侨居杭州甚久,后迁吴,卜居香溪上。平生信佛,好梅花,多愁善感,尝问业于华亭沈大成。其《送云亭弟之秦中》、《送春》、《七夕》诸诗为后人所称。著有《南楼吟稿》。生平事迹见《国朝闺秀正始集》卷九、《清代闺阁诗人征略》卷四、沈大成《徐媛传》。

王复(1738—1788)　清诗人。字敦初,号秋塍。浙江秀水人。王又曾子。又曾殁,复年仅十四,贫困日甚,走扬州,依府学教授金棕亭,棕亭奇其才,数为称誉。援例为国子监生,考授主簿,改捐府知事,为毕沅所知,奏请留陕西试用,又随其至河南任所,署濬县丞及鄢陵、临漳、武陟诸县事,官至偃师知县。《晚晴簃诗汇》谓"穀原之有秋塍,犹萚石(钱载)之有百泉(钱世锡)、宣臣(祝维诰)之有明甫(祝喆),各以诗承其家,三人集中唱和甚多,秋塍以清丽绵邈擅胜,至其钩心斗角,辞必己出,则三人者家法相同也"。著有《树萱堂集》、《晚晴轩集》。生平事迹见《清史稿》卷四八五、《国朝耆献类征》卷二四五、武亿《偃师县知县王君复行实辑略》。

任大椿(1738—1789)　清学者、诗文家。字幼植,又字子田。江苏兴化人。乾隆三十四年(1769)进士,授礼部仪制司主事,荐《四库》纂修官,历官员外郎、郎中,迁陕西道监察御史,未莅任而病卒。久官京师,不近权贵,唯闭门读书。长于辞赋。少年治《文选》,学诗文,所拟古乐府,幽深崛奇,极为钱陈群所赏。既而覃精经术,尤熟于《尔雅》、《说文》、《广韵》诸书。《晚晴簃诗汇》评其诗"英光沉思,远追鲍谢,近攀韦柳"。著有《子田诗集》、《吴越备史注》、《小学钩沉》。生平事迹见《清史列传》卷六八、章学诚《任君大椿别传》、施朝幹《任幼植墓表》。

李怀民(1738—1795)　清诗人、画家。名宪噩,以字行,号石桐,又号十桐、敬仲。山东高密人。乾隆间诸生。早孤。擅画,精山水。与弟宪暠、宪乔俱以诗名,有"三李"之目。尝与宪乔作《重订中晚唐诗人主客图》,搜集唐元和以后诸家五律,辨其体格,奉张籍、贾岛为主,朱庆馀、李洞以下为客。张维屏谓其"于渔洋、秋谷之后,而能自辟町畦,独标宗旨","其五言朴而腴,淡而永,苦思而不见痕迹,用力而归于自然"(《国朝诗人征略》)。《晚晴簃诗汇》则云:"其诗体格谨严,词旨清朗,时时有独到语,不堕当时风气,遂谓与渔洋、秋谷鼎立,则推崇过当矣。"高密及邻县数百里间,言诗者俱以怀民为宗,谓之"高密派"。著有《石桐诗钞》、《十桐草堂集》。生平事迹见《清史列传》卷七二、《国朝耆献类征》卷四三六、《清画家诗史》丁下。

管世铭(1738—1798)　清诗文家。字缄若,号韫山。江苏武进人。乾隆三十九年(1774)举人。四十三年成进士,授户部主事。充军机章京,累迁郎中,擢御史。为官以直谏名,尝欲具疏论劾时相和珅,未成而卒。以制举文得名,亦工诗。所作"诗如其人,朗健深厚,有上下古今之识。大都出入于杜、韩、苏三家,而不名一体"(钱维乔《韫山堂诗集序》)。洪亮吉称其诗"如朝正岳渎,卤簿森严"(《北江诗话》)。编有《读雪山房唐诗选》、《宋人七言绝句诗选》,著有《韫山堂集》、《读雪山房杂著》、《诗说》。生平事迹见《清史稿》卷三五六、《清史列传》卷七二、陆继辂《掌广西道监察御史管世铭墓表》。

章学诚(1738—1802)　清学者、散文家。原名文敩,字实斋,号少岩。浙江会稽(今绍兴)人。乾隆四十三年(1778)进士,官国子监典籍。后入湖广总督毕沅幕中,主讲定武、莲池、文正等书院。性好读史籍,不甘为章句之学,郑虎文称其有良史才。游朱筠之门,纵览其藏书,日与名流讨论,学益进。又与戴震、汪中等客冯廷丞署,而论学互不相下。惟与邵晋涵、王念孙数人相契，尤深诋袁枚。常就南北各地方志馆之聘，主修和州、永清、亳州、天门等志，论者谓非兼才学识之长者不能为。尝仿朱彝尊《经籍考》之例，编撰《史籍考》，未成书而卒。所著《文史通义》，今人以之与唐刘知幾《史通》并称，为史学理论名著，倡"六经皆史"、"道不离器"之说，责乾嘉经学家专事考据而不能贯通。论诗文则反对拟古，注重内容，对风靡一时之桐城派有所批判，亦对性灵派流于浮滑空疏有所不满。另著有《校雠通义》、《实斋文集》、《乙卯札记》、《丙辰札记》、《知非日记》等，后人合辑为《章氏遗书》。生平事迹见《清史稿》卷四八五、《清史列传》卷七二、沈元泰《章学诚传》、谭献《国子监典籍会稽实斋章公传》、胡適《章实斋先生年谱》。

高鹗(约1738—约1815)　清文学家。字兰墅，又字云士，号红楼外史。汉军镶黄旗人，祖籍铁岭(今属辽宁)。乾隆五十三年(1788)举人，六十年成进士，官内阁中书、侍读。嘉庆六年(1801)充顺天乡试同考官。后历官江南道监察御史、刑科给事中。居官清廉，著述多未能刊行。少喜冶游，中年曾设馆授徒。通晓经史，工时文，好金石书画，亦擅长诗词、小说。其诗取法盛唐，多为近体，词风近于花间派，善作小令。一般认为他是《红楼梦》后四十回续作者，也有谓系其与程伟元合著者。此续本虽思想性、艺术性均远不如曹雪芹所著前八十回，但按原著隐伏线索，大致能使全书悲剧结构得以完成，故事情节亦联贯完整，比较注意前后照应，尽量保持风格统一，故二百年来，一直为读者所喜爱。著有《兰墅文存》、《兰墅十艺》、《砚香词簏存草》，合为《高兰墅集》，另有《月小山房遗稿》存世。生平事迹见《清史稿》卷四八五、周汝昌《红楼梦新证》。

任兆麟　清学者、诗文家。初名廷麟，字文田，号心斋。江苏震泽(今吴江)籍，兴化人。任大椿族弟。太学生。嘉庆元年(1796)举孝廉方正，以侍养归。幼承家学，博闻敦行，复从褚寅亮、彭绍升游，自经传子史、音韵古籀，及诗古文词，皆探研有得，心契其妙，为同时名流王鸣盛、段玉裁、钱大昕所重。与族兄大椿、振基有"三任"之目。为人寡嗜欲，唯好诗及养生家言。卒年八十二。江藩谓其"诗格在右丞、苏州间"，"盖得于王者十之三，得于韦者十之七也"(《晚晴簃诗汇》引)。著有《林屋诗稿》、《心斋文稿》、《毛诗通说》、《春秋本义》，编有《吴中女士诗钞》。生平事迹见《清史列传》卷六八。

李宪暠(1739—1781)　清诗人。字叔白，号莲塘。山东高密人。李怀民弟，李宪乔兄。诸生。乾隆四十五年(1780)，宪乔以例授广西岑溪知县，宪暠佐其治，越岁遘疾卒。工诗，学孟郊、贾岛，与兄怀民、弟宪乔称"三李"，开创高密诗派。在兄弟中去世较早，诗作不多，"均以冷隽见胜"，"气韵泠然"(袁行云《清人诗集叙录》)。著有《定性斋集》(一名《叔白诗钞》)、《莲塘遗集》。生平事迹见《清人诗集叙录》卷三九、《晚晴簃诗汇》卷三九。

孔继涵(1739—1783)　清学者、诗人。字体生，又字誧孟，号荭谷。山东曲阜人。乾隆三十六年(1771)进士，官户部主事，充《日下旧闻》纂修官，以养母乞归。治学广博，喜刻书抄书。与戴震为莫逆交，所编刻《微波榭丛书》即包括《戴氏遗书》，所刻《孟子注》、《春秋金钥匙》、《春秋长历》皆精雅为世所称。少工诗词，才思驰骋，琢句古朴而酣畅，词作亦多清俊流利。著有《红榈书屋集》、《红榈书屋词》、《春秋氏族谱》、《左国蒙求》、《水经释地》、《国语解订讹》、《释数同度记》等。生平事迹见《清史列传》卷六八、翁方纲《户部河南司主事孔君墓志铭》。

钱维乔(1739—1806)　清文学家。小字阿逾，字树参，又字季木，号曙川，又号竹初、半园，别署林楼居士。江苏武进人。钱维城弟。出身世家，而无纨绔气。乾隆二十七年(1762)举人。曾官鄞县知县，有政声，旋辞归，寄情诗画间。工诗，袁枚《随园诗话》多录其所作。赵怀玉序其诗集，以为出入杜甫、苏轼。精音律，作《碧落缘》、《鹦鹉媒》、《乞食图》传奇，论者谓清丽尚过于蒋士铨九种曲。著有《竹初诗文钞》、《乐府》。生平事迹见《道光武进阳湖县志》卷二二、《光绪遂昌县志》卷六、《清画家诗史》丁下。

戴璐(1739—1806)　清诗文家。字敏夫，号菔塘，又号吟梅居士。浙江归安(今湖州)人。乾隆二十五年(1760)举人，二十八年进士。历官工部主事、郎中，湖广道御史，给事中，鸿胪、光禄、太常三寺少卿，太仆寺卿。博闻强识，能承其家学。居京四十年，贤士大夫多与相交。所作诗"风华典丽"(《湖州府志》)，袁树以为"音节近唐人"(袁枚《随园诗话》)。著有《秋树山房集》、《藤阴杂记》及《吴兴诗话》。生平事迹见姚鼐《太仆寺卿戴公墓志铭》、《两浙輶轩续录》。

钱沣(1740—1795)　清诗人。字东注，又字约甫，号南园，又号介石生。云南昆明人。乾隆三十六年(1771)进士,改庶吉士,授检讨,考选江南道御史。直言敢谏,不为权相和珅所挠,颇得清高宗嘉许。历官太常寺少卿、通政司副使、湖南学政。后值军机处,以积劳成疾卒。善书画。谭献《复堂日记》称其诗"朴厚纯实,足接杜、韩,于退之尤深也"。著有《钱南园遗集》。生平事迹见《清史稿》卷三二二、《清史列传》卷七二、袁文揆《侍御钱先生沣别传》。

彭绍升(1740—1796)　清学者、文学家。字允初,号尺木,又号知归子、二林居士。江苏长洲(今苏州)人。彭启丰子。乾隆二十六年(1761)进士,选知县,不就。家学渊源,研理学,亦治经史。中岁耽禅悦,皈心佛门,与汪缙、罗有高、薛起凤游,称同志。"古文宗法归有光,言有物而文有则,熟于本朝掌故,论学之文精心密意,纪律森严,谈禅之作亦择言尔雅,不涉禅门语录恶习;诗亦有格调,选词练句,工力甚深"(刘声木《桐城文学渊源考》)。著有《二林居集》、《一行居集》、《观河集》、《测海集》。生平事迹见《清史稿》卷四八〇、《清史列传》卷七二、《国朝先正事略》卷三〇。

冯应榴(1740—1800)　清诗人、诗歌笺注家。字诒曾,号星实,又号踵息居士。浙江桐乡人。冯浩子。乾隆二十六年(1761)进士。三十年清高宗南巡,召试授内阁中书。历官宗人府主事、四川学政、吏部郎中、山东道御史、通政使司参议、鸿胪寺卿、江西布政使。以事罢职,复起官至鸿胪寺卿,乞归养亲。夙承家学,肆力于诗,援征群书,考稽辨订,撰成《苏文忠诗合注》。钱大昕谓苏轼诗旧注中,王注长于征引故实,施注长于臧否人伦,查注详于考证地理,惟应榴实兼三家之长。另著有《学语稿》。生平事迹见《清史列传》卷七一、《国朝耆献类征》卷九六、秦瀛《鸿胪寺卿星实冯君墓表》。

鲍之钟(1740—1802)　清诗人。字论山,一字礼凫,号雅堂。江苏丹徒人。鲍皋子。清高宗南巡,献诗赋,召试授内阁中书。乾隆三十八年(1773)成进士,典试贵州、广东,由宗人府主事,积升户部郎中。居官以风骨闻,为和珅所抑,浮沉郎署。少负隽才,以《初月赋》为刘墉所知。诗有家法,在京师时,与洪亮吉、吴锡麒、赵怀玉唱酬最密,法式善称为"诗龛四友"。袁枚《随园诗话》评其"诗有父风,而清逸处,往往突过前人"。著有《论山诗稿》、《山海经韵语》。生平事迹见《清史列传》卷七一、《国朝耆献类征》卷一四六。

庄德芬　清女诗人。字端人。江苏吴县人。武进董僎妻。中岁丧夫,抚孤以成。其子董思駉后中乾隆五十四年(1789)进士,官至浔州知府。管世铭序其诗称其"于感逝受遗,衔辛茹蘖,触绪纷来,而音节苍凉,词意凄恻,古人何以过?尤可异者,惨沮之中,绝无衰飒气";洪亮吉谓其诗及杂著,"上者无愧魏、晋间人,次者亦不作寻常闺阁语"(《晚晴簃诗汇》引)。著有《晚翠轩遗稿》。生平事迹见《晚晴簃诗汇》卷一八四、《清代闺阁诗人征略》卷五。

疏枝春　清诗人。字玉照,号晴墅。安徽桐城人。乾隆间诸生。为同里刘大櫆门人,后复师事姚鼐。"姚鼐诗以淡雅为宗,枝春诗则倜傥俊拔,不名一体,是善学其师者","清微幽窈,足以名家"(刘声木《桐城文学渊源考》)。著有《三十六峰草堂诗钞》。生平事迹见《晚晴簃诗汇》卷九七、《桐城文学渊源考》卷四。

李含章　清女诗文家。字兰贞。云南晋宁人。归安叶佩荪(1731—1784)继妻。诰赠一品太夫人。幼随父宦游四方。适叶佩荪后,夫唱妇随,诗名益著。袁枚摘其所作入《随园诗话》,与诸名媛同称。袁文典、袁文揆《滇南诗略》引钱塘汪庚语评其诗云:"体备而工,兼有诸闺秀之长,""闻袁简斋曾称为当代闺秀之冠,不虚也。"著有《繁香诗草》。生平事迹见《晚晴簃诗汇》卷一八五、《清代闺阁诗人征略》卷四。

李斗(?—1817)　清文学家。字北有,又字艾塘,号葵园,又号画舫中人、斗山老人。江苏仪征人。诸生。博学擅诗文,兼通算学、音律。好游览,尝三至粤西,七游闽浙,一往豫楚,两上京师。与袁枚、阮元、焦循、汪中、凌廷堪、黄景仁等相往还。自乾隆二十九年(1764)至六十年,记扬州风土人情,著成《扬州画舫录》,阮元作序,比之余怀《板桥杂记》,王昶评曰:"山水园林,胜流佳话,多见其中。虽雅郑杂陈,而风流旖旎,使读者如在绿杨城郭、二分明月间然。"(《湖海诗传》)又著有《永报堂诗》、《防风馆诗》、《艾堂乐府》、《艾塘曲录》、传奇《奇酸记》、《岁星记》。生平事迹见《江苏诗征》卷九五、《道光重修仪征县志》卷三七、《同治续纂扬州府志》卷一三。

汪柱　清戏曲作家。字石坡,一字铁林,号洞圆山客。江苏淮安人,寄籍长洲(今吴县)。居于无锡。诸生。年十五,即工诗。亦善戏曲,好作骈体文字。著有《铁林存稿》,传奇《梦里缘》、《诗扇记》,杂剧《妻梅子鹤》、《破牢愁》、《赏心幽品》及《砥石斋散曲》等。生平事迹见《中国古典戏曲序跋汇编》卷一四。

沈起凤(1741—1794后) 清戏曲作家。字桐威,号蕢渔,又号红心词客。江苏吴县人。乾隆三十三年(1768)举人,官祁门、全椒训导。屡试不第,以吟咏自遣,曾与吴翌凤等结水村诗社,以度曲擅名吴下,所著不下三四十种,风行于大江南北。吴梅以为其笔法几可凌驾于李渔、蒋士铨之上。兼作小说。诗词亦清新隽永,不落前人窠臼。著有传奇《才人福》、《报恩缘》、《伏虎韬》、《文星榜》,合称《沈蕢渔四种曲》,另《黄金屋》、《桐桂缘》、《泥金带》、《千金笑》,已佚。又著有《吹雪词》、《红心词》、《人鹄》、《十三经管见》等。所作小说《谐铎》,亦负盛名。生平事迹见《光绪吴江县续志》卷一四、《国朝词综》卷四二、《国朝正雅集》。

吴文溥(1741—?) 清诗文家。字博如,号澹川。浙江嘉兴人。乾隆二十三年(1758)贡生。平生好游历,尝西入关中,南游台海。有韬略,佐湖北巡抚幕,论两湖戎事,了如指掌。阮元督学浙江,见其诗,定为浙中之冠,招入幕中,使校订《两浙辅轩录》。一日元出其祖征苗刀示之,文溥走笔作歌,倾动一席。兼擅古文骈文,宗法六朝、唐宋。《晚晴簃诗汇》称其诗有"雄骏之气,而醞酿深醇,非同浮响"。著有《南野堂全集》,内有诗集、笔记、《师贞备览》等数种。生平事迹见《清史列传》卷七二、《清史稿》卷四八五、陈文述《吴澹川传》。

彭绩(1742—1785) 清诗文家。字其凝,号秋士。江苏长洲(今苏州)人。布衣。绝意科举,品性孤高,耿介绝俗。家贫,卖屋葬亲,家具荡然。独携先世遗书两簏,转徙无常居,终以穷困客死他乡。与彭绍升等以文学相切磋。诗学孟郊,《晚晴簃诗汇》称其所作"客情孤冷,取径镵刻"。古文尤有名,陆继辂编《七家文钞》,以之与刘大櫆、张惠言、恽敬、方苞、姚鼐、朱仕琇并论。"其为文纪述简质,法度甚正,气味甚雅,惟篇幅太隘"(刘声木《桐城文学渊源考》)。著有《秋士遗集》。生平事迹见《清史稿》卷四八六、《国朝耆献类征》卷四三八、彭绍升《彭秋士先生墓志铭》。

王友亮(1742—1797) 清诗人。字景南,号东田,又号葑亭。安徽婺源(今属江西)人。乾隆四十一年(1776)举人,官内阁中书、军机章京,五十六年成进士,历官刑部主事、员外郎,监察御史,礼科、兵科给事中,通政司参议,太仆寺少卿,通政司副使。以诗名海内者三十年,诗格与袁枚相近。法式善《梧门诗话》称其"古体诗多自出机杼之作","能以清思写其远韵"。著有《双佩斋集》。生平事迹见《清史列传》卷七二、《国朝耆献类征》卷一〇四。

祝德麟(1742—1797) 清诗人。字止堂,号芷塘。浙江海宁人。乾隆二十八年(1763)进士,改庶吉士,授编修,历官御史。以言事不合归里,授徒自给。其科举房师为赵翼,故其"诗以性灵为主,亦能驱遣故实,高者可拟其乡初白翁(查慎行)"(《晚晴簃诗汇》)。得袁枚、王文治等称扬。著有《悦亲楼诗集》、《离骚草木疏辨证》。生平事迹见《国朝耆献类征》卷一三七、《国朝诗人征略》卷四〇。

吴翌凤(1742—1819) 清文学家。字伊仲,号枚庵,又号漫士、眉庵,初名凤鸣。江苏长洲(今苏州)人。诸生。少寓陶氏东斋,读书垂二十年,中岁游楚南,遍历匡庐、岳麓、洞庭诸胜。嘉庆二年(1797)应湖南巡抚之聘,任教南台书院,垂老始归,卜居城南,题其室曰"归云舫",著述终老。以笺注吴伟业诗闻名。工诗,长于五言。亦有词名,谭献曾有"高朗"之评(《箧中集》),为浙派后期名家。著有《吴梅村诗集笺注》、《与稽斋丛稿》,编有《国朝文征》、《怀旧集》。生平事迹见《清史列传》卷七三、《清画家诗史》戊下、石韫玉《吴枚庵先生墓志铭》。

戚学标(1742—1825) 清学者、诗人。字翰芳,号鹤泉,又号南墅居士。浙江太平(今温岭)人。幼有异禀,为齐召南高足。清高宗南巡,献《南巡颂》。乾隆四十六年(1781)成进士,历官涉县、林县知县,以忤上官罢。后改宁波府学教授,未几归。一意著书,精于考证,诗宗老杜。著有《汉学谐声》、《毛诗正读》及《鹤泉文钞》、《景文堂诗集》、《鹤泉集杜诗》、《集李诗》、《三台诗话》、《风雅遗闻》,编有《三台诗录》、《词录》。生平事迹见《清史稿》卷四八一、《清史列传》卷六八、缪荃孙《戚学标传》。

永瑢(1743—1790) 清诗人、画家。号惺斋,又号九思主人。清宗室。清高宗第六子,出为慎郡王允禧后。乾隆二十四年(1759)封贝勒,三十七年进封质郡王,五十四年再进亲王。谥曰庄。工书画,善诗。著有《九思堂诗钞》。生平事迹见《清史稿》卷二二〇、《清画家诗史》丁上。

邵晋涵(1743—1796) 清学者、诗文家。字二云,又字与桐,号南江。浙江余姚人。乾隆三十六年(1771)进士，选庶吉士，授编修，入《四库全书》馆任编校。充江西乡试正考官，迁左中允，擢侍讲学士，充文渊阁直阁事、日讲起居注。长于经史小学，与名学者钱大昕等交流，于修史、训诂、辑佚等方面均有成就。其诗非专长，然"多古意，蕴蓄既深，发声自远"(《晚晴簃诗汇》)。著述繁富，有《尔雅正义》、《旧五代史笺注》、《南江诗文钞》、《南江札记》等。生平事迹见《清史稿》卷四八一、《清史列传》卷六八、《国朝先正事略》卷三五、章学诚《邵与桐别传》、黄云眉《邵二云先生年谱》。

吴蔚光(1743—1803)　清诗人。字哲甫，号竹桥，别号湖田外史。江苏昭文(今常熟)人。乾隆四十五年(1780)进士，选庶吉士，授礼部主事，旋引疾归，乡居终老。爱才好士，喜提携后进。洪亮吉谓其诗"如百草作花，艳夺桃李"(《北江诗话》)。著有《素修堂诗集》、《古金石斋前后集》、《杜诗义法》、《唐律六长》、《苏陆诗评》、《诗余辨讹》、《姜张词得》、《方言考据》。生平事迹见《国朝诗人征略》卷四七、法式善《礼部主事吴君墓表》。

弘旿(？—1811)　清诗人。字仲升，号瑶华道人。清宗室。清圣祖孙，诚恪亲王允祕子。乾隆二十八年(1763)，封二等镇国将军。晋贝子，缘事革退。嘉庆时封奉恩将军。工诗，袁枚见其作，称之有"唐人高调"(《随园诗话》)，《晚晴簃诗汇》评为："乌衣风度，闲雅雍容，固亦宗潢之隽也。"亦精绘事，师董邦达，山水花木兼长。著有《瑶华道人诗钞》、《醉墨轩存稿》。生平事迹见《清史稿》卷二二〇、《清画家诗史》丁上。

秦瀛(1743—1821)　清诗文家。字凌沧，号小岘，又号遂庵。江苏无锡人。乾隆三十九年(1774)举人，后二年召试，授内阁中书，充军机章京，历官温陵道，江西、湖南、广东按察使，浙江布政使，光禄、太常寺卿，顺天知府，左副都御史，兵部、刑部侍郎，以病归。工诗古文辞，"渊懿纯雅，不染尘氛"(侯学愈《续梁溪诗钞》)。洪亮吉称其诗"如久旱名山，尚流空翠"(《北江诗话》)。著有《小岘山人集》，编有《乙未词科录》、《金匮县志》。生平事迹见《清史稿》卷三五四、《清史列传》卷三二、《国朝先正事略》卷四三、陈用光《刑部右侍郎秦公遂庵墓志铭》。

汪中(1744—1794)　清学者、诗文家。字容甫。江苏江都人。乾隆四十二年(1777)贡生，以母老不赴朝考，遂绝仕进。幼孤家贫，力不能外学，母授以《四书》。及长，依书商为佣，得博览典籍，遂为通人。年三十客游于外，冯廷丞、沈业富、朱筠皆招至幕中，礼为上客，王昶、钱大昕、卢文弨等并为延誉。又往依湖广总督毕沅。后以往校文渊阁《四库全书》，病卒于西湖僧舍。性耿直，愤世嫉俗，人目为狂。博通经术，尤精研诸子，为乾嘉朴学名儒，才学识三者皆有以过人。以骈文驰名，王念孙称其所作"合汉魏晋宋作者而铸成一家之言，渊雅醇茂，无意摩放而神与之合，盖宋以后无此作手矣"(《述学序》)。其《哀盐船文》，杭世骏序以为"采遗制于《大招》，激哀音于变徵，可谓惊心动魄，一字千金"。另《自序》、《广陵对》、《汉上琴台之铭》、《黄鹤楼铭》、《经旧苑吊马守真文》、《吊黄祖文》、《狐父之盗颂》亦为名篇。其诗虽非专门，亦自成家，洪亮吉评为"如病马振鬣，时鸣不平"(《北江诗话》)。著有《述学》、《容甫先生遗诗》、《广陵通典》、《春秋后传》。生平事迹见《清史稿》卷四八一、《清史列传》卷六八、《国朝汉学师承记》卷七、孙星衍《汪中传》。

屠绅(1744—1801)　清诗人、小说家。字贤书，号笏岩，又号桑蠋生、磊砢山人、竹笏山石道人。江苏江阴人。乾隆二十八年(1763)进士。历官师宗知县、寻甸知府、广州通判。幼孤而资质聪敏。生平豪放嫉俗，负不可一世之概。与洪亮吉、赵怀玉、黄景仁交往唱和，过从甚密。洪亮吉称其诗"如栽盆红药，蓄沼文鱼"(《北江诗话》。《晚晴簃诗汇》称其小说"诙诡好奇，可见其为人"。著有《笏岩诗稿》、长篇文言小说《蟫史》、笔记小说《六合内外琐言》、《鹗亭诗话》。生平事迹见《晚晴簃诗汇》卷九二、沈燮元《屠绅年谱》。

吴定(1744—1809)　清诗文家。字殿麟，号淡泉。安徽歙县人。诸生。嘉庆元年(1796)举孝廉方正，赐六品服。师事刘大櫆，得力甚深。与姚鼐相友善，时有切磋，鼐引为畏友。论诗文最严于法，宗《史记》，旁及先秦诸子。暮年归歙，锐意研求义理。尤精于《易》，致力四十年，贯穿理数。诗亦成家。《晚晴簃诗汇》称"其诗古淡纯朴，见高世之志"。著有《紫石泉山房诗文集》、《周易集注》。生平事迹见《清史稿》卷四八五、《清史列传》卷七一、《国朝耆献类征》卷四一二。

杨于果(1744—1811)　清散文家。字硕亭，晚号审岩。甘肃秦安人。乾隆四十年(1775)进士，官湖北长阳及汉川、枝江、枣阳、南漳、谷城知县，擢荆州通判，告归卒。少师事胡钺，在楚与彭淑、邢澍、恽敬相友善。读书甚博，自经史外，亦研习阴阳术数之学。工诗古文辞，年十四即以《白鹤词》享名。论文尤推重《史记》，史传称其“所为文不矜奇奥，清气往来，肖其为人”。著有《审岩集》、《史汉笺论》、《群经析疑》、《廿一史史概》等。生平事迹见《清史列传》卷七二、《国朝耆献类征》卷二五六、陈预《杨先生于果墓志铭》。

吴俊(1744—1815) 清诗人。字奕千，一字昙绣，号云绣居士，又号竹圃、蠡涛。江苏吴县人。乾隆三十七年(1772)进士。官至山东布政使。所至有捕盗功。早与弟少甫称诗京洛，又与冯培、李棨过从甚密，诗场酒座无不同之。王昶《湖海诗传》评其诗“取径幽深，精心独造，非但不拾人间余唾，亦不必尽合古人矩矱也。从军以后，崎岖烽火，所见益奇，笔足以发难显之情”。著有《荣性堂集》、《庄子解》。生平事迹见《湖海诗传》卷三三、《国朝诗人征略》卷四三、《江苏诗征》卷一五、顾建勋《吴昙绣先生年谱》。

李宪乔(1745—1796) 清诗人。字子乔，又字义堂，号少鹤。山东高密人。乾隆三十年(1765)拔贡，四十一年召试举人，官岑溪知县、归顺知府，卒于官。早孤，学诗于长兄怀民。与怀民及二兄宪暠同以诗名，时有“三李”之目。与怀民作《重订中晚唐诗主客图》，元和后五律，奉张籍、贾岛为主，朱庆馀、李洞以下为客。性狷介，不肯随俗俯仰。与李秉礼以风节相砥砺，并授秉礼诗法。袁枚游广西，见其诗，叹为今之苏轼，与之唱酬。张鹏展《国朝山左诗续钞》引单铝语评其诗云：“规模较阔，出入唐宋诸大家，能运以己意，虽巉削不伤真气。他文亦简劲有法度。”著有《少鹤内集》、《鹤再南飞集》、《龙城集》、《宾山续集》、《拗法谱》附《通转韵考》，编有《六家诗选》(陶、王、孟、韦、储、柳)。生平事迹见《清史列传》卷七二、《国朝诗人征略》卷四四。

邵飒 清诗人。字无恙，号梦余。浙江山阴(今绍兴)人。乾隆三十五年(1770)举人，历官金匮、桃源、阜宁知县，以事落职归。擅诗而珍惜己作，不轻示人，故虽功力颇深，而其名不彰。门人有陈文述等。法式善称其诗“善写性灵，才笔清艳”(《梧门诗话》)，钱泳亦谓其“秀骨天成，非时辈所能跂及”(《履园谭诗》)，阮元以为山阴诗人商盘后“仅见此君”(《定香亭笔谈》)。著有《梦余诗钞》。生平事迹见《晚晴簃诗汇》卷九四、李慈铭《越缦堂诗话》、陈文述《梦余诗钞序》。

武亿(1745—1799) 清学者、诗文家。字虚谷，号授堂。河南偃师人。乾隆四十五年(1780)进士，五十六年，授博山知县，居官有政绩，创范泉书院。在任仅七月，大学士和珅所属番役扰州县，亿按法杖击之，为巡抚吉庆劾罢。嘉庆四年(1799)清仁宗谕举德才兼备者赴部候旨召用，亿在所选中，未及授官，病卒。其学深粹，既罢官，贫不能归，以经史小学及古文授徒，主讲清源书院。朱珪颇称赏之。诗为其余事，“亦笃雅不作当时体”(《晚晴簃诗汇》)。著有《授堂诗文钞》、《群经义证》、《经读考异》、《金石三跋》、《金石文字续跋》、《偃师金石记》、《安阳金石录》、《三礼义证》、《授堂札记》。生平事迹见《清史稿》卷四八一、《清史列传》卷六八、法式善《武虚谷传》、孙星衍《武亿传》。

洪亮吉(1745—1809) 清文学家、学者。初名礼吉，字君直，一字稚存，号北江。江苏阳湖(今常州)人。乾隆五十五年(1790)进士，授编修。分校顺天乡试，督贵州学政。嘉庆初，上书军机大臣言事，指斥时政，戍伊犁。不久赦还，自号更生居士。其经学成果，有《春秋左传诂》、《春秋十论》；史学成果，有《四史发覆》、《补三国疆域志》、《十六国疆域志》；地理学成果，有《乾隆府厅州县志》、《登封县志》等。诗少与黄景仁齐名，号“洪黄”，又与孙星衍齐名，号“洪孙”，又与张问陶齐名，号“洪张”，以才力纵横胜。舒位《乾嘉诗坛点将录》以花和尚一员当之。王昶谓其“呕心镂肾，总不欲袭前人牙慧”(《湖海诗传》)。而陈廷焯贬其多魔道，朱庭珍谓其染张问陶叫嚣粗率恶习，李慈铭惜其未除伧父气。亦能词，偶有雄奇之作，陈廷焯以为“稍胜于诗，然亦不成气候”(《白雨斋词话》)。独骈文最工，与汪中并有“八代高文”之誉。又与胡天游、袁枚并称“三大家”。吴鼒列之于《八家四六文钞》中。著有《洪北江全集》，其中诗词文有《卷葹阁集》、《更生斋集》、《附鲒轩诗》，亦合称《洪北江诗文集》，论诗著作有《北江诗话》。生平事迹见《清史稿》卷三五六、《清史列传》卷六九、赵怀玉《洪君亮吉墓志铭》、吕培《洪北江先生年谱》。

孔广林(1745—1813后) 清戏曲作家。字丛伯，号幼髯。山东曲阜人。乾隆间贡生。署太常寺博士。年二十六，即绝意科第仕进。博雅好古，为学尊东汉郑玄，好治《周礼》、《仪礼》，著有《周礼臆测》、《仪礼臆测》、《吉凶服名用篇》等。阮元尝谓海内治经之人，多不及其专勤。工诗文，积稿三千六百余篇，自以为不足传，悉焚之，仅编《幼髯韵语录存》、《延恩集》二小集，寥寥一二卷而已。精音律，著有传奇《东城老父斗鸡忏》、杂剧《璿玑锦》、《女专诸》、《松年长生引》，与散曲三百余篇一并收入《温经楼游戏翰墨》。生平事迹见《民国续修曲阜县志》卷五。

梁玉绳（1745—1819）　清学者、诗文家。字曜北，号谏庵，又号清白士。浙江钱塘（今杭州）人。梁同书嗣子。增贡生。年未四十，即弃举子业，潜心著述。与弟履绳以学问相勉励切磋，时有“二难”之目。又与钱大昕、孙志祖、卢文弨等游，每书成，辄与诸人商榷，极受推崇。学问广博，尤精史部，深造有得。亦工诗文。《晚晴簃诗汇》称其“诗虽不多，而清迥苍坚，不作当时体，亦足称其所学”。著有《史记志疑》、《清白士集》，编有《庭立记闻》，嫁名于其四子学昌等所分辑。生平事迹见《清史稿》卷四八一、《清史列传》卷六八。

赵希璜（1746—？）　清诗人。字渭川。广东长宁（今新丰）人。乾隆四十四年（1779）举人。官安阳知县。少读书于罗浮山，尝受知于学使李调元。好学深思，与武亿同修《安阳县志》，考据经史，旁求金石，体例多合古法，深得纪昀推重，所附《金石录》，尤为精确。工诗，同时黄景仁、张问陶、冯敏昌、洪亮吉、吴锡麒皆称道之。所为诗“嘘吸云烟，变换肌骨”，“绝无尘土气”（凌扬藻《国朝岭海诗钞》）。著有《四百三十二峰草堂诗钞》、《研栰斋文集》、《淇泉摹古录》。生平事迹见《清史稿》卷四八五、《清史列传》卷七二、《国朝先正事略》卷四四。

傅玉书（1746—？）　清诗文家。字素余，号竹庄。贵州瓮安人。乾隆三十年（1765）举人。官安福知县。曾先后主讲星山、正习书院。弱冠入学，肆力读书，研习理学。因失意科举，遂以著述为业。钱载称其文“纵横博辨，波澜酣恣”，“摹事状物，或谲诡峭折，或从容愉怡，不主故常，惟变所适”，诗“于古幽艳奇杰、沉郁冲淡之胜，殆欲兼体”（《竹庄诗文集序》）。著有《竹庄诗文集》、《鸳鸯镜》传奇，另著有《读书拾遗》、《桑梓述闻》。生平事迹见莫庭芝、黎汝谦《黔诗纪略后编》卷一一及《同治安福县志》卷七。

宋大樽（1746—1804）　清诗人。字左彝，号茗香。浙江仁和（今杭州）人。乾隆三十九年（1774）举人，官国子监助教，以母老引疾归。居乡里，凶年施粥，严冬施衣，又倡义学，制水器御灾。善鼓琴，尤工诗。《晚晴簃诗汇》称其“诗宗太白，其真朴处又雅近王、孟”。五律尤佳，郭麐以为“沈著高超，各极其胜，精炼古澹，自足名家”（《灵芬馆诗话》）。著有《学古集》、《牧牛村舍外集》、《茗香诗论》。生平事迹见《清史稿》卷四八五、《清史列传》卷七二、朱骏声《宋茗香遗事》。

吴锡麒（1746—1818）　清诗文家。字圣征，号穀人。浙江钱塘（今杭州）人。乾隆四十年（1775）进士，授编修，历官赞善、侍讲、侍读、祭酒，乞养亲归里。曾主讲扬州安定、乐仪书院。诗词骈文并工。诗与严遂成、厉鹗、袁枚、钱载、王又曾合称“浙西六家”，为浙派之后劲。张维屏《国朝诗人征略》谓其“诗熔汉魏六朝唐宋为一炉，而得力于宋人者为多”。词亦为浙派，谭献《箧中词》谓其“诗规渔洋，词学樊榭，可云正宗，而笔脆才弱，成就甚小”。骈文学唐人，吴鼒曾以其与邵齐焘、洪亮吉、刘星炜、袁枚、孙星衍、孔广森、曾燠并列为“八家四六”。陈廷焯《白雨斋词话》谓其“古诗骈文，皆未臻高境”，“唯词则清和雅正，秀色有余，出古诗骈文上”。著有《有正味斋集》。生平事迹见《清史稿》卷四八五、《清史列传》卷七二、《国朝耆献类征》卷一三二、《国朝先正事略》卷四二。

黎简（1747—1799）　清诗人、书画家。字简民，一字未裁，号二樵。广东顺德人。出生于侨居南宁之米商家庭，稍长，历游广东、广西、云南、贵州、湖南、湖北，壮岁回乡，时为山水近游。乾隆五十四年（1789）始举拔贡。与张锦芳、黄丹书、吕坚有“岭南四子”之称。工诗书画，时称“三绝”。又擅治印。诗名最著，与宋湘同为乾、嘉时代广东杰出诗人。洪亮吉《北江诗话》评简诗“如怒猊饮涧，激电搜林”。张维屏《国朝诗人征略》谓“其诗由山谷入杜，而取炼于大谢，取劲于昌黎，取幽于长吉，取艳于玉溪，取瘦于东野，取僻于阆仙，锤焉凿焉，雕焉琢焉，于是成其为二樵之诗”。李慈铭《越缦堂日记》谓“其诗幽折瘦秀，迥不犹人。二樵以绘事名，诗中皆画境也”。集中多写景诗，亦多反映民生疾苦之作，并有论诗之诗。自称最服膺浙中钱载，而载同乡钱仪吉又转而深服简，简诗又影响浙东姚燮。简于钱载外，推重黄景仁，轻视袁枚，枚至广东欲访之，被拒绝。著有《五百四峰堂诗钞》、《茶烟阁词钞》、《芙蓉亭乐府》等。后人辑有《诗钞续集》、《集外诗》、《题画诗》等。今人马以君合《诗钞》及各辑本，增以其他佚作，重编为《黎二樵诗集》。生平事迹见《清史稿》卷四八五、《清史列传》卷七二、《国朝先正事略》卷四四、苏文擢《黎简先生年谱》。

杨伦(1747—1803) 清诗人、诗歌笺注家。字敦五，一字西禾。江苏阳湖(今常州)人。乾隆四十六年(1781)进士，历官新都、贵溪、苍梧、荔浦等县知县。晚主讲江汉书院、白鹿书院。博极群书，早传声誉。注释杜甫诗集，成《杜诗镜铨》，世称精核，王昶谓其能照见古人心髓。其诗得力于杜甫，与孙星衍、洪亮吉、徐书受等号"毗陵七子"，论诗咏史，皆所擅能。洪亮吉《北江诗话》谓其诗如"临摹画幅，稍觉失真"。著有《九柏山房集》。生平事迹见《清史稿》卷四八五、《清史列传》卷七二、《清人诗集叙录》卷四二。

冯敏昌(1747—1806) 清诗人。字伯求，号鱼山。广东钦州(今属广西)人。乾隆四十三年(1778)进士，改庶吉士，授编修，充会试同考官，补刑部主事。先后主讲端溪、越华、粤秀三书院。初学诗于翁方纲，为其高弟，又以诗谒钱载，极受推重。其诗"由昌黎、山谷，上追李、杜，贯穿百家，自成蹊径，尝遍游五岳，周历边塞，广搜金石，故其诗瑰奇怪特，盘郁崒嵂，岿然为岭南大宗"(《晚晴簃诗汇》)。与张锦芳、胡亦常号"岭南三子"，而后二人诗名远逊。著有《小罗浮草堂集》、《河阳金石记》，编有《孟县志》。生平事迹见《清史稿》卷四八五、《清史列传》卷七二、《国朝先正事略》卷四四、谢兰生《冯鱼山先生传》。

杨复吉(1747—1820) 清散文家。字列欧，一字列侯，号梦兰。江苏吴江人。乾隆三十七年(1772)进士。早从王鸣盛游。家富藏书，读书甚博。文行为时所重。著有《乡学楼学古文》、《梦兰琐笔》、《辽史拾遗补》，编有《史余备考》、《元文选》、《昭代丛书五编题跋》、《昭代丛书续集》、《虞初余志》、《元稗类钞》等。生平事迹见张士元《杨列欧传》。

赵怀玉(1747—1823) 清诗文家。字亿孙，号味辛，又号牧庵。江苏武进人。乾隆三十年(1765)清高宗南巡时，献赋行在。四十五年复南巡，召试赐举人，授内阁中书。出为青州海防同知，署登州、兖州知府。以父丧归，遂不复出。历主通州、石港、关中、爱山书院讲席。袁枚称其"能为八家之文"(《随园诗话》。诗与同里孙星衍、洪亮吉齐名，亮吉谓之"如鲍家骢马，骨瘦步工"(《北江诗话》)。著有《亦有生斋集》。生平事迹见《清史稿》卷四八五、《清史列传》卷七二、陆继辂《山东青州同知赵君怀玉墓志铭》及其自编《牧庵居士自叙年谱略》。

许鸿磐(1747—约1826) 清文学家。字渐逵，号云峤，又号雪帆、六观楼主人。山东济宁人。乾隆四十六年(1781)进士。历官安徽同知、泗州知州。少负才名。博涉群籍，尤致力于舆地之学。凌廷堪以为"海内舆地之学，以鸿磐为第一专家"。诗文外，兼擅戏曲创作。著有《六观楼文》、《六观楼诗存》、《颖尾集》、《雪帆杂著》、《六观楼北曲六种》，地理著作有《方舆考证》、《泗州考古录》、《尚书札记》、《河源述》、《金川考略》。生平事迹见《清史列传》卷七二、《道光济宁直隶州志》卷八、《国朝汉学师承记》卷六、《国朝先正事略》卷三五。

刘大绅(1747—1828) 清诗文家。字寄庵，号潭西。云南晋宁人。乾隆三十七年(1772)进士。官新城、曹县知县。引疾归。病愈，补文登知县，未赴，奉命督修新城城墙，次年竣工。寻以旧案被议革职，发往军台效力，以民捐金赎之得免。复以荐补朝城知县，署武定府同知。居官多惠政。好讲学能文章，公余之暇，辄诣书院课士。以母老归后，教授诗文于乡里。《晚晴簃诗汇》云："寄庵自言于诗博好唐宋大家，嗣从王、李格调之说，后则奉新城神韵为圭臬，而兼用近人之所谓性灵者。"著有《寄庵诗文钞》。生平事迹见《清史稿》卷四七七、《清史列传》卷七五、刘鸿翱《刘青天大绅传》。

黄景仁(1749—1783) 清文学家。字汉镛，一字仲则，号鹿菲子。江苏武进人。家贫，早年奔走四方，以谋生计。入安徽督学朱筠幕，上巳修禊太白楼赋诗，顷刻成数百言，名大噪。尝自恨其诗少幽并气，遂游京师。乾隆四十一年(1776)，高宗东巡召试，列二等，例得主簿，陕西巡抚毕沅奇其才，助其纳赀为县丞。补官有日，而为债家所迫，抱病逾太行，卒于道。诗学李白、韩愈、李商隐，多抒其穷愁不遇、寂寞凄怆之情怀，时有反映现实、愤世疾俗之作。洪亮吉称其"如咽露秋虫，舞风病鹤"(《北江诗话》)，王昶谓其"疏瀹灵腑，出精入能"(《湖海诗传》)，张维屏谓其"乾坤清气，独往独来"(《国朝诗人征略》)。与洪亮吉、孙星衍、赵怀玉、杨伦、吕星垣、徐书受号"毗陵七子"。亦能词，张德瀛谓其"小令情辞兼胜，慢声颇多楚调"(《词徵》)，郭则沄则谓其"患在奔放无余"

(《清词玉屑》)。著有《两当轩集》、《竹眠词》。生平事迹见《清史稿》卷四八五、《清史列传》卷七二、《国朝耆献类征》卷四三八、《国朝先正事略》卷四四、王昶《黄子景仁墓志铭》。

与宏　清诗僧。号乇香。浙江山阴(今绍兴)人,乾隆、嘉庆间小云栖僧。所居幽迥多梅,花时不啻香雪海。居山率徒侣采薪负米,自食其力。与同时陈延庆、洪亮吉、陈石麟、郭麐及释清恒等论诗唱酬。所作潇洒绝俗,然不以能诗稍自矜。著有《懒云楼诗钞》。生平事迹见《晚晴簃诗汇》卷一九七。

吕坚　清诗文家。字介卿,号石帆。广东番禺(今广州)人。岁贡生。性兀岸自异,家贫乏食而笑傲自如。屡应乡试不遇。其诗文与黎简、张锦芳、黄丹书有"岭南四子"之目。李文藻见其诗,甚奇之,朱珪巡抚广东,坚与黎简尤见称许。李桓《国朝耆献类征》载《岭南四家诗钞》语谓其"磊落抑塞之气,时发之于文与诗。幽艳陆离,奇情郁勃,不肯作一常语",又载《玉壶山房诗话》语,言其古文为黎、张、黄所不及。著有《迟删集》、《虚字浅说》。生平事迹见《清史稿》卷四八五、《清史列传》卷七二、《国朝先正事略》卷四四。

禅一　清诗僧。初名法喜,字心舟,号小颠。浙江桐乡人。乾隆间杭州净慈寺僧。嗜酒工诗。人谓之"诗狂"、"酒狂"。又擅草书。性旷放,时有显达来访,亦不知逢迎。洪亮吉称其诗"如张颠作草,时觉神来"(《北江诗话》)。阮元巡抚浙江,尝书"七代诗僧精舍"扁额以颜其室。著有《法喜集》、《唾余集》、《随便集》。生平事迹见《晚晴簃诗汇》卷一九七、《国朝正雅集》。

许权　清女诗人。字宜媖。江西德化(今九江)人。进士崔谟妻。乾隆间在世。工诗善画。以不容于崔母,被迫自缢死。袁枚录其七岁所作《玩月》诗及《春怀寄外》诸作,入《随园诗话》,其诗遂得以流传。著有《问花楼集》。生平事迹见《国朝闺秀正始集》卷八、《清代闺阁诗人征略》卷四。

归懋仪　清女诗人。字佩珊。江苏常熟人。上海监生李学璜妻。从袁枚学诗称女弟子,时与席佩兰相唱和,颇负诗名。往来江浙间,为闺阁塾师。晚年结庐沪上。其诗以清婉绵丽胜,陈文述赠诗赞为:"绝代青莲笔,名媛此大家。"著有《绣余续草》、《听雪词》。生平事迹见《晚晴簃诗汇》卷一八六、《清代闺阁诗人征略》卷六。

廖云锦　清女诗人。字织云,一字蕊珠,号锦香居士。江苏华亭(今上海松江)人。泗泾马姬本妻,廖景文女。乾隆间在世。资性慧异。幼随父居官合肥,即喜读书绘画,既长,擅诗工画。景文集诗友拈题,云锦诗辄先成。早寡。居读画楼,以琴书诗画自遣孤怀,深自韬晦,不欲以才艺名,惟与二三名媛唱和。著有《仙霞阁诗草》。生平事迹见《清画家诗史》癸上、《清代闺阁诗人征略》卷六。

骆绮兰　清女诗人、画家。字佩香,号秋亭。江苏句容人。江宁诸生龚世治妻。乾隆间在世。早寡无子,课螟蛉女以自遣。旧居广陵,厌其喧杂,徙于丹徒之西郭,食贫自守。诗得袁枚、王文治指授,为门下女弟子。擅画,尤工兰花,饶有天趣。著有《听秋轩诗集》。生平事迹见《清画家诗史》癸上、《清代闺阁诗人征略》卷六、冯金伯《墨香居画识》卷九。

黄振　清戏曲作家。字瘦石,号海渔,别署柴湾村农。江苏如皋人。乾隆四十九年(1784)仕掘港营都阃,尝于岁旱时命部下兵士查禁投机贩粮,由是米价得平。未几,擢福山营游击。为文有奇气,为时贤所称赏。筑斜阳馆,集宾客,倚声度曲,放情诗酒,慷慨悲歌,似燕赵之士。著有《斜阳馆诗文集》、《斜阳馆日记》及传奇《石榴记》。生平事迹见《嘉庆如皋县志》卷一七、《光绪通州直隶州志》卷一三。

沈彩　清女诗人。字虹屏,号洪香,别署扫花女史、胥山蚕妾。浙江平湖人。同邑贡生陆烜妾。乾隆间在世。性明慧,工书画,尤精小楷,得管夫人笔意。亦工诗文词赋,《晚晴簃诗汇》录其诗作多至二十余首,并谓其"集中论妇人诗绝句四十九首有独到语"。著有《春雨楼集》。生平事迹见《清代闺阁诗人征略》卷四、《晚晴簃诗汇》卷一八五。

杨汝谐　清诗人。字端揆,又字允卿、皆言,号柳汀,又号退谷。江苏华亭(今上海松江)人。乾隆间在世。授通判。少多病,弃举子业。好浙西山水,岁必一至,与名士高僧论诗说偈为乐。家居与同人结东皋吟社。兼精书法,宗米芾、董其昌,又擅绘画、篆刻。《晚晴簃诗汇》评其诗"以意为主,色苍词磊,善写情,工体物"。著有《崇雅堂诗钞》、《冲简草堂诗钞》。生平事迹见汪启淑《飞鸿堂印人传》卷七、《国朝书人辑略》卷七、《国朝书画家笔录》卷二。

杜纲　清小说家。号草亭,因慕元顾仲瑛玉山草堂,自署玉山。江苏昆山人。以授徒著书为业。与散曲家许宝善相交。善作小说。乾隆五十七年(1792),编撰短篇小说集《娱目醒心编》,明年复著《南史演义》、《北史演义》,许宝善皆有序、评。亦通曲理,著有《自怡轩乐府评点》。生平事迹见孙楷第《中国通俗小说书目》、任讷《曲海扬波》。

罗松窗 清子弟书作家。生平及字号籍贯不详。为子弟书西调最有名代表作家。今研究者据子弟书刊刻传唱情况,推断他于乾隆年间在北京从事创作活动。其作品多取材于通俗小说、戏曲,善于以细腻清丽的文笔叙述爱情故事。所写不全为故事,也有纯粹抒情的。郑振铎《中国俗文学史》称其"文学修养的工夫很深,故其风格,便和一般的鼓词夐然有异","不是大手笔,是写不出这样流丽宛转的唱文来的",并将其所作与世界文豪塞万提司、巴尔扎克等一同编入《世界文库》。今存作品有《翠屏山》、《庄氏降香》、《寻梦》、《百花亭》、《七夕密誓》(《鹊桥》)、《出塞》、《大瘦腰肢》、《离魂》、《上任》、《藏舟》、《罗成托梦》、《红拂私奔》等,长短不一,长至二十四回,短仅一回。生平事迹见关德栋、周中明《子弟书丛钞》。

宋鸣珂 清诗人。字梅生,又字搢桓,号澹思。江西奉新人。乾隆四十五年(1780)进士,改补南城兵马司正指挥。日事吟咏,自拟在汪琬、叶封间,盖二人皆曾居此职。尝游桑调元、陈奉兹之门。后得狂疾自杀。诗宗杜甫,三十以后专学同邑帅家相。著有《南川草堂诗钞》、《心铁石斋存稿》,另有《杜陵春》、《罗浮梦》传奇。生平事迹见《嘉庆洪雅县志》卷九、《同治奉新县志》卷一五。

史善长(1750—1804) 清诗人、书法家。字仲文,一字诵芬,号赤崖,又号赤霞。江苏吴江人。乾隆间诸生。少遭困顿。尝随父客游秦陇,应聘入王昶、毕沅幕。生平游踪东至齐鲁,西逾关塞,南下豫章,一时名士如孙星衍、洪亮吉、王芑孙等均乐与之交。晚岁倦游,为人作书自给。王昶《湖海诗传》谓其诗"铿锵激楚,殊有北地之风",又谓"体材似本少陵,而炼词琢句,得之谢康乐、鲍明远者居多"。兼工书法印章,务殚其学。卒后同里柳树芳刻其遗稿《秋树读书楼遗集》。生平事迹见《湖海诗传》卷四二、《清诗纪事》乾隆朝卷。

李鼎元(1750—约1805) 清诗人。字和叔,号墨庄,又号味堂。四川绵州(今绵阳)人。李调元从弟,李骥元兄。乾隆四十三年(1778)进士,改庶吉士,授检讨,转内阁中书。嘉庆四年(1799),充册封琉球副使。官至兵部主事。高才奇伟,与弟骥元有"二难"之目,益以从兄调元,号"绵州三李"。初仕后,以禄米不足,远游江海。过名山大川,每借吟咏以发其抑郁无聊之气。王昶见其诗,以为三吴士大夫莫能或之先。《清史列传》谓其诗"风骨高峻,奉使诸作,尤推豪健"。著有《师竹斋集》。生平事迹见《清史列传》卷七二、《国朝耆献类征》卷一四七、《国朝诗人征略》卷四五。

庄述祖(1750—1816) 清学者、诗文家。字葆琛。江苏武进人。乾隆四十五年(1780)进士,选昌乐知县,调潍县知县。以卓异引见,檄授桃源同知,才一月以乞养归。治学原本家学,研求精密,于世儒所忽略者,覃思深微,洞见本末。亦兼说心性义理。乾隆、嘉庆间以沟通汉、宋学为尚者,述祖亦其一。治学外,又工诗文,《晚晴簃诗汇》称其"诗隐秀,七绝尤有风致"。著有《珍艺宧诗钞》、《文钞》、《夏小正经传考释》、《尚书今古文考证》、《毛诗考证》、《毛诗周颂口义》、《五经小学述》、《汉铙歌句解》、《弟子职集解》、《历代载籍足征录》。生平事迹见《清史稿》卷四八一、《清史列传》卷六八、宋翔凤《庄先生述祖行状》。

施国祁(1750—1824) 清诗歌笺注家、诗文家。字非熊,号北砚,一作北研。浙江乌程(今湖州)人。诸生。家贫,为人理产业,设肆卖棉,市中有楼,遂颜曰"吉贝居",著书多成于其中。后遇火灾,楼被焚毁,所著书亦多成灰烬。好学不倦,工诗古文,善填词,尤熟于金代史事,尝病《金史》芜杂,因详加考订,积二十余年力,著成《金史详校》,又列举条目,为《金源札记》。另著《元遗山诗集笺注》,注释金元之际诗人元好问之诗,详赡精当,为人所称。《晚晴簃诗汇》谓其诗"外清内腴,味之弥旨"。著有《礼耕馆诗文集》、《外集》、《丛说》,半皆记忆补录之作。生平事迹见《清史稿》卷四八六、《清史列传》卷七三、沈登瀛《施北研先生传》。

吴熊光(1750—1833) 清诗文家。字望昆,一字槐江,号伊江。江苏昭文(今常熟)人。乾隆三十七年(1772)由举人考取中正榜。历官内阁中书、刑部郎中、御史、通政司参议、直隶布政使、河南巡抚及湖广、直隶、两广总督。因故遭贬。道光八年(1828)重赴鹿鸣宴,加四品卿衔。政余兼作诗文。著有《伊江笔录》、《春明杂录》、《葑溪杂录》。生平事迹见《清史稿》卷三五七、《清史列传》卷三〇、包世臣《故大臣昭文吴公墓碑》。

黄钺(1750—1841)　清大臣、诗人。字左田,又字左君,晚自号盲左。安徽当涂人。乾隆五十五年(1790)进士,授户部主事。充湖北、山东乡试考官,山西、山东学政。历官右赞善,右中允,侍讲,侍读,庶子,侍讲学士,户部、礼部、兵部侍郎,礼部、户部尚书,军机大臣,加太子少保。谥勤敏。工书善画,与董诰称董、黄二家。其诗"笔意雄肆,于韩、苏为近,五古亦清越可传"(《晚晴簃诗汇》)。编有《萧(云从)汤(燕生)二老遗诗》,著有《二十四画品》、《画友录》、《壹斋集》。生平事迹见《清史稿》卷三五一、《清史列传》卷三七、黄富民《黄勤敏公年谱》。

陈端生(1751—1796)　清女弹词作家、诗人。字云贞,又字春田。浙江钱塘(今杭州)人。陈兆仑孙女。嫁范氏子(或谓嘉兴范菼)。夫为诸生,以科场事为人牵累(或云为继母控忤逆)而谪戍边塞,得归,端生已卒。工诗擅文词。乾隆三十三年(1768)开始创作弹词《再生缘》,至三十五年,写成十六卷,时尚未成婚。直至四十九年仲春,方始续写第十七卷。卒后,许宗彦、梁德绳夫妇得其稿,为续写三卷始告完成。陈寅恪《论再生缘》称之"为弹词中最杰出作品,堪与希腊罗马之有名史诗相比"。另著有《绘影阁诗》。生平事迹见《国朝闺阁诗人征略》卷六、陈寅恪《论〈再生缘〉》、郭沫若《陈端生年谱》。

刘台拱(1751—1805)　清学者、散文家。字端临,一字江龄,号子阶。江苏宝应人。乾隆三十五年(1770)举人。时四库馆开,台拱在都,与朱筠、程晋芳、戴震、邵晋涵及同郡任大椿、王念孙等游,时相讨论学术。后官丹徒训导,教授有方。双亲殁,以哀毁卒。生平治学谨严,于汉、宋诸儒之说无门户之见。精音韵训诂,而于《论语》及礼学用力尤深。好奖掖后进,与王念孙、段玉裁、汪中交最善。其人品学问为当世所推重,而文章为其余事。著有《论语骈枝》、《仪礼传注》、《经传小记》、《荀子补注》、《汉学拾遗》等。生平事迹见《清史稿》卷四八一、《清史列传》卷六八、朱彬《刘先生台拱行状》、刘文兴《刘端临先生年谱》。

徐书受(1751—1805)　清诗人。字留封,一字尚之。江苏武进人。监生。乾隆四十五年(1780)乡试中副榜,分发河南,历署太康县丞、汝州同知、尉氏知县,官至南召知县、候补知州。王昶《湖海诗传》称其"少而食贫,长而多故,弹铗依人,恒有四方之役,羁旅道涂,所作往往牢愁激楚,大抵取法在孟东野、张文昌间,然才情谐畅,兼效元白"。毕沅《吴会英才集》则称其诗"悱恻缠绵,意由心发"。著有《教经堂集》、《教经堂谈薮》。生平事迹见《清史稿》卷四八五、《湖海诗传》卷三八、洪亮吉《徐君墓志铭》。

祁韵士(1751—1815)　清学者、诗人。字鹤皋,又字谐庭。山西寿阳人。乾隆四十三年(1778)进士,选庶吉士,授编修。擢中允,累迁礼部郎中,充宝泉局监督。局库亏铜案发,流配伊犁。不久赦归,以著书授经为事,卒于保定书院。性颖悟,善属文,喜治史,于疆域山川形胜、古人爵里记览尤勤。兼工诗。著有《袖爽轩文集》、《覆瓿诗集》、《西陲百咏》、《平舒山庄六景诗》、《藩部要略》、《西陲要略》。生平事迹见《清史稿》卷四八五、《清史列传》卷七二、程恩泽《礼部郎中充宝泉局监督祁公韵士神道碑》。

左辅(1751—1833)　清文学家。字仲甫,又字蘅友,号杏庄。江苏阳湖(今常州)人。乾隆五十八年(1793)进士,授南陵知县,调霍丘。以催科不力免官。嘉庆四年(1799)复官,补合肥,又以事夺职。初彭龄为安徽巡抚,荐补怀宁知县,历官泗州直隶州知州、颍州知府、广东雷琼道、浙江按察使、湖南布政使、湖南巡抚。以原品休致。居官以循吏称。早年与洪亮吉、黄景仁、赵怀玉唱和,"才情横溢,寄托遥深",入仕后,"以余力赋诗,句奇格正,有唐人之胜"(《晚晴簃诗汇》)。亦工词,属常州词派,《南浦》一阕,谭献《箧中词》评为"濡染大笔,此道遂尊"。著有《念宛斋集》、《念宛斋词》。生平事迹见《清史稿》卷三八一、《国朝耆献类征》卷一九六、李兆洛《湖南巡抚左公辅墓志铭》。

何玉瑛　清女诗人。字梅邻。福建侯官(今闽侯)人。郑楠妻。乾隆间在世。少随兄番禺县丞官舍,兄卒于解饷道中,玉瑛跪求舅氏归葬其兄。适郑氏后,值家道中落,乃尽谢艺事,躬自劳作,维持生计。好读史,解弈棋、弹琴。工诗,翁方纲题其遗稿有云:"既殊香奁艳,何尝《玉台》拟。弗取巧缛评,或渐风雅企。"著有《疏影轩遗草》。生平事迹见《清代闺阁诗人征略》卷四。

孔广森(1752—1786)　清学者、骈文家。字众仲,又字㧑约,号顨轩。山东曲阜人。孔子第六十八世孙。乾隆三十六年(1771)进士,改庶吉士,授检讨。以高门子弟而少年得官,一时人争与之交。然性淡泊自守，耽于著述，不登显贵之门。以养亲告归，遂不复出。居祖母与父丧，哀毁竟卒。尝从戴震受经学。经史小学，无不通，尤精研《春秋公羊传》。擅骈文，论者以为兼有汉魏六朝初唐骈文之胜，汪中读之叹为绝手。著有《顨轩孔氏所著书》，凡《仪郑堂骈体文》、《春秋公羊经传通义》、《大戴礼记补注》、《诗声类》、《礼学卮言》、《经学卮言》、《少广正负术内外篇》等数种，另有《仪郑堂遗稿》。生平事迹见《清史稿》卷四八一、《清史列传》卷六八、《国朝先正事略》卷三五、阮元《孔广森传》。

章宗源(1752—1800)　清文献学家。字逢之。顺天大兴(今属北京)人，原籍浙江山阴(今绍兴)。乾隆五十一年(1786)举人，因受北京广慧寺僧明心案牵连，取消会试资格。笃信佛学，而致力经史。穷十余年之力，采经史群籍传注，辑唐宋以来亡佚古书，著《隋书经籍志考证》，今仅存史部五卷。生平事迹见《清史稿》卷四八五、《清史列传》卷七二、孙星衍《章宗源传》。

王采薇(1753—1776)　清女诗人。初名薇玉，字玉瑛，一作玉珍。江苏武进人。诗文家孙星衍妻。母梦星而生。既长，性柔婉，耽文史，手不释卷，喜翻道家书，时有出尘之想。其父王光燮奇爱之。年十九嫁为孙氏妇，越三年，生女阿灵，得病卒。工书，小楷精绝。尤擅吟咏，袁枚称其诗“哀感顽艳，丁当清逸，故知完山之鸟，无异吭之鸣，云和之笙，有双琯之奏”(《墓志铭》)。著有《长离阁集》。生平事迹见王光燮《亡女王采薇小传》、孙星衍《诰赠夫人亡妻王氏事状》、袁枚《孙徽隐妻王孺人墓志铭》。

法式善(1753—1813)　清诗文家。原名运昌，字开文，号时帆，又号梧门，蒙古族乌尔济氏。隶属内务府正黄旗。乾隆四十五年(1780)进士，改庶吉士，授检讨，历官司业、左庶子、侍读学士，左迁工部员外郎。积升祭酒，以事免官，后起官至侍讲学士，又贬秩为庶子。善诗，“如巧匠琢玉，瑜能掩瑕”(洪亮吉《北江诗话》)。又喜奖掖后进，王昙、孙原湘、舒位“三君”之名，即为其所首称。著有《存素堂集》、《陶庐杂录》、《清秘述闻》、《槐厅载笔》等。生平事迹见《清史稿》卷四八五、《清史列传》卷七二、《国朝耆献类征》卷一三二、《国朝先正事略》卷四三。

杨芳灿(1753—1816)　清文学家。字才叔，一字香叔，号蓉裳。江苏金匮(今无锡)人。乾隆四十二年(1777)拔贡生。补伏羌知县，历官灵州知府、户部员外郎。与修《会典》。归后主讲衢杭、关中、锦江诸书院。又与修《四川通志》。诗、词、文及骈体、戏曲兼擅。诗取法杜甫、李商隐，洪亮吉称：“如金碧池台，炫人心目”。(《北江诗话》)词则能取吴文英、蒋捷之妙，为叶恭绰等所称。法式善谓其骈文可“上掩徐、庾”(《梧门诗话》)。著有《芙蓉山馆诗文钞》及《罗襦记》传奇等。生平事迹见《清史稿》卷四八五、《清史列传》卷七二、《国朝耆献类征》卷一四七、赵怀玉《杨君芳灿墓志铭》。

孙星衍(1753—1818)　清学者、诗文家。字伯渊，又字渊如，号季逑，又号芳茂山人。江苏阳湖(今常州)人。少与同郡杨芳灿、洪亮吉、黄景仁以文学齐名，袁枚评其诗为“天下奇才”，与订忘年交。乾隆五十二年(1787)成进士，授编修，改刑部主事，出为山东兖沂曹济道，兼署黄河兵备道、山东督粮道，权山东布政使，居官清廉有政绩。去官后主讲扬州安定书院、绍兴戢山书院。一生劬学，好藏书，勤于著述，精于校刊。著有《问字堂集》、《岱南阁集》、《平津馆文稿》、《芳茂山人诗录》等，合为《孙渊如诗文集》，另有《孙渊如外集》、《尚书今古文注疏》、《周易集解》等，编有《续古文苑》。生平事迹见《清史稿》卷四八一;《清史列传》卷六九、阮元《山东粮道孙君星衍传》、张绍南《孙渊如先生年谱》。

吕星垣(1753—1821)　清诗文家。字叔讷，号应尾，又号映薇、湘皋。江苏武进人。乾隆间廪贡生，历官新阳训导，邯郸、赞皇、河间知县。在里时曾与杨伦、洪亮吉、孙星衍、赵怀玉、黄景仁、徐书受作文会，有“毗陵七子”之目。洪亮吉《北江诗话》言其诗“如宿雾埋山，断虹饮渚”。法式善《梧门诗话》则称其“诗尚奇险，所谓‘语不惊人死不休’者”。兼擅画，初写梅竹，后喜作写意花卉。著有《白云草堂诗文钞》，另《康衢乐府》曲本十种，乃嘉庆二十四年(1819)为颂帝六十寿诞而作。生平事迹见《清史稿》卷四八五、《湖海诗传》卷三七、《清画家诗史》戊下。

唐仲冕(1753—1827)　清诗人。字六枳，号陶山。湖南善化(今长沙)人。乾隆五十八年(1793)进士，历官宜兴、吴江、吴县知县，海州、通州知州，署松江、苏州知府，升福建知府，擢福建按察使，官至陕西布政使。居官多政绩，以循吏称。洪亮吉称其诗“如出峡楼船，帆樯乍整”(《北江诗话》)，《晚晴簃诗汇》谓其“笔横才高，实能熔铸众长，自成机轴，故有转酪成酥之美"。著有《陶山诗文录》、《露蝉吟词钞》。生平事迹见《国朝耆献类征》卷一九六、《国朝先正事略》卷四〇、英和《陕西布政使司布政使唐公神道碑铭》。

伊秉绶（1754—1815）　清书法家、诗人。字组似，号墨卿，又号默庵、南泉。福建宁化人。乾隆五十四年（1789）进士，改刑部主事，擢员外郎。出为惠州知府，以吏议去官，旋授扬州知府。所至有善政。以父忧归。服除，再至扬州。疾作，卒。承其父尹朝栋学，又从阴承方游，获闻乡先辈李光地绪纶，乃研习理学。工诗古文辞，受知于朱珪、纪昀，善书法，尤精隶书，得汉隶真传。工诗，然名为书所掩，洪亮吉评为"如贞元朝士，时务关心"（《北江诗话》），陈衍谓其"近体笔情娟秀，而时时喜作雄健浑成语"（《石遗室诗话》）。著有《留春草堂诗钞》、《坊表录》。生平事迹见《清史稿》卷四七八、《清史列传》卷七二、赵怀玉《扬州知府伊君秉绶墓表》。

何梦莲（1754—1818）　清诗人。字净亭，号周溪。直隶正定（今属河北）人。乾隆四十二年（1777）拔贡，授官刑部。四十四年中举人。嘉庆初从军征苗，补户部郎中，转山东道监察御史。出知榆林府。林清变起，以在朝言官不先发而削职。陶樑称其"近体诗格近元、白，其从军之作，尤极沈雄苍稳"（《红豆树馆诗话》）。著有《式古堂诗集》。生平事迹见陶樑《国朝畿辅诗传》卷四八、《大清畿辅先哲传》卷二五。

王芑孙（1755—1817）　清诗文家。字念丰，又字鸥波，号惕甫，一作铁夫，又号云房、楞伽山人。江苏长洲（今苏州）人。乾隆五十三年（1788）召试举人，官华亭教谕。客京师，馆董诰、梁诗正、王杰、刘墉、彭元瑞家，为诸人代作文，后充教习，又与馆阁之士游。肆力于诗文，时与法式善、何道生、张问陶、杨芳灿等作诗酒会。王昶《湖海诗传》称其诗"癯然以瘦，戛然以清"，"上溯杜、韩，而出入于郊、岛间"，可与法式善、张问陶相颉颃。秦瀛则谓其诗"不必尽宗杜，又时时有缘情绮靡之作"（《楞伽山人诗集序》）。著有《渊雅堂集》（含《瑶想词》）。生平事迹见《清史列传》卷七二、《国朝先正事略》卷四三、《国朝耆献类征》卷二五八、秦瀛《王惕甫墓志铭》。

吴鼒（1755—1821）　清诗文家。字山尊，号及之，又号抑庵。安徽全椒人。嘉庆四年（1799）进士，改庶吉士，授编修。擢侍读，官至侍讲学士。以母老告归，主讲扬州书院，寓红桥之西园曲水，时与乡人作文酒之会。擅骈体文，沉博绝丽，朱珪称之为合任昉、丘迟为一手，奏御文字，多命其属稿，其名遂达宫禁之中。亦工诗，王昶称其"诗才亦以韩、孟、皮、陆为宗，斗险盘空，句奇语重，五言古尤足以推倒一世"（《湖海诗传》），徐世昌则谓其"近体风格气韵未臻高浑，不脱馆阁之习"（《晚晴簃诗汇》）。著有《夕葵书屋集》，又称《吴学士集》，编有《八家四六文钞》。生平事迹见《清史列传》卷七二、《国朝耆献类征》卷一三二、《国朝先正事略》卷四二。

吴昇（1755—1824）　清诗人。字瀛日，号壶山，又号秋渔、西溪云客、钱塘酒民。浙江钱塘（今杭州）人。乾隆四十八年（1783）举人。以知县分发四川，知崇宁县事，积功擢知府，历知叙州、顺庆、夔州。尝从勒保戎幕，参与镇压白莲教事。早工文章，游历燕齐。入蜀后，吏事之余，颇多吟咏。《晚晴簃诗汇》称其在川边诸作"雄特峭拔，为时传诵"。著有《小罗浮山馆诗钞》。生平事迹见《杭州府志》卷一三七、《国朝杭郡诗续辑》、《晚晴簃诗汇》卷一〇四。

王宗炎（1755—1826）　清诗文家。字以除，号榖塍。浙江萧山人。乾隆四十五年（1780）进士。登第后即杜门不出，筑十万卷楼，以文史自娱，尤喜奖掖后进。读书论世，其说甚精，言文以有济实用为贵，作一文必有所以作之故。其所为古文辞，根柢经史，能言所欲言，王引之尝称其文词质而义醇。《晚晴簃诗汇》谓其"文章朴茂，诗亦笃雅不佻，当时越中推为耆硕"。著有《晚闻居士遗集》。生平事迹见《清史列传》卷七二、《晚晴簃诗汇》卷一〇二。

颜检（？—1832）　清诗人。字惺甫。广东连平人。拔贡生。乾隆四十二年（1777），授礼部七品小京官，积升郎中。出为吉安知府，擢云南盐法道，调迤南。嘉庆间，历官江西按察使，河南、直隶布政使，河南巡抚，直隶总督，以事革职遣戍。释回后，官云南按察使，贵州、浙江、福建巡抚。道光间，官至漕运总督。《晚晴簃诗汇》称其诗"不名一家，而忠孝友爱之言，莫不从性情中流出。自题诗卷有'独弹古调有真趣，能解愁怀无变声'之句，足觇怀抱"。著有《衍庆堂诗稿》。生平事迹见《清史稿》卷三五八、《清史列传》卷三一、《国朝耆献类征》卷一九一。

潘瑛　清诗人。字兰如，号十四洞天山人。江苏江都人，侨居怀宁。乾隆贡生。少孤苦，勤于读书，出姚鼐门下。家居课徒养母，笃志经史。曾辑《国朝诗萃》初、二集，奉沈德潜格调说为准则。平生刻意为诗，所作为袁枚所赏，王豫《群雅集》评为“气格清超，词旨沉挚”，以之与同时吴文溥相提并论。著有《晋希堂集》。生平事迹见《晚晴簃诗汇》卷一一〇、《群雅集》。

李骥元(1756—1798)　清诗人。字凫塘，号云栈。四川绵州(今绵阳)人。李调元从弟，李鼎元弟。乾隆四十九年(1784)进士，改庶吉士，授编修。六十年，充山东乡试副考官，迁左春坊左中允，入直上书房。卒于官。学有根柢，未成年即有诗文名。出纪昀门下，昀言其才学为同榜进士之首。与其兄鼎元有“二难”之目，益以堂兄调元，时称“绵州三李”。王昶称其“诗有奇气，亦有逸气”，“但奉粟一囊，臣饥欲死，未免流浪江湖，因人作计，故激昂慷慨中有危苦萧飒之音”(《湖海诗传》)。著有《云栈诗稿》。生平事迹见《清史列传》卷七二、《国朝耆献类征》卷一三二、《国朝诗人征略》卷四八。

张问安(1756—1813)　清诗人。字亥白。四川遂宁人。乾隆五十三年(1788)举人。张问陶兄。性孝友，淡于荣利。家居奉母，以读书自娱。诗才超逸，与其弟问陶时有“二难”之目。《晚晴簃诗汇》云：“亥白为船山兄，同致力于诗，名不逮船山。其诗骨格遒上，声律安谐，而一出于雅正。张槎仙沆辑《蜀诗略》，谓亥白造诣在船山上，信然。”著有《亥白诗草》。生平事迹见《清史稿》卷四八五、《清史列传》卷七二。

吴墡(1756—1821)　清文学家。字次升。江苏武进人。官至山东曹州知府。少孤贫。年十八独身走京师。为王昶所知，为娶妇，留馆邸第最久。后又受知于朱筠、陆耀。与怀宁余鹏、同县黄景仁齐名京洛。曾因南巡献赋，受文绮之赐，名藉甚。年三十八与陆继辂订交。后投效南河大工，叙劳分发山东试用。因镇压白莲教有功，得升任知府。屡试不售，制举文唯法式善知之。少时通晓音律，诗文外，兼工戏曲。著有《礼石山房集》、《金乡纪事》、《手治官书》，另传奇《皖江云》、《人天诰》、《护花幡》已佚。生平事迹见《道光武进阳湖合志》卷二四、《国朝耆献类征》卷二四七、陆继辂《山东曹州知府吴君墓志铭》。

吴芳培(1756—1822)　清诗人。字霁菲，一字灵霏，号云樵。安徽泾县人。乾隆四十九年(1784)进士。历官编修、顺天学政、兵部侍郎、吏部侍郎、左都御史、署吏部尚书。颇有时誉，与越南使臣黎光定、郑怀德、吴仁静、黄玉蕴、黎正璐、阮嘉吉等多有唱和。潘瑛、高岑《国朝诗萃》称：“先生屡操文柄，望重士林。诗格典雅清新，体兼唐、宋，七律沈雄工丽，尤所擅场，宜为海内名流所激赏。”著有《云樵集》。生平事迹见《国朝耆献类征》卷一〇五、《群雅集》卷二二。

宋湘(1756—1826)　清诗人。字焕襄，号芷湾。广东嘉应(今梅县)人。乾隆五十七年(1792)解元，嘉庆四年(1799)进士。授编修，典试四川、贵州，任云南曲靖知府，任上教民生产，植木棉，人称宋公布。署广南、永昌，皆有政绩，平定动乱，官终湖北督粮道。宋湘为清代岭南诗人在屈大均以后的杰出者，与同时黎简，双峰并峙。黎简诗以雕炼胜，湘诗以自然胜。自云：“哭不能如老杜，歌不能如青莲，皆可不必作诗。”(《楚艘吟》)集中同情人民、反映现实的作品最有价值，写山水风景的，能自出手眼。能用古诗手法写七律，能用硬笔写七绝。其乡人黄遵宪的诗，受他的影响颇大。在乾、嘉诗坛，可谓独树一帜，别开境界。刘彬华《玉壶山房诗话》称其诗“沈郁顿挫，直逼少陵。《丰湖》以后诸篇，又有大峨(苏轼)遗韵。要其磊磊落落，实从真性情奔涌而出，自成芷湾之诗，未尝规于前贤格调也”。黄遵宪《梅水诗后序》称他“卓然名家”。著有《红杏山房诗钞》，今人侯过辑有《红杏山房集外集》。生平事迹见《清史稿》卷四八五、《清史列传》卷七二、《国朝耆献类征》卷二一三、《国朝先正事略》卷四四。

石韫玉(1756—1837)　清戏曲作家、诗人。字执如，一字琢如，号琢堂，又号竹堂、红心词客、独学老人、花韵庵主人。江苏吴县人。乾隆五十五年(1790)进士第一，授修撰，充福建乡试正考官，提督湖南学政，入直上书房。出为重庆知府、潼商道、山东按察使，被劾落职。以劳绩赏官，乞病归，主讲苏、杭紫阳书院。通琴棋书画篆刻，善作戏曲。亦工诗，法式善谓其“格高律细，胎息唐贤”(《梧门诗话》)。著有《独学庐全稿》、《尺牍偶存》及《多识录》、《袁文笺正》、《花间九奏》杂剧集(《伏生授经》、《罗敷采桑》等九种)、《红楼梦》传奇。生平事迹见《清史列传》卷七二、《清代学者像传》卷三、吴嵰《独学老人年谱》。

凌廷堪(1757—1809)　清学者、诗文家。字次仲，又字仲子。安徽歙县人。乾隆五十五年(1790)进士，选宁国府学教授。年十二学贾，于友人家见诗词书，借读即能学作。后为人介绍至盐运使所设词曲馆校雠戏曲。年二十五始为举子业。入国子监师从翁方纲，遂究心经史之学。任教授后奉母至官，潜心著述。曾主讲敬亭、紫阳书院。母丧去官后，阮元曾延之教子。后病卒于家乡。博通经术，尤精三礼，又深研燕乐，为朴学名儒。江藩谓其"雅善属文，尤工骈体，得汉魏之醇粹，有六朝之流美"(《国朝汉学师承记》)，洪亮吉称其诗"如画壁蜗涎，篆碑藓蚀"(《北江诗话》)。亦工词。著有《校礼堂集》、《梅边吹笛词》、《礼经释例》、《燕乐考原》、《复礼三篇》。生平事迹见《清史稿》卷四八一、《清史列传》卷六八、《国朝汉学师承记》卷七、阮元《次仲凌君传》、张其锦《凌次仲先生年谱》。

袁绶　清女诗人。字紫卿。浙江钱塘(今杭州)人。袁枚孙女，吴国俊妻。幼读祖父诗，即有所悟，能学为吟咏。后又研习词。夏恺《簪芸阁诗词序》评其词"寻声按拍，造语清腴，比之白石、屯田，何多让焉"。《晚晴簃诗汇》称其"诗原本性灵，意无不达，而读史有识，治家有规，皆可于诗中见之"。著有《簪芸阁稿》、《瑶华阁词》。生平事迹见《清代闺阁诗人征略》卷八。

鲍之蕙(1757—1810)　清女诗人。字仲姒，号茝香。江苏丹徒人。鲍皋次女，鲍之钟妹，张铉妻。幼学诗于父。出阁后夫妻时相唱和。尝合刻《清娱阁集》，袁枚为之序，拟以古之秦嘉、徐淑。洪亮吉称其诗"如栽花隙地，补种桑麻"(《北江诗话》)，王文治评其诗"律细于之钟，骨重神清，情深意炼"(《晚晴簃诗汇》引)。著有《清娱阁吟稿》。生平事迹见《清代闺阁诗人征略》卷六。

杨凤苞(1757—1816)　清诗人。字傅九，号秋室，别号萸沜、西园老人。浙江归安(今湖州)人。嘉庆诸生。生性怪僻，终身不娶。少即以《西湖秋柳词》名于时。经学、小学皆有根柢，尤熟谙明末史事。与汪家笠、严元照以高才受知于阮元，尝与纂《经籍纂诂》。诗初学李商隐，后出入于朱彝尊、厉鹗之间。尤长于七言歌行。严可均序评其诗"大较多隶事，尚词华，其光黝然，未绚朝采，独七言歌行沈雄激荡，大放厥词"。著有《秋室集》、《秋室诗录》、《西湖秋柳词》，编有《湖州诗录》。生平事迹见《清史列传》卷七三、《清史稿》卷四八六、许宗彦《三文学合传》。

恽敬(1757—1817)　清散文家。字子居，又字项旃，号简堂。江苏阳湖(今武进)人。乾隆四十八年(1783)举人，以教习官京师。历官富阳、新喻、瑞金知县，擢南昌、吴城同知，为人诬告，劾罢。在官素有廉名，而每与上官忤。少喜骈文，稍长弃去，治古文，与同里张惠言相契，共创阳湖派古文。其文"研精经训，深求史传，得力于韩非、李斯，近法家言，……虽气必雄厉，力必鼓努，思必精刻，然综核廉悍，高简有法，其熔炼淘洗之功用力甚久"(刘声木《桐城文学渊源考》)。著有《大云山房文稿》。生平事迹见《清史稿》卷四八五、《清史列传》卷七二、《国朝先正事略》卷四三、吴德旋《恽子居先生行状》。

郝懿行(1757—1825)　清学者、诗文家。字恂九，号兰皋。山东栖霞人。嘉庆四年(1799)进士，授户部主事。好谈论经义，于《尔雅》用力最久，所造颇深。为文主实废虚，"自作杂文，亦出入汉魏晋宋之间。杂记数帙，旁征稗说，间采时事，意主劝戒，似其乡渔洋山人"(墓表)。亦能诗，所作"朴雅无俗韵"(《晚晴簃诗汇》)。著有《晒书堂集》，含诗余、笔记，另著有《尔雅义疏》、《易说》等。生平事迹见《清史稿》卷四八二、《清史列传》卷六九、胡培翚《郝兰皋先生墓表》、许维遹《郝兰皋夫妇年谱》。

徐鑅庆(1758—1802)　清诗文家。字朗斋，原名嵩。江苏金匮(今无锡)人，原籍昆山。徐乾学裔孙。乾隆五十一年(1786)举人。初以知县投效川楚军营，历权黄梅、崇阳县事。时川陕难民聚楚境，军务繁忙，鑅庆传檄草奏，发粟赈抚，为大帅所倚重，巡抚毕沅亟称之。官至蕲州知州。少游秦陇、伊凉，与杨芳灿兄弟、顾敏恒齐名。为诗宗杜甫，而不强分唐、宋，史传谓其"诗雄健"，"不拘一格，能道其所历"。亦工文辞，文笔高华，《桃花夫人庙碑》一文最为时人传诵。著有《玉山阁集》。生平事迹见《清史列传》卷七二、《国朝耆献类征》卷二四四、《国朝诗人征略》卷四八。

姚文田(1758—1827)　清诗文家。字秋农，号社畬，别号经田、梅漪老人、梅窝头陀。浙江归安(今湖州)人。乾隆五十九年(1794)，召试第一，授内阁中书，充军机章京。嘉庆四年(1799)进士第一，授修撰。数典乡试、会试，先后提督广东、河南、江苏学政，历任祭酒，兵部、户部、礼部侍郎，左都御史，礼部尚书，卒于任。谥文僖。学宗程朱，亦究心汉学。工诗文。《晚晴簃诗汇》称其诗"娴雅清新，而论古纪事，时有独见"。著有《邃雅堂集》、《学古录》、《续复古编》、《古音谐》、《说文校议》、《说文声系》、

《说文考异》、《后汉郡国志校补》。生平事迹见《清史稿》卷三七四、《清史列传》卷三四、刘鸿翱《姚文僖公墓志铭》。

仲振履(1759—1822) 清文学家。字临侯，又字仲拓，号云江，又号柘庵，别署群玉山樵、览岱庵木石老人。江苏泰州人。嘉庆十三年(1808)进士，官恩平、东莞知县，迁南澳同知。以疾归，晚年寓居广州。工词曲。著有《咬得菜根堂诗文稿》、《虎门揽胜》及传奇《双鸳祠》、《冰绡帕》，编有《兴宁县志》。生平事迹见《道光恩平县志》卷一二、《民国东莞县志》卷五一。

严如熤(1759—1826) 清诗人。字炳文，号乐园，别号苏亭。湖南溆浦人。嘉庆三年(1798)举孝廉方正。历官洵阳知县、定远厅同知、汉中知府、贵州按察使、陕西按察使。少从罗典学，究心舆图、兵法、星卜之书，生平以范仲淹为楷模。余事为诗文，颇涉时务。《晚晴簃诗汇》称其"七律命意沈雄，结响高亮，有明七子风格，专家无以过也"。又谓其《从军》、《悯农》诸篇"有杜陵《出塞》、道州《舂陵》遗意"，《华阳吟》诸诗"皆关于南山风土形势军事，亦采风者所必取"。著有《乐园文钞》、《乐园诗稿》及《山南诗》、《三省山内风土杂识》。生平事迹见《清史稿》卷三六一、《清史列传》卷七五、陶澍《严公如熤墓志铭》。

曾燠(1759—1830) 清诗文家。字庶蕃，号宾谷。江西南城人。乾隆四十六年(1781)进士，改庶吉士，授户部主事，充军机章京，迁员外郎，历两淮盐运使，湖南、湖北按察使，广东布政使，贵州巡抚，以事降级。丁母忧服阕，仍授两淮盐政，病卒。在扬州时辟题襟馆于署后，与诸名士相唱酬。洪亮吉称其诗"如鹰隼脱韝，精采溢目"(《北江诗话》)。又精骈文，吴鼒辑《八家四六文钞》，收之。著有《赏雨茅屋集》，编有《国朝骈体正宗》、《朋旧遗诗合钞》、《邗上题襟集》、《江西诗征》等。生平事迹见《清史列传》卷三三、《国朝先正事略》卷四二、包世臣《曾抚部别传》。

钱泳(1759—1844) 清金石书法家、诗人。字立群，号梅溪。江苏金匮(今无锡)人。诸生。少工书法。乾隆五十三年(1788)至开封，入毕沅幕，与孙星衍、洪亮吉、凌廷堪等讲论金石，学乃大进。入国子监，祭酒法式善尤重之。得成亲王、翁方纲指授，书法益工。试京兆不遇，归奉母卜居常熟翁庄，筑写经楼，仿蔡邕写经刻石，置郡学。朝鲜、日本遣使来华，争购其所书。亦工诗，单学傅《海虞诗话》称其"诗格明秀"。著有《梅花溪诗草》、《履园丛话》、《古虞石室记》、《写经楼金石目》等。生平事迹见《国朝书人辑略》卷七、《清画家诗史》戊下、《民国重修常昭合志》卷二〇。

鲍之芬 清女诗人。字浣云，又字药缤，号佩芳。江苏丹徒人。鲍皋三女，鲍之钟妹，徐彬妻。幼学诗于父，长而以妇德自重，不轻易与人交。闺秀骆佩香颇与名士唱酬，欲与结诗盟，婉却之。《晚晴簃诗汇》称其"慧过于姊，尝赋《帘钩》四律，脍炙人口"。亦工词。著有《药缤吟稿》、《海天萍寄吟稿》、《三秀斋词》。生平事迹见《清代闺阁诗人征略》卷六。

杨揆(1760—1804) 清诗文家。字荔裳，一字同叔。江苏金匮(今无锡)人。乾隆四十五年(1780)举人。历官内阁中书、内阁侍读、四川按察使、甘肃布政使、四川布政使等。少与兄芳灿有"二难"之目。所作骈体文，沉博绝丽，下笔千言。诗初学长庆体，出塞后历日月山、星宿海诸境，诗风亦因之而变。洪亮吉《北江诗话》称其诗"如沧溟泛舟，忽得奇宝"。著有《桐花吟馆集》、《卫藏纪闻》。生平事迹见《清史稿》卷四八五、《清史列传》卷七二、赵怀玉《四川布政使杨公揆墓志铭》、秦瀛《四川布政使荔裳杨君墓志铭》。

庄逵吉(1760—1813) 清戏曲作家。字伯鸿。江苏武进人。监生。早慧，倜傥自喜，多舆服声伎之好。父性通脱，弱冠即纵使游侠结客，人目为狂。屡应乡试不中，入赀为知县，分发陕西，初署咸阳，再署大荔，补蓝田，调咸宁，擢潼关同知。居官有政声。岁旱祷雨，跪烈日中，雨至没踝方起，中湿致足病，遂卒。著有传奇《江上缘》、《秣陵秋》及《保婴备要》、《吹香阁诗草》、《三辅黄图校正》。生平事迹见《国朝耆献类征》卷二四六、《国朝书人辑略》卷七、《光绪武进阳湖合志》卷二四、陆继辂《潼关同知庄君逵吉墓志铭》。

温汝适(1760—1814) 清诗人。字步容，又字水南，号筼坡，又号慵讷居士。广东顺德人。乾隆四十九年(1784)进士，改庶吉士，授编修，历典广西、四川、山东乡试，提督陕西、甘肃学政，迁副都御史，官至兵部右侍郎，以母老乞归。生平无他嗜好，惟多藏书，公余以书史自娱。视学陕甘时，捐官俸购善本，置书院中，任诸生阅之。著有《携雪斋诗文钞》、《咫闻录》、

《韵学纪闻》、《日下纪游略》。生平事迹见《国朝耆献类征》卷一〇五、《国朝先正事略》卷四四、吴荣光《兵部右侍郎筼坡温公墓志铭》。

王昙(1760—1817)　清诗人。一名良士，字仲瞿，号蠡舟，又号昭明阁外史。浙江秀水(今嘉兴)人。乾隆五十九年(1794)举人。川楚兵事起，其座主左都御史吴省钦荐其能作掌心雷平乱，语不经，吴被斥归田，昙从此应进士试屡被抑不售，纵浪江湖而终。龚自珍年十八，即为其所赏识。法式善以其与舒位、孙原湘并称为"三君"。工诗文与乐府院本。其诗奇肆，舒位《乾嘉诗坛点将录》以黑旋风一员当之。谭献谓其"一往清折，未免疏犷，世以为奇，乃正病其无奇，不如其骈文远甚"(《复堂日记》)。梁启超亦病其"粗犷浅薄"(《清代学术概论》)。其文则龚自珍称为"一往三复，情繁而声长"(墓志铭)。时有人欲选黄景仁诗与昙文合刻，题为"乾隆二仲"。著有《烟霞万古楼文集》、《烟霞万古楼诗选》、《仲瞿诗录》，另有传奇《玉钩洞天》、《回心院》、《鱼龙鬉》、《众香园》、《万花缘》、《归农桑》等，已佚。生平事迹见《清史列传》卷七二、《国朝先正事略》卷四三、《国朝耆献类征》卷四三九、龚自珍《王仲瞿墓志铭》。

孙原湘(1760—1829)　清文学家。字子潇，又字长真，号心青、梅玠，别署姑射仙人侍者。江苏昭文(今常熟)人，原籍安徽歙县。嘉庆十年(1805)进士，改庶吉士，充武英殿协修官，假归，得疾不出。历主毓文、紫琅、娄东、游文诸书院讲席。擅书画，尤以诗名于时，与其妻席佩兰同为袁枚弟子，法式善以之与舒位、王昙合称为"三君"，亦有称三人为乾隆"后三家"者。张维屏称其诗"一种以空灵胜"，"一种以精切胜"，"骨力沉郁不及船山，却无船山集中之叫嚣；才气富赡不及随园，却无随园集中之游戏"(《国朝诗人征略》)。古文学唐宋而近归有光，骈文学六朝，词近姜夔。著有《天真阁集》。生平事迹见《清史稿》卷四八五、《清史列传》卷七二、《国朝先正事略》卷四三、赵允怀《武英殿协修孙先生行状》。

席佩兰(1760—1829后)　清女诗人。名蕊珠，字月襟，又字韵芬、道华、浣云。江苏昭文(今常熟)人。诗人孙原湘妻。早岁工诗，为袁枚女弟子中诗才最著者，善画兰，遂号佩兰。所作诗清新秀雅，"不拾古人牙慧，而能天机清妙，音节琮琤"(袁枚《长春阁集题辞》)。亦能词。著有《长春阁集》。生平事迹见《国朝闺阁诗人征略》卷六、《国朝诗人征略二编》卷五五。

凌扬藻(1760—1845)　清学者、诗文家。字誉钊，号药洲。广东番禺(今广州)人。诸生。受知于督学姚文田。与汪大源、何应驹、张业南同为巡抚朱珪所赏识。学有根柢，为文原本经史。工诗，名句如"春水桃花送画船"，见赏于时。尝泛海出游，纵览天风海涛，诗境益进。著有《药洲花农诗文略》、《拄楣蓭记》、《春秋咫闻钞》、《四书纪疑录》，编有《国朝岭海诗钞》，合为《海雅堂全集》行世，另著有《蠡勺编》。生平事迹见《清史列传》卷七三、《国朝耆献类征》卷四四二、《国朝诗人征略二编》卷五六。

丁子复　清诗文家。字见堂，号小鹤。浙江嘉兴人。乾隆、嘉庆间在世。廪贡生。穷经好古，与恽敬、许宗彦友善。"笃志诗古文词，私淑归有光，实能造其堂奥。其文谨守韩、欧义法，深厚高洁"(刘声木《桐城文学渊源考》)。著有《见堂诗文钞》。生平事迹见《两浙輶轩续录》卷一九、《桐城文学渊源考》卷一。

万荣恩　清戏曲作家、画家。字玉卿，号心青居士。江苏江宁人。诸生。工画山水禽虫，长于词曲，冯金伯《墨香居画识》称其所作"潇洒倜傥，有六如(唐寅)、梦晋(张灵)风"。嘉庆五年(1800)，谱《红楼梦》、《后红楼梦》为《醒石缘》传奇，另著有《谪花楼》传奇。生平事迹见冯金伯《墨香居画识》卷一〇、《古典戏曲存目汇考》卷一二。

萨玉衡　清诗人。字檀河，又字葱如。福建闽县(今闽侯)人。乾隆五十一年(1786)举人，官洵阳知县。以事论戍，援赎免归。"工诗，沉雄瑰丽，……闽派，入国朝则黄任、伊秉绶诸人先后争长坛站，玉衡颉颃其间，自辟涂径，足以震扬一时。"(《清史列传》)著有《白华楼诗钞》，另有《经史汇考》、《小檀弓》、《傅子补遗》、《续全闽诗话》、《金渊客话》、《曲江杂录》等，毁于火。生平事迹见《清史列传》卷七二。

张惠言(1761—1802)　清文学家、学者。原名一鸣，字皋闻，一作皋文，号茗柯。江苏武进人。嘉庆四年(1799)进士，改庶吉士，授编修。出朱珪门下，得其助力。治经，《易》主虞翻，著《周易虞氏义》，礼主郑玄，有《仪礼图》、《读仪礼记》。少为辞赋，学司马相如、扬雄的古赋，《黄山赋》称名篇，选《七十家赋钞》以标宗旨。及壮，又学韩愈、欧阳修古文，与恽敬齐名，号称阳湖派的宗师。词为常州派的开山祖，以儒学见解论词，强调比兴寄托、意内言外之旨，上接《风》、《骚》。与弟琦合编《词选》，示人以准则。对浙派词末流的弊病，有所纠正。清词至此，体格一变，影响直至清后期。潘德舆于《词选》有不满，谓其"标高揭己，宏音雅调，多被排摈"（《与叶生书》）。朱祖谋则许其有"回澜力"，为"词源疏凿手，横流一别见淄渑"（《望江南》词）。自为词，谭献谓其"胸衿学问，酝酿喷薄而出，赋手文心，开倚声家未有之境"（《箧中词》），文廷式则以为"张皋文具子瞻之心，而才思未逮"，"然斐然有作者之意，非志不离乎方罫者矣"（《云起轩词自序》），沈曾植谓其"疏节阔调，犹有曲子律缚不住者"（《海日楼札丛》）。著有《茗柯文编》、《茗柯词》，另编有《七十家赋钞》。生平事迹见《清史稿》卷四八二、《清史列传》卷六九、《国朝先正事略》卷三六、恽敬《张编修惠言墓志铭》。

钱枚（1761—1803） 清词人。字枚叔，又字实庭，号谢庵。浙江仁和（今杭州）人。嘉庆四年（1799）进士，官吏部文选司主事。纵酒得疾而卒。初生取名时，袁枚以己名与之。袁枚乾隆四年（1739）成进士，后六十年，钱枚亦成进士，袁枚子有诗纪其事，钱枚和之，传为佳话。其词负盛名，风格清丽细腻，尤善写离情别绪。亦工为诗，服膺黄景仁。郭麐《灵芬馆诗话》谓其诗词"皆清气秀骨，不随时俗为波靡者"。袁枚《随园诗话补遗》谓其诗"空灵淡远，自然入古"。龚自珍亦颇重之。著有《微波词》、《斋心草堂诗钞》。生平事迹见《文献征存录》卷七、龚自珍《钱吏部遗集序》。

刘凤诰（1761—1830） 清诗文家。字丞牧，号金门。江西萍乡人。乾隆五十四年（1789）进士，授编修。超擢侍读学士，提督广西学政。丁父忧归。服除，补侍读学士。署祭酒，迁太常寺卿，出为山东学政。历官内阁学士，兵部、吏部侍郎，数遭降级处分。后受命为浙江学政，为人所劾，谪戍黑龙江。释回赴京，赏编修。道光元年（1821），乞病归。擅诗文，为彭元瑞入室弟子。杨希闵《乡诗摭谭正集》言其诗"取法子美，气骨坚厚"。著有《存悔斋集》、《杜诗话》。生平事迹见《清史列传》卷二八、《国朝耆献类征》卷一〇七。

江藩（1761—1831） 清学者、诗文家。字子屏，号郑堂，晚号节甫。江苏甘泉（今江都）人。监生。受业余萧客、江声，得惠栋之传，深于经学。阮元聘之为丽正书院山长。与同里焦循（里堂）有"二堂"之目。游历四方，好客忘贫，遇岁饥则以藏书易米。为文不喜唐宋古文，每被酒辄自言文无八家气，人视其为狂。学诗于王昶，曾为清高宗诗集作注，袁枚以为其虽治朴学，而"诗能清拔"（《随园诗话补遗》）。亦工词。著有《周易述补》、《经解入门》、《隶经文》、《国朝汉学师承记》、《国朝宋学渊源记》、《尔雅小笺》、《炳烛斋杂文》、《扁舟载酒词》、《乙丙集》。生平事迹见《清史列传》卷六九、《国朝耆献类征》卷四一九、闵尔昌《江子屏先生年谱》。

王豫（约1762—约1820） 清诗人。字应和，又字柳村。江苏江都人。布衣。性酷嗜诗，家焦山北岸之翠屏洲，隔江京口诸山，皆在几案间，吟咏其中，不求闻达。论诗以王、孟、韦、柳为宗，高澹醇雅，不为风气所转移，本沈德潜《国朝诗别裁集》家法，辑清代江苏诗人五千四百三十余家，编为《江苏诗征》，历十二年而成。阮元称其于忠孝、节义、布衣、逸士集未刊行者，所录尤多，可谓发潜德之幽光。道光初年，举孝廉方正，辞不就。编著有《群雅集》、《明世说新语》、《王氏法言》、《王氏清蕖录》、《种竹轩诗文集》。生平事迹见《清史列传》卷七三。

刘嗣绾（1762—1820） 清诗文家。字醇甫，又字简之，号芙初，又号扶初。江苏阳湖（今常州）人。嘉庆十三年（1808）进士，改庶吉士，授编修。丁母忧，以哀毁卒。少颖异，识量过人。早游京师，知名当世。本传称"其诗及骈体文，少作多明艳，中年则以沉博排奡胜，晚更清遒骏迈，以快厉之笔，达幽隐之思"。王豫《群雅集》谓其"雄才逸气，不傍古，不缘今，而至性真情，语能感物，尤足传也"。著有《尚䌹堂集》，内含《筝船词》。生平事迹见《清史列传》卷七二、《国朝诗人征略》卷五七、《晚晴簃诗汇》卷一一九。

钱林（1762—1828） 清学者、诗人。初名福林，字叔雅，改字东生，又字志枚，号金粟。浙江仁和（今杭州）人，祖籍江苏常熟。早慧，阮元督学浙江，称之为华实兼茂之士。嘉庆十三年（1808）进士，选庶吉士，授编修，典广东、四川乡试，升侍读学士，左迁庶子。阮元曰："综览经籍，兼工词翰，下笔机速，刻晷可待。华实并茂之士，此为翘楚。"（《定香亭笔谈》）。其诗酝酿于汉魏六朝，下取唐高岑王李之法度。著有《文献征存录》、《玉山草堂集》。生平事迹见《清史稿》卷四八五、《清史列传》卷七三、汪喜孙《钱学士墓表》。

徐熊飞（1762—1835） 清诗文家。字子宣，又字渭扬，号雪庐，又号白鹄山人。浙江武康人。嘉庆九年(1804)举人。特赏翰林院典籍衔。少孤贫，励志于学。以诗文投阮元，会阮开诂经精舍于西湖，招浙中文士三十余人，以之为翘楚。中岁与杨芳灿、王豫、石钧、吴楚等诗酒流连，名盛一时。晚因病家居，以著述自娱。王昶《湖海诗传》称其“诗多清峭，风骨超然”。阮元《定香亭笔谈》又称其“尤工骈体文”。著有《白鹄山房诗钞》、《六花词》、《骈体文钞》、《武康伽蓝记》。生平事迹见《清史列传》卷七三、《两浙輶轩续录》卷二二、《晚晴簃诗汇》卷一一七。

严可均(1762—1843)　清学者、诗文家。字景文，号铁桥。浙江乌程(今湖州)人。嘉庆五年(1800)举人。官建德教谕。好藏书，搜罗至二万卷。与姚文田同治《说文》，又与丁溶同治唐石经。而于辑佚贡献尤著。《晚晴簃诗汇》称：“铁桥精于考据，著书等身。诗文为其余事。其弟章福言伯兄诗不徇时好，文从数万卷故书中钩索得来，诚笃论也。”著有《铁桥漫稿》、《铁桥诗悔》、《说文类考》、《说文翼》、《说文校义》、《说文类声》、《唐石经校文》，编有《全上古三代秦汉三国六朝文》，又校辑诸经佚注及佚子书等数十种，合经、史、子、集编为《四录堂类集》。生平事迹见《清史稿》卷四八二、《清史列传》卷六九、杨岘《书严先生逸事》。

王照圆(1763—?)　清女诗人。字婉佺，又字瑞玉。山东福山(今烟台)人。学者郝懿行妻。幼孤，母林氏教以读书，命作《列女传补注》。嫁郝家后，懿行有所述作，每为写定、题识。又校正《列仙传》，集传记言占梦者为《梦书》，皆自为序，附懿行书以行。尤喜言诗，著《葩经小记》，未成。懿行撰《诗问》，谓与妻相问答，采其说颇多。其诗作有《婉佺诗草》。生平事迹见《清史稿》卷五〇八、《清代闺阁诗人征略》卷七、《国朝书人辑略》卷一一。

沈复(1763—1808后)　清文学家。字三白，号梅逸。江苏长洲(今苏州)人。出身于衣冠之家，未仕。能文善画，落拓不羁。曾从同里石韫玉出游南北各地，为人幕僚。嘉庆十三年(1808)随翰林院编修齐鲲出使琉球，册封琉球国王。于琉球作自传体散文《浮生六记》，今存四记，其文笔真切自然，深情缅邈，颇足动人。生平事迹见邓之诚《骨董琐记》卷二、俞平伯《浮生六记年表》。

焦循(1763—1820)　清学者、诗文家。字里堂，一作理堂。江苏甘泉(今江都)人。嘉庆六年(1801)举人。乾隆四十五年(1780)就学于安定书院。六十年至嘉庆元年，先后馆于阮元山东、浙江巡抚官署中。中举后以母病未应礼部试，闭户读书著述，葺老屋曰半九书塾，复构雕菰楼，足不入城市十余年，深于经史之学，尤精《周易》，学术与阮元齐名，为扬州学派中坚。其文摹柳宗元，“诗质而有味，一洗俗韵，亦无经生肤廓之习”(《晚晴簃诗汇》)，词宗五代，工小令，情思活泼，笔墨灵动，又精戏曲学。著有《雕菰楼集》、《雕菰楼词》、《雕菰楼诗话》、《剧说》、《花部农谭》、《孟子正义》、《易学三书》。生平事迹见《清史稿》卷四八二、《清史列传》卷六九、阮元《通儒扬州焦君循传》及王永祥、闵尔昌《焦理堂先生年谱》。

李汝珍(1763—1828)　清小说家、学者。字松石，号老松、青莲、北平子、松石道人。直隶大兴(今属北京)人。诸生。少颖异，不乐为时文。乾隆四十七年(1782)，随兄汝璜之海州板浦盐课司使任所。后师事凌廷堪。受益甚多。嘉庆六年(1801)，至河南任治水县丞。九年归，十年再官河南。多才艺，于壬遁星卜象纬书法棋道无不精研，尤长声韵之学。著小说《镜花缘》最有名。鲁迅《中国小说史略》言其“盖惟精音韵之学，而仍敢于变古，乃能居学者之列，博识多通而仍敢于为小说也；惟于小说又复论学说艺，数典谈经，连篇累牍而不能自已，则博识多通之害也”。又云：“其于社会制度，亦有不平，每设事端，以寓理想；惜为时势所限，仍多拘迂。”又著有《李氏音鉴》、《受子谱选》。生平事迹见吴鲁星《许李年谱》、李洪甫《李许年谱考略》。

刘大观(1763—1831后)　清诗人。字松岚，号正孚。山东丘县(今属河北)人。乾隆四十二年(1777)拔贡。年二十五，出官广西，任知县十余年。迁宁远知府，山西河东道兼署布政使。历官有政声。后掌教覃怀书院。与李秉礼、李宪乔交最善。法式善《梧门诗话》谓袁枚言其诗“思清笔老，风格在韦、柳之间”。洪亮吉《北江诗话》称其诗“如极边春色，仍带荒寒”。著有《玉磬山房集》。生平事迹见《湖海诗传》卷三八、《晚晴簃诗汇》卷一〇三。

蒋湘培　清诗文家。字笃因。湖南湘乡人。乾隆五十九年(1794)举人。博闻强识，古文下笔千言。与弟湘墉、湘城、湘垣，俱以文鸣，时称“四蒋”。陈澧将四人合集比唐之窦氏《联珠集》、宋之柴氏《四隐集》。欧阳辂称其“诗于魏、晋、唐、宋诸名家贯穿出入，少本豪迈，晚乃寄兴清旷”(《晚晴簃诗汇》引)。与诸弟诗合刻为《莫如楼诗选》。邓显鹤《沅湘耆旧集》选录其诗五十余首。生平事迹见《国朝耆献类征》卷四三八。

王文诰(1764—?) 清诗人、诗歌笺注家。字纯生，号见大。浙江仁和(今杭州)人。尝随赵文楷赴琉球册封。好游览名山大川，独游皋亭诸山探梅，至太平废寺，爱其二松奇古，因易庵名，自署二松居士。后游粤东，以诗画名动公卿士大夫间。客居三十年，老始归，卜筑于皮市，莳花种竹，署曰南园。《晚晴簃诗汇》评其诗“五、七古雕绘山水，穷及幽险，尤能考订故事，富赡华丽”。好苏轼诗，所著《苏诗编年集成》，集诸家之大成，对诗人行实之考订尤见功力，久享盛名。另著有《韵山堂诗集》。生平事迹见《晚晴簃诗汇》卷一一〇、《清画家诗史》戊下、《清人诗集叙录》卷五〇。

陈栋(1764—1802) 清戏曲作家。字浦云，号东村，别号榕西逸客。浙江会稽(今绍兴)人。诸生，屡试不第，曾游幕汴中。工诗词，所作清丽隽妙，襟抱简远，有魏晋间意，临终有“三十九年尘限满，欲从何处见新吾”之句，人咸惜之。兼擅剧曲，得关汉卿、王实甫、宫天挺、乔吉遗法，寄慨遥深。著有《北泾草堂集》，含杂剧《苎萝梦》、《紫姑神》、《维扬梦》。生平事迹见冯金伯《墨香居画识》卷八。

江珠(1764—1804) 清女诗人。字碧岑，号小维摩。江苏甘泉(今江都)人，侨居吴县。诸生吾学海妻。通经史之学，与兄江藩称“二江”。常与吴中名媛如张允滋、朱宗淑、沈纕、席惠文等唱和，尤澹仙以“秾华扫尽蛾眉旧，南国风流第一人”称之。任兆麟、张允滋夫妇刻其诗入《吴中女士集》。亦工词赋，尤长骈体文。著有《小维摩集》、《青藜阁集》。生平事迹见江藩《盟鸥溆笔谈》、《清代闺阁诗人征略》卷六。

张问陶(1764—1814) 清诗人。字仲冶，号船山，别号老船、蜀山老猿。四川遂宁人。乾隆五十五年(1790)进士，改庶吉士，授编修。历官御史、吏部郎中、莱州知府，忤上官意乞病辞官。南游吴越，卒于苏州。以诗名，兼工书画。洪亮吉在史馆时，通书袁枚，首称之，枚亦相推挹。其诗属性灵派，为袁枚之后继者，时有李白再世之目。陆元鋐称其才力不减洪亮吉，杨芳灿惊为旷代奇才。张维屏《国朝诗人征略》谓其“生气涌出，生趣飞来”，“几欲于从前诸名家外，又辟一境”，然又谓其“时有叫嚣剽滑”之病，《晚晴簃诗汇》谓其诗“空灵沉郁”，“有清二百余年，蜀中诗人无出其右者”。朱庭珍《筱园诗话》则贬之为“恶俗叫嚣之魔”。著有《船山诗草》。生平事迹见《清史稿》卷四八五、《清史列传》卷七二、《国朝先正事略》卷四四、王世芬《张船山先生年谱》。

鲍桂星(1764—1826) 清诗人。字双五，又字觉生，号双湖，又号琴舫。安徽歙县人。嘉庆四年(1799)进士，选庶吉士，授编修，迁中允，典试河南、江西，督湖北学政，累迁至内阁学士、工部侍郎。中蜚语落职，复起为编修，进侍讲，擢通政司副使，官至詹事。少从吴定学，后师姚鼐，诗古文并有法。张维屏称其“天分过人，为诗文不拘一格，不专一家，随意所之，学之辄肖”(《国朝诗人征略二编》)。陈诗谓其“最工七律，咏史尤超卓绝伦”(《尊瓠室诗话》)。著有《觉生诗钞》与《续钞》、《觉生进奉文钞》，与何鸿器编《续近思录》。生平事迹见《清史稿》卷三七七、《清史列传》卷三二、陈用光《詹事鲍觉生先生墓志铭》及其自编《觉生自订年谱》。

张琦(1764—1833) 清学者、词人。原名翊，字翰风，号宛邻。江苏阳湖(今武进)人。张惠言弟。嘉庆十八年(1813)举人。以誊录议叙知县，分发山东，署邹平，又权知章丘，补馆陶知县。在官以循吏称，卒于任所。善医术，民有病者，设局自诊之。精舆地之学，擅书法，工古文，尤精词学，与兄张惠言合编《词选》，金针度人，为常州词派早期重要人物。其词“以宛转绵密为主，不若张惠言疏快，题图咏物占篇幅之半，未尽去嘉庆词坛风气”(严迪昌《清词史》)。著有《立山词》、《战国策释地》、《素问释义》及《宛邻诗文集》。生平事迹见《清史稿》卷四七八、《清史列传》卷七六、《国朝先正事略》卷五四、蒋彤《馆陶县知县张公墓表》。

李富孙(1764—1843) 清诗文家、学者。字既汸，又字芗沚，晚号校经叟。浙江嘉兴人。嘉庆六年(1801)拔贡生。少即好学，从叔祖李集受学，得其指授，与兄超孙、从弟遇孙有“后三李”之目。长游四方，从卢文弨、钱大昕、王昶、孙星衍等问学。肄业于诂经精舍，受阮元启迪颇多。通经术，兼治金石学，又擅诗古文辞。著有《校经廎文稿》、《曝书亭词注》、《鹤征后录》、《七经异文释》、《说文辨字正俗》，又与遇孙续成《鹤征录》。生平事迹见《清史稿》卷四八二、《清史列传》卷六九及自编《校经叟自订年谱》。

阮元(1764—1849)　清大臣、学者、文学家。字伯元,号芸台,一作云台。江苏仪征人。乾隆五十四年(1789)进士,选庶吉士,授编修。超擢少詹事,入直南书房。迁詹事,提督山东、浙江学政,擢内阁学士,迁兵部、礼部、户部侍郎,嘉庆中又先后任浙江、江西、河南巡抚及湖广、两广、云贵总督。道光时,入朝为协办大学士、大学士,加太子太保,进太傅,谥文达。提倡朴学,在杭州创"诂经精舍",在广州创"学海堂",培植、罗致学者编书。主编《经籍籑诂》,校刻《十三经注疏》并撰《校勘记》。又研究金石、历算、地理等学,著述颇丰。精《文选》学,论文重"文""笔"之辨,作《文言说》,提出"以用韵比偶之法,错综其言"方可称"文",实为鼓吹骈文。自作骈散文亦渊懿闲雅。工诗,洪亮吉谓其诗"如金茎残露,色晃朝阳"(《北江诗话》)。著有《揅经室集》、《畴人传》、《两浙金石志》等,编有《广陵诗事》、《淮海英灵集》、《两浙輶轩录》、《积古斋钟鼎彝器款识》等。生平事迹见《清史稿》卷三六四、《清史列传》卷三六、《国朝汉学师承记》卷七、刘毓崧《阮文达公传》。

温汝能　清诗人。字希禹,号谦山。广东顺德人。乾隆五十三年(1788)举人,官内阁中书。性豪迈重义气。归田后,刻书甚夥,耗资以巨万计。谭光祜赠诗称其"性闲如野鹤,诗淡似寒梅"(黄培芳《香石诗话》引)。洪亮吉则评其诗"高出流品,凡贵游之习,声气之场,概不能染"(《国朝岭海诗钞》引)。著有《谦山诗文钞》,编有《粤东诗文海》。生平事迹见《国朝耆献类征》卷一四七、《国朝先正事略》卷四九。

舒位(1765—1815)　清诗人、戏曲作家。字立人,号铁云,小字犀禅。直隶大兴(今属北京)人。乾隆五十三年(1788)举人。年十四随父舒翼至广西永福知县任所。安南入贡,随父迎使者,赋《铜柱》诗相赠答。父丧,侨寓湖州乌镇十年。王朝梧官黔,聘之偕行。勒保檄朝梧征黔西仲苗,位为治文书。后以母老辞归。母丧,以哀毁卒。陈文述作传谓其诗"专主才力,每作必出新意","奇博创获,横绝一世"。赵翼题识称其"真能于长吉、玉谿、八叉之外别成一家"。法式善以之与王昙、孙原湘并举,为作《三君咏》。龚自珍又以之与彭兆荪并举,赞其诗以"郁怒横逸"而"擅场"(《己亥杂诗》第一一四首及自注)。然梁启超则斥之为"粗犷浅薄"(《清代学术概论》)。其《乾嘉诗坛点将录》以梁山泊一百零八将品评诗人,为别开生面之作。亦擅戏曲创作。著有《瓶水斋诗集》、《瓶水斋诗话》及戏曲集《瓶笙馆修箫谱》。生平事迹见《清史列传》卷七二、《国朝先正事略》卷四三、石韫玉《舒铁云传》、萧抡《舒铁云孝廉墓志铭》。

鲍文逵(1765—1828)　清诗人。字鸿起,号野云。江苏丹徒人。嘉庆六年(1801)贡生。官海阳知县。工诗善交游,尝与同里张鉉、张崟、茅元辂、郭堃结文字交,时称"松溪五友"。著有《野云诗钞》。生平事迹见《野云诗钞》附录、张慧剑《明清江苏文人年表》。

顾莼(1765—1832)　清诗人。字希翰,又字吴羹,号南雅,又号息庐。江苏吴县人。嘉庆七年(1802)进士。改庶吉士,授编修。擢侍读,出为云南学政,滇中才士多得其甄拔。道光初,授侍讲学士,以忤旨降编修。后擢通政司副使。学有根柢,尝从钱大昕游。与孙星衍、钮树玉、陈鸿寿、张问陶、黄丕烈多有交往。"诗师大苏,音格高雅。赋骈体皆师唐宋"(《清史列传》)。兼擅书艺,好画梅兰。著有《思无邪室集》,编有《滇南采风录》、《律赋必以集》。生平事迹见《清史稿》卷三七七、《清史列传》卷七三、程恩泽《通政司副使顾公墓志铭》。

冯云鹏(1765—1835)　清诗人。字晏海,一字艳澥。江苏通州(今南通)人。好古耽诗词,与同里李懿曾游,相与唱酬往还。乾隆、嘉庆间,曾旅居南京、东阿、曲阜等地。"诗喜驰骋"(《晚晴簃诗汇》),词则"如鹿爪挡弦,别成清响"(张德瀛《词征》)。著有《金石索》、《扫红亭吟稿》、《红雪词》、《红雪词余》。生平事迹见《晚晴簃诗汇》卷一二三、《清人诗集叙录》卷五一。

程伟元　清文学家。字小泉。江苏苏州人。多才艺,然科举考试每失意无所遇。乾隆末寓居北京。嘉庆五年(1800),应盛京将军晋昌之聘,入其沈阳军幕中,颇受器重。晋昌之诗,经其辑为《且住草堂诗稿》。晋昌尝作诗称其"新诗清润胜琅玕"。其诗文今多散失不传。亦工画,尤长于指画。以与高鹗修补《红楼梦》,并两次(一说三次)刊行一百二十回本《红楼梦》而著名。今传世《红楼梦》诸本中所谓"程甲本"、"程乙本",即系程伟元据抄本刊印,高鹗与其续补四十回而成。生平事迹见周汝昌《红楼梦新证》等。

何道生(1766—1806)　清诗人。字立之,号兰士,又号菊人。山西灵石人。乾隆五十二年(1787)进士,历官工部主事、员外郎、郎中,监察御史,九江、宁夏知府。为官颇有政绩。少受经学于顾九苞,及长,从张埙游。政事、读书以外，唯好诗画。与法式善、张问陶、杨芳灿互相唱和，又自署袁枚诗弟子。王芑孙称“其为诗疏爽雄健，出入昌黎(韩愈)、剑南(陆游)之间”(《惕甫未定稿》)。著有《双藤书屋诗集》。生平事迹见《清史列传》卷七二、《国朝先正事略》卷四三、法式善《宁夏知府何君墓表》、秦瀛《宁夏知府兰士何君墓志铭》。

乐钧(1766—1814) 清诗人。初名宫谱，字元淑，号莲裳。江西临川人。嘉庆六年(1801)举人，屡应会试不第。家贫，奉母江淮间。郁郁不得志，侘傺以终。尝寓两淮盐运使曾燠馆中，颇得曾燠赏识，谓其所长不惟诗，诸体之文，靡不绮丽。与吴嵩梁同为翁方纲诗弟子，张维屏以为“江西诗家，蒋苕生(士铨)后，当推乐莲裳、吴兰雪(嵩梁)”(《国朝诗人征略二编》)，杨希闵则称其才气逊于吴，“而真意流露，秀韵天成，则反胜之”(《乡诗摭谭正集》)。亦工词，早学柳永、周邦彦，后则“郁勃如寒泉奔进，冷峻而奇峭”(严迪昌《清词史》)。著有笔记《耳食录》，另有《青芝山馆集》(含《断水词》)。生平事迹见《清史稿》卷四八五、《清史列传》卷七二、《国朝先正事略》卷四二。

姚学塽(1766—1826) 清诗文家。字晋堂，一字镜堂。浙江归安(今湖州)人。嘉庆元年(1796)进士。官内阁中书，因不愿向和珅执弟子礼，辞归。和珅伏诛，复出。官至职方司郎中。论学重“慎独”。诗古文外，尤工制义，享誉京师，龚自珍颇心折之，魏源亦请执弟子礼，作传称其制义“有功于经，当与宋五子书，并垂百世”。其诗“学眉山(苏轼)而谨”，古文“如茅钝叟(星来)而简净过之”(《府志》)。《晚晴簃诗汇》谓其“五言格律清稳，矩矱唐人，实胜他体”。著有《竹素斋遗稿》、《太上感应篇集传注》。生平事迹见《清史稿》卷四八〇、《清史列传》卷六七、魏源《归安姚先生传》、张履《姚先生行状》。

吴嵩梁(1766—1834) 清诗人。字兰雪，一字子山，号石溪老渔。江西东乡人。嘉庆五年(1800)举人。由内阁中书官黔西知州。年十五即以文字为杨護所知，结忘年交，后又受诗法于蒋士铨。遍交海内名士，王昶、翁方纲、法式善、吴锡麒等并相推重，袁枚亦心折其诗。清江西诗人嵩梁诗名之高，可继蒋士铨。诗作流播海外，在日本、朝鲜皆有声誉。《晚晴簃诗汇》称其诗“纵横排奡，议论藻采足以佐之”。著有《香苏山馆诗文集》、《石溪舫诗话》、《听香馆丛录》、《增修鹅湖书田志》等，合为《香苏山馆全集》。生平事迹见《清史稿》卷四八五、《清史列传》卷七二、《国朝耆献类征》卷一四七。

宋咸熙(1766—1834后) 清诗文家。字小茗，又字德恢。浙江仁和(今杭州)人。宋大樽子。嘉庆十二年(1807)举人，官桐乡教谕。罢归后，设帐周氏拳石山房。工诗，宗家法。论诗主有酝酿，有寄托，戛戛独造，前无古人。著有诗文集《思茗斋集》。另著笔记《耐冷谭》，颇多谈诗之语，“大略以表章潜德为主”(钟骏声《养自然斋诗话》)。生平事迹见《清诗纪事》嘉庆朝卷。

顾广圻(1766—1835) 清学者、诗文家。字千里，后以字行，号涧薲，或作涧蘋、涧宾，又号逋翁、无闷子、一云散人、思适居士等。江苏元和(今苏州)人。诸生。少从江声治经学，长以校勘目录之学驰名。孙星衍、张敦仁、黄丕烈、胡克家延校宋本《说文解字》、《礼记》、《仪礼》、《国语》、《战国策》、《文选》、《资治通鉴》诸书，皆为之札记，考定文字。所作书序跋文，李慈铭以为一时绝学。其诗《晚晴簃诗汇》称为“泽古既深，择言自雅”。著有《思适斋集》。生平事迹见《清史稿》卷四八一、《清史列传》卷六八、李兆洛《涧薲顾君墓志铭》、赵诒琛《顾千里先生年谱》。

郭麐(1767—1831) 清诗文家。字祥伯，号频伽，晚号复翁、蘧庵、复庵。江苏吴江人，迁居浙江嘉善。诸生。应省试、京兆试皆不遇，年三十后遂绝意仕进。家贫客游四方，负其才识，时露兀傲不平之气。曾从姚鼐问学。“其文雅洁奥丽，造意遣词，蔚然成采，有古人法，与桐城异派同源”(刘声木《桐城文学渊源考》)，诗则“含情若抑，吹气如兰，于憔悴婉笃之中，有悱恻芬芳之致”(张维屏《国朝诗人征略》)，词名更著，鲜活轻捷，自然圆转，为浙派殿军。著有《灵芬馆集》、《灵芬馆诗话》、《爨余丛话》、《三国志蒙拾》、《金石例补》。生平事迹见《清史稿》卷四八五、《清史列传》卷七三、《国朝耆献类征》卷四四一、冯登府《频伽郭君墓志铭》。

吴德旋(1767—1840) 清诗文家。字仲伦，一字半康，号安蔬居士。江苏宜兴人。诸生。逾冠游京师，与同郡张惠言友。年几四十请益于姚鼐，由是得桐城派义法。其论文专主于法。名位虽不显，然同时如恽敬、陆继辂、吕璜、周凯等，莫不拱手推重，以古文名天下几二十年。吕璜更师事之。古文外兼工诗。刘声木称其文“优柔恬淡，洁而不芜，屈而不突，议论有根据，深造自得，几于自然，于古人法度无不合；而柔淡之思，萧疏之气，清婉之韵，高山流水之音，与归有光、姚鼐为近”（《桐城文学渊源考》）。诗亦“高淡绝俗”，为史传所称。著有《初月楼诗文钞》、《闻见录》，其弟子吕璜记其论文之语为《初月楼古文绪论》。生平事迹见《清史稿》卷四八五、《清史列传》卷七二、《国朝先正事略》卷四三、姚椿《吴仲伦先生墓志铭》。

欧阳辂（1767—1841）　清诗人。初名绍洛，字念祖，号磵东。湖南新化（今益阳）人。乾隆五十九年（1794）举人。少家贫，自食其力。博学多通，屡试进士不第，乃南走粤，北游燕代。敝衣垢履，岸然公卿大夫间，剧谈豪饮，人多乐与之游。与法式善、钱楷、谢启昆、曾燠、毛岳生、吴嵩梁、魏源等相唱和。诗与邓显鹤齐名，为陶澍所重。晚年躬耕奉母以终。沈道宽跋称其诗“灏气流转，含章内映，精思壮采，抟结无迹”。著有《磵东诗钞》，同邑李洽录其论诗之语为《夜谈追录》。生平事迹见《清史列传》卷七二、《国朝先正事略》卷四四、王先谦《欧阳辂传》。

叶绍本（1767—1841）　清诗人。字仁甫，号筠潭。浙江归安（今湖州）人。嘉庆六年（1801）进士，改庶吉士，授编修，历官福建学政、山西布政使，降鸿胪寺卿。从钱大昕游，为诗恪守师训，推崇明李梦阳、何景明，而不满钱谦益之诗论。《晚晴簃诗汇》谓其诗“不事险怪绮靡，以雄深雅健为宗，故能力追大家，气象宏博”。著有《白鹤山房诗钞》。生平事迹见《晚晴簃诗汇》卷一一六、《清人诗集叙录》卷五二。

吴琼仙（1768—1803）　清女诗人。字子佩，号珊珊。江苏吴江人。徐达源妻。世俗女子剪彩缕结文绣之事无不工，顾不屑为，独好为诗。夫亦能诗，负时名。持家之余，常助夫君校书，或相伴弹琴赋诗，焚香赏画，夫妇同歌，为时人所慕。夫离家去京，诗稿邮传不辍。袁枚自吴中过访，见其诗，击节称赞，以为徐淑之才，在秦嘉之上。兼工绘事。著有《写韵楼诗草》。生平事迹见《江苏诗征》卷一六三、洪亮吉《徐君妻吴安人墓志铭》、郭麐《吴珊珊夫人小传》。

许宗彦（1768—1818）　清诗文家、学者。原名庆宗，字积卿，一字固卿，号周生。浙江德清人。许孚远后人。嘉庆四年（1799）进士，授兵部主事，就官两月，以亲老引疾归。居杭州，杜门读书著述。少以能读经史善属文为王昶赏识。会试主考官朱珪称其兼有张惠言、王引之、吴鼒诸子之长。与程瑶田、钱大昕、段玉裁、姚鼐等当世名流游，于经史皆有考究，兼善文字训诂，尤精天文历算。王昶称其古文“本于宋之南丰、明之遵岩，理实而气空，学充而辞达”，其诗“浏览之作亦多超越”（《湖海诗传》）。著有《鉴止水斋集》。生平事迹见《清史稿》卷四八二、《清史列传》卷六九、陈寿祺《驾部许君宗彦墓志铭》。

彭兆荪（1768—1821）　清文学家。字湘涵，号甘亭，又号忏摩。江苏镇洋（今太仓）人。贡生。少随父官山西。年十五应乡试即有名，然事科举终无所遇。后数十年客江淮间，橐笔依人，曾入胡克家、曾燠幕中。道光元年（1821）举孝廉方正，未赴而卒。通考订校雠之学，曾与顾广圻同校《资治通鉴》、《文选》。工骈文，“鸿博沉丽，力追六朝、三唐，见者以为金玉渊海，卿云黼黻”（《清史列传》）。尤以诗名，李慈铭谓其“一身坎壈，诗多郁抑慷慨之辞，骨力遒上，采色亦足”（《越缦堂诗话》）。龚自珍举与同时舒位并论。亦工词，张德瀛《词征》评为：“如碧眼胡儿，贩采异宝。”著有《小谟觞馆集》、《潘澜笔记》等，编有《南北朝文钞》、《骈体正宗》。生平事迹见《清史稿》卷四八五、《清史列传》卷七三、姚椿《彭甘亭墓志铭》。

陈鸿寿（1768—1822）　清诗人、书画篆刻家。字子恭，号曼生，又号小迂、恭寿、曼公、梦饲、夹谷亭长、胥溪渔隐、种榆道人等。浙江钱塘（今杭州）人。嘉庆六年（1801）拔贡生。历官溧阳、荆溪知县，南河海防同知。早岁为人幕僚，交游甚广。与从弟陈文述受知于阮元，为其招入浙江巡抚幕中。二人益以陈甫，有“武林三陈”之目。工书画。善设计陶壶，有“曼生壶”之称。尤精篆刻，纵肆爽利，为西泠八家之一。阮元“称其诗才亚于云伯（陈文述），而峭拔秀逸过之”（《晚晴簃诗汇》引）。著有《种榆仙馆诗钞》、《桑连理馆诗集》，编有《溧阳县志》。生平事迹见《清史列传》卷七一、《国朝书人辑略》卷八。

史善长（1768—1830）　清诗人。字春林。浙江山阴（今绍兴）人。父游幕至粤，遂占籍番禺。生十月丧父，母抚孤成立，一应童子试不售，纳赀得知县，分发江西，知余干，有治才。坐失察褫职，遣戍伊犁。三年放归，以诗酒自遣。为人重友情，乐施舍。善作诗，与同时吴嵩梁、恽敬唱酬甚勤，敬称之为“七十二同官，诗人第一”。著有《味根山房诗钞》、《轮台杂记》、《东还纪略》等。生平事迹见陈澧《江西余干县知县史君传》。

陈用光(1768—1835) 清诗文家。字硕士,又字硕辅,号石士、瘦石、实思。江西新城(今黎川)人。嘉庆六年(1801)进士,选庶吉士,授编修。转御史,以部议回编修任。历官司业、中允、侍讲、庶子、侍讲学士、詹事、内阁学士兼礼部侍郎。先后提督福建、浙江学政。自幼学于舅父鲁九皋,后游江宁,师事姚鼐,又游于翁方纲之门,习闻二家绪论而笃守之。为学力宗汉儒而不薄程朱,其"文义法谨严,言有体要,淡而弥旨,气韵胚胎欧、曾,诗则自抒胸臆,性情和厚,书味融浃"(刘声木《桐城文学渊源考》)。著有《太乙舟集》。与胡敬编《钦定明鉴》。生平事迹见《清史稿》卷四八五、《清史列传》卷三四、《国朝先正事略》卷四二、梅曾亮《礼部左侍郎陈公用光行状》。

蒋因培(1768—1839) 清诗人。字伯生。江苏常熟人。诸生。年十七以国子监生应顺天乡试,为法式善激赏。嘉庆二年(1797)援投效例授阳谷县丞,历知滕县、汶上、泰安、齐河诸县。道光元年(1821)以狂谬被劾,遣戍新疆,遇赦释还。归里后杜门不出,寄情诗酒。单学傅称其诗"善攫题情,如海东青之击天鹅,上盘下搏无或失"(《海虞诗话》)。著有《乌目山房诗存》。生平事迹见《国朝耆献类征》卷二四五、黄安涛《山东齐河县知县蒋君墓志铭》。

张鉴(1768—1850) 清诗文家、学者。字春冶,号秋水,又号荀鹤、贞疾居士。浙江乌程(今湖州)人。嘉庆九年(1804)副贡生。馆南浔刘氏、洞庭西山葛氏,尽读其所藏书。授官武义教谕。以博学多通见赏于阮元,受聘为诂经精舍讲席,佐修盐法志,助辑《经籍纂诂》。尝从阮元督师宁波,剿海寇及赈灾事,皆为之筹画。其学根柢经史,兼通天算。工为诗文,袁行云《清人诗集叙录》谓其诗"无芜鄙空疏之病,惟不免填实考据之嫌耳"。著有《冬青馆甲乙集》、《西夏纪事本末》、《古文尚书脞说》、《夏小正集说》、《说文补注》等。生平事迹见《清史稿》卷四八六、《清史列传》卷七三。

李兆洛(1769—1841) 清学者、文学家。字绅琦,更字申耆,号养一。江苏阳湖(今武进)人。嘉庆十年(1805)进士,选庶吉士,授凤台知县,以父丧归,遂不出。主讲暨阳书院近二十年。通经史,尤精舆地之学。为文主合骈、散两体之长,为阳湖派代表作家。其文"雄深雅健,语无枝叶,不立间架,不尚腔拍,惟据所见而直达之……,然偶有感触,亦复深入无际,旷乎无垠"(刘声木《桐城文学渊源考》)。亦工诗词,诗古体炳蔚,近体温雅,词多绮丽幽艳。著有《历代地理韵编今释》、《养一斋集》,编有《骈体文钞》、《皇朝文典》、《凤台县志》。生平事迹见《清史稿》卷四八六、《清史列传》卷七三、《国朝先正事略》卷四三、蒋彤《养一先生年谱》。

胡敬(1769—1845) 清诗文家。字以庄,号书农。浙江仁和(今杭州)人。嘉庆十年(1805)进士。改庶吉士,授编修。充武英殿、《文颖》馆纂修官,《全唐文》、《明鉴》总纂官,累官侍讲学士。乞养归。善诗文,受知于阮元。谭献称其"诗篇劲拔,一洗软熟。骈文纯用唐法,亦与岑华居士(吴慈鹤)抗手"(《复堂日记》)。著有《崇雅堂文钞》、《崇雅堂诗钞》、《崇雅堂骈体文钞》、《颐园题咏》、《国朝院画录》、《定乡杂著》、《西清札记》,另辑有《大元海运记》、《淳祐临安志辑逸》。生平事迹见《清史列传》卷七三、胡珵《胡书农年谱》。

朱珔(1769—1850) 近代学者、诗人。字玉存,号兰坡。安徽泾县人。嘉庆七年(1802)进士,选庶吉士,授编修,擢侍读。以事降编修,复升为赞善。告归后,历主钟山、正谊、紫阳书院。于吴中与石韫玉、韩崶等结问梅诗社,与陶澍、梁章钜、朱士彦、卓秉恬、顾莼等相唱和,吴嵩梁、彭毓海序其诗,谓其才力深壮而词旨温厚,合古人之法,出性情之正。著有《小万卷斋稿》、《文选集释》、《说文假借义证》、《经文广异》,编有《国朝古文汇钞》、《国朝诂经文钞》、《紫阳家塾诗钞》。生平事迹见《清史稿》卷四八二、《清史列传》卷六九、梅曾亮《朱兰坡先生墓志铭》、胡韫玉《朱兰坡先生传》。

洪震煊(1770—1815) 清诗人。字百里,号櫆堂。浙江临海人。嘉庆十八年(1813)拔贡生,既廷试,贫不能归,入直隶督学幕中。以微疾卒于深州。少有隽名,阮元称之曰:"侍郎之后,复见洪生。"侍郎,谓天台齐召南。延之助修《十三经校勘记》、《经籍纂诂》。精于《文选》学,诗才敏赡。在闽中时,适重构三百有三十士亭成,席上赋诗,一挥而就,举座搁笔。著有《櫆堂诗钞》。生平事迹见《清史稿》卷四八六、《清史列传》卷六九。

李黼平(1770—1832) 清诗人。字贞甫,又字绣子,号贞子,又号花庵。广东嘉应(今梅县)人。嘉庆十年(1805)进士,改庶吉士。假归,主讲越华书院。散馆，授昭文知县。为官宽和慈惠，公余勤读书，民间有“李十五书生”之称。以事落职，系狱八年，遇赦得免。两广总督阮元开学海堂，聘之往。久之，以病头风辞。后主讲宝安书院。《晚晴簃诗汇》谓其所作“谐畅稳秀，有一唱三叹之致”。屈向邦则称其诗“光色精奇，磨琢而出，足扫浮滑率直之弊”(《粤东诗话》)。著有《著花庵集》、《吴门集》、《南归集》、《毛诗细义》、《文选异义》、《读杜笔记》。生平事迹见《清史稿》卷四八二、《清史列传》卷六九、梁廷枏《昭文县知县李君墓志铭》。

孙尔准(1770—1832)　清大臣、诗人。字平叔，一字莱甫。江苏金匮(今无锡)人。嘉庆十年(1805)进士，选庶吉士，授编修。历官汀州知府，福建盐法道，江西按察使，福建、广东布政使，安徽、福建巡抚，闽浙总督，以病乞休。卒赠太子太师，谥文靖。幼有异禀，读书一目十行，背诵如泻水。器局英亮，用人务尽其材。学问淹贯，工诗文，尤擅词，虽兵事倥偬，不废吟咏。著有《泰云堂诗集》、《泰云堂文集》、《雕云词》、《荔香乐府》、《海棠巢乐府拈题》。生平事迹见《清史稿》卷三八〇、《清史列传》卷三五、陈寿祺《太子太保兵部尚书闽浙总督金匮孙尔准墓志铭》。

恽珠(1771—1833)　清女诗人。字珍浦，一字星联，晚号蓉湖道人。江苏阳湖(今常州)人。恽毓秀女，满洲完颜廷璐妻。十岁能诗，善绘事，得恽格家法。慕辽代太师适鲁之妹耶律常哥之为人，思读书论道以终其身。其诗才人品为索绰罗太夫人所知，遂聘为子妇。编清代女子诗为《国朝闺秀正始集》，又编《兰闺宝录》以垂女诫。著有《红香阁集》、《红香阁诗词草》。生平事迹见《清史稿》卷五〇八、《清代闺阁诗人征略》卷七、《晚晴簃诗汇》卷一八六。

陈寿祺(1771—1834)　清诗文家。字恭甫，号左海，又号苇仁、隐屏山人。福建闽县(今闽侯)人。嘉庆四年(1799)进士，选庶吉士，授编修。告归。家贫无食，以父命再入都。充广东、河南乡试副考官及会试同考官，以御史记名。以父丧归。服除，乞养母。母丧，遂不出。阮元聘入诂经精舍授徒。后主讲清源、鳌峰书院。专为汉学，及见钱大昕、段玉裁、王念孙等，学益博。与张惠言、吴鼒、王引之齐名。工骈文，亦擅诗。诗摹三唐，骈文取法六朝。著有《左海文集》、《左海骈体文》、《绛跗草堂诗集》、《尚书大传笺》、《五经异义疏证》等。生平事迹见《清史稿》卷二六九、《清史列传》卷六九、高澍然《翰林院编修记名御史陈先生寿祺行状》。

盛大士(1771—1839)　清画家、诗人。字子履，号逸云，又号兰畦道人、兰簃外史、悔生居士。江苏镇洋(今太仓)人。嘉庆五年(1800)举人，官山阳教谕。为钱大昕弟子。善画山水，称娄东嫡派。林昌彝谓其“修学好古，发为骈四俪六文，镵刻隐隟，扬榷丽藻”，其为诗“盘薄郁积，蝹蜦萎蕤，连犿谲诡，纵恣自喜，出入昌黎、昌谷而时逶迤于欧、梅、范、陆间”(《海天琴思录》)。著有《蕴愫阁集》、《琴竹山房乐府》、《溪山卧游录》、《泉史》、《朴学斋笔记》。生平事迹见《清画家诗史》已上、《晚晴簃诗汇》卷一一四。

黄承吉(1771—1842)　清学者、文学家。字谦牧，号春谷。江苏江都人。嘉庆三年(1798)举人，十年成进士。官兴安、岑溪知县。为同僚忌恨而落职，遂发愤著述，不复出。与同里江藩、焦循、李钟泗切磋经术，时有“江焦黄李”之目。论诗强调情与声为诗之大要，追求情深旨远、声正音清，以合《风》《骚》、汉唐之境。自为诗能传王士禛之法，谭献称其“气体博大”，“无一字无来历”(《复堂日记》)。著有《周官析疑》、《读毛诗记经说》、《梦陔堂文集》、《梦陔堂诗集》、《梦陔堂文说》。生平事迹见《清史列传》卷六九、阮元《江都春谷黄君墓志铭》。

陈文述(1771—1843)　清诗人。初名文杰，字隽甫，号云伯，又号退庵。浙江钱塘(今杭州)人。嘉庆五年(1800)举人，历官江都、全椒、昭文等县知县。与族兄鸿寿称“二陈”，又与无锡杨芳灿齐名称“陈杨”。为阮元门人，阮以二陈与陈浦合称“武林三陈”。在官有贤声，生平与王昙、郭麐、查揆、屠倬交最契。诗学钱谦益、吴伟业，沉博绝丽，以多为贵，仅“香奁”一体，即有二十卷。后期一变，渐归雅正，有关心民瘼之作。舒位《乾嘉诗坛点将录》以小李广花荣一员当之。王昙称其集百八十年诗人之大成。谭献谓其“虽涂泽为工，颇能骀宕，风骨未靡”(《复堂日记》)。著有《碧城仙馆诗钞》、《颐道堂集》、《秣陵集》、《西泠怀古集》等。生平事迹见《清史列传》卷七三、《清代学者像传》卷四。

凌霄(1772—1828)　清诗人。字芝泉。江苏江宁人。诸生。乾隆五十七年(1792)以袁枚荐，入湖广总督毕沅幕。后客死于扬州。喜吟咏，常与诸文士于所居快园作文酒之会。郭麐称其诗“七律多佳句，但微落纤巧”(《灵芬馆诗话》)。著有《快园诗话》、《芝泉集概》。生平事迹见《清画家诗史》戊上、《群雅集》卷三三。

陆继辂(1772—1834) 清诗文家。字祁生，一作祁孙，号修平，又号又商、霝庄、商对、季木。江苏阳湖(今武进)人。嘉庆五年(1800)举人，官合肥县训导。任满以修《安徽省志》叙劳，授贵溪知县，在任三年，以疾乞休，不复出。颇通考订之学，诗文与兄子耀遹齐名，时有“二陆”之称。与恽敬、张惠言、董士锡、吴德旋等同学为友，为阳湖派古文代表作家。“其文不苟依傍，通达事理，洋洋乎如千顷之波，而劲气昭质充然炯然，按之皆有物”(刘声木《桐城文学渊源考》)。“其诗词婉笃深远，淡而弥永”(《晚晴簃诗汇》)。著有《崇百药斋文集》、《崇百药斋诗集》、《合肥学舍札记》、《清邻词》及《词律评》、《词综评》及传奇《洞庭缘》。生平事迹见《清史稿》卷四八六、《清史列传》卷七二、李兆洛《贵溪县知县陆君墓志铭》。

毛国翰(1772—1846) 近代诗人、戏曲作家。字大宗，号青垣，又号青原。湖南长沙人。嘉庆诸生。早为知县陈光照所赏。屡试举人不中，筑麋园屏居，与沈道昆为文字交。后湖广总督裕泰招致幕府，数年，卒于其署。肆力于诗，以抒其侘傺无聊，往往多幽忧之思、凄苦之音。夏廷桢序其诗云：“五古清越醇雅，出入陶、谢、江、鲍间，七古雄宕有奇气，仍约束矜贵，不涉奔放。近体步唐贤，无沾滞之音、佻㑇之气。”兼工戏曲。著有《麋园诗钞》、《天显纪事》，另有《青湘楼》传奇。生平事迹见《国朝耆献类征》卷四四二、王先谦《毛青垣先生传》。

方东树(1772—1851) 近代诗文家。字植之，号副墨子，又号歇庵、冷斋，原名巩至。安徽桐城人。方绩子。诸生。师事姚鼐，与梅曾亮、管同、姚莹(或曰刘开)并称“姚门四弟子”。客游五十年。曾历主海门、韶阳、庐阳、泖湖、松滋、东山等书院讲席。晚岁家居。博览经史诸子百家，尤重朱子之说。曾著《汉学商兑》抨击汉学。少有用世志，著《匡民正俗对》陈禁烟之策，又著《病榻罪言》论御英军方略。论文一本师说，著《昭昧詹言》阐发桐城派文论、诗论，述姚鼐“熔铸唐宋”诗学观点尤为深入全面。“为文好构深湛之思，醇茂昌明，言必有物，穷源尽委，沉雄坚实，无不尽之意，无不尽之词，不尽拘守文家法律，诗则用力尤至沉著坚劲。”(刘声木《桐城文学渊源考》)另著有《仪卫轩集》、《书林扬觯》、《最后微言》等。生平事迹见《清史稿》卷四九一、《清史列传》卷六七、马其昶《桐城耆旧传》。

沈道宽(1772—1853) 近代诗人。字栗仲。顺天大兴(今属北京)籍，浙江鄞县人。嘉庆九年(1804)举人，游幕四方，二十五年始成进士，历知宁乡、道州、茶陵、酃县、耒阳、桃源诸县。后以事去官，寓长沙，与湘南人士订文字交。咸丰初太平军围长沙，买舟东下，卒于泰州。工书画篆刻，兼通琴棋象数。《晚晴簃诗汇》称其诗“七言古近体皆健拔，律句隶事精当，出入玉溪、山谷”。著有《话山草堂诗钞》、《文钞》、《词钞》。生平事迹见《大清畿辅先哲传》卷二五、方濬颐《赠通奉大夫沈公家传》。

汤金钊(1772—1856) 近代诗人。字敦甫，一字勖之。浙江萧山人。嘉庆四年(1799)进士，选庶吉士，授编修。历官内阁学士，礼部、吏部、工部、户部侍郎、尚书，协办大学士，降调光禄寺卿，旋以老病致仕。咸丰四年(1854)重宴鹿鸣，加太子太保，卒谥文端。居高位数十年，常不改布衣。为政廉明，负一时清望。所学以治经为务，立敬为本，不沾沾于词章。诗和平忠厚，多奉和御制及历官纪恩之作。著有《寸心知室存稿》、《轺车日记》、《隙光随笔》。生平事迹见《清史稿》卷三六四、《清史列传》卷四一及《汤文端公自订年谱》。

严元照(1773—1817) 清词人、学者。字修能，一字九能，号悔庵，又号蕙櫋。浙江归安(今湖州)人。诸生。生而识字，四岁能写大字，八岁作书，求者已盈门。住石家村，建芳茮堂，聚书数万卷。后移居德清，读书治经，尤熟于《尔雅》、《说文》。阮元、朱珪深赏之。嘉庆四年(1799)阮元巡抚浙江，延之入诂经精舍。其词身后见赏于朱祖谋，为题《望江南》词云：“廿载柯家山下客，空斋画扇亦前因，成就苦吟身。”其诗《晚晴簃诗汇》称之为“和雅清婉，得风人之旨”。著有《柯家山馆词》、《柯家山馆遗诗》、《悔庵学文》、《尔雅匡名》、《娱亲雅言》。生平事迹见《清史稿》卷四八二、《清史列传》卷六九、《国朝耆献类征》卷四二二、许宗彦《三文学合传》。

谭敬昭(1773—1830) 清诗文家。字子晋，号康侯。广东阳春人。嘉庆二十二年(1817)进士，官户部主事。淹博群籍，尤长于诗，翁方纲以之与黄培芳、张维屏并称“粤东三子”。冯敏昌盛称其乐府独出冠时，《晚晴簃诗汇》以为其《珠江柳枝词》风格不在朱彝尊《鸳鸯湖棹歌》之下，而“《大风歌》、《游通真岩》、《北行》诸篇，则又铺叙分明，波澜壮阔，极才人之能事”。兼工文辞，所作擅初唐、六朝之胜。著有《听云楼集》。生平事迹见《清史稿》卷四八六、《清史列传》卷七三。

端木国瑚(1773—1837) 清诗文家。字子彝，又字井伯，号鹤田。浙江青田人。少有异禀，阮元督学浙江，命题使士子作赋，极赏其才，称之为“青田鹤”，召入敷文书院读书。旋由举人大挑得知县，改归安教谕。道光十年(1830)，宣宗改卜寿陵，近臣以其所著《地理元文注》献，宣宗使召之相地，特授内阁中书。道光十三年成进士，仍以知县请改归中书。好学深思，旁及阴阳术数，尤精《易》学，龚自珍与之论《易》，深为叹服。诗文汪洋恣肆，为阮元作《定香亭赋》，传诵至朝鲜，“诗崛强生峭，耐人咀嚼，不屑依傍，自成一家”(《清史列传》)。著有《太鹤山人诗集》、《文集》、《周易指》、《周易葬说》。生平事迹见《清史稿》卷四八五、《清史列传》卷七三、汤纪尚《太鹤山人传》、宗稷辰《太鹤先生墓表》。

吴荣光(1773—1843) 近代诗人、书法家。字伯荣，号荷屋。广东南海(今广州)人。嘉庆四年(1799)进士，改庶吉士，授编修。迁监察御史，以事革职。起授刑部员外郎、郎中，历陕西陕安道、福建盐法道，福建、浙江、湖北按察使，贵州、福建、湖南布政使，湖南巡抚，降福建布政使，以原品休致。为岭南名宿，于金石书画，鉴别最精。张维屏《艺谈录》谓“粤东百余年来，论书法推四家：冯鱼山敏昌、黎二樵简、吴荷屋荣光、张澥山岳崧”。《晚晴簃诗汇》称其诗“纪事述情，不规规摹仿前人。潘文恭序其集云：‘风雅一律，忠孝备于人伦；经济万言，忧乐先于天下。’足见其大概”。著有《石云山人集》、《历代名人年谱》。生平事迹见《清史列传》卷三八、《国朝耆献类征》卷一九九、《国朝书人辑略》卷八。

吴廷琛(1773—1844) 近代诗人。字震南，号棣华。江苏元和(今苏州)人。嘉庆七年(1802)会元，殿试进士第一。历官金华、杭州知府，直隶清河道，云南按察使。平生不屑屑于章句，而能贯通经典。素不喜炫名。归田后，参与问梅诗社。朱珔称其“文章遒隽”，“诗格最超，及感时论事，宗法杜陵，身处林泉，系怀魏阙”(《吴公墓志铭》)。著有《归田集》。生平事迹见《国朝耆献类征》卷二〇〇、朱珔《前云南按察使司棣华吴公墓志铭》。

姚元之(1773—1852) 近代诗人。字伯昂，号荐青，别号五不翁、竹叶亭主。安徽桐城人。嘉庆十年(1805)进士，选庶吉士，授编修，擢侍讲。历任河南学政，工部、户部、刑部侍郎，浙江学政，左都御史，内阁学士。早从学族祖姚鼐，文辞优雅。习于掌故，馆阁推为祭酒。归田后，常与门生故旧极谈燕之欢。好蓄古书彝器。兼工书画。姚莹称其诗“古近诸作雅托唐音，绵邈其思，俊逸其气，清辞丽句，不绝于篇”(《晚晴簃诗汇》引)。著有《使沈草》、《竹叶亭杂诗稿》、《荐青集》、《竹叶亭杂记》。生平事迹见《清史稿》卷三七五、《清史列传》卷四二、吴昆田《姚伯昂师》。

童槐(1773—1857) 近代诗人。字晋三，又字树眉，号萼君。浙江鄞县人。嘉庆十年(1805)进士，选庶吉士，授编修。官至通政使司副使。在国子监就学时，为祭酒法式善所知。阮元巡抚浙江时，亦引为幕僚。暮年研讨四明文献，探幽揽胜，感事忧时，文益奇，诗益细。董沛《四明清诗略》评其文“沈博绝丽”，诗“亦大处落墨，不涉庸音”。著有《今白华堂集》。生平事迹见《晚晴簃诗汇》卷一一七、钱振伦《通政使司副使童公传》。

改琦(1774—1829) 清画家、词人。字伯蕴，号香白，又号七芗、玉壶外史。先世西域人，占籍江苏华亭(今上海松江)。通敏多能，尤以画享名。嘉庆、道光间人物画，以之为最工，出入李公麟、赵孟頫、唐寅、陈洪绶诸家。写佛像仕女，跌宕入古。间作山水，亦用笔超逸。受知于李廷敬，工为诗词。丁绍仪《听秋声馆词话》云：“乾、嘉之际，江浙画家以奚(冈)、方(薰)、钱(杜)、改四布衣为最，……四君画理，俱以闲逸疏秀擅场，词亦如之。”改琦词在四人中成就最高，“闲逸疏秀”之风格亦最显。著有《玉壶山房集》、《玉壶山房词选》。生平事迹见《清史稿》卷五〇四、《国朝书画家笔录》卷三、《清画家诗史》己下。

齐彦槐(1774—1841) 清诗人。字梦树，号梅麓，又号荫三。安徽婺源(今属江西)人。嘉庆十四年(1809)进士，选庶吉士，授金匮知县。所至毁淫祠，勤赈务，作《衙斋书壁诗》二十九首纪其事。擢苏州同知，陈海运策，得旨优奖。身后数十年，金匮百姓犹称齐青天。工诗歌骈文，尤长于律诗，胎息杜甫，出入韩、苏，感时抚事，均有为而作。兼擅书法，精于鉴藏。著有《梅麓诗文集》。生平事迹见《清史稿》卷四八六、《清史列传》卷七三、方濬颐《金匮县知县齐梅麓先生墓表》。

吴懋清(1774—1845) 近代学者、散文家。字澄观，号回溪先生。广东吴川人。嘉庆十五年(1810)举人。早为学政姚文田、陈嵩庆所知。中举后会试不第，客京师，复为颜伯焘、陈昌齐、张岳崧、林召棠所推重。乡试出胡承珙之门，以所学相质，由是日益进，以经学博赡名于时。晚以著述自娱，虽病目不懈。所为文"渊深古茂"(《清史列传》)，为论者所称。著有《尚书三文订讹》、《毛诗复古录》、《周官郑注订讹》、《春秋传注订讹》、《论语考》、《孟子考》、《国语韦注订讹》等。生平事迹见《清史列传》卷六九。

郭仪霄(1775—?) 清诗人。字羽可。江西永丰人。嘉庆二十四年(1819)举人，官内阁中书。在京师时，大学士潘世恩、王鼎皆敬礼之。喜画竹，生气远出，黄爵滋赠诗有"古之与可今羽可"之句。工诗，从张琼英受诗法，史称其诗"出入汉魏唐人，而能自抒词藻，卓然名家，新乐府尤深妙古浑，一时莫与抗手"(《清史列传》)。朝鲜使臣权敦仁、李石友尝求其诗集，传之东国。吴嵩梁在黄爵兹处，论己与仪霄诗长短云："羽可之诗，乐府特佳，余皆醖酿深厚，粗枝大叶，不假修饰，其拙处往往不工对仗，然不碍其可传，己诗如一匹天孙锦，五色斑斓，无瑕可指，然真气亦坐此雕损。"(《晚晴簃诗汇》引)黄以为确论。著有《诵芬堂诗文钞》。生平事迹见《清史列传》卷七三、《晚晴簃诗汇》卷一二八、《清画家诗史》已下。

陈鸿墀(?—1834以后) 清诗人。字范川，号抱箫道人。浙江嘉善人。嘉庆十年(1805)进士，改庶吉士，授编修。诏辑《全唐文》，任总纂官。以伉直忤权贵罢官。起为内阁中书，复被罢。家贫，以卖文为生。晚年主讲越华书院十余年，陈澧为其弟子。擅诗，多赠答吊挽述怀之作。任《全唐文》总纂官时，另编《全唐文纪事》，以配计有功《唐诗纪事》。著有《抱箫道人遗稿》。生平事迹见《晚晴簃诗汇》卷一一七、林钧《樵隐诗话三集》、陈澧《全唐文纪事序》。

沈钦韩(1775—1832) 清学者、诗人。字文起，号小宛，又号织廉居士。祖籍浙江吴兴(今湖州)，迁居江苏吴县。年三十余始成县学生，嘉庆十二年(1807)举人，道光三年(1823)选授宁国训导。家贫借书苦读，学遂淹通，诗赋骈散文外，尤长于考证，又喜笺注前贤诗文。《晚晴簃诗汇》谓其"骈文雅赡，希踪稚威"，而诗则"学人之作，胎息未深，似堇浦之摹拟韩苏而窘于边幅"。著有《幼学堂诗文集》、《两汉书疏证》、《水经注疏证》、《左传补注》、《左传地理补注》。另有《韩昌黎集补注》、《王荆公诗补注》、《王荆公文补注》、《苏诗查注补》、《范石湖集注》等，多未刊。生平事迹见《清史列传》卷六九、《国朝耆献类征》卷二五九、王壑《宁国县训导沈君墓志铭》。

俞正燮(1775—1840) 清学者、诗文家。字理初。安徽黟县人。道光元年(1821)举人。少侍父句容训导署中，年二十余负其所学谒孙星衍，星衍颇采其文以折众论。后客陈用光所，为校顾祖禹《读史方舆纪要》。道光十三年，阮元主会试，正燮与试，为人所抑未中。后元知之，深以为恨。十九年，受聘为祁寯藻校写三古、六朝文目，复掌教惜阴书舍。足迹半天下，得书即读，随作札记。其经史考证之学甚为世人所重。著有《癸巳存稿》、《癸巳类稿》、《四养斋诗稿》、《校补海国纪闻》。生平事迹见《清史稿》卷四八六、《清史列传》卷六九、王立中《俞理初年谱》。

梁章钜(1775—1849) 近代文学家。字闳中，又字茝林，晚号退庵。福建长乐人。乾隆五十九年(1794)举人。嘉庆七年(1802)成进士，改庶吉士，授礼部主事。旋乞假归里，主讲南浦书院。考授军机章京，历官礼部员外郎，荆州府知府，江苏、山东按察使，江苏布政使，护理江苏巡抚，甘肃布政使，广西、江苏巡抚，署两江总督。道光二十二年(1842)，因病辞官，闲居家中，专事著述。能文工诗，尤熟掌故。《晚晴簃诗汇》谓其诗"才学赡博，用笔生健，喜选险韵，而能控制自如"，最为翁方纲所赏。著有《藤花吟馆诗钞》、《退庵诗存》、《长乐诗话》、《南浦诗话》、《退庵随笔》、《制义丛话》、《试律丛话》、《楹联丛话》、《称谓录》、《归田琐记》、《浪迹丛谈》、《退庵题跋》、《三国志旁证》、《文选考证》等。生平事迹见《清史列传》卷三八、林则徐《兵部侍郎都察院右副都御史江苏巡抚梁公墓志铭》及《退庵自订年谱》。

包世臣(1775—1855) 近代诗文家、学者。字慎伯，号倦翁、小倦游阁外史，学者称安吴先生。安徽泾县人。嘉庆十三年(1808)举人，官江西新喻知县。少工词章，继而喜兵家言，善经济之学，于农政、漕运、盐政、货币以及鸦片战争后外国商品输入对中国经济之影响均有独到见解，为督抚所重。书法亦为近代名家，兼秦篆汉隶以为六朝正草书。为文本《荀子》、《韩非子》、《吕氏春秋》,为诗则学陆机、谢灵运。著有《中衢一勺》、《艺舟双楫》、《管情三义》、《齐民四术》,合为《安吴四种》,另著有《小倦游阁文稿》。生平事迹见《清史列传》卷七三、《国朝书人辑略》卷八、谢应芝《书安吴包君》。

李士祯　清诗文家。祯一作桢,字广成,号东田。广东番禺(今广州)人。嘉庆六年(1801)拔贡。少负异才,巡抚朱珪尝以国士期之。家贫游食四方,惠潮嘉道胡克家延之入幕。与黎简游,简以为畏友。“其诗镂刻心肝,不肯作一庸语。骈体文亦为吴慈鹤所称”(《清史列传》)。著有《青梅巢诗钞》、《青梅巢外集》。生平事迹见《清史列传》卷七二、《国朝诗人征略》卷五六。

刘逢禄(1776—1829)　清学者、散文家。字申受,号申甫。江苏武进人。嘉庆十九年(1814)进士,改庶吉士,授礼部主事。少从外祖父庄存与、舅父庄述祖学,尽传其学。为清代著名今文经学家,治经精《春秋公羊传》,务通大义,不专章句,主汉董仲舒、何休之说。著《公羊春秋何氏释例》,倡“大一统”、“张三世”之论,探求微言大义,对清末改良主义兴起有重大影响。龚自珍、魏源皆从其学,康有为之《新学伪经考》亦受其启发。又治《周易》、《尚书》、《诗经》。另著有《卦象阴阳大义》、《虞氏易言补》、《尚书今古文集解》、《诗声演》、《左氏春秋考证》等,文集有《刘礼部集》。生平事迹见《清史稿》卷四八二、《清史列传》卷六九、《国朝先正事略》卷一七。

王衍梅(1776—1830)　清诗人。字律芳,号笠舫。浙江会稽(今绍兴)人。嘉庆十六年(1811)进士,授武宣知县。幼有异禀,童时背诵《十三经》,一字不误。为文信手挥写,顷刻即成,嗜酒好读书,人皆以为徐渭复生。官广西未十日,即以吏议失官,遂依阮元于广东。豪于诗,尝于友人座中用馋字韵赋江瑶柱,时叹为绝唱。著有《绿雪堂遗稿》。生平事迹见《清史列传》卷七三、《晚晴簃诗汇》卷一二五、沈元泰《王衍梅传》。

胡承珙(1776—1832)　清学者、诗文家。字景孟,号墨庄。安徽泾县人。嘉庆十年(1805)进士,改庶吉士,授编修。充广东乡试副考官,迁御史,转刑科给事中。二十四年,授延建邵道,寻调补台湾道。在台三年,乞假归里。究心经学,专精《毛诗》,与陈奂反复讨论,剖析精微。著《毛诗后笺》,四易其稿,未成病卒,遗嘱奂足成之。亦长于小学,熟于《尔雅》、《说文》。少以诗赋鸣,后虽潜心朴学,作诗则“清婉自然,不似考据学家之寡味”(袁行云《清人诗集叙录》)。著有《求是堂诗文集》,另有《小尔雅义证》、《仪礼古今文疏义》等。生平事迹见《清史稿》卷四八二、《清史列传》卷六九、胡培翚《福建台湾道胡君别传》。

朱凤森(1776—1832)　清戏曲作家。字韫山。广西临桂(今桂林)人。嘉庆三年(1798)举人,六年成进士,授濬县知县。白莲教起义,由滑县进逼濬县,凤森率僚佐死守,事闻,加同知衔。同官有妒其能者,造蜚语中伤之,遂引疾归。归后五年,复起留河南补用,署固始知县三年,仍还濬县原任。在濬县先后四任凡十八年,卒于官。著有杂剧《守濬记》、《平錁记》、《金石缘》、《辋川图》,传奇《才人福》、《十二钗》,合称《韫山六种曲》,另著有《守濬日记》、《守城诗》。生平事迹见《国朝耆献类征》卷二四六、《光绪续濬县志》卷五、邓显鹤《河南濬县知县朱君墓志铭》。

邓廷桢(1776—1846)　近代文学家。字嶰筠。江苏江宁(今南京)人。嘉庆六年(1801)进士,选庶吉士,授编修,历官浙江与陕西各地知府、湖北按察使、江西布政使、陕西按察使、陕西布政使、安徽巡抚。道光十五年(1835),擢两广总督,严禁鸦片。林则徐以钦差大臣至广东,得其合作。旋调任闽浙总督,曾击退进犯厦门之英国舰队。鸦片战争失败后,遣戍伊犁。释还,授甘肃布政使,擢陕西巡抚,署陕甘总督,卒于官。绩学工词,宋翔凤序称其“于音律殆由夙授,分刌节度,有顾曲风,而于古人之词,靡不博综,其自制词则雍容和谐,写其一往”,“虽所存无多,而所托甚远”。谭献《复堂日记》称其词“忠诚悱恻,咄唶乎骚人,徘徊乎变雅”,“欧(阳修)、范(仲淹)之亚也”。亦工诗,《晚晴簃诗汇》称其“于藻丽丰缛之中,存简质清刚之制,论其品第,亦与左楼(林则徐)相伯仲”。戍伊犁时,与林则徐日以诗词相酬答,好事者辑为《林邓唱和集》,工力相敌,并称传作。著有《双砚斋诗集》、《双砚斋词》、《双砚斋词话》。生平事迹见《清史列传》卷三八、《清稿》卷三六九、《国朝先正事略》卷二四、梅曾亮《陕西巡抚邓公墓志铭》。

黄培芳(约1776—约1857)　近代诗人。字子实,号香石,又号云泉、粤岳山人、九天仙客。广东香山(今中山)人。嘉庆九年(1804)副贡生,官内阁中书,乳源、陵水教谕。

好学通经，深得冯敏昌器重。喜登临揽胜，尝三游罗浮山，于绝顶筑粤岳山以观日出。深于诗，翁方纲督学粤东，将黄培芳与谭敬昭、张维屏目为“粤东三子”。恽敬称其诗“清冽荡漾，远具胜情”（《黄香石诗序》）。亦能词，张德瀛评为“如净几明窗，尽堪容膝”（《词征》）。著有《云泉札记》、《浮山小志》、《虎坊杂识》、《香石诗钞》、《岭海楼诗文钞》、《香石诗话》、《粤岳草堂诗话》，编有《新会县志》。生平事迹见《清史列传》卷七三、刘彬华《岭南群雅二集》。

宋翔凤（1776—1860） 近代学者、词人。字于庭。江苏长洲（今苏州）人。嘉庆五年（1800）举人，官新宁知县。为著名学者庄述祖甥，述祖尝有“刘甥可师，宋甥可友”之语，刘谓刘逢禄，宋即为翔凤。通训诂名物，志在西汉家法，微言大义，得其舅真传。亦工词，属常州词派，其《香草词自序》自谓“平其气以和其疾”，张惠言常州派词论在其词作中体现为较为淡化的形态。著有《香草词》、《洞箫词》、《碧云庵词》，总称《浮溪精舍词》，另著有《朴学斋文录》与《诗录》及《过庭录》、《论语说义》、《小尔雅训纂》、《孟子赵注补正》、《四书释地辨证》等。生平事迹见《清史稿》卷四八二、《清史列传》卷六九。

舒敏（1777—1803） 清诗人。觉罗氏，字叔夜，号时亭，又号石舫。满洲正红旗人。伍拉纳子，崇恩父。伍拉纳以侵吞库银，索贿受贿，被处斩，诸子均戍伊犁。在戍所三年，赦还。又四年病卒。所为诗感怀身世，多苍凉沉郁之音。著有《适斋居士集》。生平事迹见《国朝诗人征略二编》卷五八、《晚晴簃诗汇》卷一二三。

汪潮生（1777—1832） 清词人、画家。字汝信，号饮泉，晚号冬巢。江苏仪征人。乾隆六十年（1795）副贡。生平无他嗜好，唯以词画自娱。画学恽格、华嵒之法。词学周邦彦、张炎，谭献谓其所作“粹美无疵，直入宋贤之室”（《复堂词话》）。著有《冬巢诗集》与《词集》。生平事迹见《清画家诗史》戊下、包世臣《汪冬巢传》。

吕璜（1777—1839） 清诗文家。字礼北，号月沧，又号南郭老民。广西永福人。父以诸生坐冤狱戍江右，生璜于戍所，璜年十五始归。嘉庆十六年（1811）进士，历官庆元、奉化、镇海、山阴、钱塘知县，擢西塘同知。为官多惠政，尤擅决狱。后以事落职，留滞数年始归。徙居临桂，先后主榕湖、秀峰书院讲席。先是梅曾亮、吴德旋受古文之法于姚鼐，璜师事德旋，同时广西朱琦、龙启瑞、王拯等亦皆步趋之，璜、琦等又得梅曾亮指授，桐城宗派，遂流衍于广西。其诗文与朱琦、龙启瑞、王拯、彭昱尧号“岭西五家”。著有《吕月沧集》。生平事迹见《清史列传》卷七二、梁章钜《吕月沧郡丞墓志铭》、彭昱尧《吕月沧先生诔》及《吕月沧自订年谱》。

邓显鹤（1777—1851） 近代诗人。字子立，号湘皋。湖南新化人。嘉庆九年（1804）举人。屡试礼部不第，遂绝意进取。读书渊博，足迹半天下，交友极广。晚授宁乡训导。早与同里欧阳辂以诗相砥砺。后尤致力于考求乡邦文献，编有《资江耆旧集》、《沅湘耆旧集》。为诗导源魏晋，而驰骋于唐宋。符葆森评其诗“以峭拔生涩为宗，其托意处，仍是《骚经》香草之遗”（《国朝正雅集》）。著有《南村草堂诗》与《文钞》，编有《宝庆府志》、《武冈州志》。生平事迹见《清史稿》卷四九一、《清史列传》卷七三、曾国藩《邓湘皋先生墓表》及《自订年谱》。

单学傅 清诗人、诗评家。字师白。江苏常熟人。诸生。少从同邑吴蔚光游，后客中州，与姚椿、洪齮孙唱和，著《海虞诗话》，所收清初至道光时同邑作者五百余人，凡巨公名卿，皆其所略，盖意在阐幽而作。其论诗宗旨出于同里前辈冯班、王应奎，故其自作体格亦与冯班相似，工于近体，有晚唐风味。著有《钓渚诗选》。生平事迹见《光绪常昭合志稿》卷三〇、《晚晴簃诗汇》卷一三三。

姚椿（1777—1853） 近代诗文家。字子寿，一字春木，号樗寮子（生）。江苏娄县（今上海松江）人。监生。乾隆五十九年（1794）应顺天乡试，日与洪亮吉、杨芳灿、张问陶等作文酒会，才名大起，而试辄不遇。道光元年（1821）举孝廉方正，不就。先后主讲夷山、荆南、景贤等书院。从姚鼐学，受古文法，终身服膺不失。其文“义法高洁，不事雕琢，磅礴而出，……实以度胜而中含实理，得桐城之正绪”（刘声木《桐城文学渊源考》），其诗“才锋俊拔，而以酝酿出之，……盖能矫袁（枚）、赵（翼）末流者也”（《晚晴簃诗汇》）。著有《通艺阁诗录》、《樗寮诗话》、《和陶集》、《晚学斋文集》，合为《樗寮先生全集》，编有《国朝文录》、《禹州志》。生平事迹见《清史稿》卷四八六、《清史列传》卷七三、沈曰富《姚先生行状》。

赵允怀（1778—1825） 清诗文家。字闾乡，号存孝。江苏常熟人。少孤力学，赘于邑中支塘顾氏。道光五年（1825）举人，大挑得教谕，未及选遽没。博览群书，诗文跌宕而有法度。留心邑中文献，编有《虞乡诗录》、《支溪诗录》、《三峰寺志》等，著有《小松石斋集》、《甲午消夏录》。生平事迹见《民国重修常昭合志》卷二〇。

吴慈鹤(1778—1826)　清诗文家。字韵皋，又字巢松。江苏吴县人。嘉庆十四年(1809)进士，改庶吉士，授编修。典试云南，督学河南、山东，官至侍讲。平生喜游览，见闻发而为诗。宗徐陵、庾信、孟郊、韩愈，为时流所重。兼工词。彭兆荪称其诗为"能扫弊祛惑者"，"莹澈灵府，发挥高致"(《与吴韵皋书》)。其骈文亦与兆荪相埒。著有《岑华居士兰鲸录》、《凤巢山樵求是录》、《岑华馆词》、《凤巢山樵词》。生平事迹见《清史列传》卷七二、《国朝诗人征略》卷五八、王晓堂《历下偶谈》。

陶澍(1778—1839)　清大臣、诗人。字子霖，号云汀，又号髯樵。湖南安化人。嘉庆七年(1802)进士，改庶吉士，授编修，历任江南道、陕西道监察御史，户科给事中，吏科掌印给事中，四川川东道，山西、福建按察使，安徽布政使，安徽、江苏巡抚，两江总督，加太子少保。谥文毅。为官清正，更革漕盐诸政，成绩卓著。其奏议文章为世所称，余事作诗，亦庄雅可诵。法式善称其诗"各体皆工，而登临怀古之作，尤觉俯仰上下，苍茫交集，才学识兼擅其长，直可称为诗史"(符葆森《国朝正雅集》引)。著有《陶文毅公集》、《陶云汀奏议》、《陶渊明集辑注》、《靖节年谱考异》，与人合编《洞庭湖志》，校刊《资江耆旧集》。生平事迹见《清史稿》卷三七九、《清史列传》卷三七、魏源《两江总督陶文毅公神道碑铭》、陈銮《两江总督陶文毅公行状》。

杨兆璜(1778—1845)　近代诗人。字飧秋，号东霞，一号古生。福建邵武人。嘉庆十四年(1809)进士。历官浙江金华知县，广西柳州、直隶广平知府。少以古文词受知于吴贤湘。好置书远游，十余年间游迹达十四省，尝渡海受聘修《台湾府志》。所至皆有吟咏，尤熟知本朝掌故。王拯称其诗"奇郁骀宕，如复见李沧溟、何大复"。著有《太霞山房诗集》、《东霞集》、《东霞山馆诗钞》。生平事迹见王拯《休致直隶广平府知府杨君墓表》、陈庆镛《广平府知府杨君墓志铭》。

汤贻汾(1778—1853)　近代诗人、画家。字若仪，又字雨生，号粥翁，又号琴隐道人、粒民太守，别署老雨等。江苏武进人。世袭云骑尉，授守备，擢乐清协副将。晚辞官居金陵，太平军破城，投水死。谥贞愍。画有重名，韵致疏秀，与戴熙并称"汤戴"，又工行草书。与梅曾亮等为文字交。诗主性灵，《晚晴簃诗汇》称其"歌行尤胜，权奇排奡，而有沉毅之气流露行间"。又善词，杜文澜谓其"抒情合度，绝无叫嚣靡曼之音，得词之正轨"(《憩园词话》)。著有《琴隐园诗词集》、《画筌析览》及传奇《逍遥巾》。生平事迹见《清史稿》卷三九九、顾寿桢《汤将军传》、蒋敦复《汤将军行略》、陈韬《汤贞愍公年谱》。

唐鉴(1778—1861)　近代学者、诗文家。字镜海。湖南善化(今长沙)人。唐仲冕子。嘉庆十四年(1809)进士，改庶吉士，授检讨。迁监察御史，缘事镌级，以六部员外郎降补。道光初，以荐任平乐知府，历官宁池太广道、江安粮道，山西、贵州按察使，浙江、江宁布政使，太常寺卿。鸦片战争起，严劾琦善等，有直声。致仕归，主讲金陵书院。谥确慎。潜研理学，宗尚程、朱，著《清儒学案小识》以推尊宋学，门下士有曾国藩等。亦工诗文。著有《唐确慎公集》、《省身日课》、《畿辅水利备览》、《读易身反录》、《朱子年谱考异》、《读礼小事记》。生平事迹见《清史稿》卷四八〇、《清史列传》卷六七、《国朝先正事略》卷三一、曾国藩《唐确慎公墓志铭》。

陈均(1779—1828)　清诗人、书画家。名一作筠，初名大均，字受笙，号敬安。浙江海宁人。嘉庆十五年(1810)举人，以教习授知县。多才艺。工篆刻，精鉴赏。擅画，精于山水，旁及花卉。尤长于诗。弱冠后游京师，即与何道生、伊秉绶、张问陶等赠答。马履泰视学陕西，邀与偕行，遍历名胜，诗益工。潘衍桐《两浙輶轩续录》谓其"天姿高迈，又复沉酣史集，历览山川，故其诗雄悍排奡，别开生面。游山怀古诸篇，几于一时无两"。著有《松籁阁集》、《画眉笔谈》，编有《唐骈俪文钞》、《古今奇姓名录》。生平事迹见《清画家诗史》己下、《国朝书人辑略》卷八。

李宗昉(1779—1846)　近代诗文家。字静远，号芝龄。江苏山阳(今淮安)人。嘉庆七年(1802)进士，授编修，擢赞善，历官侍讲、侍读，祭酒，翰林学士，少詹事、詹事，内阁学士，礼部、户部、工部、吏部侍郎，左都御史，礼部尚书兼署兵部尚书。道光二十四年(1844)，以疾乞休。先后督贵州、浙江学政，屡典乡试会试，号称得士。擅诗文。符葆森谓其"论古人事有卓识，古诗最为擅长，而五古皆从汉魏人融出，其真朴处无有能过之者"(《国朝正雅集》)。著有《闻妙香室集》、《黔记》、《唐律赋程》、《致用丛书》。生平事迹见《清史稿》卷三七五、梅曾亮《礼部尚书李公墓碑》、徐士芬《礼部尚书山阳李公墓志铭》。

杨夔生 清词人。初名承宪,字伯夔,号浣芗。江苏金匮(今无锡)人。杨芳灿子。监生。嘉庆道光间在世。官顺天蓟州知州。好学多才,尤善倚声。其词谭献《箧中词》评为"金荃遗响"。著有《真松阁词》、《过云精舍词》、《续词品》。生平事迹见方廷瑚《真松阁词序》、《国朝词综续编》卷七。

尚镕(?—1836) 清学者、诗人。字乔客,又字宛甫。江西南昌人。道光间诸生。少有才名,馆于邑中王氏读书楼。工诗古文词,尤邃史学,与同邑姜怀哲善,时有"姜经尚史"之称,然屡困于科场。逾岭浮湘,渡洞庭,泛大江,走吴越,历淮扬,一时名人多折节与交。晚客河南,历主三山、聚星、崇实书院。卒于唐县书院。其诗沉郁苍劲,古体尤胜。著《三家诗话》,评骘袁枚、蒋士铨、赵翼诗学,时人以为具有卓见。另著有《持雅堂诗钞》、《持雅堂文钞》、《史记辨正》、《三国志辨微》。生平事迹见《清史列传》卷七三。

管同(1780—1831) 清散文家。字异之,号育斋。江苏上元(今南京)人。幼孤家贫,少从母学。嘉庆初,从钟山书院主讲姚鼐学,称高足弟子;与同邑梅曾亮最善。与梅曾亮、方东树、姚莹并称"姚门四弟子"。道光五年(1825)中举人。后为巡抚邓廷桢延入幕,课其子。偕邓子入都,卒于宿迁旅次。方宗诚《管异之先生传》曰:"君既无所用于世,遂以文名家,雄深浩达,简严精邃,曲当乎法度。其诗缔情隶事,创意造言,论者以为得苏、黄之朗峻。"著有《因寄轩文集》、《七经纪闻》、《孟子年谱》,另有《文中子考》、《战国地理考》、《皖水词存》等。生平事迹见《清史稿》卷四八六、方东树《管异之墓志铭》、方宗诚《管异之先生传》。

赵函(1780—1845) 近代诗人。字元止,号艮甫。江苏震泽(今吴江)人。侨寓于无锡。有才名,与顾翰、顾翃、杨夔生、徐宝善齐名,称"同岑五子"。符葆森《国朝正雅集》引王嘉禄语称其"诗才豪逸,五、七古生新遒宕,真有戛戛独造之能",《晚晴簃诗汇》引朱绶语,言其"在邗上佐都转郑公采择乾隆以来诸家诗,所见专家最多,故能别白流派,意为根干,辞为葩华"。所作《十哀诗》等,反映鸦片战争,悲凉慷慨,无愧诗史。又工词,与曹楙坚(亦号艮甫)齐名江南,一时有"平艮仄艮"之称,另有"江南两艮甫"之目。著有《乐潜堂诗集》、《鞠潜庵剩稿》、《飞鸿阁琴意》。生平事迹见《晚晴簃诗汇》卷一三三、《清人诗集叙录》卷五八。

张维屏(1780—1859) 近代诗人。字子树,一字南山,号松心子。广东番禺(今广州)人。道光二年(1822)进士,历官湖北长阳、黄梅、广济及江西太和知县,袁州府同知、吉州府通判。早有诗名,与黄培芳、谭敬昭称"粤东三子"。至京师,翁方纲叹为诗坛大敌。曾编《国朝诗人征略》、《二编》,辑道光前清代诗人事迹,并加评述。自为诗不出乾、嘉规范,较多写个人生活情趣。后经鸦片战争,目睹英军侵华暴行,曾写《三将军歌》、《三元里》等爱国精神强烈的名篇。著有《听松庐诗钞》、《松心诗录》、《松心文集》、《花甲闲谈》等,合辑为《张南山全集》。生平事迹见《清史稿》卷四八六、《清史列传》卷七三、《国朝先正事略》卷四四、陈澧《张南山先生墓志铭》。

李祖陶 清诗文家。字钦之,号迈堂。江西上高人。嘉庆十三年(1808)举人。少孤贫好学。既长,博览群籍,擅诗古文辞。好游览,平生足迹半天下。晚筑尚友楼,藏书数万卷,究心时政,兼治兵法。年八十三卒。张舜徽《清人文集别录》言其文"仍取径唐宋,不脱八家窠臼。故于李兆洛所云学古文须宗两汉之说,辟之尤力。斯亦成见颇深,未为通核。且祖陶自撰之篇,实病庸冗,未足名家"。著有《迈堂文略》与《诗存》,编有《国朝文录》、《金元明八家文钞》。另著《史论五种》。生平事迹见《清史列传》卷七三。

朱葵之(1781—?) 清诗人。字乐甫,号米梅,又号粟山。浙江海盐人。嘉庆二十三年(1818)副贡。历官黄岩训导,景宁、武康教谕。早岁博通典籍,善属文,诗赋词曲兼工。诗流畅如珠走盘,歌行尤胜,陈融称其"平生出处进退,存亡聚散之感,以及山川之胜,风物之美,一纪之以诗",少作"多英悍之气",老年之作则"一归平淡"(《颙园诗话》)。著有《妙吉祥室诗文钞》、《寿闲斋吟草》。生平事迹见《晚晴簃诗汇》卷一二七。

屠倬(1781—1828) 清诗人。字孟昭,号琴隖,又号潜园、耶溪渔隐。浙江钱塘(今杭州)人,原籍绍兴。嘉庆十三年(1808)进士,改庶吉士,授仪征知县。道光初,特旨擢袁州知府，未赴任，旋移九江，亦以疾辞。擅书画篆刻，画工山水，见重于时。与一时名流以诗文相切磋，阮元尝云："吾于浙西得文笔三人：一陈文述，一查揆，一屠倬。"（《清史列传》）诗与郭麐、查揆齐名。郭麐称其诗"神锋隽爽，有无前之气"（《灵芬馆词话》），《晚晴簃诗汇》则谓其"入官后诗境淡远，盖其胸襟高旷，故与年俱进"。亦善词，吴衡照称"其豪爽疏隽处，不愧名家"（《莲子居词话》）。著有《是程堂集》，含《耶溪渔隐词》。生平事迹见《清史列传》卷七三、《国朝书人辑略》卷八、《清画家诗史》己下。

周济（1781—1839）　清词论家、词人。字保绪，又字介存，号未斋，又号止庵。江苏荆溪（今宜兴）人。嘉庆十年（1805）进士，官淮安府学教授。少与李兆洛、包世臣以经世之学相切磋，通兵家言，刁击刺骑射。曾参与缉捕淮北盐枭，并与白莲教起义军作战。后隐居金陵春水园，潜心著述。晚复任教授，周天爵总督湖广，邀之往，抵夏口卒。论词承张惠言之余绪，又曾与董士锡共商讨，为常州词派重要理论家。编《词辨》及《宋四家词选》，主张"问涂碧山，历梦窗、稼轩，以还清真之浑化"（《宋四家词选序论》），认为"初学词求有寄托，有寄托则表里相宣，斐然成章；既成格调，求无寄托，无寄托则指事类情，仁者见仁，智者见智"，又指出"词非寄托不入，专寄托不出"（《介存斋论词杂著》）。其自为词，谭献评为"精密纯正，与茗柯把臂入林"（《箧中词》）。著有《晋略》、《说文字系》、《味隽斋词》、《介存斋文稿》、《介存斋诗》。生平事迹见《清史列传》卷七二、《清史稿》卷四八六、魏源《荆溪周君保绪传》、徐士芬《书周进士济》。

张澍（1781—1847）　近代诗文家。字时霖，一字伯瀹，号介侯，又号介白。甘肃武威人。嘉庆四年（1799）进士，选庶吉士，历官玉屏、兴文、永新知县，署临江通判，以事罢官，起补泸溪知县，复丁忧归。性亢直，居官有政声。博览经史，多有著述。复留心关陇文献，搜辑刊行之。好远游，踪迹半天下，诗文益富。《晚晴簃诗汇》谓"介侯文章巨丽，为时所称，阮文达以为南方学者未能或先也。其诗凌纸勃发，不拘格律，故恒有音韵失调之处，而光气固不可掩"。著有《养素堂集》、《五凉旧闻》、《三古人苑》、《姓氏五书》、《续黔书》、《秦音》、《蜀典》。生平事迹见《清史稿》卷四八六、《清史列传》卷七三、钱仪吉《张介侯墓志铭》。

徐松（1781—1848）　近代学者、诗文家。字星伯。直隶大兴（今属北京）人，原籍浙江上虞。嘉庆五年（1800）举人，十年成进士，选庶吉士，授编修。入直南书房，奉诏纂辑唐文。十四年，奉诏视学湖南，坐事谪伊犁。道光初，召对称旨，赦归。撰《新疆南北路赋》二章，与所作《盛京赋》、《西藏赋》先后传诵，时誉为煌煌巨制。历官内阁中书，礼部主事、员外郎，江西道监察御史，江南道，榆林知府，延榆兵备道。致仕归。通经术，尤精史学。著有《徐氏遗书》、《新疆识略》、《唐两京城坊考》、《唐登科记考》、《宋三司条例考》、《汉书西域传补注》、《西域水道记》、《长春真人西游记考》等。生平事迹见《清史稿》卷四八六、《清史列传》卷七三、缪荃孙《徐星伯先生事辑》。

董士锡（1782—1831）　清词人、学者。字晋卿，一字损甫。江苏武进人。嘉庆十八年（1813）副贡，候选直隶州州判。家贫，常客游。幼从舅父张惠言游，承其指授，治经学，精虞氏《易》。为古文、赋、诗、词皆精妙。沈曾植称其词为张惠言"正嫡"，"应徽按柱，敛气循声，兴象风神，悉举骚雅古怀，纳诸令慢"，"玉田所谓'清空骚雅'者，至晋卿而后尽其能事"，"毗陵词人亦更无能嗣响者，可谓门风峻绝"（《海日楼札丛》）。著有《齐物论斋文集》、《齐物论斋词》。生平事迹见《清史列传》卷七二、《国朝耆献类征》卷四四二、《国朝先正事略》卷三六、吴德潜《晋卿董君传》。

顾翰（1782—1860）　近代词人。字兼塘，又字简塘。江苏无锡人。嘉庆十五年（1810）举人，以教习官京师，卖文自给。久之，外放为安徽泾县知县。归后主讲东林书院。太平军攻破无锡城，受伤卒。顾氏家族三代以词称，翰之祖父奎光、叔祖斗光、父敏恒、弟蕙生、从弟翊均精于词，而尤以翰成就最高。其词清逸、雄放兼具，山水记游之作尤为出色。丁绍仪《听秋声馆词话》以为其词"能兼竹垞、迦陵二家之长"。蔡宗茂序称其"凡姜、张清隽，苏、辛豪宕，秦、柳妍丽，固已提袂而合唱"。著有《拜石山房词》。生平事迹见《清名家词》作者小传。

周之琦（1782—1862）　近代词人。字稚圭，号耕樵，别号退庵。河南祥符（今开封）人。嘉庆十三年（1808）进士，改庶吉士，授编修，历任山西乡试副考官，四川盐茶道，浙江按察使，广西、江西、湖北巡抚，太仆寺卿，刑部右侍郎。工词，不属浙派、常州派行列。曾选温庭筠、李煜、韦庄、李珣、孙光宪、晏幾道、秦观、贺铸、周邦彦、姜夔、史达祖、吴文英、王沂孙、蒋捷、张炎、张翥词为《心日斋十六家词选》。谭献《箧中词》称其"截断众流，金针度与，虽未及皋文(张惠言)、保绪(周济)之陈义甚高，要亦倚声家疏凿手"。自为词兼擅哀婉、雄健之胜，黄燮清《国朝词综续编》称其"浑融深厚，语语藏锋，北宋瓣香，于斯未坠"。朱祖谋《望江南》词谓其"片席蜕岩(元张翥)分"。著有《金梁梦月词》、《怀梦词》、《鸿雪词》、《退庵词》，总称《心日斋词》。生平事迹见《清史列传》卷四九及周汝筠、周汝策《稚圭府君年谱》。

冯登府(1783—1841) 近代学者、文学家。字云伯，号柳东，又号勺园，别署由拳旧史、天风砚主、歌萝庵主。浙江嘉兴人。嘉庆二十五年(1820)进士，改庶吉士，授将乐知县，以亲病去官。服阕，官宁波府教授。后因咯血疾加剧而卒。精研经学，于音韵、训诂尤有所得。尝从阮元游，交洪颐煊、吴德旋、钱泰吉、李富孙等。吴德旋谓其"考订之文，突过其乡先辈朱锡鬯，复从归、方、姚诸家以上溯唐宋作者"(《石经阁文初集序》)。诗宗尚朱彝尊，郭麐评为"清而能腴，浅而能旨，洵梅里近日诗人之最"(《灵芬馆诗话续》)。词亦为浙派之眉目。著有《三家诗异文疏证》、《石经阁日钞》、《酌史岩摭谭》、《风怀诗补注》、《拜竹诗堪诗存》、《石经阁文集》、《种芸仙馆词》。生平事迹见《清史列传》卷六九、史诠《冯柳东年谱》。

钱仪吉(1783—1850) 近代诗文家、学者。初名逵吉，字蔼人，号衎石，又号新梧、星湖。浙江嘉兴人。钱陈群曾孙。嘉庆十三年(1808)进士，选庶吉士，改户部主事，累迁至工科给事中。罢官后曾主讲大梁书院。治经不持汉宋门户之见，治史精博，能通体要，补撰三国晋南北朝诸史会要之缺，辑《碑传集》。于经史外工诗文，诗为秀水诗派中钱载以后嘉、道间代表作家，学梅尧臣、黄庭坚于举世不为之时，开晚清宋诗派先声。嘉兴沈曾植为同光体魁杰，自称仪吉为"吾私淑师"，称已"所由粗识为学门径，近代诸儒经师人师之渊源流别，文字利病得失，多得之李申耆(兆洛)及衎石文集中"(《定庐集序》)，又称其"鸿博伟丽，云蒸海负之闳才，削骨落肤，超心炼冶"，"其于诗自律甚严"，"其造境之深，亦既极乎行远而微至"(同上)。自作闽游诗刻画山水，别具仙心，中年以后所为，清新淡逸，谐以情韵，晚游岭表，写景之篇，多而且工。与从弟泰吉警石齐名，世称"嘉兴二石"。著有《衎石斋纪事稿》、《闽游集》、《定庐集》、《刻楮集》、《旅逸小稿》，选有《冰蔬集》。生平事迹见《清史稿》卷四八六、《清史列传》卷七三、苏源生《书先师钱星湖先生事》。

刘开(1784—1824) 清诗文家。字方来，又字明东，号孟涂。安徽桐城人。幼孤家贫，牧牛时闻塾师诵书，窃听学之。塾师留其学，后又妻以女。年十四以文谒姚鼐，受古文法，为姚氏赏识，目为国士。及长，以才名倾动公卿间。曾主大雷书院讲席。长于古文，兼精骈文。"其为文天才宏肆，光气煜爚，能畅达其心之所欲言"，"悱恻深厚之意，惓惓流露于行墨之间"，"然气过嚣张，类多浮词，与姚鼐简质之境悬绝"，"名虽居姚门四杰之一，实不能尽守师法"，"诗颇雄杰独出，其才甚壮，然实响多而实力少"(刘声木《桐城文学渊源考》)。著有《刘孟涂集》、《广列女传》。生平事迹见《清史稿》卷四八六、《清史列传》卷七二、陈方海《刘孟涂传》、方宗诚《刘孟涂先生墓表》。

祖观 清诗僧。字觉阿，俗姓张，名京度，字莲民。江苏元和(今苏州)人。嘉庆间诸生。事母至孝，母殁，遂落发为僧，住通济庵。出身士族，故赡于文采，一时吴越坛坫相为引重。有《题明潞王画兰石刻》长歌，善学梅村体，亦诗僧中所罕见。著有《梵隐堂诗稿》。生平事迹见《晚晴簃诗汇》卷一九八。

吴兰修 清文学家、学者。字石华，号荔村，一号古输。广东嘉应州(今梅县)人。嘉庆十三年(1808)举人，官信宜训导。少时受知于学使翁心存。阮元督两广，创建学海堂，特拔为学长。生平致力经史，兼擅算学，尝自榜其门曰"经学博士"。诗文词赋，无体不精。叶恭绰称其古文"于六朝得其韵，于八家得其法，集中论事之作，尤通达治体，切中事情"(《清代学者象传》)。其诗，徐世昌评为"清新俊逸"(《晚晴簃诗汇》)。尤工词，尝自刻小印曰"岭表词人"。谢章铤、李佳、叶恭绰亟称之。叶恭绰谓其"清圆婉约，直接北宋人之脉"(《广箧中词》)。著有《荔村吟草》、《桐华阁词钞》、《南汉纪》、《方程考》。生平事迹见《清史列传》卷七二、阮元《畴人传》、《清代学者象传》卷四。

阮亨 清诗人。字仲嘉，号梅叔。江苏仪征人。阮元弟。嘉庆间副榜贡生。性耽吟咏，无贵介气，脱略时习，与世无忤。幼随宦京师，作《蕉花曲》，传诵辇下，称"阮蕉花"。复随兄巡抚浙江，杭人能诗者争相与之倡和，因著《瀛舟笔谈》，以品诗表人为己任。王昶称之为"江淮间诗道干城"(王豫《群雅集》引)。著有《珠湖草堂诗钞》、《珠湖草堂笔记》、《瀛舟笔谈》，另编有《淮海英灵续集》。生平事迹见《清诗纪事》嘉庆朝卷。

陈沆(1785—1826) 清诗人。初名学濂，字太初，号秋舫。湖北蕲水(今浠水)人。嘉庆二十四年(1819)进士第一，历官修撰、四川道监察御史。曾充广东乡试正考官、会试同考官。少时才气雄杰，陵轹一世，鲍桂星叹为"天才"。出仕后与魏源交最契，其他理学之友有姚学塽，经济之友有贺长龄、龚自珍等。沆学从词章入，中年后治宋儒之学，为《近思录补注》，深入其奥。诗学最深，其《诗比兴笺》称力作，陈衍谓"真能拨云雾而睹青天，缒幽沉而出井底"。自作以独创为宗，天姿隽拔，思力深至，高华灵妙，兼有幽夐与奇警两种风格。陈衍称其诗为道光以来清苍幽峭一派之祖，以为"字皆人人能识之字，句皆人人能造之句，及积字成句，积句成韵，积韵成章，遂无前人已言之意，已写之景，又皆后人欲言之意，欲写之景。当时嗣响，颇乏其人"(《石遗室诗话》)。著有《简学斋诗存》与《诗删》。生平事迹见《清史列传》卷七三、周锡恩《陈修撰沆传》。

许乃縠(1785—1835) 近代诗人。字玉年。浙江钱塘(今杭州)人。道光元年(1821)举人。官甘肃敦煌知县。平生敬仰宋代林逋，为修林处士墓，补种梅花三百六十株，畜两鹤于放鹤亭，一时传为佳话。兼工绘事，仿司空图《诗品》为二十四《画品》。钱仲联《道咸诗坛点将录》谓其因时因地而作之诗，"俱能状写边塞异域，不仅如其游岱诸诗所谓'嘘气吞江海，腾身出斗牛'也"。著有《瑞芍轩诗钞》与《词钞》。生平事迹见《清画家诗史》庚上、《清人诗集叙录》卷六一。

程恩泽(1785—1837) 清诗人、学者。字芸芬，号春海，又号梅春。安徽歙县人。嘉庆十六年(1811)进士，选庶吉士，授编修，入直南书房。督贵州、湖南学政，历官中允、侍讲、侍读、庶子、侍讲学士、祭酒。以母丧归，服除，改直上书房，迁内阁学士，授工部侍郎，调户部。曾典试四川、广东，所得多知名士。位亚阮元，而名望足继之。博闻强识，经史以外，天象、地理、术数、医学莫不探究。然所欲著书多未成。陈衍《近代诗钞》谓其诗"私淑昌黎、双井，在有清诗人，几欲方驾萚石斋(钱载)"，"盖合学人诗人之诗二而一之也"，"为道、咸以来诗家一变局"。夏敬观《学山诗话》亦称"清代诗，自歙县程春海侍郎识拔多士，风气为之一变"。晚清宋诗派实由其与祁寯藻等启之，其门人郑珍、何绍基从而光大之。著有《程侍郎遗集》、《国策地名考》。生平事迹见《清史稿》卷三七六、《国朝耆献类征》卷一一四、《国朝先正事略》卷四四、阮元《户部右侍郎春海程公墓志铭》。

潘德舆(1785—1839) 清诗文家、文学评论家。字彦辅，号四农。江苏山阳(今淮安)人。道光八年(1828)举人，以知县分发安徽，未到官卒。其论学以为文章之源在经术，说经不偏袒汉宋，力求古人微言大义，论治术谓天下大病不外吏、例、利三者。其古文精醇雅正。尤深于诗学，提倡思无邪、温柔敦厚、兴观群怨等儒家诗教，著《养一斋诗话》，为当时保守观点的代表。对性灵派诗风，进行抨击，其《论诗绝句》谓"蒋袁王(文治)赵一成家，六义颓然付狭邪"。亦论词，对张惠言《词选》持异议，《与叶生书》谓其选"标高揭己，宏音雅调，多被排摈"。自为诗，学陶潜、杜甫，以古淡质朴胜。其交游如张际亮、汤鹏、徐宝善等，皆一时之选。弟子以鲁一同最著名。著有《养一斋集》、《养一斋词》、《李杜诗话》、《传恭堂祭仪未定稿》。生平事迹见《清史稿》卷四八六、《清史列传》卷七三、《国朝耆献类征》卷四一二、鲁一同《安徽候补知县乡贤潘先生行状》。

姚柬之(1785—1847) 近代诗文家。字幼稽，又字佑之，号伯山，又号檗山、且看山人。安徽桐城人。道光二年(1822)进士。历官临章、内黄知县，连州绥猺厅同知，大定知府。因与长官不合引疾归。早受学于姚鼐，欲以文章名世，而反以政事显。余事为诗文，阮元以为"五律精诣非盛唐以后之诗"，张琦则以为"七律尤沉郁高亮，情文相副，质厚而气清，句炼而格浑"(《晚晴簃诗汇》引)。著有《伯山文集》、《伯山诗集》、《伯山日记》、《易录》，收入《姚伯山先生全集》，编有《连山绥猺厅志》。生平事迹见《清史稿》卷四七八、方东树《贵州大定府知府姚君墓志铭》。

贺长龄(1785—1848) 近代学者、文学家。字耦庚，一作耦耕，号西涯，晚自号耐庵。湖南善化(今长沙)人。嘉庆十二年(1807)举人，十三年成进士，改庶吉士，授编修。提督山西学政。道光间，历江苏、山东、福建、直隶布政使，官至云贵总督。以事革职。从政数十年，于各地水运、兵防、农桑等均有建树。治学主经世、重义理，与弟熙龄并称"二贺"，为湘学，与陶澍、唐鉴同道交好。与魏源同编《皇朝经世文编》，著有《耐庵奏议存稿》、《江苏海运全案》、

《孝经述》、《孝经辑注》、《区田种法》、《耐庵诗》与《文存》。生平事迹见《清史稿》卷三八〇、《清史列传》卷三八、贺诒令《耦庚行状》、唐鉴《前云贵总督贺君墓志铭》。

林则徐(1785—1850) 近代政治家、文学家。字元抚、少穆,号石麟、俟村老人。福建侯官(今闽侯)人。嘉庆十六年(1811)进士。选庶吉士,授编修,历官御史、浙江盐运使、河东河道总督、江苏巡抚、湖广总督。道光十八年(1838),授钦差大臣,赴广东查禁鸦片。二十年任两广总督。鸦片战争爆发,痛击来犯之英军。受投降派诬害,被革职谪戍伊犁。后召回为陕西巡抚,升云贵总督。因病辞归。咸丰元年(1851),授钦差大臣赴广西督理军务,病卒潮州途中。谥文忠。从事诗歌创作很早,嘉庆后期,在京曾参加"宣南诗社",社集酬唱,多为消闲遣兴之作。在广东及谪戍所作,多郁勃苍凉之气,李岳瑞称其"劲气直达,音节高朗,最近明七子"(《春冰室野乘》)。潘焕龙称其"沉博绝丽,卓然大家"(《卧园诗话》)。徐世昌称其"缘情赋物,靡不裁量精到,中边俱澈,卓识闳论,亦时流露其间","谪戍后诸作,尤悱恻深厚,有忧国之心,而无怨诽之气"(《晚晴簃诗汇》)。夏敬观以为"其胸次洒落,性量和平,于诗中可见之,诚不可及也"(《学山诗话》)。亦工词,有可当词史之作。著有《云左山房诗钞》,词附集中,今人增校重编为《林则徐诗集》。生平事迹见《清史列传》卷三八、《清史稿》卷三六九、金安清《林文忠公传》及左舜生、魏应麒《林文忠公年谱》、来新夏《林则徐年谱》。

姚莹(1785—1853) 近代诗文家。字石甫,号明叔,又号幸翁、展如。安徽桐城人。姚鼐侄孙。嘉庆十三年(1808)进士。历官平和、龙溪、台湾知县,署海防同知、噶玛兰通判。丁忧归,服阕,改金坛知县,历知元和、武进二县,迁高邮知州,转淮南监掣同知,权两淮盐运使,擢台湾兵备道,加按察使衔。鸦片战争中,曾击败犯境英军。后遭诬陷,革职下狱。出狱后,两使西藏,补蓬州知州,引疾归。咸丰初起为湖北盐法道,未行,授广西按察使,署湖南,以疾卒。师事姚鼐,受古文法,与梅曾亮、管同、方东树号"姚门四杰"。所为诗古文辞,"洞达世务,激昂奋发,磊落自喜,论事之作尤能自出机杼"(刘声木《桐城文学渊源考》)。著有《东溟文集》、《后湘诗集》、《康輶纪行》、《识小录》等,汇为《中复堂全集》。生平事迹见《清史稿》卷三八四、《清史列传》卷七三、徐子苓《桐城姚先生墓志铭》、姚濬昌《中复堂年谱》。

张祥河(1785—1862) 近代诗文家,字元卿,号诗舲。江苏华亭(今上海松江)人。嘉庆二十五年(1820)进士。历官户部主事、河南按察使、广西布政使、陕西巡抚、吏部侍郎、工部尚书。谥温和。诗宗清初娄东诗派。符葆森《国朝正雅集》评其诗风"典丽庄雅",《晚晴簃诗汇》则谓其"笔力精悍,几欲驾吴白华、王兰泉而上"。兼工书画。著有《小重山房全集》、《桂胜集》、《诗舲诗录》、《粤西笔述》、《关陇舆中偶忆编》。生平事迹见《清史稿》卷四二一、《清史列传》卷四六、《清画家诗史》庚上、张茂辰《先温和公年谱》。

黎恂(1785—1863) 近代诗文家。字迪九,又字雪楼,晚号拙叟。贵州遵义人。嘉庆十五年(1810)举人,十九年成进士。授桐乡知县,调知归安,未行,以丁忧回籍。服除,在乡读书自娱。后以生计日拙,赴吏部候选,权知平夷,调权新平,未至,充乡试同考官,权沅江,补授大姚知县,调权云州,兼知姚州、权沾益,升东川府巧家厅同知,在官有贤声。郑珍谓其"为今古文冲夷典疋,常若有余,气息在庐陵、震川之间,于古今诗尤所长,早年落笔千言,纵横自恣,后出入唐宋,不主一家"(《行状》)。著有《蛉石轩诗文集》、《四书纂义》、《读史纪要》、《北上纪程》、《运铜纪程》。生平事迹见郑珍《云南东川府巧家厅同知舅氏雪楼黎先生行状》。

吴镐 清戏曲作家。号荆石山民。江苏镇洋(今太仓)人。嘉庆监生。生平不习制举,专攻诗古文词,为彭兆荪所赏,称其笔意古雅。尤善作戏曲传奇。作《红楼梦散套》十六折,各折情节,前后未必连络照应,任意择取原著佳者谱之。李调元《雨村曲话》评曰:"其曲情亦凄婉动人,非深于《四梦》者不能也。"吴梅亦深赏之。除戏曲外著有《荆石山房诗文集》、《汉魏六朝墓金石例》、《唐人志墓诸例》。生平事迹见《民国镇洋县志》卷九。

陈球 清小说家。字蕴斋,号一篑山樵。浙江秀水(今嘉兴)人。诸生。约嘉庆间在世。家居瓶山之侧,性放旷喜纵饮。工山水画,以卖画为生计。诗亦清新俊逸。曾取明冯梦祯《窦生本传》情节,演绎成长篇骈体小说《燕山外史》,在中国小说史上自辟蹊径,别创一格。鲁迅《中国小说史略》认为该书由于堆砌辞藻,"状物叙情,俱少生气",但同时亦肯定其"转折较多","以才情见长"。生平事迹见《光绪嘉兴府志》卷

五三、冯金伯《墨香居画识》卷一〇、《清画家诗史》己上。

戈载(1786—1833后)　清词人。字顺卿,又字宝士、弢甫、孟博,号宝士、润卿,又号山塘词隐、双红词客。江苏元和(今苏州)人。诸生。官国子监典簿。工绘画,花卉设色冶逸,画梅得王冕法,兼擅书法,隶书颇有精神。尤善填词,黄燮清称其词"音韵格律,毫忽必谨,能发明红友(万树)之所不逮"(《国朝词综续编》)。为浙派词人之尾声,与朱绶、沈传桂、吴嘉洤、王嘉禄、沈彦曾、陈彬华号"后吴中七子"。然谢章铤则病其"以引商刻羽之工夫,乃为巨公谱荣华之录"(《赌棋山庄词话》)。著有《翠薇花馆词》、《潇碧轩诗》,编有《宋七家词选》、《续绝妙好词》,而所编著之《词林正韵》,考韵审音甚精,影响尤大。生平事迹见《国朝词综续编》卷一〇、《国朝书人辑略》卷九、《清画家诗史》庚下。

汪喜孙(1786—1840)　清学者、散文家。一名喜荀,字孟慈。江苏江都人。汪中子。嘉庆十二年(1807)举人。官内阁中书,迁户部员外郎,补怀庆知府,卒于官。少读父书,搜辑遗篇,以广其传。能继其家学,于文字、音韵、训诂,多所究心。与钮树玉、龚自珍、黄爵滋、潘德舆、丁晏、鲁一同等交。著有《且住庵文稿》、《大戴礼记补》、《丧服答问纪实》、《国朝名臣言行录》、《经师言行录》、《尚友记》。生平事迹见《清史列传》卷六八、《国朝汉学师承记》卷七。

吴清皋(1786—1849)　近代诗人。字鸣九,号壶庵,一号小縠。浙江钱塘(今杭州)人。吴锡麒子,吴清鹏兄。嘉庆十八年(1813)举人。由内阁中书官至南昌知府。早即以能诗名,尝侍父游扬州,凡酬应之篇多出其手,扬州人称其为"小縠先生"。著有《壶庵诗》、《壶庵骈体文》。生平事迹见《清史列传》卷七二、《国朝耆献类征》卷二四七、《两浙輶轩续录》卷二七。

梅曾亮(1786—1856)　近代散文家。字伯言,又字葛君,原名曾荫。江苏上元(今南京)人。少喜骈俪文。后从钟山书院主讲姚鼐学,与同邑管同交最笃,同肆力于古文,读周、秦、汉、唐之书,一变旧习,义法一本桐城,为姚氏高足弟子,与管同、方东树、姚莹并称"姚门四弟子"。道光二年(1822)成进士,官户部郎中,居京师二十余年,文名满京师。引疾归里后,主讲扬州书院。太平军起,避居淮安,馆于河督杨以增署,得刊其著述。其文"精悍简质,清夷往复","胜处最在能穷尽笔势之妙,磬控纵送,无不如志","不能穷极广大精微之致,然顿挫峭折,矫然自异,足以自树一帜",其诗"坚致古劲,神锋内敛,特以文名太盛,诗为之掩"(刘声木《桐城文学渊源考》)。著有《柏枧山房集》。生平事迹见《清史稿》卷四八六、《清史列传》卷七三、《国朝先正事略》卷四三、吴敏树《梅伯言先生诔辞》。

陈奂(1786—1863)　近代学者。字硕甫,号师竹,晚号南园老人。江苏长洲(今苏州)人。咸丰元年(1851),举孝廉方正。始从江沅治小学,段玉裁见之,称其学识出唐经学家孔颖达、贾公彦之上,遂受学于段玉裁。游京师,交王念孙、引之父子及郝懿行、胡培翚、胡承珙等,以经学相切磋。晚年家居授徒以终。专攻《毛诗》,为清代研治《诗经》最有成就的学者之一。殚精竭虑,著成《诗毛氏传疏》。另著有《毛诗音》、《郑氏笺考微》、《诗语助义》及《三百堂文集》等。生平事迹见《清史列传》卷六九、戴望《孝廉方正陈先生行状》、张星鉴《陈硕甫先生传》、管庆祺《征君陈先生年谱》。

柳树芳(1787—1850)　近代诗人。字湄生,号古槎。江苏吴江人。嘉庆间诸生。与当时知名文人郭麐、姚椿等交往。诗作多反映现实,抨击时弊。郭麐《灵芬馆诗话》言其诗"好为深湛,力矫浮靡"。其诗《苦旱行》、《大水行》、《后大水行》、《水村新乐府四题》、《大雨不止》等,皆记灾荒。《流毒》、《彼狡》则力斥英国侵略者。著有《养余斋集》、《分湖小识》、《分湖诗苑》。生平事迹见张慧剑《明清江苏文人年表》、《清诗纪事》嘉庆朝卷。

李惺(1787—1864)　近代诗人。字伯子,号西沤。四川垫江人。嘉庆二十二年(1817)进士,选庶吉士,授检讨。历官国子监司业、詹事府左赞善。咸丰十年(1860),以赵树吉荐,诏命加五品衔督办团练,以老辞。嗜古力学有识见,游江、浙、闽、越而知天下将乱。与刘蓉书中畅论筹饷、练兵、安民诸策,皆洞达时务。归后主讲眉、泸、剑、潼诸州及锦江书院,多所造就。工诗,《晚晴簃诗汇》称其"清空高淡,一扫浓纤之习"。著有《西沤全集》、《铜貌馆剟书》。生平事迹见《清史列传》卷七三、黄彭年《西沤先生墓志铭》。

夏宝晋　清词人。字玉延,号慈仲。江苏高邮人。嘉庆十八年(1813)举人。官浮山知县。工词,谭献评其词"高秀之致,欲度冰清"(《箧中词》)。著有《笛椽词》、《琴隐词》、《湖中明月词》,总称《冬生草堂词》。生平事迹见《全清词钞》卷一八。

吴清鹏 清诗人。字程九,又字西毂,号笏庵。浙江钱塘(今杭州)人。吴锡麒子,吴清皋弟。嘉庆二十二年(1817)一甲三名进士。官至顺天府丞。谢病归,主讲扬州安定书院。与郎葆辰、浦曰楷、陆尧春、闵受昌等交往甚密。《杭郡诗三辑》称其"吟咏豪于诸兄"。其诗学大旨见于《论诗十首》。对王士禛诗颇有微词。钟骏声称其诗"宗杨诚斋,各体皆臻妙境","其七律能于声律之中运瘦硬之气"(《两浙輶轩续录》引)。《晚晴簃诗汇》则称其"诗格出入西江,性情挚而骨干峻,与《有正味斋》旨趣不同"。著有《笏庵诗钞》。生平事迹见《清史列传》卷七二、《两浙輶轩续录》卷二八、《晚晴簃诗汇》卷一二七。

温训(1788—1851) 近代诗文家。字伊初,号登云山人。广东长乐(今五华)人。道光五年(1825)拔贡,十二年中举人。与梁绍壬、林昌彝交契。垂老试礼部仍无所遇,与林昌彝同舟归。自言平生精力多在古文,其次则诗。弱冠即以二十年后当作陈师道自励。林昌彝《海天琴思续录》谓其"古文词入秦汉人之室,源出《吕览》,尤与红休侯为近",《晚晴簃诗汇》称其诗"沉郁壮浪,出入诸家,而归宿于杜、韩"。著有《梧溪石屋诗钞》。生平事迹见《清诗纪事》道光朝卷。

汪远孙(1789—1835) 清文学家、学者。字久也,号小米,又号借闲漫士。浙江钱塘(今杭州)人。嘉庆二十一年(1816)举人,官内阁中书。家有振绮堂,富藏书,遂得以博览典籍,读《十三经注疏》,以心得辑为考异。于《国语》用力尤深。与陈奂交厚。好吟咏,与里中耆彦结东轩社,集四方名流酬唱于水北楼。亦善词。著有《借闲生诗》、《借闲生词》、《国语三君注辑存发正考异》、《汉书地理志校本》,编有《清尊集》。生平事迹见《清史列传》卷六八、《国朝耆献类征》卷一四八、胡敬《内阁中书汪君墓志铭》。

朱绶(1789—1840) 清诗文家。字仲环,又字仲洁,号酉生。江苏元和(今苏州)人。道光十一年(1831)举人。尝佐梁章钜幕,章奏多出其手,而廉静简默,众皆重之。勤学敦行,工诗古文辞,与顾莼辈称"吴中后七子"。时长洲王嘉禄亦工诗,与之又并称"朱王",嘉禄才调宏富,绶格律精严,陈文述尝戏反赵执信语曰:"王贪多,朱爱好。"又工填词。其"为文好表扬古烈,感论人事,言近旨远,深得风人之旨"(《清史列传》),其诗符葆森评为"言情婉妙,隶事典雅,得诗外有诗之旨"(《国朝正雅集》),其词黄燮清评为"有白石之苍,梦窗之丽,气格清浑,不事字句雕饰"(《国朝词综续编》)。著有《知止堂集》、《环�吟馆诗集》。生平事迹见《清史列传》卷七三。

刘文淇(1789—1854) 近代学者、散文家。字孟瞻。江苏仪征人。嘉庆二十四年(1819)优贡生。官候选训导。少时家贫,舅父凌曙爱其颖悟,亲授之学。及长,以博通经史与刘宝楠号"扬州二刘"。为学实事求是,精研群经,于《左传》致力最深,以此负盛名。著有《青溪旧屋集》、《春秋左氏旧注疏正》、《左传旧疏考证》、《楚汉诸侯疆域志》、《扬州水道记》、《读书随笔》等,与王检心同编《仪征县志》。生平事迹见《清史稿》卷四八二、《清史列传》卷六九、丁晏《候选训导刘君墓志铭》、刘毓崧《先考行略》、小泽文四郎《刘孟瞻年谱》。

陈偕灿(1789—1861) 近代诗文家。字少香,号咄咄翁、鸥汀渔隐、鸥江渔隐。江西宜黄人。道光元年(1821)举人,以教习叙官,先后任长泰、惠安知县。为言者中伤,弃官。侨寓闽中,贫甚,以书画自给。尝出游南北,阮元、陶澍、曾燠等皆推重之。少好六朝文,尤喜庾信。后习两汉及唐宋诸家文,下笔纵横,不可一世。其诗极为吴嵩梁所推重。《晚晴簃诗汇》评为:"秀脱豪宕,江右自藏园(蒋士铨)、兰雪(吴嵩梁)之后,足据一席。兰雪与论诗,谓当求味外味,殆最其所未至也。"著有《鸥汀渔隐诗集》与《文集》。生平事迹见《清史列传》卷七三、林昌彝《咄咄翁传》。

黄治 近代戏曲作家。字台人,号琴曹,又号今樵。安徽太平(今当涂)人。廪贡生。道光间在世。性豪爽,随兄濬远游,遍交当世士大夫,兄弟唱和诗句,流传江右,时人以苏轼、苏辙比之。兄获罪戍边,在京闻之,即驰赴江西,随行万里,冰天雪窖同历苦辛。居塞外七年,为达官掌书记,以所入俸馈为其兄谋生之资。林则徐颇重其行谊。东归后补应岁试,学使吴钟骏甚嘉赏之。工诗画,兼通医理,尤擅作戏曲。所著《蝶归楼》传奇,天虚我生跋以为"结构蕴藉,逼近藏园,而措词造句,尤兼《四梦》之长"。另著有杂剧《雁书记》、《玉簪记》及《今樵词》、《荆舫随笔》、《伊泗录》、《孔怀录》、《图南录》、

《亦游诗草》、《窍余剩草》、《卐云斋诗钞》。生平事迹见《光绪台州府志》卷一二〇。

袁翼(1789—1863)　近代诗人。字縠廉。江苏宝山(今属上海)人。道光二年(1822)举人,官峡江、安福、会昌、浮梁、广丰、弋阳、大庾、玉山知县。《晚晴簃诗汇》谓其"诗以工秀胜,晚遘乱离,渐归苍老"。又工词。亦善骈文,门人高安、朱龄为之笺注。著有《邃怀堂诗文集》、《小清容山馆词》。生平事迹见《晚晴簃诗汇》卷一三一、《清人诗集叙录》卷六二。

谢堃　近代戏曲作家、诗人。字佩禾,号春草词人。江苏甘泉(今江都)人。嘉庆、道光间在世。先世由江西迁扬州,居邵伯镇,遂占籍甘泉。国子监生。少孤贫不治生产。中年以后,橐笔游四方,客山东曲阜最久。家藏名画甚多,又饱览衍圣公府收藏,因得著《书画所见录》、《金石琐碎》。工诗,所交自名公巨卿至山人墨客、释道名流,篇章投赠,殆无虚日。尝绘《春草堂图》、《青山别墅图》,遍征海内题咏。又擅作戏曲,著《血梅记》、《黄河远》、《绣帕楼》、《十二金钱》传奇四种,附刻于其所著《春草堂集》中。其集另收有《兰言集》、《春草堂骈体》、《春草堂诗话》、《春草堂随笔》、《日损斋诗钞》等数种。生平事迹见《民国甘泉县续志》卷二四。

方履钱(1790—1831)　清文学家。字彦闻,又字朮民。顺天大兴(今属北京)人。嘉庆二十三年(1818)举人,道光六年(1826)大挑得知县,署永定、闽县,卒于官。幼随父宦居甘肃,同官杨芳灿即惊为奇童。好读经史百家之书,能贯其源流。善为骈体文,史传称其"始学其先辈,已复泛衍浸溢,浑厚渊雅,希踪于范蔚宗"。亦工诗,《晚晴簃诗汇》谓其"浸淫于六朝,色彩斑璘,音节谐緦,《送妹》五古,叙述庭闱琐细,缠绵悱恻,殆足与胡稚威《孝女李三行》并传"。又擅填词,胎息于北宋。著有《万善花室文稿》、《万善花室诗集》、《万善花室词稿》,编有《河内县志》、《伊阙石刻录》、《富蘅斋碑目》。生平事迹见《清史稿》卷四八六、《清史列传》卷七三、《国朝耆献类征》卷二四八。

张应昌(1790—1874)　近代诗人。字仲甫,号寄庵。浙江归安(今湖州)人。嘉庆十五年(1810)举人。官内阁中书。致力于《春秋》,积三十余年之功,成《春秋属辞辨例编》进呈。长于作词,自称"诗不若词"。而陈来泰以为其诗"名章俊句,美不胜收"(《寿松堂诗话》)。编有《国朝诗铎》,以发扬杜甫《三吏》、《三别》、元白张王新乐府精神为宗旨,选诗多关国计民生,颇有特色。另编有《国朝正气集》,已佚。著有《寿彝轩诗钞》、《寄庵杂著》、《烟波渔唱》。生平事迹见《清史列传》卷六九。

吴嘉淦(1790—1865)　近代诗文家。字清如,号澂之。江苏吴县人。道光十八年(1838)进士,授内阁中书,入直军机处。迁宗人府主事、户部员外郎。年六十余引疾归,掌教平江书院。自为诸生,即以诗古文辞知名于世。清宣宗曾誉其写作俱佳,而惜其未入翰林。亢树滋谓其"古文则专法庐陵,清真雅正,卓然可传"(《吴先生传》),叶廷琯称其诗"少从六朝初唐入手,多华缛温雅之作,既而涉历渐深,大变初习,时而激宕排奡,时而幽淡苍凉",得于苏轼为多(《蜕翁所见诗录感逝集》)。亦工词。著有《仪宋堂集》、《秋绿词》、《乘桴小草》。生平事迹见叶廷琯《蜕翁所见诗录感逝集》、亢树滋《吴先生传》。

董佑诚(1791—1823)　清文学家、学者。字方立,一字兰石,初名曾臣。江苏阳湖(今武进)人。嘉庆二十三年(1818)举人。年十八与同里张成孙共治算学,尽通诸家法。始工为汉魏六朝之文,游陕西,成《西岳华山神庙赋》,名动西安。继而复肆力于历法、舆地、名物之学,覃思精微,深造有得。师事陆耀遹,与之同纂《咸宁县志》。于世俗事绝无所好,惟喜治学,终以过耗精力病逝。古文属阳湖派,兼精骈体。词不多作,亦颇有名,张德瀛《词征》评为"如秋花数丛,没入萧艾"。著有《文甲集》、《文乙集》、《兰石词》、《割圜连比例术图解》、《三统术衍补》等历算书五种及《水经注图说残稿》,合辑为《董方立遗书》。生平事迹见《清史列传》卷七三、《清史稿》卷四八六、李兆洛《董君方立传》。

毛嶽生(1791—1841)　近代诗文家。字生甫,一字饮兰。江苏宝山(今属上海)人,原籍江苏太仓。诸生,世袭云骑尉。幼孤贫。未弱冠,以《白雁诗》得名。流离闽中十余年。师事姚鼐,得其古文法。"所为文根本经术,泽以义法,坚质峻整,劖削生峭"(刘声木《桐城文学渊源考》)。于诗始宗江西派,后乃"自辟门径,戛然示异"(程庭鹭《诗集序》)。郭麐评其纪行诗云:"近仿少陵,远睎谢客,亦出入昌黎之间,戛戛独造,务为不经人道语,而力足以达之。"(《灵芬馆诗话续》)著有《休复居诗文集》,又曾补辑钱大昕《元史》残稿,纂录考证积至数十册。生平事迹见《清史稿》卷四八六、《清史列传》卷七三、姚椿《毛生甫墓志铭》、葛其仁《五友传》。

刘宝楠(1791—1855) 近代学者、诗文家。字楚桢,号念楼,又号秋槎。江苏宝应人。幼丧父,母乔氏教之学。长而受业于从父刘台拱。为诸生时,与仪征刘文淇有"扬州二刘"之目。道光二十年(1840)成进士。历官文安、固安、元氏、三河知县。为官有政声。长于经学。初治《毛诗》、《郑礼》,后倾其力治《论语》。亦擅诗文,杨钟羲《雪桥诗话续集》称其"诗慕三唐,学人之诗,所谓无事模镌自然声振者也"。著有《论语正义》、《释谷》、《宝应图经》、《汉石例》、《愈愚录》,辑有《清芬集》,另有《念楼集》、《刘宝楠诗文》等稿本。生平事迹见《清史稿》卷四八二、《清史列传》卷六九、戴望《故三河知县刘君事状》、刘文兴《刘楚桢先生年谱》。

达受(1791—1858) 近代诗僧。俗姓姚,字六舟,又字秋楫,号寒泉,又号际仁,别署流浪僧、南屏退叟、万峰退叟、小绿天庵僧。浙江海宁人。先后主苏州大雪庵、杭州净慈寺及海宁白马寺。性颖悟,好读儒书。善草书,能画,尤以墨梅名。嗜金石,精鉴别,富收藏,阮元抚浙,尝目为"金石僧"。工诗,每得古迹,辄以诗纪。一时名流如钱泰吉、何绍基、戴熙、管廷芬辈皆与订交。著有《小绿天庵吟草》、《白马寺志》。另有《祖庭数典录》、《六书广通》、《两浙金石志补遗》等,毁于兵火。生平事迹见管廷芬《南屏退叟传》。

陆嵩(1791—1860) 近代诗人。字希孙,号方山,一作房山。江苏元和(今苏州)人。道光十八年(1838)优贡。官镇江府学训导。为晚清状元陆润庠之祖。与叶廷琯相交五十年。家贫。长期游客四方。居镇江前后二十余年。"其诗由玉溪以溯杜陵,道、咸之际,身历兵事,感时之作为多"(《晚晴簃诗汇》)。反映鸦片战争之诗,尤为出类拔萃,可当诗史,叶廷琯以为"庶几杜陵遗响"(《蜕翁所见诗录》)。著有《意苕山馆诗稿》。生平事迹见《晚晴簃诗汇》卷一二二。

翁心存(1791—1862) 近代诗人,清大臣。字二铭,号邃庵。江苏常熟人。翁同龢父。道光二年(1822)进士,改庶吉士,授编修,擢中允。历官督广东、江西学政,大理寺少卿,国子监祭酒,内阁学士,工部、户部侍郎,工部、兵部、吏部尚书,掌院学士,协办大学士,体仁阁大学士。谥文端。《晚晴簃诗汇》谓其"久赞讲帷,因事纳诲,计虑深远,发为歌吟,亦有訏谟定命气象"。著有《知止斋诗集》。生平事迹见《清史列传》卷四五、《清史稿》卷三八五、陈澧《体仁阁大学士翁文端公神道碑铭》及翁同书、翁同龢《文端公年谱》。

季锡畴(1791—1862) 近代版本目录学家、散文家。字范卿,号菘耘,一作松云。江苏太仓人。贡生。道光十五年(1835)起馆于常熟罟里瞿氏铁琴铜剑楼,得见善本书甚多,校书上千种,并助成藏书目录。咸丰十年(1860)避兵乱居常熟李市,后抑郁以终。师事李兆洛,受古文法,"其为文义法谨严,由方苞、姚鼐上溯归有光"(刘声木《桐城文学渊源考》)。著有《菘耘文钞》。生平事迹见《民国重修常昭合志》卷二〇、张星鉴《怀旧记》、叶裕仁《季菘耘先生传》。

钱泰吉(1791—1863) 近代学者、诗人。字辅宜,号警石,一号深庐。浙江嘉兴人。钱仪吉从弟。廪贡生。官海宁训导近三十年。少孤家贫,犹好置书校古籍。尝著《曝书杂记》以发其凡,手校《史记》、《汉书》,详博精审,为人所称,与从兄仪吉(衎石),讨论学术,有"嘉兴二石"之目。与友人论文,"其要必本于性情之真,养之以正,不为偏杂,故气和而体醇"(《清史列传》),与桐城派"义理、考据、辞章合一"之旨相近。其诗"温厚真朴,与衎石亦如骖之靳,每及师友弟昆,缠绵悱恻,故是香树(钱陈群)、萚石(钱载)家法"(《晚晴簃诗汇》)。著有《甘泉乡人稿》、《海昌学职禾人考》、《海昌备志》。生平事迹见《清史稿》卷四八六、《清史列传》卷七三、曾国藩《海宁州训导钱君墓表》、王拯《钱警石先生传》。

沈涛(约1792—?) 清学者、诗人。初名尔政,字西雍,又字季寿,号匏庐。浙江嘉兴人。嘉庆十五年(1810)举人,历官如皋知县、真定知府,署江西盐法道,授兴泉永道,未到官,改发江苏,病殁泰州。从段玉裁游,深研经学训诂。《晚晴簃诗汇》谓其诗"少作幽奇哀艳,中年后多咏古之作,才锋骏发,跌宕波澜,不落考据诗窠臼"。著有《十经斋文集》、《柴辟亭诗集》、《匏庐诗话》、《九曲渔庄词》、《洺州唱和词》、《铜熨斗斋随笔》、《交翠轩笔记》等。生平事迹见《清史稿》卷四八六、《清史列传》卷六九。

张缙英(1792—?) 清女诗人。字孟缇。江苏阳湖(今武进)人。张琦长女,常熟进士吴廷鉁妻。与诸妹承父张琦、伯父张惠言之教,皆擅词章，包世臣谓其诗“缠绵悱恻，不失于愚，属词比事，必达其志”，吴德旋称其诗“五古大有黄初之风，七古及近体诗亦不失中、晚唐贤格调，求之闺阁中，诚为难得”，又谓“宛邻四女皆能诗，而孟缇工力尤至，知有得于庭授者深矣”（《晚晴簃诗汇》引，上同）。亦工词，史称其所作“秀逸有王沂孙、张炎遗意”。著有《澹菊轩集》，编有《国朝列女诗录》。生平事迹见《清史稿》卷五〇八、《清代闺阁诗人征略》卷九、《晚晴簃诗汇》卷一八七。

梁绍壬（1792—约1835）　清代诗文家。字应来，号晋竹。浙江钱塘（今杭州）人。学者梁履绳孙。道光元年（1821）举人，官内阁中书、广东盐大使。风流自赏，然屡试进士不第，抑郁不得志。曾随父宦游粤东。道光十三年报罢归里，闻父丧，冒暑夜奔，困顿万状。又以公事羁留年余，终客死于粤东。与同里赵庆熺友善，均喜填词，汪适孙颇称道之，都嶍序其集，谓其诗能“以散珠横锦之才，写凤泊鸾飘之怨”（潘衍桐《两浙辅轩续录》引）。所著《两般秋雨庵随笔》，记文士佚事，品题诗文，“征奇考异，抒藻撷芬，久为艺林所珍弆”，“风行海内”（许之珽《书后》）。另著有《两般秋雨庵诗》、《两般秋雨庵词》、《两般秋雨庵曲谈》等。生平事迹见《国朝杭郡诗续辑》卷四〇、《两浙辅轩续录》卷三〇。

龚自珍（1792—1841）　近代文学家、学者。字璱人，号定庵，一名易简，字伯定，号羽琌山民，更名巩祚。浙江仁和（今杭州）人。早年从外祖段玉裁治《说文》，后又从刘逢禄治公羊学，通西北史地及东南海事，兼能读蒙古、西域、印度字书，佛学精天台宗。与魏源齐名，世称“龚魏”，讲求经世致用。嘉庆二十三年（1818）举人，官内阁中书。道光九年（1829）成进士，仍归原班，后充礼部主事。十九年乞归，二十一年暴卒于丹阳。其政治倾向，要求改革，其学术出入于九经七纬诸子百家，其文沈曾植称为“以六书小学为入门，以周秦诸子吉金乐石为厓郭，以朝章国故世情民隐为质干”，“独造深峻，为一代雄”（《书龚定庵文集后》），又推之为“奇才”，以为“定庵之才，数百年所仅有也”。对近代思想界有启蒙作用。诗歌又能开拓新宇，多表现对黑暗现实的不满，追求理想，呼唤风雷，气势磅礴，色采瑰丽，风格继承浙江胡天游、王昙一脉，而别创面目，对晚清“诗界革命”诸家和南社作者有较大影响。但谭献《复堂日记》则谓其诗“佚宕旷邈，而豪不就律，终非当家”，而称许其词“绵丽飞扬，意欲合周、辛而一之，奇作也”，又谓“定公能为飞仙剑客之语，填词家长爪梵志也”。著作等身，不下二十余种，今人辑为《龚自珍全集》。生平事迹见《清史稿》卷四八六、《清史列传》卷七三、吴昌绶《定庵先生年谱》、张祖廉《定庵先生年谱外纪》、沈曾植《龚自珍传》。

赵庆熺（1792—1847）　近代词人。名或作庆熹，字秋舲。浙江仁和（今杭州）人。道光二年（1822）进士，以知县待选，闲居近二十年，始授陕西延川知县，以病未赴，久之，改金华府学教授，亦未赴任。倜傥好读书，弱冠时随其叔祖赵铭宦游湖北。中进士后，家贫亲老，仍以八股文课徒谋生。擅诗词，在京应会试时，与同里葛庆增、梁绍壬、魏谦升诸人，酒座分题，各出所作互为评骘，佳者夸之，不当意者，必纠弹不稍恕。其词张德瀛《词征》评为“如魏徵妩媚，我见犹怜”，谭献《箧中词》则称其“词名甚著，窃尝议其剽滑，不能多录”。然所作实多直抒胸臆，为下层文士不平之鸣者。著有《楚游草》、《蘅香馆诗稿》、《香消酒醒词》、《香销酒醒曲》。生平事迹见《国朝词综续编》卷九、梁绍壬《两般秋雨庵随笔》、魏谦升《香销酒醒词序》。

张履（1792—1851）　近代诗人。字渊甫，一字子践，原名生洲。江苏震泽（今吴江）人。嘉庆二十一年（1816）举人。官句容县训导。少师事同里张海珊，为程朱之学，尤精《三礼》。本传称其“诗刻意洗濯，不为俚语，而理趣自深。同时如顾莼、曾燠、鲁一同、潘德舆俱极赏之”。《晚晴簃诗汇》称其“诗思清夐，语妙可传。其感时纪事之作，亦恻恻动人”。著有《积石文稿》、《积石诗存》、《南池唱和诗》。生平事迹见《清史稿》卷四八五、《清史列传》卷七二、汤纪尚《张学博传》。

潘曾沂（1792—1852）　近代诗人。字功甫，号瑟庵，又号小浮山人，初名遵沂。江苏吴县人。嘉庆二十一年（1816）举人，叙例官内阁中书，道光元年（1821）入直，三年后假归，遂不出。久之，以赈灾议叙光禄寺，署正卿。虽为权臣潘世恩之子，然澹于荣利，归后自筑船庵，杜门学道，自称前身为僧，在乡赈灾民，建义塾。所为诗“初近樊榭，以幽秀为宗，继放之为东坡、诚斋，生辣又近姜白石，晚乃取径寒山，以识解胜，喜猿养鹤，时时咏之，盖以自况也”（《晚晴簃诗汇》）。著有《功甫小集》、《闭门集》、《船庵集》、《江山风月集》、《放猿集》、《桐江集》等。生平事迹见《晚晴簃诗汇》卷一二六、冯桂芬《功甫潘先生墓志铭》及自订《小浮山人年谱》。

徐荣(1792—1855) 近代诗人。字铁孙,初名鉴。汉军正黄旗人。道光十六年(1836)进士。先以举人大挑得藁城训导,成进士后,历官遂昌、嘉兴、临安诸县知县,以清廉著称。迁玉环同知,升绍兴知府,调知杭州,署杭嘉湖道。与太平军战,阵亡。工画梅。受诗于张维屏,又为阮元所赏,称之为"诗县令"。林昌彝《海天琴思续录》谓其诗"熊熊魂魂,浑浩流转","得力东坡,凡竹头木屑之语,入于其诗,尽化腐朽而为神奇"。符葆森《寄心庵诗话》谓其"五古最精刻,涉世故深,托意极远,不必分唐界宋,自是今之大手笔也"。著有《怀古田舍诗钞》、《日新要录》。生平事迹见《晚晴簃诗汇》卷一三九、陈继聪《徐观察传》。

彭蕴章(1792—1862) 近代诗人,清大臣。字琮达,又字咏莪。江苏长洲(今苏州)人。道光十五年(1835)进士。初由举人入赀为内阁中书,充军机章京。成进士后,授工部主事,累迁郎中,历官鸿胪寺与光禄寺少卿、顺天府丞、通政司副使、宗人府丞、福建学政、左副都御史、工部侍郎。咸丰初,命在军机大臣上行走,调礼部,晋工部尚书、协办大学士。官至文渊阁大学士,谥文敬。生平学行以紫阳为宗,尤服膺李光地,精于易学。吴清鹏谓其"诗有天德之机,有自在游行之趣","其思清窈而曲达,其语和近而温醇"(符葆森《国朝正雅集》引)。著有《彭文敬公全集》。生平事迹见《清史稿》卷三八五、《清史列传》卷四五、董沛《彭文敬公传》。

宗稷辰(1792—1867) 近代诗文家。原名续辰,字涤甫,号越岘山民。浙江会稽(今绍兴)人。道光元年(1821)举人,主虎溪、濂溪两书院讲席。九年,援例授内阁中书。充军机章京,转起居注主事、户部员外郎、监察御史、给事中,官至山东运河道,赏加盐运使衔。引疾归,卒于乡。为学宗王守仁、刘宗周,为文主桐城派。王柏心《涤甫宗先生墓志铭》谓:"其为文章,专渲泄胸中所积,洸浑滂沛,卷舒回薄。"蔡以偁赠言评其文"格局法韩、欧,其独抒己见,尤兀然特然,多不可一世之气"。著有《躬耻斋诗文钞》、《四书体味录》等。生平事迹见《清史稿》卷四二三、《清史列传》卷六七、王柏心《山东通省运河兵备道涤甫宗先生墓志铭》。

叶廷琯(1792—1869) 近代诗人。字调生,号蜕翁,又号蜕庐病隐、十如居士。江苏吴县人。诸生。同治初举孝廉方正,辞不就。太平军攻苏州,避居上海。生长江南水乡,博识雅望,所著笔记《鸥陂渔话》、《吹网录》,谈艺论文,杂记吟坛掌故佚事,久已脍炙人口。自为诗多五七言律绝,古体仅偶为之,自序谓"率臆而吐,信手而书,等诸村曲山歌",钱仲联《道咸诗坛点将录》谓属"吴中汪钝翁之流派"。另著有《楙花庵诗》,编有大型诗选《同人诗略》。生平事迹见《清诗纪事》道光朝卷、《光绪吴中叶氏族谱》卷五二。

吴振棫(1792—1870) 近代诗人。字宜甫,号仲云,晚号再翁。浙江钱塘(今杭州)人。吴庆坻父。嘉庆十九年(1814)进士,选庶吉士,授编修。历官大理、登州、沂州、济南、凤阳知府,山东登青莱道、贵州粮储道,贵州按察使,山西、四川布政使,云南、陕西巡抚,四川、云贵总督。熟于清代掌故,著有《养吉斋丛录》、《余录》。其诗少时已斐然有作,入官以后,历黔、川、滇、陕各地,民生疾苦,关山险阻,一寓于诗,为祁寯藻所推重。徐世昌谓其诗"思深力厚,嘉、道以还,为一大家",姚椿称其"黔行诗雄健古直","老劲之外,益见秀媚"(《晚晴簃诗汇》)。另著有《花宜馆诗钞》、《花宜馆词钞》、《黔语》,编有《国朝杭郡诗续辑》。生平事迹见《清史稿》卷四二四、《清史列传》卷四八、缪荃孙《光禄大夫云贵总督吴公神道碑》。

汪端(1793—1838) 清女诗人。字允庄,又字小韫。浙江钱塘(今杭州)人。幼颖慧,七岁赋诗咏《春雪》,时以谢道韫目之。从姨母梁楚生学,诗益进。适同邑陈文述子陈裴之,夫妇唱和无间。中年守寡,转而奉道礼佛。论诗喜吴伟业、高启,鄙薄明前后七子,后又留高去吴,曰:"吴诗丽而无骨,不若高诗清而有味。"然俞陛云《闺秀诗话》谓其诗"仍近梅村,殆笔性所近,改弦不易也,集中篇章秾丽妥贴者多,而精湛可摘之句少"。梁同书序则誉其"能杼轴文史,一洗闺阁纤秾之习"。著有《自然好学斋诗钞》,编有《明三十家诗选》,又曾撰写记吴王张士诚佚事之小说《元明逸史》。生平事迹见《清史稿》卷五〇八、《清史列传》卷七三、《清代闺阁诗人征略》卷八、胡敬《汪允庄女史传》。

招子庸(1793—1846) 近代画家、诗文家。字铭山。广东南海人。嘉庆二十一年(1816)举人。道光十七年(1837)官潍县知县。工书画,少年时尝购扇数百柄,堆积案头,整日奋笔作书画于其上,分赠友好。入仕后,尤好写兰竹,人以为有郑板桥之风致。又擅诗文,精通音律，善作以广州方言咏唱之曲子，格律严谨，曲谱完整，饶有情韵，作品流传甚广，形成风靡一时的曲艺形式“粤讴”，或作“越讴”。著有《粤讴》，有多种刻本、排印本。生平事迹见《同治南海县志》卷二〇。

黄爵滋(1793—1853)　近代诗人。字德成，号树滋。江西宜黄人。道光三年(1823)进士，改庶吉士，授编修。历官监察御史、工科给事中、鸿胪寺卿、通政使，官至礼部、刑部侍郎。以事落职，后得旨以员外郎候补，以足病家居。与魏源、龚自珍等倡经世之学，主张新吏治、扫贪污，以直谏负时誉。曾上疏切言鸦片危害，请组团练以御外寇。论诗于当时作诗之弊，指摘殆尽，符葆森《国朝正雅集》谓其辅翼诗教之功非浅。《晚晴簃诗汇》称其“诗循杜、韩正轨，纵横跌宕，才气足以发其学”，杨希闵《乡诗摭谭续集》则以为“其诗气骨甚遒，酝酿未遂”。著有《仙屏书屋诗录》、《仙屏书屋文录》及《黄少司寇奏疏》。生平事迹见《清史稿》卷三七八、《清史列传》卷四一、七三及孙衣言《前刑部左侍郎黄公行状》。

祁寯藻(1793—1866)　近代诗人，清大臣。字叔颖，又字淳甫，改字实甫，自号春圃。山西寿阳人。嘉庆十九年(1814)进士，改庶吉士，授编修，历官侍讲学士，光禄寺卿，内阁学士，兵、户、吏各部侍郎，左都御史，兵、户、礼各部尚书，军机大臣，体仁阁大学士，太子太保，谥文端。诗开近代宋诗派之先声，清末民初同光体诗人陈衍选《近代诗钞》，以之冠首，谓“文端学有根柢，与程春海侍郎，为杜为韩为苏、黄，辅以曾文正、何子贞、郑子尹、莫子偲之伦，而后学人之言与诗人之言合而恣其所诣”。《晚晴簃诗汇》谓其“出入东坡、剑南而归宿于杜、韩，论古述今，每关掌故，罢政后所作，托意深婉，诗境益进”。著有《䜌䜪亭集》。生平事迹见《清史稿》卷三八五、《清史列传》卷四六、秦缃业《祁文端公神道碑铭》。

何曰愈(1793—1872)　近代诗文家。字德持，号云陔，又号退庵。广东香山(今中山)人。随父宦游，嘉庆二十一年(1816)捐纳州吏目，署垫江典史、蓬州吏目。补会理州吏目，迁岳池知县。大吏疏奏为参总兵军事，以人攘其功，归成都，僦居灌县。同治元年(1862)以长子官庐凤道，去官就养。陈澧《神道碑铭》谓其文“议论风发”。莫友芝序其诗，谓其“遥情杰思，盎然流动行墨间”。所为诗涉及川藏奇景，为中土人士所未道。著有《存诚斋文集》、《余甘轩诗钞》、《退庵诗话》。生平事迹见《清史稿》卷四七九、《清史列传》卷七六、陈澧《岳池知县何公神道碑铭》。

俞万春(1794—1849)　近代小说家。字仲华，自号忽来道人，晚号牛头道人。浙江山阴(今绍兴)人。诸生。博览群书，尤好读稗官野史。娴于弓马，嘉庆、道光年间，随父宦居广东，协助办理军务，屡次随父出征镇压广东珠崖、桂阳等地农民起义。在镇压湘、粤、桂三省瑶民起义中，以战功受清廷赏赐，然未授官职。后移居杭州西湖行医。鸦片战争中，又曾献策军门，陈战守之道。晚奉道礼佛以终。自道光六年(1826)，始著长篇小说《荡寇志》，以结金圣叹所传七十回本《水浒传》。由七十一回起续撰，又名《结水浒传》，于道光二十七年(1847)成书。另著有《医学辨症》、《净土事相》、《骑射论》、《火器考》、《戚南唐纪效新书释》，均未刊行。生平事迹见俞龙光《荡寇志识语》及有关序跋。

魏源(1794—1857)　近代文学家、学者。字默深。湖南邵阳人。道光二年(1822)举人，入赀为中书。二十五年成进士，历官兴化、高邮知州。鸦片战争时，曾入两江总督裕谦幕，参与浙东抗英战役。读书精博，从胡承珙问汉学，从姚学塽问宋学，又受公羊学于刘逢禄。曾助贺长龄辑《皇朝经世文编》，著《元史新编》、《圣武记》、《海国图志》，记中国史事及世界史地，留心时务与政典掌故。诗古文辞，与龚自珍相切磋，齐名为“龚魏”，同为近代启蒙学者，沈曾植并称之为“奇才”。其文论学、论治、议战，记鸦片战役经过，言皆经世，渊粹规矩。其诗于感慨时事之外，又多山水纪游之作，为张维屏、何绍基、林昌彝、王闿运诸名家所推许，陈衍取以羽翼陈沆，称为“清苍幽峭”一宗之首。著有《古微堂内集外集》、《古微堂诗集》，又有影印手稿本《清夜斋稿》。今人辑有《魏源集》。生平事迹见《清史稿》卷四八六、《清史列传》卷六九、《国朝先正事略》卷四四、魏耆《邵阳魏府君事略》、王家俭《魏源年谱》。

丁晏(1794—1875)　近代学者、诗人。字柘堂，又字俭卿，号石亭居士、颐志老人。江苏山阳(今淮安)人。道光元年(1821)举人。有经世才，尝在籍办堤工、司赈务、修府城、浚市河，有功乡里。太平军起，两江总督檄行府县积谷练兵，以晏主其事。为人所劾，捐赀得免罪。复以荐委用，由侍读衔内阁中书加三品衔。性嗜典籍，熟谙经史，尤笃好汉儒郑玄之学，所著博综众说，颇有见地，卓然为一代经师。亦善诗，符葆森读其《萧湖曲》，有"哀婉动人"(《寄心庵诗话》)之评。所著书四十七种，已刊者有《颐志斋丛书》。生平事迹见《清史稿》卷四八二、《清史列传》卷六九。

江开(1795—?) 近代诗人。字龙门。安徽庐江人。道光十五年(1835)举人。官紫阳、咸阳、富平等县知县。早负才学，曾从军粤东。后客京师，为一时名卿如杨昭勇、侯遇春、周天爵等所重。周天爵总督两湖，招之入幕，佐理盐政。恃才傲物，屡遭时嫉。与周济、潘德舆、毛嶽生为文字交。精于书画，自号书画禅。论文不满桐城、阳湖两派，心折清初侯方域、魏禧之文。所为传记颇有小说气，诗多感时抚事之作。林昌彝称其"古文词汪洋恣肆，近代不在侯、魏二家之下"，"诗磊落有奇气"(《海天琴思录》)。著有《浩然堂诗集》。生平事迹见《清画家诗史》庚下、费行简《近代名人小传》、狄葆贤《平等阁诗话》。

陈庆镛(1795—1858) 近代诗文家。字乾翔，又字颂南。福建晋江人。道光十二年(1832)进士，授户部主事，迁员外郎，擢监察御史、给事中，左迁，乞归。复起为御史，以道员候缺，卒。敢于言事，指斥贵近，直声为天下知。与朱琦、苏廷魁合称天下"三谏官"。平生致力汉学，又服膺宋儒之说。《晚晴簃诗汇》称其"文章博赡，诗直抒胸臆"。著有《籀经堂类稿》、《齐侯罍铭通释》。生平事迹见《清史稿》卷三七八、陈棨仁《陈公墓志铭》。

蒋湘南(1795—1860?) 近代诗文家。字子潇。河南固始人。先世本回部。幼孤家贫，从母受经，勤学不倦。道光五年(1825)拔贡，明年入都应朝考，为阮元赏识，与魏源、龚自珍、俞正燮等交游。道光十五年中举人，选虞城教谕，不就。主讲凤翔、丰登、宏道、冯翊等书院。咸丰末年，客死凤翔。于学无所不窥，治经不强分汉、宋，旁通象纬、律历、舆地、水利、农田之学。师事钱仪吉，最称高足弟子，"其文翔耀必高，发声最大"，"桀拏屈强，自达其意"，"诗亦往轨独辟，震荡其音"，"古体胚胎长吉及韩、苏诸家"(刘声木《桐城文学渊源考》)。著有《七经楼文钞》、《春晖阁诗选》、《十四经日记》。生平事迹见《清史列传》卷七三、夏寅官《蒋湘南传》。

严廷中(1795—1864) 近代戏曲作家。字秋槎，号石卿，又号岩泉山人。云南宜良人。诸生。援例为莱阳县丞，历署文登、蓬莱、诸城、福山诸县。曾于扬州创春草诗社。与周乐清、汤贻汾、鲍桂星为友。晚主讲维山书院。有诗词名，《明湖四家词选》选为第一家。尤工戏曲，顾莼以为清丽缠绵，情文相生，置之金元诸家中，可以无愧。著有《红蕉吟馆诗集》、《岩泉山人词稿》、《怀人小草》、《瘦红集》、《渔鼓词》、《麝鹿词》、《红豆箱剩曲》、《两间草堂古文》、《拈花一笑录》、《药栏诗话》及杂剧《秋声谱》三种，另《铅山梦》、《河楼絮别》已佚。生平事迹见《民国宜良县志》卷九、《民国莱阳县志》卷三、《民国新纂云南通志》卷二三二。

陈世庆(1796—1854) 近代诗人。字聪彝。江西德化人。诸生。陈奉兹子。诗文绝俗，为吴嵩梁所赏，遂以次女嫁之，女亦能诗。乃依嵩梁居京师。曾作《咏鹤诗》，为鲍桂星称赏，呼为"鹤秀才"。为文推重桐城派。著有《九十九峰草堂诗钞》。生平事迹见《清史列传》卷七二。

梁廷枏(1796—1861) 近代戏曲作家。字章冉，号藤花主人。广东顺德人。副贡生。官澄海训导。因与修《海防汇览》，得熟谙时事。林则徐任两江总督，闻其名，聘为幕客，共商禁烟守战之计。后祁埙、徐广缙并延入幕，襄办团练。咸丰初以荐授内阁中书，加侍读衔。精于史学、金石学，为总督阮元所器重。兼通音律，李黼平亟称之，邓廷桢与论南北曲，叹为粤人所未有。所著《曲话》，品评各家之作，别具眼光。另著有杂剧《圆香梦》、《江梅梦》、《断缘梦》、《昙花梦》(合称《小四梦》)与传奇《了缘记》，论者以为"曲绚烂矣，而声律复谐，《四梦》外，别张一帜"(藕香水榭跋)。此外，尚有《南汉书》、《夷氛记闻》、《藤花亭书画跋》、《镜谱》、《金石称例》、《藤花亭诗文集》等。生平事迹见《清史列传》卷七三。

陈森(1796?—1870?) 近代小说家。字少逸，号采玉山人，又号石函氏。江苏常州人。道光间寓居北京。出入秦楼楚馆，因据所见所闻加工创作，撰长篇狭邪小说《品花宝鉴》，然又中辍，出京漫游。道光二十九年(1849)自广西复至北京，始足成全书。挟抄本谒显贵，复遍游江浙诸大吏间。每至一处，作十日留，俟人阅毕，又往他处，以此谋利。好事者竞相传抄，后始有刻本。擅戏曲。道光三年八月居京师汪氏退逸居授徒时，作传奇《梅花梦》。又工诗，道光六年，尝携所作诗稿访陆继辂于京师。生平事迹见冯金伯《墨香居画识》卷四、孔另境《中国小说史料》。

李星沅(1797—1851) 近代诗文家,清大臣。榜名星元,字子湘,号石梧。湖南湘阴人。道光十二年(1832)进士,选庶吉士,授编修。历官广东学政,汉中知府,河南粮道,陕西、四川、江苏按察使,江西布政使,陕西巡抚,云贵、两江总督,以疾告归。三十年,受命为钦差大臣,督师赴广西镇压太平天国,次年卒于军中。谥文恭。著有《李文恭公遗集》,另有《李文恭公诗存》,收入李长荣所辑《柳堂师友诗录初编》。与夫人郭润玉唱和诗,编为《梧笙唱和初集》。生平事迹见《清史稿》卷三九三、《清史列传》卷四二、李概《李文恭公行述》。

冯询(1797—1867后) 近代诗人。字子良。广东番禺(今广州)人。嘉庆二十五年(1820)进士。历官吴城同知,署九江、饶州知府。少时好冶游,以至家资罄尽。既而挈家游幕山东,广交海内名士。及服官江西,方始有所收敛。晚年引退,主讲席。负诗名,为张维屏嫡传弟子,曾国藩称以"老良诗伯"。因有《秋草》诗四首,人呼"冯秋草"。其诗"边幅壮阔,不名一体","诸乐府格韵深古,当时抗手者或少焉。五七古才力兼到,往往气吞笔先,声大而远,陈理皆新,不可方物"(符葆森《国朝正雅集》引郭仪霄语)。著有《子良诗存》。生平事迹见《松心十录》庚集、《晚晴簃诗汇》卷一二八。

管庭芬(1797—1880) 近代学者、诗人、书画家。字培兰,号芷湘,一作芷香,晚号芷翁。浙江海宁人。诸生。工绘事,精鉴赏,博览典籍,府志称其"所作诗文,俱有法度",尤长目录学,喜抄书。著有《芷湘吟稿》、《越游小咏》、《渟溪老屋自娱集》,辑有《海昌丛载》、《海隅遗珠录》、《海昌经籍志略》、《天竺山志》等。生平事迹见《民国海宁州志稿》卷二九。

张纶英(1798—?) 近代女诗人。字婉紃。江苏阳湖(今常州)人。张琦第三女,同县诸生孙劼妻。擅书法,体弱若不胜衣,而作书由北碑上溯西晋,归宿于汉,刚健沉毅,不可羁勒。每日晨起作书数百字,方启户理妆。尝夜半不寝,起床研墨挥毫,家人劝稍息,则称一日不作书,若有所失,故欲罢不能。中年始为诗,不苟作,长于五言,风格近陶渊明、谢灵运,晚乃转为悲慨。冯桂芬序称其诗"缠绵悱恻,自肺腑中流出"。著有《绿槐书屋诗初稿》。生平事迹见《清史稿》卷五〇八、《清代闺阁诗人征略》卷九、《晚晴簃诗汇》卷一八七。

王嘉禄(1798—1825) 清词人。字绥之,号井叔。江苏长洲(今苏州)人。王芑孙子。诸生。幼承家学,为诗探源汉、魏,沿流唐宋,下及明七子,不拘拘一家言。陈文述、彭蕴章均为选刊其诗。尤工词,为"后吴中七子"之一。朱绶称其词"四声严密,无一不与古人之制调相合",黄燮清称其词"宛转幽媚,情景俱深,味之纡徊无极"(《国朝词综续编》)。著有《嗣雅堂诗存》、《桐月修箫谱》。生平事迹见《国朝诗人征略二编》卷五八、陈文述《王井叔墓志铭》。

项鸿祚(1798—1835) 清词人。原名继章,后改名廷纪,字莲生。浙江钱塘(今杭州)人。道光十二年(1832)举人。家世业盐,生而家道中落。许乃普视学江西,曾往从之。后家遇火毁室,奉母应许氏之招赴京,途中遇水,母与侄道卒,悲忧得疾,又应进士试不第,遂穷愁而卒。自序其词云:"生幼有愁癖,故其情艳而苦,其感于物也郁而深","不为无益之事,何以遣有涯之生?"专力攻词,上溯温庭筠、韦庄,下逮周密、吴文英,所作多写哀情戚意,愤世嫉俗而出以绮罗香泽,谭献评为:"荡气回肠,一波三折,有白石之幽涩而去其俗,有玉田之秀折而去其率,有梦窗之深细而化其滞"(《箧中词》),认为他与纳兰容若、蒋春霖二百年中分鼎三足。著有《忆云词甲乙丙丁稿》。生平事迹见《清史稿》卷四八四、谭献《项君小传》。

沈垚(1798—1840) 清散文家、学者。字子敦。浙江乌程(今湖州)人。道光十四年(1834)优贡。早受学于施国祁,致力于金元史及舆地之学。后为何凌汉、陈用光所赏拔。曾馆徐松家,又为姚伯昂校国史地理志。程恩泽见其《西游记金山以东释》一文,自愧弗如。史传称其赋颂骈俪之文,"精雅似六朝小品"。兼擅书法,规模钟王。著有《落帆楼文集》、《元史西北地蠡测》、《地道记》、《新疆私议》。生平事迹见《清史列传》卷七三、《清史稿》卷四八六、孙燮《沈子敦哀辞》、夏寅官《沈垚传》。

赵对澂(1798—1860) 近代文学家。字子徵,一字念堂,号野航,别署浮槎山樵。安徽合肥人。道光廪贡生。历官亳州、和州、池州学官,补广德州学正,擢知县,未行。太平军攻广德,城破被杀。工诗词散曲。诗意冷隽,句法凝炼,佳句迭出。著有《小罗浮馆诗集》、《小罗浮馆词》(附杂曲),另有《野航杂著》十三种,其中传奇《鹃红记》(一作《酬红记》)尤倾动一时。生平事迹见《晚晴簃诗汇》卷一二八、《光绪广德州志》卷三三。

刘伯友(1798—1869) 近代戏曲作家。

一名棋，字竹斋。安徽阜阳人。布衣。家贫，以授馆为生，所得不足养家，债主日至，吟咏自如。与同里朱凤鸣、时逢清、杜燚、贾庆荣、张持交游，纵谈天下事，人以风迷目之。晚丧子，贫困而卒。曾作传奇《花里钟》，欲惊醒"酣卧花间者"。又工诗，著有《颍边吟草》、《倦游集》等。生平事迹见朱凤鸣《花里钟序》、《古典戏曲存目汇考》卷一二。

奕绘(1799—1838) 清词人。字子章，号太素道人，又号幻园居士、观古斋主人。清宗室。荣郡王緜亿子。封贝勒，官至正白旗汉军副都统，内大臣。与其侧室顾春皆工词，夫妻常相唱和。著有《写春精舍词》、《明善堂集》。今人辑有《顾太清奕绘合集》。生平事迹见《清诗纪事》道光朝卷。

张际亮(1799—1843) 近代诗人。字亨甫。福建建宁人。道光十五年(1835)举人。少年时为陈寿祺所器重，在都时与徐宝善、汤鹏、潘德舆等唱和甚密。道光二十年，姚莹曾邀之往台湾，未果。二十三年，闻姚莹因守土事被诬下狱，入都营救。姚事白而张以劳瘁卒。在嘉、道间，主盟坛坫，前辈如宋湘、黄钺、潘世恩，同时姚莹、潘德舆，稍后朱庭珍、丘炜萲俱推许之。惟李慈铭、陈衍则加贬斥。其诗饶才气，沉雄悲壮，感慨国事及人民疾苦之作尤佳。在当时福建诗人中推独步，后以"同光体"为旗帜的闽派崛起，其诗坛地位遂下降。著有《张亨甫全集》。生平事迹见《清史稿》卷四八六、《清史列传》卷七三、《国朝耆献类征》卷四四二、姚莹《张亨甫传》。

吴藻(1799—1862) 近代女文学家。字蘋香，号玉岑子。浙江仁和(今杭州)人。同邑商人黄某妻。诗人陈文述女弟子。能绘画，善鼓琴，娴于音律，尤擅词曲。然常郁郁不欢，晚年移居南湖，礼佛以终。俞陛云称："清代闺秀之工填词者，清初推徐湘蘋，嘉道间推顾太清、吴蘋香。湘蘋以深稳胜，太清以高旷胜，蘋香以博雅胜，卓然为三大家。"(《清代闺秀诗话》)陈文述序称其词"豪宕近苏、辛"，徐珂《近词丛话》谓其"逼真漱玉遗音"。又曾创作杂剧《乔影》，颇为风行。著有《花帘书屋诗》、《花帘词》、《香南雪北词》。生平事迹见《清代闺阁诗人征略》卷八。

杨季鸾(1799—?) 近代诗人。字紫卿。湖南宁远人。监生。咸丰元年(1851)举孝廉方正。官翰林院待诏。少与兄以诗鸣，为吴嵩梁、李宗瀚所赏，比之为陆机、陆云。一时名贤如汤鹏、魏源等皆与之交，与何绍基同庚，尤相友善。好游历，踪迹北至燕赵，东至吴越，南至浔柳。晚侨寓零陵，主讲濂溪书院。诗学李白。符葆森称其"诗以意运才，以情辅意，如列子之御风，泠然以善，如仙人之啸树，飘飘然吐云霞而嘘冰雪"(《国朝正雅集》)。著有《春星阁诗钞》。生平事迹见《光绪宁远县志》卷七之八、《晚晴簃诗汇》卷一四〇。

何绍基(1799—1873) 近代诗文家、书法家。字子贞，号东洲，晚号蝯叟。湖南道州(今道县)人。道光十六年(1836)进士，选庶吉士，授编修，历典福建、贵州、广东乡试。咸丰二年(1852)官四川学政，因条陈时务十二事，降职归。曾主山东泺源、长沙城南书院，晚年主持苏州、扬州书局。为近代宋诗流派重要诗人之一，与郑珍同出程恩泽门下，同为经史百家及许、郑诸家之学，同为学人之诗与诗人之诗合一的代表。但二家诗风不同，郑诗学杜甫、韩愈、孟郊、白居易、黄庭坚，何诗主要学苏轼。苗夔序谓其"横览万象，兀傲雄浑"，朱琦序谓其"郁勃横恣，非积源而能达其意所欲出者，不能尔也"。金天羽称为"晚清学苏最工者"(《艺林九友歌序》)。曾国藩虽称其"诗亦远出时手之上"，然又谓其"不能卓然成家"(《家书》)。又擅律法。精诗学理论，见于《题冯鲁川小像册论诗》、《与汪菊士论诗》。书法尤有名。著有《东洲草堂诗钞》、《东洲草堂文钞》。今人辑有《何绍基集》。生平事迹见《清史稿》卷四八六、《清史列传》卷七三、何庆涵《先府君墓表》、熊少牧《翰林院编修道州何君墓志铭》。

王柏心(1799—1873) 近代诗文家。字子寿，号筠亭。湖北监利人。道光二十四年(1844)进士。官刑部主事，旋乞养归。博涉经史，林则徐以国士礼之。太平天国时，曾为清军张亮基、胡林翼等出谋划策。曾国藩、左宗棠等遇事亦常就咨询。然平和谦虚，好奖掖后进。于江汉间讲论经史文学五十余年。林昌彝评其诗"音节高壮，格律雄浑，平揖荔裳(宋琬)可无愧色"(《射鹰楼诗话》)。著有《螺洲诗钞》、《百柱堂集》、《枢言》等，另编有方志数种。生平事迹见《清史列传》卷七三、郭嵩焘《王子寿先生墓志铭》。

顾春(1799—1876后) 近代女文学家。西林觉罗氏，字子春，号太清，自署太清春、西林春。满洲镶蓝旗人。鄂尔泰曾孙女，养于顾氏，遂姓顾。清高宗曾孙贝勒奕绘侧室。与夫俱工诗词书画，能骑马弹奏，唱随相得。道光十八年(1838)，奕绘卒，长子载钧为正室所生，与太清不合。丧事毕，太清及其所生子等五人，被逐出爵邸，在西城养马营赁屋暂居。七十七岁双目失明，仍不废吟咏。晚年以子贵，生活有所好转。诗词并清隽真淳，王鹏运论满洲词人有“男中成容若，女中顾太清”之语(见冒广生《天游阁诗集跋》)。俞陛云《国朝闺秀诗话》以为“非特八旗之冠，亦清代之名家”。况周颐《蕙风词话》评其词为“深隐沉著”。著有《天游阁集》，包括诗词。词集单印本有《东海渔歌》。今人辑有《顾太清奕绘合集》。生平事迹见冒广生《天游阁诗集跋》、孟森《心史丛刊·丁香花》、启功《书顾太清事》。

朱腹(？—1852)　近代诗人。字丹木。云南石屏人。道光九年(1829)进士。作宰皖中，有惠政。官至陕西布政使，以病告归。咸丰初，朝臣荐贤，有文武兼资之目，而朱已病重不起。与黄琮、张星柳等交游。其近体诗取法宋人，古体则出入杜甫、韩愈。《晚晴簃诗汇》称其诗“苍坚雄浑，亦滇诗之翘楚”。著有《味无味斋诗钞》。生平事迹见《晚晴簃诗汇》卷一三五、《清诗纪事》道光朝卷。

曹楙坚　近代诗人、词人。字树蕃，号艮甫。江苏吴县人。道光十二年(1832)进士，改庶吉士，授刑部主事。擢监察御史，曾巡城擒妖道薛执中。弹劾大吏，风格刚峻。出为湖北盐法道，未几升按察使。太平军起，楙坚佐守武昌孤城，城破，死于乱军中。少负才气，尤工诗词，《晚晴簃诗汇》谓其诸体诗“藻韵并饶，自是作手”，陶樑称其词“在草窗、竹屋之间，至清虚超隽处，尤与玉田为近”(《国朝词综续编》引)，黄燮清则称其词“苍艳处雅近白石，集中诸调，《琵琶仙》尤擅胜场，当以‘曹琵琶’呼之”(同上)。著有《昙云阁诗集》、《昙云阁词钞》。生平事迹见《清史稿》卷四九〇、《晚晴簃诗汇》卷一三六。

黄文琛　近代诗人。字海华，晚号瓮叟。湖北汉阳人。道光五年(1825)举人。初官国子监，改外为县丞，积升至湖南候补知府。在京师时，诗名已盛。及改官湖南，湖湘士大夫能诗者，皆以诗请其评定。宦迹所至，山川风物之胜，简书期会之劳，悉于诗中发之。《晚晴簃诗汇》称其“古体胜近体，七古又胜五古，体制学眉山，长篇短什皆有浩浩落落之致，而字字必经洗炼而出，所谓‘成如容易却艰辛’，异乎近世学宋诗者以乱头粗服为能事也”。著有《思贻堂集》、《玩云室集》等。生平事迹见《晚晴簃诗汇》卷一三一、彭洋中《思贻堂诗集序》。

叶英华　近代诗人。字莲裳。广东番禺(今广州)人。叶衍兰父，叶恭绰曾祖父。以词名道咸间。诗集刊行较晚，钱仲联称其“用字琢句，细秀清圆，如瑶台婵娟，竟体芬芳，自是词人之诗，不必求其风格之高也”(《梦苕庵诗话》)。集中《丁巳冬腊事》组诗，记英法联军侵占广州，俘叶名琛事，足当诗史。其词张德瀛评为“如王家蜡凤，慧心独造”(《词征》)。著有《花影吹笙词钞》、《斜月杏花屋诗钞》。生平事迹见《清诗纪事》道光朝卷。

严保庸　近代戏曲作家。字伯常，号问樵。江苏丹徒人。嘉庆二十四年(1819)乡试第一。道光九年(1829)进士，改庶吉士，授栖霞知县。以官署为演戏场，为上官所恶，郁郁不称意，遂以病去职，放浪江湖间，虽抑塞穷愁，而豪气不减。晚客袁浦，咸丰二年(1852)后卒。才气横溢，书画、诗词、丝竹，无不工细。其楹联之工致，与茅元辂齐名，两人联语，多载梁章钜《楹联丛话》中。著有杂剧《盂兰梦》，江瀚跋谓“以绝伤心之事，而为极费心之文，乃能运实于虚，化板为活，使阅者惊疑悲喜，恍入梦中，尤为极才人之能事”。另著有杂剧《红楼新曲》、《同心言》、《吞毡报》、《奇花鉴》、《双烟记》，传奇《兰花步》及诗文集《问樵集》，已佚。生平事迹见《清画家诗史》己下、《光绪丹徒县志》卷三二、《民国丹徒县志摭余》卷四。

沈谨学(1800—1847)　近代诗人。字诗华，号秋卿，人称沈四山人。江苏元和(今苏州)人。布衣。家世务农，父以力耕致丰裕，遂延里儒教子。少颖异，读书务得要领，然不喜举子业，独嗜为歌诗以自抒怀抱。父兄卒，不善治产业，家日贫，乃率妻与子为人佣耕，终以饥寒交迫而死。所交皆诗人，如徐达源、杨白、刘泳之等，尤与江湜往来相熟。林昌彝《海天琴思录》称其诗“机动籁鸣，不烦雕刻”，刘泳之《赠沈诗华》诗小序谓其诗“霭然春云，舒卷自如”，“往往得陶、韦疏散之趣”。著有《沈四山人诗录》。生平事迹见《同治苏州府志》卷九、江湜《沈山人事略》。

谭莹(1800—1871)　近代诗文家。字兆仁，又字玉生。广东南海(今广州)人。谭宗浚父。道光二十四年(1844)举人。官宣化训导，迁琼州教授，加内阁中书衔。弱冠应童子试时，已为两广总督阮元所赏。少与侯康交莫逆，以文学相砥砺，又曾偕熊景星、徐荣、梁梅、邓泰、郑棻结西园吟社。后与侯、熊及仪克中、黄子高同为学海堂学长，文誉日噪。于书无所不窥，博考粤中文献，助其友伍崇曜刻《岭南遗书》、《粤雅堂丛书》等。工骈文，沉博绝丽，奄有众长，张维屏《艺谈录》谓"吾粤二百年来，论骈体必推玉生，无异辞者"。亦工诗，"初以华丽胜，晚年为激壮凄切之音"(《清史列传》)。著有《乐志堂集》。生平事迹见《清史稿》卷四八六、《清史列传》卷七三。

慧霖 清诗僧。字梅庵，俗姓李。江西新建人。道光间在世。四岁出家为僧。《晚晴簃诗汇》谓其"诗多悟境，后从黄树斋诸人游，风格益上，未始不以学成也"，录其诗作多至二十三首。著有《松云精舍诗录》。生平事迹见《晚晴簃诗汇》卷一九八。

文康(？—1865前) 近代小说家。费莫氏，字铁仙。满族镶红旗人。武英殿大学士勒保次孙。道光三年(1823)入赀为理藩院员外郎，升郎中。道光二十二年授天津兵备道，咸丰元年(1851)降凤阳府通判。丁忧归里，复起为驻藏大臣，以疾不果行，遂卒于家。生长豪门，晚年诸子不肖，家道中落，先时遗物，变卖略尽，笔墨之外无长物，乃著小说以自遣。所著《儿女英雄传》为近代小说名作。马从善序称："其书虽托于稗官家言，而国家典故，先世旧闻，往往而在。且先生一身亲历乎盛衰升降之际，故于世运之变迁，人情之反复，三致意焉。"全书通篇采用北京方言，极富特色。生平事迹见马从善《儿女英雄传序》、胡適《中国章回小说考证》。

赵棻 近代女诗人。字仪姞，又字婉卿，号子逸，又号次鸿。江苏上海(今上海市)人。乌程汪延泽妻。道光间在世。好读书，耽文史，长于议论，每多创见，有丈夫气。曾作序提倡妇女参与文学创作。诗词骈散文兼工。又通医道。单士厘《清闺秀正始再续集》称其"《南宋宫闺杂咏》一百首，搜集富有，有突过樊榭(厉鹗)辈七君子之势。又《咏史》三十首，多含道光季年时事。《和落花》三十首，极世事盛衰之感，均杰作"。著有《滤月轩诗集》、《滤月轩文集》、《滤月轩诗余》、《南宋宫闺杂咏》。生平事迹见《清史稿》卷五〇八、《清代闺阁诗人征略》卷七、《清闺秀正始再续集》初编卷一。

汤鹏(1801—1844) 近代诗人。字海秋。湖南益阳人。道光三年(1823)进士，授户部主事，历充军机章京兼方略馆纂修、户部主事、户部员外郎、监察御史，以言工部尚书宗室载铨事，罢归户部，转郎中。英国扰海疆，求通商，鹏上书三十条，陈防务之策。因服药致误卒。有经世之才而不获施展，一发之于诗。在道光年代，诗名极盛。林则徐、龚自珍、张际亮、曾国藩俱与之交契。其诗长篇纵横恣肆，力破陈格，并时作家姚燮、张际亮、潘德舆、何绍基、程恩泽、龚自珍对之评价俱极高，张序称之为"近代之所希"，潘跋称之为"雄视百代"，何跋称"数百年间作者林立，才如海秋，实罕其匹"，程跋称其"杰然而为盖代之才"，龚跋称其"风骨奇"，"胜彼优孟俯仰"。著有《浮丘子》，发表其政治思想。另著有《海秋诗集》。生平事迹见《清史稿》卷四八六、《清史列传》卷七三、王拯《汤君行状》、姚莹《汤海秋传》。

费丹旭(1801—1850) 近代画家、诗人。字子苕，号晓楼，又号偶翁、环溪生。浙江乌程(今湖州)人。幼承家学，精画理，树石苍秀，仕女能尽其神态。尝卖画于江浙一带，又客于沪上。后流寓杭州颇久，馆汪远孙家，为之作《东轩吟社图》。从黄士询学诗词，从张廷济、高垲习书法。《晚晴簃诗汇》称其诗"抒写性灵，饶有天趣"，黄燮清《国朝词综续编》称其词"亦清复不着纤尘"。著有《依旧草堂遗稿》。生平事迹见《清史稿》卷五〇四、《晚晴簃诗汇》卷一三三、汪曾唯《费丹旭传》。

戴熙(1801—1860) 近代画家、诗人。字醇士，号榆庵，又号莼溪、松屏，别署井东居士、鹿床居士等。浙江钱塘(今杭州)人，先世安徽休宁籍。道光十二年(1832)进士，选庶吉士，授编修。历官赞善、中允、侍讲、庶子、侍讲学士、光禄寺卿、兵部右侍郎，致仕归。太平军起，以督办团练镇压有功，赏二品顶戴。战死，谥文节。诗书画皆所擅长，画尤有名，山水学王翚，笔致清腴，其诗戴文选谓为"胎息纯乎玉局，性情风格又似香山、渭南，而气骨魄力则少陵、昌黎所自出也"(《吟林缀语》)。著有《习苦斋集》、《古泉丛话》、《题画偶录》、《习苦斋画絮》。生平事迹见《清史稿》卷三九九、《清史列传》卷四一、邵懿辰《戴文节公行状》。

沈兆霖(1801—1862) 近代诗人，清大臣。字尺生，号朗亭。浙江钱塘(今杭州)人。道光十六年(1836)进士，选庶吉士，授编修。历官司业，侍讲，侍讲学士，詹事，内阁学士，吏部、工部、户部侍郎，左都御史，兵部、户部尚书，军机大臣。同治初署陕甘总督率军征撒回，还经平番，遇山洪殁。谥文忠。平生好奖掖人才，阅历既广，凡所闻见，皆状入诗。于古人诗，唐则取岑、高、王、李、韩，宋则取欧、苏、陆、杨、范，元则元遗山，明则何大复，此外皆不甚喜。著有《沈文忠公集》。生平事迹见《清史稿》卷四二一、《清史列传》卷四七、钱保塘《沈文忠公小传》及《沈文忠公自订年谱》。

陆以湉(1801—1865)　清诗文家。字定圃，号敬安。浙江桐乡人。道光十六年(1836)进士，官台郡、杭州府学教授。咸丰十年(1860)太平军攻占杭州，辞官回乡，以课徒为生。后至上海，李鸿章聘为忠义局董事。太平军退出杭州后，浙江巡抚蒋益澧又聘为紫阳书院讲席。叶廷琯称其为"浙西名宿"，与之商榷诗文，最为莫逆，以为其诗"所作虽不多，而清遒高朗，绝去尘氛，品如其人"(《蜕翁所见诗录》)。所著笔记《冷庐杂识》，记文人学者交游创作，兼及考据，李慈铭谓为"言多切近"，"可与梁章钜《归田琐记》并传"(《越缦堂日记》)。另著有《甦庐偶笔》及《杭州纪难诗》六十首。生平事迹见《晚晴簃诗汇》卷一三九、《清诗纪事》道光朝卷。

郑献甫(1801—1872)　近代诗人。原名存纻，字献甫，号小谷，避清文宗讳，以字行。广西象州人。壮族。道光六年(1826)举人。十六年(1836)成进士，授刑部主事。丁忧归。先后主讲庆远、桂林、广州、顺德、东莞、象州诸书院。以广西巡抚张凯嵩奏请，御赐五品卿衔。为学精勤，曾评点《十三经注疏校勘记》，尤熟诸史。陈澧《象州郑君传》谓其"为文章贯串古今，直抒所见，绝去修饰"。张维屏称其诗"杂体遒隽清疏，五律幽峭秀折"，林昌彝《射鹰楼诗话》评其诗"如马守贞画兰，灵襟秀气，溢于楮墨之外"。著有《补学轩集》、《法论》、《家记》、《家藏书目解题》、《愚一录》。生平事迹见《清史列传》卷七三、陈澧《象州郑君传》等。

孔继鑅(约1802—?)　近代诗人。字宥函，号廓甫，又号又韩、于南、晚闻生。山东曲阜人，直隶大兴(今属北京)籍。孔子六十九世孙。道光十六年(1836)进士，官刑部主事。师事潘德舆，以气节相尚。与鲁一同、黄爵滋、汤鹏、张际亮、叶名沣等为友，赋诗酬唱。死于太平天国进攻南京时。喜读道书，能练气。诗好陶渊明。曾刊《和陶诗》。鸦片战争时期，用陶渊明《咏三良》诗韵，赋《哀舟山三总戎殉节诗》，颂扬死难烈士。陆以湉称其"诗才超俊，深以学力，气韵直逼古人"(《冷庐杂识》)。著有《心向往斋集》。生平事迹见《国朝正雅集》、《晚晴簃诗汇》卷一三九、吴昆田《孔宥函传》。

黄辅辰(1802—1870)　近代散文家。字琴坞。贵州贵筑(今贵阳)人，原籍湖南醴陵。道光二年(1822)举人，十五年成进士，补吏部文选司主事。迁考功司郎中。咸丰间，以知府分发山西，两署冀宁道，加盐运使衔。曾入四川总督骆秉章幕中。同治五年(1866)，调陕西凤邠道，以屯田自任。病卒。著有《劝喻牧令文》、《营田辑要》、《小酉山房文集》。生平事迹见《清史稿》卷四三四、《清史列传》卷七六、黄彭年《黄琴坞行略》、郭嵩焘《黄琴坞先生墓表》。

张声玠(1803—1848)　近代戏曲作家。字奉兹，一字玉夫、润卿，号蘅芷庄人。湖南湘潭人。道光十一年(1831)举人。官直隶元氏知县。早慧。后与同县罗汝怀、湘阴左宗棠同为周氏婿。工诗文，尤以戏曲名世。著有杂剧《玉田春水轩杂出》九种，另有《蘅芷庄人诗集》、《蘅芷庄人文集》、《蘅芷庄人随笔》、《中山麈古录》。生平事迹见《光绪湘潭县志》卷七九。

朱琦(1803—1861)　近代诗文家。字濂甫，号伯韩。广西临桂(今桂林)人。道光十五年(1835)进士，选庶吉士，授编修，改御史。屡上书言国事，与苏廷魁、陈庆镛号"谏垣三直"，加金应麟，又号"四虎"。以言不见用，于道光二十六年告归。太平天国在广西起义，尝练乡兵抗起义军。咸丰六年(1856)起为道员候选，再至北京。王有龄为浙江巡抚，随往杭州，总理团练局。太平军攻克杭州时死。琦为桐城派古文名家，师事梅曾亮，为文"挥斥万有，晖丽淹雅，变而不离其宗"(刘声木《桐城文学渊源考》)。诗亦受桐城诗派影响，自言早年取径白居易，及与梅游，始改师杜甫、韩愈及北宋诸家。梅称其"学韩而自开异境，其下笔老重，乃天禀所独得，乐府及五七古视近体尤胜"，"此古人成体之诗，今人岂复有此"(陈衍《近代诗钞》引)。林昌彝、何绍基、张际亮对其诗评价亦高。著有《怡志堂文初编》、《怡志堂诗初编》。生平事迹见《清史稿》卷三七八、《清史列传》卷七三、方宗诚《朱伯韩先生传》。

吴嘉宾(1803—1864)　近代诗文家。字子序。江西南丰人。道光十八年(1838)进士，选庶吉士，授编修。曾条陈海疆事宜，与汤鹏同见嘉纳。后因事谪戍，越四年释回。参与镇压太平天国，赏内阁中书，加侍读衔。后战死于南丰。其学宗王阳明，与倭仁、曾国藩等相交。学文于梅曾亮，得桐城派义法。其文“博厚而密，深简而远，研究精详，古意融会，神闲心澹，务求其至诣”，其诗“思致甚幽，气势甚豪，嵚崎磊落，兀傲坚硬，不摹仿古人，亦不随逐时人”（刘声木《桐城文学渊源考》）。著有《求自得之室文钞》、《尚䌹庐诗存》及《诸经说》六种。生平事迹见《清史稿》卷四八〇、《清史列传》卷六七、《国朝先正事略》卷四二。

林昌彝（1803—1876） 近代诗人、诗论家。字蕙常，又字芗溪，别号砅砨山人、茶叟、五虎山人等。福建侯官（今闽侯）人。林则徐族弟。道光十九年（1839）举人，试礼部不遇，乃遍游大江南北，广交知名之士如魏源、姚燮、朱琦、汤鹏、张际亮、王韬等。曾著《平夷十六策》、《破逆志》等，以伸抗英之志。咸丰三年（1853），进呈所著《三礼通释》，赐官教授，司教福建建宁、邵武二府，不久离职归乡。后为广东巡抚郭嵩焘延聘入府课子，又为廉州知府戴肇辰延为海门书院山长。林则徐谓其诗“感慨时务，蕴抱宏深”，“风骨沉雄，情韵凄婉，天资学问两者具备”（《衣讔山房诗集评赠》）。所著《射鹰楼诗话》，以“射鹰”谐音“射英”，录鸦片战争前后诗坛文献，以示爱国抗英志向。一生所著，除治经之作近十九种外，另有《海天琴思录》、《敦旧集》、《诗人存知诗录》（后两种未刊）及《衣讔山房诗集》、《小石渠阁文集》，今人辑有《林昌彝诗文集》。生平事迹见《清史列传》卷七三。

黎兆勋（1804—1864） 近代诗人。字伯庸，号檬村，又号硇门居士。贵州遵义人。黎恂子。诸生。官随州州判。幼慧，九岁即能作五、七字诗，戏赠同辈。长与郑珍同学，贯穿博洽，纵才力为诗，游楚之后，功力益进。《晚晴簃诗汇》谓其“选词隽颖，摆脱凡近，以苍老之笔，运深沉之思”，“薄宦羁旅，抑郁不平，而必出以蕴藉，与子尹诗从入不同，成就无异”，评价过高。著有《侍雪堂诗》、《葑烟亭词》。生平事迹见《晚晴簃诗汇》卷一四八、黎庶昌《从兄伯庸先生墓表》。

苏廷魁（1804—1878） 近代诗人。字赓堂，一字德辅。广东高要人。道光十五年（1835）进士，改庶吉士，授编修。历官御史、给事中、河南开归陈许道、河南布政使、东河河道总督。为谏官时，伉直敢言，与陈庆镛、朱琦齐名，号“三谏臣”。咸丰八年（1858）曾组织团练抗击英军。余事为诗，能反映民瘼。彭泰来序其诗称“抑而按之，声声见心。悲欣往来，旁触远览。时有所慨，隐系政俗”，《晚晴簃诗汇》亦称其诗“葩敷藻耀”。著有《守柔斋诗钞》与《文集》。生平事迹见《清史稿》卷三七八、《晚晴簃诗汇》卷一三八。

汪士铎（1804—1889） 近代诗人、学者。字振庵，别字梅村。江苏江宁人。道光二十年（1840）举人。晚授国子监助教衔。从胡培翚、任泰游，与杨大堉同精《三礼》，号称“汪杨”。学承宋代杨氏、元代敖氏及清代程瑶田、张惠言诸家。又擅舆地之学，究心于《水经注》。咸丰、同治间曾为胡林翼聘入幕府。晚居家不出，以读书种花自娱。陈衍称其“作诗几无一字无来历。然理窟甚深，兴趣稍远，但求妥帖排奡者，几于美不胜收”（《近代诗钞》）。著有《汪梅村先生集》、《南北史补志》、《水经注图》，续纂《江宁府志》、《同治上江两县志》。生平事迹见《儒林传稿·汪士铎传》（《续碑传集》卷七四）。

张穆（1805—1849） 近代诗文家、学者。字诵风，一字硕州、石洲，号㐆斋，初名瀛暹。山西平定人。道光十一年（1831）优贡。候选知县。深于经史舆地之学。善属文，程恩泽见之，叹为东汉崔骃、蔡邕之匹。《晚晴簃诗汇》称其诗文“雄深奇肆”，“真气盘郁，能自写其性情”。著有《㐆斋集》、《蒙古游牧记》、《魏延昌地形志》、《顾亭林年谱》、《阎百诗年谱》。生平事迹见《清史稿》卷四八五、《清史列传》卷七三、程鸿诏《张先生小传》。

百保（？—1861） 近代女诗人。萨古达氏，字友兰。满洲旗人。瓜尔佳延祚妻。出嫁未及一年，其夫病逝，抚养遗腹子成人。其子麟趾为金衢严道，署布政使，迎之居杭州。太平军起，城破，投官署后园池死。殁后，芸香女史为刊其诗。工琴棋书画，尤好诗词。著有《冷红轩诗集》、《冷红轩词》。生平事迹见《晚晴簃诗汇》卷一八六。

邹汉勋（1805—1854） 近代诗文家、学者。字叔绩。湖南新化人。咸丰元年（1851）举人。与太平军作战有功，以同知候补直隶州。早承庭训，治经学，尤深于音韵之学，为邓显鹤所知，招至宁乡学舍。会试落第，访魏源于高邮，研讨学问。会太平军攻占南京，间道归长沙，向曾国藩献援、堵、守并用之策，为曾所采纳。又助江忠源守庐州，战死。诗文为其余事。著有《学艺斋文集》、《学艺斋诗集》、《读书偶识》、《广韵表》、《五韵论》等。生平事迹见《清史稿》卷四八二、《清史列传》卷六九、《国朝先正事略》卷三六。

李文瀚（1805—1856） 近代戏曲作家。

字云生，号莲舫，别署讱镜词人。安徽宣城（今宣州）人。道光八年（1828）举人。历官长安知县，鄜州直隶州知州，嘉定、夔州知府，捐道员。心仪林则徐，多唱和之作，又与冯桂芬相交。性耽度曲，词律细而严。著有《胭脂舄》、《紫荆花》、《银汉槎》、《凤飞楼》等传奇，另有《味尘轩诗集》、《味尘轩文集》、《味尘轩词集》、《治岐撮要》、《守嘉州纪要》。生平事迹见《光绪岐山县志》卷五、《光绪宣城县志》卷一五、冯桂芬《李云生墓志铭》。

张金镛（1805—1860）　近代诗人。字良甫，号海门，初名敦瞿。浙江平湖人。道光二十一年（1841）进士，选庶吉士，授编修，官至侍讲。少负才望，既入翰林院，以振兴文教为己任。及视学湘中，品第高下，士论翕然。有以诗文求审定者，即为评议，并指授法度。诗词书画皆工。著有《躬厚堂诗录》、《绛跗山馆词录》。生平事迹见《两浙輶轩续录》卷三八、《清画家诗史》辛上、《国朝书人辑略》卷九。

鲁一同（1805—1863）　近代文学家。字兰岑，一字通甫。江苏山阳（今淮安）人。道光十五年（1835）举人，屡赴礼部试，不售。早岁师事潘德舆，精通经史，旁及百家。林则徐、江忠源、曾国藩重其才，先后欲延致幕府，以亲老未赴。当时以古文家而兼诗人之雄，朱琦以外首推之。其持论以为"凡文章之道，贵于外闳而中实，中实由于积理，理充而纬以实事，则光彩日新"（周韶音《通甫诗存跋》引）。所作能实践其言。其文"有经世综物之意"，"闳肆而谨严，演迤而峻峭，昌明洞达"，"识议绝人"（刘声木《桐城文学渊源考》）。诗尤工，张际亮见其古歌行，自以为不及。李慈铭论道光间诗人，对张际亮等，多所不满，惟言一同诗，虽说"气象雄阔而未成家，蹊径亦多未化"，但又谓其"浩荡之势，独来独往，固为偏师之雄矣"，"传之将来，足当诗史"（《越缦堂诗话》）。著有《通甫类稿》、《通甫诗存》。生平事迹见《清史稿》卷四八六、《清史列传》卷七三、吴昆田《鲁通甫传》、汤纪尚《鲁通甫先生传》。

姚燮（1805—1864）　近代文学家、画家。字梅伯，一作某伯，号复庄，又号大梅山民。浙江镇海人。道光十四年（1834）举人，屡应进士试不售，由誊录即选知县，未赴，以著作教授终身。与定海厉志、慈溪叶元阶交，结枕湖诗社于宁波。学识该博，著作繁多。于经史、地理、释道、戏曲、小说无不探究。尤长于诗，风格奇肆秾丽，熔杜甫、李白、李贺、白居易、李商隐于一炉。于清人深受黎简影响，而才气雄放胜于黎。身经鸦片战争，有不少纪事感时之作，悲愤激越，足称诗史。又有很多反映社会现实、描绘歌舞艺术和刻画山水的名作，长篇有时能吸取民歌之长。程恩泽称其"处境愁郁，故旨合风骚；拓胸阔大，故辞无庸浅"（《复庄诗问题识》）。潘德舆称其"生峭幽异，迥绝流辈"（同上）。谭献称为浙东巨匠。亦能词，锤炼婉约，辞藻华美，继承浙派宗法姜夔、张炎的传统，后期所作，涉及鸦片战争。于小说，著有《读红楼梦纲领》，曾评点《红楼梦》。于戏曲，著有《今乐考证》，编有《今乐府选》，并曾自撰传奇《退红衫》（未刊）。于乡邦文献，编《蛟川诗系》。尤工画，人物梅花最著名。诗词文有《复庄诗问》、《疏影楼词》、《复庄骈俪文榷》，合为《大梅山馆集》。生平事迹见《清史列传》卷七三、徐时栋《姚梅伯传》、蒋敦复《姚君墓志铭》、董沛《姚复庄先生墓表》。

黄燮清（1805—1864）　近代文学家。原名宪清，字韵甫，又字韵珊，号吟香舫主人。浙江海盐人。道光十五年（1835）举人，以实录馆誊录用湖北知县，以病不赴任。家居，筑拙宜园、砚园，改葺晴云阁为倚晴楼，赋诗度曲，栽花种竹，时与知交觞咏其中。太平军起，乃间关避往湖北就官，权宜都知县，调任松滋，有政声，未几卒。诗词曲骈文兼擅，张鸣珂谓其诗"沉雄绵丽，雅近玉谿"（《寒松阁谈艺琐录》），张炳堃谓其词"联绵旷邈，哀感顽艳"（《倚晴诗余序》），吴梅谓其戏曲学汤显祖，"《帝女花》、《桃溪雪》自是上乘，惟其词秾丽柔靡，去古益远"（《顾曲麈谈》）。其创作中反映鸦片战争之诗篇为其精华所在。著有《倚晴楼诗集》、《倚晴楼诗余》，另杂剧《鸳鸯镜》、《凌波影》，传奇《茂陵弦》、《帝女花》、《鹡鸰原》、《桃溪雪》、《居官鉴》，合为《倚晴楼七种曲》，编有《国朝词综续编》、《吴谚集》。生平事迹见《清史列传》卷七三、《光绪海盐县志》卷一六、《清画家诗史》庚下。

吴敏树（1805—1873）　近代诗文家。字本深，号南屏，又号乐生翁、柈湖渔叟。湖南巴陵（今岳阳）人。道光十二年（1832）举人。官浏阳训导。尝客京师，与梅曾亮、朱琦、邵懿辰、王拯、孙衣言、曾国藩等切磋古文、经学。诗文受桐城派影响，推尊方苞，然于刘大櫆、姚鼐皆致不满，亦不愿列名桐城派，曾国藩视为畏友。其论文大旨见于《与欧阳筱岑书》。文笔洗练，"词高体洁"（王先谦《文集序》），而纪游小品尤佳。诗宗黄庭坚，"造句矜慎而味醰深"（杜贵墀《传》）。著有《柈湖文录》、《柈湖诗录》、《柈湖诗话》及经学著作多种。生平事迹见《清史稿》卷四八六、《清史列传》卷七三、杜贵墀《吴先生传》、郭嵩焘《吴君墓表》。

华长卿(1805—1881) 近代学者、诗人。字枚宗,号梅庄,榜名长懋。直隶天津(今天津市)人。道光十一年(1831)举人。选开原训导,以病告归。以勤学善教,奉旨加国子监学正学录衔。通小学,精研《说文解字》。潜心经史,颇多著述。有诗名,与边浴礼、高继珩称"畿南三才子"。其七古《禁烟行》淋漓慷慨,极为动人。著有《梅庄诗文钞》、《梅庄词钞》、《说文形声表》、《正字原》、《说雅》、《古本周易集注》、《尚书补阙》、《春秋三传异同辨》、《两晋十七国南北朝年表》、《唐宋阳秋》。生平事迹见《清史列传》卷六九、《大清畿辅先哲传》卷二六。

陈钟祥(1806—1857后) 近代文学家。字息帆,号抑叟,别署亭亭山人。浙江山阴(今绍兴)人,侨寓贵州贵筑(今贵阳)。道光十一年(1831)举人,历官青神、绵竹、大邑知县,擢沧州、赵州知州。早年论诗最服膺王士禛神韵说,自师事吴嵩梁,乃遍究唐宋金元诸大家,尤得力于苏轼、陆游。宗稷辰序其诗誉为"十荡十决,墨兵纵横,五七律以才调胜,乐府最为入格。一二寄托之篇,尤关诗史"。尤工词曲,所作散曲亦较多。著有《夏雨轩杂文》、《依隐斋诗钞》、《鸿爪词》、《哀丝豪竹词》、《菊花词》、《香草词》、《集牡丹亭词》,编有《赵州石刻录》。生平事迹见《晚晴簃诗汇》卷一三五。

郑珍(1806—1864) 近代诗文家、学者。字子尹,晚号柴翁。贵州遵义人。道光五年(1825)拔贡,十七年举人,官荔波训导。与同省莫友芝齐名,时称"郑莫"。一生除曾游湖南、云南和入京会试旅途所经外,踪迹常在本省。程恩泽督贵州学政时,出其门下。程教其为学必先识字,故经学诗文俱受程影响。经精《三礼》,深于《说文》,通声韵训诂。诗学杜甫、韩愈、孟郊、黄庭坚之奥衍,兼白居易之平易,莫友芝序谓其"盘盘之气,熊熊之光,浏漓顿挫,不主故常"。陈衍标为学人与诗人之诗合一之旗帜,谓其"历前人所未历之境,状人所难状之状,学杜韩而非摹仿杜韩",以其与何绍基、祁寯藻、曾国藩诸家"为道、咸以来诗家一变局"。胡先骕《评巢经巢诗集》称:"郑珍卓然大家,为有清一代冠冕。纵观历代诗人,除李杜苏黄外,鲜有能远驾乎其上者。"梁启超则以为其诗意境狭窄,不过为清诗之稍可观者。又工古文,翁同书序称其"古涩奥衍,大率如先秦以上诸子、汲冢坠简、两汉碑版文字及马第伯《封禅记》之属","真气流贯,非貌为《魁纪公》家言者",其述母教,则又"悱恻沉挚似震川",高培谷序谓其"谨严峭洁,不落宋以后体势"。著有《巢经巢集》。生平事迹见《清史稿》卷四八二、《清史列传》卷六九、郑知同《子尹府君行状》、黎庶昌《郑征君墓表》、凌惕安《郑子尹年谱》。

雷以諴(1806—1884) 近代诗人。字春霆,一字鹤皋。湖北咸宁人。道光三年(1823)进士,授刑部主事。历官郎中、御史、给事中、侍读学士、奉天府丞。咸丰初,官太常寺少卿,擢左副都御史。太平军至江苏,自请与战,有功,授刑部侍郎,帮办江南军务。坐失援、冒功,戍新疆,寻赦还。授陕西按察使,迁布政使,入为光禄寺卿。同治元年(1862)休致。主讲江汉书院。著有《大学解》、《读经传杂记》、《雨香书屋诗钞》,又与人合修《盛京通志》。生平事迹见《清史稿》卷四二二、《清史列传》卷五三。

杨懋建(1807—?) 近代诗人。字掌生,号尔园,别署蕊珠旧史。广东嘉应州(今梅县)人。道光十二年(1832)举人,官国子监学正。早学于学海堂。会试屡不中,遂流连于娱乐场,与艺人为伍。道光二十七年,以科场事获罪遣戍。晚归广东,主讲阳山书院。学识广博,兼通天文、舆地、历算、音律、掌故之学,所作诗文多寓身世不平之慨。著有《留香诗词钞》,另著有《辛壬癸甲录》、《长安看花记》、《丁年玉笋志》、《梦华琐簿》等,叙述道光时期京师梨园盛况。生平事迹见本集。

朱次琦(1807—1882) 近代诗文家、学者。字子襄,又字稚圭,号九江、浩虔。广东南海(今广州)人。道光二十七年(1847)进士。历官孝义、襄陵知县。以循吏见称于时。治经术,为岭南名儒。早见知于阮元、翁同龢。其论学泯汉宋之见,倡导实学。以敦行孝弟、崇尚气节、变化气质、检摄威仪为士人修行四要。康有为、简朝亮等皆出其门下。其诗亦"蕴藉风流,不愧作者"(邬启祚《耕云别墅诗话》)。著有《朱九江集》、《性学源流》、《蒙古闻见》、《晋乘》、《国朝逸民传》、《五史实征录》。生平事迹见《清史稿》卷四八〇、《清史列传》卷七六、简朝亮《朱九江先生传》、缪荃孙《朱次琦传》。

孔宪彝(1808—1863) 近代诗人。字叙仲,号绣山,一作秀珊,又号韩斋。山东曲阜人。道光十七年(1837)举人。官内阁侍读。早随父宦居长芦,入梅花诗社,与名流唱和。后侍父侨寓盐城，游历江淮间，交游益众，为陈文述等赏识。弱冠游京师，朱方增阁学见其诗，击节叹赏，遂以女妻之。其诗“多得真性情”，“七绝尤哀感顽艳，令人读之凄然欲绝”（符葆森《国朝正雅集》），潘德舆以为“姚武功、杜司勋之间，可置一席”（同上引）。著有《对岳楼诗钞》。另编有《阙里孔氏诗钞》，阮元以为“可备祖庭掌故”。生平事迹见《清画家诗史》庚下、《国朝正雅集》。

蒋敦复（1808—1867）　近代文学家。原名尔锷，又名金和，字剑人，又字子文、纯甫、克父、超存，号江东老剑，又号丽农山人。江苏宝山（今属上海）人。诸生。喜放言谈大略，尝以策干杨秀清，不见用，又上书清官吏，谋灭太平天国。曾与西人合作译书，与王韬、李善兰俱有重名于上海。道光二十年（1840），因哄考得祸，削发为僧，自号铁峰、妙尘。二十三年始还俗，更名敦复。其诗词俱受龚自珍影响。黄人《论诗》诗评其诗云：“惊才绝艳世谁知，推倒何论彼一时。五十年来殊色少，秋波临去尚相思。”顾子山题词评其词云：“凄厉动魄，芬芳竟体，得力在白云（张炎）白石（姜夔）间。”著有《啸古堂集》，含《芬陀利室词》、《芬陀利室词话》。另有《啸古堂诗话》及《英志》、《兵鉴》、《寰镜》等。生平事迹见滕固《蒋剑人先生年谱》、野竹《宝山蒋剑人先生年表》及其自著《丽农山人事实杂录》。

潘曾莹（1808—1878）　近代诗人、词人。字申甫，号星斋。江苏吴县人。潘曾沂弟。道光二十一年（1841）进士，改庶吉士，授编修。历官庶子、侍讲学士、侍读学士、光禄寺卿、内阁学士、吏部侍郎，以父丧去官回籍。太平军起，受命督办江苏团练，授工部左侍郎，以疾请归。与兄曾沂、弟曾绶并负时誉。精画艺，善花卉山水。吴嘉泠谓其诗“选声炼色，吐属风流，学温、李而去其浓重，效皮、陆而遗其疎放”（陈融《颙园诗话》引）。黄爕清谓其词“如晓霞媚树，春水浮花，极幽艳荡漾之致”（《国朝词综续编》）。著有《小鸥波馆诗钞》、《小鸥波馆文钞》、《小鸥波馆词钞》、《画品》、《画识》、《画寄》、《墨缘小识》等。生平事迹见吴汝纶《前工部侍郎潘公神道碑》、俞樾《吏部左侍郎潘公墓志铭》。

吴昆田（1808—1882）　清诗人。原名大田，字云圃，号稼轩。江苏清河（今淮阴）人。道光十四年（1834）举人，官内阁中书，拣发云南知州，改刑部员外郎。辞官归，主讲奎文、崇实书院。太平军兴，组团练设防，为大吏所倚重。为潘德舆门人，又与鲁一同共励学，读书为文，好沉思，不斤斤于文辞章句。著有《漱六山房集》。生平事迹见《清史稿》卷四八六、高延第《刑部员外郎吴君稼轩墓志铭》、黄云鹄《吴稼轩墓表》。

张文虎（1808—1885）　近代诗文家、学者。字孟彪，一字啸山，号天目山樵。江苏南汇（今属上海）人。贡生，官候选训导。学问渊博，深于经学、小学，旁通乐律、中西数学。尤精校勘之学。曾为钱熙祚校刊《守山阁丛书》、《指海》、《珠丛别录》，海内推善本。同治初，与李善兰同客曾国藩幕中，主金陵书局校席十三年。晚主江阴南菁书院讲席。其诗学宋，取法苏轼、黄庭坚。著有《覆瓿集》，内含《舒艺室诗存》、《索笑词》、《随笔》等。生平事迹见《清史稿》卷四八二、《清史列传》卷七三、缪荃孙《张先生墓志铭》。

陈立（1809—1869）　近代学者、散文家。字卓人，号默斋，又号竹民。江苏句容人。道光二十一年（1841）进士，二十四年补应殿试，选庶吉士，改刑部主事，升郎中，授曲靖知府，以道阻未到任。早随父客扬州，从梅植之学诗古文辞，从凌曙、刘文淇受经学、小学。尤深研《春秋公羊传》，积三十年之力撰成《公羊义疏》，人服其精详。为文讲求义法，“渊雅典硕，不尚空言”（《清史列传》）。另著有《白虎通疏证》、《句溪杂著》、《尔雅旧注》、《说文谐声孳生述》。生平事迹见《清史稿》卷四八三、《清史列传》卷六九、刘恭冕《陈君墓志铭》。

冯桂芬（1809—1874）　近代散文家、思想家。字林一，号景亭，又号邓尉山人。江苏吴县人。道光二十年（1840）进士。官右春坊右中允。曾师事林则徐。受西学影响，重经世致用之术。主张改良政治，取法欧美，富国强兵。对近代洋务派、改良派均有启发影响。李鸿章尤器重之，常以郡县利病诸政事就咨。论文不取桐城“义法”之说，主张“称心而言”，文笔通畅，见解卓特。尤精数学，见称于时。其《校邠庐抗议》四十篇，于经国之事，指陈剀切，为时代先觉。另著有《显志堂集》、《两淮盐法志》、《西算新法直解》等，主编《苏州府志》等。生平事迹见《清史稿》卷四八六、《清史列传》卷七三、左宗棠《中允冯君景庭家传》。

余治（1809—1874）　近代戏曲作家。字翼廷，号莲村、晦斋、寄云山人，晚署木铎先生，门人私谥孝惠。江苏无锡人。早肄业于江阴县暨阳书院。五应乡试不中。咸丰八年(1858)由附生保举训导，同治五年(1866)充广方言馆监督。好戏曲创作，作品甚多。内容多为劝人行善，宣扬忠孝节义。曾组织童伶戏班。主要作品有《后劝农》、《活佛图》、《同胞案》、《义民记》、《海烈妇记》、《岳侯训子》、《英雄谱》等。另著有《尊小学斋集》、《得一录》。生平事迹见吴师澄《余孝惠先生年谱》及俞樾所撰墓志铭、彭慰高所撰墓表。

何兆瀛(1809—1890) 近代诗文家。字通甫，号青耜。江苏江宁人。道光二十六年(1846)举人。官杭嘉湖道、广东盐运使、浙江按察使。好读书，心仪陆游，自署"老学后庵"。罢官后，侨寓湖上，文酒流连，有洛社耆英之目。《晚晴簃诗汇》称其诗"婉约清新，想见承平风调"。著有《老学后庵文集》、《心庵诗存》、《心庵词存》。生平事迹见《清史列传》卷四一、《晚晴簃诗汇》卷一四七。

杨彝珍(1809—1899) 近代诗文家。字湘函，一字性农。湖南武陵(今常德)人。道光三十年(1850)进士，选庶吉士，改兵部主事。重宴鹿鸣，赏四品卿。宗陆王之学，与曾国藩、左宗棠相往还，又与汤鹏、莫友芝、郑珍、孙衣言等为友，尤与吴敏树交契。论诗主性情，论文推重方苞。陈融称其"所为诗文，卓然可存"(《颙园诗话》)。著有《移芝室合集》。生平事迹见《清史稿》卷四八六、洪良品《移芝叟九十寿序》。

邵懿辰(1810—1861) 近代诗文家。字位西，号半岩。浙江仁和(今杭州)人。道光十一年(1831)举人，历官内阁中书、刑部员外郎，入值军机处。性伉直，常指斥人过，以此为人所忌，终致落职。后太平军攻破杭州，死之。其学宗程、朱，于近儒则推李光地、方苞，罢归后乃研治经籍，兼采汉学家言。在京与梅曾亮、朱次琦等交游，尤与曾国藩交契。文宗桐城派，曾国藩谓为"奥美盘折"(《墓志铭》)，诗则"出入苏、黄，以典雅清奇为主"(《晚晴簃诗汇》)。著有《半岩庐遗著》、《半岩庐日记》、《四库简明目录标注》、《礼经通义》、《尚书通义》，其孙辑为《半岩庐所著书》。生平事迹见《清史稿》卷四八一、《清史列传》卷六五、曾国藩《邵位西墓志铭》、徐铭《邵位西年谱》。

徐鼒(1810—1862) 近代学者、诗人。字彝舟，号亦才，别署敝帚斋主人。江苏六合人。道光二十五年(1845)进士，选庶吉士，授编修。擢监察御史，出知福宁府，又调延平。卒于官。曾在乡里募壮丁数千人组团练，与太平军作战。在福宁，日以振兴文教为事，又募练水勇以御海盗，上疏极言重农桑、贵谷帛、禁淫侈之要。博通经史，曾著《小腆纪年》、《小腆纪传》，叙南明及台湾郑成功父子事，多采稗官之说，为后人所重。论诗谓袁枚为"轻薄体"，而喜白居易之"才调迥超群"(《题随园集》绝句)，观此可见其诗格。他著有《未灰斋文集》、《未灰斋诗钞》、《读书杂释》、《礼记汇解》、《说文引经考》等。生平事迹见《清史列传》卷七三、夏寅官《徐鼒传》及自编《敝帚斋主人年谱》(其子徐承禧、承祖注补)。

贝青乔(1810—1863) 近代诗人。字子木，号无咎，一号木居士。江苏吴县人。道光诸生。家贫游幕为生。曾在林则徐属下帮助赈灾。鸦片战争期间入奕经军中司文案，在浙东抗击英军，曾只身入宁波探敌情。后又游贵州、浙江、安徽等地。晚应直隶总督刘长佑之聘，卒于旅次。在奕经幕府期间，耳闻目睹清军种种腐败现象，以讽刺笔法创作大型组诗《咄咄吟》七绝百首。早受诗法于朱绶，推服蒋士铨、黄景仁、舒位三家。王韬评其诗"跌宕有奇气，忠义激发，溢于言表，盖瓣香老杜者"(《瀛壖杂志》)。著有《半行庵诗存稿》、《咄咄吟》。生平事迹见《中国近代文学大系·诗词集》。

陈澧(1810—1882) 近代学者、词人。字兰甫，号东塾。广东番禺(今广州)人，原籍江苏上元(今南京)。道光十二年(1832)举人，六应会试，不售，官广东河源县学训导。澧为晚清儒学大师，出汉学家程恩泽门下，淹通群籍，经学词章以至天文、地理、乐律、算术、书法，无不精究，力排汉、宋门户之见。先后主讲学海堂及菊坡精舍，文廷式、沈曾植等近代著名学者、诗人、词人，都曾向之请益。古文骈体诗词俱工，曾问诗学于张维屏。词尤特异。曾手批张炎《山中白云词》，并翻姜夔《暗香》、《疏影》二曲谱，可见其宗尚。谭献《箧中词》称其"填词朗诣，洋洋乎会于风雅，乃使绮靡、奋厉两宗，废然知反"。朱祖谋称为雅音。学术著作有《汉儒通义》、《东塾读书记》、《声律通考》、《切韵考》等，别集有《东塾集》、《忆江南馆词》。生平事迹见《清史列传》卷六九、《清史稿》卷四八二、汪宗衍《陈东塾先生年谱》。

潘曾绶(1810—1883) 近代诗人。字绂庭，初名曾鉴。江苏吴县人。潘祖荫父。潘曾沂、曾莹弟。道光二十年(1840)举人，考授内阁中书，官至内阁侍读，赠三品卿衔，以父前大学士潘世恩年高久致仕，遂引疾乞归养。父丧服除，不复仕。后以子祖荫贵，就养京师，优游文史，宏奖后进，布衣萧然，无异寒素。老病杜门，独与李慈铭相往还。符葆森《国朝正雅集》称其诗"清丽有则，无贵介气"，又引阮元语谓其诸作"皆抒发性灵，意存忠厚"，"能力持乎风雅"。著有《陔兰书屋诗集》。生平事迹见《晚晴簃诗汇》卷一二六及其自订《绂庭先生年谱》。

许光治（1811—1855）　近代散曲家、书法家。字文盛，又字龙华，号羹梅，又号穗嫣。浙江海宁人。廪贡生。弱冠后以授徒为生，未入仕。少颖悟，从兄光清学，旁涉艺事，举凡书画篆刻，以至音乐、医药，无不通晓。好读《说文》，所作篆隶具有法度，于金石款识辨释尤精。所作散曲，宗张可久、乔吉，风格清雅空灵。著有词、散曲合集《江山风月谱》及《放吟》、《声画诗》、《红蟫香馆骈散体文》等。生平事迹见《清画家诗史》庚下、杜贵墀《许文盛家传》、管庭芬《许光治事略》。

叶名沣（1811—1859）　近代诗人。字润臣，又字瀚源。湖北汉阳人。道光十七年（1837）举人。官内阁中书，迁侍读，改浙江候补道。博学好古，致力于经学，通《易》、《尔雅》。尤工诗。居京师，闭门读书，苦吟不辍。与潘德舆交十年，颇受其影响。好作山水游，见闻发之以诗。一时名士如汤鹏、王柏心、陈文述、姚燮、张际亮皆与交游。后因兄名琛事，侘傺不得志。符葆森称"统观其诗，以真朴之性一发其胸中所欲言"，"或谓润臣诗，托体陶韦，然润臣自有真诗"（《国朝正雅集》）。著有《敦夙好斋诗编》、《桥西杂记》。生平事迹见《清史列传》卷七三、朱琦《叶中宪君传》、张星鉴《怀旧记》。

刘书年（1811—1861）　近代诗人。字竹史，号仙石。直隶献县（今属河北）人。道光二十五年（1845）进士，选庶吉士，授编修。官贵阳遗缺知府，寻补安顺，移知贵阳，叙功以道员记名。出曾国藩门下，与郑珍、莫友芝等交厚。肆力于经史小学，晚喜治《三礼》。喜为诗，尤工词，张之洞称其"类南宋能者所为"（《墓碑》）。著有《涤滥轩诗钞》、《涤滥轩词残稿》、《涤滥轩文残稿》、《黔行日记》、《归程日记》、《刘贵阳说经残稿》。生平事迹见《清史列传》卷六九、《大清畿辅先哲传》卷二六、张之洞《贵阳府知府刘君墓碑》。

许宗衡（1811—1869）　近代文学家。字海秋，初名鲲。江苏上元（今南京）人，寓居扬州。咸丰二年（1852）进士，选庶吉士，授内阁中书，迁起居注主事。淡于仕进，负气伉爽，有不可一世之概，独心契鲁一同等数人。谢章铤称"近日古文，自梅伯言之后，众推上元许海秋，其文夷犹自得，不为桐城末派所囿"（《赌棋山庄词话续编》），府志又谓其文"不主故常，而大致劲畅，与魏叔子（禧）为近"。陈作霖谓其"诗亦秾丽，与文并工"（《可园诗话》），冒广生谓其词"别有怀抱，虽稍近粗率，亦近词一大家"（《小山吾亭词话》）。著有《玉井山馆集》，附《西行日记》，另著有《玉井山馆笔记》。生平事迹见《碑传集补》卷一一所录《江宁府志·许宗衡传》。

莫友芝（1811—1871）　近代文学家、学者。字子偲，号郘亭，晚号眲叟。贵州独山人。道光十一年（1831）举人，后屡应进士试不售，以知县选官。历游胡林翼、曾国藩幕，往来大江南北，在曾幕时间尤久。与郑珍同出程恩泽之门，同为考据、词章之学，世称"郑莫"。通小学，精版本目录，善书法篆刻。为文奥衍，亦有揭露时弊之作。诗学黄庭坚、陈师道，不尚流美，工力与郑珍略相伯仲，部分作品，有现实内容，尤多金石古籍题识之作。与郑诗同为学人之诗一路，但深挚独创处不及郑。谭献称其"朴属微至，学杜老，境乃近元次山，真云山韶頀音也"（《复堂日记》）。著有《黔诗纪略》、《郘亭知见传本书目》、《唐写本说文木部笺异》等。诗文有《郘亭遗文》、《郘亭诗钞》、《郘亭遗诗》。生平事迹见《清史稿》卷四八六、《清史列传》卷六九、黎庶昌《莫征君别传》、张裕钊《莫子偲墓志铭》。

曾国藩（1811—1872）　近代政治家、文学家。字涤生，号伯涵，又号求阙斋主人。湖南湘乡人。道光十八年（1838）进士，历官检讨、侍读、内阁学士，礼、兵等部侍郎，太常寺卿、湖北巡抚、兵部尚书、两江总督、太子少保、协办大学士、太子太傅、武英殿大学士、直隶总督，封一等毅勇侯。卒赠太傅，谥文正。以组湘军镇压太平天国起义得清廷重用。治学兼宗汉、宋，注意礼制经世。诗文兼工，古文继桐城派之后，加以扩展，溯源经史，奇偶互用，别衍为湘乡派。选编《经史百家杂钞》、《古文四象》以树立宗旨，并于文章日记家书中阐述其说。吴汝纶、张裕钊、黎庶昌、薛福成称四大弟子，传其衣钵。诗亦受桐城派姚鼐提倡黄庭坚诗的影响，宗法江西派，又欲熔李商隐诗于一炉。总归宿在于杜、韩。选编《十八家诗钞》建旗帜，倡“机神”之说，发诗论家所未发。位高徒众，为晚清宋诗派的先行者。陈衍称其“五言古参学左太冲、鲍明远，七言古全步趋山谷”（《近代诗钞》）。但其学古，蹊径未化，且时有犷悍之病。诗文有《曾文正公诗文集》，另有家书、奏稿、日记等，收入《曾文正公全集》中。生平事迹见《清史列传》卷六五、《清史稿》卷四〇五、吴汝纶《曾文正公神道碑》、黎庶昌《曾文正公年谱》、杜就田《曾文正公年谱》。

方玉润（1811—1883）　近代诗人。字友石，一作黝石，号鸿蒙子。云南宝宁（今广南）人。道光诸生。官陇州同知，曾入曾国藩幕。为人有湖海豪气。著《诗经原始》，研究《诗经》注意阐发诗篇之文学意义，颇有特色。自为诗如《拟新乐府》十九章，能反映鸦片战争及太平天国时期社会现实。祝鸿仪跋其集称“其古体气骨遒劲，如龙蟠蛇走。其近体如古梅着花，格韵皆雅。而又善陈时事，恍如游少陵之室。至小诗中亦多青莲飘逸，右丞雅淡”。著有《鸿蒙室诗文钞》、《诗经原始》。生平事迹见《晚晴簃诗汇》卷一五一、《清诗纪事》道光朝卷。

顾文彬（1811—1889）　近代词人。字蔚如，号子山，晚号艮庵。江苏元和（今苏州）人。道光二十一年（1841）进士，历官刑部福建司主事、陕西司员外郎、福建司郎中，出为汉阳府知府、武昌盐法道、浙江宁绍台道。究心刑律而外，词学最深，尤长于集古。著有《灵岩樵唱》、《今雨吟》、《小横吹剩谱》、《莺花醉吟》、《蝶板新声》、《蟪巢碎语》、《百衲琴音》、《跨鹤吹笙谱》又《续谱》，总名《眉绿楼词》。生平事迹见王颂蔚《浙江宁绍台道顾公墓志铭》。

赵旭（1812—1866）　近代诗人。字石知，又字晓峰。贵州桐梓人。诸生。官荔波教谕，遇苗民起事，死之，赠国子监学录。留意乡邑故事，辑有《桐荃》。道光间郑珍、莫友芝修《遵义府志》，土人掘得汉建安间石刻，郑氏定为夷邑长卢丰碑，旭尝有辨。郑珍避太平军至魁崖，常与之唱和。其诗颇得郑珍、莫友芝二人推许，郑云：“晓峰日泽以古，发于声音，又必出之以极思苦吟”，莫云：“读晓峰诗，其一往耿峭、不可磨灭之劲骨，犹当撑拄纸上，以得其为人。”（均见《晚晴簃诗汇》所引）著有《播川诗钞》。生平事迹见《晚晴簃诗汇》卷一四八、《颜李师承记》卷二。

徐子苓（1812—1876）　近代诗文家。字西叔，一字叔伟，号毅甫，又号南阳子。安徽合肥人。早岁师事姚莹。道光十五年（1835）举人。入京，与曾国藩、邵懿辰、张穆等交游。后客池州知府陈源兖所。太平军兴，又先后居江忠源、曾国藩幕有年。居巢湖滨之龙泉山，自号龙泉老牧。同治五年（1866）拣选得知县，不乐为吏，调和州学正。曾主讲夏丘书院。博学，兼通医卜相人之术，与朱景昭、王尚辰有“三怪”之目。兼工诗文，为文宏肆，才气甚伟。诗与戴家麟、王尚辰被谭献选为“合肥三家”。陈衍《近代诗钞》谓“戴不如王，王不如徐，徐于文尤胜于诗”。姚莹、鲁一同、何绍基、孙鼎臣诸家俱加推崇。著有《敦艮吉斋文存》、《诗存》。生平事迹见马其昶《龙泉老牧传》、金天羽《皖志列传稿》。

左宗棠（1812—1885）　近代政治家、诗人。字季高。湖南湘阴人。道光十二年（1832）举人，后屡试不第。太平天国军兴，由曾国藩保举，特旨为四品京堂，率兵号“楚军”，与太平军作战。历官浙江巡抚、闽浙总督、陕甘总督、协办大学士。封恪靖伯。光绪元年（1875），任钦差大臣督办新疆军务。讨伐阿古柏，收复失地。中、俄伊犁交涉中，主张“先之以谈判，继之以战阵”。光绪七年，任军机大臣，调两江总督。后病殁福州，谥文襄。工诗，陈衍《近代诗钞》谓其“有扶风豪士之气”。著有《左文襄公全集》，其中收诗集一卷。生平事迹见《清史稿》卷四一二、《清史列传》卷五一、吴汝纶《左文襄公神道碑》、朱孔彰《左文襄公别传》。

刘熙载（1813—1881）　近代文学家、文论家。字伯简，号融斋，晚号寤崖子。江苏兴化人。道光二十四年（1844）进士，改庶吉士，授编修。历官国子监司业、广东学政、左春坊左中允，引疾归，遂不出，主上海龙门书院讲席，历十四年以终。其学自五经子史外，凡天文、算术、字学、韵学及佛道之书，无不通晓。治经不囿于汉学宋学门户之见。晚年撰《艺概》一书，分文、诗、赋、词曲、书、经义六卷，论诗、文、词流变及艺术手法，有不少深刻独到、切心餍理之处。另著有《昨非集》、《古桐书屋札记》、《游艺约言》等，今人合辑为《刘熙载集》。生平事迹见《清史稿》卷四八〇、《清史列传》卷六七、俞樾《左春坊左中允刘君墓碑》。

汪曰桢（1813—1881）　近代词人。字刚木，号谢城，又号薪甫。浙江乌程（今湖州）人。咸丰二年（1852）举人。官会稽教谕。精于史学，又好研治数学，尤熟古今推步诸术。曾著《二十四史日月考》。生平好著述，以书籍朋友为性命，课徒所得，悉以购书。兼通倚声之学，好填词，张德瀛《词征》称其词“如疏雨打窗，翛翛送响”。著有《荔墙词》、《历代长术辑要》附《古今推步诸术考》，辑有《乌程县志》、《南浔镇志》，刊有《荔墙丛刻》。生平事迹见《清史列传》卷七三、诸可宝《汪曰桢传》。

秦缃业（1813—1883）　近代诗文家。字应华，号澹如。江苏无锡人。秦瀛子。道光二十六年（1846）副贡。九岁而孤，母自教之。既长游京师，所交皆名士。是时祁寯藻、曾国藩、梅曾亮、邵懿辰、朱琦、龙启瑞等在京治古文，以气类相师友，缃业常以所业游其间。既好古文，不肯用力于八股，乡试辄不中。年垂四十，入山东、安徽诸学政幕中，充史馆誊录，叙盐大使，援例改浙江同知，积官至候补道，署两浙盐运使、金衢严道。以疾乞归，杭人聘主东城讲舍。“其文冲夷渊懿”，“清真渊雅，一守秦瀛家法，诗则夷犹淡荡，于陶、韦为近”（刘声木《桐城文学渊源考》）。著有《虹桥老屋遗稿》、《平浙纪略》、《浙江忠义录》。生平事迹见《清画家诗史》辛上、孙衣言《秦君澹如墓志铭》。

史梦兰（1813—1898）　近代诗人。字香崖，号砚农。直隶乐亭（今属河北）人。道光二十年（1840）举人，选朝城知县，以母老不赴。咸丰十年（1860），招乡勇团练抗击英、法入侵军。事平，奖五品衔。曾国藩总督直隶，招入幕中，李鸿章复延请编修《畿辅通志》。家藏书数万卷，尤长于治史，于历代兴衰，山川险要，了如指掌。所作《全史宫词》为朝鲜、越南使臣争相购归。其诗“冲和朴厚，无轻佻噍杀之音”（《晚晴簃诗汇》）。诗文外，兼工书画。著有《尔尔书屋诗文钞》、《叠雅》，编有《诗史》、《永平诗存》、《异号类编》、《辽诗话》等。生平事迹见《清史列传》卷七三、《大清畿辅先哲传》卷二六。

黄钧宰　近代文学家。初名振均，字仲衡，又字宰平，号天河生，又号钵池山农。江苏山阳（今淮安）人。道光二十九年（1849）拔贡。官奉贤训导。遇太平天国起义，浪迹四方以避乱。中年丧偶，益侘傺不自聊。往来江淮间，遇有可纪可感之事，辄赋诗作笔记文以录之。著有笔记《金壶七墨》，备见咸丰时江淮民众受兵燹之苦，抒悲欢离合之情，亦恻恻动人。所记民风民俗，亦可补志乘之不足。其诗颇有杜甫诗史、白居易新乐府之神理，自云：“戎马倥偬，废弃笔墨，不欲以腐儒酸态，贻俊杰笑也，惟语涉军事者，录存一二，以识一时踪迹。”另著有《比玉楼遗稿》及传奇《十二红》、《呼梦么》、《鸳鸯印》、《双烈祠》。生平事迹见其《金壶七墨》及《光绪淮安府志》卷二三、《民国续纂山阳县志》卷一〇。

戴钧衡（1814—1855）　近代诗文家。字存庄，号蓉洲。安徽桐城人。道光二十九年（1849）举人。师事同里方东树，自以生方苞、刘大櫆、姚鼐之乡，传桐城派先正之法，责无旁贷，遂肆力为古文，又重订方苞文集刊行之。壮年治经学，讲用世之具。太平军破桐城，钧衡筹资结乡勇，请援兵与之相抗，为袁甲三所推重。以激愤得疾呕血卒。其“所为文，以才气胜，其始尚才华，继而好伦理及事之有关实用者，后遭丧乱，益喜为感时论事、表彰忠义节烈之文”（《清史列传》）。其诗则“格调高逸，音节宏亮，跌宕纵横，瓣香太白”（刘声木《桐城文学渊源考》）。著有《味经山馆诗文钞》、《书传补商》等。生平事迹见《清史稿》卷四八六、《清史列传》卷七三、方宗诚《戴存庄权厝志》。

龙启瑞（1814—1858）　近代诗文家。字翰臣，一字辑五，号妙香居士。广西临桂（今桂林）人。道光二十一年（1841）进士第一，历官湖北学政，通政司副使，江西学政、布政使。早与同乡吕璜、朱琦、王锡振致力于古文，后师事桐城派古文家梅曾亮。又交刘传莹，切劘经义，讲论音韵。居官颇有建树。亦工诗，符葆森选其诗入《国朝正雅集》，称其“奇才妙笔，状难状之景，达难达之情，一以真意剀切写之”，“有雄浑者，有婉丽者，莫名一格，尤在寄旨遥深，诗外有事，关心民物，得古采风之遗”。著有《浣月山房诗集》、《经德堂文集》、《古韵通说》、《尔雅经注集证》。生平事迹见《清史稿》卷四八二、《清史列传》卷六九、缪荃孙《龙启瑞传》。

承龄（1814—1865）　近代词人。裕瑚鲁氏，字子久，又字尊生。满洲镶黄旗人。道光十六年（1836）进士，官至贵州按察使。出守黔中，与莫友芝兄弟交最契。黎庶昌时方落魄，赠诗慰藉，期许甚厚，人以为有古人爱士之风。其词颇有名，张之洞著《书目答问》，录清代词人仅六家，内满洲词人二家，其一为纳兰性德，其二即承龄。《晚晴簃诗汇》谓其“词固可与容若并传，诗亦清新雅健”。张德瀛《词征》评之为“如就驾銮仪，矜栗竦峙”。著有《大小雅堂诗集》、《冰蚕词》（一名《大小雅堂诗余》）。生平事迹见《晚晴簃诗汇》卷一三九、《中国近代文学大系·诗词集》。

冯志沂（1814—1867）　近代诗人。字述仲，号鲁川。山西代州(今代县)人。道光十六年(1836)进士。历官刑部主事、郎中，庐州知府，凤颍六泗道，安徽按察使。为曾国藩所器重。政事之余，以吟咏为乐。其“诗境逼近中晚唐音”(戴文选《吟林缀语》)。著有《微尚斋诗文集》、《西隃山房集》。生平事迹见《清史列传》卷七三。

徐时栋(1814—1873) 近代诗人。字定宇，又字同叔，号柳泉。浙江鄞县人。道光二十六年(1846)举人，入赀为内阁中书。自其少时，即有志著述，两试礼部不遇，即家居读书不复出。为全祖望再传弟子，治经有心得，不轻依傍汉、宋学之门墙，所纂《鄞县志》，搜集详赡，考订精审，为方志中上乘之作。其文“宏深雅健”，论者以为能兼义理、考证之长，“中立乎方(苞)、张(惠言)之间盖庶几矣”(董沛《墓表》)。其诗《晚晴簃诗汇》以为“遒健不懈而及于古，新乐府尤擅场，所咏多关军中吏事，有资劝惩”。亦工词，近苏轼、辛弃疾。著有《烟屿楼集》、《北宋谱疏证》、《言行记》、《思旧记》等。生平事迹见《晚晴簃诗汇》卷一四七、董沛《徐先生墓表》。

周寿昌(1814—1884) 近代诗文家、学者。字应甫，又字荇农，晚号自庵。湖南长沙人。道光二十五年(1845)进士，选庶吉士，授编修。典试顺天。历官侍讲、侍读、庶子、侍讲学士、侍读学士、詹事、署户部侍郎、内阁学士兼礼部侍郎衔。以疾告归。嗜《汉书》，著《汉书补注》。兼治他史，著《后汉注补正》、《三国志证遗》。《晚晴簃诗汇》谓其“少年喜为骈俪之文，自谓学二《雅》之隽博，而去其纤辟，求阙斋(曾国藩)极推其能。填词尤工小令，散文亦有义法”，“余事为诗，奄有众妙，要以义山、剑南为归。晚遭困蹇，益造平淡”。张德瀛《词征》称其词“如枯荷得雨，点滴分明”。著作除上述外，有《思益堂集》、《思益堂日札》。生平事迹见《清史稿》卷四八六、《清史列传》卷七三、周礼昌《内阁学士兼礼部侍郎衔周公荇农府君行状》。

王拯(1815—1876) 近代文学家。初名锡振，字定甫，一字少和，号少鹤。广西马平(今柳江)人。道光二十一年(1841)进士，历官户部主事、郎中，军机章京，大理寺少卿，太常寺卿，通政司通政使，署左副都御史。为桐城派古文家兼诗人，师事梅曾亮，“其为文淬厉精洁，雄直有气，而出以平夷纡徐”，“真挚质朴，……多取法归有光”(刘声木《桐城文学渊源考》)。诗宗法杜甫、韩愈，守桐城诗派家法，与朱琦同为广西名家，多有关国事之作，祁寯藻、林昌彝俱推许之。亦工词，开清末广西词派王鹏运、况周颐先声。著有《龙壁山房集》、《茂陵秋雨词》、《瘦春词》。生平事迹见《清史稿》卷四二三、《清史列传》卷七三。

杜文澜(1815—1881) 近代词人。字小舫。浙江秀水(今嘉兴)人。少孤露，从舅褚氏居，兼习法律。久之，出佐襄阳府，以善定狱享名。旋入赀为县丞，改两淮盐运分司运判，未赴，从湖广总督裕泰征李沅发。事平，补海州分司运判，改补通州，署东台知县，累迁同知、直隶州知府，以道员用，加盐运使衔。同治初，江南太平军平，加布政使衔，历署江苏布政使、江苏按察使、江安粮道、苏松太道、常镇通海道。为人所劾，免官。曾校刊周密、吴文英词。李肇称其词“风流艳发，擿病捶声”，“大不遗细，音不害情”(《采香词序》)。著有《采香词》、《憩园词话》、《曼陀罗阁琐记》、《平定粤寇纪略》、《万红友词律校勘记》。生平事迹见俞樾《江苏候补道杜君墓志铭》。

端木埰(1815—1887) 近代词人。字子畴。江苏江宁人。道光间优贡，录用知县，未谒选。大学士祁寯藻疏荐贤才，首列其名，授内阁中书。以母丧归，庐居雨花台安隐寺。服阕，补典籍，充会典馆总纂，升侍读，以疾开缺未及，归卒。性甘冷僻，恶权贵人。少有诗才，弱龄作《梅花诗》，有“饱经霜雪无寒相，能返阳和亦大才”之句，为人传诵。尤工词，尝与同好结听松词社。又与王鹏运酬唱，颇得王氏称许。笃嗜南宋王沂孙，自称其词为“碧山之余唾”。著有《碧瀣词》、《楚辞启蒙》、《赋源》，编有《宋词赏心录》。生平事迹见陈作霖《端木侍读传》、《清名家词》作者小传。

方濬颐(1815—1889) 近代诗文家。字子箴，号梦园。安徽定远人。道光二十四年(1844)进士，改庶吉士，授编修。由翰林历官台谏，又出为两广盐运使、四川按察使。好作诗。初由清初王士禛上溯白居易、陆游，后又好杜甫、韩愈、苏轼。陈澧序其诗称“巨篇连章，横翔而捷出”，“狭韵僻字，凿险而缒幽”，“雕刻穷纤微，铿锵中宫徵”。著有《二知轩诗钞》、《二知轩文存》。生平事迹见《晚晴簃诗汇》卷一四五。

符葆森 近代诗人。原名灿，字南樵。江苏江都人。约生于清嘉庆末，卒于同治初，年五十。咸丰元年(1851)举人。一生未仕，遍游京师、齐、楚间，豪于饮，广交游，与姚莹、张维屏、徐荣、朱琦等相往来。论诗主张“诗之真”，须不失“时之真”、“人之真”，反对拘古，崇尚率真。所作诗工于律句，尽发其胸中磊落之概。著有《寄鸥馆诗录》，编乾隆、嘉庆、道光三朝诗为《国朝正雅集》。生平事迹见《同治续纂扬州府志》卷一三。

孙衣言(1815—1894) 近代文学家。字克绳，又字劭闻，号琴西，晚号逊叟、逊学老人。浙江瑞安人。道光三十年(1850)进士，选庶吉士。咸丰初授编修，入直南书房，擢侍讲。出为安庆知府，寻以疾归。后权凤颍六泗道，擢安徽按察使，升江宁布政使，调湖北布政使，召为太仆寺卿，不久归里。为近代学者孙诒让之父，出祁寯藻、曾国藩之门。诗文并工。钱泰吉序称其文“皆自成机杼，无所依傍”，“碑版述事之文，尤似昌黎”。许宗衡跋称其“气直而笔曲，中间疏古简厚者尤多”，“义理充足，根本盛大”。其诗五古上追汉、魏，七古宗黄庭坚。谭献、符葆森、俞樾、狄葆贤、陈衍俱加赞扬。著《永嘉学案》诸书，存乡邦文献。另著有《逊学斋诗文钞》。生平事迹见姚永朴《孙太仆家传》、孙延钊《孙逊学公年谱》。

何栻(1816—1872) 近代诗人。字廉昉，号悔余。江苏江阴人。道光二十五年(1845)进士。历官江西建昌、吉安知府。与曾国藩等多有唱和。所作题材广泛，颇能反映社会动乱现实。《晚晴簃诗汇》称其“乃孙子潇、舒铁云之流亚”。诗文各体皆工，骈体尤为人传诵。曾国藩颇加称许，谓其“诗才轩举，所著骈文、乐府皆有可观”(《求阙斋日记类钞》)。著有《江风集》、《真气集》、《文波集》、《我愧之集》、《桐焦集》、《悔余庵乐府》、《悔余庵文稿》、《悔余庵尺牍》。生平事迹见《清画家诗史》辛上、《清诗纪事》道光朝卷。

刘蓉(1816—1873) 近代诗文家。字孟容，号霞仙。湖南湘乡人。诸生。少负奇气，不事科举。与曾国藩相契，助其创办团练，以功叙训导，擢知县，加同知衔。请假回籍。又入骆秉章幕府襄办军务，以知府选用。数陈方略剿太平军，以功授四川布政使，迁陕西巡抚。以剿捻军失利革职。陈衍《近代诗钞》称其“散文气盛言宜，不斤斤于吞吐规仿，诗亦然，间工对仗”。著有《养晦堂集》。生平事迹见《清史稿》卷四三一、《清史列传》卷四九、郭嵩焘《刘公墓志铭》。

钱振伦(1816—1879) 近代骈文家。原名福元，字楞仙。浙江归安(今湖州)人。道光十八年(1838)进士，改庶吉士，授编修。二十四年充四川乡试正考官，升国子监司业。淡于荣利，在官一绝奔竞。三十年丁母忧回籍，终制不出。长期主讲扬州梅花书院、淮阴崇实书院。工骈文，用唐法。书法赵孟頫，而出以劲挺。著有《示朴斋骈体文》、《示朴斋随笔》、《鲍参军集注》、《樊南文集补编笺注》等。生平事迹见《光绪常昭合志稿》卷四〇、《民国续纂清河县志》卷一一。

勒方锜(1816—1880) 近代词人。字悟九，号少仲。江西新建人。道光二十三年(1843)举人，起官刑部，积升至福建巡抚、河东河道总督。洞达玄理，人传其能识前生。喜作书，缣素流传，光气奕奕。政事文学，兼而有之，生平诗文不苟作，独喜为词。少壮时风流自赏，歌衫舞袖间，促节曼声，篇成辄为同人所叹赏。记宋元名家词甚熟，不下千余首，而于万树《词律》致力尤深，故其所作，“婉媚深窈，使人读之意移，而揆之于律，无一不合”(俞樾《太素斋词序》)。著有《太素斋词钞》，一名《榑洲词》。生平事迹见《清名家词》作者小传、《近代文学大系·诗词卷》。

陆增祥(1816—1882) 近代诗人。字魁仲，号星农。江苏太仓人。道光三十年(1850)进士第一，授修撰。历官庆远知府，署湖南粮储道、盐法道，补辰沅永靖道。早与兄增福为祁寯藻所知，同举于乡，号“二陆”。为官有政绩，减徭役，勤耕作，禁鸦片，安抚少数民族。为学通六书，好金石文字。诗亦有成。著有《红鳞鱼室诗存》、《楚辞疑异释证》、《金石补正》、《篆墨述诂》。生平事迹见《清史稿》卷四八六、《清史列传》卷七三、俞樾《翰林院修撰陆君墓志铭》。

彭玉麟(1816—1890) 近代军事家、诗人。字雪琴，名一作玉麐。湖南衡阳人。诸生。少为知府高人鉴所赏，招入署读书。太平军起，曾国藩治水师与战，草创规制多由其策划，与杨岳斌并为水师统领。以功赏记名知府、道员，加按察使衔，晋布政使衔，授广东按察使、安徽巡抚、兵部右侍郎，加太子少保、一等轻车都尉，署漕运总督，巡阅长江水师。擢兵部尚书，以衰病辞。谥刚直。少娴辞章，其后虽戎马倥偬，而吟咏之兴不衰，每为诗，摇笔立成。又喜画梅花。《晚晴簃诗汇》谓“诗特其余事，而浑浩流转，劲气直达，亦可想见其为人”。著有《彭刚直公诗集》。生平事迹见《清史稿》卷四一〇、《清史列传》卷五八、俞樾《彭刚直公神道碑文》。

游智开(1816—1900) 近代诗人。字子代。湖南新化人。咸丰元年(1851)举人,拣选知县,为安徽巡抚李续宾檄调,権三河尖及河南固始厘金,署和州知州,补无为知州兼署泗州事,治行为江南第一。曾国藩奏调入直隶,补滦州知州兼署深州事,简授永平知府,升永定河道,加按察使衔。又实授四川按察使,升广东布政使,署理巡抚,转广西布政使,以病罢归。在官以循吏著称。初官永平时,朝鲜使臣卞吉云道经其地,与之酬唱,乞其诗稿归,为序而刻之。其诗《晚晴簃诗汇》谓为"芬芳悱恻,有元次山《舂陵》、《道州》诸篇遗意"。著有《藏园诗钞》。生平事迹见《清史稿》卷四五一、《清史列传》卷六三、《晚晴簃诗汇》卷一五三。

许瑶光(1817—1882) 近代诗人。字雪门,号复斋。湖南善化人。道光二十九年(1849)拔贡。历官桐庐、淳安、诸暨、宁海、仁和等县知县,嘉兴府知府。早留心时事,居官有政绩,以循吏称。其诗多关涉时事,凡官吏是非、军政得失、民间忧乐,皆为题材。林钧称其诗能得"李杜之骨,而乐府尤其所长","慷慨直实,可兴可感,深得风雅之旨"(《樵隐诗话》)。著有《雪门诗草》。生平事迹见《清史列传》卷七六。

江湜(1818—1866) 近代诗人。字持正,一字弢叔,别署龙湫院行者。江苏长洲(今苏州)人。府庠生,后三应乡试不第。道光二十四年(1844)入山东学政幕。丁忧,服阕后,彭蕴章招之入福建幕。咸丰七年(1857),彭蕴章为大学士,为其援例得从九品衔,分浙试用,掌杭州都转盐运司使文书。同治元年(1862),再度入福建,教书为生。二年后委为温州长林场盐课大使。同治四年调杭州佐治海运事。明年病卒。遗命自拟碑碣云:"清故诗人江弢叔之墓。"其诗取径韩愈、孟郊、梅尧臣、黄庭坚、杨万里,而又摆脱陈规,自创新面目,以白描瘦折取胜。与李联琇论诗不合。生前名不甚著。民国后,为同光体诗人郑孝胥、陈衍所极力推崇,林庚白《丽白楼诗话》以为"突过《巢经巢集》","直与李、杜埒"。金天羽《答苏戡先生书》谓"吴中文字绮丽,弢叔独以清刚矫浓嫭","曲折洞达,写难状之隐,如听话言"。此论得其平。唯夏敬观论其诗有微辞。著有《伏敔堂诗录》。生平事迹见黄华《长洲江弢叔先生传》。

刘毓崧(1818—1867) 近代学者、诗文家。字伯山。江苏仪征人。道光二十年(1840)优贡。刘文淇子。从父受经,治《左传》能缵述父业。随父客游四方,曾入曾国藩幕多年。治学贯通经史之余,亦重视民歌、谚语。著述极富,诗古文有《通义堂文集》、《通义堂诗集》、《笔记》,另有学术著作《春秋左氏传大义》,《周易》、《尚书》、《毛诗》、《礼记》诸书旧疏考证,《史乘》、《诸子通义》、《经传通义》、《王船山年谱》、《旧德录》。生平事迹见《清史稿》卷四八二、《清史列传》卷六九。

蒋春霖(1818—1868) 近代文学家。字鹿潭。江苏江阴人。少时侍父荆门州任所,登黄鹤楼赋诗,一时有"乳虎"之目。父殁,奉母游京师,连不得志于举业,乃弃而就两淮盐官。咸丰二年(1852),权富安场大使,七年丁母忧去官,移家东台。同治七年冬访友南行,道经吴江,一夕暴卒。少工诗,金武祥《粟香二笔》谓其"诗格甚高","风调在中盛唐之间"。徐世昌《晚晴簃诗汇》以为"取法于杜,而能得其髓者"。中岁专力为词,多感喟兵事之作。喜纳兰性德《饮水词》、项鸿祚《忆云词》,自署室名为水云楼。谭献《箧中词》谓其词为"清商变徵之声,而流别甚大,与成容若、项莲生,二百年中,分鼎三足",又称其"婉约深至,时造虚浑,要为第一流矣"。陈廷焯《白雨斋词话》谓其"深得南宋之妙,于诸家中,尤近乐笑翁(张炎)"。朱祖谋手批《箧中词》称其为"嘉、道间名家,可称巨擘",而又谓"其气格驳而未纯"。王国维《人间词话》谓其"小令颇有境界,长调唯存气格,超逸不足"。吴梅《词学通论》则称其"尽扫葛藤,不傍门户","词中有鹿潭,可谓止境"。抑扬各异。著有《水云楼诗剩稿》、《水云楼词》,今人辑有《水云楼诗词辑校》。生平事迹见《清史稿》卷四八四、金武祥《蒋春霖传》。

金和(1818—1885) 近代诗人。字弓叔,号亚匏。江苏上元(今南京)人。诸生。太平天国攻占南京后,曾密谋作清军内应,不济,脱逃。后曾游幕广州。唐景星在上海办招商局,招之往。为吴敬梓外曾孙,其诗擅长尖刻讽刺,受《儒林外史》影响。梁启超以与黄遵宪、康有为并举,称为"元气淋漓,卓然称大家"(《清代学术概论》),又谓其诗"格律无一不轨于古,而意境、气象、魄力,求诸有清一代,未睹其偶"(《秋蟪吟馆诗钞序》),又单与黄遵宪并举为晚清两大家,称为"是中国文学革命的先驱","两部诗集是中国有诗以来一种大解放"(《晚清两大家诗钞题辞》)。所为诗长于乐府,艺术上虽以文为诗,大气磅礴,但锋利而乏含蓄,泛滥而欠剪裁,骨格不高。胡適、陈衍、汪国垣皆极力赞赏，惟胡先骕、徐英则著专文以斥之，夏敬观对其诗亦不满。著有《来云阁诗稿》、《来云阁词钞》、《来云阁文钞》、《秋蟪吟馆诗钞》。生平事迹见束允泰《金文学小传》。

薛时雨（1818—1885）　近代文学家。字慰农，又字澍生，晚号桑根老人。安徽全椒人。咸丰三年（1853）进士，授嘉兴知县，以事解任。旋署嘉善知县。太平军起，曾谒曾国藩军中论兵事，后为李鸿章聘入幕中，以功署知府，左宗棠疏授杭州知府。又署督粮道，代行布政使、按察使两司事。在任有贤声。以忌者众，称病辞归。掌教崇文、尊经、惜阴三书院。《晚晴簃诗汇》称其诗"如西湖山水，清而华，秀而苍，往往引人入胜，至感时伤事，沉郁顿挫，骎骎入少陵之室"。亦工词，自序称"犯一直字"。著有《藤香馆诗钞》、《西湖橹唱》、《江舟欸乃》，另编其诗为《桑根老人精华录》。生平事迹见谭献《薛先生墓志铭》、顾云《桑根先生行状》。

潘曾玮（1818—1885）　近代诗人。字季玉，又字玉泉。江苏吴县人。荫生。官太常博士、刑部郎中、记名道员。何绍基题其集，有"清能澈骨豪逾静，澹欲无言少已多"句。并谓其"发为诗词，直道胸臆，绝无矜情躁气及驰骋浮艳之作"。亦精填词。著有《自镜斋诗文钞》、《玉洤词》、《正学编疏解》。生平事迹见《民国吴县志》卷六八、《晚晴簃诗汇》卷一五一。

方宗诚（1818—1888）　近代散文家。字存之，号柏堂，又号毛溪居士、西眉山人。安徽桐城人。诸生。官枣强知县。师事从兄方东树十二年。太平天国时期曾与同里朱道文、方潜、赵猷、张勋等讲学山中，人比之清初易堂九子。后入吴廷栋、严树森幕。又为曾国藩赏识，奏调直隶。于教育、赈灾事宜颇有所为。李鸿章荐开滦知州，辞不往。说经兼采诸子百家，而一归于程朱。为文本于桐城派，主张修词立诚，不矜能于字句。刘声木称其文"和而粹，托意高远"（《桐城文学渊源考》）。著有《柏堂集》及《柏堂遗书》凡二十余种。生平事迹见《清史稿》卷四八六、《清史列传》卷六七、谭献《方君墓志铭》、孙葆田《桐城方先生墓志铭》。

郭嵩焘（1818—1891）　近代外交家、诗文家。字伯琛，号筠仙，晚号玉池老人。湖南湘阴人。道光二十七年（1847）进士，选庶吉士，授编修。同治元年（1862）授苏松粮储道，迁两淮盐运使，次年署广东巡抚。光绪元年（1875），授福建按察使，未上任，旋以兵部左侍郎充出使英法大臣。以受人掣肘不能堪，乞病归，在湖南讲学以终。嵩焘以熟谙洋务著称，主张学习西方科学技术，反对盲目排外，当时颇遭顽固守旧者之攻击。余事为诗，用力于韩愈、苏轼颇深，律句亦工整，著有《养知书屋遗集》、《礼记质疑》、《大学质疑》、《中庸质疑》、《周易释例》、《毛诗约义》等。今人辑有《郭嵩焘集》。生平事迹见《清史稿》卷四四六、王先谦《兵部左侍郎郭公神道碑》及《玉池老人自叙》。

朱克敬（？—1890）　近代诗人。字香荪，号暝庵。甘肃皋兰人。捐官补龙山典史。晚流寓长沙，贫甚，慷慨简傲，好议论时政。与郭嵩焘交游。所为诗自称"由香山入杜"，"佳者往往似姚合"（《儒林琐记》）。张修府《湘上诗缘录》称其晚作"意皆沈痛，气复雄厚"。所著、所编书辑为《挹秀山房丛书》，有《暝庵诗录》、《暝庵丛稿》、《暝庵杂识》、《儒林琐记》、《雨窗消意录》等。另编有《历代边事汇钞》、《国朝边事续钞》。生平事迹见《清诗纪事》光绪宣统朝卷。

孙鼎臣（1819—1859）　近代诗文家。字子余，号芝房。湖南善化（今长沙）人。道光二十五年（1845）进士，选庶吉士，授编修。擢侍读，屡上疏言因循之弊。以母忧归。少作华丽，后从梅曾亮游，乃变骈体为古文，专效欧阳修、曾巩及归有光，又精熟《文选》。其文"骨格矜重，而出之以纯浑流丽"（刘声木《桐城文学渊源考》）。其诗多讽喻之辞，然"逸秀雄深，宏亮高隽，不必与香山同调"（林昌彝《射鹰楼诗话》），其山水诗则"峭悍巉险"，"穷力追新，盘造生语"（符葆森《国朝正雅集》）。著有《苍莨初集》、《河防纪略》等。生平事迹见《清史列传》卷七三、吴敏树《孙君墓表》。

魏秀仁（1819，一作1818—1873）　近代文学家。字子安，一字伯肫，又字子敦，别号眠鹤主人、咄咄道人、不悔道人、湖壖居士、潜山僧、无思子等。福建侯官（今闽侯）人。道光二十六年（1846）举人。屡试礼部不第，乃游幕于山西、陕西、四川等地，游太原时著小说《花月痕》。后主讲渭南象峰书院、成都芙蓉书院。吏部拣选知县，以守城议，授五品衔。同治元年（1862），由蜀避乱归里。沿途闻见吏治刑赏、兵农战守等利弊，撰为《咄咄录》。著有《陔南山馆文录》、《骈体文钞》、《诗集》、《陔南山馆诗话》、《咄咄录》、《蹇蹇录》、《彤史拾遗》、《故我论诗录》、《论诗琐录》、《丹铅杂识》、《榕阴杂掇》、《湖壖闲话》、《碧花凝唾录》、《铜仙残泪》、《春明摭录》、《说论》及有关石经考十二种。生平事迹见谢章铤《魏子安墓志铭》、容肇祖《魏秀仁先生年谱》。

杨岘(1819—1896) 近代诗文家。字见山,又字季仇,号庸斋,晚号藐翁、紫蓃翁。浙江归安(今湖州)人。咸丰五年(1855)举人,历佐曾国藩、李鸿章幕府,以镇压太平军、捻军之功,署常州知府,补松江知府,以迕长官罢归。初与俞樾为友,究心小学。后与高心夔、刘履芬为文字交。喜金石,工书法。兼擅诗文,其文清真朴老,汰去浮词,诗亦凝重,《长白山》一首咏肃顺事者最有名,为咸丰、同治间一作手。其集经高心夔、刘履芬删定,后自刊定本稍复旧观。吴俊卿、刘承幹、唐文治等对他有很高评价。著有《迟鸿轩诗弃》与《文弃》。生平事迹见费行简《近代名人小传》及其自编《藐叟年谱》。

奕赓 近代子弟书作家。号鹤侣。清宗室,庄襄亲王子。道光间曾任宫廷侍卫六年。后家道中落,穷愁落魄,以创作子弟书为消遣,与韩小窗等交往密切,为子弟书大作家。其《集锦书目》一回,将一百五十余种子弟书名目连缀一起,对研究清代子弟书书目颇有参考价值。其作品今存十六种,数量之多,仅次于韩小窗。著有子弟书《柳敬亭》、《刘高手治病》、《孟子见梁惠王》、《侍卫论》、《老侍卫叹》、《少侍卫叹》、《女侍卫》等,后四种为其写宫廷侍卫生活之作。另著有《佳梦轩丛著》十一种。生平事迹见陈汝衡《鹤侣》,关德栋、周中明《子弟书丛钞》。

吴观礼(?—1878) 近代诗文家。字子儁,号圭庵。浙江仁和(今杭州)人。早由举人捐纳得刑部员外郎,参左宗棠幕府,与太平军、捻军战。以功荐授陕西候补道,加布政使衔。同治十年(1871)成进士,选庶吉士,授编修。光绪元年(1875)充四川乡试副考官。诗宗唐调,古体多今乐府,七言律专学杜甫《诸将》手法。与陈宝琛相唱和,为文字交。《晚晴簃诗汇》称其"经世之心,见于吟咏,故多餍切事理,不仅以才情风格见长"。诗文外,兼工书法。著有《圭庵诗文集》、《使蜀日记》、《读鉴随录》。生平事迹见《清史列传》卷七三。

吴用威 近代诗人。字晋卿,号履斋。浙江仁和(今杭州)人。官福建盐运使。汪国垣《光宣诗坛点将录》点之为"地异星白面郎君郑天寿",评语云:"履斋诗,风神摇曳,不减张绪当年,新城而后,此其嗣音,至其风骨高骞,情韵兼美,并世诸贤,亦当俛首",其《时人诗与女性美》又称其诗"如扫眉才子,对镜簪花"。著有《蒹葭里馆诗》。生平事迹见《清诗纪事》光绪宣统朝卷。

左锡璇 近代女诗人。字芙江。江苏阳湖(今常州)人。左锡嘉姊,延津邵道袁绩懋继妻。道光、咸丰间在世。工诗,善书画,与妹齐名。其诗无闺阁柔弱习气,感时之作,尤见笔力。著有《碧梧红蕉馆诗》。生平事迹见《清史稿》卷五〇九、《清画家诗史》癸下、《清代闺阁诗人征略》卷一〇。

丘心如 近代女弹词作家。江苏淮阴人。道光二十五年(1845)前后在世。适张氏,二十余年后爱子夭亡,女亦出嫁,姑舅又病亡,家贫甚,晚年遂寄居母家,设帐授徒。倾一生心血,创作长篇弹词《笔生花》。此书在闺中时即已开始写作,直到咸丰七年(1857)刊行,一时风靡大江南北。论者以为"文采之胜"胜于《再生缘》。生平事迹见吉水《近百年来皮黄剧本作家》、谭正璧《弹词叙录》。

周闲(1820—1875) 近代词人。字小园,号存伯,又号范湖居士。浙江秀水(今嘉兴)人。弱冠时赴郡县试,以父病危,遂不及应考。后家道中落,游幕于浙东,时英军犯边,大僚战守书文,皆出其手。自此弃举子业,益肆力于诗古文词。又工书法绘画,所作花鸟皆超逸有致。道光末游食楚北,又回苏州佐戎幕,以军功得六品衔,官新阳知县,以与上官龃龉,辞职隐吴市,借笔墨自娱。其词善写军旅生活,气韵生动,反映鸦片战争史事,尤为慷慨悲凉。自谓"要于古今各家之外别具一种面目",人以为所作能符其言。著有《范湖草堂遗稿》,另著有《兵原》、《日食表》等。生平事迹见《清画家诗史》辛上、金猷琛《周存伯传》。

李联琇(1820—1878) 近代诗人。字季莹,号小湖。江西临川人。道光二十五年(1845)进士,选庶吉士,授编修,历官侍讲学士,提督福建、江苏学政,大理寺卿。告归,主讲钟山书院。少孤,刻苦力学。精于治经,重切实之学。潘清以为其诗"方诸吴梅村情虽不及,意则较胜",缪焕章称其诗"气味渊永浩瀚,瓣香东坡可知矣"(《云樵外史诗话》)。著有《好云楼集》。生平事迹见《清史列传》卷六九、汪士铎《李公墓志铭》。

王德馨(1820—1888) 近代诗人。字玉才,号仲兰。浙江永嘉(今温州)人。道光诸生。能为民请命,遭官府迫害。好为诗,兼采汉、魏、唐、宋、元、明诸家。郑传笈序其诗称"遭时多艰，奔走南北，发其困顿抑塞羁愁无聊之气一寓于诗，故其为诗富而尤工”。著有《雪蕉斋诗钞》及《补编》。生平事迹见郑传笈《雪蕉斋诗钞序》。

左锡嘉（1821—？） 近代女诗人。字婉芬，又字小云，晚号冰如。江苏阳湖（今常州）人。左辅孙女，吉安知府曾咏继妻。道光、咸丰间在世。多才艺，工诗词书画。归曾氏后，诸子女秉其教，皆精绘事、擅吟咏，为世所艳称。夫死，扶棺归蜀，过叉鱼滩，遇风几覆舟。号天泣血，风忽止，得免于难。自绘《孤舟入蜀图》，海内名士题咏甚众。其诗多“幽忧感慨之情”，其词则“如行云卷舒，流波跌宕”，“得玉田清空之旨”（陈融《颙园诗话》）。著有《浣香小草》、《吟云集》、《卷葹吟》、《冷吟集》，及《冷吟仙馆诗余》。生平事迹见《晚晴簃诗汇》卷一八八、《清画家诗史》癸下、《清代闺阁诗人征略》卷一〇。

张道（1821—1862） 近代诗人、戏曲作家。原名炳杰，字伯幾，号少南，别署劫海逸叟。浙江钱塘（今杭州）人。诸生。中年遭丧乱，父母去世，以哀毁卒。读书广博，尤熟杭州掌故。工诗，擅古骈文，秦缃业序其诗称“其诗自言专学东坡，然雄奇瑰丽，平淡天真，无所不有。意君于八代、三唐之源流正变，胥能融会贯通，非墨守一家言者”。兼工戏曲，精书画。著有《鱼浦草堂诗集》、《南翁文集》、《影香词》、《雪烦词》、《瓯巢诗话》、《苏亭诗话》、《雪烦丛识》、《瓯巢闲笔》等，另著有传奇《梅花梦》。生平事迹见《晚晴簃诗汇》卷一五九、《古典戏曲存目汇考》卷一二。

吴仰贤（1821—1887） 近代诗人。字牧驺。浙江嘉兴人。咸丰二年（1852）进士，改庶吉士，授浪穹知县，历官罗次、昆明知县，武定知府，迤东兵备道。诗多反映西南社会现实和自然风光。远法中唐韩愈、白居易，晚唐温庭筠、李商隐，北宋苏轼，南宋范成大、陆游，近取朱彝尊、王士禛。对时人所作亦多评点。吴存义为其诗集题词，誉其“思清笔健，理胜词腴，有温厚笃雅之致，幽衍隽永之味，工力兼到，美善备臻”。著有《小匏庵诗存》。生平事迹见《晚晴簃诗汇》卷一五三、《清诗纪事》光绪宣统朝卷。

李元度（1821—1887） 近代诗文家、学者。字次青，又字笏庭，号天岳山樵，晚号超然老人。湖南平江人。道光二十三年（1843）举人。历官黔阳教谕，浙江温处道，徽宁池太广道，浙江盐运使、按察使，贵州布政使。早从曾国藩镇压太平天国，以功升迁。光绪十年（1884）助彭玉麟督办广东海防，后任职贵州，进筹饷十策、筹防十策。少以文鸣，及从政兵戎间，见闻感慨发之于诗文，益雄健，为湘乡派作手。著有《天岳山房文钞》、《诗集》、《四六文》、《古文话》，编撰《平江县志》、《国朝先正文略》、《国朝先正事略》。生平事迹见《清史稿》卷四三二、《清史列传》卷七六、王先谦《李公神道碑》。

龙文彬（1821—1893） 近代学者、诗人。字筠圃。江西永新人。同治四年（1865）进士。官吏部主事。归田后，历掌友教、经训、鹭洲、章山、秀水、联珠、莲州诸书院，成就人才甚众。少师从刘绎，治学贯综汉宋，尤精熟明代史事。论学贵实践而不尚浮谈。工诗。著有《永怀堂诗文钞》、《明纪事乐府》、《明会要》、《周易绎说》。生平事迹见《清史列传》卷六七。

林寿图（1821—1897） 近代诗人。字颖叔，号黄鹄山人，又号欧斋。福建闽县（今闽侯）人。道光二十五年（1845）进士，授工部主事，迁军机章京，历官监察御史，顺天府丞、府尹，陕西、山西布政使，团练大臣。曾主讲致用书院。初在北京时，与王拯、孙衣言、张兴镛诸人游，为诗与其乡张际亮风格相近，持论重高启，轻温、李。所作大抵取径选体、高適、岑参。后转而宗尚黄庭坚，为晚清闽派诗之先驱者。著有《黄鹄山人诗钞》。生平事迹见谢章铤《团练大臣前陕西山西布政使林公墓志铭》。

俞樾（1821—1907） 近代学者、文学家。字荫甫。浙江德清人。四岁迁居杭州。道光三十年（1850）进士，改庶吉士。复试时有“花落春仍在”句，为曾国藩所赏，后遂以“春在堂”榜其室。咸丰二年（1852）授编修，五年简放河南学政，被劾罢归，遂侨居苏州，购地构“曲园”。尝主讲苏州紫阳、上海求志等书院及杭州诂经精舍。为晚清著名经学家，黄以周、章炳麟等出其门，其名远播日本。其治经子，已在免官之后，始读王念孙父子书，一依其法，为《群经平议》以绍《经义述闻》，为《诸子平议》以绍《读书杂志》，最后作《古书疑义举例》，视《经传释词》益恢廓。于朴学外，从事文学，颇究心戏曲小说。其文辞章炳麟以为“瑕适并见”（《俞先生传》）。诗学袁枚，平易自然。李慈铭、王闿运颇加讥贬。亦能词。著作繁富，汇刻成《春在堂全书》，中有《春在堂杂文》、《春在堂诗编》、《春在堂尺牍》、《春在堂词录》。生平事迹见《清史稿》卷四八二、缪荃孙《俞先生行状》、章炳麟《俞先生传》、徐澂《俞曲园先生年谱》。

边浴礼(1822—?) 近代诗人。字夔友，一字袖石。直隶任丘(今属河北)人。道光二十四年(1844)进士，改庶吉士，授编修，历官吏科给事中、归德知府、南汝光道、河南布政使。年方弱冠，作诗逾千，有畿南才子之目。《晚晴簃诗汇》称其诗“各体皆工，激昂排奡，不主故常”。兼工填词，为道咸间名家，张德瀛评为“如静夜鸣蛩，助人叹息”(《词征》)。著有《健修堂诗集》、《空青馆词》等。生平事迹见《清史列传》卷七三、《大清畿辅先哲传》卷二一。

洪仁玕(1822—1864) 近代诗文家。字益谦，又作谦益，号吉甫。广东花县人。洪秀全族弟。累试不第。道光二十三年(1843)为塾师，参与创立拜上帝会。咸丰元年(1851)去广西，未及随太平军远征。八年，由香港经江西、湖北等地乔装潜入天京(今南京)。封干福王，晋精忠军师、干王，总理太平天国朝政。进《资政新篇》，主张革新政治，学习西方科技文化。十一年，奉命赴安徽、浙江等地催兵救援安庆，沿途所作诗文，辑为《军次实录》。天京陷落，为清军所俘，被害于南昌。其文言浅意深，明快条畅，富有革新精神。今人辑其奏议、文告、书信及诗歌为《洪仁玕选集》。生平事迹见扬州师范学院中文系编《洪仁玕年表》、郦纯编《洪仁玕大事年表》等。

李士棻(1822—1885后) 近代诗人。字芋仙。四川忠州(今忠县)人。咸丰五年(1855)副贡。官江西临川知县。为刘秉璋劾罢。恃才傲物，曾客曾国藩幕，使酒嫚言。曾国藩以其为有才之人，命善待之，勿使失所，得以温饱数年。曾国藩卒，乃流落上海，教女伶度曲自给。诗有所成。王赓称其“长于律诗，而不能为古体”，“其律句佳者颇多”(《今传是楼诗话》)。著有《天瘦阁诗草》。生平事迹见《晚晴簃诗汇》卷一五四、《清诗纪事》道光朝卷、《清人诗集叙录》卷七四。

陈烺(1822—1903) 近代戏曲作家。字叔明，号潜翁，又号玉狮老人、云石山人。江苏阳湖(今常州)人。邑增生。幼年苦读，屡失意科场。壮年客游皖粤授徒，其弟子后多通达显耀者。年五十，始任盐官于浙江，署三江场盐务、龙山盐务，调桐庐关。沉浮下僚，甚不得意。精度曲，又擅画，长于山水。著有传奇《仙缘记》、《蜀锦袍》、《燕子楼》、《海虬记》、《梅喜缘》、《同亭宴》、《回流记》、《海雪吟》、《负薪记》、《错姻缘》(合刊为《玉狮堂十种曲》)、杂剧《悲凤曲》，另有《云石山房剩稿》、《读画辑略》。生平事迹见《古典戏曲存目汇考》卷一二、俞樾《玉狮堂十种曲序》。

王权(1822—1905) 近代诗人。字心如，号笠云。甘肃伏羌(今甘谷)人。道光二十四年(1844)举人。历官甘肃文县教谕，陕西延长、兴平、富平知县。曾掌教甘肃文昌、天水、正兴、兴文诸书院。有诗文名，《州志》称其“古文胎息韩柳，诗亦琅琅唐音”，任其昌《书心如集》谓其诗“势捷生廉悍，神来动激昂”，钱仲联《道咸诗坛点将录》称其“集中挽林则徐及有关英法联军入寇之《愤诗》，尤称诗史”。著有《笠云山房诗文集》、《舆地辨同》、《炳烛杂志》等。生平事迹见《秦州直隶州新志续编》。

丁日昌(1823—1882) 近代诗人。字禹生，又作雨生。广东丰顺人。贡生。历官万安知县，苏松太道，江苏、福建巡抚。曾入曾国藩幕府，受其赏识，同治二年(1863)调沪督造军火，介绍容闳赴美购买机器。在苏松太道任内，协助曾国藩、李鸿章发展洋务，推荐唐廷枢开办开平煤矿和轮船招商局。好藏书。所为诗与莫友芝气味相投。屈向邦《粤东诗话》称其所作“雅淡朴淳，诗情甚挚”。著有《百兰山馆古今体诗》、《百兰山馆词》、《抚吴公牍》。生平事迹见《清史稿》卷四四八、《清史列传》卷五五。

许善长(1823—1889后) 近代戏曲作家。字季仁，号玉泉樵子，又号西湖长。浙江仁和(今杭州)人。许宗彦孙。历官内阁中书、湖口牙厘局事、江西建昌知府、信州知州。早失双亲，由祖母梁德绳养育成才。其祖父母为词章名家，兼擅戏曲弹词，家中藏书丰富。善长自幼即身受熏染，故亦工词曲。著有《瘗云岩》、《胭脂狱》、《茯苓仙》、《神仙引》、《风云会》传奇五种。另著有杂剧十二种、笔记《碧声吟馆谈麈》。生平事迹见《民国杭州府志》卷一一四。

张裕钊(1823—1894) 近代诗文家。字廉卿，号濂亭。湖北武昌人。道光二十六年(1846)举人。官内阁中书。师事曾国藩，与吴汝纶、薛福成、黎庶昌号为“曾门四弟子”。虽受曾国藩赏识，而淡于仕宦。历主金陵、文正、江汉、经心、鹿门、莲池诸书院。范当世、马其昶等皆师事之。名虽著而遭遇益困。晚入西安将军荣禄之幕。郁郁而死。论文宗桐城派，重“气”之贯通，尚“雅健”之风、“自然”之趣。吴汝纶称其文“意思之恢诡，辞句之廉劲，亦能自成一家"(《与姚仲实》)。陈衍以为其诗"多随意之作,而自饶风致"(《近代诗钞》)。诗文外,书法亦名重一时。著有《濂亭集》。生平事迹见《清史稿》卷四八六、夏寅官《张裕钊传》。

叶衍兰(1823—1897)　近代文学家。字兰雪,又字南雪。广东番禺(今广州)人,原籍浙江余姚。叶英华子。咸丰六年(1856)进士,改庶吉士,历官户部主事、军机章京。归里主讲越华书院。父英华有《花影吹笙室诗钞》及《词》,衍兰承其绪,诗词体格绵丽,其孙恭绰又承其家学而扩大之。其反映中日甲午战争组词《菩萨蛮·甲午感事与节庵同作》十首,沉郁悲凉,今人推为当时岭南词压卷。工书画,擅写人物。积三十余年之力,编著《清代学者像传》。谭献以其词合沈世良、汪瑔所作,刻为《岭南三家词钞》。另著有《海岳楼诗集》、《秋梦庵词草》。生平事迹见《宣统番禺县续志》卷二〇。

魏熙元　近代戏曲作家。字玉岩,号玉玲珑馆主人。浙江仁和(今杭州)人。咸丰八年(1858)举人,官桐乡教谕。于古今诗文,无不精妙,尤善词曲。曾著传奇《犁乐轩》、《玉堂春》、《西楼梦》、《宝石庄》四种,付刻初竣,即遭兵乱被焚毁。此后南北奔驰,搁笔二十余年。光绪六年(1880)春禾城岁试,同人咸集联欢之际,倾谈多为酸儒之语,因著传奇《儒酸福》,友人倪星垣序称"其结撰之妙,众美毕臻,非寻常词余所能望其项背",又赞其剧中人物"须眉欲活"。另著有《玉玲珑阁词存》。生平事迹见《民国杭州府志》卷一一三、《古典戏曲存目汇考》卷一二、《中国古典戏曲序跋汇编》卷一四。

范元亨　近代戏曲作家。字直侯。江西德化(今九江)人。道光间优贡,咸丰二年(1852)举人。著有传奇《空山梦》,问园主人序谓:"读其文,感聚散之无常,伤美人之零落,殆有大不得已者欤,""但其制谱,不用古宫调,知为曲子相公所诃,然有其继之,必有其创之。"种秋天农序谓:"全无结构之规模,不仿金元之院本,词穷意竭,泪尽肠枯,倾墨凝殷,停杯变紫,殆所谓自凭悲愤,别作文章者欤。"生平事迹见《同治德化县志》卷三〇。

胡盍朋(1826—1866)　近代戏曲作家。字子寿,又字簪廷,号小樵亭主人,又号勿疑轩主人。江苏沭阳人。年十二赋游仙诗,已为人叹赏。年十七受知于毛式郇,补博士弟子员,益肆力于词章之学。年二十一馆于岳丈汤允明之玉茗堂,始著传奇。奇气纵横,然屡困于科举场,遂时与博徒卖浆者游,狂歌纵饮,跌宕于山涯间。遂于赋学。戏曲之作,见称于俞樾,谓得元人三昧,其童稚交王诩称之为东塘(孔尚任)、藏园(蒋士铨)替身。著有《白榆堂诗》、《白榆堂赋》、《十四宫词》,剧作有传奇《海滨梦》、《汨罗沙》、《鹤相知》、《中庭笑》。生平事迹见吴绍矩《胡子寿先生事略》、《中国古典戏曲序跋汇编》卷一四。

周星誉(1826—1884)　近代文学家。字畇叔,一字叔云,原名普润,榜名誉芬,号鸥公,又号芝芗。河南祥符(今开封)人。先世著籍浙江山阴(今绍兴),因居越。道光二十四年(1844)举人,三十年成进士,改庶吉士,授编修。连续丁父母忧归。家居九年,创益社,名流如李慈铭等咸隶社籍。服除还京,历官日讲起居注、江南道监察御史、礼科给事中、广西左江道、桂平梧郁道、右江道、权广西按察使、两广盐运使兼署广东按察使。幼即能为诗词及骈文,惊才绝艳,倾动一时,中举时年才十九。陈衍《近代诗钞》称其"以长短句名家,能为秦七柳七黄九之言","诗所剩不多,自多丽句"。著有《鸥堂剩稿》、《东鸥草堂词》。生平事迹见《清画家诗史》辛下、金武祥《两广盐运使周公传》。

翁端恩(1826—1892)　近代女文学家。字璇华。江苏常熟人。体仁阁大学士翁心存之次女,协办大学士翁同龢之姊。归安(今湖州)钱振伦继室。江南兵火,随振伦避地扬州、淮阴等地。振伦殁后,同龢迎往常熟终老。工诗词,多危苦之音,而以雅正为主。蒋德馨序其集,称其"冲和以植体,婉约以运思,云山用始鲜明,珠玉生乎咳唾"。俞陛云亦亟称之。著有《簪花阁诗钞》、《簪花阁诗余》,合刊为《簪花阁集》。生平事迹见《吴兴钱氏家乘》、《国朝闺秀正始再续集》。

易佩绅(1826—1906)　近代诗人。字子笏,又字笏山。湖南龙阳(今汉寿)人。易顺鼎父。咸丰五年(1855)优贡,历官贵东道,官至江苏布政使。咸丰、同治间,太平天国起义,时佩绅在湖南巡抚骆秉章幕中,以书生率新募兵二千余人,与太平军相抗,转战数千里,颇有战功。为官有恤民之心,有劝教兴学之政,郭嵩焘曾称之为良吏。其诗自谓少时"信口辄成",及长则"有时触而一发,仍与信口辄成时无异","专学一家,则非所愿也"(《函楼诗钞自序》)。然陈衍则以为其诗学袁枚,《晚晴簃诗汇》又谓其诗"抗爽有奇气,惟晚年溺情仙道,不免颓唐"。著有《函楼诗文钞》。生平事迹见《近代诗钞》、《清诗纪事》咸丰朝卷。

李寿蓉 近代诗人。字篁仙。湖南长沙人。咸丰六年(1856)进士。官户部主事。早与王闿运、邓辅纶等结诗社于长沙，提倡汉魏六朝之诗，为湖湘派诗人之一。郭嵩焘称其诗“至其华妙处，不减宣城(谢灵运)也”(《天影庵诗存序》)。著有《天影庵诗存》。生平事迹见《清诗纪事》咸丰朝卷。

欧阳勋(1827—1856) 近代诗文家。字功甫。湖南湘潭人。诸生。师事陈溥、陈学受、吴敏树、郭嵩焘，受古文法。二陈并主其家，讲谈文学无虚日，论诗学及古文义法甚详赡，遂刻意学之，步趋桐城派轨辙，专心致志治诗古文辞，兼工篆书。其文、诗皆“清缜喜往复”(刘声木《桐城文学渊源考》)。著有《秋声馆遗集》。生平事迹见《桐城文学渊源考》卷七、《清人诗集叙录》卷七六。

刘履芬(1827—1879) 近代文学家。字彦清，号泖生，一号沤梦。浙江江山人。诸生。官户部主事。咸丰时，太平天国军占江南，航海至上海安置其家，携母及诸雏稚避地清江浦。旋叙直隶州同知，留苏补用知府。先是侨寓苏州时，所居小市桥，邻词人吴应与姬人红梅偕隐之红梅阁，因名其室为古红梅阁。光绪五年(1879)，代嘉定县知县，因冤屈自杀于任所。工骈文及词，骈文宗八代，词宗姜夔。著有《古红梅阁集》。生平事迹见高心夔《代理江苏嘉定知县刘君墓志铭》、傅怀祖《代理嘉定县刘君泖生传》。

曾传钧(1827—1881) 近代戏曲作家。字茶村，一字文劭。湖南善化(今长沙)人。附生。历官蓝山、邵阳等县教谕，岳州府训导，林县知县，直隶州同知，卒于任所。著有传奇《蕙兰芳》，杨恩寿曾为之作《蕙兰芳引》，王国维著录于《曲录》。另著有《冶秋园集》、《万松草堂纪事》等。生平事迹见《同治巴陵县志》卷一三、《光绪善化县志》卷二一、杨恩寿《蕙兰芳引》。

张景祁(1827—1894后) 近代词人。原名左钺，字孝威，又字蘩甫，号蕴梅，一作韵梅，又号新蘅主人。浙江钱塘(今杭州)人。同治十三年(1874)进士，改庶吉士，官连江知县。晚岁曾渡海至台湾，宦游淡水、基隆等地。早负盛名，填词用力于姜夔、张炎，精研声律，谭献等六七人奉为导师。其后作品日富，渐入北宋高境。谭献《箧中词》称为“江东独秀”。叶衍兰《新蘅词序》称其“选调必精，摛辞必炼”，“力追正始”。游台时一组纪事之词，尤为甲午中法战争时期的词史。著有《揅雅堂全集》，内含《新蘅词》。生平事迹见龙榆生《近三百年名家词选》、《中国近代文学大系·诗词集》。

王尚辰(1827—1902) 近代诗人。字北垣，号谦斋，别号五峰、木鸡老人、遗园老人。安徽合肥人。贡生。官翰林院典簿。年三十余，为诗近万首，汤贻汾叹为奇才。与徐子苓齐名，又与徐子苓、朱景昭有“三怪”之目。游诸帅戎幕，咸丰十一年(1861)，入蒙城说降苗沛霖。五十而后，脱略公卿，以排行居五，人呼为“五疯”。跌宕奇气，一寓于诗，取法杜甫，兼宗王、孟、苏、陆。孙家穀题其集云：“有纵横气即豪侠，以痛苦声当啸歌。”谭献选其与徐子苓、戴家麟诗为《合肥三家诗钞》。著有《谦斋诗集》、《遗园诗余》等。生平事迹见《晚晴簃诗汇》卷一六〇、谭献《复堂日记》、杨钟羲《雪桥诗话续集》。

赵铭(1828—1889) 近代诗人。字新又，号桐孙。浙江秀水(今嘉兴)人。同治九年(1870)举人。官直隶候补道。精研经史，兼擅词章，曾入李鸿章幕中，有文字之契。历典州府，所至有政声。生平著述，遇兵乱遂多散逸。尝著《左传质疑》，李慈铭为作序，黄彭年题词于后，皆深相推许。另著有《琴鹤山房遗稿》。生平事迹见《晚晴簃诗汇》卷一六四。

韩小窗(约1828—1890) 近代子弟书作家。本名不传，以署名行。辽宁开原人。幼孤，寄居沈阳姑母家。咸丰、同治间数应科举考试，不遇。在京与子弟书作家奕赓等共同从事创作。光绪间回沈阳定居。光绪三年(1877)与友人结“芝兰诗社”，常聚会于会文山房。九年，又与人倡议扩大诗社，吸收曲艺艺人参加。诗社解散后离沈阳。或谓其为满族人，嘉庆、道光间在世。为子弟书东调主要作家，奕赓《逛护国寺》子弟书称：“论编书的开山大法师，还数小窗得三昧。”郑振铎《中国俗文学史》谓其东调之作如《长坂坡》等，“风骨奔辚，读之如啖哀梨，爽快之至”，又谓其西调之作如《得钞傲妻》、《贾宝玉问病》，“不是嬉笑怒骂，皆成文章，便是沉郁凄凉，若不胜情”，编《世界文库》时，专为其编《东调选》。著有《露泪缘》、《千金全德》、《草诏敲牙》、《红梅阁》、《得钞傲妻》、《卖刀试刀》、《长坂坡》、《黛玉悲秋》等，今存三十五种，另有影卷《谤可笑》、《金石语》二种。生平事迹见任光伟《韩小窗》，关德栋、周中明《子弟书丛钞》。

汪瑔(1828—1891)　近代诗人。字玉泉，一字越人，号谷庵。浙江山阴(今绍兴)人。国子监生。少随父游广东，佐府县为幕客，后遂占籍番禺。光绪初，刘坤一为两广总督，延主洋务，居幕府凡十年。后任总督曾国荃等皆得瑔赞助，国荃服其伟才，叹为国宝。淡于仕宦，吟咏著作终老。工诗，张维屏、林昌彝俱称赏之。文廷式谓其“称物芳而志弥洁，出辞婉而情弥深，渊乎有忧世之心，而在言逾逊，泊乎有高世之概，而与物无争”(《随山馆诗集序》)。盖谓其思想有得于儒家与道家。二十一岁所为《葛将军妾歌》，脍炙人口已久，他作亦多诗史价值。著有《随山馆全集》，殁后，其后人又选刻为《随山馆诗简编》。生平事迹见陈宝箴《汪君墓志铭》。

邓辅纶(1828—1893)　近代诗人。字弥之。湖南武冈人。父官江西按察使，从居南昌。五岁能诗，与弟邓绎齐名。咸丰元年(1851)副贡生，以助饷叙内阁中书。太平军攻江西，假归佐父守南昌。用城工劳叙浙江道员。后主讲江宁文正书院，卒于讲舍。邓为近代湖湘诗派首领，与王闿运并称。其诗以学习选体及陶潜、杜甫为主。王闿运极推重之，以之与魏源与己并举，又称其为“卓然大家，出手成名，一人而已”(《墓志铭》)。然王、邓虽齐名，但邓诗自辟町畦处，非王所及。写景及和陶之作最工，部分作品在一定程度上反映当时人民痛苦生活。著有《白香亭诗》。生平事迹见王闿运《邓弥之墓志铭》。

王韬(1828—1897)　近代文学家。字仲弢，又字紫诠、子潜，号弢园、无悔，晚号天南遁叟，初名利宾，又名瀚，化名黄畹(一作王畹)。江苏长洲(今苏州)人。诸生。道光二十八年(1848)受英人麦都思之聘，入上海墨海书局。咸丰十一年(1861)一度入太平军，旋遁脱。遭清廷通缉，逃亡香港，入英华书院，为英人翻译中籍。同治六年(1867)赴英，又游历法、俄、日诸国。九年，回港。十二年，创办《循环日报》，提出改良变法，以实行“君主立宪”为政治理想。晚年寓沪，创办弢园书局，主持格致书院，并与洋务派丁日昌、盛宣怀等交往甚密。其文学主张颇具进步意义，以“直抒胸臆，不假修饰”为宗旨，对桐城派有尖锐批评。所为文开近代报章体先河。其诗为黄遵宪所称，“凡意中之所欲言，笔皆随之，宛转屈曲，夭矫灵变而无不达”(《致王韬函》)。亦工小说。生平著述极富，主要有笔记小说《淞隐漫录》、《遁窟谰言》、《淞滨琐话》、《瓮牖余谈》，以及《蘅华馆诗录》、《弢园文录外编》、《弢园尺牍》、《普法战纪》、《台事窃愤录》、《弢园经学辑存六种》等。生平事迹见刚克《弢园先生年表》、吴静山《王韬一生事略》、王崇焕《天南遁叟年谱》、红树《王韬年谱》。

秦敏树(1828—1908后)　近代诗人。字稚梅，号散之。江苏吴县人。以县丞候补浙江，曾任天目山巡检。居西洞庭湖，工画山水，五十后专用水墨，镌一印曰“五十戒色”。与冯桂芬交契，又与谭献相往还。年八十一，尚体健不废笔砚。好为诗，于古梅荫下，筑室题曰“小睡足寮”，吟哦其间。冯桂芬称其诗“得湖山之清气”，“翕轻清以为性，结冷汰以为质，煦鲜荣以为词”(《小睡足寮》诗序)，谭献、俞樾亦颇赏之。《晚晴簃诗汇》以为其“五律佳句，颇近晚唐”。著有《小睡足寮诗录》。生平事迹见张鸣珂《寒松阁谈艺琐录》卷二、《晚晴簃诗汇》卷一六八。

庄棫(1829—1878)　近代词人。一名忠棫，字希祖，号中白，又号蒿庵。江苏丹徒人。先世为盐商，少时以输饷得部主事。后家道中落，客游京师，不遇。曾国藩延至淮南书局勘定群籍。通经学，治《易》、《春秋》，兼通纬候。词与谭献齐名，为常州派后劲。自序称“向从北宋溯五代十国，今复下求南宋得失离合之故”。吴梅《词学通论》以为“其词深得比兴之旨”，“确自皋闻(张惠言)、保绪(周济)出，而更发挥光大之”。谭献《箧中词》评为“闺中之思，灵均之遗则，动于哀愉而不能自已”。陈廷焯《白雨斋词话》称其“匪独一代之冠，实能超越三唐、两宋，与风、骚、汉乐府相表里，自词人以来，罕见其匹”，则赞扬过甚。其词附刊于所著《蒿庵遗稿》中，单行者名《蒿庵词》。生平事迹见谭献《亡友传·庄棫传》。

赵之谦(1829—1884)　近代书画篆刻家、诗人。初字益甫，号冷君，改字㧑叔，号悲庵，别署憨寮、无闷、铁三、梅庵。浙江会稽(今绍兴)人。咸丰九年(1859)举人。试进士不第，以誊录劳叙官。历知鄱阳、奉新、南城县事，卒于官。与李慈铭为中表，各以文章遨游公卿间，颇以名相轧。书画篆刻，妙绝古今。书专力于篆隶八分，又善以魏碑笔势作行书；画笔墨酣畅，开清末写意花卉新风；篆刻尤为大家，吸取古钱及镜铭碑版篆字入印，别创新格。好研治《公羊传》，又长于金石之学，于饮馔服御游艺之属，亦喜探究。亦工诗，《晚晴簃诗汇》谓其

“诗境力矫肤庸，倔强矫健，是其所长，潘文勤（祖荫）极称之”。著有《悲庵诗剩》、《补寰宇访碑录》、《六朝别字记》、《勇庐闲诘》。生平事迹见程秉铦《清故江西知县会稽赵君墓志铭》、叶昌炽《赵之谦益甫事实》、《清画家诗史》辛下、徐世昌《颜李师承记》卷一。

张鸣珂(1829—1908) 近代诗人。字玉珊，号公束，晚号窳翁。浙江嘉兴人。咸丰十一年(1861)拔贡。历官德兴知县、义宁知州。与李慈铭同年生，交友数十年。其诗词承朱彝尊流风，而稍有变化。诗学唐代王维、韦应物，词则取法宋代姜夔、张炎，又传其师黄燮清之学，在清代于厉鹗为近。《晚晴簃诗汇》称其“才情虽弱，而格韵自真”。著有《寒松阁集》、《寒松阁谈艺琐录》、《说文佚字考》、《疑年赓录》。生平事迹见《国朝耆献类征》卷四〇八。

郑由熙 近代戏曲作家。字伯庸，号晓涵，又号啸岚、竖庵。安徽丰口（今歙县）人。同治间恩贡。以与太平军作战有功，保举知县，分发江西，历署新昌、瑞金等县，补靖安知县，卒于官。于诗推崇曹植、陶潜、杜甫、苏轼及陆游，其诗颇有反映民间疾苦之作。喜填词，张鸣珂谓其取径王沂孙、张炎之间而逼近姜夔，幽折疏宕，一洗秾纤之习。擅作戏曲，金瑞璋序其《木樨香》传奇，以为“风云变色，草木皆秋，须眉如生，鬼神可泣”。著有《晚学斋集》、《安遇轩诗钞》、《莲漪词》及《暗香楼乐楼》三种（即传奇《雾中人》、《木樨香》、《雁鸣霜》）。生平事迹见《民国歙县志》卷七。

那逊兰保(？—1873) 近代女诗人。博尔济吉氏，字莲友，自署喀尔喀部落女史。蒙古旗人。诗人盛昱母，宗室恒恩妻。七岁入家塾，十二岁能诗，十五岁通五经。十七岁嫁宗室副都御史恒恩，以贤孝称。中岁喜读有用书，夫死，遂绝不为诗。殁后，其子祭酒盛昱取手抄本益以搜辑所得共九十二首，编为《芸香馆遗诗》，李慈铭为之作序。生平事迹见《晚晴簃诗汇》卷一九〇。

王诒寿(1830—1881) 近代文学家。字眉叔，一字眉子。浙江山阴（今绍兴）人。贡生。官金华县训导。曾游皖南、杭州，与谭献、陈豪、许增诸人交契。许增出资刊其骈文八卷。骈文以外，诗词并工。谭献称其“诗篇雅令，间为南宋人小词，辄工”，“尤精骈俪文字，芳润缜密，如梁、陈人”（《亡友传》）。著有《缦雅堂集》、《笙月词》、《花影词》等。生平事迹见谭献《亡友传·王诒寿传》。

龚易图(1830—1888) 近代诗人。字少文，号蔼人，又作蔼仁，一号含晶，又号含真。福建闽县（今闽侯）人。咸丰九年(1859)进士，改庶吉士，授云南知县。以围剿捻军功，加知府衔。将入滇补用，毛鸿宾荐其知兵，奉旨留营差遣，入阎敬铭幕中。以军功实授东平知府，加道员盐运使衔。调补济南知府，加布政使衔，擢登青莱兵备道，迁江苏、广东按察使，官至广东、湖南布政使。陈衍《石遗室诗话》称其“诗才雅近随园，间出入于瓯北”，《晚晴簃诗汇》则谓其“诗出入苏、黄，健拔隽快，次韵尤所擅长，指事类情，无不达之辞”。著有《乌石山房诗稿》、《谷盈子》。生平事迹见《清画家诗史》辛下、谢章铤《布政使司布政使蔼仁龚公墓志铭》。

方濬师(1830—1889) 近代诗人。字子严，号梦簪。安徽定远人。咸丰五年(1855)举人。官内阁中书、广东肇罗道。为诗服膺袁枚，曾注袁枚诗集及其年谱。著《蕉轩随笔》，对毁袁者痛加抨击。林昌彝《海天琴思续录》评其诗“各体诗均具性情，兼讲风格，而五言古缘情体物，纡徐详尽，睠怀明发，系念弟侄，尤见缠绵悱恻”。著有《退一步斋诗集》与《文集》。生平事迹见《晚晴簃诗汇》卷一五四、《清诗纪事》光绪宣统朝卷。

潘祖荫(1830—1890) 近代诗人，晚清大臣。字伯寅，号郑庵。江苏吴县人。咸丰二年(1852)进士第三，授编修，迁侍读，入直南书房。累官侍读学士，大理寺少卿，左副都御史，工部、户部侍郎，以事降级。光绪改元，擢大理寺卿、礼部侍郎、工部尚书，入直军机处。以父丧归，服阕，起权兵部尚书，调补工部，晋太子太保。谥文勤。嗜学通经史，又好收藏金石。数掌文衡，得士颇多，与翁同龢并称“翁潘”。尝辑刊《滂喜斋丛书》、《功顺堂丛书》。少与戈载等交，“文藻艳发，兼工诗词”（《墓志铭》）。其诗无专集，见于《癸酉消夏集》、《南苑唱和集》等书中。著有《攀古楼彝器图释》。生平事迹见《清史稿》卷四四一、《清史列传》卷五八、李慈铭《潘文勤公墓志铭》。

李慈铭(1830—1894) 近代文学家。初名模，字式侯，后更今名，字爱伯，一作悉伯，号莼客。浙江会稽（今绍兴）人。诸生。入赀为户部郎中。光绪六年(1880)成进士。后补山西道监察御史，屡有疏言事，不报。为近代学人，平时读书所得，按日记述，成《越缦堂日记》数十巨册，内容涉及经史百家与时事。诗则仍袭浙派旧窠臼，而与其弟子樊增祥论诗，自夸为“八面受敌而为大家”。沈曾植亦深服之，沈氏弟子金蓉镜则贬斥其出王闿运之下。能词，亦属厉鹗一派旧格。骈文雅秀，然亦未臻八代高境。著有《白华绛跗（柎）阁诗》，近人辑有《杏花香雪斋诗》、《霞川花隐词》、《桃花圣解庵乐府》、《越缦堂文集》。生平事迹见《清史稿》卷四八六、《清画家诗史》壬上、平步青《掌山西道监察御史李君莼客传》。

翁同龢（1830—1904）　近代诗人、书法家。字声甫，号叔平，又号瓶庐，晚号松禅。江苏常熟人。体仁阁大学士翁心存子。咸丰六年（1856）进士第一，授修撰。历官中允，内阁学士，刑部、户部右侍郎，左都御史，刑部、工部尚书，军机大臣，总理各国事务大臣，户部尚书，协办大学士。为同治、光绪二帝师傅，赞成康有为变法。光绪二十四年（1898）六月，被放回原籍。政变后，又被革职，永不叙用。宣统元年（1909），诏追复原官，谥文恭。为晚清政治上进步人物，诗、文、词兼擅，诗最工，足名一家，雅健清隽，得力于苏轼、黄庭坚，有关书画金石之作最胜，时于其中发抒悲愤。著有《瓶庐诗稿》，翁永孙辑《瓶庐诗钞》、《瓶庐词》、《瓶庐文》，张兰思辑《瓶庐诗补遗》。今人辑有《翁同龢诗词集》。生平事迹见《清史稿》卷四三六、《清史列传》卷六三、《清画家诗史》辛下、朱尚文《翁同龢先生年谱》。

濮文暹（1830—1909）　近代诗人。字青士，晚号瘦梅。江苏溧水人。同治四年（1865）进士，授刑部主事，迁郎中，简放潼关道，堂官留办河南大狱。事竣，授南阳知府。积劳加三品衔，以道员在任升用，署开封、彰德知府。丁忧归，不复仕。书院改新章，延为府学堂总教习。通经史，工词章，善鼓琴。晚居金陵，擅觞咏之胜。《晚晴簃诗汇》称其诗“早年多悯兵事，似张船山；晚岁旁涉佛理，又似汪大绅”，陈三立序其集谓其“天才照烂，悱恻而委备，盖于昔贤遗轨，雅近元、白者”。著有《见在龛集》。生平事迹见《晚晴簃诗汇》卷一六三、陈作霖《河南升用道南阳知府濮公行状》。

杨葆光（1830—1912）　近代诗人。字古酝，号苏庵、红豆词人。江苏娄县（今上海松江）人。诸生。官景宁知县。曾客游河北保定，居莲池书院，与修《畿辅通志》。光绪时以县丞任职浙江，后擢知县。工诗古文辞。潘飞声称其诗风多样，“矞皇丽则，淡逸高深”（《在山泉诗话》）。著有《苏庵集》。生平事迹见张锡恭《杨葆光家传》、金梁《杨葆光》、叶昌炽《杨葆光纪略》。

王星诚（1831—1859）　近代诗人。本名于迈，又名章，字平子，又字孟调。浙江山阴（今绍兴）人。咸丰九年（1859）副贡，发榜次日，自哭才高运蹇，病情加重而卒。弱冠受知于知府徐荣、学使吴钟骏。以家贫，游幕河南北，依其叔父于河防署。意气凌厉，惟与周星誉兄弟等相善。工诗，或称其“有清微淡远之音”（戴文逸《吟林缀语》），或称其“镂心钵骨”、“穷幽极眇”（李慈铭所作传）。著有《西凫残草》。生平事迹见周星誉《王君星诚传》、李慈铭《三子传》。

李鸿裔（1831—1885）　近代诗人。字眉生，号香岩，又号苏邻、髯仙。四川中江人。咸丰元年（1851）举人。历官兵部主事、江苏徐海道、江苏按察使加布政使衔。先后入胡林翼、曾国藩幕府，尤受曾赏拔。晚以耳疾谢归，居苏州网师园。积书数万卷，蓄金石碑版法书名画以自娱。工为诗古文辞，亦精书法。曾国藩称其诗有“情韵”，“俊伟似杜牧之”（《求阙斋日记类钞》）。著有《苏邻遗诗》。生平事迹见黎庶昌《李君墓志铭》、《国朝书画家笔录》卷四。

任其昌（1831—1900）　近代诗文家。字士言。甘肃秦州（今天水）人。同治四年（1865）进士。授户部主事，以母老乞养归。闭门教授，历主天水、陇南诸书院。秦州大灾荒，知州延其主赈事，复以荐诏加员外郎衔。“其所为古文，风力雅近宋人”（《清史列传》）。晚年肆力于诗，宗法杜甫，《晚晴簃诗汇》称其“思力沉厚，与吴柳堂侍御可称二妙”。著有《敦素堂诗文集》、《史臆》，编有《蒲城县志》、《秦州志》。生平事迹见《清史列传》卷七三、王权《任君墓表》、路志霄《陇右近代诗钞》。

宣鼎（1832—1880）　近代小说家。字子九，号瘦梅，又号懊侬，别署香雪道人、问香庵主、东鲁游人、瘦尊者、太瘦生、虎口逋客、是此花身馆主、云山到处僧等。安徽天长人。诸生。幼年好佛，茹素十九年。喜听人谈玄说鬼怪因果故事。弱冠后，生母及嗣父相继亡，家贫无依，婚后入赘外家。咸丰末年，移居上海。亦曾从军，旋即返沪，以卖画为生。三十一岁后，游幕北方。工诗文，擅书画，谙戏曲，著有传奇《返魂香》及《三十六声粉铎图韵》。所著文言短篇小说集《夜雨秋灯录》最有名，流传颇广。生平事迹见《夜雨秋灯录自序》及蔡尔康《夜雨秋灯续录序》。

平步青(1832—1896) 近代文学家。一名庸,字景孙,号常庸、栋山樵、侣霞、霞外、霞偶,别署三壶佚史。浙江山阴(今绍兴)人。同治元年(1862)进士。历官江西粮道,署布政使、按察使。精于掌故校勘之学,归隐后从事著述,好作戏曲,著有《杨华媾》、《退红衫》、《雨雪梅》、《花蹇修》、《酪奴梦》、《值到缘》、《比翼鹣》等五十九种,都为《蚬汁莶乐府》,今佚。另著有《安越堂外集》、《霞外攟屑》、《读经拾瀋》、《读史拾瀋》、《群书斠识》、《樵隐昔寱》,合为《香雪崦丛书》,内《霞外攟屑》为著名笔记,间有小说评论。生平事迹见谢国桢《平景孙事辑》。

丁丙(1832—1899) 近代藏书家、诗人。字嘉鱼,号松生,晚号松存。浙江钱塘(今杭州)人。诸生。先世素富藏书,有八千卷楼,丙又增筑后八千卷、小八千卷二楼,因朝廷有"嘉惠士林"之奖,故总名藏书之所曰"嘉惠堂"。广搜孤本秘籍,为士林所称。于办学赈灾,兴修水利,亦多有建树。一生淡于荣利,圣旨以知县发往江苏而不顾。所为诗婉约蕴藉,《晚晴簃诗汇》称其《感逝》、《悼亡》"柔淑如少女",与其人个性不类。著有《松梦寮诗稿》、《三塘渔唱》、《庚辛泣杭录》、《北隅缀录》、《善本书室藏书志》等,编有《武林掌故丛编》、《国朝杭郡诗辑》。生平事迹见俞樾《丁君松生家传》、张慕骞《丁松生先生大事年表》。

谭献(1832—1901) 近代文学家。初名廷献,字仲修,号复堂。浙江仁和(今杭州)人。同治六年(1867)举人,署秀水教谕,先后官安徽歙县、全椒、合肥、宿松、含山等县知县。晚年,张之洞延主湖北经心书院。其学负一时重望,章炳麟早年曾问学其门。论学推重章学诚,文宗八代,诗法三唐,尤推重明七子。于词致力尤深,选清人词为《箧中词》,精审为词界奉为圭臬,又曾评点周济《词辨》,度人金针。在朱祖谋以前,久为词坛主盟。自为词托体风骚,一代正宗,然学古功深,创新未足。叶恭绰《广箧中词》称其"承常州派之绪,力尊词体,上溯风骚,词之门庭,缘是益廓,遂开近三十年之风尚。论清词者,当在不祧之列"。夏敬观《广箧中词序》谓"浙派外,常州别树一帜。顾二百年来所薰习濡染,未能尽涤",谭词"结习仍所不免"。著有《半厂丛书》,内收入《复堂文》、《复堂诗》、《复堂词》、《复堂日记》。生平事迹见《清史稿》卷四八六、夏寅官《谭献传》。

曹寿铭 近代诗人。初名炳言,字烺斋。浙江会稽(今绍兴)人。咸丰八年(1858)优贡,官候选知县。少孤力学,为诸生,岁考五试均第一,督学周玉麒称其文如洪波浴日,晶光四射。赴吏部谒选知县,自海路北上,遇风几殆。既分省得四川,将改补近县,南归未数月遽卒。本以制艺名,屡失意于科举,遂致力于诗,与里中皋社同人相唱和。作诗殚思竭虑,必求一字之安。李慈铭《越缦堂诗话》谓其"诗秀健工设色,时有隽句",陈融《颙园诗话》亦称其"诗入韩出杜,无艰涩拙率之病,各得其精蕴,遗山、青丘之流亚也"。著有《曼志堂遗稿》。生平事迹见《晚晴簃诗汇》卷一五六、《两浙輶轩续录》卷四四。

王闿运(1833—1916) 近代文学家、学者。初名开运,字壬甫,一字壬秋,号湘绮。湖南湘潭人。咸丰三年(1853)举人。九年会试报罢,肃顺延为上宾。曾入曾国藩幕。自负奇才,所如不合,乃退而讲学,先后主讲成都尊经书院、长沙思贤讲舍、衡州船山书院、江西高等学堂。自谓:"我非文人,乃学人也。"光绪三十四年(1908),赐翰林院检讨,加侍读。入民国,任清史馆馆长。旋归。学术渊博,治经申公羊家何休之学,遂通群经。子部于墨子、庄子、鹖冠子俱有《义解》。散文肆力于先秦及《史记》,骈文为八代高格。诗为湖湘派魁首,宗法八代,下及盛唐,墨守陈规。但亦能为长庆体如《圆明园词》,亦能为李商隐风格之七言律绝。与邓辅纶齐名,世称"王邓"。评论家对其诗多贬斥,而宗尚宋诗之夏敬观则谓其"造诣卓绝"(《学山诗话》)。亦工词。著作除经、子外,有《湘军志》、《湘绮楼诗文集》、《湘绮楼词钞》、《湘绮楼日记》、《湘绮楼说诗》、《八代诗选》等。生平事迹见《清史稿》卷四八二、汪国垣《近代诗人小传稿》、王代功《湘绮府君年谱》。

施山(1835—?) 近代诗人。字寿伯,又字望云,初名学宜。浙江会稽(今绍兴)人。以布衣佐郡县幕于湖北,曾寓荆州知府倪文蔚处。博览群书,张荫桓、樊增祥皆与之论学。好为诗,时袁枚流风余韵仍倾动当世,山独鄙之。李慈铭不轻易誉人,而称道其诗"颇有气格,不落凡近"(《越缦堂诗话》),陈衍亦谓其诗功不浅。《晚晴簃诗汇》评其诗云:"纵横曲折,其气特盛,七言近体工于发端,时有空同、大复遗响。"文亦博雅,而不逮其诗。所著《姜露庵杂记》,人以为"雅约得体,近世笔记中之硕果矣"(费行简《近代名人小传》)。另著有《通雅堂诗钞》。生平事迹见《晚晴簃诗汇》卷一六七、费行简《历代名人小传》。

高心夔(1835—1883)　近代诗人。初名梦汉,字伯足,又字陶堂,号碧湄,又号东蠡。江西湖口人。咸丰元年(1851)举人。入都,与王闿运同客于肃顺之门。咸丰九年成进士,铨选知县,南归佐李鸿章幕。叙劳以直隶州知州发江苏,两署吴县知县,以强项名。其诗刻意雕琢,时病钩棘。王闿运与其同为崇尚八代之湖湘诗派中坚,而对之有微词,但又肯定其晚年所作歌行"逸气高情,足压同辈"(《湘绮楼说诗》)。《晚晴簃诗汇》云:"碧湄自定诗集,序谓于诗好渊明,故曰陶堂,然观其所作,华而致,栗而纯,琢磨刻划,入奥出莹,盖且上规颜、鲍,旁取韩、孟,殊不似渊明。"著有《陶堂志微录》、《陶堂遗文》、《恤诵》。生平事迹见杨岘《高伯足墓志铭》、汤纪尚《高陶堂先生传》、朱之榛《高先生事状》。

施补华(1835—1890)　近代诗人。字均父,一作均甫。浙江乌程(今湖州)人。同治九年(1870)举人。早孤家贫,勤读经史百家书,负气不肯下人。太平军起,杨昌濬荐之入左宗棠幕府。以功赏同知,随左宗棠留甘肃。调赴嵩武军,途中以事降补县丞。及抵军中,以功复原官,擢知府,加盐运使衔。与俄罗斯交涉边界,奉旨以道员归原省用,加二品衔,改发山东,未及补官而病卒。其诗初一意学杜甫,后能参诸大家之长,《晚晴簃诗汇》称其诗"闳伟沉挚","皆自至性流出",以为"议其学杜落科臼,此言正未易当也"。狄葆贤《平等阁诗话》谓其诗"以五古为最,述事能断,宏深肃穆,得序传之长"。著有《泽雅堂诗集》与《文集》。生平事迹见杨岘《山东候补道施君墓志铭》。

杨恩寿(1835—1891)　近代戏曲作家。字鹤俦,号蓬海、朋海,别署蓬道人。湖南长沙人。同治九年(1870)举人。历官詹事府主簿、湖北盐运使、候补知府、湖北护贡使等。早充湖南郴州府教席,后曾游幕云贵。自称"半生所造,以曲子为最,诗次之,古赋、四六又次之,其余不足观也"(《坦园日记》)。其作品中时寓时政,语多激烈,创作外,擅长戏曲理论批评,著有《词余丛话》行世。另著有《姽婳封》、《桂枝香》、《理灵坡》、《桃花源》、《再来人》、《麻滩驿》传奇,合称《坦园六种曲》,吴梅以为"《再来人》、《桂枝香》二种特佳"(《顾曲麈谈》)。此外尚著有传奇《双清影》、《鸳鸯带》,小说集《兰芷零离录》。生平事迹见《坦园丛书》附录及《坦园日记》。

萧穆(1835—1904)　近代版本目录学家、散文家。字敬孚。安徽桐城人。县学生。少谒曾国藩于安庆,国藩颇加期许,谓其将来必能继乡先正之遗绪。上海制造局开设翻译馆,用文笔雅驯者,讨论修饰,穆为首选。得俸即购书苦读考求之,遂熟谙版本目录校勘之学。百计搜访,藏书日富,王先谦编《皇清经解续编》、《续古文辞类纂》,取材多出其所藏群书。又尝至日本访书。出吴汝纶之门,其为文长于考证,以序跋为多,守桐城派家法。著有《敬孚类稿》。生平事迹见《清史稿》卷四八六、陈衍《萧穆传》、姚永朴《萧敬孚先生传》。

戴望(1836—1872)　近代学者、诗人。字子高。浙江德清人。诸生。始好治辞章,读颜元书,遂为颜学。后从陈奂学音韵、训诂,又谒宋翔凤,受《春秋公羊传》,乃通今文经学。然治学颇有门户之见。生平作书,点画皆用小篆,见者诧为江声复生。谭献称其"诗文修饬,雅有矩度"(《复堂日记》)。陈作霖谓其"诗才秾丽,与温、李为近"(《可园诗话》),《晚晴簃诗汇》则谓其"诗清朗恬雅,翛然不染尘壒"。著有《管子校注》、《颜氏学记》、《戴氏论语注》、《谪麐堂遗集》。生平事迹见《清史稿》卷四八二、《清史列传》卷六九、张星鉴《戴子高传》、庄棫《戴子高哀辞》。

刘铭传(1836—1895)　近代军事家、诗人。字省三,号盘亭。安徽合肥人。少在乡办团练御太平军。同治元年(1862)李鸿章募淮军,往投之,号铭字营,与太平军战有功,由千总擢参将、副将、总兵。曾国藩督师剿捻军,淮军为主力,铭传为诸将冠,升直隶提督。事平,封一等男爵。后又往陕西与回民作战。以积劳成疾乞归。中法战争中,复起督办台湾军务,后为台湾首任巡抚,对开发台湾有所建树。因病离任,卒于家,谥壮肃。以武将而工诗,曾国藩称其七律"往往以单行之气,差于牧之为近"(《大潜山房诗题语》),陈衍则谓其诗"偶对工整,仍近乐天"(《近代诗钞》)。著有《大潜山房诗钞》、《奏议》。生平事迹见《清史稿》卷四一六、《清史列传》卷五九、马其昶《刘壮肃公神道碑铭》。

黎庶昌(1837—1897)　近代散文家。字莼斋。贵州遵义人。诸生。少从伯父黎恂问学,与郑珍、莫友芝游,讲求经世之学。同治元年(1862),应诏上书论时政,发安庆曾国藩大营差遣,历署吴江、青浦知县,两管榷关。光绪二年(1876),随郭嵩焘出使英、法、德、西班牙诸国,任参赞,并游奥、比、瑞、葡等国,撮所见闻,著《西洋杂志》。又受命为出使日本大臣。归国授川东兵备道。因病乞归,未几卒。素为曾国藩赏识,与同幕之吴汝纶、张裕钊、薛福成齐名,称"曾门四弟子"。其文"大旨宗法方、姚,法度谨严,简练缜密,研事理,辨神味,以曾国藩为师,而雄直之气得自天授,于四史、《通鉴》致力最深"(刘声木《桐城文学渊源考》)。著有《拙尊园丛稿》,辑刊《古逸丛书》、《续古文辞类纂》。生平事迹见《清史稿》卷四四六、夏寅官《黎庶昌传》、叶昌炽《黎庶昌莼斋事实》。

张荫桓(1837—1900) 近代诗文家。字樵野,晚号红棉老人。广东南海(今广州)人。纳赀为知县。权登莱青道、山东盐运使,授徽宁池太道,署按察使,入为总理事务衙门行走,补太常寺少卿,左迁大顺广道,复受命为出使美国、西班牙、秘鲁三国大臣,迁大理寺、太常寺,进左副都御史、户部侍郎,加尚书衔。京师设矿务铁路总局,受命主其事。数度出使,能为国争主权。倾向变法,戊戌政变后获罪流戍新疆。庚子事变起,论斩戍所。早见知于阎敬铭、丁宝桢。虽不以科目进,而能读书力学。与李慈铭、王懿荣、谭献为文字交。张庆霖称其"骈文直逼宋晋,余事为诗,亦复清苍深重……其歌行浑灏流转,尤深入坡老之室"(《退思斋诗话》)。其《荷戈》一集尤为世称。余力作画,亦超逸。著有《铁画楼诗文集》、《经进三洲日记》。生平事迹见《清史稿》卷四四二、《清画家诗史》壬上、张祖廉《张公神道碑铭》。

汪宗沂(1837—1906) 近代诗人、学者。字仲伊,号弢庐。安徽歙县人。光绪三年(1877)举人,六年成进士。签分山西即用知县,告病在籍。二十一年保举学行,赏五品卿衔。早于本族"不疏园"读书,从程焜游,好经世之学。后为曾国藩延任忠义局编纂,因师李联琇,受汉学于刘毓崧,受宋学于方宗诚。李鸿章总督直隶,延聘入幕。辞归后主讲敬敷、中江、紫阳诸书院。晚与孙诒让、樊增祥订交。涉猎九流百家之学,而以经学为主,长于集合众说。论诗以音节为指归,王赓称其所作"不求工,亦往往可诵"(《今传是楼诗话》)。著有《弢庐诗略》、《弢庐文稿》及传奇《后缇萦》,辑有经籍若干种。生平事迹见刘师培《汪仲伊先生传》、章梫《汪宗沂传》。

张之洞(1837—1909) 近代政治家、文学家。字孝达,一字香涛,号壶公,又号抱冰、广雅。直隶南皮(今属河北)人。同治二年(1863)进士,授编修,督湖北学政,历充浙江、四川乡试正副考官。光绪朝,历官侍讲、庶子、内阁学士、山西巡抚、两广总督、湖广总督、两江总督、协办大学士、体仁阁大学士、军机大臣。谥文襄。为洋务派代表人物,著《劝学篇》,倡言"中学为体,西学为用"。论诗主张融"宋意入唐格",斥江西诗派为"魔派"。自为诗宏肆典雅,不尚高古奇崛。谭献、袁昶、樊增祥、杨锐等,皆其弟子,陈衍《石遗室诗话》称其"生平文字以奏议及古今体诗为第一,古体诗才力雄富,今体诗士马精妍"。林庚白《丽白楼诗话》称其"能自道其艰苦与怀抱","各体诗并工绝,其五七言古体诗,直可与荆公(王安石)抗手,无能高下"。亦工骈文,为宋四六体。著有《张文襄公全集》,内收《广雅堂诗集》等。今人辑有《张之洞全集》。生平事迹见《清史稿》卷四三七、《清史列传》卷六四、陈宝琛《张文襄公墓志铭》、陈衍《张相国传》、许同莘《张文襄公年谱》。

陈作霖(1837—1920) 近代文学家。字雨生,又字伯雨,晚号可园。江苏江宁人。早年就学钟山书院,后肄业惜阴书院。光绪元年(1875)举人。历任江宁府志局分纂、金陵官书局分校、崇文经塾教习、奎光书院主讲、江楚编译书局分纂、两江学务处参议、崇义学堂主讲、崇粹学堂堂长、江苏通志局总校兼编纂、江宁县志局总纂。以教育及整理乡邦文献终其身。《晚晴簃诗汇》称其诗"感事忧时,清而不激,出入杜、韩、白、陆,而不袭其貌,晚年喜学山谷,不流褊仄"。著有《可园文存》、《可园诗存》、《可园词存》、《可园诗话》、《寿藻堂文集》、《冶麓山房藏书跋尾》、《金陵通纪》、《金陵佛寺志》、《凤麓小志》等。生平事迹见陈三立《江宁陈先生墓志铭》、张江裁《陈可园先生年谱》。

立山(?—1900) 近代戏曲作家。土默特氏,字豫甫。蒙古正黄旗人。咸丰八年(1858)由官学生为奉宸苑笔帖式。历官六品库掌、苏州织造、总管内务府大臣、镶白旗满洲副都统、户部尚书。义和团起,因反对宣战,载漪以"通洋人"罪下其狱。同年与徐用仪、联元等被处死。好戏曲,与名伶路三宝交往甚密,曾取《聊斋》故事改编为皮黄剧本,伶人多演之。生平事迹见《清史稿》卷四七二、《清史列传》卷六一。

薛福成(1838—1894) 近代散文家。字叔耘,号庸庵。江苏无锡人。少喜性理之书,稍长纵览经史，好为经世之学。同治六年(1867)，中式副贡，曾国藩延入幕府掌机要，积劳授直隶州知州。光绪元年(1875)下诏求言，上《治平六策》、《海防十议》疏，传诵一时。署宣化知府，授浙江宁绍台道，擢湖南按察使。光绪十五年派为出使英、法、意、比四国大臣，历光禄、太常、大理寺卿，迁左副都御史。深受西方思想影响，成为改良主义者。出使任满归国，病卒于上海。初私淑姚江王氏，后师事曾国藩，谈洋务，终则力倡改良变法。治古文，与吴汝纶、张裕钊、黎庶昌号"曾门四弟子"，后以古文议政，直抒胸臆，闳雅真挚，不拘宗派。著有《庸庵全集》、《庸庵文别集》等。生平事迹见《清史稿》卷四四六、《清史列传》卷五八、夏寅官《薛福成传》、钱基博《薛福成传》。

陈书(1838—1905)　近代诗人。字伯初，号俶玉，又号木庵。福建侯官(今闽侯)人。陈衍兄。光绪元年(1875)举人。官直隶博野知县。与陈遹祺、徐一鹗、李应庚、杨仲愈、林如玉等交游。诗初学李商隐、杜牧，继而师法陆龟蒙、皮日休、陈师道、陆游、杨万里等，终归于杜甫。论诗不喜空言神韵、专事音节。《晚晴簃诗汇》称其"雅才旷抱，诗近白、苏，于袭美、鲁望、山谷、后山、放翁诸家皆有神契，晚于诗律尤细，纵笔为之，格严气肆"。著有《木庵先生集》。生平事迹见《近代诗钞》、《清诗纪事》光绪宣统朝卷。

曾纪泽(1839—1890)　近代外交家、诗人。字劼刚。湖南湘乡人。曾国藩长子。少负隽才，以荫补户部员外郎，父卒，袭一等勇毅侯。光绪四年(1878)，充出使英法大臣，补太常寺少卿，转大理寺。六年，兼使俄大臣。迁宗人府府丞、左副都御史、兵部侍郎，转入总理各国事务衙门，调户部，兼署刑部、吏部侍郎，加太子少保。谥惠敏。办外交能为中国争主权，主张"强兵"优先于"富国"。诗为余事，《晚晴簃诗汇》称其"托体苏、黄，时复出入义山，海外诸篇，尤壮健而有深稳之思"。著有《曾惠敏公遗集》。今人辑有《曾纪泽集》。生平事迹见《清史稿》卷四四六、《清史列传》卷五八、俞樾《曾惠敏公墓志铭》、朱尚文《曾纪泽先生年谱》。

洪良品　近代诗人。字右臣。湖北黄冈(今黄州)人。同治三年(1864)举人，七年成进士，改庶吉士，授编修。充山西、顺天乡试考官，官至户科给事中。在台谏以切谏严劾著称。卒年七十一。与王柏心、吴荣为友，陈融《颙园诗话》称其"高唱唐音，时有力追古辙，不逐时趋之誉"，"锤声练响，于追步子寿(柏心)尚似逡巡，又桓(荣)沉著，自逊一筹"。李慈铭自视甚高，不轻许可，独称良品诗"各体兼长，具有宗法，七古、七律尤胜"(《颙园诗话》引)。著有《龙冈山人诗文钞》、《葵园奏议》、《古文尚书辨惑》、《新学伪经考商正》、《古今称谓考》、《古榆阁荟谈》等。生平事迹见刘光第《户科给事中洪公墓志铭》、王树枏《黄冈洪侍御墓表》。

史念祖(1839？—1910)　近代诗文家。字绳之，号弢园。江苏江都人。诸生。年逾冠，入赀为通判。与捻军战有功，积升山西按察使，以事左迁，起为云南按察使、布政使，官至广西巡抚，坐罪罢免。晚以副都统衔任事东三省，卒于官。文学诸子，严于格律。诗以古风最为擅长。李岳瑞称其诗风"疏宕"(《春冰室野乘》)。平生所学则见于《日课录》、《誓善纪略》二书。另著有《俞俞斋诗文集》、《弢园词》。生平事迹见《清史稿》卷四四七。

宝廷(1840—1890)　近代诗人。字竹坡，号偶斋。清宗室，隶满洲镶蓝旗，郑献亲王济尔哈朗八世孙。同治七年(1868)进士，选庶吉士，授编修。光绪初，与陈宝琛、张佩纶、张之洞并以直谏有声，号为清流。授内阁学士、礼部右侍郎，出典福建乡试。还朝，值中法战役马尾兵败，有关官员张佩纶罢官，陈宝琛降级；宝廷因借在途纳江山船女为妾自污，自劾罢官。以中酒病卒。陈衍《石遗室诗话》称其诗"天才豪宕，以曲达为主，五言近体，时近右丞、嘉州，余则香山、《击壤》、放翁、诚斋，近人则初白、随园、北江、船山"。亦为词。著有《偶斋诗草》、《偶斋词》。生平事迹见《清史稿》卷四四四、汪国垣《近代诗人小传稿》。

吴汝纶(1840—1903)　近代诗文家。字挚甫。安徽桐城人。同治四年(1865)进士，官内阁中书。为曾国藩所知，留佐幕府。旋调直隶，参李鸿章幕府，深受倚重。寻出补深州知州，丁忧归。服除，署天津知府，补冀州知州。引疾乞退，受聘为莲池书院教长。时曾国藩、李鸿章先后秉政，汝纶颇参其机要。庚子国变后，诏天下用西法立学，受命以五品卿衔充京师大学堂教习，赴日本考察学政。归国后返里省墓，创办桐城小学堂，病卒。曾国藩殁后，汝纶与张裕钊并以门弟子负文章重名，"其为文深邈古懿，使人往复不厌"(刘声木《桐城文学渊源考》)，"诗廉悍恣肆，直逼杜、韩，尤喜和作，用韵矫变，出人意表"(《晚晴簃诗汇》)。著有《吴先生文集》、《挚甫诗集》，后人辑有《桐城吴先生全书》。生平事迹见《清史稿》卷四八六、马其昶《吴先生墓志铭》、贺涛《吴先生行状》、郭立志《桐城吴先生年谱》。

朱庭珍(1841—1903) 近代诗论家。字筱园,一作小园,号诗隐。云南石屏人。晚清举人。精于论诗。对唐宋以来,尤其是清代诗歌的流变,论述颇细致,能以发展眼光评价诗风之转移。对明七子,清代沈德潜为代表的格调派、袁枚为代表的性灵派,皆致不满之辞。金武祥称其"《论诗绝句》五十首及《诗话》,皆见卓识,惟诋诃前辈有过当语"(《粟香四笔》)。著有《筱园诗话》、《穆清堂诗》。生平事迹见《清诗纪事》光绪宣统朝卷、袁嘉谷《朱筱园墓碑》。

唐景崧(1841—1903) 近代诗人、戏曲作家。字维卿,号南注生。广西灌阳人。同治四年(1865)进士,选庶吉士,改吏部主事。光绪八年(1882)法国侵越南,进图中国,景崧自请入越,联合刘永福黑旗军抗击法军。募兵勇四营,号景字军,于越南宣化会同刘永福大败法军。十一年,以功授福建台湾道,后迁布政使,署巡抚。中日甲午战争起,清廷割让台湾,台湾民众自立"台湾民主国",推其为总统,事败,内渡归,隐居不出,寄情丝竹。著有《诗畸》、《请缨日记》、《谜拾》,与唐懋功《得一山房诗集》合刊为《得一山房四种》,另创作桂剧剧本《高坐寺》、《张仙图》、《救命香》、《桃花庵》、《可中亭》、《星沙驿》等,合称《旗亭新曲》,今已佚。生平事迹见《清史稿》卷四六三。

刘清韵(1841—1916) 近代女戏曲作家。字古香,小字观音。江苏海州(今东海)人。刘蕴堂女。钱梅坡妻。师从王诩、周丹原。因乡居遭水灾,流寓江南,售书画以自给。所为诗词多身世之慨。杨葆光称其诗词"清酸悲状"(《瓣香阁词跋》)。尤工戏曲,作传奇二十四种,遇洪水散失大半,今仅存十种。著有《小蓬莱仙馆诗钞》、《瓣香阁词》、《瓣香阁曲稿》、《小蓬莱仙馆传奇十种》(凡传奇《天风引》、《丹青剑》、《炎凉券》、《英雄配》、《飞虹啸》、《氤氲钏》、《黄碧签》、《鸳鸯梦》等八种,杂剧《千秋泪》、《镜中缘》等二种)。生平事迹见俞樾《刘古香女史诗序》。

王先谦(1842—1918) 近代学者、诗文家。字益吾,号葵园。湖南长沙人。同治四年(1865)进士。历官江苏学政、祭酒。归田后历主思贤讲舍、城南书院、岳麓书院。戊戌变法时期,勾结湘中豪绅阻挠变法维新,后又反对资产阶级革命。而学问广博,著述闳富。论文取桐城派之旨,编《续古文辞类纂》上继姚鼐之选。于经史诸子、国朝掌故,皆钩稽考订,辑有成书。为文考核详密,修洁简练。诗亦有成,《晚晴簃诗汇》称其"早岁作诗苍凉沉郁,雅近少陵,晚学东坡,益见变化"。著有《虚受堂诗存》、《虚受堂文集》,另编著有《十朝东华录》、《汉书补注》、《后汉书集解》、《荀子集解》、《庄子集解》、《诗三家义集疏》等。生平事迹见王兴祖《葵园先生行状》、彭清藜《王葵园先生家传》、吴庆坻《王葵园先生墓志铭》、缪荃孙《葵园纪略》及其自编《葵园自订年谱》。

郑观应(1842—1922) 近代散文家、商业家。又名官应,字正翔,号陶斋,又号罗浮待鹤山人、慕雍山人、杞忧生等。广东香山(今中山)人。少弃科举赴上海,从传教士习英文。又学经商,在英商宝顺洋行、太古洋行任买办。同治八年(1869)捐员外郎,次年捐候补郎中。先后任扬州宝记盐务经理、太沽轮船公司经理。光绪初捐候补道员。在上海任机器织布局总办,电报总办,招商局帮办、总办;在湖北汉阳任汉阳铁厂总办,粤汉铁路总办。义和团运动起,与容闳等组织自立会,自任干事。辛亥革命后,寓居上海,反对袁世凯称帝与张勋复辟。所为散文不受桐城派"义法"约束,语言通俗质朴,风格清新,情感真切,善于说理,为近代一大作手。著有《盛世危言》、《救世揭要》、《易言》、《罗浮待鹤山人诗草》等,近人辑为《郑观应集》。生平事迹见《清代人物传稿》下编第一卷、夏东元《郑观应传》、吴熙钊《郑观应评传》。

邓瑜(1843—1901) 近代女诗人、词人。字慧珏。江苏金匮(今无锡)人。知县诸可宝继妻。母于氏工吟咏,幼即授瑜韵语。随父官浙江慈溪,时值庭中梅花盛开,宴客赋诗,先成二律,一座惊叹。词尤婉丽,谭献称其所作"生气远出,俗态屏除"(孙雄《郑斋类稿》引),录其所作入《箧中词》。著有《蕉窗词》、《清足居诗词集》。生平事迹见《清代闺阁诗人征略》卷一〇、《晚晴簃诗汇》卷一九〇。

刘光蕡(1843—1903) 近代诗人。字焕唐,号古愚。陕西咸阳人。光绪元年(1875)举人。少贫,曾卖饼于市。后交李寅相,始究汉宋之学。而归于经世致用。又倡导新学,曾研究汉语拼音,创办实业。历主经阳、味经、崇实诸书院,成就甚众,关中学风为之一变。诗宗陶渊明。著有《烟霞草堂诗文集》、《陶渊明闲情赋注》、《立政臆解》、《学记臆解》。生平事迹见陈澹然《刘古愚先生墓表》、陈三立《刘古愚先生传》。

许珏(1843—1916)　近代诗文家。字静山,晚号复庵。江苏无锡人。光绪八年(1882)举人。荐随张荫桓奉使美、日、秘三国。薛福成使英、法、义(意)、比,调充参赞。由同知保充知府,加盐运使衔,随杨儒出使美洲。中日甲午战争起,以论事切直见疑忌,自引去。庚子事变起,草国书致俄皇请退兵,诏以道员发广东,赏四品卿衔出使义国大臣,加二品顶戴。使义返,仍以道员发广东,告归。辛亥革命后,隐居不出。侯学愈以为其诗之"幽忧孤愤",比之杜甫、苏轼,"殆有过之"(《梁溪诗钞》)。著有《复庵先生集》。生平事迹见贾思绂《复庵先生家传》、马其昶《清故出使义国大臣许公墓志铭》。

冯煦(1843—1927)　近代词人、词论家。字梦华,号蒿庵,晚年自称蒿叟、蒿隐。江苏金坛人。光绪十二年(1886)进士,授编修。历官凤阳知府、山西按察使、四川按察使、安徽布政使、安徽巡抚。宣统元年(1909),因上书清廷忤满族权贵罢官。卜居宝应。二年,江皖大水,起为查赈大臣。民国后,寓居上海,参加超社、逸社唱和。早曾与上元顾云齐名。为薛时雨、林寿图弟子。工诗词,陈衍《近代诗钞》谓其"壮年诗多凄咽之音,盖经丧乱后所作"。曾编《宋六十一家词选》,著《蒿庵词话》,凡所论列,悉中肯綮。自以为作词无愧正宗雅音。另著有《蒿庵类稿》、《蒙香室词》。生平事迹见《清史稿》卷四四九、魏家骅《副都御史安徽巡抚兼理提督冯公行状》。

顾云　近代诗人。字子鹏,一字石公。江苏上元(今南京)人。廪生,官训导。与冯煦肄业南京钟山、惜阴两书院,为薛时雨、林寿图二人高足弟子。少好游侠,遨游河南北,既而折节读书,工古文词。晚归里,假寓盋山薛庐,有山林之胜,日与文士吟诗饮酒于其间。郑孝胥谓之"江东顾五",与之交甚契。一时名士如袁昶、张謇、江云龙、张士珩,皆为其吟侣。汪国垣《光宣诗坛点将录》谓其"诗笔健举,醉中命笔,颇多伟观",又惜其"用思精密,而韵不能高"。著有《盋山诗录》。生平事迹见陈衍《石遗室诗话》、陈融《颙园诗话》、王赓《今传是楼诗话》。

胡元薇　近代戏曲作家。字诗舲,号壶庵。浙江山阴(今绍兴)人。光绪八年(1882)曾与顾远翁、蔡千禾、冯蕙衿,皆在歧紫蕙将军署。与同里陈亘仕宦同在一方,退隐后,岁时过从,陈尤嗜其《壶庵五种曲》,以为所作"不待金尊檀板写付旗亭,固已妙香四溢矣"(《摸鱼儿》词小序),为之厘定刊行。冯煦亦与之有所交往。著有《鹊华秋》、《青霞梦》、《樊川梦》杂剧三种及散曲二种,合称《壶庵五种曲》,另著有《玉津阁集》、《壶庵论曲》。生平事迹见《中国古典戏曲序跋汇编》卷九。

马建忠(1844—1900)　近代学者、散文家。字眉叔。江苏丹徒人。少好学通经史,愤外患日深,遂专究西学,派赴西洋各国使馆习洋务。每上书建言,为李鸿章所赏。累保道员。光绪七年(1881),受命赴南洋与英人议鸦片专卖事,八年,参加中法、中日交涉,又被派往朝鲜处理外交事务。后曾任轮船招商局总办、上海机器织布局总办。精西洋语言文字,光绪五年在外曾获博士学位,又善古文辞,写有关于洋务事宜之奏议、政论颇多,时称"时务文"。所著《马氏文通》为中国第一部语法著作。另著有《适可斋纪言》、《适可斋纪行》、《东行录》等。生平事迹见《清史稿》卷四四六。

缪荃孙(1844—1919)　近代学者、散文家。字炎之,号筱珊,一作小山,又号艺风。江苏江阴人。光绪二年(1876)进士,改庶吉士,授编修,充国史馆纂修、总纂。返乡守制,主讲南菁书院。服阕赴京,以记名道府用。归后主持泺源、钟山书院,兼龙城书院讲席。张之洞设江楚编译书局,聘之主其事。又奉派赴日本考察学务,回国后任京师图书馆正监督,以学部参议候补。辛亥革命后受聘为清史馆总纂。于金石学、版本目录学造诣甚深,兼工书法。所为文沿用桐城义法。诗词不多作,亦工。著有《艺风堂文集》、《艺风堂诗存》、《烟画东堂四谱》、《金石目》、《金石分地录》、《秦淮广记》等,编有《续碑传集》、《辽文存》、《常州词录》。生平事迹见夏孙桐《缪艺风先生行状》、缪禄保《学部候补参议翰林院编修缪府君行述》及自编《艺风老人年谱》。

吴俊卿(1844—1927)　近代诗人、艺术家。初名俊,字昌硕,一作仓石,号缶庐。浙江安吉人。同治四年(1865)补诸生。光绪二十四年(1898)摄安东知县,仅一月辞去。后在杭州孤山创西泠印社,自任社长。晚年寓上海。曾从俞樾学辞章、训诂。书画篆刻负重名数十年,自称"三十学诗,五十学画"。陈三立《墓志铭》称其"为诗至老弥勤,苦抒摅胸臆,出入唐宋间健者"。近代书画家工诗,吴为第一。古律体都能戛戛独造,屏弃凡近。谭献、陈衍俱极力推崇。陈衍《近代诗钞》甚至说:"书画家诗,向少深造者,缶庐出,前无古人矣。"著有《缶庐诗》、《缶庐集》。生平事迹见陈三立《安吉吴先生墓志铭》、诸宗元《缶庐先生小传》、王个簃《吴昌硕先生传略》、王贤《吴先生行述》、冯幵《吴公昌硕墓表》。

纪钜维(? —1921) 近代诗文家。字香驰,又字伯驹,号悔轩,晚号泊居。直隶献县(今属河北)人。纪昀五世孙。同治八年(1869)贡生,官内阁中书。少留意经世之学,熟谙掌故。久居张之洞幕府。历主经心及江汉、两湖诸书院,造就人才甚多。自作诗文极严,鲜有存稿。擅评画,尤精鉴别。陈三立赠诗云:"读画评诗有家法。"以为能得其先祖纪昀正传。著有《泊居剩稿》。生平事迹见《晚晴簃诗汇》卷一六六、张师惠《纪泊居先生传》、周邦道《纪钜维》。

邹弢(? —1924后) 近代小说家。字翰飞,别号瘦鹤词人,又署潇湘馆侍者、司香旧尉、玉愁生。江苏金匮(今无锡)人。诸生。为王韬弟子。十八岁赴苏州从师求学,光绪初设馆苏州,与《青楼梦》作者俞达相交。光绪十四年(1888)曾游幕山东淄川。后寓上海,曾应聘任《苏报》主编。晚岁任教于上海启明女学。卒年八十余。以著长篇狭邪小说《海上尘天影》著名。王韬序称此书"颇有经世实学寓乎其中"。另著有《三借庐笔谈》、《三借庐丛稿》、《浇愁集》、《万国近政考略》、《洋务罪言》。生平事迹见邹弢《三借庐笔谈》、陈汝衡《说苑珍闻》、《清诗纪事》光绪宣统朝卷。

陶方琦(1845—1884) 近代诗文家。字子珍,一作子缜。浙江会稽(今绍兴)人。光绪二年(1876)进士,改庶吉士,授编修。督学湖南,得士颇多,以母丧归。服阕,湖北延聘总修省志,游于武昌。后又北上供职,染病卒于京邸。为李慈铭弟子,学有本源,洞达群经之流别以及文辞之正变。治《易》、《诗》、《尔雅》,又习《大戴礼记》,尤精研《淮南子》。李慈铭《送子缜南还》诗有"力守经师两汉风"、"文章孤唱更谁怜"之句称赏之。著有《湘麋阁遗集》、《淮南许注异同诂》、《许君年表》等。生平事迹见《清史稿》卷四八六、谭献《陶编修家传》。

延清(1845—1916后) 近代诗人。字子澄,又字紫丞,号铁君。蒙古镶白旗人。同治十三年(1874)进士,改庶吉士,授工部主事,官至侍讲学士。八国联军攻占北京时,身处危城,作诗纪事,抒发爱国之情,为人传诵,有"诗史"之誉。平生亦以试帖体诗享名。李恩绶称"其诗则引商刻羽,杂以流徵者也","年老而律极细"(《庚子都门纪事诗序》)。著有《庚子都门纪事诗》(原名《巴里客余生草》)、《锦官诗续集》,编有《遗逸清音集》。生平事迹见《清诗纪事》同治朝卷、《清人诗集叙录》卷七八。

谭宗浚(1846—1888) 近代诗人。字叔裕。广东南海(今广州)人。谭莹子。同治十三年(1874)进士第二,授编修。督学四川,典试江南,所得多知名士,历充国史馆、功臣馆纂修,起居注协修,文渊阁校理。外放云南粮储道,兼权按察使。以劳累过度,请回籍调理,半道卒于隆安旅舍。少承家学,既长,才学淹博,名满都下。《晚晴簃诗汇》谓其"大抵少作以华赡胜,壮岁以苍秀胜,入滇以后诸诗,虽不免迁谪之感,而警炼盘硬,气韵益古"。著有《荔村草堂诗钞》、《希古堂文集》、《辽史纪事本末》。生平事迹见《清史稿》卷四八六、《清史列传》卷七三、唐文治《云南储粮道署按察使谭叔裕先生墓碑》、马其昶《云南储粮道谭君墓表》。

朱一新(1846—1894) 近代诗文家。字蓉生,号鼎甫。浙江义乌人。入赀为内阁中书。光绪二年(1876)进士,选庶吉士,授编修,转监察御史,以疏劾李莲英,诏责降主事。早受知于刘有铭、李文田。在翰林时,与袁昶、朱采、黄国瑾交游。张之洞官两广总督,建广雅书院,聘为主讲。重宋儒理学,务通经以致用。著有《佩弦斋集》、《无邪堂答问》、《京师坊巷志》、《汉书管见》、《东三省内外蒙古地图考证》。生平事迹见《清史稿》卷四四五、《清史列传》卷六九、金武祥《陕西道监察御史朱君传》。

袁昶(1846—1900) 近代诗人。原名振蟾,字重黎,一字爽秋,号沤簃。浙江桐庐人。光绪二年(1876)进士,历官户部主事、总理各国事务衙门章京、户部员外郎、徽宁池太道、江宁布政使、光禄寺卿、太常寺卿。二十六年庚子,八国联军进犯,朝议和战,与徐用仪、许景澄等反对围攻使馆和对外宣战,被杀。追谥忠节。先后出刘熙载、张之洞门下。为近代宋诗派代表作家,与沈曾植同为后期浙派魁首。张之洞赠诗称为"双井(黄庭坚)半山(王安石)君一手"。陈衍《石遗室诗话》谓其"根柢鲍、谢,而用事遣词力求僻涩,则纯于祧唐抱宋者"。沈曾植《浙西村人集序》称其"比物连类,餐洁茹芳","回视收思,乐不忘本"。著有《浙西村人初集》、《安般簃集》、《于湖小集》、《袁忠节公遗诗》。生平事迹见《清史稿》卷四六六、《清史列传》卷六

三、谭献《太常寺卿袁公墓碑》。

周家禄(1846—1909)　近代诗人。字彦昇，又字蕙修，号奥簃。江苏海门人。同治九年(1870)优贡。朝考用教职，授江浦训导，历署丹洋、镇洋、荆溪、奉贤训导。光绪二十九年(1903)荐试经济特科，辞不就。先后游于夏同善、吴长庆、张曾敭、张之洞、袁世凯幕中。中曾屡主师山书院、白华书塾、湖北武备学堂、南洋公学讲席。与张謇、朱铭盘均为黄体芳门下士，以擅词章而齐名。又工为考据校雠之学。张謇序其集，称其文“或屈郁纵宕而尽其旨，或骈丽博赡而振其华”，其诗“若春条扬花，谷泉送响，风日会美而林壑俱深”。亦工词，人以为有南宋风格。著有《寿恺堂集》、《经史诗笺字义疏证》、《海门厅图志》、《朝鲜载记备编》等。生平事迹见顾锡爵《海门周府君墓志铭》。

左绍佐(1846—1927)　近代诗人。字笏卿，又字竹勿。湖北应山人。光绪六年(1880)进士。历官刑部主事，广东南韶连道、雷琼道。有政声。早为张之洞所赏识，曾选其文入《江汉炳灵集》，为时传诵。作日记颇精心，数十年如一日。与樊增祥交谊尤笃。晚与樊增祥、周树模有“楚中三老”之称。诗能运文之精诣，汪国垣《光宣诗坛点将录》评其诗在“昌黎、东坡间”。著有《竹勿生诗钞》。生平事迹见《晚晴簃诗汇》卷一七二、《民国人物碑传集》卷九。

樊增祥(1846—1931)　近代诗人。字嘉父，号樊山，又号云门、天琴。湖北恩施人。光绪三年(1877)进士，改庶吉士，授宜川知县，历官咸宁、富平、长安、渭南知县，凤颍六泗道，陕西、浙江按察使，陕西、江宁布政使，护理两江总督。入民国，袁世凯任为湖北民政长，未就。后任参政院参政，兼清史馆事。出李慈铭、张之洞门下，与易顺鼎齐名，时称“樊易”。其诗才华富赡，自谓取径袁枚、赵翼。艳体之作，可方驾韩偓。多为红梅诗，与善为白梅诗之释敬安并称为“红梅布政”、“白梅和尚”。前后《彩云曲》记赛金花事，尤负盛名。庚子事变时所为七律组诗，追步吴伟业。清亡后之作，则多率易庸滥。著有《樊山集》、《樊山续集》，另有辑本《樊山集外》。生平事迹见蔡冠洛《清代七百名人传》、贾逸君《中华民国名人传》、汪辟疆《近代诗人小传稿》、冒广生《樊增祥传》。

林鹤年(1847—1901)　近代诗人。字氅云，又字铁林，晚号怡园老人。福建安溪人。光绪八年(1882)举人。官工部郎中，保道员，加按察使衔。少有大志，好谈兵，时人比之杜牧、陈亮。中年渡海至台湾，客唐景崧幕中。与林时甫筹海防，毁家纾难，抗御日寇。内渡后，乡人延聘掌教书院，辟怡园于厦门鼓浪屿，越十余年卒。工诗享才名，尝往来泉州、厦门间，与龚显会、黄贻楫、陈棨仁诸人结社酬唱。《晚晴簃诗汇》谓其诗“雄深沉郁，兼有清丽之辞，是从玉谿得力而不模仿宋体，于闽派中自成一格”。潘飞声《在山泉诗话》称其“以悲愤雄壮之诗传台事，又何减杜陵诗史”。著有《福雅堂诗集》。生平事迹见《晚晴簃诗汇》卷一七四、《清画家诗史》壬上、潘飞声《在山泉诗话》。

张百熙(1847—1907)　近代诗人。字野秋，一字冶秋，号潜斋。湖南长沙人。同治十三年(1874)进士，选庶吉士，授编修。历官山东学政、侍讲、侍读、祭酒、广东学政、内阁学士、礼部侍郎、左都御史及工部、吏部、户部、邮传部尚书。久值南书房。甲午战争后，忧心外患，于变法、洋务、兴学诸事宜多所奏陈。好汲引人才。晚究心教育，曾充管学大臣，于创办京师大学堂颇有功绩。谥文达。《晚晴簃诗汇》称其诗“款款忠情，真有浣花每饭不忘君国之意”。著有《退思轩诗集》。生平事迹见《清史稿》卷四四九、《清史列传》卷六一。

王颂蔚(1848—1896)　近代文学家、史学家。原名叔丙，字芾卿，一作苇卿，号蒿隐。江苏长洲(今苏州)人。光绪五年(1879)进士。选庶吉士，改户部主事，补军机章京。十八年试御史第一。甲午中日战争时，多所建议。及和议成后，悲愤成疾而殁。早治训诂之学，与同乡叶昌炽齐名。邃史学，曾著《明史考证捃逸》，翁同龢、潘祖荫皆赏其才，李慈铭、沈曾植、朱一新、梁鼎芬、黄绍箕亦并推重之，袁昶尤与其交契。文、诗、词并能，徐世昌称其“诗思渊密，雅善长篇”(《晚晴簃诗汇》)。著有《写礼庼文集》、《写礼庼诗集》、《写礼庼遗词》。生平事迹见《清史稿》卷四八六、叶昌炽《军机章京户部湖广司郎中王君墓志铭》及其子王季烈所撰行状。

张佩纶(1848—1903)　近代诗人。字幼樵，一字绳庵，又字蒉斋。直隶丰润(今属河北)人。同治十年(1871)进士，选庶吉士，授编修。以光绪元年(1875)大考擢侍讲，充日讲起居注官。与黄体芳、张之洞、宝廷称“翰林四谏”。中法战争时，初主战，以三品卿衔会办福建海疆。督师马江，遭败绩，遣戍察哈尔。光绪十四年释还。李鸿章延入幕。庚子事变，诏以编修佐办和约。既成，擢京堂，称疾不出。本负经济才，未获建树。遣戍后致力为诗，取法苏轼，并得力于李商隐、王安石。陈衍称其“才力富有，用事稳切，与张文襄并驱中原，未知鹿死谁手”，“诗笔剽健，所谓精悍之色，犹见眉间，与凄惋得江山助者，兼而有之”（《近代诗钞》）。著有《涧于集》。生平事迹见《清史稿》卷四四四、陈宝琛《四五品京堂张君墓志铭》、劳乃宣《四五品京堂前翰林院侍讲学士张君墓表》。

王鹏运（1848—1904） 近代词人。字幼遐，一作幼霞，号半塘、鹜翁。广西临桂（今桂林）人，原籍浙江山阴（今绍兴）。同治九年（1870）举人，历官内阁中书、内阁侍读、监察御史、礼科给事中。值谏垣十年，疏数十上，皆关系政要，一时权贵，自诸亲王以下，每被弹劾，直声震天下。光绪二十六年庚子（1900）八国联军入侵北京，与朱祖谋、刘福姚共集宣武门外寓宅填词，成《庚子秋词》。二十八年南归，客扬州，主仪董学堂。后二年病卒于苏州。殚精于词，被称为“清季四大词人”之首。尝汇刻《花间集》以迄宋、元诸家词为《四印斋所刻词》。朱祖谋序其词集，谓其导源王沂孙，复历辛弃疾、吴文英以还周邦彦之浑化，与周济之说契若针芥。又为《望江南》词云：“香一瓣，长为半塘翁。得象每兼《花外》永，起孱差较茗柯雄。岭表此宗风。”可见其倾倒。叶恭绰《广箧中词》谓其“于词学独探本原，兼穷蕴奥，转移风会，领袖时流”，“彊村翁学词，实受先生引导”。词有《袖墨》、《虫秋》、《味梨》、《蜩知》等集，晚年删定为《半塘定稿》、《半塘剩稿》。生平事迹见况周颐《礼科掌印给事中王鹏运传》。

黄遵宪（1848—1905） 近代文学家、外交家。字公度，号法时尚任斋主人、水苍雁红馆主人。广东嘉应州（今梅县）人。光绪二年（1876）举人。历任驻日使馆参赞、美国旧金山总领事、英使馆参赞、新加坡总领事。二十年归国后，办理东南五省积存教案。二十三年在上海加入强学会，入京，被命出使英国，改德国，受阻未行。改官湖南长宝盐法道，署湖南按察使，佐巡抚陈宝箴举办新政。二十四年奉命使日本，道经上海，值政变起，罢归。晚年思想倾向革命。邃于旧学，久官海外，熟悉国际形势，能接受新事物。在美国，力与美政府排斥虐待华工事作斗争。自美归后，撰《日本国志》，图借鉴日本维新经验以改良清政。其于诗，早年即有“别创诗界”之论，自“譬之西半球新国”，为“独立风雪中清教徒之一人”（《与丘炜萲书》）。主张“我手写我口”，要求表现“古人未有之物，未辟之境”。写下不少反映重大国事之诗，爱国思想强烈，又有不少反映外国新事物以及个人身世悲愤伊郁之作。歌行纵横跌宕，气势流畅，语言较通俗，较大地起了改革诗风的作用，但也存在多用典故的旧习。梁启超称“其诗阳开阴阖，千变万化，不可端倪，于古人外独开境界”（《墓志铭》），又称其诗“元气淋漓，卓然为大家”（《清代学术概论》）。其他新派诗人如康有为、丘逢甲，旧派诗人如陈三立、郑孝胥、俞明震等俱加推崇。亦工散文，论学论政论诗文，批旧阐新，具有远见卓识。著有《人境庐诗草》、《日本杂事诗》，别有后人所编《人境庐集外诗辑》。生平事迹见《清史稿》卷四六四、梁启超《嘉应黄先生墓志铭》、钱仲联《黄公度先生年谱》。

吴庆坻（1848—1924） 近代诗文家。字子修，又字敬疆，号稼如，晚号悔余生、补松老人。浙江钱塘（今杭州）人。光绪十二年（1886）进士。历官湖南提学使兼署布政使。少游俞樾门下，与诸前辈结铁花吟社。官湖南时，创立优级师范学堂。辛亥革命后，寓居上海。与冯煦、樊增祥、沈曾植、梁鼎芬辈结超社、逸社、淞社相唱和。为文服膺曾国藩之说，取法于桐城派，姚诒庆称其“事要而不繁，辞文而不缛”（《墓志铭》）。作诗以杜甫为宗，多感事怀人之作，汪国垣称其“诗笔健举”（《光宣诗坛点将录》）。著有《补松庐文录》、《补松庐诗录》、《悔余生诗》、《蕉廊脞录》。生平事迹见姚诒庆《吴府君墓志铭》。

叶大庄 近代文学家。字临恭，号损轩。福建闽县（今闽侯）人。同治十二年（1873）举人，官松江海防同知、邳州知州。中岁家居，与陈宝琛、龚易图、陈书等以诗相酬唱。出仕江南，又为两江总督张之洞招入幕府。于诗服膺厉鹗，兼取王士禛，又心摹手追于范成大、刘克庄。后又受易顺鼎影响。好作七律，以裁对工整为尚。《晚晴簃诗汇》称其诗“研炼刻琢，绝无甜俗语犯其笔端”。然其诗境实不能以一格概之。词名尤著，疏朗清隽中有劲峭意，陈衍序其词称“梦窗、竹山固时出疏快语，非惟涩焉已也，君词宗南宋，最近梦窗、竹山”，著有《写经斋初稿》与《续稿》、《又续稿》及《小玲珑阁词》（又名《曼殊庵词》）。生平事迹见《晚晴簃诗汇》卷一六五。

陈宝琛（1848—1935） 近代文学家。字伯潜，号弢庵、橘隐，别署沧趣楼主、听水老人。福建闽县（今闽侯）人。同治七年（1868）进士，改庶吉士，历官编修、侍讲、右庶子、侍读学士、江西学政、内阁学士兼礼部侍郎。曾充顺天、甘肃、江西乡试同考官、正考官。初与张之洞、宝廷、张佩纶以直谏有声，号为“清流”。光绪十年(1884)罢官。里居二十五年，中间曾作南洋之游。宣统元年(1909)冬，起复原官。三年，简山西巡抚，未到任，以侍郎候补，授宣统读，兼充弼德院顾问大臣。入民国，仍随侍废帝溥仪。张勋复辟，任为议政大臣。后清室又授职太傅。伪满洲国成立，屡征不赴。其诗用力于韩愈、王安石、苏轼、黄庭坚、陆游，为近代闽派诗人首领之一。陈三立称其“感物造端，蕴藉绵邈，风度绝世”(《墓志铭》)。又工古文，傅增湘序其文集，称其“赠序墓志诸作，于事无曲笔，于人无溢辞，其精审为史稿所不及”。著有《沧趣楼诗集》、《沧趣楼文存》。生平事迹见《清画家诗史》壬上、陈三立《陈文忠公墓志铭》、陈衍《陈宝琛传》。

杨深秀(1849—1898)　近代诗人。字漪村，一作漪春，号𩨲𩨲子，本名毓秀。山西闻喜人。同治初以举人入赀为刑部员外郎。光绪十五年(1889)成进士，迁郎中，转监察御史。精小学、地理，又好数学，兼通经学。曾创立关学会，又参加保国会。与康广仁交最厚，曾上疏请更科举文体，积极参与变法维新。政变后，反对慈禧“训政”，上疏诘问光绪被废之故，坚请归政，被捕遇难，“为戊戌六君子”之一。“诗有才调，一空依傍，未可以常格绳焉”(《晚晴簃诗汇》)。陈衍《石遗室诗话》谓“戊戌六君子”诗，漪春第一，汪国垣《光宣诗坛点将录》则以为林旭第一，刘光第与漪春略亚，称“山右近代诗人，漪春为最，力厚思沉，出以蕴藉，所谓诗人之诗也”。著有《雪虚声堂诗钞》、《杨漪村侍御奏稿》。生平事迹见《清史稿》卷四七〇、梁启超《杨深秀传》、胡思敬《杨深秀传》。

叶昌炽(1849—1917)　近代学者、诗人。字鞠常，一作鞠裳，号缘督庐主人。江苏长洲(今苏州)人。光绪十五年(1889)进士，选庶吉士，授编修。历官司业、侍讲、甘肃提学使，又任存古学堂史学总教习。师事冯桂芬。长于校勘学。曾与陆润庠、管礼耕、王颂蔚同佐冯氏编修《苏州府志》。瞿氏铁琴铜剑楼宋元本书、蒋氏铁华馆丛书、潘氏功顺堂丛书皆经其鉴定校勘。其文师事张裕钊，诗隐蓄不露，托旨遥深。以人称其诗为“曼倩之设谑”为“知言”(《缘督庐日记》)。著有《藏书纪事诗》，以七绝记历代藏书家事，精详为人所称。另有《诗谑》(原名《辛白簃诗史稿》)、《语石》、《缘督庐日记钞》等。生平事迹见《清史稿》卷四九一、曹元弼《叶侍讲墓志铭》、钱大成《记叶菊裳》。

钟祖芬　近代戏曲作家。字云舫，号落落居士。四川江津人。约同治、光绪间在世。廪生。性豪侠，博于为文，生平著作甚丰，然传世不多。尤工为联语，奇横不落前人窠臼。著有传奇《招隐居》，与杂调《火坑莲》合刊，对鸦片之祸国殃民痛切陈辞，垂诫甚深。另著有《振业堂集》等。生平事迹见《民国江津县志》卷七。

王仁堪(1850—1896)　近代诗人。字可庄，号大久、公定、忍庵。福建闽县(今闽侯)人。光绪三年(1877)进士第一，授修撰。督山西学政，历典贵州、江南、广东乡试，入直南书房。补镇江知府，调苏州知府，病卒。居官有政绩，又好兴文教，创榛思文社、南濡学舍。其《题壁》诗自嘲曰：“聊学文山(文天祥)前半生。”诗好袁枚，风格近之。著有《王苏州遗书》。生平事迹见《清史稿》卷四八五、《清史列传》卷七七。

郭曾炘　近代诗人。字春榆，晚号匏庵。福建侯官(今闽侯)人。光绪六年(1880)进士，改庶吉士，授礼部主事，官至典礼院掌院学士。辛亥革命后，以遗老自居，侨寓北京，无聊中辄寄情吟咏。卒后，清室予谥文安。为礼官垂三十年，兼直枢垣，洞明掌故。请以顾炎武、黄宗羲、王夫之三儒从祀孔庙，为庚子事变死难谏臣请谥，力争满员从汉服制，先后三疏为世传诵。入民国始致力于诗，陈宝琛序谓其婉至类元好问，沉厚类顾炎武。《晚晴簃诗汇》称其“深于杜诗，不必规规趋步，而神与之合”，且“见闻翔实，寓史于诗”，为“一代献征之所寄”。惜每多遗老守旧之情。著有《匏庐诗存》。生平事迹见《晚晴簃诗汇》卷一七二、陈衍《石遗室诗话》。

盛昱(1850—1899)　近代文学家。字伯熙。清宗室，肃武亲王后裔，隶镶白旗。十岁即能诗。同治九年(1870)顺天乡试第一名举人。光绪二年(1876)进士第一，改庶吉士，授编修。历官右春坊右中允、翰林院侍讲、右春坊右庶子、国子监祭酒。所居意园，有林亭之胜，庋金石书画之室曰郁华阁。崇尚风雅，交游皆一时名流。编《八旗文经》，存满洲文献。诗词多散佚，存于集中者，仅十之三四。诗有关涉国事、朝事等现实性强的作品。词雄放似辛弃疾。叶恭绰《广箧中词》评其《八声甘州》一阕，以为“幽情苦绪，出以清雄之笔，源出《东坡乐府》”。著有《意园文略》、《郁华阁遗集》。生平事迹见《清史稿》卷四四四、杨钟羲《意园事略》、汪国垣《近代诗人小传稿》。

沈曾植(1850—1922) 近代学者、文学家、书法家。字子培,号乙庵,晚号寐叟、谷隐居士、巽斋。浙江嘉兴人。光绪六年(1880)进士,官刑部主事,赞助康有为开强学会于京师。二十四年,湖广总督张之洞聘往武昌,主两湖书院史席。后历任江西按察使、安徽提学使,署布政使,护理巡抚。宣统元年(1909)辞官归里。清亡后,居上海。张勋复辟,任学部尚书。事败复归上海。通西北南洋地理、蒙古史、儒学、佛典、道藏,王国维称其"综览百家,旁及两氏,一以治经史之法治之,则又为自来学者所不及"(《沈乙庵先生七十寿序》)。文、诗、词并工。古文古雅深赜,承其乡朱彝尊之绪而突过之。偶为骈文,高古似晋、宋。诗为近代学人之诗与诗人之诗合一之典型,同光体浙派之代表。主张通元嘉、元和、元祐三关。陈三立序称其所作"沉博奥邃,陆离斑驳,如列古鼎彝法物,对之气敛而神肃",张尔田序谓"叟之诗,今之东坡、山谷也"。词则叶恭绰《广箧中词》评为"力矫凡庸,乃词中之玉川(卢仝)、魁纪公(樊宗师)也"。著作宏富,已刊者主要有《蒙古源流笺证》等。学术笔记,钱仲联辑为《海日楼札丛》。诗文词有《海日楼文集》、《海日楼诗集》(钱仲联有笺注)、《曼陀罗寱词》。生平事迹见《清史稿》卷四七二、谢凤孙《沈寐叟先生墓志铭》、王蘧常《沈寐叟年谱》。

瞿鸿禨(1850—1918) 近代诗人、晚清大臣。字子玖,号止庵,晚号西岩老人。湖南善化(今长沙)人。同治十年(1871)进士,改庶吉士,授编修,超擢侍讲学士,迁侍读学士、詹事、内阁学士、礼部侍郎。庚子事变,随西太后出逃西安,擢左都御史,历官工部尚书、军机大臣上学习行走、外务部尚书、会办大臣、中日议约全权大臣、协办大学士、官制大臣。以忤西太后旨意被罢斥。入民国,寓沪以遗老自居。卒后清室予谥文慎。《晚晴簃诗汇》谓其诗"条达周密,尤有乾嘉前辈矩矱"。著有《瞿文慎公诗选》。生平事迹见《清史稿》卷四三七、陈三立《协办大学士军机大臣外务部尚书善化瞿公墓志铭》、余肇康《军机大臣协办大学士外务部尚书瞿文慎公行状》。

王甲荣(1850—1929) 近代诗人。原名厚培,字部畇,又字步云,号次逸,晚号冰镜老人。浙江秀水(今嘉兴)人。光绪十五年(1889)举人。官永淳、富川知县,钟山理苗通判,知府衔候补直隶州知州。又曾任天津集贤、辅仁书院山长。袁世凯窃国,宵小骚动,曾赋《老革谣》讥刺之。又以赛金花为题材作《彩云曲》,与樊增祥诗同题,并称杰作。钱仲联评其诗"佳构极夥,大抵清深志远,陶冶乎唐之玉溪,宋之剑南,而不为噍杀之音"(《梦苕庵诗话》)。著有《二欣室诗集》、《二欣室文集》、《二欣室词集》、《景行札记》、《庚子京畿闻见录》。生平事迹见自编《二欣室记事珠》,王迈常、王蘧常《部畇府君年谱》。

柯劭忞(1850—1933) 近代学者、诗人。字凤荪,又字凤笙,晚号蓼园。山东胶州人。光绪十二年(1886)进士,选庶吉士,授编修。历官湖南学政、司业、贵胄学堂总教习、侍讲、侍读。派赴日本考察教育,归国后任贵州提学使,署学部右参议并左丞,充京师大学堂监督,又任资政院议员、督办团练大臣、典礼院学士。入民国,应聘为清史馆总纂,后代馆长。晚年任故宫博物院理事。精于史学,所著《新元史》颇负盛名。与徐世昌交契,曾结晚晴诗社于民国总统府。汪国垣《光宣诗坛点将录》谓其诗"风骨高骞,意味老澹,一时巨手也"。著有《蓼园诗钞》。生平事迹见王森然《柯劭忞先生评传》、柳诒徵《柯劭忞传》、张尔田《清右学部左丞柯君墓志铭》。

敬安(1851—1912) 近代诗僧。号寄禅,俗姓黄。湖南湘潭人。同治七年(1868)出家,受戒于南岳祝圣寺,上衡州岐山仁瑞寺,充苦行僧。光绪元年(1875)至镇江金山寺,从大定和尚参禅。遍参杭州、宁波各地名宿,至阿育王寺佛舍利塔前礼拜,燃二指供佛,自是号"八指头陀"。十年返湖南,主持诸大名刹。与邓辅纶、王闿运游,入碧湖诗社。二十八年赴宁波主持天童寺。创僧教育会,被推为会长。辛亥革命后,中华佛教总会成立,首任会长。民国元年(1912),示寂于北京法源寺。敬安诗早受湖湘派影响,宗唐轻宋,以擅长写白梅诗,有"白梅和尚"之号,与"红梅布政"之樊增祥并称。著有《八指头陀诗文集》。生平事迹见释太虚《中兴佛教寄禅和尚传》、冯毓孳《中华佛教总会天童寺方丈寄禅和尚行述》、《新续高僧传·清四明天童寺沙门释敬安传》。

简朝亮(1851—1933) 近代学者、诗人。字季纪,号竹居。广东顺德人,生于南海忠义乡旅次。诸生。为朱次琦入室弟子。年十五即已遍诵七经。既长,治学不强分汉、宋,以读书修身为旨。年三十九绝意科举,淡泊不慕荣利,专事著述讲学。以学行优等,特旨以训导选用,以疾不赴。礼部尚书溥良又奏聘为礼学馆顾问官,时朝亮旅居阳山将军幕中,亦以疾答书辞之。辛亥革命后,犹效忠清室,清史馆馆长赵尔巽致书聘为纂修,不应。治经外,亦工诗文。著有《读书堂诗集》、《尚书集注述疏》、《论语集注补正述疏》、《孝经集注述疏》、《礼记子思子言郑注补正》等。生平事迹见其门人编《简先生年谱》、张启煌《简竹居先生年谱》、任元熙《清征士简竹居先生事略》。

王树枏(1851—1936)　近代诗文家。字晋卿,号陶庐。直隶新城(今属河北)人。光绪十二年(1886)进士,授工部主事,改青神知县,署资阳、青津、富顺,以事解职。入张之洞幕府,被荐为中卫知县,晋平庆泾固化道,署新疆布政使。辛亥革命后,曾任清史馆总纂。少为骈俪文,及与吴汝纶游乃更作古文,"浸淫于两汉,而出入于昌黎、半山,其气骨遒上,实有得于阳刚之美"(刘声木《桐城文学渊源考》)。其诗陈衍誉之为"北方巨擘"(《石遗室诗话》),赵元礼以为"浑穆如古谣谚,而用笔极潇洒"(《藏斋诗话》)。著有《陶庐文集》、《陶庐诗集》、《费氏古易订诂》、《中庸郑朱异同说》、《尔雅郭注佚存补订》、《希腊学案》、《欧洲族类源流略》等。生平事迹见尚秉和《新城王公墓志铭》、萧菊君《王晋卿传略》及自编《陶庐老人自订年谱》、《陶庐老人随年录》。

程颂藩(1852—1888)　近代诗人。字伯翰,号叶庵。湖南宁乡人。程颂万兄。同治十二年(1873)拔贡,朝考第一,授户部七品小京官,签分户部江西司。其学始浸淫于晋宋齐梁,继而泛滥于经史,终沉潜于宋儒性理之学,博通而务实践,人以为根柢深醇,华实兼茂。与梁鼎芬相友善。陈衍《近代诗钞》谓其"先后文章之涂轨,以至立身行己,入官之小用小效,与岭南朱九江次琦,如出一辙。其文之最著者,为《释用》、《释海》、《知困轩记》、《再与张冶秋书》,诗多选体","近体亦偶作中晚以后语"。汪国垣《光宣诗坛点将录》谓其"气体凝重,才思内蕴,亦湖湘作手也"。生平事迹见程颂万《程伯翰先生行状》。

朱铭盘(1852—1893)　近代文学家。字日新,号曼君。江苏泰兴人。光绪八年(1882)举人。叙知州。曾客吴长庆军幕,随吴军入朝鲜,归卒于旅顺。铭盘出张裕钊门下,工诗文。其诗与范当世齐名,范学宋,朱学唐,取径不同,朱《朝鲜杂诗》尤著名。陈衍《近代诗钞》称其"工骈体文,沉博绝丽,诗天骨开张,风格隽上"。狄葆贤亦盛称其诗。著有《桂之华轩遗集》、《晋会要》、《宋会要》、《齐会要》、《梁会要》、《陈会要》、《四裔朝献长编》。生平事迹见《清史稿》卷四八六、郑肇经《曼君先生纪年录》。

林纾(1852—1924)　近代文学家、翻译家、画家。初名群玉,字琴南,号畏庐,晚号补柳翁、践卓翁、长安卖画翁,别署冷红生、蠡叟。福建闽县(今闽侯)人。光绪八年(1882)举人。历任杭州东城讲舍讲习、北京金台书院讲习、五城学堂国文总教习、京师大学堂讲习、北京闽学堂及高等实业学校教习。入民国,任教北京大学、励志书院、北京孔教大学。不习外文,待人口译而笔述,译西洋小说至二百零六部,一时为盛。工古文,自居于桐城派,"五四"以后,反对白话文学,成为保守派堡垒。又工诗,最早反对宋诗派,不欲寄人篱下,而"自遂己志,自为己诗",后则学苏轼、陈与义。晚年嗜为画。著有《畏庐文集》、《畏庐诗存》及小说《金陵秋》、《剑腥录》、传奇《天妃庙》、《合浦珠》、《蜀鹃啼》等。生平事迹见《清史稿》卷四八六、《清画家诗史》壬上、陈衍《林纾传》、朱羲胄《畏庐先生年谱》。

陈三立(1852—1937)　近代文学家。字伯严,号散原。江西义宁(今修水)人。光绪十二年(1886)进士,官吏部主事。与谭嗣同、吴保初、丁惠康号四公子。二十一年,上海开强学会,尝列名。其父宝箴为湖南巡抚,创办新政,提倡新学,支持变法运动,三立佐其父多所筹画。戊戌政变后,父子同被革职。侍父退居南昌西山,筑崝庐。父殁后,常往来南京散原别墅与西山间。清亡后,以遗老自隐。民国二十六年(1937),日本军侵占北平,不食而卒。其诗为近代同光体江西派魁首,凝练奥衍,取径黄庭坚而自创面目。郑孝胥《散原精舍诗叙》谓其"莽苍排奡之意态,卓然大家"。梁启超《饮冰室诗话》称其"醲深俊微,于唐宋人集中罕见伦比"。庚子后至清亡前诗,多体现爱国精神。工诗而不以论诗称,然散见于其诗文集及并世诗家专集题识中者,时有微言奥旨,不抱江西偏见。亦工古文,弱冠已卓有成就,后来所为研讨诸子及传记大篇,尤为世所重,陈衍谓其文胜于诗。著有《散原精舍诗》、《散原精舍文集》。生平事迹见李新主编《民国人物传》、吴宗慈《陈三立传略》、胡思敬《陈三立传》。

陈廷焯(1853—1892)　近代词人、词论家。字亦峰,原名世焜,字耀先。江苏丹徒人,流寓泰州。光绪十四年(1888)举人。工诗词及词学理论。叶恭绰《广箧中词》称其"《白雨斋词话》极力提倡柔厚之旨,识解甚高,所作亦足相副"。著作除《白雨斋词话》外,有《词则》、《词坛丛话》等,又编有《云韶集》。另著有《白雨斋词存》、《白雨斋诗钞》。生平事迹见《光绪丹徒县志摭余》卷八、《民国续丹徒县志》、《民国泰州志》。

勒深之(1853—1898) 近代诗人。字省旃,又字公遂,号元侠。江西新建人。勒方锜子。光绪十一年(1885)拔贡生,廷试第一,寻又被黜,落拓京师,为小京官,日事征歌逐舞,遗产十万金,挥霍一空。天赋颖异,少即工诗惊长者。于本朝人诗独服膺屈大均、黄景仁,二家诗均能背诵。父有书名,深之乃学瘦金体,以求别开生面。又工画山水,学戴熙。他若围棋击剑、声色犬马之好,亦有裘马乌衣子弟之风。潘祖荫极赏其才。与杨增荦、丁惠康、陈衍相友善,陈衍《石遗室诗话》谓其诗"大略似其乡先生香苏山馆(吴嵩梁)之作",王伯恭《蜷庐随笔》则谓其诗"风格雅近黄仲则、龚定庵"。著有《蕉尾吟》。生平事迹见张鸣珂《寒松阁谈艺琐录》卷四、王伯恭《蜷庐随笔》。

陈玉树(1853—1906) 近代诗文家。字惕庵,后更名玉澍。江苏盐城人。光绪十四年(1888)优贡,旋中本科举人,以教谕用,不赴。平生之学以墨子为宗,身体力行。通诸子百家之学。与李详交契。曾主讲尚志书院、盐城县学,又应周玉山之聘任三江师范教务长。晚曾入广东布政使程仪洛幕,后又应两广总督岑春煊之聘。所为文广征博喻,奇偶错陈。陈中凡称"其诗文忧殷语迫,恒有兔爰苕华之慨","及甲午军兴,国势陵迟,端忧早计,发为文章,语益壮烈"(《行述》)。著有《后乐堂文钞》、《后乐堂诗存》、《毛诗异文笺》、《卜子年谱》、《尔雅释例》、《教育刍言》,编有《盐城县志》。生平事迹见陈中凡《惕庵府君行述》、李详《大挑教谕拣选知县陈君墓志铭》。

志锐(1853—1912) 近代词人。他塔拉氏,字伯愚,又字公颖,号廓轩,又号穷塞主,晚号迂安。满洲镶红旗人。父长敬,世父长善。弟志钧,与志锐有二难之目,瑾、珍二妃,为其胞妹。长善为广州将军,挈其兄弟姊妹以偕行。署有壶园,兄弟读书其中。一时文士,如文廷式、于式枚等,咸乐与之游。初以荫为太仆寺员外郎。光绪六年(1880)成进士,改庶吉士,授编修,历官詹事、内阁学士、礼部侍郎、乌里雅苏台参赞大臣、索伦领队大臣、宁夏副都统、杭州将军、伊犁将军。革命军兴,被杀。清室予谥文贞。志锐究心经世之学,富文采,工词。著有《穷塞微吟词》、《廓轩竹枝词》。生平事迹见《清史稿》卷四七〇、汪国垣《近代诗人小传稿》、吴庆坻《志将军传》。

于式枚(1853—1915) 近代诗文家。字晦若。原籍四川营县,寄籍广西贺县。光绪六年(1880)进士,改庶吉士,授兵部主事。入李鸿章幕,章奏书札,多出其手。历官礼部主事、员外郎,御史,给事中,与订《辛丑条约》,赏五品京堂,充政务处帮提调、大学堂总办、译学馆监督,以鸿胪寺少卿督广东学政,疏辞,命总理广西铁路,历邮传部、礼部、吏部、学部侍郎,充总理礼学馆事、修订法律大臣、国史馆副总裁。辛亥革命后,隐居青岛以殁,清室予谥文和。工骈文,诗不多作,入民国,间为绝句,旁注本事,以寓讥讽。李文泰称其"诗格亦在昌黎、义山之间"(《海山诗屋诗话》)。生平事迹见《清史稿》卷四四三、贾逸君《中华民国名人传》。

张謇(1853—1926) 近代文学家、教育家、工商业家。字季直,号啬庵。江苏通州(今南通)人。光绪八年(1882),曾随吴长庆军赴朝鲜。光绪二十年,一甲第一名进士及第,授修撰。次年,上海开强学会,曾列名。后在通州办纱厂、垦牧公司、轮船公司等企业,又创办师范等学校。光绪二十七年后,倡预备立宪公会,并任江苏谘议局局长。宣统三年(1911),任中央教育会会长。辛亥革命后,任南京临时政府实业总长,又在北京任农林工商总长兼水利局总裁。后辞职南下,继续在乡办实业与教育。文多经世之作,诗兼学唐宋,林庚白《丽白楼诗话》称"同光诗人什九无真感,惟二张(之洞与謇)为能自道其艰苦与怀抱"。著有《张季子九录》。今人辑有《张謇全集》。生平事迹见汤志钧《戊戌变法人物传稿》、张孝若《南通张季直先生传记》、刘厚生《张謇传记》及《啬翁自订年谱》。

江瀚(1853—1935) 近代诗文家。字叔海,号石翁山民。福建长汀人。官开归陈许道。曾先后主讲东川书院、致用书院。光绪三十年(1904)赴日本考察教育。归国后历任江苏高等学堂监督、学部总务司行走、学部参事官、女子师范学堂总理。入民国,任京师图书馆馆长、参政院参政、总统府顾问、京师大学代理校长、故宫博物院理事长。其诗五言宗选体,代表作《登钻天坡》、《自夔门入巫峡》、《双飞桥》等为陈衍所赏,谓其风格"举止大方,不废唐响"(《石遗室诗话》)。著有《慎所立斋集》,另著有《孔宗篇》、《孔学发微》等。生平事迹见《清诗纪事》光绪宣统朝卷。

杨镜秋　近代戏曲作家。原名鸿濂,以字行。湖北沔阳人。光绪九年(1883)进士。官福建知县。好词曲,与四喜部梅巧玲交友。晚贫甚。曾创作改编有皮黄剧本《贵寿图》、《乘龙会》等。生平事迹见吉水《近百年来皮黄剧本作家》、梅兰芳《舞台生活四十年》。

徐家礼(1854—?)　近代戏曲作家。浙江海宁人。著有抄本杂剧五种,总题曰《蛰园五种曲》,凡《白衲幢》一折、《俊魔缘》一折、《闺塾议》一折、《赛秦坑》二折、《双莲瓣》一折,均为短剧。《俊魔缘》自序谓:"馆冬老家,纵谈画理,有所得,信笔写之,积久成帙,冬老题曰意园。越五年,以病自归,杜门养疴,梦中见有倩奴者,妙解音律,导余入意园,园中丘壑,随梦随变,不似曩昔所画",剧即写此梦。另《闺塾议》写开新女学堂事,颇有时代特色。生平事迹见《古典戏曲存目汇考》卷八。

韩邦庆(1854—1894)　近代小说家。字子云,号太仙,别署花也怜侬、太一山人。诸生。幼时随父宦游京师,及长南归,屡试举人不中,至河南为人作幕僚数年。后寓居沪上,与《申报》主笔钱忻伯、何桂笙等往来酬唱,并充报馆编辑,主办文艺期刊《海上奇书》。善弈棋,嗜鸦片,又好狭邪游,所得笔墨之资,皆挥霍于青楼楚馆。对风月场中情实知之既深,良有所感,遂以吴语著章回小说《海上花列传》,鲁迅《中国小说史略》谓"自《海上花列传》出,乃始实写妓家,暴其奸谲","虽责善于非所,而记载如实,绝少夸张,则固能自践其'写照传神,属辞比事,点缀渲染,跃跃如生'之约者矣"。另著有文言小说集《太乙漫稿》。生平事迹见蒋瑞藻《小说考证》卷八等。

范当世(1854—1904)　近代诗文家。初名铸,字无错,改名当世,字肯堂,号伯子。江苏通州(今南通)人。岁贡生。曾入李鸿章幕。出张裕钊门下,并从吴汝纶游,续娶姚莹孙女姚倚云为妻,故与桐城派渊源较深。从张、吴学古文,取法桐城,但不为所拘,以清硬胜。陈三立赠诗谓可"跻列张、吴行,承传追冥漠,坠绪获再昌",而谓其"歌诗反掩之"。诗受姚范、姚鼐以来影响,取径苏轼、黄庭坚,奇肆兀傲,且多反映晚清史事及民生疾苦。吴闿生编《晚清四十家诗钞》,取以冠首,选录最多。陈三立赠诗称其"玄造豁机牙,众派探滥觞",足以使"一世走且僵"。姚永概称其"震荡开阖,变化无方"(《范肯堂墓志铭》)。金天羽以与何绍基并举,称为晚清学苏最工者,谓其"涕泪中皆天地民物"(《答苏堪先生书》)。与弟钟、铠齐名,世称"通州三范"。著有《范伯子文集》、《范伯子诗集》。生平事迹见《清史稿》卷四八六、姚永概《范肯堂墓志铭》、金钺《范肯堂先生事略》。

黄绍箕(1854—1907)　近代诗人。字仲弢,号鲜庵。浙江瑞安人。黄体芳子。光绪六年(1880)进士,改庶吉士,授编修,典试湖北。晋侍讲,擢庶子。北京立京师大学堂,充总办。迁侍读学士,历充编书局、译书局监督,出为湖北提学使。东渡日本,与其国人士论儒教精义。归国,未几卒。少承家学,为张之洞入室弟子,工骈体文,精于金石、书画、目录之学。尤爱才好士,为康有为延誉,戊戌政变作,又奔告有为,使免于难。余事为诗,"吐语蕴藉,卓然雅音,其七言古诗尤兼有庐陵、眉山、道园之胜","足为广雅(张之洞)、篑斋(张佩纶)张目"(汪国垣《小传》)。著有《鲜庵遗稿》。生平事迹见《清史稿》卷四四四、《近代诗钞》、汪国垣《近代诗人小传稿》。

严复(1854—1921)　近代文学家、思想家、翻译家。初名体乾,改名宗光,字又陵,又字几道,后改今名,晚号瘉壄老人、天演宗哲学家,又别号尊疑尺庵。福建侯官(今闽侯)人。诸生。光绪三年(1877)赴英国,先后在抱士穆德大学和格林尼次海军大学留学。归国后,在福州船政学堂任教。后调任天津水师学堂总教习、会办、总办。光绪二十三年,在天津创办《国闻报》。庚子事变后,历任京师大学堂译局总办、上海复旦公学校长、安庆高等师范学堂校长、学部名词馆总纂。宣统元年(1909),得授文科进士。二年,任海军协都统、资政院议员。入民国,任京师大学堂校长、总统府外交法律顾问、约法会议议长、参政院参政。帝制议起,曾参加筹安会。后病逝于福州。前期介绍译述西方学术名著《天演论》、《原富》等,后期思想保守,主张复古。诗文并工,散文雅正达意,诗被梁启超列入《广诗中八贤歌》中,亦受"同光体"诗派影响。翻译著作,辑印为《严译名著丛刊》与《侯官严氏丛刊》,诗文著作有《严几道诗文钞》、《瘉壄堂诗集》。今人辑有《严复集》。生平事迹见《清史稿》卷四八六、陈宝琛《严君墓志铭》、王蘧常《严几道年谱》、严璩《先府君年谱》。

安维峻(1854—1925) 近代诗文家。字小陆,号晓峰,又号涓襟,晚号柏崖。甘肃秦安人。光绪六年(1880)进士,历官福建道监察御史。在任未及一年,先后上六十余疏。曾劾李鸿章主和议,有直声。后遭贬戍军台,曾主讲抡才书院。释归后主讲南安书院。宣统二年(1910)又任京师大学堂总教习。能文工诗。著有《望雪山房诗集》、《诗文杂集》、《谏垣存稿》、《四书讲义》。生平事迹见《清史稿》卷四五一、安维翰《清末御史安维峻》。

裴景福(1854—1926) 近代诗人。字伯谦,号睫闇。安徽霍丘人。光绪五年(1879)举人,十二年成进士,授户部主事。十八年,分发江东,历知陆丰、番禺、潮阳、南海诸县,有政声。三十一年,以事得罪落职,遣戍新疆。宣统元年(1909)赦还,卜居无锡。辛亥革命后,曾任安徽省公署秘书长、政务厅长。好收藏鉴赏金石碑帖书画,晚即以此自娱。好吟咏,姚永概序谓其诗于古大家无所不学,至其得力于杜、苏为多,俞明震评其出关诸作,高调似明七子,然七子却无此坚卓沉细。著有《睫闇诗钞》、《河海昆仑录》。生平事迹见《晚晴簃诗汇》卷一七五、沈云龙《近代史事与人物》。

宋伯鲁(1854—1932) 近代诗人。字芝栋,一作芝洞,改号芝田,晚曾更名赵善夫。陕西醴泉(今礼泉)人。光绪十二年(1886)进士。官御史。戊戌政变后,因保荐康有为,遭罢官。一度寓居上海,与范当世相唱和。光绪二十八年返乡,应伊犁将军之聘与修《新疆志》。入民国,曾任安福国会参议院议员。狄葆贤云:"陕西有两诗人,一醴泉宋芝栋侍御,……仪度安雅,诗以沉着绵丽胜。"(《平等阁诗话》)兼工书画。著有《海山仙馆诗钞》。生平事迹见竺公《戊戌维新人物记》、贾逸君《中华民国名人传》。

费念慈(1855—1905) 近代诗人、书法家。字屺怀,号西蠡。江苏武进人。光绪十五年(1889)进士,授编修。殿试时,潘祖荫初拟以第一名进呈,因有误字,为同僚所阻。光绪十七年典试浙江,务收雅才,取卷多不中规矩,揭晓后,谤声四起,为李慈铭所劾。经此挫折,遂家居不出,抑郁以终。工书法,精鉴赏,诗文不轻作,传世颇稀。其《感事》诸诗,反映甲午战争等时事,概当以慷,足称诗史。著有《归牧集》。生平事迹见《国朝书画家笔录》卷四、《晚晴簃诗汇》卷一七六。

顾印愚(1855—1913) 近代诗人、书法家。字印伯,号所持,又号塞向翁。四川华阳(今双流)人。光绪五年(1879)举人。官湖北知县。与杨锐同为张之洞入室弟子。喜饮酒,作字,斗诗钟,集唐宋人诗为联词。其书法信手挥洒,自然疏秀。又为王闿运弟子,而其诗则不为湖湘派语。梁鼎芬以为其诗工晚唐体,陈衍则以为其诗皆宋人语,《晚晴簃诗汇》评之为"苍秀隽雅,自宋入唐,不作凡人语",汪国垣《光宣诗坛点将录》点之为地文星圣手书生萧让,题诗称之为"义山婉丽又眉山"。著有《成都顾先生诗集》。生平事迹见《晚晴簃诗汇》卷一七二、汪国垣《光宣以来诗坛旁记》。

许南英(1855—1917) 近代诗人。字子蕴,号蕴白、允白、窥园,别署留发头陀、龙马书生、毗舍耶客、春江冷官。祖籍广东揭阳,寄籍福建龙溪,出生于台湾。光绪十六年(1890)进士。历任兵部员外郎、台湾通志总局编纂、台南团练局统领、徐闻知县兼贵生书院山长、阳江同知。辛亥革命后,任漳州民事局局长、台湾龙溪县知事。晚曾参加漳州诗社。工诗。李渔叔称"其人其诗,皆民族精神所寄,未可等闲视之"(《鱼千里斋随笔》)。著有《窥园留草》。生平事迹见《窥园先生自定年谱》、任蒴《台湾诗杰许南英》、毛一波《许南英的生平》。

江春霖(1855—1918) 近代诗人。字仲默,号杏村,晚号梅阳山人。福建莆田人。光绪二十年(1894)进士,选庶吉士,授检讨。历官江南、新疆兼署辽沈、河南、四川诸道监察御史。光绪、宣统间纠弹袁世凯及庆亲王奕劻父子,言皆痛切。终以讦直受责,还翰林院,遂引疾归。其《乞归养亲留别都中知己》诗三首,颇享时誉。著有《江侍御奏议》。生平事迹见《清史稿》卷四四五、林纾《前新疆御史梅阳江公墓志铭》、孙雄《掌新疆道监察御史莆田江君墓表》。

马其昶(1855—1930) 近代散文家。字通伯,一作通白,晚号抱润翁。安徽桐城人。以诸生入赀,叙中书科中书,官学部主事、京师大学堂教习。曾先后主讲庐江潜川书院、桐城中学堂、师范学堂。入民国,任省议员、安徽高等学堂校长、参政院参政。袁世凯称帝,遂离京归。民国十五年(1926)应聘任清史馆总纂,主修儒林、文苑及光宣大臣传。早师事张裕钊、吴汝纶。又与方宗诚、柯劭忞等交游。为文恪守桐城派宗旨。“其为文思深辞婉，言虽简而意有余，幽怀微旨，感喟低徊”(刘声木《桐城文学渊源考》)。著有《抱润轩文集》、《桐城耆旧传》、《屈赋微》、《毛诗学》等。生平事迹见缪荃孙《马通伯记略》、陈三立《学部主事桐城马君墓志铭》、陈祖壬《桐城马先生年谱》。

徐世昌(1855—1939)　近代政治家、诗人。字卜五，号菊人、东海、弢斋，别署水竹村人。直隶天津(今天津市)人，生于河南汲县。光绪十二年(1886)进士，改庶吉士，授编修。参袁世凯戎幕，任营务处总办。历官国子监司业、商部左丞、练兵处提调、政务大臣、会办练兵大臣、巡警部尚书、军机大臣、民政部尚书、东三省总督、邮传部尚书、协办大学士、宪政编查馆大臣、体仁阁大学士、内阁协理大臣、军谘大臣。入民国，任北洋政府国务卿，民国七年(1918)任总统。后辞职。工诗，汪国垣《光宣诗坛点将录》点之为“地理星九尾龟陶宗旺”。著有《水竹村人诗集》、《海西草堂集》、《退耕堂政书》，主编《晚晴簃诗汇》、《清儒学案》、《大清畿辅先哲传》。生平事迹见李新主编《民国人物传》第一卷、贾逸君《中华民国名人传》。

张元奇　近代诗人。字珍午，又字君常，号薑斋。福建侯官(今闽侯)人。光绪十二年(1886)进士。历官奉天巡按使。早有乡曲之誉，中年后还乡主讲书院。与陈宝琛、陈衍、叶在琦等时相唱和，为同光体闽派作家之一。陈衍序其集称其“中年以后，时时敛就幽敻，然终与坡公为近。其间有忧愁牢落托于《庄》、《骚》之旨者，亦坡公之忧愁牢落也”。著有《知稼轩集》。生平事迹见《清诗纪事》光绪宣统朝卷。

叶在琦　近代诗人。字肖韩，号稚愔。福建闽县(今闽侯)人。光绪十二年(1886)进士。历官监察御史。诗学江西诗派黄庭坚、陈师道，力避流易，常闭门索句，字字推敲。与张元奇齐名，而风格大异。陈衍称其诗“笔意简炼，惟结处往往工力不逮”(《石遗室诗话》)。著有《稚愔诗钞》。生平事迹见《清诗纪事》光绪宣统朝卷。

袁蟫(？—1909后)　近代戏曲作家。字祖光，又字小偁、暖初，号瞿园。安徽太湖人。以进士官吏部，随班入值。性洒落，淡泊自甘，不事奔竞。能为骈体文，流丽妍美，与六朝为近。尤长于南北曲，自谓“于红氍毹场、工尺谱未甚考究，而酷嗜元明国朝名人南北套曲”。游吴越湘汴，搜罗善本，仿作传奇，自感稚弱未敢出示。光绪二十九年(1903)后客京师，续有所作，以沈太侔之怂恿而付刊。剧作有杂剧十三种，总题《瞿园杂剧》，内初编所收《玉津园》、《江西雪》、《神山月》已佚，存者为《一线天》、《三割股》等十种。传奇《双合镜》、《支机石》、《鸱夷恨》、《红娘子》四种，已佚。另著有《瞿园诗草》。生平事迹见《古典戏曲存目汇考》卷八、《中国古典戏曲序跋汇编》卷九。

文廷式(1856—1904)　近代词人、学者。字道希，号云阁，一作芸阁，又号芗德、罗霄山人，晚号纯常子。江西萍乡人。光绪十六年(1890)进士，历官翰林院编修、国史馆协修、会典馆纂修、江南乡试副考官、翰林院侍读学士。戊戌变法前，劾李鸿章，支持康有为发起强学会，赞助德宗亲政，被慈禧太后革职。二十六年春，曾游日本。归沪后，参与筹组爱国会。学问淹博，通经、子、史、地、佛学、自然科学等。沈曾植《文君芸阁墓表》称其为“有清元儒，东洲先觉”。论诗于清代诗多所不满，宗尚晚唐，多反映时政与国外新事物新思想之作。词最著名，于浙西、常州二派外，独树一帜。朱祖谋推许为“拔戟异军成特起”，“兀傲故难双”(《望江南》词)。胡先骕称其“意气飙发，笔力横恣”，“风骨遒上，并世罕觏”(《评云起轩词》)。著作宏富，有《纯常子枝语》等数十种之多。诗有《文道希先生遗诗》，词有《云起轩词钞》。今人辑有《文廷式集》。生平事迹见胡思敬《文廷式传》、汪曾武《萍乡文道希学士事略》、沈曾植《文君芸阁墓表》、钱仲联《文廷式年谱》。

郑文焯(1856—1918)　近代词人。字俊臣，号小坡，又号叔问、大鹤山人、冷红词客。奉天铁岭(今属辽宁)人，隶汉军籍。家世清贵，累世通显。文焯于兄弟十人中，独被儒雅。光绪元年(1875)举人，官内阁中书。久寓苏州，为巡抚幕客。晚筑樵风别墅于苏，以遗老终。兼长书画金石，尤工词，为晚清四大词人之一。从兄文焜谓其“少工侧艳，而不尽协律。南游十年，学琴于江夏李复翁，讨论古音，乃大悟‘四上竞气’之旨，于《乐记》多所发明。故其为词，声出金石，极命风谣，感兴微言，深美闳约”(谭献《箧中词》引)，谭献称其“摛藻绮密，由梦窗以跋清真，近时作手，颇难其匹”(《复堂日记》)，叶恭绰谓其“沉酣百家，撷芳漱润，一寓于词，故格调独高”(《广箧中词》)。词学著作甚多，有《绝妙好词校释》、《词源斠律》，批校《花间集》、《东坡乐府》、《清真集》、《梦窗词》、《白石道人歌曲》五种及未刊稿数种。词集有《冷红词》、

《比竹余音》、《苕雅余集》、《瘦碧词》，晚年删定为《樵风乐府》。诗集有《大鹤山人诗集》。吴昌绶合刊为《大鹤山房全集》。生平事迹见康有为《清词人郑大鹤先生墓表》、孙雄《高密郑叔问先生别传》、戴正诚《大鹤山人年谱》。

屠寄(1856—1921) 近代诗文家。字敬山，一作竟山，又字归甫，初名庚，晚号无闷居士。江苏武进人。光绪十八年(1892)进士，改庶吉士，授淳安知县。后官京师大学堂正教习。辛亥革命后，曾任国史馆总纂。晚居乡，出为民政长。精史学，擅骈文，亦工诗。叶昌炽《缘督庐日记》称其"俪体不在晋、宋以下，诗笔可继洪(亮吉)、黄(景仁)而起"，陈衍《石遗室诗话》亦谓"习为骈体文者，往往诗情不足，以在六义中，赋、比多而兴少，《颂》、《大雅》多而《风》、《小雅》少也"，"而结一宧诗则诗情亦复不浅"。著有《结一宧诗》、《结一宧骈体文》、《蒙兀儿史记》、《黑龙江舆地图》、《舆图说》。生平事迹见《近代诗钞》、董寂《屠敬山年表》。

金蓉镜(1856—1930) 近代诗人。字甸丞，号香严，一号潜庐。浙江秀水(今嘉兴)人。光绪十五年(1889)进士，授工部主事，考取军机章京，丁父忧归里。服阕，改知直隶州，权湖南郴州知府。年五十称诗湖湘，与王闿运、王先谦过从甚密。后东归，年六十供事通志局，从沈曾植游，闻诗道于沈，并传其衣钵。年七十卖文沪上，主周氏晨风庐，投赠始广。其诗奥衍谲异，瓣香沈曾植，具体而微。沈曾植与之论诗，标举元嘉、元和、元祐"三关"之说，谓其于元和、元祐二关已通过，应着意通过元嘉一关。著有《滮湖遗老集》。生平事迹见张鸣珂《寒松阁谈艺琐录》卷五、朱孝臧《滮湖遗老集序》、金兆蕃《从兄永顺君事略》。

陈衍(1856—1937) 近代诗人、诗论家。字叔伊，号石遗。福建侯官(今闽侯)人。光绪八年(1882)举人，曾入台湾巡抚刘铭传幕。戊戌年曾入都赞助变法，为《变法榷议》。政变后，湖广总督张之洞邀往武昌，任官报局总编纂。后官学部主事，任京师大学堂教习。清亡后，反对其交游之为遗老，讲授厦门大学、暨南大学。最后寓居苏州，与章炳麟、金天羽创办国学会，并任无锡国学专修学校教授。学识宏博，史学、文字学之考据，都有工力。尤致力于诗，为近代同光体诗人中闽派首领，编著诗话，选近代诗，奖掖后进，其影响之大，不下于乾隆时代之袁枚。创开元、元和、元祐为三元之说，谓"宋人皆本唐人诗法，力破余地"，提出合学人之诗与诗人之诗为一的主张。然所论较多属于技巧方面，金天羽《天放楼文言》讥其"侔色揣称于句律之间"，"未得帝之悬解"。自为诗宗法杨万里，以用笔曲折取胜，关怀国事民生者不多。亦工古文，雅健清挺，足以名家。著作繁多，《石遗室丛书》收自著书十种，包括《石遗室文集》、《石遗室诗集》、《朱丝词》等。《丛书》外又有《石遗室诗话》、《近代诗钞》、《辽诗纪事》、《金诗纪事》、《元诗纪事》、《诗品平议》、《宋诗精华录》、《感旧集小传拾遗》、《翁方纲评〈渔洋精华录〉平议》、《诗学概要》等。钱仲联总汇其诗学著作并于诗文集各书中辑录其论诗材料编为《陈衍诗论合集》刊行。生平事迹见汤志钧《戊戌变法人物传稿》、陈声暨《陈石遗先生年谱》、唐文治《陈石遗先生墓志铭》。

单士厘(1856—1943) 近代女文学家。字受兹。浙江萧山人。出使和(荷)兰及义(意)大利大臣钱恂妻。出身书香门第，在闺中即由名学者舅氏许壬伯教读，博涉群书，善诗能文，颇富才气，而有新思想。夫为出使西欧与日本外交官，遂屡随夫周游海外诸国。为最早走向世界之知识妇女。光绪二十九年(1903)著《癸卯旅行记》，记述自日本经朝鲜，过中国东北，终达俄国彼得堡之见闻感受。宣统二年(1910)，又著《归潜记》，记述意大利和古希腊、罗马之宗教与文学艺术。钱恂《癸卯旅行记题记》称其"以三万数千言，记二万数千里之行程，得中国妇女所未曾有"。堪称中国第一部女子出国日记。其诗有《受兹室诗稿》手抄本存世，另著有《清闺秀艺文略》，编有《国朝闺秀正始再续集》。生平事迹见其著述之序跋题记等。

杨锐(1857—1898) 近代诗人。字叔峤，初字退之。四川绵竹人。光绪十一年(1885)举人。入张之洞之幕，肄业尊经书院。中举后，考取内阁中书，晋侍读。二十一年参加强学会，二十四年应经济特科，在京办蜀学会。以陈宝箴之荐，为光绪帝召见，与刘光第等参与新政，加四品卿衔，任军机章京。戊戌政变起，被捕，张之洞亟救不得，遇害，为"戊戌六君子"之一。"工骈文，早年诗作，多属选体，摹拟六朝唐人，佐张之洞幕，已不为之。五古转而学苏，颇有神肖者。"(袁行云《清人诗集叙录》)著有《说经堂诗草》。生平事迹见《清史稿》卷四六四、高楷《刘杨合传》、梁启超《杨锐传》、黄尚毅《杨叔峤先生事略》。

刘鹗(1857—1909) 近代小说家。字铁云，笔名洪都百炼生。江苏丹徒人，后定居淮安。出身官宦家庭，幼年随父至任，性情脱略，尤厌薄八股时艺。二十岁时参加乡试，黜落以后，略不在意。次年，随其父丁忧解官回淮安。从父研习实学，究心治河、天算、医学及兵法，又旁及释氏及基督教义。二十四岁时游学于李光炘门下，来往于扬州，接受太谷学派思想，以"民养"为宗旨。致力于实业，曾从事经商、行医、开书局。光绪十四年(1888)河决，向河督吴大澂献策，由是以"奇才"得用，保举知府衔。又留心西学，向湖广总督张之洞建议利用外资兴建芦汉、津镇铁路。光绪十九年又应英公司聘筹采山西矿产。先后在上海开设"五层楼商场"和织布厂，在杭州开设织绸厂，在湖南株洲筹创炼钢厂，在天津开设"海北精盐公司"，又筹划在北京创电车公司和自来水厂，奔走京津、东北，远至朝鲜、日本。然事多未成。八国联军进犯北京，鹗出资向俄军购粮，赈济难民。晚年在浦口购置地产，计划在津浦铁路开通后开商埠。终以"汉奸"及"私盗太仓粟"罪名被清廷逮捕，流放新疆迪化(今乌鲁木齐)。殁于戍所。为最早进行甲骨文收藏与研究的学者，所编《铁云藏龟》，为中国第一部甲骨文字著录集。另有《铁云藏陶》、《铁云藏印》，医学专著有《要药分剂补正》等。文学上杰出贡献为长篇小说《老残游记》。诗作有《铁云诗存》。生平事迹见罗振玉《刘铁云传》、严薇青《〈老残游记〉的作者刘鹗》、蒋逸雪《刘鹗年谱》。

蒯光典(1857—1910)　近代诗人。字礼卿。安徽合肥人。光绪九年(1883)进士，授检讨。典贵州乡试，充会典馆图绘总纂。辽东兵事起，发愤上书，不报，遂乞假归。刘坤一聘主尊经书院讲席，张之洞又聘为两湖书院监督。后叙劳以道员分发江南，创办江宁高等学堂。以忤大学士刚毅，赴盐城治樵地。领正阳关督销局，授淮扬海道，加按察使衔。又赴欧洲监督留学生，以四品京堂候补充京师督学局长。卒于南京。王赓《今传是楼诗话》谓其"喜谈诗，顾不多作，其所为乃不越昌谷、义山家数"。其诗散见于各书。生平事迹见《清史稿》卷四五二、马其昶《候补四品京堂蒯君墓志铭》。

辜鸿铭(1857—1928)　近代翻译家、散文家。名汤生，号汉滨读易者，以字行。福建同安人。出生于马来亚槟榔屿。早年入英国爱丁堡大学习英国文学，光绪三年(1877)获文学硕士学位。又往德国莱比锡大学习工科，获学士学位。年三十始返而求中国学术，读四书五经，以为"道在是矣"。回国后研习汉文，入张之洞幕府任英文翻译。又一度任南洋公学校长。光绪三十四年起历任外务部员外郎、郎中、左丞。入民国，受聘为北京大学教授。张勋复辟，授外务部左丞。思想保守，以传统文化卫道士自居。著有《中国的牛津运动》、《读易草堂文集》、《张文襄幕府纪闻》等，译有《论语》、《中庸》、《痴汉骑马歌》等。今人辑有《辜鸿铭集》。生平事迹见《清史稿》卷四八六、蔡冠洛《清代七百名人传》、夏敬观《辜汤生传》。

朱祖谋(1857—1931)　近代词人。原名孝臧，字藿生，一字古微，号沤尹，晚仍用原名，又号彊村。浙江归安(今湖州)人。光绪九年(1883)进士，选庶吉士，授编修，累擢至侍讲学士、礼部侍郎兼署吏部侍郎。三十年，出任广东学政，满二岁，引疾去。久寓苏州，与郑文焯同主吴中词盟，并为晚清"四大词人"之一。民国后，寓居上海，以遗老终。始以能诗名，及官京师，交王鹏运，遂专为词，殚究音律，宗吴文英，后参取苏轼，近代词坛奉为宗匠。晚岁所作，多遗老思想。陈三立《朱公墓志铭》称"其词幽忧怨悱，沉抑绵邈，莫可端倪"，夏敬观《忍寒词话》谓其"蕴藉高夐，含味醇厚，藻采芬溢，铸字造词，莫不有来历"，俱能道其长处。王国维《人间词话》则虽称其"学梦窗而情味较梦窗为胜"，但又谓"古人自然神妙处，尚未及见"。叶恭绰《广箧中词》又谓其"集清季词学之大成"，"或且为词学之一大结穴，开来启后，应有继起而负其责者"。尝校刻唐宋金元词为《彊村丛书》，又辑《湖州词征》、《国朝湖州词征》、《沧海遗音集》，选《宋词三百首》。其自为词，晚岁删定为《彊村语业》。生平事迹见夏孙桐《朱公行状》、陈三立《朱公墓志铭》。

朱孝臧　即朱祖谋。

夏孙桐(1857—1941)　近代词人、学者。字闰枝，一字悔生，晚号闰庵。江苏江阴人。光绪十八年(1892)进士，选庶吉士，授编修，历任湖州、宁波、杭州知府。民国初入清史馆，任总纂，嘉、道、咸、同四朝臣工列传及循吏、艺术两传，凡一百卷，并出其手。又佐徐世昌辑《晚晴簃诗汇》及《清儒学案》。与朱祖谋为儿女姻亲，祖谋为词，得其探讨。叶恭绰《广箧中词》谓"悔庵填词极早，平生不事表暴，故知者较稀"。著有《悔龛词》、《悔龛词续》。生平事迹见《近三百年名家词选》、关赓麟《夏孙桐先生行述》。

沈汝瑾(1858—1917)　近代诗人。字公周，号石友，又号钝居士、听松亭长。江苏常熟人。光绪九年(1883)庠生。赋诗题《春夜宴桃李园》，有“花月醉乾坤”句，为学使激赏，遂以诗名。生平足迹不出吴、越间。沉浸于诗数十年，主要学杜甫，上溯汉、魏，下逮宋、元，不受虞山诗派影响，与同时同乡张鸿、杨圻诸家之作异趣。自谓“五百年无入眼诗”。集中悲慨国事、讽刺统治者罪恶及反映人民苦难之作相当多，于清人颇近吴嘉纪、郑珍。晚年所作喜用新名词、方言俗谚，诗风逐渐变化。吴昌硕、杨岘、陈衍俱赞赏之。并擅书画，藏砚尤有名，多前代希世珍品，后刊《沈氏砚林》。殁后吴昌硕为刊《鸣坚白斋诗集》。生平事迹见新编《常熟市志》。

沈瑜庆(1858—1918)　近代诗人。字志雨，号爱苍，又号涛园。福建侯官(今闽侯)人。林则徐外孙，沈葆桢子。光绪十一年(1885)举人，以父荫官刑部主事，寻改江南候补道。二十七年补淮海道，授顺天府尹，出为山西布政使，移广东，旋调江南。因事罢归，后起为贵州布政使，升贵州巡抚。民国后卒，清室予谥敬裕。其诗于苏轼用力最深，好用《左传》中事。在闽派诗人中，别树一帜。沈曾植《涛园诗集序》称之为“博解宏拔主”。所作大多有关时事，有诗史价值。著有《正阳篇》、《春申篇》、《南州集》、《义熙集》、《补遗篇》，合刊为《涛园集》。生平事迹见陈三立《沈敬裕公墓志铭》、沈成式《涛园年谱》。

汪笑侬(1858—1918)　近代诗人、戏曲作家。原名德克俊，又作德克金、德克津，后改名僢，字俊清，又字润田，号仰天、孝农、竹天农人，别署伶隐、红光、笑侬。满族。光绪五年(1879)举人。捐太康知县，遭劾罢职，乃绝意仕途，隐于伶。自创“汪派”老生独特风格。曾与柳亚子创刊《二十世纪大舞台》。宣统二年(1910)任山东省戏剧改良所所长，民国元年(1912)任天津正乐育化社副会长，袁世凯称帝，愤而辞职南下，自编新剧痛斥之。改编整理的剧目有《党人碑》、《博浪椎》、《献地图》、《骂阎罗》、《桃花扇》等，亦能诗，多愤世语，梁启超称之为“诗人之诗”(《饮冰室诗话》)。有《汪笑侬戏曲集》行世。生平事迹见侯镜昶《汪笑侬》、杨尘因《汪笑侬的生平》。

易顺鼎(1858—1920)　近代文学家。字仲硕，一作中实、中硕，又字实甫，号眉伽，又号哭庵。湖南龙阳(今汉寿)人。光绪元年(1875)举人。以同知候补河南，寻补道员。甲午中日战起，间关航海，走台湾，欲赞刘永福抵御日军。张之洞总督两湖，招之入幕，又畀以两湖书院分教。后历任广西右江道、太平思顺道、云南临安开广道、广东钦廉道、广肇罗阳道、高雷道。入民国，任印铸局参事，两署印铸局局长。追随袁世凯子克文。少为神童，自托为张灵后身，中年称才子。骈文诗词俱工，诗最特出，才华富有，藻采缤纷，于清末湖湘诗人中，异军突起。所作不下数千首，占一半以上的行役游览之作为最佳。与樊增祥齐名，世称“樊易”。陈衍《近代诗钞》称“惟樊山始终不改此度，实甫则屡变其面目，为大小谢，为长庆体，为皮、陆，为李贺，为卢仝，而风流自赏，近于温、李者居多”。晚年多颓唐游戏之笔。著有《丁戊之间行卷》、《摩围阁诗》、《出都诗录》、《吴篷诗录》、《樊山沌水诗录》、《蜀船诗录》、《锦里诗录》、《峨眉诗录》、《青城诗录》、《林屋诗录》、《游梁诗剩》、《鬘天影事谱》、《四魂集》、《四魂外集》、《巴山诗录》、《琹台梦语》、《楚颂亭词》等，收于《琴志楼丛书》中。生平事迹见蔡冠洛《清代七百名人传》、自撰《哭庵传》、程颂万《易君实甫墓志铭》。

康有为(1858—1927)　近代思想家、文学家。初名祖诒，字广厦，号长素，又号更生、更甡，别署西樵山人、天游化人。广东南海(今广州)人。光绪二十一年(1895)进士，授工部主事。同年，闻《马关条约》签订消息，联合在京会试举人一千三百多人上书清帝，要求拒签和约，变法图强，史称“公车上书”。八月，与文廷式等办强学会，鼓吹维新。二十四年戊戌，帝传康至总理衙门，询变法事宜。政变作，逃亡海外，踪迹遍亚、美、欧、非各洲。组织保皇会，主张君主立宪。清亡后，任孔教会会长。张勋复辟，任弼德院副院长，事败南行。后逝世于青岛。少出朱次琦门下，博通经史。光绪五年游香港，接触西方资本主义文化，为日后变法思想之导源。光绪十六年至十九年，在广州万木草堂聚徒讲学，提倡今文经公羊学，借宣传孔子托古改制，昌言变法改良。其文学创作，服务于其政治要求。诗风格雄肆，反映世界新事物，饱含爱国精神，为“诗界革命”派代表。梁启超以之与金和、黄遵宪并称，以为“元气淋漓，卓然称大家”(《清代学术概论》)。亦有泥沙俱下之讥。工散文，议论记叙，浩荡开阖，磊砢英多。亦能词。一生著述宏富，主要有《新学伪经考》、《孔子改制考》、《戊戌奏稿》、《礼运注》、《中庸注》、《诸天讲》等。文章散见于《不忍杂志》，诗有《康南海先生诗集》。今人为辑《康有为全集》。生平事迹见《清史稿》卷四七三、梁启超《康南海传》、张伯祯《南海康先生传》、《康南海自编年谱》、简夷之《康南海年谱简编》。

宋育仁(1858—1931)　近代诗人、学者。字芸子,一字芸岩,号道复。四川富顺人。光绪十二年(1886)进士。官驻英、法、意大利、比利时使馆参赞。早受知于张之洞,为王闿运门下高弟。与廖平为同学友。致力于经史,尤深于《礼》,曾为经学、政论数万言,主"托古改制"之说,欲引经术以图治,兴新法以利民。甲午战争后曾密谋购英国军舰以袭日本长崎。光绪、宣统之际曾入杨士襄幕。辛亥革命后,王闿运主国史馆,作书招之。曾因故遭囚。晚编修《四川通志》。其诗师承王闿运,"多半学徐、庾、阴、何之作"(陈衍《石遗室诗话》)。著有《问琴阁诗集》,辑刊《问琴阁丛书》。生平事迹见萧月高《宋芸子先生传》、吕洪年《宋育仁先生事略》。

李详(1858—1931)　近代诗文家。字审言,一字慎言,号后百药生,又号窳生、媿生,晚署齳叟。江苏兴化人。光绪十一年(1885)贡生。早穷经史,尤喜《文选》。受知于黄体芳、王先谦。后依谢元福门下,遍读其藏书。心折乾嘉诸学者,私淑乡先辈汪中,尤喜学其骈体,为近世著名骈文家。论诗主张由王安石、黄庭坚上取杜甫、韩愈,并兼济之以李商隐、苏轼。于清代则效法吴嘉纪、翁方纲。后馆蒯光典家,因与陈三立、缪荃孙等名士相交往。先后任江楚编译局分纂、江南通志局分纂、安徽存古学堂教习。入民国,曾任东南大学国学教授。陈衍序其诗,称其"不泛为流连景光、缴绕欢戚之词"。著有《学制斋骈文》、《文钞》、《诗钞》、《书札》、《选学拾瀋》、《文心雕龙补注》、《杜诗证选》、《韩诗证选》、《楚辞翼注》、《愧生丛录》、《药裹慵谈》等,今人辑为《李审言文集》。生平事迹见尹炎武《李审言先生传》、陈训正《兴化李先生墓表》、李稚甫《李详传略》。

潘飞声(1858—1934)　近代文学家。字剑士,号兰史。广东番禺(今广州)人。早年曾随洪钧出使德国,在柏林大学讲中国文学。在外三年,回国后,以贡生保知县,改国子监典籍,荐举经济特科,皆未赴。寓香港,报馆聘主笔政。辛亥革命后,久居上海。为南社社员,与高旭钝剑、俞锷剑华、傅尃君剑,并称"南社四剑"。又参加淞社、希社、鸥社、鸥隐社等。曾选《粤词雅》,辑《粤东词钞》,撰《在山泉诗话》等。兼擅文、诗、词,陈衍称其罗浮游诗,"可与易实甫罗浮游诗竞秀","写得罗浮二山上下纯绿","清响可听"(《近代诗钞》)。著有《南船北辙录》、《西海纪行卷》、《天外归槎录》、《柏林游记》、《萨克逊游记》、《罗浮游记》、《老剑文稿》等,总名《说剑堂集》。生平事迹见《淞沪名人小传》、《南社丛谈·南社社友事略》、汪国垣《光宣以来诗坛旁记》。

刘光第(1859—1898)　近代文学家。字裴村。四川富顺人。光绪八年(1882)举人,九年成进士。授刑部主事。二十年,因忤长官去职。二十四年戊戌春,入保国会。七月,由湖南巡抚陈宝箴荐,得引见,加四品卿衔,充军机章京,参与新政,与杨锐、谭嗣同、林旭时称"军机四章京"。八月,政变作,与谭嗣同等共六人被害,时称"戊戌六君子"。通经学,好治《周礼》及《礼记》。文诗俱胜。高楷称其"工为古文,雄厚肖昌黎"。诗于阮籍、李白、杜甫等俱所取法,感慨时政及游览峨眉等山水诗为最工。胡先骕称为"不独为六君子之冠,近世亦鲜有能过之者"(《评刘光第介白堂诗》)。著有《衷圣斋文集》、《介白堂诗集》。今人辑有《刘光第集》,增收未刊稿逾其半。生平事迹见《清史稿》卷四六四、《戊戌变法人物传稿》、高楷《刘杨合传》、梁启超《刘光第传》、胡思敬《刘光第传》。

贺涛(1859—1912)　近代散文家。字松坡。河北武强人。同治九年(1870)举人,选国子监学正,改官大名教谕。光绪十二年(1886)成进士,因故不及殿试。吴汝纶邀为信都书院主讲,调署冀州学正。十五年,补殿试,以刑部主事用,兼冀州讲席。民国元年(1912),袁世凯创设文学馆,聘其主之。因目疾失明辞归,病卒。先后师从吴汝纶、张裕钊,以古文名于时。论文主先以唐、宋八家立门户,而上窥秦汉;谓姚鼐以义理、考据、辞章三者不可偏废之说,必以辞章贯彻始终。与桐城马其昶齐名,然其昶矜慎以敛,涛则雄峭以浑。著有《贺先生文集》。生平事迹见《清史稿》卷四八六、赵衡《贺先生行状》。

梁鼎芬(1859—1920)　近代诗人。字星海,号节庵。广东番禺(今广州)人。光绪六年(1880)进士,授编修。中法战争时,因疏劾李鸿章,降五级调用。张之洞督广东,聘主广雅书院。张调两江,复聘主钟山书院,又随张还两湖。初亦赞助新政,旋即叛去,诋毁康有为。以端方荐,起用直隶州知州,张之洞再荐,署武昌知府,补汉阳知府,擢安襄郧荆道、湖北按察使,署布政使。清亡后,参与张勋复辟。卒后清室予谥文忠。其诗取径中晚唐及南北宋诸名家，陈衍《石遗室诗话》称其诗“佳处多在悲慨超逸两种”。钱仲联《近代诗评》谓其诗“如吴兴书法，婉丽可人”。著有《节庵先生遗诗》。生平事迹见《清史稿》卷四七二、《戊戌变法人物传稿》、汪兆镛《梁文忠公别传》。

况周颐(1859—1926) 近代词人、文学评论家。原名周仪，字夔笙，一字葵孙，号玉梅词人，晚号蕙风词隐。广西临桂(今桂林)人。光绪五年(1879)举人，官内阁中书。在京与同乡王鹏运共为词者五年，同问词于端木埰。南归后，两江总督张之洞、端方先后延之入幕府。民国后，居上海，以遗老终。工于持论，著有《蕙风词话》，论词揭橥“重、拙、大”，朱祖谋推为绝作。王国维《人间词话》谓其词“小令似叔原，长调亦在清真、梅溪间，而沉痛过之。彊村虽富丽精工，犹逊其真挚也”。叶恭绰《广箧中词》谓其“寄兴渊微，沉思独往，足称巨匠”。所著《词话》外，辑有《薇省词钞》、《粤西词见》。自为词有《新莺词》、《玉梅词》、《锦钱词》、《蕙风词》、《蓤景词》、《二云词》、《餐樱词》、《菊梦词》、《存悔词》，合刊为《第一生修梅花馆词》。晚年删定为《蕙风词》。生平事迹见《近三百年名家词选》作者小传、龙榆生《清季大词人况周颐》、冯幵《况君墓志》。

徐鄂 近代戏曲作家。字平阁，号棣亭，别号汗漫道人。江苏嘉定(今属上海)人。光绪十一年(1885)顺天乡试举人。出生九月丧父，母抚而教之。其族多显贵，而鄂独淡泊自甘，游幕燕、赵、鲁、豫、赣数十年，凡赈灾、治河诸要政，规划措施，均切实可行。以功叙同知，保举知府分浙江候补。年六十卒于家。工诗文书画，精算术，尤长于词曲，人以为“烈拍凄腔楚动人，绮思缠绵恣华缛”(杨彦深题诗)。著有传奇《梨花雪》、《白头吟》，合称《诵荻斋二种》，另《洛水犀》、《点额妆》已佚，他著有《奇门反约》、《奇方放观》、《吉良合璧》、《追臆说》、《筹算洪由》、《平方捷密》、《隶体寻源》等。生平事迹见《民国嘉定县续志》卷一一。

江标(1860—1899) 近代诗人。字建霞，一字师邴，号萱圃，又号灵鹣阁主，别署笘誃等。江苏元和(今苏州)人。光绪十五年(1889)进士，选庶吉士，授编修。出为湖南学政。与陈宝箴、黄遵宪、谭嗣同等在湖南办时务学堂，创刊《湘学报》，鼓吹新学，倡变法维新。旋擢四品京堂入总署。戊戌政变后，革职禁锢于家。精金石版本之学，诗古文词亦负时誉，早与兄胥纬有“双丁”之目。易宗夔称其诗“惊才绝艳，上掩玉溪、冬郎，次回《疑雨集》不足道也”(《新世说》)。著有《黄荛圃年谱》、《灵鹣阁诗稿》，辑刊《灵鹣阁丛书》五集五十六种。生平事迹见《清画家诗史》壬上、胡思敬《江标传》、叶昌炽《江标建霞事实》。

王以敏 近代文学家。原名以慜，字子捷，号梦湘，又号古伤。湖南武陵常德人。光绪十六年(1890)进士，改庶吉士，授翰林院编修，官江西瑞州府知府。工诗词，徐世昌谓其“早岁客游山左，酒边扇底，多缘情绮靡之作，中年以后，诗思壮阔，声调益高，少与易实甫齐名，诗境亦略相似”(《晚晴簃诗汇》)，叶恭绰称其词“奄有梅溪、梦窗之胜，以不为标榜，故知音较稀”(《广箧中词》)。著有《檗坞诗存》、《檗坞词存》，又有《西江残笛》、《芦中人语》，未刊。生平事迹见《晚晴簃诗汇》卷一七七、《近代诗钞》。

王乃徵 近代诗人。字聘三，号病三，又号蘋珊、潜道人。四川中江人。光绪十六年(1890)进士，历官抚州知州，宣统初年调任河南、贵州，官至贵州布政使。有直声，政绩颇著。辛亥革命后，弃官寓沪，生活困顿，以医自给。常与陈三立、朱祖谋等倡和。陈诗称其诗“中和醇正”(《尊瓠室诗话》)。其《落叶词》四首，赋珍妃投井事，“情韵苍凉，足当诗史。同时和者甚多，莫能及也，都下传抄殆遍，一时有王落叶之称”(孙雄《诗史阁诗话》)。著有《嵩洛吟草》、《天目山纪游草》等。生平事迹见《清诗纪事》光绪宣统朝卷。

徐鋆 近代诗人。字贯恂，号澹庐。江苏南通人。贡生。光绪末授知县，未就。民国初，随其师张謇入京，荐为交通部官员。数年后，辞归，隐居不出，以游山玩水自娱。于诗文词及书画各有专长。吴仲《续诗人征略后集》谓“其乡先辈范肯堂、顾晴谷及云间杨苏龛诸先生常贻书论诗，谓能以性灵书卷熔化一炉，为后起之杰”。陈衍《石遗室诗话续编》称其诗“颇不肯作犹人语”，陈诗《尊瓠室诗话》称其诗“辞藻博丽”。著有《澹庐诗》、《碧春词》，编有《崇川词征》。生平事迹见陈衍《石遗室诗话续编》、陈诗《尊瓠室诗话》、《清诗纪事》光绪宣统朝卷。

汪康年(1860—1911) 近代散文家。字穰卿，晚号恢伯、醒醉生。浙江钱塘(今杭州)人。光绪二十年(1894)进士。官内阁中书。早馆张之洞府。甲午战争后，感国事日非，求变法图强，加入强学会，在上海创办《时务报》，约请梁启超任主编，鼓吹变法维新，自著《自强三策》刊于首，倡伸民权，重公理。旋改为《中外日报》。晚又创办《京报》、《刍言报》，其文颇有锋芒。著有《汪穰卿遗著》、《汪穰卿笔记》。生平事迹见林纾《汪穰卿先生墓志铭》、唐文治《汪穰卿先生传》、汪诒年《汪穰卿先生传记》、唐文治《汪康年先生年谱》。

俞明震(1860—1918)　近代诗人。字恪士，号觚庵。顺天宛平(今属北京)籍，浙江山阴(今绍兴)人。光绪十六年(1890)进士。官刑部主事。二十一年，清廷与日本订《马关条约》后，曾在台湾抗击日军，任台湾民主国内务大臣。宣统二年(1910)，署甘肃提学使，权布政使。辛亥革命爆发，谢病归。南京青溪、杭州南湖都有宅，往还其间。明震于诗，取径杜甫、钱起、陈与义。"同光体"魁首陈三立，为其妹婿。度陇及晚年寓杭作近游之诗，最为世所推崇。为近代宋派诗代表作者之一。陈衍《近代诗钞》称其"度陇后所作，则工力甚深，苏堪(郑孝胥)所谓得杜味者"。陈三立序其集，称其"感物造端，摄兴象空灵杳霭之域"。著有《觚庵诗存》。生平事迹见《近代诗钞》、《中国近代文学大系·诗词集》。

陈锐(1860—1922)　近代文学家。字伯弢，一字伯涛，号袌碧。湖南武陵(今常德)人。光绪十九年(1893)举人，官江苏试用知县。王闿运弟子，传王衣钵，早期诗学选体。中年到南京后，常在张之洞座上论诗，并与陈三立等宋派诗人交游唱和，诗格渐有变化，不拘守汉、魏、三唐门户，竭力吸取宋人长处。评论家以为迥异凡流，湘中少与抗手者。集中有不少反映外国侵略者罪恶之爱国作品。亦工词，客居苏州，与郑文焯、朱祖谋为词甚早。况周颐题词称其词"沉着冲淡，一洗铅华靡丽之习，无矜炼之迹可寻，却无一字不矜炼"。著有《袌碧斋集》、《袌碧斋词》、《袌碧斋词话》。生平事迹见《近代诗钞》、《中国近代文学大系·诗词集》。

李桐轩(1860—1932)　近代剧作家。名良材，以字行，又字同萱，号莲舌居士。陕西蒲城人。光绪贡生。早年加入同盟会，参与组织自治社、天足会、编演社。辛亥革命后，历任陕西都督府修史局总纂，督军府、省长府、省政府顾问。民国二年(1912)发起创办易俗社，提倡戏曲改良，并自撰大量剧作，以及戏曲论著。代表剧作有《一字狱》、《黑世界》、《英雄泪》、《鬼教育》、《亡国痛》、《天足会》、《文山殉国》等，另有论著《影戏改良说》、《为民说本》、《求明白》、《易俗社章程》等。生平事迹见李顾《李同萱先生墓志铭》、唐得源《李桐轩——西安易俗社的奠基人》。

杨增荦(1860—1933)　近代诗人。字昀谷，别署僧若。江西新建人。光绪二十四年(1898)进士。官至四川候补知府。平生谨饬自守，潜心于学。曾倡立佛学会。卒于天津。与夏敬观、诸宗元、陈衡恪、陈衍等时相唱和，诗名颇著。汪国垣《光宣诗坛点将录》称其诗"冲淡处似泉明(陶潜)，高秀处如右丞(王维)，其风骨峻峭之作，又时与文与可(同)、饶倚松(节)为近"，所作小传又谓其诗"善抒名理，若偈若文，难以巧似"，"在江西诗派中自创风格"。著有《杨昀谷先生遗诗》。生平事迹见汪国垣《近代诗人小传稿》、《清诗纪事》光绪宣统朝卷。

郑孝胥(1860—1938)　近代诗人、书法家。字苏堪，一作苏戡，又字太夷，号海藏。福建侯官(今闽侯)人。光绪八年(1882)举人。历官内阁中书、同知、驻日使馆秘书、神户及大阪理事、道员、总理各国事务衙门章京、京汉铁路南段总办、龙州边防督办、湖南布政使。清亡后，以遗老自居。民国十二年(1923)往溥仪处，任总理内务府首席大臣。九一八事变后，与溥仪往东北，投靠日本侵略者。次年伪满洲国成立，任国务总理。民国二十四年下台。后死于长春。工书法。为晚清同光体诗闽派魁首，与江西派陈三立、浙派沈曾植鼎立。其诗取径谢灵运、柳宗元、孟郊以及宋代梅尧臣、王安石、姜夔与元代元好问诸家，融化创新，自成面目。陈衍区别晚清诗为"清苍幽峭"与"生涩奥衍"两派，以其为"清苍幽峭"派之首，谓其诗"沉挚之思，廉悍之笔，一时殆难与抗手"。张之洞不喜清末宋派诗，而独重其诗，比之华岳三峰。林庚白晚年自负古今诗人第一，而亦谓十年前郑孝胥诗今人第一。著有《海藏楼诗》、《郑孝胥日记》。生平事迹见金梁《近世人物志》、叶参《郑孝胥传》及《郑孝胥年谱》。

程蕙英　近代女弹词作家。字茝俦。江苏阳湖(今常州)人。光绪间在世。家贫为塾师。易稿三番，费时二十年，著长篇弹词《凤双飞》，其《自题凤双飞后寄杨香畹》诗云："未必啼笑皆中节，敢言怒骂亦成文。"邓之诚《骨董琐记》评云："全书数十万言，结构遣词，远在《天雨花》、《再生缘》之上。"亦工诗，"纯乎阅世之言，非寻常闺秀所能"(徐珂《清稗类钞》)。弹词外，另著有《北窗吟稿》。生平事迹见蒋瑞藻《小说考证》卷七、谭正璧《弹词叙录》。

三多 近代诗人。字六桥，蒙古人。官杭州驻防官、奉天都统、绥远都统、库伦驻防大臣。樊增祥诗弟子。为诗工于隶事，得其师法。熟谙满蒙各地方言与故实，能以其雅驯者入诗。陈衍以为“六桥歌行，似樊山，尤似实甫；七律似实甫，尤似樊山”（《石遗室诗话》）。其《柳营谣》一百首，约十五岁时所作，记述驻防杭州兵营掌故史迹，斐然可观，徐一士称之为“诗史”，为研究旗营故实之珍贵资料。著有《可园诗钞》。生平事迹见《近代诗钞》、徐一士《一士类稿》、汪国垣《近代诗人小传稿》。

秦树声（1861—1926） 近代诗文家。字右衡，又字宥横，号晦鸣，又号乖庵。河南固始人。光绪十二年（1886）进士。官工部主事、员外郎，充会典馆总纂，专修地理志。擢工部郎中，出为曲靖知府，官至广东按察使、提学使。入民国，曾任清史馆总纂，主修地理志。晚岁自矜书法，喜谈时事，终郁郁以殁。少负才使气，誓不读齐梁以下书，文笔奇丽，自负其骈文突过六朝。陈衍以其为“今之孙樵、刘蜕也”（《石遗室诗话》）。汪国垣《光宣诗坛点将录》谓其“诗乃余事，然书味外溢，真气内充”，以为“中州诗人，右衡为冠”。著有《乖庵文录》、《南北史唐书刑法会要》、《读书札记》等。生平事迹见《近代诗钞》、汪国垣《光宣以来诗坛旁记》。

汪兆镛（1861—1939） 近代诗人。字伯序，号憬吾，晚号清溪渔隐、觉道士。广东番禺（今广州）人，原籍浙江山阴（今绍兴）。光绪十五年（1889）举人。曾佐赤溪、遂溪、顺德诸县事。出陈澧门下，与梁鼎芬等交。曾入岑春煊幕。民国后游览东南，至上海与朱祖谋、陈三立、程颂万等唱和。杨晨赠诗以“罗浮仙客”称之。长于考据，推尊钱大昕。晚寓居澳门，作《澳门杂诗》，吟咏旖旎风光，为人称赏。诗词之作多沧桑悲凉之慨，夏敬观称其词“致力姜、辛，自抒怀抱，其品概亦今日之邝湛若也”（《忍古楼词话》）。著有《微尚斋诗》、《微尚斋杂文》、《雨屋深灯词》、《棕窗杂记》、《岭南画征略》、《补三国食货刑法志》、《晋会要》、《碑传集三编》。生平事迹见张学华《汪君行状》、张尔田《汪君墓志铭》、《微尚老人自订年谱》。

宋恕（1862—1910） 近代诗文家。初名存礼，更今名，字燕生，晚更名衡，字平子，号六斋。浙江平阳人。孙锵鸣之婿。师从孙衣言、俞樾。光绪八年（1882）与陈虬等创求志学社，十五年肄业诂经精舍。居上海，著《六斋卑议》抨击程朱理学，有变法思想。戊戌变法期间，主编《经世报》。又任教于杭州求是书院。后游历日本，归国任山东学务处文案。陈诗谓其文“和雅类东汉人，不矜华藻而雅有典则”，其诗则“静穆多似宋人”（《事略》）。著有《六斋有韵文集》、《六斋无韵文集》、《山左陈言录》，今人辑有《宋恕集》。生平事迹见马叙伦《平阳宋君别传》、陈诗《宋征君事略》。

孙玉声（1862—1939） 近代小说家。名家振，以字行，别署警梦痴仙、海上漱石生。上海人。家世富饶，常出入秦楼楚馆。步入文坛后，曾主编《新闻报》，又创办《采风报》、《笑林报》、《新世界报》。参与编辑《申报》、《舆论时事报》。所作小说颇多，其中以狭邪小说《海上繁华梦》最为著名，他作有《如此官场》、《仙侠五花剑》、《海上十姊妹》、《指迷针》、《机关枪》、《海上燃犀录》、《九仙剑》、《飞仙剑侠》、《金陵双女侠》、《夫妻侠》、《金钟罩》等。生平事迹见《民国旧派小说名家小史·海上漱石生》。

姚永朴（1862—1939） 近代诗文家。字仲实，晚号蜕私老人。安徽桐城人。姚莹孙，姚永概兄。五世祖姚范，为姚鼐之师；祖姚莹又为鼐之门人，皆桐城派古文名家。长姊婿马其昶，次姊婿范当世，亦皆一时著名诗文家。既承家学，又师事方宗诚、张裕钊、吴汝纶等，学与文大进。古文与弟永概齐名。光绪二十年（1894）中举人，官候选训导，出任广东起凤书院山长。入民国，受聘为国立高等政法学堂、京师大学堂经文科教习。晚岁南归，应聘为东南大学、安徽大学教授。抗战初，避地云南，卒于昆明。姚永概跋其文集曰：“仲实诗文驯雅，有法度可诵，皆有为而作。”著有《蜕私轩集》、《素园丛稿》、《史学研究法》、《文学研究法》、《尚书说略》、《十三经举要》等。生平事迹见《近代诗钞》、姚墉《姚仲实行述》。

李于锴（1863—1923） 近代散文家。字治成，又字叔坚。甘肃武威人。光绪二十一年（1895）进士。官沂州知府。学宗全祖望，曾作《全谢山传》。抱经世才，曾参与康有为发起之“公车上书”，联合甘肃在京会试士子，领衔具草《请废马关条约呈文》。又支持御史安维峻上疏弹劾李鸿章。辛亥革命后，归乡著书。擅长古文，王树枏称其“文品盖在张介侯（澍）之上”（《味檗斋遗稿序》）。著有《味檗斋遗稿》，其子增补为《李于锴遗稿辑存》，另著有《续通鉴纪事本末》。生平事迹见《清诗纪事》光绪宣统朝卷。

夏曾佑(1863—1924)　近代诗人、学者。字穗卿,号别士,又号碎佛。浙江钱塘(今杭州)人。光绪十六年(1890)进士,选庶吉士。历官礼部主事、祁门知县、泗州知府,调权广德。入民国,任教育部社会教育司司长、北京图书馆馆长。深于旧学,先治古文家考证之学,后又究心于今文家学说,并通释典,博涉宗教家言。又邃于史学,著《中国古代史》,于当时为新创。早与谭嗣同诸人游,共为新派诗,摭拾一些新名词以自表异。梁启超《饮冰室诗话》尝推黄遵宪、蒋智由及曾佑为"近世诗界之杰"。但其大量作品,富有哲理,喜内籀,与黄遵宪等擅长外籀者不同,在"诗界革命"派中独树一帜。今人辑有《夏曾佑诗集》,刊于《近代文学史料》中。生平事迹见李新主编《民国人物传》第四卷、夏循垍《夏先生穗卿传》、梁启超《亡友夏穗卿先生》。

周桂笙(1863—1926)　近代文学翻译家。名树奎,字桂笙,又字辛庵、新庵、惺庵、新厂,号知新子等。江苏南汇(今属上海)人。南社社员。肄业于上海中法学堂,最初在《新小说》杂志发表小说译作,后任《月月小说》译述编辑,专事西方小说翻译。辛亥革命后,在上海任同盟会机关报《天铎报》编辑,发起创建译书公会。曾任天津电报局局长,并经营航运业。晚年寓居上海。为近代中国倡导翻译西方文学的先行者,主张以西方文学改良中国文学。于西方侦探小说译介用力最勤,最早输入并确立"侦探小说"这一名词,又首创以白话直译西方小说,并注重儿童读物译介。著译有《新庵谐译》、《新庵译屑》、《毒蛇圈》、《八宝匣》、《红痣案》、《失舟得舟》、《左右敌》、《福尔摩斯再生案》及长篇小说《世界进化史》、《神女再世奇缘》、《飞往木星》与笔记《新庵笔记》、《新庵五种》、《新庵九种》等。生平事迹见《南社丛谈·南社社友事略》。

李希圣(1864—1905)　近代诗人。字亦元,号卧公。湖南长沙人。光绪十八年(1892)进士,官刑部主事。光绪朝后期,任京师大学堂提督。有经世之才,同情戊戌变法,又尝从理财角度,著《光绪会计录》。庚子之变,身在乱中,述见闻为《庚子传信录》。能为骈体文,有晋宋气骨。突出成就为诗,晚清诗人,专宗李商隐不阑入他派者,李为第一。汪国垣称其诗"学玉谿得其神髓,非惟词采似之,即比词、属事,亦几于具体"(《光宣诗坛点将录》),钱仲联称其诗"大都感怆国事,所谓'楚雨含情皆有托',非徒绣其鞶帨而已"(《近百年诗坛点将录》)。著有《雁影斋诗》、《雁影斋题跋》。生平事迹见《清史稿》卷四八六、《近代诗钞》、成本璞《李先生墓表》。

丘逢甲(1864—1912)　近代诗人。字仙根,号蛰仙,又号仲阏,别号南武山人、仓海君。台湾苗栗人,移居彰化。光绪十五年(1889)进士,官工部主事。归讲学于台中、台南诸书院。甲午中日之战,清廷战败,割台湾、澎湖与日本。逢甲组织义军,亲任统领,抗击侵台日军。兵败内渡,居广东镇平,创办学校,推行新学。曾出游南洋各地。历任广东教育总会会长、咨议局副议长。三十四年,被推为中国同盟会岭南盟主。辛亥革命起,以广东代表赴南京,参加组织临时政府,被举为参议院参议员。因病返粤卒。其诗多抒发爱国激情,悲壮苍凉,接近杜甫、陆游、元好问,为近代诗界革命派大家。居广东时,常与黄遵宪唱和,自称"十年之后,与公代兴","二十世纪中,必有刻黄丘合稿者",遵宪谓"论其才调,可达此境",并称"此君诗真天下健者(《壬寅致梁任公书》)。著有《岭云海日楼诗钞》、《柏庄诗草》等。生平事迹见丘瑞甲《先兄仓海行状》、丘复《仓海先生墓志铭》、江瑔《丘仓海传》、丘琮《仓海先生丘公逢甲年谱》。

周树模(1864—1925)　近代诗人。字少朴,号沉观、朴园。湖北天门人。光绪十五年(1889)进士。历官编修、江苏提学使、奉天左参赞、黑龙江巡抚。武昌起义爆发后,与赵尔巽等组织"保安会",阻挠东北独立。入民国,任北洋政府平政院长、高等文官惩戒委员会委员长。民国七年(1918)被荐为总理,以安福系异议而罢。后终老天津。精书法。其诗颇为陈衍所赏,汪国垣《光宣诗坛点将录》谓达官能诗者,张之洞外,当推树模,"其诗于奔放恣肆之中,有冲澹闲远之韵,长篇险韵,尽成伟观"。著有《沉观斋诗文集》。生平事迹见贾逸君《中华民国名人传》、汪国垣《光宣以来诗坛旁记》。

叶德辉(1864—1927)　近代学者、诗文家。字奂彬,号直山,又号郋园。湖南湘潭人,先世居江苏吴县西山。光绪十八年(1892)进士,官吏部主事。戊戌变法时期,与王先谦等反对变法改良,攻击新学。辛亥革命后,漫游四方。北伐战争期间,农民运动起,被杀。学问广博,长于考订。校刻书籍极富,著述亦多。其诗"设色工丽,宗法玉谿,集中佳句甚夥"(陈琰

《艺苑丛话》。著有《观古堂诗录》、《山居文录》、《郋园北游文存》、《郋园读书志》、《书林清话》、《说文籀文考证》、《同声假借字考》、《观古堂藏书目》等。生平事迹见许崇熙《郋园先生墓志铭》、无名氏《叶郋园事略》、杜迈之《叶德辉评传》。

王式通(1864—1931) 近代文学家、法学家。原名仪通,字志庵,号书衡,又号邠庐。山西汾阳人。光绪十七年(1891)举人,候补内阁中书。二十四年成进士。历官刑部主事、员外郎,大理院推事,总检察厅丞,大理院少卿。光绪末,曾赴日本考察学务及法律。入民国,历任司法部次长、政事堂机要局局长、国务院秘书长、水利局副总裁。曾助徐世昌编《清儒学案》、《晚晴簃诗汇》。为近代法律专家,博学丰才,熟旧闻,善谈论,于诗文源流正变,尤善剖析。所为文言皆征实,骈散皆工,碑版文颇具文献价值。诗典雅正则,足以考订晚清史事掌故。《题岛田彦桢皕宋楼藏书源流考》一诗,记书林往事,关系中日文化史尤大。著有《志庵遗稿》。生平事迹见贾逸君《中华民国名人传》、孙宣《王公志庵先生传》。

陈诗(1864—1942) 近代诗人。字子言,号鹤柴山人。安徽庐江人。曾从吴保初学诗,称弟子。宣统二年(1910),俞明震出任甘肃提学使,邀赴幕中。入民国,居上海二十余年,鬻文以活。同时诗人如沈曾植、陈三立、冒广生、陈衍、夏敬观、李宣龚等,并与交往。其诗早年规模中晚唐,苦吟近贾岛,其后境界渐开拓,有沉雄之作。曾著《尊瓠室诗话》,又编选安徽乡先辈诗为《皖雅初编》,保存文献,但所录小篇为多。另著有《尊瓠室诗》。生平事迹见郁葆贤《沪渎同声集》、《近代诗钞》。

吴国榛(1865—1886) 近代戏曲作家。字声孙。江苏长洲(今苏州)人。吴梅父。诸生。少好音律,读《会真记》、《西厢记》,颇不能满足,乃作《续西厢》四折,以莺莺病故,张生出家为结局。此外尚著有《甓勤斋残稿》。生平事迹见吴梅《瞿安笔记》、《古典戏曲存目汇考》卷八。

谭嗣同(1865—1898) 近代文学家、思想家。字复生,号壮飞。湖南浏阳人。父继洵,官湖北巡抚。嗣同早岁,从军新疆,游刘锦棠幕府。后踪迹遍海内。甲午战争后,提倡新学。光绪二十二年(1896)入赀为候补知府,次江宁候缺。次年,应湖南巡抚陈宝箴召,回长沙助其行新政。二十四年七月,因徐致靖荐,被征入京,授四品卿衔军机章京,参预变法。政变起,被害,为"戊戌六君子"之一。与陈三立、吴保初、丁惠康并称晚清"四公子"。三十一岁著《仁学》,借旧物理学"以太"概念释仁,认为"仁为天地万物之源","仁以通为第一义",以此号召破除不仁不通之黑暗局面,以此为变法哲学思想基础。古文雅健。其于诗,自谓初从李贺、温庭筠入手,转而为韩愈,为六朝。后从事诗界革命,尝试采西事、西语入诗。著有《寥天一阁文》、《莽苍苍斋诗》,今人辑有《谭嗣同集》。生平事迹见《清史稿》卷四六四、汤志钧《戊戌变法人物传稿》、梁启超《谭嗣同传》、陈乃乾《浏阳谭先生年谱》、杨廷福《谭嗣同年谱》。

曹元忠(1865—1923) 近代文学家、学者。字夔一,号君直,晚号凌波居士。江苏吴县人。光绪二十年(1894)举人。曾参加康有为为首之公车上书。屡应进士试及经济特科试,俱不售。捐内阁中书,历任玉牒馆国史馆校对官、学部图书馆礼学馆纂修、实录馆详校官、内阁侍读、资政院议员。民国后为遗老。先后从管礼耕、黄以周受经学。与其从弟元弼,为清末著名古文经学家。其著作涉及考订、校勘、辑佚、历算、医方、音律等各方面。工诗,清末瓣香李商隐的西昆派诗,吴中以元忠为巨擘,汪荣宝继之,常熟张鸿羽翼元忠,弟子孙景贤继之,蔚然称盛。亦工词,温馨悱恻。著有《笺经室遗集》。生平事迹见《近代诗钞》、曹元弼《君直从兄家传》。

蒋智由(1865—1929) 近代诗人。字观云,号因明。浙江诸暨人。早岁鼓吹君主立宪,东渡居日本有年。晚年归寓上海,民国后以遗老自居。蒋为诗界革命巨子,梁启超以其与黄遵宪、夏曾佑称为诗界三杰,《广诗中八贤歌》中,称"诗界革命谁与豪,因明巨子天所骄"。其诗歌颂新事物,抒发要求变革的理想,其所表现之热情,与其政治论著之伉厉溃决相一致。清亡后,自编诗集,将早期新派诗全部删去,因此被遗老诗人陈三立、陈曾寿所赞赏。居日本时,著有《居东集》。殁后,女弟子吕美荪为刊《蒋观云先生遗诗》。生平事迹见《中国近代文学大系·诗词集》。

何藻翔(1865—1930) 近代诗人。原名国炎,号溥廷,更名藻翔,字翙高,一字梅夏,晚号邹崖逋者。广东顺德人。光绪十八年(1892)进士。官外务部郎中。曾视察西藏,参与制定对藏政策。作《西行杂诗》抒写入藏闻见。诗为陈衍、梁启超所称道，其挽黄遵宪六绝句，梁启超以为“情文沉郁，风格遒绝”（《饮冰室诗话拾遗》），为所见挽诗中最佳之作。其诗风有近宋代苏轼者。著有《邹崖诗集》。生平事迹见自撰《六十自述》及吴天任《何翙高先生年谱》。

程颂万（1865—1932）　近代诗人。字子大，号鹿川田父、十髪居士。湖南宁乡人。官湖北候补知府。工诗古文辞，得张之洞、张百熙器重。擅书法，又工画，长于山水、兰石。曾创设广艺兴公司，又设造船厂。早岁结湘社，与湘西才人易顺鼎诸人雅集酬唱，后又与何维朴、何维棣、梁鼎芬、陈曾寿等交好。陈衍《近代诗钞》谓其“惊才绝艳，初刻《楚望阁诗集》，专为古乐府、六朝，以追温、李、昌谷，不越湖外体格，乱后续出《鹿川田父集》，则生新雅健，迥非凡手所能貌袭矣”，汪国垣《光宣诗坛点将录》亦有“早传绚烂晚坚苍”之评。著有《石巢诗集》、《楚望阁诗集》、《定巢集》、《鹿川文集》、《鹿川诗集》等。生平事迹见自编《十髪老人年略》、陈宝书《十髪先生年谱》与《年表》。

杨钟羲（1865—1939）　近代诗人。原名钟广，光绪二十五年（1899）始改今名，字子勤，一作子晴、芷晴、梓励，又字慎庵，号留垞、雪桥，又号圣遗居士，晚号南湖鲜民。汉军正黄旗人，祖上隶满洲正黄旗，尼堪氏。光绪十五年（1889）进士，改庶吉士，授编修。官浙江候补知府，入端方幕中，历任两湖文高等学堂提调、仕学院教习、勤成学堂监督兼提调，补襄阳知府，调署安陆，又改江宁。入民国，以遗老终，曾应清室之聘为南书房行走。为近代旗籍名学者，受知于潘祖荫、翁同龢，编有《八旗文经》、《白山词介》，对保存八旗文献颇有功绩。著有《雪桥诗话》、《圣遗诗集》、《日知荟说酌义》等。生平事迹见其自编年谱《耒室家乘》。

唐文治（1865—1954）　近代散文家。字颖侯，号蔚芝，又号茹经。江苏太仓人。光绪八年（1882）举人。十八年，成进士。历官户部主事，外务部主事、员外郎、郎中，商部右丞、左丞，农工商部侍郎、尚书。三十二年（1906），以母丧南归。后即转而致力于教育，先后创办南洋大学、无锡国学专修学校，任校长，培养人才甚多，以疾卒。长于古文，从张裕钊、吴汝纶受桐城派古文法。著有《茹经堂文集》，另有《茹经堂奏疏》、《茹经堂新著》等。生平事迹见《茹经先生自订年谱》、唐庆诒《茹经先生年谱续编》。

沈宗畸（？—1926）　近代诗人。字太侔，号孝耕，晚号繁霜阁主。广东番禺（今广州）人。光绪十五年（1889）举人。性情倜傥，才思发越。早以《落花》诗著名，号“沈落花”。光绪、宣统之交，曾于北京创“著涒吟社”，刊行《国学萃编》。为陈简持延入幕府。晚身世侘傺，失聪，人以“沈聋”呼之。其政论气势贯畅，诗则凄激清越，中年后尤多感伤抑郁之作，潘飞声以黄景仁比之。编著有《宣南零梦录》、《诗群》、《炼庵骈体文选》、《实获斋文钞》、《骈花阁文选》、《朴学斋文钞》、《今词综》等。生平事迹见《清诗纪事》光绪宣统朝卷。

吴沃尧（1866—1910）　近代小说家。原名宝震，字小允，号茧人，后改趼人，又署我佛山人，笔名趼、偈、佛、茧叟、趼廛、中国老少年、抽丝主人、岭南将叟等。广东南海（今广州）人。早师从冯竹昆。年十八赴上海，入江南制造局为抄写工作。戊戌变法前，始为报刊撰稿，从光绪二十三年（1897）起，先为《字林沪报》副刊《消闲报》编辑，继创办《采风报》、《奇新报》、《寓言报》。光绪二十八年应聘《汉口日报》。其时梁启超于日本创刊《新小说》，始作长篇邮寄发表。其间曾往来日本、山东、汉口，曾任美籍英文刊物《楚报》中文版编辑。至光绪三十二年始在上海主办《月月小说》。其后又创办两广同乡会，开设广志小学。在政治上主张变法维新，在思想上主张恢复旧道德。欲以小说揭露社会黑暗，改良社会，佐群治之进化。主要代表作品为《二十年目睹之怪现状》，是晚清四大谴责小说之一。最初在《新小说》上连载。其他重要作品有《九命奇冤》、《痛史》、《新石头记》、《瞎骗奇闻》、《恨海》、《近十年之怪现状》、《劫余灰》、《糊涂世界》、《发财秘诀》等。所作以谴责小说为主，成为晚清主要谴责小说作家之一。另有短篇集《趼人十三种》及笔记《趼廛剩墨》、诗集《趼廛诗删剩》等。生平事迹见魏绍昌《吴沃尧研究资料》所辑传记文献。

吴趼人　即吴沃尧。

黄人（1866—1913）　近代文学家。初名振元，字慕韩，一字慕庵，中年改名人，别字摩西。江苏昭文（今常熟）人。诸生。早与同乡庞树柏等结三千剑气社。光绪二十六年（1900），东吴大学堂建立，被聘为文学总教习，章炳麟曾与同事，论学术与政治极相得。宣统元年（1909），南社成立，即加入。辛亥革命起，南京成立临时政府，欲往投，病发未遂。后以狂疾卒于苏州。景仰明末黄石斋、黄陶庵、黄梨洲、黄九烟之气节，名其斋曰“石陶梨烟室”。以奇才著称一时，文学、史学、名学、法律、佛道、医术、剑术乃至西方自然科学，无不研究。提倡小说，发刊《小说林》。撰《中国文学史》二十九巨册，为中国最早之文学史著作。其中创辟新见，往往惊人。为文章千言立就。其诗奇肆横逸，藻采瑰异，兼有李白、韩愈、李贺、卢仝、李商隐之长，在清代继承胡天游、舒位、王昙、龚自珍传统。其词才思横溢，荒忽要眇，究极情状，牢笼物态，曾遍和龚自珍、张惠言、蒋敦复三家之作。曾主编《雁来红》、《小说林》，著《中国文学史》外，又编有《国朝文汇》、《百科知识》。另著有《石陶梨烟室诗存》、《摩西词》。生平事迹见金鹤冲《黄慕庵家传》、金天羽《吴中五奇人传》、黄钧达《曾祖父黄摩西传略》。

姚永概(1866—1923) 近代诗文家。字叔节，号幸孙。安徽桐城人。姚莹孙，姚永朴弟。光绪十四年(1888)举人，选授太平教谕，不就。戊戌变法后，新学兴，充安徽高等学堂教务长，改师范学堂监督。入民国，应北京大学之聘，为文科学长。后任正志学校教务长。清史馆设，与永朴、马其昶均为协修。晚年潜心内典。病卒于家。少有才情，兄永楷、永朴及姊婿马其昶、范当世常商文史，永概从之游，颇受教益。其学于汉、宋无所偏主，于文宗桐城派，师事方宗诚、张裕钊、吴汝纶，受古文法，从汝纶最久，刘声木《桐城文学渊源考》谓其文“纡回蓄缩，务使词尽意不尽，以至词意俱不尽”。亦工诗，汪国垣《光宣诗坛点将录》称其诗“得力所在，亦出宛陵，故意境老澹，枯而能腴”。著有《慎宜轩诗》、《慎宜轩文集》。生平事迹见姚永朴《叔弟行略》、金天羽《皖志列传稿》、汪国垣《近代诗人小传稿》。

曾广钧(1866—1929) 近代文学家。字重伯，号觙庵，别号旧民，亦号环天。湖南湘乡人。曾国藩孙。幼奇慧，王闿运称为神童。光绪十五年(1889)进士，授编修，官广西知府。对戊戌变法运动、辛亥革命俱表同情，对慈禧太后、袁世凯、张勋，多所讥讽。早年为诗，受湖湘派影响，取径六朝、三唐，王闿运称为“湘中又一杰”，博大过邓辅纶。但其排比铺张，天骨开张，既不为湖湘派所囿，亦与其祖国藩之诗异趣，然其崇尚李商隐，则本之国藩。秋瑾早年在湘时，曾受业于广钧。亦工词。著有《环天室诗集》、《环天室词》。生平事迹见《近代诗钞》、《民国人物碑传集》卷一一。

孙雄(1866—1935) 近代诗文家。原名同康，字师郑，号铸翁，又号郑斋。江苏昭文(今常熟)人。光绪二十年(1894)进士，改庶吉士，官吏部主事、京师大学堂文科监督。辛亥革命后，曾参与北京人文科学研究所续修《四库全书》编纂工作。在京成立诗社“瓶社”。晚年居常昭会馆卖文为活。治经学骈体文，而绝喜论诗。汪国垣《光宣诗坛点将录》谓其骈文近洪亮吉，钱仲联《近代诗评》称其诗“如鬻技铃医，自诩圣手”。著有《师郑堂骈文》、《郑斋类稿》、《旧京集》，编有《道咸同光四朝诗史》。生平事迹见费行简《近代名人小传》、《清诗纪事》光绪宣统朝卷。

康广仁(1867—1898) 近代诗文家。名有溥，字广仁，号幼博。广东南海(今广州)人。康有为弟。少从兄学，不事举业。弱冠后，曾在浙江充小吏。光绪二十三年(1897)，在澳门办《知新报》。旋抵沪，倡设女学堂，经理大同译书局。光绪二十四年戊戌(1898)春，伴梁启超入都，参与变法维新，力主废科举。戊戌政变中被害，为“戊戌六君子”之一。为文长于议论，具当时报刊政论“新文体”之特色。著有《康幼博茂才遗文》，收入《戊戌六君子集》。生平事迹见《清史稿》卷四六四、康有为《亡弟幼博烈士移柩还乡告祭文》、梁启超《康烈士广仁传》等。

唐才常(1867—1900) 近代诗文家。字伯平，又字绂丞，一作黻丞，号佛尘，又号洴澼子。湖南浏阳人。贡生。先后肄业于长沙校经、岳麓、两湖诸书院，究心于经世致用之学。甲午战争后，思想激变，时与谭嗣同等议政论学。光绪二十二年(1896)起参与湖南新政，与谭嗣同等创办算学馆、南学会、群萌会，先后任《湘学报》主笔、时务学堂教习、《湘报》总撰述。戊戌变法失败后，东走日本，策划兴兵勤王，在沪组织正气会，旋改名自立会，组织自立军，准备起义。事泄，为张之洞捕杀于武昌。其文长于议论，宏深高远，其诗则重性情，慷慨激昂。今人辑有《唐才常集》。生平事迹见康有为《唐烈士才常墓志铭》、萧汝霖《唐才常传》、唐才质《唐才常烈士年谱》。

李宝嘉(1867—1906) 近代小说家。又名宝凯，字伯元，号南亭亭长、二春居士，笔名游戏主人、讴歌变俗人等。江苏武进人。诸生。幼年丧父，由堂伯父李翼清教养成人。光绪十八年(1892)随李翼清由山东辞官归籍。光绪二十二年去上海，始编刊《指南报》，继而又先后创办《游戏报》、《世界繁华报》,开国内小报之先河。内容多为“记注娼优起居”、“俳谐嘲骂之文”(鲁迅《中国小说史略》)。为创作谴责小说积累了大量素材。光绪二十九年应聘去商务印书馆,主编《绣像小说》。一生经历甲午战争、戊戌变法、庚子事变等重大事件,目睹社会上下,尤其是官场的种种腐败,试图通过小说揭露时弊,唤醒民众,改良政治,作品之主题多持社会改良和洋务思想,但反对激烈的民主革命。所作以《官场现形记》最为著名,被称为晚清四大谴责小说之一,推动了晚清谴责小说的创作繁荣。此书始连载于《世界繁华报》。此外尚有《文明小史》、《活地狱》、《中国现在记》、《海天鸿雪记》、《庚子国变弹词》等名作,成为“名最著”(鲁迅语)的晚清谴责小说家。长篇小说外尚有《南亭笔记》、《南亭四话》、《艺苑丛话》、《滑稽丛话》、《尘海妙品》、《奇书快睹》等。生平事迹见魏绍昌《李伯元研究资料》所辑传记文献。

李伯元　即李宝嘉。

李瑞清(1867—1920)　近代文学家、书画家。字仲麟,又字梅庵。江西临川人。光绪二十一年(1895)进士,选庶吉士。丁忧归。魏光焘为云贵总督,聘主讲大学,魏移督两江,从之入幕府。服阕,改官道员,分发江苏,三署江宁提学使,任两江师范学堂监督。辛亥武昌革命军起,江宁新军合浙军攻城。总督张人骏奏请以瑞清署布政使。城破,李封藩库积金办移交讫,自为道士装,赁屋居上海,卖书画自给,自署清道人。其聘妻为余祚馨女,未及婚而卒;余以第六女配之,又逝;又配以第七女,又逝。遂鳏终身,更字梅痴以志痛。殁后,清室予谥文洁。精书法、绘画。所为文,以金石书画之题跋为最工,余则为赋。诗亦名家。晚清诗宗选体者,群以湖湘派为归,李不属其派,而所为诗宗汉、魏,下涉谢灵运,与王闿运、邓辅纶气味相同。著有《清道人遗集》。生平事迹见《清史稿》卷四八六、蒋国榜《临川李文洁公传略》、柳肇嘉《清道人传》。

曾习经(1867—1926)　近代文学家。字刚甫,号蛰庵。广东揭阳人。光绪十六年(1890)进士。十八年廷试授户部主事,历官户部员外郎、度支部左参议、度支部右丞、税务处提调、清理财务处提调、印刷局总办、宪政编查馆学部咨议官。宣统三年(1911)清帝退位前一日,先引疾去。民国后,不出仕。早岁肄业广州广雅书院,从梁鼎芬学。张鲁迅曾合刊梁、曾及罗惇曧、黄节之作为《岭南四家诗》。屈向邦谓与黄节“先后名家,可称粤东二妙”(《粤东诗话》)。其诗以精警称,命意深微,而出以淡雅,其学古途径凡三变,早年近体宗李商隐,古体宗谢灵运,中岁取径梅尧臣、陈师道,晚岁所诣,往往出入陶潜、柳宗元。而皆不袭其貌,自辟高境。深婉悱恻,得《诗》、《骚》之旨。亦工词。著有《蛰庵诗存》、《蛰庵词》。生平事迹见曾靖圣《度支部右丞曾府君行状》、姚君悫《曾刚甫传》。

王允皙(1867—1929)　近代文学家。字又点,号碧栖。福建长乐人。光绪十一年(1885)举人。任建瓯教谕。奉天将军依克唐阿曾招之入幕,后又入北洋海军幕府。官至安徽婺源县知县。一生所为诗词不多,往往得之苦吟,笔意力戒凡近,清隽入逸品。存诗始于光绪二十七年,李宣龚序其集,称“其毕生悲欢愉戚,跌宕慷慨之志所蕴结,一寄之于诗”,“意境高远,不可一世,是真能以少许抵人千万者”。词宗姜夔,与王鹏运、朱祖谋诸词人过从甚密。叶恭绰《广箧中词》谓其“脱胎玉田(张炎),而无其率滑”。著有《碧栖诗》、《碧栖词》。生平事迹见《中国近代文学大系·诗词集》。

徐兆玮(1867—1940)　近代诗文家。字少逵,号倚虹,又号虹隐,别署剑心。江苏常熟人。光绪十六年(1890)进士,选庶吉士,授编修。三十三年,赴日本学习法政,参加同盟会。辛亥革命后,曾任常熟代理民政长。民国元年(1912)任国会众议员,曹锟贿选总统,拒贿南归。居故乡虹隐楼,读书著述,为《重修常昭合志》副总纂,其集李商隐句哭沈鹏五律十首,人称天衣无缝。著、编有《北松庐诗话》、《虹隐楼诗》、《梦雨消寒录》、《楚雨集》、《海虞诗话》、《海虞闺秀诗话》、《海虞六家诗选》、《叹逝集》、《牧斋遗事》、《河东君遗事》等四十余种。生平事迹见新编《常熟市志》。

张鸿(1867—1941)　近代文学家。初名澂,字映南,一字师曾,号璚隐,别号蛮公、蛮巢、燕谷居士、童初馆主。江苏常熟人。光绪十五年(1889)举人,援例为内阁中书,迁户部主事。光绪三十年成进士,以户部主事归原班。旋改外务部榷算司主事,由郎中记名御史,出为日本长崎理事,调神户理事。归里后,兴办教育。其诗为晚清吴下西昆派中坚,官北京时,与同邑徐兆玮、吴县曹元忠、汪荣宝等,皆从事昆体,仿照《西昆酬唱集》,刊《西砖酬唱集》,以所居西砖胡同命名。但张亦能参异派之长,如樊宗师、梅尧臣、王安石等，多所取法。亦工词，取径吴文英、周密，悼亡之作，不减周之琦。能小说，曾著《续孽海花》。著有《蛮巢诗稿》、《蛮巢词稿》、《怀琼词》，合刊为《蛮巢诗词稿》。《游仙诗》与钱仲联、杨无恙所作合刊者别行。生平事迹见唐文治《张君璃隐墓志铭》、钱仲联《张璃隐传》。

伍光建(1867—1943)　近代翻译家。原名光鉴，号昭扆，别署君朔。广东新会人。年二十毕业于天津北洋水师学堂。后入英国格林威治海军大学、伦敦大学留学。归国后历任出使日本大臣随员、出洋考察政治大臣头等参赞、海军处顾问、军枢司司长等职。宣统二年(1910)赏文科进士出身。次年与张元济等发起成立中国教育会，任副会长。辛亥革命后，历任南京临时政府财政部顾问、盐务署参事、复旦大学教授等。一生翻译西方著作近七十种。曾翻译薄伽丘《十日谈》，雨果《海上劳工》、《悲惨世界》，塞万提斯《堂吉诃德》，狄更斯《艰难时世》、《双城记》，大仲马《二十年后》等，另著有《中国英文读本》、《西史纪要》等。译笔较通俗流畅。生平事迹见夏敬观《伍光建传》、贾逸君《伍光建》、张又君《翻译前辈伍光建》。

赵熙(1867—1948)　近代文学家。字尧生，号香宋。四川荣县人。光绪十八年(1892)进士，授编修，转江西道监察御史，以抗直敢言著称。与变法维新派蜀中刘光第友善，康有为、梁启超皆敬仰之。民国后，不出仕。清末，陈衍与之游，称其诗为宋代四川诗人文同、唐庚之比。在近代诗人中，又以下笔最敏捷者著称，送客入蜀为绝句三十首，一夕增六十首，汪国垣《光宣诗坛点将录》点之为“天捷星没羽箭张清”。后期所作，以游峨眉诸作为最工。又工词，夏敬观《忍古楼词话》称为“芬芳悱恻，骚、雅之遗”，叶恭绰《广箧中词》评为“诗人之词”，“苍秀入骨”。胡先骕为专文推崇之。著有《香宋诗前集》、《香宋词》，今人辑有《赵熙集》。生平事迹见《近三百年名家词选》、《四川近现代人物传》第一辑。

何振岱(1867—1952)　近代诗人。字梅生，一字心余。福建闽县(今闽侯)人。光绪二十三年(1897)举人。近代闽派诗人，世以郑孝胥为宗，何虽非宗主，然闽派诗人能胜之者不多。钱仲联称其写景之作，如西湖各诗，陈曾寿、俞明震未必高出其上。陈衍对之极为推许，谓其非惟淡远，时复浓至，得力于柳宗元、孟郊、贾岛、梅尧臣、陈师道诸家。沈曾植亦加称许。在诗品中足当逸品。暮年取刊成之诗集，收回不问世。今所见者，惟有选印于陈衍《近代诗钞》之《姑留稿》。生平事迹见《近代诗钞》、《中国近代文学大系·诗词集》。

薛绍徽(？—1911)　近代女诗人。字秀玉，号男如。福建侯官(今闽侯)人。同邑陈寿彭妻。知音律，善洞箫，作画工花卉翎毛。寿彭以衣食奔走四方，绍徽在家，抚养儿女，操持家务，夜读辄通宵达旦，以故得咯血病。后又从寿彭游上海、宁波、江宁、广东，生计颇艰，有以女学堂教师聘者，谢不往。既而寿彭官海军部，随居京师，旧疾发作而卒，年四十余。其诗能为梅村体歌行，《老妓行》咏赛金花，钱仲联《梦苕庵诗话》以为“虽沉博绝丽，未逮樊(增祥)、王(甲荣)二家，而翔实胜之，出诸闺秀手笔，尤为难能可贵”。著有《黛韵楼诗集》、《词集》、《文集》、《外国列女传》，编有《国朝闺秀词综》，译有《格致正轨》、《八十日环游记》。生平事迹见《清诗纪事》列女卷。

邓邦述(1868—？)　近代诗人、藏书家。字正闇，号孝先，又号群碧、沤梦。江苏江宁人。光绪二十四年(1898)进士。官吉林民政使。曾入端方幕，三十一年出国考察。辛亥革命后弃官回北京。后移居江苏吴县。倾巨资搜求善本图书，筑群碧楼藏书近四万卷，其中千余卷为宋刻本。后将大部藏书售与中央研究院。陈衍称其《戊申元日沈阳作》一诗“用事极贴切”(《石遗室诗话》)。著有《群碧楼诗草》、《群碧楼书目》、《群碧楼善本书录》。生平事迹见《清诗纪事》光绪宣统朝卷。

丁惠康(1868—1909)　近代诗文家。字叔雅，一字惺庵。广东丰顺人。丁日昌子。诸生。官户部主事。年二十许游京师，与曾习经、陈衍、姚梓芳、吴保初、罗惇曧等人相交，相与讲求新学。曾入岑春煊幕府，主办新学，赴日本考察学校。与谭嗣同、陈三立、吴保初号清末“四公子”。陈衍称其“诗文虽未大成，而绝无一毫尘俗气”(《石遗室诗话》)，狄葆贤称其“善诗，沉着之中时见风韵，又工尺牍，温雅似六朝人”(《平等阁诗话》)。著有《丁征君遗集》。生平事迹见陈衍《丁叔雅征君行状》、姚梓芳《丁惠康传》。

洪炳文(1868—1916)　近代戏曲作家。字博卿，号棟园，别署祈黄楼主人、好逑子。浙江瑞安人。熟谙自然科学，尝著《空中飞行原理》。好作戏曲，一生制剧三十六种，多已佚不存。其传奇《电球游》(又名《信香重梦》)、《月球游》等剧，为中国科学幻想戏剧之先驱。另所著传奇《悬岙猿》，谱明张苍水抗清就义事，极悲壮苍凉，凤林题诗，称其"生气稜稜千古遒"。其他戏曲现存有传奇《水岩宫》、《白桃花》、《芙蓉孽》、《秋海棠》、《后南柯》、《普天庆》、《挞秦鞭》、《警黄钟》，多为抄本，另有《楝园乐府》、《花信楼词存》及《散曲》。生平事迹见《古典戏曲存目汇考》卷一二、《中国古典戏曲序跋汇编》卷九。

吴士鉴(1868—1933)　近代诗人。字䌹斋。浙江钱塘人。光绪十八年(1892)进士。官侍讲。工诗，曾作《清宫词》八十四首，取有清一代宫禁故事撰写而成，每首有注，可谓诗史。汪国垣称其诗"风骨高骞，喜用近代掌故及西史事实，能稚能隽"(《光宣诗坛点将录》)。著有《含嘉室诗集》。生平事迹见《含嘉室自订年谱》、徐一士《一士谈荟》。

杨寿枏(1868—1948)　近代诗文家。初名寿棫，字味云，晚号苓泉居士。江苏无锡人。光绪十七年(1891)举人，曾先后入山西巡抚胡蕲生及大学士孙家鼐幕府。光绪三十一年(1905)随五大臣出洋考察政治。归国后任职农工商部。民国时历任北洋政府盐政处总办、总统府顾问兼财政部次长。晚寓居天津，以诗文自娱。著有《云在山房类稿》、《云在山房骈文诗词选》、《云迈漫录》、《云迈书札》。生平事迹见《苓泉居士自订年谱》、钱基博《杨味云八十寿序》、郑逸梅《杨味云摭忆》。

俞陛云(1868—1950)　近代文学家。字陛青。浙江德清人。俞樾孙，俞平伯父。光绪二十四年(1898)会试成进士，殿试一甲三名及第，授编修。二十八年，出任四川乡试副考官。入民国，寄寓北京。诗词俱雅正，诗工七律，风格在吴伟业、陈恭尹之间。著有《小竹里馆吟草》、《乐静词》、《入蜀驿程记》、《国朝闺秀诗话》、《诗境浅说》、《宋词选释》。生平事迹见《近三百年名家词选》。

吴保初(1869—1913)　近代诗人。字彦复，又字君遂，号瘿公，又号北山。安徽庐江人。荫生，官刑部主事。与谭嗣同、陈三立、丁惠康有四公子之目。曾师事宝廷，又与沈曾植、陈衍等人交游。师事郑孝胥，自称诗弟子。而庐江陈诗虽年长，亦从而学诗。康有为、梁启超倡导变法维新，保初曾为之奔走号召。唐才常策划武汉起义，相传亦曾参与，后逃亡日本，逾年乃归。与革命党人章炳麟等亦有交往。晚以穷病终。其诗多感事忧时之言。宋恕称其"五言古体多似陶、韦"，"五言律体多似少陵"(《北山楼集跋》)。诗文外，兼工书法。著有《北山楼集》。生平事迹见康有为《吴彦复墓志》、陈衍《吴保初传》、陈涛《吴公家传》、章炳麟《吴君墓表》。

桂念祖(1869—1915)　近代诗人。又名赤，字伯华。江西德化(今九江)人。光绪二十三年(1897)举人。早年随康有为、梁启超游，主沪上报馆。梁启超离湖南，被举为代理时务学堂讲席，未行而戊戌政变起，乃匿迹山野。后赴日本寓居，病殁于东京。生平不婚不仕，安贫力学。精研佛学，依杨文会为居士数年，刊行《大乘起信论斠注》，沈曾植深器重之。与黎端甫、欧阳竟无、李证刚并为杨门四大弟子。汪国垣《光宣诗坛点将录》谓其"诗出入于坡公、遗山之间，取韵味于中晚，取奇僻于定庵，又喜摭佛语理语入诗，善于熔化，故不入理障，此其过人处也"。于当时诗人，则最服膺范当世。著有《桂伯华遗诗》。生平事迹见王庚《今传是楼诗话》、汪国垣《光宣以来诗坛旁记》、《近三百年名家词选》。

徐珂(1869—1928)　近代词人。原名昌，字仲可，别署中可、仲玉。浙江杭县(今余杭)人。南社社员。光绪十五年(1889)举人，屡试礼部不第，授内阁中书，改同知，未赴任。曾应聘袁世凯练兵之小站，为将校讲授经史大义。又任商务印书馆编辑，为《辞源》编辑人之一。好编书，善诗文，尤工词。钱仲联《近百年词坛点将录》谓其词"笔意淡宕疏快，不同于时人之好为艰涩者"。著有《小自立斋文》、《真如室诗》、《纯飞馆词》、《大受堂札记》、《可言》、《五刑考略》等，编有《清稗类钞》、《国难稗钞》、《晚清祸乱稗史》、《历代白话诗选》、《历代词选集评》、《清词选集评》、《王风笺题》、《岁时景物日咏大全》、《佛说阿弥陀经注释会要》等。生平事迹见《南社丛谈·南社社友事略》、夏敬观《徐仲可墓志铭》。

章炳麟(1869—1936)　近代思想家、学者、文学家。初名学乘，字枚叔，因景仰顾炎武，改名绛，号太炎，别署菿汉、绛叔、西狩、支那夫、陆沉居士等。浙江余杭人。少从俞樾学。甲午战争后，参加维新运动。戊戌政变作，避地台湾，次年至日本，结识孙中山，旋返上海。光绪二十八年(1902)再往日本，在东京发起支那亡国二百四十二周年纪念会，号召推翻清政府。

与蔡元培共组中国教育会，设立爱国学社，次年因在《苏报》上发表排满革命言论，与邹容先后入狱。出狱后至日本，入同盟会，主编《民报》。辛亥革命后回国，任孙中山总统府枢密顾问。民国六年(1917)，入护法军政府，任秘书长。晚年侨寓苏州，创章氏国学会。为近代朴学大师，并通佛学。其文学主张，主要见于《文学总略》、《辨诗》诸篇，以为“有文字著于竹帛，故谓之文”，“不得以兴会神旨为主”。于诗力尊汉魏，反对宋诗，尤指斥曾国藩以来之宋诗派。其文学成就，在于政论与学术散文，作诗不多。诗文都诘屈古奥，然早期五律诗、晚年诗文，亦平淡高简。著作繁富，有《章氏丛书》、《续编》、《三编》。诗文刊入《丛书》之《太炎文录》、《太炎文录续编》中，诗有影印《章太炎自写诗稿》别行。今俱收入《章太炎全集》。生平事迹见黄侃《太炎先生行事记》、汪东《章先生墓志铭》、汤志钧《章太炎年谱长编》及《太炎先生自订年谱》(马叙伦有补遗)。

章太炎 即章炳麟。

尹昌龄(1869—1943) 近代戏曲作家。字仲锡，晚号约堪。原籍湖南，后迁四川郫县，又随父入华阳籍。光绪十四年(1888)举人。历官白河、咸宁知县，凤翔、西安知府。入民国历任四川审计处处长、黔中道尹、四川政务厅厅长、第二届国民参政会参政员。曾为四川戏曲改良公会改编川剧剧本，著有《离燕哀》、《龙舟会》等川剧名作。生平事迹见黄稚荃《尹昌龄传》、陶亮生《尹仲锡与慈惠堂》。

金兆蕃(1869—1951) 近代诗人。字篯孙。浙江秀水(今嘉兴)人。光绪十五年(1889)举人。历任江苏度支公所管榷科科长。入民国，任财政部推行新税所议员、财政部佥事、会计司司长、财政善后委员会委员。清史馆成立，聘为纂修，继升总纂。助徐世昌编辑《清儒学案》及《晚晴簃诗汇》。其诗受清中叶秀水派影响较深，与乡人沈曾植、金蓉镜趋向不同，但曾整理沈曾植《海日楼诗文集》。其诗较胜于吴仰贤、张鸣珂、沈景修等秀水诗人。名作为咏珍妃事《宫井篇》长诗，世推诗史。著有《安乐乡人诗集》、《安乐乡人文集》、《药梦词》。生平事迹见《民国人物碑传集》卷七。

沈鹏(1870—1909) 清诗人。初名棣，字诵棠，号北山。江苏常熟人。光绪二十年(1894)进士，改庶吉士，授编修。幼孤，依寡嫂生活，十五岁即以诸生入国子监。目击时艰，常郁郁思有所建白。戊戌政变后，恨荣禄、刚毅谀媚弄权，蠹政卖国，遂上疏弹劾。掌院徐桐不许代奏，乃将奏稿交天津《国闻报》发表，引起朝野震动，被捕判终身监禁，后获释归里。著有《沈北山剩稿》。生平事迹见孙雄《清故翰林院编修沈君墓表》。

胡思敬(1870—1922) 近代诗人。字漱唐，又字瘦唐，号退庐，又号艮庐。江西新昌(今宜丰)人。光绪十九年(1893)举人，次年成进士，选庶吉士，授吏部主事。以荐补辽沈道监察御史，转掌广东道。屡上疏言事劾大臣，又力訾立宪派之论。辛亥革命起，奔走南京、徐州间游说握兵权者为清廷效忠。入民国，以遗老自居。张勋复辟，授左副都御史，赴任途中，闻事败复归。卒于南昌。好藏书，居京师时曾广为搜罗，后刻《豫章丛书》行世。汪国垣《光宣诗坛点将录》谓其诗“不甚措意，惟吐辞属事，自是退庐之诗，他人不能有也”，以地正星铁面孔目裴宣一员点之。著有《退庐诗集》、《驴背集》、《退庐疏稿》、《盐乘》、《戊戌履霜录》、《王氏读通鉴论辨》等。生平事迹见陈毅《故都御史胡退庐墓表》、刘廷琛《胡公漱唐行状》。

丁传靖(1870—1930) 近代文学家。字秀甫，号闇公，又号松隐行脚僧，别署沧桑词客、贪嗔痴阿罗汉。江苏丹徒人。光绪二十三年(1897)副贡。宣统二年(1910)经陈宝琛推荐，官礼学馆纂修。辛亥革命后，曾任职民国政府。陈衍《石遗室诗话》谓其诗“学梅村”，又谓“若樊山(增祥)之工整，祈向者百不一二，六桥、闇公其最也”。其《黄鹄云中曲》可与吴伟业《永和宫词》、《圆圆曲》“相颉颃”(陈作霖《可园诗话》)。又擅戏曲，曾创作《霜天碧》、《七昙果》、《沧桑艳》诸传奇。吴梅称其“词采葩发，雅近倚晴，而于声律之道，则茫乎未有所闻也”(《瞿安笔记》)。兼工书法。著有《闇公诗存》、《明事杂咏》、《红楼梦本事诗》，编有《宋人轶事汇编》。生平事迹见丁志安《丁闇公先生年谱》。

陈洵(1870—1942) 近代词人。字述叔，号海绡，晚号海绡翁。广东新会人。诸生。设馆授徒为业。曾加入南园诗社。后应朱祖谋之荐，任广州中山大学文学院教授，抗日战争中，于广州沦陷前举家迁澳门。后重返广州，任广东大学词学教授，病逝。与黄节交契，梁鼎芬誉为“陈词黄诗”，朱祖谋手批其词，称其“神骨俱静，此真火传梦窗者”，又谓其为“清真法乳”，推许其与况周颐为“并世两雄，无与抗手”。著有《海绡词》、《海绡说词》、《词学》等。生平事迹见《近三百年名家词选》、《中国近代文学大系·诗词集》。

华焯(1871—?)　近代诗人。字澜石，号持庵。江西崇仁人。光绪二十四年(1898)进士，选庶吉士，授编修。曾宦游大江南北，出使日本。戊戌变法失败后，避居南昌，杜门谢客，以诗寄怀。辛亥革命后闲居故里，养病临川，与陈三立等交厚。为同光体江西派诗人后劲。魏元旷序其诗曰："持庵之诗得四至焉。劲者，骨至；泽者，肤至；沉渊而俊利者，气至；皆有物焉，则性至也。"夏敬观亦称"其诗冷峻深刻，绝弃凡响，自成一家言"(《忍古楼诗话》)。著有《持庵集》。生平事迹见《清诗纪事》光绪宣统朝卷。

欧阳述　近代诗人。字伯镂，号笠侪。江西彭泽人。光绪二十年(1894)举人。历官江苏候补道。早慧，幼在河南，七岁能诗，十岁已著《独酌楼诗草》，大河南北称为神童。少喜黄景仁诗，中年绝推厉鹗。曾东渡游日本，日人求其诗者无日不至。在日本所作《水族博物馆》一诗，最为吴汝纶所称赏。著有《浩山诗集》。生平事迹见《晚晴簃诗汇》卷一八二、《近代诗钞》。

王瀣(1871—1944)　近代诗人。字伯沆，一字伯谦，号冬饮。江苏溧水人。清末任南京陆师学堂教习、两江师范学堂教习。入民国，曾任南京高等师范学校主讲。早见知于文廷式、陈三立诸诗人，取法江西派，亦参三唐，喜奥衍雕刻，颇得力于阮大铖、黎简。黄节诗名动一时，而瀣却深致不满。屡任教于高等学校，门下多才士。著有《冬饮庐诗稿》。生平事迹见钱堃新《冬饮先生行述》。

黄世仲(1872—1912)　近代小说家。字小配，又字配工，别署禺山世次郎、棣、老棣、黄帝嫡裔等。广东番禺(今广州)人。少从名学者朱次琦学。后家道中落，赴南洋谋生，初显文名于侨界。光绪二十九年(1903)，返香港任兴中会机关报《中国日报》记者，发表文章驳康有为保皇之论。光绪三十一年加入同盟会，在港先后创办并主编《香港少年报》、《广东白话报》、《中外小说林》。宣统三年(1911)春，参与组织广州黄花岗起义，发表堪称近代最早的报告文学作品《五日风声》。广东光复，创办《新汉报》，任民团总局局长、军团协会副会长、军政府枢密处参议等职。不久被代理都督陈炯明罗织罪名捕杀。在小说创作方面，有突出成就。著有《洪秀全演义》、《廿载繁华梦》(又名《粤东繁华梦》)、《党人碑》、《宦海冤魂》、《黄粱梦》、《宦海潮》、《镜中影》、《广东世家传》、《大马扁》、《宦海升沉录》(又名《袁世凯》)、《朝鲜血》、《十日建国志》、《新汉建国志》等中长篇小说。生平事迹见冯自由《〈洪秀全演义〉作者黄世仲》、李育中《〈洪秀全演义〉作者黄世仲》。

李刚己(1872—1914)　近代诗文家。字刚己。直隶南宫(今属河北)人。光绪二十年(1894)进士，官大同知县，署代州直隶州知州。师从张裕钊、吴汝纶、贺涛、范当世诸家，受古文法，与吴汝纶游最久。善于评点古文，批窍中綮，阐幽入奥。其文"雄肆淋漓，才气宏伟，涵浑迤演，殆为绝诣"(刘声木《桐城文学渊源考》)，其诗为范当世弟子，"辞气驱迈，植体杜、黄，得法于师，几于具体"(汪国垣《近代诗人小传稿》)。著有《李刚己遗集》。生平事迹见汪国垣《近代诗人小传稿》、赵衡《李刚己墓志铭》。

曾朴(1872—1935)　近代文学家、出版家。家谱载名为朴华，初字太仆，改字孟朴，又字小木、籀斋，号铭珊，笔名东亚病夫。江苏常熟人。光绪十六年(1890)举人。少与邑中张鸿等交厚。光绪十八年(1892)捐内阁中书，留京供职，二十二年，弃职南归，居沪时与谭嗣同、林旭、唐才常等过从，议论维新。又从陈季同学习法文。光绪三十年，与徐念慈等创办小说林社，发行《小说林》月刊。后入两江总督端方幕中，以候补知府分发浙江。辛亥革命起，任江苏临时议会议员。袁世凯称帝时，与蔡锷等为友，并资助陈其美等人反袁。此后曾任江苏财政厅长、政务厅长等职。民国十五年(1926)退出政界，与其子在沪开真善美书店，创办《真善美》杂志。晚年居乡里终老。其主要成就为长篇小说《孽海花》，前六回金天羽写完后即由曾朴续写。自称"尽量容纳近三十年来的历史，避去正面，专把些有趣的琐闻逸事，来烘托出大事的背景"(《修改后要说的几句话》)，思想和艺术上都有较高水准，鲁迅誉为"结构工巧，文采斐然"(《中国小说史略》)，列为清末四大谴责小说之一。另著有小说《鲁男子》、戏曲《雪昙梦》以及学术专著《补后汉书艺文志》并《考证》、文艺评述《论法兰西悲剧源流》，译有嚣俄(雨果)《九十三年》、《吕克兰斯鲍夏》、《项日乐》、《吕伯兰》、《钟楼怪人》、《欧那尼》及莫利哀《夫人学堂》、佐(左)拉《南丹与奈侬夫人》等，诗文集未刊，时萌辑有《曾朴诗文选录》。生平事迹见曾虚白《曾孟朴先生年谱》、时萌《曾朴研究》。

张春帆(1872—1935)　近代小说家。名炎，以字行，号漱六。江苏常州人。寓居上海，为青楼常客。曾主编《平报》。所作长篇小说《九尾龟》曾风靡一时，为狭邪小说代表作。另著有《政海》、《魔海》、《摩登淫女》、《情波》、《情毒》、《球龙》、《反倭袍》、《天王老子》、《嵩山拳侠》、《烟花女侠》、《风尘剑侠》等。生平事迹见《民国旧派小说名家小史·张春帆》。

闵尔昌（1872—1948） 近代诗人。字葆之。江苏江都人。清末入袁世凯幕府。入民国，任北京总统府秘书。张作霖任军政府大元帅时，辞职。后任辅仁大学中文系讲师。穷十年之力，辑清代八百十五人传记，编《碑传集补》，以续《碑传集》、《续碑传集》。汪国垣《光宣诗坛点将录》称其"诗律精严"，"以雄浑代纤巧"，可谓妙笔。著有《雪海楼诗存》、《雷塘词》、《江子屏年谱》、《王伯申年谱》、《王石曜年谱》等。生平事迹见金敏黻《闵尔昌》。

傅增湘（1872—1950） 近代版本目录学家、诗文家。字沅叔，或署书潜，晚号藏园老人、藏园居士。四川江安人。光绪二十四年（1898）进士，选庶吉士，授编修，充国史馆协修，出为贵州学政，改直隶道员，奉派赴日本考察学务。归后官直隶提学使、京师女子师范学堂总理。入民国，历任肃政厅肃政使、教育部总长、总统府顾问、故宫博物院图书馆长，又任教于清华研究院。抗战胜利后隐居不出。毕生致力于收藏、鉴定、校勘图书，于版本目录学颇有贡献。受古文法于吴汝纶，所作版本题跋，文笔流畅。亦工诗。著有《铁华馆诗文集》、《藏园群书题记》、《藏园群书经眼录》。生平事迹见《藏园居士六十自述》、苏精《近代藏书三十家》。

吴昌绶 近代诗人。字伯宛，又字甘遁，号印臣，晚号松邻。浙江仁和（今杭州）人。光绪二十三年（1897）举人，官内阁中书。少时随父宦侨寓吴中，为黄彭年所赏。及居京师，以鬻字自给，未尝干谒权贵以求通达。读书能贯穿古今，精目录、金石之学，诗词笺奏，涉笔即工。辛亥革命后，究心掌故，仿谈迁《国榷》例，辑成《四考》，又刻印《松邻丛书》、《景刊宋金元明本词》、《十六家墨说》。著有《松邻遗集》。生平事迹见《晚晴簃诗汇》卷一八二。

靳志 近代诗人。字仲云。河南祥符（今开封）人。光绪二十九年（1903）进士。负笈游海外，读书法国。归国后，困顿于译书局，遂肆其力为诗。藻思敏捷，以篇什为日课。游踪所及，无论所见、所闻，必系以五、七言诗。尝六泛重洋，又亲睹奉、直两系军阀之战，识兵家之成败。其诗极为陈衍、金天羽所赏，陈衍谓其"才岂亚樊山"，大量收其诗于所著《石遗室诗话续编》；金天羽谓其"诗勃窣奔驶，不可驭以绳尺"，大量录其诗入所编《国学论衡》。范镛撰《诗坛点将录》，点之为"大刀关胜"。著有《过江集》、《入洛集》。生平事迹见《清诗纪事》光绪宣统朝卷、刘渭平《记诗人靳仲云先生》。

狄葆贤（1873—1921） 近代文学评论家。字楚青，一字楚卿，号平子，别号平等阁主人。江苏溧阳人。早年游学日本，怀救国之志。归国后与唐才常在上海组织中国独立学会，假名东文译社。庚子之变时，密筹国会，推容闳、严复为正副议长，并购置军火，以图在武汉发动起义。因事泄，功败垂成，乃灰心武力。于光绪三十年（1904）在上海创办《时报》，受康、梁影响，鼓吹君主立宪。诗不多作，以评论诗歌、小说见长。曾发表《论文学上小说之位置》一文，称"小说者，实文学之最上乘也"，并阐明小说之特点和性质。又推重《金瓶梅》、《水浒传》、《聊斋志异》以及弹词作品，在当时可谓"极大胆新奇"（阿英语）之思想。兼工书画。晚究心佛学。著有《平等阁诗话》、《平等阁笔记》、《小说丛话》等。生平事迹见《中国新闻年鉴》1983年卷及郑逸梅《狄平子的〈时报〉和有正书局》。

李涵秋（1873—1923） 近代小说家。名应漳，以字行，别署沁香阁主人、韵花馆主、娱萱室主。江苏江都人。诸生。光绪十五年（1889）在汉口主持《公论报》。辛亥革命时曾担任扬州民政署秘书长，后任教于江苏省立第五师范学校。民国十年（1921）应上海时报之聘，兼任《时报》副刊《小时报》和《小说时报》主编，后又主编《快活》杂志。从光绪三十二年到民国十一年间，共创作长篇小说三十三种，曾同时为五家报刊写作五部长篇小说，而能不误刊期。以创作社会小说为主，亦兼写言情小说，为鸳鸯蝴蝶派代表作家之一。其主要作品有《广陵潮》、《双花记》、《近十年目睹之怪现状》、《爱克司光录》、《怪家庭》、《好青年》、《侠凤奇缘》、《战地莺花录》、《孽海鸳鸯》。生平事迹见贡少芹《李涵秋》、李镜安《先兄李涵秋事略》、张翼鸿《李涵秋先生传略》、《民国旧派小说名家小史·李涵秋》。

梁启超（1873—1929） 近代思想家、文学家、学者。字卓如，号任公，别号饮冰室主人。广东新会人。光绪十五年（1889）举人。先后任上海《时务报》总编、长沙时务学堂中学总教习。二十四年入京，以六品衔办译书局。与其师康有为同为戊戌变法首脑，齐名“康梁”。戊戌政变起，逃亡日本，在横滨办《清议报》，又在东京组织政闻社，宣传改良。办《新民丛报》，发表《饮冰室诗话》。入民国，出任共和党党魁，又创立进步党，任北洋政府司法总长。张勋复辟之役，参段祺瑞军，于马厂起义讨张。旋任段政府财政总长。晚年讲学清华研究院。学问广博，史学佛学均所探讨。光绪年间首举诗界革命旗帜，提出“以旧风格含新意境”。民国后随陈衍、赵熙学诗，编《庸言杂志》，请陈衍撰《石遗室诗话》，为“同光体”张目。前期所为诗，天骨开张，后渐敛才就范。散文力破旧格，万言挥洒，词无不达之意，号为“新民体”。又能词，曾令其女选《艺蘅馆词选》以示趋向，叶恭绰《广箧中词》称其慢词得“片玉神味”。而其词精神尤在于虎步龙骧之作。提倡小说，著《论小说与群治之关系》、《告小说家》，为清末资产阶级改良派关于小说理论之纲领性文章，影响极大。又能为传奇。著述繁多，刊为《饮冰室合集》。别有康有为手批《梁任公诗稿手迹》单行。生平事迹见《戊戌变法人物传稿》、杨复礼《梁任公先生年谱》及丁文江、赵尔田《梁启超年谱长编》。

冯幵(1873—1931)　近代诗文家。字君木，号阶青。浙江慈溪人。光绪二十三年(1897)贡生。官丽水训导、宣平教谕。不乐仕进，三十而后即归里。与同县陈镜堂、郑光祖、冯毓孳、陈训正等结剡社。少好倚声，晚交况周颐、朱祖谋。朱氏曾选其词入《沧海遗音集》。沙文若所作行状称其文“尚规汉魏”，“剃散浮华，归于简朗”，称其诗主萧澹，取法王安石，“植骨必坚，造意必刻，运息必微，导声必涩，裒然自成一家”。著有《回风堂集》。生平事迹见沙文若《冯先生行状》、陈训正《慈溪冯君木先生述》、袁惠常《冯幵事略》。

孙德谦(1873—1935)　近代骈文家、学者。字受之，一字益庵，晚号隘堪居士。江苏元和(今苏州)人。晚清诸生。任江苏通志局纂修。辛亥革命后，历任东吴大学、大夏大学、交通大学、国立政治大学教授。致力于声韵、训诂、经史之学。工骈体文。著有《四益宧骈文稿》及《太史公书义法》、《汉书艺文志举例》、《刘向校雠学纂微》、《六朝丽指》、《稷山段氏二妙年谱》、《诸子要略》、《诸子通考》等。生平事迹见吴丕绩《孙隘堪年谱初稿》。

黄节(1873—1935)　近代诗人。初名晦闻，后改名节，字玉昆，号纯熙，别号甘竹滩洗石人，又署晦翁。广东顺德人。早岁师事简朝亮，应乡试被抑，即弃举子业。宣统元年(1909)春加入同盟会，次年加入南社。后又与梁鼎芬、姚筠等于广州开后南园诗社。辛亥革命起，广东都督胡汉民聘为广东高等学堂监督。民国六年(1917)后，任教于北京大学、清华大学。民国十七年，一度出任广东省教育厅长。虽为南社社员，诗歌趋向与柳亚子等异趣，宗仰陈师道，得同光体诗人陈衍、陈三立赞扬，然其诗内容实与同光体诗不同。张尔田将其与屈大均、顾炎武并举，谓“得君而三”。曾笺注汉乐府、曹植、阮籍、谢灵运、鲍照、顾炎武诸家诗，五古有深得阮籍精神处。而陈衍独于其用笔拗折加以赞扬。著有《蒹葭楼诗》，生前自定刊行。马以君取已刊及集外佚诗重编为《黄节诗集》。生平事迹见《南社丛谈·南社社友事略》、章炳麟《黄晦闻墓志铭》、冒广生《黄节传》。

徐自华(1873—1935)　近代女诗人。字寄尘，号忏慧词人。浙江石门(今桐乡)人。同盟会会员、南社社员。性聪慧，幼即与诸兄姊从舅马彝卿读。博通经史，为诗文词特工。光绪二十年(1894)，适南浔梅氏，七年后寡居。三十二年春，创浔溪女学，任校长。与所聘教员秋瑾订生死交，资助秋瑾创办《中国女报》，从事光复事业。秋瑾就义后，先为之营葬于绍兴卧龙山，又不顾清廷之忌，约桐城吴芝瑛迁墓于杭州西湖西泠桥畔。光绪三十四年，创议建秋社，被推为社长。民国二年(1913)冬，赴沪创办竞雄女学，任校长。后在沪病逝。诗词学唐宋诸家，尤效李清照、朱淑贞，于委婉清丽中见傲骨。所作诗词文，多散见于《南社丛刻》。陈去病为校订《忏慧词》，刊入《百尺楼丛书》。其妹徐蕴华辑其遗诗为《听竹楼诗稿》。今人辑有《徐自华诗文集》。生平事迹见陈去病《徐自华传》、秋宗章《记徐寄尘女士》及郭延礼《徐自华年谱简编》。

林思进(1873—1953)　近代诗人。字山腴，号清寂翁。四川华阳(今双流)人。光绪三十一年(1905)赴日本考察教育。辛亥革命前官内阁中书。入民国，任四川图书馆馆长、成都府学堂监督、华阳中学校长及成都高等师范学校、成都大学、四川大学、华西协合大学教授。中华人民共和国成立后，任四川大学教授、四川文史馆副馆长。与陈衍、林纾、冒广生交最密，与赵熙同为蜀中诗派领袖，汪国垣《光宣诗坛点将录》评其诗“清新俊逸，兼而有之”。著有《中国文学概要》、《华阳人物志》、《清寂堂集》，主编《华阳县志》。生平事迹见《清寂堂集》卷首。

冒广生(1873—1959) 近代文学家。字鹤亭,一字钝宧,号疚斋。江苏如皋人。成吉思汗后裔。光绪二十年(1894)举人,历官刑部郎中、农工商部郎中。入民国,任财政部顾问、全国经济调查会会长、瓯海关监督等职。博学多闻,熟知掌故,亦擅版本、考据之学,治《管子》有所得。专长仍在词章,诗取径吴伟业、钱谦益、朱彝尊、陈维崧、王士禛,虽曾为《后山诗注》作补笺,于陈师道诗曾致力,但自言"我诗学后山,苦未得其拙"。少从叶衍兰学为词,叶恭绰谓其"瓣香朱(彝尊)陈(维崧),中年以后,兼采众长,而才情横溢,时露本色"(《广箧中词》)。著有《小三吾亭集》,另有未刊诗词藏于其家。生平事迹见《中国现代社会科学家传略》第五辑、冒效鲁《冒鹤亭先生传略》。

王钟声(1874—1911) 近代戏剧家。名熙普,艺名钟声。浙江上虞人。早年留学德国伯莱的西大学,加入中国同盟会。回国后曾任教湖南,不久赴广西,任广西法政学堂监督及洋务局总办。光绪三十三年(1907)辞职去上海,创办我国第一所戏剧学校——通鉴学校,并成立我国首家话剧团体春阳社。宣统三年(1911)参加辛亥革命,任沪军参谋,同年十二月被清政府杀害。曾先后编演过《黑奴吁天录》、《迦茵小传》、《猛回头》、《爱海波》、《孽海花》、《宦海潮》、《官场现形记》、《新茶花女》、《秋瑾》、《张汶祥刺马》等。生平事迹见费行简《近代名人小传》、戴逸主编《清代人物传稿》。

林白水(1874—1926) 近代诗人、记者。原名獬,又名万里,号少泉,又号白水,别署退室学者、白话道人、肖泉等。福建闽侯人。初为求是书院总教席。光绪二十七年(1901)任杭州《白话报》主笔,因倡言革命,被迫停刊。后又主办《警钟日报》。三十年留学日本早稻田大学,加入同盟会。民国成立后,历任福建军政府法制局长、大总统府秘书、众议院议员、福建军务帮办、政事堂主计局委员、参政院参政、直隶都督府秘书长。辞官后从事报业,在京办《公言报》、《和平日报》、《社会日报》等,尤以后者最为著名,辞锋锐利,切中时弊,为军阀所嫉。终以讥及潘复,为军阀张宗昌捕杀。工诗文,为南社社员。著有《林白水先生遗集》、《生春红室金石述记》、《日本明治教育史》、《剑绮缘》、《玫瑰花》、《玉光传》等。生平事迹见李新主编《民国人物传》第三卷、《南社丛谈·南社社友事略》、陈与龄《林白水先生传略》。

刘诒慎(1874—1926) 近代诗人。字龙慧。安徽贵池人。官江苏候补知府。好诗而不善治生,晚贫甚,流寓吴门。诗学同光体,金天羽称其诗"坚苍蕴藉,中涵禅理,句法时时学散原(陈三立)"(《龙慧堂诗序》)。著有《龙慧堂诗》。生平事迹见《清诗纪事》光绪宣统朝卷。

胡石庵(1874—1926) 近代记者、散文家。原名人杰,又名金门,字天石,号石庵。湖北天门人。清末秀才。早年曾与谭嗣同交游。光绪二十六年(1900)唐才常自立军起事于汉口,任参谋。事败脱免,赴日本留学,参与创办《湖北学生界》,组织拒俄义勇队。回国后,入科学补习所。又再度赴日,参加同盟会。回湖北后,入日知会。辛亥革命中,在汉口创办《大汉报》。民国三年(1914)以揭露段芝贵丑闻入狱。获释后,长期从事报业。著有《湖北革命实见记》等。生平事迹见贺觉非《辛亥武昌首义人物传》、范韵鸾《〈大汉报〉主干胡石庵事略》。

杨度(1874—1931) 近代诗文家。字晳子,号虎公、虎禅师、虎头陀,原名承瓒。湖南湘潭人。光绪二十年(1894)举人。二十八年,入日本东京速成师范学校留学。次年回国,参加经济特科考试,初试一等第二名,复试被指为革命党遭拿办,再次东渡日本,入东京政法大学。主张君主立宪,清末曾以候选郎中著四品京堂候补,在宪政编查馆行走。辛亥革命后,任参政院参政,与严复、刘师培等组筹安会,鼓吹帝制。晚年倾向革命,民国十八年(1929)参加中国共产党。工诗文,汪国垣《光宣诗坛点将录》点之为"天牢星病关索杨雄",称其"诗功亦深,惟气体稍嫌平弱"。今人辑有《杨度集》。生平事迹见何汉文、杜迈之《杨度传》、田遨《杨度外传》、陶菊隐《筹安会六君子传》。

陈去病(1874—1933) 近代文学家。原名庆林,字伯儒、百如、佩忍,号伋倩、巢南、垂虹亭长,晚号勤补老人,笔名有季子、有妫血胤、南史氏、大哀、法忍等。江苏吴江人。诸生。光绪二十四年(1898),在吴江同里与金天羽创雪耻学社。二十九年,赴日本留学。回国后,历办各种刊物,任教于上海、镇江、徽州等地中学。光绪三十二年加入中国同盟会。于宣统元年(1909),与柳亚子发起成立南社。入民国,历任讨袁军总司令部秘书、国会参议院秘书长、非常国会秘书长、大总统府咨议、大本营前敌宣传主任、南京东南大学教授、上海持志大学教授。与柳亚子创岁寒社,参加新南社。后历任国民党中央监察委员、内政部参事、江苏革命博物馆馆长等职。兼工诗文,其文多有关抗清史料及宣传革命之作,诗篇多高歌慷慨,激励人心。著有《浩歌堂诗钞》、《拜汲楼诗集》、《挥戈集》等。生平事迹见《垂虹亭长自传》、金荃《陈去病先生年谱》。

易孺(1874—1941) 近代词人。原名廷熹,字季复,号大厂。广东鹤山人。早年肄业于广雅书院,从梁鼎芬治朴学。后赴日本留学,习师范。回国后从杨文会研佛学。历任北京高等师范学校、上海音乐学院教授。曾与萧友梅共同创作新体乐歌,己作词,友梅作曲,流行于民国初年。晚穷愁落魄而卒。工书画诗文,尤精填词、篆刻。为陈澧再传弟子,又入南社。钱仲联《近百年词坛点将录》点之为"地丑星石将军石勇"。叶恭绰《箧中词》评其词"审音琢句,取径艰涩"。龙榆生《近三百年名家词选》称其"爱取周、吴诸僻调,一一依其四声虚实而强填之,用心至苦,自谓'百涩词心不要通'云"。著有《大厂词稿》、《和玉田词》、《双清池馆诗词稿》。生平事迹见《近三百年名家词选》、《南社丛谈·南社社友事略》。

邱炜萲(1874—1941) 近代诗人。原名德馨,更名炜萲,字菽园,号星洲寓公。福建海澄(今龙海)人。光绪十九年(1893)举人。其父为新加坡著名米商。会试落第后,曾参加公车上书,反对割让台湾。回新加坡后与林文庆组织好学会,又独资创办《天南日报》,鼓吹变法维新。光绪二十六年邀康有为至新加坡,被康推为南洋英属各邦保皇会分会会长。同年唐才常在汉口密谋武装起义,炜萲捐饷二十五万元,为康有为扣压,遂与康绝交。后因投资地产亏损破产。晚礼佛参禅,不问世事。工诗,李俊承称其所作"才华艳发,不名一家,已而刊落枝叶,极理要则,蜕尽缘情绮靡故习,几于前后判若两人"(《菽园居士诗集叙》)。又好小说研究。著有《菽园诗集》、小说《两岁星》、小说评论著作《新小说百品》、《客运庐小说话》、杂著《五百石洞天挥麈》、《菽园赘谈》。生平事迹见张叔耐《邱菽园传略》。

张尔田(1874—1945) 近代文学家、学者。一名采田,字孟劬,号遁堪,一作遁龛。浙江钱塘(今杭州)人。初官刑部,后以知府候补江苏,丁父忧去官。民国初,曾应史馆聘,预修《清史稿》。旋任政治大学、交通大学、北京大学、北京师范大学教授,晚为燕京大学国学总导师。邃于史学,承章学诚之绪,为浙东学派后劲,并精佛学,专攻俱舍宗义。沈曾植以与王国维、孙德谦并称为"三君"。其文古洁隽永,诗则宗李商隐。词为最胜,父上龢,曾从蒋春霖受词学,又与郑文焯为词友,尔田继承家学,并得与文焯研讨,更究极幽微。叶恭绰《广箧中词》称其"所作亦具冷红神理"。夏敬观序其词集以为"叩于窈冥,诉于真宰,心癯而文茂,旨隐而义正"。著有《史微》、《蒙古源流笺证》、《俱舍论诠注》、《入阿毗达摩论讲疏玄义》、《玉溪生年谱会笺》、《遁堪文集》、《遁庵乐府》。生平事迹见王蘧常《张孟劬先生传》。

许承尧(1874—1946) 近代诗人。字际唐,又作霁塘,别署疑庵,晚号疑翁。安徽歙县人。光绪三十年(1904)进士,改庶吉士。次年即回乡办学,任新安中学堂和紫阳师范学堂两校监督,继与黄宾虹等同盟会同志建秘密革命组织"黄社",许自任理事。旋返京,任翰林院编修兼国史馆协修。辛亥革命后,曾先后任安徽都督府高级参谋、甘肃省长府秘书长、渭川道尹等职。其诗初学李贺、温庭筠,后宗杜甫、韩愈、孟郊,间及阮籍、陶潜、梅尧臣、陈与义。早期与同省马其昶、吴承仕游,作品多写新事物、新哲理,与诗界革命异途同归。后期与"同光体"诗人通往来,亦与金天羽投契,作品亦多关心国政民瘼。尤擅写景,黄山诗最工。陈宝琛序其集,叹为正声。著有《疑庵诗》。生平事迹见徐步云《许疑庵传略》、吴立奇《许疑庵先生墓表》。

金天羽(1874—1947) 近代文学家。初名懋基,又名天翮,字鹤望,号松岑,别署金城、爱自由者、天放楼主人。江苏吴江人。诸生。早年肄业江阴南菁书院,曾受业汉学家曹元弼之门。光绪二十四年(1898),荐试经济特科,辞不赴。在乡兴办教育。后至上海,与爱国学社之章炳麟、邹容等交游甚密,倡言革命。《苏报》案发,屏迹乡间。入民国,历任江苏省议员、吴江教育局长、江南水利局长。晚居苏州,与章炳麟、陈衍创办国学会。抗日战争时期,坚守民族气节,任上海光华大学教授。卒后,门人私谥曰贞献先生。诗、文、词并工,并能为小说,《孽海花》前十回为其所作。诗集中反映中外新事物、新思想之作颇多,吸取古代名大家之长而自创面目,才气纵横,千变万化,继黄遵宪而起,为诗界革命之后劲。对同光体诸家,深致不满,主盟诗坛,几夺陈三立、陈衍之席。范镛著《诗坛点将录》,以智多星吴用一员当之。散文熔铸庄子、司马迁、班固于一炉，其《皖志列传稿》中，佳篇尤多。亦为词，得辛弃疾神理。著有《天放楼文言》、《天放楼诗集》、《红鹤词》。生平事迹见徐震《贞献先生墓志铭》、金元宪《伯兄贞献先生行状》、王诠济《金松岑先生年谱》。

丁福保(1874—1952)　近代出版家、医学家。字仲祜，号畴隐居士，又号济阳破衲。江苏无锡人。光绪二十二年(1896)生员。早从华蘅芳治数学。后在上海创办丁氏医院和医学书局。曾赴南京参加医科考试，获最优等开业证书。在文学方面，其突出贡献为编刊大型总集。曾先后主持编辑出版《汉魏六朝名家集初刻》、《全汉三国晋南北朝诗》、《文学类诂》、《清诗话》、《历代诗话续编》等。晚究心佛学，曾编撰《佛学大辞典》、《一切经音义汇编》等。在文字学方面曾主持编刊《说文解字诂林》、《说文解字诂林补遗》。生平事迹见《畴隐居士自传》、《畴隐居士自订年谱》。

夏仁虎(1874—1963)　近代诗人。字蔚如，号枝巢。江苏江宁人。少肄业于江阴南菁书院。光绪二十八年(1902)举人。清末官御史。民国成立，任北洋政府盐务署秘书、财政部参事、镇威将军公署政务处处长、安福国会众议员。后又任财政部次长、国务院秘书长。抗战军兴，先后执教于北京大学、北京师范大学等校。中华人民共和国成立后，受聘为中央文史馆馆员。作《清宫词》二百首，自序云："存一代之典章，纪一时之风尚，明一朝之得失，见一事之是非。"郭则沄谓其"胸有阳秋，皆归丽则"(邱良任《清宫词选序》引)。著有《啸庵诗存》、《啸庵词稿》等。生平事迹见夏承栋录《枝巢九十回忆篇》、《清诗纪事》光绪宣统朝卷。

吕湘　近代女词人。字惠如。安徽旌德人。山西学政吕凤岐长女。与其妹美荪、坤秀、碧城并从事教育，曾任南京两江师范校长。姊妹均以文学著名。湘与碧城尤以词名世。亦工诗，秋梦称其诗"稿中佳句极多"，如《秋日杂书》、《咏霜》等"丰神秀韵，亦可窥见一斑矣"(《倚霞轩诗话》)。而《庚子书愤》四首，对八国联军入侵，抒发民族义愤，尤见其爱国情操。其诗词存于《吕氏三姊妹集》。生平事迹见《清诗纪事》光绪宣统朝卷。

吴芝瑛(？—1933)　近代女诗人。字紫瑛。安徽桐城人。无锡廉泉妻。幼年即喜读文史之书，娴于书法。十九岁后寓居北京。与秋瑾交谊甚深，为其盟姊，同情、支持其革命行动。曾积极赞助其东渡日本留学，集京师诸姊妹于陶然亭饯行。秋瑾遇难后，与徐自华葬之于杭州西泠岳坟之东，且于所居小万柳堂筑悲秋阁，作《哀山阴》诗及《记秋女侠遗事》文。后在乡创办鞠隐小学，并曾筹款救济苏皖灾民。其诗散见于郭则沄《十朝诗乘》等中。生平事迹见贾逸君《中华民国名人传》、陈谧《吴芝瑛传》。

林旭(1875—1898)　近代诗人。字暾谷。福建侯官(今闽侯)人。光绪十九年(1893)举人，入赀为内阁中书。康有为昌言变法，林在乡为闽学会首领，又为保国会会员。二十四年七月，以少詹事王锡蕃之荐，得清德宗召见，与谭嗣同等同授四品军机章京，参与新政，上谕多出其手。戊戌政变起，被害，为"戊戌六君子"之一。才气横溢，为李鸿章所赞赏。其诗属近代同光体闽派，虽取径陈师道，但上溯杜甫、韩愈、孟郊，境界并不狭窄。陈衍称其作诗"宁艰辛勿流易，宁可憎勿可鄙"(《晚翠轩诗序》)，汪国垣谓其"精思健笔"，"其心苦，其词迫"(《光宣诗坛点将录》，钱仲联亦谓其"用意豁刻，而措辞涩苦"(《梦苕庵诗话》)。著有《晚翠轩集》。生平事迹见《戊戌变法人物传稿》、《清史稿》卷四六四、梁启超《林旭传》、陈衍《林旭传》。

胡朝梁(？—1921)　近代诗人。字子方，一字梓方。江西铅山人。早岁肄业震旦、复旦二校。初学海军。精外文，曾助林纾译西方小说。后游陈三立之门，在北京官部曹，寓壁尽张海内名贤诗翰，号曰诗庐。入民国，曾佐徐树铮幕府，又一度屏迹学佛。其诗宗法黄庭坚、陈师道，瘦硬兀傲，写情刻挚，七律多拗调，严复、梁鼎芬、陈三立、陈衍、胡先骕诸家皆称许之。近代江西诗派中，为重要一家。著有《诗庐诗存》。生平事迹见《近代诗钞》、《民国人物碑传集》卷一〇。

陈天华(1875—1905)　近代散文家。原名显宿，字星台、过庭，号思黄。湖南新化人。早赴日本弘文学院留学。曾参与组织拒俄义勇队和军国民教育会，与黄兴等从事反清革命活动。光绪三十年(1904)与黄兴等在湖南策划反清武装起义。次年在日本东京参与发起成立同盟会，创办《二十世纪之支那》杂志。《民报》创刊后，任撰述员。曾著《猛回头》、《警世钟》等作品，宣传民主革命，主张推翻满清统治，建立民主共和国，发生很大反响。为抗议日本文部省颁布《取缔清国留学生规则》，在日本大森海湾投海自尽。著有《陈天华集》，系后人辑其遗作而成。生平事迹见李新主编《民国人物传》第一卷、戴逸主编《清代人物传稿》下、冯自由《陈天华事略》。

秋瑾（1875，一作1877—1907）　近代女革命家、诗人。原名闺瑾，小字玉姑，字璇卿，号旦吾，留学日本时易名瑾，字竞雄，别署汉侠女儿、鉴湖女侠、姑秋氏。浙江山阴（今绍兴）人。幼随父母侍奉祖父任所，即习咏吟。光绪二十二年（1896），适湘潭豪绅子王子芳。二十九年春，夫入赀为户部主事，随夫进京，结识吴芝瑛，阅读新书报，始有革命思想。三十年，留学日本，入东京中国留学生会馆日语讲习所补习日语，并参加留学生中爱国活动，创刊《白话》杂志。三十一年春归国省亲。由徐锡麟介绍入光复会，再东渡日本。同盟会成立，即由冯自由介绍入会。归国，应聘为湖州浔溪女学教员，与校长徐自华订交。又在沪创办《中国女报》，宣传反清革命。后任绍兴大通学校校长，联络反清志士，与徐锡麟谋武装起义，事败被捕遇害。为近代民主主义革命烈士、妇女解放运动先驱。其诗词文，慷慨激越，充满英雄主义与理想主义情调，一扫旧诗坛拟古习气，独树一帜。今人辑有《秋瑾集》。生平事迹见吴芝瑛《秋女士传》、徐自华《鉴湖女侠秋瑾墓表》、周芾棠《秋瑾年谱》、郭延礼《秋瑾年谱》。

徐念慈（1875—1908）　近代文学家、翻译家、教育家。原名烝乂，字念慈，以字行，后又改字彦士，别号觉我，自署东海觉我。江苏昭文（今常熟）人。弱冠精通英、日文字，擅数学，能文章，名满乡里。戊戌变法时，新学兴起，与同里丁祖荫等办中西学社、高等小学，又组织教育同盟会，创立竞化女学等，开地方风气之先。后应曾朴之招，助其在上海创办小说林书社，任编辑部主任，同时执教于竞存公学、爱国女校、尚公小学，并参与组织中国教育会。在所编《小说林》发表英、美、法、印等国小说译本，并加批评润色。所撰科幻小说为国人先行。所作《余之小说观》、《小说林缘起》诸文，为重要小说理论文献。其译作与创作，对中国近代小说发展均具一定影响。著有白话小说《情天债》、科幻小说《新法螺先生谭》等，译有《美人妆》、《黑行星》、《新舞台》、《海外天》等。生平事迹见《民国重修常昭合志》卷二〇、时萌《徐念慈年谱》。

麦孟华（1875—1915）　近代词人。字孺博，号蜕庵。广东顺德人。光绪十九年（1893）举人。康有为弟子。二十一年，赴京应进士试，参与"公车上书"，加入强学会，任《中外纪闻》编辑。二十四年，列名保国会。戊戌政变后，流亡日本，助梁启超办《清议报》。入民国，袁世凯称帝，两召其相见，且欲授以教育总长。拂衣出京，与潘之博同入南京冯国璋幕，共谋倒袁。民国四年（1915）正月，脑溢血卒于上海。麦、潘齐名，康有为称之为"粤两生"，为刊《粤两生集》。诗词并擅，词尤著名，梁令娴《艺蘅馆词选》多录其词评。著有《蜕庵集》。生平事迹见《戊戌变法人物传稿》。

潘之博（？—1916）　近代词人。初名博，字若海，亦字弱海。广东南海（今广州）人。少不喜举子业，尝从军广西，稍长，受业于康有为，与同门麦孟华齐名，有"粤两生"之目。官于民政部，旋客上海。民国三年（1914），冯国璋慕其名，延入江苏都督幕府。袁世凯欲称帝，之博与孟华在冯幕，共策划联络各省共倒袁。袁知其事，怒命严捕，乃避往香港，呕血死。叶恭绰称其"为词孟晋，思深力沉，天假以年，足以大成"（《广箧中词》）。著有《弱庵词》。康有为汇刊其与麦孟华之作为《粤两生集》。生平事迹见潘其琯《先府君行述》。

诸宗元（1875—1932）　近代诗人。字贞壮，一作贞长，号大至居士。浙江绍兴人。光绪二十九年（1903）副贡。好魏源、龚自珍之学，名书斋为"默定书堂"。光绪三十年与黄节、邓实等创立国学保存会，次年创办《国粹学报》。后应张謇之邀掌翰墨林书局，又入江苏巡抚、湖北总督瑞澂幕中，荐保直隶州知州，署黄州知府，入同盟会、南社。入民国，张謇聘为水利局秘书。历任浙江督军府秘书、浙江电报局局长、教育部简任秘书。辞职归，卒于上海。南社诗人多反对"同光体"，而宗元与黄节则取径宋人，与"同光体"诸诗人陈三立、俞明震、夏敬观、李宣龚相酬唱。其诗风格隽上，取径陈与义。至其内容，反映现实，表现理想者仍不少。著有《大至阁诗》、《吾暇堂类稿》、《箧书别录》、《中国书学浅说》。生平事迹见《近代诗钞》、《南社丛谈·南社社友事略》。

刘艺舟（1875—1936）　近代剧作家。原名必成，后改名木铎，以字行。湖北鄂城（今鄂州）人。早主维新，曾上书张之洞，鼓吹变法。后入日本早稻田大学留学，与黄兴、宋教仁相交，加入同盟会。归国后，以戏剧宣传革命。辛亥革命时，率艺友攻占登州、黄县，任山东军政府登黄都督，后改烟济登黄司令。袁世凯执政后，入上海新舞台演出。二次革命失败，流亡日本。

民国四年(1915)作为留日学生代表回国请愿，反对二十一条，被捕入狱。袁世凯死后获释。后因编《黄帝梦》一剧，为执政所忌，再次被捕。此外还编有新剧《爱国血》、《张汶祥刺马》、《隔帘花影》、《林冲》、《复活》、京剧《石达开》等。生平事迹见《湖北省志人物志稿》第二卷、洪忠煌《刘艺舟传略》、刘木铎《回忆我的父亲刘艺舟》。

杨圻(1875—1941) 近代文学家。初名朝庆，更名鉴莹，又名圻，字云史，号野王。江苏常熟人。以诸生录为詹事府主簿，后又为户部郎中。光绪二十八年(1902)举人，官邮传部郎中，出任驻英属七洲、海门领事。入民国，任吴佩孚秘书长。抗日军兴，避地香港，遣其妾携书至北京，劝阻吴佩孚出任傀儡。病殁于香港。圻于举世宗西昆、宗宋人之时，独为盛唐高调，追踪杜甫，但不同于明七子之模拟。亦学白居易、吴伟业，歌行以《檀青引》、《天山曲》最著名，才华艳发，与樊增祥辈上下，世推为"绝代江山"。多为组诗，动辄数十首。晚年居香港时所作抗战诗篇，沉郁苍凉，无愧诗史。但身为民国官吏，而诗多遗老口吻，不免抒情不真。亦工词，哀感顽艳如其诗。著有《江山万里楼诗钞》与《词钞》，另居港时所作，有油印本、传抄本流播。生平事迹见陈灨一《杨云史先生家传》。

钱振锽(1875—1944) 近代诗文家、书画家。字梦鲸，号谪星，又号名山、庸人，别署星影庐主人、海上羞客等。江苏阳湖(今常州)人。光绪十九年(1893)举人。二十九年成进士，授刑部主事。上书言事不为用，次年丁父忧乞归故里。宣统元年(1909)服满入都，再次上书都察院，留中不发，乃弃官回乡。辛亥革命后，绝意仕进，束发作道装，以著书讲学为务。日本侵华，常州沦陷后，流寓上海，鬻字为生，以病卒。通医术，工书画，尤擅诗文。诗法李白、白居易，文宗韩愈、苏轼。书法初学颜体，后学汉隶、北碑，兼融怀素、羲之神韵。画则独喜兰竹。张大千、朱屺瞻、谢稚柳等之书画，皆得其指授。夏承焘称其"诗文不假涂饰，自写胸臆，意气高迈，有壁立千仞之概"(《天风阁学词日记》)。所著合刊为《名山全集》，后另有《名山诗集》，内含词作。生平事迹见《清代毗陵名人小传》、钱振锽《钱名山自传》。

夏敬观(1875—1953) 近代文学家、学者。字剑丞，号盥人，又号吷庵。江西新建人。光绪二十年(1894)举人，历任三江师范学堂、复旦、中国公学监督，江苏巡抚参议，署浙江提学使。民国初，任浙江教育厅长。旋退寓上海。早岁为今文经学家皮锡瑞高足，后又在上海随文廷式学词。诗出入唐、宋，途径亦宽，而其所揭橥之旗帜，则独尊梅尧臣，钱仲联《论近代诗四十家》谓其诗"苦涩得鲜新"，如"宋梅老着花"。近代江西诗人，陈三立后，推为巨擘，但宗尚不同。持论时亦有偏，谓七律组诗至八首，必无佳作，极诋王世贞。又工词，张尔田《论学书札》称为词家之郑珍，谓其"取径自别"，"下笔能辣"。叶恭绰《广箧中词》谓其"平生所学，皆力辟径涂，词尤颖异，三十后已卓然成家"。著有《汉短箫铙歌注》、《词调溯源》、《宛陵集注》、《学山诗话》、《忍古楼词话》。自撰诗词有《忍古楼诗》、《吷庵词》。生平事迹见《近三百年名家词选》、《吷庵自记年历》及其子承诗所撰行状、叶玉麐所撰墓志铭。

陈衡恪(1876—1923) 近代诗人、画家。字师曾，号槐堂，又号朽道人。江西义宁(今修水)人。陈三立长子，范当世婿。早年留学日本，入日本高等师范学校博物学专科。归国后，先后任江西教育司长，教育部编纂处编纂委员、北京美术专门学校教授，从事于美术教育。病逝于南京。擅书法、篆刻，尤工画，得吴俊卿指授，山水参合沈周、石涛笔法，写意花果取法陈道复、徐渭，为近代名家，与齐白石交契。诗承家学，但不为三立之奥衍，以清隽取胜，抒情真挚，为陈衍诸家所赞赏。著有《陈师曾遗诗》、《补遗》、《中国绘画史》、《中国文人画之研究》。生平事迹见陈三立《长男衡恪行状》、袁思亮《陈君师曾墓志铭》、龚产兴《陈师曾年表》。

李宣龚(1876—1952) 近代诗人。字拔可，号观槿，晚号墨巢居士。福建闽县(今闽侯)人。光绪二十年(1894)举人。三十三年权桃源知县，调署上元知县，不赴。后捐得湖北候补知府。为商务印书馆创办人之一，筑硕果亭于上海，时有文酒之会。少与林旭为文字骨肉交，旭遇难，一再为其刻印遗集。为诗嗜陈师道，后又学王安石，从郑孝胥游，诗风继承其衣钵，世推为闽派后劲。杨钟羲序谓"闽人之诗，沧趣(陈宝琛)典远，其绪密，海藏(郑孝胥)清刚，其气爽，拔可出稍后，深粹坚栗，境界日辟，亦不以千里畏人者"。著有《硕果亭诗》、《墨巢词》。生平事迹见《近代诗钞》、《中国近代文学大系·诗词集》及李元信《环球中国名人传略》。

刘成禺(1876—1953) 近代诗人。本名问尧，字禺生，笔名壮夫、汉公、刘汉。湖北武昌人。生于广东番禺(今广州)。容闳弟子。南社社员。清末京师大学堂毕业,后赴日本,又留学美国旧金山。归国后,与张百烈等成立民国第一书局,历任参议院议员、大元帅府高等顾问、大总统府宣传局主任、大本营参议、国民党中央执行委员、监察院监察委员、粤桂区监察使。中华人民共和国成立,任湖北省人大代表、参事室参事、中南军政委员会文教委员。当袁世凯行帝制之时,处京师久,习闻其事,于是作《洪宪纪事诗》记其始末,章太炎序称"其词瑰玮可观"。初稿印于《禺生四唱》中,其后又自注本事,刊为《洪宪纪事诗本事簿注》,自云仿严遂成《明史杂咏》、厉鹗《南宋杂事诗》之体。孙中山跋称其"宣阐民主主义,鉴前车之得失,示来者之惩戒,国史庶有宗主"。另著有《世载堂诗稿》、《世载堂杂忆》、《太平天国战史》。生平事迹见《南社丛谈·南社社友事略》、《民国人物小传》、《中国新闻年鉴》1983 年卷。

由云龙(1877—?)　近代文学家。字夔举,号定庵,别署碧峣散人。云南姚安人。光绪二十三年(1897)举人。后毕业于京师大学堂,官候补学部主事。辛亥革命后,任大理、丽江、楚雄、永昌、顺宁、永北五府一厅自治总理,旋署永昌知府。后历任云南都督府秘书长、北洋政府云南教育司司长、政务厅厅长、云南将军府秘书长、云南水利局局长、云南盐运使、云南实业厅厅长、清史馆名誉协修。少攻帖括,于诗少留意,唯好沈德潜《古诗源》,所作曾受朱庭珍赞赏。后远涉重洋,诗取径亦宽,上法杜甫、韩愈、王安石、黄庭坚,近师钱载、郑珍、郑孝胥,属宋诗派一路。周钟岳序其诗称:"以君之才丰学赡,又身历诸艰,壮游数万里外,意其所作,必慷慨任气,磊落使才,顾乃春容夷愉,略无噍杀淫哇之响。"诗文外,又有戏曲传奇之作。著有《定庵诗存》、《定庵诗话》及《幻缘记》传奇。生平事迹见《清诗纪事》光绪宣统朝卷、勃德《中华今代名人传》。

高旭(1877—1925)　近代文学家。字天梅,号剑公、钝剑、慧云。江苏金山(今属上海)人。光绪三十年(1904),留学日本东京政法大学,参加同盟会,任江苏分会会长,在东京创办《醒狮》杂志。回国后创办健行公学。宣统元年(1909),与柳亚子、陈去病等创建南社。辛亥革命起,任金山军政分府司法长,与陈去病创办《大汉报》。民国二年(1913)任众议院议员。曾两度南下广州,参加非常国会。后因参与曹锟贿选总统投票,为时论所贬。南社柳、陈等发表声明,宣布"不再承认其社友资格"。工诗,才气奔放,受"诗界革命"派影响,力求开拓新境界。辛亥前曾伪作大量石达开诗以鼓吹革命。亦能词。著有《天梅遗集》、《愿无尽庐诗话》,编有《变雅楼三十年诗征》。生平事迹见郑逸梅《南社丛谈·南社社友事略》、陈去病《高柳两君小传》。

王国维(1877—1927)　近代学者、词人、文学评论家。初名国桢,字静安,一作静庵,一字伯隅,晚号观堂。浙江海宁人。诸生。早岁从罗振玉游。留学日本,通多国文字,究心自然科学与哲学等,受尼采、叔本华等哲学、美学思想影响。光绪末年,执教于苏州师范学堂,充学部图书馆编译名词馆协修。辛亥革命爆发,东渡日本。归国后,充溥仪南书房行走。后主讲清华大学研究院。民国十六年(1927),自沉于颐和园昆明湖。国维学术上为近代大师,甲骨文、古史研究等均为开风气者。文学上,在晚清即从事戏曲、小说、词以及西方哲学、美学的研究,著《宋元戏曲考》、《人间词话》、《屈子文学之精神》、《文学小言》、《红楼梦评论》。其文艺理论较早吸收西方哲学、美学思想及其方法,受叔本华影响尤深。其论词之"境界"说,为其文艺理论的中心与精髓。其诗早期即有思想新颖的作品,近体风格近陆游。民国后所作,《颐和园词》最著名,但为慈禧太后饰过,遗老思想较重。近体趋于高简,则受沈曾植影响。尤工词,提倡"境界"说,主张"自然"。所作取径南唐、北宋,樊志厚序称其"往复凄咽,动摇人心,快而能沉,直而能曲","言近而旨远,意决而辞婉,自永叔以后,殆未有工如君者"。著作共六十二种,收入《海宁王静安先生遗书》者凡四十二种。诗分别收于早期的《静安文集》及后期的《观堂集林》。词有《人间词甲乙稿》,朱祖谋删定为《观堂长短句》,刊入《沧海遗音集》。生平事迹见《清史稿》卷四九七、费行简《观堂先生别传》、赵万里《王静安先生年谱》、萧艾《王国维评传》。

陆士谔(1877—1944)　近代小说家。名守先,以字行。江苏青浦(今属上海)人。早年曾随名医唐纯斋学医五年。父殁后为维持生计,赴上海行医。见世人喜读小说,遂又经营租书。业余尝试撰作,竟获成功。因弃旧业,改以小说创作为职业。后得小说家孙家振之助,兼营行医旧业。所著小说甚丰,内容以谴责小说居多,也曾写过歌颂辛亥革命的小说,以及历史小说、武侠小说、文言小说。李友禽序其《新上海》，谓其“用笔尖冷峭峻”，“淋漓尽致”。著有长篇小说《新三国》、《新水浒》、《新野叟曝言》、《风流道台》、《新孽海花》、《新中国》、《新上海》、《十尾龟》、《血泪黄花》、《八大剑侠》、《血滴子》、《清朝开国演义》、《清史演义》、《三剑客》、文言小说《蕉窗闲话》等。生平事迹见《民国旧派小说名家小史·陆士谔》。

陈景韩(1877—1965) 近代小说家。又名冷，笔名冷血、不冷、华生、无名、新中国之废物。江苏松江(今属上海)人。光绪二十七年(1901)加入同盟会，曾任《大陆报》记者。《时报》创刊，任主笔。撰文为时论体。民国二年(1913)后长期任《申报》总主笔。其后入中兴煤矿公司任董事长兼总经理。中华人民共和国成立后，任上海市政协委员。早主笔报刊期间曾发表小说译著《福尔摩斯来华探案》、《销金窟》、《土里罪人》、《火里罪人》、《白云塔》、《虚无党》，另创作有《新西游记》，又与包天笑等合刊《短篇小说丛刊》。生平事迹见戚再玉《陈冷》、陈洪范《松江革命前辈陈景韩先生》、郑逸梅《报坛耆宿陈冷血》。

吴闿生(1878—?) 近代诗文家。原名启孙，字辟疆，号北江。安徽桐城人。吴汝纶子。诸生，官候选知府。师事姚永概、贺涛、范当世，受古文法。曾留学日本。归国后，讲学京师。提倡复古，又对革命烈士礼赞有加，在新旧时代交替之际，思想矛盾。晚归桐城。所为古文，“雄古简奥，序次有节奏神采”(刘声木《桐城文学渊源考》)。著有《北江文集》、《北江诗集》，另编有《国文教范上下编》、《古今体诗约选》、《晚清四十家诗钞》等。生平事迹见《桐城文学渊源考》卷一〇、贺涛《吴先生墓表》。

汪荣宝(1878—1933) 近代诗人、学者。字衮甫，一作衮父，又字太玄。江苏元和(今苏州)人。光绪二十三年(1897)拔贡，次年应朝考，以七品小京官入兵部任职。后赴日本留学，入早稻田大学与庆应义塾。回国后历任京师译学馆教习、民政部参事、民政部右参议、资政院议员、协纂宪法大臣。入民国，任临时参议院议员。参加进步党。出任驻比利时、瑞士公使。民国十一年(1922)，出任驻日本公使。二十二年回国后，任陆海空军副司令部行营参议、外交委员会委员长。出黄以周、章炳麟门下，精小学音韵，著有《法言疏证》、《歌戈鱼虞模古读考》等。亦能文，章炳麟称其“夷犹清典，自以上嗣陆机，视江鲍蔑如也”(《墓志铭》)。工诗，为吴下西昆诗派健将，早年在北京，与张鸿、曹元忠等唱和，所成《西砖酬唱集》，即由汪作序。后期诗风有变化，自称“少壮所作，专以隐约缛丽为工，久之亦颇自厌”。于王安石、苏轼、陈师道等，多所取资。著有《思玄堂诗集》。生平事迹见贾逸君《中华民国名人传》、章炳麟《故驻日本公使汪君墓志铭》。

恽铁樵(1878—1935) 近代小说家。名树珏，字铁樵，别署焦木、冷风等。江苏武进人。早年入南洋公学，后任教于中学。民国元年(1912)应上海商务印书馆聘，主编《小说月报》，推进小说发展，热诚奖掖后进，造就一批小说名家。后因子女误于庸医，乃发愤研习医学。晚年又创办中医函授学校于上海。所作小说必求蹊径独辟，精益求精，时有“大说家”之誉。又尝学林纾以章回体译外国文学。著有长篇小说《聊斋志异演义》，其他中短篇辑入《说林》丛书第十四辑。所著《工人小史》，素称近代描写工人题材的第一篇小说。译著有《豆蔻葩》、《波痕夷因》、《英伦之女贼》等小说。钱基博《说林》第十四辑序评曰：“恽子生于衰季之世，闵流俗之慆淫，嫉贪夫之在位，故其所著书，轻禄仕，贵武侠，道男女好悦之辞，微言讽刺，”“甚质而不俚，有先人大云之流风焉。”生平事迹见《民国旧派小说名家小史·恽铁樵》、孙世扬《恽先生传》、许廑父《恽铁樵》。

连横(1878—1936) 近代诗人。初名斌，字雅堂，号慕陶，更名横，字武公，又字天纵，又号剑花。祖籍福建龙溪(今龙海)，迁台湾安平(今台南)。早受遗训，不事科举。台湾沦亡后，曾内渡厦门，创办《福建日日新报》。后归台主持《台澎日报》、《台南日报》、《台湾新闻》汉文部。又与林痴仙创办栎社。辛亥革命后重返大陆，周游大江南北，三年后又归台。曾创刊《台湾诗荟》，开办雅棠书局，宣传爱国思想，至民国二十二年(1933)回大陆定居。著有《剑花室诗集》、《雅堂文集》、《台湾通史》，编有《台湾诗乘》、《台湾语典》。生平事迹见连震东《连雅堂先生家传》、郑喜夫《连雅堂先生年谱》。

陈栩(1878—1940) 近代文学家。原名寿嵩，字昆叔、栩园，号蝶仙，笔名天虚我生、太常仙蝶、惜红生、国货之隐者。浙江钱塘(今杭州)人。光绪贡生。弃科举，好小说、戏曲、弹词、诗词，年十七任杭州《大观报》主编。光绪三十三年(1907)在上海创办著作林书社，出版《著作林》杂志。民国二年(1913)起在上海先后主编《游戏杂志》、《女子世界》、《申报》副刊《自由谈》。民国十五年加入南社。后又创办实业，发展民族工业。早年曾创作《潇湘影弹词》、长篇小说《泪珠缘》，开鸳鸯蝴蝶派小说之先声，其后创作并翻译大量小说、剧作。著译有《杜宾侦探案》、《桑狄克侦探案》、《福尔摩斯侦探案全集》、《玉田恨史》、《黄金祟》、《琼花劫》、《井底鸳鸯》，剧作《桐花笺传奇》、《花木兰传奇》、《自由花传奇》、《媚红楼传奇》等，另有诗集《栩园诗剩》。生平事迹见《南社丛谈·南社社友事略》、陈定山《我的父亲天虚我生》、钝根《天虚我生小史》、江绍贞《陈蝶仙》。

陈曾寿（1878—1949）　近代文学家、画家。字仁先。湖北蕲水（今浠水）人。诗人陈沆曾孙。光绪二十九年（1903）进士，任刑部主事。试经济特科，入高等，调学部主事，累迁员外郎、郎中。宣统初，授广东道监察御史。民国后，自居遗老，筑室杭州小南湖，室悬吴镇《苍虬图》，因名其所居曰苍虬阁。张勋复辟，出任学部右侍郎。晚年随溥仪往东北，任伪近侍处长。为近代宋诗派突出诗人，而非墨守宋人者，初学《骚》、《选》，后学韩愈、李商隐、王安石、黄庭坚、陈师道，兼有雄深雅健、温婉深微之长。早期有进步之作，咏松咏菊，山水纪游之作多名篇。陈三立序其诗，谓"比世有仁先，遂使余与太夷（郑孝胥）之诗，或皆不免为伧父"。辛亥革命以后之诗，时多遗老口吻。亦工词，骨采飞腾，叶恭绰谓其"并世殆罕俦匹"（《广箧中词》）。张尔田谓其"颇能用思，不尚浮藻，然是诗意，非曲意，此境亦前人所未到者"（《与龙榆生论词书》）。曾选《旧月簃词选》，录宋人词以标宗旨。著有《苍虬阁诗》、《旧月簃词》。生平事迹见陈祖壬《蕲水陈公墓志铭》。

高燮（1878—1958）　近代诗人。字时若，号吹万，又号寒隐，别署志攘、黄天、葩叟等。江苏金山（今属上海）人。南社社员，为社中耆宿，与侄高旭并负诗名。民国七年（1918）柳亚子辞南社主任，社友拟推之为盟主，力辞。早年即有排满兴汉思想。治学甚勤，主持国学商兑会、寒隐社，刊行《国学丛选》，四方文士每集其山庄。尤喜藏书，搜集有关《诗经》典籍数千种，贮吹万楼中。又工书法，善学颜真卿。高旭《愿无尽庐诗话》称其《浙江观潮》诗"实为七古中奇作"，与黄景仁前后《观潮》两诗相较，"正不复能定其优劣"。著有《吹万楼诗》、《吹万楼文集》、《拜鹃室词》、《感旧漫录》、《读诗札记》、《吹万楼日记》等。生平事迹见《南社丛谈·南社社友事略》、秦翰才《高吹万先生年谱》。

徐卓呆（1878—1958）　近代小说家、戏剧家。名傅霖，字卓呆，号筑岩，又号半粿，别署徐半梅、徐梦岩、阿呆、李阿毛等。江苏吴县人。留学日本攻体育，学成归国，于上海创办中国体操学校与体操传习所，著体育书多种，培养体育人才甚多。宣统三年（1911），在《时报》独辟专栏，品评新剧，提倡戏剧改良，编剧本，粉墨登场，艺名徐半梅，与郑正秋、汪优游相切磋。后以剧界人品不齐，脱离剧坛，专事小说创作，并主编《时事新报》、《新上海》、《现世报》等报刊。所著小说，风格诙谐幽默，有"小说界的卓别麟"之称。著有《徐卓呆说集》、《卓呆小说集》、《创痕》，长篇有二十余种，如《非嫁同盟会》、《李阿毛外传》、《人肉市场》、《何必当初》等，另著有话剧剧本《遗嘱》、《故乡》及与包天笑合撰之《牺牲》、《怨》等，又有《话剧创始期回忆录》等。生平事迹见赵苕狂《徐卓呆传》、钝根《徐卓呆小史》及严芙孙《徐卓呆传》。

吴清庠（1878—1961）　近代诗人。字眉孙，号双红豆斋主。江苏丹徒人。优贡生。民国时任交通银行秘书，中华人民共和国成立后，任上海文史馆馆员。早年加入南社、午社、丽则吟社，与吴县蔡芝眉齐名，称"社中二眉"。曾在北京，搜集张勋复辟、袁世凯称帝全部文献。晚寓上海张家花园，与冒广生时相唱和。杨子华称其"少年所作多绮语，效西昆颇有似处。及壮复厌绚烂而嗜平淡，遂趋入西江一途"（《芳菲菲堂诗话》）。著有《寒芋词》、《绿么韵语》。生平事迹见《南社丛谈·南社社友事略》、《清诗纪事》光绪宣统朝卷。

于右任（1879—1964）　近代诗人、书法家。名伯循，以字行，号骚心。陕西三原人。早年提倡新学，曾办《民呼报》、《民吁报》、《民立报》等宣传革命。辛亥革命后，任南京临时政府交通部次长。袁世凯称帝时，入陕组织民军讨袁。后历任国民政府要职，官至监察院院长。卒于台湾。早年诗多抒发战斗壮志，亦多关心民瘼之作。风格莽苍，不拘唐宋，用力深处，乃得力于汉魏。李猷《近代诗介》称"读其诗，如立高山，看莽莽平原，万里无垠，且有寒风苍凉之意"。工书法，苍莽夭矫，近人尊为草圣。著有《右任诗存》、《于右任诗词集》。生平事迹见《南社丛谈·南社社友事略》、贾逸君《中华民国名人传》、卢冀野《于右任先生年谱》、刘凤翰《于右任年谱》。

庄清逸　近代戏曲作家。原名溥续，一作溥绪，号清逸居士。清宗室。晚清庄恪亲王之后裔。入民国，以庄为姓。好戏曲，常在报刊评戏。创作剧本亦多。且精演艺，为票友。著有剧本《林四娘》、《千金全德》、《化外奇缘》、《摩登伽女》、《山神庙》、《花蕊夫人》等。生平事迹见吉水《近百年来皮黄剧本作家》。

刘铁冷 近代小说家。名绮，字文櫆，一字汉声，别署松涛、铁冷等。江苏宝应人。家传理学、经学、词章。师事袁希涛，早加入南社，工骈体。曾主《民权报》笔政，与蒋箸超合编《民权素》杂志，又与徐枕亚等办《小说丛报》。执教各学校，并编刊若干种工具书。又与陆澹安讨论音韵学。为鸳鸯蝴蝶派重要作家之一，所著小说类似《燕山外史》。著有小说《求婚小史》、《斗艳记》、《野草花》、《征人恨》、《暗杀案》、《惧内秘记》等。诗集有《鸥梦轩诗牍》，另著有《铁冷丛谈》、《铁冷杂记》等。生平事迹见《南社丛谈·南社社友事略》。

许指严（？—1923） 近代小说家。本名国英，字志毅，一字指严，别署甦庵、不才子。江苏武进人。清末掌教南洋公学，又受聘商务印书馆。辛亥革命后任教金陵高等师范，又任财政部机要秘书。后辞归上海，卖文为生。以写掌故小说著称。为解决生计，与世界书局合谋，伪作《石达开日记》，风行一时。作品丰富，著有《南巡秘记》、《十叶野闻》、《天京秘录》、《三海秘录》、《京尘闻见录》、《清鉴易知录》、《新华秘记》、《泣路记》、《民国春秋演义》、《近十年之怪现状》、《醒游地狱记》、《电世界》、《模范乡》、《虿尾毒》、《劫花惨史》、《埃及惨状弹词》等。生平事迹见《南社丛谈·南社社友事略》、《民国旧派小说名家小史·许指严》、鉏农《许指严》。

何诹（？—1927） 近代小说家。字慧云。广西兴业人。宣统拔贡。辛亥革命后曾历官广东高等审判厅推事、候补县知事，又曾佐广西戎幕。早去上海，为商务印书馆作《碎琴楼》小说，文名大噪，论者以为“情哀艳而词高古”（黄天石《何诹遗诗序》）。晚居香港，多作诗词，而少作小说。小说作品尚有《钱革命》、《鳖营长》、《残蝉魂影》、《妾薄命》、《苍梧怨》、《飞丐》、《狗之革命运动》、《红袖怀恩记》、《秋影楼魂归记》、《大铁椎前后传》等。其诗杨圻题词称为“气骨清峻、意境真挚，不伪不娇，斯为心声”。著有《何诹遗诗》。生平事迹见郑逸梅《〈碎琴楼〉作者何诹》。

王钟麒（1880—1913） 近代文学家。字毓仁，号无生，别署天僇、天僇生、郁仁等。安徽歙县人。先后为《神州日报》、《民呼报》、《天铎报》主笔。宣统二年（1910）由柳亚子介绍加入南社，成为南社主要作家之一。曾创作《孤臣碧血记》、《姊妹花》、《玉环外史》、《轩亭复活记》、《郑成功》等小说，另著有《血泪痕传奇》等戏剧，于小说理论颇有建树，曾发表《论小说与改良社会之关系》、《中国历代小说史论》等论文，在提高小说之地位，保持小说的民族特色诸方面提出了许多有价值的观点。此外尚著有《太平天国革命史》、《中日战争》、《三国史略》、《晋初史略》、《世界史》、《世界地理》、《本国地理》、《述庵秘录》等。生平事迹见自传《长别诸知好书》、郑逸梅《南社丛谈·南社社友事略》。

孙景贤（1880—1919） 近代文学家。字希孟，号龙尾。江苏常熟人。年十五即能诗。光绪三十三年（1907），其师张鸿出任日本长崎理事，随张东渡供职，并就读于日本明治大学法律科。归赐举人出身。入民国，官外交部。张鸿为清末提倡西昆体者，景贤为诗亦崇尚李商隐，张出入他派，而景贤则专尚。集中长篇如《宁寿宫词》，以慈禧太后、李莲英事为经，纬以国事，世称诗史。诗词稿皆出手订，裁厘甚严，故所存至精而少。徐兆玮序其词集谓其“雕肝琢肾，研精洞微，究极尺寸声律之正变”，又以其“迈往之气，清隽之才”，“不获尽展其长而抑郁以死”为可惜。曾著《轰天雷》小说，详纪沈鹏疏劾三凶一案，其中有点将一段，可见其评骘观点。著有《龙吟草》、《梅边乐府》。生平事迹见《中国近代文学大系·诗词集》。

罗惇曧（1880—1924） 近代诗人、戏曲学家。字孝遹，号掞东，又号瘿庵、退宾，世称瘿公。广东顺德人。优贡生。早年在广州万木草堂从康有为学。光绪二十六年（1900）赴北京，入赀为主事，后官至邮传部郎中。入民国，历任北洋政府总统府秘书、参议、顾问，国务院秘书等职。其诗与梁鼎芬、黄节、曾习经并称“粤东四家”，诗学宗旨，同为学宋。而罗于光绪庚子前取径李商隐、温庭筠，于晚唐为近；入北京后，与当代名家往来，复泛滥于宋代梅尧臣、苏轼、王安石、陈师道；最后宗尚陆游，手选陆诗十六册，细加评点，用力至勤。于戏曲音律，亦颇精研。在京与李宣倜、梅兰芳游，与程砚秋关系尤深，曾延聘名师授艺，并为其编写剧本。著有《瘿庵诗集》、《鞠部丛谭》、《太平天国战记》、《庚子国变记》等。生平事迹见《近代诗钞》、《民国人物小传》。

马君武（1880—1940） 近代诗人、翻译家。原名道凝，字厚山，改名和，又名同，号君武，以号行。广西桂林人。曾肄业于上海震旦学校。光绪二十九年(1903)，留学日本京都大学习化学。参加同盟会，任广西主盟。回国后任教于中国公学。三十三年留学德国柏林工业大学习冶金，获工学博士学位。参加南社。回国后，历任南京临时政府实业部次长、代理部长、参议院议员、广州大元帅府秘书、护法军政府交通部长、中华民国非常大总统府秘书长、广西省省长、北京工业大学校长、司法总长、中国公学校长、广西大学校长。通西方现代科学，兼擅翻译，译有《民约论》、《物种原始》等。尤善译诗，所译拜伦、嚣俄(雨果)之作，号称"马式"。自为诗亦能熔欧亚文学于一炉，宣扬爱国主义与新思想，气概昂扬，形式活泼，韵律自由，接近"诗界革命"的新派诗。著述甚多，朱少屏为之刊印《马君武诗稿》。生平事迹见广西政协编《马君武传》、郑逸梅《南社丛谈·南社社友事略》、朱学浩《马君武传》。

李叔同(1880—1942)　近代文学家、戏剧家、书画家。初名文涛、成蹊，继名岸，号叔同，一号息霜，又号苦李、晚晴老人。出家后法名演音，号弘一。浙江平湖人，生于天津。戊戌政变，当道目以康、梁同党，遂携眷奉母南下，赁居上海，组城南文社。南洋公学毕业后，光绪三十年(1904)，留学日本东京上野美术专门学校。创组春柳剧社。加入同盟会。宣统二年(1910)归国。加入南社。先后任教于天津模范工业学校、浙江省立第一师范学校、南京高等师范学校。民国七年(1918)，出家于杭州虎跑定慧寺，继受戒于灵隐寺，专修律乘。弘一为才情纵横之艺术家，通中、英、日、意四国文字，演剧、篆刻、诗词、书画无不精，早期一用以宣传革命。南社中苏曼殊与弘一俱遁迹空门，俱赞鼎革，神通游戏为绮语，俱受龚自珍影响，而弘一造语尤特绝。门徒李芳远编其遗作为《弘一法师文钞》，另著有《寒笳集》、《秋草集》、《前尘影事集》、《李庐诗录》等。生平事迹见李新主编《民国人物传》第三卷、《南社丛谈·南社社友事略》、林子青《弘一大师年谱》、彭子仪《弘一大师年谱》。

路朝銮(1880—1954)　近代诗人。字金坡，号瓠庵。贵州毕节人。光绪间举人。官四川候补知州。入民国，曾任东北大学教授、四川通志馆副总纂。1953年6月，任上海文史馆馆员。汪国垣《光宣诗坛点将录》称其为"黔中诗伯，嗣响郑、莫"，点之为"地猛星神火将军魏定国"。金天羽《艺林九友歌》序云："晚清诗人学苏最工者，推何蝯叟、范伯子，金坡遗貌取神，与何、范机杼又异。"其诗见于陈衍《近代诗钞》等诗选中。生平事迹见《近代诗钞》。

蒋箸超(1881—约1937)　近代小说家。字子旌，号抱玄。浙江绍兴人。少师事何鬯庭、胡枚臣、陈炳煦，对书法颇有研究。后旅食沈阳、南京、杭州。辛亥革命起，应聘为《民权报》编辑，与徐吁公合著小说《蝶花劫》。后《民权报》为袁世凯禁售，被迫停止发行，诸同人遂别创《民权素》月刊，箸超与刘铁冷共任编辑，后又与刘创《小说丛报》月刊。民国三年(1914)加入南社。此后，又供职于会文堂书局，抑郁不得志，抗日战争前夕去世。另著有《听雨楼随笔》、《蔽庐非诗话》、《箸超丛刊》及长篇小说《琵琶泪》、《绿凤钗》、《白骨散》，与张冥飞、尤玄文、何一雁合著《古今小说评林》，辑刊《民权素汇编》。生平事迹见《南社丛谈·南社社友事略》。

俞天愤(1881—1937)　近代小说家。原名承莱，字采生，号忏生。江苏常熟人。辛亥革命时，率健儿百余人，保卫乡里，邑人称其"俞戆"。入民国，军阀混战，国运多舛，为表不满，常以"天愤"署其作品，原名几不为人所知。家学渊源，早岁于书无不读，尤肆力于经史，能背诵《十三经》无讹字。但生性放旷，创作上不受拘束，尤喜作说部文字。辛亥前即著《法国女英雄弹词》，出版于小说林社，大胆倡言革命。民国二年(1913)作长篇言情小说《二月春风》。次年在邑编《鸣报》时，作长篇哀情小说《镜中人》。以后又陆续写成《薄命碑》、《中国侦探谈》、《中国新探案》、《剑胆琴心录》、《绣囊记》等长篇小说以及《临时疫院》、《击柝者的冤枉》等短篇小说数十篇。晚年皈依佛教，潜心研究佛理，以其心得著成《沉吟集》。亦工画，尤擅古松。生平事迹见徐天啸《俞天愤》、《民国旧派小说名家小史·俞天愤》。

杨庶堪(1881—1942)　近代诗人。字沧白，晚号邠斋。四川巴县人。清末诸生。早从吕翼文治经史古文词。光绪三十一年(1905)加入同盟会，宣统三年(1911)参加武昌起义，历任四川省长、大元帅府秘书长、广东省长等。工诗。著有《天隐阁诗集》、《邠斋文存》。生平事迹见向楚《杨庶堪传》。

朱少屏(1881—1942)　近代文学家。原名葆康，以字行，号天一、屏子。上海人。早年留学日本，加入同盟会。归国后创办健行公学，与柳亚子、陈去病、高旭等发起成立南社。早期南社许多具体事务均由其操办。任《民立报》记者,南社通讯处即借用报社。后创办《大陆报》。辛亥革命时参与组织沪军都督府。民国元年(1912)任南京临时政府总统府秘书,参与《太平洋报》、《中华日报》、《申报》、《中国评论周报》办报工作。任中华民国全国报馆促进会会长、环球中国学生会总干事、上海通志馆副馆长。抗日战争中任驻菲律宾副领事时为日军所害。生平事迹见柳无忌《纪念父执朱少屏》、《南社丛谈·南社社友事略》。

叶恭绰(1881—1968) 近代词人。字裕甫,又作玉甫、玉父、玉虎、誉虎,号遐庵,晚号遐翁。光绪廪贡生。二十一岁入京师大学堂,毕业后曾执教湖北农业学堂、方言学堂、西路高等小学堂、两湖师范学堂。光绪三十二年(1906)入邮传部,历任科长、承政厅厅长、铁路总局提调、芦汉铁路督办。辛亥革命时,任内阁议和处参议。入民国,历任交通部路政司司长兼铁路总局局长、代交通部总长、交通部次长兼邮政总局局长。袁世凯称帝,充大典筹备处会办,去职。后又历任交通部次长、交通部总长兼交通大学校长、广东政府财政部部长。国民党南京政府成立,曾任铁道部长。中华人民共和国成立,由香港回北京,历任文字改革委员会常委、中央文史馆副馆长、北京画院院长、全国政协常委。政事之余,尤好词学。民国十八年(1929)曾与朱祖谋等组织词社,与龙榆生创办《词学季刊》。为近现代著名词人。著有《遐庵汇稿》。编有《广箧中词》、《全清词钞》。生平事迹见陆丹林《叶恭绰年谱》。

程潜(1882—1968) 近代诗人。字颂云。湖南醴陵人。早年入学于长沙岳麓书院、湖南武备学堂。光绪三十年(1904)留学日本士官学校,加入同盟会。二次革命失败,又就学于日本早稻田大学。回国后任护国军湖南总司令兼湖南省省长。民国七年(1918)加入中华革命党。历任非常大总统府代陆军总长、大本营军政部部长、国民政府委员兼国民革命军第六军军长、国民革命军江西军总指挥、第一集团军第二方面军总指挥、参谋本部参谋总长、河南省政府主席、湖南省政府主席。1949年8月在长沙宣布起义。建国后历任中央人民政府委员、人大常委会副委员长、湖南省长。诗功甚深,宗尚汉魏六朝,独尊湘中王闿运。赵熙序其集,以为"八代中先生盖久有以自处矣"。马浮以为如阮籍、谢灵运。著有《养复园诗集》。生平事迹见《中共党史事件人物录》。

章士钊(1882—1973) 近代作家。字行严,号孤桐,别署黄中黄、烂柯道人、青桐、秋桐等。湖南善化(今长沙)人。少就学武昌两湖书院、南京陆师学堂,为俞明震赏识。后入上海爱国学社,任《苏报》主笔。《苏报》案发,为俞明震庇护,免予追究。至上海与陈独秀等创办《国民日报》。参加华兴会,建立爱国协会,任副会长。光绪三十一年(1905),东渡日本留学,继而留学英国,习政治、经济、法律、逻辑等学,辛亥革命起,赴南京主持《民立报》,又创《独立周报》,并任广东军政府秘书长、总统府顾问、参议院议员及南北议和南方代表。"二次革命"失败,流亡日本。在东京创办《甲寅》杂志,发表时评与政论,时称"甲寅派"。后曾任段祺瑞执政府司法总长兼教育总长、上海政法学院院长、冀察政务委员会法制委员会主席。抗日战争时期,任国民参政会参政员。中华人民共和国成立后,任政务院法制委员会委员、全国人大常委会委员、全国政协常委、中央文史研究馆馆长等职。赴香港探亲期间病故。善治散文,长于议论,尤擅辩驳,讲究逻辑性,在近代报刊政论文诸家中独树一帜。著有《中等国文典》、《名家稽古》、《甲寅杂志存稿》、《长沙章氏丛稿》、《柳文指要》等。生平事迹见贾逸君《中华民国名人传》、白吉庵《章士钊传略》、王森然《章士钊先生评传》。

欧阳钜元(1883—1907) 近代小说家。名淦,字钜元,一作钜源,别署蘧园、茂苑惜秋生、惜秋生、惜秋等。原籍湖南或安徽,移家苏州。诸生。光绪二十四年(1898)冬,赴上海谋生,投稿《游戏报》,结识李伯元,助李伯元编辑《游戏报》、《繁华报》及《绣像小说》杂志。因混迹青楼,染花柳病而卒。欧阳早慧丰才,"文章词赋,典赡富华,而且笔下极快"(包天笑《钏影楼笔记》)。曾著长篇小说《负曝闲谈》,连载于《绣像小说》,名传一时,另著有传奇《维新梦》、《玉钩痕》(与庞树柏合作)、《新上海》及剧本《拿破仑》等,又曾续李伯元《活地狱》一回。生平事迹见魏绍昌编《李伯元研究资料》第十辑《欧阳钜元》。

宁调元(1883—1913) 近代诗人。字仙霞,又字太乙、辟支。湖南醴陵人。早岁在长沙与黄兴、陈天华等组织大成会,嗣扩改为华兴会,鼓吹革命。光绪三十一年(1905)留学日本,在东京加入同盟会。回国后从事革命活动,被捕系狱三年。加入南社。获释后曾至北京、上海。武昌起义,返湖南,任湖南都督谭延闿秘书，旋任广东三佛铁路总办。愤袁世凯窃国，弃职去。民国二年(1913)，参加讨袁，秘密至汉口，被捕，在武昌遇难。其诗多为革命而作，有“诗坛请自今日始，大建革命军之旗”之语，贴近现实，风格沉雄。著有《朗吟诗草》、《明夷诗草》、《南幽百绝句》、《太乙诗存》、《明夷词钞》、《太乙文存》等，柳亚子为编印《太乙遗书》。生平事迹见《南社丛谈·南社社友事略》、柳亚子《宁烈士太一传》、刘约真《宁调元革命纪略》。

刘豁公　近代小说家。名达，以字行，号梦梨，别署哀梨室主。安徽桐城人。早毕业于保定陆军速成大学。辛亥革命时任南京铁血军马队营连长、福建警备队连长、都统副官等职。后弃武从文，任安徽《民碞报》主笔，又去上海，加入南社，曾充《心声》半月刊主任。擅写剧评，为演艺界宗仰。编有《戏学大全》、《戏学大观》、《京剧考证》、《哀梨室戏谈》，享誉剧坛。自编剧作亦可观。有《复辟梦》、《大观园》、《香妃恨》、《蔡文姬》、《陈圆圆》、《交换条件》等。尤擅作长篇小说，著有《沧桑记》、《拆白伟人传》等，皆情文并茂。另有《孽海孤鸳》、《怨耦》、《伤心》、《金闺情恨》等著名短篇及短篇小说集《燃藜奇采录》等。生平事迹见钝根《刘豁公小史》、《民国旧派小说名家小史·刘豁公》。

吕碧城(1883—1943)　近代女词人。字圣因，一字兰因，号智曼。安徽旌德人。清翰林吕凤岐第三女。姊妹四人，惠如、美荪、坤秀及碧城，并渊源家学，擅韵律。早岁丧父，至天津，任《大公报》编辑，旋充北洋女子学堂总教习、监督。学通英、法、德文。阴联浙江秋瑾谋革命，事败，几被逮。至上海经商。为南社社员。后赴美、英，卜居瑞士雪山中，皈依佛法。第二次世界大战起，经美洲归香港，病卒。工诗词，诗素淡朴雅似宋人，亦有追踪李白、李贺下及龚自珍，色采瑰丽，风神绝世，言近旨远之作。其词名尤著，早为樊增祥所激赏，称其《祝英台近》为“稼轩不得专美于前”(龙榆生《近三百年名家词选》引)，与之书，称为“巾帼英雄，如天马行空”。其词为近代女词人第一，多前无古人之杰构奇作。著作有中英文各十种，合名《梦雨天花室丛书》。诗词有《碧城诗》、《信芳词》行世，晚年手自增删其词为《晓珠词》。生平事迹见龙健行《吕碧城女士传》。

马浮(1883—1967)　近代诗人、学者。学名福田，字一浮，又字一佛，别号忧生、耕余、太渊、臧用、被褐，晚号湛翁、蠲叟、蠲戏老人。浙江绍兴(所居乡为东关长塘后庄村，今改属上虞县)人。光绪二十四年(1898)县试第一。往上海，与马君武、谢无量创办《二十世纪翻译世界》。后赴美国、日本留学。辛亥革命后，短期任教育部秘书长。久居杭州。抗日战争爆发，避兵走四川，先后在浙江大学、乐山复性书院讲学。中华人民共和国成立后，先后任上海文物保管委员会委员、浙江文史馆馆长、政协全国委员会委员。早年作诗，有近于谭嗣同一派者。中年以后，诗近晋、宋，晚年入蜀，诗境益高。自删诗集，谓“四十以前，十不存一；四十以后，十存二三；五十以后，十存五六；六十以后，可十存八九”。精佛学，善用玄言佛典，语言简远，不同于沈曾植诗用佛典者之以奇伟胜。著有《蠲戏斋诗前集》、《避寇集》、《蠲戏斋编年集》。今人辑有《马一浮集》。生平事迹见王培德《马先生行状》、马镜泉《马一浮先生年表》。

庞树柏(1884—1916)　近代文学家。字檗子，号芑庵。江苏常熟人。早年肄业于江苏师范学堂，历任江宁、上海、木渎、常熟各学堂教习。南社发起人之一，被推为《南社》词集编辑。又任《国粹学报》编辑。尝主讲上海约翰大学。辛亥革命时，和宋教仁等参与上海光复事宜。常熟光复，为主要筹划者。事定，邑中恶绅猾吏欲图加害，脱走，返约翰大学，任沪军都督文牍，兼任教于爱国、竞雄诸女校。诗词兼擅，诗作不多，而卓然成家。写景清远，上追王维、孟浩然、柳宗元，有关国事者，则悲愤激越，意气风发。填词从朱祖谋学，取径姜夔，下语警秀，以中年伤于哀乐之作为主。祖谋为删定其词集。著有《龙禅室诗》、《玉琤琮馆词》，合刊为《庞檗子遗集》。生平事迹见《南社丛谈·南社社友事略》、萧蜕《庞檗子传》。

苏曼殊(1884—1918)　近代文学家、翻译家、画家。初名戬，字子穀，后更名元瑛，亦作玄瑛，僧名曼殊。广东香山(今中山)人。生于日本，往返日本与广东间。光绪二十四年(1898)，入横滨大同中学校，次年返广州，披剃于蒲涧寺，犯戒被逐，重至横滨。后考入东京早稻田大学高等预科，又转入成城学校，并参加革命团体青年会。二十九年回国，于惠州再度出家。以后往来于苏州、上海、长沙、香港、南洋、杭州、芜湖、南京各地。三十三年再至日本，经常往返国内、南洋各地。民国元年(1912)，加入南社。虽学佛，但深于情，文学有多方面成就，所为诗以七绝为主，富有浪漫气质，学龚自珍而以温婉出之。工小说，著有《断鸿零雁记》、《天涯红泪记》、《绛纱记》、《焚剑记》、《断簪记》、《非梦记》等。又长于翻译，译拜伦《哀希腊》诗为五言，文字古奥（或谓曾经章炳麟润色）。与陈独秀合译雨果小说《惨世界》，又曾将《燕子笺传奇》转译为英文。其诗集名《燕子龛诗》。所著合为《苏曼殊全集》。生平事迹见诸宗元《曼殊大师塔铭》、柳亚子《苏玄瑛新传》、文公直《曼殊大师传》、杨鸿烈《苏曼殊传》。

刘师培（1884—1919） 近代学者、诗文家。字申叔，号左庵。江苏仪征人。光绪二十八年（1902）举人。旋在上海参加"爱国学社"活动，与章太炎交密。后入光复会，更名光汉，撰文抨击清朝。又与邓实、黄节等创立国学保存会，为《警钟日报》、《国粹学报》撰稿。《警钟日报》被查封，遂赴芜湖任教，与陈独秀、章士钊、苏曼殊等交密。光绪三十三年亡命日本，加入同盟会，与章太炎等鼓吹排满革命。回国后为两江总督端方收买变节。入民国，又参加筹安会，为袁世凯称帝制造舆论。后受聘为北京大学教授。为著名经学家刘文淇裔孙，治学博综经史，兼采中西，深得家传，颇有创见。论文主张"文笔之辨"，提倡韵偶之文。擅长骈体，风格雄丽，诗亦典赡，汪国垣称其"由亭林上窥浣花，气韵深稳。又五言出入鲍、谢，自然高古。入蜀以后，诗境益拓，气体益高，盖学人而兼诗人也"（《光宣诗坛点将录》）。所著集为《刘申叔先生遗书》刊行，共七十四种，内诗文为《左庵集》。生平事迹见王森然《刘师培评传》、汪东《刘师培传》、钱玄同《左庵年表》。

傅尃（1884—1934） 近代文学家。原名熊湘，字文渠，号屯根，本作钝根，一作屯艮，又作钝安，又号钝剑。湖南醴陵人。少师事王先谦、吴德襄。尝授徒王仙学舍。为南社社员，与宁调元创刊《洞庭波》及《汉帜》，倡言革命，又在上海办《竞业日报》。入民国，因参与讨袁，曾遭通缉。后历任沅江县长、三十五军参议、湖南通俗教育馆馆长、长沙中山图书馆馆长、安庆民政厅秘书、棉税局长。主持南社湘集，与姚大慈、姚大愿、谢晋、李洞庭称"湘中五子"。诗词兼擅。著有《钝安遗集》、《冬夏脞录》、《废雅楼说诗》、《红薇感旧记》。生平事迹见《南社丛谈·南社社友事略》、刘鹏年《傅钝安先生年谱》。

吴双热（1884—1934） 近代小说家。原名光熊，字渭渔，后改名恤，号双热，别署一寒、汉魂等。少入虞南师范就读，与徐枕亚同学，又得识其兄徐天啸，三人结为金兰之好。肄业后在苏州任小学教师。后与徐枕亚赴沪受聘为《民权报》编辑。此时作长篇小说《兰娘哀史》、《孽冤镜》，反响强烈，后者尤其被认为是"鸳鸯蝴蝶派"哀情小说的代表作。又与枕亚等创办《小说丛报》，在常熟创办《琴心》、《五铜元》、《药言》、《饭后钟》等刊物，主办《虞阳日报》，编辑《绿竹》半月刊、《海虞周报》、《常熟日报》等。创作小说、杂文、诗词甚多。性好诙谐，常作调侃、嬉笑、滑稽之文字，既有骈四俪六的文言文，也有雅俗共赏的白话文。晚年辍笔，执教于南京正谊中学。其作品除上述外，另有《断肠花》、《鹃娘香史》、《女儿红》、《花开花落》、《快活三郎》等长篇小说及《双热嚼墨》、《双热新嚼墨》等短篇小说集。生平事迹见《吴中耆旧集——苏州文化人物传》、《民国旧派小说名家小史·吴双热》。

郁华（1884—1939） 近代诗人、法学家。字曼陀。浙江富阳人。郁达夫兄。光绪三十一年（1905）留学日本，先后就学于早稻田大学、日本法政大学。并参加思古诗社。宣统二年（1910）回国，赐法科举人出身，以七品小京官分发外务部。辛亥革命后，任京师审判厅推事，并加入南社。民国二年（1913）再次东渡考察司法。回国后，任大理院推事，兼任朝阳大学教授。后历任国民政府司法行政部科长、沈阳高等法院刑庭庭长、江苏高等法院第二分院刑庭庭长，兼任东吴法学院教授。"八一三"后，在上海英租界执行我国司法权，不顾日寇威胁，被日寇狙击殉国。工诗善画，画以山水擅长。诗学晚唐下至龚自珍，神韵绝世，足称名家。著有《静远堂诗集》，今人将之与其夫人诗合印为《郁曼陀陈碧岑诗钞》。生平事迹见郭沫若《郁曼陀先生血衣冢志铭》、王昆仑《郁华烈士传略》、蒋伯潜《郁曼陀先生传》。

吴梅（1884—1939） 近代戏曲作家、戏曲学家、词人。字瞿安，一作癯庵，又字灵鳷，号霜厓，一作霜崖。江苏长洲（今苏州）人。诸生。东吴大学、存古学堂教习。南社社员。民国后，历任南京第四师范、北京大学、东南大学、中山大学、光华大学、中央大学、金陵大学教授。抗战军兴，避地西南，卒于云南大姚县。为曲学专家俞宗海入室弟子，制谱、填词、按拍，一身兼擅。钱基博《现代中国文学史》谓近代曲学家王国维、吴梅并称，王不如吴。金天羽《艺林九友歌》谓其所撰传奇，足与孔尚任、洪昇比肩。亦能诗词，诗风神散朗，词惊才绝艳，足名一家，夏敬观《忍古楼词话》谓不让元好问诸家，叶恭绰《广箧中词》谓其高逸不凡。著有传奇《风洞山》、《苌弘血》、《双泪碑》、《血花霏》、《绿梦怨》、《东海记》，杂剧《暖香楼》、《湘真阁》、《无价宝》、《义士记》、《惆怅爨》、《轩亭秋》、《白团扇》、《落溷记》及《霜厓文录》、《霜厓诗录》、《霜厓词录》、《顾曲麈谈》、《中国戏曲概论》、《曲学通论》、《词学通论》、《辽金元文学史》、《南北词简谱》等。生平事迹见《南社丛谈·南社社友事略》、《近三百年名家词选》、卢前《霜崖先生年谱》、王卫民《吴梅年谱》。

王蕴章（1884—1942）　近代文学家。字莼农，号西神残客，简称西神。江苏无锡人。光绪二十八年（1902）副贡，官直隶州州判，寻出游南洋。南社社员，曾主编《小说月报》十年。文、诗、词并工，词名尤著。金天羽谓吴梅之曲与蕴章之词“卓然名其家，号称双绝”，蕴章词“庶几梅溪、草窗之遗”（《艺林九友歌》序）。亦工传奇，精楷书。后在上海办中国文学院，自为院长。晚境颓唐，轻于出处。著有《梁溪词征》、《然脂余韵》、《西神杂识》、《留佳庵文集》、《玉晚香簃诗草》、《西神樵唱》、《秋平云室词钞》等。生平事迹见《淞社名人小传》、《南社丛谈·南社社友事略》、严芙孙《王西神传》。

张默君（1884—1965）　近代女诗人。名昭汉，以字行，一字漱芳，号涵秋，别署墨君、穆素、大雄。湖南湘乡人。早于上海务本女校师范科肄业，光绪三十一年（1905）加入同盟会。辛亥革命后创办《大汉报》，又组织女子北伐队、神州女界协济社，创刊《神州女报》。民国七年（1918）赴美国哥伦比亚大学留学。回国后任江苏省立第一女子师范学校校长。历任国民党上海政治分会教育委员、杭州市教育局长、立法委员、监察常务委员、考试委员、评议委员。病故于台湾。早受家学熏染，吟咏书法皆工。著有《默君诗存》、《白华草堂诗》、《玉尺楼诗》、《红树白云山馆词》，并翻译有《尸光记》、《盗面》、《裴迺杰奇案之一》等。生平事迹见《六十自述》、孔珞《湘乡才女张默君》、《南社丛谈·南社社友事略》。

郭则沄（1885—？）　近代诗人、诗评家。字啸麓，号蛰园，又号龙顾山人。福建侯官（今闽侯）人。光绪二十九年（1903）进士，改庶吉士。曾任浙江温处道。民国三年（1914）起先后任北洋政府政事堂参议、铨叙局局长、署国务院秘书长、侨务局总裁，民国十一年去职。后任铁路学院名誉校董。著有《十朝诗乘》、《清词玉屑》，评论清代诗词，颇有见地，所记各家诗本事，尤有参考价值。另著有《龙顾山房全集》、《遁圃詹言》、《灵洞小志》等。生平事迹见《名人录》、《清诗纪事》光绪宣统朝卷。

邹容（1885—1905）　近代诗文家。原名绍陶，谱名桂文，字蔚丹，一作威丹。四川巴县人。戊戌变法失败后曾作诗悼念谭嗣同。光绪二十八年（1902）入日本东京同文书院留学，参加爱国学生运动，编写通俗革命读物。次年回国，加入上海爱国学社，写成《革命军》一书宣传革命，号召推翻清政府，建立中华共和国。章太炎为之撰序。此书影响极大，鲁迅称“倘说影响，则别的千言万语，大概都抵不过浅近直接的‘革命军中马前卒’邹容所作的《革命军》”（《坟·杂忆》），后因苏报案被清廷逮捕，死于狱中。辛亥革命后，南京临时政府追赠为陆军大将军。陈衍曾称其诗奇谲似卢仝、李贺。著有《邹容文集》。生平事迹见章炳麟《邹容墓表》与《大将军邹容传》、冯自由《革命军作者邹容》、张相文《邹容传》、杜呈祥《邹容》。

陈伯平（1885—1907）　近代小说家。原名师礼，又名渊，以字行，又字墨峰，号白萍生、光复子、挽澜女士等。浙江绍兴人。早入福建武备学堂，后入徐锡麟创办的绍兴大通学堂，为徐所重。光绪三十二年（1906）赴日本留学，习巡警，结识秋瑾等革命志士。回国后与秋瑾等组织锐进学社，曾拟谋刺铁良，又在上海主编《中国女报》。并往来于安庆、上海间，与徐锡麟、秋瑾等谋划起义。后在安庆起义中殉难。工诗文，所作多散佚。著有小说《海外扶余》、《女英雄独立传》及《法国女英雄》弹词、《同情梦》杂剧等行世。生平事迹见章炳麟《陈伯平传》、陈去病《陈渊》、陶成章《陈伯平》、孙元超《陈伯平年谱》。

周实（1885—1911）　近代诗人。原名桂生，字实丹，号无尽，又号和劲，别号山阳酒徒。江苏淮安人。年十七，已萌发反对专制政体之革命思想。光绪三十一年（1905），入南京两江师范学堂学习。宣统元年（1909）南社成立，为早期加入之社员。辛亥武昌革命军兴，往故乡图光复，与阮梦桃被举为巡逻正副部长，登坛誓众。山阳知县姚荣泽首鼠两端，掩捕之，遂被害。于诗主张用以“觇世变”，“尤贵因时立吾言”。所作皆以感时忧国为主题，悲壮激昂，鼓舞人心。著有《无尽庵遗集》。生平事迹见柳亚子《周烈士实丹传》。

黄远庸（1885—1915）　近代记者、散文家。名为基，笔名远生，以字行。江西九江人。光绪二十九年（1903）举人，次年成进士。选知县，辞之，留学日本，入中央大学习法律。归国后，任邮传部参议厅员外郎、编译局纂修官。初为《亚细亚报》撰稿，兼《东方日报》通讯员。参与筹商君主立宪。入民国，开业为律师，又任《申报》、《时报》驻京通讯员，主编《少年中国》周报和《庸言》杂志。在袁世凯逼迫下，曾撰文拥护帝制。后为避免迫害，由日本转道赴美国，抵旧金山，于康有为、梁启超请宴时为人暗杀。远庸为中国最早的新闻记者之一，所写通讯直言快语，敢说真话，内容多为揭露军阀统治之黑暗。邹韬奋曾喜读其文，以其语句流利、畅达、爽快、诚恳、幽默。著有《远生遗著》。生平事迹见程其恒《民初名记者黄远生》、李盛铎《九江黄君墓志铭》、《新闻界人物》第六集。

林昶（1885—1916） 近代诗人。又名景行，字亮奇，号寒碧，后以字行。福建侯官（今闽侯）人。南社社员。幼随父宦游广州，后至上海读书。年十七留学日本。归国值武昌起义，奔走戎马中，不辞辛劳。民国成立，宋教仁聘之为农林部秘书。旋入众议院。二次革命失败，避走辽东。后复归上海，赴友人约时，为英人汽车辗死。其才早为陈去病所赏，遂绍介徐自华妹小淑，与之结为佳偶。钱仲联《近代诗评》谓其诗"如泛舟苕霅，风日清华"。殁后，李刚己为刊《寒碧诗》。生平事迹见柳亚子《侯官林寒碧墓表》、《南社丛谈·南社社友事略》。

黄侃（1886—1935） 近代学者、文学家。字季刚，号量守居士。湖北蕲春人。光绪二十九年（1903）就学湖北普文中学堂，以倡言革命除学籍，乃游学日本东京，师从章炳麟，加入同盟会。宣统三年（1911）参加武昌起义。民国元年（1912）入南社。后历任北京大学、东北大学、中央大学、武昌高等师范学校、金陵大学教授。侃为章门高第弟子，音韵训诂学专家。诗亦受章氏影响，山水五言，章称为在二谢之间。然章专宗汉、魏、六朝，认为"宋世诗已尽"，而侃却不尽同章所见，七言诗时学宋人。亦工词，叶恭绰选其部分词作入《广箧中词》，评之曰"高华"。所著有《文心雕龙札记》、《日知录校记》、《尔雅略说》、《集韵声类表》等，其诗文由其后嗣编为《黄季刚诗文钞》印行。生平事迹见章炳麟《黄季刚墓志铭》、汪东《蕲春黄君墓表》、《南社丛谈·南社社友事略》。

胡怀琛（1886—1938） 近代文学家。字季仁，一字季尘，别署有怀、秋山，号寄尘。安徽泾县人。南社社员。喜读徐光启等译撰之书，思想新颖，有排满革命之志。辛亥革命起，助柳亚子编《警报》，又与之结金兰交。曾任上海南方大学、上海大学、沪江大学教授。数流转报馆书局间，任《神州日报》、《太平洋报》等笔政，编辑《小说世界》。中日淞沪战事起，病卒。论诗谓"唐诗如中国水墨山水，善于写意；宋诗如西洋油画，善于刻画"（《南社丛谈》引）。自为诗，亦新奇可喜。又善作小说，并曾译西洋名歌为七言律诗。著有《胡寄尘小说集》、《寄尘小说新集》、《寄尘小说剩稿》、《胡怀琛诗歌丛稿》、《秋山文存》、《海天诗话》、《中国小说研究》、《新诗概说》、《中国诗学通评》等，其他尚多。生平事迹见《南社丛谈·南社社友事略》、柳亚子《亡友胡寄尘传》。

徐天啸（1886—1941） 近代文学家。原名风，字天啸，以字行，别号天涯沦落人，晚号印禅。江苏常熟人。南社社员。与弟徐枕亚有"海虞二徐"之称。少补诸生，又就读于虞南师范，后在其父所创善育小学堂等执教。民国成立后，至上海入法律学校学习，不久加入国民党。主《民权报》笔政，撰文抨击袁世凯。后历任《黄花旬报》、《大同日报》主编，上海青年会中学国文教员、同济大学国文系主任。民国十九年（1930）戴季陶荐之任考试院秘书，抗战军兴，病逝于重庆。精研印学，又擅书法。工为诗文小说。著有《天啸残墨》、《太平建国史》、《神州女子新史》及续编、《自由梦》、《珠江画舫话沧桑》。生平事迹见《南社丛谈·南社社友事略》、《民国旧派小说名家小史·徐天啸》、许廑父《徐天啸与徐枕亚》。

许啸天（1886—1946） 近代小说家。名家恩，字泽斋，号啸天，别署则华、黄帝子孙之嫡派。浙江上虞人。早投稿《苏报》，得到章太炎赏识。后又在《民呼报》、《天铎报》等报刊发表剧作。夫人高剑华亦能诗文，夫妇共同创刊《眉语杂志》。又先后加入春柳社、春阳社、人本戏社、文艺动员剧社等社团。抗日战争胜利后，任诚明文学院教授，遇车祸卒。曾用新式标点整理《黄梨洲集》等，又用白话注释《诗经》等。创作小说数量颇丰，著有《清宫十三朝演义》、《明宫十六朝演义》、《唐宫二十朝演义》、《满清奇侠大观》、《上海风月》、《天堂春梦》、《春宵一刻》、《香衾重暖记》等。另有剧作《拿破仑》、《明末遗恨》、《黑籍冤魂》等，其他著作有《名言大辞典》、《中国文学史解题》等。生平事迹见《民国旧派小说名家小史·许啸天》。

林觉民（1887—1911） 近代散文家。字意洞，号抖飞、天外生。福建闽县（今闽侯）人。

幼从父学。年十五入学全闽高等学堂。光绪三十三年(1907),东渡学日语,后考入日本庆应大学文科,习哲学,并加入同盟会。时与林文、林尹民同居一庐,情同手足,人称"三林"。宣统三年(1911),应黄兴之召,回国奔走于港、粤、闽,策划广州起义。于战斗中受伤被俘,英勇就义。酷爱文学,曾作《原爱》,论述爱情,郑烈《林觉民传》评曰:"理义公正,才情高绝。"广州起义前三日,与妻诀别,在香港于手帕上写就《与妻书》,又作《与父书》,一并托友人密致家人。《与妻书》情真意切,格调高洁,尤为感人肺腑。生平事迹见尚秉和《林觉民传》、邹鲁编《黄花岗七十二烈士事略》所收郑烈《林觉民传》。

邹铨(1887—1913)　近代诗人。字亚云,一字亚雄,别署民铎、天一子。江苏青浦(今属上海)人。曾师事金天羽、陈去病,与柳亚子为同学。为南社社员。辛亥革命后,曾助陈布雷编辑《天铎报》。周实殉难,为其奔走宣传。与高旭、叶楚伧、庞树柏、胡怀琛等社友过从甚密,颇多唱和。著有《流霞书屋遗集》、《杨白花传奇》。另作《练塘小志》未竟。生平事迹见陈去病《邹生传》、柳亚子《邹亚云传》、万以增《邹生传》、《南社丛谈·南社社友事略》。

邵瑞彭(1887—1938)　近代词人。字次公。浙江淳安人。清季入浙江省优级师范学堂。南社社员。民国初,被选为众议院议员,后以反对曹锟贿选大总统,著声于时。历任北京师范大学、河南大学教授。精研《尚书》、"齐诗"、《淮南子》及古历算学。工词,为朱祖谋弟子,夏敬观称其"宗尚清真。笔力雄健,藻采丰赡"(《忍古楼词话》),叶恭绰称其"清浑高华,工于镕翦"(《广箧中词》)。著有《泰誓决疑》、《扬荷集》、《山禽余响》。生平事迹见《南社丛谈·南社社友事略》、《近三百年名家词选》。

叶楚伧(1887—1946)　近代文学家。原名宗源,又名龙公,字卓书,笔名小凤、湘君。江苏吴江人,寄居昆山周庄。毕业于苏州高等学堂。授七品京官。宣统元年(1909)加入同盟会,先后主《中华新报》、《新中华报》笔政。辛亥革命后至上海,创办《太平洋日报》。民国四年(1915)加入中华革命党。任《民国日报》总编辑。民国十二年任国民党宣传部长、中央政治会议秘书长。后历任国民党中央执行委员会秘书长、武汉国民政府秘书长、宣传部长、江苏省政府主席、行政院副院长、国防最高会议秘书长、苏浙皖三省及京沪两市宣慰使。能作戏曲小说,著有小说《古戍寒笳记》、《新儿女英雄》、《如此京华》等,戏曲《落花梦》杂剧、《中萃宫》传奇。王大觉称其"自抒悲愤,意态至雄杰,有幽并健儿拍手横刀之概"。另有《世徽楼诗》、《楚伧文存》等。生平事迹见于右任《叶楚伧先生墓碑》、《南社丛谈·南社社友事略》、《民国旧派小说名家小史·叶小凤》。

柳亚子(1887—1958)　近代文学家。原名慰高,号安如,改字人权,号亚庐,再改名弃疾,字稼轩,号亚子。江苏吴江人。清诸生。早岁在乡从陈去病、金天羽游。光绪二十九年(1903)赴上海,肄业爱国学社,《苏报》狱起,学社解散返里。三十二年至上海,加入光复会、同盟会。宣统元年(1909)冬,与陈去病、高旭创办南社,被选为主任。民国元年(1912),任临时大总统府秘书。十二年,发起新南社,自任社长。后历任国民党江苏省宣传部长、中央监察委员、上海通志馆馆长、国民党中央常务委员会委员兼监察委员会主席。中华人民共和国成立后,任中央人民政府委员、全国人大常务委员会委员。以诗文词鼓吹革命,在清末民初发生积极作用,其诗高歌慷慨,一洗靡靡之音。论诗崇尚唐音,反对宋诗派之"同光体",在南社内展开与不同趋向者朱玺等之斗争。亦工词,风格近辛弃疾、刘克庄。著有《磨剑室诗词集》、《磨剑室文集》、《南社纪略》、《怀旧集》等。生平事迹见《柳亚子自撰年谱》、柳无忌《柳亚子年谱》、徐文烈《柳亚子先生年谱》。

汪国垣(1887—1966)　近代诗人、学者。字辟疆,号方湖,江西彭泽人。光绪三十年(1904)入河南客籍高等学堂,民国元年(1912)毕业于北京大学。历任江西心远大学、北京女子大学、第四中山大学、中央大学、金陵大学教授,曾主编《中国文学月刊》、《中国学报》。中华人民共和国成立后,任南京大学教授。长于经史之学,尤精目录学、《水经注》、唐传奇及中国诗歌史研究。早年著《光宣诗坛点将录》,又作《近代诗派与地域》,为近代诗歌研究重要著作。自为诗"风格苍秀明润,用笔开合自如"(程千帆《汪辟疆文集后记》),陈曾寿誉之为江西诗派殿军。著有《方湖诗钞》、《小奢摩馆脞录》等,今人辑为《汪辟疆文集》,另著有《目录学研究》,编有《唐人小说》。生平事迹见马骕程《汪辟疆先生传略》。

王钝根(1888—?)　近代小说家、记者。名晦,又名永甲,字耕培,号钝根,笔名根盘。江苏青浦(今属上海)人。早年曾在家乡创办《自治旬报》。后应席子佩之邀任《申报》编辑,首创副刊《自由谈》。其后又先后主编《自由杂志》、《游戏杂志》、《礼拜六》周刊、《社会之花》、《心声》、《申报》附刊《小申报》等。曾加入南社、希社、青社、狼虎会、中国文艺协会等社团。一生致力于编辑工作。与陈蝶仙为友。中华人民共和国成立后去世。作品散见于各种报刊。所编《礼拜六》周刊,成为鸳鸯蝴蝶派的著名杂志。著有小说《工人之妻》、《劫后缘》及《聂慧娘弹词》等。生平事迹见许廑父《王钝根》、《南社丛谈·南社社友事略》、《民国旧派小说名家小史·王钝根》。

阮式(1888—1911) 近代文学家。原名书麒,字梦桃,号翰轩。江苏山阳(今淮安)人。与周实同乡齐名,号"周阮"。早为上海、香港、鸠兹、宛平诸地报刊撰稿,宣传民族革命。创办淮南社,又加入南社。武昌起义后,淮城光复,为山阳知县设阴谋杀害。工诗文、杂剧。著有《阮烈士梦桃遗集》、《梦桃杂剧》、《翰轩丛话》、《啼红惨绿馆杂识》、《七录山房幽怪记》。生平事迹见柳亚子《阮烈士梦桃传》、《南社丛谈·南社社友事略》。

陈隆恪(1888—1956) 近代诗人。字彦和。江西义宁(今修水)人。陈三立次子。光绪三十年(1904)留学日本,民国元年(1912)夏,毕业于东京帝国大学回国。侍父母居南京散原精舍。三立在庐山牯岭松门别墅有同照阁,三立离牯岭,常居其上。兄衡恪、弟寅恪、方恪,皆能诗,而与三立诗趋向不同,惟隆恪诗酷肖三立,能传衣钵。三立晚年年事已高,遇朋辈求诗,常命代笔,故有署名三立之诗而不载于《散原精舍诗》集中者。但隆恪诗自写嵚崎历落之情思,抑塞郁结之怀抱,反映晚清以来世道,并非限于艺术上效法其父,而有其独到风格。著有《同照阁诗钞》。生平事迹见蒋天枢《同照阁诗钞前言》。

胡光炜(1888—1962) 近代诗人、学者。字小石,号倩尹,又号子夏、夏庐,晚号沙公,以字行。浙江嘉兴人。随父迁居南京。年十九入南京两江师范学校。后至上海,馆于李瑞清家,又问学于沈曾植,问诗于陈三立。历任北京女子高等师范学校、武昌高等师范学校、西北大学、东南大学、中央大学、金陵大学、白沙女子师范学院、云南大学等校教授,曾任系主任、文学院院长。中华人民共和国成立后,任南京大学文学院院长、图书馆馆长。于古文字音韵、楚辞、杜诗、书法之学均有精深研究。擅书法,工为诗,钱仲联《近百年诗坛点将录》谓其"五言学东野,玄思窅想,百炼千锻"。著有《胡小石论文集》,内附《愿夏庐诗词钞》。生平事迹见吴白匋《胡小石先生传》、曾昭燏《南京大学教授胡先生墓志》。

王易(1889—?) 近代诗人。字晓湘。江西南昌人。毕业于国立北京大学,获文学学士学位。历任北京师范大学教授、南昌心远大学教授、江西教育厅第一科科长、中央大学文学院中文系副教授、中央政治学校大学部教授。汪国垣《光宣诗坛点将录》以守护中军步军骁将地猖星毛头星孔明一员当之,谓其"诗学后山,江西派之护法神也"。著有《修辞学》、《修辞学通诠》、《国学概论》、《词曲史》等。生平事迹见《民国人物大辞典》。

徐枕亚(1889—1937) 近代小说家。原名觉,以字行,别署徐徐、辟友、眉子、泣珠生、东海三郎等。江苏常熟人。少读书虞南师范,毕业后在本邑善育小学、无锡鸿西小学授课。后与吴双热应聘为上海《民权报》编辑,写成长篇小说《玉梨魂》,风行一时,自此以"鸳鸯蝴蝶派"小说家享名。《民权报》停刊,乃受聘于新华书局,为《中华小说界》编辑。又任《小说丛报》主编,将《玉梨魂》重写为《雪鸿泪史》,出版后极受欢迎。民国十年(1921)冬,妻蕊珠病逝,作《悼亡词》,清末状元刘春霖之女沅颖读后顿生敬慕之心,经樊增祥说合结为夫妻,一时传为佳话。此时期,主要从事短篇创作,有《镜破珠还记》、《孟生》、《洞房血》、《湖上吟》、《娼妓与爱情》等,大多反映新旧思想冲突之悲剧,题下常标有"惨情小说"、"孽情小说"、"烈情小说"、"哀情小说"等。中年后,因所办清华书局营业不振,又遭家庭不幸,落魄回乡。著作除上述外,尚有《秋之魂》、《双鬟记》、《蝶花梦》、《燕雁离魂记》、《让婿记》、《鸳鸯花》、《余之妻》、《燕市断云》等长篇小说,以及《无聊斋说荟》、《枕亚浪墨》、《鼓盆遗恨集》等杂著,又与徐天啸合著《近代小说家小史》。生平事迹见《吴中耆旧集——苏州文化人物传》、《南社丛谈·南社社友事略》。

向恺然(1889—1957) 近代小说家。名逵,笔名不肖生、平江不肖生等,以字行。湖南平江人,生于湘潭。年十八入日本东京弘文学院留学。回国后不久又流亡日本,入东京中央大学。在日本创作长篇小说《留东外史》,其后复撰《留东外史续集》、《留东外史补》、《留东新史》。民国四年(1915)回国,一度入江西革命军总司令董福开幕。后侨寓上海。为世界书局撰神怪武侠小说《江湖大侠传》、《江湖小侠传》、《江湖怪异传》、《江湖异人传》，成为近现代著名武侠小说家。又历任湖南省政府秘书、二十一集团军总办公厅主任、安徽省政府参议。中华人民共和国成立，任中央文史馆馆员、湖南省政协委员。另著有《江湖奇侠传》、《近代侠义英雄传》、《玉玦金杯录》、《双雏记》、《艳塔记》、《霍元甲传》、《烟花女侠》、《猎人偶记》、《太湖女侠传》、《江湖义侠传》、《现代奇人传》、《铁血英雄传》等。生平事迹见郑逸梅《不肖生》、钝根《不肖生小史》、包天笑《平江不肖生》、萧艾《平江不肖生——向恺然》。

汪东(1889—1963)　近代词人、学者。初名东宝，后改名东，字旭初，号寄生、寄庵、梦秋。江苏吴县人。汪荣宝弟。早年曾肄业于震旦学院。光绪三十一年(1905)赴日本留学，毕业于早稻田大学。在东京，参加同盟会。归国后，参加辛亥革命。民国建立后，历任大总统府法政咨议、内务部佥事、民治科第三司司长，象山、於潜、余杭等县知事，又先后任中央大学文学院院长，中文系主任、教授。中华人民共和国成立后，历任上海文管会委员、江苏省政协常委、苏州市政协副主席等职。与其兄荣宝，同为章炳麟高足，有“二妙”之誉。长期从事音韵、训诂、文字诸方面研究。为南社社员。诗宗李商隐，词尤工，夏敬观题识称其“善学周、柳，其最上乘者，泯绝蹊径，直入堂奥，意到辞谐，超然神理”。著有《秋梦词》、《旭翁壬寅词》、《旭翁癸卯词》。生平事迹见卢酉纯《汪旭初传》、《南社丛谈·南社社友事略》。

李定夷(1889—1963)　近代小说家。字健卿，一作健青，别署墨隐庐主。江苏武进人。早从学许指严。民国时曾编辑《民权报》、《中华民报》、《小说新报》等刊物。大量创作小说，为鸳鸯蝴蝶派代表作家之一。曾入中央银行。中华人民共和国成立后，任上海文史馆馆员。著小说近四十部，较著名的有《賈玉怨》、《美人福》、《千金骨》、《昙花影》、《伉俪福》等。另辑有《李著十种》、《定夷丛刊》、《定夷说集》、《定夷小说精华》等。杂著有《明清轶闻大观》。生平事迹见《民国旧派小说名家小史·李定夷》、郑逸梅《李定夷》。

叶玉森(约1890—1929后)　近代文学家、学者。字淇渔，号中泠。江苏丹徒人。宣统元年(1909)优贡。历官安徽滁县、颍上、当涂知县，有循吏之称。南社社员。曾游日本。与朱祖谋同寓苏州时，交谊在师友之间，祖谋为校斠其词。精研甲骨文，有撰述。工书法。诗词风格，俱雄奇瑰丽。著有《樱海词》、《桃渡词》，总名《啸叶庵词》。生平事迹见《南社丛谈·南社社友事略》。

毕倚虹(1892—1926)　近代小说家。名振达，以字行，别署几庵、清波、春明逐客、婆婆生等。江苏仪征人。少随父仕宦居杭州，年十五北上京师。历官兵部郎中、爪哇泗水领事。辛亥革命后，至上海，入中国公学，习法律。在报刊发表论文，并创刊《夏星杂志》、《学艺杂志》。后为狄葆贤、包天笑延主《时报》笔政。主编《小说时报》、《妇女时报》、《小时报》等。开始创作长篇小说，《十年回首》为其第一种。另著有《未来之上海》、《黑暗上海》、《极乐世界》、《苦恼家庭》、《春江花月夜》、《红粉金戈记》等，尤以《人间地狱》最为著名。小说外，尚著有《光绪宫词》、《销魂词》、《几庵绝句》及《清宫谈旧录》等。生平事迹见钝根《毕倚虹小史》、《民国旧派小说名家小史·毕倚虹》。

姚锡钧(1892—1954)　近代文学家。字雄伯，号鹓雏，以号行，别署宛若、龙公、红豆词人等。江苏松江(今属上海)人。南社社员，与同社朱玺(号鸳雏)并称“二雏”，益以闻野鹤，号“云中三杰”。历任《太平洋报》、《七襄》、《春声》、《申报》副刊《自由谈》、《民国日报》和上海进步书局等主编、编辑。民国中，任江苏省政府秘书。中华人民共和国成立后，任松江副县长。以胃病误诊为癌，被妄施手术而卒。文学、艺术、学术研究皆所擅长，南社以外，曾入文学研究社、国学商兑会、京江曲社等学术、文艺团体。郑逸梅谓其“为文宗林畏庐，而抒情处婉约风华，却为畏庐所不及”。论诗宗宋，推崇同光体，与柳亚子发生争论。所为小说则属鸳鸯蝴蝶派一路。著有长篇小说《燕蹴筝弦录》、《风飐芙蓉记》、《春奁燕影》、《海鸥秋语》，另有《苍雪词》、《沈家园》传奇及《二雏遗墨》(与朱玺合著)。生平事迹见《南社丛谈·南社社友事略》。

程小青(1893—1976)　近代小说家、翻译家。原名青心，号茧庐，改名小青。安徽安庆人，出生于上海。父不务正业致败家，赖母抚养。少曾为钟表店学徒。年十六，入音乐学校。年二十三迁居苏州。先后任教于东吴大学附属中学和景海女子师范学校。中华人民共和国成立后，任江苏省政协委员。幼喜小说，尤好侦探，年十二读《福尔摩斯探案》，寝食俱废。初为小说，亦译述言情，后情场失意，遂致力于创作侦探小说。处女作《鬼妒》刊《小说月报》，编者恽铁樵力为延誉,因此知名。作《霍桑探案》系列近百篇,约三百万言,如《礼拜六》所载《断指党》、《长春妓》诸篇,“最饶精采”,人“叹为中国侦探小说第一人”(严芙孙语,见《全国小说名家专集》)。与严独鹤、陆澹安等创办《侦探世界》杂志,翻译《福尔摩斯探案全集》、《斐洛凡士探案全集》等。生平事迹见《民国旧派小说名家小史·程小青》、吴越《程小青传略》。

张冥飞(1894—?) 近代小说家。名焘,字季鸿,号冥飞。湖南湘乡人。精医术,曾任南方大学教授,为南社社员。名伶冯春航曾从之学诗。论文主实用,反对浮夸虚饰及诡怪瑰奇之风。处世落拓不羁,人称之为“名士派”。所著小说甚多,有《剑客传》、《江湖剑客传》、《江湖剑侠传》、《荒山奇侠》、《小剑侠》、《孝女报恩记》、《雨窗话鬼记》、《不夜城》、《十五度春秋》等。另有剧作《元宵谜》、《黛玉葬花》等。生平事迹见《南社丛谈·南社社友事略》。

朱玺(1894—1921) 近代文学家。字孽儿,号鸳雏。祖籍江苏苏州,流寓松江(今属上海)。幼孤,年十三从马湫予学诗。喜戏剧,常登场饰旦角演出。与姚鹓雏、闻野鹤齐名,号“云中三杰”。后加入南社。因主张宗宋诗,与柳亚子意见不合,柳一怒之下,将其驱逐出社。事后,柳颇自悔,作《我和朱鸳雏的公案》一文致歉。后旅居上海,以笔墨文字谋生。生平酷爱林纾翻译小说,刻意模仿,可以乱真。著有《凤子词》、《朱鸳雏遗著》、《银箫集》、《情诗集》、《银箫遗韵》,以及小说作品《峰屏泖镜录》、《玉楼珠网》、《帘外桃花记》、《情奴遗爱录》、《碎窗记》、《上海闲话》等。生平事迹见《南社丛谈·南社社友事略》。

姚民哀(1894—1938) 近代文学家。字肖尧,号兰庵。原名朕,字天亶,号民哀,以号行。朱寄庵子,出嗣姚家,遂姓姚。江苏常熟人。少自虞西高等小学毕业后,即与其弟民愚从父学艺,拼成双档弹唱《西厢记》和《三笑》,深受各阶层听众欢迎。宣统二年(1910)在上海演出时,从南社社员冯平学诗文,渐与革命党人交往。辛亥革命时,谒上海光复军司令李燮和,被委为淞沪光复军秘书。参加光复会、南社。为常熟同乡徐枕亚主编之《小说丛报》撰写《息庐丛谈》。二三十年代创作旺盛,在上海《红玫瑰》、《半月》、《快乐》、《紫罗兰》、《小说专刊》等报刊发表诗词、杂文、小说、弹词作品甚多,又出版长篇小说《荆棘江湖》、《四海群龙传》、《南北十大奇侠》、《箬帽山王》、《太湖大盗》等十多部,以写帮会活动为主,时有抨击官场黑暗、哀悯生民苦难的民主思想表露。还编过《春声日报》、《游戏杂志》、《新世界报》、《世界小报》、《小说之霸王》等报刊,为“鸳鸯蝴蝶派”中一重要作家。抗日战争起,死于兵乱中。生平事迹见《南社丛谈·南社社友事略》、《民国旧派小说名家小史·姚民哀》。

范镛(1894—1967) 近代文学家。号烟桥,以号行,别署含凉、鸱夷、西灶、乔木、愁城侠客。江苏吴江人。少读书吴中草桥中学,为胡石予弟子,又从金天羽游。后入东南大学,毕业后任劝学员、县教育会长。曾结同南社,办《同言》报纸。又与赵眠云等组织星社,创办《星报》,编辑《珊瑚杂志》,并任教于东吴大学。民国十七年(1928)在上海与诗友结云社。抗战军兴,避居沪上,仍以教书写作为生。中华人民共和国成立后,任苏州文化局局长、博物馆馆长、江苏省政协代表。工诗词,为南社社员,长于小说创作,为“鸳鸯蝴蝶派”作家之一。著有长篇小说《新儒外史》、《维新小史》,笔记《孤掌惊鸣记》、《家室飘摇记》、《孤岛三年记》、《茶烟歇》、《鸱夷室杂缀》,以及专著《民国旧派小说史略》。生平事迹见《南社丛谈·南社社友事略》、许廑父《范烟桥》。

胡先骕(1894—1968) 近代诗人、植物学家。字步曾,号忏庵。江西新建人。诸生。考入京师大学堂预科。民国元年(1912)赴美留学,习农学、植物学,与同学发起组织中国科学社。民国十四年获哈佛大学博士学位。归国任南京高等师范、东南大学、北京大学、北京师范大学教授,中正大学校长,中国植物学会会长,中央研究院院士、评议员。中华人民共和国成立后,任中国科学院植物所研究员。在植物分类学上卓有贡献。工诗,出沈曾植、陈衍之门,力张宋诗派旗帜,虽为南社社员而与柳亚子持论如水火。民国十年与吴宓、梅光迪创办《学衡》杂志,以“昌明国粹,融化新知”为宗旨,反对白话文学,世称“学衡派”。曾译苏轼诗为英文。其论郑珍、金和、张之洞、陈曾寿、刘光第、俞明震诸近代诗人专文,钱仲联《近百年诗坛点将录》以为“阐述详尽,评骘精当,究心近代旧体诗者,不可不读也”。著有《忏庵诗稿》、《忏庵文稿》、《沧海楼词》及《经济植物学》、《中国植物新种研究》等植物学著作。生平事迹见《南社丛谈·南社社友事略》、谈家祯主编《中国现代生物学家传》第一卷。

吴宓(1894—1978) 近代学者、诗人、翻译家。字雨僧，一作雨生，笔名余生。陕西泾阳人。早年就读于清华大学。民国六年(1917)赴美国留学，获哈佛大学文学硕士学位，后又赴英国牛津大学从事研究。民国十年回国，历任东南大学、东北大学、清华大学教授，燕京大学、北京师范大学、北京大学讲师。抗日战争爆发后，任西南联大、武汉大学教授、系主任。中华人民共和国成立后，任西南师范学院教授。长期从事外国文学教学。曾翻译西方文学名著、文学理论，亦精中国传统文学。民国十一年与胡先骕等创办《学衡》杂志，反对新文化运动，世称“学衡派”，又写有《〈红楼梦〉新谈》、《〈石头记〉评赞》、《〈红楼梦〉与世界文学》等论文，为早期红学家之一。著有《吴宓诗集》、《白璧德与人文主义》等，编有《拉丁文法》、《法文文法》、《外国文学名著选读》等教材。生平事迹见李立明《中国现代六百作家小传》、李觐高《泾阳吴宓》、陈敬之《吴宓》。

平襟亚(1894—1980)　近代小说家。曾名沈亚公，别号秋翁，笔名网蝶生等。江苏常熟人。幼丧母，家境贫困，读私塾数年后即为集镇小店学徒。后考入常熟简易师范，毕业后任小学教员、校长。民国四年(1915)至上海，在此前后在《时事新报》等报刊发表杂文、短篇小说。民国七年至十二年间任上海世界书局编辑。民国十五年为避讼匿居苏州，回沪后开设中央书店，出版小说甚多。民国三十年主办刊物《万象》，曾因宣传抗日被日本宪兵拘捕。抗日战争胜利后，出任上海市新评弹作者联谊会领导。1955年受聘为上海人民评弹团特约编辑，1957年受聘为上海文史馆馆员。著有长篇小说《人海潮》、《人海新潮》，另有《中国恶讼师》、《民国三百件奇案》、《江湖三十六侠客》、《人心大变》、《武侠世界》以及《妆楼索影记》、《襟亚阁笔记》等，改编、创作《陈圆圆》、《三上轿》、《十五贯》、《杜十娘》、《王魁负桂英》等长篇弹词。生平事迹见《吴中耆旧集——苏州文化人物传》、《民国旧派小说名家小史・平襟亚》、李立明《中国现代六百作家小传》。

林庚白(1897—1941)　近代诗人。原名学衡，字浚南，号愚公，别署众难、孑楼主人、摩登和尚。福建闽侯人。南社社员。早就读北京大学。辛亥革命后，参加京津同盟会。民国元年(1912)至上海创黄花碧血社，以行刺帝制余孽为事。二次革命后，被举为众议院议员、非常国会秘书长。后又任国民党立法院立法委员。抗战军兴，流亡香港。太平洋战争起，为日军所害。为陈衍诗弟子，初亦为同光体诗，与同学姚锡钧、胡先骕等唱和，曾与锡钧合刊《太学二子集》。后著文对同光体诗反戈一击，又谓昔以郑孝胥为今人第一，己第二，今则论古今诗，当以己为第一，杜甫第二。人以为狂。著有《丽白楼自选诗》、《丽白楼诗话》、《孑楼随笔》、《空前词》、《梅花同心馆词话》、《虎穴余生记》等。今人辑有《丽白楼遗集》。生平事迹见《南社丛谈・南社社友事略》、柳亚子《林庚白家传》。

风格流派 并称 社团

江左三大家　指明末清初江南诗人钱谦益、吴伟业、龚鼎孳。三家均为明之贰臣，明清之际为诗坛宗匠，声名甚著。顾有孝为辑《江左三大家诗钞》，三大家之名遂定。朱庭珍《筱园诗话》谓“江左以牧斋(钱谦益)为冠，梅村(吴伟业)次之，芝麓(龚鼎孳)非二家匹”，又以为钱氏“奉韩、苏为标准，当时风尚，为之一变，其识诚高于明七子，才力学问亦似过之，所为诗长于七言，以七律、七古为上，七绝次之”，吴氏“入手不过一艳才耳，迨国变后诸作，缠绵悱恻，凄丽苍凉，可泣可歌，哀感顽艳，……七古最有名于世，……七律佳者，神完气足，……五律处处求工”，龚氏“词采有余，骨力不足，……气虽盛，然剽而不留，直而易尽，调虽高，然浮声较多，切响较少”。

虞山诗派　清初形成于江南常熟(今属江苏)的诗流派，明末清初文坛领袖之一钱谦益是该派的开创者。钱谦益论诗反对明前后七子的复古趋向，倡导转益多师，无所不学而无所学。在清初开学宋诗风，并表彰李商隐，称李诗“亦风人之遐思，《小雅》之寄位也”(《注李义山诗集序》)。其后常熟诗人冯舒、冯班兄弟进一步扬谦益余绪，专倡学李商隐。冯班著《钝吟杂录》伸其旨，其所作“沉酣六代，出入义山、牧之、庭筠之间”(钱谦益《冯定远诗序》)。影响所及，其乡诗人多受熏染。杨际昌云：“常熟多诗人，大抵师法中晚。冯定远表彰《才调集》，寝食以之，尤工为艳词。”(《国朝诗话》)直至晚清，西昆派主要诗人张鸿、徐兆玮、孙景贤等亦为常熟人。而虞山诗派中诗风与钱谦益相近的则有其族孙钱曾。该派在清初与云间派、娄东派并为江南三大诗派。

梅村体　一种以叙事为主的七言歌行。因清初著名诗人吴伟业(号梅村)的创作而得名。

《四库全书总目》称吴伟业所作七言歌行“格律本乎四杰，而情韵为深；叙述类乎香山，而风华为胜。韵协宫商，感均顽艳，一时尤称绝调。其流播词林，仰邀睿赏，非偶然也”。该体源于唐代元、白七言叙事歌行而又有所变化发展。其体善于转韵，且颇有规律，大多四句一转，平仄韵互换，好用律句，节奏鲜明。在修辞手法上，又多用顶针格，绵延流转。语言讲究藻采，用典颇密。在叙事手法上还吸收了明代传奇的某些特色。其内容多反映上层社会的沧桑变化，以悲歌为主，在中国叙事诗发展史上具有很重要的地位。吴伟业创作的该体代表作有《圆圆曲》、《永和宫词》、《鸳湖曲》、《萧史青门曲》、《田家铁狮歌》、《临淮老妓行》、《听女道士卞玉京弹琴歌》、《琵琶行》等。对后世产生了较大的影响，近代诗人效法者尤多，如王闿运的《圆明园词》、樊增祥的前后《彩云曲》、金兆蕃的《宫井篇》、杨圻的《檀青引》、《天山曲》、王国维的《颐和园词》等即是其中荦荦大者。

娄东诗派 清初形成于江南太仓（今属江苏）的诗流派，明末清初文坛领袖之一吴伟业是该派的开创者。娄东，指太仓，因娄江东流经太仓，故名。吴伟业论诗本与云间陈子龙相同，旨在继承明代同乡王世贞传统，入清以后，有所改变，采取了折衷调和论调，并不墨守盛唐。在创作上，其成就以七言长篇叙事歌行为最杰出，“格律本乎四杰而情韵为深，叙述类乎香山而风华为胜，韵协宫商，感均顽艳，一时尤称绝调”（《四库全书总目》），世称“梅村体”。在他的影响下，同邑后辈形成了“娄东十子”这一诗人群体，成为娄东诗派的主要成员。但他们的创作，“大抵瓌词雄响，瓣香弇州（王世贞）”（《晚晴簃诗汇》），“与云间、西泠诸子上下其可否”（吴伟业《太仓十子诗序》），虽师法吴伟业，然多不能为梅村体歌行。参见“娄东十子”。

河朔派 形成于清顺治年间的诗流派，以河北诗人申涵光为主要代表。河朔指黄河以北，这一派诗人都为河北一带人，故名。王士禛《渔洋诗话》称：“申凫盟涵光称诗广平，开河朔诗派，其友鸡泽殷岳伯岩、永年张盖覆舆、曲周刘逢源津逮、邯郸赵湛秋水，皆逸民也。”申涵光论诗近明七子，其《青箱堂近诗序》云：“诗之必唐，唐之必盛，盛必以老杜为宗，定论久矣。”但他们处于明清易代之际，对社会动荡感受甚深，对明七子的流弊也有所洞察，故反对泥古不化，对宋代诗人也并不完全抹杀。在创作上非常重视反映社会现实，要求诗歌有充实的思想内容，不为无病呻吟，不作无聊应酬之诗。其作品比较全面深入地反映了当时各种社会矛盾，充满兴亡之感、家国之恨，风格沉郁悲凉，在清代文学史上具有一定的地位。

畿南三子 指清初河北申涵光、殷岳、张盖三位遗民诗人。三人为河朔诗派的主要成员，中以申涵光成就最高，在清初遗民诗人中占有重要地位。而诸人之气节凛然，尤为世所重。

柳洲词派 明末清初形成于柳洲地区的词流派。柳洲，指今浙江嘉善县（魏塘）一带，外延可及今属上海市的金山、松江部分地区。邹祗谟《远志斋词衷》云：“词至柳洲诸子，几二百余家，可谓盛极。无论袁（仁、黄）、钱（梅、棅）、戈（止）、支（大伦）诸先辈，吐纳风流，如尔斐（钱继章）、子顾（曹尔堪）、子更（陈增新）、子存（魏学渠）、卜臣（魏允枚）、古喤（孙鈊）诸家先后振藻，飙流符会，实有倡导之功。要之阮亭所云：不纤不诡，一往熨贴，则柳洲词派尽矣。”所举诸先辈均为前明及殉明臣子，后数人则由明入清。柳洲词派宗尚本近《花间集》，为云间词派一翼，明清易代之际，风格渐转为慷慨悲凉。词人作品汇编入《柳洲词选》六卷，除前明四十余人外，清初作家有一百十余人。该派词人以曹尔堪、钱继章、魏学渠最有成就，其他成员除邹祗谟所论列者外，有魏允枏、魏允礼、曹尔埴、曹鉴平等。自曹尔堪于康熙十八年（1679）逝世后，该派风气渐受浙派影响而为其所融化。

国朝三家 亦称国初三大家。指清初散文家侯方域、魏禧、汪琬三人。康熙间宋荦、许汝霖尝辑刊《国朝三家文钞》。三家均为由明入清的文人，方域曾应清乡试中副榜，琬仕清为郎官，惟禧力辞征辟以遗民终。侯古文体兼华藻，有唐传奇色彩；魏古文主识议，以凌厉雄杰见长；汪古文条畅温润，叙事有法。三人在清初均有重大影响。

南施北宋 指清初诗人施闰章、宋琬。施为南方江南宣城（今安徽宣州）人，宋为北方山东莱阳人，同为顺治、康熙间诗坛大家。王士禛《渔洋诗话》曰：“余论当代诗人，目曰南施北宋。施谓愚山（闰章），宋谓荔裳（琬）。”二家风格，沈德潜《国朝诗别裁集》评曰：“宋以雄健磊落胜，施以温柔敦厚胜。”

宁都三魏 指清初诗文家江西宁都魏氏三兄弟魏祥（后改名际瑞）、魏禧、魏礼。三人均由明入清，中以魏禧尤有名，成就较大。兄弟隐居翠微峰，筑易堂以居，提倡古文实学，以议论倾动海内，为清代江西文苑开山。三人自为师友，创作以散文见长，宗法唐宋八家，而较有气势。林时益合辑为《宁都三魏全集》。另魏氏三兄弟又与李腾蛟、彭士望、林时益、丘维屏、曾灿、彭任并称为“易堂九子”。

易堂九子 见“宁都三魏”。

西泠十子 一作西陵十子。指清初顺治、康熙间杭州诗人陆圻、毛先舒、丁澎、柴绍炳、陈廷会、沈谦、吴百朋、张丹、孙治、虞黄昊。西泠，以杭州西湖孤山下的西泠桥得名。十人结西泠诗社于湖上，互相唱和，时人因以名之。诗宗中晚唐，以温丽苍悲为尚，有《西泠十子诗选》行世，世谓之“西泠派”。

燕台七子 指清初居于北京之诗人丁澎、宋琬、施闰章、严沆、陈祚明、张文光、赵宾。七人籍贯不同，顺治间尝聚集北京，结为诗社，称“燕台七子社”，时相唱和。有丁澎、严津合辑《燕台七子诗刻》行世。燕台，即战国燕昭王所筑黄金台，后为北京代称。七人中宋琬、施闰章影响最大，成就亦高，因而又并称为“南施北宋”，且名列“国初六家”，丁澎为“西泠十子”之一，陈祚明编有《采菽堂古诗选》，亦较有名，余三人名不甚著。

岭南三大家 指清初顺治、康熙间广东诗人屈大均、陈恭尹、梁佩兰。因王隼辑《岭南三大家诗选》行世而得名。然三人出处不同，创作成就亦有异。屈大均坚持反清复明斗争，奔波于大江南北，垂老始归乡里隐居；陈恭尹父陈邦彦抗清殉节，恭尹继承父志，亦积极参与反清，晚年虽与显贵交，节操不变；梁佩兰则应科举出仕于清，中进士，官庶吉士。然王隼选三家诗，则以梁冠首。对三人风格的评论，王煐《岭南三大家诗选序》谓“药亭（梁佩兰）之诗，才人之诗也；翁山（屈大均）之诗，学人之诗也；元孝（陈恭尹）之诗，诗人之诗也”，谭献《复堂日记》谓“梁氏醇朴，而意尽句中”，“屈氏深秀，由奇得剽，喷薄处郁郁有至性”，“陈氏精浑，师法在陈思、子美”，陈融《颙园诗话》谓“翁山之诗以气骨胜，元孝之诗以情韵胜，药亭之诗以格律胜”。各人所工之体，朱庭珍《筱园诗话》称“药亭七古，翁山五律，元孝七律，当代夸为三绝”。三人中，今公认屈大均成就最高，陈恭尹次之，梁佩兰则较逊色。“岭南三大家”又常与“江左三大家”相提并论，洪亮吉曾有“尚得昔贤雄直气，岭南犹似胜江南”之句，从总体上褒扬之。

岭南七子 指清初广东诗人陈恭尹、梁佩兰、程可则、王邦畿、方殿元、方还、方朝。方殿元与方还、方朝父子三人，后侨居苏州。七人创作成就不同，其中以陈、梁二人最为突出，故又与屈大均并称为“岭南三大家”。其余五人，亦有佳评。沈德潜《国朝诗别裁集》谓程可则诗“俊伟腾踔”，方殿元诗“高华伉爽”；凌扬藻《国朝岭海诗钞》谓王邦畿诗“寄托微远”，方还诗“雄杰疏快”，方朝诗“深远古淡”。

粤东三子 指清初广东诗人王鸣雷、陈子升、伍瑞隆。王为番禺人，陈为南海人，伍为香山人。均为粤东（今广东）籍，故称。三人皆为明遗民，入清不仕，以诗自娱，其诗受赏于王士禛。钱谦益《陈乔生诗序》谓陈子升“学殖富有，才笔日新，以《风》、《雅》为第宅，以《骚》、《选》为苑囿，缛绣凄弦，蒙荣集翠”，陈融《颙园诗话》评伍瑞隆诗“寄意深远”。王鸣雷则以《挽王华姜诗》传诵一时。

粤东七子 指清初广东诗人陈恭尹、梁佩兰、程可则、王邦畿、王鸣雷、陈子升、伍瑞隆。恭尹顺德人，梁、程与子升南海人，二王番禺人，伍香山人，均属粤东，故名。王士禛《渔洋诗话》谓：“东粤诗，自屈、程、梁、陈之外，又有王邦畿说作、王鸣雷震生、陈子升乔生、伍瑞隆铁山数人，皆有可传。”七子中陈、梁成就最高，故又与屈大均并称为“岭南三家”。陈、梁、程、王又与方殿元、方还、方朝并称为“岭南七子”。

毗陵四子 指清顺治、康熙间文学家陈维崧、董以宁、黄永、邹祗谟四人。毗陵为古郡名，辖境相当今常州、镇江、无锡三市。《清史列传·邹祗谟传》云：“（邹）古文辞与陈维崧、董以宁、黄永称‘毗陵四子’。”则四子之名由其古文而得，然四子均工词，亦能诗，陈维崧且工骈文，创作才能尤较全面。

阳羡词派 形成于清顺治、康熙年间的词流派，江苏宜兴（古称阳羡）词人陈维崧为其主要代表，与以朱彝尊为首的浙西派并驰于清初词坛。谭献有“锡鬯（朱彝尊）、其年（陈维崧）行而本朝词派始成”（《箧中词》）之论。陈维崧立志别开蹊径，新创词派，荡涤明末以来的萎靡词风，与同邑吴本嵩、吴逢原、潘眉合编《今词苑》，竭力推重词体，尤崇尚苏轼、辛弃疾之词，以为可比“杜甫之歌行”、“西京之乐府”，大胆地将“选词所以存词”提高到“存经存史”（《词选序》）同等的地位。阳羡词人还编有《荆溪词初集》(曹亮武主编)、《瑶华集》(蒋景祁编)等选本,不但反映了荆溪一域清初诸家词的概况,还在序文中勾勒出阳羡词派的发展脉络及其词学宗趣。阳羡词派阵营颇壮,陈维崧而外,有任绳隗、徐喈凤、史惟圆、曹亮武、万树、陈维岳、蒋景祁、弘伦、陈枋、董儒龙等。陈维崧创作极富,陈廷焯称其词"沉雄俊爽,论其气魄,古今无敌手"(《白雨斋词话》),其他各家亦均以豪放健迈、苍凉悲壮的词作饮誉词坛。敢于"拈大题目,出大意义"(谢章铤《赌棋山庄词话》),抒述民生之哀,慨叹故国之痛,不满足于吟风弄月,为阳羡词派的基本风貌。阳羡词派至康熙中叶便日渐式微,后虽有郑燮、蒋士铨、黄景仁、姚椿等继其词风,但以阳羡地域特征为标志的这一词派终不复存在。

娄东十子 又称"太仓十子"。指清初顺治、康熙间太仓诗人周肇、王揆、许旭、黄与坚、王撰、王昊、王抃、王曜升、顾湄、王摅。十人籍贯均为江苏太仓,古称娄东。以吴伟业辑刊《太仓十子诗选》行世而得名。姚莹《识小录》称:"(十子)大抵师法梅村,故诗皆以绵丽为工,悲壮为骨,中以端士(王揆)、伊人(顾湄)、虹友(王摅)为最。"沈德潜《国朝诗别裁集》又认为王昊是"十子中尤铮铮有声者"。十人于吴伟业为后进晚辈,与吴伟业一起形成清初娄东诗派,对清诗繁荣有所贡献。

太仓十子 见"娄东十子"。

南朱北王 指清初顺治、康熙间诗人朱彝尊、王士禛。朱为南方浙江秀水(今嘉兴)人,王为北方山东新城(今桓台)人,均主盟诗坛。郑方坤《国朝名家诗钞小传》曰:"新城(士禛)、长水(彝尊)屹然为南北二大宗,比于唐之李杜,宋之苏黄。"杨际昌《国朝诗话》曰:"秀水朱检讨竹垞(彝尊)与王阮亭(士禛)齐名,世称南朱北王。王专擅风神,朱兼骋才藻,以云作家,皆非妄有名也。"然赵执信《谈龙录》则有"朱贪多,王爱好"之讥。

神韵派 形成于清康熙间的诗流派。以著名诗人王士禛为主要代表。神韵派的名称由王士禛提出的"神韵说"而来。卢见曾《感旧集》凡例曾指出王士禛"主诗教以神韵为宗"。王士禛早年曾选《神韵集》,标举唐诗中王、孟一派。神韵一语源于唐代张彦远的画论,故神韵说也受到画论的影响,其主要内涵有三个方面,在风格上主要本于唐司空图"冲淡"、"自然"、"清奇"三诗品;在创作精神上,则本于司空图"不着一字,尽得风流"与严羽"莹彻玲珑,不可凑泊","羚羊挂角,无迹可求"的思想,而在声韵方面则追求"大音希声"余音绕梁的自然韵味,意在矫正明七子呆实空豪而泥古不化的诗风。王中年后又曾受到宋诗热的影响,越三唐而事两宋,而至晚年则又编选《唐贤三昧》,归于宗唐。其一生诗歌创作虽并非全限于"神韵派"风格,但因其"神韵说"符合鼓吹休明的需要,在当时及后世都发生过重要影响,故仍被视为"神韵派"的代表。以"神韵说"为宗,学古取向相近的诗人同时及其后主要还有王戬、宗元鼎、曹禾、汪灏、汤右曾、史申义、法式善、王祖昌等。

浙西词派 亦称浙派。兴起于清初的词流派。由浙江秀水(今嘉兴,地处浙西)朱彝尊开派,与阳羡词派同为清词"中兴"之标志。朱彝尊身处清初词道由衰转盛之际,为振兴词体,辑有《词综》一书,采摭唐迄元之词人五百余家,于选编过程中体现其词学主张。他认为:"词至南宋,始极其工","填词最雅,无过石帚(姜夔)"(《词综·发凡》),"倚新声玉田(张炎)差近"(《解佩令·自题词集》),大力推崇南宋词人姜夔、张炎,追求词意的清空醇雅、格律的严谨整饬,使明代以来淫哇粗率的词风有所改观。其词论受乡前辈曹溶影响较深,以致他有"数十年来,浙西填词者,家白石而户玉田,春容大雅,风气之变,实由先生"(《静惕堂词序》)之言。协编《词综》的汪森推波助澜,其《词综序》为浙西词派重要理论文献,以为柳永一派"言情者或失之俚",苏、辛一派"使事者或失之伉",南宋姜夔出,才使词达于极致。在朱彝尊倡导下,同里李良年、李符、沈皞日、沈岸登、龚翔麟与之相唱和,合称"浙西六家",并有《浙西六家词》行世。朱氏还重刻南宋咏物词《乐府补题》一书,浙派咏物词风随之广为流布。朱彝尊等人词典丽清雅,风神摇曳,然弊端正在渐入虚浮空疏之途。浙派中期的中坚人物为钱塘厉鹗,与祖籍浙江的查为仁同撰《绝妙好词笺》,鼓吹南宋,甚于朱氏。厉鹗以北宋周邦彦为宋代第一人,与朱彝尊之推尊姜夔不尽相同,原因在取其"婉约隐秀,律吕谐协"(《玲珑帘词序》)。厉鹗本人词风幽隽窈曲,而难免沉厚之味不足。清中叶的浙派词人还有陆培、江昱与马曰琯、曰璐兄弟及王昶、赵文哲等浙籍、非浙籍人氏。后期浙派词人有钱塘吴锡麒、吴江郭麐、吴县吴翌凤等,创作年代已下及嘉庆间,颇力图以真情有味、富于个性的词论、词作矫正浙派流弊，但成效均不大。

金台十子 指清初诗人宋荦、王又旦、曹贞吉、颜光敏、叶封、田雯、谢重辉、丁炜、曹禾、汪懋麟。金台即黄金台，战国时燕昭王筑，后世每以之指北京京畿地区。十人虽籍贯不同，但康熙间均曾为京官，公余雅集，谈艺论诗，互相唱和，王士禛因为之刻《十子诗略》，故此得名。又称“辇下十子”、“都门十子”。十人虽多为诗坛名家，但无统一主张，未形成流派，故后世诗论家亦很少视之为一个整体而予以评论。

辇下十子 见“金台十子”。

都门十子 见“金台十子”。

南北二曹 指清初顺治、康熙间词人曹尔堪、曹贞吉。尔堪为南方浙江嘉善人，贞吉为北方山东安丘人，同为顺治、康熙间著名词人。然“二曹”词风不同，南曹雄深苍稳，北曹清峭劲拔，曹尔堪年辈较高，而成就与影响以曹贞吉为较大。尤侗《南溪词序》评曹尔堪词“如桐露新流，松风徐举，秋高远唳，霁晚孤吹”，王炜《珂雪词序》评曹贞吉词“肮脏磊落，雄浑苍茫，是其本色，而语多奇气，惝恍傲睨，有不可一世之意”。

桐城派 清代最有影响的散文流派。因创始人均为安徽桐城人，故名。形成于清康熙间，鼎盛期在乾隆、嘉庆间，流波及于清末。以方苞、刘大櫆、姚鼐为主要代表。姚鼐《刘海峰先生八十寿序》称：“曩者鼐在京师，歙程吏部、历城周编修语曰：‘……昔有方侍郎，今有刘先生，天下文章，其出于桐城乎？’”该派名称即由此而来。“然江西、福建、浙江、江苏、广西、湖南北能为文章与桐城相仿佛者时时间作，于是有桐城文派之说。人不必桐城，文章则不能外于桐城”（陈衍《石遗室文集》卷七）。可见这一派在清代影响之大。方苞论文标举“义法”之说，称“义即《易》之所谓‘言有物’也，法即《易》之所谓‘言有序’也；义以为经而法纬之，然后为成体之文”（《又书货殖传后》）。具体而言，就是要求在内容上“文以载道”；在形式上以“雅洁”为标准，以《史记》和唐宋八大家、明代归有光为主要取法对象。其后，刘大櫆提出了“神气音节说”，阐述了“神气”与“音节”之间的关系，较多地注意到了古文创作自身的规律，对方苞的“义法说”作出补充。发展到姚鼐，这一派的理论更加完整。姚鼐主张义理、考证、词章三者合一，文章既要发明义理，又要“实事求是”，不流于空疏，又要讲究写作艺术。他在《古文辞类纂》序目中将古文的基本要素概括为“神、理、气、味、格、律、声、色”八种，又将其区分成两个层次，并阐明了相互间的关系。他还辨析了阳刚与阴柔两类风格及其相互关系。在创作实践上，该派古文佳者多流畅洁净，条理清晰，饶有余味，方、刘、姚都有脍炙人口的名篇传世。桐城派的队伍非常庞大，姚鼐门下以管同、梅曾亮、方东树、姚莹最为著名，人称姚门四弟子。后来影响到曾国藩，进一步扩大了桐城派的堂庑。晚清桐城文派虽受梁启超等“报章体”之冲击，仍有相当势力，直至“五四”新文化运动兴起，其在文坛的统治地位始告终结。桐城派除作为散文流派外，亦有桐城诗派存在，主要代表作家为姚鼐，其创作、理论与宋诗派颇有渊源。

浙西三李 指清初康熙间诗人李绳远、李良年、李符三兄弟。均为浙西秀水（今嘉兴）人。早年受曹溶提携，又与朱彝尊相唱和，于是闻名一时。然三人作品风格，各不相同。许灿《梅里诗辑》评绳远诗“沉酣六朝，浸淫初盛，缠绵激宕，骨秀气苍”。《四库全书总目》评良年诗“清峭洒落，亦颇得江山之助”。《晚晴簃诗汇》评符诗“才力不逮两兄，然其清空隽逸，一气奔放，亦非两兄所能掩”。

国朝六家 指清康熙朝诗人宋琬、施闰章、王士禛、赵执信、朱彝尊、查慎行。因有刘执玉选编《国朝六家诗钞》行世，故此得名。其中宋琬、施闰章又并称为“南施北宋”。王士禛、朱彝尊又并称为“南朱北王”。赵执信为王士禛的甥婿，但论诗与王不合。查慎行与朱彝尊为中表兄弟。六人诗风格各异，然均为当时诗坛之重镇，影响甚大。

浙派 特指形成于清乾隆年间的诗流派。代表诗人为浙江钱塘（今杭州）厉鹗。该派诗人多为浙江人，故名。袁枚《随园诗话》称：“吾乡诗有浙派，好用替代字，盖始于宋人，而成于厉樊榭。”厉鹗论诗以宋为尚，曾编著《宋诗纪事》一百卷。在创作上具体取法宋代陈与义，并上溯唐王维、孟浩然，风格刻琢研炼，幽新隽妙。其诗学主张强调书卷学问，曾说：“故有读书而不能诗，未有能诗而不读书”，“书，诗材也……诗材富而意以为匠，神以为斤，则大篇短章均擅其胜。”（《绿杉野屋集序》）其创作亦好搜奇骛博，钩新摘异，诗中时有冷僻小典。此派诗人在厉鹗同时和其后，还有金农、杭世骏、赵昱、符曾、丁敬、奚冈、符之恒、汪沆、翟灏、吴锡麒等。另“浙西词派”通常亦称“浙派”。

浙西六家 指清乾隆朝浙西诗人厉鹗、严遂成、王又曾、钱载、袁枚、吴锡麒。厉、袁、吴系浙江钱塘(今杭州)人;王、钱为秀水(今嘉兴)人;严为乌程(今湖州)人,均属浙西地区。因吴应和、马洵选《浙西六家诗钞》行世而得名。实则六人诗风并不相同。厉鹗诗宗南朝二谢与唐王、孟、韦、柳,而以取法宋人为主,为"浙派"诗领袖。严遂成与厉鹗"相友善,而诗思豪迈,迥不相类"(吴应和语)。王又曾诗,陈衍《石遗室诗话》称"沈子培论谷原(又曾号)诗胜于樊榭(厉鹗号),余谓谷原固有老于樊榭者,然樊榭佳处较多"。钱载以章句变化著称,为晚清同光体诗人所推尊,陈衍《近代诗钞》谓"有清一代诗宗杜、韩者,嘉、道以前,惟一钱萚石"。袁枚于六家中诗名最盛,为一时诗坛宗匠,以"性灵说"鸣天下,诗才轶群,然时有轻薄浮荡习气。吴锡麒诗规模王士禛,"可云正宗,而笔脆才弱"(谭献《复堂日记》)。

格调派 形成于清乾隆初的诗流派,以著名诗人沈德潜为主要代表,其名称因沈德潜宗尚"格调说"而来。所谓"格调"即是指诗歌的"体格声调"。早在明代,以李梦阳、何景明为代表的"前七子"和以李攀龙、王世贞为代表的"后七子"就以"格调"为指归。沈德潜的学古主张与明七子如同一辙,他认为"诗至有唐为极盛"(《古诗源序》),而"宋元流于卑靡"(《唐诗别裁集凡例》),故作诗当以盛唐为宗,学习其句法格律,模拟其声音气象。另一方面他又十分明确地强调文学的政治功用,力主诗歌创作应以"忠孝悱恻"、"温柔敦厚"为原则。这些诗学主张,非常符合帝王的愿望,清高宗曾作序称赞他的诗歌"远陶铸乎李、杜,而近伯仲乎高、王矣"。因此沈德潜在当时文坛享誉甚高,影响很大,"海内之士尊若山斗,奉为圭臬,翕然无异词"(王豫《群雅集》)。其实,他的诗作缺乏创造性,身后受到许多人的批评。朱庭珍称其"所为诗平正而乏精警,有规格法度而少真气,袭盛唐之面目,绝无出奇生新、略加变化处"(《筱园诗话》)。总之,沈德潜及格调派诗人在思想上、艺术上比较保守,对清代诗歌的发展并未起促进作用。这一派诗人主要以沈德潜门下王鸣盛、王昶、钱大昕、曹仁虎、赵文哲、吴泰来、黄文莲为主,沈德潜曾刊为《吴中七子集》。此外,杜依中、张文光、赵进美、顾大申、褚廷璋、张熙纯、朱彭等也皆以"格调"为宗。

秀水派 形成于清乾隆年间的诗流派。以浙江秀水(今嘉兴)著名诗人钱载为主要代表。该派诗人多为浙江秀水人,故名。金蓉镜称"竹垞(朱彝尊)不喜涪翁,先公(金德瑛)首学涪翁,遂变秀水派。萚石(钱载)、梓庐(朱休度)、柘坡(万光泰)、丁辛(王又曾)、襄七(诸锦)皆以生硬为宗"(《论诗绝句寄李审言》自注)。这一派学古趋向以宗法宋代黄庭坚为主,又上溯杜甫、韩愈,主张学古,又反对泥古,认为应当"不求与合人合而不能不合,不求与古人异而不能不异"(钱载《梦堂诗老传》)。钱载本人的创作,非常重视在章句方面出奇,创新变化处很多。这一派对近代学宋诗风的兴起具有影响。晚清同光体首领之一陈衍曾说"有清一代,诗宗杜韩者,嘉道以前唯一钱萚石侍郎"(《近代诗钞》),非常推重钱载。除上述诗人以外,这一派还有祝维诰,汪孟鋗、仲鈖兄弟,钱世锡,王复,钱仪吉、泰吉兄弟等。

性灵派 形成于清乾隆年间的诗流派。著名诗人袁枚是这一派的主要代表。其名称由袁枚提倡"性灵说"而来。袁枚论诗不以尊唐宗宋为指归,认为"诗有工拙,而无今古"(《答沈大宗伯论诗书》),作诗应该抒发自己的真性情,而且不能限于温柔敦厚的诗教,"可以兴、可以群、可以观、可以怨",也不必尽"关系人伦日用"。要求把诗歌从道貌岸然的政治伦理功用中解放出来,恢复诗歌平易近人的面目。在创作上,袁枚以"灵性"、"灵机"、"灵巧"来药沈德潜的呆滞、笨拙。就"灵性"而言,他重视作诗的"天才";就"灵机"而言,他强调创作的灵感触发,兴会所至;就"灵巧"而言,他追求新鲜、生动、生趣盎然、清新隽妙的风格(以上见《随园诗话》)。他的诗歌正是以其风情妩媚,"杂以市道"(邵祖平《无尽藏诗话》),通俗轻灵,平易近人,而风靡于世,因此而成为诗坛盟主。然袁枚的创作中时有轻薄浮滑的倾向,当时洪亮吉即有"如通天神狐,醉即露尾"之评(见《北江诗话》)。在乾嘉诗坛,性灵派影响最大,对于清代诗歌和诗学理论的发展起了一定的促进作用。在当时与袁枚齐名的诗人还有赵翼和蒋士铨。赵翼的诗论诗风与袁枚一致,也是性灵派主要诗人。而蒋士铨则与性灵派诗风迥异,非性灵派中人。此外在袁枚同时和其后以"性灵说"为尚的重要诗人还有张问陶、孙原湘、祖之望、凌扬藻、邵葆祺、龚轼、郭仪霄、张云璈、王文治、李调元等,宋湘、舒位、王昙等的诗歌主张也受袁枚影响。道光以后,由于时世变化,社会各种矛盾激化,性灵派轻灵的诗风才逐渐失却其存在的基础而从文坛消退。

乾隆三大家 指清乾隆朝诗人袁枚、蒋士铨、赵翼。三人虽为当时最负盛名的诗人，并称于时，然作品风格颇有差异。延君寿《老生常谈》谓“袁子才（枚）新颖，蒋心馀（士铨）雄健，赵瓯北（翼）豪放”，崔旭《念堂诗话》谓“袁之情多，蒋之识正，赵之气盛”，钱仲联《清诗三百首》前言则称“袁、赵主张相同，诗的庸俗浮滑也相同，而赵更多以文为诗的习气；蒋诗沉雄，不同袁、赵，而影响不如袁枚之大”。袁枚、赵翼的诗论颇具进步性，创作上也有新意，蒋士铨则多取法古人，受韩愈、黄庭坚影响尤大。

绵州三李 指清乾隆间四川绵州（今绵阳）诗人李调元、李鼎元、李骥元。李鼎元为李调元从弟，李骥元为李鼎元弟。三人在诗歌创作上，以调元声名最著，张怀泗曾以其诗与袁枚、赵翼、王文治诗合刊为《四家诗选》，孙桐生赞其“敏捷”（《国朝全蜀诗钞》），朱庭珍则斥其“俗鄙”（《筱园诗话》）。而就诗论诗，实以鼎元为优，王昶称：“近日绵州三李，以墨庄为最。”（《湖海诗传》）

吴中七子 指清乾隆朝吴中诗人王昶、王鸣盛、曹仁虎、赵文哲、吴泰来、钱大昕、黄文莲。七人时相唱和，交往甚密，因沈德潜选《吴中七子诗选》行世而得名。七人均从沈氏学诗，诗学观点亦与之相同，然成就与影响则各不相同。王昶选编《湖海诗传》，上继沈氏《国朝诗别裁集》，而“所选诗一以声调格律为准”，风行海内。王鸣盛、钱大昕诗名早著，然既长则以学者享誉，诗名为其学所掩。曹仁虎、赵文哲、吴泰来虽亦属乾隆间诗坛名家，然诗名视袁枚等固瞠乎其后，且不及江南其他诗人如黄景仁、洪亮吉。黄文莲影响更小。

高密诗派 形成于清乾隆间的诗流派。代表诗人为李怀民（石桐）、李宪暠（叔白）、李宪乔（少鹤）三兄弟，人称“高密三李”。因创始人为山东高密人，故名。汪国垣《论高密诗派》云：“李怀民生于乾隆国势隆盛之时，亲见举世皆阿谀取容，庸音日广，慨然有忧之，乃与少鹤精研中晚唐人格律，而救之以寒瘦清真，一洗百年来藻缋甜俗之习，虽当时排斥者实繁有徒，然数十年中清才拔俗之士，多有闻而信之者。”因宪暠以诗为余事，故后之论者但称“二李”。诗派之起，老辈奖掖提携者有同邑单楷、单烺、单绍伯，羽翼酬唱则有胶州王克绍、王克纯，同邑王夏、王万里、王宁阛“王氏五子”，绍述光大，则有李诒经、王宁炜、王宁烶、单子固等“后四灵”，而丘县刘大观亦从二李问诗法，且为之刊遗著。诗派前后影响垂二百年，晚清李瑞清亦称其家学。

高密三李 见“高密诗派”。

肌理派 形成于清乾隆年间的诗流派。主要代表作家为学者诗人翁方纲，其名称由翁方纲提倡“肌理说”而来。“肌理”一语源于杜甫《丽人行》“肌理细腻骨肉匀”句，翁方纲以之比喻诗歌创作应该追求“义理”、“文理”细密的境界。他曾说：“为学必以考证为准，为诗必以肌理为准。”（《志言集序》）认为诗歌创作应“由性情而合之学问”（《徐昌穀诗论》），甚至认为“考订诂训之事与词章之事未可判为二途”（《蛾术编序》）。就其出发点而言，是欲以“肌理”之实以救神韵之虚。在艺术形式方面，则强调“穷形尽变”（《诗法论》）之法，一方面“大而始终条理，细而一字之虚实单双，一音之低昂尺黍，其前后接笋，乘承转换、开合正变，必求诸古人也”。然而“法非徒法也，法非板法也”，故须“诗中有我在也，法中有我以运之也”（《诗法论》），重视“活法”，重视变化。其所针对的是“格调派”的因袭之弊。他又认为“宋人精诣，全在刻抉入里，而皆从各自读书学古中来，所以不蹈袭唐人也”（《石洲诗话》）。因此宗尚宋诗，尤其是江西诗派。而就翁方纲的创作实践而言，他的许多诗歌成了堆砌学问的“考据诗”，为人所诟病。但翁方纲的诗歌理论对近代学宋诗风的兴起和晚清同光体诗人提出的“学人之诗和诗人之诗合一”的主张具有相当的影响。在当时以“肌理说”为宗，诗风与翁方纲相近的诗人还有夏敬颜、沈道宽、吴重熹等。

江右八家 指清代诗人王猷定、陈允衡、曾畹、帅家相、蒋士铨、汪轫、杨垕、何在田。均为江西人，古称江西为江右，故名。因曾燠选《国朝江右八家诗选》行世而得名。八家中，王猷定、陈允衡为明遗民，曾畹为顺治间人，其余五人则为乾隆时人，生活年代与诗作成就及影响均不同。王猷定以古文擅名，诗名不著，蒋士铨诗号“乾隆三大家”，有突出成就，余数人成就有限。

国朝八家 指清乾隆间骈文家袁枚、邵齐焘、刘星炜、孔广森、吴锡麒、曾燠、孙星衍、洪亮吉。因吴鼒辑刊《国朝八家四六》而得名。八人皆为清代中叶具有代表性的骈文作家，其创作反映出清代骈文的中兴。袁枚、吴锡麒又是有成就的诗人，孔广森、孙星衍、洪亮吉则均为知名学者，孙、洪亦工为诗。但同时期的骈文大家洪中未被列入八家，后人多有非议。

江左十子 指清乾隆朝江南诗人刘潢、顾宗泰、施朝干、范云鹏、徐芗坡、任大椿、叶抱菘、诸廷槐、王廷堣、王元勋。因王鸣盛辑《江左十子诗钞》行世而得名。古称江南为江左。十人均受业于王鸣盛，凡苏州籍二人，松江籍二人，扬州籍二人，太仓籍四人(扬州古时亦视为江南之地)。然诸人创作成就不高，影响较小。

桐城诗派 与"桐城文派"相对应的诗流派。形成于清乾隆、嘉庆时期。以桐城姚鼐为主要代表。姚莹序《桐旧集》称："窃尝论之，自齐蓉川给谏以诗著有明中叶，钱田间振于晚季，自是作者如林。康熙中，潘木厓先生是以有《龙眠风雅》之选，犹未极其盛也。海峰出而大振，惜抱起而继之，然后诗道大昌，盖汉魏六朝三唐两宋以及元明诸大家之美无不一备矣。海内诸贤谓古文之道在桐城，岂知诗亦然哉。"最早指出了桐城诗派的存在，并说明了姚鼐的贡献，其后吴汝纶复指出："方侍郎顾不为诗，至姚郎中乃以诗法教人，其徒方植之东树益推演姚氏绪论，自是桐城学诗者一以姚氏为归，视世所称诗家若断潢野潦不足当正流也。"(《桐城吴先生文集》卷三)再一次肯定了姚鼐在桐城诗派中的地位。姚鼐论诗以"熔铸唐宋"为宗旨，其矛头所向主要是袁枚为代表的性灵派，同时也兼及沈德潜为代表的格调派。他又接受其伯父姚范之说，提倡学习黄庭坚，以为如此不仅可以药性灵派轻浅之病也可救格调派肤廓之弊。但学山谷诗也易流于槎枒、枯瘠，因此，姚鼐又主张兼而取法李商隐之绮密。其诗论对于其后的梅曾亮、方东树、曾国藩以及近代宋诗派和清末同光体都有较大的影响，其诗歌创作，也在实践上为一脉相承的桐城诗派打下了基础。

三君 指清中叶乾隆、嘉庆间诗人舒位、王昙、孙原湘。三人均受袁枚"性灵说"诗论影响甚深，艺术风格上则并不相同，舒位"专主才力，每作必出新意"，"以奇博创获，横绝一世"(陈文述所作传)，诗风尚奇；王昙"近体格调近袁，古体奇诡"(钱仲联《清诗三百首前言》)，"一往清折，未免疏犷"(谭献《复堂日记》)，诗风奇而近怪；孙原湘则颇与舒、王相异，为袁枚弟子，直接继承袁氏诗风。法式善为三人作《三君咏》诗，由此得名。亦有人称三人为"乾隆后三家"，以继"乾隆三大家"。

乾隆后三家 见"三君"。

姚门四杰 指清桐城派文学家姚鼐门下四弟子梅曾亮、管同、方东树、刘开，刘开或作姚莹。刘声木《桐城文学渊源考》综合诸家论述谓梅曾亮"师事姚鼐，受古文法，裒然居'姚门四杰'之首"；管同"师事(姚鼐)最久，久亲指授，最承许与，实为'姚门四杰'之次"；方东树"师事姚鼐，受古文法，为'姚门四杰'之一"；刘开"师事姚鼐，尽授以诗、古文法，名虽居'姚门四杰'之一，实不能尽守师法"，姚莹"师事从祖姚鼐，受古文法，……'姚门四杰'本梅曾亮、管同、方东树、刘开四人，又有去开更入莹者"。五人均为桐城派中后期著名散文家，亦均能诗。刘开最早去世，又不尽守师法，故后世称"姚门四杰"者常以姚莹代之。管同"传法最早"(《清史稿》)，梅曾亮受其影响才习为古文，但他去世亦较早。梅曾亮最晚去世，居京师二十余年，承姚鼐余势，隐然继主文坛，弟子众多，影响最大。方东树又是学者，以反汉学为旗帜，所著《昭昧詹言》，为桐城诗派重要理论著作。姚莹家学渊源，"负经济之学"(陆以湉《冷庐杂识》)，在数人中著述最能切实。另梅曾亮、管同、方东树、姚莹亦称"姚门四弟子"。

姚门四弟子 见"姚门四杰"。

阳湖派 形成于清乾隆、嘉庆时期的散文流派。以恽敬、张惠言、李兆洛为代表。这一派作家多为常州阳湖一带人，故名。因其与桐城派多有师友渊源关系，受桐城派影响颇深，故或视之为桐城派支流。但该派作家对桐城派也有不满之处，认为方苞、刘大櫆、姚鼐诸家之文均有弊端。恽敬反对"有意为古文"，主张"沛然于所为文之外"，强调学问修养，具体而言其与桐城派不同之处在于博采诸子百家，兼取骈、散之长，追求"积之而为厚焉，敛之而为坚焉，充之而为大焉"(《上曹俪笙侍郎书》)，达到醇而能肆的境界。而就具体创作实践而言，其成就也未必能超出桐城派。除上举作家外，该派作家还有秦瀛、陆继辂、董士锡等人。

常州词派 兴起于清嘉庆初的词流派，以常州词人张惠言、周济为主要代表。清康熙间，由朱彝尊首创的浙西词派，标举南宋姜夔、张炎，追求词的清空醇雅，其末流内容上呈空疏之态，形式上染饾饤之习。张惠言、周济等常州词人推尊词体，倡意内言外之说，以比兴寄托充实词学理论，指导词的创作，形成了颇具声势的常州词派，其影响延续至清末。其词学理论初见于张惠言及其弟张琦合编的《词选》中。张惠言《词选序》针对当时浙派词的渐趋空虚，强调词须重意，应讲究比兴寄托，指出词可上比《风》、《骚》，与诗、赋同列，“非苟为雕琢曼辞而已”。张氏所论，虽注意了词的思想内容，矫正了浙派偏重技巧的弊端，但往往片面讲求微言大义而流于牵强附会。《词选》后附黄景仁、左辅、恽敬、钱季重、李兆洛、丁履恒、陆继辂等七人词作，均为张氏同道，亦常州府人。传张惠言词学者，还有其甥董士锡，士锡又传于其子董毅及荆溪(属常州府)周济。董毅曾编《续词选》，选词标准与张《词选》有所不同。周济辑有《宋四家词选》、《词辨》。以宋周邦彦、辛弃疾、王沂孙、吴文英四家为学词典范，主张“问涂碧山，历梦窗、稼轩，以还清真之浑化”(《宋四家词选例言》)，又进一步发挥了张惠言的比兴寄托之说，提出“词非寄托不入，专寄托不出”，要求达到“浑涵”的境界和“见仁”“见智”的效果。周氏深化、具体化了常州派词论，拓展了常州派的创作途径，但也不免主观臆测和自相矛盾。近代谭献、庄棫、王鹏运、朱祖谋、况周颐等则为其余绪。叶恭绰称谭献“承常州派之绪，力尊词体，上溯《风》、《骚》，词之门庭，缘是益廓，遂开近三十年之风尚”(《广箧中词》)。

粤东三子 指清嘉庆、道光间广东诗人黄培芳、张维屏、谭敬昭。嘉庆十六年(1811)，翁方纲为黄培芳《香石诗钞》作序，以三人为“粤东三子”，大加推崇。也称“粤中三子”。

后吴中七子 本名吴中七子，以与此前王鸣盛、钱大昕、王昶等“吴中七子”同名，故改称后七子。为清嘉庆、道光间吴派词人群体，指戈载、沈彦曾、朱绶、陈彬华、吴嘉洤、沈传桂、王嘉禄等七人。道光二年(1822)，时年仅二十六岁的长洲词人王嘉禄倡议合刻《吴中七家词》，得到戈载等人的响应和支持，前辈顾广圻《吴中七家词序》云：“七家者，为戈子顺卿(载)、沈子兰如(彦曾)、朱子酉生(绶)、陈子小松(彬华)、吴子清如(嘉洤)、沈子闰生(传桂)、王子井叔(嘉禄)，……诸子之词，平奇浓淡，各擅所长，而无一字无来历，则七家未有不同也。”七家中，王嘉禄年未三十而亡，沈彦曾、陈彬华名亦不显，成就较高者为戈载、朱绶、吴嘉洤、沈传桂，而戈载尤以著《词林正韵》享名。

岭西五家 指清道光前后广西诗文家吕璜、朱琦、王拯、龙启瑞、彭昱尧等五人。五人均为当时广西一流文人，在全国也有一定影响。吕璜年最长，去世最早，鸦片战争前已卒，王拯年最少，去世最晚，光绪初方卒。五家均长于古文，为桐城派一脉，亦皆能诗，尤以朱琦、王拯成就为高。民国间黄蓟辑五人诗文为《岭西五家诗文集》。另五人中去彭昱尧，增郑献甫，又称“粤西五家”，光绪间谢元福为辑《粤西五家文钞》。

合肥三家 指清道光、咸丰间安徽合肥三诗人徐子苓、王尚辰、戴家麟。以光绪十二年(1886)谭献选三人诗合刻为《合肥三家诗录》而得名。陈衍《石遗室诗话》评三家诗云：“戴不如王，王不如徐，徐于文尤胜于诗。”

汉魏六朝派 又称湖湘派。形成于清咸丰时期，下及清末民国初的诗流派，以湖南著名诗人王闿运为代表。该派以汉魏六朝为学古宗旨，且多为湖湘地区诗人，故名。郭嵩焘序龙汝霖《坚白斋遗集》谓：“吾友龙君皞臣，少与湘潭王壬秋，武冈邓弥之、葆之倡为古学，摈弃今世为诗文者，推源汉魏，以上溯周秦。”又称“湖口高氏碧湄，亦俊才年少，数君相与为石交，志节忼慨，敦友朋之谊”(《天影庵诗存》)，可知该派主要作家为王闿运、邓辅纶、龙汝霖、邓绎、高心夔，此外尚有李寿蓉、蔡与循，后期有杨度、程潜等。后期湖湘以外尚有江苏刘师培、浙江章炳麟等亦心摹手追于汉魏六朝之间。王闿运论诗以“比兴”为本，而在他看来汉魏六朝诗不失比兴之义，为比兴之典范，故当效法汉魏六朝诗才能求其本。其见解比较狭隘、保守。该派诗人诗集中以古体为主，喜拟古题，近体不多作，偶亦有运用新名词、表现新题材之作。不同作家风格各异，泥古与创新的程度也并不一致，高心夔的诗歌相对而言较有创新特色。该派诗歌内容亦多反映时世变迁。其成就较高的诗人主要为王闿运、邓辅纶、高心夔。这一派诗歌创作虽然相对保守，但也显示了近代诗歌丰富多彩的一个侧面。

湘乡派 形成于清咸丰年间，影响下及清末的散文流派，以曾国藩为主要代表。因曾氏为湖南湘乡人而得名。李详《论桐城派》称：“文正之文，虽从姬传(姚鼐)入手，后益探源扬、马，专宗退之，奇偶错综，而偶多于奇，复字单义，杂厕相间，厚集其气，使声采炳焕，而戛焉有声，此又文正自为一派。可名为‘湘乡派’，而桐城久在祧列。其门下则有张廉卿裕钊、吴挚甫汝纶、黎莼斋庶昌、薛叔耘福成，亦如姬传先生四大弟子，要皆‘湘乡派’中人也。”曾国藩原私淑姚鼐，早曾向戴钧衡问古文法，然并不满足于桐城派的理论和实践。因其特别重视“器识”与“事业”,故其论文在姚鼐“义理、考据、辞章”三者之外增入“经济”一项。并选《经史百家杂钞》以补姚鼐《古文辞类纂》之不足。而用桐城派雅洁之文笔来写大篇经世济时文章也会受束缚,不易畅意尽才,故曾氏在写作艺术方面,特别重视文章气势。以为“柔和渊懿之中必有坚劲之质,雄直之气,运乎其中乃以自立”(《与廉卿》),推重阳刚之美,主张古文创作当益之以汉赋之气体,较少禁忌,形成了与传统桐城派古文不同的特色,而自成一派。

曾门四弟子 指晚清曾国藩门下张裕钊、吴汝纶、黎庶昌、薛福成四大弟子,都是著名的古文家,以曾国藩为首的文派湘乡派的主要成员。内吴汝纶为桐城人,是桐城家法的恪遵者,又被视为桐城派后期重要作家,张裕钊、黎庶昌也常被当作桐城派中人,黎庶昌推衍曾国藩的理论,辑有《续古文辞类纂》。而薛福成又可列入后期经世派作家,其长篇政论文对后来的新散文体的形成具有相当重要的影响。

唐宋兼采派 或称河北派。形成于清同治、光绪间的诗流派,以河北张之洞为领袖。汪国垣称“近代河北诗家,以南皮张之洞、丰润张佩纶、胶州柯劭忞三家为领袖,而张祖继、纪钜维、王懿荣、李葆恂、李刚己、王树枏、严修、王守恂羽翼之”,“此派诗家,力崇雅正,瓣香浣花,时时出入于韩苏,自谓得诗家正法眼藏,颇与闽赣派宗趣相近。惟一则直溯杜甫,一则借径涪皤,斯其略异耳……然以力辟险怪生涩之故,颇不满意于同光派之诗”(《近代诗人述评》)。张之洞论诗务以“清切”为主,明确提出“宋意入唐格”的主张,追求中和之境,反对偏锋。其与同光体的最大区别在于不喜黄庭坚及江西诗派,曾称“江西魔派不堪吟”。但推重苏轼,故陈衍谓其“乐广博而恶艰深”(《知稼轩诗序》)。而与汉魏六朝派的主要区别在于王闿运辈无取于宋,而张之洞辈并不一笔抹杀宋诗,但却无取于汉魏。夏敬观曾说张之洞论诗“以王派见薄”,“不喜人言汉魏”(《袌碧斋集序》)。可见该派并不专宗中晚唐,而有意调和于唐宋之间。除上述诗人外,一般也把湖北樊增祥、湖南易顺鼎归于该派。两人风格各有特色,而都以才情富艳见长,在晚清诗名显著。另外张之洞的幕客梁鼎芬及梁的友人文廷式,诗不列宗派,实际上也是唐宋兼采的。该派诗歌在总体上大多句调流转,以才情气势见长。

同光体 形成于清光绪年间,影响下及民国年间的诗流派,其代表诗人有陈三立、沈曾植、郑孝胥等,主要理论家为陈衍。“同光体”之名称,始于陈衍与郑孝胥之戏言。陈衍《沈乙庵诗序》云:“‘同光体’者,苏堪与余戏称同、光以来诗人不墨守盛唐者。”所谓“不墨守盛唐”是相对于“恪守盛唐”而言。具体地说也就是“以宗宋为主而溯源于韩、杜”(钱仲联《论同光体》)的流派。陈衍与沈曾植论诗谓:“盖余谓诗莫盛于三元:上元开元,中元元和,下元元祐也。”(《石遗室诗话》)这就是所谓“三元说”,其重心是在中、下二元,上元则为各派所共尊。钱基博以为该派“盖衍桐城姚氏、湘乡曾氏之诗派,而不屑寄人篱下,欲以自开宗者也”(《现代中国文学史》)。该派非常重视学问修养,标榜“学人之诗”与“诗人之诗”合一的境界。具体而言,由于学古的重点不同又可分成三派。一是闽派,“这一派以陈衍、郑孝胥、沈瑜庆、陈宝琛、林旭为首,最后有李宣龚诸人为殿。这一派的学古方向,溯源韩、孟,于宋人偏重于梅尧臣、王安石、陈师道、陈与义、姜夔,沈瑜庆则偏宗苏轼,陈衍又接近杨万里”。二是江西派,“这一派大都是江西人,远承宋代的江西派而来,以黄庭坚为宗祖。其首领为陈三立,稍后一些有夏敬观,却不学黄庭坚而学梅尧臣。华焯、胡朝梁、王易、王浩诸人,都属三立一派。三立的儿子衡恪兄弟都能诗,但不是江西派诗”。三是浙派,以沈曾植为代表,同派有袁昶,继承者是金蓉镜,都是浙西人,学谢灵运、韩愈、孟郊、黄庭坚。这三派外,“一般也认为是同光体的,有范当世学黄庭坚,陈曾寿学韩愈、李商隐、黄庭坚,俞明震学陈与义”。(以上引文见钱仲联《论同光体》)这一派与诗界革命派的主要区别在于,该派诗人企图沿着诗歌发展传统的通变路线,再向前迈进一步;而诗界革命派则已把视野投向世界,希望通过吸收新名词,尤其是描写新事物来开创新的诗界。

诗界革命派 形成于清光绪年间的诗流派,以黄遵宪、康有为、梁启超为主要代表。其名称由梁启超提出“诗界革命”的口号而来。光绪二十五年十一月十八日(1899 年 12 月 20 日),因戊戌变法失败而流亡日本的梁启超,由横滨乘船去美洲,在途中二十三日的日记中写道:“今日不作诗则已,若作诗,必为诗界之哥伦布、玛赛郎然后可。犹欧洲之地力已尽,生产过度,不能不求新地于阿米利加及太平洋沿岸也……要之,支那非有诗界革命,则诗运殆将绝。虽然,诗运无绝之时也。今日者,革命之机渐熟，而哥伦布、玛赛郎之出世必不远矣。”(《夏威夷游记》)在中国诗歌史上首次提出了诗界革命的口号。按照梁启超的设想，“欲为诗界之哥伦布、玛赛郎，不可不备三长，第一要新意境，第二要新语句，而又须以古人之风格入之，然后成其为诗。”(同上)实际上就是要用欧美的新事物、新思想熔铸入诗，企图在保持旧风格的前提下，来变革中国诗歌的语辞和意境。于是他撰《饮冰室诗话》，大力表扬黄遵宪等新派诗人。而此前光绪二十二年(1896)、二十三年间夏曾佑、谭嗣同等就曾提倡以新名词入诗，不过只是引用一些西方名词作点缀。按梁启超的标准，只有黄遵宪的诗作，才比较符合诗界革命的要求，他可称是近代努力开辟诗歌新世界的第一人，在少年时期，即有“别创诗界之论”。光绪十七年他在伦敦中国使馆自序《人境庐诗草》，提出了改革诗界的方案，要求在广泛继承传统的基础上，极大地丰富诗歌语言，创造出“不名一格，不专一体，要不失为我之诗”的作品。就其创作实践而言，他的作品已较多地展示了新世界、新思想。一般认为诗界革命派的著名诗人还有丘逢甲、夏曾佑、蒋智由、许承尧、金天羽等，他们的作品都能“更搜欧亚造新声”(康有为《与菽园论诗》)、“米雨欧风作吟料”(丘逢甲《论诗》)。其局限在于他们所开拓的实际上只是诗歌所表现的外部世界，但却未能开拓诗歌内部的艺术世界，由于时代的限制，他们并不能也不想彻底地从艺术形式上进行革命。

西昆派 形成于清光绪末年的诗流派，以李希圣、曾广钧、曹元忠、张鸿等为主要代表。该派专以李商隐为宗，与宋初西昆体相仿佛，故名。在清代最早提倡李商隐的是钱谦益。但钱以“转学多师”为原则，学古面较广。其后冯班发挥钱氏余绪，侧重于宗法李商隐。而乾嘉时期，桐城诗派也兼取李商隐，至曾国藩亦“解道涪翁学义山”(李希圣《题山谷集》)。近代湘中诗派本重绮采，王闿运、易顺鼎等也有取李商隐。但这些诗人皆并不专宗李商隐，至晚清西昆派出方专奉李商隐为不祧之祖。该派又分二支，一支以长沙李希圣为主，湘乡曾广钧为辅，均为湖南人，一支以常熟张鸿、吴县曹元忠、元和汪荣宝为主，均为苏州地区人。张、曹、汪与常熟徐兆玮同官京曹，曾结社于张鸿所居之西砖胡同，仿宋初《西昆酬唱集》而刊《西砖酬唱集》。汪荣宝曾为《西砖酬唱集》作序，可谓该派之诗学宣言。张鸿弟子孙景贤继其衣钵，为该派后劲。晚清西昆派重倡《诗经》比兴微讽之旨，善取玉溪生华文谲喻之体，以寄托乱离衰世之悲愤忧伤。

新民体 指梁启超在报刊上发表文章所用的新散文体。因梁氏此类文早期发于《新民丛报》而得名，又称报章体。梁氏为宣传改良主义、爱国主义，启发民智，遂不断尝试用新的不同于桐城派古文等传统文体的新文体，以畅其旨义。早在戊戌变法前创办《时务报》时即肇其端，至光绪二十八年(1902)主办《新民丛报》，遂在日本人德富苏峰等表现欧美思想的报刊文体影响下，刻意改革而形成自己的文风。梁氏《清代学术概论》自谓“务为平易畅达，时杂以俚语、韵语及外国语法，纵笔所至不检束”，“条理明晰，笔锋常带情感，对于读者，别有一种魔力焉”。这对传统文言文而言，是一大进步，也为后来的白话文运动开了先河。其新民体主要作品有《少年中国说》、《新民说》、《说希望》等。

清末四大词人 指清末词人王鹏运、郑文焯、朱祖谋、况周颐。王氏最先致力于词，因其大力倡导词学，奖掖后辈，著名词人文廷式、朱祖谋、况周颐等均受其教益，故推为四家之冠。他力尊词体，尚体格，提倡“重、拙、大”以及“自然从追琢中来”等。况周颐《蕙风词话》的许多观点，即源于王氏。朱祖谋《半塘定稿序》评其词“导源碧山(王沂孙)，复历稼轩(辛弃疾)、梦窗(吴文英)，以还清真(周邦彦)之浑化”。郑文焯词学周邦彦、姜夔，务求高健清空，炼字选声，稳妥精丽。俞樾《瘦碧词序》评其词“体洁旨远，句妍韵美”。尤精词律，著有《词源斠律》一书，于后世影响较大。朱祖谋词，取径吴文英，上窥周邦彦，旁及宋词各大家，打破浙派、常州派门户之见，自成一家。夏敬观《忍寒词序》评其词“蕴情高夐，含味醇厚，藻采芬溢，铸字造辞，莫不有来历，体涩而不滞，语深而不晦，晚亦颇取东坡以疏其气”。尤精通格律，讲究审音，有“律博士”之称。况周颐致力于词五十年，得益于王鹏运“重、拙、大”之说；又与朱祖谋相唱和，受其影响，严于守律，于词益工。王国维《人间词话》评其词“小令似叔原(晏幾道)，长调亦在清真(周邦彦)、梅溪(史达祖)之间，而沉痛过之”。叶恭绰《广箧中词》评其词“寄兴渊微，沉思独往，足称巨匠”。尤精词评，著有《蕙风词话》，在词坛影响很大。

鸳鸯蝴蝶派 盛行于清末民国初的文学流派，以小说创作为主，本世纪三十年代趋于衰微。因多描写青年男女"相悦相恋，分拆不开，柳阴花下，像一对蝴蝶，一双鸳鸯一样"（鲁迅《二心集·上海文艺之一瞥》），故名。1919年钱玄同的《黑幕书》、周作人的《中国小说里的男女问题》最早提出此名称。该派无严密的组织，只是一批趣味相近的文人自觉或不自觉的投合，有部分南社社员。作家作品多，活动时间长，影响范围广。早期代表作如《玉梨魂》、《孽冤镜》、《兰娘哀史》等多为文言哀情小说。"五四"以后则多用白话创作。晚期作品如《啼笑因缘》等，也吸取了新文学刻画人物性格的手法。该派作品题材，也不限于爱情，还有社会小说如《广陵潮》，武侠小说如《江湖奇侠传》，侦探小说如《霍桑探案》，以及志怪、讲史、讽刺、谴责、公案、狭邪等。因其文学观重游戏、消遣，后常将"五四"前后二十年间倾向提倡趣味、娱乐、消闲的各类旧派小说归入此派，或将之统称为"民国旧派小说"。1914年至1923年刊行的《礼拜六》周刊，虽所发表作品不限于言情，因其以"轻便有趣"（《出版赘言》）为旨，供人消闲，故被认为是该派的代表性刊物之一，"礼拜六派"也成为该派的别名。代表作家有徐枕亚、吴双热、李定夷、王钝根、陈蝶仙、许廑父、李涵秋、周瘦鹃、胡寄尘、徐卓呆、范烟桥、程小青、毕倚虹、向恺然、许指严、包天笑、张恨水、秦瘦鸥等。代表刊物除《礼拜六》外，有《小说时报》、《民权素》、《小说丛报》、《小说大观》等。1984年上海文艺出版社、福建人民出版社分别出版《鸳鸯蝴蝶派研究资料》、《鸳鸯蝴蝶派文学资料》。

礼拜六派 见"鸳鸯蝴蝶派"。

雪苑社 文社。明崇祯十二年（1639），侯方域、贾开宗创立于河南商丘。主要成员，除侯、贾外有吴伯裔、吴伯胤、徐作霖、刘伯愚四人。诸人均以文采自著，而以躬行相砥。崇祯十五年，商丘为农民军攻破，侯、贾流亡，二吴、徐、刘死于兵乱中，社事遂歇。清顺治二年（1645），侯、贾重回故里，贾与故人徐作肃及其侄徐世琛建议重修雪苑社事，侯则主先广求人才，再论恢复之事。三年后得徐邻唐，又二年得宋荦。六人乃重修社事，朝夕切磋，号称"雪苑六子"。后侯方域早卒，雪苑社遂散。见侯方域《雪苑六子社序》等。

沧浪会 诗文社。明末几社之遗派。清顺治初年，苏州府、松江府一些士人，在苏州沧浪亭创立此社。发起人主要有：宋实颖，字既庭，号湘尹，长洲人；杜登春，字九高，一字九皋，又字君迁，号让水，华亭人；徐乾学，字原一，号健庵，昆山人；徐元文，字公肃，号立斋，乾学弟。后诸人皆应清廷科举，出仕清朝，乾学、元文且为朝廷重臣。社员多明末几社社员。因社内意见纷争，该社于顺治六年（1649）冬停止活动，分为慎交社和同声社。见杜登春《社事始末》。

慎交社 诗文社。清顺治六年（1649）冬，明末几社遗派沧浪会，因内部意见纷争，分为慎交、同声二社。主慎交社事者宋实颖（既庭），为原沧浪会发起人之一，一时四方名士，咸翕然应之。主要成员有：宋实颖、宋德宜、宋德宏、尤侗、汪琬、彭珑、吴兆骞、吴兆宽、吴兆夏、侯玄泓、陆圻、计东、顾有孝、赵云等，内名人颇多。与同声社素不睦，虽一度均加入十郡大社，但不久即分离，势同水火者垂二十年。社事活动延续至康熙间。见杜登春《社事始末》、沈彤《震泽志》、陈去病《五石脂》等。

同声社 诗文社。清顺治六年（1649）冬，明末几社遗派沧浪会，因内部意见纷争，分为同声、慎交二社。主同声社事者，为章在兹（素文）、叶方霭（子吉），社中骨干有赵炳（明远）、沈世奕（韩倬）、钱仲谐（宫声）、王长发（其倬）等。与慎交社素不相睦，虽一度均加入十郡大社，但不久即分离，势同水火者垂二十年。社事活动，延续至康熙间。见杜登春《社事始末》、沈彤《震泽志》、程穆衡《吴梅村诗集笺注》等。

惊隐诗社 一名逃之盟。诗社。清初在江南松陵（今属江苏吴江）创立。顺治七年（1650）已有社集活动。主盟者为松陵叶继武（桓奏）。社员有：归安范风仁（梅隐）、沈祖孝（雪樵）、陈忱（雁宕），嘉兴颜俊彦（雪臞）、朱临（载扬）、钟俞（琴侠），杭州戴笠（曼公），昆山归庄（玄恭）、顾炎武（宁人），无锡钱肃润（础日），苏州陈济生（皇士）、程棅（杓石）、施諲（又王），吴江吴珂（匡庐）、吴宗潜（东离）、吴宗汉（南郇）、吴宗泌（西山）、吴宗沛（芳时）、吴炎（赤溟）、吴宲（北窗）、吴在瑜（曜庚）、吴南杓（融司）、吴嘉楠（石城）、顾有孝（茂伦）、顾樵（樵水）、戴笠（耘野）、潘柽章（力田）、叶世侗（开期）、周灿（闇昭）、周尔兴（机高）、周抚辰（其凝）、周安（安节）、朱鹤龄（长孺）、朱明德（不远）、钮明伦（晦复）、钮棨（苏如）、王锡阐（兆敏）、王礽（云顽）、沈永馨（建芳）、沈泌（彦博）、李恒受（北山）、钱重（钟铭）、金瓯（宁武）、金廷璋（彦登）、金始垣（公觐）、金成（耳韶）、颜祁（子京）、钟嵚立（宾王）。均为明遗民，内名人颇多。叶继武家在唐湖北渚之古风庄，有烟水竹木之胜，于每年五月五日祀屈原，九月九日祀陶渊明。至期，社员麇集叶家，进行祭祀活动，并各纪以诗。康熙二年(1663)，社中骨干吴炎、潘柽章罹庄廷钺《明史》案惨祸被害，但惊隐诗社则一直活动到康熙三年。见杨凤苞《秋室集》。

原社 文社。清顺治七年(1650)、八年间，在吴中同声社中的松江士人，从社中分离，在松江与当地士人另立原社，与吴中诸社相抗。主要成员，有杜登春、张渊懿、施授樟、彭师度、许缵曾、宋徵舆等。社集之作，编为《原社初集》、《二集》行世。顺治十三年，部分成员又从社中分离出，另立恒社，由陶侉、林古度主持。此后松江之春藻堂诗社及大雅堂之会，亦为原社遗派。见杜登春《社事始末》、谢国桢《明清之际党社运动考》等。

弃繻社 诗文社。清顺治初创立于浙江鄞县，实为一反清组织。主其事者为全美闲，字吾卫，号苇翁，鄞县人，明亡，自以明室世臣，不仕异姓，乃集亲表巨室子弟为此社。社员有杨文琦、杨文瓒、屠献宸、董德钦、董剑锷、周御天、陆宇燝、陆宇爆、李振玑、李振玘、徐凤垣、施邦玠、高宇泰以及全氏族人若干，皆明代官宦之后。武进王之栻，以父为鄞县知县而寓居于此，亦入社。后社员参予抗清活动，多被捕、死难，社遂解散。见全祖望《族祖苇翁先生墓志》。

望社 诗文社。清顺治间靳应昇、阎修龄等创立于淮安。社员有李挺秀、黄申、郭为珙、张玙若、沃起龙、卞为鲸、胡从中、嵇宗孟、陈台孙、张镇世、沃起凤、潘取临、程涞、张养重、张新标、杨方、陆求可、徐转迅、陈谷骏、程淞、马骏、赵朗、李孙伟、张新栋、倪之煌、丘象升、丘象随、阎若璩、陈美典等。社员常在一起饮酒赋诗，各抒抑郁不平之气，然不议论国事，不臧否人物。后社员中多人出仕清朝。见李元庚《望社姓氏考》及所附李钟骏跋。

十郡大社 又名七郡大社、九郡大社。诗文社。顺治六年(1649)冬，明末几社遗派沧浪会，因内部意见纷争，分为同声、慎交二社。二社之间，势同水火。著名诗人吴伟业与慎交社中彭珑、宋实颖、尤侗等，欲消除二社间矛盾，遂联合苏州、松江两府及附近诸府士人，共举大社。顺治十年春，苏州、松江等七府士人，包括慎交、同声二社成员，借春禊社饮之机，聚会于苏州虎丘，与会者达五百人。十里山塘，画舫鳞集，冠盖如云，为一时盛事。奉吴伟业为宗主，慎交、同声二社各派代表，轮流主席。与会者各誓于神前，示彼此不相侵叛。二社间之矛盾，一度缓解。此年四月，大社又于浙江嘉兴鸳湖举行集会。与会名流，有吴伟业、宋实颖、沈世英、彭珑、尤侗、徐孚远、计东、黄永、邹祇谟、顾宸、徐乾学、朱彝尊、曹尔堪、章金牧、章金范、陆圻、骆复丹、姜承烈、徐允定，以及彭珑、章在兹、赵炳、沈世奕、钱仲谐、王长发、王昊、郁禾、周肇、侯涵等。不久，吴伟业奉诏入都，大社解散。同声、慎交二社，矛盾恢复如初，直至康熙年间二社消亡。见杜登春《社事始末》、顾师轼《吴梅村年谱》、程穆衡《吴梅村诗集笺注》等。

南湖五子社 诗社。清顺治间创立于浙江鄞县，与当时当地西湖八子社、南湖九子社、西湖七子社，并为较有名的明遗民诗社。五子为：林时对，字殿飏，学者称茧庵先生，明崇祯进士，官行人司行人，南明时历官太常卿、右副都御史；周元初，字自一，一字立之，学者称栖烟先生，南明时参予抗清，授郎官，不受；高斗权，号废翁；朱钱，生平未详；董剑锷，字佩公，一字孟威，号晓山。见全祖望《湖上社老董先生墓版文》等。

南湖九子社 一名梓乡耆会。诗社。清顺治间创立于浙江鄞县。成员九人均明遗民，为：林时跃，字遐举，号荔堂，明贡生，授大理寺评事，不就；高宇泰，初字元发，改字虞尊，别字隐学，南明鲁王授兵部郎；李邺嗣，原名文胤，以字行，一字杲堂，明诸生；徐振奇，字青雷，明代官户部；王玉书，字水功，明代官太常寺；丘子章，字梅仙，明代官舍人；徐凤垣，字霜皋，南明时官监军；高斗权，号废翁；钱光绣，字蛰庵，明代曾被朝廷征召。后来又增二人：倪爰楷，字端卿，明代官大理寺评事。周元初，字自一，一字立之，号栖烟，南明时参予抗清，授郎官，不受。社事由高宇泰主持。见全祖望《湖上社老董先生墓版文》、孙静庵《明遗民录》等。

西湖七子社 诗社。清顺治间创立于浙江鄞县，成员七人均明遗民，为：宗谊，字在公，号正庵，南明时鲁王召之，不赴；范兆芝，字香谷，定海人；陆宇爆，字春明，别字披云，学者称怀明先生，明诸生，入清弃去；董剑锷，字佩公，一字孟威，号晓山；叶谦，字天益，宁波人；陆昆，字雪樵；余翥，字生生，号钝庵，青神人，明诸生，世袭锦衣，清初寓四明。主社事者为董剑锷。见全祖望《湖上社老董先生墓版文》等。

西湖八子社 诗社。清顺治间明遗民八人创立于浙江鄞县。八人为:陆宇燝,字周明,一字戆庵,南明时官按察副使;毛聚奎,字象来,一字文垣,南明时官户部郎;董德偁,字天鉴,南明时官农部;纪五昌,字衷文,南明时官侍御;李文缵,字昭武,一字梦公,南明时官兵部员外郎;周昌时,字韫公;沈士颖,字心石,皆鄞县人;方授,字子留,桐城人,明诸生,入清弃去,父强之应试,遂避居鄞县。主社务者为李文缵。详全祖望《湖上社老董先生墓版文》。

西园诗社 诗社。清顺治间创立于广东番禺(今广州)。主社事者,为屈大均、王邦畿,均番禺人。屈大均,清初著名遗民诗人,时削发为僧,法名今种,字一灵。王邦畿,字说作,一字诚籥,明贡生,入清弃去。西园社集之作,有《燕台怀古》等题,乃抒故国之思者。见《粤东遗民传》、屈向邦《粤东诗话》等。

千龄社 诗社。清初居常州之十四位遗民诗人结此社。其年龄总和达千余岁,故名。社员除丘上仪外,余失考。丘上仪,字维正,常州武进人,明武进士,官海盐道游击,入清不仕,隐居家乡,其《千龄社社集》诗云:"孤村冒雨垫纶巾,一棹冲寒破水沦。自是素心堪共侣,好将末俗使还淳。藏身曾学姚平仲,招隐谁呼祁礼宾。良会讵应夸竞病,举杯且尽瓮头春。"可见该社之旨趣。见卓尔堪《明遗民诗》。

探梅社 诗社。清初黄登创立。黄登,广东番禺人,晚居乡里开黄村探梅诗社,延请岭南三大家之一的梁佩兰主持评论社集之诗。社员人数及姓名均不详。见谢国桢《明清之际党社运动考》引《粤东遗民传》。

南屏文社 文社。清初创立于福建漳州白云山麓之石溪。郑亦邹主其事。亦邹,字居仲,海澄人,顺治十三年(1656)举人,淡于仕进,结庐石溪,学者称白麓先生。于所居举文社,学者自远至,与会者常三百余人。社员郑溥(鹤斋)有《忆石溪简卢正则》诗云:"忆昔南屏会风雨,白麓先生实鼓舞。一时云集三百人,烨烨英姿动眉宇。文风振起八代衰,简约清华与奇古。"可见其盛。见陈寿祺《东越儒林后传》及《重纂福建通志》等。

听社 诗社。清顺治初顾宸等十七人创立于江南。主要成员有:顾宸,字修远,号荃宜,无锡人,明崇祯十二年(1639)举人,著有《辟疆园文集》;钱陆灿,字尔弢,号湘灵,又号圆沙,常熟人,顺治十四年(1657)举人,候缺通判,著有《调运斋诗文集》;唐德亮,字采臣,无锡人,顺治九年进士,官户部员外郎。又有缪维扬等人,生平未详。见王豫《江苏诗征》引《江苏诗事》。

冰天诗社 诗社。清顺治间释函可创立于沈阳。函可因在南明弘光朝覆灭后作私史,攻击清朝,为清兵捕送北京,减死遣戍沈阳。闻其三弟、其叔与二从子、其寡姊、其妹、其二弟媳均死难,痛定而哦,得诗数十百。时遣谪南明诸臣,如左懋泰、李呈祥、魏琯、郝浴、季开生及李龙衮、陈心简辈,始以气节文章相慕重,后皆与函可为挚交。遂招诸人结为冰天诗社,凡三十三人,函可自称榼撞和尚,左懋泰称北里先生。见谢国桢《明清之际党社运动考》引《粤东遗民传》。

忘机吟社 诗社。活动于清顺治间,社集地点在浙江平湖。平湖人李确创为此社。李确,字潜夫,号龙湫山人。社员皆布衣有声者,有乍浦人宋減,字尔恒,明季诸生,入社号觉非,尝读书陈山,有《万松台读易图》,李确为之记,平湖人钱澥芗作诗记之,有"离黍秋风怀故国,乱山名月见天心。卜居终负湖湘志,老去弥增感慨吟"之句。见杨钟羲《雪桥诗话》。

西郊吟课 诗社。活动于清初,社集之地在上海西郊,故名。社员多为明遗民。主要成员有:吴骐,字日千,江南华亭人,明诸生,明亡,绝意进取;王光承,字玠右,江南上海人;冯樾,字个臣,江苏娄县人,诸生;张若羲,字昊东,一字带三,江南华亭人,明崇祯十六年(1643)进士,入清不仕。见王豫《江苏诗征》。

莆山社 诗社。清初福建莆田若干遗民诗人创为此社。主要成员有释机绍、释超固、朱二不等。释机绍,字天月,俗姓顾,名招,字雪来,明崇祯间诸生,入清,削发为僧,好慷慨悲吟,诗多廋词隐语,拗僻难读,有《处庵集》。释超固,字华斯,号秋此,明末清初莆田三会寺僧。朱二不,未详。郑王臣《莆风清籁集·兰陔诗话》谓机绍与超固、朱二不等"更唱叠和,争奇斗险,不屑寄人篱下,正如大秦波斯教别有法门"。

遗老社 诗社。清初福建莆田一批遗民诗人结此社相酬唱,所作多故国之思。主要成员有:林丙春,字叔岘,号省庵,明举人,入清不仕,有《欠山诗草》;邹逸,字竹邛,号涯西,明末诸生,入清弃去,志节高尚,诗多拗僻;黄天翼,字升公,一字应陶,号退庵,明末举人,入清不仕,有《式愚堂集》;柯炯,字宓仲,号耻园,明末诸生，入清弃去；戴扬烈，字应承，号鹰公，明末举人，诗多抑塞侘傺之音，有《啸碧楼集》；刘尧章，字陶九，明末举人，精于《易》学；陈玉昆，字萼伯，号嘿斋，明末诸生，诗宗竟陵派。此外又有刘百原、黄遇潭等。见郑王臣《莆风清籁集》。

东皋诗社 诗社。清初王光承等在松江创立。社名"东皋"，出陶渊明《归去来辞》"登东皋以舒啸，临清流而赋诗"。社员均为明遗民，主要有：王光承，字玠右，上海人。弱冠补诸生，南明时屡征，皆力辞，入清与弟烈隐居，躬耕养父，不入城市者三十年，著有《镰山堂集》；王烈，光承弟，字名世，明诸生，先兄卒，著有《镰山堂别集》；金是瀛，字天石，华亭人，明诸生，入清，以隐逸征，不赴；吴骐，字日千，华亭人，入清不仕，著有《颇颔集》。见《海藻》、《海曲诗钞》。

小兰亭社 诗社。清初华亭(今松江)曹氏(原籍嘉善)所创立，社员为同宗十二人(一说十六人)。主要成员有：曹谿，明诸生，入清弃去，著有《谷香》、《花啸》等集；曹勋，字允大，明崇祯元年(1628)进士，官礼部右侍郎，辞官归，入清不仕，自号东干钓叟，以诗文自娱；曹炯，字瞻兮，著有《友树轩稿》、《白下草》、《西湖游草》、《岭云倡和集》等；曹诗，字起邠，著有《赐研斋集》；曹燕，字子翼，明诸生，入清不仕；曹尔埏，字彦博，号博庵，诸生。又有曹次重、曹十经、曹赞可等，皆有才名。后曹元曦又续举小兰亭社。元曦字御扶，号裴则，著有《庸轩集》。见王豫《江苏诗征》等。

临社 文社。清初江苏常熟钱方明创立。成员有陆圻、汤卿谋、尤侗、吴羽三、黄蕴生、侯涵、归士瑄、陆振宣、陆薄明、陆远之等，内陆圻、尤侗二人最有名。见王豫《江苏诗征》。

珠江社 诗社。清初詹韶与广东诸名士创立。詹韶，饶平人，明拔贡生，博极群书，尤长于诗，入清不仕，以著作自娱。见张其淦《明代千遗民诗咏》祁正注。

景山社 诗社。活动于清初，社集之地为浙江嘉兴。肇始于"苹园八子之会"。八子为：史宣纶，字王言，号练溪，浙江海盐人，诸生，著有《苕游草》等；史翼经，字人肇，号颐庵，宣纶之弟，诸生，著有《吹篪集》；吴源起，字准庵，浙江嘉兴人，顺治十八年(1661)进士，官洛阳知县、工部主事，著有《砚山稿》；郭裒采，字龙威，浙江嘉兴人，顺治五年举人，官宜春知县，著有《西翠楼集》，另李梦白、金枚叔、崔止庵、孔昭素四人，皆诸生，生平俱未详。苹园八子之会在当地影响很大，远近诗人，翕然附之，遂扩而为景山社。见阮元《两浙輶轩录》等。

七子会 诗社。❶清初江南上海、华亭(今松江)、娄县(今太仓)七位诗人于上海县结此社。其成员为：叶永年，初名寻源，字丹需，号砚孙，上海人，贡生，官赣榆训导，著有《玉壶诗稿》；叶楠，字芥舟，永年弟，举人，官高淳教谕；王未央，一作未英，字赤城，上海人，康熙十六年(1677)岁贡生，官太平训导；彭世瑞，字鹤献，号萼岘，娄县人，诸生；钱金甫，字越江，上海人，康熙十八年进士，官侍讲学士，著有《葆素堂集》；路鹤征，字舞湘，华亭人；彭开祜，字孝绪，号椒岩，华亭人，康熙十五年进士，官武冈知州，著有《椒岩集》。见王豫《江苏诗征》、《海藻》等。❷清初江南吴江诗人吴兆骞创立，他因顺治十四年(1657)科场案，遣戍宁古塔。康熙四年(1665)，他与流放当地的其他六位士人共举此会，相互酬唱。吴兆骞《戊午二月十一日寄顾舍人书》云："乙巳，以授徒自给。其夏，张坦公先生集秣陵姚琢之，苕中钱虞仲、方叔、丹季兄弟，吾邑钱德维及鄙人为七子会。分题角韵，凡三集。穷愁中，亦饶有佳况。其后，以戍役分携，此会随罢。"谢国桢《明清之际党社运动考》以为此社堪与释函可于沈阳所创冰天诗社相媲美。

春藻堂社 诗社。清康熙初年徐允哲等在松江春藻堂创立。春藻堂初为明末几社集会之地，故春藻堂社实为几社之嗣响。社员有来自原社、慎交社等社者。首领为徐允哲。允哲，字西崖，松江人，诸生，著有《申江集》、《响泉词》，冒襄、毛奇龄、王士禛等咸推重之。秦荣光《沪上论诗绝句》云："西崖才艺服群英，少日诗文便老成。春藻社中标赤帜，响泉不独擅词名。"见《海藻》等。

耆英社 诗社。清康熙间江苏昆山周庄一些老年诗人所立。活动时间，在康熙九年(1670)前后。以耆英名社，盖仿白居易等"九老会"和文彦博、司马光等洛阳耆英会故事。成员为：屠彦徵(君聘)、沈自凤(君仪)、郑任(药房)、徐汝璞(我石)、毛莹(湛光)、陶唐谏(正吾)、方皋(尔弢)、管渊(公跃)、顾名(予宾)、冯三才(兼之)、丁宾予、释广明(怀濬)。古镇周庄风景优美，耆英社诸老，于此洁身高蹈，饮酒赋诗。社集之作，大多流连诗酒，吟风弄月，闲适冲淡，但有时也表露出反清意识。见陶煦《贞丰诗萃》。

金陵诗社 诗社。活动于清初，社集之地在江宁府(今南京)。成员有潘高等。潘高，字孟升，江南金坛人，明遗民，著有《南村诗稿》。某次金陵诗社雅集，诸名流咸在，赋《秦淮晓渡》。争胜者多长篇，潘高自谦年老才竭，只出一五绝，诗云："潮长波平岸，乌啼月满街。一声孤棹响，残梦落清淮。"众人皆敛手叹服，有袖诗不出者。可见此社雅集活动之一斑。见沈德潜《国朝诗别裁集》、蒋鸣珂《古今诗话探奇》。

大雅堂之会 诗社。清康熙十五年(1676)至十六年间，庄永言、姜遴在江苏华亭(今上海松江)所创立，参与雅集者数十人。相约为日课诗，与同时同地之春藻堂社并峙，极一时之盛。庄永言，字祉如，华亭人，监生，著有《澹园诗草》，王豫《江苏诗征》录其《大雅堂宴集》诗多首。姜遴，字万清，华亭人，康熙三十年进士，官庶吉士。见王豫《江苏诗征》。

素心社 诗社。清康熙三十年(1691)仲夏，唐璟、唐瑗兄弟集名士十九人，泛舟青浦小镜湖，觞咏竟日，结为此社。参加者为：唐璟，字侣宋，青浦人，诸生，著有《怡庵唱和集》；唐瑗，璟弟，字思蘧，贡生，官宿松训导；潘肇振，字文起，一字毅远，青浦人，诸生，著有《遗安堂集》；孙铉，字思九，号雪窗，华亭人，贡生，著有《凤啸轩集》；顾炳，字程南，号冠星，上海人，诸生，著有《质疑诗稿》；王毓任，字东序，青浦人，诸生；高以照，字壬受，青浦人，诸生；吴颖，字见未，溧阳人，顺治九年(1652)进士，官湖州知府，著有《莼羹堂集》；以及袁心友、陈晓苍、顾圣遴、黄奕照、朱芾、朱柏古、邵岷、方大礼、雷维馨、黄宗琬、陆祖麓、陆其琯等。见王豫《江苏诗征》、《海藻》等。

消夏诗社 诗社。清康熙间张琳等在华亭(今上海松江)结此社联吟酬唱。主要成员有：张琳，字佩嘉，一字玉田，浙江钱塘人，著有《秋叶轩诗》；张志京，字沂公，号西垞，江苏娄县人，诸生；张天授，字汉飏，江苏华亭人，诸生；另诸初晴、朱子儒等，生平不详。见王豫《江苏诗征》。

福台新咏社 诗社。清康熙间沈光文等在台湾罗汉门山创立。光文字文开，号斯庵，鄞县人，明诸生，南明时至台湾，郑成功克台湾，以客礼见，成功卒，遂变服为僧人，结茅罗汉门山中，于伽溜湾教授生徒。主要成员，除沈光文外，另又有宛陵韩文琦，关中赵行可，无锡华衮、郑廷桂，榕城林奕丹、吴蕖轮，山阳宗城，溧阳王际慧等。见全祖望《鲒埼亭集》卷二七、张其淦《明代千遗民诗咏》祁正注。

诗巢诗社 诗社。活动于清康熙间，社集之地为浙江山阴(今绍兴)。主要成员有刘正谊、田易、钱为蕑、厉煌、徐之炽、何嘉珝、商和等。见阮元《两浙輶轩录》等。

依园七子社 诗社。活动于清康熙间。顾嗣协，字迂客，号依园，江苏长洲(今苏州)人，顾嗣立之兄，风雅好事，年弱冠，于其所居依园开诗社。成员有金侃、潘镠、黄份、金贲、蔡元翼、曹基，合嗣协为七人，号称"依园七子"。有《依园七子诗》之刻。见顾嗣协《依园诗集》、邓之诚《清诗纪事初编》。

蕉园诗社 诗社。活动于清康熙间，社集地点在江苏江都。成员为女性，有徐德音等。徐德音，字淑则，浙江钱塘人，漕运总督徐旭龄女，江都许迎年妻，著有《绿净轩集》。其余成员不详。见王豫《江苏诗征》。

城南诗社 又名葑南诗课。诗社。清康熙四十六年(1707)沈德潜、徐夔等在苏州创立。社员有：沈德潜；徐夔，字龙友，长洲人，诸生，著有《西堂集》、《凌雪轩诗钞》；陈睿思，字匡九，长洲人，康熙四十一年举人；张进，字翼庭，吴县人，乾隆七年(1742)进士，选庶吉士，著有《绿野园诗》；张锡祚，字永夫，吴县人；顾绍敏，字嗣宗，长洲人，廪生，著有《陶斋诗钞》；张景崧，字岳维，一作岳未，吴县人，康熙四十八年进士，官乐亭知县，著有《锻亭诗稿》；另有吴蕴山、尤少逸、丁树芳等，生平未详。该社每月一举，古今体凡五题，每举必面课二诗，诗成互为批评，凡三、四年无间断。后社员各以事牵，乃散。吴中谈诗社者，每推重之。见沈德潜《徐龙友遗诗序》等。

北郭诗社 又名北郭吟社、北郭十友吟社。诗社。康熙末年创立于江苏苏州城北，历时近二年。成员有沈德潜(归愚)、张景崧(锻亭)、冯念祖(息庐)、徐夔(西塘)、陈睿思(有九)、释岑霁(柏堂)、张锡祚(锄茅)、方还(灵洲)、沈用济(方舟)、顾绍敏(鹿床)、陈培脉(耻庵)、周永铨(昇逸)、周准(迂村)等十余人。沈德潜主持社事。常参加社集者十人，称为十友，已无法确指。详沈德潜《方舟兄遗诗序》、《南冈诗钞序》二文及《诗社诸友渐次沦没不胜盛衰聚散之感作歌一章柬旧同好》诗。

香雪社 一名九峰三逸社。诗社。三逸为荣涟、杜诏、天钧。荣涟，字三华，号洞泉，无锡人，明阳观道士，居锡山之巅，凿池植梅，建亭名之为"香雪"；杜诏，字紫纶，号云川，无锡人，康熙五十一年(1712)进士，选庶吉士，以养亲归，遂隐居不复出；天钧，无锡僧人。三人康熙、雍正间常集香雪亭相酬唱，故名香雪社、九峰三逸社。见荣涟《洞泉诗钞》、王豫《江苏诗征》、余金《熙朝新语》等。

洛如吟社 诗社。活动于清康熙、雍正间，社集地点在浙江平湖。扬风扢雅，一时称盛。主要成员有：丁彭年，字寿伯，浙江嘉兴人，诸生，著有《西沤诗稿》，才华清俊，写景之作，清真幽雅，近陶渊明；刘炷，字书升，一字墨庄，浙江平湖人，为诗长于五言；冯畿，字孟三，号幼茗，浙江平湖人，雍正元年(1723)拔贡，著有《香草楼集》；胡霁云，字叔玠，一字玉坡，浙江平湖人，诸生，著有《瓦鸣集》，其诗在同社中最为雄浑，曾得厉鹗称赏。见潘衍桐《两浙輶轩续录》等。

岁寒吟社 诗社。清康熙、雍正间，江南吴江十位隐居诗人创为此社，人称十逸。主社盟者为沈凤举，字德传，号餐琅，有《餐琅诗钞》。成员有：顾寿开，字熊庆，一字玉洲，有《玉洲诗集》；许硕辅，字嘉谋，号恬斋，县学生；吴惠，字悦鲜，号月轩，国学生；吴然，字益明，号蘧庄，国学生，有《诵芬书屋诗钞》；孙元，字曾如，号也山老人，县学生，有《也山遗稿》；赵文然，字长文，号双桥，诸生，有《双桥诗稿》。余失考。详袁景辂《国朝松陵诗征》。

皆兰社 诗社。活动于清康熙、雍正间，社集地点在浙江余杭县治东南三里山西园鲍氏怀谢山房。成员有章楹(柱天)、鲍庭坚(虞皋)、黄家相(鹭峰)、姚坚(克柔)、黄梁(锦虹)、杨仲达(躬桓)、杨士远(禹昭)、杨鸿逵(莲峰)等。每月三次社集，同人诗酒流连，远近艳称。见吴振棫《国朝杭郡诗续辑》。

小山词社 词社。清雍正、乾隆间活动于江苏太仓，成员主要为太仓诸王。谢章铤《赌棋山庄词话》云："雍正、乾隆间，词学奉樊榭为赤帜，家白石而户梅溪矣。惟王小山太守(时翔)及其侄汉舒秀才(策)独倡温、李、晏、秦之学。其时和之者，顾玉停行人(陈垿)、毛鹤汀博士(健)、徐同怀秀才(庾)，又有素威(辂)、颖山(嵩)、存素(愫)三秀才，皆王门一姓之俊。笙磬同音，埙篪迭奏，语羞雷同，诚所谓豪杰之士矣。太仓自吴祭酒而后，风雅于兹再盛。"可见该社旨趣。诸人中王时翔、王策成就较高，王时翔有《香涛词》、《绀寒集》、《青绾乐府》、《初禅绮语》、《旗亭梦呓》等词集，王策有《香雪词钞》。

兰社 诗社。清雍正、乾隆间，福建莆田郑王臣等诗人结为此社，雅集唱和。主要成员有郑王臣、宋帝赉、曾洪范等。其中以郑王臣名最著。王臣字慎人，又字兰陔，莆田人，乾隆间拔贡，历官兰州知府，著有《兰陔诗集》，辑有《莆风清籁集》。兰社初集，王臣作长歌，有句云："伊余小邦抗大国，偏师钜鹿鏖章邯。险韵强对竞搜讨，长歌短调同研覃。南皮高会今再见，一月一会乐且湛。诗律酒政严约束，如诗不成问酒监。"评者谓实为兰社之弁言。见涂庆澜《国朝莆阳诗辑》等。

海虞诗课 诗社。清雍正、乾隆间四位常熟诗人结此诗社。其成员为：陈祖范，字亦韩，乾隆十六年(1751)举经学，官司业，著有《陈司业集》；汪沈琇，字西京，号荼圃，官宣城训导，著有《太古山房诗钞》；王应奎，字东溆，诸生，著有《柳南诗文钞》、《柳南随笔》；侯铨，字秉衡，原籍嘉定，廪生。四人均为沈德潜之友。见沈德潜《归愚文钞》、《国朝诗别裁集》。

浣花会 诗社。成都以四月十九为浣花日，有至城西浣花溪旁杜甫草堂游宴之俗。清乾隆七年(1742)，丹徒诗人管兆桂得石刻杜甫像，乃与友人结社举浣花会，酹酒祭拜杜甫，并联吟唱和。首次雅集，在此年十一月初九。管兆桂有《展行浣花会歌》纪其事。主要成员多为江苏丹徒人，有：管兆桂，字秋岩，著有《秋岩诗钞》；鲍皋，字步江，号海门，监生，乾隆元年举博学鸿词，不就，著有《海门诗集》；章慎，字莱轩；蒋徵舆，字梅溪，著有《梅溪遗诗》；钱为光，字旭朝，号紫芝，乾隆十三年进士，官贵定知县，著有《紫芝诗集》。详王豫《江苏诗征》。

蕉社 诗社。清乾隆九年(1744)创于江苏太仓诗人狄黄铠之芭蕉书屋，故名。社员们常在芭蕉书屋社集，酒杯茗碗之余，分笺斗韵。主要成员有：狄黄铠，字炯文，号晚汀，少习举子业，不得志，改习武，补庠生，再应乡试不中，遂绝意仕进，流连诗酒，有《晚汀诗稿》；王洵，字怀庭，江苏太仓人；曹文占，字岩兰，江苏太仓人；徐霄，字雪航，江苏毗陵人；又有孙兴公、狄代三等，生平未详。该社历时凡四、五年。社集之诗，存者不满十之一，编为《蕉社吟》。见狄黄铠《晚汀诗稿》。

真率社 诗社。清乾隆间学者、诗文家全祖望自京师回到家乡浙江鄞县，与陈南皋、钱芍庭、李甘谷等建立此社，联吟酬唱。见全祖望《句余土音序》。

韩江吟社 诗社。清乾隆间，马曰琯、马曰璐兄弟居扬州，富有家产，有园亭之胜，笃好风雅，招四方名士驻其家，文酒宴会，极一时之盛。开韩江吟社，诗词酬唱，尤为风雅盛举。当时名流，如全祖望、厉鹗、杭世骏、姚世钰、吴锡麒等都曾参加社集活动。前后历时数十年。厉鹗《樊榭山房词》有《齐天乐·庚午(1750)夏五月将归湖上留别韩江吟社诸公》词。全祖望《鲒埼亭诗集》卷五有《韩江诗社浙中四寓公预焉樊榭堇浦薏田与予也然前后多参错予不到韩江二年矣今夏之初馆于澥谷畬经堂中同人喜予至而惜二三子之不偕即席奉答》诗。吴锡麒《有正味斋词》有《齐天乐·将归西湖留别韩江吟社诸君》词。扬州亦称邗上。邗江，《水经注》作韩江，故名。

超社 诗社。清乾隆间江苏如皋十位诗人结为此社，时人号为“蒲塘十子”。其中可考者为：吴继元，字默存，号李亭，乾隆六年(1741)举人，官青田知县，著有《李亭集》；姜恭寿，字静宰，号香岩，乾隆六年举人，著有《皋原诗集》；顾人骥，字仲隗，号茨山，乾隆十三年进士，官上杭知县，著有《息侨存稿》。见王豫《江苏诗征》。

丽社 诗社。清乾隆间一些宜兴诗人结此社。主要成员有：储秘书，字玉函，乾隆二十六年(1761)进士，官黄州知府，著有《缄石斋诗稿》，“其诗浅而实腴，清而不激，正如素练轻缣，雅言时用”(王昶《湖海诗传》)；徐洪钧，字双南，诸生，著有《栗亭诗集》，“诗意以沉著为主”(沈德潜《国朝诗别裁集》)；史承谦，字位存，诸生，著有《秋琴集》、《小眠斋词》、《静学斋偶志》、《青豆轩诗话》、《爱闲斋笔记》、《小眠斋随笔》、《红叶楼小录》、《梅亭偶录》；史承豫，字衎存，监生，著有《苍雪斋诗》；徐沄，字楚萍，副贡生，官宁远州判，著有《梦北集》、《蜀游集》；陈修慈，字浣初，诸生，陈维崧孙；徐瑶，贡生；周士广，字东桥，布衣，著有《携雪诗草》；谢方连，字皆人，监生，著有《香祖诗》，沈德潜《国朝诗别裁集》谓“皆人工短篇，品在色香臭味之外”；徐湛锷，字薛剑，一作雪磵，监生；储知行，字仍叔，监生，著有《鼠啮存余草》；储国钧，字长源，号石亭，监生，著有《抱碧斋集》；汪溥，字泽周，诸生，著有《玉田山房诗钞》；储元文，字汇初，布衣，著有《抱山集》；谢方琦，字应云，号西堂，康熙三十五年(1696)举人，著有《东墅集》；瞿源洙，字时夏，号笠洲，副贡生，著有《笠洲诗草》；徐兆兰，诸生。见王豫《江苏诗征》。

文园六子社 诗社。乾隆间江苏如皋六位诗人创立于本邑。成员姓名可考者有：汪之珩，字璞庄，如皋监生，家筑文园，延接时俊，为社集之地；黄振，字舒安，号漱石，又号瘦石，如皋监生，著有《瘦石诗钞》；李琴夫，生平未详。其余失考。社集之作，编为《文园六子唱和诗》。见王豫《江苏诗征》。

竹轩诗社 诗社。清乾隆二十二年(1757)，诗人岳梦渊在南京所居竹轩集友人结此社。参加社集者甚众，主要有：岳梦渊，字峙渟，号水轩，上元人，诸生，著有《水轩集》；涂逢豫，字长卿，上元人，诸生，著有《林於阁诗钞》；陈毅，字直方，号古渔，上元人，监生，著有《古渔诗集》；王箴舆，字敬倚，号孟亭，宝应人，康熙五十一年(1712)进士，官归德知府，著有《编年诗》；周榘，字于平，号幔亭，江宁人，著有《幔亭诗集》；陈制锦，字又韩，一字楚筠，江宁人；葛祖亮，字弢仁，又字超人，号闻桥，江宁人，乾隆元年(1736)进士，官户部员外郎，著有《两阁古文集》、《花妥楼诗集》。另陶湘、汪思远和著名诗人袁枚，也曾参加竹轩社活动。见《金陵通传》、《金陵诗征》等。

香山吟社 诗社。清乾隆间九位诗人在江苏泰州结此社，联吟唱和。其成员为：仲鹤庆，字松岚，泰州人，乾隆十九年(1754)进士，官大邑知县，著有《迨暇初集》；江干，字片石，号黄竹，如皋人，贡生，著有《片石诗钞》；冒国柱，字芥园，如皋人，贡生，著有《万卷楼诗存》；又宗杏原、陈小新、徐弁江、吴梅原、冒国柱弟冒柏铭、徐荔村六人，生平不可考。徐荔村《即山庐宴集》诗写社集，有“九人共结香山社，十万欢场到白头”之句。冒国柱晚年作《读江片石诗》，有“飘零莫问香山社，剩有人间两白头”之句。见王豫《江苏诗征》。

东社 诗社。乾隆间江苏江都五位诗人创立于宜陵镇。成员有：姜尚远，字履坦，号蜨巢，所为诗画，以萧疏冲淡胜；李惠源，字衡山，道士，有诗癖，遇人辄言诗；姜绅，字修白，号瀑岩，尚远之子；又沈大修及佚名一人，生平不可考。社员皆布衣。社集之作，编为《东社诗钞》，刊行于世。见王豫《江苏诗征》。

芸香吟课 诗社。清乾隆间，泰州等地七位诗人结为此社。其成员有宫国苞，字霜桥，泰州人,监生,著有《半红楼集》;田琳,字林玉,号鹤舫,泰州人,诸生,著有《鹤舫诗钞》;另五人为仲振履、邹熊、叶兆兰、罗克俠、周照,生平俱不详。宫国苞主社事十余年,评定社集之作,选刊为《霄峥集》。见阮元《淮海英灵续集》、王豫《群雅集》。

林屋吟课 诗社。清乾隆间,苏州十位女诗人结此社联吟。其成员为:江珠,字碧岑,号小维摩,甘泉人,著有《小维摩集》;朱宗淑,字德音,一字翠娟,长洲人,著有《修竹庐集》;陆瑛,字素窗,吴县人,著有《赏倚楼集》;张允滋,字滋兰,号清溪,又号匠门女史,震泽人,著有《潮生阁集》;李嬍,字婉兮,长洲人,著有《琴好楼集》;沈纕,字蕙孙,号散花,又号玉香,著有《绣余集》、《翡翠楼诗文集》、《浣纱词》;以及张月楼、孙佩之、席耘芝、尤寄湘四人。张允滋与丈夫任兆麟评选社集之作,为《吴中士女集》行世。

培风诗会 诗社。后易名瓣香吟社,一名瓣香吟会,又名瓣香诗会。活动年代在清乾隆间,社集地点在浙江杭州。培风,取意于《庄子·逍遥游》。成员有沈超(赞思)、朱文藻(朗斋)、胡涛(葑塘)、沈绍湘(玉屏)、沈萌(菊人)、沈鹏(桐溪)、魏之琇(柳洲)、严果(古缘)、严诚(铁桥)、何琪(春渚)、范世琦(景韩)、朱文镇(殿扬)、黄煜(灿文)、蒋源(濬川)、陆梦熊(古渔)、吴锡骥(千里)等。该社延续时间较长,成员参差不齐。见吴振棫《国朝杭郡诗续辑》、潘衍桐《两浙輶轩续录》等。

素心吟社 诗社。清乾隆间一些诗人在无锡结此社,联吟酬唱。主要成员有:戴礼,字玉亭,著有《笠夫诗稿》;任甸,字南田,著有《杏斋诗词稿》;顾湜,字稼梅;丁清度,字端如,著有《静鉴诗集》;俞鲁瞻,字岱岩,著有《匏村诗稿》。另有严宋山、邵素人、魏耕云、毛鹿亭、王学轩、顾漪园、秦俨亭、邵南池、张藕塘、骆偶轩、张杏溪、龚菊庵、蔡西林、王湖村、吴小山、胡羡门、王理涵等,生平不详。成员多为无锡籍。见王豫《江苏诗征》。

竹西吟课 诗社。清乾隆间七位诗人在扬州结此社。竹西为扬州的别称。其成员为:团连城,字荷白,号雪斋,仪征人,诸生;张在琦,字奇玉,号玉庭,江都人,布衣;汪丙,初名文柱,字书石,号砥澜,甘泉人,诸生;汪庚,初名文柁,字大龄,号笛舫,甘泉人,诸生;陈多福,字祝初,号竹槎,江都人,诸生;戴贤,字琴溪,丹徒人,布衣;周邦坚,江都人,举人。时有"竹西七子"之称。见王豫《江苏诗征》。

松槐诗社 一名竹西吟社。诗社。清乾隆间,黄海徐墨耕、徐琴庄兄弟寓扬州,居学圃山庄,中有精舍曰"松槐双荫之居"。二徐于此开诗社,邀曹学诗为主盟。曹学诗,字震亭,号以南,安徽歙县人,乾隆十三年(1748)进士,官崇阳知县,著有《香雪斋诗钞》、《文钞》。该社成员还有方密庵、曹菊台、奚珍溪、江恂夫、吴枳园、郑荔庄、程端笠、胡西琴、周斐园等。史震林亦常参加该社活动。见史震林《华阳散稿》。

敦素园七子社 诗社。清乾隆间,江苏宝应七位青年诗人创为此社。社集之所为敦素园,故名。七人为:乔方立,字守之,号枫亭,著有《花雨香斋集》;汤应隆,字钟律,号鲁山,著有《借树轩集》;刘兆彭,字述民,号野塘,著有《拳石山房集》;汤襄隆,字荆坦,号汉亭,著有《古槐草堂集》;刘玉麟,字又徐,号春浦,著有《深竹间园集》;乔大鸿,字仪上,著有《槐阴楼集》;乔大钧,字秉之,著有《听雨草堂集》。七人作诗,师法唐人,有《敦素园七子诗选》行世。见《敦素园七子诗选》。

续碧山吟社 诗社。明成化十八年(1482),无锡秦旭(修敬)、陆勉(懋成)、高直(维清)、陈履(天泽)、王禄(公禄)、杨理(叔理)、李庶(舜明)、陈行之(公懋)、施廉(彦清)、潘绪(继芳)十位布衣诗人,在无锡举碧山吟社,因为均已年迈,故称"碧山十老"。清乾隆三十六年(1771),邹一桂等十位老年诗人在无锡续举此社。除邹一桂(二知)外,余九人为:张有堂、顾建元(元振)、曹之炎(子通)、邹捷年(逸溪)、华西植(烟麓)、施禹言(纫斋)、华希闵(萼圃)、顾迁年(揽园)、邹云城(亦楼),年最高者八十六,最低者六十二。多为告归林下的官员。见阮元《两浙輶轩续录》、王豫《江苏诗征》。

戊戌九老会 诗社。清乾隆四十三年(1778)秋,河南新安吕燕昭于其春和堂邀新安九位老诗人举诗会,相互酬唱。九人者为:王庆卜,年七十六;王象山,年七十六;王肃公,年七十五;李宜公,年七十四,列名而未与会;孟大山,年七十三;徐显则,年七十三;吕仰曾,字宗企,号芝堂,又号向山,岁贡生,年七十二;李海观,字孔堂,号绿园,乾隆元年举人,官印江知县,著有小说《歧路灯》等,年七十二;孟敏庵,年七十一。九人共六百六十二岁,故称"九老会"。见吕公溥《寸田诗草》。

京江七子社 诗社。清嘉庆年间吴朴(朴庄)、应让(地山)、鲍文逵(野云)、张学仁(寄槎)、顾鹤庆(弢庵)、钱之鼎(鹤山)、王豫(柳村)等七诗人创立于江苏丹徒。社集之作,编为《京江七子诗集》付梓。后吴朴卒,继之以杨试昕(允成),仍为七子之数。杨以咏梨花诗得名,时称"杨梨花"。见王豫《江苏诗征》、《群雅集》、《盟鸥溆笔谈》等。

宣南诗社 诗社。活动于清嘉庆、道光间,社集之地在京师。嘉庆九年(1804)由陶澍发起成立,逾年陶氏离京,社事遂罢。嘉庆十九年又由董国华倡议恢复活动。社集延续至道光十年(1830),此后渐衰,终至消散。社员多为官于京师或游食京师之士大夫文人,活动内容有消寒会、春秋佳节雅集、游览山水、观赏花木、品题碑帖书画、纪念古代大文豪诞辰等。社员有周之琦、钱仪吉、鲍桂星、潘曾沂、吴嵩梁、林则徐、朱绶、陈用光、刘嗣绾、程恩泽、张祥河、梁章钜、叶廷琯、吴清皋、吴清鹏、谢阶树、徐宝善、汪全泰、胡承珙、朱为弼、黄安涛、朱琦、吴椿、夏修恕等。见朱绶《宣南诗会图记》、张祥河《关陇舆中偶忆编》。

水村诗课 诗社。活动年代约在清嘉庆间。成员十余人,有:吴翌凤,字伊仲,号枚庵,江苏吴县人;陶磬,字两峰,号净蘅,浙江钱塘人,诸生,著有《两峰草堂诗稿》,其诗胎源放翁,有闲适之趣;其余如陈文澜、沈桐威、陈复生、余式南、林煜奇等,生平未详。见潘衍桐《两浙輶轩续录》。

西泠诗社 诗社。活动于清嘉庆二十二年(1817)、二十三年间,社集之地为浙江杭州。成员十余人,其中孙世南,字种泉,浙江钱塘人,诸生;金鳌,号小槎,仁和人,诸生,著有《楝花草堂吟草》;又有周曰仁,字芷卿,生平未详。因开此诗社后未久,孙世南、金鳌、周曰仁即相继下世,社事遂歇。见吴振棫《国朝杭郡诗续辑》,丁申、丁丙《国朝杭郡诗三辑》等。

潜园诗社 诗社。活动于清嘉庆、道光间,社集地点在浙江杭州。主盟者屠倬,字孟昭,号琴坞,晚号潜园,浙江钱塘人,著有《是程堂集》,其所居潜园为社集之地,因以名社。社员有:殳庆源,字积堂,钱塘人,诸生,著有《小粟山房集》,为诗以婉约风流胜;马庆孙,字章伯,号梅泉,仁和人;马怡孙,字和仲,号小药,仁和人;又有王积顺等,失考。当时有人绘为《潜园吟社图》,题咏者甚众。见丁申、丁丙《国朝杭郡诗三辑》,潘衍桐《两浙輶轩续录》等。

友十花楼诗社 诗社。活动时间约在清嘉庆、道光间,社集之地在浙江永嘉(今温州)。盟主曾瑛,字赤城,永嘉人,诸生,著有《友十花楼诗存》,友十花楼为室名,亦是该社雅集之处,故以名社。成员有十人。张衡青,字仲平,号湘九,永嘉人;张泰青,字孟平,号秋帆,永嘉人,嘉庆九年(1804)举人,历官云南永北厅同知;陈渠英,字芸石,永嘉人,诸生;李士京,字仙苑,乐清人,嘉庆十八年拔贡;李士诏,字金门,乐清人,诸生;丁钟英,字兰石,瑞安人,道光五年(1825)拔贡;陈越英,字蠡川,永嘉人,岁贡生。又有童冠儒字砚农,吴桢字桐冈,马如春字涤泉,生平未详。十人皆当地一时知名之士,有"名花十友"之目。见潘衍桐《两浙輶轩续录》。

存存吟社 诗社。清道光三年(1823)二月,王庆澜等创立。"存存"含义有三:一谓存道存义;二谓存诗必存其所可存,不存其所不可存;三谓存人存名,以不负生我之天、育我之亲、导我之师。活动数月后,王庆澜整理编选社集之作,为《存存吟社诗钞》刊行,分为《集关中怀古》、《集怀古》、《集登临》、《集流览》、《集赠答》、《集咏物》诸类。主要成员有:王庆澜,字菱江,祥符人;程应权,字子衡,武进人;万宗洛,字雪门,仪征人;陈璠,字笠夫,崇明人;王履基,字云门,太仓人;费开荣,字子敷,武进人;蒋坊,字安谷,常熟人。此外,张源(字星槎)、程开泰(字韵篁)等也间或参加社集。

荔香吟社 诗社。清道光间福州人士曾光澄、杨庆琛、林鸿年等在北京所组织。社集时以作拈题限韵之七言绝句为主。开始时也作诗钟,即社员各自按照规定作诗一联,须对仗。见萨伯森、郑俪生《诗钟史话》。

清河文社 文社。活动年代约在清道光间,社集地点在上海。成员有杜克棠等。克棠,字憩南,诸生,上海县人。其《清河文社纪事》诗述该社活动情况云:"纸窗竹屋净无尘,文宴追陪月一巡。此日高谈三径接,他年健翮九霄振。洛阳年少曾倾贾,淮海才华欲继秦。不特子和能如客,主盟况复有骚人。"见黄协埙《海曲诗钞三集》。

梅社 诗社。清道光间,江苏苏州若干诗人在当地创为此社。成员有董国华、韩崇等。董国华,字琴涵,江苏吴县人,嘉庆十三年(1808)进士,授编修,官粮督,有《读书楼初稿》;韩崇,字元芝，号履卿，江苏元和人，诸生，官山东维口巡司，有《宝铁斋诗录》。董、韩都有《道光辛丑杪春新得娑罗花盛开梅社同人集观赋诗因忆往年见之撷芳亭前三松尊丈绘图题咏传诵于时从哲孙顺之借观即次原韵》诗。见潘奕隽《佛香酬唱初集》。

东轩吟社 诗社。活动于清道光间，社集之地为浙江仁和(今杭州)诗人汪远孙书屋东轩，故名。成员有汪远孙、张应昌、陈世荣、姚伊宪、沈鏁、汪秉健、汪阜、李寅、赵钺、梁祖恩、夏之盛、金城、周三燮、汪鉽、李堂、李寅、马振裕、吴振棫、孙同元、庄仲方、诸嘉乐等三十七人。道光十二年(1832)，费丹旭画《东轩吟社图》，绘三十七人于其上，前后题咏者甚众。见丁丙、丁申《国朝杭郡诗三辑》，潘衍桐《两浙輶轩续录》。

枕湖诗社 诗社。清道光八年(1828)，浙东一批诗人创立于宁波。慈溪叶元阶有别墅在宁波月湖之畔，名揽碧轩，另一别墅在日湖之畔，名小隐山庄。诗社同人常于此二处雅集，故名枕湖诗社。成员有：姚燮(梅伯)、叶元阶(心水)、厉志(骇谷)、孙家谷(曙舟)、郑乔迁(仰高)、尹嘉年(孟再)、陈仅(馀山)、王淑元(秋槎)、孙溱(乐津)、张恕(贯一)、王梁闳(乃荪)、余梅(子占)、陈福熙(尔诒)、阮训(小岩)、李作宾(醉蕉)。姚燮《过揽碧轩悼叶文学元阶并吊孙明府家谷厉山人志两先生即寄枕湖社同社诸公得长歌六十句》长诗，言诗社情况甚详。该社诗人主张从踏实学习汉魏诗入手，以获得较深艺术功力，使诗才入于正途，然后陶铸变化，自成面目，欲借此救性灵诗风浮滑率易之弊。

红梨社 诗社。清道光十年(1830)二月，诗人陈希恕等在江苏吴江盛湖之畔创立。邑有地名红梨渡，乃取以名社。其年该社集会十四次，每次雅集均定题分韵赋诗。社员主要有周梦台(叔斗)、唐寿萼(子珊)、冯泰(安甫)、陈希恕(梦琴)、张星(璿甫)、张沅(沧屿)、仲湘(兰修)、沈彬(彤叔)、贾洪(蘅石)、张镆(尺宝)、史致充(若泉)、金锤秀(子韶)、沈汉金(二酉)、沈曰寿(笠君)、沈曰富(子饶)、沈曰康(安之)、陈应元(善甫)等，或为邑人，或为寓客。陈希恕将十四次社集之作整理编选为《红梨社诗钞》，郭麐作序，于道光十一年初刊行于世。

苔岑社 诗社。清道光十一年(1831)前后活动于南京地区。主要成员有：顾槐三，幼孤苦，母教之苦读，诗才博赡，著有《燃松阁集》，编有《古今风谣补》；杨辅仁，字乐山，跌宕不群，人称"杨风子"，著有《白云轩诗钞》；车持谦，字秋舲，家贫游幕，长于史学，著有《秦淮画舫录》、《薇西小舫近稿》。三人均江苏上元籍诸生。又社员王章、姚亮甫、汪晓仙、王羲亭、叶晓湖等，生平失考。见《金陵通传》、《续金陵诗征》等。

鸳湖诗社 诗社。清道光十八年(1838)秋，浙江嘉兴诸生岳鸿庆与其友辈在其家乡鸳鸯湖(即南湖)畔结为此社，相互酬唱，历时三年。社集之作，编为十集。择其中之佳者付梓，名为《鸳水联吟》。见陆以湉《冷庐杂识》。

西湖社 诗社。清道光二十四年(1844)七月，福建闽县(今闽侯)诗人林寿图自京师归，与同乡诗人沈绍九、周麟章、萨大滋、陈福嘉、陈崇砥、陈隅廷等一起倡为此社。约五个月后，周麟章往泉州设塾，林寿图赴京赶考，诗社停止活动。道光二十六年春，已中进士的林寿图请假归里，该社始又活动，社员又增刘端、孙翼谋二人。后刘端赴山西任职，陈福嘉、陈崇砥叔侄赴京应试，诗社又停止活动。每次集会，人各一题，篇各一体。道光二十六、二十七年之交，林寿图将进京任职，乃整理社集之作为《西湖社诗存》，于道光二十七年仲春刻成行世。西湖，在今福建福州西北。

筠心社 诗社。清道光间福州人士王直方、吴小林等在当地所组织。社集时，每个社员按统一规定作诗一联，须对仗，谓之诗钟。该社专作嵌字格诗钟，即将给定的两个字，分别嵌入上下两句诗中规定的位置。见李家瑞《停云阁诗话》，萨伯森、郑俪生《诗钟史话》。

南社 诗社。清道光、咸丰间福建诗人杨仲愈等在闽县城南所创。杨仲愈，初名仲愉，字子恂，同治元年(1862)进士，改庶吉士，以道员需次直隶，著有《剑秋阁吟草》。除杨仲愈外，该社成员还有林天龄、龚易图、郭式昌、陈遹祺、杨叔怿等十二人，皆闽县一带人。时有"南社十三人"之称。见莫友棠《屏麓草堂诗话》。

博我文社 文社。清道光、咸丰间浙江余姚一些文人所组织。主要成员有：周室辅，一名开濬，字水心，号遂性，诸生，著有《沁庐诗钞》，为该社之创办人；周缉熙，室辅同父弟，初名澂，一名开澄，字秋伊，号桐孙，诸生；谢家兰，一名日蓉，字慎斋，号竟芳，诸生，有《余荫居存稿》。谢家兰有《和周大水心博我文社原韵》诗，可知该社除作文外，亦作诗。见《姚江诗录》。

铁花吟社 诗社。活动时间约在清咸丰前后，社集之地为浙江杭州。主要成员有：吴兆麟，字书瑞，号筠轩，又号亦吾道人，浙江钱塘人，道光十二年(1832)举人，历官江西盐法道，著有《铁花山馆诗稿》，铁花山馆为其书屋，亦为该社雅集之地，故取以名社；沈映钤，字辅之，号退庵，钱塘人，道光十三年进士，官广东韶州知府，著有《退庵剩稿》；盛元，字韵琴，号恺庭，杭州驻防蒙古正蓝旗人，道光十六年进士，官江西南康知府，著有《怡园诗草》；夏曾传，字笏床，号薪卿，钱塘人，官江苏候补通判，著有《在兹堂诗》；丁丙，字嘉鱼，号松存，别号松生，浙江钱塘人。见丁申、丁丙《国朝杭郡诗三辑》，潘衍桐《两浙輶轩续录》等。

苹花社 诗社。活动于清咸丰间，社集之地为杭州。主要成员有：吴宗麟，字冠云，一字子绂，浙江钱塘人，钦赐举人，官户部郎中，著有《可长久室诗存》；李廷献，初名宪章，字芍洲，浙江仁和人，咸丰八年(1858)举人，官兵部主事，著有《焚余集》；许谨身，字瑞徵，号金桥，浙江杭州人。其余社员未详。见丁丙、丁申《国朝杭郡诗三辑》，潘衍桐《两浙輶轩续录》等。

桐荫吟社 诗社。清咸丰九年(1859)，福建晋江龚显曾等在家乡举此社。龚显曾主持社事，社员有：王玉书(绂庭)、王昀(秋岚)、王恩培(云樵)、黄梧阳(喈南)、周逢辰(少池)、许祖芳(徵甫)、庄为瑶(少潭)、吕焕英(耿三)、陈世清(冰若)、蒋观海(继任)、傅炳锽(雪湖)、蔡大成(剑秋)、张煌(敏修)、陈承矩(孙彭)、许锺燕(季方)、张梓材(荫庭)、陈国试(智桓)、李孝然(清士)、陈椿(希敬)、王登楼(海门)、陈棨仁(戟门)、王晨曜(道羲)、杨溪清(景濂)、吴鸿祥(君绥)、龚显曾(咏樵)、王浩然(式咨)、陈棨仪(义门)、陈棨伦(剑门)。龚显曾将社集之作编选为《桐荫吟社诗甲编》刊行。同治十年(1871)，龚显曾等重举该社，旧社员大都加入，新社员有许孚中(霁岚)、张端(荫庭)、庄为珙(石夫)、黄谋熙(敬堂)、陈钦尧(葆堂)、林青芬(墨舫)、邱嘉湉(小瓶)、黄祺辉(吉眉)、黄谦先(益斋)、陈国莹(楚白)、张湉(淡川)、张靖(献三)、张炳文(藻人)等。龚显曾又将社集之作编选为《桐荫吟社诗乙编》行世。

小桃源室联吟 诗社。小桃源室为浙江海盐徐元章在城外三十里处的乡间别墅。清咸丰十年(1860)，太平军入嘉兴，次年攻破海盐县城，大批文人至小桃源室附近避难。元章族祖徐维鉴作《避兵诗》一首，和者甚众。由此成立诗社，历时四载，乱定方罢。参与联吟酬唱者凡四十七人，均浙江海宁、嘉兴、桐乡、海盐诸县人，尤以海盐徐氏为多。社员所作，凡诗古文词二千余首，徐元章编选诗作为《小桃源室联吟诗存》，于同治五年(1866)刊行，书中列有四十七位社员姓名字号爵里。

红樨馆诗课 诗社。清咸丰十年(1860)，浙江象山欧景辰倡为诗社，以“红樨”名其馆，邀著名诗人姚燮为主盟。其首集之题，即为《红木樨词》。社之例一月一举，杂拟古今体诗，糊名誊写，由姚燮亲判甲乙。参加社集活动者，有象山及其他地方的诗人王莳兰、郭传璞、邓普庵、孔晓园、王莳蕙、董沛等五十余人。象山风雅，为之一振。姚燮将社集之作编为《红樨馆诗课》十集。收诗千余首，悉为姚燮亲自鉴定，兼采众体，不名一家。见赵杏根《姚梅伯年谱简编》、《姚燮著述考》。

碧螺吟社 诗社。清咸丰末年，苏州一批诗人避乱乡居，遂于吴县诗人金兰碧螺山馆创为此社，劈笺分韵，相互唱酬，因以社集之处名社。成员有金兰、贝青乔、贝信三、王炳、沈渊、缪嘉穀、汪正、陶宣炷、金文榜、吴庆十人，适符乾隆间苏州北郭诗社“十友”之数。画家袁潮为画《碧螺吟社图》，该社成员各有诗题之，反映该社活动情况。见金兰《碧螺山馆诗钞》。

竹林诗社 诗社。活动时间约在清咸丰、同治间，社集之地为浙江平湖。因有慕于魏晋之际竹林七贤而命名。主要成员是平湖张氏叔侄。张定国，字啸夫，附贡生，著有《望云楼草》；张金镛，初名敦曜，字良甫，号海门，定国兄之子，道光二十一年(1841)进士，官侍讲，著有《躬厚堂诗录》；张炳堃，初名瀛皋，字鹤甫，号鹿仙，金镛弟，道光二十七年进士，官湖北督粮道，著有《抱山楼诗录》。见潘衍桐《两浙輶轩续录》等。

皋社 诗社。活动于清咸丰、同治间，社集之地为浙江会稽(今绍兴)。主盟者孙垓，字子久，会稽人，诸生，著有《退宜堂诗集》。社员有：曹寿铭，字文孺，会稽人，咸丰八年(1858)优贡生，官候选知县，著有《曼志堂稿》；蔡以瑺，字季珪，萧山人，同治七年(1868)进士，官刑部主事；陶方琦，字子珍，号兰当，会稽人，光绪二年(1876)进士，官编修，著有《湀庐诗稿》；周光祖，字锡侯，号雪瓯，山阴人，咸丰九年进士，官刑部主事，著有《耻白集》；秦树敏，初名树铦，字秋伊，号娱园，会稽人，同治十二年举人，官教谕，著有《娱园诗稿》。又有陶在铭、孙德祖等。见潘衍桐《两浙辅轩续录》。

探骊吟社 诗社。清同治三年(1864)由宗室志润、宗韶、宝贤倡议成立于北京。其成员多为满族、蒙古族，内有宗室、官吏。诸人一般虽身份较尊，但无甚权势，“既不获登诸廊庙，舟楫共济，与君相为缘，又不能退处山谷，鹿豕偕游，与木石为缘，仅以雕虫薄技，涂鸦满纸，结半生未了之缘”(冯呈霖《日下联吟集序》)。社员有俞士彦、文海、戬毂、李湘、延秀、宝昌、遐龄、文悌、英瑞、廷彦、荣光、启名、寿英、贵荣、豫丰、志觐、佑善、荣祺、德准、孙广顺、王裕芬等二十余人。同治六年(1867)刊印社集之作为《日下联吟集》。见冯呈霖《日下联吟集序》。

恬园诗会 诗社。清同治十年(1871)，周长森等在江西赣州俞敦培之恬园创为此社。俞敦培主持社事。社员主要有：金匮俞敦培(芝恬)、六合周长森(莲叔)、石门吴忠诰(子猷)、海盐朱景岐(西斋)、铜梁王锡极(保卿)、宜黄黄秩冲(筠孙)、赣县钟秀(官城)、丰城欧阳元熙(恬昉)、顺德邱尔朴(小芃)、零陵唐家桐(莘楼)、昆明陈祐(竹圃)、天津张棠(爱樵)、邵阳萧光南(虞臣)、零陵萧国覃(湘皋)、曲阜孔宪畴(锡九)、宛平钱瑜(璞含)、天津张梦熊(渭川)、天津女士张玉贞(蕴仙)、晋宁苏嘉淦(俪笙)、孙荣绶(艾衫)。后俞敦培将历次社集之作整理校订，选诗三百余首，编为《恬园酬唱集》，同治十三年(1874)刊行。见周长森《恬园酬唱集序》。

西泠消寒会 诗社。清同治十年(1871)江顺诒、梅振宗倡议成立，活动于浙江杭州。社员有王仰曾、沈晋蕃、胡嗣福、邓之镆、韩闻南诸人。各人轮流作东，饮宴酬唱。社中同人曾将同治十年、十二年所为诗辑成《西泠消寒集》。见集中序言。

瓣香草堂会课 诗社。清光绪元年(1875)前后，诗人富勋等在四川成都城北结社联吟，以瓣香杜甫命名。屡以社集之作请诗人金榜评订。社员主要有：临邛黄书忠(恕传)、古越黄之骥(孳垌)、长白锡纶(言如)、岭南张炘(慕庭)、华阳徐人俊(子惺)、金陵唐毓彤(海琴)、岭南司徒纬(筼庄)、临邛高峻(晓初)、津沽胡寿铭(砚生)、皖江余广直(又新)、长白富勋(建侯)、临邛袁文忠(杏林)、吴郡袁斌(冕南)、江西刘康源(小航)、古越胡元翔(伯槐)等。社集之作编为《瓣香草堂会课诗》印行。金榜作序云：“数子之联吟也，或浮沉薄宦而借酒浇愁，或屡踬棘闱而登楼作赋，率皆俯仰身世，萧骚感慨，不得已鸣俦啸侣，以写其磊落抑塞之怀，而沿源溯流，仍不诡于敦厚。其视剑拔弩张，叫嚣浮薄之流，夐乎远已。”

莲湖吟社 诗社。清光绪十二年(1886)孟夏，朱庭珍等在云南昆明莲湖畔创为此社，每月择日一会，公宴于社员陈鹍寓所集翠轩。同人以次为东道主，雅集时各出一月所作，互相评议，录其佳篇传示同好。亦有持旧稿商榷者，则选其妙者附录于后。是日又公拟二题，分体分韵赋诗，所作另录一册。前后三年余，朱庭珍等乃选各体诗三百二十八首，编为《莲湖吟社稿》刊行。主要成员有：陈鹍，字南卿，一字兰卿，山阴人，监生，官云南候补知府，著有《集翠轩诗钞》；陈霖，字雨苍，号时斋，陈鹍子，监生，官盐大使，著有《好湖山楼诗文集》；朱庭珍，字舜臣，号筱园，云屏人，副贡生，著有《穆清堂诗文集》、《筱园诗话》；朱芬，字竹虚，朱庭珍弟；陈庚明，字又星，石屏人，拔贡生，著有《愿学斋诗文集》；吴世钦，字绍春，保山人，监生，官刑部员外郎，著有《袖岳庐诗钞》；赵蕃，字价伯，号樾村，又号蝯仙，剑川人，举人，官易门训导、候选知县，著有《向湖村舍诗文集》、《小鸥波馆词钞》；张星柳，字天船，昆明人，举人；施有奎，字聚五，昆明人，举人；宋嘉俊，字荩臣，晋宁人，廪生，著有《赋梅馆诗集》；李尚德，字懋卿，昆明人，廪生，著有《师雅堂诗集》；陈宪，字古仪，一字子宜，临川人，布衣，著有《爱影斋诗集》、《皱波词》；雷凤鼎，字仪臣，号菊农，临川人，监生，官主事，著有《灵谷山房集》、《冰瓯词》；李坤，字厚安，号安栎生，昆明人，著有《鬘华堂诗集》。见《莲湖吟社稿》。

龙喜社 诗社。清光绪十三年(1887)成立于北京。社集之地在京师湖南善化会馆。善化为长沙府首县，五代时曾分长沙另置龙喜县，故社以龙喜为名。社员主要为湖南籍人士，有龚镇湘、罗维垣、陈钟麟、劳远葆、何桂芳、李登云、劳启捷、洪汝冲、章华、罗良鉴、张振镛、杨寿彤。另有外省籍社员徐世昌、王铁珊、赵藩、成昌等，朝鲜使者徐相雨亦参与活动。光绪十九年，朝鲜使者李乾夏、崔性学、李韦、沈远翼又与社中诸人相唱酬，曾辑所作为《寻诗集》。见洪汝冲《龙喜社寻诗集序》等。

青门萍社 诗社。清光绪十四年(1888)樊增祥倡议成立，社集之地在陕西西安。活动有消寒会、题万诚斋《秋江归棹图》、赋诗纪念苏轼诞辰等内容，亦常作一般聚会，分题分韵作诗。社员有谭西屏、彭洵、顾耳山、李嘉绩等十余人。见樊增祥《樊山集》。

湘社 诗社。清光绪十七年(1891)春二月，诗人易顺鼎与其弟顺豫到湖南长沙，居周氏之蜕园，唐时刘蜕尝为文冢，此其故宅。易氏兄弟招客泛舟，日夜为文酒之娱。每会必赋诗填词，相互传观，定甲乙以为笑乐。长沙名流多赴此会。社员有：江夏郑襄(湛侯)、长沙袁绪钦(叔瑜)、道州何维棣(棠荪)、龙阳易顺鼎(君实)、宁乡程颂芳(海年)、保山吴式剑(刓其)、益阳王景莪(伯璋)、善化姚峰椿(寿慈)、宁乡周家濂(莲父)、宁乡程颂万(子大)、龙阳易顺豫(叔田)、益阳王景崧(仲蕃)。社举逾月，积稿甚多。顺鼎乃与程颂万整理历次社集诸人所作，得古今体诗一百九十一篇、词一百十三阕、断句一百联、序文八篇，分四卷，题为《湘社集》刊行于世。见《湘社集》卷前序言。

牡丹诗社 诗社。清光绪十七年(1891)唐景崧任台湾布政使时倡议建立于台北。此前唐氏任台湾兵备道时，已常在公余与幕僚及当地文士举行诗酒之会，至此，集会联吟，活动更为频繁。因林鹤年自大陆来台，携牡丹数十盆赠唐氏，故取"牡丹"名社。社员有丘逢甲、林鹤年、施士洁、汪春源、谭嗣襄等。光绪十九年，唐氏刊社集之作为《诗畸》。台湾为日本侵占后，唐氏与丘逢甲等渡海回大陆，社事遂寝。见唐景崧《诗畸序》。

翠屏诗社 诗社。清光绪二十二年(1896)四川东川府知府冯誉骢为提高府学诸生试帖诗写作水平而创立。社员有赵永昌、冯庆树、宋培厚、王开宇等几十人。由冯氏命题赋诗，农历每月月半聚会一次。曾汇刊所作为《翠屏诗社稿》行世。见该书序言。

可社 诗社。清光绪间福州士人郑淑璋、罗义合等所组织。社集时，社员各自按规定作诗一联，须对仗，谓之诗钟。见陈海瀛《希微室折枝诗话》。

琼社 诗社。清光绪间福建福州诗人林纾、杨文增等在当地所组织。社集之地有琼河，故名。社集时，每个社员各按统一规定作诗一联，须对仗，谓之诗钟。尤好作"嵌字格"诗钟，即将给定的两个字分别嵌入上下两句诗中规定的位置。某次社集，以"港琴"第六唱作嵌字格诗钟。林纾所作云："过午黄螺来港北，满天绿帽罩琴南。"以自己字号相戏，竟获大胜。该社亦间作分咏格诗钟。见萨伯森、郑俪生《诗钟史话》。

三老会 诗文社。活动于清光绪末。成员为三位合肥老人。王晋铨，字三尹，号衡斋，诸生；戴曙林，诸生；宣薇墀，举人。光绪二十七、二十八年(1901、1902)间，三人结社合肥城东，文酒过从，迭为宾主。因三人皆年过八十，故称之为三老会。见李子渊《合肥诗话》。

三千剑气文社 诗文社。清光绪二十六年(1900)常熟黄人与同邑庞树松、庞树柏所创立。以文学为工具，宣传排满革命。后诸人均加入南社。见庞树柏《龙禅室诗》中《哭黄摩西先生即题其遗稿》诗小注。

栎社 诗社。清光绪二十八年(1902)林朝崧发起成立于台湾台中。社有社规，严格规定非有才学之士不得接纳，社员仅二三十人，有连横、赖绍尧、林幼春、蔡惠如、蔡启运、陈沧玉、傅锡祺、庄嵩、林仲衡、吕厚庵、张栋梁等。每遇良辰佳节，常雅集酬唱。除社员参加活动外，也请来宾。民国十三年(1924)，同人集资刊行《栎社第一集》，收三十二位社员之作。该社活动一直延续至民国三十年，编《栎社第二集》，因日本占领军当局禁印未能行世，此后社事渐寝。见傅锡祺《栎社沿革志略》。

台湾南社 诗社。清光绪三十年(1904)连横、陈瘦痕创立于台湾台南。社员初为十余人，有赵云石、邹小奇、杨宜禄、谢赖轩等。宣统元年(1909)正式推举蔡国琳为社长，社员发展到几十人。二年后在台南两广会馆雅集时，与会者已达百余人。民国初该社逐渐解散。见连横《雅堂文集》。

灯社 诗社。清光绪末福建人士陈宝琛、严复、张元奇、郭曾炘等在北京所组织。社员共二十九人，多知名之士。雅集时，每个社员按统一规定作诗一联，须对仗，谓之诗钟。争奇斗胜。多作嵌字格诗钟，即将给定的两个字分别嵌入上下两句诗中规定的位置。如某次社集，以"碧鸡"第二唱作诗钟，陈宝琛所作云："残碧殿秋犹有恋，老鸡知曙奈无声"，传诵一时。亦间作分咏格诗钟。每年元宵前后，该社又有斗灯之举，因以灯为社名。清亡后数年间，仍有社集。见萨伯森、郑俪生《诗钟史话》。

托社 诗社。清光绪末福建福州诗人林苍、陈国麐、陈福敷等在当地所组织。社集时每个成员按统一规定作诗一联，须对仗，谓之诗钟。争奇斗胜。社集活动一直延续到民国年间。见萨伯森、郑俪生《诗钟史话》。

西社 诗社。清光绪末福建福州诗人卓绍年、陈奋进、郑孝松等在当地所组织。雅集时，每个社员按统一规定作诗一联，须对仗，谓之诗钟。争奇斗胜。尤好作"嵌字格"诗钟，即将给定的两字分别嵌入上下两句诗中规定的位置。该社成员大多住在福州城西，故名西社。清亡后数年，该社仍有社集。见萨伯森、郑俪生《诗钟史话》。

源社 诗社。清光绪末福建福州诗人任沛河、叶玉如等在当地所组织。社集时每个成员各按统一规定作诗一联，须对仗，谓之诗钟。争奇斗胜。活动一直延续到民国年间。前后历时凡三十余年。见萨伯森、郑俪生《诗钟史话》。

志社 诗社。清光绪末福建福州诗人蒋逢午、马锡侯、张鹤廉等在当地所组织。社集时每个成员各按规定作诗一联，须对仗，谓之诗钟，争奇斗胜。社员多家南台者。活动一直延续到民国间。见萨伯森、郑俪生《诗钟史话》。

神交社 诗文社。清光绪三十三年(1907)陈去病欲在上海为慷慨就义之革命志士秋瑾开追悼会，未果，因创为神交社，取同志为神交之意。当年七夕，同人修秋禊于上海愚园，一时贤豪长者，无不毕集。事后陈去病以《神交社雅集图》属柳亚子作记，记其盛况。后社中主要成员吴梅、柳亚子、高旭、刘钟龢等，都加入南社，继续以文学为工具进行反满革命宣传。见柳亚子《神交社雅集图记》、郑逸梅《南社丛谈》。

著涒吟社 诗社。清光绪三十四年(1908)由沈宗畸发起成立于北京。有社章明文宣布："本社以网罗散佚，甄阐幽隐为宗旨，所选诗文宁强毋弱，宁少毋滥，务在唤起一国之精神"，"事果可传，纵文字稍差，亦可选刊，至于一切流连景物，琐细无关，与夫朋好应酬之作，虽有佳篇亦多不录。"办《国学萃编》作为社刊，并由沈宗畸辑纂《著涒吟社诗词钞》，于光绪三十四年铅印行世。社员有沈宗畸、陈霞章、金绶熙、袁祖光、成昌、瑞瑸、毓寅、张瑜、陈之鼐、宋传曾等一百二十余人，著名诗人、词人易顺鼎、冒广生、叶恭绰等亦在内。见《著涒吟社诗词钞》卷前刘栻《同人录序》、沈宗畸《小引》及《同人录》，另见民国三年(1914)石印本《著涒吟社同人小传》。

南园赓社 诗社。清宣统元年(1909)成立于北京。赓谓赓续、承继，意在继承南园秋社。社员主要是钱溯耆、刘炳照、徐敦穆、缪朝荃、吴清庠、汪元文、闻锡奎、沈焜、闻福圻、潘履祥诸人。宣统三年刊有《南园赓社诗存》。见刘炳照《南园赓社诗存序》、钱溯耆《南园赓社诗存跋》。

南社 诗文社。清宣统元年十月初一(1909年11月13日)成立于苏州。发起人为同盟会会员陈去病、柳亚子与高旭。首次雅集在虎丘张东阳祠。与会者共十七人，即为最早之社员。高旭因故未参加。会上推举陈去病为文选编辑，高旭为诗选编辑，庞树柏为词选编辑，柳亚子为书记，朱少屏为会记，并订条例十三则。民国三年(1914)，第十次雅集选柳亚子为主任，主持社务。自宣统二年至民国十二年，共出《南社丛刻》二十二集，民国六年另出版《南社小说集》。其间绍兴、沈阳、广州、南京等地相继成立越社、辽社、广南社、淮南社等分支。在辛亥革命期间，反袁世凯帝制期间，南社社员多积极参加斗争，周实、阮式与宋教仁、宁调元、杨德邻等先后死难。不久南社内部发生纠纷。民国六年，姚锡钧、闻宥、朱玺等推崇"同光体"诗人陈三立、郑孝胥，与柳亚子的观点分歧严重，双方由论辩而至斥责，柳遂将朱玺逐出南社。因此事端，柳亚子心灰意懒，次年改推姚光为社主任，自此社事渐衰。民国十二年曹锟贿选总统，高旭等十九名社员被收买，旧南社受此震动，遂告终结。当年五月柳亚子与叶楚伧、邵力子、陈望道、胡朴安等创立新南社，起草宣言与组织大纲，宣布以"整理国学，引纳新潮，提倡人类的气节，发挥民族的精神"为宗旨，于10月14日在上海福州路小花园都益处菜馆首次雅集，社员多来自旧南社。次年出版《新南社社刊》，仅出一期。同时傅屯艮发起的又一新南社组织"南社湘集"，则出版过《南社湘集》八期。民国十四年后，柳亚子因忙于参加改组国民党的工作，新南社正式活动停顿，但社员间仍有酬唱。南社的总集，有胡朴安所编《南社丛选》，印行于民国十三年。二十五年，柳亚子重编为《南社诗集》、《南社词集》出版。南社自始至终，都是一个革命文学团体，但其成员文学见解并不一致，如柳亚子诗推崇唐音，词宗尚辛弃疾，胡先骕、朱玺、姚锡钧诗宗宋，学同光体，庞树柏词步趋南宋。入民国后，面临新文化运动，一些人成为白话文学的反对者。其著名社员作家有：柳亚子、陈去病、高旭、徐珂、苏曼殊、黄节、诸宗元、李叔同、黄人、庞树柏、刘铁冷、易孺、邵瑞彭、吴梅、潘飞声、范镛、郁华、刘成禺、周瘦鹃、高燮、黄侃、徐天啸、徐枕亚、胡先骕、林学衡、姚锡钧、朱玺、马君武、王蕴章、包天笑、宁调元、许指严、汪东、吴虞、邵飘萍、陈蝶仙、林白水、周桂笙、俞锷、傅屯艮、姚民哀、姚光、胡蕴、胡朴安、徐自华、谢无量、蒋箸超等。见柳亚子《南社纪略》，郑逸梅《南社丛谈》，杨天石、刘彦成《南社》。

闲山社 诗社。清宣统二年(1910)成立，活动于北京，社名因首次雅集赋诗限“闲”韵、“山”韵而得。社员有梁鼎芬、程颂万、顾印愚、李孺、杨觐圭等人。轮流作东，聚会饮宴酬唱，限韵赋诗。旋因一些社员离京而停止聚会，然部分社员仍有唱和。见程颂万《石巢诗集》、顾印愚《成都顾先生诗集》等。

说诗社 诗社。民国初同光体闽派首领之一陈衍回家乡福州，林翰、陈樵、陈圻侯、黄遹光等先后从其学诗，遂成立此社，“说诗”谓陈衍向诸人说诗授诗法。陈衍自为社长。据民国二十六年(1937)印行之《说诗社诗录》，收有三十八位社员之诗，除前述诸人外，尚有梁禹缵、林步瀛、陈鸣则、林宗泽、卢榕林、陈寿琼、施景琛、郑宗霖等。见陈衍《说诗社诗录序》。

松风诗社 诗社。民国六年(1917)松江人(今属上海)沈惟贤在家乡创为此社。社员多为本邑人士，也有部分苏南、浙江籍人士。以继承明末几社之风流为宗旨，思想上比较守旧，对新文化颇怀抵触情绪。社员有朱运新、张永、张尔鼎、胡毓台、杨锡章、顾保圻、杜炎、顾嘉玉、唐彦、许麒祥、张尔泰、王廷栋、张端寅、张端瀛、谢钧葆等。活动时间持续至民国十三年，曾辑刊其间雅集酬唱之诗二千余首为《松风社同人集》。见该集序言。

总　集

宁都三魏全集 诗文总集。清林时益编。五十九卷，附二十四卷。凡《魏伯子文集》十卷，《魏叔子文集外篇》二十二卷、《日录》三卷、《诗集》八卷，《魏季子文集》十六卷，附《魏兴士文集》(一名《梓室文稿》)六卷，《魏昭士文集》(一名《耕庑文稿》)十卷，《魏敬士文集》(一名《为谷文稿》)八卷。所收除清初江西宁都著名文学家魏际瑞(伯子，原名祥)、魏禧(叔子)、魏礼(季子)三兄弟之别集外，附录际瑞子世杰(兴士)与礼子世效(昭士)、世俨(敬士)之别集。有康熙十年(1671)易堂刻本，另有道光二十五年(1845)谢庭绶绂园书塾重刻本。

兰言集 诗文总集。清王晫编。二十四卷。收录清代初期人士各体诗文作品。书名取意于《周易传·系辞上》“同心之言，其臭如兰”。本书系编者选辑与友人交游赠答之作而成。收录文体有词、诗、杂剧、序文及尺牍等，其中诗作共六卷，收诗人一百六十九家。编者自序冠于书首。有清康熙间霞举堂刊本。

粤东古学观海集 诗文总集。清李调元编。六卷。全书系编者清乾隆四十二年(1777)督学广东汇集岁考之试帖而成。卷一为赋，卷二至五为诗，依拟古、乐府、五古、七古、五律、七律、五排、七排、五绝、七绝各体编排，卷六为诗经解。诗部分共收一百六十七家。书首列编者自序。有乾隆间刊本。

戊戌六君子遗集 诗文总集。近代张元济编。十六卷。收录清光绪间戊戌变法中被害志士谭嗣同等六人诗文集，人各一集，其中谭嗣同《寥天一阁文》二卷、《莽苍苍斋诗》二卷补遗一卷续编一卷、《远遗堂集外文初编》一卷续编一卷，林旭《晚翠轩诗集》一卷，杨锐《说经堂诗草》一卷，刘光第《介白堂诗集》二卷，杨深秀《雪虚声堂诗钞》及奏稿四卷，康广仁《康幼博茂才遗稿》一卷。前有张元济序。有民国六年(1917)商务印书馆排印本，民国九年再版时据康有为供稿补康广仁书信数篇及诗一首。民国间曾多次重版印行。

吴门弟子集 诗文总集。近代吴闿生编。十四卷。收贺涛等七十八家，卷一至卷八为文，卷九至卷一四为诗。有莲池书社刻本，1986年中国书店据之影印。

南社丛选 诗文总集。近代胡韫玉编。二十四卷。凡文选十卷，收一百零七家文三百九十八篇，诗选十二卷，收一百六十七家诗二千零三十七首，词选二卷，收六十家词三百九十七首。南社成员诗文，多发表于《南社丛刻》二十二集，印数较少，购求全帙不易，胡氏遂于民国十三年(1924)春编选此集，因其所藏《丛刻》缺前二集，故《丛选》亦只能自第三集选起。傅熊湘序云：“集社刻者，柳子亚卢之力为多”，“胡之勤，不必如柳，而甄综芟削之功则过之，是南社得柳而大，得胡而长也。”又有柳亚子序。编者自称：“兹编所录，存一时代之文章，用以推见一时代反感之所及。至于文之美恶，人之贤否，则非兹编之所注意。”有民国十三年国学社排印本。

岭西五家诗文集　诗文总集。黄蓟编。六十七卷。凡吕璜《月沧文集》六卷诗集二卷，朱琦《怡志堂文集》六卷诗集八卷，王拯《龙壁山房文集》五卷诗集十七卷、《茂陵秋雨词》四卷、《瘦春词钞》一卷，龙启瑞《经德堂文集》六卷、《浣月山房诗集》五卷、《汉南春柳词钞》一卷，彭昱尧《致翼堂文集》二卷诗集四卷。五家均为广西籍人。另附吕璜录吴德旋《初月楼文谈》一卷及何慧生《梅神吟馆诗草》一卷。有民国二十四年(1935)桂林铅印本。

鸦片战争文学集　文学总集。阿英编。五卷。第一卷诗歌，第二卷小说，第三卷戏曲，第四、第五卷散文。卷首有编者专文《关于鸦片战争的文学》。本书为阿英所编《中国近代反侵略文学集》的第一种。选录散见于当时报纸杂志及各家文集中反映鸦片战争这一重大历史事件的各体文学作品，展现人民爱国热情，反映当时文学发展概貌。初稿成于民国二十六年(1937)，1955年改订。有1957年中华书局排印本。

中法战争文学集　文学总集。阿英编。四卷。第一卷诗词，第二卷小说，第三、第四卷散文。卷首有编者专文《关于中法战争的文学》。本书为阿英所编《中国近代反侵略文学集》的第二种。选录反映1883—1885年中法战争这一重大历史事件的各体文学作品，涉及中法一般关系及反映当时中国、越南关系的，也有收录。初稿成于民国二十六年(1937)，1955年改订。有1957年中华书局排印本。

甲午中日战争文学集　文学总集。阿英编。四卷。第一卷诗词，第二卷小说(其中译作一篇)，第三卷战纪，第四卷散文。卷首有编者专文《关于甲午中日战争的文学》。本书为阿英所编《中国近代反侵略文学集》的第三种。选录反映中日甲午战争这一重大历史事件的各体文学作品。初稿成于民国二十六年(1937)，1955年改订。有1958年中华书局排印本。

庚子事变文学集　文学总集。阿英编。四卷。第一卷诗词，第二卷小说，第三卷说唱(包括北调、牌子曲、三十八段、杂剧、话剧等)，第四卷散文。另有补遗乐府两篇。卷首有编者专文《关于庚子事变的文学》。本书为阿英所编《中国近代反侵略文学集》的第四种。“庚子事变”指发生在清光绪二十六年庚子(1900)的义和团灭洋与八国联军侵华事件。选录反映这一重大历史事件的各体文学作品。初稿成于民国二十六年(1937)，1956年改订。有1959年中华书局排印本。

反美华工禁约文学集　文学总集。阿英编。五卷。附补编四卷。光绪六年(1880)美国与清朝政府签订限制华工的北京条约，到三十年(1904)条约期满，美欲续订，在美华工遂掀起反禁约运动。全书即收录其间产生的文学作品，按体例分诗歌、小说、戏曲、事略、散文、讲唱等类，收作品七十余篇。初稿成于民国二十六年(1937)，后又增补资料多种，补编附于后。全书所收作品，多散见于当时报刊、各家诗文集中，甚至仅有传抄本。作品以反映华工在美受迫害的情况，反对清政府及买办阶级投降妥协的内容为主，与此运动相关者，亦予录之。有1960年中华书局排印本。

中国近代反侵略文学集　文学总集。阿英编。是集包括《鸦片战争文学集》、《中法战争文学集》、《甲午中日战争文学集》、《庚子事变文学集》、《反美华工禁约文学集》。作品集各按文体分诗歌、小说、戏曲、散文等类分卷编排，所收内容多为反帝、反清、反对屈辱求和的文学作品。编者以散见于当时报纸书刊及各家专集，甚至仅有传抄本之作品，分别汇编成册。1937年完成初稿，1957年至1960年陆续由中华书局出版，书前有编者所撰前言，详细介绍所收作品概况，为研究中国近代史提供了一部参考价值甚高的重要文献集。

晚清文学丛钞　文学总集。阿英编。九卷。内《小说戏曲研究卷》为资料汇编，收关于小说、戏曲的论文、评点、序跋等。余八卷为《小说卷》四卷，《传奇杂剧卷》一卷，《说唱文学卷》一卷，《俄罗斯文学译文卷》一卷，《域外文学译文卷》一卷。六十年代初由中华书局排印出版行世，计划另出三卷，即《文学论卷》、《诗词卷》、《散文与杂文卷》，但至今未出。已出《小说卷》收二十二种，《传奇杂剧卷》收二十八种、附录三种，《说唱文学卷》收歌曲即时调与弹词十一种、戏文即地方戏十八种、补遗三种，《俄罗斯文学译文卷》收诗、小说二十篇，《域外文学译文卷》收俄罗斯以外诸国小说、戏剧十一种。已见于编者所编《中国近代反侵略文学集》者不重录。一般照印原文，仅个别地方略有删节。转录自旧时报刊杂志者颇多，保存资料颇丰。

太平天国诗文选　诗文总集。罗尔纲编。

分诗、文两部分。收文二十四篇；收诗二十九首。文又分为论文、文书、记事、自述四类。每篇诗文后有作者小传、作品来源、题解和注释。有1960年中华书局排印本。

中国近代文学大系 文学总集。《中国近代文学大系》总编辑委员会编。十二专集三十分卷。第一、二卷文学理论集，主编徐中玉；第三至九卷小说集，主编吴组缃、端木蕻良、时萌；第十至十三卷散文集，主编任访秋；第十四、十五卷诗词集，主编钱仲联；第十六、十七卷戏剧集，主编张庚；第十八、十九卷笔记文学集，主编柯灵、张海珊；第二十、二十一卷俗文学卷，主编范伯群、金名；第二十二卷民间文学集，主编钟敬文；第二十三、二十四卷书信日记集，主编郑逸梅、陈左高；第二十五卷少数民族文学集，主编马学良；第二十六至二十八卷翻译文学集，主编施蛰存；第二十九、三十卷史料索引集，主编魏绍昌。上海书店1990年出版说明称近代文学"在我国文学发展史上成为一个不可或缺的承启转折阶段"，"但是近代文学资料有三个特点：繁、碎、乱，而且还有相当一部分的手抄孤本，仍流存在一些专家个人和作者亲属的手里。《中国近代文学大系》的编辑，正是为了要把这些浩似烟海、隐显错杂、良莠不齐、濒于佚失的近代文学资料，分门别类地搜集、烛隐、筛选、点校、笺释，并撰写导言和作者小传，整理出一套有点有面、鲜明系统的资料系列，便于文学专业工作者、教学工作者和文学爱好者的研究、选材、教学和鉴赏"。1991年起由上海书店陆续出版。

西泠十子诗选 诗总集。清毛先舒、柴绍炳编。十六卷。选"西泠十子"陆圻、丁澎、柴绍炳、毛先舒、孙治、张丹、吴百朋、沈谦、虞黄昊、陈廷会等十人诗订为一集。毛先舒作序。有顺治间还读斋刊本。

太仓十子诗选 诗总集。清吴伟业编。十卷。人各一卷。所收十子诗为：周肇《东冈集》、王揆《芝廛集》、许旭《秋水集》、黄与坚《忍庵集》、王撰《三余集》、王昊《硕园集》、王抃《健庵集》、王曜昇《东皋集》、顾湄《水乡集》、王摅《步檐集》。编于明末清初，原名《娄东十子诗选》，乾隆时由浙江巡抚采进，载入《四库全书总目·存目》，易名《太仓十子诗选》。各集卷前附小传，录自《太仓州志·文学传》。钱谦益为之序。十子为吴伟业同里诗人，年辈略晚于吴。有清顺治间刊本，另有民国二十二年(1933)太仓图书馆排印本。

燕台七子诗刻 诗总集。清严津编。七卷。燕台，即北京。七子，指清初张文光等七位诗人。本书收录七子公余唱和之赠答往来诗作，人各一卷，所收为：张文光《斗斋诗选》、赵宾《学易庵诗选》、宋琬《安雅堂诗选》、施闰章《愚山诗选》、严沆《颙亭诗选》、丁澎《信美轩诗选》、陈祚明《稽留诗选》。有顺治十八年(1661)序刊本。

名家诗选 诗总集。清邹漪编。二十四卷。选收清代初期诗人二十四家，人各一卷。所收各家为：金之俊《金岂凡诗选》、薛所蕴《薛行屋诗选》、程正揆《程端伯诗选》、曹溶《曹秋岳诗选》、周亮工《周栎园诗选》、赵进美《赵蕴退诗选》、彭而述《彭禹峰诗选》、柯耸《柯素培诗选》、姜真源《姜图南诗选》、王锡琯《王玉叔诗选》、曹尔堪《曹顾庵诗选》、刘孙芳《刘航石诗选》、刘檝《刘岸先诗选》、董以宁《董文友诗选》、王崇简《王敬哉诗选》、魏裔介《魏石生诗选》、杨思圣《杨犹龙诗选》、卢綋《卢澹崖诗选》、施闰章《施愚山诗选》、王士禛《王贻上诗选》、黄永《黄云孙诗选》、严沆《严灏亭诗选》、钱升《钱日庵诗选》、邹祗谟《邹訏士诗选》。所收诗人虽均称名家，然实有高低之别。有康熙七年(1668)序刊本。

江左三大家诗钞 诗总集。清顾有孝、赵沄编。九卷。凡钱谦益《牧斋诗钞》三卷、龚鼎孳《芝麓诗钞》三卷、吴伟业《梅村诗钞》三卷。所选三诗人诗名均著，经此钞汇选为一集，"江左三大家"之名遂定，每为后之论诗者沿用。然三人排列次序吴伟业在龚鼎孳之后，则不甚妥当，论者多有微词。有康熙六年(1667)编者序，康熙七年绿荫堂刊。

诗持 诗总集。清魏宪编。二十五卷。凡一集四卷，二、三集各十卷，四集一卷。编者魏宪间有评语。全书前三集康熙十年(1671)枕江堂刊，第四集康熙十九年枕江堂刊。

八家诗选 诗总集。清吴之振编。八卷。收录清初八家各体诗作，人各一集，集各一卷。所收为：宋琬《荔裳诗选》、曹尔堪《顾庵诗选》、施闰章《愚山诗选》、沈荃《绎堂诗选》、王士禄《西樵诗选》、程可则《湟榛诗选》、王士禛《阮亭诗选》、陈廷敬《说岩诗选》。有康熙十一年(1672)吴氏鉴古堂刊本。

诗平初集 亦名《皇清诗选》。诗总集。清陆次云编。十二卷。选收清代初期人士各体诗歌。称初集，似有续选之意，然未见续集。有清康熙间刊本。

岭南三大家诗选　诗总集。清王隼编。二十四卷。凡梁佩兰《六莹堂集》八卷、屈大均《道援堂集》八卷、陈恭尹《独漉堂集》八卷。分体编排,选录三人各体诗作一千二百零五首。岭南,旧指广东,梁、屈、陈均为清初广东籍著名诗人。康熙三十一年(1692)王隼编此书,隐然欲以"岭南三大家"与"江左三大家"钱谦益、吴伟业、龚鼎孳抗衡,颇具卓识。惟三家以梁佩兰为首,后人不无微词。有康熙间刊本,另有同治七年(1868)南海陈氏重刊本。

五大家诗钞　诗总集。清邹漪编。三十八卷。全书收录清初钱谦益等五家各体诗作。所收各家诗为:钱谦益《钱先生诗》八卷、吴伟业《吴先生诗》七卷、熊文举《熊先生诗》八卷、龚鼎孳《龚先生诗》七卷、宋琬《宋先生诗》八卷。有康熙中梁溪邹氏五车楼刊本。

皇清诗选　诗总集。清孙鋐编,黄朱芾校。三十卷。又御制诗一卷,首一卷。选收清初诗人诗作。所收诸诗,分体编录。作者多为编者知交,亦多清初士大夫及骚人墨客方外所作而散见各书者。书首有汪琬序,又有《凡例》述编辑缘起。正文有孙鋐所辑评语。有康熙二十六年(1687)凤啸轩刊本,版心下刻盛集初编。

明遗民诗　原名《遗民诗》。诗总集。清卓尔堪编。十六卷。收明遗民五百余家诗近三千首。编者意在以人存诗,故对诗作者字号籍贯及生平经历均有介绍,一些诗人诗作遂不致湮没无闻。本书有康熙间刊本,附以己作。乾隆年间,曾两度被列入禁毁书目中,故流传较少。宣统二年(1910)上海有正书局据原刻本影印。1961年中华书局据光绪刊本断句排印出版。

箧衍集　诗总集。清陈维崧编。十二卷。选录康熙以前清诗人一百六十余家诗五百余首。本书原为陈维崧辑抄,生前秘不示人,卒后十年,同里蒋景祁得之于敝簏,遂由华绮校订刊行。箧,此谓书箱,或因唐人元结有诗选《箧中集》而得名。分体编排,无作者小传,姓氏之下仅记字号、籍贯及所著集名,重复出现者则注明再见、三见等。有康熙三十一年(1692)精刊本,另有乾隆二十六年(1761)刊本及民国间国光书局排印本。

二家诗钞　诗总集。清邵长蘅编。二十卷。全书收录清初王士禛、宋荦二人之诗集,即:王士禛《王氏渔洋诗钞》十二卷,宋荦《宋氏绵津诗钞》八卷。编者《自序》列于书首。编者为宋荦幕客,欲报知遇之恩,故选此集。有康熙三十四年(1695)刊本。

国雅初集　诗总集。清陈允衡编。不分卷。收录清初魏裔介等五十余家各体诗作,其体例仿明代顾起纶所编《国雅》、《续国雅》二书,故仍沿用《国雅》为名。有清刊本,约刊于康熙间。

江左十五子诗选　诗总集。清宋荦编。十五卷。选录清初江苏诗人十五家之作一千一百九十首。人各一卷,以诗人在世先后排列为:王式丹、吴廷桢、宫鸿历、徐昂发、钱名世、张大受、管棆、吴士玉、顾嗣立、李必恒、蒋廷锡、缪沅、王图炳、徐永宣、郭元釪。古人在地理上以东为左,以西为右,故江左即江东,指长江下游芜湖、南京以东江南地区。书前有各卷详细篇目,于各作者名下列其字号、爵里,并以宋荦自序冠于书首。有清康熙四十二年(1703)宋氏宛委堂刊本、民国间上海扫叶山房石印本。

今诗三体　诗总集。清倪炜编。十二卷。选收钱谦益、吴伟业至朱彝尊、王士禛等明末清初诗人三百九十五家诗作。所收三体,为五律、七律、七绝。本书选辑于康熙四十五年(1706),有康熙四十七年编者自序。书前《凡例》概述本书编辑缘起。有清刊本,约刊于康熙间。

诗乘　亦名《国朝诗乘初集》。诗总集。清刘然编。十二卷。收录清初诗人二百二十四家诗作。前有发凡一卷。编者康熙四十年(1701)所作序列于书首,所选诗间有评论。有康熙四十九年(1710)玉穀堂刊本。

皇清百名家诗　诗总集。清魏宪编。九十一卷。名百家实仅九十一家,"其登选则以得诗之先后为序,不拘行辈"(《四库全书总目》,下同),所收虽有钱谦益、吴伟业、王士禛、施闰章、宋琬等大家,"然大抵皆声气标榜之习"。末收编者自作一卷。有康熙间刊本。

清诗大雅　诗总集。清汪观编。不分卷。采录诗人仅二十家,均为清初较著名的诗人,前有编者康熙五十五年(1716)自序,另有《凡例》叙其编辑缘起。有清刊本。

天下名家诗观　简称《诗观》。诗总集。清邓汉仪编。全书选收清初人士各体诗作,凡初集十二卷,收诗人六百四十九家;二集十四卷别卷一卷,收诗人七百九十八家;三集十三卷别卷一卷,收诗人四百八十家;闰集一卷,收诗人十三家。编者作自序列于各集之首,因人存诗,因诗存人,各作者名下列小传,记字号、爵里。有康熙间慎墨堂刊本，另有乾隆十五年(1750)至十七年深柳读书堂重刊本，则多有删节。仲之琮撰《重辑诗观三集叙》。本书清代曾列为禁毁之书，故存世者甚少。

毗陵六逸诗钞 诗总集。清庄令舆、徐永宣编。二十三卷。凡恽格《南田诗钞》五卷、杨宗发《白云楼诗钞》一卷、胡香昊《香草堂诗钞》五卷、陈鍊《西林诗钞》五卷、唐恽宸《芑野诗钞》四卷、董大伦《梅坪诗钞》三卷。选录六家诗一千七百三十首。取班固“学诗之士，逸在布衣”语意，以六逸名是集。毗陵，为常州旧称。始编于康熙五十五年(1716)，次年完稿。所录诗作多未见刊行。有诗人小传记作者生平事略。书首有凡例，叙编辑缘起，另有庄杜芬、徐梅辑录《六逸诗话》。有康熙五十六年(1717)山阴孙说刻本。

诗源初集 诗总集。清姚佺编。不分卷。全书选收清代初期诗人五百六十九家诗作。仿《诗经·国风》体例，将所收诗家分省排列，凡吴、越、豫章、楚、闽、蜀、粤东、滇、黔、豫、齐鲁、晋、秦、燕、释家及列女十六类。全书以诗存人，以人存诗，较多地保存了清代初期诗人诗作的资料。有清康熙间刊本。本书乾隆间曾被禁毁，故存世极少。

国朝诗的 诗总集。清陶煊编。六十三卷。选收清代初期诗人二千四百二十五家各体诗作。编者足迹遍天下，广交贤豪，凡片语只字悉录以归，积数十年苦心汇编成帙，收诗甚富。书后《较阅诸先生姓氏》有百多家。编者《凡例》详叙编辑缘起。前有许炳、费锡璜等序，后有吴寅跋。全集仿《诗经》体例，分省编次诗人诗作。有清康熙六十一年(1722)刊本。

五名家近体诗 诗总集。清汪观编。十六卷。选收清初著名诗人五家各体诗作。所录五家为：屈大均、陈恭尹、梁佩兰、杜濬、阎尔梅。编者康熙五十二年(1713)所作序列于书首。有清刊本，约刊于康熙、雍正之际。

国朝诗选 诗总集。清彭廷梅选，张大法、易祖愉同编。十四卷。全书选收清初诗人二百四十二家诗作。以五言律、七言律、七言排律等各体分卷，书首彭氏撰《自序》、《凡例》记其编辑缘起。有乾隆十四年(1749)刻本。

撷芳集 诗总集。清汪启淑编。八十卷。全书选收清顺治至乾隆间女性诗人一千六百多家诗作，分节妇、贞女、才媛、姬侍、方外、青楼各部，又附无名氏、仙鬼等。所收诗家名下各列小传，详述诗人事略，以诗存人，以人存诗，集清初女性诗人诗作之大成。全书中有重收、误收者，为其不足之处。有乾隆间飞鸿堂刻本。

感旧集 诗总集。清王士禛编。十六卷。选录与编者同时之诗人三百三十三家，诗作二千五百七十二首。士禛以诗名天下，交游甚广，晚年辑所藏平生师友之作而成此集。感旧，即感时怀旧之意。所收不似他集不录在世者，存殁兼录，尤多山泽憔悴之士。约成于康熙十三年(1674)，王氏生前未版行。殁后数十年，后人遍索原稿，仅见散稿一束，共四大卷百余页。卢见曾因依抄本序次补遗各诗，厘为十六卷。王氏原本仅列作者名字，卢氏各补入小传，依《明诗综》例，小传采自诸书。有乾隆十七年(1752)刊本。另有民国八年(1919)上海有正书局石印本、民国间国光书局排印本。

七子诗选 诗总集。清沈德潜编。十四卷。全书选收清乾隆间“吴中七子”各体诗作，人各一集各二卷。所收诗人诗选为：王鸣盛《耕养斋集》、吴泰来《砚山堂集》、王昶《履二斋集》、黄文莲《听雨楼集》、赵文哲《媕雅堂集》、钱大昕《辛楣吟稿》、曹仁虎《宛委山房集》。有乾隆十八年(1753)刊本、民国二十九年(1940)上海扫叶山房石印本。

西江风雅 诗总集。清金德锳选，沈澜编。十三卷。凡正编十二卷、补编一卷。全书收录清代江西籍诗人一百八十五家诗作。有汤聘序。西江，即江西。有清乾隆十八年(1753)精刊本。

本朝馆阁诗 诗总集。清阮学诰、阮学濬编。十八卷，补遗二卷。选录清初至乾隆朝名公巨卿馆阁体诗三千一百二十余首。馆阁，清指翰林院。所收多为鼓吹休明之作及礼闱试帖。编者撷其精藻，删其繁芜，分体汇辑成帙。无作者小传。书前有总目、凡例，后有阮芝生、阮葵生辑附录一卷、续附录一卷。有乾隆二十三年(1758)刊本。

国朝山左诗钞 诗总集。清卢见曾编。六十卷。选录清初山东诗人六百二十余家诗五千九百首，又附见诗一百十九首。以科第先后编次。末四卷为家集、闺秀、流寓及方外、青衣、仙鬼。山左，山东旧称。所收诗人各缀小传。又仿刘知幾《史通》例，限断自清初，凡名节事迹著在明朝，已入《明诗综》者概不重录。又依王士禛《感旧集》例，录诗较富者或单独立卷，或列各卷之首。广搜博采，保存较多史料。有乾隆二十三年(1758)卢氏雅雨堂刊本。

海虞诗苑　诗总集。清王应奎编。十八卷。选录清代常熟诗人一百八十二家各体诗一千八百八十八首。海虞,江苏常熟旧称。明人曾编有《海虞文苑》,本书专收诗作,因名《海虞诗苑》。入选诗人除常熟籍外,亦有久寓常熟并终老于彼者。依元好问《中州集》例,系以诗人小传。又仿钱谦益《列朝诗集》,间取轶事佳话以为点缀。选辑时尤重邑志所遗,虽不甚工或仅平通,因有关邑中山川风俗人物事迹,亦予收入,旨在补一邑之文献。编者苦心搜访二十年,原拟成书二十卷,仅刊出十六卷,事未竟而殁。后人据其遗稿,又刊第十七、十八两卷,因未敢妄补,此二卷小传缺如。有乾隆二十四年(1759)古处堂刻本。

国朝诗别裁集　诗总集。清沈德潜编。三十二卷。收录由明入清至清乾隆初九百九十余家诗三千九百余首。选诗体现其"格调说"诗学理论,自序云:"予唯祈合乎温柔敦厚之旨,不拘一格也……,中间略作小传,远逊牧斋(钱谦益)之详,略存诗话,远逊竹垞(朱彝尊)之雅,唯殷璠所云'权压梁、窦,终无所取'者,敢窃比焉,高仲武所云'苟悦权右,敢媚薄俗'者,庶几免焉。"卷首另有凡例详述编选准则。原选本三十六卷,乾隆二十四年(1759)初刻,因校对不精,错误较多,次年重新校订刊刻,成三十二卷本,后因乾隆帝不满钱谦益等人选入,又曾删改重刻。民国间有商务印书馆排印《国学基本丛书》本,较流行。今通行本为1975年中华书局影印乾隆二十五年教忠堂重订本及1984年上海古籍出版社排印本,改题《清诗别裁集》。

宛雅三编　诗总集。清施念曾、张汝霖编。二十四卷。全书选收清代安徽宣城籍诗人二百二十三家诗作。宣城,即今宣州市。本书系续补明梅鼎祚《宛雅初编》与清蔡蓁春、施闰章《宛雅二集》两书。原初、二编收唐至明代邑人诗作。有刘方蔼序列于书首,另有张汝霖自序叙其纂辑缘起。有乾隆间宛村刘氏树本堂刻本。

江浙十二家诗选　诗总集。清王鸣盛编,高攀桂辑评。二十四卷。选收清代江南(今江苏、安徽)、浙江二地诗人十二家诗作,辑编于乾隆三十年(1765)。所收十二家为:徽州汪棣,苏州李绳、王廷魁、高景光,松江张梦喈、顾鸿志、廖景文、薛龙光,太仓赵晓荣,杭州吴琦,嘉兴蔡忠立,湖州姜宸熙。所录者与编者关系为同社、同年友、弟、甥、弟子。书首列编者自序。有清刊本,约刊于乾隆间。

东皋诗存　诗总集。清汪之珩编。五十二卷。凡诗四十八卷,诗余四卷。全书收录宋代至清乾隆间江苏如皋籍诗人三百七十九家诗作。其中卷一一至三七为清代诗人诗作,共三百二十三家诗四千三百十首,卷三八以下为名媛、方外、流寓之诗,最后二卷为编者所作之诗,共二百六十九首。所收作者名下各列其字号、官爵。有乾隆三十一年(1766)文园精刊本。

国朝四大家诗选　诗总集。清邵玘、屠德修编。四编二十四卷。收清初四家诗,人各一编。四家为:宋琬《荔裳诗选》二卷、施闰章《愚山诗选》八卷、王士禛《阮亭诗选》八卷、朱彝尊《竹垞诗选》六卷。有乾隆三十一年(1766)序刊本。

本朝名媛诗钞　诗总集。清胡孝思、朱珖编。六卷。选录清代五十七位女诗人所作五言、七言诗三百余首,旨在"备采风"。所收均系编者"见闻所及择其风雅之当行者"(书序)。因生卒年不易考稽,故以辑得之先后为序。书前列诗人姓氏、字号、室名、籍贯及著作。所收各诗略加评品。有乾隆三十一年(1766)凌云阁刊本。

苔岑集　诗总集。清王鸣盛编。三十四卷。凡前集二十四卷附录二卷,二集十卷附录一卷。收诗人王昶、钱大昕等约三百五十家。苔岑,取晋郭璞《赠温峤》诗"人亦有言,松竹有林,及尔臭味,异苔同岑"之意,指志同道合之友。书首有乾隆三十二年(1767)编者自序,述其编辑缘起。有乾隆间刊本。

国朝六家诗钞　诗总集。清刘执玉编。八卷。选录清初宋琬、施闰章、王士禛、赵执信、朱彝尊、查慎行六人古近体诗作一千三百八十七首。内王士禛、查慎行诗各二卷,余四人诗各一卷,有作者小传。邹一桂、沈德潜鉴定并序。选择严谨,笺解精当。有乾隆三十二年(1767)诒燕楼刻本、光绪十三年(1887)汗青簃刻本。

国朝松陵诗征　诗总集。清袁景辂编,费周仁、周汝雨助辑。二十卷。选录清初吴江四百四十一位诗人之作。末二卷为方外、寓贤、名媛。松陵,今江苏吴江别称。编者选诗精当,发潜阐幽,以诗存人,以人存诗,每人名后,先书表字、世系、集名,再录科第官位,复引诸家评语。所辑侨居诗人(寓贤)有专集行世者,只采有关本邑之作,其集未镌而诗可传者,采辑稍多。书首《例言》详述编辑缘起。始编于乾隆二十九年(1764),有乾隆三十二年爱吟斋刻本。

莆风清籁集 诗总集。清郑王臣编。六十卷。选收唐代至清乾隆间福建莆田(含兴化)人士各体诗作。凡诗人一千九百余家,其中清人二百三十九家,收诗约三千余首。全书仿金元好问《中州集》例,有诗人小传详载其人之里居出处,生平著作,并缀以各家评语。自著《兰陔诗话》亦附于后。书前冠以钱琦序。本书因诗存人,因人存诗,集一邑诗人诗作之大成,保存了唐代至清代莆田诗歌资料。有乾隆间刊本,《四库全书总目・存目》著录。

兰言集 诗总集。清何之铣、林獬锦、李暾编。五卷。选收清代初期浙江省宁波府诗人二百六十八家诗作。兰言,取《周易传・系辞上》"同心之言,其臭如兰"句意,喻心意相投。书首有编者序,另有《凡例》详述编辑缘起。有清刊本,刊刻年代不详。

越风 诗总集。清商盘、刘文蔚编。三十卷。凡初编十五卷,二编十五卷。全书选收清顺治至乾隆间浙江绍兴诗人四百八十家各体诗作。本书以诗存人,以人存诗,较多地保存了绍兴一邑诗歌文献。有商盘原序、蒋士铨序及刘文蔚后序。书前《凡例》概述本书编辑缘起。有乾隆三十七年(1772)王氏刊本。

金华诗录 诗总集。清朱琰编。七十卷。凡正集五十四卷又补遗六卷,收七百二十余家诗三千三百余首;外集六卷,收名宦、流寓一百二十余家;别集四卷,载联句、月泉吟社诗、石洞贻芳诗等。又另有《书后》一卷。所收诗人为唐代至清乾隆间金华人士,除本籍外,亦有在金华为地方官或侨居者。全书始编于乾隆三十六年(1771),成于三十八年,凡家藏善本及剩简零笺,搜罗甚广,采择颇精。编排略依唐殷璠《河岳英灵集》、金元好问《中州集》例。历朝诗人如有史传可稽者,依史传节录,无考者则略其传,间载诗人遗事,作分行小注,以便读者参考。书前《序例》详述编辑缘起。有清乾隆三十八年(1773)金华府学刻本、光绪间退补斋重刊本、1991年中国书店据光绪本重印本。光绪间,胡凤丹增辑《金华诗录姓氏家数》,并依旧本重刻,又续补乾隆三十九年至光绪十年(1884)一百十一年诗作,辑为《遗诗》四十卷。

蜀雅 诗总集。清李调元编。二十卷。全书选收清代四川一省诗人一百七十家各体诗作。各作者名下列小传,以诗存人。编者自序列于书首。另有《凡例》叙其编辑缘起。有乾隆四十六年(1781)亿书楼刻本。

台山怀旧集 诗总集。清张廷俊编。十二卷。台山,即浙江天台山。本书所收为编者寓居天台数十年间所交往友人四十二家之诗。编者于乾隆五十三年(1788)所作自序,详述编辑缘起。有乾隆五十三年刊本。

国朝武定诗钞 诗总集。清李衍孙编。十四卷。凡正集十二卷,补遗二卷。全书选收清代山东武定籍诗人一百七十四家诗作。编者自序列于书首。有乾隆五十九年(1794)刊本。

国朝注释九家诗 诗总集。清魏茂林编。十一卷。收录清乾隆间九家试帖诗,所收各家,均有小传,另有评注。记生卒年、字号、爵里、科第等。九家为:吴锡麒《有正味斋试帖》、梁上国《芝音阁试帖》、法式善《存素堂试帖》、王芑孙《芳草堂试帖》、雷维霈《知不足斋试帖》、何元烺《方雪斋试帖》、王苏《桑寄生斋试帖》、李如筠《蛾术斋试帖》、何道生《双藤诗屋试帖》。前列编者自序。有清刊本,约刊于乾隆、嘉庆间。

四家选集 诗总集。清张怀溎编。二十九卷。全书收录清代乾隆间四家诗作。所收为:袁枚《小仓选集》八卷、王文治《梦楼选集》四卷、赵翼《瓯北选集》五卷、李调元《童山选集》十二卷。四家均为持"性灵说"之诗人。张怀溎作序列于书首。有嘉庆元年(1796)刊本。

国朝江右八家诗选 诗总集。清曾燠编。八卷。收录清代江西诗人八家各体诗作,人各一卷。江右,原指长江下游以西地区,后称江西为江右。所收八家为:陈允衡、王猷定、曾畹、帅家相、蒋士铨、汪轫、杨垕、何在田。有邗上题襟馆刊本,约刊于嘉庆间。

淮海英灵集 诗总集。清阮元编。二十二卷。全书收录清初至乾隆朝江苏扬州府人士之各体诗作,内分甲乙丙丁戊集各四卷,壬癸集各一卷,所收诗人有八百六十五家,流寓诗人不录。后清阮亨又编续集十二卷。有嘉庆三年(1798)阮元作序之小琅嬛仙馆刊本,另有民国间《丛书集成初编》排印本。

国朝杭郡诗辑 诗总集。清吴颢原编,吴振棫重编。三十二卷。选录清代顺治、康熙、雍正、乾隆四朝一百五十余年间杭州府诗人一千三百九十家诗作,以在世先后为序。末三卷为闺秀、名流寄寓、方外。书前有诗人姓氏韵编，甚便检索。编者以杭人选杭诗，旨在“辑存吾杭诗学之粗略”(书序)。所收诗人不计地位高下，卿大夫与布衣同列，各系小传，又以诗记人，保留较多清初杭州人物资料。有同治十三年(1874)钱塘丁氏刊本。另有吴颢初编本十六卷，刊于嘉庆五年(1800)，咸丰十一年(1861)书版毁于兵火。

国朝全闽诗录　诗总集。清郑杰编。三十二卷。凡初集二十一卷，初集续十一卷。全书选录清代福建籍人士各体诗作，所收诗人初集一百五十家，初集续三百四十二家，两集合计四百九十二家。前有编者序，阐述纂辑用意。有嘉庆六年(1801)精刊本。

两浙輶轩录　诗总集。清阮元编。四十卷。选录清顺治朝至嘉庆初年浙江诗人三千一百三十三家诗九千二百四十余首。輶轩，即轻车。编者督学浙江时，乘车采风，访求遗篇，积三年之功乃成，因以名书。所收诗人皆为“其人已往，可以论定者”。各家均系以小传。书前有姓氏韵编以便检索。重在广收两浙诗人遗篇，故保存资料颇丰。另有补遗十卷，收一千一百二十家诗一千九百八十余首。有嘉庆六年(1801)仁和朱氏碧溪草堂钱塘陈氏种榆仙馆刊本，另有光绪十六年(1890)浙江书局重刊本，有补遗。

岭南群雅　诗总集。清刘彬华编。八卷。凡初集三卷、补二卷，二集三卷。选收清代广东籍诗人七十余家之诗。岭南，指今广东。群雅，取汉司马相如《上林赋》“载云罕，揜群雅”句意，群雅，即指贤俊雅士。前有编者自序。有嘉庆八年(1803)刊本。

湖海诗传　诗总集。清王昶编。四十六卷。选录清康熙五十一年(1712)至嘉庆八年(1803)间六百余位诗人作品。所收诗人为编者近六十年游历所及交者，虽享有盛名而未及见者，概不录入。以诗人科第为序编排，无功名者则略以年齿为序。所收诗人皆附小传，又每以遗闻轶事入诗话。其自序称“非欲以此尽海内之士”，“然百余年中，士大夫之风流儒雅，与国家诗教之盛，亦可以想见其崖略”。编者宗旨，于此可见。有嘉庆八年(1803)三泖渔庄刊本、同治四年(1865)绿荫堂重刊本。另有民国二十六年(1937)商务印书馆《国学基本丛书》排印本，1958年重印。

江西诗征　诗总集。清曾燠编。九十四卷。收录东晋至清乾隆中千余年间江西诗人二千余家诗作。江西疆域遵《大清一统志》所分郡县为断。仿殷璠《河岳英灵集》、元好问《中州集》，诗人各系小传。后十卷为名媛、释子、道流、杂流、名妓、无名氏、仙灵、鬼怪。又附刻论诗杂咏五十四首。书前《例言》详述编辑缘起。有嘉庆九年(1804)赏雨茅屋刊本，另有光绪五年(1879)棣华山馆藏板重刊本。

岭南四家诗钞　诗总集。清刘彬华编。四卷。岭南，指今广东。全书收录清代乾隆、嘉庆间广东诗人四家各体诗作，人各一卷。所收四家为：张锦芳《逃虚阁诗钞》、黄丹书《鸿雪斋诗钞》、黎简《五百四峰堂诗钞》、吕坚《迟删集诗钞》。编者所撰《总序》列于书首。有嘉庆间刻本。

群雅集　诗总集。清王豫编。四十卷。末六卷为闺秀、方外之作，收清乾隆至嘉庆间诗人七百零九家诗作。体例仿沈德潜《国朝诗别裁集》，续收沈书以后诸家之诗编成此集。所收诗人以沈德潜居首。全书择选精慎，有作者小传，述其事略并缀评语。阮元等为之作序。有嘉庆十二年(1807)刊本。

兰言集　诗总集。清赵绍祖编。十二卷。收入清诗人一百二十一家。本书因《周易传·系辞上》“同心之言，其臭如兰”句而取名。为编者选录生平师友之诗作而成。有古墨斋精刊本，无刻书年月，约刊于嘉庆间。

国朝山左诗续钞　诗总集。清张鹏展编。三十六卷。凡正集三十二卷，补钞四卷。收录清代山东省诗人一千三百三十家诗作。编者有感于卢见曾辑《国朝山左诗钞》之举，即续之，补其所阙，辑为此书。编者撰序列于书首。有嘉庆十八年(1813)四照楼刊本。

印须集　诗总集。清吴翌凤编。二十一卷。全书选收清代乾隆、嘉庆间诗人四百十四家各体诗作。凡前集八卷，续集六卷，又续集六卷，女士诗录一卷。各作者名下列小传，以知人论世。有嘉庆十九年(1814)刻本。

国朝松江诗钞　诗总集。清姜兆翀编。六十四卷。选收清代前期与松江有关的诗歌，多为邑人所作，兼收他邑人士咏松江之诗。松江，今属上海。全书以诗存人，以人存诗，较多地保留了清代前期松江诗歌资料。有嘉庆十三年(1808)敬和堂刻本。

怀旧集　诗总集。清吴翌凤编。二十一卷。凡正集十二卷，续集六卷，又续集二卷，女士诗录一卷。所录诗人均为清康熙至嘉庆间人，为吴氏五十余年中采录所得，各家名下注明字号、爵里、著作，间缀诗话，或述行谊，或论诗品，或记交游，聊寓感旧怀人之意。正集录二百二十余家，均为谢世之人，续集、又续集录一百六十余家，女士诗录则收十六人。书前例言详述编辑缘起。有嘉庆十八年(1813)刊本。

盛湖诗萃 诗总集。清王鲲编。十二卷。选收元代至清代嘉庆年间江苏吴江人士各体诗作，其中清人二百二十余家。盛湖为江苏吴江别称。前有嘉庆二十一年(1816)李廷芳序，另有《例言》概述辑编缘起。咸丰年间，王致望辑《续编》四卷，收录清诗人一百七十六家，时限衔接正编。有清刊本。

淮海同声集 诗总集。清汪之编。二十卷。全书选收清代扬州诗人八十八家各体诗作九百零二首。作者名下各列小传，书首有清刘凤诰序。淮海，此指扬州府。有嘉庆二十二年(1817)刊本。

国朝三槎存雅 诗总集。清甘受和编。四卷。凡正集二卷、补编二卷。全书选收清代嘉定南翔镇三槎籍人士各体诗作。三槎，指今上海嘉定南翔镇之上槎浦、中槎浦、下槎浦。共收诗人一百七十家。编者撰序列于书首，叙辑选本书之概况。有嘉庆二十四年(1819)刊本。

东武诗存 诗总集。清王赓言编。十卷。选收明清两代山东诸城人士各体诗作，凡明代二十六家、清代二百五十四家。东武，为山东诸城古称。书首列编者自序。有嘉庆二十五年(1820)化香阁刊本。

国朝岭海诗钞 诗总集。清凌扬藻编。二十四卷。全书选收清代广东一省诗人各体诗作。编者作序列于书首，各作者名下列小传。有道光元年(1821)狎鸥亭刊本。

江苏诗征 诗总集。清王豫编。一百八十三卷。选录清顺治、康熙朝至嘉庆初年江苏人士五千四百三十家诗作。后二十二卷为名媛、释氏。据作者姓氏依韵编次。编者有感于江苏人文之盛，慨其诗集未刻与已刻而不传者指不胜屈，乃就所见选辑而成此集。诗前各系以作者小传。大家名家所收从略，其名不彰、其集未刻或刻而未传者收录较多。凡流寓者，必久客江苏数十年始收录，闺阁名媛则自他省来嫁及生于江苏出嫁他省者皆收录。广搜博采，保存较多史料。有道光元年(1821)焦山海西庵诗征阁刻本。

吴会英才集 诗总集。清毕沅编。二十四卷。凡方正澍《伴香阁诗》二卷、洪亮吉《附鲒轩诗》一卷《卷葹阁诗》一卷、黄景仁《两当轩诗》二卷、王复《树萱堂诗》二卷、徐书受《教经堂诗》二卷、高文照《阛清山房诗》一卷、杨伦《九柏山房诗》一卷、杨芳灿《吟翠轩诗》二卷、顾敏恒《笠舫诗稿》二卷、陈燮《忆园诗钞》二卷、王嵩高《游梁集》一卷、杨揆《桐华吟馆稿》一卷、徐嵩《玉山阁稿》一卷、石渠《翠苕馆诗》一卷、孙星衍《雨粟楼诗》一卷、王采薇《长离阁诗》一卷。收十六家诗一千五百余首。所收诗家，江苏过半，间有安徽歙县，浙江秀水、武康人士。各家均缀诗评，论其诗品。有清道光间刊本。

兰言集 诗总集。清谢堃编。二十卷。收录清诗人四百三十余家。兰言，取《周易传·系辞上》："同心之言，其臭如兰"句意。全书所选诗人按编者相识而已故者、编者未曾相识而在世者、编者未曾相识而已故者，分为三类。前有道光三年(1823)编者自序，另有《凡例》详述辑编缘起。以诗存人，以人存诗。编者后又辑有《续集》二十卷。有道光三年至十三年(1823—1833)扬州艺古堂刻本。

津门诗钞 诗总集。清梅成栋编。三十卷。收录元代至清道光初天津诗人四百四十五家之作。以收录清代诗人诗作为主。编者因感于津门诗家诗作无人采辑，恐其岁久湮没，遂以其所见抄录成帙，间收生人之作。所收诗家以邑贤、闺秀、郡贤、流寓、寓贤、方外、仙鬼等类分，排列以科第为先后，无科第者则据其生卒年。凡一家兄弟、父子、祖孙者，虽其人年代科第先后不同，亦必附于一编，令其家世了然，有便考证。有作者小传，轶事可传，散见于他书者，必附录于其诗之后。书首《凡例》详述编辑缘起。有道光四年(1824)思诚书屋刊本。

山南诗选 诗总集。清严如熤编。四卷。收录唐代至清代嘉庆年间陕西汉中、兴安二府诗人各体诗作。卷一收唐代至明代诗人，卷二至卷四收清代诗人一百十二家。有道光五年(1825)编者所撰《例言》记本书编选缘起。次年编者卒，本书未得刊行。光绪八年(1882)高万鹏得遗稿于严氏遗族，光绪十三年作序并付刊。

高邮耆旧诗存 诗总集。清周叙、王敬之、夏崑林编。五卷。凡初册一卷、二册一卷、别册一卷、附册一卷、诗余一卷。收录清代江苏高邮诗人一百三十七家诗作。本书为补《高邮州志》遗漏而编。以收清初至道光间人士之诗作为主。周叙作启,王敬之作序,列于初册之首。二册后附王、周、夏之序。有道光间刻本。

浙西六家诗钞 诗总集。清吴应和、马洵编。六卷。凡厉鹗《樊榭山房诗》一卷、严遂成《海珊诗》一卷、王又曾《丁辛老屋诗》一卷、钱载《萚石斋诗》一卷、袁枚《小仓山房诗》一卷、吴锡麒《有正味斋诗》一卷。收诗七百三十首。编者慕刘执玉辑康熙朝大家之诗为《国朝六家诗钞》,拟选编乾隆朝作者为《续国朝六家诗钞》,因所收资料中多浙籍人士,特仿龚翔麟《六家词选》例,专取浙西。前系小传,间有品评。有道光七年(1827)紫微山馆刊本。

同岑五家诗钞 诗总集。清曾燠编。十四卷。凡赵函《乐潜堂集》二卷、顾翰《拜石山房集》四卷、顾翃《金粟荠集》二卷、徐宝善《壶园集》四卷、杨夔生《真松阁集》二卷。所收清代五诗人或为无锡籍,或其先籍为本邑,或为寄籍于本邑。无作者小传。有清道光九年(1829)刻本。

国初十家诗钞 诗总集。清王相编。七十五卷。凡曹溶《静惕堂诗》八卷、周亮工《赖古堂诗》十二卷、恽格《南田诗》五卷、周筼《采山堂诗》八卷、王士禄《十笏草堂诗》四卷、高咏《遗山诗》四卷、邵长蘅《青门诗》十卷、吴嘉纪《陋轩诗》六卷、徐昂发《畏垒山人诗》十卷、屈复《弱水诗》八卷。所选均为清初名家。编者恐十家诗稀见旧刻及传抄之本湮没无传,特网罗搜辑而成此集。作者各系小传,录郑方坤《国朝名家诗钞小传》原文冠各集之首,传其诗亦存其人。所辑各书,各沿其旧刻原抄,不妄意添改,另加跋于每集之后。有清道光十年(1830)秀水王氏信芳阁刊本。

国朝湖州诗录 诗总集。清陈焯编。三十四卷。全书选收明季至清嘉庆间浙江湖州诗人八百八十四家诗作。后郑佶编《续录》十六卷,收诗人三百三十家,又郑祖琛编《补编》二卷。《诗录》刊于道光十年(1830),《续录》、《补编》合刊于道光十一年,郑佶撰有《湖州诗录续录合刻序》。

国朝闺秀正始集 诗总集。清完颜恽珠编。二十卷,补遗一卷。另附录一卷。正始,语出《诗序》"正始之道,教化之基"。本书所选清代女诗人之作,均以性情贤淑为正,以求"风天下而端闺范"。为此,女编者抄撮闺秀诗三千余首,经汰选,共录九百三十二家诗一千七百三十余首。各女诗人名下记其里居表字、其夫或其子名位,有佚事可传或诗话可引亦加录存,间作评论。有道光十一年(1831)红香馆刻本。又《国朝闺秀正始续集》十卷,亦恽珠所辑,在其去世后由其孙女妙莲保奉遗命编成,补遗一卷则其女程孟梅所辑,另有附录一卷,共录五百九十三家诗一千二百二十余首。有道光十六年红香馆刻本。

国朝畿辅诗传 诗总集。清陶梁编,崔旭校订。六十卷。选录清顺治三年(1646)至道光十七年(1837)近二百年间畿辅人士八百七十五家诗作。畿辅,清为直隶省别称,包括今北京、天津、河北。仿萧统《文选》之例,生者不录。虽主选诗,实意在存人,各作者名下,均列小传,采录他书所载作者事迹,保留较多有关畿辅人士生平资料。书前凡例详述缘起,附载征引书目。有道光十九年(1839)红豆树馆刻本。

楚庭耆旧遗诗 诗总集。清伍崇曜编。凡前、后二集。全书选收清代广东人士各体诗作。前集收陈昌齐等十九家,后集收吴兰修等十九家。楚庭,春秋楚成王熊恽时,南海臣服于楚,故广东或称楚庭。有编者道光二十三年(1843)自序。所收作者名下各列小传。有道光间刊本。

国朝中州诗钞 诗总集。清杨淮编。三十二卷。全书选收清代河南诗人五百三十四家诗作。国朝,此即指清朝。所录以诗存人,较多地保存了清代河南人物传记、著作资料。书前有编者自序,另附李方《国朝中州诗钞书后》。有道光二十三年(1843)雅集山房刊本。

沅湘耆旧集 诗总集。近代邓显鹤编。二百卷。全书汇集明初至清道光朝五百年间湖南人士各体诗作,共收一千六百九十九人,一万五千六百八十一首。后二十一卷为女士、方外、仙鬼杂诗及附录杂谣歌辞。沅湘,湖南旧称,因沅水、湘江而名。显鹤曾于道光二十年(1840)编《资江耆旧集》六十卷。后展转搜索,增广之,成《沅湘耆旧集》。编者依钱谦益《列朝诗选》例,作者概以官阶系以字号,未称其名。又仿元好问《中州集》,为作者各列小传,详录各史志、家谱、别记有关作者生平史料,以诗存人,以人存诗,备论世知人之用。又另编汉魏六朝至元代湖南籍人之诗成《沅湘耆旧集前编》四十卷。有道光二十三年(1843)新化邓氏南村草堂刊本。

梅里诗辑 诗总集。清许灿编。二十八卷。

全书选收清代浙江嘉兴梅里诗人三百三十四家诗作三千四百七十余首。梅里，浙江嘉兴市梅里镇。本书前后列序、跋、参阅姓氏等。有道光三十年(1850)嘉兴县斋刻本。

国朝正雅集 诗总集。近代符葆森编。一百卷。全书选收清代乾隆至咸丰一百二十年间诗人二千零四十五家诗八千余首。作者名下各列小传缀以诗话，以诗存人。书首《例言》详述编辑缘起，《采用书目》详列所引总集、文集、笔记、诗话等书名二百五十三种。有咸丰六年(1856)京师半亩园刊本。

贞丰诗萃 诗总集。近代陶煦编。五卷。选收贞丰里诗人一百多家诗作。贞丰，即今江苏昆山周庄镇贞丰里。所收各作者名下列小传，述其字号、科名、著作等，以诗存人，较多地保存了贞丰里人物诗作的资料。有同治三年(1864)仪一堂刻本。

续梅里诗辑 诗总集。近代沈爱莲编。十二卷。全书收录清代嘉兴梅里诗人一百五十四家诗一千二百五十六首。另有补遗一卷，收诗人二十五家。本书上承许灿《梅里诗辑》，搜辑许书之未备，又在时间上衔接许书续编而成。有编者自跋，另有沈人伟跋后。有同治间刻本。

续冈州遗稿 诗总集。近代言良钰编。八卷。收录清初至道光间新会诗人一百十八家各体诗作一千四百二十三首。冈州，今广东新会。编者旨在续顾嗣协《冈州遗稿》，于道光二十一年(1841)搜罗遗佚，历时一年成此集。略依科名及生卒年排列。作者小传列字号、籍里、科名、官爵。书前有自序与总目。言氏又曾辑《增冈州遗稿》一卷，收录诗人十家、诗作四十七首，补顾书之阙。有道光二十三年(1843)松溪精舍刻本。

苔岑集初刊 诗总集。近代蒋棨渭编。十八卷。凡陈基《味清堂诗钞》二卷、《补钞》一卷，马镇《半间云诗》二卷，钱瑶鹤《焦尾编》二卷，吴均《霏玉轩诗草》二卷，蒋棨渭《万壑云楼诗》二卷，毛永柏《小红薇馆吟草》四卷，毛永椿《思无邪室吟草》三卷。收录清道光间苏州诗人七家诗作一千九百三十余首。苔岑，即志同道合之友。每集之首或列序、或列小引，述其概要。有道光三十年(1850)吴县蒋氏味清堂刻本。咸丰七年(1857)补刻毛永柏《小红薇馆拾余诗钞》四卷。

批点七家诗选笺注 诗总集。近代张熙字编。七卷。辑录清代中后期诗人七家试帖诗，人各一集，集各一卷。道光十二年(1832)编者所撰《弁言》列于书首。《凡例》概述辑编缘起，谓选录五言十六句"试帖工者"予以笺注，以作家塾课本，或供儿童诵习之用。所收七家为：王廷绍《澹香斋试帖》、那清安《修竹斋试帖》、刘嗣绾《尚絅堂试帖》、路德《柽花馆试帖》、杨庚《桐云阁试帖》、李惺《西沤试帖》、陈沆《简学斋馆课试律存》。有咸丰十年(1860)聚锦旭记藏板刊本。

永平诗存 诗总集。近代史梦兰编。二十八卷。凡正集二十四卷，续编四卷。永平，即清直隶永平府，位于今河北省东部，辖迁安、昌黎、卢龙等县。本集收录清初至同治间永平诗人一百七十九家各体诗作。所收作者名下各列小传，以诗存人。有鲍源深序、郭长清跋，分列于书之首尾。有同治间刊本。

国朝诗铎 今名《清诗铎》。诗总集。二十六卷。另卷首一卷。近代张应昌编。所收诗起自清初，包括明代遗民，下迄同治年间，附存己作。选诗特别重视反映社会现实，如田家、税敛、科派、灾荒等类，对研究清代文学史、社会史均有重要参考价值。亦留心选入一些并非名家之作。所用几百种诗集、诗话，有些现已很难觅得甚或亡佚。卷首所附诗人名氏爵里著作目录，亦为人提供不少研究线索。有同治八年(1869)永康应氏秀芝堂刊本。另有1960年中华书局排印本，题《清诗铎》，1983年重印。

国朝杭郡诗续辑 诗总集。近代吴振棫编。四十六卷。选录清初至道光间一百八十余年间杭州本府诗人一千七百五十八家诗作。体例沿袭《国朝杭郡诗辑》，为其续集。书前有诗人姓氏韵编，以便检索。编者旨在存杭郡文献，记杭郡人物。以诗存人，诗作前各系以作者小传。有光绪二年(1876)钱塘丁氏刊本。

国朝历下诗钞 诗总集。近代王钟霖编。四卷。历下，山东历城，即今济南。国朝，此指清朝。全书选录清代山东济南诗人叶承宗等一百八十余人诗一千一百多首。编者自序列于书首。有光绪五年(1879)刊本。

国朝全蜀诗钞 诗总集。近代孙桐生编。六十四卷。收三百六十二家诗作五千九百余首。费时四十年，广搜博采而成，规模甚大，内容甚丰，凡蜀籍及居蜀之清诗人名家均已收入，然由明入清之诗人，则一概不选。乾隆三十年(1765)前之作，均按《蜀雅》录入。此后之作，则为编者访求所得。有光绪五年(1879)孙氏刊本,1986年巴蜀书社据原刻本影印出版。

石城七子诗钞　诗总集。近代翁长森编。十四卷。凡秦际唐《南冈草堂诗选》二卷,陈作霖《可园诗存》二卷,邓嘉缉《扁善斋诗选》二卷,顾云《盋山诗录》二卷,蒋师辙《青溪诗选》二卷,何延庆《寄沤诗存》二卷,朱绍颐《挹翠楼诗存》二卷。有光绪十六年(1890)刊本,1987年江苏广陵古籍刻印社重印。

徐州诗征　诗总集。近代桂中行编。八卷。收录明末清初至清代末期三百多年间徐州诗人二百五十五家。始辑于光绪十三年(1887),完稿于十六年,历时四载。以徐州属地依次分为:铜山、萧县、沛县、丰县、砀山、邳县、宿迁、睢宁,以闺秀之作殿后。有作者小传,记其字号、科名、官爵。有光绪十七年(1891)刊本。

两浙𬨎轩续录　诗总集。近代潘衍桐编。五十四卷。本书为阮元《两浙𬨎轩录》续集。仿阮书之例,搜辑清顺治至光绪间浙江诗人四千七百零九家诗一万三千五百四十三首。所收基本上为嘉庆初年以后之作,阮书漏收之清初诗人亦予补入,各家均系小传,以备知人论世之用,书前姓氏韵编亦颇便检索。《凡例》极详,编辑缘起、参修人士、征引书目皆有记载。有光绪十七年(1891)浙江书局刊本。

国朝杭郡诗三辑　诗总集。近代丁申、丁丙编。一百卷。选录清代杭州府诗人四千七百八十五家诗作。为《国朝杭郡诗辑》、《国朝杭郡诗续辑》之续集、补编,采录重点为道光以后之诗,前二书所未及者亦加网罗。依前二书编纂体例,有诗人小传,存杭人诗,记杭人事,资料丰富。正文前有诗人姓氏韵编,甚便检索。有光绪十九年(1893)钱塘丁氏刻本。

诗畸　诗总集。近代唐景崧编著。十卷。凡正编八卷,外编二卷。前有唐景崧序及《诗钟凡例》。集中所收之作,系唐氏在台湾道任上所办诗钟酒会上,诸人之诗钟、诗作,作者有唐景崧、丘逢甲、林鹤年等五十余人。唐序略云:"《正字通》曰:'零田不为井,为畸。'兹刻七律外,皆零句无片段,亦诗之畸而已矣。"有光绪十九年(1893)刊本,收入《得一山房四种》中。

近人诗录　诗总集。近代陈诗编。不分卷。全书收录晚清诗人李慈铭等三十二家诗作,最后三位为日本人士。有光绪二十九年(1903)排印本。

最新醒世歌谣　诗总集。近代痛国遗民编。一卷。无序跋,收新编歌谣三十一题一百余首。有《爱同乡歌》、《戒烟五更调》、《农人悔赌》、《缠足歌》、《叹中华》、《劝学歌》、《体操歌》、《从军行》、《练兵歌》、《爱国歌》等。有光绪三十年(1904)上海群益书局排印本。

道咸同光四朝诗史　诗总集。近代孙雄编。本书初名《道咸同光四朝诗史一斑录》,一名《道咸以来所见诗》,简称《四朝诗史》。十六卷。凡甲集八卷,乙集八卷。选录道光、咸丰、同治、光绪四朝间诗人四百六十九家。陈衍《石遗室诗话》记编者自谓"吾诗史之名固不称,第储史料,以待后人之去取,当亦无恶于志"。易宗夔《新世说》称其书"虽瑕瑜互见,然旁搜博采,每人缀以小传,实为近代风雅之阳秋"。然汪国垣《光宣诗坛点将录》、钱仲联《近百年诗坛点将录》则谓之"最无别择"、"甄录未精,有价值之作不多"。有清宣统二年(1910)至三年刊本。《一斑录》尚有清宣统元年(1909)油印初稿本。

播雅　诗总集。近代郑珍编,唐树义校订。二十四卷。全书收录明万历二十九年(1601)至清咸丰三年(1853)共二百五十二年间遵义人士二百二十家各体诗作二千多首。播州为遵义古地名。编者以诗存人,以人存诗,集一邑之诗人诗作于一书,保存文献资料颇丰。有宣统三年(1911)贵阳交通书局排印本。

清闺秀正始再续集　诗总集。四卷。单士釐编。选录清代女诗人三百零九家之诗作。清女诗人完颜恽珠编有《国朝闺秀正始集》及《续集》,本书成于此二书之后,因名为《再续集》。选收标准依《正始集》,以雅正为主。各作者名下亦记里居表字、其夫或其子名位及所著专集名,间有佚事诗话。全书以恽珠诗作冠首,以志女编者对其仰慕之心。有民国元年(1912)聚珍仿宋印书局排印本。

近代诗钞　诗总集。近代陈衍编。不分卷。选录清咸丰间至民国初诗人三百七十家诗作,入选诗多者如沈曾植等,在百首以上,少者则仅一、二首。入选诗人均为编者所及见者。体例仿《宋诗钞》、《元诗选》,人各为卷,有诗人小传,多缀以诗话,间作摘句。编者为近代"同光体"闽派首领、著名诗论家,主张学人之诗与诗人之诗合一,集中所收,多以合"同光体"观点为入选标准,著名诗人黄遵宪、丘逢甲等之诗选入不多。前有编者自序,另有凡例数条,谓"拟古不钞,寿诗不钞,咏物诗少钞,长庆体少钞,柏梁体少钞,长短句少钞"。有民国十二年

(1923)商务印书馆排印本，出版后风行一时。

晚清四十家诗钞 诗总集。近代吴闿生编。三卷。收录清咸丰至民国初年诗人四十一家诗六百四十六首，入选诗人有范当世、王闿运、李慈铭、张之洞、樊增祥、易顺鼎、郑孝胥、陈三立等。此书抄近代诗，以师友渊源为主，精加评点，分别门径，积二十载之力而成。无作者小传。首列总目。有编者自序，述编辑缘起。有民国十三年(1924)文学社刊本。

落叶集 诗总集。近代孙雄编。四卷。收诗六百五十余首、词二首，为郭曾炘、王照等一百三十二人和孙雄《落叶诗十二首》之结集，咏民国十三年(1924)冯玉祥逐清废帝溥仪出故宫事。有民国十三年排印本。

闽百三十人诗存 诗总集。近代林藩等著，逸社编。八卷。选收清道光中叶至民国十八年(1929)福建诗人一百三十三家诗约四千首，凡例称："其中作古者已有八十六人，谨列于《题名录》之前，生存者附后。"诗作分为五言律诗、七言律诗、五言绝句、七言绝句。书首有民国十八年无执道人序。有民国十八年华宝公司排印本。

皖雅初集 诗总集。近代陈诗编。四十四卷。凡正集四十卷，收诗人一千四百六十余家诗二千八百余首，《近人诗》二卷，《名宦诗》二卷。所录诗人为清顺治至宣统间安徽籍人士，亦有宦游安徽者。陈氏曾辑《庐江诗隽》、《庐州诗苑》，又勤搜博访，辑成此集。全书以皖之辖地八府五州五十五县为序次，以诗人生活年代为先后，有作者小传，表其字号、籍里、科名、官爵，并采诸家诗话附后。书后附《助刻皖雅题名录》。有民国十八年(1929)排印本。

四明清诗略 诗总集。清董沛编。三十二卷。另续稿八卷。四明为宁波府的别称。董氏辑清代宁波一府诗成稿，未及题书名即谢世，后人以其曾辑《甬上宋元诗略》、《甬上明诗略》，名之为《四明清诗略》。编者曾参编《两浙輶轩续录》，采宁波一地诗甚多，因复加搜寻增补，辑成此稿，录清初至光绪中叶郡人诗作。其卒后三十余年，后人又广征博采，续辑至清宣统间。共收二千二百余家诗九千四百余首。略依科第为序，各系小传。首录明遗民诗。为便翻检，列作者姓氏韵编一卷。有民国十九年(1930)中华书局聚珍本。

晚晴簃诗汇 诗总集。近代徐世昌编。二百卷。收入清代诗人六千一百余家之作二万七千四百余首。编次先列清代九朝帝王宗室，次列明末遗民，最后列闺秀、释道及属国作者。原拟名《清诗汇》，后以系徐氏于民国八年(1919)总统任上所结晚晴簃诗社中人提议纂集，易今名。成于徐氏幕僚王式通等众手，序虽题名徐世昌撰，实亦出王氏手笔。据其《凡例》，选诗悉本朱彝尊《明诗综》，参以王士禛《感旧集》、沈德潜《国朝诗别裁集》，自谓："不分同异，荟萃众长，旨尚神思，务屏伪体。自名大家外，要皆因诗存人，因人存诗，二例并用。而搜逸阐幽，尤所加意。"入选作者均系小传，多附诗话，有徐氏亲撰者。本集虽限于编者立场，且众编手持择不一，颇有缺陷，然资料丰富，卷帙浩繁，作为清诗总集自有其重要价值。有民国十八年(1929)徐氏退耕堂刊本。1988年、1989年中国书店、上海三联书店先后据之影印，后者收入《中国历代诗歌总集丛刊》，且编有篇目索引。1990年中华书局又据原刊本点校排印，附人名索引。

清画家诗史 诗总集。近代李濬之编。二十卷。分卷以天干十字编次，每字各上、下二卷。前有民国十九年(1930)杨仲羲、王树枏序，民国十八年编者自序。另有所附《绘画家诗史编诗图目》，录《北堂陈诗图》等十图。收诗自王时敏起，以方外、闺秀终。有民国十九年其子李树智校刊本。民国二十七年增刊补编一卷，仍以天干十字编次，各字分上、下二子卷。有该年编者后序。收清代画家之诗以题画之作为多。作者小传存画家生平资料亦可供参考。1990年中国书店据原刊本影印，收入《海王邨古籍丛书》。

国朝诗 诗总集。近代吴翌凤编。十卷，又外编一卷，补编六卷。编者认为今人诗虽远逊古人，然亦有卓然名家者，故特选"可谓同于古人之诗"者，甄综成集。正编选录清诗人三百余家诗一千余首。有民国二十一年(1932)新阳赵氏刻本。

近代诗选 诗总集。北京大学中文系文学专门化1955级《近代诗选》小组选编。收诗三百五十多家。在当时形势下，是按政治标准第一，艺术标准第二的原则选编的。共分三类：一类是所谓"政治和艺术统一"的有较高成就的诗人；一类是虽非诗人，但在近代革命史上有突出地位者，因人存诗；一类是所谓政治上不反动，其诗对了解近代诗歌发展有较大意义，内容也还有一定可取之处的诗人。其注释不仅解释词义、典故、历史事实，还有概括的分析批判。入选作家都有小传。人民文学出版社1962年出版。

清宫词 诗总集。收清代宫词九种。计有吴士鉴《清宫词》八十四首，魏程搏《清宫词》一百零一首，佚名《前清宫词》一百首，胡延《长安宫词》一百首，颜缉祜《汴京宫词》一百首，高树《金銮琐记》一百三十七首，王小航《方家园杂咏纪事》二十首，杨芃棫《清宫词》三十首，周大烈《颐和园杂题》十首。附录王闿运《圆明园诗》、王国维《颐和园词》、张怀奇《颐和园词》、邓鎔《颐和园词》、《清孝定景皇后挽词》、《崇东陵词》、王景禧《宫井词》。均作于晚清、民国间。既有总括清朝宫廷历史的，如吴士鉴之作，也有描述某些历史事件的，如记义和团运动期间北京朝野见闻的高树之作，记慈禧太后、光绪帝逃亡西安的胡延、颜缉祜之作。凡宫中礼仪风俗，杂事掌故，以及建筑布局，无不涉及。有1986年北京古籍出版社编纂排印本，前列石继昌《出版说明》，述所收各家宫词版本。

清诗精华录 诗总集。钱仲联编。选录清代近三百年间一百六十余家各体诗作六百二十七首。所录作家作品，尽力顾及各流派名家名篇，体现其风格特征，部分佳作，则不限于名家。作品分体编排，按作者生年为序，生年未详者，则依其生活年代排列。作者传记，载于首次出现作品之前。所录作品均有品评简注。有1987年齐鲁书社排印本。

赖古堂文选 文总集。清周亮工编。二十卷。选收明末清初古文家作品，内以钱谦益、艾南英等人之作为多，也保存了一些不常见的作品。有康熙间刻本。

群雅集 文总集。清李实赝编，鲁超、陆次云、宋实颖等校阅。四卷。李氏于康熙二十四年(1685)视学江南，主苏州、松江二府月课制艺，聚应试士子之博雅者，闭院复试以诗赋古文，择其佳者汇为此集，录诗一百十七首，赋五十六篇，各体文一百零二篇，词七首。有康熙二十六年(1687)刊本。

国朝三家文钞 文总集。清宋荦、许汝霖编。三十二卷。选录清初侯方域、魏禧、汪琬三家之文，此国朝即清朝。侯、魏、汪三家虽旨趣不同，气体有别，但均为成名文人，素与宋荦友善，宋感"三君已成昔友，故亟思表章"，特与许汝霖据三家全集详加校阅澄汰，有个别佳文为全集所遗，又据别本录入，因名"文钞"。分为《侯朝宗文钞》八卷、《魏叔子文钞》十二卷、《汪钝翁文钞》十二卷。卷前各系作者小传。邵长蘅后序称：三家之文，侯氏以气胜、魏氏以力胜、汪氏以法胜。最早刻本为康熙三十三年(1694)商丘宋氏盐官许氏刊本。

皇清文颖 文总集。清陈廷敬编，张廷玉续编。一百二十四卷。选录顺治元年(1644)至乾隆九年(1744)一百年间之文，其中清圣祖、世宗、高宗御制二十四卷，诸臣之作一百卷。康熙间陈廷敬等奉敕纂辑未竟，雍正时复诏续辑，以卷帙浩繁，亦未完工，至乾隆十二年始由张廷玉等续辑成集。虽旨在标举"春容大雅，沨沨乎治世之音"(《四库全书总目》)，然搜罗宏富，实为研究清初政治、经济、文化、思想之重要资料。有乾隆间内府刻本、《四库全书》抄录本。

国朝二十四家文钞 文总集。清徐斐然编。二十四卷。选录清顺治至乾隆间二十四人之古文，人各一卷，收文三百五十一篇。所录为：王猷定《轸石文钞》、顾炎武《亭林文钞》、侯方域《雪苑文钞》、施闰章《愚山文钞》、魏禧《勺庭文钞》、计东《改亭文钞》、汪琬《尧峰文钞》、汤斌《潜庵文钞》、姜宸英《湛园文钞》、朱彝尊《竹垞文钞》、陆陇其《三鱼文钞》、储欣《在陆文钞》、邵长蘅《青门文钞》、毛际可《鹤舫文钞》、李良年《秋锦文钞》、陈廷敬《午亭文钞》、潘耒《稼堂文钞》、徐文驹《丹崖文钞》、冯景《少渠文钞》、方苞《望溪文钞》、李绂《穆堂文钞》、茅星来《钝叟文钞》、沈廷芳《椒园文钞》、袁枚《随园文钞》。书前总目列作者姓名、字号、籍贯、科第及收文篇数，各卷分列细目并述作者生平事略，可备后人查考。有乾隆六十年(1795)刊本。

国朝骈体正宗 文总集。清曾燠编。十二卷。选录清前中期四十二家骈文一百七十篇。编者认为"古文丧真反逊骈体，骈体脱俗即是古文"，故特选清人骈文佳作汇为"正宗"。有嘉庆十一年(1806)赏雨茅屋刻本，又有光绪十三年(1887)蜚英馆石印本、光绪二十一年湖南崇德书局刊本。另近代张鸣珂辑有《国朝骈体正宗续编》八卷，有光绪十四年(1888)寒松阁刊本。

八家四六文钞 文总集。清吴鼒编。九卷。凡袁枚《小仓山房外集》一卷、洪亮吉《卷葹阁文乙集》一卷、邵齐焘《玉芝堂文集》一卷、曾燠《西溪渔隐外集》一卷、孔广森《仪郑堂遗稿》一卷、孙星衍《问字堂外集》一卷、刘星炜《思补堂文集》一卷、吴锡麒《有正味斋文续集》一卷。

收录清乾隆间八家骈文，书名前或有国朝二字。“词必泽于经史，体必准乎古初”为本书选辑标准。所收颇多为封建王朝歌功颂德及应酬之作。有嘉庆间较经堂刊本、嘉庆二十四年(1819)紫文阁补刊本、民国间上海扫叶山房石印本。

皇朝经世文编 又名《皇清经世文编》。文总集。近代贺长龄、魏源编。一百二十卷。凡学术、治体、吏政、户政、礼政、兵政、刑政、工政八纲六十三目，收录清代七百余家文二千二百三十多篇。编者着意经世致用，沿《皇明经世文编》体例，选辑清入关至道光初年官方文书与个人论著，集清前中期经世致用文章之大成。卷首有《姓名总目》，分“专集”、“别见”、“生存”三部分简介作者生平。有道光七年(1827)刻本。另有光绪十二年(1886)思补楼重校本、光绪二十七年石印本。光绪二十三年盛康又编《皇朝经世文编续编》一百二十卷刊行，录道光、咸丰、同治及光绪前期文章一千九百余篇，附五百五十人小传。又有葛士濬辑《皇朝经世文续编》，于八纲之外新增“洋务”一纲。其后，陈忠倚编《三编》、何良栋编《四编》、麦仲华编《新编》、甘韩编《新编续编》、《新编时务续编》等十余种清代经世文编相继刊行，为研究清代历史、政治、文化提供了重要史料。日本近代中国研究会1956年编印《皇朝经世文编总目录索引》，台湾文海出版社1972年影印《清朝经世文编及索引八种汇刊》。

易堂九子文钞 文总集。清彭玉雯编。十九卷。魏禧之父兆凤，明亡后削发隐居于翠微峰，名居室为易堂。清初彭士望等九人聚居于此，时称“易堂九子”。本书收录九子文集，所收九子之文为：彭士望《彭躬庵文钞》六卷，丘维屏《邱邦士文钞》二卷，魏际瑞(祥)《魏伯子文钞》一卷，魏禧《魏叔子文钞》五卷，魏礼《魏季子文钞》一卷，李腾蛟《李咸斋文钞》一卷，林时益《林确斋文钞》一卷，彭任《彭中叔文钞》一卷，曾灿《曾青藜文钞》一卷。有道光十七年(1837)刊民国十四年(1925)印本。

湖海文传 文总集。清王昶编。七十五卷。选录清康熙中叶至嘉庆初年一百余家散文七百余篇。所收各家均为编者交游所及者。因编者一生游历四方，师友门生遍布各地，故以“湖海”名之。旨在“征文献”、“重实学”，编排体例与所辑《湖海诗传》稍有不同。分类编排，有赋、颂文、讲义、论、释、解、答问、对、考、证、辨、议、说、原、序、记、书、碑、墓表、墓碣、墓志、塔铭、行状、述、传、书事、祭文、哀词、诔、赞、铭、书后、跋、杂著等。嘉庆十年(1805)书成后不久，编者去世，生前未及刊行。后三十余年，其孙在阮元资助下付刻。有道光十七年(1837)经训堂刊本。

国朝文录 文总集。近代李祖陶编。八十二卷。选收清代文四十家。有道光十九年(1839)凤仪书院刊本。另《国朝文录续编》六十三卷，亦李祖陶编，收文五十家，末附编者自著文集《迈堂文略》四卷。有同治七年(1868)敖阳李氏刊本。

国朝文征 文总集。近代吴翌凤编。四十卷。所选作品多出名家之手，选录较精，对了解和研究清代散文具有一定的参考价值。有咸丰年间吴江沈氏世美堂刊本。

后八家四六文钞 文总集。近代张寿荣编。八卷。选收清嘉庆间张惠言等八家骈文，人各一卷。仿吴鼒辑《八家四六文钞》之体例，故名《后八家四六文钞》。所收八家为：张惠言、乐钧、王昙、王衍梅、刘开、董祐诚、李兆洛、金应麟。有光绪七年(1881)刊本。

续古文辞类纂 文总集。近代王先谦编。三十四卷。王氏以为姚鼐《古文辞类纂》可为后学者作文章准的，然清代仅收方苞、刘大櫆，而乾隆至咸丰间名家颇多，故仿姚书体例，续编此书，收姚范、朱仕琇迄吴敏树、管嗣复共三十九家文四百五十余篇，多桐城派之文，亦有阳湖派、湘乡派之文。分论辨、序跋、书、赠序、传状、碑志、杂记、箴铭、颂赞、哀祭诸类。前有光绪八年(1882)王先谦序。有光绪八年王氏虚受堂刊本。另有评注本《评校音注续古文辞类纂》三十四卷，前有民国九年(1920)王文濡序，谓为后学学步计，王氏之续纂优于黎氏，又称从事音注蒋殿襄居十之二三，王楚芗居十之七八，加以小评、增损诂释则王文濡之功。有上海文明书局排印线装本。

国朝常州骈体文录 文总集。近代屠寄编。三十卷，叙录一卷。共收录作者四十三家，骈文五百六十余篇。常州历代文人荟萃，编者屠寄就亲故捃逸摭残，广为搜录同郡先哲骈文以成此集。全书略以作者排行先后编次，不附小传。后附编者自作《结一宦骈体文》一卷。有光绪十六年(1890)广州刊本。

八旗文经 文总集。近代盛昱编。五十六卷。选录满洲、蒙古、汉军八旗一百九十七家文六百五十篇。分体编排，有赋、论辨、序、题跋、奏议、表、书、记、碑、箴、墓碑、墓志、传状、七、连珠、设辞、哀祭等类。书末附杨钟羲撰《作者考》三卷、《叙录》一卷。书中存有不少珍贵资料。有光绪二十七年(1901)武昌刊本。

国朝文汇　文总集。近代沈粹芬、黄人编。二百卷。选录有清一代重要散文,仿钱谦益《列朝诗集》例,以甲乙丙丁依次分集。甲前集收明遗民文,甲集收顺治、康熙、雍正三朝文,乙集收乾隆、嘉庆两朝文,丙集收道光、咸丰两朝文,丁集收同治、光绪两朝文,间有由清入民国者。共收一千三百五十六家各体文一万余篇,以传记、书序、吊祭等文为多。文加句读,作者但记姓氏爵里不附小传。有宣统元年(1909)上海国学扶轮社石印本。

涵芬楼古今文钞　文总集。近代吴曾祺编。一百卷。有宣统二年(1910)商务印书馆排印本。另《涵芬楼古今文钞简编》,四十卷,亦吴曾祺编。有民国五年(1916)商务印书馆铅印本。

当代八家文钞　文总集。近代胡君复编。二十卷。凡《王湘绮文钞》二卷、《康南海文钞》四卷、《严几道文钞》二卷、《林琴南文钞》二卷、《张季直文钞》二卷、《章太炎文钞》三卷、《梁任公文钞》三卷、《马通伯文钞》二卷。辑者忧当世文人相轻之弊,乃博综约取,斟酌校钩成集。见解颇与时异。入选作者均称字号,不见其名,不列小传。书前有总目、细目,甚便检索。有民国十五年(1926)商务印书馆排印本。

故旧文存　文总集。王树枬编。四卷。收张裕钊、吴汝纶、黎庶昌、贺涛、刘孚京、马其昶、李于锴、姚永朴、姚永概、赵衡、赵祖铭、黄维翰、涂凤书、成多禄、徐珂、钟广生、刘光第、顾复初、徐树铮等十九家文九十七篇。有民国十六年(1927)文华斋王启之刊本。台湾文海出版社《近代中国史料丛刊》第二十四辑据之影印。

晚清文选　文总集。郑振铎编。三卷。选录一百二十七家文四百八十篇。所收从鸦片战争到辛亥革命这一重大历史变革时期的各体文章,有治国平天下的宏论,也有论学、书评、游记之类的散文,编者之旨不在搜集名篇佳文,而在显示清末特定历史时期的时代风貌。是研究晚清政治、经济、文化、思想的重要资料。有民国二十六年(1937)上海书店排印本,另有上海书店 1987 年影印本。

倚声初集　词总集。清邹祗谟、王士禛编。二十卷。凡小令十卷,中调四卷,长调六卷。卷首有顺治十七年(1660)邹祗谟、王士禛序。王序略谓"网罗五十年来荐绅、隐逸、宫闺之制, 汇为一书, 以续《花间》、《草堂》之后, 使夫声音之道, 不至湮没而无传", "书成,邹子命曰《倚声》"。收自明天启、崇祯至清顺治十七年词人四百六十余家词一千九百余首。正文前别有作者爵里三卷及前编词话、词论三卷、《韵辨》一卷, 后有附录名家词话一卷、沈谦《词韵略》一卷。有顺治十七年刊本。

浙西六家词　词总集。清龚祥麟编。十一卷。凡朱彝尊《江湖载酒集》三卷、李良年《秋锦山房词》一卷、沈皞日《柘西精舍集》一卷、李符《耒边词》二卷、沈岸登《黑蝶斋词》一卷、龚祥麟《红藕庄词》三卷。卷首有陈维崧序。所选六人均为清初浙派词代表作家。有康熙中钱塘龚氏玉玲珑阁刊本。

国朝名家诗余　词总集。清孙默编。四十一卷。所录为吴伟业《梅村词》二卷、龚鼎孳《香严词》二卷、梁清标《棠村词》三卷、宋琬《二乡亭词》二卷、王士禄《炊闻词》二卷、尤侗《百末词》二卷、陈世祥《含影词》二卷、黄永《溪南词》二卷、陆求可《月湄词》四卷、曹尔堪《南溪词》二卷、邹祗谟《丽农词》二卷、彭孙遹《延露词》三卷、王士禛《衍波词》二卷、董以宁《蓉渡词》三卷、陈维崧《乌丝词》四卷、董俞《玉凫词》二卷、程康庄《衍愚词》二卷。附孙金砺辑《红桥倡和第一集》一卷、《广陵倡和词》一卷。所选名家颇有遗漏,而程康庄等则名不甚著。有康熙中孙氏留松阁刊本。乾隆间编纂《四库全书》时,抽去龚鼎孳、程康庄二家及附录, 改题《十五家词》, 民国二十五年(1936)中华书局据之排印, 收入《四部备要》行世, 较为通行。

百名家词钞　词总集。清聂先、曾王孙编。一百卷。凡初集六十卷、甲集四十卷。初集收吴伟业《梅村词》至周稚廉《容居堂词》共六十家,人各一卷;甲集收梁清标《棠村词》至沈永令《嘤霞阁词》共四十家,人各一卷。有康熙中金阊绿荫堂刊本。选抄词人词作不以名望为先后,随得随刻,间缀词话,或节引原序跋。清初名家,几已收罗无遗。

清平初选后集　词总集。清张渊懿、田茂遇编。十卷。卷首有康熙十七年(1678)计南阳序,谓张、田二人"掇其秾华,撷其英异,意欲其曲而婉,思欲其巧而俊,彩欲其艳而纤,调欲其变而雅,吐纳乎《香奁》、《金荃》之腴,而进退乎李、晏、秦、柳之度”。此集实明清之际云间词派之结集，所收以张、田同邑之人为多，陈子龙、夏完淳以抗清就义，清初其著作遭禁，故此二人词未录。有康熙间原刊本。据其《凡例》，前集应收明天启、崇祯间之作，未见传本。宣统三年(1911)上海书坊石印本《词坛妙品》即此集改题新名印行者，已削去原序、凡例及词人姓氏录。

今词初集 词总集。清顾贞观、纳兰性德编。二卷。选录清代开国以来三十年间词人一百八十四家之作。前有康熙十六年(1677)鲁超序，后有毛际可跋。鲁序略谓“词在今日，犹诗之在初盛唐”，“此昭代大雅所由振也”，“容若旷世逸才，与梁汾持论极合，采集近时名流篇什，为《兰畹》、《金荃》树帜，期与诗家坛坫并峙古今”。毛跋称：“是选主于铲削浮艳，舒写性灵。”有康熙间刊本，另有光绪二十三年(1897)无锡张蓥重刊本，有张氏跋语。其后上海坊间又有石印本，妄改书名为《绝妙近词》。

瑶华集 词总集。清蒋景祁编。二十二卷。依小令、中调、长调序次，每一词牌下列各家之作。所收为清初顺治、康熙间词人，共选五百零七家词二千四百六十七首。举凡清初名家，几尽行收录，不拘门户之见，而尤多录入遗民志士、野老迁客“忧伤怨悱”之作，阳羡词派之面目，亦于此可见。卷首冠以《刻瑶华集述》，详述编集之旨，复列《瑶华集》词人简表，载词人姓名字号、籍贯官爵与集名。后附《名家词话》、《沈谦词韵略》。惟词人简表各栏，多有缺漏。书编于康熙二十五年(1686)，有康熙间天藜阁刊本，1982年中华书局据之影印出版，附人名、词牌索引。

众香词 亦名《国朝名媛词选》。词总集。清徐树敏、钱岳编。六卷。凡礼、乐、射、御、书、数六集各一卷。收清代女词人三百八十四家，上至名门闺秀，下至婢妾妓女，无所不录。书前有蕴端、吴绮、尤侗序，各集前又有题辞。卷中各列作者小传，并注出处。有康熙二十九年(1690)宝翰楼刊本，另有民国间大东书局石印本及民国二十二年(1933)毗陵董氏诵芬室据原刻影印本。

二十四草堂嗣响 词总集。清顾彩编，孔传铎、傅志同定。四卷。凡小令一卷，中调一卷，长调二卷。收录词人一百二十家。卷首有序，序后列顾氏《例言》十三则，谓“兹帙也，因偶客山东，与振路、西铭两先生朝夕唱和，兼得盖平黄子以永遗稿，意欲汇成一编，聊以自携，而兼取平日所爱名家诸作，参列其间，以为程式，皆就见闻所及之一二，不备不繁，名曰《草堂嗣响》”。有康熙四十八年(1709)辟疆园刊本。

昭代词选 词总集。清蒋重光编，张玉穀、沈光裕参定。三十八卷。其凡例所述选词宗旨异于他人，前明科甲之臣入仕清朝者如吴伟业等，“词俱名家，然取冠本朝，殊乖教忠之道”，故不录，编次则“先次科甲而以杂宦、诸生、布衣约略次焉”，“寓序爵于序齿”。所选各家或仅一、二首，或多至百余首。书中又有沈光裕词二卷一百五十余首，张玉穀词二卷二百余首。体例不佳，去取不精。有乾隆三十二年(1767)经锄堂精刊本。

琴画楼词钞 词总集。清王昶编。二十五卷。收张梁、厉鹗、陆培、张四科、陈章、朱方蔼、王又曾、吴烺、汪士通、吴泰来、江昱、储秘书、赵文哲、张熙纯、陆文蔚、过春山、朱昂、江立、朱泽生、吴元润、王初桐、宋维藩、吴锡麒、吴蔚光、杨芳灿等二十五家，各家一卷，标其词集名。所收诸家在王氏所编《国朝词综》内亦往往入选较多词作。有乾隆四十三年(1778)刊本。

国朝词雅 词总集。清姚阶编。二十四卷。卷首有嘉庆三年(1798)王昶、汪启淑序。据王、汪序，知姚阶偕其友张远春、汪大经辑此书，欲继朱彝尊《词综》，乾隆四十五年(1780)稿成，刊刻未竟而殁，嘉庆三年汪大经请于汪启淑，出资续刊成。此集选录标准近于浙派，编者虽为松江人，然已与云间词派无甚关系。所选囿于闻见，多为清初江浙间人。至王昶《国朝词综》出，遂湮没无闻。有嘉庆三年刊本。

国朝词综 词总集。清王昶编。五十六卷。凡前集四十八卷，二集八卷。嘉庆七年(1802)自序云：“余弱冠后与海内词人游，始为倚声之学。以南宋为宗，相与上下其议论。因各出所著，并有以国初以来词集见示者。计四五十年来所积既多，归田后恐其散佚湮没，遂取已逝者择而钞之，为《国朝词综》四十八卷。选词大指，一如竹垞太史所云，故续刻于《词综》之后。”陈廷焯《白雨斋词话》云：“《国朝词综》之选，去取虽未能满人意，大段尚属平正。”二集有嘉庆八年从孙王绍成序，云：“(前集)书成之后，犹有现存朋游二三十家并零星小集，填溢箧衍，绍成因请择其尤者编成二集八卷，合刻以传。”二集所收，多为王昶后辈。有嘉庆八年刊本。民国二十五年(1936)中华书局据原刻本排印，收入《四部备要》行世，为通行本。

同人词选 词总集。近代孙灏编。九卷。收道光、咸丰间词人九家。凡胡咸临《炙砚词》一卷，汤贻汾《琴隐园词稿》一卷，陆豫《东虬草堂词》一卷，秦兆兰《听松涛馆词稿》一卷，李曾裕《枝安山房词草》一卷，王庆勋《沿波舫词》一卷，薛时雨《西湖櫂唱词》一卷，丁瀛《倚竹斋词草》一卷，孙灏《澼月楼词稿》一卷。内汤贻汾、薛时雨二人之词颇负盛名，余数家名不甚显。有咸丰三年(1853)刊本。

淮海秋笳集 词总集。近代李肇增编。十二卷，另附录一卷。收道光、咸丰间词人十二家之作，人各一卷。有张安保《晚翠轩词》、范凌霄《冷灰词》、吴熙载《匏瓜室词》、汪鋆《梅边吹笛词》、李肇增《冰持庵词》、王茨《受辛词》、张丙炎《冰瓯馆词》、黄泾祥《荳蔻词》、郭夔《印山堂词》、马汝楫《云笙词》、黄锡禧《栖云山馆词》、姚正镛《江上维舟词》。附录《白桐生词》一卷。有咸丰十年(1860)迟云山馆刊本。

同声集 词总集。近代张曜孙编。九卷。收道光、咸丰间词人九家。凡吴廷鉁《塔影楼词》一卷，王曦《鹿门词》一卷，潘曾玮《玉洤词》一卷，汪士进《听雨词》一卷，王宪成《桐华仙馆词》一卷，承龄《冰蚕词》一卷，刘耀椿《海国归棹词》一卷，龚自珍《无著词》一卷，庄士彦《梅笙词》一卷附录一卷。内承龄、龚自珍名最著。有同治中刊本。

国朝词综续编 词总集。近代黄燮清编。二十四卷。卷首有潘曾莹序，又有同治十一年(1872)张炳堃序，同治十二年胡文丹、诸可宝序。潘序云："黄君韵甫取乾嘉以来《词综》未及登者，蔚成巨编，其规式悉依竹垞、兰泉两先生选本。"张序云："其姓氏已载前编者，概不复列，有补人而无补词，得五百八十六家。"自卷二以下，皆嘉庆至咸丰间作者，卷一则补《国朝词综》所遗。选录宗旨，已不能恪守朱、王旧规，亦不及二家之精审，然资料颇丰，评语足资借鉴，自有其价值。有同治十二年黄氏拙宜园刊本，收入《倚晴楼集》。民国二十五年(1936)中华书局据之排印，收入《四部备要》，为通行本。

国朝词综补 词总集。近代丁绍仪编。七十六卷，内续编十八卷。丁氏积数十年之功而成此编，未及付梓，黄燮清《国朝词综续编》已问世，因删其重复，补王昶《国朝词综》当有而未备者，既补人又补词，收词十分繁富。前集五十八卷刊于光绪七年(1881)，续编约刊于光绪二十年。1986年中华书局据原刊本排印出版，改题《清词综补》。

箧中词 词总集。近代谭献编。十卷。凡正集六卷，续集四卷。卷首有光绪四年(1878)自序，略云："至于填词，仆少学焉，得本辄寻其所师，好其所未言，二十余年而后写定就所睹记，题曰《箧中》。"又有光绪八年冯煦序，称其选"始自国初，迄于并世作者，而以所为《复堂词》一卷附焉，刻于江宁"，"与青浦王氏、海盐黄氏颇有异同，旨隐词微，且出二家外"。有评语，颇精警，多反映常州词派观点。书成后曾风行一时，然所采多于《国朝词综》、《国朝词综续编》、《国朝词综补》等书抄撮，近人词则得之于朋好传写，与诸家本集校之，文字多有异同。有光绪八年谭氏辑刊《半厂丛书》本，1982年江苏广陵古籍刻印社重印。

六家词钞 原名《诗余偶钞六家》。词总集。近代王先谦编。六卷。凡孙鼎臣《苍莨词钞》、周寿昌《思益堂词钞》、李治《捣尘集词钞》、王闿运《湘绮楼词钞》、张祖同《湘雨楼词钞》、杜贵墀《桐花阁词钞》各一卷。所收六人均为湖南籍。郑业本跋张祖同词集，述张语曰："若六家之中，周、李可谓善矣，孙亦苍秀。湘绮才大，饶有天趣，而用韵极严。予于律，无所参差，仲丹(杜)刻意为之，故时露斧凿痕。"可见六家特点。卷首有光绪十六年(1890)王先谦序，刊行时间当在此年。1984年岳麓书社据之排印出版。

小檀栾室汇刻闺秀词 词总集。近代徐乃昌编。一百十二卷。第一集收杨芸《琴清阁词》等十家十卷，第二集收徐灿《拙政园诗余》等十家十二卷，第三集收顾贞立《栖香阁词》等十家十一卷，第四集收庄盘珠《秋水轩词》等十家十一卷，第五集收吴藻《花帘词》、《香南雪北词》等十家十一卷，第六集收孙云鹤《听雨楼词》等十家十五卷，第七集收吴绡《啸雪庵诗余》等十家十卷，第八集收商景兰《锦囊诗余》等十家十一卷，第九集收朱中楣《镜阁新声》等十家十一卷，第十集收沈宜修《鹂吹词》等十家十卷。除第十集所收沈宜修、叶纨纨、叶小鸾为明代女子，余皆为清代女子。有王鹏运、况周颐、金武祥序，王以敏题词。附徐乃昌辑《闺秀词钞》十六卷、补遗一卷，收无专集女词人之作。有光绪二十一年至二十二年(1895—1896)南陵徐氏刊本，附录为宣统元年(1909)刊。

粤西词见 词总集。近代况周颐编。二卷。

收清代广西词人二十四家词一百八十八首。附论词绝句二十八首。粤西，即广西。有光绪二十二年(1896)金陵刊本。

金陵词钞 词总集。近代陈作霖编。八卷。另附录一卷。选辑南京一地词人词作而成。正编收词人九十一家，附录收闺秀十五家，共选词一千一百零二首。有词人小传，兼录词序、词话。有光绪二十八年(1902)秦际唐序刊本。

广箧中词 词总集。近代叶恭绰编。四卷。有编者评语。继《箧中词》而成然又非续编，故称之为广，收词自清初迄与编者同时，注重光绪、宣统以还诸家，以补《箧中词》之未备。有民国二十四年(1935)番禺叶氏《遐庵丛书》铅印本。

清名家词 词总集。陈乃乾编。一百卷。其序例云："清代词人，数以千计，兹先印百家，俟续有汇萃，再印二集"，"兹编所采，皆词集之有成书者"，"明代遗民，眷怀故国，使与新朝显宦并列，有违作者本意，……概从割爱"，"闺秀方外之作，概未采入，他日当别为一编"，"一人之集，每有数刻，……今取以互勘，俾成足本，……惟晚年自定者，则采定本"，"兹以铅椠缩印，合数家为一册，故即以一家为一卷。"内数家所收不止一种，《中国丛书综录》著录即以一种为一卷，与编者凡例不合。所收百家始李雯《蓼斋词》，终王国维《观堂长短句》。前有叶恭绰、黄孝纾序，后有卢前饮虹簃论清词百家《望江南》词百阕。有民国二十六年(1937)开明书店排印本，1982年上海书店重印。

广川词录 词总集。近代董康编。二十五卷。凡董元恺《苍梧词》十二卷，董俞《玉凫词》二卷，董以宁《蓉渡词》三卷，董潮《漱花词》一卷，董基诚《玉椒词》一卷，董祐诚《兰石词》一卷，董士锡《齐物论斋词》一卷，董毅《蜕学斋词》二卷，董受祺《碧云词》一卷，董康《课花庵词》一卷。有民国二十九年(1940)武进董氏诵芬室刊本。

清季四家词 词总集。近代薛志泽编。八卷。凡王鹏运《半塘定稿》一卷，郑文焯《樵风乐府》二卷，况周颐《蕙风词》二卷，朱祖谋《彊村语业》三卷。前有民国三十八年(1949)路朝銮序，略谓"清代词学昌明，作者如林，远追两宋，洎乎末造，流风渐被，俊彦复兴，幼遐振采于燕都，叔问蜚声于江右，古微、夔笙响应景从，如骖之靳，主盟坛坫垂三十年，海内翕然宗之"。所选各家词均非全帙。有成都薛氏崇礼堂刊本，《彊村语业》刊于民国三十七年，余均刊于民国三十八年。

近三百年名家词选 词总集。龙榆生编。不分卷。收明末陈子龙至民国初吕碧城共六十六家词四百九十八首。各家缀有小传及诸家评语。可视为龙氏所编《唐宋名家词选》之续集。较为流行。中华书局上海编辑所1962年排印出版，上海古籍出版社1979年重印。

全清词钞 词总集。近代叶恭绰编。四十卷。收入三千一百九十六家词作八千二百六十多首。所收词人有由明入清者，亦有由清入民国者，以之置闺秀、方外之后，作附存。于民国二十八年(1939)着手编集，至1952年完成，1975年由中华书局在香港少量第一次印行。1982年中华书局又在大陆出版修订本。编者《例言》谓"以《词综》、《词征》、《词见》之类体例较宽，《词选》、《词存》之类又患过严，因斟酌二者之间，定名《词钞》"。编者另有序与后记，述纂辑缘起。全书有《引用书目》及《作者索引》，颇便学者。因选词数量大，又包括清朝整个时期，故颇具参考价值，亦为编纂《全清词》打下良好基础。此书的不足之处，主要在于受朱祖谋词学观影响过深，虽兼顾各派，终觉偏于崇尚周邦彦、吴文英一路，此外考订亦偶有舛误。

清词综补遗 词总集。近代林葆恒编。一百卷。收四千四百余家词作七千三百余首。原名《补国朝词综补》，意在续补丁绍仪《国朝词综补》，选词以光绪以来词家为主，词人各系小传。自民国三十六年(1947)开始编纂，积三年之功而成，仅写清稿两部。所补不仅光、宣两朝，即顺、康、雍、乾以下，凡为王昶《国朝词综》、黄燮清《国朝词综续编》、丁绍仪《国朝词综补》所未收者，亦增补之。然编者以前清遗老自居，体例颇谬。1992年书目文献出版社据稿本影印行世。

清八大名家词集 词总集。钱仲联编。收入清代八位最重要词人全部词作。八家词为：陈维崧《湖海楼词》、朱彝尊《曝书亭词》、纳兰性德《通志堂词》、厉鹗《樊榭山房词》、龚自珍《定庵词》、项鸿祚《忆云词》、文廷式《云起轩词》、朱祖谋《彊村词》。1992年岳麓书社排印出版。

全清词 词总集。南京大学中国语言文学系全清词编纂委员会编。第一册目录后有1988年钱仲联《全清词序》、1988年饶宗颐《全清词顺康卷序》及全书编纂凡例十三条。凡例略谓：全书按清代各朝次序编为顺康、雍乾、嘉道、咸同、光宣五卷，各分若干册，为正编；正编收辑成卷词集，兼亦编入辑自各选本者，容有遗漏，另辑续编；凡抗清殉难以及歿于清初而以明遗民自居者，不予收入，生于清末卒于民国以后者，均加收录；编排以词人生年为序，生年不详则参照卒年或科第、交游等酌定；每家之前均撰有作者小传，简介字号、年里、仕履、著述等；所辑各家词篇目悉依底本之旧，以足本、定本为准，注明版本，别集外逸出之篇附各本之后，亦标明出处。1994 年中华书局出版顺康卷第一册、第二册。

全清散曲　散曲总集。凌景埏、谢伯阳编。不分卷。三册。书首有 1981 年赵景深序、1980 年谢伯阳前言，另有凡例、引用书目，后有补遗及作家姓名字号索引与曲牌及使用此曲牌之作者索引。前言称本书“搜集编辑从凌先生开始，到现在(1980)将近四十二年”，始告完成，“共收作者三百四十二家，计小令三千二百一十四首，套数一千一百六十六篇”。所收作家，以生活在清代者为主，兼收由明入清及由清入民国者，均缀作者小传，依生卒先后为序，无名氏系后。生于清末而创作活动在民国的作家作品，作为附编收录。所收各家之曲，先列小令，后列套数。本书“旨在得见三百年来散曲之全貌”，可“考见散曲源流演变之痕迹，供古典文学研究者以广泛的资料”(《凡例》)。有 1985 年齐鲁书社排印本。

霓裳续谱　俗曲总集。清王廷绍编。八卷。卷一收《西调》七十九曲，卷二收《西调》七十七曲，卷三收《西调》五十八曲，卷四收杂曲一百四十三曲，卷五收杂曲二十八曲，卷六收杂曲八十六曲，卷七收杂曲六十八曲，卷八收杂曲八十二曲。所收曲调有《西调》、《南叠落》、《一江风》、《寄生草》、《黄沥调》、《剪靛花》、《岔曲》、《银纽丝》、《粉红莲》、《叠落金钱》、《马头调》、《扬州歌》、《玉沟调》、《北河调》、《隶津调》、《重重续》、《倒搬桨》、《劈破玉》、《打枣竿》、《秧歌》、《莲花落》、《弹黄调》、《盘香调》、《边关调》、《两句半》、《倒番调》、《秦吹腔花柳歌》等约三十种。附《万寿庆典》联曲体曲词二十一曲。内容、题材广泛，有据戏曲改编的故事，有情歌，有描写民风民俗之作。内《岔曲》已分《平岔》、《起字岔》、《慢岔》、《西岔》、《数岔》等名目。有乾隆六十年(1795)王廷绍序，谓此书曲词系据三和堂曲师颜自德所习唱而觅人抄写之本，由王氏编订而成。另有盛安序。有乾隆六十年集贤堂初刻本，1959 年中华书局上海编辑所出版线装排印本，收入《明清民歌时调丛书》行世，前有 1959 年赵景深序。1987 年上海古籍出版社新版重印，与《挂枝儿》、《山歌》、《夹竹桃》、《白雪遗音》合订为《明清民歌时调集》。

白雪遗音　俗曲总集。清华广生编。四卷。卷一收《马头调带把》二百十一首、《岭儿调》三十四首，卷二收《马头调》三百零四首、《满江红》并《岔曲》及《湖广调》二十一首、《银纽丝》并《岔曲》及《湖广调》八首，卷三收《九连环》一首、《小郎儿》四首、《剪靛花》三十五首、《七香车》一首、《起字呀呀哟》三十五首、《八角鼓》四十九首、《南词》一百十首，卷四收《南词》三十三首、《玉蜻蜓》九首。前有嘉庆四年(1799)高文德序，常琴泉序，陈燕序，嘉庆四年吴淳序，嘉庆九年华广生序。所收有单曲体、联曲体及《南词》选段曲词。内容、题材广泛，有情歌，有故事叙述，有景物描写，也有文字游戏。有道光八年(1828)刊本，1959 年中华书局上海编辑所出版线装排印本，收入《明清民歌时调丛书》行世，前有 1959 年赵景深序。1987 年上海古籍出版社新版重印，与《挂枝儿》、《山歌》、《夹竹桃》、《霓裳续谱》合订为《明清民歌时调集》。

升平署岔曲　俗曲总集。收岔曲九十种一百段。升平署为清宫中专为承应帝王后妃寻欢作乐，教习戏班、组织演出而设立的专门管理机构，道光七年(1827)定名。岔曲则是中国北方曲艺八角鼓、单弦的主要曲调，盛行于清乾隆间。从现存作品内容看，可概括为写景、写闲适生活、写人物及小说戏曲故事、改编诗文名篇、祝寿等几类。歌词均较为工丽。有民国二十四年(1935)故宫博物院文献馆据抄本排印本，1984 年上海古籍出版社整理重印，附录原序及引言、升平署志及升平署始末，另据乾隆六十年(1795)所刊《霓裳续谱》、道光八年(1828)所刊《白雪遗音》辑入其中所录岔曲，合订为《升平署岔曲》出版。

清代笔记丛刊　笔记总集。民国间上海文明书局辑。收清人笔记四十一种。所收为《阅微草堂笔记》二十四卷、《郎潜纪闻》十四卷、《虞初续志》十二卷、《广阳杂记》五卷、《岛居随录》二卷、《冷庐杂识》八卷、《三借庐笔谈》十二卷、《觚剩》十二卷、《荟蕞编》二十卷、《今世说》八卷、《坚瓠集》六十六卷、《履园丛话》二十四卷、《耳食录》五卷、《退庵随笔》二十二卷、《初月楼闻见录》二十卷、《熙朝新语》十六卷、

《重论文斋笔录》十二卷、《归田琐记》八卷、《东城杂记》二卷、《茶余客话》十二卷、《子不语》三十四卷、《谐铎》十二卷、《虞初新志》二十卷、《池北偶谈》二十六卷、《吹网录》六卷、《鸥陂渔话》六卷、《清嘉录》十二卷、《埋忧集》十二卷、《庸庵笔记》六卷、《庸闲斋笔记》十二卷、《夜雨秋灯录》十二卷、《金壶七墨》十八卷、《壶天录》三卷、《渌水亭杂识》四卷、《蒿庵闲话》二卷、《香祖笔记》十二卷、《春在堂随笔》十卷、《瓮牖余谈》八卷、《客窗闲谈》八卷、《两般秋雨庵随笔》八卷、《燕下乡脞录》十六卷。内有笔记小说,有文言短篇小说集,有传记文与小品专集,有杂纂、杂录、随笔。有民国间上海文明书局石印本。

杂剧三集 一名《杂剧新编》。杂剧剧本总集。清邹式金编。三十四卷,卷各一种。所收起自吴伟业《通天台》、《临春阁》及尤侗《读离骚》、《吊琵琶》,终以编者自作《风流冢》。内有编者兄弟邹兑金《空堂话》及郑瑜《鹦鹉洲》等四种、查继佐《续西厢》、薛旦《昭君梦》等。其中除茅僧昙《苏园翁》等六种与孟称舜《眼儿媚》为明人之作外,余皆为清人之作。有清顺治间刊本,另有民国三十年(1941)武进董氏诵芬室刊本,以及1958年中国戏剧出版社据董本影印本。

清人杂剧初集 杂剧剧本总集。郑振铎编。四十卷。凡吴伟业《临春阁》、《通天台》各一卷,嵇永仁《续离骚》四种各一卷,尤侗《西堂乐府》五种各一卷,裘琏《明翠湖亭四韵事》四种各一卷,张韬《续四声猿》四种各一卷,桂馥《后四声猿》四种各一卷,曹锡黼《桃花吟》一卷又《四色石》四种各一卷,石韫玉《花间九奏》九种各一卷,严廷中《秋声谱》三种各一卷。有民国二十年(1931)长乐郑氏据原刊本影印本。

清人杂剧二集 杂剧剧本总集。郑振铎编。三十七卷。卷各一种。凡徐石麒《坦庵六种》中杂剧四种,叶承宗《孔方兄》等四种,王夫之《龙舟会》一种,邹式金《风流冢》一种,邹兑金《空堂话》一种,廖燕《柴舟别集》四种,洪昇《四婵娟》一种,车江英《四名家填词摘出》四种,张声玠《玉田春水轩杂出》九种,孔广林《璿玑锦》等三种,陈栋《北泾草堂外集》三种,吴藻《乔影》一种,俞樾《老圆》一种。有民国二十三年(1934)长乐郑氏影印本,所据底本多为原刊本,亦有旧抄本。

别　　集

林茂之诗选 诗别集。明清之际林古度著。二卷。是集系王士禛选辑。林氏遗诗本有数千篇,士禛将其明天启四年(1624)后所作尽行汰去,"谓刊落楚风,归于正始,于是古度故君故国之思,凭吊兴亡之作,胥不传矣。士禛此选盖惧以文字贻祸,托言标格,以欺当世之人耳"(邓之诚《清诗纪事初编》)。有康熙四十九年(1710)歙县程哲七略书堂精刊本。

牧斋初学集 一作《初学集》。诗文别集。清钱谦益著。一百十卷。凡诗二十卷,文八十卷,《太祖实录辨证》五卷,《读杜小笺》三卷,《读杜二笺》二卷。内卷一至四为《还朝诗集》,卷五至一〇为《崇祯诗集》,卷一一为《桑林诗集》,卷一二为《霖雨诗集》,卷一三、一四为《试招诗集》,卷一五、一六为《丙舍诗集》,卷一七为《移居诗集》,卷一八至二〇为《东山诗集》。本书为作者在明代所为诗文之结集。目录后有明崇祯十六年(1643)门人瞿式耜序。另有程嘉燧、曹学佺序。有明崇祯十六年瞿氏刊本。诗集别有钱曾《初学集笺注》二十卷,约康熙间玉诏堂刊,约乾隆间春晖堂重刊,另有日本明治间拥书城木活字本。乾隆时,钱氏著作遭禁毁,流传几绝。宣统二年(1910)薛凤昌邃汉斋始以明刊本与清注本对勘,合而为一,以铅字排印,与《有学集》、《投笔集》并为《牧斋全集》行世,民国十四年文明书局重印。民国八年商务印书馆又据明刊本影印,收入《四部丛刊》。1985年上海古籍出版社排印出版钱仲联点校本,收入《中国古典文学丛书》。

牧斋有学集 一作《有学集》。诗文别集。清钱谦益著。五十卷。凡诗十三卷,文三十七卷。皆入清后之作,集中行文仍奉明正朔,无清年号,为钱氏亲手编定,稿存钱曾处。有康熙三年(1664)邹镃刊本,又有康熙二十四年金匮山房刊本,增补遗一卷。另宣统二年(1910)邃汉斋校刊《牧斋全集》本,补遗为二卷。民国八年(1919)商务印书馆《四部丛刊》初次印本据邹本影印,十八年二次印本、二十五年缩印本以金匮山房本参校,附校记一卷,另以金匮山房本多出篇目编为《有学集补》一卷,为今通行本。诗集有钱曾《有学集笺注》十四卷,约康熙间玉诏堂刊,约乾隆间春晖堂重刊,又有日本明治十六年拥书城木活字本。1996年上海古籍出版社排印出版钱仲联点校本，收入《中国古典文学丛书》。

投笔集　诗别集。清钱谦益著。二卷。次韵和杜甫《秋兴》八首达十三叠之多。以“投笔”名集，意在效汉班超之投笔从戎。第一组《金陵秋兴八首次草堂韵》作于顺治十六年（1659）七月初一，第十三组作于康熙元年（1662）七月至二年五月，第十二组后有《自题拔闷》七律二首，组诗末又有《癸卯中夏六日重题》七律二首。组诗以郑成功水师入长江攻金陵至郑成功卒于台湾，子郑经嗣立为背景，抒作者反清复明之情愫。旧仅传抄本，宣统二年（1910）始有顺德邓实风雨楼假虞山庞氏藏钱曾笺注旧抄本校刊本、吴江薛凤昌邃汉斋据所购旧抄本刊入《牧斋全集》本。另有民国十四年（1925）文明书局印行《钱牧斋全集》本。

夏峰集　诗文别集。清孙奇逢著。十六卷。凡正集十四卷，另补遗二卷。其诗文六十岁前有《岁寒堂集》三十卷，六十岁后有《岁寒堂续集》若干卷，有文无诗。康熙三十八年（1699），其孙孙淦取原作十之二三，刻为《夏峰先生集》十四卷。道光二十五年（1845）钱仪吉重刻，移语录于编首，别辑补遗二卷，而删去文之涉于禁忌者，即此本。后光绪五年（1879）王灏辑谦德堂刊《畿辅丛书》本，亦据康熙本重刻，民国间商务印书馆出版《丛书集成初编》本，则又据王本排印，均为十四卷，书名亦从康熙本。

南来堂诗集　诗别集。清读彻著。八卷。凡诗四卷，诗补编四卷。读彻生前，所作诗未结集刊行。后陆汾于读彻弟子行敏处得其遗诗，又增补考订，历时五载，编成《南来堂诗集》四卷，刻于康熙十七年（1678）。近人王培荀据云南刊四卷本，参顾茂伦选刊残本、常熟瞿氏抄本及各选本，辑《补编》四卷，合为八卷本，前列陈乃乾《苍雪大师行年考略》，后附序跋、生平资料及诸家唱和之作四卷，复就集中诗之可考者，笺注本事。有民国二十九年（1940）上海线装铅字排印本。

石臼集　诗别集。明清之际邢昉著。十六卷。凡前集诗九卷，入清前作，后集诗七卷，入清后作。集系宋荦所刊，有康熙四十三年（1704）刻本。又有民国初年上元蒋氏慎修书屋排印翁长森、蒋国榜辑《金陵丛书》本。另《石臼后集选》一卷，有顺治中刊陈允衡辑《诗慰》初集本，民国二十九年（1940）毗陵董氏重刊。

蜃园遗集　诗文别集。清李天植著。十一卷。凡文集四卷，文集补遗一卷，诗前集一卷，诗后集一卷，诗续集一卷，七言杂咏一卷，《梅花百咏》一卷附《梅花集句》十首，《九山游草》一卷。蜃园为作者之号，全祖望《蜃园先生神道表》云：“蜃园者，乍浦之胜地，可以望见海市者也。”集中《梅花百咏》为李氏明崇祯甲申（1644）之变后遁迹龙湫山中，一月间所成咏梅花七律百首，《九山游草》为李氏游雅山、苦竹山、汤山、观山、龙湫山、晕顶山、高冠（宫）山、益山、独山之作。有雍正十三年（1735）其曾孙李锡桢辑刊本，另有民国八年（1919）罗振玉辑《明季三孝廉集》排印本。

默庵遗稿　诗文别集。明清之际冯舒著。十卷。凡《空居集》二卷，《北征集》二卷，《浮海集》一卷，《避人集》二卷，《幽违集》一卷，另杂文二卷三十五篇。遗诗止于顺治五年（1648）。《避人》、《幽违》二集，作于南明弘光元年（1645）以后。邓之诚《清诗纪事初编》谓“集当刻于康熙初，诗多缺字，以避忌讳，然抵触尚时有之”。有世象堂原刻本和传抄本。此后民国十四年（1925）常熟张鸿又据原刻本与其弟冯班之集一起排印为《常熟二冯先生集》，并增附录一卷。

金文通集　诗文别集。清金之俊著。二十六卷。凡文集二十卷，诗集六卷。有康熙十五年（1676）刊本，乾隆间《四库全书总目·存目》著录本仅有文集，且谓其“与陈名夏相善，凡有所作，大抵名夏定之，见于自序甚详”。别有《息斋全集》十卷、疏草五卷，内卷一至六各体文，卷七《珥笔闲吟》，卷八《山居候鸣》，卷九外集，卷一〇续外集，皆学禅所为诗文；疏草卷一《佐枢疏草》附《佐铨疏草》，卷二《总宪疏草》，卷三《中铨疏草》，卷四《纶扉疏草》，卷五《山中奏草》。有顺治十六年（1659）至康熙六年刊本。

石园全集　诗文别集。清李元鼎著。三十卷。凡《星存草》、《太华游草》、《南归日涉》、《焚余草》、《楚游草》、《出山剩语》、《心远庐吟略》、《潞游草》、《问津草》、《归梦寓钞》、《偶遂草》、《鸿雪草》、《东湖随笔》、《听莺草》、《秋山纪胜》等十五种十卷，遗诗四卷，《灌研斋文稿》八卷，另《唱和初集》、《随草》、《随草诗余》、《镜阁心声》、《随草续编》、《亦园嗣响》六种八卷，则为与其妻朱中楣唱和之作。有康熙四十二年（1703）香雪堂精刊本。另《四库全书总目·存目》著录《灌园斋集》四卷，称为全集之一种，以其家有汉灌婴庙古瓦所制研（砚）而名斋并名集，据此，则此集当为《灌研斋文稿》之半。

贾静子集 诗文别集。明清之际贾开宗著。七卷。凡《溯园文集》四卷、《溯园诗集》一卷、《秋兴偶论》一卷、《溯园语商》一卷。诗集有顺治十八年(1661)自序,谓其诗仅存似杜者,其法孟郊、张籍之调,则刊落已久。文集末为策略二十篇,邓之诚《清诗纪事初编》以为"皆和平可施之政事"。有康熙六年(1667)刊本、道光八年(1828)重刊本。

四照堂集 诗文别集。明清之际王猷定著。十六卷。凡文十二卷,诗四卷,均分体编排。有康熙元年(1662)周亮工刻本,又有玉蔬轩据周本翻刻本。民国间胡思敬以玉蔬轩本与抄本相校勘,附《校勘记》、《校勘记补》各一卷,收入所辑《豫章丛书·明季六遗老集》刊行。别本六卷,凡文集四卷,诗集二卷,有康熙二十三年龙眠王氏刻本。

丁野鹤遗稿 一作《丁野鹤集》。诗别集。清丁耀亢著。十二卷。凡《逍遥游》二卷,收明崇祯六年(1633)至清顺治初之诗;《陆舫诗草》五卷,收顺治五年(1648)至十年入都以后所作之诗;《椒丘诗》二卷,收顺治十一年至十五年官容城教谕时所作之诗;《江干草》一卷,收顺治十六、十七年所作之诗;《归山草》一卷,收康熙元年(1662)至五年所作之诗;《听山亭草》一卷,收康熙六年至八年所作之诗。附《家政须知》一卷、戏曲三种。有康熙十二年其子丁慎行刊本。乾隆间《四库全书总目·存目》著录本题《丁野鹤诗钞》,十卷,无《逍遥游》二卷。

朱舜水集 诗文别集。清朱之瑜著。二十二卷。卷一为《中原阳九述略》,卷二为《安南供役纪事》,卷三至卷一一、卷一三至卷二一为各体文,卷一二为诗、赋,卷二二为《改定释奠仪注》,《学宫图说》则有目无文。前有凡例,后有传记与年谱、祭文、有关信札、序跋、友人弟子传记资料等附录五卷。有1962年中华书局排印朱谦之整理本。此前有日本正德五年(1715)水户侯西山源纲条校刊《舜水先生文集》二十八卷本、贞享元年(1684)加贺侯源刚伯编《明朱征君集》十卷抄本、享保五年(1720)书林茨城多佐卫门刊《舜水先生文集》二十八卷本、明治四十五年(1912)稻叶君山辑东京会文堂铅印《朱舜水全集》合水户与加贺本之合刊本、民国二年(1913)马浮删定稻叶本而成之《舜水遗书》二十八卷本。

榆墩集选 诗文别集。清徐世溥著。十七卷。凡《榆墩集选诗》二卷、《选文》三卷,《榆溪诗钞》二卷、《逸诗》二卷、《逸稿》八卷。有康熙间至嘉庆十七年(1812)刊本。《四库全书总目·存目》著录本为《榆墩集选文》九卷、《选诗》二卷。内《榆溪诗钞》二卷有康熙三十一年(1692)刊本,光绪中陶福履以之与《榆溪诗话》一卷重刊,收入《豫章丛书》,民国二十五年(1936)商务印书馆又据陶本影印,收入《丛书集成初编》,为通行本。

冯定远集 诗文别集。清冯班著。二十二卷。凡《冯氏小集》上、中、下诗三卷,《钝吟集》上、中、下诗三卷,《钝吟别集》诗一卷,《钝吟余集》诗一卷,《游仙诗》一卷,《钝吟老人集外诗》一卷,《钝吟乐府》一卷,《钝吟文稿》一卷,《钝吟杂录》十卷。有康熙七年至十八年(1668—1679)毛氏汲古阁刊本,由其侄冯窦伯搜集遗作,陆贻典倡议醵金付刻。另有民国十四年(1925)张鸿据汲古阁本排印之《常熟二冯先生集》本,游仙诗析为二卷,书名题为《钝吟老人遗稿》。乾隆间《四库全书总目·存目》著录本为十一卷,无《钝吟杂录》,《冯氏小集》则题为《定远小集》,作二卷。

青箱堂集 诗文别集。清王崇简著。四十五卷。凡诗集三十三卷,编年排列,起自明天启六年(1626),止于清康熙十七年(1678),乃宋琬所删定;文集十二卷。有康熙间其子熙北京初刻本、少子燕镇江重刻本,重刻本文较初刻本增八篇。另《四库全书总目·存目》著录本,文集为三十三卷。

荣木堂集 诗文别集。清陶汝鼐著。三十六卷。凡文集十二卷,诗集十卷,诗续集六卷,乐府三卷,《忆京华曲》一卷,《若庵集杜》一卷,《律陶》一卷,诗余一卷,《密翁声律》一卷。汝鼐初刻有《广西涯乐府》、《嚏古集》、《褐玉堂集》、《寄云楼集》,继乃编此全集,编诗止于康熙十八年(1679)。有康熙间梧冈刊本。

寒支集 诗文别集。清李世熊著。十七卷。凡《寒支初集》十卷,《二集》六卷,《寒支岁纪》一卷。《初集》本于康熙三十四年(1695)由释本峣为其刻之,有彭士望序,后其子李权属王之积增省为十卷,与《二集》六卷同刻,已有缺行缺字,是为康熙四十三年檀河精舍刊本。道光七年(1827)陈垲以木活字印行《初集》,增文数篇,次年续印《二集》,得一别本,乱其次第,编为四卷,缺《寒支岁纪》,又尽删违碍语。同治十一年(1872)刊本,初集覆刻檀河本,二集覆刻活字本,最劣。

秋水集　诗文别集。清冯如京著。十六卷。卷一至八为各体诗，卷九至一二为各体文，卷一三为宫词，卷一四为《粤槎日记》，卷一五、一六为《北征纪略》。有冯士标序及祝基阜跋。有康熙五十六年（1717）刊本，另有乾隆五年（1740）重刊本。乾隆间《四库全书总目·存目》著录，谓其工五言诗，不擅骈文，集中"诗文皆有批评，为其宗人士标所点定，《粤槎日记》者，乃自江南之广东任时，纪其行役所见，《北征纪略》则自广入觐时作也"。

隰西草堂集　诗文别集。明清之际万寿祺著。八卷。凡诗集五卷，文集三卷。寿祺诗文集，初为吕维扬刻于康熙二十四年（1685），久已佚。今传本为孙连锦所辑，附《遁渚唱和集》一卷，有道光四年（1824）王敬之校刻本。另有民国八年（1919）罗振玉辑《明季三孝廉集》排印本，多《补遗》一卷，较道光本增文九篇，诗二十九首。又别本四卷，凡诗二卷、文一卷、词一卷，有光绪十九年（1893）临川桂中行刊冯煦辑《徐州二遗民集》本。

留耕堂诗集　诗别集。清殷岳著。不分卷。收诗分体编排，有申涵光序及所撰行状。集中《读史三十首》、《感怀六十首》，皆慷慨悲歌之作。是集经申涵光删定，非殷诗全帙。有光绪五年（1879）王氏谦德堂刊王灏辑《畿辅丛书》本。

陈确集　原名《陈乾初先生遗集》。诗文别集。清陈确著。四十七卷。凡文集十八卷，别集十七卷，诗集十二卷。内别集杂言一卷，瞽言四卷，葬书二卷，俗误辨一卷，家约一卷，妇谱一卷，先世遗事纪略一卷，讲义二卷，大学辨四卷，多为专著。其著作在死后由其孙陈克鬯手录一通藏于家，后来由其族玄孙陈敬璋于嘉庆三年（1798）编成《陈乾初先生遗集》四十九卷，但未能付刻。直到咸丰四年（1854）集中的《葬书》才初次刊行。光绪十三年（1887）海昌羊复礼将《乾初先生文钞》二卷、《诗钞》一卷刊入《海昌丛载》。1979 年中华书局据《陈乾初先生遗集》抄本标点排印，前列嘉庆五年（1800）吴骞序、嘉庆三年陈敬璋序、光绪十三年羊复礼跋，首卷录其墓志铭、传、行略、年表、著述目，外编录诸家书信，末附吴骞辑陈敬璋订补《陈乾初先生年谱》。

水田居全集　诗文别集。清贺贻孙著。二十五卷。凡《易触》七卷，《诗触》六卷，《水田居文集》五卷，《水田居激书》二卷，《诗筏》一卷，《骚筏》一卷，《水田居存诗》三卷。附贺稚圭《眠云馆诗集》一卷。有道光至同治间敕书楼刊本。其文集五卷有康熙间原刻本、嘉庆间观复斋重刊本，乾隆间《四库全书总目·存目》著录。

白耷山人集　诗文别集。清阎尔梅著。十二卷。凡诗集十卷，文集二卷。系尔梅手定。有黄云师序及作者自识。有康熙十四年（1675）刻本。诗另有康熙间刻单行本。又光绪十九年（1893）临川桂中行刊冯煦辑《徐州二遗民集》本，凡诗四卷、文二卷，所收不全。另民国八年（1919）张相文重辑《阎古古全集》，凡诗五卷，文一卷，附录年谱，收录较全。

愚庵小集　诗文别集。清朱鹤龄著。十五卷。凡赋一卷，诗五卷，文九卷。附录《传家质言》一卷。有王光承序及康熙十年（1671）计东序。有康熙间金阊童晋之刊本，乾隆间收入《四库全书》。1979 年上海古籍出版社据康熙本影印，收入《清人别集丛刊》。

海右陈人集　诗别集。清程先贞著。二卷。收诗四百四十六首，卷上五言古诗、七言古诗、五言律诗，卷下七言律诗、五言排律、七言排律、五言绝句、七言绝句。诗中自注，颇涉时事。有康熙三十五年（1696）刊本。另有 1980 年上海古籍出版社据康熙刻本影印之《清人别集丛刊》本。

敬亭集　诗文别集。清姜埰著。十卷，另补遗一卷。作者以气节知名，老死于谪戍地宣城，并以敬亭山人自号，临卒嘱子葬于敬亭山侧，因以名集。原有《敬亭》、《馎饦》二集，由其子姜安节合为本集，并附以补遗一卷，黄周星、钱澄之作序。有清初刻本。

霜红龛集　诗文别集。清傅山著。四十卷。霜红龛为作者室名，据其《青羊庵诗序》，系"以秋季树草叶色胥红也"，故名。其集最早有顺治十三年（1656）龚廷栻刻《晋四人诗》本，仅收诗数十首，名《霜红龛诗》。乾隆十二年（1747）张耀先辑刻本，始以《霜红龛集》为名，凡诗文十二卷，附录一卷。此四十卷本则为清末丁宝铨编，卷一至一四为诗赋，卷一五至二六为传序、题跋、碑铭、书牍等，卷二七至三〇为杂著，卷三一至三五为读书札记，卷三六至四〇为杂记。末为丁氏编附录三卷、年谱一卷。有宣统三年（1911）山阳丁氏刊本，1985 年山西人民出版社据之影印。

蓼斋集　诗文别集。清李雯著。五十二卷。凡《前集》诗三十卷、词二卷、文十五卷，《后集》

诗四卷、文一卷。有石维昆序。集中乐府诗有六卷之多，不脱明七子拟古窠臼。撰策亦有五卷之多。《前集》诗多作于明季，才情激越，《后集》诗则多眷念平生之作。集系李略、李畴编录。有顺治十四年(1657)刊本。

沉吟楼诗选 诗别集。清金人瑞著。不分卷。凡三百八十余首，分古乐府、五言绝、五言律、五言排律、五言古、六言绝、七言绝、七言律、七言古。每类又多分为两部分，一部分为刘献廷所选录，大抵按年排比。另一部分为其婿沈六书等增辑，多标明为逸诗。诗选"对人瑞早年之优裕生活及中年潦倒、抑郁苦闷之景况均有所反映，可供参考者不少。其绝命诗三首则可审知人瑞临刑前之真实思想。另一些诗则可见其对清统治者之态度"(影印本《出版说明》)。有1979年上海古籍出版社据清抄本影印之《清人别集丛刊》本，另收入1985年江苏古籍出版社排印本《金圣叹全集》第四册。

梅村家藏稿 诗文别集。清吴伟业著。五十八卷。凡诗二十卷，词二卷，文三十五卷，诗话一卷。宣统二年(1910)，武进董康自京师厂肆购得旧抄本吴氏家藏稿六十卷，以康熙间刻四十卷本《梅村集》核之，此抄本多诗七十三首，词五首，文六十一篇及诗话，而少诗文各八首(篇)。董氏以原稿本五十六卷后篇什寥寥，遂并之为二卷，补稿本所无诗文各八首(篇)为一卷，附录顾师轼所撰《梅村先生年谱》四卷，前列王式通序，后缀董康跋，于宣统三年付刊，是为诵芬室本。民国八年(1919)商务印书馆据之影印，收入《四部丛刊》行世。1990年上海古籍出版社排印点校本《吴梅村全集》，亦以之为底本，增辑佚一卷及传奇二卷、杂剧二卷及附录传志、年谱、序跋、集评等四种，收入《中国古典文学丛书》，为今最全本。在《梅村家藏稿》行世前，有顺治十七年(1660)刊十卷本、康熙九年(1670)刊四十卷本《梅村集》，康熙本乾隆间收入《四库全书》。诗集另有笺注本三种。《吴诗集览》二十卷补注二十卷谈薮二卷，靳荣藩注，乾隆四十年(1775)刊；《吴梅村诗集笺注》十八卷，吴翌凤注，嘉庆十九年(1814)严荣沧浪吟榭刊；《吴梅村先生编年诗集》十二卷诗余一卷诗话一卷诗词补钞一卷，程穆衡注，杨学沆补注，民国十八年(1929)俞庆恩世德堂据旧抄本排印，收入《太昆先哲丛书》，另1983年上海古籍出版社据黄永年藏程笺杨补保蕴楼清稿本影印本，无补钞一卷，文字与俞本亦小异，前有黄永年前言，后有潘景郑跋，题《吴梅村诗集笺注》行世。文集单行者，则有《梅村文集》二十卷，宣统二年(1910)排印，邓实辑入《风雨楼丛书》。

戇叟诗钞 诗别集。清纪映钟著。四卷。乾隆五十一年(1786)石椿得作者遗稿，选为四卷，有抄本。后有光绪三十一年(1905)江西刊傅春官辑《金陵丛刻》本，民国二十五年(1936)商务印书馆据之排印，收入《丛书集成初编》。另《真冷堂诗稿》一卷，有顺治六年(1649)龚鼎孳刊本，与《戇叟诗钞》多有不同。

笠翁一家言 诗文别集。清李渔著。五十二卷。凡《一家言文集》四卷，《诗集》八卷，《二集》十二卷，《别集》四卷，《笠翁词韵》四卷，《耐歌词》四卷，《闲情偶寄》十六卷。有康熙十一年(1672)自序及包璇、余怀等序。有康熙九年至十七年刊本。其后雍正八年(1730)世德堂刊本、民国十七年(1928)广益书局石印本，所收皆不如康熙本详备。今有浙江古籍出版社1992年排印本《李渔全集》，收入其存世之全部著作(个别作品如被认为其所作之小说《肉蒲团》，则只录梗概)。

耻躬堂诗文钞 诗文别集。清彭士望著。二十六卷。凡文钞十卷，诗钞十六卷。彭氏原有《耻躬堂诗文集》四十卷，久佚。此集系其裔孙彭玉雯于道光年间辑刊本。邓之诚《清诗纪事初编》谓其"自序其诗，谓即年谱交谱游谱，故事无不具，几于字字皆史"。

南雷集 诗文别集。清黄宗羲著。二十一卷。凡《南雷文案》十卷、《南雷文案外卷》一卷、《吾悔集》四卷、《撰杖集》一卷、《子刘子行状》二卷、《南雷诗历》三卷。有康熙间西爽堂刊本，民国八年(1919)商务印书馆据之影印，收入《四部丛刊》。别有康熙二十七年(1688)靳治荆刊本，系晚年自定，凡《南雷文定》前集十一卷、后集四卷、三集三卷、四集四卷。同年另有续钞堂刊本，无四集四卷，而有《南雷诗历》四卷、附录一卷，咸丰三年(1853)伍崇曜刊入《粤雅堂丛书》，民国二十六年中华书局又据之排印，收入《四部备要》，同年商务印书馆有《国学基本丛书》排印本，无四集，并且不收《诗历》。另宣统元年(1909)有神州国光社排印《南雷余集》一卷，民国二十四年有林集虚辑木活字排印《藜照庐丛书》本《南雷文定》五集四卷。1959年中华书局整理出版《黄梨洲文集》、《黄梨洲诗集》，收文、诗最详备。1985年浙江古籍出版社印行《黄宗羲全集》，亦收入其全部诗文。

浮山集　诗文别集。清方以智著。十五卷。凡《文集前编》十卷(其子方中履等编,卷一为《稽古堂初集》,卷二、三为《二集》,卷四至六为《曼寓草》,首六叶名《激楚》,卷七至九为《岭外稿》,卷一〇为《猺峒废稿》),《文集后编》二卷,《别集》二卷,《一贯问答》一卷。约康熙间此藏轩刊。此前,另有《博依集》十卷,《方子流寓草》九卷,约明崇祯十一年(1638)刊。

桴亭先生集　诗文别集。清陆世仪著。十七卷。凡文集六卷补遗一卷,诗集十卷。有光绪二十五年(1899)唐受祺京师刊本,与陆氏其他著作十九种及年谱一卷合刊为《陆桴亭先生遗书》。另《桴亭先生文钞》六卷、《文续钞》一卷、《诗钞》八卷,有蒯德模安道书院刊《陆陈两先生诗文钞》本,《文钞》同治九年(1870)刊,《诗钞》光绪二年刊,另有光绪六年缪朝荃凝修堂刊本,无《文续钞》。其文集原刻本《陆桴亭文集》五卷,有康熙五十三年(1714)张伯行正谊堂刊本,凡志传纪事之作,皆已削去,后来各本均祖之。

夏为堂集　诗文别集。清黄周星著。十卷。凡《夏为堂别集》文一卷、诗一卷,《人天乐》传奇二卷,《试官述怀》一卷,《惜花报》一卷,《散曲》一卷,《制曲枝语》一卷,《复姓纪事》一卷,《百家姓新笺》一卷。有康熙间刊本。另《九烟先生遗集》六卷,有道光二十九年(1849)秋周氏扬州寓馆刊本。

变雅堂遗集　诗文别集。清杜濬著。十八卷。凡文集八卷,诗集十卷。另附录二卷。《诗大序》:"至于王道衰,礼义废,政教失,国异政,家殊俗,而变风变雅作矣。""变雅"盖取义于此。有光绪二十年(1894)沈自申刊本。别有同治九年(1870)胡月樵诗文合刻本,刊于武昌,不全。民国二十四年(1935)排印汪桑辑《黄冈二处士集》本,除收《变雅堂文集》八卷、诗集十卷外,另增补遗二卷,为最全之本。另《变雅堂文集》五卷、诗集四卷,诗分《倦游》、《别兴》、《游摄山》、《游三山》四种,传本无刻书年月,约康熙间刊。此外文集有康熙间刊名家批点本,无卷数,附《推枕吟》一卷、《杜陵七歌》一卷,文较新刊本多异同;又有咸丰十年(1860)彭氏湘中刊本。诗集有彭湘怀、陈师晋同辑之《杜茶村诗钞》八卷,有乾隆八年(1743)精刊本。

巢民诗文集　诗文别集。清冒襄著。十三卷。凡诗集六卷,文集七卷。诗集前有龚鼎孳、刘体仁序,附释弘储与冒襄复札。传本未标明刻书年代,约康熙十年(1671)刊。又有宣统三年(1911)刊冒广生辑《如皋冒氏丛书》本,卷帙与康熙本同。

千山诗集　诗别集。清函可著。二十卷。集系其被流放殁于戍所后,弟子及友人所辑。康熙四十二年(1703)刊。乾隆间,此集被禁毁。今传世者多系道光间重刊本。另据屈大均《广东新语》,谓其戍沈阳时,"痛定而哦,或歌或哭,为诗数十百篇,命曰《剩诗》",然传本未见。

嵞山集　诗别集。清方文著。二十一卷。凡正集十二卷,起明崇祯十一年至清顺治十三年(1638—1656),有李楷、姚康序;续集《北游草》、《徐杭游草》、《鲁游草》、《西江游草》各一卷,起顺治十四年至十八年,《北游草》有王泽弘、王潢、李楷序,《徐杭游草》有李明睿、吴百朋序及纪映钟、范骧题词,《鲁游草》有杜濬、林古度序,《西江游草》有陈弘绪、施闰章、徐芳、周体观、周亮工序;再续集五卷,起康熙元年至八年(1662—1669),有严胤肇序及孙枝蔚、谈允谦、陈维崧、邹祗谟、钱陆灿、方熊题诗,又有王概跋及朱书所作传。有康熙二十八年其婿王概刊本,1979 年上海古籍出版社据之影印,收入《清人别集丛刊》行世。

赖古堂集　诗文别集。清周亮工著。二十四卷。凡诗十二卷,文十二卷。前有康熙十六年(1677)魏禧序及钱陆灿序,钱谦益《赖古堂诗集序》,毛奇龄《赖古堂文集序》,另有作者之子周在浚康熙十四年编集识语。后附录王愈扩撰小传、周在浚编年谱、钱陆灿撰墓志铭、姜宸英撰墓碣铭、黄虞稷撰行状、周在浚撰行述。书前一本有吕留良序而无魏禧序。内卷二四中有二文有目无文,卷五、卷六、卷一七中,则有二诗、一文有文无目。作者五十九岁时曾焚其诗文著述藏板及书稿,此集所存诗文才十之二三,其子周在浚康熙十四年刊于金陵,乾隆、道光间有重刊本。1979 年上海古籍出版社据康熙本影印,收入《清人别集丛刊》行世。

田间诗文集　诗文别集。清钱澄之著。五十八卷。凡诗集二十八卷,有康熙间斟雉堂刊本,文集三十卷,亦斟雉堂刊本,无刻书年月,约康熙间刊。文集另有宣统二年(1910)钱氏振风学舍活字本,附年谱一卷。又《田间集》十卷,系姚文燮编澄之近诗,有康熙元年(1662)居易堂序刊本。

藏山阁集　诗文别集。清钱澄之著。二十四卷。凡《藏山阁诗存》十四卷，收诗编年起自明崇祯十一年(1638)，迄于清顺治八年(1651)，卷一、卷二为《过江集》，卷三至卷九为《生还集》，卷一〇至卷一二为《行朝集》，卷一三、一四为《失路吟》；《藏山阁文存》六卷，卷一为书、疏，卷二为书，卷三为书、序，卷四为议，卷五为论、传、纪，卷六为杂文；《田间尺牍》四卷，大体依年编次。集中诸诗，“皆纪出处时事”，“所拟乐府，以新事谐古调，本诸弇州新乐府，自谓过之”，“七言诗及诸近体，篇章尤富”，集中之文，“其书、疏、议、论、尺牍，皆论明季时政，杂文皆纪南渡时事，皆有关于文献”(萧穆《藏山阁集跋》)。集因遭禁毁，康熙间原刻本罕见。光绪三十四年(1908)，瑟楼居士根据安徽桐城萧氏所藏抄本付刻，收入《龙潭室丛书》行世。

栖云阁集 诗文别集。清高珩著。三十四卷。凡文集十五卷附录一卷，诗集十六卷诗集拾遗三卷。后附高玮《留耕堂遗诗》四卷。文集为盛百二、陆燿选订，诗集为赵执信编并作序，拾遗为宋耀编。由作者曾孙付梓，有乾隆二十四年(1759)刊本。诗集十六卷又有乾隆三年刻本。

调运斋集 诗文别集。清钱陆灿著。十卷。凡《文集》二卷，《文钞》一卷，诗五卷，《圆沙和陶诗》一卷，《再生录》一卷。诗原分壬申除夕一卷，杂诗一卷，五言近体前后各一卷，七言近体一卷；《文集》则为书、记、序一卷，传、墓志铭、赞、祭文一卷。有作者诸门人之序。传本无刻书年月，约康熙间刊，据邓之诚《清诗纪事初编》，谓《和陶诗》系康熙十年(1671)吕留良所刻。

威凤堂集 诗文别集。清陆圻著。不分卷，分为论部、记部、俪语部、祭文部、诗部五部分。有康熙五年(1666)刘鲁检序，曾子愉序，康熙六年施闰章所撰《祠堂记》。诗部仅拟古乐府、古乐府、五古、五律四体，毛先舒为作评语。有康熙六年刊本。

鹤静堂集 诗文别集。清周茂源著。十九卷。凡诗十四卷，内五、七绝与词合为二卷，文五卷。编排分体不编年。前有康熙二十年(1681)王鸿绪序，后有同年王奭跋。集系其子周纶所编，门人校刊。有康熙间刊本。

归庄集 诗文别集。清归庄著。十卷。凡诗一卷，曲一卷，文八卷。归庄诗原有《恒轩诗集》十二卷，文原有《悬弓集》三十卷、《恒轩文集》十二卷，均已散佚。惟约康熙间刊《山游诗》一卷、《落花诗》一卷尚存。道光间，季锡畴辑刊《玄恭文钞》遗文六卷、遗诗一卷，咸丰间书板毁于兵火，传本未见。清末归曾裔编《归玄恭文续钞》六卷、徐崇恩编《归玄恭遗著》不分卷、朱绍成编《归高士遗集》十卷，均不全，互有重复。1962年中华书局上海编辑所以清末三种本子为基础，增其手写诗稿、康熙间刊本、潘景郑藏《癸卯年应酬诗》、小石山房刊《寻花日记》、《看花杂咏》及又满楼刊《击筑余音》等所溢出篇目，重编排印为此集，后附年谱、传略、序跋、交游题赠等。1982年上海古籍出版社补充若干篇什重印。

确庵先生诗文钞 诗文别集。清陈瑚著。十四卷。凡《文钞》六卷，《诗钞》八卷。文仅七十九篇，诗亦非其全。集为同治间叶裕仁所辑，与陆世仪《桴亭先生诗文钞》合刻为《陆陈两先生诗文钞》。有蒯德模安道书院刊本，《文钞》同治九年(1870)刊，《诗钞》光绪二年(1876)刊。另有光绪六年缪朝荃凝修堂刊本。此前有原刻本《确庵文稿》四十卷，约顺治十六年(1659)刊，目与文多有不合，未刻之文颇多，有些整卷未刻。卷一二以下，卷数俱未刻出。

顾亭林诗文集 诗文别集。清顾炎武著。十七卷。凡《亭林文集》六卷，《亭林余集》文一卷，《蒋山佣残稿》文三卷，《亭林佚文辑补》一卷，《亭林诗集》五卷，《熹庙谅阴记事》一卷。为现存顾氏诗文集中较完备的一种。内《残稿》系据旧抄本排印。1959年中华书局点校印行，1983年新版重印，收入《中国古典文学基本丛书》。此前顾氏诗文集，有康熙间门人潘耒辑刊《亭林文集》六卷、《诗集》五卷，光绪间合肥蒯氏刊《余集》一卷，后光绪三十二年(1906)汇印。朱记荣重刻《亭林遗书》本、民国八年(1919)商务印书馆影印《四部丛刊》本、民国二十六年中华书局排印《四部备要》本，则均为十二卷本。文集单行另有光绪二十五年梁鼎芬辑刊《端溪丛书》本、三十年会稽董氏山隐居校刊巾箱本，均收《余集》。诗集单行另有光绪二年湖南书局刊本，又有光绪间幽光阁据潘耒抄本排印本《亭林诗稿》六卷，与他本多不同，此外还有宣统间神州国光社排印《亭林集外诗》，附孙诒让《诗集校文》。诗集注本有光绪二十三年味静斋刊徐嘉《顾亭林诗笺注》十七卷；1983年上海古籍出版社排印王遽常《顾亭林诗集汇注》六卷，附集外诗存、事迹编年，收入《中国古典文学丛书》，为今诗集最佳本。

静惕堂集　诗别集。清曹溶著。四十四卷。曹溶诗集,初无定本,所收多寡不一。或作三十卷,或作正集八卷续集三卷,皆不知何人所编,今俱久佚。此集为曹溶外孙朱丕戭所裒辑,所收古今体诗近四千首,最全。有雍正三年(1725)直隶总督李维钧刻本。是年冬,李维钧因年羹尧案获罪,故此书削去其所作序及末板李维钧校刊字样。书中凡忌讳处皆缺字。另《静惕堂诗》八卷,有道光十年(1830)信芳阁木活字排印王相辑《国初十家诗钞》本,据旧抄本选诗,可补雍正刻本中部分缺字。

雪翁诗集　诗别集。明清之际魏耕著。十五卷,另附录诗评一卷、传记序跋题赠一卷。今传本为民国二十三年(1934)张寿镛辑张氏约园刊《四明丛书》第二集本。据张寿镛跋,系得自张冷僧,冷僧则得自魏友枋,友枋为魏耕后裔,世代藏此抄本。跋略云:“抄本自序既题雪翁,而息贤堂均作雪岩堂,与相传作息贤堂者异,……今仍其名曰《雪翁诗集》,……取伏跗室抄本,更参以《甬上续耆旧诗》校补之。”1985年浙江古籍出版社据《四明丛书》本标点排印,收入《两浙作家文丛》行世。

安雅堂全集　诗文别集。清宋琬著。十九卷,另一种不分卷。凡《安雅堂诗》无卷数,顺治十七年(1660)刊,收诗五古二十四首,七古十七首,五律九十首,七律九十首,五言排律十三首,七绝三十三首,六言绝句二十一首,有来集之、蒋超序;《安雅堂文集》二卷,康熙五年(1666)刊,重刻文集二卷,三十八年刊;《安雅堂未刻稿》八卷,乾隆三十一年(1766)刊,有彭启丰序;《安雅堂书启》一卷,《入蜀集》二卷,《二乡亭词》三卷,《祭皋陶》一卷,均康熙至乾隆间刊。其集另有《荔裳集》文一卷、诗一卷,顺治七年门人储日升校刊,本衙藏板。民国二十五年(1936)中华书局《四部备要》排印本《安雅堂诗集》,收《安雅堂诗》及《未刻稿》五卷、《入蜀集》一卷,为今通行本。

丘邦士文集　诗文别集。清丘维屏著。十八卷。卷一至卷一六为文,卷一七为诗,卷一八为杂剧,标有“俟刻”字样,故全帙实仅十七卷。有邓霁、杨龙泉、孙尚志序。有康熙五十八年(1719)易堂刊本。

遍行堂集　诗文别集。清金堡(今释澹归)著。六十六卷。凡诗文四十八卷附一卷,续集十六卷附一卷。卷一至卷二九为文,卷三〇至卷四一为诗,卷四二至卷四四为词,卷四五至卷四六为语录,卷四七至卷四八为颂古,附《菩萨戒疏随见录》一卷。续集卷一至卷一二为文,卷一三至卷一六为诗,附词一卷。有康熙间刊本,另有乾隆五年(1740)丹霞寺重刊本。其集因遭禁毁而流传较少。

茗斋集　诗文别集。清彭孙贻著。二十三卷。卷一至卷二〇为编年诗,收明天启七年至康熙十二年(1627—1673)诗一千五百三十三首,内数卷诗后附词,总二百三十一首,卷二一杂著,卷二二《彭氏旧闻录》,卷二三《太仆行略》。集后附《明诗钞》九卷。集中卷一为刊本,有彭氏康熙六年(1667)所作《茗斋初集序》,其余各卷均为稿本、抄本。有民国二十三年(1934)商务印书馆据海盐张氏涉园所藏手稿、刊本、写本影印本,收入《四部丛刊》续编行世。另有《茗斋百花诗》二卷,传本无刻书年月,约康熙间刊。

定山堂遗书　诗文别集。清龚鼎孳著。凡奏疏、政谱、诗集、诗余、古文补遗、古文小品、古文小品续集七部分。《定山堂奏疏》八卷,卷一至卷四收文自顺治元年(1644)至康熙十二年(1673),卷五至卷八为手草存遗、附卷;《浠川政谱》二卷,上卷《山声堂集偶存》为详文、告示,下卷《谳牍偶存》为审语、批词;《定山堂诗集》四十三卷,卷一、二为五言古诗,卷三、四为七言古诗,卷五至卷一五为五言律诗,卷一六至卷三二为七言律诗,卷三三为五言排律,卷三四为七言排律,卷三五为六言绝句,卷三六至卷四三为七言绝句;《定山堂诗余》四卷,卷一为《白门柳》,卷二为《绮忏》,卷三、四为《癸卯后香严斋存稿》;《定山堂古文补遗》上、中、下三卷,《定山堂古文小品》上、下二卷,《定山堂古文小品续集》一卷。遗书初刊于康熙年间,道光十五年(1835)重刻。光绪九年(1883)再次校刊行世。

偶更堂集　诗文别集。清徐作肃著。四卷。凡文集上、下二卷、诗稿上、下二卷。其子所编。有刘榛序。由于作者交往之人多为当时名士,如侯方域、宋荦、陈维崧等,集中诗文每与此等人物有关,颇有参考价值。有康熙二十九年(1690)传盛堂刊本,1981年上海古籍出版社据之影印收入《清人别集丛刊》。

兼济堂文集　诗文别集。清魏裔介著。二十卷。凡奏疏三卷,序六卷,书牍二卷,传志二卷,祭文、论二卷,杂著二卷,乐府古今体诗三卷。附年谱一卷。《四库全书总目》云:“其平生著述，刻于江南者，有《兼济堂集》十四卷，刻于荆南者，有《兼济堂集》二十四卷，刻于京师者，有文选二集上下二编、《崑林小品》上下二编、《崑林外集》一编、奏疏尺牍存余七卷，其刻于林下者，有文选十卷、《屿舫近草》五卷、诗集七卷、《樗林三笔》五卷。此集乃詹明章哀辑诸本，简汰繁冗，合刊为一编者也。”詹本约刊于乾隆初，后收入《四库全书》。另又有龙江书院刊本。此外光绪五年(1879)王氏谦德堂刊王灏辑《畿辅丛书》，收《魏文毅公奏议》三卷、《兼济堂集》九卷、《琼琚珮语》一卷。

寒松堂集 诗文别集。清魏象枢著。十三卷。凡文十卷，内奏疏四卷，序、记、传一卷，书简二卷，祭文、墓表、墓志、碑铭、行状、纪略一卷，杂著一卷，庸言一卷；诗集三卷，编年自顺治元年(1644)至康熙十一年(1672)。文集为忻州赵佑申所编。“寒松”取义于《论语·子罕》：“岁寒然后知松柏之后凋也。”魏氏以病乞休时，清圣祖曾御书寒松堂匾额，以宠其归。《四库全书总目·存目》著录九十二卷本，称“其子学诚编此集时，意在于先人手泽，一字无遗，遂细大不捐，几盈百卷，未免有榛楛勿剪之憾耳。”今传本罕见。现通行十三卷本为光绪五年(1879)王氏谦德堂刊王灏辑《畿辅丛书》本，民国二十五年(1936)商务印书馆据之排印，收入《丛书集成初编》。另有康熙间刊十二卷本、嘉庆十六年(1811)刊十二卷本。

壮悔堂集 诗文别集。清侯方域著。十八卷。凡《壮悔堂文集》十卷、遗稿一卷，《四忆堂诗集》六卷、遗稿一卷。集中《壮悔堂记》云：“古称三十为壮，余是时已三十有五矣，……生平可悔者多矣，不独名此堂也。”因以之名集。文集前有徐邻唐、徐作肃序，胡介祉、田兰芳所作传及年谱，文又有贾开宗、徐邻唐、徐作肃、宋荦评语。诗系徐作肃、宋荦选评。文集有康熙五十一年(1712)刊本，诗集有康熙间刊本，诗文合刻本有乾隆二十三年(1758)重刊本、同治间其裔孙重刊本、光绪四年(1878)赵氏红杏山房补刊重印《赵氏藏书》本、民国二十五年(1936)中华书局排印《四部备要》本与商务印书馆排印《国学基本丛书》本。

柳如是诗集 诗别集。清柳如是著。一卷。凡诗二种。《戊寅草》兼收词、赋；《湖上草》另附尺牍。《戊寅草》作于明崇祯戊寅(1638)。《湖上草》作于次年，因“河东君(柳氏号)与虞山(钱谦益)定情湖上，留此册卷以为鸿雪之证”(徐楙语)，故名。有道光十六年(1836)徐子晋抄本。另有光绪三十三年(1907)排印张南祴辑《佚丛甲集》本，较为通行。

七颂堂集 诗文别集。清刘体仁著。十五卷。体仁平生慕成连、陆贾、司马徽、桓伊、沈驎士、王绩、韦应物之为人，作《七颂诗》分别颂之，故以七颂名堂，因以名集。凡诗集九卷，别集《空中语》艳体诗一卷，文集四卷，尺牍一卷。有康熙间刊本。又《四库全书总目·存目》著录本，缺诗集第九卷。另有同治间重刻本，以原别集、《空中语》为诗第九卷，后又求得原诗第九卷作第十卷，文集则合文与尺牍编为二卷，较旧刻缺文五篇，尺牍三篇。次第颠倒，已非原貌。

施愚山先生全集 诗文别集。清施闰章著。八十五卷。凡《学余文集》二十八卷，《学余诗集》五十卷，《别集》四卷(内《蠖斋诗话》二卷、《矩斋杂记》二卷)，《外集》二卷(内《砚林拾遗》一卷、《试院冰渊》一卷)，《施氏家风述略》一卷。另施念曾撰《愚山先生年谱》四卷，施彦恪撰《施氏家风述略续编》一卷，并附施瑮撰《随村先生遗集》六卷。文集有魏禧序，诗集有汪琬序，别集有潘思榘序，《家风述略》有尤侗序。其中《文集》、《诗集》为康熙四十七年(1708)曹寅所刊，《外集》则为乾隆三十年(1765)刊，乾隆间收入《四库全书》。至于《别集》、《诗话》被认为“别择未精，瑕瑜参半”，《杂记》被认为“颇涉神怪，尤为小说家言”，而被析出未收，仅列入《存目》。全集其余部分亦刊于康熙、乾隆间。诗文集乾隆四年又曾重刊。全集另有宣统二年(1910)上海国学扶轮社石印本。1992年黄山书社排印出版《施愚山集》，也收入施氏全部著述。

陋轩诗 诗别集。清吴嘉纪著。十四卷。凡诗十二卷，诗续二卷。嘉庆、道光间缪中据旧刻六卷本析为十二卷付刊，其族弟缪锦为之补板行世，稍后夏退庵得其藏板，又获施井亭藏吴氏未刻诗二卷编为续集，成合刊本。此前则有康熙元年(1662)周亮工赖古堂刊八卷本、汪芾据周本重刊本、康熙七年玉兰堂刊六卷本、康熙十八年方于云辑刊四卷本、康熙二十三年程岫、汪楫刊六卷本、乾隆三十年(1765)陈璨校补重刊六卷本及稍后王相辑印信芳阁活字六卷本，此后则有民国九年(1920)杨程祖据王本与夏本续集合刊之八卷本。1980年上海古籍出版社排印本《吴嘉纪诗笺校》，系杨积庆以夏本为底本，广校各刊本、抄本而成，补诗一卷，附录吴氏手札辑佚、事迹辑存、年表及各家序跋、评论、题咏等，收入《中国古典文学丛书》，为最全本。

托素斋集 诗文别集。清黎士弘著。十一卷。凡诗四卷，文六卷，行述一卷。有潘耒序。另有自序，谓己少时好李贺之诗、王勃之文。其诗集凡四刻，文集凡三刻，均为累积数年之作而汇刻一编者。有雍正二年(1724)本衙精刊本。

西堂全集 诗文别集。清尤侗著。一百二十七卷。凡《西堂文集》二十四卷，内《西堂杂俎》一集八卷、二集八卷、三集八卷；《西堂诗集》二十五卷，内《西堂剩稿》二卷、《西堂移梦录》二卷、《西堂小草》一卷、《论语诗》一卷、《右北平集》一卷、《看云草堂集》八卷、《述祖诗》一卷、《子京集》五卷、《哀弦集》二卷、《拟明史乐府》一卷(尤珍注)、《外国竹枝词》一卷(尤珍注)；《百末词》五卷词余一卷；《西堂乐府》六卷，内杂剧《读离骚》一卷、《吊琵琶》一卷、《桃花源》一卷、《黑白卫》一卷、《清平调》(一名《李白登科记》)一卷、传奇《钧天乐》一卷；《西堂余集》七十二卷，内《年谱图诗》一卷、《小影图赞》一卷、《悔庵年谱》二卷、《性理吟》一卷、《后性理吟》一卷、《续论语诗》一卷、《艮斋倦稿》诗集十一卷文集十五卷、《艮斋杂说》十卷、《看鉴偶评》五卷、《明史拟稿》六卷《外国传》八卷《艺文志》五卷、《宫闺小名录》五卷。除《小影图赞》系尤氏所辑，《性理吟》为朱熹所撰，《宫闺小名录》卷五为余怀所撰外，余皆其自撰。后另附汤传楹《湘中草》六卷。有康熙中刊本。另有民国文瑞楼石印本，所收无《性理吟》以下诸种。

春酒堂遗书 诗文别集。清周容著。十一卷。周容曾手定《春酒堂诗集》十卷、文集四卷、诗话一卷。乾隆间其书被禁毁。民国间冯贞群广为搜辑，得刻本抄本若干种，整理编校为《春酒堂遗书》十一卷。凡《文存》四卷，《诗存》六卷，《诗话》一卷。前列编校所据诸旧本及《周鄮山著作目》，后附《外纪》传记及酬唱一卷。有民国二十一年(1932)四明张氏约园刊张寿镛辑《四明丛书》第一集本。又宣统二年(1910)国学扶轮社排印本《春酒堂文集》不分卷，所收与冯编《文存》大致相同，而编排不同。

王船山诗文集 诗文别集。清王夫之著。三十二卷。分四部分：甲为《薑斋文集》，凡文集十卷，补遗一卷；乙为《薑斋诗集》，凡《薑斋五十自定稿》、《薑斋六十自定稿》、《薑斋七十自定稿》、《柳岸吟》各一卷，《薑斋诗分体稿》四卷，《薑斋诗编年稿》、《薑斋诗剩稿》、《落花诗》、《遣兴诗》、《和梅花百咏诗》、《洞庭秋诗》、《雁字诗》、《仿体诗》、《岳余集》、《忆得》各一卷；丙为《薑斋词集》，凡《鼓棹初集》、《鼓棹二集》、《潇湘怨词》各一卷；丁为附录《愚鼓词》、《龙源夜话》、校勘记、文集补遗续二篇。有1962年中华书局排印本，1983年重印。另有民国八年(1919)商务印书馆《四部丛刊》影印本《薑斋诗文集》二十八卷，所收无词集，民国二十五年中华书局《四部备要》排印本《薑斋文集》十卷，所收无诗、词集。均自《船山遗书》辑出。王氏诗文刊行较早者有康熙间湘西草堂刻《船山自定稿》。道光二十二年(1842)邓显鹤于长沙刊《船山遗书》，辑入其全部诗文，同治四年(1865)曾国荃于金陵重刊，民国二十二年太平洋书局又排印行世。1988年岳麓书社排印《船山全书》，所收最全，诗文尽在其中。

林蕙堂集 诗文别集。清吴绮著。二十六卷。卷一至卷一二为骈文，卷一三至卷二二为《亭皋集》诗，卷二三至卷二五为《艺香词》，卷二六为南曲。有康熙间绮殁后其子寿潜搜访遗稿编成，广州长寿寺僧大汕出资刻本，《四库全书》据之收入。另有乾隆中重刻巾箱本《林蕙堂全集》，凡文集十二卷，文续集六卷，诗钞四卷，词钞四卷。

东江集钞 诗文别集。清沈谦著。九卷。卷一至五为诗，卷六为序记，卷七为书，卷八为论，卷九为杂说。另有《别集》五卷，为词曲。《集钞》有蒋平阶、陆圻、毛先舒、祝文襄序。有康熙十五年(1676)刊本。

聪山集 诗文别集。清申涵光著。十三卷。凡诗选八卷，文集三卷，《荆园进语》一卷，《荆园小语》一卷。附录申涵煜《申凫盟先生年谱略》一卷。有康熙二年(1663)刘佑刊本。另有光绪五年(1879)王灏辑王氏谦德堂刊《畿辅丛书》本。民国二十五年(1936)商务印书馆据王本分别排印文集三卷、诗选八卷，收入《丛书集成初编》。

魏伯子集 诗文别集。清魏际瑞著。十卷。内卷七、卷八为诗，大都随得随记，无分时代先后。有康熙间易堂刊《宁都三魏集》本，另有道光二十五年(1845)谢庭绶绂园书塾重刊《宁都三魏全集》本。

溉堂集 诗文别集。清孙枝蔚著。二十八卷。凡前集分体编年诗九卷，续集编年分体诗六卷，诗余二卷，文集五卷，后集编年分体诗六卷。溉堂之名取义于《诗·桧风·匪风》“谁能烹鱼，溉之釜鬵”，以示不忘乡关，常怀西归之意。诗集有李天馥总序，前集有陈维崧序，续集有魏禧序，诗余有尤侗序，文集有汪懋麟序，后集有方象瑛序。前集、续集有王士禛、吴嘉纪、施闰章等评语，词有邓汉仪、张养重等评语。前集、续集、诗余、文集刊于康熙十八年(1679)，后集刊于康熙六十年。1979年上海古籍出版社据康熙刻本影印，收入《清人别集丛刊》，为今通行本。

思古堂十四种书 诗文别集。清毛先舒著。十四种三十八卷。凡《思古堂集》文四卷卷首一卷，《匡林》文二卷卷首一卷，《潠书》(一作《潠语》)文八卷，《小匡文钞》四卷，《螺峰说录》二卷附《稚黄子文洴》一卷，《圣学真语》二卷卷首一卷，《格物问答》三卷卷首一卷，《东苑文钞》二卷，《东苑诗钞》一卷，《蕊云集》诗一卷，《晚唱》诗一卷，《诗辩坻》诗话四卷，《韵学通指》一卷，《韵白》一卷附《鸾情选集》词一卷。有康熙间刊本。

蕉林诗集 诗别集。清梁清标著。无卷数，但暗以体分卷。凡五古二卷，七古三卷，五律三卷，七律四卷，五绝一卷，六绝一卷，七绝四卷。收诗二千一百余首。有汪懋麟、白胤谦、魏裔介、申涵光、方象瑛、徐釚等序及梁允植跋。集即由侄梁允植、门人徐釚所校刊，有康熙十七年(1678)刊本。

白茅堂集 诗文别集。清顾景星著。四十六卷。凡赋骚一卷，乐府三卷，诗二十二卷，文二十卷。其子顾畅所辑，其子顾昌编次音释。有康熙三十七年(1698)刊本，附《耳提录》一卷。其集据《四库全书总目·存目》提要所云，尚有《童子集》三卷、《愿学集》八卷，为明崇祯十五年(1642)以前之作，明末毁于兵火；《南渡集》、《来耕集》共七十三卷，为崇祯十六年以后之作，康熙五年毁于火，仅存十之三、四；顺治二年(1645)、三年间，又有《登楼集》、《避地沵瀫集》，亦皆散佚。

杲堂诗文集 诗文别集。清李邺嗣著。三十卷。凡《杲堂诗钞》七卷，前有张寿镛等三人序；《杲堂诗续钞》六卷，前有梁以樟等二人序；《杲堂外集》集句诗三卷，前有自题辞；《杲堂文钞》六卷，前有黄宗羲序；《杲堂文续钞》五卷，前有冯贞群序；《两汉节义传论》二卷，前有自序及冯贞群序；《杲堂诗辑补》一卷，收《鄮东竹枝词》七十九首。有1988年浙江古籍出版社点校排印《两浙作家文丛》本。李氏生前手编文集二十卷、诗集十八卷，然康熙间仅有黄宗羲选定《文钞》六卷、徐凤垣等选定《诗钞》七卷刊本。光绪十二年(1886)郭传璞刻《西汉节义传论》入《金峨山馆丛书》。《外集》、《续钞》均无刊本，点校本据李氏衣德楼抄七世孙李厚建手校本排印。《辑补》则据《光绪鄞县志》录入。

扶荔堂集 诗文别集。清丁澎著。二十八卷。凡《扶荔堂文集选》十二卷，《诗集选》十二卷，《扶荔词》四卷。文、诗、词之前各有周起辛、丁辰、沈荃、彭宾、张安茂、宋徵舆、李天馥、许三礼、梁清标、宗元鼎等之序、跋。有康熙五十五年(1716)文芸馆刊本。

居易堂集 诗文别集。清徐枋著。二十卷。卷一至卷四为书，卷五至卷七为序，卷八为记，卷九为论，卷一〇为书后，卷一一为题跋，卷一二为传，卷一三为志铭，卷一四为志铭、塔铭，卷一五为塔铭、碑铭、杂文，卷一六为赋，卷一七为古体诗，卷一八为今体诗，卷一九为辞、赞，卷二〇为颂、铭、杂著。作者自撰凡例序言，自行编次。有康熙二十三年(1684)刊本，嘉庆二十年(1815)赵筠据潘氏旧藏版补刊，较为流行。另有民国八年(1919)罗振玉辑《明季三孝廉集》排印本。民国二十五年商务印书馆据康熙本影印，收入《四部丛刊三编》。

柿叶庵诗选 诗别集。清张盖著。不分卷。分体编排。申涵光作序。有光绪五年(1879)王氏谦德堂刊王灏辑《畿辅丛书》本，民国二十五年(1936)商务印书馆据之影印，收入《丛书集成初编》，为最通行之本。

稽留山人集 又名《采菽堂诗集》。诗别集。清陈祚明著。二十卷。收诗一千五百二十余首，有严沆、王崇简、顾豹文、陆嘉淑序。传本无刻书年月，约康熙间刊。乾隆间《四库全书总目·存目》著录，提要云：“其古文与词今皆未见，此编乃其诗集也，亦名《敝帚集》，自顺治乙未(1655)至康熙癸丑(1673)，凡十九年之作，编年排次。”又据邓之诚《清诗纪事初编》，其集“前于此者，有《拟李长吉诗》三卷，前集十卷，及《床头集》文二十卷、诗十卷，皆未刻”。

天延阁删后诗 诗别集。清梅清著。十六卷。附《赠言集》二卷。凡乐府、《稼园草》、《新田集》、《燕征草》、《宛东草》、《休夏集》、《驱尘集》、《越游草》、《匣琴集》、《寒江集》、《归舟集》、《岳云集》、《梅花溪上集》、《雪庐偶存草》、《菊闲草》、《敬亭倡和诗》各一卷，大抵为明崇祯十五年(1642)至康熙十三年(1674)之诗。有康熙十年(1671)刊本。据《四库全书总目·存目》著录,此十六卷为前集,另有后集十三卷,附《花果会唱和诗》一卷,《赠言集》四卷。后集收诗自康熙十年至二十五年,有康熙间刊本。

秋水集　诗文别集。清严绳孙著。十卷。朱彝尊序称"秋水名集者,何以取诸?取诸有源也"。另有姜宸英序,盛称其诗。有句吴严氏雨青草堂佚亭刊本,无刻书年月,约刊于康熙间。另有民国六年(1917)无锡县图书馆校刊本,十七卷,凡诗八卷,文七卷,词二卷。

西河文集　诗文别集。清毛奇龄著。二百十卷。凡诰一卷,颂一卷,主客辞二卷,奏疏一卷,议四卷,揭子一卷,史馆札子二卷,史馆拟判一卷,书八卷,牍札一卷,笺一卷,序三十四卷,引弁首一卷,题词题端一卷,跋一卷,书后缘起一卷,碑记十一卷,传十一卷,《王文成传本》二卷,墓碑铭二卷,墓表五卷,墓志铭十六卷,神道碑铭二卷,塔志铭二卷,事状四卷,年谱一卷,《湘湖水利志》三卷,《萧山县志刊误》三卷,《杭志三诘三误辨目》一卷,《天问补注》一卷,馆课拟文一卷,《折客辨学文》一卷,《答三辨文》一卷,《释二辨文》一卷,《辨圣学非道学文》一卷,《辨忠臣不徒死文》一卷,《古礼今律无继嗣文》一卷,《古今无庆生日文》一卷,《禁室女守志殉死文》一卷,《胜朝彤史拾遗记》六卷,《武宗外纪》一卷,《后鉴录》七卷,《蛮司合志》十五卷,《韵学要指》十一卷,赋四卷,九怀词(按词当为辞,赋体)一卷,诔文一卷,诗话八卷,词话二卷,填词六卷,拟连厢词(按此为戏曲体)一卷,二韵(五绝)三卷,七言绝句八卷,排律(五言)六卷,七言古诗十三卷,五言律六卷,七言律十卷,七言排律一卷,五言格诗(五古)五卷,五七三韵律、六言诗一卷。附其女弟子徐昭华《徐都讲诗》一卷。李塨等辑。通行本为民国间商务印书馆排印《万有文库》本、《国学基本丛书》本。另有康熙间书留草堂刊、乾隆三十五年(1770)陆体元修补重刊《西河合集》本。《四库全书》抄本则为一百七十九卷,无《湘湖水利志》、《韵学指要》等专著。

海日堂集　诗文别集。清程可则著。七卷。凡诗五卷,文二卷。有陈恭尹序,"序其集不及其诗一字,而此但称其有名而已,下笔颇有分寸"(邓之诚《清诗纪事初编》)。有康熙二十八年(1689)刊本。道光间重刻本附补遗诗数首,仍不全。另有嘉庆十七年(1812)丘士超诗集单刻本,与诗文集同名,卷首列王士禛、朱彝尊诸家序及程氏自序,又有丘士超跋。诗集另一单行本名《海日堂诗集》,翁方纲评,有乾隆三十六年(1771)石洲草堂刊本。

魏叔子集　诗文别集。清魏禧著。三十三卷。凡文集二十二卷,卷一、二为论,卷三为策,卷四为议,卷五至七为书简,卷八至一一为序,卷一二、一三为题跋,卷一四为祭文,卷一五为说,卷一六为记,卷一七为传,卷一八为墓表志铭,卷一九为杂文,卷二〇为骈文,卷二一为赋,卷二二为杂著;诗集八卷,卷一为四言,卷二为杂言,卷三、四为五古,卷五为七古,卷六为五律,卷七为七律,卷八为五、七绝;日录三卷,卷一为里言,卷二为杂说,卷三为史论。集为林时益辑。有康熙间易堂刊《宁都三魏集》本,另有道光二十五年(1845)谢庭绶绂园书塾重刊本。

尧峰文钞　诗文别集。清汪琬著。五十卷。凡诗十卷,文四十卷。先是汪氏门人编《钝翁类稿》六十二卷,刻于康熙十五年(1676),《续稿》五十六卷,刻于康熙二十四年。汪氏卒前数月亲加删汰,益以若干晚年之作,编为此集。有宋荦及门人惠周惕序。卒后门人林佶手录,刻于康熙三十年前后。另有民国八年(1919)商务印书馆据林佶本影印之《四部丛刊》本。

改亭集　诗文别集。清计东著。二十二卷。凡诗集六卷,文集十六卷。先是计东有《甫里集》初编六卷,康熙五年(1666)汪琬刊,又有《汝颍》、《竹林》、《中州》诸集行世。康熙三十二年,江苏巡抚宋荦删选其文,编为《改亭文集》十六卷刊行。康熙四十七年,王廷扬助刻《改亭诗集》六卷。《四库全书总目·存目》著录宋刻文集和王刻诗集。乾隆十三年(1748),计东从孙计瑸又据宋刻、王刻重校合刊为此本。

南邨集　诗文别集。清潘高著。二十四卷。凡诗集二十二卷,文二卷。有康熙间鹤江草堂刊本。另《鹤江草堂集》,二十四卷,起顺治十三年(1656)迄康熙十六年(1677),收诗千余首,附词十首,有于梅、周而衍序及光绪十四年(1888)于文燮序。约光绪间鹤江草堂木活字本。

湖海楼全集　诗文别集。清陈维崧著。五十四卷。凡《陈迦陵文集》六卷,《陈迦陵俪体文集》十卷,《湖海楼诗集》八卷,《迦陵词全集》三十卷。文集有李澄中、胡献征序,陈宗石、陈维岳跋,俪体文集有毛先舒、毛际可、陈僖序,陈宗石、陈维岳跋,诗集有任玑、李应廌、徐乾学序，陈宗石、陈维岳跋，词集有高佑釲、任玑序，陈维岳、吴璠、陈宗石跋。康熙二十五年、二十六年(1686、1687)间刻诗文，康熙二十八年刻词，是为患立堂本。民国八年(1919)商务印书馆据患立堂本影印，收入《四部丛刊》，总题《陈迦陵文集》。其骈文另有《陈检讨四六》二十卷，程师恭注，有康熙三十二年刊本、《四库全书》抄本、乾隆三十五年(1770)亦园重刊本及民国间上海文瑞楼石印本。其诗另有《湖海楼诗稿》十卷，有康熙六十年其子履端刊本、道光前后重刊本。其文另题《湖海楼文集》，有光绪十七年(1891)同邑任光其与《湖海楼骈体文》二十卷合刻本。《湖海楼集》另有五十一卷本，凡《湖海诗集》十二卷，《诗补遗》一卷，《词集》二十卷，《文集》六卷，《俪体文集》十二卷，诗词文序次与康熙本不同，乾隆六十年(1795)浩然堂刊。此外光绪、宣统间国学萃编社排印本《晨风阁丛书第一集》，收有《湖海楼集拾遗》一卷。

十笏草堂诗选 诗别集。清王士禄著。二十二卷。凡《诗选》九卷，收顺治十三年(1656)至十七年诗三百九十七首；《辛甲集》七卷，收顺治十八年至康熙三年(1664)诗四百一十二首；《上浮集》四卷，收康熙四年至康熙五年诗四百零七首；《炊闻词》二卷。有康熙间刊本。另《十笏草堂诗》四卷，有道光十年(1830)信芳阁木活字排印王相辑《国初十家诗钞》本。

悔斋集 诗文别集。清汪楫著。十七卷。凡《中山沿革志》二卷，册封琉球国王时所作；《使琉球杂录》五卷；《悔斋诗》六卷，五古、七古、五律、七律、五绝、七绝各一卷，康熙五年(1666)刊；《山闻诗》、《山闻续集》各一卷，康熙十二年至十六年刊；《京华诗》、《册封琉球疏钞》、《观海集》各一卷，刊于康熙二十五年至雍正十一年(1733)。《悔斋诗》有周亮工、王士禛等序，《山闻诗》与续集有施闰章、孙枝蔚等序。

六松堂集 诗文别集。清曾灿著。十四卷。凡诗集九卷，诗余一卷，文集三卷，尺牍一卷。其子曾尚倪编，前有钱谦益、毛际可、丘维屏旧序及作者自序。后有康熙五十七年(1718)尚倪跋。有民国间南昌刊胡思敬辑《豫章丛书》本，较为通行。其集另有生前自编之《啐中草》、《游草》、《西崦草堂集》，已佚，《壬癸集》、《甲子诗》、《三度岭南诗》各一卷，有旧抄本存世。

舟车集 诗别集。清陶季著。二十卷。以其诗皆成于浪迹四方之舟车中，故名。集中诗起自顺治八年(1651)。有康熙三十二年(1693)刊本。另有《舟车后集》十卷，收诗起康熙三十二年十月，迄三十八年十月。卷末有《草草》诗一首，是绝笔亦是自传。有雍正中其孙陶曾凯刊本。

鹤岭山人诗集 诗别集。清王泽弘著。十六卷。卷一至卷三为曾由魏宪刻入《补石仓诗选》之旧作，卷四至卷一六为其子王材振所编未刻稿，编年起于康熙十六年(1677)，迄于三十九年。有魏宪旧序，附《请复九江关疏》。有康熙间精刊本。

江泠阁集 诗文别集。清冷士嵋著。二十二卷。凡文集四卷，文续集二卷，诗集十二卷，词一卷，《绪风吟》三卷(卷各分上、下)。有章性良序。康熙间与宗元豫《焚余稿》三卷合为《宗冷二子合刻》。另有道光二十六年(1846)重刊本，无《绪风吟》三卷，后又补诗集续编十二卷，合为三十一卷本。又民国间重刊本，一仍道光本之旧。

定峰乐府 诗别集。清沙张白著。十卷。卷首有《诸公论乐府书》，录曹禾、钱陆灿、杜濬、王崇简、魏裔介、汪琬、龚鼎孳、高珩、洪昇等十六家论定峰乐府之文字。洪昇且云："古今以乐府擅长者，代不数人，未有多至六百余篇，……伟哉定峰，可谓集乐府之大成矣。"初刻于康熙间，同学曹禾评，乾隆间《四库全书总目》收入《存目》。另有道光十八年(1838)重刊本，后有鲍桂星跋。

汤子遗书 诗文别集。清汤斌著。十卷。卷一语录，附《志学会约》，卷二奏疏，卷三序，卷四记，卷五书，卷六赋、颂、论、辨，卷七传、墓志、行实、状，卷八杂文，卷九告谕，卷一〇诗，附诗余。另载年谱一卷。汤氏"乃天下之学者，以先生传正学，绍绝业，力肩斯道之重，为一代大儒，群宗而师之，故称子"(宋荦《〈汤子遗书〉序》)。有康熙四十二年(1703)其门人王廷灿辑刊本，乾隆时收入《四库全书》。另有同治九年(1870)苏廷魁等刊《汤文正公全集》本，多《汤子遗书续编》二卷，另收《潜庵先生拟明史稿》二十卷、《乾坤两卦解》一卷、《洛学编》五卷。

志壑堂集 诗文别集。清唐梦赉著。四十九卷。凡诗集十二卷，文集十二卷，诗后集五卷，文后集三卷，《辛酉同游倡和诗余后集》二卷，《阮亭选志壑堂诗》十五卷。诗集卷一《登岱集》，卷二《锦湖白岳集》，卷三《乙卯丙辰集》，卷四《载酒堂倡和集》，卷五《思桐斋杂咏》，卷六《丁巳集》，卷七、八《吴越同游日记》，卷九

《戊午己未集》，卷一〇《己未庚申集》，卷一一《庚申吴越重游集》、卷一二《词曲集》。文集中卷九为《筹饷卮言》，卷一一为《山堂随笔》。有康熙间刊本。《四库全书总目·存目》著录《志壑堂诗》十五卷，为王士禛所选定，即《阮亭选志壑堂诗》。

损斋焚余 诗文别集。清林云铭著。八卷。有康熙八年(1669)刊本，后增为十卷。其集另有《四库全书总目·存目》著录之《吴山㲉音》八卷，提要云："此其寓杭州时所作诗文，故署以吴山。其曰'㲉音'，则取《庄子》语也。据自序云分为四卷，而书实八卷，或刻时每卷分而为二欤?"而邓之诚《清诗纪事初编》称《吴山㲉音》四卷刊于康熙二十年，后增为八卷。此外，《四库全书总目·存目》还著录有《挹奎楼文集》十二卷，且对集中之中文评价甚低。

己畦集 诗文别集。清叶燮著。三十八卷。凡文集二十二卷，诗集十卷，《残余诗稿》一卷，《原诗》四卷，《汪文摘谬》一卷。有民国二十四年(1935)长沙中国古书刊印社汇印叶启倬辑《郋园先生全书》本，附叶德辉撰《校记》一卷。所收详备，校勘精审，为最佳本。诗集所收诗止于康熙三十八年(1699)。文集初刻本为十四卷，所收文止于康熙十九年。乾隆间沈德潜增文集为二十二卷。另《四库全书总目·存目》著录本，文集为二十一卷。

尺五堂诗删 诗别集。清严我斯著。十卷。凡《初刻》六卷，《近刻》四卷。《初刻》为康熙三年(1664)至十五年之诗，《近刻》为康熙十六年至二十六年之诗。有自序谓所作"本乎自然"，又谓"世之所称汉魏三唐，少陵、昌黎，眉山、剑南，乌可同日而语"。有康熙二十七年刊本。乾隆间《四库全书总目·存目》著录本无《近刻》四卷。

姜先生全集 诗文别集。清姜宸英著。三十三卷。凡《湛园未定稿》十卷，《西溟文钞》四卷，《真意堂佚稿》一卷，《湛园藏稿》四卷，《湛园札记》四卷，《湛园题跋》一卷，《苇间诗集》五卷，《湛园诗稿》三卷，《诗词拾遗》一卷。有光绪十五年(1889)冯保燮、王定祥辑毋自欺斋刊本。另姜宸英自编《湛园未定稿》六卷，有二老阁刊本；赵同斅选《姜西溟文钞》四卷；有乾隆四年(1739)南兰匪懈堂精刊本；黄叔琳删定重编《湛园集》八卷札记二卷，有《四库全书》抄录本。又《苇间诗集》五卷，门人唐执玉编，有康熙五十二年(1713)精刊本、道光四年(1824)叶元垲木活字本；《湛园诗稿》三卷，有嘉庆二十三年(1818)岁寒堂刊本。

逸德轩全集 诗文别集。清田兰芳著。十八卷。凡《逸德轩诗集》、《文集》各三卷，收诗自顺治十三年(1656)至康熙二十六年(1687)；《逸德轩文稿》四卷、《闰一稿》一卷、丁卯至壬申诗一卷，收诗自康熙二十六年至三十一年；《逸德轩遗稿》文四卷、诗二卷，收诗自康熙三十一年至四十年。有康熙间刊本，康熙四十二年完工。

读书斋偶存稿 诗别集。清叶方蔼著。四卷。皆在朝及告归时所作，不分体，不编年，《四库全书总目》谓"疑为方蔼所自定，故篇什虽少，而一一皆其菁华"。有王原祁序。有康熙间刊本，乾隆间收入《四库全书》。其集据《四库全书总目》称"未遇时尝有《觚斋集》，得第后弃不复存"。另有诗文集《叶文敏公集》十二卷，凡文七卷，诗五卷，邓之诚《清诗纪事初编》称《四库》所录《偶存稿》有诗无文，"此集或后人所编，与诗并存"，约刊于康熙、雍正间。

东庄吟稿 诗别集。清吕留良著。七卷。凡七集，为《万感集》、《伥伥集》、《梦觉集》、《真腊凝寒集》、《零星集》、《东将集》、《欬气集》，集各一卷。有宣统中顺德邓实辑校排印《风雨楼丛书》本。另孙殿起《贩书偶记》著录有高丽抄本《吕晚村诗集》二卷。

吕晚村文集 文别集。清吕留良著。十二卷。凡文集八卷，卷一至四为书，卷五、六为序、论、辨、记、题跋，卷七为墓志铭、祭文，卷八为杂著，附行略一卷，续集卷一、二为《宋诗钞列传》，卷三为《质亡集小序》，卷四为《保甲事宜》。有康熙五十九年(1720)孙学颜序。有雍正间其曾孙吕为景辑刊修订本，另有清末国学保存会活字排字本。又康熙五十九年(1720)刊本《吕晚村先生古文》二卷，桐城孙学颜编次。

六莹堂集 诗别集。清梁佩兰著。十七卷。凡前集九卷，二集八卷。前集古乐府、五古各一卷，七古二卷，五律三卷，七律、七绝各一卷；二集古乐府、五古各一卷，七古二卷，五律、五排二卷，七律一卷，五绝、七绝一卷。有康熙四十四年至四十七年(1705—1708)刊本。另道光二十年(1840)南海伍氏诗雪轩刊伍元薇辑《粤十三家集》本，多评词一卷，附录诗余一卷。

腾笑集 诗别集。清朱彝尊著。八卷。集名取义于南朝齐孔稚珪《北山移文》"南岳献嘲，北陇腾笑"句。除首篇《太极图赋》外，均为诗作。集中诗编年始自康熙六年(1667),迄于三十年。颇有《曝书亭集》所未收之作。有康熙中刊本。1979年上海古籍出版社据康熙本影印,收入《清人别集丛刊》。

曝书亭集 诗文别集。清朱彝尊著。八十卷。凡赋一卷,编年诗二十二卷,词七卷,文五十卷,附录散曲一卷。前有潘耒、查慎行序,又录王士禛、魏禧、查慎行、曹尔堪、叶舒崇、柯维桢旧序。彝尊子昆田《笛渔小稿》附刻以传。由著者自编,始刻于康熙四十八年(1709),曹寅捐赀倡助,未竣工而朱、曹相继去世,其孙朱稻孙乞诸亲故,于五十三年续成之,乾隆时收入《四库全书》。乾隆间另有张星写刊本。民国八年(1919)商务印书馆据原刻本影印,收入《四部丛刊》,民国二十五年(1936)中华书局又据原刻本排印,收入《四部备要》。此外又有商务印书馆排印《国学基本丛书》本。又《曝书亭集外稿》八卷,凡诗五卷,词一卷,文二卷,冯登府、朱墨林辑,有嘉庆二十二年(1817)潜采堂刊本及道光二年(1822)刊本,光绪四年(1878)孙福清又辑刊入《槜李遗书》。朱氏诗集另有注本。嘉兴杨谦撰《曝书亭集诗注》二十二卷年谱一卷,有乾隆间木山阁刊本,然畏祸删有关屈大均之作,是其缺陷。嘉兴江浩然撰《曝书亭诗录笺注》十二卷,有乾隆二十四年(1759)刊本。孙银槎撰《曝书亭集笺注》二十二卷,有嘉庆五年三有堂刊本,兼注赋。另其集在编为《曝书亭集》之前,康熙间刊有《竹垞文类》二十六卷及《腾笑集》八卷。

董文友全集 诗文别集。清董以宁著。凡《正谊堂文选》无卷数,收文百余篇,原编次作十三卷,《诗集》二十卷,《蓉渡词》三卷。有康熙三十九年(1700)刊本。另有光绪中刊盛宣怀辑《常州先哲遗书》本,收《正谊堂诗集》十七卷,《文友文选》三卷,《蓉渡词》三卷。又《董文友文选》单行无卷数,有康熙间刊本。

三鱼堂文集 文别集。清陆陇其著。十六卷。凡杂著四卷,书一卷,尺牍一卷,序二卷,记一卷,墓表、墓志铭、圹记、传一卷,外集奏议、条陈、表、策、申请、公移六卷。《隶释·太尉杨震碑》:"贻我三鱼,以章懿德。""三鱼"盖取义于此。作者殁后九年,康熙四十年(1701)其从子陆礼征旁搜广辑,门人侯铨分类编次,刊刻行世,乾隆间收入《四库全书》。另有光绪十六年(1890)宗培等刊《陆子全书》本。别有《陆稼书先生文集》二卷,张伯行据《三鱼堂文集》选编,杨浚重辑,有同治五年(1866)福州正谊书院刊《正谊堂全书》本,民国二十五年(1936)商务印书馆据之排印,收入《丛书集成初编》。

魏季子集 诗文别集。清魏礼著。十六卷。凡文十卷,诗六卷。首有魏禧、彭士望序。魏禧序谓其诗好汉魏,文好周秦诸子,及其成也,诗类韩愈,文则近柳宗元。有康熙十年(1671)林时益编《宁都三魏全集》易堂刊本,另有道光二十五年(1845)谢庭绶绂园书塾重刊本。

翁山诗外 诗别集。清屈大均著。十八卷。卷一六至卷一八为词,惟卷一八原阙,故实为十七卷。门人陈阿平编,传本无刻书年月,约康熙间刊。雍正、乾隆时遭禁毁。另有宣统二年(1910)国学扶轮社校印本,二十卷,后三卷为词,卷二〇嗣出,实十九卷。其诗集又有《屈翁山诗集》八卷词一卷,鸳水徐肇元选,无刻书年月,约康熙间研露斋刊;《道援堂集》十卷,钱塘沈用济选,无刻书年月,约康熙间刊;《道援堂诗集》十二卷词一卷,道光间刊。

翁山文外 文别集。清屈大均著。十六卷。卷一为记,卷二为序,卷三为传、行状,卷四为论,卷五为说,卷六为碑,卷七为墓表,卷八为墓志铭,卷九为书后、跋,卷一〇为杂著,卷一一为铭,卷一二为赞、颂,卷一三为杂文、引,卷一四为哀辞,卷一五为书后,卷一六为赋。原为潘飞声家秘藏顺德李应田手抄本,十八卷,卷六原缺。民国九年(1920)刘承幹据之付刊,收入《嘉业堂丛书》行世。别有《翁山文钞》十卷,常熟薛熙评,有康熙间刊本,为屈氏晚年所为之文,与《翁山文外》不同,因禁毁故,留传甚少。

潜书 初名《衡书》。文别集。清唐甄著。全书分上篇上、上篇下、下篇上、下篇下、诗文录,并附其父唐阶泰诗钞。《潜书》"凡九十七目。大略仿《论衡》之体,自心性、治术以至处世淑身之理,无不具列。甄与魏禧友善,故其文格颇相类。然所载多据当时见闻,及友朋酬对之语"(《四库全书总目提要》)。其婿王闻远《西蜀唐圃亭先生行略》中说:"著《衡书》九十七篇。天道,人事,前古,后今,具备其中。曰'衡'者,志在权衡天下也。后以连蹇不遇,更名《潜书》。"则书名之更改为体现个人政治遭遇的"连蹇不遇",取潜存待试之意。书中大胆地对君主专制统治的残暴进行了有力的抨击,对人民生活的疾苦表示了一定的同情。康熙四十二年

(1703)由其婿王闻远初次以本名刊刻。光绪九年(1883)又有李氏刊本,1955 年吴泽民以王氏原刻本和李刻本参校,编排整理,分段标点,由中华书局印行。1962 年增加部分诗文及其父唐阶泰诗与有关唐甄资料,再版行世。另有 1984 年四川人民出版社出版《潜书注》。

秋笳集　诗文别集。清吴兆骞著。八卷。初系徐乾学所刻,不分卷,约刊于康熙十五年(1676),雍正四年(1726)其子吴振臣重刻为八卷,析徐刻为四卷,增补四卷,“前三卷题《秋笳集》,四卷题《西曹杂诗》,五卷题《秋笳前集》,六卷题曰《拟古后杂体诗》,七卷题曰《秋笳后集》,八卷则五页以前题《杂著》,六页以后题《后集》”(《四库全书总目》),是为衍厚堂本。此后有乾隆四十一年(1776)知止草堂刊本、咸丰二年(1852)伍崇曜刊《粤雅堂丛书》本、宣统三年(1911)顺德邓氏刊《风雨楼丛书》本、民国二十五年(1936)商务印书馆排印《丛书集成初编》本。1993 年上海古籍出版社以衍厚堂本为底本校点,附录《归来草堂尺牍》、《宁古塔纪略》、事迹辑存、序跋评论、诸家书信与酬赠题咏,排印出版。

受祺堂文集　文别集。清李因笃著。八卷。凡初集四卷,续集四卷。初集有鄂山序及道光九年(1829)周之祯序和道光七年冯云杏序,续集有道光十年杨浚序。有道光七年至十年刊本。文集系由冯云杏、杨浚据旧抄所辑。另《受祺堂诗集》三十五卷,有潘耒序,有康熙三十一年(1692)刊本,入《四库全书总目·存目》,第四卷原阙。

憺园全集　诗文别集。清徐乾学著。三十六卷。卷一赋、颂、乐章;卷二至卷四为《虞浦集》上、中、下,收诗三百五十首;卷五、六为《词馆集》上、下,收诗二百二十七首;卷七至卷九为《碧山集》上、中、下,收诗二百八十首;卷一〇至卷三六为各类文。集由其子排纂成帙,有康熙三十六年(1697)刊本,前有宋荦序。《四库全书总目·存目》著录为三十八卷,乾隆五十四年(1789)重刊。光绪九年(1883)鉏月吟馆再次重刻行世,卷数为三十六卷,俞樾作《重刻憺园集序》。

松桂堂全集　诗文别集。清彭孙遹著。三十七卷。卷一为赋、乐章等,卷二、三为应制诗,卷四至卷三〇为编年诗,自顺治十一年至康熙三十六年(1654—1697),卷三一至卷三四亦为各体诗,卷三五为表、奏等,卷三六为颂,卷三七为序。附《延露词》三卷、《南淮集》诗三卷。《延露词》集名盖取义于《淮南子·人间训》“夫歌《采菱》,发《阳阿》,鄙人听之,不若此《延露》、《阳局》”。有尤侗等人评点。《南淮集》集名盖取义于扬雄《反离骚》“横江、湘以南淮兮,云走乎彼苍吾”。收康熙三年至五年(1664—1666)诗作三百八十一首。《南淮集》、《延露词》于康熙年间即已付刻,《松桂堂全集》则至乾隆八年(1743)才由其孙景曾付刻,《四库全书》将之与《延露词》、《南淮集》一起收入。另有宣统三年(1911)扫叶山房石印本,题《彭羡门全集》。

独漉堂集　诗文别集。清陈恭尹著。三十卷。凡诗集十五卷,文集十五卷。诗原目二十卷,后五卷未刻;文十五卷缺第九卷,因此卷为南明时所作奏疏启笺,故刻书者删去以避祸。有其子陈赣编次康熙五十七年(1718)晚成堂刊本。后道光五年(1825)重刊时,补奏疏杂文一卷,成三十卷足本,题《独漉子诗文全集》。另有民国间刊本,附民国八年(1919)温肃撰《年谱》一卷,题《陈独漉先生全集》。又恭尹自编《独漉堂稿》七卷,凡赋一卷,诗六卷,第四卷分上、下,有康熙十三年刊本。

在陆草堂文集　文别集。清储欣著。吴曹直编。不分卷。六十七篇。凡传十一篇,论五篇,序十八篇,记九篇,书信四篇,杂著二十篇。传本无刻书年代,约康熙间刊。

健松斋集　诗文别集。清方象瑛著。三十四卷。凡初集二十四卷,续集十卷。初集卷一至一六为文,卷一七为《秋琴阁诗》,系少作,卷一八、一九为《展台诗钞》,系官京师时所作,卷二〇、二一为《锦官集》,系典试四川时所作,卷二二为《四游草》,系未仕时游郧、燕、越、楚时所作,卷二三为《萍留草》,系避兵乱于杭州时所作,卷二四为《都门怀古诗》、《倦还篇》,分别系官翰林院时所作与归里时所作。续集文八卷,诗二卷。有康熙间刊本。

问山集　诗文别集。清丁炜著。十八卷。凡诗集十卷,文集八卷。诗集编定于康熙二十八年(1689),王士禛、朱彝尊所选评。有宋琬、汪琬、朱彝尊、钱澄之、魏禧等序及自序。有康熙间希郑堂原刊本,另有咸丰四年(1854)雁江景义堂重刊本,增张维屏序。又康熙十五年所刻《问山诗集》二卷,附《问山诗余》。

墨井集　诗文别集。清吴历著。四卷。凡《诗钞》二卷,《三巴集》一卷,《墨井题跋》一卷。

门人陆道淮编。《三巴集》一名《嶴中杂咏》，乃吴历居澳门所作诗，三巴为其所在天主教堂名。有飞霞阁精刻本，约康熙五十八年(1719)刊，另有同治十三年(1874)顾湘辑刊《小石山房丛书》本，据康熙本重刻。清末李杕从上海徐家汇藏书楼得《三巴集》抄本，收诗较旧刻中《三巴集》多过半，又得赵修令撰《吴渔山先生口铎》抄本，乃重编《墨井集》五卷。卷一为生平资料与师友传略，卷二为《墨井诗钞》，将旧刻二卷合为一卷，卷三为《三巴集》，收诗据抄本，卷四为《墨井题跋》，收文据旧刻本，卷五为赵修令所撰《吴渔山先生口铎》。附编者跋语，并补佚诗九首。有宣统元年(1909)徐家汇印书馆排印本。此本最足，但误字较多。

瓯香馆集 诗文别集。清恽格著。十四卷。凡诗十卷，画跋二卷，补遗诗一卷，补遗画跋一卷。另附录一卷。有道光十八年(1838)蒋氏宜年堂刊蒋光煦辑《别下斋丛书》本，民国十二年(1923)商务印书馆据蒋本影印，民国二十五年商务印书馆又据之排印，收入《丛书集成初编》。另《南田诗钞》五卷，康熙二十五年(1686)顾祖禹作序，庄令舆、徐永宣辑，有康熙五十六年山阴孙说刊本。

霞举堂集 诗文别集。清王晫著。三十五卷。凡《南窗文略》八卷，《松溪漫兴》十卷，《峡流词》三卷，《尺牍偶存》二卷，杂著十卷，《木庵外编》二卷。前列洪若皋、方象瑛、孙琮序。有康熙十九年(1680)文沾堂刊本。杂著十卷乾隆间《四库全书总目·存目》著录。

寻壑外言 诗文别集。清李绳远著。五卷。凡诗二卷，文三卷。乾隆间《四库全书总目·存目》著录。邓之诚《清诗纪事初编》谓此集"刻成屡易其稿，后乃自订为诗四卷，杂文一卷"，所见本与《四库存目》著录本不同。孙殿起《贩书偶记》著录有康熙间精刊本，云："按此书乾隆间金德舆校刊《李氏家集》，已经载入，仍作五卷，内多删削。其所删者诗一百三十余首，杂文三十篇，尺牍九十三通。"

安序堂文钞 文别集。清毛际可著。三十卷。卷一论，卷二、三书，卷四至卷一三序，卷一四至卷一七记，卷一八至卷二〇传，卷二一碑、状、行述、行略，卷二二墓志，卷二三墓表，卷二四辨、对、引、疏，卷二五说、赞，卷二六议、题，卷二七题词，卷二八跋、书后，卷二九文，卷三〇告文、赋、纪事、谳语。另《黔游日记》一卷同刊。前有严允肇序，每篇有林云铭、严允肇夹评、总评。有康熙二十八年(1689)张希良题辞本衙刊本。另有《四库全书总目·存目》著录二十卷本。《存目》又著录《会侯文钞》二十卷，云："此本刻于康熙己亥(1719)，乃淳安方椝如所重辑。"此外尚有《松皋文集》十卷，康熙十五年刊。

绩学堂诗文钞 诗文别集。清梅文鼎著。十卷。凡文钞六卷，诗钞四卷。康熙四十四年(1705)清圣祖南巡，为书"绩学参征"四字赐之，因以名堂，并以名集。内收诗三百余首，起康熙八年迄康熙六十年。有乾隆间刊本。《四库全书总目·存目》著录。

珂雪诗 诗别集。清曹贞吉著。五卷。凡康熙八年(1669)刊《珂雪集》一卷，王士禛评，康熙十一年刊《珂雪二集》一卷，康熙二十六年刊《朝天集》一卷、《鸿爪集》一卷、《黄山纪游诗》一卷。贞吉曾孙益厚，将《朝天》、《鸿爪》、《黄山纪游》诸集附于王评本后，合称《珂雪诗》，《四库全书总目·存目》著录，提要云："《感旧集》所选《登望海楼》、《吴山晚眺》、《金山》诸诗，亦皆不见集中，则全稿之散失者多矣"。

带经堂集 诗文别集。清王士禛著。七编九十二卷。凡一编《渔洋诗集》二十二卷，编年自顺治十三年(1656)至康熙八年(1669)；二编《渔洋续诗集》十六卷，编 年自康熙十年至康熙二十二年，称《京集诗》；三编《渔洋文集》十四卷；四编《蚕尾诗》二卷，编年自康熙二十三年至康熙二十四年，《四库全书总目》谓"士禛以康熙甲子(1684)祭告南海，阻雪东平，望小洞庭中蚕尾山，悦其清远，因取以名其山房，并以名集"；五编《蚕尾续诗集》十卷，内卷一雅颂，卷二、三《南海使集》上、下，卷四《雍益使集》，卷五、六《雍益使集续集》上、下，卷七、卷八《古夫于亭稿》上、下，卷九、卷一〇《古夫于亭稿后集》上、下；六编《蚕尾文集》八卷；七编《蚕尾续文集》二十卷。收王士禛诗文较详备，但不如《渔洋山人精华录》流传广。有康熙五十一年(1712)刊本，乾隆十二年(1747)重刊。

渔洋山人精华录 诗别集。清王士禛著。十卷。凡古体诗四卷，近体诗六卷。收诗千余首。作者门人盛符升、曹禾选，一说为作者自选。有康熙三十九年(1700)林佶写刊本，乾隆时收入《四库全书》，另有民国间商务印书馆据林本影印之《四部丛刊》本及《国学基本丛书》排印本。另《渔洋山人精华录训纂》十卷，惠栋笺注，附士禛自撰年谱（亦加笺注）。有乾隆间红豆斋刊本、民国间中华书局排印《四部备要》本。又《渔洋山人精华录笺注》十二卷、补注一卷、年谱一卷，金荣笺注，编次与康熙原本异，行世后惠栋曾撰《辨讹》一卷驳之。有乾隆间翔凤堂刊本。

西陂类稿　诗文别集。清宋荦著。五十卷。卷一至二二为诗，有《古竹圃稿》、《嘉禾堂稿》、《柳湖草》、《将毋楼稿》、《双江唱和集》、《海上杂诗》等，卷二三为词，卷二四至三一为文，卷三二至三七为奏疏，卷三八、三九为公移，以下为《迎銮三纪》三卷，《筠廊偶笔》、《二笔》四卷，《漫堂年谱》四卷。有康熙五十年（1711）家刻本。别本三十九卷，后三种单行，有《四库全书》本及乾隆中刊本。

东江诗钞　诗别集。清唐孙华著。十二卷。为其康熙二十七年（1688）成进士后所作，手自删定，编年排列。有康熙五十六年（1717）精刊本。1979年上海古籍出版社据康熙本影印，收入《清人别集丛刊》。

九谷集　诗文别集。清方殿元著。六卷。凡乐府诗二卷，诸体诗二卷，杂文一卷，《环书》上、下篇一卷。附《四书》讲语数则。有康熙间刊本，乾隆间著录于《四库全书总目·存目》。另有道光二十年（1840）南海伍氏诗雪轩刊伍元薇辑《粤十三家集》本，最为通行。

黄湄诗选　诗别集。清王又旦著。十卷。集系王士禛所选定，并为之作序，另有顾景星、汪懋麟、姜宸英、陆嘉淑序。有康熙十九年（1680）汤复旦刊本。

秋锦山房集　诗文别集。清李良年著。二十二卷。凡诗集十卷，词二卷，文集十卷。其兄绳远作序。乾隆间《四库全书总目·存目》著录，并谓其诗"自少至老，风调不变，其蹊径之狭，殆才分所偏欤"，文"长于议论，而短于叙述，不逮其诗"，词"已刻入六家词中者，殆三分之二，品在其诗、文之间"。有康熙间刊本。别本另有《外集》三卷，康熙四十三年（1704）刊。

习斋记余　文别集。清颜元著。十卷。卷一序，卷二记，卷三、四书，卷五传，卷六论，卷七、八祭文，卷九、一〇题识、议说、行实等。乾隆十五年（1750）门人钟錂编次，序云："斋以习名者何？药世也。药世者何？世儒口头见道，笔头见道，颜子矫枉救失，遵《论语》开章之义，尚习行也。余者何？对德言之也。谓吮毫濡墨，非身心正业，直绪余也。余似宜舍，何为记之也？先生发明正学，矢口搦管皆以文载道，非沉溺雕虫也。"有光绪五年（1879）王氏谦德堂刊《畿辅丛书》本，民国十二年（1923）四存学会排印《颜李丛书》本。民国二十五年（1936）商务印书馆据《畿辅丛书》本排印，收入《丛书集成初编》行世。1987年中华书局排印《理学丛书》本《颜元集》，除收入《习斋记余》外，还收入《四存编》十一卷、《四书正误》六卷、《朱子语类评》一卷、《礼文手钞》五卷、《习斋先生记余遗著》一卷、《辟异录》二卷、《言行录》二卷、《年谱》一卷，为最通行之本。

古欢堂集　诗文别集。清田雯著。三十六卷。凡文二十二卷，内杂著八卷，序四卷，题辞一卷，记二卷，铭表二卷，传一卷，跋一卷，杂文三卷；诗十四卷。诗集为作者康熙四十一年（1702）归田后手自汰选付刻，亦名《山薑诗选》。有康熙三十七年（1698）家刻本，后人收入《德州田氏丛书》，乾隆间又收入《四库全书》，附录《黔书》二卷、《长河志籍考》十卷。

芦中集　诗别集。清王摅著。十卷。《吴越春秋·王僚使公子光传》："芦中人，芦中人，岂非穷士乎？"集名盖取义于此。所收诗编年排列，为作者自订。"其诗初期，以久与胜国遗老往还，因多驼棘之感、故国之思。及晚年出游，南逾岭峤，北穷卢龙，又多纪游山川之作。"（影印本《出版说明》）有康熙三十八年（1699）刻本。1980年上海古籍出版社据康熙本影印，收入《清人别集丛刊》。

学文堂集　诗文别集。清陈玉璂著。二十四卷。凡文集十六卷，诗集五卷，诗余三卷。文分类排列，诗分体排列，诗余名《耕烟词》，分小令、中调、长调三卷。前有康熙十二年（1673）冯溥序、九年吴伟业序、七年王崇简序、十年周亮工序、十二年卢纮序。文集另有黄与坚、姜宸英、汪懋麟、魏禧、陈瑚、杜濬等十余人之序，诗集另有黄永、陈维崧等四人序，诗余别有任绳隗、徐喈凤等三人序。有康熙十二年刊本，另有光绪二十三年（1897）武进盛氏据原刻重刊本，收入《常州先哲遗书》。

南洲草堂集　诗文别集。清徐釚著。三十卷。凡诗十六卷，文十四卷。所收诗止于康熙三十四年（1695）。附《枫江渔父图题词》一卷，《青门集》一卷，《青门续集》四卷（原名《松风余稿》，乃康熙三十五年至四十七年中所作诗），《菊庄词》甲集一卷二集一卷。有康熙三十四年朱彝尊序、自序，康熙四年姜宸英序及其他十余人所作序。有康熙间菊庄刊本。

完玉堂诗集 诗别集。清元璟著。十卷。卷各一集，为《东湖集》、《名山集》、《红椒集》、《紫柏集》、《太白集》、《绿琼集》、《京师百咏》、《晚香集》、《黄琮集》、《鹊南集》。收诗一千余首。前列自序及友人题词。有康熙间刊本。

绀寒亭集 诗文别集。清赵俞著。十四卷。凡文集四卷，诗集十卷。有姜宸英、张云章序。诗集收分体诗一千一百余首，止于康熙十一年(1672)。有康熙间刊本，乾隆间《四库全书总目·存目》著录。另邓之诚《清诗纪事初编》所见本为十一卷，凡文三卷，诗八卷。

抱犊山房集 诗文别集。清嵇永仁著。六卷。凡《吉吉吟》、《百苦吟》各一卷，为在耿精忠狱中与范承谟及同难之人唱和之诗；《和泪谱》一卷，为其所作同难之人小传；《葭秋集》、《竹林集》各一卷，为旧刻诗文；最后一卷为难友王龙光、沈天成诗文。有金人瑞致作者书及徐增题语。其子嵇曾筠哀集刊刻于雍正间，乾隆中收入《四库全书》。

有怀堂诗文稿 诗文别集。清韩菼著。二十八卷。凡文二十二卷，分类排列，诗六卷，分《蹢躅》、《归愚》、《病坊》、《击迷》四集。前列康熙四十二年(1703)自序。收诗近五百首。有康熙四十二年自编家刻本。

邵青门全集 诗文别集。清邵长蘅著。其侄璿等编次。三十卷。凡《青门簏稿》诗六卷、文十卷，皆康熙十七年(1678)以前所作，《青门旅稿》诗二卷、文四卷，皆康熙十八年至三十年所作，《青门剩稿》诗三卷、文五卷，皆康熙三十一年以后所作。附录《邵氏家录》一卷，为邵雍祠堂碑记等之汇编。有《四库全书总目·存目》著录康熙刻本。通行本为光绪间盛宣怀辑刊《常州先哲遗书》本，总题《邵青门全集》。

苍岘山人集 诗别集。清秦松龄著。六卷。凡诗集五卷，词一卷。卷一为《碧山集》，卷二为《寄阮集》，卷三为《然竹集》，卷四为《得树轩集》，卷五为《碧山后集》，卷六为《微云集》词。有康熙五十七年(1718)尊贤堂精刊本，另有嘉庆四年(1799)重刊本，增文集一卷，有秦瀛序。

忠裕堂集 文别集。清申涵盼著。不分卷。收文三十六篇。"自记传书序，以及碑铭杂著，体无不备，词无不工"(陈玉璂序)。有光绪五年(1879)王氏谦德堂刊王灏辑《畿辅丛书》本，民国二十五年(1936)商务印书馆据之排印，收入《丛书集成初编》。

叶忠节遗稿 诗文别集。清叶映榴著。十六卷。凡文十一卷，诗三卷，赋一卷，诗余一卷。有康熙二十四年(1685)刊本，又名《苍岩山房遗稿》。乾隆间《四库全书总目·存目》著录本为十三卷，凡文八卷，诗赋四卷，诗余一卷，其子叶敷裒辑刊刻，朱彝尊为之作序。另有雍正中叶凤毛重刊本、乾隆十年(1745)精刊本，均十二卷。

香草居集 诗词别集。清李符著。七卷。前三卷为《滇南诗》，系作者手定。末二卷为《耒边词》。集为其侄孙李菊房编，玄侄孙李旦华刊。有方光琛序、李旦华跋。有康熙间刊本。

午亭文编 诗文别集。清陈廷敬著。五十卷。凡诗二十卷，文二十八卷，《杜律诗话》二卷。陈氏《午壁亭赋》云："余村居近沁水而爱午壁亭之名，故取其以名其居曰'午亭山村'。"集名本此。陈氏初著《尊闻阁集》八十卷，晚年手自删订，编为此集。有康熙四十七年(1708)林佶写刊本，世称精善，乾隆间收入《四库全书》。另有乾隆四十三年(1778)重刊本。此外又有乾隆七年刊《午亭山人第二集》三卷。

乐圃集 诗别集。清颜光敏著。七卷。分体编排。前列诸序和评语，后附补遗数首。有《阙里颜氏丛书》刊本。《四库全书总目·存目》著录康熙间刊本，云："此集为王士祯(禛)所定，版心题'十子诗略'，盖士祯(禛)尝选商邱宋荦、……江都汪懋麟及光敏之诗，共编一集，而十人各为卷帙，其版亦分藏于各家，往往别本单行，版心所题，犹其全编之总名也。"

百尺梧桐阁集 诗文别集。清汪懋麟著。二十五卷。凡《百尺梧桐阁诗集》十六卷，《文集》八卷，《锦瑟词》一卷。《诗集》收康熙元年至十七年(1662—1678)所作诗一千二百九十首，有计东、徐乾学序，为康熙十七年自刻；《文集》收各类文一百三十九篇，有杜濬序，为其侄汪荃收拾遗文于康熙五十四年所刻；《锦瑟词》乃其康熙十五年以前之作，当刊于此后不久。1980年上海古籍出版社据康熙本影印，收入《清人别集丛刊》。另有《百尺梧桐阁遗稿》十卷，收康熙十八年至二十七年所作诗二百五十首，亦汪荃辑，康熙五十四年瞻芑堂刻。1980年上海古籍出版社据康熙本影印，收入《清人别集丛刊》。

蒲松龄集 诗文别集。清蒲松龄著。全书分七部分。凡一、《聊斋文集》十三卷，收文四百五十余篇，附王士禛题后等五篇；二、《聊斋诗集》五卷续录一卷，收诗九百二十九首，附张鹏展序等三篇；三、《聊斋词集》一卷，收词九十二首，前有唐梦赉序，后附跋三篇；四、杂著《日用俗字》、《农桑经》两种；五、戏三出，为《闹馆》、《钟妹庆寿》、《闹窘》，附《南吕调·九转货郎儿》；六、《聊斋俚曲集》十四种，为《墙头记》、《姑妇曲》、《慈悲曲》、《翻魇殃》、《寒森曲》、《蓬莱宴》、《俊夜叉》、《穷汉词》、《快曲》、《丑俊巴》、《禳妒咒》、《富贵神曲》、《磨难曲》、《增补幸云曲》，附《土语注解》；七、附录，内《草木传》、《逃学传》、《学究自嘲》、《除日祭穷神文》、《穷神答文》为不能确定之作，另有路大荒编《蒲柳泉先生年谱》、《蒲氏世系表》及参考资料三种，末为《编订后记》，详述纂辑缘起。全书系路大荒据光绪十九年(1893)《聊斋先生遗集》石印本，及各种抄本、稿本整理而成，为收录除小说外蒲氏作品最全之本。1962年中华书局上海编辑所出版，1986年上海古籍出版社新一版重印。另民国二十五年(1936)上海世界书局排印本《聊斋全集》，收录蒲氏作品亦较多。

黄叶村庄诗集　诗别集。清吴之振著。十卷。凡初集八卷，刻于康熙三十五年(1696)，吕留良为之序；后集一卷，刻于康熙四十一年；续集一卷，刻于康熙五十一年。皆之振生前所刊。乾隆间《四库全书总目·存目》著录。另有光绪四年(1878)作者六世孙吴寿康重刊本，有叶燮序及施闰章、王士禛、朱彝尊等题词，复增刻《种菜诗卷》原本，有汪琬、黄宗羲等题词及钱泰吉跋。

文贞公集　文别集。清张玉书著。十二卷。卷一为赋、颂、表、笺，卷二为疏，卷三为议、书、考、说，卷四、五为序，卷六为跋、记，卷七为纪事，卷八为乐章、纪、传、赞、策问，卷九为纪功碑、墓碑、神道碑，卷一〇至一二为墓志铭。有储大文序。有乾隆五十五年(1790)刊本，另有光绪二十七年(1901)活字印本。集又名《张文贞集》，不分卷帙，亦无目录，盖其家藏抄本，后编为十二卷，收入《四库全书》。

榕村集　诗文别集。清李光地著。四十卷。凡《观澜录》一卷，《经书笔记》、《读书笔录》合一卷，《春秋大义》、《春秋随笔》合一卷，《尚书句读》一卷，《周官笔记》一卷，《初夏录》二卷，《尊朱要旨》、《要旨续记》合一卷，《象数拾遗》、《景行摘编》又附记合一卷，文二十五卷，诗五卷，赋一卷。诗为光地亲自选定，其余为其孙清植所编。有乾隆元年(1736)李清植刊本，收入《李文贞公全集》，另有《四库全书》抄本。别有《榕村全集》，多《续集》七卷、《别集》五卷，有道光七年(1827)李维迪刊本，收入《榕村全书》。

澄江集　诗别集。清陆次云著。一卷。所收皆古今体诗，为次云官江阴时所作，故以澄江名集。有康熙二十二年(1683)宛羽斋刊《陆云士杂著》本。另有《四库全书总目·存目》著录本，无卷数，提要谓"集中五古短篇及宫词之类，颇能自出新裁，而蹊径不免于太狭"。另其文别集有《北墅绪言》五卷，亦有《陆云士杂著》本，乾隆间亦为《四库全书总目·存目》著录，提要谓"是集皆所作杂文，而俳谐游戏之篇居其大半，盖尤侗《西堂杂俎》之流，世俗所谓才子之文也"。

莲洋集　诗别集。清吴雯著。二十卷。收诗二千零六十七首。附录一卷(或著录为二卷)，为作者之墓志铭、传、年谱及诸家诗话与唱酬诗词，置于集前。卷首另有张体乾、翁方纲、曹学闵乾隆三十九年(1774)所作序及王士禛、汤右曾、陈维崧原序。据张、翁、曹序与总目下吴雯侄秉厚跋，此集为张体乾得久馆其家之吴秉厚兄弟抄藏王士禛评点本，嘱曹学闵致意翁方纲，请其以抄刻诸本校订之，刊印行世。有乾隆三十九年张氏荆圃草堂刊本，或著录为嘉庆间刊。民国二十五年(1936)中华书局据张本排印，收入《四部备要》，为今通行本。另《四库全书》收入之《莲洋诗钞》十卷，凡古体二卷，近体五卷、补遗一卷、诗余一卷、文一卷。有乾隆十六年刘组刊本及二十九年孙锷重刊本。

横山初集　诗文别集。清裘琏著。十七卷。凡诗十六卷，分《雪耕稿》、《览筠稿》、《桐帆稿》、《信菊稿》、《倚江稿》、《卧南稿》、《溯山稿》七辑，文一卷。有康熙二十年(1681)刊本。另有康熙三十年绛云居刻本，收诗同旧刻，收文《胡二斋评选文初集》不分卷，《文钞》不分卷，《易皆轩文》二集六卷，后附《明翠湖亭四韵事传奇》四卷。

稗畦集　诗别集。清洪昇著。不分卷。有1957年古典文学出版社据上海历史文献图书馆藏抄本、南京图书馆藏抄本排印本。两本分别排印，上海抄本前有康熙二十六年(1687)朱溶序，另有戴普成序，卷端下题洪昇著，朱溶、朱彝尊选，分五古、七古、五律、七律、五绝、七绝各体编排。南京抄本无序，卷端下仅题洪昉思著，前七律一百四十首为上海抄本所无，后五律与上海抄本略同，后又七律一组亦上海抄本所无，后五绝、七绝又与上海抄本略同。另《稗畦续集》不分卷，有康熙间原刻本，前有康熙五十四年(1715)门人汪熷序，卷端题洪昇著，林元彦选，收诗全为五律。1957年古典文学出版社据原刻本排印，与《稗畦集》合订行世。1993年浙江古籍出版社出版《洪昇集》，收入其全部诗作。

清吟堂全集 诗文别集。清高士奇著。七十四卷。凡《清吟堂集》九卷，《神功圣德诗》一卷，《恭奏漠北荡平凯歌》一卷，《经进文稿》六卷，《苑西集》十二卷，《扈从西巡日录》一卷，《扈从东巡日录》一卷附录一卷，《归田集》十四卷，《独旦集》八卷，《随辇集》十卷续集一卷，《城北集》八卷，《竹窗词》一卷，《蔬香词》一卷。内《城北集》之诗起康熙四年(1665)迄十七年，《苑西集》起十七年迄二十八年，《归田集》起二十八年迄三十一年，《独旦集》起三十一年迄三十三年，《清吟堂集》起三十三年迄三十六年。《随辇集》、《经进文稿》则为应制之作。有康熙二十七年至三十九年朗润堂刊本。

楼邨集 诗别集。清王式丹著。二十五卷。凡《龙竿集》五卷，《罣苏集》七卷，《补过斋集》二卷，《忍冬斋集》七卷，《鸿柯集》一卷，《梅花书屋集》三卷。编年排列，起自康熙三十一年(1692)，止于五十五年，年各一卷。唯《龙竿集》卷五为康熙三十一年前之少作。有田雯、陈鹏年、查慎行、吴瞻淇序。有其子懋讷雍正二年(1724)刊本。《四库全书总目·存目》著录。

南畇诗稿 诗别集。清彭定求著。二十七卷。编年起康熙三十四年迄五十四年(1695—1715)，前十年每年一卷，后十一年则或每年二卷，分上下。诗稿自订于康熙四十七年。唐孙华等作序。有康熙四十八年刊本。另有光绪七年(1881)彭祖贤辑刊《长洲彭氏家集》本。

横云山人集 诗别集。清王鸿绪著。二十七卷。收诗编年排列，分《山晖》、《望云》、《谷口》、《还朝》、《淮干》等子集。附《飏言集》五卷。前有康熙八年(1669)龚鼎孳序，九年宋琬序，七年周茂源序，九年田茂遇序，十年吴懋谦序。有康熙间精刊本。

遂初堂集 诗文别集。清潘耒著。四十卷。凡诗十五卷，诗补遗一卷，文二十卷，文别集四卷。《四库全书总目·存目》著录本无诗补遗一卷，其提要云："诗分《少游》、《梦游》、《近游》、《江岭游》、《海岱游》、《台荡游》、《闽游》、《黄庐游》、《楚粤游》、《豫游》、《卧游》诸草，分年编次。文则各以体分，惟为二氏作者入之别集，用杨杰《无为集》例也。"有康熙四十九年(1710)刻雍正三年(1725)补刻本。另有吴江孙灵琳藏手稿本。叶山民从稿本中辑出《遂初堂集外诗文稿》二卷，凡诗、文各一卷，民国二十四年(1935)排印出版，收入《乙亥丛编》。

临野堂集 诗文别集。清钮琇著。三十卷。凡诗集十三卷，诗余二卷，文集十卷，《粤游日记》一卷，尺牍四卷。诗各卷有小集名，卷一至三为《笠钓初吟》、《再吟》、《三吟》，卷四、五为《前筑音》、《后筑音》，卷六、七为《居项胥钞》上、下，卷八为《端暇游》，卷九为《续筑音》，卷一〇为《粟语》，卷一一为《南县客笔》，卷一二为《柳下言》，卷一三为《荔梦编》。文有李因笃序，诗有姜宸英题辞。有康熙二十九年(1690)至三十二年刊本。乾隆间《四库全书总目·存目》著录文集十卷。

广阳诗集 诗别集。清刘献廷著。二卷。卷上古乐府、五言古诗、七言古诗，卷下五言律诗、五言长律、七言律诗、五言绝句、七言绝句。有吴兴刘氏嘉业堂精抄本存世，末有横山顾嘉誉跋，1979年上海古籍出版社据之影印，与金人瑞《沉吟楼诗选》合订，收入《清人别集丛刊》。

居业堂文集 文别集。清王源著。二十卷。凡传五卷，书、启三卷，论、说、辨三卷，序五卷，墓志、墓表、行实、行状、告文二卷，记、碑一卷，书后、跋、题词、纪事、杂著一卷。取《易·乾》"修辞立其诚，所以居业也"之义，名堂曰"居业"，并以之名集。附录管绳莱《王崑绳家传》谓"源以世家子弟，国变家毁，苍凉郁勃之气，无所发泄，一寓之于文。今其文具在，多纪明人逸事"。集为管绳莱编。有道光十一年(1831)金陵刘氏读雪山房刊本。另有光绪五年(1879)王氏谦德堂刊王灏辑《畿辅丛书》本。光绪十一年忻州赵培元与王文泉又"参订付梓，卷次文类，悉依旧式，酌存二百六十三篇，篇后旧载各家评语，其泛论文体，无关故实者，概削而不录"(赵培元识语)。民国二十五年(1936)商务印书馆据王本排印，收入《丛书集成初编》。

思复堂文集 文别集。清邵廷采著。十卷。有康熙五十一年(1712)刊本，刘士林、王撰作序，附录龚翔麟所作墓志铭、陶思渊所作墓表、邵国麟所作传等若干篇。另有光绪二十年(1894)徐友兰重刊本，收入《绍兴先正遗书》，较康熙本增文十篇，附录四篇，有徐友兰跋。1987年浙江古籍出版社据徐本排印，收入《两浙作家文丛》。

孔尚任诗文集　诗文别集。清孔尚任著。八卷。卷一为《湖海集》以前所作之诗；卷二为《湖海集》中之诗，作于康熙二十五年至二十八年(1686—1689)；卷三为《岸堂稿》中之诗，作于康熙二十九年、三十年；卷四为辑自《长留集》之诗，作于康熙五十三年泛舟南来居淮南时；卷五为辑自零散资料之诗词曲；卷六为辑自抄本《石门山集》之文，为出山之作，极为难得；卷七为书札，大多辑自《湖海集》；卷八为题跋，辑自《享金簿》。有1962年中华书局排印汪蔚林整理点校本。其诗文别集《湖海集》十三卷，系康熙二十五年至二十八年奉命至扬州办理疏浚淮河海口工程时所作。前有康熙二十七年宗元鼎、黄云序，收诗七卷六百四十余首，文三卷四十余篇，书札三卷二百二十余通。有康熙间刊本，1957年古典文学出版社据以排印行世。

湖海集　见“孔尚任诗文集”。

研溪先生全集　诗文别集。清惠周惕著。十一卷。凡《北征集》一卷，《峥嵘集》二卷，《车中集》一卷，《红豆集》一卷，《呓语集》一卷，《谪居集》一卷，文集一卷，诗说三卷。门人王薛岐辑录。传本无刻书年月，约康熙间红豆斋精刊。另孙殿起《贩书偶记》著录有其孙惠栋编《砚溪遗稿》底稿本二卷，上卷录诗八十一首，下卷录文三十四篇、论文十则。

冯舍人遗诗　诗别集。清冯廷櫆著。六卷。凡《京集》三卷，《晴川集》一卷，《雪林集》一卷，《曹村集》一卷。《晴川集》旧有王士禛序。此集收诗凡五百首，赵执信为之作序。有雍正间刊本。另有光绪二十四年(1908)问影楼排印《二冯诗集》本。

严太仆集　诗文别集。清严虞惇著。十二卷。卷一至卷三为诗，卷四至卷七为书序寿序，卷八为记、书、书后、题词，卷九至卷一一为志传碑表，卷一二为策问。有乾隆元年(1736)刻本。咸丰间，板毁于兵火。后又有光绪九年(1883)其七世孙忠培据旧刻本重刊之西泾草堂本，校印甚精。

敬业堂集　诗别集。清查慎行著。五十六卷。正集五十卷，前四十八卷为编年诗，起康熙十八年终康熙五十七年(1679—1718)，凡《慎旃》、《遄归》、《西江》至《夏课》、《望岁》、《粤游》共五十三集，系作者自行由原作万余首删定为四千六百余首编成，后二卷为《余波词》。另诗续集六卷，七百余首，分《漫与》、《余生》等五集，系乾隆间后人续辑。“敬业”，语出《礼记·学记》“三年视敬业乐群”。作者扈驾古北口时，清圣祖曾书“敬业堂”匾额赠之，故以名其集。正集五十卷刊于康熙末，有王士禛、黄宗炎、郑梁、许汝霖序，续集六卷乾隆间与正集合刊。乾隆中正集收入《四库全书》。民国八年(1919)商务印书馆据原刊本影印《四部丛刊》本及民国二十五年中华书局据原刊本排印《四部备要》本，均为五十六卷。民国七年，商务印书馆排印张元济辑《敬业堂集补遗》一卷，收入《涵芬楼秘笈》。1986年上海古籍出版社据《四部丛刊》本排印，增入补遗，附陈敬璋所撰年谱等，收入《中国古典文学丛书》。查氏另有《敬业堂文集》上、中、下三卷又文别集一卷，民国二十五年中华书局据仁和姚氏抄本排印，有王国维序、姚景瀛跋。

善卷堂四六　文别集。清陆繁弨著。十卷。凡骈文九卷，集外与拾遗一卷，吴自高作注，陈明善校阅，分类编排。有乾隆三十五年(1770)亦园刻本。

闲止书堂集钞　诗文别集。清陈梦雷著。二卷。卷一赋、书、传、序、杂文，卷二五言古、七言古、五言律、七言律、五言排律、七言绝句。集中有文详细揭露李光地欺君卖友、护短贪功之经过，颇有史料价值。集《钞》系作者之仆杨昭抄录编成，有康熙三十二年(1693)福州刻本，全名为《陈省斋先生闲止书堂集钞》。另有1979年上海古籍出版社据康熙刻本影印之《清人别集丛刊》本。

松鹤山房集　诗文别集。清陈梦雷著。二十九卷。凡诗集九卷，文集二十卷。以清圣祖御赐“松高枝叶茂，鹤老羽毛新”一联，遂以“松鹤”名其书斋兼以名其集。有能吉图、杨文言、李炜、黄鹭来、诸葛璐、王掞序。有康熙五十一年(1712)铜活字排印本。

笛渔小稿　诗别集。清朱昆田著。十卷。收诗凡四百九十五首。有康熙五十三年(1714)刊本，附于其父朱彝尊《曝书亭集》后，光绪十五年(1889)寒梅馆重刊。民国八年(1919)商务印书馆据康熙本影印，收入《四部丛刊》。另有民国二十五年(1936)中华书局排印《四部备要》本。

解春集诗文钞　诗文别集。清冯景著。十七卷。凡文钞十二卷，内序二卷，论一卷，记一卷，书、状二卷，题跋一卷，《淮南子洪保》二卷，杂著二卷，传、志铭一卷；文钞补遗二卷，诗钞三卷。"集曰《解春》，取《易林》中'解我胸春'之语。"（卢文弨《叙述》）文钞十二卷为长洲彭绍升选编，文钞补遗为孙志祖辑录。有乾隆五十七年（1792）其外孙卢文弨辑刊《抱经堂丛书》本，民国十二年（1923）北京直隶书局据之影印，民国二十五年商务印书馆又据之排印，收入《丛书集成初编》。

南山集偶钞 文别集。清戴名世著。不分卷。收文一百十余篇，略以类相从。有其门人尤云鹗康熙四十年（1701）刊本。其后戴钧衡合此本及传抄本编成《潜虚先生文集》十四卷，收文二百五十六篇，写有叙录，编定于道光二十一年（1841），有桐城耆旧抄本，另有砚庄藏抄本二本。徐宗亮就戴编本详加校录，附加六篇纪略为补遗，刊于同治间。王哲又据别行抄本校戴本，于光绪六年（1880）刊《南山全集》十六卷，光绪十六年其子重刊，收文二百四十九篇。与王刻本相近者，有光绪二十一年印鸿堂刊巾箱本《潜虚先生文集》十六卷，宣统二年（1910）秀野轩刊《戴南山先生全集》十六卷。另有清末邓实国学保存会铅印本《戴褐夫集》，以《南山集偶钞》为基础，另辑补遗及续补遗，共为三卷，收文二百七十六篇。光绪二十六至二十八年张仲沅以徐刻戴编本为正编，增遗文三卷，以木活字印行《戴南山先生古文全集》，收文二百七十七篇。民国七年（1918）时还书屋刊本、民国十一年宝文书局刊本及民国间大达书局、大中书局、新文化书社等标点排印本《戴南山集》，皆以张本为依据。1986 年，中华书局出版王树民编校《戴名世集》十五卷，据各本点校而成，所收最全，附《古史诗鍼》及各本序跋、传记资料、文章系年与年谱。

葛庄分体诗钞 诗别集。清刘廷玑著。不分卷。有康熙五十三年（1714）刊本。另其诗有《在园诗钞》，不分卷，有康熙二十三年刊本，时方少年，已得王士禛等赞赏。又有《葛庄诗钞》十三卷（一作十二卷），乾隆间《四库全书总目·存目》著录，有康熙三十八年刊本。此分体诗钞，邓之诚《清诗纪事初编》谓"大约为最后定本"。另《四库全书总目·存目》还著录《葛庄编年诗》一种，无卷数。

小方壶存稿 诗文集。清汪森著。十五卷。附《旅行日记》、《粤行吟稿》。有朱鹤序、姜宸英、吴绮等八人序。有康熙四十年（1701）精刊本。此前其诗别有《裘杼楼诗稿》四卷，有朱彝尊等人序，有康熙间刊本。

通志堂集 诗文别集。清纳兰性德著。二十卷。凡赋一卷，诗、词各四卷，文五卷，内经解序三卷、序记书一卷、杂文一卷，《渌水亭杂识》四卷，附录墓志、墓碑文及哀祭之作上、下二卷。"通志"语出《易·系辞》"故能通天下之志"。集为康熙三十年（1691）其座师徐乾学所辑，其时性德已殁。经解序因《通志堂经解》题为性德辑，实系乾学所为，故后人亦疑非其手笔。其诗、词均有单行本。咸丰五年（1855）伍崇曜刊《饮水诗集》一卷，辑入《粤雅堂丛书》，有道光二十五年（1845）张祥河序及康熙三十年（1691）张纯修序，民国二十六年（1937）商务印书馆据之排印，收入《丛书集成初编》。

怀清堂集 诗别集。清汤右曾著。二十卷。所收诗编年排列。前有纳兰常安、黄叔琳、潘思榘序，后有吴超缪、陈履中跋。另集前又有清圣祖御制赐和汤氏所作《文冠果诗》。有乾隆七年（1742）黄钟刊本及十一年汤学基刊本，《四库全书》本即据后者抄录。

丛碧山房集 诗文别集。清庞垲著。五十九卷。凡文八卷，杂著三卷，《翰苑稿》十四卷，《舍人稿》六卷，《工部稿》十一卷，《户部稿》十卷，《建州稿》五卷，《和陶稿》一卷，《归田稿》一卷，皆其手自编定。附《诗义固说》二卷。《四库全书总目·存目》以为其诗"《舍人稿》不及《翰苑》，《工部稿》不及《舍人》，《户部稿》不及《工部》，至《建州稿》以后，颓唐益甚"。有康熙间刊本。乾隆间《四库全书总目·存目》著录本，无《和陶稿》、《归田稿》。

楝亭集 诗文别集。清曹寅著。十五卷。凡诗钞八卷，诗别集四卷，词钞一卷，词钞别集一卷，文钞一卷。诗钞收诗大抵编年，为作者自订，前有顾景星、杜岕、毛际可、朱彝尊、姜宸英所作序。其余则系作者殁后由其门人辑集而成。有康熙间印行本，诗钞刻于康熙五十一年（1712），其余则刻于次年。另有 1978 年上海古籍出版社据康熙本影印之《清人别集丛刊》本。

恕谷后集 文别集。清李塨著。十三卷。卷一、二序，卷三记、记事，卷四、五书札，卷六传，卷七志铭表碣，卷八挽辞行状，卷九至一三杂文。门人阎镐序云："恕谷者，先生自名其里也。后集者，自康熙癸未（1703）以前，仿欧、苏诸大家，先生俱置之，而惟存其后焉者也。"有雍正四年（1726）阎镐编刻本。另有光绪五年

(1879)王灏辑刊《畿辅丛书》所收《李恕谷遗书》本、民国十二年(1923)四存学会排印《颜李丛书》本。今常见本为民国二十五年商务印书馆排印《丛书集成初编》本。

过江集　诗别集。清史申义著。八卷。凡正集四卷，二集四卷。附遗稿一卷。另《芜城集》三卷，《使滇集》三卷，与之并行于世。有康熙五十一年(1712)至乾隆三年(1738)刊本。乾隆间《四库全书总目·存目》著录《过江集》四卷。其《芜城集》为少年至登第之诗，《使滇集》为康熙三十八年典试云南之诗，《过江集》为康熙三十九年至四十七年告病之诗，《过江二集》为告病前一、二年之诗。

二十四泉草堂集　诗别集。清王苹著。十二卷。以其居近望水泉，元于钦评之为泺水七十二泉之第二十四，故以之为室名，并以名集。录编年诗起康熙二十年(1681)迄五十五年，为王氏自订。前有王士禛、田雯、吴雯等五人之序，后有门人于熙学所述刻集缘起。有康熙五十六年于熙学刊本。

义门先生集　诗文别集。清何焯著。十二卷。凡文十一卷，诗一卷。另附录一卷。“其先有某者，元元统间以义行旌门。先生取其事名书塾，学者因称义门先生。”(沈彤《义门何先生行状》)集名本此。何氏诗文早已散失，翁大年搜罗二十余年，合韩崇、吴云二人抄本，于道光三十年(1850)刊行。另有宣统元年(1909)吴县吴荫培广州校刊本，题《何义门集》，多出家书四卷。此外尚有《义门小集》一卷，潘世恩作序，有道光间刊本。

饴山堂集　诗文别集。清赵执信著。三十二卷。凡诗集十九卷，分《并门集》、《闲斋集》、《还山集》上下、《鼓枻集》上下、《涓流集》、《葑溪集》、《红叶山楼集》上下、《浮家集》、《金鹅馆集》、《回帆集》、《怀旧集》及《磺庵集》一、二、三等十二辑，词集一卷，文集十二卷。“集名饴山者，先生尝考得淄水所出之原山，《汉书》、《晋书》及《水经注》，皆以为在泰山郡之莱芜县，《淮南子》谓之饴山，下及元初，地入青州益都路，先生所居在山下，故以名其集云”(王鸣盛序)。有乾隆间刊本。另有民国二十五年(1936)中华书局排印《四部备要》本。又《因园集》十三卷，有《四库全书》抄录本，刊本不传。

沧洲诗集　一名《陈恪勤集》。诗别集。清陈鹏年著。三十九卷。凡十集，集各有名。诗有《水东集》、《武夷集》、《蒿庐集》、《耦耕集》、《于山集》、《香山集》、《浮石集》、《淮海集》、《朐山集》九集三十四卷，词有《喝月词》一集五卷。有康熙间刊本，《四库全书总目·存目》以《陈恪勤集》著录。诗另有《道荣堂诗集》十卷，为《沧洲诗集》之续刻，文有《道荣堂文集》六卷，为鹏年自定，刊于《沧洲诗集》之前，《四库全书总目·存目》著录。

桐野诗集　诗别集。清周起渭著。四卷。收康熙三十六年(1697)至五十三年之诗三百五十二首。有莫友芝序及毛奇龄、郭元釪、陈允恭、陈汝楫、汪沄等旧序。集系莫友芝据未刻稿本编次，有咸丰二年(1852)贵阳刊本。另有康熙、雍正间其弟起濂刻于京师之北本、友人汪千坡刻于吴门之南本，流传较少。

掣鲸堂诗集　诗别集。清费锡璜著。十三卷。凡乐府三卷，五古三卷，七古一卷，五律二卷，七律一卷，五绝一卷，五言排律一卷，七绝一卷。另七言排律一卷，未见。传本无刻书年月，约康熙间精刊。其集别有《道贯堂文集》四卷，传本亦无刻书年月，约康熙间精刊。

秀野草堂诗集　诗别集。清顾嗣立著。六十五卷。分《小秀野》、《金焦》、《山阴》诸子集，附《寒厅诗话》、《自订年谱》。有张大受序。有道光二十八年(1848)刊本，较通行。另同名诗集五卷，有康熙三十四年(1695)精刊本，罕见。其诗集另有乾隆间《四库全书总目·存目》著录之《闾邱诗集》六十卷，附《味蔗诗集》三卷。首有自序。有康熙间精刊本。

存砚楼集　诗文别集。清储大文著。四十一卷。凡正集十六卷，二集二十五卷。集为门人张耀先、张冕等编。有乾隆九年(1744)至十九年本楼刊本，光绪元年(1875)储沅重刊。乾隆间收入《四库全书》，缺二集，提要称正集十六卷因其“究心于地理”，故“论形势者居七卷，凡山川阻隘，边关厄塞，靡不详究”。

云川阁诗集　诗别集。清杜诏著。十四卷。另词七卷与之合刻。收康熙三十二年(1693)至雍正九年(1731)之诗，有杨绳武、楼俨及门人王会汾序。有雍正九年精刊本。乾隆间《四库全书总目·存目》著录残本九卷，均为古体，即此本。另有六卷本，康熙四十九年所刊，与词一卷合刻；康熙五十二年所刊，与词七卷合刻，均见孙殿起《贩书偶记》著录。

弱水草堂诗集　诗别集。清屈复著。二十二卷。卷一至一四为各体诗，卷一五至一九为咏物诗，卷二〇为一字题之诗，卷二一、二二为乐府诗，收诗凡二千二百余首。前有乾隆七年(1742)马璞序。有乾隆七年刊本。

唐堂集 诗文别集。清黄之隽著。六十一卷。凡诗文集五十卷，补遗二卷，续集八卷。皆之隽手编，各有自序。末附《冬录》一卷，为其自撰年谱。有清刊本，《四库全书总目·存目》著录。

香屑集 诗别集。清黄之隽著。十八卷。卷一为集唐人句自序，卷二为和韩次韵律诗，卷三为五言古，卷四为七言古，卷五至卷九为五言律，卷一〇至卷一五为七言律，卷一六为五言排律、绝句与六言绝句，卷一七为七言绝句，卷一八为集杜律诗，卷末自题绝句。收诗九百三十余首，皆集唐人之句为香奁体，"虽取诸家之成句，而对偶工整，意义通贯，排比联络，浑若天成"，"一一如自己出，可谓前无古人，后无来者"(《四库全书总目》)。由其门生陈邦直校定并笺注，有雍正十二年(1734)刊本。乾隆时收入《四库全书》。另有宣统二年(1910)上海文瑞楼石印本。

望溪先生文集 文别集。清方苞著。三十卷。凡文十八卷，集外文十卷，集外文补遗二卷。附苏惇元撰年谱二卷。有咸丰元年至二年(1851—1852)戴钧衡辑刊本，戴钧衡作序。前此有乾隆、嘉庆间抗希堂、山渊阁、直介堂等诸刊本，均很不完备，乾隆间《四库全书》收入之《望溪集》，仅八卷。戴本刊行后，光绪三十二年(1906)又有荣成孙氏山渊阁刊《望溪文集补遗》，不分卷。民国八年(1919)商务印书馆影印《四部丛刊》本、民国二十五年中华书局排印《四部备要》本，以及1983年上海古籍出版社点校《中国古典文学丛书》本《方苞集》，均据戴本。其集外文，1990年黄山书社排印为《方望溪遗集》，收入《安徽古籍丛书》。

李穆堂诗文全集 诗文别集。清李绂著。一百卷。凡《穆堂初稿》五十卷，《穆堂别稿》五十卷。《初稿》卷一为赋颂，卷二至一七为诗，分《火余草》、《春风草》、《吴征草》诸集，收诗千余首，卷一八至五〇为各类文。有李纮、储大文、李先燠、黄之隽序。《别稿》卷一亦为赋颂，卷二至八为诗，分《后南浮草》、《春风草补编》、《楚游草补编》诸集，收诗五百余首，卷九至五〇为各体文及《漕行日记》与《广西二兵记》等。有常安、鲁曾煜、桑调元序。《初稿》乾隆五年(1740)无怨轩刊，《别稿》乾隆十二年奉国堂刊。别有《穆堂诗文钞》十一卷，道光间李氏容轩刊。

沈归愚诗文全集 诗文别集。清沈德潜著。七十五卷。凡自订《年谱》一卷，乾隆二十九年(1764)刊；《归愚文钞》二十卷，乾隆二十四年刊；《文钞余集》八卷，乾隆三十二年刊；《说诗晬语》二卷；《归愚诗钞》二十卷，乾隆十六年刊；《矢音集》四卷，乾隆十八年刊；《归田集》三卷；《八秩寿序寿诗》、《九秩寿序寿诗》各一卷；《诗钞余集》十卷，乾隆三十一年刊；《黄山游草》、《台山游草》、《南巡诗》各一卷；《归愚诗余》一卷，乾隆三十二年刊；《浙江通省志图说》一卷。有教忠堂刊本，除标明刊刻年代者外，余亦乾隆间刻。

鹿洲全集 文别集。清蓝鼎元著。四十三卷。凡《鹿洲初集》二十卷，《平台纪略》一卷，《东征集》六卷，《鹿洲公案》二卷，《修史试笔》二卷，《棉阳学准》五卷，《女学》六卷，《鹿洲奏疏》一卷。《鹿洲初集》为其友旷敏本所编，初定于雍正四年(1726)，十一年又合其续稿重编刊行，卷数不变，于集前撰序、记各述辑集始末。另有同治四年(1865)广东纬文堂刊、光绪五年(1879)蓝谦修补本，光绪本无《女学》。鼎元之诗，世无传本，散见于各选集、诗话。

集虚斋学古文 文别集。清方棨如著。十二卷。卷一、二为杂著，卷三、四为书札，卷五至八为序，卷九为碑、记，卷一〇、一一为墓志、墓表，卷一二为传志。收文一百六十余篇。有乾隆二十年(1655)王应奎序。有乾隆间其子方超然刊本，另有光绪十年(1884)淳安县署重刊本。

味和堂诗集 诗别集。清高其倬著。六卷。分《白蘋红杏集》、《懒后忧余集》、《滦阳消夏集》、《塞上悲秋诗》、《知非集》诸子集。附刻其妻蔡琬《蕴真斋小草》。有蔡铤、孙嘉淦、沈德潜序。有乾隆十四年(1749)家刻本。

紫幢轩诗集 诗别集。清文昭著。三十二卷。凡二十一种小集，有《古瓻集》三卷，《松风尘余集》二卷，《蛰吟》一卷，《东屯集》一卷，《在告集》一卷，《交春集》一卷等。收诗约起自康熙三十四年(1695)，迄于雍正十年(1732)。有雍正间精刊本。

陶人心语 诗文别集。清唐英著。十四卷。凡初集四卷，续选九卷。附《可姬传》一卷。集系顾栋高为之编定。以其长期监瓷厂窑务，故以《陶人心语》名。前有乾隆三年(1738)高斌序，四年李绂序，七年金德瑛序，顾栋高序，六年赵大鲸序及作者自序。《可姬传》另有顾栋高等序。有乾隆间古柏堂精刊本。

离垢集　诗别集。清华嵒著。五卷。收诗五百余首。集系作者手定。有雍正九年(1731)徐逢吉序及厉鹗题词。有道光十五年(1835)慎余堂刊本,另有台湾文海出版社影印手稿本,收入《清代稿本百种汇刊》。

香草斋诗钞　诗别集。清黄任著。六卷。存诗近千首,七绝居三分之二。有乾隆二十三年(1758)刊本。又注本《香草斋诗注》六卷,同邑陈应魁注,有嘉庆十九年(1814)精刊本。其诗另有《秋江集》六卷,有乾隆间刊本,《四库全书总目·存目》著录。又有注本《秋江集注》六卷,长乐王元麟注,有道光二十三年(1843)东山家塾刊本。傅王露序《香草斋诗钞》谓其诗"初为《十研(砚)轩稿》,既而有《秋江集》,最后曰《香草笺》"。《晚晴簃诗汇》谓其《香草斋诗钞》"勇于芟弃,故存作多工"。

柳南诗文钞　诗文别集。清王应奎著。十六卷。凡文钞六卷,卷一、二为序,卷三为序、记,卷四为记、论、说、议、书,卷五为传、哀辞,卷六为书后、题词、赞;诗钞十卷,卷一、二为古体诗;卷三至卷一〇为今体诗。文钞由其同学沈德潜、陈祖范评点选定。集有陈祖范、沈德潜序。传本无刻书年月,约乾隆间刊。

巢林集　诗别集。清汪士慎著。七卷。收诗近五百首。有乾隆九年(1744)初刻本,前列乾隆九年陈撰序与陈章题词。另有道光十三年(1833)重刊本,后有金世禄、金楷跋。

绛跗阁诗稿　诗别集。清诸锦著。十一卷。门人管乐编,徐士凤写刻。有郑江、陆奎勋等序。收古今体诗三十一集,编年排列,起自康熙四十三年(1704),止于乾隆二十七年(1762),共一千五百余首。有乾隆二十七年精刊本。《四库全书总目·存目》著录。

香树斋集　诗文别集。清钱陈群著。八十七卷。凡文集二十八卷,文续钞五卷,诗集十八卷,诗续钞三十六卷。卷首录传志年谱三卷。由作者手定,有彭启丰、汪由敦、沈德潜等序。有乾隆十六年至二十九年(1751—1764)刊本,另有光绪间刊本。

冬心先生集　诗别集。清金农著。四卷。"冬心先生者,予丙申病居江上,寒宵怀人,不寐申旦,遂取崔国辅'寂寥抱冬心'之语以自号,今以氏其集。"(自序)集系诗人自编。有雍正十一年(1733)广陵般若庵刊本。另有1979年上海古籍出版社据雍正本影印之《清人别集丛刊》本。另《冬心先生集》四卷、《续集》一卷、《拾遗》一卷、《三体诗》一卷、《自度曲》一卷、《杂著》六卷、《随笔》一卷,同治、光绪间丁丙辑刊入《西泠五布衣遗著》。

南华诗钞　诗别集。清张鹏翀著。二十四卷。凡《南华山房诗钞》六卷,续集二卷,赋一卷,《南华山人诗钞》十五卷。《南华山房诗钞》分《赓韵集》、《金莲荣遇集》、《进呈诗稿》等小集,《南华山人诗钞》分《海螺集》、《楚游集》、《纪游集》等小集。有乾隆五年(1740)沈德潜、史贻直序,七年胡天游跋、马荣祖序。有乾隆间精刊本。

沙河逸老小稿　诗别集。清马曰琯著。六卷。编年排列。沈德潜作序。有乾隆二十三年(1758)刊本。另有咸丰元年(1851)伍崇曜辑刊《粤雅堂丛书》本,民国二十五年(1936)商务印书馆据之排印,收入《丛书集成初编》,为最通行之本。

雅雨堂诗文遗集　诗文别集。清卢见曾著。七卷。凡文遗集四卷,诗遗集二卷,诗《出塞集》一卷。其曾孙卢枢编。有道光二十年(1840)清雅堂刊本。内《雅雨山人出塞集》,另有乾隆十一年(1746)精刻本。

青溪文集　文别集。清程廷祚著。二十卷。凡正集十二卷,续编八卷。正集卷一至三为论,卷四为辨,卷五为说、议、考,卷六为序,卷七为杂著,卷八为书后,卷九至一一为书,卷一二为尺牍、行状、墓志墓表。续编卷一为论,卷二为序、记,卷三为传、杂著、书后,卷四至七为书,卷八为尺牍、行状、墓志。编成后藏于家,至道光十七年(1837)才由其侄孙程兆恒付刻,续编则刻于次年。正集有程兆恒、姚鼐、汪廷珍序,续编有朱绪曾序、程云松跋。民国二十五年(1936)北京大学又据原刻本翻印出版,增附编二卷(即集外文一卷、师友论学书选录一卷)、附录一卷。

樊榭山房集　诗文别集。清厉鹗著。四十卷。凡正集十卷,内诗八卷词二卷,续集十卷,内诗八卷词一卷北曲小令一卷,文集八卷,集外诗《游仙百咏》、《续游仙百咏》、《再续游仙百咏》三卷,集外词《秋林琴雅》四卷,集外曲《迎銮新曲》套数二卷,又集外诗一卷,又集外词一卷,集外文一卷。正集、续集各有乾隆四年(1739)、十四年自序,文集有乾隆四十三年门人汪沆序,集外诗有杭世骏序及康熙五十二年

(1713)自序以及陈鸿寿引、乾隆二十六年其子厉志黼识语，集外词有徐逢吉、吴允嘉、陈撰、吴焯、符曾、赵信题词以及光绪十年(1884)汪曾唯识语，集外曲有杭世骏、全祖望序。附录挽辞、墓碑墓碣文、轶事。有光绪十年汪氏振绮堂刊本，另有民国二十五年(1936)中华书局校订排印《四部备要》本。民国八年商务印书馆《四部丛刊》影印本，无集外文。此前则有乾隆十六年刊正、续集二十卷本，收入《四库全书》，有乾隆四十三年刊正、续、文集二十八卷本，光绪七年岭南述轩重刊。此外，《樊榭山房集外诗》一卷有嘉庆间陈鸿寿刊本、光绪间徐氏观自得斋刊本。今通行本为1993年上海古籍出版社排印《中国古典文学丛书》本，以振绮堂本为底本，据旧手写本过录清董兆熊正、续集注文，附录《四库》提要、传记、挽辞、墓文、年谱。另民国间商务印书馆排印《国学基本丛书》三十七卷本，亦较为通行。

松泉诗文集　诗文别集。清汪由敦著。四十六卷。凡文集二十卷，分二十三类，诗集二十六卷，所收诗起于康熙四十七年(1708)，止于乾隆二十二年(1757)。有《四库全书》本，据其子承霈编次进呈本收入。另有乾隆间刊本，文多四卷。

蔗尾集　诗文别集。清郑方坤著。十七卷。凡诗十四集，集各一卷，为《删余草》、《公车草》、《木石居草》、《公车后草》、《木石居后草》、《丁年小草》、《丛台稿》、《春明草》、《广川稿》、《酒市稿》、《一粟斋稿》、《瓶花斋稿》、《杞菊轩稿》、《诗话轩稿》；《青衫词》一卷；文集二卷，多为骈文。有其兄郑方城及吴文焕、傅王露、金德瑛、杭世骏、胡天游等人序。有乾隆间刊本。《四库全书总目·存目》著录。

蔗塘未定稿　诗文别集。清查为仁著。十七卷。凡正集八卷，内《花影庵集》二卷、《无题诗》二卷、《是梦集》一卷、《抱瓮吟》一卷、《竹邨花坞集》一卷、《山游集》一卷；外集八卷，内《赏菊倡和诗》一卷、《花影庵杂记》二卷、《芸香阁剩稿》一卷(其夫人金含英作)、《游盘日记》一卷、《莲坡诗话》三卷；《柙帘词》一卷。有乾隆间精刊本。其诗另有《昨非斋草》一卷，又名《怅然吟》，有乾隆四十三年(1778)精刊本。

板桥集　诗文别集。清郑燮著。七卷。凡《板桥诗钞》三卷，《板桥词钞》一卷，《板桥小唱》一卷，《板桥题画》一卷，《板桥家书》一卷。《小唱》系道情十首，《题画》系题于画卷之诗文。《诗钞》有前刻、后刻自序及慎郡王紫琼道人题词，《词钞》有自序，《家书》有小引。诗序后自云："板桥诗刻止于此矣，死后如有托名翻版，将平日无聊应酬之作，改窜阑入，吾必为厉鬼以击其脑。"有乾隆十四年(1749)上元司徒文膏精刊本。1962年中华书局上海编辑所据旧刻本排印，增入《补遗》一辑，不分卷，附录作者传记、年表，题《郑板桥集》出版行世，1979年上海古籍出版社略加增补重排印行。另有1985年北京中国书店据原刻影印本，题《郑板桥全集》。1985年齐鲁书社排印卞孝萱辑本，亦题《郑板桥全集》，内《板桥集》全据原刻，《板桥集外诗文》系另辑，所辑较前人为多，附研究资料。

海珊诗钞　诗别集。清严遂成著。十七卷。凡诗钞十一卷，补遗二卷，《明史杂咏》四卷。有乾隆间精刊本，又有民国七年(1918)上海文明书局印行本，无《明史杂咏》。另道光七年(1827)紫薇山馆刊吴应和、马洵辑《浙西六家诗钞》中有《海珊诗》一卷，系选本，不全。

桑弢甫集　诗文别集。清桑调元著。八十四卷。凡诗十四卷，诗续集二十卷，《五岳诗》二十卷，文三十卷。诗十四卷有乾隆七年(1742)自序，诗续集有乾隆三十二年自序，《五岳诗》分《嵩山集》、《华山集》、《泰山集》、《衡山集》、《恒山集》五集，附《嵩洛杂诗》、《曲阜诗》、《出湘诗》，有乾隆间刊本。《四库全书总目·存目》著录，并谓其诗文"恃其才学，不主故常"，"所作《镇海楼诗》至七言长律二百韵，古人无是格也，其所以长，即其所以短乎"。

石笥山房集　诗文别集。清胡天游著。二十三卷。凡文集六卷，卷一赋、拟表、奏、颂，卷二序，卷三记、启、书，卷四碑碣、铭，卷五杂著，卷六祭文、志铭、墓表；文补遗一卷；诗集十一卷，卷一、卷二五古，卷三、卷四七古，卷五、卷六五律，卷七、卷八七律，卷九五言排律，卷一〇五绝、七绝，卷一一杂体诗，卷一二诗余；诗补遗二卷；诗续补遗二卷。为最足之本。集中以骈文尤为擅场。有咸丰二年(1852)刊本，系其四世孙胡秋潮据家藏抄本补刻而成。先是道光二十六年(1846)胡氏刊本中，无诗补遗、续补遗等四卷，另嘉庆三年(1798)刊本诗集仅四卷。

道古堂集　一作《道古堂全集》。诗文别集。清杭世骏著。七十四卷。凡文集四十八卷，诗集二十六卷，分《闽行杂录》、《赴召集》、《翰苑集》、《归耕集》等十四辑。有乾隆四十一年(1776)杭氏道古堂家刻本。道光初,版归钱塘汪氏振绮堂,咸丰间罹兵火,损失甚大。光绪十三年(1887)汪曾唯以缺版补刻,并增辑集外诗文各一卷,佚事一卷,重为刊行于世。

经笥堂文钞　别集。清雷鋐著。二卷。收文凡百余篇,按文体分类。有嘉庆十六年(1811)广州刻本,宁化伊氏秋水园藏板。

海峰集　诗文别集。清刘大櫆著。十六卷。凡文集十卷,诗集六卷。有同治十三年(1874)徐宗亮编校刊行本,1990年上海古籍出版社以之为底本点校排印,附《释谑》、《时文论》与简谱、传记、集评,题《刘大櫆集》,收入《中国古典文学丛书》,为今通行本。其集初刻于乾隆间,文集无卷数,诗集古体五卷、近体六卷,有缥碧轩刊本。稍后文集有醒园精刊本八卷,又有雍正间刊《小称集》一卷。同治十三年,与徐氏校刊其集同时,其裔孙刘继亦刊此集,文为八卷。此后,又有光绪十四年(1888)桐城吴氏重刊本。

看山阁集　诗文别集。清黄图珌著。六十四卷。凡文集八卷,今体诗十六卷,古体诗八卷,诗续集八卷,诗余四卷,南曲四卷,《闲笔》十六卷。有乾隆间精刊本。

文木山房集　诗别集。清吴敬梓著。四卷。凡赋一卷,诗二卷,词一卷,另附其子吴烺诗《春华小草》一卷、词《靓妆词钞》一卷。有民国二十年(1931)古宋字排印本,1957年古典文学出版社铅印线装本。

南斋集　诗别集。清马曰璐著。六卷。诗编年排列。杭世骏、蒋德作序。有乾隆二十六年(1761)刊本。另有咸丰元年(1851)伍崇曜辑刊《粤雅堂丛书》本,民国二十五年(1936)商务印书馆据之排印,收入《丛书集成初编》。同名诗集二种,无卷数,一为王仲儒著《南斋集》,有康熙间梦华山房刊本,一为丘象升著《南斋诗集》,有康熙三十五年(1696)刊本。

质园诗集　诗别集。清商盘著。三十二卷。其平生所作诗篇甚多,此集乃删汰之余,仍有三千余首。有乾隆间斟雉山房刊本,后《四库全书总目·存目》著录。另《画声》二卷,为其题画诗,每卷首行仍题《质园诗集》,然原集中实无此等诗,有乾隆间刊本。其集尚有《质园尺牍》二卷,道光二十二年(1842)刊。

紫竹山房集　诗文别集。清陈兆仑著。三十二卷。凡诗集十二卷,文集二十卷。附其侄玉绳所编《陈星斋年谱》一卷。卷首列顾光旭、郭麐所撰墓志铭、神道碑铭及王昶序。有乾隆间刊本,另有嘉庆间刊本。

援鹑堂集　诗文别集。清姚范著。十三卷。凡诗集七卷,文集六卷。诗集收诗近四百首。集与《援鹑堂笔记》三十四卷合刊,有嘉庆十七年至十九年(1812—1814)刊本。

宝纶堂诗文钞　诗文别集。清齐召南著。十四卷。凡《文钞》八卷,《诗钞》六卷。《文钞》卷一为赋、论、经解、史论,卷二为经史札子,卷三至六为墓铭、墓表、行述,《诗钞》收古今体诗三百二十余首。《文钞》有嘉庆二年(1797)秦瀛序,《诗钞》有嘉庆十三年阮元序。有嘉庆二年至十三年秦瀛、戴殿海校刊本。另有光绪二年(1876)至十三年郭传璞辑刊《金峨山馆丛书》本。

槐塘诗文稿　诗文别集。清汪沆著。二十卷。凡《诗稿》十六卷,《文稿》四卷。其集早年曾刻有《津门杂事诗》、《盘西纪游集》,康熙间又刊行过《水香园诗》,无卷数。此集系其子汪静夫据其晚年删定本编成。《诗稿》有《听雨楼集》、《渡江集》等子集,收诗九百余首。文分类编排。有乾隆五十一年(1786)卢文弨序及邵晋涵序,附各家序《渡江集》、《津门杂事诗》、《盘西纪游集》、《粤游集》旧文。有乾隆五十一年刊本。

鲒埼亭集　文别集。清全祖望著。九十八卷。凡正集三十八卷,《经史答问》十卷,《鲒埼亭集外编》五十卷。正集目录后有嘉庆九年(1804)史梦蛟题识,云:"谢山先生《鲒埼亭集》,嘉庆癸亥(1803)八月梦蛟在紫阳书院从沈松门大令得之,松门得之杭堇浦编修,云是谢山手定本,……《年谱》言先生临殁,以集五十卷寄扬州马氏丛书楼,后归堇浦。"卷首又有门人董秉纯撰《世谱》、《年谱》。《外编》目录前有乾隆四十一年(1776)董秉纯题词,谓其师卒前以诗文手定稿六十卷付之,其余残篇残简亦有一竹笥,经其多年整理,去其与正集重复者,删订为五十卷。正集、《经史答问》有嘉庆九年史氏借树山房刊本,《外编》有嘉庆十六年刊本。今通行本为民国八年(1919)商务印书馆据原刻影印之《四部丛刊》本,及民国二十五年商务印书馆排印《国学基本丛书》本。另《鲒埼亭诗集》十卷,有道光十四年(1834)笺经阁刊本、光绪间大鄮山馆重刊本及民国八年商务印书馆影印旧抄本。

空山堂集 诗文别集。清牛运震著。十八卷。凡文集十二卷,诗集六卷。有嘉庆二十三年(1818)空山堂刊《空山堂全集》本。另其诗《允吾诗草》、《金城诗草》、《归田诗草》各一卷,有乾隆间空山堂刊本。

丁辛老屋集 诗别集。清王又曾著。二十卷。卷一至卷一七为诗,卷一八至二〇为词。毕沅为其作序,谓清代诗以浙中最盛,秀水诗派又为浙中之盛,又曾与钱载继朱彝尊而起,"足以信今而传后"。有乾隆四十年(1775)新安曹氏刊本。另有钱载所选十二卷本,卷一至卷一〇为诗,卷一一、一二为词,有乾隆五十二年刊本。

上湖纪岁诗编 诗别集。清汪师韩著。五卷。凡诗编四卷,诗续编一卷。收诗皆编年。有乾隆中刊《上湖遗集》本。另有光绪十二年(1886)长沙刊汪箎辑《丛睦汪氏遗书》本。

上湖分类文编 文别集。清汪师韩著。不分卷。凡十类,一为读经,二为读史,三为书后,四为各书自序,五为尺牍,六为记,七为序,八为杂著,九为祭文墓志等,十为代笔。收文六十篇,皆乾隆三十四年(1769)前所作,师韩亲自选定。有乾隆间刊《上湖遗集》本。另有光绪十二年(1886)长沙刊汪箎辑《丛睦汪氏遗书》本,增《补钞》二卷,较为完备。

萚石斋诗集 诗别集。清钱载著。五十卷。所收诗皆编年排列,起乾隆二年(1737),迄五十八年,收诗二千六百余首。前有乾隆三十九年、五十三年自序。有乾隆间刊本。另有长兴王氏仁寿堂藏板苏州交通图书馆发行本,附《萚石斋十国词笺略》一卷,乃钱载所作咏五代十国史事之七绝组诗,自作笺注。此本收诗最全。

萚石斋文集 文别集。清钱载著。二十五卷,附《万松居士词》一卷。有乾隆间刊本。另有光绪四年(1878)苏州府刊本,多自注咏史七绝组诗《十国词笺略》一卷。

学福斋集 诗文别集。清沈大成著。五十九卷。凡赋一卷,诗集三十八卷,文集二十卷。诗卷一为《策卫诗钞》,卷二为《修门诗钞》,卷三至八为《啖荔诗钞》,卷九为《西泠诗钞》、《皖江诗钞》、《艺兰诗钞》,卷一〇、一一为《近游诗钞》,卷一二至一八为《百一诗钞》,卷一九至三八为《竹西诗钞》。集有惠栋、戴震、杭世骏等序。有乾隆三十六年(1771)至三十九年刊本。其《近游诗钞》二卷,另有乾隆间有华书塾精刊本。

柘坡居士集 诗别集。清万光泰著。十二卷。凡《南村草堂集》一卷,《栾于集》一卷,《闻鱼阁集》二卷,《北郭草堂集》一卷,《江船集》二卷,《闻鱼阁续集》一卷,《觚屋集》一卷,《江船续集》一卷,《五上春司集》一卷,《青乳轩集》一卷。有汪孟鋗序,收雍正三年(1725)至十四年编年诗七百六十八首。有乾隆间刊本。

月山诗集 诗别集。清恒仁著。四卷。恒仁临终时,将诗稿托沈廷芳删定。后恒仁子宜兴增收遗佚,合沈本编为四卷,并就诗中所及事件人物不易明了者作注。有嘉庆中吴氏听彝堂刊吴省兰辑《艺海珠尘》本,与其《月山诗话》一卷合刊。民国二十五年(1936)商务印书馆据吴本排印,收入《丛书集成初编》。

梅崖居士全集 诗文别集。清朱仕琇著。三十八卷。凡文集三十卷,卷一颂、赋、论,卷二传,卷三传、赞,卷四哀辞、祭文,卷五碑、碑记,卷六记、行状,卷七至卷一四墓志铭,卷一五墓表,卷一六至卷二〇序,卷二一至卷三〇书;外集八卷,卷一杂著,卷二序,卷三至卷六寿序,卷七书启,卷八《梅崖杂录》、《梅崖诗偶存》。有乾隆四十七年(1782)松谷刊本,另有道光五年(1825)重刊本。

铜鼓书堂遗稿 诗文别集。清查礼著。三十二卷。卷一至二四为诗,卷二五至二七为诗余,卷二八至三一为文,卷三二为词话。卷首有顾光旭序。集系其子查惇所刊,有乾隆五十三年(1788)刊本。

小仓山房集 诗文别集。清袁枚著。八十二卷。凡诗集古今体诗三十七卷,编年起自乾隆元年(1736),迄于嘉庆二年(1797);诗集补遗二卷,为删余之作;文集古文三十五卷,内第二十四卷后为续文集,再由赋开始分体;外集骈文八卷。诗集前有薛起凤序及蒋士铨、赵翼、李宪乔之题辞、赞语,文集前有《古文凡例》与杭世骏、袁穀芳序及蒋士铨、万应馨题辞,外集前有蒋士铨《题随园骈体文》诗。有乾隆间随园刊本,收入《随园三十种》,同治五年(1866)三让睦记重刊。另有光绪十八年(1892)勤裕堂排印《随园三十八种》本,民国二十五年(1936)中华书局据原刻排印《四部备要》本。今通行本为1988年上海古籍出版社点校排印本,收入《中国古典文学丛书》行世。近有1993年江苏古籍出版社排印本《袁枚全集》。

抱经堂文集 文别集。清卢文弨著。三十四卷。卷一为对策，卷二至六为序，卷七为题辞，卷八至一六为跋，卷一七至二一为书，卷二二为议，卷二三为策问，卷二四为答问，卷二五为记，卷二六至三一为传，卷三二为墓表墓碑，卷三三、三四为墓志铭。“抱经”取义于《后汉书·卓茂传》：“抱经书隐蔽林薮。”集中文多论学之作。初由作者自编，作者殁后徐鲲等续编。刊于乾隆六十年(1795)，嘉庆二年(1797)完工，后收入作者自辑之《抱经堂丛书》中。民国八年(1919)商务印书馆据之影印，收入《四部丛刊》，民国十二年北京直隶书局又有影印原刻之《抱经堂丛书》本。此外另有民国间商务印书馆排印《丛书集成初编》本及《国学基本丛书》本，较为通行。今有中华书局1992年点校排印本。

玉芝堂集　诗文别集。清邵齐焘著。九卷。凡文集六卷，诗集三卷。为作者晚年所自定。文集所收多为骈文，作者亦以是擅名。汉张衡《思旧赋》：“聘王母于银台兮，羞玉芝以疗饥。”“玉芝”盖取义于此。集有王太岳序、彭启丰跋。有约乾隆间刊本，罕见，通行本为光绪间重刻袖珍本。

思补斋文集　文别集。清刘星炜著。四卷。卷一为赋，卷二为颂，卷三为序，卷四为杂文。作者擅骈文。集由其子编次，门人校刊于乾隆年间。另有光绪二十年(1894)其从孙重刊本。

勉行堂集　诗文别集。清程晋芬著。三十卷。凡诗集二十四卷，文集六卷。诗集收诗起自乾隆七年(1742)，迄于三十七年，凡一千八百余首，分《篱东》、《春帆》等集，别有七十余首进御诗列为首卷。前有邓廷桢序，述倡议捐资付刻缘起，另有陈浩序及翁方纲、袁枚所撰墓志铭。刊于嘉庆二十三年(1818)。文集有其子程瀚跋，冀畹亭等捐资付刻，刊于嘉庆二十五年。

钱文敏公全集　诗文别集。清钱维城著。三十卷。凡《鸣春小草》诗七卷，《茶山诗钞》十一卷，《茶山文钞》十二卷。有乾隆四十一年(1776)刊本。

松花庵全集　诗文别集。清吴镇著。三十一卷。附文国幹《竹屿诗草》一卷、《竹屿文稿》一卷。凡《松花庵诗草》二卷，《松花道人游草》一卷、《逸草》一卷，诗余一卷，《兰山诗草》一卷，《松花庵律古诗》一卷、《律古续稿》一卷，集古律诗一卷、集古绝句一卷，《松花庵集唐》一卷、集唐绝句一卷，《四书六韵诗》一卷，《沅州杂咏》五律一卷、七律一卷，《潇湘八景集句》六卷，《韵史》一卷，《声调谱》一卷，《八病说》一卷，诗话三卷，《稗珠》一卷，《松厓对联》一卷，《松厓文稿》一卷、《文稿次编》一卷。有乾隆间刊本。

西庄始存稿　诗文别集。清王鸣盛著。三十九卷。卷一颂、赋，卷二律赋、试帖诗，卷三至一七古今体诗，卷一八词(原目亦作古今体诗，误)，卷一九、二〇《洪范后案》，卷二一至二三《周礼军赋说》，卷二四至三九各体文，另原目有卷四〇家传及附录长短句一卷，注“嗣刊”，未见。有乾隆三十一年(1766)精刊本，封面题《西庄居士始存稿》。别本三十一卷。卷一至一四古今体诗，卷一五至卷三〇杂文，附录词一卷。板式字体与前本全同，惟卷次有异，为王氏删定本。有乾隆三十年精刊本，封面题《王西庄先生诗文集》。王氏另有早期所刻《竹素园诗草》三卷、《日下集》一卷，有乾隆十四年求野堂刊本。此外尚有身后所刻《西沚居士集》二十四卷，有道光三年(1823)嘉定李氏刊本。

戴东原集　文别集。十二卷。清戴震著。其集原刻十卷，有乾隆中孔继涵辑刊《微波榭丛书》所收《戴氏遗书》本。后门人段玉裁增辑为十二卷，刊于乾隆五十七年(1792)，前有段氏序，后附年谱及覆校札记，是为经韵楼本。另有宣统间渭南严氏重刊本，民国间商务印书馆《四部丛刊》影印本与《国学基本丛书》排印本以及中华书局《四部备要》排印本，均据经韵楼本。另民国二十五年(1936)影印《安徽丛书》所收《戴东原全集》本，则据镇海张氏校本。今通行本为1980年中华书局排印本《戴震文集》与1980年上海古籍出版社排印本《戴震集》，后者上编为文集，下编为《孟子字义疏证》、《原善》、《绪言》、《孟子私淑录》。二本文集点校均以经韵楼本为底本。

频罗庵遗集　诗文别集。清梁同书著。十六卷。卷一至卷五为诗，其中卷四、五为集杜诗；卷六至卷一三为文，分体编排，其中卷一〇至卷一三为题跋，卷一四为《直语补正》，卷一五为《日贯斋涂说》，卷一六为《笔史》。有嘉庆二十二年(1817)仁和陆贞一刻本。

纪文达公遗集　诗文别集。清纪昀著。三十二卷。凡文集十六卷，包括赋颂、奏表诏疏、论记序跋、碑传铭志等；诗集十六卷，计《御览诗》八卷，《三十六亭诗》四卷，《南行杂咏》一卷，《乌鲁木齐杂诗》一卷，《馆课存稿》一卷，

《我法集》一卷。诗多唱酬作品。文则以卷八、九中书序为最佳，盖考镜源流，辨章学术，与所纂《四库全书总目提要》可互相发明。有嘉庆十七年(1812)其孙纪树馨刻本，又有嘉庆二十一年(1816)刻本。另1991年河北教育出版社印行《纪晓岚文集》三册，第一册即文十六卷，诗十六卷，第二册为《阅微草堂笔记》二十四卷，第三册为《集外》七卷附纪氏年谱及家谱。

春融堂集 诗文别集。清王昶著。六十八卷。由作者亲自编定。卷一至二四为诗，分十二集，集各有名，编年排列，卷二五至二八为词，卷二九至六八为文，以碑志、传状之作居多。后附严荣撰《年谱》二卷，杂记八种。有嘉庆十二年(1807)王氏塾南书舍刻本，字迹多漫漶。另有光绪十八年(1892)珠溪文彬斋修订重刻本。

赵璞庵全集 诗文别集。清赵文哲著。三十六卷。凡《娵隅集》十卷，《媕雅堂诗集》十二卷、《续集》四卷，《别集》六卷，词四卷。内《别集》第五、六二卷为文，余除词四卷外皆为诗。有乾隆五十四年(1789)家刻本。李调元《雨村诗话》谓其“殉难后，其子秉渊刻其集曰《娵隅》，用郝隆蛮语事也”，法式善《梧门诗话》称其“自订《媕雅堂集》，皆未入官时所作，较《娵隅集》苍老不及，而标格过之”。

忠雅堂集 诗文别集。清蒋士铨著。四十三卷。凡诗集二十七卷，补遗二卷，《铜弦词》二卷，文集十二卷。诗集卷一至卷二六为编年诗，起乾隆九年(1744)，讫四十九年(是年蒋氏卒)，卷二七为《簪笔集》，系恭祝帝寿、恭和御制之诗。词卷下附南北曲。诗集有金德瑛、袁枚序，文集有张道源序。诗集(含词)存世最早刊本为嘉庆三年(1798)扬州刊本，后有嘉庆二十二年桂林重刊三十卷本、道光二十三年(1843)广州重刊诗文合刻本、同治九年(1870)成都重刊诗文合刻本；文集最早刊本为嘉庆二十一年广州刊本，后有道光十四年刊本、光绪间刊本，以及上述合刻本。1993年上海古籍出版社以嘉庆本为底本，校以各本，又据存世手稿补诗，李梦生作笺，排印出版《忠雅堂集校笺》，收入《中国古典文学丛书》，为今通行本。

绿溪全集 诗文别集。清靳荣藩著。八卷。凡《绿溪初稿》一卷，《绿溪诗》四卷，《绿溪语》一卷，《咏史偶稿》一卷，《绿溪词》一卷。有乾隆四十二年(1777)刊本。

瓯北集 诗别集。清赵翼著。五十三卷。凡正集五十卷，续集三卷。收诗四千三百余首。有嘉庆十七年(1812)湛贻堂刊本，收入《瓯北全集》。另《瓯北诗钞》二十卷，凡五古四卷，七古五卷，五律二卷，七律七卷，绝句二卷，嘉庆二十五年刊，亦收入《瓯北全集》，另有民国间商务印书馆排印本，收入《国学基本丛书》。书前录乾隆二十二年(1757)汪由敦《瓯北初集序》，乾隆四十二年蒋士铨《瓯北集序》，以及乾隆五十年袁枚、王鸣盛序，乾隆五十五年钱大昕序，乾隆五十年翁方纲、吴省钦、祝德麟序；另有乾隆五十六年李保泰《瓯北诗钞序》，张舟《瓯北诗钞跋》，其族孙赵怀玉跋。此集系赵翼晚年删定《瓯北集》中诗约十之四而成，流行较广。

潜研堂集 诗文别集。清钱大昕著。七十卷。凡文集五十卷，诗集十卷，诗续集十卷。文集、诗集均系作者生前手定，诗续集则系其弟大昭等于其卒后编次。文集有嘉庆十一年(1806)段玉裁序，诗集有自序，诗续集有嘉庆十一年钱大昭序。嘉庆十一年由其婿瞿中溶于长沙龙氏家塾刻印行世。其后又有道光二十年(1840)嘉定钱氏刊《潜研堂全书》本及光绪十年(1884)长沙龙氏家塾重刊《潜研堂全书》本。民国八年(1919)商务印书馆据嘉庆本影印，收入《四部丛刊》。民国二十五年商务印书馆排印《国学基本丛书》本、1989年上海古籍出版社点校排印本为近今通行本。

笥河集 诗文别集。清朱筠著。三十六卷。凡《笥河文集》十六卷首一卷，《笥河诗集》二十卷。有嘉庆二十年(1815)其孙朱锡庚刊本，椒华吟舫藏板。“集中之文，不越考古记事二端”(朱锡庚卷首语)。文集另有光绪五年(1879)王氏谦德堂刊王灏辑《畿辅丛书》本，民国二十五年(1936)商务印书馆据之排印，收入《丛书集成初编》。

懋斋诗钞 诗别集。清敦敏著。不分卷。收诗约二百四十首，起乾隆二十三年迄二十五年(1758—1760)，为乾隆二十八年夏自编，原定名为《东皋集》，作者自言“自山海归，谢客闭门，唯时时来往东皋间。盖东皋前临潞河，潞河南去数里许，先茔在也”，故名。作者为清宗室，曹雪芹好友，诗钞中与曹雪芹过从唱和之诗篇，为研究曹雪芹之重要资料。原为燕野顽民蕴辉阁所藏抄本，1955年文学古籍刊行社据之影印，1984年上海古籍出版社重印。

白华前后稿 诗文别集。清吴省钦著。一百卷。凡《白华前稿》六十卷,卷一至卷二三为文,分体排列;卷二四至卷五九为诗,编年排列,起于乾隆十一年(1746),止于乾隆四十七年;卷六〇为词。共收文二百十篇,诗二千三百零八首,联句二十八首,词二十三首。作者自编。有乾隆四十八年刊本。《白华后稿》四十卷,卷一至卷二六为文,分体排列,卷二七至三九为诗,编年排列,卷四〇为词。其子吴敬枢编。附其自编并由吴敬枢续成之《白华年谱》一卷。有嘉庆十五年(1810)石经堂刊本。另其集有《白华入蜀文钞》五卷、《诗钞》十三卷,《文钞》约乾隆间刊,《诗钞》约嘉庆间刊,编年起于乾隆三十八年,止于四十二年。

南涧文集　文别集。清李文藻著。二卷。上卷收文二十篇,下卷收文二十篇。有光绪中吴县潘祖荫辑刊《功顺堂丛书》本,民国二十五年(1936)商务印书馆据之排印,收入《丛书集成初编》。

灵岩山人诗集　诗别集。清毕沅著。四十卷。凡《砚山帖云集》、《三山揽胜录》、《渡江吟草》、《莲池吟草》、《五湖载酒集》、《青琐吟香集》等二十集。附门人史善长编《弇山毕公年谱》一卷。有嘉庆四年(1799)经训堂刊本,有乾隆五十五年(1790)序及嘉庆三年跋,嘉庆中曾以原版重印。另有同治十一年(1872)镇洋毕长庆重刊本。

梦楼诗集　诗别集。清王文治著。二十四卷。有乾隆六十年(1795)食旧堂刊本。姚鼐为作《食旧堂集序》。集中《海天游草》系乾隆二十一年随侍读全魁出使琉球之作,《南诏》、《洮河》诸集见赏于张学仁、王豫,以为"雄杰瑰丽之篇,不愧唐音"(《京江耆旧集》)。另《梦楼选集》四卷,张怀溎编《四家选集》收入并作序,有李调元辑乾隆中万卷楼刊、嘉庆十四年(1809)李鼎元重校《函海》本,道光五年(1825)李朝夔重刊。

严冬友诗集　诗别集。清严长明著。十卷。集系叶德辉所汇刻,凡《归求草堂集》六卷,收乾隆十六年(1751)至二十八年之诗作;《秋山纪行集》二卷,收官内阁时,扈跸木兰沿途之诗作;《金阙攀松集》一卷,收乾隆三十九年游泰山之诗作,《玉井搴莲集》一卷,收乾隆五十四年游嵩山之诗作。其集久晦,至清末始刊行,有宣统三年(1911)观古堂刊本。

思余堂经进稿　诗文别集。清彭元瑞著。四十九卷。凡《初稿》十二卷,《续稿》二十二卷,《三稿》十一卷,策问二卷,《知圣道斋读书跋尾》二卷。题为《经进稿》,故除读书跋尾外均为应制文字。收诗文起乾隆二十年(1755),迄嘉庆八年(1803)。集系作者自编,约刊于嘉庆间。其集另有《思余堂辑稿》四卷,其孙彭邦畴于道光初所编,凡文二卷、诗二卷,有道光七年(1727)刊本。

知足斋集　诗文别集。清朱珪著。三十二卷。集名取义于《老子》"知足者富"、"知足不辱"、"知足之足常足"数语。凡诗集二十卷,编年起乾隆十五年(1750)迄嘉庆八年(1803),诗续集四卷,编年起嘉庆九年迄嘉庆十一年,文集六卷,进呈文稿二卷。书前有清仁宗御序及作者自序。有嘉庆十年刊本。光绪五年(1879)王灏辑谦德堂刊《畿辅丛书》,收入《知足斋文集》、《知足斋进呈稿》,民国二十五年(1936)商务印书馆据王本排印,收入《丛书集成初编》。

惜抱轩集　诗文别集。清姚鼐著。三十八卷。凡文集十六卷,文后集十卷,诗集十卷,诗后集一卷,诗外集一卷。"惜抱"取义于陶渊明《饮酒》之十五"若不委穷达,素抱深可惜"句。通行本有民国二十四年(1935)商务印书馆排印《国学基本丛书》本、民国二十五年中华书局排印《四部备要》本、1993年上海古籍出版社排印《中国古典文学丛书》本。另同治五年(1866)省心阁刊、光绪三十三年(1907)校经山房重刊、民国三年(1914)会文堂书局石印本《惜抱轩全集》,亦收录之。嘉庆六年(1801)钟山书院原刻本文集十六卷、诗集十卷,十二年粤秀书院重刻,民国八年商务印书馆据以影印,收入《四部丛刊》。另尚有同治五年(1866)合肥李氏重刊本、光绪十四年(1888)桐城徐氏重刊本。

山木居士集　诗文别集。清鲁九皋著。十四卷。凡正集十二卷,外集二卷。附鲁缤《鲁宾之文钞》一卷,鲁嗣光《鲁习之文钞》一卷。有道光十一年(1831)其甥陈用光精刊本,道光十四年桐华书屋重刊。先是九皋自选所为文八十九篇,编为四卷,以未经其师朱仕琇点定,题曰《山木居士外集》,有乾隆四十七年(1782)刊本。另有《贩书偶记》著录《山木居士全集》无卷数底稿本四册,计收文七十篇,诗七十四首。

晚学集　文别集。清桂馥著。八卷。卷一为论、考,卷二为说、辨,卷三至卷五为题跋、书后、书事,卷六为书,卷七为序、记、传,卷八为志铭、墓表、圹志、颂、祭文。“自谓有学者晚，未能治全经，成一家之说”(阮元《晚学集序》)，故名《晚学集》。多考订论学之作，其识见为世人所推重。有嘉庆元年(1796)刊本，与《未谷诗集》四卷合刊，另有民国间商务印书馆据原刻影印之《丛书集成初编》本。《未谷诗集》为其孙桂显忱辑录，前有马履泰序，诗文合刻本外另有道光二十一年(1841)刊本。

未谷诗集 见“晚学集”。

拜经楼诗集 诗别集。清吴骞著。十七卷。凡正编十二卷，嘉庆八年(1803)刊，续编四卷，嘉庆十七年刊，再续编一卷，光绪间刊。乾隆嘉庆间海昌吴氏刊《拜经楼丛书》(一名《愚谷丛书》)收是集正编续编，无再续编。民国十一年(1922)上海博古斋据清吴氏刊本增辑影印《拜经楼丛书》，始将再续编补入。其文集名《愚谷文存》，十四卷，另续编二卷，前有嘉庆十二年(1807)陈鳣序，卷一二、一三为《桐阴日省编》上、下，卷一四为《可怀录》，续编为其子吴寿照、寿旸所校刊，刊于嘉庆十九年，文存十四卷有《拜经楼丛书》本。

愚谷文存 见“拜经楼诗集”。

复初斋诗集 诗别集。清翁方纲著。六十六卷。门人孙烺编。集中论金石学之作颇多。有嘉庆间刊本，道光四年(1824)汉阳叶志诜重刊。道光十六年其门人李彦章又增刻为七十卷。另有《苏斋丛书》三十二卷本，约嘉庆初刊，民国十三年(1924)博古斋据之影印。此外，缪荃孙又辑《复初斋集外诗》二十四卷，有民国七年刘承幹刊《嘉业堂丛书》本。

复初斋文集 文别集。清翁方纲著。三十五卷。卷一至卷四为序，卷五、六为记，卷七至卷一〇为论、说，卷一一为书札，卷一二为赠序，卷一三为传、赞，卷一四为墓志铭、墓表、祭文、启、箴、铭，卷一五为杂考、赠别等，卷一六至卷三五为题跋。有道光间其门人李彦章刊本，光绪三年(1877)重新校刊，次年五月复据手稿补正若干条。另有民国五年(1916)上海同文图书馆石印本，前录该年刘承幹序。

尊闻居士集 诗文别集。清罗有高著。八卷。有乾隆四十七年(1782)刊本。另有道光十八年(1838)陈氏谦福堂据原稿刊本，多遗稿一卷。此后又有光绪七年(1881)宁都韩氏翻刻陈本，光绪间翻刻乾隆初刻本(后附诸家评语二叶)。

四松堂集 诗文别集。清敦诚著。五卷。凡诗二卷，文二卷，《笔麈》一卷。因“堂之南有松四株”(《四松堂记》)，故以“四松”名其堂。作者为清宗室，与其兄敦敏均为曹雪芹好友。集中诗文涉及与曹雪芹交游过从甚多，如《寄怀曹雪芹》、《佩刀质酒歌》等，为研究曹雪芹之重要参考资料。有嘉庆元年(1796)其弟桂圃辑刊本。1955年文学古籍刊行社据之影印，1984年上海古籍出版社重印。

篁邨诗集 诗别集。清陆锡熊著。十二卷。分《陵阳》、《东归》等子集，作者自定，惟末卷为其子所辑。有吴锡麒序。与《宝奎堂文集》十二卷合刻。有嘉庆十五年(1810)、道光二十九年(1849)刊本。

宝奎堂文集 文别集。清陆锡熊著。十二卷。按文体分类编排。有嘉庆十五年(1810)刊本，后板毁于火。另有道光二十九年(1849)其孙成源据旧刻重刊本。嘉庆本、道光本均与其诗别集《篁邨诗集》十二卷合刻。

童山集 诗文别集。清李调元著。六十二卷。凡诗四十二卷，文二十卷。诗集编年自乾隆十三年(1748)至嘉庆七年(1802)。文集有作者嘉庆四年自序。有乾隆中李氏万卷楼刊嘉庆十四年其弟李鼎元重校《函海》本，另有道光五年(1825)李朝夔补刊《函海》本，增入《蠢翁词》二卷，《文集补遗》一卷。民国二十五年(1936)商务印书馆据《函海》补刊本将诗集、文集分别排印，收入《丛书集成初编》。

延芬室集 诗文别集。清永忠著。由《延芬室文集》、《延芬室诗集》和《熙朝雅颂集·永忠诗卷》编成。《延芬室文集》原分上、下二卷。《延芬室诗集》编年自乾隆十二年至五十七年(1747—1792)，凡《志学草外存稿》、《志学草》、《觉尘堂志学草》、《延芬室诗稿拾遗》、《大雅元音》、《编年外诗稿》等六种。上二种原仅存稿本残卷及竹影书屋藏残本。《熙朝雅颂集》为嘉庆九年(1804)铁保编阮元刊清宗室文人总集，收永忠诗五十首。1987年上海古籍出版社据残卷、残本与《熙朝雅颂集》所收诗作影印，汇为一编，题《延芬室集》行世。

经韵楼集 文别集。清段玉裁著。十二卷。文以经说为多，其中《礼经汉读考》为作者生前未竟之稿。有嘉庆间七叶衍祥堂刻本。又有道光元年(1821)《经韵楼丛书》本，光绪十年(1884)镇海张氏重校《戴段合刻》本。经说部分并有道光九年广东学海堂《皇清经解》本。另民国二十五年(1936)北京来薰阁排印《段王学五种》中有刘盼遂辑《经韵楼集补编》二卷。

石桐先生诗钞　诗别集。清李怀民著。不分卷。卷首录《石桐先生墓志铭》，并有同里单铝序。诗亦经单铝选订，共四百十九首，非其诗作之全帙，撮其大概而已。有嘉庆间刊本。另乾隆间刘大观曾刻怀民与其弟宪乔之诗于京城，题《二客吟》行世。后又有刻本，合怀民另一弟宪暠诗集为《高密三李诗钞》。

韫山堂集　诗文别集。清管世铭著。二十四卷。凡文集八卷，分类编排，卷一至卷四为古文，卷五、六为骈文，卷七为策，卷八为读书笔记；诗集十六卷，有钱维城序，分体编排，前列世铭生平资料。有嘉庆六年(1801)读雪山房初刻本、光绪二十年(1894)吴炳重刻本。

高兰墅集　诗文别集。清高鹗著。不分卷。凡文、诗、《砚香词》、《兰墅文存》、《兰墅十艺》数种。篇幅不多，然于研究《红楼梦》颇有文献价值。有稿本传世，1955年文学古籍刊行社据之影印出版，1984年上海古籍出版社重印。其集另有嘉庆间刊诗集《月小山房遗稿》，校刊不精。近有1983年中州书画社排印《高鹗诗词笺注》，辑诗词一百五十余首，尚达翔作注。

竹初诗文钞　诗文别集。清钱维乔著。二十二卷。凡文钞六卷，诗钞十六卷。附传奇《鹦鹉媒》二卷、《乞食图》二卷。集系其侄钱伯坰所编。有嘉庆十三年(1808)刊本。诗钞前有洪亮吉序、赵怀玉序，后有袁枚跋，皆甚推重之。

钱南园遗集　诗文别集。清钱沣著。五卷。凡诗二卷，诗补遗一卷，文二卷。有同治十一年(1872)刘琨刊本。此前有嘉庆七年(1802)师范刊法式善与师范合辑《南园诗存》二卷，道光十五年(1835)玉成书屋刊钱嘉枣辑《南园文存》一卷。光绪七年(1881)其曾孙钱墉重刊《诗存》、《文存》，题《问楳堂诗文存合刻》。另有光绪间刘景韩杭州重刊本、陈荣昌昆明重刊本。民国初赵藩、赵荃又辑钱氏佚诗佚文若干篇编为第五卷，手札五十余通编为第六卷，《钱氏族谱自序》、《钱氏族谱言行纪略》编为第七卷，楹联一百四十余条编为第八卷，以原本诗二卷、补遗一卷为前三卷，并旧刻文二卷为第四卷，合为一编印行，有民国三年(1914)刊《云南丛书》本。

二林居集　文别集。清彭绍升著。二十四卷。“知归子读古人书，负志节，慕梁溪高宪公之为人。已而无所试，有出尘之思。复慕庐山刘遗民之为人也，两先生往来修学，同名东林，知归子因题其居曰‘二林’。”(彭绍升《二林居说》)集名本此。有嘉庆四年(1799)味初堂刊本，另有光绪七年(1881)苏州玛瑙经房重刊本。又别本二卷，有光绪六年崇文书局辑刊《正觉楼丛刻》本。

测海集　诗别集。清彭绍升著。六卷。作者撰《本朝圣德诗》七首，附以《思贤咏》百六十首，题之曰《测海集》。自谓：“夫海之不可测也，犹天之不可知也。测之奈何？亦曰不识不知而已矣，亦曰帝力何有而已矣。”(《测海集序》)有乾隆四十四年(1779)自序与江沅跋。有嘉庆二十四年(1819)本衙刊本，同治四年(1865)、光绪二年(1876)两次重刊。

一行居集　文别集。清彭绍升著。八卷。附录《儒门公案拈题》。“知归道人屏居文星阁，颜所住处曰‘一行’。佛语文殊师利欲修一行三昧，系心一佛，专称名字，即是念中能见过去、现在、未来一切诸物。道人习是三昧，因以命焉”(彭绍升《一行居闭关记》)。集名本此。彭祝华跋云：“《一行居集》乃公生平佛门大著作。所以阐念佛法门，而灯传无尽者，实在于是。”集为作者手自编定。有道光五年(1825)刊本。民国十年(1921)金陵刻经处重刊。

南野堂全集　诗文别集。清吴文溥著。二十四卷。凡《南野堂诗集》七卷，卷首一卷，刻于乾隆五十九年(1794)；《南野堂笔记》十二卷，刻于嘉庆元年(1796)；《南野堂续笔记五种》五卷，凡《慎余编》一卷，《少见录》一卷，《师贞备览》一卷，《苗疆指掌》一卷，《汉唐石刻目录》一卷，刻于嘉庆年间。

悦亲楼诗集　诗别集。清祝德麟著。三十二卷。凡正集三十卷，外集二卷。集系自订，有施朝干、吴锡麒序，收诗二千余首。有嘉庆二年(1797)刊本。

与稽斋丛稿　诗别集。清吴翌凤著。十八卷。卷一、二为《纪年诗删》，卷三为《无双乐府》，卷四为《辛壬杂诗》，卷五为《东斋余稿》，卷六为《东斋续稿》，卷七为《登楼集》，卷八为《见山楼集》，卷九为《绮语吟》，卷一〇为《宋中游草》，卷一一为《庐云小录》，卷一二为《抽帆集》，卷一三、一四为《湘春漫兴》，卷一五、一六为《清浏杂咏》，卷一七、一八为《曼香词》。有嘉庆七年(1802)刊本。

南江诗文钞　诗文别集。清邵晋涵著。十六卷。凡文钞十二卷，诗钞四卷，与札记四卷合刊。有道光十二年(1832)门弟子孙尔准刊本，陈寿祺、胡敬校字，视嘉庆初刻本为善。另《南江文钞》有嘉庆间刊本，前二卷为应试经进文及赋，卷三为所撰四库提要稿，卷四为杂记书序，盖晋涵卒后其子仓猝间裒辑遗稿而成。

素修堂诗集 诗别集。清吴蔚光著。三十一卷。凡《前集》二十四卷，《后集》六卷，补遗一卷。另词别集《小湖田乐府》十卷、《乐府续集》三卷与之合刻。有嘉庆十六年(1811)金石斋刊本。汪佑南《山泾草堂诗话》谓其"集中五律名句颇多"。

小岘山人集 诗文别集。清秦瀛著。三十七卷。凡诗集二十八卷，文集六卷，文续集二卷，补编一卷。承祖上秦松龄(号苍岘山人)家学，故以小岘自号，并以名集。有嘉庆二十二年(1817)城西草堂刊本，道光间补刊诗二卷，补编一卷，乃成足本。民国二十二年(1933)其五世孙秦毓钧又重编刊行。其集原有《赐泉堂集》诗十二卷文无卷数，刻于嘉庆初。此《小岘山人集》系其晚年自定。嘉庆本有吴德旋序，重刊本有钱振锽序。

述学 文别集。清汪中著。六卷。凡《内篇》三卷，《外篇》一卷，补遗一卷，别录一卷。附《春秋述义》一卷。《内篇》、《外篇》初刊于嘉庆间，问经堂刊。足本有道光间其子汪喜孙精刊本。民国八年(1919)上海商务印书馆据之影印，收入《四部丛刊》，民国二十五年上海中华书局据之排印，收入《四部备要》，为今通行本。另有光绪元年(1875)伍崇曜辑刊《粤雅堂丛书》本(无附录)、光绪二十三年余廷诰辑刊《宝墨斋丛书》本(有校勘记)、民国十四年(1925)上海中国书店影印《重印江都汪氏丛书》本(有方濬颐校勘记)、民国十六年刊《志古堂丛书》本(有校勘记，附《汪容甫先生遗文》一卷、附钞一卷)。其文另有选注本三卷，古直笺注，题《汪容甫文笺》，有民国间中华书局排印《层冰草堂丛书》本及1958年人民文学出版社排印本。

容甫先生遗诗 诗别集。清汪中著。六卷。凡诗五卷，补遗一卷。编年排列。收诗自乾隆三十年至五十八年(1765—1793)。遗诗先由刘台拱抄集，后由其子汪喜孙搜罗增益。有道光间汪氏精刻本，另有光绪十一年(1885)木活字本，不善。民国八年(1919)商务印书馆据汪氏本影印，收入《四部丛刊》，为最通行本。另有光绪二十六年刊胡念修辑《刻鹄斋丛书》本、宣统二年(1910)排印邓实辑《风雨楼丛书》本、民国十四年(1925)上海中国书店影印《重印江都汪氏丛书》本。

紫石泉山房诗文集 诗文别集。清吴定著。十五卷。凡文集十二卷，卷一至卷三为论著，卷四、五为书，卷六、七为序，卷八为记，卷九为传，卷一〇为墓铭、墓表，卷一一为权厝志、圹志、行略，卷一二为祭文；诗钞三卷，卷一为五言古诗，卷二为五言律诗，卷三为五言绝句。有嘉庆十五年(1810)鲍氏刊本，附鲍桂星《澹泉先生事实》、鲍士贞跋。另有光绪十三年(1887)黟县李氏刊本，王先谦作重刊文集序。

少鹤先生诗钞 诗别集。清李宪乔著。十三卷。凡《少鹤内集》十卷，外集《鹤再南飞集》、《龙城集》、《宾山续集》各一卷。内集收诗四百四十四首，各以《秋岳》、《石溪》、《焦尾》、《萧寺》、《过江》、《过岭》、《县居》、《澄江》、《返棹》、《凝寒阁续集》为名，外集《鹤再南飞集》收诗一百四十首，《龙城集》收诗四十首，《宾山续集》收诗五十七首。卷首有李秉礼、单铝序。有嘉庆间刊本，另有光绪十二年(1886)从曾孙李楹重刊本。

授堂诗文钞 诗文别集。清武亿著。十八卷。凡文钞八卷又续集二卷，诗钞八卷。附其子武穆淳《读画山房文钞》二卷。《诗钞》后又有附录二卷。书首有赵希璜、法式善、熊宝泰序。有乾隆、嘉庆间武穆淳刊本，另有道光二十三年(1843)武氏家刻本，均收入《授堂遗书》。另《文钞》八卷有光绪元年(1875)伍崇曜辑刊《粤雅堂丛书》本，民国二十五年(1936)商务印书馆据之排印，收入《丛书集成初编》。

洪北江诗文集 诗文别集。清洪亮吉著。六十六卷。凡《卷葹阁文甲集》古文十卷、《乙集》骈文八卷，《卷葹阁诗》二十卷，《附鲒轩诗》八卷，《更生斋文甲集》古文四卷、《乙集》骈文四卷，《更生斋诗》八卷，《更生斋诗余》二卷，《拟两晋南北史乐府》二卷。附门人吕培等所编年谱。《卷葹阁集》与《附鲒轩诗》有乾隆六十年(1795)贵阳节署刊本，《更生斋集》刊于嘉庆间，均收入《北江全集》，《拟两晋南北史乐府》有道光中刊本，收入《续刻北江遗书》。道光二十九年(1849)另刊有《更生斋诗续集》十卷、《文续集》二卷、《文甲集补遗》一卷、《文乙集续编》一卷。光绪中洪用懃授经堂刊本《洪北江全集》，其诗文尚收有《卷葹阁文甲集续》一卷、《补遗》一卷、《乙集续编》一卷，《更生斋文续集》二卷、《诗续集》十卷，《鲒轩外集唐宋小乐府》一卷。民国八年(1919)商务印书馆据《全集》、《续刻遗书》影印诗文六十六卷，收入《四部丛刊》，题《洪北江诗文集》，民国二十四年又排印收入《国学基本丛书》，较为通行。另民国二十五年中华书局排印《四部备要》本，五十六卷，无《附鲒轩诗》与《拟两晋南北史乐府》。

学古集 诗别集。清宋大樽著。四卷。附《诗论》一卷。另诗别集《牧牛村舍外集》四卷，与之合刻。有嘉庆九年(1804)刊本。于源《灯窗琐话》谓其"自编《学古集》，诗仅百余首，阅者每嫌其太简，杂见于他选本，知遗珠不少也"。谭献《复堂日记》谓其"《牧牛村舍外集》，终觉有气体而无骨力，不如其《学古诗集》也"。吴德旋序其《学古集》，谓其法古歌谣，作杂言一卷；法汉魏六朝，作五古一卷；法李白，作七古一卷；法王维、孟浩然、李白三家，作五律、五绝一卷，余体皆不为，余人皆不法。

有正味斋集 诗文别集。清吴锡麒著。七十二卷。凡诗集十六卷，诗续集八卷，诗外集五卷，骈体文集二十四卷，骈体文续集八卷，词集八卷，词续集二卷，词外集一卷。集后附录一卷。诗集、诗续集每卷或数卷有小集名，如《宝石山楼存稿》、《严江集》等。词集亦有小集名。诗外集为试帖诗。有嘉庆间刊本。另有嘉庆十三年(1808)刊本，所收无诗续集、骈文续集、词续集与外集。骈文有注本二种：一为《有正味斋骈体文笺》二十四卷，王广业笺，有咸丰九年(1859)青箱塾精刊本；一为《有正味斋骈体文注》十六卷，叶联芳注，有同治七年(1868)刊本。尚友山房曾以王笺叶注合纂为二十四卷石印，题《有正味斋骈文笺注》行世。

五百四峰堂诗钞 诗别集。清黎简著。二十五卷。按年次为序，收乾隆三十六年至六十年(1771—1795)诗一千八百六十二首；有嘉庆元年(1796)作者自序。另有续集二卷，收嘉庆元年、二年诗八十一首。诗钞为自订，有嘉庆间众香亭刊本，同治十三年(1874)广州儒雅堂南海陈氏重刊，光绪六年(1880)教忠堂再次重刊。续集有民国十五年(1926)微尚斋刊本。黎氏著作尚有《五百四峰堂文钞》、《药烟阁词钞》等多种，未刊行。

小罗浮草堂诗集 诗别集。清冯敏昌著。四十卷。有李威、谢兰生序，收诗起自乾隆二十三年(1758)，迄于嘉庆十一年(1806)，凡一千九百八十余首。有嘉庆十六年刊本。

亦有生斋集 诗文别集。清赵怀玉著。五十九卷。凡文集二十卷，诗集三十二卷，《云溪乐府》二卷，词五卷。集系自订，有吴锡麒、陆继辂序。有嘉庆二十年(1815)至道光元年(1821)武进赵氏刊本。

两当轩全集 诗文别集。清黄景仁著。二十二卷。凡编年诗十六卷、词三卷、遗文一卷、补遗诗二卷。后有附录序跋、传状志文、年谱、诗话与先友爵里名字考四卷，考异二卷。收诗一千一百七十首，词二百十六首，文六篇。"两当"盖取义于唐刘知幾《史通·隐晦》篇"以两当一"之语。先是翁方纲选刻黄诗成《悔存诗钞》八卷，后又有嘉庆四年(1799)赵希璜选刻、二十二年郑炳文完工的《两当轩诗钞》十四卷、《竹眠词钞》二卷，收诗八百五十四首、词七十九首。至咸丰八年(1858)黄氏之孙志述刻成《两当轩全集》二十二卷，附录六卷，考异二卷，版毁于兵火，其妻吴氏于光绪二年(1876)重刻，删去附录题赠二卷，增诗九十八首，词二首，即此旧时流行本。1983年上海古籍出版社以光绪本为底本，补收光绪本漏刻诗八首，增咸丰本所附《酬唱集》二卷，又附佚作三篇于《补遗》中，点校出版，题《两当轩集》，为今最佳本。

念宛斋集 诗文别集。清左辅著。三十二卷。凡诗集十卷，文稿八卷，文补一卷，书牍五卷，官书八卷。有嘉庆二十五年(1820)至道光元年(1821)裕德堂刊本。其诗集另有单行本，凡《蒙泉》、《抡榆》、《綦陔》、《卷施》、《孤云》、《吹竽》、《旄葛》、《春荑》八集，集各一卷。有嘉庆间刊本。

师竹斋集 诗别集。清李鼎元著。十四卷。有王昶、法式善、冯培序，收编年诗一千二百余首。末三卷为出使琉球所作诗二百余首，题《球雅》。集为作者生前自刻，有嘉庆七年(1802)刊本。

仪郑堂骈体文 文别集。清孔广森著。三卷。卷一为赋、颂、折子、呈文、书、札，卷二为序、记，卷三为书后、论、连珠、诔、哀辞、祭文。作者心仪东汉著名学者郑玄，故名其室为"仪郑堂"。有嘉庆十七年(1812)孔昭虔刊本，收入《顨轩孔氏所著书》。另有阮元叙录二卷本，题《仪郑堂文》，嘉庆、道光间刊入《文选楼丛书》。今通行本为民国二十五年(1936)中华书局据旧刻排印《四部备要》本。

长离阁诗集 诗别集。清王采薇著。一卷。收诗七十一首，词一首。前有孔广森、叶观国序，何森林弁言，张经邦题词，阮元题诗。各本

《孙渊如诗文集》均收为附录。

存素堂集 诗文别集。清法式善著。三十九卷。凡《存素堂诗初集录存》二十四卷、《诗稿》一卷、《诗续稿》一卷、《诗二集》八卷、《诗二集续》一卷,《存素堂文集》四卷。有嘉庆十二年(1807)刊本。另《文续集》二卷,有嘉庆十六年刊本。此外,有《存素堂诗二集》六卷,嘉庆十七年门人王墉校刊;《存素堂续集录存》九卷附年谱一卷,嘉庆二十一年刊,即《诗二集》与《诗二集续》;《诗龛咏物诗》二卷,嘉庆间刊,即《诗稿》与《诗续稿》。

芙蓉山馆诗文钞 诗文别集。清杨芳灿著。二十卷。凡诗钞八卷,诗补钞一卷,词钞二卷,词附钞一卷(为《移筝词》集李商隐句之《菩萨蛮》组词与《拗莲词》集温庭筠句之《子夜歌》组词),文钞八卷。杨氏为金匮人,家在今无锡、常州与江阴之间,有湖名芙蓉,故取《楚辞·离骚》"制芰荷以为衣兮,集芙蓉以为裳"句意,名其室为芙蓉山馆。有光绪十七年(1891)刊本。此前有嘉庆十年至十二年(1805—1807)刊十二卷本,不全,内文仅二卷。

孙渊如诗文集 诗文别集。清孙星衍著。二十一卷。凡文十二卷,内《问字堂集》六卷,《岱南阁集》二卷,《五松园文稿》一卷,《嘉谷堂集》一卷,《平津馆文稿》二卷;《芳茂山人诗录》九卷,内《澄清堂稿》二卷,《澄清堂续稿》一卷,《济上停云集》一卷,《租船咏史集》一卷,《冶城絜养集》二卷,《冶城遗集》一卷,《冶城集补遗》一卷。附其妻王采薇《长离阁诗集》一卷。集内诗文刊刻时间不一。《问字堂集》有王鸣盛序,刊于乾隆五十九年(1794),《平津馆文稿》有自序,刊于嘉庆十一年(1806),《芳茂山人诗录》由弟沈星衡哀集,刊于嘉庆二十三年,余亦刊于嘉庆间。文五集均收入《岱南阁丛书》,诗集收入《平津馆丛书》。民国八年(1919)商务印书馆据原刻本影印,总题今名,收入《四部丛刊》,民国二十五年(1936)又据孙氏两丛书排印,以零种收入《丛书集成初编》,另又有《国学基本丛书》本,题《孙渊如先生全集》。另有光绪十年至十一年(1884—1885)朱氏槐庐家塾刊本,诗集为十卷。此外,尚有民国二十一年(1932)北平图书馆铅印本《孙渊如外集》五卷附骈文一卷。

陶山诗文录 诗文别集。清唐仲冕著。二十二卷。凡诗录十四卷,文录八卷。诗录前录二卷,为其乾隆五十八年(1793)以前之诗,乃姚鼐为其删定者;其后十二卷,为乾隆五十八年以后至嘉庆十六年(1811)之诗,乃其嘉庆十六年冬手自编定。卷首有自序。诗录刊于嘉庆十六年,文录刊于道光二年(1822),均系家刻本。

留春草堂诗钞 诗别集。清伊秉绶著。七卷。收编年诗七百余首。有法式善、吴贤湘序,曾燠、魏成宪题词。有嘉庆十九年(1814)秋水园刊本。光绪二十三年(1897)邓元鏸据秋水园本重刻,补入秋水园本未收之诗三首,并于卷首识语中详述重刊缘起。

渊雅堂集 诗文别集。清王芑孙著。五十六卷。凡《渊雅堂编年诗稿》二十卷、诗外集二卷,《惕甫未定稿》文二十六卷、文外集四卷,《瑶想词》一卷,《读赋卮言》一卷,编年诗续稿一卷,文续稿一卷。附贾贞秀《写韵轩小稿》二卷,王翼孙《余波遗稿》一卷。有嘉庆间甘泉汪荣光等编刊本。诗集编年起乾隆三十六年(1771),迄于嘉庆十九年(1814),凡一千四百余首,诗续稿收六十岁后之诗,诗外集收诗二百余首,文集收文四百余篇,文续稿收六十岁后之文,文外集收骈体文三十余篇。

吴学士集 又名《夕葵书屋集》。诗文别集。清吴鼒著。九卷。凡诗五卷,文四卷。诗分体编排,前有光绪七年(1881)薛时雨序。文分类编排,以骈文为工,前有光绪八年梁肇煌序及六年谭献序,谭序极赞赏其骈文。有光绪八年江宁藩署刊本。其诗另有《抑庵遗诗》八卷,有同治九年(1870)刊本;《夕葵书屋叠韵诗》一卷,有嘉庆间刊本。

红杏山房诗钞 诗别集。清宋湘著。十三卷。初刊本四卷,嘉庆二十五年(1820)刊,凡《燕台剩瀋》一卷、《南行草》一卷、《滇蹄集》二卷。前有顾莼题辞。《燕台剩瀋》为任职翰林院居京之作,前有嘉庆十八年自记,《南行草》为外放云南地方官途中之作,前亦有嘉庆十八年自记,《滇蹄集》为在曲靖知府任上之作,前有嘉庆二十五年自记。所抄入之诗不多。同治八年(1869)其再从孙宋维松以家藏旧板加上《楚艘吟》稿本,增入《滇蹄集》之第三卷与《不易居斋集》、《丰湖漫草》、《丰湖续草》、《汉书摘咏》、《后汉书摘咏》、《试诗》、《试帖诗》、《同馆赋钞》各一卷,刊为十三卷足本。《不易居斋集》为试进士不第滞留京师之作,前有嘉庆七年自序,《丰湖漫草》、《续草》为游惠州西湖之作,前有嘉庆六年自序,《试诗》为应试排律诗,前有嘉庆八年自序。1988年中山大学出版社排印黄国声校辑《红杏山房集》，附录《集外集》、《集外诗》、《评论选辑》三种，为最足之本。

独学庐全稿　诗文别集。清石韫玉著。五十五卷。凡《独学庐初稿》诗《留云旧草》一卷、《江湖集》三卷、《玉堂集》一卷、《剑浦归槎录》一卷、《湘中吟》二卷，文三卷，《读左卮言》一卷，《汉书刊误》一卷；《二稿》诗《玉堂后集》一卷、《鹃声集》一卷、《学易斋吟草》一卷，文三卷，词《花韵庵诗余》一卷、《花间乐府》一卷、《外集》一卷、《微波词》四卷；《三稿》文五卷，诗《晚香楼集》六卷；《四稿》文五卷，诗《池上集》四卷；《五稿》诗《燕居集》五卷，文三卷，《补遗》一卷。为石氏所作诗词文之全集。有康熙六十年(1721)至嘉庆间精刊本。

校礼堂集　诗文别集。清凌廷堪著。五十卷。凡文集三十六卷，诗集十四卷。有《校礼堂全集》本，文集由门人张其锦刊于嘉庆十八年(1813)，诗集由张刊于道光六年(1826)。另有民国间《安徽丛书》本，据嘉庆本文集、道光本诗集影印。

大云山房文稿　文别集。清恽敬著。十一卷。凡初集四卷，陈莲青编，嘉庆十六年(1811)刻于北京琉璃厂，其中卷一、二论说考辨，卷三书札、记、传，卷四墓版碑铭；二集四卷，嘉庆二十一年宋扬光增刻于南海西湖街，其中卷一论说考辨，卷二跋、书札，卷三序、记、行述，卷四墓版碑铭；《言事》(书札)二卷，同治二年(1863)从子世临刻于楚南；补编一卷，同治间有无锡宣颖达校刻本。其孙恽念孙于同治八年(1869)始合刻于蜀，成为全本。后又有光绪十年(1884)刻本、民国间商务印书馆《四部丛刊》影印本、中华书局《四部备要》排印本、商务印书馆《国学基本丛书》排印本，俱出蜀本。另有光绪十四年官书处重刻本，无《言事》及《补编》。

晒书堂集　诗文别集。清郝懿行著。二十九卷，附录一卷。凡文集十二卷、外集二卷、别集一卷附其妻王照圆《闺中文存》一卷，笔记二卷，时文一卷，笔录六卷，诗钞二卷，试帖诗一卷，诗余一卷，末《和鸣集》一卷，为郝与妻唱和之作。有光绪十年(1884)东路厅署刊《郝氏遗书》本。

邃雅堂集　诗文别集。清姚文田著。十一卷。凡正编十卷，续编一卷。正编卷一至卷四为文，卷五至卷九为诗，卷一〇为赋，收诗起于乾隆三十九年(1774)，迄于嘉庆二十四年(1819)，续编均为文。正编道光元年(1821)江阴学使署刊，续编道光八年刊。

乐园诗稿　诗别集。清严如熤著。六卷。卷一《汉南集》，卷二《汉南感旧集》，卷三《咏史集》，卷四、五、六《苏亭集》。有自刻本，刊于道光间。《续修四库全书提要》云："《湖南通志·艺文志》载如熤有《乐园诗钞》八卷，善化张晋本《达观堂诗话》卷七记如熤诗刊有《洵定集》，此本止六卷，无《洵定集》之名，疑为未全之本"，然又以为"晋本所见殆其未经合并之初刊"。孙殿起《贩书偶记》著录本亦为六卷。另文别集《乐园文钞》八卷，为作者卒后其子严正基所刊，卷首有贺熙龄序，内卷五为《苗疆总议》，卷六为《御试集》，卷七为《漠南杂著》。有道光二十三年(1843)刊本。

赏雨茅屋集　诗文别集。清曾燠著。二十四卷。凡诗集二十二卷，骈体文二卷。有嘉庆二十四年(1819)家刻本。另有嘉庆九年单刻诗集八卷，嘉庆十五年刊诗集十一卷、外集一卷，道光三年(1823)王嘉禄刊诗集十八卷、外集一卷，光绪间鄞县郭氏单刻外集一卷。

桐华吟馆集　诗文别集。清杨揆著。十五卷。凡《桐花吟馆诗稿》十二卷，《词稿》二卷，《文钞》一卷。有嘉庆十二年(1807)刊本。此前有乾隆五十七年(1792)刊《桐花吟馆诗稿》八卷、《词稿》二卷，不全。

烟霞万古楼诗选　诗别集。清王昙著。二卷。有咸丰元年(1851)刊徐渭仁辑《春晖丛书》本。另有光绪元年(1875)伍崇曜辑刊《粤雅堂丛书》本，民国二十五年(1936)商务印书馆据之排印，收入《丛书集成初编》。另《仲瞿诗录》一卷，所收诗与《诗选》不重复，版本同《诗选》。

烟霞万古楼文集　文别集。清王昙著。六卷。收文四十篇。有钱泳序。原为四十四卷，凡古文六卷，骈文六卷，本集十六卷，外集十六卷，为作者四十五岁时所编，未刻。殁后垂二十年始由钱泳辑选六卷付刻，有道光二十年(1840)刊本。另有光绪元年(1875)伍崇曜辑刊《粤雅堂丛书》本，民国二十五年(1936)商务印书馆据之排印，收入《丛书集成初编》。

天真阁集　诗文别集。清孙原湘著。五十四卷。卷一至卷三二为诗，卷三三至卷三八为词，卷三九至卷五〇为文，卷五一至卷五四为骈体文。诗编年自乾隆四十四年(1779)至道光八年(1828),收三千六百零一首。词亦编年,收三百八十一首,古、骈文皆依类编排,分别收二百十七篇、四十六篇。集有嘉庆五年(1800)自识。集后附其夫人席佩兰《长真阁集》。有嘉庆间刊本,光绪十七年(1891)重刊,板藏强氏南皋草庐。

长真阁集 诗别集。清席佩兰著。七卷。收诗编年排列,另有词十八首。袁枚作序,评价甚高。袁氏序后有作者嘉庆十七年(1812)自识。有嘉庆间刊本,光绪十七年(1891)重刊,附于其夫孙原湘《天真阁集》后。另有《长真阁诗稿》一卷,道光二十四年(1844)序,有娜嬛别馆刊蔡殿齐辑《国朝闺阁诗钞》本。

茗柯文编 文别集。清张惠言著。九卷。凡《茗柯文初编》一卷,《二编》上、下二卷,《三编》一卷,《四编》一卷,《补编》上、下二卷,《外编》上、下二卷。另《茗柯词》一卷。"茗柯"取义于《世说新语·赏誉》:"简文云:'刘尹茗柯有实理。'"初编至三编目录均张氏自编,四编为其甥董士锡于其身后所编,所收文皆编年排列,补编、外编为高澍然所编。初编至四编有嘉庆十四年(1809)刊阮元序本、道光三年(1823)刊杨绍文辑《受经堂汇稿》本(含词)、同治八年(1869)刊《茗柯文》评点本、民国四年(1915)上海神州国光社刊《风雨楼秘笈留真》中《茗柯文》手稿本、民国二十五年中华书局排印《四部备要》本(含词),补编、外编有道光十四年刊陈善序本。民国八年(1919)商务印书馆据同治本、陈善本影印,收入《四部丛刊》。1984年上海古籍出版社合杨本、陈本点校出版,收入《中国古典文学丛书》。

尚䌹堂集 诗文别集。清刘嗣绾著。五十六卷。凡诗集五十二卷,词集《筝船词》二卷,骈体文二卷。诗集编年起自乾隆三十八年(1773),迄于嘉庆二十五年(1820),每卷一集,为《爨余集》、《半粟房集》、《寄泖集》等,各有小序。全集有自序及嘉庆十三年法式善序、道光四年(1824)郭麐序。有道光六年刘延和大树园刊本。另有同治间刘康来刊本,增附录三卷。又骈体文二卷单行,有张寿荣辑光绪中蛟川张氏花雨楼刊《花雨楼丛钞》本。

铁桥漫稿 诗文别集。清严可均著。十三卷。有道光十八年(1838)冬十月四录堂刊本。光绪十一年(1885)蒋氏心矩斋重刊本,仅诗文八卷。原刻本卷九至卷一二金石题跋文,光绪三十一年(1905)秀水王宝莹重刻,卷一三制举文则未刻。其诗另有《铁桥诗悔》一卷,传本无刻书年月,约嘉庆间刊。

雕菰集 诗文别集。清焦循著。二十四卷。凡赋一卷,诗四卷,赞、颂、铭一卷,他文十八卷。未收论经之作。集于嘉庆二十二年(1817)由作者手订。有道光四年(1824)阮福刊本,阮亨辑入《文选楼丛书》。民国十三年(1924)江杏溪又辑入《江氏聚珍版丛书》,有苏州文学山房木活字排印本。民国二十五年商务印书馆据阮本排印,收入《丛书集成初编》,次年又收入《国学基本丛书》。

船山诗草 诗别集。清张问陶著。二十卷,补遗六卷。卷一为乐府十四章,卷二、三为《戊丁集》、《戊巳集》,卷四为《出山小草》,卷五为《松筠集》,卷六、七为《乞假还山集》上、下,卷八为《扁舟集》,卷九为《骡车集》,卷一〇至一三为《京朝集》,卷一四为《奇零集》,卷一五、一六为《己庚集》、《辛癸集》,卷一七为《依竹堂集》,卷一八为《出守东莱集》,卷一九、二〇为《药庵退守集》上、下。连同补遗,收编年诗凡三千余首。《诗草》前有释道嵘及自序,后有石韫玉书后;《补遗》前有顾翰序,后有陈葆森跋。《诗草》有嘉庆二十年(1815)石韫玉编次刊本、同治九年(1870)席珍山馆刊李岑、江海清《船山诗注》本,《补遗》有道光二十九年(1849)陈葆森据从张立轩处所得遗稿刊行本。今通行本为1986年中华书局据嘉庆本《诗草》、道光本《补遗》排印之《中国古典文学基本丛书》本,附录张问陶研究资料。又《船山诗草选》六卷,黄丕烈选,收诗五百余首,有嘉庆二十二年黄氏士礼居刊本。

揅经室集 诗文别集。清阮元著。六十三卷。凡一集"说经之作"文十四卷,二集"近于史之作"文八卷,三集"近于子之作"文五卷,四集赋与骈文二卷、诗十一卷,续集十一卷,再续集七卷,外集《四库未收书提要》五卷。前四集有道光三年(1823)自序。有道光间阮亨辑刊《文选楼丛书》本。初刻本五十四卷,续集为九卷,无再续集;广州书局重刻本五十六卷,续集为十一卷,亦无再续集。民国八年(1919)商务印书馆《四部丛刊》影印初刻本五十四卷,1993年中华书局据之点校排印,为今通行本。另民国二十五年商务印书馆据《文选楼丛书》本排印之《丛书集成初编》本,五十一卷,无再续集、外集,亦较通行。其诗另有《琅嬛仙馆诗略》八卷、《文选楼诗存》五卷、《揅经室诗录》五卷单行,有嘉庆十三年(1808)、嘉庆二十四年、道光十三年刊本,《诗录》咸丰五年(1855)伍崇曜辑刊《粤雅堂丛书》亦收之,民国二十五年商务印书馆据以排印入《丛书集成初编》。

瓶水斋诗集 诗别集。清舒位著。十九卷。凡诗十七卷,诗别集二卷。卷一至卷一六编年起乾隆四十七年(1782),迄嘉庆十九年(1814),卷一七为续刻嘉庆二十年诗,是年年底,作者即逝世。别集卷一为《春秋咏史乐府》,卷二为《黔苗竹枝词》。有嘉庆二十一年姨甥王昙序,另有宋思仁、赵翼、法式善、龙铎、梁同书、萧抡等序、题识。其嘉庆二十年自序云:"读万卷书,未能破之,行万里路,仅得过之。积三十年,存二千首。"有嘉庆二十一年巴氏真州刊本,光绪十二年(1886)宗山、边保枢重刊,谭献、边保枢作重刻序。另有光绪五年王氏谦德堂刊《畿辅丛书》本,民国二十五年(1936)商务印书馆据之排印,收入《丛书集成初编》。近有1991年上海古籍出版社点校排印本,附录原刻所收传记墓志、序跋题记、《瓶水斋诗话》。

青芝山馆集 诗文别集。清乐钧著。二十七卷。凡《青芝山馆诗集》二十二卷,《断水词》三卷,《青芝山馆骈体文》二卷。诗编年起于乾隆四十九年(1784),迄于嘉庆十九年。文卷上为赋、序、记,卷下为书、说、墓碑、墓志、诔、祭文。有嘉庆二十二年(1817)刊本。其骈体文二卷另有光绪十六年(1890)重刊本,郭传璞作重刻文序,谓其"于骈文致力尤邃"。

香苏山馆全集 诗文别集。清吴嵩梁著。五十七卷。凡《古体诗集》十四卷、《今体诗集》十四卷、词一卷、《文集》二卷,《石溪舫诗话》二卷,《听香馆丛录》六卷,《增修鹅湖书田志》四卷,《表忠录》一卷,《东乡风土记》一卷,《粤游日记》一卷,《新田十忆图咏》四卷,《香苏草堂图咏》一卷,《秦淮春泛图咏》一卷,《拜梅图咏》一卷,《庐山纪游图咏》一卷,《武夷纪游图咏》一卷,《莲花博士图咏》一卷,《鹤听诗图咏》一卷。有道光二十三年(1843)刊本。另《香苏山馆古体诗钞》十七卷、《今体诗钞》十九卷,有王昶、法式善、曾燠序,叶绍本、姚莹后序,约道光、咸丰间刊,另有光绪间木樨轩重刊本。

思适斋集 诗文别集。清顾广圻著。十八卷。取北齐邢邵"日思误书,更是一适"意而引申之,以为校勘有得,"豁然如启幽室而明之,举世之适,诚莫有适于此也",故以思适名斋,并名集。集中亦以所作校勘题记尤为精粹。此书孙瑞清原辑二十卷,道光二十九年(1849)杨文荪重编,徐渭仁刻于上海,删定为十八卷,凡诗赋三卷,词一卷,文十四卷,但遗佚甚多。近人王大隆辑《思适斋书跋》四卷、《补遗》一卷,《思适斋集补遗》二卷、《再补遗》一卷,有民国二十四年、二十五年(1935、1936)学礼斋刊《黄顾遗书》本;同时期,蒋祖诒亦辑《思适斋集外书跋辑存》四卷,有百拥楼铅印本。

灵芬馆集 诗文别集。清郭麐著。九十二卷。凡《灵芬馆诗初集》四卷、《二集》十卷,《三集》四卷、《四集》十二卷、《续集》九卷,《初集》、《三集》嘉庆十二年(1807)仁和孙均刊,《二集》嘉庆九年刊,《四集》道光三年(1823)马洵刊,《续集》道光十二年仁和严烺刊;《灵芬馆词》六卷,内《蘅梦词》、《浮眉楼词》、《忏余绮语》各二卷,嘉庆十二年刊;《灵芬馆杂著》二卷、《续编》四卷、《三编》八卷,内《续编》嘉庆二十五年刊;《金石例补》二卷;《江行日记》一卷;《樗园消夏录》三卷;《灵芬馆诗话》十二卷、续集六卷,嘉庆二十一年仁和孙均刊,续集嘉庆二十三年刊;《爨余集》一卷;《国志蒙拾》二卷,嘉庆二十年钱塘陈鸿寿刊;《爨余丛话》六卷,道光九年刊。各种非刊于一时一地,系嘉庆、道光间陆续刻成。

初月楼诗文钞 诗文别集。清吴德旋著。二十六卷。凡《文钞》十卷、《诗钞》四卷,附《程子香文钞》二卷,刊于道光三年(1923);《文续钞》八卷,附《程子香文续钞》四卷、《文补遗》一卷,刊于道光十六年;另《遗编》文四卷,与《文钞》、《文续钞》合刊于道光三年至十六年。

鉴止水斋集 诗文别集。清许宗彦著。二十卷。凡古今体诗八卷,词一卷,古文十卷,赋、骈体文一卷。因"宗彦尝训诸子曰:'读书人第一须使此心光明正大,澄清如止水,无丝毫苟且私曲'","故名所居曰鉴止水斋"(《清史列传》)。集于许氏在世时已刻其半,余半刻成于道光间,另有咸丰八年(1858)重刊本。

小谟觞馆集 诗文别集。清彭兆荪著。十八卷。凡诗集八卷,内卷一为《楼烦集》,卷二为《南鸿集》,卷三、四为《星社集》,卷五、六为《佣书集》,卷七为《苇杭集》,卷八为《观涛集》,诗余一卷,文集四卷,诗续集二卷,续集诗余一卷,文续集二卷。唐冯贽《记事珠》云:"嵩高山下有石室名谟觞,内有仙书无数,方回读书于内。"集名盖取义于此。有嘉庆十一年(1806)韩江寓舍刊本,光绪间汪氏重刊。另有道光五年(1825)刊钱塘孙元培、孙长熙注本。文集四卷另有张嘉禄注本单行，有民国二十九年(1940)张氏约园刊张寿镛辑《四明丛书》本，收入第七集。

太乙舟集 诗文别集。清陈用光著。二十一卷。凡文集八卷，诗集十三卷。太乙舟为作者室名。文集卷首有作者传记。附录其子陈兰瑞《观象居诗》二卷。有咸丰四年(1854)孝友堂刊本。另文集亦单行，有道光二十三年(1843)孝友堂刊本、光绪二十一年(1895)重刊本。

冬青馆甲乙集 诗文别集。近代张鉴著。十四卷。凡《冬青馆甲集》六卷，卷一有诗《劳薪集》等，卷二有诗《芜城集》等，卷三有诗《礓桐馆集》等，卷四至卷六为各体文；《冬青馆乙集》八卷，卷一有诗《扫花山馆集》等，卷二有诗《北征集》等，卷三至卷八为各体文。集有道光十九年(1839)作者自识。有道光十九年至二十六年刊本。另有民国四年(1915)刘氏嘉业堂刊刘承幹辑《吴兴先哲遗书》本。另《冬青馆古宫词》三卷，为弱冠时所作七绝宫词三百首，桂荣注，道光十二年作者自订，有光绪间潘祖荫辑刊《功顺堂丛书》本，另有宣统二年(1910)国学扶轮社排印《香艳丛书》本，民国二十五年(1936)商务印书馆据潘本排印，收入《丛书集成初编》。

养一斋集 诗文别集。清李兆洛著。二十六卷。凡文集二十卷，诗集四卷，赋一卷，诗余一卷。有光绪四年(1878)至八年汤成烈等校刊本，民国二十五年(1936)中华书局据之排印，收入《四部备要》。别本二十九卷，凡文集二十卷、补遗一卷，诗集八卷，其门人编，真伪杂糅，非善本，有道光二十三年(1843)维风堂刊木活字本。又别本三十六卷，为二十九卷本加续编六卷、校字一卷。有道光二十四年其子李慰望刊本。又别本题《李养一先生文集》，二十六卷，凡文集二十四卷，《石经考》一卷、《端溪砚坑记》一卷，邑后学高承钰编次，有咸丰元年(1851)至三年维风堂刊本，因板毁于兵火，流传极少。

绛跗草堂诗集 一名《左海诗钞》。诗别集。清陈寿祺著。六卷。收乾隆五十二年(1787)以后所作诗，分体编排，同体又编年排列。前有题词，为马履泰、宋湘等诸家评语。传本无刻书年月，约嘉庆间刊，收入《左海全集》。

左海文集 清陈寿祺著。十卷，另补编二卷，题《左海经辨》。约嘉庆间刊，收入《左海全集》。

梦陔堂文集 文别集。清黄承吉著。十卷。其子必庆与仪征王句生编次，有道光二十三年(1843)刊本。另有民国二十八年(1939)燕京大学图书馆据道光本排印本，线装二册，较为通行。

梦陔堂诗集 诗别集。清黄承吉著。三十五卷。收诗二千七百五十余首，集前有自序。有道光十四年(1834)刊本。

碧城仙馆诗钞 诗别集。清陈文述著。八卷。选录古今体诗七百零三首。所收非其诗作全帙。集为作者手订，初刻于嘉庆二十四年(1819)，重刊于道光十八年(1838)。光绪二十二年(1896)江标刻入《灵鹣阁丛书》，民国二十五年(1936)商务印书馆据以排印，收入《丛书集成初编》行世，为陈氏诗集最通行之本。

颐道堂集 诗文别集。清陈文述著。七十八卷。凡《文钞》十三卷，《诗选》三十卷，《外集》十三卷，《戒后诗存》十六卷，《补遗》六卷。有道光八年(1828)刊本。《文钞》有嘉庆十年(1805)李元垲序，《诗选》有嘉庆二十一年自序、二十二年萧抡序。《文钞》初刻四卷，《诗选》初刻十四卷，有嘉庆二十二年刊本。其诗集另有嘉庆二十四年刊、道光十八年重刊《碧城仙馆诗钞》八卷，道光三年刊、十年重刊《西泠怀古集》，道光七年刊《西泠仙咏》三卷、《西泠闺咏》十六卷等。

崇百药斋文集 诗文别集。清陆继辂著。四十八卷。凡正集二十卷，卷一至卷一二为诗，卷一三为词，卷一四至卷一九为文，卷二〇为其母年谱；续集四卷，前二卷为诗，后二卷为文；三集十二卷；另《合肥学舍札记》十二卷。附陆妻钱惠尊《五真阁吟稿》一卷。有宋翔凤序。有嘉庆二十五年至道光十六年(1820—1836)刊本。另有光绪四年(1878)兴国州署重刊本。

仪卫轩集 诗文别集。近代方东树著。二十一卷。凡文集十二卷，外集骈文一卷，诗集五卷，遗书三卷。附录年谱一卷。前有苏惇元所作传、方宗诚目录后识及作者自序，后有许丙椿跋。有同治七年(1868)刊本。

柯家山馆遗诗 诗别集。清严元照著。六卷。诗集系作者手定，凡六百五十首，与《柯家山馆词》三卷合刻。有嘉庆十九年(1814)至二十二年德清徐球刊本。另有光绪十一年(1885)陆心源辑湖城义塾刊《湖州丛书》本。

悔庵学文 文别集。清严元照著。九卷。凡正集八卷，补遗一卷。有嘉庆十五年(1810)刊本。另有光绪五年(1879)重刊本。又光绪间陆心源辑湖城义塾刊《湖州丛书》,亦收录之,并收录其所著《娱亲雅言》六卷、《尔雅匡名》二十卷。

石云山人集　诗文别集。清吴荣光著。四十一卷。凡文集五卷,奏议六卷,诗集二十三卷,词选一卷,诗话六卷。有潘世恩序。文集卷五之题跋文,品评书画,每有心得。诗集收诗凡一千五百余首。有道光二十一年(1841)筠清馆刊本。

幼学堂诗文稿　诗文别集。清沈钦韩著。二十五卷。凡诗稿十七卷,文稿八卷。初刊诗稿十卷,文稿四卷,再刊诗稿后七卷,文稿后四卷。后刊者目录与初刊者分为两段。有作者自序。有嘉庆十八年(1813)至道光间刊本。

癸巳类稿　文别集。清俞正燮著。十五卷。其文稿原有三十余卷,由程恩泽选定二百余篇,编为此集,求日益斋刊于道光十三年癸巳(1833),故取此名。集前有道光十三年王藻序,后有道光十六年程恩泽后序,另有作者所作之《易安居士事辑》。传世版本另有光绪五年(1879)会稽章氏刊巾箱本、民国二十三年(1934)据道光本印行之《安徽丛书第三辑》本(附诗文补遗一卷,王立中《俞理初先生年谱》一卷)、民国二十五年商务印书馆排印《丛书集成初编》本以及《国学基本丛书》本。此书付刊后,张穆又选余文编为十五卷,题为《癸巳存稿》,由杨尚文刊于道光二十八年,收入《连筠簃丛书》。《存稿》另有光绪十年黟县李氏重刊本、民国二十五年商务印书馆排印《丛书集成初编》本以及《国学基本丛书》本。

癸巳存稿　见“癸巳类稿”。

退庵诗存　诗别集。近代梁章钜著。二十五卷。前有翁方纲、曾燠、郭麐、董士锡、吴慈鹤、吴廷琛等题词及序。有道光十二年(1832)刊本。早期别有《藤花吟馆诗钞》,十卷。有道光五年刊本。

安吴四种　诗文别集。近代包世臣著。二十九卷,另附录七卷。凡《中衢一勺》三卷附录四卷,包世荣、包慎言注,《艺舟双楫》六卷附录三卷,《管情三义》赋三卷、诗三卷、词一卷、《浊泉编》一卷,《齐民四术》农三卷、礼三卷、刑二卷、兵四卷。有道光二十六年(1846)白门倦游阁木活字本、咸丰元年(1851)刊本及同治十一年(1872)包诚刊本。

小倦游阁文稿　文别集。近代包世臣著。二卷。有民国六年(1917)华阳王氏菊饮轩据包氏原稿铅印线装本。后有《校勘记》。收文五十余篇。张舜徽《清人文集别录》以为此集“盖世臣自编文集之余,弃而不顾者也”。近有1992年黄山书社排印本。

刘礼部集　诗文别集。清刘逢禄著。十二卷。卷一至一〇为文,卷一一为诗词及其子刘承宽所作行述,卷一二为所附其子刘承宠《麟石文钞》。刘氏为著名经学家,集中文多论学之作。有道光十年(1830)思误斋刊本,光绪十八年(1892)延晖承庆堂重刊本。

求是堂诗集　诗别集。清胡承珙著。二十二卷。卷一《悔存集》,卷二《哀蝉集》,卷三《负米集》,卷四《授经集》,卷五《计偕集》,卷六《倦游集》,卷七《结秀集》,卷八《家居集》,卷九《藏海集》,卷一〇《寄藤集》,卷一一《陮岭集》,卷一二《陮岭后集》,卷一三《道山集》,卷一四《销寒集》,卷一五《赏春集》,卷一六《西台集》,卷一七《东瀛集》,卷一八至卷二二《归田集》;收编年诗一千四百七十三首。诗余附存。有道光十三年(1833)刊本。

求是堂文集　文别集。清胡承珙著。六卷,另骈体文六卷。作者殁后友人朱琦所编次。有道光十七年(1837)本宅刊本。

香石诗钞　诗别集。近代黄培芳著。六卷。集为黄乔松编,有嘉兴十六年(1811)翁方纲序,以培芳与张维屏、谭敬昭合称“粤东三子”。另有恽敬序。集中所收诗均为培芳四十岁以前之作。有嘉庆间刊本。

朴学斋文录　文别集。清宋翔凤著。三卷。有嘉庆二十五年(1820)书业堂刊本。另诗别集《忆山堂诗录》八卷,嘉庆二十三年刊,《洞箫诗纪》二十四卷,道光二十八年(1848)刊,词别集《碧云庵词》二卷,嘉庆二十五年刊,《洞箫词》一卷,道光九年京都精华斋刊,均收入宋氏所著《浮溪精舍丛书》。另《文录》有咸丰间刊四卷本,《诗录》有道光五年刊本。《诗纪》所录编年诗起自嘉庆二十一年,迄于道光三十年。

南村草堂诗文钞　诗文别集。近代邓显鹤著。四十四卷。凡文钞二十卷,诗钞二十四卷。有道光九年(1829)至咸丰元年(1851)刊本。文有姚莹、沈道宽序,诗有陶澍、欧阳绍洛及程恩泽序。另诗钞有初刻十六卷本,约刊于道光八年,后增至二十四卷,近有1994年岳麓书社排印本。

樗寮先生全集　诗文别集。近代姚椿著。

四十二卷。凡《通艺阁诗录》八卷、《续录》八卷、《三录》八卷,《樗寮诗话》三卷,《和陶集》三卷,《晚学斋文集》十二卷。有咸丰二年(1852)刊本。另《通艺阁文集》六卷、《补编》一卷,有道光二十年(1840)刊木活字本。又《通艺阁诗遗稿》一卷,附其弟姚椳《白石钝樵遗稿》一卷,有光绪十年(1884)聚珍版印本。

陶文毅公集 诗文别集。清陶澍著。六十四卷。卷一为进呈文,卷二至三〇为奏疏,卷三一至五二为文集,分类编排,卷五三至六四为诗集,分体编排。卷首列清宣宗祭悼表彰文字,卷末附作者生平资料。系其门人许乔林重订,有道光二十年(1840)淮南刊本。另有陶澍生前自订本,六十二卷,凡《印心石屋文钞》三十五卷,《诗钞》初集四卷、二集三卷,《抚吴草》四卷,《蜀辅日记》四卷,《试律》四卷,《黄江古文存》四卷,《漕河祷冰图诗录》四卷。有道光十四年刊本。

唐确慎公集 诗文别集。近代唐鉴著。十卷。凡文五卷,诗五卷。附卷末歌语一卷。前有道光二十年(1840)贺熙龄序、曾国藩代递遗折及墓志铭、事略、行述,后有刻书者其婿贺瑗跋。光绪元年(1875)刊于慈溪。民国二十五年(1936)中华书局出版《四部备要》本即据之排印,为今通行本。

因寄轩文集 文别集。清管同著。十七卷。凡初集十卷、二集六卷、补遗一卷。初集前有姚鼐致作者书、邓廷桢与陈兆麟所作序,张士珩所为作者小传,二集、补遗后有梅曾亮书后、炳奎跋。共收文约二百篇。有道光十三年(1833)管氏家刻本。光绪五年(1879)合肥张氏重刊本,附管嗣复《小异遗文》一卷。

张南山全集 诗文别集。近代张维屏著。十二种一百四十四卷,内二种无卷数。凡《松心文钞》十卷,有咸丰七年(1857)刊本;《松心诗集》二十二卷,有道光三十年(1850)刊本;《国朝诗人征略初编》六十卷,有道光十年刊本;《听松庐诗钞》十六卷,有道光五年刊本(后五卷系续刊);《松心诗录》十卷,有道光三十年刊本;《松心杂诗》不分卷,有道光、咸丰间刊本;《听松庐骈体文钞》四卷,有道光二十三年刊本;《听松庐诗话》一卷、《艺谈录》二卷,有道光、咸丰间刊本;《花甲闲谈》十六卷,有道光十九年刊本;《桂游日记》三卷,有道光十七年刊本;《春游唱和诗》不分卷,有道光二十六年刊本。另《松心诗录》十卷有咸丰四年(1854)沈世良编校赵惟廉刊本;《听松庐诗钞》别本一卷,李长荣辑,有同治二年(1863)序刊《柳堂师友诗录初编》本;《听松庐诗略》二卷,陈澧选,有光绪三年(1877)刊《学海堂丛刻》本。《听松庐诗钞》前有嘉庆十六年(1811)翁方纲《粤东三子诗序》及作者自序,收诗约一千首。《松心诗集》又名《松心十集》,前有嘉庆二十五年(1820)作者自序及李长荣序,收诗起自乾隆五十九年(1794),迄于道光二十七年。《松心诗录》系选集,前有自序及咸丰四年李长荣序、沈世良序,收诗起自乾隆五十九年,迄于咸丰四年,约四百首,沈世良序谓此集系效王士禛《精华录》而选。

是程堂集 诗词别集。清屠倬著。二十卷。凡初集十四卷,二集四卷,《耶溪渔隐词》二卷。初集有嘉庆十九年(1814)阮元、吴锡麒序及法式善、马履泰、陈斌、郭麐、查揆旧序。二集有作者自序。收诗一千四百余首。有嘉庆十九年(1814)至二十五年真州官舍精刊本。

介存斋文稿·介存斋诗 诗文别集。清周济著。八卷。凡文稿二卷,诗六卷。有光绪十八年(1892)周恭寿刊《求志堂存稿汇编》本。另《介存斋诗》六卷有道光间刊本,又道光三年(1823)刊本仅四卷,不足。

养素堂集 诗文别集。近代张澍著。六十一卷。凡文集三十五卷,诗集二十六卷。诗集前有作者自序及道光二十三年(1843)钱仪吉序。卷一至卷二四收编年诗三千余首,起自嘉庆四年(1799),迄于道光二十二年,卷各有子集,凡《归省集》、《春梦集》、《黔中集》、《汉中集》等十三集,卷二五为咏史诗,卷二六为试帖诗。有道光十七年至二十三年枣华书屋刊本。诗集另有1976年台北联经出版事业公司据原国立中央图书馆藏未刊稿本影印本,收入《明清未刊稿汇编初辑》。

石经阁文集 文别集。近代冯登府著。八卷。每卷目录标题为《石经阁文初集》,卷首有吴德旋序。有道光间刊本。另《石经阁文集续编》八卷,费寅辑录,有传抄本。

拜竹诗堪诗存 诗别集。近代冯登府著。六卷。凡《勺园集》、《海峤重游集》、《海月江风集》、《学易庵初集》、《二集》、《漫兴集》各一卷。卷首有林春溥序。与词《钓船笛谱》一卷合刊。有道光九年(1829)闽中刊本。

衎石斋纪事稿 文别集。近代钱仪吉著。十卷。前有张问陶题识与戚嗣曾序。收文一百五十余篇。卷一为记，卷二为书札，卷三至卷五为序跋，卷六至一〇为传记、墓志。有道光十四年(1834)刊本。另《衎石斋纪事续稿》十卷，子钱彝甫校刊，后有其所为跋文。收文一百九十余篇，卷一为记，卷二、三为书札，卷四至七为序跋，卷八至一〇为行状、墓表。有咸丰四年(1854)刊本。光绪六年(1880)重刊本《衎石斋纪事稿》、《续稿》与诗《刻楮集》、《旅逸小稿》及杂著《续良史述》合刻。

闽游集　诗别集。近代钱仪吉著。二卷。前有其弟钱泰吉序及作者自序。诗后或有作者及钱泰吉小注。收作者嘉庆四年(1799)至六年出都赴闽之诗一百二十余首。有宣统间刊本。

定庐集　诗别集。近代钱仪吉著。四卷。集系李传元编校，前有作者自序，后有缪荃孙与李传元跋。收嘉庆二十五年(1820)至道光九年(1829)间所为诗四百七十首，诗题多下注作诗年月。有咸丰四年(1854)、五年间刊本。

刻楮集　诗别集。近代钱仪吉著。四卷。前有自序，略谓集名乃取"宋人以玉为楮叶，刻之三年，锋杀茎柯，毫芒繁泽，无不似者"之意。收诗起自道光十年(1830)，迄于十二年，凡二百八十余首。有道光十二年刊本，另有光绪六年(1880)其子钱彝甫重刊本，重刊本与《衎石斋纪事稿》、《续稿》及《旅逸小稿》二卷、《续良史述》一卷合刻。

刘孟涂集　诗文别集。清刘开著。四十四卷。凡文集十卷、骈体文二卷，编排错杂；《孟涂前集》诗十卷，分体编排；《孟涂后集》诗二十二卷，中缺卷八，前无目录，既未分体，亦未编年。孟涂为刘开别号，"孟涂之名，殆有慕于柳仲涂(北宋古文家柳开)也"(曾宾谷《刘孟涂文集跋》)。有道光六年(1826)姚氏檗山草堂刊本，另有民国间石印本。又《孟涂遗诗》二卷，有光绪十二年(1886)刊本。

简学斋诗存　诗别集。清陈沆著。四卷。收诗一百七十九首，编年起嘉庆十四年(1809)，迄道光四年(1824)。前录陆献、汪正鋆、汪正荣、魏源、吴嵩梁、包世臣、姚学塽、陶澍等题跋。集中诗每有魏源等评语。另《简学斋诗删》四卷，与《诗存》合刻，前有咸丰二年(1852)其婿叶名沣题识，谓"外舅陈先生既殁，越二十余年，其子小舫检箧中所藏诗编次，友朋选定者曰《诗存》，其余若干首为《诗删》，以授梓人"。有咸丰二年刊本。另《诗存》一卷与《诗比兴笺》四卷合刻，有咸丰五年刊本。其集另有《简学斋赋钞》二卷、《管课试律存》一卷、《试律续钞》一卷，有咸丰二年刊本。《白石山馆诗钞》一卷、《诗余》三卷、《杂钞》三卷、《杂篇》二卷以及《白石山馆遗集》，仅有传抄本。

程侍郎遗集　诗文别集。清程恩泽著。十一卷。有道光二十六年(1846)梅曾亮序。另有道光二十五年张穆序，略云："公子德威以遗稿相授，……今春尚书(祁寯藻)谋刻其遗集，……乃偕公门人何编修绍基，排比为赋一卷，诗四卷，又凡稿草之失题者及诗余试帖共为一卷，碑志哀诔骈俪杂著之文五卷。"有道光二十六年祁寯藻刊本，板存蛩喜斋。另有咸丰五年(1855)伍崇曜刊《粤雅堂丛书》本，民国间商务印书馆据之排印，收入《丛书集成初编》。

养一斋集　诗文别集。清潘德舆著。二十五卷。卷一至卷一〇为诗，卷一一至卷二四为文，卷二五为《念石子》，乃平日为学修身之文。前有姚莹序及作者自题。有道光二十九年(1849)刊本。

伯山诗集　诗别集。近代姚柬之著。十卷。后有张维屏、张琦、张敏求、舒孟兰等题跋。卷一为和陶诗，卷二为五古，卷三为五律，卷四为五排、五绝，卷五为七古，卷六至卷八为七律，卷九、一〇为七绝。收诗一千一百余首，附词十余阕。有道光二十八年(1848)王检心校刊本。

云左山房诗钞　诗别集。近代林则徐著。八卷。收诗五百七十四首，略按年代为序。另有附录三类，一为庆贺酬唱之诗，二为诗余，三为试帖诗。前有谢章铤序。有光绪十二年(1886)其孙林洄溆刊本。作者早期之《拜石山房诗集》、《黑头公集》世无传本，惟《使滇小草》为其手定诗稿，尚存，收嘉庆二十四年至道光七年(1819—1827)间所为诗。1986年海峡文艺出版社排印郑丽生校笺《林则徐诗集》，就今存资料，重加增订，收诗六百五十三首，附佚诗待访目，为今最全之本。

中复堂全集　诗文别集。近代姚莹著。九十七卷。凡《东溟文集》六卷、《外集》四卷、《文后集》十四卷、《文外集》二卷，《后湘诗集》九卷、《二集》五卷、《续集》七卷，《东溟奏稿》四卷，《识小录》八卷，《东槎纪略》五卷，《寸阴丛录》四卷，《康辀纪行》十六卷，《姚氏先德传》六卷，《中复堂遗稿》五卷、《续编》二卷。附录姚濬昌《中复堂年谱》一卷。有道光中刊本，另有同治六年(1867)姚濬昌安福县署刊本。其文另有《石甫文钞》二卷，有嘉庆二十三年(1818)刊本，前有林象序，汪廷珍题辞，后有高大亮跋，收文近八十篇。

柏岘山房集 诗文别集。近代梅曾亮著。三十一卷。凡文集十六卷、文续集一卷，诗集十卷、诗续集二卷，骈体文二卷。文有杨以增序、方东树后序、朱琦书后，诗有自序，光绪本并有从甥朱庆元跋。有咸丰六年(1856)慎修书屋刊本、光绪二十七年(1901)铅印本。另有《柏岘山房文钞》，二卷，有咸丰四年(1854)唐岳辑刊《涵通楼师友文钞》本。

知止堂集 诗文别集。清朱绶著。二十四卷。凡文集八卷、补遗一卷，诗录十二卷，词录三卷。有道光二十年(1840)至二十一年刊本。

鸥汀渔隐诗集 诗别集。近代陈偕灿著。六卷。前有自序及曾燠、吴嵩梁序，另有何绍基等题词、顾德庆等评语。收编年诗起自嘉庆十二年(1807)，迄于道光十九年(1839)，凡九百余首，卷各有子集名，为《丁卯编》、《雪鸿小草》、《浪漫游草》、《萍蓝集》、《鸡肋集》、《宦游草》。有道光二十年刊本。另《续集》三卷，卷各有子集名，为《春雨楼近草》、《呻吟小草》、《焚余草》，卷前均有自序，收诗共四百余首。传本刊刻年代不详，约咸丰间刊。

万善花室文稿 文别集。清方履篯著。七卷。卷一为赋，其余各卷编次零乱。王树枏《叙录》云："阳湖工偶体文者，以洪稚存、孙渊如、赵味辛、刘芙初为最，彦闻(方履篯)与董子诜、董方立兄弟联镳继起，以称雄于世。"道光十一年(1831)刊，光绪元年(1875)书板被毁。光绪五年定州王灏谦德堂辑刊《畿辅丛书》，收入此集。后又有光绪中缪荃孙辑刊《云自在龛丛书》本。民国二十五年(1936)商务印书馆据王本排印，收入《丛书集成初编》。另《万善花室诗集》四卷、《词稿》一卷，与《文稿》合刊于道光十一年。

彝寿轩诗钞 诗别集。近代张应昌著。十二卷。前九卷为嘉庆十年(1805)至咸丰九年(1859)所作诗，后二卷为《余生草》。与《寄庵杂著》二卷、《烟波渔唱》四卷合刊。附录陆珊《闻妙香室词》一卷、张应鼎《青藜精舍诗钞》一卷、张兴仁《话雨斋诗钞》一卷。有同治四年(1865)西昌旅舍刊本。

休复居诗文集 诗文别集。近代毛岳生著。十二卷。凡文集六卷，诗集六卷。附录《元史后妃公主传补》一卷。文分类编排，收近百篇，前有黄汝成序，诗分体编排，收近五百首，前有练廷璜、程庭鹭序。有道光二十四年(1844)嘉定黄氏刊本。

薏苕山馆诗稿 诗别集。近代陆嵩著。十六卷。前有道光九年(1829)朱绶序，十五年陈用光序，二十三年张履、张肇辰序，另有许玉瑑作者画像赞。收编年诗起自嘉庆十三年(1808)，迄于咸丰十年(1860)，共约一千二百首。有光绪十八年(1892)刊本。

知止斋诗集 诗别集。近代翁心存著。十六卷。无序跋。收嘉庆十七年(1812)至咸丰十一年(1861)诗一千七百余首。有光绪三年(1877)刊本。

甘泉乡人稿 诗文别集。近代钱泰吉著。二十四卷。卷一至卷二〇为文，分体排列，其中卷七至卷九为《曝书杂记》。卷二一至卷二四为《可读书斋古今体诗》，编年排列。有咸丰四年(1854)读旧书室刊本，附《可读书斋校书谱》一卷。后板毁于兵火，流传未广。同治十一年(1872)，泰吉子应溥据咸丰本重刻，但《曝书杂记》三卷有目无文，还删去《可读书斋校书谱》，改附应溥所撰年谱一卷及钱炳森《邠农偶吟稿》一卷。后又有光绪十一年(1885)刻本，补回《曝书杂记》，又增刻《余稿》二卷，并附钱友泗《四水遗著》一卷，为最足之本。

龚自珍全集 诗文别集。近代龚自珍著。十一辑。王佩诤校。前有编例十六条，谓"本集据龚氏自刻本《定庵文集》，吴刻本《定庵文集》、《续集》、《补》，朱刻本《定庵文集补编》，风雨楼本《定庵别集》、《集外未刻诗》，娟镜楼本《定庵遗著》、《年谱外纪》，《龚自珍集外文》稿本，《孝珙手抄词》，以及诸书引载与海内公私诸家旧藏佚文等，整理编辑，成为目前较完备的龚氏全集"，"本集仿邃汉斋校订本编例，编成十一辑：一辑为政治和学术论文，二辑为碑传和纪事，三辑为书序和题录，四辑为金石题跋，五辑为表、启、笺，六辑为佛学论著，七辑为韵文，八辑为语录，九辑为编年诗，十辑为《己亥杂诗》，十一辑为词"。有校语及简注。1959年中华书局上海编辑所排印出版，1975年上海人民出版社重印。其集通行本另有《定庵文集》三卷、续集四卷、补五卷(据吴刻本影印)、《定庵文集》补编四卷(据朱刻本影印)，有民国八年(1919)商务印书馆影印《四部丛刊》本；又有民国二十五年(1936)上海中华书局排印《四部备要》本，编次为《定庵文集》三卷、续集四卷、文集补三卷、续集一卷、别集一卷、文集补编四卷、文集增补一卷。

龚自珍己亥杂诗注 诗别集注本。近代龚自珍著,刘逸生注。《己亥杂诗》为大型组诗,共三百十五首七绝。写于道光十九年己亥(1839),由当年农历四月二十三日始,至同年十二月二十六日止。次年由龚氏自编自印,分赠友好,是为羽琌别墅本。刘注以同治七年(1868)吴煦刻本为底本,校以诸通行本,为读者查阅方便,全部加上编号。除注明典故出处,训释文字,考核名物,取证史实外,并加诗句串解,间加注者见解,并对作者自注误记者有所订正。1982年中华书局排印出版。

积石诗存 诗别集。近代张履著。四卷。三百六十八首。作者卷首识语云:"拙诗前二卷曾经数老辈及友人选择,又以己意删存之……自第三卷以下,乃在句曲所作,未经人评论者,姑并录之。"收诗约占其诗作总数十之四。附《南池唱和诗》一卷,五十四首,另箴四首。又附《鲙余篇》一卷,七十余首,为补录删余之作。有清光绪二十年(1894)刊本。

积石文稿 文别集。近代张履著。十八卷。收文二百四十篇。作者识语云:"文则尽数录之,所未入稿者,不过数篇。"有光绪二十年(1894)刊本,与《诗存》合刊。

功甫小集 诗文别集。近代潘曾沂著。十一卷。有嘉庆二十三年(1818)刊本。其集另有《放猿集》一卷、《桐江集》一卷、《江山风月集》一卷,附《船庵词》一卷,一名《放猿桐江江山合刻》,咸丰间刊;有《东津馆文集》三卷,咸丰间刊;有《闭门集》六卷词一卷,光绪五年(1879)刊;有《船庵集》六卷,光绪五年刊。

怀古田舍诗钞 诗别集。近代徐荣著。三十三卷。前有龚自珍序,道光二十一年(1841)朱绪曾序,二十四年郑祖琛序,十八年张维屏《藁城》、《丙檄》、《平昌》三集序,二十七年王邻翼《玉环集序》,张炳跋,阮元等十余人评语,姚燮等十余人题词,宗稷辰书后。卷各有子集,为《什一集》、《松芥集》、《辛壬集》等二十三种,内数种又分上、中、下或甲、乙、丙。收嘉庆九年(1804)至道光三十年诗二千四百余首。有咸丰元年(1851)刊本。另《怀古田舍诗节钞》六卷,前有同治三年(1864)林鸿年序及崇实后叙,系其子徐同善倩林鸿年选编而成。有同治三年锦城刊本。

彭文敬公全集 诗文别集。近代彭蕴章著。四十六卷。凡《诒縠老人自订年谱》一卷,《归朴龛丛稿》十二卷、续编四卷,《松风阁诗钞》二十六卷,《鹤和楼制义》二卷、补编一卷。有同治中刊彭祖贤辑《长洲彭氏家集》本。内《松风阁诗钞》卷首有道光元年(1821)王嘉禄序、同治三年(1864)祁寯藻序、同治七年罗惇衍序、咸丰二年(1852)吴清鹏序,收嘉庆十九年(1814)至同治元年间编年诗一千五百余首。卷各有子集名,为《涧东》、《花南》、《竹西》、《砚北》、《乘轺》等集。

躬耻斋诗文钞 诗文别集。近代宗稷辰著。四十一卷。凡文钞十四卷、后编六卷,诗钞十四卷、后编七卷。有民国二年(1913)铅印本。另诗钞十四卷、后编七卷,有咸丰九年(1859)九曲山房刊本;文钞二十卷、后编六卷,正编卷九、一〇、一八、一九分上下,后编卷四、五亦分上下,有咸丰元年越岘山馆刊本。

梂花庵诗 诗别集。近代叶廷琯著。三卷。凡诗二卷,外集一卷。附录一卷。有光绪间潘祖荫辑《滂喜斋丛书·二茗诗集》本,民国二十五年(1936)商务印书馆据之排印,收入《丛书集成初编》。

花宜馆诗钞 诗别集。近代吴振棫著。十七卷。凡正编十六卷、《续存》一卷。收诗一千二百余首。前有咸丰十一年(1861)作者自序。后附词集《无腔村笛》二卷。有同治四年(1865)刻本。

仙屏书屋诗录 诗别集。近代黄爵滋著。十八卷。凡初集十六卷,诗后录二卷。前有自序,后有洪齮孙跋。收诗凡一千余首。有道光二十六年(1846)精刊本。

䢅䚷亭集 诗文别集。近代祁寯藻著。四十四卷。凡《前集》三十二卷,《后集》十二卷。"䢅䚷亭"为古亭名,颜之推《颜氏家训·勉学》谓"亢仇旧是䢅䚷亭,……属上艾",上艾在今山西平定境内,近作者家乡。有咸丰六年(1856)至七年刊本。

余甘轩诗钞 诗别集。近代何曰愈著。十二卷。前有同治六年(1867)王柏心序,道光二十年(1840)书纶、赵桂生序,另有龚裕、李云等题辞,叶树东、郭志融等评语。后有光绪七年(1881)胡凤丹跋。收诗六百余首。词集《余甘轩诗余》一卷十阕附刊于后。有光绪七年闽南节署刊本。

魏源集 诗文别集。近代魏源著。不分卷。所收为魏源短篇论著与诗作。文以黄象离增补重编宣统元年(1909)国学扶轮社印行《魏默深文集》为底本，校以光绪四年(1878)淮南书局刊《古微堂内集》三卷、《外集》七卷，以及《古微堂文稿》残本。诗以同治九年(1870)刊本《古微堂诗集》十卷为底本，校以《古微堂诗稿》、《清夜斋诗稿》、《古微堂诗稿钞本》残本及《射鹰楼诗话》。附黄象离作重刊文集序与跋、郭嵩焘作诗集序、魏耆作事略及《清史稿·魏源传》。有1976年中华书局排印本，后重印时略有增补。

浩然堂诗集 诗别集。近代江开著。四卷。附词稿一卷。有蒋湘南序。有道光二十九年(1849)夏刊本。另其诗集有《浩然堂初集》二卷，卷首有道光十八年潘德舆序，所收多为古体诗，与《浩然堂诗集》前二卷收诗互有异同，有道光间刊本。另《浩然堂诗集》六卷本，附《双忠研斋诗余》一卷，前四卷诗多见于《初集》及四卷本，后二卷则为续收之诗。有民国五年(1916)江氏敦乐堂刊本。

七经楼文钞 文别集。近代蒋湘南著。六卷。前有王济宏序、阎彤恩原序、刘元培序目，后有卢正烈后序，重刊本又有马子贻《重刻蒋子潇先生诗文遗集序》。收录九十余篇，重刊本补刻若干篇。有道光二十七年(1847)初刊本，同治八年(1869)与诗集《春晖阁诗选》合刻重刊本。另又有民国九年(1920)资益馆排印本，增补遗一卷及资益馆主人《校勘记》一卷，收入《蒋子遗书》。

春晖阁诗选 诗别集。近代蒋湘南著。六卷。集系洪符孙、潘筠基编选，前有洪符孙序、潘筠基序，收诗二百六十余首。有同治八年(1869)刊本，与文集《七经楼文钞》合刊。另有民国十年(1921)资益馆排印《蒋子遗书》本，后附资益馆主人撰校勘记一卷。

绿槐书屋诗初稿 诗别集。清张纶英著。二卷。附录五卷。有道光中阳湖张氏宛邻书屋刊张曜孙辑《阳湖张氏四女集》本，卷首有道光二十五年(1845)徐士縠、冯桂芬序，另有曹楙坚、潘曾玮、孔宪彝、王柏心等序跋。收诗二百余首。另有同治七年(1868)刊三卷本，卷三所收诗为二卷本所无，卷首有道光二十五年(1845)张曜孙序，卷末有林寿图等题辞，此本系道光本之增补本。

落帆楼文集 文别集。近代沈垚著。二十五卷。凡文二十四卷，补遗一卷。有民国七年(1918)嘉业堂刊刘承幹辑《吴兴丛书》本。另《落帆楼文稿》四卷，有道光二十七年(1847)刊杨尚文辑《连筠簃丛书》本，民国二十五年商务印书馆据之排印，收入《丛书集成初编》。《落帆楼文遗稿》二卷，有光绪二十八年(1902)刘世珩辑刊《聚学轩丛书》本。

思伯子堂诗集 诗别集。近代张际亮著。三十二卷。有同治八年(1869)桐城姚濬昌刊本。其早期诗作辑为《松寥山人诗初集》十卷，有道光四年(1824)晴雪山房刊本。其文别集名《张亨甫文集》，六卷，有同治六年刊本。

东洲草堂诗文钞 诗文别集。近代何绍基著。五十卷。凡诗钞三十卷，文钞二十卷。诗钞后附诗余一卷。诗钞同治六年(1867)家刻本为二十八卷，起自嘉庆十六年(1811)，迄于同治五年，前有该年自序，后光绪间续刊二卷，起自同治六年，迄于十一年。文钞光绪间刊本附其子何庆涵《眠琴阁遗文》一卷、诗二卷与其媳李楣《浣月楼遗诗》二卷。其诗《使闽草》、《使粤草》、《使黔草》、《峨眉瓦屋草》曾单独付梓，其中《使黔草》刊于道光二十五年(1845)，《峨眉瓦屋草》刊于咸丰五年，后此数集均收入《东洲草堂诗钞》。光绪九年(1883)另有诗文合刊本四十八卷行世。民国十四年(1925)又刊有《东洲草堂金石跋》五卷。1992年岳麓书社以原刻本为底本，校以《使黔草》、《使闽草》、《峨眉瓦屋游草》、《东洲草堂金石跋》、《东洲草堂文钞》手定底稿本，附录传记、序跋、归湘日记、楹联选、年谱简编，题名《何绍基诗文集》，排印出版，为今通行本。

百柱堂集 诗文别集。近代王柏心著。五十一卷。凡诗集二十八卷，文集十九卷，骈体文三卷，词一卷。另附录一卷。有光绪十八年(1892)其孙王传介刊本。其诗道光二十三年(1843)由陶梁刊为《子寿诗钞》，咸丰元年(1851)续刻为《螺洲近稿》，同治元年(1862)刻咸丰间诗为《漆室吟》，又编同治元年至四年诗为《壬癸编》、《甲乙编》，后综合同治十一年以前三十五年所为诗，总名《百柱堂诗稿》。

天游阁集 诗别集。近代顾春著。五卷。收诗四百余首，附诗补录五首，词补录四首。诗后多有小注。有宣统二年(1910)神州国光社排印线装本。原集五卷，旧稿第四卷已佚，冒广生重编时，析第五卷为二卷付印，即今所见本。

沈四山人诗录 诗别集。近代沈谨学著。六卷。收诗三百二十七首。前有潘曾沂序、江湜《沈山人事略》，后有潘曾沂跋及附录他人题赠诗若干首。有光绪三年(1877)潘祖荫辑刊《滂喜斋丛书》本，另有民国二十六年(1937)商务印书馆据潘本排印之《丛书集成初编》本。

乐志堂集 诗文别集。近代谭莹著。三十二卷。凡文集十八卷、续集二卷，诗集十二卷。书首有自序。有咸丰十年(1860)吏隐园刊本。又《乐志堂文略》四卷，李肇沅校，有光绪十二年(1886)刊《学海堂丛刻》(一名《启秀山房丛书》)本。

海秋诗集 诗别集。近代汤鹏著。二十六卷。前有乔松年、刘伯埙序，后有程恩泽、林则徐、姚莹、张际亮、鲁一同等评语、跋文。收诗共二千余首。有道光十八年(1838)刊本。另有同治十二年(1873)其子汤寿铭补刊本，多后集一卷。

补学轩集 诗文别集。近代郑献甫著。十四卷。凡诗集八卷，文甲集四卷，文乙集二卷。有咸丰十年(1860)采萍堂刻本。另《补学轩文集》四卷，有光绪二十四年(1898)刊谢元福辑《粤西五家文钞》本。

怡志堂诗文初编 诗文别集。近代朱琦著。十四卷。凡文初编六卷，诗初编八卷。文前有潘曾绶、谭献序，后有倭仁跋及传，诗前有杨传第序，梅曾亮、张际亮等十余人评跋，祁寯藻、边浴礼等十余人题词，后有宗鉴成书后。有同治三年(1864)京师刊本，另有民国二十四年(1935)桂林排印黄蓟辑《岭西五家诗文集》本，书名无初编二字。另诗初编有咸丰九年(1859)仁和胡氏木活字本，文初编有光绪二十四年(1898)刊谢元福辑《粤西五家文钞》本。其诗另有《怡志堂诗钞》一卷，系选集，有同治九年京师嫏嬛别馆刊《故友诗录二编》本。

求自得之室文钞 文别集。近代吴嘉宾著。十二卷。与《尚䌹庐诗存》二卷合刻。前有郭嵩焘、王拯序，吴嘉仪目录题识。有同治五年(1866)广州刊本。

林昌彝诗文集 诗文别集。近代林昌彝著。十六卷。凡诗集八卷，诗外集试帖诗一卷，赋钞一卷，文集六卷。有1984年点校者王镇远、林虞生前言，谓此集系据同治二年(1863)广州刊本《衣讔山房诗集》八卷、光绪五年(1879)福州刊本《小石渠阁文集》六卷及林氏侄孙林敬焜题签本《衣讔山房全集》所收《诗外集》一卷、《赋钞》一卷整理而成。原有阮元、何绍基、林则徐、魏源、汤鹏、林寿图、朱琦、张际亮等三十余人评赠，温训、张际亮、魏源、汤鹏、陈偕灿、姚燮等二十余人题诗，丁杰、林则徐、陈澧诗序，罗惇衍赋序列为附录。有1989年上海古籍出版社排印本。

守柔斋诗钞 诗别集。近代苏廷魁著。八卷。凡初集四卷，续集四卷。初集前有道光十五年(1835)彭泰来序，同治三年(1864)全庆序，收诗起自道光九年，迄于道光十六年，凡编年诗约四百首。续集前有同治二年王拯序，后有同治三年蒋达跋，卷一为《甲午游草》，卷三为《癸亥北游草》，卷四为《适豫草》，收诗起自道光十四年，迄于同治二年，凡编年诗约三百首。有同治三年刊本。初集另有道光间刊本。其诗集另有《守柔斋行河草》二卷，前有同治十二年何廷谦序、光绪元年(1875)李光廷序，诗系同治六年作者受命治河之作，有光绪元年刊本。

汪梅村先生集 诗文别集。近代汪士铎著。四十卷。凡《汪梅村文集》十二卷、外集一卷，《悔翁笔记》六卷，《悔翁诗钞》十五卷、补遗一卷，《悔翁诗余》五卷。前有洪汝奎序，作者《悔翁自识》。有光绪七年至九年(1881—1883)合肥张氏味古斋刊本。另有台湾文海出版社印行《近代中国史料丛刊》本，收入第十三辑。

味尘轩诗集 诗别集。近代李文瀚著。十三卷，附诗余二卷。卷首有周仪暐等题词。有道光二十三年(1843)刊本。又有十九卷本，凡诗集十八卷，诗余一卷。所收编年诗起道光四年迄三十年。第十八卷缺。有道光二十三年至三十年刊本。

通甫类稿·通甫诗存 诗文别集。近代鲁一同著。十二卷。凡类稿文四卷、续编二卷，诗存四卷、诗存之余二卷。文有汤修序，诗有自序及周韶音跋。收文九十余篇，诗四百八十余首。有咸丰九年(1859)山阳鲁氏刊《鲁氏遗书》本。

复庄诗问 见“大梅山馆集”。

大梅山馆集 诗文别集。近代姚燮著。五十五卷。凡《复庄骈俪文榷》八卷、《二编》八卷，《复庄诗问》三十四卷，《疏影楼词》五卷。有咸丰五年(1855)大梅山馆家刻本。《复庄诗问》另又有单刻本，收诗三千五百余首。有道光二十六年(1846)孙廷璋序，道光二十八年陆云书书后。有道光二十八年刊本，另有1988年上海古籍出版社点校排印本，附录序跋及诗传、诗评，为今通行本。

倚晴楼诗集 诗别集。近代黄燮清著。十六卷。凡正集十二卷，续集四卷。正集有翁心存序，续集有胡凤丹序。有海盐黄氏拙宜园刊本。正集咸丰七年(1857)刊，续集同治九年(1870)刊，与《诗余》四卷、《倚晴楼七种曲》、《国朝词综续编》合为《倚晴楼集》。

柈湖文录诗录 诗文别集。近代吴敏树著。十五卷。凡文录八卷，诗录六卷，《钓者风》一卷。前有作者自序。有同治八年(1869)自刻本。别本《柈湖文集》十二卷，有光绪十九年(1893)思贤讲舍刻本。另《柈湖诗录》一卷，有光绪三年长沙刊朱克敬辑《挹秀山房丛书》中《浮湘访学集》本。

巢经巢集 诗文别集。近代郑珍著。二十卷。凡文集六卷，诗集九卷，诗后集四卷，遗诗一卷。附录传志墓表一卷。有民国四年(1915)陈夔龙、王秉恩校刊《遵义郑征君遗著》本，附郑珍子郑知同《屈庐诗稿》四卷。前有民国四年陈氏序，后有同年王氏跋。民国十四年古愚室据之影印，黄宝熙辑入《清代学术丛书》。民国二十五年中华书局据之排印，又据光绪三十年(1904)唐炯云云南矿务署刊本补入逸诗一卷，附民国二十一年卢前跋，收入《四部备要》，为今通行最全本。其集最早有咸丰二年(1852)望山堂刊《巢经巢诗钞》九卷，其后光绪十九年高培谷刊《巢经巢遗文》五卷，二十三年黎庶昌刊《巢经巢诗钞》九卷、《后集》四卷。另民国二十九年贵州省政府排印并据清刊板汇印《巢经巢全集》，则收入《文钞》四卷，《诗钞前集》九卷、《后集》六卷、《外集》一卷。

啸古堂集 诗文别集。近代蒋敦复著。二十六卷。凡文集八卷，诗集八卷，词集五卷，《芬陀利室词话》三卷，诗遗集一卷，词遗集一卷。另附《丽农山人事实杂录》一卷。诗有吴嘉洤、王韬等序，另有姚莹、姚椿、阮元等序。有同治七年(1868)至光绪十一年(1885)刊本。

覆瓿集 诗文别集。近代张文虎著。四十卷。凡《舒艺室随笔》六卷、《续笔》一卷、《余笔》三卷，分别为同治十三年(1874)金陵冶城宾馆刊、光绪五年(1879)刊、光绪七年刊；《舒艺室杂著甲编》二卷、《乙编》二卷、《剩稿》一卷，光绪五年刊，《剩稿》光绪七年刊；《舒艺室诗存》七卷、《索笑词》二卷，光绪七年刊；《鼠壤余蔬》一卷，光绪十三年刊；《舒艺室诗续存》一卷，光绪十五年刊；《舒艺室尺牍偶存》一卷，光绪十五年刊；《湖楼校书记》一卷、《余记》一卷，题华谷里民撰，光绪十五年金山钱铭璧等刊；《莲龛寻梦记》一卷，题华谷里民撰，光绪十五年金山钱铭璧等刊；《梦因录》一卷，题华谷里民撰，光绪十三年金山钱铭璧等刊；《撰联偶记》一卷，题天目山樵撰，南汇张鑫刊；《怀旧杂记》三卷，光绪十九年南汇张鑫刊；《舒艺室杂存》四卷，凡《牧笛余声》一卷，《庋辞偶存》一卷，《俗语集对》一卷，《记梦四则》一卷，题天目山樵撰，光绪十三年刊十五年汇印。另《舒艺室诗》一卷，有咸丰八年(1858)刊王庆勋辑《诒安堂全集·同人诗录》本。

显志堂集 文别集。近代冯桂芬著。十二卷。附《梦柰诗稿》一卷。前有吴云、俞樾、吴大澂序，左宗棠所作家传，李鸿章所作墓志铭。有光绪二年(1876)校邠庐刊本。

校邠庐抗议 文别集。近代冯桂芬作。二卷。前有自序。有光绪九年(1883)广仁堂刻本。另有光绪二十四年(1898)刻本以及光绪十八年敏德堂刻本。又清末抄本，有点校。收录政论、奏议等文四十篇。

尊小学斋集 诗文别集。近代余治著。八卷。凡文集六卷，诗集一卷，诗余一卷。附吴师澄编《年谱》一卷。有光绪九年(1883)刻本。

移芝室合集 诗文别集。近代杨彝珍著。十九卷。凡文集十三卷，《思旧集》一卷，诗集三卷，《芟余草》一卷，外集一卷。另卷首一卷。文集有李元度、俞樾序，洪良品跋，文后有评语。诗集有刘凤苞序，薛福成跋。有光绪二十二年(1896)其孙杨世猷刊本。

心庵诗存 诗别集。近代何兆瀛著。二十二卷。凡《心庵诗存》十二卷，丙子诗一卷，戊寅诗一卷，陈兰浦评辛巳诗一卷，诗外集一卷，《老学后庵自订诗》六卷。与词存四卷、自订词二卷、《泥雪录》一卷、《忆语》一卷合刊。有同治十二年(1873)至光绪十四年(1888)刊本。

半岩庐遗著 诗文别集。近代邵懿辰著。六卷。凡遗文二卷，遗文补一卷，遗诗二卷，遗诗补一卷。另附录一卷。有民国十一年(1922)仁和邵氏家祠刊《半岩庐所著书》本。另有《半岩庐遗集》二卷，凡文一卷，诗一卷，孙章羲所编，有光绪三十四年(1908)刊本。另其诗《位西先生遗稿》诗一卷，有同治间潘祖荫辑刊《滂喜斋丛书》本及民国三十五年商务印书馆排印《丛书集成初编》本。《邵位西遗文》一卷，有同治四年(1865)吴棠望三益斋刊本。

半行庵诗存稿 诗别集。近代贝青乔著。八卷。有恽世临、黄富民序。收诗八百三十首。

有同治五年(1866)叶廷琯等刊本。

咄咄吟　诗别集。近代贝青乔著。二卷。收七绝组诗一百二十首。有民国三年(1914)嘉业堂刊本。台湾文海出版社《近代中国史料丛刊》据之影印，收入第二十三辑。1957年上海人民出版社排印《中国近代史资料丛刊·鸦片战争》第三册、1957年中华书局排印阿英编《鸦片战争文学集》上册亦均收录之。

东塾集　文别集。近代陈澧著。八卷。首有梁鼎芬序，第六卷《申范》，其余别卷较他本多文五十余篇。有光绪十二年(1886)梁氏刊朱墨印本。别本六卷又《申范》一卷，有光绪十八年菊坡精舍刊本。另有《东塾类稿》无卷数，所载为说、解、考、论、跋等类文，有道光二十九年(1849)刊本。其诗集有《陈东塾先生遗诗》一卷，汪兆镛辑，后有民国二十年(1931)汪兆镛跋。收诗二百四十余首，附补遗录十余首。有民国二十年刊本。

玉井山馆文略　文别集。近代许宗衡著。七卷。凡《文略》五卷，《文续》二卷。均有目录，悉由作者手定，后附《西行日记》一卷，系咸丰六年(1856)归晋所记。《文略》卷四，均为游西山及盘山之作。有吴昆田序。另其诗别集《玉井山馆诗集》十五卷附《诗余》一卷，收诗起自道光十一年(1831)，亦吴昆田序，与文集合刻行世。有同治九年(1870)刊本。

郘亭诗钞　诗别集。近代莫友芝著。六卷。前有黄统、翁同书、郑珍序及黎庶昌所作别传。录诗四百余首。有咸丰二年(1852)遵义湘川讲舍刊本、同治五年(1866)莫绳孙修补本。近有台湾文海出版社印行《近代中国史料丛刊》本。

郘亭遗诗　诗别集。近代莫友芝著。八卷。前有张裕钊所作《墓志铭》。收诗起于咸丰二年(1852)，迄于同治十年(1871)，为《郘亭诗钞》之续编。有光绪元年(1875)莫绳孙刊本。近有台湾文海出版社印行《近代中国史料丛刊》本。

曾文正公诗文集　诗文别集。近代曾国藩著。八卷。凡诗集四卷，文集四卷。诗文均编年排列。有同治十三年(1874)传忠书局刊本。另有六卷本，凡诗、文各三卷，分体编排，有光绪二年(1876)刊本。《曾文正公全集》所收诗文集，或为八卷本，或为六卷本。民国间商务印书馆《四部丛刊》影印本、中华书局《四部备要》排印本，则均为六卷本，较为通行。此前其文集有同治十一年方宗诚编次李鸿章刊《求阙斋文钞》，不分卷，收文五十二篇，同年又有张瑛编刊《曾文正公文钞》四卷，收文五十七篇。此外，《曾文正公奏稿》三十六卷，杨仲蕃刻字，光绪二年刊，别本三十卷，汤炳南刻字；《鸣原堂论文》二卷，同治十二年刊；《曾文正公书札》三十三卷，光绪二年刊，三年续刊；《曾文正公批牍》六卷、《曾文正公杂著》二卷、《求阙斋读书录》十卷、《求阙斋日记类钞》二卷，光绪二年刊；《曾文正公家书》十卷、《曾文正公家训》二卷，光绪五年刊，均收入《曾文正公全集》。1986年起，岳麓书社排印出版《曾国藩全集》，分诗文、奏稿、家书、日记、批牍、读书录等各分册，诗文分册收入诗、文、杂著、《鸣原堂论文》、《孟子要略》(原刊于同治十三年)，除文以曾氏家抄本为底本外，余者均以传忠书局刊《曾文正公全集》为底本。

鸿濛室诗文钞　诗文别集。近代方玉润著。二十八卷。凡文钞正集六卷、二集二卷，即《太极丛说》、《著述弁言》、《中兴论》、《上时帅书》、《当今名将传》、《鸿濛金石文》各一卷，《平贼二十四策》二卷；诗钞前后集二十卷。附录赠言一卷。文同治间刊于陇州，诗前集咸丰十一年(1861)刊于星沙，诗后集同治十三年(1874)刊于陇州。

敦艮吉斋诗存文存　诗文别集。近代徐子苓著。六卷。凡《诗存》二卷，《文存》四卷。附录徐元叔《劫余小录》一卷。有光绪十二年(1886)刊本。另《敦艮吉斋文钞》四卷、《诗存》二卷、《诗存补遗》一卷，有光绪三十二年李国松辑刊《集虚草堂丛书甲集》本。

尔尔书屋诗文钞　诗文别集。近代史梦兰著。十卷。凡文钞二卷，诗钞八卷。文前有孙国祯序，后附《家藏书画记》，收文七十篇，诗前有自序及张山、王晋之序，孙国祯题辞，收诗七百六十余首。文钞刊于光绪元年(1875)，诗钞刊于光绪十七年，收入史氏撰辑之《止园丛书》。

味经山馆诗文钞　诗文别集。近代戴钧衡著。凡诗钞六卷，文钞四卷。收诗二百零九首，文六十篇。有咸丰三年(1853)王祐蕃校刻本。序文后有王氏评诗语。另有《味经山馆遗著》，凡遗文一卷、遗诗四卷、《俗联便录》一卷、尺牍一卷，有方宗诚序。有光绪间刊木活字本。此外尚有《蓉洲初集》诗六卷，有道光十九年(1839)香月山房刊本，《蓉洲诗钞》四卷，有约咸丰间刊本。

浣月山房诗集 诗别集。近代龙启瑞著。五卷。卷一至三为内集，卷四为别集，卷五为外集。收诗起自道光十三年(1833)迄于咸丰六年(1856)，共三百五十余首。有光绪四年(1878)北京印本，另有民国二十五年(1935)桂林排印黄蓟辑《岭西五家诗文集》本。

经德堂文集 文别集。近代龙启瑞著。六卷。有民国二十四年(1935)桂林排印黄蓟辑《岭西五家诗文集》本。别本四卷，有光绪二十四年(1898)刊《粤西五家文钞》本。另《经德堂文钞》一卷。有咸丰四年(1854)临桂唐氏涵通楼刊唐岳辑《涵通楼师友文钞》本。

西隃山房集 诗文别集。近代冯志沂著。八卷。凡《微尚斋诗初集》四卷、《诗续集》二卷，《适适斋文集》二卷。诗集较单行本增一卷，多同治三年(1864)至六年诗五十余首。文集与单行本异名，前有董文焕序，内文有王拯评注，收文近四十篇。全书卷尾有编者董麟跋。有同治八年洪洞董氏刊本。别本题为《西隃山房全集》，卷首有作者自题，卷尾有族孙冯曦跋，文集前删董序而录张友桐序，文中又尽删评语。前二卷为文，后六卷为诗。有民国八年(1919)铅印线装本。另单行本《微尚斋诗集》五卷，凡初集四卷、续集一卷，前有董文焕序、作者自序。初集收道光十五年(1835)至咸丰十一年(1861)所为诗三百余首，续集收咸丰十一年至同治二年(1863)所为诗六十余首。有同治三年冯氏家刻本，刊于庐州。初集另有咸丰十一年洪洞董氏初刻本，续集另有民国二十五年(1936)山西书局影印稿本，前有吴大廷识语及序。单行本《微尚斋文集》一卷，从侄冯晫编，前有吴昆田序，后有编者识语与李翰华跋，有同治十三年管城李氏刊本。

思益堂集 诗文别集。近代周寿昌著。二十卷。凡诗六卷，文二卷，词一卷，日札十卷，骈文一卷。前有王先谦序及《国史文苑传·周寿昌传》。收诗近六百首，收文三十余篇，收词一百余首，日札则为随笔四百余则。有光绪十四年(1888)长沙刊本。

龙壁山房集 诗文别集。近代王拯著。二十二卷。凡诗集十七卷，收诗一千一百六十二首；文集五卷，收文九十八篇。有民国二十四年(1935)桂林铅印《岭西五家诗文集》本。其诗另有《龙壁山房诗草》十四卷，卷一至一〇为《己未集》，卷一一至一四为《庚申集》，有咸丰九年(1859)家刻本。

二知轩诗钞·二知轩文存 诗文别集。近代方濬颐著。六十六卷。凡《诗钞》十四卷、《诗续钞》十八卷，刊于同治五年至八年(1866—1869)，《文存》三十四卷，刊于光绪四年(1878)。《诗钞》别本一卷，有同治二年李长荣辑刊《柳堂师友诗录初编》本，不全。1976年台北联经出版事业公司影印本《方忍斋所著书》，所据则为未刊稿本，辑入《明清未刊稿汇编初辑》，每篇文后有署名宝清、铭盘、奉恩、管乐等的注评。

寄鸥馆诗录 诗别集。近代符葆森著。一卷。有同治九年(1870)京师嫏嬛别馆刊《故友诗录二编》本。另《寄鸥馆辛壬诗录》一卷，收诗起咸丰元年(1851)迄二年，约百首，有咸丰二年刊本。另《寄鸥馆行卷》一卷，有阮亨序及作者自跋，有道光二十五年(1845)刊本。

逊学斋诗文钞 诗文别集。近代孙衣言著。三十二卷。凡文钞十二卷，文续钞五卷，诗钞十卷，诗续钞五卷。文钞前有钱泰吉、吴大廷序及作者自赞，后有许宗衡、胡凤丹跋。文钞、文续钞共收文二百七十余篇。诗钞前有俞樾、吴裳序，后有刘履芬书后，分体编排。诗钞、诗续钞收诗起自道光十四年(1834)，迄于光绪十四年(1888)，共收诗九百余首。有同治三年(1864)至十二年刊本，光绪间重刊。

养晦堂集 诗文别集。近代刘蓉著。十二卷。凡诗集二卷，收诗一百八十七首，文集十卷，收文一百二十九篇。有光绪三年(1877)思贤讲舍刻本。另有台湾文海出版社《近代中国史料丛刊》第三十九辑影印本。

雪门诗草 诗别集。近代许瑶光著。十四卷。前有同治五年(1866)作者自序。诗集凡子集四种，为《悠游集》、《蒿目集》、《上元初集》、《衍古谣谚》，各子集前另有小序。收诗起自道光二十年(1840)，迄于同治十三年，共一千八百余首。有同治十三年刊本。

伏敔堂诗录 诗别集。近代江湜著。十九卷。凡诗录十五卷，续录四卷。前有道光二十七年(1847)彭蕴章序与同治元年(1862)自序，续录另有同治二年自序。收诗起于道光十八年(1838)，迄于同治二年，共一千四百余首。有同治元年、二年刊本。另《伏敔堂诗集》一卷，系选集。有咸丰八年(1858)刊王庆勋辑《诒安堂全集·同人诗录》本。又《伏敔堂诗录选》一卷，收诗约一百八十首。有民国十五年(1926)吉亮工手书影印本。

水云楼诗词辑校 诗词别集。清蒋春霖著。今人冯其庸辑校。凡《水云楼词》二卷一百零六首，用咸丰十一年(1861)杜文澜辑刊《曼陀罗阁丛书》本，原本前有徐鼒等序；《水云楼词续》一卷四十九首，用同治十二年(1873)宗源瀚初刻、民国十五年(1926)丁氏适存庐复刻本，原本前有宗源瀚序，后有周念永跋；《水云楼词补遗》、《水云楼词辑佚》共十五首，系自各选集等资料中另辑；《水云楼剩稿》诗一卷一百零二首，用光绪十四年(1888)金武祥辑刊《粟香室丛书》本，原本前有金武祥序。全书后附录冯其庸《蒋鹿潭年谱考略》及所辑《酬唱录》、《词话》。有齐鲁书社1986年排印本。另民国间有有正书局排印本《水云楼诗词稿合本》，台湾文海出版社据之重印，收入《近代中国史料丛刊》第四十三辑。

秋蟪吟馆诗钞 诗别集。近代金和著。七卷。有民国五年(1916)精刊本。另《来云阁诗稿》六卷，有光绪十八年(1892)丹阳束氏刊本，前有同年谭献序。又《秋蟪吟馆诗钞》六卷、《来云阁词钞》一卷、《文钞》一卷，有民国三年(1914)铅字排印本，前有同年冯煦重刊诗钞序，诗集部分全同《来云阁诗稿》，作者之子金遗、金还跋略谓"世所传《来云阁诗》，什九皆乱后之作，为丹阳束先生允泰所刻本"，"实则来云阁者，先君自署词稿之名"，"男遗、还敬谋重刻，……敬更正诗稿之名曰《秋蟪吟馆诗钞》，而以来云阁之名仍归之词，题曰《来云阁词》，文一卷，无题名，附于词钞之后，均从先志也"。此后诗钞又增一卷为七卷本，最足。

来云阁文钞 见"秋蟪吟馆诗钞"。

藤香馆诗钞 诗别集。近代薛时雨著。六卷。凡《藤香馆诗钞》四卷、《续钞》二卷，附词二卷。有同治十年(1871)刊本。别本附词仅一卷，诗卷数同上，有同治七年全椒薛氏刊《薛氏五种》本。前有同治六年(1867)秦缃业、陈钟英序及吴昆田、李慈铭题诗，后有赵铭后序及汪鸣銮、谭献、张景祁跋。收诗起自咸丰四年(1854)至同治六年(1867)，凡九百五十余首。

柏堂集 诗文别集。近代方宗诚著。九十四卷。凡前编十四卷、次编十三卷，光绪六年(1880)刊；续编二十二卷、后编二十二卷，光绪七年刊；余编八卷、补存三卷，光绪十二年刊；外编十二卷，光绪十年刊。前编为道光十八年(1838)至咸丰三年(1853)所撰之文，次编为咸丰三年至八年所撰之诗文，内卷一三为诗，续编为咸丰九年至同治八年(1869)所撰之文，后编为同治八年后所作之文。有桐城方氏刊《柏堂遗书》本。

养知书屋遗集 诗文别集。近代郭嵩焘著。五十五卷。凡奏疏十二卷，文集二十八卷，诗集十五卷。有光绪十八年(1892)刊本。据王先谦序称此集系郭氏殁后，其子炎生等出其丛残稿本，由王氏与杨书霖编定。岳麓书社先后于1982年、1984年据光绪本排印《郭嵩焘奏疏》与《郭嵩焘诗文集》，分为二书行世。另台湾文海出版社《近代中国史料丛刊》亦据光绪本影印诗集、文集，收入第十六辑。

苍莨初集 诗文别集。近代孙鼎臣著。二十一卷。凡诗集十卷，文集六卷，《诗赋初集》及附录赋、骈文、试帖诗五卷。诗集有吴敏树序，收诗四百七十余首，文集亦有吴敏树序，收文五十余篇，《诗赋初集》及附录收词、赋、骈文、试帖诗一百十余首(篇)。全书前有邵懿辰所作墓志铭、吴敏树所作墓表。有咸丰间刊本。

迟鸿轩诗弃文弃 诗文别集。近代杨岘著。十卷。凡《诗弃》四卷、补遗一卷，《文弃》二卷、补遗一卷，诗续一卷，文续一卷。有民国二年(1913)刘承幹辑刘氏嘉业堂刊《吴兴丛书》本，前有吴文治序，后有汪煦跋，附自编年谱一卷，门人刘继增补年谱一卷。另《诗弃》二卷及补遗、《文弃》二卷及补遗有光绪十一年(1885)刊本，诗前有自序、汪煦序。自序谓初学诗或议其不中法度，遂弃去，后又弃诗治经，旅食中稿又多散失，遂名诗集为《诗弃》。

小匏庵诗存 诗别集。近代吴仰贤著。六卷。前有光绪五年(1879)俞樾序、三年卫荣光序，另有吴存义、孙清元、熊家彦、汤成彦题诗。后附《集杜诗存》。收诗起自道光末，迄于光绪初，凡七百余首。有光绪五年刊本。

天岳山馆文钞 文别集。近代李元度著。四十卷。文以碑志传状居多，有足以裨补史乘者。有光绪六年(1880)爽溪精舍刊本。

黄鹄山人诗钞 诗别集。近代林寿图著。十八卷。卷首有同治十一年(1872)自序，卷末有冯煦跋。收编年诗一千余首，起道光十四年(1834)，迄同治八年(1869)。有光绪八年(1882)刊本。

春在堂杂文诗编尺牍 诗文别集。近代俞樾著。七十五卷。凡《春在堂杂文》二卷、《续编》五卷、《三编》四卷、《四编》八卷、《五编》八卷、《六编》十卷、《补遗》六卷，《春在堂诗编》二十三卷、《词录》三卷，《春在堂尺牍》六卷。光绪二十五年(1899)刊，收入《春在堂全书》。此前作者曾自编其诗为《春在堂诗编》六卷、《春在堂词录》二卷，同治七年(1868)至九年刊于杭州。

健修堂诗集 诗别集。近代边浴礼著。二十二卷。前有咸丰七年(1857)陶梁序，十一年王柏心序、方骏谟序，曾国藩、邵懿辰题诗。收诗一千八百余首。与《空青馆词稿》三卷合刻。有咸丰十一年(1861)刊本。

洪仁玕选集 诗文别集。近代洪仁玕著。分文选、诗选两部分。编年排列。后附洪仁玕年表。扬州师范学院中文系编。中华书局1978年出版。

笠云山房诗文集 诗文别集。近代王权著。十六卷。凡诗集四卷，文集十二卷。有传抄本。今人据李行之、韩定山所藏《笠云山房诗集》抄本及陈子伟辑《陇上玉音》补诗一卷，又补文二篇，1989年由兰州大学出版社排印出版。

百兰山馆古今体诗 诗别集。近代丁日昌著。五卷。附《百兰山馆词》一卷、楹联一卷。传本无序跋，收道光二十二年(1842)至光绪七年(1881)间所为诗六百三十余首。《百兰山馆词》收词约二百首。传本无刻书年月，约光绪间刊。

濂亭集 诗文别集。近代张裕钊著。十八卷。凡文集八卷，诗集五卷，遗文五卷。有光绪八年(1882)至宣统间查氏木渐斋刊本。另有《濂亭遗文》五卷、《遗诗》二卷，有光绪二十一年(1895)遵义黎氏刊本及宣统二年(1910)鄂城精刊本。

鸥堂剩稿 诗别集。近代周星誉著。二卷。凡诗一卷，补遗一卷。有光绪十二年(1886)金武祥辑刊《粟香室丛书》本，与《东鸥草堂词》合刊，有金武祥序。别本一卷，有光绪至民国间冒广生辑刊《如皋冒氏丛书》附《五周先生集》本。

函楼诗文钞 诗文别集。近代易佩绅著。三十一卷。凡《文钞》九卷，《奏稿》一卷，《制义》一卷，《诗钞》十六卷，《词钞》四卷。《文钞》、《诗钞》、《词钞》均有光绪八年(1882)自序。诗编年起自道光二十七年(1847)，迄于光绪二十二年(1896)，约一千二百首，词编年起自咸丰六年(1856)，迄于光绪十八年。有光绪二十年刊本。

古红梅阁集 诗文别集。近代刘履芬著。八卷。卷一至卷二为骈文，卷三至卷七为诗，凡《秋心废稿》、《皋庑偶存》、《淮浦闲草》、《沤梦蜕编》、《旅窗怀旧诗》四种，卷八为《鸥梦词》。另有附录一卷及附刻刘观藻《紫藤花馆诗余》一卷。有光绪元年(1875)苏州刻本。

䂬雅堂全集 诗文别集。近代张景祁著。十五卷。凡《䂬雅堂诗》八卷，《䂬雅堂骈体文》二卷，《新蘅词》五卷。前有叶衍兰为其诗集所作序。诗集收光绪八年(1882)至二十四年间所为诗六百七十余首，文集收骈文三十余篇，词集收词二百五十首，最具特色。有光绪二十三年福州吴氏石印本。

随山馆全集 诗文别集。近代汪瑔著。三十二卷。凡《随山馆猥稿》十卷、续稿二卷，词稿一卷、续稿一卷，丛稿四卷，《无闻子》一卷，《松烟小录》六卷，《旅谭》五卷，尺牍二卷。有光绪中刊本，内丛稿四卷为光绪十一年(1885)刊。

白香亭诗 诗别集。近代邓辅纶著。三卷。卷三为和陶诗。收诗三百十四首。前有许振祎、高心夔序，后有吴翊寅跋。有光绪十九年(1893)东河督署刊本、二十二年广雅书局重刊本。别本一卷，系选本，有咸丰七年(1857)京师刊蔡寿祺辑《三子诗选》本、光绪三年长沙刊《挹秀山房丛书》中朱克敬辑《浮湘访学集》本。

弢园文录外编 文别集。近代王韬著。十二卷。收文起自同治元年(1862)，迄于光绪十年(1884)，皆流亡香港时作，多为政论文，凡一百七十余篇，附《臆谭》十三篇，系仿杜牧《罪言》、苏洵《权书》作。有光绪八年香港印务总局初版排印本，次年重印，卷首增印自序。另有光绪二十三年上海弢园书局排印本、1959年中华书局排印本。另《弢园尺牍》八卷，有光绪二年香港排印本，前列同年作者自序，光绪五年增订为十二卷，次年由香港大文书局排印，十九年淞隐庐重印，前录光绪六年作者自序，后录作者书后。

蘅华馆诗录 诗别集。近代王韬著。五卷。原目录作八卷，第六、七、八卷未刊。有光绪六年(1880)于日本所刊本，前有日本石川鸿斋序。又有同年香港印务总局刊本，前有自序，收诗六百余首。另有六卷本，前有道光二十九年(1849)自序，附李善兰等诗评，约刊于光绪间。

小睡足寮诗录　诗别集。近代秦敏树著。四卷。附补录。前有咸丰十年(1860)冯桂芬序，光绪十三年(1887)俞樾序及作者自序，另有许瑶光、秦缃业、许景澄等题诗，后有咸丰十年杨白跋，同治二年(1863)俞岳、叶廷琯跋，另有谭献、石中玉等跋。收道光二十七年(1847)至光绪十三年间所为诗二百余首。有光绪二十三年刊本。

寒松阁集　诗文别集。近代张鸣珂著。二十卷。凡《寒松阁诗》八卷，《寒松阁骈体文》一卷、续一卷，《寒松阁词》四卷，《说文佚字考》四卷，《疑年赓录》二卷。有嘉兴张氏刊本，分别刊于光绪十九年(1893)、二十年、十年、十三年、二十四年。

晚学斋集　诗文别集。近代郑由熙著。二十六卷。凡《晚学斋诗初集》二卷、《二集》十二卷、《续集》一卷，《晚学斋文集》二卷，《莲漪词》二卷，《暗香楼乐府》三卷，《晚学斋外集》四卷。内《暗香楼乐府》题啸岚道人撰，为传奇《木樨香》、《雾中人》、《雁鸣霜》各一卷，光绪十七年(1891)暗香楼刊，余皆光绪二十四年靖安县署刊。

越缦堂文集　文别集。近代李慈铭著。十二卷。集系王重民编，前有编者目录识语，后有王式通跋，收文一百三十余篇。有民国十九年(1930)北平图书馆铅印本。

白华绛柎阁诗　又名《越缦堂诗初集》。诗别集。近代李慈铭著。十卷。收诗近九百首。编年起自道光二十五年(1845)，迄于同治十三年(1874)。前又有道光二十四年七律一首。无序跋。有光绪十六年(1890)刊本。另有民国二十年(1931)商务印书馆线装排印本，民国二十四年重版印行。此外又有民国间中华书局线装排印本。

杏花香雪斋诗　诗别集。近代李慈铭著。十卷。以天干编次。前有民国十年(1921)门人樊增祥序，略云："先生诗集刊至甲戌(1874)冬而止，后此所作皆在日记中。同门孙君师郑晚隶门墙，笃于风谊，举先生未刻稿手自编录，都七百六十一篇，厘为十卷。"收诗接《白华绛柎阁诗》，迄于光绪十九年(1893)，实收诗篇与樊序所称迄于光绪十五年不合，盖吴道晋增辑而成。有民国二十八年中华书局线装排印本，末附吴道晋辑《杏花香雪斋诗补》。

瓶庐诗钞　诗别集。近代翁同龢著。翁永孙辑。四卷。与词钞一卷、文钞一卷合刊，有民国六年(1917)常熟开文社铅印本。另《瓶庐诗稿》八卷，有民国八年刊本。又《瓶庐诗补遗》一卷，张兰思辑，与诗校异一卷、词一卷合刊，冯煦、沈曾植、孙雄等作序，有民国十年仿宋聚珍版排印本。

西凫草　一作《西凫残草》。诗别集。近代王星諴著。一卷。有同治十一年(1872)潘祖荫辑刊《滂喜斋丛书·越三子集》本。另有民国二十六年(1937)商务印书馆据潘本排印之《丛书集成初编》本，别题为《西凫残草》。

苏邻遗诗　诗别集。近代李鸿裔著。二卷。前有黎庶昌、俞樾所撰墓志铭及强汝询序，后有李赓猷所撰行述。有光绪十四年(1888)黎庶昌于日本所刻本。另有《苏邻遗诗续集》一卷，据作者录赠敖金甫手稿石印，有杨宜治序，所收诗多作于《苏邻遗诗》之前，有光绪十七年中江李氏石印本。

松梦寮诗稿　诗别集。近代丁丙著。六卷。前有光绪二十五年(1899)柳商贤序，光绪二十六年王闿运序，后有光绪二十五年丁立中跋。前二卷系丁丙在同治元年(1862)追忆旧稿所得，凡二百七十余首，后四卷系其子丁立中选辑而成，凡五百余首。收诗起自咸丰元年(1851)至光绪二十五年。有光绪二十六年刊本。

湘绮楼诗文集　诗文别集。近代王闿运著。二十二卷。辑入《湘绮楼全集》。有光绪、宣统间刻本。内《文集》八卷收文一百余篇，《诗集》十四卷收道光二十九年(1849)至光绪三十二年(1906)所作诗一千余首，有徐树钧序。又与笺启八卷合印，亦题《湘绮楼全集》，有光绪三十三年长沙墨庄刘氏刊本，另有宣统二年(1910)上海国学扶轮社石印本。

陶堂志微录　诗别集。近代高心夔著。五卷。前有自序及李鸿裔、杨岘、傅怀祖序。杨序谓其诗"开宧决窔，与古为徒，芒乎忽乎，而莫知其汇也，故曰'志微'也"，"从心之所念，从口之所言，其来首首，波谲云幻，故曰'志微'也"。傅序谓"其'志微'何？《春秋》之义，定、哀之间多微辞，东蠡知夫言之不可著也，故曰《志微录》也"。另有徐景福题跋、朱之榛后序。诗集与《遗文》一卷、《恤诵》一卷、《碑勑》一卷合刻，有光绪八年(1882)经注经斋刊本。

敬孚类稿　文别集。近代萧穆著。十六卷。多为考证序跋之文。有同治元年(1862)李濬序、十二年施补华序、光绪十年(1884)袁昶序。

有光绪三十二年(1906)刻本。近有1992年黄山书社排印本,增补遗三卷,附陈衍、姚永概、马其昶所作传记及吴孟复所作年谱,收入《安徽古籍丛书》。

泽雅堂文集 文别集。近代施补华著。八卷。有光绪中湖城义塾刊陆心源辑《湖州丛书》本。前有王月浚序,收分类文一百三十余篇。

泽雅堂诗集 诗别集。近代施补华著。二十四卷。凡初集六卷,二集十八卷。初集录咸丰八年(1858)至同治十二年(1873)诗三百余首,二集收同治十二年至光绪十年(1884)诗五百余首。有同治十一年(1872)至光绪十六年(1890)两研斋刊本。

谪麐堂遗集 诗文别集。近代戴望著。四卷。收文二十八篇,诗二百十首。有光绪元年(1875)赵之谦辑刊本。

拙尊园丛稿 文别集。近代黎庶昌著。六卷。前有薛福成序,后有罗文彬跋,收文近一百二十篇。有光绪十九年(1893)上海以日本皮纸石印本、光绪二十一年金陵状元阁重刊本、光绪二十三年石印袖珍本。

广雅堂诗集 诗别集。近代张之洞著。四卷。有纪钜维编校光绪间顺德龙凤镳刊本,无序跋,收诗二百余首。另有严范孙批注民国十九年(1930)严氏子严智怡北平影印本,前有宣统二年(1910)端方序,谓"是集四卷,殆文襄曳杖易箦前手自编定者也",后有严智怡跋,谓"是集乃民国八、九年先公家居时手注,一时流览有得辄记眉端,未曾排比",又谓其父之注"详于典故,略于本事","尚待增补,固为未定稿也"。收诗亦二百余首,与龙本颇有异同。此外,尚有民国十七年北平刊《张文襄公全集》本。另有《广雅碎金》四卷附录一卷,亦为张氏诗集,有光绪二十三年(1897)袁昶辑刊《渐西村舍汇刊》本,题门人沈善登、谭廷献、樊增祥、王棻、孙诒让、易顺鼎等校刊,收诗与《广雅堂诗集》略同。民国二十五年商务印书馆据《渐西村舍汇刊》本排印,收入《丛书集成初编》行世。

广雅堂四种 文别集。近代张之洞著。十四卷。凡《广雅堂骈体文》二卷补遗一卷,《广雅堂散体文》二卷另附录一卷,《广雅堂杂著》四卷,《广雅堂论金石札》五卷。有民国间南皮张氏刊本。骈文二卷、古文(即散体文)二卷又与奏议七十二卷、电奏十三卷、尺牍三十六卷、电牍八十卷、《劝学篇》二卷、《輶轩语》二卷、《书目答问》不分卷、《读经札记》二卷、书札八卷、《抱冰堂弟子记》一卷、家书一卷合刊为《张文襄公全集》,有民国十七年(1928)北平刊本。

可园诗存 诗别集。近代陈作霖著。二十八卷。附《可园词存》四卷。诗卷首有宣统二年(1910)自序。分《烬余草》、《泛梗草》、《观濠草》、《浮淮草》、《泛湖草》、《京江草》、《喜闻草》、《息影草》等子集。收诗起自道光二十六年(1846),迄于宣统二年。有宣统二年刊本。另有光绪十六年(1890)翁长森辑刊《石城七子诗钞》本,系选本,凡诗存二卷,诗续存一卷,词存一卷,1987年江苏广陵古籍刻印社据原版片重印。

庸庵全集 文别集。近代薛福成著。四十七卷。凡《庸庵文编》四卷、《文续编》二卷、《文外编》四卷、《海外文编》四卷,分别刊于光绪十三年(1887)、十五年、十九年、二十一年;《筹洋刍议》一卷,刊于光绪十年;《浙东筹防录》四卷,刊于光绪二十四年;《出使奏疏》二卷,刊于光绪二十年;《出使公牍》十卷,刊于光绪二十四年;《出使英法义比四国日记》六卷、《出使日记续刻》十卷,分别刊于光绪十七年、二十四年。有无锡薛氏刊本。内《筹洋刍议》有光绪间刊李世勖辑《铁香室丛刻》本。《全集》外文稿收入《庸庵文别集》,有宣统间刊本,今有1985年上海古籍出版社排印本。1987年上海人民出版社排印本《薛福成选集》,收录其各时期代表作品,颇便阅读。

庸庵文别集 文别集。近代薛福成著。六卷。凡奏疏、书牍、论说、书后、记序、家传六类,各类编年排列。为《庸庵全集》未收文稿之结集。有光绪二十九年(1903)其子薛莹中辑醉六堂石印本。另有1985年上海古籍出版社据醉六堂本排印本。

曾惠敏公遗集 诗文别集。近代曾纪泽著。十七卷。凡奏疏六卷,文集五卷,《归朴斋诗集》四卷,日记二卷。奏疏起光绪四年迄十五年(1878—1889),诗集为戊、己集各上、下二卷,曾纪鸿序谓"旧所失四、五古诗宜为甲乙丙丁集,今之编录署为戊集",日记起光绪四年迄十二年。有光绪十九年江南制造局刊本。1983年岳麓书社据之点校排印,改题《曾纪泽遗集》出版。

桐城吴先生全书 诗文别集。近代吴汝纶著。十七卷。凡《易说》二卷,《尚书故》三卷,文集四卷，诗集一卷，尺牍五卷，尺牍补遗一卷，《喻儿书》一卷。前有贺涛序，后有其子吴闿生《记先大夫尺牍后》。文集收文二百余篇，诗集收诗二百余首。除尺牍、尺牍补遗、《喻儿书》刊于光绪二十九年(1903)外，余均刊于光绪三十年，为王恩绂等所刊。

葵园四种　诗文别集。近代王先谦著。三十九卷。凡《虚受堂文集》十六卷，《虚受堂诗存》十八卷，《虚受堂书札》二卷，《葵园自定年谱》三卷。文集初刊于光绪二十六年(1900)，有同年门人陈毅、苏舆敬序，诗集初刊于光绪二十八年，有同年门人苏舆敬序、叶德辉跋，书札初刊于光绪三十三年，原各自单行。民国十年(1921)其子王湘阁将作者辛亥革命前后诗文书札补入旧本，增刻年谱，合编为三十九卷足本刊行，后有叶德辉跋。近有1986年岳麓书社据民国刊本排印本。

郑观应集　诗文别集。近代郑观应著。夏东元编。二册。主要收录反映作者政治思想与社会活动之作品，其他如《中外卫生要旨》、《富贵源头》、《陶斋志果》等均不收录，其未刊信件另出专辑。上册收录《救时揭要》、《易言》三十六篇本、《易言》二十篇本、《盛世危言》(以五卷本、十四卷本、八卷本通校)、《南游日记》、《西行日记》，下册收录《盛世危言后编》、《香山郑慎余堂待鹤老人嘱书》、诗歌等，并附录《待鹤山人事略》、《郑观应年谱简编》。上海人民出版社1982年排印出版。《盛世危言》五卷，原有光绪二十年(1894)刊本，前有光绪十八年自序，光绪二十一年增订为十四卷本印行，光绪二十六年又有新编八卷本印行。

蒿庵类稿　诗文别集。近代冯煦著。三十二卷。另续稿三卷。前有陈三立、陈夔龙序。收赋五十余篇，诗七百五十余首，词一百四十余阕，文二百四十余篇。续稿收文一百六十余首，词七阕，文二十九篇。有民国二年(1913)刊本。

适可斋纪言　文别集。近代马建忠著。四卷。中华书局1960年排印出版。此书以清光绪二十二年(1896)刻本为底本，用光绪二十三年石印本参校，并由张岂之、刘厚祜点校。前有张岂之序，梁启超原序及作者自序。光绪刻本另有《纪行》，名《适可斋记言记行》，十卷。

艺风堂文集　文别集。近代缪荃孙著。十六卷。凡文集七卷，外编一卷，续集八卷。文集八卷收文一百七十余篇，续集八卷收文一百十余篇，分别刊行于光绪二十七年(1901)、民国二年(1913)。另诗文集《艺风堂文漫存》十二卷，凡《辛壬稿》三卷，《癸甲稿》四卷，《乙丁稿》五卷，收诗二百七十余首，收文一百七十余篇。有宣统至民国间刊本。台湾文海出版社据二本影印，合并收入《近代中国史料丛刊》。

艺风堂诗存　诗别集。近代缪荃孙著。四卷。卷一为《萍心集》，卷二为《北马南船集》，卷三、四为《息影集》上、下。后附《碧香词》。各卷前有自序，全书后有民国二十七年(1938)邓之诚跋。收诗起自咸丰初，迄于民国二年，凡三百余首。有民国二十八年燕京大学图书馆印行线装本。

渐西村人初集　诗别集。近代袁昶著。十三卷。有光绪九年(1883)周寿昌序、光绪二十年谭献序及李慈铭、赵铭、冯煦、王颂蔚、沈曾植、易顺鼎题诗。有光绪中袁昶辑刊《渐西村舍汇刊》本。民国二十五年(1936)商务印书馆据袁本排印，收入《丛书集成初编》。

安般簃集　诗别集。近代袁昶著。十卷。有沈曾植序。有光绪十六年(1890)刊袁昶自辑《渐西村舍汇刊》本。另有民国二十五年(1936)商务印书馆据袁本排印之《丛书集成初编》本。

于湖小集　诗别集。近代袁昶著。六卷。附《金陵杂事诗》一卷，《沤簃拟墨》一篇。前有光绪二十年(1894)自序。后有跋，自题："时运艰屯，抱深忧于冰谷，乃以浮文妨要，抑何谬欤。去年力忏绮语，今兹仍出卮言，记责手心一百六十四板，太上老君急敕如律令。"有光绪中袁氏自刊本，收入《渐西村舍汇刊》，民国二十六年(1937)商务印书馆据之排印，收入《丛书集成初编》。

寿恺堂集　诗文别集。近代周家禄著。三十卷，另补编一卷。卷一至卷一四为诗编，卷一五为词编，卷一六至卷二五为文编，卷二六至卷三〇为文外编。有民国十一年(1922)铅印本。另有民国十一年刻本。

樊山集　诗文别集。近代樊增祥著。三十六卷。凡《云门初集》二卷，《北游集》一卷，《东归集》一卷，《涉江集》一卷，《金台集》一卷，《淡吟集》一卷，《水浙集》一卷，《西征集》一卷，《关中集》一卷后集一卷，《还山集》一卷，《转蓬集》一卷，《紫泥酬唱集》一卷，《京辇题襟集》二卷，《西山集》一卷，《后西征集》一卷，《紫兰堂集》一卷，《染香集》一卷，《东溪草堂词》二卷，《樊山文》甲一卷乙一卷,《镜烟堂集》一卷,《东园集》一卷后集一卷,《身云阁集》一卷,《二家咏古诗》一卷(张之洞、樊增祥撰),《二家试帖》二卷(张之洞《广雅堂试帖》一卷、樊增祥《画妃亭试帖》一卷),《二家词钞》五卷(李慈铭《霞川花隐词》二卷、樊增祥《五十麝斋词赓》三卷)。其中自著实三十三卷。有李慈铭题词,顾曾烜、余诚格序。有光绪十九年(1893)渭南县署刊本。另有《樊山全集》,多《樊山书牍》二卷,有民国二年(1913)新中国图书局石印本。

樊山续集 诗文别集。近代樊增祥著。三十卷。凡《身云阁后集》一卷,《青门消夏集》一卷,《朝天集》三卷,《晚晴轩集》一卷,《柳下集》一卷,《赴召集》一卷,《北台集》一卷后集一卷,《执殳集》一卷,《西京酬唱集》一卷,《掌纶集》一卷,《洛花集》一卷,《西京酬唱后集》一卷,《音声树集》一卷,《煎茶集》一卷,《鲽舫集》一卷,《近光集》一卷,《两艖艄斋集》一卷,《紫薇集》一卷,《双红豆馆词赓》一卷,《紫薇二集》一卷三集一卷,《沆瀣集》一卷(张之洞、樊增祥撰),《十忆集》一卷,《二家词赓》二卷(陶方琦《兰当词》一卷、樊增祥《弄珠词》一卷),《樊山公牍》一卷,《樊山批判时文》一卷。内自著实二十九卷。有光绪二十八年(1902)西安臬署刊本。

福雅堂诗钞 诗别集。近代林鹤年著。十六卷。前有吴鲁《林氅云先生家传》,林纾、潘飞声等题诗。凡《华年集》、《珠记集》、《山园集》、《岭云集》、《烟浒集》、《水仙集》、《春明集》、《宝林集》、《浇余集》、《万梅集》、《东海集》、《鼓浪集》、《燕筑集》等十余种。有光绪二十九年(1903)北京都门印书局石印本,民国五年(1916)再版。

退思轩诗集 诗别集。近代张百熙著。七卷。凡诗六卷,补遗一卷。前有宣统二年(1910)沈曾植序及《国史本传》,收诗五百余首。有宣统三年(1911)武昌精刊本。同名诗别集一卷,清张惟赤著。有宣统三年张元济辑《海盐张氏涉园丛刻》排印本。

涧于集 诗文别集。近代张佩纶著。十二卷。凡诗集四卷,文集二卷,奏议六卷。有宣统间至民国十三年(1924)精刊本。另《涧于诗集》四卷单行,收诗五百六十首,陈宝琛作序,有民国十年丰润涧于草堂张氏精刻本。又《涧于集古今体诗》两册,有民国十年刻本。

人境庐诗草 诗别集。近代黄遵宪著。十一卷。前列梁启超所作墓志铭,后录宣统三年(1911)黄遵楷跋。收同治三年(1864)至光绪三十年(1904)诗六百三十余首。有宣统三年日本线装排印本。民国十九年(1930)其孙黄能立再版行世。民国十九年北京文化学社又有高崇信、尤炳圻校点铅印本行世,有编校记及尤氏所辑年谱初稿,附《日本杂事诗》十首。然虽有校点者部分小注,却有率意妄改正文之处。此外,又有其孙黄延绪在梅县印行之铅印本,商务印书馆排印《万有文库》本。民国二十五年上海商务印书馆排印钱仲联注《人境庐诗草笺注》,1957年古典文学出版社修订重版,1981年上海古籍出版社再次修订重版,收入《中国古典文学丛书》,为今最佳本。前有笺注者1978年前言及发凡十四则,又有康有为序及光绪十七年作者自序,后录原稿本卷五至卷八跋、辛亥初印本跋、辛未校刊后记,另收附录三种,一为《日本杂事诗注》二卷二百首,亦钱仲联笺注,二为《清史稿·黄遵宪传》及梁启超所作墓志铭、钱仲联所编年谱,三为各家诗话二卷。

日本杂事诗广注 诗别集注本。近代黄遵宪著。二卷。收诗二百首。原本诗一百五十四首,有光绪五年(1879)同文馆聚珍本,王韬辑《弢园丛书》本。定本为黄氏在伦敦改订,增删成二百首,注亦多修改,有光绪二十四年(1898)长沙富文堂重刊本。钟叔河据"定本"校点,以按语形式,将所删之文附于各诗之后,1981年由湖南人民出版社印行。另上海古籍出版社1981年印行《中国古典文学丛书》本《人境庐诗草笺注》,收有钱仲联注《日本杂事诗》二卷,作为附录一。

沧趣楼诗集 诗别集。近代陈宝琛著。十卷。附《听水斋词》一卷四十二阕。前有陈三立序,后有其子陈懋复及陈宗藩题识。收光绪十三年(1887)至民国二十四年(1935)间所为诗七百余首,编年排列。有民国二十八年排印线装本。另文别集《沧趣楼文存》,二卷,前有陈培锟、傅增湘序,后有陈遵统校读后记、陈麟跋。附录墓志铭等数篇。有1958年海澄陈氏读我书斋油印线装本,留传极少。

雪虚声堂诗钞 诗别集。近代杨深秀著。三卷。凡《童心小草》一卷,起咸丰十年(1860)迄同治十三年(1874);《白云司稿》一卷,起光绪元年(1875)迄光绪四年;《并垣皋比集》一卷,起光绪七年迄光绪八年。共收诗三百十余首。诗下每有小注。前有光绪七年武育元序,

《童心小草》有光绪八年苏晋序，《白云司稿》有杨笃纠序，《并坦皋比集》有光绪八年仇汝嘉序。有民国六年(1917)商务印书馆排印张元济辑《戊戌六君子遗集》本，民国间多次重印。

王苏州遗书　诗文别集。近代王仁堪著。十二卷。卷首一卷。王孝绳编辑。有民国二十三年(1934)赵椿年题署排印本，台湾文海出版社《近代中国史料丛刊》第十四辑据之影印出版。

八指头陀诗文集　诗文别集。近代敬安著。十九卷。凡诗集十卷，诗续集八卷，文集一卷。系民国八年(1919)杨度收其遗稿刊于北京文楷斋。此前，光绪七年(1881)，浙江刊《嚼梅吟》二卷；光绪十四年，陈三立在湖南将诗人同治十二年(1873)至该年所作删定为五卷刊行，光绪二十四年，叶德辉又编诗人光绪十五年至该年所作为五卷，合前本五卷刊行，二本均题《八指头陀诗集》；光绪三十年，浙江又刊《白梅诗》一卷。1984年岳麓书社以杨本为底本，增补各本及《海潮音》刊所载诗文若干，编年排列，不分卷，附《法语》选录、各家序跋哀挽文及《八指头陀年表》，排印出版。

海日楼诗　诗别集。近代沈曾植著。二卷。无序跋。有《自题海日楼诗》述作诗之旨。卷一为与超社社友唱和之作，卷二为逸社集会之作。尤多与陈三立、梁鼎芬、樊增祥、易顺鼎、沈瑜庆等唱和之作。有民国间刊本。另诗集《寐叟乙卯稿》不分卷，有民国六年(1917)四益宧刊本，收民国四年乙卯(1915)所作诗约八十首。其诗集全帙有钱仲联笺注十二卷本，有手稿本及复印本存世。

陶庐文集　文别集。近代王树枬著。九卷。柯绍忞为作序。有民国初新城王氏刊《陶庐丛刻》本。初刻四卷，民国五年(1916)刊。其诗文另有《陶庐笺牍》四卷、《陶庐外篇》一卷、《文莫室骈文》一卷、《文莫室诗集》八卷、《陶庐诗续集》十卷，有光绪末至民国初刊本，均收入其所著丛书《陶庐丛刻》中。

桂之华轩遗集　诗文别集。近代朱铭盘著。十五卷。凡诗集四卷、补遗一卷，文集九卷、补遗一卷。前有《曼君先生年表》。有民国二十三年(1934)泰兴郑余庆堂铅印本。

畏庐文集　文别集。近代林纾著。无卷数。有宣统二年(1910)商务印书馆线装排印本。民国五年(1916)再版，增入《畏庐续集》、《畏庐三集》。1985年中国书店据民国五年版影印，改题《林琴南文集》行世。文集有张僖序，续集有民国四年姚永概序，三集有高梦旦序。

畏庐诗存　诗别集。近代林纾著。二卷。有作者自序。上卷收诗一百七十首，下卷收诗一百六十七首。有民国十二年(1923)商务印书馆铅印线装本，民国间多次再版印行。近有台湾文海出版社印行《近代中国史料丛刊续辑》本。

闽中新乐府　诗别集。近代林纾著。一卷。前有作者自序，收诗二十九题三十二首。序称："闻欧西之兴，亦多以歌诀感人者。闲中读白香山讽谕诗，课少子，日仿其体作乐府一篇，经月得三十二篇。"有光绪二十三年(1897)福州刊本。

散原精舍诗　诗别集。近代陈三立著。七卷。凡正集二卷，《散原精舍诗续集》三卷，《散原精舍诗别集》二卷。正集收诗起光绪二十七年(1901)，迄三十四年，宣统元年(1909)郑孝胥序云："己酉(1909)春始欲刊行，又以稿本授余，曰：'子其为我择而存之。'……大抵伯严之作，至辛丑(1901)后尤有不可一世之概，源虽出于鲁直，而苍莽排奡之意态，卓然大家，未可列之江西社也。"续集收诗起宣统元年(1909)迄民国十年(1921)，有郑孝胥序。别集收诗起民国十年迄十九年，无序跋。有民国二十五年(1936)商务印书馆线装排印本。正集、续集另有宣统二年商务印书馆线装排印本，别集另有民国二十年商务印书馆铅印本。此外尚有《散原精舍集外诗》一卷，有民国二年上海广益书局排印何藻辑《古今文艺丛书》本。

白雨斋诗钞　诗别集。近代陈廷焯著。一卷。与《白雨斋词话》八卷、《词存》一卷合刊。集系高寿昌选编，收诗二百余首，其中有高寿昌、王耕心评语。《词存》收词约六十首，其中有门人包荣翰评语。有光绪二十年(1894)刊本。

后乐堂文钞诗存　诗文别集。近代陈玉树作。二十卷。凡文钞九卷，诗存一卷，文钞续编九卷。有光绪二十五年（1899）至二十七年铅字排印本。文钞前有光绪二十五年王先谦序及自序，文钞续编有光绪二十七年李详、雷瑨序及自序。

张季子诗文录　诗文别集。近代张謇著。二十九卷。凡《诗录》十卷，《文录》十九卷。有民国二十年(1931)中华书局铅印《张季子九录》本。《文录》收文四百余篇，《诗录》收诗起自同治三年(1864)，迄于民国十六年。另《诗录》有民国三年南通翰墨林书局铅印本，民国十六年文艺杂志社石印本，收诗仅及宣统三年(1911)。另有《张季直文钞》二卷，有民国十四年中国图书公司排印《当代八家文钞》本，又《张季直文钞》不分卷，有民国二十六年文明书局排印进步书局编《现代十大家文钞》本。此外尚有民国间石印本《张季直文精华》，收入《四部精华》。

范伯子诗文集 诗文别集。近代范当世著。三十一卷。凡文集十二卷附一卷，诗集十九卷。后附其妻姚倚云《蕴素轩诗稿》五卷。卷前有陈三立题记，马其昶、王守恂序，徐蔚如校刻序，后有姚倚云跋。有民国二十一年至二十二年(1932—1933)浙西徐氏校印本。另有台湾文海出版社据徐本影印之《近代中国史料丛刊续辑》本，收入第二十四辑。另单行诗集十九卷，收诗一千一百余首，前有姚永概所作墓志铭，有光绪三十四年(1908)刊本。文集十二卷，收文一百余篇，前有陈三立序，后有曹文麟跋，有民国十八年排印本。

瘉壄堂诗集 诗别集。近代严复著。二卷。后有其子严璩跋。上卷收宣统三年(1911)以前所为诗五十余首，下卷收宣统三年以后所为诗一百余首。然遗漏颇多。有民国十五年(1926)刊本。

严复集 诗文别集。近代严复著。全书共五册，分诗文、书信、按语、著译、日记、附录等六部分，每篇文章都有题解、注释，由王栻编集注释。附有编辑后记。中华书局1986年出版。另《严幾道诗文集》六卷，凡文钞五卷，收文四十三篇，诗钞一卷，收诗二十余首。严氏卒后不久由贡少芹、蒋贞金辑，然编校草率，错误较多，甚且有数篇非严氏所作亦收入。有上海国华书局民国十一年(1922)印行本。

睫闇诗钞 诗别集。近代裴景福著。十卷。有民国三年(1914)排印本，另有民国七年商务印书馆影印金保福手写本。前有张隽、冒广生、姚永概、陈淡然序。卷一、二为《吴船集》，卷三、四为《岭云集》，卷五、六为《西征集》，卷七、八为《化城集》，卷九为《东归集》，卷一〇为《风泉集》。

成都顾先生诗集 诗别集。近代顾印愚著。十一卷。凡正编十卷，补遗一卷。集系程康编校。前有民国二十一年(1932)陈三立序，二十年程颂万序，后有吴德增书后，梁鼎芬、易顺鼎、陈衍等题辞。收光绪五年(1879)至民国二年间所为诗七百余首。有民国二十一年上海线装排印本。

窥园留草 诗别集。近代许南英著。无卷数。前有施士洁、汪春源、沈琇莹、林景仁序及《窥园先生自定年谱》、其子许地山《窥园先生诗传》，收诗凡一千余首。后附《窥园词》一卷五十余阕。有民国二十二年(1933)许地山排印线装本。另有台湾文海出版社印行《近代中国史料丛刊》本，收入第八十辑。又台湾大通书局1987年另据台南许丙丁家藏底本，标点排印，收入《台湾文献史料丛刊》第八辑。

抱润轩文集 诗别集。近代马其昶著。十卷。有宣统元年(1909)安徽官制印刷局石印本。别本二十二卷，有民国十二年(1923)京师刊本。另有《抱润轩遗集》，一卷，有民国二十五年无锡文新印刷所铅印本。二十二卷本有陈三立、王树枏序，孙衣言、张裕钊、吴汝纶、陈三立、王树枏、柯绍忞等题词。

水竹邨人诗集 诗别集。近代徐世昌著。十二卷。收诗一千零二十首。有民国十九年(1930)印行程德全题署本，近有台湾文海出版社《近代中国史料丛刊》第六十七辑影印本。另诗集《退耕堂集》六卷，有柯绍忞序，收诗大致为光绪十八年(1892)至民国三年(1914)间所作，凡四百八十首，有民国初天津刊本。另诗集《海西草堂集》二十七卷，收诗一千八百余首，有民国二十一年柯绍忞序，有民国间刊本，另有1991年北京中国书店据原刻本影印本，收入《海王邨古籍丛刊》行世。

文道希先生遗诗 诗别集。近代文廷式著。不分卷。收诗三百四十八首。前有陈三立、陈诗、叶恭绰序。有民国十八年(1929)叶恭绰辑印仿宋活字本。另《知过轩诗钞》，有手抄影印本，收入台湾文海出版社印行之《近代中国史料丛刊续辑》第十四辑赵铁寒所编《文芸阁先生全集》中。又1993年中华书局排印《中国近代人物文集丛书》本《文廷式集》，收入其全部诗作、词作及文章。

大鹤山人诗集 诗别集。近代郑文焯著。二卷。集系作者之甥戴正诚编订，后有其跋语。收诗二百余首。跋称"既获诗草，守缺抱残，何敢自秘，爰携至沪上，请归安朱古微世丈为之甄选，其前经王湘绮先生加墨评定者悉仍其旧"，又谓其舅父"平生诗名为词所掩"。有民国十一年(1922)刊本。

滮湖遗老集 诗别集。近代金蓉镜著。四卷。朱孝臧《滮湖遗老集序》谓其"出辛亥后作四百余首，督予校而次之，厘为四卷，亦可以见厓略矣”。有民国十七年（1928）刻本。另续集四卷，有民国间排印本。

石遗室诗文集　诗文别集。近代陈衍著。三十卷。凡文集十二卷、文续集一卷、文三集一卷、文四集一卷，诗集十卷、诗补遗一卷，《朱丝词》二卷，诗续集二卷。有民国间武昌刻本，最全。别本诗集六卷、补遗一卷，有光绪三十一年（1905）自序，刊入《石遗室丛书》；文集十二卷，也有光绪至民国间刊《石遗室丛书》本。

读易草堂文集　文别集。近代辜鸿铭著。凡内篇七篇，外篇五篇。有民国十一年（1922）刊本，前录罗振玉序。另有台湾文海出版社《近代中国史料丛刊》影印本，收入第七十六辑。近又有1985年岳麓书社出版之《辜鸿铭文集》，将《读易草堂文集》与《张文襄幕府纪闻》上下两卷合印行世。

鸣坚白斋诗集　诗别集。近代沈汝瑾著。十二卷。收编年诗一千四百六十余首。吴昌硕点定其遗稿，凡诗十二卷，杂文一卷，诗余一卷，今乐府、新乐府各一卷，今传世仅此诗十二卷。以时间次序编定。多感事、咏物、题画、赠友、哀挽、遣兴之作。有宣统三年（1911）上海刻本，另有1973年台湾文海出版社据宣统本影印本。

涛园集　诗别集。近代沈瑜庆著。四卷。凡《正阳篇》一百五十首，《春申篇》三十八首，《南州集》七十四首，《义熙集》一百六十七首，《补遗篇》二十八首，另词五首，附录年谱、墓志铭等。有民国九年（1920）刻本。另有台湾文海出版社印行《近代中国史料丛刊》本，收入第六辑。

丁戊之间行卷　诗文别集。近代易顺鼎著。十卷。凡赋一卷，骈文一卷，南北曲一卷，诗五卷，词二卷。前有光绪四年（1878）作者自序。集中之作皆成于光绪三年丁丑至光绪四年戊寅间，故名。为作者早期作品集，颇具代表性。有光绪五年贵阳刊本，后收入《琴志楼丛书》。

四魂集　诗别集。近代易顺鼎著。四卷。凡《魂北集》一卷，《魂东集》一卷，《魂南集》一卷，《归魂集》一卷。又《四魂外集》四卷，凡《魂海集》三卷，《魂天集》一卷。有光绪中刊本，后收入《琴志楼丛书》。《四魂集》另有台湾文海出版社印行《近代中国史料丛刊》本，收入第四十九辑。《四魂集》作于光绪二十年（1894）、二十一年作者从军辽海与赴台湾时期，感时之作慷慨激昂，在其全部诗歌创作中占重要地位。各子集《魂北集》有王以敏序，《魂东集》有王铁珊、田其田序，《魂南集》有陈锐序，收诗凡三百余首。

琴志楼丛书　诗词文杂著合集。近代易顺鼎著。凡四十三种。内主要有诗集《出都诗录》一卷、《吴篷诗录》一卷、《樊山沌水诗录》一卷、《蜀船诗录》一卷、《巴山诗录》一卷、《锦里诗录》一卷、《峨眉诗录》一卷、《青城诗录》一卷、《林屋诗录》一卷、《游梁诗剩》一卷、《游梁诗剩剩》一卷、《四魂集》四卷、《四魂外集》四卷、《琴志楼游山诗》八卷、《琴志楼编年诗集》十九卷，词集《楚颂亭词第四集》一卷、《鬘天影事谱》五卷、《栞台梦语》一卷，诗词集《摩围阁诗》二卷、词二卷，诗词赋骈文集《丁戊之间行卷》十卷，易氏所编与他人合著《鄂湘酬唱集》一卷、《玉虚斋唱和诗》一卷、《庐山诗录》四卷、《吴社集》四卷，杂著《盾墨拾余》十四卷、奏疏二卷、杂稿一卷、电信一卷、《魂北魂东杂记》一卷、《魂南记》一卷。其中，较重要者为《丁戊之间行卷》、《四魂集》。《琴志楼编年诗》为作者自行编定的编年诗选本，自序云：“余卧病已年余，乃始因病得闲，因恐速年，而得排比钞撮。”内十二卷有目有文，其余七卷有目无文，因已有诗集行世，故不再录。前有作者自序及郭嵩焘等题辞，王闿运手书，樊增祥等序。有民国二十年（1931）铅印本。其余诸种版式不一，大多刊行于光绪间。《中国丛书综录》著录。

康南海先生诗集　诗别集。近代康有为著。十五卷。凡《延香老屋诗集》、《汗漫舫诗集》、《万木草堂诗集》、《明夷阁诗集》、《大庇阁诗集》、《须弥雪亭诗集》、《逍遥游斋诗集》、《寥天室诗集》、《避岛诗集》、《漪涟诗集》、《南兰堂诗集》、《憩园诗集》、《纳乐海亭诗集》、《美森院诗集》、《游有庐诗集》各一卷。集系康同薇、康同璧编，前有自序，后有康同璧、崔斯哲跋。收诗一千五百余首。有民国二十六年（1937）崔斯哲手写本，另有台湾文海出版社《近代中国史料丛刊续编》第四辑影印本。

南海先生诗集　诗别集。近代康有为著。四卷。凡《延香老屋诗集》一卷、《汗漫舫诗集》一卷、《万木草堂诗集》一卷、《明夷阁诗集》一卷。康有为题签。有宣统三年（1911）梁启超手写日本影印本。

李审言文集　诗文别集。近代李详著。凡诗文及其他著作共十六种。一为《文选学著作五种》，即《选学拾渖》、《韩诗证选》、《杜诗证选》、《文选萃精说义》、《李善文选注例》，二为《楚辞翼注》，三为《世说新语笺释》，四为《文心雕龙补注》，五为《颜氏家训补注》，六为《汪容甫文笺》，七为《笺注杂存四种》，即《陶集说略》、《庾子山哀江南赋集注》、《杜诗释义》、《王荆公诗补注》，八为《正史源流急就篇》，九为《两汉节义传》，十为《愧生丛录》六卷，十一为《药裹慵谈》六卷，十二为《学制斋骈文》二卷，十三为《学制斋文钞》三卷，十四为书札二卷，十五为《学制斋诗钞》四卷，十六为《分撰匋斋藏石记释文自定本》二卷。1989年江苏古籍出版社排印出版。内《学制斋骈文》二卷，另有民国四年(1915)江宁蒋氏铅印本。

说剑堂集 诗文别集。近代潘飞声著。十四卷。凡《老剑文稿》一卷，《西海纪行》一卷，《天外归槎录》一卷，《游萨克逊日记》一卷，《香海集》一卷，《游樵漫草》一卷，《悼亡百韵》一卷，《论粤东词绝句》一卷，《柏林竹枝词》一卷，《海上秋吟》一卷，《海山词》一卷，《花语词》一卷，《珠江低唱》一卷，《长相思词》一卷。颜清华、李东沅、邱诰桐、何桂林及日本井上哲等人作序。有光绪二十四年(1898)仙城药洲刊本。

刘光第集 诗文别集。近代刘光第著。所收凡文、函、诗三类。文五十五篇，内四十六篇，据宜宾俪峰书屋刊本《衷圣斋文集》以民国初成都刊本参校，《甲午条陈》据刘光第婿陈其骏抄本，《刘举臣寿序》据石刻拓片，《离骚拟议》据传抄本，余数篇据作者手稿。函六十三通，内九通据《衷圣斋文集》，其余据陈其骏抄本。诗六百七十八首，据《裴村诗钞》未刊手稿录入五古、五律、七律，据俪峰书屋刊本《介白堂诗集》录入七古，据成都刊本《衷圣斋诗集》录入五绝、七绝。未刊稿三百五十四首，在《裴村诗钞》手稿之外者，另据各种抄本、稿本录入。书前有作者遗像及手迹，后有《刘光第传》及《年谱简编》。1986年中华书局排印出版，收入《中国近代人物文集丛书》。

贺先生文集 文别集。近代贺涛著。四卷。收文一百七十四篇。其子贺葆真、门人吴闿生校订。有民国三年(1914)京师刊本。另有台湾文海出版社《近代中国史料丛刊续辑》第十辑影印本。

节庵先生遗诗 诗别集。近代梁鼎芬著。六卷。收诗八百六十二首。有光绪十九年(1893)陈三立序，另有余绍宋序、卢弼跋。梁逝世后，由余绍宋搜辑。先得龙氏《知服斋丛书》样本二百五十二首，定为首二卷，余者搜辑为后四卷，并由曾习经、黄节、胡祥麟等审校。有民国十二年(1923)沔阳卢氏精刻本。

汪穰卿遗著 文别集。近代汪康年著。八卷。卷首一卷，有李乡穽题辞、林纾所作墓志铭、唐文治所作小传、汪诒年所编年谱及作者小像。有民国九年(1920)铅印本。

觚庵诗存 诗别集。近代俞明震著。四卷。收诗二百四十六首，起自光绪五年(1879)，终于民国七年(1918)，以干支纪年。前有民国八年陈三立序，略云："戊午(1918)夏及秋之交，余病血下泄，觚庵亦卧病沪渎，皆几死，其九月觚庵遽脱病来视余，留十余日而去。逾一月，自沪之湖上，复暴病，竟以不起。走哭，还取其生平诗草稿审订，别为若干卷付刊印。"后有陈诗跋。有民国九年上海聚珍版仿宋印书局铅印线装本。

海藏楼诗 诗别集。近代郑孝胥著。八卷。集名取苏轼诗"万人如海一身藏"之意。收诗起光绪十五年(1889)，迄民国三年，约六百首，有顾云序及光绪二十八年陈衍序。有民国三年(1914)武昌精刻本。此前有一卷本，光绪二十八年(1902)刊于武昌，另有光绪三十二年铅印本。民国三十年扫叶山房石印本，收诗起光绪十五年，迄光绪三十三年，凡五百五十余首，线装不分卷。民国中另有晚出最足本十三卷，卷九起增收民国三年至二十五年之诗，印行时间当在民国二十五年后。

微尚斋诗 诗别集。近代汪兆镛著。二卷。有自序。有宣统三年(1911)番禺汪氏微尚斋刊《微尚斋丛刻》本。另《微尚斋诗续稿》三卷，凡《辟地集》一卷，《纪游集》一卷，《蛰居集》一卷，有民国二十九年(1940)排印本。其文有《微尚杂文》六卷，有民国三十一年铅印本。

宋恕集 诗文别集。近代宋恕著。十卷。卷一专著上，收《六字课斋卑议》初稿，卷二专著中，收《六字课斋津谈》，卷三专著下，收《六字课斋卑议》印本，卷四杂著上，收《吴越王论》等文，卷五杂著下，收《北山楼诗初集跋》等文，卷六函牍上，卷七函牍下，卷八家书，卷九诗词，卷一〇日记。附录梁启超、吴保初、章炳麟、蔡元培等咏赠评论文字数篇，马叙伦、陈黻宸等所作别传、墓表，编者胡珠生另有前言与《宋恕年谱》。1993年中华书局点校排印出版，收入《中国近代人物文集丛书》行世。

蜕私轩集　诗文别集。近代姚永朴著。五卷。卷一为古今体诗一百四十九首，卷二以下为各体文八十八篇，有民国十年(1921)秋浦周氏精刊本。别本六卷，凡正集五卷，续钞一卷。有民国十四年锦江书局石印本。

李于锴遗稿辑存　诗文别集。近代李于锴作。凡《味檗斋文集》十六篇、《古历亭笔记》九则、《读汉书笔记》十二则、《写经楼诗草》一百二十五首，附录六篇。由其子李鼎文校点，兰州大学出版社1987年排印出版。

夏曾佑诗集校　诗别集。近代夏曾佑著。不分卷。集系赵慎修辑录校订，并作前言述辑集缘起，收诗一百零九题二百零六首，起自光绪八年(1882)，迄于民国九年(1920)，以钱秉雄所藏钱玄同、戴克让抄本《夏穗卿遗诗》为底本校正编辑而成。有1985年中国社会科学出版社排印《近代文学史料》本。

雁影斋诗　诗别集。近代李希圣著。一卷。收诗二百六十四首，起自光绪二十七年(1901)，即庚子事变后签订辛丑条约之年，终于光绪三十一年，以干支纪年。前有民国六年(1917)王式通序，谓李"意所抑郁，时寄于诗"，"《雁影斋诗》为其生前所手定"。集中诗绝大多数为七律。有民国七年吴昌绶辑吴氏双照楼刊《松邻丛书甲编》本。

岭云海日楼诗钞　诗别集。近代丘逢甲著。十三卷。另选外集无卷数。通行本为1982年上海古籍出版社排印本。系以民国二十五年(1936)中山大学版为底本，并以民国二年粤东编译公司承印本和民国二十四年商务印书馆《仓海先生丘公逢甲诗选》参校，收诗一千七百余首，而其在台湾时所作未收。书末有附录行状、传、墓志铭、跋各一篇。另有1984年安徽人民出版社点校增订本，正编为十二卷，并增附《选外集》、《选外集补遗》、《柏庄诗草》、《其他诗作》四种，为迄今最全之本。

柏庄诗草　诗别集。近代丘逢甲著。不分卷。凡正编与外编二部分，正编收诗二百五十首，外编收诗三十二首。此集为丘氏早期诗作，均系光绪十八年(1892)家居柏庄时所作。柏庄在台中府台湾县顶八庄大埔厝，诗人辞官归里后所葺。此集久佚，后经丘氏后人重金购得抄本影印件，由其孙提供给出版社。有1986年中国友谊出版公司排印本。前有作者手迹及黄杨、丘晨波校点记，后有鲁抚编后记。

观古堂诗录　诗别集。近代叶德辉著。六卷。包括《南游》、《朱亭》、《岁寒》、《书空》、《汉上》、《于京》诸集。前有自序。收诗近三百首。有民国二年(1913)叶氏郎园刊本。别本题为《观古堂诗集》，九卷，有叶启倬辑民国二十四年长沙中国古书刊印社汇印《郎园先生全书》本。另《观古堂诗续录》七卷，收诗三百余首，后有叶启勋跋，有民国十九年刊本。

郎园北游文存　文别集。近代叶德辉著。一卷。有民国十年(1921)铅印线装本。前有符定一序，后有蔡传奎跋，收文二十篇。另《郎园山居文录》二卷，有民国十九年刊本，前有叶启藩跋，附《观古堂骈俪文》、《观古堂文外集》，无卷数，连《山居文录》共收文近六十篇。

志庵遗稿　诗文别集。近代王式通著。十卷。凡文稿四卷，收文六十篇；诗稿六卷，收诗一百零六首。有民国二十七年(1938)其子王荫泰校刻本。另有台湾文海出版社《近代中国史料丛刊》第二十四辑影印本。

谭嗣同全集　诗文别集。近代谭嗣同著。蔡尚思、方行编。二册。上册收《寥天一阁文》二卷、《莽苍苍斋诗》二卷及《补遗》、《远遗堂集外文初编》与《续编》、《石菊影庐笔识》、《兴算学议》、《秋雨年华之馆丛脞书》二卷，下册收《仁学》、《报章文辑》、《壮飞楼治事十篇》、《书简》、《拾遗》及《附录》。作者于戊戌变法失败殉难之前所刊行之作，仅《东海褰冥氏三十以前旧学四种》，即《全集》上册所收前四种，光绪二十三年(1897)刊于金陵，另《兴算学议》光绪二十一年由欧阳中鹄刊于湖南。其余均为其殁后刊，《仁学》光绪二十五年在《清议报》、《亚东时报》发表，次年唐才常死难，又有谭、唐的《浏阳二杰遗文》出版。辛亥革命后，长沙出版《秋雨年华之馆丛脞书》，民国六年(1917)商务印书馆印行《戊戌六君子遗集》。后又有文明书局编印的《谭嗣同全集》、群学社改版的《谭嗣同集》、中华图书馆印行的《谭复生文钞》等，均不全。1954年三联书店出版蔡尚思、方行所编全集，1981年改由中华书局出版蔡、方据手稿、手札、报章增订本，内容较前多出约四分之一。

笺经室遗集　诗文别集。近代曹元忠著。二十卷。凡文十六卷，诗四卷。集系王大隆所编，卷尾跋略云："世丈曹君直先生既没之八年，叔彦吾师以丛稿一束命大隆校理，……从事经年，写成二百篇，……更搜得残篇断简补遗数十篇，因汰其舛讹及酬应之作，并诗稿存焉，念世事不可知，乃谋诸先生故人冒鹤亭、叶揆初、高欣木、刘翰怡诸公，集赀付印。”前有钱同寿、冒广生序，又有刘承幹所作画像赞、从弟曹元弼所作家传。有民国三十年(1941)吴县王氏学礼斋线装排印本。

蒋观云先生遗诗 诗别集。近代蒋智由著。一卷。前有陈三立序，另有夏敬观、袁思亮、周达、徐乃昌、黄孝纾、吕美荪、叶恭绰题诗，后有民国二十二年(1933)吕美荪跋。收诗约一百首，然传世之作散见于报章者，每有遗弃。据吕氏跋，谓系据作者手定稿辑成。有民国间线装排印本。另《居东集》二卷，收在日本时所作诗一百三十首，始自光绪三十二年(1906)，迄于宣统元年(1909)，其以前见之报章及题书诸诗概未录入。有宣统二年文明书局线装排印本。

石巢诗集 诗别集。近代程颂万著。十二卷。有杨觐圭序。收光绪二十七年(1901)至宣统三年(1911)所作诗六百余首。有民国十二年(1923)宁乡程氏刊《宁乡程氏全书》(一名《十发庵类稿》)本，另有民国十二年(1923)武昌鹿川阁刻本。另《楚望阁诗集》十卷，阎镇珩、何维棣、王景峨、郑震、易顺豫序，收光绪十四年至二十六年诗，光绪二十七年刊，亦收入《宁乡程氏全书》。

圣遗诗集 诗别集。近代杨钟羲著。五卷。前有民国十年(1921)陈诗序，后有二十四年李宣龚跋。卷一收诗起宣统三年(1911)迄民国元年(1912)，卷二收诗起民国四年迄七年，卷三收诗起民国八年迄十一年，卷四收诗起民国十二年迄十七年，卷五收诗起民国十八年迄二十四年。共约五百首。有民国二十四年李宣龚辑《墨巢丛刻》线装排印本。别本四卷，收诗同五卷本之前四卷，有民国间石印巾箱本。

茹经堂文集 文别集。近代唐文治著。十五卷。凡正编六卷，二编九卷。文集有曹元弼、李联珪、金绍基、陈柱序，二编有钱基博、朱文熊、汪曾武序，唐庆贻跋。有民国十六年(1927)刊本。另《茹经堂杂文》，不分卷，有民国二十六年油印本(二册)。

石陶梨烟室诗存 诗别集。近代黄人著。无卷数。收诗约五百首。前有编者按语述辑印缘起，谓原本诗稿为金叔远所藏，门人凌景埏假写一本，拟为印行，抗战军兴，凌氏以其稿邮回吴中，竟至失踪。后金家遇火，原书亦毁。里人夏素民自黄氏故居搜录遗诗，辑为一帙，已非原璧。此据常熟文物管理委员会藏旧辑稿排印，收入1986年上海古籍出版社出版的《明清诗文研究资料》第一、二辑，前有庞树森、金鹤冲、秦琪序，夏素民、金鹤冲跋，庞树柏题词，金鹤冲《黄慕庵家传》。

环天室诗集 诗别集。近代曾广钧著。六卷。凡《环天室古近体诗类选》五卷，五古、七古、五律、七律、七绝各一卷，收诗共三百四十余首，《环天室古近体诗后集》一卷，各体诗均备，收诗一百十余首。书首有宣统元年(1909)王闿运短序一篇。有宣统元年至二年刊本。

慎宜轩集 诗文别集。近代姚永概著。十六卷。凡文集八卷，诗集八卷。有民国五年(1916)铅字排印本。另同名文集十二卷，收文一百七十余篇，首列王树枏序，有民国三年刊本。

旧京集 诗文别集。近代孙雄著。凡诗存八卷，文存八卷。有民国二十年(1931)铅印本。其诗集另有《眉韵楼诗》三卷，收光绪二十六年(1900)后数年之作。有光绪三十年北京刊本。

唐才常集 诗文别集。近代唐才常著。三卷。凡论文一卷，书简一卷，诗联一卷。湖南省哲学社会科学研究所编，中华书局1980年排印出版。所收文稿起光绪十六年(1890)迄二十六年。均按写作或发表年月编次。后附墓志铭、年谱、遗著目录等。

清道人集 诗文别集。近代李瑞清著。五卷。凡遗集二卷，佚稿一卷，牗遗一卷。另附录一卷。有民国二十八年(1939)铅印本。

香宋诗钞 诗别集。近代赵熙著。二卷。其子赵元凯、赵念君选注。前有《香宋诗集》手稿书影、陈衍《赵尧生诗稿序》，后有选注者后记。收诗五百首，编年始于光绪十六年(1890)，迄于民国三十四年(1945)，有题解与简注。有1986年四川人民出版社排印本。另《香宋诗前集》，无卷数，凡五类，一为《北游诗录》，系光绪十七年、十八年进京会试纪行之作，二、三、四、五分别为五古、七古、五律、七律，收诗近一千三百首。前有周善培序，谓“曰前集者，先生诗散在四方，集之不易尽，又局于资，仅能即已集者先印其十之六，权以为前集”。有1954年郭沫若、戴自牧、江庸、周善培捐赀铅印线装本。

小竹里馆吟草 诗别集。近代俞陛云著。七卷。前有光绪十二年(1886)其祖父俞樾评语、民国十七年(1928)郭则沄序。收诗起自光绪九年，迄于民国十八年。约六百余首，后附

《乐静词》。有民国十八年刊本。

北山楼集　诗文别集。近代吴保初著。三卷。有民国二十六年(1937)其门人陈诗辑印本。系以"所辑吴北山师辛丑(1901)迄庚戌十年之逸稿"为《北山楼诗续》一卷,"又以先生辛丑夏所刊诗文集二卷列其前,都付石印,以成全璧"(《北山楼诗续跋》)。另有1990年黄山书社排印《安徽古籍丛书》本,不分卷,前诗后文,编年排列,共收诗三百六十一首、词六首、文二十六篇,后附序跋、传志、题赠、杂评,为最足之本。

太炎文录　诗文别集。近代章炳麟著。十二卷。凡《太炎文录初编》文录二卷、别录三卷,《太炎文录续编》七卷。初编为其早年的诗文结集,内文录收单篇诗文一百二十七篇,别录收政论文、学术论文三十九篇,多系主编《民报》时作。初编另有补编,收文八篇。续编为其晚年的诗文结集,内前六卷为散文,收一百七十篇,后一卷为韵文、诗歌,收六十七首。续编前有民国二十七年(1938)孙世扬《钞校编印太炎文录续编始末记》一文。初编有《章氏丛书》本,续编有民国二十七年黎重光捐赀活字印本。今通行本为1985年上海人民出版社点校排印《章太炎全集》本,《文录初编》列为第四册,《文录续编》列为第五册。

章太炎先生家书　文别集。近代章炳麟著。一卷。汤国梨编。收录民国二年(1913)至民国五年间章氏被袁世凯软禁于北京之家书十三通。前有章氏夫人汤国梨序,略谓:"留示子孙,使知先生富贵不淫,威武不屈之气节,传之社会,可觇专制统制者之蛮横暴戾,然则此家书亦史书也。"有1962年中华书局影印本。

安乐乡人诗集　诗别集。近代金兆蕃著。四卷。有民国二十八年(1939)排印本。另有台湾文海出版社印行《近代中国史料丛刊续辑》本,收入第十二辑。又《安乐乡人诗续》,不分卷,后附《安乐乡人七十后诗》和《药梦词》二卷、《药梦词续》、《药梦七十后词》,有台湾文海出版社印行《近代中国史料丛刊续辑》本,收入第二十一辑。

驴背集　诗别集。近代胡思敬著。四卷。有自序。收七绝一百三十余首,诗每首皆详注史事,自光绪二十六年(1900)义和团运动起,至二十七年辛丑条约签订止。光绪三十四年(1908)订定,民国二年(1913)刊行。上海人民出版社出版《中国近代史资料丛刊·义和团》第二册收录。近有1990年北京古籍出版社排印本,与吴鲁《百哀诗》合订。

松邻遗集　诗文别集。近代吴昌绶著。十卷。凡诗四卷,文四卷,词二卷。有民国十八年(1929)其女吴蕊圆辑刊本。

饮冰室文集　诗文别集。近代梁启超著。林志钧编集。四十五卷。收文七百余篇,诗词三百余首,诗话一种,附题跋、寿序、墓志等。饮冰,语出《庄子·人间世》,谓沈诸梁"朝受命而夕饮冰",以自寓忧国忧民、救亡图强之意。有民国二十五年(1936)中华书局排印《饮冰室合集》本,1989年重版。别本八十卷,有民国十五年(1926)古宋字排印本。另有上海会文堂书局《饮冰室全集》,实为文集分类合订本。此外尚有上海文化书局本、上海中央书店本,均系不全本。

梁任公诗稿手迹　诗别集。近代梁启超著。康有为评。大部分是其戊戌变法失败后流亡日本时所作,共一百零六首。有1957年古典文学出版社影印本,前列《出版说明》。

蒹葭楼诗　诗别集。近代黄节著。二卷。前有张尔田序,民国二年(1913)诸宗元题诗,民国二十三年(1934)陈三立题词。收编年诗四百余首,多为光绪三十二年(1906)至民国二十二年之作,系作者手自编定。陈三立题词谓其"卷中七律疑尤胜,效古而莫寻辙迹"。有民国二十三年线装排印本。另《黄节诗集》不分卷,前有编者马以君前言,张尔田、诸宗元、陈三立旧序,附录马以君《黄节年谱》及各家论黄节诗,最后又有编者后记。系以《蒹葭楼诗》为底本增补而成,起于光绪二十一年,迄于民国二十三年,内光绪二十三年至三十一年间之作全系增补。有1989年中国人民大学出版社排印本。

徐自华诗文集　诗文别集。近代徐自华著。三卷。凡文一卷,收文十七篇,诗一卷,收诗四百九十八首,词一卷,收词七十五阕。附录郭延礼《徐自华年谱简编》、陈去病《徐自华传》、秋宗章《记徐寄尘女士》、余十眉《浯溪徐夫人五秩寿言》及各家序跋题词。前有编者郭延礼前言,后有编后记。集中诗主要据《听竹楼诗稿》及《续编》抄本,词主要据《百尺楼丛书》本《忏慧词》,另据其他各种文献资料收录文及诗词补遗。有1990年中华书局排印本。

小三吾亭集　诗文别集。近代冒广生著。十三卷。凡文甲集一卷,诗八卷,词三卷,词附一卷。文有作者序目，收文起于光绪二十二年，迄于二十七年，凡四十余篇，收诗九十余首，词有光绪二十年叶衍兰序，另有谭献、王鹏运评语，收词九十余阕。有光绪二十七年(1901)刊本，收入《如皋冒氏丛书》。

浩歌堂诗钞 诗别集。近代陈去病著。十卷。有《东江集》、《壮游集》、《黟山集》、《袖椎集》、《岭南集》、《呻吟集》、《光华集》、《湖上集》、《护宪集》、《长征集》、《南雍集》等子集。前有汪兆铭、侯鸿鉴、姚锡钧、柳亚子、徐自华序。附《巢南先生五十寿言》一卷。有民国十三年(1924)《百尺楼丛书》本。

菽园诗集 诗别集。近代丘炜萲著。九卷。凡初编七卷，二编一卷，三编一卷。初编前六卷收诗六百四十四首，卷七为童年之作，收诗五十二首。二编为光绪六年(1880)之作，收诗三百十七首。三编收诗三十二首。附录有《丘菽园居士诗集题辞》。有叶恭绰题署本。另有台湾文海出版社印行《近代中国史料丛刊续辑》本，收入第三十七辑。

疑庵诗 诗别集。近代许承尧著。十四卷。凡正集甲卷至癸卷十卷，收诗起自光绪二十四年(1898)，迄于民国二十四年(1935)，续集四卷，收诗起自民国二十四年，迄于民国三十五年。集系作者手定，卒后由汪聪及其婿徐步云整理，略作注解。前列吴孟复前言及马其昶、吴承仕、陈宝琛、汪青序，民国二十二年作者自序。全集收编年诗共一千七百余首。附录作者早期诗作二十余首，散文七篇。有1990年黄山书社排印本，收入《安徽古籍丛书》行世。其诗民国初曾印行甲集、乙集及《黄山诗》。

天放楼诗集 诗别集。近代金天羽著。九卷。凡《谷音集》三卷，《雷音集》三卷，《潮音集》三卷，收诗约六百六十首，起于光绪十三年(1887)，迄于民国十一年(1922)。系作者手定，门人高圭等集资印行。前有张謇、叶德辉、路朝銮、胡韫玉、高燮序，后有高圭、马贻谋跋。有民国十一年上海有正书局排印线装本。另《天放楼诗续钞》不分卷，前有民国十六年费树蔚序，后有民国十一年樊增祥后序，作者自定，收诗续《天放楼诗集》，迄于民国十六年，凡五十余首。有民国十六年排印线装本。另《天放楼续集》五卷《红鹤山房词》一卷，收诗起自民国十一年，迄于二十一年，凡二百四十余首，收词十二首，诗有陈衍序、书后，另有诸祖耿序，词有洪汝闿、夏承焘序。有民国二十一年排印线装本。另《天放楼诗季集》七卷《红鹤词》一卷，收诗起自民国二十二年，迄于三十六年，凡三百五十余首，收词三十二首，诗前有徐震所作墓志铭、金元宪所作行状，后有陈旭旦校勘记。有民国三十六年陈旭旦校印本。

天放楼文言 文别集。近代金天羽著。十一卷，另附录一卷。收文一百七十余篇。由金氏自选，门人马诒谋等集资刊于民国十六年(1927)。前有民国十五年陈旭旦跋、启，另有1969年台湾文海出版社据马本影印之《近代中国史料丛刊》本，收入第三十一辑。另《天放楼续文言》五卷，前有民国二十一年章炳麟、李崇元序，后有徐震《金松岑六十寿序》。收文六十余篇。有民国二十二年苏州国学会流通处排印线装本。

啸庵诗存 诗别集。近代夏仁虎著。六卷。前有民国九年(1920)作者自序。卷各有子集名，为《觚梦稿》、《箧尘稿上》、《箧尘稿下》、《淮南游草》、《忆淮波稿》、《出塞前稿》，卷又各有小序。收诗起光绪十五年(1889)迄民国十四年，凡四百三十余首。有民国十四年刊本。

晚翠轩集 诗别集。近代林旭著。一卷。收诗一百八十余首。有光绪三十一年(1905)李宣龚排印本，附其妻沈鹊应《崦嵫遗稿》。另有民国六年(1917)上海商务印书馆排印本，张元济辑入《戊戌六君子遗集》。后又有民国二十五年李宣龚辑印《墨巢丛刻》本，前有李序，略谓初印其诗一千部，后张元济又收入《戊戌六君子遗集》，后李又与“林丈筱蛇、郑丈叔昭、表弟沈剑知从事搜集”，增补为诗文合印本，凡《晚翠轩诗》、《晚翠轩集补遗》、《晚翠轩外集》、《遗札》四种，附录各家题词与沈鹊应《崦嵫遗稿》。

陈天华集 诗文别集。近代陈天华著。光绪三十二年(1906)东新译社曾刊《陈天华文集募赀广告》，募资印行《陈天华文集》。后有民国十七年(1928)上海民智书局《革命文库》本《陈天华集》，遗漏较多。又有民国三十三年中国文化服务社出版《中国国民党丛书》本《陈天华集》，所收亦不甚全。1958年湖南人民出版社编校出版《陈天华集》，1982年增订再版，搜集较前增多，并加题解、注释及附录《陈天华生平及思想研究资料索引》，为最全之本。

秋瑾集 诗文别集。近代秋瑾著。凡杂文、书信、诗、词、歌、弹词、译著七类。所收诸作在一类中又以年月为序。据诸本及手稿校订整理而成，所收最全。有1960年中华书局上海编辑所排印本,1979年上海古籍出版社新一版重印。前此其集最早有光绪三十三年(1907)刊王芷馥编《秋瑾诗词》,后又有宣统二年(1910)刊龚宝铨编《秋女士遗稿》、民国元年(1912)刊长沙秋女士追悼会辑《秋女烈士遗稿》、民国十八年刊王绍基编《秋瑾遗集》及王灿芝编《秋瑾女侠遗集》。1958年中华书局曾将新发现秋瑾亲笔信十三通、手书弹词稿六回及其他诸手稿付诸影印,汇编为《秋瑾史迹》。

蜕庵集　诗词别集。近代麦孟华著。二卷。卷首有民国二十五年(1936)陈三立序,卷尾有何澄一、何昭焱跋,另有罗惇曧、梁启超、朱孝臧、曾广钧等哀挽文字。卷上为诗,收六十余首,卷下为词,收二十余阕。有民国二十五年线装排印本。

大至阁诗　诗别集。近代诸宗元著。一卷。陈三立题签书名作《诸贞壮先生遗诗》。前有民国二十三年(1934)梁鸿志序,二十二年叶恭绰序、夏敬观序,收编年诗三百余首,起自光绪二十一年(1895),迄于民国二十一年。夏敬观序谓其少"好魏源、龚自珍之学,颜所居曰'默定书堂',中岁更名'大至阁'"。有民国三十三年梁鸿志编《爰居阁丛书》线装排印本。

江山万里楼诗词钞　诗词别集。近代杨圻著。十七卷。凡诗钞十三卷,词钞四卷。杨宏祚等辑。有民国十五年(1926)中华书局铅印本,后附其妻李国香著《饮露词》一卷。诗钞前有作者自序及总目弁言,另有张百熙、杨士骧跋,收诗起自光绪二十年(1894),迄于民国十五年,凡一千六百余首。词钞前有康有为、何震彝序及作者自序,收词二百余首。

名山诗集　诗词别集。近代钱振锽著。十九卷。凡《名山诗》九卷,收诗五百余首;《海上羞客诗》四卷,收诗三百余首;《名山词》一卷,收词二十阕;《名山词续》一卷,收词十六阕;《海上词》四卷,收词五十七阕。所收诗词起自宣统元年(1909),迄于民国三十三年(1944),部分曾收入《名山全集》。有民国三十六年钱氏木活字印本。

忍古楼诗　诗别集。近代夏敬观著。十五卷。无序跋。收光绪二十年(1894)至民国二十五年(1936)诗一千四百余首。有民国二十六年上海中华书局聚珍版排印本。

硕果亭诗　诗别集。近代李宣龚著。四卷。凡《硕果亭诗》上、下二卷,附《墨巢词》一卷十三阕,诗续一卷,附词续四阕。诗集有民国二十八年(1939)杨钟羲、陈诗序,光绪二十六年(1900)林纾序及民国二十九年自序。词有民国二十八年夏敬观序。诗集编年起自光绪二十年(1894),迄于民国二十八年。诗续补入光绪二十六年、三十三年、民国二十三年、二十五年所作诗若干首,余为民国二十九年至三十二年之作,为诗集之续编。有民国间墨巢仿宋活字排印线装本。

世载堂诗稿　又名《世载堂诗待删稿》。诗别集。近代刘成禺著。二卷。收诗三百四十六首。有京华印书馆民国二十四年(1935)排印本,有赵熙题辞,陈三立圈点批评。近有台湾文海出版社《近代中国史料丛刊》第四辑影印本。

洪宪纪事诗　诗别集。近代刘成禺著。不分卷。凡七绝二百首。写就于民国七年(1918),记袁世凯洪宪帝制事。民国二十三年作者自题绝句四首,不久付印。有《禺生四唱》线装排印本。其后作者又为之作注,以《洪宪纪事诗本事注》为名,陆续发表于上海《逸经》半月刊,自第五期至三十四期,共载七十六首,内七首不见于《禺生四唱》本。抗日战争时,作者又加注二十二首,合印为《洪宪纪事诗本事簿注》,前列孙文、章炳麟旧序。有世载堂藏板京华印书馆校印本,内一首不见于《禺生四唱》本及《逸经》。1983年上海古籍出版社将《洪宪纪事诗》、《洪宪纪事诗本事簿注》与张伯驹《续洪宪纪事诗补注》点校合印为《洪宪纪事诗三种》,为今通行本。

天梅遗集　诗词别集。近代高旭著。十六卷。卷一至六为《未济庐诗》,卷七、八为《变雅楼诗》,卷九为《丙辰燕游草》、《丁巳燕游草》,卷一〇为《变雅楼诗》,卷一一为《徂东词》、《歇浦渔唱》,卷一二为《箫心剑胆词》,卷一三为《沧桑红泪词》,卷一四为《无尽庐词》,卷一五为《鸳鸯湖上词》,卷一六为《微波词》、《浮海词》。收诗词起自光绪二十四年(1898)至民国八年(1919),凡诗词一千二百余首。集系高基辑,傅熊湘、黄履平、柳亚子审定。卷末附傅熊湘所作诔。有民国二十三年(1934)刊本。

观堂集林　诗文别集。近代王国维著。二十四卷。卷一至八为《艺林》八十七篇,多系经学论文;卷九至二二为《史林》一百二十二篇,包括殷周史地、西北少数民族史地、碑刻、音乐、音韵考订等;卷二三、二四为《缀林》,计考据文十七篇,诗五十七首、词二十三阕。本集最早为民国十二年(1923)乌程蒋汝藻密韵楼刻本，仅二十卷，为作者生前自行选定。作者卒后，罗振玉、赵万里增补其后期所作，始成二十四卷，有民国十六年《海宁王忠悫公遗书》家刻本，又有民国二十九年商务印书馆石印《海宁王静安先生遗书》本。1959年中华书局根据商务本校订，抽去诗词部分，标点影印行世。王氏诗词，收入《海宁王静安先生遗书》者，有《观堂别集》卷四所收诗五十六首，《静安文集》附《静安诗稿》所收诗五十首，《苕华词》所收词九十二首。近有萧艾《王国维诗词笺校》排印本，1984年湖南人民出版社出版，收诗一百九十二首，词一百十五首，收王国维诗词最全。

思玄堂诗集 诗别集。近代汪荣宝著。不分卷。有民国二十六年(1937)排印本。另有台湾文海出版社印行《近代中国史料丛刊》本。

雅堂文集 文别集。近代连横著。四卷。据其子连震东所藏《雅堂文集》抄本及其他若干手稿整理而成。有1987年台湾大通书局印行《台湾文献史料丛刊》本，收入第八辑。另《雅堂先生文集》、《雅堂先生余集》，有台湾文海出版社印行《近代中国史料丛刊续辑》本。

剑花室诗集 诗别集。近代连横著。分四部分：一、《大陆诗草》，为民国元年(1912)至民国三年游大陆之作，收诗一百二十六首，曾于民国十年出版。二、《宁南诗草》，又名《龙耕诗草》。为民国三年冬归台湾宁南至民国十五年移家杭州期间之作，收诗二百五十四首，又有民国十六年自杭回台南至二十二年离台赴沪期间之作，收诗二十一首。三、《剑花室外集》之一，为光绪二十一年(1895)后至宣统三年(1911)游大陆前之作，收诗四百六十五首。四、《剑花室外集》之二，为民国二十二年(1933)至二十四年之晚年所作，收诗四十九首。有1987年台湾大通书局印行《台湾文献史料丛刊第八辑》本。另有台湾文海出版社印行《近代中国史料丛刊续辑》本。

苍虬阁诗 诗别集。近代陈曾寿著。十卷。有民国二十九年(1940)刻本。另《苍虬阁诗存》，一卷，系选集。有民国十年(1921)江宁蒋氏真赏楼仿宋聚珍本。

吹万楼诗 诗别集。近代高燮著。十八卷。收诗一千八百八十三首，附他人唱和诗一百零二首。由其子高君介等搜集。起自光绪二十五年(1899)，迄于民国三十六年(1947)，而光绪二十四年至二十八年的早期诗作，虽曾见诸刊物，但因战乱散佚，未见是集。有民国三十六年(1947)袖海堂铅印线装本。

吹万楼文集 文别集。近代高燮著。十八卷。收文二百十三篇。后附《愤悱录》一卷。由其学生谈文灯、朱端辑录。始编于民国十三年(1924)春。有民国二十八年(1939)至三十年金山高氏刻本。

于右任诗词集 诗词别集。近代于右任著。三卷。凡诗卷、词卷、曲卷三部分，收集作者自上世纪末至1964年所作诗词曲近七百首。编者曾依据各种版本对原文进行校勘，有简要注释。有1984年湖南人民出版社排印本。此外，1986年陕西人民出版社排印《于右任诗歌萃编》，收入古今体诗、词曲及新诗共八百余首。1978年台湾亦曾出版《于右任先生诗集》上、下两卷。其诗集较早有《半哭半笑楼诗草》，刊于光绪三十年(1904)，后又有民国十五年(1926)排印本《右任诗存》一卷，民国三十六年上海大东书局排印本《右任诗存二集》三卷(诗词曲各一卷)，民国三十八年上海大东书局排印本《右任诗存初集》六卷，另有民国二十二年排印本《右任诗存笺》六卷，王陆一作注。

龙吟草 又名《龙尾集》。诗别集。近代孙景贤著。一卷。与其词别集《梅边乐府》一卷合刊。有民国九年(1920)虹隐楼校刊本。

瘿庵诗集 诗别集。近代罗惇曧著。二卷。凡正集一卷，外集一卷。卷首列黄节、叶恭绰序。正集收诗多作于宣统三年(1911)至民国十三年(1924)，约四百首，外集收诗约五十首。有民国十七年精刊本。

信芳集 诗文别集。近代吕碧城著。三卷。凡诗一卷，词一卷，文一卷。后附题词一卷。卷首有樊增祥、易顺鼎等题辞。诗约收一百首，有樊增祥评语，词约收七十首，有樊增祥眉批，文收七篇。有民国十四年(1925)上海中华书局排印本。另有《吕碧城集》，五卷，凡文一卷，较《信芳集》所收多三篇；诗一卷，收诗亦较《信芳集》为多；词二卷，内一卷与《信芳集》所收词同，另一卷即《信芳集》中词增刊，改题《海外新词》；游记一卷，题《欧美漫游录》。有民国十八年上海中华书局排印本。

庞檗子遗集 诗词别集。近代庞树柏著。二卷。凡《玉琤琮馆词》一卷，收词四十八阕；《龙禅室诗》一卷，收诗一百首。卷前有萧蜕《庞檗子传》、民国五年(1916)柳亚子序及王德钟序，另有徐珂等诸家题词，后有民国六年王蕴章识语。集系王蕴章、柳亚子、姚石子、高燮、高旭集资刊行,有民国六年刊本。

苏曼殊全集 诗文小说合集。近代苏曼殊著。解放前苏曼殊的作品曾以全集和各种专集的形式一版再版,其版本不下十几种。其中重要的有柳亚子编,民国十七年(1928)北新书局出版的《苏曼殊全集》,1985年中国书店据之影印再版。其他有文公直编《曼殊大师全集》,周瘦鹃编《曼殊遗集》、《燕子龛残稿》,罗芳洲编《苏曼殊遗著》,柳无忌编《曼殊大师纪念集》、《苏曼殊小说集》等。因柳本收罗较全,且辑入有关研究资料,如《苏曼殊作品表》、《曼殊诗年月考》、《曼殊文年月考》,故最为通行。全书五册,册一为诗集、译诗集、文集、书札集,册二为杂著集、译小说集,收笔记《岭海幽光录》、《燕子龛随笔》,翻译小说《惨世界》、《娑罗海滨遁迹记》,册三为小说集,收小说《断鸿零雁记》、《天涯红泪记》、《绛纱记》、《焚剑记》、《碎簪记》、《非梦记》,册四、册五为附录,收研究文章及酬唱诗、悼诗。

苏曼殊诗笺注 诗别集注本。近代苏曼殊著。刘斯奋笺注。前有注者前言,述笺注缘起与体例,后有附录,收刘斯奋《曼殊年表简编》以及陈独秀、章炳麟、柳亚子等有关苏曼殊的评论或传记资料。全书正编收诗九十九首,附编收诗二首、断句四联,译诗收译拜伦等诗九首。有1981年广东人民出版社排印本,收入《广东地方文献丛书》。其诗另有笺注本,题《燕子龛诗笺注》,马以君笺注,书末附有《苏曼殊年谱》、《各家论苏曼殊诗》,有1983年四川人民出版社排印本。

左庵集 诗文别集。近代刘师培著。三十三卷。凡文集八卷、外集二十卷,诗录四卷,词录一卷。有民国二十五年(1936)宁武南氏排印《刘申叔先生遗书》本。另《左庵诗》一卷,收诗五十四首,编年起自光绪二十六年(1900),迄于民国元年(1912),前有林思进序及作者自序。有民国二十年华阳林氏清寂堂刊本。

郁曼陀陈碧岑诗抄 诗别集。近代郁华、陈萌著。凡郁华《静远堂诗》、《东京杂事诗》及其妻陈萌《小隐山房诗稿》三种。前录郭沫若《郁曼陀先生血衣冢志铭刻石》(照片)、王昆仑《郁华烈士传略》、吴祖光《陈碧岑夫人传略》、柳亚子《静远堂诗画集序》,后录郁达夫《悼胞兄曼陀》、郁风等后记。前二种据民国二十九年(1940)版《静远堂诗画集》影印,后一种系新印。有1983年上海学林出版社印行本。

邹容文集 诗文别集。近代邹容著。周永林编。搜集邹容全部诗文遗作,加以校订。对《革命歌》等二诗考定为非邹容所作。附录极详细,有四方面:一、邹容挚友所撰传记和悼念诗文,二、邹容在上海的革命活动、狱中斗争和牺牲经过,三、有关史事解释与考辨文章,四、重庆人民在纪念辛亥革命七十周年期间对邹容一生及其思想的评价。卷首附有隗瀛涛、李民撰《邹容传略》。重庆出版社1983年排印出版,收入《重庆地方史丛书》。

无尽庵遗集 诗文别集。近代周实著。十卷。凡文集一卷,诗集四卷,诗话二卷,《尊情录》一卷,词集一卷,北曲《清明梦》一卷。集系柳亚子编,周人菊校。前有何竞南、高旭、邵天雷、吴引湘、丁宝铨、曹凤笙、仲民新、夏建瓴、胡蕴玉、高燮序,柳亚子所作传,周人菊所作《周烈士就义始末》,后有挽诗、挽联等。有民国元年(1912)上海国光印刷所排印线装本。

远生遗著 文别集。近代黄远庸著。四卷。黄逝世后,由林志钧编集。于民国十九年(1920)由商务印书馆出版。民国二十七年由中国科学公司增订再版。1984年商务印书馆影印原商务版,并排印增订版补入文六篇以及民国四年发表于《申报》之《游美随纪》,连同增订版张君劢、关赓麟序,孟庸生诗四首、林宰平诗二首及陈叔通、黄席群跋,与影印部分合成两册出版。

黄季刚诗文钞 诗文别集。近代黄侃著。不分卷。凡文钞《量守碎金》与诗词钞《劳者自歌》二种。文钞收文五十余篇,诗词钞收诗一千零十余首,词三百七十余首,附《阮籍咏怀诗补注》、《李义山诗偶评》。书首《校订说明》云是书"根据黄季刚先生四子黄念祥先生的手钞本整理校订而成",并详述编集缘起。有1985年门人陆宗达、殷孟伦序。1985年湖北人民出版社排印出版,题"湖北省人民政府文史研究馆校订"。

磨剑室诗词集 诗词别集。柳亚子著。十一辑。凡诗九辑,词一辑,诗词补编一辑。中国革命博物馆于1983年组织编辑,收诗词五千余首,主要根据馆藏柳亚子手订稿整理而成,编排也按其生前自订顺序,新收集的诗词,作为补编,单独成一辑。诗词原有注释全部保留,是比较完善的本子。诗有《磨剑室诗初集》十卷,《磨剑室诗二集》十卷,《湖隐集》、《岁寒集》、《仗剑集》、《乘桴前集》、《乘桴后集》、《秣陵集》、《浙游集》、《方壶集》、《松寥集》、《玫瑰集》、《横流集》、《新春集》、《结夏集》、《长谣集》、《丹青集》、《大风集》、《浙游后集》、《东沟集》、《河山集》、《萧艾集》、《北行集》、《鲁游集》、《系马集》、《沧桑集》、《南游集》、《北归集》、《秋鞶集》、《丽华集》、《鸿毛集》、《墨馨集》、《图南集》、《流亡集》各一卷，《骖鸾集》十卷，《八步集》一卷，《巴山集》五卷，《小休集》、《卷土集》、《新生集》各一卷，《光明集》十六卷，《北长集》四卷。词有《磨剑室词》初集、二集、三集，《剑头词》，《巴山集》，《北长集》。有1985年上海人民出版社排印本，收入《柳亚子文集》。

汪辟疆文集 诗文别集。近代汪国垣著。不分卷。门人程千帆辑集。收录汪氏除已印行的和尚未印行的几部专著之外的论文、杂著和诗作。程氏后记云："遵照老师生前的主张，按文章的内容或体制分类排列。"第一组为《读书举要》等三篇，第二组为关于《水经注》论文四篇，第三组为诗学论文、杂著，内《论高密诗派》、《近代诗派与地域》、《光宣诗坛点将录》、《近代诗人小传稿》、《光宣以来诗坛旁记》，均有较高学术价值，第四组为论唐人小说之文，第五组为书札、序跋，第六组为《小奢摩馆脞录》、《读常见书斋小记》、《方湖日记幸存录》，第七组为《方湖诗钞》、《峡程诗纪》。有1988年上海古籍出版社排印本。

吴宓诗集 诗别集。吴宓著。十三卷。收诗九百余首，词二十余首。附录《陕西梦传奇》、《沧桑艳传奇》、《余生随笔》、《英文诗话》、《学衡杂志论文选》、《大公报文学副刊论文选录》、《空轩诗话》、徐际恒《艮斋诗草》。前有作者识语、自序，另有柳诒徵、缪钺、徐震堮、钱钟书等序跋题词评语若干篇。十三卷各为《故园集》，《清华集》上、下，《美洲集》、《金陵集》、《辽东集》、《京国集》上、《西征杂诗》、《京国集》下、《南游杂诗》、《故都集》上、《欧游杂诗》、《故都集》下。有民国二十四年(1935)上海中华书局平装铅印本。

蓼斋词 词别集。清李雯著。一卷。有顺治十四年(1657)刊《蓼斋集》本，词集作附录一卷。另有陈乃乾辑民国二十六年(1937)上海开明书店《清名家词》排印本，较通行。

梅村词 词别集。清吴伟业著。二卷。有康熙中孙默留松阁辑刊《国朝名家诗余》本，民国二十五年(1936)中华书局据之排印，与梁清标《棠村词》等合为《十五家词》，收入《四部备要》行世。另民国十八年(1929)俞氏世德堂排印本《吴梅村先生编年诗集》，有程穆衡原笺，杨学沆补注，收有《诗余》一卷及《诗词补钞》一卷。宣统三年(1911)武进董氏诵芬室刊《梅村家藏稿》，则收入词二卷，较康熙本《梅村集》所收词多五首。此外1990年上海古籍出版社排印本《吴梅村全集》，亦收入全部词作。民国二十六年上海开明书店排印陈乃乾辑《清名家词》，据各本整理汇为《梅村诗余》一卷，前录邹祗谟序，较通行。单行本有1985年广东人民出版社点校排印《天风阁丛书》二卷本，收词一百零六首。系参校各本而成，有夏承焘序，附录四种。

静惕堂词 词别集。清曹溶著。一卷。有其从孙恺仲兄弟刊本，付刻时间在雍正三年(1725)《静惕堂集》诗四十四卷刊行前数年。朱彝尊作序。另有民国二十六年(1937)开明书局排印陈乃乾辑《清名家词》本。

拙政园诗余 词别集。清徐灿著。三卷。分为上、中、下。前有顺治七年(1650)其夫陈之遴序，略云："丁丑(明崇祯十年，1637)通籍后，侨居都城，……时史席多暇，出有朋友之乐，入有闺房之娱，湘苹(徐灿)所为诗及长短句多清新可诵。寻以世难去国，……湘苹吟咏益广，……频年兵燹散佚，今冬搜辑得百首，余为之诠次。"有光绪二十一年至二十二年(1895—1896)徐乃昌辑刊《小檀栾室汇刻闺秀词》本，收入第二集。

二乡亭词 词别集。清宋琬著。三卷。有《安雅堂全集》本。另有康熙中孙默留松阁刊《国朝名家词余》本、民国二十五年(1936)中华书局排印《四部备要》本，均为二卷。民国二十六年开明书店排印陈乃乾辑《清名家词》本，则并为一卷。

遍行堂词 词别集。清金堡著。三卷。有康熙、乾隆间刊《遍行堂集》本，卷四二至四四为词。皆金堡削发为僧后所作，大都写于康熙十年(1671)前后。收词约一百八十首。另有民国间赵尊嶽编《明词汇刊》本，1992年上海古籍出版社据龙榆生藏惜阴堂红印再校本影印，较为通行。

茗斋诗余 词别集。清彭孙贻著。二卷。原收在《茗斋集》中，道光间刊入《别下斋丛书》，民国间商务印书馆据《别下斋丛书》本排印收入《丛书集成初编》，民国二十六年(1937)商务印书馆又出版《国学基本丛书》本。

定山堂诗余　词别集。清龚鼎孳著。四卷。卷一为《白门柳》，有自题识语，卷二为《绮忏》，亦有自题识语，卷三题“以下皆癸卯(1663)后香岩斋存稿”。康熙十二年(1673)丁澎作序。有《定山堂全集》本。别有康熙十一年(1672)徐釚刊《香岩斋三十二芙蓉集》本，不分卷，所收适当全集本之前二卷及卷三之半，字句小异。徐本刊行较早，四卷本则为著者晚年所定，《白门柳》、《绮忏》诸名称，亦为后来所加。通行本为民国二十六年(1937)开明书店排印陈乃乾辑《清名家词》本，并为一卷，并有陈氏跋语记徐本与全集本之异同。另康熙中留松阁刊孙默辑《国朝名家诗余》，收有龚氏《香严词》二卷。

南溪词　词别集。清曹尔堪著。二卷。尤侗作序。有康熙中孙默留松阁辑刊《国朝名家诗余》本，民国二十五年(1936)中华书局据之排印，收入《四部备要》。另有民国二十六年(1937)开明书店排印陈乃乾辑《清名家词》本，并为一卷。

月湄词　词别集。清陆求可著。四卷。有康熙中孙默留松阁辑刊《国朝名家诗余》本，民国二十五年(1936)中华书局据之排印，收入《四部备要》。

百末词　词别集。清尤侗著。五卷。自题曰：“汉人以百花百草末造酒，号百末酒，余所作词亦《花间》、《草堂》之末也，故以名之。”曹尔堪作序。有《西堂全集》本。另有民国二十六年(1937)开明书店排印陈乃乾辑《清名家词》本，并为一卷。此外尚有康熙中孙默留松阁辑刊《国朝名家诗余》本二卷，民国二十五年中华书局据之排印，收入《四部备要》；聂先、曾王孙辑绿荫堂刊《百名家词钞》本一卷。

薑斋词　词别集。清王夫之著。三卷。凡《鼓棹初集》一卷，《鼓棹二集》一卷，《潇湘怨》一卷。总名系后人所加。通行本有同治四年(1865)曾国荃金陵刊本、民国二十二年(1933)上海太平洋书店排印《船山遗书》本。另民国间《四部丛刊》影印本《薑斋诗文集》、1983年中华书局《中国古典文学基本丛书》排印本《王船山诗文集》、1988年岳麓书社排印本《船山全书》，亦收录其词。此外，又有民国间赵尊嶽编《明词汇刊》本，1992年上海古籍出版社据龙榆生藏惜阴堂红印再校本影印。《鼓棹》二集为王夫之壮年至老年词作合编，《潇湘怨词》中，《潇湘小八景》作于随南明政权展转流离时，《潇湘大八景》及《潇湘十景》作于康熙间。

艺香词　词别集。清吴绮著。三卷。载《四库全书》收录之《林蕙堂集》卷二三至二五。另有民国二十六年(1937)开明书店排印陈乃乾辑《清名家词》本，并为一卷。又康熙中聂先、曾王孙辑绿荫堂刊《百名家词钞》，亦收录之，不全。

坦庵词　词别集。清徐石麒著。三卷。凡《瓮吟》、《且谣》、《美人词》三种各一卷。有民国二十六年(1937)开明书店排印陈乃乾辑《清名家词》本。其侄元美序云：“是以远有《唾珠》、《癖佳》二集，近有《瓮吟》、《忝香》数种，兹复有《且谣》之役，大抵先后一意也。”然他种词集今已佚。另清刊《坦庵词曲六种》内，收有《瓮吟》四卷；约顺治间所刊《可经堂全集》不分卷，亦含词作。

含影词　词别集。清陈世祥著。二卷。有康熙中孙默留松阁辑刊《国朝名家诗余》本，民国二十五年(1936)中华书局据之排印，收入《四部备要》。

东江别集　词别集。清沈谦著。五卷。凡《东江草堂集》词三卷，《填词杂说》一卷，《词韵略》一卷。有顺治间刊本。另有民国间赵尊嶽编《明词丛刊》本，无《填词杂说》、《词韵略》，1992年上海古籍出版社据龙榆生藏惜阴堂红印再校本影印。赵本后跋云：“泉唐丁氏尝有传钞本，……凡词三卷，曲二卷，灿然大备，岁在己未，归安姚虞琴社兄景瀛以别集无他本，重为排印，其书始显。拙藏则亦传钞丁本，与姚刻同源者也，兹删其南北曲为梓行之。”

棠村词　词别集。清梁清标著。三卷。汪懋麟作序。有康熙中孙默留松阁辑刊《国朝名家诗余》本，民国二十五年(1936)中华书局排印《四部备要》本。通行本为民国二十六年开明书店排印陈乃乾辑《清名家词》本，并为一卷。此外有康熙十五年(1676)刊一卷本，罕见。

白茅堂词　词别集。清顾景星著。一卷。收入《白茅堂集》。另有康熙间绿荫堂刊聂先、曾王孙辑《百名家词钞》本。

秋水词　词别集。清严绳孙著。二卷。吴绮作序。康熙间雨青草堂刊本及民国六年(1917)无锡图书馆刊本《秋水集》均收入。无锡本多补遗二首。另有民国二十六年(1937)开明书店排印陈乃乾辑《清名家词》本，所收与无锡本同，并为一卷。

毛翰林词　词别集。清毛奇龄著。六卷。有康熙间刊、乾隆间修补《西河合集》本。另有民国二十六年(1937)上海开明书店排印陈乃乾辑《清名家词》本,并为一卷。

溪南词 词别集。清黄永撰。二卷。有康熙中孙默留松阁辑刊《国朝名家诗余》本,民国二十五年(1936)中华书局据之排印,收入《四部备要》。

湖海楼词 又名《迦陵词》。词别集。清陈维崧著。三十卷。收词长调、中调、小令四百余调一千六百余首。有民国二十五年(1936)中华书局排印《四部备要》本,民国二十六年开明书店排印陈乃乾辑《清名家词》本,则并为一卷。所据均为康熙间患立堂刊本《湖海楼集》中之《陈迦陵词全集》三十卷。今另有1992年岳麓书社排印钱仲联辑《清八大名家词集》本。此外,陈氏早期词作曾编为《乌丝词》四卷,有康熙间留松阁刊孙默辑《国朝名家诗余》本,民国二十五年(1936)中华书局据之排印,收入《四部备要》。另有民国二十九年商务印书馆排印《国学基本丛书》本。

万青阁诗余 词别集。清赵吉士著。一卷。有《万青阁全集》本,康熙二十九年(1690)赵继抃刊。另有康熙中聂先、曾王孙辑绿荫堂刊《百名家词钞》本。

炊闻词 词别集。清王士禄著。二卷。尤侗作序。有康熙中孙默留松阁辑刊《国朝名家诗余》本、光绪二十七年(1901)金陵刊吴重熹辑《吴氏石莲庵刻山左人词》本。通行本为民国二十五年(1936)中华书局排印《四部备要》本、民国二十六年开明书店排印陈乃乾辑《清名家词》本,后者并为一卷。

丽农词 词别集。清邹祗谟著。二卷。宗元鼎作序。有康熙中孙默辑刊《国朝名家诗余》本。今通行本为民国二十五年(1936)中华书局排印《四部备要·十五家词》本、民国二十六年开明书店排印陈乃乾辑《清名家词》本,后者并为一卷。

曝书亭词 词别集。清朱彝尊著。七卷。凡《江湖载酒集》三卷,《静志居琴趣》艳情词一卷,《茶烟阁体物集》咏物词二卷,《蕃锦集》集句词一卷。收入各本《曝书亭集》。民国二十六年(1937)开明书店排印陈乃乾辑《清名家词》,只收《江湖载酒集》、《静志居琴趣》、《茶烟阁体物集》,各编为一卷。集外词有光绪二十二年(1896)翁之润辑刊《曝书亭词拾遗》三卷附《志异》一卷,二十九年叶德辉辑刊《曝书亭删余词》一卷附《曝书亭手稿原目》一卷《校勘记》一卷(收入《观古堂所刊书》、《郎园先生全书》)。1987年广东人民出版社排印吴肃森编校《曝书亭词》,附朱氏年谱等有关资料。1994年浙江古籍出版社出版《朱彝尊词集》,除收入拾遗外,另辑补遗、词话等,为今最全本。另注本《曝书亭集词注》七卷,清李富孙注,有嘉庆十九年(1814)校经庼初刊本及道光九年(1829)重校刊本。

蓉渡词 词别集。清董以宁著。三卷。杨岱作序。有康熙中孙默留松阁辑刊《国朝名家诗余》本、民国二十九年(1940)董康辑刊《广川词录》本。光绪中盛宣怀辑刊《常州先哲遗书》本,则与其诗文集合刻。今通行本为民国二十五年(1936)中华书局排印《四部备要》本、民国二十六年开明书局排印陈乃乾辑《清名家词》本,后者并为一卷。

道援堂词 词别集。清屈大均著。一卷。其词初有康熙间刊本《骚屑》二卷,附《翁山诗外》后,清末国学扶轮社曾予排印。又有康熙间研露斋刊本,鸳水徐肇元选,与《屈翁山诗集》合刊。后道光间刊《道援堂诗集》亦附词一卷,始定今名。另有民国间赵尊嶽编《明词汇刊》本,1992年上海古籍出版社据龙榆生藏惜阴堂红印再校本影印。赵本收词约一百八十首,跋云:"此自蕙风簃藏钞本传写。"

玉凫词 词别集。清董俞著。二卷。有康熙中孙默留松阁辑刊《国朝名家诗余》本、民国二十九年(1940)董康辑刊《广川词录》本。今通行本为民国二十五年中华书局排印《四部备要》本、民国二十六年开明书店排印陈乃乾辑《清名家词》本,后者并为一卷。

延露词 词别集。清彭孙遹著。三卷。尤侗作序。有《松桂堂全集》本。另有康熙中孙默辑刊《国朝名家诗余》本、光绪四年(1878)孙福清辑刊《槜李遗书》本。通行本为民国二十五年(1936)中华书局排印《四部备要》本、民国二十六年开明书店排印陈乃乾辑《清名家词》本,后者并为一卷。

峡流词 词别集。清王晫著。三卷。有康熙间霞举堂刊本。另康熙中金阊绿荫堂刊聂先、曾王孙辑《百名家词钞》初集亦收《峡流词》一卷,不全。

浣雪词钞 词别集。清毛际可著。二卷。李天馥、王士禛评。有康熙初刊本。

珂雪词 词别集。清曹贞吉著。三卷。凡词二卷，补遗一卷。有王炜、高珩、陈维崧序。初刻于康熙十五年(1676)。清末麇研斋刻朱印校本，误字缺字较多，非佳本。今通行本为民国二十五年(1936)中华书局排印《四部备要》本、民国二十六年开明书局排印陈乃乾辑《清名家词》本，后者并为一卷。

衍波词　词别集。清王士禛著。二卷。有康熙中孙默辑刊《国朝名家诗余》本、光绪十五年(1889)许增辑刊《榆园丛刻》本、民国二十五年(1936)中华书局排印《四部备要》本。别有一卷本，题《阮亭诗余》，有光绪间赵之谦辑刊民国十八年墨润堂书苑重予影印之《仰视千七百二十九鹤斋丛书》本。民国二十五年商务印书馆又据许本、赵本分别排印，收入《丛书集成初编》。民国二十六年，陈乃乾辑《清名家词》，合两本为一卷，总题为《衍波词》，前录唐允甲、邱石常、丁宏海、邹祗谟、沈履夏、徐夜序及王氏自序，又跋云："《衍波词》出渔洋手授，《居易录》记之甚详，《阮亭诗余》则赵氏据阙里孔氏所藏钞本付刻，以卷首有自序，或指为渔洋晚年定本，余未敢信也。"

枫香词　词别集。清宋荦著。一卷。有康熙二十七年(1688)与《绵津山人诗集》合刊本。另有民国二十六年(1937)开明书店排印陈乃乾辑《清名家词》本。此外康熙中聂先、曾王孙辑绿荫堂刊《百名家词钞》甲集，亦收录之，不全。

秋锦山房词　词别集。清李良年著。一卷。曹贞吉作序。有康熙中龚翔麟玉玲珑阁辑刊《浙西六家词》本、光绪四年(1878)孙福清望云仙馆辑刊《槜李遗书》本、民国二十六年(1937)开明书店排印陈乃乾辑《清名家词》本，后者最为通行。另《四库全书总目・存目》著录《秋锦山房集》二十二卷中，有词二卷，提要谓："其词则已刻入六家词中者，殆三分之二。"

苍梧词　又名《董舜民词集》。词别集。清董元恺著。十二卷。陈维崧、尤侗、陈玉璂作序。王士禛等评。有康熙二十六年(1687)本衙刊本。另有民国二十九年(1940)董康辑刊《广川词录》本。通行本为民国二十六年开明书店排印陈乃乾辑《清名家词》本，并为一卷。

菊庄词　词别集。清徐釚著。二卷。凡甲集一卷，乙集一卷。有康熙十三年(1674)丁澎、王嗣槐序，康熙三十三年傅燮詷序，吴霨跋。有康熙间徐氏菊庄刊本，与其诗文集合印行世，亦有单行者。另有民国二十六年(1937)开明书店排印陈乃乾辑《清名家词》本，并为一卷。又康熙中聂先、曾王孙辑绿荫堂刊《百名家词钞》初集，亦收录之，仅一卷。

南耕词　词别集。清曹亮武著。六卷。附《叠韵词》一卷，《岁寒词》一卷。有康熙二十九年(1690)刊本，《四库全书总目・存目》著录，提要云："《南耕词》先刻五卷，其第六卷乃丧偶后所作，续刻于后，而以《悼亡词》十阕附之。《岁寒词》则康熙癸亥、甲子(1683、1684)两年所作。"另有康熙二十一年刊本，无《岁寒词》，与《四库》著录本小异。另有康熙中聂先、曾王孙辑绿荫堂刊《百名家词钞》本，仅一卷。

弹指词　词别集。清顾贞观著。二卷。有雍正二年(1724)刊本，杜诏序云："华亭姚子平山，……偶与余论次当代词人，予以梁汾师所著《弹指词》示之，因重加校刊行世。"乾隆十八年(1753)重刊，诸洛序云："先生之孙仲温，重刻《弹指词》成，而属余为之序。"通行本为民国二十五年(1936)中华书局排印《四部备要》本、民国二十六年开明书店排印陈乃乾辑《清名家词》本，后者并为一卷。别本三卷又补遗一卷，有光绪十九年(1893)刊本、民国二十三年铅印《顾梁汾先生诗词》本，陈乃乾谓"即旧本颠倒割裂而成，且较旧本少四阕"，"凡旧本之误字，亦皆循而未改"。

耒边词　词别集。清李符著。二卷。朱彝尊作序。《四库全书总目・存目》著录从孙李菊房编《香草居集》七卷，内后二卷即此词集。另有康熙中龚翔麟玉玲珑阁辑刊《浙西六家词》本、光绪四年(1878)孙福清望云仙馆辑刊《槜李遗书》本。民国二十六年(1937)开明书店排印陈乃乾辑《清名家词》本，则并为一卷，最为通行。

锦瑟词　词别集。清汪懋麟著。一卷。"锦瑟"取义于李商隐《锦瑟》诗"锦瑟无端五十弦，一弦一柱思华年"。曹尔堪、宗元鼎、梁允植作序，徐釚作跋，曹、徐落款题康熙丙辰(1676)仲春。有康熙间刊本，附诸家评语，1980年上海古籍出版社据之影印，与诗文集合订为《百尺梧桐阁集》行世。另有民国二十六年(1937)开明书店排印陈乃乾辑《清名家词》本。又康熙中聂先、曾王孙辑绿荫堂刊《百名家词钞》初集，亦收录之。

柘西精舍词　词别集。清沈皞日著。一卷。龚翔麟作序。有康熙中龚翔麟玉玲珑阁辑刊《浙西六家词》本、光绪四年(1878)孙福清望云仙馆辑刊《檇李遗书》本、民国二十六年(1937)开明书店排印陈乃乾辑《清名家词》本，后者最为通行。

清吟堂词 词别集。清高士奇著。二卷。凡《蔬香词》一卷,《竹窗词》一卷。康熙三十年(1691)自序云:“所存《蔬香词》散失十之三四,不意顾梁汾刻于江南,……顷归江南村,……经年成帙,故刻《竹窗近词》,而附《蔬香词》于首。”收入康熙间朗润堂刊《清吟堂集》。另有民国二十六年(1937)开明书店排印陈乃乾辑《清名家词》本,并为一卷。

情田词 词别集。清邵瑸著。三卷。有康熙二十年(1681)龚翔麟序。乾隆十八年(1753)其子邵履嘉所刊,《四库全书总目·存目》著录。另有道光二十二年(1842)其六世孙邵甲名粤东刊本。

黑蝶斋词 词别集。清沈岸登著。一卷。朱彝尊作序。有康熙中龚翔麟玉玲珑阁辑刊《浙西六家词》本、光绪四年(1878)孙福清望云仙馆辑刊《檇李遗书》本、民国二十六年(1937)开明书店排印陈乃乾辑《清名家词》本，后者最为通行。

余波词 词别集。清查慎行著。二卷。“余波”语出杜甫《上韦左相》诗“独步才超古,余波德照邻”。各本《敬业堂集》均收入。另有民国二十六年(1937)开明书店排印陈乃乾辑《清名家词》本,并为一卷。

通志堂词 词别集。清纳兰性德著。四卷。康熙间刊《通志堂集》收词四卷,乃顾贞观选定本。此后纳兰词刻本,大多据此本翻刻。康熙间刊《饮水词》三卷,虽题顾贞观定,但与《通志堂集》所收有所不同,不免意为增删。乾隆间小仓山房版《饮水词》二卷,乃袁通选录之本。道光间汪元治广为辑录,编成《纳兰词》五卷《补遗》一卷,所收多于前出诸本,刻入光绪间刊《榆园丛刻》,较为流行。近人陈乃乾辑《清名家词》收《通志堂词》,列《通志堂集》中所收词于前,列其余诸本中为《通志堂集》所未收之词于后,并为一卷,共三百四十七首,较汪辑本多五首,所收颇完备,民国二十六年(1937)由上海开明书店排印行世。

纳兰词 词别集。清纳兰性德著。五卷。另补遗一卷。作者原有《饮水词》、《侧帽词》、《通志堂词》等词集，康熙间顾贞观等为之编订刊行。道光十二年(1832)汪仲安据顾本等汇抄二百七十余阕，按体编次，并附词评、词话，分为五卷，光绪间仁和许增刊入《榆园丛刻》，又加入《补遗》一卷，更为完备。此后有民国二十五年(1936)中华书局排印《四部备要》本，民国二十六年商务印书馆排印《丛书集成初编》本，民国二十六年重庆正中书局《饮水词笺》本，1954 年文学古籍刊行社排印本。1984 年广东人民出版社印行之《饮水词》，则以《通志堂集》为基础，并参照康熙、乾隆、嘉庆间各种刻本进行校勘并补辑而成，是性德的词作汇编，共收三百四十八首，并附有关性德的传记、评论、年谱等资料，为今最足之本。1995 年上海古籍出版社又出版了《纳兰词笺注》五卷，附补遗等。

红藕庄词 词别集。清龚翔麟著。三卷。李符作序。有康熙中龚翔麟玉玲珑阁辑刊《浙西六家词》本。另有民国二十六年(1937)开明书店排印陈乃乾辑《清名家词》本,并为一卷,最为通行。又康熙中聂先、曾王孙辑绿荫堂刊《百名家词钞》,亦收录之,仅一卷。

饴山诗余 词别集。清赵执信著。一卷。各本《饴山堂集》均收入。另有光绪二十七年(1901)金陵刊吴重熹辑《吴氏石莲庵刻山左人词》本、民国二十六年(1937)开明书店排印陈乃乾辑《清名家词》本。

嶰谷词 词别集。清马曰琯著。一卷。有咸丰元年(1851)伍崇曜辑刊《粤雅堂丛书》本,与《沙河逸老小稿》六卷合刊,民国间安徽丛书编印处据之影印,收入《安徽清代名家词第一集》,民国二十五年(1936)商务印书馆又据之排印,收入《丛书集成初编》。

樊榭山房词 词别集。清厉鹗著。八卷。振绮堂、《四部丛刊》、《四部备要》、《国学基本丛书》、《中国古典文学丛书》等版本《樊榭山房集》中,正集卷九、卷一〇与续集卷九为词,另有集外词《秋林琴雅》四卷及又集外词一卷。此外民国二十六年(1937)开明书店排印陈乃乾辑《清名家词》本,并为一卷,集外词五卷不在内。近又有 1992 年岳麓书社出版钱仲联所编的《清八大名家词集》本。

南斋词 词别集。清马曰璐著。二卷。有咸丰二年(1852)伍崇曜辑刊《粤雅堂丛书》本,与《南斋集》六卷合刊,民国间安徽丛书编印处据之影印,收入《安徽清代名家词第一集》,民国二十五年(1936)商务印书馆又据之排印,收入《丛书集成初编》。

松花庵诗余 词别集。清吴镇著。一卷。收词四十二首。有乾隆间刊《松花庵全集》本。乾隆五十一年(1786)杨芳灿为其词集作跋，谓其"凡应酬之作，及稍涉绮艳者，均可不存，叶脱而孤花明，云净而峭峰出，别为一卷，附诗之后"。

琴画楼词 词别集。清王昶著。四卷。收入《春融堂集》。另有民国二十六年(1937)开明书店排印陈乃乾辑《清名家词》本，并为一卷。

铜弦词 词别集。清蒋士铨著。二卷。收入各本《忠雅堂集》。另有民国二十六年(1937)开明书店排印陈乃乾辑《清名家词》本，并为一卷。

蠢翁词 词别集。清李调元著。二卷。有道光五年(1825)李朝夔补刊《函海》本，与其诗文集合印。另有民国二十五年(1936)商务印书馆据《函海》本排印之《丛书集成初编》本。

曼香词 词别集。清吴翌凤著。二卷。收入《与稽斋丛稿》，有嘉庆十一年(1806)自序。另有民国二十六年(1937)开明书店排印陈乃乾辑《清名家词》本，并为一卷。

小湖田乐府 词别集。清吴蔚光著。十三卷。内《乐府续集》三卷。有嘉庆六年(1801)刊本。另有嘉庆十六年古金石斋与诗集合刊本。又乾隆四十三年(1778)王昶辑刊《琴画楼词钞》，收有《小湖田乐府》一卷，不全。

更生斋诗余 词别集。清洪亮吉著。二卷。凡《冰天雪窖词》一卷，《机声灯影词》一卷。前有自序，谓《冰天雪窖词》为流放新疆后所作，《机声灯影词》为早年所作。收入《洪北江全集》。另有民国二十六年(1937)开明书店排印陈乃乾辑《清名家词》本。

有正味斋词 词别集。清吴锡麒著。十一卷。凡《伫月楼琴言》四卷，《三影亭写生谱》三卷，《铁拨余音》一卷，《江上寻烟语》二卷，《红桥笛唱》一卷。收入《有正味斋集》。另有民国二十六年(1937)开明书店排印陈乃乾辑《清名家词》本，并为五种各一卷。又乾隆四十三年(1778)刊王昶辑《琴画楼词钞》一卷本，不全。

秋籁吟 词别集。清赵怀玉著。五卷。有嘉庆二十年(1815)周仪暐序。收入《亦有生斋集》。另有民国二十六年(1937)开明书店排印陈乃乾辑《清名家词》本，并为一卷。

竹眠词 词别集。清黄景仁著。一卷。有民国二十六年(1937)上海开明书店排印陈乃乾辑《清名家词》本。此前嘉庆四年(1799)赵希璜选刻《两当轩诗钞》，有《悔存词钞》二卷，收词仅七十九首，道光间与《两当轩诗钞》合刻之《竹眠词》二卷，收词多出一百三十首。咸丰八年(1858)黄氏之孙志述所刻全集二十二卷中，有诗余三卷。版遭毁后孙媳吴氏于光绪二年(1876)重刻全集，内第十七至第十九卷为诗余，收词共二百十六首，最全。《清名家词》本即从此出，并为一卷。另1983年上海古籍出版社排印《中国古典文学丛书》本《两当轩集》，亦有诗余三卷。

芙蓉山馆词 词别集。清杨芳灿著。三卷。嘉庆十年至十二年(1805—1807)刊《芙蓉山馆诗词钞》本，收《词钞》二卷，光绪十七年(1891)刊木活字本较嘉庆本多《词附钞》一卷，为《移筝词》集李商隐句《菩萨蛮》若干首和《拗莲词》集温庭筠句《子夜歌》若干首。另有民国二十六年(1937)上海开明书店排印陈乃乾辑《清名家词》本，并为一卷。

瑶想词 词别集。清王芑生著。一卷。收入嘉庆间刊《渊雅堂集》。另有民国二十六年(1937)开明书店排印陈乃乾辑《清名家词》本。

梅边吹笛谱 词别集。清凌廷堪著。三卷。内补录一卷。自序云："旧取白石《暗香》句意，名之曰《梅边吹笛谱》，盖词人习气，亦不复追改也。"有道光六年(1826)张其锦刊本，后收入《校礼堂全集》。另有光绪元年(1875)伍崇曜辑刊《粤雅堂丛书》本，民国二十四年(1935)《安徽丛书》据张本影印之《凌次仲先生遗书》本，民国二十五年商务印书馆据伍本排印之《丛书集成初编》本。民国二十六年开明书店排印陈乃乾辑《清名家词》本，则并为一卷。

茗柯词 词别集。清张惠言著。一卷。各本《茗柯文编》(《张皋文笺易诠全集》、《受经堂汇稿》、《四部备要》、《中国古典文学丛书》本)均收入。另有民国二十六年(1937)开明书店排印陈乃乾辑《清名家词》本。

微波词 词别集。清钱枚著。一卷。集名取义于曹植《洛神赋》"托微波而通辞"。有嘉庆九年(1804)杨芳灿序，另有自序。有光绪五年(1879)许增刊《榆园丛刻》本，光绪二十二年钱锡宾、钱锡铨辑刊《湖墅钱氏家集》本，民国二十五年(1936)商务印书馆据许本排印之《丛书集成初编》本，民国二十六年开明书店排印陈乃乾辑《清名家词》本。别本题为《微波亭词选》，有道光十一年(1831)袁祖惠刊袁通辑《三家词》本，刊行最早。

筝船词 词别集。清刘嗣绾著。二卷。各本《尚䌹堂集》均收入。另有民国二十六年(1937)开明书店排印陈乃乾辑《清名家词》本，并为一卷。

立山词 词别集。清张琦著。一卷。有道光十九年(1839)刊《宛陵书屋丛书》本、光绪中缪荃孙辑刊《云自在龛丛书》本、民国二十六年(1937)开明书店排印陈乃乾辑《清名家词》本。

断水词 词别集。清乐钧著。三卷。有嘉庆二十二年(1817)与诗文集合刊本、道光间刊单行本，卷首自题云："少拾香草，颇昵么弦，长而悔之，……同调纵臾(谀)，谓非乖雅，兴旨回向，增制日夥，如刀断水，斯之谓矣。"另有民国二十六年(1937)开明书店排印陈乃乾辑《清名家词》本，并为一卷。

灵芬馆词 词别集。清郭麐著。七卷。凡《蘅梦词》二卷，《浮眉楼词》二卷，《忏余绮语》二卷，《爨余词》一卷。有陈鸿寿序及嘉庆八年、十二年(1803、1807)自序。有《灵芬馆集》本。另有光绪五年(1879)许增辑刊《榆园丛刻》本、民国二十五年(1936)中华书局排印《四部备要》本，民国二十六年(1937)开明书店排印陈乃乾辑《清名家词》本，则并为一卷。

小谟觞馆诗余 词别集。清彭兆荪著。二卷。有自序。收入《小谟觞馆集》。另有民国二十六年(1937)开明书店排印陈乃乾辑《清名家词》本，并为一卷。

柯家山馆词 词别集。清严元照著。三卷。有嘉庆间徐球刊本，与《柯家山馆遗诗》合印。前录嘉庆十八年(1813)徐球序。另有民国二十六年(1937)开明书店排印陈乃乾辑《清名家词》本，并为一卷。

玉壶山房词选 词别集。清改琦著。二卷。有道光八年(1828)沈氏来鹤楼精刊本。卷首有沈文伟序，称作者"以全稿属其友郭君麐选存若干首，又复自为删定。未及付梓，遽归道山"，沈氏遂为其"序而传之"。另有民国二十六年(1937)开明书店排印陈乃乾辑《清名家词》本，并为一卷。

双研斋词钞 词别集。近代邓廷桢著。二卷。有宋翔凤序，谓其"惟于音律，殆由夙授，分扸节度，有顾曲风，而于古人之词，靡不博综，其自制词则雍容和谐，写其一往"，"虽所存无多，而所托甚远"。有民国九年(1920)其曾孙邓邦述精刊本。

浮溪精舍词 词别集。近代宋翔凤著。五卷。凡《香草词》二卷，《洞箫词》一卷，《碧云庵词》二卷。有光绪中刊缪荃孙辑《云自在龛丛书》本。据作者自序称，《香草词》为编定旧作之结集，《洞箫词》则刻于道光九年(1829)，据题记，《碧云庵词》为道光九年以后之作。另有民国二十六年(1937)开明书店排印陈乃乾辑《清名家词》本，三种各为一卷。

画梅楼倚声 一名《琴隐园词》。词别集。近代汤贻汾著。四卷。有光绪元年(1875)与《琴隐园诗集》合刊本。卷首有道光二十七年(1847)侯云松、曹秉仁《征刻琴隐园诗词集启》，姚燮《汤贞愍琴隐园集序》，另有顾文彬、吴云、蒋德馨、孙熹等序。所收词起于嘉庆二年(1797)，迄于道光二十六年。另有民国二十六年(1937)开明书店排印陈乃乾辑《清名家词》本，并为一卷。

真松阁词 词别集。清杨夔生著。六卷。有光绪元年(1875)心禅室重刊本。收词三百八十余首。卷首有方廷瑚于道光十四年(1834)所作序言。今通行本为民国二十六年(1937)开明书店排印陈乃乾辑《清名家词》本，并为一卷。

小庚词 词别集。清叶申芗著。四卷。有道光十四年(1834)刊本，收入叶氏《天籁轩五种》。另有民国二十六年(1937)开明书店排印陈乃乾辑《清名家词》本，并为一卷，卷首有冯登府道光十五年跋。

味隽斋词 词别集。清周济著。一卷。有道光二十三年(1823)刊本。卷首有自序。另有民国二十六年(1937)开明书店排印陈乃乾辑《清名家词》本。别有《止庵词》一卷，附《止庵文》一卷《诗》一卷后，传抄本，光绪中盛宣怀辑刊入《常州先哲遗书后编》。

齐物论斋词 词别集。清董士锡著。一卷。有道光三年(1823)刊杨绍文辑《受经堂汇稿》本，与《齐物论斋赋》一卷合刊。光绪中，缪荃孙将此集辑刊入《云自在龛丛书》第四集《名家词》。另有民国二十六年(1937)开明书店排印陈乃乾辑《清名家词》本、民国二十九年董康辑刊《广川词录》本。

拜石山房词 词别集。近代顾翰著。四卷。方廷瑚作序。有嘉庆十五年(1810)与《拜石山房诗》合刊本。单刻本有道光十四年(1834)刊本，卷首有蔡宗茂序，光绪二年(1876)心禅室重刊。光绪十五年许增又将此集刊入《榆园丛刻》，谭献为作《重刻拜石山房词叙》。另有民国二十六年(1937)开明书店排印陈乃乾辑《清名家词》本，并为一卷。

心日斋词　词别集。近代周之琦著。六卷。凡《金梁梦月词》二卷、《怀梦词》一卷、《鸿雪词》二卷、《退庵词》一卷。有道光间刊本。光绪中，缪荃孙辑《云自在龛丛书》，将《金梁梦月词》、《怀梦词》收入丛书第四集《名家词》。民国十四年(1925)汪大均所辑《食旧堂丛书》，则将此集全数收入。另有民国二十六年(1937)开明书店排印陈乃乾辑《清名家词》本，四种各为一卷。另民国二十七年商务印书馆排印《金梁梦月词》二卷，收入《国学基本丛书》。

种芸仙馆词　词别集。清冯登府著。五卷。凡《月湖秋瑟》一卷、《花墩琴雅》二卷、《一勺园琴话》一卷、《蓬山邀笛谱》一卷。有道光十三年(1833)刊本。另有陈乃乾辑《清名家词》本，凡《花墩琴雅》、《钓船笛谱》、《月湖秋瑟》三种各一卷，民国二十六年(1937)开明书店排印出版。

翠薇花馆词　词别集。清戈载著。三十卷。作者自称"字字协律"，尤喜于词序中详述宫商叶韵。有道光十三年(1833)刊本。另有较早刊行之十卷本，嘉庆二十三年(1818)刊。

万善花室词　词别集。清方履篯著。一卷。有道光十一年(1831)刊本，与《万善花室文稿》、《诗集》合刊。光绪中，缪荃孙辑入《云自在龛丛书》第四集《名家词》。另有民国二十六年(1937)开明书店排印陈乃乾辑《清名家词》本。

烟波渔唱　词别集。近代张应昌著。四卷。有同治二年(1863)刊本，与《彝寿轩诗钞》、《寄庵杂著》合刊。收词约三百首。卷首有郭麐、石同福、毕华珍等人题辞。

兰石词　词别集。清董祐诚著。一卷。道光三年(1823)刊行，与《文甲集》、《文乙集》合刊。卷首有董基诚序，称此集"为《(董)方立遗书》之九"，"于殁后从友人所集录者附存于遗书后"。《董方立遗书》有同治八年(1869)董贻清成都刊本。另有民国二十六年(1937)开明书店排印陈乃乾辑《清名家词》本。

定庵词　词别集。近代龚自珍著。五卷。凡《无著词》、《怀人馆词》、《影事词》、《小奢摩词》、《庚子雅词》各一卷。有民国二十六年(1937)开明书店排印陈乃乾辑《清名家词》本。龚氏诗文集与词集合刊本，原有同治七年(1868)曹籀刊本，光绪二十三年(1897)万本书堂刊本，宣统元年(1909)邃汉斋铅字排印本及吴昌绶编国学扶轮社铅字排印本。宣统二年(1910)，邓实校刊《定庵诗集定本》二卷《词定本》一卷《集外未刻诗》一卷《集外未刻词》一卷，辑入《风雨楼丛书》。民国二十四年(1935)国学整理社排印王文濡编校《龚定庵全集》十四卷，1959年中华书局上海编辑所排印王佩铮校定《龚自珍全集》十一辑，亦均收录其词作。据吴昌绶编《定庵先生年谱》称："《无著词》壬午(1822)春选定，《怀人馆词》、《影事词》辛巳(1821)选定，《小奢摩词》则是岁(指癸未即1823年)近作也。此四种与《己亥杂诗》均有自刻本，未见。"其《庚子雅词》一卷辑于道光二十年(1840)。今另有1992年岳麓书社排印钱仲联辑《清八大名家词集》本。

香销酒醒词　词别集。近代赵庆熺著。一卷。有同治七年(1868)西泠王氏精刊本，与《香销酒醒曲》合刊。另有光绪十一年(1885)刊仁和许善长辑《碧声吟馆丛书》本。卷首有道光二十八年(1848)魏谦升序、二十九年项名达序。今通行本为民国二十六年(1937)开明书店排印陈乃乾辑《清名家词》本。

无腔村笛　词别集。近代吴振棫著。二卷。有同治四年(1865)与《花宜馆诗钞》、《诗续存》合刊本。卷首有咸丰十一年(1861)自序及同治四年(1865)识语。收词九十余首。

浩然堂词稿　词别集。近代江开著。一卷。有道光二十九年(1849)刊本，附作者《浩然堂诗集》四卷后。收词二十余首。另有民国五年(1916)重刻本，名《双忠研斋诗余》，附六卷本《浩然堂诗集》后，较初刊本有所增补。

忆云词　词别集。近代项鸿祚著。五卷。凡甲、乙、丙、丁四稿各一卷，删存稿一卷。前有邓濂序，后有许增书后，各稿有自序，有"不为无益之事，何以遣有涯之生"一语。有光绪十九年(1893)许增校刊《榆园丛刻》本，民国二十五年(1936)商务印书馆据之排印，收入《丛书集成初编》。另有光绪二十五年(1899)思贤书局刊本。陈乃乾辑《清名家词》则并为一卷，有民国二十六年开明书店排印本。近有1992年岳麓书社排印钱仲联辑《清八大名家词集》本。

花帘词　词别集。清吴藻著。一卷。有道光十年(1830)刊本。别有《香南雪北词》一卷，与此集合刊，有光绪十年(1884)如不及斋刊冒俊辑《林下雅音集》本，卷首有张景祁、陈文述、魏谦升、赵庆熺序。光绪二十二年(1896)，南陵徐乃昌将两集辑刊入《小檀栾室汇刻闺秀词》第五集。

香南雪北词　词别集。清吴藻著。一卷。有道光二十四年(1844)精刊本。卷首有作者自序。另有与《花帘词》合刊本等。

东海渔歌 词别集。近代顾太清著。四卷。有民国二年(1913)西泠印社排印本。原为抄本,阙第二卷,况周颐据沈善宝《名媛诗话》所存作者词,为之补遗。卷首有况氏序言。另有民国三十年竹西馆排印本,与西泠印社本稍有异同。

悔翁诗余 词别集。近代汪士铎著。五卷。有光绪七年至九年(1881—1883)合肥张氏味古斋刻本,与《汪梅村文集》、《文外集》、《悔翁笔记》、《悔翁诗钞》、《诗补遗》合刊。收词三百四十余首。

疏影楼词 词别集。近代姚燮著。五卷。初刻于道光十三年(1833),为作者早年所作。含《画边琴趣》二卷、《吴泾蓑唱》一卷、《翦灯夜语》一卷、《石云吟雅》一卷,计三百余首。卷首有自序、姚儒侠序。自序称:"数年以往,共得千阕余,并少作,删存六一,厘为五卷。"另有咸丰四年(1854)家刻《大梅山馆全集》本、民国二十六年(1937)开明书店排印陈乃乾辑《清名家词》本。1986年浙江古籍出版社排印本,除正编五卷外,另附印李一氓所藏《续疏影楼词》稿本,有钱仲联所作前言,为最足之本。

倚晴楼诗余 词别集。近代黄燮清著。四卷。有咸丰、同治间刊本,与《倚晴楼诗集》及传奇二种合刊。卷首有同治六年(1867)张炳堃序。另有民国二十六年(1937)开明书店排印陈乃乾辑《清名家词》本,并为一卷。

芬陀利室词 词别集。近代蒋敦复著。六卷。通行本为民国二十六年(1937)开明书店排印陈乃乾辑《清名家词》本,凡《绿箫词》、《碧田词》、《红袖词》、《青瑟词》、《白华词》、《拈花词》六种各一卷,收词二百余首。前五种亦合称《芬陀利室词集》,有光绪十一年(1885)王韬淞隐庐刻本,卷首有道光二十八年(1848)灵石山人及咸丰二年(1852)侯云松、王韬、包世臣、姚燮序。《拈花词》亦称《芬陀利室词遗集》,附刊于光绪十一年王韬淞隐庐刻本《啸古堂诗集》后,卷首有自序。

索笑词 词别集。近代张文虎著。二卷。光绪七年(1881)与《舒艺室诗存》合刊,作者收入其《覆瓿集》中。卷首作者有识语云:"同治甲子(1864)秋小留皖郡,录存旧作凡五十八首。"

忆江南馆词 词别集。近代陈澧著。一卷。卷首有道光二十四年(1844)自序,称该年将"下第归"后之作"并旧作都为一卷",题之曰《灯前细雨词》。又有民国元年(1912)陈宗颖所作按语,说明此集为作者晚年将前作并道光二十四年后所作删定而成。有民国三年汪兆镛辑刊《微尚斋丛刻》本。另有民国二十六年开明书店排印陈乃乾辑《清名家词》本。

汉南春柳词钞 词别集。近代龙启瑞著。一卷。有光绪四年(1878)京师刊本,附作者《经德堂文内集》、《文外集》、《文别集》与《浣月山房诗内集》、《诗外集》后。另有民国二十四年(1935)与《经德堂文集》、《浣月山房诗集》合订排印本,黄蓟辑入《岭西五家诗文集》。另有民国二十六年上海开明书店排印陈乃乾辑《清名家词》本。

冰蚕词 词别集。近代承龄著。一卷。有同治年间张曜孙辑刊《同声集》本。另有光绪十六年(1890)金武祥校刊《粟香室丛书》本,收词二十二首,据金武祥序称,是集乃作者仕黔时为人所传抄者。此外,尚有光绪中缪荃孙辑刊《云自在龛丛书》本、光绪十八年与《大小雅堂诗集》四卷合刊本,以及民国二十六年(1937)上海开明书店排印陈乃乾辑《清名家词》本。

思益堂词 词别集。近代周寿昌著。一卷。有光绪十四年(1888)与《思益堂诗钞》、《古文》、《日札》合刊本。另有光绪十六年刊王先谦辑《六家词钞》(原名《诗余偶钞六家》)本,1984年岳麓书社据之点校出版。

龙壁山房词 词别集。近代王拯著。二卷。卷首有张金镛序,作者自序及自跋。通行本为《清名家词》本,陈乃乾辑,民国二十六年(1937)开明书店排印,凡《茂陵秋雨词》、《瘦春词》二种。《茂陵秋雨词》原为四卷,刊于咸丰九年(1859),《瘦春词钞》原为一卷,刊于咸丰四年,唐岳辑入《涵通楼师友文钞》。另有咸丰十年刊《龙壁山房词草》二卷,民国二十四年黄蓟辑入《岭西五家诗文集》,有桂林排印本。

采香词 词别集。近代杜文澜著。四卷。有咸丰同治间杜文澜辑刊《曼陀罗华阁丛书》本,光绪十八年(1892)上海扫叶山房修补重印。卷首有李肇增咸丰十一年(1861)序。另有民国二十六年(1937)开明书店排印陈乃乾辑《清名家词》本,并为一卷。

碧瀣词 词别集。近代端木埰著。二卷。有光绪十六年(1890)刊彭銮辑《薇省同声集》本,有自序及王鹏运识语。另有民国二十六年(1937)开明书店排印陈乃乾辑《清名家词》

本，并为一卷。

古香凹诗余　词别集。近代方濬颐著。二卷。有光绪十年(1884)刊本。卷首有刘淮年序及刘淮年、王荚、黄锡禧等题词，卷末有作者自记、徐衡后序。刘序称“诗余乃作于六十岁以后，不三年得三百余阕之多”。

太素斋词　又名《榑州词》。词别集。近代勒方锜著。二卷。有光绪间俞樾校订补正刊本，卷首俞氏光绪十年(1884)所作序述缘起甚详。另有民国二十六年(1937)开明书店排印陈乃乾辑《清名家词》本，并为一卷。

水云楼词　词别集。近代蒋春霖著。三卷。蒋氏晚年将其所作删存数十首编为二卷，徐鼒、何咏、李肇增、褚荣槐等作序。有咸丰十一年(1861)杜文澜刊曼陀罗华阁本。同治十二年(1873)宗源瀚补刻《水云楼词续集》一卷，收词四十余首。另有光绪间思贤书局刊三卷本、光绪三十四年(1908)归安章震福铅字排印三卷本。通行本为《清名家词》本。今有冯其庸编《水云楼诗词辑校》，1986年齐鲁书社出版。

来云阁词钞　词别集。近代金和著。一卷。冯煦校定。卷首有光绪十八年(1892)谭献序，又有束允泰撰《金文学小传》。有民国三年(1914)铅字排印本，与《秋蟪吟馆诗钞》六卷、《来云阁文钞》一卷合印。

藤香馆词　词别集。近代薛时雨著。二卷。凡《西湖橹唱》、《江舟欸乃》各一卷。有同治五年(1866)刊本，卷首有李肇增、杨叔怿序及作者自序，卷末有金鸿佺、张景祁、董慎言跋。另有同治七年刊本，与《藤香馆诗删存》合刊；同治十年刊本，与《藤香馆诗钞》、《续钞》合刊。通行本为民国二十六年(1937)开明书店排印陈乃乾辑《清名家词》本。

范湖草堂词　词别集。近代周闲著。三卷。自记云：“于败簏中得十年前旧词三百首，盖最初写本犹未删定者也。词固不工，要于古今各家之外别具一种面目，不忍弃捐，重写一过，厘为三卷以待改削。”有光绪十九年(1893)木活字排印线装本，与文一卷、诗一卷、题画诗及题画曲一卷合印为《范湖草堂遗稿》。其词原有八卷，同治九年(1870)前后毁于兵火。

空青馆词稿　词别集。近代边浴礼著。三卷。卷首有道光十八年(1838)沈涛序。有咸丰十一年(1861)刊本。另有民国二十六年(1937)开明书店排印陈乃乾辑《清名家词》本，并为一卷。

东鸥草堂词　词别集。近代周星誉著。二卷。有同治二年(1863)刊本，谭仪序称此集“多其少作”。光绪十二年(1886)金武祥辑刊《粟香室丛书》，以之与作者之诗、文合印，汪瑔为作识语。另有民国间冒广生辑刊《五周先生集》本，附收于《如皋冒氏丛书》后。又民国二十六年(1937)开明书店排印陈乃乾辑《清名家词》本，则并为一卷。

琴洲词　词别集。近代黎庶焘著。二卷。有光绪十四年(1888)日本使署刊本，田野村锦四郎为刻印，黎庶昌辑入《黎氏家集》。卷首有同治二年(1863)作者自序，称“曾五阅寒暑，得近三百首”，后“悉弃旧作，又历六年之久，始不揣谫陋，恕存百阕，副拙诗刊之”。卷末有黎庶番删定识语，曰：“原存一百阕，今删定为七十七阕。”

鸥梦词　词别集。近代刘履芬著。一卷。有高心夔、许应鑅、杨显等序。有光绪六年(1880)苏州刊本，与《古红梅阁集》合刻。光绪三十四年至宣统三年(1908—1911)沈宗畸将此集辑入《晨风阁丛书第一集》，有国学萃编社排印本。另有民国二十六年(1937)开明书店排印陈乃乾辑《清名家词》本。

中白词　词别集。近代庄棫著。一卷。有同治五年(1866)、八年作者自序及民国十四年(1925)吴庠跋语。有民国二十六年开明书店排印陈乃乾辑《清名家词》本。另咸丰七年(1857)蔡寿祺辑刊《三子诗选》，附录《蒿庵词》一卷。又光绪十二年(1886)钱塘许氏刊行《蒿庵遗集》本，三卷，为词甲、词乙、词补遗。

寒松阁词　词别集。近代张鸣珂著。四卷。有光绪十年(1884)江西书局刊本，与《寒松阁诗》、《骈体文》、《骈体文续》合刻。有马兰芬、谭献、谢章铤等序，管庭芬、戈载、黄燮清、顾翰、柳以蕃、蒋敦复、秦缃业、李慈铭等跋文识语，吴仰贤、继振、柳清源等题辞。另有民国二十六年(1937)开明书店排印陈乃乾辑《清名家词》本，并为一卷。

霞川花隐词　词别集。近代李慈铭著。二卷。收词二百余首。樊增祥《二家词钞序》谓李词同治十年(1871)“以前手钞成帙，自后所作，散见日记中，弢夫(周腾虎)京卿录为一册。先生并手稿授之，曰：‘吾词尽于是矣’。”有光绪十九年(1893)渭南县署刊《樊山集》中所收《二家词钞》本。另有民国二十六年(1937)开明书店排印陈乃乾辑《清名家词》本，并为一卷。

复堂词 词别集。近代谭献著。三卷。有光绪十一年(1885)仁和谭氏刊《复堂类集》本,作者自辑入《半厂丛书初编》。今通行本为民国二十六年(1937)开明书店排印陈乃乾辑《清名家词》本,并为一卷。另有咸丰七年(1857)刊蔡寿辑《三家诗选》本,一卷,附邓辅纶、谭献、庄棫三人诗后。

湘绮楼词钞 词别集。近代王闿运著。一卷。有民国六年(1917)刊本,收词五十余首。另有民国二十六年开明书店排印陈乃乾辑《清名家词》本。

可园词存 词别集。近代陈作霖著。四卷。凡《炙簧新谱》、《琴心阁忆语》、《洗红簃曼调》、《花枝楼梦吟》各一卷,收词一百五十余首。卷首有作者识语,称此为其晚年之作。有宣统二年(1910)刊本。前此有《可园词存》一卷,与《可园诗存》合刊,光绪十六年(1890)翁长森辑入《石城七子诗钞》,1987年江苏广陵古籍刻印社重印。

蒿庵词 词别集。近代冯煦著。二卷。有民国二年(1913)刊《蒿庵类稿》本。冯氏《蒿庵类稿》计三十二卷,此集为其中卷九、卷一〇,分别收词六十五首、七十六首。前有光绪十八年(1892)成肇麐所为序言。另有民国二十六年(1937)上海开明书店排印陈乃乾辑《清名家词》本,并为一卷。

碧香词 词别集。近代缪荃孙著。一卷。燕京大学图书馆藏版,民国二十八年(1939)印行。附作者《艺风堂诗存》后。收词四十三首,卷末有邓之诚民国二十七年跋。

五十麝斋词赓 词别集。近代樊增祥著。三卷。卷首有光绪二十八年(1902)自序。有光绪间刊《二家词钞》本,分上、中、下三卷,收入《樊山全集》,后有民国二年(1913)石印本。

半塘定稿 词别集。近代王鹏运著。三卷。凡定稿二卷,剩稿一卷。朱祖谋序称:"今刻于广州者,乃君裒其前后七稿,删汰几半,仅存百许首自定本也。"另有光绪三十年(1904)钟德祥序。有光绪三十二年朱氏小放下庵刊本。另民国三十八年(1949)薛氏崇礼堂刊《清季四家词》本,作一卷。通行本为民国二十六年开明书店排印陈乃乾辑《清名家词》本,并为一卷。其词集删定前已有光绪二十七年刊《庚子秋词》二卷、《春蛰吟》一卷、《和珠玉词》一卷及光绪间刊《半塘丙丁戊稿》三卷(即《味梨》、《鹜翁》、《蜩知》诸集)。

小玲珑阁词 词别集。近代叶大庄著。一卷。卷首有陈衍序、作者自序。陈序称作者"命余为删存三十阕"。有光绪间《写经斋全集》本。通行本为民国二十六年(1937)开明书店排印陈乃乾辑《清名家词》本。

三十六陂渔唱 词别集。近代王敬之著。一卷。王氏词宗南宋姜夔,取姜《念奴娇》词"三十六陂人未到"句以名其集。有光绪中缪荃孙辑刊《云自在龛丛书》第四集《名家词》本,另有民国二十六年(1937)开明书店排印陈乃乾辑《清名家词》本。

曼陀罗寱词 词别集。近代沈曾植著。一卷。沈氏词稿手定者有四种:《偻词》、《海日楼余音》、《东轩语业》、《曼陀罗寱词》,经朱祖谋删定,统题为《曼陀罗寱词》,辑入《沧海遗音集》,有民国二十二年(1933)刊《彊村遗书》本。卷首有张尔田序、沈曾植自序及沈颎序。另有民国十三年铅字排印本、民国二十四年商务印书馆排印本,与《彊村遗书》本互有异同。

云起轩词钞 词别集。近代文廷式著。一卷。徐乃昌编校。前有自序,论及词源词旨,颇有见地。有光绪三十三年(1907)徐乃昌刊本,收入《怀豳杂俎》。另有民国二十四年(1935)南京王氏娱生轩影印本《云起轩词》一卷,系王伯举以其父德楷所藏文氏手稿付王瀣所印。前亦有自序,后有王瀣跋。此本与徐本颇有异同,陈乃乾以之辑入《清名家词》,有民国二十六年开明书店排印本。后龙榆生重辑其词为《重校集评云起轩词》。另1992年岳麓书社排印《清八大名家词集》、1993年中华书局排印《文廷式集》,亦收入其全部词作。

樵风乐府 词别集。近代郑文焯著。九卷。系晚年删定稿。有民国二年(1913)吴氏双照楼刊本,民国九年苏州交通图书馆汇印入《大鹤山房全书》。民国三十八年薛氏崇礼堂刊《清季四家词》本,则为二卷。另有民国二十六年开明书店排印陈乃乾辑《清名家词》本,并为一卷,前录易顺鼎、俞樾、陈锐、王闿运诸序。所刻词集另有光绪二十二年(1896)沈氏耦园刊《冷红词》四卷,二十八年吴兴沈氏刊《比竹余音》四卷,民国四年朱氏无著庵刊《苕雅余集》一卷,六年吴中刊《瘦碧词》二卷,亦汇印入《全书》。删定九卷后,《瘦碧词》六十七首存七首,《冷红词》一百四十五首存五十六首,《比竹余音》一百六十二首存五十二首,《苕雅》旧稿一百七十三首存一百十首。

彊村语业　词别集。近代朱祖谋著。三卷。龙沐勋民国二十一年(1932)跋云:"前二卷为先生所自刻,而卷三则先生卒后据手稿写定补刊者也。"二卷本有民国十三年张尔田序托鹃楼刊本,三卷本有民国二十二年刊《彊村遗书》本、民国三十八年薛氏崇礼堂刊《清季四家词》本。民国二十六年开明书店排印陈乃乾辑《清名家词》本,则并为一卷,较通行。先是光绪三十一年(1905)朱氏"从半塘翁旨,删存所自为词三卷,而以己亥(1899)以前作为前集,曾见《庚子秋词》、《春蛰吟》者为别集附焉,后又增刻一卷,而汰去前集、别集,即世传《彊村词》四卷本也"(龙跋),晚年始订其词为二卷。《彊村遗书》所收《彊村弃稿》一卷、《剩稿》二卷、《集外词》一卷,均在《语业》所载之外。另有民国七年孙氏四益宧排印《鹜音集》本《彊村乐府》一卷。近又有1992年岳麓书社排印钱仲联辑《清八大名家词集》本。

鬘天影事谱　词别集。近代易顺鼎著。五卷。凡《红蕉梦语》一卷、《红桥笛语》一卷、《忏红碎语》二卷、《隐括古人诗文词》一卷。卷首有光绪三年(1877)自序。有光绪二十二年刊本,收入易氏《琴志楼丛书》。

款红楼词　词别集。近代梁鼎芬著。一卷。收词一百余首。有民国二十一年(1932)刊本,卷末有叶恭绰跋。

蕙风词　词别集。近代况周颐著。二卷。有民国三十八年(1949)薛志泽崇礼堂辑刊《清季四家词》本。后有门人赵尊嶽跋。另有民国二十六年开明书店排印陈乃乾辑《清名家词》本,并为一卷,较为通行。此外民国七年孙德谦辑四益宧排印《鹜音集》,收有《蕙风琴趣》一卷,较薛本篇幅略少。

褒碧斋词　词别集。近代陈锐著。一卷。有光绪二十一年(1895)刻本,与《褒碧斋诗》、《杂文》合刊,收词约四十首。此本又于民国十八年(1929)排印出版,总题曰《褒碧斋集》。陈氏另有《褒碧斋诗词丙丁戊稿》,诗、词各一卷,宣统元年(1909)刊行,收词亦四十余首。两本并收入民国二十六年上海开明书店排印陈乃乾辑《清名家词》。

雨屋深灯词　词别集。近代汪兆镛著。一卷。有宣统三年(1911)刊本,卷首有沈泽棠序,收词约四十首。另有民国十七年(1928)铅印本《词续稿》,与诗集《雨屋深灯续稿》合刊,集名均由朱祖谋题字。《续稿》收词二十余首。

摩西词　词别集。近代黄人著。八卷。凡《和龚定庵无著词》、《和龚定庵怀人馆词选》、《和龚定庵影事词选》、《和龚定庵小奢摩词选》、《和龚定庵庚子雅词》、《和龚定庵集外词》、《和张皋文茗柯词》、《和蒋剑人芬陀利室词》八种各一卷。张鸿作序。有民国九年(1920)刊本。另有《西河词选》一卷,为黄人早年手写遗稿,今人钱仲联为写成清本,辑入《明清诗文研究资料辑丛》,1990年吉林文史出版社出版。

碧栖词　词别集。近代王允皙著。一卷。学南宋王沂孙《碧山词》,因自署"碧栖"。陈宝琛编定。有民国二十三年(1934)与《碧栖诗》合刊本。卷首有李宣龚序。收词四十八首。

黛韵楼词集　词别集。近代薛绍徽著。二卷。薛裕昆作序。有宣统三年(1911)与《黛韵楼诗集》四卷、《文集》二卷合刊本,全集有其夫陈寿彭所作序及传,子锵莹、女莛所编年谱。

大厂词稿　词别集。近代易孺著。九卷。内分《依柳词》、《欹眠词》、《双清池馆词》、《宜雅斋词》、《湖舠词》、《花邻词》、《绝影楼词》、《简宧词》、《湖梦词》等集。其《自述》谓"芟存十一成稿","仅百数十章"。有陈运彰、吕传元序。有民国间上海商务印书馆石印本。作者另有《和玉田词》一卷,无刊本。

遁庵乐府　词别集。近代张尔田著。一卷。自序谓"作词始庚(子)、辛(丑)之后","旧稿断自宣统纪元,今补录辛亥以后诸作,都为一集,而以彊村丈题词弁首。"卷首另有孙德谦序。有民国二十二年(1933)刊朱祖谋辑《沧海遗音集》本,在《彊村遗书》中。另有龙沐勋刊二卷本。

红鹤词　词别集。近代金天羽著。一卷。有民国三十六年(1947)刊本,附于《天放楼诗季集》后。门生王大隆、王铨济、陈旭旦为校定。卷首自序称"岁甲申(1944)吾年七十有二,检所业仅得三十一首"。前此有《红鹤山房词》一卷,附于民国二十一年刊《天放楼续集》后,收词十二首,卷首有洪汝闿、夏承焘所为序。

吷庵词　词别集。近代夏敬观著。三卷。卷首有陈锐、朱祖谋序。有光绪三十三年(1907)刊本。另有民国二十六年(1937)中华书局排印四卷本。

观堂长短句　词别集。近代王国维著。一卷。有光绪三十二年(1906)山阴樊志厚序,或以为王氏托名所为。系王氏自定稿,存词二十三首。民国十六年(1927)海宁王氏石印本《海宁王忠悫公遗书》、民国二十九年商务印书馆石印本《海宁王静安先生遗书》所收《观堂集林》卷二四均载之，另民国二十二年刊朱祖谋辑《彊村遗书》所收《沧海遗音集》，亦载之，题《观堂长短句》。另《海宁王静安先生遗书》收《苕华词》一卷九十二首。民国二十六年陈乃乾辑《清名家词》，以删余稿五十余首附定稿二十三首之后，有开明书店排印本。另有1984年湖南人民出版社排印萧艾《王国维诗词笺校》本，收诗一百九十二首之后，收其全部词作一百十五首。

旧月簃词 词别集。近代陈曾寿著。一卷。卷首有陈曾任所作序言。与诗集《苍虬阁诗存》合刊，有民国十年(1921)江宁蒋氏真赏楼仿聚珍版印行本。朱祖谋又将此集辑入《彊村丛书·沧海遗音集》，于民国二十二年刊行。

梅边乐府 词别集。近代孙景贤著。一卷。有民国九年(1920)虹隐楼校刊本，与《龙吟草》一卷合刊，总题曰《龙尾集》。徐兆玮作序。收词三十二首。

晓珠词 词别集。近代吕碧城著。四卷。吕氏初刊《信芳集》五卷，有民国十八年(1929)中华书局排印本。此为晚年增订而成，有民国二十六年排印本。卷二、卷四末有作者跋语。作者将《晓珠词》编入《梦雨天华室丛书》。

玉琤琮馆词 词别集。近代庞树柏著。一卷。收词四十八首。有民国间刊本。与《龙禅室诗》一卷合刊为《庞檗子遗集》。卷首萧蜕《庞檗子传》曰："所为词曰玉琤琮馆者，朱古微前辈为删定，王君莼农、柳君亚子将为刊行，而以《龙禅室诗》附焉。"有民国五年(1916)柳亚子序，民国六年(1917)王蕴章后叙。朱祖谋、邵瑞彭、徐珂、吴梅等为此集题词。

霜厓词录 词别集。近代吴梅著。一卷。作者在抗日战争初去世前不久删定。卷首有夏敬观序及民国二十七年(1938)作者自序。卢前将此集编入《吴梅先生全集》，由文通书局印行。潘承弼辑《陟冈楼丛刊乙集》亦收入此集，与《霜厓诗录》四卷合印，有民国三十四年(1945)石印本。

梦秋词 词别集。近代汪东著。二十卷。收1962年及此前五十三年所为词一千三百八十余首。作者手自编定缮录。卷首有夏敬观题辞，卷末有沈尹默题词。附录汪氏《词学通论》等三篇词学论著及唐圭璋、程千帆、殷孟伦所为跋语。有1985年齐鲁书社据手稿影印本。

叶儿乐府 散曲别集。清朱彝尊著。一卷。凡小令四十三首，除南曲一首外，余均为北曲。风格似元张可久，亦间有仿元曲诙谐佻脱一格者。其《越调天净沙》"一行白雁清秋"一曲，任中敏《曲谐》评为"神飞意动，深得东篱(马致远)之法"，"和东篱者仍抱定边声塞况，描写秋思，所以终不及东篱也，不如竹垞之得间矣"。有各版《曝书亭集》八十卷后附录本，另有《散曲丛刊·清代散曲选刊》本。

冬心先生自度曲 散曲别集。清金农著。一卷。凡自度曲小令五十四首，无宫调曲牌名，仅标句数字数，题画之作较多。有光绪九年(1883)钱塘丁氏当归草堂刊本，收入《西泠五布衣遗著》，《全清散曲》据之辑入。

樊榭山房北乐府小令 散曲别集。清厉鹗著。一卷。凡小令八十一首。风格近元张可久、乔吉，能遗貌取神，与浙派词之清空醇雅相合。有《樊榭山房全集》本，见《樊榭山房续集》卷一〇，《全清散曲》据之辑入。另有《散曲丛刊·清人散曲选刊》本。

菱江集杂曲 散曲别集。清王庆澜著。四卷。凡小令七首，套数四十四篇，在清散曲家中创作数量较多。小令均为题咏花卉之作，套数多为题画、题诗词稿之作。辞尚本色，质实滞重而略乏风韵神采。有乾隆间刊本，《全清散曲》据之辑入。

有正味斋集南北曲 散曲别集。清吴锡麒著。一卷。凡小令七十一首，套数十三篇。风格清雅蕴藉，突出主题为归兴，常见内容为抒写自然风光中的闲情逸志。有各版《有正味斋集》本，《全清散曲》据之辑入。另有《散曲丛刊·清人散曲选刊》本。

温经楼游戏翰墨 散曲与戏曲合集。清孔广林著。二十卷，续录一卷。除收入戏曲《东城老父斗鸡忏》传奇，《璿玑锦》、《女专诸》、《松年长生引》杂剧外，第八卷至第二十卷及续录一卷收入散曲小令二百九十九首，套数二十篇，为清散曲家中作品数量最多者。其《高平调十二红·自题游戏翰墨》表白其作曲主旨甚详。有嘉庆十七年(1812)刊本，散曲又辑入《全清散曲》。

红豆曲 散曲别集。清王景文著。二卷。凡小令三十八首，套数三十一篇。为清散曲家中创作数量较多者。题材以闲适为主，然常蕴涵不遇之慨，亦喜为言情之作。属清雅一格，能得元人神理一二。有民国二十三年(1934)北流十万卷楼刊《变风变雅楼丛书》本,《全清散曲》据之辑入。

香消酒醒曲 散曲别集。近代赵庆熺著。一卷。凡小令八首,套数十篇。内《南商调黄莺儿·拜月》一套梁廷枏《曲话》评为"对月套中最工者"。任中敏《曲谐》评其散曲"较之元人,虽不过得一体,但为果然放倒,而自然认真,峰泖浪仙(施绍莘)以后,散曲中一人而已。清人散曲,真不可少者,惟秋舫也"。有道光二十九年(1849)刊本,与《香消酒醒词》合刊。《全清散曲》据之辑入。另有《散曲丛刊·清人散曲选刊》本。

红豆箱剩曲 散曲别集。近代严廷中著。一卷。凡小令十六首,套数三篇。有道光间刊《红蕉吟馆诗存》附刻本,《全清散曲》据之辑入,另据抄本作校勘。其散曲别有《弦索渔鼓词》,凡《北双调沉醉东风》小令五十一首,有稿本存世,《全清散曲》据之辑入补遗。

江山风月谱散曲 散曲别集。近代许光治著。一卷。凡小令五十三首。有咸丰二年(1852)自序。略云:"汉魏乐府降而……至元曲,几谓里言俳语矣。然张小山、乔梦符散曲,犹有前人规矩在。……予心好之,情之所宜,每为邯郸之步,然音律未娴,其声之高下,不入格者,当复不少,然第寄意云耳,于声律固不计也。"有道光间海昌蒋氏刊《别下斋丛书》本,与《江山风月谱》词一卷合刻,《全清散曲》据之辑入。另有《散曲丛刊·清人散曲选刊》本。

笔记 小说

北游录 杂著。清谈迁著。九卷。依次为"纪程"一卷,"纪邮"上、下各一卷,"后纪程"一卷,"纪咏"上、下各一卷,"纪文"一卷,"纪闻"上、下各一卷。前有总序,各部分前另有小序述撰作缘起。"纪程"、"后纪程"为水路日记,"纪邮"为陆路日记,"纪咏"、"纪文"为所作诗文,"纪闻"为见闻杂记。因系记录顺治十年(1653)至十三年两年半内北游京师的经历,故名《北游录》。朱之锡序称:"(迁)每登涉踬屏访遗迹,重趼累茧,……及坐穷村,……手尝不辍,……途听壁窥,轶事绪闻,残楮圮碣,就耳目所及无遗者。"故所记有较高史料价值。所录诗文亦有佳作。原仅有抄本,1960年中华书局据邓之诚藏抄本和北京图书馆藏抄本排印出版,收入《清代史料笔记丛刊》,1981年重印。

玉剑尊闻 笔记。清梁维枢著。十卷。维枢字慎可,真定常山人,明崇祯举人。此书取有明一代轶事琐闻,仿刘义庆《世说新语》体例,分为德行、言语、文学、方正等三十四个门类,而自为作注。所记文人有陈继儒、文徵明、王世贞、宋濂、钱谦益等,保存了较多文学史资料。"文学"门记"高皇帝召高则诚,以疾辞。使者以则诚作《琵琶记》上进,上览之曰:'五经四书譬诸五谷,不可无,此记乃珍羞之属,俎豆之间亦不可少'",反映出对通俗文学的重视,可见晚明社会风气。书前有吴伟业、钱谦益序及自序。有清顺治十年(1653)赐麟堂刊本,1986年上海古籍出版社据之影印出版,后有谢国桢跋。

钝吟杂录 笔记。清冯班著。十卷。卷一、二为"家戒"上、下,卷三为"正俗",卷四为"读古浅说",卷五为"严氏纠谬",卷六为"日记",卷七为"诫子帖"附"社约",卷八为"遗言",卷九为"通鉴纲目纠谬",卷一〇为"将死之鸣"。《四库全书总目》谓:"班著述颇多,没后大半散佚,其犹子武,搜求遗稿,仅得九种,裒而成编。'家诫'多涉历世故之言,……'正俗'皆论诗法,'读古浅说'多评诗文,'日记'多说笔法、字学,……'严氏纠谬'辨严羽《沧浪诗话》之非,'诫子帖'多评古帖、论笔法,末附以'社约'四则,皆读书之法,'遗言'、'将死之鸣',皆与'家诫'相出入,'通鉴纲目纠谬'尚未成书,仅标识五条。"又称此书"论事多达物情,论文皆究古法,虽间有偏驳,要以所得为多也"。前有冯武序。有康熙中刊本、《四库全书》抄本,另有嘉庆间刊《借月山房汇钞》本、道光间刊《指海》本、民国间排印《丛书集成初编》本。

闲情偶寄 杂著。清李渔著。十六卷,或作六卷。凡"词曲"、"演习"、"声容"、"居室"、"器玩"、"饮馔"、"种植"、"颐养"八部,每部下分数节,凡三十六节,节各有题,每节又下分数段,凡二百三十四段,段亦各有题。论及戏曲创作与表演、女子姿容妆饰、园林建筑结构安排、室内家具布置、饮食烹饪、栽花种树、医疗养生等各方面。作者致龚鼎孳书云:"庙堂智虑,百无一能,泉石经纶,则绰有余裕,惜乎不得自展,而人又不能用之,……故不得已而著为《闲情偶寄》一书,托之空言,稍舒蓄积。"书中前二部后人曾辑为《李笠翁曲话》,在中国戏曲史上有重要价值。其余各部涉及生活美学亦多,但某些内容(如赏女子小脚)流于低级趣味。有康熙十年(1671)翼圣堂初刊十六卷本,称《笠翁秘书第一种》。另有雍正八年(1730)芥子园刊《笠翁一家言》本,题《笠翁偶集》,合并为六卷。民国间有普益书局、会文堂书局、宝文堂石印本及《中国文学珍本丛书》排印本。近有1985年浙江古籍出版社校点本。

影梅庵忆语 笔记。清冒襄著。一卷。作者为悼念爱妾董小宛,追忆其生平琐事所作。董小宛,字青莲,天姿巧慧,恬雅高洁,与如皋才子冒襄一见倾情,赖虞山宗伯(钱谦益)等人助小宛完债落籍,有情人终成眷属。在影梅庵朝夕相处的短暂九年中,董小宛耐苦耐劳,贤德有加,谨慎事上,宽以待下。明清易代之际,小宛随冒襄历尽艰辛,备尝颠沛流离之苦。夫妻二人始终苦中作乐,或焚香品茗,或偕游山水,或赏玩字画。种种闲情逸致,传为佳话。作品情真意切,文笔细腻,真切描述了两人忠贞不渝的爱情,贯注了对小宛的深深思念。作品开忆语体之先河,颇有文学价值。有《赐砚堂丛书》本、《昭代丛书》本、《说库》本、《拜鸳楼校刻四种》本、《香艳小品》本。常见者有民国间世界书局排印《美化文学名著丛刊》本,上海书店1982年据以影印。

书影 一名《因树屋书影》。笔记。清周亮工著。十卷。书为亮工以事系狱,回忆平生见闻而作。内容多为常人常事,间有奇事异闻。因作者身在牢狱,无书可稽,按"老人读书只存影子"之意,而取此名。内如元祐党籍人数引陈玉璂跋,援引不得原本;李贺诗序杜牧语误为韩愈,考证未能精核;扬雄仕王莽而曲为之辨,颇为颠倒是非,《四库全书总目》言之已详,然提要亦称其"大抵记述典赡、议论平允,遗闻旧事,颇足为文献之征,在近代说部之中,固犹为瑕不掩瑜者矣"。有康熙六年(1667)赖古堂刻本、雍正间怀德堂复刻赖古堂本。1957年古典文学出版社据怀德堂本标点排印,1981年上海古籍出版社重印。

日知录 笔记。清顾炎武著。三十二卷。书名取意于《论语·子张》中子夏"日知其所亡,月无忘其所能,可谓好学也已矣"一语。卷首识语称:"愚自少读书,有所得辄记之,其有不合,时复改定,或古人先我而有者,则遂削之,积三十余年,乃成一编。"内容宏富,门人潘耒将其归为经义、史学、官方、吏治、财赋、典礼、舆地、艺文八类,《四库全书》则细分为十五类。作者自己曾归之为"上篇经术,中篇治道,下篇博闻"(《与人书二十五》),主旨则在经世致用。全书考证精详,文辞博辨,久为后人推重。卷三考论《诗经》、卷二一、二七考论诗文,对文学研究颇有参考价值。本书初刻于康熙九年(1670),八卷,附《谲觚》,是为符山堂本。康熙三十四年潘耒得其全稿付刻,是为遂初堂本,然因恐遭文字狱,颇有不得已删改者。乾隆六十年(1795)又有遂初堂重刊本,附《日知录之余》二卷。道光间黄汝成参以阎若璩等诸家校本,成《日知录集释》三十二卷,复得原写本,参以陈讦等校语,成《日知录刊误》二卷,后又作《续刊误》二卷,刊于道光十四年(1834),是为西溪草庐本。此后又有李遇孙《日知录续补正》、丁晏《日知录校正》、俞樾《日知录小笺》、黄侃《日知录校记》,对《日知录》作辨正发明。1990年花山文艺出版社以西溪草庐本为底本,插入李、丁、俞、黄诸家校笺之语,排印出版《日知录集释》,附录《日知录之余》、《谲觚》,前列黄汝成序、潘耒序及作者自序。《日知录集释》另有民国间商务印书馆《国学基本丛书》本,1985年上海古籍出版社影印本,后者兼收李、丁、俞、黄及潘景郑等校笺文字七种,收录最全。

板桥杂记 笔记。清余怀著。三卷。上卷《雅游》,中卷《丽品》,下卷《轶事》。此书为作者晚年回忆往事撰成,内容均为明末南京士大夫治游狎妓之事,借怀旧以抒兴亡之感,充满遗老情思。所记可见当时社会风气与文人心态,有助于全面了解晚明文艺思潮。行世后,以其文笔凄婉为人所重,流传颇广,张潮曾辑其篇段入《虞初新志》。有康熙四十一年(1702)刊《说铃》本、乾隆五十九年(1794)刊《龙威秘书》本、光绪四年(1878)刊《艳史丛钞》本、光绪间刊《金陵丛刻》本、宣统间国学扶轮社排印《香艳丛书》本、民国间商务印书馆排印《丛书集成初编》本。近有1987年江苏文艺出版社排印本。

说铃 笔记。清汪琬著。一卷。所记多为明清之际文人士大夫遗闻轶事,颇有文史资料价值。有道光十三年(1833)杨复吉辑吴江沈氏世楷堂刊《昭代丛书·辛集别编》本,光绪二年(1876)重刊,另有葛元煦辑光绪九年刊《啸园丛书(第二函)》本、雷瑨辑民国十七年(1928)扫叶山房石印《清人说荟(二集)》本。

妇人集 笔记。清陈维崧著。一卷。有冒褒注。记明末清初著名才女事迹。上至公主贵妇,下至女伶名妓,凡具特出才能或其事可传者,不分尊卑均入选其中,共收九十余人。如《林四娘》条,记陈宝钥夜半见明故衡王宫女林四娘鬼魂事，反映出时人怀念故国之情愫，颇具时代特征。其后，冒丹书又著《妇人集补》一卷。有光绪至民国间冒广生辑刊《如皋冒氏丛书》本、宣统元年(1909)国学扶轮社排印《香艳丛书》第一集本。

寄园寄所寄 笔记。清赵吉士著。十二卷。采集历代诸家说部而成。分为十二门。一为《囊底寄》，所收为巧智故事，二为《镜中寄》，所收为忠孝节义故事，三为《倚杖寄》，所收为记各地风土人情文字，四为《捻须寄》，所收为诗话故事，五为《灭烛寄》，所收为志怪故事，六为《焚麈寄》，所收为格言警语，七为《獭祭寄》，所收为历代杂事，八为《豕渡寄》，所收为考订纠误文字，九为《裂眦寄》，所收为明末离乱及忠贞之士殉难事，十为《驱睡寄》，所收为可资谈助之故事，十一为《泛叶寄》，所收为徽州遗闻佚事，十二为《插菊寄》，所收为诙谐滑稽故事。均注明出处，所引书多已佚。有康熙十五年(1676)刊本，另有三益堂刻本。宣统三年(1911)国学扶轮社排印《香艳丛书》第二十集，收有《寄园寄所寄摘录》一卷。

居易录 笔记。清王士禛著。三十四卷。为其康熙二十八年(1689)官左副都御史以后至康熙四十年官刑部尚书以前，十三年中所记杂事。《四库全书总目》谓其"自序称取顾况长安米贵，居大不易之意，末又以居易俟命为说，其义两歧，莫知何取也"，又称此书"中多论诗之语，标举名俊，自其所长，其记所见诸古书，考据源流，论断得失，亦最为详悉"，对其书"三卷以后，忽记时事，九卷以后，兼及差遣迁除，全以日历起居注体编年纪月，参错于杂记之中"，则认为"有乖体例"，对其书"喜自录其平反之狱辞，伉直之廷议，以表所长"，"自书之而自誉之"，亦有所非议。有《渔洋全集》本、《四库全书》本等。

池北偶谈 又名《石帆亭纪谈》。笔记。清王士禛著。二十六卷。分为四目。自序谓：宅西有圃，圃中有池，池北有屋数椽，乃本白居易"池北书库"之义，而取名《池北偶谈》。书库房有"石帆亭"，作者常与客聚谈其间，故又名《石帆亭纪谈》。内容多记述典章制度，历史沿革，名臣硕士言行，诗文书画，神鬼怪异，颇有参考价值。如《谈故》四卷，记清代典章制度、科甲制度，时或上溯古制。《谈献》六卷，记明中叶以后及清初名士列女等，可补正史之不足。《谈艺》九卷，多评诗论文，并采录佳作，篇幅最多，体现其"神韵说"诗论。《谈异》七卷，文笔诙谐，寓劝善惩恶之旨。刊行后影响很大。有康熙二十八年(1689)福建刊本、康熙三十九年临汀郡署刊本、康熙四十年文粹堂刊本、金溪李仕自怡草堂校刊本、汀州张氏励志斋刊本、《清代笔记丛刊》本和《笔记小说大观》本等。近有1982年中华书局点校排印本。

香祖笔记 笔记。清王士禛著。十二卷。为康熙四十二年(1703)、四十三年所作读书札记，内容以记叙传闻轶事，阐述名物源流，评议诗词，考订文字为主，纠正了前代笔记某些错误。也有一些条目反映了社会现实。如记京师卖水者，同人辈为其醵金娶妇事，见出清军抢掠贩卖人口所造成的悲惨后果。本书为著名笔记，流传很广。有康熙四十四年(1705)刻本，卷首有作者自序，又有《渔洋山人著述丛书》本、《申报馆丛书》本、《清代笔记丛刊》本、《笔记小说大观》本。今通行本为1982年上海古籍出版社点校排印本。

古夫于亭杂录 笔记。清王士禛著。六卷。康熙四十三年(1704)作者罢任刑部尚书里居后，先写成《香祖笔记》，之后，又采掇所闻所见而成此书。自序谓无凡例，无次第，故曰"杂"，以所居鱼子山有古夫于亭，因以为名。共收笔记三百余条，内容"举凡诗歌品评、书画鉴赏、字义辨析、杂史小考、典章制度、人情事理、文人轶事、奇谈异闻、医道药方乃至书信往还都有涉及"(点校本赵伯陶《前言》)。其"神韵说"诗论在本书中多有反映，如"晋人佳句"条论嵇康诸人佳句妙在象外，当以神会，"言尽意不尽"条论《诗・蒹葭》等诗言有尽而意无穷等。另"诗品舛谬"条谓"中品之刘琨、郭璞、陶潜、鲍照、谢朓、江淹，下品之魏武，宜在上品"，亦有卓识。然考证之语则时有疏舛。今存康熙间刊本，有五卷本、六卷本之别，条目略有出入。《四库全书》五卷本，删削甚多。另有范邃广陵刊本、光绪间《啸园丛书》本、1988年中华书局点校本。

觚剩 笔记。清钮琇著。十二卷。凡正编八卷，续编四卷。正编以地域分类，分为《吴觚》、《燕觚》、《豫觚》、《秦觚》，续编以事物性质分类，分为《言觚》、《人觚》、《事觚》、《物觚》。主要记述明末清初之遗闻轶事，兼录诗文佳什。所载清兵入关后的残酷屠杀与四方民众的反抗斗争，极有史料价值。名人如熊廷弼、冯梦龙、陈子龙、钱谦益、顾炎武、吴三桂、陈圆圆、柳如是、葛嫩娘、顾湄等，记载其事迹颇详，亦可补史传之遗。有康熙四十一年(1702)临野堂刻本。近有 1986 年上海古籍出版社排印本。

广阳杂记 笔记。清刘献廷著。五卷。全书不分类编次，随手札录，涉及方面之广、论识之精、记述之细，久为学术界所重。所记多明末清初佚事与典章制度，地理、医药、律历、财赋、音韵、象纬、水利亦均有所论述。至其云："余观世之小人，未有不好唱歌、看戏者，此性天中之《诗》与《乐》也，未有不看小说、听说书者，此性天中之《书》与《春秋》也，未有不信占卜、祀鬼神者，此性天中之《易》与《礼》也"，"夫今之儒者之心，为刍狗所塞也久矣"，以通俗文艺比儒家六经，抨击陋儒误人，尤有胆识。初仅有抄本传世，晚清始有刊本，光绪五年(1879)王灏辑刊《畿辅丛书》、光绪中潘祖荫辑刊《功顺堂丛书》均收录之，另有民国间《清代笔记丛刊》本、《丛书集成初编》本。近有 1957 年中华书局排印本，1985 年重印。

人海记 笔记。清査慎行著。二卷。三百九十七条。以记述遗事佚文，考辨掌故为主。于明末清初事特详。如《甲申之变》条，详记北京城破，李自成进京，南明弘光朝建立，马士英嫉史可法，阮大铖复起，勾结马士英、孔昭专权误国，可补正史之不足。书成未刊行，仅有抄本。至咸丰元年(1851)张士宽始刊于长沙，另有宣统二年(1910)扫叶山房石印本。

坚觚集 笔记。清褚人获著。六十六卷。凡首集至十集每集四卷，续集四卷，广集、补集、秘集各六卷，余集四卷。内容广泛而驳杂，涉及典章制度、名胜古迹、风土人情、艺文学术等各方面，以记明清遗闻轶事为多，所载著名文人、佚名诗人事迹或作品，以及民间谣谚俗曲，对文学研究颇有参考价值。某些篇章叙事生动，可视为笔记小说。全书系杂采众书而成，部分为作者自撰。首集有作者康熙二十九年(1690)自序，各集另有诸家序。首集李炳序云："语云：'中流失船，一瓠千金'。瓠，腰舟也，佩服之以济川涉险，保无颠覆没溺之患"，书名盖取意于此。有道光十二年(1832)寻春书屋刊本、民国间《清代笔记丛刊》本与《笔记小说大观》本、民国十五年(1926)柏香书屋铅印本。近有 1986 年浙江人民出版社影印柏香书屋本。

义门读书记 笔记。清何焯著。五十八卷。为作者解说经义、研读史籍、评论诗文的札记。初为六卷，系其殁后子何云龙与门生沈彤等整理遗稿编成，于乾隆十六年(1751)问世。其后蒋维钧广为搜访，历时三年，扩为五十八卷，刊于乾隆三十四年，是为足本。前八卷考论《四书》、《诗经》、《春秋》三传，中二十一卷考论前四史与《五代史》，后二十九卷考论《昌黎集》、《河东集》、欧阳文忠公文、《元丰类稿》、《文选》、陶靖节诗、《杜工部诗集》、《李义山诗集》。作者虽为开清代考据学风气的学者之一，但其学犹近于宋学，而与后起之乾嘉学派有别，所论偏重义理。书中解析各家诗文，不乏独到之见。有乾隆十六年刊六卷本、乾隆三十四年刊足本、光绪六年(1880)重刊足本。近有 1987 年中华书局点校本。

不下带编 笔记。清金埴著。七卷。埴字苑孙，号鳏鳏子，浙江山阴(今绍兴)人，生于康熙二年(1663)，卒于乾隆五年(1740)。此书记载了作者的见闻，包括当时文人士大夫的遗闻佚事、社会风俗、科举考试等。每卷都下标"杂缀兼诗话"，谈诗文篇幅尤多，评论诗艺，解说本事，摘录佳构隽句妙联，钩稽诗人生平事迹，对研究清代文学，颇有参考价值。作者与戏曲作家洪昇、孔尚任是好友，故谈论《长生殿》、《桃花扇》的内容亦较多，并且还记录了作者与二人的酬唱之作。所论及的重要诗文家则有王士禛、赵执信、宋荦、查慎行、杜濬、潘耒、陆圻、汪懋麟等。本书为未完稿，当系晚年所作，1982 年中华书局据谢国桢藏手稿本标点整理，与作者另一笔记《巾箱说》合订出版。

柳南随笔 笔记。清王应奎著。十卷。凡正集六卷，续笔四卷。内容仿宋洪迈《容斋随笔》，大体可分为两类，一为读书札记，经史子集，诗赋词曲，皆有所涉及，二为记录亲身见闻，喜录文士学者佚事，尤重视乡邦人物文献。记东林党、复社、同声社、应社史事，记东湖书院、万卷楼、汲古阁、绛云楼、述古堂藏书，均有较高史料价值。述钱谦益、冯班、吴伟业、王士禛、赵执信、金人瑞、钱陆灿、邵长蘅、吴历等著名文人行事，可补史传之阙，论其诗文，亦每有精当之语。《续笔》因纠正集之误，内容与之间有重复。正集前有乾隆五年(1740)顾士荣序，乾隆五年初刻，《续笔》乾隆十二年初刻，嘉庆间张海鹏合刻入《借月山房汇钞》，后有道光间《泽古斋重钞》本、光绪间《申报馆丛书》本、民国间《丛书集成初编》本。近以 1983 年中华书局排印本较为通行，前有王彬、严英俊《点校说明》。

西青散记 笔记。清史震林著。四卷。多记扶乩降仙之诗，芬芳悱恻，哀艳感人。亦有记与友人酬唱事者，风雅可见其为人。述绡山女子贺双卿善填词赋诗而遇人不淑，郁郁以殁；述虞祔石妻荆六娘愿嫁才子而甘受贫困，病逝前赋诗八首与夫诀别，足资治妇女文学史者参考。记竹西女子才色双绝，为富商所得，富商死后散财济贫，人感其德为其立盟社征诗选婿等事，犹如小说；记入京师游西山、潭柘寺诸处，则纯为游记散文。陆以湉《冷庐杂识》既称此书"多托为神仙幽渺之辞"，又谓"最爱其讽世之语隽而不腐，胜读劝诫陈言"。书首有乾隆二年(1737)自序。有乾隆三年刊本。另有民国二十四年(1935)张静庐辑《中国文学珍本丛书第一辑》本，上海贝叶山房排印。

巢林笔谈 笔记。清龚炜著。八卷。凡正集六卷，《续编》二卷。炜字巢林，晚号际熙散人，江苏昆山人，生于康熙四十三年(1704)。本书所记内容广泛，"既记社会民情，风俗掌故，天灾人祸，官吏贪诈，并有读书心得，戚友交往。作者文笔流畅，娓娓道来，如对故人"(排印本钱炳寰《前言》)。内谈诗论文，记文人佚事遗闻，如"绿字佳句"条记王士禛以"春水平帆绿"、"梦里江南绿"、"新妇矶头烟水绿"被邹祗谟称为"三绿"，可供治文学史者参考。然如"水浒"条攻击《水浒传》"害人心，坏风俗"等，则为其糟粕。正集有乾隆三十年(1765)自序，《续编》有乾隆三十三年自序。正集刊于乾隆三十年，《续编》刊于乾隆三十四年。1981年中华书局据原刊本排印出版。

茶余客话 笔记。清阮葵生著。三十卷。记作者生平见闻和读书随感。上自国家大计，下至衣食住行，乃至花草虫鱼，均有涉及。有关清初朝章制度，入关前后之建置，当代人物之言行，以及西北、东北之史地交通，均凿凿有据，实为珍贵史料。然志怪述异之作，如《齐召南一生三梦》、《扶鸾》、《卞氏园》等，则较荒诞离奇。书中某些议论，颇有见地，如对八股文之批评，对再嫁妇女之同情等。受汉学影响，书中亦有考证文字，大多较为严谨。有乾隆四十二年(1777)戴璐木活字印本，仅十二卷，删削较多，后吴省兰辑入《艺海珠尘》，民国间商务印书馆《丛书集成初编》本，即据吴本排印。另有光绪十四年(1888)王锡祺铅印本，据《山阳县志》搜得全稿共二十二卷付印，较全。1959年中华书局上海编辑所据王本排印，并将王本未收之戴本十条辑入，附王锡祺、戴璐、阮仲琦跋，为今通行本。

陔余丛考 笔记。清赵翼著。四十三卷。乾隆五十五年(1790)作者小引称此系其自黔西罢官以后的读书札记，以其为循陔时所辑，故名《陔余丛考》。全书不分门类，但编次先后则以类相从，卷一至四论经义，卷五至一五论史学，卷一六至二一杂论掌故，卷二二至二四论艺文，卷二五论纪年，卷二六、二七论官制，卷二八、二九论科举，卷三〇、三一论风俗名义，卷三二论丧礼，卷三三论器物，卷三四、三五论术数、神佛，卷三六至三八论称谓，卷三九至四三为杂考证。内以论文学、论史学部分为其精华。考论各体诗如"拗体七律"等之源流，语颇精详。有乾隆五十六年吴锡麒序。有乾隆间湛贻堂初刻本，后收入《瓯北全集》，光绪间重刊。1957年商务印书馆据湛贻堂本排印出版。另有1990年河北人民出版社排印本。

十驾斋养新录 笔记。清钱大昕著。二十三卷。凡正集二十卷，《余录》上、中、下三卷。正集自序谓"先大父尝取'养新'二字榜于读书之堂，大昕儿时侍左右，尝为诵之，且示以温故知新之旨"，"今年逾七十，学不加进"，"偶有咫闻，随笔记之"，"题曰《养新录》，不敢忘祖训也"。卷一至卷三考证群经，卷四、五考证文字、音韵，卷六至卷一二考证诸史，涉及地理、职官、姓氏等，卷一三、一四考证版本目录，卷一五考证历代金石碑刻，卷一六论诗文，卷一七论算法、律历、术数，卷一八论儒家思想，间及佛教，卷一九、二〇杂论诸事。作者雅擅考证，即论诗文，亦见其所长。正集阮元序刊于嘉庆九年(1804)，《余录》钱东塾刊于嘉庆十一年。后另有道光二十年(1840)重印、光绪十年(1884)重刊《潜研堂全书》本，民国间《四部备要》、《国学基本丛书》排印本。1983年上海书店据《国学基本丛书》本重印。

藤阴杂记 笔记。清戴璐著。十二卷。本书所记为北京的掌故旧闻、名胜古迹、风土习俗，内卷一至卷四杂记清代掌故、衙署旧闻，卷五至卷一二分别记载清代北京中城、东城、南城、西城、北城与郊坰的里巷琐闻、名人遗事、名胜古迹、园林寺观等。所记曾居京师之著名文人，有吴伟业、王士禛、毛奇龄、朱彝尊、查慎行、汤右曾、赵翼等。嘉庆元年(1796)自序云："余弱冠入都，留心掌故，尝阅王渔洋《偶谈》、《笔记》等书，思欲续辑，于是目见耳闻，随手漫笔"，"甲寅(1794)读礼闲居，重加芟削，见《旧闻考》、《宸垣识略》已载者，悉去之"，"院有新藤四本，渐次成阴，恒与客婆娑其下，爰仿渔洋《香祖》之例，即以名之。"有嘉庆间初刻本、光绪三年(1877)重刊本、民国间《说库》石印本与

《北京历史风土丛书》石印本。近有1982年北京古籍出版社、1985年上海古籍出版社点校排印本。

扬州画舫录 笔记。清李斗著。十八卷。为作者居扬州期间，据所见所闻，积三十多年时间写成，内容有扬州的城市区划、运河沿革、工艺、园林、古迹、风俗、戏曲以及文人轶事等。依次为《草河录》二卷，《新城北录》三卷，《城南录》二卷，《城西录》一卷，《小秦淮录》一卷，《虹桥录》二卷，《桥东录》、《桥西录》、《冈东录》、《冈西录》、《蜀冈录》、《工段营造录》、《舫扁录》各一卷。卷五载黄文旸《曲海》所著录元、明、清杂剧、传奇剧本一千零十三种的总目，卷一一载画舫唱俗曲、说评话等内容，为重要的戏曲、说唱文学史资料。书前有阮元、谢溶生、袁枚序及乾隆六十年(1795)自序。有乾隆六十年自然庵初刻本、同治十一年(1872)方濬颐重印本。近有1960年中华书局点校本、1984年江苏广陵古籍刻印社点校本。

清嘉录 笔记。清顾禄著。十二卷。禄字总之，号茶磨山人，约生于嘉庆初。本书为记述苏州风土人情的杂著，每月一卷，按月分条记民间节令时俗、掌故风谣，摘录有关诗词文章，每条后另附案语，征引群书以相参证。内容涉及面甚广，所载社会下层生活为他书所罕见。如"新年"条记玄妙观前卖艺伎人云："瞽男盲女击木鱼铜钹，答唱前朝故事，谓之'说因果'"，可作为民间说唱文学的研究资料。其叙事记物，文笔生动，王伯祥《庋榛偶识》以为"读之如谏果回味，历久弥甘"。道光十年(1830)顾承序谓书名本于晋陆机诗"土风清且嘉"之句。书首另有顾日新及日本朝川鼎序及各家题辞、作者例言。有道光十年初刻本，罕见。传入日本后，有道光十七年翻刻本。另有光绪三年(1877)刊《啸园丛书》本、光绪十七年上海乐善堂刊本等。近有1986年上海古籍出版社来新夏点校本。

履园丛话 笔记。清钱泳著。二十四卷。卷一"旧闻"，记清初轶事；卷二"阅古"，释所见商周秦汉以来法物；卷三"考索"，杂取古书疑义以证心得；卷四"水学"，论三吴水利；卷五"景贤"，述乡贤事迹；卷六"耆旧"，记乾隆间名人；卷七"臆论"，谈处世之道；卷八"谭诗"，以诗存人，以人存诗；卷九"碑帖"，叙录历代碑刻法帖；卷一○"收藏"，记所藏书画；卷一一"书画"，论书艺、画艺；卷一二"艺能"，论各种工艺、艺术技能；卷一三"科第"，记科举琐闻；卷一四至一七"祥异"、"鬼神"、"精怪"、"报应"，记奇闻异事；卷一八至二○"古迹"、"陵墓"、"园林"，记游历所至；卷二一"笑柄"，录笑话；卷二二"梦幻"录梦事；卷二三、二四"杂记"。内卷三论墓碑、时艺，卷六记袁枚等著名文人事，卷八说诗、引诗，颇有文学史料价值，卷一四至一七所记，则似志怪小说。有道光五年(1825)孙原湘序。有道光十八年述德堂刊本、民国间《清代笔记丛刊》本及《笔记小说大观》本。近有1981年中华书局排印本。

浮生六记 笔记。清沈复著。原有六卷，现存前四卷。卷一《闺房记乐》描述了作者与妻陈芸闲居沧浪亭畔时，每当花开月上，夫妻对酌吟诗、怡然自得的生活，表达了作者对亡妻的深深怀念。卷二《闲情记趣》记叙了作者在生活穷困中，曲尽文酒流连之乐，赏玩花卉虫鱼，布置各种赏心悦性之具，凭着爱美的心性，领略无处不在的一种真趣，阐发了作者不同凡俗的美学观。卷三《坎坷记愁》记述了作者伉俪生性浪漫，不容于封建大家庭，两次遭逐，飘泊无依，穷困潦倒。颠沛流离中爱妻陈芸病死他乡。不幸其父也相继离开人间。作者奔丧归来，兄弟失和，惨遭家庭巨变。人生坎坷，倍尝艰辛。卷四《浪游记趣》叙作者游幕作贾，遍历风景名胜，记下了各地的美丽风光。书中反映了当时的世态人情，如封建礼教对妇女的迫害以及知识分子的凄凉遭遇。文笔细腻，感情真挚，恻恻感人。书成于嘉庆十三年(1808)。道光年间，杨引传在苏州冷摊上偶得此书残稿，后两记已佚。道光二十九年(1849)王韬为此书作跋。光绪三年(1877)杨氏交上海申报馆以活字版排印。民国十二年(1923)俞平伯作序校订，重印此书。民国二十四年，收入世界书局出版的《美化文学名著丛刊》，所补两记系伪作。1980年人民文学出版社排印本附俞平伯《浮生六记年表》。现有英、法、德、俄译本。

庭闻录 笔记。清刘健著。六卷。自序云："健当日趋庭所受教，惧久而忘，因举所闻犹能记忆者，书之于册，粗分六帙，录其大概，虽略而不详，然以视耳食之谈，窃自以为有间。"卷一记吴三桂降清，求援兵逐李自成出北京，卷二记吴三桂进军秦蜀，卷三记吴三桂攻取云南，进入缅甸，逼缅甸交出永历帝用帛勒死，送往北京。卷四记吴三桂封王，专制一方，卷五记吴三桂反清称帝，身死族灭。卷六记吴三桂佚事及其将领简历。附录《平定缅甸》为乾隆三十四年(1769)事。有《杜藕山房丛书》抄本、《申报馆丛书续集·掌故类》本。另《豫章丛书·明季逸史》本有胡思敬《校勘记》一卷、《校勘续记》一卷。

定香亭笔谈 笔记。清阮元著。四卷。作者嘉庆五年(1800)自序云:"余督学浙江时,随笔疏记近事,名曰《定香亭笔谈》,残篇破纸,未经校定。戊午(1798)冬日任满还京,钱唐陈生云伯偕余入都,手写一帙,……己未冬云伯从余抚浙旋南,孝丰施孝廉应心复转写去,付之梓人。其中漏略尚多,爰出旧稿,……重订正之。诸君以其中诗文不妨详载,遂连篇附录于各条之后,因订而刊之。"全书体近诗文评一类,但又有专人诗钞,而卷四多经学小学金石学考订、题咏文字,则具有较高学术性。所记作者赏拔、交往之文人学者事迹著述,颇有史料价值,评诗衡文,摭篇摘句,尤可供研究清代文学者参考。有嘉庆五年刊本,后收入《文选楼丛书》,另有光绪十年(1884)刊《花雨楼丛钞》本、民国间商务印书馆排印《丛书集成初编》本。

梦厂杂著 笔记。清俞蛟著。十卷。凡《春明丛说》二卷,《乡曲枝辞》二卷,《齐东妄言》二卷,《游踪选胜》一卷,《临清寇略》一卷,《读画闲评》一卷,《潮嘉风月》一卷。作者曾长期于南北各地为人作幕僚,阅历丰富,见闻颇广。前三种中记述鬼神怪异、侠客奇人故事,有魏晋志怪小说与唐人传奇之风,《白云观遇仙记》可为代表。《游踪选胜》为纪游之作,所载有北京万柳堂、杭州灵隐寺、桂林七星岩、南昌滕王阁等名胜。《临清寇略》记清水教王伦起事及失败始末,作者曾被困围城一月,言之凿凿,颇有史料价值。《读画闲评》记清代名画家及其作品,叙闵贞、童钰、余集、罗聘、陈寿山、潘恭寿等言行个性,颇为生动。《潮嘉风月》记广东潮州一带船妓事,为研究社会史之可贵文献。全书文字清新,工于描绘,写景宛似山水小品,记人叙事亦有其特色。有嘉庆十六年(1811)巾箱本、道光八年(1828)敬义堂刊本、同治九年(1870)本堂藏版巾箱本。民国年间,有中华图书馆石印本、大达图书供应社排印本等。近有1988年文化艺术出版社校注本、1988年上海古籍出版社点校本。

浪迹丛谈 笔记。近代梁章钜著。二十五卷。凡正集十一卷,《续谈》八卷,《三谈》六卷。所记以作者道光间游宦所见所闻为主,亦有谈诗论文,考订名物等内容。因所记多身经目击,故颇翔实有据。如《芸台治夷》条记阮元总督两广处理"夷务"事,说明对于殖民侵略者,必须义正词严进行坚决斗争,才能卫护国家利益。《雅片》条既反映帝国主义倾销毒品,危害中国人民的罪行,也介绍清朝廷内对鸦片贸易"禁"与"弛"之争。《外洋岁月》条首次介绍西历纪年法。足迹所及,亦多记风景名胜,述苏州园林之胜杭州湖山之美,尤令人神往。有道光二十七年(1847)刊本。近有1981年中华书局点校本、1983年福建人民出版社校注本。

归田琐记 笔记。近代梁章钜著。八卷。一百十余条。内容以记清初至中叶之轶闻为主。门人许惇书跋谓此书"考订详明,包孕繁富"。所记颇能反映社会现实,揭露社会矛盾。如《议马头》、《议大钱》、《戒厚敛》、《戒錮婢》诸条针砭时弊,跋语评曰:"尤为济时之要务,警俗之苦衷,可坐而言,可起而行。"又《和珅》条,可见和珅在清高宗庇护下骄奢淫逸,贪赃枉法种种罪行;《金圣叹》条及《胡中藻》条,可见清统治者对汉民族文化之残酷压制,均有史料价值。有道光二十五年(1845)北东园刊本、1981年中华书局点校排印本。

听雨楼随笔 笔记。近代王培荀著。八卷,别本六卷。培荀字雪峤,山东济南人,生于乾隆四十八年(1783),卒年不详。本书杂记四川历史地理、物产资源、科技工艺、土风民俗、掌故遗闻、名胜古迹,内容丰赡,记康熙、乾隆、嘉庆、道光四朝人事尤详。书前凡例虽称"是编非诗话之比,故直录其诗,高下随人意会,不敢妄参末议",但所采辑之诗文,不少原集已佚,赖此得存,自有其资料价值。所记四川籍文人如费密父子、张问陶、"绵竹三李"(李调元、骥元、鼎元),仕于四川之文人如王士禛、宋琬、石蕴玉、杨潮观,亦可供研究参考。书成于作者荣县知县任上,有道光二十五年(1845)自序,因撰于听雨楼中,故以之为名。六卷本早出,刊于道光二十五年,八卷本晚出,为作者修订本,1987年巴蜀书社据之点校出版。

啸亭杂录 笔记。清昭梿著,题"汲修主人"。十五卷。凡初录十卷,续录五卷。作者熟知满清朝野及皇室掌故,记清道光前政治、军事、经济、文化诸方面典章制度及其演变,记满清贵族与清代文臣武将之遗闻轶事,记满洲习俗与清代社会风俗等,均有较高史料价值。如《察下情》条记清世宗以特务监视臣僚,《记辛亥兵败事》条记清高宗远征沙漠噶尔丹,《癸酉之变》条记嘉庆十八年(1813)白莲教攻入紫禁城,《刘海峰》条记刘大櫆轶事,《秦腔》条记戏曲著名演员受欢迎情状，均为珍贵史料。有光绪元年(1875)九思堂刻本、光绪六年巾箱本，均为初录八卷，续录二卷。另有宣统元年(1909)上海图书公司铅印本、《申报馆丛书》本、《说库》本、《笔记小说大观》本，均为正录十卷，续录三卷。1980年中华书局以九思堂本为底本，配以续录抄本卷四、卷五，附昭梿生平资料，排印为十五卷足本出版。

交翠轩笔记 笔记。近代沈涛著。四卷。所记“凡群经诸史，地舆名物，凡将滂喜，时语方言，斗筲觚编，吉金乐石，以至友朋投赠之什，名贤题咏之篇，莫不月旦其词，绳纠其舛”(汤璥后序)。内考证之文承乾嘉学派之余风，精审详赡，如引东坡集证北宋时已有演说三国野史者，引《唐国史补》与岑参诗证《新唐书》以王昌龄为江宁人之误，对研治文学，亦有参考价值。卷二叙文人事迹与其创作，如记“平干三家”申涵光、张盖、殷岳与赵湛等河朔诗派诗人，为重要文学史资料。谢国桢后记称此书“湛深典雅，实较小茗(宋咸熙)《耐冷谭》高出远甚”。有道光二十八年(1848)刊本，前有自序，后有汤璥后序，1985年上海古籍出版社据之影印出版。

两般秋雨庵随笔 笔记。清梁绍壬著。八卷。书中记载了一些清代文学家、艺术家的事迹，如毛奇龄、赵执信、金农、袁枚、赵翼、梁同书、张问陶、赵庆熺等，或以文章经学知名，或以诗歌创作享誉，或以书画与诗并长，或以词曲独擅。所摘引之诗，如陶文彬《西湖竹枝词》、金陵诗僧镜澄绝句，亦有文学史料价值。论诗之语，如谓“讽刺之诗，意不可不露，亦不可太露，故不宜赋而宜比兴也”，颇有见地。作者还比较重视通俗文艺，认为“山歌船唱有极有意义者”，“音节真如古乐府”，粤歌“往往引物连类，委曲譬喻，多如子夜竹枝”，“情深词艳，深得风人之遗”。书中还论及《荆钗记》、《长生殿》、《封神传》、《隋唐演义》等戏曲、小说。卷首有汪适孙序。有道光十七年(1837)振绮堂刊本、文德堂本、光绪十年(1884)吉华室刊本、光绪十八年铜活字本、宣统间扫叶山房石印本、民国间《清代笔记丛刊》本。近有1982年上海古籍出版社点校本。

鸥陂渔话 笔记。近代叶廷琯著。六卷。所记以清代文人事迹为多，亦间有苏轼、李清照、元好问、倪瓒、文徵明等前代文人事，金玉题跋称其“自经史群籍，碑版诗话，以及昔贤之清徽亮节，乡国之轶事遗闻，靡不搜讨极精，其饷遗后学，良非浅鲜”。所记如“吴渔山入耶稣会”、“傅青主识中气”等，可补史传，“吴山尊敏捷”、“舒铁云古文乐府”等，称扬文士才气，评论诗人作品，足资治文学史者参考。“绿牡丹传奇”记戏曲源流亦有重要资料价值。“游石公山记”则为游记散文佳品。有同治八年(1869)至九年刻本，与其另一笔记《吹网录》合刊。另有民国间《清代笔记丛刊》本、《笔记小说大观》本。

香畹楼忆语 笔记。清陈裴之(小云)著。记秦淮才女紫湘倾慕钱塘陈氏一门风雅，陈小云正妻汪端以体弱力主其夫纳之，紫湘乃归陈家。以其端秀静穆，善解人意，深得翁姑、汪端怜爱。后因思念父母，省亲一病不起，临殁竟未能见小云一面。小云痛不欲生，作忆语以悼之。情词凄丽，为继《影梅庵忆语》而起的同类名著。有道光间刊、光绪间重刊《湘烟小录》本，民国间《说库》石印本。民国二十四年(1935)上海世界书局排印收入《美化文学名著丛刊》(近有1982年上海书店重印本)。

冷庐杂识 笔记。近代陆以湉著。八卷。全书系据作者读书所得以及日常见闻随手记录而成，内容以清代学者文士的学术、文艺撰述成就、言行事迹为多，对他们的师承交游关系、学术源流等的记载，可以作人物传记的补充史料。对清代以前的历史人物与经史著作、诗词典故、金石书画以及医药、地理等的考证、评述，也颇有参考价值。所录诗词楹联乃至印文、砚铭、箴言等，“亦清逸警炼”，“虽品格各殊，而皆可供人玩味”(崔凡芝《点校说明》)。所记清代著名文人有方苞、吴伟业、金农、胡天游、黄任、阮元、郭麐、陈文述、舒位、姚莹等。前有咸丰六年(1856)自序。有咸丰六年初刻本，附续编二篇，另有《笔记小说大观》本、《清代笔记丛刊》本、光绪十九年(1893)乌程庞氏刊本、1984年中华书局点校本。

庸闲斋笔记 笔记。近代陈其元著。十二卷。所记多有关清代历史、人物掌故逸闻，“上自朝章国故、经济民生、军情夷务，次及家世盛迹、风俗民情、轶事旧闻，下迄读书心得及诙谐游戏之类，荟萃一编，有裨史乘”(杨璐《点校前言》)。内“张船山题画鹰诗”、“诗文借对”、“舒铁云和尚太守谣”诸条可作诗话读，“狐知医”、“袁痴”、“詹长人”诸条可作小说读。而“姓之变更”条记诗人钱陈群、钱载本姓何，“红楼梦贻祸”条记《红楼梦》影响之深远，亦均有较高史料价值。然作者视《红楼梦》为淫书，则为迂腐之见。本书前有同治十二年作者自序，同治十三年(1874)开雕,光绪元年(1875)印成。近有1989年中华书局排印本。

金壶七墨 笔记。近代黄钧宰著。十八卷。凡《金壶浪墨》八卷,《金壶遁墨》四卷,《金壶逸墨》二卷,《金壶戏墨》一卷,《金壶醉墨》(一名《醉言》)一卷,《金壶泪墨》(一名《心影》)二卷。书中记鸦片战争中见闻较多,亦有太平天国与捻军事迹,颇具史料价值。其他遗闻轶事每有涉及文人学士者,评论、征引各家诗作,间录己诗。一些怪异之事,则时杂因果报应之说。有同治十二年(1873)刊本、民国元年(1912)扫叶山房石印本、民国间《清代笔记丛刊》本、《笔记小说大观》本。

思益堂日札 笔记。近代周寿昌著。十卷,别本五卷。书成于道光、咸丰间。卷一、卷二考证经史,或辨讹误,或记故实,或评得失;卷三订正金石文字;卷四记清代掌故;卷五至卷七评论艺文,采摭轶事,摘录隽语,诠释典故或习俗;卷八、卷九训释名物;卷一〇统称"约言",为年轻时所写连珠体语录,富有情趣。全书"出经入史,纵横捭阖;谈艺说文,语中肯綮"(许逸民《点校说明》)。对研究清代社会思想文化有一定参考价值。有《上海申报馆丛书·余集》五卷本、光绪十四年(1888)刊《思益堂集》本,二本互有异同,五卷本条目较少。1987年中华书局出版许逸民校点本,共收录四百余条,前有《点校说明》,后附作者小传、行状、序文,为最足之本。

瞑庵杂识 笔记。近代朱克敬著。六卷。凡正集四卷,《二识》二卷。所记多为清代掌故轶事、见闻杂录,颇有史料价值。记林则徐、曾国藩、左宗棠、骆秉章等近代人物事,摘引诸臣论时事奏章,均可补史传之阙。谈诗论文,述诗文家遗闻轶事,在书中也占有较多篇幅。如谓"王渔洋学随州而文以典丽,吴梅村学香山而镇以典雅,蒋心余学山谷而加以疏达,皆善学古人,自成门户者,后人学之,亦可无弊",如谓"寿序入文集,始于明之陶安、震川,望溪遵循故事,文虽戾古,语多任真,时俗多以浮词砌饰,则愈下矣",皆有见地。书前有《自题卷端》七绝二首。正集光绪四年(1878)刊,《二识》光绪七年刊,均收入《挹秀山房丛书》,1983年岳麓书社据以排印出版。

春在堂随笔 笔记。近代俞樾著。十卷。为作者据平时所作笔记整理编订而成,大体按撰写年代编次,各卷不分类目。内容有对经史诸子、文字音韵的考证,对古今诗文的评议,有当时社会的掌故遗闻与作者的交游经历,有浙东风景名胜的游览纪实与风俗人情的考察直录,亦有师友门人之间的酬唱文字以及集外诗词。记宋翔凤以经师而工诗,记孙衣言师黄山谷与作者论诗不合而赠诗奉寄,记《聊斋志异》版本卷次等,均可供治文学史者参考。卷一谓其因中进士时试帖诗首句"花落春仍在"为曾国藩所赏,故题所居曰"春在堂"以为纪念,书名本此。后附《小浮梅闲话》一卷,多考证戏曲、小说的本事。有光绪二十五年(1899)《春在堂全书》本,1984年江苏人民出版社据以排印出版。

碧声吟馆谈麈 笔记。近代许善长著。四卷,三百六十一条。杂记各种事物,未分类。首记清帝所用玉玺。书中以记载时人诗词曲联为多。亦记医师、歌伶、卜者等轶事及其他奇闻。受朴学风气影响,又有《双声叠韵》、《人名地名误读》、《连文释义》等条考证,对字音、字义、声韵有所辨正。附录《砚辨》一篇,记载端州砚的颜色、质地、形态。最早有光绪四年(1878)开雕本,收入《碧声吟馆丛书》。

瓮牖余谈 笔记。近代王韬著。八卷。共一百十三篇。卷一记清朝将领死于太平天国起义诸事。卷二记彭相国孙女割臂疗父疾等孝女节妇事,又记法国女英雄若安、英国学者培根等外国人事。卷三有《海运说》、《官盐说》、《煤矿论》等篇,兼记神怪灾异。卷四记各国地理环境、风土人情、历史沿革,如《日本略记》、《俄国弊政》等。卷五记外国诸事,如《西国造纸法》等。卷六至卷八记太平天国事。全书记述面广,可资博览。有光绪元年(1875)《上海申报馆丛刊》本,首有林昌彝同治十二年(1873)序、缕馨仙史《瓮牖余谈序》、钱征跋。另有《清代笔记丛刊》本,上海文明书局印行;《笔记小说大观》本,上海进步书局校印。

越缦堂读书记 笔记。近代李慈铭著。不分卷。系由云龙辑录《越缦堂日记》中有关读书札记编成。由辑本民国间曾经排印,但并未发行,建国后商务印书馆据原辑及李氏二种日记原书,加以补订、标点,重新分类排列,分为"哲学思想"、"政治·社会经济"、"历史"、"地理"、"科学技术"、"军事"、"语言文字"、"文学"、"艺术"、"宗教"、"综合参考"、"劄记"十二类,出版行世。此书可见作者一生学问成就,其中"确有一些前人所未发的创见,往往能在短短数语中击中要害,又能触类旁通,剖析入微,而不流于琐屑的考证”(排印本出版说明)。内“文学”部分篇幅最多,内容最富,评诗文总集如《唐文粹》、《明诗综》、《历朝诗集》,评诗文别集如《柳河东集》、《白氏长庆集》、《樊川文集》、《袁中郎全集》等,皆有卓识。论清代诗文家尤多,亦有较高参考价值。有1959年商务印书馆排印本,1963年中华书局用商务印书馆纸型重印。

霞外攟屑 笔记。近代平步青著。十卷。卷一为《韡汋山房睉记》,下标“掌故”;卷二为《埶香峪麏话》,下标“时事”;卷三为《辛夷垞蕞言》,下标“格言”;卷四为《夫栘山馆尌闻》,下标“里事”;卷五为《艳雪庵杂觚》,不标所记;卷六为《玉树庐芮录》,下标“斠书”;卷七为《缥锦廛文筑》,分上、下,下标“论文”;卷八为《眠云舸酿说》,分上、下,下标“诗话”;卷九为《小栖霞说稗》,不标所记;卷一〇为《王雨淙释谚》,不标所记。内容上至经史诗文、朝章国故、内政外交,下至小说戏曲、方言俗谚、里巷琐闻,兼容并蓄,可供参考的文史资料极为丰富。卷六、卷七、卷八、卷九著录诗文别集、总集与笔记、小说,评诗论文,杂谈戏曲、小说,对文学研究尤有裨益。有民国六年(1917)刊《香雪崦丛书》本,1959年中华书局上海编辑所据之排印,附录谢国桢《平景孙事辑》,1980年上海古籍出版社再版。

郎潜纪闻 笔记。近代陈康祺著。五十三卷。凡《初笔》十四卷,《二笔》十六卷,《三笔》十二卷,《四笔》十一卷。《二笔》又称《燕下乡脞录》,《三笔》又称《壬癸藏札记》,《四笔》又称《判牍余沛》。专记清代之事,内容大致可分五类,一是记文苑士林,二是记宦海官场,三是记典章制度,四是记社会情况,五是记所谓圣君隆治。第一类数量最多,或叙遗闻,或录诗作,剖析源流,品评得失,颇有文学史料价值,王士禛、朱彝尊、施闰章、赵执信、姜宸英、厉鹗、沈德潜、翁方纲、钱大昕、洪亮吉等著名文人均所涉及。《初笔》有自序,《二笔》有杨岘序,《三笔》有张文虎序,有光绪间初刻本、宣统间扫叶山房石印本、民国间《清代笔记丛刊》和《笔记小说大观》本、1984年中华书局点校本。《四笔》亦有自序,原仅见孤本抄本,1990年中华书局据之排印出版。

蒿庵随笔 笔记。近代冯煦著。四卷。多记历代掌故、政治事件、文学见解等,与《蒿叟随笔》性质相近。记述张之洞在山西禁烟,甲午之战始末,安维峻、李鸿章卖国,关于王渔洋、吴梅村、桐城派、阳湖派、长庆体等评论,对“自由”、“异端”解释等,皆能洞中窾要,颇得时人好评。蒋国榜跋云:“其间朝章国故,逸闻雅诂,以至臧否人物,显示躬行,论学、论文艺皆抉择精微,约取广大,莫不左右逢源,有从心之乐。”有民国间刊本,前有光绪二十八年(1902)自序。

三借庐笔谈 笔记。近代邹弢著。十二卷。内容广泛,收罗较杂,以记遗闻轶事为主,间有考订之类。《小说之误》记乾隆间杭州富商女明慧,沉迷于《红楼梦》而患病,父母以为乃《红楼梦》为祸,焚之,明慧遂死。又有苏州金氏女,沉迷于《红楼梦》而疯癫,离家出走,谓往警幻仙境见潇湘妃子。虽作者举此二例意在攻击《红楼梦》,然亦可见《红楼梦》影响之大。《温飞卿诗注有讹》、《曲园书目》等,亦颇有文史资料价值。有民国二年(1913)昌明书局石印本,另有《清代笔记丛刊》本、《笔记小说大观》本。

印雪轩随笔 笔记。近代俞鸿渐著。四卷。二百四十六则。内容驳杂,虽自称“皆信而有征,非海市蜃楼,凭空杜撰者比”(自序),其实亦多记花妖狐鬼,如《马头怪》、《无常鬼》、《奇蛇》、《风雅狐》等。故鲁迅《中国小说史略》归之于“拟晋唐小说”,谓其“体式较近于纪氏(晓岚)五书”,“甚推《阅微》,而云‘微嫌其中排击宋儒语过多’”,与之“旨趣实异”。有光绪二年(1876)上海申报馆活字本,民国元年(1912)及六年上海扫叶山房石印本。

粟香室随笔 笔记。近代金武祥著。四十卷。凡初笔八卷、《二笔》八卷、《三笔》八卷、《四笔》八卷、《五笔》八卷。武祥,字粟香,号溎生,江苏江阴人,生于道光二十一年(1841),卒于民国十四年(1925)。自序云:“辛巳(1881)需次羊城,寓河林之前,风雨惊秋,累日不出,追维所闻所见信手编辑,无所谓体例也。不标题,不分类,诗词较多。为抱遗订坠之资,亦感旧怀人之助。”汪瑔序称此书内容有“述德”、“敬乡”、“经务”、“阐幽”四善。全书记清代遗闻轶事,述风土人情,而尤以谈艺论诗篇幅为多。所录各家诗作,有其集不载者,有无集行世者,赖此书得以保存,所下评语又往往要言不烦,对研究清代、近代文学,颇有参考价值。书首另有周星譼、缪荃孙序及秦焕等人题词。有光绪七年(1881)至二十一年刊巾箱本,收入作者所编《粟香室丛书》、《江阴丛书》。

淞南梦影录 笔记。近代黄式权著。四卷。式权,号畹香留梦主,又号梦琬生,字协埙,南汇(今属上海)人。从各个方面介绍近代上海十里洋场的风土人情。行文夹叙夹议,有其特色。郑祖安《题记》将其内容概括为五类。一是记众多的娱乐场所,有茶馆、东洋茶社、戏院、烟馆、中外妓馆、弹子房、总会、公园等。二是记丰富的游乐活动,除上述娱乐场外,还有跑马、赛船、打弹子、溜冰、射箭、套圈、斗蟋蟀、乘马车兜风等等。三是记社会黑幕,如茶馆呼朋引类,流氓党派斗争不断,外国流氓强赊硬买,牌九司务设局害人,"台基"陷害良家妇女,"十姐妹党"无恶不作等等。四是记新鲜事物,如东洋车、石印书籍、八音琴、风琴、玻璃、电灯、电话、自来水等。五是记其他杂事,如建筑业分本帮与红帮,租界为名符其实的销金窟,美国总统格兰特访问上海等。记载翔实,颇有史料价值。成书于光绪九年(1883),有旧刊本。1988年上海古籍出版社收入《上海滩与上海人丛书》,排印出版。

沪游杂记 笔记。近代葛元煦著。四卷。元煦,杭州人,曾旅居上海。成书于光绪二年(1876)。《弁言》中谓:"爰仿《都门纪略》,辑成一书。"其宗旨则是"以备游沪宦商便览",袁祖志序谓:"谓为沪游指南之针,亦无不可"。内容基本上为纪实之作。全书约三百余篇。卷一、卷二为杂记;卷三集沪竹枝词,作者有西泠漱华子等多人;卷四附录上海丝茶钱庄汇兑等业行栈字号,主要洋行及会馆公所和客栈地址,另外还附有轮船码头和船舶运行的路线里程、价目等内容。作者也记载了一些"烟花粉黛之作",《弁言》云:"北市烟花遍地,淫靡成风","兹集揭出青楼俗例二十六则","未始非示人以劝惩也。"为后人提供了近代上海的重要史料。成书十年后,作者已改行习医,由其好友仓山旧主袁祖志对卷一、卷二和卷四,作了修订,并增加了一些新条目。书后又增加了《书申江陋习》、《时事论说新编八则》、《沪游纪略》、《沪上竹枝词》、《花间楹联》等内容。光绪十三年(1887)出版,更名《重修沪游杂记》。1989年上海古籍出版社出版点校本,与《淞南梦影录》、《沪游梦影》合为一册,收入《上海滩与上海人丛书》。

壶天录 笔记。近代百一居士著。三卷。光绪十一年(1885)成书。上卷记天地风雨雷电日月等自然变异现象,亦记将领官吏殉难殉职、孝子节妇立身行事等以宣扬封建礼教。或写景赋诗,或集前人诗句,或撰联语,颇有佳句。中卷记戏曲、弹词、拆字、相面、口技、魔术,及自鸣钟、显微镜、电话、扩音器、万花筒等新器物。下卷记扶乩及神鬼狐妖故事,内容较杂。有民国间《申报馆丛书余集》本、《清代笔记丛刊》本、《笔记小说大观》本等。

蕉廊脞录 笔记。近代吴庆坻著。八卷。作者在世时尚未定稿,卒后由其长子吴士鉴整理分类,由刘承幹校阅作序,为其刊行。刘序谓全书分为八类,"曰国闻,曰里乘,曰忠义,曰经籍,曰金石,曰书画,曰嘉言,而以杂记附焉"。"国闻"记同治以后政事。"里乘"记浙江人物遗事与名胜古迹。"忠义"记明末遗民最多。"经籍"、"金石"、"书画"记作者收藏或寓目之书籍版本、金石文字、书画真迹。"嘉言"记清人家训。内记"西泠十子"中丁澎轶事,记《清诗铎》编者张应昌身世,记杭州诸诗社,记《王荆公诗注》版本,记郝莲所选清人诗,记三多辑《柳营诗传》,均有文学史料价值。有民国十七年(1928)刘氏求恕斋刊本,1990年中华书局据以排印行世。

海日楼札丛 笔记。近代沈曾植著。八卷。为作者的读书笔记,涉及的方面很多,大致可分为五部分。第一部分是经学。第二部分是历史与地理。第三部分是哲学、宗教与医学,尤精于佛学,考证密宗成就剑法与唐人剑侠小说的关系,为研究唐传奇提供了新资料。第四部分是文学,指出陆机《乐府》十七首的现实意义,例证陶渊明诗"志气奋迅"、"顿挫怫郁"的一面,辨驳陈师道比苏轼词为"教坊雷大使舞"以为非本色之误,论宗教、绘画与文学关系,谓"密宗神秘于中唐,吴、卢皆依为蓝本,读昌黎、山谷诗皆当以此意会之。颜、谢设色古雅如顾、陆,苏、陆设色如与可、伯时,同一例也",见解均很精辟。第五部分为书法。书系钱仲联自沈氏家藏未刊札记《菌阁琐谈》等十种辑出,有钱氏题识叙纂辑缘起,1962年中华书局上海编辑所以之与《海日楼题跋》三卷合订出版。

铁笛亭琐记 又名《畏庐琐记》。笔记。近代林纾著。二百三十六则。内容驳杂,题材广泛,凡宗教传说,社会习俗,奇闻佚事,名胜古迹以及文章考订等,无不收录。《小说杂考》、《飞龙传》、《封神传用事亦颇有来历》等则,对文学研究颇有参考价值。初于民国元年(1912)在北京《平报》上连载,作者署名"餐英居士"。民国五年(1916)北京都门印书局出版单行本,收入二百三十六则。民国十一年上海商务印书馆再版,改名为《畏庐琐记》,并删去二则。

纯常子枝语 笔记。近代文廷式著。四十卷。"全书阐说经传,论证九流,校订文字,评品诗词,记述朝章国故、士林交往、域外见闻,旁涉释藏道笈耶回之书、天步历算之学,下及疑龙撼龙之流,可谓沉沉夥颐","求之并世,较沈乙庵(曾植)《海日楼札丛》虽精湛或逊,而广博差同"(钱仲联序),古今中外,无所不及。卷四"唐张说诗",卷五"黄山谷论诗"、"吴梅村诗",卷六"王半山律诗"、"张皋文主张道学",卷七"杜诗史笔",卷二七"张戒评苏",卷三五"唐人赠日本人诗",卷三九"六朝诗句可证经典",论诗文皆有见地。遗稿初为徐行可所藏,民国三十二年(1943)始由汪氏双照楼锓板行世。1990年江苏广陵古籍刻印社据以影印,前有1979年钱仲联序。

天咫偶闻 笔记。近代震钧著。十卷。编次为"皇城"、"南城"、"东城"、"北城"、"西城"、"外城东"、"外城西"各一卷,"郊坰"二卷,"琐记"一卷。震钧,满族人,瓜尔佳氏,字在廷,号涉江道人,汉姓名唐晏,生于咸丰七年(1857),卒于民国九年(1920)。本书为记录北京地区政治、文化、典章制度和风土人情的专著,尤注意搜访清代满洲旗人遗闻轶事,内容丰富,具有较高文献价值。卷三记诗人张问陶妹嫁汉军高兰墅(鹗),"世行小说《红楼梦》一书,即兰墅所为,余尝见其书诗册,有印曰'红楼外史',则其人必放宕之士矣",卷五录八旗人著述书目数百种,都是重要的文学史资料。光绪二十一年(1895)动笔,二十九年作序。有光绪三十三年甘棠转舍刊本,1982年北京古籍出版社据之排印出版。

愧生丛录 笔记。近代李详著。六卷。以夫人去世,"丧此良偶,居常悒悒"(自序),故名。所记均为有关历代文人学者事迹著作的考辨评论文字,尤以清代人物为多。作者为著名《文选》学家,书中对两汉魏晋南北朝文学研析甚精,如引《说文》证司马相如《子虚赋》"媻姗教窣","媻"当作"蹩";谓陆氏注庾信《哀江南赋》"华阳奔命"之"华阳"为华山之阳是而胡渭注为太华山之阳非,皆有卓识。他如引证历代诗文典故、语词出处本末,以及记沈钦韩《荆公集注》稿本下落、记桐城派文人自称桐城为桐等杂事,对后人研究古典文学亦有参考价值。有宣统元年序刊本,仅二卷。1989年江苏古籍出版社据李稚甫家藏稿本六卷排印入《李审言文集》。作者另有同样内容的笔记《药裹慵谈》六卷,亦收入《李审言文集》。

庄谐选录 笔记。近代醒醉生著。二卷。一千零九十五篇。题材或辑录文集笔记、或采摭民间传说,或记载亲身见闻。内容庞杂,有海外奇闻、宫廷秘事、朝章国故、土风民俗等,既有笔记小说,亦多纪实之作,如辑录英威妥马日记之《总理衙门》篇,反映晚清大臣之昏庸。《南洋兵轮表》、《英租界巡捕房捕探薪资表》等,也颇有史料价值。卷首有夏曾佑序。有民国四年(1915)上海尚友山房铅印本。

清稗类钞 笔记。清徐珂编著。不分卷。汇辑野史笔记和当时新闻报刊中关于有清一代的朝野遗闻轶事以及社会政治、经济、学术、文化的事迹,体裁仿清初潘永因《宋稗类钞》,分门别类,按性质、年代先后,以事类相从,资料丰富,对研究清代文史颇有参考价值。全书自"时令"、"气候"、"地理"至"舟车"、"服饰"、"饮食"凡九十二类,一万三千余条,三百万余言。内"著述"、"文学"、"艺术"、"鉴赏"、"戏剧"多述文人学者艺术家之事。因系编著者平时读书随手札记,故大半"隐括其事,贯穿而成斯篇,未能悉记来历",后人引用,时有难以征信之感,此为本书最大缺点。有民国六年(1917)商务印书馆排印本,分四十八册,冠以诸宗元序、徐珂自序及编辑凡例,1984年中华书局据以重印,分十三册。

瓜圃述异 笔记。近代金梁著。二卷,五十四则。上卷三十则,下卷二十四则。文后附录《灵感志异》一卷,二十二则。梁号息侯,又号瓜圃老人,满族,光绪进士。书上卷均为记人,如康有为、梁启超、王国维、章太炎等。所记如王国维投湖事,较为翔实。下卷为记事,如《北大藏书楼》、《清史馆》、《内务府》、《旗下异俗》等。均为作者亲眼所见,颇有史料价值。附录《灵感志异》,收录《幻术》、《命相》、《乩》、《报应》等,则系志怪传奇一类。有民国二十五年(1936)铅印本。

道咸以来朝野杂记 笔记。近代崇彝著。不分卷。崇彝字泉孙,号巽庵,巴鲁特氏,蒙古族人,清末官户部郎中。本书记载清代道光、咸丰以来直至民国间北京的掌故旧闻,内容涉及朝野各方面,举凡帝系宗支、政局典制、园林第宅、寺观古迹、节令风俗、市井琐闻、人物轶事,均有所涉及,有较高史料价值,邓之诚评为"字字珍秘,皆亲见亲闻,当与《啸亭杂录》并传,非《天咫偶闻》等书所能望其肩背也"(排印本代序)。内记诗人高心夔事,记排子曲诸调名,记

《品花宝鉴》、《镜花缘》、《荡寇志》诸小说，记岔曲缘起，皆可供治文学史者参考。手稿原四册八卷，为邓之诚所收藏，1983年北京古籍出版社据迻录本排印行世。

二雏余墨 笔记。近代姚锡钧(号鹓雏)、朱玺(号鸳雏)合著。四章，二十七篇。内容多记述、谈论海外见闻，名人名言，诗词书画。轶事琐谈分为《言诠》、《艳绪》、《笑政》三章，短篇小说则汇为《说集》一章。如《襟花》，记述欧美诸国衣襟插花之不同含义，可以见其风俗习惯。作者于文后间发议论，颇有哲理。有民国元年(1912)上海小说丛报社铅印本。

新谈往 笔记。近代汤用彬著。不分卷。内容自"丁酉新政初萌，迄辛亥清祚告终，十五年朝章国故，稗官野乘，及其亲得之耳闻目睹，有关时局者"(姚梓芳序)。内容广泛，诸如戊戌变法、庚子事变、日俄战争、辛亥革命等大事，均有所涉及。余如五大臣出洋考察、清末官制改革、苏报案、徐锡麟行刺恩铭事等，亦有记录。著名人物如章太炎、邹容、唐才常、康有为、梁启超与"戊戌六君子"等，著名报章杂志，如《湖北学生界》、《浙江潮》、《湖南》、《民报》等，亦有所介绍。有民国初年上海国维报馆铅印本。

虞初新志 文言短篇小说集。清张潮编。二十卷。收作品一百四十八篇，篇末附有评语。书名系承明《虞初志》，故曰"新志"。所收作品多取自文别集与笔记。作者意在表彰佚事，传布奇文。一些作品反映社会现实颇为深刻。如《姜贞毅先生传》写明崇祯帝忠奸不分，是非颠倒，滥施淫威，终至明朝覆亡，辨正了正史对崇祯帝之溢美。《书戚三郎事》揭露清兵江阴大屠杀的真相，《核舟记》和《核工记》记能工巧匠鬼斧神工般高超技艺，皆为佳作。刊行后影响很大，有多种续作问世。今传版本主要有康熙刊本，乾隆二十五年(1760)诒清堂重刊袖珍本，咸丰元年(1851)刊本，民国二十一年(1932)开明书店铅印本，《清代笔记丛刊》本，《笔记小说大观》本，及日本文政六年(1917)浪华河内书局刻本等。今有1954年文学古籍刊行社据开明书店纸型重印本、1985年河北人民出版社点校排印本。

聊斋志异 文言短篇小说集。清蒲松龄著。八卷，或十六卷，四百三十一篇。《铸雪斋抄本聊斋志异》为十二卷，列目四百八十八篇。"三会"本，收五百篇。据各种材料判断，《聊斋志异》原稿，当在六百篇以上。作者《自序》谓"喜人谈鬼，闻则命笔"，"四方同人，又以邮筒相寄"；并邀邻人、行旅谈说，故题材来源至为广泛。内容神仙鬼怪，花木禽兽，无所不包，如鲁迅所说"出于幻域，顿入人间"。全书写恋爱故事最多，写人与神鬼相爱，有《云萝公主》、《林四娘》等。写人与狐仙相爱，有《青凤》、《娇娜》等。其余，举凡自然界之动植物，飞禽走兽，无不可与人相爱者，如《竹青》、《香玉》、《阿纤》、《莲花公主》等等。写人与人之间相爱，则有各种不同身分，如《陈云栖》写与女道士相爱；《瑞云》写与妓女相爱等。在歌颂真诚纯洁爱情的同时，无情地鞭笞了玩弄女性的丑恶行径。如《武孝廉》中石某，忘恩负义，弃妻别娶，终遭恶报。另有大量题材，揭露封建统治者的罪恶。如《促织》通过成名一家因帝王岁征蟋蟀寻欢作乐而失子，其子之魂化虫善斗而得赏的故事，揭露了"官贪吏虐"的社会现实，喜剧式的结尾，尤令人悲慨。又有相当篇幅，批判了科举制度，如《三生》、《考弊司》，揭露了试官贪渎无能，而依靠权势，不学无术者，却得高中。每篇之后，作者往往仿《史记》"太史公曰"以"异史氏曰"发表议论，揭示作品主旨。如《促织》结尾，异史氏曰："故天子一跬步，皆关民命，不可忽也。"《聊斋志异》问世后，影响甚大，仿效者颇多，被认为代表了文言小说创作的最高成就。19世纪以来，被译成英、法、德、俄、意大利、西班牙等文字。瑞典、挪威、罗马尼亚、匈牙利、保加利亚、日本、朝鲜、越南等，均有单篇译文或译本。版本有乾隆三十一年(1766)浙江严州太守赵起杲刊本，世称"青柯亭本"。乾隆三十二年有王金范选辑本，福建有李时宪刻本。道光五年(1825)有吕湛恩、何垠注释本。其后各书肆竞相出版，版本极多。1955年文学古籍刊行社影印《聊斋志异》手稿本。1962年中华书局上海编辑所出版张友鹤辑校《聊斋志异》会校会注会评本，简称"三会本"，1978年上海古籍出版社新版重印，收入《中国古典文学》丛书。1974年，上海人民出版社影印乾隆十六年(1751)《铸雪斋抄本聊斋志异》，1979年上海古籍出版社又据之排印行世。

女才子书 又名《女才子》、《女才子传》、《女才子集》、《美人书》、《情史续书》、《闺秀佳话》、《闺秀英才》。文言短篇小说集。清烟水散人(一说即徐震)著。十二卷。凡正传十二篇，附传三篇。叙明代及明清之际十七个才女、美人的爱情故事。她们虽出身各异，性格不同，但"胆识和贤智兼收，才色与情韵并列"(《自记》

中月邻主人语)，具有不同程度的个性解放色彩。有守寡后冲破世俗，与情人私奔再嫁的卢云卿，有因其夫有外遇遭遗弃后，与同情自己的秀才毅然结合成恩爱夫妻的崔淑，有不为财势所动，愿与意中人贫寒书生结合的张婉香。但作品中赞赏封建女德与一夫多妻制，宣扬宿命论，反映出作者的历史局限性。此书在体制和笔法等方面颇受前代传奇、话本的影响。成稿于清顺治十五年(1658)，初刻本不传，约刊于顺治、康熙间，今存乾隆十五年(1750)大德堂刊本、道光间味根斋刊本、申报馆聚珍版印本、民国六年(1917)南华书局石印本。近有1983年春风文艺出版社排印本、上海古籍出版社《古本小说集成》本。

子不语 又名《新齐谐》。笔记小说集。清袁枚著。三十四卷。凡正集二十四卷五百七十二篇，续集十卷一百九十五篇。本书较有意义的有三类，一类以地府神鬼贿赂公行，冤狱遍野以影射人间社会。如《江都某令》叙某县令为子纳粟捐官，竟借不相干之尸，讹诈某富户七千两纹银。《饶州府幕友》叙饶州被灾，太守侵蚀赈粮，制造假账，并致状告太守之郡民聂某等人蒙冤被杀。另一类如《李通判》、《鬼有三技》、《捉鬼》等篇，讲的是不怕鬼的故事。《捉鬼》叙汪启明夜宿故宅，见一鬼高与屋齐，汪突起搏之，抱其腰，鬼化丝绵一团，汪持之不放，举火焚之。又一类叙述趋炎附势，尔虞我诈的社会现象，以及科场笑话等。如《李百年》、《官癖》、《鬼借官衔嫁女》、《科场二则》等。《鬼借官衔嫁女》叙唐姓鬼将嫁女，托人借同姓为官者官衔以壮行色，讽刺人间爱体面而崇势利。本书瑕瑜互见，鲁迅《中国小说史略》谓"其文屏去雕饰，反近自然。然过于率意，亦多芜秽"。有乾隆五十三年(1788)随园刻本、嘉庆二十年(1815)美德堂刻本、民国三年(1914)上海锦江书局石印本、1985年岳麓书社排印本、1986年上海古籍出版社排印本。

新齐谐 见"子不语"。

怪异录 笔记小说集。清袁枚著。四卷。四十四篇。主要记神鬼妖狐、奇人剑侠之种种传闻。以劝善惩恶为旨，而结构不墨守陈规，同为鬼怪故事，却有多种不同类型。如《黑猿》篇借黑猿之口，控诉忘恩负义，恩将仇报者，沉痛道出："夫人心兽心，原无大别。"《柳相公》篇写包生宅心仁厚，因救柳精得善报，连捷成进士，并得高官厚禄。《化牛》篇写"放下屠刀，立地成佛"，改恶从善，终得好报。其主题思想在文后作者简评中，亦有表露。如《荷花岛》后评曰："悲哉！四万生灵，同日毙命。是岂天之不仁哉？皆由己之不仁，以干天怒也。"《黑风山》后评曰："世之人而兽者，尚其乐义是法焉可。"《狐媒》后评曰："由是观之，求子不在细君，而在心术也。"嘉庆元年(1796)自序云："余自戏编《子不语》后，窃以犹未尽善，爰复贾余勇，博访事迹，广搜见闻，……付之剞劂，聊撞警钟。"更直接交代出写作原因。然亦有疑《怪异录》非出袁枚手笔，或系伪托。各家书目不见著录，仅见于民国十六年(1927)上海校经山房印成记书局版《袁枚全集》中。1993年江苏古籍出版社出版《袁枚全集》，亦收入《怪异录》。

谐铎 文言短篇小说集。清沈起凤著。十二卷。收小说一百二十一篇。"说宋儒妙理，真谐其口而铎其心者也"(沈清瑞跋)，因名《谐铎》。作者借搜神说鬼，揭露与批判了当时种种黑暗丑恶的社会现象。如卷四《桃夭村》，揭露了当时贿赂公行、颠倒是非的现象。卷七《鄙夫训世》嘲笑富人"不惜廉耻、不顾笑骂"的致富诀窍。《鲛奴》叙茜泾景生收留飘泊无依的鲛人为奴，当景生苦恋陶万珠相思成疾后，鲛奴以珠泪相报，玉成景生与万珠姻缘的故事，抨击了封建婚姻制度和金钱观念，歌颂了纯洁的爱情。卷八《棺中鬼手》讽刺了官吏贪得无厌的丑态。本书是继《聊斋志异》之后较为出色的一部文言小说。吴梅《蓑渔四种曲跋》称作者"生平著述，以《谐铎》一书最播人口，几妇孺皆知"。不足之处在于刻意宣扬封建伦理道德与因果报应。版本甚多，主要有乾隆五十六年(1691)藤花榭刻本、乾隆五十七年刊巾箱本、同治五年(1866)刊本、光绪十七年(1891)上海广百宋斋铅印本、《清代笔记丛刊》本、《笔记小说大观》本等。今有1985年人民文学出版社点校本与1986年岳麓书社排印本。

耳食录 笔记小说集。清乐钧著。二十卷。凡初编十二卷，二编八卷，一百九十九篇。书名典出《史记·六国年表序》"学者牵于所闻，见秦在帝位日浅，不察其终始，因举而笑之不敢道，此与耳食无异"。作者掇拾琐闻，反映社会风俗、市民生活，内容包括僧道神仙、鬼怪妖魔、盗贼侠客、商贾农工、官吏士子的传闻。《葛衣人》写江进士赴京途中，遇奇侠葛衣人，解救危难，使其免遭暗杀的故事。后获悉江进士进京，是为了行贿投靠权贵，葛衣人遂大悔误救此人。《上官完古》借阴曹世界揭露人间贪官污吏残酷剥削压迫百姓。"所在骚扰，不死于劳悴，则死于敲扑”，造成“哭声日哗，比屋皆然”的恐怖气氛。吴传鼎《瓶庵笔记》谓：“书中措词构局，雅近《聊斋》。而《章琢古》、《魏翁》、《石孝廉》数首，寓意深远，有弦外音。”有乾隆五十七年(1792)梦花楼刊本、道光元年(1821)青芝山馆重刊本、同治七年(1868)藏修堂刻本、同治十年味经堂刊本、《清代笔记丛刊》本及《笔记小说大观》本。

阅微草堂笔记 笔记小说集。清纪昀著。二十四卷。凡《滦阳消夏录》六卷，《如是我闻》四卷，《槐西杂志》四卷，《姑妄听之》四卷，《滦阳续录》六卷。为作者晚年所撰，内容丰富庞杂，主要记述花妖狐精、鬼怪神异故事，亦喜掇拾风尚习俗，掌故轶闻，间作诗文评论。如河中石兽沉没十余年，遍觅不得，却为一老兵分析事理寻获，又如曹竹虚不怕鬼等篇，均颇有意义。为《聊斋志异》后之重要作品，然虽意在与《聊斋志异》争雄，而风格却与之迥异。鲁迅《中国小说史略》以为“《阅微》又过偏于议论。盖不安于仅为小说，更欲有益人心，即与晋宋志怪精神，自然违隔；且末流加厉，易堕为报应因果之谈也”，“惟纪昀本长文笔，多见秘书，又襟怀夷旷，故凡测鬼神之情状，发人间之幽微，托狐鬼以抒己见者，隽思妙语，时足解颐；间杂考辨，亦有灼见。叙述复雍容淡雅，天趣盎然”。书为乾隆五十四年(1789)至嘉庆三年(1798)陆续写成。版本很多，有嘉庆五年北京盛氏刊本、道光十三年(1833)广州刊本、光绪十七年(1891)上海广百宋斋铅印本、民国间《清代笔记丛刊》本、进步书局石印本、会文堂书局详注本等。今通行本为1980年上海古籍出版社排印本。

夜谭随录 笔记小说集。清和邦额著。十二卷。一百四十一篇。成书于乾隆四十四年(1779)。取材广泛，所记事物繁多，有甘肃沙漠怪风，西海蜃气观，京师地震等奇观，也有北地回煞、夜星子等迷信风俗。故鲁迅《中国小说史略》谓其“记朔方景物及市井情形者特可观”。其他如《张五》篇记官吏贪财好色，滥施酷刑；《米芗老》记乱兵掠卖妇女，《陆水部》记雍正朝文字狱之难，亦颇有社会意义。《自序》云：“每喜与二三友朋，于酒觞茶榻间灭烛谈鬼，坐月说狐。”其宗旨与《聊斋志异》略同，以“谈鬼说狐”寄意人生世态。然颇有“借材他书”者，鲁迅谓“如《佟觭角》、《夜星子》、《疡医》，皆本《新齐谐》”。传本有足本和非足本之别。足本有乾隆五十八年(1793)本衙刊本、《笔记小说大观》本、上海商务印书馆平装铅印本等。非足本少《红衣妇人》一篇，有光绪十三年(1887)鸿宝斋石印本、广益书局石印本、梁溪图书馆沈小英序本、大达图书供应社排印本等。今通行本为1988年上海古籍出版社点校排印本。

虞初续志 文言短篇小说集。清郑澍若编。十二卷。成书于嘉庆七年(1802)。因意在续《虞初新志》，故体例一仍《新志》。编者自序谓从本朝各家文集中，择其“可喜可愕可歌可泣”之文，汇编而成。所选之文，如邵长蘅《阎典史传》、汪琬《江天一传》、方苞《左忠毅公逸事》等，均堪称传记文学之佼佼者。有嘉庆七年养花草堂刊袖珍本、《清代笔记丛刊》本、《笔记小说大观》本等。

客窗闲话 笔记小说集。清吴炽昌著。十六卷。凡初、续集各八卷，共收一百五十余则。作者颇好邀集宾客谈所见闻，笔录故事，积久成帙。全书主要记录清代中叶江南苏浙一带及京师遗闻轶事。上自皇帝权臣，下至商贩仆妇，各阶层人物，均所涉及。有叙述朝廷权臣在家滥杀无辜的《公大将军延师》，有揭露清代司法吏治黑暗的《书讼师》，有讽刺封建科举制度腐朽不堪的《场外孝廉》，有赞扬表彰妇女胆识义勇的《赫连大娘》、《查氏女》、《孙壮姑》。文笔平实质朴，手法以白描和讽刺见长，但有些作品内容较陈腐。有敬义堂藏板本，初集初刻于道光十九年(1839)，续集初刻于道光三十年。另有光绪元年(1875)滋本堂刊本、《申报馆丛书》本、《笔记小说大观》本、《清代笔记丛刊》本。近有1985年河北人民出版社排印本、1988年文化艺术出版社校注本、1987年时代文艺出版社点校本。

墨余录 笔记小说集。近代毛祥麟著。十六卷。主要记叙清道光、咸丰、同治年间苏、松地区的政治、经济、文教及社会风俗等方面的情况，亦涉及鸦片战争和太平天国农民起义。如卷八《西商租地》说：“里港纷纭，行人如蚁，华民多设肆于中，铺户鳞比，百货山积。”商业繁荣可见一斑。作者又指出温饱之家遭受盘剥，而赤贫者更不知多少。点校本序称此书“叙事清楚，说理透辟，描写生动，形象鲜明，语言优美，富有感染力”。清末学者平步青谓其“一二艳异事虽未克方驾留仙，与《耳食录》堪伯仲也”。书中故事亦有被搬上戏剧舞台者。有同治九年(1870)湖州醉六堂吴氏刻本，题《对山书屋墨余录》，有朱作霖序及眉批和尾批。另有同治十年杭州文元堂翻刻本，同治十三年删除部分篇章，另增二十余则重印，称毛氏亦可居甲戌定本。又民国二年(1913)中华文艺社排印本，四卷，为湖州醉六堂节选本，占原书五分之四，民国六年振华编辑社本、民国十二年文明书局本、《笔记小说大观》本均翻印节选本。《香艳丛书》排印本题《对山余墨》，选十九篇，糟粕较多。近有1985年上海古籍出版社排印毕万忱点校本。

遁窟谰言 笔记小说集。近代王韬著。十二卷。一百六十四篇。鲁迅谓其"纯为《聊斋》者流，一时传布颇广，然所记载，则已狐鬼渐稀，而烟花粉黛之事盛矣"(《中国小说史略》)。此书反映出欧风东渐后鬼神迷信淡化、城市畸形繁华的社会变化，对政治黑暗腐败也有所揭露。内如《翠驼岛》叙苏州书生泛海远航，至好望角，为大风吹至翠驼岛，遇汉刘邦后裔，作者假刘氏一席话，痛陈八股取士愚弄黔首，其罪不亚于秦始皇之焚书坑儒。此书成稿于同治元年(1862)。为晚清笔记小说代表作之一。有光绪元年(1875)上海申报馆活字本、民国二年(1913)上海惜阴书屋石印本、民国二十四年上海大达图书供应社铅印本等。

淞隐漫录 笔记小说集。近代王韬著。十二卷，一百十八篇。为作者寓居上海时，"追忆三十年来所见所闻，可惊可愕之事"(《自序》)写成，与其《淞滨琐话》、《遁窟谰言》，为模仿《聊斋志异》作品中，较为著名者。其特点正如鲁迅《中国小说史略》所称："狐鬼渐稀，而烟花粉黛之事盛矣。"内容可分为志怪传奇和记述人事两方面。作者《自序》云："《淞隐漫录》所纪，涉于人事为多，至于灵狐黠鬼、花妖木魅，以逮鸟兽虫鱼，篇牍寥寥，未能遍及。"内写"烟花粉黛"之妓女生活，多达二十余篇，约占全书五分之一。其他有写少数民族与外国风情者。写于光绪十年(1884)至十三年。有上海点石斋初版石印本，卷首有作者《自序》，每篇有插图一幅。翻印本有上海鸿文书局和积山书局印行本，均改题《绘图后聊斋志异》并增收其《淞滨琐话》中四篇。近有1983年人民文学出版社排印本。

淞滨琐话 笔记小说集。近代王韬著。十二卷。六十八篇。大致为两类：一为借奇境幻遇暴露社会黑暗，以狐鬼仙妖寄托真情实意。如《因循岛》中描述"黄沙无际，草木不生，居民均面黄肌瘦，悴容可掬"，而官吏则皆兽面人身，巧取豪夺，贿赂公行。第二类主要描写一系列鲜明生动的妇女形象，特别是社会最底层的妓女。如《魏月波》中的少女魏月波，大胆追求爱情未能如愿，却沦为妓女，饱受折磨和苦难，最终削发为尼。本书受《聊斋志异》影响明显，构思奇特，想像丰富，写景写情均有传神之笔。书中反复宣扬的生死轮回，白日飞升等却属糟粕，另有反映封建文人赌酒征歌、渔猎女色之情形亦不足取。有光绪十三年(1887)淞隐庐铅印本、宣统三年(1911)上海著易堂石印本、民国初《笔记小说大观》本，近有1986年齐鲁书社排印本、1987年岳麓书社排印本。

道听途说 笔记小说集。近代潘纶恩著。十二卷，一百零八篇。纶恩，字箨园，著有《箨月山房诗钞》。筠坪老人序谓题材来源于"道听途说"，故名。体例则仿《聊斋志异》，篇末以"箨园氏曰"发议论。内容多为奇闻异事。如《晁妇》，叙嘉兴晁姓商人终年外出，其妻与西商私通。一日有贼入宅行窃，晁母发现叫喊，贼杀之遁去。邻人闻声赶至，见西商恰在晁妻处，乃缚以送官，二人遂被县官误判死刑。后贼于他处作案被擒，供出曾杀晁母事，县官闻知，为保禄位，不改错判，晁妇与西商竟蒙冤而死。揭露晚清官场黑暗颇为深刻。有光绪元年(1875)上海申报馆印行本。

萤窗异草 笔记小说集。清浩歌子著。十二卷。凡初编四卷，二编四卷，三编四卷。一百三十六篇。《八旗艺文编目》云："满洲庆兰著。庆兰字似村，庠生，尹文端(继善)公子。"全书以记述奇闻异事为主，主人公常为狐精神鬼，花木妖魅。如《青眉》记狐女与竺姓皮匠相恋，狐女相夫立业，与恶势力斗争；《秦吉了》写小鸟秦吉了助书生梁生与豪门丫环相恋，嘱梁生破棺救出遭毒打而死的丫环，使其复活，遂成美满姻缘。此类篇章，赞扬忠贞爱情，谴责邪恶势力，颇具进步意义。然《天宝遗迹》记端五等入骊山背阴处石洞，见一青色玉屏，上有隶书，谓妃子避暑于此，洞忽巨响，诸人逃出后均暴死，遂封之，后亦无问津者，则纯为志怪之作。虽内容和形式步趋《聊斋志异》，但针砭现实之精神，艺术表现之工力，均相去甚远。有光绪年间上海申报馆铅印本、《笔记小说大观》本、民国二十六年(1937)上海通俗图书刊行社铅印本。近有1980年齐鲁书社排印本、1986年中州古籍出版社排印本。

夜雨秋灯录 笔记小说集。近代宣鼎著。十六卷。凡正集八卷、续集八卷。《中国丛书综录》等则著录十二卷。篇数有作一百十三篇者，亦有作一百十五篇者，实则有二百余篇。所记或作者所目睹耳闻，或采自民间传说，内容不出遗事轶闻，神怪狐鬼。作者常于文后，仿《聊斋志异》之“异史氏曰”，以“僨侬氏曰”发表议论。在诸多仿《聊斋志异》作品中，《夜雨秋灯录》以情节曲折，文笔简洁，辞采华赡胜，流传颇广。有光绪三年(1877)正集初版本，光绪六年续集初版本，均由上海申报馆以仿聚珍版印行。此后翻印本甚多，但多删改窜乱，如《笔记小说大观》所收《夜雨秋灯录》八卷本，仅四卷为原作。近有1985年岳麓书社出版十二卷本，1987年上海古籍出版社、吉林时代文艺出版社出版正续集合订本。

留仙外史　又名《里乘》。文言短篇小说集。近代许奉恩著。十卷。收小说一百四十七篇。许奉恩，字叔平，自号兰苕馆主人，安徽桐城人。书分神仙、鬼神、狐仙、绿林、言情、粤寇等类。本着“劝善惩恶”的宗旨，或记所见所闻，或写花妖狐怪，内容丰富多彩，近《聊斋志异》、《阅微草堂笔记》，然鲁迅称此书“貌若志怪者流，而盛陈祸福，专主劝惩，已不足以称小说”(《中国小说史略》)。有光绪五年(1879)抱芳阁刊本、题《兰苕馆外史》之坊刊本、民国四年(1915)上海广益书局石印本、民国间上海进步书局石印本等。卷首有同治十三年(1874)自序与说例，另有方濬颐序。近有1988年齐鲁书社排印本，书名题《里乘》。

山右谳狱记　笔记小说集。近代顾麟趾著。十五卷。每卷一案，计公案故事十五则。除第一则《许绳仁指债不偿一案》为民事案外，均系刑事案。作者曾为知县多年，所记皆以事实为据。作品反映了晚清黑暗的社会现实，具有一定的积极意义。有光绪二十四年(1898)冬饮庐刊本。

右台仙馆笔记　笔记小说集。近代俞樾著。十六卷。作者为著名学者，学术著作以严谨见称，此书“则代表他著作的另一方面，也就是在杂记狐鬼怪异之中，以较为轻松而略带诙谐的文笔，描摹民俗风物，世态人情”(点校本徐明震《前言》)。光绪五年(1879)作者夫人姚氏卒，同年冬葬于杭州西湖边右台山，作者因筑室居其旁，颜曰“右台仙馆”。以年届老迈，精力渐衰，且主要著作均已问世，遂出其绪余，仿纪昀《阅微草堂笔记》体例，杂记平时所见所闻，写成笔记六百余则，编为此书。前有自序，附《征求异闻启》，称：“伏望儒林丈人、高斋学士，各举怪怪奇奇之事，为我原原本本而书，寄来春在草堂，助作秋灯丛话。”有光绪二十五年《春在堂全书》本，1986年上海古籍出版社据以排印出版。

中国女侦探　文言短篇小说集。近代吕侠著。收短篇侦探小说《血帕》、《白玉环》、《枯井石》三篇，均女子破案故事。《血帕》叙开封祥符县某烟馆中，二女自缢身死。县令经太太指点，于死者衣中发现血书。手帕上有烟馆老板贩卖人口罪状，知二女因不甘被卖而自尽，案乃大白。《白玉环》叙某布商子新婚三日，突接匿名信，谓新居系凶宅，不迁将有大祸。新郎姊暗中侦察，发现原是新郎之舅等人，为争夺犯罪集团“胜利党”之信物“白玉环”而作案。为中国最早的侦探小说之一，颇具文学史料价值。有光绪三十三年(1907)上海商务印书馆初版铅印本，民国十七年(1928)出至第五版。

文明强盗　文言短篇小说集。近代无名氏著。八篇，为《某银行》、《考陆军》、《光线》、《密探烟员》、《女骗掉包》、《骗遇骗》、《借窟捕兔》、《假教司》。本书属谴责小说，所叙皆为貌似端正之人行骗事，以揭露社会黑暗之一面。今存宣统二年(1910)上海改良小说社再版本。

燕京花史　笔记小说集。近代吴蔼航著。四十九篇。《汪桂芬小传》叙四川成都儒生汪某经商破产，冻馁而死。女儿桂芬遂被纳为某官小妾，因不为大妇所容，数月后即被逐出，后被孙三卖到北京。桂芬从此以卖笑度日，冶游者为之捧场，遂成名妓。其余篇目，亦均写妓女生涯。既同情其不幸遭遇，又津津乐道其风流韵事，流于低级趣味，然在某些方面也暴露了社会黑暗，有一定的认识价值。有大同序、刘泽沛序及题词。有宣统三年(1911)北京京华印书局初版铅印本、民国间重印本。

铁冷丛谈　笔记小说集。近代刘铁冷著。不分卷。七十七篇。内容多记述侠士、义仆、节妇、烈女事迹。篇末仿《聊斋志异》“异史氏曰”，发表议论，加以褒扬，反映作者维护封建道德的创作思想。某些篇章，如《曾省三》揭露道貌岸然者为美色所迷，当众出丑，现出伪君子真面目，具有一定积极意义。有民国二年(1913)铅印本，另有民国三年上海民权出版部铅印本。

虞初近志　文言短篇小说集。近代胡寄尘编。六卷。六十九篇。编者旨在续《虞初新志》、《虞初续志》。有人物传记，也有山水游记。所选多为林纾、梁启超等名家名篇，所记人物多为市民阶层。如《大刀王五》、《甘疯子传》表现见义勇为、扶危救难之豪侠气概，如《霍元甲逸事》表现爱国精神，如《李凤林传》写义丐积资兴学，如《四巧工传》写民间工匠之高超技艺。而《罗浮游记》、《北戴河游记》等则描写了祖国江山的美丽风貌。书中对于百姓贫困艰辛的生涯，寄予极大同情，对于洋人在中国居高临下的殖民态势，表示了愤慨之情。有民国二年(1913)上海广益书局铅印本。

技击余闻 笔记小说集。近代林纾著。不分卷。四十六篇。题材多为民间传闻。记精通武艺、行侠仗义的豪杰，间记欺压良善、危害社会的恶霸。作品行文简洁流畅，叙事委婉曲折，人物亦较生动，为文言小说中较著名者。有民国二年(1913)商务印书馆初版本，民国三年作为《小本小说丛书》之一再版。

女聊斋志异 文言小说集。近代贾茗编。四卷。八十九篇。编者为女性，倾倒于《聊斋志异》，于是收集汉魏六朝至清末的志怪、传奇、笔记以及史籍、地方志等所载女子故事，或原文选录，或略作润色，编为此书。反映了当时"崇拜蒲留仙"的风气在妇女中也深有影响。匪邉叙谓其专注于"数千年来之贞女、才女、侠女、情女之魂"，掇拾奇闻轶事，"或以情爱见称，或以节烈见著，或以侠义文藻见长，皆中华奇女"。有民国初上海中华图书馆初版石印本，卷首有民国二年(1913)匪邉叙。民国二十四年上海春明书店翻印。1985年齐鲁书社检出各篇原始出处，重新标点出版。

酌泉录 笔记小说集。近代高学谦编著。四卷。三百五十篇。内容广泛而驳杂。卷一为《纪异》，下列《仙佛》、《神鬼》、《轮回》、《妖魅》、《异术》、《异物》六类；卷二为《语乘》，下列《语隽》、《笔记》二类；卷三为《稽逸》，下列《齐民》、《技术》、《方外》、《畸人》四类；卷四为《谈荟》，下列《科名》、《高年》、《存疑》、《愚骇》、《前鉴》五类。其中有作者自撰，也有采自他书者。有志怪、传奇之作，也有纪实文字，主旨在于劝善惩恶。有民国三年(1914)中国图书公司铅印本，卷末有赞廷氏后记。

蕉窗雨话 笔记小说集。陆士谔编。六卷。选录当时名家林纾、李定夷等笔记小说二百余篇，分为奇孝、奇情、奇侠、奇智、奇才、奇勇、奇言、奇行、奇艺、奇术、奇骗、奇案、奇病、奇穷、奇鬼、奇魁、奇物、奇凶、奇祸、奇福二十类。所叙并非皆为奇事，但内容颇能吸引读者。有民国三年(1914)上海时务图书馆铅印平装本，卷首有刘铁冷、沈锡章序，庞树柏题词。

黛痕剑影集 笔记小说集。近代胡寄尘著。九十五篇。多写爱情、侠义故事，故取名《黛痕剑影集》。所写隐士、书生、侠客、妓女、乞丐、神仙、鬼怪等，形象生动，结构紧凑，往往数百字一篇，语言浅显明白，大都劝人为善。如《双鸥》写书生谢玉如与表妹林蕴贞幼时青梅竹马，长而情意相投；偏有无赖，心怀妒忌，夜间潜入蕴贞房内，投下玉如之鞋而去；蕴贞蒙辱投湖自尽，玉如亦为此投湖殉情。有民国三年(1914)上海广益书局初版铅印平装本，前有作者自序及题词。

拍案惊异 又名《四续今古奇观》。笔记小说集。近代隐沪山人著。不分卷。五百四十四篇。作者自序谓生平喜好远游，故所记多为游历时见闻。内容庞杂，以奇闻异事为主，如《树中巨蟒》、《五色云现》、《妇女自殉奇案》、《猛虎入城》、《男魂误入女体》、《雷击恶人》、《逆妇化猪》等。间有记述流传民间之"偏方"等内容，如《童孩小便塞秘方》、《治嗝症方》、《治难产方》之类。有民国四年(1915)上海锦章书局初版石印本。

风尘奇侠传 文言短篇小说集。近代姜侠魂编。六十六篇。所选为当时报刊和个人小说集中的武侠小说，作者有王韬等二十余人。自序称"无论须眉巾帼，豪华贵介以及屠狗之夫，抱关击柝之流，苟能合于义侠、智侠、仁侠、勇侠、烈侠、豪侠、任侠，莫不掇拾"。所选作品文字简洁，故事紧凑，可读性强。有民国五年(1916)上海振民编辑社铅印本。

武侠丛谈 笔记小说集。近代冷风编著。不分卷。四十八篇。选自清代笔记小说。主人公为各种不同身分之侠客或大盗。有僧人道士，有世家子弟，有市井平民，亦有著名文人与女性侠客。所叙均为行侠仗义、除恶锄奸故事。如《南阳女侠》，叙女主人公不仅为父亲和丈夫报仇雪耻，而且还志在兴复汉室，具有积极意义。有民国五年(1916)上海商务印书馆初版铅印本。

明清两代佚闻大观 笔记小说集。近代李定夷编著。八卷。一百八十四篇。选自清末民初之笔记、报刊。作者有江山渊、朱剑仙、刘哲庐等人。全书分明代、清代两大部分。明代有《孤臣殉国志》、《义民泣血录》、《烈女列传》等栏，清代有《宫闱杂记》、《臣工佚事》、《红羊拾闻》、《江湖琐载》等栏。所收篇章，有真人实事，也有小说家言。实有其事者，如《苏城五烈》记颜佩韦等五人反对宦官魏忠贤迫害东林党人周顺昌而被害。得之于传闻者，如《孝庄之秘事》记清太宗孝庄皇后为劝降明大臣洪承畴不惜以色相诱，《顺治之父》记清顺治帝系其母与猎人王皋野合而生，皆为丑化清人而作，其事实无可考，盖小说家言。作品多赞扬忠烈，宣传排满反清思想。有民国六年(1917)上海国华书局初版铅印本。

十叶野闻 笔记小说集。近代许指严著。全书二册，共四十三篇。作者祖父清末曾长期游幕，熟稔官场掌故，作者随侍在侧，闻之甚悉。民国初年，作者又游京师两年，见闻益广。遂据以撰为小说。本书所记，以清代宫廷秘闻、官场掌故等为主。如《和珅轶事》条，写和珅擅权贪酷，《垂帘波影录》条，写慈禧以毒辣手段铲除异己，《崔李两总管》条，写李莲英等太监之种种罪恶，揭露统治者的黑暗腐朽，有其积极意义。某些条目，因得之于传闻，不免有失实之处。有民国六年(1917)上海国华书局铅印本。

中国新侦探案 文言短篇小说集。近代俞天愤著。二十篇。卷首有徐枕亚叙，每篇有徐枕亚评。作品以作者家乡常熟为背景，记叙偷盗、拐骗、凶杀等刑事案件。如《一分钟》写警署书记礼卿偷盗警署没收烟土，贩卖获利。如《文明结婚》写一妇女参加文明结婚典礼，价值巨万之首饰被盗，侦查结果，窃贼竟为警署看守员。《坩中石》写一法官受贿五千元，混淆黑白，判案是非颠倒。反映了民国初年吏治腐败，为中国最早侦探小说之一。有民国六年(1917)上海小说丛报社铅印本。

爱国英雄小史 笔记小说集。近代王瀛洲编著。上下二编。五十二篇。作者有李涵秋、周瘦鹃、成舍我、吴绮缘、时芳等三十人。所选作品，以爱国主义思想为主题，颇有积极意义。小说主人公，亦多真人真事。如时芳所作《徐大华》，记鸦片战争中，陈化成、徐大华抗击英军入侵，为国捐躯事，在当时武侠神怪、黑幕小说，以及"烟花粉黛之作"盛行之际，极为可贵。有民国六年(1917)上海交通图书馆铅印本，为《名著小说一千种》之一。

新谈汇 笔记小说集。近代李定夷编著，包醒独校订。十二卷。二百余篇。主要选自当时各种笔记，兼收报刊所载，内容庞杂。第一卷为《人海黑幕》，收《科举之弊》、《奇奸》、《无头案》等，揭露当时社会之腐朽黑暗。第二卷为《江湖述异》，录奇人异事，如《奇妇》等。第三卷为《名人佚史》，记一壶先生、许浩然、陆清献、潘世恩等佚事。第四卷为《巾帼拾遗》，记奇才异能之女中豪杰。第五卷为《孝友传》、第六卷为《贞节坊》，宣扬孝子贤孙、贞女节妇之封建道德观。第七卷为《武术谈》，为短篇武侠小说，述江湖侠士故事。第八卷为《神怪志》，承六朝"志怪"余风，记述奇人、异物、怪事，如《人变犬》、《马珩妖术》等。第九卷为《市井摭谈》，记述琐闻杂事，如《痘医》、《八哥学哭》等。第十卷为《瀛海珍闻》，记述海外奇闻，如《灵犬》、《电气马鞭》、《木能人言》等。第十一卷为《豆棚新语》、第十二卷为《风丝雨片》，均为杂记，如《义犬》、《床头妙计》等。有民国六年(1917)上海国华书局铅印本。

南社小说集 文言短篇小说集。近代吴文濡编。十三篇。收有周国贤(瘦鹃)《自由》、程善之《儿时》、叶叶(小凤)《贼之小说家》、王晦(钝根)《予之鬼友》、胡怀琛(寄尘)《黄金》、闻宥(野鹤)《媒毒》、叶玉森(中泠)《云》、王钟德(大觉)《红爪郎》、孙璞(阿瑛)《伤心人语》九篇，写情占有半数，意义不大。其余为三篇翻译小说，剧本一种，即成平(舍我)《黑医生》、赵泽林(苕狂)《奇症》、姜可生(杏痴)《蛇齿》及贡璧(少芹)《哀川民》。为《南社丛刻》临时增刊，不代表南社小说的成就。有民国六年(1917)上海文明书局铅印本。

新世说 笔记小说集。近代易宗夔著。八卷。仿刘义庆《世说新语》体例，记述清代及民国初人物事迹，以夹注形式附加小传。分德行、言语、政事、文学等三十六门，共一千余则。诚如作者自序所云："品必取其最高，语必取其最隽，行必取其最奇。重实事而屏虚谈，有臧贬而无恩怨。使阅者流连往躅，雅趣横生。"蔡元培云："易君后王氏(《今世说》作者王晫)二百年而有是作，自采录王书数十则外，皆以见闻所及，精择而雅言之，几乎无一字无来历。昔人评《唐语林》曰：'是书虽仿《世说》，而所纪典章故实，嘉言懿行，多与正史相发明，视刘义庆之专尚清谈者不同。'吾于是书亦云。"有民国七年(1918)北京易宅铅印本，近有1982年上海书店影印本。

清朝奇案大观 文言短篇小说集。近代孙剑秋编著，王钝根校订。四卷。二百三十三篇。题材选自史籍、笔记及报刊所登载者。内容均为清代断案事。既多纪实之章，亦有虚构之篇，近公案小说一类。如《四川东乡冤案》，叙光绪初年四川东乡知县孙定扬，借办团练之名，横征暴敛，民不聊生。乡民推袁廷蛟为首，率众与孙交涉。孙向总督诬告乡民请愿为匪徒滋事，总督派兵剿办，杀害无辜百姓数百人。后丁文诚继任四川总督，查明此事真相，朝廷又派员核实，乃将知县孙定扬等革职，东乡冤案，始得昭雪。反映了晚清官场腐朽黑暗，贪官污吏鱼肉百姓的社会现实。有民国八年(1919)上海东华书局铅印本。

中国恶讼师 笔记小说集。近代平襟亚著。二百六十余篇。内容均为讼师"舞文弄法，逞刀笔于一时"，混淆是非，颠倒黑白，"蛊上而愚下"(周瘦鹃序)之事。如《指甲墨痕》，叙某富翁子将房产卖与邻人。邻人于房舍下掘得藏金十瓮。卖主大悔，以重金求助于讼师，讼师暗中指蘸黑墨，于索观契约时，在"上买楼房，下买地基"之"下"字旁加一撇，成为"不买地基"，遂得地下藏金。有民国八年(1919)上海志成书局铅印本。

中国游侠轶闻 文言短篇小说集。近代沈莲侬编著。十篇。为《紫髯客》、《蝴蝶党》、《野人窟》、《朱砂手》、《黄衣盗》、《铁指环》、《红纱灯》、《秘密室》、《密约案》、《一粒钻》。内容于侠义英雄外，兼及侦探小说。盖受外国侦探小说影响，已由侠义公案小说，衍为侠客与侦探相结合，颇有文学史料价值。如《蝴蝶党》，叙富家女华纨芳忽然失踪，华家请侦探察访。侦知纨芳失踪前夕，曾有同学绮华来访，疑其与案有关，不料绮华亦同时失踪，线索遂断。后赖陆琴舫之婶相助破案，捕获罪犯蝴蝶党徒，陆琴舫与华纨芳亦成眷属。有民国八年(1919)上海朝记书庄初版本，民国九年再版。

清代名人笑史 笔记小说集。近代席胥涛著。二卷。一百十一篇。叙述有清一代名人可笑之轶事。如《外交小史中之出使笑谈》，列举清朝使臣不谙国情，有损国格，贻笑外人之事实，讽刺昏官之颟顸愚昧。《满员笑柄二则》揭露清朝官吏不学无术，现其自命风雅之丑态。《纪文达之隐谜》记纪昀(谥文达)题"擘窠竹苞"匾额赠和珅，讥其家个个草包，经乾隆帝戳穿谜底，和珅方觉狼狈不堪。既见批判锋芒，又见雅谑机智，文字精炼，语言辛辣幽默。有民国八年(1919)中华图书馆出版铅印本，卷首有王鼎序。

太平天国宫闱秘史 又名《太平朝宫闱秘史》。笔记小说集。近代宁山民著，别题燕北老人宁山民合编。收录故事四十五篇。全书成稿于民国四年(1915)，记述五十六年前作者被太平军俘虏至天京时之见闻，以及被释十年后，再游南京时所闻太平天国旧事。自序谓："太平军以三五可数人物，一旦揭竿田间，居然下名城，破雄州，建立帝都"，"创造一大篇亘古今之历史，嘻，亦伟哉！"对太平军的评价较为公允。而《九千岁之淫威》等篇，亦带有贬损之意。内有关太平天国典章制度的记载，颇有史料价值。有民国八年(1919)上海江南书局初版本、民国十一年上海国光书局翻印本。

历代奇案大观 笔记小说集。近代王非编著。八册。六百余则。选自历代史籍及笔记，分为周、秦、汉、三国、晋、前五代、唐、后五代、宋、金、元、明、清、民国及补遗等部分。所选案例，多具传奇色彩。如记明代某王外出狩猎，途中发现一木柜，中锁一女子。王命放出女子，锁入一熊。后闻有僧为熊咬死，案遂大白。又如记宋代一总辖对疑犯无证据以定其罪，乃命疑犯唾之。疑犯因内心紧张，竟无唾液，因而伏罪。有民国九年(1920)上海中华图书馆印行本。

广说铃 又名《五十家阅世奇谈》。笔记小说集。上海进步书局编选。选录清代及近代五十家笔记文，共一百四十五篇。取自薛福成《庸庵笔记》、陈其元《庸闲斋笔记》、诸联《明斋小识》、采蘅子《虫鸣漫录》、袁枚《子不语》等。广收博采，所选志怪述异，野史佚事，均有佳作。如《叶天士遗事》，记乾隆时名医叶天士，医术高明，不守陈规，对症下药，常有奇效，如治疗闭痘不出之小儿，则裸置暗室，借蚊虫叮咬而出痘。有民国九年(1920)上海进步书局铅印本。

指严余墨 笔记小说集。近代许指严著。二卷。上卷辑录报刊所载，写实之中亦有虚构，有《藩变拾闻》、《夺嫡志》、《玉妃案》、《慈禧垂帘记》等十篇，下卷有《秘密外交》、《武员丑史》、《堕花怨》等十八篇。或写宫廷政变，或写藩王谋反，或写官场丑闻，或写民间社团，或写僧人道徒，或写侠客武士。寓言讽世，类东方朔滑稽之谈，而艳词丽句，颇能代表旧小说家之风韵。作者曾云："迩来小说派别多，竞争烈，然当此新旧交替之时，当新旧兼为之。殊不当以旧讥新，著新毁旧也。即我近作，亦为过渡主张，无论其写实派邪，旧浪漫派邪，新浪漫派邪，将均为之"(钼农《许指严》)，此书即可见其创作倾向。有民国十二年(1923)上海国华书局铅印本。

曼殊大师小说集 文言小说集。近代苏曼殊著。集中收有苏曼殊所作七种,为《断鸿零雁记》、《绛纱记》、《焚剑记》、《碎簪记》、《非梦记》、《天涯红泪记》,及虽为译著实为创作之《惨世界》。其中以《断鸿零雁记》为最著名,以第一人称叙述,写"余"因家难出家为僧,一日遇盗途穷,偶遇幼时乳母,得知己之身世,乃东渡寻母,其间叙述与雪梅、静子等女之生死恋情,缠绵悱恻。其余如《绛纱记》、《非梦记》等亦皆以主人公生死恋情为题材,以揭示封建礼教迫人致死之罪恶,并流露出民主主义思想及民族意识,有强烈时代气息。作品情节曲折,文字优雅,艺术感染力较强。有民国三十六年(1947)上海教育书店刊行本。

人中画 白话短篇小说集。清无名氏著。五篇十六回。每篇演一故事,以三字标题,复缀以回目,目皆俪语。《风流配》四回,叙成都府秀才司马玄感义气成全举人吕柯功名婚姻,吕报恩助其与华峰莲、尹荇烟结成美满姻缘事。《自作孽》二回,叙祁门童生汪费忘恩负义、贪赃枉法至入狱事。《狭路逢》三回,叙商人李天造父子落水遇救,天造后与寡妇季氏结合事。《终有报》四回,叙秀才唐季龙与庄氏女婚姻事。《寒彻骨》三回,叙贵阳府柳春荫矢志为父报仇,终得点翰林、成婚姻事。小说赞美正人,针砭邪佞,情节生动,语言流畅,但时杂因果说教。有顺治间啸花轩刊十六卷本、乾隆十年(1745)植桂楼刊三卷本(含《唐季龙传奇》、《李天造传奇》、《柳春荫传奇》,即《终有报》、《狭路逢》、《寒彻骨》)、乾隆四十五年泉州尚志堂刊四卷本(比三卷本多《女秀才》篇,系选自《二刻拍案惊奇》卷一七,另一刻本书名改为《世途镜》)。近有1984年人民文学出版社《古本平话小说集》本、上海古籍出版社《古本小说集成》本。

十二楼 一名《觉世名言》。白话短篇小说集。清李渔著。十二卷。一卷演一故事。卷一《合影楼》叙珍生与玉娟隔墙而居,时从池影相见,以荷叶为邮,互赠诗笺,终结连理,将水阁作金屋,题曰合影楼。卷二《夺锦楼》叙钱小江二女皆极美慧,钱氏夫妻选婿不慎,府官命二女暂居夺锦楼,以淑女为锦标考校童生另择佳偶。卷三《三与楼》叙高士虞素臣喜造园林,建书屋曰三与楼,后被邻居谋夺,经友相助索还。卷四《夏宜楼》叙詹淑娴美貌端庄,居夏宜楼,瞿佶借千里镜之助与詹喜结良缘。卷五《归正楼》叙广东骗子搅世魔王建归止楼,因发善心,燕子衔泥在止字上添一画成为归正楼。卷六《萃雅楼》叙权如修等合开古董铺萃雅楼,严世蕃好男色,权被迫至严家,及严被劾,权入宫奏其罪行,致世蕃身遭极刑。卷七《拂云楼》叙韦小姐及侍妾能红奇娇异艳,秀士裴远求婚被韦翁峻拒,能红于拂云楼见裴丰姿,遂助成好事。卷八《十卺楼》叙郭酒痴能判吉凶,为姚秀才新房题匾曰十卺楼,姚九易新娘,所娶非病即死,至十婚,始得佳妻。卷九《鹤归楼》叙段玉初娶绝色女绕翠,后宋徽宗命段使金,玉初假作无情,题所居曰鹤归楼,以示决不生还,八年后放归,夫妻重拜华堂。卷一〇《奉先楼》叙舒秀才七世单传,三十得子,会族人于奉先楼立意存孤,后历经坎坷,夫妻母子团圆。卷一一《生我楼》叙乡间财主尹小楼,全家几经离散巧又重逢。卷一二《闻过楼》叙殷太史思念畏友顾呆叟,因题其楼曰闻过楼,后太史与县尊设谋使呆叟入城为邻,诸人皆得闻过。本书通过青年男女的爱情波折批判封建礼教、门第观念,并揭露了统治集团上层人物的丑恶灵魂与残暴本质。作品情节曲折新奇,构思别出心裁,主线突出,照应周到,语言浅显幽默轻快。有顺治十五年(1658)广顺堂刊本、乾隆消闲居刊本、嘉庆五年(1800)会成堂刊本等。近有1986年人民文学出版社、上海古籍出版社排印本。

连城璧 原名《无声戏》。白话小说集。清李渔著。初集十二回,二集今存六回。初集成书不晚于顺治十四年(1657),二集刊于顺治十一年至十四年间。传本现有马隅卿藏《无声戏合集》残本,日本尊经阁文库藏伪斋主人序顺治写刻本初集十二回,日本佐伯文库藏本《连城璧》全集十二篇(回)外编六篇(回)。因二集曾遭禁及书商射利打乱目次,其卷帙面貌各本之间颇有差异。所收作品颇带喜剧色彩,而大旨又归于劝善惩恶。题材无所依傍,自铸新辞,自作构思,主人公多为市民阶层人物。情节颇奇,然或失之凑合,说教亦嫌过多。张缙彦官浙江布政使时,以编刊《无声戏二集》被定"诡词惑众"之罪,可见其中有违碍文字,但今已无从考察。近有1992年浙江古籍出版社《李渔全集》本、1994年上海古籍出版社《十大古典白话短篇小说》本。

无声戏 即"连城璧"。

五色石 全称《笔炼阁编述五色石》。白话短篇小说集。清笔炼阁主人(一说即徐述夔)著。八卷。中国古代传说女娲炼五色石以补天,作者“以文代石”欲补天道之缺，故取此书名。每卷演一故事，以三字为题，复缀七字双句回目，以概括情节内容。所叙唐宪宗至明嘉靖间八篇故事，反映社会生活面较广泛，题材各异，有表现爱情主题，写才子佳人的，如《二桥春》、《白钩仙》、《选琴瑟》，有反映家庭矛盾，倡导纲常名教的，如《双雕庆》、《续箕裘》均以父慈子孝、妻妾和顺为主题，有劝善惩恶，警世醒世的，如《朱履佛》写来如本蒙冤终雪，查出奸杀民女的淫僧，《虎豹变》写赌徒迁善改过。情节奇巧，结构缜严，语言丰富流畅，富有表现力，但对社会问题揭露与批判苍白无力。有清初原刊本。近有1985年辽宁春风文艺出版社排印本、1985年浙江文艺出版社《笔炼阁小说十种》本（选六篇）、上海古籍出版社《古本小说集成》本。

八洞天 全称《笔炼阁编述八洞天》。白话短篇小说集。清笔炼阁主人（一说即徐述夔）著。八卷。为《五色石》之续作，体例亦同。借手中笔作为炼“其理之必当然”的“别一洞天”，写下八篇作品，故书名《八洞天》。每卷一事，除用偶句标题提示情节梗概外，另用三字标题揭示创作主旨，如《正交情》写朋友邻里关系，叙明正统间负旧交又为新交所负的故事，《明家训》写家教，《醒败类》写戒贪心，《补南陔》写父子关系，《反芦花》写继母与前妻之子关系，《培连理》写夫妻关系，《续在原》写兄弟宗族关系，《劝匪躬》写主仆关系。意在劝善惩恶，宣扬封建伦理道德。刊行后，在海内外有一定影响，清梅庵道人编选《四巧说》，有三种选自《八洞天》。又曾被译成满文。乾隆四十九年（1784）前，已为日本学者所引用。有清初原刊本，近有1985年书目文献出版社《文史哲研究资料丛书》本。

生绡剪 全称《花幔楼批评写图小说生绡剪》。白话短篇小说集。清谷口生编。十九回。各回均注作者名号，计十五人。其题材内容有表现青年男女婚姻爱情的四篇，宣扬神仙道化善恶报应的五篇，描写公案歌颂清官的两篇，有关社会人情世态炎凉的七篇。其共同特点是直接反映客观现实，抒情写意多所发挥，有较高的艺术感染力，但也杂有因果报应、祸福命定等糟粕。各回水平参差不齐，以第三、七、十二、十八回较佳。有清刻本，约刻于康熙初年。近有1987年春风文艺出版社排印本。

西湖佳话 全名《西湖佳话古今遗迹》。白话短篇小说集。题“古吴墨浪子搜辑”。十六篇。每篇叙一事。写葛洪得道济人、白居易修井筑堤惠民、苏轼浚西湖造六桥通水利、骆宾王与宋之问邂逅吟诗、林逋隐居孤山种梅养鹤、苏小小埋骨西泠、岳飞忠勇万世留芳、于谦忠烈后人仰慕、济公倜傥行善、元净与苏轼虎溪笑谈、文世高与刘秀英断桥钟情、钱镠上尊朝廷下抚百姓、圆泽与李源三生石再世订约、冯玄幽禁孤山、白娘子与许仙遇合、沈氏放生得善报。文笔朴素流畅生动，故事性强。有康熙间金陵王衙刊本、乾隆辛未（1751）杭州文翰楼发兑本、1804年日本刻本。近有1956年古典文学出版社排印本、1958年中华书局上海编辑所排印本（1980年上海古籍出版社重印）、1981年浙江人民出版社排印本。

照世杯 白话短篇小说集。题“酌元亭主人编次”。四卷。卷一《七松园弄假成真》叙苏州秀士阮宦苦恋扬州名妓畹娘，在好友张少伯的激励下，发奋苦读，终于金榜题名，夫妇团圆。卷二《百和坊将无作有》叙老童生欧醉行骗，反为人所骗，落得人财两空的下场。卷三《走安南玉马换猩绒》叙杜景行为胡衙内陷害，历尽艰辛，在安南终以一玉马换得三十丈猩绒。卷四《掘新坑悭鬼成财主》叙穆太公父子以新粪坑引人如厕，致富成名，白屋发迹。本书揭露了社会黑暗，世态炎凉，同时又寓以劝戒，故名《照世杯》。有康熙间酌元亭刊本；1928年陈乃乾据董康由日本带回的版本排印，收入《古佚小说丛刊》，卷首有“吴山谐野道人”序。1956年古典文学出版社据陈本排印出版，1985年上海古籍出版社再版。

豆棚闲话 白话短篇小说集。清艾衲居士编。十二则。每则一般由一组故事（二至三个）作为“入话”，互相衬托，然后引出正文。而且每则故事均以在豆棚中说闲话开始，然后再回到豆棚作为结束。《范少伯水葬西施》揭露了明末吏治腐败，世风日下，人情浇薄的现象；《首阳山叔齐变节》抨击和讽刺了卖身投机的士大夫；《大和尚假意超升》批判了对佛老的迷信；《渔阳道刘健儿试马》反映了明末官逼民反的社会现实。但书中也存在赞美封建礼教、轻视妇女、宣扬宿命论等局限。有康熙间写刻本，有紫髯狂客评及天空啸鹤叙。另有乾隆四十六年（1781）书业堂刊本、乾隆六十年三德堂刊本、嘉庆三年（1798）刊本、民国二十四年（1935）上海杂志公司排印本。近有1983年上海古籍出版社排印本、1984年人民文学出版社排印本。

二刻醒世恒言 白话短篇小说集。封面题“墨憨斋遗稿”,显系伪托明冯梦龙著,下集第一回又题“心远主人编次”。二十四回。分上下函,每函十二回,每回演一故事。作品大多取材于宋元明以来的笔记小说,部分选自明人话本小说集。如《雪照园绿衣报恩》,叙李慧娘事,取材于《剪灯新话》卷四的《绿衣人传》。《假赤绳月老误姻缘》,叙女词人朱淑真事,即《西湖二集》卷一六《月下老错配本属前缘》,取材于《西湖游览志余》卷一六,《申屠氏报仇死节》,即《石点头》卷一二《申屠娘忍辱报仇》。编撰者为了使故事生动曲折,竭力勾玄探奇,并搀入许多阴司鬼神的情节,又往往把故事引向忠孝节义,以宣扬封建道德。其思想内容和写作技巧都远不及“三言”、“二拍”等话本小说集。今存雍正间原刊本,卷首有雍正丙午(1726)清和下浣溟螺苇斋主人序。

娱目醒心编 白话短篇小说集。题“玉山草亭老人编次,茸城自怡轩主人评”。草亭老人即杜纲,自怡轩主人即许宝善。十六卷。每卷演一故事。叙曹士元艰辛寻父骨、唐长姑聘妹嫁衰翁、蔡节庵仗义周急救难、崔氏舍身救全家、李副将满门抄斩、王慕郭得继女佳婿、曾志广施恩终得善报、张女蒙冤昭雪、陆德秀拒美色救春姐、阴员外逼死人命遭天谴、盖有之为官作恶、陈秀英胡君宠善恶报应、程氏阴行厚德、唐六生报知音、贾任远遇险脱逃、朱伯庐冥间判案等故事。书中通过写世俗生活宣传封建道德和因果报应,也揭示了官府贪赃枉法、民不聊生的社会状况。行文流畅朴实,不尚奇诡,不尚冶艳,但人物缺乏个性,议论过于繁芜。初刊于乾隆五十七年(1792),近有1988年上海古籍出版社排印本。

跻春台 白话短篇小说集。近代刘省三著。四卷。全书四册,以元、亨、利、贞作为序号。光绪己亥(1899)林有仁序谓:“刘君省三,隐君子也。杜门不出,独著劝善惩恶之书,名曰《跻春台》。”每册一卷,每卷十个故事,共四十个故事。冤狱故事达二十篇,占全书一半。如元集《失新郎》,亨集《六指头》、《审豺狼》,利集《双报冤》、《解父冤》、《巧报应》,贞集《血染衣》、《双血衣》等,反映公堂和监狱的黑暗,也反映当时社会的腐朽。书中亦有神话色彩之作,如元集之《义虎祠》、贞集之《蜂伸冤》等篇,均不失“劝善惩恶”的主旨。有民国三年(1914)成文堂刻本。

趼人短篇九种 白话短篇小说集。近代吴沃尧著。九篇。内容主要揭露现实社会丑恶现象,讽刺“立宪运动”,抨击英国贩运鸦片之罪恶,以及暴露晚清官场黑暗腐朽。作品有改良主义思想倾向,具有一定的社会意义。光绪三十四年(1908)上海月月小说社出版。宣统元年(1909)收入《趼人十三种》。

趼人十三种 一名《趼人丛谭》。白话短篇小说集。近代吴沃尧著。共收小说十三种。内容与其《趼人短篇九种》基本相似。但也有些新题材,如《义盗记》写一“积年老盗”,不为利诱,不惧威胁,坚决不充当官府“眼线”,表现出盗亦有道。宣统元年(1909)上海群学图书社出版。

蓬窗志异 白话短篇小说集。近代王冷佛著。四卷。卷首作者自序谓所记之事“或闻诸友朋,或亲身经历”,“皆征实意,宗惩戒,非敢以怪奇之笔,为引迷信之嚆矢也”。内容题材沿袭《聊斋志异》,均为鬼神狐妖以及奇闻异事,但艺术性和思想性均远逊《聊斋》。惟用白话撰写,为其特色。有民国三年(1914)刊《王冷佛先生杂著第五种》本。

说林 白话短篇小说集。商务印书馆编译所编。十四集。收作品八十九篇。作者有王蕴章、许指严、徐卓呆、许啸天、赵绂章、周瘦鹃、恽铁樵等五十二人。创作占十之七八,翻译占十之二三。内容有言情、义侠、侦探、历史、社会等类。多揭露社会黑暗之作。如许指严《猪仔还国记》叙述广东某商人经营失败,被人当作“猪仔”卖至新加坡作矿工,失去人身自由,七年后才由家人赎回。体裁或用章回体,或用笔记体,或用近代短篇小说体;语言有用文言,也有用白话。有民国三年(1914)商务印书馆平装铅印本。

我佛山人短篇小说集 白话短篇小说集。近代吴沃尧著。卢叔度辑校。收录《庆祝立宪》、《预备立宪》、《大改革》、《义盗记》、《黑籍冤魂》、《立宪万岁》、《平步青云》、《快升官》、《查功课》、《人镜学社鬼哭传》、《无理取闹之西游记》、《光绪万岁》等十二篇小说。多为讽刺晚清政治及社会之作。对立宪丑剧尤极力加以讽刺、鞭挞。书后,附有吴沃尧著笔记小说五种,即《中国侦探案》、《趼廛剩墨》、《趼廛笔记》、《札记小说》、《上海三十年艳迹》。花城出版社1984年出版。

清代奇侠大观 白话短篇小说集。近代许啸天著。四十篇。写侠客故事,属武侠小说类。如《王克章逃婚出家》叙康熙末年一僧人于天童寺坐禅,不饮不食,人以为怪。一群儿童围看,有名王克章者,以细棍探僧人之鼻,僧人打喷嚏将其跌出一丈之外,因受重伤。僧人为之疗伤后收为徒,又授其武技。经二年练成绝技,往会僧人之女冬珠,冬珠亦有武功。僧人实为皇十四子部属,乃命克章与冬珠行刺皇七子。不料冬珠恋慕皇七子,纵之逃去。僧人又欲使克章与冬珠成亲,克章不愿,落发为僧以终。书中人物取材于民间传说,结构紧凑,情节动人,虽篇幅不长,而传奇色彩较浓,加以语言流畅,颇能吸引读者。有民国二年(1913)上海时还书局初版铅印本。

隋史遗文　章回小说。清袁于令著。十二卷六十回。叙隋末以瓦岗寨义军将领为中心的英雄故事。据署名为"吉衣主人",实即作者之所撰序文说:"史以'遗'名者何?所以辅正史也。"核心人物是隋末英雄秦琼,原系北齐将门之后,专一结交江湖豪杰,武艺超群。在齐州为捕盗都头,因解人犯盘缠用尽,当锏卖马,遇单雄信相助脱困。旋又病倒于东岳庙,赖道士魏徵相助回乡,途中被疑为响马系狱,发配幽州。幽州帅罗艺夫人为其姑母,姑侄相认后,在罗府与表弟罗成同习武艺,继而以荐投军,东征高丽立功。此时炀帝篡位,暴虐无道,天怒人怨,翟让、李密、徐世勣、王伯当、程咬金等聚众瓦岗寨起义。秦琼被诬为瓦岗一党遭囚,得救后亦入义军。此时李渊父子亦起兵反隋,各路豪杰纷纷归附,秦琼与程咬金等投奔秦王李世民,屡立战功,位至公侯。有明崇祯刊本,不题作者,卷首有吉衣主人序并章二枚,一曰"令昭氏",一曰"吉衣主人",乃袁于令字号。近有1988年北京大学出版社排印本、1989年人民文学出版社排印本。

七峰遗编　章回小说。不题作者,据序为清七峰樵道人著。二卷六十回。叙顺治二年(1645)常熟县以严栻为首的乡民的抗清斗争。本书叙事简洁,歌颂了不甘屈服忍受凌辱的反抗精神,鞭挞了毫无气节、丧尽天良的败类,抒发了作者强烈的悲愤之情。虽记常熟一地,却极具代表性,史料价值大于文学价值。有《虞阳说苑》甲编本,序后署"时大清顺治戊子(1648)夏七月七峰道人书于朱泾佛堂之书屋"。另有民国间风雨书屋排印本。

玉楼春　全称《觉世姻缘玉楼春》。章回小说。题"龙丘白云道人编辑、颍水无缘居士点评"。回目各本不一。书叙唐代宗时京城举行扑蝶会,卢杞因诗作欠佳,为秀才邵玉所讥,卢怀恨而去。数年后,邵子十洲应试中解元,时卢杞已居相位,挟旧嫌,将邵氏父子诬为逆党缉拿,邵全家逃遁。经人称"玉口神"相士李偓指点,十洲扮女装改名文新,避于嘉兴福善庵。黄尚书之女玉娘随母到尼庵进香,赏十洲才貌,接至家中为伴,与婢翠楼共结为三姐妹。十洲遂与玉娘、翠楼私自结合。后十洲被玉娘姑父霍达看中,以女春晖相许配。霍达被诬陷暴死,十洲随其家眷充军潮州。六年后,十洲自潮州北上,经南昌宝莲寺,为众女尼所留。越五年始得脱。时卢杞已罢相,十洲遂入京,殿试得二甲。三妻所生三子亦同榜及第。初互不相知,及至十洲授官赴任与三妻相会,方知一切。书名以玉娘、翠楼、春晖三女名各一字合成。小说以忠奸相争为框架,以才子佳人恋情为主线,虽称唐朝,实写明事,广泛而真切地反映明朝社会生活和时代风尚,情节颇为曲折,但多有虚妄无稽之说和淫秽描写,文笔粗鄙,格调低下。书成于明末清初,有焕文堂刊四卷二十回本,啸花轩刊十二回本,恒谦堂、二酉局刊不分卷二十四回本,坊间重刊啸花轩本。

樵史演义　章回小说。清江左樵子编。四十回。叙晚明魏忠贤把持朝政,设内营置酷刑,排斥异己,迫害忠良,朝中阁臣望风归附,势位已极。崇祯帝即位,魏畏罪自缢。李自成出兵山西直下北京,崇祯帝煤山自尽。吴三桂领清兵追杀自成。弘光登基,阮大铖、马士英败坏朝政残害忠良。史可法领导抗清斗争时受牵制,终遭失败。本书所记史实多为实录,塑造了一批历史人物形象,有较高的文献价值。有顺治间刊本、民国二十六年(1937)北京大学铅印本,近有1987年中州古籍出版社排印本。

合浦珠传　章回小说。题"槜李烟水散人编",或谓即徐震著。四卷十六回。叙明天启间,姑苏书生钱兰发誓非才貌双全之女子不娶。结识绝色妓女赵素馨,约为婚姻,兵部尚书子裴玄为谋夺赵素馨,与钱兰业师合谋,诬钱为东林党将其下狱,幸好友相救,得出狱。钱奉母命赴父同年金陵范家读书,范公有女名梦珠,赠诗示爱,二人私订终身。但范家有言,需得明月珠方得行聘。因遭人设计陷害,范公携女走避。钱兰至东昌,结识民间才女白瑶枝,二人订为婚姻,但不久瑶枝痴情而死。后钱兰终得明珠并高中进士,授职钱塘知县。遂与梦珠完婚,并找回素馨,瑶枝亦得返魂,一夫三妻得以团圆。作品缺乏深意,多处摹仿唐人传奇。

有清初刻本。

后七国乐田演义 又名《乐田演义》、《后七国志》。章回小说。清烟水散人著，一说即徐震著。四卷二十回。以乐毅兴燕、田单复齐为中心，演述燕齐两国兴衰争斗的故事。周慎靓王年间，燕王哙昏愦，齐宣王乘机兴兵命匡章伐燕，燕王哙自缢亡。齐将匡章在燕肆虐，民怨，暗中串联举义，拥太子平为燕昭王。昭王驱逐齐军返燕都，筑黄金台招贤。乐毅投燕，昭王拜为亚卿，统领国事。乐毅辅佐昭王十余年，以伐齐复仇为己任。时齐湣王意欲称帝，内乱，乐毅乃联合赵、秦、韩、魏、楚五国伐齐，长驱直下七十余城。齐湣王遁莒州向楚求援，楚将淖齿杀齐湣王自立。莒州军民杀淖齿，立齐襄王，拜田单为即墨主将，复兴齐国。后燕昭王食丹药亡，燕惠王立，中田单离间计，令骑劫取代乐毅。田单施诈降计，又以火牛阵大破燕军，一举收复失地。燕惠王复请乐毅返燕，乐毅婉言谢绝。是书敷衍史事，不涉神魔，与《前七国孙庞演义》风格迥异。有啸花轩刊本、乾隆四十五年(1780)璧园藏板本。另有京都文和堂刻本、宏德堂刻本、聚秀堂刻本、崇文堂刻本，十八回。通行本有1956年上海文化出版社校注本、1984年湖南人民出版社排印本、上海古籍出版社《古本小说集成》本。

桃花影 一名《牡丹缘》。章回小说。清烟水散人著。作者或谓即秀水徐震，字秋涛。四卷十二回。叙明成化年间，松江旧家子弟魏玉卿，受《如意君传》诸书所惑而仿效之。勾引良家妇女、婢女、尼姑，日夜淫乐，后竟成进士、获高官，一妻五妾，日夜欢会，后经仙人点化，得成地仙。全书格调低下，为宣淫之作。有清初写刻本、畹香斋刊小本，另有光绪二十三年(1897)上海书局石印本，改题《牡丹缘》。

续金瓶梅 又名《玉楼月》。章回小说。清丁耀亢著。原署"紫阳道人编，湖上钓叟评"。鲁迅《中国小说史略》考证为"紫阳道人，即丁耀亢"。十二卷六十四回。续书接《金瓶梅》第一百回写起，分两条线着笔。一条是《金瓶梅》中在世人物之遭遇。如吴月娘、小玉、应伯爵、蒋竹山等。主要写吴月娘率子孝哥逃难、失散、重逢，月娘得善终，孝哥出家。一条写《金瓶梅》中已去世人物转世托生后之遭遇。着重写潘金莲、李瓶儿等，死后再生人间，仍淫性不改，终获恶报。全书以劝惩为宗旨，因果报应不爽。如西门庆一世托生为沈花子，双目不开，死后又托生为庆哥，家贫无以为生，遭阉割，充当太监。潘金莲托生为金桂，大肆宣淫，忽成石女，乃出家为尼。春梅托生为梅玉，淫乱无度，终亦出家。体现了作品主旨：今生作恶，来世为报。书前大段引用《太上感应篇·阴阳无字解》，并于每一回前，详加阐释，反映出作者思想指归。作品突出描写了宋金战争期间人民在战乱中历经的种种苦难，显然是以作者自己在明清易代动乱中的生活经验为基础，表现出了慷慨激昂的民族情绪。在性生活的描写中，对于孔金桂和孔梅玉两人女性同性恋的描写，在同时代、同类作品中，尚属罕见。本书约作于顺治十二年(1655)至顺治十七年之间，由于以残暴的金兵影射清兵，所以成书后，即遭禁毁，作者亦被捕下狱。版本最早有顺治刊本，由于禁毁，仅余残本传世。另有抄本及清代坊刻本。1988年齐鲁书社点校出版《续金瓶梅》、《隔帘花影》、《金屋梦》，合为一部，名为《金瓶梅续书三种》。

醒世姻缘传 又名《姻缘传》、《恶姻缘》。章回小说。题"西周生辑著，然藜子校定"，或以为西周生即蒲松龄。一百回。小说写一个冤仇相报的两世姻缘故事。前二十二回为前世姻缘，写山东武城县名士晁思孝之独子晁源与宠妾小珍哥围场打猎，射死狐精。从此狐精作祟，举家不宁。晁纵妾虐妻，使妻计氏自缢身亡。其娘家告官，珍哥下狱，狱中继续为非作歹，受杖责而死。晁也因诱奸皮匠之妻被杀。第二十三回起，写晁死后转世托生为绣江县明水镇的狄希陈。狐精托生为其妻薛素姐，对狄百般虐待，借报冤仇。后狄娶计氏托生的童寄姐为妾，狄又备受欺凌，而珍哥则托生为寄姐的婢女，终为寄姐逼迫而死。小说最后由高僧点明冤冤相报的前因后果。书中还述及明末的土地问题和魏忠贤与东林党的斗争，对晚明社会各个方面进行了揭露和批判。但书中也有不少荒诞陈腐的内容。作品用鲁东方言写成，笔墨酣畅流利，有些人物，通过心理刻画，写出了性格的发展。不少场面也描绘得相当生动。惟情节涣散，不够精炼。现存最早版本据考为顺治间所刻。其后有同德堂刊本、同治庚午(1870)刊本、怀德堂刊本等。近有1980年齐鲁书社排印本、1982年上海古籍出版社黄肃秋校注本。

蝴蝶媒 又名《鸳鸯梦》、《鸳鸯蝴蝶梦》、《蝴蝶缘》。章回小说。题"南岳道人编"。四卷十六回。叙隋文帝时，杭州书生蒋青岩、张澄江、顾跃仙三人，均有才貌，然无意功名，日啸傲于湖山之间，以诗酒自娱。一日三人相约游浙东，至苎萝，蒋生独出，遇彩蝶一群，引入深山，得遇隐居的华中葵，中葵有三女柔玉、掌珠、步莲，均有绝色。时越公杨素闻华女美，遣人求之，华以已配蒋、张、顾三生辞之，杨怒欲罪之，蒋生以千金购得一丽人柳碧烟送越公府，事乃解。后三人赴试得中状元、榜眼、探花，并与三女完姻。隋末大乱，三家共隐于苎萝山中。本书不脱佳人才子俗套。书成于康熙前。有积经堂刊本、四友堂刊本，另有光绪二十一年(1895)上海书局石印本。

玉支玑 全称《新镌秘本玉支玑小传》。节本改名《双英记》，一名《方正合传》。章回小说。题"天花藏主人述"，或题"烟水散人编次"。四卷二十回。叙村塾先生长孙肖，得退职侍郎管灰赏识，将女管彤秀许配，长孙肖以家传玉支玑为聘礼。后管灰复职进京，并出使外国。卜尚书子卜成仁串通知县，诬称玉支玑乃县库官藏，追逼还库，并骗取长孙肖的诺言，将其妹卜红丝许配为妻。嗣后，卜逼走长孙肖，强娶彤秀。彤秀假自刎，骗过卜成仁。后长孙肖榜眼及第，钦赐完婚，与彤秀、红丝喜结良缘。全书情节曲折，语言流畅，侧重描写女子的机智和胆识，是一部颇具特色的才子佳人作品。有清写刻本、醉花楼刊本、华文堂刊本、咸丰八年(1858)厦门多文斋刊本，近有1983年春风文艺出版社点校本。另有咸丰五年十二室藏板本，改名《双英记》、《方正合传》，十二回，署"清河氏梦庄居士著，琅玕先生评点"，为《玉支玑小传》节改本，人物名字有改动。

平山冷燕 章回小说。署"荻岸散人编次"，荻岸散人即天花藏主人，或以为即徐震。二十回。叙明朝全盛时，钦天监奏有奇才出。天子见大学士山显仁十岁女山黛之诗大喜，赐黛以"弘文才女"之号。后又命文臣与山黛比试，使黛名益彰。村女冷绛雪，幼即能诗，无赖文人宋信闻其才貌，欲求为妻，冷见其卑劣，以诗嘲讽。宋老羞成怒，用计将冷卖至山府作婢。黛喜其才，结为姐妹。冷赴京时途遇平如衡，一见钟情。平与好友燕白颔欲试山黛之才，易装改名求见。平、山、冷、燕四人以诗唱和。后燕中状元，平为探花。燕与山黛，平与绛雪奉旨完婚。本书是清初才子佳人小说代表性作品之一，在清代很有影响。作者旨在褒扬女子才情，贬斥腐儒无能，在当时有其进步意义。小说情节曲折，文笔流畅，但如鲁迅《中国小说史略》所说，"凡求偶必经考试，成婚待于诏旨"，不脱俗套。有清初刻本，卷首载顺治十五年(1658)天花藏主人序，另有雍正八年(1730)退思堂刊本、乾隆间聚锦堂刊本、静寄山房刊大字本。近有1983年人民文学出版社和1982年春风文艺出版社排印本以及1994年上海古籍出版社《十大古典社会人情小说》本等。

人间乐 全名《新镌批评绣像锦传芳人间乐》。章回小说。题"天花藏主人著"。四卷十八回。叙明松江府世族居行简老年得女，取名掌珠，自幼爱扮男装，又取名宜男。宜男才智超群，城中官绅家争欲招其为婿。居行简难以应允，又恐触怒权贵，于是辞官携女返乡。后宜男邂逅嘉兴秀才许绣虎，引为挚友。许生作客居家，一日偶见宜男女装，遂向居行简求婚。此时有权贵欲招许生为婿，知其将为居家婿，即派人追捕。宜男救出许生后，嘱其赴京应试。又以居宜男之名娶来家之女。后经宜男巧计安排，居、来二女同嫁许生。内容世俗气较重，艺术上粗疏。今存清本衙藏板刻本、宝纶堂刻本。

梁武帝西来演义 又名《梁武帝全传》。章回小说。题"天花藏主人新编"。四十回。叙萧衍和夫人郗徽，均为西天佛祖弟子降生，二人自幼订亲，及长结为夫妇。萧衍青年入仕，奉齐主命，大败入侵之魏军，升为雍州刺史。齐主亡，子宝卷即位，荒淫无道，萧衍自雍州起兵，诛杀宝卷，立和帝，未几废和帝自立，是为梁武帝。武帝好大喜功，东征西讨，与北魏战争经年，杀戮太多殊觉不安，遂修佛事以求解脱。郗皇后嫉忌成性，残害嫔妃宫女，死后变蟒求梁武帝广作佛事以解其劫。梁武帝遂一心向佛，不问国政，国内大建佛寺，劳民伤财。侯景乘机作乱，攻入建康，梁武帝坐化升天。本书虽以历史为背景，但任意篡改史实，掺入因果神怪之说甚多，在演义小说中品位不高。有清初永庆堂刊本，另有嘉庆己卯(1819)抱青阁刊本。

麟儿报 又名《葛仙翁全传》。章回小说。清天花藏主人著。十六回。叙明孝感县乡民廉小村为人朴实，喜行善事，感动葛仙翁而生子廉清。廉清自幼聪慧过人，为致仕归乡的辛尚书赏识，选为女婿。辛夫人及其弟宁无知多方挑唆破坏，欲将女辛昭华另许，但小姐坚贞不屈，巧与周旋。后廉清状元及第与昭华喜结良缘。书中颇多喜剧色彩，情节亦曲折动人。有清初刻本，卷首有天花藏主人序，另有道光九年(1829)集左居刊本。近有1983年春风文艺出版社排印本。

水浒后传 章回小说。清陈忱著。八卷四十回。叙宋江、卢俊义等遭奸臣害死，阮小七弃官归石碣村。一日登梁山，于忠义堂前祭奠宋江等亡灵，被蔡京死党张干办捉拿，阮一怒之下杀张干办，携母出逃，巧遇孙新、顾大嫂等人，他们为救孙立，杀登州太守杨戬，上登云山聚义。李应、杜兴等被诬下狱，得杨林、蔡庆救援，同到饮马川落草。不愿为官的李俊等人，隐居太湖，遭当地土豪陷害，被乐和与花荣之子花逢春设计救出，遂一同远航暹罗国，居金鳌岛。花逢春被暹罗国王招为驸马。时金兵侵宋，徽、钦二帝被俘北去。燕青、杨林潜入金营，向二帝献鲜果，以表忠忱。在归途中救出抗金兵败的关胜，会合饮马川李应，同赴宗泽大营抗金。宗泽为奸党所遏，忧忿而死。金兵南下，饮马川、登云山二寨英雄血战金兵，突破重围，扬帆出海，抵暹罗国，助李俊平定暹罗国内乱，李俊被推为暹罗国王。是时宋高宗被金兵围困，李俊提兵救驾，杀退金兵。高宗幸暹罗。柴进、燕青等护驾回国，高宗册立李俊为暹罗国王。本书通过梁山英雄为反抗暴政和贪官污吏再度起义，进一步揭露了社会黑暗。作者站在明遗民立场，通过描述梁山英雄抗金故事，抒发了自己的民族意识。全书文笔通俗流畅，叙事生动明晰，人物性格基本上与《水浒》相符合，且有新的发展。有康熙二年(1663)刊本、光绪三年(1877)申报馆铅印线装本，近有1956年古典文学出版社、1959年中华书局上海编辑所及1981年上海古籍出版社排印本等。

定情人 全称《新镌批评绣像秘本定情人》。章回小说。清无名氏著。十六回。叙青年男女婚姻自主的故事。四川双流县宦家子弟双星不满老母包办和媒妁之言，立志“不遇定情之人，情愿一世孤单”，遂离乡出蜀，“游婚姻之学”。至浙江山阴，偶遇先父同年好友致仕的少师江章。江女蕊珠，才高色隽，两人一见倾心，私订婚约。当双星返乡应试时，江章即面许婚约。邻县显宦公子赫炎求婚蕊珠不成，适朝廷选妃，乃买通姚太监，点选蕊珠入宫。临行，蕊珠劝父收婢女彩云为义女，代己续盟成亲，并留书双星以明死志。途中投河殉情，幸遇救，送至双星家。时双星入京中状元，因坚拒屠驸马招婿，被派出使海外。及归，经浙到江家，闻蕊珠为己而死，痛不欲生，勉强与彩云完婚，分榻而居。及归里省母，终见蕊珠，“生死说破，大惊大喜快团圆”。作品抨击了封建婚姻中的“天作之合”、“媒妁之言”和“门户之见”，提倡“不当对”不定情，既定情则忠贞不移，具有一定的反封建礼教的进步意义。艺术描写比较细致，语言平易晓畅，在清初才子佳人小说中，是较好的一部。有清初刻本、乾隆复刻本。近有1983年春风文艺出版社《明末清初小说选刊》本，上海古籍出版社《古本小说集成》本。

快心编 章回小说。题“天花才子编辑，四桥居士评点”，或谓天花才子即徐震。三集十六卷三十二回。叙凌驾山遭陷害而倾家荡产，流落途中遇李丽娟，一见钟情，定下婚约。石佩珩杀死恶霸地主全家，投奔李安抚军中为先锋官，与受恩图报的山村少女裘翠翘结为夫妻。柳俊背弃不义之主后成为军官并娶主帅义女为妻。小说以这三对姻缘故事为主线，反映了较为广阔的社会生活，有较深刻的认识价值，这在才子佳人小说中甚为少见。有清课花书屋刻本、申报馆排印本，近有1985年春风文艺出版社排印本。

鸳鸯媒 又名《鸳鸯配》、《玉鸳鸯》。章回小说。题“槜李烟水散人编次”，烟水散人或谓即秀水徐震。四卷十二回。叙宋理宗时，姑苏书生申云、荀文，游学杭城，馆于龙图阁学士崔信家，崔有二女玉英、玉瑞，才貌双全，慕二生品貌，与二生私订终身，并以双玉鸳鸯为信物。崔发觉私情，大怒责女。时奸相贾似道欲陷害崔信，遣其领兵救襄阳。兵败，贾抄没崔家。崔夫人领二女逃出，历尽艰险，值申云、荀文金榜题名，遂得以团圆。有日本内阁文库藏板刊本，名《鸳鸯配》。另有光绪二十一年(1895)上海书局石印本及振圜小说社印本。

飞花咏 又名《双玉鱼》。章回小说。清无名氏著。十六回。首有天花藏主人序。书叙端居、昌全两家子女自幼联姻，以双玉鱼为聘。昌全因戍守边疆，与子昌谷离散。端居女容姑家遭不幸，为歹人所劫，两家流散一方。后昌谷过继唐希尧为义子，更名唐昌。容姑得御史凤仪相救，收为义女，改名凤彩文。凤仪和唐希尧为表兄弟，唐昌与凤彩文时常相见，互相爱慕，咏飞花诗私订终身。后凤仪在贬谪途中丢失彩文，被昌全收养。昌谷被陷害，遇端居得救，收为义子。多年后，端居与昌全重逢，互叙失子失女又得义子义女事，两家重结婚姻，以双玉鱼为验，方知正是当年早订的姻缘。小说结构奇巧，情节曲折。有清初内衙藏板刊本。近有1983年春风文艺出版社排印本。

世无匹 章回小说。清娥川主人著。四卷十六回。叙干白虹于天雄岭救活冻饿将死的少年陈与权，领回抚育，供其读书娶妻，并为他报仇而犯罪流放。陈中举后却恩将仇报，逼走干家弱妻幼子，侵占全部家产。后经太守查实，陈被革去功名，追回家产。陈夫妇冻饿而死于天雄岭。本书塑造了善、美与丑、恶两个对立的形象，在对比中发展情节和刻画人物，正邪分明，扣人心弦。有清初啸花轩刻本、乾嘉间金阊黄金屋刻本。近有春风文艺出版社1983年排印本。

玉娇梨 全称《新镌批评绣像玉娇梨小传》，又名《双美奇缘》、《玉娇梨小传》、《玉娇梨三才子小传》、《双美奇缘三才子》。章回小说。题"荑秋散人（一作荑荻山人、荻岸散人）编次"。四卷二十回。叙明正统间，金陵太常正卿白玄因不肯将女红玉嫁于御史杨廷诏之子而得罪其父，被迫出使番邦。玄将女托付妻舅翰林吴珪，吴告假挈红玉归金陵。一日吴游园赏梅见苏友白俊雅风流，题诗才情过人，欲以红玉嫁之，苏坚辞不从。白玄出使归，考诗为红玉择婿，友白以《送鸿》、《迎燕》诗得红玉倾心。后友白赴京途中被劫，巧遇才女卢梦梨乔扮男装赠金订情，助其进京应试中进士。杨廷诏欲招其为婿，友白不从，辞官去。时白玄自称皇甫氏借闲游之机为女选婿，与自称柳生的苏友白相遇，深爱其才，但女儿心中自有情人。正当为难之际，吴翰林出面圆场，真相大白。苏友白与红玉和卢梦梨二人喜结良缘。此书是《金瓶梅》之后较早的文人创作之一，表现婚姻自主的主题，为以后才子佳人小说创作开一代风气。先后被译成法、英、德、俄文等，是中国小说中较早翻译成外文并有一定影响的作品。有清初刊本、雍正八年(1730)崇德堂《天花藏合刻七才子书》本、光绪十九年(1893)深柳堂石印本，另有宝仁堂、善成堂、退思堂、聚锦堂等多种刊本。近有1981年春风文艺出版社点校本、1983年人民文学出版社点校本、1994年上海古籍出版社《十大古典社会人情小说》本。

归莲梦 章回小说。题"苏庵主人新编"。十二回。叙女子白莲岸乃莲花转世，夙有仙根，自幼好道，拜真如法师为师，并得白猿仙翁所赠天书。十八岁学成下山，赈饥济贫，治人痼疾，声名大著，乃创白莲教，自称女大师，率军纵横天下，屡败官兵。遇书生王昌年，一见钟情，将王之情人崔香雪劫至寨中，拟日后与崔同嫁王生。又送王生进京赴试，得中进士，授职刑部。不久朝廷知其为白莲教党，乃将其下狱。白为救王生，受朝廷招安。不料朝廷将白斩首，白得仙丸遁去，皈依佛门。小说反映白莲教武装斗争而言情气息浓重，是一部言情、史话与神怪相混杂的作品。有清初刊本，另有得月楼刊本。近有1984年春风文艺出版社排印本。

醒风流奇传 简称《醒风流》。章回小说。题"鹤市道人编次"。二十回。叙南宋梅干之父为奸相韩侂胄迫害致死，梅避祸更名木荣，至父友冯乐天家为仆童。乐天识破梅干行藏，欲将女闺英许配，但未与妻女说明便去世。其弟畏天贪财，欲逼侄女嫁恶少程公子，闺英不从。程家抢婚，梅干及义士孟宗政救之。闺英女扮男装进京投义父赵汝愚，适逢朝廷征对敌之策，闺英冒赵公子之名，上平敌、御敌、和敌三策，受帝嘉奖，任为内阁学士。此时梅干父冤案已平反，梅干奉旨平寇有功，升任宰相。赵汝愚为梅干作媒，将闺英出嫁。花烛之夜，闺英发现新郎即木荣，以曾有主仆名分，有伤名教为由，拒绝成亲。后奏明皇帝，方奉旨完婚。小说虽名为"风流"，实际上却着眼于"醒"字，充满陈腐的封建说教。人物情节有仿《好逑传》、《玉娇梨》处。有清初刊本，近有1981年春风文艺出版社排印本。

宛如约 全称《才美巧相逢宛如约》，又名《如意缘》，亦名《银如意》。章回小说。清无名氏著，题"惜花主人批评"。十六回。叙女子赵如子父母双亡，为择婿而扮男装游学，遇司空约，诗词唱和，暗怀倾慕之意。司空约遇赵宛子考诗择婿，虽有情意，但恐误如子。后如子约宛子同嫁司空约。司空高中后，虽有朝中权贵多方破坏，但几经艰难曲折，宛、如、约三人终成眷属。本书写才女主动追求才子的勇敢精神，在古代小说中较为少见。有清初刊本、醉月居刊本、光绪二十五年(1899)上海卫记书局石印本。近有1987年春风文艺出版社排印本。

都是幻 章回小说。题"潇湘迷津渡者辑"。二集各六回。包括《写真幻》、《梅魂幻》二则故事。《写真幻》叙明书生池苑花，家传十幅美人图，均为古美人精灵所附，内一女名燕飞飞，与苑花相恋，时于梦中相见。恶少兵部尚书之子山鸣远，闻池家笙箫之声，并窥见美女图，谋夺之。燕飞飞梦中嘱池远避，池逃往京师，投奔名画师燕如鸾，并入赘为婿，亦成名画师，得皇帝征召。山氏父子因作恶多端，受国法惩处，帝命山氏二女给池作妾。后燕飞飞又自画中出，与池结为夫妇。池急流勇退，携妻妾等十美归隐林泉。《梅魂幻》叙明永乐帝生前爱十二梅树，死后移植长陵，十二梅魂时于月白风清之夜，化美女吹弹于树下。明末绍兴秀才南斌乃龙神转世，文武全才。一日游长陵，徘徊于梅花树下，忽见青衣来召，帝以十二梅魂公主配与他为妻。南斌为报效皇帝，屡建战功，位极人臣。后因宫中失火，南斌惊醒，乃南柯一梦。后于归途中陆续与十二女子相遇，面貌与梦中无异，均娶为妻。最终南化龙入水，十二女随之而去。两篇小说均以梦幻、神怪而衍化为才子佳人，想像奇特，并有一定寓意。有清初刊本。

载花船 章回小说。题"西泠狂者笔"。三卷十二回。每四回演一故事。一至四回叙明洪武间，陶臣妻靓娘与席元浩通奸，席将陶陷害下狱，义婢梅萼，将席及靓娘刺死，己亦自刎。事为洪武帝所知，乃释陶臣，旌表梅萼。五至八回叙宋末元初廖元显、茹文芳、倪大奎三人为结义兄弟，茹、倪二人易妻而淫，独廖不肯同流合污。后经离乱，廖得富贵，倪、茹只能务农以终。九至十二回叙唐武则天遣宫女尹若兰，赴各地物色貌美男子，充实后宫，尹与才子于楚一见钟情，弃职私奔。武后遣人捕之，途经太湖，得县尹闻人杰救助，避于县衙，后中宗接位，于、尹得以团圆。此书东拼西凑，了无新意，且语涉猥亵，清代被列为禁书。有清初刊本。或谓刊于明末。

锦香亭 又名《睢阳忠毅录》、《第一美女传》、《锦香亭绫帕记》。章回小说。题"古吴素庵主人编"。四卷十六回。叙唐天宝间武陵贡士钟景期在京应试，与御史葛太古女明霞互相倾慕，私订终身，后得中状元。葛太古因得罪安禄山，被贬官范阳，钟景期亦因弹劾李林甫、安禄山被贬四川。安禄山反，葛太古被捕下狱，明霞得卫碧秋母女相助出逃，后辗转至长安。钟景期途经剑峰山遇虎，得义士雷万春相救，并将侄女天然嫁与钟为侧室。后雷万春于睢阳殉难。郭子仪、李光弼大军平叛，钟景期参战有功，坐镇范阳，最终得与明霞团圆。本书叙男女情爱能与重大历史事件结合，使历史演义与才子佳人两类小说合流，有其特色。文笔亦清隽流畅。有清初写刻本、光绪二十年(1894)上海石印本。近有1984年春风文艺出版社排印本。

女开科传 又名《虎丘花案逸史》、《花案奇文》、《新采奇闻小说全编万斛泉》、《万斛泉逸史》、《万斛泉》、《花阵奇》。章回小说。署"岐山佐臣编次，江表蠡庵参评"。十二回。叙三书生与妓女作游戏扮演开科点选状元而引出情人悲欢离合的故事。苏州才子余梦白与梁文昭、张眉三人同游妓院，与名妓倚妆、文娟、弱芳饮酒吟诗，谈情说爱。经过一番筹划，进行了一场摹仿朝廷科举仪式考女进士的游戏，三十多名妓女参加试诗，倚妆、文娟、弱芳分别被取为状元、榜眼、探花，一样夸官游街，琼林赴宴。其事被告发"谋反叛逆"，察院纠捕，三才子与名妓逃散避祸。几经曲折磨难，三才子金榜题名，与死里逃生的三名妓重逢，喜结良缘。"全书愤世绝俗，半多诙谐笑话"(蠡庵跋)，对科举制度辛辣嘲讽，对世态有所针砭，对妓女寄以同情，行文流畅，语言诙谐，在才子佳人小说中实属上品，惟每回议论过多，陷于说教。有清初名山聚刻本，另有清坊刻本改题《花阵奇》六回。近有1983年春风文艺出版社排印本，上海古籍出版社《古本小说集成》本。

赛红丝 全称《新镌批评绣像赛红丝小说》。章回小说。清无名氏著。十六回。叙宋、裴两家兄妹互为婚姻事。山东武城县秀才宋石，有子宋采、女宋萝。吏部给事中裴楫生前将幼子裴松、弱女裴芝托好友贺秉正照看。贺为教导裴氏兄妹，请妻弟宋石执教，于是宋裴两家相敬如宾。贺知府征得裴母和宋石同意，共结秦晋之好。订婚之日，贺邀集两家相聚，以"咏红丝"为题，由四人各作七律一首，互为聘礼，订立婚约。后宋石携宋采回乡应试，父子皆中。裴松也中汝宁秀才。旋宋石进京会试，中进士，选翰林庶吉士。但小人常莪伺机挑拨离间，伪造书札，制造悔亲他嫁假象，致使两家婚事颠颠倒倒。两家经过种种误会和曲折，终于识破小人的奸谋，宋采娶裴芝，裴松娶宋萝，得钦赐金莲宝炬成婚。郑振铎称此书"写得颇入情入理。既非'一娶数美'的流亚，亦非'满门抄斩'的故套。写人情世态，殊为逼真，故能超出同类的小说之上"(《欧行日记》)。有清初刻本，另有1981年春风文艺出版社排印本，上海古籍出版社《古本小说集成》本。

金云翘传 全称《贯华堂评论金云翘传》，又名《双奇梦》、《双和欢》、《双欢合》。章回小说。题"青心才人编次"。二十回。叙王翠翘一生坎坷经历。明嘉靖间，北京良家女王翠翘姿容艳丽，多才艺，与书生金重私定终身。金因叔亡故，远别奔丧。王家被诬通盗，籍没遭刑，翠翘为救全家，卖身赎父。不料被骗沦为娼，受尽虐待。幸遇书生束正将其赎身为妾，然束妻宦氏妒悍异常，对翠翘百般折磨和摧残，翠翘不堪凌辱，得间逃出，旋再度落入妓院。有大盗徐海钟爱翠翘，率军迎娶为压寨夫人。为借徐之力报恩复仇，翠翘劝徐海接受官军招抚，然官府无信，计杀徐海，玷污翠翘。翠翘愤而投钱塘江自尽，幸被救，后终与金重团聚，和欢偕老。王翠翘、徐海等史有其人，本事见《明史·胡宗宪传》、茅坤《纪剿徐海本末》及谢湖老人《附记》、王世贞辑《续艳异编》卷六外史氏《王翘儿传》等。明代有多种以王翠翘为题材的短篇小说，收在《幻影》、《西湖二集》、《拾遗录》诸书之中，作者在总结前人的基础上，集其大成。故事曲折，描写细腻，语言平实凝练。在清初的小说创作中其艺术特色十分突出。版本有繁简两个系统。繁本早出，有清山水邻刊本，近有1983年春风文艺出版社出版点校本。简本删小说中诗词等，改名《双奇梦》或《双和欢》、《双欢合》，有清康熙间刻本，啸花轩刻本、谈惜轩刻本、解颐堂刻本，道光间《怡园五种》丛书本，另有上海古籍出版社《古本小说集成》本。

两交婚 全称《新编四才子二集两交婚小传》，曾改名《双飞凤全传》。章回小说。清无名氏著。十八回。约成书于康熙初。叙重庆府甘颐、甘梦兄妹均才貌过人，颐东游扬州欲求佳偶。江都辛古钗、辛发姐弟亦皆俊美多才。甘颐得黎青相助得见古钗，赋诗唱和，两心相印。颐并作主将其妹许配辛发。几经艰难曲折，两对有情人喜结良缘。本书重在宣扬女子之奇才异能，黎青、甘梦、古钗均才智过人，识见远胜须眉。故事情节编织奇巧，异峰迭起。有清初刊本，卷首序署"天花藏主人题于素政堂"。另有素位堂刊本、枕松堂刊本、富春堂翻印本、光绪戊子(1888)红叶山房刊本，近有1985年春风文艺出版社排印本。

春柳莺 章回小说。题"南北鹖冠史者编、石庐拚饮潜夫评"。四卷十回。叙石池斋与梅凌春、毕临莺婚姻事。明嘉靖、隆庆间，才子石池斋与友至古香亭赏梅，见"凌春女子"题诗，心生倾慕，弃扬州梅翰林书馆之聘，往访凌春女子。田又玄诡言来苏游览的毕临莺为凌春女子，使石生往淮安寻访，已则冒名往扬州梅府就馆。石生在淮安与毕临莺传诗通情，又受所赠玉箫。事泄，毕父诬石为盗，石生仓皇逃出，北上应试中探花。石生始终不忘题诗女子，求新交钱公子，代谋凌春。钱公子乃毕临莺女扮男装，献诗词得梅家父女赏识，遂娶梅小姐。新婚之夜，述此事原由，于是二女同嫁石生。故事虽为才子佳人小说，然情节曲折，构思巧妙，描摹人情世态，时有可观。有康熙元年(1662)序刊本、清坊刻本、民国中上海半斋出版社铅印飧秀簃藏本。近有1983年春风文艺出版社排印本、1987年中华书局《古本小说丛刊》本以及上海古籍出版社《古本小说集成》本。

吴江雪 章回小说。题"衡香草堂编著"。四卷二十四回。为早期才子佳人小说。书叙苏州秀才江潮与少女吴媛于寺庙进香偶遇，一见钟情。后二人遂鸿雁传书乃至房帏偎傍。后吴媛随父进京，其父欲将其许配某尚书之子。吴媛誓死不从，雪婆道明真情，吴父遂回绝亲事。后江潮赴京，吴媛却已南下，致书江郎科甲联登，方可掩盖前衍。江潮发奋苦读，考中进士，奉旨归娶。书中写了一位热心肠、有胆识、不图财物的媒婆雪婆，在撮合江、吴两人婚姻上出力颇多，而当江潮金榜题名、洞房花烛之时，却奉还江先前所赠银两，"遨游山水，以乐天年"。这一形象在明清小说中实不多见。关于作者，"自序"中又题为"吴门佩衡子"。郑振铎、刘修业据"佩衡子自序"及乙巳年"顾石城序"，以为作者即苏州人顾石城。今存东吴赤绿山房刊本，首有康熙四年(1665)顾石城序。今有1986年春风文艺出版社点校本。

赛花铃 章回小说。题"吴兴白云道人编本"。十六回。叙明太仓州书生红文畹自幼与方素云订亲，二人有诗作往来。素云兄方兰，嫉红生之才，唆使何半虚以重金娶素云，遭素云峻拒，又诬陷红生入狱，得遇牡丹花神救出。红生于进京途中，遇何媚娘，二人以婚姻相约。进京后一日误入提督昝元文花园，得见昝女琼英，红生慕之，题诗于壁。红生赴试，赋诗得皇帝青睐，赐二甲进士，官兵部职方司。昝欲将女嫁红，红生以有聘妻辞，昝恨之，使领兵往剿湖寇。红生得豪杰相助，剿灭湖寇。帝命昝琼英赐配红生，方素云、何媚娘亦嫁之，至此一夫三妻团圆。后遇得道之人相助，服气长生。故事较曲折，然文笔不佳，多淫秽描写。有康熙间刊本。

飞花艳想 又名《鸳鸯影》、《梦花想》、《幻中春》。章回小说。清刘璋著，题"樵云山人编次"。十八回。叙明嘉靖年间，雪太守出诗题，为其女瑞云及表侄女梅如玉择婿。书生柳友梅以诗得雪太守赏识并得二女爱慕。柳欲金榜题名后完婚，入京应试，高中探花。严相国欲将女嫁柳，为柳坚拒。严怒，欲陷害雪、柳，表奏二人为正副使，赴敌国议和，以借刀杀人，又借机欲将二女送入宫中。如玉闻讯削发为尼，瑞云婢朝霞代主入宫。后和议得成，雪、柳功成归朝，均得升迁，柳与二女终成眷属。本书不脱才子佳人俗套，唯文字较流畅。有清刻本，有康熙八年(1669)自序。另有道光二年(1822)、道光十五年刊本,题《鸳鸯影》。

绣屏缘 章回小说。题“苏庵主人编次”。十九回,别本二十回。叙元顺帝时浙江钱塘才子赵青心与王玉环等五女的姻缘。情节围绕前朝珍宝绣屏展开,五女亦与绣屏呼应,故名。本书明确提出反对父母之命,媒妁之言,标榜才貌相配、两厢情愿的真情,反对纵欲放荡的滥情。小说肯定自主婚姻,又美化歌颂一夫多妻制,未脱旧才子佳人小说之窠臼。今存清养浩堂刊本四卷十九回,卷首有康熙九年(1670)弄香主人序。又有日本抄本不分卷二十回。

锦疑团 又名《错错认锦疑团小传》。章回小说。清天花藏主人著。十六回。叙阴小姐自诩绝色,本不懂诗,却附庸风雅。一时不明真情的年青公子趋之若鹜。一窍不通而自诩多才的杨公子前来应试,当场出丑,狼狈不堪。浙江天台县举人金不倚误信人言,以为阴小姐才高貌美,亦来应试,及见其诗其人,方知上当,坚决辞婚。阴父阴翰林大怒,使尽报复手段。后金不倚至阜城,又闻石阁老赛诗招婿,石小姐美貌多才,将信将疑又去应试。几经曲折,方解开层层疑团,金、石二人终成眷属。小说以“疑”与“错”为主线,悬念丛生,涉笔成趣,“在旧小说中,虽不能称上选,但也决非平凡之作”(阿英《小说闲谈》)。有康熙十一年(1672)序刊本。

生花梦 章回小说。题“古吴娥川主人编次”。十二回。叙明嘉靖间,温州秀才康梦庚,路见不平,将恶少屠一门杀死。适逢山东观察使贡鸣岐赴任,嘉其义,为之周旋得释,因爱其才,将女许配与康,同至山东。但贡鸣岐之子从中作梗,康不辞而别,至苏州得遇故参将女冯小姐,一见倾心,订为婚姻。不久,冯家发生变故,冯小姐男装出逃,化名马玉,误入山寨。盗首沈定国,爱其才貌,将妹沈云珠许配与冯,冯得知康、贡婚事,将贡小姐抢至山寨,并将得中榜眼、回乡完婚的康梦庚也骗来,命贡与康在山寨完婚。贡鸣岐奉旨讨寇,沈定国战死,马玉率众归降,复女装与康完婚,康始知马玉即冯小姐。本书与一般才子佳人小说不同,反映社会生活面较为广阔。写才子佳人婚姻的同时融入了揭露科举弊端、公案、神怪、战事诸多情节。今存本衙藏板本,序后署“时癸丑(1673)初冬古吴青门逸史石仓氏偶题”。

空空幻 一名《鹦鹉唤》。章回小说。题“梧岗主人编次,卧雪居士评阅”。十六回。书叙秀士花春,才华出众,欲罗致天下美女,唯其貌不扬,常对镜自叹。一日涵修和尚赠他白鹦鹉一只,观玩久之,沉沉睡去。梦见仙人赠他仙丸,变丑为俊。以己才貌为诱,先后奸骗十名美女。后又争得功名,立功边陲。复出家为僧,不守清规,奸淫妇女,被官府所斩。游魂入地,冥官责其淫乱,罚作女身,一生受尽凌辱。正悔恨交加,忽被鹦鹉唤醒,乃南柯一梦。此书本意在戒淫,唯过多淫乱描述,反成宣淫之作。有清初刊本。

隔帘花影 一名《三世报》。章回小说。清无名氏著。卷首有四桥居士序,或认为四桥居士即本书删改者。四十八回。内容全为删改丁耀亢《续金瓶梅》而成。书中主要人物改换姓名,基本情节,一仍其旧。如西门庆改为南宫吉,吴月娘改为楚云娘。有康熙间本衙藏板刊本。1988年齐鲁书社出版《金瓶梅续书三种》,内含《续金瓶梅》、《金屋梦》、《隔帘花影》。参见“续金瓶梅”。

台湾外纪 又名《台湾外志》。章回小说。清江日昇著。三十卷。叙明末郑芝龙,以海上劫掠为生,屡扰金门、厦门等地,崇祯年间受招安。受命剿灭刘香、李魁奇等海盗,并败荷兰兵,因功升都督。李自成进北京,崇祯帝自缢于煤山,福王立于南京,封芝龙平国公。未几福王败没,芝龙拥唐王于福州,子成功深得唐王宠信,赐以国姓。芝龙受洪承畴蛊惑,降清被挟北去,旋被杀。成功坚不投降,召集余部,继续抗清,南明桂王封其为延平郡王。成功屡胜清兵,进军长江,直逼南京。又率军击败荷兰兵,收复台湾,以台岛为抗清基地。郑成功病逝后,子经立,继续抗清,清廷剿抚间用,均无效。郑经病逝后次子克塽嗣为延平王,时台湾内争迭起,诸将降清者日众。清廷遣施琅攻台湾,克塽出降,至此台湾为清所统一。本书所述均为史实,作者父江美鳌曾是郑成功属下将佐,书中所记得之其父口传面授,又多从徐鼒《小腆记年》中引用史料。有康熙间求无不获斋活字本、上海申报馆排印本。近有1986年上海古籍出版社排印本。

凤凰池 章回小说。清刘璋著。十六回。叙洛阳才子云剑,因当地恶少欲夺其祖传宝剑,诬其通盗,遂只身逃亡苏州。与女扮男装之总兵女文若霞相识,互相倾慕。不久云剑进京赴试,文总兵则奉命征讨山寇,失利被俘。若霞男装出逃,被章巡抚招为婿,与章女湘兰情好甚笃，名为夫妻，实为姐妹。后云剑与好友水伊人并中状元，奉旨与若霞、湘兰完婚。云剑又平定山寇，救出岳丈，于是合家团圆。本书不脱才子佳人俗套，文笔平庸。有康熙中原刻本，另有稍后之耕书屋刊本。

好逑传 又名《侠义风月传》、《第二才子书》。章回小说。清无名氏著，题“名教中人编次”，“游方外客批评”。四卷十八回。叙御史铁英子中玉，面貌秀美，行侠仗义。兵部侍郎水居一，有女冰心，美艳多才，机智坚强。过其祖仗父过学士势，谋娶水冰心，为冰心所拒，遂阴谋诱抢冰心。幸铁中玉途中相遇，闻声相救。过其祖迁怒铁中玉，指使他人下毒。水冰心闻讯，救中玉至家中治疗。过其祖指使其父门生新任按院冯沄，勒逼冰心与之成婚。水冰心欲自刎以明志，终感动按院。后水居一复职升尚书，中玉、冰心有情人终成眷属。过学士又诬二人未婚先有暧昧之情，有旨复查，真相大白，诬告者受责，水冰心、铁中玉被誉为“真好逑中出类拔萃者”。本书十八世纪远播欧洲，有英、法、德等多国译文，并受到歌德、席勒等的赞扬。有好德堂刊本、凌云阁刊本、独处轩刊本。近有1956年上海文化出版社、1994年上海古籍出版社《十大古典社会人情小说》排印本。

巫山艳史 又名《意中情》。章回小说。清无名氏著。四卷十六回。叙北宋末年，苏州文人李芳之艳遇。李芳少年时，即与仆人李旺妻秋兰、邻庄罗翠云及其婢女小娟、表姐闻玉娥通奸。到社友梅家读书，又勾搭梅妻月姬、妹素英及邻女飞瑶淫乱。赴试途中，与女店主汪婉娘定情。后一娶八女，阖家隐于深山。作品暴露了明末社会的腐朽，以其淫秽，在清代一再被禁。有清啸花轩藏板本，无序跋。

混唐后传 又名《绣像薛家将平西演传》、《绣像混唐平西传》、《大唐后传》。章回小说。署“竟陵钟伯敬编次，温陵李卓吾参订”，当系明末清初人伪托。八卷二十二回。书叙唐太宗宠幸武才人，高宗立武氏为后。高宗崩，武氏改唐为周，自称神圣皇帝。李隆基平定韦后之乱，即位后重用姚崇、宋璟等贤臣，唐室中兴。玄宗宠幸杨妃，杨氏权倾天下。安史之乱起，马嵬坡贵妃自缢。肃宗即位，平定安史之乱。本书故事集中，寓意明确，但杂有消极迷信观念。有清芥子园刊本，近有1982年春风文艺出版社排印本，删去六回。

说岳全传 全称《精忠演义说本岳王全传》。章回小说。清钱彩著。题“仁和钱彩锦文氏编次，永福金丰大有氏增订”。二十卷八十回。叙岳飞抗金故事。岳飞幼从周侗学武，武艺高强。在京师夺武状元比武中，枪挑小梁王。入南宋，高宗召集人马抗金。岳飞先为统制，战功卓著。爱华山大会战，大败金兀术，升五省大元帅，收众多虎将于帐下。后又于黄天荡、牛头山、汴水河、朱仙镇屡败金兵，金兀术六十万铁骑，伤亡殆尽。正拟乘胜前进，直捣黄龙，高宗听信秦桧谗言，连用十二道金牌召岳飞班师回京。秦桧囚岳飞于大理寺狱中，密令万俟卨、罗汝楫严刑加害，终以“莫须有”罪名，将岳飞等三人害死风波亭。孝宗即位，除尽奸党，岳雷继父职，挂帅征金。几经决战，宋兵直捣黄龙，金主投降。岳飞故事在岳飞去世不久即在民间广为流传，元明戏曲亦有演其事者，本书以民间说话人底本为基础编订而成，不拘泥于史实，虚构了许多故事和大量细节，使小说故事性大为增强。在同类小说中，流传较为广泛。成书于康熙间，在乾隆时曾被查禁。有康熙间余庆堂刊本，清大文堂本，嘉庆三年(1798)、嘉庆六年福文堂藏板本等，近有1955年古典文学出版社排印本、1958年中华书局上海编辑所排印本，1979年上海古籍出版社新版重印。

肉蒲团 又名《觉后禅》、《耶蒲缘》、《钟情录》、《野叟奇语》、《循环报》、《巧姻缘》、《巧奇缘》等。章回小说。题“情痴反正道人编次”，或谓即李渔著。六卷二十回。叙括苍山高僧孤峰长老见少年未央生聪明俊俏，惧其堕落，欲收为徒，然生不从，长老赠偈四句而别。偈曰：请抛布皮袋，去坐肉蒲团。须及生时悔，休嗟已盖棺。未央生之妻玉香端庄秀丽，生嫌其风情不足，觅春宫以导其性并出外寻找天香国色。得大盗赛昆仑相助，生与权老实之妻艳芳私通、成亲，并与香云及瑞珠、瑞玉姐妹及其姑母花晨等朝夕淫乐。权老实为报夺妻之仇，勾引玉香，私奔离家后将其卖至京师为娼，改名换姓。香云、瑞玉、瑞珠之夫均去嫖宿，生闻艳名亦往狎玩，玉香知夫至院，羞愧自缢。未央生见妻尸方悟孤峰之偈，即至括苍山出家。书中淫秽描写颇多，但文字语言较佳，人物性格鲜明，对权老实复仇心理描写很出色。有康熙间刊本，前有癸酉(1693)西陵如如居士序，另有光绪间排印本、石印本，又有日本宝永乙酉(1705)刊本、明治刊本等。

隋唐演义 章回小说。清褚人获著。二十卷一百回。据《隋唐志传》、《隋炀帝艳史》改写，并加入唐、宋人传奇材料。主要描写有关单雄信、秦琼、程咬金、尉迟敬德、罗成等英雄的故事,有关隋炀帝的宫闱故事,有关唐玄宗李隆基和贵妃杨玉环的爱情故事。起自隋文帝灭陈,至李隆基从四川返回长安为止。作者着力于歌颂民间流传的江湖英雄,暴露了宫廷生活的荒淫无耻,情节曲折生动,语言流畅而有文采,是一部较为优秀的历史小说,在描写隋唐故事的诸说部中,被公认为最有影响。有康熙间四雪草堂刊本,前有作者康熙三十四年(1695)自序,另有嘉庆十年(1805)自厚堂藏板巾箱本等。近有1956年古典文学出版社、1981年豫章书社、1981年西湖书社以及1981年上海古籍出版社排印本。

集咏楼 章回小说。清无名氏著。十二回。刊本有康熙壬午(1702)湖上憨翁题序。叙明万历间,钱塘才子褚良贵家有别墅梅屿,筑于孤山之阳,中建集咏楼,供游人题咏。一日见题壁诗一首,署名邗江女史,大为赞赏,并和诗一首。自是眠思梦想,恹恹成疾。次年见又增一诗,署邗江女史上林乔小青题,欣喜若狂,雇舟往访。值小青亦因慕褚生成疾,至此霍然而愈,褚生备聘,即日成婚,载与同归。褚生原有妻室,生性嫉妒,见小青才貌双全,妒忌益深。遂将小青幽于梅屿,不令与褚生相见,小青忧思成疾,郁郁以终,诗稿、书籍全被妒妇焚毁。小青葬后,遇人盗墓,值虎啸,盗墓人惊走,小青复甦,往依褚生姑母杨夫人,杨夫人认作义女,更名小红。后妒妇亦因心病惊悸而死,褚生终得与小青团圆。有清初刊本。

灯草和尚 又名《灯花梦》、《和尚缘》等。章回小说。题"元临安高则诚"著,"云游道人编次","明吴周求虹评",实为伪托。十二回。叙明末扬州杨知县夫人遇一变戏法老妪,以灯草变一和尚,可大可小。此和尚先后与杨夫人、丫环暖玉、杨女长姑淫乱。长姑纵欲过度而亡。杨知县因此气死。和尚遂离去。杨夫人寻和尚不得,乃嫁与为杨做法事的道士周自如。小说宣称这一切均为"缘法",描写淫秽,格调低下,清嘉庆时列为禁书之首。有清和轩刊本,另有题"丙申(1776)夏粤东游戏轩"之石印小本,改名《绘图奇僧传》。

浓情快史 章回小说。题"嘉禾餐花主人编次,西湖鹏鹞居士评阅"。三十回。起于唐高祖称帝,止于唐睿宗即位,着重叙述武则天一生,兼及韦后事。写武后为玉面狐转世,本名媚娘,先后迷惑唐太宗、唐高宗,高宗崩,遂独揽大权,恣意废立,纵欲淫乐。唐中宗诛武后宠幸之张昌宗、张易之,韦后又蹈武后之辙,弑中宗,弄权宣淫。李隆基杀韦后,唐室遂中兴。本书杂采稗官野史,尤多取材于《如意君传》、《素娥篇》等笔记小说。本书写武后,非全面评价其功过,意在撕破帝王的神圣外衣,说明淫乱造成社会动荡,动摇统治根基。小说对唐太宗后期的荒淫和昏庸,亦有所反映。因其铺张声色情态,笔调淫亵,清代被列为禁书。今存啸花轩刊本、醉月轩刊本。另有思堂刊本,日本《舶载书目》著录。

情梦柝 后改名《三巧缘》。章回小说。题"蕙水安阳酒民著,山西灌菊散人评"。四卷二十回。清刘廷玑《在园杂志》已引此书,知作于康熙五十年(1711)以前。叙河南书生胡楚卿,于庙中遇沈若素,一见钟情,乃卖身作书僮。沈夫人疑胡与丫环衾儿有私,楚卿被迫离沈家。沈父长卿宦居福建,为女考诗选婿。胡楚卿应试得中。会沈长卿被告免官,需罚银赎罪。沈若素进京寻父,途遇女扮男装的秦惠卿而订交。楚卿进京得中进士,与沈若素洞房花烛之夜,又巧得秦惠卿为妻。有清啸花轩刊本。咸丰七年(1857)芥子园刊本,改名《三巧缘》,卷首有经余适趣引言。

女仙外史 章回小说。清吕熊著。一百回。叙月殿嫦娥与天狼星结仇,降生为民女唐赛儿。赛儿幼年丧母,由仙姥鲍姑抚养成长,后嫁后羿转世之林三公子为妻。半年后林三死,乃修道术,由九天玄女传授天书七卷,能呼风唤雨,千变百化,以青州卸石寨为立基之地。时由天狼星降世之燕王朱棣于北平府起兵,攻入南京,建文帝削发为僧,流亡江湖。赛儿得讯,于青州起兵勤王。燕王自立为帝,欲命大臣草诏登基,遭大臣方孝孺、景清等拒斥。方、景等遭惨杀并被灭族。赛儿左右仙师分别将被杀忠臣遗族救上卸石寨,先后夺取青州、登州、莱州等地,并围攻济南。时燕王已迁都北平,闻讯,遣大将及妖师往救济南,遭大败。赛儿取济南以为济都,建官制、设科举,崇儒重农,轻徭薄赋,济南大治。赛儿遣人往访建文,以谋复位。不久赛儿勤王军连败燕军,取河南,下淮阳、襄樊,直逼南京,继而北上,屯兵北京城下。正欲夺取北京时,鬼母天尊奉玉帝命,斩天狼于榆木川,并召嫦娥归位月殿。赛儿下令退兵,随即飞升归位。燕王世子即位,是为仁宗,下诏各地建坊立祠,褒扬建文忠臣。建文帝至英宗时返北京,定居大内,寿至八十五岁而终。小说出于

"褒忠殛叛"之旨，未按原有历史面貌处理，且"杂以仙灵幻化之情，海上楼台之景"，具有神魔小说的特点。作者系借明初之事，寄民族之恨，故国之思，意虽隐晦，然蛛丝马迹随处可见。有康熙五十年(1711)钓璜轩刻本、光绪二十一年(1895)上海积山书局石印本、民国十三年(1924)上海新文化书社铅印本。近有1984年百花文艺出版社排印本、1985年齐鲁书社排印本、1987年岳麓书社排印本、1992年上海古籍出版社排印本等。

五凤吟 章回小说。题"嗤嗤道人编著"。二十回。叙明嘉靖间书生祝琪生，慕罢职县令之女邹雪娥美貌，以计先狎其婢后得私于雪娥，因惧事败，避居友人平君赞家，又私其妹之婢绛玉，并与其妹婉如私订终身。后历尽艰难，功名成就，二妻三妾终得团圆。本书文字平庸，格调不高。有清草闲堂刊本、稼史斋刊本、凤吟楼刊本。

引凤箫 章回小说。题"枫江半云友辑，鹤皋芰俗生阅"。十六回。叙宋熙宁年间书生白引，不以功名为意。父白壤为监察御史，因劾王安石获咎回乡，县令为其立"留隐"碑以彰其德。王安石知其事，使缇骑捕之，幸为人救出，乃流浪江湖。白引因父缘故，逃往杭州新城县，侍郎金革延为塾师。白得识金女凤娘，婢女霞箫助二人私订终身。后王安石罢相，白壤复出，白引遂与凤娘、霞箫团圆。本书写作粗糙，情节亦落佳人才子俗套，唯以小说评说政治为其特色。有康熙、雍正间刊本及乾隆九年(1744)刊袖珍本。

斩鬼传 一名《第九才子书斩鬼传》、《说唐平鬼全传第九才子书》。章回小说。清刘璋著。十回。书成于康熙间。叙唐德宗时终南秀士钟馗，才华出众，正直不阿，赴试长安，得韩愈、陆贽赏识，取为状元。殿见时，德宗见钟貌丑，不欲取中，奸相卢杞迎合帝意，钟怒打卢，自刎而死。德宗悔，贬卢，封钟为驱邪大神。钟至阴司，阎君付以阴兵三百，命斩不情之鬼，钟率阴兵斩捣大鬼、寒碜鬼、绵缠鬼、酽脸鬼、色中饿鬼、醉死鬼等。斩鬼毕，班师回地府，阎君设宴庆功。钟馗故事，民间早有传说，本书以人间丑恶比之群鬼，开拓了中国古代讽刺小说的新局面。清初有多种抄本流传，最早刊本为乾隆间莞尔堂袖珍本，前有康熙五十九年(1720)黄越际飞氏序。近有1980年长江文艺出版社排印本，与《平鬼传》合印。另有1984年人民文学出版社《古本平话小说集》本。

巧联珠 章回小说。题"烟霞逸士编次"。十五回。烟霞逸士即清康熙、雍正间人刘璋，雍正初曾任知县。书叙明正德间，苏州书生闻友，幼聪慧，十六岁进学，因受人诬害，乃赴济南，拟投靠任太守的母舅胡宗尧，途中逢方正庵船，方有女芳芸，才貌双全。两相倾心，得丫环柳丝传书而定情。闻生至济南，又与表妹胡茜云相恋，经养娘邬妈撮合，私订终身。闻生进京应试，因其文章无人能识，未中进士。后因歌妓在御前弹唱其所作弹词，大为皇帝赏识，特赐进士及第，点翰林学士。闻友终得并娶胡、方二女为妻，柳丝为妾。本书虽不入金榜题名俗套，然仍不脱才子佳人小说以一夫多妻大团圆为结局的陈规。有五彩堂刊本，约刊于雍正初年，另有可语堂刊本。近有1986年春风文艺出版社排印本。

醒名花 章回小说。题"墨憨斋新编"，显系伪托。十六回。《小说字汇》曾引此书，知作于乾隆之前。书叙锦衣卫指挥使公子湛国英，误以为梅御史之女杏芳(别号醒名花)有意于他，被杏芳之兄捉住送官。经亲友求情始得解脱。避难途中，被大盗贾龙劫往山寨，以礼相待，送他进京应试。途中误入不染庵，被五尼姑藏于庵中淫乐。后梅杏芳亦被贾龙劫去，知为湛国英意中人，将她送入尼庵。国英亲戚陶药侯剿鄱阳湖巨寇，国英建议招安贾龙，协同进剿，因而立功，娶梅杏芳为妻，并纳不染庵五尼为妾。全书情趣低下。有清刊本。

二十四史通俗演义 原名《纲鉴通俗演义》。章回小说。清吕抚著。四十四回。一至四回叙盘古开天辟地及三皇五帝事，五至十二回叙夏、商、周三代事，十三至十七回叙荆轲刺秦王至王莽篡汉、光武中兴诸事，十八至二十四回叙黄巾起义、三国归晋及南北朝等事，二十五至三十回叙北周并北齐、杨坚建隋、李渊父子建唐及赵匡胤陈桥兵变等事，三十一至三十五回叙宋太祖一统中原至元亡等事，三十六至四十回叙朱元璋建立明朝至清兵南下等事，四十一回罗列各朝帝王年号，四十二回论述神鬼皆幻，儒家则以修身、齐家、治国、平天下为要。其后所述为历朝各地异物矿产、天时灾异及风俗。参照《资治通鉴》、《通鉴纲目》、《二十四史》写成，内容庞杂，情节单调，且多迂腐说教。有雍正五年(1727)原刊本、雍正十年吕抚自序本以及正气堂活字本、上海广百宋斋石印本、章福记书局石印本等。近有1986年岳麓书社排印本，书名无"通俗"二字。

梦中缘 章回小说。清李修行著。四卷十五回。李修行，山东信阳人，康熙五十四年(1715)进士。书叙明正德间才子吴瑞生，其父梦兆其子姻缘在南，瑞生因之南游杭州，先后遇妓女堆琼、金御史女翠娟、水家小姐蓝英及素烟、舜华等五美人，经历悲欢离合、险阻劫难，终于功名成就，与五美女团圆。有清崇德堂刊本、有益堂刊本、三义堂刊本。

英云梦传 又名《英云梦三生姻缘》、《英云三生梦传》，简称《英云梦》。章回小说。清松云氏著，剩斋氏评。八卷十六回。书叙唐德宗年间，苏州府秀才王云，游虎丘遇一美女，一见钟情。后去杭州进香，又见此女，拾得其所遗诗帕，知其为吴氏女梦云。寻访中误入福云庵，遇美尼慧空欲以终身相托，王云仅与之结为姐弟。乃托名云章入吴府为记室，欲与梦云通意，未遂。出赴乡试，途中遇盗。盗首曾受王云之惠，善待之。得识其义女英娘，二人私订终身。英娘乃助其逃离山寨。王云得慧空从中撮合，梦云方允亲事。英娘为拒逼婚，改男装潜逃，为兵科给事杨凌夫妇认作义女，又遇梦云，结为姐妹。时王云已中探花，平定寇贼有功，封平南侯，晋兵部尚书。杨凌花园用计，王云终与梦云、英娘成就姻缘。书名取三人姓名中各一字组成。属才子佳人小说，虽落俗套，但其中慧空形象较引人注目，颇有特色。文辞亦较生动。有聚秀堂刊本、乾隆间聚锦堂刊本、嘉庆十年(1805)金阊书业堂刊本、经元堂刊本、二友堂刊本、道光间宝华顺刊本、宝善堂刊本等。民国间石印本、坊间排印本改题《三生姻缘》。近有1986年浙江古籍出版社《古代中篇小说三种》本与1987年春风文艺出版社排印本。

说唐后传 又名《绣像说唐演义后传》、《绣像后唐全传》。章回小说。题"鸳湖渔叟校订"。八卷五十五回。书叙唐代罗通扫北，薛仁贵征东事。北番狼主遣使者挑战，唐太宗御驾亲征。不料为屠炉公主设空城计，困于木杨城。程咬金突围，回朝求救。罗成之子罗通，比武夺魁，为二路扫北元帅。途中被屠炉公主强逼招亲，乃得屠炉公主相助，大胜番兵。后高丽国又挑衅，太宗再次御驾亲征，薛仁贵英勇善战立功甚多，却为张士贵女婿何宗宪冒领。张士贵妄图篡位称帝，薛仁贵根据徐茂功锦囊妙计，擒获张士贵。后薛仁贵挂帅大破番兵，高丽国王投降，遂班师回朝，受封平辽王。书中多写仙人、法宝及妖魔。孙楷第认为此书系根据《隋唐两朝志传》第七十至九十八回，演为罗通扫北、薛仁贵征东二事，较《说唐前传》尤为荒诞。坊间多有将一书分为两截，成《说唐小英雄传》十六回、《说唐薛家府传》四十二回。有乾隆三年(1738)姑苏缘慎堂藏板本、乾隆三十三年鸳湖最乐堂发兑本等。

野叟曝言 章回小说。清夏敬渠著。二十卷一百五十四回。叙吴江名士文素臣，论文则博古通今，才高八斗，论武则勇力过人，千夫不敌，因直言论政，得罪权臣，不得已而游历海内。其间除暴安良，辟鬼戮妖，崇儒学，抑佛道，平乱剿寇，终至位极人臣，天子倚为长城，号为素父。本书为作者抒写平生未伸之志而作，自我标榜："奋武揆文，天下无双正士；熔经铸史，人间第一奇书。"全书谈经论史，劝忠表义，神魔鬼怪无所不包。以一人为主角贯穿始终，叙事方式有独到之处，然文字枯涩，思想陈腐，可读性差。鲁迅评之为"衒学寄慨，实其主因，圣而尊荣，实为抱负，与明人之神魔及佳人才子小说面目似异，根柢实同，唯以异端易魔，以圣人易才子而已。意既夸诞，文复无味，殊不足以称艺文，但欲知当时所谓理学家之心理，则于中颇可考见"(《中国小说史略》)。本书成书于乾隆年间，初以抄本流传，至光绪年间才有刻本。有光绪七年(1881)毗陵汇珍楼活字本、光绪八年申报馆刊本。近有1992年青岛出版社排印本等。

济颠大师醉菩提全传 又名《济公全传》、《济颠大师玩世奇迹》、《度世金绳》、《皆大欢喜》等。章回小说。题"天花藏主人编次"，恐系伪托，另亦有署"西湖墨浪子偶拈"者。二十回。小说源于民间流传的济颠故事。书叙李修元系罗汉投胎，成人后投西湖灵隐寺为僧，法号道济。悟出本来根底，佯为疯颠，人称济颠。嗜酒，许多奇事均在醉中做出，故称醉菩提。曾使太尉施舍三千贯钱造寿山福海殿；又使皇帝梦读募化榜文，舍三万贯钱重修。其他未卜先知，救危解难之事甚多。本书之前，明代已有《钱塘湖隐济颠禅师语录》，近代又有《济公全传》。本书实有承前启后之功。有务本堂刊本、宝仁堂刊本(题《济颠大师玩世奇迹》)、乾隆四十年(1775)金阊书业堂刻本、乾隆五十三年古讲堂刻本，以后以光绪间刻本、石印本为多，往往另题书名。光绪间又有《济公活佛传》初、二、三集行世，凡二十八卷二百八十回，系郭小亭编写，有光绪三十一年(1905)上海煮字山房石印本。近有1983年花城出版社、1987年浙江古籍出版社排印本《济公全传》。

反唐演义传 又名《武则天改唐演义》、《异说南唐演义全传》、《反唐女娲镜全传》。章回小说。题"姑苏如莲居士编辑"。十四卷一百四十回。小说写薛丁山之子薛刚大闹花灯,踢死皇子,薛家三百八十五人除樊梨花等被救走外,尽受累被杀,埋于两辽王府中,号"铁丘坟"。徐敬业起兵讨伐武则天失败,武则天大诛唐宗室,建国号为"大周"。薛刚三祭"铁丘坟",新唐国王招薛刚为驸马,借兵十万。时薛蛟娶庐陵王长女安阳公主,薛葵配次女端阳公主。后薛刚等辅佐庐陵王起兵,伐周复唐。鲁国公程明宜、胡国公秦文、鄂国公尉迟勃等,皆起兵勤王。最后,武则天、武三思等从地道逃往南唐。庐陵王入长安,即皇帝位,分封诸功臣。大开铁丘坟,以礼迁葬。中宗请武则天回朝,赦武三思罪。武三思与韦皇后私通,毒死中宗。薛强保李旦起兵平乱,会合薛刚,擒住武三思正法。李旦即皇帝位,是为睿宗。有瑞文堂大字刊本、三和堂刊本(有"如莲居士"乾隆癸酉(1753)序)、崇德堂藏板本、嘉庆五年(1800)致和堂刊本。

红楼梦 章回小说。清曹雪芹著。一百二十回。后四十回一般认为清高鹗续。叙金陵贾家宁、荣二府,先世宁国公贾演、荣国公贾源有功于先朝,子孙世受其泽。宁府贾敬好道,由子珍袭爵。荣府史太君健在,长子贾赦袭爵,由其子贾琏妻王熙凤理家;次子贾政任工部员外郎,娶妻王氏所生长子珠早卒,遗寡媳李纨,长女元春入选宫中,次子宝玉衔玉而生,庶出女探春、幼子环。史太君又有女贾敏,嫁扬州盐运司林如海为妻,生女黛玉,多愁善感。贾敏死,如海将黛玉送入荣府,以依外家。宝玉、黛玉从小意气相投,及长情意更深。时王夫人之妹金陵薛氏亦暂寓荣府,有女宝钗,阖府爱之。值元春被选为妃,归家省亲,特费巨资建大观园以居。元妃回京后,众姊妹及宝玉分居大观园各处,极尽欢娱。宝玉渐长,日周旋于众姊妹及诸侍女如袭人、晴雯、紫鹃之间,性厌世俗,尤薄科举,虽遭其父责打,绝不悔改,唯黛玉引为知己。时荣府盛极而衰,颓运日至,变故渐多:金钏投井,尤三姐自刎,二姐吞金,晴雯被遣而死,悲凉之气已笼贾府。后四十回叙贾家气运日衰,大故迭起,宝玉失玉后状类疯癫,贾政将赴外任,拟为之娶妇,因黛玉羸弱,由熙凤定移花接木计为之娶宝钗,黛玉闻之呕血而亡。元妃薨,贾府失势,贾赦、贾珍以交通外官,倚势凌弱,革职查抄。荣、宁二府家资所剩无几,又遭盗劫,值史太君病逝,王熙凤遂失势,旋即郁郁而终。时有一僧送玉还宝玉,宝玉重梦太虚幻境,尽悟前因,于乡试中式时撒手离去。贾政于葬母返京日,见一人光头赤足向之而拜,审视乃宝玉,登岸追之不及,二僧一道作歌而去,望之唯见茫茫雪原。全书思想深刻、内容宏富,通过描写一个封建大家族盛衰兴亡的过程揭示出整个封建社会走向衰败的内在原因和必然规律,具有高度的概括意义。又以较多的篇幅叙述了贾宝玉与林黛玉的爱情悲剧,深入细腻地展示了他们之间的感情发展过程及无法抗拒的悲剧命运。塑造了贾宝玉、林黛玉、薛宝钗、王熙凤等众多的人物形象,描绘了一批不同气质性格、不同身份地位、不同遭际命运的青年女性,无不生动丰满、个性鲜明。其内容又涉及封建贵族大家庭生活的方方面面,"可谓包罗万象,囊括无遗,岂别部小说所能望其项背"(王希廉《红楼梦总评》)。其艺术手法既有传统风格、民族特色又有大胆创新精神。全书结构宏大精妙,描写细腻入微,语言出神入化,代表了中国古代小说的最高成就。对后世产生深远影响,不仅被人改编为戏曲,对其评点研究又形成"红学"。此书在作者生前即以手抄本形式在其亲朋好友中流传,又因迭经修改,故今传版本较复杂。但大致可分为两个系统:一为《脂砚斋重评石头记》抄本,主要有己卯本(存四十三回又两个半回)、庚辰本(存七十八回)、甲戌本(存十六回)、甲辰本(存八十回,题名《红楼梦》)等;一为乾隆五十六年(1791)萃文书屋用木活字排印一百二十回本,题名《新镌全部绣像红楼梦》,前有程伟元序,世称"程甲本",次年春程伟元、高鹗又对此本进行修订后再版,世称"程乙本",以上两本又合称"程高本"。今有1957年人民文学出版社据程乙本排印本,曾多次重印。另有1958年人民文学出版社出版俞平伯校订之《红楼梦八十回校本》,以庚辰本为底本,参校脂评系统重要抄本,并以程乙本后四十回作为附录。1982年人民文学出版社出版中国艺术研究院红楼梦研究所校点注释本,该本以庚辰本为前八十回底本,以程甲本为后四十回底本并参校他本而成,为今最佳本。1988年上海古籍出版社又出版王希廉、姚燮、张新之三家评本。

石头记 《红楼梦》的别称,见"红楼梦"。

金兰筏 章回小说。题"惜阴堂主人编辑"。四卷二十回。叙明万历年间,杭州田中桂家财万贯,与洛阳书生元正文情好甚笃。地痞仇人九等觊觎田氏家财，常与田交往，并诱之以声色，元劝之不听，田妻虞氏亦规之，反受斥骂。田为仇所诱，家资耗尽，依虞氏纺织度日。旧日酒友，视同陌路，且落井下石，诬其杀人使之下狱。值元正文中进士后巡按浙江，平反冤狱，且助之读书。田得中榜眼，宰相欲招为婿，田以虞氏曾共患难不允。经皇帝主婚，方娶宰相之女。田为官清正，后升任江南巡抚。有乾隆间刻本。

东周列国志 章回小说。清蔡元放删订。二十三卷一百零八回。东周列国故事，元代即有平话本，明余邵鱼撰《列国志传》，明末冯梦龙改订为一百零八回《新列国志》，清乾隆间蔡元放删改润色的评注本，定名《东周列国志》，最为流行。小说叙写春秋战国时代五百多年历史故事，始于西周末年（前782）终于秦始皇统一中国（前221）。周幽王荒淫无道，烽火戏诸侯，导致西戎暴乱，身亡国破。平王即位，迁都洛阳，是为东周。自此诸侯争霸，互相兼并，战事不断。内则父子、兄弟争位，大夫、家臣篡权。各诸侯国互有兴衰，形成春秋五霸、战国七雄。最终秦灭六国，一统天下。其中展出无数故事，如管仲拜相，重耳复国，程婴救孤，孙庞斗智，荆轲刺秦等，情节曲折，人物众多。根据史传，事取其详，文撮其略，文言成分虽多，然文笔流畅，眉目清楚，引人入胜。惟过于罗列史实，较为繁琐。有书成山房刊本、星聚堂刊本、经纶堂刊本和汉口森宝斋朱墨刊本等。今通行本为1955年人民文学出版社据蔡本点校排印本，1979年新版重印。

幻中真 章回小说。题"烟霞散人编次"。十二回。叙吴县书生吉梦龙，与妻易素娥受内兄迫害，素娥投水自尽，吉被诬杀妻入狱。素娥得徽州盐商汪百万救，认作义女。吉遇赦出狱，遇神仙授予兵书神术，拜在外经商的汪百万为义父，改名汪万钟，考中状元。权臣何太师欲将女许配他，吉不允，何怒，荐他到山东平寇。不久功成归朝，汪百万欲将义女素娥配与吉，吉得知为素娥，于是夫妻团圆。其失散之子吉兰生亦已功名成就，微服访亲，至此合家团圆。有清刊本，另有日本内阁文库藏晚出四卷十回本。

铁花仙史 章回小说。题"云封山人编次，一啸居士评点"。二十六回。书叙明代孝廉蔡其志与王悦为至交，两家子女诞辰同，就襁褓缔姻，蔡女若兰许配王子儒珍。儒珍与好友陈秋遴同借寓蔡家读书，园中花妖玉芙蓉因慕秋遴风采，化为女子符剑花媚之，为花神贬往扬州。后儒珍失怙，家道衰落，蔡家意欲悔亲。时新科解元秋遴为儒珍不平，与密友苏紫宸设计移花接木，伪称自己求婚若兰。若兰不以贫贱易夫，女扮男装出逃，为钱塘知县苏诚斋招为婿。后被识破真相，认作义女，与苏女馨如姐妹相称。苏诚斋救夏元虚之妹瑶枝。秋遴求婚瑶枝，玉芙蓉化作瑶枝与秋遴相会，偕逃京师。紫宸进京中进士，出征海寇，功成身退，入山得道成仙，降花妖。后儒珍金榜题名娶馨如，瑶枝亦与秋遴结缡。一日，王儒珍在苏诚斋家见若兰，始知她逃婚始末，又与她成婚。是书力求脱去历来才子佳人小说窠臼，设事"故翻空出奇"，然文笔拙涩，事状纷繁，鲁迅在《中国小说史略》中认为它在内容上"又混入战争及神仙妖异事，已轶出于人情小说范围之外"。有清刊本、光绪十八年（1892）石印本、民国间铅印本。近有1985年春风文艺出版社点校本，上海古籍出版社《古本小说集成》本。

绿野仙踪 章回小说。清李百川著。有一百回抄本与八十回刻本两种。叙明嘉靖间士子冷于冰两次乡试不第，偶因机遇代太师严嵩写祝寿文而入严府为幕友。他亲见奸臣乱政，识破官场黑暗，心灰意冷，退出相府访道求仙。经代州时结识隐居山乡的大盗连城璧。在杭州受火龙真人点化并得驱邪木剑和雷火珠。至湖南收伏小鬼张崇、吴渊，更名超尘、逐电，命其探事报信。在桃仙客帮助下烧死龙山蛇怪与蜈蚣精，得紫阳真人所授《宝箓天章》，收得道白猿为弟子，取名猿不邪。在九华山夺得天书《天罡总枢》，潜心精研，能知过去未来。河南朱文炜性孝悌，兄文魁贪鄙凶狠独吞家财，文炜流落乞食，后得于冰暗助，平定师尚诏之叛而得官职。泰安公子温如玉家资丰饶，因受牵连下狱而倾家荡产，后又经商被骗，穷途末路，被冷于冰点化修道。倭寇入侵浙江，严嵩荐党羽赵文华督师征讨。赵搜刮民脂民膏，买通倭寇假冒战功。明世宗另委朱文炜、俞大猷等讨伐倭寇，大胜，赵文华失职问斩。邹应龙、林润上本参奏严氏父子，严世蕃等被斩，严嵩饿死，民心大快。冷于冰炼成绝阴丹脱尽凡胎。连城璧、温如玉等众弟子亦均修成正果。本书虽以访道修仙为结构框架，实际摹写的却是现实生活的人情世态。作品反映了明代中叶政治腐败，官场黑暗，社会矛盾加剧，统治集团内部倾轧，人民铤而走险的现实。全书脉络清楚，语言晓畅圆熟，人物形象塑造"皆因其事其人斟酌身分下笔"(陶家鹤序)。有北京大学图书馆藏一百回抄本,卷首有作者自序、乾隆二十九年(1764)陶家鹤序、三十六年侯定超序;另有道光十年(1830)八十回刻本及民国元年(1912)上海书局石印本。近有1986年北京大学出版社据抄本影印本、排印本,1987年人民文学出版社排印本。

雪月梅 全称《孝义雪月梅传》,又改题《第一奇书》、《儿女浓情传》、《义勇四侠闺媛传》。章回小说。清陈朗著,清董孟芬评释。十卷五十回。以明代嘉靖年间抗倭斗争为背景和中心,叙述岑秀与许雪姐、何小梅、王月娥三人爱情故事,故书名取三女子名中各一字合成。明嘉靖间金陵秀才岑秀,文武兼备,为避仇人侯子杰迫害,奉寡母投山东母舅何式玉。因舅亡家破,寄寓舅父至交蒋士奇家。结交寻取父柩还乡的江西刘电,并与死而复生的雪姐订亲。后南返金陵应乡试,投老仆故乡湖州,赁乡绅王冀之房栖身,与表妹何小梅相逢并订婚。岑秀试卷得皇帝赏识,钦赐内阁制诰中书,委以江浙两省巡海副都御史,率兵抗倭。得何仙姑神助,大获全胜,以功封太子少保、兵部尚书,兼都察院左都御史。岑秀先与何小梅完婚,后又娶月娥、雪姐。其中还穿插蒋士奇、刘电、殷勇、华秋英诸人事。作品以男女主人公的爱情婚姻为线索,着重写英雄豪杰的抗倭斗争,反映出才子佳人小说与英雄传奇小说的合流。作品篇幅较长,反映生活面较广,头绪纷繁,人物众多,但充满因果报应思想,又杂鬼神之说,失之荒诞。有乾隆间德华堂刊本,另有聚锦堂、芸香堂、文诚堂刻本,光绪二十七年上海石印本。近有1986年齐鲁书社点校本、1987年上海古籍出版社点校本。

飞龙全传 章回小说。清吴璇改编。六十回。叙宋太祖赵匡胤发迹与建国的故事,起于后汉隐帝刘承祐乾祐元年,止于陈桥兵变、后周恭帝逊位。赵匡胤生性豪侠,精通武艺,因犯王法充军大名府,归京后又大闹御勾栏,成为朝廷钦犯,闯出汴梁避难。在昆明山救张桂英,并与之结为夫妻。在九曲十八湾遇险,被郑恩所救。打恶棍,杀土豪,与郑恩、柴荣于黄土坡前三结义。途经华山,与道祖陈抟对弈,将华山典与陈抟。在神丹观拯救京娘,跋涉千里,送其还乡。后郭威灭后汉,建立后周。柴荣向郭威举荐匡胤。周主病亡,柴荣即位为世宗。北汉刘崇勾结契丹,兴兵犯周,赵匡胤随世宗征讨。继伐西蜀,又征南唐。世宗亡,恭帝即位。北汉刘钧勾结契丹入侵,匡胤率军抗击,军至陈桥驿,被将士黄袍加身,拥立为帝。全书叙事三真七假,书中重要人物,重大事迹,多有史实根据。赵匡胤故事,杂剧、传奇、话本均有演叙,吴璇据话本《飞龙传》改编成此书,是这一题材最完备的作品,在一定程度上保存了民间讲史平话的粗豪气息,也融进了改编者语言"雅驯""清隽"的风格。有乾隆三十三年(1768)崇德书院大字本、世德堂刊本、东皋书屋藏板本、同治九年(1870)翠隐山房刊本、裕元堂刊本、光绪十八年(1892)上海书局石印八卷本。近有1981年人民文学出版社《中国小说史料丛书》本、1982年宝文堂书店《传统戏曲曲艺研究参考资料丛书》本。

水石缘 又名《赛桃源》、《奇缘赛桃源》。章回小说。清李春荣著。六卷三十段。叙石莲峰与水盈盈生前本为仙侣,莲峰得神僧朗砖及盈盈婢女采萍相助,两人传书递简,私订婚约。几经曲折,石莲峰终与盈盈成婚并纳梅萼、采萍、柳丝为妾。后莲峰高中状元,不愿为官,举家入赛桃源隐居。本书结构奇巧,语言洗练流畅,不乏生动之笔,写盈盈之痴情尤妙。书成于乾隆三十九年(1774),有自序。有经纶堂刊本及自得轩刊本,后有上海书局石印本,近有1990年北京大学出版社排印本等。

歧路灯 章回小说。清李海观著。一百零八回。叙河南祥符乡绅子弟谭绍闻丧父后受母亲溺爱和教师侯冠玉纵容,被同辈浮浪子弟诱入歧途,饮酒赌博,斗鸡走狗,狎尼宿娼,宠娈童,炼黄白,以致倾家荡产。历经艰险后翻然悔悟,立志重新做人,经良师益友义仆相助家业渐复。又得族兄提携,从征倭寇立功,特授黄岩县正堂。其子篑初科考得中,殿试又赐进士出身,钦点翰林院庶吉士,父子俱受皇恩,重振家业。本书文字简洁生动,语言朴实无华,富有河南乡土气息。塑造人物二百多个,遍及三教九流,各具性格,呼之欲出。其中尤以谭绍闻转变过程的描写,细腻生动,令人信服。通过谭绍闻的堕落和回头,可以看出社会的黑暗和官场的腐败。朱自清认为"单论结构,不独《儒林外史》不能和本书相比,就是《红楼梦》也较逊一筹",总体上"只逊于《红楼梦》一筹,与《儒林外史》是可以并驾齐驱的"(《朱自清古典文学论文集》)。完稿后仅以抄本流传,主要有乾隆四十五年庚子(1780)过录本、嘉庆间抄本、安定小斋抄本等。清末民初始见印本,主要有民国十三年(1924)洛阳清义堂石印本、民国十六年北京朴社排印本(仅出前二十六回),近有中州书画社1980年排印本。

驻春园小史 又名《绿云缘》、《第十才子书》、《第十才子双美缘》、《一笑缘》。章回小说。题"吴航野客编次"。六卷二十四回。叙明嘉靖间,嘉兴女子曾云娥,因家中失火,与母寄身于舅父叶总制家,与故兵部尚书子黄玉史传诗通情,私订终身。未几,叶总制遭陷害,云娥母女又投奔金陵吴翰林家。黄玉史重情,暗随至金陵,卖身吴府隔壁周尚书家为书童,借机与云娥私会。二人私情被吴翰林女绿筠识破,绿筠遂道出己自幼与黄玉史订有婚约,黄家败落,母亲毁约,绿筠坚持不肯。于是二女相约同嫁玉史。因云娥母欲将云娥另嫁,云娥乃与玉史私奔,中途玉史被捉回流放,吴绿筠赠金为玉史捐监生。玉史高中两榜进士,钦点探花,娶云娥、绿筠为妻。小说塑造了敢于追求自主婚姻的少女曾云娥的形象,但仍落一夫多妻俗套。最早刊本为乾隆间三余堂刊本,有乾隆四十七年(1782)水箬散人序,另有乾隆五十三年刊本、嘉庆十六年(1811)刊本、光绪三十四年(1908)中华图书馆石印本。

金石缘 章回小说。清无名氏著。二十四回。叙苏州富户林旺女爱珠有才貌而性轻浮,许配金桂之子金玉。医者石道全含冤被捕,其女无瑕卖身救父,至林家为婢。金桂遇盗被掳,金玉逃脱,身染癞疥,乞食返里。林家以无瑕冒爱珠之名代嫁,无瑕尽心护理金玉,道全又为其治疗,其病得痊。金玉考中状元,出征得胜,凯旋回朝,封靖海公,妻为一品夫人。爱珠沦落为娼,悔恨而死。本书旨在劝善惩恶,语言清新自然,然宣扬命由天定,为其不足。有乾隆五十六年(1791)文粹堂刊本,嘉庆年间鼎翰楼、崇雅堂、石渠山房、同盛堂刊本等。

南史演义 章回小说。清杜纲著。三十二卷。叙刘裕英勇骠悍,独骑奋战海盗数千人,屡建奇功,诏为建武将军。桓玄废晋帝,自即帝位,建号大楚,三吴大饥,中外失望,裕等共讨桓玄。后裕废晋恭帝,即帝位建号大宋。其子孙庸劣,萧道成代宋而立,是为齐高帝,登位后崇尚节俭,奢侈悉汰。后萧衍又代齐而立,是为梁武帝,好大喜功,昭明太子谏之不从,卒致侯景之乱。陈霸先又代梁而立,是为陈武帝。陈宣帝崩,太子即位,是为后主,不理国政,惟以风流为事,上下解体。隋文帝派晋王杨广率军灭陈,南朝二百七十年统治告终,天下归隋一统。本书所述基本依据正史,史书所载大事无不备录,并参以稗说旧闻。惜所叙过于泥实,行文略显呆板。书中时涉宿命果报,好谈法术怪异。本书与《北史演义》合而构成南北史演义,弥补了历史演义小说之缺。有乾隆乙卯(1795)玉峰陈景川局原刊本。近有1989年上海古籍出版社排印本。

北史演义 章回小说。清杜纲著。六十四卷。叙北魏宣武帝时,高妃害死于皇后母子,立胡妃子为太子。宣武帝崩,太子继位,是为孝明帝。高阳、清河二王辅政,出高后为尼,尊胡妃为太后。胡恣行淫乱,鸩死孝明帝。尔朱荣执太后并幼主沉之河,奉长乐王入京立为孝庄帝。西魏宇文泰挟天子以令天下。周武帝节己爱民,亲贤远佞,殷殷求治,惜太子不肖。后杨坚代周而立,并灭陈,建立隋朝。自晋以降,南北分裂,东西割据三百年,至此天下方归一统。本书所叙基本上于史有据,中间许多细节采自稗官野史。此前,历史演义小说无演述南北朝史事者,本书与作者的《南史演义》合而构成南北史演义,弥补了这一缺门。有乾隆五十八年(1793)吴门甘朝士局原刊本、道光二十二年(1842)敬叶山房刊本。近有1989年上海古籍出版社排印本。

粉妆楼全传 又题《续说唐志传》。章回小说。清竹溪山人著。十卷八十回。述唐开国元勋罗成之后罗增兵困边关,被奸相沈谦诬为投敌而满门抄斩。罗夫人及子罗灿、罗焜闻讯外逃得免。侯登潜入粉妆楼调戏罗焜未婚妻柏玉霜,玉霜自尽遇救,历尽艰险至镇江投亲,又被沈谦子廷芳骗入相府欲行非礼。玉霜用玉如意将沈击毙。众功臣后代均遭沈谦陷害,被迫聚义鸡爪山,柏氏父女等亦投奔山寨。后众英雄推举马成龙为统帅,发兵讨沈。沈畏罪投敌。马成龙、罗增兵分两路攻陷番营,拿获沈谦。天子封四十余名英雄为侯,钦赐罗灿与马金锭,罗焜与柏玉霜等完婚。本书以北方方言写成,文字明易流畅,人物形象鲜明,情节曲折生动,富有传奇色彩,颇受读者欢迎。有嘉庆二年(1797)宝华楼刊本、嘉庆十一年刊本、同治三年(1864)金声堂藏板本等。近有1985年内蒙古人民出版社排印本。

合锦回文传 章回小说。题"笠翁先生原本"。十六卷。叙唐僖宗年间,梁栋材才高貌俊,家藏半幅武则天时至宝回文璇玑图,设誓称非有另半幅璇玑图者不娶。时有侍郎之女桑梦兰,亦家藏半幅,二人遂订婚约。恶少栾云欲强娶桑梦兰,抢去梁之藏图,又利用权奸杨复恭势力，以璇玑图必须合璧为名，强逼桑梦兰与其成亲。后梁、桑几经周折，得正直善良的柳太守、薛尚武帮助，喜结良缘，并找回璇玑图。梁栋材中状元后，参与平定叛乱，发现杨复恭通敌证据，将杨全家抄斩。本书虽是一部才子佳人小说，但褒忠斥奸的气味较浓，于李渔作品中不多见，疑好事者假李渔名所为。有嘉庆三年(1798)宝砚斋刊本、道光六年(1826)大文堂刊本。

燕山外史 章回小说。清陈球著。八卷。是书以明代冯梦祯《窦生传》为素材敷演而成。书叙明永乐间燕人窦绳祖游学嘉兴，恋贫女李爱姑，爱姑感其情，以身相许。不久，窦为其父所迫与临淄宦族联姻，遂一去不返。爱姑被金陵盐商所骗，辗转沦落青楼，幸侠士马遴相助，得归窦生。然窦妻甚妒，对爱姑百般凌辱，窦生不能堪，携之乘夜出逃，遇乱离散。窦生归里，财产已空，妻厌贫求去，不久爱姑亦归。窦生及第，官至山东巡抚。爱姑生一子，寻觅乳母，竟为前妻，窦仍优容之。后窦生偕爱姑尸解仙去。全书通篇用骈俪文体，独树一帜，文字简奥，情节曲折，然鲁迅《中国小说史略》谓其“语必四六，随处拘牵，状物叙情，俱失生气”。约成书于嘉庆四年(1799)，初刻约在嘉庆十六年。另有光绪初傅声谷注释本、光绪五年(1879)上海广益书局傅注石印本、光绪十二年重刊本(以上作八卷)、光绪三十二年上海江左书局石印本、民国三年(1914)醉经堂书庄石印本(以上作二卷)、民国十九年上海新文化书社铅印本、民国二十年上海大中书局傅注铅印本(以上作四卷)。近有1987年春风文艺出版社排印本。

说唐三传 又名《征西说唐三传》、《异说后唐三传薛丁山征西樊梨花全传》、《仁贵征西说唐三传》、《说唐征西传》。章回小说。题“中都逸叟编次”，卷首有“如莲居士”序。十卷，有八十八回本、九十回本。内容系承接《说唐后传》，写薛仁贵一家西征哈迷国事。哈迷国元帅苏保同遣使下书挑衅，唐太宗封薛仁贵为征西大元帅，御驾亲征。一路势如破竹，连下界牌、金霞、接天三关。苏保同计诱唐军，困之于锁阳城。程咬金突围回朝搬兵，王敖老祖命徒弟薛丁山下山前往西凉救驾。丁山受封二路元帅，领兵西征，大破番兵，并先后与窦仙童、陈金定、樊梨花三位女将成婚。后樊梨花挂帅，斩苏保同，番王投降。后文有关薛刚事，删削《反唐演义传》而成。小说具有民间说书艺术善于铺叙的特点。书中叙罗通界牌关盘肠大战，樊梨花三擒三放薛丁山，薛丁山三休三请樊梨花，以及薛刚醉闹花灯等情节，生动曲折，后世广为流传。小说还成功地塑造了樊梨花这一巾帼英雄形象。书中写战争多有斗阵、斗法场面，显系因袭神魔小说俗套，反映了清初英雄传奇与神魔小说合流的倾向。有经文堂藏板本，十卷八十八回，另有嘉庆十二年(1807)福文堂小型本，十卷九十回。

后红楼梦 章回小说。清逍遥子著。三十回。为《红楼梦》第一部续书，情节接续在《红楼梦》第一百二十回之后。叙宝玉并非遁入空门，乃是被妖僧邪道拐走。在毗陵驿适遇贾政回京，于是贾政拿妖僧妖道，救出宝玉，并放回黛玉、晴雯生魂，黛玉因之还魂，晴雯亦借五儿之体复生。然黛玉性情大变，悟透世事，一心只想修仙。此时贾家经济更为困窘，黛玉堂兄林良玉，引来林家巨财，贾家遂将中兴希望寄托在宝玉和黛玉的婚姻上。婚后，黛玉理家井然有序。后宝玉中进士，官侍读学士。惜春更名仲春，被选入宫为妃。贾府复兴。本书虽为黛玉、晴雯扬眉吐气，然大团圆结局大反曹雪芹著《红楼梦》原意。有嘉庆初刊本、宣统二年(1910)上海章福记石印本、民国十九年(1930)上海大通书局铅印本。近有1985年春风文艺出版社排印本。

蟫史 又名《新野叟曝言》。章回小说。清屠绅著。二十回。全用文言写成。叙闽人桑蠋生航海堕水，漂流到甲子石之外澳，为人所救，引见指挥甘鼎。鼎依蠋生言筑城防寇，敌不能瞰。邝天龙作乱，其党有异术，鼎率兵围剿，蠋生谋划帷幕，得矮道人、龙女相助，力擒天龙。又解凉州之围，擒交趾之王，征五苗之乱，历经奇险皆获胜。功成身退，甘鼎弃官而去，桑蠋生衣锦还乡。书中桑蠋生为作者自况，甘鼎即影射乾、嘉时镇压苗民起义的傅鼐。鲁迅称《蟫史》实未离于神魔小说，“亦尚承明代‘世情书’之流风，特缘勉造硬语，力拟古书，成诘屈之文，遂得掩凡近之意”，“虽华艳而乏天趣，徒奇崛而无深意”。又谓“惟以其文体为他人所未试，足称独步”(《中国小说史略》)。书作于嘉庆五年(1800)。有清庭梅朱氏刊本、光绪间《申报馆丛书》本，小说进步社石印本易名《新野叟曝言》。近有1992年人民文学出版社《中国小说史料丛书》本。

二度梅 全称《忠孝节义二度梅全传》，又名《二度梅奇说》。章回小说。题“惜阴堂主人编辑，绣虎堂主人评阅”，内封又题“天花主人编”。六卷四十回。叙唐肃宗时吏部都给事梅魁因指斥权奸卢杞被陷害抄斩，子良玉化名喜新，投梅魁同年陈日升家为仆，因祭悼其父，祈得梅开二度。陈得知其身世，遂以女杏元许配之。卢杞又迫害陈，逼陈送杏元和番，杏元忍痛与良玉分手，于出塞时在落雁岩跳岩自尽，得昭君显灵救护，送回中原。卢又将陈下狱，并追拿陈子和良玉。良玉化名入京会试得高中，卢复欲加害，激起诸同年公愤，大闹午门。肃宗降旨将卢正法，梅、陈两家平反昭雪，良玉与杏元完婚。是书以二度梅开喻忠良遇难呈祥，在褒忠斥奸的框架下，又写了男女婚恋的悲欢离合，故事性较强。在斥责乱臣贼子、贪官污吏罪行的同时，鼓吹臣忠子孝、妇节仆义的封建伦理道德。曾改编为戏曲演出，较有影响。有嘉庆五年(1800)福文堂刊本、嘉庆二十年文英堂重刊本、嘉庆二十一年聚英堂刊本，另有右文堂刊本、澹雅堂刊本、益秀堂刊本、五云堂刊本，民国十年(1921)上海共和书局石印本，近有1986年山东文艺出版社排印本、1988年黑龙江人民出版社排印本、1994年上海古籍出版社《十大古典社会人情小说》本。

于公案奇闻 章回小说。清无名氏著。八卷二百九十二回。叙清朝官员于成龙，秉公执法，累断奇案，康熙誉之为“天下廉吏第一”。由山东按察使，擢直隶保定巡抚，加赠太子少保，领兵部尚书衔，直隶百姓为其建生祠。反映了封建社会末期商业繁荣，社会秩序混乱，官贪吏虐，衙门黑暗，冤狱遍地的社会现实。所叙故事多取自《包公案》、《海公案》，假于成龙之名，捏合事件，加以敷演，并非实录《于成龙判牍》实事。然叙事详赡，结构严谨，颇具特色。有集锦堂刊本，书题作《新刻于公案传》，署“嘉庆庚申(1800)重阳”。

五虎平西前传 又名《五虎平西珍珠旗演义狄青前传》、《狄青演义》、《五虎平西演义》。章回小说。清无名氏著。十四卷一百十二回。书述奸臣庞洪借刀杀人，奏请宋仁宗派狄青等五虎将出征西辽，索取烈火珍珠旗。狄迷路误入单单国为八宝公主所擒，被招为驸马，夫妻恩爱。婚后狄等继续西征，至白鹤关被围，孙秀拒发援兵，幸公主率军来援，大获全胜。西辽降宋，进献假珍珠旗。庞洪一再陷害，狄青死里逃生。后西辽大举进犯，五虎将再度出征，西辽臣服，献出宝旗。包公审断，群奸伏法。八宝公主奉诏入京，狄王府共庆团圆。本书将外征西辽，内斗国贼两条线索巧妙结合，下笔丝丝入扣繁而不乱，情节起伏跌宕，引人入胜。有嘉庆六年(1801)坊刻本、嘉庆十六年聚锦堂刊本及敬业堂、同文堂等刊本，近有1986年山东文艺出版社排印本。

五虎平南后传 又名《五虎平南狄青演传》。章回小说。清无名氏著。六卷四十二回。叙南蛮王侬智高叛乱，狄青等五虎将奉旨出征，两次困于妖术。宋仁宗先后派王怀女、杨金花挂帅南征支援狄青。奸党孙振构陷忠良，幸杨文广识破阴谋斩除奸贼。几经艰难曲折，五虎将等征服南蛮凯旋回朝，有功诸将皆得封赏。本书为《五虎平西前传》续集，所述狄青平定侬智高之战虽是历史真实事件，但书中许多人物情节纯系虚构。小说在艺术上并无新意，但个别人物性格描写尚有特色。如孪生兄弟狄龙、狄虎，一温雅一鲁莽，有共性尤见个性。段红玉热情泼辣的性格和复杂心理写得也颇传神。所写妖法邪术神灵鬼怪等等则令人兴味索然。有同文堂刊本、嘉庆十二年(1807)聚锦堂刻本、圣德堂小型本、三让协藏板本、松盛堂刊本以及1986年山东文艺出版社排印本等。

儒林外史 章回小说。清吴敬梓著。五十五回。主要描写从元末至明万历二十三年(1595)封建科举制度下文人的思想、生活、行动和他们的追求，同时揭露讽刺官场的腐败与黑暗，塑造了各种典型人物。一种是庸俗、虚伪、名利熏心的儒生，以文章举业为敲门砖，熬得进了学，中了举人、进士，就能荣华富贵，显亲扬名。如范进考过二十余次，到五十多岁才中举人，竟然喜得痰迷心窍，发起疯来，从此飞黄腾达。另一种是贪狠、愚蠢、残暴的官吏士绅，如严贡生关了邻家的猪还打折邻人的腿，又拿几片云片糕冒充补药向船家敲诈勒索。小说也塑造了不愿为官，不慕名利，品学皆优的文人，如王冕在朝廷授他咨议参军之职时，竟逃往山中隐居起来；又如杜少卿乐于助人，散尽家财，典当度日，却装病拒绝赴京做官。小说还抨击封建朝廷各级官僚的昏瞆糊涂，如萧云仙监督筑城，兴水利，植树劝农，办学校，为民造福，却被工部追赔银两，倾家荡产；又如汤镇台千辛万苦平了边民闹事，却被诬为率意轻进，糜费钱粮，着降三级调用，以为好事贪功者戒。小说也赞扬了自食其力的市井奇人，如牛老爹、卜老爹、鲍文卿和凤四老爹等，虽是下层人民，却能仗义助人。小说从批判封建科举制度入手，描写了当时社会变态的众生相，揭示了知识分子被扭曲的灵魂并提出理想的人格精神，表现了作者对历史现象的深层思考。小说最大的艺术特点是讽刺。鲁迅评“其文又戚而能谐，婉而多讽”，又称它“虽云长篇，颇同短制”，“事与其来俱起，亦与其去俱讫”（《中国小说史略》）。小说无贯穿全书的中心事件与中心人物，而是通过一个总体构想与主题将纷沓的人生世相一一展现出来，其语言平淡、冷峻，使人回味深远。小说以其高度的思想成就与艺术概括力，在当时就产生重大影响。卧闲草堂本所附评语云：“慎勿读《儒林外史》，读竟乃觉日用酬酢之间，无往而非《儒林外史》。”代表了中国古典讽刺小说的最高成就。原来回数，有五十和五十五两说，但通行的是五十六回本。主要有嘉庆八年（1803）卧闲草堂刻本，同治八年（1869）苏州书局活字本以及光绪七年（1881）申报馆活字本等。一般认为第五十六回为伪作。今有1956年作家出版社五十五回排印本，删第五十六回。另有1957年人民文学出版社排印本，曾多次重印。又有1984年上海古籍出版社出版会校会评本、1986年黄山书社出版评校本、1989年江苏古籍出版社出版新批本。其他大陆、香港、台湾出版社（公司）出版的也有数十种。

瑶华传 章回小说。清丁秉仁著。四十二回。秉仁字香城，苏州人，一生游幕四十余年。书叙明末福王女瑶华，乃南山雄狐转世，自幼好道，拜剑仙无碍子为师，修文习武。时福王因出师不利，奏明崇祯帝，由瑶华带兵入川，生擒敌首奢崇明，班师回京，被封“宣文耀武一等坤德侯”。后与周君佐结婚。瑶华因嫌君佐粗俗，常令婢女梅影代己，己则随师无碍子云游天下。无碍子嘱其一戒骄贵，二戒沉湎，三戒浮躁。后至峨眉山空空洞，脱却凡胎，修成剑仙。本书虽叙明末事，但不依史实，多言灵怪，号称劝世戒淫，而独于淫秽描写为多，格调低下。有涛音书屋刊本，约刊于嘉庆间，有嘉庆八年（1803）自序。另有道光十八年（1838）刊本及道光二十五年慎修堂刊本。

蜃楼志全传 又名《蜃楼志》。章回小说。题“庾岭劳人说，禺山老人（或禺山老子）编”。二十四回。叙广州洋行富商苏万魁被海关关差赫致甫勒逼敲诈，急流勇退，隐居乡间。不幸遭强盗掳掠，气急身亡。其子苏吉士继承父业，锐意经商。时侠士姚霍武因遭官府诬陷入狱，劫狱后与吕又逵、冯刚等英雄好汉落草为寇，劫富济贫。恶僧摩剌作恶海疆，骚扰百姓，朝廷兴师讨伐，屡战屡败。因苏万魁曾施恩于姚霍武，吉士遂为朝廷招安霍武，剿灭摩剌。小说展现了乾隆、嘉庆年间以广州为中心的岭南地区的社会状况和世态人情，暴露了封建政治的黑暗。作者继承《金瓶梅》和《红楼梦》的传统表现手法，文笔细腻，情节生动，人物性格鲜明。得到郑振铎、戴不凡等人赞赏。有嘉庆九年（1804）本衙藏板本、嘉庆十二年刊本、咸丰八年（1858）刊本。近有1987年百花文艺出版社点校本。

海游记 章回小说。清无名氏著。六卷三十回。全书前七回为故事楔子，记海外归来的管城子流离失所，目睹人间“善人”逞凶作恶，祸害无辜，因世不容身，下海去无雷国。后二十三回叙无雷国“海下奇闻事”。在其所辖紫岩岛上，乐善好施的大户徐家迭遭官司，倾家荡产，公子被迫背井离乡。而人间“善人”在此改名换姓为神仙活佛，假行善信，勾结官府，谋财害命，无恶不作。书中托名海外异邦，实为中土现实社会的真实写照，是清代后期民风、民俗的艺术再现。作者以“最荒唐处不荒唐”的笔法，彰善瘅恶，情节荒诞不经。孙楷第《中国通俗小说书目》称其“似仿《希夷梦》，而文拙”。为中国小说史上荒诞小说的先声。有清刊巾箱本，约刊于嘉庆间，另有上海古籍出版社《古本小说集成》本。

白圭志 又名《第八才子书》、《第十才子书》、《第一才女传》。章回小说。清崔象川著。四卷十六回。书叙明万历年间，才子张朋祖与妹兰英，皆博学多才，兰英男装，与兄同赴乡试，兄妹皆高中。赴试途中，朋祖遇湖南巡抚杨时昌之女菊英，互怜才貌，私订婚约。事泄，菊英父逼其投井自尽，得老仆救，出逃，遇朋祖叔父昆山，认为义女。朋祖高中，时昌亦悔己之所为，得知菊英去向，迎之归府，欲为之完婚。朋祖族弟美玉，得知其事，冒朋祖名前往，被识破下狱。时福建巡抚刘忠，梦城隍赐白圭一块，并告知朋祖父张博，被其族弟张宏所害，乃捕张宏，审明正法，其子美玉亦死于狱中。后朋祖与妹兰英，赴京会试，得中状元、榜眼。兰英与同榜探花武建章结为夫妇，朋祖亦与菊英完姻。本书系才子佳人小说，虽情节复杂，头绪多端，然人物形象淹没在情节变化中，缺乏个性深度。有嘉庆十年（1805）、道光二十一年（1841）补余轩刊本、咸丰九年（1859）右文堂刊本、光绪二十年（1894）崇文书局石印本。近有1985年百花文艺出版社排印本。

万花楼 全称《后续大宋杨家将文武曲星

包公狄青初传》，题《万花楼杨包狄演义》。章回小说。清李雨堂著。十四卷六十八回。序署“时戊辰元春”，当为嘉庆十三年(1808)。小说把狄青、包公和杨宗保的故事穿插在一起，重点写狄青的出身、经历。狄青从鬼谷子学艺，下山寻亲，在万花楼打死奸臣之子胡伦。后被派为钦差，押送三十万征衣交付边关元帅杨宗保。庞孙奸党设计陷害狄青，在包拯保护下，阴谋破产。狄青在边关协助杨宗保抗击西夏，杨阵亡后，狄任元帅，获大胜。实为历史演义小说和公案小说的结合。几个主要故事交互穿插，细针密线，使全篇浑然一体，人物描写也较鲜明生动。有道光十一年(1831)刊本、同文堂藏版长庆堂梓行本。近有1951年上海文化出版社排印本、1981年豫章书社排印本、1986年中国戏剧出版社排印本。

双凤奇缘 又名《昭君传》。章回小说。清雪樵主人著。八十回。书叙太守之女王嫱(昭君)才貌双绝，汉元帝时被选进宫。因毛延寿谗陷而入冷宫，后毛又唆使番王兴兵索要昭君。她为国为民忍辱和番，在用计诛杀毛延寿并救出苏武后自尽。其妹赛昭君率兵生擒番王为姐报仇。本书情节曲折，形象鲜明，如昭君踏月伤情、出塞和番、带病思乡、祈祷许愿等描写颇细腻感人。写昏聩薄幸的元帝、坚持气节的苏武、一心为恶的毛延寿也颇生动。有嘉庆十四年(1809)忠恕堂藏板本、嘉庆二十四年序玉茗堂刊本、经文堂刊本、道光七年(1827)文瑞堂刊本、道光二十一年维扬二酉堂刊本、光绪二十年(1894)宝善书局石印本。近有1987年春风文艺出版社排印本等。

何典 一名《鬼话连篇录》。章回小说。清张南庄著，署“过路人编定”。十回。南庄据考为乾隆、嘉庆间人。叙阴间阴山脚下有三家村，为群鬼聚居之地，有一财主名活鬼，生子名活死人。活鬼被催命鬼诬告命案，被捕下狱。活鬼妻雌鬼使上万银两打通关节，才使活鬼放回，但活鬼一气之下得病而死。雌鬼不久亦病死。活死人依舅父形容鬼为生，但不容于舅母，受尽折磨，逃出舅家，得遇鬼谷先生，学成文武全才。时当朝甘蔗丞相之子色鬼，串通城隍饿杀鬼，因奸逼死人命，却嫁祸于荒山里黑漆大头鬼与青胖大头鬼。二鬼不堪虐待，聚众起事，杀尽贪官污吏。阎王派兵征剿，屡战屡败，不得已出榜招贤。活死人应招投军，活捉青胖大头鬼，入朝献俘，被封为蓬头大将军。本书是一部用俚俗语言写成的讽刺滑稽体小说，借讽嘲阴曹地府鬼魅，抨击现实社会的丑恶现象。鲁迅为重印《何典》所作序称其“谈鬼物正像人间，用新典一如古典”。书约成于嘉庆末年。有光绪四年(1878)申报馆排印本、民国十五年(1926)北京北新书局排印本。近有1981年人民文学出版社校注本。

海公大红袍全传 章回小说。原署“晋人李春芳编次”。明本《海刚峰居官公案》署“晋人义斋李春芳编次”，故此书伪托其名。六十回。内容不同于明本公案小说，是以海瑞为主线贯串始终，具有完整连续情节的长篇小说。书中描写了海瑞一生的遭际，刻画了一个忠于职守、无私无畏、敢于锄强诛暴、关心百姓疾苦、清廉耿介的清官形象。他为举子时寄寓张老儿豆腐店中，很同情张老儿的遭遇，帮他对付严嵩家奴严二的高利贷盘剥和敲诈。在任淳安知县时，他当众指斥国公张志伯借巡查各省钱粮之名，到处索贿受贿的行为。在刑部主事任上，他上疏参奏国贼严嵩，责打他四十大板，惩治了这个专权肆横的奸臣。在任历城知县时，他访得大土豪严嵩干儿子刘东雄，劣迹昭著，予以正法。最后写到海瑞的死，海瑞对夫人说：“吾自出仕以来，历任封疆，却未曾受民间一丝一线；今有红袍一件，贮于箱中，倘我死后，当以此袍为殓，亦表我生平之耿介也。”小说“大红袍”即由此得名。书中叙述的故事大多是民间传说故事和作者的虚构，许多人物历史上虽实有其人，而事迹与史实却大相径庭。小说突出了海瑞与严嵩的斗争，但文学成就不高，缺乏历史真实性和思想深度，语言也较粗疏驳杂。有嘉庆十八年(1813)二经楼刊本、道光二年(1822)书业堂刊本、道光二十年聚星堂刊本、经国堂刊本、同治六年(1867)聚盛堂刊本和上海达文书局排印本等。近有1984年北京宝文堂书店排印本。

镜花缘 章回小说。清李汝珍著。一百回。书前半叙述武则天当政时，秀才唐敖考取探花，但因曾与徐敬业、骆宾王结盟被斥，乃随飘洋经商的妻弟林之洋游历海外，经历君子、淑士、女儿等国，遇无数奇人异事，吃到不少仙果仙草，后于小蓬莱超凡入圣。后半叙述唐敖之女小山蓬莱寻父，于泣红亭见百名才女天榜，己名亦在其中，并接父书奉命回乡应女试。试后百名才女连日欢宴，交流诗、文、琴、棋、书画、音韵，及医卜、星相等诸技艺。全书最后写徐敬业、骆宾王等人后嗣起兵勤王，迫使武则天退位，唐中宗复辟。本书借海外奇风异俗批判社会，寄托理想，尤以提倡男女平等，抨击缠足、纳妾诸丑恶现象最引人注目，并对陈腐学术空气与不学无术之徒竭尽嬉笑怒骂之能事。书中后半部极力显示作者博学通识，鲁迅谓其“盖以为学术之汇流，文艺之列肆，然究与万宝全书为比邻矣”(《中国小说史略》)。有嘉庆二十三年(1818)苏州原刊本、道光十二年(1832)芥子园重刊本、光绪十四年(1888)上海点石斋石印本。近有1957年人民文学出版社及1990年上海古籍出版社排印本等。

常言道 又名《子母钱》、《富翁醒世传》。章回小说。题“落魄道人编”。四卷十六回。叙明崇祯间，秀才时伯济，家传金银钱子钱一枚，游学外出，在海边落水，子钱亦失去。遇救至小人国。小人国主钱士命有母钱一枚，为谋子钱，勾心斗角，巧取豪夺，失而复得，得而复失。后时伯济逃至大人国，大人国人真诚待人，好礼乐施。钱士命为追时伯济，率兵赴大人国，被踏成齑粉。后福神将子母金银钱，赐与时伯济。本书为讽喻小说，以金银钱为线索，串连事件，展现金钱面前的世态人情，文笔流畅，嬉笑怒骂皆成文章。有嘉庆十九年(1814)刊本、光绪元年(1875)得成堂袖珍本。

飞跎全传 又名《飞跎子传》、《扬州语绣像三教三蛮维扬佳话传奇》、《飞跎子书》。章回小说。清邹必显著。四卷三十二回。是用扬州土语写成的讽刺性滑稽小说。叙石信因左腿短三分，人呼为“跳跎子”。跎子为治背跎腿跛，找逼上红城的悬天上帝求取仙方，学到急三枪、软尖刀等武艺。又赐服丹药，长出双翅，学会神砂、遁术等绝招，能飞腾，人改称“飞跎子”。时外寇入侵，飞跎子在危急中出阵，打败番将。论功行赏，封飞跎子为跎王。作品情节荒诞不经，语多诙谐滑稽。于嬉笑调侃中，针对清中叶腐朽黑暗的社会现象，进行了讽刺揭露。有嘉庆二十二年(1817)一笑轩刻本、维扬文盛堂刻本、咸丰七年(1857)如皋义林堂刻本、同治十一年(1872)扬州醉经堂刻本。

听月楼 章回小说。清无名氏著。二十回。叙柯太仆有女宝珠，才貌双全，与表兄宣登鳌，互相倾慕，题诗明志。被柯妾秀林从中挑拨，致柯逼女投河。柯同年好友裴长卿暗中将宝珠救回，与己二女同居听月楼。并作主将宝珠许配与宣生，唯须待宣生金榜题名后，才得成亲。宣生至京会试，得中状元。蒋丞相欲招为婿，将其灌醉，抬入女儿闺房。女不从父命，触槐而死。奸相诬告宣生，得皇帝明断，奉旨归娶，才子佳人终谐百年之好。本书故事全落俗套，文笔亦拙。有嘉庆二十四年(1819)同文堂刊本。

红楼梦补 章回小说。清归锄子著。四十八回。故事直接百二十回《红楼梦》九十七回黛玉离魂，处处照应前事。叙黛玉魂归离恨天，警幻仙子怜之，令黛玉返魂。黛玉还魂后，决心割断情丝，返回扬州故里。宝玉不知，于中举之日逃往大荒山。宝钗因宝玉出走抑郁成疾，吐血而亡。后贾母得知宝玉下落，命王熙凤将其找回，应殿试，中进士，授官翰林。皇帝念其为元妃胞弟，钦赐与黛玉完婚。黛玉善理家政，贾府家境渐裕，时晴雯病愈，宝钗亦借体还魂，琪官又将袭人送回，数人得以团圆。宝玉、黛玉推己及人，广为施舍，扶善济贫，贾府家业重振。书中所叙，显然违背曹雪芹原意，唯人物描写、语言风格尚有几分相似。有嘉庆二十四年(1819)藤花榭刊本、光绪二年(1876)上海申报馆聚珍本、光绪二十四年上海熔经阁石印本、民国二十五年(1936)上海世界书局铅印本等。近有1987年春风文艺出版社排印本。

施公案 又名《施案奇闻》、《施公案传》、《施公案奇闻》、《百断奇观》。章回小说。清无名氏著。八卷九十八回。叙康熙年间，施仕纶办案剿寇，为民伸冤除害的事迹。施公原型为施世纶，为官清廉公正，断案极有才智，摧抑豪猾，禁戢胥吏，为人所称道，有“天下第一清官”之美誉。其事迹广为流传。再经艺人敷衍、文人润色而成《施公案》。所记大体均有所本，唯多夸张渲染。本书最大特点，一是施公得黄天霸等侠士相助，一是“微服私访”，重视调查。黄天霸武艺超群，被施公收服，改名施忠，成为其得力助手，侦破很多大案、要案，如黄河捕水寇、关家堡除土豪、恶虎庄救施公、桃花寺擒恶僧等等。作品也运用传统手法，“假神道设教”，利用神鬼精怪相助，解决了一些疑难案件。如第一回即为“猪鸟梦鸣案”，其后有第九回“土地寺刺鬼”、第二十四回“螃蟹鸣冤枉”、第二十九回“黑犬闯公堂”等等。本书内容庞杂，艺术粗糙，但公案小说和侠义小说首次合而为一，开创了侠义公案小说的新流派。其后，《三侠五义》、《彭公案》、《李公案》、《于公案》、《张公案》等等，大量涌现。有嘉庆二十五年(1820)厦门文德堂刊本(九十七回)，道光九年(1829)金阊本衙刊本、十年刊本、十八年聚德堂和文德堂刊本，同治五年(1866)务本堂藏板本，光绪七年(1881)聚锦堂刊本。此后一再续作，直至十(全)续。光绪二十九年上海广益书局出版《绘图施公案》石印本，收入《施公案后传》，合十次（实际九续）续作为一部，1985 年浙江人民出版社影印出版。另又有 1993 年上海古籍出版社《十大古典公案侠义小说》本。

雅观楼 章回小说。题"檀园主人编"。四卷十六回。叙扬州商人吴文礼与妻赖氏，昧心吞没一盐商十万银两，致使盐商气死，吴因此成暴富，造雅观楼一座。十年后赖氏分娩，吴恍惚见盐商入内室，赖氏遂生下一子名观保。观保长成，吃喝嫖赌抽鸦片，家产耗尽，又值大火一场，将房产烧毁。观保沦为乞丐。后逢一老妇人，指点迷津，观保方知已为盐商投胎索债。事本察恩道人《寄蜗残赘》卷五"扬州雅观楼"条，描摹世态，揭露尔虞我诈丑行较深刻，但奢谈因果报应，思想肤浅。有道光元年(1821)同文堂刊本。

五美缘 一名《五美再生缘》。章回小说。著者不详，清道光刻本卷首有寄生氏题序。八十回。叙书生冯旭于城隍庙邂逅少女钱月英，旭倩媒作伐，值奸相之子花文芳亦往求婚，月英试二生文才后许身冯旭。冯、钱定情之日，花设计害冯，冯被诬充军。花欲强娶月英，月英偕婢落霞出逃。婢翠秀自愿代嫁，成婚当晚刺死花文芳，被捕论斩，于法场被冯旭结义兄弟常万青所救。冯旭充军后又屡遭陷害，避于淮安，入赘姚家，娶妻蕙兰。后冯旭夫妇又遭陷害，被其舅林璋救出。冯乃专心攻读，得中状元，且随林璋边关御番。征战中冯为番邦公主哈飞英所擒，哈深爱其人，以身相许，于是二国罢兵言和。大军班师，冯得授礼部尚书，并奉旨完婚，娶月英、翠秀、落霞、蕙兰、哈飞英五美女。情节曲折，书中女子一反温厚柔弱而为刚烈坚强，危急之间能手刃强仇，然格调不高，艺术亦较平庸。有道光二年(1822)残本、道光四年刊本、道光八年芸香阁刊本、道光十二年三余堂刊本、道光二十五年聚文堂刊本等。

玉蟾记 又名《十二缘玉蟾记》、《十二美女玉蟾缘》、《十二缘评话》。章回小说。署"通元子黄石著"，据孙楷第考证疑为清崔象川著。六卷五十三回。叙明嘉靖间大将军张经受严嵩奸党陷害，满门抄斩。其子张昆被家人救出，通元子赠其玉蟾十二枚。每遇艰险，即有美女相救，先后邂逅十二女，以玉蟾为信物分赠。后张昆扫平倭寇，铲除严嵩奸党，与十二美女成婚。蒋瑞藻《小说考证》引《花朝生笔记》云："明徐有贞，要自一代名臣，然夺门之役，陷于谦于死，论者恨之。弹词《玉蟾蜍》设言于公后身为某公子，清才美貌，富甲一郡，有玉琢蟾蜍一十二枚，为传家之宝。后遇十二美人，皆愿与终白首，以蟾蜍分遗之，同日成婚。此十二美人者，即有贞与其党所转生也。语虽不经，殊快人意。"小说据弹词改编。有道光七年(1827)绿玉山房刊本。光绪元年(1875)重刊本，首列恬淡人叙、种柳主人序，次列《新编玉蟾记脚色品类气运》、《新编玉蟾记前因后果》，以及种兰居士、芸樵外史、莼香隐者等人题词。

忠孝勇烈木兰传 又名《木兰奇女全传》、《忠孝勇烈奇女传》、《木兰奇传》。章回小说。不题撰人，相传为奎斗马祖所述。四卷三十二回。内容根据《木兰辞》，以及奇闻异说，结撰而成，情节多有虚构。作品以唐初为背景，演绎木兰代父从军故事。唐太宗出征突厥，大军遇阻，木兰计取五狼阵，占领玉门关，迫使突厥投降。木兰班师回朝，屡次上表陈情，言明女身，不愿进京为官。张昌宗、许敬宗竟诬木兰谋反，太宗三召木兰进京，准备加害。木兰自杀，以明心迹。太宗大悔，封木兰为贞烈公主，题其坊额为"忠孝勇烈"。初刊本已不可见，今存光绪四年(1878)常州乐善堂重刊本，书后有道光七年(1827)淦川周汇宗跋。另有光绪四年道生堂刊本、光绪十九年品文堂刊本、积善堂刊本、光绪二十二年上海文宣书局石印本。近有 1987 年山东文艺出版社排印本，题《木兰奇女传》。

绿牡丹 又名《四望亭全传》、《宏碧缘》、《龙潭鲍骆奇书》、《反唐后传》等。章回小说。署"二如亭主人"著。八卷六十四回。叙将门之子骆宏勋，文武全才。山东豪杰花振芳携女碧莲周游择婿，见宏勋气度非凡，欲以女妻之，宏勋因已定亲未允。后碧莲在扬州四望亭遇险，恰被宏勋所救，但婚事仍被拒。时王伦授嘉兴知府，鱼肉百姓。宏勋等众好汉救民妇、闹公堂与权要斗争。几经波折，众人会聚花家寨，宏勋与碧莲等喜结连理。后众英雄辅助狄仁杰，诛杀奸佞，终受皇恩御赐，荣显门庭。本书着力描写江湖豪杰的侠义行为，揭露了豪权势要、邑令衙吏对平民的欺凌、压迫，也宣扬了封建传统观念。全书情节曲折动人，人物富于个性，文词通俗流畅，饶有情趣。问世后有较大影响，为各种戏曲、曲艺改编上演。有道光十一年(1831)芥子园藏板本、京都文善堂藏板本以及光绪间刊本。近有 1985 年浙江古籍出版社排印本、1986 年上海古籍出版社排印本。

海公小红袍 章回小说。清无名氏著。四十二回。主要写两组故事,前一组写海瑞在万历皇帝即位后被重新起用,与当时任首辅的张居正进行一系列斗争,最后终于推倒张居正。后一组写海瑞明断狱冤,为民除害。情节多为虚构,杂采民间故事入篇,相距史实甚远,有些情节流于荒诞,文学成就不高。有道光十二年(1832)厦门文德堂刊本、民国三年(1914)上海锦章图书局石印本。近有1987年北京宝文堂书店排印本。

三分梦全传 一名《醒梦录》。章回小说。题"潇湘仙史张士登著"。十六回。张士登,清乾嘉时在世。书叙永嘉秀才章梦瑶,祖上曾官水师提督,以书礼传家,至梦瑶时已家道中落。梦瑶幼有神童之誉,及长文武全才,然屡试不中,剩余家财,又遭族中侵吞殆尽。遂投军剿贼,屡建大功,不料班师之日,主帅丁忧交印,致使梦瑶有功无酬,白衣而归。一日赏花独酌,梦被诸国番王请去,出征安南,梦瑶连破酒色财气四关,迫使安南国君臣出降。诸国番王赠以稀世珍宝,均不取,唯取古琴一张以归,误触琴弦,铿然而醒,方知南柯一梦。从此淡于人世,不知所终。作者愤世嫉俗,述世间事,人情冷漠,贪官多,廉吏少,趋炎附势者多,救危济困者少,叹功名成就,只能求之于梦中。有道光十五年(1835)、道光二十八年刊本。另有上海书局石印本,改名《醒梦录》,刊于光绪二十一年(1895)。

林兰香 又名《第二奇书》、《第二奇书林兰香》、《美益奇观孝义传》。章回小说。题"随缘下士编辑,寄旅散人评点"。八卷六十四回。书名仿《金瓶梅》,从书中三位女主人公林云屏、燕梦卿(用"兰"字代称,因其名本用"燕姞梦兰"典)和任香儿的姓名中各取一字。叙明开国功臣后裔耿朗家族自洪熙至嘉靖百余年间的盛衰变化。洪熙元年(1425),耿朗考校得优等,虚授兵部观政,正欲与副御史燕玉之女燕梦卿完婚,燕玉忽遭冤狱充军,梦卿为救父自请没为官奴。耿朗另娶林御史之女林云屏为妻。后梦卿因父冤昭雪获免,说媒者纷至,而梦卿坚执嫁耿朗,甘为侧室。耿朗先后纳任香儿、宣爱娘、平彩云三人为妾,五女中梦卿德貌才为最,但因林云屏嫡位居前,其才不得发挥,任香儿恃宠在后,又加中伤,其夫又不听规劝,沉湎酒色,结交匪类,虽克尽妇德,终悒悒而殁。后耿朗亦于四十岁暴病亡。其子耿顺长大后,袭封泗国公。英宗复辟,石亨、曹吉祥谋反,耿顺靖难有功,官至兵部尚书,缅怀母德,建楼阁贮遗物以期传留久远,不料被大火焚烧殆尽。小说以一个家庭的兴衰荣枯反映了广阔的社会生活,在清代小说中是值得注意的一部。艺术上也有特点,成功地描绘了一大批市井人物,几个主要人物性格亦较鲜明,重视细节描写,语言简洁流畅。结尾脱尽才子佳人小说窠臼,也别具匠心。有道光十八年(1838)本衙藏板本、道光二十七年刊本、光绪三年(1877)《申报馆丛书》本、光绪四年维新堂藏板本、坊刻巾箱本、光绪二十一年上海书局石印本。近有1985年春风文艺出版社排印本,上海古籍出版社《古本小说集成》本。

大明正德皇游江南传 章回小说。清何梦梅著。七卷四十五回。梦梅字雪庄,道光时广东顺德人。书叙明正德皇帝即位,太监刘瑾弄权,残害忠良,败坏朝纲。正德慕江南风光,由征西大将军周勇保驾,微服出游,行至南楼镇于龙凤酒店遇当垆女李凤,留恋不归。刘瑾趁皇帝在外,命心腹兴兵劫驾,又暗结藩王朱宸濠起兵接应。王守仁起兵护驾,败叛军,擒刘瑾、宸濠,班师回朝。本书集当时平话为书,名为讲史,实非。其中有些内容被后代演为戏剧。有道光二十二年(1842)宝文堂刊本。

离合剑莲子瓶 章回小说。清无名氏著。三十二回。叙唐贞观年间杭州崔言与刘芳两家故事。离合剑系刘芳祖传之宝,莲子瓶为崔言家藏之宝。崔言、刘芳、郑屯三人结为兄弟。郑屯觊觎刘芳之妻侯氏美色,诬陷崔言、刘芳为叛党余孽。崔言逃去,刘芳被拷打致死,幸神道诸葛尚救之复活,避离杭州。郑屯以为侯氏可得,托人说媒。侯氏表面同意,于花烛之夜,灌醉郑屯,以离合剑将他刺死,欲自尽时又被诸葛尚派人救走。后历经磨难,刘芳得为大官,崔言也连中三元,奉旨同往河南黑虎山招安山寇。刘芳夫妻团圆,崔言也喜结良缘。小说以离合剑、莲子瓶为线索,描写才子佳人之悲欢离合,穿插以神仙豪侠,标志着才子佳人小说与侠义小说的合流。然思想平庸,艺术粗疏。乾隆间成书,现仅见道光二十二年(1842)绿云轩刊本,前有白叟山人序。另有《莲子瓶演义传》四卷二十三回,同治十年(1871)刊,情节大同小异。后者故事时间推迟至唐玄宗时,部分人物姓名不同,或系改写本。

升仙传演义 章回小说。题"倚云氏著"。八卷五十六回。叙明嘉靖间,蒲阳秀才济小塘,因严嵩当道,忠臣杨继盛等被害,看破红尘,访仙求道,得吕洞宾点化,传以仙术。小塘乃以仙术济世，惩恶彰善，与义偷苗庆、微承光二人结为兄弟，行侠于海内。三人屡入严府大闹，并助戚继光退倭兵，以仙术救助受严嵩迫害的韩庆云、高仲举等人。后在金殿试法，使嘉靖帝将严嵩抄家流放。三人后均仙去。济小塘擅幻术，事见明代姚旅《露书》卷一二，此书据稗官野史编撰而成。今存道光二十七年(1847)重刊本。另有光绪七年(1881)东泰山房刊本、光绪十三年聚锦堂刊本、光绪十八年成文信藏板本及光绪十九年上海书局石印本。

大汉三合明珠宝剑全传 章回小说。著者不详。四十二回。叙汉武帝时，河南洛阳马俊与柳絮、郝联、包刚结为兄弟。马俊因路见不平，打死恶少，逃亡至荆州丹凤山落草，得鬼谷子门人萧士达收为徒弟，被赐予三合明珠宝剑一口，飞天帽一顶。因山寨屡败官军，朝廷派柳絮父柳眉带兵征讨。柳絮在京城，被公主掷彩球招为驸马，遭奸相屈忠成陷害，逃出京城，流落民间。马俊知来征讨者为柳絮之父，不与交战，带飞天帽飞入京城。值奸相屈忠成谋刺皇帝，被俊侦知，入宫救驾。屈忠成事败逃至东炮山为寇。马俊寻访柳絮至虎跑山，遇盟弟包刚，并救出被陷的柳絮。其时屈忠成得龟精之助，屡败官兵，自称魏王，欲夺天下。马俊奉命征讨，得观音及萧士达相助，终获全胜，杀屈忠成，班师回朝。为英雄传奇小说与神魔小说合流之作。约成书于嘉庆末年，有道光二十八年(1848)经纶堂刊本。另有光绪四年(1878)刊本。

品花宝鉴 又名《燕京评花录》、《怡情佚史》。章回小说。近代陈森著。六十回。全书追忆乾隆以来北京梨园界生活，以优伶为佳人，狎客为才子，以青年公子梅子玉和男伶杜琴言的同性恋为情节主线，描写贵族子弟玩弄优伶的变态心理和腐朽生活。作者从欣赏的态度出发，对此加以美化。但也提供了当时梨园生活的一些情况，实录清代戏曲演出场景，为戏曲史不可多得的史料。对京城世态、官场黑暗也多有反映。本书语言较为流畅，塑造人物注重心理刻画，笔调细腻。有道光二十九年(1849)幻中了幻斋初刻本，另有光绪十五年(1889)刻本、光绪三十四年刻本，光绪二十五年上海书局石印本改题《京华群花宝鉴》，民国二年(1913)石印本改题《燕京评花录》，另一石印本改题《怡情佚史》，民国二十年有铅印本。近有1990年上海古籍出版社排印本，1994年又收入该社出版的《十大古典社会人情小说》丛书中。

云钟雁三闹太平庄 又名《云钟雁三侠传》、《大明奇侠传》。章回小说。著者不详，约成于道光间。五十四回。书叙明天启年间太师云定、御史钟珮、都统雁翎、翰林文正等忠正之臣与奸臣国舅刁发斗争事。其中又穿插他们的子女雁羽、钟山玉、云素晖、文翠琼等人之间的爱情纠葛。国舅刁发因强抢民女，为雁翎挫败，遂怀恨在心。刁发耍阴谋使雁翎全家离散。又陷害钟珮，在云太师率军西征时，刁发秘密设计谋害。但这些阴谋都遭失败，奸臣终被问斩，忠臣得到褒奖，才子佳人喜奉旨完婚。作者将忠奸斗争同爱情婚姻的善恶斗争结合起来，赋忠奸斗争以较为浓郁的人情味，又给青年男女的婚姻爱情注入忠义的内容。但所宣扬的仍是封建伦理道德，格调不高。有道光二十九年(1849)琅嬛书屋刊本、同治三年(1864)国英轩刊本。光绪二十一年(1895)上海书局石印本，改题《绘图大明奇侠传》。

北魏奇史闺孝烈传 章回小说。近代张绍贤著。十二卷四十六回。叙北魏拓跋珪时，黑山贼首贺虎，率众十万，欲夺北魏江山。北魏朝廷征兵，花木兰见父年老体衰，毅然女扮男装到军前效力。木兰屡建战功，又奉命入小红山招安敌军，敌军将她扣为人质，并迫其与小红山贼首赵让表妹卢玩花成亲。木兰向卢玩花道出真情，二人结为姊妹，里应外合，剿平小红山。卢玩花投往黑山做内应，木兰率军渡过黑河，进剿黑山。此时木兰未婚夫王青云以状元奉旨监军，调来红衣大炮攻打黑山，全歼山贼。魏主知木兰代父从军十二年大建奇功，封她为节孝一品夫人，封卢玩花为忠义夫人，二女同嫁王青云。本书据《木兰辞》改编，虚构许多情节。有道光三十年(1850)藏德堂刻本。

荡寇志 又名《结水浒传》。章回小说。近代俞万春著。七十一回，另附“结子”一回。叙梁山泊一百零八人排定座次后，实力大增，朝廷为之震动，欲派军进剿。时东京禁军提辖陈希真有女丽卿，精武艺，进香遭高衙内调戏，一怒将其痛打。希真为解祸，假意应允将女下嫁，伺机由丽卿将高衙内剁耳劓鼻。父女遂远走沂州，依戚刘广。沂州太守高封奉命搜捕，并诬陷刘广，三人便投猿臂寨落草。然心怀朝廷，屡与贪官污吏及梁山义军为敌。后受朝廷招安，在张叔夜统率下，连挫梁山军，使一百零八将被歼过半。不久攻克梁山，将所余三十六将押赴东京处死。希真父女不愿受封为官，入嵩山修行，后得道仙去。本书一反《水浒传》所述，杜撰杀尽一百零八将故事，旨在抵消《水浒》的巨大影响，借以抑制当时日益高涨的农民起义，故备受清统治者青睐。从艺术性上看，本书文笔流畅，写景写事均有可观。鲁迅评曰："书中造事行文，有时几欲摩前传之垒，采录景象，亦颇有施、罗所未试者，在纠缠旧作之同类小说中，盖差为佼佼者。"(《中国小说史略》)有咸丰三年(1853)徐佩珂南京刻本、同治十年(1871)玉屏山馆刻本、光绪二十一年(1895)慎记书庄石印本、民国二十四年(1935)上海世界书局铅印本。近有1981年人民文学出版社排印本。

花月痕　全称《花月痕全书》，又名《花月姻缘》、《绣像花月痕全传》。章回小说。近代魏秀仁著。十六卷五十二回。书叙韦痴珠、刘秋痕与韩荷生、杜采秋两对才子、名妓的情爱故事。举人韦痴珠文才倾动一时，却怀才不遇，困顿羁旅。遇妓女刘秋痕，同病相怜，一见钟情，终因无力援救秋痕出娼门苦海，落拓病死，秋痕虽诚于盟誓而终不得嫁，自缢殉情。而韦之好友韩荷生，才兼文武，以平寇有功，得朝廷封侯，与并州名妓杜采秋终成眷属，最后携艳妾美婢衣锦还乡。小说布局巧妙，语言哀艳凄婉。其中女主人公刘秋痕是中国古代小说中少见的遭侮辱而奋力抗争的妓女形象。据林家溱《花月痕考证》，韦痴珠与刘秋痕故事，是作者以自己在并州的风尘经历为蓝本敷衍而成。作品对后世鸳鸯蝴蝶派小说颇有影响，对研究才子佳人小说演变，有一定的参考价值。此书初稿成于咸丰八年(1858)，继补写于同治三年(1864)，定稿于同治五年。有光绪十四年(1888)双笏庐原刻本、光绪十九年上海书局铅印本、育文书局石印本及商务印书馆本，近有1981年福建人民出版社排印本、1982年人民文学出版社《中国小说史料丛书》本、1984年台北广雅出版有限公司《晚清小说大系》本、1994年上海古籍出版社《十大古典社会人情小说》本。

绣云阁　章回小说。近代魏文中著。八卷一百四十三回。书叙绣云洞紫霞真人奉道君师命，择弟子虚无子托生尘世，以阐大道于天下，且造绣云阁待成道者他日居。虚心子欲代师弟行此任，未蒙师允，遂忿而出洞，投生常府为子，取名为七窍。虚无子往投李荣庆家，取名曰三缄。三缄历经磨难，中间又得紫霞真人相助，授徒于万星台。后紫霞真人奉王母懿旨，点破三缄前世为虚无子，三缄大道修成，又帮助七窍坚定道心，引至万星台，与诸弟子同山炼道，诸弟子道功渐成，七窍也成正果。上帝封三缄为虚无真人，七窍为虚心真人，诸弟子皆入仙班，令众仙入居绣云阁。此书儒道相杂，宣扬"正孝乃修道内功"，"利物济人以积外功"。全书以三缄修道、降妖、收徒为主线，七窍访友、求官为副线，交叉演述故事。情节松散重复，人物缺少个性。有同治八年(1869)富顺县刻本及坊刻本。

锋剑春秋　又名《孙膑大破诸仙阵》、《后列国志》、《万仙斗法兴秦传》、《万仙斗法后列国志》、《锋剑春秋后列国志》、《后东周锋剑春秋》、《后东周列国志》。章回小说。作者不详。十卷六十回。全书以秦灭六国的战争为背景，写孙膑与秦军斗法破阵。其故事完全脱离历史，亦不同于《东周列国志》和《孙庞斗志演义》等历史演义小说，不仅请来天上诸神仙摆阵斗宝，而且让不同时代的人物如刘邦、樊哙、曹参、周勃等参加战斗，强为缀合，近于荒唐，殆模仿神魔小说而作。有同治四年(1865)四和堂刻本和丹桂堂刻本、光绪元年(1875)上海顺城书局石印本、民国二十三年(1934)上海大达图书供应社铅印本等。

儿女英雄传　章回小说。清文康著。原为五十三回，现存四十一回。叙何玉凤之父被权臣纪献唐诬杀，何奉母避居山林，化名十三妹，行侠仗义，交结豪杰，待机报仇。何祖父门生安学海，出任知县督河工，被河道总督诬陷下狱。子安骥携银往淮安救父。道经能仁寺，几被寺僧谋财劫杀，幸遇十三妹何玉凤相救，杀尽凶僧，并救出被劫民女张金凤。由十三妹为媒，结为婚姻，赠弓为信，以保旅途安全。安骥赴淮安，纳款救父出狱，回乡与金凤成婚。安父子找十三妹还弓报恩，时十三妹母已病故，纪献唐因获罪，被皇命处死，十三妹心愿已了，欲出家为尼，经安学海等人相劝，嫁与安骥。后安骥发愤读书，考中探花，历官礼部侍郎，一夫二妻，寿登期颐。本书反映清代社会生活面较广，对官场黑暗、科举毒害也有较深刻的揭露。文笔流畅，语言精炼，对人物的心理描述有一定成就，并塑造了几个较为生动的人物形象。但作者将十三妹写成集英雄、孝女、贤妻于一身的完美人物，人物性格先后矛盾是小说的重大缺陷。全书且多封建纲常伦理说教，思想陈腐。约成书于道光末年，卷首虽有雍正甲寅(1734)观鉴我斋序、又有乾隆甲寅(1794)东海吾了翁弁言，但俱为伪托。现存最早版本为光绪四年

(1878)北京聚珍堂活字本，其后有光绪二十四年(1898)上海苏报馆铅印本、民国十九年(1930)上海亚东图书馆排印本。近有1983年人民文学出版社点校本、1994年上海古籍出版社《十大古典白话长篇小说》本等。

龙图耳录 章回小说。一百二十回。原为清道光、咸丰年间说书艺人石玉昆《龙图公案》的说唱本，听后录下，故称“耳录”。叙北宋庐州府合肥县包家村包怀第三子名包拯，年十六为生员，继中乡魁，后进京考中进士，任凤阳府定远县知县。因审理通奸杀人案，凶犯不肯招认，被刑毙。包拯遂被革职。后由丞相王芑举荐入宫镇邪成功，宋仁宗任包拯为开封府尹，后加龙图阁大学士，奉命往陈州查赈。有士人公孙策和南侠展熊飞等人相助，将克扣赈粮、抢夺民女的太师庞吉之子庞昱铡死。包拯回京路遇李妃落难，即护送入宫，使仁宗与母李妃相认。包拯又审理总管都堂郭槐，使狸猫换太子案件真相大白。刘妃畏罪而死。庞吉为儿报仇，雇用道士邢吉用魇胜邪法，企图害死包拯。被展熊飞破获，得免此难。包拯升为宰相，屡断奇案。后南侠展熊飞、北侠欧阳春等助包拯擒马强，平邬泽，粉碎襄阳王叛乱阴谋。全书集公案、侠义于一书，内容与《三侠五义》基本相同，惟《三侠五义》描述更为细致。有旧抄本多种，1981年上海古籍出版社据傅惜华所校抄本排印行世。参见“三侠五义”。

绘芳录 又名《红闺春梦》。章回小说。近代西泠野樵著。八十回。据书首光绪四年(1878)浙江始宁竹秋氏自序，知西泠野樵为竹秋氏别号，然真实姓名不可考。书叙祝柏青、陈小儒、王兰、江汉槎、云从龙、冯宝诸人，皆为名士，柏青与名妓慧珠相爱情深，但考中探花、授职编修直至擢官侍读，其父终不允柏青娶慧珠。慧珠悲而礼佛念经，立志修行，不久病殁，柏青极为哀伤。而小儒、王兰、汉槎、从龙由科举入仕，身居要职，均娶旧交名妓为妾。冯宝得柏青之助，为小黛赎身。后小儒、王兰、汉槎辞官回金陵，筑绘芳园以居，携妻妾名伶赏花吟诗，共享欢乐，且令人为园中男女一一画像。后柏青、冯宝亦辞官，从龙虽未离职，亦时往金陵与众人欢会。诸名士子嗣皆光宗耀祖，富贵累世。小说属“狭邪”一类，然与常见的以狎妓为题材之作相比，实有显著不同，不仅写名士与名妓相恋，更写重臣娶妓退隐林下的风流生活。语言流畅，艳而不亵，但头绪纷乱，缺乏剪裁。有光绪四年申报馆初版石印本、光绪二十年上海书局石印本、民国间上海进步书局石印本。近有1990年北京大学出版社排印本。

青楼梦 又名《绮红小史》。章回小说。近代俞达著。六十四回。叙事以文人金挹香狎邪生活为中心，写他与吴中娼女三十六人朝夕往来，感情缠绵，受诸美爱重。后纳五妓，一妻四妾，共聚一堂，生三男一女。金挹香虽终日寻花问柳，然亦用功读书，中乡举，捐官余杭知县，为官清廉公正，升任杭州知府。后回吴再访诸美，众美人或嫁或逝，乃悟人生如梦，万事皆空。遂出家修行，悟道升飞。后又归家度其妻妾升天。而三十六美人皆仙女谪降，亦一一归班。小说从人物到结构都有意模仿《红楼梦》，惜多取皮毛，思想、艺术无甚可取。然着意表现旧时代封建士子理想的人生模式，即所谓“游花园，采芹香，掇巍科，任政事，报亲恩，全友谊，敦琴瑟，抚子女，睦亲邻，谢繁华，求慕道”，写出了旧时代封建士子的心态。有光绪四年(1878)申报馆初版活字本、光绪十四年文魁堂石印小本、光绪二十一年上海书局石印绘图本、民国十七年(1928)上海受古书店绘图石印本。近有1990年北京大学出版社排印本、1994年上海古籍出版社《十大古典社会人情小说》本。

三侠五义 又名《忠烈侠义传》。章回小说。题“石玉昆述”。一百二十回。系根据清代著名艺人石玉昆说书词几经增饰由入迷道人等改编而成。故事从“狸猫换太子”叙起，引出包拯事迹。由于包拯明察使宋仁宗得与生母团圆。拯又以忠诚之行感化南侠展昭、北侠欧阳春、双侠丁兆兰和丁兆蕙等三侠与钻天鼠卢方、彻地鼠韩彰、穿山鼠徐庆、翻江鼠蒋平、锦毛鼠白玉堂等五义。先是展昭敬服包拯，愿效力朝廷，宋仁宗赏其武艺，称之为“御猫”。白玉堂闻讯不服，“猫”、“鼠”间展开争斗。尔后三侠、五义均为包拯所用，除暴安良并协助包拯、范仲禹等惩处权奸庞吉。后襄阳王赵珏谋反，五鼠从巡按颜查散访查，白玉堂误坠铜网阵而死。本书是晚清侠义公案小说中出色之作，叙事颇有魅力，为市民群众所喜爱，影响甚大。书中人物形象褒贬分明，具有强烈感情色彩，尤以南侠和锦毛鼠塑造得最为成功。鲁迅称其“写草野豪杰，辄奕奕有神，间或衬以世态，杂以诙谐，亦每令莽夫分外生色。值世间方饱于妖异之说、脂粉之谈，而此遂以粗豪脱略见长，于说部中露头角也”(《中国小说史略》)。但书中宣扬封建奴性、因果报应等则是其瑕疵。有光绪五年(1879)北京聚珍堂活字本、光绪九年文雅斋刊本、亚东图书馆排印本。

七侠五义 章回小说。一百二十回。《三侠五义》的别本。光绪十五年(1889)俞樾因感书中“狸猫换太子”一事“殊涉不经”乃“援据史传,订正俗说”,改写第一回。全书语言风格与原书亦稍见不同,文人气较浓。俞氏还认为原书所叙不只三侠,“南侠、北侠、丁氏双侠、小侠艾虎则已得五侠矣。而黑妖狐智化者,小侠之师也;小诸葛沈仲元者,第一百回中盛称其从游戏中生出侠义来。然则此两人非侠而何?”应为七侠,故更名为《七侠五义》。有光绪二十二年上海广百宋斋排印本,民国间上海广益书局、大成书局石印本与商务印书馆排印本。今有1993年上海古籍出版社《十大古典公案侠义小说》本。参见“三侠五义”。

小五义 全称《忠烈小五义传》。章回小说。清无名氏著。一百二十四回。系《三侠五义》之续书。故事自颜查散奉旨巡按,率众义士侦查襄阳王谋反始。时白玉堂已坠铜网阵身亡,襄阳王派人盗走巡按印,幸得蒋平等义士及时找回。智化等用假投降、假结义等策略,里应外合攻破君山,说服钟雄归顺朝廷。小诸葛劫走颜查散,众义士分头寻找。此时卢方之子卢珍、韩彰义子韩天锦、徐庆之子徐良、白玉堂之侄白芸生、北侠欧阳春义子艾虎也分别前来投奔按院,在途中不期而遇结为兄弟,是为“小五义”。五人均具父辈英风,沿途诛锄豪强,扶弱济贫。经众义士明查暗访终于迎回颜巡按。后抓获铜网阵设计人彭启取得图纸,众侠合力破阵,但仍出师不利。全书至此止。本书保持《三侠五义》中除暴安良坚持正义的主题和平话风格,刻画人物性格生动鲜明,但文字较《三侠五义》粗糙,鲁迅《中国小说史略》称其“荒率殊甚”。本书文光楼初刊本于光绪十六年(1890)问世,后有申报馆排印本等。近有1981年漓江出版社排印本、1988年宝文堂书店排印本、1993年上海古籍出版社《十大古典公案侠义小说》本等。

续小五义 又名《忠烈续小五义传》、《三续忠烈侠义传》。章回小说。清无名氏著。一百二十四回。系《小五义》续书。书叙众义士大破铜网阵,焚毁冲霄楼,查获襄阳王谋叛盟单,襄阳王潜逃宁夏国。庞吉门生李天祥收买亡命之徒邢如龙、邢如虎兄弟行刺包公。智化识破阴谋,将计就计,活捉二邢。白菊花晏飞夜盗皇帝冠带袍履,众义士侦悉赃物置于南阳府恶霸东方亮家藏珍楼中。经查访取得此楼图纸,众侠齐力捕杀群贼,取回皇上衣冠并得一鱼肠宝剑。后襄阳王自宁夏国搬兵来犯,众侠和宋兵全力合击,生擒襄阳王。随后消灭白菊花等群贼。本书在思想内容上与《小五义》难分轩轾,在艺术上则略胜一筹。鲁迅《中国小说史略》认为《三侠五义》、《小五义》和《续小五义》三书“疑草创或出一人,润色则由众手,其伎俩有工拙,故正续遂差异也”。有光绪十六年(1890)文光楼初刊本,次年重印。另有珍艺书局铅印本、天宝书局石印本等。近有1981年贵州人民出版社排印本、1989年广西人民出版社排印本、1993年上海古籍出版社《十大古典公案侠义小说》本。

海上花列传 又名《青楼宝鉴》、《海上青楼奇缘》、《海上花》。章回小说。近代韩邦庆著。六十四回。作品写赵朴斋十七岁到上海谋生,由于寻花问柳,终至落魄街头。赵母携女二宝至沪寻子,二宝却因心慕都市繁华生活,沦为妓女。接客时结识宦家子弟史三公子,以终身相托,但终被抛弃,后又受流氓赖三公子凌辱,结局十分凄凉。在叙述赵朴斋兄妹故事的同时,插入许多妓女事迹,故名之“列传”。作品对横行当时的官僚、地主、买办、不义富商、流氓的罪恶行径以及清末上海租界畸形社会的黑暗面貌揭露颇为深刻,但对奢侈生活过于渲染美化。本书是吴语文学的第一部杰作,长处在于语言传神,描写细致,以其出色的人物形象塑造和独特的结构方法在晚清小说中独具特色,鲁迅称其为“清之狭邪小说”的压卷之作。(《中国小说史略》)本书前三十回最先载于光绪十八年至十九年(1892—1893)上海出版的《海上奇书》第一期至第十五期。翌年出石印足本。其后石印本甚多,且多易名,如有上海书局《最新海上繁华梦》本、日新书局《海上百花趣乐演义》本等。民国十一年(1922)清华书局、民国十五年亚东图书馆、民国二十四年大达图书供应社先后出铅印本。近有1982年人民文学出版社排印本、1994年上海古籍出版社《十大古典社会人情小说》本。

彭公案 章回小说。近代杨挹殿著,署“贪梦道人”。三十二卷一百回。叙彭朋出任三河县知县,为官清正廉明,曾多次微服私访,体察民情,屡遭危困,均遇侠义之士相助而化险为夷。先后收录侠客李七侯、张耀宗、欧阳德及黄三太、黄天霸父子。在众侠客护卫协助下惩办了图谋叛乱的大同总兵傅国恩以及恶霸左青龙等。主人公清官彭公按封建纲常模式塑造，并无任何性格光采。实际描写以侠义为主要脉络，着重刻画了一批绿林出身的英雄好汉，如欧阳德、杨香武、窦尔墩等颇有生气，给读者留下较深印象。鲁迅谓此书“大旨在揄扬勇侠，赞美粗豪，然又必不背于忠义”(《中国小说史略》)。现存光绪十八年(1892)本立堂刊本和光绪二十年民安堂刊本等。近有1986年北京宝文堂书店排印本、1993年上海古籍出版社《十大古典公案侠义小说》本。

永庆升平前传 原名《永庆升平全传》，亦名《永庆升平》。章回小说。郭广瑞据姜振民、哈辅源演说录著。十二卷九十七回。叙九门提督伊里布奏言天地会八卦教猖獗，康熙帝微服私访，沿途屡遇危困，幸侠义相助化险为夷，并先后收录马成龙、马孟泰、顾焕章等江湖好汉，分别封赏任用。伊里布任钦差，由众侠协助先后讨伐河南、福建等地天地会八卦教。其后马成龙等在达摩肃王率领下与八卦教在苏州、襄阳等地屡次血战。故事至铁胆书生独胜侯化和，追风仙猿戏耍张玉峰中断。作品保留平话特点，侠义人物尚有粗豪气息，但结构松散，文理欠通。有光绪十八年(1892)北京宝文堂初刻本、光绪二十年北京本立堂及上海书局石印本、光绪二十一年上海广益书局石印本、光绪二十九年上海简清书局石印本。近有1988年北京宝文堂书店排印本、1993年上海古籍出版社《十大古典公案侠义小说》本。

圣朝鼎盛万年清 又名《万年清奇才新传》、《乾隆巡幸江南记》、《乾隆游江南》。章回小说。作者不详。八卷七十六回。叙清乾隆帝私访江南，收周日清为义子，结伴游历南京、镇江、苏州、松江、杭州等地。乾隆帝因有五宝衫护体，又得神人暗助，故每每逢凶化吉，遇难呈祥，肃贪官、斩恶吏、除恶霸、去盗寇，所向无敌；同时察访民情、招贤纳勇。最后以高进忠等豪杰协助官府大破少林寺，乾隆回京，“四海胥安歌帝德”结尾。本书托史衍事，纯属虚构。作者笔下的乾隆既是无奸不察的“圣明”天子，又是除暴安良的侠客义士，这一方面表现出作者的忠君观念，一方面也反映了当时百姓的天真幻想。加之书中记述江南风土人情，又有浓厚的平话色彩，因而影响广泛，并成为戏剧和曲艺的重要题材。鲁迅《中国小说史略》将该书归入晚清侠义小说之列，以为“历康熙至乾隆百三十余年，威力广被，人民慑服，即士人亦无贰心”，“心悦诚服，乐为臣仆”，故产生此类作品。前四卷四十四回有光绪十九年(1893)上海英商五彩公司石印本、光绪二十二年上海书局石印本，八卷七十六回足本有民国间上海共和书局本、民国间广益书局石印本。近有1986年江西人民出版社排印本。

绣鞋记警贵新书 又名《叶户部全传》、《绣鞋全传》。章回小说。题“乌有先生订”。四卷二十回。叙户部主事叶荫芝无恶不作，终获恶报事。叶荫芝结交无赖李鹩举、叶陶泽等人，横行乡里，无恶不作，侵吞他人家财，甚至挖人祖坟。黄通成好友黎爷，上告官府。叶荫芝被捕，判秋后处决。本书为劝善惩恶、宣扬因果报应之作，作者于书后发议论说：“可见人生在世，须要行仁义事，存忠孝心”，“勿谋人之财产，勿淫人之妻女，多修善果。”有清蝴蝶楼刊本。

续侠义传 章回小说。近代无名氏著。十六回。本书是唯一描写七侠五义故事的续书，内容与《小五义》等完全不同。书述白玉堂误入铜网阵遇险被擒关入地牢，幸侠女翠绡相救得与众侠重聚。颜查散上报襄阳王谋反盟单，帝命进剿。经过艰苦战斗、多次反复终于全歼叛逆并拿获潜逃的反党军师魏明公。翠绡受邀助战屡建奇功，反党消灭后她奉旨与白玉堂成婚。五鼠见朝政不明，先后辞官，遁迹江湖。玉堂夫妇在陷空岛居住十年，生育二子，后入山修行，不知所终。结尾打破一般侠义小说封官厚赏的雷同格局，有一定的思想意义，在艺术上也属一种创新。全书结构较严谨，情节亦跌宕有致，注意人物形象刻画。有晚清刻本，前有《侠义传》评赞。近有1991年人民文学出版社排印本，收入《中国小说史料丛书》。

花田金玉缘 章回小说。作者不详。十六回。叙清初两广边陲有乱，浙江秀才花天荷持异人所授山川与名胜两图，与友柳路赴粤投军。一日，柳路与赵参将之女瑞玉花田偶遇，一见钟情。花天荷返闽后与柳路孪生姊柳烟情投意合。几经周折，有情人终成眷属。花天荷定计灭贼，天下太平。花、柳俱封官，皆大欢喜。故事内容较丰富，情节曲折，结构紧凑。有光绪二十年(1894)石印本、民国二十三年(1934)上海广益书局排印本。1989年巴蜀书社以之与《蓝田女侠》合订为《林语堂外书》排印出版。

台战演义 章回小说。二集十二卷。近代无名氏著。叙大将军刘永福于安南抗清，百战百胜，后移师台湾。甲午以后，清廷割地赔款，将台岛割与倭寇。倭寇登台后，陷台北、基隆。刘大将军与丘逢甲等连出奇计，大挫倭兵，并擒倭酋桦山氏，台民誉之为“撼山易，撼刘家军难”。本书以台战史实为背景，反映了台湾人民的爱国热情。有光绪二十一年(1895)、光绪二十四年刻本。

台湾巾帼英雄传初集 章回小说。题“古盐官伴佳逸史”著。十二回。叙清廷甲午战败，将台湾割让倭寇，台众群情激忿，拥立唐景崧为总统，合力抗倭。总兵孙秉忠鏖战阵亡，夫人张秀容，性格刚烈，素明大义，闻凶讯，乃招收旧部，立“代夫报仇”大旗，募女勇为亲兵。时刘永福女刘大小姐亦率兵抗倭，与张夫人义结金兰。二人于桃子园全歼倭兵。作者《序》云“俟天气稍凉，再编续印”，然未见二集。有光绪二十一年(1895)上海书局石印本。

金台全传 章回小说。作者不详。六卷六十回。据弹词《金台传》改写。叙贝州少年金台武艺高强，在县衙当马快，以孝义闻名遐迩。好友张其、郑千于江口劫掠财物，捕首王则命金台寻捕。金台寻至扬州，劝二人弃邪归正，结为兄弟。三人入兰花院与三妓共饮，太师之子澹台豹闯入，仗势欺人，金台杀之。官府悬赏捉拿，三人遂携三妓往江西避居。金台结识七十二家英雄造反，被总兵澹台寿擒获，发配淮安。后因杀吏部尚书子方佳帮凶周通，又被下狱，为王则所救。当王则起事攻下贝州之时，上命金台为平阳大元帅，起兵讨则。金台致书劝降，王则不从，战败后自刎身亡。金台礼葬之，凯旋回朝，受封为王。书中多有斗法描写，为侠义与神魔合流之作。有光绪二十一年(1895)上海中西书局石印本，前有二序。另有民国十四年(1925)上海沈鹤记书局石印本，有删节。

海上尘天影 又名《断肠碑》。章回小说。近代邹弢著。六十章。叙扬州盐商汪氏女畹香绘图题诗求和韵，量才择婿，与才子韩秋鹤相互倾心。只因韩已有妻室，二人未能成婚。不久，汪家败落，畹香北上天津，沦为青楼女子，改名苏韵兰。结识武官莫须有，被携往上海。莫须有为其购置绮香园，并招来一批名妓入园同住。几经周折，韩秋鹤与苏韵兰重逢，并住进绮香园中。众人在园中建花神祠，立桃花诗社，吟诗论画，赏花品草。后韩为匪所杀，绮香园众芳凋谢，众女子相继死去。小说叙写苏、韩儿女私情及绮香园众名妓生活的同时，又通过韩秋鹤等人之口，宣扬崇尚西学的维新思想，并以中日甲午战争为背景，歌颂反侵略爱国官兵，鞭笞清政府腐朽无能，突破了旧狭邪小说的狭隘天地，具有一定的时代意义。有光绪二十二年(1896)王韬序刊五十二章本，经删改后，又续增为六十章，有光绪三十年上海石印本。

金钟传 一名《正明集》。章回小说。近代正一子、克明子著。八卷六十四回。叙康熙间，谢杏村为天津知府，时有一女子名送兰，其夫偶在家获一男子所赠诗稿，误认其妇有私，即持刀将送兰刺伤。谢杏村查出诗稿作者为送兰父，此案得以澄清。又有女子贺淑媛与其母逃荒至永清县，沦落为娼，邂逅举人李金华，互订婚约。李离去后，富户钱某垂涎贺姿色，意欲霸占，谢杏村查实其事，将钱某下狱，并收留淑媛母女。后杏村因病返里，途中遇盗，夫妇被投于河中，为人所救。淑媛为盗首逼奸悬梁自尽，埋而复活。李金华应试中探花，户部尚书胡升欲招为婿，李因与淑媛有婚约未允。胡参李不端，李上书辩解，有旨将胡撤职，并命李南行巡察，与淑媛完婚。李巡察途中扬善惩恶，命州县铸醒世金钟，每日击之以警世人。有光绪二十二年(1896)乐善堂刊本、民国十五年(1926)上海锦文堂石印本。

杀子报 一名《通州奇案》。章回小说。副题“清代实事风流奇案”，署“灵岩樵子校勘”。四卷二十回。书叙通州如皋寡妇徐氏与天齐庙和尚纳云私通，为九岁的儿子官保察觉，斥责纳云并将其赶出家门。徐氏嫌官保碍事，欲加杀害。女儿金定知母阴谋，告其弟。官保害怕，告知塾师钱正林。钱不信，亲送官保回家。徐氏当面虚与委蛇，晚上便将官保杀害，且碎其尸，逼金定将碎尸藏入油坛。翌日，钱正林不见官保上学，晚上又梦见官保哭求伸冤，并经金定证实其事，乃到州衙告状。州官微服私访，察明实情，将徐氏和纳云缉拿归案，定罪正法。此书根据清代民间流行的公案故事改编，本事出自清景星杓《山斋客谈》，唯人物、地点和情节稍有变动。本书意在戒淫惩恶，然在细节描写上却一派猥亵，兼涉恐怖，实为此类小说之下乘。唯当时甚有影响，被列为清末著名奇案之一。自晚清入民国以来，改编为戏曲曲艺者颇多。原有光绪二十三年(1897)敬文堂刻本，今存民国九年(1920)石印本，署“丁巳十月锡山樵者订正”。

案中奇缘 全称《新编案中奇缘第四奇书》。章回小说。作者不详。二卷十二回。叙明嘉靖年间，梁攀桂与林淑英成婚，请杨素芳为司事帐房。新婚之夜盗贼侯白输潜入新房，抢劫财物，又杀死新郎。婆婆报案，并诬告淑英与奸夫合谋杀害亲夫。昆山县令华璟动用严刑，逼淑英招供；并认定杨素芳即为奸夫，判处二人死刑，下狱待决。杨妻柳氏，变卖家产，赴苏州上告。苏州巡抚张仲甫，拒不受理。柳氏被迫自尽于按察衙前。按察使海增荣于柳氏尸身上搜得状词，向新任巡抚胡宗宪呈报。胡宗宪严令华璟另行缉捕正凶。最终案情大白，真正凶手侯白输被逮捕归案，胡宗宪夫人认林淑英为继女，并作主配与杨素芳为妻。小说情节曲折，波澜迭起，一如后叙所谓"冤中奇曲，案中良缘"。有光绪二十三年(1897)文宜书局石印本。

卢梭魂 章回小说。近代怀仁著。十二回。叙法国资产阶级启蒙思想家卢梭阴魂随风飘到东方，与中国黄宗羲、展雄、陈涉鬼魂相遇，策划推翻冥王专制制度。冥王将他们抓获，发配托生于受曼殊人统治的唐人国；又让武则天托生为曼殊女王，来管束卢梭等人。此时汉县出了三位英雄朱肓、东方英和武立国，他们树起"夺回唐国地"、"驱尽曼殊人"两面大旗，号召天下英雄大举起义，建立一个独立自由的汉族国家。书中"唐人国"影射中国，"曼殊人"影射满族，曼殊女王影射慈禧，通过书中人物之口，鼓吹光复中华、种族革命的思想。有光绪间铅印本，前有楔子一回及天民序。

羊石园演义 章回小说。近代笑翁著。七回。叙清咸丰年间，第二次鸦片战争中英军侵华攻陷广州，清政府屈辱求和之历史故事。书中将真实人名、地名隐去，而换以草木之名。莺粟壳(英国)强行输入洋莺粟(鸦片)，总管旗艾(耆英)屈辱求和竟升官。薯良头(徐广缙)继任总督，御花园(清廷)否定主战派意见，令徐只求苟安任莺粟入园。后徐调湖南，由大冬叶(叶名琛)任总督，适逢天灾人祸，内外交困，叶一面镇压当地红兵暴动，一面严查鸦片走私，准备与英军作战。后英军凭猛烈火力攻破城防，叶亦为敌所俘。候补道莱仁(蔡振武)向英军屈辱求和，叶则被英军解至孟喀喇(印度加尔各答)，病死狱中。清政府被迫与英、法、美签订条约，同意在广州设领事馆，并准许外商在通商口岸销售鸦片。有光绪二十五年(1899)广州十八甫东华日报馆排印巾箱本，题"七弦河上钓叟原本，顽叟订定，笑翁撰述"。

海天鸿雪记 章回小说。署"二春居士编，南亭亭长评"。四卷二十回。采用吴语描写清末上海滩上有闲阶级与妓女、艺人间朝秦暮楚、尔虞我诈的生活。如名妓高湘兰华年已逝，看中湖北候补道陈耀卿，想方设法在他身上捞取钱财。不料耀卿被名妓金寓勾去，湘兰勾搭《花丛日报》主笔金月溪，登报诬陷耀卿，诈得一千元。又如颜华生等或与妓女打茶围，或为评弹艺人捧场，争风吃醋，无聊至极。本书由短篇故事组成，无中心情节，若断若续，人物性格鲜明，地方色彩浓厚。光绪二十五年(1899)秋起连载于上海《游戏报》，未完。光绪三十年上海世界繁华报馆出版铅印单行本，有茂苑惜秋生(欧阳钜元)序及吴语方言注释，各回另有南亭亭长(李伯元)评语。

林文忠公中西战纪 章回小说。近代无名氏著。二十五回。叙清道光年间，林则徐(谥文忠)为禁绝鸦片输入我国，与入侵英军作战之历史故事。其时鸦片以"洋药"输入，毒害人民，使白银外流。道光十八年(1838)底清宣宗委派林为钦差大臣赴广东禁烟，林与总督邓廷桢协力查办收缴，于虎门当众销毁鸦片两百多万斤。英人不甘，于道光二十年悍然入侵，时林已任两广总督，予以坚决还击。而邓已调任福建总督，设防亦严。英军于广州、福建无法得逞，即移攻浙江。浙江巡抚、提督均不战而逃，英人攻占定海，又北犯大沽。林与邓受诬陷，均被革职。宣宗遣琦善至广州议和，尽撤守军，不意英军再度进攻，提督关天培壮烈殉国，广州陷落。三元里百姓围困英军，而靖逆将军却弹压人民。其时林已充军新疆，英军长驱直入，直抵镇江、南京。清廷惊恐万状，命耆英、伊里布议和，乃签订丧权辱国的《南京条约》。有光绪二十五年(1899)香港书局石印袖珍本，题《绘图林文忠公中西战纪》，四卷，卷四为《各国风土始末记》，有《英国记》、《德国记》、《俄国记》、《东侠(日本)记》等。

泪珠缘 章回小说。近代陈蝶仙著，署"天虚我生"。六集九十六回，楔子一回。叙秦宝珠出身官宦世家，其叔拜相封爵，富贵不可一世。宝珠自幼才华出众，十五岁乡试夺魁，十六岁会试榜眼及第，任翰林院编修。仕途一帆风顺，官至极品。其母柳夫人，为其先后聘花婉香与叶软玉、叶蕊珠两姊妹为妻，后又娶花婉香之女友顾眉仙为妻，纳四婢女为妾，享尽人间荣华富贵。作品本意模仿《红楼梦》，然思想内容和艺术形式，均相差甚远。此书为作者处女作，出版后一举成名，在鸳鸯蝴蝶派中，影响很大。有光绪二十六年(1900)杭州大观报馆巾箱本，二集三十二回，光绪三十三年萃利公司铅印本，四集六十四回。民国三年(1914)上海中华图书馆印行本为六集九十六回。

中东大战演义 一名《说倭传》。章回小说。近代洪兴全著。四卷三十三回。叙光绪二十年(1894)春，朝鲜东学党起义，清政府应朝鲜之请，派兵镇压。日本觊觎朝鲜已久，亦乘机出兵，于是中日战争爆发。清兵大败，日军占领朝鲜全境。李鸿章出面议和，签订马关条约，遭到举国反对。台湾岛上，刘永福的黑旗军奋起抗日，后因孤军无援而退归内地。日军虽占台岛，然台民斗争此伏彼起。有光绪二十六年香港中华印务总局铅印本。

白牡丹全传 章回小说。近代石琮著。四十六回。叙明宦官刘瑾独揽朝政，专权枉法，进而觊觎皇位。正德皇帝梦见江南美女白牡丹，刘乘机怂恿皇帝南巡苏州，并勾结三界山大盗，拟于半途截杀皇帝。皇帝巡至同州，三界山大盗出而袭击，幸得李孟雄、李桂金兄妹相救，转危为安。刘瑾因阴谋败露被斩首。皇帝巡游江南，终得白牡丹，封其为贵妃。有光绪二十七年(1901)上海书局石印本、上海广益书局铅印本。

新中国未来记 章回小说。近代梁启超著。五回。虚构1962年举国同庆维新五十年大祝典之际，全国教育会长、文学大博士孔弘道登台演说中国近六十年史，勾勒《新中国未来记》蓝图，将维新事业归功于宪政党创立。由此回溯，叙述光绪壬寅年(1902)宪政党创始人黄克强、李去病赴欧求新学回国后，耳闻目睹外则列强侵凌，内则政治腐败，乃"发表政见，商榷国事"。后黄、李在归家奔丧途中，船阻香港，见外国水兵凌辱华人，便怒冲上去。故事就此中断，作者后终未续。"本书完全是反映当时维新派的政治主张之作"(《晚清文学丛钞·小说一卷叙例》)，艺术表现上"似说部非说部，似稗史非稗史，似论著非论著，不知成何种文体"(《新中国未来记·绪言》)，但作为我国第一部政治小说，一定程度上体现了作者关于小说理论的主张。初于光绪二十八年(1902)连载于《新小说》。另有民国五年(1916)商务印书馆《小说零简》本、民国十四年中华书局《乙丑重编饮冰室文集》本(均四回)。五回通行本有1960年中华书局《晚清文学丛钞·小说一卷》本、1984年台北广雅出版有限公司《晚清小说大系》本。

东欧女豪杰 章回小说。署"岭南羽衣女士著"。羽衣女士即近代罗普，康有为弟子。五回。书中写俄国虚无党人反对专制政府的活动。中国女子华明卿，于瑞士留学时，得识俄国激进学生裴莪弥。裴为俄国著名革命党人苏菲亚之好友，因沙皇政府强迫瑞士驱赶激进学生，裴被迫回国。苏菲亚乃俄国贵族出身，十七岁时与著名革命家济格士奇共同创立革命团即虚无党，该党宗旨为广泛发动平民，推翻沙皇专制制度，建立一个公平世界。苏改扮为贫家女子，深入工厂矿山，向工人演说，宣传革命宗旨，不幸被捕入狱。其好友晏德烈，闻讯前往营救，苏不愿出狱，拟在狱中写作，以宣传革命。本书为未完之作。书中宣传平等，反对阶级压迫，在当时确为少见的宣扬革命作品。正如阿英所说"书虽只五回，很富于煽动性，攻击专制，不遗余力，虽以无政府人物作骨干，而主要目的，却在宣传推翻中国之专制政体"(《晚清文学丛钞》)。本书最早刊登于光绪二十八年(1902)至光绪二十九年日本横滨出版的《新小说》。今有1960年中华书局《晚清文学丛钞·小说一卷》本。

胡雪岩外传 章回小说。题"大桥式羽著"。十二回。叙巨商胡雪岩的秘史，是一部豪门生活纪实。胡雪岩为晚清最大的商人，所设阜康银号及当铺遍及全国各省，同时经营丝茶出口。曾多次为清廷借外债，并为其筹款镇压太平天国，因之官至候补道，加布政使衔，赏穿黄马褂。本书未写其经商经历，而只是渲染其帝王般的糜烂生活。胡雪岩在杭州营建花园，仿隋炀帝迷宫，有十六院、十三楼。又仿灵隐飞来峰叠假山，耗资巨万，豪侈无匹。家蓄金钗十二，姬妾成行，分住园中各楼。不久乐极生悲，长子夭折，一女疯癫，各地银号当铺多半亏损，胡不久亦死去。小说以花园为背景，描写大家庭中粉红脂腻的房帏琐事，是一个行将崩溃的黑暗社会的缩影。有光绪二十九年(1903)日本东京爱美社铅印本。中华书局1961年收入《晚清文学丛钞·小说四卷》出版。

海上繁华梦 章回小说。近代孙家振著。三集二十卷一百回。本书以上海租界妓院为中心，较真实地描写了上海滩嫖、赌恶习以及发生其间的种种欺骗、敲诈与坑害行径，暴露了近代旧上海畸形的社会面貌。书中主人公苏州秀才谢幼安感梦与好友杜少牧同游上海十里洋场，混迹青楼楚馆。杜先后迷恋妓女巫楚云、颜如玉，议及婚嫁，而巫、颜二人对杜实无真情，意在骗取钱财。杜又沉沦赌场，愈陷愈深。谢幼安对妓女桂天香怜其身世，敬其品格，娶之为妾。杜屡遭挫受骗，又见妓院中许多惨事，在良友影响及劝诤下，终于幡然悔悟。作者长期涉足娼门，所写十里洋场纸醉金迷的生活，有一定认识价值和资料价值。但侧重于暴露，艺术水平不高。胡適《中国章回小说考证》评此书与张春帆的《九尾龟》"都只刚刚够得上'嫖界指南'的资格，而都没有文学的价值，都没有深刻的见解与深刻的描写。这些书都只是供一般读者消遣的书，读时无所用心，读过毫无余味"。作者于宣统辛亥后又著《续海上繁华梦》三集二十卷一百回。续写清末民初上海妓院情景，以谢幼安、杜少牧勘破世情，偕隐山林结束。本书初载《笑林报》(上海)，继由笑林报馆出版单行本。初、二集各六卷三十回，分别于清光绪二十九年(1903)、三十年出版，后集八卷四十回，光绪三十二年出版。近有1989年江西人民出版社《中国近代小说大系》本、1991年上海古籍出版社《上海滩与人海人》丛书本。

瓜分惨祸预言记　章回小说。近代郑权著。十回。叙清初某遗民预言，光绪末年全国将遭瓜分惨祸。俄占东北三省，日、德、英等九国，亦以利益均沾为由，抢占其他省份。各地民众纷纷举义抗敌，却遭到列强和清王朝的镇压。在兴华地区，有女子夏振欧在当地，仿西方民主，建立兴华邦共和国，实行民主文明制度，得到列强赞许和承认。本书以预言方式，表达了对清末亡国惨祸的痛切之情，赞扬了民众浴血抗战的精神，然对列强侵略本性认识模糊。有光绪二十九年(1903)独立社初版铅印本。

轰天雷　章回小说。近代孙景贤著，署"藤谷近香"。十四回。系据常熟沈鹏(号北山)事迹写成。叙常熟寒士荀彭中进士点翰林后，与苏州名宦之女结婚。因其妻与岳父母嫌其迂阔而屡加轻侮，愤而跳河自尽，未遂。中日《马关条约》签订后，他一则欲雪为岳家所辱之耻，二则欲以忠心报国为常熟人争气，遂入京求大学士徐桐代呈奏折，请慈禧太后归政光绪帝，杀荣禄、刚毅、李莲英以谢天下。徐桐不允，他便将奏折交人在《国闻报》发表，顿时如轰天雷般引起全国震动，他也被捕入狱。庚子事变后方获释。书中荀彭即沈鹏谐音。本书托为从日本小说译出，内容较有社会意义。有光绪二十九年(1903)上海大同书局石印本、光绪三十年海虞文社铅印本。后阿英编入《晚清文学丛钞·小说四卷》，1961年中华书局出版。

自由结婚　章回小说。署"犹太遗民万古恨著，震旦女士自由花译"。万古恨，实为近代江苏张肇桐。上下两编，二十回。书叙世界上有一爱国，其政权三千年来为盗贼把持，他们专制跋扈又互相争夺，终招来外强侵略而灭亡。后绝世英雄黄祸与绝代佳人关关降生，他们少年同学，互相敬爱，讨论革命道理。关关与其叔政见不同，奔走黄家。关关乳母为革命党人，为逃脱追捕与黄祸、关关一同出海避难，在船上见革命党人被捕，三人愤而跳海。黄祸与乳母被救，黄改名转福，进大学读书。获知关关亦得救，便独往寻觅。不久，黄祸、关关又被逮捕，押送京城。本书名为记述婚姻自由，实际上主要宣传革命思想。有光绪二十九年(1903)上海自由出版社刊本。

邻女语　章回小说。近代连梦青著。十二回。为晚清写庚子事变的重要小说，除主人公目击事实外，大多以隔墙邻女的喁喁细语为贯串线索，故书名《邻女语》。内容分两部分，前六回写庚子事变后，主人公金坚因愤八国联军入侵，北方大局糜烂，慨然变卖家产，偕一仆北上救民饥溺。所叙即沿途见闻。对逃官溃兵的骚扰、赈济委员的贪婪枉法，以及袁世凯部下在山东屠杀义和团的暴行等，均予以抨击。后六回记述了有关庚子事变的某些片断。刘提督"报捷"，沈道员赚洋兵，直隶总督裕禄和大学士徐桐的昏聩，反义和团大臣的被诛，山西教案经过等等，揭露了官僚军兵对外怯懦、对内横暴的丑恶行径。小说展现了庚子事变的惨酷图景，在同类小说中，不失为优秀之作。然艺术上缺陷较大，阿英《晚清小说史》说："此书前六回，用的是吴趼人《二十年目睹之怪现状》写作方法，用'我'作了线索，处处与主人公有不可分割的连系。后面另起炉灶，用李伯元《官场现形记》的手法，完全排开主人公，各自起讫的写'话柄'，因此形成了绝对的不调和。"初连载于光绪二十九年(1903)六月至次年正月《绣像小说》，未完。宣统二年(1910)商务印书馆出版单行本。今有1957年上海文化出版社排印本、1959年中华书局《庚子事变文学集》本、1984年台北广雅出版有限公司《晚清小说大系》本。

女娲石　章回小说。题"海天独啸子"著。二卷十六回。叙女子金瑶瑟，为拯救国家颓败，组织女子改造会。行刺胡太后(影射慈禧)未成，乃女扮男装出逃，巧遇妇女组织花血党领袖秦爱浓。该党有党员百万，以反对崇洋媚外、专制独裁，维护女权为宗旨，以女色和暗杀为手段，已刺杀大小官僚三百余人；尤重科学，已发明电梯、电话、瓦斯车、电马、神枪等。瑶瑟羡之，自荐入党。巡视全国各党派情形时，她又遇为人洗脑治软骨病的白十字社社长汤翠仙，专门劫杀无用男子的捣命母夜叉三娘子张水母等许多奇异女子，得知她们和自己均是天降救国救民的女豪杰。本书未完，未见续书。小说鼓吹反帝反清，抨击黑暗政治，大力提倡女权，为当时进步之作。但作者以性别作为革命与否的分野，以暗杀、色情为革命手段，亦反映出其革命思想的偏激与幼稚。书中虚构了种种现代机器与武器，又使小说具有某种科幻色彩。有上海东亚编辑局光绪三十年(1904)、光绪三十三年、光绪三十四年铅印本。

洗耻记 章回小说。题"汉国厌世者作，冷清女史述"。六回。叙牙洲(亚洲)历史上汉国不幸于二百年前被贱牧人(影射满人)所灭，汉国人不甘心贱牧人的残暴统治，起而革命。小说以杜撰的历史故事表现汉族在满清统治下的民族仇恨，但艺术成就不高。前有插图四幅及苦学社主人序。有光绪三十年(1904)湖南苦学社编印《国民奇书丛书》本，在日本东京出版。

痛史 章回小说。近代吴沃尧著。二十七回。是作者借古鉴今，以元灭南宋的惨痛史实为题材的一部忧愤之作，故书名《痛史》。书叙南宋末年，宋度宗"一味荒淫酒色，拱手权奸"，宰相贾似道独揽朝政，与太监总管狼狈为奸，忠臣良将不得重用，忠言良策难以上达。而与此同时，蒙元崛起北方，吞金灭夏，定燕京为中都，大举向南侵犯，进逼临安，度宗惊悸而亡。年仅四岁的赵㬎继位，由太皇太后谢氏垂帘听政，据度宗遗诏命贾似道出御元军。贾临敌求降不成，遂败逃扬州，朝廷将其革职发配，在押解途中死于非命。元军兵临临安城下，文天祥赴敌营谈判，不愿降元称臣辱国，被软禁后逃脱。元军占领临安，三宫被囚，解往京都。文天祥、张世杰拥立幼主，兴师拒敌。文天祥力尽被俘，慷慨就义于燕市；张世杰兵败崖山，沉江殉国；陆秀夫背小皇帝蹈海而死，南宋至此灭亡。宋之遗民义士，以浙江仙霞岭为中心，继续展开抗元斗争。小说忠于史实，兼采讲史与侠义小说之长，感情充沛，笔墨酣恣，有较高的文学性。阿英认为"在晚清的讲史中，这是最好的一部，无论是内容上抑是技术上，都有很好成就"(《晚清小说史》)。初连载于光绪二十九年(1903)八月至三十一年十二月《新小说》，未完。后有宣统三年(1911)广智书局单行本、民国二十七年(1938)风雨书屋《海角遗编》本。近有1956年文化出版社校注本、1980年台湾世界书局本、1981年福建人民出版社本、1984年台北广雅出版有限公司《晚清小说大系》本、1985年吉林文史出版社《晚清民国小说研究丛书》本、1988年花城出版社《我佛山人作品选本》本。

二十年目睹之怪现状 章回小说。近代吴沃尧著。一百零八回。为"晚清四大谴责小说"之一。全书以自号"九死一生"者为中心，从他奔父丧开始，至他经商失败为止，历述其二十年间的所见所闻和亲身经历，展现了晚清政治社会的种种"怪现象"。以描写官场为主线，并涉及商场和"洋场"，人物上自高官重臣，下至市井男女，举凡贪官污吏、土豪劣绅、奸商洋奴、江湖术士、娼妓娈童、流氓骗子无所不有，显示整个社会肌体已经千疮百孔，无可救药。而小说最具特色的部分则是对封建家庭的罪恶和官场黑幕的暴露。如候补道台苟才为巴结上官，把新寡儿媳奉送给两江总督当姨太太，很快爬到署理藩台的高位，又获得银元局总办的肥缺。最后"宦囊丰满"，弃官到上海做寓公。而其次子龙光为提前继承家产，竟买通江湖庸医毒死生父并奸娶父妾六姨太。全书讽刺辛辣，笔锋凌厉，塑造人物性格较为出色，但如鲁迅所说："惜描写失之张皇，时或伤于溢恶，言违真实，则感人之力顿微。"(《中国小说史略》)本书前四十五回光绪二十九年(1903)至光绪三十二年先刊于日本横滨《新小说》杂志。光绪三十二年至宣统二年(1910)上海广智书局陆续出版一百零八回单行本。翻印本多达数十种，主要有：民国五年(1916)新小说社石印本、吴瑞堂石印本、民国十五年世界书局铅印本、1959年人民文学出版社排印本、1988年花城出版社排印本等。

九命奇冤 章回小说。近代吴沃尧著。三十六回。叙广东富户凌复兴，笃信阴阳，以为自己没有中举，是表兄弟梁天来家的石室阻断凌家风水，便勒迫梁家拆居。天来不从，凌便买通无赖去梁家掘坟墓、伐树木、填鱼池、抢银钱，更纠合暴徒将梁家老幼八人用烟火熏死。天来在县、府、臬司、抚院告状，均被凌以巨款买通。臬司并以酷刑夹死证人张凤，造成九命奇冤。幸得两广总督孔天鹏及东莱和尚相助，凌犯及贪官才受惩处。本书结构严谨，不枝不蔓，笔法受西洋侦探小说影响，采用倒叙，设置悬念。反映出晚清吏治腐败致使为非作歹之徒气焰嚣张，呼唤清官明君，在思想和艺术上均为晚清上乘之作。初载于光绪三十年(1904)十月至三十一年十二月《新小说》第十二号至二十四号，署“岭南将叟编”。光绪三十二年上海广智书局出版单行本。另有民国十五年(1926)世界书局排印本、1956年上海文化出版社排印本、1986年天津古籍出版社点校本等。

瞎骗奇闻 章回小说。近代吴沃尧著。八回。叙山东历城首富赵泽长万事如意，唯憾老年无子。后请周瞎子算命，说来年可得子。妻钱氏恐丈夫娶妾，遂在周瞎子授意下，伪装怀孕。“怀胎”期满，买穷人闵老二之子，冒充己生，取名赵桂森。周为骗赵氏钱财，胡诌桂森必会飞黄腾达。赵氏夫妇遂百般溺爱，致使赵桂森不学无术，吃喝嫖赌，耗尽家产。赵氏夫妇相继气死，赵桂森沦为乞丐。同县洪士仁也因误信周瞎子，不务正业，倾家荡产。妻饥寒而死，己流落街头，一怒之下，打死周瞎子，报案自首。作者把赵、洪两家的故事交织在一起，具体形象地说明了迷信的危害性。初载于光绪三十年(1904)十二月至三十一年二月上海《绣像小说》第四十一期至四十六期，有插图。光绪三十四年上海商务印书馆出版单行本。民国四年(1915)又收入该馆出版的《小本小说》丛书。近有1960年中华书局出版阿英编《晚清文学丛钞·小说二卷》本。

狮子吼 章回小说。近代陈天华著。四回。叙舟山岛西南民权村，有学子出国留学，回乡创办学堂，文明风气渐开。时有文明种来学堂当教习，以传布文明为己任。其得意门生有孙念祖、绳祖、肖祖及狄必攘等。民权村经改革，设有议事厅、医院、警察局、邮政局、公园、图书馆等，文明之风大盛。而孙念祖等并不满足于本乡改革，立志改革全中国。小说通过文明种师徒的活动，宣扬了资产阶级革命的纲领和行动策略。文明种的演说辞中公然标举民权主义和民族主义，引卢骚的《民约论》倡导民权革命。孙念祖建议在民权村实行自治，有总理，有代议士和议长，粗具西方议会民主的模式。小说实际上是一部革命原理的通俗图解。作者因蹈海殉国，未及完成本书。初载于光绪三十一年(1905)《民报》第二至九期。阿英收入《晚清文学丛钞·小说三卷》，1960年中华书局出版。

新石头记 章回小说。近代吴沃尧著。四卷四十回。以《石头记》的主人公贾宝玉为主人公，叙其再历人间，在清末社会的见闻和幻境奇遇，故名《新石头记》。贾宝玉在光绪二十六年，再次下山，在上海巧遇薛蟠，得其资助，暂住上海。见到火柴、火车、留声机、新闻报等新奇事物，乃发奋阅读译作，学习英文，随后应邀赴京，目睹义和团起事、八国联军占领北京、两宫西狩等大乱情景。返沪游经武昌时，因批评一位学堂监督而入狱，几乎丧命。最后游历山东，意外地进入名为“文明境界”的世外桃源，耳闻目睹了千古未有的新奇事物：“制造天气”使天无四时，提炼术制饮料以延年益寿，“验骨镜”等最先进的医疗器械为人诊疗，“量聪明尺”和“灌入聪明的法子”使人变聪明，便留下做一个文明居民。作者借助于贾宝玉的见闻和经历，揭露和批判晚清政治腐败，描绘充满理想色彩的未来社会蓝图。于光绪三十一年(1905)八月上海《南方报》第二十八号附张《小说栏》开始连载，未完稿。光绪三十四年上海改良小说社出版单行本，作为《说部丛书》之一，近有1986年中州古籍出版社排印本、1987年花城出版社排印本。

恨海 章回小说。近代吴沃尧著。十回。故事以庚子事变为背景，写两对未婚青年的婚姻悲剧。工部主事陈戟临有二子，长子伯和聘同乡张鹤亭之女棣华，次子仲蔼聘中表王乐天之女娟娟。三家同院聚居京城，儿女自幼同学。逢庚子事变起，陈戟临遣长子护送张家母女避乱出京。途中离散，棣华母病故他乡，她伶仃流落，后幸被父接回上海。伯和逃难意外发了一注横财，辗转到上海，染上恶习，嫖赌抽鸦片，沦为乞丐，鹤亭寻访接之回家，规劝不从，棣华多情感悟亦无效，终病死于烟馆。棣华含恨削发为尼。仲蔼奉父母留京，不幸双亲死难，遇父执保举功名，告假赴沪寻访失散多年的娟娟。不意竟在妓馆筵席上相遇，知她已沦落为妓。仲蔼愤恨已极，万念俱灰，披发入山，不知所终。此书出版后，曾先后被改编为电影、话剧和地方戏曲上演，产生过较大影响。艺术上较为圆熟，写情真挚细腻，尤以心理刻画见长。版本最早有光绪三十二年(1906)上海广智书局本，另有上海时还书局本、世界书局本。近有1955年通俗文艺出版社本、1956年上海文化出版社本、1959年中华书局《庚子事变文学集》本、1976年台湾世界书局本、1981年豫章书社本、1984年台北广雅出版有限公司《晚清小说大系》本、1985年中州古籍出版社点校本、1986年吉林文史出版社《晚清民国小说研究丛书》

本、1987 年天津古籍出版社《近代通俗文学研究资料丛书》本。

两晋演义 章回小说。近代吴沃尧著。二十三回。书叙晋武帝统一三国后，自以为海内一统，天下太平，乃恣意淫佚，取吴宫美女，以充后宫。武帝死，惠帝继位，皇后贾氏弄权。贾氏与辅政杨骏争权，杀杨骏，逼死太后，重用小人，淫乱宫廷。引汝南王司马亮辅政，后又使楚王玮杀亮，旋又杀玮。赵王伦起兵杀贾后，谋废惠帝自立，齐王同等又杀伦，并互相火并，史称八王之乱。光熙元年(306)东海王越毒杀惠帝，立司马炽为帝，是为怀帝。晋由是元气大伤，内乱外患不止。本书原拟写百回，完整演述两晋史事，后仅完成二十三回，至怀帝立为止。小说大部分敷衍正史，通俗可读，却不免平铺直叙。初连载于光绪三十二年(1906)至三十三年的《月月小说》。宣统二年(1910)上海群学社出单行本。近有 1988 年花城出版社排印本，收入《我佛山人作品选本》。

劫余灰 章回小说。近代吴沃尧著。书叙南海陈畴，高中秀才榜首。正待与未婚妻朱婉贞完婚，却被奸人朱仲晦骗至香港卖为猪仔，婉贞也被朱骗至梧州卖为娼妓。两人历尽艰险，十五年后终得团圆。本书描写了赴美华工的不幸遭遇，颇有反帝爱国精神。初载于光绪三十三年(1907)至三十四年《月月小说》。宣统元年(1909)上海广智书局出版单行本。阿英将其收入《反美华工禁约文学集》，1960 年由中华书局出版。后又收入《吴趼人小说四种》，1986 年由吉林文史出版社出版。

上海游骖录 章回小说。近代吴沃尧著。十回。叙江西秀才辜望延，因不满当地官兵镇压乡民，被诬为革命党逮捕。家人辜忠设计将其救出，逃往上海，借住堂兄家。辜读《革命军》等书后，向往加入革命党，但经人介绍所识革命党人，言语谈吐，均不似有志之士。新交李若愚告知革命党人均不可靠，只需五十元，就能高呼皇帝万岁。并为之设计宴请几位党人，使之显露原形。席间，真如李所言，党人丑态百出，甚至扬言，只要有钱，专制也使得，辜大失所望。是时捕讯紧急，辜望延逃往日本。作者认为清政权无药可救，对革命党人也十分失望，将中国社会问题的症结归于道德沦亡，呼吁"今日之社会诚岌岌可危，固非急图恢复我固有之道德不足以维持之，非徒言输入文明即可以改良革新者也"。初载于光绪三十三年(1907)上海《月月小说》，次年上海群学社出版单行本。

发财秘诀 又名《黄奴外史》。章回小说。近代吴沃尧著。十回。书叙一伙洋奴买办崇洋媚外、心狠手辣的发财史。广东南海穷小贩区丙，到香港卖料泡(玩具)获大利暴富，又在广州办洋货行，在香港开杂食店。后当上英国探子，提供广州海防军务情报，沦为汉奸，还预备建立"汉奸世家"。其儿子结交的无赖恶棍花雪畦，替外国人贩卖"猪仔"，大发横财。书中描写的洋奴形象还有充当洋人买办、出卖国家利益的陶庆云，"宁愿做外国人的狗"的魏又园等。最后以知微子揭破发财秘诀结束："你若要发财，速与阎罗王商量，把你本有的人心挖去，换上一个兽心。"(第十回)作者深恶痛绝这些出卖灵魂的民族败类，每下笔时，"则怒眦为之先裂"。阿英《晚清小说史》称此书"是当时反买办阶级的一部代表作"，"是当时一班洋奴的照妖镜，写出他们的心肝肺肾，无耻与忘本"。初载于光绪三十三年(1907)十一月至次年二月《月月小说》第十一至十四号，后有光绪三十四年上海群学出版社单行本。近有 1960 年中华书局《晚清文学丛钞·小说二卷》本。

近十年之怪现状 又名《最近社会龌龊史》。章回小说。近代吴沃尧著。二十四回。为《二十年目睹之怪现状》的续篇。分为二编，前十回为第一编，主要写上海商界，后十回为第二编，主要写山东、天津官场。故事内容围绕乔子迁诈骗案、鲁薇园拐骗案、天津军火案三大事件展开。最后几回叙写骊珠小姐的单相思。作品着重揭露晚清官场和社会的黑暗和丑恶，但艺术上比较粗糙，后面部分笔力松懈，情节枝蔓。初载于宣统元年(1909)上海《中外日报》，次年广智书局及时务报馆分出单行本。1960 年收入中华书局《晚清文学丛钞·小说二卷》。近有 1986 年天津古籍出版社排印本、中州古籍出版社《吴趼人小说选》本。

情变 章回小说。近代吴沃尧著。八回。本书为作者绝笔之作，叙述一对青年男女爱情婚姻的悲剧。扬州拳师寇四爷为白莲教余党，与妻四娘精通武艺，以跑江湖卖艺为生。女阿男自幼与本村青年秦白凤同学，青梅竹马，互有情愫。后阿男学得家传武艺，随父母闯荡江湖，行前与白凤私订终身。后阿男回乡，闻白凤将议婚何姓，遂夜来明去与白凤密期幽欢定情。事发，俱遭严责。寇四爷迁怒于白凤，白凤避祸镇江。阿男被父母胁迫北上卖艺，行至山东，阿男夤夜飞骑南下镇江，劫走白凤，在杭州安家结为夫妻。不期阿男在卖艺场被老父捉回，后被迫嫁给表兄，白凤也由叔父作主，被迫与何彩鸾成亲。小说成功地刻画了阿男对爱情的执着追求，揭示了人性与礼教的深刻冲突。原拟写十回，因作者病故，第八回仅写一半，据回目提示，结局大约为：阿男死于非命，白凤祭法场后殉情。小说初载于宣统二年(1910)五月至九月《舆论时事报》，后有1960年中华书局《晚清文学丛钞·小说二卷》本、1987年天津古籍出版社《近代通俗文学研究资料丛书》本、1988年花城出版社排印本。

官场现形记 章回小说。近代李伯元著。五编六十回。为"晚清四大谴责小说"之一。由百余个人物和近四十个故事连缀而成，充分揭露官场贪赃枉法、昏庸无能、恐洋媚外的种种丑行，使一大批卑鄙龌龊，既尔虞我诈，又狼狈为奸的封建官僚群丑现出原形，反映出封建社会总崩溃时期的腐败与黑暗。如清政府实行八股取士和捐官制度，花钱捐官极盛，"只有做官，利钱顶好"，"千里做官只为财"成了钻营者的宗旨。这些贪官污吏或克扣军饷，或玩弄"只拉弓，不放箭"把戏，成百上千万的银两落入私囊。同时他们又妻妾成群，吃喝嫖赌，置吏治民生于不顾。面对西方帝国主义的侵略，中国逐步沦为半殖民地国家，这些官僚又甘做洋人的奴才走狗，竟把安徽省的全部矿产"卖"给洋人。对于洋人无故打死长沙儿童，群众义愤填膺，总理衙门竟俯首听命于洋人公使，将湖南巡抚革职。本书为清末"谴责小说"中最早最有代表性的一部。鲁迅在《中国小说史略》中指出，"光绪庚子后，谴责小说之出特盛"，"特缘时世要求，得此为快，故《官场现形记》乃骤享大名"。最初约于光绪二十九年(1903)四月起在上海《世界繁华报》连载，同年出版单行本，有上海世界繁华报馆铅印本和粤东书局、崇本堂的石印本等。近有1957年人民文学出版社标点本，后多次再版重印。另有1957年上海文化出版社本、1989年岳麓书社本等。

活地狱 章回小说。近代李伯元著。四十三回。由十五个各自独立的故事组成，描写了晚清中国山西、江苏、安徽、湖南、浙江、山东、陕西、直隶等省的十二个州县衙门，通过典型案例集中揭露了封建官府是"阳世的地狱"。有胥吏衙役两面讹诈，设圈套陷人于狱，逼得当事双方倾家荡产；有以清官著称的县官，惯用酷刑，遇讼案，无论屈直，均加毒打。酷刑逼供之下，冤、假、错案不断产生。书中还叙写了敲诈勒索的稿案、书办，横行无忌的捕头、牢子，乃至诡计多端的讼棍、地保之流的种种罪恶勾当。是书从审理诉讼监狱方面实录晚清官场的黑暗腐败，是我国第一部系统暴露衙狱黑暗的小说，具有很高的史料价值。初载光绪二十九年(1903)五月至三十二年三月《绣像小说》杂志第一期至七十二期。每回有愿雨楼评语。作者写至第三十九回，患病去世，由吴沃尧续写第四十回至四十二回，欧阳钜元续写第四十三回，未完。近有1956年上海文化出版社校订整理本，1959年中华书局上海编辑所重版，1986年上海古籍出版社校订重印。

中国现在记 章回小说。近代李伯元著。十二回。叙维新运动初期，一些顽固守旧大臣，在欧风东渐的时代浪潮冲击下的种种丑态。侍郎朱紫桂，凡有"洋"字的东西，一概不用，以为"一朝失节，便做了名教中的罪人"，破口大骂出洋学生"一个个做了反叛"，叹息朝廷奖励出洋学生实为"养痈贻患"，上奏请"罢斥学生，复回科举"。中堂施守球痛呼："不想祖宗三百年成法，竟败坏于一二新进少年之手！"书院山长俞成龙断言："'变法'二字，全是欺人之谈！"小说较深刻地揭示了这些反对改革的人物的历史命运。书中未正面描写维新志士的活动，只写了一些投机分子，如劳二瘸子开口"平权"，闭口"自由"，自命受过"文明教育"，而实则为招摇撞骗的无耻之徒；黄仲文狂嫖滥赌，落魄之极，而摇身一变，却成为考察新政的风云人物。这些描写显现了中国改良维新事业的艰难。小说中暴露官场的种种黑暗，揭示出封建末世无可挽回的总崩溃大势。惜结构布局缺少整体构思。初发表于光绪三十年(1904)《小说月报》创刊号至第一百七十二号。阿英收入《晚清文学丛钞·小说一卷》，1960年中华书局出版。1980年上海古籍出版社收入魏绍昌编《李伯元研究资料》出版。

文明小史 章回小说。近代李伯元著。六十回。内容广泛反映维新运动时期之社会状况，从下层群众到豪绅官僚，从维新党到守旧党，从内政到外交，无不涉及。清廷官吏，昏庸腐朽，对于洋人百般逢迎。知府傅彦登，定了一条法规："得罪了外国，都要重办。"书铺商人王毓生，捐资办学，被自称维新派的日本留学生悔生拐骗了三百两银子。饶鸿生赴美国、日本大玩一通，用掉二万两银子，一无所获。秦凤梧购买机器遇骗局，花光了公款。施凤光以一千两银子，"运动"了一个洋务局会办。黄世昌将自己妻子送给制台大人两天两夜，进行“按摩”，弄到了一个银圆局提调的美差。朝廷提倡“立宪”，派平正出洋考察，表面一清如水，却暗中收受稀世之珍。写出了晚清官场的“群丑”图，表现了作者的改良主义思想，但对义和团运动有偏见。光绪二十九年(1903)《绣像小说》创刊号开始连载，至第五十六期刊完。光绪三十二年上海商务印书馆出版单行本，1955年北京通俗文艺出版社、1959年中华书局上海编辑所先后重版印行。

市声 章回小说。近代姬文著。二卷三十六回。以半封建半殖民地的上海为背景，集中叙述了晚清工商界情景，表现了工商业者的生活及心态。书叙浙江鄞县巨商华达泉，欲与洋商争雄，挟资百万，在沪开公司，因用人不当，破产回乡。扬州豪商李伯正，亦立志与洋商相抗，自开茧行、织绸厂，又与铁厂老板范慕蠡合股办厂，因政府腐败，洋货倾销，亦连年折本。刘浩三留学归国，为李伯正改造织绸厂，在范慕蠡处办工艺学堂，用先进科技造就技工。中国工商两界联合，终使洋货几无市场。书中不仅写了有志之士热心创办实业，振兴民族工业的豪举，而且着力揭露工商界种种卑鄙龌龊、尔虞我诈行径。为晚清仅有的一部以工商界为题材的小说，作者借书中人物之口，发表了广泛的见解，有相当正确的议论，充满忧国忧民的热情，不失为一部较好的作品。初载光绪三十一年(1905)正月至次年三月《绣像小说》第四十三至七十二期，二十五回未完。光绪三十四年商务印书馆出版单行全本。另有1958年上海文化出版社标点注释本、1984年台北广雅出版有限公司印行《晚清小说大系》本。

扫迷帚 章回小说。近代壮者著。二十四回。作品通过几个书生的见闻和议论，揭露和批判了迷信习俗。江苏吴江书生卞至元，专讲实践，最恨鬼神迷信之说。其姑表兄弟镇江杨德，与之相反，信奉迷信邪说。一日，卞借杨前来探访之机，细细开导，使杨如梦初觉。后杨与好友龚壮抱偕游杭州，又与卞、龚游吴江，见种种鬼神迷信之愚昧可笑，骗局一一为人所揭穿，无不感到改变陋习之重要。最后作者借书中人物之口主张大兴学堂、归重德育，以为这才是万全无弊的上策。阿英《晚清小说史》评之为“晚清一部最优秀最有影响的启蒙运动的书”。初载于光绪三十一年(1905)《绣像小说》第四十三至第五十二期，未完。光绪三十三年由商务印书馆出版单行本。1960年中华书局印行的《晚清文学丛钞·小说一卷》、1984年台北广雅出版有限公司印行的《晚清小说大系》，也收有此书。

狮子血 章回小说。近代何迥著。十回。叙少林寺武侠查二郎和结拜兄弟查大郎，历尽艰险，到墨西哥。二郎武艺高强，轰动全城。后又到西班牙，在斗牛场上大显威风。在经过太平洋时，遇到地震，又被飓风送往非洲。二郎徒手搏杀猛狮，被推为部落酋长。他教众人种地办学，又发展工业，建立合众国，当上国家元首。有光绪三十一年(1905)上海天雅书社铅印本，又有同年上海公益书局铅印本。

廿载繁华梦 又名《粤东繁华梦》。章回小说。近代黄世仲著。四十回。述纨绔子弟周庸祐，父祖殁后，因赌博家产荡尽，由在广东海关任库书之职的舅父傅成接去委以库书事务。后傅被查办潜逃，他以四万两银买下库书一职取代舅父，以瞒骗偷漏、侵吞渔蚀等手法，数年间家产达数百万，银行、店铺遍及广州、香港，成为广东大暴发户。他纵情声色，姬妾竟达二十来房，又用金钱捐官，由知府直至出使钦差大臣。正当其志得意满时，两广总督上章弹劾，他被抄家夺职，只身逃亡暹罗，廿载繁华，一场春梦。小说“文极汪洋恣肆，描写亦见工夫，似所述者皆当时实情也”(陈汝衡《说苑珍闻》)。初连载于光绪三十一年(1905)香港《时事画报》，光绪三十三年时事画报社出版单行本。另有汉口东亚印刷局线装巾箱本、光绪三十四年上海书局石印本、民国初年大成书局石印本、上海大达图书供应社铅印本，近有1960年中华书局《晚清文学丛钞·小说三卷》本、1986年天津古籍出版社《近代通俗文学研究资料丛书》本。

黄绣球 章回小说。近代颐琐著。三十回。描写一位从夫姓黄的妇女秀秋，受西洋文化影响，决心做一番大事，将地球锦绣一新，改名“绣球”。带头放足，创办新学堂，受到社会各界和新官施有功支持。后学校被继任县官猪大肠封闭，绣球亦被拘押，引起群众公愤，大闹公堂。为防后患，绣球夫妇联合众人组织义勇队、女军，实现一县自治。作者渴望通过变革以求得祖国繁荣富强，阿英《晚清小说史》称之为“当时妇女问题小说的最好作品”。初载光绪三十一年(1905)《新小说》第十五至第二十四号。光绪三十三年新小说社出版单行本。1960年收入阿英编《晚清文学丛钞·小说一卷》，由中华书局出版。1984年台北广雅出版公司又收入《晚清小说大系》丛书出版。

苦学生 章回小说。近代杞忧子著。十回。叙述湖南湘潭青年黄孙，少年壮志，远渡重洋，求学报国。途中结识官费生文琳。到美国后，一面在缝衣厂做短工，一面刻苦攻读。成绩优异，遭同学嫉妒。又受到美国当局百般刁难，中国领事馆却置之不理。无可奈何之下，准备归国。后巧遇华裔巨商华盛祖孙，得其资助完成学业，又获赠两万美金，以供其归国办学。黄孙回沪，巧遇自甘堕落、流落街头的文琳。后返湖南，致力于国民教育。小说宣传教育强国的进步思想，具有积极意义。初载于光绪三十一年(1905)、三十二年《绣像小说》第六十三至六十七期。民国四年(1915)商务印书馆出版单行本。

昙花影 章回小说。近代李定夷著。二十回。书叙清光绪末，官宦子弟吴英仲在上海某高等学堂读书。一次寒假期满返沪时，结识破落盐商之女江筠秋，二人私订终身。吴父母完全同意，江父早死，生母刘氏亦允婚。筠秋为小妾所生，为大母王氏不容，生母刘氏带筠秋另立门户。暑假期间刘氏病亡，吴英仲只好将筠秋托付给王氏，不料王氏百般虐待，筠秋愤而投河自尽。幸遇渔夫相救，并被送至上海与吴结婚。但三月后即生病，竟被庸医误诊致死。一场美满婚姻犹如昙花之一现，英仲百事俱灰，悟出“色即是空，空即是色”。数年后娶丫环为妾，聊为传宗接代计。作品反映出一种灰色的爱情观。有上海国华书局民国四年(1915)初版铅印本，至民国十八年出至第六版。

兰花梦 章回小说。烟波散人序谓吟梅山人著。六十八回。本书打破才子佳人大团圆的陈旧俗套，真实地描写了封建贵族家庭中一幕婚姻悲剧。内阁学士松晋侧室孕育时，松公梦人送兰花一枝，旋生下一女，取名宝珠。出生后一直女充男养，虽婢仆亲朋亦不知其为女。五岁从先生受业，十三岁乡试中魁。十四岁父亲去世，为撑门面，母、姐不许改妆。十五岁中进士点探花，十六岁因奏对出色，升为河南道监察御史，旋升左副都御史。因被同科状元许文卿识破女子真相，被迫订婚。此时福建海盗猖獗，省城告急。宝珠上破敌奇策，于是钦加兵部侍郎、经略大臣。十七岁挂帅出征，十八岁平定南疆，授太子太保，名扬海内。皇上恩准恢复女妆，封升平公主，赐婚许氏。婚后宝珠竟受丈夫虐待，十九岁含恨而死。小说暴露了夫权主义对妇女的摧残和蹂躏，客观上批判了男尊女卑、夫为妻纲的封建伦理纲常。但也杂有宿命论思想。小说人物个性鲜明，生活气息浓郁。有光绪三十一年(1905)上海文元阁书庄石印本、民国十六年(1927)大成书局石印本、1985年岳麓书社排印本等。

刻骨相思记 章回小说。近代徐枕亚著。二集二十八回。叙清末扬州才子江笑山，擅长诗文书画，尤精于篆刻。因厌恶科举做官，被父逐出家门。至常熟，结识才女颜三姑，相互爱恋。但好事多磨，恶少易桐侯欲娶三姑为妾，遂从中作梗。笑山婚姻不遂，大病一场。后笑山治印受翁相国赏识，因翁相国之力，遂得与三姑终成眷属。夫妻二人赴京致谢，并谢绝在京供职，相偕出游，不知所终。作品内容不出才子佳人套式，语言虽使用白话，仍夹杂文言。初载民国四年(1915)上海《小说丛报》第十三至第十五期。民国十六年上海清华书局、民国三十六年上海大众书局出版铅印本。

孽海花 章回小说。近代曾朴著。三十五回。为“晚清四大谴责小说”之一。前两回为金天羽作，发表于光绪二十九年(1903)十月《江苏》杂志(日本东京出版)第八期，署名“麒麟”。光绪三十年(1904)八月，金将这两回和未刊四回交曾朴续写。叙同治年间，江西学政金沟热恋艳妓傅彩云，后赎其为外室。金沟出使国外，彩云为诰命夫人随行。在德国，彩云招蜂引蝶，与德军中尉瓦德西私通。后到俄京，金购得《中俄交界图》，带回国内，上呈总理衙门。不料此图实为赝品，俄据图强占我八百里土地。金沟因此遭人参奏，又目睹彩云与人宣淫，悔恨交加而死。彩云与人私奔上海，成为上海红妓。小说描写的主要是晚清士大夫生活，展示了自同治初年至甲午战争三十年间的历史画卷，反映了各派政治势力的消长变化，是带有资产阶级革命倾向的谴责小说。在艺术表现上，鲁迅许之为“结构工巧，文采斐然”(《中国小说史略》)。光绪三十一年(1905)，上海小说林社分两集在东京印刷出版经曾朴修改和续写的二十回本，署名“爱自由者发起，东亚病夫编述”。光绪三十三年于《小说林》第一至四期发表第二十一至第二十四回，民国五年(1916)上海望云山房出版第三集，附有强作解人等所作《〈孽海花〉人物故事考证》、《考证续证》和《〈孽海花〉人名索引》。民国十六年至二十九年上海《真美善》杂志陆续发表经修改的第二十一至第二十五回和新撰的第二十六至第三十五回。民国十七年至三十年真美善书店陆续出版三集三十回，重版时合为一册，是为真美善本《孽海花》。1959年中华书局上海编辑所出版三十五回增订本，1979年上海古籍出版社重印，1991年又收入《十大古典长篇白话小说》行世。

苦社会 章回小说。近代无名氏著。四十八回。忠实地记录了华工血泪斑斑的悲惨遭遇，是反美华工禁约运动中的代表作。书叙晚清国内经济凋敝，民不聊生，三个书生阮通圃、鲁古园、李心纯适逢外洋招募华工，远涉重洋谋生。在船舱里他们像囚犯一样，戴脚镣手铐，挨饥饿，受鞭笞。阮通圃因顶撞洋人、工头，被毒打得血肉模糊。鲁古园为友人所救，留轮船上任管账，幸得保全性命。李心纯到美国后，得华侨帮助开铺子，经营十余年，却受到排华运动的百般迫害，不得不尽弃所有，只身返家。全书以此三人生活为线索，写华工、华商的坎坷生活和悲惨遭遇。阿英《晚清小说史》称其"是一部很实际的华工血泪生活史"。有光绪三十一年(1905)上海图书集成局本、1958年上海文化出版社校注本、1960年中华书局《反美华工禁约文学集》本、1984年台北广雅出版有限公司《晚清小说大系》本、1985年中州古籍出版社排印本(与《黄金世界》合订)。

新党升官发财记 章回小说。近代无名氏著。十六回。叙清末一绅士借维新为幌子，以图升官发财。其人一心全在新法新政，看洋书，交洋人，办洋学堂，请洋教练等等，沽名钓誉，欺压百姓，最后谋得阔差使，走马上任。小说揭露官场勾心斗角、鱼肉人民的腐败与黑暗，语言泼辣，结构严谨，既为社会小说亦为谴责小说。原载光绪三十一年(1905)上海《大陆报》八至二十号，未完。光绪三十二年上海作新社出版单行本，题《新党发财记》。另有线装本二册，题《官场维新记》，1956年古典文学出版社排印本亦题此名。1991年收入《中国近代小说大系》，由百花洲文艺出版社出版。

学究新谈 章回小说。近代吴蒙著。二十五回。叙夏仰西未考上举人，受聘为塾师。仰西按旧法教学，结果学生未能考好，他因此失馆，几欲自杀。后他到上海，参观西式学堂，见到办学的人很多，但大多乌烟瘴气，如苏州学堂内唱堂会、划拳，不成体统。更有甚者，连妓女都集资办移风学堂，学生则有伪造情书戏弄先生者，有趁先生睡去剪其辫子者。小说有意模仿《儒林外史》，揭露、讽刺清末学界在办西学潮流中的种种弊端，客观上反映了新旧思想交替时期教育界的诸多怪现象。初连载于光绪三十一年(1905)《绣像小说》第四十七期至第七十二期。后又有光绪三十四年商务印书馆刊本，三十六回。

洪秀全演义 章回小说。近代黄世仲著。五十四回。叙浙江人钱江料天下将有大变，欲寻脱颖之机，在广东花县与洪秀全、冯云山等结义。洪与萧朝贵皈依上帝，依钱之计至广西以传教为名组织力量。秦日纲、胡以晃、杨秀清、罗大纲、石达开、李秀成等先后入伙。金田起义后先占广西，再围长沙，复取岳州。钱江等推请秀全改元正位，建立太平天国。洪自号天王，不听钱江、李秀成之谏，分封诸王。太平天国三年定都金陵，改名天京。其后诸王矛盾加剧，多次坐失战机。曾国藩调胜保再围金陵，李昭寿在滁州酝酿降清。全书至此结束，显未写完。本书是第一部歌颂太平天国革命的文学作品，如实描写，不落俗套，人物形象塑造也较为成功。初连载于光绪三十一年(1905)香港《有所谓报》附张和次年香港《少年报》附张。光绪三十四年香港中国日报社出版五十四回单行本，民国三年(1914)上海锦章书局出版石印本，其后有翻印本十余种。近有1981年江苏人民出版社、1981年上海古籍出版社排印本、1984年人民文学出版社排印本。

海外扶余 章回小说。近代陈墨峰著。四卷十六回。约作于光绪三十一年(1905)至三十三年。叙述郑成功抗清复明事迹。清兵破南京，南明弘光朝覆灭，成功父郑芝龙等复立唐王，改元隆武。不料芝龙受奸细挑动，弃守仙霞岭降清，致使清兵长驱直入，隆武帝和诸大臣殉国。成功家乡亦遭洗劫，其母遭凌辱自缢。成功悲愤交加，举义旗率师攻占厦门。时南明桂王即位，改元永历，封其为延平郡王、招讨大将军，与清军作战。后遇故人蔡宝文献台湾地图，进军台湾，得陈永华暗助，败荷兰入侵者夺回宝岛。遂以之为基地，苦心经营，力图复明。后成功因病去世，临终前留下"还我主权"遗言。作品提出了爱国重于爱身、爱家的进步思想。原书为手抄本，线装二册。卷首有《绪言》一篇。1985年湖南人民出版社据以排印出版，有《前言》及校注者《导论》。

立宪镜 章回小说。署"杭州戊公演义，谢亭亭长评论"。十回。叙光绪三十二年(1906)清政府准备立宪，考察西欧回国的金人先生，一到上海，只见洋货充斥，无人再提抵制洋货。到会场听立宪演说，只见秩序混乱，不成体统。

遇同乡陶哲君介绍，金人认识许多维新人物，大多有名无实，眠花宿柳，花天酒地。难民流离失所，他们熟视无睹。金人又见四马路火起，包探毒打平民，进行敲诈，便和陶哲君去托朱子张向公堂委员申说弊端。好不容易找到朱子张，委员们却忙于打牌，无暇细听。后又再次找到朱子张，要他向上申述，他满口应承，转身即忘。后金、陶二人又去访问道生女校，听监舍老翰林谈些将来希望。原计划再写续编，但未见刊出。作品通过金人社会调查的结果，揭露晚清政治黑暗，社会腐败。但对清政府假立宪的阴谋认识不清。有光绪三十二年(1906)上海新世界小说社初版铅印本。

刺客谈 章回小说。近代陈景韩著，原署"新中国之废物撰"。六回。第一回为《楔子》，叙黄生为官，贪污残暴，民怨沸腾；又割地媚外，请洋人镇压百姓，终为一侠士刺杀。正文叙安徽范朴安之父候补多年，因秉性正直，而未署一官，终至穷困而死。范父临终嘱朴安如为官，当尽除贪污；若不能从政，亦当为侠士，锄奸芟恶，后朴安谋官不成，弃而从商。因割股救母，名动天下，被荐办官银号、盐局等职。朴安办事守正不阿，得罪同僚而去官。他效法俄国虚无党，刺杀贪官，被捕入狱，判十年监禁。作者明显受到民主革命思潮和俄国无政府主义影响，旨在反对文人空谈，呼唤革命志士出现。有光绪三十二年(1906)新世界小说社刊本。

女子权 章回小说。题"思绮斋著"。十二回。叙汉口乡绅袁渭贤女贞娘立志伸张女权，中学毕业，因成绩超等，保送北京高等学堂。贞娘与同学集资创办《国民报》，鼓吹女权。朝廷加之以煽动罪，欲捕贞娘。贞娘往欧美游历，回国成立"女工传习所"，使女子从业，女权渐伸；又得皇后之助，使皇帝颁诏，允许女子参政。贞娘自己也争取到了美满婚姻。作品鼓吹女权，具有民主主义思想。有光绪三十三年(1907)上海作新社刊本。

热血痕 章回小说。近代李亮丞著。四卷四十回。叙周敬王二十六年，吴王夫差大败越军，越王勾践以身入质，越国六百余被俘将士，均沦为奴隶。军士陈霄，发在吴将原楚家为奴，受尽折磨而死。其子陈音为报父仇，趁原楚出猎，将其刺死，逃亡楚国。九年后，学得弩弓绝技。曾被陈音救助的卫茜也得仙人广成子传授，学成剑术下山。越王勾践在范蠡、文种等辅助下，经十年生聚，十年教养，国力大增，乃出兵伐吴，陈音、卫茜均投在越王麾下效力。时吴王夫差贪恋酒色，杀忠良，近奸佞，民心离散，被越王一举消灭。陈音于战争中阵亡，卫茜则功成身退。小说以春秋吴越事为背景，叙说一些爱国志士卧薪尝胆、雪耻复国的故事，借古鉴今，旨在弘扬民族自强精神。有光绪三十三年(1907)上海作新社初版本。1987年吉林文史出版社收入《晚清民国小说研究丛书》出版。

海上魂 章回小说。近代陈墨涛著。四卷十六回。约作于光绪三十三年(1907)。作品叙述南宋文天祥抗元事迹。南宋末年，元大军压境，文天祥奉诏出使元营，因拒降而被囚禁。后设计逃出，历尽艰险，坚持抗元。不幸在海丰城五坡岭陷入元军重围，力尽被执。他赋诗"人生自古谁无死，留取丹心照汗青"以明志。在狱三年，坚持民族大节，最后慷慨就义。作者借古喻今，提出"皇帝虽死，中国不死"之论，以唤醒同胞进行反帝反清斗争。原书为抄本，卷首有《绪言》一篇。1985年湖南人民出版社据以排印出版，有《前言》及校注者《导论》。

孤儿记 章回小说。近代平云著。十四章。叙苍木山黯淡村孤儿阿番，父母去世后，叔父代管家业，命其不停劳作。一日见其采薪甚少，将其责打赶出。遂穴居野处。后遇一补鞋老人，从之学艺，成为靴工。乃辞别老人，独出谋生。因病后体弱不能打工，替人牧羊。却失羊被逐，沦为乞丐。夜宿破屋遇群盗聚会，被胁迫入伙，从此不愁衣食。后被警方抓获，判刑入狱。受狱吏虐待，被迫将其杀死。经审讯，被判死刑。阿番为生活所迫而犯罪，具有广泛代表性，作者颇表同情。书中深刻反映了晚清社会的某些方面，如狱吏凶残，农村凋敝，人情冷漠等。有光绪三十二年(1906)上海小说林社印行本。前有《绪言》、《凡例》、《缘起》，后有《识语》、《附录》。后经阿英收入《晚清文学丛钞·小说四卷》，1961年由中华书局印行。

禽海石 章回小说。近代符霖著。十回。叙秦如华十一岁入比邻的胡公馆附读，与女学生顾纫芬相契。顾家迁居武昌，两人遂不再见面。后双方父亲均携子女进京供职，又得相见。两人常幽期密会，重叙旧情。双方家长同意他们订婚，但要到十七岁方可成亲。后庚子事变起，如华父携家南归，顾家留京，两人遂又分离。顾家遭祸，纫芬偕母辗转至上海。奸人欲将纫芬卖入妓院，纫芬不从。如华得讯寻到纫芬，她已绝食多日，一见之下，啼泣而亡。如华也一病恹恹，不久人世。此书属于从古代才子佳人小说向近代鸳鸯蝴蝶派小说过渡的作品。大胆提出

"男婚女嫁的事,在男女两方都有自主之权"的主张,在当时较罕见。有光绪三十二年(1906)群学社初版铅印本,民国元年(1912)中新书局再版。

邹谈一噱 章回小说。近代黄有容著,题"乌程蛰园氏"编辑。二十四回。虚构春秋时期齐宣王继位后,大施新政,励精图治,为定国兴邦,博采众长,起用勾践、淳于髡等有识之士,设立学堂,兴办邮政,厘定税则,改革官制,修路开矿,振农重工。不到十年,政通人和,宣布成为立宪之国,实现了齐宣王的"齐民安,天下之民举安"的宏图大志和新政壮举。本书为政治性寓言体小说,打破古今中外的时空界限,用荒诞手法组织情节,旨在借古喻今,表现光绪年间维新改良运动中的朝政变革和社会现象。有光绪三十二年(1906)上海启文社刊本。

九尾龟 章回小说。近代张春帆著。十二集一百九十二回。叙常熟书生章秋谷因不满于包办婚姻,混迹于上海妓女中,熟知妓女设圈套骗人钱财之隐秘。无锡乡绅康己生,以关节得中秀才,后步步高升,竟官至江西巡抚。他本人吃喝嫖赌,家中妻妾、儿媳、堂妹均偷人养汉,丑名远扬,人称九尾龟。八国联军进京,名妓赛金花,早年曾结识联军统帅华德生,众多中国官吏竞走赛金花门路,所送礼品,几乎满屋。中国派出之议和大吏洪理章,竟也走赛金花之门,半夜赠珠,乞赛于华德生前斡旋,使和议得成。小说以章秋谷的行踪串联情节,对晚清上海青楼生活的黑暗与丑恶有所暴露,对官场的腐败亦有所涉及,但书中显现的道德准则与价值取向时有矛盾,难免有"嫖界的指南,花丛的历史"之嫌。文笔秀丽,苏白的运用颇为出色,故鲁迅称之为晚清狭邪小说的殿军之作。本书由上海点石斋自光绪三十二年(1906)至宣统二年(1910)出齐十二集,为石印本。另有民国六年(1917)上海交通书局石印本、民国十七年上海大众书局石印本。近有1989年荆楚书社排印本、1994年上海古籍出版社《十大古典社会人情小说》本。

宦海 章回小说。近代张春帆著。四卷二十回。小说集中暴露晚清广东官场诸般丑恶,以"形容怪状,唤醒痴迷"。叙广东臬台金翼,立志禁赌,上任后经访察,出其不意率亲兵入一大赌场擒获大赌棍王慕维。不料审讯时王犯已由举人卢从谨代之,巡抚李中丞又加庇护。金明知系下属所为,苦无佐证,又无法严治卢罪。时金已升藩台,正欲上报,总督、巡抚串通一气,谕金网开一面。金不从,为上司诬陷加害,吐血而亡。王慕维依旧横行,赌风愈炽。本书既揭示清官难做,又抨击贪官横行,深刻暴露了晚清官场的腐败。笔法与《官场现形记》相仿,将所叙人物的许多故事串联而成。初载于宣统元年八月至十二月(1909.9.—1910.1)《十日小说》杂志第一至十一册,未完。同年冬上海环球社出版铅印足本。另有中华书局《晚清文学丛钞·小说三卷》本,1960年出版。

艮岳烽 章回小说。近代蛰园著。十六回。全用文言写成。叙宋徽宗赵佶亡国事。徽宗宠任蔡京、童贯、梁师成、朱勔、杨戬、高俅等人,在汴京修筑艮岳,四处搜罗异花奇石,骚扰百姓,激成民变。方腊在青溪帮源洞起事,攻城掠地,改元称帝。宋江等人横行于京西、河北。元帅张叔夜招降宋江等,又率之讨平方腊。徽宗以为天下太平,与幸臣易服作狭邪游,遇李师师,召进宫中,封为明妃。又崇信道教,自册为教主道君皇帝。君臣只知享乐,不想金兵灭辽,乘势南侵。汴京告急,徽宗让位与子,是为钦宗。金兵势盛,将徽钦二宗及后妃俘虏而去。钦宗弟康王赵构,泥马渡江,建都临安,是为南宋高宗,仅保南方半壁江山。虽岳飞抗金屡胜,但终为秦桧陷害而死。海陵王完颜亮杀金熙宗自立为金主,击败西夏,命宋钦宗与辽主骑马习击鞠,被金人射死。此书以《宣和遗事》、《南渡录》等书敷演史实而成,人物形象、故事情节、叙述语言都较简单粗糙,阿英评为"对史实既无发明,写作得亦平凡"(《晚清小说史》)。但作者自序谓"吾观于靖康北狩之祸,而叹人君之不可轻信戎狄也",当有借古讽今之意。有光绪三十二年(1906)上海新世界小说社初版铅印本。

后官场现形记 章回小说。近代许伏民著,署"白眼"。八回。小说继《官场现形记》后再次揭露官场之黑暗。有考试作弊,买通考官而得中者;有耗尽金银,买得荣华富贵,平步青云者;有用冒名顶替的"鬼接头"、"飞过海"诀窍当上七品知县者,等等。原载光绪三十三年(1907)《月月小说》九号和次年十五号至二十一号,标"社会小说",八回,未完。光绪三十四年由小说保存会出版单行本,二册,八回,署冷泉亭长。1991年收入《中国近代小说大系》,由百花洲文艺出版社出版。

老残游记 章回小说。近代刘鹗著,署"洪都百炼生"。二十回,另二集九回,又外编残稿十余页。为"晚清四大谴责小说"之一。叙江湖郎中老残游历山东见闻。老残因医道高明又精于治河,被推荐给酷吏山东巡抚庄宫保。他去曹州查访,发现知府玉贤名为清官实为酷吏,一年内用站笼处死二千多无辜平民,却得宫保庇护。老残途经齐河县,遇故人黄人瑞,得知因庄宫保废弃济阳以下民堤,致使十余万户百姓漂没殆尽,良家女子翠环从而流落为妓。人瑞又告知酷吏刚弼审理十三条人命疑案,将魏家父女屈打成招。老残决心救助,终使冤情大白。二集写老残偕侍妾及友人南下泰山,遇女尼逸云,侍妾随之出家。后老残回淮安探望姊丈,梦中游历阴府,见在阳世作恶者得种种报应。本书是晚清较好的谴责小说之一,刘鹗自云:"赃官可恨,人人知之,清官尤可恨,人多不知。"其揭"清官"之作恶,具有卓识。小说艺术成就亦较高,写人、写景、写事细致深刻,语言清新畅达,诚如鲁迅所说:"叙景状物,时有可观。"(《中国小说史略》)然作者出于改良主义立场,对义和团和革命党多有诋毁。初于光绪二十九年(1903)刊于《绣像小说》第九期至第十八期,因编者妄删原作而中辍,仅刊至第十三回(实为原稿第十四回)。后又于《天津日日新闻》上连载二十回。二集九回也连载于《天津日日新闻》,刊于光绪三十三年七月至十月。后有民国六年(1917)上海神州日报馆排印本、民国十四年上海亚东图书馆排印本等。近有1981年山东齐鲁书社排印本,除收初、二集外,又收外编,为最全之本。1957年人民文学出版社校注本,则无外编,1979年重印,1982年增订再版。另又有1991年上海古籍出版社《十大古典白话长篇小说》本,亦收外编。

中国新女豪 章回小说。近代思绮斋藕隐著。十六回。叙北京彰义门外大校场,召开京、津高等学堂运动会。男生冠军为保定高等武备学堂头班学生任自立,女生冠军为曲阜辅圣女学堂学生黄英娘。任、黄互相钦慕,文尚书亦有意充当月下老人,二人结为异姓兄妹。离京前,任自立勉励英娘做一番大事业,并赠玉环一枚。英娘官派留学日本早稻田高等女学堂,任自立由学部保送德国陆军大学。留日女学生组织"恢复女权会",推举华贝兴、辛纪元为正、副会长,聘请英娘为顾问员。驻日公使李伯琢认众女非法,欲治罪捕人,李妻张氏,暗中通风报信,辛纪元与英娘愿杀身成仁,力劝华贝兴回国,以图后举。李伯琢以英娘为钦派留学生,未便定罪,乃以辛顶罪。华闻讯大愤,赴东京暗杀李伯琢,与之同归于尽。英娘主张恢复女权,应从兴女学、自治入手,得文尚书之助,恢复女权会改称"妇女自治会",英娘为会长。皇后力赞英娘为海内第一豪杰,波斯使臣亦盛赞英娘,经议员多数通过,开放女权,允许妇女结婚自由。黄英娘与任自立有情人终成眷属,奉旨自由结婚。作品提倡女权,鼓吹自由结婚,在当时有积极意义。有光绪三十三年(1907)上海集成图书公司印行本。

黄金世界 章回小说。近代碧荷馆主人著。二十回。叙美国人勃来格与澳门赌徒苐仁,诱骗华工去古巴,华工备受欺凌虐杀。上海等地爆发反美华工禁约、抵制美货的运动,侨居美国的巨商夏建威也变卖产业,毅然归国,力图振兴民族工业。但拒约运动受到内外阻遏,困难重重,终于失败。夏建威后到螺岛办实业,发现在这座明代遗民开垦的海外岛屿上,政治道德完善,比号称文明之国强胜十倍,乃发愿在此做一番事业。全书有一定的思想性,但充满议论,空想成分多,人物面目较模糊。有光绪三十三年(1907)小说林社刊行本,后收入阿英编《反美华工禁约文学集》,1960年中华书局出版。

傀儡记 章回小说。近代苏同著。四卷十六回。为七个短篇小说连缀而成。叙贩布商陆增荣捐官丢官、贪官德兴舞弊斩良臣赵理轩、冯遹声仗义助知县吴颂光、裙带官陆建屏品行不端被参、贪太监李国祥逢人敲诈、淮军湘军剿太平天国争功等故事。皆有关清代官场的腐败与黑暗,属谴责小说。但时写乾隆朝事,时又写咸丰朝事,结构较凌乱。有光绪三十三年(1907)上海开明书店初版铅印本。

冷眼观 章回小说。近代王濬卿著。六卷三十回。书以第一人称历叙主人公王小雅萍踪浪迹于大江南北十余年的见闻,展现了一幅晚清社会的众生相,侧重暴露官场黑暗。宝应知县贪赃枉法,江宁藩台瑞某卖官鬻爵,江苏制台周福纵子官商勾结,酿成民变。更有甚者,权势熏天的合肥巨室(影射李鸿章)肆虐乡里,公子奸占民妇犯命案,知县为民伸冤,立时被革职,巡抚受牵连被降调。一些史实也言之凿凿,如戊戌维新变法的内幕,唐才常死难经过,庚子事变中京津两地情状。另外对上海翻戏党、青红理三帮会内幕的描写,也具有史料价值。但作者吹捧西太后,诋毁维新派和革命党,格调低下。有光绪三十三年(1907)至三十四年小说林社初版本、1961年中华书局《晚清文学丛钞·小说四卷》本、1984年台北广雅出版有限公司《晚清小说大系》本。

新水浒 章回小说。❶题“西泠冬青演义，谢亭亭长平论”。二十八回。叙宋江受降后，众位头领陆续下山，各自谋生，有的倡女学办学堂，有的出洋留学，有的创办渔业公司，有的办警察练警兵，还有卖戒烟药等等。作品借《水浒》人物来描绘晚清的社会百态，反映当时变法维新时期社会政治的动荡和变革。对君主立宪的“新政”略含嘲讽之意，具有一定的社会意义。但把清末的事实硬拉到宋江等人身上，给人以滑稽之感，在文学创作方法上并不可取。有光绪三十三年(1907)鸿文恒记书局排印本。❷近代陆士谔著。五卷二十四回。叙卢俊义恶梦醒来，宋江、吴用派鲁智深、林冲等到东京探听消息，听到议论新法。但国家仍衰弱，百姓仍穷困，不过为官吏多开了几条赚钱的门径。新世界盛行“文明面目，强盗心肠”。吴用乃倡言变法，搞选举，开银行，设学堂，造铁路，办报纸。但处处遇到行贿、讹诈等情事。有宣统元年(1909)改良小说社刊本，宣统二年(1910)再版。

七剑十三侠 一名《七子十三生》。章回小说。近代唐芸洲著。三集一百八十回。叙明正德年间扬州府义士徐鸣皋拜欧阳子为师，学得一身武艺，能飞檐走壁。一日在岳阳楼与友饮酒，闻小霸王李文孝恃强欺弱，将其痛打一顿，以示惩罚。后到苏州，在玄妙观看打擂台，擂主是宁王府心腹严虎。徐见其手段毒辣，又上台将他打倒。至镇江，见宁王心腹、金山寺非非僧李龙等胡作非为，打抱不平，被众僧以计擒住，押往苏州，为结义弟兄救出。诸人为除非非僧，请出师尊傀儡生。并邀得漱石生等至江南，共破金山寺，斩非非僧。后徐鸣皋等人身陷宁王府，为傀儡生用剑术救出。明武宗召见徐鸣皋等人授与官职，随王守仁平定宁王宸濠之乱，捕宸濠凌迟处死。小说写明正德间平宁王乱，不重史实，主要描写几位剑仙以及徐鸣皋等英雄与宁王手下恶将、妖道的争斗，这些剑仙能升空飞行，吐剑杀人，知晓未来，起死回生，然形象浮泛苍白，失之荒诞。有光绪三十四年(1908)上海书局石印本，有图十二幅。近有1994年上海古籍出版社《十大古典公案侠义小说》本。

续济公传 章回小说。署“坑余生初稿”。二百三十五回。叙济公以正人心、化风俗、扬忠义为本，游戏人间，与徒弟雷鸣、陈亮、杨魁等人，善者济之，恶者除之，并辅助南宋王朝，严惩卖国奸臣及图谋篡位之皇亲国戚，平定盘踞江淮间之草寇“大狄国”，使王朝基业稳定，人民安居。续集故事内容较前后传有较大扩展，语言明快生动，笔法流畅，但亦有糟粕及秽笔。约成书于清光绪年间，最早版本为光绪三十四年(1908)上海普新书局石印本，另有民国年间大达图书供应社本。近有1988年浙江古籍出版社排印本。

地下旅行 白话小说。题“女奴戏著”。不分回目。作者用第一人称写自己染病昏迷不醒，魂魄恍恍忽忽来到阴间轮回城，去阎王十殿旅游。经大脚鬼介绍给黑无常，由黑无常带引到第一殿“魂魄制造所”，发现做官的魂魄是“采取世上恶浊，再到血污池中提炼十次始成”。再到第二殿，见血污池装满新鬼之血，专供阎王饮用。三殿枉死城因一帮外方蛮子扰乱，没有去成，径去见阎王审案。又至五殿，先后参观孽镜台、望乡台、油煎地狱、造心所和换心所，见造心用秽草污水，换心所换上的有贪心、黑心、歪心、色心、狠心等，却不见良心。第六殿，有恶狗村、奈河桥、拔毛与车裂二地狱。第七殿专审盗贼，其中乱投药石的庸医詹宋名，因杀人有功，封阳世传教士之职。第八殿里见到秋瑾向阎王告状，阎王说：“我们这里只仗财势，有财有势可以诬人，无财无势诬不得伸。”到第九殿参观五官制造所，发现舌是柳叶所编，眼中有磁石，右耳有炭，左耳有乳。最后到第十殿投生所，知需先交钱才得投生。最后，黑白无常和作者乘船来到阴阳河喝酒，因船底漏水与船家发生斗殴，漏船下沉，把作者惊醒。作者借地狱的见闻来反映清末社会的现实，运用漫画笔调，嬉笑怒骂，斥责各级官僚“对着外人(洋人)装媚脸，对着百姓装狠脸，戴假面做人，留真面目做鬼”，抨击整个社会“鬼蜮横行，有天无日”。有光绪三十四年(1908)上海合众小说社铅印本。

鸳鸯碑 章回小说。近代小白著。十章。全用文言写成。叙清末湖南常德府治百里外绿阴村女子桃绯霞，贞静美丽，吴中书生柳云、梅雪至其地一见倾心，形成三角恋爱。后梅雪因母病回去，柳云与绯霞结成夫妇。六年后，柳云病亡。绯霞不胜哀痛，数月后产下一子，不久亦病逝。梅雪将柳、桃合葬鸳鸯山，坟前立鸳鸯碑。为鸳鸯蝴蝶派早期作品，有光绪三十四年(1908)上海小说林社初版铅印平装本。

笏山记 章回小说。近代蔡召华著。三卷六十九回。叙明代中叶颜氏在云南蒙化西面笏山地区扫灭世家土豪，建立统一王国的故事。主人公颜少青原是山西穷书生，受诬入狱。蒲州知府玉廷藻为之释冤，并将女儿许配与他，带他回到笏山。笏山五百余乡，数十万人家，为可、绍、韩三庄所控制。玉廷藻回乡后，继承父职任乡长，后由颜少青接任。少青受到当地十余名文武奇才的女子爱慕，在她们的辅助下，经过二十余年斗争，扫灭三庄，收伏各乡，称王改制，实行新法。小说以写军旅征战为主，其中写才女雅事和某些生活场景较为生动。有光绪三十四年(1908)上海广智书局排印本。

大马扁　章回小说。近代黄小配著。十六回。叙康有为考秀才多次不中，后以荫生入京应试，拜访缪寄萍，借得《新学伪经辨》一书，带回广东。不久缪病死，他将此书改成《新学伪经考》出版，冒充己作，又设馆授徒，妄自尊大。中举后以变法图强争取同人，公车上书。后以习研"公羊学"考取进士，骗取宰相翁同龢和光绪帝信任，挑拨皇帝与太后关系，并欲借袁世凯兵力围困颐和园捉拿太后，被袁世凯告发，只好闻风先逃。其弟康广仁及谭嗣同等六人被抓获斩首。他逃往日本，谎称有衣带密诏，因调戏妇女，被日本政府驱逐出境。作者站在资产阶级革命派立场上作叙述，以捏造事实作人身攻击，未能从政治上批判保皇党，对戊戌变法的评价也不够公允，文学性差，意义不大。有明治四十二年(清光绪三十四年，1908)日本三光堂刊本，前有吾庐主人梭功氏序。阿英据宣统元年(1909)刊本收入《晚清文学丛钞·小说三卷》，1960年由中华书局出版。

新纪元　章回小说。近代碧荷馆主人著。二十回。作者悬想公元1999年时中国为立宪政体，人口大增，国家富强，科学发达。西方国家畏惧"黄祸"，召开会议，以图抑制中国。于是山西豪杰黄之盛率军远征，用各种新奇武器，把白人军队打得溃不成军，西方国家只得请求议和。此为清末在外国科学技术和幻想小说的影响下产生的少数长篇幻想小说之一，直接描绘了作者心目中的理想社会，反映了渴望祖国繁荣富强的爱国热忱。有光绪三十四年(1908)上海小说林社铅印初版本。

新三国　章回小说。近代陆士谔著。五卷三十回。叙三国时，东吴濒临大江，开通最早。孙权变法，请周瑜出山，变官制，除积弊，筑铁路，办电报，出洋考察等。魏曹丕篡汉后，管宁等组织革命党。曹丕遣使赴东吴考察，拟行新政。蜀汉也效法吴、魏实行新法，立上、下议院等。后诸葛亮率军俘获曹丕，将曹明正典刑，而东吴则沦为保护国，于是汉归一统，新政毕行，人民乐业，学术昌明。诸葛亮乃告老归隐。作者通过蜀、吴、魏三国维新变法和相互攻伐的故事，曲折地反映了晚清戊戌变法和革命党的活动，但比拟不伦不类，文学价值不高。有宣统元年(1909)改良小说社刊本。

新野叟曝言　章回小说。近代陆士谔著。二卷二十回。叙主人公文礽为解决中国人多物少、求过于供的困难，成立拯庶会，寻求富民强国之道。他构想出三个步骤：第一是发展生产，第二是发展科学，第三是移民外星。他办农业试验场，又去征服欧洲。发明飞舰，将人移送金星、木星等星球。小说表现了作者丰富和大胆的科学幻想。关于未来社会的构想，如建办公宅，宅内不分男女人人都有职业，吃饭有公饭所，洗衣有洗衣房，孩童有蒙养所等，显然受西方空想社会主义的影响。人物刻画则不很成功。有宣统元年(1909)改良小说社刊本、民国十七年(1928)上海亚东书局铅印本。

血泪黄花　一名《鄂州血》。章回小说。近代陆士谔著。十二回。叙武备学堂毕业生黄一鸣与女子师范学校毕业生徐振华相爱，两人都是受到革命思潮影响的青年。当一鸣获悉革命党人起义的计划后，即前去参加，积极准备起义。在攻打火药局的战斗中立功。武昌光复，清总督端澂剃掉胡子，钻狗洞逃跑。一鸣奉命随起义军过江，兵未血刃，光复汉阳。随后又光复汉口。清廷派陆军大臣荫昌带兵南下镇压。徐振华女扮男装，随一鸣北伐。二人在革命战火中结为夫妇。本书是辛亥革命发生后，最早迅速反映这一历史事件的小说，它展现了革命者的情怀和风貌，塑造了崭新的文学形象。但因作者未直接参加武昌起义，故小说缺乏历史的真实性与丰富性，艺术上也较粗糙。有1911年上海小说林社初版铅印本。同年有湖南演说科初版本，次年再版，卷端题《时事小说血泪黄花》。1988年漓江出版社出版《血泪黄花》与《五日风声》的合订本。

清史演义　章回小说。近代陆士谔著。一百四十回。叙从爱新觉罗先祖创业至宣统皇帝被推翻、中华民国成立三百余年事。所记大致与史实相符，鸦片战争以后发生的重大历史事件，如林则徐禁烟、英法联军火烧圆明园、太平天国起义、中法之战、中日甲午之战、戊戌变法、庚子事变、辛亥革命，记述尤详。作者叙称：

"于秘闻国政虽未尝弃置，而于名将之战绩，世潮之变迁，尤三致意焉。"有民国二年(1913)至民国四年上海大声图书局初版铅印本、民国十二年上海中央图书公司石印本、民国十八年上海民众书局石印本。

新孽海花 章回小说。近代陆士谔著。十二回。叙江苏昆山姑娘苏慧儿，幼丧父母，寄养伯父家。偶遇留日学生朱其昌，两人顿生爱慕之情。慧儿遇盗劫，其昌与友孔生奋力将其救出。后其昌为盗匪绑架，孔生知后，设法救出其昌，并将慧儿送往上海读书。其昌参加留日学生会考，得中进士，授翰林院编修，并与慧儿结缡。此书与《孽海花》无关，只是借名以招引读者。有宣统元年(1909)上海改良小说社初版铅印平装本，民国二年(1913)印行至三版。

新中国 又名《立宪四十年后之中国》。章回小说。近代陆士谔著。十二回。叙清宣统二年元旦，书中主人公喝酒后酣睡，女友忽来呼之出游，见世已大变，已是清宣统四十三年。原来清宣统三年改为君主立宪政体，四十年后，中国已成为世界头号强国，有正规军六百万，全国无一穷人，教育普及，成为世界留学生中心，科学技术发达，有医心药、除恶药等，没有恶人，已是太平盛世。后因急于出门看庆祝宪政四十年的盛大庆典，被门槛绊了一跤，醒来方知是"一场春梦"。此书以梦境叙述故事，内容与形式都受到梁启超《新中国未来记》的影响，和吴沃尧小说《新石头记》后半部也有不少相似之处，旨在宣扬立宪。有宣统元年(1909)改良小说社铅印初版本、宣统二年再版本。

风流道台 章回小说。近代陆士谔著。十回。叙湖北候补道台奎联，贪淫好色，纳寡婶为妾，与外甥女私通，又垂涎小姨翠姑，遭翠姑斥责后，竟逼走岳父全家。后经制台发觉，将风流道台奎联革职。本书以辛辣笔调，讽刺清末官吏之腐败。有宣统元年(1909)上海改良小说社铅印本。

新上海 章回小说。近代陆士谔著。六十回。叙青浦乡绅李梅伯游上海的所见所闻。写法类吴趼人《二十年目睹之怪现状》，以形形式式的"怪现象"联缀而成。内容丰富，上自官场、洋场、商场，下至乞丐、流氓、地痞、妓女，无不涉及，尤以坑蒙拐骗奇闻为多，反映了旧上海污浊的社会风气。首有宣统元年(1909)李云琴序，谓"此编于上海之社会，上海之风俗，上海之新事业，上海之新人物，以及大人先生之种种举动"，"竭力描写，淋漓尽致"。有宣统二年(1910)改良小说社铅印本。

负曝闲谈 章回小说。近代欧阳钜元著。三十回。叙苏州角直小财主陆老官卖麦子作假，还诬告他人行凶。其子陆鹏虽非秀才却回乡到处胡吹。哨官沈金标、柳国斌贪生怕死，丑态百出。万载知县黄乐材吞没他人家产被控撤职。上海黄子文、陈铁血、李平等、沈自由等"维新志士"满嘴革命理论、泰西哲学，却终日狂嫖滥赌，挥霍无度。桐大人父子是一对无赖，专靠耍赖讹人，投靠已故中堂的大少爷春和。礼部尚书华林卖缺被参，贿赂陆军机并暗送李莲英三千两银便使参折"留中不发"。全书所写，"包含了两个方面，一是小官僚的现形，二是维新人物的丑史"(阿英《晚清小说史》)。以描摹光怪陆离的社会相见长，笔墨洒脱灵活，饶有情韵，但结构散涣，文字、情节时有因袭模仿前人痕迹。始刊于1903年《绣像小说》，1933年重载于上海时事新报副刊《青光》。次年上海四社出版部印行单行本。近有1986年上海古籍出版社排印本。近人徐一士作《负曝闲谈评考》，有排印本。

新儿女英雄 章回小说。近代叶楚伧著。二卷十二回。叙绍兴实业家甄楚玉在汉阳经商，对青年学生冒璋之演说才能和爱国热情极为赏识，遂以女洛神相许，写信招妻子携女速来汉阳商量此事。母女路经上海时，洛神表姐崔玉衡劝其留沪读书，其母乃单身赴汉阳。不久，冒璋与女学生罗蝶云相爱，同往上海，偶遇洛神，惊其美艳，乃致信求与洛神会面。洛神已窥破冒、罗之事，感伤不已，无意中失落信封，为一同学拾得，向校长告发。洛神感到难以自容，携丫头避往杭州。值清廷官吏密谋铲平秋瑾烈士坟墓，秋瑾生前战友及群众前来护墓。洛神化名真娘，护送秋瑾柩，迁葬绍兴。官府爪牙准备途中劫持，幸遇侠士杜薛支仗义相助，葬秋瑾于甄家祖坟卧龙山。洛神乃结庐墓旁，终身不嫁。小说旨在颂美秋瑾，赞扬她"一生志气，何等雄伟"，但却推出在人生道路上遭受挫折的洛神为主角，以她牺牲个人幸福为秋瑾守墓，"得于人间世占一沙粒之位置"，来映衬秋瑾之伟大崇高。小说结构工巧，善于刻画人物心理，是晚清革命派小说中艺术性较高者。有宣统元年(1909)上海改良小说社初版铅印本。

如此京华 章回小说。二卷三十二回。近代叶楚伧著。叙袁世凯窃得辛亥革命成果后，网罗前清遗老遗少组成所谓民国政府。为图谋称帝，又唆使爪牙上表劝进。终于悍然废除民国，恢复帝制。如前清帝师李纯伯，旗人贵公子长鹤山，清末秀才郑甘棠之流俱得袁信任，扶摇直上。小说成书于袁氏筹备帝制之时，文笔辛辣，妙语连珠，极尽冷嘲热讽之能事。初载于民国四年(1915)至五年《小说大观》杂志。民国十年上海文明书局出版铅印本。

古戍寒笳记 章回小说。近代叶楚伧著。六十四回。叙明亡后，遗臣不忘故国，相机组织义军，反清复明，形成西北、东北、江南三支义军。西北义军首领为古凝神。古原为著名大儒，生徒遍天下，明亡不仕，潜身西北，全国义军尊为总指挥。正值三支义军准备大举时，蒙古人南侵，清廷派吉尔杭统兵防御。清兵行至沧州，东北义军之沈五儿设计毒死吉尔杭，夺其兵权。古凝神率西北义军破潼关，下长安，东北义军南下围锦州，江南义军夺取松江，沈五儿带领倒戈清军，直逼北京，清廷震动。小说故事曲折生动，文笔清新，但未终稿。有民国六年(1917)上海小说丛报社铅印本。

新西游记 章回小说。❶题"冷血撰"，疑即近代陈冷。五回。叙唐僧师徒四人成正果后一千三百年，出来考察新教，结果到上海后，看到许多新事物，闹出许多笑话。如想进饭馆却进了报馆，将报纸当菜单。又把电灯当星星、月亮，还上烟馆吸上鸦片烟，等等。有宣统元年(1909)小说林社铅印本。❷近代李小白著。六卷三十回。叙玉皇大帝行改革，派唐僧、孙悟空、猪八戒等下界考察学习，发现下界黑暗腐败，更甚于天界。官吏贪赃枉法，警察通贼嫖娼，女学生迹近娼妓，男学生学习英文为当洋奴。有人评论此书实为"社会小说"，是"女学生现形记"、"学生现形记"、"官场现形记"、"教习现形记"、"选举现形记"、"警察现形记"、"嫖客现形记"、"青楼现形记"。全书滑稽幽默，别开生面。有宣统元年(1909)改良小说社铅印本。

宦海升沉录 又名《袁世凯》。章回小说。近代黄世仲著。二十二回。小说以袁世凯宦海升沉轨迹为主线，叙述了晚清诸多重大政治事件，揭露了当时官场的腐败。袁世凯出身于中兴功臣世家，承父荫投北洋大臣李鸿章，被荐为驻朝鲜商务委员。中日甲午战争后李鸿章下野，荣禄掌权，袁奉命在天津训练新军。康无谓(指康有为)、梁希誉(指梁启超)说动光绪帝变法，帝召袁令其效忠。袁密告荣禄，西太后发动政变，康梁东渡，六君子殉难。庚子事变起，八国联军侵占北京，两宫西狩，袁以反义和团有功，升任北洋总督。满洲权贵阴嫉之，终使袁兵权旁落。光绪帝、西太后去世后，又被迫辞官回籍。本书侧重于从政治上暴露清政府腐败无能，揭露京师满汉权贵的劣迹及其内部争斗，"在当时的暴露官场小说里，是很优秀的"，"有其独特存在的价值，成为暴露官场小说另一倾向的代表"(阿英《晚清小说史》)。小说塑造袁世凯阴险狡诈、惯耍权术的奸雄形象，比较成功。有宣统元年(1909)香港实报馆排印本、1958年中华书局《甲午中日战争文学集·第二卷》本、1988年湖南文艺出版社排印本。

情天劫 又名《文明新小说自由结婚》。章回小说。近代东亚寄生著。八回。叙苏州江苏师范游学预备科学生余光中，品学兼优，不满礼教束缚，要求婚姻自由，在报纸上刊登征婚书。吴门天足会书记、苏州女学历史教习史湘纹，才学出众，见到光中的征婚书，不觉触动心事。经苏州女学校长汪畹兰介绍，两人相爱订婚。但湘纹继母强迫她嫁与内侄吴天佑。湘纹写信向光中告别，在万年桥上投河自尽，以死相抗。光中见遗书赶回，在湘纹墓前祭奠，一恸气绝。后二人合葬，许多主张自由结婚的青年男女都来送葬。小说摒弃了一般才子佳人小说的格套，热情讴歌了一对为争取自由婚姻而斗争的知识青年，有鲜明的进步倾向。但情节简单，描写直露，议论过多，艺术感染力不足。有宣统元年(1909)上海蒋春记书庄石印本。

黑籍冤魂 章回小说。近代彭养鸥著。三编二十四回。叙广东香山县一家五代抽鸦片败家事。第一代吴廉，初将鸦片装进旱烟袋、水烟袋吸，后又效中药铺制丸散膏丹，将鸦片制成烟膏。因服用过量，遂致身亡。其子吴念萱苦心研究，发明烟枪、烟斗、烟扦等物，烧制烟泡。其法广为流传，为害不小。朝廷下令禁烟，他心里害怕，吞鸦片烟而死。其子吴恒澍勾结洋人和官府胥吏，贩卖鸦片，成为暴发户。恰逢林则徐到广州查禁鸦片，吴恒澍被正法，财产被没收。子吴瑞庵投靠洋人，乘禁烟松弛之时，再做鸦片买卖，财源茂盛，化钱捐得道台。他到浙江上任后，因吸烟不慎烧毁公文，革职回乡，发背疮而死。长子伯和又把家产消耗在吸烟上，后因接受强盗馈赠，牵连入狱，瘐死狱中。次子仲勋入赘谢子晋家，因不善经营，纱厂倒闭，往山西投奔姐夫未遇，沦为乞丐。因有烟瘾，经烟友介绍在某地作更夫度日。幼子阿荫八岁时因误吞鸦片而死。女儿女婿也都吸烟而死。小说通过一家五代吸食鸦片、贩卖鸦片，最后家破人亡的故事，揭露鸦片毒害身心，甚至毒害整个民族和国家，具有重大的社会意义和历史意义。小说曾被改编为剧本上演，产生很大影响。有宣统元年(1909)改良小说社印行本。另有1960年中华书局出版阿英编《晚清文学丛钞·小说三卷》本、1984年台北广雅出版有限公司《晚清小说大系》本。

新儿女英雄传 章回小说。题“香梦词人撰”。二编八回。为文康《儿女英雄传》续书之一。叙安宣清与金玉贞姻缘事。安父被人陷害，充军新疆。宣清前往探亲，旅途中得一青年侠客保护，方免遭仇人毒手。这位青年侠客即是他幼年聘定的未婚妻金玉贞。原来金父与安父为世交，任参将之职，被牛制台陷害，家破人亡。玉贞随堂兄金龙在逍遥岭占山为王，练成武艺，暗中保护安宣清。后玉贞报父仇杀死牛制台，与安宣清完婚。安宣清父为十三妹六世孙，金龙、金玉贞为十三妹金玉凤娘家后裔。作者也是按十三妹的模式塑造金玉贞的形象。全书纯用北方口语，但艺术上较粗率，又无新见，远逊原著。有宣统元年(1909)上海小说进步社初版铅印本。

林公案 章回小说。近代无名氏著。六十回。叙民族英雄林则徐二十七岁中进士，任福建闽清知县，侦破大案，平反冤狱，与权奸兵部尚书穆彰阿斗争。任御史时，又惩办穆彰阿之弟行凶杀人之罪。后擢为湖广总督，力主禁烟，受命为钦差大臣前往广东查禁鸦片。他行事雷厉风行，命英商交出鸦片，在虎门销毁。当英军入侵时，又英勇抗击，坚决斗争。小说叙事以禁烟抗英为主，以公案为辅，着重歌颂林则徐为国为民勇于任事、不畏强暴抗击侵略者的爱国主义精神。有清末刊本。近有1987年吉林文史出版社《晚清民国小说研究丛书》本、1988年河北人民出版社排印本。

官场笑话 又名《绅界笑话》。白话小说。近代侣云著。二集。叙苟老爷到处闹笑话，参革回籍，到长汀当校长。太守检阅学生体操，苟老爷随学生奔跑，外衣多而不便，太守命其脱去外衣，不料内里竟是女装。当地成立天足会，苟当上会长，大喊“有趣”。太太听到，以为又在与婢女嬉闹，便打他一记耳光。苟到处闹出笑话，当地绅士公议，决定将他逐出。其时苟太太亦已死，苟老爷乃决定上华山出家为僧。有宣统二年(1910)改良小说社印行本。

自由泪 章回小说。近代散红著。不标目，十九段。叙青年女子沈泪香才貌双全，嫁与杭州顾悔庵为妻。一日，泪香在西湖博览会上遇见美术学校教师胡痴仙，两人一见钟情，从此时常幽会。后来悔庵得知此事，将泪香休弃。痴仙受到舆论谴责，离开杭州到汉口印书馆谋职，不久与刘丽媖结婚。泪香寻痴仙至武昌，得到消息，在旅馆悬梁自尽。痴仙因此入狱。有宣统二年(1910)上海维新小说社平装铅印本。书前有《读法》一篇。

新天地 章回小说。近代书带子著。二卷二十章。叙玉皇举行御前会议，因下界钻天党、刮地党闹事，地狱里又有革命党活动，于是派十八罗汉下地狱查勘。风声传出，各洞真人纷纷走门路，欲随行发财。各层地狱中判官也以搜捕革命党为名以图进身，滥捕滥囚。罗汉们先至冥界，后又往龙华寺，遇到新学家讲自由平等，谓和尚不必出家，都可有家室。回天界后，玉皇也议改良。因科举已废，拟裁撤魁星，不料魁星大怒，只议得将墨笔改用铅笔。又要裁汰月老，派员到泰西请自由神代月老。作者通过天界政体改革的幻想故事，曲折地讽刺清政府的假立宪“新政”。有宣统二年(1910)集文书局刊本。

现身说法演义 章回小说。近代吴和友著。二十回。叙国民报主笔贾慕谊采访上海文明女总会，会长黄体乾实为女盗之魁，副会长金菊芳原为上海名妓，热衷于创办妓女学校。贾痛恨上海世情诡诈，投笔从戎，成为督办广西军务的云军门幕僚，意欲有所作为，助云军门督办广西边防，并为其筹划屯田之策。后因云军门被革职，贾又回到上海。庄制军以振兴实业为名，请贾调查商务，贾呕心沥血，访察丝业、茶业等经营状况，痛陈对策，企盼实业救国。但他的调查报告被庄制军束之高阁。贾失望之余，乞假归里，任小学校长，在太湖遇盗，盗首即黄体乾，黄即护送贾至杭州，遇本书作者，于是口述五年中所遭遇之事，后不知所往。小说仿《二十年目睹之怪现状》的叙事模式，揭露了晚清南方广大地区政治、经济、军事、文化诸方面的腐败与混乱状况，还叙写了预备立宪、“贤王”摄政、筹办自治、请开国会等历史事件，有一定文史价值。有清末铅印本，约印行于宣统二年至宣统三年(1910—1911)。

六月霜 章回小说。近代静观子著。二编十二回。书名取“邹衍下狱，六月飞霜”之义，暗合秋瑾六月遇难。系据嬴宗季女所作同名传奇改编而成，写清末革命烈士秋瑾的一生。上卷六回自越兰石(影射吴芝瑛)阅读上海报纸惊悉秋瑾被害噩耗开始，再倒叙她的被捕和牺牲经过情形。下卷六回追溯秋瑾由一名门闺媛发展而为革命女侠的历程。成书于清季，行文不能不有所顾忌，将其思想言行囿于"男女平等，家庭革命"，视其被害纯属冤狱。这不真实的描写，贬低了秋瑾的革命者形象。然作品大量引用秋瑾诗文，并着力描写其侠肝义胆，"写她的性格是相当成功的"(阿英《晚清小说史》)。作品还用漫画化手法，对清廷腐败黑暗，官吏凶残昏聩，都予以严厉抨击与辛辣嘲笑。有宣统三年(1911)改良小说社初版铅印本。近有1958年上海文化出版社排印本、1959年中华书局上海编辑所排印本。

马屁世界　章回小说。署"睡狮著"。十回。叙清末有人于上海开设马屁学堂，专攻马屁学，培养学生学成狐媚性、狠毒性、钻狗洞、抹顺毛等本领。学生毕业后，无不升官发财，荣华富贵，以致马屁之风大盛。作品以辛辣笔调，讽刺清末官场拍马之风。有宣统三年(1911)上海小说进步社铅印本，标"滑稽小说"。

春阿氏　章回小说。近代王冷佛著。十八回。小说系根据清末北京城内一件时事公案敷衍而成。光绪末年初夏，京城旗人文光家突发凶杀案，子文春荣被杀，其妻春阿氏涉嫌被捕入狱。步军统领衙门及部、院更番刑讯逼供，然疑窦尚多，真相莫白。与此同时，天津侦探专员张瑞珊、左翼尉申乌珍各自访探，案情大白。原来春阿氏乳名三蝶儿，与同庚表兄聂玉吉青梅竹马，两小无猜，双方家长也有婚姻之议。后玉吉父母相继暴亡，家境败落，三蝶儿母悍然悔婚，将女嫁与憨傻儿文春荣为妻。聂玉吉知此，乘夜杀死文春荣，欲与三蝶儿潜逃未逞，只得独自脱身。三蝶儿见大祸临头，投水缸自尽，获救后锒铛入狱，审讯中自认凶手，以保护玉吉。最后春阿氏死狱中，聂玉吉殉情香冢之畔。作品控诉封建包办婚姻的罪恶，具有反封建意义。采用公案、侦探小说表现形式及倒叙写法，大量运用京语俗言，人物对话尤见精神。有宣统三年(1911)抄本、民国二年(1913)北京明明印刷所铅印本、民国二十三年启智书局本。近有1987年吉林文史出版社《晚清民国小说研究丛书》本。

碎琴楼　章回小说。近代何诹著。三十四章。叙广东穷书生韩云郎，附读于表亲李文海家塾，李女琼花亦在家塾读书，同时附读者，尚有琼花表兄陈银生、王世昌。琼花钟情于云郎，二人情好甚笃。后世事变迁，李家家道中落，陈家乘机央人说媒，李文海应允。琼花闻之，悲痛欲绝，将平日所抚之琴摔碎，准备殉情。云郎独身前往广州，不幸身染重病。时匪乱迭起，李家彻底败落，陈家毁约，文海气绝身亡。琼花遭劫，投河而死。云郎闻讯回乡，将琼花葬毕，削发为僧。本书宣统三年(1911)至民国元年(1912)初载于《东方杂志》。民国二年上海商务印书馆出单行本，1988年吉林文史出版社将其与《杨花梦》合订出版。

中华民国革命新战史演义　章回小说。近代鹅湖山人著。二集五十回。每集卷首有袁世凯、黎元洪、孙中山、黄克强、程德全、唐绍仪、伍廷芳、温宗尧等肖像。为历史演义小说。叙事自吴三桂引清兵入关起，至中华民国成立止。着重写孙中山倡导革命，建立民国事。对武汉三镇、长沙、南京光复之事记述颇详。其间写"杨小楼云情雨意"、"黎夫人慰问伤员"、"张静儿金屋藏娇"等情节，为其他同类作品所未载。有民国元年(1912)上海两罍轩书局石印本。

玉梨魂　章回小说。近代徐枕亚著。三十章。全用文言写成。叙宣统年间，苏州书生何梦霞父亡家贫，怀才不遇，在无锡乡下蓉湖小学当教员，住远亲崔翁家，兼教其孙鹏郎读书。鹏郎母白梨影为年轻寡妇，与梦霞才貌相当、性情相投，两人逐渐产生爱情。然而恪守"发乎情止乎礼义"的古训，惟在相思中苦闷。为摆脱困境，梨影撮合小姑、女学生崔筠倩与梦霞订婚。然而梦霞与梨影既不能忘情，筠倩亦徒增忧伤，二女先后抑郁而亡。梦霞痛苦中出走日本，后回国参加辛亥武昌起义，壮烈牺牲。小说问世以来，再版达三十余次数十万册，远销东南亚各地，为民国初年最畅销的小说，鸳鸯蝴蝶派小说初期代表作。范烟桥《民国旧派小说史略》认为：此小说和她的姐妹篇《雪鸿泪史》都是作者"一方面写自己的心情，一方面也反映了为婚姻制度和种种人事所阻碍、破坏而产生的爱情悲剧"。初载于民国元年(1912)上海《民权报》，次年民权报出版社出版单行本，此后翻印本甚多，仅上海清华书局至民国十七年已出至第三十二版。

雪鸿泪史　章回小说。近代徐枕亚著，托名何梦霞。十四章。全用文言写成。情节基本上与《玉梨魂》相同，但《玉梨魂》纯为章回体，第三人称叙述，此书虽分章而实为日记体，第一人称叙述。比《玉梨魂》篇幅增十之三四，诗词书札增十之五六。表现形式较新颖，与原作《玉梨魂》均风行国内外，曾再版数十次。初载于民国三年(1914)至四年上海《小说丛报》第一至第十八期。民国四年上海枕霞阁出版单行本，作者自办上海清华书局后亦排版印行，至民国十六年已印行十八版。民国二十年又有广州大通书局印行本，有作者《自序》及《例言》。

神州光复志演义 章回小说。近代王雪庵著。十六卷一百二十回。本书为历史小说。四大段落，一至十九回，叙述满族兴起，努尔哈赤创建后金，与明大战。李自成起义，攻进北京，崇祯帝自缢煤山。吴三桂勾引清兵入关。二十至三十回叙述南明与清之战争，记福、唐、桂三王政权抗清始末。吴三桂杀桂王，灭南明，最后叛清称帝，以致自取灭亡。三十一回至三十八回，叙述鸦片战争与太平天国之事。自三十八回至一百二十回，叙辛亥革命全过程颇详，自孙中山出生成长，组建革命党，领导历次起义，直至武昌起义成功，全国响应，中华民国建立。对史实掌握严谨，堪称叙述辛亥革命之通俗历史。书中充分突出爱国主义与民族主义思想，塑造出一批为国忘家、舍身革命的爱国志士形象。有民国元年(1912)上海民强书局石印本，至民国七年已出至五版。

孽冤镜 章回小说。近代吴双热著。包括楔子共二十五章。全用文言写成。叙清光绪年间，苏州书生王可青由父母作主，娶扬州大盐商高尔松之女高曼云为妻。曼云恃富跋扈，傲视公婆，凌辱丈夫。三年后曼云病逝，王可青牢记前车之鉴，决心今后要自由结婚。终于在常熟找到意中人薛环娘。但王父又为可青与布政使侄女素娘定亲。于是父子大闹一场，可青被锁禁府中，与外界不通音信。后环娘撞墙而死，可青被迫与素娘成婚。谁知素娘较曼云更为骄横，夫妻如仇人，家庭犹地狱。可青走投无路，吊死在环娘墓前。作者意在通过小说暴露包办婚姻的违背人性和封建伦理的不道德，并反证自由婚姻的合情合理。但作者不敢彻底否定封建"孝道"，把"真确的自由结婚"严格限制在"发乎情，止乎礼义"的范围内，表现了作者思想的局限性。此为作者的成名作，也是鸳鸯蝴蝶派早期哀情小说代表作之一。初载民国元年(1912)《民权报》，民国三年民权出版部出版单行本。后曾多次重印。

兰娘哀史 章回小说。近代吴双热著。全用文言写成。叙吴县书生石啸庵，幼丧父母，与弟相依为命。啸庵十七岁中秀才，热心功名，日夜苦读，致成虚弱之症。娶妻兰娘半年，适逢乡试，啸庵一心中举，不顾身体虚弱，赴宁赶考，因旅途劳顿，病倒于旅舍。待其弟得讯赶至，已咯血而亡。兰娘痛不欲生，焚稿碎镜，呕血而死。本书虽为写情，实为批判科举误人。为"鸳鸯蝴蝶派"哀情小说代表作。初载民国元年(1912)《民权画报》，民国四年上海民权出版社出版铅印本。民国十五年又由陈子青改为白话本，分为十回，由上海书局出版。

绿波传 章回小说。近代章士钊著，署孤桐。十六章。全用文言写成。叙定陶侠士燕伯华结交周天龙等，人称"定陶十杰"。周天龙为报夺妻之仇，托伯华抚养其子飞云，杀人远遁。飞云与伯华女绿波年相近，青梅竹马，互生爱恋之情。后伯华遇盗，中箭身亡。友人宫西山爱重飞云，接至家中，以女蕙心许配成婚。绿波闻讯大病，病愈竟无所恨。后绿波闻宫家遭劫，往救飞云蕙心夫妇，身负重伤。蕙心知绿波与飞云幼有婚约，感于恩义，出家为尼，以成全二人。此后三人互相照顾，情义益深。全书所写爱情故事，以相互关心、体谅为旨，不同于一般小说。有民国元年(1912)商务印书馆铅印本，前有作者自序。

新汉演义 又名《民国新汉演义》。章回小说。近代自由生著。四十回。叙孙中山自幼以"洪秀全第二"自勉，十三岁时父母相继去世，往南洋访兄上学。十六岁回故乡组织保安团，后又学医数年，在澳门、广州行医。他革命思想日益坚定，在广州组织兴中会，策划武装起义，失败后逃往伦敦。偶与黎元洪在海船上相遇。孙吸收黎入会。黎发动武昌起义，清廷起用袁世凯统兵镇压。然各省相继光复，孙中山在南京就任临时大总统。小说以辛亥革命为题材，在武昌起义后仅四个月就出书，反应十分迅速。在手法上剪裁恰当，繁简得宜，前后照应，重点突出。唯在人物塑造上，过分夸大了黎元洪的功绩，与历史事实相违。有民国元年(1912)上海书局石印本。

孤雏感遇记 章回小说。近现代包天笑著。十七章。全用文言写成。叙民国初年军人遗孤孙国雄，少时父母相继亡故，被陆军中尉金士荃托给朱节妇护养。孙学习勤勉，一面读书，一面打工。一日朱节妇与女儿曼哥走亲戚，留孙看家，家中财物被窃。朱疑孙所为，以言语相责。孙负气而去。后真相大白，但孙与曼哥都已大病一场。后金士荃升任大尉，送孙到陆军小学就读，并作媒与曼哥订婚。孙发誓他日定做一名勇健军人。小说通过孤儿艰难困苦而又坚韧不拔的经历，提出“教育为立国之本”，青年应从小立志勤学，而社会也应关心他们的成长，主题较有意义。有民国元年(1912)上海商务印书馆初版铅印本，次年再版。

埋石弃石记 章回小说。近现代包天笑著。十二章。全用文言写成。叙某师范学校毕业生沈宝铨至乡村小学任教，工作勤奋，事母以孝，颇得村民敬重。一次江水决堤，宝铨迎着波涛抢救学校物资和被困孤儿寡母，受到村民称赞。他安家农村，终身从事教育事业，后升任乡村小学校长。小说文笔较佳，但故事叙述、形象刻画有不足。有民国元年(1912)上海商务印书馆初版铅印本。

带印奇冤郭公传 全称《新辑绣像带印奇冤郭公传》，又名《带印奇冤传》。章回小说。近代也是道人著。六卷五十二回。叙郭继泰由举人大挑知县，历任灵璧、当涂等四县知县，为官廉明善断狱，百姓誉为“郭青天”。在当涂任上，知府汪昌麟藉端勒索，未满贪欲，遂诬以“莅事多偏，粗鄙近利”劾之。郭带印京控，奏成控案，然安徽巡抚徇私包庇知府，竟将郭囚监。郭之长子上诉父冤竟死狱中，当涂绅民多方上书，备款保赎，不许。辛亥革命爆发，郭始出狱回乡，与夫人偕隐山林。书系实录，纪实性很强，掊击官场黑暗，有“安徽官场现形记”之称。有民国元年(1912)上海书局石印本，近有1986年天津百花文艺出版社排印本。

黄金祟 初名《真泪珠缘》，又名《筝楼记》。文言长篇小说。近代陈蝶仙著。三卷，不分回目。以第一人称叙述。作者自言书中故事“为吾半生之阅历”。其友周之盛《跋》亦谓“凡书中人，皆无一虚构”。主人公“我”，出身富家，七岁时即为邻家美妙筝声所吸引。后因为母治病求药草，随女佣往邻家，得识调筝少女筝儿。后筝儿至其家塾附读，二人耳鬓厮磨，两情依依。筝儿母梅姐贪财，诱使筝儿酒醉，遂失身于富人盛氏，成为其外室。而“我”则奉母命与门当户对之素素结婚。因与筝儿旧情不断，为素素所悉。素素愿与筝儿共嫁一夫，主动撮合，却为筝儿所拒。作者在书中把人间一切不平与不幸均归之于“黄金作祟”。初于民国二年(1913)在《申报》连载。民国三年栩园出版社出版铅印单行本，民国六年再版。

三门街前后传 又名《八剑七侠十五义平蛮前后传》、《守宫砂》。章回小说。八卷一百二十回。作者不详。叙明正德年间李广，行侠仗义，武艺超群，与忠良后代楚云、萧子世、张谷、桑黛等结为兄弟。楚云女扮男装，原为李广幼年聘妻，因离散多年，更名易姓，故两人相见不相识。萧子世善知过去未来之事，知刘瑾联合奸党，勾结皇叔永顺王，图谋在元宵节弑君篡位。李广乃集合弟兄及各山寨人马，前往救驾，活捉永顺王。刘瑾等逃往红毛国。正德帝遂命李广为大元帅，楚云为副帅，率军征伐红毛国。刘瑾等途穷自尽。正德帝钦赐楚云与李广完姻。有民国二年(1913)上海天机书局石印本。

剑腥录 又名《庚辛剑腥录》、《京华碧血录》、《剑胆录》、《剑胆血腥录》。章回小说。近代林纾著。五十三章。全用文言写成。叙邴仲光幼孤家贫，勤学苦读，又学习剑术。游杭州时，遇刘丽琼。丽琼家移居北京，仲光也入京应试，两人又相遇，几经波折，定下婚姻。期间恰逢戊戌政变，目睹六君子惨遭杀害。又经历义和团运动，以及八国联军之乱。小说揭露了统治者对义和团又利用又出卖的阴谋。然着力描写其愚昧落后的一面，对义和团领袖人物张德成、黄莲圣母等多所谑化。有民国二年(1913)北京都门印书局初版铅印本。民国十二年商务印书馆出版修订本。1959年中华书局出版阿英编《庚子事变文学集》，摘载第九至四十三章。

金陵秋 章回小说。近代林纾著，署“冷红生”。三十章。全用文言写成。叙王仲英于辛亥广州起义后，南下辅佐镇江标统林述卿，与胡秋光女士一见倾心。仲英到军队后，正值武昌起义，上海、江苏光复，镇江亦随之起义，林率部攻南京，仲英临阵负伤，被胡秋光办的红十字医院收治，两人遂结良缘。后南北议和，林下野，王、胡计议出洋留学。全书以王、胡恋爱故事为线索，对四川保路运动，武昌、上海、江苏、镇江、南京相继光复及清帝退位、南北议和等历史事件多有反映。朱羲胄《春觉斋著述记》谓此书“乃据同县林述庆都督镇江时日记铺叙而成，于辛亥革命之史关涉不鲜。……时称者咸谓其能以燃犀之笔，描写辛亥革命前后之社会；又于叙述民清两军战争之文，时时寓其激昂慷慨之情；及写才士美人，则风情转入于旖旎，故盛赞其情文并茂云”。有民国三年(1914)商务印书馆铅印本。

劫外昙花 章回小说。近代林纾著。十六章。全用文言写成。小说以清初吴三桂反清为历史背景，写一对恋人悲欢离合的故事。女主人公为吴三桂从孙吴世渭之女吴楚英，男主人公为其表兄曹龙川。吴三桂反清，其悍将马宝之子遣剑客劫持楚英，为曹龙川击退。马宝又调吴世渭至军，使其陷阵而亡。吴楚英偕母、弟隐藏于昙花庵。曹龙川投入清赵良栋军，平叛有功，终与楚英结为伉俪。与鸳鸯蝴蝶派小说相类，叙事状物，得心应手。小说初载民国四年(1915)《中华小说界》第一卷第一期至第二期。民国七年中华书局出版单行本，至民国十二年已出第三版。

广陵潮 章回小说。近代李涵秋著。十集一百回。叙中法战争后至五四运动前，扬州秀才云麟与姨表妹伍淑仪的爱情婚姻纠葛，塑造了中下层社会各派别、各行业的典型人物，有革命志士，也有绅士、妓女、浪子等，再现了晚清社会历史和风情，同时亦揭露了清末政治腐败、民不聊生种种社会现象。文笔较细腻、生动，流传甚广，为鸳鸯蝴蝶派社会小说代表作。最早于汉口《公论新报》连载五十余回，名《过渡镜》，民国三年至八年(1914—1919)改名《广陵潮》，于上海《大共和报》、《神州日报》连载八十回。后补为百回，由上海国学书室印行单行本。曾陆续印行十多次。近有1986年北岳文艺出版社和江苏古籍出版社排印本。

鸳湖潮 章回小说。近代李定夷著。十六回。全用文言写成。叙浔阳书生韩剑庐在南京读书，忽接扬州女友吴彤瑛一封绝命书。急赴扬州，彤瑛已离家出走。彤瑛表姐蕙华告知剑庐：彤瑛寄居婶母家，常赖亲戚伍星桥接济，伍看中彤瑛，婶母也迫其出嫁，故彤瑛写下绝命书出走。韩随即到浔阳寻找，而彤瑛却到南京寻韩，双方未遇。后彤瑛回扬州，从蕙华处得知剑庐音讯，急电浔阳，初无回音。后又得急电，谓韩生急病。彤瑛与蕙华同往，落人圈套被囚禁。蕙华病死，彤瑛几经磨难，得以生还，然已身心交瘁，又不知剑庐生死，终于绝望自杀。韩到扬州运回彤瑛灵柩，亦伏剑自杀。小说采用新的结构手法，从绝命书写起，省略了恋爱过程，在当时是一种新尝试。有民国三年(1914)上海国华书局铅印本。

賈玉怨 章回小说。近代李定夷著。三十回。全用文言写成。叙清末上海男学生刘绮斋与思炎女校学生史霞卿相爱，私订终身。绮斋毕业后，赴云南蒙自，任职关道洋务。霞卿在家为父妾钱氏所憎，说动其父将霞卿许嫁商家之子。霞卿无奈，寄书绮斋后悬梁自经，被救未死。后钱氏以淫乱横死，霞卿父知婚事为钱氏所误，遂同意绮斋求婚并将小女碧箫许配绮斋弟绚斋。不料霞卿与绚斋先后病故。霞卿父欲以碧箫嫁绮斋，双方不愿，削发为僧为尼。此书属鸳鸯蝴蝶派小说，为作者成名之作，其影响略次于徐枕亚《玉梨魂》一书。上海《民权报》始载于民国初年，上海国华书局于民国三年(1914)印行单行本，民国二十五年印至八版。前有海绮楼主人、刘铁冷、沈冬讷三序，包醒独等人题词题诗。又有饕红女史评语。末附作者后序。

弱女飘零记 章回小说。近代胡怀琛著。八章。全用文言写成。叙方小翠为继母遗弃海边，一渔人将她救起，卖入妓院。小翠与另一少女小红逃出，寻机搭船往福州。船遇风暴，二女漂至荒岛，小红竟与父意外相逢，三人遂乘小舟离岛。遇大船搭乘，小红先上。忽巨浪掀起，小舟难近大船，小红遂孤身到达福州，与伯父团聚。小红父与小翠后亦回福州。小翠寄居小红家，与之失和，往温州寻父，途中遇劫，无奈寄书求助义父。小红扣压信件，使小翠绝望中欲服毒自尽。房主忽送来其未婚夫甘秋赠金，小翠遂回福州，与甘秋成亲。小红亦已嫁甘秋族弟。二女各有归宿，遂相好如初。此书情节曲折，受西方探险小说影响，但结构安排不尽合理。有民国三年(1914)上海广益书局初版铅印平装本，首列自序。

孽海双鹣记 章回小说。近代杨南邨著。二十章。全用文言写成。叙清末吴靓云、吴眉影姐妹俩，因家遭火灾，父又受诬入狱，被卖入妓院。十年后，靓云与官宦子弟阮菊夫，眉影与盐署职员赵青田相恋。菊夫又看中眉影，施诡计使靓云、青田产生误会，又诬陷青田与革命党有涉。幸不久武昌起义爆发，青田获释赴上海。眉影摆脱菊夫纠缠，却又被卖入上海妓院。靓云发现菊夫的险恶用心，趁其酒醉用剪刀将他刺杀。青田得知眉影在沪为娼，急往相救，终于喜结良缘。小说反映了清末动荡的社会现实，情节曲折，描写细腻，文笔富于感情，为当时文言小说中较为突出的作品。有民国三年(1914)上海中国图书公司和记印刷所印行本、民国四年上海小说丛报社铅印本。

朝鲜亡国演义 章回小说。广文书局编译所编著。十二章。全用文言写成。叙日本灭亡朝鲜的历史。朝鲜皇帝李熙亲政后适逢大旱，谣言四起，社会动乱。清政府应李熙请求，发兵平乱。日本本欲介入,见良机已失,便大力培植亲日势力。朝鲜内讧,引起中日甲午战争,中国战败,订立《马关条约》。日本又策动朝鲜大院君发动兵变,拘禁皇帝,烧死闵妃,引发日俄战争。日本战胜,重用朝鲜亲日派,订立《朝日合并条约》,朝鲜沦亡。作品以朝鲜为前车之鉴,向执政者发出警告:不要重蹈覆辙,思想内容有积极意义。初版本未见。今存民国四年(1915)上海广文书局第五版石印线装本。

凄风苦雨记 章回小说。近代黄权著。二十二回。叙书生春生、夏发、冬藏三人得喜新资助,往南洋找工作。途中三人被黄某与手下用蒙汗药麻醉。冬藏被拐卖到星洲(今译新加坡)当苦工。有工头梁某知冬藏为书生,提拔为书记,招为女婿,后得以回国。春生、夏发被拐卖至文岛(即今文莱)当苦力,后被工头虐待而死。此书记录中国劳工所受奴役之苦、虐待之惨、剥削之深为他书所罕见。有民国四年(1915)上海进步书局初版铅印平装本。

蓝田女侠 章回小说。近代赵绂章著。十八回。叙清康熙年间,福建乡绅蓝翁倾资修堤,反遭暗算。其女沅华矢志复仇,投师学艺;其子投军平定三藩之乱,随军统一台湾。沅华学成后剪除仇敌,并助其弟建立大功,封官晋爵,荣归故乡,沅华则飘然不知所向。林语堂评语谓其虽"离不了旧小说窠臼,文却高人一筹"。成书于民国初年,民国二十八年(1939)上海广益书局印行,韬汉作序,内有人物绣像。1989年巴蜀书社以之与《花田金玉缘》合订为《林语堂外书》,排印出版。

风飐芙蓉记 章回小说。近代姚锡钧著。二十章。全用文言写成。叙女子秦贞婉与老母侨居杭州留下镇,借读于致仕提督梁尚芝家,与其子珠儿渐生爱情,私订终身,却遭秦母峻拒。秦母病危时告诉贞婉,梁尚芝乃杀父仇人。贞婉立志报仇,投师学艺,拜高叟为师,尽得所授。值梁统师出征,贞婉深夜入营将他刺杀。一日游狮子岭,珠儿、贞婉相遇,贞婉抛却旧情,欲杀之,但射而不中。后经高叟盘问,方知珠儿非梁翁所生,乃高叟之子,于是父子团圆,情人终成眷属。全书虽用文言但笔调清新,情节曲折。有民国五年(1916)上海小说丛报社铅印本,民国二十五年上海中原书局重印。

留东外史 章回小说。近代向恺然著。十集一百六十章。叙湖南湘潭人周撰,幼失怙恃,为叔父收养。早年骗得同学杨某推荐信,成为官费留日学生。回国后,任岳州镇守府副官。由于不务正业,被镇守使免职。周设计再次以官费留日,结识一伙歹徒无赖,坑蒙拐骗,无恶不作。后投靠袁世凯,充当特务。同乡会憎恶其行径,议决并报湖南留日学生监督处,取消其公费,勒令回国。周回国后作恶多端,被程潜以间谍罪枪决。作品意在"与恶党宣战",在同类题材中,实属罕见。为鸳鸯蝴蝶派社会小说代表作之一,与李涵秋之《广陵潮》同负盛名。有民国五年(1916)上海民权出版部初版铅印本,至民国十三年,已印至第四版。近有1988年岳麓书社排印本。

黑劫余生录 一名《芙蓉镜》。章回小说。近代傅开裕作。四集二十回。叙万人杰与妓女梧仙相爱,在梧仙劝助下,终于戒烟成功。梧仙依照政府法令,入济良所改造三年。二人商定,三年期满成婚。济良所所长钱耀锦(钱要紧谐音)与权贵卜成人(不成人谐音)勾结,谎称人杰已死,骗梧仙改嫁卜成人。梧仙坚拒。后人杰留学奥国,梧仙被韦吕氏收为义女。人杰学成回国,终与梧仙团圆。作品用对比手法,写出戒烟与不戒烟两种结果,并明确指出,要杜绝鸦片,"只怕除革命一法,无可挽回",表现出进步思想。有民国六年(1917)上海泰东图书局初版铅印平装本。

袁世凯演义 章回小说。近代庄病骸著。二十四回。主要记述袁世凯之身世及其发迹史,内容基本符合史实。世凯幼聪明好武,不喜科举,屡试不第。二十岁时,投奔叔父户部侍郎袁保恒,途中遇盗,为段芝泉(段祺瑞)所救。叔父病重,又赴沪投奔业师王雁臣。王荐袁投靠驻防山东的吴长庆。时值朝鲜动乱,清廷命吴长庆率师平乱。袁世凯参赞军机,颇有建树。归国后,袁世凯为李鸿章所录用,开始发迹。有关袁出卖"戊戌变法"以及身败名裂等情节均未记述。有民国六年(1917)上海交通图书馆铅印本。

明清两国志 又名《吴三桂演义》。章回小说。作者不详。四卷四十回。叙明吴三桂于崇祯初以父襄荫袭都督指挥使,后累官总兵,镇守山海关。辗转得歌妓陈圆圆,情好甚笃。李自成义军攻克北京,圆圆为其将所掠。三桂一怒降清,开关引清兵共击李自成。后又充清军先驱,攻陕西,入四川,驻镇云南。康熙十二年(1673)反清,自称周王,据云、贵、川等西南六省。继在衡州正式称帝,改元昭武。不久病死,由其孙继位,旋为清兵所灭。主要取材于《圣武记》、《明季稗史》,所叙与史实基本相符,而"佚事闲情，点缀颇少”(《例言》)，故文学性较差。然采用说书人口吻，颇有平话色彩，有一定可读性。本书客观上反映了明末清初社会之动荡，有助于读者了解吴三桂这一历史人物。有民国间上海沈鹤记书局、云记书庄、会文堂、铸记书局等石印本。

茶寮小史 章回小说。近代程瞻庐著。正集十二回，续集十二回。叙某公司书记员王轶千在一个小小茶寮里的“耳闻目见”。对民国初年各种类型的知识分子进行辛辣的讽刺。所谓新派、旧派、半新半旧派，大都鄙吝猥琐，口是心非。如张子彝是个忽而新忽而旧的“蝙蝠派”，他曾经提倡新教育，实际上“专与新学界作对”。又如号称第一诗家的许汉儒，竟然图赖小茶馆的六十碗茶钱。又有为人师表的秀才先生许彬甫，偷窃东家的吃剩酒菜，用来请客。作者以茶寮和王轶千为结构的枢纽，写来头绪纷繁而一丝不乱。有商务印书馆民国十一年(1922)铅印本。

杂剧 传奇 曲艺文学

双莺传 杂剧剧本。明清之际袁于令作。八折。叙书生商莹、倪鸿与妓女晓莺、小莺相恋离合故事。有《盛明杂剧》本。

风流冢 杂剧剧本。清邹式金作。四折。叙宋柳永与名妓谢天香相爱，柳永死后，群妓醵金葬之于乐游原上事。本《古今小说·众名姬春风吊柳七》。有《杂剧新编三十四种》本、《清人杂剧》本。

空堂话 杂剧剧本。清邹兑金作。一折。叙明书生张敉醉中邀亡友唐寅及远游岭南的祝允明共叙，自问自答以消遣。设想甚奇，其兄邹式金称其深入禅那，从妙悟中流出。有《杂剧新编三十四种》本、《清人杂剧》本。

两纱剧 杂剧剧本合集。清来集之作。凡《女红纱》一折、《碧纱笼》四折，末附《小青挑灯》剧。《女红纱》叙女仙子巡视试官阅卷，以红纱罩试官之目，为揭露考场弊病之讽刺剧。《碧纱笼》叙王播客扬州木兰院故事，感慨世态炎凉，事本五代王定保《唐摭言》。《小青挑灯》剧叙广陵才女小青挑灯夜读《牡丹亭》，发抒身世之感。有明末倘湖小筑原刊本。

小青挑灯 杂剧剧本。清来集之作。见“两纱剧”。

女红纱 杂剧剧本。清来集之作。见“两纱剧”。

碧纱笼 杂剧剧本。清来集之作。见“两纱剧”。

红罗镜 一名《红罗梦》。杂剧剧本。清傅山作。六折。叙太原陆龙与妓女弱娟相恋偕逃故事。有《古本戏曲丛刊三集》本。

八仙庆寿 杂剧剧本。清傅山作。一折。叙八仙各夸其功行。有《古本戏曲丛刊三集》本。

骄其妻妾 一名《齐人乞食》。杂剧剧本。清傅山作。一折。敷演《孟子·离娄下》“齐人有一妻一妾而处室者”故事。有《古本戏曲丛刊三集》本。

通天台 杂剧剧本。清吴伟业作。二折。叙南朝梁遗臣沈炯抑郁无聊，登通天台祭哭汉武帝，醉卧梦其召宴事。事本《陈书·沈炯传》而自况。吴梅《中国戏曲概论》谓剧中之沈炯，“即骏公自况，至调笑汉武帝，殊令黠可喜”，首折《煞尾》曲，“其词幽怨慷慨，纯为故国之思，较之‘我本淮南(王)旧鸡犬，不随仙去落人间’句，尤为凄惋”。有《杂剧新编三十四种本》及1990年上海古籍出版社排印《吴梅村全集》本。

临春阁 杂剧剧本。清吴伟业作。四折。叙陈后主草诏召岭南节度使谯国夫人冼氏至临春阁赐宴，后隋攻江南，冼夫人驰援不及，在高僧点化下入山修道之故事。本《隋书·谯国夫人传》而敷衍之，以陈后主影射南明弘光帝，是亦痛悼明亡之作。吴梅《中国戏曲概论》谓：“谱冼夫人勤王事，大为张、孔吐冤，盖为秦良玉发也。”有《杂剧新编三十四种》、《吴梅村全集》本。

惜花报 杂剧剧本。清黄周星作。四折。叙南岳魏夫人因王晫爱花成癖，召入洞天方丈，引为仙苑隶事。有康熙间刊《夏为堂别集》本。

试官述怀 杂剧剧本。清黄周星作。一折。以嬉笑怒骂口吻，抨击考场弊病。有康熙间刊《夏为堂别集》本。

十三娘 全名《十三娘笑掷神奸首》。杂剧剧本。清叶承宗作。二折。承宗字奕绳，号泺湄啸史，历城人，明天启举人，清顺治三年(1646)进士，顺治五年卒，年四十七。叙侠女荆十三娘慕进士赵中行而归之，赵友李正郎爱妓庾秋水被夺，十三娘乃为之报仇并使之与庾重会事。本五代孙光宪《北梦琐言》及《太平广记》。有顺治间刊《稷门四啸》本、《清人杂剧二集》本。

孔方兄 杂剧剧本。清叶承宗作。一折。叙儒生金茎读晋鲁褒《钱神论》,极力称颂钱神之功德权威事。开端云:“见南阳鲁褒所著《钱神论》,字曰孔方,亲如家兄,甚惬鄙意。”盖为愤世疾俗之作。有顺治间刊《稷门四啸》本、《清人杂剧二集》本。

狗咬吕洞宾 杂剧剧本。清叶承宗作。一折。叙八仙之一吕洞宾点化石守道事,盖敷衍俗谚“狗咬吕洞宾,不识好人心”而成。有顺治间刊《稷门四啸》本、《清人杂剧二集》本。

贾阆仙 杂剧剧本。清叶承宗作。一折。叙唐诗人贾岛除夕以酒肉祭诗,并与孟郊痛饮事。本《金门岁节》。有顺治间刊《稷门四啸》本、《清人杂剧二集》本。

樱桃宴 杂剧剧本。清张源作。叙唐李希烈窃号反叛,窦桂娘改名变服,设计于樱桃宴上擒贼,收复汴州事。本唐杜牧《窦烈女传》。有《杂剧新编三十四种》本。

汨罗江 杂剧剧本。清郑瑜作。一折。叙屈原与渔父相知,得鱼沽酒,痛饮长歌事。与《黄鹤楼》、《滕王阁》、《鹦鹉洲》合称“郢中四雪”。有《杂剧新编三十四种》本。

黄鹤楼 杂剧剧本。清郑瑜作。一折。叙八仙之一吕洞宾厌居天上,重返人间,酒醉黄鹤楼并与柳树精相问答事。与《汨罗江》、《滕王阁》、《鹦鹉洲》合称“郢中四雪”。有《杂剧新编三十四种》本。

滕王阁 杂剧剧本。清郑瑜作。二折。叙王勃得风神之助舟抵南昌,登滕王阁作赋事,事本五代王定保《唐摭言》。与《汨罗江》、《黄鹤楼》、《鹦鹉洲》合称“郢中四雪”。有《杂剧新编三十四种》本。

鹦鹉洲 杂剧剧本。清郑瑜作。一折。叙东汉末年祢衡被杀后魂游鹦鹉洲,与鹦鹉诉说生平事。与《汨罗江》、《黄鹤楼》、《滕王阁》合称“郢中四雪”,有《杂剧新编三十四种》本。

吊琵琶 杂剧剧本。清尤侗著。四折。叙王昭君出塞和番,魂归宫阙故事,关目略同于元马致远《汉宫秋》杂剧,结以蔡文姬吊祭青冢。吴梅《中国戏曲概论》云:“《吊琵琶》之结局,以文姬上冢,此等结构,已超轶前人矣,至其曲词,正如珊珊仙骨。”有《清人杂剧初集本》、《西堂全集》本。

桃花源 一名《醉桃源》。杂剧剧本。清尤侗作。四折。叙陶渊明事,本《晋书·陶渊明传》及陶渊明所作《桃花源记》、《归去来辞》、《自祭文》等,末增饰陶渊明于桃源洞仙去之结局。吴梅《中国戏曲概论》以为“《桃花源》之旷逸”,与尤氏其他数种,“直为一朝之弁冕云”。有《清人杂剧初集》本、《西堂全集》本。

黑白卫 杂剧剧本。清尤侗作。四折。叙唐代剑侠聂隐娘故事,本事出唐裴铏《传奇》、段成式《剑侠传》等。此剧最为王士禛所赏,当时极负盛名。吴梅《中国戏曲概论》以为“《黑白卫》之高浑”,与尤氏其他数种,“直为一朝之弁冕云”。有《清人杂剧初集》本、《西堂全集》本。

清平调 一名《李白登科记》。杂剧剧本。清尤侗作。四折。叙李白赋《清平调》三章,得中状元事,纯为虚构。盖作者才高名藉而屡踬场屋,故作此剧以自喻。有《清人杂剧初集》本、《西堂全集》本。

读离骚 杂剧剧本。清尤侗作。四折。叙屈原故事,隐括《楚辞》之《天问》、《离骚》、《远游》、《渔父》诸篇文义,参之以《史记·屈原列传》,结以宋玉祭奠招魂。吴梅以为“此等结构,已超轶前人矣”(《中国戏曲概论》)。有《清人杂剧初集》本、《西堂全集》本。

龙舟会 杂剧剧本。清王夫之作。四折。叙谢小娥男服为佣,手刃贼首,为其父其夫报仇事。本唐李公佐《谢小娥传》。曲文悲愤激昂,藉以发泄遗民思想。有《船山遗书》本、《清人杂剧二集》本。

瑶台梦 杂剧剧本。清赵进美作。一折。叙许瀍遇许飞琼故事,本《太平广记》。有旧抄本及康熙间刊《清止阁集》本。

立地成佛 杂剧剧本。清赵进美作。四折。叙高僧丰干度化叶屠,使之放下屠刀出家事。有旧抄本及康熙间刊《清止阁集》本。

昭君梦 杂剧剧本。清薛旦作。四折。叙王昭君和亲远赴朔漠,牵念汉帝,梦中由氤氲大使引导南归事。有《杂剧新编三十四种》本。

坦庵四种 杂剧剧本合集。清徐石麒作。凡《大转轮》四折,叙阐阴司司马貌断狱事,本元《三国志平话》入话;《拈花笑》一折,叙封镠妻妾争风嫉妒事,卷首有引;《浮西施》一折,叙范蠡灭吴后沉西施于五湖事,本《吴越春秋》逸篇所载;《买花钱》四折,叙落第举子于国宝以《风入松》词得宋孝宗赏识而入翰林事,本宋周密《武林旧事》而增饰之。吴梅《中国戏曲概论》谓徐氏四本,“以《买花钱》为最,取俞国宝入松事为本,复取杨驸马、粉儿为辅,其事颇艳。至以粉儿归国宝，虽不合事实，而风趣更胜”，“《拈花笑》摹妻妾妒状，秽亵可笑”，“《大转轮》以刘项事翻案，自云以《两汉书》翻成《三国志》，亦荒唐可乐”，“《浮西施》一折，尽辟一舸五湖之谬，以夷光沉之于湖，虽煮鹤焚琴，太煞风景，顾亦有所本”。有南湖草堂刊本。

大转轮 杂剧剧本。清徐石麒作。见“坦庵四种”。

拈花笑 杂剧剧本。清徐石麒作。见“坦庵四种”。

浮西施 杂剧剧本。清徐石麒作。见“坦庵四种”。

买花钱 杂剧剧本。清徐石麒作。见“坦庵四种”。

续离骚 杂剧剧本合集。清嵇永仁作。凡短剧四种各一折。《刘国师教习扯淡歌》，叙明刘伯温与张三丰对酌，令子弟唱《扯淡歌》以侑觞；《杜秀才痛哭泥神庙》，叙书生杜默醉诣项羽庙，恸哭凭吊；《痴和尚街头笑布袋》，叙布袋僧讥笑古往今来、人间天上终日忙碌之芸芸众生；《愤司马梦里骂阎罗》，叙司马貌梦中痛骂阎王。此剧作于狱中，其引云：“仆辈遘此陆沉，天昏地惨，性命既轻，真情于是乎发，真文于是乎生。”范承谟《书后》以为“慷慨激烈，气畅理该，真是元曲，而其毁誉含蓄，又与《四声猿》争胜矣”。有康熙间刊本、《清人杂剧初集》本。

续四声猿 杂剧剧本合集。清张韬作。凡短剧四种各一折。《杜秀才痛哭霸亭庙》叙杜默过项羽庙痛哭，神像为之下泪；《戴院长神行蓟州道》叙梁山好汉戴宗与李逵至蓟州寻访公孙胜，途中戴作弄李，本《水浒传》；《王节使重读木兰诗》叙唐王播发迹后重游扬州木兰院事，本五代王定保《唐摭言》；《李翰林醉草清平调》叙唐李白醉后上殿为唐明皇撰《清平调》三章故事。体例、风格均仿明徐渭《四声猿》，大致嘲弄世态炎凉，发抒心中愤懑。有康熙间刊《大云楼集》本、《清人杂剧初集》本。

孤鸿影 杂剧剧本。清周如璧作。六折。叙惠州女温超超事，用旧传苏轼《卜算子》词本事，见《坡仙外集》及《古今词话》引《女红余志》。有《杂剧新编三十四种》本。

梦幻缘 杂剧剧本。清周如璧作。六折。叙史珏、刘如梦于梦中相撮合，幻成洞房花烛事。有《杂剧新编三十四种》本。

柴舟别集 杂剧剧本合集。清廖燕作。凡短剧四种各一折。《镜花亭》叙作者游水月村，遇水月道人，并收录其女文蒨为诗弟子；《醉画图》叙作者悬杜默哭庙、马周濯足、陈子昂碎琴、张元昊曳碑四图，置酒与画中人叙谈；《诉琵琶》、《续诉琵琶》叙作者为穷鬼疟魔所扰，酒仙未能驱去，诗伯救之方得脱险，又以陶渊明乞食故事谱为琵琶新调，至友人家中弹唱索酒。作者为剧中人登场，体式上有独创处。有《清人杂剧二集》本。

镜花亭 杂剧剧本。清廖燕作。见《柴舟别集》。

醉画图 杂剧剧本。清廖燕作。见《柴舟别集》。

诉琵琶 杂剧剧本。清廖燕作。见《柴舟别集》。

续诉琵琶 杂剧剧本。清廖燕作。见《柴舟别集》。

明翠湖亭四韵事 杂剧剧本合集。清裘琏作。凡短剧四种。《昆明池》二折，叙唐中宗游幸昆明池，群臣应制赋诗，昭容上官婉儿评宋之问诗为第一，本《全唐诗话》；《集翠裘》二折，叙武则天以集翠裘赐张昌宗，狄仁杰与之赌双陆，赢裘而付马奴着之以嘲张，本《唐书》；《鉴湖隐》四折，叙贺知章金龟换酒宴李白，辞官归隐鉴湖，本《唐书》；《旗亭馆》三折，叙王昌龄、高适、王之涣旗亭画壁，本《全唐诗话》。皆演唐文人韵事，故名，又各取四剧名之第二字合为总题。有康熙间刊本、《清人杂剧初集》本。

昆明池 杂剧剧本。清裘琏作。见“明翠湖亭四韵事”。

集翠裘 杂剧剧本。清裘琏作。见“明翠湖亭四韵事”。

鉴湖隐 杂剧剧本。清裘琏作。见“明翠湖亭四韵事”。

旗亭馆 杂剧剧本。清裘琏作。见“明翠湖亭四韵事”。

四婵娟 杂剧剧本合集。清洪昇作。凡短剧四种各一折。《谢道韫咏絮擅诗才》叙东晋谢道韫咏雪，本《晋书》；《卫茂漪簪花传笔阵》叙东晋卫夫人传《笔阵图》于王羲之，本王羲之《书笔阵图后》；《李易安斗茗话幽情》叙宋李清照、赵明诚烹茶检书，历论古来美满姻缘；《管仲姬画竹留清韵》叙元赵孟頫、管夫人泛宅苕雪间，盟鸥狎鹭，歌咏中流。大抵用徐渭《四声猿》体例而写古代才女故事。有《清人杂剧二编》本。

四名家传奇摘出 杂剧剧本合集。清车江英作。凡《蓝关雪》、《柳州烟》、《醉翁亭》、《游赤壁》等杂剧四种。凌仪散人序称作者寝食于韩柳欧苏之文者数十年,是以搦管舒啸,以遂四君子未逮之志云。然所写内容大多无稽,结构又复散漫。有《清人杂剧二集》本。

蓝关雪 杂剧剧本。清车江英作。四折。敷演韩愈故事。《湘归》折叙韩湘子得道后与叔父韩愈相遇,并回家与妻子共度七夕;《报参》、《赏雪》两折叙韩愈奉诏参谋军务,协助平定蔡州;《衡山》折叙韩愈被贬潮州,途经衡山,观赏山景。结构松散。有雍正间刊《四名家传奇摘出》本、《清人杂剧二编》本。

柳州烟 杂剧剧本。清车江英作。四折。敷演柳宗元、刘禹锡故事。《春闱》、《倡和》两折写柳宗元、刘禹锡金榜题名,双双入赘王叔文家,与二女五英、九英相倡和;《风谣》折叙柳、刘二人分别被贬柳州、连州,柳州士民有歌谣称颂柳宗元;《驿合》折叙柳、刘二人奉诏回京,路遇五英、九英姊妹,于驿馆中合卺事。事均无所本,全系杜撰。有雍正间刊《四名家传奇摘出》本、《清人杂剧二编》本。

醉翁亭 杂剧剧本。清车江英作。五折。叙宋欧阳修故事。《秋声》折叙欧阳修秋夜写《秋声赋》;《缱别》折叙欧阳修告别妻子,入京应试;《吊石》折叙欧阳修祭奠石延年;《蓉馆》折叙欧阳修妻一病不起,于芙蓉馆成仙;《返魂》折叙欧阳修妻还魂,和家人团聚。有雍正间刊《四名家传奇摘出》本、《清人杂剧二编》本。

游赤壁 杂剧剧本。清车江英作。五折。叙宋苏东坡故事,插入秦观、苏小妹。《考婿》折叙苏小妹三难新郎;《归院》折叙苏轼官翰林,皇帝赐金莲烛送归院中;《送别》折叙秦观贬郴州,路经长沙结识黄义姑;《赤壁》折叙苏轼与黄庭坚、佛印偕游赤壁;《后晤》折叙秦观自郴州归,与黄义姑一同回京。有雍正间刊《四名家传奇摘出》本、《清人杂剧二编》本。

四才子 杂剧剧本合集。清黄之隽作。凡杂剧四种。《郁轮袍》四折,叙王维装扮伶人见赏于玉真公主事;《梦扬州》四折,叙杜牧与名妓红雨、紫云狎游故事;《饮中仙》四折,叙张旭官常熟县尉,酒后作狂草事;《蓝桥驿》四折,叙裴航蓝桥相遇仙女云英并结为伉俪事。大抵敷演唐才子故事,其中《梦扬州》现存曲谱于《纳书楹曲谱》。有康熙间博古堂刊本。

郁轮袍 杂剧剧本。清黄之隽作。见《四才子》。

梦扬州 杂剧剧本。清黄之隽作。见《四才子》。

饮中仙 杂剧剧本。清黄之隽作。见《四才子》。

蓝桥驿 杂剧剧本。清黄之隽作。见《四才子》。

灯月闲情 一名《古柏堂传奇杂剧》。戏曲剧本合集。清唐英作。凡杂剧《清忠谱正案》、《三元报》、《芦花絮》、《英雄报》、《长生殿补阙》、《十字坡》、《梅龙镇》、《麵缸笑》、《虞兮梦》、《女弹词》、《笳骚》、《佣中人》等十二种以及传奇《转天心》、《双钉案》、《巧换缘》、《梁上眼》、《天缘债》等五种。有乾隆间刊本、1987年上海古籍出版社排印《古柏堂戏曲集》本。

清忠谱正案 杂剧剧本。清唐英作。一折。叙明周顺昌死后得封为苏郡城隍,五义士为庙中力士,奉玉帝命严惩魏忠贤、毛一鹭诸奸事。有乾隆中刊《古柏堂传奇杂剧》(即《灯月闲情》)本、1987年上海古籍出版社排印《古柏堂戏曲集》本。

三元报 杂剧剧本。清唐英作。四折。叙明秦雪梅守节抚孤,其子商辂终于连中三元,光宗耀祖事。有乾隆中刊《古柏堂传奇杂剧》(即《灯月闲情》)本、1987年上海古籍出版社排印《古柏堂戏曲集》本。

芦花絮 杂剧剧本。清唐英作。四折。叙春秋鲁人闵子骞受后母虐待,冬日衣芦花、受鞭打,父知之,欲出后母,子骞止之,后母悔,厚待子骞。本《说苑》。有乾隆中刊《古柏堂传奇杂剧》(即《灯月闲情》)本、1987年上海古籍出版社排印《古柏堂戏曲集》本。

英雄报 杂剧剧本。清唐英作。一折。叙汉韩信衣锦还乡,厚报漂母,并收录昔日侮己的恶少于帐下效力事。有乾隆中刊《古柏堂传奇杂剧》(即《灯月闲情》)本、1987年上海古籍出版社排印《古柏堂戏曲集》本。

长生殿补阙 杂剧剧本。清唐英作。二折。叙唐明皇宠爱杨贵妃,将梅妃迁出西阁,又密诏入阁话旧的故事。有乾隆中刊《古柏堂传奇杂剧》(即《灯月闲情》)本、1987年上海古籍出版社排印《古柏堂戏曲集》本。

十字坡 杂剧剧本。清唐英作。一折。叙武松十字坡打店,结识张青、孙二娘故事,本《水浒传》。有《古柏堂传奇杂剧》(即《灯月闲情》)本、1987年上海古籍出版社排印《古柏堂戏曲集》本。

梅龙镇 杂剧剧本。清唐英作。四折。叙明武宗私往民间寻芳猎艳，于梅龙镇酒店结识李凤姐事，本吴炽昌《客窗闲话》。有乾隆中刊《古柏堂传奇杂剧》(即《灯月闲情》)本、1987年上海古籍出版社排印《古柏堂戏曲集》本。

麵缸笑 杂剧剧本。清唐英作。四折。叙妓女周腊梅从良，嫁与张才为妻事。有乾隆中刊《古柏堂传奇杂剧》(即《灯月闲情》)本、1987年上海古籍出版社排印《古柏堂戏曲集》本。

虞兮梦 杂剧剧本。清唐英作。四折。叙项羽、虞姬分别受封为乌江渡口之神和散花仙子，并与陶成居士、自得居士交游事。有乾隆中刊《古柏堂传奇杂剧》(即《灯月闲情》)本、1987年上海古籍出版社排印《古柏堂戏曲集》本。

女弹词 杂剧剧本。清唐英作。一折。叙唐李龟年女弟子演唱天宝遗事，李謩听后向其请教事。剧情与唱词全仿《长生殿·弹词》。有乾隆中刊《古柏堂传奇杂剧》(即《灯月闲情》)本、1987年上海古籍出版社排印《古柏堂戏曲集》本。

笳骚 一名《入塞》。杂剧剧本。清唐英作。一折。叙蔡文姬居塞外十多年，赋《胡笳十八拍》，并最终南归事。有乾隆中刊《古柏堂传奇杂剧》(即《灯月闲情》)本、1987年上海古籍出版社排印《古柏堂戏曲集》本。

佣中人 杂剧剧本。清唐英作。一折。叙菜佣汤之琼得知明崇祯帝自尽、李自成登基消息后，触石而死事。有乾隆中刊《古柏堂传奇杂剧》(即《灯月闲情》)本、1987年上海古籍出版社排印《古柏堂戏曲集》本。

情中幻 杂剧剧本。清崔应阶作。四折。叙郑六遇多情妖狐事，本唐沈既济《任氏传》。有乾隆二十六年(1761)刊本。

烟花债 杂剧剧本。清崔应阶作。四折。叙单符郎、邢春娘故事，本事出宋王明清《摭青杂说》及冯梦龙《单符郎全州佳偶》。有乾隆九年(1744)原刊本。

吟风阁杂剧 杂剧剧本合集。清杨潮观作。四卷。凡单折短剧三十二种。《新丰店马周独酌》，简名《新丰店》，叙唐马周潦倒长安，题诗发迹事；《大江西小姑送风》，简名《大江西》，叙某官赴任溯江西上，泊舟小姑山，梦遇神仙，以顺风相送事；《李卫公替龙行雨》，简名《行雨》，叙唐李靖受龙母之托代其行雨，操作失当，水势太盛，本以救世，反伤万命事，本《续玄怪录》；《黄石婆授计逃关》，简名《黄石婆》，叙张良募力士击秦始皇不成，黄石婆将其扮为童女，带出重关事；《快活山樵歌九转》，简名《快活山》，叙西山樵子与书生互话，用春秋荣启期三乐之意而长言之；《穷阮籍醉骂财神》，简名《钱神庙》，叙三国魏阮籍过钱神庙大笑大哭嘲骂钱神事；《温太真晋阳分别》，简名《晋阳城》，叙东晋温峤之母责子赴国难，并绝裾为别事，盖反《晋书》所载而作；《邯郸郡错嫁才人》，简名《邯郸郡》，叙邯郸才人梦嫁赵王事，其传说始于南朝；《贺兰山谪仙赠带》，简名《贺兰山》，叙唐李白游贺兰山，言于边帅，救免军犯哥舒翰、郭子仪死罪事，本《新唐书》；《开金榜朱衣点头》，简名《朱衣神》，叙宋欧阳修执掌文衡，朱衣使者临场报应，暗用红纱罩眼事；《夜香台持斋训子》，简名《夜香台》，叙汉京兆尹隽不疑母每夜焚香告天，为子忏过事，本《汉书》；《汲长孺矫诏发仓》，简名《发仓》，叙汉汲黯勘灾河东，从权矫诏救济河南百姓事，本《汉书》；《鲁仲连单鞭蹈海》，简名《鲁连台》，叙鲁仲连义不帝秦，蹈海登琅玡台事；《荷花荡将种逃生》，简名《荷花荡》，叙婢女苏昆救助朱元璋部将花云孤子事；《灌口二郎初显圣》，简名《二郎神》，叙李冰父子大战龙婆、龙子，治水灌田事；《魏徵破笏再朝天》，简名《笏谏》，叙唐文宗召见魏谟，追思其先祖魏徵掷笏直谏故事；《动文昌状元配瞽》，简名《配瞽》，叙临安吴氏子不弃盲妻，得中状元事；《感天后神女露筋》，简名《露筋》，叙扬州贞女金娘死后封为露筋神女事；《华表柱延陵挂剑》，简名《挂剑》，叙吴公子季札系剑墓前，哭奠徐君事，本《史记》；《东莱郡暮夜却金》，简名《却金》，叙东汉杨震官东莱太守，掷帖拒贿事；《下江南曹彬誓众》，简名《下江南》，叙宋将曹彬平定南唐，与诸将立誓三章事；《韩文公雪拥蓝关》，简名《蓝关》，叙韩愈贬潮州，雪阻蓝关，其侄韩湘子往度事；《荀灌娘围城救父》，简名《荀灌娘》，叙襄阳太守荀崧幼女灌娘戎装突围，乞师救父事，本《晋书》；《信陵君义葬金钗》，简名《葬金钗》，叙信陵君使如姬窃符救赵事，本《史记》而有所增饰；《偷桃捉住东方朔》，简名《偷桃》，叙东方朔两次往瑶池偷桃，均被捉获，并以滑稽雄辩得脱事；《换扇巧逢春梦婆》，简名《换扇》，叙罗浮山混元蝶母点化苏东坡事；《西塞山渔翁拜封》，简名《西塞山》，叙唐玄真子张志和隐居垂钓，颜真卿奉旨往访事，本《新唐书》；《诸葛亮夜祭泸江》，简名《忙牙姑》，叙诸葛亮平南蛮，问计女酋长忙牙姑，以肉馒头祭奠泸江神事，本《三国志演义》;《凝碧池忠魂再表》,简名《凝碧池》,叙唐明皇命高力士祭奠以琵琶击安禄山、骂贼而死之乐工雷海青,事本《唐诗纪事》;《大葱岭只履西归》,简名《大葱岭》,叙达摩卓锡葱岭龙潭,与魏使宋云相逢问答事;《寇莱公思亲罢宴》,简名《罢宴》,叙宋寇準寿辰之夕听老妪刘婆忆说太夫人当年苦楚,大恸撤宴事,本邵伯温《闻见录》;《翠微亭卸甲闲游》,简名《翠微亭》,叙韩世忠与梁夫人归隐湖上,避世谢客事。诸剧或用北曲,或用南曲,或用南北合套,摆脱陈式,宜于搬演。在语言运用上,吴梅以为“警策语颇多,如《钱神庙》之豪迈,《快活山》之恬退,《黄石婆》、《西塞山》之别出机杼,皆非寻常传奇所及”。尤以《罢宴》一剧脍炙人口,感人至深,至今风行曲坛。有乾隆二十九年(1764)桂月恰好处原刊本、嘉庆二十五年(1820)屋外山房重刊本、民国二年(1913)上海六艺书局据吴氏写韵楼抄本排印本,今通行本为1983年上海古籍出版社排印胡士莹校注本。

一片石 杂剧剧本。清蒋士铨作。四折。作者于修《南昌县志》时闻之故老,明宁王妃娄氏墓将湮灭,因请立碑识之,表彰其谏夫不从,投水自尽之风节。此剧即叙其事始末。有乾隆中红雪楼刊《藏园九种曲》本、1993年中华书局排印《蒋士铨戏曲集》本。

四弦秋 杂剧剧本。清蒋士铨作。四折。敷演白居易《琵琶行》。自序以为顾大典《青衫记》“命意敷词,庸劣可鄙”,依据白诗原意,并参以《唐书》及《香山年谱》有关记述,排比而成此剧。故格调高于前人所作,文采曲情也较胜。末尾《送客》一折,吴梅以为“全剧最胜处,”曲词“极生动妍冶”(《中国戏曲概论》)。有《藏园九种曲》本、《蒋士铨戏曲集》本。

采石矶 杂剧剧本。清蒋士铨作。八折。叙李白一生遭逢志节,隐以自喻。自序称此剧作于重九,尽一日而成。有《红雪楼逸稿》本、《蒋士铨戏曲集》本。

第二碑 一名《后一片石》。杂剧剧本。清蒋士铨作。六折。蒋氏于作《一片石》后二十六年,方得有力者支持,得偿重葺南昌娄妃墓之夙愿,因作此剧,记叙廓清坟场、修筑坟墓始末。有《藏园九种曲》本、《蒋士铨戏曲集》本。

西江祝嘏 杂剧剧本合集。清蒋士铨作。凡《康衢乐》、《忉利天》、《长生箓》、《升平瑞》四种各四折。系乾隆十六年(1751)冬为皇太后祝寿而作。剧中搬演唐尧、娥皇、女英、佛母、观音、嫦娥、女娲、麻姑、王母以及江西百岁老人赵氏故事,极尽歌功颂德、粉饰太平之能事。然而场面壮观,情节有趣,角色和台词也各具个性,尚不失为承应戏中较佳者。有乾隆间原刊本、《蒋士铨戏曲集》本。

庐山会 杂剧剧本。清蒋士铨作。一折。叙福、禄、寿三星与诸神在庐山游赏宴会事,卢前以为似献与江右王氏而为其祝寿者。有《红雪楼逸稿》本、《蒋士铨戏曲集》本。

四色石 杂剧剧本合集。清曹锡黼作。凡短剧四种各一折。《张雀罗廷平感世》叙汉廷尉翟公贵时宾客众多,穷时门可罗雀,复贵时乃署其门以警宾客,本《汉书》;《序兰亭内史吟波》叙王羲之于上巳日与同志宴集会稽兰亭,作序寄意,本《晋书》、《兰亭集序》;《宴滕王子安检韵》叙王勃过钟陵,游滕王阁并作序,阎都督叹为天才,本《唐书》;《寓同谷老杜兴歌》叙杜甫因疏救房琯见逐,寓居同谷赋《同谷七歌》。亦效徐渭《四声猿》例而叙古文人逸事以寄托感慨之作。有乾隆二十三年(1758)颐情阁原刊本、《清人杂剧初集》本。

桃花吟 杂剧剧本。清曹锡黼作。四折。为:《遘艳》、《再访》、《哭证》、《重圆》。叙唐崔护遇谢氏女婷婷谒浆,后再往则“人面不知何处去,桃花依旧笑春风”,本孟棨《本事诗》而增饰鬼使送谢女回生情节。有乾隆二十三年(1758)颐情阁原刊本、《清人杂剧初集》本。

议大礼 一名《杨状元进谏谪滇南》。杂剧剧本。清刘辇作。四折。叙明世宗时杨慎因直言极谏,遣戍云南事,本《明史》本传而增饰之,终以杨慎复官还朝。有乾隆三十六年(1771)刊本。

后四声猿 杂剧剧本合集。清桂馥作。凡短剧四种各一折。《放杨枝》折叙白居易晚年遣去家妓樊素事,本白诗《不能忘情吟》;《投溷中》叙黄居难赚表亲李贺诗而投之溷中,因遭冥谴事;《谒帅府》叙苏轼位卑时谒府帅陈希亮而不得见事;《题园壁》叙陆游游沈园,赋《钗头凤》词寄慨事,本周密《癸辛杂识》。体例仿明徐渭《四声猿》,叙写诗人饮恨故事,风格激昂慷慨,胸中不平之气流露无遗。有嘉庆间刊本、道光间木活字刊本、《清人杂剧初集》本。

放杨枝 杂剧剧本。清桂馥作。见“后四声猿”。

投溷中 杂剧剧本。清桂馥作。见“后四声猿”。

谒帅府 杂剧剧本。清桂馥作。见"后四声猿"。

题园壁 杂剧剧本。清桂馥作。见"后四声猿"。

破牢愁 杂剧剧本。清汪柱作。四折。叙一书生吴中访道,受灵台真人指迷悟道事。有乾隆间松月轩刊本。

林和靖妻梅子鹤 杂剧剧本。清汪柱作。一折。叙宋林逋独对梅鹤,偶有所感,而梅乃化为女子,鹤乃化为童子,入梦成为妻、子事。有乾隆间松月轩刊本。

赏心幽品 杂剧剧本合集。清汪柱作。凡单折短剧四种,分写屈原、陶渊明、梅妃和苏轼故事。其正目为:《楚正则采兰纫佩》,本《楚辞·离骚》;《陶渊明玩菊倾樽》,本《晋书》本传;《江采蘋爱梅赐号》,本《梅妃传》;《苏子瞻画竹传神》,本苏轼《画竹记》。有乾隆间松月轩刊本。

六观楼北曲六种 杂剧剧本合集。清许鸿磐作。凡《西辽记》、《雁帛书》、《女云台》、《孝女存孤》、《儒吏完城》、《三钗梦》等四折杂剧六种,每剧卷首各有自序,详述写作缘起及主要内容。有道光间刊本,另有同治十三年(1874)重刊本。

三钗梦 杂剧剧本。清许鸿磐作。四折。剪裁《红楼梦》故事,以晴雯之逐、黛玉之死、宝钗之寡为经,以宝玉为纬,为《勘梦》、《悼梦》、《断梦》、《醒梦》四折。有道光间刊《六观楼北曲六种》本,同治十三年(1874)重刊。

女云台 杂剧剧本。清许鸿磐作。四折。叙明末女将秦良玉故事,本《明史》本传而略有出入。有道光间刊《六观楼北曲六种》本,同治十三年(1874)重刊。

西辽记 杂剧剧本。清许鸿磐作。四折。叙金人灭辽之后,耶律大石于起皂缦称帝,以续辽统故事,本《辽史·天祚帝纪》并杂采它书。有道光间刊《六观楼北曲六种》本,同治十三年(1874)重刊。

雁帛书 杂剧剧本。清许鸿磐作。四折。叙元使郝伯常为贾似道拘留于真州十五年,雁足寄书,终得还朝故事,本《元史》本传并参《宋史》。有道光间刊《六观楼北曲六种》本,同治十三年(1874)重刊。

孝女存孤 杂剧剧本。清许鸿磐作。四折。叙清临桂参将张士佶及四子皆战死于吴三桂之乱,其女淑贞不嫁而抚养侄儿成年事。有道光间刊《六观楼北曲六种》本,同治十三年(1874)重刊。

儒吏完城 杂剧剧本。清许鸿磐作。四折。叙其友临桂朱凤森以书生守濬县,拒李文成起义军十余日,终得援至而保其境。有道光间刊《六观楼北曲六种》本,同治十三年(1874)重刊。另附刻于朱凤森《韫山六种曲》中,易名为《守濬记》。

花间九奏 杂剧剧本合集。清石韫玉作。凡单折短剧九种。《伏生授经》叙汉文帝使晁错往济南访伏生受《尚书》事,本《汉书·儒林传》;《罗敷采桑》叙秦氏女罗敷采桑陌上,拒绝赵王求爱事,本《古今注》;《桃叶渡江》叙王献之送爱妾桃叶过江,临渡作歌事,本《古今乐录》;《桃源渔夫》叙武陵渔夫向陶渊明述说偶入桃花源事,本《桃花源记》;《梅妃作赋》叙梅妃独处上阳宫,作《楼东赋》呈唐明皇事,本《梅妃传》;《乐天开阁》叙白居易晚年遣归侍姬樊素、小蛮事,本《云溪友议》;《贾岛祭诗》叙贾岛除夕祭诗,并与孟郊、李贺宴饮事,本《金门岁节》;《琴操参禅》叙苏轼在西湖与妓女琴操同游佛寺,并度其悟道出家事,本《冷斋夜话》;《对山救友》叙李梦阳遭刘瑾陷害,康海救之脱险事,本《嵩阳杂说》。有嘉庆间家刻本及《清人杂剧初集》本。

香谷四种曲 一名《南枝莺啭》。杂剧剧本合集。清汪应培作。凡杂剧四种。《不垂杨》叙泌阳杨贞女誓死守节,不悔前盟,盖写嘉庆间事;《催生帖》叙喜神奏请天庭,使孙绣增喜得子嗣事;《帘外秋光》、《驿亭槐影》则叙科场见闻、吏游感受。有嘉庆间刊本。

不垂杨 杂剧剧本。清汪应培作。六折。见"香谷四种曲"。

催生帖 杂剧剧本。清汪应培作。四折。见"香谷四种曲"。

帘外秋光 杂剧剧本。清汪应培作。四折。见"香谷四种曲"。

驿亭槐影 杂剧剧本。清汪应培作。四折。见"香谷四种曲"。

写心杂剧 杂剧剧本合集。清徐爔作。爔字鼎和,又字榆村,号种缘,吴江人。凡单折短剧十六种。为:《游湖》、《述梦》、《游梅遇仙》、《痴祝》、《青楼济困》、《哭弟》、《湖山小隐》、《悼花》、《酬魂》、《醒镜》、《祭牙》、《月下谈禅》、《虱谈》、《觅地》、《求财卦》、《入山》,大致取材于自己的生活经历或感受幻想,自序所谓"原以写我心也"。有乾隆五十四年(1789)梦生堂刊本。另有嘉庆间重订本,增《问卜》、《原情》、《寿言》、《覆墓》等四种各一折,而删除《觅地》、《求财卦》两种,卷首并有袁枚题词。

苎萝梦 杂剧剧本。清陈栋作。四折。叙吴王夫差重生人间,梦遇西施,以了前缘事。有嘉庆间剑南室刊本、道光间刊《北泾草堂外集》本及《清人杂剧二集》本。

紫姑神 杂剧剧本。清陈栋作。四折。叙魏子胥妾紫姑受大妇曹氏凌虐致死,死后封神,专理人间妻妾不平事,本《异苑》。有嘉庆间剑南室刊本、道光间刊《北泾草堂外集》本及《清人杂剧二集》本。

维扬梦 杂剧剧本。清陈栋作。四折。叙杜牧作幕牛府,夜夜狎游,与名妓紫云相好,后经天神托梦点化,锐意功名,历官清要,偶访牛府,与紫云重逢事。有嘉庆间剑南室刊本、道光间刊《北泾草堂外集》本及《清人杂剧二集》本。

瓶笙馆修箫谱 杂剧剧本合集。清舒位作。凡单折短剧四种。《卓女当垆》叙司马相如与卓文君卖酒临邛,相如涤器,文君当垆事;《樊姬拥髻》叙伶玄与妾樊通德秉烛闲话赵飞燕姊弟,不禁凄然对泣事;《酉阳修月》叙吴刚与月中诸仙修理月宫缺陷事,本《酉阳杂俎》;《博望访星》叙张骞乘槎溯河源,得遇牛郎织女双星事,本《博物志》。吴梅以为四剧中"以《当垆》为艳冶",而"《拥髻》一折论断史事极有见地"(《中国戏曲概论》)。《拥髻》、《访星》两种并有曲谱流传。有嘉庆间振绮堂刊本。

卓女当垆 杂剧剧本。清舒位作。见"瓶笙馆修箫谱"。

樊姬拥髻 杂剧剧本。清舒位作。见"瓶笙馆修箫谱"。

酉阳修月 杂剧剧本。清舒位作。见"瓶笙馆修箫谱"。

博望访星 杂剧剧本。清舒位作。见"瓶笙馆修箫谱"。

女专诸 杂剧剧本。清孔广林作。四折。叙左仪贞事,系据《天雨花》弹词中《刺贼》一段敷衍而成。作于嘉庆五年(1800)。有清温经楼刊本及《清人杂剧二集》本。

松年长生引 一名《松年引》。杂剧剧本。清孔广林作。二折。系乾隆三十三年(1768)补祝其祖母徐太夫人七十寿而作。有清温经楼刊本及《清人杂剧二集》本。

璇玑锦 杂剧剧本。清孔广林作。四折。叙苏蕙织回文锦感动其夫窦滔,夫妻团圆故事。有清温经楼刊本及《清人杂剧二集》本。

韫山六种曲 戏曲剧本合集。清朱凤森作。凡戏曲六种。为:《才人福》传奇、《辋川图》杂剧、《金石录》杂剧、《十二钗》传奇、《平锞记》杂剧及《守濬记》杂剧,其中《守濬记》即许鸿磐《六观楼北曲六种》中的《儒吏完城》。有嘉庆二十三年(1818)序刊本。

辋川图 杂剧剧本。清朱凤森作。八折。叙王维以诗画受公主赏识,一举登第的故事,本《集异记》。有嘉庆二十三年(1818)刊《韫山六种曲》本。

金石录 杂剧剧本。清朱凤森作。八折。叙李清照、赵明诚夫妇故事。本《金石录后序》并增饰之,以李格非偕清照夫妇入山修炼作结。有嘉庆二十三年(1818)刊《韫山六种曲》本。

平锞记 杂剧剧本。清朱凤森作。四折。叙李瑛擒马锞故事。有嘉庆二十三年(1818)刊《韫山六种曲》本。

守濬记 杂剧剧本。清朱凤森作。四折。实即许鸿磐《六观楼北曲六种》中《儒吏完城》一剧之改名。有嘉庆二十三年(1818)刊《韫山六种曲》本。

中郎女 杂剧剧本。清南山逸史作。四折。叙蔡文姬归汉,与董祀得偕伉俪事。有《杂剧新编三十四种》本。

半臂寒 杂剧剧本。清南山逸史作。四折。叙宋祁送徐复之访道入山,忽遇风寒,其妻妾争脱所服背心送之,本事见《东轩笔录》。有《杂剧新编三十四种》本。

长公妹 杂剧剧本。清南山逸史作。四折。叙苏小妹三难新郎故事,本《醒世恒言·苏小妹三难新郎》。有《杂剧新编三十四种》本。

京兆眉 杂剧剧本。清南山逸史作。四折。叙京兆尹张敞为妇画眉故事,本《汉书》本传。有《杂剧新编三十四种》本。

翠钿缘 杂剧剧本。清南山逸史作。五折。叙韦固娶种氏女故事,本《续幽怪录》,宣扬婚姻前生注定的宿命论。有《杂剧新编三十四种》本。

青溪笑 杂剧剧本合集。清蓉鸥漫叟作。凡单折短剧十六种,次为两卷,上卷剧目为《赎雏鬟司业义捐金》、《弃微官监州贪倚玉》、《桃叶渡吴姬泛月》、《海棠轩楚客吟秋》、《谢秋影楼上品诗笺》、《王翘云阁中掷金钏》、《解语花浣纱自叹》、《侯月娟赠蝶私盟》，下卷剧目为《纱帽巷报信伤春》、《牡蛎园寻秋说艳》、《排家宴四美祝花朝》、《助公车群贤争雪夜》、《鹅群阁双艳盟心》、《田鸡营六雄识俊》、《莫愁湖江采蘋命字》、《鹫峰寺唐素君皈禅》，所写大多为秦淮青楼故事。自序称"言叙情事无所虚伪"。有嘉庆间刊本。

味蔗轩春灯新曲 杂剧剧本合集。近代黄治作。凡杂剧二种。《雁书记》四折，叙苏武牧羊故事，本《汉书》；《玉簪记》四折，演明武宗遇美故事，本《客窗闲话》。按自序，两剧系作者偕兄黄濬旅泊维扬，客中无聊，各拈二字为《灯剧》八折，其兄得萧史、柳毅事，作者则得苏武、明武宗事。有道光二十七年(1847)椿荫轩刊本。

雁书记 杂剧剧本。近代黄治作。四折。见"味蔗轩春灯新曲"。

玉簪记 杂剧剧本。近代黄治作。四折。见"味蔗轩春灯新曲"。

秋声谱 杂剧剧本合集。近代严廷中作。凡杂剧三种。《判艳》一折，叙武则天死后封如意妃，管领女狱奈何司，发放风流艳鬼事；《谱秋》一折，叙扬州名妓沈媚娘自伤迟暮，书生商金锡慕名来访事；《洛城殿》四折，叙武则天开科考试取名士才女，依名次婚配事，其中揭露考场弊端，嘲骂试官举子，颇为峻切。有咸丰间刊本及《清人杂剧初集》本。

武则天风流案卷 一名《判艳》。杂剧剧本。近代严廷中作。见"秋声谱"。

沈媚娘秋夜情话 一名《谱秋》。杂剧剧本。近代严廷中作。见"秋声谱"。

洛城殿无双艳福 一名《洛城殿》。杂剧剧本。近代严廷中作。见"秋声谱"。

江梅梦 杂剧剧本。近代梁廷枏作。四折。叙唐明皇与梅妃江采蘋故事，本《梅妃传》。与《昙花梦》、《圆香梦》、《断缘梦》合称《藤花亭小四梦》。有道光十二年(1832)刊本。

圆香梦 杂剧剧本。近代梁廷枏作。四折。叙庄达与李含烟相爱，含烟死后鬼魂入梦与庄达相会事。与《江梅梦》、《昙花梦》、《断缘梦》合称《藤花亭小四梦》。有道光十二年(1832)刊本。

昙花梦 杂剧剧本。近代梁廷枏作。四折。叙毛奇龄侍妾曼殊事，本毛奇龄《曼殊别志书罇》一文。与《江梅梦》、《圆香梦》、《断缘梦》合称《藤花亭小四梦》。有道光十二年(1832)刊本。

断缘梦 杂剧剧本。近代梁廷枏作。四折。叙高仰士与妓女陶四眉梦中相会故事。与《江梅梦》、《昙花梦》、《圆香梦》合称《藤花亭小四梦》，有道光十二年(1832)刊本。

乔影 一名《饮酒读骚》。杂剧剧本。近代吴藻作。一折。叙谢絮才自恨身为女子，因作一男装小像，题曰《饮酒读骚图》，并对之痛饮高歌，以抒生平意气。实作者自写襟怀，故吴中一时传唱。有《清人杂剧二集》本。

补天石传奇 杂剧剧本合集。近代周乐清作。乐清字文泉，又字安榴，海宁人，荫生，授官道州州判，署祁阳、永明、沅陵、新化、黔阳知县，补麻阳知县，迁乾州、凤凰等厅同知，选东武知县，署单县，调掖县，兼摄即墨，暨莱州同知。著有《静远草堂稿》。凡杂剧八种。《宴金台》六折，叙燕太子丹灭秦，洗雪国耻；《定中原》四折，叙蜀诸葛亮战败司马懿，灭魏、吴二国，刘谌即位，诸葛亮重返南阳茅庐；《河梁归》四折，叙李陵从北番重归汉朝，遂灭匈奴；《琵琶语》六折，叙王昭君自胡地重返中国；《纫兰佩》六折，叙屈原回生，再得楚王重用；《碎金牌》六折，叙宋岳飞大获全胜，灭金诛秦桧，痛饮黄龙府；《纨如鼓》四折，叙晋邓伯道失子复得，父子团圆；《波弋乐》六折，叙魏荀粲觅得返魂香，救活其妻曹昙香，夫妻偕老。自序谓道光九年(1829)冬北上途中遇雨雪，据毛声山《琵琶记序》中所拟题目，稍加增删，敷演而成。大抵翻历史悲剧以快人意。有道光十七年(1837)静远堂刊本，另有咸丰五年(1855)刊本。

宴金台 正名作《太子丹耻雪西秦》。杂剧剧本。近代周乐清作。见"补天石传奇"。

定中原 正名作《丞相亮祚绵东汉》。杂剧剧本。近代周乐清作。见"补天石传奇"。

河梁归 正名作《明月胡笳归汉将》。杂剧剧本。近代周乐清作。见"补天石传奇"。

琵琶语 正名作《春风图画返明妃》。杂剧剧本。近代周乐清作。见"补天石传奇"。

纫兰佩 正名作《屈大夫魂还汨罗江》。杂剧剧本。近代周乐清作。见"补天石传奇"。

碎金牌 正名作《岳元戎凯宴黄龙府》。杂剧剧本。近代周乐清作。见"补天石传奇"。

纨如鼓 正名作《贤使君重还如意子》。杂剧剧本。近代周乐清作。见"补天石传奇"。

波弋乐 正名作《真情种远觅返魂香》。杂剧剧本。近代周乐清作。见“补天石传奇”。

玉田春水轩杂剧 一名《蘅芷庄人外集》。杂剧剧本合集。近代张声玠作。凡单折短剧九种。《讯翂》叙吉翂乞代父命，为父伸冤事，本《梁书·孝行传》；《题肆》叙于国宝以《风入松》词受知宋孝宗事，本《武林旧事》；《琴别》叙汪大有黄冠南归，弹琴饯别旧宫人事；《画隐》叙宋王孙赵孟坚以画自隐，斥责赵孟頫仕元事；《碎胡琴》叙陈子昂碎琴博取声名事，本《唐诗纪事》；《安市》叙薛仁贵征东，白衣破敌事；《看真》叙宋党进观像，先怒后喜事；《游山》叙谢灵运游山，被诬为山贼事，本《宋书》；《寿甫》叙饮中八仙为杜甫祝寿事，盖敷衍《饮中八仙歌》而成。诸剧情调各异，而愤世之情则一。有清原刊本及《清人杂剧二集》本。

凌波影 杂剧剧本。近代黄燮清作。四折。叙曹植与宓妃爱情故事。吴梅《中国戏曲概论》以为“空灵缥缈，较《洛水悲》为佳”。有光绪七年(1881)刊《倚晴楼七种曲》本。

老圆 杂剧剧本。近代俞樾作。一折。叙一老衲度化老将李不侯和老妓花退红事，剧情全出编造，曲白颇多禅语，而愤世之情不时流露。有光绪二十五年(1899)刊《春在堂全书》本及《清人杂剧二集》本。

星秋梦 杂剧剧本。近代李慈铭作。一折。叙书生莫峤寓居京师，梦中与少年时情人婴娘幽灵相会，互诉别情事。有《桃花圣解庵乐府》刊本、《晚清文学丛钞·戏曲卷》本。

蓬莱驿 一名《舟觏》。杂剧剧本。近代李慈铭作。一折。叙观察使兹纯父为妓女施弄珠赎身事，本唐人小说《支生传》而稍有改动。有《桃花圣解庵乐府》刊本、《晚清文学丛钞·戏曲卷》本。

镜中圆 杂剧剧本。近代刘清韵作。五折。叙颍州太守赵玉欲招南楚材为婿，南妻薛氏以自画小像及定情之物寄夫，使之感动而坚辞赵府招亲回家。而薛氏最终促成南赵婚事，二女共事一夫，和睦相处。有光绪二十六年(1900)小蓬莱仙馆刊本。

千秋泪 杂剧剧本。近代刘清韵作。四折。叙沈嵘以文才受知考官宋兆和，得中榜首。而宋因而被参去职，遂与沈到天台山结茅偕隐。有光绪二十六年(1900)小蓬莱仙馆刊本。

瞿园杂剧 杂剧剧本合集。近代袁蟫作。凡杂剧五种。《仙人感》叙吕洞宾游岳阳楼事，借仙人之口抒发时世之慨；《藤花秋梦》叙蘧生在小藤花馆值宿，梦中享尽富贵荣华，醒来后看破红尘事；《金华梦》一名《孽海花》，叙金云青死后，入赛金花梦中与之相会事；《暗藏莺》叙华氏三兄弟娶阴氏三姊妹，受女色之祸害，瘦弱将死事，喻鸦片之毒害；《长人赚》一名《卖詹郎》，叙长人詹五被卖海外，招为檀栾国驸马事。有光绪三十四年(1908)排印本。

仙人感 杂剧剧本。近代袁蟫作。见“瞿园杂剧”。

藤花秋梦 杂剧剧本。近代袁蟫作。见“瞿园杂剧”。

金华梦 一名《孽海花》。杂剧剧本。近代袁蟫作。见“瞿园杂剧”。

暗藏莺 杂剧剧本。近代袁蟫作。见“瞿园杂剧”。

长人赚 一名《卖詹郎》。杂剧剧本。近代袁蟫作。见“瞿园杂剧”。

瞿园杂剧续编 杂剧剧本合集。近代袁蟫作。凡杂剧五种。《东家颦》叙东施效颦故事，盖讽刺当时事事仿效西人之风；《钧天乐》叙玉帝宣召赵鞅生魂，赐乐以示警悟事；《一线天》叙日本诗人近藤原道魂贬深壑而坚守忠贞，终使裂石见天事；《望夫石》叙日本女子爱哥因其夫从军殉国，誓石殉节事；《三割股》叙文员外病笃，二媳一女为割股尽孝事。有宣统元年(1909)丰源印书局排印本。

东家颦 杂剧剧本。近代袁蟫作。见“瞿园杂剧续编”。

钧天乐 杂剧剧本。近代袁蟫作。见“瞿园杂剧续编”。

一线天 杂剧剧本。近代袁蟫作。见“瞿园杂剧续编”。

望夫石 杂剧剧本。近代袁蟫作。见“瞿园杂剧续编”。

三割股 杂剧剧本。近代袁蟫作。见“瞿园杂剧续编”。

养怡草堂乐府 杂剧剧本合集。近代东仙作。凡杂剧四种。《平济》叙苏方定平百济事，《芋佛》叙懒残煨芋事，《逼月》叙柳永计赚周月仙事，《赋棋》叙李泌赋棋事。有同治十三年(1874)刊本。

平济 杂剧剧本。近代东仙作。见“养怡草堂乐府”。

芋佛 杂剧剧本。近代东仙作。见“养怡草堂乐府”。

逼月 杂剧剧本。近代东仙作。见“养怡草堂乐府”。

赋棋 杂剧剧本。近代东仙作。见“养怡草堂乐府”。

陆沉痛 杂剧剧本。近代佚名作。叙史可法抗清殉难事。发表于清末《汉声报》。

扬州梦 杂剧剧本。近代佚名作。叙明末扬州军民抗清守城事。发表于清末《汉声报》。

渡江楫 杂剧剧本。近代竺崖作。一折。叙东晋祖逖誓师渡江事。光绪三十二年(1906)发表于《第一晋画报》。

秋海棠 杂剧剧本。近代悲秋散人作。三折。叙香积国花神秋海棠事,隐写秋瑾殉难事迹。宣统三年(1911)发表于《小说林》。

学海潮 杂剧剧本。近代春梦生作。四折。叙古巴学生反抗西班牙殖民压迫事。光绪二十九年(1903)发表于《新民丛报》。

断头台 杂剧剧本。近代感惺作。四折。叙法国山岳党故事。光绪三十年(1904)发表于《中国白话报》。

云萍影 杂剧剧本。近代玉桥作。二折。为《演镜》、《闺愤》。叙男女维新故事。有光绪间刊本。

无价宝 杂剧剧本。近代吴梅作。一折。为祝秉纲属题黄丕烈《鱼玄机诗思图》而作。作者自谓“宋廛觞咏,不过陈藏家故实,所谓案头之书而已”。有民国二十二年(1933)刊《霜厓三剧》本。

惆怅爨 杂剧剧本合集。近代吴梅作。凡短剧四种。《香山老出放杨枝妓》一折、《湖州守甘作风月司》二折、《高子勉题情国香曲》一折、《陆务观寄怨钗凤词》一折。大抵谱写前人风流韵事,而作者自谓用力稍勤,为得意之作。有民国二十二年(1933)刊《霜厓三剧》本。

湘真阁 杂剧剧本。近代吴梅作。四折。叙明末名妓李十娘与姜垓事,本《板桥杂记》。自序云:“非独寄艳情,亦且状故国丧乱之状,虽谓之逸史可也。”有民国二十二年(1933)刊《霜厓三剧》本。

西楼记 一名《西楼梦》。传奇剧本。清袁于令作。四十出。叙于叔夜与歌妓穆素徽相恋故事,情节曲折,传为作者自传。剧中《楼会》、《拆书》、《玩笺》、《错梦》等出至今传唱曲坛。有明剑啸阁刊本、汲古阁刊本及《古本戏曲丛刊二集》本。

鹔鹴裘 传奇剧本。清袁于令作。四十一出。叙司马相如、卓文君故事,本《汉书·司马相如传》。剧以文君奔相如,居成都,居常困顿,典鹔鹴裘以沽酒,长者阳昌重相如才,与之酒而还其裘,因以鹔鹴裘为剧名。有明末刊本。第四出“宾王”残,第九出缺目。另有《古本戏曲丛刊二集》本。

秋虎丘 传奇剧本。清王铫作。二卷五十出。叙书生汪璞秋日游虎丘,结识于桂娘,从而引发出一段悲欢离合故事。就中穿插王翘儿、徐海故事,盖本余怀《王翠翘传》而改编之。有清初刊本及《古本戏曲丛刊三集》本。

双蝶梦 传奇剧本。清王铫作。二卷三十三出。叙穷书生沈瑞与尚书之女董琼珠因庄周蝴蝶为媒,梦中相会,琼珠相思成病。沈瑞从军得官,辞官寻亲,又因庄周蝴蝶指引,终于合家团聚。有清初刊本及《古本戏曲丛刊三集》本。

化人游 传奇剧本。清丁耀亢作。十出。叙何皋遍游天上人间美景,享尽声色宴饮之乐,又游蓬莱,入鲸腹,重重奇遇,终是一梦。于是世事看透,游兴亦尽。有康熙间煮茗堂刊本。

西湖扇 传奇剧本。清丁耀亢作。二卷三十二出。叙名士顾史游西湖拾得宋湘仙自题宫扇,与所眷妓女宋娟娟和诗。金兵南下,二女被掳,湘仙为尼,娟娟嫁人。后顾史于金邦中探花,官翰林,奉旨与二宋完婚。有康熙间煮茗堂刊本。

赤松游 传奇剧本。清丁耀亢作。三卷四十六出。叙张良从赤松子学道,辅汉灭秦,功成身退事。中穿插汉高祖诛戮功臣、吕后残害戚夫人母子,以及韩信、彭越、英布冥诉等情节。有康熙间煮茗堂刊本。

表忠记 一名《蚺蛇胆》。传奇剧本。清丁耀亢作。二卷三十六出。叙杨继盛、沈炼、夏言、仇鸾诸人与权奸严嵩父子之斗争。原因清世祖嫌《鸣凤记》以邹应龙、林润为主脑,思以正之,表彰杨、夏诸人之忠贞品节,故朝臣荐丁耀亢改定。而此剧撰成,末出《后疏》指陈弊政过于露骨,朝臣卒未敢进呈。有康熙间煮茗堂刊本。

红情言 传奇剧本。清王翃作。四十八出。叙皇甫曾旅泊团风镇,遇邻舟女卢湘鸿吐绒题词事。自序称因伤史槃《唾红记》情事兼美而词采不工,故抽思三月,始成此剧。有清初刊本及《古本戏曲丛刊三集》本。

秣陵春 一名《双影记》。传奇剧本。清吴伟业作。二卷四十一出。叙南唐学士徐铉之子徐适与将军黄济之女展娘悲欢离合，赖李后主神力相助，终成眷属。中穿插南唐旧乐工曹善才弹唱琵琶及后主显圣等情节。盖借南唐为言，寓沧桑之感。吴梅以为“沉郁感叹，不啻庾信之《哀江南》也”(《中国戏曲概论》。有清振古斋刊本、暖红室刊本、《古本戏曲丛刊二集》本及上海古籍出版社排印《吴梅村全集》本。

笠翁十种曲 一名《笠翁传奇十种》。传奇剧本合集。清李渔作。凡《怜香伴》、《风筝误》、《意中缘》、《蜃中楼》、《凰求凤》、《奈何天》、《比目鱼》、《玉搔头》、《巧团圆》、《慎鸾交》等传奇十种。诸作取便梨园，吴梅《中国戏曲概论》以为“科白之清脆，排场之变幻，人情世态，摹写无遗，此则翁独有千古”。有康熙中世德堂刊本，另有清经本堂刊袖珍本，近又有1992年浙江古籍出版社排印《李渔全集》本。

怜香伴 一名《美人香》。传奇剧本。清李渔作。三十六出。叙诸生石坚之妻崔笺云与孝廉曾有容之女语花一见相怜，相约来生结为夫妇，并劝语花同嫁石生。后语花思念笺云成病，笺云特来陪伴。曾有容与石生同赴考场，爱石生之才，愿将语花许配。结婚之后，方知石、崔本是夫妻。因二女以美人香为因缘，故以名剧。有清世德堂、经本堂刊《笠翁十种曲》本，近又有1992年浙江古籍出版社排印《李渔全集》本。

风筝误 传奇剧本。清李渔作。三十出。叙书生韩世勋题诗风筝，飘落詹家，詹淑娟和诗其上，两人互生爱慕。淑娟之姊托妹之名约韩生相会，韩见其相貌丑陋，言语粗俗，惊吓而走。后韩生高中状元，与淑娟成婚，方知真相。此剧历来搬演较盛，而被认为李渔诸作之最。有清世德堂、经本堂刊《笠翁十种曲》本，另有1986年上海古籍出版社排印《古代戏曲丛书》本，近又有1992年浙江古籍出版社排印《李渔全集》本。

意中缘 传奇剧本。清李渔作。三十出。叙西湖才女杨云友、林天素以擅画名，杨能伪作董其昌画，林能伪作陈眉公画，而两人素未识董、陈二公。后历经曲折，杨、林二姬终于分嫁董、陈二公。有清世德堂、经本堂刊《笠翁十种曲》本，近又有1992年浙江古籍出版社排印《李渔全集》本。

蜃中楼 传奇剧本。清李渔作。三十出。叙洞庭、东海两龙女游蜃楼，得遇书生柳毅，洞庭龙女与柳生订情，柳生并为好友张羽与东海龙女作伐。后洞庭龙女迫于父母之命，错配泾河小龙。幸张生传书，才得返回。张、柳二生又得神仙之助，煮海使沸，迫使龙王就范，方得成就两对姻缘。盖融合元曲《张生煮海》、《柳毅传书》而出之以热闹新奇。有清世德堂、经本堂刊《笠翁十种曲》本，近又有1992年浙江古籍出版社排印《李渔全集》本。

凰求凤 一名《鸳鸯赚》。传奇剧本。清李渔作。三十出。叙吕曜与妓女许先俦相好，许愿出资为吕娶妇，访得名姝曹淑婉。另有乔梦兰久慕吕生才貌，用谗言毁谤许先俦，吕生怒而应允入赘乔氏。许先俦闻知，克期先以轿迎吕生，并面责吕生忘恩负义。乔空舆而归，后设计亦归于吕。事本《无声戏》中《寡妇设计赚新郎，众美齐心夺才子》。有清世德堂、经本堂刊《笠翁十种曲》本，近又有1992年浙江古籍出版社排印《李渔全集》本。

奈何天 一名《奇福记》。传奇剧本。清李渔作。三十出。叙阙素封富而奇丑，三次娶妻，皆遁入净室出家。后素封力行善事，终得神佑，变形为美男，并与三位佳人白头偕老。有清世德堂、经本堂刊《笠翁十种曲》本，近又有1992年浙江古籍出版社排印《李渔全集》本。

玉搔头 一名《万年欢》。传奇剧本。清李渔作。三十出。叙明武宗微行至大同，眷恋妓女刘倩倩，以玉搔头为信物，返京后遣内侍迎倩倩。刘倩倩投范钦署中，被收为义女，并送其入宫。另一女子范淑芳因容貌与倩倩相似，也被送至。武宗因并纳刘、范二女为妃。有清世德堂、经本堂刊《笠翁十种曲》刊本，近又有1992年浙江古籍出版社排印《李渔全集》本。

比目鱼 传奇剧本。清李渔作。三十二出。叙贫士谭楚玉眷恋女伶刘藐姑，于是投身戏班，定终身约。刘母逼女嫁土豪钱万贯，藐姑演《荆钗记·抱石投江》，改词痛骂，投江自尽。谭楚玉也投江殉情。两人尸体紧抱，化为比目鱼。后高士慕容介将两人救活，恢复人身，终成眷属。有清世德堂、经本堂刊《笠翁十种曲》本，近又有1992年浙江古籍出版社排印《李渔全集》本。

巧团圆 一名《梦中楼》。传奇剧本。清李渔作。三十四出。叙姚继与义父、义母及未婚妻于战乱中失散，又因多次缘会巧合，终于合府团圆。有清世德堂、经本堂刊《笠翁十种曲》本，近又有1992年浙江古籍出版社排印《李渔全集》本。

慎鸾交 传奇剧本。清李渔作。三十五出。叙名士华秀、侯雋与妓女王又嫱、邓惠娟有终身之约。后两生高中，侯雋另娶内相女，遗弃惠娟。华秀平贼还朝，遂与侯绝交。后华秀之父接二妓来京，终于成全两对佳偶。有清世德堂、经本堂刊《笠翁十种曲》本，近又有1992年浙江古籍出版社排印《李渔全集》本。

琥珀匙 传奇剧本。清叶时章作。二卷二十九出。叙桃佛奴与书生胥埙私订终身，其父桃南洲因结交侠盗金髯翁下狱，佛奴卖身救父，误入娼家，坚贞守节。胥埙得中进士，得金髯翁之助，终于救出佛奴，父女团圆，有情人得成眷属。琥珀匙为乐器名，又名火不思，因佛奴擅此，故以名剧。有传抄本及《古本戏曲丛刊三集》本，另有1988年中华书局排印《明清传奇选刊》本。

英雄概 传奇剧本。清叶时章作。二卷三十二出。叙孤儿安思敬被李克用收为义子，改名李存孝，父子奉命勤王，统领十八路诸侯剿灭黄巢，朝廷褒功赐爵。剧中还穿插了李存孝与李克用之子李存信之间的矛盾波折，最后以团圆收场。有传抄本及《古本戏曲丛刊三集》本。

一捧雪 传奇剧本。清李玉作。二卷三十出。叙权奸严世蕃欲得莫怀古祖传玉杯一捧雪，莫与之赝物，为汤勤告发，以致妻离子散。义仆莫勤代主受戮，侍妾雪艳刺死汤勤，而后自尽。后莫怀古之子莫昊得中进士，冒死上本，方得报仇雪恨。此剧揭露明代官场黑暗，鞭挞权奸营私枉法、小人卖友求荣，令人切齿。尤以《刺汤》、《祭姬》等出，为奴婢下人吐气，传唱南北曲坛。与《人兽关》、《永团圆》、《占花魁》号"一人永占"。有明崇祯间刊本及《古本戏曲丛刊三集》本。

人兽关 传奇剧本。清李玉作。三十三出。叙桂薪为富不仁，以怠慢羞辱回报施济救助之恩，其妻、子罚堕轮回，转生为施家之狗。事本《警世通言·桂员外途穷忏悔》。剧中描写人情世态，揭露小人嘴脸，无不入木三分，而贯之以因果报应。今尚演者，有《前设》、《演官》、《幻骗》、《恶梦》等出。与《一捧雪》、《永团圆》、《占花魁》号"一人永占"。有明崇祯间刊本及《古本戏曲丛刊三集》本。

永团圆 传奇剧本。清李玉作。三十二出。叙江纳嫌贫爱富，逼其女兰芳与蔡文英退婚，兰芳不从，逃出家门。蔡上告官府，断以次女蕙芳配之。兰芳遇险得救，后亦归于蔡生。盖抨击势利小人而为穷书生吐气之作。与《一捧雪》、《人兽关》、《占花魁》号"一人永占"。有明崇祯间刊本及《古本戏曲丛刊三集》本。

占花魁 传奇剧本。清李玉作。二十八出。叙卖油郎秦种与名妓辛瑶琴的相爱故事，情节全本《醒世恒言·卖油郎独占花魁》，而曲文结构惨淡经营，成为场上名作。其中《劝妆》、《品花》、《卖油》、《湖楼》、《受吐》、《独占》等出至今传唱曲坛。与《一捧雪》、《人兽关》、《永团圆》号"一人永占"。有明崇祯间刊本及《古本戏曲丛刊三集》本。

一人永占 即《一捧雪》、《人兽关》、《永团圆》、《占花魁》的合称。

清忠谱 传奇剧本。清李玉作。二卷三十四出。叙天启年间魏忠贤擅权，矫诏捉拿东林党人周顺昌。苏州义民颜佩韦、杨念如、马杰、周文元、沈扬五人激于义愤，挺身抗命，慷慨牺牲。百姓将五义士合葬，立"五人之墓"巨碑以彰其忠义。后明熹宗崩，魏党失势，百姓捣毁魏忠贤生祠，焚烧其雕像，砍下头颅以祭周顺昌与五义士。此剧取材现实生活，场面宏伟，前所未有。吴伟业序以为"事俱按实，而言亦雅驯，虽云填词，目之信史可也"。有顺治间刊本及《古本戏曲丛刊三集》本，另有1959年中华书局上海编辑所排印《明清传奇丛刊》本。

千钟禄 一名《千忠戮》，或作《千忠会》。传奇剧本。清李玉作。二十五出。或以为《千钟禄》非《千忠会》，亦非李玉所作。叙明燕王朱棣篡国，大臣程济等奉建文帝僧服逃难之事，本《明史纪事本末》，并参野史如史仲彬《致身录》等。剧借靖难之役，抒亡国之痛，尤以《惨睹》一出，感慨深沉，脍炙人口，清初遂有"家家'收拾起'"之谚。今《奏朝》、《草诏》、《庙遇》、《双忠》、《搜山》、《打车》、《归国》等出仍有上演。有传抄本及《古本戏曲丛刊三集》本。

太平钱 传奇剧本。清李玉作。二卷二十七出。敷演《古今小说·张古老种瓜娶文女》故事，剧中张老以十万贯太平钱聘韦氏女，故名。有传抄本及《古本戏曲丛刊三集》本。

牛头山 传奇剧本。清李玉作。二卷二十五出。本《说岳全传》，叙南宋偏安，高宗听信汪伯彦、黄潜善，诸奸专权误国，岳飞被贬充旗牌官。金兵再次兴兵南下，岳飞父子及部将牛皋等提兵救主，于牛头山大败金兀术。有传抄本及《古本戏曲丛刊三集》本。

两须眉 传奇剧本。清李玉作。三十出。叙黄禹金投笔从戎，剿抚群寇，其妻邓氏垦荒活民，守砦杀敌事。以夫妻并著功绩，故名。有顺治间刊本及《古本戏曲丛刊三集》本。

眉山秀 传奇剧本。清李玉作。二卷二十八出。本《醒世恒言·苏小妹三难新郎》、《拗相公饮恨半山堂》等篇故事，牵合敷衍苏氏父子兄妹有关记载、传说而成。内容芜杂，而吴梅以为此剧尤出《一捧雪》、《人兽关》、《永团圆》、《占花魁》诸剧之上。有顺治间刊本及《古本戏曲丛刊三集》本。

万里圆 传奇剧本。清李玉作。二十六出。叙苏州孝子黄向坚万里寻父故事，本黄向坚所撰《寻亲纪程》、《滇还纪程》以及归庄《黄孝子传》，而增入明末清初史可法、黄德功竭力恢复、马士英擅权作福、云南土司乘机作乱、川军老兵控诉清兵屠杀苏州人民等情节，于宣扬孝道之外，再现沧桑动乱，谴责清军暴虐，发抒亡国之痛。有传抄本及《古本戏曲丛刊三集》本。

麒麟阁 传奇剧本。清李玉作。两本四卷六十一出。本说部《隋唐志传》、《隋史遗文》等，敷衍隋末群雄逐鹿，瓦岗聚义，李唐一统，绘像麟阁故事，情节庞杂，人物众多，而以秦琼为中心，着力描写其落魄半生，终成功业。有传抄本及《古本戏曲丛刊三集》本。

人天乐 一名《北俱卢》。传奇剧本。清黄周星作。二卷三十六出。叙庚辰进士轩辕载积德行仁，修持十善，后得吕洞宾引度，全家托宅仙去。实为作者自况。有清初刊本及《古本戏曲丛刊三集》本。

十五贯 一名《双熊梦》。传奇剧本。清朱皞作。二卷二十六出。叙熊友兰、友蕙兄弟皆因十五贯钞无端获重罪，苏州知府况钟研审案情，为雪其冤。熊友兰案本宋元话本《错斩崔宁》，友蕙案借用后汉李敏被冤故事，剧中将两事串合为一，改换生色。《男监》、《女监》、《判斩》、《见都》、《访鼠》、《测字》等出尤为出色，经常搬演。有传抄本及《古本戏曲丛刊三集》本，另有张燕瑾、弥松颐校注本，1983年上海古籍出版社排印收入《古代戏曲丛书》。

未央天 一名《九更天》。传奇剧本。清朱皞作。二十八出。叙义仆马义为救主人于冤狱，不惜杀女儿、滚钉板。而其主人缚赴市朝，天明将行刑，夜阑打鼓至九更，天仍不明。事遂大白。有传抄本及《古本戏曲丛刊三集》本。

秦楼月 传奇剧本。清朱皞作。二卷二十八出。叙吕贯游虎丘真娘墓，见名妓陈素素题词而爱慕之。后素素被草寇掳去，坚贞不屈。吕友刘岳荡平草寇，救出素素。而吕贯状元及第，终得与素素团圆。据《词苑丛谈》，此剧盖影射清初姜学在与广陵歌妓陈素素事。有康熙间文喜堂刊本、武进陶氏涉园影印本及《古本戏曲丛刊三集》本。

朝阳凤 一名《丹凤忠》。传奇剧本。清朱皞作。叙明兵部主事海瑞因刚直清正忤权臣张居正，定罪当斩。进士陈三谟面讥张居正贪赃枉法，并设计召海瑞还朝上本，终使张居正罢斥还乡。有传抄本及《古本戏曲丛刊三集》本。

万年觞 一名《瑶觞记》。传奇剧本。清朱皞作。二卷二十四出。叙刘基得天书、宝剑并瑶觞一只，后辅明太祖得天下，以觞上寿。有传抄本及《古本戏曲丛刊三集》本。

聚宝盆 传奇剧本。清朱皞作。三十出。叙明初沈万三因放生得一聚宝盆，骤成巨富。后为妻弟张尤儿诬陷得罪，历尽坎坷。事本《余冬叙录》而敷演之。有传抄本及《古本戏曲丛刊三集》本。

翡翠园 传奇剧本。清朱皞作。二卷二十六出。叙宁王府长史麻逢之霸占儒生舒德溥宅建翡翠园，舒子芬状元及第，并娶翡英、翠儿二女，奇冤得白。有传抄本及《古本戏曲丛刊三集》本。

锦衣归 传奇剧本。清朱皞作。二卷二十三出。叙白木宾欺贫悔婚，陷其婿毛瑞凤于冤狱。后瑞凤得以逃生，冒名考取状元，衣锦还乡大团圆。有传抄本及《古本戏曲丛刊三集》本。

龙凤钱 一名《双跨鸾》。传奇剧本。清朱皞作。二卷二十七出。叙唐明皇游月宫，掷龙凤钱，分别被崔白、周琴心拾得，经过一番生死波折，崔、周终于结为夫妻。有传抄本及《古本戏曲丛刊三集》本。

轩辕镜 传奇剧本。清朱佐朝作。二十六出。叙南朝宋时，路景大军压境，大臣徐羡之与王同论争和战，徐遂陷王于重罪，使之一家流离。江南都督檀道济生擒路景，请旨诛徐羡之，而檀、王两家结为朱陈之好。有传抄本及《古本戏曲丛刊三集》本。

五代荣 传奇剧本。清朱佐朝作。二十七出。叙江阴徐彦能、徐晞父子世代积德行善，祖孙五代俱享荣华富贵事。盖本《蓄德录》增饰而成。有传抄本及《古本戏曲丛刊三集》本。

石麟现 一名《石磨镜》。传奇剧本。清朱佐朝作。三十一出。叙无昧真人炼成古镜一面，能照人间姻缘。秦玉娥于镜中照见书生萧谦，后历经磨难，终结良缘。有《古本戏曲丛刊三集》本。

吉庆图 一名《南瓜传》。传奇剧本。清朱佐朝作。三十二出。叙元末陈友谅、徐寿辉等起兵图事，兵败，陈攻杀徐，率众归顺元朝，候时再起。兵部尚书之子王六纲与李珍妾刘氏私通，误杀尤得理，反诬李珍妻谋害亲夫。幸李珍归来，案情得白。陈徐、王李二事原不相干，硬凑一剧中穿插而行，难以协调。有传抄本及《古本戏曲丛刊三集》本。

血影石 传奇剧本。清朱佐朝作。二卷三十出。叙明初燕王靖难，黄观夫妇先后投江尽节。忠魂不散，黄妻翁氏血泪浸染通济桥石，现出观音大士佛像。黄子荄、媳齐氏逃亡流离，终得团聚。有传抄本及《古本戏曲丛刊三集》本。

夺秋魁 传奇剧本。清朱佐朝作。二十二出。叙岳飞与牛皋、王贵结义，同赴秋试武闱，与小梁王柴贵争夺秋魁，以及擒杨么等故事，本演义小说而有所增饰。有传抄本及《古本戏曲丛刊三集》本。

璎珞会 传奇剧本。清朱佐朝作。二卷三十二出。叙隋末韦珏得璎珞宫仙子相助，授以金锏，建功雪冤事。有传抄本及《古本戏曲丛刊三集》本。

艳云亭 传奇剧本。清朱佐朝作。二卷三十二出。叙萧惜芬与洪绘相爱，遭奸相王钦若迫害，装痴避祸，历尽辛酸，终于团圆事。情节出于杜撰，而《痴诉》、《点香》、《放洪》、《杀庙》诸出至今尚演。有传抄本及《古本戏曲丛刊三集》本。

乾坤啸 传奇剧本。清朱佐朝作。二卷二十八出。叙宋代韦妃陷害乌后，图谋夺嫡，将乌后之兄廷庆军中所制刀置御衣中，致帝大怒，拘捕廷庆全家，幸包拯勘出实情，始白其冤。乾坤啸即乌氏军刀名，故以名剧。有传抄本及《古本戏曲丛刊三集》本。

御雪豹 传奇剧本。清朱佐朝作。二卷三十二出。叙宋汤惠因军功累封和阳王，御赐名马曰雪豹。平章薛赞嫉妒而陷害之，汤惠却因祸得福，历尽曲折而终于全家团圆。有传抄本及《古本戏曲丛刊三集》本。

渔家乐 传奇剧本。清朱佐朝作。二十八出。叙东汉时郑国公梁冀擅权，混乱朝纲，杀戮异己。清河王刘蒜逃到江边，得渔家女邬飞霞救助，得以脱险，许封正妃。飞霞并冒名潜入宫中，以神针刺杀梁冀，刘蒜乃得正位。剧中相士万家乐相清河王，以“渔家乐”三字为谶，后果应验，故以名剧。此剧情节虽出虚构，而关目紧凑，冷热相济，宜于搬演。《卖书》、《藏舟》、《相梁》、《刺梁》等出至今流传曲台。有传抄本及《古本戏曲丛刊三集》本。

幻缘箱 传奇剧本。清丘园作。二卷三十三出。叙书生方瑞生始与小家碧玉陈月娥眉目传情，后又暗中窥探官宦之女刘婉云，以致忙乱中躲入箱中，被月娥后父陈酒鬼盗至家中，生出种种波折。后瑞生以军功上闻宋徽宗，一夫二妇始得团圆。有传抄本及《古本戏曲丛刊三集》本。

御袍恩 一名《百福带》。传奇剧本。清丘园作。二卷二十七出。叙宋权奸吕惠卿诬奏大将高琼谋反，琼取御赐百福带包裹婴儿，挂冠出逃。后经种种曲折，高琼以协助韩琦讨平赵元昊之功诏复原职，父子团圆。有传抄本及《古本戏曲丛刊三集》本。

党人碑 传奇剧本。清丘园作。三十八出。今存二十六出。叙宋蔡京专政，立党人碑于端礼门，追贬前朝司马光、苏轼、文彦博诸人。尚书刘逵上疏抗争，得罪下狱，全家失散。书生谢琼仙醉打党人碑，亦被拘禁童贯府中。后皇帝微服出访，廉访得真情，乃起刘逵为兵部侍郎，用琼仙为参谋，平定田虎之乱。有传抄本及《古本戏曲丛刊三集》本，另有1988年中华书局点校排印本，收入《明清传奇选刊》行世。各本均缺上卷第一、二出，下卷第二十九、三十出。

钧天乐 传奇剧本。清尤侗作。二卷三十二出。叙吴兴沈白、杨云以博学高才被斥科场，而纨绔市侩贾、程、魏辈以贿赂人情得中高魁，沈白哭诉于项王庙。文昌帝君得知下界科场腐败，于天界考试真才，沈白、杨云、李贺以优等及第，赐宴奏钧天乐，授修文郎。吴梅以为“其词戛戛生新，不袭明人牙慧，而牢落不偶之态时见于楮墨之外”(《中国戏曲概论》)，自谓最爱剧中《哭庙》一出。相传顺治丁酉科场大狱即因此剧而起。有《西堂乐府六种》本，收入《西堂全集》。

喜联登 一名《八义双杯记》。传奇剧本。

清薛旦作。三十六出。本《醒世恒言·张廷秀逃生救父》敷衍增饰而成，以张廷秀、文秀兄弟并成进士，故以名剧。有明广庆堂刊本及《古本戏曲丛刊三集》本。

如是观 一名《翻精忠》，又名《倒精忠》。传奇剧本。清张大复作。二卷三十出。作者因姚茂良《精忠记》照史直写岳飞遇害，难快人意而改作。叙岳飞不奉假诏，连夜进兵，以计大胜金兵，至五国城迎还徽钦二宗，还朝治秦桧夫妇通敌之罪。有传抄本及《古本戏曲丛刊三集》本。

醉菩提 传奇剧本。清张大复作。本杂剧《东窗事犯》与小说《济颠传》，敷演济颠僧"借色身而度世，仗痴颠以说法"故事。有传抄本及《古本戏曲丛刊三集》本。

快活三 传奇剧本。清张大复作。二十九出。叙明成化间蒋霆得妇故事。本祝允明《九朝野记》而增饰蒋霆官扬州太守，以票会银十万，夫妻成仙而去情节。因主人公兼富、贵、神仙于一身，故以名剧。有传抄本及《古本戏曲丛刊三集》本。

吉祥兆 传奇剧本。清张大复作。二卷二十九出。叙公孙益、尹贞贞夫妇受奸臣贾国祚陷害，历尽波折，终于一家团圆故事。剧中穿插庭生灵芝，以为祥瑞等情节，故以名剧。有传抄本及《古本戏曲丛刊三集》本。

金刚凤 传奇剧本。清张大复作。二卷三十出。叙吴越王钱镠与金刚女、李凤娘故事，本《古今小说·临安里钱婆留发迹》而增饰之。有传抄本及《古本戏曲丛刊三集》本。

喜重重 一名《重重喜》，又名《天赐贵》。传奇剧本。清张大复作。二十七出。叙梅芬得神助，中状元，又得藏金，娶美女故事。有传抄本及《古本戏曲丛刊三集》本。

海潮音 传奇剧本。清张大复作。二卷二十八出。敷衍《香山宝卷观音大士修道因缘》，叙观音大士修行得道故事。有传抄本及《古本戏曲丛刊三集》本。

紫琼瑶 传奇剧本。清张大复作。叙尹喜因失手打碎紫琼瑶而谪降尘世，随父燕脆勤王杀敌，父子均受朝廷封赠。有传抄本及《古本戏曲丛刊三集》本。

钓鱼船 传奇剧本。清张大复作。三十一出。本《西游记》刘全进瓜及魏徵梦斩泾河龙王故事，唯改刘全为吕全。以吕全与妻李翠莲重结再生缘，同返钓鱼船，故以名剧。有传抄本及《古本戏曲丛刊三集》本。

双福寿 传奇剧本。清张大复作。二卷二十四出。叙周勃功高天下，位极人臣，长女册为皇后，长子尚为驸马，五男二婿皆官显要。复以武功封安定王，加九锡。末结以周勃庆贺八十寿辰。有传抄本及《古本戏曲丛刊三集》本。

读书声 传奇剧本。清张大复作。二十五出。叙书生宋儒因贫病交加，被岳父戴老大遗弃荒岛，后遇人熊相救，得财建功，终与妻儿重圆。事本《警世通言·宋小官团圆破毡笠》而增饰之。有传抄本及《古本戏曲丛刊三集》本。

称人心 一名《巧移花》。传奇剧本。清陈二白作。二卷二十四出。叙才女卫星波为父祝寿作《谒金门》词，徐景韩因之为其友文怀作伐。而文怀与骆兰藻和诗，遣冰人作合。后文怀及第，卫、骆二女同归文怀。有传抄本及《古本戏曲丛刊三集》本。

双官诰 传奇剧本。清陈二白作。二卷二十七出。叙冯琳如遭人陷害，离家避祸，妻妾改嫁，婢女碧莲苦守贞节，教子成名。而琳如也官至尚书，衣锦还乡。父子官诰俱归碧莲。事本明人小说《妻妾抱琵琶梅香守节》。剧中《夜课》一出最为常演。有传抄本及《古本戏曲丛刊三集》本。

三报恩 传奇剧本。清毕魏作。二卷三十六出。叙《警世通言》中所载《老门生三世报恩》故事。叙鲜于同老来登科，救助其师蒯遇三代，以报师恩，意在鞭挞世上贱老贵少之偏见。有明崇祯刊本及《古本戏曲丛刊二集》本。

竹叶舟 传奇剧本。清毕魏作。二卷二十八出。叙晋石崇参见高僧支道林，僧取竹叶为舟，令其谒见龙王，遂至巨富。其后功名富贵阅数十年，终招杀身之祸。梦醒之时，叶舟如故，遂悟道出家。许饮流序谓此剧"文笔俊爽，曲律谐协，排场紧凑，洵为当行，诚不愧'白璧黄金'之誉也"。有梦香堂抄本及《古本戏曲丛刊二集》本。

天马媒 传奇剧本。清刘方作。二卷三十五出。叙黄损与裴玉娥、薛琼琼钟情有约。而玉娥坠江，琼琼被选入宫，黄损伤痛不已，坚志不娶，苦读赶考，一举夺魁，上本弹劾权相吕用之，又得玉马之助，终与裴、薛二女完婚。事本《北窗志异·玉马珮记》而增饰关目。高奕《新传奇品》谓其所作"如山中炮响，应声齐来"。有暖红室刊本及《古本戏曲丛刊三集》本。

人中龙 传奇剧本。清盛际时作。二卷二十八出。叙唐刘邺为李德裕雪冤事。剧中文宗皇帝书"人中龙"三字于《击剑图》赐邺，因以名剧。有传抄本及《古本戏曲丛刊三集》本。

胭脂雪 传奇剧本。清盛际时作。二卷二十七出。叙皂隶白怀立意行善，其子白简得貂裘名胭脂雪，因致显贵。有传抄本及《古本戏曲丛刊三集》本。

龙灯赚 一名《浑仪镜》，又名《春秋笔》。传奇剧本。清朱云从作。二卷三十一出。演南朝宋檀道济、王璧两家故事，情节、曲词均与朱佐朝《轩辕镜》大同小异。有传抄本及《古本戏曲丛刊三集》本。高奕《新传奇品》称其所作"如骏马嘶风，驰骤有矩"。

芙蓉楼 传奇剧本。清徐沁作。一说汪光被著。二卷二十九出。叙元代赵太后排宴芙蓉楼，赋诗纪胜，才女杜弱兰、李倩华以和诗称旨，各赐女学士，居百尺楼，并分别与新状元孟珩、姚若采奉旨完婚事。有康熙间叩钵斋刊本。

香草吟 传奇剧本。清徐沁作。二卷三十二出。叙桑寄生与刘寄奴结为兄弟，并助内史周盈笺注《本草》，于周府遇贝母之女红娘子而爱慕之，后历经波折，以诗为媒，终成眷属事。剧本系集《本草》药名为之，颇费经营。有康熙间曲波园刊本。

载花舲 传奇剧本。清徐沁作。二卷三十二出。叙陈留荀咏游学吴门，借机接近并打动名姬王朝霞，后荀咏以功迁官侍郎，而朝霞遇难获救，二人重圆载花舲事。有康熙间曲波园刊本。

广寒香 传奇剧本。清徐沁作。二卷三十三出。叙才子米遥巧逢天眷湘娥，私下订盟，适逢寇起，为避乱，乃改名换姓，后应试得中，几经曲折，终成连理。因关目全在壁间画月放光，故以名剧。有清文治堂刊本及书带草堂刊本。

拥双艳三种曲 传奇剧本合集。清万树作。凡《风流棒》、《念八翻》、《空青石》传奇三种。因都叙一才子配二佳人的所谓风流韵事，故名。有康熙二十五年(1686)粲花别墅刊本。

风流棒 传奇剧本。清万树作。二卷二十六出。叙书生荆瑞草在佛殿见谢林风题诗，心生爱慕，历经波折，终于与林风及另一美女倪菊团圆。剧中有两女于洞房夜责荆薄情，命侍女以棒击之等情节，故以名剧。有康熙二十五年(1686)粲花别墅刊《拥双艳三种曲》本。

念八翻 传奇剧本。清万树作。二卷二十八出。叙都御史寇源陷害虞云卿父子，后案情昭雪，云卿破贼立功，官至兵部侍郎，其子虞柯亦登第，与翰林之女祝凤东与妓女阮霞边成亲事。剧中以功罪、邪正、师弟、奴主、贞淫、老少、贫富、贵贱、僧俗、痴慧、生死、男女、慈忍、文武为十四种对比，互相各有二种变化，如功臣反获罪，罪人反有功之类，故名。庄一拂《古典戏曲存目汇考》谓其"关目殊佳，登场人物亦奇警"。有康熙二十五年(1686)粲花别墅刊《拥双艳三种曲》本。

空青石 传奇剧本。清万树作。二卷二十九出。叙书生钟青家有祖传眼病良药空青石，由此生出与少宰曲家、礼部鞠家种种纠葛，最后钟青中解元，与两位佳人陆珊然、鞠书仙完婚。有康熙二十五年(1686)粲花别墅刊《拥双艳三种曲》本。

小河洲 一名《双奇侠》。传奇剧本。清李荫桂作。二卷三十七出。荫桂，一作应桂，字叶梦，又字孟芬，号蕊庵，山阴人。叙御史铁英之子中玉、兵部侍郎水天生之女冰心历尽艰辛，为父申冤事，以中玉高中状元，水天生平寇凯旋，将女儿冰心许配中玉，皇帝赐婚为结局。盖据小说《好逑传》而作。有康熙间刊本。

扬州梦 传奇剧本。清嵇永仁作。二卷十六出。本唐人小说《扬州梦记》，叙杜牧在扬州之风流韵事。突出表现牛僧孺之重才好贤，主持公道，破格为杜牧补官御史，用之参赞军务，并一手促成其与扬州妓女绿叶之姻缘。有康熙间刊本及《奢靡他室曲丛一集》本。

双报应 传奇剧本。清嵇永仁作。二卷三十出。为狱中绝笔。据难友林可栋之述，叙书生钱可贵与贡生张师孔行善终得善报，而钱生之友张子俊之妻与王文用通奸，谋杀亲夫，终得恶报事。以城隍显灵，相助郡守孙昌裔结案，伸张正义作结。有康熙间刊本及《奢靡他室曲丛一集》本。

四元记 一名《小莱子》。传奇剧本。清范希哲作。二卷三十六出。希哲，号四愿居士，钱塘(今杭州)人。叙宋再玉四元连中，状元及第故事。剧中对王安石、吕惠卿恣意笑骂，不遗余力。有清初刊本。

满床笏 一名《十醋记》。传奇剧本。清范希哲作。三十六出。叙唐郭子仪平定安禄山之乱，进封汾阳王，六旬寿辰，七子八婿以次奉觞上寿，堆笏满床。剧中穿插朔方节度使龚敬纳妾，宦官鱼朝恩陷害郭、龚诸情节。

其中《卸甲》、《封王》等出流传较广。有清初刊本。

双锤记 一名《合欢锤》。传奇剧本。清范希哲作。二卷三十六出。叙张良使陈大力狙击秦始皇于博浪沙，误中副车，以双锤投海中，为琉球女主琳娥、琅英各得其一。后大力至琉球，被招赘为婿，并为琉球国主。自序谓本小说《逢人笑》而增饰之。有清初刊本。

双瑞记 一名《中庸解》。传奇剧本。清范希哲作。二卷三十六出。叙晋周处中年依从母训，改过成名，儒士时吉将两女嫁之。朝廷赐宅，使周、时二姓同住，旌闾曰"双瑞"。有清初刊本。

鱼篮记 一名《双错香》。传奇剧本。清范希哲作。叙武则天宫人尹若兰奉命出访隐逸名贤，捐俸成全秦娥娘与闻人杰之婚姻，又于鱼篮庵遇于楚，盟于观音大士之前，因成百年之好。有清初刊本。

万全记 一名《富贵仙》。传奇剧本。清范希哲作。叙宋光宗时翰林卜丰修国史、征张保，有功社稷。其子早掇上第，招为驸马，一举三男，光宗赐名得富、得贵、得仙，享尽荣华。事无所本。有清初刊本。

补天记 一名《小江东》。传奇剧本。清范希哲作。叙曹操专权，弑伏后及国丈伏完全家。伏后之魂诉于女娲。女娲使睹曹操入地狱，受果报，伏后大快。后刘备称帝蜀中，关羽遥祭伏后。有清初刊本。

偷甲记 一名《雁翎甲》。传奇剧本。清范希哲作。二卷三十六出。叙宋江使时迁盗徐宁家所藏雁翎甲，招之入伙，以钩镰枪法破呼延灼连环甲马，迫使呼延灼归梁山，最后同受招安。其中《盗甲》一出历来搬演较多。有清初刊本。

玉鸳鸯 传奇剧本。清周杲作。三卷三十二出。叙解元谢珍游学姑苏，文霞仙乔妆访晤，以玉坠鸳鸯为聘，东方月娥亦扮男装，共平倭寇。后二女同归谢珍。有传抄本及《古本戏曲丛刊三集》本。高奕《新传奇品》称其所作"如老僧谈禅，真谛妙理"。

罗衫记 一名《白罗衫》。传奇剧本。著者佚名，约明末清初人。叙兰溪知县苏云为水寇徐能所劫，徐冒名赴任，并抚养其子继祖。十八年后继祖官御史，受状审理此案，以罗衫为证，擒诛徐能，一家团圆。事本《警世通言·苏知县罗衫再合》。有传抄本及《古本戏曲丛刊三集》本。

漱玉堂三种 传奇剧本合集。清孙郁作。凡《绣帏灯》、《双鱼佩》、《天宝曲史》等传奇三种。有漱玉堂稿本及《古本戏曲丛刊三集》本。

天宝曲史 传奇剧本。清孙郁作。二卷二十八出。叙杨贵妃与唐明皇故事，本《太真外传》、《梅妃传》以及李白制《清平调》三首、雷海青骂贼而死等传说遗文编写而成，主要情节略同于洪昇《长生殿》。有漱玉堂稿本及《古本戏曲丛刊三集》本。

双鱼佩 传奇剧本。清孙郁作。二卷二十八出。叙书生柳应龙与佳人花想容相爱慕，互赠玉鱼佩以为定情之物。浪子奚必文兄弟设计陷害柳生，结果反而成全柳、花姻缘。有漱玉堂稿本及《古本戏曲丛刊三集》本。

绣帏灯 传奇剧本。清孙郁作。二卷二十出。据李渔《无声戏》中疗妒妇故事改编，叙孝廉穆弘之妻淳于氏奇妒，费隐公登坛说法，设计医妒，使淳于氏羞愧自缢，还魂后顿改前非。有漱玉堂稿本及《古本戏曲丛刊三集》本。

耆英会 传奇剧本。清乔莱作。三十出。叙司马光反对王安石新政事，以郑侠绘《流民图》，持图责备新政为主要关目，穿插以西夏兵戎、登州祭海以及苏轼、朝云遇合诸情节，结以司马光复相，王安石悔叹，吕惠卿被贬斥。有康熙间香雪亭刊本。

江花梦 传奇剧本。清龙燮作。二卷二十八出。叙书生江霖梦中得袁餐霞诗笺，设法访求。袁餐霞为免遭官吏强纳为妾，与邻女鲍雨臣假扮夫妻，西行寻找江霖。后江霖征西夏立功，官至台阁，终与二女团圆。有乾隆间刊《龙改庵二种曲》本。

长生殿 传奇剧本。清洪昇作。五十出。写作历经十余年，三易稿而成。洪昇《例言》云："忆与严十定隅坐皋园，谈及开元、天宝间事，偶感李白之遇，作《沉香亭》传奇。寻客燕台，亡友毛玉斯谓排场近熟，因去李白，入李泌辅肃宗中兴，更名《舞霓裳》。优伶皆久习之。后又念情之所钟，在帝王家罕有，马嵬之变，已违夙誓，而唐人有玉妃归蓬莱仙院、明皇游月宫之说，因合用之，专写钗盒情缘，以《长生殿》题名。"定稿完成于康熙二十七年(1688)。此剧继承了白居易《长恨歌》的主题，以唐玄宗、杨贵妃的故事来表现、讴歌生死不渝的爱情，同时穿插安史之乱前后的唐代政治事件。虽对李、杨表示同情，但又对他们沉溺于骄奢淫逸的生活，败坏朝政，导致社会变乱，最终葬送掉自己的爱情，又给广大人民带来灾难，进行了谴责。联系政治来写爱情，既"借太真外传谱新词，情而已"(《长生殿·传概》)，又"乐极哀来，垂戒来世，意即寓焉"(《自序》)。全剧曲词优美，"句精字研，罔不谐叶，爱文者赏其词，知音者赏其律"(吴仪一《长生殿序》)，人物形象鲜明丰满，戏剧情节典型概括，线索清晰，主题突出，一登上舞台，便广为传唱。至今剧中《定情》、《惊变》、《闻铃》等出，仍不时演出。有康熙间稗畦草堂原刊本，另有民国八年(1919)刘世珩辑贵池刘氏暖红室刊《汇刻传剧》本，今有1955年文学古籍刊行社印行本，另有1958年人民文学出版社排印徐朔方校注本，后多次重印。

桃花扇 传奇剧本。清孔尚任作。四十出。创作始于作者未出仕时，后康熙二十五年(1686)往扬州参与疏浚淮河海口时在泰州枣园续写，历经十余年，三易稿而成，康熙三十八年问世。此剧采摭的史实，始于明崇祯十六年(1643)，终于清顺治二年(1645)。作者在《桃花扇小引》中指出剧作目的在于揭示有明一代基业，"隳于何人？败于何事？消于何年？歇于何地？"他认为权奸的结党营私，导致了南明的覆灭。剧中以侯方域与李香君的爱情为主线，"借离合之情，写兴亡之感"(《先声》)。对侯方域作为东林党人正直的一面加以肯定，又写出了他作为文人软弱的一面；对李香君则热情歌颂，其形象极为光彩照人。此外，柳敬亭、苏昆生等下层人物的正面形象与阮大铖、马士英等上层人物的反面形象，也都塑造得较为成功，指斥奸臣，尤不遗余力。从侯方域赠扇订盟，经李香君溅血染扇，杨文骢就血画花，至张道士裂扇掷地，以一柄扇子绾合各情节，"南朝兴亡，遂系之桃花扇底"(《桃花扇本末》)。全剧曲词流畅，宾白整练，微惜因过求"宁不通俗，不肯伤雅"(《凡例》)，故作为戏曲语言，当行不足，略逊洪昇《长生殿》。本剧一登上舞台，便广为传唱，至今剧中诸出，仍不时上演。有康熙间介安堂刊本、光绪间兰雪堂刊本、民国八年(1919)刘世珩辑贵池刘氏暖红室刊《汇刻传剧》本，今有1954年文学古籍刊行社印行本，另有1958年人民文学出版社排印王季思与苏寰中合注本，后多次重印。

小忽雷 传奇剧本。清孔尚任、顾彩作。二卷四十出。叙梁厚本与郑盈盈定情，因触怒宦官仇士良，避祸投军，助裴度破吴元济。郑盈盈被征选入宫，怒打仇士良，被勒死装箱，抛入沟中，梁厚本垂钓得箱，救活盈盈，夫妻相认，得皇帝赐婚。剧中穿插中唐治乱史实，以梁、郑离合为主线，以古乐器小忽雷为关目线索，故以名剧。有康熙间抄本及暖红室刻本。

阴阳判 传奇剧本。清查慎行作。二卷二十八出。叙胶城朱孝子为父复仇事。据卷尾跋语，是据《声宽》、《悯宽》二录，据吴中实事谱写而成。庄一拂《古典戏曲存目汇考》谓其"声律文词极稳练"。有康熙间刊本。

容居堂三种曲 传奇剧本合集。清周稚廉作。凡传奇《珊瑚玦》、《元宝媒》、《双忠庙》等三种。有康熙间书带草堂刊本。

珊瑚玦 传奇剧本。清周稚廉作。二卷二十八出。叙书生卜青与妻祁氏遭乱离散，临别将一珊瑚玦分为两半，各取其一以为表记，后其子继光以军功得官，夫妇认玦团圆事。有康熙间刊《容居堂三种曲》本。

元宝媒 传奇剧本。清周稚廉作。二卷二十八出。叙太原义丐救助刘淑珠，后刘氏入宫为妃，武宗赐义丐一元宝，又被其用以救助贫女陶湘珠，以此受诬入狱，武宗闻知，赐丐姓刘，封为皇亲，并与陶氏结为夫妇事。有康熙间刊《容居堂三种曲》本。

双忠庙 传奇剧本。清周稚廉作。二卷二十八出。叙明舒真、廉国宝均因弹劾宦官刘瑾罹祸，两家孤儿幼女赖义仆王保、太监骆善抚养于双忠庙中，得以长大申冤，并结为夫妻事。有康熙间刊《容居堂三种曲》本。

忠孝福 传奇剧本。清黄之隽作。二卷三十出。叙后周殷旭守济南，城破身殉，其子殷俭招魂还乡，至宋初有旨褒奖殷旭之忠，三子皆中进士事。据陈元龙序，此剧盖敷衍宋澄溪先人事迹而成。有康熙间博古堂刊本。

梅花诗 传奇剧本。清李荫桂作。二卷二十九出。叙石液与梅凌春、毕临莺二女因相互唱和而生爱慕之心，终于一夫二妻偕老百年事，其中穿插假名士冒名出丑、女扮男装代未婚夫订婚拜堂等情节。有康熙间刊本。

扬州梦 传奇剧本。清蕴端作。叙扬州巨商杜子春三入长安，得老君点化得道故事，本《醒世恒言·杜子春三入长安》而增饰之，亦感叹世态炎凉之作。有康熙间刊本。

新曲六种 又名《惺斋五种续编一种》。传奇剧本合集。清夏纶作。凡《无瑕璧》、《杏花村》、《瑞筠图》、《广寒梯》、《花萼吟》、《南阳乐》等传奇六种。诸剧多以褒扬忠孝节义、惩恶劝善为宗旨。有乾隆十六年(1751)世光堂刊本。先刊行的《惺斋五种曲》无《花萼吟》一种,而以之为续编。

无瑕璧 传奇剧本。清夏纶作。二卷三十二出。叙明初燕王靖难,山东参政铁铉死节。其女没入乐籍,誓不失身,终得佳偶,成就美满姻缘事。有乾隆间世光堂刊本。

杏花村 传奇剧本。清夏纶作。二卷三十二出。叙王武为报父仇,在杏花村手刃贼人,又为奸臣所害,命丧荒郊,幸汉钟离相救,起死回生,后冤情得白,王武受褒奖,得富贵事。有乾隆间世光堂刊本。

瑞筠图 传奇剧本。清夏纶作。二卷三十二出。叙明章纶之继母未婚守节,教子成名,后母子同受朝廷褒奖事。有乾隆间世光堂刊本。

广寒梯 传奇剧本。清夏纶作。二卷三十二出。叙王香谷倾囊救助贫寒儒生,因得善报,应试高中,又于倭乱中相救一佳人,遂结为终身伴侣事。有乾隆间世光堂刊本。

南阳乐 传奇剧本。清夏纶作。二卷三十二出。叙诸葛亮不死五丈原,诛司马,擒曹丕,降孙权,一统天下,功成归里。结以北地刘谌受禅登基,大快人心。盖翻史实而为蜀汉补恨之作。有乾隆间世光堂刊本。

花萼吟 传奇剧本。清夏纶作。二卷三十二出。叙宋姚居仁之弟利仁被贾似道栽赃陷害,下狱待斩。居仁代弟受戮,幸江万里审明案情,侠士林茂相助藏身,后权臣被杀,姚氏兄弟终得功成名就,衣锦还乡事。有乾隆间世光堂刊本。

八宝箱 传奇剧本。清夏秉衡作。二卷三十八出。秉衡字平千,又字香阁、谷香,华亭人,诸生。本宋懋澄《九籥集·杜十娘传》而增饰之,叙杜十娘怒沉八宝箱故事,最后终结于情侣双双成仙。有乾隆间秋水堂刊本。

诗中圣 传奇剧本。清夏秉衡作。二卷三十二出。叙杜甫生平始末,脱胎《唐书》本传而有所润色,以合于传奇家关目。前列夏氏自序。有乾隆间秋水堂刊本。

双翠圆 传奇剧本。清夏秉衡作。二卷三十八出。叙书生金重与王氏二女春游相遇,以金钗盟誓,历尽坎坷,生死不渝,终于大团圆事。有乾隆间秋水堂刊本。

拜针楼 传奇剧本。清王墅作。八出。墅字北畴,芜湖人,诸生。叙书生后宾王结交匪类,迷恋妓女,身染恶习,不务正业,其妻丰采苹以针毁容,促其上进。后宾王乃发奋勤学,竟然高中状元。衣锦荣归,拜谢采苹,于是命其所居曰拜针楼。有康熙四十八年(1709)研露斋刊本。

后一捧雪 传奇剧本。清胡士瞻作。二卷二十八出。为李玉《一捧雪》传奇续编,叙莫怀古之子莫昊冒名赶考得中巍科,官御史,巡抚九边,迎父署中。莫怀古认莫成之子为侄,令其就读家中。莫成、雪艳成仙,严世蕃、汤勤受冥谴,汤勤之妻沦为乞丐。莫怀古因玉杯一捧雪几致家破人亡,遂将其埋入祖茔,不再珍惜。有康熙间天枢阁刊本。

玉燕堂四种曲 传奇剧本合集。清张坚作。凡《梦中缘》、《梅花簪》、《怀沙记》、《玉狮坠》等传奇四种。有乾隆间刊本。

玉狮坠 传奇剧本。清张坚作。二卷三十出。叙书生黄损路经荆襄,水上闻筝,得与裴玉娥定情,后历经悲欢离合,幸赖汉钟离与龙女神力,得以偕老百年事。有乾隆间刊《玉狮堂四种》本。

梅花簪 传奇剧本。清张坚作。二卷四十出。叙徐苍以花簪聘定杜冰梅为妻,有胡公子欲仗势强娶冰梅,冰梅不从,身陷牢中,徐苍官至巡按,赖牢头郭宗解之助,查清案情,御赐完婚事。有乾隆间刊《玉狮堂四种》本。

梦中缘 传奇剧本。清张坚作。二卷四十六出。叙钟心与文媚兰梦中相遇,互生爱慕,历经曲折,终成眷属事。杨恩寿《词余丛话》以为张坚诸作中以此剧"排场变幻,词旨精致,洵为昉思后劲,足开藏园先声"。有乾隆间刊《玉燕堂四种》本。

怀沙记 传奇剧本。清张坚作。二卷三十出。叙屈原故事,本《战国策》、《史记·屈原列传》以及《楚辞》之《离骚》、《大招》、《天问》、《山鬼》诸篇,贯穿张仪游楚、靳尚进谗、怀王被掳、屈原投江等情节而成,结以屈原升天。有乾隆间刊《玉燕堂四种》本。

芝龛记 传奇剧本。清董榕作。六卷六十出。叙明末秦良玉、沈云英二女将故事,而举明万历、天启、崇祯三朝政事包罗其中,盖杂采群书野乘墓志联缀而成,篇制弘大而略病琐碎。有光绪间董氏重刊本。

石恂斋传奇四种 传奇剧本合集。清石琰作。琰字紫佩,号恂斋,苏州人。含《天灯记》、《忠烈传》、《酒家佣》、《锦香亭》等传奇四种,有乾隆间清素堂刊本。

天灯记 传奇剧本。清石琰作。三卷三十八出。叙文昌帝君知杨钧坐怀不乱，赐予天灯，后杨钧为周有辉代写卖妻文券，上帝怒撤天灯，削其箓籍，杨妻封氏劝夫毁券，并捐金成全周氏夫妇，使天灯复明，杨钧终至显贵事。有《石恂斋传奇四种》本。

忠烈传 传奇剧本。清石琰作。三卷三十六出。叙韩琪、狄青、裴济平定西夏国李元昊之乱，穿插韩琪之子韩耿与裴济之女静娟、张齐贤之女淑娟相知缔缘，奉旨完姻事。有《石恂斋传奇四种》本。

酒家佣 一名《香鞋记》。传奇剧本。清石琰作。三卷三十九出。叙东汉李固之子李燮避梁冀之祸，匿于赵静娟后楼箱中得免，后变姓名于魏家酒肆为佣，与魏姣莺订缘，梁冀谋反被诛，李燮与赵、魏二女成亲事。有《石恂斋传奇四种》本。

锦香亭 一名《香罗帕》。传奇剧本。清石琰作。三卷三十八出。叙钟景期以孤寒高中榜魁，于锦香亭与葛明霞幽会，安史乱起，明霞避祸韦碧秋家，钟生遇虎，又幸雷天然刺虎相救，后钟生助郭子仪讨平安史之乱，遂奉旨与葛、韦、雷三女成亲事。有《石恂斋传奇四种》本。

转天心 传奇剧本。清唐英作。二卷三十八出。叙吴明因三十年间屡试不中，肆口狂吟，中伤上帝，被罚投生乞儿，后因拾金不昧，救人危难，多行善事，终使天运回转，飞黄腾达事。有乾隆间刊《古柏堂传奇杂剧》(即《灯月闲情》)本、1987年上海古籍出版社排印《古柏堂戏曲集》本。

双钉案 传奇剧本。清唐英作。二卷二十六出。叙江芸考中得官，驰书报家，其妻与婢女玉儿合谋，封锁消息，并害死江芸之弟江芋，后赖包拯审明案情，江芋复苏，恶妇正法，宰相王彦龄将二女许配江氏兄弟事。有《古柏堂传奇杂剧》(即《灯月闲情》)本、1987年上海古籍出版社排印《古柏堂戏曲集》本。

巧换缘 传奇剧本。清唐英作。一卷十出。叙少女张蕴珠被卖给老木匠马冲霄为妻，老妇周氏则被卖给少年书生洪遇为妻，周氏同情蕴珠遭遇，自愿与她互换丈夫，后洪遇贵显，时常周济周氏夫妇事。有《古柏堂传奇杂剧》(即《灯月闲情》)本、1987年上海古籍出版社排印《古柏堂戏曲集》本。

天缘债 传奇剧本。清唐英作。二卷二十出。叙李成龙受亡妻父母要挟，必须续娶之后方能取还前妻妆奁，张骨董自愿将其妻沈赛花借与，以致弄假成真，成就李、沈姻缘，后李成龙官至御史，免除张骨董劳役，助其另娶事。此剧系作者据秦腔改编。有《古柏堂传奇杂剧》(即《灯月闲情》)本、1987年上海古籍出版社排印《古柏堂戏曲集》本。

梁上眼 传奇剧本。清唐英作。八出。叙珠宝商蔡鸣夫之妻伙同奸夫谋杀亲夫，并栽赃陷害其父杀婿，不想奸夫淫妇作案时被梁上君子窥见，案情得以大白事。有《古柏堂传奇杂剧》(即《灯月闲情》)本、1987年上海古籍出版社排印《古柏堂戏曲集》本。

升平宝筏 一名《莲花会》。传奇剧本。清张照作。凡十本，每本二十四出。叙唐僧玄奘取经故事，于上元日前后演之。有清升平署抄本及《古本戏曲丛刊九集》本。

劝善金科 传奇剧本。清张照作。凡十本，每本二十四出。叙目连救母故事，于岁暮演之，以祓除不祥。有乾隆间刊本及《古本戏曲丛刊九集》本。

混元盒 传奇剧本。清无名氏作，或谓张照作。八十五出。叙张节真人与金花圣母斗法，用混元盒收伏诸妖故事。有升平署抄本及《古本戏曲丛刊九集》本。

太平乐府 又名《玉勾十三种》。传奇剧本合集。清吴震生作。凡《换身荣》、《天降福》、《世外欢》、《秦州乐》、《乐安春》、《生平足》、《万年希》、《闹华州》、《临濠喜》、《人难赛》、《三多全》、《成双谱》、《地行仙》等传奇十三种，多谱写古人发迹故事，藉以发泄心中之不平。有乾隆十七年(1752)刊本。

换身荣 传奇剧本。清吴震生作。十四出。叙武都郑藐微贱不得志，适蜀王选妃，观音菩萨使之换身为女，因中选而得荣宠。有乾隆间刊《太平乐府十三种》本。

天降福 传奇剧本。清吴震生作。十三出。叙汉宣帝时荀宾妻死，续娶宫嫔之母王大娘。王女入宫选为后，荀因得封侯，福从天降，故以名剧。有乾隆间刊《太平乐府十三种》本。

世外欢 传奇剧本。清吴震生作。十三出。演三国时蔡瑁因其妻经商致富，于是不求仕进。有乾隆间刊《太平乐府十三种》本。

秦州乐 传奇剧本。清吴震生作。十三出。叙李金源因义妹入宫得宠，官至秦州刺史事。有乾隆间刊《太平乐府十三种》本。

乐安春 传奇剧本。清吴震生作。十三出。

叙后魏徐纥由于善附权要，竟至出将入相，执掌军国权柄事。有乾隆间刊《太平乐府十三种》本。

生平足 传奇剧本。清吴震生作。十三出。叙梁李迁哲偕子李奇归顺北周，官至襄阳节度使事。有乾隆间刊《太平乐府十三种》本。

万年希 传奇剧本。清吴震生作。十三出。叙柳誓因得隋炀帝召见，于是功成名就事。有乾隆间刊《太平乐府十三种》本。

闹华州 传奇剧本。清吴震生作。十三出。叙唐德宗时李国士在华州击败叛军事。有乾隆间刊《太平乐府十三种》本。

临濠喜 传奇剧本。清吴震生作。十三出。叙五代时刘崇俊因祸得妻以及杨行密官濠州知府事。有乾隆间刊《太平乐府十三种》本。

人难赛 传奇剧本。清吴震生作。十三出。叙宋给事张耆受真宗信任，超擢为节度使，永享千钟俸禄故事。有乾隆间刊《太平乐府十三种》本。

三多全 传奇剧本。清吴震生作。十三出。叙赵宋后裔赵辉为明太祖婿，历经十朝，至嘉靖间尚健在，集福、禄、寿于一身，故以名剧。有乾隆间刊《太平乐府十三种》本。

成双谱 传奇剧本。清吴震生作。十三出。叙邓州李冲与同僚王叡子女联姻事。有乾隆间《太平乐府十三种》本。

地行仙 一名《后昙花》。传奇剧本。清吴震生作。四十六出。叙蜀国李常、临淮孔岂然欲受地仙之方，随仙师学道，得享千岁高寿，游遍人寰，并与仙女成婚，极逍遥之乐，却原来不过是昙花一现而已。有乾隆间刊《太平乐府十三种》本。

雷峰塔 传奇剧本。清黄图珌作。二卷三十三出。叙白蛇、青蛇与许宣故事，情节略本《警世通言·白娘子永镇雷峰塔》，以法海镇蛇塔下、许宣随法海出家作结。卷首有乾隆三年(1738)作者自序。有乾隆间看山阁刊本。后方成培于乾隆三十六年据台本改作为四卷三十四出，较黄本增益情节，改变结局，终以许士麟高中状元，还乡祭母，白蛇青蛇灾满得赦，同列仙班，因而大快人心，至今搬演不辍。有乾隆间刊岫云词逸改本。

双痣记 传奇剧本。清黄图珌作。二卷二十出。叙一莱姓商人被奸侩所卖，流落他乡十八年。因颈上有双痣如红豆，终被其妻找到，合家团圆。有乾隆十四年(1749)承恩堂刊本。

介山记 传奇剧本。清宋廷魁作。二卷二十四出。廷魁字其英，号竹溪，介休人，著有《竹溪诗文钞》。据《左传》所载，叙介子推追随晋公子重耳出亡，归国后不争封赏，奉母遁入绵山事。增饰晋文公烧山时，子推母子成仙而去情节。有乾隆间刊本。

寒香亭 传奇剧本。清李凯作。四卷四十出。叙谭素游燕京，寓所有寒香亭，于亭上得卫凌娘所作诗一卷，误以为魏凝烟所作，倾慕不已，倩人作伐，后几经曲折，终并娶两女事。有清怀古堂刊本及友益斋刊本。

玉尺楼 传奇剧本。清朱夰作。二卷四十出。叙沈韵以《白燕诗》得与韩艳雪、马停云二女得成佳偶事。因剧中韩艳雪诗达御览，授女学士，赐居玉尺楼，故以名剧。有乾隆间刊本。

旗亭记 传奇剧本。清金兆燕作。二卷三十五出。据《集异记》、《全唐诗》、《唐书》、《通鉴纲目》等书所载王之涣、王昌龄、高適等人事略，敷演旗亭画壁故事，而增饰诗人高中状元、佳人怜才得婿、成婚赐宴等情节。有乾隆二十四年(1759)雅雨堂刊本。

藏园九种曲 一名《红雪楼九种曲》。戏曲剧本合集。清蒋士铨作。含杂剧《一片石》、《第二碑》、《四弦秋》等三种以及传奇《空谷香》、《桂林霜》、《雪中人》、《香祖楼》、《临川梦》、《冬青树》等六种。有乾隆间红雪楼刊本，另有1993年中华书局排印《蒋士铨戏曲集》本。

空谷香 传奇剧本。清蒋士铨作。二卷三十出。系根据其友人顾瓒园之妾姚氏生前不幸遭遇敷衍而成。剧中叙幽兰仙谪降人间，出生之辰其父梦见幽兰生于空谷之中，故以名剧。有《藏园九种曲》本及1993年中华书局排印《蒋士铨戏曲集》本。

桂林霜 一名《赐衣记》。传奇剧本。清蒋士铨作。二十四出。叙吴三桂据云南叛清，巡抚马镇雄宁死不从，骂贼而死，家眷数十人同时殉难事。有《藏园九种曲》本、1993年中华书局排印《蒋士铨戏曲集》本。

雪中人 传奇剧本。清蒋士铨作。十六出。叙查培继识英雄于未遇，解衣赠资，劝铁丐吴六奇以其才力建功立业，果致显贵。后培继蒙冤入狱，吴六奇力为奏辩，救其出狱，并为营宅，以报旧恩。事本钮琇《铁丐传》而增饰之。有《藏园九种曲》本、1993年中华书局排印《蒋士铨戏曲集》本。

香祖楼 传奇剧本。清蒋士铨作。二卷三十二出。叙邱若兰先被卖于河南，又被卖于福建，复为海盗所劫。后虽被救出，置之尼庵，未几即郁郁而死。此剧作于《空谷香》之后，题材立意近似而关目排场各异，吴梅以为能“从同处见异”，“审题真、措辞确”(《中国戏曲概论》)。有《藏园九种曲》本、1993年中华书局排印《蒋士铨戏曲集》本。

临川梦 传奇剧本。清蒋士铨作。二十出。此剧杂采各书及《玉茗集》所载种种情事，谱写汤显祖一生事迹，着重表现其不附权贵、白首事亲的忠孝大节，并使“临川四梦”中人物现身登场，又穿插以心醉《牡丹亭》而以身殉情之娄东俞二娘故事。吴梅《中国戏曲概论》评曰：“凭空结撰，灵机往来，以若士一生事实，现诸氍毹，已是奇特，且又以‘四梦’中人一一登场，与若士相周旋，更为绝倒。”有《藏园九种曲》本、1993年中华书局排印《蒋士铨戏曲集》本。

冬青树 传奇剧本。清蒋士铨作。二卷三十八出。叙文天祥起兵抗元、慷慨就义与谢枋得严守气节、绝食殉国的忠贞事迹，穿插以唐珏冒死收葬诸陵骸骨，并植冬青树以为表识以及汪大有、王清惠、林景熙、王炎午、张千载、谢翱、金应、杜浒等忠臣义士的动人故事，体现“岁寒然后知松柏之后凋”的主旨。最后以林谢二公神灵勘问历朝权奸，并双双位列仙班作结。有《藏园九种曲》本及1993年中华书局排印《蒋士铨戏曲集》本。

采樵图 传奇剧本。清蒋士铨作。十二出。全剧主要敷衍明娄妃故事，以娄妃题《采樵图》有“莫向苍苔险处行”等句，意在谏阻宁王朱宸濠谋反，故以名剧。剧中穿插唐寅佯狂得以全身而去，孙燧、许逵不屈而死等情节，结以王守仁平宁王之乱，功成身退。有乾隆间刊本、1993年中华书局排印《蒋士铨戏曲集》本。

漪园四种 传奇剧本合集。清永恩作。凡《五虎记》、《四友记》、《三世记》、《双兔记》等传奇四种。有乾隆间家刻本。

五虎记 传奇剧本。清永恩作。二卷十六出。叙唐初秦琼、尉迟恭、罗士信、王君廓、段志玄五将事，穿插宫人韩氏红叶题诗，唐太宗与李茵缔缘，并放宫人出宫诸情节。有乾隆间刊《漪园四种》本。

四友记 传奇剧本。清永恩作。二卷十六出。合元人杂剧《张天师断风花雪月》与《东坡梦》为一本而敷演之，叙苏东坡转世为陈世英，丹桂降生人间为儋州女子，风花雪月四友相率寻隙戏弄之。后世英中状元，与儋州女子结为夫妇。有乾隆间刊《漪园四种》本。

三世记 传奇剧本。清永恩作。二卷十六出。本王士禛《池北偶谈》所载，叙济宁进士邵士梅与其妻三世为夫妇奇事。有乾隆间刊《漪园四种》本。

双兔记 传奇剧本。清永恩作。二卷十六出。叙花木兰女扮男装，替父从军事，盖根据徐渭《四声猿·雌木兰替父从军》一剧增饰而成。有乾隆间刊《漪园四种》本。

乞食图 一名《虎阜缘》，又名《后崔张》。传奇剧本。清钱维乔作。二卷三十二出。叙明唐寅、祝允明、文徵明、徐祯卿宴饮虎丘，张灵扮作乞丐前往打趣。众人使唐寅作图，各有题咏。后张灵与崔莹一见倾心，而崔氏被宁王宸濠抢入宫中，题《乞食图》留赠张灵，张灵伤感而死。宁王兵败，崔莹回苏，哭奠张灵，亦殉情死。上帝闻奏，令崔、张重生，终于团圆。为《竹初乐府三种》之一。有乾隆间刊本。

鹦鹉媒 传奇剧本。清钱维乔作。二卷四十一出。叙王宝娘与孙荆因观音大士遣鹦鹉为媒，梦中相会，订百年之好。后历经磨难，双双死而复生，孙荆又中解元，终成眷属。有杨芳灿序、作者兄钱维城序。为《竹初乐府三种》之一。有乾隆间刊本。

奇酸记 传奇剧本。清李斗作。四卷二十四出，开头用楔子。叙《金瓶梅》故事而情节有所增改，曲白则多用小说口语，剧本形式亦不同于一般传奇或杂剧。有嘉庆间自然葊刊《永报堂集》本。

岁星记 传奇剧本。清李斗作。二卷二十四出。叙汉东方朔故事。以《东方朔外传》为蓝本，增饰以传说情节。因传说东方朔是东方岁星临凡，其妻细君亦晨星转世，故以名剧。自序称此剧系为供元宵节玩赏而作于嘉庆八年(1803)冬。有嘉庆间自然葊刊《永报堂集》本。

砥石斋二种曲 传奇剧本合集。清汪柱作。凡《诗扇记》、《梦里缘》传奇两种。有乾隆间松月轩刊本。

诗扇记 传奇剧本。清汪柱作。二卷三十二出。取小说《人中画》为蓝本，敷演司马君赘华府游戏故事，其中颇有更易姓名、润饰情节之处。吴佺序谓其“离合之际，不习寻常窠臼”。

有乾隆间刊《砥石斋二种曲》本。

梦里缘 传奇剧本。清汪柱作。二卷三十二出。敷演杜甫"穿花蛱蝶深深见，点水蜻蜓款款飞"诗句，以蛱蝶、蜻蜓配为情侣，良人作伐，梦中相会，而好事多磨，历经患难，终于衡才学士平步青云，报仇故里，花烛成婚。有乾隆间刊《砥石斋二种曲》本。

才人福 传奇剧本。清沈起凤作。二卷三十二出。叙苏州才士张献翼在文友唐寅、祝允明等人帮助下，终成与秦晓霞一段姻缘。故事出于虚构，而嬉笑怒骂，意在为穷书生吐气。吴梅极为称道剧中《淫诨》、《访讹》、《宴谑》等出。有古香林刊本、《奢靡他室曲丛》本。

文星榜 传奇剧本。清沈起凤作。二卷三十二出。叙王又恭与卞芳芝相爱，杨仲春、王六讧先后至卞家求爱不成，陷王又恭于死罪。后杨仲春自首，案情大白。王又恭入京赶考，高中状元，归来与卞芳芝成婚。事本《聊斋志异·胭脂》而改易名姓，增饰情节而成。有古香林刊本、《奢靡他室曲丛》本。

伏虎韬 传奇剧本。清沈起凤作。二卷二十九出。叙轩辕生之妻张氏好妒，马侠君设计医治之，迫其同意轩辕生纳妾。盖本袁枚《子不语·医妒》故事增饰而成，布局奇绝而情趣低下。有古香林刊本、《奢靡他室曲丛》本。

报恩缘 一名《报恩猿》，又名《攀桂图》。传奇剧本。清沈起凤作。二卷三十八出。叙书生谢兰进京赶考，被诬为贼。幸得白猿报恩，案情大白。谢兰高中状元，衣锦还乡，成名完婚。有古香林刊本、《奢靡他室曲丛》本。

红楼梦 传奇剧本。清仲振奎作。二卷五十六出。振奎(1749—1811)字春龙，号云涧，又号红豆山樵，泰县人。删汰《红楼梦》全书，并前后梦为一，上卷衍原书中事，下卷衍《续梦》中事，专以宝玉、黛玉、晴雯为主，始于《原情》，终于《勘梦》。梁廷枏《藤花亭曲话》谓其"穿插之妙，能以白补曲所未及，使无罅漏。且借周琼防海事，振以金鼓，俾不终场寂寞"。剧中《葬花》、《扇笑》、《听雨》、《补裘》诸出历来流行曲苑。有嘉庆间绿云红雨山房刊本。

全福记 传奇剧本。清王筠作。二十八出。叙文彦、李云杰结伴入京求取功名，分别与贾玉翘、柳春媚以及薛凤华、沈蕙兰缔缘，并在窦荣夫妇相助下，北征海寇，南平龙山，各受封赠。因剧中御赐文彦第宅一区，御笔亲题"全福堂"额，故以名剧。有乾隆四十四年(1779)刊本。

繁华梦 传奇剧本。清王筠作。二卷二十五出。叙王氏才华出众，常自恨身非男子。菩萨使之于梦中变为男身，中状元，官御史，享荣华富贵二十年。醒来后经麻姑指点，遂入空门。此剧实为作者自我写照。有乾隆四十三年(1778)刊本。

石榴记 传奇剧本。清黄振作。三十二出。振字瘦石，号海渔，又号柴湾村农，如皋人，或谓崇明人，著有《斜阳馆诗文集》。叙张幼谦与邻女罗惜惜青梅竹马，订情石榴树下。罗父嫌贫贪富，借故陷幼谦于狱。旋幼谦高中状元，捷报传至，张、罗得以完婚。有乾隆间柴湾村舍刊本。

镜光缘 传奇剧本。清徐爔作。二卷十六出。叙余羲与妓女李秋蓉相好，决心偕老。李为躲避被卖，逃至京城余羲友人家中。及余入京，则李已殁，乃葬于五湖。此剧乃作者自况，余羲系徐爔二字各取偏旁而成。有乾隆间梦生堂刊本。

双仙记 传奇剧本。清崔应阶作。二卷三十六出。叙刘无双、古押衙事。据自序，作者盖为刘无双、古押衙之奇人奇事、奇忠奇烈，虽有陆采《明珠记》之传演，终觉未畅其情，因而错综其异同，与吴恒宪合撰此剧，意在使"愚夫愚妇"也能知其事而"人人击节"。有乾隆间刊《研露楼三种曲》本。

三星圆 传奇剧本。清王懋昭作。四集一百零四出。叙陈祖功因弹劾卢杞，遭受宫刑，历尽磨难。终因阴功远被，天医治以灵药，得复原形，并产麟儿，诰封一品。剧本终于福、禄、寿三星齐来祝贺，故以名剧。有嘉庆间嫏嬛书屋刊本、嘉庆十五年(1810)尺木堂刊本。

鹤归来 传奇剧本。清瞿颉作。二卷三十五出。据《明史》及《粤行纪事》所载，叙明末大学士瞿式耜留守桂林，城破殉节，其孙昌文万里跋涉，迎归忠骸事。剧中昌文负骨回乡前夕，有双鹤集于会元坊上，故以名剧。作者于瞿式耜为同族裔孙，剧中所述多有依据。有乾隆间原刊本，另有湖北书局重刊本。

花月痕 传奇剧本。清陈栋作。二卷三十二出。叙霍女、萧郎梦中结缘事。有道光七年(1827)刊本。

后渔家乐 传奇剧本。清无名氏作。二十六出。剧中情节承朱佐朝《渔家乐》而下，叙梁冀之弟梁不疑又生大逆，陷害李固等，信阳侯简章起兵勘乱，得正朝典。有传抄本及《古本戏曲丛刊三集》本。

凤飞楼 传奇剧本。近代李文瀚作。二卷二十出。叙明末梁大业作幕岐山，死于闯王之役，其女珊如殉父全节事。盖作者当时为官岐山，取县志有关内容增饰而成。有道光间味尘轩刊本。

胭脂舄 传奇剧本。近代李文瀚作。二卷十六出。敷演《聊斋志异·胭脂》故事，自序云意在"补《聊斋》未圆之说"。有道光间味尘轩刊本。

银汉槎 传奇剧本。近代李文瀚作。二卷十八出。叙汉张骞乘槎探河源事，穿插以汲黯开仓赈济灾民等情节。有道光间味尘轩刊本。

紫荆花 传奇剧本。近代李文瀚作。二卷三十二出。叙理合浦、凌玉娘由紫荆花神引导，梦遇盟心。后合浦死而还魂，终由花神赐判团圆。有道光间味尘轩刊本。

倚晴楼七种曲 戏曲剧本合集。近代黄燮清作。凡杂剧《凌波影》一种，传奇《茂陵弦》、《帝女花》、《脊令原》、《鸳鸯镜》、《桃溪雪》、《居官鉴》等六种。吴梅《中国戏曲概论》以为诸作以"《帝女花》、《桃溪雪》为佳，《茂陵弦》次之，《居官鉴》最下"。有光绪七年(1881)刊本。

茂陵弦 一名《当垆艳》。传奇剧本。近代黄燮清作。二卷二十四出。叙司马相如、卓文君故事。本《史记·司马相如列传》而润色之，意在慨叹汉武帝仅能识司马相如词章之才，而终不能识其经世之才而使之大用于时。有《倚晴楼七种曲》本。

帝女花 传奇剧本。近代黄燮清作。二卷二十出。叙明末坤舆公主与驸马周世星故事。吴梅以为"通体悉据梅村挽诗，而文字哀感顽艳，几欲夺过心余。虽叙述清代殊恩，而言外自见故国之感"(《中国戏曲概论》)。此剧当时已传入日本。有《倚晴楼七种曲》本。

脊令原 传奇剧本。近代黄燮清作。十出。叙《聊斋志异·曾友于》故事。有《倚晴楼七种曲》本。

鸳鸯镜 传奇剧本。近代黄燮清作。十出。本《池北偶谈·碎镜》，敷演李闲、谢玉清事。有《倚晴楼七种曲》本。

桃溪雪 传奇剧本。近代黄燮清作。二卷二十出。叙清初耿精忠据闽叛乱，以窥浙东，永康女子吴绛雪殉节纾难事。盖本黄安涛《吴绛雪传》而增饰之。因绛雪工诗善书画琴棋，时人称桃溪女史，故以名剧。有《倚晴楼七种曲》本。

居官鉴 传奇剧本。近代黄燮清作。二卷二十六出。叙滇南郡守王某总结为官之道，著《居官宝鉴》一书，凡用人、行政、安良、戢暴之法，无不详载。其子文锡朝夕研习，力行忠孝，为官有清廉之名，又将此书传授其子。有《倚晴楼七种曲》本。

黄河远 传奇剧本。近代谢堃作。二卷二十四出。堃字佩禾，甘泉人，监生，编有《兰言集》，著有《日损斋诗钞》、《春草堂随笔》。叙王之涣、胥长公、聂隐娘、双鬟妓故事。旗亭画壁之后，王之涣南游海峤，东涉沧溟，西探河源，导致英雄儿女悲欢离合。有道光间奎文斋刊本。

血梅记 传奇剧本。近代谢堃作。二卷三十出。叙马生与黄小姐一见钟情，订约百年。马生挥金如土，荡尽家产，流落京都，得侠士赠金相助，高中探花，立功凯旋，乃与多情守志的黄小姐完婚。有道光间奎文斋刊本。

绣帕记 传奇剧本。近代谢堃作。二卷三十六出。叙文郎醉卧溪边，有女名宛娘泊舟半塘，以绣帕题诗相赠。文郎四出寻访，几经曲折，终与宛娘及另一女子婉扬缔结良缘。有道光间奎文斋刊本。

十二金钱 传奇剧本。近代谢堃作。二卷二十四出。叙顾况游春，与奚家女子结缘，女塾师贺兰洛珠相赠十二金钱，玉成其事。不料枝节横生，费尽周折，方始衣锦还乡，夫妇团圆。有道光间奎文斋刊本。

椿轩居士六种曲 传奇剧本合集。清椿轩居士作。凡《金榜山》、《凤凰琴》、《四贤配》、《双龙珠》、《孝感天》、《天感孝》等传奇六种，大抵以宣扬忠孝节义为主旨。有道光间刊本。

金榜山 传奇剧本。清椿轩居士作。十六出。叙张全仁好行阴德，而二子早夭，因往金榜山求子。神君使张曙投生其家，弱冠以状元及第，并得封侯，又赐女子白红玉，与张曙洞房花烛，诰封一品。并穿插白博通为富不仁，倾家荡产事，藉以说明因果报应之分毫不爽。有道光间刊《椿轩居士六种曲》本。

凤凰琴 传奇剧本。清椿轩居士作。十六出。叙汉司马相如、卓文君故事。有道光间刊《椿轩居士六种曲》本。

四贤配 传奇剧本。清椿轩居士作。十四出。叙武举屈锦袍力擒金桂大王所遣金橘、金柚两大将，又得其弟屈天星之助，大破金花公主象阵，乃获全胜。皇帝因功论赏，并将孝女、节女分许锦袍、天星兄弟。有道光间刊《椿轩居士六种曲》本。

双龙珠 传奇剧本。清椿轩居士作。十出。叙明初倭人入寇，钱绍德投军立功。其妻因好生之德受火山小龙及龙女感恩相报。历经悲欢离合，终于一门荣显。有道光间刊《椿轩居士六种曲》本。

孝感天 传奇剧本。清椿轩居士作。十出。叙汉文帝刘恒以孝道延汉祚、治天下故事，剧中穿插刘邦诛英布、吕后残戚夫人诸情节。有道光间刊《椿轩居士六种曲》本。

天感孝 传奇剧本。清椿轩居士作。十出。叙刘恒侍薄太后三年，继承帝位，立窦氏为后。并穿插王母以衣巾赐与孝女，使配孝子窦生等事，盖继《孝感天》而作。有道光间刊《椿轩居士六种曲》本。

比玉楼四种 传奇剧本合集。近代黄钧宰作。凡《十二红》、《鸳鸯印》、《呼梦么》、《双烈祠》等传奇四种，情节均见作者所撰笔记《金壶七墨》。有光绪二年(1876)刊本。

十二红 传奇剧本。近代黄钧宰作。叙河南厅贪污黩货事，本事见《金壶浪墨》。俗以得时乘运为红，背时运蹇为黑。因剧中十二人同党用事，故以名剧。有光绪间刊《比玉楼四种》本。

鸳鸯印 传奇剧本。近代黄钧宰作。三十六出。本《金壶浪墨》，叙黄生与蜀女秦碧莲相爱，而终未能结为夫妇事。有光绪间刊《比玉楼四种》本。

呼梦么 一名《旌节记》。传奇剧本。近代黄钧宰作。本《金壶浪墨》，叙陆鉴明好赌败家，其妻焦氏因而自杀事。有光绪间刊《比玉楼四种》本。

双烈祠 传奇剧本。近代黄钧宰作。叙陈邦基阵亡，丧归清河，其妻吴氏自杀殉夫事。盖应吴氏之父所请而作。有光绪间刊《比玉楼四种》本。

梓潼传 传奇剧本。近代俞樾作。八出。叙文昌星君梓潼文参故事，本高朕《礼殿记》。有《春在堂全集》本。

骊山传 传奇剧本。近代俞樾作。八出。叙骊山老母助周武王建功创业故事。有《春在堂全集》本。

玉狮堂十种曲 传奇剧本合集。近代陈烺作。凡传奇十种，皆晚年所作。其中《仙缘记》、《蜀锦袍》、《燕子楼》、《海虬记》刊于光绪十一年(1885)，称《玉狮堂传奇四种》。后续刻《梅喜缘》，称《玉狮堂传奇五种》。光绪十七年(1891)，《同亭宴》、《回流记》、《海雪吟》、《负薪记》、《错姻缘》等五种刊印行世，称“后五种”，于是称此前行世的五种为“前五种”，总称合刻本为《玉狮堂十种曲》，文字亦稍作改动。卷末并附说唱文学《悲风曲》一种。俞樾序对诸剧评价很高，称“音节苍凉，情词宛转，视尤西堂《黑白卫》等四种、吴石渠《绿牡丹》等四种，可以颉颃其间矣”。

仙缘记 一名《碧玉环》。传奇剧本。近代陈烺作。叙一老僧一玉环成就孙恪与袁氏婚姻，本唐人小说《袁氏记》。有光绪间刊《玉狮堂十种曲》本。

蜀锦袍 传奇剧本。近代陈烺作。二卷十六出。叙明末石砫土司秦良玉故事。宗山序以为“征引一踵正史，褒贬凛然”，“忠义愤激之气腾跃纸上”。有光绪间刊《玉狮堂十种曲》本。

燕子楼 传奇剧本。近代陈烺作。二卷十六出。叙张建封、关盼盼故事，本白居易诗序而敷衍之。有光绪间刊《玉狮堂十种曲》本。

海虬记 传奇剧本。近代陈烺作。二卷十六出。叙海杰啸聚海中，为李乘所招抚事。宗山序以为此剧系敷衍《明史》所载永乐七年(1409)总兵李珪平海盗于钦州事。有光绪间刊《玉狮堂十种曲》本。

梅喜缘 传奇剧本。近代陈烺作。二卷十六出。据《聊斋志异·青梅》，叙张介寿与程梅、赖阿喜的婚姻故事，意在表现人生聚散、世态炎凉的社会现实。有《玉狮堂十种曲》本。

同亭宴 传奇剧本。近代陈烺作。八出。叙武夷君宴幔亭事。俞樾序云：“神仙富贵，二者难兼，兼而有之，惟幔亭一宴”，“今得潜老为作传奇，使仙迹灵踪表襮于天下，不亦美乎”，“尤妙者，借秦皇求仙，作石壁之返照，使人知祖龙之力，可以灭六雄，不可以致群仙”，“其子若孙，曾不得为咸阳之布衣，何如武夷君之子孙，犹得与山中盛会也。”有光绪间刊《玉狮堂十种曲》本。

回流记 传奇剧本。近代陈烺作。八出。叙王守仁平定宁王宸濠之乱，娄妃投江殉难，龙王倒流江水，保其尸身事。有光绪间刊《玉狮堂十种曲》本。

海雪吟 传奇剧本。近代陈烺作。八出。演明末邝露万里投荒，抱琴殉难事，穿插瑶洞土司女公子故事。有光绪间刊《玉狮堂十种曲》本。

负薪记 传奇剧本。近代陈烺作。八出。本《聊斋志异·张诚》,叙张诚孝友故事。有光绪间刊《玉狮堂十种曲》本。

错姻缘 传奇剧本。近代陈烺作。八出。叙《聊斋志异·姊妹易嫁》故事,相传实有其事。俞樾序以为此剧"不独词曲精工,用意亦复深厚"。有光绪间刊《玉狮堂十种曲》本。

紫霞巾 传奇剧本。近代陈烺作。二卷三十出。叙陆春英与谢玉娥因题诗结缘,屡经坎坷,百折不回,终成连理的故事。有嘉庆六年(1801)刊本。

空山梦 传奇剧本。近代范元亨作。八出。叙杨生、容娘故事。系作者自叙少年时一段经历,见高心夔《范生传》。全剧纯以自度腔出之。有光绪间刊《尚园遗集》本。

青灯泪 传奇剧本。近代蒋恩涉作。二卷三十六出。叙黄子俊、陆敬媛以表兄妹深相爱悦,而陆生恃才负气,舅忌其狂,为女论婚他族。敬媛悲思成疾,溘然逝世。子俊闻知,遁世失踪。卷首有叶襄所撰事略,盖道光间实有其事,故此剧结尾不落生旦团圆俗套。有同治九年(1870)刊本。

碧声吟馆六种 传奇剧本合集。近代许善长作。凡《瘗云岩》二卷、《胭脂狱》一卷、《灵娲石》一卷、《茯苓仙》一卷、《神山引》一卷、《风云会》二卷,有光绪中仁和许氏刊《碧声吟馆丛书》本。

瘗云岩 传奇剧本。近代许善长作。十二出。叙良家女子夏馨儿沦落风尘,与情痴子洪农订盟。有无赖子从而构衅,又遭鸨母迫害,夏馨儿最终仰药而死。有光绪三年(1877)刊本,收入《碧声吟馆丛书》。

胭脂狱 传奇剧本。近代许善长作。十六出。叙《聊斋志异·胭脂》故事。剧中于施闰章访查案情、审理案件等情节细加描写,可补小说之所未详。有光绪十年(1884)刊本,收入《碧声吟馆丛书》。

灵娲石 传奇剧本。近代许善长作。十二出。题材均取东周列国名姝之可记者。《伯嬴持刀》叙阖闾破楚,楚昭王之母伯嬴晓阖闾以大义,使之不敢相扰;《忠妾覆酒》叙卫人主夫之妻巫氏与邻人私通,并合谋以毒酒害死亲夫,侍妾闻知,覆酒救主;《无盐拊膝》叙丑女钟离春诣阙议政,齐王迎之为后;《齐婧投身》叙齐女婧向相国晏婴陈事,废除伤槐之法,免其父亲之罪;《庄侄伏帜》叙少女庄帜借楚王南游之机,谏以"五患"之说;《奚妻鼓琴》叙百里奚之妻寻夫入秦相府,与夫相认;《徐吾会烛》叙贫女徐吾与同村女子会烛夜织事;《魏负上书》叙大夫如耳之母魏负上书谏止魏王纳太子妃为己妇;《聂姊哭弟》叙聂政之姊聂莹哭弟自刎,以成弟名;《繁女救夫》叙乡匠之妻向晋君面陈射箭之理,以救其夫;《西子捧心》叙西施因心疾发作而双手捧心,益增妩媚,东施效颦,更形其丑;《郑袖教鼻》叙郑袖以诡计专宠,使魏美人惨遭劓刑。有光绪十一年(1885)刊本,收入《碧声吟馆丛书》。

茯苓仙 传奇剧本。近代许善长作。十四出。本《麻姑仙坛记》,叙麻姑采樵得食茯苓而仙去以及道士王远传道授徒事。有光绪九年(1883)刊本,收入《碧声吟馆丛书》。

风云会 传奇剧本。近代许善长作。二卷二十四出。本唐杜光庭《虬髯客传》,叙李靖、红拂、虬髯客故事。有光绪三年(1877)刊本,收入《碧声吟馆丛书》。

神山引 传奇剧本。近代许善长作。八出。参袁枚《神山引》诗,叙《聊斋志异·粉蝶》故事。有光绪十一年(1885)刊本,收入《碧声吟馆丛书》。

梅花梦 传奇剧本。近代张道作。二卷三十四出。叙小青嫁与冯云将为妾,不见容于大妇,历尽苦难,终归天上。作者自谓小青事迹无多,半以幻笔,相杂成文。有光绪二十年(1894)刊本。

儒酸福 传奇剧本。近代魏熙元作。十六出。描写儒生寒酸状态,出目皆冠"酸"字,情节前后互不关连,系据作者及其友人遭遇敷演,以抒愤闷。有光绪十年(1884)玉玲珑馆刊本。

梨花雪 一名《白霓裳》。传奇剧本。近代徐鄂作。十四出。叙清初金陵烈女黄婉梨为乱兵所掠,题诗逆旅,设计毒死二卒,守贞自缢事。有光绪间《诵荻斋二种》石印本。

暗香楼乐府三种 传奇剧本合集。近代郑由熙作。凡《雾中人》、《雁鸣霜》、《木樨香》传奇三种。有光绪十六年(1890)暗香楼刊本。

雾中人 传奇剧本。近代郑由熙作。十六出。叙咸丰间庾信怀一家遇难流离,躲避山寺中,幸遇大雾,得以脱险故事。盖作者自述。有光绪间刊《暗香楼乐府三种》本。

雁鸣霜 一名《花叶粉》。传奇剧本。近代郑由熙作。八出。叙绡山女子贺双卿以花叶花粉撰写诗词,以叶易败,粉易脱,不欲存迹也。事本史震林《西青散记》。有光绪间刊《暗香楼乐府三种》本。

木樨香 传奇剧本。近代郑由熙作。十出。叙咸丰时歙县知县廉骧元事。因廉自缢于县衙桂花树下,故以名剧。有光绪间刊《暗香楼乐府三种》本。

芙蓉碣 传奇剧本。近代张云骧作。二卷十四出。云骧字南湖,文安人。叙烈女李蓉姑、陈春华事。略本高寄泉《蝶阶外史》而情节颇有出入。有光绪九年(1883)刊本。

返魂香 传奇剧本。近代宣鼎作。四十出。叙明嘉靖时王道人鉴生平慷慨,不贪财色,而竟遭惨死事,剧中穿插扬州都司沃田抗倭殉难等情节。有光绪间申报馆排印本。

坦园六种曲 传奇剧本合集。近代杨恩寿作。凡《姽婳封》、《桂枝香》、《麻滩驿》、《再来人》、《桃花源》、《理灵坡》等传奇六种。有光绪间刊本。

姽婳封 传奇剧本。近代杨恩寿作。六出。叙周云耀及其妻知兵善战事,系作者游幕武陵时据友人所叙实事而敷衍。有坦园花韵轩自序。另有同治九年(1870)王先谦序。有光绪间刊《坦园六种曲》本。

桂枝香 传奇剧本。近代杨恩寿作。叙状元田春航与女伶李桂芳事,取材于《品花宝鉴》,盖影射乾隆间状元毕沅与名旦李桂官事。有署"蓬道人识"之自序,另有同治九年十二月(1871)王先谦序。有光绪间刊《坦园六种曲》本。

麻滩驿 传奇剧本。近代杨恩寿作。十八出。叙明末女游击将军道州守备沈云英事,本毛奇龄《沈云英传》而有所增饰。有光绪元年(1875)武陵行馆自序。有光绪间刊《坦园六种曲》本。

再来人 传奇剧本。近代杨恩寿作。叙老儒生陈仲英七十未第,穷愁潦倒而死。投生为季毓英,少年高第,授编修,顿悟前生事,乃拜陈仲英墓而恤其老妻。事本沙张白《再来诗谶记》。吴梅称此剧"摹写老儒状态,殊可酸鼻"(《中国戏剧概论》)。有光绪元年(1875)王之涣芙蓉楼下舟次自序。有光绪间刊《坦园六种曲》本。

桃花源 传奇剧本。近代杨恩寿作。六出。叙陶渊明故事,系作者寓居武陵时据《桃花源记》敷演而成。有中秋夕武陵行馆自序。有光绪间刊《坦园六种曲》本。

理灵坡 传奇剧本。近代杨恩寿作。二十二出。叙明末长沙推官蔡道宪守城拒张献忠军,城破而死事。作者自谓序次悉本行状及传记,不敢意为增损,惧失真实。有自序及杨彝珍序。有光绪间刊《坦园六种曲》本。

小蓬莱仙馆传奇 戏曲剧本合集。近代刘清韵作。凡杂剧《千秋泪》、《镜中圆》二种,传奇《黄碧签》、《丹青剑》、《炎凉券》、《鸳鸯梦》、《氤氲钏》、《英雄配》、《天风引》、《飞虹啸》等八种。俞樾评诸剧以为"虽传述旧事,而时出新意,关目节拍皆极灵动。至其词则不以涂泽为工,而以自然为美,颇得元人三昧"(周妙中《清代戏曲史》引)。有光绪二十六年(1900)小蓬莱仙馆刊本。

黄碧签 传奇剧本。近代刘清韵作。十二出。叙旷阔道人、守真子奉玉帝之旨勘案凡间,褒奖孝子仇二梅、忠臣龙天章,并惩处不忠不孝之人。清官朱培因、侠士元彪为民斩蛟除害,双双飞升仙界。有光绪间小蓬莱仙馆印本。

丹青剑 传奇剧本。近代刘清韵作。十二出。敷演《聊斋志异·田七郎》故事,增饰七郎死后为神,其子田豹武状元及第,以功官封靖逆大将军,荣封三代,并至七郎墓前祭奠。有光绪间小蓬莱仙馆印本。

炎凉券 传奇剧本。近代刘清韵作。八出。叙陈杰、任贵胸怀大志而不遇于时,结为莫逆之交。此后任贵得到皇帝赏识,官居宰相,陈杰亦以战功得享富贵。剧中对世态炎凉摹写深刻,抨击不遗余力。有光绪间小蓬莱仙馆印本。

鸳鸯梦 传奇剧本。近代刘清韵作。十二出。叙张灵与崔莹一见钟情。不料宁王朱宸濠选妃,崔莹入选,张灵闻知,一恸身亡。及宸濠谋反兵败被擒,崔莹放归,自缢殉情。后唐寅祭墓,知张、崔二人已在九泉结为夫妇。有光绪间小蓬莱仙馆印本。

氤氲钏 传奇剧本。近代刘清韵作。十出。叙陶元璋与黄佩芬订婚,氤氲使者又以美人香引元璋与白玉英相见。后黄佩芬遭劫,白玉英与黄佩芬结为姊妹。陶元璋奉命出使泰西,回朝后乃与黄、白二女团圆。有光绪小蓬莱仙馆印本。

英雄配 传奇剧本。近代刘清韵作。十二出。叙杜宪英与周孝喜结良缘，不料战火突起，周孝失陷敌营。左山虎欲娶宪英为掌印夫人，未逞。后周孝以战功授提督，与宪英男义女贞，同升仙界。有光绪间小蓬莱仙馆传奇印本。

天风引 传奇剧本。近代刘清韵作。十出。据《聊斋志异·罗刹海市》为蓝本，敷演马龙媒历游大罗刹国与龙宫海市事，最后以马生父母共登仙界作结。有光绪间小蓬莱仙馆印本。

飞虹啸 传奇剧本。近代刘清韵作。十二出。叙金大用与妻尤氏故事，系本《聊斋志异·庚娘》改编敷衍而成。有光绪间小蓬莱仙馆印本。

乘龙佳话 传奇剧本。近代何镛作。八出。本唐人小说，叙柳毅传书故事。作者自谓与李渔《蜃中楼》绝不相袭，惟曲文取其少而易，排场取其奇而新，灯彩脚色不使有重复牵强之弊。有光绪间石印本。

招隐居 传奇剧本。近代钟祖芬作。十六出。叙烟神开烟馆"招隐居"，吸食鸦片者，受害至于毁家，妻嫁出，女被卖，得因果之报应。有光绪间重庆刊本。

双旌记 一名《忠烈记》，全名《双旌忠烈记》。传奇剧本。近代陈学震作。二卷三十二出。叙阜阳陈振邦战死疆场，其妻吴氏拟归葬山阳，陈之族不服，劫棺而去。吴氏悲愤，服毒以殉。事本《清稗类钞·陈吴氏饵毒殉夫》。有同治间刊本。

诵荻斋二种 传奇剧本合集。近代徐鄂作。凡《白头新》、《梨花雪》传奇二种。有光绪间石印本。

白头新 传奇剧本。近代徐鄂作。六出。叙淮安程允元与平谷刘玉环自幼订婚，彼此不通音问五十余年，各守前盟。后县令闻知其事，令两人白发成婚。事本黄钧宰《金壶浪墨》。有光绪间《诵荻斋二种》石印本。

非熊梦 传奇剧本。近代陈时泌作。八出。叙帝俄侵占黑龙江，两士子梦中作为征俄军师，一举击败俄军。有光绪三十年(1904)湖南刊本。

海国英雄记 传奇剧本。近代浴日生作。十五出。叙郑成功抗清故事。光绪三十二年(1906)发表于《民报》。

悬岙猿 传奇剧本。近代洪炳文作。五出。叙张煌言抗清就义事迹。光绪三十二年(1906)发表于《月月小说》，另有梅氏劲风阁藏抄本。

警黄钟 传奇剧本。近代洪炳文作。十出。叙黄封国遭大胡封国辛蛰元帅入侵，几至覆亡故事，盖借蜂类生活以写中国时事。有光绪间《新小说》刊本及梅氏劲风阁藏抄本。

爱国魂 传奇剧本。近代川南小波山人作。八出。叙文天祥抗元，被俘就义故事。光绪三十四年(1908)发表于《新小说》。

风洞山 传奇剧本。近代吴梅作。二卷二十四出。叙明末桂王永历小王朝故事，本瞿锡元《庚寅始安事略》。光绪三十二年(1906)发表于《小说林》。

六月霜 传奇剧本。近代嬴宗季女作。十四出。叙鉴湖女侠秋瑾殉难故事。并附吴芝瑛《秋女士传》、《纪秋女士遗事》以及《秋女士遗文》一卷。有光绪三十三年(1907)改良小说社印本。

木皮散人鼓词 鼓词作品。清贾应宠作。有多种版本传世。主要有卢氏慎始斋精刻本《木皮词》、北平中华印书局铅印本《木皮鼓词》、昌平赵氏藏刘阶平编印本《木皮词》、光绪三十三年(1907)叶氏观古堂刊《双楳景闇丛书》本《木皮散人鼓词》、清末石印本《江湖鼓词》、宣统二年(1910)上海章福记石印本《绘图警世钟》、潍县和记印刷局铅印本《木皮子传》、自笑轩主人校订童友社石印本《木皮子传》、民国二年(1913)瞰地楼书社石印本《木皮子传》、嘉庆间传抄本《木皮子传》，文字内容多有不同。1982年齐鲁书社排印关德栋、周中明《贾凫西木皮词校注》，即以卢氏本为底本，校以上述其他各本而成。前为《历代史略鼓词》，凡开场致语、引子、正传、尾声四部分，后为《太师挚适齐全章》鼓词，附录传记、序跋及贾应宠所著《澹圃诗草》，为今传最佳本。

天雨花 弹词作品。清陶贞怀作。三十四回。初仅有抄本流传，今存最早刊本为嘉庆九年(1804)遗音斋刊本。书叙明代官吏左维明及女左仪贞等与万历、泰昌间权相方从哲、外戚郑国泰及天启间宦官魏忠贤之间的复杂斗争，结以崇祯甲申李闯王破北京，明帝自缢，左维明携亲友桓、王、赵、杜四家出仕之男、诰命之女投江殉节。全书反映社会矛盾较真实全面，有较高艺术性，杨芳灿曾以之与《红楼梦》并称为"南花北梦"。今存旧抄本民族情绪尤为悲壮，更近原作，而今传刻本多有改篡，然屡经加工，艺术性则较高。近有1984年中州古籍出版社排印《中国古典讲唱文学丛书》本。

聊斋俚曲集 俗曲集。清蒲松龄作。十四篇。凡《墙头记》四回,《姑妇曲》三段,《慈悲曲》六段,《翻魇殃》十二回,《寒森曲》八回,《蓬莱宴》七回,《俊夜叉》,《穷汉词》,《快曲》四联,《丑俊巴》二段(似未完),《禳妒咒》三十三回,《富贵神仙》十四回,《磨难曲》四卷三十六回,《增补幸云曲》二十八回。均为叙事曲,以讽刺社会现实为主,篇幅大多较长,体式近于曲艺,常有科白,部分曲词用《耍孩儿》、《劈破玉》等旧曲牌,题材有取自《聊斋志异》者,如《寒森曲》所叙即《商三官》故事,《磨难曲》所叙即《张鸿渐》故事。路大荒据传抄本校订,辑入《蒲松龄集》,1962 年由中华书局上海编辑所出版,1986 年上海古籍出版社新一版重印。

花笺记 木鱼书作品。作者不详。被称为第八才子书。叙书生梁亦沧与表妹杨瑶仙的爱情故事,文笔细腻生动,陈汝衡校订本《导言》谓其唱词有诗之音节美、和谐美,但又比诗通俗自然,善于刻划人物心理、描写环境景物。有康熙五十二年(1713)福文堂刊本、道光二十年(1840)闲情阁刊本、咸丰六年(1856)考文堂刊本等,今通行本为陈汝衡校订本,1958 年出版。另有 1985 年文化艺术出版社薛汕校订本。

洄溪道情 道情集。清徐大椿作。一卷。收道情三十八首。除寓意劝戒之作外,又有酬赠、写景、悼亡、讽世等内容。风格清新自然,有其特色。有同治三年(1864)彭氏善成堂刊《徐灵胎十二种全集》本、光绪十九年(1893)上海图书集成印书局《徐氏医书八种附·杂著》排印本、光绪中著易书局《徐氏杂著》排印本及《散曲丛刊·清人散曲选刊》附录本。

珍珠塔 弹词作品。作者不详。或云俞正峰作。二十四回。有周殊士序,今传本最早为乾隆四十六年(1781)刊周殊士改本,题《孝义真迹珍珠塔全传》,其后各本系翻刻周氏改本。或谓马如飞作,然阿英《弹词小话》谓"马氏真本始终未曾问世"。书叙明代方卿之父受权臣陷害而死,方奉母命探望姑母。姑母欺贫,不认亲情逐之出门。表姐陈翠娥暗赠祖传宝物珍珠塔,资其脱困并表明心迹。后方考中状元,授高官,娶翠娥为妻,以一家团圆为结局。此书又有四卷不分回本,题《新刻东调珍珠塔》;有嘉庆间吟余阁刊二十回本,首题俞正峰编次,后有玉泉老人跋。谭正璧谓俞本当早于周改本。另有题《九松亭》者,光绪十八年(1892)上海书局据发乐轩本石印。

义妖传 弹词作品。署陈遇乾原稿,陈士奇、俞秀山订定。五十三回。有嘉庆十四年(1809)顾光祖序刊本、同治八年(1869)刊本、光绪二十四年(1898)序上海琅嬛书庄石印本。书叙白素贞系白蛇修炼成人形,与许仙成婚。僧人法海将许仙诱至金山寺,道破白素贞来历。白素贞作法水漫金山,终为法海镇于雷峰塔。其子后中状元,与已出家之父许仙相会,又与难满出塔之母相会。其中穿插盗库银、盗仙草等情节。本书又名《白蛇传》,有乾隆三十七年(1772)汪永章作序的《新编东调全本白蛇传》和嘉庆间的《新编东调白蛇传》。又有题《增像西湖缘真迹图咏》者,光绪十九年上海石印书局序并印行。

再生缘 弹词作品。清陈端生作。八十回。道光元年(1821)侯芝序宝宁堂刊本。又四卷八十回,有商务印书馆排印本。作者乾隆三十三年(1768)至三十五年完成第一至十六卷,四十九年方补写第十七卷,但终未完成全帙。后梁德绳在其夫许宗彦协助下续成二十卷,文词远逊陈作。今传本又经侯芝订定。书叙元代尚书孟士元女孟丽君与京营都督皇甫敬之子皇甫少华悲欢离合故事。皇甫家获罪被抄拿,少华微服出走,后中武状元,封为元帅出征平寇;丽君不愿为元帝妃,女扮男装出走,更名郦君玉,考中状元,此为两主线。孟丽君尤为书中主角,以其超人的才智受到下层群众的普遍喜爱。然续作以三美同归一夫为结局,则又落入俗套。今有 1982 年中州书画社排印本。

玉蜻蜓 弹词作品。作者不详。十集二十卷。清琴天阁刊本,题《古本玉蜻蜓全传》。另八卷二十四目,无回次,邓氏开益堂刊本,题《新刻玉蜻蜓全传》。清乾隆间即有艺人弹唱,《白雪遗音》曾选录之。后经陈遇乾等润色,道光十六年(1836)刊为《陈遇乾先生原稿绣像芙蓉洞刻本》行世。书叙明代沈君钦寻访结义兄弟申贵升,长江遇乌龙山盗吕胡,留之助其入京考中进士。贵升因迷恋尼姑志贞病死庵中,志贞生下遗腹子,附贵升所遗玉蜻蜓,送婴至申宅门外。后子为徐氏拾去为义子,名元宰。贵升原配张氏因见玉蜻蜓,得知元宰为贵升之子。元宰考中状元,庵堂认母,复姓归宗。全书刻画人物较生动,笔势亦颇泼辣,然写沈君钦与写申贵升两事之联系则较牵强。

百花亭 又名《百花点将》。子弟书作品。近代罗松窗作。四回。为作者代表作。取材于明无名氏《百花记》传奇，叙百花公主与青年将军江海俊花亭赠剑、月下订盟的爱情故事，歌颂“礼所无，情之所必有”的反礼教斗争精神。作品情节起伏曲折，文词流丽宛转，人物感情极为细腻生动。惟最后仍不脱郎才女貌、夫荣妻贵俗套。有别埜堂抄本，关德栋、周中明据以收入《子弟书丛钞》，1984年上海古籍出版社出版。另有民国间郑振铎编印《世界文库》本。

笔生花 弹词作品。丘心如作。三十二回。最早刊行于咸丰七年(1857)，前有同年陈同勋题序。民国间商务印书馆排印本有同治十一年(1872)云腴女士序。书叙明代侍读学士文上林子女与工部侍郎姜近仁子女之间的悲欢离合故事，插入女扮男装中进士，狐仙救人，宫廷斗争等情节。以文、姜两家子女衣锦荣归，子孙满堂作结。吉水《近百年来皮黄剧本作家》谓此书“虽事迹过于故常，不脱《再生缘》窠臼，而文采之胜，则当首屈一指。其另撰姓名，而攻驳《再生缘》之谬，亦较《金闺杰》仍写皇甫少华、孟丽君，而作翻案文字者，为得法云”。

二荷花史 木鱼书作品。作者不详。四卷。被称为第九才子书。今传本由爱莲主人评点。叙书生白莲偶读《小青传》，颇有感慨，小青乃托梦赠以双荷，后结识何映荷、裘丽荷二女，历经曲折终成眷属。本书艺术技巧颇高，人物形象生动，语言流畅，结构新奇。有光绪间丹桂堂刊本，后又有香港五桂堂刊本、民国间影印本等。今通行本为1958年薛汕校订本，另有1985年文化艺术出版社重印本。

榴花梦 弹词作品。李桂玉作。三百六十卷。成书于道光二十一年(1841)，为今存篇幅最长的弹词之作。内第三百五十八卷起为民国二十八年(1939)翁起前、杨美君续写，署浣梅女士。书前有道光二十一年自序及陈侍松序。李桂玉晚年手抄三部赠书塾学生，遂以抄本流传。郑振铎于民国二十七年出版的《中国俗文学史》中首次提及，评价较高。1957年发现全帙抄本三部，现存二部。书以唐代贞观后种种历史事件为背景，叙桓、罗、梅、桂四大家族仕宦遭遇，描绘一批忠臣孝子、英雄佳人以及谋士、侠客、将领，在政治生活、家庭生活以及战争中的种种活动，情节复杂交错，结构宏肆庞大，着重塑造了桂桓魁这样一位能文能武、有经世治国之才的女英雄形象。借唐代政治以刺时，为作者宗旨所在。作品文笔生动，语言清丽，音韵和谐。

三笑姻缘 又名《点秋香》。弹词作品。作者不详。三卷，不分回。清上洋北新门内旧校场中市三文堂书坊板，封面题江北元德堂刊本。书叙明代苏州唐寅中秋出游，于虎丘遇无锡华太师府婢女秋香，秋香无意中对唐三笑。唐乃生爱慕之心，卖身冒名入太师府作仆，改名华安。几经波折，终赢得秋香芳心。唐之友祝允明寻唐至华府，请太师为唐择配，唐遂点婢女秋香。当夜吐露真实身份，携秋香离华府回苏州。别本题《合欢图》(又名《九美图》)，七十五回，曹春江编，道光二十三年(1843)玉京仙史序，四友轩刊本；又题《笑中缘》，回数同上，光绪十四年(1888)吹彻玉笙楼主序，上海书局石印本，插入周文宾与王老虎抢亲事。另《三笑新编》四十八回，吴毓昌编，嘉庆七年(1802)初刊，光绪四年重刊，所叙与《合欢图》略同，情节较《三笑姻缘》复杂。

露泪缘 子弟书作品。近代韩小窗作。十三回。为作者子弟书作品中篇幅最长者。主要根据《红楼梦》第九十六至九十八回故事情节敷衍而成。对封建包办婚姻进行了无情的鞭挞，并对世态炎凉进行了辛辣的嘲讽。感情真挚动人，叙述委婉细腻，与作者子弟书东调作品的“风骨棼棼”风格不同。有耕心堂清抄本，关德栋、周中明据以收入《子弟书丛钞》，1984年上海古籍出版社出版。

草诏敲牙 子弟书作品。近代韩小窗作。四回。据李玉《千钟禄》(即《千忠戮》)传奇，又取材于清代高腔戏《敲牙》而成。叙明燕王朱棣起兵夺其侄建文帝之位，命方孝孺起草登基诏书，方孝孺忠贞不屈，严词痛斥，被敲掉牙齿，并灭十族。作品对封建帝王的血腥暴行作出了强烈谴责，同时又大力宣扬了封建忠义思想，但瑕不掩瑜，“风骨棼棼，读之如啖哀梨，爽快之至”(郑振铎《中国俗文学史》)。有清代百本张抄本，关德栋、周中明据以收入《子弟书丛钞》，1984年上海古籍出版社出版。另有民国间郑振铎编印《世界文库》本，题为《千钟禄》，不分回。

描金凤 弹词作品。作者不详。四十六回。光绪二年(1876)竹亭居士序刊本。别本有光绪三十二年海左主人序，题“马如飞重谱时调”，上海海左书局石印。最早刊本当在光绪朝之前，但未见著录。书叙明代书生徐惠兰与钱玉翠相爱，玉翠赠描金凤为定情信物。惠兰被诬杀人，判斩刑，遇曾受其救助之人冒名替死换出。玉翠之父钱志节误揭皇榜而求雨，凑巧成功，遂授高官，面君陈情，帝乃遣钦差重审命案，查明真相，玉翠也终与惠兰团圆。全书情节较紧凑，语言亦生动可喜，为弹词代表书目。

南词小引 弹词作品。近代马如飞作。收弹词开篇三十二篇，多以历史人物或小说、戏曲故事为题材，有《昭君怨》、《陶渊明》、《孙权》、《黛玉焚稿》等，亦有写景抒情作品。语言工丽，音韵和谐，塑造人物形象，描写环境景物，均见功力，尤善于以情感人。开篇，为弹词正书前的小唱段，亦常可单独成篇。有光绪十二年(1886)刊本，题《马如飞先生南词小引初集》。续集则仅有抄本流传。

玉夔龙 弹词作品。作者不详。五十七回。光绪十八年(1892)上海紫云轩刊本，题《绣像海公奇案玉夔龙全传》。另《增补绣像玉夔龙全传》，光绪十九年泖滨钓隐序，上海书局石印。书叙明代海瑞平反冤案故事。邹应龙子邹虹，因家道中落，岳父梁通赖婚。豪门之子索音谋娶邹虹未婚妻未遂，遣人焚邹虹居处，幸为王兰救出。索音又欲杀之，复有韩林相救。后韩林遇人陷害发配边塞，为边帅所赏，杀敌立功。而邹虹被逼供杀人入狱。海瑞审出索音为主使，即判斩罪，释放邹虹，使之与梁通之女梁凤鸣完婚。因王兰救邹虹后赠其玉夔龙图章一枚，故名。今亦称此部作品为《大红袍》。

凤双飞 弹词作品。近代程蕙英作。五十二回。光绪二十五年(1899)瑞芝室主人序，民国十二年(1923)上海江左书林石印本。又有六卷五十二回本，民国间广益书局排印。另有怡怡轩石印四十八回本。邓之诚《骨董琐记》谓此书“全书四十回，后增为五十二回”，“结构遣词，远在《天雨花》、《再生缘》之上”。书叙明代功臣郭英之后郭宏殷与书吏张景交好，郭为兵部尚书，张中会元，为白进忠中伤罢职。郭子郭伟、张子张隽，交谊亦深，在与吐蕃、刘瑾等的斗争中，二人俱以功位至高官。书中写有娈童之好，乃因作者之父有同性恋，故托为因果报应以警之。郭伟刚直不阿，张隽风流倜傥，一武一文，故称“凤双飞”。

董永沉香合集 戏曲曲艺作品总集。杜颖陶编。上、下二卷。为董永卖身和沉香救母两故事专集。上卷《董永集》，收变文《董永行孝变文》(拟名)，杂剧《董永遇仙记》(拟名)，传奇《织锦记》、《卖身记》，小曲《劈破玉》等四种，宝卷《小董永卖身宝卷》，挽歌《张七姐下凡槐阴记》，评讲《大孝记》，弹词《董永卖身张七姐下凡织锦槐阴记》，地方戏《董永卖身天仙配》(黄梅戏)、《槐阴会》(湖南花鼓)；下卷《沉香集》，收宝卷《沉香宝卷》、《沉香太子全传》、《宝莲灯救母全传》，弹词《宝莲灯华山救母全传》，南音《沉香太子》，鼓词《沉香救母雌雄剑》，太平歌词《二郎劈山救母》。所收作品均标明出处，某些地方略有删节。前有编者引言。有1957年古典文学出版社排印本。

聊斋志异说唱集 曲艺作品总集。关德栋、李万鹏编。为《聊斋志异》故事专集。收子弟书《侠女传》、《莲香》、《绿衣女》、《马介甫》等十四种，单弦牌子曲《王六郎》、《劳山道士》、《青凤》、《画皮》等二十八种，鼓词《瞳人语》、《画壁》、《妖术》、《梦狼》等七种，弹词《青梅配》十二出。所收作品多系抄本或稿本。为便于诵读，由编者将唱词作分段排列，为便于理解，每篇又作了简要说明，对曲词里个别方言土语也作了简释。前有1981年编者前言，详细介绍了所收作品情况。这些作品把原作的文言改编为通俗说唱，不仅有主题、情节、语言等的变化，创造形象的手法也各有特点。有1983年上海古籍出版社排印本。

岳飞故事戏曲说唱集 戏曲曲艺作品总集。杜颖陶、俞芸编。凡十四种。附录二种。为岳飞故事专集。计有：《精忠传四季山歌》、《岳飞五更调》、南词小引《岳武穆》、八角鼓《精忠》、弋阳腔剧本《夺秋魁传奇》、四川竹琴《画地绝交》、秦腔剧本《回府刺字》、昆腔剧本《牛头山》、子弟书《调精忠》、鼓子曲《岳武穆奉诏班师》、石派书《风波亭》、子弟书《骂阎》、快书《谤阎》、《如是观传奇》，附录《十二金钱弹词》摘录、《精忠传弹词》摘录。前有图版、书影，后有1957年杜颖陶后记，述辑集缘起。所收均为清代作品，皆标明出处。内如石派书《风波亭》和《如是观传奇》，旧唯抄本行世，极为难得，辑入此集后，方得流传。有1957年古典文学出版社排印本，1985年上海古籍出版社重印。

西厢记说唱集 曲艺作品总集。傅惜华编。凡九辑。为崔莺莺张生故事专集。搜辑宋代以来各地流传的有关崔莺莺与张生恋爱故事的民间讲唱文学一百四十余种。第一辑为鼓子词、驻云飞、满庭芳、小桃红、劈破玉、打枣竿、寄生草、北跌落金钱、呀呀哟，收宋赵令畤《蝶恋花鼓子词》等二十三种；第二辑为西调、黄鹂调，收西调《半万贼兵》等十九种；第三辑为马头调，收《兵困普救》等二十五种；第四辑为岭儿调、北河调、满洲歌、八角鼓、莲花落，收岭儿调《贪淫飞虎》等十五种；第五辑为鼓子曲、西宁曲子、兰州月调，收鼓子曲《惊艳》等三十三种；第六辑为鼓词，收鼓词《西厢记》一种；第七辑为子弟书，收子弟书《红娘寄柬》等五种；第八辑为跌落金钱、银绞丝、倒搬桨、滴滴金调、哈哈笑调、阳台梦调、软玉屏调、满江红，收跌落金钱《西厢五更》等九种；第九辑为小曲、平湖调、南词、滩簧、南音，收小曲《一轮明月照西厢》等十六种。内除鼓词《西厢记》十卷二十七回、子弟书《西厢记》八回又《西厢记全本》十五回、南音《六才子西厢全本》二卷篇幅较长外，余皆短小之作。所收作品多作于清代，部分作于明代，宋代作品仅一种。均标明出处。前有1955年群明序，序前有插图十五叶、书影三叶。有1957年古典文学出版社排印本，1986年上海古籍出版社重印。

白蛇传集 戏曲曲艺作品总集。傅惜华编。凡上、中、下三编。为白蛇许仙故事专集。上编收马头调《玩景观山》等小曲三支，《白蛇传》及别本牌子曲共二套、《合钵》及别本牌子曲共三套；八角鼓《游西湖》岔曲一支，《搭船借伞》等牌子曲六套；鼓子曲《收青儿》等八套；鼓词《白蛇借伞》及别本与《水淹金山寺》等五种；子弟书《合钵》一回又别本二回，《哭塔》二回，《祭塔》一回，《出塔》二回，《雷峰塔》三卷。中编收小曲《白蛇山歌》等三支；南词马如飞《白蛇传》六篇及别本开篇一篇、又别本三回，《合钵》一篇，《雷峰塔》长篇一种；宝卷《雷峰宝卷》上、下二集；滩簧《化檀》等三篇。下编收清传奇黄图珌《雷峰塔》二卷与方成培《雷峰塔》四卷。所收作品皆作于清代，均注明出处。前有1955年傅惜华序，序前有插图及书影各九叶。有中华书局上海编辑所1958年排印本，1981年上海古籍出版社重印。

梁祝故事说唱集 曲艺作品总集。路工编。收作品十四种。为梁山伯、祝英台故事专集。凡传奇《英伯相别回家》(《同窗记》中一出)、《访友》(《同窗记》中一出)、《山伯赛槐阴分别》(《还魂记》中一出)、《河梁分袂》(别本《同窗记》中一出)四种，民歌《罗江怨》、《梁山伯》、《梁山伯歌》四种，鼓词《新刻梁山伯祝英台夫妇攻书还魂团圆记》、《柳荫记》二种，木鱼书《英台回乡》、《山伯访友》、《牡丹记》三种，弹词《新编金蝴蝶传》、《新编东调大双蝴蝶》二种。所收作品均标明出处，短的如录自《粤风》之民歌《梁山伯》，仅二十八字，长的如弹词《新编东调大双蝴蝶》，长近百页。除部分为明代作品外，多为清人所作。前有1955年编者《写在前面》，内有梁祝故事作品叙目，极有资料价值。另有插图二叶，书影六叶。有1958年中华书局上海编辑所排印本，1984年上海古籍出版社重印。

红楼梦子弟书 曲艺作品总集。胡文彬编。收录演唱《红楼梦》的子弟书二十七篇。作者有韩小窗、叙庵、符斋、蕉窗、云田，其余均佚名。所收作品有写贾宝玉、林黛玉的《露泪缘》，有写刘姥姥的《一入荣国府》，有写晴雯的《芙蓉诔》，有写史湘云的《湘云醉酒》，有写椿龄的《椿龄画蔷》，有写妙玉的《品茶栊翠庵》等。多据旧抄本录出，主要采自北京大学图书馆藏车王府抄本。这些作品忠于原作，并有所发展，在当时广为传唱，将《红楼梦》的故事普及到民间。有1983年春风文艺出版社排印本，前有耿瑛序，后有胡文彬编后记。

子弟书丛钞 曲艺作品总集。关德栋、周中明编。上、下二编。收子弟书一百零一种。前有赵景深序及关德栋前言。上编一册，收罗松窗《翠屏山》(选录)、《寻梦》等五种，韩小窗《齐陈相骂》、《长坂坡》等十七种，奕赓《孟子见梁惠王》等四种，文西园《桃洞仙缘》等三种，竹轩《斩窦娥》等三种，煦园《诸葛骂朗》等五种以及渔村、虬髯白眉子等之作十三种；下编一册，收无名氏之作，内有满汉语混合的《螃蟹段儿》、《寻夫曲》。书后附录顾琳《书词绪论》。本书所收作品，均注明出处，“不仅是我们研究文学史、历史和民俗学的一宗可贵资料，而且也是一般读者可以从中得到一定教益的通俗文艺作品”(编者《前言》)。作品揭露统治阶级罪恶较深刻，对封建社会末期伦理道德的腐败也作了有力鞭挞。其他如歌颂健康的爱情生活、真挚的民族友爱，也是精华所在。有1984年上海古籍出版社排印本。

名　篇

哭稼轩留守相公一百十韵 诗篇名。清钱谦益作。见《牧斋有学集》。为五言古诗。瞿式耜系谦益门人，南明永历间以文渊阁大学士兼吏、兵二部尚书留守桂林，封临桂伯，两粤皆倚以为重。永历四年(1650)十一月，清孔有德军破桂林，式耜被俘，不屈遇害。次年夏，谦益闻讣，乃作此诗哭之。诗追叙死者六十年生平大略，以在明末和南明时政事经历为主，而日常起居、书画爱好以及人物交游等也有涉及。全诗长歌当哭，悲痛欲绝，表现了作者对死者深切的哀悼，也曲折地反映出作者对明王朝的怀念。李岳瑞《春冰室野乘》评此诗云："情词悱恻，接武少陵。"

有赠 诗篇名。清冯班作。见《钝吟集》。为七言绝句。作于顺治四年(1647)之前，距南明弘光政权灭亡未久。咏秦晋淝水之战，实乃有感于弘光政权之灭亡。东晋偏安江左，前秦苻坚大举南侵，兵临淝水。东晋宰相谢安指挥若定，遣侄谢玄等率军迎敌，大败苻坚。南明弘光政权建都南京，尚有半壁河山，长江天险，但君主无能，奸臣当道，战将跋扈，贤才遭忌，终未能战胜南下清军，重演历史，而是很快为清军所灭。诗前三句写淝水之战，末句"虚对围棋忆谢玄"，扬古抑今，虽不着一字，但讽刺南明当道无能之意自出，无尽感慨自见，反清的政治倾向也在其中。曹弘《画月录》评此诗"如书家之敛笔藏锋，歌者之潜气内转，最为含蓄有味"。

圆圆曲 诗篇名。清吴伟业作。见《梅村诗集》。为七言古诗。陈圆圆为明末苏州名妓，色艺双绝，名动一时。辽东总兵吴三桂纳为妾。后三桂出镇山海关，圆圆留北京。李自成破北京，圆圆为农民军将领所得。三桂闻讯大怒，遂请降于清，引清兵入关，大败李自成，攻破北京，夺回圆圆。后圆圆随三桂入云南，晚年出家为女道士。诗作于顺治八年(1651)，叙述吴三桂、陈圆圆离合故事，谴责吴三桂为私欲背叛民族、失节降清、引狼入室的罪行。相传吴三桂屯兵汉中之时，曾遣使以重金请求诗人删去此诗，遭诗人拒绝。全诗结构开合动荡，跳跃腾挪；铺叙点缀，藻彩纷披；杂缀议论，精辟警策；声调音节，宛转悠扬。为"梅村体"的代表作。杨际昌《国朝诗话》评云："体则元(稹)、白(居易)，可为史则已如杜(甫)也。"

扬州访汪辰初 组诗名。清钱澄之作。见《田间诗集》。共二首，为七言律诗。汪辰初，扬州人，曾与作者先后同官南明唐王朝、桂王朝。顺治七年(1650)冬，作者东归，辰初随桂王入滇，官至詹事府詹事，曾主云南乡试。顺治十八年，桂王被害，辰初幸免于难。留滇十余年，始与妻、儿一家三口历尽艰辛，回到扬州。康熙二十二年(1683)三月，作者访之于扬州，作此七律二首。第一首写作者到扬州寻访和相见时的情景，第二首追记旧事，叙对方近况。全诗通俗流畅，不施藻彩，以白描胜。大风大浪中所结成的深厚友谊，表现得自然真切。历尽艰危、坚贞不屈的故国遗臣形象，栩栩如生，呼之欲出。汪启东《山泾草堂诗话》极赏其结构之妙，云："第一首迤逦写来，收到相见，访字意已足，次首颇难著笔，若再铺叙见后情形，究属平衍。却从昔年说入，一结方到本题，空灵活泼，化堆垛为烟云。此法得自杜陵。"

汾州祭吴炎潘柽章二节士 诗篇名。清顾炎武作。见《亭林诗集》。为七言律诗。吴炎、潘柽章是明末吴江诸生，精于史学，与炎武交甚笃。入清，吴、潘曾合编《明史记》，未成。康熙二年(1663)，湖州庄廷鑨《明史》案发，株连被杀者七十二人，被流放者数百人，吴、潘二人因列入该书参阅人名单，也成为这一文字狱的牺牲者，被杀于杭州。当时，作者在山西汾州，闻此凶讯，悲恸欲绝，遂设奠作诗遥祭。诗中对吴、潘史才，推崇备至，比之古之左丘明、司马迁，颂扬他们的忠义大节，渲染他们被害的惨烈，抒发诗人的痛惜之情。颈联"一代文章亡左马，千秋仁义在吴潘"，用《宋书·孝义传》所载王韶之《赠潘综吴逵》诗："仁义伊在，惟吴惟潘。心积纯孝，事著艰难。投死如归，淑问若兰。"用典极为精当，久为人所称道。

上巳将过金陵(其二) 诗篇名。清龚鼎孳作。见《定山堂集》。为七言绝句。上巳，古节日，本是三月第一个巳日，后一般定为三月初三。水边宴饮、游春踏青，是此日主要风俗。作者由广东北返北京，经过南京，恰逢上巳，与友人宴饮游乐，乃作诗志感。诗共四首，第二首最著名。前二句咏东吴和陈朝之亡，后二句抒发对改朝换代的无限感慨。实为借咏史怀古，以寄托对明王朝覆亡的悼惜之情。南京是明朝留都、南明弘光朝国都，诗在南京作，咏历史上建都于南京的政权之亡，以古事喻近事以寄意，堪称贴切。末句"流水青山送六朝"，传诵一时，王士禛《渔洋诗话》引王士禄语称此句为"才子语"，彭端淑《白鹤堂诗话》称此句胜过明人"六朝山色马头青"句。

兔丝浮萍篇 诗篇名。清施闰章作。见《学余堂诗集》。为五言古诗。前有自序，略谓有李将军者言：其部下某兵掠人之妻，数年后，携之随军东征。一日，此女遇其本夫，一见恸绝。相问后，得知本夫已另娶，而本夫另娶之妻，原来是某兵原妻。四人相见，明白了他们之间的关系，都伤心痛哭。两位男子遂互相归还原妻，离散多年的夫妻才得以团聚。诗即纪其事，反映了清初战乱给人民造成的深重苦难。诗风宗汉乐府，首尾托意比兴，含蓄蕴藉。叙述中多人物语言，形象性强，自然真切。沈德潜《国朝诗别裁集》评云："状古来未有情事，以比兴体出之，作汉人乐府读可也。无书无笔人不敢道一字。"

一钱行赠林茂之 诗篇名。清吴嘉纪作。见《陋轩诗》。为七言古诗。林茂之，名古度，为明遗民诗人，入清后仍缝一枚明万历年所铸铜钱于衣带间，以示不忘故国，保持气节。康熙三年(1664)，茂之至扬州，嘉纪友人汪楫赋《一钱行》赠之，嘉纪亦受感动而作此诗。通过塑造在"满地干戈""人代改"的境况下，贫穷落魄而独珍先朝一钱的八十五岁老遗民形象，抒兴亡之感、家国之恨，语语真朴而愈见沉郁。沈德潜《国朝诗别裁集》评云："'桃花李花'二语(指"桃花李花三月天，同君扶杖上渔船")，偏写得兴高游冶相似，而结意悲伤(指"酒人一见皆垂泪，乃是先朝万历钱")，传出麦秀渐渐之感，一篇主意全在此也，……是创格，亦是绝调。"

朝天峡 诗篇名。清费密作。见《燕峰诗钞》。为五言律诗。朝天峡，即朝天岭，在四川省广元县北，嘉陵江上游，过此即入陕西境内。此诗作于清初。描绘作者舟中所见景色，境界开阔，雄奇壮丽，抒发人生漂泊之苦，曲折隐晦地表达出强烈的民族意识和深沉的亡国感伤。颔联"大江流汉水，孤艇接残春"最为有名，传诵一时。王士禛《渔洋诗话》感叹道："十字须千古，胡为失此人?"乃与作者定交。

养马行 诗篇名。清梁佩兰作。见《六莹堂集》。为七言古诗。顺治七年(1650)冬，清耿精忠、尚可喜二王率军陷广州，屠城数日，广州城中及附近居民逃奔流离于远乡。城内外三十里之房屋，悉为官军马厩。诗人见而哀之，乃作此诗。极写二王爱马之甚，以此讽刺其不仁不义。末句"百姓乞为王马王不应"，堪称神来之笔，百姓欲为王作马而不成，可见其遭受苦难之深重。写王爱马养马，多用铺排笔法，末句忽写及百姓以反衬，更突出讽刺主题。沈德潜《国朝诗别裁集》评云："以赞颂之笔，写讽刺之旨。贵畜贱人如此，其败亡也必然矣。此种诗前无所承，后无所继，应是独开生面之作。"

玉带生歌 诗篇名。清朱彝尊作。见《曝书亭集》。为七言古诗。玉带生，文天祥一遗砚名。康熙四十四年(1705)，作者于苏州见之，为作此诗。诗用拟人手法描绘此砚形质及其曲折经历，以此反映文天祥、谢翱、邓剡等人的抗元事迹，歌颂其高尚的民族气节。末云"俾汝留传天地间，忠魂墨气常凝聚"，表达出诗人对文天祥等的敬仰之情。诗句参差错落，节奏之长短缓急与感情之起伏相宜。格调颇为苍凉遒劲。赵翼《瓯北诗话》称朱氏"中年以后，恃其博奥，尽弃格律，欲自成一家，如《玉带生歌》诸篇，固足推倒一世"。沈德潜《国朝诗别裁集》评云："小小一砚，传出信国(文天祥)之忠，皋羽(谢翱)之义。其实相随皋羽，乃想象语也。一结砚与信国双收，是何神勇。"

云州秋望 诗篇名。清屈大均作。见《翁山诗外》。为五言律诗。台州，古州名，治所在定襄(今山西大同市)。诗作于康熙七年(1668)。时作者与妻王华姜出雁门至云州，记云州所见，作此诗。颔联"遥寻苏武庙，不上李陵台"两句，为诗主旨所在。苏武，汉武帝时出使匈奴，单于胁降，不屈，被囚十九年，昭帝与匈奴和亲，始归，其时须发已白。李陵，与苏武同时相友善，汉武帝时率兵击匈奴，战败失节投降。"遥寻"两句，实诗人抒发其坚持民族气节，决不变节仕清之豪情。颈联"风助群鹰击，云随万马来"为诗中警策，写秋景绝佳，沈德潜《国朝诗别裁集》评云："'风助'，助字有力；'云随万马来'，与谢茂秦'风生万马间'，各极其胜。"全诗沉雄豪迈，为诗人之代表作。

崖门谒三忠祠 一作《崖门吊古》。诗篇名。清陈恭尹作。见《独漉堂集》。为七言律诗。崖门，即崖门山，在广东新会县南海中，宋末为抗元最后一役战场。南宋祥兴二年(1279)，宋军战败，宰相陆秀夫背负帝昺跳海而死，宋亡。后人因在崖门建祠，以纪念宋末抗元民族英雄文天祥、陆秀夫和张世杰，称三忠祠。明为清所灭，与宋为元所灭，其事如出一辙，故作者谒祠时有感而发，写下此诗。诗中高崖大海雄伟壮阔之景，与浩浩绵绵亡国之痛相融相激。屈向邦《粤东诗话》评云："大气磅礴，大笔淋漓，寄托遥深，卓绝千古矣。"赵翼《瓯北诗话》最赏颈联"海水有门分上下，江山无地限华夷"，认为："此等雄骏句，虽李杜苏陆，穷尽气力，一生不过数联，而独漉切定其地，不可移咏他处，尤难得。"

秋柳 组诗名。清王士禛作。见《带经堂集》。共四首，为七言律诗。顺治十四年(1657)秋八月，作者邀诸名士集于济南大明湖，会饮水面亭，见亭外杨柳千余株，披拂水际，绰约近人，叶始微黄，乍染秋色，若有摇落之态，怅然有感，遂作此诗。诗流传大江南北，一时和者数百人。后世研究者多以为此诗乃吊明亡之作。诗人明写秋柳景色，暗写明亡史事，以免受清廷迫害。内容涉及太祖开国、弘光君臣昏庸无能、南都诸人事及童妃案等南明史实传闻。某首指某人，某句指某事，后人曾有考辨，李兆元著有《渔洋山人秋柳诗旧笺》、郑鸿渔著有《渔洋山人秋柳诗笺注析解》。诗以白下门秋柳起兴，寓意深远。诗笔清丽，意味含蓄，体现诗人"神韵说"的特点。陈允衡称其"如初写《黄庭》，恰到好处。诸名士和作，皆不能及"（《国雅》）。

中秋夜洞庭湖对月歌 诗篇名。清查慎行作。见《敬业堂集》。为七言古诗。作于康熙二十一年(1682)，时作者自贵州巡抚杨雍建的幕府返回故乡浙江海宁，由水路乘船过洞庭湖而赋此篇。诗中描写了中秋夜湖中观月的情景，大致可分三段，第一段四句叙日落之前湖上风与云之变化，第二段十二句为主干，由"落日沉波"写到"月光浸水"的"一派空明"，又有骊龙深潜、巨鱼腾踔的虚、实映衬，第三段四句总结游湖赏月之感慨，"人间此境知难必，快意翻从偶然得"云云，所感甚大，富有哲理。全篇脉络清晰，章法严谨，而笔致灵动夭矫，意境开阔深邃，写景随物赋形，刻画入微，深受苏轼影响，为清初宋诗派诗人优秀的典范作品。

甿入城行 诗篇名。清赵执信作。见《饴山堂集·浮家集》。为七言古诗。《浮家集》收作者记述康熙四十八年(1709)携家南下时途中见闻的诗。次年初，作者在苏州作此诗，描写当地人民反抗官吏压迫所进行的一次斗争。诗人先写百姓平时胆小老实，怕见县令；而县令却前呼后拥，来到乡下，随意械系鞭笞百姓，激起了农民们的反抗情绪，"一呼万应齐挥拳"，冲入城中，进行造反。农民的怒吼声震撼了知府的大门，大吏采用了温语安抚、酒饭款待的怀柔对策，结果农民们在酒足饭饱之后，只砸了一下县衙的门窗便势尽而去。而那位县令则于深夜匍匐而归，囚首奴颜，昔日的威风一扫而光。诗人采用赋陈手法，直叙其事，而遣词造句，仍见出其"思路劖刻"之风格特点。陈恭尹尝评赵执信诗"其要归于自写性真，力戒浮靡"（《观海集序》），此诗正是如此。

灵隐寺月夜 诗篇名。清厉鹗作。见《樊榭山房诗集》。为五言律诗。诗为纪游之作，写于康熙五十五年(1716)冬，描绘月夜灵隐的清幽景色。灵隐寺，在杭州西湖西北灵隐山麓，始建于东晋，前临冷泉，面对飞来峰，向为江浙名胜，以之为题咏对象的诗，不胜枚举，厉氏此篇虽后起，却不落俗套。写景紧扣严冬月夜的节令特征，细致入微，笔意淡雅，又体现出佛门净地幽夐清冷的环境特点，带有明显的禅味。颔联"月在众峰顶，泉流乱叶中"写山，与颈联"一灯群动息，孤磬四天空"写寺互相照应，自然景观与人文景观，视觉效果与听觉效果两臻妙境，令人有出尘之想。王文濡评"月在"一联云："诗中有画，足为灵隐写照。"（《清诗评注读本》）

姑恶 诗篇名。清郑燮作。见《板桥诗钞》。为五言古诗。姑恶，水鸟名。以其声似"姑恶"，故名。相传乃被婆婆虐待致死的媳妇冤魂所化，故声声诉"姑恶"。姑，婆婆。诗作于乾隆十年(1745)。前有自序述其写作之旨云："古诗云：'姑恶，姑恶，姑不恶，妾命薄。'可谓忠厚之至，得《三百篇》遗意焉。然为姑者，岂有悛悔哉？因复作一篇，极形其状，以为激劝焉。"诗中反映一个十二岁童养媳的生活，描绘婆婆对她的种种残酷虐待，抨击封建社会中婆婆虐待媳妇的罪恶现象，表达对无辜弱女子的深切同情。以白描手法写来，穿插人物语言，有叙有议，得古乐府神理而略有变化，感情沉痛激切，为作者得意之作。《板桥诗钞》自叙言"试取与陋轩同读，或亦不甚相让"。

三垂冈 诗篇名。清严遂成作。见《海珊诗钞》。为七言律诗。三垂冈，地名，在今山西屯留县东南，后唐李存勗曾于此设伏兵破后梁军，解潞州之围。诗为咏史之作，写李克用以沙陀兵镇压黄巢义军起家，却无奈后梁朱温之飞扬跋扈，篡唐自立，只能自保其晋王所辖之地，幸有其子李存勗堪称奇儿，能继其遗志。尾联"萧瑟三垂冈畔路，至今人唱《百年歌》"，俯仰古今，于新陈代谢之际致慨极深。既有英雄终老之悲，又有后浪推前之喜，交织泛化为一种人类普遍感情，感染力颇强。梁绍壬《两般秋雨庵随笔》称此诗"格高调响，逼近唐音"。袁枚《随园诗话》谓"海珊自负咏古为第一，读之果然"，举此诗为证。潘清《挹翠楼诗话》亦以为此诗可以"雄踞一时"。

烈女李三行 诗篇名。清胡天游作。见《石笥山房集》。为五言古诗。前有自序，略谓烈女李三，河南鹿邑人。父务农，以事与某豪绅相仇。豪绅乃使人诱李父喝下毒酒。李父将死，知中豪绅毒计，叹无子可以报仇，抱恨终身。李三时十余岁，将父临终之言铭记在心。成人后，欲行刺豪绅而不得，乃投诉地方官府。地方官府袒护豪绅，不为伸冤。李三乃赴京师，诉于刑部、都察院，亦无效。后知新任鹿邑知县刚直清正，乃返鹿邑投诉。知县知其始末，深为李三不辞艰险为父伸冤之奇行所感，秉公审理此案，为李三报仇。豪绅家属遂诽谤李三受人玷污。李三忍辱奉母，辞某贤公子之聘。母卒丧葬毕，李三对众人表明心迹，自经而死。豪绅子欲作践李三之尸，尸口出血如愤怒状，豪绅子惊骇仆地，得疾致死。此康熙间事，乾隆三年(1738)作者在京师闻知，乃作此长诗纪之。奇冤奇行，以奇笔出之。铺排点染，淋漓尽致。缀以议论，犀利痛快。袁枚《随园诗话》谓其"叙事学古乐府《孔雀东南飞》而绝妙者"，朱庭珍《筱园诗话》亦评为："淋漓沉郁，神骨色泽，气味意旨，皆逼古人。"

到家作四首 组诗名。清钱载作。见《萚石斋诗集》。共四首，为七言律诗。系作者七十岁时自京回家省墓时作，描写到家时所见情景，抒发对亡故亲人，特别是亡母的深切哀痛，也表现出深沉的今昔之感。构思巧妙，对仗工整，笔力健拔。张维屏评第一首云："此结至今日竟为《广陵散》矣，明七子李于鳞尚偶得之。"评第二首云："此诗具万钧力，总是少陵嫡派，香山、放翁则雁行耳。"(黄培芳《香石诗石》引)又云："字字沉痛，字字动荡，其佳处未尝不从古人来，却能于古人之外自成面目。"(《国朝诗人征略》)吴应和评此诗称："如怨如慕，如泣如诉，真是血性所发，故沉痛若此，不必于字句论工拙，气体论家数。"然钱钟书《谈艺录》则云："世多称《到家作》第二首之'儿时我母教儿地，母若知儿望母来。三十四年何限罪，百千万念不如灰'。七律对仗如此流转，自亦难能，而腔吻太厉，词意太尽。"

马嵬(其四) 诗篇名。清袁枚作。见《小仓山房诗集》。为七言绝句。共四首，此为第四首。马嵬坡，在今陕西兴平西，旧传晋马嵬在此筑城，故名。唐天宝间安史之乱起，玄宗出西安奔蜀，道经马嵬坡，六军不发，要求惩治元凶，杀杨国忠，又迫玄宗赐贵妃杨玉环投缳自尽。唐代白居易《长恨歌》、李商隐《马嵬》都曾咏其事，成千古绝唱。袁枚此篇，一反白居易所作同情李杨爱情的立场，也不取李商隐所作以嘲讽为批判，而是将他们二人的生离死别与以杜甫《石壕吏》中石壕村老夫妇为代表的广大人民群众相比较，指出绵绵无绝期之恨，实以百姓为多，感情真挚，词旨遥深，而语言浅切生动，为集中之佳作。

响屧廊(其二) 诗篇名。清蒋士铨作。见《忠雅堂诗集》。为七言绝句。作于乾隆三十九年(1774)秋作者游览苏州时。响屧廊，为江苏吴县灵岩山古迹名，相传吴王令西施辈步屧，廊虚而响，故名。诗以响屧联想到山河破碎，奇警而贴切。虽为咏史怀古之作，但言近旨远，垂诫于当世之意亦极为明显。前二句笔势藏锋，"遗踪犹自慕倾城"一语，隐然使人对吴王夫差为美色所误之悲剧性深感必然：遗踪犹为人所慕，何况亲见佳人？第二句用《晋书·阮孚传》"未知一生能著几緉屐"之典，亦浑化无迹。末句"踏碎山河是此声"始点出诗旨所在，恰似禅门之当头棒喝，令人猛省。朱庭珍《筱园诗话》评云："用意沉著，又七绝中之飞将也。"

闲居读书(其一) 诗篇名。清赵翼作。见《瓯北集》。为五言古诗。诗以平地矮人与楼上之人看戏所见不同为喻，说明在认识事物、阅读书籍时，由于个人的经验、视角、心态、素养、习性、趣味等等各不相同，产生的感受也就常有差异；必须注意提高自己观察、分析事物的能力与水平，才能在读书活动以及其他认识活动中有真知灼见。状矮人在广场平地看高台演戏，"举头仰而企"、"自谓看仔细"，与作者另一首七绝《论诗五首》(其三)"矮人看戏何曾见，都是随人说短长"两句语意小异，但有异曲同工之妙。悟矮人之"每随己境地"将失真的认识视为确凿，实属可笑，便可悟读书学习当知之为知之、不知为不知，不能随心所欲乱加发挥。全诗虽以议论为主，但饶有趣味。

龙门滩 诗篇名。清黎简作。见《五百四峰草堂诗钞》。为五言古诗。龙门滩，在广西桂平黔江上，极为奇险，诗即写舟行龙门滩所见所感。诗中想像颇为奇特，如写怪石谓其张角"直欲砺我舟"。在单行散句中杂以对偶句，以约束疏导神气，亦见匠心。诗中连用"西江"、"浔州"、"柳州"、"铜鼓滩"、"相思洲"、"瑶"等地名，却不显堆垛，而使之融化于诗中，益助铺叙龙门滩之险，盖有得于汉魏六朝古乐府。全诗显然是刻意雕琢而成，却并无奇字怪词，炼意之工力甚深，结构章法具臻妙境，王昶《湖海诗传》评黎简诗"峻拔清峭，刻意新颖"，此诗可见一斑。

都门秋思(其三) 诗篇名。清黄景仁作。见《两当轩集》。为七言律诗。作于乾隆四十二年(1777)，时作者在《四库全书》馆任校录，迎母亲家眷至京居住，所入不足以供衣食之需，深感居不大易，有感而作此组诗。诗共四首，内第三首素负盛名。颔联“夕阳劝客登楼去，山色将秋绕郭来”，“劝”、“将”二动词颇精警，见出锤炼之功。颈联起句反用杜甫《佳人》“天寒翠袖薄，日暮倚修竹”句意，对句化用《古诗十九首》“白杨多悲风，萧萧愁煞人”句意，用典亦极为贴切。尾联“全家都在风声里，九月衣裳未剪裁”，尤为悲凉沉郁，广受赞赏。陆继辂《春芹录》云：“秋帆（毕沅）初不识君，见《都门秋思》，谓值千金，姑先寄五百金，速其西游。”可见此诗感人之深。

入洞庭 诗篇名。清宋湘作。见《红杏山房诗钞》。为七言律诗。作于嘉庆十八年(1813)，时作者由翰林院编修外放为云南曲靖知府，南下赴任，经洞庭湖而赋此篇，后收入《南行草》。起四句一气而下，纯用单行，体格脱胎于唐崔颢《黄鹤楼》、李白《鹦鹉洲》诗，然同中有异，首联二句均用“长江”二字，格同崔、李，颈联不用对仗，二句首字“湖”又重复，且起句出以问句，则既不同于崔，亦不同于李，极具夭矫灵动之势。颈联返回正格，对仗用的名对，与尊崇屈原、湘灵的庄肃之情吻合。一结“又恐”云云，尤余意不尽，耐人寻味。张维屏《国朝诗人征略》谓宋氏七律“以生动之笔写沉郁之气”，此篇可作代表。潘飞声《在山泉诗话》以此篇为其七律最佳者之一，称其能“力辟新境界”。

三元里 诗篇名。近代张维屏作。见《松心庐诗集》。为七言古诗。三元里，在今广州市北郊。诗作于道光二十一年(1841)。鸦片战争中，英国侵略军于道光二十一年五月二十九日劫掠广州近郊，三元里人民在菜农韦绍光组织率领下，奋起抗击，次日，诱敌至牛栏冈，歼灭英军少校毕霞等二百余人，生俘二十余名，大长了中国人民的志气。此诗即叙写这次战斗的经过。作者以火热的爱国感情，歌颂了人民群众反抗英军侵略的英勇斗争精神，揭露和谴责了清朝官吏投降卖国的卑鄙行径。诗中反复运用对比手法，将叙事、议论、抒情有机结合在一起；语言通俗，四句一换韵，韵脚平仄迭更，铿锵顿挫，琅琅上口。

扬州城楼 诗篇名。清陈沆作。见《简学斋诗存》。为七言律诗。作于嘉庆二十三年(1818)。此诗为伤时感世之作，诗以扬州城楼所见，描绘昔日景色妍美的扬州，“曾是绿杨千树好，只今明月一分无”，呈现出破败景象，展现了嘉庆年间清朝封建统治下的真实社会面貌，表达了作者忧时伤世的心情。吴嵩梁评曰：“五六句（“穷商日夜荒歌舞，乐岁东南困转输”）纪实语，非忧时者不能道出。”魏源评曰：“末二句（“道谊既轻功利重，临风还忆董江都”）真杜。”龚自珍评曰：“裂笛之作。”（均见集中）

咏史 诗篇名。近代龚自珍作。见《定庵全集》。为七言律诗。道光五年十二月(1826)，自珍作客昆山，目睹江南地区各种污浊现象，有感而作此诗，对清朝统治者中的幕僚、帮闲一类“名流”人物争名夺利、尔虞我诈的卑劣伎俩，进行辛辣的嘲讽；对那些盐商及其食客们操纵江南经济的丑恶行为，也给予深刻的揭露；对畏触文网的文人为谋食而著书的可悲局面，则发出了深沉的感慨。一说为盐史曾燠遭黜而发。此诗题为“咏史”，实以讽今。“避席畏闻文字狱，著书都为稻粱谋”一联，为后人视为警句。全诗辞锋锐利，用典工切，讽谕效果极佳，不愧为启蒙思想家振聋发聩之作。

飞云岩 诗篇名。近代何绍基作。见《东洲草堂诗钞》。为七言古诗。飞云岩，即飞云崖，在贵州省黄平县城东二十里东坡山，似洞非洞，内极宽敞，以千姿百态的石壁著称，被誉为“黔南第一胜景”。顶上岩檐覆出，石乳倒垂，浮者若飞霞，亘者若虹霓；其下澄潭邃谷，幽深无底；岩半立大士像，有水出崖左，泻为瀑布；崖前石峰矗立，上建圣果、滴翠二亭。此诗以云喻石，描绘了飞云岩石壁奇观。全诗化静为动，运用博喻、拟人、夸张等手法，将静态的岩石说成云彩，写得瑰丽多姿，变幻无穷，在篇末始揭出“我所道云都是石”。钱仲联《梦苕庵诗话》称：“此诗具如来三十二相，八十种好。一结画龙点睛，化堆垛为烟云，斯为神奇。”

双鸩篇 诗篇名。近代姚燮作。见《复庄诗问》。清道光间北京一商人家，父母迫赘婿外出经商。赘婿久出不归，乃逼女儿改嫁，遭拒绝。及赘婿破产而归，二人遂双双饮鸩殉情。道光十六年(1836)，诗人在北京作此诗纪其事，以歌颂男女主人公真挚感人的爱情和不屈抗争的精神，暴露出封建礼教与金钱拜物的罪恶。诗为拟乐府体五古，全长一千七百余字，为汉语古典诗歌中最长的叙事诗之一。许宗衡《玉井山馆笔记》云此诗摹胡天游《烈女李三行》和曹溶《宋宋诗》，“而曲折尽致则尤胜焉。然皆本《孔雀东南飞》”。钱仲联《论近代诗四十家》谓其“吸取民间文艺鼓词与子弟书之特点，交织以藻采与激情”。

自沾益出宣威入东川 诗篇名。近代郑珍作。见《巢经巢诗钞》。为七言律诗。作于道光十六年(1836)夏,时作者在自家赴昆明途中。诗为记述旅途劳瘁而作,格式全仿唐白居易《寄韬光禅寺》一首,前六句均用对仗,且都是双拟对,颈联甚至每句有两字重复。末二句连用三"东"字,借苏轼远贬海南旧事以致慨,谓其即便当时能如此旷达,今日如来东川,亦将气索,与前面以赋法铺陈旅途之艰辛相得益彰。胡先骕《读郑子尹〈巢经巢诗集〉》谓其诗"最足令人注意之处,即其纯用白战之法,善于驱使俗语俗事以入诗也","盖以苏、黄、韩、杜之风骨,而饰以元、白之面目者,故愈用俗语俗事,愈见其笔力之雄浑,气势之矫健"。本篇即有此特点,虽格式甚奇,而所写之事却极贴近日常生活,真切感人。

兰陵女儿行 诗篇名。近代金和作。见《秋蟪吟馆诗钞》。为杂言古诗。兰陵,古郡名。西晋时分东海郡,置兰陵郡,东晋南渡,侨置南兰陵郡,治兰陵(今江苏常州市西北),后因以称常州。此诗所指是南兰陵。叙写兰陵女子抗拒清将劫婚的故事,表现了女子的勇敢机智、将军的情虚胆怯和宾客的巧言斡旋,对当时"处处兵杀民"的黑暗现实,有一定程度的揭露。全诗共一千五百二十二字,篇幅之长,在中国古典叙事诗中,十分罕见。诗人大胆地将小说手法引入诗歌,对此,胡先骕评曰:"其叙述之生动,气势之夭矫,殆少伦比。"(《评金亚匏〈秋蟪吟馆诗〉》)诗人不仅善用讽刺手法,而且杂用文言与口语,句式有五言、七言、九言、十一言、十三言、十五言,错落杂出。对此,陈衍评曰:"极乎以文为诗之能事。"(《近代诗钞》)陈作霖以为"奇人奇事,得此奇诗以传之,足以不朽矣"(《可园诗话》)。

圆明园词 诗篇名。近代王闿运作。见《湘绮楼诗集》。为七言古诗。圆明园,清代宫苑,遗址在北京西郊海淀附近。始建于康熙四十八年(1709)。咸丰十年(1860),英法联军入侵北京,大肆劫掠园内珍宝,最后纵火焚毁,遂成废墟。此诗作于同治十年(1871)春。时作者和张祖同、徐树钧同游圆明园遗址,目睹颓垣残壁,追忆往事,感慨万千。作者以深沉的笔调追记了圆明园建园经过,描绘了焚毁后的破败景象,在一定程度上揭露了清朝帝王的荒淫生活和英法联军侵华的罪行,并表现了作者怀才不遇的感慨。谭献将此诗比诸元稹《连昌宫词》,以为"谈何容易"(《复堂日记》)。钱基博亦评此诗"韵律调新,风情宛然,乃学唐元稹之《连昌宫词》,不为高古,于《湘绮集》为变格"(《现代中国文学史》)。

地震诗 诗篇名。近代袁昶作。见《渐西村人初集》。为杂言古诗。作于同治十一年(1872),诗前小序略云:"六月壬申夜,维扬地震,连延数州","时客扬州,作是诗。"以奇诡奥僻之笔,交织禺强、共工乃至罔象、羵羊之类神话人物、动物故事,排比铺张,其想像之出人意表,语言之佶屈聱牙,颇具独特的艺术效果,令人叹为观止,堪称怪诞风格诗之代表作。钱仲联《梦苕庵诗话》谓此诗"不仅写维扬地震事,兼亦隐刺时政,是时秉中枢者,李鸿章以直隶总督任大学士,满人文祥为协办大学士,军机大臣为恭亲王奕䜣、文祥、宝鋆、沈桂芬、李鸿藻诸人,皆非栋梁之材也"。诗后自题称仿明刘基《二鬼诗》,"非效卢仝、徐积也",实则仍与卢仝《月蚀诗》为近,"东有苍色龙"、"南有赤翅乌"、"西有菸菟鬖毵"、"北有大玄龟"等叙述可证。

彩云曲 诗篇名。近代樊增祥作。见《樊山集》。为七言古诗。诗为傅彩云作。自序略云:彩云,吴妓,负盛名,兵部左侍郎洪钧纳为妾。光绪间随洪出使欧洲,尝与英女皇维多利亚宴游摄影,时论奇之。归国后,洪钧病故,彩云沦为妓,更名赛金花,辗转京沪至天津,年逾三十而艳名不减畴昔。光绪二十五年(1899),作者与客谈及此事,乃作诗记之。诗前半部分记彩云的美艳,专宠于夫,和随使三年中尊贵无比的情景。后半部分则记其回国后重操旧业的经历。作者在叹惜彩云易散、红颜薄命之余,也批评了男女主人公对爱情的不专一。论诗者以为结句"彩云易散玻璃脆,此是香山悟道诗",是诗的主旨所在。钱仲联评此诗"得香山遗轨"(《论近代诗四十首》)。

今别离 组诗名。近代黄遵宪作。见《人境庐诗草》。共四首。为五言古诗。《今别离》为古乐府杂曲歌辞旧题,内容多是男女离别相思。作于光绪十六年(1890),时作者任驻英使馆参赞。用乐府旧题写离别相思这一传统主题,而融入火车、轮船、电报、照相以及东西两半球昼夜相反等当时先进的科学技术和科学知识。建立在新技术和新知识基础上的想像,丰富奇特,且能与传统主题和传统诗歌语言形式成功地统一起来。梁启超《饮冰室诗话》评云:"陈伯严(三立)推为千年绝作,殆公论矣。"何藻翔《岭南诗存》评云:"以旧格调运新思想,千古绝作,不可有二。”钱仲联《梦苕庵诗话》评云:“古意沉丽。”

梦洞庭 诗篇名。近代敬安作。见《八指头陀诗集》。为五言律诗。作于宣统元年(1909),时作者五十九岁,为浙江宁波天童寺住持。诗以奇特而又瑰丽之想像,描绘梦中遨游洞庭湖情景。作者为湖南人,多次游历洞庭湖,留有许多诗篇,然而却以此首远离胜境的梦游之作为绝唱。全诗精粹在前四句,首联写汲水洞庭,竟将君山汲入瓶中,可谓非夷所思,颔联半对半不对,煮月浴星之意象亦不同凡响。颈联之想像,则已由奇入正,切合作者身份。尾联结以有人吹笛惊醒好梦,“何人”之隐约不明,与“我”之显在松间,对比之下,益增迷离惝恍之趣。陈诗《尊瓠室诗话》称此诗“超然物外,飘逸不群,可称杰作”。

阁夜示证刚 诗篇名。近代沈曾植作。见《海日楼诗集》。为七言律诗。李翊灼《海日楼诗补编序》称:“庚戌(1910),叟以国事日危,上书言大计,权贵恶之,留中不答,叟抚膺太息曰:‘天乎!人力竟不足以挽之耶?’因赋《阁夜》长律见示。”阁指天柱阁,时作者以皖藩摄巡抚事,署有成园,天柱阁即作者于园中所葺。证刚,即李翊灼,作者门人。全诗用典颇多,几于句句用典,而妥贴自然,不似诗人之他作那么艰奥深涩。诗明写登阁所见,而实寓忧国忧民之意,“铺啜谁能较醉醒”谓世人不辨善恶美丑,“雨后百科争夏大,风前一叶警秋蓄”谓新力量的增长与清王朝的衰微,均极为贴切,诗曲折深窈,艺术感染力与平铺直叙者明显不同而别具特色。

晓抵九江作 诗篇名。近代陈三立作。见《散原精舍诗》。为七言律诗。作于光绪二十七年(1901),时清廷已同列强签订丧权辱国的《辛丑条约》。诗人自南京赴南昌崝庐省墓,舟行途经九江,目睹风涛险恶,联想到国家形势的艰危,感时抚事,写下此篇。首联起句不入韵,体现出江西派七律特点,又用《庄子》“藏舟”典故,喻秉国政者茫昧无知。颔联起句中“风涛”含蕴双关。颈联“鼾声邻榻”、“曙色孤篷”更显然有其象征意义,恨列强之侵凌,望祖国之振兴,借此即景二句表露无遗。尾联用白居易赋《琵琶行》之典,述因参与戊戌变法而被贬斥,成为“天涯沦落人”的身世之感、家国之恨,结以“起看啼雁”,颇有不尽之意。全诗避俗避熟,立意生新,为其代表作。

过泰山下 诗篇名。近代范当世作。见《范伯子诗集》。为七言律诗。作于光绪十一年(1885)北上赴冀州途中,时诗人三十二岁。首联“生长海门狎江水,腹中泰岱亦峥嵘”,出语豪健,钱仲联《近百年诗坛点将录》谓之“是何气概雄且杰”。颔联之起句、对句以流水对一气贯穿,用东汉范滂典以抒壮志。颈联“痴龙怀宝睡”的意象充分反映出诗人对当时社会人才埋没的感慨,尾联末句“开阖云雷倘未惊”与首联起句两相呼应,力透纸背,用意与龚自珍《己亥杂诗》“九州生气恃风雷”相近。诗人自评此诗“一起一收,规模颇好,中四句亦蹈大方也”。全诗硬语盘空,与江西派为近,而气势雄放,则又有得于苏轼,颇能体现诗人的艺术特色。

夜坐向晓(其二) 诗篇名。近代文廷式作。见《文道希先生遗诗》。诗为五言绝句,共四首,作于光绪二十二年(1896)冬至后。是年春,作者因劝说光绪帝变法,触怒慈禧太后,被削职并逐出北京。此第二首为名篇,写作者长夜苦待天明,而寰球另一面,日正当午,忽听鸡鸣之声,预示曙光即将来临,对风风雨雨更无所忧惧。钱仲联《近百年诗坛点将录》评云:“借地球昼夜向背之理,兴九域沦胥之忧与风雨鸡鸣之怀,可谓黑暗中之明星,二十字抵人千百矣。”

秋登越王台 诗篇名。近代康有为作。见《南海先生诗集》。作于光绪五年(1879),记登临越王台所感。越王台,一名粤王台,在广州市北越秀山上,传为汉代南越王遗迹。首句直切诗题,次句不接以高眺所见而径转为寄慨。颔联“十七史从何说起,三千劫几历轮回”,借文天祥语及佛家教义,眼光由古及今,而致慨于时事之不堪闻问,祖国之惨受劫难。颈联表示要学呵壁问天的屈原,以无所畏惧的气概,在漫漫长路中上下求索。尾联为诗之主旨,表现出作者欲力挽狂澜的强烈爱国责任感。全诗格调昂扬奋发,充溢着一种新的时代气息,从中明显可见龚自珍的影响。

西苑 诗篇名。近代李希圣作。见《雁影斋诗》。为七言律诗。作于光绪二十六年(1900)秋,时庚子事变起,八国联军攻占北京,慈禧太后命人推堕珍妃于井中,挟光绪帝仓皇逃奔西安,作为皇宫禁垣之地的西苑,已是一片岑寂荒凉。作者感国事之日非,悼珍妃之惨死,遂赋此诗。全篇藻彩浓重,典故纷烦,然而不以辞害意,伤时念乱,托物比兴,寄慨遥深,学唐李商隐能得其神髓。尤可注意者,在此诗之善用虚字斡旋语气,“尚”、“空”、“已”、“仍”等字,对加强感情力度极富成效。钱仲联《近百年诗坛点将录》谓其诗“大都感怆国事，所谓‘楚雨含情皆有托’，非徒绣其鞶帨而已”，本篇即可作为代表。

戊戌元旦日蚀诗 诗篇名。近代黄人作。见《石陶梨烟室诗存》。为杂言古诗。作于光绪二十四年(1898)元旦。借日蚀天象以寄意，词藻融李贺，体制采卢仝，汪洋恣肆，奇诡怪诞，时有长至十一至十五字句掺杂篇中，读之令人神惊目眩，在中国诗史上，与卢仝《月蚀诗》、袁昶《地震诗》同为怪诞风格诗之代表作。钱仲联《梦苕庵诗话》谓其“指斥金轮，语意极显，诚诗家之董狐也”，又谓“诗中日指光绪帝，月指孝钦后，东方龙当指恭亲王，是时为军机大臣，即于是年四月薨，南方火鹑当指崧蕃，满洲人，是时方为云贵总督，西方於菟或指荣禄，曾为西安将军，北方老龟似指王文韶，是年初入赞军机，《清史稿》本传称其更事久，明于趋避，与诗语相合”。

宫井篇 诗篇名。近代金兆蕃作。见《安乐乡人诗集》。为七言古诗。诗为珍妃而作。光绪二十六年(1900)庚子，八国联军入侵，攻陷天津、北京，慈禧太后仓皇出逃前，召珍妃至，谓国难至此，势无苟全，迫令投井。妃乞曰：“奴婢从太后耳。”牵太后衣泣求。慈禧太后怒，命人推之入井死。光绪帝饮泣而不能顾。诗中详述宫史，兼及朝事。如“是时长信方虚位，妙选良家循故事”，言选后妃事；“太液池西显阳殿，寂寞真不减楼东”，言戊戌政变事。诗为长庆体歌行，长达一百八十八句，抒写痛快淋漓。钱仲联《梦苕庵诗话》评为：“《宫井篇》一首，长一千三百十六字，工丽无匹。”

宝刀歌 诗篇名。近代秋瑾作。见《秋瑾集》。为杂言古诗。秋瑾，清末著名女革命家，作此诗以抒其英雄豪迈的革命情怀。诗从清兵入关、明亡于清，乃汉民族的耻辱落笔，写到清廷无能，八国联军入侵，以此表达对国家危亡的忧虑之情；再由赞荆轲，写到赞宝刀，以抒发其竭忠报国的革命热情。秋瑾又在诗中提出了自己的政治主张，她倡导“赤铁主义”，“誓将死里求生路，世界和平赖武装”。她欲以“尺铁”收“救国奇功”，并希望“以天地为炉”，“阴阳为炭”，聚集世界“六洲”之钢铁，“铸造出千柄万柄宝刀兮，澄清神州”。全诗跌宕多姿，波澜壮阔，堪称巾帼诗苑之奇葩。

檀青引 诗篇名。近代杨圻作。见《江山万里楼诗钞》。为七言古诗。作于光绪二十三年(1897)，时作者二十三岁。檀青，蒋姓乐师，善弹筝吹笛，咸丰间在清宫献艺，乐部推为第一。作者光绪二十一年道经扬州，遇檀青，闻其述当年宫中事，后二年，又遇之于青溪花舫，遂作此诗。借蒋檀青之口，叙述咸丰十年(1860)八月，英法联军入侵北京，火烧圆明园，清文宗逃往热河，蒋追随行在，明年文宗崩，蒋乃浪迹江淮间等事，抨击文宗耽于声色，荒废政事。全诗“哀感顽艳，确可以嗣响梅村，康南海题其集曰：‘绝代江山’，不为过也”，“易实甫评曰：‘……目击时艰，抚今悼昔，……婉而多讽，与香山有同志焉。’缘情绮靡，其余事矣”(钱仲联《梦苕庵诗话》)。

颐和园词 诗篇名。近代王国维作。见《海宁王静安先生遗书》。为七言古诗。此诗作于清亡以后，王氏旅居日本初期。诗篇反映了自慈禧太后擅权至清亡五十余年的重大历史事件、清统治集团内部的斗争和他们荒淫糜烂的生活。颐和园为慈禧太后所建，亦象征慈禧太后时代的政治。故《颐和园词》既是晚清的政治史，亦是慈禧的评传。此诗往复幽咽，一唱三叹，如诉如泣，痛悼清朝之亡，又以大量事实，讥评慈禧太后之失。深沉悲痛的诗人之情，与冷静审视的史家之识，二者在诗中得到完美结合。陈寅恪《王观堂先生挽词》尝以元稹《连昌宫词》相比，云：“曾赋《连昌》旧苑时，兴亡哀怨动人思。岂知长庆才人语，竟作灵均息壤词。”

本事诗(其九) 诗篇名。近代苏曼殊作。见《燕子龛诗》。为七言绝句。作于宣统元年(1909)春，时作者与陈独秀同住东京神田清寿馆。初题作《有赠》，刊于宣统元年十二月(1910年1月)出版的《南社丛刊》第一集，宣统三年所出第三集与另九首合为一组，改为今题。据柳无忌《苏曼殊及其友人》之说，系为日本艺伎百助眉史作，熊润桐《苏曼殊及其燕子龛遗诗》则称为其已故情人、姨表妹静子而作，今人一般取前说。柳亚子谓其诗思想轻灵，文辞自然，音节和谐，“好在他自然的流露”(《苏曼殊之我观》)，郁达夫谓其诗出于龚自珍之《己亥杂诗》，“而又加上一脉清新的近代味”(《杂评曼殊的作品》)，此诗即可作代表，于右任评为“在灵明境中”，“尤出神入化”(《独树斋笔记》)。

李姬传 散文篇名。清侯方域作。见《壮悔堂集》。李姬，为明末金陵秦淮河名妓，与作者有一段恋情。本文作于清初，记录了李姬的身世、人品与才艺，着重刻画她识大体、明是非，坚持正义而不畏强暴的形象。文中主要写了这么几件事：一是力劝作者与阉党余孽阮大铖划清界限，不与往来，二是鼓励作者珍重名节，三是拒绝往见奸臣田仰。所述事均在前明及南明，笔下饱含深情，对李姬充满敬意。对一个烟花女子如此不惜笔墨加以赞扬，而同时又对自己立场不够坚定不予隐讳，见出作者的正直坦诚。本文曾为张潮收入《虞初新志》，孔尚任撰《桃花扇》传奇，亦曾取为参考，影响较大。

大铁椎传　散文篇名。清魏禧作。见《魏叔子文集》。作于康熙九年(1670)十一月，时作者自扬州南归，舟中闻人述十年前事，知大铁椎在宋将军家及临去前夕之所为，有感而作此篇。塑造了大铁椎这样一位勇武过人，来去绝迹的江湖侠客形象，遣词用语纯以客观叙述之法，不加主观评判，而人物的个性风采已跃然纸上，奕奕有神。此文体现出魏禧之文富有气势，长于叙事的风格特色。陈玉璂评之为“摹写处奕奕有生气，顿挫虚实之妙，真神明于左史者”。作者此文，意在慨叹人才不得其用，传末小跋又拟大铁椎为博浪沙击秦始皇的猛士，亦与作者反抗暴政，憎恶新朝的遗民身份相吻合。

江天一传　散文篇名。清汪琬作。见《尧峰文钞》。江天一，本名景，字文石，安徽歙县人，明诸生。明亡后，曾组义军抗清，兵败被害。作者自翁汉津处闻江天一之事，仰慕其为人，遂写下此文。文中首先着重讲述江天一的高尚品德及其个性中的两个主要特点：安贫、好学。接下去叙写他协助金声，在明末乱世中组织乡人自卫，战胜哗变狼兵，从智与勇两方面着笔，刻画人物形象。后面又写江天一抗清被捕就义，并追述江天一与金声的关系，再次表扬他的忠肝义胆。最后以赞作结，全面称颂其节操。全篇重点突出，结构细密，为人物传记的佳作。

左忠毅公逸事　散文篇名。清方苞作。见《望溪先生文集》。作于康熙四十六(1707)至五十六年间。左忠毅公，即左光斗，明东林党人，为魏忠贤迫害而死，明崇祯时追谥忠毅。文章记录了左光斗与史可法关系的几件人所不知的逸事，叙述详尽细致。谋篇布局，或正面描写，或侧面烘托，行文雅洁，笔致深稳，体现出桐城派古文的特点。通篇以史可法作为主要陪衬，先写左光斗以敏锐眼光赏识史可法于少年，谓其将来必为栋梁之才，后又写史可法打通关节与之狱中相见，左光斗恐其亦遭不测，斥其速退，极为传神地塑造出左光斗以国事为重，爱惜人才，不计个人安危荣辱的人物形象。

焚书辨　散文篇名。清刘大櫆作。见《海峰文集》。作者撰此文，意在论述六经之亡，不在秦而在汉，辨秦始皇之焚书未尝毁灭经典。文章广列事实，证明经书之亡在楚汉兴起之时。书之焚在于项羽，火烧秦宫，三代之制，圣人之言，便化为灰烬，而李斯助秦帝焚书，只禁民间收藏，官方则收藏俱全。书之亡在于萧何，他在刘邦军队进入咸阳后，独收律令之类实用之书，而不重视经书，故经书也散佚不存。文章观点颇新，然非故作好奇之论，而是有根有据，能以理服人。

登泰山记　散文篇名。清姚鼐作。见《惜抱轩文集》。作于乾隆四十年(1775)。时作者乞病离职，自京师冒风雪回安徽家乡，途经山东泰安，与友人朱孝纯相晤，遂于除夕日共登泰山观赏日出之景，并作文、诗纪其事。文章写日出景象极为生动，是中国散文史上此类文章的有数佳作之一。重视色彩的形象描写以及日光与周围环境的映衬，是此文写景成功的关键。而在这一即景之作中，作者也发挥了“义理、考证、词章”三者合一的文学主张，以考证入文，在述泰山地理时，纠史料之讹。王先谦《续古文辞类纂》评为：“奇景以高文达之，字字精确，移置他山不得。”

哀盐船文　骈文篇名。清汪中作。见《述学》。作于乾隆三十七年(1772)。前年冬，江苏仪征盐船失火，焚毁船只一百三十艘，死亡一千四百人。作者哀盐船船民之不幸，怀着深深的同情之心，详细记述了这次火灾。写火势夜中突起，风助火势，连绵不绝，船上人或被焚于火，或被溺于水，一片惨状，令人不忍目睹。读其所作，如身临其境，悲愤莫名。骈文向来被称为“骈四俪六，锦心绣口”，似作者这般描写普通老百姓的灾难，以安慰其亡魂的作品，极为罕见。而作者不仅怀哀闵之仁心，尤能以生动而精炼的笔墨真实记录这场惨祸，以为来者之鉴，实属难得。杭世骏亲为作序，称赞本文“采遗制于《大招》，激哀音于变徵，可谓惊心动魄，一字千金矣”。

黄山赋　赋篇名。清张惠言作。见《茗柯文编》。作于乾隆五十三年(1788)。作者与王灼游黄山，曾写有《游黄山赋》，因觉意有未尽，复作此赋。文势摹拟汉代大赋，排比铺陈，奇词奇字并出，结构谨严，气度不凡。对黄山的地理形势、山上的气候变化刻意渲染，又杂缀神话传说、奇思幻想，有缤纷的色彩，有美妙的声响，极尽铺张扬厉之能事。笔下云海、山石、鸟兽、树木无所不有，令人目眩神摇。为作者早期辞赋的代表作。黎庶昌《续古文辞类纂》评此赋称："宏丽温雅，扬子云后千八百年，无此作矣。"

复社人姓氏书后 散文篇名。近代梅曾亮作。见《柏枧山房文集》。复社，明末张溥等领导的全国性党社，继承东林党传统，讲学并干预朝政，取兴复绝学之义，乃名复社。《复社人姓氏》列十二个省和地区参加复社者二千二百五十五人名单。道光元年(1821)作者见此书，乃为此文。作者深叹复社人员之滥，论证有党社必有争，即如复社，争胜之手段无异小人，所支持者不能皆君子，结果亦未必利国利民；又指出当道错误地压制言论，虽有鉴于前朝党社之争，然"清议不立，廉耻道消"。清统治者严禁文人结社讲学，评议朝政，使文人噤若寒蝉，朝中小人横行。作者所论，明为议论明代党社，实乃有感而发。文章逻辑性强，笔力遒劲，气势充沛，而表意则颇委婉曲折。

病梅馆记 又题《疗梅说》。散文篇名。近代龚自珍作。见《定庵续集》。病梅馆，作者为疗病梅所辟之馆。作者指出，文人学士以病梅为美的美学观点，导致育梅者将正常之梅摧残成病梅。江浙多产梅之地而其梅皆病，作者深感痛心，乃购三百盆辟馆疗之，并希望有条件终身疗梅。文作于道光十九年(1839)，时作者以忤长官被迫离京南归。社会政治局面黑暗，人才零落，万马齐喑。江浙号称人才渊薮，此文隐以江浙之梅泛喻人才，通篇托物寓意，尖锐揭露统治者千方百计压抑、摧残直至毁灭人才的罪恶，表现作者追求个性解放的迫切心情，以及准备为之献身的坚定决心。

海国图志叙 散文篇名。近代魏源作。见《古微堂外集》。道光十九年(1839)林则徐主持广东禁烟，为了解外情，请人译英人慕瑞《地理大全》为《四洲志》。魏源遵林则徐之嘱，据《四洲志》并参考多种中外文献，编为《海国图志》，详述列国地理、历史、政情，结合鸦片战争之败，探讨富国强兵之策。道光二十二年十二月，书成，乃自为序。文中说明此书资料来源，指出其据外人著述研究外国之特点，明确"以夷攻夷"、"师夷长技以制夷"之写作目的，认为了解外情于克敌制胜极为必要，然尤为重要者，必使人发愤图强，尽除慵懦愚昧、虚伪自私等积患，戒空谈，尚务实，如此方能增强国力，克敌制胜。论述多用设问。

祭汤海秋文 散文篇名。近代曾国藩作。见《曾文正公文集》。汤海秋，名鹏，湖南益阳人。道光进士，官户部员外郎，升御史，以劾工部尚书载铨，罢回户部。道光二十四年(1844)病卒。作者为此文祭之。文中言汤鹏为官勇于言事，终以此获咎；所为《浮丘子》兼韩非、庄子、荀子之长；罢官后所作诗，抒写忧愤哀怨，有类屈原、阮籍；鸦片战争期间，亲赴江南，多反映战乱之作；其为人狂名素著，锋芒毕露，人所难容。作者回忆自己与汤鹏之深厚友谊，对二人因一言不合而至终身决裂感到痛心。描绘多夸饰，词语颇古奥。

少年中国说 散文篇名。近代梁启超作。见《饮冰室文集》。作者自记："'三十功名尘与土，八千里路云和月。莫等闲白了少年头，空悲切'，此岳武穆《满江红》词句也。作者自六岁时即口受记忆，至今喜诵之不衰，自今以往，弃'哀时客'之名，更自名曰'少年中国之少年'。"文作于光绪二十六年(1900)，对外人称中国为"老大帝国"深表不满，痛斥官僚政治之腐朽无能，祸国殃民，热切盼望"有一少年中国在"，竭力赞扬年轻一代的进取精神，对他们振衰起弊把中国引向富强之路充满信心。文章夹叙夹议，感情奔放，气势纵横，与传统古文风格明显不同，很能代表梁氏"新民体"文风。

贺新郎·病中有感 词篇名。清吴伟业作。见《梅村词》。顺治十年(1653)秋，清廷逼迫作者出仕，作者未能坚持气节，受秘书院侍讲之职，后又升至国子监祭酒。虽不久即告归，但失节之憾自此始终萦绕其心，致忧郁成疾。此词作于病中。词中"追往恨，倍凄咽"，怀念为抗清牺牲、"慷慨多奇节"的故人，对比之下，深感自己当年未能为明王朝殉节，"沉吟不断，草间苟活"，已是不该，现在失节仕清，更是"竟一钱不值何须说"！愧疚自责之情，绵长深重，颇能引起人们对作者的谅解和同情。由于浓烈的忏悔意识与其《临终诗》所表达的思想完全一致，后人多误以此词为作者临终绝笔。陈廷焯《白雨斋词话》评云："悲感万端，自怨自艾。千载下读其词，思其人，悲其遇，固与牧斋(钱谦益)不同，亦与芝麓(龚鼎孳)辈有别。"

满江红·大风泊黄巢矶下 词篇名。清金堡作。见《遍行堂集》。金堡，入清为僧，法名今释，号澹归，故一题今释澹归作。据金武祥

《粟香随笔》记载，金堡易僧服后，"往来庐山丹崖间"，游历曾至长江之畔。黄巢矶在长江边，作者临此，俯仰今古，感而填词。上片直写矶前大江风浪之险，气势极其雄壮，最后又从传统观点出发，称"何人唤汝作黄巢，真还谤"。下片又借"雨欲退，云不放；海欲进，江不让"，抒发自己不甘心放弃抗清斗争而又不得不退隐的复杂心情，虽自叹"万机俱丧"，"已忘行止计"，"莫算安危帐"，但又一反传统观点谓与敢于造反的黄巢"堪相傍"，可见其兀傲不屈的精神仍在。上、下片结尾俱涉及对黄巢的评价，而一反一正，饶有深意。全词风格豪放，直逼辛弃疾。

踏莎行(芳草才芽) 词篇名。清徐灿作。见《拙政园诗余》。写于顺治某年早春时节，时作者与其夫陈之遴寓居北京。于怀旧伤离之句中，寓思念故国之情，其感慨之深沉，气体之浑厚，足与北宋名家相抗。上片写"芳草才芽，梨花未雨"之时，已之"春魂"，便"已作天涯絮"，无处寄托。下片切入主题，"故国茫茫，扁舟何许"二句不用对偶而出以问句，悲社稷易主，泛舟江湖，亦只在异族控制之下。"夕阳一片江流去"更令人想到李煜名句"问君能有几多愁？恰似一江春水向东流"。结句谓江山虽美，已非吾土，明月有知，何忍照临，尤见沉痛之情，读之令人黯然销魂。作者之夫降志仕清，而作者却眷怀故国，忠心一片，故谭献《箧中词》评云："兴亡之感，相国愧之。"

蝶恋花·衰柳 词篇名。清王夫之作。见《潇湘怨词》。作于南明亡后。明亡时，王夫之曾在衡山举兵抗清，兵败后退居肇庆。此词可能就写在抗清兵败之后。词中流露作者追怀故国的无限凄情。咏物拟人，处处寄托，婉转情浓，一片哀怨。上片写柳，专主西风叶落景况，首句"为问西风因底怨"即赋物以人情，而"叶叶飘零都不管"则暗喻抗清局面散乱状况。下片二句以"寒鸦"、"斜阳"点衬秋景，增强了萧瑟之感，并从侧面衬托衰柳的形象。末二句又以梦里新柳之姿反衬衰柳，慨叹寒蝉一片岂能唤回春光，深惜抗清事业衰微不振。词紧扣所咏之物，反复吟咏，远近相衔，极尽叹惋之情。朱祖谋题船山词，称之为"字字楚骚心"(《望江南·杂题我朝名家词集后》)，此阕可视为代表作。

贺新郎·纤夫词 词篇名。清陈维崧作。见《湖海楼词》。作于康熙十三年(1774)。时值三藩之乱，清廷调集大军平乱，需要大量民伕，包括纤夫。一时"征发棹船郎十万，列郡风驰雨骤"。词即反映其事。上片点明征伕原因，写出胥吏的蛮横。下片描绘纤夫与病妻悲痛惨恻的诀别情景，表达纤夫重归家园的希望。钱仲联《清词三百首》评云："全首只是客观叙述，夫妻对话，如泣如诉，一字一泪，抒情即于叙述中流露，不着议论，而作者的态度，对统治者的控诉，自在其中。这是运用杜甫《新安吏》、《石壕吏》的乐府精神与艺术手法以入词，前此词坛所不多见，显示《湖海楼词》的创新。"

醉落魄·咏鹰 词篇名。清陈维崧作。见《湖海楼词》。上片描绘鹰之神勇，鹰主人之豪迈。下片抒发建功立业的激情，并期待像鹰一样的人物出来扫荡世间丑类。豪迈之情以凝炼挺拔之语出之，骨力遒劲，气魄宏大。陈廷焯《白雨斋词话》评云："声色俱厉，较杜陵'安得尔辈开其群，驱出六合枭鸾分'之句，更为激烈。"

高阳台(桥影流虹) 词篇名。清朱彝尊作。见《曝书亭词》。前有小序，云："吴江叶元礼(名舒崇)，少日过流虹桥，有女子在楼上，见而慕之，竟至病死。气方绝，适元礼复过其门，女之母以女临终之言告叶，叶入哭，女目始瞑。友人为作传，余记以词。"上片从女方着笔，写女子见到元礼，产生爱慕，但无人传情，遂"倚遍雕阑，梦遍罗衾"，刻骨相思。下片从元礼着笔，写他重过流虹桥，知此女死因后的伤感与悼惜。以"碧落黄泉，两处谁寻"收束全篇，叹死者生者相见无期，此恨绵绵。此词用典贴切，辞藻华美，以一个"情"字贯穿全篇，充满悲剧美。谭献《箧中词》评云："遗山(元好问)、松雪(赵孟頫)所不能为。"陈廷焯《白雨斋词话》评云："凄警绝世。"

卖花声·雨花台 词篇名。清朱彝尊作。见《曝书亭词》。雨花台在南京，为一山冈，旧时据冈最高处，能眺望长江，俯瞰城市。此词上片先写放眼所见，一片衰飒荒凉，"歌板酒旗零落尽，剩有渔竿"，无复当年繁华景象。下片方回笔扣题，写作者在冷落的雨花台"更无人处一凭阑"，发出"如此江山"的悲凄之叹，无限故国之思、沧桑之感，蕴乎其中。化用刘禹锡、李煜、王安石等前人诗句词句入词，有神无迹。谭献《箧中词》评云："声可裂竹。"

长亭怨·与李天生冬夜宿雁门关作 词篇名。清屈大均作。见《道援堂词》。李天生，即诗人李因笃。雁门关，在山西代县西北，两山夹峙，形势雄峻，为重要关口。此词作于康熙五年(1666)冬,时南明已亡。作者北上关西,考察山川形势,联络抗清力量,以图复明。上片写作者与李因笃于隆冬大雪之夜宿雁门关,烧烛长谈,饮酒思乡。下片吊古伤今,欲恢复中原,使"口北关南,更重作并州门户",最后以"且莫吊沙场,收拾秦弓归去"作结,表达抗清决心。全词感情激切,气势雄劲,然而又以沉郁顿挫之笔出之。叶恭绰《广箧中词》评云:"纵横排荡,稼轩神髓。"

生查子·旅夜 词篇名。清彭孙遹作。见《延露词》。写羁旅之情,而不落俗套,语言质朴无华,意境颇深。上片起二句"薄醉不成乡,转觉春寒重",隐有李白"举杯消愁愁更愁"之意,"不成乡"一语落想亦颇奇警。后二句写枕上孤眠抱愁,为下片稍作铺垫。过片"梦好却如真,事往复如梦",慨乎言之,所感甚大,所梦不必问其为何,其惝恍迷离之情致,自然令人为之惆怅不已。末二句转写无眠起立,仰看残月。以缺月喻人生失意,而孤客对之无言自悟,一结亦语浅意深。读此词,扩而联想至人生之旅,自会有更进一层的审美感受。谭献《箧中词》以"唐调"称赏之。

留客住·鹧鸪 词篇名。清曹贞吉作。见《珂雪词》。作于康熙元年(1662)南明桂王被害于云南之后。词以咏鹧鸪寄托桂王被害之哀思。词中"瘴云""五溪""沙明水碧"均为桂王曾统治的南方地区景物。而"风更雨,一发中原、杳无望处",更是出语悲愤,意有所指。词上片以鹧鸪声起兴,继而转入抒情。下片借说古事抒发物是人亡处处非之慨。词末三句"子规声续,想江深月黑,低头臣甫"有无限哀悼尽在不言中,为词中沉著语,谭献《箧中词》评曰:"投荒念乱之感。"此词风格磊落,绝无雕琢,朱祖谋称之为"绝调","脱尽词流芗泽习"(《望江南·杂题我朝名家词集后》)。

浣溪沙(北郭青溪一带流) 词篇名。清王士禛作。见《衍波词》。题为"红桥同箨庵、茶村、伯玑、其年、秋崖赋",原共三首,此为第一首。红桥,一名虹桥,在今扬州城北瘦西湖上。箨庵,袁于令号;茶村,杜濬号;伯玑,陈允衡字;其年,陈维崧字;秋崖,朱克生字,数人皆作者诗友。此词作于康熙元年(1662)六月之望。作者邀诸友泛舟赏月,酒阑乘兴,援笔成词三首,诸友倚而和之。词描写旖旎迷人的扬州风光,词采婉丽,意境幽美,但又流露出一种淡淡的不能自喻的惆怅失落之感。"绿杨城郭是扬州"一语尤有名。钱仲联谓其"吊古之余,又杂以新愁","个人则与同游诸友有聚散不恒之感"(《清词三百首》)。作品含蓄有味,以风韵胜。谭献评此词为"名贵"(《箧中词》),朱祖谋评此词为"销魂极"(《望江南·杂题我朝名家词集后》)。

金缕曲(季子平安否)(我亦飘零久) 组词名。清顾贞观作。见《弹指词》。共二首,题为"寄吴汉槎宁古塔以词代书丙辰冬寓京师千佛寺冰雪中作"。作于康熙十五年(1676)冬。吴汉槎,名兆骞,为作者友人,顺治十四年(1657)因科场案牵连谪戍宁古塔(今黑龙江宁安)。作者因友人无端受罪,背井离乡,流放冰天雪地,十分悲愤,故作此二词寄之以示安慰并谴责制造冤案之人。第一首主要写挚友一家骨肉分离之痛,并表示一定尽力设法营救,第二首则回忆二人的友谊,并盼望挚友能早日回来,整理自己的著作传世。二词情真意切,陈廷焯《白雨斋词话》称其"只如家常说话,而痛快淋漓,宛转反复","悲之深,慰之至,丁宁告戒,无一字不从肺腑流出,可以泣鬼神矣",誉之为"千秋绝调"。

钓船笛(曾去钓江湖) 词篇名。清李符作。见《耒边词》。《钓船笛》即《好事近》。全词表达隐者的思想情趣,也体现出对家乡的依恋。起首以"钓江湖"喻为功名利禄奔走四方,以"腥浪黏天"喻世路险恶,接着又以乡里的"浅岸平沙自好",喻在江南鱼米之乡祥和宁静的里居生活。下片词意由上片作进一步推衍,表示隐居的决心。末二句"三十六陂秋到,宿万荷花里",与宋王安石的名句"三十六陂春水,白头想见江南"有异曲同工之妙,一写春,一写秋,极见江南水乡之美丽动人。全篇用语亦极自然清丽,与所写之景相契,能很好地表达主题。陈廷焯《白雨斋词话》评云:"别有感喟,于希真(指宋朱敦儒)五篇外,自树一帜。"

百字令(秋光今夜) 词篇名。清厉鹗作。见《樊榭山房词》。题为"月夜过七里滩光景奇绝歌此调几令众山皆响"。此词主要描写自建德县梅城镇双塔凌云,至桐庐县严子陵钓台一段富春江夜景,并通过缅怀前代隐士高人,抒发自己向往隐逸的情愫。词的上片形容江上万籁俱寂的感觉,用自己的吹竹声及山岩中自然之声来衬托此种宁静。"万籁生山,一星在水,鹤梦疑重续"这些视觉、听觉乃至幻觉上的综合意象,使人恍如进入一种遥离人间的幽深境界。下片先表述自己不见汐社先贤而独抱清高的孤怀,接着又转入写景。穿屋之萤,藏林之烟,障山之月,以及摇绿影之帆,卧白云之谷,组成一幅清冷空灵之极的画面。虽不直接形容月色,却以夜间清晰的视觉感受无处不表明月光的存在。此词亦善用典故,能融合无间。陈廷焯《白雨斋词话》评为“无一字不清俊”,“炼字炼句,归于纯雅”,谭献《箧中词》评为“与于湖(张孝祥)《洞庭词》,壮浪幽奇,各极其胜”。

水调歌头·春日赋示杨生子掞 组词名。清张惠言作。见《茗柯词》。共五首。同出一意而反复咏叹,回环曲折,畅叙情怀。第一首借写春花,以“难道花开花落,更是春风来去,便了却韶华”置疑,表明心中之春不随时节变化。第二首气魄最大,有稼轩之风,“生平事,天付与,且婆娑”所表现的豁达为词中主旨,然又有“又恐堂堂岁月,一掷去如梭”所表现的忧虑,反映出一种矛盾心理。第三首自春晓写到日出月入,“肠断江南春思”的执着痴迷,与“但莫凭栏久”的超脱,又组成一种张力的平衡。第四首上片以“揭来真悔何事,不读十年书”作正题,下片又以“名山料理身后,也算古人愚”作反题,而最后又归结为以天人合一之心顺应自然。第五首借惜花护花喻积极有为,以风雨送春喻人生的必然归宿,而“歌罢且更酌,与子绕花间”,则颇具在命运的无奈中寻求人生的价值,追求生命的快乐的哲理。组词在儒家的入世与道家的出世之间,在追求理想与面对现实之间,在人生的种种矛盾中探求解脱,所感甚大,而在通过语句表达情思上,又能保持一种平衡,令人在怅然若失后欣然一笑,体味中和之美。陈廷焯《白雨斋词话》评为“既沉郁,又疏快,最是高境”,“热肠郁思,若断仍连,全自《风》、《骚》变出”,谭献《箧中词》评为“胸襟学问,酝酿喷薄而出,赋手文心,开倚声家未有之境”,虽稍过誉,大致得实。

湘月(天风吹我) 词篇名。近代龚自珍作。见《怀人馆词选》。小序云:“壬申(嘉庆十七年,1812)夏泛舟西湖,述怀有赋,时予别杭州盖十年矣。”作者填此词时,年二十一,借游西湖抒怀,上片“屠狗功名,雕龙文卷,岂是平生意”,下片“怨去吹箫,狂来说剑,两样消魂味”,一反一正,具见词旨。此后,箫与剑常在其诗词中出现,成为其刚柔相济人格的象征。当时洪子骏就填词赠自珍,赞道:“侠骨幽情箫与剑,问箫声剑态谁能画?”其箫剑合一的精神对后来的南社诗人有深刻影响。谭献《复堂日记》谓其词“绵丽飞扬,意欲合周、辛而一之,奇作也”,此阕可作为代表。钱仲联亦评此词“能抑扬顿挫,融雄奇与哀艳于一炉”(《清词三百首》)。

水龙吟·秋声 词篇名。清项鸿祚作。见《忆云词》。通过描写雨声、风声、砧声、鼓声、砌蛩声、边鸿声、芦苇声,将凄切肃杀、处处可闻的秋声描绘得淋漓尽致。词的上片从西风入笔,进而写芭蕉雨,连用叠词摹声,构成风雨交错的寥落意境。再添上“疏砧”“断鼓”的和声,辅以想像中城外“亭皋木落、洞庭波远”的景象,更增凄楚意绪。下片起首又是“倦旅”,又是“归程梦阻”,极写游子离愁。接着又道“砌蛩”的叹息声、“边鸿”的哀鸣声,与后面的“可怜秋到,无声更苦”相比,似乎犹有一丝生气。在恶劣环境中设想更恶劣环境,语最令人酸鼻。结以“黄芦万顷,卷离魂去”,极见秋色秋声无处不在中一己之孤。词善以“听”与“想”结合,深化词境。其《忆云词甲稿序》云:“生幼有愁癖,故其情艳而苦,其感物也郁而深。”可作此词旁注。

卜算子(燕子不曾来) 词篇名。近代蒋春霖作。见《水云楼词》。词的主题为惜春,极写一种悲怆落寞的情愫。上片写景。“燕子不曾来”,起首一句饶有深意,不是春归燕去,而是燕子根本没来,出语便令人心情沉重。下面落花聚一角的意象,较之北宋秦观“飞红万点愁如海”之句,境况似亦更为凄凉。下片写情。前二句略作铺垫,引出结拍两句:“化了浮萍也是愁,莫向天涯去。”以决断语作进一步推衍,语气极为痛切。词中之“浮萍”与作者已无主客体之分而融为一体。陈廷焯《白雨斋词话》云:“鹿潭穷愁潦倒,抑郁以终,悲愤慷慨,一发于词。如《卜算子》云云,何其凄怨若此。”本篇语浅意深,不尚藻饰,不用典故,身世飘零之感尤为动人。

蝶恋花(庭院深深人悄悄)(玉颊妆台人道瘦) 词篇名。近代谭献作。见《复堂词》。原共六首,此为第五与第六两首。词中女主人公热切思念外出的郎君,鹦鹉错报他回来的叫声,引出了她的无穷烦恼。想像着他可能在外过“红袖高楼”的生活,她更是伤心。日复一日,女主人公身体消瘦,精神困顿,感叹昔日戏言离别,竟骤成事实。百般思念,至形之于梦寐。艺术上,吸收了南北朝乐府的写法。陈廷焯《白雨斋词话》云:“‘庭院深深’阕,上半传神绝妙,下半沉痛已极,所谓‘情到海枯石烂时’也。”“‘玉颊妆台’阕,上半沈至语,殊觉哀而不伤，怨而不怒。下半相思刻骨，寤寐潜通，顿挫沉郁，可以泣鬼神矣。”

蝶恋花（城上斜阳依绿树）（百丈游丝牵别院）（绿树阴阴晴昼午）（残梦初回新睡足） 组词名。近代庄棫作。见《中白词》。作者自序词集，谓“向从北宋溯五代十国，今复下求南宋离合之故”。此组词以女子自述口吻叙爱情经历，寄托要眇幽微之思，四首合而观之，场景分明，颇似一个戏剧故事。此实以女主人公自况，以爱情曲折，寓己之仕途坎坷；以春光匆匆，佳人迟暮，寓功业未成，真赏难遇之感。陈廷焯《白雨斋词话》评曰：“蒿庵《蝶恋花》四章，所谓托志帷房，眷怀身世者。首章‘回头’七字，感慨无限，下半声情酸楚，却又哀而不伤。次章心事曲折传出，下半韬光匿采，忧谗畏讥，可为三叹。三章词殊怨慕，次章盖言所谋有可成之机，此则伤所遇之卒不合也。故下云‘回首行云迷洞户，不道今朝，还比前朝苦’，悲怨已极。结云‘百草千花羞看取，相思只有侬和汝’，怨慕之深，却又深信不疑，想其中或有谗人间之，故无怨当局之语，然非深于风骚者，不能如此忠厚。四章决然舍去，中有怨情，故才欲说便咽住，下半天长地久之恨，海枯石烂之情，不难得其缠绵沉厚，而难得其温厚和平。”

沁园春（词汝来前） 词篇名。近代王鹏运作。见《半塘定稿》。词前小序云：“岛佛祭诗，艳传千古，八百年来，未有为词修祀事者。今年辛峰来京度岁，倡酬之乐，雅擅一时。因于除夕，陈词以祭，谱此迎神，而以送神之曲属吾弟焉。”据此可知本篇为祭词之作。上片开首“词汝来前”三句，起势颇为突兀，而以词拟人，以之为可解人意的亲密朋友与之畅谈，手法颇新颖。“芒角撑肠，清寒入骨，底事穷人独坐诗”数语，则充分表现出对传统观点以词为小道的怀疑乃至否定。“问绮情忏否？几度然疑”，则又对词为艳科的旧说持疑。下片又对“春江花月，竞传宫体；楚山云雨，枉托微词”致叹，对浮艳轻薄的词风、穿凿附会的词论，均表示不满。虽对词犹如“画虎文章，屠龙事业”不为时重的遭遇深感气索，但仍执着于追求“凄绝商歌入破时”扣人心弦的完美词艺，再一次向读者表明作者推尊词体的用心。谭献《广箧中词》评为“奇情壮采”。

水龙吟（落花飞絮茫茫） 词篇名。近代文廷式作。见《云起轩词》。作者感年华易逝，老之将至，叹功业未就，抱负未展，但豪情犹在，壮志如昔。独对青灯，“神游天际”，幻想奇丽美妙的理想世界，然惊回现实之中，“又西风起”，仍是一派肃杀气象。以“西风”喻西太后，盖深感在西太后淫威之下，改良理想只能是空中楼阁。全篇构思落想，深受屈原《离骚》、苏轼《水调歌头》（把酒问青天）等的影响，以旷放之笔寄郁勃之情，起伏有致，能开倚声家未有之境。王瀣《手批云起轩词钞》评此词云：“思涩笔超，后篇字字奇幻，使人神寒。”叶恭绰《广箧中词》评云：“胸襟兴象，超越凡庸。”

玉楼春（梅花过了仍风雨） 词篇名。近代郑文焯作。见《樵风乐府》。约作于光绪十八年壬辰（1892）。这是一首伤春之作。作者于词中寄托了一种光阴荏苒的无奈之情。词上片起首二句，写春日梅花已开始凋谢而风雨天气依旧。下二句写去年西园词酒之会与今年相同，却已时过境迁令人惆怅。下片“一枝”二句，以拟人手法，写未落之花惆怅无语，徒然望着落花随水而去而无可奈何。“断红”二句以落花随晚潮返回，与枝头未落之花相互映照的景象，刻意渲染对逝去年华的感伤之情，隐有对清王朝日趋没落的悲慨。此词借梅写情，重神遇而不在貌合，怨而不怒，清空一气近姜夔，深美闳约近北宋。俞樾称其词“体洁旨远，句妍韵美”（《瘦碧词序》），易顺鼎称其词“郁伊善感，和平荡听”（《箧中词续》），此词可以为证。

浣溪沙（独鸟冲波去意闲） 词篇名。近代朱祖谋作。见《彊村语业》。作于光绪二十九年（1903）夏初，原有二首，此为第一首。时作者任广东学政，视学至嘉应州（今梅县），事毕，经水道返广州，途中作二词。描绘旅途舟中的情景和所见岸上风光，抒发触景生情的感慨。上片写两岸朱翠宜人，舟因阻风暂泊。至夜燃烛，烛泪点点，暗喻作者伤时之泪。下片“禅悦新耽如有会，酒悲突起总无名”二句，写欲参禅而忘世，然酒后却不能忘却烦恼，含蓄深沉地表现出难以排遣的忧国忧民之情。结句以孤月一轮不知向谁照耀暗表对清王朝的忧虑。王国维《人间词话》附录一云：“彊村词，余最赏其《浣溪沙》‘独鸟冲波去意闲’二阕，笔力峭拔，非他词可能过之。”

苏武慢·寒夜闻角 词篇名。近代况周颐作。见《蕙风词》。据作者另一首《水龙吟》词小序，可知此词作于光绪十五年（1889），作者时年三十一。因听角声而抒发身世之感，伤时之慨，情景交融，凄清悲凉，感染力极强。上片“寒禁霜重”、“红烛泪深”、“凄咽不成清变”，紧扣词题“寒夜闻角”，“但闻更点”又以更声映衬角声。下片“凭作出、百绪凄凉，凄凉唯有，花冷月闲庭院。珠帘绣幕，可有人听？听也可曾肠断？”通过连用顶针、设问等修辞手法，刻意渲染，抒情力度几已登峰造极。这几句，最为王鹏运所赏，叶恭绰《广箧中词》亦谓“乃夔翁（况氏）最得意之笔”。王国维《人间词话》评此阕“境似清真（周邦彦），集中他作，不能过之”。

蝶恋花（百尺高楼临大道）　词篇名。近代王国维作。见《人间词》。此词抒写一种寂寞感伤意绪。词上片“百尺朱楼”“楼外轻雷”是富贵而又繁闹的处所。于此，“独倚栏干”“数尽行人”却是寂寞无聊之景况。下片“陌上楼头，都向尘中老”、“明朝又是伤流潦”以旅者之匆匆归去，高楼之日渐老旧，周而复始，衬写楼中人之寂寞感伤。整篇词未以主观之口吻抒情，然而于客观事物之比照摄写中令人感受富贵与繁闹下存在的人生寂寞的永恒痛苦。这种痛苦似亦非必坐实某事，而是一种含义更广的人生悲哀。词意境深邃，富含哲理，可以见到作者受叔本华哲学思想的影响。樊志厚《人间词话序》中评此词为“意境两忘，物我一体”。从语言风格上看，语出自然，凝练而不雕琢，很见功力。

报　　刊

六合丛谈　综合性月刊。由英国人伟烈亚力（Alexander Wylie）主编。咸丰六年十二月（1857 年 1 月）创刊于上海，次年在日本印刷，不久即停刊，今见第一至十三期。内容有宗教、科学、文学、新闻等。较早向中国介绍了希腊文学，对欧、美的历史、文化也多有介绍。由墨海书馆印行。

瀛寰琐记　文学月刊。尊闻阁主创办。同治十一年（1872）九月创刊于上海。卷一有蠡勺居士《瀛寰琐记叙》，称本刊博搜广采，涉及测星度地、济世安民、致知格物、弄月吟风诸方面。体裁以诗词曲、散文为主，兼及小说、笔记、杂论等。自第三卷至二十八卷连载蠡勺居士译英国长篇小说《昕夕闲谈》，为我国近代最早的白话翻译小说之一。每册二十四开线装本，近三万字。至光绪元年（1875）一月共出二十八卷。同年二月更名为《四溟琐记》，体例、内容照旧，至次年一月共出十二卷。光绪二年二月又更名为《寰宇琐记》，共出十二卷，体例同前。作者多为申报馆同人。本刊为我国最早的文学刊物，开近代文学期刊之先河。由申报馆刊行。

四溟琐记　见“瀛寰琐记”。

寰宇琐记　见“瀛寰琐记”。

游戏报　文艺小报。李伯元主编。光绪二十三年四月（1897 年 5 月），创刊于上海，光绪二十七年转让他人。为上海最早的小报之一。内容“上自列邦政治，下逮风土人情”，谈风月，说勾栏，报道社会新闻，嘲讽官场腐败，所谓“以诙谐之笔，写游戏之文”，而“寓意劝惩”（《游戏报告白》）。对近现代小报之兴起，具有启导作用。

时务报　综合性旬刊。总理汪康年，主笔梁启超，撰述先后有麦孟华、徐勤、欧榘甲、章炳麟，另有专人任英、法、日语译事。光绪二十二年（1896）七月创刊于上海，光绪二十四年六月第六十九期（册）后停刊，改官办，由汪康年主理，易名《昌言报》。梁启超主持该刊笔政期间，出于倡言变法、启发民智的需要，吸取龚自珍、魏源与冯桂芬、薛福成的文体特点，自创一种感情强烈、平易畅达、条理明晰的新文体，后在主持《新民丛报》笔政时臻于成熟，称“新民体”，以其初成于《时务报》，故亦称“时务体”。因此，《时务报》虽所载以政论为主，以随笔为辅，纯文学作品如诗歌、小说几乎不登只字，但对中国散文的发展却有过相当重要的作用。

世界繁华报　文艺小报。李宝嘉主编。光绪二十七年（1901）三月创刊于上海，宣统二年（1910）二月停刊。宗旨与李宝嘉此前创办的《游戏报》相类似，“假游戏之说，以隐寓劝惩”（《论游戏报之本意》）。有讽林、艺文志、野史、官箴、北里志、鼓吹录、时事嬉谈、谈丛、小说、论著等专栏。暴露官场腐败颇尖锐辛辣。周桂笙称“一纸风行，千言日试，虽滑稽玩世之文，而识者咸推重之”（《书繁华报》）。

新民丛报　综合性半月刊。梁启超创办并主编。光绪二十八年（1902）正月创刊于日本横滨，光绪三十三年十月停刊，共出九十六期。为梁启超戊戌变法失败后流亡日本期间继《清议报》而办的又一期刊。“新民”语出《礼记·大学》，该刊宗旨在启发民智，维新国民。所发表作品包罗万象，社会科学外兼及自然科学，文学仅为其中一部分，然因其文体革新上的成就，使文言文由雅而俗，由深而浅，渐向白话文发展，创出“新民体”，故对文学界影响亦大。文学栏目有小说、文苑二栏，后合为文艺一栏，小说、戏剧、诗词、文学理论均不乏佳作。梁氏《饮冰室诗话》最早即发表于此刊。由新民丛报社发行。

新小说 文学月刊。梁启超主编。光绪二十八年(1902)十月创刊于日本横滨，次年迁上海，由广智书局发行，三十一年十二月停刊，共出二十四期。为中国最早专载小说的期刊，晚清四大小说杂志之一。创刊号有梁启超《论小说与群治之关系》一文，称“小说为文学之最上乘”，较全面地论述了小说的社会作用和它在文学中的地位及其艺术特色，开启了近代小说研究之风。发表作品以创作小说为主，翻译小说为辅，兼及诗词、戏曲、歌谣及文论等。小说分类有历史小说、政治小说、科学小说、哲理小说、冒险小说、侦探小说、志怪小说、外交小说、法律小说、写情小说、社会小说、札记小说、奇情小说等。并专辟若干专栏，辑有《小说丛话》。撰稿人有梁启超、金天羽、周桂笙、吴沃尧、狄葆贤等。所刊名作有《二十年目睹之怪现状》、《痛史》、《黄绣球》、《新中国未来记》等。本刊具有多方面开创性作用，阿英称之为“开山祖”(《小说闲谈》)，为晚清小说繁荣作出了较大贡献。由广智书局发行。

绣像小说 文学半月刊。李宝嘉主编。光绪二十九年(1903)五月创刊于上海，光绪三十二年三月停刊，共出七十二期。线装。创刊号《编印缘起》称欧美诸国之小说作者多“名公巨卿，魁儒硕彦”，其创作意图“无一非裨国利民”，而中国自古以来小说虽多，“求其稍裨于国、稍利于民者，几几乎百不获一”，故编此刊，“远摭泰西之良规，近挹海东之余韵，或手著，或译本，月出两期”，以求开化民众。无专栏，所载除小说创作、翻译外，亦并及戏曲与说唱文学、杂著、文学理论。为晚清四大小说杂志之一。阿英《清末小说杂志略》称其“皆以能开导社会为原则，除社会小说外，极少身边琐事、闺阁闲情之著作”。所刊名作有《文明小史》、《老残游记》、《负曝闲谈》、《瞎骗奇闻》。夏曾佑的小说理论名作《小说原理》亦载于本刊。由商务印书馆印行。

女子世界 文学月刊。丁初我、曾朴主编。光绪二十九年十二月(1904年1月)创刊于上海，光绪三十三年六月(1907年7月)后停刊。内第十六、十七期合刊，第十八期系短期停刊后续出。共出十八期。有传记、译林、文苑、记事、社说、演坛、谈薮、小说、图画等栏目，所载不全为文学作品，但以小说、戏曲、诗文为主。以提倡女权，宣传男女平等为主旨，为近代早期著名妇女刊物之一。撰稿人除金天羽、柳亚子、徐念慈、高旭、林白水等著名进步文人外，也有张竹君等女性作家。由上海大同印书局发行。

时报 综合性日报。狄葆贤主编。光绪三十年(1904)四月创刊于上海。1921年秋狄葆贤因病将之出售与黄承恩，1939年9月停刊。首创文艺副刊，为其他后起报纸所仿效，影响很大，胡適称《时报》的贡献之一，“是为中国日报界开辟一种带文学兴趣的‘附张’。自从《时报》出世以来，这种文学附张的需要，也渐渐的成为日报界公认的了”(《十七年的回顾》)。其文艺副刊初名《余兴》，光绪三十二年设，包天笑主编，后易名《滑稽余谈》，主编如旧，最终定名《小时报》，主编又有毕倚虹、李涵秋等人。所载作品属于鸳鸯蝴蝶派的甚多。内容有小说、笔记、杂文、诗词等，也发表译作。容量甚大。长篇小说有周瘦鹃、李涵秋、毕倚虹等之作及雪石《穷途泪》、无咎《玉兰记》等。译作有陈景韩译侦探小说及曾朴译《九三年》等。另专辟《平等阁诗话》一栏，由狄葆贤撰稿，评介近时诗人诗作。胡適称此副刊“在当日确能引起一般少年的文学兴趣”(同上)。另《时报》第四版亦属文艺类，惟无副刊之名，所载内容与副刊同。

新新小说 文学期刊。陈景韩主编。光绪三十年(1904)八月创刊于上海。初为月刊，后不定期出版。第十期出版于光绪三十三年四月。《新新小说社启》称除小说外，“诗词杂记、奇闻笑谈、歌谣俚谚、游戏文字以及灯谜酒令、楹联诗钟等类”，亦选录之。第三期起，偏重于发表“以侠客为主”的作品，尤多中短篇翻译侦探小说。为晚清四大小说杂志外影响较大的小说期刊。由新新小说社编辑发行。

二十世纪大舞台 文学半月刊。陈去病创办并主编。光绪三十年(1904)九月创刊于上海。为近代第一种戏剧期刊。宣传资产阶级戏剧改良思想。柳亚子撰发刊辞，着重阐述戏曲的群众性与感化力量，痛斥统治阶级用戏曲麻痹人民群众，倡导“戏曲革命”，“以改革恶习，开通民智，提倡民族主义，唤起国家思想为唯一目的”，号召创作有利于推翻清朝封建统治的“壮剧、快剧”，宣传资产阶级革命派改革戏剧“鼓吹风潮之大方针”。刊登传奇杂剧等剧本、戏曲论文、批评文章，以及有关戏曲之鼓词、掌故等，亦有小说、诗文、歌谣发表。因言论激烈，切近时政，仅出两期，即被清廷查封，但影响仍颇大。

著作林　文学月刊。陈蝶仙创办并主编。创刊时间说法不一，或谓光绪三十二年(1906)，或谓三十三年。初于杭州雕版印刷，第十七期起改在上海铅字排印。停刊时间不详，第二十二期发行于光绪三十三年十一月。《著作林社章》称该刊旨在“保存国粹”，故选收作品以传统诗词曲文为主，所立栏目有写真、文薮、谈丛、评林、诗海、词苑、曲栏、说部、乐府、杂俎等。阿英《晚清文艺报刊述略》称其“所辑《艺苑同光录》、《诗家一览表》、《诗界同人录》，足资研究当时文学史之参考”。由著作林月报社编辑发行。

月月小说　文学月刊。编辑一至三号为汪惟父，四至八号为吴沃尧，九号及此后各号为许伏民。发行人初为汪惟父，后为沈济宣。光绪三十二年(1906)九月创刊于上海，光绪三十四年十二月(1909年1月)停刊，共出二十四期，期各一号。为晚清四大小说杂志之一。创刊号序称“既欲持此小说以分教员之一席，则不敢不慎审出之”，“发大誓愿将遍撰译历史小说以为教科之助”，“如社会小说、家庭小说及科学、冒险等，或奇言之，或正言之，务使导之以入于道德规范之内”。八号出后曾暂停四月，九号续出时刊王旡生《论小说与改良社会之关系》。《月月小说》所载以吴沃尧所作小说、周桂笙所译小说为多，提倡短篇为一大特色，小说种类有历史、哲理、教育、科学等二十余种，写情、侦探类尤多。亦载文言笔记小说、戏曲、弹词、诗词及理论文章。本刊对其后鸳鸯蝴蝶派小说、黑幕小说的形成有一定影响。八号前由乐群书局发行，九号后由群学社发行。

小说林　文学月刊。曾朴、徐念慈创办，黄人主编。光绪三十三年(1907)一月创刊于上海，光绪三十四年九月停刊，共出十二期。创刊号有黄人《小说林发刊辞》、徐念慈《小说林缘起》，对近代小说理论有重要贡献，对小说的审美作用、教育作用有较深刻的认识。在发表作品时，创作与翻译并重。对小说的分类编目，所列有社会小说、科学小说、侦探小说、写情小说、历史小说、军事小说、家庭小说等。亦载戏曲以及诗词、笔记等。评林栏目所载《小说小话》，为本时期重要的小说史论著。为晚清四大小说杂志之一，虽发行时间不长，期数较少，但在近代小说史上影响却较大。撰稿人有曾朴、包天笑、庞树柏、徐自华、吴梅、李涵秋、徐卓呆、王蕴章、张鸿等。由小说林社、宏文馆有限合资会社发行。

中外小说林　文学旬刊。黄伯耀、黄世仲兄弟主编。光绪三十三年(1907)五月创刊于广州，自第十七期起刊名增“绘图”字样，停刊时间不详，刊出期数至少二十八期，第一卷十八期，第二卷十期。所载作品多用粤语方言，有小说、戏剧、歌谣、谐谑杂文、翻译作品及文学理论等，以揭露社会黑暗为主要内容，而粤讴、南音、木鱼书等说唱文学栏目尤有广东地方特色。黄伯耀《小说与风俗之关系》等小说论文，亦具有重要文献价值。为晚清广东地区主要文学刊物，影响较大。

国学粹编　文学半月刊。沈宗畸主编。光绪三十四年(1908)冬创刊于北京。停刊时间不详，共刊行约六十期。发刊《简章》自谓以“网罗散佚，甄阐幽隐”为宗旨，以图“唤起一国之精神”，不选“流连景物”、“朋好应酬”之作。着重选录诗文传奇，尤好出作者专辑与前贤遗稿，有沈宗畸之诗、潘飞声之词、陈澹然之文等。亦载诗话随笔。然不录通俗文学。由国学萃编社发行。

扬子江小说报　文学月刊。胡石庵创办并主编。宣统元年(1909)四月创刊于湖北汉口。停刊时间不详，期数在五期以上。创刊号有陶曾佑《发刊辞》，称当时诸小说刊物势颇不振，胡石庵“爰集同人，共襄伟业，挽狂澜于稗海，树新帜于汉皋”。设有图画、社文、小说、文苑、词林、杂录诸栏，以长篇小说为主而兼载诗词、随笔、诗话等。内陶曾佑等的七篇《发刊辞》及陶曾佑的《小说丛谈》、《中国小说报调查表》具有较重要的文献价值。由中西日报馆发行。

十日小说　文学旬刊。环球社编辑发行，宣统元年(1909)八月创刊于上海。最初三册为《图画日报》附赠本。有插画、小说、谐谈、余墨诸栏目，以刊登长短篇小说为主。张春帆的《宦海》曾在本刊连载，停刊时间未详，今见第一至十一册，第十一册发行于宣统元年十二月。

小说时报　文学月刊。后改四月刊。狄葆贤创办，由陈景韩、包天笑轮流主编，毕倚虹也曾参与编辑。宣统元年(1909)九月创刊于上海。1917年11月停刊，共出三十三期，又增刊第一号。第十七期起改为四月刊。1922年复刊，李涵秋主编，出五期即停刊。有图画、短篇新作、名著杂译、各国时事、各国时闻、长篇新作、杂记随笔等栏目。鸳鸯蝴蝶派作家包天笑、恽铁樵、陈景韩、周瘦鹃等常在本刊发表作品。被视为具有鸳鸯蝴蝶派倾向的早期刊物。由有正书局发行。

南社丛刻 文学丛刊。不定期出版。简称《南社》。陈去病、柳亚子、高旭等创办，为近代文学社团南社社刊。宣统元年十二月(1910年1月)创刊于上海，1923年5月新南社成立，同年12月刊出第二十二集后停刊。第二十三、二十四二集编成后未付印，稿存北京图书馆，1994年方由中国社会科学文献出版社排印出版。所载文学作品为传统诗、词、文，第一集推选陈去病、高旭、庞树柏分别任文、诗、词编辑员，柳亚子为书记员，朱少屏为会计员。南社为革命文学团体，故《南社丛刻》所录诗词文早期多宣传排满革命，具有民族民主革命思想。辛亥革命后，南社又参与反对袁世凯称帝及张勋复辟的斗争，在作品中亦多有反映。晚期则革命性消退。作品以传统诗文为主要创作手段，语言形式较为保守，对文学革命的认识也落后于改良派。但从总体上说，该刊仍为近代最有影响的文学刊物之一。

庸言 综合性月刊。梁启超主编，编辑先后有吴贯因、黄远庸。1912年12月创刊于天津，第一卷为半月刊，第二卷起改月刊。停刊时间不详，在1914年6月第二卷六号(总三十号)出版后。内艺林门为文学专栏，又细分艺谈、文录、诗录、说部等小栏，艺谈曾载陈衍《石遗室诗话》，诗录、文录收陈三立、沈曾植、郑孝胥、陈衍、章炳麟、严复、林纾、康有为、梁启超、王闿运、樊增祥、易顺鼎、朱祖谋、黄节、诸宗元、姚永概等名家诗文颇多。说部曾载林纾翻译小说。虽非文学杂志，在文坛影响却较大。由庸言报馆发行。

游戏杂志 文学月刊。王钝根、陈蝶仙主编。1913年10月创刊于上海，1915年停刊。共出十九期。王钝根发刊《小言》谓"中国无游戏杂志，有之，自本杂志始"，又称此刊"不谈政治，不涉毁誉"。童爱楼之序则表示要以游戏之名，"冀藉淳于微风，呼醒当世"，故所载文字多出之以讥刺之笔，攻击黑暗的社会现实。所设栏目有滑稽文、丛谈、译林、剧谈、说部、传奇、乐府等，小说、杂文尤多，亦载诗词。一般认为该刊属于鸳鸯蝴蝶派刊物。由中华图书馆发行。

中华小说界 文学月刊。沈瓶庵编辑。1914年元旦创刊于上海，1916年6月停刊，共出三十期。有插画、短篇、长篇、新剧、文苑、笔记、谈丛等栏目。鸳鸯蝴蝶派作家包天笑、徐枕亚、徐卓呆、周瘦鹃为本刊主要撰稿者。由中华小说界社发行。

民权素 文学月刊。第一集刘铁冷、蒋箸超合编，第二集起蒋箸超主编。1914年4月创刊于上海，1916年4月停刊。初为不定期刊物，第六集起改为月刊，共出十七集。主编本为《民权报》编辑，为袁世凯所忌，原编之报遭查封，故另创此刊。创刊号有蒋箸超序，说明创刊缘起。前二集专载《民权报》已刊作品，明显与袁世凯作对。该刊所载作品有创作，有翻译，有文言，有白话。辟有名著、艺林、游记、说海、诗话、谐薮、剧评、谈丛等栏目，诗、词、文，长短篇小说及杂著随笔一应俱全。撰稿人颇多鸳鸯蝴蝶派作家，如徐枕亚、吴双热、李定夷、刘铁冷等，因此被视为该派刊物之一。由民权出版部发行。

新剧杂志 文学月刊。经营三、杜俊初创办，夏秋风编辑。为早期戏剧期刊。1914年5月创刊于上海，停刊时间不详，今见第一、二期。设图画、言论、月旦、传记、商榷、纪事、剧史、小说、脚本、艺府、杂俎等栏目。以论说新剧为主。由新剧杂志社发行。

小说丛报 文学月刊。刘铁冷、胡仪邴、沈东讷、张留氓创办，徐枕亚、吴双热主编。1914年5月创刊于上海，1919年8月停刊，共出四十四期，内增刊一期。系《民权报》停刊后集股创办。设多种栏目，有小说海、翰墨林、海客谈、记事珠、莲花舌、歌舞台、碎锦坊等，以长篇小说、笔记为佳，亦载弹词、戏剧及翻译文学。撰稿人有徐枕亚、李定夷、吴双热、蒋箸超、严独鹤、徐天啸等。郑逸梅称："如果把《民权素》作为鸳鸯蝴蝶派的发祥地，那么《小说丛报》是鸳鸯蝴蝶派的大本营了。"(《民国旧派文艺期刊丛话》)由小说丛报社发行。

娱闲录 文学半月刊。樊孔周创办，吴虞、方觚斋、刘觉奴、度公等为主笔、编辑。1914年7月创刊于成都，系《四川公报》增刊，1915年10月《四川公报》易名《四川群报》，该刊即作为副刊而不复单行。共出二十七期。创刊号《柬阁生来简》一文系代发刊词，称刊名之"娱"，"其必有至不娱者"，刊名之"闲"，"其必有至不闲者"，而所载作品确也多能反映民生疾苦、揭露社会丑恶，不尽为娱闲文字。有益智集、异闻录、杂俎、谐薮、文苑、剧谈等栏目，发表小说、戏剧、诗词以及弹词、随笔等类作品，也有译作。该刊发行后影响较大，其风格颇为其他报刊所效仿。

文艺杂志　文学期刊。雷瑨主编。1914年夏创刊于上海。初为月刊，第十三期改季刊。停刊时间不详。创刊号《编辑大意》谓其宗旨为“商榷文艺，网罗典籍，保存国粹”，收录作品以传统的诗、词及骈散文为主，有文录、诗录、词录诸专栏。另有酒令、谐谑诗文、长短篇小说以及随笔杂著等类文字。撰稿人有陈衍、严复、樊增祥、林纾、张謇、汪康年、姚光、高燮等。内署文艺杂志社发行，外署扫叶山房发行。

眉语　文学月刊。高剑华创办并主编，许啸天、吴剑鹿襄理，编辑有马嗣梅、梁桂琴、柳佩瑜、许毓华、顾纫茝等。1914年10月创刊于上海，1916年3月停刊，共出十八期。作者多为女性，主编亦为名小说家许啸天之妻，故该刊实为妇女文学刊物。创刊号《宣言》谓其宗旨为“谲谏微讽，潜移默化于消闲之余”，然又称该刊系“雅人韵士花前月下之良伴”。有图画、文苑、什纂诸栏，发表作品以言情小说及反映女性生活小说为多。在妇女中有一定影响。鲁迅称：“《眉语》出现的时候，是这鸳鸯蝴蝶式文学的极盛时期。后来《眉语》虽遭禁止，势力却并不消退，直待《新青年》盛行起来，这才受了打击。”(《二心集》)由上海新学社发行。

七襄　文学旬刊。姚鹓雏、陈匪石等创办，姚鹓雏、陈倦鹤编辑。1914年11月创刊于上海，逢七出版，1915年2月停刊，共出九期，第二期起有短篇、长篇、劄记、戏曲、戏史等栏目。与戏剧关系颇密。作者中颇多南社成员，有庞树柏、胡寄尘、王蕴章、胡朴安及姚鹓雏等。由七襄社发行。

销魂语　文学月刊。戚饭牛创办，奚燕子、汪野鹤、曹蘅史编辑，曹剑霜主编。1914年12月创刊，次年1月停刊。共出二期。汪痴发刊词明确表示此刊为鸳鸯蝴蝶派文学刊物。虽仅二期，但影响较大。有小说、诗词、尺牍、杂俎等栏目。撰稿人另有冯寄吾、沈墨仙、徐石瓠、吴听猿、杨了公等。郑逸梅《民国旧派文艺期刊丛话》谓其“开以后出版界所刊行的《香囊》、《香艳集》、《香艳丛话》、《花月尺牍》之先声”。

小说海　文学月刊。黄山民编辑。1915年1月创刊于上海，1917年12月停刊，共出三卷三十六号。创刊号《发刊辞》称其宗旨在于以浅显之笔使小说深入人心，起教育娱乐作用。所载多反映现实之作，小说外，亦收诗歌、杂著，尤以笔记为佳。亦有翻译作品。另有插画栏刊登世界名胜图片。撰稿人有许指严、王蕴章、程小青、徐卓呆、姚锡钧、包天笑、章士钊、许廑父、程瞻庐、李涵秋等。由中国图书公司发行。

双星杂志　文学月刊。黄松风、朱抱一创办并主编。1915年3月创刊，同年6月停刊，共出四期。有小说、传记、笔记、杂俎、文苑、余兴等栏目，文苑专载诗词骈散文。诗文小说外，亦载戏曲、弹词等作品。撰稿人有许指严、李涵秋、王蕴章、庞树柏、柳亚子、高旭、吴梅、姚锡钧等，颇多南社中人。由双星杂志社发行。1915年9月改名《文星杂志》，由上海国学昌明社发行。设时论、专集、文录、小说、新剧诸栏，载有译作，而以兴国学为旨。撰稿人中有樊增祥、易顺鼎及吴眉孙、胡寄尘等。

小说新报　文学月刊。李定夷、许指严、包醒独、贡少芹、天台山农先后任编辑。1915年3月创刊于上海，1921年暂时停刊，1922年复刊，1923年8月停刊。共出八卷九十四期。承《小说丛报》而来，为鸳鸯蝴蝶派主要刊物之一。栏目有十余种，发表作品主要为小说、戏剧、随笔，亦有弹词、时调等。撰稿人除李定夷、许指严外另有许廑父、姚民哀、程小青、周瘦鹃、严芙孙、徐卓呆、陈蝶仙、平襟亚、胡寄尘等。由国华书局发行。

小说大观　文学季刊。包天笑创办并编辑。1915年8月创刊于上海，1921年6月停刊，共出十五集。创刊号《例言》称所载小说以“有益于社会，有功于道德”为宗旨，“无论文言俗语，以兴味为主”。设有小说、笔记、剧本等栏目。每集三十万字以上，长、短篇小说并载，尤以翻译之作为多，颇有名家名作。图文并茂，内容丰富，为读者所喜闻乐见，影响较大。撰稿人有叶楚伧、林纾、章士钊、毕倚虹、程小青、徐卓呆、赵苕狂、周瘦鹃、姚锡钧。由上海文明书局、中华书局发行。

春声　文学月刊。姚锡钧编辑。1916年2月创刊于上海，同年6月停刊，共出六集。创刊号姚锡钧自序称该刊宗旨为“针砭社会，浅深适中，雅俗共赏”。所载作品以小说为主，包括翻译小说，亦有戏剧、诗词及散文随笔等。撰稿人中颇多南社社员，如柳亚子、庞树柏、潘飞声、黄节、叶楚伧、吴梅、傅尃、胡寄尘、周瘦鹃等，亦收谭献、林纾等名家的遗作、近作。在袁世凯洪宪帝制时期的刊物中，地位比较重要。

由文明书局发行。

小说画报 文学月刊。包天笑、钱病鹤创办。1917年1月创刊于上海，1920年8月停刊，共出二十二期。创刊号包天笑《短引》、《例言》称该刊全用白话，词取浅显，而意则高深，雅俗共赏，适应各阶层人士。图文并茂，为其特色。所载长短篇小说后多辑印为单行本。由上海文明书局、中华书局发行。

青声周刊 文学周刊。严芙孙创办并主编。1917年11月创刊于上海。1918年1月停刊。共出十期。严芙孙《发刊词》称该刊宗旨在"移习俗而洎性灵"，《申报》曾载文赞其所载"多切磋琢磨之文，不染佻达轻狂之习，间足改良社会，裨益青年"。有专栏如解颐录、文苑、小言等十余个，所载以小说、诗词为主，亦有俳谐之文、剧话戏评以及新闻轶事等。由青声周刊社发行。

小说季报 文学季刊。徐枕亚编辑。1918年8月创刊于上海，停刊时间不详，今见第一至第四集。分短篇、长篇小说两大部分。所载作品有李涵秋《还娇记》、徐枕亚《让婿记》等。多为鸳鸯蝴蝶派作品。由清华书局发行。

梨影杂志 文学月刊。刘大进编辑。1918年9月创刊于香港，停刊时间未详，今见第一至五期，为戏剧类期刊，除传统戏曲外，亦有新剧内容。有论说、传记、剧评、白话剧本、班本、小说、杂俎、粤讴等栏目。由梨影杂志社印行。

春柳 文学月刊。李涛痕主编。1918年12月创刊于天津，1919年10月停刊，共出八期。为戏剧类期刊。春柳社是中国近代著名的戏剧社，该刊取名《春柳》，显然有纪念及继承该社精神的意义。有旧剧谈话、新剧谈话、名伶小史、名伶家世、戏场杂评、旧剧脚本、新剧剧本、文苑、小说、北京名伶演戏月表、戏剧词典、杂事轶闻等专栏。以刊载剧本、剧评、剧论、戏剧史料为主，亦附载小说与诗词。文献资料价值较高。撰稿人有梁巨川、吴我尊、尹澂甫、柳亚子、黄节、袁克文等。由春柳杂志事务所编辑发行。

研究著作 参考资料

国朝名家诗钞小传 传记评论著作。清郑方坤编著。四卷。马俊良删订。卷一收施闰章《宛陵诗钞小传》等二十三家，卷二收徐夜《东痴诗钞小传》等二十五家，卷三收唐孙华《东江诗钞小传》等三十二家，卷四收李嶟瑞《后圃诗钞》等二十四家及《联句诗钞小传》。所收诗人均为清初名家，对其生平事迹记录较详，对其创作成就与风格特征以及名篇佳句亦论述较多。然亦有褒扬过当之处。有清杞菊轩刊本，不分卷。另有民国间扫叶山房石印本，题《清名家诗人小传》。近有标点整理本，收入1986年中州古籍出版社排印本《三百年来诗坛人物评点小传汇录》。

乾嘉诗坛点将录 研究著作。清舒位著。作者自序谓"仿东林姓氏之录，为西江宗派之图"。系受明末《东林点将录》的启发，以梁山泊一百零八将排座次的方式来评点清乾隆、嘉庆诗坛的诗人。入录各诗人有小传，大多数下列赞语。因都头领有托塔天王一员属沈德潜，另有额外头领附录黄面佛一员属彭绍升，故点将实一百十员，又因某几员头领下有一作某人的情况，故实际收录诗人又多于一百十人。点将另有及时雨属袁枚、玉麒麟属毕沅、智多星属钱载、入云龙属王昶、小旋风属阮元、大刀属蒋士铨、豹子头属胡天游、霹雳火属赵翼、花和尚属洪亮吉、行者属黄景仁等，作者自点为没羽箭。有光绪三十三年(1907)叶德辉刊宋体字本，另有宣统三年(1911)叶德辉刊行楷体字本，两本略有不同。今有标点整理本，据谢国桢藏金丝玉壶斋随笔稿本中过录舒位原作早期抄本参校两种叶刻本而成，附叶刻本旧序、附考、题词及《东林点将录》，收入1986年中州古籍出版社排印《三百年来诗坛人物评点小传汇录》。

清代妇女文学史 研究著作。梁乙真著。五编二十三章。第一编"明清两朝妇女文学之蝉蜕"，凡"遗民文学"、"蕉园七子"、"风尘三隐"、"血泪文学"四章；第二编"清代妇女文学之极盛期"上，凡"王渔洋与妇女文学"，"袁枚与妇女文学"上、中、下，"方芷斋与当时妇女之唱和"，"阮元与妇女文学之关系"，"吴中十子"七章；第三编"清代妇女文学之极盛期"下，凡"陈文述与妇女文学"上、下，"妇女著述家"三章；第四编"清代妇女文学之衰落时期"，凡"曾国藩俞樾与妇女文学"、"毗陵四女与一王二左"、"翠螺阁稿与当时妇女之关系"、"林敬纫与鉴湖女侠"、"满洲文学"、"清代妇女词学之盛"六章；第五编"清代妇女文学杂述"，凡"闺阁诗拾"、"妇女题壁诗"、"清代之倡伎文学与其他"三章。附录《清代妇女著作家表》及人名索引。全书资料丰富，所论清代女文学家颇为全面，此前谢无量《中国妇女文学史》述及明末而止，“得此以承接之，适足以餍学者之求”（王蕴章序）。有民国十六年（1927）中华书局排印本，有王蕴章、王灿芝序及作者自序。

清代闺阁诗人征略 传记评论著作。施淑仪编著。十卷。收录清代顺治至光绪三百多年间女诗人一千一百四十余家传略。另补遗一卷，收录一百余家。明季闺秀清顺治元年（1644）后尚生存者亦录之。此书编纂体例仿厉鹗《玉台书史》、张维屏《国朝诗人征略》而变通之，先详姓氏、里居、著述，次列事迹，凡诗文词赋书画考证之属，有一艺专长足当闺秀之目者皆录之。所采诗文家，以有专集行世及入选于诸大总集为断，以闻见所及者录之。以事迹为主，与选诗不同，凡见其诗而未见其事迹者不录。所录多采诸家诗话，凡有诗无话者，概不录。被录者依时代为次，或母女、姑媳相从，或以诗派相近及同社同门者为类，不拘一例。《补遗》为记闺秀有姓氏事迹而名字无传者。有民国十年（1921）上海商务印书馆排印本，1990年上海书店据民国本影印。

五十年来之中国文学 研究著作。胡適著。十节。第一节概述，第二节论桐城派和古文，第三节论太平天国时期诗作与诗人金和，第四节论以林纾、严复为代表的翻译文学，第五节论谭嗣同、梁启超的新文体，第六节论“诗界革命”及其主要诗人黄遵宪，第七节论中国古典文学的结束及其代表作家章炳麟，第八节论政论文代表作家章士钊，第九节论白话小说，第十节论文学革命运动和白话文学的成绩。民国十一年（1922）写定后，次年刊于《申报》馆纪念周刊《最近之五十年》，又次年由《申报》馆出版单行本，同年收入《胡適文存》二集第二卷。作者站在主张白话文学的立场上作论述，在当时立意较新，至今仍是一部很有价值的近代文学史参考书。

光宣诗坛点将录 研究著作。汪国垣著。初稿民国八年（1919）写于南昌，民国十四年作修改后连载于《甲寅》第一卷第五号至第九号。民国二十三年、二十四年，又刊登于《青鹤》第三卷第二期至第七期。民国三十三、三十四年，又在重庆作修改和补充，写成定本。今通行本为其门人程千帆整理本，见1988年上海古籍出版社排印《汪辟疆文集》及1986年中州古籍出版社排印《三百年来诗坛人物评点小传汇录》。前有作者化名铁棒栾廷玉的赞语。诗坛旧头领一员属王闿运，都头领二员属陈三立、郑孝胥，机密军师二员属陈宝琛、李瑞清，参赞军务一员属陈衍，五虎将属袁昶、范当世等，八骠骑属陈曾寿、沈曾植等。有时一员头领下有一作某人的情况，故所录诗人实际上不止一百零八人。且早期发表之《甲寅》本与定本多有不同。点将录后又附额外头领三人：教头王进属郑珍，黄面佛黄文煜属释敬安，铁棒栾廷玉则作者自属。定本有民国三十三年作者跋，另有1983年整理者程千帆后记。

桐城文派评述 研究著作。姜书阁著。五章。第一章论桐城派之前的古文，第二章论桐城派三祖方苞、刘大櫆、姚鼐及桐城派古文义法，第三章论桐城派古文旁支阳湖派张惠言、恽敬诸家，第四章论桐城派的传播，包括姚门弟子、湘乡派、曾门弟子及林纾、严复等，第五章为对桐城派的批评，包括派内批评、派外批评、新文学批评。前有小引，后有附表四种，载桐城派传承系统。作者自序称：“据当时之文献，及后人之按语，为此评述，藉明原委优劣焉。”本书所论系统性较强，引用资料文献颇丰，对了解、研究清代文学有一定参考价值。有民国十七年（1928）上海商务印书馆排印《国学小丛书》本。

桐城文学渊源撰述考 研究著作。刘声木著。两种。凡《渊源考》十三卷、补遗十三卷，《撰述考》四卷、补遗四卷。《渊源考》前有民国十八年（1929）自序及补遗序，序后列《凡例》十八条、《补遗凡例》十三条。《撰述考》前亦有同年自序及补遗序，序后列《凡例》六条。《渊源考》收录之人，上自明代归有光、唐顺之，下及近世马其昶，姚永朴、永概兄弟，贺涛，王树枏，以及现代章士钊、于省吾，凡六百四十余人，内既有桐城派，又有阳湖、湘乡派，若不立宗派之清初侯方域、魏禧、汪琬，近代之龚自珍、魏源，以及后来之严复，亦皆收入。排列方法，以一师为一卷，以门人、私淑者附之，明传授之流别、师承之所自。每位作者有小传与评论，皆取自原书原文，注明出处。《撰述考》收二百三十余人著作二千三百七十余种。编者积四十余年之力，检书一千五百余种撰为此编，为研究清代桐城文派、诗派乃至清代文学，提供了极有价值的丰富资料。有民国十八年（1929）刊《直介堂丛刻》本，1989年黄山书社据之排印，由徐天祥将《补遗》并入正集，略作整理，收入《安徽古籍丛书》行世。

中国近代文学之变迁 研究著作。陈子展著。此书始为讲义，后修订出版。共分九部分，一为"近代文学从何时说起"，二为"诗界革命运动"，三为"宋诗运动及其他旧派诗人"，四为"词曲价值的新认识"，五为"小说界革命之前后"，六为"桐城派古文及其他"，七为"从时务文学到政论文学"，八为"翻译文学"，九为"十年以来的文学革命运动"。此书所论"近代文学"始于戊戌维新运动止于现代新文学运动。有民国十八年(1929)中华书局排印本。

现代中国文学史 研究著作。钱基博著。全书共分"绪论"、"编首"、"上编：古文学"、"下编：新文学"四大部分。"上编"和"下编"为主体。题中所名"现代"系指1911年至1930年这一时期。所论文学家多为近代著名作家，并上溯中国古代文学之源流。以文体为纲，以作者为目，就文学的发展作了总的叙述，也就作家和作品作了具体的分析、比较。所论作家不少是近代思想家或著名学者，故也兼述他们的学术思想。并不局限于以文论文，就诗论诗，而是紧密地结合当时"朝政国事"，在极其宽广的背景中，寻求和探讨这一时期"文章得失升降之故"，并进而反映时代和社会的内容以及这一时期中的政治、思想动态和一些历史事件的某些侧面。原由无锡国专学生会于民国二十一年(1932)集资排印，次年由上海世界书局正式出版，民国二十五年又出版增订本。1986年岳麓书社据增订版重新出版。

近代二十家评传 研究著作。王森然著。收近、现代王闿运、吴昌硕、沈曾植、柯绍忞、廖平、林纾、严复、康有为、罗振玉、章炳麟、梁启超、王国维、陈独秀、周树人、章士钊、刘师培、李大钊、胡適、郭沫若、李泰棻等二十位著名学者、思想家、文学家的评传，详细论述了他们的生平事迹、著作成就。作者1934年4月自序云："晚近数十年间，为我国学术思想变迁最剧烈之时代，……余选国内硕学宿儒二十名家，……虽其立场不同，主张各异，而其势至重，其响至捷，……读此一编，此数十年来保守运动、解放运动、革新运动，与革命势力、压迫势力，血肉相搏之结果，历历现于目前，……而其学问人格，皆有其长可取，苟能由此循出一规，以正学术而展文化，是尤余之至望也。"全书取材丰富，不拘新学旧学，知人论世，每有独到之见，虽重在学术思想，但对各家的文学成就也有精审的评议。1934年杏岩书屋出版，1987年书目文献出版社新版重印。

明清之际党社运动考 研究著作。谢国桢著。十三章。第一《引论》，第二《万历时代之朝政及各党之纷争》，第三《东林党议及天启间之党祸》，第四《崇祯朝之党争》，第五《南明三朝之党争》，第六《清初顺治康熙间之党争》，第七《复社始末上》，第八《复社始末下》，第九《几社始末》，第十《大江南北诸社》，第十一《浙中诸社附闽中诸社》，第十二《粤中诸社》，第十三《余论》。附录四篇。内以七至十三章所述明末清初文人结社进行政治、文学活动，与研究明末清初文学关系较大。所述诗文社始末颇详，"从庞杂如一团乱丝的质料中，叙理出一些线索来"(作者《重印前言》)，可供人们参考借鉴。本书由商务印书馆初版于民国二十三年(1934)，有作者自序，1982年略作校改，由中华书局重印。

晚清小说史 研究著作。阿英著。十四章。第一《晚清小说的繁荣》，第二、三《晚清社会概观》，第四《庚子事变的反映》，第五《反美华工禁约运动》，第六《工商业战争与反买办阶级》，第七《立宪运动两面观》，第八《种族革命运动》，第九《妇女解放运动》，第十《反迷信运动》，第十一《官僚生活的暴露》，第十二《讲史与公案》，第十三《晚清小说之末流》，第十四《翻译小说》。全书资料丰富，论及小说作品多达二百余种，按作品内容分类叙述，体例亦别具一格。有民国二十六年(1937)商务印书馆排印本，1955年作家出版社重排，增作者跋语，1980年人民文学出版社又以作家版纸型重印，附吴泰昌《校勘后记》。此外，另有1966年香港据1955年版影印本、台湾据1937年版影印本，1973年中华书局香港分局印本及日本平凡社1979年翻译本。

南社纪略 研究著作。柳亚子著。有民国二十九年(1940)上海开华书局初版本，后经作者之子柳无忌增订，1983年由上海人民出版社排印出版，收入《柳亚子文集》。增订本凡两部分内容，一为柳氏所撰关于南社的各种文章，有《我和南社的关系》、《读〈南社补记〉后答张破浪先生》、《我和朱鸳雏的公案》、《南社雅集在上海》、《关于新南社及其他》、《南社纪念会聚餐记》、《南社大事记》等；二为附录，除柳氏《南社社友姓氏录》、《新南社社员录》外，另有胡怀琛《南社的始末》、蒋慎吾《新南社的第二次雅集》与《南社纪念会之史的回溯》、曹聚仁《南社、新南社》等文。作者为南社社长，所记之事均为亲历，故翔实可信，史料价值较高。增订本前有《出版说明》与作者自序，后有《编后记》。

明清小说研究论文集 研究著作。人民文学出版社编辑部编。辑录二十世纪五十年代学术界有关明清小说的研究论文共三十四篇。其中涉及冯梦龙及其《三言》者六篇,《聊斋志异》二篇,《三国演义》二篇,《水浒传》二篇,《金瓶梅》四篇,《西游记》四篇,《封神演义》二篇,《儒林外史》七篇,《二十年目睹之怪现状》二篇,《老残游记》二篇,《孽海花》一篇。对上述明清小说作品的作者、渊源、成书过程、版本、思想意义、艺术成就及影响等从不同角度作了深入细致的阐述。某些论文还对学术研究中的一些观点提出商榷和批驳。1959 年人民文学出版社出版。

中国近代文学史稿 研究著作。复旦大学中文系 1956 级中国近代文学史稿编写小组编著。五章二十七节。第一章为鸦片战争至甲午中日战争时期的文学,第二章为戊戌变法前后的诗文,第三章为戊戌变法前后的小说,第四章为辛亥革命前的文学,第五章为辛亥革命至五四运动时期的文学。前有《绪论》,后有《结束语》和《后记》。论述中对龚自珍、黄遵宪等具有新思想的诗人、晚清谴责小说、爱国主义文学、太平天国文学较重视,论述较多。本书是第一部较完整的近代文学史,但产生于“左”的思潮盛行的时代,论述偏颇之处较多。有 1960 年中华书局上海编辑所排印本。

柳如是别传 研究著作。陈寅恪著。三册五章。第一章《缘起》,第二章《河东君最初姓氏名字之推测及其附带问题》,第三章《河东君与“吴江故相”及“云间孝廉”之关系》,附《河东君嘉定之游》,第四章《河东君过访半野堂及其前后之关系》,第五章《复明运动》,附《钱氏家难》。本书系作者晚年力作,通过考证柳如是与陈子龙、钱谦益等明末清初著名文人之间关系的种种发展变化,赞美了柳如是的人品文才,澄清了以前的许多历史疑团,尤其对钱谦益与柳如是参加复明运动的史实,钩稽甚明,虽为史学著作,亦有助于研治明末清初文学史。有 1980 年上海古籍出版社排印本,作为《陈寅恪文集》之七。

南社丛谈 研究著作。郑逸梅著。凡十四部分,附录九种。前有 1979 年作者前言。第一部分为《南社成立前的酝酿》,第二部分为《南社的成立及其它支社》,第三部分为《南社的纠纷和斗争》,第四部分为《南社后期活动》,第五部分为《新南社的继起》,第六部分为《南社纪念会》,第七部分为《南社大事记》,第八部分为《〈南社丛刻〉的内容及其它汇刊》,第九部分为《南社社友事略》,第十部分为《南社社友作图寄意》,第十一部分为《南社雅集的几个地点》,第十二部分为《南社湘集的内容》,第十三部分为《南社杂碎》,第十四部分为《南社诗选简注》。附录南社社友姓氏录、著述存目表、斋名表,参加南社纪念会姓氏录,新南社社员录,南社湘集姓氏录,南社广东分社社员姓氏录,柳亚子自谈名号,表录拾遗。本书详尽地介绍了南社从酝酿到成立、消亡的历史,作者自称“大着胆把所见的,所闻的,和平时所摘录的零星史料,一股脑儿贯串起来”,“用较为客观的态度叙述着,其中孰为人,孰为鬼,都不下断语,留给读者给予公允的评论”(《前言》)。资料丰富,叙述生动,为本书最大特色。内《南社社友事略》收一百七十余人事迹,尤有价值。有 1981 年上海人民出版社排印本。

光宣词坛点将录 研究著作。钱仲联著。汪国垣撰《光宣诗坛点将录》,而词坛尚付缺如。朱祖谋曾作《清词坛点将录》,仅有榜文,无文字,载于《同声月刊》第一卷第九号,为闻在宥录以寄龙榆生者,从周邦彦、吴文英一派立场持论,亦为作者所不满,故撰《光宣词坛点将录》,以求全面客观地作出品评。其中旧头领一员为谭献,都头领二员为朱祖谋、王鹏运,军师二人为况周颐、郑文焯,马军五虎将为文廷式、张尔田、陈洵、夏敬观、陈曾寿,步军头领为黄遵宪、金天翮、沈曾植、康有为等,四寨水军头领为王闿运等,地魁星神机军师为王国维。此录撰于 1981 年春,发表于 1985 年《词学》第三辑。

近百年词坛点将录 研究著作。钱仲联著。钱氏于 1981 年春撰《光宣词坛点将录》后,有些看法有所改变,因此另撰《近百年词坛点将录》,光宣录中天富星、地雄星等五十二星座所配置的词人,有的更换,有的调整。总的人物也略向光宣以后延伸。因此,此录与光宣录相比,差异幅度较大,只能两存互参。此录发表于 1983 年齐鲁书社版《梦苕庵清代文学论集》,发表时间转先于载《词学》第三辑之《光宣词坛点将录》。后又收入 1993 年中华书局版《梦苕庵论集》。

梦苕庵清代文学论集 研究著作。钱仲联著。收论文十三篇(种)。附收《佛教与中国古代文学的关系》、《古代山水诗和它的艺术论》、《释气》、《论沈曾植》四文。所收论述清代文学诸文中，有总论性文章，如《三百年来江苏的古典诗歌》、《论同光体》；有文论诗论文章，如《清人诗文论十评》、《顾亭林的文学思想》、《王船山诗论后案》；有评点性文章，如《论近代诗四十家》、《近百年词坛点将录》；有介绍评论具体作家作品的文章，如论《湖海楼词》、《人境庐诗草》及介绍胡曦、黄人之文。最重要的文章当推《论同光体》，对晚清、民国初同光体诗的起源、派别、代表诗人及诗学主张都有深入的阐述。最有趣的文章则推《近百年词坛点将录》，仿《水浒传》点一百零八将评近代词人，颇中肯綮。后有作者后记。有1983年齐鲁书社排印本。

民国旧派小说史略　见“鸳鸯蝴蝶派研究资料”。

民国旧派小说名家小史　见“鸳鸯蝴蝶派研究资料”。

近百年诗坛点将录　研究著作。钱仲联著。汪国垣《光宣诗坛点将录》，是以同光体为极峰的点将录，以同光体之作者陈三立、郑孝胥为都头领，而置光宣时代诗坛主流之诗界革命诸巨子于附庸地位，作者认为其持论偏颇，因此，别撰《近百年诗坛点将录》。时限以1880年至1980年止。在1880年后犹生存及殁于1980年以前者始入录。旧头领一员为李慈铭，都头领二员为黄遵宪、丘逢甲，军师二人为陈三立、陈衍，天贵星为冒广生，天富星为张謇。马军五虎将为沈曾植、范当世、康有为、金天羽、杨圻，步军头领为释敬安、苏曼殊、许承尧、黄人等。此录初发表于1983年、1985年《中国近代文学研究》第一、二两辑及1984年《明清诗文研究丛刊》特辑号。后收入中华书局1993年版《梦苕庵论集》。

浣花诗坛点将录　研究著作。钱仲联著。点将录之作，始于明季之东林点将录，是魏忠贤党用以陷害东林诸君子的罪名罗织经，与文学无关。诗坛之有点将录，始于清人舒位之《乾嘉诗坛点将录》，近人汪国垣之《光宣诗坛点将录》继之。借说部狡狯之笔，为钟嵘评品之文。成都杜甫研究学会及《草堂》编辑部请作者撰文，因为此《浣花诗坛点将录》，择杜甫以后学杜诸家三十五人，比附于天罡星座，不扩大为一百零八人之数。凡所举，限于学杜者，否则虽名大家自李白以下，迄于清代龚自珍等，都不阑入。于各家之下，略附简评。此录最初发表于《草堂》杂志，后收入1993年中华书局出版的《梦苕庵论集》中。都头领二员为杜甫、韩愈，军师二员为白居易、元稹，名家下及丘逢甲、黄遵宪、梁启超等。

明清小说论丛　研究著作。春风文艺出版社编辑出版。是与该社编辑出版的《明末清初小说选刊》相辅而成的不定期专刊。创刊于1984年5月。侧重发表有关明末清初时期小说和小说史研究的各类论文，兼及与之有渊源关系的小说史和小说作品的研究。本着“百花齐放”、“百家争鸣”的方针，提倡运用新资料，发表新观点，文责自负。辟有四个专栏，“引玉篇”发表综合性论文，“篇内篇”集中发表《明末清初小说选刊》所收作品的论文，“篇外篇”发表明末清初时期以外和《选刊》未曾收录的小说评介及有关评论文章，“考述篇”发表考证和罕见小说的评介。自创刊以来，先后共出版过五辑，发表了一批较有学术价值和探索性的论文，在学术界有一定影响。

中国近代文学史　研究著作。任访秋主编。凡上、中、下三编。上编先有概述，再以七章篇幅论述鸦片战争至太平天国时期的文学，主要评介了龚自珍及经世文派、桐城派姚门弟子等；中编亦先有概述，再以七章篇幅论述太平天国失败后至同盟会成立时期的文学，主要评介了梁启超、黄遵宪与诗界革命派等；下编亦先有概述，再以七章篇幅论述同盟会成立后至五四运动前的文学，主要评介了南社、林纾等翻译文学以及鸳鸯蝴蝶派小说等。书后有编者《后记》，正文前有绪论，正文后有结束语。本书论述脉络清晰，涉及面较广。有1988年河南大学出版社排印本。

桐城古文学派小史　研究著作。魏际昌著。四编十二章。第一编叙述桐城古文学派的形成，凡四章，论及戴名世、方苞、刘大櫆、姚鼐的文论与创作；第二编、第三编叙述桐城古文学派的分布，各有三章，论及姚门弟子以及阳湖派，他如陈用光、鲁九皋、吴敏树、杨彝珍、孙鼎臣、王先谦、朱琦、王拯、龙启瑞等；第四编叙述桐城古文学派的衰微，凡二章，主要论及湘乡派及曾门四弟子的文论与创作。书后作者后记称：“这是笔者三十年代的旧作，学习于北京大学研究院时的毕业论文，导师胡適教授。”印行时作者补充修订，作了改写。有1988年河北教育出版社排印本。

中国近代文学论文集·概论和诗文卷

研究著作。牛仰山编。凡上、下二卷。前有《编辑说明》及编者《前言》,后有《编后记》。上卷《概论》,收五四运动至中华人民共和国成立期间有关近代文学的综合研究论文十二篇,主要论述文艺思潮、文学流派与社团以及文学翻译的发展。下卷《诗文卷》,收同期有关近代诗文研究论文二十六篇,主要论述重要诗文家及其创作成就与风格特征。附录1919—1949年散见于各类书刊的近代文学综合研究、诗文研究论文索引一百七十八条。本书为《中国近代文学研究资料丛书》之一。有1988年中国社会科学出版社排印本。

中国近代文学论文集·小说卷 研究著作。王俊编。前有《编辑说明》及编者《前言》。正文选收五四运动至中华人民共和国成立期间有关近代小说研究文章八十三篇。有综合研究,也有对作家及其作品的具体研究,也有考证作家的生平事迹、作品的写作出版时间、作品的来源等文字,以及小说家姓名别号等资料。附录1919—1949年间散见于各类刊物的近代小说研究论文索引五百七十条。本书为《中国近代文学研究资料丛书》之一。有1988年中国社会科学出版社排印本。

中国近代文学论文集·戏剧卷 研究著作。梁淑安编。前有《编辑说明》及编者《前言》。正文选收五四运动至中华人民共和国成立期间有关近代戏剧研究文章五十一篇。按内容分为"近代戏剧沿革研究"、"近代作家作品研究"、"近代曲论研究"。所论既有传统戏曲,亦有新兴的话剧以及京剧与其他地方戏曲。附录1919—1949年散见于各类刊物的近代戏剧研究论文索引二百四十二条。本书为《中国近代文学研究资料丛书》之一。有1988年中国社会科学出版社排印本。

道咸诗坛点将录 研究著作。钱仲联著。清道光、咸丰诗坛,为鸦片战争前后时期之诗坛,亦为启蒙思想发轫时期之诗坛。出现于此一时期之诗,以有关鸦片战争者为其主流。然鸦片战争时期诗歌,并非一种流派,而分属于各种不同流派,主题亦不限于鸦片战争。诗坛上主要出现宋诗派,为光绪、宣统时期同光体之先驱,出现创造新体之龚自珍一派,力破陈规之张际亮、汤鹏以及名家巨匠如姚燮、朱琦、鲁一同、贝青乔等不立宗派者。道、咸以前,有舒位之录,同、光以后,有汪国垣之录及钱仲联之《近百年诗坛点将录》,此录可以衔接前后。此录旧头领一员为程恩泽,都头领二员为龚自珍、魏源,军师二员为林昌彝、姚燮,马军五虎将为曾国藩、陈沆、贝青乔、郑珍、何绍基,步军头领十员为鲁一同、江湜等。发表于1989年第四期《苏州大学学报》哲学社会科学版。

清词史 研究著作。严迪昌著。五编十八章。第一编《清初词坛与词风的多元嬗变》,第二编《阳羡、浙西二派先后崛起和清词中兴期诸大家》,第三编《清代中叶词风的流变》,第四编《常州词派和晚近词坛》,第五编《清代妇女词史略》。前有绪论,后有后记。本书为第一部清代词史专著,作者围绕重要词派、著名词人、代表性词选三个中心,详尽地论述了清代二百余年词作、词论的发展过程。作者认为"一代清词以其流派纷呈、风格竞出的空前盛况,终于为这抒情文体的发展史谱就了辉煌丰硕的殿末之卷",又称"本书的总体框架是:以词风流变为主脉,以词派消长和各时期重大词创作活动及群体实践为骨干,从而经纬以大家、名家创作成就的论评"。论述中时有新意。有1990年江苏古籍出版社排印本。

顺康雍诗坛点将录 研究著作。钱仲联著。作者因舒位、汪国垣二家清诗点将录,限于乾嘉、光宣两时期,不足概其全,乃别撰《顺康雍诗坛点将录》、《道咸诗坛点将录》以补其缺,并为《近百年诗坛点将录》以纠汪录之偏。后又为《南社吟坛点将录》,则限于南社,且诗人词人兼收,然其中亦不乏上及清季之人。从诸录有机联系之系统中,可以管窥其时诗坛活动。此录属清诗前期,前期中人,有已入舒位《乾嘉诗坛点将录》者不复出,抗清殉明之明臣不录入,仅录在明末未入仕途、入清不出之遗民,包括死难之遗民。旧头领一员为钱谦益,都头领二员为吴伟业、王士禛,军师二员为朱彝尊、赵执信,其余顾炎武以下五人为马军五虎将,钱澄之、吴嘉纪、屈大均以下十人为步军头领等,皆其主要者。其中天罡星皆用韵语作赞词,地煞星则用散文叙评。发表于1991年第一期《苏州大学学报》哲学社会科学版。

中国近代文学发展史 研究著作。❶管林、钟贤培主编。上下二册。共四编。第一编为"综论编"共五章,第二编为"文体编"共五章,第三编为"作家传"共收一百二十家,第四编为"中国近代文学大事记",始于1840年,止于1919年1月5日。此书在编写体例上颇具新意,吸取古代通史编写的体例,既在整体上展示文学历史的发展变化,又在文体变化和作家作品的横向方面寻找它的变化特点。同时本书作为高校文科教材，也考虑到大学教学的需要，每章后都开列思考题和参考资料，引导学生自学。有1991年中国文联出版公司排印本。❷郭延礼著。“绪论”外共分三编四十四章，最后为结束语。第一编为“资产阶级启蒙时期的文学”，第二编为“资产阶级维新时期的文学”，第三编为“资产阶级民主主义革命时期的文学”。全书在中华民族广阔的历史文化背景下描述我国各民族的近代文学风貌，探讨在中西文化撞击下的文学新变，以历史和美学的观点重新审视中国近代文学。广泛涉猎到中国近代文学的各个侧面，论述详尽，颇具新见。为山东省哲学社会科学“七五”重点研究项目。有1993年山东教育出版社排印本。

南社吟坛点将录 研究著作。钱仲联著。南社为中国近代重要的文学革命团体，世有定论。加入南社之社员逾千人，诗词主张不尽同，成就高下亦不一。1934年3月4日，柳亚子在上海开陈去病追悼会，晚间举行南社临时雅集，参加者有社员，亦有闻风而来之非社员，共计一百有余人。亚子与胡怀琛撰“点将录”，开列一名单，在报刊宣布，但附有说明：“地煞七十二人，亦有数位南社社友，但大多数非社友。”其所拟也未必贴切，且以政治为主，不以诗词为准。故作者另作点将录，于一千一百余社员中，选择一百零八人入录，全凭已存之材料。云“吟坛”，指诗词作家，外此者不阑入。旧头领一员为金天羽，非社员。都头领二员为柳亚子、陈去病，军师二员为高旭、姚光。此录发表于1994年第一期《苏州大学学报》哲学社会科学版。

明清小说研究 学术季刊（初为不定期出版）。江苏省社会科学院文学研究所编辑。1985年8月创刊。以开创明清小说研究新局面为宗旨，力求“兼容各种观点，贯彻双百方针。篇不计长短，文不论家门。考证务以翔实见长，论述当以深颖取胜。论难不避，言当有据；评说当新，力戒浮华”（开卷语）。举凡有关明清时期小说作家、作品研究，小说理论评点研究，小说作家、作品的资料和考证，明清小说史研究以及与此相关的明清诗歌、散文、戏剧研究，读书笔记、随笔杂谈、书评，研究信息等均在刊载之列。该刊辟有“开创明清小说研究新局面笔谈”、“综论”、“《水浒》和施耐庵研究”、“《西游记》和吴承恩研究”、“文言笔记研究”、“《金瓶梅》研究”、“《儒林外史》研究”、“金圣叹研究”、“《水浒》续书研究”、“清末小说研究”等栏目。追求多侧面、多角度展示当代明清小说研究成果。至1993年，已出三十辑，另增刊一辑。

国朝诗人征略 资料汇编。近代张维屏编著。六十卷。收录清代顺治至嘉庆间诗人九百三十余家传略。国朝，即指清朝。本书所收诗家生平事迹，大都散见于诸家文集及志乘、说部诸书，编著者浏览群书随意录之，自谓编修此书“意在知人，本非选诗”，各作者名下列字号、籍里、科名、著述。被录者以时代为次。全书较多地保存了鸦片战争以前一代诗人之史料，对清文学史研究有较高的参考价值。有道光十年（1830）刊本。

清诗纪事初编 资料汇编。邓之诚编著。八卷。以明遗民列为前集，顺治、康熙两朝诗人按地区分编为甲、乙、丙、丁四集，跨时仅及清初八十年，共收作者六百人，录诗二千余首。编者本以诗证史之旨撰集此书，所选诗都属有“事”之什，故不限于名家。前有诗人传记，系编者据有关资料辑撰而成，考证较严谨精审，评论作家有独到见解，比较客观公允。有1965年中华书局排印本，1984年上海古籍出版社新一版重印。

明清小说序跋选 资料汇编。大连图书馆编。一册。本书收录大连图书馆馆藏晚清以前之通俗小说序跋。计自短篇小说集至中长篇小说一百零四部，序、跋、叙、述、题辞、弁语、凡例、评、引、传、自记等一百一十余篇。每书均作版本说明，罕见小说则略作内容介绍。大连图书馆馆藏通俗小说历来受到小说研究者注意，本书将分散之资料集为一编，为了解和研究古代小说的学者提供了便利。春风文艺出版社1983年出版。

鸳鸯蝴蝶派文学资料 资料汇编。芮和师、范伯群、郑学弢、徐斯年、袁沧洲编。四编。上、下二册。第一编“鸳鸯蝴蝶派的文学见解、作家”，第二编“鸳鸯蝴蝶派作品选例”，第三编“鸳鸯蝴蝶派报刊小说目录”，第四编“对鸳鸯蝴蝶派的评论及有关资料”。收入的文献有《礼拜六》等该派文学刊物发刊词，有该派代表作家范烟桥《小说话》等小说论著，有郑逸梅《记过去的青社》等回忆文章，有赵苕狂《王西神传》等该派主要作家传记，有徐枕亚《玉梨魂》等该派代表作选录，有鲁迅、郑振铎、沈雁冰、瞿秋白、钱杏邨等评论该派的文字。后有1982

年编者后记。1984 年由福建人民出版社出版。

鸳鸯蝴蝶派研究资料 资料汇编。上卷“史料部分”魏绍昌编,下卷“作品部分”魏绍昌、吴承惠编。二册。前有叙例。上卷凡四辑,第一辑收录新文学方面鲁迅、瞿秋白、沈雁冰、郑振铎等当时批判鸳鸯蝴蝶派的文章三十四篇(段)。第二辑节录中华人民共和国成立后十种文学史中论述鸳鸯蝴蝶派的章节。第三辑七组文章,均为鸳鸯蝴蝶派成员所撰,第一组为其自我议论鸳鸯蝴蝶派这一名称的文章四篇,第二组为刊物的发刊词、编者话、祝贺词以及刊登的广告共八篇,第三组为攻击新文学的短文两篇,第四组为评论本派作品内容和形式的文章五篇,第五组为品评作家风格、记录作家室名及介绍作家渊源的文章三篇,第六组为《中国黑幕大观》序二篇,第七组为关于《啼笑因缘》及张恨水的文章五篇。第四辑为专著三种,第一种范烟桥《民国旧派小说史略》,凡“概说”、“言情小说”、“社会小说”、“历史、传奇小说”、“武侠小说”、“翻译小说”、“侦探小说”、“短篇小说(附笔记)”、“两个团体——青社与星社”、“尾声”十章,详细叙述鸳鸯蝴蝶派小说的发展演变过程;第二种郑逸梅《民国旧派文艺期刊丛话》,前有 1961 年作者弁言,分三类介绍文艺杂志《小说时报》、《小说月报》等一百十四种,大报附刊《申报》附刊《自由谈》、《春秋》等八种,小报《晶报》、《春声日报》等四十五种,附录《民国旧派文艺期刊存目备考》,第三种严芙孙、郑逸梅等《民国旧派小说名家小史》,系编者辑集而成,有王钝根等六十六位作家小传,均注明出处。上卷末附录《鸳鸯蝴蝶派小说分类书目》,凡哀情、社会、言情、武侠、侦探、滑稽、宫闱、历史、民间、公案、短篇集十一类。下卷凡“长篇小说片断”、“短篇小说”两部分,收长篇小说《玉梨魂》等二十三种片断,短篇小说《一缕麻》等二十篇。1984 年由上海文艺出版社出版。

清诗纪事 资料汇编。钱仲联主编。十二卷,二十二册。收诗人五千余家。是集广采迄今所有同类著作之长,以宋、辽、金、元诗纪事诸书为基本体式,兼取《明诗纪事》“以诗证史”之长,辑录反映清代政治历史和社会生活之诗篇作为全书主干,同时,凡记述清代各阶层人物之活动或故事者、名家名篇有名家评赏者、名家诗作直接阐明其创作主张者、以一诗或一联得名而有本事可征者,均予收录。全部诗作以纪有清一代之事者为主,清初诗歌言及明朝末年事,清亡后诗歌言及民国事,与清代有密切关涉者,间亦采录。无事之诗,不予辑入。具有总集性质。有 1987 年江苏古籍出版社排印本。

明清诗文研究资料集 资料汇编。苏州大学明清诗文研究室编辑,钱仲联主编。其前身为江苏师范学院(今苏州大学)所印《明清诗文研究丛刊》,前后共出刊二辑。该刊编辑者鉴于广泛深入的研究必须扎根于坚实的文献基础之上,因而不再试刊《丛刊》,而改为资料专集出版。内容以当时正在编辑的《清诗纪事》为重点,内容主要为明清诗文家不经见的诗文别集介绍、作品辑佚、考订文章和作品稿本的知见书目等。1986 年由上海古籍出版社出版第一、第二两辑。

明清散曲作家汇考 资料汇编。庄一拂编著。二编。例言谓旨在汇辑明清散曲家的史料,供古典文学研究者、爱好者参考。兼收由元入明和由清入民国的散曲作家,有散曲专集、史料较多的作家,或对词曲有论著者,列入正目,其余列入附编,并另立《妇女编》、《偏阙编》。所辑资料,采自逸史、笔记、诗话、词话等杂著三百余种与方志三十余种。上编为明人,下编为清人。前有 1965 年赵景深序及引用书目。1992 年浙江古籍出版社出版。

元明清诗鉴赏辞典 钱仲联、章培恒、陈祥耀、潘啸龙等撰写。为上海辞书出版社诗词鉴赏系列中的一部,分辽金元诗歌、明代诗歌、清代诗歌、近代诗歌四个部分。所选以艺术性较强的名篇佳作为主,突出元好问、高启、吴伟业、王士禛、袁枚、龚自珍等大家,兼顾小家;以律、绝短诗为主,兼收何景明《明月篇》、吴伟业《圆圆曲》、龚自珍《能令公少年行》、金和《兰陵女儿行》、王闿运《圆明园词》等长篇巨制。不因人废诗,也选入了严嵩、阮大铖、郑孝胥之作。共收入四百三十位诗人的诗作一千三百二十二首。赏析文章基本上一首诗一篇,个别一组诗一篇,文末酌加注释。所收文章对诗的创作背景、风格特征等都有较精辟的解析。前有章培恒序。1994 年上海辞书出版社出版。

晚清戏曲小说目 文学书目。阿英编著。收《晚清戏曲录》与《晚清小说目》二种。前者成于 1934 年,1940 年重行写定,后者 1940 年编定。《曲录》例言称“所录以石铅印本为主,必要时兼及木刻本、未刊稿”,“所收戏曲,以出版在晚清者为限,略及民初”,“本书顺序首传奇、杂剧，次戏文（目录中作地方戏），再次话剧”，计收传奇五十四种，杂剧四十种，地方戏五十一种，话剧十六种。有提要。《小说目》例言称“本书分‘创作’、‘翻译’二卷，以单行本为主，旁及杂志所刊，共得千余种。其时限则始于光绪初年，以迄宣统辛亥革命成功”。因编者另著《晚清小说史》，《小说目》仅有简目。全书前有1954年阿英叙记，后有补遗数则。有1957年古典文学出版社排印本。

晚清文艺报刊述略 文学报刊目录。阿英著。凡《晚清文学期刊述略》、《晚清小报录》二种。介绍自1872年至1911年四十年间较重要的文艺报刊计期刊《瀛寰琐记》等二十四种，附待访期刊存目《小说时报》等五种，报纸《世界繁华报》等二十六种，附录《中国画报发展之经过》一文。《期刊述略》与《小报录》前各有书影、引言。所录报刊，均说明其创刊与停刊年代、期数、内容特点及发表的主要作品。本书对了解晚清文学报刊的发展情况颇有文献价值。有1958年古典文学出版社排印本，1959年中华书局上海编辑所新一版重印。

清代杂剧全目 文学书目。傅惜华编著。十卷。卷一、二为清初时期杂剧家作品，卷三至五为清中叶时期杂剧家作品，卷六为清末时期杂剧家作品，卷七为承应戏丛编，卷八为开团场承应戏，卷九为月令承应戏，卷十为庆典承应戏。附录清末至建国前杂剧简目。前有例言，谓此书目系编者《中国古典戏曲总录》之第六编，“著录姓名可考之清代杂剧家作品，计五百五十种，无名氏杂剧家作品，计七百五十种，共计一千三百种，较之清姚燮《今乐考证》、近人王国维《曲录》，约增出数倍有余”。附录《引用书籍解题》、《作家名号索引》、《杂剧名目索引》三种。著录杂剧作品均注明作者、原著录书目、流传版本及收藏者。1964年打好纸型，因故未付印，1981年始由人民文学出版社出版，收入《中国戏曲史资料丛刊》。

民国旧派文艺期刊丛话 见“鸳鸯蝴蝶派研究资料”。

清人诗集叙录 文学书目。袁行云著。八十卷。著录清代诗人二千五百十一家的诗集。卷首有出版说明，另有1987年作者自序。目录前又有《凡例》，略谓本书所收诗集以单刻本为主，兼取少量抄本、丛书本、选本，凡“内容多涉清代时事与社会生活”之诗集，不论作者生于明卒于清或生于清卒于民国，并收录之。每篇叙录前各系以作者小传，各卷按作者生年先后排列，生年无考者，参以仕履、交游，约略而定。叙录文字“以证明史事、提供资料为主，凡诗中山川、名迹、政治、经济、学术、文化、民俗等史料线索，悉举其要，尤重于中外关系、少数民族、小说戏曲等资料之掇拾”（《凡例》）。1994年文化艺术出版社出版。

第五才子书水浒传 小说评点本。清金人瑞评点。有回前总评和夹批，卷首附评者序言三篇和《读第五才子书法》等。另伪撰施耐庵序一篇。诡称正文据贯华堂所藏古本，实将一百二十回本《水浒》删去后四十九回，将第一回改为“楔子”，并将文字修改后成七十回本。其评点，一方面反对“犯上作乱”，咒骂梁山英雄为“凶物”、“恶物”；另一方面又认为“乱自上作”，严厉地鞭挞了贪官污吏，同情和赞美某些梁山英雄及其反抗斗争，在思想上存在着矛盾。其精彩之处则在艺术方面的分析。《读第五才子书法》明确地将刻画人物性格提到了首位，指出：《水浒传》令人看不厌，“无非为他把一百八个人性格都写出来”，刻画人物性格必须捕捉住鲜明独特的个性，使“人有其性情，人有其气质，人有其形状，人有其声口”。在创作论方面，提出了“澄怀格物”、“因文生事”、“因缘生法”、“临文动心”等见解，强调在客观地认识现实的基础上，发挥作家的主观能动性。又对小说的波浪起伏、前后照应、详略繁简、映衬对照等结构布局问题多有细心体会，总结了“倒插法”、“夹叙法”、“草蛇灰线法”、“绵针泥刺法”等十几种作文谋篇的“文法”。其看法尽管没有摆脱八股陋见，间有牵强穿凿之处，但毕竟多精辟之论，对后世作家和批评家产生了很大的影响。今存贯华堂原刊本及此后多种印本。

李笠翁批阅三国志 又称《笠翁评阅绘像三国志第一才子书》。小说评点本。一百二十回。有眉批，无回评。一般认为，卷首清李渔序及全书评点均为后人伪托。正文主要据吴观明本《李卓吾先生批评三国志》修改而成，眉批则以照搬、因袭毛本为主，少量搬自李卓吾评本。也有个别新批，然其特色并不明显，故流传不广。今存两衡堂刊本。1992年浙江古籍出版社有排印本。

四大奇书第一种 世称毛本《三国志演义》，又称《第一才子书》。小说评点本。清毛纶、毛宗岗父子评改。一百二十回，有回前总评和夹批。卷首有毛氏撰《凡例》和《读三国志法》。

毛氏评改时，加强了儒家正统观念，又常以仁政爱民思想来评判是非，对全书文辞、情节、回目等均作了或多或少的修改。在小说理论批评方面，其评点充分肯定了历史小说的社会功能和艺术价值，阐述了历史题材与艺术虚构的关系，深入分析了诸葛亮、关羽、曹操等艺术形象塑造的经验，精辟地剖析了《三国演义》的艺术结构和种种艺术表现手法。尽管有些分析较为牵强，评判历史事件和人物时或有片面，在理论的独创性和系统性方面不如金人瑞，但就对《三国演义》及历史小说的探讨而言，毕竟作出了杰出的贡献，影响亦大，在中国小说批评史上占有重要地位。今存醉耕堂本似为初刻，后多种翻刻本均将卷首李渔序删改伪托成金人瑞序，并将书名改成《第一才子书》。

彭城张竹坡批评第一奇书 小说《金瓶梅》评点本。清张竹坡评点。成于康熙三十四年(1695)。卷首有《竹坡闲话》、《批评第一奇书金瓶梅读法》、《金瓶梅寓意说》等专论多篇，每回有回评，正文中又有眉批、夹批、旁批。其评强调“第一奇书非淫书”，而是一部“悲愤呜唈”、“独罪财色”的“史公文字”，具有丰富的思想内涵。在艺术方面，紧紧地把握住《金瓶梅》独特的美学风貌，认为它是一篇“市井文字”，并于描写“得情理”、人物个性化、环境描写、细节点染及章法技法等方面多有细心、精到的见解。惟其批评主观性太强，往往失之武断、片面、牵强，遭到后人诟病。但在《金瓶梅》评论史上，此书无疑是最为丰富、最有影响的本子。今存“本衙藏板”本似系原刊本，后有在兹堂本、影松轩本等多种翻刻本。1986年齐鲁书社出版删节本。

新说西游记 小说评点本。清张书绅评点。一百回。有回评和夹批。卷首附评者自序外，尚有《西游记总论》、《新说西游记总批》。其《总批》云：“《西游》一书，古人命为证道书，原是证圣贤儒者之道。至谓证仙佛之道，则误也。”又云：“今《西游记》，是把《大学》诚意正心、克己明德之要，竭力备细，写了一尽，明显易见，确然可据，不过借取经一事，以寓其意耳。”在此思想指导下，也谈及小说“极其幻妙”，而又写得“入情入理，如闻如见”(第十回评)，阐发了“幻中见真”的思想。《总批》等处将全书作“三大段、五十二篇”的划分和有关结构布局的探讨也颇有借鉴意义。今存清乾隆己巳(1749)其有堂原刊本。

西游真诠 小说评点本。清陈士斌评点。一百回。有回评和眉批。卷首有康熙三十五年(1696)尤侗《西游真诠序》，称评者用“三教圣人之书”“解《西游记》”，揭示其基本精神。间有评语指出小说“粗看极其荒唐，细味实在至理”(第六十九回评)、“借以喻古来世情之变幻”(第十回评)等，涉及到神魔小说的创作方法。也注意到小说刻画人物时“八戒有八戒的声口，行者有行者的身分，摩神写意，无不精妙”(第二十五回评)，并认识到《西游记》“笔墨游戏”，“趣而且妙”的特点。有清乾隆庚子(1780)刊本等。

卧闲草堂本儒林外史 小说评点本。评点者或疑为清吴敬梓的外甥和表侄金兆燕，与序作者闲斋老人也可能为同一人。有回末总评。其评第一回即点破小说主题：“功名富贵四字是全书第一着眼处”，以后各回不断加以阐发。评语在多方面分析《儒林外史》的艺术特点时，发展了中国古代现实主义的文学理论，主张于世间“最平实而为万目所共见者”中“得其神似”，刻画人物要符合“情理”得其“真”，并要“写出其人之骨髓”。关于小说的讽刺艺术，也有许多独到、精辟的见解。《齐省堂增订〈儒林外史〉例言》就称其评语“论事精透，用笔老辣”。解弢《小说话》甚至认为超过了金人瑞，说：“小说评语，吾最取《儒林外史》。”初刊于嘉庆八年(1803)，清代以后各种《儒林外史》版本都把其评作为小说的组成部分与正文合印，对后人认识、研究《儒林外史》有重要影响。1975年人民文学出版社有影印本。

西游原旨 小说评点本。清刘一明评点。一百回。有回评和夹批。其评继陈士斌《西游真诠》后，进一步阐发“三教一家之理”。然于谈玄说道中也涉及若干文学特点和表现技巧问题。原刊于嘉庆十五年(1810)，嘉庆二十四年(1819)有湖南常德护国庵复刊本。亦有不载《西游》原文的评注单行本。

批点聊斋志异 小说评点本。清何守奇评点。有旁评和回末总评，大都较简略。其评就作品思想内容抒写感想者居多，强调赏善惩淫，反对贪暴不仁，颂扬生死真情，对科举弊端也有所揭露。艺术评论方面注重在“笔法”、“句法”，认识较肤浅。今存道光三年(1823)知不足斋原刊本。光绪十七年(1891)四川喻焜将其评语与王士禛、冯镇峦、但明伦的评语合刊在一起，名《聊斋志异合评》。亦收入张友鹤辑校的《聊斋志异会校会注会评本》中(1962年中华书局上海编辑所初版，1978年上海古籍出版社新一版)。

通易西游正旨 小说评点本。清张含章(字逢源,成都人)评点。一百回。有回评和夹批。主旨以《西游》“明示三教一源”,而“以《周易》作骨”来进行阐释,多牵强附会之谈。有道光十九年(1839)眉山何氏德馨堂刊本。

聊斋志异新评 小说评点本。清但明伦评点。有旁批、眉批和回末总评。其评重视剖析作品揭露的社会黑暗和政治腐败,对科举制度的弊端也多有指责,尤对主人公真诚爱情的热烈颂扬为其他《聊斋》评本所少见。其自序曰:“为文之法,得此益悟。”故其艺术分析也颇细致,盛赞小说刻画人物曲折传神,情节结构变幻离奇。总结了钩连法、双提法、挪展法等多种笔法,尤对“转笔”和“蓄笔”的论述特别精辟。对小说“诙谐滑稽”、“趣语无痕”的特点的评断也受人注意。喻焜《聊斋志异合评序》称:“但氏新评出,披隙导窍,当头棒喝,读者无不颊首皈依,几于家有其书矣。”道光二十二年(1842)初刊。光绪十七年(1891)喻焜刊《聊斋志异合评》和1962年中华书局上海编辑所初版、1978年上海古籍出版社新版张友鹤辑校的《聊斋志异会校会注会评本》均将其评收入。

聊斋志异合评 小说汇评本。清王士禛、冯镇峦、何守奇、但明伦评。《聊斋》书成后,作者先以之求教于王士禛。王氏“加评骘而还之”(青柯亭本《例言》)。其评虽然只挑某些作品作一总评,寥寥数语,却颇精到。作者将此眷录在稿本里,往往随书传抄、刊印。何守奇评本《批点聊斋志异》刊于道光三年(1823),但明伦评本《聊斋志异新评》刊于道光二十二年(1842),冯镇峦评本虽成于嘉庆二十三年(1818),然本以抄本流传。光绪十七年(1891)四川合阳人喻焜(字湘荪)将这四家评语汇刻成《聊斋志异合评》,以“传作者苦心,开读者了悟”(喻序)。

儒林外史评 小说评点本。清张文虎评点。有夹批和回末总评。其评语同意闲斋老人“其书以功名富贵为一篇之骨”的说法,但认为此书的主旨不是反科举,而是“特为名士下针砭”。又关于人物形象典型化问题颇多精见,认为写人“不必确指其人,而遗貌取神”,以达到“酬接中所频见,可以镜人,可以自镜”的境地。然在具体批点中,对小说的人物原型和情节素材的考索甚勤,发明亦多,对后来的研究者颇有影响。其评语始见于《儒林外史》的同治十三年(1874)上海申报馆第一次排印本,又见于光绪七年(1881)申报馆第二次排印本。光绪十一年和十二年上海宝文阁又将其评语单独印行成《儒林外史新评》和《儒林外史评》。各本间文字不尽相同。后出单本被称为“评语定本”,文字更准确、洗练。

红楼梦研究

红学 研究小说《红楼梦》及相关课题的学科。红学之名的提出最早在清光绪年间。李放《八旗画录·绘境轩读画记》注:“光绪初,京朝士大夫尤喜读之(指《红楼梦》),自相矜为红学云。”然有关《红楼梦》的评述实与此书出现同步。今所见早期抄本上“脂砚斋”的评语实即标志红学评点派的开始。二百多年来专门研究者代有其人,著述形式多样,数量很大。按其研究的成果与特点,又可分为“旧红学”与“新红学”两个阶段。自清代至民国初年的著述,被称为“旧红学”。其中评点派、索隐派占主要地位,均有篇幅很大的著述。前者有“护花主人”王雪香、“太平闲人”张新之、“大某山民”姚燮等人的评点,后者有王梦阮、沈瓶庵的《红楼梦索隐》、蔡元培的《石头记索隐》、邓狂言的《红楼梦释真》等。“旧红学”中有不少很好的评论和见解,许多重要资料成为后世红学研究的依据。但其中也颇多主观主义的成分,索隐派更充满生拉硬扯、牵强附会。“五四”运动后,西方马克思主义、实用主义等不同思潮学说被引进中国。胡適将美国杜威的实用主义哲学运用于红楼梦研究,于1921年写出长文《红楼梦考证》,在其影响下,俞平伯于1922年出版了专著《红楼梦辨》,二人的论著标志着“新红学”的确立。胡专重历史方法的考证;俞则偏重文学角度并兼有考证和批评,较胡的研究更为深入。胡、俞在批判“旧红学”的过程中建立了“新红学”,这在红学发展史上是一种进步。但其本身也有缺点和错误,二十世纪五十年代曾受到中国大陆学术界集中的批判,然那次批判混淆了艺术批评和政治批判的界限,有不实事求是、简单粗疏的缺点。“文革”以后,中国大陆的红学研究盛况空前,研究者思想解放、成果丰硕,虽也存在一些问题和不科学的倾向,但其研究领域已大为扩展,学术思想空前活跃。与此同时,香港、台湾和美、英、日、法、加等国家的红学研究成绩也颇可观。红学研究的规模及影响不断扩大，成了一门世界性的学问。

索隐派 小说研究的一种流派。即致力于探寻小说隐去的“本事”和“微言大义”。这在《红楼梦》研究中最为突出。如王梦阮、沈瓶庵的《红楼梦索隐》、蔡元培的《石头记索隐》及邓狂言的《红楼梦释真》等均较著名。其写作动机和基本内容虽各不相同，且多强调政治意义，但其主观索隐的方法往往牵强附会，多曲解小说之本义。

阅红楼梦笔记 又作《阅红楼梦随笔》。研究著作。清周春著。内含《红楼梦记》、《红楼梦评例》、《红楼梦约评》及诗八首。有关小说思想、人物和艺术的精见不多，又偏重于考证和索隐，主张《红楼梦》是写金陵张侯家事，开了红学研究中索隐派的先声。今存稿本和几种抄本。1958年中华书局上海编辑所影印了拜经楼抄本。

枣窗闲笔 研究著作。清裕瑞著。系读书笔记，共收有《程伟元续〈红楼梦〉自九十回（八十回之误）至百二十回书后》等八篇文章，反映了《红楼梦》抄本至刻本流传初期的行世情况，记述了从“前辈姻亲”中得到的有关曹雪芹和脂砚斋的一些具体情况，提出了后四十回“伪续”等问题，并对七部续书的粗劣提出了尖锐批评。书成于嘉庆九年(1804)至二十五年间。北京图书馆藏稿本一册，1963年上海古籍刊行社影印出版。

红楼梦说梦 研究著作。清二知道人著。系随笔式评论，共有一百四十则。首论小说创作精神云：“蒲聊斋之孤愤，假鬼狐以发之；施耐庵之孤愤，假盗贼以发之；曹雪芹之孤愤，假儿女以发之，同是一把辛酸泪也。”比一般只把《红楼梦》看作谈情说爱之作自是稍深一层。又强调小说源于生活而又经作者加工，以为“《红楼》情事，雪芹记所见也”，“雪芹之书，虚事传神也”。指出《红楼梦》“由欢而悲，由合而离”的悲剧性结构不同一般，也确如所见。然其基本观点还是承袭“色空”旧说，对后来王国维、梦痴学人等有所影响。有嘉庆十七年(1812)解红轩刻本。

红楼评梦 研究著作。清诸联著。系随笔式的分条评论，所涉范围颇广。其评全书总的特点曰：“吾以三字概之，曰真，曰新，曰文。”颇为中肯。又认为《红楼梦》脱胎于《金瓶梅》，但“亵嫚之词，淘汰至尽。中间写情写景，无些黠牙后慧。非特青出于蓝，真是蝉蜕于秽。”对曹雪芹的博学多才，十分钦佩，赞云“八斗之才，又被曹家独得”。此外，还统计了全书的人数，说“除无姓名及古人不计外，共男子二百三十二人，女子一百八十九人”。姚燮《读红楼梦纲领》赞其评语“多有抉微达隐之笔，可与王氏抗衡”。曾附刊于《增评补图石头记》，与王希廉评点并传。单行本初刊于道光元年(1821)。

红楼梦评论 研究著作。近代王国维著。五章。第一章《人生及美术之概观》，第二章《红楼梦之精神》，第三章《红楼梦之美学上之价值》，第四章《红楼梦之伦理学上之价值》，第五章《余论》。作者从叔本华哲学观出发，认为“欲与生活与苦痛，三者一而已矣”，惟有文艺能减轻人的痛苦，“使吾人超然于利害之外”，《红楼梦》的主题便在于宣示“此生活、此苦痛之由于自造，又示其解脱之道不可不由自己求之者也”，而“解脱之道在于出世”。作者指出《红楼梦》的悲剧是“由于剧中之人物位置及关系而不得不然者，非必有蛇蝎之性质与意外之变故”，为“人生之所固有”的“悲剧中之悲剧”，因而可称“宇宙之大著述”，具有最高的美学价值。作者还对“索隐派”的观点提出批评，认为文学艺术所反映的“非个人之性质，而人类全体之性质也”，惟文学艺术“贵具体而不贵抽象，于是举人类全体之性质置诸个人之名字之下”，故不宜穿凿比附。其见解多涉及美学原理而越出文学批评之外，为自来评《红楼梦》者所未曾有。初载光绪三十年(1904)第八至十三期《教育丛书》，光绪三十一年收入《静安文集》。1959年人民文学出版社排印《中国近代文论选》及1963年中华书局排印《中国古典文学研究资料汇编·红楼梦卷》，均收入此文。

红楼梦索隐 研究著作。王梦阮、沈瓶庵著（题“悟真道人戏笔”）。共二十卷，分订成十册。书前印有彩色“清世祖五台山入定真相”图一幅及《序》、《例言》、《红楼梦索隐提要》。其分回分段索隐则夹在一百二十回本小说正文有关段落之下。此索隐的基本思想，即证明《红楼梦》系写清世祖福临与董鄂妃的爱情故事。宝玉即清世祖，董鄂妃即秦淮名妓董小宛。由于书中常引用一些“史料”加以捏合，颇有人信此奇说，重印达十三次之多，成为旧红学索隐派的代表作之一。上海中华书局民国五年(1916)初版。其“提要”曾于民国三年先刊于《中华小说界》第一年第六至七期。

石头记索隐 研究著作。蔡元培著。基本论点为：“《石头记》者，清康熙政治小说也。”认为书中之本事是“吊明之亡，揭清之失”，贾宝玉就是康熙皇帝的太子胤礽，“十二钗”即为当时朱彝尊、高士奇、徐乾学、姜宸英等十二个著名文人。其索隐的基本方法是：“一曰品性相类者，二曰轶事有征者，三曰姓名相关者。”其研究的目的在于宣扬民族主义思想，在当时影响很大，至民国十九年(1930)已印行十版，成为旧红学索隐派的名作。初载于民国五年(1916)《小说月报》第一至六期，次年九月由上海商务印书馆出版单行本。

红楼梦考证 研究著作。胡适著。两部分，第一部分为旧红学批评总结，第二部分为关于《红楼梦》的考证。本书是五四运动后崛起的“新红学派”的早期代表作之一，开一代之风气，其观点对此后的“红学”研究影响较大。作者对旧红学“索隐派”进行了批评，称之为“附会的红学”，认为不应收罗零碎不相干的史事来附会小说情节，而应从著者的身世时代、版本源流等去研究。关于《红楼梦》的著者，胡适据有关史料，认为他是曹寅孙、曹頫子曹雪芹，生于康熙五十一年(1712)曹寅去世后，《红楼梦》是隐去真事的自传，甄、贾宝玉即作者化身。关于版本，胡适介绍了戚蓼生序脂评抄本，以之与通行的程伟元刊本进行了比较，指出原书初仅八十回，著者未完成全书即去世，乾隆五十六年(1791)后始有一百二十回本，后四十回续作者为高鹗。在评价《红楼梦》的文学价值时，胡适称之为“一部自然主义的杰作”，其“真价值正在这平淡无奇的自然主义的上面”。载民国十年(1921)亚东图书馆印行《胡适文存》卷三，近有1988年上海古籍出版社排印《胡适红楼梦研究论述全编》本。

红楼梦抉微 研究著作。阚铎著。卷首有作者自序，认为《红楼梦》“全系仿《金瓶梅》而成，但青出于蓝，冰寒于水”。因而将“金”、“红”两书从情节到人物一一对照，列举了一百六十九条内容，以证“‘红楼’全从‘金瓶’化出”。其中虽有不少牵强附会之说，但也有若干真知灼见。其文原载于民国十三年(1924)北京《社会日报》副刊《翰海》。民国十四年四月天津《大公报》馆汇编铅印出版。后姚灵犀于民国二十九年(1940)节要收入《瓶外卮言》。

红楼梦研究 研究著作。俞平伯著。三卷。收论文十六篇。系在其1922年出版的《红楼梦辨》基础上删改、增补而成，附录脂本戚本程乙本文字比较与随笔二则。所收文上卷有《论续书底不可能》等五篇，中卷收《作者底态度》等六篇，下卷收《前八十回红楼梦原稿残缺的情形》等五篇。前两组(卷)为旧作《红楼梦辨》三卷合并而成，后一组(卷)为1948年至1950年之作，内《后三十回的红楼梦》篇名虽同旧书，但已完全改写过。有1950年12月自序及文怀沙跋。上卷论高鹗续书，认为续作因作家的个性不同，必然不会成功，但就效用影响而论，也有其功德，后四十回有其依据，而回目并非原有。中卷论曹雪芹的创作，认为《红楼梦》是感叹身世之作，情场忏悔之作，传十二钗之作；认为宝钗、黛玉“各极其妙而莫能相下，必如此方极情场之盛，必如此方能尽文章之妙”；认为《红楼梦》情节人物俱有蓝本，作者的最大艺术手段是写生，面对现实，不落窠臼，创作个性极其鲜明。对曹氏未写完的部分也作了考证推论。本书的前身《红楼梦辨》与胡适的《红楼梦考证》标志着“新红学”的确立，对“红学”的发展起了积极促进的作用。本书在旧作基础上增补删改后，“把辨伪存真的工作更推进了一步”(文怀沙跋)。有1952年棠棣出版社排印本、1959年香港新月出版社排印本，1988年上海古籍出版社排印《俞平伯论红楼梦》，亦收入此作。

红楼梦新证 研究著作。周汝昌著。增订本凡八章。第一章“引论”，第二章“人物考”，第三章“籍贯出身”，第四章“地点问题”，第五章“雪芹生卒”，第六章“红楼纪历”，第七章“史事稽年”，第八章“文物杂考”，第九章“脂砚斋批”。另有附录编“本子与读者”，收《戚蓼生考》等十篇。第一章作者认为：“《红楼梦》是曹雪芹长期体验生活、观察社会，在他的思想认识之下，以高超的艺术手法而写出的一首对封建统治阶级走向灭亡的挽诗。”第二、三章，考证曹家世系及几门亲戚，认为曹家虽先世为汉人，但不隶汉军旗籍，而隶满洲旗籍，为咸宁里人。第四章论述大观园、荣国、宁国府位置、方向及曹家住宅、官署地点。第五章定曹雪芹生于雍正二年(1724)左右，卒于乾隆二十八年除夕(1764年2月1日)。第六章指出“八十回《红楼梦》原书，实共写了十五年的事情”。第七章可视为曹家年谱。第九章专论脂砚斋批，介绍了脂批概况，探讨了脂砚斋主与曹雪芹的关系，并据脂批本对八十回后的内容作了推论，并认为“高鹗续书的结构，……与曹雪芹原意很少符合”，“目的就是用续书的方式来篡改歪曲曹雪芹的思想”。本书对《红楼梦》产生前后的政治背景考察细致，对曹家世系事迹等的考订引证广博，立论亦颇严谨，但仍沿旧说，认为《红楼梦》为"写真自传"。本书初于1953年由棠棣出版社出版，无"红楼纪历"、"文物杂考"二章而有"新索隐"一章，第五章多"红楼年表"，附录仅二篇。1976年人民文学出版社排印增订本，篇幅有所扩大，前有李希凡、蓝翎《评红楼梦新证》一文，后有1974年作者重排后记。

中国古典文学研究资料汇编·红楼梦卷 资料汇编。一粟编。六卷。辑录从清乾隆间至五四运动大约一百六十年间有关《红楼梦》及其作者的评论和考证的主要资料。卷一为关于曹雪芹、高鹗的材料，收曹氏材料仅限于直接涉及本人的，收高氏材料稍有变通，"五四"以后的几种也算上。卷二为《红楼梦》版本序跋，续书、戏曲和仿作的序跋，以及其他几篇小说论及《红楼梦》的序跋。卷三为评论或考证《红楼梦》的专著，分量最大，长篇只予节录。卷四内容较杂，有笔记题识、诗词曲话、日记尺牍以及公文等。卷五为题咏《红楼梦》的诗词。卷六为概论小说的著作中有关《红楼梦》的文字。前有1963年编者编辑说明。1963年由中华书局出版，1980年第三次重印。

红楼梦书录 文学书目。一粟编著。搜集《红楼梦》各种版本、译本、续书，关于《红楼梦》的评论、图画、谱录、诗词、戏曲、电影、小说等共九百七十种，撰有提要。材料完备，为"红学"研究重要参考书。后附书名及人名索引，颇便使用。有1958年古典文学出版社排印本，1982年上海古籍出版社新一版重印。

红楼梦叙录 文学书目。胡文彬编著。十辑。各辑为抄本、印本、译本、续书、论著、资料辑览、报刊文章、诗词、绘画、戏曲电影故事。编者1978年所作前言称"凡有关《红楼梦》研究的书面资料，特别是近年来新发现的有关《红楼梦》的资料和评'红'论著，一粟先生的《红楼梦书目》未加著录或著录而内容有较大出入者，本书均予收录。所录资料上迄《红楼梦》问世，下至一九七八年十二月底。报刊文章目录，接《红楼梦书录》，起于一九五四年九月"。因编者拟另编《曹雪芹研究书录》，有关曹雪芹的研究资料未予著录。著录资料均注明作者、出版或发表时间、出版单位或发表文献名称，酌加提要或摘录序跋。附录港台《红楼梦》版本知见录、港台《红楼梦》研究论著知见录、《红楼梦》研究外文论著知见录。1980年由吉林人民出版社出版。

脂砚斋重评石头记 小说评点本。由脂砚斋及畸笏叟、棠村、梅溪、松斋等一批小说作者周围的人至少作过前后四次评点。今存前八十回。有眉批、旁批、夹批和回前、回后总评。其评语统称"脂评"，对探讨小说作者家世生平及小说创作的素材和成书过程等极具资料价值。在思想上，对君主专制罪恶、腐败的封建吏治及儒、道、佛三家均有所批判。在艺术观方面，反对陈腐俗套，强调独创性；要求作家在"实实经过"的基础上进行艺术加工，使作品成为"真正情理之文"，特别是在反对刻画人物"恶则无一不恶，美则无一不美"，盛赞小说创造"移之第二人万不可"的艺术典型方面发展和丰富了我国古代的小说理论。今存乾隆甲戌(1754)、己卯(1759)、庚辰(1760)等年批阅的不尽相同的传抄本十余种。1986年上海古籍出版社出版《脂砚斋重评石头记》(己卯本)影印本。1962年中华书局上海编辑所出版《脂砚斋甲戌抄阅再评石头记》影印本，1985年上海古籍出版社重印。

新评绣像红楼梦全传 小说评点本。清王希廉评点。一百二十回。卷首有《红楼梦批序》、《红楼梦总评》等。每回有回评。其评认为《红楼梦》虽是一部"小说"，实通于"大道"。又以"福寿才德"四字为纲论人物，认为只有贾母一人兼全，对黛玉颇多微词。在艺术上重视"章法"分析，将全书分成二十一段，以第五回为"纲领"；又指出"全部最要关键，是真假二字"。亦发现小说"脱漏纰漏及未惬人意处"十八点，态度比较客观，实为脂评至王国维《红楼梦评论》之间"旧红学"中的一部重要著作。今存道光十二年(1832)双清仙馆原刊本及多种翻刻本，光绪年间又有与张新之、姚燮评点合印在一起的合评本《增评补像全图金玉缘》。

妙复轩评石头记 小说《红楼梦》评点本。近代张新之评点。一百二十回。有夹批和回末总评。其基本观点见于卷首《石头记读法》："《石头记》乃演性理之书，祖《大学》而宗《中庸》"，"全书无非《易》道也"。在方法上，多循《易》理和阴阳五行之说，较少笔墨谈及篇章布局、表现手法等。道光十二年(1832)评成时以抄本存世。光绪七年(1881)湖南卧云山馆刊行时改名为《绣像石头记红楼梦》，后又与王希廉、姚燮评点合在一起刊行，名《增评补像全图金玉缘》。

增评补像全图金玉缘 小说《红楼梦》合

评本。清王希廉《新评绣像红楼梦全传》、张新之《绣像石头记红楼梦》、姚燮《读红楼梦纲领》三家评点的汇合本。一百二十回。卷首有华阳仙裔序及三本原序、评。有夹批及回末总评。光绪十年(1884)上海同文书局石印，后有多种翻印本。

新译红楼梦 小说《红楼梦》蒙古文评译本。清哈斯宝评译。其书将《红楼梦》以宝玉、黛玉爱情故事为中心，摘译成四十回蒙文本，并每回加回评。卷首附《序》、《读法》、《总录》各一篇。评译者将《红楼梦》的主题归结为清气与邪气的斗争，象征着忠与奸的矛盾。在艺术观方面，深受金人瑞的影响，比较细腻地分析了《红楼梦》的情节结构、人物塑造、文学语言等方面的成就，尤以善用形象化的比喻而自呈特色。1979 年内蒙古人民出版社出版了亦邻真翻译成汉文的《〈新译红楼梦〉回批》。

桐花凤阁评红楼梦 小说评点本。近代陈其泰评点。有眉批、旁批、回评和回目修改，手书于《红楼梦》"程乙本"上。其评张扬发愤著书的精神，同情受压抑而有叛逆性格的人物，厌恶封建正统的卫道士。尤重"情"字论书，认为"情"在知心，出自天性；贾宝玉既"爱博"，又"情专"，乃"圣之情者也"。对于作品的艺术构思、篇章结构、人物刻画等方面也有细致的分析，对后四十回的"脱节舛谬"也多有指出，惟批"回目拟改"处时见败笔。原稿以抄本流传。1981 年天津人民出版社出版由今人刘操南整理的辑录本《桐花凤阁评红楼梦辑录》。

红楼梦学刊 学术季刊。文化部文化艺术研究院《红楼梦学刊》编辑委员会编。主编王朝闻、冯其庸，后增李希凡，副主编先后为邓庆佑、林景华。1979 年 4 月创刊，当年出版两期，次年定为季刊，由天津百花文艺出版社出版，1985 年改由文化艺术出版社出版。为研究《红楼梦》的综合性专刊，以"百花齐放，百家争鸣"为指导方针，发表《红楼梦》研究的新成果、新资料，提倡学术交流，促进"红学"发展。所登载的论文，涉及与《红楼梦》有关的各方面，有思想性艺术性的探讨，有作者身世、版本源流、文献文物的考证，有《红楼梦》研究著作的评介，有"红学"史的研究，等等。辟有"红注集锦"、"红学书窗"、"红学人物志"、"红学动态"、"红楼一角"等专栏。为提高"红学"学术水平，该刊曾多次举办专题讨论会。

红楼梦研究集刊 学术丛刊。中国社会科学院文学研究所《红楼梦研究集刊》编委会编。主编邓绍基，副主编陈毓罴、刘世德。1979 年 11 月创刊，不定期出版，至 1989 年 10 月已出十四辑。由上海古籍出版社出版。创刊号编后记称该刊宗旨为"本着'百家争鸣'和'百花齐放'的方针"，"大力开展对《红楼梦》的各个方面的研究"。所发论文有蒋和森《〈红楼梦〉的艺术特色和成就》、胡念贻《谈〈红楼梦〉的艺术结构》、吴世昌《论〈石头记〉的旧稿问题》、陆树仑《谈〈红楼梦〉的肖像描写》，前苏联汉学家庞英《列宁格勒藏抄本〈石头记〉批语初探》等。

八　现代文学

作　　家

包天笑(1876—1973)　小说家。原名公毅,字朗孙。江苏吴县人。早年参与组织励学会,1906年后在上海相继编辑《小说时报》、《小说大观》、《小说画报》、《星期》文艺周刊等,后移居香港。作品多描写上海市民生活,描摹世态风情。是鸳鸯蝴蝶派作家之一。主要作品有长篇章回小说《上海春秋》、《留芳记》、《琼岛仙葩》、《海上蜃楼》、《蛇环记》和《包天笑小说集》,译作有《迦因小传》等。

蔡东藩(1877—1945)　小说家。原名郕,字椿寿。浙江萧山人。清末以优贡生朝考入选,曾任江西省知县候补,后因不满官场恶习而称病归乡。1916—1926年间出版《历朝通俗演义》(后改名《中华历代演义》)11集,记述中国历代王朝兴亡,并借古喻今,影响很大。1927年任萧山临浦小学语文教师。抗日战争期间,辗转避难,直至病逝。博学善文,在医学和文字学方面均有专著。

陈独秀(1879—1942)　学者。原名乾生,又名由己,后改名独秀,字仲甫,号实庵。安徽怀宁人。早年留学日本。1904年创办《安徽俗话报》。辛亥革命后任安徽省都督府秘书长。1915年创办《青年杂志》(后改名《新青年》)。1917年春任北京大学文科学长。1918年冬和李大钊创办《每周评论》。五四时期提倡民主与科学,抨击封建伦理道德,宣传马克思主义,倡导新文化运动。曾发表《文学革命论》一文,论述文学革命与社会革命、思想革命的关系和文学革命的必然性,对文学革命的兴起产生极大影响。1921年发起成立中国共产党,当选为中共中央局书记。1927年因犯有右倾投降主义错误而招致革命遭到惨重失败,在中共“八七会议”上被撤销总书记职务,1929年又被开除出党。1932年被国民党当局逮捕,入狱5年。1942年病故。主要著作集为《独秀文存》。

刘大白(1880—1932)　诗人。原名金庆棪,字伯贞;后改姓刘,名靖裔,字大白。浙江绍兴人。清末贡生。早年留学日本,并加入同盟会。回国后曾任浙江省议会秘书长、省立第一师范教员、省教育会总干事。五四时期提倡白话文,反对文言文,努力创作新诗。1921年后历任复旦大学、上海大学教授,浙江省教育厅秘书,浙江大学秘书长,教育部次长。五四运动前即开始创作白话诗,题材广泛,体裁多样,多用口语和白描,富于现实主义精神。后期以爱情诗、景物诗、哲理诗为多。主要作品有诗集《旧梦》、《邮吻》、《白屋遗诗》,以及《中国文学史》、《白屋说诗》等。

鲁迅(1881—1936)　文学家、思想家、革命家。原名周樟寿,字豫才,后改名树人。浙江绍兴人。出身于没落的封建士大夫家庭。1898年考入南京江南水师学堂,不久转江南陆师学堂所属矿务铁路学堂,其间受到西方进化论思想影响。1902年官费留学日本,先后就读于弘文学院、仙台医学专门学校。1906年从事文学工作,企图用以改变国民精神。1909年回国,先后在浙江杭州、绍兴任教,并开始小说史研究。1912年应蔡元培之邀,任教育部佥事至1926年。1912年起研究宗教、历史、金石。1918年起积极投入新文化运动,参加《新青年》编辑工作,并发表《狂人日记》、《阿Q正传》等一系列小说、杂文、散文诗。1920年起在北京大学、北京师范大学、女子师范大学等校兼课,讲述中国小说史及文艺理论。1923年起陆续出版短篇小说集《呐喊》、《彷徨》,学术专著《中国小说史略》,杂文集《热风》,散文诗集《野草》等,表现出爱国主义和彻底的革命民主主义的思想特色,显示了五四新文学的实绩,成为中国新文学的重要奠基人。1926年8月南下厦门大学任教,次年1月赴广州中山大学任文学系主任兼教务长。四一二事变发生后愤而辞职,此后思想发生剧变,进化论思路被“轰毁”,转向马克思主义阶级论。1927年10月定居上海后,大量阅读马克思主义著作,积极建设左翼文艺理论。1930年参加中国自由运动大同盟和中国左翼作家联盟的发起，并成为其领袖。1933年参加宋庆龄、蔡元培发起的中国民权保障同盟并成为其骨干。从1927年起，积极参加革命文艺运动，介绍马克思主义文艺理论，在中国共产党的领导下，和其他革命文艺工作者一起同反动文人及反动文学进行了不懈的斗争，粉碎了反动当局的文化"围剿"，成为中国文化革命的伟人。创作了《故事新编》中的大部分作品和大量的杂文，深刻地分析了各种社会问题和文化问题，表现出高瞻远瞩的政治远见和韧性的战斗精神，并具有很高的美学价值。这些杂文结为《三闲集》、《二心集》、《南腔北调集》、《伪自由书》、《准风月谈》、《花边文学》及《且介亭杂文》等集。此外，还译介了《毁灭》、《死魂灵》等不少外国优秀文学作品，先后主持编辑《语丝》、《奔流》、《萌芽月刊》、《十字街头》、《译文》等刊物，指导了一大批左翼文艺刊物，组织、指导了朝花社等社团，培养了一大批左翼文化新军。有多种《鲁迅全集》行世。

周树人 即鲁迅。

许寿裳(1883—1948) 作家、教育家。字季黻，号上遂。浙江绍兴人。早年曾与鲁迅同在日本东京弘文学院学习，结为挚友。1909年回国，历任浙江两级师范学校教务长、教育部参事、北京女子高等师范学校校长、台湾编译馆馆长、台湾大学国文系主任等职。主要作品有《亡友鲁迅印象记》、《我所认识的鲁迅》、《鲁迅年谱》等。

沈尹默(1883—1971) 诗人、书法家。原名实、君默，字中，号秋明、瓠瓜。浙江吴兴(今湖州)人。早年留学日本，肄业于东京帝国大学。历任北京大学、燕京大学、中法大学教授，北平孔德学院院长，河北省政府委员兼教育厅长，国立北平大学校长。建国后任中央文史馆副馆长、上海市文联副主席、上海市中国书法篆刻研究会主任等职。五四时期参与《新青年》编辑工作。曾在《新青年》上先后发表新诗十八首，语言质朴，多用白描手法，注重写实，具有人道主义精神。作品有旧体诗词集《秋明集》、《秋明室杂诗》、《秋明室长短句》。书法妙集众长，尤擅行书。

周作人(1885—1967) 散文家、翻译家。原名櫆寿，字启明，号知堂，笔名仲密、药堂、周遐寿等。浙江绍兴人。1901年就读于南京江南水师学堂管轮班。1906年赴日本，先后留学法政大学、立教大学。期间与其兄鲁迅筹办《新生》杂志，翻译出版欧洲弱小国家和民族的文学作品集《域外小说集》。1911年回国，先在浙江省教育司任视学，后回绍兴做中学教员。1917年到北京大学任国史编纂员、教授。五四期间，发表《人的文学》、《平民文学》等文，反对封建专制思想，倡导以人道主义为本的人的文学。1920年底参与筹组文学研究会，起草了《文学研究会宣言》。此后发表大量散文，结集为《自己的园地》、《雨天的书》、《谈龙集》、《谈虎集》等。作品内容多为批判封建宗法思想，主张个性解放，探讨社会人生；文笔冲淡洗练，风格简朴幽默、庄谐杂出。1927年后逐渐回避社会斗争，写作表现性灵、情趣的闲适小品文。1937年抗战爆发后留居日本侵略者统治下的北平，出任北京大学文学院院长、华北教育总署督办、南京汪精卫政府委员、华北综合调查研究所副理事长。抗战胜利后，因汉奸罪被捕，1949年初获释。建国后居家从事翻译和写作。著译颇丰，有五十余种，另有《知堂回忆录》。

知堂 即周作人。

李青崖(1886—1969) 翻译家。原名允。湖南湘阴人。早年肄业于震旦学院，后留学比利时列日大学理工学院。1927年回国后曾任中央大学、复旦大学、大夏大学教授。建国后历任上海市文化局处长、上海文史研究馆馆长。多年致力于法国文学的翻译和介绍，颇有成就。主要译著有《莫泊桑短篇小说集》、《波华荔夫人》、《艺林外史》、《法兰西短篇小说集》、《饕餮的巴黎》、《俊友》、《温泉》、《人生》、《三个火枪手》等。

刘永济(1887—1966) 古典文学研究家。字弘度，别号诵帚。湖南新宁人。早年就学于上海复旦公学、天津高等工业学校。1911年考入北京清华学校。1917年到长沙明德中学任教。后任东北大学、武汉大学、浙江大学、湖南大学教授。1940年后长期任武汉大学教授，并曾任文学院长、代理校长。1949年后曾任湖北省文联副主席。主要著作有《文学论》、《十四朝文学要略》、《屈赋通笺》、《文心雕龙校释》等。

李六如(1887—1973) 小说家。湖南平江人。早年参加辛亥革命。1921年加入中国共产党。大革命时期参加北伐战争。大革命失败后回家乡从事农民运动，后至新加坡、香港等地开展工人运动。1930年到中央苏区。历任中华苏维埃中央政府国家银行总行副行长、毛泽东办公室秘书长、最高人民检察署副检察长等职。著有长篇革命历史小说《六十年的变迁》(3卷),反映从清末戊戌变法以来六十年间中国社会的巨大变化,描绘了现代史上众多的名人,画面壮阔,在艺术表现上也有独到之处。

陈大悲(1887—1944)　剧作家。又名听弈。浙江杭县(今余杭)人。1911年于苏州东吴大学辍学后入上海文明戏班进化团任演员,并写有《浪子回头》、《美人剑新剧》等剧本。1918年赴日本学习戏剧。1921年参与组织民众戏剧社、实验剧社。曾任北京人艺戏剧专门学校教务长,积极倡导爱美的戏剧。1935年任上海剧院乐剧研究所副所长,编导乐剧《西施》。1936年后写有《到上海去》、《红花瓶》、《西施》等电影剧本。1940年在南京汪精卫政府外交部任职,后去武汉负责文化工作。

钱玄同(1887—1939)　学者。原名夏,字中季,号疑古。浙江吴兴(今湖州)人。毕业于日本早稻田大学。回国后曾任北京高等师范学校教授、北平师范大学教授、《中国大辞典》编纂处主任,兼任过北京大学教授、《新青年》编辑。五四新文化运动期间,写有《寄陈独秀》、《寄胡適之》、《答胡適之》、《〈尝试集〉序》、《论应用文之亟宜改良》等,反对旧文学,提倡新文学,认为"对于那些腐臭的旧文学,应该极端驱除,淘汰净尽,才能使基础稳固",提出打倒"选学妖孽"、"桐城谬种"的口号,在当时有很大影响。一生主要从事文字学、音韵学研究。著有《文字学音篇》、《重论经今古文学问题》、《古韵二十八部音读之假定》、《中国文字概略》、《经学史略》、《音韵学》等。

汪优游(1888—1937)　剧作家、演员。本名效曾,字仲贤。江西婺源人。曾组织早期业余戏剧团体文友会、开明演剧会。辛亥革命时参加进化团。1921年参与组织民众戏剧社,并创办《戏剧》月刊,倡导爱美的戏剧。后又参加戏剧协社。著有剧本《好儿子》、《球大王》、《角先生》,评论集《优游室剧谈》等。

陈中凡(1888—1982)　古典文学研究家。原名钟凡,字斠玄,号觉元。江苏建湖人。1917年毕业于北京大学。历任北京大学国史编纂处撰辑员,北京女子高等师范国文部主任,东南大学国文系主任教授,广东大学、暨南大学、金陵女子文理学院、南京大学教授。一生致力于古代文化、古代文学研究。所作《中国文学批评史》为开山之作。主要著作还有《诸子通谊》、《中国韵文通论》、《汉魏六朝文学》、《两宋思想述评》等。

欧阳予倩(1889—1962)　剧作家、演员。原名立袁,号南杰。湖南浏阳人。1904年赴日本东京,在明治大学商科、早稻田大学文科学习。1907年加入春柳社,参加演出《黑奴吁天录》、《热血》等剧。1910年回国,先后在上海、长沙参与组织新剧同志会、文社、春柳剧场。1916年后成为京剧演员,形成了独特的表演风格。1921年参与组织民众戏剧社。1926年参加南国社,并开始从事电影工作。1929年在广州开办广东戏剧研究所和戏剧学校,1932年参加左翼剧联。建国后曾任中国戏剧家协会副主席、中央戏剧学院院长等职。著有《运动力》、《桃花扇》、《黑奴恨》等剧本二十余部,另有回忆录《自我演戏以来》、论文集《一得余钞》等。有《欧阳予倩文集》行世。

杨振声(1890—1956)　小说家。字金甫,又字今甫。山东蓬莱人。早年毕业于北京大学,后留学美国哥伦比亚大学。回国后历任北京大学、武昌大学、中山大学、燕京大学、东北人民大学教授,清华大学教务长,青岛大学校长等职。五四时期参加过新潮社,发表《渔家》、《贞女》、《一个兵的家》、《玉君》等小说。著有小说集《玉君》。

陈寅恪(1890—1969)　学者。江西修水人。1904年留学日本,次年回国。1907年入上海复旦公学学习。1910年后游学西欧,先后入德国柏林大学、瑞士苏黎世大学、法国巴黎大学等校。1919年赴美国哈佛大学学习梵文和希腊文。1921年转赴德国柏林大学研究院专攻东方古文字学。1925年回国,任清华大学国学研究院教授。抗战爆发后曾任西南联大、香港大学、广西大学、燕京大学、清华大学、岭南大学教授。1949年后任中央文史馆副馆长、中山大学历史系教授。治学范围广泛,成就卓越。主要著作有《隋唐制度渊源略论稿》、《唐代政治史述论稿》、《元白诗笺证稿》、《柳如是别传》、《寒柳堂集》、《金明馆丛稿》、《陈寅恪诗集》等。

刘半农(1891—1934)　诗人。原名寿彭,后改名复,初字半侬,后改字半农。江苏江阴人。早年曾参加辛亥革命,后任中华书局编译员、北京大学法科预科教授、《新青年》编辑,积极投身文学革命。1926年出版诗集《瓦釜集》和《扬鞭集》,诗作风格朴素,多以口语、白描手法表现诗的意境。1920年到英国伦敦大学的大学院学习实验语音学，1921 年夏转入法国巴黎大学学习，曾获法国国家文学博士学位。1925 年回国，历任北京大学教授，辅仁大学教务长、历史语言研究所语言主任等职。二十年代致力于语言学研究，发明音调推断尺，出版了《中国文法通论》、《国语运动略史》、《比较语音学概要》、《宋元以来俗字谱》、《中国俗曲总目稿》、《中国文法讲话》等。三十年代在《论语》和《人间世》发表打油诗和文白相间的小品文。著有《半农杂文》、《半农杂文二集》，译著有《猫的天堂》等多种。

刘复 即刘半农。

李劼人(1891—1962) 小说家、翻译家。原名家祥。四川成都人。1907 年入四川高等学堂附中学习。1911 年参加四川保路同志会。1915 年后任《四川群报》、《川报》总编，1919 年赴法国勤工俭学，就读于蒙北烈大学、巴黎大学。1924 年回国，任《川报》主编、国立成都大学教授。1926 年创办嘉乐纸厂，以支持文化事业。1936 年出版反映甲午战争时期内地人民反帝反清的长篇小说《死水微澜》、《暴风雨前》，1937 年出版以四川保路运动为题材的长篇小说《大波》，此三部系列小说被郭沫若誉为“小说的近代史”。建国后历任作协四川分会副主席等职。作品多取材清末民初四川地区的重大事件，反映广阔的社会生活画面，具有浓郁的地方色彩和强烈的爱国主义感情，文笔潇洒自如，人物刻画逼真。译作有法国文学作品《人心》、《小物件》、《马丹波娃利》等二十余种。

胡适(1891—1962) 诗人、学者。原名洪骍，字适之。安徽绩溪人。1906 年在上海就读于中国公学。1910 年留学美国，先后在康奈尔大学、哥伦比亚大学修习农学、哲学、文学，深受杜威的实用主义影响。1917 年 1 月在《新青年》杂志发表《文学改良刍议》，对后来的文学革命运动产生很大影响。同年于哥伦比亚大学毕业，获哲学博士学位。回国后任北京大学教授，参加《新青年》编辑工作，又相继发表《历史的文学观念论》、《建设的文学革命论》等文章，大力倡导文学革命。1920 年出版第一部白话诗集《尝试集》，积极推动新诗的发展。同年起开始研究《水浒传》、《红楼梦》等古代白话小说，并介绍欧美文学作品和理论。五四运动后，思想日趋保守。1922 年创办《努力周刊》和《读书杂志》，提倡“多研究些问题，少谈些主义”，反对马列主义在中国传播，鼓吹改良主义。1926 年游历欧美，在各国讲学。1928 年任中国公学校长兼文理学院院长。同年与徐志摩等创办《新月》月刊。1931 年回北京大学任文学院院长兼中文系主任。1932 年创办《独立评论》，发表支持国民党政权的文章。抗战期间一直担任驻美大使。1946 年任北京大学校长。1949 年到美国，次年任普林斯顿大学葛斯德图书馆馆长。1958 年回台湾任“中央研究院”院长。著述丰富，有《中国哲学史(上卷)》、《中国哲学史大纲》、《胡適文存》(1—4 集)、《戴东原的哲学》、《国语文学史》、《白话文学史(上卷)》、《中国中古思想史长编》等。

宋春舫(1892—1938) 剧作家。浙江吴兴(今湖州)人。早年毕业于上海圣约翰大学，后留学瑞士日内瓦大学。1916 年回国后曾任北京大学、东吴大学、青岛大学教授，北洋政府财政部秘书。在介绍西方戏剧和提倡中国现代戏剧艺术方面均有成绩。剧作有《五里雾中》、《原来是梦》、《宋春舫戏曲集》，论著有《宋春舫论剧》等。

郭沫若(1892—1978) 文学家、历史学家、古文字学家、考古学家、社会活动家。原名开贞，号尚武，笔名有郭鼎堂、麦克昂等。四川乐山人。1914 年赴日本，先后在东京第一高等学校预科、冈山第六高等学校、九州帝国大学医科学习。1919 年五四运动爆发后，在福冈发起组织反日团体“夏社”。1921 年夏，与成仿吾、田汉、郁达夫、张资平等成立创造社。同年出版第一部诗集《女神》，以崭新的思想内容，豪放的自由诗体和浪漫主义的风格，为现代诗歌开创了新的诗风。1923 年 4 月回到上海，写有历史剧、小说和历史作品。1924 年再度赴日本，翻译河上肇的《社会组织与社会革命》，自称此书的翻译使自己“从文艺运动的阵营里转进到革命运动的战线里来了”。同年回国。1926 年赴广州，任中山大学文科学长。不久，参加北伐战争，任国民革命军总政治部副主任。1927 年参加南昌起义，并加入中国共产党。1928 年初在上海倡导无产阶级革命文学，提出“文艺是倾向社会主义的文艺”，不久被迫赴日本旅居。在日本期间，主要研究中国古代历史和古文字学，著有《中国古代社会研究》等论著，以及自传、小说、散文等许多文学作品。抗日战争爆发后，立即潜奔祖国，投身抗日文化宣传工作，筹办《救亡日报》。曾出任军委会政治部第三厅厅长、文化工作委员会主任，领导文化界抗日宣传工作。皖南事变后，写有《棠棣之花》、《屈原》等六部历史剧，紧密为现实斗争服务。抗战胜利后，坚持民族独立和人民民主的斗争，写有《抗战回忆录》(后名《洪波曲》)。建国后，以主要精力从事政治社会活动、文化科学的组织领导工作，历任政务院副总理、科学院院长、文联主席、全国人大常委会副委员长、全国政协副主席等职，同时著有历史剧《蔡文姬》、《武则天》，文艺论著《读随园诗话札记》、《李白与杜甫》等大量作品。一生著述宏富，已结为《郭沫若全集》(38卷)。

郭鼎堂　即郭沫若。

丁西林(1893—1974)　剧作家、物理学家。原名燮林，字巽甫。江苏泰兴人。1913年毕业于上海交通部工业专门学校。1914年赴英国伯明翰大学攻读物理学、数学。1920年回国，任北京大学、中央大学物理学教授。1923年发表独幕喜剧《一只马蜂》。1925年创作独幕喜剧《压迫》，喜剧风格趋于成熟。抗战时期发表的独幕剧《三块钱国币》、多幕剧《妙峰山》等，更显纯熟的喜剧技巧。建国后历任文化部副部长、剧协常务理事等职。写有戏曲剧本《雷峰塔》、《胡凤莲与田玉川》，历史喜剧《孟丽君》，同时翻译英国戏剧作品。其剧作长于从日常生活中发掘喜剧因素，设置戏剧冲突，风格轻松诙谐，对话机智幽默。是我国现代幽默喜剧的开创者和话剧运动的先驱者。有《丁西林剧作全集》行世。

许地山(1893—1941)　小说家。原名赞堃，字地山，笔名落华生。祖籍台湾台南，落籍福建龙溪(今龙海)。1917年就读于燕京大学文学院，1920年毕业后转入同校宗教学院研究宗教。次年参与成立文学研究会。曾发表多篇情节曲折、风格独特的小说，后结集为《缀网劳蛛》。1922年获燕京大学神学士学位后，先后赴美国哥伦比亚大学、英国牛津大学研究文学、宗教和哲学。1927年回国，在燕京大学、清华大学、北京大学等校执教，并致力于学术研究，出版了《印度文学》、《道教史》(上集)和短篇小说集《无法投递之邮件》、《解放者》等。1935年起在香港大学中文学院任主任教授。前期小说多描写异域风光和社会生活，表现人生的艰辛，弥漫着宗教香火的烟息；后期作品摆脱宿命论思想倾向，揭露社会矛盾，歌颂劳动人民，具有爱国主义思想和现实主义精神。所著散文集《空山灵雨》，笔调新颖，风格清淡，富有哲理意味。

落华生　即许地山。

张资平(1893—1959)　小说家。原名星仪。广东梅县人。早年就读于广益中西学堂、两广高等警官学堂。1912年东渡日本，曾在东京帝国大学理学院地质系学习。大学时代开始文学活动，为创造社发起人之一。主要作品有长篇小说《冲积期化石》、《苔莉》、《爱力圈外》、《上帝的儿女们》，短篇小说集《爱之焦点》等。部分作品反映青年对自由爱情的热烈追求和知识分子在动乱岁月里的坎坷遭遇，有一定的社会意义。但后来创作的恋爱题材日趋公式化，并有较多的情欲描写。抗日战争期间曾在广西大学矿冶系执教。曾任汪伪"兴亚建国运动文化委员会主席"等职。1955年，以反革命罪被捕，1958年因汉奸罪被判有期徒刑20年，1959年病死于劳改农场。亦是地质学家，有自然科学著作多种。

陈衡哲(1893—1976)　女小说家。江苏武进人。早年就读于清华学校，后留学美国沙瓦女子学院、芝加哥大学。1920年回国，先后在北京大学、东南大学、四川大学等校任教。抗战胜利后定居上海。早年曾在《新青年》发表诗歌、小说，为新文学运动中第一个女作家。作品有《小雨点》、《衡哲散文集》等。

郭绍虞(1893—1984)　古典文学研究家、语言学家。原名希汾。江苏苏州人。早年在苏州工业学校读书。1919年去北京大学旁听，并参加新潮社。1921年参与发起组织文学研究会，后在济南第一师范、福州协和大学、河南开封中州大学、武昌中山大学任教。1927年后任北平燕京大学教授。1942年任开明书店编辑，同时在大夏、之江、光华、同济等大学兼课。1945—1952年任同济大学文学院院长兼国文系主任。1952年起任复旦大学中文系教授，并曾任上海文联及作协上海分会副主席等职。主要著作有《中国文学批评史》、《宋诗话辑佚》、《国故概论》、《语文通论》、《语法修辞新探》、《照隅室古典文学论集》等。

傅东华(1893—1971)　文艺理论家、翻译家。原名则黄，字冻蘤。浙江金华人。1912年于上海南洋公学毕业后，任中华书局编译员。1916年起先后任浙江东阳中学、北京高等师范、中国大学英文教员，商务印书馆编辑，复旦大学教授，《文学》月刊编辑。抗日战争期间，曾编辑《救亡日报》和《孤岛闲话》。建国后，曾任中华书局《辞海》编辑所编审。著有文艺理论集《诗歌与批评》、《文学批评ABC》、《创作与模仿》等，译著有《诗之研究》、《诗学》、《青鸟》、《飘》等二十余种。

叶圣陶(1894—1988) 小说家、教育家。原名绍钧,字圣陶。江苏苏州人。1912年中学毕业后曾任中小学教员。1919年参加新潮社。1921年参与发起成立文学研究会。次年参与创办第一个新诗刊物《诗》。1922年起相继出版短篇小说集《隔膜》、《火灾》、《线下》、《城中》等。这些作品体现着文学研究会"为人生"的文学主张,真切反映下层劳动群众的苦难,流露出对被压迫者的真挚同情。1923—1930年任商务印书馆国文部编辑,主编过《文学周报》、《小说月报》,间或在复旦大学等校任教。1928年在《教育杂志》上发表长篇小说《倪焕之》,真实反映了从辛亥革命到第一次国内革命战争时期一部分小资产阶级知识分子的生活经历和精神面貌。1930年起任开明书店编辑,主编《中学生》杂志,出版了散文集《未厌集》和童话集《古代英雄的石像》等作品。抗日战争期间在武汉大学、重庆中央国立戏剧学校执教,后在成都主持开明书店的编辑事务。抗战胜利后返回上海,任中华全国文艺界协会总务部主任。建国后历任国家出版总署副署长、教育部副部长、人民教育出版社社长、全国政协副主席、中央文史馆馆长、中国民主促进会主席等职。所作小说结构严谨,语言纯净洗练,从平凡的现实生活中摄取题材,冷静分析,深化开拓,反映社会底层妇女和儿童悲惨遭遇,同时塑造了许多栩栩如生的知识分子形象。其散文具有丰富的社会人生内容和清淡隽永的情趣,风格清新健美。有《叶圣陶文集》(3卷)行世。

叶绍钧 即叶圣陶。

白采(1894—1926) 诗人。原名童汉章,字国华,又字瘦吟。江西高安人。早年毕业于上海美术专科学校,后执教于上海立达学园、厦门集美学校。1926年病逝于香港赴上海的船上。作品有《白采的小说》、《白采的诗》(即长诗《羸疾者的爱》)。

白薇(1894—1987) 女剧作家。原名黄鹂,又名彰、素如。湖南资兴人。早年毕业于长沙第一女子师范学校,后赴日本东京女子高等师范学校半工半读。1926年回国,历任上海中国公学大学部教授、桂林《新华日报》记者。建国后曾在北京青年艺术剧院工作。剧作多表现妇女的惨痛遭遇,具有反抗精神。主要作品有《琳丽》、《访雯》、《打出幽灵塔》、《革命神的受难》、《北宁路某站》、《敌同志》及长篇小说《爱网》、《炸弹与征鸟》等。

孙伏园(1894—1966) 散文家。原名福源。浙江绍兴人。1919年就读于北京大学,不久加入新潮社,并任《晨报》记者。1921年参与组织文学研究会。同年大学毕业,先后主编《晨报副刊》、《京报副刊》,并与鲁迅等创办《语丝》周刊。1925年后执教于广州中山大学、厦门大学。1928年赴法国留学。1931年回国后,历任中华平民教育促进会文学部主任,湖南衡山实验县县长,齐鲁大学、华西大学、四川大学教授。所著散文集《伏园游记》、《鲁迅二三事》、《山野掇拾》(与孙福熙合著)等,表现了对黑暗现实的不满和对鲁迅的真挚怀念。

周瘦鹃(1894—1968) 小说家。原名国贤,别署泣红、紫罗兰盦主人。江苏吴县人。中学毕业后专事创作与翻译,历任《申报》副刊《自由谈》、《春秋》、《礼拜六》、《游戏世界》、《半月》、《紫罗兰》、《良友》等刊物主编。建国后曾任苏州市博物馆副馆长等职。早年创作才子佳人式的小说,文言白话兼有,为鸳鸯蝴蝶派作家。主要作品有长篇小说《新秋海棠》、剧本《水火鸳鸯》、短篇小说集《周瘦鹃选集》等。建国后创作的散文集有《花木丛中》、《苏州游踪》、《拈花集》等。同时从事花卉盆景栽培,有论著多种。另有译作《世界名家短篇小说集》、《福尔摩斯探案》(与严独鹤合译)、《亚森罗苹新奇案》(与张碧梧合译)等。

洪深(1894—1955) 剧作家。原名洪达,字伯骏,号潜斋,又号浅哉。江苏常州人。1916年毕业于清华学校,同年赴美国,先后留学于俄亥俄州大学、哈佛大学。1922年回国,曾任复旦大学、暨南大学、山东大学、中山大学、厦门大学、北京师范大学教授,明星影片公司编导,中华电影学校校长。参加过戏剧协会、南国社、左联和左翼剧联,创立复旦剧社。抗战期间组织抗敌演剧队。建国后历任对外文化联络局局长、对外文化协会副会长、中国剧协副主席等职。长期从事戏剧运动和戏剧创作,是中国话剧事业奠基人之一。倡导并主持了话剧的男女合演,建立起正规的排练演出体制。剧作描写贫富不均、军阀混战、农村破产、抗战风云、反帝斗争,题材广泛,结构严谨,风格朴实,剧情一般较为单纯,表现手法丰富多样。戏剧理论造诣很深,在编剧理论、导演、表演、灯光布景、舞台美术、戏剧史及剧作评论等各个领域都发表过很多有价值的见解。主要剧作有《赵阎王》、《五奎桥》、《香稻米》、《青龙潭》、《走私》、《咸鱼主义》、《飞将军》、《包得行》、《黄白丹青》、《鸡鸣早看天》、《女人女人》、《这就是"美国的生活方式"》，论著有《洪深戏剧论文集》、《编剧二十八问》、《电影戏剧表演术》、《电影戏剧的编剧方法》、《戏剧导演的初步知识》。此外还创作了《劫后桃花》、《乱世美人》等三十余部电影剧本。

徐玉诺(1894—1958)　诗人。原名言信。河南鲁山人。早年毕业于河南开封第一师范学校，后任中小学教员。建国后任河南省文史馆馆员。二十年代初参加文学研究会。主要作品有诗集《将来之花园》，描绘河南农村的荒乱图景，表现了对黑暗现实的抗争和对未来的大胆梦想。

赖和(1894—1943)　小说家、诗人。原名河。台湾彰化人。1916年就学于台湾医学校，毕业后创立赖和医院。1917年到厦门博爱医院工作。1919年回台湾行医。同时在台湾努力推动白话文运动，并积极从事白话文创作。1930年参与创办《现代生活》。1934年任台湾文艺联盟委员长。著有小说《斗闹热》、《一杆"秤仔"》、《不如意的过年》、《善讼的人的故事》，诗歌《觉悟下的牺牲》、《南国哀歌》、《低气压的山顶(八卦山)》等。作品生活气息浓厚，善于运用群众语言，歌颂台湾人民爱憎分明的品德，对以后的乡土文学产生了深远影响。有《赖和先生全集》行世。

邹韬奋(1895—1944)　记者、散文家。原名恩润。江西余江人。1921年于上海圣约翰大学毕业后，曾任中华职业教育社编辑股主任。1926年主编《生活》周刊，1932年创办生活书店。1933年参加中国民权保障同盟。1935年在上海、香港创办《大众生活》周刊、《生活》日报，并担任上海各界救国会和全国各界救国联合会的领导工作。1936年与沈钧儒等六人遭国民党政府逮捕，时称"七君子"。抗日战争爆发后获释，在武汉、重庆、香港等地主编《抗战》、《全民抗战》、《大众生活》等刊物，为团结御侮、争取和平民主呼喊奔走。1942年到苏北抗日民主根据地。1944年病逝于上海，中共中央追认他为中共正式党员。主要作品有《小言论》、《萍踪寄语》、《韬奋漫笔》等。有《韬奋全集》(14卷)行世。

张恨水(1895—1967)　小说家。原名心远。安徽潜山人。1916年任安徽芜湖《皖江日报》编辑。1919年到北京，历任《益世报》、《世界晚报》、《世界日报》编辑。1924年起相继在报刊上连载章回体长篇小说《春明外史》、《金粉世家》和《啼笑因缘》，引起广泛的社会反响。九一八事变后，抗日题材的作品增多，反映出创作思想的变化。1936年起历任《南京人报》社长、《新民报》编辑。抗日战争期间，写有《潜山血》、《大江东去》、《鼓角声中》等一批抗日小说和嘲讽大后方贪官污吏、豪富的纸醉金迷堕落生活的小说《八十一梦》。抗战胜利后，任北平《新民报》经理，并写作针砭时弊、揭露社会黑暗的长篇小说《五子登科》、《满江红》、《魍魉世界》等。建国后曾任文化部顾问。一生写作小说百余部。创作上从早期的鸳鸯蝴蝶派倾向逐步转向现实主义，以曲折动人的情节、通俗易懂的语言，真实反映了上层社会的腐朽和下层人民的苦难。

林语堂(1895—1976)　散文家、语言学家。原名和乐，后改名玉堂，又改作语堂。福建龙溪(今龙海)人。1916年毕业于上海圣约翰大学。1919年起先后留学美国、德国，曾获莱比锡大学博士学位。1923年回国，在北京大学、北京女子师范大学、厦门大学任教。是《语丝》主要撰稿人，发表过不少富有战斗性的杂文，风格朴实隽永。三十年代初陆续创办《论语》、《人间世》、《宇宙风》等刊物，提倡"幽默"、"闲适"的"性灵文学"，为"论语派"的代表人物，曾受到鲁迅等人的批评。1936年后留居美国，用英文写作《吾国与吾民》、《生活的艺术》，介绍中国的思想、文化，影响很大。1947年后曾任联合国教科文组织美术与文学主任、新加坡南洋大学校长。1966年后定居台湾台北，写有不少论古说今的杂文随笔。主要作品还有散文集《剪拂集》、《大荒集》、《我的话》、《无所不谈》，长篇小说《京华烟云》、《风声鹤唳》等三十余部。

郑伯奇(1895—1979)　作家、文艺评论家。原名隆谨，字伯奇。陕西长安人。1910年参加同盟会。1917年留学日本，并开始文学创作。1921年加入创造社。1926年回国，任中山大学教授、黄埔军校教官。1927年去上海，后参加"左联"，主编《文艺生活》、《电影画报》、《新小说》等。1937年去西安、重庆等地从事抗日救亡文化活动。1949年后，任西北大学教授、西北文联副主席等职。主要著作有《戏剧论文集》、《参差集》、《两栖集》等。

朱东润(1896—1988)　古典文学研究家、作家。原名世溱。江苏泰兴人。1913年留学英国伦敦西南学院。1916年回国，先后在梧州广西第二中学、南通师范学校、武汉大学任外语教师。后任武汉大学教授。1940年起研究古代传记文学，并在重庆中央大学、无锡国学专修学校、江南大学、山东齐鲁大学、上海沪江大学任教。1952年后任复旦大学中文系教授、中文系主任。主要著作有《读诗四论》、《史记考索》、《中国文学批评论集》、《张居正大传》、《陆游传》、《中国文学批评史大纲》、《梅尧臣传》、《中国文学论集》、《陈子龙及其时代》等。

陈西滢(1896—1970) 散文家。原名源，字通伯。江苏无锡人。1912年赴英国就读于爱丁堡大学、伦敦大学等。1922年获政治经济学博士学位，回国后任北京大学教授。1924年与王世杰、胡適等创办《现代评论》周刊，任文艺部主编，在该刊"闲话"栏发表许多杂文。1929年到武汉大学任文学院院长。1943年到英国，在中英文化协会任职。1946年任中国驻联合国教科文组织首任常驻代表。1966年退休后侨居伦敦。作品有杂文集《西滢闲话》、《西滢后话》，论著《三民主义文艺论》和译著《少年歌德之创造》、《梅立克小说集》、《父与子》等。

郁达夫(1896—1945) 小说家、散文家。原名文，字达夫。浙江富阳人。1911年曾就读于杭州府中学。1913年赴日本，次年考入东京第一高等学校预科。1919年入东京帝国大学经济学部，并开始文学活动，为创造社发起人之一。早期作品《沉沦》、《茫茫夜》、《茑萝行》、《采石矶》等反映了中国留日学生身居异乡所遭受的屈辱、青年处于黑暗现实中找不到出路的苦闷，多有变态性心理的描写和浓厚的抒情色彩，成为前期创造社浪漫主义倾向的突出代表。1922年回国后参加《创造月刊》的编辑工作，并先后执教于安徽公立法政学校、北京大学、广州中山大学等校。1923年到1927年间写有《春风沉醉的晚上》、《薄奠》、《微雪的早晨》等自己认为"多少带有一点社会主义的色彩"的小说。以后发表的重要小说有《她是一个弱女子》、《迟桂花》。三十年代曾加入左联、中国自由运动大同盟、中国民权保障同盟等组织。抗战期间，参加郭沫若领导的军事委员会政治部第三厅的抗日宣传工作。1935年后主要写作游记、随笔，有《钓台的春昼》、《移家琐记》、《寂寞的春潮》，感时忧国，行文跌宕多姿。1938年底，赴南洋各地从事抗日文化活动。1945年9月，被日本宪兵秘密杀害于苏门答腊的武吉丁宜。1952年被中央人民政府追认为烈士。有《郁达夫文集》(12卷)行世。

茅盾(1896—1981) 文学家。原名沈德鸿，字雁冰。浙江桐乡人。1916年毕业于北京大学预科，后进上海商务印书馆编译所工作。早期主要写作杂感，翻译和评介外国文学作品。1920年接编《小说月报》，进行革新，使其成为倡导新文学的重要阵地。1921年参与发起成立文学研究会、民众戏剧社。同年加入中国共产党。1923年在上海大学任教。1926年后历任国民党中央宣传部秘书、汉口《民国日报》主笔等职。大革命失败后，创作长篇小说《蚀》三部曲，反映这一历史时期一部分小资产阶级青年的生活面貌及精神面貌。1928年7月东渡日本，继续写作小说、散文，所作长篇小说《虹》逐渐摆脱悲观情绪，对革命前途抱有乐观的信念。1930年4月回到上海，参加左联，并一度担任左联执行书记，积极投身革命文艺运动。陆续写出中篇小说《路》、《三人行》，短篇小说《林家铺子》、《农村三部曲》，长篇小说《子夜》。这些作品以生动的艺术形象描绘出三十年代初期半殖民地半封建中国从农村到都市社会生活的各个方面，塑造了一系列成功的艺术典型。抗战爆发后，广泛团结国统区文化界进步人士从事救亡工作，并作有以八一三事变前后上海为背景的长篇小说《第一阶段的故事》。1939—1940年至新疆学院、延安鲁迅艺术学院讲学。1941年去香港，创作长篇小说《腐蚀》。太平洋战争爆发后在桂林、重庆，写有中篇小说《劫后拾遗》、长篇小说《霜叶红似二月花》、剧本《清明前后》以及大量文学评论和杂文。建国后，主要从事全国文化行政领导工作，历任中国文联副主席、中国文协主席、中国作协主席、文化部长、全国政协副主席等职。写有《鼓吹集》、《鼓吹续集》、《夜读偶记》、《关于历史和历史剧》等文艺论著及回忆录《我走过的道路》。著述宏富，尤以小说创作成就最高。作品反映了我国民主革命过程中各个时期的社会面貌和斗争生活，具有重大历史价值，结构严谨，语言精练，人物性格的塑造极见功力，是现代文学的代表作家之一。有《茅盾全集》(40卷)行世。

沈雁冰 即茅盾。

胡愈之(1896—1986) 作家、翻译家、出版家。原名学愈，浙江上虞人。早年在商务印书馆工作，参加过文学研究会。1928年留学法国巴黎大学国际法学院。1931年初于归国途中访问莫斯科，后写成《莫斯科印象记》。回国后编过《生活周刊》、《世界知识》、《东方杂志》。1933年参加中国共产党。1939年后在香港、新加坡从事新闻、出版工作。建国后历任国家出版总署署长、文化部副部长、《光明日报》总编辑、全国人大常委会副委员长、全国政协副主席等职。著有《新兴国》、《苏联研究》、《苏联革命与中国抗战》、《郁达夫的流亡和失踪》,译有《星火》、《血痕》、《寓言的寓言》等保加利亚、俄国文学作品。

萧三(1896—1983)　诗人。原名子暲,在国外曾用名埃弥·萧。湖南湘乡人。湖南省立第一师范毕业后,曾任教于一师附小,与毛泽东等创办新民学会。1920年赴法国勤工俭学。1922年加入中国共产党,同年赴俄国东方劳动者共产主义大学学习。1924年回国,曾任共青团中央组织部长和代理书记。1928年赴苏联莫斯科东方大学执教。1930年作为中国左翼作家联盟代表,出席在苏联哈尔科夫举行的国际革命作家会议。1939年回国后,在延安发起并组织延安诗社,开展街头诗、诗朗诵运动。建国后,曾任中国作家协会书记处书记、世界和平理事会理事、第五届全国政协常委。主要作品有诗集《和平之路》、《友谊之歌》、《萧三诗选》等。主编过《革命烈士诗抄》。另有《马门教授》等译著多种。

埃弥·萧　即萧三。

王统照(1897—1957)　诗人、小说家。字剑三。山东诸城人。早年曾就读于北京中国大学。1921年参与发起成立文学研究会,并主编北京分会会刊《文学旬刊》。1922年毕业后留校任教期间,写作长篇小说《一叶》、《黄昏》和短篇小说集《春雨之夜》、《霜痕》及诗集《童心》。1926年后曾执教于青岛、四平等地中学。1933年出版长篇小说《山雨》,还写有短篇小说集《银龙集》,诗集《这时代》、《夜行集》,散文集《青纱帐》等。1935年后曾任《文学》月刊主编,在该刊连载长篇小说《春花》。1938年先后任上海音乐专科学校、暨南大学教授,开明书店编辑。1945年任山东大学教授。建国后,历任山东大学中文系主任、山东省文教厅副厅长、省文联主席、省文化局局长等职。初期作品重在写意,饱含哲理性思索,追求爱与美,主观抒情色彩较浓。1927年后渐趋写实,题材多样,着力描绘大动荡的社会风貌,具有现实主义精神,风格严谨凝重。

方令孺(1897—1976)　女诗人、散文家。安徽桐城人。早年留学美国华盛顿大学、威士康辛大学。1929年回国后任青岛大学教授。1932年在南京国立戏剧专科学校任教,并在《新月》、《宇宙风》等刊发表诗文。作品色彩朦胧、感情忧郁,具有唯美主义倾向。抗日战争期间曾在重庆国立编译馆、国立剧专任职。建国后,任复旦大学教授、浙江省文联主席,并写了许多诗文,笔调明快热烈。作品有散文集《信》、《方令孺散文选集》,译著有短篇小说集《钟》等。

成仿吾(1897—1984)　文学批评家、教育家。原名灏,笔名石厚生、澄实、芳坞。湖南新化人。早年留学日本。1921年与郭沫若等成立创造社,后又参与创办《创造季刊》、《创造月刊》等。1925年任广东大学教授和黄埔军校教官。1928年去欧洲,并在巴黎参加中国共产党,主编中共柏林、巴黎支部机关刊物《赤光》。1931年回国后,成为职业革命家。1934年参加长征。抗战时期,曾任陕北公学校长、华北联合大学校长等职。1949年后历任中国人民大学、东北师范大学、山东大学校长,中央党校顾问等职。主要著作有《使命》、《仿吾文存》、《流浪》、《长征回忆录》等。

任中敏(1897—1991)　古典文学家。原名讷,字中敏,笔名二北、半塘。江苏扬州人。1920年毕业于北京大学。历任广东大学、上海大学、四川大学、扬州师范学院教授。早年师从吴梅学习宋词、金元散曲。在词曲学、戏剧学、敦煌学等研究领域成果颇丰。编有《散曲丛刊》(十五种)、《新曲苑》(三十五种),为散曲研究的主要参考书。专著《唐戏弄》对中国戏曲的形成和发展作了有益的探讨。《敦煌歌辞总编》收敦煌歌辞一千三百余首,为研究敦煌学的重要文献。主要编著还有《词学研究法》、《教坊记笺订》、《敦煌曲初探》、《优语集》等。

任二北　即任中敏。

朱光潜(1897—1986)　美学家、文艺理论家、翻译家。字孟实,笔名孟实、萌石、石。安徽桐城人。1922年毕业于香港大学。1925年起赴英、法留学,获硕士和博士学位。1933年回国,先后在北京大学、四川大学、武汉大学任教授。曾任四川大学文学院院长、武汉大学教务长、北京大学西语系主任、代理文学院长、《文学杂志》主编。1949年后一直在北京大学西语系任教授。主要著作有《悲剧心理学》、《文艺心理学》、《变态心理学》、《诗论》、《克罗齐哲学述评》、《西方美学史》、《谈美书简》,译著有柏拉图《文艺对话集》、黑格尔《美学》、克罗齐《美学原理》、维柯《新科学》等。

苏雪林(1897—1999)　女小说家、学者。原名梅,笔名绿漪、老梅。安徽太平(今黄山市)人。1918年入北京女子高等师范学校国文系学习。1922年赴法国就读于中法学院、里昂国立艺术学院。1925年回国。先后任教于景海女师、东吴大学、沪江大学、安徽大学及武汉大学。1950年赴法国研究神话。1952年起历任台湾省立师范学院、台湾成功大学、新加坡南洋大学教授。主要著作有《李义山恋爱事迹考》、《绿天》、《棘心》、《屈原与九歌》、《玉溪诗谜正续合编》等。

余上沅(1897—1970)　剧作家。湖北沙市(今荆沙)人。早年就读于北京大学。1923年留学美国卡内基大学、哥伦比亚大学。1925年回国后,先后在北京艺术专门学校、北京大学、清华大学、东南大学、复旦大学、上海戏剧学院任教授。1927年曾参与创办新月书店、编辑《新月》杂志,后参与组织业余小剧院。主要著作有《上沅剧本甲集》、《国剧运动》、《戏剧论集》、《余上沅戏剧论文集》,论著《戏剧技巧》,译有外国剧本《可敬佩的克莱敦》、《长生诀》。

许钦文(1897—1984)　小说家。原名绳尧。浙江绍兴人。早年就读于浙江省立第五师范学校,曾在北京大学旁听。著有短篇小说集《故乡》、《毛线袜及其他》,中篇小说《回家》、《赵先生的烦恼》、《鼻涕阿二》等,作品多以故乡农村生活为题材,描摹世态人情,地方色彩与生活气息浓厚,为五四时期乡土文学的代表作家之一。1927年后长期在杭州大中学校任教。建国后曾任浙江师范学院教授、浙江省文化局副局长、浙江省文联副主席。作品还有短篇小说集《彷佛如此》、《幻象的残象》、《若有其事》、《西湖之月》,以及《〈呐喊〉分析》、《〈彷徨〉分析》、《鲁迅先生的幼年时代》、《鲁迅小说助读》等。

宗白华(1897—1986)　美学家、诗人。原名之櫆。江苏常熟人。1914年入青岛大学和上海同济德语语言学校学习德语、德国文学和哲学。1918年参加少年中国学会。1919年在上海主编《时事新报》副刊《学灯》。1920年赴德国留学。1925年回国后,历任东南大学、中央大学、南京大学教授。1952年后任北京大学哲学系教授,注重研究中国古代美学史和德国古典美学。主要著作有《三叶集》(与郭沫若、田汉合作)、《流云小诗》、《美学散步》,译著有《判断力批判》、《宗白华美学文学译文选》等。

胡山源(1897—1988)　小说家。江苏江阴人。早年就读于杭州之江大学,后在江阴、松江、苏州等地中学执教。1923年参与组织弥洒社。1929年后在开封、之江等大学任教,并编过《青年周报》、《世界文艺》等刊物。建国后曾在扬州苏北师专、上海师院执教。主要作品有短篇小说集《虹》、长篇小说《散花寺》、《龙女》等。

顾随(1897—1960)　古典文学研究家。原名宝随,字羡季,别号苦水。河北清河人。早年毕业于北京大学。曾任中学教员。在《浅草》、《沉钟》杂志上发表过《失踪》等小说。1929年后历任燕京大学、辅仁大学、北京师范大学、天津师范学院教授。曾创作不少旧体诗词,集为《无病词》、《味辛词》、《荒原词》、《留春词》、《苦水诗存》。对古典文学的研究颇有功力,尤重考据。著有《倦驼庵稼轩词说》、《倦驼庵东坡词说》、《揣籥录》、《元曲中方言考》、《夜漫漫斋读曲记》、《曹操乐府诗初探》等。

徐志摩(1897—1931)　诗人、散文家。原名章垿,初字槱森,后改字志摩,又字又申,笔名南湖、诗哲、云中鹤。浙江海宁人。1915年后曾在沪江大学、北洋大学、北京大学就读。1918年赴美国留学,先后在克拉克大学、哥伦比亚大学学习历史、政治。1920年获硕士学位,转赴英国剑桥大学学习政治经济。1921年开始诗歌创作,模仿英国唯美诗派。1927年回国后曾在北京大学、清华大学、中央大学等多所大学任教授。1923年发起成立文学团体新月社。1924年曾随印度诗人泰戈尔漫游欧洲。1927年参与创办新月书店、《新月》月刊,并任《新月》总编辑。1931年因飞机失事遇难。诗作多为抒情诗,善用细腻笔触表现丰富复杂的情感,章法整饬,讲究意境和形象,语言自然、优美,具有清莹流丽的情致,为新月派代表诗人。所作散文想像丰富、文笔亲切,风格绮丽。主要作品有诗集《志摩的诗》、《翡冷翠的一夜》、《猛虎集》、《云游》,散文集《落叶》、《巴黎的鳞爪》、《自剖》、《秋》、《爱眉小札》,小说集《轮盘》,并有译著多种。

曹靖华(1897—1987)　翻译家、散文家。原名联亚。河南卢氏人。早年在上海俄文专修班学习,后留学苏联莫斯科东方大学。1933年回国后,历任北平大学、中国大学、东北大学教授。建国后历任北京大学俄语系教授，中国作协书记处书记，《世界文学》主编。二十年代初开始译介俄罗斯和苏联文学，译著有《三姊妹》、《蠢货》、《铁流》、《保卫察里津》、《我是劳动人民的儿子》、《望穿秋水》等二十余种。著有散文集《春城飞花》、《飞花集》、《曹靖华散文选》等，文笔优美，富有诗意。

王平陵（1898—1964）　小说家、散文家。原名仰嵩。江苏溧阳人。早年就读于杭州浙江省立第一师范学校。毕业后曾在沈阳美术学校、南京美术专科学校任教。1930年与黄震遐等人发表《民族主义文艺运动宣言》，提倡民族主义文艺，主编《文艺月刊》，受到鲁迅等左翼作家的批判。抗战时期曾任《扫荡报》编辑。1949年到台湾，曾主编《中国文艺月刊》。主要作品有长篇小说《茫茫夜》，短篇小说集《期待》、《残酷的爱》，散文集《归来》、《幸福的源泉》，诗集《狮子吼》，剧本《自由魂》、《夜》等。

王独清（1898—1940）　诗人。原名诚，号笃卿，笔名独清、秦佬。陕西长安人。1920年留学法国。回国后参与创造社活动。1925—1926年，曾任广东中山大学文科学长，并主编《创造月刊》。后任上海艺术大学教务长，主编《开展》月刊。为后期创造社的代表诗人之一。在诗歌观念和诗歌创作上，深受西欧浪漫主义和象征主义的影响，提倡"纯粹的诗"，认为诗是"'色''音'感觉的交错"，即所谓"音画"艺术（《再谭诗——寄给木天、伯奇》）。所作诗歌大多抒写羁旅异国、吊古伤今、孤独感伤的情绪。主要作品有诗集《圣母像前》、《威尼市》、《独清诗集》、《埃及人》、《锻炼》、《零乱章》，剧本《杨贵妃之死》、《貂婵》，小说《暗云》，散文书信集《前后》，自传体小说《长安城中的少年》、《我在欧洲的生活》等。

丰子恺（1898—1975）　散文家、翻译家、画家。原名润，又名仁，号子觊，后改子恺。浙江崇德（今桐乡）人。1914年入杭州浙江省立第一师范学校，1919年毕业。1921年赴日本，入东京川端洋画研究会学习绘画，同年回国。先后执教于浙江春晖中学、上海立达学园、广西浙江大学、四川国立艺专等校，长期从事美术、音乐教学工作。建国后历任上海美术家协会主席、上海市文联副主席、上海中国画院院长等职。早年受李叔同的影响，皈依佛门。所作散文于平凡生活小事中寓有深意，感情率真，语言朴素洒脱，写意传神，别有风采。主要作品有散文集《缘缘堂随笔》、《车厢社会》、《缘缘堂再笔》、《率真集》等。译作有《源氏物语》等近十种。

田汉（1898—1968）　剧作家、戏剧活动家。字寿昌。湖南长沙人。学生时代在故乡广泛接触民间戏剧和传统戏曲，接受新兴戏剧运动的影响。1916年留学日本，就读于东京高等师范学校。五四运动后参与成立少年中国学会、创造社。1922年回国后，任中华书局编辑，并创办《南国半月刊》，组织南国电影剧社。1927年冬正式成立南国社，并创办南国艺术学院。主要剧作有话剧《咖啡店的一夜》、《南归》、《苏州夜话》、《名优之死》等，以浪漫主义为其创作特色。1930年发表《我们的自己批判》，表示了左倾的意向。1930年参加左联，被选为执行委员。1932年加入中国共产党，任左翼戏剧家联盟党团书记。这一时期创作了话剧《梅雨》、《乱钟》，歌剧《扬子江的暴风雨》等，并参与电影、音乐等领域的革命艺术活动。所作歌词《义勇军进行曲》，由聂耳谱曲，现已成为中华人民共和国国歌。1937年抗日战争爆发后，参加发起组织上海文化界救亡协会，参与郭沫若为首的政治部第三厅的抗日文化活动；在周恩来领导下组织抗敌演剧队和宣传队，前往各战区宣传抗日；与欧阳予倩等在桂林组织了规模盛大的"西南戏剧展览会"，其《江汉渔歌》、《岳飞》等戏曲作品，高扬爱国主义精神，激励群众抗日。抗战胜利后，创作了揭露国民党黑暗统治的大型话剧《丽人行》。建国后，历任中央人民政府政务院文化教育委员会委员、文化部戏曲改进局局长、艺术事业管理局局长、中国戏剧家协会主席、全国文联副主席等职，创作有话剧剧本《关汉卿》、戏曲剧本《谢瑶环》。对旧诗词也有很高造诣，有数百首作品。现有《田汉文集》（16卷）行世。

田寿昌　即田汉。

朱自清（1898—1948）　散文家、诗人、古典文学研究家。原名自华，字佩弦。江苏扬州人。1916年就读于清华大学，并先后参加新潮社和文学研究会。1920年大学毕业后在江浙一带中学任教，其间参与创办《诗》月刊。1924年出版长诗《毁灭》和诗文集《踪迹》，作品关注人生，暴露黑暗，抒发寻求光明未来的感慨，诗风真诚明朗。1925年任清华大学教授，创作转向散文，同时研究古典文学。散文集《背影》具有洗练细腻、情真意切、委婉动人的风格。1931年赴英国留学，并漫游欧洲。次年回国后继任清华大学教授。抗日战争爆发后任西南联大教授，撰有学术论著《经典常谈》、《诗言志辨》等。抗战胜利后积极支持争取民主的学生运动，1948年拒绝接受美国救济粮，因贫病去世。有《朱自清全集》(4册)行世。

许广平(1898—1968) 女作家。鲁迅夫人。号景宋。广东番禺人。1923年就读于北京女子高等师范国文系，曾积极参加学生爱国运动。1925年起和鲁迅交往。1926年到广州，曾执教于广东省立女子师范学校、中山大学。1927年与鲁迅到上海共同生活。鲁迅去世后，积极参与编辑20卷本的《鲁迅全集》，并在收集、整理、出版鲁迅作品的同时，创作发表了《欣慰的纪念》、《关于鲁迅的生活》、《鲁迅回忆录》等纪念鲁迅的作品。建国后曾任全国妇联副主席、中国民主促进会中央副主席。

景宋 即许广平。

孙楷第(1898—1986) 古典文学研究家。河北沧县人。1928年毕业于北平师范大学。先后任北平师范大学助教、讲师，北平中国大辞典编纂处编辑，国立北平图书馆编辑，北京大学讲师、副教授、教授。1949年后，任北京大学教授、中国科学院哲学社会科学部文学研究所研究员。对小说史和戏曲史研究成就卓著。主要著作有《韩非子校正》、《中国通俗小说书目》、《小说旁证》、《元曲家考略》、《沧州集》等。

孙福熙(1898—1962) 散文家、美术家。字春苔。浙江绍兴人。1915年毕业于浙江第五师范，后任小学教师。1919年到北京大学图书馆任职，翌年赴法国入巴黎法国国立美术专科学校学习绘画。1925年回国从事文学创作，有散文集《山野掇拾》、《归航》、《大西洋之滨》、《三湖游记》等。1928年任西湖艺术学院、浙江大学、中山大学教授。建国后，历任上海中学校长、人民教育出版社编辑、北京编译社编译员。所作散文多以旅行生活为素材，勾勒中国和世界各地丰富多采的社会生活及风俗民情，文笔细腻，色彩鲜明。另著有小说集《春城》、杂文集《北京乎》等。

庐隐(1898—1934) 女小说家。原名黄淑仪，曾用名黄英。福建闽侯人。早年毕业于北京女子师范学校，曾在北京、安徽、河南等地中小学任教。1919年就读于北京女子高等师范学校。1921年加入文学研究会。作品带有浓厚的自传色彩，多以青年人的爱情婚姻为题材，以女知识青年为主人公，或写她们对爱情的追求，或写不幸的婚姻给她们带来的痛苦，或写她们在理想与现实、理智与感情冲突下的悲观苦闷、觉醒与追求，语言流利真切，情绪较为伤感。主要作品有短篇小说集《海滨故人》、《曼丽》、《灵海潮汐》、《玫瑰的刺》，中篇小说《归雁》、《象牙戒指》、《女人的心》，散文集《东京小品》、《火焰》等。

陈子展(1898—1990) 古典文学研究家。原名炳堃，字子展，笔名于时夏、何典、楚狂老人。湖南长沙人。早年就学于长沙县立师范学校。五四运动后在东南大学进修，后在湖南省立第一师范等校任教。1927年马日事变后遭通缉，避居上海，参加南国社。1932年主编《读书生活》。1933年起任复旦大学、中国公学和沪江大学等校教授。1949年后在复旦大学任教。主要著作有《中国近代文学之变迁》、《中国文学史讲话》、《唐宋文学史》、《诗经直解》等。

郑振铎(1898—1958) 小说家、学者。笔名西谛、C.T、郭源新。福建长乐人。1917年入北京铁路管理学校学习。后任商务印书馆编辑。五四时期在北京参加学生运动，与瞿秋白合编《新社会》旬刊。1921年与沈雁冰、叶圣陶等组织文学研究会。1923年主编《小说月报》。1931年任燕京大学教授。1933年与靳以合编《文学季刊》。1934年任上海暨南大学文学院院长，同时为生活书店编辑《世界文库》。抗战期间留居上海，与许广平、胡愈之等组织复社，刊行《鲁迅全集》。抗战胜利后，创办《民主》周刊，参与《文艺复兴》的编辑。1949年后历任中国科学院考古研究所所长、文学研究所所长，文化部文物局局长，文化部副部长等职。1958年10月17日出国访问途中因飞机失事遇难。主要著作有《文学大纲》、《插图本中国文学史》、《中国俗文学史》、《中国文学研究》、《郑振铎书简》等。有《郑振铎文集》(4卷)行世。

西谛 即郑振铎。

罗黑芷(1898—1927) 小说家。原名象陶。江西武宁人。早年留学日本庆幸大学。1921年回国后曾任湖南省立图书编辑局编辑，长沙岳云中学、长沙楚怡工业学校教员，并参与创办《湖光》杂志。1927年夏因父亲触犯湖南反动当局而牵连被捕，释放后不久即病逝。主要作品有短篇小说集《醉里》、《春日》，诗文集《牵牛花》。

罗稷南(1898—1971) 翻译家。原名陈小航。云南凤庆人。早年毕业于北京大学哲学系，后在国民革命军中任职。1933年参加福建"中华共和国人民革命政府"工作。抗日战争时期在上海从事进步文化活动。建国后曾任作协上海分会书记处书记。译著颇丰,主要有《双城记》、《磁力》、《安娜·卡列尼娜》、《有产者》、《没落》、《克里姆·萨木金的生平》、《暴风雨》、《马克思传》等。

耿济之(1898—1947) 翻译家。原名匡,字孟邕。上海人。1917年就读于北京俄文专修馆。1919年参与创办《新社会》旬刊和《人道》月刊,宣传俄国革命和社会主义。1921年参与发起成立文学研究会。俄专毕业后进北洋政府外交部工作,先后在中国驻苏联赤塔、伊尔库茨克、列宁格勒等地领事馆任职。抗日战争期间隐居上海,专事俄苏文学的译介。一生译有《复活》、《卡拉玛佐夫兄弟》等二十余部俄苏文学作品,并发表多篇论文,对译介俄苏文学有很大贡献。

高长虹(1898—?) 作家、诗人。原名仰愈,笔名残红。山西盂县人。1924年到北京倡导"狂飙运动",编辑出版《狂飙月刊》,后又在《国风日报》上创办《狂飙周刊》,主张"强的文艺"。1925年初参加莽原社,并担任《莽原》周刊的日常编务。同时参与创办《狂飙》、《弦上》、《每日评论》等刊物。1926年秋到上海续编《狂飙周刊》。1928年创办狂飙出版部、演剧部,从事"小剧场运动",编辑《长虹周刊》。1929年初赴日本、欧洲,抗战中回国。1943年到延安,曾任陕甘宁边区文协副主任。后患精神分裂症,病逝于东北。主要作品有《走到出版界》、《心的探险》、《给——》等。

康白情(1898—1958) 诗人。原名梓纲,字洪章。四川安岳人。1917年就读于北京大学哲学系。1918年参与组建新潮社。曾在《新青年》、《新潮》、《少年中国》等杂志上发表新诗。1922年出版诗集《草儿》。1923年删去其中的十余首白话诗和全部旧诗,增补了一些新诗,改题《草儿在前》出版。1920年大学毕业后,旋赴美国留学加利福尼亚大学。1924年回国后历任北京民国大学讲师,上海艺术大学、广州文化大学、华南师范学院教授。

彭家煌(1898—1933) 小说家。又名介黄,字蕴生,别字韫松。湖南湘阴人。早年毕业于湖南第一师范学校。1924年后先后任职于上海中华书局、商务印书馆,编过《小朋友》、《妇女杂志》、《教育杂志》、《民铎》等刊物。曾任中国共产党《红旗日报》助编。作品多表现农民的不幸遭遇,文笔朴实。主要著作有短篇小说集《怂恿》、《茶杯里的风波》、《平淡的事》、《喜讯》、《在潮神庙》、《出路》,中篇小说《皮克的情书》等。

老舍(1899—1966) 小说家、剧作家。原名舒庆春,字舍予。满族,北京人。1918年毕业于北京师范学校。1924年赴英国,在伦敦大学东方学院教授汉语期间,创作了反映市民生活的长篇小说《老张的哲学》、《赵子曰》、《二马》。1931年回国,历任齐鲁大学副教授、山东大学教授。1936年后专事文学创作,发表长篇小说《骆驼祥子》。抗日战争期间,在武汉、重庆主持中华全国文艺界抗敌协会工作,著有以团结抗日为题材的话剧《残雾》、《张自忠》、《面子问题》等多部和长篇小说《火葬》,短篇小说集《火车集》、《贫血集》等。1946年出版长篇小说《四世同堂》第一、二部。同年应美国国务院邀请赴美讲学。其间写完《四世同堂》第三部及长篇小说《鼓书艺人》。1949年底回北京,历任中国文联副主席、中国作协副主席、北京市文联主席等职。由于创作话剧《龙须沟》,曾被北京市人民政府授予"人民艺术家"称号。建国后的创作以戏剧为主,其中以《茶馆》最为有名。一生创作了多种题材和艺术样式的文艺作品,成功地描绘了城市平民阶级的生活,同时努力表现新社会的可喜变化,语言生动,风格独特。有《老舍全集》行世。

舒舍予 即老舍。

闻一多(1899—1946) 诗人、学者。原名家骅、亦多、多,字友三,号友山。湖北浠水人。1912年就读于北京清华学校。1919年起创作新诗。1921年参与发起成立清华文学社。1922年赴美国芝加哥美术学院学习。1923年出版新诗集《红烛》。不久即转科罗拉多大学美术系学习。1925年回国,任北京第四中山大学外文系主任。1926年参与创办《晨报诗刊》,发表论文《诗的格律》,主张新诗应有音乐美、绘画美和建筑美。1928年出版诗集《死水》,任武汉大学文学院院长兼中文系主任,开始致力于研究中国古典文学。1930年后历任青岛大学文学院院长兼国文系主任、清华大学国文系教授、西南联大中文系教授。曾积极投身抗日运动和反独裁、争民主的斗争。1946年7月15日在追悼被特务杀害的李公朴先生大会上发表《最后一次的讲演》,当天下午即被特务杀害。其诗以新奇大胆的艺术手法,将诗人内在的情感和精巧的构思融为一体,反映了五四以后青年知识分子的苦恼与追求,体现了鲜明的爱国主义精神，风格沉郁凝重，语言绚丽工整，对仗严谨，为新格律诗体进行了有益的探索。同时在古代神话、《诗经》、《楚辞》、庄子、唐诗等方面也都有精湛的研究，创见颇多。有《闻一多全集》(4册)行世。

徐雉(1899—1947) 诗人、小说家。浙江慈溪人。早年毕业于苏州东吴大学，后在宁波中学执教。曾任芜湖海关办事员，上海《商报》、《申报》编辑。1938年到延安后，曾任晋察冀军区秘书、《边政导报》主编。主要作品有诗集《雉的心》、《酸果》，短篇小说集《毁去的序文》、《不识面的情人》、《卖淫妇》、《失恋后》等。

董秋斯(1899—1969) 翻译家。河北静海(今属天津)人。1926年毕业于燕京大学哲学系，后去广州协和大学任教。不久参加北伐军的宣传工作。1928年到上海接编《世界月刊》，后又编辑《大道月刊》。1930年参加左联。抗战胜利后，参加《民主》周刊的编辑工作，后又参加中国民主促进会和中国共产党。历任上海翻译工作者协会主席、《翻译》月刊主编。1964年后在中国科学院外国文学研究所专事翻译。主要译著有《相持》、《烟草路》、《红马驹》、《佳作》、《大卫·科波菲尔》、《战争与和平》等。

游国恩(1899—1978) 文学史家。字泽承。江西临川人。1920年考入北京大学，曾师从梁启超研究《楚辞》。1929—1936年先后在武汉大学、山东大学任讲师及教授。后又任华中大学教授。抗战期间任西南联大教授。抗战胜利后随校迁回北平，一直在北京大学任教，曾任中文系副主任兼文学史教研室主任等职。著述丰富，对《楚辞》研究有很高造诣。主要著作有《楚辞概论》、《先秦文学》、《屈原》、《楚辞论文集》、《中国文学史》(主编之一)等。

瞿秋白(1899—1935) 革命家、作家、文艺理论批评家、翻译家。原名爽、霜，笔名屈维它、史铁儿、何凝。江苏常州人。1917年入北京俄文专修馆学习。1919年在北京参加五四运动，与郑振铎等组织社会实进社，创办《新社会》旬刊。1920年参加李大钊等发起组织的马克思学说研究会。同年被《晨报》聘为记者，赴俄国访问。1923年回国成为职业革命家，曾主持中共中央工作。1931年被排斥于中央领导机关外，在上海和鲁迅一起领导左翼文艺运动，并译介了马克思主义的文艺理论，发表了许多富有战斗性的论文、杂文。1933年到中央革命根据地。1935年2月随军转移时被国民党军队逮捕，同年6月18日在福建长汀就义。主要著作有《饿乡纪程》、《赤都心史》、《海上述林》、《乱弹及其他》、《论中国文学革命》等。有《瞿秋白文集》(4卷)行世。

王了一(1900—1986) 翻译家、语言学家。原名祥瑛、力，字渭华。广西博白人。早年就读于北京清华国学研究院。1927年留学法国，曾获巴黎大学文学博士学位。1932年回国，曾任清华大学、昆明西南联大、岭南大学、中山大学、北京大学教授。为中国科学院哲学社会科学部委员。译有法国文学作品三十种，主要有《半上流社会》、《娜娜》、《沙弗》、《小酒店》等。另著有小品文集《龙虫并雕斋琐语》，以及《龙虫并雕斋诗集》，另有语言学论著40多种。

王力 即王了一。

冯沅君(1900—1974) 女小说家、古典文学研究家。原名恭兰，又名淑兰，字德馥，笔名淦女士、漱峦、易安。河南唐河人。1922年北京高等女子师范学校毕业，后入北京大学国学研究所。1923年开始文学创作。1925年后在金陵大学、暨南大学、复旦大学等校任教。1932年赴法国留学，获文学博士学位。1935年回国，先后在河北女子师范学院、武汉大学、东北大学任教授。1949年后任山东大学教授、副校长，省文联副主席。主要著作有《卷葹》、《劫灰》、《中国诗史》(与陆侃如合作)、《古剧说汇》、《中国文学史简编》等。

淦女士 即冯沅君。

冰心(1900—1999) 诗人、小说家、散文家。原名谢婉莹。福建长乐人。1918年进协和女子大学(后并入燕京大学)学医，后改学文学。1919年9月起发表作品。1921年参加文学研究会。1923年赴美国威尔斯女子大学学习英国文学。1926年回国，先后在燕京大学、清华大学和北京女子文理学院任教。抗战胜利后东渡日本，曾任东京大学教授，讲授中国新文学。1951年回国，曾任中国作协书记处书记，五届全国政协常委、中国民主促进会副主席、全国文联副主席。早年的小说多揭示社会、家庭、妇女等人生问题，表现作者对封建势力和社会现状的不满。代表作有短篇小说《两个家庭》、《斯人独憔悴》。所作格言式自由体小诗则是对自然景物的感受和人生哲理的思索，歌颂母爱、人类之爱和大自然，文笔清丽，意蕴隽永，别具一格。散文成就尤高，代表作《寄小读者》

描写在旅途和异国的见闻、感受和追忆，笔调轻倩灵活，语言简洁凝练；晚年的散文具有较为深厚的社会内容和明朗的色彩。主要作品有诗集《春水》、《繁星》，短篇小说集《超人》、《南归》、《往事》，散文集《寄小读者》、《同情》、《小橘灯》、《樱花赞》、《记事珠》等。译著有《吉檀迦利》、《印度童话集》、《印度民间故事集》、《泰戈尔剧作集》等。有《冰心文集》（5卷）行世。

谢婉莹 即冰心。

李金髮（1900—1976） 诗人。原名淑良。广东梅县人。早年就读于上海南洋中学留法预备班，后赴法国勤工俭学，就读于第戎美术专门学校、巴黎帝国美术学校。在法国象征派诗人波德莱尔和魏尔伦的影响下，开始创作象征主义诗歌，有诗集《微雨》、《为幸福而歌》、《食客与凶年》。其诗以象征物暗示情绪，联想奇特，意象晦涩，内容表现对人生命运的感喟，对虚幻美的追求，或歌颂爱情和美好的自然。1925年回国执教于上海美术专科学校，同年加入文学研究会。1927年后历任中央大学秘书、杭州国立艺术院雕塑系主任、广州美术学校校长、驻伊拉克大使馆公使。五十年代初移居美国。作品还有散文集《异国情调》、《飘零闲笔》。

杨骚（1900—1957） 作家。原名古锡，字维铨。福建龙溪（今龙海）人。早年留学日本东京高等师范学校，曾在新加坡小学执教。1927年回国。1930年加入左联，并参与发起成立中国诗歌会，提倡诗歌大众化。1937年后到福州、重庆等地参加抗日救亡活动。1952年后任广州市作家协会副主席。主要作品有诗集《受难者的短曲》，诗剧《迷雏》、《心曲》，独幕剧《他的天使》，译著有长篇小说《痴人之爱》、《赤恋》、《十月》、《铁流》、《没钱的犹太人》等。

阿英（1900—1977） 文艺理论批评家、剧作家。原名钱德富，又名钱德赋，笔名钱杏邨、张若英。安徽芜湖人。早年曾就学于上海中华工业专门学校土木工程系。1926年参加中国共产党。1927年与蒋光慈等组织太阳社，出版《太阳月刊》。1930年参加左联，被选为常委。抗战时期从事抗日救亡宣传活动，任《救亡日报》主编。1941年举家赴苏北抗日根据地，先后在新四军军部等处工作。解放战争时期任中共中央华东局文委书记、大连市文委书记。1949年后，任天津市文化局长、华北文联主席、全国文联副秘书长等职。一生著述丰富，涉及广泛。主要著作有《现代中国文学家》、《麦穗集》、《现代文艺研究》、《文艺批评集》、《现代中国文学论》、《小说闲谈》、《晚清小说史》、《春风秋雨》、《碧血花》、《海国英雄——郑成功》等。

钱杏邨 即阿英。

吴浊流（1900—1976） 小说家。原名建田，号饶畊。台湾新竹人。1920年毕业于台北师范学校，后任小学教员、记者。1947年后在台北市社会处、大同职业学校、机器工业同业公会任职。1964年创办《台湾文艺》杂志。1969年设立“吴浊流文学奖”，致力于乡土文学建设。早期作品多描写日据时代台湾人民的不幸遭遇，后期作品主要针砭社会的黑暗和官场的腐败。其创作具有强烈的社会性，浓郁的乡土色彩和深刻的讽刺力量。代表作有长篇小说《亚细亚的孤儿》，主要作品还有诗集《蓝园集》、《浊流千草集》，短篇小说集《疮疤集》、《泥泞集》等。有《吴浊流作品集》（6卷）行世。

应修人（1900—1933） 诗人。原名麟德。浙江慈溪人。1920年在中国棉业银行任出纳股主任。1921年创办上海通信图书馆。1922年参与成立湖畔诗社。1925年主办《支那二月》文艺杂志。同年加入中国共产党。1926年底去广东，在黄埔军校任会计，曾邀鲁迅到校讲演《革命时代的文学》。大革命失败后到莫斯科，先后在中山大学和东方劳动者大学学习。1930年回上海在中共中央军委工作，并参加左联。1933年任中共江苏省委宣传部长。在同国民党特务搏斗中坠楼牺牲。诗作具有对封建礼教的反叛精神，风格清新、质朴。所作《金宝塔银宝塔》是最早以红色根据地为题材的童话。曾与人合出诗集《湖畔》、《春的歌集》。

张闻天（1900—1976） 革命家、作家。字思美，别名洛甫。江苏川沙（今上海浦东新区）人。早年就读于南京河海工程专门学校。1922年赴美国旧金山勤工俭学。1924年回国。1925年参加中国共产党，后历任中共中央政治局常委、中央宣传部部长、驻苏联大使、外交部第一副部长等职。五四时期曾从事文学创作和文学翻译。所作长篇小说《旅途》反映五四退潮时期青年知识分子从苦闷、彷徨中振作起来，继续为改造中国英勇奋斗的历程。其他作品还有剧本《青春的梦》、《张闻天早年文学作品选》，译著有《狱中记》、《狗的跳舞》、《盲音乐家》、《倍那文德戏剧集》等。

金满成（1900—1971） 翻译家。四川峨眉人。1919年赴法国勤工俭学。1921年因参加中国留学生爱国运动被押送回国。1925年毕业于中法大学，后任《新民报》、《新蜀报》副刊主编。曾参与创办什么诗社、人力社，出版《什么诗刊》、《人力周报》。建国后先后任职于中华全国总工会、人民文学出版社。译著颇丰，主要有《红百合》、《女性的风格》、《剥削者》、《巴黎一市民的星期天》、《金钱》、《共产党人》、《黄金果的土地》等。

罗根泽(1900—1960) 古典文学研究家。字雨亭。河北深县(今深州)人。1925年考入河北大学。1927年考入清华大学研究院国学门。后又入燕京大学国学研究院。1929年毕业后历任河南大学、天津女子师范学院、河北大学、中国大学、安徽大学、西北联合大学、中央大学等校教授。1949年后任南京大学中文系教授、中国科学院文学研究所兼职研究员。主要著作有《诸子丛考》、《诸子续考》、《乐府文学史》、《中国文学批评史》、《中国古典文学论集》等。

周贻白(1900—1977) 戏曲史家。原名夷白。湖南长沙人。早年在文明戏班、京剧班当过演员。北伐战争期间参加南国社。抗战爆发后，参加上海戏剧界救亡协会，从事话剧、京剧、电影创作。曾任苏州国立社会教育学院教授。1949年后任中央戏剧学院教授，专门从事戏曲史教学和研究。主要著作有《中国戏剧史略》、《中国剧场史》、《中国戏剧史长编》、《中国戏剧论集》、《曲海燃藜》等。

俞平伯(1900—1990) 作家、古典文学研究家。原名铭衡，笔名屈斋。浙江德清人。早年积极参加新文学运动，曾是新潮社、文学研究会等成员。1919年毕业于北京大学。1922年与朱自清等创办《诗》月刊，并从事新诗创作。同年出版《〈红楼梦〉辨》。曾先后在上海大学、燕京大学、清华大学、北京大学任教。1949年后任北京大学教授、中国科学院文学研究所研究员。主要著作还有《冬夜》、《西还》、《杂拌儿》、《读诗札记》、《读词偶得》、《红楼梦研究》、《红楼梦简论》、《脂砚斋红楼梦辑评》、《唐宋词选释》等。有《俞平伯全集》行世。

夏衍(1900—1995) 剧作家。原名沈乃熙，字端轩，笔名沈端先。浙江杭州人。1920年毕业于浙江省立甲种工业学校，同年留学日本福冈明治专门学校。1927年回国后参加中国共产党。后参加组织艺术剧社，筹建左联、左翼剧联，主编过《艺术》、《沙仑》等刊物。为左翼文艺运动主要领导者之一。1932年任明星电影公司编剧顾问，后任左翼电影小组组长，写有《狂流》、《春蚕》等电影剧本和评论。1934年起创作话剧，有剧本《赛金花》、《秋瑾传》、《上海屋檐下》和报告文学《包身工》。抗战爆发后，在上海、桂林、香港等地主编《救亡日报》、《华商报》、《南侨日报》，写有大量散文、政论、随笔以及剧本《心防》、《法西斯细菌》。建国后历任中共上海市委宣传部部长、国务院文化部副部长、中国文联副主席、中国影协主席、中国作协顾问等职，创作了《祝福》、《革命家庭》、《林家铺子》等电影剧本，以及回忆录《懒寻旧梦录》。所作剧本触及各个时期、各个阶层的社会生活，语言清新自然。在话剧、电影剧本和电影理论研究方面都有重要成就。主要作品还有剧本《离离草》、《芳草天涯》、《考验》，长篇小说《春寒》，以及《写电影剧本的几个问题》、《夏衍杂文随笔集》，译著《母亲》、《电影导演论》、《恋爱之路》等。

沈端先 即夏衍。

夏承焘(1900—1986) 古典文学研究家。字瞿髯。浙江温州人。1918年毕业于温州师范学校。1920年入南京高等师范暑期学校，师从胡適、梅光迪等人，同年加入慎社。1929年，师从近代词学大师朱祖谋。1930年起在之江大学、无锡国学专修学校、浙江大学等校任教。1952年后，长期任杭州大学中文系教授。一生研究唐宋词，著述颇丰。主要著作有《唐宋词录最》、《词源注》、《夏承焘词集》、《域外词选》等。

曹聚仁(1900—1972) 散文家、记者、学者。字挺岫。浙江浦江人。1915年就读于浙江第一师范，毕业后到上海的中学执教。1923—1935年间，曾任暨南大学、复旦大学、光华大学、大夏大学教授，《太白》半月刊编委，《涛声》周刊、《芒种》半月刊主编。抗战爆发后，以战地记者身分到前线采访。1941年在赣南，曾主编《正气日报》。抗战胜利后任上海《前线日报》编辑兼香港《星岛日报》驻京、沪特派记者。1950年移居香港，任《星岛日报》编辑。1956年参与创办《循环日报》、《循环午报》、《循环晚报》，任日报主笔。一生著述甚多，主要作品有《国故学大纲》、《采访外记》、《万里行记》、《文坛五十年》。

熊佛西(1900—1965) 剧作家、戏剧教育家。原名福禧，字化侬。江西丰城人。早年就读于燕京大学。1921年参加文学研究会，并参与组织民众戏剧社，创作话剧《青春底悲哀》。1924年赴美国哥伦比亚大学研究戏剧。1926年创作成名剧本《一片爱国心》。同年回国，任北平国立艺术专门学校戏剧系主任、北大艺术学院戏剧系主任等职，创作《王三》、《兰芝与仲卿》等剧本。1929年编辑《戏剧与文艺》。1932年赴河北定县从事农村戏剧大众化实验。1936年后先后创办北平剧人协会、长沙平教会抗战剧团、四川省立戏剧教育实验学校，主编《戏剧岗位》等月刊，创作《中华民族的子孙》等剧本。1945年任上海市立实验戏剧学校教授，后任校长。建国后曾任上海戏剧学院院长、中国文联副主席等职，写有剧本《上海滩的春天》。其剧作笔墨简洁，结构单纯，虚实结合，注重通过人物感情冲突构成戏剧情节。主要著作还有《佛西论剧》、《佛西戏剧》(4卷)、《佛西抗战戏剧集》等。

穆木天(1900—1971)　诗人、翻译家。原名敬熙。吉林伊通人。1918年留学日本，先后就读于东京第一高等预科、东京大学。1921年加入创造社。1926年夏回国，先后在广东中山大学、北京孔德学校、天津中国学院、吉林大学任教。1931年加入左联，次年参与发起成立中国诗歌会，创办《新诗歌》旬刊，倡导现实主义的创作方法和诗歌大众化。1937年主编诗刊《时调》和《五月》。1938年后辗转昆明、广州、桂林、上海等地从事教学与创作。1949年后先后在东北师大、北京师大任教。早期诗作受法国象征主义影响，风格忧郁，三十年代初转向大众化创作，努力追求诗与现实的紧密联系。主要作品有诗集《旅心》、散文集《秋日风景画》、《平凡集》等，另有《欧贞尼·葛郎代》、《夏贝尔上校》等数十种译著。

魏金枝(1900—1972)　小说家。浙江嵊县人。早年毕业于浙江省立第一师范，后在浙江、上海等地任中小学教员。1928年起相继出版短篇小说集《七封书信的自传》、《奶妈》、《白旗手》，多描写浙江农村经济的破产和农民的悲惨命运，作品风格质朴，乡土气息浓郁。1930年参加左联，助编《萌芽》月刊。1933年后在上海麦伦中学执教。1949年后历任上海市教育局研究室特约研究员，上海师范学院中文系主任，作协上海分会副主席等职。所作小说多收入《魏金枝短篇小说选集》，另有评论集、杂文集、儿童文学作品等数种。

王任叔(1901—1972)　文艺理论家、小说家。又名子虞，号愚庵，笔名巴人、屈轶、赵冷等。浙江奉化人。1923年参加文学研究会。曾参加北伐战争。1938年参加中国共产党。后长期在国统区从事文化工作和统战工作，曾主持《鲁迅全集》的编辑工作。1941年到南洋从事抗日活动。1947年回国，任中共中央统战部第二处副处长。1949年后历任中国驻印度尼西亚首任大使、人民文学出版社社长、总编辑，《文艺报》编委等职。主要著作有《阿贵流浪记》、《某夫人》、《文学初步》、《文学论稿》、《论鲁迅的杂文》、《莽秀才造反记》等。

巴人　即王任叔。

冯乃超(1901—1983)　诗人、文学理论家。广东南海人。生于日本横滨侨商家庭，肄业于京都帝国大学。1927年回国参加创造社，编辑《创造月刊》和《文化批判》。同年加入中国共产党，参与组织中国艺术剧社。1930年参加筹建左联，被推举为左联理论纲领起草人，并任党团书记兼宣传部长，次年任中国文化总同盟书记。抗战时期任国民政府军委政治部第三厅中共特支书记。1946年赴香港从事文艺界统一战线领导工作。建国后任人事部副部长、中山大学党委第一书记、北京图书馆顾问等职。早年曾发表具有象征主义倾向的诗歌，后结集为《红纱灯》。二十年代末开始研究文学理论，倡导革命文学。写有《艺术与社会生活》、《冷静的头脑——评驳梁实秋的〈文学与革命〉》等文章，阐述文学反映社会生活、文学具有阶级性等观点。作品还有小说集《傀儡美人》、诗集《怒》等。

许杰(1901—1993)　小说家。字士仁。浙江天台人。1922年毕业于浙江第五师范，后在上海安徽公学执教。1923年参加文学研究会。1926年起相继出版短篇小说集《惨雾》、《飘浮》、《暮春》等，作品多反映家乡的野蛮习俗，富有乡土气息。1928年赴吉隆坡任《益群报》总编辑。1929年回国后相继在中山大学、安庆大学、暨南大学、广东省立文理学院任教授。抗战胜利后出版《现代小说过眼录》等文学评论集。1949年后任复旦大学、华东师范大学教授，作协上海分会副主席等职。

陈翔鹤(1901—1969)　作家。四川重庆人。1926年于北京大学特别生毕业后在山东、吉林、河北、四川执教。建国后历任四川大学教授、中国科学院文学研究所研究员。早年参与组织浅草社、沉钟社，写有小说和戏剧多种，晚年从事古典文学研究。主要作品有短篇小说集《不安定的灵魂》、《在阪道上》、《独身者》、《鹰爪李三及其他》，中篇小说《写在冬空》，剧本《圣诞节之夜》、《狂飙之夜》、《沾泥飞絮》。

废名(1901—1967) 小说家。原名冯文炳，字蕴仲。湖北黄梅人。1929年毕业于北京大学后留校任讲师。抗战爆发后回故乡任小学教员。1946年后历任北京大学副教授、教授。1952年后任东北人民大学教授。早年参加过语丝社。作品擅长描写知识分子生活和乡村中平凡的人和事，风格冲淡质朴。主要作品有短篇小说集《竹林的故事》、《桃园》、《枣》，长篇小说《桥》、《莫须有先生传》、《莫须有先生坐飞机以后》等。

冯文炳 即废名。

倪贻德(1901—1970) 美术家、小说家。浙江杭县(今余杭)人。早年曾留学日本，归国后参加过创造社文学活动。历任广州市立美术专科学校校长，上海美术专科学校、武昌艺术专科学校教授。作品情调感伤，风格婉约。著有中篇小说《玄武湖之秋》，短篇小说集《东海之滨》、《残春》、《百合集》等。

唐圭璋(1901—1990) 古典文学研究家。江苏南京人。毕业于中央大学中文系，师从吴梅学习词曲。曾任教于江苏省立第一女中、中央军校。1935年任国立编译馆编纂。1939年后在中央大学中文系任教。1949年后，历任南京大学、长春东北师范大学、南京师范大学中文系教授，长期从事中国古典文学教学，对词学造诣颇深，曾编纂《全宋词》、《全金元词》。主要著作有《宋词三百首笺》、《南唐二主词汇笺》、《宋词四考》、《元人小令格律》、《宋词纪事》等。

蒋光慈(1901—1931) 诗人、小说家。原名如恒，又名侠生、侠僧、光赤。安徽霍邱(今金寨)人。1917年就读于安徽省立五中。1920年在上海参加社会主义青年团。1921年赴莫斯科共产主义劳动大学学习，次年转为中国共产党党员。1924年归国，任教于上海大学社会学系。诗集《新梦》歌颂十月革命，《哀中国》揭露帝国主义、军阀对人民残酷压迫，歌颂人民群众的反抗斗争。1926年出版中篇小说《少年飘泊者》。1927年出版反映上海工人三次武装起义的中篇小说《短裤党》，是最早的革命文学作品。1928年与孟超等人成立太阳社，主编《太阳月刊》、《时代文艺》、《海风周报》等刊物。1930年参与筹备中国左翼作家联盟，后被选为左联候补常务委员。同年写成长篇小说《咆哮了的土地》(又名《田野的风》)，作品成功地反映了1927年大革命前后农村尖锐的阶级斗争。作品还有短篇小说集《鸭绿江上》，中篇小说《野祭》、《菊芬》、《丽莎的哀怨》。有《蒋光慈文集》(4卷)行世。

蒋光赤 即蒋光慈。

蒋牧良(1901—1973) 小说家。原名希仲。湖南涟源人。三十年代到上海从事文艺活动，参加左联。1938年参加中国共产党。不久，回湖南主编《力报》、《昭报》副刊，并从事统战工作。解放战争期间任新华社特派随军记者。建国后历任中央军委总政文化部创作员、湖南省文联副主席、作协湖南分会主席。作品有短篇小说集《锑矿》、《夜工》、《强行军》、《老秀才》、《铁流在西线》等。

鲁彦(1901—1944) 小说家、翻译家。原名王衡，又名返我。浙江镇海(今属宁波)人。1923年参加文学研究会和世界语协会。同年夏到长沙，先后在平民大学、周南女中和第一师范任教。1927年在武汉编辑《民国日报》副刊。抗战爆发后赴湖南，曾在长沙编辑《抗战日报》副刊，后到桂林任桂林中学、柳庄师范学校教员。1942年主编《文艺杂志》。作品多反映乡村劳动群众和小资产阶级的生活与斗争，富有浓厚的乡土气息，不追求情节曲折，着力于日常生活场景的细腻描绘和人物心理活动的刻画，笔法严谨。主要作品有短篇小说《柚子》、《黄金》、《童年的悲哀》，长篇小说《野火》(又名《愤怒的乡村》)，译著有《世界短篇小说集》、《显克微支小说集》等。

滕固(1901—1941) 美术家、小说家。字若渠。江苏宝山(今属上海)人。早年毕业于上海美术专科学校，后留学日本东京帝国大学。回国后参加过文学研究会、创造社的文学活动，并参与组织过民众戏剧社、狮吼社。历任湖南艺术专科学校校长，金陵大学、中山大学教授等职。作品具有唯美主义倾向，著有短篇小说集《壁画》、《迷宫》、《外遇》、《银杏之果》等。

于赓虞(1902—1963) 诗人。河南西平人。早年就读于燕京大学。1927年留学英国伦敦大学。回国后曾任西北大学、兰州大学、河南大学、河南师范学院教授，河南省印书馆总编辑。二十年代创作诗歌，有诗集《晨曦之前》、

《落花梦》、《魔鬼的舞蹈》、《骷髅上的蔷薇》、《孤灵》、《世纪的脸》等。

王以仁(1902—1926)　小说家。字盟鸥。浙江天台人。早年就读于浙江第六师范学校，后在上海安徽公学、杭州工业专门学校、奉化中学执教。1926年因失恋投海自杀。所著短篇小说集《孤雁》，想像丰富，抒情色彩浓厚，反映人生的孤独和社会的不公。

韦漱园(1902—1932)　翻译家。原名素园。安徽霍丘人。早年曾留学苏联，回国后在北平从事文学活动。曾编辑《未名丛刊》、《莽原》半月刊，主持未名社工作。译著有《外套》、《最后的光芒》、《被侮辱与被损害的》。

石评梅(1902—1928)　女散文家。原名汝璧。山西平定人。早年曾就读于太原女子师范、北京女子高等师范体育科。毕业后相继在校附中女子部、春明女子学校、若瑟女子学校、女子师大执教。曾与陆晶清合编《世界日报》副刊《蔷薇》周刊。主要作品有小说散文合集《涛语》、散文集《偶然草》。有《石评梅作品集》(3卷)行世。

龙榆生(1902—1966)　古典文学研究家。原名沐勋，别号忍寒居士。江西万载人。早年师从黄侃学习声韵、文字、辞章学。1928年后于暨南大学、上海国立音乐学院、广州中山大学、复旦大学、中央大学执教。1933年创办《词学季刊》，在词学界有广泛的影响。建国后历任上海市文物管理委员会研究员、上海音乐学院教授。多年致力于词学研究，造诣颇深。主要著作有《中国韵文史》、《东坡乐府笺》、《唐宋词格律》、《词学概论》、《词学十讲》等。编有《唐宋名家词选》、《近三百年名家词选》。

孙用(1902—1983)　翻译家。原名卜成中。浙江杭州人。早年毕业于杭州宗文中学。曾任富阳等地邮政局局长，衢县简易师范、杭州高级中学教员。建国后历任上海鲁迅著作编刊社、人民文学出版社编辑。著有《〈鲁迅全集〉校读记》、《〈鲁迅译文集〉校读记》。译著有《勇敢的约翰》、《裴多菲诗选》、《上尉的女儿》、《腊玛延那·玛哈帕那达》、《卡勒瓦拉》等。

阳翰笙(1902—1993)　剧作家、小说家。原名欧阳本义，字继修，笔名华汉。四川高县人。1924年入上海大学。1925年参加中国共产党。曾任黄埔军校教官，参加过南昌起义。1928年参加创造社，次年参与发起成立左联，任左联党团书记等职。早期作品有小说《女囚》、《十姑的悲愁》、《地泉》等。1932年创作第一部电影剧本《铁板红泪录》，此后主要从事电影、戏剧创作和领导工作。1938年任国民政府军事委员会政治部第三厅主任秘书，参与领导文化界抗日统战工作。其间创作以历史剧《李秀成之死》、《塞上风云》、《天国春秋》、《草莽英雄》及抗日电影剧本《八百壮士》等较为著名。1941年组织中华剧艺社。抗战胜利后，创作电影剧本《万家灯火》(与沈浮合作)。建国后历任中华全国电影艺术工作者协会主席、全国文联党组书记等职。1958年创作话剧《三人行》，获文化部优秀剧本一等奖。其作品具有鲜明的时代感、强烈的革命政治倾向和浓郁的浪漫主义色彩，风格明朗质朴。作品结集为《阳翰笙选集》(5卷)。

华汉　即阳翰笙。

汪静之(1902—1996)　诗人。安徽绩溪人。1920年就读于杭州浙江第一师范学校。1921年参与组建晨光文学社，并在《浙江日报》上编《晨光周刊》。1922年参与成立湖畔诗社。1926年任北伐军总政治部宣传科编纂，后任《革命军日报》、《劳工月刊》编辑，建设大学、安徽大学、暨南大学、复旦大学中文系教授。1952年后曾任人民文学出版社特约编辑、作协浙江分会顾问等职。诗作多歌颂自由恋爱，感情纯真。曾与人合出诗集《湖畔》、《春的歌集》，个人诗集有《蕙的风》、《寂寞的国》等。

沈从文(1902—1988)　小说家、散文家。原名岳焕。苗族，湖南凤凰人。小时候读过几年私塾。十四岁起当兵，后任屠宰收税员。1922年到北京大学旁听。1926年在北京香山图书馆任职，开始文学创作，并编辑《京报副刊》和《民众文艺》月刊。1927年到上海，编辑《红黑》杂志，参加新月社。1930年在青岛大学任教。1934年主编《大公报》副刊《文艺》，次年主编天津《大公报·文艺副刊》、《益世报·副刊》。抗战爆发后先后执教于昆明西南联合大学、北京大学。早期作品或回忆儿时生活，或描述军旅生活。三十年代所作中篇小说《边城》、散文集《湘行散记》与《湘西》为其代表作。作品以表现湘西的风土人情与下层社会的人生世相见长，具有浓郁的乡土色彩与质朴的原始风味，笔墨清淡，文字素丽。建国后长期在中国历史博物馆、故宫博物院工作，后为中国社会科学院历史研究所研究员，著有《中国古代服饰研究》等专著。有《沈从文文集》(12卷)行世。

张我军(1902—1955)　作家。原名清荣。

台湾台北人。1929年毕业于北京师范大学，后在北京师范大学、北平大学、中国大学、北京大学执教。1945年抗战胜利后回台湾，先后任台湾茶叶公会秘书、台湾合作金库研究室主任。早年在《台湾民报》与《台湾新民报》发表《致台湾青年的一封信》、《糟糕的台湾文艺界》、《为台湾的文艺界一哭》、《新文学运动的意义》，批判台湾旧文学，并介绍了五四新文学运动。诗集《乱都之恋》，是台湾新文学史上第一部新诗集。此外还创作了《买彩票》、《迷惑》、《白太太的哀史》等小说，翻译过日本的一些文艺论著。

孟超(1902—1976) 作家。山东诸城人。早年曾就读于上海大学中文系。1928年参与组织太阳社，后参加左联，并与冯乃超等成立艺术剧社。1941年与夏衍在桂林合编《野草》半月刊。建国后任国家出版总署图书馆副馆长、人民美术出版社创作室主任等职。主要作品有诗集《残梦》，短篇小说集《冲突》，杂文集《长夜集》、《赤偃草》，剧本《李慧娘》等。

赵景深(1902—1985) 作家、古典文学研究家。字旭初，笔名露明女士、冷眼、陶明志。四川宜宾人。1922年毕业于天津棉业专门学校。曾参加文学研究会。后任中国公学、上海大学、复旦大学教授，北新书局总编辑。1949年后任复旦大学中文系教授、中国古代戏曲研究会会长、中国俗文学会名誉主席、中国民间文学研究会上海分会主席等。主要著作有《中国小说论集》、《中国小说丛考》、《戏曲漫谈》、《元人杂剧钩沉》、《元明南戏考略》等。

柯仲平(1902—1964) 诗人。原名维翰。云南广南人。1924年在北平法政大学学习。1926年辍学赴上海参加创造社的工作。1930年加入中国共产党，同年被捕。1933年获释。1935年东渡日本，抗战爆发后回国。1937年到延安，任陕甘宁边区文协主任。1938年任"战歌社"社长，积极开展朗诵诗活动，并参与发起"街头诗"运动。建国后曾任全国文联副主席、作家协会副主席、西安市作协主席、西北文联主席等职。主要作品有诗集《海夜歌声》、《边区自卫军》、《平汉路工人破坏大队》、《从延安到北京》等。

胡风(1902—1985) 诗人、文艺理论家。原名张光人，笔名谷非。湖北蕲春人。1923年加入共产主义青年团。1929年赴日本留学。曾加入日本共产党。1933年春因在留学生中组织左翼抗日文化团体被捕，不久被逐回国。先后任左联宣传部长、行政书记。1936年主办《海燕》杂志。曾提出"民族革命战争的大众文学"口号，由此引起革命文学阵营内部"两个口号"的争论。鲁迅逝世后，为整理、出版鲁迅遗著做过大量工作。抗战期间，曾任中华全国文艺界抗敌协会常委、研究股主任。1949年后曾任全国文联委员等职。1954年7月因向中共中央呈递《关于几年来文艺实践情况的报告》，受到错误处理。1980年平反后曾任中国作协顾问、中国艺术研究院顾问。主要著作有《野花与箭》、《文学与生活》、《民族战争与文艺性格》、《论民族形式问题》、《为了明天》、《胡风评论集》等。

姜亮夫(1902—1995) 古典文学研究家。原名寅清，字亮夫。云南昭通人。清华大学研究院毕业，专攻语言文字学。1928年起历任上海大夏大学、暨南大学、中国公学、复旦大学、河南大学教授。1934—1937年留学法国巴黎大学，在巴黎、伦敦、罗马等地搜集大量中国古代艺术品与敦煌卷子。回国后任东北大学教授、云南大学教授兼文法学院院长。抗战胜利后任昆明师范学院教授、英士大学文理院院长。1953年起任浙江师范学院、杭州大学教授。主要著作有《诗骚联绵字考》、《中国文学史论》、《楚辞学论文集》、《敦煌学论文集》等。

柔石(1902—1931) 小说家。原名赵平福，又名赵平复。浙江宁海人。早年就读于浙江第一师范学校。1926年起在宁海从事教育工作，一度任县教育局长。1928年到上海，经鲁迅推荐编辑《语丝》，并于1929年与鲁迅等创办朝花社。1930年加入左联，同年参加中国共产党。1931年2月7日被当局秘密杀害于上海龙华。为左联五烈士之一。作品有长篇小说《旧时代之死》、中篇小说《三姐妹》、《二月》和短篇小说集《疯人》、《希望》。另有译作《浮士德与城》、《颓废》等。

章衣萍(1902—1946) 散文家、小说家。原名鸿熙。安徽绩溪人。早年曾在北京大学旁听。1925年发起组织莽原社。1927年后任上海暨南大学校长秘书兼文学院教授。著有短篇小说集《情书一束》、《情书二束》、《小娇娘》，长篇小说《友情》，散文集《枕上随笔》、《随笔三种》、《秋风集》等。

梁实秋(1902—1987) 文艺理论家、散文家、翻译家。原名治华，笔名子佳、秋郎、希腊人。浙江余杭人。1915年考入清华学校。

1919年与闻一多等成立清华文学社。1923年赴美国留学。1926年回国后曾在暨南大学、复旦大学等校任教,同时兼任上海《时事新报》副刊《青光》编辑。1928年与徐志摩等创办《新月》月刊。1931年执教青岛大学。1934年任北京大学教授。抗战期间,任国民参政会参政员、《中央日报》副刊主编。抗战胜利后任北京师范大学教授。1948年移居香港。次年到台湾,任台湾大学教授、师范大学文学院院长、国立编译馆馆长等职。主要著作有《浪漫的与古典的》、《文学的纪律》、《偏见集》、《雅舍小品》。译著有《莎士比亚戏剧全集》三十七卷等。

潘漠华(1902—1934)　诗人。原名训,又名恺尧。浙江宣平(今武义)人。1922年就读于杭州浙江第一师范学校时,参与创立湖畔诗社,并与应修人等合出诗集《湖畔》,次年又与应修人等合出诗集《春的歌集》。1924年就读北京大学。1927年参加中国共产党,同年赴武汉参加北伐革命军,从事宣传工作。后回乡组织农民暴动。1929年后执教于厦门、开封、北平等地。1933年任中共天津市委宣传部长时被捕,1934年在狱中绝食牺牲。除诗作外,还写有小说《乡心》、《人间》、《晚上》,后结集为《雨点集》。有《漠华集》行世。

冯雪峰(1903—1976)　诗人、文艺理论批评家。笔名画室。浙江义乌人。1921年在杭州参加晨光社。次年和汪静之等成立湖畔诗社。1925年到北京大学旁听。1926年起翻译介绍苏联文学作品和文艺理论著作。1927年参加中国共产党。1930年与鲁迅等发起成立中国自由运动大同盟。后曾任左联党团书记、中共上海中央局文委书记、中共江苏省委宣传部长。参加长征后到上海,任中共上海办事处副主任。1941年被捕,囚于上饶集中营,次年经中央营救保释出狱。1943年到重庆,在周恩来领导下从事统战和文化工作。1949年后曾任《文艺报》主编、人民文学出版社社长兼总编辑、中国作协副主席等职。一生著述甚丰。主要著作有《湖畔》、《春的歌集》(两书均与汪静之、潘漠华、应修人合集)、《真实之歌》、《太平天国》、《鲁迅论及其他》、《过来的时代》、《乡风和市风》、《论民主革命的文艺运动》、《鲁迅的文学道路》等。

画室　即冯雪峰。

台静农(1903—1990)　小说家。字伯简。安徽霍丘人。早年曾在北京大学勤工俭学,参加未名社。后在辅仁大学、齐鲁大学、山东大学、厦门大学执教。抗战期间任四川女子师范学院中文系主任,抗战胜利后到台湾,曾在台湾大学执教。为二十年代乡土文学代表作家之一。作品文笔简练,风格朴实而略带粗犷。著有短篇小说集《地之子》、《建塔者》。另编有《关于鲁迅及其著作》一册,为最早的鲁迅研究资料集。

李伟森(1903—1931)　作家。一名求实,又名国纬、伟生。湖北武汉人。1922年参加中国共产主义青年团。同年就读于武昌高等商业专科学校。1923年参加中国共产党。1924年赴苏联学习,回国后历任团广东省委宣传部部长、团中央宣传部长等职,并任《少年先锋》、《中国青年》等刊物主编。1930年加入左联。1931年2月7日被当局秘密杀害于上海龙华。为左联五烈士之一。主要作品有《革命歌集》、《俄国革命史》、《俄国农民与革命》。译著有《朵思退也夫斯基》、《动荡中的新俄农村》等。

李求实　即李伟森。

陆侃如(1903—1978)　古典文学研究家。原名侃,字衎庐,笔名陆璧、小璧。江苏海门人。1926年毕业于北京大学国文系,后师从梁启超、王国维。历任中国公学、复旦大学、暨南大学教授。1932年留学法国,获巴黎大学文学博士学位。回国后任燕京、武汉、东北、青岛等大学教授。1949年后任山东大学中文系教授、图书馆馆长、《文史哲》杂志主编、副校长等职。主要著作有《屈原与宋玉》、《中国诗史》(与冯沅君合作)、《南戏拾零》、《中古文学系年》等。

陈铨(1903—1969)　小说家、剧作家。原名大铨,字涛西。四川富顺人。早年就读于清华大学,后留学美国、德国。1934年回国后曾任武汉大学、清华大学、西南联大教授。1940年参与创办《战国策》半月刊,后又为《大公报》编《战国副刊》,对第二次世界大战作了错误宣传,并鼓吹超人哲学。1942年任中央政治学校教授兼中国青年剧团编导,所作剧本《野玫瑰》、《蓝蝴蝶》受到进步文化界批判。抗战胜利后任同济大学教授。1952年后在南京大学执教。其他作品有长篇小说《天问》、《革命前的一幕》、《彷徨中的冷静》、《死灰》,剧本《金指环》、《婚后》,散文集《再见冷荇》、《归鸿》等。

陈炜谟(1903—1955)　小说家。四川泸县人。早年曾参与组织浅草社、沉钟社。1927

年于北京大学毕业后，曾先后于河北、东北、四川等地大中学校任教。建国后任四川大学外文系教授。主要作品有短篇小说集《信号》、《炉边》，长篇小说《乱离曲》，译著有《当代英雄》、《在世界上》和《我的大学时代》等。

林徽因(1903—1955) 女诗人、建筑学家。原名徽音。福建闽侯人。早年留学于美国宾夕法尼亚大学、耶鲁大学。1928年回国后历任东北大学、燕京大学、清华大学教授。三十年代从事诗歌创作，为新月派成员之一。诗风委婉细致，韵律优美，有《林徽因诗集》。另有《九十九度中》、《模影零篇》等短篇小说，均有一定影响。

林徽音 即林徽因。

罗淑(1903—1938) 女小说家。原名世弥。四川简阳人。早年就读于成都女子师范学校，后留学法国。1933年回国后在上海从事教育和翻译工作。小说《生人妻》描写一个受凌辱的妇女奋起反抗的故事，表现了女主人公温柔而坚韧、蕴藉而爽朗的性格，结构严谨，技巧圆熟。著有小说集《生人妻》、《地上的一角》、《鱼儿坳》等。

胡也频(1903—1931) 作家。原名崇轩。福建福州人。早年曾就读于大沽海军预备学校。1924年后困居北京，开始创作小说。1928年赴上海，参与筹办红黑出版社，编辑月刊《红黑》、《人间》。1930年加入左联，并参加中国共产党。1931年2月7日被当局秘密杀害于上海龙华。为左联五烈士之一。作品有长篇小说《到莫斯科去》，中篇小说《光明在我们的前面》，短篇小说集《活珠子》、《消磨》、《诗稿》、《牧场上》、《三个不统一的人物》、《四星期》，诗集《也频诗选》，戏剧集《别人的幸福》。

洪灵菲(1903—1933) 小说家。原名伦修，字子常。广东潮安人。1924年参加中国共产党。1926年于广东高等师范毕业后在国民党中央海外部工作。大革命失败后被迫到新加坡和暹罗(泰国)生活。不久回上海，先后在中共上海闸北区委、江苏省委宣传部和全国反帝大同盟工作。曾参与发起我们社，主编《我们》月刊。1930年参加筹建中国左翼作家联盟，并当选为常务委员。1933年被当局杀害。作品有长篇小说《流亡》、《前线》、《转变》，中篇小说《大海》，短篇小说集《归家》、《气力出卖者》。译著有《地下室手记》、《赌徒》等。

聂绀弩(1903—1986) 作家。笔名耳耶、散宜生。湖北京山人。1924年入广州黄埔军校学习。1927年入莫斯科中山大学学习。同年回国。1932年在日本东京加入左联。1934年参加中国共产党。抗战爆发后，编辑新四军军部刊物《抗敌》等。解放战争期间编辑过《商务日报》副刊《茶座》、《新民报》副刊《呼吸》等。建国后历任香港《文汇报》总主笔、人民文学出版社副总编辑等职。创作以杂文最有成就，短小精悍，犀利泼辣，并具有鲜明的个人风格。主要作品有杂文集《历史的奥秘》、《沉吟》、《蛇与塔》、《血书》，短篇小说集《邂逅》、《两条路》，散文集《婵娟》、《巨象》，诗集《元旦》、《散宜生诗》，论著《中国古典小说论集》等。

顾仲彝(1903—1965) 剧作家、戏剧理论家。浙江余姚人。1924年于东南大学毕业后，历任商务印书馆编译所编辑，暨南大学、复旦大学教授。抗战期间参与组织上海剧艺社，创作、改编了《孤岛男女》、《梁红玉》、《恋爱与阴谋》、《古城烽火》、《上海男女》等许多话剧剧本。抗战胜利后，曾任上海实验戏剧学校校长、复旦大学教授。建国后任上海戏剧学院教授、上海电影工作者协会副主席等职。所著《编剧理论与技巧》一书，从自身戏剧实践中总结戏剧艺术规律，内容翔实，论述精辟。

钱歌川(1903—1990) 散文家、翻译家。湖南湘潭人。早年留学于日本高等师范学校，回国后曾任中学教员、编辑。1936年赴英国伦敦大学进修英文。1939年回国后历任武汉大学、台湾大学、成功大学教授。1964年后在新加坡各大学执教。1972年起侨居美国。所作散文、随笔，文笔清新自然，有《浪迹烟波录》、《瀛壖消闲录》、《楚云沧海录》。译著有《地狱》、《安娜哀史》、《人生与恋爱》、《人间信箱》等。

黄药眠(1903—1987) 作家、文艺理论家。原名访，字吉。广东梅县人。早年毕业于广东高等师范学校。1929年冬到莫斯科参加青年共产国际工作。1933年冬回上海，在共青团中央局工作。1941年在香港从事国际宣传工作。1946年参与创办香港达德学院。建国后任北京师范大学中文系主任。著有长诗《桂林底撤退》，小说集《暗影》、《再见》，诗集《英雄颂》，散文集《朝鲜，英雄的国度》，文艺理论集《沉思集》、《批判集》、《初学集》、《黄药眠文艺论文选集》等。

梁宗岱(1903—1983) 诗人、翻译家。广东新会人。1921年参加文学研究会。1923年就读于广州岭南大学。1924年留学法国巴黎大学。1929年去德国海德堡大学学习。1931年回国，历任北京大学、南开大学、重庆复旦大学、广西西江学院、广州中山大学、广州外语学院教授。著有诗集《途遇》、《晚祷》，词集《芦笛风》，论文集《诗与真》、《诗与真二集》。译作有诗集《水仙辞》、《一切的顶峰》、《商籁六首》、《莎士比亚十四行诗》、《梁宗岱译诗集》，散文集《蒙田随笔》、《罗丹》、《歌德与斐多汶》，小说剧本合集《交错集》，评传《歌德与贝多芬》、《罗丹论》等。

戴平万(1903—1945)　小说家。原名均。广东潮安人。早年就学于广东高等师范学校。1924年参加中国共产党。1927年后在上海从事文学活动。1940年去苏北革命根据地，曾任《抗敌报》主笔、苏中区党校副校长等职。主要作品有短篇小说集《前夜》、《都市之夜》、《苦菜》等。

丁玲(1904—1986)　女小说家。原名蒋伟，字冰之。湖南临澧人。1922年就读于上海大学中文系。1927年于《小说月报》发表小说《梦珂》，次年又发表小说《莎菲女士的日记》。这时期的作品多表现知识女性追求恋爱自由和新的生活，描写大胆细腻。1931年参加左联，主编机关刊物《北斗》。1932年加入中国共产党。作品题材有所扩大，大多反映革命者的工作和生活，以及工农的苦难与反抗，显示了革命文学的创作实绩。1933年在上海被捕，不久囚禁于南京。1936年秋在党的营救下逃离南京，辗转抵陕北。抗战爆发后，组织西北战地服务团，后任延安《解放日报》文艺副刊编辑。其间发表小说《我在霞村的时候》、《在医院中》，杂文《三八节有感》等。1946—1948年间参加河北农村土改斗争，创作了以华北地区土改为题材的《太阳照在桑干河上》，是最早反映土地改革运动的长篇小说，曾获1951年度斯大林文艺奖金二等奖。建国后历任中国作协副主席，中央文学研究所所长，《人民文学》、《文艺报》主编等职。1958年到北大荒劳动。"文革"后回到北京，曾主编《中国》杂志。所作小说、散文广泛反映了各个历史时期的社会现实，并善于刻画人物心理状态，文字清新流畅，具有独特的艺术风格。主要作品还有短篇小说集《在黑暗中》、《自杀日记》、《一个女人》、《夜会》，散文特写集《一年》、《陕北风光》、《欧行散记》、《延安集》，中篇小说《韦护》、《母亲》等。有《丁玲全集》(十二卷)行世。

蒋冰之　即丁玲。

巴金(1904—2005)　小说家。原名李尧棠，字芾甘。原籍浙江嘉兴，生于四川成都。五四时期接受新文化影响，信仰无政府主义，并参与编辑《半月》等刊物。1921年就读于成都外国语专门学校。1923年到上海、南京等地，从事翻译、写作和宣传无政府主义理论。1927年底到法国留学。1928年写作中篇小说《灭亡》。1929年回国后走上文学写作道路。《激流三部曲》(《家》、《春》、《秋》)等小说揭露封建大家庭制度的罪恶和不义，鼓励青年大胆冲出封建家庭牢笼，追求个人解放；《新生》和《爱情三部曲》(《雾》、《雨》、《电》)等小说则描写青年知识分子反抗专制和强权，为寻求理想社会甘愿自我牺牲的精神。其创作充满青年人的热情和煽动力，笔底带有强烈的爱憎，并把青年人内心深处的矛盾痛苦淋漓尽致地表达出来。1935年起担任文化生活出版社总编辑，主编《文学丛刊》、《译文丛书》、《文化生活丛刊》等，团结了大量的青年作家。抗战期间转向写凡人小事，艺术构思也渐趋精致，代表作有中篇小说《憩园》、《第四病室》和《寒夜》等。建国后，先后担任全国文联副主席、中国作家协会副主席，作协上海分会主席等职，写下许多出访随笔和散文，歌颂新人新事。1957年与靳以主编大型文学期刊《收获》。"文革"后写作五卷本《随想录》，通过自我解剖来总结历史教训，提倡"说真话"，倡议建立中国现代文学馆。晚年担任中国作协主席，文联副主席和全国政协副主席。作品结构严谨，语言酣畅明快，笔底感情热烈欢快，小说创作和散文创作都具有很高的艺术成就。一生著译数量甚多。主要创作收入《巴金全集》。

李芾甘　即巴金。

艾芜(1904—1992)　小说家。原名汤道耕。四川新繁(今新都)人。早年就读于成都省立第一师范。1925年后漂泊于中国西南边境和缅甸、马来亚、新加坡等地，当过杂工、教师、编辑等。1931年到上海后参加左联。曾出版短篇小说集《南国之夜》、《南行记》、《夜景》、《芭蕉谷》，中篇小说《春天》等。多以自己的流浪生活描写西南边疆的风土人情，反映殖民地人民的苦难生活。抗战期间创作长篇小说《丰饶的原野》、《故乡》、《山野》，短篇集《荒地》；抗战胜利后创作中篇小说《一个女人的悲剧》、《乡愁》，及《石青嫂子》等多篇短篇小说。1949年后历任重庆市文化局长、作协四川分会主席、中国作协顾问。1957年参加中国共产党。创作长篇小说《百炼成钢》、短篇集《夜归》、《南行记续编》等。作品善于以色彩鲜明的景物和环境烘托人物内心的活动，笔调清新明快，朴实自然，富有抒情意味。

汤道耕 即艾芜。

叶灵凤(1904—1975) 小说家。原名韫璞。江苏南京人。早年就学于上海艺术大学。1925年参加创造社，曾编辑《洪水》半月刊。1925—1937年在现代书局和上海杂志公司工作。1937年到香港，编过《星岛日报》、《立报》和《国民日报》副刊。著有短篇小说集《女娲氏之遗孽》、《菊子夫人》、《鸠绿媚》、《处女的梦》，长篇小说《红的天使》、《穷愁的自传》、《时代姑娘》、《未完的忏悔录》、《永久的女性》等，散文集《白叶杂记》、《天竹》、《灵凤小品集》、《读书随笔》、《香港方物志》、《文艺随笔》、《香江旧事》、《北窗读书录》、《晚晴杂记》以及《张保仔的传说和真相》等。

朱湘(1904—1933) 诗人。字子沅。安徽太湖人。1919年就读于清华学校。1922年加入文学研究会。1927年赴美国，先后就读于罗伦斯大学、芝加哥大学。回国后曾任教于安徽大学外文系。因生活困窘，1933年12月5日投江自杀。前期诗作多描摹自然风光，格调清新幽婉；后期诗作多为愤世嫉俗之作，充满伤感之情。诗作形式完美，章法整饬，韵调和谐，对新诗格律作了有益的探讨。主要作品有诗集《草莽集》、《石门集》、《永言集》，散文集《中书集》，译著有《英国近代短篇小说集》、《番石榴集》等。

刘大杰(1904—1977) 小说家、文学史家。笔名修士、湘君。湖南岳阳人。二十年代末至抗战爆发，曾任大东书局编辑，安徽大学、暨南大学教授。1937年后历任四川大学中文系主任、上海临时大学文法科主任、暨南大学文学院长等职。1949年后，历任复旦大学中文系教授、代理系主任、作协上海分会副主席。主要著作有《昨日之花》、《三儿苦学记》、《魏晋思想论》、《中国文学发展史》、《红楼梦的思想与人物》、《魏晋文人思想论》、《中国文学批评史》(上册，主编)等。

李何林(1904—1988) 文学史家。曾名延寿、振发、竹年。安徽霍丘人。1924年在南京东南大学生物系读书。曾参加北伐战争、南昌起义。1928年去北平参与未名社活动。次年起先后在天津女子师范学院、中法大学、华中大学任教。抗战胜利后在台湾大学、华北大学等任教。1949年后历任教育部秘书处长、天津文学研究所所长、北京师范大学教授、南开大学中文系主任、鲁迅博物馆馆长等职。1957年参加中国共产党。主要著作有《近二十年中国文艺思潮论》、《中国新文学史研究》、《鲁迅论》等。

李霁野(1904—1997) 作家、翻译家。原名继业。安徽霍丘人。早年就读于燕京大学，参加过未名社。1927年起先后在北平孔德学院、天津河北女子师范学院任教。1946年在台北编译馆任职。建国后历任天津南开大学教授、天津市文化局局长、天津市文联和作协天津分会副主席等职。作品有短篇小说集《路》，散文集《给少男少女》、《意大利访问记》，诗集《海河集》，以及回忆录《忆鲁迅先生》、《鲁迅与未名社》等，译著有《文学与革命》、《被侮辱与被损害的》、《简爱》和《近代文艺批评断片》等。

沙汀(1904—1992) 小说家。原名杨朝熙、杨子青。四川安县人。早年就读于四川省立第一师范学校。1927年参加中国共产党。1929年去上海后开始创作，曾得到鲁迅的指导帮助，先后出版小说集《航线》、《土饼》、《苦难》、《祖父的故事》等。1932年参加左联。1938年去延安，任鲁艺文学教员。其间曾随贺龙去晋西北和冀中抗日游击区，创作了特写集《随军散记》，长篇报告文学《记贺龙》等。1939年冬由延安回重庆，先后完成《淘金记》、《困兽记》和《还乡记》等三部长篇小说和《在其香居茶馆里》等二十多篇短篇小说。作品大多以现实主义创作方法，较为深刻地反映抗战以来国统区农村的生活与斗争，揭露农村的黑暗，地主豪绅的凶残与农民的苦难，构思严谨，风格含蓄深沉，具有较强的讽刺性和四川地方色彩。建国后历任作协四川分会主席、中国社会科学院文学研究所所长。有《沙汀文集》(7卷)行世。

杨朝熙 即沙汀。

罗念生(1904—1990) 翻译家。原名懋德。四川威远人。1929年后相继在美国俄亥俄大学、哥伦比亚大学和康奈尔大学研究院、雅典美国古典学院学习。1934年回国后，历任四川大学、武汉大学、湖南大学、山东大学、清华大学教授。1952年任北京大学文学研究所研究员，1964年起任中国科学院外国文学研究所研究员，主要从事古希腊文学的翻译和研究。译著有《窝狄浦斯王》、《安提戈涅》、《阿里斯托芬喜剧集》、《欧里庇得斯悲剧集》、《悲剧二种》、《诗学》等五十余种。有《罗念生全集》(10 卷)行世。

凌叔华(1904—1990)　女小说家、画家。原名瑞棠。广东番禺人。1922 年就读于燕京大学后开始执笔为文。1929 年后任教于武汉大学、燕京大学。1947 年后，随夫陈西滢旅居法、英、美、新加坡、加拿大诸国，研究中外绘画。1956 年后在新加坡南洋大学、加拿大等地教中国近、现代文学，并在法国、英国、美国、新加坡举办个人画展。早年所作小说表现旧家庭柔顺女子的苦闷，心理描写细腻，文笔秀逸。著有小说集《花之寺》、《女人》、《小孩》、《小哥儿俩》、《古歌集》，游记评论集《爱山庐梦影》等。

梁遇春(1904—1932)　散文家。福建福州人。1928 年毕业于北京大学，后在暨南大学、北京大学执教。所作散文多剖析社会，探索人生，文笔活泼，具有浓郁的诗意和哲理色彩。作品有《春醪集》、《泪与笑》等。

缪钺(1904—1995)　史学家、古典文学研究家。江苏溧阳人。北京大学文科肄业，任中学国文教员，之后相继在河南大学等校中文系及四川大学历史系任教授。治学文史结合，在魏晋南北朝史学与文学、唐宋文学、诗学、词学、古籍整理、中国古代思想史等领域均有建树。主要著作有《元遗山年谱汇纂》、《诗词散论》、《读史存稿》、《杜牧传》、《杜牧年谱》、《冰茧庵丛稿》、《灵溪词说》(合著)等。

黎烈文(1904—1972)　散文家、翻译家。湖南湘潭人。1922 年任商务印书馆编辑。1926 年赴日本留学，翌年转赴法国留学，获巴黎大学文学硕士。1932 年回上海，接编《申报》副刊《自由谈》，后因大量发表鲁迅、茅盾等左翼作家针砭时弊的杂文，而被迫辞职。1934 年与鲁迅等人组织译文社，1936 年主编文艺半月刊《中流》。1938 年任福建省教育厅中等学校国文科视导员。1946 年去台湾，历任《新生报》副社长，台湾大学外文系教授。著有小说集《舟中》、散文集《崇高的母性》、《胜利的曙光》。译著有《冰岛渔夫》、《企鹅岛》、《两兄弟》、《红与黑》等近三十种。

王亚平(1905—1983)　诗人。原名福全，号减之。河北威县人。早年就读于河北邢台师范学校，后从事教育工作。曾主编过《新诗歌》、《诗歌新辑》、《现代诗稿》等刊物。1946 年参加中国共产党。建国后任中共北京市委宣传部文化处处长、市文联秘书长。著有诗集《都市的冬》、《海燕的歌》、《生活的谣曲》、《火雾》、《中国，母亲的土地呵！》等多种。

韦丛芜(1905—1978)　翻译家。原名崇武。安徽霍丘人。早年就学于燕京大学。曾任河北女子师范学院教授、霍丘县代县长。建国后先后任职于上海新文艺出版社、杭州丝绸学院。译著颇丰，主要有《穷人》、《格里弗游记》、《罪与罚》、《百万富翁》、《里吉达的童年》、《收获》、《巨人》等。所作长诗《君山》具有浓郁的抒情味与缠绵不尽的风格，在现代叙事诗中别具一格。

冯至(1905—1993)　诗人、外国文学研究家。原名承植，字君培。河北涿县(今涿州)人。1927 年毕业于北京大学。1930 年留学德国。1935 年回国后曾在上海同济大学附属高中任教。1939 年后历任昆明西南联大、北京大学教授，中国科学院外国文学研究所所长、中国科学院哲学社会科学部委员。1956 年参加中国共产党。早年曾参加浅草社、沉钟社。作品有诗集《昨日之歌》、《北游及其他》，多为抒情诗，真实地表现五四运动以后青年知识分子惆怅苦闷的心情，风格幽婉、意象新颖，被鲁迅誉为“中国最为杰出的抒情诗人”(《〈中国新文学大系〉小说二集序》)。抗战时期写有诗集《十四行集》，艺术上更趋成熟；散文集《山水》在描写自然风光中寄寓哲理，文字疏朗、清澈，颇有情致。在杜甫、歌德、海涅的研究方面有重要成就。主要著作还有中篇小说《伍子胥》、散文集《东欧散记》，以及论著《杜甫传》、《德国文学简史》，译著有《海涅诗选》、《德国，一个冬天的童话》等。

向培良(1905—1961)　剧作家。湖南黔阳人。早年毕业于北京大学。1924 年参与创办《狂飙》周刊。一度参加莽原社。1929 年主编《青春》月刊，提倡民族主义演剧运动。后任教于无锡国学专修馆、苏州国立教育学院。著有剧本《不忠实的爱情》、《光明的戏剧》、《最后一计》、《大时代的插曲》，短篇小说集《飘渺的梦》，中篇小说《我离开十字街头》等。

刘呐鸥(1905—1940)　小说家。原名灿波。台湾台南人。早年就读于日本应庆大学、上海震旦大学。后在上海编辑《无轨电车》、《现代电影》杂志。抗日战争期间曾为日本侵略者和汪伪组织服务。1940 年在上海被国民党特工人员枪杀。文学创作受到日本新感觉派的较大影响。主要作品有短篇小说集《都市风景线》、《赤道下》、《一个陪伴你的女人》等。

孙大雨(1905—1997) 诗人、翻译家。原名铭传,字守拙,号子潜。浙江诸暨人。早年就读于清华学校。1925年赴美国,相继就读于达德穆学院和耶鲁大学。1930年回国后历任武汉大学、北平师范大学、北京大学、青岛大学、浙江大学、暨南大学等校教授。诗作多发表于《现代评论》、《新月》,曾被视为新月派诗人。建国后任复旦大学、华东师范大学教授,并致力于中外诗歌翻译工作。著有诗集《精神与爱的女神》、长诗《自己的写照》。

杨刚(1905—1957) 女作家。原名缤。湖北仙桃人。1928年加入中国共产党。1933年毕业于燕京大学。曾任香港《大公报》编辑。1944年留学美国哈佛大学。1948年回国后任香港《大公报》社论委员、上海《大公报》副总编辑。建国后曾任总理办公室秘书、中共中央宣传部国际宣传处处长、《人民日报》副总编辑。主要作品有诗集《我站在地球中央》、散文集《梦的沸腾》、报告文学《东南行》、长篇小说《挑战》等。

杨逵(1905—1985) 小说家。原名贵。台湾台南人。早年曾就读于日本大学夜间部。1927年回台湾,从事农民运动和文化运动,后任《台湾文艺》编辑。1935年创办《台湾新文学》月刊。抗战爆发后回家务农,开办首阳农场。1945年台湾光复后,创刊《一阳周报》,主编《力行报》等。1949年因呼吁和平解放台湾被当局逮捕,监禁十年。出狱后经营东海花园。作品以小说为主,有小说集《鹅妈妈出嫁》、《送报夫》,散文集《羊头集》等。

施蛰存(1905—2003) 小说家、翻译家。浙江杭州人。早年毕业于上海震旦大学,后曾参与编辑《无轨电车》,创办水沫书店。1932年主编《现代》月刊。1932年后在云南大学、厦门大学、暨南大学、大同大学、光华大学、沪江大学执教。1952年后任华东师范大学教授。早年从事文学创作和翻译。所作短篇小说集《上元灯》、《将军底头》、《善女人行品》多表现小市民生活,在描写手法上受弗洛伊德学说的影响,着意于人物潜意识的挖掘。作品还有短篇小说集《追》、《娟子姑娘》、《李师师》、《梅雨之夕》,散文集《灯下集》。译著有《一九〇二级》、《妇心三部曲》、《恋爱三昧》、《征服者贝莱》等。对古典文学和碑版文物亦有研究,著有《唐诗百话》、《水经注碑录》等。

姚克(1905—1991) 剧作家。原名成龙,字莘农。安徽歙县人。早年曾协助斯诺翻译《活的中国》和鲁迅小说。1929年毕业于苏州东吴大学文科,后任该校附中教员、明星电影公司编剧部主任。后去美国耶鲁大学研究戏剧。1940年在上海圣约翰大学任教。1948年任香港永华影业公司电影编导,香港中文大学中文系主任、文学院长和新亚书院、联合书院教授。1968年迁居美国夏威夷。主要作品有剧本《楚霸王》、《清宫怨》、《银海沧桑录》、《美人计》,电影剧本《清宫秘史》等。

姚蓬子(1905—1969) 小说家。原名杉尊。浙江诸暨人。1929年出版诗集《银铃》,次年加入左联,曾任《文学月报》主编。早年参加过共产党,1933年被当局逮捕后发表《脱离共产党宣言》。后任国民党中央文化运动委员会委员、中央图书杂志审查委员会委员。建国后任教于上海师范学院。作品还有短篇小说集《浮世画》、《剪影集》。

高士其(1905—1988) 作家。原名仕錤。福建福州人。1918年就读于清华留美预备学校。1925年赴美国,在威斯康辛大学、芝加哥大学学习化学及细菌学。1928年在实验中受病毒感染致残。1930年回国,任南京中央医院检验科主任。1937年到达延安。1939年加入中国共产党。1949年后任文化部科学普及局顾问。一生创作了大量的科学小品。其作品集知识性、趣味性、思想性于一体,文笔清新,深受青少年喜爱。代表作有《细菌大菜馆》、《细菌自传》、《科学小品集》、《科学诗》等。

楼适夷(1905—2001) 小说家、翻译家。原名锡春,又名建南。浙江余姚人。1922年参加湖畔诗社,1928年参加太阳社,相继出版短篇小说集《挣扎》、《病与梦》、《第三时期》。1929年留学日本。1931年回国后参加左联,并编辑《前哨》、《文学导报》、《文艺新闻》。后到中共江苏省委宣传部工作。抗战爆发后在武汉任《新华日报》和《抗战文艺》编辑。1944年到新四军浙东根据地任浙东行署文教处副处长。建国后历任国家出版总署编译局副处长、东北军区后勤政治部宣传部长、人民文学出版社副社长兼副总编辑。主要作品还有散文集《四明山杂记》、《话雨录》等。译著有《天平之甍》、《安子》、《志贺直哉小说集》等。

臧克家(1905—2004) 诗人。又名瑗望。

山东诸城人。1926年就读于中央军事政治学校武汉分校。大革命失败后回故乡。1930年就读于山东大学,1934年毕业后到山东临清中学任教。抗战爆发后到前线从事宣传工作。1942年到重庆,参加中华全国文艺界抗敌协会活动。抗战胜利后在上海主编《文讯》月刊和《创造诗丛》。建国后历任华北大学文艺学院研究员、中国作协书记处书记、《诗刊》主编、全国政协常委、中国作协顾问等职。早年诗作多抒写旧中国农民的苦难与不幸、勤劳与坚韧,用词精练、感情深沉。写于抗战时期的诗作歌颂了神圣的民族解放战争,蕴含深切的悲痛和愤慨,格调奔放,文笔流畅。抗战后创作了具有强烈政治色彩的讽刺诗,反映了当时重大政治事件。建国后诗作讴歌新社会,风格明朗流畅。主要作品有诗集《烙印》、《罪恶的黑手》、《自己的写照》、《从军行》、《生命的零度》、《春风集》、《欢呼集》等。有《藏克家全集》行世。

戴望舒(1905—1950)　诗人。原名朝宷。浙江杭县(今余杭)人。1923年后曾就读于上海大学、震旦大学。1925年参加中国共产主义青年团。1926年参与创办《璎珞》旬刊,1928年参与创办《文学工场》。1932年参加《现代》的编辑工作,同年赴法国里昂中法大学留学。1935年春回国。1937年抗战爆发后,在香港主编《大公报》文艺副刊,《星岛日报・星岛》副刊。1939年和艾青主编《顶点》。1941年被日本占领军逮捕,在狱中写有《我用残损的手掌》等诗,抒发了怀念祖国与人民的深情。1949年后在国家新闻总署从事编译工作。早年诗作曾受法国象征主义诗派的影响,充满忧郁、感伤情绪,是三十年代现代派代表诗人之一。作品注重意境的创造和语言的锤炼,讲究节奏和音乐性,有较强的艺术感染力。代表作为《雨巷》。主要作品有诗集《我的记忆》、《望舒草》、《望舒诗稿》、《灾难的岁月》,以及《小说戏曲论集》。译著有《高龙芭》、《意大利短篇小说选译》等近三十种。

王季思(1906—1996)　古典文学研究家。原名起。浙江温州人。1925年入南京东南大学学习。1929年毕业于中央大学。后在浙江、安徽、江苏等地中学任教。抗战期间在浙江大学龙泉分校任教,同时从事元人杂剧、明清传奇的研究。抗战胜利后,随浙大分校迁回杭州。1948年在广州中山大学任教。1949年后历任中山大学中文系主任、广东省文联副主席等职。主要著作有《从〈莺莺传〉到〈西厢记〉》、《玉轮轩古典文学论集》、《玉轮轩戏曲新论》等。

石凌鹤(1906—1995)　剧作家。原名联学,又名炼顽。江西乐平人。早年就读于鄱阳江西省立第五中学。1927年加入中国共产党。大革命失败后逃亡日本。1930年回国,在上海参加艺术剧社,从事话剧创作和电影评论工作。1937年参加战地服务团。1939年在重庆文化工作委员会工作。建国后历任剧协江西分会主席、江西文化局局长、剧协上海分会副主席等职。主要作品有话剧剧本《黑地狱》、《战斗的女性》、《山城夜曲》,电影剧本《十字街头》等,创作和改编的戏曲剧本有《西厢记》、《还魂记》等多种。

刘澍德(1906—1970)　小说家。吉林永吉人。早年就读于北平中国大学国文系。抗战爆发后在云南镇南师范、大姚中学等校任教。1947年到长春大学、东北大学任副教授。建国后历任昆明师范学院副教授、作协云南分会副主席、中国科学院云南分院文学研究所副所长。主要作品有中篇小说《桥》、《小岭村的阴阳社》,短篇小说集《造春集》、《卖梨》,长篇小说《归家》(第一部)等。

苏汶(1906—1964)　小说家。原名戴克崇,另一笔名为杜衡。浙江杭县(今余杭)人。早年就读于上海震旦大学。曾参与创办《璎珞》旬刊、《无轨列车》月刊、《新文艺》月刊。1932年发表《关于"文新"与胡秋原的文艺论辩》、《"第三种人"的出路》和《论文学上的干涉主义》等,以"第三种人"自居。1941年后曾任《中央日报》主笔。1949年去台湾,曾任多家报社编辑。主要作品有短篇小说集《石榴花》、《还乡集》,长篇小说《再亮些》(又名《叛徒》)、《漩涡里外》等。

杜衡　即苏汶。

苏金伞(1906—1997)　诗人。原名鹤田。河南睢县人。早年毕业于河南体育专科学校。历任开封第一高级中学、河南大学教员,《春潮》、《沙漠文艺》编辑,《中国时报》副刊主编,华北大学文学院研究员,《诗号角》与《文艺劳动》编辑。建国后历任河南省文联、作协河南分会副主席。著有诗集《地层下》、《窗外》、《入伍》、《鹁鸪鸟》、《出口》等。

李广田(1906—1968)　诗人、散文家。号洗岑。山东邹平人。1930年就读于北京大学,毕业后回济南任中学教员。抗战爆发后任四川国立六中教员。1941年到昆明西南联大任教。抗战胜利后先后到天津南开大学、北平清华大学任教。1948年参加中国共产党。建国后历任清华大学副教务长、云南大学校长、昆明作家协会副主席等职。创作以散文较有影响，文笔朴素细腻，尤擅长风景描绘。六十年代后致力于少数民族文学的整理与研究。主要作品有诗集《汉园集》(与人合集)，散文集《画廊集》、《银狐集》、《雀蓑集》、《圈外》、《回声》、《灌木集》，长篇小说《引力》等。

李健吾(1906—1982) 作家、文学评论家、翻译家。笔名刘西渭。山西运城人。1912年入北师大附中，开始为《晨报》副刊写新诗、小说，后加入文学研究会。1922年与蹇先艾等组织文学团体曦社，编辑《国风日报》副刊《爝火》。1925年就学于清华大学国文系，后转西语系。1931年到法国留学，研究福楼拜。1933年回国，历任暨南大学教授、上海孔德研究所研究员，与顾仲彝等创办上海实验戏剧学校并任教授。1949年后任北京大学文学研究所、中国科学院外国文学研究所研究员。主要著作有小说《西山之云》、《坛子》，剧本《这不过是春天》，散文《意大利游简》，评论《咀华集》、《咀华二集》。译著有《委屈求全》、《福楼拜短篇小说集》、《包法利夫人》、《莫里哀喜剧六种》等。

刘西渭 即李健吾。

吴伯箫(1906—1982) 散文家。原名熙成。山东莱芜人。1931年毕业于北京师范大学，先后在青岛大学、济南乡村师范学校、山东省教育厅工作。1938年去延安，历任陕甘宁教育厅教育科长、东北大学教授、东北大学社会科学院副院长。1941年参加中国共产党。建国后历任人民教育出版社副社长兼副总编辑、作协文学讲习所所长、中国社会科学院文学研究所副所长等职。散文作品视野开阔，抒情叙事并重，文辞优美，主要有《羽书》、《潞安风物》、《黑红点》、《出发集》、《烟尘集》、《北极星》等。

吴奚如(1906—1985) 作家。原名席儒。湖北京山人。早年毕业于黄埔军校，参加过北伐战争。曾任中共湖北省委代书记、省军委书记，左联大众化工作委员会主席，周恩来政治秘书，新四军江北纵队政治部主任，东北总工会生产部部长。建国后任鸡西煤矿工业学校校长、华中师范学院政治部副主任等职。著有短篇小说集《小巫集》、《叶伯》、《卑贱者的灵魂》、《阳明堡的火线》、《未了的旅程》，中篇小说《忏悔》、《汾河上》等。

余冠英(1906—1995) 古典文学研究家。江苏扬州人。早年就读于清华大学中国文学系，在《清华周刊》上发表新诗和散文。毕业后留校任教。抗战时期任西南联大教授，主编《国文月刊》。1949年后任中国科学院文学研究所研究员、中国社会科学院文学研究所副所长、《文学评论》编委。主要著作有《汉魏六朝诗论丛》、《三曹诗选》、《乐府诗选》、《诗经选译》、《唐诗选》、《中国文学史》(主编)等。

张天翼(1906—1985) 小说家。原名元定。湖南湘乡人。曾就读于上海美专和北京大学预科。后在沪宁一带做过家庭教师、职员、报刊编辑、记者。1922年开始创作滑稽小说。1926年参加中国共产党。1929年开始运用现实主义创作方法，写成《三天半的梦》。1931年发表短篇小说《二十一个》，引起左翼文坛的重视。同年参加左联。抗战爆发后积极从事文化界救亡活动。建国后曾任中央文学研究所主任、《人民文学》主编、中国作协顾问。所作小说多描写旧中国中下层社会的各种人物，并善于用夸张、幽默的语言揭示现实社会的虚伪与丑恶。代表作有《包氏父子》、《华威先生》、《鬼土日记》等。儿童文学作品想像丰富，寓教育意义于生动的故事中，有童话《大林和小林》、《宝葫芦的秘密》等。有《张天翼文集》(10卷)行世。

陈伯吹(1906—1997) 儿童文学家。上海宝山人。1921年于师范学校毕业后从事教育工作。1930年先后任《小学生》半月刊主编、儿童书局编辑部主任。1942年在重庆北碚编译局和复旦大学任职。建国后历任华东师范大学、北京师范大学教授，中华书局、人民教育出版社编审，作协上海分会书记处书记，少年儿童出版社副社长等。作品寓思想教育于艺术形象之中，语言运用和人物塑造符合儿童欣赏的特点。主要作品有《阿丽思小姐》、《华家的儿子》、《火线上的孩子》、《一只想飞的猫》、《幻想张着彩色的翅膀》等，理论专著有《儿童文学研究》、《儿童文学简论》。译著有《渔夫和金鱼的故事》、《空屋子》等。

陈学昭(1906—1991) 女小说家。原名淑英、淑章。浙江海宁人。早年就读于南通女子师范、上海爱国女校文科。1923年加入浅草社，1927年赴法国留学，曾获克莱蒙文科大学文学博士学位，其间曾任天津《大公报》驻欧特派记者，《生活周刊》特约撰稿人。1935年回国。1938年去延安,任《解放日报》编辑。建国后曾任浙江省文联副主席。主要作品有长篇小说《南风的梦》、《工作着是美丽的》,短篇小说集《新柜中缘》,散文集《倦旅》、《寸草心》、《烟霞伴侣》等。

邵荃麟(1906—1971)　作家、文艺评论家。原名骏运。浙江慈溪人。1926年就读于复旦大学,并参加中国共产党。曾参加上海工人三次武装起义。1934年任上海反帝反战大同盟宣传部长,不久被捕。1937年出狱后开始文学创作和翻译工作。曾任中共中央东南局文委书记、香港工委副书记、南方局文委书记,主编《文艺杂志》、《大众文艺丛刊》等。1949年后,历任政务院文教委员会副秘书长、中共中央宣传部教育处长、中国作协副主席兼党组书记等职。主要著作有《麒麟寨》、《英雄》、《宿店》、《话批评》、《对当前文艺运动的意见》、《邵荃麟评论选集》等。

邵洵美(1906—1968)　诗人。原名云龙。浙江余姚人。1923年毕业于上海南洋路矿学校,同年留学英国剑桥大学。1926年回国后参与组织狮吼社,出版《狮吼》杂志和"狮吼社丛书"。1928年开办金屋书店,并出版《金屋》月刊,提倡唯美主义文学。1933年后还编辑过《十日谈》旬刊、《人言》周刊、《论语》半月刊。诗作多赞美生与死,词藻华丽,雕琢精致,具有唯美主义倾向。诗集有《天堂与五月》、《花一般的罪恶》、《一朵朵玫瑰》、《诗二十五首》。晚年从事外国文学翻译工作,译著有《汤姆莎耶侦探案》、《家庭与世界》、《麦布女王》等。

赵树理(1906—1970)　小说家。原名树礼。山西沁水人。早年曾就读于长治省立第四师范学校。1927年加入中国共产党,后因逃避当局搜捕而失去党籍。1937年加入山西抗日牺牲救国同盟会,并重新入党。1942年后在中共中央北方局党校研究室从事通俗文艺创作,所作《小二黑结婚》、《李有才板话》、《李家庄的变迁》等为人民大众喜闻乐见。建国后坚持农村题材的创作,《登记》、《三里湾》、《"锻炼锻炼"》等中短篇小说产生过广泛的社会影响。曾任中国曲艺工作者协会主席和《曲艺》杂志主编等职。其小说多描写太行山区农村生活,借生活中发生的平凡琐细的凡人小事反映中国农村的历史性变革;语言以北方农民口语为基础,经加工提炼后更显平易朴素而又生动活泼、幽默风趣;结构有头有尾,塑造了不少栩栩如生的农民形象。有《赵树理文集》(4卷)行世。

黄源(1906—2003)　翻译家、编辑家。原名河清。浙江海盐人。早年留学日本。1929年回国后曾参加编辑《文学》月刊、《译文》月刊。抗战爆发后,参与创办《烽火》杂志。1938年参加新四军,次年加入中国共产党,负责编辑《抗敌》杂志、《抗敌报》文艺副刊、《新四军抗敌丛书》等。1941年后历任鲁迅艺术学院华中分院教导主任、华东大学文学院院长、华东局宣传部文艺处处长、浙江省文化局局长、作协浙江分会主席。译著有《一九〇二年级》、《高尔基代表作》、《三人》等。

萧涤非(1906—1991)　文学史家。原名忠临。江西临川人。1926—1933年在清华大学中文系、清华研究院读书,后在山东大学、四川大学、西南联大、中正大学等校执教。1949年后任山东大学中文系主任、副教务长、《文史哲》副主编、山东省文联副主席等职。主要著作有《汉魏六朝乐府文学史》、《杜甫研究》、《读诗三札记》等。

谢冰莹(1906—2000)　女小说家、诗人。原名鸣冈,字凤宝。湖南新化人。1921年就读于湖南省立第一女子师范,1926年入中央军事政治学校,翌年参加北伐战争。1931年和1935年曾两次就读于日本东京早稻田大学。1940年赴西安主编《黄河》月刊,后赴成都任教。抗战胜利后,曾任汉口《和平日报》与《中华日报》副刊主编,北平师范大学教授。1948年到台湾,在台湾师范大学任教。1973年退休后居美国旧金山。代表作为自传体长篇小说《女兵自传》。主要作品还有短篇小说集《前路》、《血流》、《梅子姑娘》、《圣洁的灵魂》、《雾》、《碧瑶之恋》、《空谷幽兰》、《在烽火中》,长篇小说《红豆》,散文集《从军日记》、《麓山集》、《湖南的风》、《军中随笔》、《爱晚亭》等。

蔡仪(1906—1992)　文艺理论家、美学家。原名南冠。湖南攸县人。1929年赴日本留学。1937年回国参加文化界抗日救亡活动。1941年后在重庆从事文艺理论和美学研究。1945年参加中国共产党。1946年起在杭州艺术专科学校和上海大夏大学任教。1949年前往解放区,在华北大学二部讲授中国现代文学史。1949年后历任中央美术学院教授、北京大学文学研究所(后属中国科学院)研究员等职。主要著作有《新艺术论》、《新美学》、《中国新文学史讲话》、《美学论著初编》等。

潘汉年(1906—1977) 作家、革命家。江苏宜兴人。1924年参加创造社,曾主编《洪水》、《A·11》、《幻洲》。1925年参加中国共产党。曾任《革命军日报》总编辑、北伐军政治部宣传科长。1927年回上海,参与组织幻洲社,出版短篇小说集《离婚》、《曼瑛姑娘》,长篇小说《牺牲者》。1929年后任中共中央宣传部文委书记、左联和左翼文化总同盟第一任党团书记。其间发表许多理论文章,引导和推动左翼文艺运动健康发展。1931年起先后在上海、江西苏区中共中央保卫、宣传部门担任领导工作。建国后任中共上海市委第三书记、上海市副市长。1955年受到错误处理,1982年平反。

蹇先艾(1906—1994) 小说家。字萧然。贵州遵义人。1926年就读于北京大学,同年出版短篇小说集《朝雾》。1931年后曾任北平松坡图书馆编纂主任,出版了《还乡集》、《乡间的悲剧》、《酒家》等短篇小说集。1942年后历任贵州师范学校校长、贵州大学教授和贵阳师范学院中文系主任。其间所作小说、散文、杂文,仍以贵州山区社会生活为题材,批判黑暗现实和乡俗陋习。建国后历任作协重庆分会副主席、贵州省文联主席、作协贵州分会主席等职,继续创作小说、散文。

于伶(1907—1997) 剧作家。原名任锡圭,字禹成,笔名尤兢。江苏宜兴人。1930年考入北平大学,次年参加左联北平分盟、左翼剧联,创作了《瓦刀》、《一颗炸弹》(即《警号》)等戏剧作品。1932年参加中国共产党。1933年到上海,任剧联组织部长、文总组织秘书,发表《汉奸的子孙》、《夜光杯》等反帝剧作。抗战爆发后,任上海戏剧界救亡协会秘书长兼组织部长等职,参与组织十三个救亡演剧队及青鸟剧社等,坚持抗战戏剧活动。作品有《女子公寓》、《花溅泪》、《夜上海》、《大明英烈传》等反帝爱国剧本。皖南事变后去香港,组织旅港剧人协会,写有独幕剧《第四种病人》等。抗战后期,在重庆参与组织中国艺术剧社,发表《长夜行》、《杏花春雨江南》等剧本。建国后历任上海市文化局局长、中国剧协副主席等职。创作电影剧本《聂耳》(与孟波、郑君里合作)、话剧剧本《七月流火》等。剧作结集为《于伶剧作集》(4卷)。

尤兢 即于伶。

冯铿(1907—1931) 女小说家。又名岭梅。广东潮州人。早年曾就读于复旦大学。1929年参加中国共产党。1930年参加左联,1931年被当局逮捕,2月7日在上海龙华就义。为左联五烈士之一。作品有小诗《深意》(100首),中篇小说《最后的出路》(未完)、《重新起来》、《红的日记》,短篇小说《乐园的幻灭》、《突变》等。

朱大枬(1907—1930) 诗人。四川巴县人。1921年就读于北平师范大学附中。1923年参与组织文学社团曦社。1924年就读于北平交通大学运输系。1926年参与创办《晨报诗刊》。诗作大多曲折地反映社会现实,文字古奥,句式整齐,具有音乐美。主要作品有诗集《饥饿》、《冷箭》,童话集《夜来香的复活》、《爱与憎》,诗文合集《灾梨集》(与人合集)等。

关露(1907—1982) 女作家、诗人。原名胡寿楣,又名胡楣。河北宣化人。1927年后在上海法学院和南京中央大学学习。九一八事变后,参加上海妇女抗日反帝大同盟,从事妇女运动工作。1932年加入中国共产党,同年参加左联。曾任中国诗歌会《新诗歌》编辑。在《文学月报》、《现象》月刊、《妇女园地》、英文进步刊物《中国的呼声》上发表散文、短篇小说及翻译文学作品。1939—1945年,受中国共产党派遣,在汪伪政权和日本大使馆与海军报道部合办的《女声》月刊任编辑,收集日伪机密情报。抗战胜利后,任苏北苏皖边区建设大学文艺系副教授。1947年后在大连《关东日报》社、华北大学第三部文学创作组和电影局剧本创作所工作。主要作品有诗集《太平洋的歌声》,中篇小说《新旧时代》、《苹果园》、《黎明》,散文集《都市的烦恼》等。

沉樱(1907—1988) 女小说家、翻译家。原名陈瑛,又名陈锳。山东潍县人。早年就学于复旦大学中文系。1934年留学日本。抗日战争期间在重庆从事文学活动。1946年后先后执教于上海市立实验戏剧学校、复旦大学。1948年去台湾,从事中学教育工作。1967年移居美国。著有短篇小说集《喜筵之后》、《夜阑》、《某少女》、《女性》、《一个女作家》,长篇小说《女性三部曲》等。

阿垅(1907—1967) 诗人。原名陈守梅,又名陈亦门。浙江杭州人。早年曾就读于上海工业专科学校、国民党中央军校。1939年到延安抗日军政大学学习。1941年进重庆陆军大学学习,毕业后留校任战术教官。1946年在成都编辑进步文艺刊物《呼吸》。建国后曾任作协天津分会编辑部主任。1955年因胡风一案被捕，1982年平反。作品有诗集《无弦琴》、《无题》，报告文学集《第一击》，诗论集《人与诗》、《诗与现实》(3卷)、《诗是什么》、《人·诗·现实》，论文集《作家的性格和人物的创造》等。

罗玉君(1907—1987)　女翻译家。原名正淑。四川岳池人。早年留学法国巴黎大学，并获博士学位，回国后历任山东大学、华西大学、四川省立艺术专科学校教授。建国后任华东师范大学中文系教授。译著颇丰，主要有《婀丽女郎》、《母爱与妻爱》、《青鸟》、《红与黑》、《我们的心》、《魔沼》、《奔儿弗朗沙》、《小法岱特》、《安吉堡的魔坊》等。

周文(1907—1952)　小说家。原名何稻玉，字开荣。四川荥经人。1931年在安徽任左翼文化总同盟安徽分部组织部长，1932年在上海参加左联，后任左联组织部长。1933年参加中国共产党。1936年任中共驻上海办事处秘书兼交通。抗战中任中华全国文艺界抗敌协会理事，主持文协会刊《笔阵》，兼《四川日报》、《新民报》副刊编辑。1940年去延安筹办大众读物社，后任陕甘宁边区教育厅长、边区秘书长、晋绥《抗战日报》社和《大众报》社社长、分局秘书长、重庆《新华日报》副社长等职。建国后任中央马列学院秘书长。主要著作有短篇小说集《父子之间》、《分》、《多产集》，中篇小说《在白森镇》，长篇小说《烟苗季》等。

萧军(1907—1988)　小说家。原名刘鸿霖，笔名田军。辽宁义县人。1925年起在吉林军阀部队当骑兵。1928年考入沈阳东北陆军讲武堂。1932年在哈尔滨从事文学创作，并结识萧红，次年共同出版短篇小说、散文集《跋涉》。1934年冬在上海结识鲁迅。1935年出版表现东北人民抗击日本侵略的长篇小说《八月的乡村》，1936—1955年创作长篇小说《过去的年代》。1938年到延安，后去西北战地服务团工作。1946年去东北解放区，任东北大学鲁迅艺术文学院院长，《文化报》总编辑。建国后曾任北京市文物组研究员、戏曲研究所研究员。著有长篇小说《五月的矿山》、《吴越春秋史话》等。

田军　即萧军。

葛琴(1907—1994)　女小说家。江苏宜兴人。早年曾就读于上海大学。1926年参加中国共产党，后多年从事地下工作和文化工作。建国后历任中央电影局编剧、北京电影制片厂副厂长。早年作品多反映妇女生活，笔触细致，语言质朴。著有短篇小说集《总退却》、《生命》、《伴侣》、《狂》，中篇小说《窑场》，电影剧本《女司机》、《海燕》等。

廖沫沙(1907—1990)　杂文家。原名家权。湖南长沙人。1930年参加中国共产党。1932年任《远东日报》编辑，并加入左联。历任沅陵《抗战日报》副主编、桂林《救亡日报》编辑、重庆《新华日报》编辑主任、香港《华商报》副总编辑。1949年后历任中共北京市委教育部长、统战部长，市政协副主席等职。主要作品有杂文集《分阴集》、《三家村札记》(与吴晗、邓拓合著)和《廖沫沙近作选》、《廖沫沙杂文集》等。有《廖沫沙全集》行世。

缪崇群(1907—1945)　散文家。江苏泰县(今姜堰)人。1925年去日本，就读于庆应大学文学系。1928年回国。1930年在南京任《文艺月刊》及《中央日报》副刊《文学周刊》编辑。抗战爆发后，流亡于湖北、广西、云南、贵州、四川等地，编辑过《宇宙风》杂志。早年作品充溢哀怨凄楚的感情纠葛，笔调缠绵悱恻，后表现农村生活现实，风格平实细致。主要作品有散文集《晞露集》、《寄健康人》、《废墟集》、《夏虫集》、《石屏随笔》、《眷眷草》，短篇小说集《归客与鸟》。

力扬(1908—1964)　诗人。原名季信，字汉卿。浙江青田人。早年就读于国立西湖艺术学院，1947年执教于香港中业学院。1948年参加中国共产党。建国后任中国科学院文学研究所主任秘书、研究员。代表作为长诗《射虎者及其家族》，另有诗集《枷锁与自由》、《给诗人》。

方玮德(1908—1935)　诗人。安徽桐城人。1929年入南京中央大学外文系学习。1930年开始在《新月》等刊物发表诗作，是后期新月诗派中有影响的青年诗人。1931年大学毕业后曾在厦门集美学校任教，并从事新诗、小说创作和外国文学翻译。主要作品有诗集《玮德诗集》、《秋夜荡歌》、《丁香花诗集》以及《玮德诗文集》等。

吴世昌(1908—1986)　作家、古典文学研究家。浙江海宁人。早年毕业于燕京大学，后任北平研究院史学研究所编辑，上海博物馆特约研究员，中山大学、湖南国立师范学院、桂林师范学院、重庆中央大学教授。1948年任英国牛津大学高级讲师。1962年回国，任中国科学院文学研究所研究员。治学范围广泛，对词学、红学、文字学、敦煌学都有精深研究。论著有《中国文化与现代化问题》、《红楼梦探源》、《红楼梦探源外编》、《罗音室学术论著》，创作有《散文甲稿》、《罗音室诗词存稿》等。

吴组缃(1908—1994) 作家、学者。原名祖襄。安徽泾县人。1929年后就读于清华大学经济系、中文系，毕业后继续在清华研究院学习。1933年参加社会科学研究会和反帝大同盟。1935年受聘任冯玉祥的国文教师和秘书。1946年随冯玉祥赴美国考察，1947年回国后历任南京金陵女子文理学院、清华大学、北京大学教授，中国作家协会书记处书记，北京市文联副主席，中国《红楼梦》学会会长等职。1956年参加中国共产党。1949年前所作小说多描写皖南农村生活，笔致细腻，刻画深刻，乡土气息浓郁，代表作有短篇小说《一千八百担》、长篇小说《鸭嘴崂》、《山洪》。建国后从事古典小说研究颇有成就。主要作品还有小说散文合集《西柳集》、《饭余集》，散文集《拾荒集》，论著《宋元文学史稿》等。

陆蠡(1908—1942) 散文家。原名圣泉。浙江天台人。早年毕业于上海劳动大学，后在杭州、泉州等地执教。在担任上海文化生活出版社编辑时，遭日本侵略军虐杀而死。所作散文文字清丽，感情深沉。著有散文集《海星》、《竹刀》、《囚绿记》，译著有《罗亭》、《葛莱齐拉》、《烟》等。

陈白尘(1908—1994) 剧作家。原名增鸿。江苏淮阴人。早年就读于上海艺术大学和南国艺术学院。1928年发表长篇小说《漩涡》，同年加入南国社。1929年参与组织摩登剧社。1932年因参加反帝大同盟被捕。1935年出狱，创作历史剧《石达开的末路》、《金田村》。抗战期间曾率上海影人剧团赴四川宣传抗日，组织中华剧艺社，主编《华西日报》，创作话剧《结婚进行曲》、《岁寒图》，讽刺喜剧《升官图》。1947年任昆仑影业公司编导，创作电影剧本《幸福狂想曲》(与陈鲤庭合作)、《乌鸦与麻雀》(执笔)。建国后历任上海戏剧电影工作者协会主席、中国作协秘书长、南京大学教授等。创作电影剧本《宋景诗》、历史剧《大风歌》、改编电影剧本《阿Q正传》。其剧作语言精练，结构紧凑，文笔泼辣犀利、挥洒纵横。

欧阳山(1908—2000) 小说家。原名杨凤岐。湖北荆州(今荆沙)人。早年就读于广东高等师范附属师范初中班。后专事文学创作，陆续写出《玫瑰残了》、《失败的失败者》等小说。先后主编《幼稚》、《每月小说》、《广州文艺》等刊物。1933年在上海参加左联，并任文总宣传部长。1940年参加中国共产党。1941年到延安后，曾任中共中央文委常委、《华北文艺》主编，写有反映陕甘宁边区历史变化的长篇小说《高干大》。建国后历任广东文联主席、作协广东分会主席。创作多卷本长篇小说《一代风流》(《三家巷》、《苦斗》、《柳暗花明》、《圣地》、《万年春》)等，反映了他在形成民族风格和个人风格方面所取得的成就，并成为其代表作。

周立波(1908—1979) 小说家。原名绍仪、凤翔。湖南益阳人。早年曾就读于上海劳动大学，因参加革命活动被学校开除。1934年参加左联，同年加入中国共产党。1935年任《时事新报》副刊《每周文学》编辑。抗战爆发后，到晋察冀抗日根据地，创作了《晋察冀边区印象记》。1939年底到延安，历任鲁迅艺术学院编译处处长、《解放日报》编辑、《中原日报》副社长、松江省委宣传处长。1948年创作了反映东北农村土地改革的长篇小说《暴风骤雨》。1955年出版长篇小说《铁水奔流》，同年回乡落户。曾任湖南省文联主席、作协湖南分会主席。1959年写成反映土改后农村斗争、歌颂合作化运动的长篇小说《山乡巨变》。其小说结构严谨，善于描写日常生活、刻画人物性格，生活气息浓郁，笔调轻松幽默，擅用方言，具有鲜明的个人创作风格。作品还有短篇小说集《铁门里》、《禾场上》，报告文学集《战场三记》。译著有《被开垦的处女地》、《秘密的中国》、《多布罗夫斯基》等。

周扬(1908—1989) 文艺理论家。原名起应。湖南益阳人。1927年参加中国共产党。1928年就读于上海大夏大学，后赴日本留学。1931年回国从事左翼文艺活动，历任中共上海中央局文委书记、中共左联党团书记、《文学月报》主编等职。1937年到延安，曾任陕甘宁边区教育厅长、文协主任、鲁迅艺术文学院院长、延安大学校长、《文艺战线》主编等职。解放战争时期任中共晋察冀中央局及中共中央华北局宣传部长。1949年后历任文化部副部长、全国文联副主席、中国作协副主席、中共中央宣传部副部长、中国社会科学院副院长、民间文学研究会主席、中华全国美学学会名誉会长等职。主要著作有《民间艺术和艺人》(与萧三合作)、《表现新的群众的时代》、《新的人民的文艺》、《文艺战线上的一场大辩论》、《我国社会主义文学艺术的道路》、《关于社会主义新时期的文学艺术问题》，译著有《生活与美学》、《安娜·卡列尼娜》(与谢素台合译)等。有《周扬文集》行世。

赵家璧(1908—1997)　翻译家、出版家。上海松江人。1932 年毕业于上海光华大学。1933 年起先后主编《良友文学丛书》、《中国新文学大系》、《良友文库》、《一角丛书》、《万有画库》等。1937 年后历任光华大学副校长、良友复兴图书公司经理兼总编辑、《前线日报》经理、晨光出版社经理。建国后曾任上海人民美术出版社、上海文艺出版社副总编辑、中国出版工作者协会副主席等职。主要著译有《新传统》、《月亮下去了》、《编辑忆旧》等。

秦瘦鸥(1908—1993)　小说家。原名浩。上海嘉定人。早年毕业于上海商科大学。曾任《大美晚报》、《大英夜报》、《译报》编辑，《新民报》主笔。1952 年后任香港《文汇报》副刊部主任兼集文出版社总编辑。1956 年后在上海文化出版社、新文艺出版社、出版文献资料编辑所任职。代表作为长篇小说《秋海棠》。另有长篇小说《危城记》、《劫收日记》、《梅宝》。译著有《御香缥缈录》、《瀛台泣血记》、《茶花女》等。

徐讦(1908—1980)　小说家。字伯讦。浙江慈溪人。1931 年毕业于北京大学哲学系，留校作心理学研究生。1936 年留学法国巴黎大学，获哲学博士学位。1938 年回国，曾任《人间世》、《天地间》、《热风》等刊物主编。1942 年执教于国立中央大学。1950 年赴香港，创办创垦出版社，组织香港笔会，曾任浸会学院文学院院长。著述颇丰，主要作品有中篇小说《鬼恋》、《吉布赛的诱惑》，长篇小说《精神病患者的悲歌》、《风萧萧》，诗集《进香集》、《借火集》、《幻袭》、《灯笼集》、《鞭痕集》、《轮回》、《时间的去处》等。

钱仲联(1908—2003)　古典文学研究家。原名萼孙，字仲联，号梦苕。江苏常熟人。早年毕业于无锡国学专修学校，后任大夏大学、无锡国专教授。建国后任南京师范学院、苏州大学教授。在古典文学研究上功力深厚，卓有成就。主要论著有《人境庐诗草笺注》、《韩昌黎诗系年集释》、《鲍参军集注》、《剑南诗稿校注》、《梦苕盦清代文学论集》、《梦苕盦专著二种》等。主编有《清诗纪事》。又长于旧体诗词创作，有《梦苕盦诗》。

黄谷柳(1908—1977)　小说家。原名显襄。广东梅县人。生于越南海防。早年在昆明联合中学、云南第一师范学习。1927 年在香港报社任校对。1931 年到广东陈济棠部队任文职官员。1941 年任重庆《文化新闻》周刊总编。抗战胜利后到香港，参加进步文艺活动，在《华商报》上发表长篇小说《虾球传》。1949 年回内地参加游击队。1950 年后任《南方日报》记者、专业作家。作品还有中篇小说《渔港新事》、《接班人》，散文集《战友的爱》等。

黄嘉德(1908—1992)　翻译家。福建晋江人。早年毕业于上海圣约翰大学，后留校执教。曾参与创办西风社，主编《西风》月刊。1947 年留学美国哥伦比亚大学，回国后任圣约翰大学文学院代院长。建国后任山东大学教授。译著有《下场》、《萧伯纳传》、《乡村求爱》、《乌有乡消息》等。

傅雷(1908—1966)　翻译家。字怒安。上海南汇人。1927 年赴法国巴黎大学、巴黎卢佛美术史学校学习艺术批评。1931 年回国，在上海美专教美术史和法文。1933 年后历任《时事汇报》总编辑、中央古物保管委员会编审科长。抗战爆发后专事译著。一生共译外国文学名著三十二部，尤以翻译与研究巴尔扎克著作成绩卓著。有《傅雷译文集》(15 卷)行世。另有《傅雷家书》，表达对人生、道德、艺术的精辟见解，文笔优美，亦有影响。

韩侍桁(1908—1987)　翻译家。原名云浦。天津人。1931 年后历任中山大学教授、中山文化教育馆特约编译、中央通讯社特约记者、重庆文风书局总编辑。建国后历任齐鲁大学教授，上海编译所、译文出版社编译。著有杂文集《小文章》、《参差集》、《浅见集》。译著有《十九世纪文学之主潮》、《拜伦评传》、《赌徒》、《巨浪》、《哈吉·幕拉》、《红字》、《家庭幸福》、《卡斯特桥市长》、《妇女乐园》等。

王林(1909—1984)　小说家。河北衡水人。早年就学于青岛大学。1930 年加入中国共产党。1937 年后历任冀中火线剧社社长、《冀中导报》编辑。建国后曾任作协天津分会、天津市文联副主席。作品有长篇小说《腹地》、《女村长》、《站起来的人民》、《洪秀全的故事》、《叱咤风云》，短篇小说集《十八匹战马》等。

王朝闻(1909—2004)　文艺理论家、美学家、雕塑家。原名昭文，笔名纹石、廖化、席斯诃。四川合江人。1932年入杭州艺术专科学校学习雕塑。1940年到延安鲁迅艺术学院、华北联合大学艺术学院美术系从事艺术教育和美术创作。1949年后历任中央美术学院教授、中国美术家协会副主席、中国艺术研究院副院长、中国美学学会会长、《美术》杂志主编等职。主要著作有《新艺术创作论》、《面向生活》、《以一当十》、《论凤姐》、《审美谈》、《王朝闻文艺论集》、《美学概论》(主编)等。有《王朝闻集》(22卷)行世。

任钧(1909—2003) 诗人。原名卢嘉文,曾名奇新,笔名卢森堡。广东梅县人。早年就读于上海复旦大学,后留学日本早稻田大学。参加过太阳社和左联,后参与发起成立中国诗歌会,倡导大众诗歌运动。1935年后历任大夏大学、上海戏剧专科学校、上海音乐学院、上海师范大学教授。著有诗集《冷热集》、《后方小唱》、《为胜利而歌》、《发光的年代》。另有小说和译著几种。

丽尼(1909—1968) 散文家、翻译家。原名郭安仁。湖北孝感人。1929年起先后在福建晋江黎明高中、武昌艺术专科学校任教。1932年到上海加入左联。1935年参与创办文化生活出版社。建国后历任中南人民文艺出版社总编辑,中央电影艺术编译社副主任,武汉大学、暨南大学教授。主要作品有散文集《黄昏之献》、《鹰之歌》、《白夜》,小说散文集《江之歌》。译著有《贵族之家》、《前夜》、《海鸥》等。

吴晗(1909—1969) 历史学家、散文家。原名春晗,字辰伯。浙江义乌人。1931年就读于清华大学历史系,1934年毕业留校任教。1937年起先后在云南大学、西南联大执教,曾任清华大学历史系主任、文学院院长等职。建国后历任北京市副市长、北京市政协副主席、中国民主同盟副主席、中国科学院哲学社会科学部委员等职。1961年与邓拓、廖沫沙合写《三家村札记》,同年还创作新编历史剧《海瑞罢官》。另有杂文集《投枪集》、《春天集》、《学习集》。作品内容常借古喻今,论及时事。“文化大革命”中遭迫害致死,1978年平反。

张中行(1909—2006) 散文家。河北香河人。原名张璿。早年毕业于北京大学。曾在中学和大学任教,后为人民教育出版社特约编审。其散文创作文风古朴,恬淡从容。著有《文言与白话》、《负暄琐话》、《顺生论》、《禅外说禅》等。

罗烽(1909—1991) 小说家。原名傅乃琦。辽宁沈阳人。1928年毕业于哈尔滨呼海铁路传习所。1929年参加中国共产党。1935年在上海参加左联。抗战爆发后任上海文艺界战时服务团宣传部长、“文协”延安分会主席、东北文艺协会代主任。建国后,历任东北人民政府文化部副部长、东北文联副主席、作协东北分会副主席等职。主要作品有短篇小说集《呼兰河边》、《横渡》、《粮食》,中篇小说《归来》、《莫云和韩尔谟少尉》,剧本《红旗飘扬》等。

罗大冈(1909—1998) 翻译家。浙江绍兴人。1933年毕业于北京中法大学,同年赴法国留学,曾获巴黎大学文学博士学位。1942—1946年旅居瑞士。1947年回国,先后在南开大学、清华大学、北京大学任教授。1964年任中国科学院外国文学研究所研究员,主要从事法国文学的翻译和评论。译著有《阿拉贡诗文抄》、《拉法格文学论文集》、《艾吕雅诗抄》、长篇小说《母与子》等。

柯灵(1909—2000) 散文家、电影剧作家。原名高季琳。浙江绍兴人。小学毕业。1931年进上海明星影片公司任职。抗战期间主编《民族呼声》周刊,后为《文汇报》、《大美报》和《正言报》编辑文艺副刊,编辑《鲁迅风》、《万象》等刊物。抗战胜利后曾任《文汇报》主笔。1948年去香港参与创办香港《文汇报》,并任永华影片公司编剧。建国后历任上海《文汇报》总编辑、上海剧本创作所所长、上海电影艺术研究所所长、国际笔会上海中心主席。擅长各种文体,以散文成就最高,文笔凝练,感情真挚,风格清丽质朴。主要作品有杂文集《市楼独唱》、《暖流》,散文集《望春草》、《晦明》、《香雪海》、《长相思》,电影剧本《武则天》、《乱世风光》、《春城花落》、《腐蚀与海誓》、《为了和平》、《春满人间》、《不夜城》、《秋瑾传》。还有童话、小说、话剧剧本等多种。

高兰(1909—1987) 诗人。原名郭德浩。黑龙江爱辉(今黑河)人。早年就读于燕京大学。抗战时期参与发起朗诵诗运动,不少诗作被谱曲传唱。代表作《哭亡女苏菲》感情深沉真挚,语言质朴明朗。1948年后在长春大学、山东师范学院、华东大学、山东大学任教授。著有《高兰朗诵诗》等多种。

殷夫(1909—1931) 诗人。原名徐柏庭、徐祖华、徐文雄,笔名白莽。浙江象山人。1926年就读于上海浦东中学,同年参加中国共产党。

1927年求学于同济大学。1928年加入太阳社。1929年离校专门从事共青团工作,编辑团中央机关刊物《列宁青年》。1930年加入左联,为左联刊物《萌芽》、《拓荒者》、《巴尔底山》等写了不少诗。所作政治鼓动诗感情真实,格调高昂,有强烈的战斗性,鲁迅赞其诗是“属于另一世界”。1931年1月17日被当局逮捕,2月7日被秘密杀害于上海龙华。为左联五烈士之一。主要作品有诗集《孩儿塔》。有《殷夫集》行世。

白莽　即殷夫。

靳以(1909—1959)　小说家、散文家。原名章方叙。天津人。1932年毕业于复旦大学,先后与郑振铎合编《文学季刊》、《水星》,与巴金合编《文季月刊》、《文丛》月刊,并参加文化生活出版社编辑工作。1939年到重庆,任复旦大学教授。1941年去福建永安接编《现代文艺》。1944年后复任复旦大学教授,编辑文协刊物《中国作家》和《大公报》副刊《星期文艺》。建国后,负责编辑《小说月刊》、《收获》。曾任中国作协书记处书记、作协上海分会副主席等职。创作甚丰,题材多样。主要作品有短篇小说集《圣型》、《残阳》、《洪流》,中长篇小说《春草》、《秋花》、《前夕》,散文集《渡家》、《佛子岭的曙光》、《心的歌》等。

马加(1910—2004)　小说家。原名白晓光。辽宁新民人。早年就读于东北大学。1938年到延安,参加八路军文工团。1941年加入中国共产党。1946年到东北参加土改工作。建国后历任东北作协主席、辽宁省文联主席、作协辽宁分会主席等职。主要作品有长篇小说《滹沱河流域》、《江山村十日》、《开不败的花朵》、《北国风云录》等。

公木(1910—1998)　诗人、学者。原名张松如,曾名张永年、张松甫。河北束鹿(今辛集)人。早年就读于北平大学第一师范学院。1930年参加中国社会科学家联盟和左联。抗战初期在晋西北战地总动员委员会工作。1938年到延安后加入中国共产党,曾发起成立延安诗社。1941年任军委直属政治部文艺室主任,主编《部队文艺》。抗战后期在鲁迅艺术文学院文学系任教。1945—1954年在东北,曾任长春市文联主任。1954年后历任文学讲习所所长、吉林大学中文系教授、副校长,吉林省社会科学院副院长,作协吉林分会主席等职。主要作品有长诗《鸟枪的故事》,诗集《中华人民共和国颂歌》、《十里盐湾》、《黄花集》、《崩溃》,论著《中国诗歌史论》、《诗论》、《老子说解》、《老庄论集》等。

卞之琳(1910—2000)　诗人、翻译家。江苏海门人。1929年就读于北京大学,1933年毕业后在保定、济南等地执教。1936年与李广田、何其芳合出诗集《汉园集》。这一时期的诗作多抒发青年知识分子对黑暗现实的不满,弥漫着忧郁情绪,风格近于象征派。1937年在四川大学任教。1938—1939年曾去抗日根据地访问,并一度在鲁迅艺术文学院任教,后出版诗集《慰劳信集》、报告文学集《第七七二团在太行山一带》。1946年任西南联大教授。1947年赴英国牛津大学从事研究。1949年回北京,历任北京大学教授,中国科学院文学研究所、外国文学研究所研究员。1956年参加中国共产党。著有诗集《十年诗草》、《翻一个浪头》、《雕虫纪历》,论文集《人与诗:忆旧说新》。译著有《阿道尔夫》、《哈姆雷特》等。

艾青(1910—1996)　诗人。原名蒋海澄。浙江金华人。1928年毕业于浙江省立第七中学,旋入杭州国立西湖艺术学院绘画系。翌年赴法国勤工俭学,自学绘画兼习法文。在文学上深受比利时诗人凡尔哈伦的影响。1932年初回国后,在上海参加左翼美术家联盟。不久,被当局逮捕入狱,在狱中开始创作诗歌。1935年被释。抗战爆发后参加抗日救亡运动。1941年赴延安,主编《诗刊》。1945年加入中国共产党。抗日战争胜利后,曾任华北联合大学文艺学院副院长。建国后曾任中国作家协会副主席、《人民文学》副主编。1958年后在黑龙江、新疆农场劳动。1978年后回到北京,曾任中国作协顾问。诗作《大堰河——我的保姆》、《北方》、《雪落在中国的土地上》、《雪里钻》等反映了民族的苦难与命运,传达了时代的呼唤和人民的心声,具有高度的艺术概括力;《向太阳》、《火把》、《黎明》、《光的赞歌》是对光明的热烈向往、追求和讴歌。其作品紧密联系现实,富于战斗精神和新鲜的诗美,具有将真实与想像结合的特色。在诗歌理论上,强调诗人必须具有时代的使命感,主张用内容与形式相统一的观点去评价诗歌,提倡新诗的民族性和多样性。主要诗集有《大堰河》、《北方》、《他死在第二次》、《向太阳》、《火把》、《土地》、《黎明的通知》、《归来集》;论文集有《诗论》、《新文艺论》、《艾青谈诗》等。

丘东平(1910或1911—1941)　小说家。原名硕珍。广东海丰人。早年就读于陆安师范学校，结业后参加农民运动。1926年加入中国共产党。1928年春参加海陆丰起义，失败后流亡香港。1931年在上海参加十九路军，参加一二八抗战。曾参加左联活动。抗战爆发后，参加上海八一三抗战，创作有《一个连长的战斗遭遇》、《第七连》等战地通讯与特写。1940年到苏北解放区，从事抗战教育事业。1941年7月28日在苏北建湖反"扫荡"战斗中牺牲。主要作品有短篇小说集《茅山下》、《沉郁的梅冷城》、《长夏城之夜》、《红花地之守御》、《第七连》，中篇小说《火灾》等。

师陀（1910—1988） 小说家。原名王长简，笔名芦焚。河南杞县人。中学毕业。1931年在北平编过文学刊物，后到上海，任苏联上海广播电台文学编辑、上海市立实验戏剧学校教员、文华电影制片公司特约编剧。建国后任上海出版公司总编辑、上海电影剧本创作所编剧。作品善写世俗风情，笔触细致。主要作品有中篇小说《无望村的馆主》，长篇小说《马兰》，短篇小说集《谷》、《里门拾记》，以及《山川·历史·人物》等多种。

芦焚 即师陀。

李长之（1910—1978） 文学批评家、文学史家。原名长治、长植。山东利津人。1929年入北京大学预科。1931年入清华大学生物系，后转哲学系。1934年主编《清华周刊》文艺栏，创办《文学评论》双月刊，并主编天津《益世报》文学副刊。1936年毕业后，先后在清华大学、昆明大学、重庆中央大学任教，并主编多种文艺刊物。1949年后任北京师范大学教授。主要著作有《鲁迅批判》、《司马迁之人格与风格》、《陶渊明传论》、《中国文学史略稿》等。

吴强（1910—1990） 小说家。原名汪大同。江苏涟水人。肄业于河南大学。1933年加入左联。1938年在皖南参加新四军，曾任兵团政治部宣传部长。1939年加入中国共产党。参加过莱芜、孟良崮、淮海、渡江等战役，写有《繁昌之战》、《丁赞亭》等戏剧作品。1952年任作协上海分会副主席等职。所著长篇小说《红日》，正面描写莱芜战役到孟良崮战役的全过程，壮观激越，洋溢着革命英雄主义。其他作品有长篇小说《堡垒》、中篇小说《养马的人》等。

林庚（1910—2006） 古典文学研究家、诗人。字静希。福建福州人。早年毕业于清华大学，后留校执教。抗战期间任厦门大学教授。1947年后任燕京大学、北京大学教授。青年时代创作新诗，有《夜》、《春野与窗》、《北平情歌》、《冬眠曲及其他》。多年从事古代诗歌研究，著有《诗人屈原及其作品研究》、《诗人李白》、《中国文学简史》。主编有《中国历代诗歌选》等。

林放（1910—1992） 杂文家。原名赵超构。浙江瑞安人。1934年毕业于中国公学。历任南京《朝报》编辑、重庆《新民报》主笔。1944年访问延安，写成长篇通讯《延安一日》。1946年参加上海《新民报晚刊》（后改《新民晚报》）创刊工作，任总编辑。"文革"后任上海辞书出版社副社长、《新民晚报》社长等职。所作杂文视野广阔，敢于针砭时弊，风格平实，雅俗共赏，有杂文集《世象杂谈》、《未晚谈》等。

罗洪（1910— ） 女小说家。原名姚自珍。江苏松江（今属上海）人。1929年毕业于苏州女子师范学校。抗战胜利后在上海编辑《正言报》副刊《草原》。1953年后曾任《文艺月报》、《上海文学》、《收获》编辑。主要作品有长篇小说《春王正月》、《孤岛时代》，短篇小说集《鬼影》、《活路》、《这时代》，中篇小说《夜深沉》等。

金人（1910—1971） 翻译家。原名张君悌。河北南宫人。三十年代在上海开始文学创作和文学翻译，译有《少年维特之烦恼》、《静静的顿河》。1942年到苏北抗日根据地，曾任《抗敌报》编辑、苏北行政公署司法处处长。1946年到东北，任东北司法部秘书处处长。建国后致力于文学翻译，译著有《普通一兵》、《磨刀石农庄》、《茹尔宾一家》、《克里姆·萨木金的一生》等。

姚雪垠（1910—1999） 小说家。原名冠三，字汉英。河南邓县（今邓州）人。曾就读于河南大学预科，后在北平等地从事教育工作。1938年在第五战区文化工作委员会任职，其间发表短篇小说《差半车麦秸》、长篇小说《牛全德与红萝卜》。1941年在大别山区编辑《中原文化》杂志。1945年去四川三台东北大学任教。抗战胜利后到上海，曾任大夏大学副教务长，并发表描写河南西部"绿林"生活的长篇小说《长夜》。1953年后在武汉、北京专事创作，写有多卷本长篇历史小说《李自成》。曾任湖北省文联主席、中国作协顾问等职。

袁俊（1910—1996） 剧作家、电影艺术家。原名张骏祥。江苏镇江人。1931年于清华大学毕业后留校任教。1936年赴美国耶鲁大学戏剧研究院学习。1939年回国后在国立戏剧专科学校任教。1940年起历任重庆中央青年剧社社长、中央电影摄影场编导委员、香港永华影业公司导演等职。其间曾导演《蜕变》等话剧、电影，创作了《边城故事》、《小城故事》、《山城故事》、《美国总统号》、《万世师表》等五部话剧剧本。建国后历任上海电影制片厂副厂长、上海电影局局长、文化部电影局局长等职。先后创作、改编《胜利重逢》、《鸡毛信》、《白求恩大夫》等六部电影剧本。

张骏祥 即袁俊。

钱钟书(1910—1998) 小说家、学者。字默存，号槐聚，笔名中书君。江苏无锡人。1933年清华大学外文系毕业，后在光华大学任教。1935年赴英国牛津大学学习，后又到法国巴黎大学研究院研究法国文学。回国后先后任西南联大、湖南蓝田师院、上海震旦女子文理学院等校教授。抗战胜利后任暨南大学外语系主任、教授，中央图书馆外文部总纂等职。1949年后历任清华大学教授、中国科学院哲学社会科学部委员、中国社会科学院文学研究所研究员、副院长等职。知识渊博，通晓多种外语，对文学、历史、美学、心理学造诣颇深。曾对中西文论、诗论作过精微的辨析、阐发，并对中西文化作过深入的比较研究，见解精卓。小说语言具有机智隽永的特点，并有独特的艺术风格。主要著作有《写在人生边上》、《围城》、《谈艺录》、《管锥编》、《七缀集》、《也是集》等。

徐懋庸(1910—1977) 杂文家、翻译家。原名茂荣。浙江上虞人。早年曾在上海劳动大学半工半读。三十年代在左联工作。1936年曾致函鲁迅，鲁迅因此发表《答徐懋庸并关于抗日统一战线问题》。1938年在延安加入中国共产党。后历任《华北文化》主编、冀察热辽联合大学副校长、中共武汉大学党委书记、中国科学院哲学研究所研究员。所作杂文富有知识性，针砭时弊尖锐泼辣，有《街头文谈》、《打杂集》、《打杂新集》。译著颇丰，有《托尔斯泰传》、《斯大林传》、《伊特勒共和国》、《辩证理性批判》、《人的远景》等。另有《徐懋庸回忆录》等。

曹禺(1910—1996) 剧作家。原名万家宝，字小石。湖北潜江人。1929年就读于清华大学西洋文学系。1934年发表剧本《雷雨》，通过周、鲁两家前后三十年间复杂的情爱、血缘关系纠葛，鞭笞封建制度的罪恶，成功地塑造了繁漪、周萍、周朴园等人物形象，具有很高的艺术水平。大学毕业后，曾在天津河北女子师范学院、南京国立戏剧专科学校任教。1936年又发表剧本《日出》，以横断面表现形式，塑造众多人物典型，反映半殖民地半封建大都市的畸形生活与畸形人生。1937年发表以农民复仇为题材的三幕话剧《原野》。这三部作品奠定了其在文学史上的地位。1939年创作了以某后方伤兵医院蜕旧变新为题材的四幕话剧《蜕变》。1940年写成剧本《北京人》，反映一个封建世家的没落和崩溃，塑造了一系列封建阶级末代子孙形象。1942年根据巴金小说《家》改编成同名剧本，为小说改编戏剧提供了成功的范例。1946年赴美国讲学。1947年回国，在上海市立实验戏剧学校、上海文华影业公司工作。建国后历任全国文联副主席、主席，中国剧协主席，北京人民艺术剧院院长等职，创作了《明朗的天》、《胆剑篇》(与人合作)、《王昭君》等剧本。其主要剧作艺术地概括了半殖民地半封建社会现实，表达出憎恶旧社会，向往新社会的理想，内涵丰富，风格独特，冲突尖锐，形式多样，结构严谨，语言动作性强，潜台词丰富，节奏鲜明，抒情色彩强烈。

萧乾(1910—1999) 记者、小说家、翻译家。原名秉乾。蒙古族，北京人。1935年毕业于燕京大学新闻系。后任《大公报》记者、编辑。1939年后任英国伦敦大学东方学院讲师、《大公报》驻英国特派员、剑桥大学英国文学研究生。抗战胜利后回国，仍在《大公报》工作。建国后历任英文《人民中国》副主编、《文艺报》副主编、人民文学出版社编辑、中央文史馆馆长。主要作品有短篇小说集《篱下集》、《栗子》、《创作四试》等。译著有《好兵帅克》、《大伟人江奈生·魏尔德传》、《屠场》、《尤利西斯》(与文洁若合译)等。

彭柏山(1910—1968) 小说家。原名丙生。湖南茶陵人。早年曾就读于上海劳动大学。1931年参加左联所属文艺研究会。1935年加入中国共产党，后历任中共江苏省委工委书记、新四军政治部和苏北指挥部民运部部长，苏北联合抗日军政治部主任、第二野战军军副政委。1952年后任华东军政委员会文化部副部长、中共上海市委宣传部长。1955年因胡风错案株连被捕，次年释放后在青海、福建、河南等地的大专院校图书馆工作。1980年平反。作品有短篇小说集《崖边》、《三个时期的侧影》，长篇小说《战争与人民》，中篇小说《任务》。

以群(1911—1966) 文艺理论家。原名叶元灿。安徽歙县人。早年曾在日本东京法政大学留学。九一八事变后回国从事新文艺运动，曾主编《青年文艺》等刊物。1932年参加中国共产党，同年参加左联。抗战时期在武汉参加中华全国文艺界抗敌协会。1948年赴香港，主持文通社，开展对海外华侨文艺社团及报刊的文艺通讯联络活动。1949年后历任华东和上海中苏友好协会副总干事，上海联合电影制片厂副厂长，上海文联、作协上海分会副主席，上海文学研究所副所长等职，并先后任《文艺月报》、《上海文学》、《收获》副主编。主要著作有《文学的基本原理》(主编)、《谈有关文学特性的几个问题》、《文学问题漫论》等。

朱雯(1911—1994) 小说家、翻译家。上海松江人。早年毕业于苏州东吴大学。历任上海法学院、上海财经学院、震旦大学、上海师范大学教授。著有短篇小说集《现代作家》、《逾越节》，长篇小说《漩涡中的人物》、《动乱一年》。译著颇丰，有《凯旋门》、《流亡曲》、《生存死亡的时代》、《苦难的历程》、《阿维马事件》等多种。

李伯钊(1911—1985) 女剧作家。四川重庆人。1926年就读于苏联莫斯科中山劳动大学。1931年回国后加入中国共产党。在江西苏区期间曾任高尔基戏剧学校校长，与人合写剧本《为谁牺牲》。建国后历任中共北京市委文委书记、北京艺术剧院院长、中央戏剧学院副院长。写有剧本《长征》、《桦树林》、《北上》等。

李辉英(1911—1991) 作家。原名连萃。吉林永吉人。1930年毕业于上海中国公学中文系。1935年任《生生月刊》、《漫画漫话》编辑。1946年后在东北长春大学、东北师范大学等校执教。1950年到香港，先后执教于香港大学东方语言学院、香港中文大学。主要作品有描写东北人民反抗日本帝国主义侵略，保卫家园的长篇小说《万宝山》，此外还有长篇小说《松花江上》、《抗战的前奏》，中篇小说《复恋的花果》，以及《中国现代文学史》、《中国小说史》等。

杨绛(1911—) 女作家、翻译家。原名季康。江苏无锡人。早年毕业于苏州东吴大学，1933年后在清华大学学习。1935年后留学英国牛津大学、法国巴黎大学。1938年回国后历任震旦大学、清华大学教授，中国科学院文学研究所、外国文学研究所研究员。著有剧本《弄假成真》、《称心如意》，散文集《干校六记》，长篇小说《洗澡》，回忆录《我们仨》，论文集《春泥集》。译著有《吉尔·布拉斯》、《堂·吉诃德》等。

何家槐(1911—1969) 小说家。浙江义乌人。早年就读于上海暨南大学。1932年加入中国共产党。三十年代参加过左联刊物的编辑工作，四十年代在浙江、上海任中学教员。建国后历任中共中央高级党校语文教研室主任、暨南大学中文系主任等职。著有短篇小说集《竹布衫》、《暧昧》、《寒夜集》，散文集《稻粱集》、《冒烟集》等。另有译著、文学评论作品等几种。

张庚(1911—2003) 戏剧理论家。原名姚禹玄。湖南长沙人。三十年代在上海参加左翼戏剧运动，编辑《生活知识》、《新学识》等刊物。1938年到延安，任鲁迅艺术文学院戏剧系主任。1943年在延安及陕甘宁边区从事新秧歌活动。1949年后任中央戏剧学院副院长。1953年任中国戏曲研究院副院长、《戏剧报》主编，后任文化部艺术研究院副院长等职。主要著作有《戏剧艺术引论》、《中国话剧运动史初稿》、《新歌剧论》、《中国戏剧通史》(与郭汉城共同主编)等。

陈梦家(1911—1966) 诗人、考古学家。浙江上虞人。1931年毕业于中央大学。曾在《新月》月刊发表诗作。1931年应徐志摩之邀，编辑《新月诗选》，并参与编辑《诗刊》。次年到青岛大学任助教。1934年入燕京大学研究生班专攻中国古文字学，后留校任助教。抗战爆发后，到昆明西南联大任教。1944年到美国芝加哥大学讲学。1947年回国，在清华大学执教。1952年任中国科学院考古研究所研究员。主要作品有诗集《梦家诗集》、《陈梦家作诗在前线》、《铁马集》、《梦家存诗》，中篇小说《不开花的春花》。

季羡林(1911—) 学者。山东临清人。早年毕业于清华大学，后留学德国哥廷根大学，曾获哲学博士学位，并在该校从事研究工作多年。1946年回国后任北京大学教授。建国后历任北京大学南亚研究所所长、南亚东南亚研究所所长、副校长。对印度语言、文学、历史的研究颇多建树。文学译著有《罗摩衍那》、《沙恭达罗》、《优哩婆湿》、《五卷书》等。著有散文集《朗润集》、《天竺心影》等。

高植(1911—1960) 翻译家。又名介植。安徽合肥人。1932年毕业于中央大学。1942年起执教于中央政治学校、中央大学和金陵大学。译有《复活》、《战争与和平》(与郭沫若合译)、《幼年·少年·青年》等。建国后曾任时代出版社编审。1957年后专事翻译,译著有《安娜·卡列尼娜》、《论列夫·托尔斯泰著作》等。

萧红(1911—1942) 女小说家。原名张迺莹,笔名悄吟。黑龙江呼兰人。1930年因抗婚离家出走,后就读于北平女子师范大学附中。1932年回哈尔滨开始写作,自费出版与萧军合著的小说散文集《跋涉》。后在青岛写作小说《生死场》,以抗战为背景,表现东北沦陷前后农民的生活与斗争。1934年去上海,与鲁迅过从甚密。1938年,任山西临汾民族革命大学文艺指导,不久辗转西安、武昌、重庆等地。1940年流亡香港,直至病逝。作品具有观察细致、文笔细腻清丽的特点,东北地方色彩浓郁。主要作品还有散文集《商市街》、《桥》,短篇小说集《牛车上》、《旷野的呼唤》,长篇小说《马伯乐》、《呼兰河传》等。

雷石榆(1911—1996) 诗人。广东台山人。早年留学日本中央大学,期间开始诗歌创作活动,编辑《诗歌生活》等刊物。1936年回国后,参与创办《中国诗坛》,后主编《西南文艺》。四十年代曾在台湾、香港等地大学执教。建国后历任天津大学、河北大学教授。主要作品有诗集《河漠之歌》、《国际纵队》、《1937.7.7—1938.1.1》、《新生的中国》、《小蛮牛》,以及短篇小说集《惨别》、《婚变》等。

蒲风(1911—1942) 诗人。原名黄日华,又名飘霞,曾用名浦芳、风。广东梅县人。1930年就学于上海中国公学。1932年参加左联,同年参与发起成立中国诗歌会,提倡诗歌的大众化。1933年创办会刊《新诗歌》。1934年赴日本,参加左联东京分盟活动。1936年回国,在福州任教。1940年抵皖南新四军军部,从事战地文化工作。前期诗作主要抒写农民的痛苦和反抗,后期以歌颂抗日反帝为主题。作品热情奔放,朴实无华,通俗易懂。主要作品有诗集《茫茫夜》、《摇篮歌》、《生活》、《钢铁的歌唱》,以及长诗《六月流火》。

王辛笛(1912—2004) 诗人。原名馨迪。江苏淮安人。早年毕业于清华大学。1936年赴英国爱丁堡大学学习。回国后历任上海光华大学、暨南大学教授。建国后,在上海工业部门任职。曾任作协上海分会副主席。诗作受西方诗歌影响较深,感情细腻,语言生动,有些诗意境较朦胧,但并不晦涩。主要作品有诗集《珠贝集》(与辛谷合著)、《手掌集》、《辛笛诗稿》、《印象·花束》等。

邓拓(1912—1966) 杂文家。原名子健,又名云特,笔名马南邨。福建闽侯人。1929年就读于上海光华大学,翌年参加左联,并加入中国共产党。1937年赴山西抗日前线,先后任中共晋察冀军区《抗敌报》编辑、《晋察冀日报》社长兼总编辑。建国后历任《人民日报》社长兼总编辑、中共北京市委书记等职。写有五百多首诗词和不少杂文。杂文集《燕山夜话》影响较大,敢于针砭时弊,且能熔知识性与思想性于一炉,语言犀利明快。"文化大革命"中被迫害致死,1979年平反。

孔罗荪(1912—1996) 作家、文艺评论家。原名繁衍。上海人。三十年代初开始文学活动。1935年任汉口《大光报》副刊《紫线》主编。1937年参与主编《战斗旬刊》。1938年任中华全国文艺界抗敌协会出版部副部长兼《抗战文艺》编委。1940年任重庆《文学月报》主编。1949年参加中国共产党,后任南京市文联副主席,华东作协、上海作协和上海文联秘书长,《文艺报》主编,作协书记处书记等职。主要著作有《野火集》、《小雨点》、《寂寞》、《文艺漫笔》、《文艺散论》等。

叶紫(1912—1939) 小说家。原名余昭明,又名鹤林。湖南益阳人。1922年到长沙读中学。1927年马日事变发生后,家人多遭残杀,被迫在长江中下游地区飘泊。1933年在上海加入中国共产党和左联,同年参与创办《无名文艺》。作品多反映大革命前后洞庭湖畔工农运动,故事情节曲折,充满炽热的革命精神。代表作为短篇小说《丰收》。有《叶紫文集》(2卷)行世。

白朗(1912—1994) 女小说家、散文家。原名刘东兰。辽宁沈阳人。1932年在哈尔滨参加"反日大同盟",次年任《国际协报》副刊主编。1935年到上海从事文艺活动。1939年参加作家战地访问团。1941年赴延安,任《解放日报》编辑。1945年加入中国共产党。次年任《东北日报》副刊部部长。建国后曾任中国作协理事。作品富有爱国主义激情,真实反映人民推翻旧世界、建设新中国的主人翁精神。主要作品有散文集《西行散记》、《月夜到黎明》,报告文学集《我们十四个》、《真人真事》,中篇小说《老夫妻》、《为了幸福的明天》,长篇小说《在轨道上前进》等。有《白朗文集》行世。

朱生豪(1912—1944) 翻译家。浙江嘉善人。1933年毕业于之江大学，后任上海世界书局、《中美日报》编辑。译有莎士比亚戏剧作品三十一种，1954年人民文学出版社据此出版了《莎士比亚戏剧集》。是我国率先翻译莎士比亚戏剧的翻译家。

何其芳(1912—1977) 诗人、散文家、文学评论家。原名永芳。四川万县人。1929年后曾在上海中国公学预科、北京大学就读。1936年与卞之琳、李广田合出诗集《汉园集》。其诗作在忧郁情怀的抒唱中表现了对旧社会的不满和对美好生活的向往，风格清新委婉。同年出版散文集《画梦录》，文采绚丽，形成独特的抒情文体。1935年大学毕业后，先后在天津、山东、四川等地执教。1938年到延安鲁迅艺术文学院工作，并参加中国共产党。后赴晋西北和冀中根据地工作。创作了《我歌唱延安》、《生活是多么广阔》等热情歌颂新生活的诗文，后编成诗集《夜歌》和散文集《星火集》、《星火集续编》。1944年后两次被派往重庆，进行文化界的统一战线工作，并曾任新华日报社副社长等职。1953年后历任中国科学院文学研究所所长、中国作协书记处书记，致力于文学评论和文学研究，著有《关于现实主义》、《西苑集》、《关于写诗和读诗》、《论〈红楼梦〉》、《文学艺术的春天》等多部论文集。有《何其芳文集》(6卷)行世。

金克木(1912—2000) 诗人、学者。安徽寿县人。1935年在北京大学图书馆任职。1938年任香港《立报》编辑。1939年到湖南省立桃源女子中学执教。1941年去印度任《印度日报》(中文)编辑，后留在印度学习梵文和古代印度哲学、文学。1946年回国，历任武汉大学、北京大学教授。三十年代开始发表诗作，后致力于研究、翻译梵文文学。主要作品有诗集《蝙蝠集》，论著《梵语文学史》。译著有《我的童年》、《云使》等。

姜椿芳(1912—1987) 翻译家。江苏常州人。1930年起从事翻译工作。1932年加入中国共产党。1936年后历任中共上海局文委文化总支书记、《时代》周报主编、《时代日报》总编辑、时代出版社社长。建国后历任上海俄文学校校长、中共中央马恩列斯著作编译局副局长、中国大百科全书出版社总编辑、中国翻译工作者协会会长等职。译著颇丰，主要有《苏联卫国战争诗选》、《智者千虑必有一失》、《俄罗斯问题》、《吉洪诺夫诗选》、《战线》、《戏剧集》、《小市民》、《敌人》等。

覃子豪(1912—1963) 诗人。原名基。四川广汉人。早年就读于北平中法大学政法学院。1935年留学日本东京中央大学。回国后在国民党军队从事新闻工作。1947年去台湾，后任物资调节委员会及台湾省粮食局专员。曾主编《新诗周报》，参与创办蓝星诗社，并任社长。诗作受十九世纪法国浪漫派和象征派影响较大，风格明澈而含蕴。作品有诗集《自由的旗》、《生命的弦》、《永安劫后》、《海洋诗抄》、《向日葵》、《画廊》、《未名集》，诗论《诗的解剖》、《论现代诗》与《诗的表现方法》等。

端木蕻良(1912—1996) 小说家。原名曹京平。辽宁昌图人。1932年就读于清华大学时参加北平左联，任《科学新闻》主编，陆续写出长篇小说《科尔沁旗草原》、《大地的海》，短篇小说《鸶鹭湖的忧郁》、《憎恨》等。抗战爆发后先后在山西临汾民族革命大学、重庆复旦大学任教，后去香港主编《时代文学》，发表长篇小说《新都花絮》、《大江》等。1948年秋到上海，主编《求是》杂志和《银色批判》。建国后曾任作协北京分会副主席，写有散文集、剧本多部和长篇小说《曹雪芹》。

穆时英(1912—1940) 小说家。浙江慈溪人。早年毕业于上海光华大学。曾任汪伪政府宣传部新闻宣传处处长、《国民日报》主编。1940年被国民党特工人员枪杀。是三十年代新感觉代表作家之一。代表作《上海的狐步舞》(长篇小说断片)采用意识流手法，表现光怪陆离的都市罪恶生活。其他作品有短篇小说集《南北极》、《公墓》、《白金女体塑像》、《圣处女的感情》等。

戈宝权(1913—2000) 翻译家。笔名葆荃、北泉、北辰、苏牧。江苏东台人。1932年毕业于上海大夏大学。1935年任天津《大公报》驻莫斯科记者。1938年回国，先后任《新华日报》、《群众》、《中苏文化》和《文学月报》、《苏联文艺》编辑、编委。建国后曾任驻苏联大使馆参赞、中苏友好协会副秘书长等职。1957年后任中国科学院文学研究所和中国社会科学院外国文学研究所研究员、北京鲁迅博物馆鲁迅研究室顾问。译著有《高尔基传》、《普希金诗选》、《马雅科夫斯基诗选》等多种。

冯亦代(1913—2005) 翻译家。原名贻德。浙江杭州人。早年毕业于上海沪江大学。曾任《电影与戏剧》主编、重庆中外文化联络社经理。建国后历任新闻总署国际新闻局秘书长、外文出版社出版部主任、《中国文学》编辑部副主任、《读书》副主编。著有散文集《龙套集》、《书人书事》、《漫步纽约》。译著有《第五纵队》、《人鼠之间》、《萨柯和樊塞蒂的受难》、《美国短篇小说集》等。

孙犁(1913—2002)　小说家。原名树勋，笔名耕堂。河北安平人。高中毕业后曾在小学执教。1937年后任冀中抗战学院教官，后任晋察冀通讯社、《晋察冀日报》编辑。1944年赴延安，就读于鲁迅艺术文学院，后为教员。期间创作《荷花淀》、《麦收》、《芦花荡》等作品，以其新颖的题材，浓郁的诗情画意而引人注目。解放战争期间到冀中参加土改，创作了《嘱咐》、《织花席》等作品。建国后历任作协天津分会主席、天津市文联名誉主席，创作有反映冀中人民斗争生活的长篇小说《风云初记》和中篇小说《铁木前传》等。晚年作品风格深沉，并具有思辨色彩。有《孙犁全集》(十一册)行世。

纪弦(1913—　　)　诗人。原名路逾，笔名路易士。陕西周至人。1933年毕业于苏州美专。1934年创办《灿》诗刊，1936年参与创办《新诗》月刊。1948年去台湾，曾任报社编辑、中学教员，创办《现代诗》季刊，组织现代派诗社，对台湾现代派诗歌创作有很大影响。1976年后旅居美国。主要作品有诗集《行过之生命》、《在飞扬的时代》、《纪弦诗甲集》、《纪弦诗乙集》、《青春之歌》、《摘星的少年》、《无人岛》、《饮者诗抄》、《飞跃与超越》、《晚景》、《半岛之歌》，散文集《小园小品》、《终南山下》、《园丁之歌》，诗论《纪弦诗论》、《新诗论集》、《纪弦论现代诗》。

路易士　即纪弦。

杨朔(1913—1968)　散文家。原名毓瑨，字莹叔。山东蓬莱人。高中毕业。1929年开始发表诗作。1938年发表中篇小说《帕米尔高原的流脉》。1945年加入中国共产党。解放战争期间任新华社特派记者。建国后任全国铁路总工会文艺部长、中国保卫世界和平委员会副秘书长、亚非人民团结理事会书记处书记等职。1950年参加抗美援朝，写有长篇小说《三千里江山》和不少通讯、特写。1956年起长期从事外事工作，著有反映亚非人民生活的散文集多种。所作散文讲究布局安排和语言的锤炼，具有浓郁的诗意和情景交融的意境，风格含蓄婉丽、清新俊逸。主要作品还有长篇小说《洗兵马》，散文集《海市》、《东风第一枝》、《生命泉》、《茶花赋》等。

张光年(1913—2002)　诗人、文学评论家。笔名光未然、华夫。湖北光化(今老河口市)人。三十年代初在武汉任中学教师，开始文学活动。1937年参加中国共产党。1939年率抗敌演剧队赴延安。1946年进入华北解放区，先后在北方大学艺术学院和华北大学文艺学院任教。1949年后任《剧本》、《文艺报》主编，中国作协书记处书记、副主席等职。主要著作有《黄河大合唱》、《五月花》、《戏剧的现实主义问题》、《文艺论辩集》等。

光未然　即张光年。

陈荒煤(1913—1996)　文艺评论家、小说家。原名光美。湖北襄阳人。1932年参加中国共产党，次年参加上海左翼戏剧家联盟。1937年到延安鲁迅艺术文学院戏剧系和文学系任教。1946年后在北方大学文艺研究室工作，主编《北方文化》。1949年后历任中央电影局局长、文化部副部长、中国社会科学院文学研究所副所长、中国作协副主席、中国电影艺术研究中心主任等职。主要著作有短篇小说集《刘麻木》、《长江上》，论著《为创造新英雄人物的典型而努力》、《解放集》等。

林默涵(1913—　　)　文学理论家、作家。原名烈。福建武平人。早年就学于福州高中师范科，毕业后在福州、厦门、上海等地从事地下工作。1935年入日本东京新闻学院学习哲学，次年返回上海。1938年到延安马列学院学习。同年参加中国共产党。1940年后参与编辑《中国文化》、延安《解放日报》副刊、重庆《新华日报》副刊。1946年在上海编《群众》和《新文化》，后随《群众》周刊迁至香港。1949年后历任政务院文教委员会办公厅主任、中宣部文艺处长、中宣部副部长、中国文联副主席、文化部副部长。主要著作有《狮和龙》、《浪花》、《更高地举起毛泽东文艺思想的旗帜》、《林默涵劫后文集》等。

草明(1913—2002)　女小说家。原名吴绚文。广东顺德人。早年就读于广州女子师范学校。1933年到上海参加左联，并任《现实文学》编辑。1940年加入中国共产党。1941年赴延安，在中央研究院文艺研究室工作。1946年到哈尔滨做工厂群众工作，同时写作了中篇小说《原动力》等一批反映工人当家作主、忘我劳动的小说。建国后历任东北区文艺协会副主席，鞍钢第一炼钢厂、北京第一机床厂党委副书记，创作了工业题材长篇小说《火车头》、《乘风破浪》及许多短篇小说、报告文学。有《草明文集》(4卷)行世。

唐弢(1913—1992) 杂文家、文学史家。原名端毅，笔名风子、晦庵、若思。浙江镇海(今属宁波)人。早年在上海邮政局工作。三十年代开始发表散文和杂文。建国后在复旦大学、震旦大学、上海戏剧专科学校任教。1959年后在中国科学院文学研究所任研究员。在现代文学史研究上颇有成就。著有杂文集《推背图》、《海天集》，论文集《海山论集》、《鲁迅论集》，以及《晦庵书话》。主编有《中国现代文学史》。

程千帆(1913—2000) 古典文学研究家。湖南宁乡人。原名程会昌。1936年毕业于金陵大学中文系。1942年起先后在金陵大学、四川大学、武汉大学和南京大学任教。曾任江苏省文史馆馆长、中国唐代文学学会会长等职。长期从事中国古典文学批评研究，于唐代诗歌致力尤深。著有《唐代进士行卷与文学》、《文论十笺》、《史通笺记》、《闲堂文薮》等。

舒群(1913—1989) 小说家。原名李书棠，又名春阳、旭东。黑龙江哈尔滨人。1931年参加抗日义勇军，1932年加入中国共产党。1935年在上海参加左联。1937年后历任八路军总部随军记者、延安《解放日报》副刊主编、延安鲁迅艺术学院文学系主任、东北电影制片厂厂长、东北大学副校长、中国作协秘书长等职。作品多反映东北人民在民主革命和社会主义革命时期的斗争生活和劳动建设，生活气息浓郁，富有地方色彩。主要作品有短篇小说集《没有祖国的孩子》、《海的彼岸》、《我的女教师》，中长篇小说《老兵》、《秘密的故事》、《这一代人》，以及《毛泽东的故事》等。

王瑶(1914—1989) 文学史家、古典文学研究家。山西平遥人。1934年就读于清华大学中文系。抗战爆发后随校迁至昆明，毕业后入清华研究生院中国文学部，研究汉魏六朝文学。1949年后历任清华大学、北京大学副教授、教授，兼中国社会科学院文学研究所研究员等职。主要著作有《中国新文学史稿》、《鲁迅与中国文学》、《中国文学史论集》等。

王西彦(1914—1999) 小说家。原名西徵。浙江义乌人。1933年就读于北平中国大学。1938年在武汉参加战地服务团。后历任桂林师范学院、湖南大学、武汉大学、浙江大学教授。建国后任作协上海分会副主席。作品多以知识分子生活为题材，主要有短篇小说《乡井》、《朴玉丽》、《新土壤》、《眷恋土地的人》，长篇小说《古屋》、《风雪》、《春回地暖》、《在漫长的道路上》等多种，并有《论阿Q和他的悲剧》、《晚望》等论著、散文作品。

方敬(1914—1996) 诗人。四川万县人。1938年加入中国共产党，次年毕业于北京大学。曾任四川罗江中学教员，桂林《工作》社总编辑，贵州大学、相辉学院教授。建国后历任重庆大学教授，西南师范大学副校长，四川省文联、作协四川分会副主席等职。著有诗集《雨景》、《声音》、《行吟的歌》、《受难者的短曲》、《拾穗记》，散文集《风尘集》、《生之胜利》、《记忆与忘却》、《花环集》等。

孔厥(1914—1966) 小说家。原名郑志万。江苏吴县人。早年曾就读于江苏省测量学校。抗战爆发后，参加上海文化界战地服务团。1938年到延安鲁迅艺术学院学习，毕业后留校工作。建国后历任文化部电影剧本创作组编剧、农村读物出版社编辑。主要作品有长篇小说《新儿女英雄传》(与袁静合作)、《新儿女英雄续传》，以及《孔厥短篇小说选》等。

叶君健(1914—1999) 翻译家、小说家。湖北红安人。早年就读于武汉大学。1936年赴日本留学。1938年在香港主编英文刊物《中国作家》。1941年去重庆，任重庆大学、中央大学教授。1944年赴英国，曾在剑桥大学研究欧洲文学。1949年回国，任《中国文学》英文版副主编。主要作品有长篇小说《土地三部曲》(《火花》、《自由》、《曙光》)，中篇小说《在草原上》。译著有《安徒生童话全集》、《王子与渔夫》、《潘朵娜的匣子》等。

吕赫若(1914—1951) 小说家。原名石堆。台湾台中人。1934年毕业于台中师范学校，后历任教师、编辑。台湾光复后，在省艺术建设协会和出版协会任职。作品或描写农民生活的悲苦，或暴露地主家庭生活的腐朽，具有浓厚的乡土气息和清新的写实风格。著有长篇小说《台湾的女性》、短篇小说集《清秋》等。

阮章竞(1914—2000) 诗人。广东中山人。1937年到华北太行山革命根据地，后任八路军太行山剧团政治艺术指导员。1939年参加中国共产党。1947年创作大型歌剧《赤叶河》和长诗《圈套》，记录了解放战争时期农民的苦难和翻身斗争的历史。1949年发表长诗《漳河水》,以洗练的手法塑造了三个争取自由解放的青年妇女形象,描绘她们解放前后截然不同的生活道路。1950年后曾任中共中央华北局宣传部文艺处长、中国作协党总支书记、《诗刊》副主编。作品还有诗集《虹霓集》、《迎春橘颂》、《勘探者之歌》。

严辰(1914—2003) 诗人。原名汉民。江苏武进人。1933年就读于上海正风文学院。1938年在重庆一编译馆工作。1941年赴延安,在文艺界抗敌协会从事创作。1943年在鲁迅艺术学院工作。1945年在华北联合大学文学系任教。建国后历任《人民文学》编辑部主任、《新观察》主编、作协黑龙江分会副主席、《北方文学》主编、《诗刊》主编。诗作表现了中国民主革命和社会主义革命时期人民的火热斗争生活,诗风朴实,文辞简约,章法缜密。著有诗集《唱给延河》、《最好的玫瑰》、《春满天涯》等。

李英儒(1914—1989) 小说家。河北清苑人。1942年加入中国共产党。曾任河北游击军《火星报》编辑主任、中共中央北方分局敌工部处长。建国后历任总后勤部文化部、宣传部副部长,总政治部文化部创作组组长。著有长篇小说《战斗在滹沱河上》、《野火春风斗古城》、《女游击队长》、《还我河山》、《上一代人》,以及《李英儒短篇小说集》。

李满天(1914—) 作家。原名涓丙。甘肃临洮人。早年就读于北京大学。1939年加入中国共产党。曾任《晋察冀日报》、《晋冀日报》编辑,中共应县、浑源县委宣传部副部长,新华社湖北分社总编辑。建国后历任湖北省文化局副局长、河北省文联副主席、作协河北分会主席。著有短篇小说集《哑吧讲话》、《家庭》、《绊脚石》、《力原》,长篇小说《水向东流》等。

杨沫(1914—1995) 小说家。原名成业、君默。湖南湘阴人。早年上过中学,后当过小学教员、家庭教师。1936年加入中国共产党。1937年到晋察冀边区,后相继在《黎明报》、《晋察冀日报》、《人民日报》任编辑。建国后在北京市妇联宣传部工作。1952年任中央电影局剧本创作所编辑。1963年后专事创作,曾任北京市文联副主席等职。代表作为长篇小说《青春之歌》,表现三十年代青年知识分子的生活和斗争,产生过很大影响。主要作品还有长篇小说《芳菲之歌》、《东方欲晓》(第一部),中篇小说《苇塘纪事》。

宋之的(1914—1956) 剧作家、报告文学家。原名汝昭。河北丰润人。1930年就读于北平大学,曾参与组织苞莉芭剧社。1932年参加左翼剧联北平分盟,主编《戏剧新闻》,此后在上海、太原、武汉、重庆、桂林、香港等地组织"新地剧社",参加上海救亡演剧一队、作家战地访问团,组织新港剧人协会、中国艺术剧社。建国后任解放军总政治部文艺处处长、《解放军文艺》主编。1948年参加中国共产党。1936年创作报告文学《一九三六年春在太原》,揭露与抨击了反动军阀的法西斯统治,笔墨犀利,讽刺辛辣。所作历史剧《武则天》,题材新颖,风格鲜明,影响颇大;代表作话剧剧本《雾重庆》写一群流亡大学生被迫沦落的过程,抨击了逼使爱国青年走上歧路的当局;独幕喜剧《群猴》,对竞选丑行进行了辛辣的嘲笑与揭露,具有很强的讽刺性。主要作品还有剧本《罪犯》、《旧关之战》、《刑》、《祖国在召唤》、《春寒》、《九件衣》(与东川等合作)、《皇帝与妓女》、《西厢记》、《保卫和平》等。

陈残云(1914—2002) 小说家、电影剧作家。广东广州人。1939年毕业于广州大学。参与创办《中国诗坛》、《文化生活》、《广州诗坛》等刊物,并出版诗集《铁蹄下的歌手》。1941年起曾辗转于香港、桂林、贵阳等地及新加坡等东南亚国家,从事文化运动及革命活动。建国后历任华南文学艺术学院秘书长、广东省文联副主席、作协广东分会副主席等职。其创作在较广阔的背景上表现往日生活的旧影,文笔朴素清新,有岭南地方特色。主要作品有长篇小说《香飘四季》、《山谷风烟》、《热带惊涛录》,中短篇小说集《南洋伯还乡》、《山村的早晨》及电影文学剧本《珠江泪》、《羊城暗哨》等。

周而复(1914—2004) 小说家。原名祖武。安徽旌德人,1938年毕业于上海光华大学,后到延安从事编辑和宣传工作。1942年写成报告文学《诺尔曼·白求恩片断》,1944年和1946年先后去重庆、香港等地开展党的文化工作,期间创作了长篇小说《白求恩大夫》和《西流水的孩子们》。建国后任中共上海市委宣传部副部长、对外友协副会长、作协上海分会副主席、文化部副部长等职,并创作了反映对民族资产阶级和资本主义工商业实行社会主义改造的长篇小说《上海的早晨》(4卷)。其他作品还有长篇小说《长城万里图》、《燕宿崖》等。

赵清阁(1914—1999) 女小说家、剧作家。河南信阳人。早年毕业于上海美术专科学校。1936年后历任上海女子书店总编辑、《神州日报》副刊主编、上海实验戏剧学院教员。建国后历任上海电影制片厂编剧、上海社会科学院学术委员。著有短篇小说集《旱》、《华北的秋》,长篇小说《月上柳梢》,散文集《落叶》、《沧海泛忆》、《行云散记》,话剧剧本《女杰》、《反攻胜利》、《潇湘淑女》,电影剧本《粉墨青青》等。

贺宜(1914—1987) 儿童文学家。原名朱荩园。江苏金山(今属上海)人。抗战期间,曾在上海组织少年出版社,后在国立幼稚师范、国立幼稚师范专科学校任教。抗战胜利后执教于上海市立师范学校,并任《童话连丛》主编、中国少年剧团团长等职。1946年加入中国共产党。建国后历任《新少年报》社长兼总编辑、《中国少年报》副总编辑、少年儿童出版社副社长、上海文艺出版社副社长兼副总编辑等职。所作儿童文学作品艺术构思新奇,故事性强,富有童趣。主要作品有童话集《野旋的童话》、《小神风和小平安》、《小公鸡历险记》和《刘文学》等。有《贺宜文集》(5卷)行世。

袁静(1914—1999) 女小说家。原名行庄。江苏武进人。早年就读于北平艺术专科学校。1935年加入中国共产党,曾在天津、上海从事地下工作。1940年到延安后从事文艺创作。建国后历任天津市文联副主席、作协天津分会副主席。著有长篇小说《新儿女英雄传》(与孔厥合作)、《淮上人家》、《伏虎记》、《红色交通员》,儿童小说《小黑马的故事》、《芳芳和汤姆》等。

徐迟(1914—1996) 作家、翻译家。浙江吴兴(今湖州)人。早年肄业于东吴大学,后任编辑、教师等职。建国后历任《人民中国》英文版编辑、《诗刊》副主编、作协武汉分会主席等职。"文革"后发表《哥德巴赫猜想》等报告文学,产生一定影响。著有诗集《二十岁人》、《最强音》、《战争·和平·进步》,报告文学集《我们这时代人》、《哥德巴赫猜想》。译著有《明天》、《托尔斯泰散文集》、《帕尔玛宫闱秘史》、《托尔斯泰传》等。

梁斌(1914—1996) 小说家。原名维舟。河北蠡县人。早年就读于保定省立第二师范学校。1933年开始创作、发表短篇小说。1937年加入中国共产党,历任新世纪剧社社长、蠡县县委副书记。建国后任《武汉日报》社社长、河北省文联主席、作协河北分会副主席等职。代表作有描写北方农民几代人寻求反抗道路的长篇小说《红旗谱》。主要作品还有长篇小说《播火记》、《翻身记事》、《烽烟图》。其作品人物性格粗犷,场面壮阔,语言朴素生动,具有浓厚的乡土色彩。有《梁斌文集》(5卷)行世。

鲁藜(1914—1999) 诗人。原名许徒弟。福建同安人。1936年加入中国共产党。1938年在延安抗日军政大学学习。1939年后历任晋察冀军区民运干事、战地记者。建国后历任天津市文学工作者协会主席、作协天津分会副主席。著有诗集《醒来的时候》、《锻炼》、《时间的歌》、《星的歌》、《红旗手》、《天青集》、《鹅毛集》等。

华铃(1915—1992) 诗人。原名冯锦钊。广东新会人。早年就读于上海暨南大学。曾参与创办《文艺》半月刊,后在昆明、澳门、桂林、重庆等地任教。1948年定居澳门,从事教学工作。抗战时期在上海发表了不少富有爱国激情的诗歌。作品有诗集《玫瑰》、《向日葵》、《满天星》、《牵牛花》、《火花集》、《华铃诗文集》,译著有《傻瓜伊凡》、《九十一歌剧故事及五十三歌剧作家》和《译诗集》等。

严文井(1915—2005) 儿童文学家。原名文锦。湖北武汉人。1938年到延安抗日军政大学学习,并加入中国共产党。后在抗日民主根据地和东北解放区从事文化工作。建国后历任中国作协党组副书记、作协书记处书记、《人民文学》主编、作家出版社和人民文学出版社社长等职。早期创作散文、小说,有散文集《山寺暮》、长篇小说《一个人的烦恼》。后从事儿童文学创作。所作童话、寓言故事生动,构思巧妙,具有很强的哲理与诗意。代表作有《丁丁的一次奇怪的旅行》、《蚯蚓和蜜蜂的故事》、《小溪流的歌》、《"下次开船"港》等。

杨宪益(1915—) 翻译家。安徽泗县人。早年留学于英国牛津大学。1940年回国后曾任中央大学副教授,贵阳师范学院、成都光华大学教授。建国后历任《中国文学》总编辑、中国社会科学院外国文学研究所研究员。主要从事中国文学的英译工作,与戴乃迭合译过《红楼梦》、《儒林外史》、《鲁迅文集》;译成中文的有《奥德修纪》、《牧歌》、《卖花女》、《近代英国诗抄》等。

何达(1915—1994) 诗人。原名孝达。福建闽侯人。早年毕业于清华大学。1949年到香港。1954年后专事写作。1974年后曾在香港及欧美各地讲学。著有诗集《我们开会》

（朱自清编选）、《长跑者之歌》等。

金近（1915—1989） 儿童文学家。原名知温。浙江上虞人。1935年任上海《儿童日报》助理编辑。抗战期间曾在四川任流浪儿童教养院教员、记者和编辑。建国后任中国作协儿童文学组副组长、作协浙江分会副主席。1963年后从事儿童文学创作。所作儿童诗、童话想像力丰富，充满童趣，寓意深刻。主要作品有《小毛的生活》、《红鬼脸壳》、《春姑娘和雪爷爷》、《春风吹来的童话》等。

钟理和（1915—1960） 小说家。台湾屏东人。小学高等科毕业后协助父亲经营农场。1938年后在沈阳、北平生活。1946年回台湾，曾任中学教员，不久因病去职。所作小说多以台湾美浓山村为背景，或描写农民的苦难生活，或描写自己家庭的不幸，文笔朴实，风格自然。著有小说集《夹竹桃》、《原乡人》、《雨》、《做田》，长篇小说《笠山农场》等。

雷加（1915—　　） 小说家。原名刘天达。辽宁丹东人。1938年到延安，就读于抗日军政大学，并加入中国共产党。1945年任东北安东造纸厂厂长。1951年在中央文学研究所、中国作协专事创作。1979年后任北京市文联秘书长，作协北京分会、作协辽宁分会主席。主要作品有长篇小说《潜力》三部曲（《春天来到了鸭绿江》、《站在最前列》、《蓝色的青㭎林》），散文特写集《五月的鲜花》等。

戈壁舟（1916—1986） 诗人。原名廖耐雄。四川成都人。1936年参加中华民族解放先锋队，后到延安，曾在鲁迅艺术学院学习。曾任新华社前线分社记者、《群众文艺》编辑。1946年加入中国共产党。建国后历任作协西安分会秘书长、《延河》主编、四川省文联秘书长、西安市文联主席。著有诗集《别延安》、《延河照样流》、《把路修上天》、《黑海赞歌》、《沙漠牧女》、《青松翠竹》、《宣誓集》、《三弦战士》、《登临集》等。

田间（1916—1985） 诗人。原名童天鉴。安徽无为人。1933年就读于上海光华大学。次年参加左联，曾任《新诗歌》等刊物编辑。1938年到延安，参与发起街头诗运动，不久随西北战地服务团到晋察冀边区从事文艺宣传活动。建国后历任中国作协党组成员、创作部副部长，河北省文联主席等职。早期诗集《未明集》、《中国牧歌》、《中国·农村底故事》，反映农村的黑暗现实和农民的阶级仇恨，表现了民族的愤怒。抗日战争初期，创作了富有政治鼓动性的抒情长诗《给战斗者》，具有鲜明的时代性和强烈的战斗性。四十年代后期出版长诗《戎冠秀》、《她也要杀人》等，其中长诗《赶车传》是新诗史上的重要收获。五十年代出版的《马头琴集》、《太阳与花》、《誓辞》、《天安门赞歌》、《英雄歌》、《东风歌》、《汽笛》、《火颂》、《1958年歌》、《向日葵》、《英雄战歌》等多部诗集，赞美了新中国，歌颂了新生活。其早期诗作受马雅可夫斯基影响，诗句简短有力，节奏鲜明；抗战期间诗作格调高昂，语言质朴，节奏急促，旋律跳动，犹如进军的鼓点，富有战斗性。建国后诗作注重向民歌学习，努力探索新的表现形式和手法，并取得一定成就。

田涛（1916—　　） 作家。原名德裕。河北望都人。早年就学于北平市立师范学校。1946年任上海法学院教授。建国后历任中南文联编辑部副部长、《长江文艺》副主编、河北省文联副主席、作协河北分会副主席等职。著有短篇小说集《荒》、《希望》、《安魂》、《木船记》、《在外祖父家里》，长篇小说《沃土》、《潮》等。

司马文森（1916—1968） 作家。原名何章平。福建泉州人。1933年加入中国共产党。曾创办《文艺生活》、《文艺新闻》杂志，文生出版社。1946年后任香港《文汇报》主编、达德学院教授。建国后历任香港《文汇报》总主笔，驻印度尼西亚、法国大使馆文化参赞，对外文化联络委员会三司司长。著有长篇小说《雨季》、《人的希望》、《南洋淘金记》、《风雨桐江》，短篇小说集《古时代中的小人物》、《蠢货》，中篇小说《尚仲衣教授》等。

刘白羽（1916—2005） 小说家、散文家。北京人。1936年毕业于北平民国学院。1938年到延安后在文艺工作团工作，同年加入中国共产党。1944年到重庆，曾任《新华日报》编辑。1946年任新华社随军记者，参加了辽沈、平津、渡江等战役。1950年后历任解放军总政治部文化部副部长、中国作协副主席、文化部副部长等职。创作以散文最有影响，擅长景物描写，情景交融，立意深远，富有诗情和鲜明的时代特色。主要作品有中篇小说《火光在前》，散文集《早晨的太阳》、《红玛瑙集》，长篇传记文学《大海》等。

汝龙（1916—1991） 翻译家。江苏苏州人。中学毕业后开始文学创作和外国文学翻译。建国后历任无锡中国文学院、苏南文化教育学院、东吴大学副教授，上海平明出版社编辑主任，福建师范大学教授。译著颇丰，有《阿托莫诺夫一家的事业》、《契诃夫文集》、《契诃夫小说选》、《复活》、《人间》等。

谷斯范(1916—) 作家。浙江上虞人。早年就学于浙江春晖中学。1938年后曾任国际新闻社记者，《浙江日报》、《福建导报》编辑。建国后历任《新闻日报》编辑、作协浙江分会副主席。著有长篇小说《新水浒》、《桃花扇底送南朝》，短篇小说集《大时代的插曲》、《风雨故人》、《山寨夜话》、《晚间来客》、《噩梦》、《不宁静的城》等。

柳青(1916—1978) 小说家。原名刘蕴华。陕西吴堡人。早年就读于西安中学。1936年加入中国共产党。1938年赴延安从事文化工作。1949年在北京参与创办《中国青年报》。1952年回陕西任长安县委副书记，长期在皇甫村深入生活。1959年发表长篇小说《创业史》(第一部)，描述中国农民摆脱土地私有制及其观念的艰巨性和意义，被称为"史诗性的巨著"，曾产生重大影响。其他作品有长篇小说《种谷记》、《铜墙铁壁》、《狠透铁》，以及《创业史》(第二部)。

秦兆阳(1916—1994) 小说家、文学理论家。湖北黄冈(今黄州)人。1938年去陕甘宁边区，曾就读于陕北公学分校和鲁迅艺术学院。后任《黎明报》社长、《前线报》副社长、《华北文艺》编辑等职。建国后曾任《人民文学》副主编，人民文学出版社副总编辑兼《当代》主编，中国作协书记处书记。著有长篇小说《在田野上，前进！》、《大地》，短篇小说集《平原上》、《幸福》等。小说多描写农村生活，艺术技巧纯熟，人物形象生动，富有时代特色。另有文学评论集《论公式化概念化》、《文学探路集》等，论述现实主义文学创作，颇有见地。

袁水拍(1916—1982) 诗人。原名光楣，笔名马凡陀。江苏吴县人。1935年就读于上海沪江大学。后任职于上海浙江商业银行、上海中国银行。1938年开始创作诗歌和报告文学。1944—1948年任《新民报》、《大公报》编辑，发表了几百首政治讽刺诗，采用民谣、儿歌等形式，有力地揭露社会种种黑暗现象，曾引起较大反响。建国后历任《人民日报》文艺部主任、中宣部文艺处处长、文化部副部长等职。"文化大革命"后在中国艺术研究院工作。主要作品有诗集《人民》、《向日葵》、《沸腾的岁月》、《马凡陀的山歌》、《马凡陀的山歌续集》、《解放山歌》、《政治讽刺诗》，以及《诗论集》等。

马凡陀 即袁水拍。

碧野(1916—) 小说家、散文家。原名黄潮洋。广东大埔人。抗战爆发后曾参加华北游击队、河南农村巡回演剧队。1942年任成都莽原出版社总编辑。1943年后在重庆、上海等地执教。1948年曾先后在北方大学艺术学院、华北大学第三部任教。建国后任中央文学研究所创作员、作协湖北分会副主席。其小说笔力雄浑、生活气息浓郁，散文则诗情浓郁、意境清新。主要作品有长篇小说《我们的力量是无敌的》、《丹凤朝阳》，散文集《情满青山》、《月亮湖》等。

满涛(1916—1978) 翻译家。原名张逸侯。江苏吴县人。早年曾留学日本、美国。1938年回国后在上海从事文学编辑工作。建国后相继在时代出版社、人民文学出版社上海分社、上海人民出版社工作。译著有《别林斯基选集》(6卷)、《果戈理选集》(4卷)，以及《樱桃园》、《契诃夫与艺术剧院》等。

无名氏(1917—2002) 小说家。原名卜宝南，又名乃夫、宁。江苏江都人。早年为北京大学旁听生。抗战爆发后，辗转于西安、重庆等地，曾在《扫荡报》社、教育部图书审查委员会任职。作品有短篇小说集《露西亚之恋》、《龙窟》和中篇小说《北极风情画》、《塔里的女人》、长篇小说《野兽·野兽·野兽》等。建国后居住于杭州。1982年赴香港，后转赴台湾。

苏青(1917—1982) 女作家。原名冯和仪。浙江鄞县人。三十年代在上海《论语》、《风雨谈》发表作品，后任汪伪上海市长陈公博秘书，并创办《天地》月刊。建国后蛰居上海。著有中篇小说《结婚十年》、《续结婚十年》、《涛》，散文集《浣锦集》等。

吴祖光(1917—2003) 剧作家、导演。江苏武进人。1936年就读于北平中法大学。1937年后历任南京国立戏剧专科学校讲师，重庆中央青年剧社、成都中华剧艺社编导，重庆《新民报》(晚刊)副刊《西方夜谭》、上海《新民晚报》副刊《夜光杯》主编，香港大中华影片公司编导。建国后历任北京电影制片厂编导、中国戏曲研究院编剧等。剧作语言流畅简洁，清新优美，富于浪漫主义的诗意，并融抒情性、哲理性、现实性于一体，形成独特的艺术风格。主要作品有话剧剧本《凤凰城》、《正气歌》、《风雪夜归人》、《林冲夜奔》、《捉鬼传》、《闯江湖》，戏曲剧本《武则天》、《三关宴》、《三打陶三春》、《花为媒》等。

邹荻帆(1917—1995)　诗人。湖北天门人。1940年就读于重庆复旦大学。后任中学教员、报刊编辑和新闻社翻译。建国后历任对外文化联络局办公室主任、《文艺报》编辑部主任、《诗刊》副主编等职。主要作品有诗集《意志的赌徒》、《布谷鸟与紫丁香》，长篇小说《大风歌》，诗话《诗的欣赏与创作》。

杭约赫(1917—1995)　诗人、书籍装帧美术家。原名曹辛之。江苏宜兴人。1938年入延安陕北公学、鲁迅艺术学院学习，后赴晋察冀边区工作。1940年后在重庆从事编辑和书籍装帧设计。建国后历任民进中央宣传部副部长、装帧艺术研究会会长。著有诗集《噩梦录》、《火烧的城》，长诗《复活的土地》等。

骆宾基(1917—1994)　小说家。原名张璞君。吉林珲春人。1935年就读于哈尔滨精华学院。1936年到上海，开始文学创作。1938年加入中国共产党，后辗转于浙东、桂林、香港等地从事抗日救亡活动。1944年到重庆任中学教员。抗战胜利后曾在八路军驻渝办事处领导下筹办东北文化协会。建国后曾任山东省文联副主席、作协北京分会副主席等职。作品多反映旧社会劳动人民的苦难和知识分子坎坷生活，笔调清新，具有浓郁的地方色彩和独特的抒情风格。主要作品有长篇小说《边陲线上》、《混沌》(《姜步畏家史》第一部)、《人与大地》、《少年》，中篇小说《东战场别动队》、《水火之间》、《吴非有》、《罪证》、《一个倔强的人》，短篇小说集《大上海的一日》、《夏忙》、《播种者》、《北望园的春天》、《年假》、《老魏俊与芳芳》、《山区收购站》，以及文字学专著《金文新考》等。

秦似(1917—1986)　杂文家。原名王杨。广西博白人。抗战爆发后就读于广西大学。1940年后先后任《野草》月刊主编、香港《文汇报》副刊编辑、《野草丛刊》主编。1947年加入中国共产党。建国后历任广西省文联副主席、文化局副局长，广西大学教授。著有杂文集《感觉的音响》、《时恋集》、《在岗位上》、《没羽集》等。

白刃(1918—　　)　小说家。原名王寄生。福建晋江人。1939年加入中国共产党。曾任八路军《战士报》副主编、《民兵报》总编辑，新华社前线分社记者。建国后历任中南军区政治部、总政治部文化部、解放军艺术学院创作员。著有诗集《敬礼，亲爱的勇士》、《铁脚团长》、《野草集》，短篇小说集《生死一条心》、《激流》、《平常人的故事》，长篇小说《战斗到明天》、《龙真人出山》，剧本《兵临城下》等。

包蕾(1918—1989)　儿童文学家。原名倪庆秩。浙江镇海(今属宁波)人。抗战时期曾在上海任中学教员。1947年加入中国共产党。建国后在上海少年儿童出版社任职，1963年起任上海美术电影制片厂编剧。所作儿童剧和美术电影剧本构思独特，立意鲜明，形象生动活泼，惹人喜爱。主要作品有剪纸片《金色的海螺》，动画片《三个和尚》，儿童剧剧本集《祖国的儿女》，童话集《小咪和毛线球》、《火萤和金鱼》、《猪八戒新传》等。

刘以鬯(1918—　　)　小说家。原名同绎，字昌年。浙江镇海人。1941年于上海圣约翰大学文学系毕业后曾任《国民公报》、《扫荡报》、《香港时报》、《星岛周报》等报编辑，《西点》杂志主编。作品多以香港现实生活为题材，表现手法新颖。主要作品有长篇小说《酒徒》、《陶瓷》，中短篇小说集《寺内》、《一九九七》、《春雨》，短篇小说集《天堂与地狱》，评论集《端木蕻良论》、《看树看林》、《短绠集》。译著有《人间乐园》、《娃娃谷》、《庄园》以及《外国短篇小说选》等。

刘知侠(1918—1991)　小说家。河南汲县(今卫辉)人。1938年到延安，曾在抗日军政大学学习，同年参加中国共产党。毕业后留校学习军事。1939年回山东沂蒙地区从事文化工作。1944—1945年在山东微山湖、枣庄一带同当地铁道游击队一起活动。1948年参加淮海战役。建国后任济南市文联主任、山东文联创作部长。1953年到上海专事创作。1958年任山东文联副主席，作协山东分会主席。所作长篇小说《铁道游击队》作为新英雄传奇而广为流传。作品还有短篇小说集《铺草集》、《沂蒙故事集》，中篇小说《芳林嫂》等。

林海音(1918—2001)　女小说家。原名含英。台湾苗栗人。毕业于北平新闻专科学校，曾任《世界日报》记者。1948年回台湾后，曾任《国语日报》编辑、《联合报》副刊主编。1967年创办并主编《纯文学》月刊。1972年经营纯文学出版社。作品多取材于往事的回忆，文笔流畅，风格典雅而柔美。著有小说《春风丽日》、《孟珠的旅程》、《冬青树》、《绿藻与咸蛋》、

《独芯》、《城南旧事》、《婚姻的故事》、《春风》，散文集《作客美国》、《两地》、《阿太婆的故事》、《艺窗夜读》、《鸟仔卦》，以及《剪影话文坛》等。

胡奇(1918—) 儿童文学家。原名肇才。回族，江苏南京人。早年就学于陕北公学、鲁迅艺术学校。1941年加入中国共产党，长期在军队从事文艺宣传活动。建国后曾任《解放军文艺》总编辑、社长。著有剧本《金戒指》、《模范农家》、《胜利渡长江》，中篇小说《五彩路》、《海防少年》、《绿色的远方》、《难忘的冬天》、《在森林的海洋里》等。

思果(1918—2004) 散文家。原名蔡濯堂。江苏镇江人。曾任香港工业总会和科学管理协会编辑，《读者文摘》中文版编辑，圣神修院中文系教授，香港中文大学访问研究员。后旅居美国。著有散文集《看花集》、《艺术家的肖像》、《香港之秋》、《林居笔话》、《沙田随想》、《晓雾里随笔》、《黎明的露水》等。

琦君(1918—2006) 女作家。原名潘希真。浙江永嘉人。早年就读于之江大学。1949年去台湾，在司法界任职，后在文化学院和中兴大学执教。著有散文集《烟愁》、《琦君小品》、《红纱灯》、《梦书当枕》，短篇小说集《菁姐》、《百合羹》、《缮校室八小时》、《七月的哀伤》，长篇小说《橘子红了》等。

蔡其矫(1918—2007) 诗人。福建晋江人。1936年就读于上海暨南大学附中。1938年到延安鲁迅艺术文学院文学系学习。1939年到晋察冀边区华北联合大学文艺学院任教。1945年任随军记者。1948年后从事政治研究工作。1953年到北京中央文学讲习所任教。1962年后为福建省文联专业作家。诗作受惠特曼和聂鲁达的影响较深，并从中国传统诗歌和中外民歌中吸取多种手法，技巧精熟。著有诗集《回声集》、《回声续集》、《涛声集》、《迎风集》、《双虹》、《福建集》等。

穆旦(1918—1977) 诗人、翻译家。原名查良铮。浙江海宁人。1940年毕业于西南联合大学并留校任教。1948年留学美国芝加哥大学，获文学硕士学位。1953年回国，执教于南开大学。四十年代写有不少诗作，后结为《穆旦诗集》。另有诗作收入《九叶集》、《旗》(均与人合集)。五十年代起主要从事外国文学翻译，译有普希金、拜伦、雪莱、济慈、布莱克等人的诗作，在译坛颇负盛名。

方纪(1919—1998) 散文家。原名冯骥。河北束鹿(今辛集)人。1935年在北京大学旁听。1936年加入中国共产党。抗战爆发后曾在武汉、长沙、桂林、重庆等地八路军办事处工作。1939年到延安，曾在陕甘宁边区文协和中华文艺界抗敌协会从事文学创作。1944年任《解放日报》文艺副刊编辑。解放战争时任随军记者。建国后历任天津市文化局长、作协天津分会主席等职。所作散文视野广阔，充满真实和热烈的情感，文笔流畅，有较大影响。主要作品有散文特写集《长江行》、《挥手之间》，长篇小说《老桑树底下的故事》等。

冯牧(1919—1995) 文艺评论家、散文家。原名先植。北京人。1935年在北平参加一二九运动。1938年到延安，曾在抗日军政大学和鲁迅艺术学院文学系学习。1941年后在延安鲁艺文艺理论研究室从事研究。1944—1946年任延安《解放日报》文艺副刊编辑。1946年参加中国共产党。解放战争期间任前线记者。1949年后历任昆明军区政治部文化部副部长、《新观察》主编、文学艺术研究院副院长、《文艺报》主编等职。主要著作有散文集《滇云揽胜记》、《我的三个故乡》，评论集《繁花与草叶》、《新时期文学的主流》、《耕耘文集》等。

吕剑(1919—) 诗人。原名王聘之。山东莱芜人。早年曾做过小学教员、编辑。抗战胜利后曾任香港《华商报》副刊主编，华北大学三部文艺研究室研究员。建国后曾任《人民文学》编辑部主任。著有诗集《进入阵地》、《草芽》、《英雄杯》、《溪流集》、《喜歌与酒歌》，诗论集《诗与诗人》等。

张秀亚(1919—2001) 女作家。河北沧州人。早年就读于北平辅仁大学。后任《益世报》副刊《语林》编辑、辅仁大学教授。1948年到台湾。1958年任台湾辅仁大学教授。著作颇丰，主要有短篇小说集《大龙河畔》、《皈依》、《幸福的源泉》、《三色槿》、《寻梦草》、《那飘去的云》，散文集《牧羊女》、《怀念》、《湖上》、《少女的书》、《心寄何处》，诗集《水上琴声》、《秋池畔》等。

陈涌(1919—) 文艺评论家。原名杨熹中。广东南海人。1938年入延安抗日军政大学学习。次年入鲁迅艺术文学院文学系，毕业后留校。1944年后任延安《解放日报》记者、副刊编辑、副主编。1949年后历任《人民文学》、《文艺报》编辑、中国科学院文学研究所研究员兼现代文学组组长等职。主要著作有《文学评论集》、《文学评论集二集》、《鲁迅论》等。

陈登科(1919—1998) 小说家。江苏涟水人。1940年参加抗日游击队，开始学习文化。1945年任《盐阜大众》报记者，后任新华社合肥支社、《皖北日报》记者。建国后专事创作，曾任安徽省文联副主席、作协安徽分会主席。主要作品有中篇小说《活人塘》、《杜大嫂》，长篇小说《风雷》、《淮河边上的儿女》、《破壁记》(与萧马合写)。

孟瑶(1919—) 女作家。原名杨宗珍。湖北武汉人。1942年毕业于中央大学。曾在重庆广益中学、简阳女子中学执教。1949年去台湾，历任台中师范大学、成功大学、南洋大学、中兴大学教授。著有五十余部长篇小说，主要有《心园》、《黎明前》、《屋顶下》、《斜晖》、《乱离人》、《杜鹃声里》、《浮云白日》、《太阳下》、《畸零人》、《翦梦记》、《盆栽》、《满城风絮》等。另著有《中国小说史》、《中国戏曲史》等。

秦牧(1919—1992) 散文家。原名林觉夫。广东澄海人。早年生活于新加坡。1932年回国后曾参加抗日宣传工作。1943年起发表针砭时弊的杂文，后结集为《秦牧杂文》。1946—1948年在香港从事写作。建国后历任广东省文教厅科长、中华书局广州编辑室主任、《羊城晚报》副总编辑、《作品》杂志主编、作协广东分会副主席、暨南大学中文系主任。所作散文熔知识、哲理、形象于一炉，文采斐然，成就较高。主要作品有散文集《花城》、《潮汐和船》、《长河浪花集》、《晴窗晨笔》，文艺散论《艺海拾贝》、《语林采英》，中篇小说《黄金海岸》，长篇小说《愤怒的海》等。

唐人(1919—1981) 小说家。原名严庆澍，笔名阮朗。江苏吴县人。抗战初期曾在湖南参加文化界抗敌后援会，从事宣传工作。后辗转内地，曾做过中学教师、银行职员，后入成都燕京大学新闻系半工半读。1947年在上海《大公报》工作，后到台湾任《大公报》台北分馆主任。1949年到香港《大公报》社工作。1950年任《新晚报》编辑。代表作是以蒋介石生平为题材的长篇现代历史小说《金陵春梦》(8卷)及其续篇《草山残梦》(8卷)。另有历史小说《蒋后主秘闻》、《北洋军阀》，小说集《爱情的俯冲》、《香港风情》、《十年一觉香港梦》、《香港屋檐下》、《香港寻夫记》、《香港大亨》、《伏牛山恩仇记》等。

郭风(1919—) 散文家。原名嘉桂。福建莆田人。1941年就读于福建省立师专，毕业后从事教育工作，一度兼编《福建时报》副刊《詹言》和《星闽日报》。建国后历任《新闽日报》编辑、《福建文学》副主编、作协福建分会主席等职。擅长写作散文诗，作品想像丰富，文笔清新凝练，熔形象与哲理于一炉，有独特鲜明的艺术风格。主要作品有《蒲公英和虹》、童话长诗《月亮的船》、散文集《给爱花的人》等。

郭小川(1919—1976) 诗人。原名恩大。河北丰宁人。早年曾在北平东北工学院补习班学习。1937年参加八路军，同年加入中国共产党。曾任三五九旅司令部机要秘书。建国后长期在中南地区和中宣部从事理论宣传工作，曾任中国作协书记处书记。五十年代发表的诗作《投入火热的斗争》、《致青年公民》、《甘蔗林——青纱帐》及长诗《将军三部曲》等，具有强烈的政治色彩和浓厚的抒情意味；《白雪的赞歌》、《一个与八个》等则是革命历史题材的长诗。“文革”时期创作的《团泊洼的秋天》、《秋歌》等，寄悲愤于沉思中，诗味醇厚。其作品受古典词赋影响，讲究铺陈、对仗、气势，具有独特的艺术风格。除诗作，还写有不少杂文、评论和报告文学作品。

王元化(1920—) 学者。湖北江陵(今荆州)人。1938年加入中国共产党，曾任中共上海文委委员。建国后历任新文艺出版社总编辑、中国大百科全书出版社上海分社负责人、作协上海分会副主席、中共上海市委宣传部部长。早年写有《舅爷爷》等小说，后从事文学评论和学术研究。主要论著有《抗战文艺论文集》、《文艺漫谈》、《向着真实》、《文心雕龙创作论》、《文学沉思录》、《文学发展八议》、《王元化文学评论选》等。

辛未艾(1920—2002) 翻译家。原名包文第，曾用名文棣。浙江鄞县人。1936年起在上海中华书局工作。1942年加入中国共产党。建国后历任时代出版社编译部译员、上海新文艺出版社编辑室主任、人民文学出版社上海分社副总编辑、上海译文出版社总编辑。在俄国文学理论的译介和研究方面颇有贡献。主要译著有《杜勃罗留波夫选集》(2卷)、《车尔尼雪夫斯基论文学》(4册)、《赫尔岑论文学》等。著有《论外国文学》。

汪曾祺(1920—1997) 小说家。江苏高邮人。早年毕业于西南联合大学。建国后曾参加人民解放军四野南下工作团。后回北京在中国民间文学研究会工作，1958年后下放劳动。1962年任北京京剧团编剧。“文革”后以创作小说、散文为主，《受戒》、《大淖记事》在描写普通人的平凡际遇中，充溢着人性的欢悦。其小说创作受沈从文和契诃夫影响，以轻淡的文笔写平常人物，风格亲切而凄婉；散文则情韵天成，文理自然，富于人生哲理。主要作品有小说集《羊舍的夜晚》、《汪曾祺短篇小说选》、《晚饭花集》，散文集《蒲桥集》、《草花集》，文论集《晚翠文谈》等。

张爱玲(1920—1995)　女小说家。河北丰润人。早年就读于英国伦敦大学、香港大学。1941年起在上海发表不少小说。1952年去香港。1955年去美国，任加利福尼亚州立大学中国研究中心研究员。作品多取材于上海和香港上层社会的人和事，描绘一群人的百无聊赖的精神状态，笔致秀逸。著有小说集《传奇》，中长篇小说《半生缘》、《秧歌》、《赤地之恋》、《怨女》，散文集《流言》、《余韵》等，论著《红楼未完》、《红楼梦魇》。译著有《老人与海》、《鹿苑长春》等。有《张爱玲全集》。

陈辉(1920—1944)　诗人。原名盛辉。湖南常德人。1938年赴延安，次年到晋察冀边区通讯社工作，并加入中国共产党。1941年到平西地区后历任青救会主任、区委书记、武工队政委等。1944年春在战斗中牺牲。诗作忠实记录革命斗争生活，表达了对祖国和人民的热爱，格调明朗，语言优美，富有战斗性。著有诗集《十月的歌》。

柯蓝(1920—2006)　散文家。原名唐一正。湖南长沙人。1938年加入中国共产党。曾任陕甘宁边区《群众报》记者、主编。建国后历任上海《劳动报》总编辑、华东作家协会秘书长、湖南文化局副局长，《红旗》杂志社文艺部主任。著有中篇小说《抗日英雄洋铁桶》、散文集《早霞短笛》、《果园集》、《拾到的纪念册》。

柏杨(1920—　)　作家。原名郭衣洞。河南开封人。早年毕业于东北大学。1946年后任东北《青年日报》社社长、沈阳辽东学院副教授。1949年到台湾后历任成功大学副教授、台湾艺术专科学校教授、平原出版社社长、《自立晚报》副总编辑。1968年因其负责编辑的《中华日报》“大力水手漫画”专栏刊登的漫画及说明文字，被当局逮捕。1977年出狱后曾任“中国大陆问题研究中心”研究员。著作颇丰，以杂文知名。主要作品有长篇小说《蝗虫东南飞》、《周彼得的故事》、《旷野》，短篇小说集《魔鬼的网》、《生死谷》、《苍穹下的儿女》，杂文集《玉雕集》、《怪马集》、《堡垒集》、《圣人集》、《凤凰集》、《红袖集》、《丑陋的中国人》等。

唐湜(1920—2005)　诗人。原名扬和，字迪文。浙江温州人。早年毕业于浙江大学。曾参加《诗创造》、《中国新诗》编辑工作。建国后先后在上海市文协、北京《戏剧报》、永嘉昆剧团、温州师范专科学校任职。著有诗集《骚动的城》、《英雄的草原》、《飞扬的歌》、《海陵王》、《幻美之旅》、《泪瀑》等，以及论著《民族戏曲散论》。

康濯(1920—1991)　小说家。原名毛季常。湖南湘阴人。1938年赴延安，就读于鲁迅艺术学院文学系，同年加入中国共产党。后任八路军一二〇师随军记者，晋察冀边区文艺界抗敌救国会宣传部长，《工人报》、《时代青年》主编。建国后历任中央文学研究所副秘书长、中国作协书记处书记、河北省文联副主席、湖南省文联主席。主要作品有短篇小说集《春种秋收》、中篇小说《水滴石穿》、长篇小说《东方红》等。

蒋路(1920—2002)　翻译家。广西全州人。1941年毕业于桂林俄文专修学校。后任桂林俄文专修学校、重庆育才学校教员，时代出版社编译。建国后历任人民文学出版社编辑、编审。译著有《文学回忆录》、《怎么办》、《论文学》、《星》、《论俄罗斯古典作家》等。

冀汸(1920—　)　诗人。原名陈性忠。湖北天门人。生于印度尼西亚，1924年回国。四十年代初开始创作诗歌。1947年毕业于复旦大学，后曾任中学教员、会计。建国后历任浙江省文联创作组组长、海宁乔农中学教导主任、作协浙江分会副主席。著有诗集《跃动的夜》、《有翅膀的》、《喜日》、《桥和墙》、《我赞美》，长篇小说《走夜路的人们》、《这里没有冬天》等。

魏巍(1920—　)　散文家、小说家。河南郑州人。抗战爆发后参加八路军。毕业于延安抗日军政大学。1938年加入中国共产党。曾在晋察冀边区倡导街头诗运动，写有长诗《黎明的风景》和报告文学《娘子关前》等。1950年赴朝鲜前线采访。1951年发表《谁是最可爱的人》等文艺通讯。1977年完成反映抗美援朝战争的长篇小说《东方》。曾任《解放军文艺》副主编、北京部队政治部文化部长等职。作品大多歌颂革命战争和人民军队，感情炽热，战斗气息浓厚。主要作品还有《魏巍诗选》，长篇小说《地球上的红飘带》等。

丁毅(1921—　) 剧作家。原名顾康。山东济南人。1936年加入中国共产党。1939年参加八路军，曾任战线剧社副社长、文工团团长。建国后历任中南军区部队艺术剧院院长、广州军区文化部副部长，总政治部文工团歌剧团团长、文工团副团长、总政治部文化部顾问。著有剧本《白毛女》(与贺敬之合作)、《打击侵略者》(与宋之的合作)、《董存瑞》(与丁洪合作)、《夺印》(与王鸿合作)等。

王汶石(1921—1999) 小说家。原名礼曾。山西荣河(今万荣)人。1936年后参加牺牲救国同盟会，1937年参加人民武装自卫队，并加入中国共产党。1942年到延安，参加西北文工团。1954年后历任作协西安分会秘书长、副主席。作品善于通过日常生活中的凡人小事来反映时代精神，格调清新，语言朴素。主要作品有短篇小说集《风雪之夜》、《新结识的伙伴》，中篇小说《黑凤》等。

西虹(1921—　) 小说家。原名宁保禄。山西原平人。1938年加入中国共产党，同年参加八路军。曾任部队宣传员、随军记者。建国后历任中南军区文化部编辑，总政治部文化部创作员，《解放军报》记者、文化处处长等职。著有短篇小说集《英雄的父亲》、《戴奖章的人》、《海上旗手》，中篇小说《在零下四十度》，长篇小说《山城》等。

杜鹏程(1921—1991) 小说家。原名红喜。陕西韩城人。1938年去延安，先后在抗日军政大学、鲁迅师范学校学习。1945年加入中国共产党。1947年随军参加延安保卫战，任记者。建国后曾任新华社新疆分社社长。1954年完成长篇小说《保卫延安》，以宏大的战争场面和浓郁的抒情风格，再现了著名的延安保卫战。其他作品还有中篇小说《在和平的日子里》和短篇小说集《年青的朋友们》，表现铁路工地建设场面，矛盾冲突激烈，人物刚劲有力，格调高昂，富有气势。另有散文、报告文学集《速写集》。

郁茹(1921—　) 女小说家。原名钱玉如。浙江诸暨人。早年就学于重庆艺术专科学校。曾任《文艺阵地》、《新民报晚刊》、《华商报》编辑。建国后历任《南方日报》记者、作协广东分会副主席。著有中篇小说《遥远的爱》，短篇小说集《棕榈》、《我们小时候》、《龙头山下》等。

胡品清(1921—2006) 女作家。浙江绍兴人。1942年毕业于浙江大学。后任重庆南开中学教员、中央通讯社编辑、驻法国大使馆译员。一度在法国巴黎研究文学。1962年回台湾，任中国文化书院教授。著有诗集《人造花》、《梦的船》、《玻璃人》、《冷香》，散文集《梦幻组曲》、《最后一曲圆舞》、《水仙的独白》、《金色浮雕》、《画云的女人》、《彩色音符》、《不碎的雕像》等。

舒巷城(1921—1999) 小说家。原名王深泉。广东惠阳人。生于香港。早年就读于香港英文书院。香港沦陷后避居内地。1948年回香港后在商业机构供职。著有短篇小说集《山上山下》、《雾香港》、《曲巷恩仇》，长篇小说《再来的时候》、《太阳下山了》、《白兰花》、《巴黎两岸》，诗集《回声集》、《都市诗抄》等。

管桦(1921—2002) 小说家。原名鲍化普。河北丰润人。1940年就读于华北联合大学。1941年到冀东任报社记者。1942年在冀东军区政治部尖兵剧社工作。1946年加入中国共产党。1948年在东北鲁迅艺术学院任研究员。建国后曾在天津音乐学院和中央乐团创作组工作。1963年任作协北京分会副主席。主要作品有中篇小说《小英雄雨来》，长篇小说《将军河》、《生命的呐喊与爱》等。

马烽(1922—2004) 小说家。原名书铭。山西孝义人。1938年参加抗日游击队，同年加入中国共产党。1940年后相继在延安鲁迅艺术学院附设艺术干部培训班、部队艺术学校学习。1945年与西戎合作长篇章回体小说《吕梁英雄传》，产生较大影响。1956年后历任作协山西分会主席、中国作协副主席和党组书记。其作品热情讴歌新人新事，平易亲切，幽默风趣，富有浓厚的乡土气息。著有短篇小说集《村仇》、《三年早知道》、《我的第一个上级》，电影文学剧本《泪痕》、《我们村里的年轻人》、《咱们的退伍兵》等。

艾煊(1922—2001) 作家。原名光道。安徽舒城人。1940年参加新四军，同年加入中国共产党。曾任新四军第二师《抗敌报》、《先锋报》编辑，新华社前线总分社记者。建国后历任《新华日报》副刊主编、中共江苏省委宣传部文艺处处长、江苏省文联副主席、作协江苏分会主席。著有长篇小说《大江风雷》、《山雨欲来》、《乡关何处》，中篇小说《战斗在长江三角洲》、

《秋收之后》，散文集《碧螺春讯》、《太湖漫游》、《雨花棋》等。

西戎(1922—2001) 小说家。原名席诚正。山西蒲县人。1940年加入中国共产党，同年冬入延安鲁迅艺术学院附设艺术干部培训班和八路军留守兵团艺术学校学习。1945年与马烽合作长篇小说《吕梁英雄传》。1954年起专事创作，先后任山西省文联副主席、作协山西分会副主席兼《火花》月刊主编。1980年任作协山西分会主席。作品风格朴素明朗，善于使用民间口头语言描写农村风俗。主要作品有小说集《麦收》、《丰产记》、《宋老大进城》等。

李季(1922—1980) 诗人。原名振鹏。河南唐河人。1938年加入中国共产党。同年入延安抗日军政大学学习。后在八路军任连指导员、《群众日报》编辑。1946年发表长篇叙事诗《王贵与李香香》，歌颂人民群众翻身求解放的革命斗争。建国后历任《长江文艺》、《诗刊》、《人民文学》主编，中国作协副主席、书记处常务书记等职。1959年发表长篇叙事诗《杨高传》。其诗善于融民歌和古典诗歌的表现形式为一体，追求民族化、大众化，反映了我国各个革命历史时期的斗争生活。作品还有鼓词《卜掌村演义》，诗集《玉门诗抄》、《致以石油工人的敬礼》、《石油大哥》、《石油诗集》，长诗《菊花石》、《李贡来了》、《剑歌》，散文小说集《戈壁旅伴》等。

何为(1922—) 散文家。原名振业。浙江定海(今舟山)人。早年就学于上海圣约翰大学。曾任上海《文汇报》记者、清华影片公司特约编剧。建国后任上海电影制片厂文学编辑、福建电影制片厂故事片编辑、作协福建分会副主席。著有散文集《第二次考试》、《织锦集》、《临窗集》、《小树与大地》、《闽居纪程》、《北海道之旅》等。

沙鸥(1922—1994) 诗人。原名王世达。四川重庆人。早年就读于重庆中华大学。1946年在上海编辑《新诗歌》。1948年赴解放区，在中共中央统战部工作。建国后曾在北京《新民报》、中央文学讲习所和《诗刊》工作。1962年起，在黑龙江省文联、重庆市文联专事创作。诗作构思新巧，风格隽永，语言朴素自然。主要作品有诗集《农村的歌》、《化雪夜》、《故乡》、《初雪》等。

姚一苇(1922—1997) 剧作家。原名公伟。江西南昌人。早年毕业于厦门大学。1947年去台湾，历任台湾艺术专科学校、中国文化大学、艺术学院教授。著有剧本《来自凤凰镇的人》、《孙飞虎抢亲》、《碾玉观音》、《红鼻子》、《申生》、《一口箱子》、《傅青玉》、《我们一同走走看》、《左伯桃》，论著《诗学笺注》、《艺术的奥秘》、《戏剧论集》、《文学论集》、《美的范畴论》、《欣赏与批评》、《戏剧与文学》等。

高阳(1922—1992) 作家。原名许晏骈，字雁冰。浙江杭州人。早年曾为国民党空军军官。1949年去台湾，历任国民党参谋总长秘书、《中华日报》主编，并一度任《中央日报》特约主笔。著有不少长篇历史小说，主要有《桐花凤》、《李娃》、《荆轲》、《清宫外史》、《慈禧全传》、《乾隆韵事》、《茂陵秋》、《清末四公子》、《曹雪芹别传》、《同光大老》、《大将曹彬》、《翁同龢传》、《铁面御史》、《水龙吟》等。

绿原(1922—) 诗人、翻译家。原名刘仁甫，又名半九。湖北黄陂人。早年曾就读于重庆复旦大学。1944年在重庆、武汉等地中学执教。1948年参加中国共产党。五十年代初曾在《长江日报》、中共中央宣传部工作。1962年任人民文学出版社编译。1980年后曾任人民文学出版社副总编辑。其诗作感情深沉，想像丰富，构思新颖，语言凝练。主要作品有诗集《童话》、《又是一个起点》、《大虎和二虎》、《集合》、《人之诗》、《人之诗续编》，诗话集《葱与蜜》。译著有《文学与人民》、《德国的浪漫派》、《现代美学析疑》等。

曾卓(1922—2002) 诗人。原名庆冠。湖北武汉人。1938年加入中国共产党。1947年毕业于重庆中央大学，后任中学教员，业余主编汉口《大刚报》副刊《大江》。建国后曾任武汉《长江日报》副社长，武汉文联副主席。1959年下放农村。1961年任武汉人民艺术剧院编剧。1979年后任作协湖北分会副主席。其诗风格凝练刚健。代表作为诗集《悬崖边的树》，另有诗集《老水手之歌》、《门》，散文集《听笛人手记》、《痛苦与欢乐》、《美的寻求》、《让火燃着》等。

魏钢焰(1922—1995) 作家。原名开城。山西繁峙人。1937年参加八路军。曾任八路军野战政治部宣传队分队长。1946年加入中国共产党。建国后历任兰州空军文工团协理员、《延河》杂志副主编。著有诗集《灯海曲》，散文集《船夫曲》、《绿叶赞》，特写集《宝地·宝人·宝事》等。

曲波(1923—2002)　小说家。山东黄县(今龙口)人。1938年参加八路军。1939年加入中国共产党。1943年入胶东抗大学习。1945年带领小部队在东北牡丹江地区深山剿匪。1950年后曾任铁道部工业总局副局长。所作长篇小说《林海雪原》,描写解放军小分队剿匪的传奇故事,流传广泛。长篇小说《桥隆飙》则塑造了一个鲜明的草莽英雄形象,民间意味更浓。其他作品还有长篇小说《戎萼碑》、《山呼海啸》等。

林斤澜(1923—　　)　小说家。原名林庆澜。浙江温州人。1945年毕业于重庆国立社会教育学院。建国后在北京市文联专事创作,并曾主编《北京文学》。所作短篇小说,以温州地方风俗语言表现生活画面,试图创造一种凝练含蓄、具有散文意境的风格。代表作为系列小说《矮凳桥风情》。主要作品还有短篇小说集《满城飞花》,系列小说《十年十癔》等。

草婴(1923—　　)　翻译家。原名盛峻峰。浙江镇海(今属宁波)人。1944年肄业于南通农学院,后任上海时代出版社编译。建国后历任上海译文出版社编译、作协上海分会副主席、上海翻译家协会会长、中国翻译家协会副会长。译有俄国和苏联文学作品多种,主要有《安娜·卡列尼娜》、《复活》、《新垦地》、《当代英雄》等。

闻捷(1923—1971)　诗人。原名赵文节,又名巫咸。江苏丹徒人。抗战后曾在武汉参加演剧活动。1938年加入中国共产党。1940年到延安陕北公学学习,后任记者和编辑。1952年任新华社新疆分社社长。1956年出版诗集《天山牧歌》,热情歌唱少数民族人民的爱情和劳动,充满新鲜、风趣的情调,是五十年代最优秀的抒情歌集之一。1959年发表长篇叙事诗《复仇的火焰》第一部《动荡的年代》,1962年出版第二部《战斗的草原》。1961年后在作协上海分会专事创作。主要诗集还有《祖国,光辉的十月》、《河西走廊行》等。

峻青(1923—　　)　小说家、散文家。原名孙俊卿。山东海阳人。抗战期间参加革命,曾任新华社前线记者。1946年参加中国共产党。1952年起专事创作,曾任作协上海分会副主席等职。其作品多以胶东地区人民革命斗争为背景,描写战争的残酷,风格悲壮瑰丽。代表作《黎明的河边》,写交通员小陈一家为革命出生入死的英雄事迹。1981年创办《文学报》,并主持工作。主要作品还有中短篇小说集《马石山上》、《胶东纪事》、《最后的报告》,长篇小说《海啸》,散文集《秋色赋》、《雄关赋》、《沧海赋》等。

路翎(1923—1994)　小说家、剧作家。原名徐嗣兴。江苏南京人。早年肄业于国立四川中学,做过机关办事员、图书管理员等。1938年后相继出版中篇小说《饥饿的郭素娥》、《蜗牛在荆棘上》,短篇小说集《青春的祝福》、《求爱》等,反映矿工、妇女和农民的苦难生活;长篇小说《财主底儿女们》描写一个封建大家庭在内忧外患中的风流云散,以及社会动荡不安的现实。建国后曾在南京军管会文艺处、北京青年艺术剧院、中国剧协从事创作。1952年去朝鲜前线采访。主要作品还有长篇小说《战争,为了和平》,短篇小说集《平原》等。

金庸(1924—　　)　小说家。原名查良镛。浙江海宁人。1941年就读于重庆国立政治大学,后在中央图书馆任职。抗战胜利后回浙江,任《东南日报》记者,后到上海《大公报》工作。1948年后任香港《大公报》国际电讯翻译、《新晚报》副刊编辑、长城电影制片公司编剧、《明报》董事长。所作武侠小说篇幅巨大,情节动人,高潮迭起,悬念丛生。主要有《飞狐外传》、《雪山飞狐》、《连城诀》、《天龙八部》、《射雕英雄传》、《白马啸西风》、《鹿鼎记》、《笑傲江湖》、《书剑恩仇录》、《神雕侠侣》、《侠客行》、《倚天屠龙记》、《碧血剑》、《鸳鸯刀》、《越女剑》等。

贺敬之(1924—　　)　诗人。山东枣庄人。早年就读于湖北中学。1940年去延安鲁迅艺术学院文学系学习。1941年加入中国共产党。1942年与丁毅等集体创作新歌剧《白毛女》。在延安还创作了歌词《南泥湾》、《胜利进行曲》等,流传很广。建国后创作了不少政治抒情诗,气势雄壮。代表作《回延安》、《放声歌唱》、《雷锋之歌》等,曾产生很大影响。曾任中国作协副主席、中共第十二届中央委员、文化部副部长、中共中央宣传部副部长等职。

袁鹰(1924—　　)　散文家、儿童文学家。原名田复春,又名钟洛。江苏淮安人。1945年加入中国共产党。1947年毕业于之江大学。历任《世界晨报》、《联合晚报》、《新民报》记者、编辑。建国后历任《解放日报》编辑、《人民日报》文艺部副主任等职。主要作品有散文集《风帆》、《秋水》、《悲欢》,诗集《江湖集》、《篝火燃烧的时候》、《彩色的幻想》、《在美国,有一个孩子被杀死了》、《在毛主席身边长大》等。

艾明之(1925—) 小说家、电影剧作家。原名黄志堃。广东番禺人。早年就读于上海协济中学。后任上海、香港生活书店编辑。1949年后曾任上钢三厂代理副厂长、上海电影剧本创作所编剧。主要作品有长篇小说《沉浮》、《火种》,电影剧本《护士日记》等多种。

叶石涛(1925—) 小说家、评论家。台湾台南人。毕业于台湾第二中学,后任编辑、教员。所作小说多描写缠绵悱恻的爱情和微妙的心理活动。作品有小说《葫芦巷春梦》、《罗桑荣和四个女人》、《晴天和阴天》、《鹦鹉和竖琴》、《噶玛兰的柑子》。所著评论集《台湾乡土作家论集》,论述台湾乡土文学的发生与发展,以及乡土作家的创作动向及其思想艺术意义。另著有《台湾文学史纲》。

茹志鹃(1925—1998) 女小说家。浙江杭州人。1943年参加新四军,曾在苏中军区和华中、华东军区文工团工作。1947年加入中国共产党。1955年到作协上海分会工作,曾任《上海文学》副主编、作协上海分会副主席。五六十年代发表的《百合花》、《静静的产院》等小说,笔调清新俊逸,抒情色彩浓厚。"文革"后发表的《剪辑错了的故事》、《草原上的小路》等小说,对历史与人生作了严肃的反思,风格俊逸而刚健。主要作品有小说集《高高的白杨树》、《静静的产院》,自传体小说《她从那条路上来》,散文集《惜花人已去》等。

钟肇政(1925—) 作家。台湾桃园人。1948年就读于台湾大学,后辍学任小学教师。1974年任教于台湾东吴大学。1976年兼任《台湾文艺》主编。1978年任《民众日报》副刊主编。所作小说扎根于现实生活,富有浓厚的乡土色彩和鲜明的民族精神,洋溢着对祖国深沉的爱。《浊流三部曲》(《浊流》、《江山万里》、《流云》)与《台湾人三部曲》(《沉沦》、《沧溟行》、《插天山之歌》)为其代表作。其他小说还有《鲁冰花》、《残照》、《大坝》、《大圳》、《轮回》、《大肚山风云》、《中元的构图》、《马黑坡风云》、《灵潭恨》、《绿色大地》、《青春行》、《望春风》、《八角塔下》等。

聂华苓(1925—) 美籍华裔女小说家。湖北应山人。1948年毕业于南京中央大学。1949年去台湾,曾任《自由中国》半月刊编辑,台湾大学、东海大学副教授。1964年赴美国爱荷华大学"作家工作室"工作。1967年和丈夫安格尔创办"国际写作计划"组织。所作小说刻意求真求新,力求融和各种中外文学表现手法,感情深沉,笔触细腻。主要作品有长篇小说《失去的金铃子》、《桑青与桃红》、《千山外,水长流》,中篇小说《葛藤》,短篇小说集《翡翠猫》、《一朵小白花》、《台湾轶事》、《王大年的几件喜事》,散文集《梦谷集》、《三十年后》、《黑色,黑色,最美丽的颜色》,以及《爱荷华札记》、《沈从文评传》等。

韶华(1925—) 小说家。原名周玉铭。河南滑县人。1943年加入中国共产党。曾任《白山》杂志编辑、《西满日报》记者。建国后历任《东北文艺》副主编、中共辽宁省委宣传部文艺处长、作协辽宁分会副主席、中国作协书记处书记。著有短篇小说集《荣誉》、《战斗的友谊》、《荆棘路》、《你要当心》,长篇小说《燃烧的土地》、《浪涛滚滚》、《沧海横流》、《过渡年代》等。

朱西宁(1926—1998) 小说家。原名青海。山东临朐人。早年就学于杭州国立专科艺术学校。1949年参加国民党军队,后去台湾。1967年任《新文艺》杂志主编。著作甚丰,主要作品有长篇小说《猫》、《画梦记》、《旱魃》、《春风不相识》、《猎狐记》、《八二三注》、《茶乡》,短篇小说集《大火炬的爱》、《铁浆》、《狼》、《破晓时分》、《第一号隧道》、《冶金者》、《七对怨偶》等。

李瑛(1926—) 诗人。河北丰润人。1948年参加中国共产党。1949年毕业于北京大学。后参加中国人民解放军,历任新华社部队总分社记者、解放军文艺出版社社长、总政治部文化部部长。其诗作多表现军队生活,风格清新,具有刚健豪放的韵味、刚柔相济的风格。主要诗集有《战场上的节日》、《花的原野》、《枣林村集》、《红花满山》、《李瑛国际题材诗歌选》等。

张志民(1926—1998) 诗人。河北宛平(今北京门头沟)人。1938年参加八路军,做过教员、指导员、教导员。1941年参加中国共产党。1947年参加土改运动,在《晋察冀日报》发表长篇叙事诗《王九诉苦》和《死不着》,采用民歌体形式,在新诗民族化、大众化方面取得一定成绩。1949年在华北军区文化部从事创作。1951年参加中国人民志愿军。1956年后专事创作,曾任《诗刊》主编。诗作善于描绘人物,洋溢着浓郁的农村生活气息,感情真挚,格调清新，语言简洁明快。主要作品有诗集《天晴了》、《死不着》、《将军和他的战马》、《祖国，我对你说》等十几部，以及《祖国，你的儿子在前线》、《梅河散记》等小说、散文、报告文学。

梁羽生（1926— ）　小说家。原名陈文统。广西蒙山人。1949年毕业于岭南大学，后任香港《大公报》英文翻译、《新晚报》副刊编辑。1987年移居澳大利亚悉尼。作品大多为武侠小说，注重历史真实和人物性格，以及人物心理的刻画，风格深沉，文字精练。主要作品有《龙虎斗京华》、《萍踪侠影录》、《白发魔女传》等。此外还有《中国历史新话》、《古今漫话》、《文艺杂谈》等历史小品和文艺随笔。

彭歌（1926— ）　作家。原名姚朋。河北宛平（今北京门头沟）人。早年毕业于台湾国立政治大学。1949年后历任台湾《新生报》主编、总编辑、《中央日报》总主笔。作品有中篇小说《残缺的爱》、《落月》、《炼曲》，长篇小说《流星》、《寻父记》、《在天之涯》、《从香滨来的》，杂文集《书香》、《新闻圈》、《奇特与平凡》、《书中滋味》、《青年的心声》等。

公刘（1927—2003）　诗人。原名刘耿直，又名仁勇。江西南昌人。1946年在南昌中正大学半工半读。1948年赴香港，参与编辑全国学联地下刊物《中国学生》，并任生活书店附设函授学校导师和《文汇报》副刊编辑。1949年参加中国人民解放军，任记者和编辑。这时期创作的诗歌充满热情、新鲜的感受。1955年在总政治部文化部任创作员，与黄铁等共同整理民间长诗《阿诗玛》。1979年参加中国共产党，后任安徽文学院院长。主要作品有诗集《神圣的岗位》、《黎明的城》、《仙人掌》、《在北方》、《白花·红花》、《夜梦抄》，长诗《望夫云》、《尹灵芝》，诗论《乱弹诗弦》、《谁是21世纪的大师》等。

罗洛（1927—1998）　诗人。原名泽甫。四川成都人。1946年就读于成都华西协和大学，参加编辑《呼吸》、《荒鸡》、《奔星》。1949年曾任记者、编辑。1955年到青海任中国科学院西北高原生物研究所副所长，中国科学院兰州图书馆馆长等职。“文革”后回上海，曾任中国大百科全书出版社副总编辑，作协上海分会副主席。主要作品有诗集《春天来了》、《阳光与雾》、《雨后》、《海之歌》、《山水情思》，杂文集《人与生活》，评论集《诗的随想录》等。

高玉宝（1927— ）　小说家。辽宁瓦房店人。童年为地主放猪放牛。1947年参加中国人民解放军，次年加入中国共产党。1949年开始边学文化边据自身经历写作自传体长篇小说《高玉宝》，出版后反响热烈。1954年就读于中国人民大学工农速成中学。1962年毕业于中国人民大学新闻系，后任旅大警备区军人俱乐部主任等职。另著有诗歌、散文作品多种。

李凖（1928—2000）　小说家。原姓木华梨，曾名李准。蒙古族，河南孟津人。中学辍学，后当过银行职员、语文教师。1954年起专事创作，曾任河南省文联副主席。1960年参加中国共产党。作品多取材于农村生活，反映农民思想面貌变化，语言淳朴清新，风格朴实平易。所作长篇小说《黄河东流去》是一部描写黄河两岸农民苦难与抗争的史诗。代表作还有短篇小说《李双双小传》。主要作品有短篇小说集《不能走那条路》，中篇小说《冰花雪消》，电影剧本《老兵新传》、《小康人家》等。

余光中（1928— ）　诗人、散文家。福建永春人。1952年毕业于台湾大学。1954年参与创办蓝星诗社，主编《蓝星诗页》，1958年赴美国爱荷华大学进修。回台湾后曾任台湾师范大学、政治大学、香港中文大学教授，高雄中山大学文学院院长兼外文研究所所长。诗作深受中国古典诗歌与欧美诗歌的影响，题材广阔，情思深远，语言清新，风格多姿，富于革新与创造精神。著译甚丰，主要作品有诗集《莲的联想》、《敲打乐》、《在冷战的年代》、《白玉苦瓜》，散文集《左手的缪思》、《逍遥游》、《焚鹤人》、《听听那冷雨》，评论集《掌上雨》、《分水岭上》。译著有《梵高传》、《老人与海》等。

陆文夫（1928—2005）　小说家。江苏泰兴人。早年曾在华中大学学习。建国后在新华社苏州支社工作，并任《新苏州报》记者。1957年后专事创作，不久下放劳动。1980年回苏州，继续文学创作。曾任中国作家协会副主席。作品善于描绘市井风情和小巷人物的精神世界，风格清淡幽远，有浓厚的苏州风味。主要作品有小说集《二遇周泰》、《小巷深处》、《小巷人物志》，中篇小说《美食家》，长篇小说《人之窝》等。

宗璞（1928— ）　女小说家。原名冯钟璞。河南唐河人。1951年毕业于清华大学，后在全国文联、《文艺报》和《世界文学》、中国社会科学院外国文学研究所工作。主要作品有散文集《丁香结》、长篇小说《南渡记》等。

洛夫(1928—　　) 诗人。姓莫。湖南衡阳人。1948年就读于湖南大学。翌年去台湾,在军界历任编辑、特等编译官、英文秘书等职。1973年毕业于淡江文理学院,同年退役。此后在台湾中广公司、亚盟总会和东吴大学任职。曾参与创办《创世纪》诗刊,并任总编辑。早期诗风晦涩,后转向明朗,手法多变,注意语言的锤炼。代表作《石室之死亡》为超现实主义长诗,发表后颇受诗坛重视。作品有诗集《灵河》、《外外集》、《无岸之河》、《魔歌》、《众荷喧哗》、《时间之伤》、《酿酒的石头》、《因为风的缘故》、《爱的辩证》、《月光房子》、《天使的涅槃》、《诗魔之歌》、《葬我于雪》,散文集《一朵午荷》、《洛夫随笔》,诗论集《诗人之镜》、《诗的探险》、《孤寂中的回响》、《诗的边缘》等。

高晓声(1928—1999) 小说家。江苏武进人。早年毕业于无锡苏南新闻专科学校,后从事群众文艺工作。1953年开始文学创作。1958年后下乡劳动。1978年重新执笔。作品贴近农村经济改革现实,表现新的历史条件下中国农民的复杂性格。代表作有《李顺大造屋》和以陈奂生为主人公的系列小说。1980年后陆续创作《飞磨》、《钱包》、《鱼钓》等短篇小说,取古代笔记体形式,把日常生活题材寓言化、神秘化和哲理化,成为新时期文学中新笔记体小说的滥觞。现任作协江苏分会副主席。主要作品有系列小说集《陈奂生上城出国记》,短篇小说集《七九小说集》、《高晓声1980年短篇小说集》、《高晓声1981年短篇小说集》、《高晓声1982年短篇小说集》、《高晓声1983年短篇小说集》、《高晓声1984年短篇小说集》,长篇小说《青天在上》,以及《创作谈》、《生活·思考·创作》等。

鲁彦周(1928—2006) 小说家、电影剧作家。安徽巢湖人。1949年在家乡参加地方工作队。1950年后在皖北行署文教处、皖北文联工作。1957年起专事文学创作。1960年参加中国共产党。"文革"后任安徽省文联副主席、作协安徽分会副主席、《清明》主编。五十年代曾创作过《凤凰之歌》、《三八河边》等电影剧本。1979年发表的中篇小说《天云山传奇》,对从"反右"运动到"文革"的20年历史作了深刻反思,颇有影响。主要作品还有《鲁彦周电影剧本选集》,长篇小说《彩虹坪》、《阴阳关的阴阳梦》、《古塔上的风铃》等。

黎汝清(1928—　　) 小说家。山东博兴人。早年曾就读于山东耀南中学。1945年后在解放军部队从事政治工作,曾任医院副政委、教导员。1946年加入中国共产党。1960年起在南京部队政治部专事创作。主要作品有长篇小说《海岛女民兵》、《皖南事变》、《湘江之役》等。

王愿坚(1929—1991) 小说家。山东诸城人。1945年参加八路军。1947年加入中国共产党。1952年任《解放军文艺》编辑,曾参加革命回忆录《星火燎原》编辑工作。创作以短篇小说为主,多以第二次国内革命战争为历史背景,刻画革命先烈和红军战士英雄形象。作品善于用回忆、倒叙或散文化手法,注重人物性格的刻画,风格凝重壮美。主要作品有短篇小说集《党费》、《普通劳动者》等。

胡万春(1929—1998) 小说家。浙江鄞县人。早年在钢铁厂当工人。1949年后任工厂工会副主席、党委宣传部长。1958年后成为专业作家。主要作品有自传体中篇小说《骨肉》、中篇小说《家庭问题》、《特殊性格的人》,长篇小说《蛙女》等。

柯岩(1929—　　) 女作家。原名冯恺。广东南海人。毕业于苏州社会教育学院。建国后历任中国青年艺术剧院、中国儿童艺术剧院编剧、《诗刊》副主编。1956年参加中国共产党。著有诗集《小迷糊阿姨》、《周总理,你在哪里》,报告文学集《奇异的书简》,长篇小说《寻找回来的世界》等。

彭荆风(1929—　　) 作家。江西萍乡人。1949年参加中国人民解放军。历任昆明军区文化部创作员、宣传部副部长、成都军区政治部文艺创作室主任、作协云南分会副主席。1980年参加中国共产党。著有长篇小说《鹿衔草》,中篇小说《蛮帅部落的后代》、《爱与恨的边界》、《雾茫茫》、《秋雨》,小说集《边寨亲人》、《绿色的网》、《红指甲》,电影文学剧本《芦笙恋歌》(与人合作)、《边寨烽火》(与人合作)等。

未央(1930—　　) 诗人。原名章开明。湖南临澧人。早年就读于湖南省第四师范学校。1948年参加中国人民解放军,后又参加中国人民志愿军。1952年于归国途中创作诗歌《祖国,我回来了》,发表后传颂一时。"文革"后任作协湖南分会主席。作品有诗集《祖国,我回来了》、《大地春早》,长篇叙事诗《杨秀珍》等。

白桦(1930—　　) 诗人、剧作家。原名陈佑华。河南信阳人。1947年参加中国人民解放军，曾在昆明军区、总政治部从事文艺创作。1958年下厂劳动。1964年后任武汉军区话剧团编剧。1985年后在作协上海分会专事创作。主要作品有长诗《鹰群》、《孔雀》，诗集《白桦的诗》，电影文学剧本《今夜星光灿烂》、《苦恋》，话剧剧本《曙光》、《吴王金戈越王剑》，小说集《白桦中篇小说》等。

严阵（1930— ） 诗人。原名阎桂青。山东莱阳人。1950年就学于华东革命大学。历任《安徽文艺》编辑、安徽省文艺创作研究室副主任、《清明》杂志副主编，《诗歌》报主编。著有诗集《淮河上的姑娘》、《乡村之歌》、《江南曲》、《琴泉》、《花海》，中篇小说集《南国的玫瑰》，长篇小说《荒漠奇踪》，散文集《牡丹园记》等。

李国文（1930— ） 小说家。江苏盐城人。1947年就读于南京国立戏剧专科学校。1949年在北京中央戏剧学院研究部工作。1952年参加抗美援朝。1954年到中国铁路总工会宣传部工作。1957年下放铁路工地劳动。"文革"后专事创作。1986年起任《小说选刊》主编。其长篇小说《冬天里的春天》在小说结构上有所探索创新。作品立足于现实生活，力求反映社会矛盾冲突，并打破传统的时空顺序，将历史与现实放在同一层面加以综合表现 。其他作品还有长篇小说《花园街五号》，短篇小说集《第一杯苦酒》、《没意思的故事》，系列小说《危楼记事》等。

李泽厚（1930— ） 学者。湖南长沙人。1950年入北京大学哲学系学习，开始研究中国近代思想史。1954年在上海教育局工作。1955年后历任中国科学院哲学研究所助理研究员、副研究员、研究员，中华全国美学学会副会长等职。主要著作有《批判哲学的批判》、《中国古代思想史论》、《中国近代思想史论》、《中国现代思想史论》、《美学论集》、《美的历程》等。

邓友梅（1931— ） 小说家。山东平原人。早年参加过八路军。1949年后曾在北京人民艺术剧院、北京市文联任创作员。1957年后下放劳动。1979年回北京专事创作，并任中国作协主席团委员。《话说陶然亭》、《烟壶》、《那五》等小说，反映旧北京市民生活图景，风味醇厚，自成一家。主要作品有短篇小说集《邓友梅短篇小说集》、《寻访"画儿韩"》、《京城内外》，中篇小说集《烟壶》等。

於梨华（1931— ） 美籍华裔女作家。浙江镇海（今属宁波）人。1947年去台湾。1953年毕业于台湾大学。同年留学美国加利福尼亚州立大学，后在纽约州立大学奥本尼分校任教。作品多取材于留美学人生活，长于描写，善用比喻，受西方小说影响较大。主要作品有长篇小说《梦回青河》、《变》、《又见棕榈，又见棕榈》、《焰》、《考验》、《傅家的儿女们》，中篇小说《也是秋天》、《三人行》，短篇小说集《归》、《雪地上的星星》、《白驹集》、《会场现形记》、《寻》等。

流沙河（1931— ） 诗人。原名余勋坦。四川金堂人。早年就读于四川大学。建国后曾任杂志编辑。1957年后回乡劳动。"文革"后任作协四川分会副主席。诗作长于白描，语言浅显自然；也有意境较宏阔的作品，如《太阳》、《老人与海》等。主要作品有诗集《流沙河诗集》、《故园别》、《游踪》，评论集《台湾诗人十二家》、《隔海说诗》、《写诗十二课》、《余光中100首》，散文集《锯齿啮痕录》等。

梁上泉（1931— ） 诗人。四川达县人。1950年参加中国人民解放军，历任川北军区、西南军区公安部队政治部文工团创作员。1957年转业后任重庆市歌舞团编剧。著有诗集《喧腾的草原》、《云南的云》、《开花的国土》、《寄自巴山蜀水》、《大巴山月》、《山泉集》，长诗《红云崖》等。

张永枚（1932— ） 诗人。四川万县人。1949年肄业于万县师范学校，同年参加中国人民解放军。1953年参加中国共产党。历任中国人民志愿军文工团团员，广州军区战士歌舞团、军区政治部文艺创作组创作员。著有诗集《骑马挂枪走天下》、《南海渔歌》、《将军柳》、《雪白的哈达》、《螺号》，长篇小说《红巾魂》、《海角奇光》，长篇诗体小说《孙中山与宋庆龄》等。

浩然（1932— ） 小说家。原名梁金广。河北宝坻（今属天津）人。1948年加入中国共产党。1954年后历任《河北日报》、《友好报》记者，《红旗》杂志编辑。1964年起专事创作。"文革"后曾任北京市文联副主席、《北京文学》主编。六十年代所作长篇小说《艳阳天》、《金光大道》试图用阶级斗争理论去图解农村生活，对农村生活作了不符合实际的描写。新时期以后的作品则努力反映现实生活及其在人们心灵中所引起的变化。作品还有短篇小说集《喜鹊登枝》、《苹果要熟了》、《珍珠》、《蜜月》，中篇小说《西沙儿女》、《浮云》，长篇小说《苍生》等。

鄂华（1932— ） 小说家。原名程庆华。湖北荆门人。早年曾就读于北京大学。1953年后历任吉林省立第一高中教员，省委宣传部文艺处巡视员、省文联副主席、作协吉林分会副主席。著有小说集《自由神的眼泪》、《女皇王冠上的钻石》、《艺术的控诉》、《盗火者的足迹》，长篇小说《水晶洞》、《翼王伞》等。

痖弦（1932— ） 诗人。原名王庆麟。河南南阳人。1949年到台湾，在军队服役多年。1966年到美国爱荷华大学作家工作室研习，后就学于威斯康辛大学。1977年起先后任台湾《联合报》副总编辑、《联合文学》总编辑等。所作抒情诗富于戏剧性，唯早期诗偏重于语言和技巧的追求，有超现实主义倾向，晦涩难解，后有所转变。主要作品有《痖弦诗抄》、《深渊》。七十年代起从事中国新诗研究，著有《戴望舒》、《刘半农》、《中国新诗研究》。

从维熙（1933— ） 小说家。河北玉田人。早年毕业于北京师范学校，后当过教师和记者。1985年后任作家出版社总编辑。1979年后创作了《大墙下的红玉兰》、《第十个弹孔》等作品，开创了"文革"后的"大墙文学"创作。早期作品师法孙犁，追求诗情画意；后期作品以描写劳改生活著称，熔严酷的生活真实与灼热的浪漫主义气息于一炉。主要作品还有小说集《洁白的睡莲花》、《燃烧的记忆》、《驿路折花》，长篇小说《雪落黄河静无声》、《断桥》，回忆录《走向混沌》等。

邵燕祥（1933— ） 诗人、杂文家。浙江绍兴人。早年肄业于中法大学。建国后在新华广播电台（后为中央人民广播电台）工作。1978年任《诗刊》编辑部主任、副主编。诗作风格冷峻、深沉，主要作品有《在远方》和《迟开的花》。所作杂文针砭时弊，风格犀利、明快，有杂文集《忧乐百篇》、《蜜与刺》等。

孟伟哉（1933— ） 小说家。原名全。山西洪洞人。曾参加中国人民解放军、中国人民志愿军。1958年毕业于天津南开大学。历任中国人民大学中文系助教、讲师。1964年后在中共中央宣传部文艺处工作。1973年后历任人民文学出版社编辑、副总编辑，青海省文化局局长，人民文学出版社社长。著有长篇小说《昨天的战争》，中篇小说《夫妇》、《一座雕像的诞生》、《鸡冠花紫红紫红》，短篇小说集《归途》等。

胡昭（1933—2004） 诗人。满族，吉林舒兰人。1947年参加中国人民解放军。后任《吉林日报》编辑。1950年就学于中央文学研究所。1953年后历任《长春》杂志副主编、作协吉林分会副主席、《作家》杂志主编，著有诗集《光荣的星云》、《草原夜景》、《小白桦树》、《山的恋歌》等。

王蒙（1934— ） 小说家。河北南皮人。1948年加入中国共产党。建国后从事共青团工作。1953年创作长篇小说《青春万岁》，写一群女高中生怀着理想主义追求美好生活。1956年发表短篇小说《组织部新来的青年人》，因描写了党内官僚主义的危害而引起强烈反响。1963年到新疆工作，曾翻译《在奔腾的伊犁河上》等维语作品。1978年回北京，先后任中国作协副主席、《人民文学》主编、中共中央委员、文化部部长。其创作在艺术形式上大胆探索，风格多变，善于实验中外文学中的各种表现手法。曾率先用意识流等手法创作《布礼》、《蝴蝶》、《春之声》等小说。其小说语言机智幽默，亦庄亦谐，具有鲜明的个人风格。1989年后又开始古典文学研究。主要作品还有长篇小说《恋爱的季节》、《青狐》，小说集《冬雨》、《王蒙小说报告文学选》、《深的湖》、《木箱深处的紫绸花服》、《加拿大的月亮》、《我又梦见了你》、《坚硬的稀粥》等和论著《漫话小说创作》、《王蒙谈创作》、《创作是一种燃烧》、《文学的诱惑》、《红楼启示录》等。

李乔（1934— ） 小说家。原名能祺。台湾苗栗人。1954年毕业于台湾新竹师范学校，后长期在中小学任教员。1962年主编《台湾文艺》。作品或用写实手法描写下层劳动人民的生活疾苦，或用现代派手法描写荒诞故事，表现人们的潜意识，内容朦胧难解。主要作品有长篇小说三部曲《寒夜》、《孤灯》、《荒村》，短篇小说集《飘然旷野》、《恋歌》、《晚晴》、《人的极限》、《山女》、《痛苦的符号》等。

张弦（1934—1997） 小说家、电影剧作家。原名新华。浙江杭州人。早年毕业于清华大学，后在鞍山、北京等地任技术员。1957年后到湖南、北京农村劳动，后在马鞍山钢铁设计院工作。1983年到作协江苏分会专事创作。所作《记忆》、《被爱情遗忘的角落》、《未亡人》、《挣不断的红丝线》、《银杏树》等小说，擅长抒写女性心理，具有较锐利的批判精神。八十年代后主要从事电影剧本创作，写有《青春万岁》、《湘女萧萧》、《秋天里的春天》、《井》、《独身女人》，以及电视剧本《双桥故事》等。

冯德英（1935—　　）　小说家。山东乳山人。1949年参加中国人民解放军。1953年开始创作。1958年后任空军政治部文化部创作员。1980年到山东济南市文联工作，后任作协山东分会主席。所作长篇小说《苦菜花》、《迎春花》描写胶东人民抗击日本侵略军的斗争，具有强烈的艺术感染力。主要作品还有长篇小说《山菊花》、《染血的土地》，话剧剧本《女飞行员》（与人合作）。

刘绍棠（1936—1997）　小说家。北京通县人。1954年就读于北京大学。后在共青团中央工作。1956年回乡专事创作。1957年后下放铁路、水利等建设工地劳动。1966年回家乡。"文革"后在作协北京分会专事创作，曾任《中国》文学杂志副主编。所作中篇小说《蒲柳人家》描写运河边上普通劳动人民的生活和命运，文笔清新，充满浓郁的乡土风味。大部分作品都富于鲜明的地方色彩，是当代乡土小说代表作家之一。主要作品还有小说集《青枝绿叶》、《运河的桨声》、《烟村四五家》，长篇小说《地火》、《狼烟》等。

张贤亮（1936—　　）　小说家。江苏盱眙人。1955年中学毕业后在西北工作。1979年后任《朔方》杂志编辑、宁夏文联主席、作协宁夏分会主席等职。1983年起，计划以《唯物主义启示录》为总题创作多卷本小说，揭示中国知识分子改造的心路历程。第一部《感情的历程》包括短篇小说《初吻》、中篇小说《绿化树》和长篇小说《男人的一半是女人》。除章永璘为三部作品的同一主人公以外，其他内容均独立，总体上展示"世界破碎了时在一个诗人心中留下的裂痕"。《绿化树》较深刻地展示了知识分子在劳改中的思想矛盾和生命力被压抑的痛苦，引起很大反响。主要作品还有小说集《灵与肉》、《肖尔布拉克》，长篇小说《男人的风格》、《习惯死亡》等。

谌容（1936—　　）　女小说家。原名德容。四川巫山人。1959年毕业于北京俄语学院，后在中央人民广播电台当编辑和翻译。1973年后任中学教师。所作中篇小说《人到中年》，写出一代中年知识分子的奉献精神和所受到的不公正的待遇；《太子村的秘密》描写农村经济改革的复杂性；《懒得离婚》反映当代社会中关于家庭、婚恋以及女性价值等问题的心理趋向。作品善于吸取新的思想和社会信息，立意新颖，富有创见。其他作品还有中篇小说《真真假假》、《杨月月与萨特之研究》、《散淡的人》和长篇小说《万年青》、《光明与黑暗》、《人到老年》等。

古龙（1937—1985）　小说家。原名熊耀华。江西人。早年毕业于台湾淡江文理学院。所作武侠小说约八十余部，注重对传统小说技巧的运用，并注重描写人性，具有强烈的现代品格。主要作品有《楚留香》、《孤星传》、《陆小凤》、《武林外史》、《绝代双骄》、《圆月弯刀》、《流星·蝴蝶·剑》、《萧十一郎》、《多情剑客无情剑》等。

叶维廉（1937—　　）　美籍华裔诗人、评论家。广东中山人。毕业于台湾大学，后获美国普林斯顿大学比较文学博士学位。曾任香港中文大学和翻译中心、美国加利福尼亚州立大学圣地亚哥校区教授。1960年参与台湾现代诗运动。主要作品有诗集《赋格》、《愁渡》、《醒之边缘》、《野花的故事》、《松鸟的传说》、《惊驰》、《留不住的航渡》、《三十年诗》，散文集《万里风云》，评论集《现代·经验·表现》、《秩序的生长》、《中国现代小说风貌》、《中国现代作家论》、《饮之太和》、《寻求跨中西文化的共同规律——叶维廉比较文学论文选》、《中国诗学》等。

白萩（1937—　　）　诗人。原名何锦荣。台湾台中人。1956年毕业于台中商业职业学校。曾加入纪弦的"现代派"和蓝星诗社。1964年参与发起"笠诗社"。现任《笠》诗刊主编，台中美术设计公会理事长。著有诗集《蛾之死》、《风的蔷薇》、《天空象征》、《白萩诗选》、《香颂》、《诗广场》、《风吹才感到树的存在》、《自爱》、《观测意象》等，评论集《现代诗散论》、《诗与台湾现实》等。

白先勇（1937—　　）　小说家。回族，广西桂林人。国民党高级将领白崇禧之子。早年毕业于台湾大学。1960年参与创办《现代文学》杂志。1963年去美国爱荷华大学作家工作室从事创作、研究，后任美国加州大学圣塔巴巴拉分校教授。所作小说吸取中国古典小说的长处，又融进西方现代派技巧，或表现各种人物怀恋过去的落魄伤感之情，或表现流落异国的寂寞、苦闷的心态。主要作品有短篇小说集《寂寞的十七岁》、《纽约客》、《台北人》、《谪仙记》、《明星咖啡馆》、《骨灰》，长篇小说《孽子》，散文评论集《蓦然回首》，剧本《游园惊梦》等。

张洁(1937—) 女小说家。辽宁抚顺人。1960年毕业于中国人民大学，后在第一机械工业部工作。1980年到北京电影制片厂后专事创作。所作长篇小说《沉重的翅膀》，描写工业改革过程中的矛盾冲突，刻画了各种人物的心态。其作品偏重主观情绪宣泄，融议论与叙事为一体，善于抒发内心深处的复杂感情。主要作品还有长篇小说《只有一个太阳》，小说散文集《爱，是不能忘记的》、《方舟》，小说集《祖母绿》，散文集《在那绿草地上》，以及《张洁小说剧本选》等。

陈映真(1937—) 小说家。原名永善。台湾台北人。1961年毕业于台湾淡江文理学院，后任中学教师，并曾参加《笔汇》、《文学季刊》等刊物的编辑工作。1968年被台湾当局以阅读禁书为名逮捕，1975年获释。1977年参加乡土文学论战，发表《文学来自社会反映社会》、《建立民族文学的风格》、《"乡土文学"的盲点》等论文，维护台湾乡土文学的现实主义原则。1985年创办《人间》杂志。所作小说多描写知识分子理想破灭后的绝望心理，情调感伤忧郁。主要作品有小说集《将军族》、《第一件差事》、《知识人的偏执》、《夜行货车》、《华盛顿大厦》、《山路》等。

陶里(1937—) 诗人、小说家。原名危亦健。广东花县(今花都)人。早年就读于华南师范大学。曾在印度支那半岛从事教学、商业工作，后定居澳门，任《澳门笔汇》主编。作品有诗集《紫风书》、《蹒跚》，散文集《静寂的延续》，小说集《春风误》，论文集《逆声击节集》等。

西西(1938—) 女小说家。原名张彦，字爱伦。广东中山人。曾任香港官立小学英文教员，并编辑《中国学生周报》、《诗之页》。1975年参与创办《大拇指》周刊。现专事创作。其作品常借用绘画技巧与电影表现手法。著有短篇小说集《春望》、《像我这样的一个女子》、《胡子有脸》，中篇小说《我城》，长篇小说《哨鹿》，长诗集《石磬》等。

苏叔阳(1938—) 剧作家。河北保定人。1960年毕业于中国人民大学，后执教于北京师范大学、北京中医学院等校。1978年到北京电影制片厂任编剧。剧作多取材于北京普通市民的生活，模仿和追求老舍式的京味风格，有较浓郁的地方色彩。主要作品有话剧剧本《丹心谱》、《左邻右舍》、《太平湖》，长篇小说《故土》等。

琼瑶(1938—) 女小说家。原名陈喆。湖南衡阳人。1949年去台湾。毕业于台湾第二女子中学，后专事写作。作品多描写爱情故事，情节曲折生动，描写细腻，语言通俗，笔调哀婉。著有长篇小说《窗外》、《烟雨濛濛》、《几度夕阳红》、《彩云飞》、《心有千千结》、《月朦胧鸟朦胧》、《在水一方》、《浪花》、《一颗红豆》、《彩霞满天》、《梦的衣裳》、《聚散两依依》、《匆匆太匆匆》、《失去的天堂》等。

戴厚英(1938—1996) 女小说家。安徽颍上人。1960年于华东师范大学毕业后到作协上海分会文学研究所工作。1979年后相继在复旦大学、复旦大学分校（后改名上海大学文学院）执教。1978年开始小说创作。主要作品有反映当代知识分子生活的三部曲《诗人之死》、《人啊，人!》和《空中的足音》，此外还有中短篇小说集《锁链，是柔软的》，长篇小说《往事难忘》（《流泪的淮河》第一部），散文集《戴厚英随笔》等。

朱春雨(1939—) 小说家。原名子澄。满族，辽宁盖县(今盖州)人。1959年高中毕业后曾任长春电影制片厂场记、编辑。1979年参加中国人民解放军，任第二炮兵政治部文化部创作员。著有长篇小说《在人海里》、《山魂》、《亚细亚瀑布》、《橄榄》，中篇小说《沙海的绿荫》、《故事发生在小板楼》、《深深的井》、《白鹤浦》、《晚霞》、《热吻》等。

沙叶新(1939—) 剧作家。回族，江苏南京人。1957年就读于华东师范大学，后入上海戏剧学院戏曲创作研究班学习。1963年后在上海人民艺术剧院相继任编剧、院长。其剧作贴近现实，用喜剧的讽刺手法揭露现实生活中的阴暗面，并探索新的戏剧形式。主要剧作有《马克思秘史》、《寻找男子汉》、《耶稣·孔子·披头士列侬》、《太阳·血·人》和《东京的月亮》。

黄春明(1939—) 小说家。台湾宜兰人。毕业于台湾屏东师范学校，历任小学教师、电台编辑、广告企划、电影编剧、公司经理等职。早期作品明显受西方现代派影响，后逐渐摆脱现代主义羁绊，创作许多富有乡土气息的小说，塑造了乡村与城市的一系列小人物形象。主要作品有小说集《儿子的大玩偶》、《莎哟娜啦·再见》、《锣》、《小寡妇》、《我爱玛莉》等。

叶永烈(1940—) 作家。浙江温州人。1963年毕业于北京大学。后任上海科教电影制片厂编导、上海科普创作协会副理事长。曾从事科普读物创作，后转向传记文学写作。作品甚丰，主要有科幻小说《小灵通漫游未来》、《神秘衣》、《秘密纵队》、《不翼而飞》，传记《张春桥浮沉录》、《王洪文浮沉录》、《陈伯达其人》、《毛泽东之初》、《红色的起点》、《胡乔木》等。

杨青矗(1940—) 小说家。原名和雄。台湾台南人。早年在夜校读完高中后即做工。1978年任《美丽岛》杂志社社务委员、编辑委员及高雄服务处主任。1979年在"高雄事件"中被当局逮捕，1983年出狱。1987年任台湾笔会会长。曾任文皇出版社发行人。所作小说都描写农村、工厂生活，语言朴素，并吸收方言俚语，颇具乡土色彩。主要作品有短篇小说集《工厂女儿圈》、《在室男》、《同根生》、《妻与妻》、《绿园的黄昏》，散文集《工者有其田》、《女权、女命与女男平等》，杂文集《笔声的回响》等。

高行健(1940—) 剧作家。江苏泰州人。1962年毕业于北京外国语学院。后任中国国际书店翻译、《中国建设》杂志编辑、北京人民艺术剧院编剧。著有剧本《绝对信号》、《车站》、《野人》、《彼岸》，小说集《有只鸽子叫红唇儿》，论著《现代小说技巧初探》。译著有《秃头歌女》。

蒋子龙(1941—) 小说家。河北沧县人。1960年参加中国人民解放军。1965年回天津工厂工作。1985年后任作协天津分会副主席。其创作笔触多伸向人们所关心的经济改革领域，揭示各种矛盾冲突，深入剖析改革时代各色人的灵魂，文笔遒劲。主要作品有中篇小说《乔厂长上任记》、《开拓者》、《赤橙黄绿青蓝紫》、《燕赵悲歌》、《锅碗瓢盆交响曲》，长篇小说《蛇神》等。

古华(1942—) 作家。原名罗鸿玉。湖南嘉禾人。1961年肄业于郴州农业专科学校。曾任郴州地区歌舞剧团创作员、作协湖南分会副主席。代表作长篇小说《芙蓉镇》，通过农村妇女胡玉音十多年的磨难，反映极"左"路线的荒谬和危害，曾产生较大影响。主要作品还有长篇小说《山川呼啸》，中篇小说《相思女子客店》、《浮屠岭》、《姐姐寨》、《蒲叶溪磨房》、《爬满青藤的木屋》、《贞女》等。

叶文玲(1942—) 女小说家。浙江玉环人。1957年毕业于楚门镇中学，1962年到河南当过职员、工人。1979年在河南省文联专事创作。1986年后任作协浙江分会主席。主要作品有短篇小说集《无花果》、《心香》、《弯弯的金竹塘》、《独特的歌》，长篇小说《太阳的骄子》，散文集《梦里寻你千百度》、《写在椰叶上的日记》等。

冯骥才(1942—) 小说家。浙江慈溪人。当过篮球运动员、工人，后在天津工艺美术工人大学执教。历任天津文联副主席、作协天津分会副主席、中国文联副主席等职。创作题材广泛，笔法简练、语言生动。主要作品有长篇小说《义和拳》(与人合作)、《神灯》、《三寸金莲》，中篇小说《神鞭》，短篇小说集《雕花烟斗》、《高女人和她的矮丈夫》、《怪世奇谈》，散文集《雾里看伦敦》、《珍珠鸟》，实录《一百个人的十年》等。

刘心武(1942—) 小说家。四川成都人。1961年毕业于北京师范专科学校，曾任中学教师、人民文学出版社编辑、《人民文学》主编。所作《班主任》、《醒来吧，弟弟》等小说，以触及时事，善于提出重大社会问题而产生过较大影响。长篇小说《钟鼓楼》反映当代北京市民的生活，具有宏阔的历史感。主要作品还有长篇小说《四牌楼》、《风过耳》等。

陈忠实(1942—) 小说家。陕西西安人。1962年高中毕业，回乡任民办教师。1968年后在公社和区政府工作，做过公社党委副书记、区文化局副局长。加入作协后历任陕西省作协主席、中国作协副主席等职。1992年发表长篇小说《白鹿原》，描写渭河平原上白、鹿两大家族五十年的恩恩怨怨，折射出不断变迁的广阔的历史文化背景。作品思想内涵厚重、深邃，人物形象生动、复杂。其他作品还有短篇小说集《乡村》，中篇小说集《初夏》、《四妹子》等。

凌力(1942—) 女小说家。原名曾黎力。江西于都人。1965年毕业于中国人民解放军西安电信工程学院。后任七机部第三研究院技术员。1978年到中国人民大学清史研究室工作。著有长篇历史小说《星星草》、《少年天子》、《暮鼓晨钟》，中篇小说《火炬在燃烧》等。

三毛(1943—1991) 女散文家。原名陈懋平、陈平。浙江舟山人。先后就读于西班牙马德里文哲学院、德国柏林自由大学、美国伊利诺大学。曾任台湾文化大学中文系副教授。因两次婚姻挫折，遂到大自然中寻求安宁，而游历非洲、欧美等地。作品多抒写个人生活遭遇，故事离奇，感情真挚，语言生动。作品有散文小说集《撒哈拉的故事》、《雨季不再来》、《稻草人手记》、《哭泣的骆驼》、《温柔的夜》、《梦里花落知多少》、《背影》、《万水千山走遍》、《送你一匹马》、《倾城》、《谈心》、《随想》、《我的宝贝》、《闹学记》等。

陈祖芬(1943—) 女报告文学家。上海人。1964年毕业于上海戏剧学院，后任北京市文工团编剧。现为作协北京分会专业作家。1979年起创作报告文学。作品基调高昂，吸收了意识流、时空交错等表现手法，刻画富有献身精神的知识分子形象。主要作品有《陈祖芬报告文学集》、《陈祖芬报告文学二集》、《挑战与机会》等。

施叔青(1945—) 女小说家。原名淑卿。台湾鹿港人。毕业于台湾淡江文理学院。1970年留学美国，在纽约杭特学院攻读戏剧。1972年后曾在台湾淡江大学、政治大学任教。1978年定居香港，曾任香港艺术中心节目主任，后专事文学写作。主要作品有长篇小说《牛铃声响》、《琉璃瓦》，短篇小说集《约伯的末裔》、《拾掇那些日子》、《常满姨的一天》、《倒放的天梯》、《愫细怨》、《完美的丈夫》，中短篇小说集《一夜游》、《夹缝之间》，戏剧论著《西方人看中国戏剧》等。

李存葆(1946—) 小说家。山东五莲人。1964年参加中国人民解放军。1970年后在济南军区政治部宣传队创作室专事创作。1982年创作中篇小说《高山下的花环》，描写当代军人在战场上的风貌，同时也暴露了部队建设中的新问题。1984年又发表中篇小说《山中，那十九座坟茔》，揭露"文革"时期极左路线对部队建设的破坏。1986年起任济南军区文化部创作室创作员、作协山东分会副主席。主要作品还有小说、报告文学集《高山下的花环》，报告文学《沂蒙九章》(与人合作)，短篇小说集《云马岭的蹄声》等。

余秋雨(1946—) 学者、散文家。浙江余姚人。1968年毕业于上海戏剧学院。曾任上海戏剧学院教授、院长，上海戏剧家协会副主席。写有《艺术创造工程》等论著，后主要从事散文创作。其散文多取材自旅游名胜、历史人事所引发的对古今、人生及文化的省思，寓意温良而笔触清新，在一种温厚的亲切感下传达出作家的情和理，影响很大。有散文集《文化苦旅》、《山居笔记》等。

柯云路(1946—) 小说家。原名鲍国路。北京人。1968年到山西绛县插队落户。1972年到榆次当工人。1985年起在作协山西分会专事创作。其作品敢于揭露生活矛盾，场面宏大，感情深沉，文笔犀利。作品有长篇小说《新星》、《夜与昼》、《衰与荣》等。

黄维梁(1947—) 作家、评论家。广东澄海人。1969年毕业于香港中文大学，同年赴美国留学。1976年获俄亥俄州立大学文学博士学位。同年回港任香港中文大学高级讲师。论著有《中国诗学纵横论》、《清通与多姿》、《古诗今读》、《怎样读新诗》、《中国文学纵横论》、《香港文学初探》，散文集《大学小品》、《突然，一朵莲花》、《我的副产品》等。

梁锡华(1947—) 作家。原名佳罗。广东顺德人。英国伦敦大学哲学博士。曾任香港中文大学高级讲师，岭南学院教授、教务长。所作散文征古证今，风格独特。作品有散文集《四八集》、《有余篇》、《我为山狂》，长篇小说《独立苍茫》。

张承志(1948—) 小说家。回族。山东济南人。1978年就读于中国社会科学院研究生院。1981年毕业后到中国社会科学院民族研究所工作。后在海军政治部创作室专事创作。1989年后退伍，辗转于西北地区研究中国回民中的哲合忍耶教史。早期代表作有短篇小说集《老桥》，中篇小说《黑骏马》、《北方的河》，以知青题材为主，在对北方和西北少数民族地区普通人民的生活方式刻画中，寄寓了强烈的理想色彩。自《黄泥小屋》起，多取材回民宗教的生活方式，风格狰狞凌厉，凝重悲壮，含有深沉的历史感。主要作品还有长篇小说《金牧场》、《心灵史》，散文集《绿土风》等。

阿城(1949—) 小说家。姓钟。四川江津人。1969年去山西插队落户。1979年回北京，曾在《世界图书》编辑部工作。所作中篇小说《棋王》，以古典白话小说传统与道家美学的无为观念处理知青题材，颇引人注目。《孩子王》、《树王》、《遍地风流》等，均为"文化寻根"小说的代表作。作品还有电影文学剧本《大明星》、《飓风行动》等。

梁凤仪(1949—) 女小说家。曾在香港、英国、美国接受高等教育。1985年获香港中文大学博士学位。1979年创办碧利公司。1980—1982年任职于新鸿基证券及银行集团。

1983年创办双边市场推广及公关公司。1990年创办勤+缘出版社。所作小说多以香港商界为背景，以自立奋斗的女强人为主人公，以缠绵悱恻的爱情故事为中心情节，并融入财经知识、经营手段，有“财经小说”之称。主要作品有长篇小说《尽在不言中》、《豪门惊梦》、《醉红尘》、《花魁劫》、《今晨无泪》等。

梁晓声(1949—　　)　小说家。山东荣城人。1968年去北大荒劳动。1977年毕业于复旦大学，后在北京电影制片厂、北京儿童制片厂工作。所作《这是一片神奇的土地》、《今夜有暴风雪》等小说歌颂知识青年在异常恶劣的环境下，为崇高理想而献身的精神。《从复旦到北影》、《一个红卫兵的自白》、《1993——一个作家的杂感》等是纪实性的作品，表现了对现实的关注，风格平实。主要作品还有长篇小说《雪城》，中篇小说集《人间烟火》等。

路遥(1949—1992)　小说家。陕西清涧人。1976年毕业于延安大学。后任《延河》杂志编辑、作协陕西分会副主席。所作中篇小说《人生》，通过农村知识青年高加林在人生道路上的选择与失误，较深刻地揭示出改革时代青年人的理想内涵、道德观念以及社会心理所发生的变化。三卷本长篇小说《平凡的世界》，对当代陕西农村的社会矛盾冲突和经济改革，以及青年人所追求的人生理想作全面的历史的描写。作品深受柳青的影响，风格朴实厚重，思辨色彩较浓。主要作品还有中篇小说《惊心动魄的一幕》等。

张抗抗(1950—　　)　女小说家。广东新会人。1969年赴黑龙江省农场插队。1979年毕业于黑龙江省艺术学校。历任黑龙江省作协副主席、中国作协副主席等职。其小说主旋律是对人的尊严和价值、人生的意义和人性结构的关注，笔触细腻，善写人物心态。主要作品有短篇小说《夏》，中篇小说《淡淡的晨雾》、《北极光》，长篇小说《隐形伴侣》等。

史铁生(1951—　　)　小说家。河北涿县(今涿州)人。1969年去陕西延川插队落户，后因残疾转回北京。初期小说风格散淡朴素，有散文化倾向，此后创作则注意吸收现代小说的表现技巧。主要作品有中短篇小说集《我的遥远的清平湾》、《礼拜日》、《命若琴弦》，长篇小说《务虚笔记》，散文《我与地坛》等。

王小波(1952—1997)　小说家。北京人。1968年起在云南等地插队，1972年回北京，做过工人。1978年入中国人民大学学习。1984年赴美国匹兹堡大学留学。1988年回国后曾在北京大学、中国人民大学任教。1992年后成为自由撰稿人。其作品充满了对生活中的荒谬和苦难的强烈反讽，富于批判精神。著有小说集《黄金时代》、《白银时代》、《青铜时代》及散文集《沉默的大多数》等。有《王小波文集》行世。

舒婷(1952—　　)　女诗人。原名龚佩瑜。福建泉州人。中学毕业后到上杭县农村劳动。1972年回厦门做工。1981年专事创作，曾任作协福建分会副主席。其诗作抒发新一代青年对生活的理解和思考，表述方式重含蓄和主观化的情绪体验，为当代朦胧诗的代表诗人之一。主要作品有诗集《双桅船》、《会唱歌的鸢尾花》等。

马原(1952—　　)　小说家。辽宁锦州人。1970年中学毕业后到农村插队，后当过钳工。1978年考入辽宁大学中文系，毕业后进藏工作。2000年起任同济大学教授。1982年开始发表小说。其作品叙述方式独特，用叙述人视点的变化来展示作品真实与虚构的转换，时空关系不断跳跃。主要作品有中短篇小说集《冈底斯的诱惑》，长篇小说《上下都很平坦》等。

朱苏进(1953—　　)　小说家。江苏南京人。1969年参加中国人民解放军。1977年起先后在福州军区和南京军区创作室专事创作。小说多取材于军队日常生活，挖掘心灵深处的隐秘，构思独特，色彩奇幻。主要作品有长篇小说《金色叶片》、《在一个夏令营里》、《炮群》、《醉太平》，中篇小说《射天狼》、《凝眸》、《第三只眼》、《欲飞》、《绝望中诞生》等。

张辛欣(1953—　　)　女小说家。江苏南京人。1969年去北大荒劳动。1971年后在北京当护士。1984年毕业于中央戏剧学院，后在北京人民艺术剧院任导演。1988年后留学美国康奈尔大学和佐治亚大学。代表作有小说《我在哪儿错过了你》、《我们这个年纪的梦》、《在同一地平线上》，以及与人合作的长篇口述实录文学《北京人》。

残雪(1953—　　)　女小说家。原名邓小华。湖南耒阳人。小学毕业即做工，后以缝纫为业。作品深受西方现代主义影响，善于营造一种恶梦般的环境氛围，在非理性、非逻辑的叙事方式中包含对现实生活中卑琐人性的强烈厌恶和批判。主要作品有短篇小说集《天堂里的对话》、《黄泥街》，长篇小说《突围表演》，中篇小说《苍老的浮云》等。

贾平凹(1953—) 小说家、散文家。陕西丹凤人。1975年毕业于西北大学。后任陕西人民出版社编辑。1983年起专事创作。《满月》等早期小说多属田园牧歌、好男好女的故事，文笔优美清新。其中长篇小说多以美妙的构思展示农村在实行生产责任制之后，农民的思想、情趣、伦理道德所发生的变化。1983年起，以《商州初录》为起点的散文创作，以发掘和描写民风民俗见长，并注意吸取民间文化营养，文体俗中见雅。作品还有小说集《山地笔记》、《贾平凹小说新作集》、《小月前本》、《天狗》、《故里》、《冰炭集》，长篇小说《废都》、《白夜》、《怀念狼》、《秦腔》，散文集《爱的踪迹》、《心迹》、《月迹》等。

钱钢(1953—) 报告文学家。浙江杭州人。1969年参加中国人民解放军，后在部队从事新闻工作，致力于报告文学创作，写有报告文学《"蓝军司令"》和《奔腾的潮头》。1984年就读于解放军艺术学院。1986年发表长篇报告文学《唐山大地震》，以全景式的视角描述并反思这场天灾人祸。1989年发表《海葬——大清国北洋海军成军一百周年祭》，根据大量史料，通过对北洋海军兴衰史描述和分析，表现对历史和现实的深刻认识。

韩少功(1953—) 小说家。湖南长沙人。1982年毕业于湖南师范学院，后在湖南省总工会工作。1987年到海南省，曾任作协海南分会主席。1985年提出文化"寻根"的主张，发表中篇小说《爸爸爸》、《女女女》，短篇小说《归去来》等，采用荒诞、魔幻、变形手法，具有较强的理性成分和思辨色彩，风格神秘幽深。主要作品还有长篇小说《马桥词典》，小说集《月兰》、《诱惑》，评论集《面对神秘而空阔的世界》等。

王安忆(1954—) 女小说家。福建同安人。1970年去安徽农村插队落户。1978年在上海中国福利会《儿童时代》社任编辑，后专事创作。历任上海作家协会副主席、主席，中国作家协会副主席等职。中篇小说《小鲍庄》描写农民滞重、沉寂的心态，《荒山之恋》、《小城之恋》、《锦绣谷之恋》、《岗上的世纪》等表现现代人性爱观念，《叔叔的故事》和长篇小说《纪实与虚幻》等在历史与现实的对照中展示对人性、人生的新思考。主要作品还有小说集《雨、沙沙沙》、《尾声》、《流逝》、《神圣祭台》，长篇小说《黄河故道人》、《69届初中生》、《流水三十章》、《长恨歌》等。

刘恒(1954—) 小说家。北京人。原名刘冠军。1969年中学毕业后入伍，退伍后做过钳工。历任《北京文学》主编、北京市作家协会主席、中国作家协会副主席等职。其作品关注中国农村底层人民的最低生活欲求，并从原始欲望出发探求人的命运。著有短篇小说《狗日的粮食》，中篇小说《伏羲伏羲》、《白涡》、《贫嘴张大民的幸福生活》等。

方方(1955—) 女小说家。原名汪芳。江西彭泽人。1981年毕业于武汉大学，后到湖北电视台任编辑。1989年起专事创作。所作小说《风景》描写城市贫民的生活历史和心理世界，叙事语言、视角独特。《祖父在父亲心中》以自叙家史的散文体形式，描写两个时代的知识分子命运。主要作品还有小说集《"大篷车"上》、《江那一边》、《行云流水》等。

张炜(1956—) 小说家。山东栖霞人。1980年毕业于烟台师范专科学校，后在中共山东省委办公厅工作。1984年起专事创作，曾任作协山东分会副主席。所作长篇小说《古船》，以一个小镇两个家族之间以怨报怨的历史，揭示四十多年来触目惊心的斗争，对人生苦难，人性善恶作出沉重的思考。长篇小说《九月寓言》则对土地、自然、宇宙发出亲切的呼唤，表现知识者返回民间的理想。作品还有小说集《芦青河告诉我》、《秋天的愤怒》、《美妙雨夜》，长篇小说《我的田园》等。

莫言(1956—) 小说家。原名管谟业。山东高密人。1976年参加中国人民解放军。1984年就读于解放军艺术学院，发表中篇小说《透明的红萝卜》，以其奇特的感觉世界而引人注目，后又发表《红高粱》，突破以往写抗战题材的既成模式，在声、色、形等感觉经验方面都有独特处理方式。主要作品还有小说集《透明的红萝卜》、《红高粱家族》、《欢乐十三章》、《怀抱鲜花的女人》，长篇小说《天堂蒜苔之歌》、《十三步》、《丰乳肥臀》、《檀香刑》等。

铁凝(1957—) 女小说家。河北赵县人。1975年下乡插队落户。1979年回保定，任《花山》编辑部编辑。1983年起专事创作，曾任河北省文联副主席。2006年当选中国作家协会主席。主要作品有短篇小说集《夜路》，中篇小说《没有钮扣的红衬衫》、《红屋顶》、《麦秸垛》、《永远有多远》,长篇小说《玫瑰门》、《笨花》等。

王朔(1958—　　)　小说家。北京人。1976年高中毕业后入伍,复员后成为药品批发商店的职工。1983年辞职成为自由撰稿人。后进入影视业,策划过电视连续剧《渴望》和《编辑部的故事》。其小说大量使用戏谑、反讽而又充满活力的对白和语言,塑造了一系列游戏人生,以颓废为精神特征的人物。著有小说《空中小姐》、《一半是火焰,一半是海水》、《动物凶猛》、《顽主》等。

余华(1960—　　)　小说家。浙江海盐人。曾就职于海盐县文化馆和嘉兴市文联。1984年开始发表小说。早期作品有很强的实验性,以极其冷酷的笔调揭示人性丑陋阴暗的一面。1980年代中后期以后的作品则走向平实,呈现出一种淡泊而又坚毅的力量。著有短篇小说集《十八岁出门远行》和长篇小说《在细雨中呼喊》、《活着》、《许三观卖血记》、《兄弟》等。

苏童(1963—　　)　小说家。江苏扬中人。原名童忠贵。1984年北京师范大学中文系毕业,曾在南京艺术学院工艺系工作,后任《钟山》杂志编辑。1983年开始发表作品。其作品多通过讲述旧时代的女性故事,细腻敏锐地重现历史,并从中表现人性的复杂与生命经验。著有小说《妻妾成群》、《红粉》、《米》、《我的帝王生涯》等。

社团　流派

新潮社　文学团体。1918年11月19日成立于北京。主要发起人为傅斯年、罗家伦、徐彦之等,成员多为北京大学学生及教员,有汪敬熙、杨振声、潘家洵、江绍原、康白情、顾颉刚、俞平伯、朱自清、叶绍钧、孙伏园、周作人等。致力于伦理革命和文学革命,在反对旧道德、提倡新道德,反对旧文学、提倡新文学的斗争中,起过一定的积极作用。但部分成员主张全盘欧化,对传统文化采取否定一切的虚无主义态度。1920年8月15日改为新潮学会。后随着傅斯年、杨振声、罗家伦等出国留学,于1921年后自行解体。出版有《新潮》月刊、《新潮丛书》。

文学研究会　文学团体。1921年1月4日成立于北京。发起人有周作人、朱希祖、耿济之、郑振铎、瞿世英、王统照、沈雁冰、蒋百里、叶绍钧、郭绍虞、孙伏园、许地山等。不久,活动中心移到上海,以革新后的《小说月报》为代用机关刊物。“以研究介绍世界文学、整理中国旧文学、创造新文学为宗旨”(《文学研究会简章》),宣称“将文艺当作高兴时的游戏或失意时的消遣的时候,现在已经过去了。我们相信文学是一种工作,而且又是于人生很切要的一种工作”(《文学研究会宣言》)。这种“为人生的艺术”的现实主义主张,要求文艺表现或讨论社会人生问题,关心人民的疾苦。会员遵循这一现实主义文学创作原则,写出一批“问题小说”和乡土文学作品,深刻反映了社会现实,表达人民大众的反帝反封建斗争要求。除创作外,还在新文学理论探讨、外国文学译介、中国古典文学整理诸方面取得较大成绩,有力地推动了新文学运动的发展。主办刊物还有《文学周报》、《诗》月刊,并编有《文学研究会丛书》、《文学研究会创作丛书》、《文学周报丛书》、《文学研究会世界名著丛书》、《文学研究会通俗戏剧丛书》和《小说月报丛刊》等六类丛书共二百五十余种。正式登记的会员有一百七十二人,但组织较松散,1925年以后成员逐渐分化,活动减少。1932年因商务印书馆编译所毁于战火、《小说月报》停刊而无形解体。

创造社　文学团体。1921年6月由在日本留学的郭沫若、成仿吾、郁达夫、张资平、田汉、郑伯奇、穆木天等成立。强调文学是自我的表现,崇尚感情的自然流露,张扬科学与民主,鼓吹创造精神,故作品颇具强烈的反封建意识,积极的浪漫主义倾向,鲜明的个性解放色彩,浓郁的抒情风格。第一次国内革命战争期间,郭沫若、成仿吾等参加革命实际工作后,表现出“转换方向”的态度,努力倡导革命文学,试图用阶级和阶级斗争的观点来观察社会现实、阐释文学现象与指导创作实践。大革命失败后,李初梨、冯乃超、彭康、朱镜我等加入,倡导无产阶级革命文学。但其成员错误地批判了鲁迅等作家,实际工作中表现出若干“左倾”冒进倾向与宗派主义情绪,创作上亦存在一定程度的公式化、概念化缺陷。1929年2月7日该社出版部被国民党当局查封。尔后,创造社、太阳社的成员与包括鲁迅在内的进步作家合作,于1930年在上海成立中国左翼作家联盟,该社遂停止活动。先后出版过《创造季刊》、《创造周报》、《创造日》、《洪水》、《创造月刊》、《文化批判》等,并编有创造社丛书。

湖畔诗社 文学团体。1922年3月成立于杭州。最初成员为潘漠华、冯雪峰、应修人、汪静之，稍后加入的有魏金枝、谢旦如（澹如）、楼建南（适夷）等，成员多系浙江第一师范学校的学生。曾出版潘、冯、应、汪的诗合集《湖畔》、冯、潘、应的诗合集《春的歌集》和汪静之的诗集《蕙的风》、《寂寞的国》。作品以抒情短诗为主，表达对美好生活的向往和对幸福爱情的追求，具有清新、明快、质朴的特色。1925年2月又创办小型文学月刊，但不久即停刊，该社也随之停止活动。

浅草社 文学团体。1922年成立于上海。主要成员林如稷、陈翔鹤、陈炜谟、邓均吾等，多系四川籍文学青年。尊崇艺术，主张各种文学流派并存，有为艺术而艺术的倾向。1925年因成员集中于北京另组沉钟社而停止活动。编有《浅草》季刊和《文艺旬刊》（后改名《文艺周刊》）。

弥洒社 文学团体。弥洒，拉丁文Musa的音译，通译缪斯，即希腊神话中的文艺女神。1923年3月18日在上海《民国日报》副刊《觉悟》上发表成立宣言。发起人胡山源、钱江春、赵祖康，社员多系江浙青年学生。声称“无目的无艺术观不讨论不批评”。作品多以青年婚姻恋爱为题材，但社员的创作倾向不尽相同。曾创办《弥洒》月刊，编有《弥洒社创作集》两集。组织较为松散，1927年11月结束活动。

沉钟社 文学团体。1925年10月成立于北京。主要成员杨晦、陈炜谟、陈翔鹤、冯至、林如稷等多为浅草社社员，但创作上趋向成熟，较能从表现个人苦闷逐渐转向社会，并注重对外国文学、尤其是德国文学的译介。1934年春停止活动。编有《沉钟》周刊（后改为《沉钟》半月刊）和《沉钟丛书》。其中《沉钟》从创办到终刊，十年间经过停刊、复刊、再停刊、再复刊，历尽艰辛，故鲁迅称该社“确是中国的最坚韧、最诚实、挣扎得最久的团体”。

未名社 文学团体。1925年8月成立于北京。由鲁迅发起、领导。成员有韦素园、李霁野、曹靖华、台静农、韦丛芜。韦素园主持社务。以译介外国文学为主，兼及文学创作。1928年3月26日曾被北洋军阀查封，同年9月恢复活动。后该社因经济困难和思想分歧，有结束之议，1931年5月1日鲁迅声明退出。1933年春解散。曾编辑发行《莽原》周刊（后改为半月刊）、《未名》半月刊，还印行有《未名丛刊》、《未名新集》。

狂飙社 文学团体。1926年正式成立于上海。成员有高长虹、向培良、尚钺、高歌、高沐鸿、黄鹏基、柯仲平、郑效洵等。组织松散。早在1924年，高长虹在山西时就提出成立狂飙社的动议，同年到北京先后编辑《狂飙月刊》、《狂飙周刊》和《狂飙》不定期刊，并发表狂飙运动宣言。1926年秋高赴上海复刊《狂飙周刊》，标志着狂飙社的成立。创刊号发表的《狂飙周刊的开始》一文，带有浓厚的无政府主义和个人奋斗色彩。《狂飙周刊》再度停刊后，曾成立过出版社和演剧部。1928年冬，高又创办《长虹周刊》和《狂飙运动》月刊。曾编印《狂飙丛书》四十余种。1929年春因高长虹东渡日本而解体。

太阳社 文学团体。1927年冬成立于上海。蒋光慈、钱杏邨、孟超、杨邨人等发起，主要成员有林伯修、洪灵菲、戴平万、刘一梦、顾仲起、楼适夷、殷夫、任钧、冯宪章、圣悦（李平心）等，多为共产党员。积极倡导革命文学，宣传无产阶级文学理论，创作中努力反映工农群众的生活与斗争，对左翼文学运动有很大影响。1929年9月，蒋光慈、楼适夷、冯宪章、任钧先后到日本，曾成立太阳社东京支部，吸收一些中国留日学生参加活动。先后出版《太阳月刊》、《时代文艺》、《海风周报》、《新流月报》、《拓荒者》等刊物，编有《太阳社丛书》。1929年底自动解散。

南国社 文艺团体。1927年冬正式成立。创建人田汉。前身为南国电影剧社。设有文学、绘画、音乐、戏剧、电影五部，并设立南国艺术学院。宗旨为“团结能与时代共痛痒之有为青年作艺术上之革命运动”。主要开展戏剧活动，使新兴话剧逐渐扩展了阵地，培养了众多戏剧人才，对话剧艺术的发展有很大影响。演出剧目多为田汉的剧作，有《苏州夜话》、《名优之死》、《湖上的悲剧》、《孙中山之死》、《一致》等。1930年3月，田汉率南国社参加中国左翼作家联盟；4月发表《我们的自己批判》，明确表示革命倾向，要“对社会、艺术都有一个正确的主张”，以使“旗帜来得鲜明，步调来得雄健”。1930年5月因演出《卡门》遭当局搜查、封禁，停止活动。曾出版《南国月刊》。

朝花社 文学团体。1928年11月成立于上海。由鲁迅发起和主持。主要成员有柔石、王方仁、崔真吾、许广平等。以介绍东欧和北欧文学、输入外国版画、扶植刚健质朴的新文艺为宗旨。曾创办《朝花周刊》、《朝花旬刊》并附出《艺苑朝花》画刊(共五辑:《近代木刻选集》两卷、《蕗谷虹儿画选》、《比亚兹莱画选》、《新俄画选》),还编印有《朝华小集》丛刊和《近代世界短篇小说》丛书。1929 年底停止活动。

中国左翼作家联盟 简称“左联”。革命文学团体。1930 年 3 月 2 日在上海召开成立大会,到会四十余人,最初盟员五十余人。大会通过左联的理论纲领和行动纲领,选举沈端先、冯乃超、钱杏邨、鲁迅、田汉、郑伯奇、洪灵菲为常务委员;鲁迅在会上的讲演《对于左翼作家联盟的意见》,对于以后的左联工作具有指导意义。常设领导机构为常务委员会,先后担任过常务委员的除上述七人外,还有茅盾、冯雪峰、柔石、丁玲、胡风、以群、任白戈、夏征农、徐懋庸、何家槐、林淡秋等。左联内有中国共产党的党团组织,潘汉年、冯乃超、冯雪峰、阳翰笙、丁玲、周扬相继担任过党团书记。左联以马克思主义文艺理论指导自己的实践,译介和宣传无产阶级文艺思想,同“民族主义文艺”和各种错误文艺思潮作坚决斗争;积极提倡革命文艺创作和文艺大众化,开展工农兵通讯员运动,努力培养新作家,壮大革命文艺队伍。对于粉碎当局的文化“围剿”和推进革命文艺运动的发展,作出了巨大贡献。左联与国际无产阶级文艺运动建立了联系,曾加入国际革命作家联盟;在国内,还先后建立了北平左联、天津支部,以及保定、广州、南京、武汉等地的小组,并创办有《萌芽月刊》、《拓荒者》、《北斗》、《文学月报》等十余种机关刊物。1936 年初,为建立文艺界抗日民族统一战线而自动解散。

左联 “中国左翼作家联盟”的简称。

中国左翼文化界总同盟 简称“文总”。革命文化团体的联合组织。1930 年 10 月成立于上海。设有中国共产党的党团组织,潘汉年、朱镜我、冯雪峰、阳翰笙、周扬等先后担任党团书记。盟员有中国左翼作家联盟、中国社会科学家联盟、中国左翼戏剧家联盟、中国左翼新闻记者联盟和中国教育、音乐、美术、世界语等左翼联盟共八个团体。1932 年 11 月创办机关刊物《文化月报》(共出两期)。在团结广大左翼文化工作者,粉碎当局的文化“围剿”的斗争中起了重要作用。一二九运动后,成员大多参加各界救国会,不久即停止活动。

文总 “中国左翼文化界总同盟”的简称。

中国诗歌会 诗歌团体。1932 年 9 月成立于上海。发起人蒲风、穆木天、杨骚、任钧。成员还有王亚平、柳倩、温流、关露等。在“左联”领导下,以“我们要捉住现实,歌唱新世纪的意识”、“使我们的诗歌成为大众的歌调”为宗旨,积极研究诗歌理论,努力于诗歌的大众化,致力于反映工农大众的生活与斗争的诗歌创作,因而对新诗运动有很大影响。在河北、广州、青岛等地设有分会,留学日本的会员也曾组织“东京诗歌座谈会”。抗日战争爆发前夕停止活动。曾出版《新诗歌》、《现代诗歌》、《诗歌季刊》等诗刊和《国防诗歌丛书》。

前锋社 文学团体。1930 年 6 月成立于上海。主要发起人为国民党上海市党部官员和刑侦队成员傅彦长、朱应鹏、范争波、潘公展等。公开提倡民族主义文艺运动,反对左翼文艺运动。曾创办《前锋周报》、《前锋月刊》等刊物,发表黄震遐的《黄人之血》、《陇海线上》和万国安的《国门之战》等作品,因而受到鲁迅、瞿秋白、茅盾等人为代表的左翼文学阵营的批判。1932 年停止活动。

中华全国文艺界抗敌协会 简称“文协”、“文抗”。抗日战争时期的全国性文艺组织。1938 年 3 月 27 日在武汉召开成立大会,通过宣言,声明“我们应该把分散的各个战友的力量,团结起来,像前线将士用他们的枪一样,用我们的笔,来发动群众,捍卫祖国,粉碎寇敌,争取胜利”。选举郭沫若、茅盾、夏衍、田汉、冯乃超、胡风、丁玲、老舍、巴金、郑振铎、郁达夫、朱自清、许地山、吴组缃、朱光潜、张道藩、陈西滢、王平陵、姚蓬子等四十五人为理事,周恩来、孙科、陈立夫为名誉理事,老舍为总务部主任,主持日常工作。在全国各地包括延安等革命根据地均设有分会及通讯处。曾出版会刊《抗战文艺》,并号召“文章下乡,文章入伍”,组织作家战地服务团、访问团,深入战场,进行抗战宣传,积极推动文艺为抗日战争服务。

文协 “中华全国文艺界抗敌协会”的简称。

文抗 “中华全国文艺界抗敌协会”的简称。

中国文学艺术界联合会 简称“中国文联”。原名中华全国文学艺术界联合会。全国性文学艺术工作者组织。1949 年 7 月成立于北平(即今北京),1953 年改现名。所属全国性协会包括中国作家、戏剧家、电影家、曲艺家、音乐家、美术家、舞蹈家、民间文艺家、书法家、摄影家、电视文学工作者等及各省、市、自治区的文联。其对所属协会及文联负有协调、联络和指导的责任，团结、动员和组织全国文艺工作者进行各种文艺活动，扶植少数民族文艺，加强国际文化交流，努力发展和繁荣社会主义文艺事业。郭沫若、周扬、曹禺先后任该会主席，茅盾、巴金曾先后任名誉主席。

中国文联 “中国文学艺术界联合会”的简称。

中国作家协会 简称“中国作协”。原名中华全国文学工作者协会。全国性作家团体。1949年7月成立于北平(即今北京)，1953年9月改现名。主要任务是:组织和推动各民族作家的文学创作，表彰优秀的作家作品;贯彻“双百”方针，鼓励不同艺术风格、文学流派的自由竞争;办好文学刊物，培养和扶植青年作者，及时吸收有一定水平的新会员，壮大文学队伍;积极开展国际文学交流，组织中外作家、翻译家相互访问，加强同台湾、香港、澳门及海外华文作家的联系;保障会员的著作权和一切正当权益。茅盾、巴金先后任主席。曾主办《人民文学》、《文艺报》、《诗刊》、《译文》(《世界文学》)、《新观察》、《民族文学》等刊物。

中国作协 “中国作家协会”的简称。

中国笔会中心 国际笔会的成员之一。国际笔会(International Pen)的总部设在伦敦，为联合国教科文组织所承认的唯一的国际作家组织，旨在保卫世界和平和人类精神财富。1980年4月17日中国笔会中心成立于北京，有作家、文艺评论家、翻译家等六十四人参加，巴金任主席。同年，“中国上海笔会中心”、“中国广州笔会中心”相继成立。在此前台湾有“台北中文笔会中心”，故中国共有四个笔会中心。

学衡派 文学派别。因1922年创办的《学衡》杂志而得名。主要撰稿者梅光迪、胡先骕、吴宓等均系南京东南大学教师，他们主张“论究学术，阐求真理，昌明国粹，融化新知”，鼓吹复古，反对新文化运动和文学革命，因而受到鲁迅、茅盾等人的批评。

现代评论派 思想文化派别。因1924年创办的《现代评论》周刊得名。主要成员王世杰、陈西滢、高一涵、陈衡哲、陈翰笙、胡適、唐有壬、丁西林、马宗融、凌叔华、杨振声、李四光等，大多曾留学欧美，深受西方现代文化熏陶。其中一些人标榜自由主义，政治上主张改良主义，文艺上否定功利主义，提倡唯美主义艺术。在五卅运动、女师大学潮、三一八惨案等一系列重大政治事件中，各成员和撰稿者的思想倾向各异。1927年《现代评论》迁至上海出版后，具有进步思想的成员多半脱离，该派亦随《现代评论》1928年底停刊而解体。

新月派 文艺流派。因1923年在北京成立的新月社而得名。先以聚餐会形式出现，后发展成俱乐部，主要开展戏剧活动。最初成员胡適、徐志摩、余上沅、丁西林、林徽因等，多系留学英美学生，受西方唯美主义文艺思潮影响较深。1925年10月徐志摩接编《晨报副刊》，并在该刊办《诗刊》、《剧刊》，提倡格律体新诗和国剧运动;1927年春，徐志摩、闻一多、张禹九等在上海筹办新月书店，胡適任董事长。1928年3月创办《新月》月刊，徐志摩、闻一多、梁实秋、罗隆基、潘光旦、邵洵美等人参加编辑。新月书店还编辑出版《现代文化丛书》及《诗刊》、《新月诗选》，推出了陈梦家、方玮德、方令孺、卞之琳、孙大雨等一批新诗人。该派成员复杂，思想各异，主要活动和影响在文艺方面，对新诗的发展起过一定作用。

民族主义文艺 三十年代出现于上海的一个文艺运动、派别。主要人物朱应鹏、范争波、潘公展、傅彦长等，大多为国民党党政人员。他们查禁革命文学，封闭进步书店，强迫书店出版他们发行的《前锋周报》、《前锋月刊》、《现代文学评论》和《黄钟》、《民族文艺》等刊物;同时发表《民族主义文艺运动宣言》，宣传其文艺主张。《宣言》称“文艺的最高意义，就是民族主义”，其实质是用文学创作来作国民党政治上的声援，抵制“共产党的文艺运动”。代表作品有《陇海线上》、《黄人之血》和《国门之战》等小说、戏剧。这一派别一出现，即遭到“左联”和鲁迅、瞿秋白、茅盾等革命作家的揭露和批判。

新感觉派 小说流派。二十年代产生于日本，强调直觉和主观感受，力图把主观感觉、印象渗透溶合到客体描写中去，以快速节奏和特殊手法表现现代大都市生活。二十年代末三十年代初，刘呐鸥最先向国内介绍该派小说，并开始采用新感觉派的手法创作小说。此后，穆时英、施蛰存等人也自觉探索中国新感觉派的创作道路。1932年5月《现代》杂志创刊，标志着中国新感觉派的形成。代表作品有刘呐鸥的短篇小说集《都市风景线》和穆时英的短篇小说集《公墓》、《白金女体塑像》、《圣处女的感情》等。

论语派 文学流派。因刊行《论语》

(1932—1949)杂志而得名。核心人物林语堂，代表作家有陶亢德、潘光旦、徐讦、周作人、章克标、邵洵美等。自称是“性灵派”与“语录体”的继承者，以《论语》半月刊以及《人间世》半月刊、《宇宙风》半月刊(后改为旬刊)为阵地，与之相呼应的还有简又文主编的《逸经》和海戈主编的《谈风》等刊物。提倡幽默闲适的小品文，主张“以自我为中心，以闲适为格调”，否定幽默的社会内容，曾受到鲁迅等作家的批评。

战国策派　政治、哲学、文学派别。主要成员有陈铨、林同济、雷海宗、何永佶等。1940年形成于昆明。以“权力意志论”、“超人哲学”和“历史形态学”为理论基础，宣扬“战国重演论”的政治思想，文艺上打着民族主义旗号，鼓吹“自我”为中心，强调“心灵”表现，主张以恐怖、狂欢和虔恪为创作的“三道母题”。陈铨的剧作《野玫瑰》为其代表作。其理论主张和创作带有明显的法西斯主义的印记和影响，曾受到进步文化界的批判。除编辑出版《战国策》半月刊外，还曾在重庆《大公报》上编有副刊《战国》。

七月派　诗歌流派。因出版《七月》杂志和《七月》诗丛而得名。形成于抗日战争初期，在抗战期间文艺界有较大影响。主要成员有胡风、艾青、田间、孙钿、阿垅、鲁藜、天蓝、冀汸、绿原、邹荻帆、牛汉、化铁、彭燕郊、贺敬之、庄涌等。他们坚持现实主义战斗传统，认为诗意和形象客观存在于、闪耀于生活斗争中，需要作者以主观的向上精神去感受它、创造它；诗作形式多为自由体，题材大多与现实生活的紧迫问题有关，具有鲜明的时代精神和革命倾向，并形成独自的艺术风格。

九叶派　诗歌流派。形成于四十年代后半期。成员有辛笛、陈敬容、杜运燮、杭约赫、郑敏、唐祈、唐湜、袁可嘉、穆旦等九人。曾以《诗创造》和《中国新诗》为阵地，共出版作品十七辑，后又出版《创造诗丛》、《森林诗丛》，计二十种。诗作在艺术上力求智性与感性的溶合，注意运用象征与联想，让幻想与现实相互渗透，并吸收西方后期象征派和现代派某些表现手段，丰富了新诗的表现力，在四十年代的诗坛独树一帜。但直到1981年江苏人民出版社出版了他们四十年代的诗选《九叶集》后，该派才得名“九叶派”。

诗　歌

小河　寓言诗。周作人作。载《新青年》1919年六卷二号。共五十八行，是新诗史上第一首长诗。描绘稳稳向前流动的小河被农夫筑堰拦水后进退不得的焦急情景，以及河边稻草、桑树、蛤蟆等生物对河水润泽的怀念与对河堰决口的忧虑。采用象征性的描写，表达了作者要求个性解放，反对束缚人生的思想。音节和谐，章法谨严，蕴含哲理，在当时有一定影响。

尝试集　诗集。胡適著。上海亚东图书馆1920年印行，收诗五十二首，附录《去国集》旧体诗二十二首。1922年刊行第四版，收诗四十八首，其后便以此版行世。为最早出版的新诗集。作于1916、1917年的，大多为五七言旧体诗，文言词语较多；1918年后发表的，均以白话入诗，句不限长短，声不拘平仄，采取自然音节，打破旧诗格律的束缚。诗作或抒发投身于新文化运动的自豪感，如《鸽子》；或抒写新文化运动倡导者们的思想风貌和斗争生活，如《老鸦》；或颂扬辛亥革命的烈士，如《四烈士冢上的没字碑歌》。本书在一定程度上体现了五四时代精神，并为新诗形式的探索，积累了一定的经验。

女神　抒情诗集。郭沫若著。上海泰东图书局1921年出版。书名下注明“剧曲诗歌集”。共收1916—1921年诗作五十六首，另有序诗一首。集中已包括五四前夕、五四高潮、五四落潮三个时期的作品，故思想内容与艺术风格都有相当明显的变化，从苦闷忧伤到雄浑豪放，再转至深沉忧愤，反映了中国革命民主主义知识分子在五四前后的心灵历程，也反映了五四时期狂飙突进的时代精神。其中长诗《凤凰涅槃》赋予凤凰以巨大的象征性，是对黑暗中国的诅咒和对光明未来的向往；《炉中煤》、《棠棣之花》等倾诉了对祖国的无限深情；《天狗》、《太阳礼赞》、《我是一个偶象崇拜者》等表现了破坏旧传统的叛逆精神。《三个泛神论者》、《地球，我的母亲》、《梅花树下的醉歌》塑造了一个强烈追求个性解放并与万物相结合的自我抒情形象。多数作品采用自由体形式，彻底摆脱了旧诗格律的束缚，以无拘无束的艺术表现方式，体现出对中外诗歌传统的继承与发扬，并开创了一代新诗风，成为中国新诗的奠基作。再版时屡有改动。1983年湖南人民出版社出版有《〈女神〉汇校本》。

草儿 诗集。康白情著。亚东图书馆1922年出版。收白话诗五十三题共一百二十四首，另收入旧体诗五十多首。俞平伯作序。诗作或从一些侧面剪裁出时代的侧影，或表现反封建的锐利锋芒、深厚的爱国主义感情和高尚的国际主义情操，或揭露封建剥削制度和封建婚姻制度的罪恶，歌颂青年人热烈追求幸福爱情的坚贞与执著。诗作讲究自然的音韵和旋律，无拘无束地表达诗人的自我感受，形式多样，语言清新。但部分诗作则草率成章，失于剪裁。

将来之花园 抒情诗集。徐玉诺著。商务印书馆1922年出版。分“海鸥”、“将来之花园”二卷。收1922年2—5月作品九十五首。郑振铎作《卷头语》。诗作写景写梦，表现人生无所不在的烦恼和悲哀，以及对故乡的眷恋与失望。形式多样，有风行一时的小诗和情景交融的抒写诗，也有叙事体的寓言诗和长幅短制的散文诗。风格朴素自然，刚劲清新。

雪朝 诗集。上海商务印书馆1922年出版。收朱自清诗作十九首，周作人诗作二十七首，俞平伯诗作十五首，徐玉诺诗作四十八首，郭绍虞诗作十六首，叶绍钧诗作十五首，刘延陵诗作十三首，郑振铎诗作三十四首。八位作者均系文学研究会成员，诗作体现文学研究会“为人生”的文学主张，描写普通人的不幸，反映了五四前后的社会生活与社会心理，并抒写了诗人对生活的感受，形式自由，风格互异。

湖畔 抒情诗集。潘漠华、冯雪峰、应修人、汪静之著。杭州湖畔诗社1922年出版。收诗六十一首。诗作歌颂青春和爱情，表现刹那间的感受，有时流露出淡淡的哀愁，有时带出一点激愤之音。冯雪峰的《伊在》、应修人的《悔煞》、潘漠华的《想念》等情诗结构精巧，感情真挚，于稚嫩、质朴中表现出天真，风格清新自然。

蕙的风 抒情诗集。汪静之著。上海亚东图书馆1922年出版。收诗一百六十一首。诗作歌唱爱情、赞美自然。《别情》、《蕙的风》、《恋爱的甜蜜》、《我们想》、《一对恋人》、《伊的眼》等表现了追求美好的爱情和对封建世俗的叛逆精神；《定情花》谴责那使爱泉干涸的罪恶世界；《我俩》对包办婚姻发出了愤怒的控诉。诗句清新自然，感情真挚。朱自清在序中说，其诗有“孩子洁白的心声，坦率的少年气度！而表现法底简单，明了，少宏深，幽渺之致，也正显出作者的本色”。

叫我如何不想她 原名《情歌》。抒情诗。刘半农作。载1923年9月16日《晨报副刊》。作者1920年赴英国留学，身处异国，对祖国和亲人无比想念，把对祖国怀念之情，比作怀念爱人的心情，以“想她”之心“想家”，以“想她”之心“想国”，十分自然。全诗四节，每节头两行写景，以时间的推移相暗示。第一、二节写白天与月夜，暗示一天；第三、四节写春天与秋天，暗示一年。全诗暗示：海外游子日复一日，年复一年，不论何时，不论看到何种景物，始终怀念着祖国。诗作继承与借鉴传统的反复与比兴手法，语言生动活泼，意境新鲜别致，余韵悠然。

红烛 抒情诗集。闻一多著。上海泰东图书局1923年出版。分序诗、李白篇、雨夜篇、青春篇、孤雁篇、红豆篇等六部分，收诗六十二首。人民文学出版社1981年增订再版，收诗一百零三首。诗作大部分作于留学美国期间。《太阳吟》、《忆菊》、《祈祷》等诗抒写了强烈的爱国激情，《红豆》、《国手》表现对爱情的热烈思念。诗人还将祖国历史与西方文明作比较抒写，表现出反帝倾向，如《洗衣歌》、《孤雁》。《红烛》托物言志，表现牺牲自我、创造光明的志向。长诗《李白之死》采用对月抒怀的方式，表现诗人作为幻美追求者的执著。诗作想像丰富，意境幽远，色彩浓丽，感情炽热。

春水 诗集。冰心著。北京新潮社1923年出版。收小诗一百八十二首，多作于1922年6月以前。大多写一地之景色，一时之情调，一刹那之感觉。其中一部分诗，直接或间接地反映社会面貌，体现了五四时代精神。内容多歌颂母爱、童心、大自然，引起读者对当时污浊社会、专制与暴虐的不满与仇恨；极少数诗篇有消极避世的色彩。在形式上，最短的仅两行，最长的也不到二十行，一般为三至五行。诗作不强调押韵，其节奏主要表现在情调和声调上，显得柔和、自然；语言清新、朴素，风格细腻、清丽，微带忧郁但又哀而不伤。

春的歌集 诗集。应修人、潘漠华、冯雪峰著。杭州湖畔诗社1923年出版。分四卷：卷一“雪峰和漠华诗”，收四十首；卷二“修人诗”，收三十三首；卷三“若迦《夜歌》”，收潘漠华的组诗《夜歌》；末卷“秋夜怀若迦”，是冯雪峰怀念潘漠华的一篇散文，1923年8月26日写于杭州。全书主要内容是歌唱爱情与自然。诗人通过歌唱爱情，以表现五四青年的觉醒意识，体现了反对封建礼教的五四时代精神；歌唱自然，为的是从自然中获得自由解放。诗作大多直抒胸臆，也借助叙述、白描、联想、想像、幻想、梦境、夸张、拟人等手法抒情，风格自然、纯朴、明朗。

星空　诗歌散文集。郭沫若著。上海泰东图书局1923年出版。多为1921、1922年写于日本和上海的作品。分三辑：第一辑收诗三十一首，第二辑收诗剧三篇，第三辑收散文四篇。作品反映了作者五四以后思想感情上的矛盾状态。卷首《献诗》里，作者自喻为"受了伤的勇士"，"偃卧在这莽莽的沙场"。诗剧《孤竹君之二子》、《洪水时代》表露作者对"堕落了的人寰"的厌恶，对舍己为人的古代英雄的赞美。《天上的市街》是传诵至今的名篇，想像奇异，比喻生动，富于独创性。《牧羊哀话》唱出了亡国之痛，是五四时期较早的一篇富有反帝意识的作品。

流云小诗　抒情小诗集。宗白华著。上海亚东图书馆1923年出版。收诗四十八首。诗人当时正在攻读哲学和美学，其诗作大多富于哲理的内涵和美学的清纯。某些诗则有泛神论的色彩和晦涩的玄学意味。诗篇多以蓝天、明月、星群、流云、大海、绿荫等自然景物为表现对象，以省俭的笔墨创造出耐人寻味的意境，构思精巧，情景交融，并把抒情、议论、描写融为一体。在体式上，不同于泰戈尔的自由式短句，而受传统的七绝、小令影响，借鉴了词曲"意简而曲，词少而工"的长处。

繁星　诗集。冰心著。商务印书馆1923年出版，收诗一百六十四首。诗作模仿泰戈尔《飞鸟集》形式写成，大多歌颂母爱、童心、自然美，并以不同的抒情方式，表达诗人的忧虑与怨愤，赞美了反抗、奋斗、进步。诗作富于哲理性，意境优美，感情纯真，风格朴素自然。

旧梦　诗集。刘大白著。商务印书馆1924年出版。共收1919—1923年的诗作五百九十一首（含译诗四首）。部分诗作具有较强烈的现实主义精神，反映了作者鲜明的民主主义思想。《卖布谣》、《田主来》等小叙事诗，运用白描和对比手法，反映江南农村的社会面貌。《红色的新年》、《劳动节歌》、《五一运动歌》，赞美时代新潮，抒发作者期待革命到来、建立民主世界的愿望。另有一些诗作反映了知识分子看不到前途的苦闷心态。《旧梦之群》、《泪痕之群》等哲理诗，抒写作者对人生的思索和探求；《月夜》、《舟行晚霁所见》、《斜阳》等风景诗，赋予大自然以生命。书中的抒情小诗，有的情景交融，有的情理结合，清新隽永；爱情诗则情调缠绵悱恻，反映了作者躲避现实、悲观厌世的思想倾向。诗作风格朴实明朗，晓畅易懂，形式活泼，具有民歌风味。

晚祷　抒情诗集。梁宗岱著。商务印书馆1924年出版。收诗十九首，为1921—1924年所作。多为情诗。其中，组诗《晚祷》是对往日感情的回味。《散后》是一组表现失恋后的孤寂和索寞的小诗。诗作采用象征、暗示的手法，歌咏爱情、大自然、造物主的美，呈现出一种意象契合、物我两忘的境界，意境优美，语言典雅，风格含蓄蕴藉，韵律节奏谐和。

乱都之恋　诗集。张我军著。1925年于台北出版。收《沈寂》、《对月狂歌》、《春意》等新诗五十五首。多为抒情小诗。诗以二十年代乱都北平为背景，写一对恋人（当时在北平师范大学读书的诗人与同学罗心乡）为争取恋爱自由与婚姻自主而斗争的心路历程，文笔率直、纯真，表现了诗人对爱情的热烈追求和浓浓的乡思。辽宁大学出版社1986年重印时，增补了作者的《弱者的悲鸣》与《孙中山先生吊词》两首新诗，以及《诗体的解放》一文。

沙扬娜拉　抒情诗。徐志摩作。收于诗集《志摩的诗》（1925年出版）。诗作选取日本姑娘与诗人分别时的一刹那情景，生动地描绘姑娘低头鞠躬道别的动人风姿，表现了日本妇女温柔谦恭的性格特征。诗中"道一声珍重"一句三次叠用，抒写了日本姑娘与诗人惜别时缠绵悱恻的感情——"蜜甜的忧愁"，揭示了人物内心难舍难分的矛盾与痛苦的感情。诗作比喻新颖，描绘精细，语言清新，情感柔婉，诗句长短搭配，音韵和谐，声情并茂。

志摩的诗　抒情诗集。徐志摩著。1925年自费排印聚珍仿宋版线装本（上海中华书局代印）。收1922—1925年的诗作五十五首。上海新月书店1928年重排平装本刊行（删去十五首）。人民文学出版社1987年据线装本重排，对平装本主要删改处作注说明。诗作多抒写理想与爱情。《雪花的快乐》、《为要寻一颗明星》、《我有一个恋爱》等抒写对美好理想的向往。《先生！先生！》、《叫化活该》、《一小幅的穷乐图》等反映下层人民贫困的生活和现实的黑暗，表现了诗人对贫苦人民的同情。《毒药》等诅咒了军阀战争。《常州天宁寺闻礼忏声》、《天国的消息》等流露出虚无情绪、遁世思想，有一定消极因素。诗作构思精巧，造境新颖，感情纤细柔媚，节奏、韵脚匀整，并注重意境的创造和气氛的渲染。

里昂车中 抒情诗。李金髮作。收于诗集《微雨》(上海北新书局1925年出版)。抒写作者在法国乘坐火车时所见的景物与生发的联想，表达在人生旅途中对社会现实的感慨。作品调动光、声、色、影等语言手段，对车厢中的异国女子、窗外的夜影、月光、草地、灯火与车轮的鸣声等普通事物，作了如印象派绘画般鲜明而又朦胧的描绘。诗篇语言凝练，层次分明，形象生动，比喻新奇，反映了作者捕捉生活形象的敏感和艺术概括能力。

微雨 抒情诗集。李金髮著。北新书局1925年出版。收1920—1923年诗作九十九首，附录译诗二十八首。有些作品表现远离故国的青年诗人孤寂、烦郁、忧戚的心情，以及朦胧的色彩和消极颓废的感情；有些是爱情诗，但富热烈之情的作品不多；少数诗篇反映诗人故乡人民的苦难，抒发了怀念故乡的感情；也有一些诗篇揭露资本主义社会的颓败和残酷。采用象征、暗示和远取譬等手法，丰富了新诗的艺术表现手段，但因运用得生涩，且思想内容感伤、颓唐，语言深奥，有些诗作较晦涩难懂。

新梦 抒情诗集。蒋光赤(蒋光慈)著。上海书店1925年出版。收诗四十二首。新青年社1926年印行三版时删去《倘若你是聪明的》等诗。为1921—1924年作者去苏联途中和在苏联生活时所作。诗作或歌颂十月革命，或抒发寻求真理的情怀，或表示对帝国主义的憎恨，或哀叹故国的沉沦，具有很强的革命激情和鼓动性，但艺术上较粗糙，某些诗作显得空洞抽象而缺乏艺术感染力。

羸疾者的爱 长篇叙事诗。白采著。上海中华书局1925年出版。叙写一位羸疾者于漂泊途中受到快乐村村长的热情款待，主人要把爱女托付给他，可他拒绝了。他回到母亲身边，母亲和友人得知此事都责怪他。后村长女儿成为孤女，来到他的身边，祈求他改变主意。但他固执己见，认为羸疾是百罪之源，拒绝她的爱情。村长女儿愤怒责备他无情，但他的回答是：为偿足羸疾者的缺憾，只求得“毁灭”的完成。共分九节，用对话交代情节，塑造人物性格，表达主题思想。朱自清在《中国新文学大系·诗集序言》中评论它是“不靠复沓来维持它的结构，却用了一个故事的形式。是取巧的地方，也是聪明的地方。虽然没有持续的想像，虽然没有奇丽的比喻，但那质朴，那单纯，教它有力量”。

瓦釜集 诗集。刘半农著。北新书局1926年出版。收1920—1924年用“江阴方言，依江阴最普通的一种民歌——‘四句头山歌’——的声调”创作的诗歌二十二首，附录情歌十九首。《相隔一层纸》、《学徒苦》、《卖萝卜人》、《铁匠》等反映阶级对立和人民的艰辛生活，表达了作者心中的不平；《郎想姐来姐想郎》等表现青年男女爱情生活中的悲欢离合，反映劳动人民对美好幸福生活的向往和冲破婚姻束缚的强烈愿望。诗作具有民歌风味，抒情色彩浓郁，语言通俗易懂。

为幸福而歌 诗集。李金髮著。商务印书馆1926年出版。收诗一百十一首。作者在《弁言》中称“这集多半是情诗，及个人牢骚之言”。其中《给Z. W. P》、《恸哭之因》、《在生活的摇篮里》等描写爱情上的温爱和磨难，展现了诗人悲哀苦闷的心境；《吾生爱》、《雨》、《讴歌》等抒写在人生旅途中“终于豪气消融，空怨此生鲁莽”的孤苦惆怅情怀；《举世全是诱惑》、《明星出现之歌》等咏物诗，抒发了追求光明未来、希望振作的热望。还有些诗描写西方国家的社会生活和风土人情。作品受法国象征派诗影响，常用暗示和比喻，章法结构多变，刻意捕捉刹那间的感受，常使用过分欧化的句法和文白相陈的词汇，表现出唯美主义和神秘主义的倾向。

扬鞭集 诗集。刘半农著。北新书局1926年出版。收1917—1921年的诗作一百十九首。作者是五四时期白话诗运动先驱者之一，主张新诗在内容上求真，在形式上“增多诗体”，重视音节。作品大多体现这一诗论主张。《相隔一层纸》、《学徒苦》、《卖萝卜人》、《铁匠》、《奶娘》、《老木匠》等运用现实主义创作方法，反映阶级的对立和劳动人民的苦难生活；长诗《敲冰》运用象征手法，歌颂革命者冲破重重障碍走向胜利的路程，展示了作者当年奋进的英姿；《教我如何不想她》(发表时题作《情歌》)抒写了作者在国外日夜思念祖国的深情。作品形象鲜明，语言通俗，节奏流畅，风格朴素、明朗。

邮吻 诗集。刘大白著。上海开明书店1926年出版。收诗三十一首。诗作写于1923—1926年。大多感伤颓唐，《泪珠》、《黄叶》、《春去》等追诉“旧梦”，拭抹“泪痕”，情绪低沉，内容苍白。受小诗运动影响而创作的小诗，大多缺乏作者前期质朴自然、明快流畅的风格，代之以雕琢造作、朦胧晦涩的诗风，充满旧诗词缠绵悱恻的格调。唯有《邮吻》等少数几首情绪比较热烈。

翡冷翠的一夜　❶诗篇名。徐志摩作。载1926年1月2日《现代评论》，后收入同名诗集。"翡冷翠"为意大利城市佛罗伦萨的旧译。抒写1925年6月诗人访问该市的感想，表达了万般无奈的人生感慨和理想难以实现的苦闷绝望情绪。❷诗集。徐志摩著。新月书店1927年出版。收诗四十二首，其中译诗六首。多为爱情诗，表现对"爱、自由、美"三结合的诗化生活的追求，部分诗作对黑暗现实表示不满。《天神似的英雄》、《呻吟语》，讴歌了爱情的神奇力量；《决断》、《望月》、《苏苏》则对容不得爱情生活的社会进行控诉；《大帅》、《人变兽》、《梅雪争春》等谴责了军阀残害人民的罪行；《罪与罚》(一、二)和《变与不变》等记述了人世沧桑。作品长于想像，善用比喻，形式多样，将中外诗歌艺术手法熔为一炉，形成一种独特的抒情诗体。

王娇　长篇叙事诗。朱湘著。收入诗集《草莽集》(开明书店1927年出版)。根据《警世通言》卷三十四《王娇鸾百年长恨》的故事敷衍而成。古代有个年老的小武官，早年丧偶，女儿王娇如花似玉。元宵节王娇观灯回家，途中遭遇强人，为周府少爷周生所救。两人一见钟情。周生化名来到王府当书吏，两人情意绵绵，以致王娇有孕。但周父嫌王家门户太低，拒不允婚，并为周生另选妻子，周生顺从父意。王娇悲悔交集，深感愧对父亲，便在一个凄清之夜用红绳结束生命。作品格律严谨，语言上吸取民间流传的弹词鼓书与古代词曲的营养，熔抒情与叙事于一炉，风格清秀明朗。

采莲曲　抒情诗。朱湘作。收入诗集《草莽集》(开明书店1927年出版)。以明畅自然的语言，和谐优美的节奏与韵律，描绘了一幅江南采莲图。诗中娇娆的人与人一样娇娆的荷花交相辉映，桨声与歌声互相应答，花芳与衣香在风中交融，采莲女的娇羞又与天上人间的欢乐美景叠印在一起，描绘了一幅和平宁静安详的景象。诗作章节与章节之间保持严格的对称，但诗行参差不齐，错落有致，具有鲜明的节奏感。全诗在音乐美、绘画美、建筑美方面达到了和谐统一，是实践闻一多诗歌"三美"说的成功之作。

草莽集　诗集。朱湘著。上海开明书店1927年出版。除序诗、尾声外，收诗三十二首。《王娇》、《昭君出塞》、《晓朝曲》、《月游》等叙写的是古代的故事；《婚歌》等则表现风俗人情；《采莲曲》、《催妆曲》、《摇篮歌》等具有浓重的古典色彩；《热情》、《葬我》、《少年歌》等或抒写青春热情，或表现苦闷心情。多数诗篇，如《夏夜》、《秋》、《春风》等，吟咏自然景象、季节变化。集中长诗不少，显示了诗人在长篇叙事诗创作上的可贵努力。大多数作品风格幽婉恬淡，但旧词汇太多，缺少活泼清新气息。

食客与凶年　诗集。李金髮著。北新书局1927年出版。收诗八十九首。《生》、《浪的跳荡》、《时间的诱惑》、《自挽》等多表现飘泊的身世，直抒愁苦的心绪；《初春》、《秋兴》、《清晨》、《我认识风与雨》等流露出感时伤物的情绪；《给母亲》、《故人》、《时之表现》等反映出眷恋亲人故土的情怀。诗作讲究暗示和比喻，重视主观想像，捕捉刹那间的感受，深受法国象征主义影响，并表现出唯美主义和神秘主义的倾向。

死水　❶诗篇名。闻一多作。收入诗集《死水》(新月书店1928年出版)。以"一沟绝望的死水"象征半封建半殖民地的旧中国，愤激地诅咒死水般停滞不前的污秽生活。诗中极力把死水内在的丑恶的东西，装饰以美丽的外形，用鲜明的色彩与响亮的声音，反讽死水的黯淡与污秽，从而对黑暗的旧社会作了尽情的抨击。而用翡翠、桃花、罗绮、云霞这些反语来描绘变幻无常的死水，更增加诗的讽刺和批判力量。❷诗集。闻一多著。新月书店1928年出版。收诗二十八首。其中八首表现诗人情怀，七首表现诗人的爱国思想，六首反映种种社会问题，其余为表现爱情、对子女的悼念及写景的作品。诗作写于诗人提出新诗"三美"(建筑美、音乐美、绘画美)主张前后，具有结构谨严、形式整齐、音节和谐的特色。

红纱灯　诗集。冯乃超著。上海创造社出版部1928年出版。共收1926年创作的《哀唱》、《酒歌》、《我愿看你苍白的花开》、《月光下》、《泪零零的幸福升华尽了》等抒情短诗四十三首。书前有自序。诗风浓丽新颖，多用暗喻，有唯美主义色彩。《现在》抒写向往美好事物的心愿。《残烛》借扑向残烛的飞蛾，抒写色彩朦胧的情爱，情调凄婉感伤。《苍黄的古月》表达了诗人对社会没落、文化衰微的哀伤。作者在学习象征派诗歌表现手法的同时，也有意吸取中国传统诗歌对仗、炼字和注重声韵优美的特点。

雨巷 抒情诗。戴望舒作。载于《小说月报》1928年19卷8号。是作者的早期成名作，诗人因此而有"雨巷诗人"之称。全诗共七节，写诗人在梅雨季节的江南小巷彷徨，"希望逢着/一个丁香一样地/结着愁怨的姑娘"。诗人化用唐李商隐诗句"芭蕉不展丁香结，同向春风各自愁"和南唐李璟的词句"丁香空结雨中愁"，以丁香结象征愁心，创造了一个含着愁怨的姑娘这一抒情形象。诗人又将当时黑暗而又沉闷的社会现实暗喻为悠长狭窄而寂寥的雨巷，并由此创造了一个富于浓重的象征色彩的抒情意境，这是当时一部分青年理想幻灭后痛苦和追求的心境的写照。作者运用象征主义方法，在象征性的形象和意境中抒情，从而收到情景交融、含蓄蕴藉的艺术效果。全诗诗节整齐，音韵和谐，利用诗句的复沓起到乐句反复的作用，增强了抒情色彩。叶圣陶称赞此诗"替新诗底音节开了一个新的纪元"。

我底记忆 抒情诗集。戴望舒著。水沫书店1929年出版。分三辑：即"旧锦囊"、"雨巷"、"我底记忆"，共收入1923—1927年诗作二十六首。第一、二辑在艺术上保留着中国古代诗歌传统及欧洲浪漫主义诗歌的痕迹，并明显受到法国象征派诗人魏尔伦等人的影响。《雨巷》一首为此时期的代表作，诗作在对江南雨中小巷的抒情中，反映出大革命失败后部分青年的压抑心情，受到人们的注意。当它在《小说月报》发表时，叶圣陶赞许诗人"替新诗底音节开了一个新的纪元"。《我底记忆》一辑较多接受法国后期象征派诗人耶麦、保尔福等的影响，并表现出诗人对诗艺的独特见解。

哀中国 抒情诗。蒋光慈作。收入诗集《战鼓》(北新书局1929年出版)。全诗六节，每节九句。诗人怀着爱国主义激情，控诉帝国主义的侵略和封建军阀的罪行，描绘了在帝国主义、封建军阀蹂躏下祖国的凄惨景象，并淋漓尽致地抒发了渴望祖国自由解放的激情，坚信祖国将有"重兴之一日"。全诗运用大量的叠句、对句、排比句，以及每节句数相等的排列格式，一节一韵的声响，造成一种澎湃激荡的声势，有很强的艺术感染力。

再别康桥 抒情诗。徐志摩作。收入诗集《猛虎集》(新月书店1931年出版)。诗人曾在英国康桥(今译"剑桥")度过了留学生涯中最愉快的日子。他于1928年再次到欧洲游历，于归途中写下此诗，抒发再别康桥的感受。诗作描绘康桥美丽迷人的自然景物，表达了作别康桥时难舍难分的离情，也抒写了寻梦时怅惘的情怀。全诗于洒脱中蕴藏深沉的忧郁。作品情景交融，意境幽雅，旋律柔和，语言华丽，文字洗练，音韵谐美，节奏轻快。

猛虎集 诗集。徐志摩著。新月书店1931年出版。收诗三十三首，另有译诗七首。《拜献》、《俘虏颂》、《一块晦色的路碑》等有一定积极意义；《再别康桥》有较高艺术成就，历来受到称颂；《生活》、《残春》、《"我不知道风是在那一个方向吹"》等诗作则流露出消极的思想情绪。《序文》对研究诗人生平和创作有参考价值。

新月诗选 诗集。陈梦家编。新月书店1931年出版。收入新月派徐志摩、闻一多、饶孟侃、孙大雨、朱湘、邵洵美、方令孺、林徽音、陈梦家、方玮德、梁镇、卞之琳、俞大纲、沈祖牟、沈从文、杨子惠、朱大枬、刘梦苇等十八位诗人作品八十首。多为抒情诗。陈梦家、方玮德、邵洵美、沈从文、俞大纲的作品中爱情诗较多；朱湘、方令孺、朱大枬、梁镇等人的作品中写景诗较多。集中也有一些作品表达了对黑暗现实的不满和对光明未来的向往。集前有编者的长篇序言，对所收诗作略有评述，对研究新月诗派的理论和创作有重要参考价值。

老马 抒情诗。臧克家作。收入诗集《烙印》(1933年出版)。诗作以象征手法，通过对重轭之下的老马忍辱负重形象的描绘，反映了中华民族深重的灾难和中国人民的苦难，引人思考和关注。风格凝重、质朴、含蓄，注重炼字，韵律严谨，形式整饬。

烙印 诗集。臧克家著。1933年由王统照刊行。闻一多作《序》，收诗二十二首。开明书店1934年再版，书后增加作者《再版后志》，收诗二十六首。诗作以现实主义精神，真实地反映中国北方农村的现实生活。其中《逃荒》、《难民》、《老马》等描绘了农民日益深重的苦难；《洋车夫》、《歇午工》、《当炉女》、《渔翁》反映洋车夫、矿工等劳动人民的痛苦生活，体现了作者"努力揭破现实社会黑暗"的创作意图。风格含蓄、深沉，语言凝练质朴。

望舒草 抒情诗集。戴望舒著。上海复兴书局1933年出版。收1927—1932年的诗作四十一首。诗作大多以象征的意象和超现实的境界，显示三十年代都市青年追求与幻灭的矛盾心态，少数诗篇则具有现实主义精神，如《断指》抒写对革命者的怀念，《我们的小母亲》歌颂社会主义理想,《流水》歌唱革命力量。诗作运用意识流、时空错乱、自由联想等象征主义惯用的手法,以日常生活及由此而萌生的意念为内容,展现抒情主人公的形象。一般不用韵,而追求音律的美;不注重字句的节奏,而以情绪的节奏来替代。

大堰河——我的保姆　长篇抒情诗。艾青作。1933年1月写于狱中,载《春光》杂志1934年第1卷第3期。诗人以充沛、真挚的感情,赞美哺育他长大的乳母,追述她被压抑被剥削的一生,表示出深切的同情,并暗示必须有人为了中国劳动人民命运的彻底改变而探索出一条革命的道路。全诗贯注着一种低沉、哀婉而又愤激的情绪。共十四节,每节句数不等,句子长短不齐,格调自然、朴素、深沉。

罪恶的黑手　诗集。臧克家著。上海生活书店1934年出版。收诗十六首。长诗《罪恶的黑手》揭露披着宗教外衣的帝国主义分子的罪恶,充满强烈的反帝意识,歌颂了中国工人阶级的力量,标示了诗人对现实生活认识的深化。《村夜》等诗以几个典型的细节,描绘出一幅因天灾人祸而致凋敝、破败的农村图景,揭示的却是旧中国的黑暗现实。作者有丰富的农村生活经验,意象提炼清纯,文字凝练,风格清新刚健,诗句口语化,明快自然。

中国,农村的故事　叙事长诗。田间著。诗人社1936年出版。分《饥饿》、《扬子江上》、《去》三部分,共两千余行,实际上由二百五十八首短诗组成。第一部分以农民代言人姿态,抒写尽管在黑暗重压下,农村革命火种却并未熄灭,农民正在斗争,争取自由和解放;第二部分控诉帝国主义、国民党政府和地主阶级对广大农村的摧残,揭示了农民奋起的必然性;第三部分着重抒写扬子江两岸农民队伍在战斗中的豪情壮志,将民族解放和阶级解放的要求交织在一起,展现了对美好未来的向往。是一首政治抒情诗,虽没有完整的故事情节,展现的是一幅幅粗线条勾勒的生活画面,但情绪高昂,气势雄伟。

六月流火　长篇叙事诗。蒲风著。在日本东京1936年自费出版。通过农民用武装反对政府当局为运兵"围剿"红军而在王家庄的田地上割禾修路的故事情节,较为真切地反映了中国共产党领导的农村革命的深入,塑造了青年农民王挺三的英雄形象。当当局要强占农田筑路,老一辈农民低声下气地向乡长、排长苦苦哀求时,王挺三启发、引导农民起来斗争,随后又挺身而出,沉着指挥农民与众多敌兵斗争。长诗创作之时,中国共产党领导下的中国工农红军正在进行二万五千里长征。作者在"怒潮"一节中,热情歌颂了长征,是关于长征最早的颂歌。采用楼梯式诗行和口语来描写战斗场景,短促有力,抑扬铿锵。

汉园集　抒情诗集。何其芳、李广田、卞之琳著,卞之琳编。商务印书馆1936年出版。作者当时均为北京大学学生,读书之地在"汉花园",故名。分三集,收何其芳的《燕泥集》诗十六首,李广田的《行云集》诗十七首,卞之琳的《数行集》诗三十四首。诗作文采瑰丽,想像丰富,重视感觉,借暗示来表现情调,受现代派一定的影响。三作者艺术风格不尽相同,《行云集》朴实浑厚,多表现生活中的静态美和对人生的思索;《燕泥集》多为对爱情和自然季节的歌吟,真挚明丽;《数行集》或展现旧北京城的生活情景,或抒发诗人惆怅的心情,情调忧郁,诗意朦胧、隐秘。

望舒诗稿　诗集。戴望舒著。上海杂志公司1937年出版。收诗六十三首。包括作者《我底记忆》和《望舒草》中的全部作品,另收新作《古神祠前》、《见勿忘我花》、《微笑》、《霜花》等四首。

边区自卫军　叙事诗集。柯仲平著。战时知识社1938年出版。收1938年创作的长篇叙事诗《边区自卫军——李排长与韩娃》及短诗《游击队像猫头鹰》。长诗描写边区人民武装捕捉汉奸的故事,热情歌颂李排长、韩娃等人机智、勇猛和纯朴的性格,表现他们在战斗中成长。全诗抒发对子弟兵的深厚感情,叙写了边区欢快的生活,表现对人民战争必胜的信心。长诗采用民间歌谣形式,并吸收了群众语言,通俗易懂,风格朴素,很适宜朗诵。

向太阳　长篇抒情诗。艾青作。载《七月》1938年3集2期。共九节。用"太阳"表现人们对光明和民主的向往与追求,充满为抗战、为民族自由解放而英勇献身的激情和乐观主义精神。前三节抒写作者期待黎明,在黎明的欢欣中向所见到的一切祝福;四、五两节赞颂日出的美好,启发人们向往革命的事物;六、七两节赞美太阳照耀下祖国大地的美丽景象和人们精神面貌的变化;最后两节抒写感受,诗人在太阳热力的鼓舞下奔向太阳。作品热情奔放,富于战斗气息。

宝马 诗集。孙毓棠著。文化生活出版社1939年出版。分上、下两卷。上卷收长诗《宝马》;下卷收《老马》、《北极》、《海盗船》、《洪水》等短诗三十六首。《宝马》以宏大的篇幅,抒写汉武帝为得到西域产的汗血马,两次出兵征伐大宛国,攻城陷地,扬威西域诸国,最后终于迫使其献出宝马的故事。在历史的真实再现和深刻反思中,诗人对汉武帝的好大喜功、穷兵黩武投予鲜明的批判意识,并对人民的不幸和愿望表现出强烈的同情。作品场面宏伟,想像丰富,形象鲜明。在艺术形式上,采用六音步的诗行,不固定的韵脚和不分节的歌行体式,从而增强了内在韵律和节奏。

我为少男少女们歌唱 抒情诗。何其芳作。载1941年12月8日延安《解放日报》。作者以真挚的感情,表达对青年的殷切期望,同时抒发对延安新生活充满梦想和渴望的激动情怀。诗作保持了作者前期作品中想像丰富、描写生动的特色。诗篇形象活泼,感情炽热,语言精炼,节奏和谐,构思新颖,是四十年代进步青年喜爱的诗篇之一。

我爱这土地 抒情短诗。艾青作。收入诗集《北方》(文化生活出版社1942年出版)。诗作采用不断强化自己感情的艺术手段和"假如我是一只鸟"的虚拟手法,抒发在日本帝国主义侵略下山河破碎、人民流离失所的社会现实,和日益高涨的爱国主义激情。诗人将深沉的感情直接化入"土地"、"河流"、"风"、"黎明"等一系列意象,并在这些意象前面赋予了"悲愤"、"激怒"、"温柔"等特殊定语,从而使意象具有特指性。全诗两节,第一节八句采用比喻手法,中间隔一行作间隙、停顿,第二节两句,采用直接抒情手法,增强了感情的力度。

雪落在中国的土地上 抒情诗。艾青作。收入诗集《北方》(文化生活出版社1942年出版)。全诗以沉重、忧郁的感情抒发对北方农民在日本侵略者铁蹄下遭受沉重苦难的深切同情。"雪落在中国的土地上,/寒冷在封锁着中国呀……",诗篇开头以舒缓、沉重的叙述语调,抒发了沉重、忧郁的感情,又构成贯串全诗的基本情绪;既反映了北方寒夜的生活,又高度概括了时势。随后创造了赶马车的农夫、坐在船头的少妇、离家的年老母亲等一系列带有扩展意义与象征意味的意象,反映了中国广大劳动人民的贫困生活,又暗示出中国人民在生存线上挣扎、苦斗的情景。诗人以忧郁的情绪抒写"中国的苦痛与灾难/像这雪夜一样广阔而又漫长呀!"则超越个人遭遇的范围,具有深广的历史内涵。全诗运用形象的描绘,生动的比喻和反复咏叹等手法,感情真实,朴素自然,具有很强的艺术感染力。

射虎者及其家族 后改名《射虎者》。长篇叙事诗。力扬著。载《文艺阵地》1942年7卷1期。共八章,四百二十九行。采用第一人称手法,写曾祖父一生出入虎口,结果却丧身于虎口,祖父三兄弟受尽兵祸贫病的磨难和地主的残酷欺压,相继去世,表现了诗人对劳动者悲惨命运的深切同情。作品成功地刻画了射虎者家族每个人的独特个性:射虎者机智、勇敢,祖父勤劳、忠厚,祖母纯朴、乐观,父亲懦弱、懒散。诗作采用自由体格式,寓抒情于叙事之中,语言富有感情色彩,通俗易懂,简洁明快。

泥土的歌 诗集。臧克家著。桂林今日文艺出版社1943年出版。收诗五十二首。《财产》、《饥馑》、《穷》、《三代》等诗篇叙写农民苦难的命运和艰辛的生活;《庄户孙》、《裸》、《新人》等赞美农民勤劳、朴实的品德;《手的巨人》、《命运的钥匙》、《反抗的手》、《失了时效的合同》等呼唤农民起来斗争,具有较浓的政治色彩;《春鸟》则抒发了诗人抨击黑暗现实,向往自由、幸福生活的激情。诗作篇幅短小,语言凝练,形象生动,感情真挚,风格凝重。

给战斗者 诗集。田间著。南天出版社1943年出版。写于1932—1942年间。分六辑,收诗五十四首。形式多样,有抒情诗、街头诗,也有小叙事诗。其中政治抒情诗最有影响。长诗《给战斗者》是代表作,充满着爱国激情、民族自豪感和对日本帝国主义的强烈仇恨,表达了中国人民血战到底的决心。其他如街头诗《一杆枪和一个张义》、《曲阳营》、《假如我们不去打仗》等,诗句简短坚实,节奏急速紧凑,语言明快朴质,具有强烈的战斗性和政治鼓动性。

马凡陀的山歌 政治讽刺诗集。马凡陀(袁水拍)著。生活书店1946年出版。诗作取材于中国四十年代市民的现实生活,对国民党统治区苛捐杂税、物价飞涨、贪污腐化等社会现象进行了辛辣的讽刺和鞭挞。其中《发票贴在印花上》、《万税》、《主人要辞职》、《老母刺瞎亲子目》等,都曾广为流传,对"反饥饿反迫害"的民主运动起过一定的促进作用。诗作广泛吸收民歌、民谣、儿歌等便于传唱的特点,采用大众喜闻乐见的五、七言等句式,形式活泼,语言通俗，可歌可诵，形成独具一格的山歌体。

王贵与李香香　长篇叙事诗。李季作。连载于 1946 年 9 月 22—24 日延安《解放日报》。全诗十三章。王贵的父亲被恶霸地主崔二爷活活打死后，王贵成了崔家长工，受尽折磨，一心复仇。贫农李德瑞十分关心他，后王贵与其女儿香香相爱。王贵参加了游击队，不料消息走漏，崔二爷对他严刑拷打。王贵誓死不屈，后被游击队救出；李香香则被崔二爷抢走。在李香香险遭不测的关键时刻，游击队打回来，活捉了崔二爷，王贵和李香香终于团圆。诗作娴熟地运用陕北民间流传的“信天游”形式和比兴手法，节奏明快，语言生动流畅，并成功地塑造了王贵与李香香的形象。

大渡河支流　叙事长诗。玉杲著。上海建文书局 1947 年出版。叙写地主李山耳心狠手毒，盘剥农民，甚至杀死亲生女，奸污儿媳。其女琼枝与贫农儿子然福相爱，但然福被乡长胡玉廷拉去当壮丁。李山耳为讨好胡玉廷，将琼枝嫁给其傻子儿子庚生。五个月后琼枝生下一子，被胡妻苏妲己摔死。琼枝含泪回娘家，因受父亲迫害与乡人嘲弄而发疯。李山耳用绳子将她勒死，却又请来和尚为她超度亡魂。诗作通过琼枝的爱情、婚姻悲剧，控诉封建剥削制度及其虚伪道德的罪恶，揭露了地主阶级的罪恶行径。结构完整，情节曲折动人，从李山耳对农民的盘剥及其与胡玉廷的冲突，直到谋杀女儿，将其性格揭示得相当真实而深刻。全诗充满浓重的悲剧气氛，并富有较强的艺术感染力。

我用残损的手掌　抒情诗。戴望舒作。1942 年 7 月 3 日作于香港狱中，收入诗集《灾难的岁月》(上海星群出版社 1948 年出版)。分两部分。第一部分表现诗人对于祖国命运的深切关注；对解放区“寄与爱和一切希望”，热情赞美她“是太阳，是春”，那里“将驱逐阴暗，带来苏生”，体现了作者深厚的爱国主义感情。在艺术手法上，第一部分从实处描写沦陷区的阴暗，第二部分侧重写意，抒写解放区的光明。两部分都运用了虚拟性想像手法，从而让诗思超越时空，产生咫尺万里的艺术效果。

灾难的岁月　抒情诗集。戴望舒著。上海星群出版社 1948 年出版。收 1934—1945 年的诗作二十五首。集前《古意答客问》、《灯》、《赠克木》等九首，是其三十年代现代派诗歌创作的余绪。这些诗运用象征、暗示手法，表现自己寂寞、虚无的内心感受。《秋夜思》抒写对现实的哀感。诗人于 1938 年到香港后从事抗日进步文化活动，从此诗作在思想和艺术上都进入了新的境地。集中《狱中题壁》、《我用残损的手掌》、《心愿》、《等待》、《偶成》等抒发了在灾难的岁月里人民的思想感情和斗争精神，诗风明快昂扬，表现出积极的生活态度和对新中国的热切向往。

哭亡女苏菲　抒情诗。高兰作。收入《高兰朗诵诗》(建中出版社 1949 年出版)。是写给因患疟疾、最后无钱医治而早夭的小女儿苏菲的。诗人多角度多侧面地抒写自己对女儿的至深亲情，或睹遗物而伤神，或恨自身而忏悔，或忆往事而凄怆。由于这首诗也表达了抗日战争时期爱国知识分子家庭生活每况愈下、颠沛流离的忧伤情怀，以及人类的一种普遍感情，因而诗作具有普遍社会意义。诗作感情真挚深沉，语言朴素明朗，音节抑扬顿挫，琅琅上口，曾多次在诗歌朗诵会上被人朗诵。

赶车传　长篇叙事诗。田间著。天津新华书店 1949 年出版。分《赶车传》、《蓝妮》、《石不烂》、《毛主席》、《金姑》、《金不换》、《乐园歌》等七部。贫苦农民石不烂饱受地主朱桂棠残酷剥削与压迫，产生了强烈的反抗意识。当朱桂棠霸占了他美丽的女儿蓝妮时，石不烂愤怒火烧朱宅，自己终被枪击致伤。后他驾着大车远走他乡。在共产党员金不换的指引下，他又回到家乡，救出蓝妮，并走上了翻身求解放的道路。全诗结构完整，脉络清楚，有两条并行的主线，一是石不烂寻求解放道路，一是蓝妮身陷囹圄不屈反抗。两条主线互相穿插，互为衬托，最终合而为一。叙事与抒情相结合，情节曲折生动。语言上采用“信天游”以及六、七言民歌体，通俗易懂，生动活泼，具有鲜明的民族风格。

死不着　叙事诗集。张志民著。天津知识出版社 1950 年出版。收 1949 年 10 月前创作的《王九诉苦》、《死不着》、《野女儿》、《欢喜》、《接喜报》等五首叙事诗。其中《王九诉苦》为代表作之一，通过农民王九一家在大地主孙老财残酷剥削压迫下，被逼得家破人亡的悲惨故事，揭示了旧中国农村阶级压迫的严重性，并表现了农民渴望翻身的强烈愿望。1978 年人民文学出版社增订出版，补入 1949 年 10 月后创作的诗篇，分《死不着》、《社里的人物》、《祖国颂》、《西行剪影》、《擂台》、《红旗颂》、《春雷》等七辑，收诗九十九首，成为作者的一本重要诗歌选集。1983 年人民文学出版社又在此基础上再版，收入 1947—1964 年间的诗作共一百十二首。

漳河水 长篇叙事诗。阮章竞作。写于1949年,收入新华书店1950年出版的同名诗集。叙写荷荷、苓苓和紫金英三个姑娘从小一起长大,都想找个"如意郎"。可是旧社会的封建传统束缚了她们的婚姻自由:荷荷嫁了富农老头,苓苓嫁了狠心的"二老怪",紫金英嫁了痨病鬼后不久就成了寡妇。解放后妇女翻身,荷荷离婚,重建幸福家庭;苓苓参加集体劳动,提高了自己的社会地位,改造了丈夫的大男子主义;紫金英在同伴的帮助下,逐步摆脱封建思想枷锁,走上新的生活道路。诗作充满浓郁的生活气息,广泛采用流行于太行山一带的各种民歌形式,通过三个妇女的命运的变化,歌颂了新社会、新生活。

夜歌和白天的歌 抒情诗集。何其芳著。人民文学出版社1952年出版。收1938—1949年诗作二十八首。其中写于1945年前的诗,曾以《夜歌》为名于1945年5月由重庆诗文学社出版。诗作或反映诗人到延安后由"旧我"向"新我"转变过程中的矛盾,或歌唱延安革命的现实生活,或歌颂为民族捐躯的革命烈士,或愤怒控诉侵略者的罪行,或抒发对新中国诞生的喜悦之情,感情真挚,风格明快。

玉门诗抄 诗集。李季著。作家出版社1955年出版。收诗二十五首。诗作热情歌颂祖国社会主义建设日新月异的景象,赞美广大人民建设社会主义的积极性,生活气息浓厚,风格刚健清新,语言通俗。

致大海 抒情长诗。郭小川作。载《诗刊》1957年第2期。以"大海呵/我又一次来到你的奇异的岸边"的深情呼唤开始,一直紧紧抓住大海这个物象,铺叙抒情主人公"我"两次面临大海的不同感受和体验,表达了"我"对共产党领导革命胜利的感激之情,抒发"我"渴望投入火热生活的心情。诗作运用大量排比句,感情真挚而浓烈,风格严谨、雄浑。

天山牧歌 诗集。闻捷著。作家出版社1956年出版。收1952—1956年诗作三十九首。《远眺》、《姑娘》、《晚霞》、《晚归》等以优美的抒情笔调描绘大草原旖旎的风光和少数民族人民对美好生活的向往;《苹果树下》、《葡萄成熟了》、《夜莺飞去了》、《河边》等则集中表现少数民族男女之间纯朴、热烈、大胆而又真挚的爱情。诗人把笔触伸向人的内心世界,展现了在雄浑壮丽的大自然孕育下青年的激越奔放的感情,意境优美而格调轻快,具有柔美舒畅的牧歌情调,地方色彩和少数民族的生活气息浓厚。

革命烈士诗抄 诗集。萧三主编。中国青年出版社1959年出版。收四十多位革命烈士的诗词一百二十二首。1962年的增订本收八十九位革命烈士的诗词一百九十四首,其中有李大钊、瞿秋白、蔡和森、邓中夏、彭湃、恽代英、方志敏等的作品。这些诗词抒发了对中国共产党、对祖国和人民深沉的爱,对敌人的无比憎恨,表现出烈士视死如归的革命英雄主义气概和对人民解放事业必然胜利的坚定信念。

复仇的火焰 长诗。闻捷著。计划写三部,其中第一部《动荡的年代》、第二部《叛乱的草原》由作家出版社分别于1959、1962年出版;第三部《觉醒的人们》未完成,部分章节曾在《边疆文艺》1961年第1期,1961年3月12日《人民日报》、《上海文学》1962年第10期、《河北文学》1963年第2期发表。全诗约一万五千行。以新中国成立初期和平解放新疆为背景,通过人民解放军平定忽斯满叛乱事件,反映聚居在巴里坤草原的哈萨克民族从怀疑到拥护共产党的曲折过程,并记载了帝国主义者和民族反动派从捣乱到失败的历史命运。广阔的历史背景,几条情节线索的并行和交错,社会各阶层众多人物的刻画,使作品具有宏伟的史诗性质。结构宏大,情节曲折,语言流畅,风格清新,富有浓郁的地方色彩和民族特色。

杨高传 叙事长诗。李季著。共三部。第一部《五月端阳》,作家出版社1959年出版。描写烈士遗孤杨高由放羊娃成为红军战士,在后方养伤时与待他像亲人一样的端阳产生了亲密感情。第二部《当红军的哥哥回来了》,1959年出版。描写在抗日战争中屡次负伤的杨高复员回乡,和在后方积极支前的端阳结婚,又双双投入解放战争,后端阳不幸遇害。第三部《玉门儿女出征记》,1960年出版。描写杨高复员参加了玉门油矿建设。在出征柴达木的路上,与端阳的表妹桂叶重逢,后结成眷属。作品内容丰富,人物众多,并以刘志丹三边闹革命、红军长征抵陕北、太行抗日烽火、延安保卫战、新中国成立后的玉门油矿建设等为历史背景,艺术地再现了各个历史时期的时代风貌,塑造主人公杨高的英雄形象,并描绘了其性格发展成长的过程。长诗吸收和借鉴传统说唱文学的某些手法,形成了独特风格。情节曲折,波澜起伏;剪裁得当,铺叙自然;语言朴实,流畅易唱,充满民歌风味。

将军三部曲　叙事长诗。郭小川著。作家出版社1961年出版。以抗日战争和解放战争为背景，由一次大战役的战前(《月下》)、战斗(《雾中》)、战后(《风前》)三部分组成。第一次用诗歌形式塑造人民解放军高级指挥员的艺术形象。将军出身贫寒，身经百战，风雨几十年练就了他那高级指挥员的性格。战前群策群力、集中智慧制定战役计划；战斗中运筹帷幄，指挥若定；战斗后虽即将调离仍深夜巡视，进行新的战前动员，表现了他深厚的情感和远见。随着战役的展开，诗作对将军性格的刻画也由浅入深，逐渐完美。诗人善于通过描写人物的心灵世界来显示人物的精神气质。诗作将元散曲、古代民歌和现代自由诗融为一体，形成活泼自由、错落有致的表现形式，在叙事、写景和议论中饱和着浓重的抒情色彩。

雷锋之歌　抒情长诗。贺敬之作。《中国青年报》1963年4月11日发表。分六章，一千二百多行。长诗通过多层次、多侧面的抒写，塑造雷锋平凡而又伟大的艺术形象，生动地展现了全国人民学习雷锋的壮阔场景，形象地回答了社会主义时期人们应当选择什么样的生活道路这一重大问题。作品将抒情、叙事和哲理有机地交结在一起，既有丰满的形象，澎湃的激情，又有深刻的思想内容。诗作结构宏伟，风格雄浑奔放。

胡桃坡　叙事长诗。王致远著。作家出版社1965年出版。共五千余行。以陕西黄河岸边的一个村庄为背景，描写胡桃女冯灵秀由一个普通农村姑娘成长为革命战士的曲折过程。全诗从头至尾贯穿冯灵秀和同飞虎在战火纷飞中产生的爱情。人物描写采用虚实结合的方法，并用“信天游”、“爬山调”和三行一节的七言变体等民歌形式，语言朴素优美，富有浪漫色彩。

陈毅诗词选集　诗词集。陈毅著，张茜编。人民文学出版社1977年出版。收1929—1966年所作旧体诗词和新诗一百五十首，按历史顺序分“红军时期”、“抗日战争时期”、“解放战争时期”和“社会主义革命与社会主义建设时期”四辑。一至三辑多记叙作者亲历的革命战争生活，展现了中国革命走过的艰难历程。第四辑多为中外纪行之作，也有一些咏物抒情篇章。作品表现了诗人光明磊落的政治家胸襟，风格刚健豪迈，气度恢宏，有些警句如“要知松高洁，待到雪化时”等尤为人称道。

天安门诗抄　诗文集。童怀周编选。人民文学出版社1978年出版。共三辑：第一辑收诗、词、曲、挽联二百九十五首；第二辑收新体诗五十九首；第三辑收悼词、祭词、誓词、散文诗等五十篇。这些诗文均出现于1976年清明节前后北京天安门等处。内容表达人民群众对周恩来的怀念和对江青反革命集团的声讨，反映了作者对祖国命运的关切。诗文具有情感真挚悲壮，语言犀利和强烈的战斗性等特点。

雕虫纪历　抒情诗集。卞之琳著。人民文学出版社1979年出版。收1930—1958年诗作七十首。人民文学出版社1984年增订新版，收诗一百零一首。早期诗作采用象征主义手法，将时代重压下困扰的心境外化为恶魔、妖怪、梦魇、蛇蝎、毒龙等意象，宣泄了生之痛苦。抗战时期的诗作表现“前线将士的英勇奋斗”与“后方民众总动员”的热烈场景，抒写真人真事，大多借鉴西方诗体，格律严谨，文字畅顺，节奏自然。1949年以后的诗作具有强烈的时代感，反映现实生活，并致力于诗歌格律的探索，风格精致凝练，清丽含蓄。

仙人掌　诗集。公刘著。四川人民出版社1980年出版。收1978—1980年间诗作八十四首。第一辑有在云南前线写的即景抒情诗十七首，讴歌英雄的边防部队。第二辑六十七首，或抒写游历见闻，或表达回顾历史、思考现实的情思，或歌颂社会生活中的勇敢者和新的变化。集名取“仙人掌”这种植物有不畏骄阳，不怕贫瘠之意。作品创意平实，明白如话，并体现出诗人对“诗的诚实的追求”。

九叶集　诗集。江苏人民出版社1981年出版。收辛笛、陈敬容、杜运燮、杭约赫、郑敏、唐祈、唐湜、袁可嘉、穆旦等九人四十年代后期的部分诗作共一百四十四首。这些诗作在现实主义精神中，融化了现代主义的某些特质，更多地糅进了现代主义的表现手法。在内容上，采用概括型、隐喻象征型、鸟瞰型、透视型、诉说型等方式，反映社会现实。不少诗作还体现了西方现代派的思想意识，如现代人在文明社会的精神困惑、心理平衡失重、现代人的孤独感和内心的复杂矛盾。在表达方式上，不少诗作具有表现的客观性与间接性、知性与感性统一，戏剧化结构，语言陌生化等特点。九位作者的诗作既有相近的流派特征，又有各自的独特风格。

白色花 诗集。人民文学出版社 1981 年出版。共收七月派诗人阿垅、鲁藜、孙钿、彭燕郊、方然、冀汸、钟瑄、郑思、曾卓、杜谷、绿原、胡征、芦甸、徐放、牛汉、鲁煤、化铁、朱健、朱谷怀、罗洛等二十人的诗作一百十九首。集名出自阿垅未入选的一首诗中"要开作一枝白色花"一句。大部分诗作表现四十年代尖锐的社会矛盾、历史重压下的灵魂的自我搏斗和人民潜在的战斗力量,具有鲜明的革命现实主义特色。部分诗作写于七八十年代,表达了诗人赞颂光明的心声。

双桅船 诗集。舒婷著。上海文艺出版社 1982 年出版。收诗四十七首。内容或表现理想与现实的矛盾和由此产生的悲剧感,或反映对友谊与爱情的渴望和追求,真实地记录了动荡生活给诗人带来的悲哀、惆怅、理想和希望,同时也揭示了一代青年从沉迷到觉醒的艰难曲折的思想历程。诗作回避对生活场景作直观式描绘,追求感情流动的节奏和旋律;在一首首乐曲中暗示出含蕴较深、辐射较广的情感。大量运用通感手法,意象新颖、跳跃,朦胧含蓄。

老水手的歌 诗集。曾卓著。黑龙江人民出版社 1983 年出版。收诗三十首。《老水手之歌》、《生命的激流》、《征服大海的人》、《海之迷》、《瞬间》等讴歌大海的品格,抒发一种昂扬奋发、顽强抗争的精神风貌。《美的寻求者》、《知音》、《少女和死神》、《一个勇敢地追求真理的人》等是对光明的赞美、追求,对真理的探寻。《吊屈原》歌颂屈原忠贞的品格,抒发了诗人的理想和感情。

孩儿塔 抒情诗集。殷夫著。人民文学出版社 1984 年出版。为诗人生前自编,收 1924—1929 年的诗作《放脚时代的足印》、《我们初次相见》、《给母亲》、《妹妹的蛋儿》、《梦中的龙华》等六十五首,以及 1930 年写的短文《"孩儿塔"上剥蚀的题记》。本书根据鲁迅收存的诗人手稿排印,书前有鲁迅的序。序文指出诗集"属于别一世界",肯定了诗集积极向上、渴望革命、追求进步的思想内容。作者在《"孩儿塔"上剥蚀的题记》中说:"我的生命,和许多这时代中的智识者一样,是一个矛盾和交战的过程,啼、笑、悲、乐、兴奋、幻灭……一串正反的情感,划成我生命的曲线,这曲线在我诗歌中,显得十分明耀。"诗作见景生情,咏物写志,意象生动,诗句自然流畅。

毛泽东诗词选 旧体诗词集。毛泽东著。人民文学出版社 1986 年出版。共收诗词五十首,分正、副编,均以写作时间先后为序。正编四十二首,为作者生前校订定稿和正式发表的作品。副编八首,内五首曾陆续见于各种出版物。副编诸作写成后未最后定稿。《沁园春·长沙》、《菩萨蛮·黄鹤楼》表达作者关心国家命运和决心改造社会的崇高志向;《西江月·井冈山》、《清平乐·蒋桂战争》、《如梦令·元旦》、《减字木兰花·广昌路上》、《蝶恋花·从汀州向长沙》、《渔家傲·反第一次大"围剿"》、《渔家傲·反第二次大"围剿"》等揭示了井冈山道路的重大历史意义,记录了红军转战闽赣湘鄂的艰苦历程和粉碎国民党军队对中央革命根据地的两次"围剿"的胜利;《忆秦娥·娄山关》、《清平乐·六盘山》、《七律·长征》等表现红军二万五千里长征的壮举和共产主义者的革命斗志;《沁园春·雪》写景咏史,表现出作者雄视百代的豪情壮志,气度非凡;《浣溪沙·和柳亚子先生》、《浪淘沙·北戴河》、《水调歌头·游泳》、《七律二首·送瘟神》等热情讴歌新时代风貌,赞颂人民群众改造山河的伟业。作品在表现手法上继承古典诗词传统,想像丰富,语言凝练,风格雄浑壮美。本书附录有作者的三封书信,对诗歌问题阐述了自己的意见。

小　说

狂人日记 短篇小说。鲁迅作。写于 1918 年 4 月,载同年《新青年》4 卷 5 号。小说假借一个迫害狂精神病人之口,揭露了封建家族制度和礼教的"吃人"本质,宣告"将来容不得吃人的人,活在世上",振聋发聩地发出了以唤醒国民觉悟为寓意的"救救孩子"的强烈呼声。作者自谓"偶阅《通鉴》,乃悟中国人尚是食人民族,因成此篇。此种发现,关系亦甚大,而知者尚寥寥也"。这一发现成为其一生创作的总纲。小说通过对中国国民劣根性的揭露,表达了五四时期中国人民彻底反封建的时代要求,因其"表现的深切,格式的特别",显示了作者的"忧愤深广"和极为深刻的社会思想。

孔乙己 短篇小说。鲁迅作。写于 1918 年冬,载《新青年》1919 年 6 卷 4 号。通过孔乙己由一个自命清高的知识分子潦倒为乞丐、废人以至销声匿迹的不幸遭遇和悲惨命运,控诉了封建科举制度对下层知识分子的戕害和他们在封建制度下的悲凉人生。作品以第一人称的白描手法，凝练、朴实而深婉的文笔，栩栩如生地刻画了一个具有独特意味的悲剧人物形象。

药　短篇小说。鲁迅作。写于1919年4月25日，载同年《新青年》6卷5号。写辛亥革命前夕某城小茶馆主人华老栓买蘸有革命烈士夏瑜的热血的馒头为儿子治病的故事，喻示了“华夏”两方面的惨烈悲剧：一方面是英勇的牺牲；另一方面却是愚昧的麻木。作品在揭示封建统治下人民群众不觉悟的严重状况的同时，也暗示了旧民主主义革命脱离群众的致命弱点。由于作者创作心理的沉重痛切，作品气氛悲凉，故作者在结尾处特意在夏瑜的坟上“添了一个花环”，以“显出若干亮色”。

一件小事　短篇小说。鲁迅作。写于1919年11月，载同年12月1日《晨报·周年纪念增刊》。作品通过一个知识分子和车夫在面对一个被撞倒的老妇人时的不同态度，以第一人称的内心独白和心理描写，歌颂了劳动人民正直无私、胸怀坦荡的高尚品质，同时尖锐地批判了旧知识分子的猥琐心理和自私的劣根性，具有强烈的忏悔意识。

斯人独憔悴　短篇小说。冰心作。载1919年10月7—11日《晨报副刊》。颖铭、颖石兄弟为青岛事件参加学生请愿斗争，身为军阀政府官僚的父亲加以反对，勒令他俩退学，并将兄弟俩禁锢家中。兄弟俩无力冲出家庭束缚，只能躲在书斋中发出“冠盖满京华，斯人独憔悴”的哀吟。小说是为数不多的直接反映五四运动的作品之一，通过父子矛盾反映五四时期民主力量与封建主义、帝国主义势力的矛盾，文笔细腻，真切感人。

阿Q正传　中篇小说。鲁迅(署名巴人)作。写于1921年冬—1922年2月，1921年12月4日—1922年2月12日连载于《晨报副刊》。作品通过辛亥革命前后中国农村一个贫苦、不觉悟而又有朦胧革命要求的农民阿Q从一个“不配”与有钱人赵太爷同姓赵的穷苦雇工，到糊里糊涂参加辛亥革命，最后被当作强盗糊里糊涂枪毙的悲剧命运，以及人们麻木的精神状态的深刻描写，深刻反映中国封建社会面临崩溃和旧民主主义革命开始时期的城乡社会现实，同时以“哀其不幸，怒其不争”的态度，暴露了几千年封建社会文化积淀而成的中国国民性的弱点，鞭挞了“精神胜利法”等落后民众的精神残疾；同时也客观地指出辛亥革命的不彻底性。小说运用悲剧与喜剧相结合的手法，以喜剧形式表现悲剧内容，形成独特而极富张力的特殊幽默风格，并从对时代和社会的复杂矛盾的准确把握中，成功地塑造出阿Q这一艺术形象。

命命鸟　短篇小说。许地山作。载1921年《小说月报》12卷1号。缅甸女青年敏明爱上男同学加陵，遭父亲反对。父亲请来的蛊师用符咒来离间两恋人的感情，敏明不为所惑，把蛊师赶走。一天，她梦见缥缈的仙境有一对美丽的命命鸟，仿佛就是她和加陵。从此，她厌恶人世，决心到极乐世界去，终于和加陵携手走入水中。作品控诉封建婚姻制度的罪恶，表达了青年对自主婚姻的强烈追求，但具有浓厚的佛教色彩。

沉沦　❶短篇小说。郁达夫作。收入短篇小说集《沉沦》(泰东图书局1921年出版)。一个留学日本的中国青年，患有严重的忧郁症，并遭到日本人的歧视和压迫。他软弱的灵魂被极度的忧郁和痛苦折磨着，而青春期的性苦闷又无法解脱。他幻想着女性的挑逗、耽沉于手淫，偷看姑娘洗澡、窃听草丛中男女偷情……此后又自责、恐惧，搅得他一刻不能安宁。他不甘沉沦，却又无力自拔，最后跳海自杀。小说虽有一定的反帝反封建意义，但充溢着抑郁颓丧气氛。描写大胆率真，心理刻画淋漓尽致，抒情色彩浓重。❷短篇小说集。郁达夫著。泰东图书局1921年出版。收《沉沦》、《银灰色的死》、《南迁》三篇。《银灰色的死》写一留学日本的中国青年由于失恋而将银灰色的月光当成美人的幻影去追求，结果死在女子医校前的空地上；《南迁》写理想主义者追求名誉、金钱、女人不成，只得漂泊异乡。是新文学产生以来的第一部白话短篇小说集。

故乡　短篇小说。鲁迅作。写于1921年1月，载同年《新青年》9卷1号。通过“我”回乡遇见童年时好友的感受及其前后见闻，对闰土从一个天真烂漫的少年变为一个神情麻木、未老先衰的农民，表示了深切的痛感，以及对两人会面时竟会相对无言这种情景的感慨，表达了作者企图找到消除人与人隔膜和子孙后代“希望的路”的强烈愿望。作品以深沉的笔调表达了对农民的崇敬、热爱的真挚感情和深切同情，充满浓郁的乡土风情。

超人　短篇小说。冰心作。载《小说月报》

1921年12卷4期。青年何彬孤僻寡合，悲观厌世。某日深夜，他听到贫苦孩子禄儿的呻吟声，不禁勾起对温馨母爱的向往。第二天他主动托房东送钱给禄儿治病。禄儿病愈后悄悄送他一篮金黄的花儿和一封感谢信，何彬十分感动，终于改变了冷漠厌世的态度。小说主旨在于倡导"爱的哲学"，张扬母爱的作用。文字清丽，意境优美，具有较强的艺术感染力。

一叶 长篇小说。王统照著。商务印书馆1922年出版。青年学生天根出身于封建家庭，在人道主义思潮影响下，树立"爱"与"美"的人生信仰。其父因封建家族的继嗣之争而忧愤早逝，其恋人慧姐死于"野蛮强迫婚姻"，其友柏如也因遭人暗算而入狱……现实生活动摇了天根的信仰，使他感叹"人生还不如一叶"，陷入了"悲观主义和定命论"。作品通过天根经历的人生变故及其对人生问题的思索，反映辛亥革命到五四运动前夕动荡不安的社会面貌，批判了封建宗法制度的弊端。小说技巧欠成熟，但内容较丰富，背景广阔，并大胆借鉴了西方文学的表现手法。

冲积期化石 长篇小说。张资平著。泰东图书局1922年出版。韦鹤鸣母亲去世后，其父回国办蒙塾，让他与谢伟一起读书。后韦、谢两人又进教会学校学习，牧师的虚伪引起他们的不满。辛亥革命后，韦、谢又同赴日本留学。在日本的一些中国留学生胡作非为，甚至打着爱国旗号欺骗年幼学生。韦对此十分反感，陷于苦闷之中。不久，他结识了酒馆女侍如嫣，几乎堕落。其父来信告诫，使其猛省。当父亲病故的噩耗传来，他悲恸不已，以致荒废了学业，并患上严重的神经衰弱症。后在谢伟的劝慰下，他又开始了正常的生活。是新文学产生以来的第一部白话长篇小说。

缀网劳蛛 ❶短篇小说。许地山(署名落华生)作。载《小说月报》1922年13卷2号。尚洁不堪婆家虐待，随同曾帮助过她的长孙可望来到马来半岛。她因搭救一个窃贼而被可望刺伤和遗弃，幸得史先生关怀，到一个岛上独自生活。后可望经牧师启迪来向她忏悔，她宽恕了可望，跟他回到家中。小说反映妇女所受的惨重压迫，表现了作者的人道主义思想和佛教思想。❷短篇小说集。许地山(署名落华生)著。商务印书馆1925年出版。收《命命鸟》、《缀网劳蛛》等十二篇。其中《换巢鸾凤》记述一个贵族小姐为追求自由恋爱而上当送命的悲剧；《商人妇》描写一个商人妻子被丈夫卖给印度人而备受凌辱的苦难遭遇；《枯杨生花》写一个孤苦无依的老渔妇在他乡遇见昔日恋人的故事。作品多写妇女婚姻悲剧，故事情节曲折，充满异域情调和传奇色彩，具有鲜明的浪漫主义倾向。

隔膜 ❶短篇小说。叶绍钧作。收入短篇小说集《隔膜》(商务印书馆1922年出版)。表现人们思想上的种种隔膜现象：亲戚见面时无聊寒暄，朋友酒席上虚伪应酬，市井茶馆里空洞议论……小说通过几段日常生活场景的描写，形象地再现小资产阶级知识分子冷漠的生活，讽刺庸俗、虚伪的小市民习气，表达了作者对社会环境的不满。❷短篇小说集。叶绍钧著。1922年商务印书馆出版。收顾颉刚《序》和作品二十篇。其中《一生》反映一个劳动妇女的终生苦难生活；《苦菜》写莱民时刻为还租念头所困扰；《低能儿》提出穷苦儿童的教育问题；《阿凤》描绘童养媳挨打受骂的屈辱生活。作品表现了作者对劳动人民不幸处境的深切同情，具有较大的现实意义。

火灾 ❶短篇小说。叶绍钧作。载《小说月报》1923年14卷1号。言信对黑暗现实强烈不满，想写一篇《火灾》来发泄人们心头的怒火。他在回乡途中目睹匪祸横行，万户萧疏，县城被焚，"人心的火灾引来了一场真实的大火灾"的惨象，沉痛不已，病倒在床，《火灾》也未写成。小说塑造一个嫉恶如仇的知识分子形象，真实描摹了二十年代城乡社会动荡不安的情景。❷短篇小说集。叶绍钧著。商务印书馆1923年出版。收顾颉刚《序》及作品二十篇。作品大多表现作者民主主义教育思想和进步的婚姻观，充满深厚的人道主义精神。《乐园》、《啼声》、《饭》等扫描了旧教育的畸形病态；《云翳》、《两样》等宣扬"夫妇一样"的理想两性关系。此外，《晓行》、《悲哀的重载》、《旅程的伴侣》等描写了农村凋敝、民不聊生的凄惨景象。

呐喊 短篇小说集。鲁迅著。北京新潮社1923年出版。初版收写于1918—1922年的小说十五篇，北新书局3版13次印刷时，由作者抽去《不周山》(改名《补天》，收入《故事新编》)，以后各版均为十四篇。书名寓意为新文化运动呐喊助威，以鼓舞那"奔驰的猛士，使他不惮于前驱"。是作者的第一部小说集。形象深刻地描绘了从辛亥革命前后到五四时期的社会现实，提出了中国社会所面临的一些重大课题。

因其“表现的深切,格式的特别”而“显示了文学革命的实绩”,为中国现代小说创作奠定了基础。

海滨故人　❶短篇小说。庐隐作。载《小说月报》1923年14卷10、12期。女大学生露莎多愁善感,孤傲倔强。暑假中,她和好友玲玉、莲裳、云青、宗莹等相聚海滨,畅谈人生,对未来充满憧憬。几年后她们各自在爱情和婚姻上陷入困境:有的为家庭生活所累,丧失了理想;有的失恋后回到老家,渐生出世思想。露莎心里也发生情与智的冲突,苦恼异常。昔日好友风流云散,使她感到人生聚散无常。最终,她与男友结伴云游四海,不知所往。小说采用第一人称,并不时穿插书信,具有较浓的抒情色彩。❷短篇小说集。庐隐著。商务印书馆1925年出版。收《海滨故人》、《一封信》、《两个小学生》、《灵魂可以卖么?》、《或人的悲哀》、《丽石的日记》、《月下的回忆》等十四篇。其中七篇揭露并谴责了封建势力的黑暗、军阀政权的残酷腐朽和日本侵略者的险恶,带有鲜明的反帝反封建色彩;另七篇则描写青年的爱情、婚姻问题,探索人生,有一定社会意义。

黄昏　长篇小说。王统照著。载《小说月报》1923年14卷1—5号,商务印书馆1929年初版。小说通过琼符、茗英、瑞玉三个妇女不幸命运的描写,控诉封建势力摧残妇女的罪行,反映了作者对妇女命运的热切关注。省城大学生赵慕琏暑期返乡度假期间,目睹其叔父、地主赵建堂蹂躏和迫害被其强占的两个姨太太和一个婢女,产生极大义愤,于是他制定周密计划,将三个女子救出魔窟。故事情节较为集中完整,人物形象较为生动;虽有对人生问题的探索,但更注重对黑暗社会现实的揭露与批判。

在酒楼上　短篇小说。鲁迅作。写于1924年2月16日,载同年《小说月报》15卷5号。小说塑造辛亥革命时期一个敢作敢为的有志青年吕纬甫,十年后却由于理想的破灭,对前途的绝望而变为一个穷愁潦倒、麻木颓唐的老夫子,整日“敷敷衍衍,模模糊糊”,陷入顾影自怜的泥淖不能自拔。作品通过吕纬甫的悲剧,针砭小资产阶级知识分子的动摇性和软弱性,折射出五四新文化运动落潮后的时代氛围。小说重叠使用三个“第一人称”(“我”、吕纬甫和老发奶奶),把不同时空的生活场景连缀起来,以浓厚的抒情笔调描写环境和人物;结尾则采用象征,因而情韵丰富。

终条山的传说　短篇小说。李健吾作。载1924年12月15日《晨报副刊》。清末,胆大老实的农夫张世芳在黄昏经过终条山时,听到“张世芳——去挑这里的灯花”的连声呼唤,便循声进了石门洞挑去灯花,并看到灯盏旁有一锭纹银,他拿了银子跳出洞外,石门便砰然关闭。直到临死时,他才将这件事告诉家人。后经勘测,断定山里有富矿,但百姓和官府并不去开发。作品呼唤科学与民主,表达了作者对于民族振兴和祖国富强的殷切希望。

柚子　❶短篇小说。鲁彦作。载《小说月报》1924年15卷10号。作品以第一人称描述“我”和朋友去喝酒,在街口看到一个秃头青年被杀头的情景。现场围观者中,有的盛赞刽子手本领好,有的想作曲填词,“我”则想写篇小说。回家路上,“我”发现街上卖的柚子很像那个被砍下的秃头,不禁感叹湖南人的人头和柚子一样便宜。作品通过对杀头场面的描写,表示了对军阀草菅人命的愤懑和对玩世者、麻木者的讥讽。❷短篇小说、散文集。鲁彦著。北新书局1926年出版。收作品十一篇。《秋夜》、《狗》等是小品文,《秋雨的诉苦》、《灯》是散文。小说除《柚子》外,《许是不至于罢》揭示财主阿虞金钱化的虚伪处世哲学;《自立》和《阿卓呆子》等描写农村中的灰色人生,批判了封建道德观念和黑暗社会现实。《菊英的出嫁》写冥婚故事,鞭挞了封建迷信和陈规陋习。作品多以乡镇见闻为题材,笔法生动,心理描写细腻,格调诙谐而忧郁。

祝福　短篇小说。鲁迅作。载《东方杂志》1924年21卷6号。祥林嫂勤劳善良,年轻守寡。当得知婆婆欲将自己卖掉,即逃到鲁四老爷家为佣。婆婆探知其行踪后,找上鲁府,将她捆绑带回家中,卖给贺老六为妻。祥林嫂反抗不成,被迫成婚。几年后,贺老六病亡,儿子阿毛被狼咬死,她被大伯赶出家门,只得再到鲁府为佣。由于两度丧夫,她在鲁家备受歧视。祥林嫂精神日益疲惫,终遭辞退;后沦为乞丐,于除夕夜冻死街头。小说通过祥林嫂的悲惨遭遇,反映旧中国劳动妇女的苦难,有力地抨击了封建制度和宗法思想迫害妇女的罪行。

惨雾　❶短篇小说。许杰作。载《小说月报》1924年15卷8号。香桂姊从环溪村嫁到玉湖庄不久,两村村民为争夺土地发生械斗,死伤惨重。香桂的弟弟和丈夫也在械斗中丧命,于是她发了疯。小说揭露了封建家族观念和狭隘的地域观念的危害，批判了封建宗法思想笼罩下的愚昧性和野蛮性。作品长于场景描写和气氛渲染，乡土气息浓厚。❷短篇小说集。许杰著。商务印书馆1926年出版。收《惨雾》、《醉人的湖风》、《赌徒吉顺》等七篇。多表现农民生活的艰辛，同时描写了械斗、典妻等野蛮习俗，塑造了不少各具个性的农民形象。

旅途 长篇小说。张闻天著。连载于《小说月报》1924年15卷。进步青年钧凯与女青年蕴青热恋。他被公司派赴美国实习后，又为富有革命理想的美国姑娘玛格莱所爱。后两人相约到中国参加革命，但临行前玛格莱不幸病逝。他带着玛格莱的革命誓言回国加入中华独立党，最后牺牲在战场上。作品通过钧凯革命与爱情的故事，生动地反映出五四退潮后进步青年跟随时代前进的革命精神。结构新颖，情节跌宕。作者按上、中、下三部分，分别写出主人公在人生旅途上苦闷、振作、革命三阶段，这一写法开现代长篇小说三部曲之先风。

薄奠 短篇小说。郁达夫作。载《太平洋》1924年4卷9号。主人公和车夫原是邻居，只因几次坐了他的洋车，才渐渐熟悉起来。车夫的苦难生活，使主人公深表同情，并暗中给予帮助。车夫被大水淹死后，主人公买了一辆纸糊的车上坟祭奠。小说倾注了作者对劳动人民深切的同情，结构严谨，感情率真，语言朴素。

玉君 中篇小说。杨振声著。现代社1925年出版。新女性玉君与杜平夫自由爱恋，但遭到父母反对。杜平夫远赴法国，父母将玉君许给军阀师长儿子黄培穌做填房，玉君在绝望中含恨投海，被渔夫救起。杜平夫的好友林一存将其保护起来。杜平夫回国后竟怀疑玉君与林一存的关系，玉君遂与杜决裂，独自赴法国留学。小说揭露封建家长专制和封建婚姻的弊害，肯定道德自我完善的处世态度，情节曲折，以回忆、梦幻来展示人物心理，具有独特的艺术特色。

竹林的故事 ❶短篇小说。冯文炳作。载《语丝》1925年14期。小说以自然古朴的农村生活为背景，刻画一个美丽、善良、勤劳的农村少女三姑娘的形象。她和父母以种菜、捕鱼为生，过着质朴恬静的田园生活。父亲死后，她与寡母相依为命，勤俭劳作，诚实待人。作品展示了劳动人民的美好心灵，洋溢着田园牧歌般的气息。❷短篇小说集。冯文炳著。新潮社1925年出版。收《讲究的信封》、《去乡》等十四篇。多写乡村生活，风格冲淡，写景精细，极富诗的意境。

线下 短篇小说集。叶绍钧著。商务印书馆1925年出版。收《孤独》、《平等的故事》、《校长》、《一个青年》、《潘先生在难中》等十一篇。《孤独》描写疾病缠身的老先生晚年的孤独生活，《校长》表现空抱幻想、不敢与旧势力作斗争的小资产阶级知识分子的软弱性，《桥上》则记述一个立志社会改革的青年枪杀当地恶霸的故事，《外国旗》和《潘先生在难中》刻画了战乱中小市民可悲可笑的心理和性格。集中作品以小资产阶级知识分子和小市民的灰色生活为题材，人物心理描写细致。

城中 ❶短篇小说。叶绍钧作。载《民铎》1925年7卷1号，丁雨生回到城里办中学，想通过教育来改造社会，却遭到教育界和社会上守旧势力的极力反对和破坏，先是散布流言蜚语，阻止他在平民教育大会上讲演；后又将其名字上了黑名单，借助军阀势力进行威胁恐吓。但丁毫不畏惧，仍坚持教好招到的八个学生。小说塑造了一个敢于同旧势力作斗争的知识分子形象，具有浓厚的时代气息。❷短篇小说集。叶绍钧著。开明书店1926年出版。所收九篇作品以教育、妇女和小市民生活为题材，塑造了有反抗性格的人物形象，并将人物的思想活动置于一定的社会环境和时代背景下加以表现。其中《城中》和《搭班子》写进步教师同教育界保守势力的斗争，《在民间》记录了五卅运动时知识分子走向民间的情况；《微波》、《双影》表现妇女争取恋爱婚姻自由的斗争的挫折；《晨》和《演讲》则勾勒出小市民生活画面。

离婚 短篇小说。鲁迅作。写于1925年11月6日，载同年《语丝》周刊第54期。作品塑造了一个性格泼辣、具有一定反抗精神的农村姑娘爱姑形象。她为反抗夫家及其家族的压迫，抛弃旧的“妇道”，同封建势力展开面对面的抗争，但最后因城里“七大人”与乡下“老畜生”、“小畜生”串通一气，爱姑还是被欺骗、压服了。作品在揭示农村妇女虽有反抗勇气而宥于认识局限性终归于失败的必然性的同时，也深刻地揭示封建制度下夫权、族权及政权互相勾结，对妇女压迫的深重。作品技巧圆熟，人物形象生动，语言极富个性。

潘先生在难中 短篇小说。叶绍钧作。载《小说月报》1925年16卷1号。潘先生是个小学校长，为躲避战乱，携妻儿逃难到上海。他担心被革职，第二天又匆匆赶回学校，催促学生来上学。风闻战事吃紧，他躲进洋人教堂以求庇护。战事结束后他又挥笔颂扬军阀。作者以辛辣的讽刺，细致的心理描写，富有个性的语言，淋漓尽致地揭示出潘先生的可笑又可鄙的性格特征，鞭挞了小市民的自私卑怯的劣根性。

一杆"秤仔" 短篇小说。赖和作。载1926年2月《台湾民报》。秦得参在镇上卖菜，见日本巡警前来，立即敬上生菜，巡警假意推辞。当秦得参继续做买卖时，巡警却借机寻衅，将他的一杆新秤折断，又把他抓进衙门。秦妻花钱将秦得参保释。秦义愤填膺，杀死巡警后自尽。小说反映了台湾人民对日本殖民统治的不满和反抗，具有强烈的民族意识。

少年飘泊者 中篇小说。蒋光慈作。上海亚东图书馆1926年出版。描写少年汪中飘泊异乡，历经痛苦遭遇，投身革命、最后牺牲的一生。小说把汪中放在大约五四到大革命前这段历史的背景上加以塑造，叙写其飘泊中的乞儿生活、茶房生活和工人生活，不但反映了这段历史的时代特征，而且比较深刻地揭示出主人公只有投身革命才是唯一出路的必然性，因而汪中的形象具有一定的典型意义。作品在艺术上具有浓郁的抒情特色，但缺乏具体生动的艺术描绘；虽展现了时代的社会斗争，但对典型情节提炼不足。

老张的哲学 长篇小说。老舍著。载《小说月报》1926年17卷7—12号。老张经商、教书、当兵，目的只有一个："为钱"。他教书只用《百家姓》、《三字经》作教材，因为别的书上许多字他不识。他开店放高利贷，什么阴损狠毒的事都干得出来，甚至逼迫债户卖女抵债。后来他又靠做师长的盟兄推荐，到南方某省当上教育司长，用钱买了两个小老婆。小说通过对老张"钱本位"的人生哲学和丑恶灵魂的鞭挞，揭露其赖以生存的社会环境的黑暗与腐败，笔调轻松幽默，讽刺辛辣，显露出独特的风格。

伤逝 短篇小说。鲁迅作。写于1925年10月，收入短篇小说集《彷徨》(北新书局1926年出版)。小说写五四时期一对恋人涓生和子君冲破封建势力的重重阻碍，建立起一个和美温馨的小家庭。不久，子君在严酷的现实生活中渐渐颓唐，终于复归封建家庭，以至在"无爱的人间死灭了"，而涓生则陷入迷惘中。小说通过两人的悲剧，揭露封建黑暗势力扼杀爱情、泯灭人性的罪恶，同时也揭示了小资产阶级知识分子孤立追求个人幸福和婚姻自由是不可能实现的真理。形式别致新颖，笔调哀婉感伤，抒情气氛浓郁，心理描写细腻真切。

孤独者 短篇小说。鲁迅作。收入短篇小说集《彷徨》(北新书局1926年出版)。魏连殳是教师，曾孤独地奋斗过。原先他思想激进，认为"家庭应该破坏"，反对封建族权；为人善良，经常接待失业者，认为"孩子总是好的"；因遭流言诬陷而被解职，只得典书为生，几至于求乞；后当了军阀的顾问，在官场上钻营，终于在荒唐中一病不起。作品通过魏连殳人生道路的转变，说明在新旧时代交替过程中相当一部分知识分子的革命不彻底性。

彷徨 短篇小说集。鲁迅著。北新书局1926年出版。收1924—1925年所作《祝福》、《在酒楼上》、《幸福的家庭》、《肥皂》、《长明灯》、《示众》、《高老夫子》、《孤独者》、《伤逝》、《弟兄》、《离婚》等十一篇。书名寓"寂寞新文苑，平安旧战场。两间余一卒，荷戟独彷徨"的孤独感，但扉页自题《离骚》诗句"路漫漫其修远兮，吾将上下而求索"，表明不懈追求真理的决心。作品除继续描写下层劳动人民的反抗、挣扎和不幸遭遇外，更多表现知识分子精神世界和生活道路，严厉批判封建旧道德、旧文化，抨击封建主义统治，同时也揭示知识分子个性主义、个性解放观的弱点。写作技巧更圆熟，表现更深切，但也留下了作者在五四新文化统一战线分化时期苦闷、徘徊的心路历程之痕迹。

孤雁 短篇小说集。王以仁著。商务印书馆1926年出版。收《孤雁》、《流浪》等六篇和代序《我的供状》。均用书信体，记叙一个知识青年失业后的落魄经历：在沪杭等地四处流浪，返乡后又沉溺在酒精与赌博的堕落生活之中，饱受世人的冷眼与讥笑，终至呕血死去。作品在孤独、凄清的情调中，透露出对黑暗现实的控诉。写法近于自传，主观抒情色彩强烈，明显受郁达夫创作的影响。

卷葹 短篇小说集。冯沅君著。北新书局1926年出版。收《隔绝》、《隔绝之后》、《旅行》、《慈母》、《误点》、《写于母亲走后》等六篇。曾受鲁迅称赞的《旅行》，以及《隔绝》、《隔绝之后》以抒情的独白和大胆的内心解剖，表现了青年男女反对封建婚姻，追求自由恋爱的愿望。

金粉世家 长篇小说。张恨水著。连载于1926—1932年《世界日报》。国务总理金铨之子燕西偶遇少女冷清秋，为其容貌和气质所吸引，遂千方百计追求而如愿。婚后，冷陷入大家庭的矛盾漩涡中，心情极为苦闷；燕西对其热情却逐渐退减，甚至动辄打骂，并又追求昔日恋人白秀珠。冷清秋开始反抗，后乘火灾之际携子出逃，隐姓埋名，靠卖字度日。金府后来衰败，燕西出国后被白秀珠抛弃，流落异乡。小说通过冷清秋的凄凉遭遇，表现了作者齐大非偶的婚姻观，同时也描绘了一幅幅上层社会糜烂堕落、尔虞我诈的画面，布局完整，结构严谨，语言流畅。

朝雾 小说散文合集。蹇先艾著。北新书局1926年出版。收作品十一篇。小说《水葬》表现贫苦佃农骆毛对恶霸地主报复未成，反被害死的故事；《狂喜之后》写一音乐教师与女学生恋爱的故事；《雪暮》、《家庭访问》、《旧侣》、《回顾》等，或抒写边远地区的乡镇风情，或反映学校生活，具有浓厚的抒情色彩和乡土气息。

夜 短篇小说。叶绍钧(署名桂山)作。载《小说月报》1927年18卷10号。写于“四一二政变”后不久。一个恐怖的黑夜，老妇人怀抱不满两岁的外孙，在屋里焦急地等待女儿、女婿的消息。当她最终得知抓走的女儿、女婿已被杀害的消息，并看到女婿留下的字条时，她悲愤满腔，紧紧搂住外孙。她虽然不识字，但明白字条的意义，“决定勇敢地再担负一回母亲的责任”。作品强烈控诉反动派屠杀革命者的暴行，表现了人民群众的新觉醒，心理描写细腻，环境气氛渲染浓烈，成功地刻画了革命者母亲坚强不屈的性格。

蚀 中篇小说《幻灭》、《动摇》、《追求》的总称。茅盾著。参见“幻灭”、“动摇”、“追求”。

幻灭 中篇小说。茅盾作。载《小说月报》1927年18卷9、10号，1930年与《动摇》、《追求》合集为《蚀》，由开明书店出版。主人公静女士是个“不断的追求，不断的在幻灭”的知识青年。为寻找美好生活，她在中学时参加过学潮，后因感到厌倦来到上海念大学，在恋爱时却失身于一个军阀暗探。正当苦闷消沉之时，北伐胜利进军的形势鼓起她的信心和勇气，于是来到武汉参加革命运动，但不久她又对革命队伍中某些现象感到不满和厌恶而退出革命。最后她爱上了强连长，可是不久因对方离去，她又感到幻灭。小说在广阔的时代背景下展示静女士内心世界的变化，反映了一部分小资产阶级知识分子从大革命前夕的亢奋到革命既来之时的迷惑幻灭的思想历程。

抗争 短篇小说。叶绍钧作。载《教育杂志》1927年19卷1号。小说主人公郭先生是个勇于斗争的小学教员。他在学校里发动了一场联合索薪运动。由于当局的破坏，群众的离心，斗争失败，他被解聘。他从中得到有益的教训，把胜利的希望寄托在铁匠铺的劳动者和袜厂女工身上。小说真实地反映二十年代教育界的黑暗现状，歌颂了进步知识分子的觉醒和斗争精神。

鸭绿江上 短篇小说集。蒋光慈著。亚东图书馆1927年出版。内收《鸭绿江上》、《碎了的心》、《弟兄夜话》、《一封未寄的信》、《徐州旅馆的一夜》、《橄榄》、《逃兵》、《寻爱》等八篇。《鸭绿江上》叙写朝鲜革命青年李汉孟自述爱人金云姑被日本当局杀害的惨史及其恋爱经过；《碎了的心》和《一封未寄的信》都是革命者悲壮的恋爱故事；《弟兄夜话》是自传，写自己归国后的烦闷心情和婚姻问题，其间夹叙了一些无产阶级革命的基本原理；《徐州旅馆的一夜》是一个卖春妇的自白；《橄榄》写一个工厂主蹂躏女工，最后为女工所杀的故事；《逃兵》通过一个逃兵的自述，反映国民党军队压迫人民的罪恶行径。作品表现了作者对旧社会的痛恨之情，同时又流露出一定的消极情绪，艺术上也较粗糙。

梦珂 短篇小说。丁玲作。载《小说月报》1927年18卷12号。梦珂是一个出身于没落封建家庭的女性，进入大城市后，在个人奋斗过程中经受了爱情与事业上的种种凌辱与挫折，最后从一个纯真的少女而变成一个出卖灵魂与色相的“明星”。小说反映了青年女子在旧社会的不幸，也反映出作者的迷惑与苦闷的心情。

黄金 ❶短篇小说。鲁彦作。载《小说月报》1927年18卷7号。通过如史伯一家种种不幸遭遇，揭露和批判了炎凉的世态和势利的人情。如史伯及其妻子做梦也想发财，然而现实生活则是当儿子无“银信”的消息传开后，各种打击接踵而至，使如史伯感到前途无望。小说将梦境与现实交织起来描写，构思巧妙，成功地表现了小资产者的悲哀和现实生活的冷酷。❷短篇小说集。鲁彦著。上海人间书店1928年出版，收《黄金》、《毒药》、《阿长贼骨头》等五篇。

野祭 中篇小说。蒋光慈作。上海现代书局1927年出版。淑君爱上了作家陈秀侠，失恋后投身革命，最后被反动派秘密杀害。陈秀侠所爱的郑玉强却在反革命大屠杀即将来临之时动摇，离陈而去。小说采取对照手法，描写两个不同的女子形象，反映了在革命危急关头两种截然不同的态度。

短裤党　中篇小说。蒋光慈作。上海泰东书局1927年出版。“短裤党”为法国大革命时穷人的革命团体，具有极左色彩。本书是中国现代文学史上第一部描写中国工人阶级进行大规模革命斗争的小说。1927年春，上海工人在共产党领导下举行了第二次武装起义，由于反动派血腥镇压，起义失败，许多同志牺牲。北伐军即将攻占上海时，上海工人又举行第三次武装起义。起义者召开第一次市民代表大会，成立了新的市政府。作品以奔放的革命激情，热情歌颂工人阶级的英勇斗争，展示了这个伟大历史事件的真实过程，文笔朴实，但结构较为松散。

动摇　中篇小说。茅盾著。载《小说月报》1928年19卷1—3号，1930年与《幻灭》、《追求》合集为《蚀》，由开明书店出版。描写大革命时期的社会风貌和各阶层人物的思想动态。湖北某县城国民党县党部以方罗兰、孙舞阳等为代表的“左派”领导层，面对日益嚣张的反动势力显得软弱无力，动摇不定，结果让三等劣绅胡国光乘机钻进县党部掌了实权，从中破坏革命。后虽经共产党员的努力，清除了胡国光，但局势已无可挽回。小说情节生动，心理描写细腻，具有鲜明的现实主义特色。

追求　中篇小说。茅盾作。载《小说月报》1928年19卷6—9号，1930年与《幻灭》、《动摇》合集为《蚀》，由开明书店出版。以大革命失败后的上海为背景，描写一群知识分子的病态生活和迷惘。“大时代中一小卒”的张曼青，选定教育救国之路，但学生中有的被开除，有的被逮捕，现实撕破了其救国的迷梦；“半步主义者”王仲昭，想改革自己主持的本埠新闻，结果举步维艰；“时代女性”章秋柳追求物质享受、感官刺激，最后患梅毒住进医院；曹志芳则选定走“土匪”这条路……他们在爱情上的追求也均以失败告终。作品表现的都是在现实生活中愤世嫉俗而又走投无路的青年形象，因而这部小说具有较浓的悲观失望的色彩。

莎菲女士的日记　短篇小说。丁玲作。载《小说月报》1928年19卷2号。莎菲是在五四浪潮中冲出封建家庭的叛逆女性。她痛恨旧社会，鄙视周围环境的虚伪庸俗，但又找不到正确的反抗道路。她身患肺病，却自暴自弃，放纵不羁。苇弟真心爱她，她却认为苇对自己是盲目地爱，而施展种种手段去征服凌吉士，但不久又感到凌徒有俊美的仪表，灵魂却很卑劣。她的情感在痛苦中挣扎，终于决定离开北京，到南方去打发剩余的生命。小说采取日记体写法，深入剖示人物内心世界，揭示出莎菲灵魂的孤独与倔强。用笔委婉细腻，反映了当时一部分青年的时代性苦闷。

倪焕之　长篇小说。叶绍钧著。载《教育杂志》1928年1—12期。以小学教师倪焕之的生活经历为线索，形象地再现从辛亥革命到大革命失败期间的中国城乡生活面貌，反映了部分小资产阶级知识分子思想转变的曲折历程。倪焕之是有理想有热情的进步青年，决心以教育救国。他中学毕业后即到乡村当了小学教师。不久，他和志同道合的新女性金佩璋结婚。倪焕之婚后初期生活很幸福，但其教育改革实验在封建势力阻挠下失败了，而金佩璋后来也变成一个旧式家庭妇女，这些都使他陷入极度苦闷之中。五四运动爆发后，倪焕之在革命者王乐山的指引下来到上海一女中任教，并参加了五卅反帝爱国运动和革命工作。大革命失败后，他又陷于苦闷与失望之中，最后患病死去。小说人物形象塑造颇具特色，语言严谨纯朴，在客观描写中蕴含着热情，是五四以来颇有影响的一部现实主义作品。

二马　长篇小说。老舍著。载《小说月报》1929年20卷5—12号。马则仁和儿子马威住在伦敦温都太太的公寓。温都太太爱上了马则仁，马威也爱上了温都太太的女儿玛丽。不久，温都太太因受不住女儿和其他亲友的鄙视，取消同马则仁结婚的决定；玛丽更是瞧不起中国人，一心恋着白人华盛顿。马则仁生性懒散，不屑经商，后因得悉有人来店中骚扰，遂将店铺卖掉。马威不满父亲所为，离他出走。作品以细腻而幽默的笔触，描写马家父子在伦敦经商的悲喜剧，反映了中国人在外所受的民族歧视，表达了作者强烈希望中国富强的愿望和清醒认识。

二月　中篇小说。柔石作。上海春潮书店1929年出版。萧涧秋洁身自好，不愿与恶势力同流合污。因此他来到芙蓉镇从教，后却屡遭流俗之徒攻讦中伤。他与陶岚的恋爱和对文嫂的人道主义的同情，均以失败而告终。最后萧涧秋终于被倾轧排挤而离开芙蓉镇。小说揭露了旧社会的黑暗与庸俗，反映出一部分小资产阶级知识分子徘徊于时代十字路口的困惑与无奈。作品笔致细腻，抒情色彩较浓。

小小十年 中篇小说。叶永蓁著。春潮书局1929年出版。主人公叶余爱上了女同学茵茵，后遭双方家长阻挠。叶余为逃避包办婚姻，来到广州，考取黄埔军校。大革命失败后，他极度失望，开始过着堕落的生活。后来他结婚了，但与妻子没有感情，于是再度离家出走。他和茵茵仍然相爱，但两人无法改变现实。叶余决心奋斗到底，推翻现存的社会。作品以第一人称"描写了背着传统、又为世界思潮所激荡着的一部分青年的心，逐渐写来，并无遮瞒，也不装点，平实自然，明白真切"(鲁迅:《叶永蓁作〈小小十年〉小引》)。

未厌集 短篇小说集。叶圣陶著。商务印书馆1929年出版。收《遗腹子》、《苦辛》、《一包东西》、《抗争》、《小病》、《小妹妹》、《夜》、《赤着的脚》、《某城纪事》、《夏夜》等十篇。作品或暴露和批判小市民的灰色生活，或表现重大的现实斗争，并塑造出一些新人形象。《夜》选取四一二事件后革命者惨遭杀害的一个片断，通过在凄惨、恐怖的黑夜，母亲抚育烈士遗孤一事的描写，控诉反动派屠杀革命者的暴行，表现了人民群众的新的觉醒。《一包东西》讽刺小资产阶级知识分子在现实斗争中所表现的懦弱性。《抗争》表现一个觉醒了的知识分子以满腔热情与执著态度同旧势力的斗争。《赤着的脚》是直接描写孙中山先生从事革命斗争的作品。

灭亡 中篇小说。巴金著。载1929年《小说月报》2卷1—4期。以1925年军阀孙传芳黑暗统治下的上海为背景，以革命青年杜大心为中心人物展开情节。杜大心出身封建家庭，是一个热情而充满幻想的青年知识分子。他到上海求学后，参加了"社会主义"的革命团体，信仰"自由社会主义"，并立誓牺牲个人幸福来拯救人类。为此，他压抑自己对李静淑的爱情，孤独自苦，身患重病仍忘我工作。当看到在他影响下的青年工人领袖张为群被军阀杀害后，他只身行刺戒严司令，未遂，被砍头示众。小说笔墨酣畅，激情流泻，情节和人物都写得细腻真切，抒情色彩较浓。

虹 长篇小说。茅盾著。载《小说月报》1929年20卷6、7号。主人公梅行素是一个敢于向旧社会挑战的坚强女性 。她本同姨表兄韦玉相爱，但父亲逼其嫁给小商人柳遇春。在五四新思潮激荡下，她觉醒起来，离家出走到泸州做小学教员。不久，她发现自己成为同事嘲讽、诽谤的对象，便巧妙利用和军阀的关系保护自己。后为摆脱军阀惠师长的纠缠，她离开四川到上海。在革命者梁刚夫等人帮助下，开始学习马克思主义理论并投身于五卅运动。小说通过梅行素的曲折的前进道路，在较广阔的幅度上反映了从五四到五卅这一历史阶段中国社会的面貌，揭示了这一历史阶段的发展趋势。

梅雨之夕 短篇小说。施蛰存作。收入短篇小说集《上元灯及其他》(上海水沫书店1929年出版)。"我"于下班时分在屋檐避雨时邂逅一美丽少女，因久雨不停而同伞结伴上路。途中"我"产生一系列遐想:仿佛对方就是自己早年初恋的女友，继又依稀感受到家中妻子忧郁的神色。直到分手后回到家中，耳边还回响着那少女的声音。作品以真幻夹杂，往复回环的深层心理描写，企图用弗洛伊德精神分析眼光来探索人生。

啼笑因缘 长篇小说。张恨水著。连载于《新闻报》1929年副刊《快活林》。大学生樊家树和女说书艺人沈凤喜相爱。沈后在军阀刘国柱威逼利诱下，只得委身于他。樊在关寿峰父女协助下营救沈不成，而沈因受刺激精神失常。作品虽具有一定的反霸道、反强权意义，但着力歌颂的是富者的恩赐和豪侠的反抗，故格调并不高。由于情节缠绵悱恻而又惊险紧张，并将传统章回小说和西洋小说的新技法融为一体，因而流传较广。

韦护 长篇小说。丁玲著。载《小说月报》1930年21卷1—5号。从俄国留学归来的青年韦护爱上了少女丽嘉，两人由热恋而同居，过着甜蜜的生活。韦护连到学校上课都忘记了，受到他人嘲笑。在冷静思索和激烈思想斗争后，他决定牺牲爱情而献身革命。最后他离开丽嘉去了广东；而丽嘉虽然感到恋爱幻灭的悲哀，但还是振作了精神。作品以瞿秋白与王剑虹的恋爱生活为素材，力图反映二三十年代中国知识分子在革命深入时的内心矛盾与思想动向，但笔触过多涉及恋爱，未能充分展示社会背景和革命者的活动。

为奴隶的母亲 短篇小说。柔石作。载《萌芽》1930年1卷3期。为生计所迫，春宝娘被丈夫典给一地主。她带着破碎的心离开了自己的孩子来到地主家中。她为地主生下一子后又被赶回以前的家，等待她的永远是苦难的生活。小说控诉了旧社会的罪恶，手法朴实、简洁，笔触细腻。

光明在我们的前面　长篇小说。胡也频著。春秋书店1930年出版。刘希坚是共产党员，妻子白华是无政府主义者，两人经常为自己的信仰而争论。五卅惨案发生后，革命烈火燃烧起来，无政府主义者竟怀疑血的事实不过是共产党制造的恐怖。白华则在事实面前找到了革命真理。作品洋溢着革命激情，但用笔直露，气势有余而蕴藉不足。

水　中篇小说。丁玲著。连载于《北斗》1931年1—3期。作品以1936年全国16省发生特大水灾为背景，描绘了湖南地区遭受水灾的悲惨景象和农民的挣扎搏斗。在汪洋大水的包围中，逃难者拥挤在通往长岭岗镇的路上，荷枪的士兵却不让他们进镇；这时瘟疫又伴随饥饿袭来，灾民不断死亡。官吏们用花言巧语威胁恐吓灾民。然而灾民无所畏惧，发出怒吼朝镇上扑去，决心夺回生存的权利。作品在广阔的背景上描绘了生动的群体形象，笔墨粗犷奔放，风格遒劲。

田野的风　原名《咆哮了的土地》。长篇小说。蒋光慈著。上海湖风书店1932年出版。第一次国内革命战争时期，湖南某一小村庄农民在革命者张进德的引导和组织下，成立了农会，并和地主豪绅开展了一系列斗争。大革命失败后，农民组成自卫队开展武装斗争，打败了地主武装民团，最后在张进德的带领下突破重围，奔赴金刚山，与那里的农民武装汇合。作品生动地反映了湖南农民运动的兴起和发展过程，显示出作者思想上的成熟。

激流三部曲　长篇小说。包括《家》、《春》、《秋》三部。巴金著。参见“家”。

家　长篇小说。巴金著。连载于1931年《时报》，题名《激流》。开明书店1933年出版时改现名，并作为“激流三部曲”之一。以二十年代初成都一个四世同堂的大家庭为背景，正面展开接受了五四新文化思想的年轻一代和保守腐朽的家长们的冲突。高家的封建家长们一方面过着挥霍无度的寄生生活，一方面又要维护旧道德规范，要求年轻人牺牲个性的发展来服从旧的礼教制度；而年轻人虽不同程度地接受了新文化，但由于所处地位和性格的不同，各人遭遇也不一样。高觉新懦怯地服从家长的意志，结果牺牲了自己的爱情和家庭，情人与妻子都被吃人的礼教制度吞噬；高觉民为争取恋爱自由而逃婚，最后取得胜利；高觉慧拥有自己的信仰，确立了比个人主义更远大的理想，终于走出家庭，到社会上去经受更大的考验。三兄弟的不同遭遇鼓励了青年人对旧制度进行大胆反抗。作品结构完整严密，语言委婉流畅，所塑造的高觉新、高老太爷等形象由于性格内涵的复杂性，已成为新文学史上重要的艺术典型。1938年、1940年作者又续写了《春》、《秋》两部小说，进一步展现了高家两代人的冲突，以及这个封建大家庭终于崩溃的过程。这三部小说总称《激流三部曲》，为作家的代表作，曾产生过广泛的社会影响。

爱情三部曲　长篇小说。包括《雾》、《雨》、《电》三部中篇。巴金著。参见“雾”、“雨”、“电”。

雾　《爱情三部曲》之一，中篇小说。巴金作。连载于《东方杂志》1931年28卷19—23号。童话作家周如水性格软弱，优柔寡断，曾与好友陈真等人在上海组织社团，出版刊物，自发地进行革命斗争。陈真不顾健康，勤奋工作，甚至为此牺牲了青春和爱情。周如水却惆怅彷徨，陷身爱情纠葛。他爱上了温柔娇美、与其志趣相投的张若兰，却因家有妻儿而怯于吐露真情。当张若兰勇敢地向他表白爱情时，他却退避了。妻子死后，他重返旧地寻找爱情，此时张已是别人之妻。他终于在自感个人幸福无望、革命前途渺茫的极度苦闷中自杀。

人生哲学的一课　短篇小说。艾芜作。载《文学月报》1932年1卷5、6期。小说采用第一人称描写一知识青年为争取生存与学习的权利，流落昆明，谋生无路，求告无门，饥寒交迫，几乎客死他乡；尽管如此，他仍顽强奋斗，不曾屈服。作品带有浓厚的自传色彩，塑造了一个敢于同恶劣环境搏斗的青年勇士形象，文笔朴实流畅，叙述真切动情，含有哲理意味，细节描写尤见功力。

上海的狐步舞　长篇小说断片。穆时英作。载《现代》1932年2卷1号。作者运用类似电影跳跃的镜头，摄取畸形繁华的大上海种种病态画面：行人突然被暗杀，富豪人家的乱伦，妓女暗娼四出拉客，劳苦工人在深夜死亡……揭示了上海这个半殖民地都市的本质——“造在地狱上的天堂”，有一定的批判意义。作品艺术上别具一格，快速的节奏，跳跃的结构，追求感觉上的新奇和通感手法的运用，使小说具有新感觉派小说的一些基本特征。

公墓 ❶短篇小说。穆时英作。载《现代》1932年创刊号。每天上午克渊总独自到母亲墓前献上一束花，少女欧阳玲也时常来这里凭吊母亲，两人逐渐熟识。克渊很想向她表白爱情，可一直羞于启口。不久欧阳玲随父去香港养病，克渊也随父去北京求学，两人保持通讯联系。欧阳玲终因病重去世，克渊闻讯后赶赴上海，在她墓上放了一束丁香。小说着意表现人物的感情流动，是较早采用意识流手法的作品。❷短篇小说集。穆时英著。现代书局1933年出版。收《被当作消遣品的男子》、《莲花落》、《夜总会里的五个人》、《Craven"A"》、《公墓》、《夜》、《上海的狐步舞》、《黑牡丹》等八篇，是三十年代新感觉派的代表作之一。

林家铺子 原名《倒闭》。短篇小说。茅盾作。载《申报月刊》1932年1卷1期。以一二八事变前后江南小镇的社会生活为背景，描写一个小商人破产的悲剧故事。在抵制日货的风潮中，林老板的杂货店生意日渐萧条。他只得贿赂国民党镇党部要员，以日货冒充国货，并不顾血本"大放盘"；后又以"一元货"手段向难民们推销滞存的小百货，引起同行妒恨，而上海东生号和本地钱庄又频频逼债，镇党部乘机敲诈勒索，卜局长要霸占林小姐……林老板终于走投无路，彻底破产。小说展示了中国民族资产阶级在帝国主义和官僚资产阶级压迫下的处境和命运，人物性格刻画生动，描写技巧圆熟。

雨 《爱情三部曲》之二。中篇小说。巴金著。连载于《文艺月刊》1932年3卷1—6期。主人公吴仁民是一位热情而又略带粗暴、浮躁的青年。妻子瑶珠病逝，好友陈真惨死，使他无比悲哀，更激起他对旧世界的仇恨。他轻视躲进书斋著书立说的"革命家"李剑虹，憎恶高唱"教育救国"的洋绅士张小川，而自己却脱离群众，缺乏革命行动，在彷徨苦闷中又陷入三角恋爱。旧恋人玉雯因他而服毒自杀，女友熊智君又为救他被迫嫁与官僚。残酷的现实终于使他从爱情纠葛中摆脱出来，准备"轰轰烈烈地做一番事情"。

春蚕 短篇小说。茅盾作。载《现代》1932年2卷1期。自耕农老通宝一家为偿还三百多块钱的债，清明节过后即开始养蚕。他们押地借款买桑叶，忍饥熬夜一个月，总算获得丰收。但由于帝国主义向中国转嫁经济危机，致使茧厂关门，茧商压价收购，老通宝不得不忍痛贱卖蚕茧，所得连还债都不够，气得病倒途中。作品在三十年代中国农村日益殖民化的广阔背景上，将景物、环境和人物心理描写融合在一起，情节生动逼真，成功地塑造了老通宝这一农民形象。

将军底头 ❶短篇小说。施蛰存作。收入短篇小说集《将军底头》（新中国书店1932年出版）。有土番血统的将军花敬定奉旨率部征讨土番，心中极为痛苦。军队到达边境发生骚动，一士卒调戏民女，花将军将他斩杀，而花将军自己却爱上了这位民女。在与敌军交战时，他的头被砍去，只得骑马奔回营地，遭到民女的嘲笑，一气跌于马下。内容近乎荒诞，但运用心理分析方法，将人物心理刻画得细致入微，是三十年代现代派代表作之一。❷短篇小说集。施蛰存著。新中国书店1932年出版。收《鸠摩罗什》、《将军底头》、《石秀》、《阿襤公主》等四篇，均为历史题材。《鸠摩罗什》写"道"与"爱"的冲突；《石秀》取材于《水浒》中一段情节，着重描写石秀的变态性心理；《阿襤公主》是一篇历史的演化。作品采用弗洛伊德的精神分析方法，手法新颖，文笔精细。

山雨 长篇小说。王统照著。上海开明书店1933年出版。以二三十年代军阀统治下的北方农村为背景，表现中国农村经济的崩溃和农民的破产。农民奚大有上镇卖菜竟遭兵大爷打骂拘押，父亲被迫卖地而一气身亡。接连不断的征粮、学捐、干旱、兵差、土匪等天灾人祸，使他不得不举家逃到城市靠拉洋车为生。他每天所见仍是明抢暗夺、层层盘剥的黑暗现实。作品还描绘了宋大傻、徐利等各种人物的遭遇，形象地反映了黑暗旧中国"北方农村崩溃的几种原因与现象，以及农民的自觉"（王统照《〈山雨〉跋》），暗示出"山雨欲来风满楼"的社会发展趋势。全书采用白描手法，具有浓郁的地方色彩，文笔真挚朴素，风格浑厚扎实。

子夜 原名《夕阳》。长篇小说。茅盾著。开明书店1933年出版。以1930年5—7月的上海为背景，描写民族工业资本家吴荪甫和买办金融资本家赵伯韬之间的矛盾斗争。吴荪甫有发展民族工业的雄心和魄力，为使自己工厂的产品销遍穷乡僻壤，他凶狠地吞并同业，合伙经营益中公司，投机金融市场，以加重剥削工人来转嫁自身危机，甚至依靠反动军警、工贼镇压、分裂工人队伍；赵伯韬仰仗外国主子的支持，施展种种手段打击、控制民族资本经济，迫使吴荪甫等人的益中公司资金周转不灵；继而又与一银行相勾结，先以益中公司全部资产作抵押才予贷款相要挟，后又操纵公债市场，迫使吴荪甫亏本并破产。此外，小说还描写了纱厂工人的罢工和双桥镇农民的暴动，表现了工农群众为改变艰苦生活状况而进行的斗争，以及在"冒险家的乐园"——上海人与人之间的金钱关系。小说结构宏大，内涵丰富，描写生动，深刻反映了中国民族资产阶级的本质特征和历史命运，提出了中国社会性质和发展道路的重大课题，并成功塑造出吴荪甫、赵伯韬等一批艺术形象，是作家的代表作，也是现代文学史上一部重要的现实主义作品。

电 《爱情三部曲》之三。中篇小说。巴金著。连载于1934年《文学季刊》1卷2、3期，题名《龙眼花开的时候》。上海良友图书公司1935年出版时改现名。大革命失败后，吴仁民、李佩珠、高志元等创办报纸，组织工会、妇女协会，发动群众同当局展开斗争。后因内奸告密，组织被破坏，一部分同志不幸牺牲。惨痛的教训使吴仁民、李佩珠从反省中否定了个人冒险道路。他们继续组织群众撤向农村去展开斗争。作品着力刻画李佩珠英勇机智、执著追求光明的性格，字里行间洋溢着明朗乐观的气氛。

多收了三五斗 短篇小说。叶圣陶作。载《文学》1933年1卷1期。勤劳的江南农民总算遇到个"好年时，收成好"，驾船去镇上卖新米，但由于外国洋米洋面的倾销，政府多如牛毛的苛捐杂税，米商同行公议的价格垄断和地主逼租，迫使丰收的农民不得不低价卖米，从而陷入破产的绝境。小说反映了谷贱伤农、丰收成灾的残酷现实，并剖析了造成这一反常社会现象的原因。

取火者的逮捕 ❶短篇小说。郑振铎(署名郭源新)作。载《文学》1933年1卷3号。写希腊神话中神的叛逆者普罗米修斯的故事。普罗米修斯因不满宙斯要毁灭整个人类的暴行，偷取火种给人类，因而被宙斯逮捕锁在山崖受罚。小说塑造了一个坚持正义、为真理而献身的英雄形象，寓意深刻，情节跌宕，色彩神奇，充满浪漫主义情调。❷短篇小说集。郑振铎(署名郭源新)著。生活书店1934年出版。收历史小说《取火者的逮捕》、《埃娥》等四篇，均取材于希腊神话，内容有连续性。主要描写人类对神权的斗争和神权的最终灭亡。小说借用神话描写，形象地再现当时中国的社会现实，热情歌颂了革命者反压迫求解放的斗争。

秋收 短篇小说。茅盾作。载《申报月刊》1933年2卷4、5期。农民养蚕破产，又受到春荒威胁。农民们接受春蚕的教训，为了活下去，就联合起来"吃大户，抢米囤"。老通宝的小儿子多多头成了领头人，勇敢地同土豪富商斗争。老通宝认为这是大逆不道，他把希望寄托在秋天稻谷丰收上。结果稻谷虽丰收而米价却大跌，老通宝再也经不起打击而死去。小说真实描写农村破产的过程，同时反映了年轻一代农民的觉醒。

残冬 短篇小说。茅盾作。载《文学》1933年1卷1号。老通宝去世后，其子阿四就卖了田，准备到城里去做雇工。其他农民则盼望"真命天子"出世。于是黄道士谎称一男孩是"真命天子"，乘机骗钱。地主武装"三甲联合队"欺压勒索农民，并抢走"真命天子"；多多头和其他几个青年农民铤而走险，打死"三甲联合队"的队长，缴了他们的枪，开始武装造反。小说采用现实主义手法，揭露贪官污吏和地主对农民的残酷剥削、压迫，同时也批判了农民的落后思想。

离婚 长篇小说。老舍著。良友图书印刷公司1933年出版。北平某财政所庶务张大哥每天热心为大家奔走，"作媒人和反对离婚"成了他的神圣使命。同事老李能干实事，但不满乡下太太土气，有意离婚；吴太极嫌自己太太长得丑陋，成天想纳妾；科员小赵是所长太太的姘夫，在所里和社会上横行霸道。官府衙门就是由这样一批人组成，正如作品所写："所长是谁？官僚兼土匪。小赵？骗子兼科员。张大哥？男性的媒婆。吴太极？饭桶兼把式匠。孙先生？流氓兼北平俗语搜集者。邱先生？苦闷的象征兼科员。"小说以风趣幽默的笔触，生动地勾勒出一幅市民社会世态图和风俗画，有着很丰富的现实内容和社会意义。

一千八百担 副标题《七月十五日宋氏大宗祠速写》。短篇小说。吴组缃作。载《文学季刊》1934年创刊号。宋氏祠堂义庄贮存着一千八百担稻谷，宋氏族人开会商议如何分掉这些稻谷，有的提出借口粮，有的声称领"古稀俸"，有的说急需路费，有的要借谷还债，还有的表示要拨充学校经费……而管事的宋柏堂则妄想独吞自肥。正当争得不可开交之时，农民掀起声势浩大的抢粮暴动，把一千八百担稻谷一抢而光，宋氏族人则乱作一团。小说以细腻的笔触，生动描写宋氏大家族的败落，无情嘲讽地主豪绅的卑劣灵魂，同时歌颂了贫苦农民觉醒反抗的斗争精神。

九十九度中 短篇小说。林徽因作。载《文学》1934年创刊号。写北平在华氏九十九度的酷暑中，饭庄挑担送货人眼里所见的大千世界众生相：有失恋的，有作爱的，有庆寿的，有成亲的，有享福的，有热死的，有索债的，有无聊的；上流社会里的豪绅富商、达官贵人吃喝玩乐，尽情挥霍享受，而下层劳苦大众则挥汗劳作，贫病交加，难以为生。作品截取社会人生的一个横截面，用对比手法，通过电影镜头似的组合，再现了旧中国的现实生活图景，受到评论界好评。

山峡中 短篇小说。艾芜作。载《青年界》1934年5卷3号。描写一群被旧世界抛弃的人们，为了争得生存权利而辗转挣扎，受尽凌辱，被迫铤而走险，啸聚深山，沦为盗贼，过着饥饱无常、食宿不安的生活。小说通过小黑牛的惨死，表现被压迫者的苦难和不幸，揭露与鞭挞了旧社会的罪恶。故事奇特，人物个性鲜明，环境气氛的渲染、烘托较为成功，充溢着浓郁的抒情色彩与哲理意味。

包氏父子 短篇小说。张天翼作。载《文学》1934年2卷4号。佣人老包一心望子成龙，以求改换门庭。他为了能让包国维到洋学堂上学，忍气吞声四处求情，却到处碰壁。包国维只知打扮，又染上流氓习气，三次留级，并不羞愧；后因欺侮女同学、帮助郭纯打架而被开除。老包的希望破灭，又逢债主逼债，气得昏倒在地。作品讽刺辛辣，人物心理剖析透彻，语言洗练诙谐，深刻揭示了小市民"向上爬"的灰色心理，有力地针砭了病态人生。

边城 中篇小说。沈从文著。上海生活书店1934年出版。二三十年代川湘边界的小山城茶峒有一个老船夫和外孙女翠翠相依为命，后翠翠和掌管水码头的团总顺顺的两个儿子发生爱情纠葛。弟兄俩都喜欢翠翠，相约夜晚上山为翠翠唱歌，而翠翠只爱弟弟傩送。哥哥天保也自知唱不过弟弟，于是乘船离家，结果途中船翻人亡；后傩送也因反对父亲包办婚姻离家出走。不久，外祖父死去，翠翠只能成天孤零零地守在渡口，盼望傩送归来。作品通过三个青年男女之间纯真的爱情，和茶峒一带秀丽风光的描写，展现了湘西古老的生活风习与纯朴的民风，表现了作家对自然美与人情美的理想和艺术情趣的追求。

春桃 短篇小说。许地山作。载《文学》1934年3卷1号。春桃因兵灾逃难，与丈夫李茂失散，来到北京与同乡刘向高同居，以捡废纸为生。后在街头偶遇在战场上失去双腿而正沿街乞讨的李茂，遂将他带回家中。李、刘都为对方设想，互相谦让，一个离家出走，一个企图自杀。在春桃的妥善处理下，三人摆脱"名分"观念束缚，和谐地生活在一起。小说塑造春桃这个泼辣善良、性格坚强的劳动妇女形象，真实反映了战乱给人们带来的苦难。

送报夫 中篇小说。杨逵著。1934年用日文发表于日本东京《文学评论》，由胡风译成中文，收入朝鲜台湾中短篇小说集《山灵》(文化生活出版社1936年出版)。日本制糖公司强行收购土地，而将杨君的父亲逼死。杨君背井离乡到东京，当了送报夫，没几天即被借故辞退。母亲卖掉房子，从台湾寄钱接济他。杨君在日本进步工人帮助下，懂得被压迫被剥削者要团结奋斗，就参加了工人运动，与日本工人一起斗败派报所老板。最后他满怀信心踏上归途，准备投身故乡的斗争。小说通过杨君的思想和生活经历的描写，既展示了民族斗争，又展示了阶级斗争，并表现了无产者之间的相互同情和友爱。

八月的乡村 长篇小说。田军(萧军)著。奴隶社1935年出版。长白山地区活跃着一支抗日的磐石游击队。队伍人数不多，大多是贫苦农民，其余是青年学生和曾当过土匪的人。他们打炮台、攻据点，重创敌军，壮大了自己的力量；同时，他们也不断克服自身的缺点和不良习气。萧明与朝鲜族姑娘安娜恋爱，一度因感情用事而差点误了大事。在同志们批评帮助下，他认识了错误，把伤病员安全转移出去。唐老疙瘩因违反纪律而惨死于敌人枪口，但其情人李七嫂却从中觉醒，拿起他的枪继续战斗。小说并未完整地叙述故事，而用类似系列短篇的结构，通过这支游击队的活动，真实地反映东北人民保家卫国、团结抗日的坚定意志。鲁迅曾给予很高评价，认为小说"显示着中国的一份和全部，现在和未来，死路和活路"(《田军作〈八月的乡村〉序》)。

月牙儿 短篇小说。老舍作。载《国闻周报》1935年12卷12—15期。作品用第一人称，写被关在狱中的"我"(女儿)回忆自己与母亲走过的苦难人生历程。女儿七岁丧父，母亲被迫卖淫度日，女儿曾因此而憎恨、鄙视母亲。不久，又为生活所逼，母亲再度嫁人，离她而去。女儿走投无路，也沦落为娼。她对这个世界的报复，就是把脏病传染给嫖娼者。后来她被抓进感化院。小说揭示了被压迫妇女的悲惨命运及其被扭曲的心灵，对旧社会发出最强烈的控诉和抗议。“月牙儿”作为一种象征，贯串全文，渲染出凄清孤寂的氛围，它的形状、亮度的变化，都牵连着主人公不同的心境，前后呼应，成为不幸生活与命运的见证。

南行记　短篇小说集。艾芜著。上海文化生活出版社1935年出版。收《人生哲理的一课》、《山峡中》、《松岭上》、《在茅草地》、《洋官与鸡》、《我诅咒你那么一笑》、《我们的友人》、《我的爱人》等八篇。均取材作者早年漂泊于云南、缅甸、马来亚、新加坡等地的见闻感受，带有自传色彩。篇中人物多为旧社会的“卑贱者”，如流浪儿、走私贩、强盗、小偷、滑竿夫、马头哥等，描写他们桀骜不驯的野性人生，透视并发掘其中闪光的人性。取材独特，用笔细腻，风格清丽，富于浪漫主义情调。人民文学出版社1980年新版收入1931—1948年所作中短篇小说二十五篇。

生人妻　❶短篇小说。罗淑作。载《文学季刊》1936年1卷4期。一对农民夫妇破产后仅靠两把镰刀割草糊口，但生活的重压终使丈夫将妻卖掉；妻子在成婚之夜羞辱难忍，奋力反抗，逃回自己草屋时，丈夫却被买主兄弟串通保甲抓走。小说揭示中国农民特别是农村妇女所遭受的深重灾难，愤怒地控诉了罪恶的旧社会。作品心理描写细致，气氛渲染强烈，成功刻画了男女主人公忠厚纯朴、不甘屈服的性格。❷短篇小说集。罗淑著。上海文化生活出版社1938年出版。收《生人妻》、《桔子》等四篇。

死水微澜　长篇小说。李劼人著。中华书局1936年出版，作家出版社1955年出版修订本。以成都天回镇为背景，描写袍哥势力与教会势力之间的斗争。袍哥头子罗歪嘴乘义和团、红灯教反帝斗争之机，带头反教会、杀洋人，迷惑了不少人。富户顾天成被罗弄得人财两空，改信洋教。义和团失败后，顾天成乘机报复，控告罗歪嘴策划捣毁教堂事件，罗歪嘴遭官府追捕。顾则借教会势力夺地抢房，并霸占了罗的姘妇蔡大嫂。作品通过一系列恩怨纠葛，反映了从甲午战争到辛丑条约签订后这一历史阶段内地的社会现实，情节紧张曲折，人物性格复杂，尤其对川西风光习俗的细致描绘及方言黑话的准确运用，使作品真切自然，富有浓郁的地方色彩和时代气息。

故事新编　短篇小说集。鲁迅著。上海文化生活出版社1936年出版。收1922—1935年所作小说八篇。其中《补天》、《奔月》、《铸剑》、《出关》四篇先后发表于《晨报四周年纪念增刊》、《莽原》、《海燕》等报刊，其余直接收入本书，根据故事发生时代先后为序。作品用崭新手法写古代题材，赋史事以新意，借故事以针砭现实，思想上、艺术上都颇有成就，为历史题材小说创作的典范之作。

骆驼祥子　长篇小说。老舍著。载《宇宙风》1936—1937年25—48期。以旧北京为背景，描写人力车夫祥子的悲惨遭遇。破产的青年农民祥子到北京拉了三年洋车，刚买上一辆新车就被匪兵掳走。祥子拼命拉车挣钱，准备第二次买车，钱又被孙侦探抢去。车厂老板刘四爷之女虎妞迫使祥子同她结婚，替他买了辆新车；但不久她因难产死去，祥子只得将车卖掉料理丧事。几次积钱买车不成，祥子绝望了，终于自甘堕落。作品深刻揭示旧社会劳动者凭个人奋斗是根本不能改变自己命运的道理。小说结构严谨，笔调流畅，地方色彩鲜明，祥子、虎妞、刘四爷等艺术形象的成功塑造，使作品具有强烈的艺术魅力。是作家的代表作，曾产生广泛的影响。

大波　长篇小说。李劼人著。共三卷。上海中华书局1937年出版。着重描写发生于1911年5—11月的四川保路运动和尔后发生的武昌起义，反映了辛亥革命的“大波”。作品事件纷繁、人物众多，反映保路运动中各阶级、各阶层、各政治派别之间错综复杂的斗争，写法受《三国志演义》的影响较大。作家出版社1962、1963年重版时作者作了较大改动，在史实的考订、主题思想的开掘、人物心理的剖析、史实与虚构的结合等方面，都有很大提高。

桂公塘　短篇小说集。郭源新（郑振铎）著。商务印书馆1937年出版。收历史小说三篇。《桂公塘》取材于文天祥的《指南录》，描写南宋丞相文天祥毁家勤王、毅然出使元军而被拘，最后深夜逃脱的故事；《黄公俊之最后》的主人公黄公俊为湘中义士，投奔太平军后多次冒险到敌营谈判，最后被捕毅然就义；《毁灭》以史可法为线索，描绘明末一群误国奸臣的形象。

作品热情赞美救亡图存的爱国精神，鞭挞了卖国者的可耻行径。小说借古喻今，着力心理描写，格调朴实，具有深刻的思想性和艺术特色。

野火 长篇小说。鲁彦著。良友图书印刷公司1937年出版；中兴出版社1948年再版时更名为《愤怒的乡村》。描写二三十年代浙东农民在地主豪绅重压下的种种灾难，及其愤怒和反抗。傅家桥的青年农民华生在船上轧米时与丰泰米店的地主傅阿如发生冲突，被阿如辱骂殴打后，怒将丰泰米店捣烂，阿如串通乡长强迫华生烧香赔礼道歉。天遇旱灾，年成歉收，苛捐杂税多如牛毛，农民阿曼因交不起地租被阿如活活打死，激起众怒。华生、阿波、秋琴等农民联合抗税拒捐，并包围乡公所，但乡长请来军队镇压了他们的反抗，华生等人也都被捕。作品充满浓重的悲凉气氛，并着意描绘了浙东农村风情。

华威先生 短篇小说。张天翼作。载《文艺阵地》1938年创刊号。国民党官员华威先生自命不凡，整天乘着包车招摇过市，忙于各处应酬、开会、演讲，但开会他总是迟到早退，演讲中总是强调要"认定一个领导中心"，就连"战时保婴会"之类的组织，他也不放松"领导"。凡没有请他出席的会议或担任职务的组织，一律被他诬之为"非法团体"。作品以夸张讽刺的手法，个性化的语言，生动刻画了华威先生这个打着抗日招牌，不务实际工作，却到处伸手争权的文化官僚形象。作品发表后，立即在文艺界引起强烈反响，并展开了关于文艺暴露黑暗问题的争论。

差半车麦秸 短篇小说。姚雪垠作。载《文艺阵地》1938年1卷3期。主人公是一个绰号叫"差半车麦秸"（意即不够数儿，不够聪明）的农民游击队员。他纯朴、憨厚，却又未能摆脱农民的狭隘、自私等落后意识。初入革命集体，极想做好事但却常常帮倒忙。作品描写了他在游击队里种种可笑的表现，以及在集体生活和战斗中得到改造，逐步转变的过程，显示了民族解放战争对农民精神面貌发生变化的影响。作家善用细节表现人物的性格特点，并成功运用了生动的农民语言。

火 长篇小说。巴金著。共三部。重庆文化生活出版社1940、1942年及重庆开明书店1945年分别出版。第一部以抗战初期的上海为背景，描写学生冯文淑、刘波、朱素贞等人救护伤员，募集物资的活动，反映八一三战役中上海人民奋起抗日的英勇斗争。第二部又名《冯文淑》，描写上海失守后，冯文淑、朱素贞、周欣等一批爱国青年随战地服务团作战略性转移，到大别山地区开展抗日救亡活动，旋又投入保卫武汉的战斗。第三部又名《田惠世》，表现了基督徒田惠世既宣传爱国，又宣传宗教，后来信仰动摇，在绝望中死去；冯文淑、朱素贞、周欣等人则走上了不同的人生道路。作品表达出作家在抗日战争时期的民族悲愤和人生思考，具有强烈的时代感。

在其香居茶馆里 短篇小说。沙汀作。载《抗战文艺》1940年6卷4期。取材于抗战时期的兵役问题，通过一个"吃讲茶"的场面，描写联保主任方治国和地方上土豪劣绅邢幺吵吵为抓壮丁一事发生了一场争吵和殴斗，生动地反映了当局所谓"严整役政"的骗局。小说成功地运用白描和讽刺手法，把一场冲突浓缩在不长的时间里，并表现得层次分明，情节变化多姿，有很强的艺术吸引力。

我在霞村的时候 短篇小说。丁玲作。载《中国文化》1941年3卷1期。贞贞到天主教堂做姑姑时，遭受日本兵的蹂躏并染病。她忍受着村里人的冷漠与歧视，为游击队送情报。她的男友夏大宝依然爱着她，但贞贞却恨他当初未带她出走。作品在表现精神上受到创伤的贞贞走向新生活的同时，也鞭挞了农村的封建落后意识和人际间的褊狭与麻木。小说用第一人称写"我"去霞村小住，写听到的贞贞的故事，人物刻画生动，心理描写细腻。

呼兰河传 长篇小说。萧红著。桂林上海杂志图书公司1941年出版。以作者童年生活的回忆为引线，描绘了一幅二十年代北疆呼兰小镇的风俗画，并展示了小镇人愚昧、麻木、庸俗的精神状态和灰色生活，反映了根深蒂固的封建思想和习俗对人们的戕害。小镇上经常有跳大神、唱秧歌、放河灯、演野台子戏、四月十八娘娘庙会，这些都是为了敬鬼神，而人间则无时不在上演一幕幕悲剧：胡家刚来的小团圆媳妇，只因"不规范"、"太大方了"，就被婆婆折磨致死；长工萧二伯一贫如洗，性情古怪，常用怒骂和偷窃来发泄对主子的不满；磨房冯歪嘴子艰辛度日，但他敢于追求爱情和幸福，和王大姑娘自由恋爱结了婚，妻子生了第二个孩子后死去，他尽力将两个孩子抚育成人。作品构思独特，形散而神凝；人物性格鲜明，笔调娓娓动人，乡土气息浓郁，艺术感染力强。

秋海棠 长篇小说。秦瘦鸥著。连载于

《申报》1941年副刊《春秋》。描写北洋军阀时代京剧艺人秋海棠的悲剧命运。旦角秋海棠被军阀袁宝藩和贵妇人王大奶同时当作"玩物",后与被袁霸占为妾的女学生罗湘绮相爱,生下女儿梅宝。事发后,秋海棠被袁的爪牙毁容,只得携女回乡种田。十多年后,父女辗转到上海谋生。袁宝藩在军阀混战中丧生,罗湘绮逃脱,四处打听秋海棠父女下落。当他们再次相遇,秋海棠已患上严重肺病,奄奄一息。为了不致拖累罗湘绮母女,秋海棠跳楼自杀。故事结构完整,情节曲折生动,语言通俗流畅,感情缠绵悱恻。

腐蚀 长篇小说。茅盾著。连载于1941年5—9月《大众生活》。以日记形式控诉反动派特务对革命者的迫害和对广大青年的腐蚀。赵惠明中学时曾参加进步学生运动,但因贪图享受、爱慕虚荣,被特务分子引诱威逼而坠入特务组织的魔窟,但她心里又时时感到不安,充满矛盾和悔恨。当以前的爱人小昭被特务杀害后,她开始有所觉悟,最终在革命者帮助下走上自新道路。作品对不同事件和人物线索进行交叉描写,使行文变化多姿,既有日记体的真实感,又有长篇小说的规模和气势。

边陲线上 长篇小说。骆宾基著。文化生活出版社1942年出版。刘强怀着爱国热忱参加了东北边境的苇子沟游击队,从事抗日活动。这支队伍成分复杂,既有伐木者,又有地主、商人,纪律松弛,斗志懈怠,稍一交战即败北,后只得投奔救国军刘司令。救国军亦是乌合之众,上层醉生梦死,下层军心涣散,刘强为此十分苦闷。当救国军袭击抗日的红党,并投降日军时,刘强下定决心率队与红党会合,坚持抗日斗争。小说反映当时抗日队伍的复杂态势,并通过刘强的思想发展过程,表达了中国人民抗日的坚定意志。

鹅妈妈出嫁 ❶短篇小说。杨逵作。原作以日文载《台湾时报》1942年10月号。中文载《中外文学》1974年20期。小说由两个相对独立但内容上互有联系的故事组成。某医院院长以公家名义买花农的龙柏,除要去许多花苗外,还要强索花农家的母鹅。花农无奈,被迫将鹅"嫁"到院长家。花农的朋友林文钦研究"共荣经济"的理论,以为只要资本家取回良心,"共荣经济"计划就可实现,但计划尚未实现,他就破产了,不久在贫病交迫中死去。小说具有较强的政治讽刺性,揭穿了日本殖民主义者的所谓"共存共荣"不过是一种骗局。❷短篇小说集。杨逵著。大行出版社1975年出版。收《鹅妈妈出嫁》、《种地瓜》、《无医村》、《萌芽》、《送报夫》、《模范村》、《春光关不住》等七篇。作品均以日本帝国主义统治下的台湾为背景,通过平民百姓的苦难遭遇,揭露日本殖民者的丑恶行径,以及诸如"共存共荣"等谬论的欺骗性。

霜叶红似二月花 长篇小说。茅盾著。载《文艺阵地》1942年7卷1—4期。赵守义专横跋扈,敌视改革,将作为地方公益的善堂财产牢牢把持在手;惠利轮船公司经理王伯申唯利是图,以兴办"贫民习艺所"为名,企图夺取善堂财产管理权,为此他揭露赵守义私吞公款、放高利贷盘剥农民的作为。赵守义则利用轮船冲毁堤堰、水淹稻田造成农民不满,唆使别人煽动农民拦打火船,闹出人命。最后,双方以牺牲地方公益和农民利益达成妥协。作品还描写了具有改革思想的青年知识分子钱良材同赵、王等人的斗争,以及围绕这场风波展现的新旧思想的冲突和青年男女的爱情纠葛。

小二黑结婚 短篇小说。赵树理作。华北新华书店1943年出版。描写解放区农村中一对青年男女冲破封建传统争取婚姻自由的故事。二黑和同村女青年小芹自由恋爱,却遭封建迷信思想严重的父亲(外号二诸葛)和贪图钱财的小芹母亲(外号三仙姑)的坚决反对。窃据村政权的金旺因调戏小芹不成,怀恨在心,以捉奸为名,将二黑和小芹绑送区公所。区民主政府经调查,依法处理,关押了金旺兄弟,支持二黑和小芹的婚事,批评教育了两位家长。作品抨击封建残余势力,批判群众中的封建思想,歌颂了民主政权和新一代农村青年的成长。语言生动幽默,人物形象逼真,故事性强。

北望园的春天 ❶短篇小说。骆宾基作。载《文学创作》1943年2卷4期。以战时后方的桂林为背景,表现北望园小院落几个知识分子庸俗、孤寂的生活。其中有绅士风度十足、而喜欢在背后议论女人的所谓政治家,有终日沉湎于无法实现的艺术构思的画家,有安于琐碎家务,对丈夫百依百顺的少妇。小说展示他们在特定环境里的阴暗、颓唐的心境,使人从中感受到一种沉重压抑的气氛,描写细腻,风格冷峻。❷短篇小说集。骆宾基著。星群出版公司1946年出版。收《生活的意义》、《庄户人家的孩子》、《乡亲——康天刚》、《北望园的春天》、《红玻璃的故事》、《老爷们的故事》、《1944年的事件》、《一个坦白人的自述》、《老女仆》、《贺大杰的家宅》等十篇。

李有才板话 中篇小说。赵树理著。华北新华书店1943年出版。描写抗日战争时期敌后根据地围绕改造村政权和减租减息而展开的阶级斗争。阎家山的地主阎恒元在革命政权建立后,依然采用各种手段在幕后继续控制村政权。他以小恩小惠拉拢腐蚀干部,制造假象蒙骗上级派来的章工作员,还赶走老农李有才,居然骗得"模范村"称号。可是,青年农民在李有才带领下,以"快板诗"为武器,同阎恒元展开了机智勇敢的斗争,最后在县农会主席老杨同志支持下,发动群众,斗倒阎恒元,改选了村政权,农民彻底得到解放。作品将塑造形象与故事叙述结合起来,结构完整,情节连贯;人物形象鲜明,富有时代特征和个性特征;采用有说有唱、夹叙夹议的板话形式,风格活泼、轻松、幽默,雅俗共赏。

风萧萧 长篇小说。徐讦著。成都东方书店1944年出版。以太平洋战争前后的上海为背景,以青年哲学家徐和美国军医史蒂芬以及三个女性白苹、梅瀛子、海伦的交谊为线索,展开孤岛时期中、美、日三方间谍斗争和情爱纠葛的描写。作品善于编织浪漫故事,以抒发人生哲理为其特色,具有较重的感伤情调,是抗战后期出现的"后期浪漫派"小说的代表作之一。

四世同堂 长篇小说。老舍著。共三部。第一部《惶惑》,载《扫荡报》1944年11月10日—1945年9月2日。第二部《偷生》,载重庆《世界日报》1945年4月1日—12月15日。第三部《饥荒》,连载于上海《小说》4卷1期—6期。小说以抗日战争时期沦陷后的北平为背景,描写居住在小羊圈胡同市民的生活和命运。祁家老人的儿子祁天佑被侵略者逼迫自杀,大孙子瑞宣忍辱偷生,终于觉醒,二孙子瑞丰浅薄无耻、奴颜事敌,三孙子瑞全毅然离家投军抗日。诗人钱默吟不甘屈辱,被捕后一身正气,二儿子钱仲石开汽车摔死一车日本兵。冠晓荷、大赤包夫妇卖国求荣,成为民族败类。小说以祁、钱、冠三家为主线,还涉及周围十几个家庭、一百三十多人,通过这些家庭和人物的遭际,反映沦陷后北平市民的亡国之痛,以及他们由惶惑苦闷、忍辱偷生到逐渐觉悟、反抗的过程,抒发了强烈的爱国主义情感。结构宏大,情节纷繁,人物众多,地方色彩浓厚,真实再现了抗战的历史进程。

先生妈 短篇小说。吴浊流作。发表于1944年4月台湾《民生报》。描写台湾日据时期"皇民化运动"中具有民族气节的"先生妈"与其儿子、殖民统治者走狗钱新发的冲突。钱新发(后改名金井新助)出身贫寒,靠趋炎附势的伎俩,成为独霸一方的暴发户。他在"皇民化运动"中带头讲日语、穿和服,住日本式房子,并要母亲也如此,但遭母亲坚决反对。小说将他与母亲进行对比,讴歌具有民族气节的先生妈,鞭挞了数典忘祖、摇尾乞怜的卑贱小人,具有强烈的爱国主义精神。

倾城之恋 中篇小说。张爱玲著。载《杂志》1944年11卷6号—12卷1号。白流苏离婚后回到娘家,受兄嫂欺侮而无可奈何。她陪妹妹去同范柳原相亲,范柳原却钟情于她。于是两人开始了一种扑朔迷离的恋爱生活。在香港,他们整天玩乐,形影不离。但白流苏内心十分不安,而范柳原似乎也并不真心爱她。当白流苏回到上海,范柳原才突然感觉离不开她,急忙命她回港,两人开始同居。太平洋战争爆发后,他们在枪林弹雨中相濡以沫,不久正式结婚。作品用一个爱情故事,描绘出旧上海十里洋场形形色色的人物心态,营造了一种凄凉哀婉的氛围,文笔细腻流畅。

塔里的女人 长篇小说。无名氏著。时代生活出版社1944年出版。罗圣提是一名很有成就的医学家,又是一名出色的提琴家。他在北平已有妻室,然又爱上美丽的女大学生黎薇。几年后黎薇不再爱他,并与他人结婚。可是黎薇婚后并不幸福,曾在武汉自杀未遂;后离婚,隐姓埋名,独居在一偏僻小镇。罗圣提与她分别十年,一直怀念着她,在找遍大半个中国后终于见到了她,可这时的黎薇已身心憔悴,罗大失所望,从此隐居华山。

北极风情画 长篇小说。无名氏著。无名书屋1945年出版。东北抗日义勇军上校参谋林先生是韩国人,在苏联托木斯克城的大街上与波兰美人奥蕾利亚邂逅。此后两人经常见面,终于相爱。三个月的幸福生活结束,林先生回上海参加抗日活动,而奥蕾利亚则去意大利,不久绝望自杀。林先生得其遗书,按其愿望,在他们相识第十年的除夕之夜,站在山顶上向北极唱了一首《离别曲》。小说出版后,即被视为"抗战加恋爱的新式传奇"而受到批评。

吕梁英雄传 长篇小说。马烽、西戎著。连载于1945年6月《晋绥大众报》。根据晋绥边区群英会民兵英雄的事迹整理改编而成。以吕梁山下小村庄康家寨为主要背景，反映中国共产党领导下的抗日武装斗争。康家寨遭日本侵略军血洗后，恶霸地主康锡雪、康顺风组织维持会，为虎作伥，欺压百姓。共产党员、武工队员武得民来到康家寨，发动群众组织民兵，实行劳武结合，除汉奸，斗恶霸，瓦解维持会；还配合八路军，大摆地雷阵，炸毁敌人车队，深入虎穴擒敌，终于攻下汉家山据点。作品采用纪实性章回体，塑造武得民、雷石柱、孟二楞等一系列民兵英雄形象，情节曲折生动，有较强吸引力。

财主底儿女们　长篇小说。路翎著。上、下部分别于1945、1948年由希望社出版。作品以1932年一二八事变至1942年的历史为背景，描绘中国人民风起云涌的抗日潮流，展示某些青年知识分子在这一时代潮流中的追求与归宿。上部主要写苏州巨富蒋捷三家庭解体后儿女们为争夺财产而展开的斗争，以及次子蒋少祖对封建家庭的反叛与复归。蒋少祖十六岁到上海读书，接受自由民主思想影响，大学毕业后办报攻击旧文化旧道德，并一度参加抗日活动，但当上参政员后逐渐堕落为反动政客和文化复古派。下部集中写三子蒋纯祖在动乱年月经历的艰难曲折的生活道路。蒋纯祖有爱国正义感，痛恨封建势力，毅然离家到上海参加抗日救亡工作，但浓厚的个人主义思想和孤傲的性情，又使他不能与大众融为一体，游离于人民革命斗争，最后在失恋和贫病中死去。作品将广阔的历史背景与人物的心理描摹细腻地交织在一起，形成了独特的艺术风格。

荷花淀　短篇小说。孙犁作。载1945年5月15日延安《解放日报》。水生嫂善良温柔，积极支持丈夫水生参加游击队。后水生嫂同村里几位妇女又划船前往游击队探亲，途中与日军汽船相遇。正值游击队伏击敌人，水生嫂等妇女与丈夫重逢。不久，水生嫂带领妇女参加斗争，在战斗中成长起来。小说以散文式抒情结构，娴熟新颖的白描手法和优美动人的语言描绘了一幅充满诗情画意的水乡军民战斗图。

人·兽·鬼　短篇小说集。钱钟书著。开明书店1946年出版。收四篇。《上帝的梦》借上帝创世的典故，讽刺滥用权力的统治者。《猫》描写一对“自信是文化人”的夫妇发生龃龉后的精神病态。《灵感》以惯于粗制滥造的作家下地狱的经历，讽刺文艺界的黑暗面。《纪念》写一幻想情爱的女主人公曼倩在偷情后的苦闷。作品笔法缜密，心理剖析细致，语言幽默。

古屋　长篇小说。王西彦著。文化生活出版社1946年出版。孙家三兄弟共居一座古屋。老大整日打牌，老三死于烟瘾。毕业于高师大学堂的老二孙尚宪是古屋的支柱，是个快乐主义者和伊壁鸠鲁主义者，认为抗日是乡巴佬的事，有修养的人应寻求安宁和享乐。侄儿哑巴受妻子欺侮，他熟视无睹；侄女为爱情幸福跟人私奔时，他又成了封建卫道士；侄媳妇忍受不了压迫而发疯，他竟逼得她撞墙而死。作品通过孙尚宪这一形象反映一个封建官僚地主家庭的衰败，批判了封建礼教对人性的残害，具有较强的思想性。

亚细亚的孤儿　一名《胡志明》，又名《胡太明》。长篇小说。吴浊流著。日文版由台湾国华书局民报总社1946年出版；中文版由台北南华出版社1962年出版，改为《亚细亚的孤儿》。胡太明是日据时代一名小学日语教师，政治上麻木不仁。从日本留学回来后失业。到了大陆，被当局怀疑为日本间谍而遭监禁。他越狱逃回台湾，又被当作中国间谍，受到日本特务跟踪。后来他当了日军翻译，目睹日军杀害同胞的暴行，不禁悔恨交加，精神错乱。最后，他潜回大陆，参加抗日斗争。小说展现了丰富的社会场景，通过胡太明的人生道路，反映出台湾现代历史的一个侧面。

危巢坠简　短篇小说集。许地山著。商务印书馆1946年出版。收十四篇。其中《在费总理底客厅里》抨击一个反动资本家及军阀政府；《无忧花》和《三博士》揭露黑暗社会中交际花、洋奴的丑恶面目；《铁鱼底鳃》道出技术人员报国无门的苦衷；《街头巷尾之伦理》展示了下层社会的贫穷与痛苦；《春桃》反映战乱给人们带来的灾难。这些作品无作者早期创作中那种宗教的神秘趣味，而从不同侧面暴露社会黑暗，体现了作者鲜明的爱国主义和现实主义精神。

围城　长篇小说。钱钟书著。连载于《文艺复兴》1946年1卷2—6期，2卷1、2、4、6期。作品以抗日战争爆发为背景，以留学生方鸿渐回国后的生活遭遇，尤以他和鲍小姐、苏文纨、唐晓芙、孙柔嘉等四女性的感情纠葛为主线，反映了一部分高级知识分子在抗战时期求职与婚恋等一系列问题上的变迁浮沉，揶揄地揭露这些内心空虚的高级知识分子勾心斗角、尔虞我诈的丑态。“围城”为西方典故，其意是把恋爱与结婚看作“被围困的城堡，城外的人想冲进去，城里的人想逃出来”。作品在结构和表现手法上继承《儒林外史》的传统，并吸取西洋小说的长处。描写以心理讽刺见长，在平和的叙述中穿插大量中外文史典故，譬喻奇警，语言机智锋利，具有强烈的讽刺性和独特的艺术风格。

寒夜 中篇小说。巴金著。连载于《文艺复兴》1946年2卷。描写抗战后期一个知识分子家庭在贫困和矛盾中走向破碎的故事，表达了对国民党统治的绝望。主人公汪文宣和曾树生是一对由自由恋爱而结合的夫妻，本可组成幸福的家庭，但战争把这个家庭拖入了绝境。丈夫是个小职员，身患肺病，为人谨小慎微，善良而无用。妻子是银行职员，健康而充满热情，受到异性朋友的诱惑，虽然爱丈夫，但无法忍受日益贫困的家庭生活，加之婆媳之间无休止的争吵，以及夫妻性关系的冷漠，终于离家到外地去工作。抗战胜利后，丈夫在贫病交困中死去。妻子回来时已人去楼空，独自踯躅在寒风刺骨的街头。作品用冷峻的笔调和悲天悯人的心态写出普通人的复杂感情和矛盾心理。写婆媳之间那种微妙口角，写主人公那种令人辛酸的善良和眷爱，每一个细节都达到炉火纯青的地步，具有很高的艺术技巧。

长夜 长篇小说。姚雪垠著。上海怀正文化社1947年出版。以作者少年时被土匪掳去后的一段经历为素材，描写豫西地区土匪绑票和匪窝中生活情况，暴露了二十年代军阀统治下的北方农村破产、社会混乱的现实。青年学生陶菊生回乡途中被土匪掳去，在匪窝中生活了一百天，目睹“绿林”们攻营劫寨的杀掳行径和悲惨结局。题材新颖，文笔朴素自然，成功运用当地口语和土匪黑话，风格独特，富有浓郁的乡土气息。

虾球传 长篇小说。黄谷柳著。1947年10月10日起在香港《华商报》连载。香港新民主出版社1948年出版。虾球为生活所逼而流浪在香港街头，后被骗做了大流氓鳄鱼头的“马仔”。一次，他无意扒窃了刚回国的父亲辛苦积攒的血汗钱。在这种损人和冒险的生活中，他感到耻辱，渴望新生。他决心结束扒窃生涯，经许多周折，终于回内地找到游击队，走上革命道路。小说情节曲折，富有传奇性和地方色彩，文笔朴实，在民族形式和大众化方面显示一定的成绩。

高干大 长篇小说。欧阳山著。华北新华书店1947年出版。以抗日战争时期陕甘宁边区的合作经济发展为背景，以任家沟办供销合作社的曲折过程为主线，反映根据地农村生产关系的新变化。小说塑造了共产党员、合作社副主任高生亮的形象。高深入群众，联系实际，在办社过程中逐步克服自身残留的农民意识，成长为边区合作化带头人，有一定的典型意义。作品同时也批判某些干部的主观主义和官僚主义作风，表现了两种不同的工作路线、工作作风和工作方法的矛盾与斗争，情节环环相扣，富有戏剧性。

马兰 长篇小说。师陀著。上海文化生活出版社1948年出版。马兰为父命所逼，嫁与军阀郑大通，后在乔式夫帮助下出逃，但途中却遭乔式夫奸污。马兰爱上乔的同学李伯唐，李觉得不能夺朋友之妻，痛苦地拒绝了马兰的爱情。马兰和一直爱着她的杨春逃走，在外当了小学教师。郑大通得到消息将马兰抓回。一个大雪天，马兰枪击郑大通坐骑，郑摔成重伤，她乘机脱逃。后传说马兰在山中当了司令，手下有三万人马。李伯唐到处寻找马兰未果，途中巧遇，向她表示爱情，但遭拒绝。小说成功地描绘了马兰曲折的人生道路，并反映了九一八事变前后的社会矛盾和知识分子的心态。

女兵自传 长篇小说。谢冰莹著。上海晨光出版公司1948年出版。是一部带有自传性的小说。叙述一个知识女性在人生道路上的艰难探索。通过主人公的觉醒、挣扎、反抗来表现大革命的崛起、发展和失败的历程，表现妇女解放必须以社会解放为前提，个人只有投身于改变国家命运的斗争才能最终改变自身命运的主题。描写真实、坦诚，文笔优美。

无敌三勇士 短篇小说。刘白羽作。华东新华书店1948年出版。战斗英雄阎成福打仗勇敢，但性格倔强；老战士李发和打仗“快、猛、能出点子”，因而不服阎成福的勇敢；赵小义是俘虏兵，受阎和李的轻视，情绪消极，常常骂街。后班长李占虎通过诉苦运动，点燃他们心中阶级仇恨的怒火。在一场战斗中，阎、李、赵三人同心协力，炸毁敌人碉堡，成了无敌三勇士。小说采用章回小说形式，人物个性鲜明，情节动人，文笔简练、通俗。

太阳照在桑干河上 长篇小说。丁玲著。东北光华书店1948年出版。文采和杨亮带领工作组到暖水屯指导土改。初期，运动冷冷清清，群众顾虑重重，恶霸地主逍遥法外。支书张裕民和杨亮改变工作方法，发动群众，斗争了地主江世荣，接着要重点打击钱文贵，但遭文采反对。县委宣传部长章品经过深入调查，支持了张裕民和杨亮。农民齐心协力，斗倒钱文贵，分得了土地。作品塑造了一批农民形象，并对各类反面人物作了富有个性特色的描写，生动地揭示了农村中各阶级人物在土改斗争中错综复杂的关系和不同表现。规模宏大，结构严谨，擅长环境气氛的描写，于叙事中见抒情。

波茨坦科长　❶中篇小说。吴浊流著。1948年自费出版。范汉智曾充任汪伪政权的特工科长，日本投降后，摇身一变而成国民党在台湾的接收大员。他一面发接收财，一面追逐姑娘张玉兰。婚后，范更是利欲熏心，把一切都当成买卖，最终劣迹败露，锒铛入狱。小说揭露了贪官污吏鱼肉台湾百姓的丑恶行径，具有很强的批判性。❷中短篇小说集。吴浊流著。台北远行出版社1977年出版。收《狡猿》、《幕后的支配者》、《老姜更辣》等十篇。《狡猿》写流氓加政客的发迹史；《幕后的支配者》和《老姜更辣》揭露殖民主义文化侵略，批判崇洋媚外意识。

暴风骤雨　长篇小说。周立波著。分上、下卷。东北书店1948、1949年出版。以东北农村元茂屯为背景，真实生动地描写了土地改革运动的全过程。上卷反映1946年中共中央《五四指示》下达后，土改第一阶段进展；下卷反映1947年底《中国土地法大纲》颁布后，土改深入进行的情况。萧祥带领一支土改工作队来到元茂屯搞土改，遭恶霸地主韩老六等人破坏，群众对土改政策也有疑虑；工作队访贫问苦、调查研究，启发帮助苦大仇深的农民赵玉林、郭全海等积极分子组织农会，斗争、惩处恶霸地主韩老六，推动了土改的展开。不久，韩老七又带领土匪袭击元茂屯，萧祥、赵玉林带领农民武装击退土匪，赵玉林在战斗中牺牲；郭全海带领群众继续同敌人斗争，努力发展生产，动员农民参军，支持人民解放战争。小说成功塑造了赵玉林、郭全海等栩栩如生的新型农民形象，文笔简练朴素，吸收许多生动丰富的群众词汇，有很强的表现力和浓厚的地方色彩。

江山村十日　长篇小说。马加著。新文艺出版社1949年出版。作品据真人真事加工创作而成。金永生的土地被地主高福彬霸占，生活十分困苦。《中国土地法大纲》颁布后，土改工作员沈洪来到高山村，发动群众划阶级、斗地主、分浮财。地主高福彬勾结刁金贵、拉拢中农陈二踹子，并将浮财存放到贫农孙老粘家。贫雇农委员会识破其阴谋，将其财产都清查出来，分给贫雇农。金永生的土地也收回了。农民们自动成立互助组，并将高山村改名为"江山村"，表示以后是"老百姓坐江山"。小说通过一个小村庄十天内发生的变化，反映了土改运动的迅速发展，结构严密，语言流畅。

我的两家房东　短篇小说。康濯作。收入《解放区短篇创作选》第一辑（东北书店1949年出版）。房东的闺女金凤通过文化学习后，与二流子未婚夫解除婚约，与青救会主任栓栓自由恋爱；姐姐与她有类似遭遇，受其影响也提出离婚，父亲陈老头的"死脑筋"也终于"化开"。小说采用第一人称，成功塑造了新型农村妇女形象，从一个侧面反映出解放区农村的新风尚，风格清新，描写细腻。

新儿女英雄传　长篇小说。孔厥、袁静著。1949年5—7月连载于《人民日报》。以冀中白洋淀为背景，描写敌后根据地人民坚持八年抗战的斗争过程。"七七事变"后杨小梅因避难与牛大水相识相爱，后被其母逼嫁给土匪张金龙。抗战爆发后，牛大水担任区武装队长，奋勇杀敌，声名大振，杨小梅任区妇救会主任，努力工作；张金龙在抗日队伍中劣性不改，最后投敌被毙。牛大水与杨小梅在生死斗争中重结良缘。小说采用章回体形式，情节曲折跌宕，富有传奇色彩。人物刻画与事件叙述朴素自然，口语运用自如。

我们夫妇之间　短篇小说。萧也牧作。载《人民文学》1950年3期。知识分子李克和贫农出身的妻子，在过去艰苦的岁月里关系很好。进城后妻子继续保持勤俭朴素本色，而李克却发生了较大变化。两人从思想情感到趣味爱好大不相同，遂常生冲突，夫妻关系一度难以为继。后在组织教育下，李克理解了妻子，两人表示互相帮助、共同进步。作品描写平凡的日常生活琐事，揭示出干部进城后出现的新问题，人物内心世界描写细腻，文笔朴实。

把一切献给党　传记小说。吴运铎著。工人出版社1953年出版。作品写作者在党的领导与教育下成长的经历。抗日战争期间，作者在新四军中参加武器研制工作，为制造炮弹，曾多次冒险试验，三次负重伤。面对死亡的威胁，他以大无畏精神顽强搏斗。作品洋溢着革命英雄主义和革命乐观主义精神，是五十年代史传文学创作中影响较大的一部，被称为"生活的教科书”，作者也被誉为“中国的保尔·柯察金”。

洼地上的“战役” 短篇小说。路翎作。载《人民文学》1954年3期。朝鲜姑娘金圣姬暗暗爱上志愿军战士王应洪。班长王顺察觉后，教育王应洪应正确对待此事。王应洪严格遵守纪律，克制个人情感。金圣姬几次悄悄在王应洪衣服里塞了袜套和手帕，王应洪都还给了她。在一次执行任务途中，王应洪又发现圣姬给他的袜套和手帕，就向班长作了汇报。战斗中，王应洪牺牲了。当王顺把染血的手帕和王应洪的照片交给圣姬时，姑娘表现得异常沉着。作品心理描写细腻生动，文笔酣畅，富有力度。

春种秋收 短篇小说。康濯作。载《说说唱唱》1954年11期。周昌林是热爱农业劳动、有理想肯钻研的好青年；而刘玉翠虽心灵手巧，上进心强，却总想离开农村进城读中学、当工人，后在团组织的帮助和周昌林模范行动的影响下，克服了轻视农村劳动的旧观念，并在共同劳动中和周结成伴侣。作品风格清新，语言朴素，气氛欢快，富有浓厚的生活气息和抒情诗意。

保卫延安 长篇小说。杜鹏程著。人民文学出版社1954年出版。1947年春，国民党军队重兵进攻延安，中共中央主动撤出。人民解放军西北野战军在彭德怀领导下，在青化砭歼灭敌三十一旅，首战大捷，接着又开始蟠龙镇一战。周大勇连队陷入敌人重围，战士们浴血杀出重围，又奉命阻击逃往延安的残敌，经过七天七夜战斗，国民党军队溃败。小说展现了人民解放军由战略防御转入战略进攻的历史过程，气势磅礴，情节紧张热烈，塑造了解放军下级军官和战士周大勇、王老虎、孙全厚等英雄群像，并第一次描写了彭德怀将军的形象。

铁道游击队 长篇小说。知侠著。上海文艺出版社1954年出版。据真人真事创作而成。抗日战争时期，山东临枣地区有一支由队长刘洪、政委李正带领的游击队，活跃在铁路线上，扒火车、炸桥梁、夺物资、打洋行，神出鬼没，到处袭击日本侵略军，有力地支援了正面战场。小说真实反映了游击队建立、成长和壮大的过程。采用传统话本形式，情节曲折紧张，传奇色彩浓厚。

三里湾 长篇小说。赵树理著。载《人民文学》1955年1—4期。三里湾初级农业合作社决定兴修水利，但开渠必须经过马多寿的一块田。村长范登高同马串通，企图阻止开渠和扩社。党支部决定提前整党，对范进行批评教育，同时利用马家闹分家的机会，让马多寿之子把田献出，结果开渠和扩社顺利实现。作品以“开渠”、“扩社”为主线，同时交织三对青年的恋爱情节，以及几个家庭的矛盾纠纷，反映农村各种人物对合作化的态度，深刻地揭示农村深入进行民主改革的必要性。小说吸取民间文学叙事手法，适应了农村读者的欣赏习惯，风格幽默，并出色地塑造出“糊涂涂”、“常有理”、“能不够”等艺术形象。

黎明的河边 ❶短篇小说。峻青作。载《解放军文艺》1955年2期。小陈奉命护送武工队长和老杨过江。黑夜，风狂雨暴，他们在草地里遭遇敌人后迷失了方向，渡船也被大水冲走。敌人抓住了小陈的母亲和弟弟，威逼小陈投降。小陈英勇杀敌，掩护父亲挟着武工队长凫水渡河。最后，小陈身负重伤、枪弹已尽，与敌人同归于尽。小说讴歌了英雄战士和英雄人民，形象地揭示人民解放战争必胜的原因；情节紧张，气氛浓烈，描写详略得当，笔触细致，风格凝练、悲壮。❷短篇小说集。峻青著。新文艺出版社1955年出版。收《老水牛爷爷》、《东去列车》、《潍河上的春天》、《老交通》、《主人》、《看喜》、《黎明的河边》、《烽火山上的故事》、《党员登记表》、《马石山上》、《水落石出》等十三篇。一部分作品取材于现实生活，描写胶东人民的新生活和新风貌；另一部分取材于战争年代，歌颂根据地军民的斗争精神。

小城春秋 长篇小说。高云览著。作家出版社1956年出版。取材于三十年代初中国共产党领导的厦门大劫狱事件。何剑平结识了报纸编辑吴坚，组织了“锄奸团”，并同浪人展开巷战。后何剑平加入共青团，吴坚加入共产党。当吴坚把共产党员李悦介绍给他，他一见是仇人之子，扭头就走。经过党的教育，何剑平抛弃了狭隘的家族观念，和李悦成为好朋友，一起办民众夜校和印刷所。由于叛徒告密，何剑平等人被捕入狱。李悦因证据不足被释放后即组织劫狱。由于里应外合，劫狱成功，何剑平等人奔赴游击区。小说成功地塑造了一些革命知识分子形象，心理活动描写细致生动，情节紧凑，有较强的吸引力。

我的第一个上级 ❶短篇小说。马烽作。载《人民文学》1956年6期。小说描写一场抗洪抢险战斗，刻画了对工作高度负责，精于业务，勇于献身的基层领导干部老田的形象。作品以第一人称的视角，将老田放在"我"的第一个上级的位置上加以描写。人物形象生动，语言明快洗练，富有生活气息。❷短篇小说集。马烽著。人民出版社1959年出版。收《一架弹花机》、《饲养员赵大叔》等十七篇。多描写建国后的农村生活，歌颂新人新事，人物形象鲜明生动，语言精练，有些篇章被选作中学教材。

组织部新来的青年人　短篇小说。王蒙作。载《人民文学》1956年9期。林震调到区委组织部工作后，发现通华麻袋厂厂长王清泉有严重问题，先向组长韩常新汇报，韩置之不理，又向副部长刘世吾汇报，却被一套官话支吾搪塞。后来《北京日报》揭露了王清泉的问题，王受到严肃处理。可在区委会上，林震指责刘世吾、韩常新的错误，反遭到批评。作品揭露了政治生活中存在的严重的官僚主义现象，具有较强的讽刺性和幽默感。

铁木前传　中篇小说。孙犁作。载《人民文学》1956年12期。铁匠傅老刚和木匠黎老东两家抗战前就是患难与共的好友，他们的儿女六儿和九儿在童年时亲密无间，后产生了爱情。土改后，黎老东一心发家致富，和傅老刚变为东家和雇工的关系，常摆出财主架势，其子六儿也成了二流子，傅家父女遂与黎家父子决裂。小说以散文笔调叙述情节，富有抒情味，语言风趣，人物性格刻画生动。

六十年的变迁　长篇小说。李六如著。共三卷。作家出版社分别于1957、1961、1982年出版。第一卷写清末到辛亥革命失败，第二卷写北洋军阀统治到大革命失败，第三卷写十年内战到全国解放。通过这六十年间各个历史时期的重大政治斗争和社会演变，展现了中国革命曲折复杂的艰苦历程，勾勒了杨度、黎元洪、何叔衡、毛泽东、孙中山、廖仲恺、蒋介石、谭延闿等众多历史人物形象。主要人物季交恕身上则有作者的影子，通过其革命经历、思想发展和心理变化反映时代风貌，并贯穿全书，成为中国革命历程的见证人。作品熔历史与小说于一炉，纪实性强，有一定历史价值。在环境气氛渲染、人物形象刻画、人情世态描绘诸方面，亦有民族风格。

在和平的日子里　中篇小说。杜鹏程作。载《延河》1957年8期。工程队长阎兴和副队长梁建在战争年代曾患难与共，但在建设时期却不断发生冲突：工程队发生伤亡事故，阎兴认为应接受处分、吸取教训，而梁建则推委于人；五号桥墩不合格，梁建主张再用灰浆抹一层即可，而阎兴则果断决定返工。因梁建失职，暴风雨袭来时，嘉陵江上的便桥被洪水冲毁，上万工人被阻隔在对岸，阎兴在危急之际沉着指挥救援，而梁建却在编造假记录，欺骗上级。小说赞扬艰苦奋斗、具有高尚革命情操的共产党人，批评争名誉闹地位的个人主义者，并揭露了干部制度中的弊端。风格雄浑豪放，语言富有抒情色彩，文字锤炼颇见功力。

红日　长篇小说。吴强著。中国青年出版社1957年出版。1946年，解放军某部在涟水与国民党整编七十四师作战受挫，军长沈振新率军撤离。后在莱芜一战中，全歼敌李仙洲部。在人民解放军的强大压力下，敌七十四师进攻失利，沈振新军完成包围，在孟良崮战役中全歼七十四师，击毙敌师长张灵甫。小说再现了当年山东战场的概貌，并用对比方法，塑造了一批个性鲜明的人物形象；结构上疏密结合，布局合理。是五六十年代战争题材小说中的优秀之作。

红旗谱　长篇小说。梁斌著。中国青年出版社1957年出版。清末，农民朱老巩、严老祥大闹锁井镇，反抗封建强权，结果家破人亡。三十年后，闯关东的朱老巩之子朱老忠回到故乡，想让子侄们走"一文一武"之路，为先辈报仇雪耻，但仍以失败告终。以运涛、江涛为代表的新一代，继承先辈斗争精神，在共产党领导下终于取得初步胜利。作品以朱老忠、严志和两家三代同劣绅冯老兰一家两代的不懈斗争为主线，对中国农民革命斗争作了历史的概括，成功地塑造了朱老巩、朱老忠、严志和、严运涛、贾湘农以及冯氏父子等艺术形象，并以史诗般的笔调，描绘了"反割头税运动"、"保定二师学潮"等历史事件。由于时间跨度长，容量大，事件多，作品采取中国古典小说手法，以大故事套小故事，环环相扣，使全书波澜起伏，跌宕有致，有浓郁的地方色彩和民族风格。

林海雪原　长篇小说。曲波著。人民文学出版社1957年出版。解放军某团参谋长少剑波率领一支剿匪小分队，克服重重困难，机智勇敢地战斗在林海雪原。少剑波、杨子荣等人通过跟踪小炉匠、逮住"一撮毛"，智擒刁占一，奇袭奶头山，取得一个又一个胜利。最后，杨子荣巧扮土匪，只身深入虎穴，里应外合智取威虎山，小分队乘胜追击，大战四方台，消灭了众残匪。小说传奇色彩浓厚，情节惊险曲折，并穿插了许多民间传说和神话故事，具有较强的吸引力。

上海的早晨 长篇小说。周而复著。共四部。第一、二部由作家出版社分别于1958年、1962年出版；第三、四部由人民文学出版社1980年出版。以解放初期资本家的违法活动和人民政府开展“三反”、“五反”运动为中心事件，描写了以徐义德、朱延年为代表的工商业资本家同广大工人群众之间的矛盾。后来工厂实行民主改革和公私合营，资产阶级中的大部分人也得到改造，劳资关系有了明显改善，生产得到较大发展。小说揭示出在社会主义历史条件下，对民族资产阶级和平改造的必要性和可能性。对了解建国初期的政治历史有重要价值。

山乡巨变 长篇小说。周立波著。上卷连载于《人民文学》1958年1—6期；下卷载《收获》1960年1期。1955年，共青团县委副书记邓秀梅奉命到青溪乡帮助建立农业合作社。她深入调查研究，组织宣传，终于使不少群众打消顾虑，积极入社。王菊生不愿入社，拼命单干，一心想比垮合作社。社长刘雨生把全副精力放在工作上，气得妻子和他离婚。邓秀梅走后，刘雨生和乡党支部书记李月辉又帮助副社长谢庆元转变落后思想，并挫败反革命分子龚子元妄图破坏合作社的阴谋。当合作社迎来第一个丰收年时，刘雨生和盛佳秀喜结良缘。小说描写合作化运动中农村各色人物急剧而微妙的生活和心理变化，反映了新一代农民的成长，老一代农民的蜕变，塑造了亭面糊、陈先晋、刘雨生、邓秀梅等人物形象，具有浓郁的生活气息和明丽的地方色彩。

百合花 短篇小说。茹志鹃作。载《延河》1958年3期。小通讯员来到前沿包扎所，为护理伤员向一位新媳妇借到一条绣着百合花的新被子。腼腆的通讯员慌张之间把衣服钩破，新媳妇要给他缝补，他不肯。战斗中通讯员牺牲了，新媳妇一扫羞涩之态，为通讯员擦洗身子，缝补好衣服，并把那条百合花被盖在他身上。作品以独特角度表现战争硝烟下军民之间真挚的感情，歌颂他们身上的人性美，风格清新、描写细腻，具有抒情的韵味。

青春之歌 长篇小说。杨沫著。作家出版社1958年出版。小说以一二九运动为背景，描绘了北京学生运动的壮丽画面。女学生林道静因反抗包办婚姻离家出走，投奔亲戚不成欲投海自杀，为北京大学学生余永泽所救。不久，两人同居，又因信仰、志趣各异而分道扬镳。林道静在卢嘉川引导下参加了革命，后到农村当小学教员，在江华的帮助下提高了思想觉悟。此后，她参加了中国共产党，领导学生运动。小说描写了林道静由小资产阶级知识分子向无产阶级革命战士转变的过程，具有一定的典型意义。作品风格朴实，语言清新。

苦菜花 长篇小说。冯德英著。解放军文艺出版社1958年出版。抗战时期，冯大娘积极送子女参加八路军，自己也参加支前工作。在反扫荡斗争中，八路军兵工厂秘密转移到王官庄，由于汉奸告密，敌军突然袭击，冯大娘设法将敌人引进地雷区，保护了兵工厂机器，又亲手打死了汉奸。小说塑造了一个革命妇女形象，并反映了战争的残酷性。

战斗的青春 长篇小说。雪克著。作家出版社1958年出版。1942年日本侵略军发动“五一”大扫荡，女共产党员许凤带领游击队投入对敌斗争。由于党内右倾路线干扰、潜伏特务破坏和叛徒出卖，游击队屡遭损失。面对艰难和挫折，许凤毫不动摇，依靠党，依靠群众，坚持战斗，终于壮大了抗日武装力量，粉碎了敌人的扫荡。小说富有传奇色彩。曾因写了女主人公与叛徒未婚夫的感情纠葛而引起较大争议。

“锻炼锻炼” 短篇小说。赵树理作。载《火花》1958年8期。“锻炼锻炼”是作品中农业社主任王聚海对副主任杨小四说的一句口头禅。小说写农业社女社员“小腿疼”、“吃不饱”在劳动时偷懒取巧，受到副主任杨小四批评，却得到社主任王聚海的包庇。两位落后妇女偷取棉花一事被发现，不得不作了检查。作品批评了农村干部中和事佬作风和农民群众中自私落后的思想意识。作品发表后曾引起广泛讨论，主要议题是“文艺作品如何反映人民内部矛盾”。

一代风流 长篇小说。欧阳山著。包括《三家巷》、《苦斗》、《柳暗花明》、《圣地》、《万年春》五部。参见“三家巷”、“苦斗”。

三家巷 《一代风流》之一，长篇小说。欧阳山著。广东人民出版社1959年出版。广州三家巷住着工人周家、买办资本家陈家和官僚地主何家。这三家本来就有亲戚关系，青年一代又相处甚欢，有的还互相爱恋着。省港大罢工的风暴把他们都卷进去了，他们开始在政治上发生分化。周炳兄弟走上革命道路，陈文雄兄妹和何守仁则站到反革命营垒一边，随即他们的友谊破裂，婚姻离异。广州起义后，周炳参加工人赤卫队，经受了更大的考验。小说描绘二十年代广州的政治风云和社会生活，并通过三户人家错综复杂的关系，展现了各种政治力量的消长，各个阶级、各种人物的精神世界，笔触细腻，具有浓郁的地方色彩。

创业史　长篇小说。柳青著。第一部 1959 年连载于《延河》，中国青年出版社 1960 年出版。第二部上、下卷，中国青年出版社分别于 1977、1979 年出版。小说对我国农村合作化运动作出一种解释：在旧社会，蛤蟆滩农民梁三几次想创业都失败了。土改后分得土地，他又想创业，可是其继子梁生宝却背离父亲愿望，组织互助组搞生产自救，雄心勃勃要创“社会主义大业”。互助组不但使父子之间产生矛盾，也触发了整个蛤蟆滩的各种矛盾冲突。但梁生宝终于在党组织领导下，通过“换稻种”、“新法育秧”、“进山割竹”等措施发展了生产，办起了初级社。作品把历史变革的社会场景作为人物活动的大舞台，展示出农村各类人物在这场改变所有制的革命中的复杂心态，以及激烈的矛盾冲突，尤以梁三老汉这一艺术典型的塑造，较深刻地揭示出中国农民对土地的深厚感情。第一卷出版后曾产生重大影响，被誉为“史诗性的巨著”。

乡下奇人　短篇小说。欧阳山作。载《人民文学》1960 年 12 期。生产队在制定包产计划时，赵奇坚持从实际出发，留有余地，并努力苦干，而县上工作人员和队长王水养则主张冒进，由此发生了两场争论。最后，赵奇的计划得到实践证明，并得到上级的肯定。小说运用白描手法，通过当时农业工作中两种思想和工作方法的斗争，尖锐批判了命令主义和浮夸风，赞扬了鼓足干劲和实事求是相结合的思想作风。

李双双小传　短篇小说。李凖（署名李准）作。载《人民文学》1960 年 3 期。李双双原是旧式家庭妇女，在新形势的感召下，不顾丈夫反对参加社会劳动，并敢于同损害集体的行为和各种旧意识展开斗争。在她的影响下，丈夫喜旺的思想也有了很大变化。小说采用白描手法，通过人物的语言和行动展示人物性格，生活气息浓郁，语言生动活泼，喜剧色彩较浓。

城南旧事　短篇小说集。林海音著。台湾光启出版社 1960 年出版。由五篇内容相关，但又独自成篇的小说组成。女孩英子是小说里的贯穿人物，通过她的眼睛，读者可了解到二十年代末、三十年代初旧中国的社会现实，以及北京人生活的艰辛和心灵的美好。其中《惠安馆传奇》写秀贞日夜思念爱人和孩子而被人视为疯子的故事；《我们看海去》写一贫困青年为生活所迫，沦为小偷的故事；《兰姨娘》、《驴打滚儿》、《爸爸的花儿落了》都写妇女的痛苦生活。小说感情真挚，文笔清丽。

红岩　长篇小说。罗广斌、杨益言著。中国青年出版社 1961 年出版。解放前夕，由于叛徒甫志高的出卖，山城重庆中共地下党员许云峰、江姐、成岗等先后被捕。在中美合作所里，这些共产党人面对酷刑与死亡，依然不折不挠地领导狱中难友与敌人展开斗争，并策划集体越狱，迎接解放。最后，许云峰、成岗、江姐等被秘密杀害，但更多的难友在游击队配合下冲出了牢笼。全书气势磅礴，热烈悲壮，洋溢着革命英雄主义和革命乐观主义精神，主要人物形象生动感人。

笠山农场　长篇小说。钟理和著。1955 年完稿，作者生前未能出版，台湾《联合报》1961 年 2 月 24 日—6 月 19 日连载。小说以日据时代台湾南部为背景，以两条线索展开故事情节。一条是刘少兴、刘致平父子开办农场的兴衰过程，以此深刻反映台湾农村经济的破产和农民的痛苦生活；另一条是描写刘致平与女工刘淑华为冲破同姓不准相爱结婚的世俗偏见而进行的斗争。小说掺入了作家自己的身世遭遇，具有浓郁的地方色彩和清新的乡土气息，文笔亲切感人。

苦斗　《一代风流》之二，长篇小说。欧阳山著。广东人民出版社 1962 年出版。大革命失败后周炳到上海寻找共产党组织，但几次错过机会。表姐陈文英夫妇在政治上和生活上又对他不断威逼利诱，使他不得不离开上海。在广州郊区，周炳组织了工人赤卫队，等待共产党一到就去夺取政权。震南村发生天灾，周炳领导赤卫队发动了征粮运动，穷苦人兴高采烈。保安队前来抢人，赤卫队和群众同他们展开搏斗。在斗争中，周炳终于找到了共产党。本书基本上保持了《三家巷》的艺术特色，以后的续作则相形见绌。

赖大嫂　短篇小说。西戎作。载《人民文学》1962 年 6 期。赖大嫂第一次养猪，领了一百斤饲料,可三个月后说猪突然死了,饲料也不退给社里;第二次养猪却又让猪去吃大田里的庄稼,受到指责后她赌气把猪杀了。现在她又想养猪,丈夫不同意,夫妻发生争执。立柱妈得知后,经过大家讨论,分给赖大嫂一头小猪,但前提是一定要遵守养猪公约。作品通过对琐碎平凡的日常生活的摹写,塑造了赖大嫂这个刁悍、泼辣、自私而又生动的农村妇女形象,以白描手法刻画人物性格,语言朴素自然,富有幽默感。

李自成 长篇小说。姚雪垠著。计划五卷,已完成三卷,中国青年出版社分别于1963、1976、1981年出版。李自成率起义军转战各地,受到明朝总督洪承畴围剿,在潼关南原突围到商洛山中重整旗鼓,制止了石门谷哗变,粉碎了官军围剿。李自成要求与张献忠联合未果,张反欲火并李自成。为保存实力,李自成分兵潜伏于郧阳山中积极经营;冬天,乘中原官军空虚,疾驰河南,饥民从之如流,又拜宋献策为军师,收杞县举人李岩,随即破洛阳,杀福王,声势大振。起义军领袖罗汝才亦离开张献忠与李自成合营,奉李为盟主。他们在河南击溃明军主力,三次进攻开封;战绩辉煌,但也暴露不少弱点,孕育了最终失败的因素。作品逼真地描绘了广阔的社会生活画面,成功地刻画了李自成、张献忠、崇祯等一系列人物形象。

酒徒 长篇小说。刘以鬯著。香港海滨图书公司1963年出版。香港一个靠写作为生的知识分子对文学很有修养,曾计划写一些富有独创性的小说,但为社会生活所迫,无法写出,只能转而写武侠或黄色小说,因而内心极其痛苦。作品有意表现香港社会的病态与文化界的不正常现象,并运用意识流的手法,借酒徒醉酒时所感觉的朦胧世界来表达主人公内心的郁积。

将军族 短篇小说。陈映真作。载台湾《现代文学》1964年19期。描写两个小人物"三角脸"和"小瘦丫头"的真挚友情。退役军人"三角脸"对娼妓"小瘦丫头"怀有邪念,后对其不幸遭遇深表同情,并给予真诚帮助。"小瘦丫头"的厄运未能改变,又回到妓院。五年后,"小瘦丫头"与"三角脸"相遇,各自自伤身世,并相约下一辈子彼此都像婴儿那么干净再结为夫妻,于是双双殉情。作品表现了两个小人物的纯洁心灵和对爱情的执著。

艳阳天 长篇小说。浩然著。共三卷。作家出版社1964—1966年出版。1957年夏麦收前后,支部书记兼社主任萧长春带领群众走集体化道路,而党内蜕化变质分子马之悦煽动富裕中农大闹土地分红,企图破坏麦收,搞垮农业社。经过激烈斗争,萧长春终于清除了混进党内的阶级异己分子。作品按照当时的政治观点描绘了不同阶级的人物形象:萧长春是坚持走社会主义道路的正面人物;马之悦、马小辫等是地主阶级及其在党内的代表;弯弯绕、马大炮是资本主义自发势力的代表,故事框架不过是当时政治观点的图解,但文笔生动流畅,具有浓郁的北方农村色彩。

欧阳海之歌 长篇小说。金敬迈著。载《收获》1965年4期。据欧阳海生平事迹创作而成。小说通过欧阳海由贫困农民的孩子到参军、入党,最后因保护列车的安全而牺牲的短暂的一生,反映了社会主义时代的英雄主义特点。作品的有些细节描写虽有一定的感人之处,但在人物性格塑造上多有拔高英雄、神化英雄的倾向,发表时曾产生较大影响。

游园惊梦 短篇小说。白先勇作。载台湾《现代文学》1966年30期。蓝田玉当年在南京夫子庙演唱昆曲,得到钱鹏志将军的赏识,后成为其填房。钱将军去世后,她只身到台湾,过着寂寞的生活。某日,应窦夫人(桂枝香)邀请,她专程从台南去台北赴宴,处处触景伤情,一曲昔日唱过的《游园惊梦》勾起她对往事的种种回忆,不禁愁肠百结,伤痛交加,嗓音骤哑。小说通过意象、比喻、象征等手法,表现出人世沧桑的历史感和人生如梦的失落感。

我爱黑眼珠 短篇小说。七等生作。载台湾《文学季刊》1967年3期。收入短篇小说集《我爱黑眼珠》(台北远行出版社出版)。李龙第失业在家,靠妻子晴子做工维持生计。在一场大水中,他救起一个生病的女子,两人在屋顶上等待水退。这时他的妻子在对岸发现了他,向他求救,他却无动于衷,晴子终被大水冲走。大水过后,李龙第送走那个女子,才想起晴子,却又认为要寻回晴子,自己已力不能胜。作品中的李龙第是存在主义哲学观的具象化,情节荒诞,寓言味很浓,发表后颇多争议。

嫁妆一牛车 ❶短篇小说,王祯和作。载台湾《文学季刊》1967年3期。一个名叫万发的农民为得到一辆赖以维持生计的牛车,只得将妻子阿好让给成衣贩子,换来一辆牛车。小说中既有对社会底层小人物的辛辣嘲讽,又对他们寄寓无限同情。❷短篇小说集。王祯和著。台北远景出版社 1975 年出版。收九篇:《鬼·北风·人》、《快乐的人》、《来春嫂悲秋》、《嫁妆一牛车》、《五月十三节》、《永远不再》、《那一年冬天》、《两只老虎》、《小林来台北》。作品多以作家的家乡台湾花莲为背景，描写一群被侮辱受损害的小人物的不幸遭遇。

又见棕榈,又见棕榈　长篇小说。於梨华著。台北皇冠出版社 1968 年出版。台湾青年牟天磊在美国获得博士学位,由于寂寞而变得十分消沉。为解除寂寞,他回到台湾。但父母和亲朋好友却将他当作客人,他身处亲人中间,仍有难以排遣的寂寞。不仅他是如此,他的女友和老师也都有这种难以排遣的寂寞与空虚。在这种情况下,他不禁发出根在哪里的喟叹。作品以细腻的笔触,生动地表现出留美学生求学的艰难、"无根"的寂寞与"寻根"的迷惘。被评论家认为是留学生文学中的代表作。

台北人　短篇小说集。白先勇著。台北晨钟出版社 1971 年出版。收《永远的尹雪艳》、《一把青》、《岁除》、《金大班的最后一夜》、《那片血一般红的杜鹃花》、《思旧赋》、《梁父吟》、《孤恋花》、《花桥荣记》、《秋思》、《满天里亮晶晶的星星》、《游园惊梦》、《冬夜》、《国葬》等十四篇。这些作品题材广泛，人物各异，反映了世态炎凉的台湾社会现实，以及上流社会人物的失落感和下层人民的悲苦遭遇，具有沉重的历史感。

小林来台北　短篇小说。王祯和作。载台湾《文学季刊》1973 年 4 期。小说通过来自农村的青年临时工小林的所见所闻,描写台湾某航空公司内某些高级职员崇洋媚外,庸俗无聊,以及一般小职员的贫困生活和不幸遭遇。公司马老板看重张总务在警察总署有熟人,办理出入境证有办法,所以拉他到公司工作。一次,张的孩子小珠送急诊室诊治,可是公司的经理、主任却要他去办马太太的出境证,小林看不下去,不禁骂道:"你们这款人! 你们这款人!"作品通过张总务和小林这两个形象来反映社会底层小人物的悲剧,并表达了作者对他们的关注与同情。

一个年轻的乡下医生　短篇小说。王拓作。载台湾《中外文学》1974 年 22 期。陈义雄在小学老师和乡亲的帮助下读完中学和大学。他大学医科毕业后曾立志回故乡为乡亲们服务,但四年后他对乡居生活的清苦深为不满而留恋都市生活;既对留在都市经商致富的同学表示鄙视,也对乡亲们的病痛不再关心。小说通过一个乡下医生的思想变化,揭示了在拜金主义的商业社会的污染下道德观念的沦丧。

莎哟娜啦·再见　❶中篇小说。黄春明著。载台湾《文学季刊》1973 年 3 期。一个广告社的职员,担任一批日本旅游者的导游。这批日本人过去发誓每人要杀一千个人,现在则发誓每人要玩弄一千个女人,这次他们来台湾就是为了寻花问柳。导游得知后感到这是对中国人的莫大侮辱,于是在归途的火车上,利用翻译之便,讽刺这批日本旅游者,并挖苦一名盲目崇日的青年。小说反映了台湾人民维护民族尊严的斗争,具有强烈的爱国情绪。❷小说集。黄春明著。台北远景出版社 1974 年出版。收《青番公的故事》、《苹果的滋味》、《看海的日子》与《莎哟娜啦·再见》等四篇及作家自序。

桑青与桃红　长篇小说。聂华苓著。香港友联出版社 1976 年出版。描写桑青(后改名桃红)从一个反对封建家庭束缚、大胆追求个性解放的纯真少女，最终到美国后变成一个丧失道德伦理观念、精神濒临崩溃的纵欲狂的曲折过程，反映了东西两种文化的冲突。小说将客观世界的真实与人物内心世界的真实溶合在一起，打破传统小说按情节发展的叙事手法，采用时空交错、双线重叠结构以及象征、隐喻等表现技巧，在艺术上具有一定的独创性。

望君早归　❶中篇小说。王拓著。收入同名小说集(台北远景出版社 1977 年出版)。华丰一、二号渔船因台风而失踪,渔船公司老板置船员生死于不顾,对船员家属一味敷衍欺骗。沉船消息证实后,渔船公司又企图借此发海难财,于是基隆渔会职工、遇难者的家属邱永富带领大家与渔船公司进行斗争。❷小说集。王拓著。台北远景出版社 1977 年出版。收《春牛图》、《奖金 2000 元》、《一个年轻的中学教员》、《车站》与《望君早归》等五篇。

班主任　短篇小说。刘心武作。载《人民文学》1977 年 11 期。张俊石老师所带的初三(3)班有两个学生:宋宝琦曾是被劳教的小流氓;而团支书谢惠敏除了紧绷"阶级斗争"这根弦和按报纸上的"章法"行事外,其余皆无兴趣。张老师从两位学生身上看到了"文革"在青少年身上所造成的创伤,发出了"救救孩子"的呼声。

东方　长篇小说。魏巍著。人民文学出版社1978年出版。共三卷。人民解放军连长郭祥在抗美援朝战争爆发后奉命到朝鲜作战。在一场大围歼战中，他指挥的连队竟阻挡了数万现代化装备的敌军的正面进攻，并抗拒了敌军的两面夹击。在黑云岭阻击战中，部队四面被围，弹尽粮绝，郭祥带领战士们跳下山崖。郭祥身负重伤，为战士所救，在朝鲜阿妈妮的照料下，伤势有了好转，又回部队。五次战役后，升任营长的郭祥率战士一次次击退敌人的攻击。郭祥因受伤致残，转业回乡，在新的岗位上，带领全县人民走互助合作的道路。小说通过对朝鲜战场和我国农村阶级斗争的描述，反映了中朝人民英勇壮丽的斗争生活，讴歌了东方人民的勤劳和伟大。结构宏伟，笔触细腻，语言优美。1985年再版时作了较多修改，增加了彭德怀的形象。

打牛湳村——笙仔和贵仔的传奇 ❶中篇小说。宋泽莱著。载台湾《夏潮》1978年8期。笙仔、贵仔种植梨仔瓜获得丰收，但屡遭商人剥削，难保血本。这时大道公庙又要派捐，贵仔和笙仔因贴出打倒投机商贩的标语，被关入警察局。小说采用古典章回体小说样式，富于传奇色彩和乡土气息。❷中短篇小说集。宋泽莱著。台北远景出版社1978年出版。收《岬角上的新娘》、《海与大地》、《我看到樱花树下的老妇》、《峡谷的白雾》、《港镇情孽》、《金狸港的故事》、《娘子》、《回去未曾开垦的那片田》、《最后的一场战争》、《大头嵌仔的布袋戏》、《打牛湳村——笙仔和贵仔的传奇》、《乡选时的两个小角色》等十二篇。

伤痕 短篇小说。卢新华作。载1978年8月11日《文汇报》。"文革"时王晓华因母亲被打成"叛徒"，遂与母亲断绝关系，毅然下乡改造自己。九年中，她忍受各种精神折磨，直到收到母亲平反的正式公函后才明白这一切都是无谓的骗局，而此时母亲已在医院病逝。她的心灵上留下了永远无法弥补的伤痕。作品文笔稚嫩，但由于暴露了"文革"的黑暗面，发表后引起了社会的强烈反响，并导致了所谓"伤痕文学"的出现。

大墙下的红玉兰 中篇小说。从维熙著。载《收获》1979年2期。"文革"中，老干部葛翎在一夜之间成了被专政的对象，被投进他曾视察过的监狱。罪犯马玉麟原是地主还乡团头子，与葛翎有杀父深仇；俞大龙是流氓集团分子，曾一度被葛翎逮捕审讯，现在他们在监狱里明目张胆地残酷折磨和迫害葛翎。1976年周恩来总理逝世，葛翎悲痛欲绝，为摘一朵玉兰花悼念总理，终被杀于大墙之下，而反革命、流氓却手持释放证昂首走出了监狱大门。小说基调悲壮而高昂。

天云山传奇 中篇小说。鲁彦周著。载《清明》1979年1期。天云山区考察队政委罗群被干部吴遥诬陷，多次受到政治迫害。女友宋薇被迫与他断绝关系并嫁给吴遥。宋薇的同学冯晴岚出于同情，与罗群结为患难夫妻。"文革"后身为组织部副部长的宋薇为罗群平反，却遭吴遥阻止，两人感情破裂。中共十一届三中全会后，罗群终获平反，出任天云山特区党委书记。作品概括了二十多年间中国的政治风云，对五十年代的历史进行了重新审视和反思，并通过几个人物在历次政治运动中的表现以及他们之间的感情纠葛，歌颂了奉献和自我牺牲的美好人性，鞭挞了党内某些人自私、嫉贤，以及利用政治权力扼杀人才的丑恶灵魂。

内奸 短篇小说。方之作。载《北京文艺》1979年3期。田玉堂原是一个商人，抗战期间为新四军做过一些好事。他的伙计田有信是他推荐参加革命工作的。"文革"中他被打成"特务"、"内奸"。面对严刑逼供，他始终不愿昧着良心诬陷老干部。此时已身为县革委会主任的田有信却怀着不可告人的目的，执意阻止为田玉堂平反。粉碎"四人帮"后，黄司令将田玉堂接去看病，他的境遇才有所改变。小说历史跨度大，情节曲折，人物个性鲜明，语言朴素生动。

正红旗下 长篇小说。老舍著。载《人民文学》1979年3—5期。未完稿，仅成十一章。为自传体小说。写清朝末年北京城一个贫穷的满族正红旗护军家庭新生儿的故事。小说围绕新生儿的洗三、满月、年关祭社、守岁、拜年以及家人、亲友的家庭生活，还描写了义和团进城、洋教牧师欺凌百姓等社会现实，真实反映了普通旗人市民的生活。作品保持了作者创作的诙谐风格，饱含浓郁的北京味，文字精练，结构严谨。是研究作者生平和艺术特色的一部重要作品。

许茂和他的女儿们 长篇小说。周克芹著。载《红岩》1979年2期。农民许茂老汉有九个女儿，七个都住在农村。大女婿金东水是葫芦坝党支书，在"批林批孔"运动中被整下台，陷于家破妻亡的窘境；四女婿郑百如却篡夺了葫芦坝的大权，成了鱼肉百姓的恶霸；四姑娘许秀云受尽郑百如凌辱，终被遗弃，后与大姐夫金东水产生了爱情。1975年冬，在工作组的努力下，金东水恢复职务，集体生产有了发展。正在这时，“反击右倾翻案风”运动开始，历史又将经历一场新的考验。作品通过一个家庭成员之间激烈的矛盾冲突和感情纠葛，反映“文革”对农村经济的破坏以及给农民精神上留下的创伤，笔触细腻，有浓厚的地方色彩。

乔厂长上任记　短篇小说。蒋子龙作。载《人民文学》1979年7期。乔光朴毅然毛遂自荐，到一家连年亏损的电机厂当厂长。他面对厂里错综复杂的矛盾，采取一系列有力措施，无私无畏，大刀阔斧地进行改革，终于使电机厂起死回生，面目焕然一新。作品把犀利的笔触伸到党内的改革与保守之争，对社会上的各种思潮和冲突，企业管理中的弊病，都作了较为真实的揭露，是最早触及改革题材的作品之一。

爱，是不能忘记的　短篇小说。张洁作。载《北京文艺》1979年11期。女作家钟雨年轻时嫁给一个漂亮男子，后因感情不合而离婚，到中年后爱上了一位有妻子的老干部。老干部也默默钟情于她。“文革”中老干部被迫害致死，钟雨便怀着对他强烈的爱直到死去。作品以伤感的笔调描写一种铭心刻骨却又可望而不可及的爱情，触及到婚姻道德，以及人类情感中一些敏感的问题，表现了强烈的理想主义倾向。

黄河东流去　长篇小说。李凖著。分上、下两卷。人民文学出版社分别于1979、1985年出版。抗战初，国民党政府炸开黄河大堤试图阻挡日军进攻，结果淹没四十四个县，千家万户流离失所。河南农民李麦、雪梅等七户人家流亡他乡，有的讨饭，有的帮佣，有的卖身为妓，有的做小本生意。在困境中，他们相濡以沫、患难与共，艰难地生存下来。解放后，逃难的农民纷纷回到家乡，在人民政府的领导下重建家园。小说以七户人家的悲欢离合展示民族的苦难，歌颂了黄河儿女优秀的品质和纯朴的感情，以及他们同灾难进行不屈不挠斗争的精神，又温情地揭露了他们性格中的各种痼疾，企图通过对民族文化心理的全面把握，以达到对民族历史的整体性反思。

剪辑错了的故事　短篇小说。茹志鹃作。载《人民文学》1979年2期。战争年代，交通员老寿把家里的粮食尽数送给老甘领导的游击队，但老甘没有全收。淮海战役开始后老寿要砍掉所有的枣树支援前方，老甘又让老寿留下两棵。“大跃进”时身为公社书记的老甘却毁林造田，逼群众倾其口粮上交以冒充高产，老寿反对而被打成右倾分子。老寿觉得革命像变戏法一般，在梦幻之中，梦见老甘来向老寿要粮，老寿不给，也不跟老甘走。小说的意义不仅在于对极左路线的反思和批判，而且通过老寿与老甘两个人物的关系变化，真实地表达出人民群众思想感情的演变轨迹。小说运用意识流手法，时序颠倒跳跃，现实与历史交织描写、意识活动与梦幻交织流动等，在当时是少见的。

公开的情书　中篇小说。靳凡著。载《十月》1980年1期。是一篇书信体小说。通过真真、老久、老嘎、老邪门四个处在天南地北的青年知识分子在半年间（1970年2—8月）的四十三封书信，展现处在“文革”政治高压下的一代青年精神上的迷惘、痛苦、自觉与奋进。小说中的主人公都不媚俗、不颓废，以积极的人生态度对待事业和爱情，在充溢着虚假、邪恶、丑陋的社会里不断追求真、善、美的真谛。小说采用第一人称写法，人物心理刻画细腻，思辨色彩较浓。

人到中年　中篇小说。谌容著。载《收获》1980年1期。眼科医生陆文婷大学毕业后，工作勤恳，为事业奉献出全部精力。转眼人到中年，她仍然是工资微薄，住房狭小，家务繁重。在“超负荷运转”之下，她终于心力交瘁而病倒。作品批评了社会上对知识分子的冷漠和歧视现象，发出了尊重知识、尊重人才的强烈呼吁。借用意识流手法，倒叙、回忆穿插互现，展示出中年知识分子陆文婷平凡而崇高的圣洁灵魂，表现了知识分子无私的奉献精神及其坎坷命运。小说还塑造了一个“马列主义老太太”的形象，具有较大的艺术概括力。

犯人李铜钟的故事　中篇小说。张一弓著。载《收获》1980年1期。1960年春荒季节，李家寨四百九十多口人断粮七天，在人命关天之际，曾在朝鲜战场受伤致残的支书李铜钟，毅然写下借条，说服粮站主任开仓放粮。全村人得救了，而为民请命的共产党员李铜钟却以“哄抢国家粮食仓库首犯”的罪名被送上审判台。小说在叙述时打破时空顺序，设置悬念，以造成扣人心弦的艺术效果。

台湾轶事　短篇小说集。聂华苓著。北京出版社1980年出版。收《爱国奖券》、《一朵小白花》、《姗姗，你在哪儿》、《王大年的几件喜事》、《一捻红》、《君子好逑》、《李环的皮包》、《高老太太的周末》、《寂寞》和《绿窗漫笔》等十篇。作品反映了台湾社会的现实生活，人物均为流落到台湾的小市民，有着失根的痛苦和怀乡的寂寞，渴望返回大陆老家。其中《姗姗，你在哪儿》，通过姗姗到台湾后的变化，较为成功地表现出男主人公李鑫失落故乡、失落青春和爱情的痛苦。

台湾人三部曲　长篇小说。钟肇政著。台湾远景出版社1980年出版。由《沉沦》、《沧溟行》和《插天山之歌》三卷组成。小说以九座寮庄陆家三代陆纲峇、陆维梁、陆家骧三人为中心，深刻地展示了台湾人民与日本侵略者的斗争。三卷分别概括台湾抗日历史的三个阶段。第一部表现光绪二十一年(1895)清政府割让台湾，台湾同胞为抵抗日军入侵而进行的英勇斗争。第二部以二十年代台湾的社会运动为背景，以陆维梁从事的抗日和民主运动为主线，反映知识分子的文化启蒙运动与台湾人民在政治、经济上所进行的斗争。第三部写陆家骧由东京潜回台湾从事抗日工作，被通缉而隐蔽插天山的故事。小说场面宏大，结构严谨，情节跌宕，刻画了抗日民众的英雄群像，洋溢着中华民族的浩然正气。

将军吟　长篇小说。莫应丰著。人民文学出版社1980年出版。“文革”初期，空军第四兵团司令员彭其因反对吴法宪而挨整，兵团宣传部长江醉章操纵造反派绑架彭其，欲置其于死地；兵团政委陈镜泉主持对彭的批斗会，但暗中给以保护。彭被撤职送回兵团后又遭江醉章迫害。周恩来总理得知消息后派飞机接彭其到北京。是第一部正面描写“文革”，控诉林、江反革命集团迫害老干部罪行的长篇小说。

蝴蝶　中篇小说。王蒙作。载《当代》1980年4期。张思远是一个出身农家的干部。小时候，母亲叫他“小石头”，解放后他是市委“张书记”，“文革”中，他被下放农村劳动改造，又叫“张老头”，复职后他成了“张副部长”。不同的称呼变化标志了他宦海浮沉的经历。他努力寻找不同称呼之间的联系与差别，最终领悟到“无论是人、还是蝴蝶，都是大地的儿子”这一真理。小说采用意识流手法，着意描摹主人公的感受，挖掘其深层心理。

金瓯缺　长篇历史小说。徐兴业著。共四部。第一、二部由福建人民出版社1981年出版，第三、四部由海峡文艺出版社1986年出版。北宋末年，宋、辽、金之间战火连绵，宋金秘订海上之盟欲夹击残辽。但北宋君臣寻欢作乐，坐失良机，反被契丹耶律大石将军所败。后金军南下占领东京，俘虏徽、钦二帝，北宋灭亡。小说描写了宋、辽、金三个民族之间的兴衰沉浮，塑造了一大批有血有肉、性格鲜明的历史人物，表现了民族的不幸与屈辱、愤怒与抗争，并对根深蒂固的封建文化意识进行剖析和批判，展现了一幅幅色彩缤纷的历史风俗画卷，结构宏大，文情并茂。

芙蓉镇　长篇小说。古华著。载《当代》1981年1期。湖南芙蓉小镇的胡玉音靠卖豆腐盖起了小楼，因而在“四清”运动中惨遭迫害，丈夫自杀。“文革”开始后，她又被划入“牛鬼蛇神”，每天和“右派分子”秦书田一起扫街。胡、秦二人同病相怜，在患难中组成新家。小说用连缀式的编年史写法，再现了“反右”、“四清”、“文革”、粉碎“四人帮”等四个重要历史时期的农村生活面貌，结构精巧，人物形象鲜明生动，语言颇具地方色彩。

大淖记事　短篇小说。汪曾祺作。载《北京文学》1981年4期。聪明漂亮的小锡匠十一子和如花似玉、心灵手巧的巧云互相倾心。可是，保安队的刘号长却将巧云凌辱了。十一子和巧云仍然相爱，彼此默许终身，悄悄幽会。刘号长将十一子打得半死，锡匠们“顶香请愿”，迫使县里将刘号长驱逐出境。小说采用散文化笔调，表现一对青年男女纯真的爱情，也描绘了大淖的风光、乡俗、民风民情，用笔舒缓，风格恬淡。

冬天里的春天　长篇小说。李国文著。人民文学出版社1981年出版。1947年春节的清晨，石湖游击支队指导员芦花被杀害在石湖里。三十年后的一个春天，芦花的丈夫、游击队长于而龙来到石湖调查芦花被害真相。当年石湖地主家二少爷王纬宇放火烧家，投奔游击队，当了副队长，后代理支队长。“文革”时他红极一时，迫害于而龙，甚至奸污亲生女儿，其妻不堪忍受屈辱，终于说出杀害芦花的就是叛徒王纬宇。小说描写于而龙回乡三天的经历，穿插自抗日战争至“文革”几个历史时期的斗争生活，采用意识流的自由联想、内心独白、梦境幻化等手法，加快了情节节奏。作品将历史和现实相对照，有一定现实意义。

沉重的翅膀　长篇小说。张洁著。载《十月》1981年4、5期。重工业部副部长郑子云支持曙光汽车制造厂厂长陈咏明进行改革，却遭部长田守诚反对。女记者叶知秋写了有关陈咏明改革的报告文学，反响很大，但有人借机造谣中伤郑子云，田守诚为巩固自己地位，暗中也与郑展开较量。是一部正面描写改革的长篇小说。作品对改革的紧迫性与艰巨性以及所面临的尖锐复杂的社会矛盾作了深入描绘，对改革大潮之下的种种人情世态有着全方位透视，笔墨饱满，议论精辟，独具风格。后作者作了修订，由人民文学出版社1984年出版。

人生　中篇小说。路遥著。载《收获》1982年3期。高加林高中毕业后没能考上大学，在村里当了民办教师，后又被大队支部书记赶出校门，成了一个农民。姑娘刘巧珍给他带来爱情的慰藉，使他从灰心丧气中重新激发起生活热情。后因一个偶然的机会，他到县委当了通讯干事，工作得心应手。当县广播员黄亚萍和他恋爱后，他抛弃了巧珍。巧珍一气之下，与别人结婚。终于，高加林走后门进城之事被揭发，他只得垂头丧气回乡。小说深刻地揭示了现实生活中存在的矛盾和弊端，塑造了一个具有双重性格的农村知识青年形象，思辨色彩较浓。

那五　中篇小说。邓友梅作。载《北京文学》1982年4期。那五是清朝八旗子弟，从小娇生惯养，只知花天酒地，玩鸽走马。清朝覆灭后，他先学做买卖，结果赔本；花钱买了篇小说登在报上，不料得罪他人；又被人拉去为戏角儿挣钱，却被人打劫；最后只得到南苑机场业余剧团教戏。作品着力表现那五所信奉的“玩”与“混”的寄生哲学，勾勒出其无德无才，寡廉鲜耻的无赖相，同时也细腻地描绘了旧北京的风土人情和习俗，具有较深厚的文化内涵。

高山下的花环　中篇小说。李存葆著。载《十月》1982年6期。对越自卫反击战爆发前夕，指导员赵蒙生在母亲支持下搞“曲线调动”，连长梁三喜对此很有意见，雷军长则对赵母作了严厉批评。赵蒙生、梁三喜率连队开赴前线作战。梁三喜、靳开来、薛凯华先后牺牲。战斗结束后，梁三喜的母亲、妻子从家乡赶来祭奠烈士，在替三喜还了债后默默地离去。小说意在表现“位卑未敢忘忧国”的主题，并成功地揭示了军队内部的矛盾冲突，故颇引人注目。

黑骏马　中篇小说。张承志著。载《十月》1982年第6期。蒙古族青年白音宝力格幼年丧母，由父亲托付给草原上的一位慈祥的奶奶。他和奶奶的孙女索米娅青梅竹马，逐渐成为恋人。在白音宝力格到畜牧技术训练班学习时，索米娅被恶棍希拉奸污。他在痛苦和屈辱之中愤而出走，进入畜牧学院学习。9年后，当他带着追悔与负疚之情重返草原时，奶奶已过世，索米娅也已远嫁他乡。小说以辽阔壮美的大草原为背景，将笔触深入到草原民族的文化积淀的深层，展现蒙古民族在历史转折之际的自我审视、文化追寻及抉择，具有凝重的抒情色彩。

美食家　中篇小说。陆文夫著。载《收获》1983年1期。房产资本家朱自治对苏州菜肴颇有研究，常派远房表弟高小庭去采购酒菜。高小庭参加革命后，担任商业部门领导，以大众菜代替传统名菜，致使营业额下降，群众意见很大。“文革”后，高小庭请朱自治出山传经。朱的一番解说，语惊四座，被人们冠以“美食家”头衔，担任“烹饪学会主席”。作品所写皆为“凡人小事”，但具有丰富的文化内涵，并表现出深沉的历史感和强烈的时代气息。

花园街五号　长篇小说。李国文著。载《十月》1983年4期。临江市花园街五号的主人历来是全市的显赫人物。市委书记韩潮是它的第五届主人。他在即将离休之际，思考着选择接班人的问题：是选第一副市长丁力，还是选重新工作的刘钊。此刻丁力也正在觊觎花园街五号所象征的权力，一心想搞倒刘钊。刘钊则一心致力于改革，在临江大厦抢险中表现出色，韩潮有意让他接班。丁力十分紧张，四处活动，企图陷害刘钊。在临江市刘钊未被安排工作，却被省里招去。小说从深刻的历史隐喻中企图揭示历史发展的必然性，头绪纷繁，结构严谨，人物关系则具有浓厚的传奇性。

绿化树　中篇小说。张贤亮著。载《十月》1984年2期。系列小说《唯物论者启示录》之一。“右派”章永璘被遣送到一个贫瘠的小村里劳动改造，时时面临饥饿威胁，他殚精竭虑地骗取食品，却又深深地陷入良心的谴责和自我忏悔之中。被称为“美国饭店”的妇女马缨花在他最困难的时候给他以温暖和爱情。他在劳改中钻研《资本论》，思考社会人生问题，努力“自我改造”，但最终却又被判刑流放到远方。刑满释放后他回到马缨花所在的村庄，然而马缨花已是人去楼空，给章永璘留下的只是无尽的惆怅。作品揭示处于逆境中的知识分子深层的心理活动，并有一种带着人格伤残的“缺陷美”，曾引起评论界的争论。

钟鼓楼 长篇小说。刘心武著。载《当代》1984年5、6期。描写北京钟鼓楼下一个普通四合院里所发生的种种故事。以薛家的婚宴为主线，把薛、荀、澹台、张、韩诸家人物组合成一幅市民生活风俗画。作者把笔下的人物——上至副部长、下至小流氓——放在恢宏的人文背景上加以考察，使作品产生出悠远的历史感和命运感。采用"橘瓣式"结构，以生活之流来结构故事，视角独特，题材新颖。

棋王 中篇小说。阿城著。载《上海文学》1984年第7期。知青王一生中学毕业后到农村插队落户。面对艰苦环境，他处之泰然。劳动之余，以下棋为乐。他聪明好学，终成精通棋道的"棋王"。在学棋、下棋、赛棋的过程中，将棋道和人生融为一体；借助于象棋，超越世俗和痛苦，在无为的日常生活中提升自己的人生境界。作品以精练灵动的笔调，阐发了古代道家有为与无为、阴柔和阳刚相互转化的思想，并进而把这种传统文化精神与当代人生联系起来，赋予其进取的现代意义。

透明的红萝卜 中篇小说。莫言著。载《中国作家》1985年2期。黑孩是一个被父母遗弃的孩子。在他孤独的心中，保持着对外部世界异常敏锐的感觉，他能听到头发落地的震响，叶子下落时划着空气的声响，能看到"透明的金色的外壳里包孕着活泼的银色液体的红萝卜"。作者通过黑孩的生活遭遇和奇异行为，通过外界生活中极其贫乏和野蛮的人和事在他心中的折射，曲折地表现了十年动乱中农村的社会状况、人际关系和文化心态。作品有意识地淡化政治背景和故事情节，着重描写黑孩内心世界的情绪化意象和主观感受，营造了朦胧、空灵的审美意境。

小鲍庄 中篇小说。王安忆著。载《中国作家》1985年2期。是一部带有寓言色彩的作品。小鲍庄的苦难与生俱来，人们面临种种困境：鲍五爷成为绝户断了香火，鲍秉德娶了疯妻，鲍仁文发愤著书一无所成，文化子苦恋小翠而不得，建设子找不到对象，拾来与二婶的婚姻被人视作异端。后在一场百年不遇的洪水灾害中，"仁义"的孩子捞渣舍身救人成了英雄，小鲍庄成了英雄的故乡，人们的所有苦境都得以解除。小说采用松散的结构方式，通过一所村庄的几户人家的命运，企图表现对古老民族的沉重反思。

爸爸爸 中篇小说。韩少功著。载《人民文学》1985年第6期。在南方深山中的鸡头寨，白痴丙崽只学会两句话："爸爸"，"×吗吗"。人们讨厌他，想杀他祭谷神，后因"天怒"作罢。山民听信巫师之言，与鸡尾寨发生争战，接连大败后，又把丙崽那两句话当作阴、阳二卦，把他当作大仙顶礼膜拜。最后，在老弱病残全部喝毒汁自尽后，鸡头寨山民踏上了漫漫的迁徙之途。而丙崽居然饮毒汁而不死，依然顽固地生存下去。作品在神秘奇异的氛围中，虚化故事时空，将历史和神话混融，用怪诞奇异、谐趣横生的叙事表达对民族文化形态的理性批判。

古船 长篇小说。张炜著。载《当代》1986年5期。小说围绕胶东半岛一个名叫洼狸的古镇上隋、赵两大家族世代恩冤，真切地展现了近代以来，尤其是近四十年间中国社会的触目惊心的现实斗争。主人公隋抱朴充满睿智、富有才干，却避开创业良机，畏缩不前，忧心忡忡，内心具有沉重的负罪感。作品企图说明传统美德有时可以成为一种精神负担，重压着人的心灵，剥夺人去开创新生活的权利。小说对中国农村小镇风土人情和多种生存氛围的描绘，又表现了作者对现实人生和民族历史发展的关注。

红高粱 中篇小说。莫言著。载《人民文学》1986年3期。"我奶奶"过门三天，被轿夫余占鳌挟至高粱地野合，后生下"我父亲"。几天后，夫家的人都被杀死，奶奶成了女掌柜。一年后，余占鳌带着一伙人袭击日军而被打死，赶来送饭的奶奶也被打死。作品从民间意识形态出发，描写一个"土匪"抗日的故事，强调了来自民间的自由自在的生命意志。小说打破传统单调的感知方式和表述方式，淡化小说的情节和时序，着重表达一种超常感觉的艺术体验。

平凡的世界 长篇小说。路遥著。中国文联出版公司1987年出版。共三部。小说在七十年代末直至八十年代的社会背景上，通过一户贫苦农民家庭中兄弟孙少安、孙少平二人的人生道路以及围绕他们而展开的复杂的矛盾纠葛，刻画了社会各阶层众多的普通人形象，展现了当时陕西一带的城乡生活。劳动与爱情，挫折与追求，痛苦与欢乐，日常生活与巨大社会冲突，纷繁地交织在一起，深刻地展示了普通人在大时代历史进程中所走过的艰难曲折的道路，充满强烈的现实主义精神。第一部故事性较强，第二部开始故事性有所弱化，而视野则有所扩大，结构更加宏大。受柳青《创业史》影响较大，自觉追求语言的质朴自然和地方色彩。

金牧场　长篇小说。张承志著。载《昆仑》1987年2期。二十年前,几个红卫兵沿着红军长征的路线满怀理想地走了一遭。几年后,他们被“上山下乡”的大潮裹挟着走向大草原,经历了两年的民族大迁徙,在贫穷和欲望的围袭下,开始由梦幻走向现实。几年后,主人公离开草原,从黄土地到戈壁沙漠、从黄河到湟水,投入到西北大自然的怀抱,后又以一个学者的身分到了日本,研究一本叫《黄金牧地》的古书。是一部自传体意识很强的小说。作品将一代人美好的、痛苦的、幼稚的、成熟的、多梦的与现实的人生体验清晰地描绘出来,由四个方位的结构板块组合而成,使时间和空间互为穿插,构成一个立体的历史意象。

浮躁　长篇小说。贾平凹著。载《收获》1987年1期。主人公金狗从部队复员后回到家乡州河,可他再也不能忍受农村的贫困和土地对他的束缚、压抑。为了实现自我价值,他努力拼搏,终于考进了州报社。不久,他写了一篇报导,引来很多麻烦。他在困惑之中,不得不又回到州河。此外,小说还通过金狗与小水、芙英、玉华之间的情感纠葛,展示其复杂个性——不甘心命运摆布却又无力把握自己的命运。弥漫作品的是一种处于转折和变革期中农民的那种无所适从、惶惑不安和躁动不宁的心理。

陈奂生上城出国记　系列小说。高晓声著。上海文艺出版社1991年出版。包括七篇中短篇小说:《“漏斗户”主》、《陈奂生出国》、《陈奂生上城》、《陈奂生转业》、《陈奂生包产》、《陈奂生战术》和《种田大户》,均以苏南老农陈奂生为主人公,各篇内容之间联系松散,但都贴近农村经济改革现实,表现中国农村在实行包产、发展社办企业过程中出现的各种问题,以及农民在改革时代的复杂心态。最出色的是《陈奂生上城》,描写陈奂生进城患病,巧遇县委书记,被送进县委招待所,住一夜花了五元钱,使他又懊悔又自豪,终于因为有了这段奇遇而飘飘然起来。小说通过主人公的一系列貌似喜剧性的言行举止揭示了其中所蕴含着的深刻的悲剧性内容。

活着　长篇小说。余华著。载《收获》1992年第6期。地主少爷福贵嗜好赌博,最终输掉了全部家产。贫困之中,福贵进城为生病的母亲求医,半路上被国民党部队抓了壮丁,后被解放军俘虏。等他回到家乡后,发现母亲早已去世,妻子已经含辛茹苦将一对儿女带大。三年饥荒,儿子有庆死了。聋哑的女儿凤霞嫁给搬运工二喜,不久因难产而死。妻子家珍死于困扰她多年的软骨病,女婿二喜死于搬运时的一次意外事故,外孙苦根也在吃豆子时被撑死。经历了一次次丧亲之痛的福贵,孤单无依,最后只能与老牛相伴。小说通过福贵历经沧桑的一生,展现命运的残酷,现实的严峻以及生存的艰难。

白鹿原　长篇小说。陈忠实著。载《当代》1992年第6期和1993年第1期。白姓和鹿姓两大家族世代生存在素有仁义之称的白鹿原镇。随着时代的变迁,两大家族以及周围的各色人等为争夺白鹿原的统治展开了一幕幕惊心动魄的争斗,其中又纠结了国、共两党之间复杂的矛盾和尖锐的斗争。小说通过白嘉轩、鹿子霖、田小娥等不同典型的主人公的命运悲喜剧,展现白、鹿两个家族五十年间的兴衰消长,生动、形象、厚重地展现中华民族蜕变期的苦难历程。

长恨歌　长篇小说。王安忆著。作家出版社1995年出版。20世纪40年代的上海,石库门里走出来的中学生王琦瑶被选为“上海小姐”,成为掌握军政大权的李主任的金丝雀。上海解放,李主任遇难,王琦瑶于是成了普通百姓。表面的日子平淡似水,内心的情感潮水从未平息,生命中的男人来来去去。80年代,进入晚年的王琦瑶春心不减,常与各色人等在家中厮会,最终被入室盗窃的熟人杀死。小说文笔细腻柔曼,心理刻画逼真,通过哀婉动人、跌宕起伏的人生故事,以“苍凉”的心态和眼光,写出了对时间、历史和生命的深入思考和体验。

许三观卖血记　长篇小说。余华著。载《收获》1995年第6期。丝厂送茧工许三观,为养家糊口及给儿子治病,偷偷去医院卖血,成为卖血专业户。随着岁月的流逝,他的身体一日不如一日,导致大病不起。当他再次来到医院卖血时,医生嘲弄他的血只能卖给油漆匠漆家具。这时,他感到自己已经丧失了生命的意义,老泪纵横,精神崩溃。小说以博大的温情描绘了磨难中的人生,通过激烈的故事形式表达了人在面对厄运时求生的欲望以及人生的无奈。

马桥词典　长篇小说。韩少功著。载《小说界》1996年第2期。小说按照词典的形式,收录了一个虚构的湖南村庄马桥人的115个词条，并以这些词条为引子，讲述古往今来一个个丰富生动的故事。小说通过对形式的实验性开拓，巧妙地糅合了文化人类学、语言社会学、思想随笔、经典小说等诸种写作方式，意蕴丰厚，也给予读者丰富的阅读体验。

尘埃落定 长篇小说。阿来著。人民文学出版社1998年出版。二十世纪二三十年代川北一个声势显赫的藏族土司，在酒后和汉族太太生了一个傻瓜儿子。这个傻子与现实生活格格不入，却有着超时代的预感和举止，成为土司制度兴衰的见证人。通过他的眼睛，作品展现了川北这块神秘之地的系列战争，以及战争间隙当地婚丧嫁娶、拜神、杂居、行刑等风俗奇异的生活。小说以饱含激情的笔墨，将历史、个人、风俗、边地融入对生命形式和意义的探索中，以诗化的语言展现出浓郁的民族风情和丰富的藏族文化意蕴。

散　文

空山灵雨 散文。许地山（署名落华生）著。连载于《小说月报》1922年13卷4—8号。共四十四篇。作品主要表现"生本不乐"的种种感受。《心有事》说"做人总有多少哀和怨，积怨成泪，泪又成川"，故《海》把人生喻为海上沉船——苦海无边。《蝉》以蝉的遭劫象征多难人生；《光底死》、《债》、《银翎的使命》等描写黑暗社会对弱者的摧残；《山响》和《鬼赞》则赞美死亡，流露出宿命论思想。而《落花生》、《桥边》、《暗途》等则赞颂为别人而献身的精神。内容上作者自称是"杂沓纷纭"，积极与消极的成分并存；形式上近于散文诗，文笔简洁，寓含哲理意味。

落花生 散文。许地山作。载《小说月报》1922年13卷8号。写作者幼时种植、收获、品尝、谈论落花生时的温馨的家庭生活情趣，表达了"人要做有用的人"的生活信念。文笔亲切自然，情真意浓，借物抒发人生哲理，充满朴实淳厚的情致。

饿乡纪程 散文集。瞿秋白著。商务印书馆1922年出版。记述作者以北京《晨报》记者身分于1920年10月去俄国采访时从北京到莫斯科途中的见闻和观感。前九节写作者的生活经历和探寻改造中国的真理的决心与觉悟；第十节以后部分记述从赤塔到莫斯科铁路沿途的踪迹与见闻，以及对十月革命后俄国社会变革的感受。作品既歌颂十月革命的伟大意义，也反映了俄国当时存在的极端困难。是中国最早报导第一个社会主义国家俄国政治和社会生活的作品集。

自己的园地 散文集。周作人著。北京晨报社1923年出版。收《自己的园地》十八篇，《绿洲》十五篇和杂文二十篇。1926年北新书局重版时，删去杂文部分，另增《茶话》二十三篇。其中《自己的园地》部分多为文艺散论，阐述文艺主张：文艺以表现自己为主体，以感染他人为其次。《绿洲》部分为文艺随笔，着重谈论儿童教育问题，包括儿童文学创作、阅读、评论诸方面。《茶话》部分为杂感。本书内容广泛，涉及中外文艺、古今风俗、生活感受等。文笔朴实自然，以平淡而深沉的情思取胜，富有知识性和趣味性。

赤都心史 散文集。瞿秋白著。商务印书馆1924年出版。收报告文学、杂记、随笔、游记等四十六篇。作品热情赞颂列宁领导的十月革命，如实报导苏联建国初期艰难创业的过程和取得的成就，同时记录了作者思想发展的历程。文笔清新，感情真挚，熔抒情、叙事、议论、内心独白于一炉。是中国最早介绍苏联十月革命后社会生活面貌的作品之一。

桨声灯影里的秦淮河 散文。朱自清作。载《东方杂志》1924年21卷2号。以"桨声灯影"为线索，写乘游船在灯月交辉、悠然间歇的桨声中，和友人一起领略秦淮河美丽夜景，以景反映人情世态，暗喻历史沧桑，抒发了排解烦闷、追求宁静的情思。融写景、抒情、议论为一体，颇有绵密与深厚的情致。俞平伯亦有同名散文，似不及此篇著名。

雨天的书 散文集。周作人著。北新书局1925年出版。收五十一篇，其中有五篇选自《自己的园地》。《自序》说，"我近来作文极慕平淡自然的景地"，而集中所写是"聊以对付这雨天的气闷光阴罢了"。《上下身》、《净观》、《与友人论性道德书》等篇，从人道主义思想出发批判封建禁欲主义，提倡建立新文明和新的两性观念；《我们的敌人》、《托尔斯泰的事情》、《沉默》等篇，借外国文化专制事例抨击军阀政府的封建专制。《故乡的野菜》、《北京的茶食》、《鸟声》、《苍蝇》等描写生活琐事，充满闲适情趣，技巧纯熟，但意绪清冷消沉。

背影 ❶散文。朱自清作。载《文学周报》

1925年第200期。写1917年冬作者与父亲在浦口车站分别时的情景。开篇渲染家庭遭变故后父亲的凄凉晚景，继而着力刻画父亲跨越铁轨去买橘子时的身影，最后抒写读到父亲来信时泪光中闪现父亲背影的情感。作品以背影为线索，生动表现了父慈子孝的真实情感，结构谨严，语言简洁。❷散文集。朱自清著。开明书店1928年出版。人民文学出版社根据初版本重排。收1924—1928年所作散文十五篇。卷首有序，是现代散文理论批评的重要文章，颇有参考价值。

我所知道的康桥　散文。徐志摩作。载1926年1月16、25日《晨报副刊》。“康桥”为“剑桥”的旧译，为英国剑桥大学所在地。文章描述在康桥的留学生活和康桥的自然环境，在追忆康桥风光妙处的同时，宣传了人类应回归自然，与自然融合来“医治我们当前生活的枯窘”的观点。作品借景抒情，物我一体，文笔华丽，流彩纷呈，充满诗情画意，造成一种言犹尽而意无穷的艺术境界。

华盖集　杂文集。鲁迅著。北京北新书局1926年出版。收1925年1—12月所作杂文三十一篇，题记一篇、后记一篇。书名借民间关于“华盖运”对于和尚是好运而对俗人则是恶运之说，以见自己“转辗而生活于风沙中”，被“正人君子”们“党同伐异”所得的“瘢痕”。集中作品大多针对封建旧文化及其卫道者而发，文风泼辣恣肆，寓意深刻痛切。作者自谓“我的杂感集中，《华盖集》及续编中文，虽大抵和个人斗争，但实为公仇，决非私怨”。

坟　杂文、论文集。鲁迅著。北京未名社1927年出版。收1907—1925年所作“论文及随笔”二十三篇，题记一篇，后记一篇。书名取“一面是埋藏，一面也是留恋”之意，是作者对自己二十多年思想发展的总结。其中《文化偏至论》、《摩罗诗力说》介绍外国一批反抗黑暗社会的作家，要求知识分子作“今之精神界战士”；《我之节烈观》、《我们现在怎样做父亲》、《灯下漫笔》批判了封建伦理道德和吃人的封建制度；《论“费厄泼赖”应该缓行》提出了痛打落水狗的革命原则。

华盖集续编　杂文集。鲁迅著。北京北新书局1927年出版。收1926年1—10月所作杂文三十三篇、小引一篇。作品较之《华盖集》对封建文化及其卫道者的批判更加猛烈。其中，痛斥北洋军阀政府制造“三一八惨案”的《无花的蔷薇》系列杂文，愤怒之情，力透纸背，表现了同反动势力斗争到底的决心。同年8月作者离京赴厦门后所写七篇编为《续编的续编》，排于书末。作者自谓“我的杂感集中，《华盖集》及续编中文，虽大抵和个人斗争，但实为公仇，决非私怨”。

荷塘月色　散文。朱自清作。载《小说月报》1927年18卷7号。主要描写月夜中清华园内荷塘的优美景色。开头先点明夜游荷塘的缘由，接着从不同角度细致描绘月下荷塘、荷塘上的清辉和荷塘四周的景色，最后写荷塘夜游的联想。全文从光、影、色、味、声以及作者内心独白诸方面，描绘出静美淡雅、诗意隽永的境界，隐约反映出大革命失败后知识分子的苦闷抑郁之情。作品将主观感情与客观景物融为一体，状物传情，创造出一种优美深邃的意境，充满了诗情画意。

野草　散文诗集。鲁迅著。北京北新书局1927年出版。收1924—1926年的作品二十三篇，题词一篇。初版封面误署“鲁迅先生著”，第二版起改“鲁迅著”。本书写作时，正值“五四”退潮期，作者说，由于“《新青年》的团体散掉了，有的高升，有的退隐，有的前进，我又经验了一回同一阵营中的伙伴还是会这么变化”，因而苦闷、彷徨，本书就是这种心绪的抒发。作品寓意深刻，技巧娴熟，形式新颖独特，具有很强的艺术感染力。

西滢闲话　杂文集。陈西滢著。新月书店1928年出版。收文七十七篇。文章曾发表在《现代评论》周刊“闲话”栏，多表达对现实生活的不满和感慨。其中《民众的戏剧》、《观音与国剧》、《文化的交流》等论及戏剧演出和中外文化差异；《清宫》、《行路难》、《官气与洋气》等社会批评，广泛针砭腐败、媚外、动乱的社会现实；《理由》、《走马灯》、《参战》等篇则对进步学生运动和人民群众反帝爱国斗争进行嘲讽，因而受到鲁迅等人批评。

而已集　杂文集。鲁迅著。上海北新书局1928年出版。收1927年3—12月所作杂文二十九篇、题辞一篇、附录一篇。大部分写于广州。以抨击广州四一五事变、“清党”及大革命潮起潮落时的种种世相为多。表现了作者在社会激烈动荡中的冷静坚定和思想转变期中的灵魂煎熬。书名取自本书题辞(原题于1926年所编《华盖集续编》书末)，系针对三一八惨案中“然而我只有杂感而已”、“我于是只有‘而已’

而已!”等语。

朝花夕拾 散文集。鲁迅著。北京未名社1929年出版。收1926年2—11月所作散文十篇,《小引》一篇,《后记》一篇。正文曾以《旧事重提》为总题在《莽原》半月刊上发表。作者用夹叙夹议的方式,抒写青少年时代的生活经历。作品中创造了不少有个性的人物,在平淡中寓有褒贬,浸透着强烈的爱憎。

缘缘堂随笔 散文集。丰子恺著。上海开明书店1931年出版。收《渐》、《从孩子得到的启示》、《儿女》、《艺术三昧》、《秋》等随笔二十篇。书名取自作者为未来居所所题之名。“缘缘堂”1926年始名,1933年建造于作者故乡浙江桐乡石门湾,1938年初毁于战火。作品表现出对自然、率真、健全、活跃的生活方式与生命情趣的追求,其中尤赞扬孩子们心灵的真诚、聪明与纯洁。风格自然率真,语言洒脱朴实。后作者又出版过《缘缘堂再笔》,编辑过《新缘缘堂随笔》,写作过《缘缘堂续笔》。1986年丰一吟将这几部作品汇编成《缘缘堂随笔集》,由浙江文艺出版社出版。

二心集 杂文集。鲁迅著。上海合众书店1932年出版。收1930—1931年所作杂文三十七篇,附译文一篇,序一篇。其中有些文章对当局的文化“围剿”作了深刻的揭露和批判,有些文章则对左翼文化阵营中的错误倾向作了剀切的批评,显示了纯熟运用马克思主义原理的水平,标志着鲁迅作为马克思主义者的成熟。鲁迅自己说过:“我的文章,也许是《二心集》中比较锋利”。因当时有人讥笑鲁迅“投降”,有人甚至作《文坛贰臣传》,鲁迅反其意而用之,故取此集名。1933年第三版后被查禁,后书店抽去序言及二十二篇正文,仅留十六篇,经鲁迅同意改名《拾零集》,并按鲁迅要求在封底印出“本书审查证审字五百五十九号”,于1934年10月出版。

伪自由书 杂文集。鲁迅著。上海北新书局1933年以“青光书局”名义出版。收1933年1月底起至5月中旬止寄给《申报》副刊《自由谈》的杂文四十三篇,以及前记、后记各一篇。书名借《自由谈》名目,以揭露当局所标榜的“言论自由”的虚伪性。集中多为时事短评,如《“以夷制夷”》、《中国人的生命圈》、《天上地下》、《文章与题目》等篇将矛头直指当局在九一八事变后日本侵略者步步进逼的形势下所采取的“攘外必先安内”的错误政策。本书是鲁迅作为左翼文艺运动旗手在粉碎文化“围剿”的斗争中冲锋陷阵的典范之作。出版后即多次被禁,故又改名《不三不四集》出版。

两地书 书信集。鲁迅、许广平著。上海青光书局1933年出版。收作者在北京(1925年3—7月),厦门——广州(1926年9月—1927年1月),北京——上海(1929年5—6月)期间的书信,计一百三十五封(其中鲁迅的六十八封)。虽系个人私函,但社会内容丰富,记录了鲁迅在北京、厦门、广州期间反对北洋军阀及国民党新军阀的黑暗统治,热情支持进步学生与文学青年,猛烈抨击北京文化、教育界腐败堕落的行为与心态,同时也反映出鲁迅与许广平之间的情谊。

半农杂文 杂文集。刘复(半农)著。北平星云堂书店1934年出版。收杂文四十五篇,译文七篇。《奉答王敬轩先生》、《作揖主义》、《应用文之教授》、《悼“快绝一时”的徐树铮将军》等,尖锐批判了封建守旧势力和旧文学,热情为新文化新文学鸣锣开道;《徐志摩先生的耳朵》、《骂瞎了眼的文学史家》、《奉答□□□先生》等,辛辣讽刺神秘主义艺术观和相互吹捧的庸俗作风。其他一些文章广泛评介中外文艺、国语语音和汉字字声实验情况 。作品笔锋犀利,擅长在谈笑中说理和论辩。尚有《半农杂文二集》,良友图书印刷公司1935年出版,收作品四十九篇,内容与此集相类似。

南腔北调集 杂文集。鲁迅著。上海同文书店1934年出版。收1932、1933年所作杂文五十一篇,题记一篇。除题记外,大多在《十字街头》、《文学月报》、《北斗》、《现代》等杂志上发表过。因当时有人奚落鲁迅演讲口音“南腔北调”,鲁迅移作书名,以示自己的文章相对时髦文风而言“不入调,不入流”。作品用多种形式猛烈抨击当局的军事、文化“围剿”政策及文化界各种错误倾向。其中《关于女人》、《真假堂吉诃德》系瞿秋白所作,而用鲁迅笔名发表。本书出版后曾被诬为“乃收日人万金而作,意在卖国,称为汉奸”,并被查禁。

准风月谈 杂文集。鲁迅著。上海联华书局1934年以“兴中书局”名义出版。收1933年6—11月间所作杂文六十四篇,结集时又作《前记》、《后记》各一篇。除《关于翻译》(上)、《双十怀古》、《归厚》外,余六十一篇均曾在《申报·自由谈》发表过。其中《中国文与中国人》一文系瞿秋白所作。在当局的严厉文禁和“围剿”下,

《自由谈》编者不得不发表启事，"吁请海内文豪，从兹多谈风月，少发牢骚，庶作者编者，两蒙其休"，鲁迅表示，"想从一个题目限制了作家，其实是不能够的"，"谈风云的人，风月也谈得，谈风月就谈风月罢"，实则继续谈论时事，抨击时弊。"准风月谈"，意谓"也算'风月'谈"。意在表示对当局"文化围剿"政策的强烈抗议。本书出版后于1935年2月被查禁。

现代十六家小品　散文选集。阿英编。光明书局1935年出版。共十六卷。收周作人、俞平伯、朱自清、钟敬文、冰心、苏绿漪(雪林)、叶圣陶、茅盾、落华生(许地山)、王统照、郭沫若、郁达夫、徐志摩、鲁迅、陈西滢、林语堂等十六人的抒情散文、游记、随笔、杂感、序跋等一百零四篇，多为代表作。卷前有编者短文，介绍作家散文创作概况，兼论其风格特色。

集外集　杂文集。鲁迅著。上海群众图书公司1935年出版。收1903—1933年所作诗文四十六篇，序言一篇，附录《〈奔流〉编校后记(一—十二)》十二篇。本书之作为至1933年止所出版的杂文集未收者，故名。1934年由杨霁云搜集编成，鲁迅亲自校订并作序。送检时，当局将《编者引言》、《来信》、《启事》、《老调子已经唱完》、《上海所感》、《今春的两种感想》、《帮忙文学与帮闲文学》、《〈不走正路的安得伦〉小引》、《英译本〈短篇小说集〉自序》、《译本高尔基〈一月九日〉小引》等十篇抽去，后除《编者引言》外均曾收入《集外集拾遗》。作者自谓"我对于自己的'少作'，愧则有之，悔却从来没有过"，它"自有婴年的天真，决非少年以至老年所能有"。

一九三六年春在太原　报告文学。宋之的作。载《中流》1936年10卷10期。军阀阎锡山在国家面临生死存亡之际，置民族危机于不顾，厉行种种"反共"、"防共"措施，使太原笼罩在一片白色恐怖中。作品以新闻剪裁形式，叙写在城中所见种种事实，反映了在阎锡山统治下，山西太原反动势力的惊恐万状和荒唐可笑的行为，无情抨击了反动军阀的法西斯统治。剪裁得当，笔墨犀利，讽刺辛辣，且有幽默感。

包身工　❶报告文学。夏衍作。载《光明》1936年创刊号。写上海杨树浦一家东洋纱厂里有一群被骗来的乡下女孩，她们的住食由"带工"的老板负责，而工钱全归"带工"老板，故被称"包身工"。她们的生活和劳动条件极为恶劣，而且受到各种惨无人道的虐待。作品以大量事实，深刻揭示帝国主义和封建势力相勾结，残酷迫害工人的罪行。采用白描和比喻，形象生动，议论精辟，具有较强的艺术感染力。❷报告文学集。夏衍著。广州离骚出版社1938年出版。收入《包身工》等六篇作品。

画梦录　散文集。何其芳著。文化生活出版社1936年出版。收《墓》、《秋海棠》、《雨前》、《黄昏》、《独语》、《梦话》等十九篇。内容多反映知识分子在黑暗现实中郁闷感伤的情怀。文笔优美，音调柔和，色彩绚丽，具有诗一般的意境。

达夫游记　散文集。郁达夫著。上海文学创造社1936年出版。收《杭州小历纪程》、《浙东景物纪略》、《钓台的春昼》、《过富春江》、《杭州》、《屯溪夜泊记》、《青岛济南北平北戴河的巡游》等二十三篇。是作者移居杭州后游历浙皖及山东、北平等地山川名胜的记录。其中有不满现状的牢骚，关心民众的情思，但更多的是对自然景色的描绘。文中历史掌故、骚人遗墨，如画卷似地呈现在读者面前，文笔清新秀美，情景兼到，富有神韵。

画廊集　散文集。李广田著。商务印书馆1936年出版。收1932—1935年间作品二十三篇。作者在《序》中自称："我是一个乡下人，我爱乡间，并爱住在乡间的人们。"作品多诉说乡间情事，描摹山东风物人情。文笔较为朴实亲切，有浓郁的乡土气息和水墨画般的风致。

湘行散记　散文集。沈从文著。商务印书馆1936年出版。收《一个戴獭皮帽子的朋友》、《桃源与沅州》等十一篇，均为作者1934年冬重返湘西时沿途见闻的纪实。记述范围较广，既有湘西地域的山川风物、民俗人情，更有妓女、水手、矿工等下层人物的辛酸与血泪，同时赞美故乡的人性美，暴露某些现实生活的黑暗面。作品将游记、散文、小说糅为一体，熔抒情、叙事和议论为一炉，文笔隽永秀逸，具有浓郁的乡土色彩和独特的艺术魅力。

且介亭杂文　杂文集。鲁迅著。上海三闲书屋1937年出版。收1934年所作杂文三十七篇，1935年末编集时所作序言一篇、附记一篇。书名中"且介亭"意指作者居于"半租界"地区。作者自谓本书"是我在去年一年中，在官民的明明暗暗，软软硬硬的围剿'杂文'的笔和刀下的结集"，"当然不敢说是诗史，其中有着时代的眉目"。是鲁迅杂文成熟期的力作，代表了中国现代杂文的最高成就。

且介亭杂文二集　杂文集。鲁迅著。上海三闲书屋1937年出版。收1935年所作杂文四十八篇,编集时又作序言一篇、后记一篇。作品着力抗击当局的“文化围剿”,反映了当时激烈的民族斗争和阶级斗争。《后记》以无所畏惧的蔑视,历数当局图书审查制度的劣迹,将历次查禁密令和查禁书目真相一一抄录公之于众,具有很高的历史价值。是鲁迅杂文成熟期的力作,代表了中国现代杂文的最高成就。

鲁迅书简 书简集。鲁迅著。上海三闲书屋1937年影印初版。收书信六十九封。鲁迅全集出版社1946年出版铅印本,收八百五十五封,断片三则,附杨霁云跋和许广平《编后记》。人民文学出版社1956年版《鲁迅全集》收三百三十四封,并加部分注释。人民文学出版社1976年出版《鲁迅书信集》,收当时所见书信一千三百八十一封及附录残简十八则。人民文学出版社1981年版《鲁迅全集》收当时所收集到的全部书信共一千四百四十五封,附录十二件(十八则),鲁迅一生书信总共约七千封,现存不足四分之一。

乱弹及其他 杂文集。瞿秋白(署名陈笑峰)著。上海霞社1938年出版。收杂文五十四篇。《财神的神通》、《美国真正的悲剧》等篇,指出在资本主义制度下劳动人民只有受压迫和失业的“自由”,揭露帝国主义者“一只手拿着算盘,一只手拿着宝剑”对别国进行经济掠夺的行径;《流氓尼德》、《曲的解放》、《迎头经》等篇,抨击当局攘外必先安内、恭请国联来共管共分的卖国政策;《狗道主义》、《王道诗话》、《鹦哥儿》等篇,斥责了挂着“文化班头”、口喊“孔孟道统”的文人为主子帮凶的嘴脸;《匪徒》、《反财神》等篇则对无产阶级和革命志士表示由衷的歌颂。文笔犀利,揭露深刻,分析透彻,意味深长,具有很强的战斗性和艺术性。

市楼独唱 杂文集。柯灵著。上海北社1940年出版。收杂文二十三篇。其中,《市楼独唱》一组文章大多写对于现实的感触。《闻歌有感》抨击反动宣传;《西崽世界》鞭挞民族败类;《佳话拾零》暴露卖身投靠的官僚的丑恶行径;《少年中国》赞颂青年的抗日爱国行为;《“自由”谈》、《我要控诉》、《乐祸篇》、《文人与妓女》等暴露了孤岛时期上海文坛的黑暗;《有怀》、《生死》、《死的哀怜》等抒发对友人的怀念之情。作品具有自由通脱、舒卷自如的特点,风格清丽,文笔潇洒。

写在人生边上 散文集。钱钟书著。上海开明书店1941年出版。收散文十一篇。《魔鬼夜访钱钟书先生》通过想像中的魔鬼与“我”的一席谈话,讽刺了现实生活中种种丑恶现象;《论快乐》则充满深刻哲理思辨和人生思索;《窗》、《论文人》、《吃饭》、《说笑》在清谈之中表现作者对当时社会问题的关注;《一个偏见》在对“偏见”作新颖独特的词语阐释中,信手征引中外古今哲人名家,显露出作者的学者本色。作品富于洞悉世事后的从容和幽默,立论精辟,连珠妙喻,给人以出乎意表的艺术感受。

白杨礼赞 散文。茅盾作。载《文艺阵地》1941年6卷3期。记述作者于1940年5月延安之行所见西北高原的自然风光和不平凡的白杨树。通篇运用象征手法,借描写西北高原上一种极普通、挺拔伟岸、力求上进的白杨树,来赞美中华民族坚强不屈的意志,歌颂中国共产党领导下的陕北人民傲然挺立、坚持抗战的伟大气概。题旨深邃,文笔优美,饱含诗情画意,洋溢着饱满的战斗激情和积极向上的精神。

呼吸 散文集。曹白著。七月社1941年出版。收散文、报告文学四十四篇。上辑《呼吸之什》以沉重的心情,描写抗日战争爆发后上海难民收容所里的痛苦情状,揭露管理人员的贪污腐败和侵略者的罪行,表达出难民的仇恨情绪和抗日要求。下辑《转战之什》报导在敌后艰苦环境中的战斗情况,记述作者参加江南游击队后的生活经历与感受,并热情歌颂爱国知识青年的可贵品质。文笔平易朴实,亲切动人。

最后一次的讲演 散文。闻一多作。载1946年8月昆明《民主周刊》,题为《闻一多同志不朽的遗言——在云大的演讲》。收入《闻一多全集》第三卷时改现名。是作者于1946年7月15日上午在云南大学至公堂李公朴夫人报告李公朴死难经过大会上的讲演。讲演愤怒抨击特务暗杀民主战士李公朴的暴行,指出反动派“这样疯狂害怕,正是他们自己在慌呵!在恐怖呵”,“反动派的末日,就是我们的光明”,最后庄严宣告:“我们要准备像李先生一样,前足跨出大门,后脚就不准备再跨进大门。”表达了同仇敌忾、为人民民主事业献身的决心。讲演大量运用设问句、反问句和感叹句,感情激昂慷慨,文气磅礴。讲演一结束,作者即被特务杀害。

谁是最可爱的人 报告文学集。魏巍著。人民文学出版社1951年出版。收《汉江两岸的日日夜夜》、《谁是最可爱的人》、《年轻人,让你的青春更美丽吧!》等十三篇。1954 年二版增收《前进吧! 祖国》、《挤垮它》;1959 年三版增收《写在凯歌声里》、《依依惜别的深情》,共十七篇。作品从不同侧面阐述"谁是最可爱的人"这一基本主题,表现了志愿军战士爱国主义、国际主义和英雄主义精神,并讴歌中朝人民用鲜血凝成的战斗友谊。感情奔放炽热,人物形象鲜明生动,语言散文化,有强烈的艺术感染力。

鲁迅日记 日记集。鲁迅著。上海鲁迅著作编刊社 1951 年编辑、上海出版公司影印出版。线装本。收 1912 年 5 月 5 日—1921 年 12 月 31 日、1923 年 1 月 1 日—1936 年 10 月 18 日共 23 年零 5 个多月的日记。1922 年日记于 1942 年被日军搜去而遗失。1932 年 2 月因"一二八"战事失记 5 天、1936 年 6 月 6 日至 29 日因大病失记 24 天。人民文学出版社 1959 年出版标点铅印本,版式与该社出版的《鲁迅全集》相仿,并增加了许寿裳抄录的鲁迅 1922 年部分日记。1976 年再版增加人物索引。日记文笔简练,虽自谓"信札往来,银钱支付",是"写给自己看的",实则系统地反映了鲁迅生平业绩和历史风貌。

可爱的中国 散文集。方志敏著。人民文学出版社 1952 年出版。收《可爱的中国》、《清贫》、《遗信》等三篇。人民文学出版社 1963 年增订本,增收《狱中纪实》等六篇。作品反映了作者的革命经历和革命精神,洋溢着强烈的爱国主义感情。《可爱的中国》呼唤中国人民起来拯救被帝国主义蹂躏的祖国,《清贫》抒发"我"——一个革命者清廉自守的高尚情操,《狱中纪实》等记述了作者在狱中的艰苦斗争和敌人的凶残。

在桥梁工地上 特写。刘宾雁作。载《人民文学》1956 年 4 期。三分队队长曾刚善于发挥工人群众积极性,并大搞技术革新,桥梁施工进度因此加快。队长罗立正却认为曾刚骄傲放肆,千方百计打击他。当黄河洪水来临之际,曾刚及时带领工人加班突击,抢修好五号桥墩,而罗立正因贻误时机,使工程遭致重大损失。可是,几天后曾刚却被调走,罗立正对自己的重大错误毫无认识,反将责任推给别人。作品揭示了党内的矛盾斗争,鞭挞了社会生活中的丑恶现象,具有较强的现实针对性。

本报内部消息 特写。刘宾雁作。载《人民文学》1956 年 6、10 期。1956 年 5 月,《新光日报》记者黄佳英到基层采访时支持工人反对会海,而被总编辑陈立栋召回。陈是个以领导意志为自己意志,并要求下属也必须严格按他的意志行事的人。《新光日报》终因脱离生活而订数锐减。黄佳英入党时,有人认为她写过不少批评稿,就是"对党不满",黄据理力争,终于得到大多数党员支持,陈立栋只得改变初衷,同意她入党。作品于叙事中抒情,于议论中含讥讽,具有较强的批判意识。

海市 ❶散文。杨朔作。载《人民文学》1959 年 10 期。作品以神奇缥缈的海市蜃楼为衬托,赞美了正在建设中的海上小岛的新貌。构思新颖,虚实并用,熔记叙、描写和抒情于一炉,文笔回环婉曲,含蓄动人。❷散文集。杨朔著。作家出版社 1960 年出版。收散文二十八篇。《香山红叶》、《蓬莱仙境》、《泰山极顶》,通过写景抒情,赞美祖国河山的壮丽,反映建国以来社会的巨大变化;《黄河之水天上来》、《张德胜》、《秘密列车》、《百花山》等反映工业战线取得的辉煌成就,歌颂建设者忘我劳动的革命精神;《金字塔月夜》、《亚洲日出》、《印度情思》等表现亚非人民争取独立自由的斗争及其友谊;另有《我的改造》、《写作自白》等文学杂记。文章寓情于景,状物喻人,有很浓的诗情画意。

在大革命的洪流里 回忆录。朱道南口述,于炳坤整理。上海文艺出版社 1961 年出版。1924 年,作者和谢拙民等人曾参加反对军阀的斗争。后到武汉报考中央军事政治学校,投入大革命洪流,并在共产党人的领导下,同国民党右派进行种种斗争。"四一二"反革命政变后,作者等革命青年奔赴广州参加武装起义,后又成立红四师,到海陆丰革命根据地开展武装斗争。作品记述了马日事变的真相和广州起义的过程,语言生动,场面描写具体细致,笔墨饱含感情,具有较强的文学性。

长江三日 散文。刘白羽作。载《人民文学》1961 年 3 期。写作者从重庆到武汉江行三日所见长江雄伟壮丽、旖旎多姿的风光,及由此引发对生活的深刻感受。无论是浓雾笼罩的江面、急速漂流的波涛,木船、纤夫,还是险峻壮美的瞿塘峡、奇绝萧森的巫峡、宽阔水急的西陵峡,以及穿过三峡之后的安静温柔的江流,在作者笔下都显得绘影绘声,多姿多采。作品即景抒情,状物绘景,其间穿插了风俗人情、诗词传说,寓爱国激情和人生哲理于山川风光的描绘之中。

花城 ❶散文。秦牧作。载《人民文学》

1961年4期。描写广州花市的风习沿革、情调氛围，并描绘了一些名贵花卉的品种、形态和色彩，赞美人们英勇的斗争和艰苦的劳动，也赞美由此而获得的幸福生活。文笔优美，知识性强，在情景交融的抒写中洋溢着南国的乡土气息。❷散文集。秦牧著。作家出版社1961年出版。收散文三十三篇。其中，《古战场春晓》、《土地》、《社稷坛抒情》等篇通过漫游古迹名胜，赞美可爱的祖国，讴歌英雄的人民；《面包和盐》、《菱角的喜剧》等篇通过和友人林中漫步、灯下谈心的方式，在纵论古今、谈天说地中，表达深广的思想内涵；《思想和感情的火花》、《海阔天空的散文领域》、《园林·扇面·散文》等谈论散文创作。文章诗意盎然，文采华美。

挥手之间 散文。方纪作。载《人民文学》1961年10期。记叙毛泽东1945年8月28日离开延安，赴重庆参加国共两党和平谈判的历史性事件，表现出延安军民聚集延安机场为毛泽东送行的热烈场景和依依惜别的深情。作品重点描绘毛泽东站在飞机舱口向送行群众致意的挥手动作，表现了以毛泽东为代表的中国共产党人在关系到中国命运的历史关头显示出的英明决策和宏伟气魄，也体现了毛泽东和他的战友同人民群众之间的鱼水之情。作品描写细致生动，笔墨传神。

雪浪花 ❶散文。杨朔作。载《红旗》1961年20期。作品以沙滩海浪为背景，刻画了一个饱经风霜、人老志坚的普通渔民老泰山的形象，表现他热情爽朗的性格。以雪浪花开头，又以对雪浪花的联想收笔，首尾呼应，浑然一体。风格隽永，耐人寻味。❷散文集。北京出版社1962年出版。收十八位作家的散文二十一篇。如方纪的《挥手之间》表现毛泽东登机离延安赴重庆谈判的情景；刘白羽的《红玛瑙》、《长江三日》抒发对革命传统和壮丽河山的深情；碧野的《武当山记》、袁鹰的《戈壁水长流》、冯牧的《沿着澜沧江的激流》等于山水风光的描写中赞美祖国新貌；巴金的《从镰仓带回的照片》则控诉原子弹在广岛造成的罪恶；冰心的《樱花赞》赞颂中日两国人民的友谊。所选皆为名作，题材广泛，风格各异。

艺海拾贝 文艺随笔集。秦牧著。上海文艺出版社1962年出版。收散文五十九篇。1978年再版时增加1978年写的四篇和《新版前记》，删去《欧亚两画师》。文章多从文艺史上具体的创作事例出发，通过形象生动的比喻，把文艺创作的一些基本原理阐述得深入浅出。文字优美，引人入胜。

记一辆纺车 散文。吴伯箫作。收入《散文特写选》(人民文学出版社1962年出版)。作品通过对延安时期作者使用过的一辆纺车的深情回忆，反映革命艰苦年代延安军民热火朝天的大生产景象，表现了“自己动手，丰衣足食”的革命乐观主义精神。文章围绕纺车选材布局，描写学习纺线、纺线竞赛等细节，构思精巧，描写细腻。

红玛瑙 散文集。刘白羽著。作家出版社1962年出版。收文十四篇。文化艺术出版社1983年新版，收文二十篇。其中《长江三日》、《日出》、《红玛瑙》、《樱花漫记》等名篇意境深远，笔力雄浑，格调高亢，灌注了作者的炽热情感。《平明小札》等抒情短章托物明理，阐幽发微，意境清新优美。

燕山夜话 杂文集。邓拓著。北京出版社1963年出版。收杂文一百五十篇。多为针砭时弊，有感而发之作。文章短小精悍，在旁征博引、类比联想中阐明事理，有很强的知识性与趣味性，文笔生动流畅，颇有文采。

干校六记 散文集。杨绛著。三联书店1981年出版。收《下放记别》、《凿井记劳》、《学圃记闲》、《“小趋”记情》、《冒险记幸》、《误传记妄》等六篇。记叙作者夫妇1969—1972年下放“五七干校”的生活，反映了“文化大革命”时期一代知识分子的遭遇。在对平凡生活小事的冷静的记叙和讥讽辛辣的笔调中透露出作者辛酸苦涩的情绪，风格细致隽永，寓巧于朴，具有“怨而不怒、哀而不伤”的格调。

随想录 散文集。巴金著。共五卷：《随想录》、《探索集》、《真话集》、《病中集》、《无题集》。香港三联书店1979—1986年出版。收“文革”后所写散文一百五十篇。真实地记录作家八年来对历史和现实的严肃思考。有些篇什是怀人之作，如《怀念萧珊》、《怀念老舍同志》、《纪念雪峰》、《怀念叶非英兄》、《怀念胡风》等，对那些在以往政治运动中含冤而死的亲友寄予了深切的思念之情，文情并茂，真情回荡。有些是对现实生活中的极“左”路线阴影的抗争，如《豪言壮语》、《“没什么可怕的了”》、《样板戏》、《官气》、《我的噩梦》等，针砭时事，爱憎分明。也有些是总结自己在极“左”路线淫威下屈服的惨痛教训，并对自己近年来所思所为的心理轨迹作了认真的剖析，提出了“讲真话”的人格准则。

傅雷家书　书信集。傅雷著。三联书店1981年出版。收作者和夫人于1954—1966年写给儿子傅聪、傅敏的家信百余封，其中主要是作者写给傅聪的信。中心内容反映了一个父亲教导儿子要热爱祖国、热爱艺术，希望儿子不管周围发生什么情况，始终做一个"德艺俱备，人格卓越的艺术家"，体现了深沉博大的父爱。有不少书信谈论音乐等艺术，表现出作者在艺术上的高深造诣，故本书既是品德修养读物，也是艺术修养读物。

懒寻旧梦录　回忆录。夏衍著。三联书店1985年出版。作者回忆自己家世，从童年直至建国初期长达五十余年的生活道路，着重记述其革命斗争经历，文学、电影、戏剧活动和记者生涯，并涉及作者所接触的许多重大历史事件和一些著名人物，内容丰富，材料翔实，剪裁得当，文字晓畅。其中《左联十年》涉及革命文学论战，左联、社联、剧联的解散，以及两个口号的论争，作者均依据自己的所见所闻，提供了一些直接材料，并发表了个人见解，对研究这一时期的文学运动有相当的参考价值。

未晚谈　杂文集。林放著。上海人民出版社1986年出版。收1978—1986年所作杂文一百零九篇。文章或谈知识分子问题，对轻视知识分子的风气进行批评，提出了知识分子不宜过多从事行政事务的卓见；或揭露教条主义、官僚主义、文牍主义等各种社会弊病；或褒扬美善，鞭笞丑恶。谋篇布局颇为讲究，风格平易通达，文笔朴实精练。

文化苦旅　散文集。余秋雨著。知识出版社1992年出版。收《道士塔》、《青云谱随想》、《白发苏州》、《风雨天一阁》等37篇散文。作者以纪游的视角，凭借山水风物寻求文化灵魂和人生秘谛，以独特的洞察力去深思中国传统文化的历史命运和中国文人的人格构成。集中文章文笔典雅，饱含深情，富有感染力。

剧　本

终身大事　话剧剧本。胡适作。载《新青年》1919年6卷3号。少女田亚梅与陈先生恋爱，田母相信迷信，加以反对。田父虽嘲笑太太的迷信行为，但又认为田、陈五百年前是一家，通婚要被"革出祠堂"，故亦持反对态度。田亚梅不顾父母反对，离家出走。剧作体现了作者当时提倡易卜生主义、学习西洋文学、戏剧技巧的主张，对后来中国话剧的发展产生了一定的影响。

获虎之夜　话剧剧本。田汉作。载《南国半月刊》1921年2期。是一出独幕剧。猎户魏福生将女儿莲姑许配给陈家，但莲姑却一心爱着流浪儿黄大傻。魏福生得知后，禁止莲姑与黄相会。黄大傻无法，只好每晚登岗遥望莲姑家的灯光，以表达思念之情。某晚，黄大傻登岗，不料落入魏福生设置的捉虎机关。猎户们以为打中了老虎，纷纷出来，却见黄大傻身负重伤，便将他抬回救治。莲姑见状，悲痛欲绝；魏福生将其拖进房里殴打。黄大傻绝望中举刀自杀。剧作控诉了封建包办婚姻的罪恶，讴歌青年男女的真挚爱情，情节波澜迭起，对话、场景富有诗意。

卓文君　话剧剧本。郭沫若作。载《创造季刊》1923年2卷1期。取材于西汉卓文君私奔司马相如的史实。卓文君自丈夫死后就暂住娘家，后与司马相如知遇，产生爱情。在使女红萧帮助下，他们欲私奔，但因秦二告密而未成。卓文君的父亲和公公逼她自杀，她坚决不从。红萧拔剑杀死秦二后自刎。卓文君痛悼红萧之后，毅然与相如结合。剧本赞扬卓文君反抗封建礼教的叛逆行动，表现了五四时期彻底反封建的革命精神。

王昭君　话剧剧本。郭沫若作。载《创造》1924年2卷2期。取材于汉元帝时王昭君和番的史实。昭君入选进宫后不肯向画师毛延寿行贿，毛便利用画像为难她，使她得不到元帝宠幸而被远嫁匈奴单于呼韩邪。毛延寿的女儿淑姬同情昭君的遭遇，向元帝说明了真相。元帝将毛延寿杀死，欲封昭君为皇后。昭君斥责元帝残暴荒淫，毅然离宫下嫁呼韩邪。剧本刻画了王昭君反抗封建皇权的叛逆性格，歌颂了妇女的反抗精神。

咖啡店之一夜　话剧剧本。田汉作。中华书局1924年出版。是一出独幕剧。某咖啡店侍女白秀英在咖啡店巧遇恋人李乾卿，李十分尴尬，竭力在同来的女友前掩饰他们过去的关系。女友看出其中的破绽，愤而离去。这时，李乾卿要求与白秀英断绝关系，并企图出钱换回以前的情书和照片。秀英拒绝，将钱和情书、照片一起投入火炉。在另一顾客、大学生林泽奇的指责下，李乾卿踉跄逃去。剧作抨击了市侩主义，艺术上具有浓烈的抒情风格。

一只马蜂 剧作集。丁西林著。北京大学现代评论社1925年出版。收《一只马蜂》、《酒后》和《亲爱的丈夫》三个独幕喜剧剧本。《一只马蜂》是一出小资产阶级知识分子自由恋爱的喜剧。主人公吉先生与女护士余小姐互相倾心，但却受其母吉老太太的阻挠。吉先生只好装病求医(实则求爱)，和余小姐一起用一连串机智的谎言与反语，巧妙地瞒过吉老太太，取得了自由恋爱的胜利。构思巧妙，语言幽默，极富喜剧效果。《酒后》、《亲爱的丈夫》题材较狭窄，缺乏应有的社会意义。

压迫 话剧剧本。丁西林作。载1926年《现代评论·第一周年增刊》。是一出独幕剧。房东老太不愿将房租给单身男客，女儿则私下将房租给单身工程师。房东回家后要退还租房定金，男房客坚持不允。房东让女佣去叫巡警。前来租房的一女客知情后，表示愿扮男客太太。男、女房客巧妙配合，使巡警无功而返。当男房客关门休息时，才想起问女客——假太太的姓名。剧本情节简单，结构紧凑，语言机智幽默，集中体现了作者早期的喜剧风格。

抗争 话剧剧本。郑伯奇作。载《创造月刊》1928年1卷8期。是一出独幕剧。青年女子沈小莺因父病故，生活无着，被迫在咖啡店当招待。一天，留洋归国的青年林逸尘和朋友黄克欧来店饮酒，得知沈的身世后极表同情，劝她另谋生路。恰巧，三个外国水兵来店见沈年轻貌美，欲施非礼，林、黄见状挺身而出，奋力与外国水兵搏斗。作品通过两个青年维护正义的英勇行动，反映了五卅运动后人民群众日益高涨的反帝爱国热情。

赵阎王 话剧剧本。洪深作。收入《洪深剧本创作集》(东南书店1928年出版)。营长企图私吞军饷，其勤务兵赵阎王从中捞得不少钞票，并开枪打伤营长。出逃途中，赵因神经失常而迷路。士兵小马、老李奉营长之命追击，将赵击毙。老李搜出赵阎王的钱交给小马，要他领众人回去复命，自己则带着一叠钞票回到老家。剧作通过各具性格特点的人物形象，揭露了封建军阀统治的黑暗。

名优之死 话剧剧本。田汉作。载《南国》1929年1期。女艺人刘凤仙色艺双绝，在杨大爷引诱下逐渐堕落。师傅刘振声愤怒至极，同杨大爷进行斗争。杨大爷手段毒辣，刘振声受凌辱后，气死在舞台上。剧本反映了旧社会邪恶势力对艺术的摧残，以及艺人的坎坷遭遇。

五奎桥 话剧剧本。洪深作。载《文学月报》1932年1卷4—6期。是一出独幕剧。农民为抗旱保苗用高价租来一条用机器抽水的洋龙船，因五奎桥桥洞太小无法通过。以李全生为首的部分农民坚决主张拆桥。该桥乃周乡绅的祖辈在前清中举后衣锦还乡时所造，故周乡绅勾结法院王老爷和法警千方百计阻挠，将李全生等捆绑在他家祠堂。农民们奋起反抗，救出李全生，齐心协力拆除了象征封建势力的五奎桥。是现代文学史上最早反映农民自发斗争的现实主义剧本。结构完整紧凑，冲突步步加剧，语言质朴自然，富有地方色彩。

梅雨 话剧剧本。田汉作。收入《暴风雨中的七个女性》(上海湖风书店1932年出版)。是一出独幕剧。潘顺华失业后当了小贩，正值贫病交迫之际，放印子钱的张开富又来讨息，而房东太太则逼他搬家。潘走投无路，悲愤交加，举刀自杀。剧作在潘顺华倒下时，朦胧中憧憬“光明”中结束，显示出作者对无产阶级争取解放的必胜信念。

这不过是春天 话剧剧本。李健吾作。载《文学季刊》1934年3期。革命党人冯允平化名谭刚拜访以前的情人——警察厅长夫人，被夫人留住家中。密探白振山探得冯的真实身分向厅长请求赏金未成，便转而向厅长夫人勒索。夫人付出一千元之后，即派秘书用汽车把冯送往天津。作品从特定角度反映大革命时代的阶级斗争和世态人情，结构紧凑，对话流畅，情节富有戏剧性。

雷雨 话剧剧本。曹禺作。载《文学季刊》1934年1卷3期。资本家周朴园为结婚而赶走被他引诱并生下两个儿子的女佣之女梅侍萍。侍萍怀抱次子大海投河，遇救后嫁与鲁贵，生女四凤。多年以后，周朴园丧妻又续娶繁漪，生子周冲。繁漪婚后处于极度苦闷压抑中，与周之长子周萍发生乱伦关系。后鲁贵、四凤进周府帮佣，周萍则移情四凤。远在他乡帮佣的侍萍前来探亲，巧遇周朴园，并惊悉周萍、四凤兄妹乱伦，痛不欲生。周萍被迫决定携带已怀身孕的四凤出走。繁漪极力阻止无效，绝望中当众公布与周萍之乱伦关系，周朴园亦被迫公开了侍萍的身分。四凤无法承受这种沉重的打击，意外触电身亡。周冲为救四凤亦遭电击，周萍开枪自杀，繁漪、侍萍先后发疯。剧作情节曲折生动，戏剧冲突尖锐、复杂。结构自然紧凑，人物性格鲜明、突出。语言简练精确，富有动作性，是五四以来最优秀的剧作之一。

回春之曲　话剧剧本。田汉作。收入上海普通书局1935年出版的同名剧作集。在南洋教书的爱国青年高维汉，九一八事变后毅然告别恋人梅娘，回国参加义勇军。在上海"一二八"抗战中，他因脑部受伤而失去记忆。梅娘从南洋赶来，三年如一日护理高，并斥退巨商之子陈三水的挑拨，终于帮助高恢复了记忆。后高维汉、梅娘两人共同投入抗日洪流。剧本具有鲜明的时代气息和强烈的感情色彩，洋溢着浪漫主义情调与革命乐观主义精神。

日出　话剧剧本。曹禺作。连载于《文季月刊》1936年1卷1—4期。少女陈白露原是有才华、有追求的中学生，只因父亲病故，家道中落，被迫飘泊风尘，沦为高级妓女，混迹于上层社会，寄生豪富。她虽不甘堕落，却无力自拔。旧时恋人方达生正直、真诚，却又缺乏人生经验，他特地远道来访，劝说白露脱离风尘，偕同走向新生活。白露心有所动，无奈陷溺甚深，恐达生力不能及，故矛盾万分。后因营救孤女"小东西"失败，陈白露精神受挫；而她赖以寄生的银行经理潘月亭又因公债投机破产，最后陈白露服药自杀。剧作采用横断面的描写方法，将"多少人生的零碎"组成幅度宽阔的都市生活画卷，展示出半殖民地半封建社会都市畸形生活与畸形人生，预示这个社会必然灭亡的结局。剧中人物众多，个性鲜明，冲突尖锐，悲喜剧融于一体；语言凝练、生动，潜台词丰富。是五四以来优秀剧作之一。

赛金花　话剧剧本。夏衍作。载《文学》1936年6卷4期。庚子事变中，义和团打死德国公使，德国要求慈禧太后向公使夫人赔礼道歉，否则不签订和约。议和大臣李鸿章为维护慈禧太后的面子，利用妓女赛金花与联军统帅瓦德西的特殊关系，让其从中疏通说情。清政府以替德国公使立牌坊为条件，使公使夫人息怒，终于与联军达成协议；而赛金花却被赶出北京。剧本鞭挞了清政府的反动腐朽，对赛金花给予一定的同情，但对义和团的革命历史作用缺乏正确认识。

秋瑾传　原名《自由魂》。话剧剧本。夏衍作。载《光明》1936年2卷1、2期。秋瑾是一位民主主义革命家、中国妇女解放运动的先驱者。她在回乡省亲途中，恰遇会稽知县枉断教案，便挺身而出，仗义执言。其夫王廷钧为纨袴子弟，反对她议论国事，反对男女平等。秋瑾毅然东渡日本寻求救国之道，人称"鉴湖女侠"。回国后，她在上海主办《中国女报》，从事妇女解放运动；后回绍兴主持大通学堂，开展反清革命活动。因内奸出卖不幸被捕，不久英勇就义。全剧结构紧凑，对白简练，动作性强，形象鲜明。

香稻米　话剧剧本。洪深作。上海杂志公司1936年出版。黄二官家谷子丰收，可谷价却偏偏下跌不止。他不甘心将谷子卖出，但因债主屡屡逼债，只得将谷子和耕牛一起卖掉，可所得无几，不能还清债款。债主收买一批伤兵，将黄家洗劫一空。黄二官这才懂得，农民如不联合起来斗争，就无法生存下去。剧本反映了广大农民的悲惨遭遇，控诉了封建剥削的残酷。是作者继《五奎桥》之后又一部反映江南农村生活与斗争的作品。

上海屋檐下　又名《重逢》。话剧剧本。夏衍作。上海杂志公司1937年出版。林志成的朋友匡复因参加革命被捕，林担起照料匡妻杨彩玉的职责，后两人同居。西安事变后匡复出狱回家，三人皆处于痛苦之中。后匡复振作精神，重上征途，并鼓励林、杨"勇敢地活下去"。剧本还刻画了沦落风尘的弱女施小宝、精神失常的老报贩李陵碑、贫病交困中的失业者黄家楣、安贫乐道的小学教员赵振宇等性格各异的市民群像，通过小人物的遭遇折射出大时代的气息，风格质朴洗练、恬淡隽永。

原野　话剧剧本。曹禺作。载1937年《文丛》1卷2—5期。焦阎王与仇荣原是好朋友。后焦阎王当上军阀连长，将仇荣活埋，抢走仇家好田产，并将其子仇虎关进监狱，又抢来仇虎未婚妻花金子做儿媳。八年后，仇虎越狱还乡，誓报血海深仇。此时焦阎王已死，其妻瞎子焦氏向侦缉队告密，再次加害仇虎。仇虎杀死焦阎王之子大星。焦氏企图暗害仇虎，却误杀自己的孙子。深夜，仇虎携金子逃进黑林子，焦氏抱着孙子尸体，恸哭呼号，追踪仇虎、金子。在侦缉队追捕之下，仇虎精神恍惚，自杀身亡。剧作情节紧张，故事曲折，气氛恐怖，人物内心世界的矛盾冲突惊心动魄，是一部探索农民命运的独具风格的剧作。

乱世男女　话剧剧本。陈白尘作。上海杂志公司1938年出版。女知识青年黄瑛要做一个经济自主、有独立社会地位的女人，为此离家寻找职业。然而，社会为她准备的"职业"，不是陷阱，就是泥坑。在四处碰壁之后，她终于只能做一个家庭妇女。其夫刘天野则在生活的重压下渐趋颓唐，终日以酒浇愁。剧本揭露了抗日战争时期国统区社会的腐败，反映当时知识青年的不幸和灾难。

夜上海 话剧剧本。于伶作。剧场艺术社1939年出版。八一三事变后，开明绅士梅岭春一家逃难到上海，大儿子夫妇被日本侵略者打死，女儿将终身托付给纨袴子弟后遭遗弃。梅家尽管屡遭不幸打击，走投无路，但仍保持民族气节，不畏敌人威逼利诱，最后决定回乡参加抗日斗争。续集《杏花春雨江南》即写梅家回到故乡与抗日军民一起为保卫家乡而斗争的故事。

心防 话剧剧本。夏衍作。桂林新知书店1940年出版。刘浩如是一位有爱国热情的记者，又是进步文化界的领导者。上海刚沦陷时，他准备到后方去，因工作需要，被留下开展斗争。由于抗日军队失利，汪精卫公开叛国投敌，斗争环境变得更加复杂。刘顶住了敌伪的种种威逼利诱，并帮助战友识破敌人的阴谋诡计，鼓励他们增强胜利信心，坚持斗争。

蜕变 话剧剧本。曹禺作。连载于1940年4月16日—6月3日《国民公报》。伤兵医院的丁大夫医术高明，工作认真负责，而院长秦仲宣、庶务主任马登科等人贪污腐化，致使医院秩序混乱。丁大夫无法正常工作，决定辞职。梁专员来院视察，洞悉内情后，竭力挽留丁大夫，并采取措施加以整顿，医院在短期内发生了变化。作品塑造了一位医术高明、医德高尚的女大夫形象，并如实反映抗战初期全国人民高涨的抗日救国热情，鞭挞腐败邪恶，表达出作者对社会变革所寄托的希望。

雾重庆 原名《鞭》。话剧剧本。宋之的作。重庆生活书店1940年出版。抗战初期，一群满怀抗日救国热情的大学生从北平流亡到重庆，希冀有所作为。而雾都迎接他们的却是失业、饥饿、疾病和死亡。经过一段痛苦的挣扎，沙大千、林卷好、老艾、万世修思想上发生变化，走上不同的人生道路。沙大千受官僚袁慕容勾引，堕落为发国难财的投机商；林卷好鄙视丈夫所为，悲愤之余，弃家出走。清高自命的老艾，贫病交加、终被肺病夺去生命；万世修则批命论相，冒充"活神仙"骗钱糊口，最后成为权贵的帮闲；年轻有为的林家棣毅然走上抗日前线。剧作善于在表现人物性格对比和人物关系的微妙变化中展开戏剧冲突、结构戏剧场面，意味隽永。

碧血花 一名《明末遗恨》，又名《葛嫩娘》。话剧剧本。阿英(署名魏如晦)作。上海国民书店1940年出版。主人公葛嫩娘系一富有爱国心的秦淮歌女，于明末南京城陷之际，毅然鼓动情人孙克咸赴闽浙一带参加抗清斗争。苦战数年，孙终因兵败被捕，葛亦壮烈牺牲。剧中葛之凛然大义与孙之怯懦踌躇，形成鲜明对比。戏剧冲突尖锐，爱国热情洋溢，在"孤岛"上海演出时，受到广泛好评。

三块钱国币 喜剧剧本。丁西林作。收入《等太太回来的时候》(正中书局1941年出版)。是一出独幕剧。女佣李嫂不慎打碎花瓶，吴太太逼她赔偿，并叫来警察当掉李嫂铺盖作抵押。警察回来说当铺不收铺盖，并送来三块钱。同院大学生杨长雄抱不平，与吴太太发生口角，杨一怒之下摔碎另一花瓶，也掏出三块钱国币作赔偿，弄得吴太太目瞪口呆。剧情单纯，构思精巧，妙趣横生。

天国春秋 话剧剧本。阳翰笙作。载1941年《抗战文艺》7卷6期、8卷3期。太平天国定都南京之后，东王杨秀清掌握军政大权，他赤胆忠心，励精图治，辅佐天王洪秀全。而投机革命的北王韦昌辉嫉恨杨秀清，奸险毒辣，居心叵测。他挑拨离间，制造事端，串通洪宣娇诬告东王反叛，制造了残杀东王全家及其部属两万多人的惨剧。迫于民愤，洪秀全又杀死韦昌辉一家老小。在惨痛的事实面前，洪宣娇醒悟过来，疾呼："大敌当前，我们不该残杀！……我们真是罪人！真是罪人！真是十恶不赦的罪人啊！"剧作借古讽今，意在揭露、谴责当局阴谋制造"皖南事变"，残杀共产党人，破坏团结，卖国投日的罪行，以此唤醒人们警惕内奸，精诚团结，坚持抗战，具有很强的现实意义。

北京人 话剧剧本。曹禺作。重庆文化生活出版社1941年出版。曾府祖上荣华富贵，显赫一时，而今表面上虽维持着繁文缛礼的旧秩序，却已入不敷出，债台高筑。媳妇思懿掌握大权，泼辣能干，亦无计可施。老祖宗曾皓衰朽病弱，晚景凄凉。其子曾文清怀恋青梅竹马的表妹愫芳，奈本性懦弱，一筹莫展。一家三代坐吃山空，钩心斗角，最终在邻居暴发户杜家的冲击下，曾府彻底崩溃。只有外甥女愫芳、孙媳瑞贞毅然离开曾公馆，走向新生。剧作表现二十世纪二十年代新旧交替时期中国历史的一个侧面，塑造了一群封建阶级末代子孙的艺术典型。风格深沉、含蓄、恬淡、隽永，具有浓厚的地方色彩；语言抒情且富哲理意味。

忠王李秀成 话剧剧本。欧阳予倩作。桂林文化供应社1941年出版。太平天国后期，领导集团内部争权夺利，互相残杀，革命力量严重受挫。曾国荃七次围困天京，重兵压境，局势十分危急。李秀成率部浴血奋战，再次占领杭州，并筹谋出兵安徽，夺回安庆，实现进攻江浙，扫荡北方、确保天京安全的计划。洪秀全却听信谗言，猜忌忠王，不顾大局，强迫忠王回京。忠王力谏天王放弃天京，迁都江西，以保天国。天王不听。结果天京陷落，忠王殊死作战，伤重被俘，英勇就义。剧中人物众多，形象鲜明；风格悲壮激烈，戏剧冲突尖锐，气氛紧张。

妙峰山　喜剧剧本。丁西林作。桂林戏剧春秋社1941年出版。王老虎原是留学英国的大学教授，抗战爆发后因不满当局妥协投降，上妙峰山组织"王家寨义勇团"，以数百兵力打死日军二千人，声名大震。他在购置军火时被保安队抓住。后妙峰山义勇团将王老虎救出，华华和学生旅行团也随同王老虎上山参加游击队。王老虎与华华在战斗中喜结良缘。作者《前言》说："剧本里的人物和情节，完全是凭空虚构。这是一篇喜剧。一篇喜剧是少不了幽默和夸张的。剧词中，对于社会的各方面，也多少会有一些讽刺的意味。"剧情曲折紧张，穿插男女主人公恋爱副线，使全剧妙趣横生，富有浪漫主义传奇色彩。

禁止小便　又名《等因奉此》。话剧剧本。陈白尘作。收入独幕剧选集《后方小喜剧》(重庆生活书店1941年出版)。某行政机关里，当官的终日享乐，生活无聊；高级职员平日不来办公，却靠裙带关系升官发财，只有几个下级职员在虚应故事。某日听说有委员要来"视察"，几个人如临大敌，为拟一块"禁止小便"的牌子，闹得慌乱一场。剧本以犀利的笔锋，暴露当时政权机关的腐败情景。

等太太回来的时候　话剧剧本。丁西林作。正中书局1941年出版。梁治留学归来，得知其父做了汉奸，气得不愿去见他。其父突然回家时，梁治同他发生了争吵。后其父派人送来一张"国际无线电台"台长聘书，梁治断然与父亲决裂，最后与母亲、妹妹一同离家去后方参加抗日斗争。剧本通过家庭矛盾的冲突，表现民族战争时期社会上层阶级民族意识的觉醒，情节紧凑，结构严谨。

虎符　话剧剧本。郭沫若作。重庆群益出版社1942年出版。战国时期，赵国遭秦国侵略。信陵君之姐、平原君夫人突围到魏国求援，魏王却拒绝发兵，反而要赵国投降秦国。信陵君见义勇为，在魏王妃如姬的帮助下，窃得虎符，发兵救赵。魏王得知，怒杀信陵君一家，如姬自戕而死。剧本借古讽今，宣扬团结抗敌思想。

长夜行　话剧剧本。于伶作。桂林新知识书店1942年出版。中学教员俞味辛和陈坚、冯斌、褚冠球等都是师范学校同学。俞和妻子任兰多贫病交加，屡遭敌伪威胁利诱，但威武不屈，洁身自守。陈坚奉命在"孤岛"从事地下工作。冯斌英勇杀敌，后为国捐躯。褚冠球则堕落为汉奸，并企图以金钱收买俞味辛附逆。俞愤怒枪杀褚冠球而被捕。陈坚多方设法营救。太平洋战争爆发，日军袭击租界，轰毁牢房，俞味辛乘乱逃跑，在陈坚的帮助下，俞氏夫妇走上革命道路。剧作生动地表现了抗战时期爱国知识分子"为着国土的沦丧而慷慨悲歌，为着大众的嗟伤而牺牲自我"的斗争精神。

法西斯细菌　又名《第七号风球》。话剧剧本。夏衍作。载《文艺生活》1942年3卷3期。俞实夫是埋头科研、不问政治的细菌学家，八一三事变后，被迫来到香港。日军侵入香港，捣毁俞的研究设备，枪杀其友钱裕，凌辱其妻。而他的科研成果不仅未造福人类，反成为法西斯屠杀人民的工具。无情的现实终于使他觉醒。于是他到桂林投入抗战。剧本塑造俞实夫形象，以批判科学至上主义，揭露法西斯罪行，歌颂爱国主义精神。

家　话剧剧本。曹禺作。重庆文化生活出版社1942年出版。根据巴金长篇小说《家》改编。选取原作中觉新的婚礼、兵变前后、高老太爷的寿辰与去世、瑞珏之死四个片断，并重新进行艺术构思，以瑞珏为主要人物，由她结婚开始，到其去世结束，着重揭露封建大家庭的腐败和封建婚姻制度的不合理。抒情色彩浓郁，艺术上有新的创造。

屈原　话剧剧本。郭沫若作。重庆文林出版社1942年出版。楚国三闾大夫屈原提出联齐抗秦主张，遭南后郑袖等反对。他们诬陷屈原淫乱宫廷，楚怀王听信谗言，将屈原革职，关押于东皇太乙庙。卫士愤而火焚东皇太乙庙，屈原逃奔汉北，继续从事爱国活动。剧情曲折，语言优美，感情奔放，气势磅礴，热情歌颂屈原的爱国主义精神，赞扬他坚持真理、敢于同邪恶势力作顽强斗争的高贵品质，表达了作者的爱国热忱。此剧在当时演出时引起强烈反响，有力地配合了全民族的抗日斗争。

野玫瑰 话剧剧本。陈铨作。重庆商务印书馆1942年出版。国民党特工人员刘云樵去北平活动,得到北平伪政委会主席王立民老婆夏艳华的帮助。夏是刘的旧恋人,著名的"天字十五号"特务。刘获得许多重要情报后携表妹曼丽安全逃走,夏在丈夫死后则不知漂泊何方。该剧歌颂国民党特务,并宣扬"权力意志"。当年在重庆演出后,立即遭到进步文化界的批评。

海国英雄 又名《郑成功》。话剧剧本。魏如晦(阿英)作。上海国民书店1942年出版。清兵南下,郑芝龙被俘。其子郑成功率部进攻南京,失败后退居台湾。郑芝龙一家在北方遇害,噩耗传来,郑成功痛哭流涕,发誓报仇雪恨。他成立天地会,准备坚持抗清斗争。剧本表现郑成功不屈不挠,苦战到底的顽强精神,反映出强烈的民族反抗意识。在"孤岛"上海演出时曾产生很大反响。

孔雀胆 话剧剧本。郭沫若作。重庆群益出版社1943年出版。段功作战有功,梁王将女儿阿盖许配为妻,并奏请皇帝封其为云南平章政事。段上任后遭人诬陷,梁王听信谗言,命阿盖用孔雀胆酒毒死他。阿盖不忍,向他泄漏了父王的阴谋,劝他返回大理。段不听,终被梁王诱杀。后阿盖除掉仇人,服毒自杀。剧本歌颂坚持民族团结的阿盖和段功,鞭挞了制造阴谋的邪恶势力。

万世师表 话剧剧本。袁俊(张骏祥)作。载《时与潮文艺》1943年3卷1、2期。老教授方义逵将苦学成才的林桐提为大学讲师,又以爱女尔婇相配。方去世后,林桐夫妻继承父志,努力从教。抗战爆发后,林携妻儿随校内迁,历尽艰辛,家产毁于敌机,爱子夭折,妻子罹病,但林桐清贫自守,赢得全校师生敬仰。剧作还描写了知识分子中的败类和投机分子:教授施运嘉充当汉奸,后因得罪日本人,服毒自尽;教授娄国栋从事投机活动,落得身败名裂;系主任郑楚雄,在学校危难之际弃教从商。这三人的形象反衬出一个忠于教育事业,堪称万世师表的林桐的形象。全剧结构完整,人物形象鲜明,对白精彩。

抓壮丁 话剧剧本。原为四川旅外剧人抗敌演剧队于1938年创作的一出幕表戏,1943年由吴雪、陈戈、丁洪、戴碧湘在延安改作而成。抓丁队卢队长向王保长要壮丁,结果佃农姜国富的独生子便被抓了壮丁。不久,李老栓的当官的儿子归来,王保长、卢队长又企图敲诈李老栓,双方争吵一场。最后他们联合欺压农民,大抓壮丁;壮丁们起来暴动。全剧完全采用四川方言,讽刺辛辣,淋漓尽致地揭露了国统区黑暗的社会现实。

风雪夜归人 话剧剧本。吴祖光作。载《戏剧月报》1943年1卷1、2期。以旧中国军阀黑暗统治时期为背景,写京剧名角魏莲生与官家姨太太玉春的爱情悲剧。红极一时的魏莲生酣戏于笙歌丝管之中,"人苦不自知"。出身青楼的玉春虽锦衣玉食,婢仆环列,却不曾忘却贫苦辛酸的经历。感于同是天涯沦落人的不幸身世,玉春对莲生由同情、倾慕而生爱心。这对风尘知己为了追求新的生活,争得做人的尊严,决定出逃,但被污吏苏弘基等出卖。莲生被逐出境,玉春则被作为礼物送与另一官僚。廿年后,身染重病的莲生挣扎着回到原处,在风雪交加的夜晚倒毙于他与玉春定情的花园里。而被送回苏家的玉春也恰在这风雪之夜失踪。全剧诗意浓郁,情感真切,人物性格鲜明。

升官图 讽刺喜剧剧本。陈白尘作。连载于《华西明报·艺坛》1945年10—11月。两个强盗在一所古宅做了个升官发财美梦:暴动百姓打伤知县,打死秘书长。强盗乙乘乱冒充知县,真知县被卖进壮丁营。知县太太为保住地位,认假知县为夫,将强盗甲奉为秘书长。假秘书长决定向百姓罚款。众官吏正为分赃闹成一团之际,省长莅临,官吏纷纷献上金条,省长还得到假知县送的原知县太太。在省长举行婚礼时,愤怒的百姓将他们抓住审判。两个强盗从梦中惊醒,亦被抓获。剧本大胆而合理地运用漫画式夸张手法,在看似荒诞的梦境中达到对腐败官僚政治的辛辣讽刺。

岁寒图 话剧剧本。陈白尘作。重庆群益出版社1945年出版。抗战大后方某医院肺科教授黎竹荪忠贞自守,热情为病人服务。鉴于每年四百万人死于肺病的惊人事实,他精心起草了防痨计划,但被政府机构一次次驳回,其两名助手也离他而去。爱女又因营养不良染上肺病,严酷的现实使他终于认识到社会问题得不到解决,防疫计划根本不可能实现。剧本歌颂正直的知识分子的高洁情操和奋斗精神,揭露了国统区的黑暗与腐朽。

清明前后 话剧剧本。茅盾作。重庆开明书店1945年出版。以抗战时期轰动重庆的黄金案为背景，采用两条线索展开剧情。一是民族资本家林永清和官僚资本家金澹庵之间的矛盾冲突。更新机器厂厂主林永清精明强干，颇有事业心。抗战爆发后，把工厂从上海迁到重庆，克服种种困难，使工厂有所发展，然好景不长，在官僚资本重重压制下，工厂陷于困顿。于是他幻想从黄金投机中找出路，但黄金梦转瞬即灭。另一线索是唐文君及其丈夫李维勤的悲剧。李为还债，受人引诱挪用公款抢购黄金，结果成为替罪羊入狱，妻子发疯。剧本结构细密严谨，主副线穿插得宜，戏剧冲突复杂，扣人心弦。

芳草天涯　话剧剧本。夏衍作。重庆美学出版社1945年出版。大学教授尚志恢与妻子石咏芳感情不合，后在桂林与老友孟文秀侄女孟小云相遇而生爱情。石咏芳随后赶到，发现他们的关系后，恳求小云帮助；孟文秀也诚恳规劝尚志恢。于是，尚与小云中断关系。后小云加入战地服务队，尚志恢夫妻和孟文秀夫妇也随难民来到贵阳，开始新生活。剧本在冲突安排和人物复杂心理表现上较有特点。

白毛女　歌剧剧本。延安鲁迅艺术文学院集体创作，贺敬之、丁毅执笔。延安新华书店1946年出版，后曾多次修改再版。作品根据晋察冀边区民间传说“白毛仙姑”写成。地主黄世仁除夕讨债，逼死佃户杨白劳，抢走其独生女喜儿。喜儿未婚夫大春离家投奔八路军。喜儿落入黄家后不久即逃进深山，受尽苦难，头发渐渐变白。大春随八路军回乡开展反霸斗争，村民们清算了黄世仁。大春进入深山，找到喜儿，两人从此开始了新的生活。剧本表现的是“旧社会把人变成鬼，新社会把鬼变成人”的主题思想，在艺术形式上创造了为广大群众喜闻乐见的“新歌剧”。

李闯王　话剧剧本。魏如晦(阿英)作。华中新华书店1946年出版。李自成率明末农民起义军攻占京城后，部下贪图享受，骄傲轻敌，纪律松懈，终在汉奸吴三桂和清兵的袭击下被迫退出京城，不久彻底失败。剧本以李自成的失败为鉴，试图告诫革命队伍从农村进入城市后只有牢记历史的教训，谦虚谨慎，才能保持革命的胜利。此剧在各解放区演出时曾引起很大反响。

高渐离　话剧剧本。原名《筑》。郭沫若作。上海群益出版社1946年出版。荆轲刺秦王遇难后，好友高渐离决心为其报仇，伺机谋刺秦王。御医设计诱捕了高渐离。秦王命人弄瞎其双眼，并令他击筑取乐。高渐离乘机将藏有铅块的筑掷向秦王，未果而遭杀害。剧本借古讽今，旨在批判当时的政治黑暗。后因作者对秦始皇重新作了评价，故对此剧作了较大修改。

草莽英雄　话剧剧本。阳翰笙作。群益出版社1946年出版。辛亥革命前夕，川南保路同志会罗选青等人在与清政府的斗争中表现出坚贞不屈的英雄气概，但对混入内部的敌人缺乏必要的警惕，又未能听取不同意见，以致误信敌人的诈降。罗选青身负重伤而亡，革命事业毁于一旦。剧本借血的历史教训，说明革命者的警惕性对于革命胜败具有极为重大的意义。

嫦娥奔月　话剧剧本。吴祖光作。开明书店1947年出版。取材于古代神话传说。后羿射日为人民除了害，但做了皇帝又强娶民女嫦娥为皇后。嫦娥不满被幽禁的生活，遂偷吃仙草飞进月宫。在后羿的残暴统治下，人民生活痛苦不堪。逢蒙带领武装的群众推翻了后羿。剧本反映了人民反抗强暴的斗争，表达了人民追求自由幸福的美好愿望。

刘胡兰　歌剧剧本。西北战斗剧社集体创作，魏风、刘莲池执笔。太岳新华书店1948年出版。以刘胡兰烈士的英雄事迹为题材，表现她忠于革命的崇高品质。刘胡兰发动群众参加清算斗争，组织妇女支前、救护伤员，被国民党军队逮捕后，英勇不屈，最后壮烈牺牲。剧本将刘胡兰英勇献身的革命英雄主义和革命乐观主义精神描绘得有声有色，结构紧凑，歌词优美，有较强的艺术感染力。

群猴　喜剧剧本。宋之的作。收入剧作集《人与畜》(光华书店1948年出版)。是一出独幕剧。以1947年国民党国大选举为背景，写某大城市的三青团书记长、CC分子、某办事处主任、与孔祥熙有特殊关系的鞋店老板、女国大代表等麇集在镇长孙为本家中，为国大代表选举一事拉关系，耍手腕，各逞威风，接着又围绕现金交易展开一场恶战。在“权势”、“财势”都难决胜负的情况下，他们又互相揭短，乃至谩骂、撕打、动枪。剧作深刻暴露国民党各派系之间的矛盾，有力地讽刺了国大代表选举的欺骗性。

龙须沟　话剧剧本。老舍作。载《北京文艺》1950年创刊号。龙须沟本是北京有名的臭水沟。在旧社会，居住沟边的劳动群众不仅受到瘟疫疾病的威胁，还遭受反动政府和地痞流氓的盘剥欺压。解放后，他们彻底翻了身。人民政府填平龙须沟，修起柏油路，贫民区环境焕然一新。程疯子做了自来水管理员，赵老头当上人民代表，丁四也参加了工作。剧本以新旧社会的鲜明对比，歌颂党和人民政府对劳动人民的关怀，塑造了程疯子、赵老头等一些性格鲜明的形象。语言生动风趣，成功写出社会变革与人们精神面貌变化的关系。

丽人行 话剧剧本。田汉作。中国戏剧出版社 1955 年出版。抗战时期，纱厂女工刘金妹失业后为了养家，被迫卖身，被丈夫逐出后，跳江自杀未遂。梁若英在丈夫去内地从事革命工作后，不耐贫困寂寞，而与银行家结婚，几年后丈夫归来，两人相见时均遭日军逮捕；梁若英出狱后遭后夫抛弃而欲自尽。李新群在丈夫转移后仍坚持地下工作，并热情帮助刘金妹、梁若英走上革命道路。剧本表现了当时上海三个不同阶层的女性的曲折生活道路，具有一定的典型意义。

车夫之家 话剧剧本。欧阳予倩作。收入《欧阳予倩剧作选》(人民文学出版社 1956 年出版)。是一出独幕剧。一人力车夫生活贫困，儿子病重也无钱医治，恰在此时，房东又来强迫他搬家，并逼其女儿为娼。车夫眼看儿子被吓死，房子被拆掉而无可奈何。剧作通过车夫一家的不幸遭遇，反映了劳动人民的悲惨命运。

万水千山 话剧剧本。陈其通作。中国戏剧出版社 1957 年出版。以中国工农红军二万五千里长征途中几个主要事件为题材，艺术地再现了工农红军的战斗生活，概括了伟大悲壮的长征战斗历程。“第二次攻打娄山关”是全剧序幕。表现遵义会议后，红军扭转局势，由被动转为主动，开始了中国革命历史的新篇章。“强渡大渡河”是全剧最壮烈的一幕，描绘得惊天动地，震撼人心。“过草地”则进一步表现红军革命乐观主义和革命英雄主义精神。“腊子口战役”是最后一幕，表现长征的伟大胜利。作品在描绘英雄集体，塑造英雄群像的同时，侧重塑造了红军干部李有国、罗顺成、赵志方的英雄形象。

布谷鸟又叫了 话剧剧本。杨履方作。载《剧本》1957 年 1 期。童亚男爱劳动，又爱唱歌，人称“布谷鸟”，王必成和申小甲都爱上她。后童亚男爱上了王必成，王必成却不让她跟大家接近，并不许她学开拖拉机。童与王必成解除关系，却遭到团支书的打击。后童在申小甲帮助下学会了开拖拉机，并爱上他。此剧演出后，在主题和人物塑造两方面曾引起较大争议。

茶馆 话剧剧本。老舍作。载《收获》1957 年 1 期。剧作在清末戊戌变法时期、民国初年混战时期和抗战胜利后等三个历史断面上，通过北京一家茶馆来展现社会世态，反映风云变幻。茶馆掌柜王利发当了一辈子“顺民”，最后还是被逼上绝路；旗人常四爷一辈子不服软，敢作敢为，可直到年过古稀还得靠卖花生米度日；秦仲义踌躇满志地致力“实业救国”，结果工厂被掠夺一空，四十年苦心经营付诸东流。这三人挣扎一生，只落得自讽自嘲与生活告别。作品共描写社会各阶层的各种人物六七十个，展现出一幅丰富而广阔的历史画面。全剧生活气息和地方色彩浓郁，人物形象栩栩如生，语言洗练、生动，富有幽默感。

关汉卿 话剧剧本。田汉作。载《剧本》1958 年 5 期。取材于元代关汉卿所著悲剧《窦娥冤》的史实。关汉卿据民女朱小兰无辜被杀一案而创作杂剧《窦娥冤》，触怒了中书省平章阿合马，被责令改掉剧中讽喻现实的章句，关坚辞不从而身陷囹圄。后在王实甫等人营救下，关汉卿被逐出大都，押往杭州，被迫与恋人朱帘秀分手。剧作气势豪迈，抒情色彩浓厚，突出表现了关汉卿的凛然正气。

红色风暴 话剧剧本。金山作。载《中国戏剧》1958 年 8 期。1923 年京汉铁路工人在郑州成立总工会，后被军阀吴佩孚查封。总工会委员长林祥谦赶到汉口发动工人罢工。吴佩孚派军队镇压，律师施洋被捕后英勇就义。敌人又威逼林祥谦下令复工，林严词拒绝，也被杀害。剧本反映二七大罢工斗争史，歌颂了中国工人阶级的革命精神。

东进序曲 话剧剧本。顾宝璋、所云平作。载《解放军文艺》1959 年 8 期。新四军东进途中遭国民党顽固派刁难和阻挠，挺进纵队司令员孟器宇、政治部主任陈秉光同地方实力派刘玉坤进行谈判，展开有理、有利、有节的斗争，同时又说服爱国军人周明哲率部起义，并击败了刘玉坤的军事挑衅，谈判终获胜利，新四军重新踏上东进抗日的征途。剧本歌颂中国共产党“发展进步势力，争取中间势力，孤立顽固势力”的政治路线和军事路线的胜利。

蔡文姬 话剧剧本。郭沫若作。文物出版社1959年出版。东汉学者蔡邕之女文姬于战乱中流落南匈奴,成为左贤王之妻。曹操希望文姬归来继承父业,续撰《后汉书》,乃遣人出使南匈奴,赎回文姬。文姬归途中思念儿女,悲痛欲绝,写下哀怨动人的诗篇《胡笳十八拍》。全剧通过"别子"、"释念"、"进谏"、"续书"等情节,塑造了一个一生坎坷、才华横溢的女诗人形象,风格雄放奇丽,诗意盎然。

甲午海战 话剧剧本。集体创作,朱祖贻、李恍执笔。载《剧本》1960年11期。1894年,以"致远号"军舰管带邓世昌为代表的爱国官兵和威海群众目睹日本军舰在中国领海内的挑衅行径,义愤填膺,同北洋大臣李鸿章为首的主降派展开斗争。在中日甲午海战中,邓世昌率领官兵英勇战斗,击中敌舰;后因弹尽决定撞沉敌舰,不幸被鱼雷击中,全舰官兵牺牲。剧本成功地塑造了民族英雄邓世昌的形象,歌颂了中国人民反抗侵略的英勇斗争精神。

兵临城下 话剧剧本。白刃、洛丁、李树楷作。春风文艺出版社1962年出版。解放战争时期,长春国民党守军处于中国人民解放军包围之中。国民党军队内部嫡系与非嫡系部队之间矛盾重重。为争取非嫡系部队起义,人民解放军采取分化、瓦解的政策,派姜部长秘密入城,劝说赵崇武部弃暗投明。赵崇武在最后时刻选择了率部起义的光明道路,长春获得解放。剧本结构紧凑,语言朴素、生动,人物形象鲜明,生活气息浓郁。

霓虹灯下的哨兵 话剧剧本。沈西蒙等作。载《剧本》1963年2期。上海解放后,中国人民解放军的一支连队奉命进驻繁华的南京路。排长陈喜受资产阶级思想侵蚀,刚入伍不久的童阿男一受批评就擅自离队,班长赵大大对社会上不良现象十分反感,要求调动。连长和指导员抓住这些问题及时对全连进行阶级教育和传统教育,引导大家积极开展反腐蚀斗争。全连官兵在香风毒雾中始终保持了人民军队的革命本色。剧作戏剧冲突张弛有序,人物形象鲜明,对白生动。

年青的一代 话剧剧本。陈耘等作。载《剧本》1963年3期。林育生是烈士的后代、老干部林坚的养子。他贪图安逸,追求个人生活享受,大学毕业时不愿到艰苦地方去工作。为了达到留在城里的目的,育生弄虚作假,企图欺骗组织。在养父教育下,在烈士父母血书的感召下,育生迷途知返,立志到艰苦的地方锻炼自己。剧作揭示了两种人生观、幸福观的对立和斗争,曾在青年中引起较大反响。

红鼻子 话剧剧本。姚一苇作。载《文学季刊》1969年9期。被豪雨阻滞在蓬莱别馆的旅客各为自己的心事烦恼。江湖杂耍班子中的一名小丑红鼻子,尽其所能为周围人们送去快乐,帮助他们摆脱生活困扰,树立对生活的勇气。最后,他为救一个落水的舞娘而牺牲了自己,用生命的代价证明了一条真理:真正的快乐就是牺牲。

于无声处 话剧剧本。宗福先作。载1978年10月28日《文汇报》。梅林和儿子欧阳平来到上海老战友何是非家中。何过去曾诬陷梅林是叛徒,现在又得知欧阳平因收集天安门诗抄而成为全国通缉的反革命分子,即向江青反革命集团在上海的爪牙密报。欧阳平随即被捕,梅林鼓励儿子要坚持斗争。而何的妻子儿女则看清了何卑鄙无耻的嘴脸,毅然与其决裂。剧本歌颂了同江青反革命集团作斗争的英雄。是最早反映1976年天安门事件的文艺作品。

报春花 话剧剧本。崔德志作。载《剧本》1979年4期。李健上任厂长后不久即把工作出色的白洁树为标兵,但党委副书记吴一萍却认为白洁的父母有政历问题而表示反对,并竭力要将李健的女儿红兰树为标兵,且要儿子晓峰和红兰相爱。由此,李健和吴一萍、红兰,红兰和白洁之间产生了矛盾。中共十一届三中全会后,白洁终于成为全国纺织行业的标兵,并和晓峰建立了爱情。剧本反映出当时在冲破"左"的思想路线束缚过程中的激烈斗争。

狗儿爷涅槃 话剧剧本。锦云作。载《剧本》1986年6期。狗儿爷的大名叫陈贺祥。他于地主祁永年逃难之际,乘机砍了20亩好芝麻。解放后,他分到了土地,住进了祁家的高门楼,买了马,拴了车,又娶了寡妇冯金花,日子越过越美,就一心想当地主。不久,他竟用三石芝麻买下三亩好地。合作化运动粉碎了他的地主梦,于是他发了疯。中共十一届三中全会后,他又分得土地和马,不禁欣喜若狂,突然清醒过来。但当儿子和媳妇要拆掉门楼盖厂房时,他又觉得做不成地主,便在一个夜里将门楼烧毁。剧作既对狗儿爷的曲折命运表示了同情,又揭示出落后的农民意识给社会进步所带来的巨大惰力。

文　集

胡適文存　胡適早年著作汇集。共三集。上海亚东图书馆分别于1921、1924、1930年出版。1953年12月，台湾远东图书公司出版《胡適文存》四集本，除原三集外，将1935年上海商务印书馆出版的《胡適论学近著》作为第四集，前有作者1953年写的《四部合集本自序》。前三集合计删去文章三十八篇。合集本收入了作者1917年4月到1935年的重要文章，是研究胡適生平和思想的重要文本。

独秀文存　陈独秀早年著作汇集。上海亚东图书馆1922年出版。共三卷。第一卷为论文集，收1915—1922年所写《敬告青年》等论文六十一篇，提倡民主与科学，抨击封建伦理道德，旗帜鲜明，文笔雄健，析理透剔。第二卷为随感录，收1918—1921年所写《两团政治》等随感一百六十篇，内容多针砭时事，文笔犀利。第三卷为通讯集，收1915—1921年书信五十二封。

知堂文集　诗文合集。周作人著。上海天马书店1933年出版。除《序》外，收诗文44篇。系作者的自选集，反映了作者从"五四"新文学斗士到回守民间学术岗位的精神取向。收录了20世纪20年代初至30年代初的作品。内容包括诗歌、描写故乡风物的小品、写草木虫鱼的短文、关于俗文学的随笔，以及译文。

鲁迅全集　鲁迅著作汇集。❶1938年鲁迅先生纪念委员会编辑，鲁迅全集出版社初版。共二十卷。有三种：纪念本甲种为红漆布封面精装；纪念本乙种为红色胶布黑色皮脊皮包角封面，附楠木箱一口；普及本为大红纸面布脊精装。❷1950年起鲁迅著作编刊社编辑，人民文学出版社1956—1958年出版，共十卷。此版只收创作和部分书信，不收译作和辑录古籍，有注释约八千条。❸1981年9月人民文学出版社出版，共十六卷。此版在十卷本基础上作大幅度调整，增收《集外集拾遗补编》，增收全部译作的序跋辑为《译文序跋集》，增收全部古籍序跋辑为《古籍序跋集》，增收现存鲁迅全部日记、至出版前为止所见的全部书信及1958年以来所发现的全部佚文，增加了新的注释，增编了《鲁迅著译年表》、《全集篇目索引》和《全集注释索引》。❹ 2005年12月人民文学出版社出版，共十八卷。此版以1981年版为基础进行修订，补入迄今搜集到并经确认的佚文佚信，收入《两地书》的鲁迅原信和《答增田涉问信件集录》。所收著作又据作者生前审完（或写完）的文本作了校核，并对1981年版全集的注释作了增补和修改。

鲁迅三十年集　鲁迅著作汇集。鲁迅全集出版社1941年出版。收创作、评论、学术专著及辑录古籍共二十九种，计三十册。编排以著述年代为序。本集的编辑是根据鲁迅本人生前的设想、拟目进行的，故译作未收。

闻一多全集　闻一多著作汇集。郭沫若、朱自清、吴晗、叶圣陶编。开明书店1948年出版。共四册。第一册为甲集，收《神话与诗》文二十一篇。第二册为乙集，收《古典新义》文二十五篇。第三册为丙、丁、戊、己、庚集，收《唐诗杂论》、《诗与批评》以及杂文、讲演录、书信共计文九十一篇。第四册为辛集，收《诗选与校笺》五篇。

朱自清文集　朱自清著作汇集。朱自清全集编辑委员会编。开明书店1953年出版。全四册。收入文学创作、评论和学术研究的主要著作，包括散文诗歌合集《笑的历史》、《踪迹》，散文集《背影》，杂文集《你我》、《杂文遗集》，评论集《语文零拾》、《语文续拾》、《标准与尺度》、《论雅俗共赏》，论著《文史论著》、《经典常谈》、《诗言志辨》。集前载有《朱自清先生传略》。

瞿秋白文集　瞿秋白著作汇集。瞿秋白文集编辑委员会编。人民文学出版社1953—1954年出版。收文学创作、评论和翻译等主要作品。分类并大致按出版年代编次。共四册。第一册收散文集《饿乡纪程》、《赤都心史》，论著《乱弹》等；第二册收有关俄国、苏联文学和中国大众文艺方面的论文，《"现实"》、《列宁论托尔斯泰》及《译论辑存》等；第三册收高尔基作品等译作；第四册收译著《高尔基论文选集》、普希金的《茨冈》、高尔基的《市侩颂》等译作。

洪深文集　洪深著作汇集。中国戏剧家协会编辑。中国戏剧出版社1957—1959年出版。共四卷。收入《贫民惨剧》、《赵阎王》、《少奶奶的扇子》、《五奎桥》、《香稻米》、《青龙潭》、《走私》、《咸鱼主义》、《飞将军》、《包得行》、《鸡鸣早看天》、《女人女人》、《这就是"美国的生活方式"》等十三个话剧剧本，《申屠氏》、《冯大少爷》、《歌女红牡丹》、《劫后桃花》等四个电影剧本和广播剧本《开船锣》，《电影戏剧表演术》、

《电影戏剧的编剧方法》、《戏剧导演的初步知识》、《戏的念词与诗的朗诵》、《抗战十年来中国的戏剧运动与教育》等五部专著,以及《现代戏剧导论》等文二十六篇。集后附《洪深同志生平事略》。

韬奋文集 邹韬奋著作汇集。香港生活·读书·新知三联书店 1957 年出版。共三卷。收入论文、杂感、随笔等文章,游记《萍踪寄语》、《萍踪忆语》,以及专著《经历》、《患难余生记》、《事业管理与职业修养》。其中个别篇章或文句由编辑者作了删节。集前载有《韬奋年表》。

巴金全集 巴金作品的汇集。人民文学出版社 1986—1993 年出版。二十六卷。收入巴金 1921 年至 1993 年的全部著作和截止到 1993 年为止的所见书信和日记。第一卷至第八卷收中长篇小说,第九卷至第十一卷收短篇小说,第十二卷至第十六卷收散文,第十七卷收序跋和画册,第十八卷至第十九卷为集外编,第二十卷收两部未刊稿和两部创作谈,第二十一卷收早期的三部特写集和历史著作,第二十二卷至第二十四卷为书信编,最后两卷为日记编。第二十六卷附有全集篇目索引和著译年表。

叶圣陶文集 叶圣陶著作汇集。人民文学出版社 1958 年出版。共三卷。收入《隔膜》、《火灾》、《线下》、《城中》、《未厌集》、《四之集》等六部短篇小说集,长篇小说《倪焕之》,以及短篇小说十一篇。

郑振铎文集 郑振铎著作汇集。人民文学出版社 1959—1985 年出版。共四卷。主要收文学创作和史论,按体裁和作品出版年代编次。第一卷收《家庭的故事》、《取火者的逮捕》、《桂公塘》三部短篇小说集和集外短篇小说七篇;第二卷收《战号》和《山中杂记》、《欧行日记》及《海燕》等诗文;第三卷收散文集《西行书简》、《蛰居散记》和集外散文三十七篇;第四卷收政论、杂感、文学评论,以及史论集《汤祷篇》。

阿英文集 阿英单篇著作汇集。香港生活·读书·新知三联书店 1979 年出版。共一百八十六篇。其中有随笔、札记、书话、回忆录、日记、序跋等。1981 年北京三联书店再版,本中增附《阿英著作目录》一种。

王统照文集 王统照著作汇集。山东人民出版社 1980—1984 年出版。共六卷。收《春雨之夜》、《霜痕》、《号声》、《银龙集》、《华亭鹤》等短篇小说集五部,《一叶》、《黄昏》等中篇小说两部,《山雨》、《春花》、《双清》等长篇小说三部,《童心》、《这时代》、《夜行草》、《横吹集》、《江南曲》等新诗集四部,《鹊华小集》、《剑啸庐诗草》、《补编》等旧体诗集三部,散文集《北国之春》、《欧游散记》、《片云集》、《青纱帐》、《繁辞集》、《去来今》、《听潮梦语》、《微音集》等八部,《炉边文谈》、《论文集》等专著两部。集末有《王统照先生年谱简编》。

老舍文集 老舍著作汇集。人民文学出版社 1980—1986 年出版。共十六卷。收《老张的哲学》、《赵子曰》、《二马》、《小坡的生日》、《离婚》、《牛天赐传》、《骆驼祥子》、《文博士》、《火葬》、《四世同堂》、《鼓书艺人》、《无名高地有了名》、《正红旗下》、《猫城记》等中长篇小说十四部,《赶集》、《樱海集》、《蛤藻集》、《火车集》、《贫血集》等短篇小说集五部,《残雾》、《张自忠》、《面子问题》、《大地龙蛇》、《归去来兮》、《谁先到了重庆》、《方珍珠》、《龙须沟》、《春华秋实》、《西望长安》、《茶馆》、《女店员》、《全家福》、《宝船》、《神拳》、《荷珠配》、《火车上的威风》、《秦氏三兄弟》、《柳树曲》、《青霞丹雪》、《青蛙骑水》等剧本二十一部,文艺理论《文学概论讲义》、创作经验谈《老牛破车》、《和工人同志们谈写作》、《出口成章》,散文一百六十二篇,曲艺二十九篇,新诗四十七首,旧诗六十四题,抗战文艺运动论述三十二篇。

欧阳予倩文集 欧阳予倩著作汇集。《欧阳予倩文集》编辑委员会编。中国戏剧出版社 1980 年出版。共二卷。收入《泼妇》、《屏风后》、《车夫之家》、《小英姑娘》、《买卖》、《同住的三家人》、《越打越肥》、《桂林夜话》(又名《归来夜话》)、《言论自由》等独幕剧、默剧剧本九部,《不要忘了》、《忠王李秀成》、《桃花扇》、《黑奴恨》等话剧剧本四部,《黛玉葬花》、《馒头庵》、《晴雯补裘》、《黛玉焚稿》、《人面桃花》、《渔夫恨》、《桃花扇》、《孔雀东南飞》、《梁红玉》、《木兰从军》、《抢军》、《关王庙》、《荆轲》等京剧、桂剧、歌剧剧本十三部。

赵树理文集 赵树理著作汇集。工人出版社 1980 年出版。共四卷。收入《小二黑结婚》、《李有才板话》、《三里湾》、《灵泉洞》等小说,《焦裕禄》、《石不烂赶车》等剧本、曲艺、诗歌,以及杂感、书信等。集前载有周扬的《论赵树理的创作》,集后有《赵树理创作年表》。1984 年又出版《续编》一卷,收佚文一百余篇。

周立波文集 周立波著作汇集。上海文艺出版社 1981—1985 年出版。共五卷。收入《暴风骤雨》、《铁水奔流》、《山乡巨变》等三部长篇小说,《周立波短篇小说集》一部,《晋察冀边区印象记》、《战地日记》、《南下记》、《万里征尘》等四部报告文学集,以及《周立波三十年代文学评论集》、《周立波鲁艺讲稿》等。

雪峰文集 冯雪峰著作汇集。人民文学出版社 1981—1985 年出版。共四卷。收入《湖畔》和《春的歌集》中作者的诗作,《真实之歌》、《灵山歌》诗歌两部,电影剧本《上饶集中营》,《今寓言》、《雪峰寓言三百篇》(上卷)、《雪峰寓言》、《寓言》、《百喻经故事》等五部寓言、故事集,《过去的年代》、《论民主革命的文艺运动》、《论文集》、《论〈保卫延安〉》等四部论文集,《乡风与市风》、《有进无退》、《跨的日子》等三部杂文集。

冰心文集 冰心著作汇集。上海文艺出版社 1982—1990 年出版。共五卷。收入《去国》、《超人》、《往事》、《姑姑》、《冬儿姑娘》、《关于女人》等短篇小说集六部,《繁星》、《春水》、《冰心诗集》、《小橘灯》等诗集四部,《冰心散文集》、《寄小读者》、《南归》、《平绥沿线旅行纪》、《归来以后》、《还乡杂记》、《我们把春天吵醒了》、《樱花赞》、《拾穗小札》、《晚晴集》等散文集十部,以及学术论文、杂感、评论、序跋等。

何其芳文集 何其芳著作汇集。人民文学出版社 1982—1984 年出版。共六卷。按体裁和写作时间编次,并标有年序,不再保留原集名称。收入诗歌、散文、杂文、小说、剧本、文学评论等作品。集前有周扬的序文。

沈从文文集 沈从文著作汇集。花城出版社、香港生活·读书·新知三联书店 1982 年出版。共十二卷。收入《鸭子》、《蜜柑》、《老实人》、《阿丽思中国游记》、《入伍后》、《雨后及其他》、《山鬼》、《龙朱》、《石子船》、《沈从文甲集》、《一个女剧演员的生活》、《沈从文子集》、《虎雏》、《都市一妇人》、《凤子》、《一个母亲》、《月下小景》、《阿黑小史》、《如蕤集》、《边城》、《八骏马》、《长河》、《小砦及其他》、《新摘星录》、《芸庐纪事》、《雪晴》、《福生》、《在别一个国度里》、《采蕨》、《神巫之爱》、《旅店及其他》、《夫妻》等三十二部小说集,《记胡也频》、《从文自传》、《湘行散记》、《湘西》、《情步集》等五部散文集,《序跋集》、《沫沫集》、《废邮存底》、《创作杂谈》、《艺术教育》、《新烛虚》等五部论文集。

郁达夫文集 郁达夫著作汇集。花城出版社、生活·读书·新知三联书店香港分店 1982—1984 年出版。共十二卷。收入《沉沦》、《春风沉醉的晚上》、《薄奠》、《迷羊》、《她是一个弱女子》、《出奔》等小说四十四篇,散文一百八十一篇,文论二百四十七篇,杂文一百七十一篇,剧作一部,以及大量诗词、断句、对联、集句、歌词、日记、书信、译文等。

郭沫若全集 郭沫若著作汇集。郭沫若著作编辑出版委员会编。人民文学出版社、人民出版社、科学出版社 1982 年起陆续出版。收集整理作者生前出版过的文学、历史和考古三方面的作品,编为《文学编》、《历史编》和《考古编》,共三十八卷。各编卷序自为起讫。《文学编》有二十卷,一—五卷为诗歌,六—八卷为戏剧,九、十卷为小说、散文,十一—十四卷为自传,十五—十七卷为文艺论著,十八—二十卷为杂文。

蒋光慈文集 蒋光慈著作汇集。上海文艺出版社 1982—1985 年出版。共四卷。收入《少年漂泊者》、《鸭绿江上》、《短裤党》、《野祭》、《菊芬》、《最后的微笑》、《冲出云围的月亮》、《咆哮了的土地》、《异邦与故国》、《丽莎的哀怨》等中、长篇小说十部,《新梦》、《哀中国》、《乡情集》等诗集三部,《十月革命与俄罗斯文学》、《经济形式与社会关系之变迁》、《唯物史观对于人类社会历史发展的解释》等文艺、政治论著。集末附《蒋光慈著译系年目录》。

叶紫文集 叶紫著作汇集。湖南人民出版社 1983 年出版。上、下两卷。收入《丰收》、《山村一夜》两部短篇小说集,《星》、《菱》(未完稿)等中短篇小说,散文十五篇,以及《现代女子书信指导》、文艺评论、日记、书信等。集末附《叶紫著作编目》。

田汉文集 田汉著作汇集。田汉著作编辑出版委员会编辑。中国戏剧出版社 1983 年出版。共十六卷。收入《咖啡店之一夜》、《获虎之夜》、《苏州夜话》、《名优之死》、《湖上的悲剧》、《孙中山之死》、《卡门》、《梅雨》、《乱钟》、《暴风雨中的七个女性》、《月光曲》、《回春之曲》、《扬子江暴风雨》、《洪水》、《复活》、《阿比西尼亚的母亲》、《梦归》、《阿 Q 正传》、《卢沟桥》、《丽人行》、《关汉卿》、《十三陵水库》、《文成公主》、《明末遗恨》、《新雁门关》、《情探》、《武则天》、《西厢记》、《谢瑶环》、《母性之光》、《三个摩登女性》、《梨园英烈》等话剧、戏曲、歌剧、电影剧本九十余部,诗词九百余首,回忆录《影事追怀录》,以及大量的文艺论著。集末附有著作年表。

李广田文集　李广田著作汇集。山东文艺出版社1983年出版。共四卷。收入《画廊集》、《银狐集》、《雀蓑记》、《圈外》、《回声》、《日边随笔》等散文集六部,《行云集》、《春城集》等诗集两部,《欢喜团》、《金坛子》等短篇小说集两部,长篇小说《引力》,及《诗的艺术》、《文学枝叶》、《创作论》、《文艺书简》、《论文学教育》等文艺论文集五部,还有未结集的佚文、遗稿。

茅盾全集　茅盾著作汇集。《茅盾全集》编辑委员会编。人民文学出版社1984年起陆续出版。共四十卷。收了六十余年来的各类著述(不含翻译作品和古籍选注),按文体分类编年。除收作者生前亲自编订出版的著作外,还编入散见于报刊、未经作者编集的作品,以及未发表过的书信、日记、手稿等。除保留作者原注外,又适当增加一些简要注释。一至九卷为小说集,其中前七卷有中、长篇小说十四部,第八、九卷有短篇小说四十余篇;第十卷有剧本《清明前后》和童话、神话、诗词计一百九十篇(首);第十一卷起为散文、杂文、评论、文论、书信、日记、回忆录及各类手稿。

成仿吾文集　成仿吾著作汇集。山东大学出版社1985年出版。一卷。收《建设的批评论》、《读章氏〈评新文学运动〉》、《从文学革命到革命文学》等六十五篇,《一个流浪人的新年》、《深林的月夜》、《灰色的鸟》、《牧夫》等小说四部,剧本《欢迎》,以及诗歌四十八首,散文六篇。

邓拓文集　邓拓著作汇集。北京出版社1986年出版。共四卷。收入政论五十九篇,《中国救荒史》、《论中国历史的几个问题》两部,杂文一百七十一篇,诗词约三百首,散文四十篇。周扬、聂荣臻分别为第一卷、第四卷作序。

沙汀文集　沙汀著作汇集。上海文艺出版社1986—1992年出版。共七卷。收入短篇小说一百十四篇,散文六十一篇,文艺杂谈一百零九篇,《淘金记》、《困兽记》、《还乡记》、《闯关》、《青枫坡》、《木鱼山》等中、长篇小说六部,及电影剧本《焊茶壶的人》。集末附有《沙汀著作书目》。

梁斌文集　梁斌著作汇集。百花文艺出版社1986年出版。共五卷。收入《红旗谱》、《播火记》、《烽烟图》、《翻身纪事》等长篇小说四部,散文、杂文、回忆录、创作经验谈七十五篇,诗两首,译作两篇。

草明文集　草明著作汇集。光明日报出版社1992年出版。共六卷。收入短篇小说七十一篇,《绝地》、《原动力》、《小加的经历》等中篇小说三部,《火车头》、《乘风破浪》、《神州儿女》等长篇小说三部,及散文、报告文学一百二十四篇。集末附有《作者年表》。

曹禺全集　曹禺著作汇集。花山文艺出版社1996年出版。共七卷。第一至四卷为话剧剧本,第五卷为戏剧论著,第六卷为小说、诗歌、散文、书信及其他文章,第七章为改译、翻译剧本和电影剧本等,并附录《曹禺年表》。各卷均按发表时间先后编次。

丁玲全集　丁玲著作汇集。河北人民出版社2001年出版。共十二卷。收入其60年间创作的各类作品。第一、二卷为长篇小说,第三卷为短篇小说,第四卷为短篇小说、诗歌、剧作,第五、六卷为散文、随笔,第七、八卷为散文、杂感,第九卷为序跋、评论,第十卷为回忆录,第十一卷为家信、日记,第十二卷为书信、著作年表。

孙犁全集　孙犁著作汇集。人民文学出版社2004年出版。共十一卷。第一至九卷收入已发表、出版的作品,以出版时间先后为序。第十卷为佚文等,按体裁分类。第十一卷为书信。

报　刊

小说月报　文学月刊。1910年创刊于上海。初为鸳鸯蝴蝶派文艺刊物,先后由恽铁樵、王莼农(蕴章)主编。撰稿人有鸳鸯蝴蝶派文人王蕴章、徐卓呆、胡寄尘、许指严等。除刊载小说外,兼登诗词、戏剧及译作。内容多为才子佳人、武侠侦探及遣兴娱乐之作,也有部分作品有积极社会意义。自1921年1月第十二卷第一期起,由沈雁冰接编,发表《〈小说月报〉改革宣言》,彻底改革编辑方针,揭橥了“于译述西洋名家小说而外,兼介绍世界文学界潮流之趋向,讨论中国文学革进之方法”,成为文学研究会机关刊物。1923年起,先后由郑振铎、叶绍钧主编。1932年1月在“一二八”事变中停刊,共出了二十二卷,计二百五十八期。改革后的编者和撰稿人多为文学研究会会员,大力宣传、提倡和实践文学研究会“为人生而艺术”的宗旨。主要刊载创作小说,兼载评论、译作,积极介绍各国尤其是弱小民族文艺,倾向现实主义的文艺作品,曾编辑《被损害民族的文学专号》、《太戈尔号》、《安徒生号》、《俄国文学研究专号》、《法国文学专号》、《非战文学号》、“五卅运动特辑”等和增刊。

自由谈 文艺日刊。上海《申报》副刊之一，近代报刊史上历史最悠久的副刊。1911年8月24日创刊。初由王钝根主编，继由吴觉迷、姚鹓雏、陈蝶仙、周瘦鹃等主编。1932年12月1日起由黎烈文接编，革新编辑方针，积极介入社会生活，追求文艺的“进步与近代化”，大力提倡杂文，特聘鲁迅、茅盾等左翼作家撰稿，1934年5月黎烈文离职，由张梓生接编，仍坚持原编辑方针。1935年10月31日休刊。其时在该刊发表文章的主要作家还有郑振铎、老舍、叶圣陶、巴金、陈望道、陈子展、郁达夫、刘大杰、林语堂、曹聚仁、徐懋庸、唐弢、周木斋、张天翼、郑伯奇、章克标、施蛰存、徐梵澄、王任叔等，成为进步文化阵营的重要舆论阵地，在反“文化围剿”中产生了极为重要的影响。1938年10月10日复刊，由王任叔主编，后由胡山源、黄嘉音等主编，影响渐弱。1949年5月26日停刊。

甲寅 政论性月刊。1914年5月创刊于日本东京。秋桐(章士钊)主编。1916年10月出至第十期休刊。1925年7月在北京复出周刊。1927年2月停刊，共出四十五期。该刊前期曾进行反对袁世凯的宣传，后期则提倡古文，宣扬封建复古，极力主张尊孔读经，攻击新文化运动，污蔑学生运动，为段祺瑞军阀政府张目，受到进步文化界严厉批评，曾被鲁迅称为“自己广告性的半官报”。

礼拜六 文学周刊。“鸳鸯蝴蝶派”主要刊物。1914年6月6日创刊于上海。先后由王钝根、孙剑秋、周瘦鹃编辑。1916年4月29日出至一百期休刊，1921年3月复刊，1923年2月再出至一百期停刊。1923年“革新”后改为综合性小报，田寄痕编辑，共出一千零四十一期。张扬消遣文学，主要刊载小说、笔记、琐闻、杂谭等，内容多为才子佳人、哀情艳史，但部分作品尚有一定社会意义。撰稿人有周瘦鹃、王钝根、陈蝶仙、吴双热、孙剑秋、程小青、江红蕉、徐卓呆、程瞻庐、严独鹤、李涵秋、许指严等。

新青年 综合性月刊。1915年9月15日创刊于上海。陈独秀主编。初名《青年杂志》，第二卷起改名《新青年》。1917年初编辑部迁北京。1918年1月编辑部改组，成立编辑委员会，成员有陈独秀、李大钊、钱玄同、胡适、高一涵、沈尹默，鲁迅等也参加了编辑工作。1920年9月1日第八卷第一期起迁回上海，成为上海共产主义小组机关刊，后成为中国共产党机关刊。1922年7月出至第九卷第六期(署1921年10月1日)休刊，1923年6月改出季刊，迁广州出版，同年12月20日出至第四期后再休刊，1925年4月改出不定期刊，1926年7月25日出至第五期终刊。撰稿人有陈独秀、李大钊、胡适、鲁迅、钱玄同、刘半农、沈尹默、高一涵等。创刊之始即提倡科学与民主，提倡新道德、反对旧道德，提倡新文学、反对旧文学，高张文学革命旗帜，所发表的胡適的《文学改良刍议》、陈独秀的《文学革命论》，正式提出“文学革命”的口号。十月革命后，率先介绍马克思主义，发表了李大钊的《BOLSHEVISM的胜利》、《我的马克思主义观》等，成为五四新文化运动的核心。该刊发表的鲁迅的《狂人日记》、《孔乙己》、《药》等小说和一批早期著名作家的白话诗、随感录等，显示了新文学的实绩。

学灯 综合性文艺期刊。上海《时事新报》副刊之一。1918年3月4日创刊于上海。先后由张东荪、俞颂华、郭虞裳、宗白华、李石岑等主编。初为周刊，1919年改为日刊，1921年起因该报副刊增多，该刊出刊减少，1927年2月24日停刊。撰稿人有郭沫若、沈雁冰、叶圣陶、陈望道、郑振铎、王统照、徐玉诺、冰心等。该刊原为“研究系”所办，刊载文史哲各类著述，“五四”时期与《晨报副刊》、《京报副刊》和《民国日报·觉悟》一起成为新文化运动中的四大副刊，影响广泛，之后渐趋保守。

每周评论 综合性周刊。1918年12月22日创刊于北京。李大钊、陈独秀发起并编辑，后期由胡適主编。1919年8月30日出至第三十七号被北洋军阀查禁。撰稿人有胡適、陈独秀、李大钊、周作人、高一涵、张申府等。是五四时期新文化运动的重要舆论阵地，以时事评论为主，兼载文学创作。激烈抨击帝国主义和封建主义，大力宣传科学与民主，宣传俄国十月革命，介绍马克思主义。胡適主编期间，也发表过一些反马克思主义的文章，并挑起了“问题与主义”之争。

新潮 综合性月刊。北京大学新潮社主办。1919年1月创刊于北京。先后由傅斯年、罗家伦主编。1922年3月出至第三卷第二号停刊，共出十二期。撰稿人有傅斯年、罗家伦、俞平伯、康白情、汪敬熙、杨振声、叶绍钧、欧阳予倩等。该刊英文名为“The Runaissance”，意即“文艺复兴”，其宗旨为“介绍西洋近代思潮，批评中国现代学术上、社会上各问题”，提倡伦理革命，张扬个性解放和男女平等观，抨击封建礼教，与《新青年》相呼应，成为五四新文学运动的重要舆论阵地。注重创作，曾发表鲁迅的《明天》、汪敬熙的《死与生》、俞平伯的《炉景》、叶绍钧的《两封回信》、潘家洵的《炉火光里》等小说，罗家伦的《天安门前的冬夜》，俞平伯的《“他们又来了”》、朱自清的《怅惘》、汪静之的《海滨》等诗歌，显示了新文学的实绩。

晨报副刊　文艺日刊。《晨报》综合性副刊之一。1919年2月17日李大钊任编辑时作了改革，后成为新文化阵营的重要舆论阵地之一。1921年10月12日起改由孙伏园编辑，报头改题“晨报副镌”，报眉不变。1924年末孙辞职后由徐志摩等编辑，渐趋保守，1928年6月5日停刊。撰稿人有李大钊、鲁迅、瞿秋白、周作人、冰心、陈大悲、王统照、孙伏园等。大力提倡新文艺、新思潮，宣传马克思主义和十月革命，曾出刊《马克思纪念》和《俄国革命纪念》等专号。曾发表鲁迅的小说《阿Q正传》、《肥皂》，新诗《我的失恋》和杂文《估“学衡”》等，并大量刊载世界各国经典文学作品，在新文化运动中产生了广泛影响。

文学旬刊　文艺期刊。1921年5月10日创刊于上海。初为《时事新报》副刊之一，1922年5月11日第三十七期起，确定为文学研究会定期刊物。1923年7月30日第八十一期起，作为第二卷之始，改名《文学》(周刊)仍附《时事新报》发行。1925年5月10日出至第一百七十二期又改名《文学周报》，为第三卷之始。1929年12月22日出至第九卷第二十二期停刊，前后共出三百八十期。先后由郑振铎、叶绍钧、沈雁冰、赵景深等主编。撰稿人有沈雁冰、胡愈之、耿济之、徐玉诺、焦菊隐、徐雉、李金发、刘延陵、王统照、庐隐、叶圣陶等。为文学研究会提倡和实践其“为人生的艺术”文艺主张的主要舆论阵地之一，积极参与文学革命运动，关心社会改革和进步，着力倡言现实主义。注重外国文学的介绍，同时努力创造中国民族文学，在对主张复古的“学衡派”等和主张消遣文艺的“礼拜六派”等的斗争中作出过重要贡献。曾出版《苏俄小说专号》、《托尔斯泰百年纪念专号》、《五卅诗歌特辑》、《茅盾三部曲批评号》、《悼念王国维专号》等专辑。

文学周报　见“文学旬刊”。

学衡　综合性期刊。1922年1月创刊于南京。吴宓主编。初为月刊，1927年第六十一期起改双月刊，1933年7月出至第七十九期停刊。撰稿人有吴宓、梅光迪、胡先骕等。标榜“论究学术，阐求真理，昌明国粹，融化新知”，实际提倡复古主义，尊孔读经，主张文言，反对白话，反对新文学运动。鲁迅讥之名为《学衡》，“‘衡’了一顿，仅仅‘衡’出了自己的铢两来，于新文化无伤，于国粹也差得远”。

诗　新诗月刊。1922年1月创刊于北京。为朱自清、叶绍钧、俞平伯、刘延陵等所办的同人刊物，同年4月第四期起归属文学研究会。叶绍钧、刘延陵等编辑。1923年5月出至第二卷第二期停刊，共出七本。主要撰稿人有朱自清、俞平伯、郑振铎、王统照、汪静之、郭绍虞、徐玉诺等。文学主张略同于文学研究会，作品体现“为人生”的宗旨。为新文学史上第一个新诗专刊。

创造　文学季刊。创造社刊物。1922年3月15日创刊于上海。先后由郁达夫、郭沫若、成仿吾等编辑。1924年2月18日出至第二卷第二期停刊，共出六期。撰稿人有郭沫若、郁达夫、成仿吾、张资平、郑伯奇、洪为法等。宗旨是“打破社会因袭，主张艺术独立，愿与天下无名之作家，共兴起而造成中国未来之国民文学”，其思想倾向与艺术主张集中反映了初期创造社的文艺主张。以刊登创作为主，兼登翻译和理论等，具有鲜明的进步姿态和浪漫主义特色。

弥洒　文学月刊。弥洒社刊物。1923年3月创刊于上海。胡山源主编。同年8月出至第六期停刊。撰稿人有胡山源、钱江春、陈德征、唐鸣时、张企留等。宗旨是“无目的、无艺术观、不讨论、不批评，而只发表顺灵感所创造的文艺作品”。

浅草季刊　文艺期刊。浅草社刊物。1923年3月25日创刊于上海。林如稷、陈炜谟等编辑。1925年2月出至第四期停刊。撰稿人有林如稷、陈炜谟、冯至、陈翔鹤等。宗旨是尊崇艺术、注重创作、各种流派并存，“致力培植文艺之浅草”，只刊登各体文学作品，不登评论。内容扎实，被鲁迅称许为“每一期都显示着努力”。

创造周报　文学期刊。创造社刊物。1923年5月13日创刊于上海。先后由郭沫若、郁达夫、成仿吾等编辑。1924年5月13日出至第五十二期停刊。撰稿人有郭沫若、郁达夫、成仿吾、倪贻德、郑伯奇、周全平、洪为法、敬隐渔、淦女士等。注重评论，兼登创作。

洪水　文学期刊。创造社刊物。1924年8月20日创刊于上海。先后由周全平、倪贻德、郁达夫等编辑。初为周刊，出一期后即休刊，1925年9月16日复刊，改半月刊。1927年12月15日出至三卷三十六期停刊。撰稿人有郭沫若、郁达夫、成仿吾、张资平、叶灵凤、陶晶孙、王独清、黄药眠等。注重社会批判，提倡革命文学。

狂飙周刊　文学期刊。狂飙社刊物。1924年11月9日创刊于北京。署"平民艺术团"编辑，实由高长虹、向培良编辑。1925年3月22日出至第十七期休刊，1926年10月10日在上海复刊，署"狂飙社编辑"。1927年1月30日出至第十七期停刊。撰稿人有高长虹、向培良、黄鹏基、尚钺、高歌、柯仲平等。主张"狂飙突进"精神，逐渐走向以"超人"自命，受到鲁迅的批评。

语丝　综合性周刊。1924年11月17日创刊于北京。初由孙伏园、周作人编辑。1927年10月22日出至第一百五十四期被北洋军阀政府查禁，一百五十五、一百五十六期移上海印行。随由鲁迅在上海接编，同年12月17日续刊，列为第四卷第一期。1929年3月11日第五卷第一期起由柔石接编，同年9月16日第五卷第二十七期起由李小峰接编，1930年3月10日出至第五卷第五十二期停刊，前后共出二百六十期。宗旨是"想冲破一点中国的生活和思想界昏浊停滞的空气"，"提倡自由思想，独立判断"。主要发表杂感、文艺评论等。文章短小精悍，文风幽默泼辣，见解大胆锋利，形成了所谓"语丝文体"。

现代评论　综合性周刊。1924年12月13日创刊于北京。现代评论社编辑。1927年7月迁上海，1928年12月终刊，共出二百零九期。撰稿人有胡適、王世杰、唐有壬、高一涵、陈西滢、徐志摩、林语堂、李四光等。内容涉及政治、经济、法律、哲学、教育、科学、文学等门类，取自由主义态度。

莽原　文艺期刊。1925年4月24日创刊于北京。鲁迅编辑。初为周刊。同年11月27日出至第三十二期休刊，1926年1月10日复刊，改半月刊，期号另起，不分卷。同年8月鲁迅离北京后，由韦素园接编，1927年1月起分卷，1月10日为第二卷第一期。同年12月25日出至第二卷第二十四期终刊，改出《未名》，前后共出八十期。撰稿人有鲁迅、许寿裳、台静农、韦素园、李霁野、高长虹、向培良、尚钺、荆有麟、韦丛芜、朱大枬、许广平等。注重"文明批评"和"社会批评"，旨在"撕去旧社会的假面"，"率性而言，凭心立论"，引人注目。兼重创作，刊登各种体裁的文艺作品。

沉钟　文学期刊。沉钟社主办。1925年10月10日创刊于北京。初为周刊，1926年2月6日出至第十期休刊，同年8月11日复刊，改半月刊，卷期另起，1927年1月26日出至第十二期再休刊，1932年10月15日复刊，1933年3月30日出至第二十四期再休刊，同年10月15日续出第二十五期，1934年2月28日出至第三十四期停刊，前后共出四十四期。杨晦、陈翔鹤、陈炜谟、冯至编辑。撰稿人有陈翔鹤、杨晦、冯至、陈炜谟、林如稷、罗君石等。注重创作和翻译，内容较为切实，受到鲁迅的指导和称许。

创造月刊　文学期刊。创造社刊物。1926年3月16日创刊于上海。先后由郁达夫、成仿吾等主编。1929年1月10日出至第二卷第六期被禁停刊，共出十八期。撰稿人有郁达夫、成仿吾、张资平、郭沫若、王独清、蒋光慈、梁实秋等。理论与创作并重，大力提倡"革命文学"，是参与"革命文学论争"的主要刊物之一。

晨报诗刊　文艺周刊。《晨报》副刊之一。1925年10月徐志摩接编《晨报副刊》后进行改版，1926年4月1日创办《诗刊》，先后由徐志摩、闻一多、饶孟侃主编。同年6月10日出至第十一期停刊。撰稿人有徐志摩、闻一多、饶孟侃、朱湘、蹇先艾、刘梦苇、于赓虞等。提倡新诗，主张建立新诗格律。

幻洲　❶文学周刊。创造社同人刊物。1926年6月12日创刊于上海，同月18日出至第二期停刊。周全平、潘汉年编辑。刊名取自世界语"OAZO"一语，意为"沙漠中的绿洲"。以发表文艺评论和杂文为主。撰稿人有潘汉年、周全平等。❷文学半月刊。1926年10月创刊于上海。1928年1月出至第二卷第八期停刊。叶灵凤、潘汉年主编。内容分为上、下两部，上部《象牙之塔》专登文艺创作；下部《十字街头》专登杂文。

北新　文学期刊。1926年8月创刊于上海。上海北新书局编辑，李小峰主持。初为周刊，1927年11月第二卷第一期起改半月刊，1930年12月出满四卷停刊。主要刊载书评，也发表文学作品。撰稿人有鲁迅、郁达夫、李劼人、许钦文、周作人、潘菽、陈伯吹等。发表各种文体的创作，内容切实。

太阳月刊　文艺期刊。太阳社刊物。1928

年1月1日创刊于上海。同年7月1日出至第七期停刊。蒋光慈、钱杏邨编辑。撰稿人有蒋光慈、钱杏邨、孟超、洪灵菲、戴平万、龚冰庐、刘一梦、杨邨人等。倡导革命文学，理论与创作并重，兼登小说、戏剧、诗画。曾积极参与“革命文学论争”。

未名　文学半月刊。1928年1月10日创刊于北平。未名社编辑出版，曾得到鲁迅的指导。撰稿人有韦素园、李霁野、曹靖华等。1929年5月出至第二卷第九—十二期合刊后停刊。以翻译介绍外国文学(尤重俄苏文学)为主，兼载创作，内容切实。

文化批判　社会科学理论月刊。创造社主要刊物之一。1928年1月1日创刊于上海，同年5月出至第五期被查禁。成仿吾编辑。主要刊登政治经济文化理论文章。撰稿人有冯乃超、彭康、李初梨、朱镜我、李铁声、石厚生(成仿吾)、麦克昂(郭沫若)、龚冰庐等。以提倡革命文学为宗旨，但一开始就误将批判锋芒指向鲁迅，挑起“革命文学论争”。

新月　文学月刊。新月社刊物。1928年3月10日创刊于上海。先后由徐志摩、梁实秋、罗隆基、叶公超等主编。1933年6月出至第四卷第七期停刊，共出四十三期。撰稿人有徐志摩、闻一多、胡適、梁实秋、饶孟侃、叶公超、罗隆基、陈西滢、邵洵美、潘光旦、余上沅等。标榜“独立”、“健康与尊严”，反对左翼文艺运动，也有对当局的不满。1929年在梁实秋主编期间，对鲁迅和左翼文学攻击尤甚，曾遭到鲁迅、冯乃超、彭康等的批驳。

流沙　综合性半月刊。创造社刊物。1928年3月15日创刊于上海。同年5月30日出至第六期停刊。华汉(阳翰笙)、李一氓等编辑。撰稿人有阳翰笙、彭康、李一氓、朱镜我、成仿吾、龚冰庐、李铁声、黄药眠等。注重社会科学和文艺理论的探索，参与“革命文学”论争，并发表各种体裁的文艺作品。

我们月刊　文学期刊。1928年5月20日创刊于上海。“我们社”编辑。同年8月停刊，共出三期。主要撰稿人多为创造社、太阳社成员，有石厚生(成仿吾)、李初梨、蒋光慈、钱杏邨、洪灵菲、冯宪章、林伯修(杜国庠)等。主要宣扬“革命文学”，刊登反映“革命文学”观点的文学作品和翻译。

奔流　文艺月刊。1928年6月20日创刊于上海。鲁迅、郁达夫主编。1929年12月出至第二卷第五期停刊，共出十五期。撰稿人有鲁迅、郁达夫、柔石、冯雪峰、杨骚、白薇、梁遇春、韩侍桁、金溟若、王方仁等。注重翻译，第二卷起创作增多，内容扎实，编印精严，曾出《H·伊孛生诞生一百周年纪念增刊》、《莱夫·N·托尔斯泰诞生百年纪念增刊》等特辑。

大众文艺　文艺月刊。1928年9月20日创刊于上海。郁达夫主编。1930年3月起成为“左联”的外围刊物。1930年6月1日出至第二卷第五、六期合刊后被禁停刊，共出两卷十一期。大力提倡大众文艺并成为开展文艺大众化问题第一次讨论的主要阵地。主要作者有鲁迅、郁达夫、柔石、陶晶孙、郑伯奇、冯乃超、沈端先、华汉等。曾出版“新兴文学专号”以介绍外国进步文学。

时代文艺　文学月刊。太阳社刊物。1928年10月1日创刊于上海。蒋光慈主编。仅出一期。主张“努力于无产阶级革命文艺的创作”。

朝花周刊　文艺期刊。朝花社刊物。1928年12月6日创刊于上海。鲁迅、柔石主编。1929年5月16日出至第二十期停刊改出《朝花旬刊》。撰稿人有鲁迅、柔石、王方仁、崔真吾等朝花社成员。注重介绍外国文学艺术，引进欧洲、日本的文学作品和版画，曾附出《艺苑朝华》五辑，专门介绍外国版画。

海风周报　文艺期刊。太阳社刊物。1929年1月1日创刊于上海。蒋光慈、钱杏邨编辑。同年5月25日停刊，共出十七期。撰稿人有钱杏邨、林伯修、戴平万、蒋光慈、祝秀侠、洪灵菲、冯宪章、楼建南等。创作与理论并重，兼及文艺动态。1930年该刊曾集为《汇刊》一册发行。

新流月报　文艺期刊。太阳社刊物。1929年3月1日创刊于上海。蒋光慈主编。同年12月15日出至第四期停刊。撰稿人有蒋光慈、洪灵菲、戴平万、林伯修、阳翰笙、钱杏邨、祝秀侠、夏衍等。以刊登创作小说为主，兼载诗歌、散文及翻译等。

南国月刊　文艺期刊。南国社刊物。1929年5月1日创刊于上海。田汉主编。1930年7月20日出至第二卷第四期《苏联电影专辑》后停刊，共出十期。撰稿人有田汉、黄素、朱维基、吴似鸿、陈幻侬、康白珊等。编辑方针以“戏剧与小说之创作为主。其次论文随笔通讯之类”，努力推进话剧运动。

引擎 文学月刊。1929年5月15日创刊于上海。引擎社编辑。仅出一期。撰稿人有画室(冯雪峰)、孟超、黄日新、邱韵铎、董每戡等。以文艺论文和翻译为主要内容。

朝花旬刊 文艺期刊。朝花社刊物。1929年6月1日创刊于上海。鲁迅、柔石主编。同年9月21日出至第一卷第十二期停刊。撰稿人有鲁迅、柔石、冯雪峰、王方仁、崔真吾、魏金枝等。继承《朝花周刊》宗旨,“绍介东欧和北欧的文字,输入外国的版画”,扶植“刚健质朴的文艺”,除少量创作和论文外,主要为翻译介绍北欧、东欧各国的文艺作品和版画。

南国周刊 文艺期刊。南国社刊物。1929年8月创刊于上海。左明、赵铭彝编辑。同年11月30日出至第十一期停刊。撰稿人有田汉、左明、赵铭彝、陈子展、吴作人、黄素、郑千里、康白珊、王平陵等。是与《南国月刊》平行的小型刊物,以刊登小型作品为主,兼登戏剧运动、社务活动及其他艺术界动态。

萌芽月刊 综合性文艺期刊。第三期起成为左联机关刊物。1930年1月1日创刊于上海。鲁迅主编,冯雪峰、柔石等助编。同年5月出至第一卷第五期被禁,第六期改名《新地》,于同年6月1日出版后停刊。撰稿人有鲁迅、柔石、冯雪峰、魏金枝、张天翼、姚蓬子、夏衍、周全平、韩侍桁、楼适夷等。注重社会批评和理论建设,同时注重创作,发表“翻译和介绍,创作,评论”,辟有“社会杂观”专栏,第三期起扩充篇幅,调整内容。第一卷第三期为《三月纪念号》(纪念马克思、恩格斯和巴黎公社),第一卷第五期为《五月各节纪念号》(纪念“五一”和“五卅”)。

新地 综合性文艺期刊。参见“萌芽月刊”。

拓荒者 文学月刊。1930年1月10日创刊于上海。蒋光慈主编。同年3月第三期起成为左联机关刊物,同年5月出至第四、五期合刊后被禁停刊。主要撰稿人有蒋光慈、洪灵菲、孟超、戴平万、夏衍、钱杏邨、郑伯奇、冯乃超、李一氓、朱镜我等。注重革命文艺理论的建设,兼重创作。曾参加第一次文艺大众化讨论。

巴尔底山 文艺旬刊。左联机关刊物。刊名取自英语 partisan 一词,意为“游击队”。1930年4月11日创刊于上海。鲁迅编辑,第四期起改由朱镜我、李一氓等五人编辑。同年5月20日出至第一卷第五号停刊。以“文化领域内的巴尔底山队”自励,并组成有鲁迅、德谟(李一氓)、冯乃超、朱镜我、致平(周全平)等三十人参加的基本队伍。主要刊登短小精悍的时论、杂文、文艺评论、讽刺诗、讽刺画及各地通信等,富有战斗力。

沙仑 综合性文艺月刊。刊名取自英文 siren(汽笛)一词。艺术剧社主办。1930年6月16日创刊于上海。沈端先(夏衍)主编。仅出一期即被禁停刊。内容涉及电影、戏剧、美术、音乐、文学等各方面。撰稿人有沈端先、冯乃超、许幸之、陶晶孙、孟超、邱韵铎、杨邨人等。

文艺月刊 国民党中央宣传部刊物。1930年8月15日创刊于南京。初为月刊。1937年8月1日第十一卷第二期起改出《文艺月刊·战时特刊》,卷期另起,并改旬刊、半月刊。同年11月21日新一卷第四期起迁武汉,1938年6月1日第十二期起迁重庆,1941年11月出至第11月号停刊,加号外一期,共出一百二十五期。撰稿人有王平陵等。主张“民族主义文学”,反对无产阶级革命文学,积极为当局的文化“围剿”造舆论。抗战中撰稿人组成有所改变,进步作家进入,曾发表《中华全国文艺界抗敌协会宣言》以及茅盾、郭沫若、田汉、楼适夷等人的文章。

世界文化 综合性文化月刊。左联机关刊物。1930年9月10日创刊于上海。世界文化社编。仅出一期即被查禁。参与筹办和编务的有鲁迅等。主要报道国内政治思想文化状况。撰稿人有鲁迅、朱镜我、冯乃超、吴亮平、黎烈文、柔石等。

文学杂志 文学期刊。1931年创刊于上海。罗念生编辑。1932年9月停刊,共出四期。

前哨 综合性文艺月刊。左联机关刊物。1931年4月25日创刊于上海。署前哨编辑委员会编辑,实为鲁迅、冯雪峰编辑。曾出版《纪念战死者专号》,发表了《中国左翼作家联盟为国民党屠杀大批革命作家宣言》和鲁迅的《中国无产阶级革命文学和前驱的血》、瞿秋白的《屠夫文学》、《东洋人出兵》,茅盾的《“民族主义”文艺的现形》等,揭露和控诉了黑暗当局的暴行。第二期起改名《文学导报》,同年11月15日出至第八期停刊。

文学导报 文学月刊。参见“前哨”。

北斗 文学月刊。左联刊物。1931年9月20日创刊于上海。丁玲主编。1932年7月出至第二卷第三、四期合刊被禁停刊,共出八期。

撰稿人有鲁迅、瞿秋白、丁玲、冯雪峰、张天翼、叶圣陶、郑振铎、周扬、夏衍、楼适夷、穆木天、白薇、钱杏邨、胡风、徐志摩、陈衡哲、凌淑华、戴望舒、沈从文等。理论与创作并重，是"左联"第一个重视创作的大型刊物，设有小说、诗歌、戏剧、小品、插画、翻译、批评与介绍、文艺随笔等栏目。曾开展文艺大众化讨论，具有强烈的时代气息，对于左翼文艺运动有较大影响。

十字街头　综合性文学期刊。左联机关刊物。1931年12月11日创刊于上海。鲁迅主编。初为半月刊，1932年1月15日第三期改旬刊后即被查禁，共出三期。贯彻左联文艺大众化的方针，主要发表杂文、诗歌。撰稿人有鲁迅、瞿秋白等。

文艺新闻　综合性文艺周报。左联外围刊物。1931年3月16日创刊于上海。1932年2月3日起发行"战时特刊"《烽火》十三期，报道"一二八"战事实况。1932年6月20日停刊，共出六十期。代表人袁殊，编辑委员会成员有袁殊、袁牧之、赵景深等十二人。左联成员冯雪峰、楼适夷等参与编辑。以报道文艺类新闻为主，兼载论文、创作。撰稿人有鲁迅、瞿秋白、周扬、冯雪峰等。是左联重要的舆论阵地，1931年最先披露"左联五烈士"被害消息，并着力抨击当局残暴统治和文艺界没落现象。

文学　文艺理论半月刊。左联机关刊物。1932年4月25日创刊于上海。仅出一期即被禁。主要刊载左联指导性理论文章，撰稿人有瞿秋白、冯雪峰等。

现代　文学月刊。1932年5月1日创刊于上海。先后由施蛰存、杜衡、汪馥泉编辑。1935年3月改为综合性月刊，同年5月出至第六卷第四期停刊，共出三十四期。撰稿人有施蛰存、穆时英、戴望舒、杜衡等。

文学月报　文学期刊。左联机关刊物。1932年6月10日创刊于上海。同年12月15日出第五、六期合刊后被禁。先后由姚蓬子、周起应(周扬)主编。理论、创作和翻译并重，大力开展文艺大众化问题的讨论，培养新进作家，对左翼文艺运动有指导意义，兼载"文艺情报"等，是"左联"最有影响的大型刊物之一。主要撰稿人有鲁迅、瞿秋白、茅盾、丁玲、夏衍、田汉、巴金、蓬子、洪深、冯雪峰、叶圣陶、胡风、张天翼、楼适夷等。兼登"自由主义"的中间作家的作品，并着力批判文艺界的错误倾向。

论语　文学半月刊。1932年9月16日创刊于上海。先后由林语堂、邵洵美等主编。1937年8月1日出至第一百十七期后休刊，1946年11月复刊，1949年5月16日停刊，共出一百七十七期。为"论语派"主要刊物之一。提倡"以自我为中心"，"幽默"、"闲适"的格调，抒写"性灵"，主要发表小品文。初期较多揭露时弊，后渐趋消极，以至于"为笑笑而笑笑"，曾为鲁迅等所批评。撰稿人有林语堂、周作人、刘半农、邵洵美、章克标等。

文化月报　综合性文艺月刊。中国左翼文化总同盟机关刊物。1932年11月15日创刊于上海。第一期出版后停刊，1933年1月15日续出第二期，改名《世界文化》，随即停刊。创刊号陈质夫编辑，第二期徐介石编辑。兼载创作、翻译、时事述评和文化消息。

世界文化　《文化月报》的第二期。见"文化月报"。

无名文艺　文学旬刊。1933年2月5日创刊于上海。叶紫主编。出第二期后休刊，同年6月1日改月刊，叶紫、陈企霞编辑。仅出一期即因经济困难而停刊，前后共出三期。宗旨是面向青年文学作者，主要刊载未成名的青年作者的作品。创刊号刊登了叶紫的成名作《丰收》。

文学杂志　文学月刊。"北方左联"机关刊物。1933年4月15日创刊于北平。谷万川、王志之等编辑，北平西北书局出版。同年7月31日出至第三、四期合刊被查禁。撰稿人有鲁迅、茅盾、宋之的、郑振铎、丁玲、朱自清、张天翼、曹葆华、孙席珍、陈企霞等。以推进文学运动为己任，创作、翻译和论文并重。

文学　文学月刊。1933年7月1日创刊于上海。1937年11月出至第九卷第四期停刊，共出五十二期。署文学社编，实际先后由傅东华、郑振铎、王统照编辑，编委会初由鲁迅、茅盾、陈望道、郁达夫、郑振铎、叶绍钧、夏丏尊等人组成，后鲁迅退出。设有"文学画报"、"社谈"(后改"文学论坛")、"小说"、"散文随笔"、"剧本"、"批评"、"书评"、"通信"、"补白"等栏目，其体裁的多样性、内容的丰富性、作者阵营的权威性、影响的广泛性各方面，在当时都达到了相当高的水准。是三十年代最重要的综合性文艺刊物之一。

读书杂志　综合性月刊。1934年4月创刊于上海。王礼锡编辑。1933年停刊，共出三卷三十期。撰稿人有王礼锡、李季、彭述之等。注重思想文化理论探讨，兼刊文学创作。

人间世 小品文半月刊。“论语派”刊物。1934年4月5日创刊于上海。1935年12月20日出至第四十二期停刊。先后由林语堂、陶亢德、徐讦编辑。主要撰稿人有周作人、林语堂等。主要发表体现“论语派”文学主张的小品文，张扬“以自我为中心，以闲适为格调”的文艺观，曾受到鲁迅等人的批评。

小说 小说专刊。1934年5月创刊于上海。梁得所主编，包可华、丽尼编辑，上海大众出版社发行，发行人黄式匡。初为月刊，第三期后改半月刊。1935年3月1日出至第十九期停刊。以文学的实践来推动大众文艺运动为宗旨。主要刊登小说，也有部分译作，尤以电影小说为特色。主要撰稿人有欧阳山、陈荒煤、袁牧之、杨骚、潘孑农、崔万秋、穆时英等。

太白 文艺半月刊。1934年9月20日创刊于上海。陈望道主编。1935年9月5日停刊，共出二十四期。以短小精悍的杂文为特色，兼登创作、随笔等，着力揭露、针砭黑暗社会现实，以与林语堂等所主张的“幽默”、“闲适”小品相对比。撰稿人有鲁迅、茅盾、郁达夫、叶圣陶、朱自清、巴金、靳以、夏丏尊等。刊名寓大力提倡白话文、大众语等义，曾开展大众语讨论并实践大众化主张。

水星 文学月刊。1934年10月10日创刊于北平。文学季刊社编辑，编委有巴金、卞之琳、靳以、郑振铎、沈从文、李健吾。1935年6月出至第二卷第三期停刊，共出九期。注重创作，尤以散文最有特色。撰稿人除各编委外，尚有芦焚、李广田、何其芳、臧克家、朱自清、老舍、冰心、周作人等。

新小说 文学月刊。1935年2月15日创刊于上海。郑君平(伯奇)主编。同年7月停刊，共出六期。撰稿人有鲁迅、郁达夫、施蛰存、张天翼、洪深、阿英、郑伯奇、曹聚仁等。提倡“大众语”，不发表文言及语录体作品。

杂文 文学月刊。东京左联分盟机关刊。1935年5月15日创刊于日本东京。先后由杜宣、勃生(邢桐华)编辑。出三期后被日本当局查禁，同年12月15日第四期改名《质文》，1936年11月10日出至第二卷第二期停刊，前后共出七期。主要刊登杂文，兼登创作。撰稿人有鲁迅、郭沫若、魏猛克、陈辛人、任白戈、张香山、欧阳凡海、杜宣、田汉、茅盾、林焕平、邢桐华、林林、陈北鸥等。曾出纪念高尔基逝世特辑、追悼鲁迅先生专辑。

质文 文学月刊。见“杂文”。

宇宙风 文学半月刊。1935年9月16日创刊于上海。林语堂、陶亢德编辑。自第六十七期起迁广州，第七十八期起迁桂林，第一百四十期起再迁广州，1947年8月出至第一百五十二期停刊。撰稿人有林语堂、陶亢德、老舍、郭沫若、丰子恺、郁达夫、刘大杰等。是“论语派”主要刊物之一。以“畅谈人生”、“言必近情”为宗旨，提倡幽默小品，曾受到鲁迅等人的批评。

光明 文学半月刊。1936年创刊于上海。洪深、沈起予编辑。1937年8月10日出至第三卷第五号停刊，共出二十九期；1937年9月复出《战时号外》周刊。同年10月出至第七期并附《东北作家近作集》一册，随即停刊。刊登各种体裁的作品和论文。主要撰稿人有戴平万、郭沫若、任钧、宋之的、王任叔、凌鹤、章泯、杨骚、王统照、郑伯奇、臧克家等。前期为“国防文学”派刊物，较多发表“国防戏剧”，后期以宣传鼓动抗日为基调。

海燕 文学月刊。1936年1月20日创刊于上海。鲁迅、胡风、黎烈文、聂绀弩、萧军等创办并编辑，先后署史青文、耳耶(均为聂绀弩化名)编辑，实际主持人是鲁迅。同年2月20日出至第二期即被禁。撰稿人有鲁迅、胡风、叶紫、萧军、萧红、周文、丽尼、黎烈文、吴奚如等。为鲁迅生前最后主持的刊物，注重思想文化斗争，多发表杂文、政论、通讯、速写等各体作品，虽仅出两期，但影响较大。

文学导报 文学月刊。1936年3月创刊于北平。张露薇编辑。1937年2月出至第六期停刊。文学主张倾向于“第三种人”，鲁迅曾认为该刊及其编者张露薇“是很无聊而胡涂的”，但却“拿高尔基做幌子”，并对其将“第三种人”“引为知己”表示鄙视。

作家 文学月刊。1936年4月15日创刊于上海。孟十还主编。同年11月15日出至第八期停刊。撰稿人有鲁迅、茅盾、巴金、胡风、张天翼、周文、欧阳山、郑伯奇、萧军、萧红、黎烈文、陈荒煤、吴奚如、草明、王鲁彦、丽尼等。兼重创作和理论，参与“两个口号”论争，倾向于“民族革命战争的大众文学”口号。

人间世 即“汉出《人间世》”。文学半月刊。1936年4月创刊于汉口。史天行编辑。汉口华中图书公司发行。刊名加“汉出”二字以与林语堂等所编同名刊物区别。第二期改名

《西北风》后即停刊。

文季月刊　文学期刊。1936年6月1日创刊于上海。巴金、靳以主编。以发表中、长篇文学作品为主,同时刊登文学评论和译作。同年12月出至第二卷第一期停刊。共出版七期。主要刊登各种体裁的文学作品。撰稿人有巴金、曹禺等。

文学界　文学月刊。中国文艺家协会的刊物。1936年6月5日创刊于上海。虚拟"周渊"编辑,实为戴平万、徐懋庸、陈荒煤、杨骚等。同年9月10日出至第一卷第四期停刊。主要刊登讨论和宣传"国防文学"口号的论文和作品。撰稿人有周扬、郭沫若、茅盾、何家槐、周木斋、徐懋庸、王任叔、沙汀、林淡秋、杨骚、魏金枝、唐弢、白朗、罗烽等。

今代文艺　文学月刊。1936年7月20日创刊于上海。侯枫、王萍草编辑。同年9月出至第三期后未见续出。第三期上曾刊登揶揄鲁迅、茅盾和左翼文艺界的文章。

中流　文学半月刊。1936年9月5日创刊于上海。黎烈文主编。1938年8月5日出至第二十二期停刊。以创作为主,兼重理论,曾开展关于"国防文学"和"民族革命战争的大众文学"两个口号的讨论。曾出《哀悼鲁迅先生专号》、《抗敌专号》等专辑。撰稿人有鲁迅、茅盾、张天翼、艾芜、老舍、郑伯奇、靳以、鲁彦、宋之的、巴金、叶圣陶、唐弢、胡风、陈子展、罗淑、何其芳、田间、端木蕻良、景宋、臧克家等。

希望　文学半月刊。1937年3月10日创刊于上海。徐懋庸、王淑明编辑,第二期王淑明编辑。仅出二期。撰稿人有乔木、周扬、郭沫若、周木斋、林淡秋、何家槐、张庚等。刊登各种体裁的创作和评论。

文学杂志　文学月刊。1937年5月创刊于北平。朱光潜编辑。

呐喊　文艺期刊。1937年8月22日创刊于上海。文学社、文季社、中流社、译文社联合主办,茅盾主编。出两期后改名《烽火》,同年11月7日出至第十二期休刊。1938年5月1日在广州复刊,改为旬刊。巴金编辑。同年10月11日出至第二十二期停刊。撰稿人有茅盾、巴金、郑振铎、王统照、周文、骆宾基、田间、黄源、刘白羽、靳以、丰子恺、邹荻帆、白曙等。系上海进步文化界为配合抗战而办的文艺刊物,刊登反映抗敌情绪的各体文艺作品。第一、二期曾改名《烽火》重印。

烽火　文艺期刊《呐喊》第一、二期重印本。

七月　综合性文艺期刊。1937年9月11日创刊于上海。胡风主编。初为周刊,出版三期后迁武汉,10月16日改半月刊,1938年7月16日第三集第六期出版后停刊,1939年7月在重庆复出第四集第一期,并改月刊。1941年9月出至第七集第一、二期合刊后停刊,共出三十五期。以"在神圣的火线下面,……提高民众的情绪和认识,趋向民族解放的总的路线"为宗旨。作者主要是以胡风为首的"七月"派作家群。刊登诗歌、小说、散文、剧本、木刻及评论、翻译等,而以诗歌为主。

宇宙风乙刊　文学期刊。1938年3月1日创刊于上海。林憾庐、林语堂、陶亢德编辑,1940年1月起周黎庵加入编辑。初为半月刊,1940年1月第二十期起改月刊,同年8月第二十八期起复改半月刊,1941年12月出至第五十六期停刊。撰稿人有巴金、郁达夫、老舍、阿英、谢冰莹、靳以、丰子恺、冯沅君、赵景深等。该刊与《宇宙风》平行出版,但以文艺评论为主,学术和理论色彩略浓。

自由中国　综合性文艺月刊。1938年4月1日创刊于汉口。孙陵、臧云远编辑。撰稿人有周扬、陈伯达、田汉、艾思奇、郭沫若、刘白羽、潘梓年、杨朔等。同年6月20日出至第一卷第三期休刊,1940年11月1日在桂林复刊。孙陵编辑。1942年5月1日出至新二卷第一、二期合刊后停刊,前后共出八期。撰稿人有巴金、艾芜、郭沫若、李健吾、荃麟、骆宾基、邹荻帆、沈从文、王鲁彦、靳以等。毛泽东曾为创刊号题词:"一切爱国的人们,团结起来,为自由中国而斗争!"

抗战文艺　文艺期刊。中华全国文艺界抗敌协会总会会刊。1938年5月4日创刊于武汉,后迁重庆。初为三日刊,第一卷第五期改周刊,第四卷第一期改月刊,1946年5月4日出至第十卷第六期后改刊,连特刊共出七十七期。作者范围广泛,包括郭沫若、茅盾、郁达夫、叶圣陶、老舍、巴金等。是抗战时期国统区持续时间最长的文艺期刊。刊登大量坚持抗战、团结进步的文艺创作、论文和译作,为抗战文艺运动作出了贡献。

文艺突击　文艺期刊。1938年10月16日创刊于延安。陕甘宁边区文化界救亡协会文艺突击社编辑。初为油印,同年11月16日第三期起改铅印。1939年5月改由中华全国文艺界抗敌协会延安分会编辑出版,同年6月25日出至新一卷第二期后停刊,前后共出六期。主要刊载抗日根据地文艺界各种体裁作品。撰稿人有周扬、刘白羽、何其芳、周而复、沙汀、萧三等。

文艺战线 文艺月刊。1939年2月16日创刊于延安,1940年2月26日出至第六期终刊。周扬主编。以促进全国文艺工作者团结合作,增强文艺在抗战中的力量为宗旨。创作上主张现实主义创作方法;形式上提倡民族化、大众化。撰稿人有周扬、艾思奇、刘白羽、荒煤、何其芳、沙汀等。

诗 新诗月刊。1939年6月创刊于桂林。周为、婴子、胡明树、欧外鸥编辑。初为油印本,出至第二期休刊,1940年2月复刊续出新一卷第一期铅印本。1943年2月出至第四卷停刊。撰稿人有艾青、周为、袁水拍、吴奔星、徐迟、婴子、鲁黎、彭燕郊等。是进步文艺界为鼓动抗战、推动抗战诗歌的发展而创办,除发表诗歌外,兼发诗歌评论、介绍、翻译等,曾开展对诗的民族形式、民族风格等问题的讨论。

文艺新闻 文艺半月刊。上海"孤岛"时期进步文艺刊物。1939年10月1日创刊于上海,1940年2月第十一期后未见续出,现存十一期。蒋策(锡金)编辑。撰稿人有姚雪垠、萧军、钟望阳、毁堂(巴人)等。主要报道文艺界消息,反映文化界动态。

战国策 综合性刊物。1940年4月1日创刊于昆明。战国策编辑社编辑。1941年7月20日后停刊,共出十七期。撰稿人有林同济、沈从文、陈铨、何永佶、雷海宗等。以思想理论探讨为主,宗旨是"非红非白,非左非右,民族至上,国家至上",提倡战国时代的"大政治",对抗战有消极影响。

文学月报 文艺期刊。1940年1月15日创刊于重庆,1941年12月10日出第三卷第二、三期合刊后停刊,共出十五期。罗荪编辑。主要撰稿人有欧阳山、戈宝权、宋之的、葛一虹、张天翼、光未然等。多载小说、诗歌、文艺短论,积极反映时代面貌,曾刊载《鲁迅先生逝世四周年纪念特辑》、《文艺的民族形式问题特辑》、《美国文学特辑》、《莱蒙托夫一百二十六周年诞辰纪念特辑》、《苏联抗战特辑》和《苏联文学专号》。

大众文艺 文艺月刊。前身为《文艺突击》。1940年4月15日创刊于延安。为中华全国文艺界抗敌协会延安分会会刊,由该会文艺社编辑。1940年12月25日出至第二卷第三期后未见再出,现存九期。

野草 文艺期刊。1940年8月20日创刊于桂林。先由夏衍、孟超、宋云彬、聂绀弩、秦似编辑,后由秦似编辑。初为月刊,1943年5月出至第五卷第五期被禁,1946年10月1日在上海复刊,改双月刊。第八期起迁往香港,1948年6月出至复刊第十期停刊,前后共出四十二期。撰稿人有茅盾、郭沫若、柳亚子、孟超、艾芜、宋云彬、何家槐、司马文森、林林、周钢鸣、黄药眠、彭燕郊、韩北屏等。注重反映抗战文化,用短小精悍、隐晦曲折的评论、杂文揭露、抨击时弊,并出了多期各具特色的特辑。

万象 综合性文学月刊。1941年7月创刊于上海。陈蝶衣、平襟亚、柯灵等先后主持编务。1945年7月4日出至第四卷第八期停刊,连号外一册,共出四十五期。前期多刊载都市社会生活题材的通俗小说,以趣味性为主要特色,商业气较重,受到进步文艺界的批评。撰稿人有程小青、范烟桥、张恨水、胡山源等。1943年7月第三卷第一期起改由柯灵主编,内容更新,逐步为进步文艺界所掌握。撰稿人有王统照、朱梵、师陀、唐弢、芦焚、楼适夷、傅雷、姚克、范泉、张爱玲等。

诗 晋察冀边区诗会刊物。1941年7月21日创刊于张家口。撰稿人有田间、方冰、魏巍、杨朔等。以诗作、译诗为主,兼登评论。

草叶 文学双月刊。1941年11月1日创刊于延安。延安鲁迅艺术文学院文学系草叶社编辑。1942年9月15日出至第六期停刊。初期主要刊登该院师生的创作,兼及评论和翻译,有成绩展览性质。第五期起作者范围有所扩大,内容多反映解放区军民抗日生活。

谷雨 文学双月刊。1941年11月15日创刊于延安。中华全国文艺界抗敌协会延安分会主办。艾青、丁玲、舒群、萧军等编辑。1942年8月15日出至第六期停刊。撰稿人有丁玲、艾青、周而复、何其芳、吴伯箫、周立波、舒群、刘白羽、萧三、罗烽、白朗等。发表各种体裁的文学作品和评论,较多反映解放区人民生活和斗争。

文艺先锋 文学月刊。1942年10月10日创刊于重庆。国民党中央文化运动委员会主办,张道藩主持兼发行。王进珊、徐霞村、李辰冬、赵友培等主编。抗战胜利后迁南京。1948年9月30日出至第十三卷第三期停刊，共出六十九期。以“促进三民主义的文艺建设”为宗旨，宣扬“民族主义文艺”。撰稿人有张道藩、陈铨、王平陵、李辰冬等。但以后也发表各种不同政治倾向和不同文艺流派的作品。迁南京后鼓吹“戡乱文学”，为当局的需要造舆论。

文艺杂志　文艺月刊。1942年1月15日创刊于桂林。王鲁彦主编。1944年3月1日出至第三卷第三期后，因王病逝而停刊。1945年5月在重庆复出纪念王鲁彦的新一卷第一期，荃麟主编。同年9月出至第三期后停刊，前后共出十八期。撰稿人有郭沫若、茅盾、巴金、老舍、张天翼、沙汀、艾芜、王西彦、骆宾基等。

中原　文艺理论月刊。1943年6月创刊于重庆。1945年10月出至第二卷第二期停刊，共出六期。郭沫若主编。撰稿人有茅盾、阳翰笙、闻一多、蔡仪、徐迟、力扬等。注重文艺理论建设，主要刊载文艺论文。

文学杂志　文学期刊。1943年7月1日创刊于桂林。同年11月5日出至第二期停刊。孙陵主编。主要撰稿人有王西彦、骆宾基、绿原、端木蕻良、方敬等。

希望　文学月刊。“七月派”刊物。1945年1月创刊于重庆，第二集起迁上海。1946年10月18日出至第二集第四期停刊，共出八期。胡风主编。撰稿人有胡风、阿垅、舒芜、路翎、绿原、贾植芳、邹荻帆等。实为《七月》的续刊，以诗歌为主，兼刊短篇小说、杂文等。内容更倾向于揭露和讽刺。

民主　综合性周刊。1945年10月13日创刊于上海。郑振铎主编。1946年11月出至第五十四期停刊。关注当代精神，大声疾呼抗战胜利后的民主建设，抨击社会黑暗腐败现象，产生了较大的社会影响。主要撰稿人有郑振铎、马叙伦、许广平、周建人、唐弢等。除大量政论外，也有各体文学作品，散文如师陀的《胜利到来》、济之的《梦醒时》、唐弢的《胜利日》、许广平的《上海人》，诗歌如任钧的《“水鸟政策”颂》、《“接收大员”素描》、《重压下面的申诉》、陈烟桥的《人民的归给人民》等。

文艺复兴　综合性文艺月刊。1946年1月16日创刊于上海。1947年11月1日出至第四卷第二期后休刊，1948年9月10日起改出《中国文学研究专号》，至1949年8月5日出完上、中、下三册后停刊，共出二十三期。郑振铎、李健吾编辑。以“为民主，绝大多数的民众而写作”为宗旨，刊登各体文艺作品和史料、论文。撰稿人有郑振铎、李健吾、曹禺、徐调孚、李广田、艾芜等。

文艺杂志　文艺期刊。1946年3月1日创刊于晋冀鲁豫边区。太行文联编辑。1947年12月1日出至第四卷第四期后停刊，共出二十二期。主要发表反映解放区生活和斗争的创作和评论。

小说　文学月刊。1947年4月创刊于上海。马博良主编。上海刊行社发行。追求离奇和趣味，主要刊登通俗小说。撰稿人有马博良、龙腾、朱雷、上官牧等。

小说　文学月刊。1948年7月1日创刊于香港。1949年10月1日迁上海，1952年1月20日出至第六卷五、六期合刊后停刊。编委会由茅盾等八人组成，后又增加张天翼等，实际先后由楼适夷、靳以主编。在香港出的前两卷，以暴露、讽刺黑暗社会面貌为主。在上海所出的三卷，主要反映建国初期人民的新生活、新面貌。撰稿人还有巴金、冯雪峰、刘白羽、许杰、草明、魏金枝等。

大众文艺丛刊　文学双月刊。1948年3月创刊于香港。1948年9月第四辑起改用书籍形式以对付检查，刊名移内封，封面题辑名。1949年3月出至第六辑停刊。为一批旅港进步作家创办，具有鲜明的政治倾向。内容偏重文艺理论和批评。第一辑《文艺的新方向》，第二辑《人民与文艺》，第三辑《论文艺统一战线》，第四辑《鲁迅的道路》，第五辑《论主观问题》，第六辑《新形势与文艺》。主要撰稿人有郭沫若、邵荃麟、冯乃超、胡绳等。

中流　文学半月刊。1948年4月创刊于上海。罗敦伟主编。同年9月30日出至第三、四期合刊后停刊，共出四期。以“超党派的态度，作人民的口舌”为宗旨。内容以论文为主。撰稿人有罗敦伟、曾资生、郑学稼、唐舜君、王晓籁、王平陵、徐蔚南、谢冰莹等。

文学战线　文学月刊。1948年8月25日创刊于哈尔滨。文学战线社编辑。同年12月25日第一卷第五、六期合刊起迁沈阳。1949年7月出至第二卷第五期停刊，共出十一期。为东北解放区的文学刊物，努力反映解放区人民生活和追求光明的斗争。

文艺报 综合性文艺刊物。1949年5月4日创刊于北京。初由中华全国文艺界联合会主办,1957年4月14日起改由中国作家协会主办。初为周刊,茅盾主编。以交流经验,交换意见,指导创作,反映群众意见为宗旨。1949年7月28日出至第十三期停刊。同年9月25日复出半月刊,先后由丁玲、陈企霞、萧殷、冯雪峰等主编。中国作协接办后,复改周刊,1958年又改半月刊,1966年7月停刊,1978年7月复出周刊,1981年1月改半月刊,1982年1月改月刊,1985年7月改为周报。先后由张光年、冯牧、孔罗荪、谢永旺、陈涌等主编。至今仍在出版。在改为报纸版前以文艺评论为主,兼报道文艺动态,改报纸版后增加了新闻性、知识性和艺术性,成为文艺界发布信息、开展评论切磋的重要文化园地。

人民文学 文学月刊。1949年10月25日创刊于北京。中国作家协会主办,先后由茅盾、邵荃麟、张天翼、张光年、李季、王蒙、刘心武、刘白羽、程树榛主编。1966年"文化大革命"起休刊,1976年1月复刊,至今仍在出版。创刊时毛泽东题词:"希望有更多好作品出世"。以"反映新中国的成长,表现和赞扬人民大众在革命斗争和生产建设中的伟大业绩,创造富有思想内容和艺术价值,为人民大众所喜闻乐见的人民文学,以发挥其教育人民的伟大效能"为宗旨,发表短篇小说为主,兼发中长篇和诗歌、散文、报告文学、戏剧、电影剧本及评论等。

解放军文艺 综合性文艺月刊。1951年6月创刊于北京。解放军文艺杂志社编辑,至今仍在出版。宗旨是坚持为人民服务、为社会主义服务、为部队服务,指导部队创作,繁荣社会主义军事文学。主要发表与军旅生活有关的各种文学作品,描绘和塑造革命军人形象,同时反映军民关系、军民共建"四化"的新人新事。朱德题词:"更深刻、更广泛地开展部队中的文艺工作,要在部队大量培养有创作能力,并与人民解放军战士保持最密切联系的文艺工作者"。

现代诗 诗歌季刊。1953年2月1日创刊于台湾台北。纪弦主编。主要发表新诗作品。1956年现代派诗社成立后,作为"现代派诗人群共同杂志"。1964年2月1日出版第四十五期后休刊。1982年6月复刊,由罗行为发行人,羊令野为社长,梅新主持编务。复刊第九期起,由陈克华、零雨主编。复刊第十九期(1993年)起则由梅新任社长,鸿鸿主编。

创世纪 诗刊。1954年10月10日创刊于台湾。双月刊。由张默、洛夫、痖弦发起创办。宗旨是确立新诗的民族阵线,掀起新诗的时代思潮。1969年1月出版第二十九期后休刊,1972年9月10日复刊,并改季刊。1983年10月第六十三期起以发表现代诗为主,包括诗论、诗评、史料与诗坛信息等。

文学杂志 文学月刊。1956年9月创办于台湾台北。夏济安、侯健相继主编。曾译介许多西方现代派的理论与作品,为台湾青年作家的写作提供借鉴。发表了许多文学新人的作品,1960年8月出至第八卷第六期停刊,共出版四十八期。

诗刊 诗歌和诗学刊物。1957年1月创刊于北京。臧克家、李季、严辰、邹荻帆、张志民、杨学敏先后任主编。初为月刊,1961年1月改双月刊,1963年恢复月刊,1965年出至第八十期停刊。1976年1月复刊,至今仍在出版。宗旨是团结各种风格、各种流派的诗人,显示当代新诗新成果,繁荣新诗创作。主要发表各种题材、各种风格流派、具有较高思想艺术水平的诗作和评论,成为我国当代最重要的诗歌专刊。

文学评论 文学研究刊物。1957年3月创刊。中国科学院文学研究所(今属中国社会科学院)主办。先后由何其芳、陈荒煤、许觉民、刘再复等主编。初名《文艺研究》,1959年改现名,双月刊。1966年6月停刊,1978年2月复刊,至今仍在出版。主要发表文艺理论和文学评论文章,改双月刊后,加强了对社会主义文学理论研究,以开拓性、当代性和学术性著称,被公认为具有权威性的学术刊物。

收获 文学双月刊。1957年7月24日创刊于上海。中国作家协会主办,巴金、靳以主编,1960年第三期后休刊,1964年1月复刊,改为中国作家协会上海分会主办,1966年6月再休刊。1979年1月复刊,巴金主编,至今仍在出版。主张在双百方针和为人民、为社会主义服务的标准下,不同风格、不同体裁、不同形式、不同流派的共同发展,以较多篇幅发表中长篇小说、电影、话剧作品,兼发短篇小说、诗歌、散文、报告文学、回忆录等。

现代文学　文学期刊。1960年3月5日创刊于台北。原为双月刊,1962年出至十五期后改季刊。发行人兼主编为白先勇。曾译介卡夫卡、乔哀思和福克纳等西方现代派作品,对台湾文坛有启发作用。在发表大量具有试验色彩的现代派文学的同时,也发表有台湾乡土色彩的作品。1973年出至第五十一期后停刊。1977年复刊,1983年再次停刊。

笠诗刊　诗刊。"笠诗社"社刊。1964年6月15日创刊于台湾台北。双月刊。注重维护台湾本土意识,推广新诗的实验精神。主要栏目有"同仁作"、"社外作品"、"海外作品"、"译诗"及"其他"。在发行一百期时赵天仪曾发表《现代诗的创造》,对该刊的历史、现状、编辑方针及取得的成就作系统的总结。

新文学史料　文史季刊。1978年11月创刊于北京。初为丛刊,1980年1月改季刊,至今仍在出版。宗旨是收集中国现代历史上丰富的文学史料,"以备今人和后人用马克思主义的观点加以分析研究,予以科学的总结"。主要刊登作家的回忆录、传记,兼及文学论争、文艺思潮、文艺团体、流派刊物、作家作品的各种史料和史料研究,包括专题史料汇集。

花城　文学双月刊。1979年创刊于广州。先后由秦牧等主编。宗旨是反映改革开放中的新人物、新思想、新风貌,展示当代最新文学创作成果,以发表创作为主,兼及评论和理论探讨、介绍海外及港台佳作,兼容各种流派和各种风格,具有南国风味和海洋气息。

文学报　文艺性周报。1981年4月2日创刊于上海。初由中共上海市委宣传部、上海社会科学院联合主办,后改由上海市文联主办。先后由夏征农、徐中玉主编,至今仍在出版。旨在成为沟通作家、评论家和文学爱好者思想感情的桥梁和窗口,团结文艺工作者,发展和繁荣社会主义文学事业。主要刊登评论、报道文学创作和理论研究及作品消息等,兼登各种体裁的文学、美术作品。

蓝星诗刊　诗歌季刊。1984年10月创刊于台湾台北。主要刊载现代诗创作与评论,也翻译介绍西方的作家作品,刊载诗坛讯息。1992年7月出版第三十二期后休刊。

香港文学　文学月刊。1985年1月创刊于香港。刘以鬯主编。宗旨是繁荣世界华文文学。除登载小说、散文、诗歌、剧本外,还登载评论、序与跋、文学研究、报道及华文文学动态等。

文学世界　文学期刊。1987年12月20日在香港创刊。季刊。1991年10月出版第十四期后休刊。曾发表不少台、港、大陆及海外华人作家的作品,并出版有《泰华文学》专辑。

澳门笔汇　文学期刊。1988年6月创刊于澳门。半年刊。澳门笔会创办,陶里主编。以发表反映澳门社会生活的文学作品为主,除小说、散文、诗歌外,也有书法、篆刻、摄影作品。

名词　术语

新文化运动　五四时期兴起的一场反对旧道德、提倡新道德,反对旧文化、提倡新文化的革命运动。1915年9月《青年杂志》(后改名《新青年》)创刊后,掀起了"打倒孔家店"的浪潮,并宣传资产阶级的自由平等学说和个性解放思想、社会进化观点,以及近代科学思想;同时倡导反对文言文、提倡白话文,反对旧文学、提倡新文学为内容的文学革命运动。1917年俄国十月社会主义革命的影响和马克思主义的传播,又为新文化运动注入了崭新的内容。新文化运动的展开,遭到守旧派人物的顽强抵抗。他们以所谓"昌明中国固有之学术"为由,反对新文化。《新青年》对这些攻击给以坚决的反击,并正式提出"拥护那德莫克拉西(Democracy)和赛因斯(Science)两位先生"的口号(《本志罪案之答辩书》)。五四运动爆发后,《新青年》又大力宣传共产主义的社会革命论,在知识分子中产生了巨大影响。这场本来由资产阶级领导的旧民主主义的文化运动也逐渐变为由无产阶级领导的人民大众反帝反封建的新民主主义的文化运动,成为世界无产阶级社会主义文化革命的一部分。

文学革命　五四时期反对文言文、提倡白话文,反对旧文学、提倡新文学的文学思潮和文学运动。1917年初,胡適发表《文学改良刍议》,主张以白话文代替文言文;接着陈独秀发表《文学革命论》、《本志罪案之答辩书》,正式提出推倒封建旧文学的口号,倡导文学革命。钱玄同、刘半农等人也纷纷发表文章予以响应。而鲁迅则创作了《狂人日记》等内容深刻的白话小说和一系列犀利的杂文,成为文学革命的真正旗手。随着文学革命的深入发展,白话文得到迅速发展，并出现许多以反帝反封建为内容的作品；文学主张、文学观念开始得到更新，并出现以唯物史观来考察文学的现象；外国进步文学的大量介绍，帮助了中国新文学的发展。五四运动以后，在无产阶级思想的领导下，文学革命得到进一步的发展和深入，新文学最终取得了胜利。

新文学 泛指五四时期出现的、在内容和形式（包括语言形式）等方面均与传统的旧文学不同的文学。在思想内容上，指的是反帝反封建文学；在形式上，指的是与一切传统文学形式（章回小说、旧体诗词、传统戏曲等）和语言形式（文言）相对立的，吸取了外来文学样式的白话作品。随着文学革命的发展，新文学的创作取得了重大成绩，涌现了鲁迅、郭沫若、茅盾、巴金、老舍、曹禺等重要作家，出现了《呐喊》、《彷徨》、《子夜》、《家》、《骆驼祥子》、《雷雨》、《日出》等一批名著；诞生了新诗、话剧、报告文学等崭新的文学样式。

为人生而艺术 五四时期出现的具有现实主义倾向的一种文艺主张。最早由茅盾在1920年发表的《新旧文学评论之评论》一文中提出，后成为文学研究会的基本创作态度。这种主张反对封建的载道文学和游戏文学，反对所谓纯艺术的文学，强调文学是“于人生很切要的一种工作”，要反映人生，关心人民大众的疾苦。在“为人生”的思想指导下，大多数作家严肃地探求“人生究竟是什么”的问题，创作了一批反映人生的“问题小说”。

人的文学 五四时期出现的一种文学主张。1918年12月周作人发表《人的文学》，最早提出：“我们现在应该提倡的新文学，简单的说一句，是‘人的文学’，应该排斥的，便是反对的非人的文学。”其内容是，提倡新文学应以人道主义思想为核心，反对束缚人性的封建文学。这种主张适应了当时文学革命的需要，因而曾产生一定的影响。

平民文学 五四时期出现的一种文学主张。是与贵族文学相对立的、叙写普通与真挚的思想与事实的一种文学。1919年1月由周作人发表的《平民文学》一文正式提出。周主张在文学中以一律平等的人的道德代替愚忠愚孝的封建道德，以社会普通人的悲欢成败代替英雄豪杰才子佳人的事业和幸福。这种主张适应了当时文学革命的需要，因而曾产生一定的影响。

问题小说 为提出某种社会问题而创作的小说。出现于五四时期。周作人说：“问题小说，是近代平民文学的出产物。这种著作，照名目所表示，就是论及人生诸问题的小说。”（《中国小说里的男女问题》）较早出现的作品有胡適的《一个问题》，汪敬熙的《谁使为之?》，罗家伦的《是爱情还是苦痛?》，叶绍钧的《这也是一个人?》，冰心的《两个家庭》、《斯人独憔悴》、《去国》等，涉及了劳工、子女、伦理、宗教等问题。由于作者思想倾向不同，部分作品专以“美”和“爱”作为解决问题的手段。

革命文学 二十世纪二十年代中国共产党人和革命文学家提出的一种文学主张。1923—1926年间，邓中夏、恽代英、萧楚女、瞿秋白、沈泽民等宣传马克思主义文艺观，主张文学为民主革命服务，提出要建立革命文学的理论。此后郭沫若发表《革命文学》、《英雄树》，指出革命文学就是“表同情于无产阶级的社会主义的写实文学”。成仿吾、蒋光慈、李初梨等也发表《从文学革命到革命文学》、《关于革命文学》、《怎样地建设革命文学》等文，正式倡导无产阶级革命文学，要求作家把文学活动和无产阶级的革命斗争结合起来。但革命文学的部分倡导者夸大文学的社会功能，忽视文艺的特性，忽视作家世界观改造的艰巨性，并把批判的矛头指向鲁迅等进步作家，从而引起了进步文学阵营的争论。由于中国共产党对论争双方都做了工作，到1929年上半年，关于革命文学的论争基本结束。通过革命文学的倡导和论争，扩大了无产阶级革命文学的影响，锻炼了革命文艺队伍，为三十年代的左翼文艺运动的发展奠定了基础。

普罗文学 即无产阶级文学。“普罗”，是普罗列塔利亚（英文 Proletariat）的缩略语。是在第二次国内革命战争时期为避免国民党当局注意而采用的名称。

第三种人 二十世纪三十年代初胡秋原、苏汶（杜衡）等一批作家曾自称为居于国民党统治势力和左翼文学阵营之间的“自由人”、“第三种人”。胡秋原认为“文学与艺术至死也是自由的、民主的”，声称让政治“破坏”艺术“是使人生厌的”。瞿秋白发表《“自由人”的文化运动》，对胡秋原的观点作了批驳。随后，苏汶即以代表“作者之群”的“第三种人”的名义发表文章，也反对政治对文学的“干涉”。瞿秋白、鲁迅、冯雪峰等人先后撰文，指出在激烈的阶级斗争面前要做超脱现实的“第三种人”只能是幻想。

“文艺自由”论　参见“第三种人”。

文艺界抗日民族统一战线　二十世纪三十年代出现的一种文学现象。1935年，中国共产党发表《为抗日救国告全体同胞书》，号召建立抗日统一战线，主张不分新旧、不分阶层、不分党派，团结在抗日救亡的总目标下，建立广泛的抗日民族统一战线的组织，受到全国文艺界热烈拥护。1936年初，中国左翼作家联盟解散，同年10月，各派作家、艺术家联合发表《文艺界同人为团结御侮与言论自由宣言》，号召全国文艺界团结一致，抗日救国。《宣言》的发表标志着文艺界抗日民族统一战线的初步形成。1938年3月，中华全国文艺界抗敌协会正式成立，这是文艺界抗日民族统一战线的组织，对推动文艺为抗日战争服务产生了积极的作用。

国防文学　1935年末周扬等人为响应中国共产党关于组织抗日民族统一战线的口号而提出的文学运动口号。周扬认为，这个口号“号召一切站在民族战线上的作家，不问他们所属的阶层，他们的思想和流派，都来创造抗敌救国的艺术作品，把文学上反帝反封建的运动集中到抗敌反汉奸的总流”。口号提出后曾得到郭沫若、茅盾等作家的支持。后胡风发表的《人民大众向文学要求什么?》中出现了“民族革命战争的大众文学”的口号，遂发生了“两个口号”的论争。

民族革命战争的大众文学　1936年5月鲁迅等人为响应中国共产党组织抗日民族统一战线的号召而提出的当时文学运动的中心口号。最初出现在1936年6月1日胡风发表的《人民大众向文学要求什么?》一文中。鲁迅先后发表《论现在我们的文学运动》、《答徐懋庸并关于抗日统一战线问题》等文，对这一口号作了阐述，认为它比“国防文学”口号“意义更明确，更深刻，更有内容”，并指出新口号的提出，“决非停止了历来的反对法西斯主义，反对一切反动者的血的斗争，而是将这一斗争更深入，更扩大，更实际，更细微曲折，将斗争具体化到抗日反汉奸斗争这总流里去，决非革命文学要放弃它的阶级的领导的责任，而是将它的责任更加重，更放大，重到和大到要使全民族，不分阶级和党派，一致去对外。这个民族的立场，才真是阶级的立场”。这一口号提出后，在革命文艺界内部出现了“两个口号”的论争。不过鲁迅又认为，“国防文学”这一口号“即使曾被不正确的解释，它本身含义上有缺点，它仍应当存在，因为存在对于抗日运动有利益”，两个口号可以“并存”。

孤岛文学　指1937年11月12日至1941年12月8日在上海公共租界和法租界内开展的抗日爱国文学运动。八一三事变后，除公共租界和法租界外，上海其他地区全部沦陷，这两处租界犹如孤岛一般。在中国共产党领导下，一批革命的进步的作家利用租界这一特殊环境，坚持革命文学的光荣传统，出版了许多进步文学作品和文艺刊物，演出了不少进步戏剧，宣传抗日爱国思想，鼓舞了上海广大群众的革命斗志。这种局面共持续四年又一个月，因日本侵略军发动太平洋战争的同时，进占上海租界，孤岛文学运动被迫终止。

中国现代文学馆　收藏、陈列有关中国现代文学资料的馆所。旧馆坐落于北京西郊万寿寺内，后迁往北京朝阳区文学馆路45号。1981年3月由巴金倡议设立，后得到中共中央的支持和广大作家的响应。1985年1月5日正式成立。其任务是收集、保管、整理、研究中国现、当代作家的著作、手稿、译本、书信、日记、录音、录像、照片、文物等文学资料、档案资料和有关的研究资料。

茅盾文学奖　长篇小说大奖。茅盾临终前曾捐赠25万元给中国作协，作为一项长篇小说奖的基金，用于奖励全国最优秀的长篇小说。1981年4月20日中国作协主席团扩大会议决定成立茅盾文学奖金委员会，主任委员为巴金。首届获奖作品于1982年评出。

研究著作　参考资料

中国新文学史稿　王瑶著。上册，开明书店1951年出版；下册，新文艺出版社1953年出版。为作者在清华大学讲授“中国新文学史”课程的讲义基础上写成，是最早出版的现代文学史著作。共四编。按1919—1927年、1928—1937年、1937—1942年、1942—1949年四个时期分述文艺思想斗争、文艺潮流、文学创作。论述的作家达三百五十余人，其创作则分属不同的章节，以显示各种文学体裁的特殊性和成就。全书着重评述作为主流的无产阶级文学和无产阶级文学影响下的小资产阶级民主主义文学，对解放区文艺的评述尤详。

中国现代文学史 共三册。第一、二册唐弢主编，第三册唐弢、严家炎主编。人民文学出版社 1979、1980 年出版。系教育部统一组织编写的高等学校中文系教材。全书二十章。分"五四"文学革命、"五四"—第一次国内革命战争时期、第二次国内革命战争时期、抗战开始后的文艺运动及在民族解放旗帜下的文学创作等四个阶段；鲁迅、郭沫若专章介绍。全书涉及作家近三百人，文艺运动、流派、社团、作家、作品均放在具体的历史进程中考察，评述其功过得失；对作品评价较注意思想内容与艺术风格的统一。

中国当代文学史初稿 郭志刚、董健等集体编写。人民文学出版社 1980 年、1981 年出版。上下两册。全书分三个时期：新中国成立到"文革"前夕为第一时期，"文革"十年为第二时期，新时期为第三时期，共二十三章。每一时期均有"文艺运动与文艺思想斗争"、"小说"、"诗歌"、"散文"、"戏剧"、"电影文学"等章；赵树理、柳青、周立波、郭小川等重要作家，以及毛泽东诗词、茅盾的文学评论独立成章。论及当代文学的性质、成就、特点以及经验教训，对 1949—1966 年的小说创作作了充分肯定。

中国现代文学词典 鄂基瑞等编写。上海辞书出版社 1990 年出版。收录五四新文化运动至 1986 年间现代文学史上的名词术语、社团、流派、人物、作品、文学形象、文集、丛书、报刊、出版单位、故居与纪念馆等类词目，并酌量收录五四新文化运动前若干团体、作家、作品、报刊，以及海外华裔作家、作品等词目。内容丰富，材料翔实，评价公允。附录有《文学年表(1915—1986)》、《文献史料选辑》等。

新诗鉴赏辞典 公木主编。上海辞书出版社 1991 年出版。是该社出版的诗词鉴赏辞典系列的一种。选收自新诗产生以来七十年间各个时期、各个地域(包括台湾、香港)、各个流派、各种风格的诗作五百三十篇，较为完整地展示了新诗创作的艺术风貌和成就。基本上采用一首诗一篇赏析文章的方式编排。赏析文字精美，分析细致，阐发独到。公木作长序纵论新诗发展历史，并就一些重大理论问题阐明观点，具有深厚的历史感和浓厚的思辨色彩。附录有《诗人小传》、《新诗大事记》、《新诗书目》等四种。

中国新文学运动史资料 现代文学史资料。张若英编。光明书局 1934 年出版。分八编，共收文章四十七篇。第一编为绪论，第二编为"新文学建设运动"，第三编为"对旧作家的论争"，第四编为"对学衡派的论争"，第五编为"整理国故问题"，第六编为"对甲寅派的论争"，第七编为"文学研究会与创造社"，第八编是关于革命文学运动。从新文学运动开始至三十年代初的重要理论文章几乎全部收列，具有相当的史料价值。

中国新文学大系 现代文学作品汇集。❶赵家璧主编。良友图书印刷公司 1935—1936 年出版。共十集。蔡元培作总序。第一集为《建设理论集》，第二集为《文学论争集》，第三—五集为《小说一集》、《小说二集》、《小说三集》，第六、七集为《散文一集》、《散文二集》，第八集为《诗集》，第九集为《戏剧集》，第十集为《史料·索引》。全书收录 1917—1927 年十年间新文学运动中的主要理论和创作作品，是研究中国现代文学的重要史料。❷上海文艺出版社 1984 年编辑出版。共二十集。第一、二集为文学理论，第三—九集为小说，第十、十一集为散文，第十二集为杂文，第十三集为报告文学，第十四集为诗歌，第十五、十六集为戏剧剧本，第十七、十八集为电影剧本，第十九、二十集为史料索引。全书收录 1927—1937 年十年间部分主要理论和创作作品，是研究中国现代文学的重要史料。❸上海文艺出版社 1990 年编辑出版。共二十集。第一、二集为文学理论，第三—九集为小说，第十、十一集为散文，第十二集为杂文，第十三集为报告文学，第十四集为诗歌，第十五、十六集为戏剧剧本，第十八、十九集为电影剧本，第二十集为史料索引。全书收录 1937—1949 年十二年间部分重要理论和创作作品，是研究中国现代文学的重要史料。

中国现代文学史资料丛书 现代文学史资料汇编。上海文艺出版社 1958—1983 年出版。有甲乙两种。甲种有《鲁迅研究资料编目》、《艺术剧社史料》、《左联五烈士研究资料编目》、《中国现代文学期刊目录》、《中国现代戏剧电影期刊目录》、《鸳鸯蝴蝶派研究资料(史料部分)》、《郭沫若著译书目》、《鲁迅著译系年目录》。乙种为三十年代期刊和书籍影印本,有《文学》、《北斗》、《文化批判》、《艺术》、《文学月报》、《正路》、《文化月报》、《沙仑》、《前哨·文学导报》、《巴尔底山》、《十字街头》、《文艺讲座》、《新流月报》、《海风周报汇刊》、《文艺研究》、《新地月刊》、《文学新地》、《萌芽月刊》、《世界文化》、《文艺月报》、《文学杂志》、《文艺新闻》、《五一特刊》、《时代文艺》、《日出旬刊》、《拓荒者》、《新兴文化》、《流沙》、《引擎》、《文学界月刊》、《抗战文艺》、《杂文(质文)月刊》、《我们月刊》、《语丝》,以及赵家璧主编的《中国新文学大系(1917—1927)》等。

中国现代文学史资料汇编　现代文学史料汇编。中国社会科学院文学所编辑。1982年起陆续出版。有甲、乙、丙三种。甲种为《中国现代文学运动、论争、社团资料丛书》,以现代文学史上的重要运动、思潮、论争、社团资料为主,也包括一些文化方面的内容,共三十一种。乙种为《中国现代作家作品研究资料丛书》,包括作家传略、年谱、生平和文学创作自述、对作家生平与文学创作的记述和评论,以及作家著译系年、著译书目、评论研究文章目录索引,共一百七十余种。丙种为《中国现代文学书刊资料丛书》,包括文学期刊目录,主要报纸文艺副刊目录、文学总书目,作者笔名录等。三种丛书总计二百余种,是迄今为止研究现代文学最主要的参考资料。

中国现代文学史参考资料　现代文学著作汇集。上海书店1981年印行。辑集现代文学史上各社团、流派、著名作家的流传较为稀少的著作,以及作家传记、作品评论、文学论争集,皆依原样复印。其中有张若英编的《中国新文学运动史资料》、蔡元培等著的《中国新文学大系导论集》、苏汶编的《文艺自由论辩集》、陈梦家编的《新月诗选》、陈从周编的《徐志摩年谱》、郑振铎编的《我与文学》、李何林编的《中国文艺论战》等,为现代文学研究提供了许多颇有价值的资料。

中国当代文学研究资料　当代文学研究资料汇编。福建人民出版社等二十家出版社1981年起陆续出版。计划包括当代近二百位作家的研究专集或合集,按文体编辑的作品研究专集,文艺运动和文艺论争研究专集,文学大事年表专集,文学期刊索引研究专集,当代作家作品总目索引专集,当代作家作品评论总目索引专集等。其中已出版的多为作家的研究专集。

中国现代文学研究丛书　现代文学研究著作汇集。新文艺出版社、上海文艺出版社1953—1982年出版。收王瑶《中国新文学史稿》,楼栖《论郭沫若的诗》,叶子铭《论茅盾四十年的文学道路》,天鹰《1958年中国民歌运动》,凡尼《论殷夫及其创作》,杨匡汉、杨匡满《战士与诗人郭小川》,吴中杰、高云《论鲁迅的小说创作》,林非《鲁迅前期思想发展史略》,陈永志《试论〈女神〉》,范伯群、曾华鹏《王鲁彦论》,钱谷融《〈雷雨〉人物谈》,阎纲《〈创业史〉与小说艺术》,陈鸣树《鲁迅小说论稿》,李希凡《〈呐喊〉〈彷徨〉的思想与艺术》、《一个伟大寻求者的心声》,刘建军等《论柳青的艺术观》,时萌《闻一多、朱自清论》等。

新文学史料丛书　现代文学研究资料汇编。人民文学出版社1981年起陆续出版。主要收著名老作家的回忆录、传记和有关资料,包括茅盾《我走过的道路》、冰心《记事珠》、《朱自清日记》、巴金《创作回忆录》、老舍《我的生活与创作》、阳翰笙《回忆录》、《从文自传》、《徐懋庸回忆录》、曹聚仁《我与我的世界》、巴人《旅广手记》、姚雪垠《学习追求五十年》、张恨水《我的创作生涯》等。

中国新文艺大系　现代文艺作品汇集。中国文联出版公司陆续出版。从五四运动前后至1982年,按历史时期分五辑,每十年一辑。第五辑最先出版,共二十三集。理论部分包括文艺基础理论、文学理论和文学批评、艺术理论和艺术批评;文学部分包括短篇小说、中篇小说、诗、散文、杂文、报告文学、儿童文学、民间文学、少数民族文学;艺术部分包括戏剧、电影、电视、曲艺、音乐、美术、摄影、书法、杂技;另有史料一集;长篇小说不收,目录列于"史料"集中。

中国新文学社团流派丛书　现代文学资料汇编。华东师范大学出版社1985年起陆续出版。按新文学社团、流派选收其代表性作品及有关评论文章。每一社团或流派各编一本作品选、一本评论选。作品选主要收短篇作品,评论选则与作品选相应,收入对该派作家作品的评介文章。

日据下台湾新文学　现代台湾文学作品汇集。台湾日月潭出版社1979年出版。收录二十年代初至1945年期间台湾文学作品。共五集:第一集为《赖和先生全集》,第二集为《诗集》,第三、四集为《小说选》,第五集为《文献资料选集》。

当代中国新文学大系 现代台湾文学作品汇集。台湾天视出版事业有限公司1979—1981年间出版。收录1949—1979年间台湾文学作品。十卷。其中包括诗一卷、散文两卷、小说三卷、戏剧一卷、文学评论一卷、文学论争一卷，史料与索引一卷。

九　民间文学

作　　家

王少堂(1887—1968)　扬州评话艺人。江苏扬州人。出身评话世家。父王玉堂、伯父王金章都以说《水浒》著称。七岁从父学艺,九岁登台,十二岁独自演出。在继承家传的同时并能吸收扬州康(国华)派《三国》、蓝(玉春)派《三国》,以及龚(午亭)派《清风阁》的表演风格,说表细腻,语调铿锵,动作传神,创造了一套完整的扬州评话艺术表演方法。曾任中国曲艺工作者协会副主席。著有扬州评话《武松》。

秦地女(1888—?)　女民间故事家。内蒙古乌拉特前旗人。母擅讲民间故事,故其讲述的大部分故事,即承自其母。代表作有《天牛郎配织女》、《蛇郎》、《张打鹌鹑李钓鱼》、《门墩墩、门栓栓、锅刷刷》等。

顾颉刚(1893—1980)　历史学家、民间文艺学家。江苏苏州人。1920年毕业于北京大学,曾任北京大学、中山大学、中央研究院历史语言研究所教授。1949年后任中国科学院历史研究所研究员。曾提出"层累地造成中国古史"的学说,为"古史辨"的创始人。倡导了中国历史地理和边疆地理的研究。也是中国现代民间文艺学、中国民俗学学科开拓者之一。1920年加入北京大学歌谣研究会,不久致力于家乡歌谣吴歌的搜集和整理,曾出版《吴歌甲集》;对孟姜女故事搜集尤力,并进行研究,出版了《孟姜女故事研究集》。1927年与钟敬文等发起成立中山大学民俗学会,编辑出版《民俗》周刊和《民俗学丛书》。在古代神话与《山海经》研究方面也颇多贡献。有关民间文学和民俗学的著述很多,主要有《古史辨》、《吴歌小史》等。

王老九(1894—1969)　民间诗人。原名建禄。因排行第九,人称老九。陕西临潼人。出身贫困。十六岁时上过一年私塾,十八岁起务农。从小喜欢看戏,念唱本。三十二岁时开始编写快板诗,多揭露旧社会的黑暗。五十年代所写诗歌,鲜明地反映农民翻身作主的欢乐之情,有"农民诗人"之称。著有诗集《王老九诗选》、《东方飞起一巨龙》等。

董作宾(1895—1963)　民间文艺学家、考古学家。原名作仁,字颜堂。河南南阳人。毕业于北京大学。曾在福建协和大学、中州大学、中山大学任教。1949年到台湾后,历任台湾大学教授、台湾"中央研究院"历史语言研究所所长等职。在从事甲骨文字研究的同时,也进行民间文学和民俗学的研究。著有《看见她》等。

霍满生(1896—1974)　民间诗人。满族,辽宁海城人。七岁起给地主放牧、扛活,当了二十多年长工。自幼喜读唱本,编顺口溜,讽刺时事。五十年代后,创作才能得到发挥。作品集有《铁牛传》、《霍满生诗选》等。

容肇祖(1897—1994)　哲学史家、民间文艺学家。字元胎。广东东莞人。1926年毕业于北京大学哲学系。历任中山大学、岭南大学、北京大学教授,中国社会科学院哲学研究所研究员。长期从事历史和训诂学研究。早年曾从事民间文学和民俗学研究,编辑过北京大学《歌谣》周刊和中山大学《民俗》周刊。著有《迷信与传说》、《神话论》、《二郎神考》、《占卜的源流》、《天后》等。

钟敬文(1903—　)　作家、民间文艺学家、民俗学家。原名谭宗。广东海丰人。1934年赴日本早稻田大学学习。1936年回国后,先后在广州中山大学、杭州浙江大学、香港达德学院等处任教。曾发起成立广州中山大学民俗学会和杭州中国民俗学会,参与编辑广州中山大学《民间文艺》、《民俗》周刊,杭州《民间月刊》、《民俗》周刊、《民俗学集镌》等。1949年后任北京师范大学教授,1983年后兼任中国民间文艺研究会主席、中国民俗学会理事长。长期从事民间文学和民俗学教学与研究。著有《钟敬文民间文学论集》(上、下集)和《新的驿程》等。早年还发表过诗歌与散文。诗集有《海滨的二月》、《未来的春》,散文集有《荔枝小品》、《西湖漫拾》、《湖上散记》等。

娄子匡(1905—) 民间文艺学家、民俗学家。字适翁。浙江绍兴人。少年时代即从祖母和乡邻口中记录了一百则民歌,编成《绍兴歌谣》出版。曾参与发起成立杭州中国民俗学会,先后主持过七家报纸的《民俗》周刊。六十年代以来,在台湾陆续影印出版各种丛书、专号和期刊,总数在千种以上。

萧甘牛(1905—1982) 民间文学搜集家、作家。壮族。广西桂林人。自幼听过外婆和母亲讲述的许多民间故事,又常随父亲到少数民族地区采风,为其后来的文学活动打下了深厚基础。早期曾从事文学创作,五十年代以后专事少数民族民间文学的搜集整理和编写工作。编有故事集《孔雀的翅膀》、《金芦笙》、《龙牙颗颗钉满天》等,民歌集《哈迈》、《大苗山情歌集》等。

萧崇素(1906—) 民间文学家、作家。四川安县人。早年曾先后在上海震旦大学、大夏大学、东京日本大学求学。历任重庆《新蜀报》主笔,四川大学、华西大学中文系教授等职。长期深入藏族、彝族地区,从事少数民族民间文学的搜集工作。出版的藏、彝族民间文学作品有《奴隶与龙女》、《青蛙骑手》、《五色海的传说》、《增布的宝岛》等。

韩燕如(1912—) 民间文学搜集家。原名尚宽。内蒙古土默特右旗人。曾任内蒙古民间文艺家协会主席。长期搜集流传于内蒙古地区的"爬山歌",编成《爬山歌选》三集出版,并与他人合著《爬山歌论稿》。

贾芝(1913—) 民间文艺学家。山西襄汾人。1932年入中法大学学习。1938年于西北临时大学毕业后,入延安抗日军政大学和鲁迅艺术学院学习。后在延安大学工作。1949年后历任中国科学院文学研究所民间文学研究室主任、中国社会科学院少数民族文学研究所所长、中国民间文艺研究会副主席。长期从事民间文学研究和组织工作。曾编选《中国歌谣选》,以及《中国民间文学丛书》多种。著有《民间文学论集》和《新园集》,另有诗集《水磨集》。

韩起祥(1915—1989) 民间艺人。陕西横山人。出身贫苦。三岁时因患天花双目失明。十三岁开始学习说唱艺术,能唱七十多部书,弹五十多种民歌小调。1940年到延安,开始改编旧书,创作新书。曾将袁静的秦腔剧本《刘巧儿告状》改编成反对买卖婚姻的《刘巧团圆》,影响颇大。建国后曾任中国曲艺工作者协会副主席。曾将陕北信天游以及道情、碗碗腔、秦腔、眉户等曲调吸收到说唱艺术中,并注意发挥三弦的伴奏功能,形成了独特的表演艺术风格。代表作还有《张玉兰参加选举会》、《时事传》等。

袁珂(1916—) 神话学家。四川新都人。四川省社会科学院研究员、中国神话学会会长。长期从事中国古代神话研究,对古代神话资料的搜集、考证、注疏做了大量工作。著有《中国古代神话》、《〈山海经〉校注》、《中国神话传说词典》等。

张紫晨(1929—1992) 民间文艺学家、民俗学家。原名子臣。吉林长春人。曾任北京师范大学教授、中国民俗学会副理事长、北京市民间文艺家协会主席。长期从事民间文学和民俗学的教学与研究。著有《歌谣小史》、《中国民俗与民俗学》、《中国巫术》、《中国民俗学史》等。

张士杰(1931—1979) 民间文学家。河北安次(今属廊坊)人。曾在农村小学任教。五十年代开始专门搜集义和团故事,整理写成《义和团的故事》。主要作品还有《龙河民间故事》、《西瓜女》、《金沙滩》、《托塔李天王》、《红缨大刀》等。

神　话

神话 民间文学体裁。是远古时代人类创造的反映自然界及人与自然的关系的具有高度幻想性的叙事作品。由于远古时代生产力极为低下,人类不能科学地解释自然现象,处在一种蒙昧状态之中,以为天地万物也是有生命的;为了解释和控制自然,他们以自身的经历为依据,把自然物和自然力加以人格化和神化,并通过不自觉的艺术加工,编造出许许多多关于神和半神的故事。这些故事是人类童年时期的自发的、幼稚的、幻想的折光,反映了原始人对自然和现实的认识,表现出原始社会的生活情景和人类最初的思想感情。

创世神话 又称"开辟神话"。关于天地的形成和万物起源的神话。产生于原始社会时期,反映原始人类对宇宙生成的认识和他们的世界观。原始人类往往通过奇异的幻想，幼稚地认为天地、日月、自然山川的形成，都是某些具有超人神力的英雄巨人或创世神所创造的。如《盘古》神话中说巨人盘古死后，身体的各个部分变成了天地万物；《女娲》神话中说人类是由女娲用黄土捏成的等。中国少数民族中流传的《创世纪》，也讲述着同一母题：宇宙开辟前，天地混沌，连成一片，分不出白天黑夜；之后，巨人出世，开辟天地。大部分创世神话中还讲述了各民族古老文化的起源。

日月星辰神话　自然神话之一。关于天体自然现象的解释性故事。中国许多民族中都有流传。《山海经·大荒南经》："羲和者，帝俊之妻，生十日。"又《大荒西经》载："帝俊妻常羲，生月十有二。"清马骕《绎史》卷一引《五运历年纪》："首生盘古，垂死化身……左眼为日，右眼为月……发髭为星辰。"《山海经》中还记载，古时天上有十个太阳，它们都居汤谷扶桑树上，九个太阳居下枝，一个太阳居上枝，居上枝的太阳每日乘车，从东到西巡游；月中阴影及圆缺变化，被解释为月亮死而复生，并生发出嫦娥奔月化为蟾蜍、吴刚伐桂、玉兔捣药的故事。《淮南子》一书最早记载了羿射九日的神话。日月神话反映了原始初民对自然天体的朴素认识，在人类认识史上具有一定科学价值，如许多神话讲到日月运行的规律，月蚀的形成以及按照日月运行规律划分年月等。

动植物起源神话　自然神话之一。关于动物和植物来源和特征的解释性故事。产生于原始渔猎和采集生活时代，当时生产力极其低下，人类还不能把自己同自然界和氏族生活集体严格区别开来，往往认为自然界中的动物和植物也和人类一样，具有知觉、性格和感情。特别是那些具有图腾崇拜意识的氏族更是认为，某些动物或植物和自己的氏族有着血缘联系，将它们视为自己的祖先，于是就出现了大量的动物和植物神话。《夸父》神话中说桃林是夸父在逐日途中渴死后弃下的手杖变成的。《盘古》神话中说草木是由盘古的皮毛化生而成。布依族神话《开天辟地》中说森林和珍禽异兽是翁嘎神的头发和身上的虱子变成的。苗族的古歌神话讲述神、人、动物和植物是互生的，苗族的女祖蝴蝶妈妈是人和动物的共同祖先。此后这类神话多转化成动植物传说和故事。

洪水神话　关于宇宙毁灭和反映人类再生的神话。在世界各民族都有广泛流传，在中国各民族亦有流传。《淮南子·览冥训》载："往古之时，四极废，九州裂；天不兼覆，地不周载；火爁炎而不灭，水浩洋而不息；猛兽食颛民，鸷鸟攫老弱。于是女娲炼五色石以补苍天，断鳌足以立四极，杀黑龙以济冀州，积芦灰以止淫水。"这是关于洪水神话的最早记载。西南众多少数民族中流传的洪水神话则和人类再生联系起来，大多讲述雷公发洪水，人类几乎灭绝，有一对兄妹因乘葫芦瓜而得救，为繁衍人类，兄妹俩结为夫妇，反映了人类在遭受洪水劫难之后的再发展和人类社会处于血缘婚阶段的社会现实。

图腾神话　原始宗教神话之一。图腾，印第安语"totem"的音译，意为"他的亲族"。系原始社会的人将认为与本氏族有血缘关系的某种动物或自然物并用以作为本氏族的标志。在图腾神话中，图腾神既是氏族、部落的祖先神，又是保护神。如《诗经》"天命玄鸟，降而生商"的玄鸟，既是殷商民族的图腾，又是它的祖先。中国少数民族中，至今仍然保存着许多古老的图腾神话。云南怒族神话说，蛇与蜂交配生下女始祖茂英充，后来怒族分成蜂、蛇等氏族。瑶族的《盘瓠》是犬图腾神话。中国少数民族神话中，保存图腾神话最多的是傈僳族。

浑沌　❶亦作"混沌"、"浑敦"。神话中的中央之帝。其天然无耳目，开之则死。《庄子·应帝王》："南海之帝为儵，北海之帝为忽，中央之帝为浑沌。儵与忽时相与遇于浑沌之地，浑沌待之甚善。儵与忽谋报浑沌之德，曰：'人皆有七窍以视听食息，此独无有，尝试凿之。'日凿一窍，七日而浑沌死。"❷神话中的兽名。《神异经·西荒经》记载，混沌如犬，长毛四足，有腹无五脏，面目狰狞，常与穷奇、饕餮、梼杌一起被称为"四凶"。

盘古　神话中的开辟之神。最早流传于中国南方地区。三国时吴人徐整最先在《三五历纪》和《五运历年纪》(均已佚)中记录了有关盘古的神话，部分佚文见《艺文类聚》卷一："天地混沌如鸡子，盘古生其中。万八千岁，天地开辟，阳清为天，阴浊为地。盘古在其中，一日九变，神于天，圣于地。天日高一丈，地日厚一丈，盘古日长一丈，如此万八千岁。天数极高，地数极深，盘古极长。"徐整还记录了民间传说的关于盘古"垂死化身"的神话，表明人类和世界万物的生成都与盘古有关。南朝梁任昉在《述异记》中除记录盘古事迹外，又云"盘古氏夫妻，阴阳之始也"，"盘古氏，天地万物之祖也，然则生物始于盘古。"盘古神话在中国神话史上占有十分重要的地位，至今西南少数民族地区仍然流传着大量盘古型神话，并将盘古作为开辟之神。

三皇 神话传说中远古的三位帝王。有多种说法。《太平御览》卷七八引《春秋纬》云：“天皇、地皇、人皇，兄弟九人，分为九州长天下也。”《拾遗记》载：“天皇十三头，地皇十一头，人皇九头，皆龙身。”《史记·秦始皇本纪》以天皇、地皇、泰皇为三皇。《风俗通义·皇霸篇》引《春秋纬》，以伏羲、女娲、神农为三皇。《白虎通》以伏羲、神农、祝融为三皇。

五帝 即“五方神”。神话传说中远古的五位天帝。有几种说法：汉王逸注《楚辞·九章·惜诵》云：“五帝，谓五方神也。东方为太皞，南方为炎帝，西方为少昊，北方为颛顼，中央为黄帝。”又《周礼·天官·太宰》：“祀五帝”，唐贾公彦疏：“五帝者，东方青帝灵威仰，南方赤帝赤熛怒，中央黄帝含枢纽，西方白帝白招拒，北方黑帝汁光纪。”

伏羲 一作宓羲、包牺、庖牺、伏戏、牺，又称牺皇、皇羲等。中国神话中的人类始祖和文化英雄。传说是华胥氏在雷泽踩了雷神的足迹生下的儿子，后与其妹女娲氏成婚而繁衍了人类。又传其发明创造很多，文字、婚姻制度、结网捕鱼、打猎、畜牧、琴瑟等的形成都和他有关。古史传说中还记载他制作八卦，以代表天地间的各种事物。一说伏羲即太昊(皞)。

女娲 神话中人类的女始祖。相传与其兄伏羲婚配繁衍人类。一说当天地开辟时，世上没有人类，她用黄土造人。又相传她炼五色石补天，折断鳌足支撑四极，治理洪水，杀死猛兽，使人民得以安居。参见“女娲补天”、“女娲造人”。

女娲补天 自然神话。《淮南子·览冥训》：“往古之时，四极废，九州裂，天不兼覆，地不周载；火爁炎而不灭，水浩洋而不息；猛兽食颛民，鸷鸟攫老弱。于是女娲炼五色石以补苍天，断鳌足以立四极，杀黑龙以济冀州，积芦灰以止淫水。”据传故事发生在伏羲为天帝之时，女娲补天治理洪水后，乘雷车，驾飞龙，朝见天帝，后在天上隐居。这一神话有时还和共工与颛顼争当天帝、共工撞倒不周山的神话相联系，说女娲所补之天为共工所撞坏。

女娲造人 人类起源神话。较完整的故事最早见于东汉应劭《风俗通义》：天地开辟后，未有人类。女娲用土捏人，后因劳累，便用一条绳子放入泥中，将泥浆向四面抛撒，泥点溅落之处便生出许许多多的人。以后她又让这些人男女相配，繁衍后代。

神农氏 传说中农业和医药的发明者。相传远古人过着采集渔猎生活，他用木制作耒、耜，教民农业生产。又传他曾尝百草，发现药材，教人治病。《神农本草经》即是依托他的著作。一说炎帝即神农氏。

黄帝 ❶亦作皇帝。传说中中原各族的共同祖先。姬姓，号轩辕氏、有熊氏。父为少典国国君。母有娀氏，名附宝，见电光绕北斗枢星，感而受孕，生下黄帝。同父异母弟炎帝扰乱各部落，他在阪泉(今河北涿鹿东南)打败炎帝。蚩尤作乱，他又在涿鹿(今河北涿鹿东南)击杀蚩尤，后成为部落联盟领袖。❷神话中的五天帝之一。系中央之神。传说黄帝有二十五个儿子，共分十二姓。其中姬姓是西周王族的姓，分封的诸侯达七十余国。

黄帝乘龙 古代帝王神话。传说黄帝战胜蚩尤后，令人开采首山的铜，运到荆山脚下铸成一只大鼎。鼎成之日，天上诸神和各方百姓都来庆贺，此时忽有神龙从天而降，黄帝和七十多位神跨上神龙，升天而去。百姓争先恐后将龙须和黄帝挂在龙须上的宝弓拉下。此后宝弓被称为“乌号”，其地则名叫“鼎湖”，而落下来的龙须变成今天的“龙须草”。

螺祖 亦作累祖、雷祖。传说中黄帝的正妃，西陵氏女。传为最早的养蚕人，南朝宋元嘉以后，祀其为先蚕(蚕神)。又传黄帝周游天下，螺祖随行，因死于途中，被祀为“行神”，即旅行之神。

炎帝 传说中的姜姓部族首领。号烈山氏，一作厉山氏。相传少典娶于有蛴氏而生。原居姜水流域，后向东发展到中原地区，曾与黄帝战于阪泉(今河北涿鹿东南)，被黄帝打败。一说炎帝即神农氏。《世本·帝系篇》(清张澍稡集补注本)云：“炎帝神农氏。”宋衷注：“炎帝即神农氏，炎帝身号，神农代号也。”

少昊 一作少皞。传说中远古东夷族首领。名挚(一作质)，号穷桑氏、桑丘氏，又号金天氏、金穷氏。最早见于《山海经》。相传与颛顼为叔侄关系，在当天帝之前于东海之外大壑建立“少昊之国”时，颛顼曾看望过他。据《左传·昭公十七年》云，少昊之国是个鸟的王国，臣僚百官都由鸟来做，如凤凰掌管四季天时，鹁鸪掌管教育，鸷鸟掌管兵权，布谷鸟掌管建筑，鹰掌管刑罚等。此说表明东夷族以鸟为图腾。

颛顼　传说中部族首领。号高阳氏。据传是黄帝的曾孙，生于若水，居于帝丘（今河南濮阳西南）。据说他生下时，头上戴着干戈，十岁时辅佐少昊，二十岁在北方成为天帝。曾与水神共工争夺帝位，后杀共工。做了天帝后，任重为南正之官，掌管祭祀天神；命黎任火正（一作北正）之官，掌管民事。

太昊　亦作太皞、太皓。传说中古代东夷部族的首领。风姓，居于陈。秦汉阴阳家以五帝配四时五方，认为太昊以木德王天下，故配东方，为司春之神。一说太昊即伏羲。

句芒　传说中主木之官。又为木神。《吕氏春秋·孟春》："其神太皞，其神句芒。"高诱注："句芒，少皞氏之裔子曰重，佐木德之帝，死为木官之神。"一说他为司命之神，可预示国之兴亡（见《墨子·明鬼下》）。

精卫填海　古代神话。据《山海经·北次三经》、《述异记》等记载，传说炎帝有一小女叫女娃，游于东海，不幸淹死，灵魂化作精卫鸟，其状如乌，文首，白喙赤足。此鸟住北方发鸠山上，而常衔西山的石子、树枝投入东海，欲填平大海。东海有一个叫"誓水"的地方，是女娃被淹之处，她发誓不喝那里的水，所以精卫鸟又叫"誓鸟"、"志鸟"，也叫"冤禽"，民间称之为"帝女雀"。

帝俊　俊，一作夋。神话中的天帝。关于帝俊神话惟见于《山海经·大荒经》以下五篇。传说其妻有日神羲和、月神常羲。曾"赐羿彤弓素矰，以扶下国"（《山海经·海内经》）。又曾与五采鸟为友（《大荒东经》）。一说帝俊即帝喾，《初学记》卷九引《帝王世纪》："帝喾……生而神异，自言其名曰夋。"

羲和　神话中的女神。❶天帝帝俊之妻，太阳之母。《山海经·大荒南经》："东南海之外，甘水之间，有羲和之国。有女子名曰羲和……羲和者，帝俊之妻，生十日。"传说她每天驾车送一子由东向西巡行，并在东方的甘渊为子沐浴。❷主日月之神。《山海经·大荒南经》郭璞注："羲和盖天地始生，主日月者也。故《（归藏）启筮》曰：'空桑之苍苍，八极之既张，乃有夫羲和，是主日月，职出入，以为晦明。'又曰：'瞻彼上天，一明一晦，有夫羲和之子，出于旸谷。'"

帝喾　喾，一作告、俈。神话传说中古代部族首领。号高辛氏，有四妻四子：姜嫄生弃（即后稷），是周族的祖先；简狄生契，是商族的祖先；庆都生帝尧；常仪生帝挚。

姜嫄　嫄，一作原。神话传说中的人物。周族始祖后稷之母。传说她在荒野中踏了巨人足迹受孕而生下后稷。

姜嫄履迹　古代帝王神话。据《史记·周本纪》记载，有邰氏的女儿姜嫄，在荒郊野外发现一巨人的足迹，便用自己的足去踏，不久怀孕，产下一子。她以为不祥，将子弃于隘巷，忽有一大鸟从天而降，双翅覆于其上，姜嫄知道此子是神，即将他领回抚养，并为之取名叫"弃"。《诗·大雅·生民》于此更有生动叙写。

简狄　传说中的人物。商代先祖契之母。相传她曾在河里洗澡，吞玄鸟（燕）卵受孕而生契。参见"契"。

简狄吞卵　古代帝王神话。参见"契"。

后稷　神话传说中的农业之神。一说是周民族的始祖。传说其母姜嫄在郊外踏了巨人的足迹，感孕而生下他，以为不祥，弃之隘巷，终无所损，遂收养之故名曰"弃"（见《史记·周本纪》）。弃长大后善农艺，舜时为农官，教民耕种。传说是开始种稷和麦的人，其后代繁衍成为周民族。

契　亦作偰、卨。神话传说中商的始神。子姓。帝喾之子，母为简狄。相传契为简狄吞玄鸟（燕）卵所生。《诗·商颂·玄鸟》有"天命玄鸟，降而生商"之说。曾助禹治水有功，被舜任为司徒，掌管教化。居于商（今河南商丘南），一说居于蕃（今山东滕州）。

羿　亦称夷羿、仁羿。神话人物。本是天神，曾奉天帝之命到人间除害。关于他的神话，传说有《羿射九日》、《羿除诸怪》、《羿射河伯》。尧之时，夏代有穷国国君名后羿，是一位沉湎于田猎，荒淫的暴君，因常与羿的事迹相混，故羿又被称为后羿。

羿射九日　英雄神话。据《山海经》等古籍记载，尧时天上十日并出，草木焦枯，生民遭难。于是，天帝俊赐羿弓箭令其下凡为民解难。羿下凡后却用弓箭射日，结果有九个太阳中箭落于东海变作石山。

嫦娥　亦作恒娥、姮娥。神话人物。羿之妻。传说她偷吃丈夫从西王母处得来的不死之药后奔向月宫，变成月精蟾蜍。事见《淮南子·览冥训》与高诱注、《太平御览》引张衡《灵宪》。后世传说和文学创作中，嫦娥又成为一个能歌善舞的美丽仙女。一说嫦娥即由帝喾妃常仪演变而来，相传她善占月之晦、朔、弦、望。

嫦娥奔月 神话传说。据《淮南子·览冥训》记载，"羿请不死之药于西王母，恒娥窃以奔月。"据古代民间传说，射日英雄羿之妻嫦娥，随羿一起来到人间后因耐不住清苦，偷吃丈夫的不死之药，又飞身上天，进了月宫，变成一只蟾蜍（月精）。经后世不断演变，嫦娥化为蟾蜍的说法逐渐隐去，嫦娥则变为一位能歌善舞的美貌仙子。她住在富丽堂皇的广寒宫中，那里有捣药的玉兔、伐桂的吴刚。在文学作品中，引用嫦娥奔月这一神话传说多具有追求自由与幸福的含意。

蚩尤 传说中远古作乱之人，又传为主兵之神。一说为东方九黎族的首领，相传以金作兵器，并能呼风唤雨。有兄弟八十一人（一说七十二人），皆铜头铁额，兽身人语。又传说是炎帝的后代，姜姓。有的则把他与黄帝相联，《韩非子》描写黄帝"大合鬼神"场面时，说蚩尤是黄帝的开路先锋，后为争夺天帝之位，与黄帝战于涿鹿（今河北涿鹿东南），后被应龙所杀，死后生成一种云气，叫"蚩尤之旗"，是王者征伐四方的前兆。

后土 传说中的土地神。共工之子。能平九土，逐日的夸父为其孙。一说后土是地狱"幽都"的统治者。

夸父追日 英雄神话。《山海经·海外北经》："夸父与日逐走，入日。渴欲得饮，饮于河、渭，河、渭不足，北饮大泽。未至，道渴而死。弃其杖，化为邓林。"指出夸父是追上太阳之后因渴而死去的。传说中夸父是炎帝的后代，土神后土的孙子，其形象是双耳贯两条黄蛇，双手执两条黄蛇，住在北方大荒中的成都戴天山上。又说他还曾参加过黄帝与蚩尤的战争，并被应龙杀死。

共工 传说中古代部族首领。炎帝之后裔。曾与颛顼争当天帝，失败后怒触不周之山，发下洪水。又说他在舜之时振荡起滔天洪水，致使大禹用十三年时间才将洪水制服。

祝融 传说中楚国君主的祖先。名重黎。一说他为炎帝之后裔，一说是黄帝之后裔。为高辛氏帝喾之火正（掌火之官），故后世祀为火神。鲧治水失败，他奉帝喾之命杀鲧于羽郊。又传共工作乱，受帝喾之命往而诛之不尽，被帝喾所杀。

鲧 传说中原始时代部落首领。封于崇（亦称有崇，今河南嵩县北），号崇伯。相传为禹之父。曾受四方诸侯推举，奉尧之命治理洪水。采用筑堤防水的方法，九年未获成功，被舜杀死在羽山。尸体三年不腐，天帝命将其腹剖开，一条蝌蚪腾飞上天，是为子禹。后其尸化为黄熊，去西方寻求复活之术。

禹 亦称大禹、夏禹、戎禹。传说中古代部落联盟领袖。姒姓，名文命。鲧之子。鲧死后尸体三年未腐，剖腹生禹。关于禹的诞生还有种种说法：《世本·帝系篇》云，鲧娶有莘氏女为妻生禹；《吴越春秋》云，鲧妻名女嬉，吞食薏苡后怀孕，剖肋骨而生禹。其主要功绩是继承父业继续治水，采取疏导的办法，将水引入大海。在治水十三年中，三过家门而不入。后以治水有功，被舜选为继承人，舜死后任部落联盟领袖。传曾铸造九鼎。又传三苗作乱，他克之，辟土为王。

涂山氏 传说中的人物。禹之妻。传说禹南巡至涂山时，有九尾白狐出现，示意禹娶涂山氏为妻。婚后，禹继续治水，并嘱咐涂山氏，送饭时听到鼓声才可前来。后禹因跳石而误中鼓，涂山氏赶来，见禹化作熊开山凿路，羞惭而去，至嵩高山下化为石，生子启。

灶神 亦称灶君、灶王。旧时民间供奉于灶头，被认为是掌管一家祸福之神。一说炎帝死后为灶神；一说黄帝发明灶，死后为灶神；一说火神祝融为灶神；一说颛顼之子黎被祀为灶神等。民间传说灶神姓张名单，字子郭，享有向天帝禀告住户人家罪状的权利。农历腊月二十三或二十四，是他上天的日子，家家户户制作纸扎物品，供献糖瓜等食品，设祭送灶神。除夕夜又将灶神接回家中，称之为"迎灶神"。民间往往在灶头贴上"上天言好事，下界降吉祥"的对联。

雨师 传说中的雨神。《周礼·春官·大宗伯》郑玄注，以毕宿为雨师；《风俗通·祀典篇》以元（玄）冥为雨师；《山海经·海外东经》郭璞注，以屏翳为雨师。传说他为黄帝之属臣，但在黄帝与蚩尤的战争中，转而帮助蚩尤。《山海经·大荒北经》记载，应龙也是雨神，曾参加黄帝与蚩尤的战争。汉代民间用土塑成应龙求雨，其状为有翅龙，后世多以龙王为雨神即源于此。

雷公 传说中的雷神。《山海经·海内东经》："雷泽中有雷神，龙身而人头，鼓其腹则雷。"《大荒东经》云，黄帝战蚩尤时，得夔牛于东海流波山，“以其皮为鼓，橛以雷兽之骨，声闻五百里，以威天下。”雷兽，即雷神。民间传述的雷公形象有鸟形之喙，头似猕猴，肩生双翼，足踏五鼓。雷公除行雷外，还兼有行刑之职。

河伯　亦作冰夷、冯夷、无夷。传说中的黄河水神。《楚辞·九歌·河伯》洪兴祖补注引晋葛洪《抱朴子·释鬼》云：“冯夷以八月上庚日渡河溺死，天帝署为河伯。”曾化为白龙出游，被羿射瞎左目。《庄子》和屈原《天问》、《九歌》最早载有河伯的故事。民间亦有河伯骄淫，攘人妻女的故事流传。

西王母　亦称金母、王母娘娘、王母或西姥。神话中的女神。《山海经·西山经》：“玉山，是西王母所居也。西王母其状如人，豹尾虎齿而善啸，蓬发戴胜，是司天之厉及五残。”传说有三只青鸟，每天为她取食，又有三足乌，专为她做杂事。《穆天子传》：“天子宾于西王母……西王母为天子谣”，西王母则是一个雍容平和、能唱歌谣的妇人。后在《汉武帝内传》、《汉武故事》中，西王母则演化为年三十许，容颜绝世的美丽仙子。《太平广记》说东王公和西王母分管男仙、女仙的名籍。在后代小说、戏曲里，又称为“瑶池金母”，每逢蟠桃熟时，大开寿宴，诸仙都来为她上寿。旧时民间将西王母作为长生不老之象征。

蚕马　神话中的蚕神。据《搜神记》载，相传古代有一女子思念外出的父亲，便对马说，你能将我的父亲接回，我就嫁给你。后马果接回其父，她却食言，并将马杀死。结果马皮将她卷起飞去，几天后，女子及马皮都化为蚕。此后民间产蚕地区，立庙祭祀，塑女子之像，披马皮，称为“马头娘”、“马明王”或“马明菩萨”，祈祷蚕事丰收。

刑天　亦作邢天、形天。神话人物。炎帝的属臣，因与黄帝争帝位被砍去头颅，故又称“无头神”。《山海经·海内西经》云：“刑天与帝争神，帝断其首，葬之常羊之山，乃以乳为目，以脐为口，操干戚以舞。”

烛龙　又称烛阴。神话中的神兽。司昼夜四时变化。《山海经·大荒北经》云：“有神，人面蛇身而赤，直目正乘。其瞑乃晦，其视乃明。不食，不寝，不息，风雨是谒。是烛九阴，是谓烛龙。”汉代文献则一般把他看做西北太阳照不到的地方之神衹，是主四时和方位的神。

神荼、郁垒　亦作荼与、郁雷，传说中的两个门神。据《论衡·订鬼》引《山海经》云，东海度朔山上有大桃木，枝干攀延三千里，其枝间东北是鬼门，供万鬼出入。山上有二神，一叫神荼，一叫郁垒，管理万鬼。遇有恶鬼，便以苇索捆住喂虎。后黄帝立桃人，在门户上画神荼、郁垒像，悬苇索以避凶魅，此俗延续至今。

四灵　神话中的四种神灵之物。《礼记·礼运》云：“麟、凤、龟、龙，谓之四灵。”麟即麒麟，麇身牛尾，头生一角，雄称麒，雌称麟。神话中的瑞兽，行止不踩虫蚁，不折草木，故有“仁兽”之称。凤即凤凰，传说中的神鸟，状如锦鸡，具有五彩羽毛。生性高洁，饮必择食，栖必择枝，能歌善舞。雄凤雌凰，合称谓凤凰。相传它的出现，是天下太平、吉祥如意的预兆。龟，神话中的长寿神物，也是民间习俗中常见的吉祥物。龙为四灵之首，马首、蛇身、鱼鳞、鸟爪，变化多端，能行云布雨。传说中古代神人多乘龙而行，如祝融、夏启、蓐收、句芒均乘两龙，颛顼乘龙而至四海，黄帝乘龙升天等。龙的种类很多，有鳞者为蛟龙，有翅者为应龙，有角者为虬龙，无角者为离龙等。龙的尊贵身分，使它成为中华民族和古代帝王的象征。

凤　即凤凰，神话传说中的一种神灵之物。参见“四灵”。

龙　神话传说中的一种神灵之物。参见“四灵”。

夔　神话传说中的一种奇异动物。《山海经·大荒东经》云：“东海中有流波山，入海七千里。其上有兽，状如牛，苍身而无角，一足，出入水则必风雨。其光如日月，其声如雷，其名曰夔。黄帝得之，以其皮为鼓，橛以雷兽之骨，声闻五百里，以威天下。”一说夔是舜时的乐官。《尚书·舜典》载：“帝曰：‘夔，命汝典乐，教胄子……’夔曰：‘于予击石拊石，百兽率舞。’”

玄女　亦称元女、九天玄女、九天玄女娘娘。神话传说中的女神。传说黄帝与蚩尤九战不胜时，归于太山，大雾三日三夜，有一妇人，人首鸟形，自称玄女，黄帝稽首再拜，遂得她所授战法，克蚩尤于中冀。一说玄女即玄鸟的化身。关于玄女神话，《龙鱼河图》、《黄帝出军决》、《黄帝内传》、《广成子传》等均有记述。

玄鸟　神话中的神鸟。一说即燕子。是商民族崇拜的图腾。传说商代先祖契母简狄在河里洗澡，见玄鸟落蛋，取而吞之，遂怀孕而生契。《诗·商颂·玄鸟》云：“天命玄鸟，降而生商。”

娥皇、女英　神话传说人物。相传为唐尧的两个女儿，同嫁虞舜为妃。舜南巡不返，死于苍梧之野，二人往奔丧。至洞庭哭舜，泪下染竹成斑，世称斑竹或湘妃竹，投湘水死，成湘水神。事见张华《博物志》卷八、任昉《述异记》卷上，又见《太平御览》卷一三五引《列女传》、《史记·五帝本纪》唐司马贞《索隐》等。其故事流传广泛，常为后世诗人所题咏或引为故实。或谓屈原《九歌》所咏湘君和湘夫人即其二人(王逸《楚辞章句》)，清顾炎武《日知录》、赵翼《陔余丛考》皆辨其非。

彭祖 神话传说人物。传说为颛顼帝玄孙陆终氏第三子(一说颛顼帝玄孙)，姓钱名铿(或作彭铿)。幼失父母，因战乱流离西域百余年。善调鼎，尝献雉羹于尧，被尧封于彭，因其道可祖，故称彭祖。又传说尝献雉羹天帝，天帝赐以长寿，历三代，至殷末已八百余岁，丧四十九妻，五十四子，犹自以为命短。后世因以彭祖为长寿者的代称。事见旧题刘向《列仙传》、葛洪《神仙传》、干宝《搜神记》等，又见《楚辞·天问》汉王逸注、《庄子·逍遥游》唐成玄英疏及陆德明《经典释文》引《世本》。

萧史、弄玉 神话传说人物。萧史善吹箫，能以箫吹奏鸾凤之音。弄玉为秦穆公之女，也好吹箫。穆公将她嫁给萧史，并筑凤台供他们居住。数年后，弄玉乘凤，萧史乘龙，升天而去。事见《列仙传》。

王乔 神话传说人物。传为东汉明帝时河东(郡治今山西夏县北)人，曾任叶县令。常自县至京师，而不见车骑；临至，必有双凫飞来，人举网得之，则为乔所穿之鞋。其后，天忽降玉棺于堂前，乃沐浴服饰卧棺中，葬于城东，土自成坟。或言王乔即古仙人王子乔所化。见《风俗通·正失篇》及《后汉书·王乔传》。

王子侨 神话传说人物。据《楚辞·天问》王逸注，子侨曾化为白蜺，持药与崔文子，文子惊怪，引戈击中蜺，因堕其药，俯而视之，则为子侨之尸。文子取尸覆于筐内，顷刻化为大鸟飞去。一说即为王子乔。

王子乔 神话传说人物。一说名晋，字子晋。相传为周灵王太子，喜吹笙作凤凰鸣声，为浮丘公引往嵩山修炼。三十余年后，在缑氏山顶上，向世人挥手告别，升天而去，故有"王子登仙"的传说。事见《列仙传》。

八仙 神话传说中的八位神仙。一般指吕洞宾、铁拐李、张果老、汉钟离、韩湘子、蓝采和、何仙姑、曹国舅八仙。唐代即有关于八仙的记载，《太平广记》卷二一四引《野人闲话》称，西蜀道士张素卿绘《八仙图》以献蜀主孟昶，图中所绘为李己、容成、董仲舒、张道陵、严君平、李八百、长寿、葛永溃，无一人为后世所传八仙中人物。元代杂剧中虽出现所谓"八仙"，但名字并不固定。八仙中或无张果老，或无何仙姑，或无曹国舅，而代之以徐神翁、张四郎、风僧寿、元壶子等。直至明代吴元泰《八仙出处东游记传》，始确定为以上八仙，并沿袭至今。

八仙过海 神话故事。据明代吴元泰《八仙出处东游记传》，"传言铁拐(姓李名玄)得道，度钟离权，权度吕洞宾，二人又共度韩湘曹友，张果蓝采和何仙姑则别成道，是为八仙。一日俱赴蟠桃大会，归途各履宝物渡海，有龙子爱蓝采和所踏玉版，摄而夺之，遂大战，八仙'火烧东洋'，龙王败绩，请天兵来助，亦败，后得观音和解，乃各谢去"(见鲁迅《中国小说史略》)。又据《八仙出处东游记传》，八仙过海时，吕洞宾谓不得乘云而过，须各以物投水，乘所投之物而过。于是，铁拐李投杖水中，自立其上，乘风逐浪而渡；韩湘子以花篮投水而渡；吕洞宾以箫管投水而渡；蓝采和以拍版投水而渡。张果老、曹国舅、汉钟离、何仙姑亦各以纸驴、玉版、鼓、竹罩投水中而渡，后即有"八仙过海，各显神通"一说。

传说故事

民间传说 与一定的历史人物、历史事件、地方风物、社会习俗相关的故事。虽具有历史性特征，但并不严格地再现历史事件本身，而是根据一定的历史事实，经过群众多年的艺术加工后逐渐形成，以反映历史的某些方面。题材大致来自两个方面：一是以历史上的真人真事为素材，经艺术加工附会而成；二是由神话演变而来。可分为人物传说、史事传说、地方风物传说三大类。

大禹传说 古代民间传说。禹是传说中夏代的祖先。据《山海经·海内经》和《史记·夏本纪》讲述，尧之时，发生洪水，尧命禹的父亲鲧去治理，鲧窃帝之息壤，以湮洪水，结果失败被杀。禹继承父业，历经十三年平息洪水。后舜禅位于禹，建立夏王朝。此传说还带有较浓的神话色彩，如说他逐共工、杀相繇，应龙助其治水等，后来渐渐被历史化，并出现了许多反映现实生活的情节，如说他派人丈量土地，赏功罚罪，求贤任能等，并为他编织了帝王谱系。

愚公移山传说 古代民间传说。最早见《列子·汤问》。内容说有位年近九十的北山愚公，家门前有太行、王屋两座大山阻碍出行，便决心铲除这两座山，其家人、邻居都来帮助他。有人讥笑他，他说："虽我之死，有子孙焉，子又生孙，孙又生子，子又有子，子又有孙，子子孙孙，无穷匮也；而山不加增，何苦而不平？"他毫不动摇，率领子孙每天挖山不止。他的行为感动了上帝，派夸、娥氏二神下凡，把两座山背走了。民间流传甚广，河南省济源县王屋山一带，至今还有"愚公村"、"愚公洞"遗迹，民间流传有《愚公盘山》的故事。

西域胡人识宝传说 古代民间传说。唐、五代笔记《集异记》、《酉阳杂俎》、《宣室志》、《广异记》等多有记载。西域胡人，是唐代中原汉人对中亚、西亚诸国人种的习称；在识宝传说中，多指波斯人或大食人。基本情节是：某人以某种机缘获得一物，被西域胡人所见，视为至宝，以高价收买，并告之以宝物的名称和用途。后来随着社会的发展，此类识宝传说的内容和情节不断发生变异。唐前，宝物传说早已存在；唐后，随着中西交通的发达，与西域各国的贸易和友好往来十分频繁，于是在识宝传说的基础上加入西域胡人角色；宋代以后，经历元、明、清数代，识宝传说与地方风物传说相结合；鸦片战争以后，由于帝国主义的入侵，民间的宝物传说又变成《洋鬼子盗宝》等传说。

鲁班传说 古代民间传说。春秋末期有一工匠，名叫公输般（般，亦作班、盘），因是鲁国人，故称鲁班。《墨子》一书中最早记载了他的事迹。关于鲁班的传说内容可分为两类：一是发明创造云梯、战车、碾、磨、刨、钻、锯子的故事；一是修建桥梁、殿宇、寺庙的故事，如北京的北塔寺，山西的永乐宫，西湖的三潭映月，河北的赵州桥等，传说均为鲁班修造。因鲁班系民间工匠的代表人物，故民间故事将许多发明创造活动，都与他联系起来。其实这些故事大多是附会之作，并非事实。

孟姜女传说 古代民间传说。战国时的古籍中有片断记载。《左传·襄公二十三年》载，齐国大将杞梁在伐吕途中战死。齐侯归来时，路遇杞梁妻，她拒绝郊吊，认为不合礼法。《孟子》、《礼记》等书中说孟姜女善哭，汉刘向《列女传》说她枕夫尸哀哭，"十日而城为之崩"。后世民间传说综合了如上说法，并加以演义形成许多异文。隋唐前后，杞梁妻变成孟姜女，又与秦始皇修长城的事迹联系起来。唐初《琱玉集》引《同贤集》载，燕人杞梁因逃避秦始皇苦役，躲到孟超家后园树上，孟女仲姿正在池中洗澡，因身子为杞梁所见，便以身相许。后杞梁被拉去筑长城，死于苦役。仲姿往哭，城崩，露出杞梁尸骨；仲姿滴血骨上，认出丈夫，带回安葬。此后该传说在中国各民族中传播更广，除传说故事外，还有民歌、叙事诗、说唱、戏剧体裁的作品。

牛郎织女传说 古代民间传说。牛郎和织女是从牛郎星和织女星的星名衍化而来。早在《诗经》中就有对牛郎星织女星的描写；汉代《古诗十九首》中也有《迢迢牵牛星》一诗。汉魏间，民间出现了较为完整的传说。东汉应劭《风俗通义》佚文引《岁华纪》载："织女七夕当渡河，使鹊为桥。"南朝梁宗懔《荆楚岁时记》记载："天河之东有织女，天帝之子也。年年织杼劳役，织成云锦天衣。天帝哀其独处，许配河西牵牛郎，嫁后随废织纴，天帝怒，责令归河东，唯每年七月七日夜渡河一会。"这大概是传说的最早面貌。后来在传承中天帝被王母娘娘取代，织女成了王母的外孙女，牛郎则是人间普通的放牛娃。织女羡慕人间生活，与牛郎结为夫妇，生一男一女，后被王母捉回天上，并用发簪划出一条天河，将牛郎和织女隔开，只容许每年七夕相会一次。

梁祝传说 即梁山伯与祝英台传说。古代民间传说。相传梁山伯、祝英台是东晋人，唐初梁载言的《十道四番志》载有"义妇祝英台与梁山伯同冢"事迹。晚唐张读《宣室志》有《义妇冢》记载了梁祝故事的全貌。故事内容是：英台，上虞祝氏女，伪为男装游学，与会稽梁山伯同肄业。二年，山伯访之，方知其为女子，归告父母求聘，而祝已字马氏子。山伯后为鄞令，病死葬鄮城西。祝适马氏，舟过墓所，遇风涛不能进。问知有山伯墓，祝登号恸，地忽自裂陷，祝氏遂并埋焉。晋丞相谢安表其墓曰"义妇冢"。宋代传说梁祝二人化为蝴蝶，情节更加丰富。此传说家喻户晓，各地各民族民间有许多异文流传。历代许多作家、戏剧家也以此为题材，创作了许多戏剧、曲艺、小说等作品。

白蛇传说 古代民间传说。修炼成性的白蛇和青蛇，化作白娘子和小青来到人间。她们在游西湖时遇雨，许仙将伞借给她们。许仙和白娘子由相识到相爱，结为夫妻，后夫妻俩迁镇江开药店为生。一日金山寺和尚法海说许仙身上有妖气，要他端午节劝白娘子喝雄黄酒。白娘子喝下雄黄酒，显出蛇形，吓死许仙；后来她上峨眉山盗来仙草救活许仙。法海不甘心，又诱骗许仙至寺，企图分离这对夫妻。白娘子前往索夫，水漫金山，在断桥遇见许仙，夫妻团圆。最后法海将白娘子镇压在雷峰塔下。传说产生于宋代，明代以后出现了说唱、小说一类的作品。冯梦龙《警世通言》中即有《白娘子永镇雷峰塔》。清初出现的《雷峰塔传奇》，一改白娘子的妖气，突出她热烈追求爱情的勇敢性格。

清官传说 人物传说。大多表现廉洁清明官吏的事迹，其中流传最广、影响最大的是关于包拯、海瑞、况钟的传说。此类传说多以真实的历史人物为依据，传说中的主人公尽管官居高位，但刚正不阿，执法如山，即使面对皇亲国戚，也绝不容情；他们为平反冤案，常常明察暗访，最后使案情大白；他们居官清正，廉洁奉公，受到群众的爱戴。清官传说的产生，有着深厚的社会基础，清官身上体现的政治开明作风，正是群众所希望的，因此传说常常被文人用来创作戏剧、小说，以针砭时弊，扬善惩恶。

人参传说 中草药传说。有关人参的传说产生很早，《梁书·处士传》记载，陈留孝子阮孝绪，因母病，到钟山采参，鹿引获此草，服之遂愈。《太平御览》卷九九一载，“隋文帝时，上党有人宅后每夜有人呼声，求之不得。去宅一里，但一人参枝首，掘之入地五尺，得人参一，如人体状，去之后，呼声遂绝。”近代人参传说主要流传在东北长白山地区，有的鞭笞忘恩负义的贪心者，有的表现参农在人参姑娘的帮助下发财致富的故事。由于人参形状似人，药力神奇，生长和得之不易，故传说的传奇色彩很浓，融知识性和趣味性于一体，为群众所乐意传承。

地方风物传说 关于地理山川、风光事物的解释性传说。大多以山川风物为依托，将历史典故和人文事迹附会其上，造成对特定自然物和人工物的来历、特征、命名等的奇妙解释。如《幽冥录》中关于《望夫石》的传说：“武昌阳新县北山上有望夫石，状若人立。相传昔有贞妇，其夫从役，远赴国难，妇携弱子，饯送此山，立望夫而化为立石，因以名焉。”风物传说的地方色彩很浓，很多传说仅为某一地方所特有，不少作品则把历史人物和神话人物的故事地方化，或将一般民间故事落实到特定的地方风物上。

尧王举贤 民间传说。流传于山西临汾一带。相传尧当了领袖，日夜操劳，深得公众拥护。他九十岁时，年迈体衰，就让公众重新推举领袖。有人推举他的长子丹朱，他认为不妥。后有人告诉他，有个叫舜的很能干，尧亲自走访，并把他请到都城平阳，让他带领一批人马去开荒。舜诸事勤勉，于是尧三年后就把帝位传舜。

尧王嫁女 民间传说。尧让位给舜后，又决定把两个女儿嫁给舜。他出了三个难题来考验女儿娥皇和女英，以决定谁是正室或偏室。第一次考煮豆子，第二次考纳鞋底，娥皇都占了先。第三次比赛谁先到达舜的住地。她们的母亲有偏心，让娥皇坐马车，女英骑骡子。女英抄小路跑得飞快，不料途中骡子产驹而误时。娥皇便把女英扶上马车，结果姐妹俩同时到达。娥皇、女英与舜成亲，偏正不分，姐妹俩齐心协力辅佐舜治理天下。

文王封大麦 民间传说。相传周文王外出访贤，又饥又渴，农妇送给他一瓦罐芒麦面糊。他吃后顿感十分可口，便封芒麦为大麦，并赠给农妇一条玉带，让她有急难时进京找万岁爷。三年后，农妇家乡遭灾，进京找到文王。文王封他们为贤德人，并留在宫里。一日，文王又让农妇做大麦面糊，吃后却感到难受。农妇告诉文王：“饥时糠也甜，饱时肉也嫌。”此言使文王深受启发。周朝坐了八百年江山，就是因为能尊重贤德，善纳忠言。

姜子牙钓鱼 民间传说。姜子牙每日到磻溪钓鱼。一日，有个叫武吉的樵夫问他，为何钓钩直而不曲。姜说，意不在鱼，只钓王侯。周文王得知磻溪有贤人，派儿子去请，没有请来。文王亲自去请，将子牙请上辇车，自己拉车。到达朱贤村时，车绳断了，辇车只好停下。子牙问文王：“你拉了我多少步？”文王说：“八百零八步。”子牙拍手笑道：“好，我保你江山八百零八年。”文王拜子牙为师，请他辅佐完成兴周大业。

越王剑 民间传说。流传于湖北荆沙一带。相传春秋末年，越王勾践得到工匠郑勤铸造的宝剑后，遂将郑勤斩首。郑勤献出这把雌剑之前，已将另一把雄剑交给儿子郑刚，嘱其连夜逃跑。郑刚逃到楚国传艺，不久被封为冶炼吏。后楚王伐越，攻下越都，勾践刎剑而死。楚王将越王剑赏赐给一位将军，将军死后越王剑成了他的殉葬品。

粽子和龙舟 民间传说。流传于湖南汨罗江一带。屈原投江殉国后，每逢端午这一天，人们总要划船到江里投放糯米饭祭祀屈原。有一年，人们在梦中听屈原说米饭全让水里的鱼虾吃了，如果用竹叶包成粽了，它们就不吃了。端午那天，人们就将粽子投到江里。节后屈原又托梦说，水里的鱼虾还是和他抢粽子吃，如果用装饰成龙的船投放粽子，水里的鱼虾怕龙，就不敢来吃了。从此，人们就划着龙舟投放粽子纪念屈原。

麻姑节　民间传说。流传于河北唐山一带。相传秦始皇修万里长城时，许多人被打死、累死、饿死。秦始皇派大女儿麻姑去宣读圣旨。麻姑很同情民工，便将圣旨中的“三天吃一顿饭”读成“一天吃三顿饭”。秦始皇大怒，将麻姑斩首示众。麻姑是农历七月十五被杀的，后来人们就把这一天定为“麻姑节”。

秦始皇兵马俑　民间传说。流传于陕西临潼一带。相传秦始皇修陵时，要匠人们烧制陶俑，准备将来陪葬用，可是人们都不会烧。有一个制陶后生从父亲的临终遗言中得到启发，采用单窑单俑，分段烧制，终于烧制了无数真人大小的兵马俑。

刘邦选贤　民间传说。流传于江苏沛县一带。汉高祖刘邦平定淮南王英布后，回到故里沛县，摆宴款待父老乡亲。一乡民拦路喊冤，状告本城店主豪夺他家的鹅，刘邦命县令当场审案。县令将乡民重责四十杖，收入监牢。刘邦看出破绽，立即招贤重审此案。书生李良通过鹅屎判案，惩办了店主，将二十多只鹅归还乡民。刘邦当即任李良为沛县令，从此百姓安居乐业。

苏武庙　民间传说。流传于宁夏汉族地区。相传苏武出使匈奴，被扣作人质，罚去放羊。同去的王连是个奸臣，回到朝廷对汉武帝说苏武投降匈奴。武帝大怒，杀了苏武全家老小。后苏武在一位任匈奴小官吏的汉人的帮助下逃出。当他们走到寺口子山上时，匈奴兵赶上。这时，玉皇大帝派巨灵大仙下凡，在他们站的地方造出一庙，又将他俩变成两座神像。后苏武回到汉朝朝见汉武帝，汉武帝得知真情，传旨斩杀奸臣王连。

酒泉　民间传说。流传于甘肃地区。相传西汉大将霍去病守边有功，汉武帝赏赐御酒十坛，慰劳有功之臣。但二十万将士，不好分享这点酒。霍去病思虑此事，忽听到山泉响声，便生一计。第二天他聚集将士，将御酒倒入泉中共饮。从此，这地方就叫“酒泉”。

刘备传艺　民间传说。相传刘备入蜀时，见蜀民穷困，全打赤脚，心生难过，便决定将自己当年编草鞋手艺教给百姓。刘备以剑代镰，从山上割来龙须草打起草鞋。诸葛亮闻知，也来学打草鞋。自此以后，蜀地百姓都学会打草鞋。

关公降凡　民间传说。据说关公原是火龙星，因违反玉皇大帝火烧万户村的旨意，而将被斩。他给仙山寺的老僧托梦，请老僧在开斩那天中午，用铜盆盛三碗水，把断头台上的血滴在盆中，然后用大铁钟盖严，七天后揭开，火龙星就会降凡。不料第六天老僧出门，小和尚揭开铁钟，见到一团血球，就用棍子去戳，这时一团红云冲天而起，里面竟有一小孩，这就是关公。因不到七天铁钟即被揭开，故关公脸上带有血色，而成红脸。

洛神的传说　民间传说。流传于河南地区。相传曹植与甄氏相爱，但其父曹操却把甄氏嫁给曹丕。曹丕又娶了郭氏，不久郭氏设计害死了甄氏。后曹丕将甄氏的遗物玉镂金带枕送给曹植。植见物思人，精神恍惚来到洛河边，见水中走出一美女，即是甄氏，她死后成了洛神。他们互诉衷肠。临别时甄氏送曹植耳环一只，曹植回赠玉佩，两人悲痛而别。曹植为怀念这次会面，遂写下《洛神赋》。

五禽戏　民间传说。流传于安徽阜阳一带。相传华佗有一次上山采药，发现一个猎人养了许多虎、鹿、熊、猴、鸟等禽兽。这些禽兽吃过食物之后，在笼子里蹦蹦跳跳，动作既有趣，又有一定规矩。于是他摹仿五禽的动作，写了一本《五禽戏法》书。根据此书的动作要领去锻炼身体，可收到奇特的健身效果。

墨池　民间传说。流传于浙江绍兴一带。王羲之从小酷爱书法，精心临摹前代书法家李斯、钟繇、蔡邕、张芝的手迹。由于他夜以继日地练字，常在家门口的池塘中洗笔砚，时间久了，一池清水染成黑色。后人为发扬他刻苦好学的精神，就将池塘叫做“墨池”，并在墨池中盖亭子，名曰“墨华亭”。

怀素学书　民间传说。流传于陕西西安一带。相传怀素从小喜爱草书，他听说张旭善草书，就从长沙赶到长安，向张旭请教“一竖”的绝技。但他未能见到张旭，就在自己住的破庙里种了万株芭蕉，他在芭蕉叶上练了三年字，才见到张旭。张旭只告诉他“屋漏痕”三个字就走了。怀素终日反复琢磨。一日雷雨大作，怀素猛见屋角漏雨，一股泥水垂漏下来，左右晃动而垂力千钧。他惊喜地叫道："明白了！有救了！"从此怀素的字写得丰满、挺拔，成了有名的书法家。

白公堤 民间传说。流传于浙江杭州地区。有一年杭州大旱，白居易在上任杭州刺史前，扮做一位老汉请求任上的大老爷开放西湖水，浇灌农田。大老爷大发雷霆，坚决不肯。白居易上任的第二天，就开湖放水，又修了一条堤，写下《钱塘湖石记》，讲明堤坝的用处。他在任三年，为官清廉，离任时只带了两块天竺石做纪念。百姓都称他为"白舍人"，把他修的堤叫"白公堤"。

钱王射潮 民间传说。流传于浙江杭州一带。相传唐朝末年，吴越王钱镠治理杭州时，潮水为患。钱王选定八月十八潮神生日这天，带领万名弓箭手射潮，逼得潮头向西南退去，不久又修好了海堤。以后百姓为了纪念他的功绩，遂把此堤叫作"钱王堤"。

赵匡胤输华山 民间传说。流传于陕西华县一带。相传赵匡胤年轻时是个流氓，有一年在老家河北闯了祸，逃至华阴道上。华山道士陈抟见其有天子之相，劝其到潼关从军。后赵匡胤当了总兵后，回华山向陈抟道谢，见桌上有一棋盘，就要和陈抟下棋。陈抟提出要赌物，赵说"我输华山"，并立有字据。结果赵匡胤输棋，华山就送给了陈抟。后来赵匡胤做了皇帝，几次请陈抟下山入朝，陈就是不答应。陈抟占有了华山后，便有了"自古华山不纳粮"之说。

东坡肉 民间传说。流传于浙江杭州一带。苏东坡任杭州刺史时，疏浚西湖，修筑湖堤，深受百姓爱戴。每逢节日，百姓送酒肉给他。他收到猪肉后，就叫人切成方块，烧得红酥酥的，分给疏浚西湖的民工们。这种肉味道鲜美，杭州各大菜馆竞相仿制，人们称之为"东坡肉"。但奸臣却报告皇帝说苏东坡在杭州坏事做尽，百姓恨不得吃他的肉。皇帝听了，不问青红皂白，将苏东坡罢官，并发配海南。但人们怀念苏东坡，至今东坡肉仍是杭州一道名菜。

包公断铜钱 民间传说。妯娌俩发生争执，遂到县衙告状。大嫂说她的五贯钱被弟媳偷了，弟媳则说五贯钱是她自己攒的。县官无法断清，不了了之。大嫂不甘心，拉着弟媳到开封府，找包公断案。包公问大嫂钱是哪里来的，大嫂说是开羊肉馆的丈夫捎回来的，弟媳说是纳鞋底挣的。包公命人把五贯钱放进开水锅里，水面浮起油花。案情真相大白，包公将五贯钱断给了大嫂。

济公斗蟋蟀 民间传说。流传于浙江杭州一带。张木匠因为看斗蟋蟀时喊了一声好，吓跑了秦二公子的蟋蟀"金头大王"。秦二公子要他赔一千两银子，他没有办法，就想投湖自尽。济公和尚闻讯，前来相救。他花钱买来一只快要死的蟋蟀找秦二公子。秦说如果济公的蟋蟀能斗败他的蟋蟀状元，张木匠的一千两银子情愿不要。结果，济公的蟋蟀斗败了蟋蟀状元，被秦二公子花一千两银子买下。这只蟋蟀到秦家后马上逃走了。秦二公子拆掉许多房子也没找到。

江南第一家 民间传说。流传于浙江浦江一带。元朝末年，元顺帝得知浙江浦江郑义门郑氏"鸦鹊同巢、猫狗同窝、兄弟同心"后，为了宣扬太平景象，就赐给郑氏"天下第一家"匾额。不久，元顺帝发现匾额题错，派人去抄斩郑氏一家。当地名儒宋濂早就料到郑家要惹祸，已让郑家将匾额改为"江南第一家"，这样郑家才得以躲过这场灭顶之灾。

朱元璋画像 民间传说。明太祖朱元璋请了许多画家给自己画像，结果都不满意，那些画家都被他杀掉了。有一天，太监又找来画家三兄弟画像，老大、老二因将朱元璋的马脸、猪嘴和三十六颗红麻子画得活灵活现，朱元璋一怒，又将他们杀了。老三因得到一位恩师的指点，画了一幅既像唐太宗，又像宋太祖的画像，这才保全了性命。他回家后又画了一幅奇丑无比的朱元璋真容交给恩师，朱元璋的真实形象才得以传诸后世。

八臂哪吒城 民间传说。流传于北京地区。相传明代初年修建北京城时，皇帝命大军师刘伯温和二军师姚广孝设计北京城的图样。两人领旨察看地形后，约定各自设计，七天后见面。可六天过去了，谁也没有设计出来。到了第七天两人会面时，有一个红孩儿出现在他们面前，说："照着我画！照着我画！"结果两人画出的北京城图样完全一样。这孩儿就是八臂哪吒。修建好的北京城，正阳门是哪吒的脑袋，崇文门、东便门、朝阳门、东直门是右四臂，宣武门、西便门、阜城门、西直门是左四臂，安定门、德胜门是哪吒的两脚，北京就叫"八臂哪吒城"。

高亮赶水 民间传说。流传于北京地区。

相传北京原是一片苦海，后明代皇帝决定在此修都城，命军师刘伯温负责。刘伯温请来龙王，命令他将海水搬走。内城修好，要修外城，又将龙王请来，要他把外城的水也搬走。龙王一听火了，就把北京的水装在水篓里运走，北京的大小水井全都枯了。刘伯温赶紧命偏将高亮向西追赶龙王。高亮赶上龙王，一枪错扎在左边的水篓，将苦水引到北京，而右边水篓里的甜水却被龙王倒在玉泉山。高亮赶水的那条河，就是今天西直门外的高亮河，后来人们叫白了，把它叫做高粱河。

鲁班石 民间传说。流传于四川川东一带。相传四川津江某地修了一座大桥，桥将合龙时，还差一块石头。匠人们找来不少石头，就是配不上。后来在一位孤老太太家找到鲁班三年前打好的一块石头，这才大功告成。于是大家就将这块石头叫“鲁班石”。

五羊城 民间传说。流传于广东广州地区。很久以前，广州地方发生大饥荒。有一人无力向官府缴粮而被差役抓走，其子的哭声感动了天上的五位仙人，他们便骑上五种颜色的羊，每人手执一株稻穗从天而降。仙人告诉孩子，将稻穗种下，即可长出金黄的稻谷。后孩子把稻谷交到衙门，官老爷得知稻谷的来历，派人去捉拿仙人。可仙人早已升天而去，留下的五只羊变成五块大石头，所以广州又叫“五羊城”。

天津卫 民间传说。流传于天津地区。相传“天津”一名还是燕王扫北时留下的。古时这里最繁华的地方是三汊沽和海河两岸的小直沽。燕王认为，这里是水陆要道，地方又大，不宜叫小直沽，应改名。有一大臣奏道：千岁是承圣上之命，顺乎天意，而在此渡过河津，应叫“天津”。燕王闻言大悦，遂定名为“天津”。燕王登位后，又设置天津卫，修建城墙，派兵驻守。

神女峰 民间传说。相传王母娘娘让她的第十三个女儿瑶姬到三元仙君那里去学道。瑶姬很快就学会了，就连服侍她的童男童女也都学会了。她们来到巫山上空见有十二条蛟龙正兴风作浪，就把它们打下去。但蛟龙的尸体堵塞了长江，造成水患。夏禹治水多年未成，瑶姬给他天书，并授其治理之法，他才将长江疏通。瑶姬见三峡风景优美，但暗礁太多，便决定留下来为人们导航，久而久之，她忘记自己，慢慢变成一座美丽的神女峰。

黄鹤楼 民间传说。流传于湖北武汉一带。有个张寡妇，在武昌蛇山下开茶馆。一天，有个老汉在她门口晕倒，得到张寡妇周济。老汉便送她一支短笛，又在墙上画了一只黄鹤，说只要吹响短笛，黄鹤就会下地跳舞。人们争相到茶馆来观看奇迹，茶馆生意由此而十分红火。此事被县官知道，派人把画从墙上揭走，挂在县衙里。一天县官请各界名流来观看鹤舞，可不管笛子怎么吹，鹤就是不下来。他派人去抓张寡妇时，忽见一位老汉吹着笛子，骑着黄鹤飞在天上，仙鹤上还有张寡妇。后来人们就在当年开茶馆的地方盖起了黄鹤楼。

三潭映月 民间传说。流传于浙江杭州一带。传说鲁班兄妹来到西湖传艺，听说湖里出了个黑鱼精，危害百姓。黑鱼精变做一个黑后生，又要鲁班把妹妹嫁给他。鲁班说定要一个石香炉做陪嫁，并让黑鱼精吸干湖水。黑鱼精答应了，劈下峭石让鲁班凿了一个有三只尖脚的石香炉。当黑鱼精搬下香炉时，香炉将他罩在湖底。湖水漫上来，只剩下三只炉脚，这便是现在西湖“三潭映月”的三座石塔。

卢沟晓月 民间传说。流传于北京地区。相传卢沟桥是一座神桥，这里的月亮不但出得早，而且大年三十晚上童男童女和福大的人也能看到。有一年，乾隆皇帝三十晚上去看月，却什么也没见着，又不好说什么。他想做诗，又编不出，最后在众人的提示下，只写了“卢沟晓月”四字走了。至今，这块刻着“卢沟晓月”四个字的石碑还在桥东头立着。

秃尾巴老李 民间传说。秃尾巴老李的老家在山东。他出生时，屁股上长着一条大尾巴，爹以为不吉利，一刀把尾巴砍了。他冲出家门，一直跑到白龙江，听说江里有一条白龙，戕害百姓，就将白龙打败，住在这条江里。以后人们就将白龙江改称为黑龙江。

恒山的传说 民间传说。流传于山西恒山一带。传说恒山地方原是一片沙滩。一日，张果老骑着毛驴经过这里，毛驴背上驮着十几座山，走着走着，它想喝水，结果驴背上的一座山掉下来，摔成两半，一大半变成恒山，一小半变成翠屏山。

庐山的来历 民间传说。流传于江西庐山地区。鄱阳湖边有匡氏七兄弟，因洪水泛滥，六兄弟都死了，只剩下老大匡俗。他骑着一头仙驴来到鄱阳湖口，请求仙驴作法治住洪水。仙驴四腿一跪，卧倒在地。匡俗以为驴要耍横，猛抽一鞭，仙驴腾空飞去。洪水退去，眼前出现一座大山。人们为了纪念匡家兄弟和仙驴，便叫这山为“匡驴”，还修了寺庙。秦始皇封为“匡庐山”，宋代皇帝赵匡胤为避讳，改叫“庐山”。所以庐山有三种叫法：本地人叫“驴山”，官书叫“匡庐”，人们习惯叫“庐山”。

黄山的来历 民间传说。流传于安徽黄山地区。相传黄帝为了成仙不老，带着浮丘公、容成子和众多侍从来到江南黟山，访寻仙泉，采集药材，并选定一处地方炼丹。在仙翁的指点下，黄帝打了一眼井便开始炼丹。但火候老是不足，他便将自己的一足伸进炉内当柴烧，丹才炼成。众人吃了仙丹都成了仙。因此后人就把黟山改称为黄山。现在黄山七十二峰中还有轩辕峰、浮丘峰、容成峰。

秦皇岛的来历 民间传说。流传于河北秦皇岛一带。秦始皇想长生不老，派了一些人入海去找灵丹妙药。去的人回来都说风太大，仙山沉了底，找不到仙药。秦始皇亲自来到渤海边的碣石山，有燕国方士卢生求见，说他能入海寻到长生不老药。卢生知道不能生还，就设计逃掉。秦始皇派人四处寻找卢生不得，却发现一座伸向渤海的小岛。后人在此刻了“秦始皇求仙入海处”的石碑，从此这里便称为“秦皇岛”。

金华火腿 民间传说。流传于浙江金华一带。相传北宋名将宗泽打了胜仗，回到婺州探亲并看望兵士家属。乡亲们送来很多猪腿，请他带回开封慰问将士。他只好把猪腿腌好带走。到了开封，将士们吃了，一个个精神振奋，就连皇帝吃了也赞不绝口。宗泽将这肉称做“金华猪腿肉”，皇帝见其肉色鲜红似火，便改称“金华火腿”。于是宗泽成了火腿制作业的祖师爷。

油炸秦桧 民间传说。流传于浙江杭州一带。秦桧杀害岳飞后，南宋军民总想把秦桧杀了，以解心头之恨。临安（今杭州）有家油炸食品铺，店主灵机一动，捏了一男一女两个面人，比作秦桧夫妇，放在油锅里炸。这种食品由于卖得快，店主来不及做，只好切两条面胚一粘，即放入油锅里炸。这种叫“炸油桧”的食品很快就出了名。现在有的地方叫“炸油鬼”，有的地方叫“油条”。

麻婆豆腐 民间传说。流传于四川成都。传说清代同治年间，成都北门外有家小饭馆，老板娘脸上有麻子，人们称她为“麻婆”。她用对门牛肉铺、豆腐店的牛肉和豆腐做了一道菜，味道鲜美，大受顾客赞许。从此人们便称这道菜为“麻婆豆腐”，而这家饭馆也就被称作“麻婆豆腐店”。

狗不理包子 民间传说。流传于天津地区。清光绪年间，天津城边有一个包子摊，主人的大名无人知道，小名叫狗子，里里外外就他一人忙乎。由于生意太忙，他便在柜台上放一大碗，买主买几个包子就放几个包子的钱在碗里，吃完就走人，他也不说什么。人们都说“狗子卖包子，一概不理”，后来人们就把他做的包子叫作“狗不理包子”。

碧螺春 民间传说。流传于江苏太湖地区。相传太湖地方有一个叫碧螺的姑娘栽了一棵小树。为了让小树快快长大，她常常将每一片树叶都用嘴含过。后来人们发现，吃了这些叶子能生津、长元气，使人长生不老。不巧姑娘心爱的小伙子与恶龙搏斗负伤，眼看就要断气，这时碧螺便用树叶泡水给他喝，救活了小伙子；而姑娘却因含树叶过多而离开人世。人们为了纪念她，就把她埋在小树下，并用这种树叶做茶，茶名就叫“碧螺春”。

茅台酒的传说 民间传说。流传于贵州遵义地区。相传贵州赤水河畔的茅台村，住有十几户人家，家家都有酿酒的习惯，但技术都很平常。后经一仙女的点化，村里便有了一股清澈的泉水，人们用此泉水酿酒，酒味醇香。从此，茅台酒名声大振。

歙砚的传说 民间传说。流传于安徽地区。相传最早的歙砚上刻的是一条蛟龙，灌水后，水从龙嘴里吐出，研墨极为方便。后来这砚传到南唐李璟手里，视为神龙宝砚，并在砚上题了“歙砚甲天下”五个字，从此歙砚名声大振。

钟馗 民间传说中的人物。貌丑心善，专职驱除邪祟。相传他本是唐代钟（终）南山人，因貌丑应武举不第，羞归故里，触阶而死。后奉旨赐进士，蒙以绿袍殓葬，岁时祭祀。钟馗为感皇恩，托梦给唐明皇，誓言灭除天下鬼魅，明皇命画工吴道子绘其图像，张挂禁中作为门神。《吴越世家》载：“岁除画工献钟馗击鬼图。”后此俗流传到江南一带民间，于端午节时挂钟馗像于中堂，辟邪驱鬼。

民间故事 亦称古经、说古、学古、瞎话。民间叙事散文作品的一种。分为广义和狭义两种。广义的民间故事包括神话和传说在内；狭义的民间故事指除神话、传说之外的具有幻想色彩和现实性较强的散文叙事作品。在叙事上，常采用“三段结构法”，即在讲述中采用三次重复或基本重复的情节和句式，如提出三个问题或做三件事等，以渲染气氛，加强记忆。根据内容一般可分为：动物故事、魔法(幻想)故事、生活故事和笑话四类。现在国际上通常采用“AT分类法”，将故事分为动物故事、普通故事(神奇故事、宗教故事、生活故事、愚蠢魔鬼的故事)、笑话(傻子的故事、夫妻故事、女人故事、男人故事、说谎的故事)、程式故事(连环故事、圈套故事、其他的程式故事)、未分类的故事五大类，并以此分类进行故事类型学的研究。

动物故事 民间故事类别之一。以动物为主人公，描绘动物生活习性、特征的解释性叙事作品。在此类故事中，动物常被人格化，借以表现复杂的社会和人际关系。在民间故事中这类故事产生最早，它直接脱胎于神话作品。

魔法故事 亦称魔术故事或民间童话。民间故事类别之一。多通过幻想构成离奇的情节，表现善恶的矛盾和斗争，而结局总是恶人受到惩罚，善良人得到幸福。可分为动物报恩故事(神奇助手故事)，因宝获福故事、怪孩子故事和异类婚配故事等。动物报恩故事中的主人公都为动物，它们具有神奇的力量，在主人遇难时刻，帮助主人化险为夷，战胜邪恶。因宝获福故事常出现一件宝物，由魔法人物(动物)赐给主人公，他们靠宝物的神奇效应，战胜邪恶，获得幸福。怪孩子故事多讲上天赐给一对老年夫妇一个怪孩子，怪孩子很聪明，帮助老年夫妇战胜各种邪恶力量。异类婚配故事又称变形故事，如蛇郎、龙女、天鹅姑娘、鱼姑娘、雁姑娘、田螺姑娘等均为此类故事中的主人公。

怪孩子故事 魔法故事的一种。常见的母题是：有一对老夫妇，无儿无女，生活中没有乐趣。他们想得到一男半女，使生活有个依靠。因其诚意感动了上天，上天赐给他们一个怪孩子。这孩子有极大的本领，使老夫妇安度晚年。故事中的孩子常以奇特的方式降生，如从月饼里蹦出个枣孩儿，不小心切断的拇指变成拇指孩儿，老夫人生下个青蛙孩儿等。这些孩儿体型虽小，但可干出惊天动地的事情来，使家人获得幸福。

异类婚配故事 魔法故事的一种，此类故事幻想性极强，常表现人与仙女(龙女)，人与动物所变成的美女结婚，并借助某种魔法而获得幸福。其中有些还形成了类型故事，如“天鹅处女型”、“蛇郎型”、“田螺姑娘型”、“龙女型”等。

生活故事 亦称写实故事或世俗故事。民间故事类别之一。此类故事虽然情节纯属虚构，但大多反映现实生活；讲述的人物、环境和情节，大多是创作者所见所闻，故现实性很强。按其内容可分为生活斗争故事、劳动和生产经验故事、家庭与爱情故事等。在民间故事中，生活故事数量最多。

狼外婆型故事 民间童话的一种。常用来教育儿童辨别真假善恶。故事的母题是：妈妈去看望外婆，途中被狼所食，狼又扮作外婆来到家中要吃掉孩子们。聪明的孩子们发觉后，偷偷跑出门外，告诉很多小动物，在它们的帮助下，用计谋除掉了狼外婆。此类故事在不少民族中都有流传，代表作品有《门墩墩、门挂挂、锅刷刷》、《老虎外婆》、《红眼狼》等。

田螺姑娘型故事 魔法故事的一种。旧题陶潜的《搜神后记》中的《白水素女》是此类故事的最早雏形。此类故事的母题是：贫苦的青年农民在河边(或水塘、田边)摸到一只田螺，带回家中喂养。这田螺乃为仙女所变，因怜悯青年农民的孤单而下凡。每当青年农民外出劳作，她就变成一位美丽的姑娘，为他操持家务。后为青年农民发觉，二人遂结为夫妻，过着幸福的生活。有些故事还加入地主、土司、皇帝抢亲情节，最后都以失败而告终。

两兄弟型故事 民间故事类别的一种。此类故事不少民族中都有流传，异文甚多。最早记录这一故事的是唐段成式《酉阳杂俎》续集《支诺皋上》中的“旁㐌”。民间流传的故事大意是说，有兄弟俩，哥哥贪心狡猾，弟弟憨厚老实。分家时，哥哥得到大部分财产，弟弟只分得一条狗。狗帮助弟弟耕田，日子越过越好；贪心的哥哥借弟弟的狗去耕田，狗不给他耕，哥哥便把狗打死；弟弟埋葬了狗，在埋狗的地方长出一棵树，摇一摇，金银落地。哥哥去摇，只落下一树毛毛虫，气得他把树砍了。弟弟用树枝编筐，满筐都是鸟蛋；哥哥一看，也用树枝编筐，满筐都是鸟粪。哥哥把筐烧成了灰，弟弟把灰拿去撒在地里，结出的南瓜都是金瓜子；哥哥也学着把灰撒到地里，长出的南瓜里都是毒蛇。此类故事反映家庭权利和财产的再分配，同情心常在弱者一边。

呆女婿型故事 笑话故事类型之一。早在先秦时期，这类故事就已在民间流传。《韩非子·外储说》记载了《使妻做裤》的故事。汉代邯郸淳《笑林》记载了《痴婿吊妇翁》的故事。这类故事有些是嘲笑真正的愚人的，如《傻子上寿》；也有些故事是表现呆女婿的假愚真智。如一些故事讲述有钱有势的岳父及大女婿、二女婿看不起三女婿，欲借寿筵赛诗，奚落三女婿，结果三女婿表现出色，当场战胜了他们。有些呆女婿故事专讲性生活，趣味低级。

蛇郎型故事 民间故事类型之一。故事中的主人公，常常是蛇或海龟、青蛙之类动物，经过变形，实现异类婚配。故事大多说，有姐妹二人，大姐贪婪、险毒，不愿嫁给又贫又丑的蛇郎，妹妹却愿嫁给蛇郎，结果获得意外的幸福；大姐妒忌，害死妹妹，占有蛇郎。妹妹复活，夫妻团圆，大姐受到惩罚。

巧女型故事 民间故事类型之一。故事中的主人公常常是才智过人的姑娘和媳妇，她们或能轻而易举地猜出隐语，或能解决种种难题。这类故事中有不少是表现婆媳斗智，如一则故事说婆婆让三个媳妇分别从娘家带回红心萝卜、纸包火、无脚团鱼三样东西，媳妇们很为难，只是在路上啼哭，后遇巧女，告诉她们这三样东西是鸡蛋、灯笼和豆腐，从而破了婆婆的隐语。还有一些故事，则叙述巧女如何帮助丈夫或父兄解决难题。

机智人物故事 亦称“聪明人的故事”。民间笑话的一种。常以某个聪明人物为中心，将一组组风趣幽默的趣事，集中在他身上，构成系列故事。形式短小精悍，风格幽默泼辣，富有哲理性。主人公多为农民、牧民、奴隶等，对立面则是国王、地主、商人、高利贷者等。汉族的《慌张三的故事》、《徐文长的故事》，蒙古族的《巴拉根仓的故事》，维吾尔族的《阿凡提的故事》等，是其中较有代表性的作品。

徐文长的故事 机智人物故事。主要流传于浙江、江苏地区。徐渭(1521—1593)，初字文清，改字文长，山阴(今浙江绍兴)人，自幼聪明，才华出众，是明代文学家、书画家。由于他对当时的社会不满，常以机智的言行，讽刺和惩治贪官，深受民众的喜爱，所以他的事迹便以笑话的形式在民间广泛流传。在长期流传中，民间又将许多机敏、滑稽，甚至恶作剧式的故事附会在他身上，致使故事越来越脱离真人真事，演化为纯粹的笑话故事。

慌张三的故事 机智人物故事。各地区都有流传。故事中的主人公各地称谓不一，如张老三、张扯谎、慌三、三扯谎等，是一位机智化了的劳动者。有关他的故事常以“慌”制胜，通过巧妙的言辞嘲弄那些既贪婪而又愚蠢的人物。代表性作品有《火龙衣》、《自开锅》、《屙银牛》、《还魂棒》、《斗阎王》等。

叶限故事 民间故事。最早见于唐代段成式《酉阳杂俎》续集《支诺皋上》。故事讲述洞主的女儿叶限，从小聪明能干，但遭到后母百般虐待。一日，后母杀了她喂养的鱼，叶限将鱼骨藏在屋中。在过节那天，叶限瞒过后母，穿上翠纺衣服和金鞋参加节日活动。后母发现，她仓促逃离时，遗下一只金鞋。这只金鞋被陀汗国王得到，让所有的女子试穿，因此找到叶限，结为夫妻。而后母后来却被飞石击死。这类故事，情节可能不同，但其中都有一只金鞋。这个故事被公认为世界流行的“灰姑娘型故事”中最早的文字记载。

毛衣女故事 民间故事类型之一。最早记录这一故事的是晋干宝的《搜神记》卷一四《豫章新喻县男子》。故事大意说，豫章新喻县有一青年，看见田里有六七个姑娘，他偷偷地将一个姑娘的羽衣藏了起来。等他走到她们跟前时，六个姑娘都变成鸟飞走了，唯有这个姑娘不能飞走。青年便和这个姑娘结为夫妻，后生三女。一日，其妻发现羽毛衣藏在稻堆里，就穿上飞走了，并将三个女儿也接走。

蛇郎 民间故事。一位老汉上山砍柴，斧子落在蛇窝里。蛇郎要老汉将女儿嫁给他，才能拿回斧子，老汉答应了。可是，老汉的六个女儿都不愿嫁给蛇郎，只有七妹同意。蛇郎和七妹结婚后，生活过得很好。二姐极为妒忌，将七妹推入河中，自己则扮成七妹，欲做蛇郎的妻子。喜鹊连忙向蛇郎报信，被二姐发现杀死。不久，埋喜鹊的地方长出一棵枣树，枣刺专扎二姐。枣树被二姐砍掉做成凳子，还是专扎二姐。凳子又被二姐烧掉，这时从灶房里走出七妹。蛇郎与七妹夫妻团聚，二姐终被撵走。

小铜锣 民间故事。两个兄弟分家，各得十亩地。第二年春天，哥哥地里的庄稼长得特别好；弟弟的种子因被嫂嫂煮过，只出了一棵苗，后又被老鹰叼走。弟弟追赶时进了妖怪窝，却意外地得到一面会变吃喝的小铜锣。兄嫂得知后，也进山寻宝。宝物没找到，哥哥的鼻子反被妖怪拉长了一尺半。弟弟找到另一宝物瓷盆，本可用此医好哥哥的鼻子，但嫂嫂太贪婪，猛敲瓷盆，结果哥哥的鼻子变成茄子状。

巧媳妇　民间故事。有个媳妇聪明能干，才智过人。知府想娶她做二房，并出了三道难题来刁难她公公张古老：一要公牛生小牛；二要灌满大海的清油；三要一块遮天的黑布。这些难题都被巧媳妇一一解答，知府只好红着脸逃走。

宝葫芦　民间故事。有一懒汉把家产全都变卖后，只得住在破庙里靠讨饭度日。一天，他遇见一位拿葫芦的老头，并得到他的指点，就开始与许多人一起跟着老头种葫芦，而吃的是老头从葫芦里叫出来的饭菜。但他依旧很懒，所以等到收获时，别人种的葫芦一叫就有好饭菜，他种的葫芦总是些稀粥和糟糠饭。

聚宝缸　民间故事。有个小伙子叫望宝，宁可自己挨饿，也要给要饭的老头供饭。老头临走时送给他一口缸，说有了这缸要啥有啥，但不能贪心。从此望宝家过上好日子。地主万大头知道后抢去宝缸，宝缸为他变出一百个爹来，气得他把缸砸碎。宝缸的碎片飞到望宝家，又变成宝缸，而万大头却让他的一百个爹给吃穷了。

画中人　民间故事。又称"画上的媳妇"。有个小伙子在集市上买了一张俊俏姑娘的画像带回家。晚上，这姑娘从画上下来，纺绸织缎，白天又回到画上。小伙子的日子渐渐地过得好起来。有位道士得知此事就将画偷走。小伙子到处寻找画像，最后战胜妖魔，与姑娘团圆。

人参姑娘　民间故事。山娃与其叔上山采人参，遇见一位人参姑娘，两人即成为好朋友。叔叔几次要山娃用红绳子拴住人参姑娘，山娃均未答应。后山娃将人参姑娘放走而被叔叔打死。人参姑娘闻讯后将他救活，不过山娃已变成参娃，与人参姑娘生活在深山里，再也不分离。

天牛郎配织女　民间故事。流传于内蒙古中滩汉族地区。牛郎与兄嫂分家，只分到一头老牛。老牛告诉他，在七月七日王母娘娘的孙女——七仙女下凡洗澡时，将她的衣服偷去，便可与她成亲。到了这一天，牛郎照着老牛的话做了，他与七仙女成亲。三年后，七仙女偷偷回到天上。老牛让牛郎杀了自己，披上牛皮，带一双儿女上天。在天上，牛郎的岳父刁难他，要与他比赛输赢。在比赛跑崩子时，牛郎怕被岳父追上，错用金簪往后一划，身后遂出现一条天河。从此牛郎夫妻各在一方，每年农历七月七日方能相会。

中国民间故事选　中国现代各民族民间故事汇集。贾芝、孙剑冰主编。共三集。人民文学出版社分别于1958、1962、1988年出版。共收录五十六个民族的民间故事三百九十三篇。作品大多为建国后搜集、整理和翻译，并注明出处。有些作品有注释、附记。

历代笑话集　笑话资料汇集。王利器编。中华书局上海编辑所1956年出版。辑录三国时代至晚清七十余种古代笑话集中的笑话二千则。按时代先后排列，每种专集之前有版本考订、出处说明和内容、作者简介。书后附有"历代已佚或未收笑话集书目三十六种"。1985年又由王利器、王贞珉辑录《历代笑话集续编》，由春风文艺出版社出版，收明清笑话集五种，附录二种，笑话百则。

民　歌

歌谣　又称"山歌"。民歌、民谣、童谣的总称。民间文学的一种。在古代，歌与谣是有区别的，《诗经·魏风·园有桃》："心之忧矣，我歌且谣。"毛传："曲合乐曰歌，徒歌曰谣。"清杜文澜《古谣谚》也说："谣与歌相对，则有徒歌合乐之分，而歌字究系总名，凡单言之，则徒歌亦为歌。"现代无论合乐与否，统称为歌谣。是一种形式短小的韵文作品，词句简练，大多押韵，风格朴实清新，格律上有独特的表现。如在句式上，汉族歌谣有三、四、五、六、七、八言，也有多达十几个字的，以四字头居多，五字头次之。韵律大多押尾韵，也有押头韵和腰韵的。种类繁多，按传唱者可分为成人歌和儿歌两大类；按内容可分为劳动歌、仪式歌、时政歌、生活歌、情歌、儿歌等。

民谣　歌谣的一种。指只吟诵而无曲调的短小韵文作品。内容多针砭时弊，暗含讽喻。如《汉顺帝末京都童谣》："直如弦，死道边；曲如钩，反封侯。"现代民谣与民歌已无多大区别。

民歌　歌谣的一种。民间的诗歌创作。一般是口头创作，口头流传。中国民歌的曲调丰富多采，有优美的抒情山歌，节奏强烈的劳动号子，流利畅达的小调等。

吴歌 江南吴方言区民间歌谣的简称。主要流行于上海和江苏、浙江部分地区。早在一千多年前,吴歌即已见诸文字记载,但作为一种歌体,始于南朝《乐府民歌》记载。今存三百二十六首。明代冯梦龙曾搜集吴地歌谣,汇编成集。顾颉刚的《吴歌甲集》和王翼之的《吴歌乙集》,收录吴歌颇丰。

故事诗 亦称"诗体故事"。民间文学的一种。指具有完整的故事情节,又以塑造人物为主的韵文作品。产生于奴隶社会末期和封建社会,《诗经》中的《氓》,汉乐府中的《陌上桑》,汉末的《孔雀东南飞》,魏晋时期的《木兰辞》等是古老的故事诗作品。可分为神话故事诗、英雄故事诗、一般生活故事诗和爱情故事诗四大类。故事诗最初出现在民间,是在民歌的基础上产生的,民歌的各种创作手法在故事诗的创作上得到充分的运用。

谣谚 民谣和谚语的合称。二者均系民间口头创作,形式短小,内容广泛,只说不唱。其中民谣常暗含隐语,讽刺时弊,句末须押韵;谚语则重在表现知识、经验和哲理,押韵不限。

劳动号子 简称"号子"。民歌的一种。一般是从事体力劳动,特别是重体力劳动时,为协调集体动作和节奏而即兴创作的,常出现在劳动现场。是民歌中最早产生的体裁之一。由简单的歌词和呼声组成,并大量运用衬词;也有些号子甚至全由虚词组成。歌唱形式大多为一人领唱,众声相和。

仪式歌 民歌的一种。一种伴随民间生活仪式和祀典仪式所唱的歌,包括狩猎歌,农事祭祀歌谣,喜歌、哭嫁歌,挽歌、哀悼词,以及民间祭祀仪式上的祭祀歌谣等。最早受原始宗教和生活习俗的影响很深,常伴有一定的祈祷目的,如祈年、禳灾、告祖、求福等。随着社会的不断发展,有的渐渐变成了一般的民歌或儿歌,失去原来的意义。

时政歌 民谣的一种。一种反映和讽刺世事的歌谣。内容往往切中时弊,深受群众的喜爱,久传不衰。如东汉末年诅咒董卓专权的"千里草,何青青,十日卜,不得生"。表现出民众对腐败政治的强烈憎恨。

讽刺歌 民歌的一种。在创作和传承上和时政歌较为相似,但内容比时政歌更加广泛,锋铓多指向不合理的社会现象;有的也有一些规劝、教育民众的内容。

情歌 民歌的一种。指专门表达青年男女之间相思、相恋的歌。此类作品在民歌发展史上不仅源远流长,而且数量最多,艺术价值也最高。中国古代第一部诗歌总集《诗经》记载的民歌大多是情歌。其创作和流传,与一定的婚姻制度和民间歌唱风俗相联系。内容反映的是青年男女之间的爱情纠葛,但表达的感情和愿望却不局限于青年,乃是大众借爱情生活的描写,以表现对现实生活的态度。少数民族的情歌极为发达,按其内容可分为:初试歌、结交歌、赞美歌、迷恋歌、相思歌等;当爱情生活发生波折时,还有苦情歌、起誓歌、反抗歌、逃婚歌等。

小调 又名小曲。民歌的一种。在各地各民族中均有流传,但曲调和格律有很大差异,风格也不尽相同。格律一般比较规整,唱词也较稳定,常见的是五七言句式,演唱中多衬词,且常用四季调、五更调、十二月花名等形式连缀。以独唱为主,也有对唱或齐唱。

信天游 民歌的一种。主要流行于陕北,以及甘肃、宁夏、山西、内蒙古部分地区。因其形式简便,旋律优美,便于山野即兴歌唱,曲调高亢,自由奔放。歌声仿佛信天而游,故名。一般为两句一段,也有的数段相连。句式在七言基础上加以变化,很少用衬字。每段押大致相同的韵,双声、叠韵,音乐性很强,如"清水水玻璃隔着窗户照,满口白牙对着哥哥笑"等。

爬山歌 又称爬山调。民歌的一种。流行于内蒙古中西部汉族地区和临近的陕西、山西部分地区。分前山调和后山调两种。前山调流传于内蒙古西部,格调辽阔悠远;后山调流传于内蒙古中部,格调高亢奔放。两句一首,以七字句为主,少则五六言,多则十几言不等。每句押大致相同的韵,并采用双声、叠韵,联绵词、衬词等,节奏鲜明,音乐性强,具有浓厚的地方特色。

四季歌 亦称唱春调。民歌的一种。每歌四句,每句七言,除第三句外,每句押韵。因各句分别以春、夏、秋、冬四季起兴,故名。最初产生在江南吴语区,通常是五言四句,称"四时歌"或"吴声四时歌"。南朝乐工采自民间的四时歌被之管弦,纳入乐府,称为"子夜四时歌"。后渐渐发展成七言为主的形式。民间流行的《十二月歌》,《十二月花名》是四季歌的姐妹篇。

五更调 又称五更转、五更鼓、叹五更。民歌的一种。每首歌共有五叠,每叠五言四句,或七言四句,自一更唱到五更,递转咏歌。相传产生于南北朝时期,后在各地流传。歌词内容最初多反映军旅生活及征人思乡之情,后渐渐扩展到反映社会生活的各个方面,越见丰富多采。

盘歌　民歌的一种,指对答性山歌。主要流行于长江以南。四川北部和陕西南部地区叫《背老二歌》。每段六句。相传背老二是川陕边境运货的脚夫,他们在赶脚途中,常与路人盘古论今,互相唱答,以减轻疲劳。在南方许多少数民族的歌会上,盘歌成为赛歌的主要形式。

滑稽歌　亦称古怪歌、颠倒歌。民歌的一种。常将现实生活中的是非颠倒过来,加以夸张和描述,造成诙谐、幽默和风趣效果,增强民歌的喜剧色彩和群众生活的乐趣。歌唱对象主要是儿童,以锻炼儿童的思维能力,培养幽默感。

儿歌　又称孺子歌、童谣、婴儿谣。民歌的一种。最早见于先秦时期的古籍记载,全国各地均有流传。是成人根据儿童特点、欣赏趣味、理解能力和生活经验,以简洁生动的韵语创作的口头短诗。以三字句或三、三、七句式居多,内容单纯,体制短小,较多运用反复、重叠和对答形式以及拟人、比喻、夸张等修辞手法。内容大多是向孩子传授生活知识、社会知识,或对儿童进行语言训练(如绕口令)等。

绕口令　亦称拗口令、急口令。儿歌的一种。语言拗口,变化有趣,其字数、句数无严格限定,常把语音相同或相近而容易读混的字词编在一起,要求朗读者读清、读准、读快,对培养儿童口齿清楚伶俐,掌握汉字正确读音有一定作用。

击壤歌　古代歌谣。最早见于王充《论衡·艺增篇》。《群书治要》卷一一引《帝王世纪》文字略有出入。相传唐尧时有老人击壤而唱此歌,歌曰:"吾日出而作,日入而息。凿井而饮,耕田而食。帝力何有于我哉?"

弹歌　亦名《作弹歌》。古代歌谣。见《吴越春秋·句践阴谋外传》。越王句践欲谋复吴,范蠡进善射者陈音。句践询以弹射之理,陈音应对时引此歌:"断竹,续竹,飞土,逐宍(肉)。"短歌叙述从制造弹弓到猎取禽兽的过程。二字一节,歌辞简短、淳朴,铿锵有力,概括力极强。冯惟讷《古诗纪》注曰:"刘勰云:断竹黄歌,乃二言之始。黄,黄帝也。"刘勰在《文心雕龙·通变》中亦云:"黄歌断竹,质之至也。"认为此歌是黄帝时的歌谣,恐未必可信,但从内容和形式上看,明显是远古时代的猎歌。

古今风谣　古代民谣集。明杨慎编。二卷。成书于明代嘉靖二十二年(1543)。所收民谣上古至明代嘉靖时期古今民谣二百八十余首,按古籍传引时间为序加以编排。内容多牵涉时政和人物评价,颇有参考价值。清史梦兰又辑《古今风谣拾遗》四卷,补其不足。

挂枝儿　又名《童痴一弄》。明代民歌集。明冯梦龙编。今存九卷。《挂枝儿》是明万历后逐渐流行的一种民间时调小曲名,当时传唱颇盛,至清初犹余势未衰。明沈德符《万历野获编》说:"比年以来,又有《打枣竿》、《挂枝儿》二曲,其腔约略相似,则不问南北,不问男女,不问老幼良贱,人人习之,亦人人喜听之。以至刊布成帙,举世传颂,沁人心腑。"今人考证,《挂枝儿》与《打枣竿》(或作《打枣干》、《打草竿》)实为一种曲调的异名。冯梦龙所辑此集,失传已久,建国后在上海发现明写刻残本九卷,存曲四百首,又在杭州发现姚燮《今乐府选》中录有抄本两卷,由路工据姚本补四十首,由胡士莹据姚本审校,1962年经中华书局上海编辑所出版,1987年上海古籍出版社编入《明清民歌时调集》重印。

山歌　又名《童痴二弄》。明代民歌集。明冯梦龙编。十卷。《山歌》为明代吴中广为传唱的时调小曲名。明王骥德《曲律》说:"盖北之《打枣竿》,与吴人之《山歌》,不必文人,皆北里之侠或闺阃之秀,以无意得之,犹诸郑卫诗风,修大雅者反不能作也。"清贺贻孙《诗筏》称"《山歌》、《挂枝儿》语近风谣,无理有情,为近日真诗一线所存"。冯梦龙在万历末年编完第一部民间歌曲集《挂枝儿》后,即着手编本集。卷一至卷九为《山歌》,卷一〇为《桐城时兴歌》,收曲共三百八十首,内容多为情歌。有天启、崇祯间写刻本,前列憨墨斋主人(即冯梦龙)叙,有眉批注吴音。1962年中华书局上海编辑所据之排印出版,1987年上海古籍出版社编入《明清民歌时调集》重印。

夹竹桃　全称《夹竹桃顶针千家诗山歌》。明代民歌集。题"浮白主人述",即明冯梦龙编。今通行本共收曲子一百二十三首。《夹竹桃》是一种俗曲名,本书所用的曲调,基本上是八句,首二句是七言,中间四句是四言,末二句又是七言,可任意加衬字,最后一句必然是用《千家诗》各首的末句,每首以顶针修辞格相连。所收均为情歌。1962年中华书局上海编辑所据路工藏明刻《破愁一夕话》本出版，前有赵景深序，称“本书是冯梦龙摹拟民间文学的著作之一”。1987年上海古籍出版社编入《明清民歌时调集》重印。另1935年中央书店印行的《黄山谜》以及光华书局印行的《挂枝儿夹竹桃合刊》亦收入《夹竹桃》，但错字较多，非善本。

古谣谚 古代民谣和谚语集。清杜文澜编。一百卷，其中正文八十五卷，附录十四卷，集说一卷。收录古籍中保存的上古至明代的谣谚，按照所采书籍的性质，依经、史、子、集先后为序。作品分为两类，一类是大量的不同时代、不同地区流传的百姓、郡民、时人，以及各种劳动者和少数民族作品，另一类是帝王名臣、文人、僧道的个人创作。不少作品都直接与历史人物或历史事件有关。童谣则多为预言或直接揭示某些朝代的兴亡、历史人物的成败，以及社会战乱、自然灾变的前兆或验证。谚语主要是关于农事活动、气象占验、地方风土，以及各种社会生活经验等的作品。原刻为曼陀罗华阁丛书本，1958年中华书局据原刻本出版了周绍良校点的排印本。

粤风 清代民歌集。清李调元编。编者意图用它来“补三百篇之遗”。内汉族情歌五十三首，瑶歌二十三首，俍歌二十九首，壮歌八首，分别编为粤歌、瑶歌、俍歌、壮歌四卷。少数民族情歌以汉字注音记录，并由编者详加注释，间有评论、意译。所收歌词质朴真率，颇具特色。论者或以为系在清初吴淇所编《粤风续九》基础上重编。甚且有人认为系李调元攘吴编为己有。有乾隆四十九年(1784)李调元辑李氏万卷楼刊《函海》本，收入第二十八函，另有嘉庆十四年(1809)李鼎元校印《函海》本，道光五年(1825)李朝夔补刊《函海》本。民国十六年(1927)朴社印行钟敬文重编本，仅收粤歌、瑶歌，民国十七年中山大学民俗学会印行译本，则仅收俍歌、壮歌。今通行本有民国二十五年商务印书馆排印《丛书集成》初编本、1956年古典文学出版社排印蒲泉、群明编《明清民歌选》甲集本。1985年广西民族出版社排印商璧《粤风考释》，收入《桂苑书林》，分《粤歌通论》、《瑶歌译注》、《俍歌的壮语拟音及汉译》、《僮歌的壮语拟音及汉译》四部分，辑有研究论著索引。

陕北民歌选 民歌选集。何其芳、张松如编。晋察冀新华书店1945年出版。收入陕北地区民歌四百零六首。分五辑：第一辑为“揽工调”，包括长工诉苦歌和劳动歌；第二辑为“蓝花花”，包括妇女苦歌、情歌，以及有关男女婚姻题材的民歌；第三辑为“信天游”，包括传统情歌，妇女生活歌和反映流浪生活的苦歌；第四辑为“刘志丹”，包括反映陕北土地革命时期斗争生活民歌和反映苏区新生活的民歌；第五辑为“骑白马”，是抗日战争时期的新民歌。

革命民歌集 歌谣选集。萧三编。收新民主主义革命时期革命歌谣二百七十首，以地区分辑，并大体按时间排列。内容包括工人阶级的罢工和反帝斗争，革命根据地的工农武装斗争，具有鲜明思想性和战斗性，此外还收有一些广泛流传的诉苦歌。

红旗歌谣 民歌选集。郭沫若、周扬编。红旗杂志社1959年出版。收新民歌三百首，其中反映农村生活和生产劳动的有一百七十二首，歌唱工业建设的有五十一首，歌唱战士生活的有二十九首，歌颂中国共产党的有四十八首，为1958年全国开展的采风运动中所收集。部分作品表达了人民群众的英雄气概和革命乐观主义精神，但亦有不少作品受当时“左”的领导思想的影响，存在着个人崇拜和夸大主观意志的力量等问题，带有当时的时代痕迹。1979年人民文学出版社再版时更换了二十余首，计二百五十六首。

戏曲 曲艺

民间小戏 民间表演的小型戏曲。种类繁多，分花灯、花鼓、采茶、秧歌等几大系统。形式短小，情节简单，曲调优美，歌舞有致。最初形态是乡间劳动之余的即兴娱乐，且歌且舞，唱词很少；后由乡间草台班、小歌班发展成半职业组织，串乡走镇演出。出场人物一般是两小(小丑、小旦)或三小(外加一小生)，多扮演村姑、樵夫、船夫、商贩、公子、恶少、仙女、货郎等，内容多表现家庭婚姻纠葛或生活中一段风趣幽默的故事，不追求尖锐激烈的矛盾冲突，情节上也没有重大起伏。剧中人物对话常使用方言，调侃逗乐，妙趣横生。传统的剧目有《小放牛》、《打猪草》、《葛麻》、《王小赶脚》、《刘海戏金蟾》、《蓝桥会》、《柜中缘》、《拾玉镯》等。

百戏 古代对乐舞，包括杂技表演的总称。秦朝已有，汉代称“角抵戏”，杂技幻术如扛鼎、寻橦、吞刀、吐火、魔术等，还有带有简单故事的乐舞表演。南北朝时期称“散乐”。唐宋时期百戏最为流行。据孟元老《东京梦华录》载，北宋时，汴梁(今开封)每逢元宵等节日，“歌舞百戏，鳞鳞相切，乐声嘈杂十余里。”元代以后，各种乐舞杂技一般均有专名，故百戏一词逐渐少用。

傀儡戏 又称傀儡子、魁儡子、窟儡子。民间戏曲剧种之一。形式有三种，一为木偶戏的古称，据传源于汉代，三国时马均曾自制木偶表演各种技艺，到宋代，又有了水傀儡、杖头傀儡、悬丝傀儡、药发傀儡等；二是宋代的舞队，戴面具出场表演；三是宋代的肉傀儡，即以真人表演，以大人托举儿童仿木偶动作。后世多把傀儡戏称为木偶戏。

歌仔戏 民间小戏的一种。流行于台湾、福建南部及东南亚华人居住区。1662年大批闽南人随郑成功到台湾，闽南的“锦歌”、“采茶”、“车鼓弄”等民间艺术开始在台湾流行。后吸收当地民歌、说唱，并受京剧、四平戏的影响，逐渐发展成为一种戏曲形式。初期在空地上演出，故称“落地扫”。主要曲调有七字调、大调、背思、台湾杂念调、哭调及其他民歌小调。伴奏乐器主要是壳仔弦、大广弦、台湾笛、月琴等，打击乐与京剧基本相同。

彩调 原名调子或采茶。民间戏曲的一种。流传于广西壮族自治区大部分地区。在广西民间歌舞和说唱艺术基础上形成，约有二百多年的历史。曾与湖南花鼓戏，江西采茶戏，云南、贵州花灯戏相互影响。音乐唱腔大多轻松活泼，表演时载歌载舞，富于生活气息和地方特色。传统剧目有《王二报喜》、《王三打鸟》、《阿三戏公爷》等。

花灯戏 民间戏曲的一种。流行于云南、贵州、四川等地区。已有百余年历史。其前身是民间节日里玩耍的花灯，配合民间小调，形成小戏。剧种有云南花灯戏、贵州花灯戏、四川灯戏等。艺术风格大体相同，但也有地方差别。如云南花灯戏以歌舞为主，说白很少，曲调主要是明清小曲与一般民歌和本地民歌，舞步较复杂。而贵州花灯在音乐和舞蹈方面则相对比较简单。

花鼓戏 民间戏曲的一种。流行于湖北、湖南、安徽等地。起源于民间渔鼓、高跷、说唱、歌舞及民间小调。因其最初以鼓为伴奏而得名。以皖南花鼓戏、淮北花鼓戏、四川花鼓戏最有名。艺术风格与花灯戏、采茶戏相近。

小放牛 民间小戏剧目。又称“杏花村”。流行于全国各地。写一村姑向一牧童问路，两人相对歌舞，有问有答，内容风趣而充满生活气息。对唱小曲名“回回曲”。见清初抄本《牧羊记》传奇。一说原是山西民间歌舞，由梆子演员搬上舞台。京剧及秦腔、晋剧、汉剧、徽剧等剧种均有此剧目。

打花鼓 民间小戏剧目。原系明代传奇《红梅记》中的一出，后经民间艺人不断加工、丰富，成为独立剧目。写一对逃荒的夫妇，流浪卖艺，遭受富家公子戏弄的故事。汉剧、曲剧、徽剧等许多剧种均有此剧目。

打面缸 民间小戏剧目。沦入烟花的少女周腊梅，不耐风尘之苦，投官从良，配给差人张才为妻。衙门里的都头、师爷、县官都想调戏她，腊梅施用巧计，将他们一个个哄进面缸、灶堂和床底。张才回家，严惩了三个坏蛋。京剧和一些地方剧种也有此剧目。

打猪草 又名“双撇笋”。民间小戏剧目。流传于江南广大地区。村姑陶金花打猪草时，无意中折断两根竹笋；村童金小毛误以为金花偷竹笋。后经解释，误会消除。剧中穿插“对花”歌舞，生动有趣。南方许多地方小戏都演出此剧目。

走西口 民间小戏剧目。二人台传统剧目。取材于山西民歌。描写新婚夫妇离别时的情景。清代咸丰五年(1855)，山西遭灾，太原农民大春新婚不久，为饥寒所迫，只好到口外谋生。妻子玉莲谆谆嘱咐，依依惜别。口外，指山西河曲县西门外，过去逃荒者常从这里往内蒙一带谋生，叫“走西口”。

蓝桥会 又名《蓝桥吸水》。民间小戏剧目。流传于中国南北各地。写童养媳蓝瑞莲，终年劳累，挨打受骂。一天在井台挑水时，她遇见书生魏魁元。两人相爱，约定当晚三更时分在桥上相会，共同逃走。不料夜下暴雨，恶婆婆又将大门锁住。瑞莲无奈只好越墙而走。到了蓝桥，桥已被冲断，魏生也被水冲走。瑞莲为答谢情人，纵身跳入水中。黄梅戏、泗州戏、评剧等剧种都有此剧目。

刘海砍樵 湖南花鼓戏传统剧目。《刘海戏蟾》中的一出。写青年农民刘海，每天上山砍柴，遇见山中修炼多年而成人形的狐仙胡秀英。秀英爱其勤劳，愿成婚配。刘海以家贫、母老相拒。狐仙甘受贫贱，侍奉老母。两人遂以“柳树为媒山作证”，结为夫妻。

民间说唱 又叫民间曲艺、讲唱文学。口头文学的一种。通常以带有动作的说唱形式叙述故事情节，塑造人物形象。早在唐代就已出现讲唱故事的“说话”，敦煌变文即以民间说唱形式保存下来。宋代，说话已很流行，形成了“说话”、“鼓子词”等专门体裁。据不完全统计，现在全国各民族、各地区的民间说唱，包括弹词、琴书、快板、评话、相声等达三百多种。曲目的创作，除反映现实生活的传统段子外，大多根据历史人物、典故和文学名著改编。传统的民间说唱，靠艺人口传心授，随着现代都市经济和文化的发展，曲艺创作和演出逐渐转向专业化，民间说唱形式只在农村地区流传。

宝卷 古代说唱艺术的一种。渊于唐代的“俗讲”和宋代的“谈经”。最初题材多为佛经故事和劝世经文，宣讲因果报应。形式上以七字句、十字句韵文为主，间以散文说白。现存的宋代宝卷脚本有《香山宝卷》(亦作《观音济度本原真经》)。元代以后，内容逐渐扩大到写神仙故事。清代则以民间故事和历史故事题材为多，如《梁山伯宝卷》、《白蛇宝卷》、《岳飞宝卷》等。

道情 讲唱文学的一种。源出唐代道士在宫观内所唱的“经韵”，后演化为在民间布道时演唱的“新经韵”。分为诗赞体与曲牌体二支。诗赞体一支流行于南方；曲牌体一支流行于北方，后发展为戏曲文学道情戏。道情的伴奏乐器为渔鼓、简板，题材有神仙道化、劝善积德、历史故事等，也有纯粹抒情之作。清郑燮《板桥集》中所收道情及徐大椿《洄溪道情》为道情中颇有特色之作。

鼓子词 一种流行于宋代的说唱文学。以鼓伴奏，唱词有专门曲调，用当时通行的词牌，短者一首词，长者十余首。有只唱不说与有说有唱两种。说的部分或为小序，或为某一唱段的辅助性叙述文字，如著名的赵令畤《商调蝶恋花》，用十二首《蝶恋花》词以叙事体说唱唐元稹《莺莺传》，每一首词后有一段说白。后起的诸宫调、杂剧与南戏都曾受其影响，而鼓词也被认为系由此发展而来。

鼓词 一种以鼓、板击节伴奏的说唱文学。一般说白、唱词相间，唱词多用七言句，以演唱故事为主。其名起于明代，今存明代作品有《大明兴隆传》、《乱柴沟》等。其兴盛期在明末清初，并逐渐形成多种分支。北方鼓词有自击鼓板演唱的诗赞体，有自弹三弦演唱的诗赞体、乐曲体，近代发展为各种大鼓书。南方鼓词，有扬州鼓词、温州鼓词。一般认为鼓词来源于唐代的变文，北宋赵令畤的《商调蝶恋花》鼓子词则被称为鼓词之祖。传世鼓词名作有明清之际贾凫西的《木皮散人鼓词》等。

弹词 一种以琵琶、三弦伴奏的说唱文学。兴于明代，清乾隆间北方尚有流传，乾隆后流行于中国南方太湖流域一带。从事创作的以女作家较多，名作有陶贞怀的《天雨花》、陈端生的《再生缘》、邱心如的《笔生花》、程蕙英的《凤双飞》等。其他名作有《珍珠塔》、《义妖传》、《玉蜻蜓》、《三笑姻缘》等。一般篇幅较长，分回目演述故事，最长的《榴花梦》达四百多万字，但未曾演出。江南弹词又分化成苏州弹词、扬州弹词、浙江弹词等几种。苏州弹词艺人在说书前所加唱的与正书无关的短段，称为开篇，可单行，清代马如飞写有许多弹词开篇，曾结集印行。弹词有叙事、代言二体，有唱、表、白三种成分，唱即唱词，多为七言，表即由说书人代为表白，白即由说书人拟作品中人物身份说白。弹词书目有胡士莹《弹词宝卷书目》、谭正璧《弹词叙录》。

木鱼书 木鱼歌的文学脚本。木鱼歌是弹词的一种，晚明时期流行于广东，入清后更为盛行。早期歌词随编随唱，不够稳定，后记录曲词，以抄本或刊本流传，既供演唱，又供阅读，遂有“木鱼书”之名。起初无说白，后受粤曲、南音等影响，才加入说白。全本分回目，开头称“冒头”，结尾称“尾声”，均用四句曲词。今存木鱼书约五百部，多取材于戏曲、小说及其他说唱文学。曾有十一部作品被列为“才子书”，内第八才子书《花笺记》、第九才子书《二荷花史》尤享盛名。

岔曲 一种俗曲。清代曲艺八角鼓、单弦的主要曲调。兴盛于乾隆间，有平岔、慢岔、起字岔、垛字岔、西岔、数岔等多种调子。崇彝《道咸以来朝野杂记》说：“文小槎者，外火器营人。曾从征西域及大小两金川。奏凯归途，自制马上曲，即今八角鼓中所唱之单弦杂排子及岔曲之祖也。其先本曰小槎曲，略称为槎曲，后讹为岔曲，又曰脆唱，皆相沿之讹也。”可备一说。清代俗曲集《霓裳续谱》谓岔曲曾流行于北京曲艺班社“档子”，所收岔曲多为情歌。清代另一俗曲集《白雪遗音》所收岔曲，内容以吉祥祝颂、即景抒情为多。清代升平署所唱岔曲，则词句较雅驯简洁。

快板书 民间曲艺的一种。因演出时用七块竹板击节而得名。流行于北方各省。一人或数人演唱,基本没有说白。演出时演员手持大、小竹板互相敲击。开场、过渡和演唱间歇中,也可打出各种花点儿以烘托气氛。语言上常采用"三、三、七"字句式,节奏明快。

东北大鼓 又名辽宁大鼓、奉天大鼓。民间曲艺形式之一。流行于辽宁各地。起源说法不一。一说源于东北农村;一说清乾隆时受北京弦子书影响,与当地民歌、小调结合形成;一说是河北逃荒农民将大鼓带至东北,与当地语言、风俗结合而成。唱词基本为七字句,常用曲调有大口慢板、小口慢板、流水板、二六板等。表演时,一人击鼓板演唱,伴奏乐器为三弦和四胡。早期演员都是男性,以唱中篇故事为主;清代末年出现女演员,专唱短篇。在流传过程中,逐渐形成了各种不同的曲调和风格,有奉调、东城调、西城调、南城调、北城调等多种。

京韵大鼓 一名京音大鼓。民间曲艺形式之一。流传于北京、河北、东北及华东部分地区。由河北沧州一带流行的木板大鼓和子弟书融汇发展而来。演员自击鼓板演唱,有三弦、四胡、琵琶伴奏。半唱半白,说又近于唱。唱词一般为七字句,唱腔有起板、平腔、垛板、快板等。

凤阳花鼓 曲艺"双条鼓"、戏曲"花鼓戏"、民间歌舞"花鼓灯"的合称。三者统称为凤阳"三花"。主要流行于安徽凤阳地区。北方流行的"十不闲",据说亦由凤阳花鼓演变而来。原为民间小调,后渐渐发展成为民间小戏。一般两人演唱,一女击鼓,一女敲锣,连声齐唱。曲调有《凤阳歌》、《小五更》、《十杯酒》、《王三姐卖鞋》等。唱词一般五句一段,前两句各三字,后三句各七字,词多叠字。表演时,除应时小调外,多为带故事性的小型节目,如《王祥卧冰》、《杨老姐上吊》等。

名词 术语

民间文学 指群众集体口头创作、口头流传,并不断地经集体修改、加工的文学。和作家书面文学相对。与作家书面文学不同的是,具有口头性、集体性、类型性、变异性等特征。产生于原始社会,并且在以后的各个历史发展时期,孕育和丰富了作家文学,并与作家文学互相影响,并行发展。创作样式主要有:散文作品包括神话、传说、故事;韵文作品包括歌谣、叙事诗、谚语、谜语、绕口令;说唱文学(民间评书、快板、大鼓、弹词等)和民间小戏等。

民间文艺学 研究群众口头创作与传承的文学现象和作品的学科。主要任务是对各民族、各类民间文学作品的产生、发展和演变规律进行概括和论述,并用这一理论指导民间文学的采集和保存。包括:一、民间文学基础理论。主要研究民间文学的概念、对象、范围、功能、特征、方法以及各民族民间文学的相互交流和影响;二、体裁论。对各类民间文学体裁如神话、传说、故事、歌谣、谚语进行专门的研究;三、资料学。研究民间文学作品的搜集、整理、保存;四、民间文学史。研究和总结各民族民间文学发展的历史。

采风 民间文艺学术语。先秦时期称民歌为"风",故称搜集民间歌谣为"采风"。《汉书·食货志》载:"孟冬之月,群居者将散,行人振木铎徇于路以采诗,比其音律,以闻天子。"民间文艺学借此泛指对民间文学作品的搜集、整理。

田野作业 民间文艺学研究方法之一。在社会科学中,人类学、社会学、民族学、语言学等学科也常使用这种方法。民间文艺学采用的田野作业法,不同于一般的社会调查,而是对民间传承的各类文学作品做出科学的记录和描述。这种记录和描述除了对民间文学作品作忠实的记录外,还要对这种文学创作和传承的自然环境、社会环境、传承渠道、传承路线、讲述和演唱特点等各类物质和精神文化事象作详悉的记录。

母题 民间文艺学术语,英文"motif"的音译。一般指民间口头创作、小说、戏剧及音乐中的旋律模式,雕塑的设计、绘画意境或舞蹈的象征表演特色。目前在民间文艺学和民俗学研究中,对"Motif"的含义有不同的理解,一般认为"母题"是相对"子题"而言的,从意义上理解应译作"情节单元","Motif"的意思是民间文学作品中最早出现的情节单元。情节单元在一部作品中可以有一个,也可以有多个。正确地划分和归纳作品的母题(情节单元),并通过对比,可以追溯某一民间文学作品产生和发展的历史。

母题索引 民间文艺学研究方法之一。将某一部民间叙事作品用极精炼的语言归纳出其情节,将同一类型的作品情节集中在一起,便形成类型索引,供民间文学研究参考。民间文学作品在创作和流传过程中,因受客观环境、人文历史、民族习惯等影响,必然地要在情节上产生某些变异,这种变异有时是在作品原来的基础上变化,有时则对原作品进行脱胎换骨的改造。因此,在民间叙事作品的流传中,由于情节的雷同便形成了一定的类型。以民间故事为例,两兄弟型、天鹅处女型、灰姑娘型、蛇郎型等类型故事,就是在流传变异中形成的。

AT 分类法 民间故事研究方法之一。首创者为芬兰学者阿玛图斯·阿尔奈(Autti Amatus Aayne)。他在研究故事类型时,将情节大同小异的民间故事按语言、国家、故事类型依次分类并编号,这样通过编号可以知道某一类故事某国最多,然后再在地图上标画出来,便可看到其传播情况。这一体系后来经美国民俗学家斯蒂斯·汤姆逊(Stith Thompson)的补充修订,更为完备。

神话学 关于神话研究的一门学科。也指关于神话故事的研究。主要任务是对大量的神话资料进行理论概括,探讨其产生、发展和演变规律,创作和流传上的特色。此学科是在神话创作和流传过程中逐渐形成的,最初与原始宗教有着密切联系,如原始社会的图腾崇拜和万物有灵观念,就在不自觉地指导着口头的神话创作。中国神话学的兴起,开始于五四新文化运动。目前中国神话学的研究,逐渐由古代典籍资料的研究,转向对民间传承资料的研究。少数民族神话资料的搜集、整理、翻译与研究受到神话研究者的格外注意。

谚语 民间文学的一种形式。指具有哲理性、科学性、知识性的短小韵文作品。多为短小作品,概括事物的本质十分凝练、精辟、准确。字数最少的仅几个字,最长的不过二十多字,一般不单独使用,常被引用于文章或谈话之中,言简意赅地阐明道理,传授知识。按其内容可分为自然谚、生活谚、修养谚、事理谚、道德谚、农林谚、时政谚、家庭谚、风土谚等。

俗语 流行于民间的通俗语句。是一种定型的、形象化的短语。其中有一部分属于谚语,大部分只是语言的一种特殊表达方式,如"打开天窗说亮话"之类即是。用于日常谈话或讲演中,显得生动活泼,具有极强的感染力和表现力。

歇后语 亦称比喻语、比解语、俏皮话。俗语的一种。结构分前后两部分,前半部分为喻体,以形象的比喻表达一定的意义,类似谜语的谜面;后半部分是喻义,是对本意的解释,类似谜语的谜底,如"外甥打灯笼——照旧(舅)"之类。两部分互相依存,紧密相连。大部分具有形象性和生动性,用于谈话或文章中可造成幽默、风趣的效果。

谜语 民间文学的一种。往往是民众创作的一种用来表现、锻炼和测验智慧的咏物性短诗,具有游戏性。形式为不对事物作直接描写,而是通过隐喻和暗示,让人们经过思考后猜出被描写的事物。梁刘勰《文心雕龙·谐隐》云:"谜也者,回互其词,使昏迷也。"由谜面和谜底两部分组成。谜面,又称"喻体",是对谜底的一种抽象的、带有诡谲性的描写,以引起人们对谜底所指事物的丰富联想;谜底,又称"本体",是谜面所暗示和描写的事物的本身,也即谜面所提出的问题的答案。分物谜、事谜、字谜三种。

对联 亦称楹联、春联、联语、联句。俗称对子。民间文学的一种。指张贴或悬挂于楹柱、大门两旁的对偶式联语。起源于古代的桃符,《后汉书·礼仪志》载:"以桃印,长六寸,方三寸,五色书文如法,以施门户,止恶气。"相传始于五代后蜀主孟昶题桃符词"新年纳余庆,嘉节号长春"(见《蜀梼杌》)。此后民间便广泛流传春节贴对联的习俗。

歌谣研究会 民间文学研究团体。1920年12月19日成立于北京大学,沈兼士、周作人任主任。1922年,并入北京大学研究所国学门。同年创办《歌谣》周刊,征集、刊登并开展歌谣研究。1923年起由起初的民间歌谣研究,逐步扩展到对整个风俗文化的调查与研究。先后出版《歌谣丛书》中的《吴歌甲集》(顾颉刚)、《歌谣小丛书》中的《看见她》(董作宾)、《故事丛书》中的《孟姜女故事的歌曲甲集》等。在前后不到十年的时间里,为中国民间文学和民俗学研究,做了大量工作。1927年因主要成员南下广州,在中山大学成立民俗学会,遂停止活动。1935年北京大学文科研究所决定恢复歌谣研究会,聘请胡適、魏建功、顾颉刚为会员,次年恢复出版《歌谣周刊》,其研究偏重于文学方面。

中国民间文艺家协会 中国民间文学工作者的学术团体。原名中国民间文艺研究会,1988年改用现名。1950年3月在北京成立。历任理事长、主席为郭沫若(第一届、第二届)、周扬(第三届)、钟敬文(第四届),现任主席为冯元蔚(彝族)。总会设在北京,除台湾省外,各地设有分会。主要任务是,团结会员钻研民间文学理论,不断提高业务水平;规划、组织和指导民间文学的调查和采录,征集民间文学资料并妥为保存;规划和组织各种学术研讨活动,进行国内外民间文学信息和学术交流;培养民间文学专业人才,提高民间文学队伍素质等。1955年创办《民间文学》刊物,1981年创办《民间文学论坛》理论刊物。

中国民俗学会 群众性民俗学学术团体。1983年5月在北京成立,理事长钟敬文。宗旨是:团结和组织全国广大民俗学工作者,用科学的方法进行民俗调查和研究;普及民俗知识和民俗学基础理论,探讨各种民俗文化现象产生、发展、演变规律;开展国内外学术交流活动,促进中国民俗学学科的发展和繁荣。多年来主持召开了学术年会和有关民俗文化的专题学术讨论会,积极倡导民间文化的收集、保护和研究,及时研讨民俗学发展的历史、现状和趋势。

研究著作 参考资料

歌谣 民间文学刊物。北京大学歌谣研究会主办,常惠、顾颉刚等编辑。1922年12月17日北京大学校庆二十五周年时,作为北京大学《日刊》附张印发,从25期起脱离日刊,独立发行为周刊。至1925年6月28日,共印行97期。后并入《国学门周刊》。另出有《歌谣周年记念增刊》一册。发刊词指出:“搜集歌谣的目的,一是学术的,一是文艺的。学术的,即民俗学的研究。”1936年4月,在胡適主持下重新复刊后,由徐劳、李素音主编,1937年出至52期时停刊。以发表从各地收集的民间歌谣作品为主,也刊载一些谚语、传说、风俗之类的资料,且每期都刊登有关民间歌谣、谚语、民俗的研究文章。

民俗 民俗学、民间文学刊物。广州国立中山大学语言历史研究所民俗学会主办。1928年3月创刊,为周刊。先后由钟敬文、容肇祖、刘万章任编辑,1930年4月出至110期时休刊。1933年3月复刊后,由容肇祖编辑,出至第123期后改为季刊,由杨成志、钟敬文编辑,出至2卷8期停刊。该刊大量刊载民间文学作品、民俗资料以及有关研究、评论、通讯和消息等资料和论文,对民俗学和民间文学资料的积累、人才的培养,对中国民俗学和民间文艺学事业的发展,作出了贡献。

民间文艺集刊 文艺丛刊。中国民间文艺研究会主办。1950年11月创刊,1951年9月停刊,共出三期。第一期主要刊登土地革命时期的民歌和革命传说、故事,并刊有钟敬文《口头文学:一宗重大的民族文化遗产》等论文。第二期刊出“朝鲜民间文艺特辑”。第三期刊出“藏族民间文艺特辑”,选录了故事《茶和盐的故事》,以及民歌二十七首。

民间文学 月刊。中国民间文艺研究会主办。1954年4月23日创刊于北京。1962年后改为双月刊,至1966年2月休刊。1979年1月复刊。主要发表各民族民间文学作品,兼及民间文学评论。

民间文学论坛 理论刊物。中国民间文艺研究会主办。1982年5月创刊于北京,季刊。1985年改为双月刊。设有神话、史诗、故事、传说、歌谣、谚语、谜语等基本体裁研究专栏,辟有“民间文艺学”、“民间文学与作家文学”、“民间文学与民俗学”、“民间文艺与美学”、“民间文艺与宗教”、“古代民间文学研究”、“外国民间文学评述”,以及“调查报告”、“问题讨论”等栏目。

子弟书总目 书目。傅惜华编著。收录子弟书四百余种,约计一千数百部,依首字笔画为序。每书注明作者、原著录书目、别名、版本、收藏者、存毁情况。书前有编者例言,称所著录之书属于公藏的有北京图书馆、故宫博物院、北京大学图书馆、中国戏曲研究院、前中央研究院历史语言研究所等,私家藏品则有马彦祥、阿英、杜颖陶、梅兰芳、程砚秋、李啸仓、贾天慈及编者本人。总目正文前另有《子弟书总说》概述子弟书源流,有《引用书解题》介绍原有子弟书书目。有1954年上海文艺联合出版社本、1957年古典文学出版社本。

弹词叙录 书目。谭正璧、谭寻编著。前《例言》谓以记录弹词内容为主,兼及作者、版本、成书年代、本事来源以及同题材的其他文学作品,目的在于供研究中国文学史及中国民间文艺参考之用。收录明清以来弹词作品共二百种,起《一封书》,终《麒麟豹》,按笔画顺序排列。为一部资料比较丰富的弹词书目。所收清代作品占大多数,详述故事内容为其特色,著录版本及故事渊源与他种小说、戏曲、曲艺作品关系亦颇有参考价值。有上海古籍出版社

1981年排印本。

弹词宝卷书目 书目。胡士莹编著。系编者据其多年来收藏的弹词、宝卷作品整理编订而成。著录弹词书目约四百种，宝卷作品二百余种，多数均逐条记载各目作者姓氏、现存版本、卷册数和印刷年代及收藏情况。为研究弹词、宝卷的重要参考书。古典文学出版社1957年初版。后经作者多次修订增补，内容更为充实。增订版1984年由上海古籍出版社出版。可与谭正璧《弹词叙录》、李世瑜《宝卷综录》参看。

宝卷综录 书目。李世瑜编著。《序例》首述宝卷缘起与演变，次列清道光以来关于宝卷的叙录或提要、专目、选本、论著、史料，再次列各地刊印或抄写宝卷的书肆及私家名称，具有较高文献价值。所收作品以汉语拼音为序，著录卷数、年代、版本、收藏者、曾著录篇籍。总计收六百五十三种，版本一千四百八十七种，附补遗版本近二百种。附录三种，为《涌幢小品》所载明成化间"邪教"经典目录、《宋会要》所载明教经典目录、《古佛天真考证龙华宝经》所载明末宝卷目录。有1961年中华书局上海编辑所排印本。

中国民间故事类型索引 民间故事研究工具书。美籍华人学者丁乃通编著。将中国古今流传的民间故事归纳为五百多个类型，按国际通用的"AT分类法"编排，并作有故事提要和索引，对中国民间故事类型的确定，特别是比较研究具有相当的参考价值。中国民间文艺出版社1986年出版。

中国歌谣 理论著作。朱自清著。共六章，即歌谣释名，歌谣的起源与发展，歌谣的历史，歌谣的分类，歌谣的结构，歌谣的修辞。此书"材料通乎古今，也吸取外国学者的理论"（浦江清《跋记》），对歌谣研究中的一些重要问题都有精当的分析和阐述。认为歌谣生于民间，经多年口头传播，表达了民众的普遍感情；其传播受各地风俗、方言、合乐的影响较大；同时提出应当重视当代口传歌谣的价值。作家出版社1957年出版。

中国神话研究初探 研究著作。玄珠（茅盾）著。原名《中国神话研究ABC》。1978年更名，收入《茅盾评论文集》。论述中国神话的性质和范围、中国神话过早销歇的原因，揭示了原始人的宇宙观与生活状况和神话形成的关系、神话与历史的关系。认为历史是中国神话过早销歇之重要原因，主张将一部分古代史还原为神话。为中国第一部神话研究专著。世界书局1929年出版。

孟姜女故事研究集 民间传说研究资料。顾颉刚编著。收有顾颉刚的论文《孟姜女故事的转变》、《孟姜女故事的研究》、《杞梁妻哭崩的城》、《杞梁妻哭崩梁山》、《孟姜女故事研究的第二次开头》等，以及刘复、郭绍虞、钟敬文有关书信三十八封。顾氏注意将历史文献资料与民间口头传说联系起来进行归纳和比较，指出故事在传承过程中的多次转变，以及传说呈现的各种形态，对民间传说的研究曾产生过一定影响。有国立广州中山大学语言历史学研究所1928年本。

中国民间文学论文选 论文集。分上、中、下三册，收论文八十七篇。内容广泛涉及民间文学基本理论和民间文艺学史等方面的基本问题，以及民歌、史诗、民间叙事诗、神话、传说、民间故事、笑话、谜语、谚语等专题，在相当程度上反映了建国三十年来民间文艺学研究所取得的成果。上海文艺出版社1980年出版。

河曲民歌采访专集 民歌资料研究集。中央音乐学院民族音乐研究所编。1962年改名为《河曲民间歌曲〔调查研究专辑〕》，署名改为中央音乐学院中国音乐研究所编。分民歌词曲及调查报告两部分。收录山西河曲地区民歌一百五十首，反映河曲劳动人民对旧社会的愤怨，对自由、幸福和爱情的追求，对解放后新生活的赞颂。每首民歌均加有注释。调查报告则介绍了不少有关资料，对理解民歌的思想内容和艺术特色有一定参考价值。

十 少数民族文学

作 家

泰不华(1304—1352) 蒙古族诗人。字兼善,初名达普化。伯牙吾台氏。原籍西域白野山(今地已难确指),居台州(今浙江临海)。仁宗延祐七年(1320),中江浙乡试右榜第一。次年廷试又获右榜第一(状元),授集贤修撰,累迁礼部侍郎。元宗时与修宋、辽、金三史。擢礼部尚书。至正十一年(1351)迁浙东宣慰使都元帅。死后追封魏国公,谥忠介。诗集有《顾北集》(已佚),今传仅二十四首。

罗卜桑丹金 蒙古族历史学家、文学家。生卒年不详,仅知是一位硕学高僧,有国师称号。生活于17世纪后半期和18世纪前半期。曾参与编纂《五台山志》。著有《概述古代诸汗源流及建立国家政道之著作黄金史纲》(简称《罗·黄金史》)。书中保存了大量有关成吉思汗的传说故事及训喻、格言、谚语、祝词、赞词等,具有较高的文学价值。

古拉兰萨(1820—1851) 蒙古族诗人。内蒙古卓索图盟土默特右旗(今辽宁北票)人。小说家尹湛纳希的长兄。自幼博览群书,深谙蒙、汉民族传统文化。二十岁时袭父爵,继承协理台吉职位。曾翻译过《水浒传》。存诗八十三首,或抒发强烈的爱国热情,或揭露社会上的丑恶,或反映自己的生活情趣,具有朴实、明朗、直抒胸臆的现实主义特色。另有一些对仗工整的对联、谣谚和少数译作,如《红楼梦》中的《好了歌》、《好了歌解》、《青埂峰顽石偈》、《题石头记》等。

尹湛纳希(1837—1892) 蒙古族小说家。汉名宝衡山,字润亭。内蒙古卓索图盟土默特右旗(今辽宁北票)人。其父旺钦巴拉是一爱国将领和古籍收藏家、历史学家。一生未仕。精通蒙、汉、满、藏四种文字,对蒙、汉文学造诣颇深,并擅长丹青。曾用近二十年时间,完成其父未竟著作《青史演义》。此外,还创作有长篇小说《一层楼》、《泣红亭》和《红运泪》(未完成),以及大量的杂文、诗歌。翻译作品有《红楼梦》和《中庸》(已散佚)。1891年因家乡发生变乱,举家逃往锦州,次年即病逝。

哈斯宝 蒙古族翻译家、文学批评家。生平事迹不详。据其《新译红楼梦》所提供的线索推断,大致生活在清嘉庆至咸丰年间。自号"施乐斋主人"、"耽墨子"。"哈斯宝"显系笔名,汉译为"玉的护身符"。1973年发现的《新译红楼梦》,是其唯一的传世之作。此书是《红楼梦》四十四节译文,包括其所撰的序言、读法、回批、总录和插图。回批四十篇,见解精辟,且涉及一些重要的文学理论和美学理论问题。

丹金旺吉拉(1854—1907) 蒙古族诗人。全名伊希·丹金旺吉拉。生于原察哈尔盟镶白旗一个官僚家庭。七岁起当了鄂尔多斯郡王旗公尼召的活佛。自幼聪明好学,博闻强记。十五岁学会蒙、汉文字,并开始写诗。三十九岁时周游各地,布道行医,深得穷苦牧民赞许。作品有《公尼召活佛伊希·丹金旺吉拉训喻诗》,现存五章三百二十行。

嘎莫拉(1871—1932) 蒙古族诗人。又名杜嘎尔苏荣。内蒙古锡林郭勒盟东乌珠穆沁旗人。早年在旗衙门当文书,后任苏木章京、旗扎兰、旗梅林、管旗章京等职。因触犯旗协理台吉获罪受刑,后又撤职返里。诗作现存十七首,多以手抄本形式在草原流传。其诗形象生动、节奏明快,采用首尾押韵格律,对研究蒙文诗律很有参考价值。

琶杰(1902—1962) 蒙古族民间诗人、歌手。内蒙古扎鲁特旗人。少年时代当过奴隶、喇嘛。青年时代常在寺庙集会上演唱。以"好来宝"形式演唱的《格力布尔召赞》、《苏力赞》、《婚礼赞》、《骏马赞》、《故乡赞》等,深受农牧民欢迎。建国后,参加内蒙古民间艺人训练班,先后创作、演唱了《婚姻自由》、《杨根思》、《黄继光》、《两只羊羔的对话》等,并将蒙古族英雄史诗《格斯尔》移植为蒙古说书。曾任民间文艺研究会内蒙古分会副主席。

毛依罕(1906—1978) 蒙古族民间诗人、歌手。内蒙古扎鲁特旗人。十六岁即随伯母到附近村舍演唱。演唱形式以"好来宝"为主,汉族古典作品也是其改编、演唱的素材。1945年内蒙古解放后,参加乌兰浩特民间艺人训练班,后进入内蒙古文工团。作品以反映现实生活为主要题材。出版的作品专集有《毛依罕好来宝选集》,保存、整理的蒙古族传统叙事长诗有《陶克陶》、《嘎达梅林》、《韩秀英》、《刚力玛》、《敖恩吉雅》等。

纳·赛音朝克图(1914—1973) 蒙古族诗人。原名赛春嘎。内蒙古锡林郭勒盟正蓝旗人。1937年后留学日本东京东洋大学。1941年回国从事教育工作。1945年赴蒙古人民共和国(今名蒙古国)学习。1947年后历任内蒙古自治区文联副主席、作协分会主席、《花的原野》主编等职。主要作品有诗集《心之友》、《乌兰巴托》等,长诗《幸福和友谊》、《金桥》、《狂欢之歌》等多部。

阿·敖德斯尔(1926—) 蒙古族小说家。内蒙古赤峰市巴林右旗人。1945年参加内蒙古骑兵队,任团政治部主任。建国后曾任中国作家协会内蒙古分会主席。作品多取材于草原牧民和军队的生活。主要作品有长篇小说《骑兵之歌》、短篇小说集《遥远的戈壁》、话剧剧本《草原民兵》、电影文学剧本《骑士的荣誉》等。

巴·布林贝赫(1928—) 蒙古族诗人。内蒙古赤峰市巴林右旗人。1948年就学于冀察热辽联合大学鲁迅文学艺术学院,后参加中国人民解放军。1958年到内蒙古大学执教,现为该校教授、中国作协内蒙古分会副主席。诗作多表现内蒙草原风光,表现手法丰富。主要作品有蒙文诗集《你好!春天》、《黄金季节》、《生命的礼花》、《凤凰》、《喷泉》、《巴·布林贝赫诗歌》,汉文诗集《生命的礼花》、《星群》等。

玛拉沁夫(1930—) 蒙古族小说家。辽宁朝阳人。1945年参加八路军。1948年加入中国共产党。1951年在科尔沁草原从事群众工作。1956年写成反映内蒙古人民生活和斗争的长篇小说《在茫茫的草原上》(上部),后陆续出版短篇小说集《花的草原》、电影剧本《绿色的沙漠》、中篇小说《第一道曙光》等,多取材于蒙古族人民的斗争生活,有浓厚的草原气息。1956年起历任作协内蒙古分会副主席、内蒙古文联主席、内蒙古自治区文化局副局长、《民族文学》主编、中国作协书记处常务书记。

米拉日巴(1040—1123) 藏族佛学家、诗人。又名脱巴噶。西藏吉隆人。七岁丧父,家产被夺,受人欺凌。成年后,惩罚仇人,因产生"悔罪"之心,转而学习佛法,后成为藏传佛教噶举派的创始人之一。曾用民歌形式创作了许多道歌,宣扬佛法。十五世纪噶举派僧人桑吉坚赞将其辑录成册,题为《米拉日巴道歌集》流传。

桑吉坚赞(1452—1507) 藏族僧人、作家。西藏娘兑地方人。青年时隐迹山林,潜心苦修。成名后,遍游西藏各地,宣扬佛法。平生以化缘度日,生活清贫,行为怪诞,愤世嫉俗,故又有"后藏疯子"之称。曾广泛收集噶举派名僧的生平事迹,撰成《米拉日巴传》、《玛尔巴传》、《日琼巴传》等,还辑录《米拉日巴道歌集》和传记一并刊刻传世。

罗桑加措(1617—1682) 藏族僧人、作家,第五世达赖喇嘛。西藏山南琼结地方人。六岁时被认定为第四世达赖喇嘛的转世灵童,迎至拉萨哲蚌寺供养。1642年掌握西藏地方政权。清顺治九年(1652)到北京晋见顺治帝,受到隆重接待。次年,顺治帝以金册赐封为"西天大善自在佛所领天下释教普通瓦赤喇坦喇达赖喇嘛"的名号,从而正式确定了达赖喇嘛在西藏政教合一的统治地位。晚年潜心著述,有《西藏王臣记》、《相性新释》、《菩提道次第论讲义》等。

仓洋加措(1683—?) 藏族僧人、诗人,第六世达赖喇嘛。西藏门隅人。幼年当过牧童,深受民间歌谣的熏陶。十五岁时,被认定为五世达赖喇嘛的转世灵童,入布达拉宫,学习佛教经典、诗歌和历算。曾以亲身感受创作了大量爱情诗,后人选出六十余首,辑成《仓洋加措情歌》流传于世。

才仁旺阶(1697—1764) 藏族作家。西藏拉萨林周县人。幼年随父学习藏文书法及筹码计数知识,十五岁拜师习修藏族"五明"(藏族对一切学问的总称)之学。清雍正五年(1727)升为噶伦,后便长期从政。在历史、语言、文学诸方面有很深造诣,其历史著作《颇罗鼐传》颇具文学价值;《旋努达美》是藏族文学史上第一部长篇小说。

贡唐·丹白准美(1762—1823)　藏族学者、诗人。甘南作格(今甘肃甘南藏族自治州)人。拉卜楞寺贡唐仓的第三世活佛。七岁出家,十七岁前往拉萨哲蚌寺果芒扎仓深造,从名师格桑欧珠主攻中观、俱舍论和律学等佛教经典。二十五岁时参加拉萨祈祷大法会辩经,取得"格西"学位。同年返回家乡,又学密宗,兼及医药、历算、诗镜理论、音韵等学科。著作辑成《贡唐·丹白准美全集》。其中哲理诗《水树格言》开创了藏族比喻格言诗先例,对藏族格言诗的创作有深远影响。

米庞加措(1846—1912)　藏族学者、诗人。四川甘孜藏族自治州德格人。十二岁出家为僧,后游学藏区各地,拜谒名师,习法求知,遂精通藏族"五明"(藏族对一切学问的总称)之学,成为有名的"班智达"(学者)。有《米庞全集》传世。其中《国王修身论》和《诗疏妙音海》,是藏族文学史上的重要作品。

擦珠·阿旺洛桑(1880—1957)　藏族诗人。西藏拉萨人。五岁被认定为宗喀巴高僧洛桑格勒活佛的转世灵童。六岁被迎进色拉寺,学习佛教经典。二十五岁时取得"拉然巴格西"学位。此后,游学西藏各地,遍访学者高僧,研究佛学理论、历史、文学、文法、诗歌、医药、星算等学。其诗作具有爱国主义倾向,代表作《金桥玉带》抒发了藏族人民对修建川藏公路和青藏公路的喜悦之情。有《擦珠·阿旺洛桑诗集》传世。

饶阶巴桑(1935—　　)　藏族诗人。云南德钦人。早年当过活佛仆役。1950年西藏和平解放时参加中国人民解放军,曾任昆明军区政治部文化部创作员。诗作反映藏族人民的新生活和边防战士的战斗风貌,笔触细腻,风格深沉有力。主要作品有诗集《草原集》、《鹰翎集》、《西窗集》、《石烛》、《寂寞的成熟》等。

马子云(1782—1849)　回族诗人。原名马之龙。云南丽江人。入学为秀才后,喜谈古今大事。前往大理参加岁试时,因写了《锄奸邪、拒鸩毒论》附于卷后,语诋朝政,被学使拘押,取消秀才资格。自此"橐笔携笛"出游,终身不娶。历经十三行省,到处吹笛写诗。与纳西族诗人牛涛齐名,被称为"牛琴马笛"。著有《雪楼诗抄》、《阳羡茗壶谱》、《卦极图说》等,诗文刊入《云南丛书》。

僧古萨里　亦称僧古萨里都统。维吾尔族古代翻译家。生平事迹不详。新疆别失巴里(今吉木萨尔)人。大约活动于九至十世纪。精通汉语、梵文、龟兹语和佛学。现存译作有1913年在甘肃裕固族地区发现的《金光明经》(《金光明最胜王经》)、1930年南疆出土的《玄奘传》。其译作向西域人民介绍了汉族文化,并成为维吾尔族书面文学语言的典范。

尤素甫·哈斯·哈吉甫　维吾尔族诗人、思想家、政治家。本名及生平事迹均不详。约十一世纪初叶出生于喀拉汗王朝首府巴拉萨衮(遗址在今吉尔吉斯斯坦共和国楚河南岸),后生活和创作在喀拉汗王朝的又一政治文化中心喀什噶尔。五十多岁时完成巨著《福乐智慧》,并将其献给喀拉汗王朝君主阿布·阿里·哈桑·本·苏莱曼·布拉格汗,被授予御前侍臣"哈斯·哈吉甫"的称号。

马哈穆德·喀什噶尔　维吾尔族语言学家、文学家。生平事迹不详。大约生活在十一世纪中叶和十二世纪初叶。新疆喀什疏附县人。在喀什噶尔完成学业后,到当时的伊斯兰文化中心巴格达。1072—1074年完成用阿拉伯文解释突厥语词的大型著作《突厥语辞典》。1076年再次修订后,献给阿拉伯哈里发·吾布勒哈斯木·穆克塔迪。晚年回到喀什噶尔。

尤格纳克　维吾尔族诗人。全名艾哈买提·伊本尼·马哈穆德·尤格纳克。生平事迹不详,大约生活在十二世纪末和十三世纪初。是喀拉汗王朝时代文学的后期代表人物。所作长诗《真理的入门》,以格言体阐述了诗人的道德观念和哲学观点,是继尤素甫·哈斯·哈吉甫的《福乐智慧》之后写成的又一部劝喻诗。

鲁提菲(1366—1465)　维吾尔族诗人。原名阿布都拉,鲁提菲为笔名,意为"得到真主恩惠的人"。多数学者认为他生于新疆喀什噶尔。青年时代求学于撒马尔罕,后移居呼罗珊汗国亦鲁(今阿富汗赫拉特),从事著述、教学。曾撰写有关文学、历史、哲学等著作二十多部,保存至今的只有抒情诗集《鲁提菲集》和长篇叙事诗《古丽和诺鲁兹》。其诗生前即已汇集成册,在操突厥语的各民族中广为流传。

赫尔克提(1634—1724)　维吾尔族诗人。原名穆罕默德·伊明·霍加木·库里。新疆喀什人。在喀什噶尔经文学校攻读十六年,学习阿拉伯语、波斯语和文学。三十岁时,曾随其父当园丁,同时从事文学创作。现存唯一诗作《爱情与苦恼》。

翟黎里(1674—1759) 维吾尔族诗人。原名穆罕默德·斯迪克。新疆叶尔羌(今莎车)人。四十岁左右离开家乡,先后在喀什噶尔、阿图什、和田一带旅居。现存三种手抄本诗集中,除格则勒、穆罕默斯、柔巴依等体裁的抒情诗外,还收有《漫游记》、《四十圣徒传》、《和卓穆罕默德·谢力夫传》等三部叙事长诗。

古穆纳木 维吾尔族诗人。生平事迹不详。大约生活和创作于十七世纪末和十八世纪前半叶。新疆喀什噶尔人。古穆纳木为笔名,意为"隐姓埋名的人"。诗作现存半部手抄本抒情诗集,其中包括格则勒三十五首,穆罕默斯二首,柔巴依二十五首,台尔吉班迪一首。多为爱情诗,也有部分诗篇反映诗人对家乡的深情。

诺比提(1697—?) 维吾尔族诗人。新疆和阗(今和田)人。曾在叶尔羌(今莎车)和喀什噶尔求学。诗作多为"格则勒"体和"柔巴依"体抒情诗,语言淳朴优美,晓畅流利,接近当时的口语;部分诗篇充满某些神秘色彩和宗教气氛。

尼扎里(1776—1848) 维吾尔族诗人。本名阿布都热依木。新疆喀什人。青年时代入喀什噶尔经学院求学,研究维吾尔族文学和中亚各民族文学,大半生靠抄写文书、装帧书籍谋生,生活清苦。1835 年在喀什噶尔阿奇木伯克祖乎尔丁衙署充当幕僚,1840 年后在喀什噶尔一所经学院任教习。作品较多,现存诗集仅有《爱情长诗集》、哲理诗集《济事宝珠》和组诗集《穆罕默斯集》。

毛拉·毕拉勒(1824—1899) 维吾尔族诗人。笔名纳孜米。新疆伊犁人。出身鞋匠家庭,在其父指导下接受启蒙教育,后就读于伊犁经学院。1867 年参加伊犁农民暴动,并撰写叙事长诗。二十七岁前所作"格则勒"体抒情诗,其中多为爱情诗,并被谱入维吾尔族"木卡姆"套曲在民众中传唱。长诗《中国土地上的圣战》描绘了伊犁农民暴动的情景;《长毛子玉素甫汗》则是在史实基础上写成的讽刺诗。

玉赛音·汗·泰杰里(1850—?) 维吾尔族诗人。新疆叶城人。曾在印度德里学习阿拉伯文、波斯文、印地语,攻读文学、天文、化学、医学。回国后在叶城县经文学院从事教学和医务工作,并用波斯文、阿拉伯文、维吾尔文写诗。以四种语言写的诗集《闪电的光芒和教训的力量》,1889 年在喀什噶尔石印出版。现存仅有《泰杰里诗集》。

阿布都哈力克·维吾尔(1904—1932) 维吾尔族诗人。新疆吐鲁番人。少年时代入宗教学校学习阿拉伯语、波斯语。二十岁入吐鲁番县城的汉族学校学习汉语并开始文学创作,先后写了《有感于春花的歌》、《夏夜》、《忧伤》、《心愿》、《希望之星》等二百多首诗,内容丰富,形式多样,语言简练优美。1932 年因建立革命团体,遭军阀盛世才杀害。

尼米希依提(1906—1972) 维吾尔族诗人。原名艾尔米叶毛拉。新疆拜城人。1922—1930 年间,曾在喀什汗里克大寺读书。1933 年参加反对反动统治的斗争,遭枪击未死,遂改名尼米希依提,意为"半条命"或"半个英烈"。曾写有不少揭露社会黑暗、向往自由的诗,如《离别》、《致朋友》、《祖国的英烈》、《黎明的礼赞》等,同时收集整理维吾尔族民间长诗《帕尔哈德与西琳》、《莱丽与麦吉侬》等。建国后的主要作品有诗集《祖国之恋》、《尼米希依提诗选》。

祖农·哈迪尔(1911—) 维吾尔族作家。新疆塔城额敏县人。1935 年到伊犁入师资培训班,后到伊犁小学任教。1936 年开始文学创作,写有话剧剧本《麦斯伍德的忠诚》、《蕴倩姆》、《古丽尼莎》、《遭遇》等,另有短篇小说《黄金的召唤》、《肉都帕依》等。建国后,写有长诗《艾里甫－赛乃姆》和短篇小说《锻炼》等。

黎·穆特里甫(1922—1945) 维吾尔族诗人。全名黎特甫拉·穆特里甫。新疆伊犁尼勒克县人。1939 年在迪化(今乌鲁木齐)入省立师范学校学习。写有《中国》、《直到红色的花朵铺满了宇宙》、《五月——战斗之月》、《列宁是这样教导的》、《祖国至上、人民至上》等诗篇,《战斗的姑娘》等剧本。1941 年后任《阿克苏报》编辑时,发表了《给岁月的回答》等许多号召人民投入解放斗争的诗篇,并进行农民武装起义的组织。1945 年因组织革命团体"星火同盟"被当局杀害。有《穆特里夫诗选》行世。

艾里坎木·艾哈台木(1922—) 维吾尔族诗人。新疆伊宁人。早年当过煤矿工人,1939 年到乌鲁木齐,入省立师范学校学习。后任《伊犁日报》编辑。建国后曾任作协新疆分会主席、新疆教育厅副厅长。作品有诗集《斗争的浪涛》、电影剧本《远方的星火》等。

克里木·霍加(1928—1988) 维吾尔族翻译家、诗人。全名阿布都克里木·霍加。新疆哈密人。青少年时代在甘肃酒泉、江苏南京等地的汉族学校学习。曾用汉文翻译了维吾尔族的文学作品。此外还以维吾尔族"柔巴依"诗体创作了大量的叙事和抒情诗。作品有诗集《第十个春天》、《春天之歌》、《春天·土壤·种子》、《春风带来的诗篇》、《克里木·霍加诗选》等。

铁依甫江·艾里耶夫(1930—1989)　维吾尔族诗人。新疆霍城人。1945年就读于宗教学校。1948年后曾任伊犁《前进日报》编辑。建国后历任新疆文化局文艺部主任、《新疆文艺》副总编辑，自治区党委宣传部文艺处副处长、作协新疆分会秘书长、中国作协副主席。著有诗集《东方之歌》、《和平之歌》、《唱不完的歌》、《歌唱祖国》。此外曾与人用维吾尔文翻译了《毛泽东诗词》、《离骚》。

克尤木·吐尔地(1938—　　)　维吾尔族作家。新疆喀什人。1954年于乌鲁木齐民族学院毕业后，曾任《新疆日报》社、新疆人民出版社编辑。先后发表《我的农村》、《五月的清晨》、《公鸡爷爷》、《不平静的日子》等短篇小说，《克孜勒山下》和《战斗的年代》三部曲等长篇小说。

陈靖(1919—　　)　苗族作家。贵州今黔南苗族布依族自治州人。早年参加红军。长征途中创作的宣传鼓动诗歌结为诗集《长征路上》出版。建国后在中国人民解放军中担任高级领导职务。作品有中篇小说《金沙江畔》、长篇小说《红军不怕远征难》(与黎白合作)、传记文学《贺龙传略》、《贺英传》，话剧剧本《贺龙前传》等。

伍略(1936—　　)　苗族作家。本名龙明五。贵州凯里人。曾任小学教师。第一篇作品是根据苗族叙事长诗创作的《曼朵多曼笃》，后被改编为京剧、舞剧和电影《蔓萝花》。1957年到贵州省文联工作，1962年起成为专业作家。作品还有话剧《海螺吹起的时候》，叙事长诗《阿蓉和刚略》，以及《绿色的箭囊》等小说。

李乔(1909—　　)　彝族小说家。云南石屏人。初中毕业后曾在中小学执教。1948年参加滇桂黔边区纵队游击队。1950年后曾在云南民族学院、云南民族事务委员会工作。1954年到云南省文联专事创作。曾任云南省文联副主席、作协云南分会副主席。作品真实反映解放后凉山彝族地区的民主改革斗争和巨大变化，人物形象生动，富有地方色彩。主要作品有长篇小说《欢笑的金沙江》三部曲(《醒了的土地》、《早来的春天》、《呼啸的山风》)，短篇小说集《挣断锁链的奴隶》等。

陆地(1918—　　)　壮族作家。原名陈克会。广西绥渌(今扶绥)人。早年曾就读于广州私立培桂中学和广东省立第一师范学校。1938年赴延安，入鲁迅艺术学院学习，毕业后留校从事文学创作。1941年任《部队生活报》记者。抗日战争胜利后，任《东北日报》编辑。建国后曾任中共广西壮族自治区党委宣传部副部长、作协广西分会主席等职。作品有短篇小说集《好样的人》、中篇小说《钢铁的心》、长篇小说《美丽的南方》和《瀑布》三部曲等。

黄勇刹(1929—1985)　壮族诗人、民间文艺家。原名玉琛。广西田阳人。自幼受壮族民歌的熏陶。学生时代即开始发表散文、新诗和短篇小说。曾做过小学教师、法院审判员、检察院检察员，后任广西民间文学研究会秘书长。1958年参加彩调剧《刘三姐》创作。之后，不断发表诗歌和散文作品，并全力收集、整理和研究壮族民歌。作品有《歌海漫记》、《采风的脚印》、《壮族歌谣概论》等。

李旭(1907—1984)　朝鲜族诗人。吉林和龙人。早年曾任小学教师。1948年于东北军政大学毕业后，留校执教，后任《大众》杂志总编辑。1951年起执教于延边大学。作品有诗集《北斗集》、《北陆的抒情》、《家乡的人们》、《延边之歌》、《长白山下》、《李旭诗选集》等。

金哲(1932—　　)　朝鲜族诗人。原名金龙燮。黑龙江海林人。幼年曾随父亲流落日本、台湾、南洋一带。1947年任农村小学教员。1950年参加中国人民志愿军，在朝鲜前线某部任文工团编导，开始诗歌创作。1953年回国后，在延边任《东北朝鲜人民报》编辑。1962年后曾任作协延边分会主席、延边文联主席等职。诗作乡土气息浓郁，感情丰富，韵律优美。著有诗集《边疆的心》、《东风万里》、《金波荡漾》、《山乡路》、《伽倻琴集》、《通往太阳的路》、《人世间》，长篇叙事诗《破晓》、《晨星传》等。

博尔都　满族诗人。字问亭，号东皋渔父。清宗室。生卒年不详。袭辅国将军。居东庄，有枫庄、爽园诸胜。王士禛、汪琬、施闰章、陈维崧、毛奇龄、顾贞观等著名文人皆与之游。《晚晴簃诗汇》谓其诗"以疏隽胜"。著有《问亭诗集》、《白燕楼草》。

庆兰(？—1788)　满族作家。字似村，号长白浩歌子。章佳氏，满洲镶红旗人。祖父、父亲皆官至大学士，兄弟亦为侍郎、尚书。乾隆十二年(1747)曾参加科试，后遂自号"殿试秀才"，无意仕进，布衣终身。诗集有《小有山房诗抄》、《绚春园诗抄》等，今唯《熙朝雅颂集》尚存余韵；又以"长白浩歌子"为笔名写有文言小说《萤窗异草》。

和邦额(1736—？) 满族作家。字闲斋，号霁园主人。满洲镶黄旗人。清乾隆三十九年(1774)中举，后出任山西乐平县令。曾以"八旗俊秀者"入咸安宫官学。诗作多表现作者旅途所见风景。乾隆四十四年(1779)写成笔记小说《夜谭随录》。

裕瑞(1771—1838) 满族文学家。号思元、思元主人。清乾隆六十年(1795)封为不入八分辅国公。曾任副都统、护军都统等职。嘉庆十八年(1813)被贬。曾用唐古特文字校译佛经。诗文集较多，有《萋香轩诗草》、《樊学斋诗集》、《清艳堂诗集》、《眺松亭赋抄》、《草檐即山集》、《枣窗文稿》、《枣窗闲笔》、《东行吟稿》、《沈居集咏》等。其中《枣窗闲笔》专门比较评论《红楼梦》不同版本的优劣，在红学史上具有一定价值。

麟庆(1781—1846) 满族作家。字伯余，号见亭。完颜氏，满洲镶黄旗人。自幼随父宦游河南、浙江。十九岁中进士，任内阁中书、兵部主事中允、徽州知府、总督江南河道兼兵部侍郎、督察院右副都御史等职。后因督河失职而被革职。既以诗名，又擅绘画。所撰《鸿雪因缘图记》，图文并茂，其他作品尚有《河工器具图说》、《黄运河古今图说》、《皇朝纪盛录》、《准香室诗人偶存》、《词苑编联》等。

关沐南(1919—) 满族作家。原名关东彦。吉林永吉人。早年在邮局任职。抗战胜利后曾任《先锋》、《热风》杂志主编。建国后历任中共松江省委宣传部办公室主任，作协黑龙江分会副主席、黑龙江省文联副主席、《北方文学》杂志主编。主要作品有短篇小说集《蹉跎》、《在镜泊湖边》、《险境》、《岸上硝烟》、《雾暗霞明》，长篇小说《沙地之战》、《落雾时节》。

苗延秀(1918—) 侗族作家。原名伍延秀。广西龙胜人。1942年到延安鲁迅艺术学院文学系学习，并开始小说创作。解放战争期间曾任报刊编辑。建国后曾任广西壮族自治区文联副主席、作协广西分会副主席等职。主要作品有通讯集《伟大的祖国，可爱的大瑶山》，长篇叙事诗《大苗山交响曲》、《元宵夜曲》和短篇小说集《南下归来》等。

杨黼(1370—1450?) 白族诗人。云南大理人。为逃避明王朝的政治迫害，消极避世，拜佛求仙，研究佛教经典。隐居"桂楼"，娱亲著书，日事吟咏，为当时有名的隐逸诗人。曾注过《孝经》，著《隶篆宗源》，有诗集《桂楼集》，并以方言著竹枝词数千首，均已佚。今仅存《回文诗》、《川晴溪雨》、《桂楼歌》和《词记山花·咏苍洱境》(见"山花碑"条)等诗作四首。

杨南金 白族作家。字本重。云南大理人。生卒年不详。明成化二十二年(1486)举人，弘治十二年(1499)进士。任江西泰和知县，直节苦行。后升任御史，因宦官专权，愤而弃官回家。嘉靖初年，起用为湖广佥事，进参议，不久告老还乡。著有《禅乡集》、《守土训》、《三教论》、《邓川州志》等，均已佚。现仅存散文数篇，诗五首。

李元阳(1493—1580) 白族作家。字仁甫(一作仁夫)，号中溪，别号逸民。云南大理人。明嘉靖元年(1522)举人，嘉靖五年进士。初受翰林院庶吉士，后补江阴、迁户部主事，改监察御史，任荆州知府。父丧去职隐居。学识渊博，中年曾著《心性图说》。嘉靖中与杨士云同修《大理府志》。所纂《云南通志》颇多创见。诗文集有《艳雪台诗》、《中溪漫稿》等，收入《云南丛书》的有《李中溪全集》十卷。

王崧(1752—1837) 白族文学家。字伯高，号乐山，原名藩，号酉山。云南浪穹(今洱源)人。先祖为江南上元(今江苏江宁)人，明初从征云南有功，世袭浪穹县土职。嘉庆四年(1799)进士，官山西武乡知县。去任后，于嘉庆二十一年(1816)主讲晋阳书院。四年后回滇，任《云南通志》总纂。曾汇集前人有关滇事之书，编成《云南备征录》。有解经著作《说纬》，另有《乐山制艺》、《乐山集》刊行。未刊行的有《公布集》、《江海集》、《提钩集》、《乐山诗集》等。

师范(1754—1809) 白族作家。字端人，号荔扉，又自号金华山樵。云南赵州(今弥渡)人。乾隆三十九年(1774)举人。曾任剑川州学司训，安徽望江县令，为政清廉。勤于史学，工诗文，喜作画。在望江任上，修书斋小停云馆，接待文人名士。辑有《滇系》四十册，取材甚广，属滇省史料汇编。在剑川任上，纂《南诏征信录》，已佚。诗集有《金华山樵前后集》、《二余堂诗稿》、《抱瓮轩诗汇稿》等，文集有《二余堂文稿》、《抱瓮轩文汇稿》和《荫春书屋诗话》等。

李于阳(1784—1826)　白族作家。原名鳌，字占亭，号即园。祖籍山东，明初迁大理，高祖张克明始改姓李。两岁时随父亲迁昆明。自幼好学，能文工诗。清嘉庆二十四年(1819)曾中一副贡，后因家境中落，遂绝进取之念。著有《苍华诗文集》及“诗余”、“诗话”、“外集”、“偶编”等。今传《即园诗钞》十四卷，收入《云南丛书》。

赵藩(1851—1927)　白族作家。字樾村，一字介庵，别号瑗仙，晚号石禅老人。云南剑川人。光绪元年(1875)中举，官至四川臬台，仕途不顺。辛亥革命时，出任云南独立军政府迤西巡按使兼摄腾越关道。曾任广东护法军政府交通部长，1920年回云南。晚年主持编纂《云南丛书》约二百种、《滇中兵事记》二十卷。创作以诗为主，著有《向湖村舍诗》、《小鸥波馆词钞》、《介庵楹句辑钞》等。

赵轼铭(1872—1942)　白族文学家、诗人。字星瀣，号韬甫(一作韬父)，晚号君翁。云南人。光绪二十三年(1897)落第后，从事教育工作。1904年后曾创办《丽江白话报》、《永昌白话报》、《云南日报》。1916年前后在广州参加南社。1934年前后与章太炎等创办“苏州国学会”。曾与周钟岳一起编纂《云南通志》，先后任副总纂、总纂。其著作除收入《新纂云南通志》的《白文考》等外，余如《滇志辨略》、《汉书志注补》、《汉书传注补》、《睫巢诗稿》、《睫巢诗稿补遗》、《希夷微室诗钞》、《睫巢文稿》、《睫巢楹句》、《睫巢随笔》等均未刊行。

杨苏(1927—　　)　白族作家。云南剑川人。建国后，先后任中国人民解放军团政委、团长等职。1950年转业后历任县委书记，州委宣传部长、云南省文化局副局长等职。作品有短篇小说集《没有织完的筒裙》、《求婚》，电影剧本《景颇姑娘》(与人合作)、《藏民骑兵队》等。

晓雪(1935—　　)　白族诗人。原名杨文翰。云南大理人。1956年毕业于武汉大学，后任云南《边疆文艺》编辑、中共云南省委宣传部文艺处长、作协昆明分会副主席。诗作多取材西南边疆各民族生活，也有些取材于民间传说故事，语言清新柔美，感情真挚。主要作品有诗集《祖国的春天》、《菜花节》，长篇小说《苦爱三部曲》、诗论集《生活的牧歌——论艾青的诗》、《浅谈集》、《新诗的春天》、《诗的信仰》、《诗的美学》等。

汪承栋(1930—　　)　土家族诗人。湖南永顺人。1944年就读于湖南省立第八师范学校。1953年任中南民族歌舞团创作员。1955年任北京中央民族歌舞团创作员。1956年到西藏，曾任《西藏日报》、《西藏文艺》编辑。作品多反映西藏地区历史和现实生活。有诗集《雅鲁藏布江》、《边疆颂》、《高原牧歌》、《拉萨河的性格》，叙事长诗《昆仑垦荒队》、《黑痣英雄》、《雪莲花》、《雪山风暴》，散文特写集《昆仑山下的明珠》等。

艾哈特·乌鲁木吉(1867—1940)　哈萨克族诗人。新疆富蕴人。少年时代在宗教学校读书，学会阿拉伯语，并能阅读察合台文、土耳其文著作。1902年赴麦加朝觐，不久转入布哈尔学校学习。1904年回新疆后自办经文学校。1939年因支持富蕴民众暴动，被新疆当局逮捕，死于狱中。作品有叙事长诗《夏吉汗》、《哈布德里·马里克》、《地狱景况》、《赛甫尔木里克与加卫克》等。

唐加勒克·朱勒迪(1903—1947)　哈萨克族民间歌手、诗人。新疆新源人。青年时代曾创办哈萨克牧村学校，在伊犁首次出版哈萨克文报纸，还建立了民族剧团并亲自参加演出。诗作多揭露反动势力，号召人民为正义和幸福而斗争，具有强烈的战斗性。曾两次被捕入狱。1946年新疆成立联合政府之后，获释回到家乡。主要作品有《萨迪克与萨丽哈》、《阿娜尔与萨吾列》、《娜孜古丽》等六部叙事长诗和《人民的秘密》、《狱中实况》等抒情长诗。

阿斯哈尔·塔塔乃(1906—　　)　哈萨克族诗人。新疆阿勒泰人。十岁入乡村宗教学校读书。十五岁辍学当牧工，并向民间歌手学唱民歌。1935年以后开始诗歌创作。建国后，创作了话剧剧本《从奴役中解放出来的人》和《阿尔卡勒克英雄》、《毡房顶金色的天窗》等叙事长诗。此外还整理出版了哈萨克族民间叙事长诗《萨里哈与萨曼》等。

郝斯力汗(1924—1979)　哈萨克族作家。全名郝斯力汗·库孜巴尤夫。新疆沙湾人。自幼受哈萨克民间文学的熏陶。1943年在校读书时开始作诗。1946年起从事翻译、教育工作。建国后历任哈萨克－柯尔克孜剧团导演、哈萨克文《新疆文艺》编辑，后为作协新疆分会专业作家。作品有短篇小说集《起点》、《阿吾勒的春天》，以及《郝斯力汗小说散文选》。

库尔班·阿里(1924—) 哈萨克族诗人。新疆伊犁人。八岁起便随父参加各种喜庆节日的赛歌活动，少年时代已能背诵十余部民间长诗。中学求学时期，开始文学创作。1945年起先后任新疆三区革命政府在伊犁出版的哈萨克文报的助理编辑、编辑、主编，新疆文联副主席等职。汉译诗集有《从小毡房走向世界》，哈萨克文诗集有《珍珠集》、《天山之歌》、《岁月的足迹》等。

哈吉吾买尔·夏布坦(1925—) 哈萨克族作家。新疆塔城人。1942年在乌鲁木齐市一所师范学校学习，毕业后曾任教师、编辑。1978年后在新疆文联工作。作品有诗集《诗歌、长诗选》，短篇小说集《幸福之路》等。

康朗英(1903—1977) 傣族民间诗人、歌手。原名岩英。云南西双版纳人。十岁出家为僧，学会傣文后，大量阅读古典经书和民间故事唱本。十六岁开始演唱傣族民歌和民间叙事长诗。二十五岁还俗，在一次赛歌活动中被土司封为"赞哈勐"(一种荣誉，有指导全勐赞哈〔歌手〕的权利)。建国后，著有长诗《流沙河之歌》、《澜沧江之歌》。其诗富有民族特色，语言生动，感情充沛。

康朗甩(1911—) 傣族民间诗人、歌手。云南西双版纳人。七岁入佛寺为僧，十八岁开始攻读傣文经书和叙事诗，并学习编词唱歌。三十二岁还俗，获得赞哈(歌手)称号。建国后编唱了大量的傣族诗歌。主要作品有短诗集《从森林眺望北京》和叙事长诗集《傣家人之歌》。

木公(1495—1553) 纳西族作家。字恕卿，号雪山。云南丽江人。明嘉靖六年(1527)袭丽江知府(土司)职。入仕前居玉龙雪山南侧"五亩园"苦吟，袭职后仍不废创作。著有诗集《雪山始音》、《隐园春兴》、《庚子稿》、《万松吟卷》、《玉湖游录》、《仙楼琼花》等。与谪居云南的杨慎(升庵)为诗友。杨慎曾从其六部诗集中选出一百十四首，辑为《雪山诗集》，并撰长序，称其诗"缘情绮靡，怡怅切情，多摹拟垂拱之杰，先天之英，其秀句佳联，坌出层叠"(《云南丛书·丽郡诗文征》)。

木增(1587—1646) 纳西族作家。字长卿，一字生白，号华岳。云南丽江人。系木得十二世孙。明万历二十五年(1597)，袭土知府职。天启二年(1622)，让政于其子木懿后遂隐居玉龙山南麓"解脱林"读书写作。曾与旅行家徐霞客为文字交。著有《云迈集》、《晓月函》、《山中逸趣集》、《芝山集》、《空翠居录》、《光碧楼选集》、《云迈谈墨》等。遗诗一千余首，收入《四库全书·子部杂家》和《云南丛书》。

桑映斗(约1782—1842) 纳西族作家。字沁亭。云南丽江人。自幼聪明好学。中秀才后，屡试不第，心情郁愤，生活困顿，常写制艺范文及各体诗歌以自遣。现存《铁砚堂诗稿》四册。

牛涛(约1790—1858) 纳西族诗人。字涵万。云南丽江人。清道光乙酉(1825)科优贡。历任镇沅、安宁、邓川、罗平等县学官。富有诗才，并能作曲弹琴，与同邑马子云齐名，被称为"牛琴马笛"。诗集有《寄秋轩稿》三卷。

妙明(约1793—1862) 纳西族诗人。号雪峰，又号松庵。云南丽江人。因家贫入净莲寺为僧。受纳西族诗人杨竹庐、马子云的影响，读书吟咏。其后外出云游，每至一处皆有吟咏。诗文集有《黄山吟草》、《云游集》等。

木正源(约1795—1875) 纳西族诗人。初名木淳，字羲民，因避清同治帝讳，改名正源。云南丽江人。道光十四年(1834)举人。历任晋宁、宜良、镇南诸州、县学正，后为"雪山书院"山长。治学博而精，品德持重，曾受林则徐器重。著有《周易集说》、《羲民诗集》、《羲民文集》、《见闻杂录》等。

朱素甫·玛玛依(1918—) 柯尔克孜族民间歌手。新疆克孜勒苏柯尔克孜自治州阿合奇人。幼年随父学习伊斯兰教经文，喜爱故事和民歌。青年时代阅读和背诵其兄收藏的民间长诗，熟练掌握了柯尔克孜族史诗《玛纳斯》的全部内容。后在演唱这部史诗的同时，继续收集各种手抄本。1962年参加玛纳斯工作组。其演唱的《玛纳斯》共八部，二十多万诗行，是最长、最完整的一部。此外，还能演唱《库尔曼别克》、《英雄托什吐克》、《英雄套勒套依》、《玛玛克一绍包克》、《考交加什》等多部民间叙事长诗。为新疆文联副主席。

包玉堂(1934—) 仫佬族诗人。原名祖堂、裕堂。广西罗城人。建国后曾任小学校长，后就学于柳州师范专科学校。1963年任作协广西分会专业作家。1983年后任广西壮族自治区文化局副局长、作协广西分会副主席。诗作多取材于仫佬、侗、壮等民族的社会生活，构思精巧，语言明快。主要作品有诗集《虹》、《歌唱我的民族》、《凤凰山下百花开》、《在天河两岸》、《回音壁》、《清清的泉水》等。

乌热尔图（1952— ） 鄂温克族小说家。原名涂绍民。内蒙古兴安盟乌兰浩特人。曾任乡党委副书记、呼伦贝尔盟文联副主席、中国作协书记处书记、作协内蒙古分会副主席。作品多反映鄂温克族猎人的生活和独特的民族心理，具有强烈的情感色彩。主要作品有《乌热尔图短篇小说选》。

郭基南（1923— ） 锡伯族作家。原姓郭若罗氏，名基南。新疆察布查尔人。自幼喜爱锡伯族民间故事和说书。1939年秋在乌鲁木齐参加茅盾等人主办的文化干部班。以汉文和锡伯文创作，也通晓维吾尔文。1962年后为新疆文联专业作家。1941年创作抗日话剧《满天星》和《在太行山下》，后创作了《车夫怨》、《母亲》、《羊的故事》、《鼻子的故事》等诗歌和小说。著有诗集《心之歌》、《准噶尔新图》等。

乌·白辛（1920—1966） 赫哲族剧作家。原名吴宇洪。黑龙江瑷珲（今黑河）人。1938年于吉林毓文中学毕业后，先考入奉天（今沈阳）佛学院，不久又考入沈阳协和剧团。初为研究生，后转为演员。曾在吉林组织吉林剧团。1945年主办《前进报》、《轻骑报》，宣传抗日。解放战争开始至抗美援朝战争期间，一直随军在前线活动，后入八一电影制片厂任编导。1958年后到哈尔滨话剧院工作。曾改编、创作二十多部歌剧、话剧和电影文学剧本。主要作品有歌剧剧本《好班长》、《焦裕禄》，话剧剧本《黄继光》、《雷锋》，话剧和电影文学剧本《赫哲族人的婚礼》、《冰山上的来客》等。

书面文学作品

蒙古秘史 旧译《元朝秘史》。蒙古族史传文学作品。成书于1240年，原文不传，作者佚名。传世的汉文译本系明代火原洁、马沙懿黑所译。以编年体和纪传体结合的形式，将蒙古族重要历史事件和人物、古史传说、宫闱秘闻、朝野生活、民情风俗以年代顺序贯穿起来，记述成吉思汗的生平事迹。共十二卷（章）。正集十卷，记成吉思汗的族谱和幼年、壮年时代的经历；续集二卷，记成吉思汗西征和对西夏、金的战争，并对窝阔台即位后的政绩和过失进行评说。对蒙古族古代文学影响深远，后世许多优秀的文学作品都从中汲取了创作题材。

宝贝念珠 蒙古族文学作品。噶尔丹（1796—1880?）著。成书于1841年。根据《蒙古源流》、《理藩院则例》、《钦定外藩蒙古回部王公表传》、《元史》等多种蒙、满、藏和汉文资料写成。以编年史体例，按佛教理论叙述天地开辟、印度和西藏王臣起源，记叙蒙古史，直至1841年。其中夹叙了许多传说故事，如文成公主的故事、满族祖先的传说、孛尔帖夫人的传说、四卫拉特祖先的传说等。版本较多，波兹德涅耶夫的《蒙古史册》（圣彼得堡，1883）、那顺巴勒珠尔的《宝贝念珠》（乌兰巴托，1960）载有部分或全部原文。

金宫桦皮书 蒙古族文学作品。1930年从伊吉尔河（今名伏尔加河）畔的一座古墓中发现。在二十五张桦树皮上，分别写着蒙古文、畏兀尔蒙古文和八思巴字。其中用蒙古文书写的一首诗歌，就是后代所说的《金宫桦皮书》。全诗用母子对唱的形式反映一个贫苦孩子从军之前的惆怅和母亲对儿子的劝戒与祝福。

黄金史 全名《概述古代诸汗源流及建立国家政道之著作黄金史纲》。蒙古族历史文学作品。罗卜桑丹金著。为与其他同名编年史区别，又称《罗·黄金史》。原书未分篇章，以著者的短序，印度、西藏诸王世系为开篇，以下包括孛尔帖赤那及其后裔的繁衍，孛端察尔的经历、其后裔成吉思汗的诞生及一生，窝阔台至妥欢贴睦尔诸帝简史，达延汗前后诸汗至林丹汗败亡简史，书末有跋。其中记述成吉思汗一生部分，多与《蒙古秘史》相同，并稍有补充。书中所收训谕、箴言、格言、谚语、祝词、赞词极为丰富。写法上韵文、散文结合，叙事、抒情杂糅，具有较高的文学、民俗学研究价值。

成吉思汗的箴言 蒙古族格言诗。从十三世纪起，就以手抄本的形式流传。收入罗卜桑丹金的《黄金史》。主要辑录成吉思汗对其子弟和大臣的教谕。其中有些格言是成吉思汗的侍卫、勋臣、艺人和诗人所作，也有一部分作品是后人根据民间传说整理加工而成。全书内容包括成吉思汗对其子弟、大臣的训谕及大臣们对成吉思汗的颂词、献策，成吉思汗及其子弟、大臣的传说，成吉思汗和大臣的辩论游戏及成吉思汗挽歌等。

智慧的钥匙 蒙古族格言集。署名成吉思汗，实非出自一人之手。内容分两部分。第一部分与《成吉思汗的箴言》有密切联系，是编者企图借成吉思汗之名扩大此书的影响；第二部分为后人根据《成吉思汗的箴言》并吸收其他著作内容，经加工增删编纂而成，其中从藏族诗集《苏布希地》和其他宗教著作中编译的内容占很大比重。

孤儿传 蒙古族短篇叙事诗。又名《孤儿舌战成吉思汗九卿》。载于罗卜桑丹金的《黄金史》和拉喜朋楚克的《水晶珠》等古代典籍。讲述成吉思汗及其九员大将在宴会上谈论饮酒的利弊，众说纷纭，争执不下。奴隶——孤儿得到成吉思汗的允许，恰当地作了分析，指出饮酒适量，不宜纵欲。权贵激怒，斥责孤儿。孤儿毫不畏惧，据理力争，并受到成吉思汗的赞许。

成吉思汗的两匹骏马 蒙古族民间叙事诗。大约创作于十三、十四世纪，长期以来以手抄本(有喀尔喀本和鄂尔多斯本两种)的形式在民间流传。讲述成吉思汗非常喜欢大小两匹骏马，常骑着它们围猎，其他良马望尘莫及。两匹骏马因未得到成吉思汗的奖赏，逃到阿尔泰古尔班察布其地方。三年里小骏马无忧无虑，长得膘肥体壮；大骏马却因思念圣主和亲人，瘦骨嶙峋。后两匹骏马返回，成吉思汗欢喜若狂，封大骏马为“神马”。两匹骏马又参加围猎，受到十万猎军的赞美。

青史演义 蒙古族历史小说。又名《大元盛世青史演义》。尹湛纳希著。此书约于1830年由其父开始撰写，未及完成，其父去世。1870年作者开始继承父志，历时二十余年续成。以编年体和纪传体相结合的形式，描写自成吉思汗诞生起，到窝阔台即位七十四年间的重要历史事件。现存六十九回。前五十九回写成吉思汗及其祖先的历史；后十回写窝阔台即位的历史。成吉思汗是全书着力刻画的主人公，是贤明的君主，无往而不胜的军事家，英勇、顽强、仁慈、睿智，从谏如流，知人善用，一生金戈铁马，率领部将逐鹿草原，统一了蒙古。

一层楼 蒙古族小说。尹湛纳希著。三十回。小说以蒙古族上层社会“贲侯府”、“忠信府”为背景，描写主人公璞玉和炉梅、琴默、圣如的爱情故事。炉梅和琴默是璞玉的大母亲金夫人的侄女，圣如是忠信府贲侯的外甥女，三人都与璞玉建立了深厚的感情。后璞玉的祖母、贲侯和金夫人三人，私下里分别将三位姑娘与璞玉订了亲。而璞玉则一心爱着炉梅。最后，贲侯为了巴结大官僚，毁弃婚约，让璞玉娶了节度使的女儿苏姬为妻。两年未到，苏姬因病去世。三位姑娘也早已各奔前程。续作《泣红亭》则以璞玉寻找炉梅、琴默、圣如的下落开始，写璞玉与炉梅、琴默在苏杭巧遇；圣如未婚先寡，后由金夫人做主，与璞玉订婚。故事以璞玉娶三个妻子的大团圆结束。内蒙古人民出版社1978年出版了由甲乙木翻译的《一层楼》汉译本。

泣红亭 参见“一层楼”。

在茫茫的草原上 长篇小说。玛拉沁夫著。抗战胜利后，内蒙古草原处于动荡、混乱状态，封建上层分子乘机建立反动武装保安队；共产党则领导组建了明安旗骑兵中队，依靠群众，同封建反动势力、国民党特务展开激烈斗争。以主人公铁木尔的人生道路为主线，采用多线并进的结构，展示错综复杂的斗争局面和人际关系，表现了蒙古族人民在共产党领导下争取解放的斗争生活，具有鲜明的民族色彩和浪漫主义抒情特征。是建国后第一部反映蒙古族人民斗争的长篇小说。作家出版社1957年出版上部。1963年修改本，改题《茫茫的草原》。下部刊于1980年《奔马》杂志创刊号。

活佛的故事 短篇小说。玛拉沁夫作。载1980年7月12日《人民日报》。“我”的小伙伴玛拉哈被选中为格根庙第八世活佛后，逐渐变得麻木不仁。几十年后，玛拉哈把庙里的事务交给主事大喇嘛管理，自己则开始钻研蒙、藏医学，到处行医，并认识到神原本是人创造的。作品选材独特，生动地反映社会变革促使人们观念的巨大变化，具有发人深省的哲理。

仓洋加措情歌 藏族情歌集。第六世达赖喇嘛仓洋加措著。作者虽系宗教领袖人物，但始终未忘情世俗生活，创作了大量爱情诗歌。后人选出六十多首，辑成《仓洋加措情歌》刊行于世。这些诗歌多表现人的内心矛盾和对现实生活的理想，突破了宗教对人性的束缚，具有很高的艺术技巧。采取藏族谐体民歌形式，除个别为六句、八句外，基本上每首均四句，每句六个音节，两个音节一停顿，分为三拍，即四句六言三顿，读来琅琅上口。1930年于道泉将《仓洋加措情歌》首次译成汉文和英文出版。

萨迦格言 藏族格言诗集。萨班·贡嘎坚赞(1182—1251)著。成书于十三世纪上半叶。作者称写作目的是"为了世人有规可循,我把圣法加以宏扬"。以佛学家的身分提出处世、治学、认人、待物的一系列主张,内容涉及区分智愚、扬善贬恶、皈依佛法等各方面。每首七言四句,重在说理,善用比喻;语言简洁准确,用词雅俗并蓄,既有佛经掌故,又有民俗民谚。为藏族学者的必读著作。有汉文及英、法、日等多种外文译本。藏区各印经院均有木刻版本流传。

贤者喜宴 藏族历史文学作品。巴卧·祖拉陈哇(1504—1566)著。作者为藏传佛教噶举派噶玛支系的第九世活佛,精习五明之学,是当时的著名学者。四十二岁开始写此书,六十岁时重新撰修,1564年成书。因刻版于山南洛扎代哇宗的拉隆寺内,故又称《洛扎佛教史》。共五编,十七章。除记述世间形成,古印度简史,佛教产生及发展简况,印度王统,吐蕃王统史等外,还记录了不少神话、传说和历史故事。情节优美,语言朴实。散文与诗歌相间,诗歌概述,散文详说,两相交替,错落有致。

猴鸟故事 藏族寓言体短篇小说。作者不详。约成书于十九世纪。采用散、韵结合的说唱体,讲述猴子与鸟争论一座山的主权问题,经过充分说理,双方放弃偏见,和平解决争端。以拟人化手法,通过生动的细节和对话,刻画各类动物的形象,表达了主张和睦相处、反对侵略的思想。1956年由王沂暖译成汉文出版。

米拉日巴道歌集 藏族诗歌作品集。米拉日巴著,桑吉坚赞辑录。收入诗歌四百首,分三部分。首叙降伏来犯鬼神(非人),使受佛法约束;次写引导具缘弟子走入成熟解脱道(即成佛道路);末写其他种种。辑录者还将演唱每一首歌的前因后果、来龙去脉一并加以详细记述,并与所收诗歌一起,组成章节段落,具有较强的故事性。诗集中还有一部分诗歌则是米拉日巴的弟子、信徒、论敌、施主和前来为害的鬼神所唱之歌。

米拉日巴传 藏族传记体作品。桑吉坚赞著。采用问答形式描写米拉日巴的不幸遭遇和成为噶举派一代宗师的丰富经历。书中对米拉日巴苦行修炼、锲而不舍的求法精神,其母爱憎分明、贤惠能干的美德,伯父姑母忘恩负义、欺凌孤寡的逆行以及玛尔巴上师威严暴躁的性格等均写得有声有色。情节曲折,描写细致,文笔优美。是藏族传记文学的代表作之一。有汉文和蒙古文译本,国外有英、法、日等文种译本。

西藏王统记 藏族历史文学作品。又称《王统世系明鉴》。索南坚赞著。作者为萨迦派僧人。原文共十八章。系统讲述世界成因、印度古代诸王、释迦牟尼降生及宏扬佛法,汉蒙王统传承,六字真言功德,观音菩萨化度,猕猴与岩魔女繁衍人类,法王松赞干布出世,藏文制定,迎接尼泊尔赤尊公主、唐朝文成公主,松赞干布以后诸王及汉藏关系等。此外还记录了不少神话、传说。全书以诗文结合形式写成,富有浓厚的文学色彩。有汉文和英文译本。

诗镜 藏族诗论著作。印度学者檀丁著。原书为梵文,十三世纪后期由藏族学者雄敦·多吉坚赞译成藏文。此后,藏族学者以此书为教材讲学授徒,并纷纷对原文加以注释,增加了新的诗例,对原文作补充,使其成为一部藏族诗论著作。分三章,有六百五十六首诗。第一章叙述文章的体裁,有一百零五首诗;第二章说明修辞方面的意义修饰,有三百六十五首诗;第三章说明修辞方面的文辞修饰、隐语修饰和写作特点,有一百八十六首诗。青海民族出版社曾出版汉文译本。

水树格言 藏族格言诗集。贡唐·丹白准美著。作者自称是学习《萨迦格言》而创作。从诗的格律和内容看,确有不少诗篇与《萨迦格言》相似,但内容不及《萨迦格言》深广。分两部分,即"格言树之论述二规具百枝叶"和"格言水之论述二规具百波浪"。借水和树为喻,宣扬佛教的六道轮回、因果报应观念,也揭露了统治阶级的残暴和社会腐朽势力;同时以大量诗篇谈为人处世方法,劝戒人们勤奋努力,分清善恶。格律上采用四句七言,一般是两句比兴,两句本意;比兴在前,本意在后。

甘丹格言 藏族格言诗集。索南扎巴(1478—1554)著。作者生于安多地区,十六岁出家为僧,攻读佛教经典,后在拉萨哲蚌寺获"格西"学位,五十二岁时任甘丹寺法台,诗集由此而得名。收入格言诗一百二十五首。大多从佛教观点出发,提出辨别智愚的标准,然后将智和愚对比,并加详论。表现形式多为"对举喻",即前二句是本意,后二句是比喻。比喻中常含有风趣的小故事,风格与《萨迦格言》有不少相似之处。

旋努达美 藏族长篇小说。刀喀夏仲·才仁旺阶著。某国王子旋努达美文武全才、体貌伟俊、名震四方。他派使者到外国求娶公主益雯玛为妻,但益雯玛已被父王赛登许配给邻国王子哈列皮琼。旋努达美又派大臣斯巴勋努假冒自己,直接向益雯玛求婚。益雯玛久闻旋努达美盛名,决然以身相许。哈列王子得知此事,派大臣迎娶益雯玛。旋努达美领兵战胜哈列王子,与益雯玛相会。后旋努达美遭到父王新妃的嫉恨,自己又觉为益雯玛而兴兵杀人,罪孽深重,遂遁入山林,静修苦行。青海人民出版社有汉文译本出版。

郑宛达娃 藏族长篇小说。达普巴·罗桑登白坚参(又名阿旺·罗卓加措)著。作者为十八世纪西藏达普寺第四代活佛。印度波罗那斯国国王热旦娶扎蔺达拉城的公主玛德玛哈尼为王后,生下王子取名曲吉尕哇,并选青年良臣益西增做侍臣。奸臣严谢嫉妒并排斥益西增,让自己的儿子拉尕阿那做了王子的侍臣。大臣达玛和达牟不满,与益西增商议除掉严谢。严谢得知此事,向国王进谗,将达玛等三人流放。不久王后去世,国王娶赛桑玛为妻。一日王子出游时把自己的灵魂迁入死杜鹃体内,飞到河对岸观赏风景。拉尕阿那偷偷飞回,把自己的灵魂迁入王子的躯体,僭居王位。后神鸟为王子解说因果,传授静修之法,并为王子取名郑宛达娃。从此,王子在林中为众鸟布道,打消返回王宫的念头,终成正果。

莲池歌舞 藏族寓言小说集。白珠·乌坚吉美·却吉旺布(1808— ?)著。作者是四川石渠人,甘丹寺第九十任法台。故事讲述莲花园里,林木围绕,草坪如镜,群蜂飞翔游戏。金蜂和玉蜂夫妻感到世事无常,到隐士处请求说法。隐士向它们宣讲众有情寿命无常,死缘多而生缘少,如不勤修法事,必入地狱受苦,应努力解脱。玉蜂不听劝戒,遭乌云、暴雨袭击,死在莲花蕊中。金蜂万念俱灭,到山顶青年婆罗门"爱莲"处,请求受法。爱莲进一步宣讲人生无常,于是金蜂与爱莲共同苦修菩提行。

尸语故事 又名《说不完的故事》。藏族民间故事集。据藏族史书《柱下遗教》、《西藏王统记》、《贤者喜宴》、《青史》等记载,早在西藏山南雅隆部落第八代赞普布代巩杰时期(约公元二世纪前后),即有流传。目前所见手抄本和木刻本,约有三十五则故事。内容或揭露统治者的凶残、贪婪和某些宗教徒的伪善面目,或反映爱情婚姻,或赞美互助友爱等。讲述形式为一个大故事中套若干小故事。因故事大多是背尸人听尸体所讲,故名"尸语故事"。据考证藏族尸语故事最初来自印度,但在长期流传过程中,经藏族人民加工、改造,已变为藏族民间故事。

国王修身论 藏族诗歌作品。米庞嘉措著。成书于1895年。共分二十一章。围绕"为君之道"论述治理国家应注意的事项,国王自身修养,同时宣扬佛教教义和封建伦理。大部分诗篇采用四句七音节,部分用八句、十二句或四句九音节。据作者说明,本书的写作曾参考了许多佛经和《萨迦格言》等著作。

福乐智慧 维吾尔族长诗。尤素甫·哈斯·哈吉甫著。成书于1067—1070年间。作者把它奉献给当时喀拉汗王朝的君主阿布·阿里·哈桑·本·苏莱曼·布拉格汗,君主十分欣赏,授予作者以"哈斯哈吉甫"(即御前侍臣)的称号。正文长达一万三千余行,用维吾尔族阿鲁孜诗律,以玛斯那维体(双行诗)写成。塑造了国王"日出",大臣"月圆",月圆之子"贤明",大臣的族人、修道士"觉醒"四个形象。分别代表公正、幸运、智慧、知足。故事情节简单,主要通过四人对话,表达作者的政治理想和哲学观点。篇幅宏伟,结构完整。其形式与内容对后世维吾尔族文学的发展产生了巨大影响。有三种抄本,即维也纳本、开罗本和纳曼干本。有民族出版社出版的汉译本。

突厥语词典 维吾尔族语言工具书。马赫穆德·喀什噶尔著。成书于1072—1074年之间。1076年再次修订,献给阿拉伯哈里发·吾布勒哈斯木·穆克塔迪。共收条目七千五百余条,内容极为广泛。作者在编纂前曾到新疆和中亚的许多地方实地调查和收集突厥语族各个部落的语言、文学、习俗、民情、地理、物产等方面资料,加以研究和编排。为了准确地表达词义,许多条目兼用韵文和散文举例说明。其中引用民间文学和书面文学作品数百条,对研究当时的文学作品具有重要参考价值。该书很长一段时间里以手抄本形式流传,最早的抄本现存土耳其伊斯坦布尔图书馆,后被译成多种外国文字出版。新疆人民出版社1983年出版了维吾尔文译本,共三卷。

阙特勤碑 维吾尔族碑铭文学作品。蓝突厥汗国和回鹘汗国时期碑铭文献代表作之一。此碑建于公元732年。碑铭以诗体语言讲述祖先的历史。正文描写阙特勤可汗的英勇,写他在许多战斗中骁勇善战,打败敌人,最后继承可汗地位,将人民团结起来,使之和睦友爱,成为强大的汗国。当阙特勤可汗死去时，人们为他举行了隆重的葬礼。

真理的入门 维吾尔族长篇叙事诗。艾哈买提·伊本尼·马哈穆德·尤格纳克著。作者是喀拉汗王朝时期文学的代表人物。共十四章，四百八十四行。按伊斯兰文学的传统和写作惯例，卷首先赞颂真主、圣人、四位先知和帝王。从第六章开始转入正题，以诗的形式阐述自己的道德观念和哲学观念。诗人赞美知识的价值和意义，宣扬真理，倡导文明，提倡谦逊，并极力鼓吹求知、诚实、正直和谦逊品质；同时也对社会的邪恶势力给以有力抨击。有新疆人民出版社出版的汉译本。

爱情之歌 维吾尔族爱情长诗集。阿布都热合木·纳扎尔著。包括《法尔哈特与希琳》、《莱丽与麦吉侬》、《拜赫拉木与蒂里阿拉姆》、《瓦穆克与乌卓纳》、《麦赫宗与古丽尼莎》、《麦斯吾德与迪里阿拉》、《热比亚与赛丁》以及《四隐士》等十二部长诗。这些诗都以爱情为主题，抨击束缚人性自由的封建宗法制度和宗教的清规戒律，鼓舞人们追求真理、正义和人性的解放。

乌古斯传 亦称《乌古斯可汗的传说》。维吾尔族英雄史诗。最初为民间口头传说，后又以手抄本形式流传。最早抄本约出现于十五世纪，现存法国巴黎国民图书馆，共四十二页，每页八行，用回鹘文写成。内容分两部分：一部分反映古代维吾尔人的生产方式、习俗、思想观念和信仰，同时用民间传说的方式解释了各突厥语部落的名称及部落的渊源；另一部分则叙述乌古斯可汗与邻近部落、国家的战争。采用散文体，间有部分韵文。对维吾尔族历史、民俗、文学和语言研究颇有价值。有维吾尔文和汉文译本。

宇宙人文论 彝族哲学文学著作。主要阐述彝族先民对宇宙起源，人类起源，万物生成、发展变化的认识；论述阴阳、五行、干支及人体部位和气血经络，同时还介绍彝族的天文和历算知识。通篇以布慕笃仁与布慕鲁则两兄弟对话形式，以古朴生动、清幽淡雅的五言诗体阐述哲学思想，富有民族文学色彩。部分章节附有图解，并与有关汉文古籍作对比，是研究彝汉文化交流的重要古籍。有民族出版社出版的汉文译本。

刘三姐 歌剧剧本。广西壮族自治区"《刘三姐》会演大会"改编，载《剧本》1960年8、9月号。壮族姑娘刘三姐能歌善唱。地主莫海仁企图阻止刘三姐和村姑们上山采茶，并请来几个秀才与三姐对歌；败给三姐后，莫又要强娶三姐为妾。在众人帮助下，情人李小牛设法救出三姐，两人远走别处传歌。从此，刘三姐被人们视为智慧和理想的化身、反抗地主阶级压迫和剥削的代言人、永世长存的歌仙。歌词精彩完美，运用盘歌、对歌和赋、比、兴等传统手法，既有音乐美，又富戏剧性。

欢笑的金沙江 长篇小说。李乔著。共三部。《醒了的土地》，人民文学出版社1959年出版；《早来的春天》，作家出版社1962年出版；《呼啸的山风》，作家出版社1965年出版。解放战争时期，国民党军队残余逃到凉山，造谣惑众，挑拨彝汉关系。中共凉山分工委部分干部主张进兵凉山，丁政委则根据党的民族政策，通过各种渠道做了大量工作，戳穿敌人谣言，制止彝族内部械斗。解放军在彝族人民的协助下顺利过江，消灭残匪。广大奴隶强烈要求实行民主改革，但奴隶主进行抵抗，并发动武装叛乱，凉山奴隶同工作队一起英勇斗争，终于埋葬了奴隶制。作品反映了凉山地区翻天覆地的变化，以质朴的语言生动地刻画了优秀彝族干部丁政委，彝民领袖马木札、磨石拉萨，奴隶阿火黑日、挖七等形象，描绘了凉山地区的风土人情和优美秀丽的自然风光，具有鲜明的民族和地方特色。

春香传 朝鲜族文学作品。故事在民间流传既久，十九世纪由申在孝(1812—1844)整理成书。分上下两卷。上卷描写朝鲜金罗道南原府艺妓月梅之女春香，端庄貌美，才华横溢，但因出身卑贱，受到封建贵族的歧视。春香蔑视权贵，与南原府翰林之子梦龙相爱，结为夫妻。后翰林升迁，由于门第悬殊，两人被迫分离。下卷描写南原府史卞学道是个贪官污吏，强令春香做其侍妾；春香不从，被关入大狱。后梦龙中状元，钦点金罗御史，微服私访，惩办卞学道，救出春香。

沈清传 又名《沈清王后传》、《江上莲》。朝鲜族文学作品。成书于十九世纪。盲人沈鹤圭生活贫苦，其女沈清出世后七天，妻子死去。沈清长大后，尽管衣衫褴褛，食不果腹，却尽力赡养父亲。为使盲父重见光明，沈清听信梦云寺僧人的话，卖身船主，得米三百石，供奉寺内。但父亲眼疾并未痊愈，而沈清被船主当做祭海供品，抛进大海。神明为沈清孝行感动，将她化做一朵美丽的莲花。当船主将莲花献给国王时，端庄美丽的沈清从莲花中走出来，做了王后。她与父亲重逢，父亲狂喜，突然重见光明。

行人歌 白族古代民歌。见于《华阳国志》。歌词是："汉德广，开不宾。渡博南，越兰津。渡澜沧，为他人。"歌中描述汉武帝时期，征用大批民工开通滇西通道的情景，表达了开路民工的怨愤。

南诏德化碑 白族碑铭文学作品。位于今云南大理县城南7.5公里的太和村（即南诏初期太和城遗址）。现仅存碑文四百字，是原碑文的十分之一。碑文记述南诏国王阁罗凤继皮罗阁为云南王、统一六诏、东和诸爨、与唐边吏发生矛盾以至武装冲突、天宝之役及一度叛唐而归附吐蕃等事件。碑文系纪史之作，但极富文学色彩，多有名章佳句，对白族书面文学创作有很大影响。

山花碑 原名《词记山花·咏苍洱境》。白族碑铭文学作品。杨黼作。是现今唯一留存的"以方言著竹枝词"的作品，也是唯一保存完好的明代白文碑。碑文用汉字记白族语音，采用白族民歌体"七七七五"句式写成，一韵到底。内容分两大部分，前三十二句描写苍山洱海名胜风景，后四十八句追忆先世、感慨自身。所用词语，有的见于《蛮书》中的"白蛮语"，有的采自古汉语语汇。对研究白族历史、语言、文学都有重要价值。

流沙河之歌 叙事长诗。康朗英著。载《人民文学》1959年5期。共九章。第一至三章叙说关于流沙河起源的神话和傣族人民受苦受难的血泪史；第四至九章描述傣族人民改造流沙河的劳动和斗争，歌颂傣族人民从苦难走向幸福的进程。作品无完整的故事和贯穿全诗的主人公，而是直接表现诗人的所见所闻所感，以许多片断的情节和生动的画面表达内容。广泛运用比喻、夸张、联想等艺术手法，语言朴实明丽，感情色彩浓烈。是傣族第一部反映社会主义新生活的长诗。

傣家人之歌 长诗。康朗甩著。由七支歌组成。《森林的黎明》热情讴歌傣族人民的新生；《勐巴纳西的欢呼》表现西双版纳自治州成立时的欢乐情景；《土地的主人》、《傣家人的第一个春天》、《曼菲龙水库之歌》、《澜沧江上的宝石》以编年史方式，记录了土地改革、人民公社成立、建造水库等重要历史事件；《赶摆》是全诗的总结，描绘傣族人民欢庆国庆十周年的情景。感情真挚，激情洋溢，语言朴实流畅，民族特色鲜明。云南人民出版社1960年出版。

白狼王歌 用古代藏缅语族语言写成的诗歌。据《后汉书·西南夷传》记载，东汉明帝永平(58—75)中，益州刺史朱辅大力宣传汉朝政策，对附近的少数民族影响极大，当时，"白狼王唐菆等慕化归义，作诗三章"，歌颂中央政权的统一政策。该诗由一名田恭的官员翻译，并护送到都城洛阳。全诗共三章，四十四句，每句四字，共一百七十六字，每句有相对的汉字译音。是今存用藏缅语族语言记录的最古老的诗歌，对研究藏缅语族的语言和文学均有重要价值。

越人歌 古代使用壮侗语族语言民族的民歌。亦名《鄂君子歌》。最早见于西汉刘向所著《说苑·奉使篇》。公元前528年，在楚国令尹鄂君子晳举行的舟游盛会上，越人歌手拥楫而歌。一位懂楚语的人给子晳翻译道："今昔何夕兮？搴舟中流。今日何日兮？得与王子同舟。蒙羞被好兮，不訾诟耻。心几烦而不绝兮，得知王子。山中有木兮木有枝，心悦君兮君不知。"子晳为歌声感动，遂按楚人礼节，送给歌手绣有花纹的绸缎被面。梁启超称："《鄂君子歌》译本之优美，殊不在《风》、《骚》之下"。(《翻译文学与佛典》)该诗对民族历史、语言、文学的研究颇有价值。

口传文学作品

天女之惠 蒙古族神话。据日本细谷清氏著《满蒙传说集》记载，蒙古族杜尔伯特部落的祖先在纳德山附近过着游牧生活。山上湖水如镜，为天神隐居之地。有一猎人追寻猎物，来到湖边，见三四个仙女在湖水里嬉笑玩耍，不禁心旷神怡，遂与一仙女欢爱，后仙女生一子。此子后创立伟业，被推崇为杜尔伯特的祖先。

天神造人 蒙古族神话。据乌兰巴托版《蒙古民间故事集》记载，天神为造就人类，用泥土捏了一男一女，并让猫和狗守护，自己去寻找生命的甘露。不料魔鬼在泥人身上撒了一泡尿。泥人后来虽喝了永生的甘露，但因中了魔鬼的邪气，寿命有限。

天地起源 蒙古族神话。据日本中田千亩《蒙古神话》记载，天地未分之时，世间混混沌沌。不知何时，产生了明暗清浊之物，清轻之物上升为天，重浊之物下凝为地，并形成九十九柱天神。众神加固土壤，撒下种子，又仿照天神的模样造人并送到地上，从此就有了人类。

马头琴 蒙古族民间传说。流传于内蒙古锡林郭勒盟。赛野收集整理。传说苏和捡到一只小马驹，带回家精心喂养。小马驹一天天长大，浑身雪白，美丽又健壮。一年春天，王爷在喇嘛庙举行赛马大会，苏和得了第一，王爷给他三只元宝，要把马留下。苏和不肯，被王爷打得昏迷过去。王爷刚跨上马背，就被摔了下来。小白马身中数箭，逃出王爷府，死在主人面前。苏和用小白马的骨头、筋、尾做成一把琴。从此，马头琴便在草原上流传开来。

青海湖的传说 蒙古族民间传说。流传于青海海西蒙古族地区。道荣嘎收集整理，安柯钦夫翻译。传说冬虎尔皇帝诏令建造一座宫殿，但动工不久，墙壁倒塌，房梁倾倒。皇帝派人询问了智者奥吐莫尔根，但宫殿仍未建成。皇帝报复奥吐莫尔根，将他关进监牢。奥吐莫尔根巧传秘语，招来儿子、儿媳打开牢门。奥吐莫尔根逃出后发誓要将冬虎尔皇帝沉入深渊。他命儿子打开大地白色的动脉，顿时大地一片汪洋大海，冬虎尔皇帝及其奸臣全部葬入海底。神仙阿敏达急忙掐断一截石峰，堵住大地动脉裂口，从此出现了碧波万顷的青海湖。

猎人海力布 蒙古族民间故事。流传于内蒙古昭乌达盟地区。甘珠尔扎布收集、翻译、整理。传说海力布到深山打猎，见一只灰鹤飞来，抓起一条小白蛇腾空飞去，小白蛇惊呼救命。他拉弓搭箭，对准灰鹤射去，灰鹤丢下小白蛇逃跑。小白蛇向他说明自己是龙王的女儿。后龙王赠他一颗宝石，告诉他只要把宝石含在嘴里，就会听懂各种动物的话，但不能把这些话告诉别人，否则就会变成石头人。一天，他听到一群鸟在议论，说明天大山要崩裂，洪水遍野，海力布把这一消息告诉了乡亲们，自己变成了一块石头。乡亲们赶紧把家迁走了。后来，大家找到了海力布变的那块石头，把它搁在山顶上，让子子孙孙记住这位舍己救人的英雄。

巴林摔跤手 蒙古族民间故事。流传于内蒙古昭乌达盟巴林左旗和巴林右旗一带。甘珠尔扎布讲述，胡尔查翻译。传说巴林旗有个挤牛奶老太太的独生子，从小喜爱摔跤，后在一次敖包会上得了头奖，获“巴林摔跤手”称号。乌穆尔沁王爷五十寿辰时，他奉巴林王爷之命，参加庆寿大典。乌穆尔沁王爷召集各地名摔跤手与其对阵，均被其摔倒。乌穆尔沁王爷无奈，把头奖给了这位“巴林摔跤手”。但乌穆尔沁王爷并不甘心，一心想置其于死地，最后派火枪手将他杀害。可是“巴林摔跤手”的美名，却在牧民中世代流传。

巴拉根仓的故事 蒙古族机智人物故事。流传于内蒙古、新疆等蒙古族地区。主人公巴拉根仓是个聪明幽默的贫苦牧民，同情人民疾苦，为他们伸张正义。他机智、幽默的性格，几乎成为蒙古民族性格的象征。故事多运用夸张、怪诞的讽刺手法，揭露鞭挞丑恶事物，造成喜剧效果。结构具有谜语式特点，往往把画龙点睛的伏笔设在情节的关键所在或故事末尾。

沙格德尔的故事 蒙古族民间故事。流传于内蒙古地区。沙格德尔是十九世纪末、二十世纪初蒙古族民间即兴诗人，七岁进林东昭庙当喇嘛。二十多年的寺庙生活，使他对当时一些活佛喇嘛的贪婪伪善痛心疾首，并给以揭露和抨击，因而不容于佛门。三十五岁时愤而出走，成为远近闻名的游方僧，口头创作了大量讽刺谴责诗。《沙格德尔的故事》则是广大牧民根据他们的亲身经历，结合沙格德尔的真实事迹创作而成。这些故事在草原上不胫而走，并形成庞大的故事组。已整理出版的有《“疯子”沙格德尔》。

江格尔 蒙古族英雄叙事诗。主要流传于新疆阿尔泰山一带蒙古族聚居地区。目前国内外已收集到六十多部，长达十多万诗行。“江格尔”，波斯语释为“世界征服者”，突厥语释为“战胜者”、“孤儿”，蒙古语释为“能者”。其形成年代尚无定论。约从十三世纪出现，到十七世纪时逐渐定型。全诗由数十部作品组成，除序诗外，其余各部作品都有一个完整的故事，可独立成篇。长诗主要叙述以江格尔为首的十二名“雄狮”英雄和六千名勇士，同侵犯、掠夺他们家园的形形色色敌人进行顽强斗争并取得胜利的故事。规模宏大，情节曲折，塑造了江格尔、阿拉谭吉策、洪古尔、古恩拜、萨纳拉、萨布尔、明彦、哈布图、凯·吉拉干等英雄群体。在国内外有多种文字的版本，其中霍日查翻译、新疆人民出版社出版的《江格尔》为最新汉文版本。

格斯尔传 蒙古族英雄叙事诗。流传于内蒙古地区。最早脱胎于藏族英雄叙事诗《格萨尔王传》,人物和故事情节颇多相似之处。在蒙古族地区长期流传过程中,经民间艺人的不断加工和丰富,形成鲜明的蒙古民族特色。其创作和流传经历了漫长的时期,直到明清时期才以各种手抄本和木刻本形式流传。内容为玉皇大帝的次子格斯尔降生人间为民除害。他大显神通,消灭了破坏牧场的鼹鼠精,抽食婴儿舌头的魔鬼喇嘛和称霸北方的黑色斑斓魔虎;又施展法术,将沙漠变成肥美草原,使荒凉贫瘠的家乡变成人畜两旺的乐园。他成为国王之后,对内推行造福百姓的仁政,对外与友好部落和国家发展睦邻关系,扶助契丹国王整顿朝政,同时以大无畏的气概粉碎一切敌人的进犯。此后,格斯尔又经历种种磨难战胜图谋不轨的仇敌,迎来部落持久和平和幸福。建国后,曾有计划地对此诗进行收集、整理、翻译、出版和研究。有人民文学出版社出版的桑杰扎布的汉文译本。

嘎达梅林 蒙古族民间叙事长诗。流传于内蒙古哲里木盟一带。陈清漳、赛西、芒·木林收集整理。全诗二千多行。依据嘎达梅林起义事迹创作而成。嘎达梅林,蒙古名那达木德,汉名孟青山,乳名嘎达。成年后,在达尔罕旗王爷府任梅林职,掌管军事,人称"嘎达梅林"。1929年,他领导了反对军阀张作霖和蒙古王爷屯垦开荒、掠夺人民的起义,前后历时四年,最后被残酷镇压。此后不久,民间便产生一些抒情短歌,之后发展成为概括反映嘎达梅林起义全过程的叙事长诗。长诗叙述嘎达梅林劝说王爷停止出卖土地,遭革职处分,后向张作霖请命不成,被投入监狱、判处死刑。获救出狱后发动起义,转战数年,在西拉木伦战败身亡。收入上海文艺出版社出版的《中国民间长诗选》。

达那巴拉 蒙古族民间叙事长诗。流传于内蒙古哲里木盟一带。青年达那巴拉被旗统领包善一强征入伍,临行与情人金香约定三年后团聚。由于包善一的阻挠,达那巴拉四年后才得以返回家乡。这时金香已被迫嫁人。达那巴拉心情悲痛,饮酒大醉,被包善一爪牙打成重伤。金香闻讯赶来会面,达那巴拉在弥留之际向情人表达来世结为夫妻的愿望。以唱为主,间以散文插叙,情真意切,哀婉动人。

红色勇士谷诺干 蒙古族英雄叙事诗。流传于内蒙古呼伦贝尔盟一带。甘珠尔扎布收集整理,胡尔查翻译。谷诺干疾恶如仇,关怀人民的疾苦,是深受部落人民爱戴的年轻勇士。十二头魔王趁谷诺干外出狩猎之际,抢走其妻。于是谷诺干大战魔王,捣毁魔巢,救出受苦受难的百姓,携妻返回故里,乡亲们为勇士的凯旋大摆宴席,男女老少尽情狂欢,从此永享太平。

智勇王子希热图 蒙古族英雄叙事诗。流传于内蒙古呼伦贝尔盟一带。甘珠尔扎布收集整理,胡尔查翻译。描写特古斯可汗的王子希热图践约赴太阳国娶亲。太阳国王不肯轻易允婚,提出"三种竞赛"想试试希热图的本领。希热图智勇双全,在赛马、射箭、摔跤竞赛中连连取胜,终于同海丽茹公主成婚,返回故里。然而其故乡已被十二头魔鬼糟蹋,一片荒凉。希热图在父亲的指点下,连续消灭魔鬼灵魂的化身"八大精灵",解救出父母和大批受难奴隶。

人祖阿丹 回族神话。流传于宁夏银川地区。王甫成讲述,谢荣采录。传说很久以前,大地一片黑暗。一天,天地间隆隆作响,红光闪处,出现一男一女,男的叫阿丹,女的叫韩吾。他们原是真主安拉的天使和天女。一次,他们到仙果园里去游转,见果林旁香喷喷的麦果,阿丹随手摘下两颗,和韩吾分食,由此犯了天规,被安拉贬降大地。在黑茫茫的大地上,他们不断地诵经祈祷。千年之后,安拉念其心诚,让他们结为夫妻,从而繁衍了人类。

阿丹和好娃 回族神话。流传于宁夏南部山区。王学义讲述,王正伟采录。传说很久以前,真主造了人祖阿丹,不久又造了一个女人好娃与之相配,她是由阿丹的肋骨里生出。真主让他们看守天堂,但不许吃天堂的麦果。后好娃吃了麦果,阿丹正要往下咽麦果时,被天仙发现卡住喉咙。从此男人颈上有了喉头,女人因偷吃麦果,就有了月经。

阿丹和海尔玛 回族神话。流传于黑龙江回族中。张文彬收集整理。传说开天辟地之时,世上没有人,只有主。后来主用水和泥做了一个人,取名阿丹。主每日度化他,告诉他不能站起来。阿丹不听主的劝告而站起来,结果灵气跑到山上的,变成金、银、铜、铁、锡;跑到天上的,变成飞禽;跑到地上的,变成走兽;跑到江河的,变成鱼虾。阿丹的左肋边长了个包,以后包裂开,从中掉出一个女人,主赐名叫海尔玛。后海尔玛和阿丹结合,繁衍了人类。

太阳的回答 回族民间故事。流传于甘肃临夏回族地区。柯杨收集整理。传说古时候,一老爷爷被太阳晒死,其孙伊斯麻便决心到西方寻找太阳的阿娘去说理。一路上,几个庄稼人都托他向太阳阿娘请教耕地、剪羊毛等问题。伊斯麻找到太阳阿娘，得到了解决难题的办法。伊斯麻回来用清泉水救活了阿爷，而庄稼人也开始用耕牛耕地，牧羊人开始每年剪两次羊毛。

艾思麻的四个儿子 回族民间故事。流传于甘肃临夏回族地区。韩昌林收集整理。传说艾思麻老两口省吃俭用，把四个儿子拉大成人。可四个儿子娶了媳妇后，不再跟父母往来。老两口想出一个办法，老汉每天都往木板箱里放些红包。四个儿子不知真情，争着把老两口接到家里，照顾得十分周到。三年后，老两口相继去世，四个儿子又丢本舍命地办了丧事。等他们打开木板箱，里面却是一块块石头。

不见黄荷心不死 回族民间故事。流传于宁夏固原回族地区。马新水等讲述，赵玉如收集整理。传说姑娘黄荷和一位会吹笛子的放羊娃喜雨订下终身。其父知道此事，把她关在土楼里。喜雨气得病倒，临咽气时告诉阿妈，如果在他与黄荷定亲的泉水边取一碗清水把他的心泡上，将竹笛横在碗上，就会发出美妙的乐声。后来黄荷听到了笛声，来到喜雨家，端着碗，看着心，听着笛，成串的眼泪滴在碗里，忽然，那心不跳了，黄荷便撞死在山崖下。

马五哥与尕豆妹 回族民间叙事长诗。流传于甘肃临夏回族地区。高天星收集整理。取材于清朝末年发生在河州(今甘肃临夏)莫泥沟多木寺的一个真实故事。莫泥沟青年马五与尕豆妹相爱，私订终身。恶霸马七五借口给十岁的儿子尕西木娶亲，强娶尕豆妹。后尕豆妹与马五在泉边相遇，相约深夜在尕豆妹处相见。正当两人热恋之时，尕西木惊醒了。为防事情败露，两人杀死尕西木。马七五发现真情后买通官府，将马五和尕豆妹斩首。全诗情节简单，结构紧凑，语言朴实，具有浓厚的地方色彩。甘肃人民出版社出版的《花儿选集》中收入雪犁、柯杨的整理本。

女娲娘娘 藏族神话。流传于云南迪庆藏族地区。马龙祥、李子贤收集整理。传说远古时候，女娲感到很寂寞，于是来到河边，用泥巴捏人。这些泥人有男有女，放在地上便活蹦乱跳。女娲高兴极了，带他们到森林里去婚配。后来天塌下一角，地上洪水泛滥。女娲用大虾的四只脚撑住天，又用五色石补天，五色石填地。因天撑得东高西低，地填得北高南低，故今天太阳总是从东边出来、在西边落下，水总是由北向南流淌。

青稞种子的来历 藏族民间传说。流传于四川阿坝藏族地区。帕金收集整理。传说布拉国的人们吃的是牛羊肉，喝的是牛羊奶。布拉国王子阿初想让国人都吃上粮食，就到山神那里去要种子。山神告诉他，粮食种子在蛇王那里，并给了阿初一颗风珠。阿初从蛇王那里偷到青稞种子，蛇王发现后将他变成一条黄毛狗。黄毛狗借风珠神力，逃到娄若，与土司的三女儿俄满相爱，一起播下青稞种子。直到现在，娄若的人都以为是神派狗送来青稞种子，故在每年收完青稞时，将做成的糌粑先喂狗。

文成公主的故事 藏族民间传说。流传于藏族地区。主要讲述松赞干布具有雄才大略，仰慕唐朝先进文化，派大臣禄东赞带着丰厚聘礼到长安求婚；唐太宗五试婚使，婚使顺利解答了他提出的难题；唐太宗将文成公主嫁给松赞干布；文成公主将大批汉族工匠、科技文化书籍和贵重物品带进西藏；文成公主进藏路上遇到种种艰险，她以坚韧不拔的精神克服困难，终于到达拉萨。关于文成公主的故事不仅在民间广为流传，藏族史籍中也有记载。

茶和盐的故事 藏族民间故事。主要流传于四川甘孜藏族地区。白桂花讲述，佟锦华收集整理。传说辖部落的姑娘美梅措和怒部落的小伙子文顿巴在长期放牧生活中建立了爱情。辖土司得知女儿爱上仇家之子，便派人用毒箭射死文顿巴。火葬文顿巴时，美梅措穿戴整齐，纵身跳入火中，烈火将他俩烧化。他们的魂灵变成花，变成鸟，都先后被辖土司弄死。于是文顿巴到羌塘变成盐湖里的盐，美梅措到内地变成茶树上的叶子。只有当人们打酥油茶时，这对情人才能相遇。

青蛙骑手 藏族民间故事。流传于甘肃甘南、四川甘孜藏族地区。萧崇素收集整理。传说有只青蛙要讨头人的女儿为妻。头人不肯，青蛙闹得地动山摇，暴雨成灾。头人不得已将三姑娘嫁给他。青蛙变成一个少年，在几届赛马会上连得第一。这秘密被三姑娘发现，她怕丈夫失去人形，遂将青蛙皮烧毁。可是青蛙骑手却因此死去，其妻变成青蛙坟前的一块石头。

阿古顿巴的故事 藏族机智人物故事。流传于西藏、四川藏族地区。阿古顿巴，藏语意为“导师”，是藏族人民在口头文学中创造的一个机智、幽默、正直、乐观，善于斗争，乐于助人的农奴形象。在他面前，没有克服不了的困难，没有做不到的事情，没有斗不败的敌人。其言谈和举动常给人以信心和力量，体现了藏族人民的聪明和智慧。代表作品有《领主挨揍》、《难办的三件事》、《铜锅生儿》、《佛爷吃糌粑》、《泽郎娶亲》等。四川民族出版社、西藏人民出版社分别出版有《阿古顿巴的故事》的藏文本和汉文译本。

格萨尔王传 藏族长篇英雄叙事诗。主要流传于西藏、甘肃、青海、四川、云南藏族地区。在蒙古族、土族、纳西族地区和蒙古、不丹、尼泊尔以及中亚一些国家也有流传。自十一世纪以来，在藏族古老的神话、传说、故事、歌谣等民间文学基础上创作而成。以分章本和分部本的形式在民间艺人中讲唱。分章本史诗，开篇即描述天神之子格萨尔为降伏妖魔、抑强扶弱、救护生灵而投生下界，并在赛马中一举称王。之后，分别叙述他率领岭部落进行的一系列战争。在这些大大小小的战争中，消灭人间妖魔，安定三界，最后闯入地狱，救出母亲和爱妃，一同重返天国。分部本以格萨尔一生中的某一事迹为题材，敷衍成篇，形成庞大的格萨尔史诗群体，一说达几十部，一说有百部之多。较常见的分部本有：《天岭卜筮》、《英雄诞生》、《赛马称王》、《降伏妖魔》、《霍岭大战》、《姜岭大战》、《门岭大战》、《大食财宗》、《杰日珊瑚宗》、《卡契松石宗》、《雪山水晶宗》、《亭格铁宗》、《松巴犏牛宗》、《白热绵羊宗》、《汉地茶宗》、《象雄珍珠宗》、《塔岭生铁宗》、《牡古骡子宗》、《突厥兵器宗》、《岭与中华》、《地狱救母》、《安定三界》等。史诗在叙述格萨尔英雄事迹的同时，形象地反映藏族古代社会部落纷争的历史，部落之间的复杂关系，人们的崇高理想、道德观念、宗教信仰和风俗习惯，被誉为研究藏族古代社会历史、民族、宗教、语言、文学、风俗的"百科全书"。目前这一史诗的抢救工作仍在进行中。

阿凡提的故事 维吾尔族机智人物故事。流传于新疆维吾尔族地区。是一系列以纳斯尔丁·阿凡提为主人公的幽默故事的总称。阿凡提是维吾尔族人民塑造的反抗统治阶级和世俗观念的理想化人物，机智、幽默，乐观而又富有正义感。有关他的故事题材广泛、构思奇巧、言简意赅、妙趣横生，集中表现出维吾尔族人民的聪明和智慧。同样的故事，数百年来也曾在新疆哈萨克、乌孜别克、柯尔克孜、塔吉克等民族中流传。在国外，土耳其、伊朗、阿富汗和乌孜别克斯坦、吉尔吉斯斯坦等国也有同类故事流传。1958 年以来，中国先后出版了汉、维吾尔、蒙古、哈萨克、藏等文字的十四种版本的《阿凡提故事》集。其中中国民间文艺出版社出版的汉文译本《阿凡提的故事》共收入三百九十三则故事，是迄今为止收集故事最多的一种。

桑树阴影的故事 维吾尔族民间故事。流传于新疆莎车维吾尔族地区。穆罕默德苏皮讲述，刘发俊收集整理。传说财主色来巴依家门前有一棵桑树，可他从不让赶集的人在树下乘凉。艾甫其里木就花五十块银圆买下色来巴依的桑树阴影，让大家歇凉。太阳移动，阴影也在移动，穷人们一会儿赶着毛驴走进色来巴依的庭院，一会儿爬上色来巴依的屋顶，唱歌跳舞。色来巴依万般无奈，只得花四百两银子买回月光下屋顶上的阴影。左邻右舍耻笑他，老婆孩子埋怨他，最后色来巴依只好搬到别处去了。

神母狗父 苗族神话。流传于贵州松桃、湖南湘西苗族地区。龙炳文搜集，燕宝整理。传说神农时代，西方恩国有谷种。神农告示天下，如谁能去恩国取得谷种回来，就将女儿伽价公主许配给他。宫中御狗翼洛表示愿取谷种，神农很高兴。翼洛从恩国取来谷种，神农就将公主许配于他。两年后，他们生下七个男孩代兄代玉(苗族)和七个女孩代茶代来(汉族)。他们只知其母，不知其父。一天，水牛告诉他们的父亲是翼洛，代兄代玉一气之下杀了翼洛。公主不依，要杀代兄代玉。神农判误杀，免代兄代玉死罪；判水牛世代耕田。

苗族史诗 苗族神话叙事诗。流传于贵州黔东南清水江一带苗族地区。马学良、今旦收集并译注。共分五部分，六千余行。其中《金银歌》表现苗族先民对宇宙形成的认识和开天辟地的壮举，《古枫歌》叙说苗族先民对枫树的图腾崇拜意识，《蝴蝶歌》描写苗族先民的祖先崇拜和祭祖仪式，《洪水滔天》是讲姜央兄妹结婚、再造人类的事迹，《溯河西迁》反映苗族先民西迁途中跋山涉水，艰苦卓绝的斗争。除神话幻想外，详尽叙述了苗族族源、古代社会状况和风土人情，具有很高的研究价值。中国民间文艺出版社 1983 年出版汉译本。

铜鼓的来历 苗族民间传说。流传于贵州黔东南苗族地区。吴东宝讲述，张泰明、吴培华收集整理。传说老仙婆务侯乜开天辟地有功，天王赠以铜鼓，让她带到人间，与民同乐。可务侯乜却独占了铜鼓。有个叫波松嘎的后生带着五谷之王给他的几件宝物到务侯乜家，制伏恶狗，把铜鼓偷到人间，苗寨的男女老少，围着铜鼓唱歌跳舞，一连跳了三天三夜。从此铜鼓便在苗寨传下来。

美丽的娘阿莎 苗族民间故事。流传于贵州黔东南苗族地区，谢馨藻整理。“娘阿莎”系苗语音译，意为清水姑娘。传说美丽纯真的少女娘阿莎轻信乌云的话，嫁给丑恶无比的太阳做妻子。不久太阳出门去做理老(旧时苗族调解纠纷者)，找来勤劳的月亮当长工。太阳一去数年不归，月亮爱上了娘阿莎，两人逃到遥远的地方去安家。太阳得知后回家，到处寻找，终于在天涯海角找到娘阿莎。于是太阳请一理老评理，理老评断娘阿莎和月亮是天生的一对。太阳就给月亮出难题，被月亮一个个解决。太阳又生气、又害羞，从此放出万道金针刺人眼睛。

花边姐姐 苗族民间故事。流传于广西大苗山苗族地区。萧甘牛整理。传说有个美丽的姑娘很会编织花边，人称花边姐姐。皇帝派人将她抢进宫中，要她用花边织出活公鸡、活鹧鸪、活龙。花边姐姐先后织成了。但皇帝硬说小龙是蛇，不是龙。小龙发怒，张开大口，喷出熊熊烈火，把皇帝烧死。花边姐姐乘龙上天，不停地织着花边，如今天上的彩虹，就是她织出的。

反江山的故事 苗族机智人物故事。主要流传于贵州松桃、湖南湘西苗族地区。主人公“老慌”，贵州松桃苗族称“阿方”(阿慌)；湘西苗族则称“慌江山”，汉语多译为“反江山”。其中以“反江山”命名的代表作品有《反江山和员外》、《反江山的宝衣》、《反江山和守备老爷》、《反江山和老虎》等；以阿方命名的代表作品有《买鱼种》、《卖米》、《撒谷种》、《分金砖》等。

偌排与蒙芝彩谷翠 苗族民间故事。流传于贵州黔西北、云南滇东北苗族地区。汪建春、杨志美等讲述，燕宝整理。传说偌排曾向天上的外婆学芦笙，并爱上人间最美丽的姑娘蒙芝彩谷翠，姑娘拿出最好的花衣服给他穿。此事被假扮成人的神虎知道，将蒙芝彩谷翠抢走。偌排得知，杀死神虎，救出蒙芝彩谷翠。后玉当玉母派人请偌排和蒙芝彩谷翠上天传授吹芦笙和绣花的手艺。时间一久，他们怀念人间的生活，又回到人间，过着男耕女织的生活。

友蓉伴依 苗族民间叙事长诗。流传于广西大苗山地区，为当地八大苗歌之一。约五百余行。叙述姑娘友蓉和青年伴依真诚相爱，定下终身。财主的儿子抵勾蓄意强占友蓉，遭到拒绝。抵勾又买通友蓉的父母，将友蓉许配给他。友蓉和伴依立即成婚。婚后生活困苦，伴依出外给别人放木排，多年不归。抵勾借机强娶友蓉。后伴依归来，经过多次斗争，夫妻最终得以团聚。

娥娇和金丹 苗族民间叙事长诗。流传于贵州黔东南苗族地区。共一千二百余行。叙述娥娇和金丹在游方时产生爱情。尽管两人血缘很远，但毕竟系同族，故遭到旧势力反对而被活活拆散。娥娇被迫远嫁舅家，但并不屈服；后返回娘家，重新和金丹相爱，两人终于结为夫妻。传说禁止族内通婚的旧习俗，就是娥娇和金丹打破的。

阿荣和刚略 苗族民间叙事长诗。流传于贵州黔东南苗族地区。苗族姑娘阿荣不愿嫁给官家或富户，一心与从小一起长大的刚略相爱。传统的舅权制将他们拆散，阿荣被迫嫁到舅家。出嫁后，阿荣仍和刚略游方相爱。官家把他们抓去，罚以重金。获释后，两人相爱如故。夫家告到官府，他们再次获罪。刚略倾其所有，交出罚金。两人最终获得婚姻自由。

天神的哑水 彝族神话。流传于四川彝族地区。新克整理。传说古时世间的生物都会说话，天王就叫天下的各种生物喝哑水。当时只有青蛙知道喝了这种哑水就再也不会说话，于是它就指点人喝另一种会说话的水。会说话的水被人喝完了，青蛙和其他生物只能喝哑水了。从此世间只有人会说话。

创造万物的巨人支格阿鲁 彝族神话。流传于四川彝族地区。蒋汉章翻译，李仲舒整理。传说天地初开，宇宙一片混沌。一只神鹰掠过浦么列日姑娘的头顶，一滴血滴在她身上。她因此生下一子，名叫支格阿鲁。支格阿鲁长大后，用牛、羊、鸡祭天并祈祷，得到六个太阳、七个月亮和星星，又造了江河、草木和动物。他一共生了十二个儿子，儿子分别成了各种动物和植物的祖先，第七个儿子则是人类的祖先。

查姆 彝族神话叙事诗。因用固定的“查姆”调演唱，故名。流传于云南彝族地区。郭思九、陶学良收集整理。传说古时万物皆无。有一夜，黑埃罗波赛神生了一个蛋，蛋皮为天，蛋白为日月、星辰，蛋黄为地；地有四只手撑着，天用四只手拄地。依照黑埃罗波赛的吩咐，人间由他和勒姆、突姆、涅姆、吸姆五王分管。黑埃罗波赛神死后，全身变做世间万物和诸神。有云南人民出版社出版的汉译本。

勒俄特依 彝族神话叙事诗。勒俄特依，彝语音译，意为"传说的历史书"。流传于四川凉山彝族地区。该诗异文甚多，有详本和略本两种。包括开天辟地、创造生物、支格阿龙谱系、射日月、洪水潮天、选住地等十几个部分。反映彝族先民对大自然及其变化的认识。前一部分描述天神恩特古滋和支格阿龙创造天地万物的功绩，想像奇特；后一部分幻想成分较少，更接近于现实生活，叙述彝族先民进入凉山地区的迁徙路线和家支间的争讼。主要由五音节诗构成，间或杂以三、七音节或七音节以上的诗句，多在节日和婚丧场合吟唱。有四川人民出版社1960年出版的汉译本。

阿细的先基 彝族神话叙事诗。因用固定的"先基"调演唱而得名。流传于云南弥勒西山一带彝族支系撒尼人地区。1943—1944年间，诗人光未然曾作过整理，由昆明北门出版社出版，书名为《阿细的先鸡》。第一部分有序诗、创世记、开荒记、洪水记；第二部分有谈情记、成家记。五十年代修订重版，更名为《阿细人的歌》。1945年，北京大学袁家骅用国际音标记录了这一长诗，题名为《阿细民歌及其语言》出版，其中第三部分为长诗全文，除序诗、开天辟地、垦荒、洪水、求爱、成家六部分外，增加"悲歌"一节，共一千八百行，与光未然所记不尽相同。1958年，由中国作家协会昆明分会和昆明师范学院中文系组成的云南省民族民间文学红河调查队，又一次进行收集整理。新收集的长诗约五千五百行，除引子和尾声外，主要分为"最古的时候"和"男女说合成一家"两大部分。云南人民出版社1959年出版了新版《阿细的先基》。

梅葛 彝族神话叙事诗。流传于云南楚雄彝族地区。因以固定的"梅葛"调演唱而得名。无文字记载，千百年来全凭口传。云南彝族人将它视为彝家的"根谱"，逢年过节都要演唱。内容共分四大部分。第一部分为创世，包括开天辟地和人类起源；第二部分为造物，包括修建房屋、狩猎、畜牧、农事、造工具、生产盐和蚕丝；第三部分为婚姻和恋歌，包括相配、说亲、请客、抢棚、撒种、芦笙和安家；第四部分为丧葬，包括死亡、怀亲。全面反映了彝族不同时代的生产活动和生活习俗，对研究彝族历史有一定参考价值。有云南人民出版社1959年出版的汉译本。

洛龙哥布曲鸟 彝族民间传说。流传于四川凉山彝族地区。吉乌呷呷讲述，萧崇素收集整理。传说有一天，阿苏拉吉（传说中彝文的创造者）出门，碰见曾做过他的徒弟的麦尔都惹，但两人见面时已互不认得。两人坐在路边休息，念经作法，徒弟咒师父，师父咒徒弟，咒都应验，两人死去。阿苏拉吉生前制了许多彝文，死后变成一只洛龙哥布曲鸟，飞到哑巴儿子拉吉格楚那里，吐出丝丝血，滴在树叶上，笔画优美的文字立刻显露出来，哑巴儿子照样画着。从此哑巴儿子说话了，教众人识认他父亲遗留下来的彝族文字。

石林的传说 彝族民间传说。流传于云南路南彝族地区。黄石玉讲述，陈思清收集整理。天神哥自来到路南，见彝族人吃的是老苦荞，便在夜里赶着一群石头，担着一担土，准备把这里变成平坝，好种谷子。石头滚到路南，突然听到公鸡叫声，就不肯走了，天神用鞭子抽打也没用。天神生气，使劲向前一跨，扁担断成两截，土倒下来变成双肩山，这就是石林的来历。

宝石缸 彝族民间故事。流传于云南路南彝族地区。金德林讲述，李德君收集整理。传说有个穷人在老牛的指点下，得到一个宝石缸，装进钱拿不完，装进粮食吃不完。县太爷得知后，把宝石缸抢去了。县太爷的父亲看热闹，一不小心掉进缸里。县太爷急忙去拉，拉出一个，里面还有一个，一连拉出五六十个。县太爷分不清谁是真，谁是假，只好全养起来。

三女找太阳 彝族民间故事。流传于云南楚雄彝族地区。者厚培讲述，唐楚臣、刘纯龙收集整理。传说古时候天上有七个太阳，庄稼一年收七次，牛羊一年怀七胎，人们的日子过得很好。有个夜猫精，一连射下六个太阳，第七个太阳躲起来了。三个彝族姑娘跋山涉水，终于在智者指点下找到第七个太阳，她们化做三座高山将太阳高高托起。此后每年立秋节，人们都涌到三尖山下唱歌跳舞，纪念那三位姑娘。

阿诗玛 彝族民间叙事诗。流传于云南路南彝族撒尼人地区。主人公阿诗玛是一个聪明、美丽、能干的姑娘。她被有钱有势的热布巴拉家抢走，虽经百般诱惑和恐吓，始终不屈。她的哥哥阿黑勇敢、机智，为救阿诗玛，和热布巴拉父子斗智、比武，获得胜利，救出阿诗玛。热布巴拉不甘失败，当阿黑带阿诗玛渡河之际，放出大水，冲走阿诗玛。据说阿诗玛并没有死，她被一个叫应山姑娘的仙人搭救，永远住在山上。撒尼人怀念她，只要呼唤她的名字，山谷就会传来她的回声。五十年代初，云南省文艺工作者对该诗在民间的流传进行调查和收集，由黄铁、杨知勇、刘绮、公刘整理的汉文本由云南人民出版社 1954 年出版。

我的幺表妹 彝族民间抒情诗。流传于四川大小凉山和西昌彝族地区。约一千余行。描写一对自幼相伴的表兄妹长大后互生爱慕之情。但父母拆散了这对情侣，表妹另嫁他人，表兄陷入惆怅之中。长诗通过男主人公的回忆，用充满激情的语言，生动地塑造了一个美丽、勤劳、善良、能干的彝族劳动妇女形象。运用夸张、对比和映衬手法，集中自然界和生活中最美好的事物形容幺表妹，抒发男主人公的爱慕之情，反映了包办婚姻造成的爱情悲剧。全诗抒情、描写如行云流水，荡气回肠。有四川民族出版社出版的汉文译本。

赛波嫫 彝族民间叙事诗。流传于云南双柏彝族地区。"赛波嫫"，彝语音译，意为"蛇人做夫妻的故事"。此诗在《彝文书》和《贝玛经》中均有记载。龙王带着蛇郎来到人间，后蛇郎不顾龙王的反对，选七妹为妻，结百年之好。七妹的大姐妒忌七妹，将七妹推下井，自己冒充七妹，做了蛇郎之妻。七妹化做画眉鸟予以揭露，被大姐打死；后七妹又化做火炭烧大姐，被大姐扔进粪坑、丢进菜园。七妹遂化做一棵大白菜，黑心的大姐吃下胀死。有云南人民出版社出版的汉文译本。

逃到甜蜜的地方 彝族支系撒尼人抒情诗。流传于云南路南彝族撒尼人地区。以对唱形式描写一个被逼嫁的姑娘，从夫家归来与原来的情人相会，倾诉苦情。女方要男方为她赎身，可男方拿不出赎身钱，于是两人相约，准备逃到甜蜜的地方去。不幸在逃婚途中双双被抓回，惨遭毒打。后两人又逃脱，在"十二条街子"地方相会，互换服装，晓行夜宿，到达甜蜜的地方，开始新的生活。有云南人民出版社出版的汉文译本。

白蚩尼和白拍蒙 彝族支系尼苏人民间叙事诗。流传于云南红河彝族地区。约一千余行。采用五音节对唱形式，描写尼苏姑娘白蚩尼为避县官逼婚，逃进深山，过着野人生活。在林中巧遇孤儿白拍蒙，两人结成生死伴侣。不久县官爪牙发现其行踪，带人围山，将他们抓走。途中，白拍蒙逃脱。白蚩尼佯装允婚，将县官骗入山林，与白拍蒙一起杀死县官。两人逃入密林，开荒种地，共同生活。有云南人民出版社出版的汉文译本。

布碌陀 壮族神话。流传于广西右江、红河一带壮族地区。周朝珍讲述，何承文整理。由造天地、定万物、取火、开红河、造米、造牛、打鱼、养鸡鸭、造屋、红河水和木棉花等故事组成。"造天地"说古时天地重叠，没有人类和万物。突然一声霹雳，天地分开，天上有了风云，地上有了生物。可是天很低，太阳一晒烫人，雷公打鼾吵人。碌陀山有个名叫布碌陀的老人，把天顶起来，从此阴阳更替，四季分明。"定万物"中说，布碌陀给万物安名定姓，并规定禾苗不能长得太繁盛，猪不能生独仔，蛇不能横大路，母鸡不能打鸣，女人不能在娘家生子等。其余故事内容都与壮族地区风物和生产、生活习俗的起源有关。

布伯 壮族神话。流传于广西壮族地区。传说英雄布伯为拯救人类免遭旱灾，同天上的雷公相斗，终将雷公囚禁在谷仓里。雷公从布伯儿女伏依兄妹手中骗取猪食水，喝后力气大增，便毁坏谷仓，逃回天界，并发下洪水。布伯上天砍断雷公一条腿，劈下雷公的上嘴唇，使雷公变成独腿、鸡嘴。布伯牺牲后变成了天上的启明星。

救月亮 壮族神话。流传于广西壮族地区。韦秋同、韦鞣收集整理。传说有一天晚上，月亮突然不见了，到处一片黑暗。玛霞在砍柴时发现月亮和月亮中的白兔被狐狸精锁在山洞里。玛霞救出白兔和月亮，狐狸精却将她变成一条小花蛇。丈夫刚都和白兔从山神那里讨得一颗龙珠，杀死狐狸精，救出玛霞。后月亮娘娘邀请刚都、玛霞同住月宫。

太阳月亮和星星 壮族神话。流传于广西壮族地区。罗苏英、韦建真讲述，依易天整理。传说太阳、月亮和星星原是一家人。太阳父亲很残忍，每天清晨起来，都要吃自己的孩子星星。月亮母亲每月有十多天在生孩子，她浑圆浑圆时就是在怀孕，扁弯扁弯时，就是生下了孩子。月亮母亲很慈善，每晚都带着孩子们在天空漫游；但一想到太阳每天要吃孩子时，总要洒下许多伤心的泪水，这就是每天清晨沾在树叶和草地上的露珠。

侯野射太阳 壮族神话。流传于广西龙州地区。黄永辉整理。传说古时只有一个太阳，后雷公又造了十一个太阳。水被晒干，树木枯萎，人躲在山洞里。有巨人侯野前往射日，一连射中十一个太阳，最后一个太阳慌慌张张滚下海去。母鸭驮着公鸡到海里去请太阳，太阳才慢慢从海底升起。

谷种和狗尾巴 壮族神话。流传于广西龙州壮族地区。依易天收集整理。传说古时人间没有谷米，人们就派九尾狗到天上去找谷种。九尾狗到了天上，用尾巴粘满谷种往回跑。天上看守谷子的发现了，砍断它八根尾巴。狗用一根尾巴把谷种带到了人间。从此，人们把狗养在家里，喂它米饭。

刘三姐的传说 壮族民间传说。又称《刘三妹的传说》。流传于广西壮族地区。作品异文甚多。传说刘三姐喜唱山歌。远近青年与三姐对歌，无能胜者。她教李示田学歌，后两人成为情侣。莫村财主莫怀仁见三姐貌美善歌，欲纳为妾，遂招来广东水客三人与三姐对歌，皆为三姐所败。从此，莫怀仁怀恨在心，企图暗害刘三姐。后三姐与李示田在柳州鲤鱼峰对歌，连唱三天三夜，又在桂林七星岩对歌，连唱七天七夜，两人化作一对黄莺飞去。清代王士禛、陆次云、闵叙等都曾将民间口传的刘三姐传说加以笔录和附会，撰成较固定的文字流传。广西《浔州府志》、《宜山县志》和《苍梧县志》，亦有不少关于刘三姐传说记载。刘三姐传说也是中国南方区域性传说之一。在广西、广东乃至云南、湖南、贵州等地的苗、瑶、布依、仫佬、汉等民族中，均有同类故事流传，且这一传说和当地民俗事象相结合，更显出民族和地域特色。五十年代以后，刘三姐形象被搬上戏剧舞台和电影银幕。

三七的传说 壮族民间传说。流传于云南文山等地壮族地区。林安再讲述，刘德荣收集整理。传说老君山下有一户三口之家，父亲瘫痪，母亲刀伤一天天溃烂，儿子覃秀十分着急。天上的七仙女，想为覃秀的阿爸、阿妈治病，遂偷了太上老君的一种神药。这药是三枝七叶，故名“三七”。不料，七仙女手忙脚乱，将药丢在老君山上。于是，覃秀不畏艰险，在七仙女的帮助下，从老君山上取回“三七”，治好父母的病。后覃秀和七仙女结为夫妻。他们将“三七”种子种下，长出了更多的“三七”，为人们治病。

莫一大王的故事 壮族民间故事。流传于广西南丹、河池等壮族地区。蓝鸿恩收集整理。传说莫一的父亲因拒绝向皇帝交人皮盖宫殿，被扔进深潭。莫一到深潭寻找父尸，得宝珠一颗，顿生无限神力。皇帝怕莫一造反，派兵将莫一的头砍下。莫一的头飞上天空哈哈大笑，吓跑官兵。莫一提头回家，顿时气绝。妻子将人头放在瓦罐里，几日后从罐里飞出一群蜂，直飞京城，去蜇皇帝、大臣。

神弓宝剑 壮族民间故事。流传于广西龙州壮族地区。农老爹讲述，蓝鸿恩收集整理。王八精到骆越国求亲，公主将其杀掉，并用王八精脚爪制成神弓。西瓯国王子前往骆越国呈送宝剑而被招为驸马，与公主恩爱非常。后西瓯国王病重，王子回国。王八精又扮做王子，骗走公主神弓。骆越王不明真相，发兵攻打西瓯，西瓯王子只身前往骆越阵前，自杀殉情。公主用宝剑战胜王八精后伤心哭泣，泪水化成一颗颗珍珠，王子的鲜血化作清泉。直到现在，人们总要把珍珠拿到清泉里去洗，以使它更加洁净光莹。

一幅壮锦 壮族民间故事。流传于广西壮族地区。萧甘牛收集整理。传说有一老妇人妲布三年织成一幅美丽的壮锦。忽然一阵大风，把壮锦卷上天空。妲布派老大和老二去找壮锦，他们惧怕路途艰苦，跑到大城镇去了。她又让老三去找。老三骑着石马，闯过火山和大海，来到太阳山，看见一大群美丽的仙女在织壮锦，阿妈的壮锦正摆在中间。其中一个红衣仙女，还在妲布的壮锦上绣上自己的像。老三取回阿妈的壮锦，壮锦里的景物活了起来，红衣仙女也从画里走下来，和老三结为夫妻。

唱离乱 壮族民间叙事诗。流传于广西田东壮族地区。传说古代这一带战乱频繁，人们都到岩洞躲避。战乱平定后，人们才回到家里，打太平醮、唱歌，追荐亡灵，预祝丰年，遂形成“岩仰歌圩”。这一歌圩所唱的歌共九个篇章，“唱离乱”为其中之一。全诗分三篇十三节，有固定的歌本和演唱形式，唱时男女各为一方，一问一答。第一篇叹离别，第二篇兵戈怨，第三篇庆生还。以明嘉靖七年(1528)王守仁平定右江八寨瑶民起义为背景，叙述一对壮族青年男女悲欢离合的故事。该诗收入上海文艺出版社出版的《中国民间长诗选》。

马骨胡之歌 壮族民间叙事诗。又名《唱文秀》。流传于广西红水河流域柳州一带壮族地区。共三千三百余行。描写明嘉靖年间壮族青年何文秀之父在京城做官，后因奸臣陈连诬陷，抄灭九族。何文秀奉母命去京城探父，途中被捉入狱，幸得其父同年好友李明透相救。此后何文秀持马骨胡以卖唱为生，在新州娶黄国老之女黄兰英为妻。不久又被陈连亲信所害，他再次入狱。狱中，何文秀把自己的冤情编成马骨胡曲演唱，感动黄国老夫妻，国老夫人放走文秀。文秀历尽千辛万苦，赴京赶考，考取皇榜第一，出任海城巡抚，与散失多年的妻子兰英相会，并将陷害其父的人犯押解赴京，利用嘉靖皇帝爱听戏文的嗜好，将自己一家的遭遇编成故事，在金殿上自拉自唱。皇帝当场查明实情，将奸臣陈连斩首；又命文秀继承父职，回家团聚。这一故事明显取材于汉族民间小说、弹词何文秀故事，也与汉族戏曲《玉钗记》情节相类似。

力嘎撑天 布依族神话。流传于贵州布依族地区。汛河收集整理。传说远古时代，天和地只隔三尺三寸三分远，人们干活时整天躬着身子，做什么都不方便。有个叫力嘎的后生，身长九尺九寸九分，一顿能吃三石三斗三升糯米饭，能喝三缸三壶三碗糯米酒，力大无比，九十九条犀牛也比不上他。他一用力把天撑起九万九千九百九十九丈高，将地蹬下九万九千九百九十九丈深，并用自己的牙齿将天地钉牢。牙齿变成天上的星星，牙血变成彩虹。力嘎在钉天之时，喘气变成风，汗水变成雨；头巾掉落，划做银河；眨眨眼睛，变成闪电；一声咳嗽，变成响雷。他又挖下自己的右眼变做太阳，左眼变做月亮；死后身体各部分变成了世间万物。

勒嘎射太阳 布依族神话。流传于贵州布依族地区。伍岩、韦天寿等讲述，汛河收集整理。传说从前天上有十二个太阳，每天同起同落，晒得田地裂口，禾苗枯死。有个叫勒嘎的神箭手，决心将太阳射下。他跋山涉水，历尽千辛万苦，射落十个太阳。剩下的两个太阳，一个躲进云里，一个跳进天河，天地一片黑暗。大家商量派人去喊太阳，太阳不敢出来。最后还是公鸡将两个太阳叫出来，但跳进天河的那个太阳早被水泡冷，而变成了月亮。

黄果树瀑布的传说 布依族民间传说。流传于贵州镇宁等布依族地区。伍大义讲述，汛河收集整理。传说偏岩山下岱苏寨有个财主叫苏莽，为人狠毒；江林寨有个后生叫水哥，靠耕田、打柴度日；泥函寨有个姑娘叫白妹，靠纺织、蜡染糊口。水哥和白妹相爱。不料苏莽逼亲，他们只好逃上偏岩山。苏莽带家丁追来，水哥和白妹想起仙人的指点，对准手中的织布梭和白布连吹三口气，白布就变做滚滚的白水河向南流去，织布梭变成一条小船顺流而下。当苏莽快追上时，白妹的围腰变做一把剪刀，将河水剪断。水哥和白妹顺流漂到龙宫，做了龙王的龙子龙女；河的另一端通向悬崖峭壁，苏莽和家丁被冲下万丈深渊。这河就是今天的黄果树瀑布。

檀君神话 朝鲜族神话。传说天帝的儿子恒雄想到人间去管事，得到天帝同意。恒雄下到凡间，派风伯、雨师、云师主管人间谷物生长和生老病死及人间三百六十余事。熊、虎祈求恒雄将自己化为人形。恒雄便叫它们吃灵芝草和大蒜。熊坚持服用而变成女身，恒雄变成一位男子和熊婚配，熊生子，取名檀君王俭，从此地上有了人类。檀君最后在阿斯达化为山神，活了一千九百零八年。

百日红 朝鲜族民间故事。流传于吉林珲春朝鲜族地区。裴善讲述，郑吉云收集整理。传说一个青年舵手和一个姑娘对着大海盟誓，结下百年姻缘。海里有一个三头海蟒作怪，谁也不敢出海捕鱼。青年舵手自告奋勇，为民除害。临行前，舵手把一面镜子交给姑娘，说如果镜子里出现白桅杆，就是胜利；出现黑桅杆，就是遇到不测。于是，姑娘就天天看着镜子。一天，镜子里出现黑桅杆，姑娘以为心爱的人死了，便倒在海滩上，再也没起来，乡亲们将她葬在阳坡地。第二天坟头上开出五色鲜花。一百天后，青年舵手胜利归来，跑到姑娘的坟上，花朵才渐渐枯萎。后来人们称这种花为“百日红”。据说有这种花的地方，毒蛇不敢近前。

天池水 朝鲜族民间故事。流传于吉林和龙朝鲜族地区。韩炳律讲述，郑吉云收集整理。东海龙王巡游圆心湖，发现一种又甜又凉的珍珠水，就一心要找到珍珠水源，后终于在长白山天池中找到。于是有七个仙女驾着彩云来到天池洗澡，她们一尝天池水，果然香甜清爽，便用七把木勺，舀起池水往北泼去，就出现了松花江；往东泼去，就出现了图们江；往西南泼去，就出现了鸭绿江。现在的黑龙江、图们江、鸭绿江就是这样来的。

善良的拔卫 朝鲜族民间故事。郑吉云收集整理。传说拔卫用三文钱从一群顽童手中买下一条金鲤鱼放回江里。这鲤鱼乃是东海龙王的三公主。龙王十分感谢拔卫，就将他接到龙宫，设宴款待，并给了他一把木饭勺。拔卫带了这把饭勺回到人间。第二天刚起床，他看见桌上已摆好饭菜。第三天一位妙龄女郎从酒杯中飘然而出，拔卫和她喜结良缘。事情被县官知道，县官限期要拔卫交纳三石三斗假话，三石三斗跳蚤和臭虫，否则就要他的妻子。拔卫在仙妻帮助下，除掉县官，过上了幸福生活。

海伦格格补天 满族神话。流传于辽宁岫岩满族地区。李明成讲述，张其卓、董明收集整理。传说古时候天上大块小块的石头往下掉，人们躲着不敢出来。小姑娘海伦到西天去请佛祖来补天。可佛祖嫌路太远，海伦就把他背回来。佛祖送给海伦一盆火，让她用火炼出一块五色彩石补天，从此天下太平。

天女浴躬池 满族民间传说。流传于吉林敦化满族地区。伊化山、纪祥春讲述，李果钧、刘忠义收集整理。传说有一天仙女佛库伦来到长白山布库里山下的池水里洗澡，天狼星偷走她的衣服，使她回不了天宫。这时喜鹊嘴里叼着一颗红果飞来送给佛库伦。她吃下红果，不久便生下一男孩。她告诉小孩姓爱新觉罗，名叫库布里雍顺。小孩长大后统一了各部落，成为满族的始祖。长白山天池因是满族发祥地，后被封为"天女浴躬池"。关于满族族源，还有其他各种传说。

红罗女 满族民间传说。流传于黑龙江宁安满族地区。关海山讲述，李文刚、崔德胜收集整理。传说湖边有个渔家姑娘织得一手好红罗，又爱穿红罗裙，人称"红罗女"。一个武将前来求爱，一声不响，拉弓搭箭，将一支箭射进山崖半尺多深；红罗女也不说话，顺手把鱼叉甩出去，将山崖劈下一半，武将羞愧地逃走了。一个财主也来求婚，他带来许多珍宝在红罗女面前炫耀，红罗女从湖里拉出一网银灿灿的珍珠，财主自讨没趣。渤海郡王用一面宝镜映出红罗女的相貌，赶到湖边，欲与红罗女成亲；红罗女设法使他变成枯骨，宝镜也落入湖中，照得湖水通亮，此湖后来便叫镜泊湖。

努尔哈赤的传说 又称《老罕王的传说》。满族民间传说。流传于辽宁、吉林、黑龙江等地满族地区。努尔哈赤为清太祖。有关其早期生活的传说有《小罕逃难》、《无事妈妈》、《大青二青》、《索罗杆子的来历》等；反映其军事崛起和历史功绩的传说有《罕王巧计破叶赫》、《瓜拉佳格格》、《老罕王杀儿》等。这些传说不仅具有浓厚的传奇色彩，而且和满族的许多风俗习惯相联系。

黑娘娘的传说 满族民间传说。流传于黑龙江和吉林敦化满族地区。传说黑妞原是渔家姑娘，后被皇帝封为黑妃娘娘。黑妞进宫后，处处为老百姓着想，将原来进贡的人参、貂皮、鹿茸角，改为草莓、湖鲫、烟袋草；把宫妃们穿的山河地理裙改为旗袍。后来黑妞因得罪皇帝，被折磨致死。妇女们为纪念黑娘娘，都改穿旗袍。

祖公上河 侗族神话古歌。流传于侗族南部方言地区。"祖公上河"，意为"祖先沿着河流而上"。是侗族的迁徙之歌。洪水滔天之后，章良章妹结婚繁衍人类，人类分成不同的种族和姓氏，安居乐业。其中侗族由于人口发展，祖先率众从金门县出发，辗转梧州，走乖蒿、源谷，经酿梅寨、耶俄县，过杨柳坝、良界谷，最后到达潭溪九保；后又北上定居都柳江沿岸一带。

救太阳 侗族神话。流传于广西三江侗族地区。传说古时候，没有白天黑夜之分，年年丰收，人人丰衣足食。有一魔鬼商朱，专靠吃人养命。他怕太阳，就将太阳打下，从此天地一片黑暗。有一对勇敢的兄妹带领人们造了九千九百九十丈长的天梯，搓了三千三百三十丈长的麻绳，然后去寻找太阳和挂太阳的金钩。太阳被找到后挂在天上，但已失去了光辉。他们又到天上去炼太阳。太阳重放光辉，魔鬼也被制伏，人间又恢复了安宁的生活。

找歌的传说 侗族民间传说。流传于广西龙胜侗族地区。培光、卜宪讲述，华谋收集整理。传说从前侗家没有踩歌堂，金必就到天上去讨歌书。当金必把歌书拿出天门时，一阵大风将歌书刮落到了龙潭的石缝里。金必求水獭帮忙，找回歌书。于是金必和相金、相银、古赛到处传歌。从此，侗家有了踩歌堂的习俗。

芦笙的故事 侗族民间传说。流传于广西龙胜侗族地区。陆德高收集整理。传说古时候有芦卡、芦雅兄弟俩，他们吹起竹笙能引得百鸟和鸣。有一年坡节，兄弟俩遇到两位善吹竹笙的姑娘，就和她们对歌，双方互生恋情，姑娘离开时留下一把竹笙，说如果做出同样的竹笙，就招他们做郎仔。从那天起，兄弟俩砍来最好的金竹，精心仿制，终于做出和姑娘留下的一模一样的竹笙。后两位姑娘果然和兄弟俩结为夫妻。其实两位姑娘是天上管乐器的仙女。后来人们为纪念芦卡、芦雅，就把竹笙叫做芦笙。

吴勉 侗族民间传说。流传于贵州黎平侗族地区。杨明桃等讲述，杨国仁收集整理。据说吴勉实有其人，明洪武十一年(1378)曾率领侗族和苗族人民起义，后被官府镇压。此后有关他的传说在侗族地区广为流传。由《小时的吴勉》、《官家设计，父亲丧身》、《三支箭》、《赶山鞭》、《倒栽树》、《杀不死的吴勉》、《猪食盆》、《信洞坎的石门关上了》等八则故事组成，具有浓厚的神话和传奇色彩。

南瓜儿 侗族民间故事。流传于广西三江侗族地区。吴大任讲述，吴浩收集整理。传说有一对老年夫妇靠种菜卖菜为生，一次种了一个南瓜，可老是不见结瓜。正当老夫妻俩埋怨时，长出一个大南瓜，并说愿做他们的儿子。从此，南瓜儿帮老两口种菜卖菜。国王知道此事后，便派差官捉拿南瓜儿。南瓜儿施展法术，让一只三脚狗一路屙黄金、白银到王宫。国王一见这么多金银，高兴至极。可第二天，这些金银全变成狗粪，臭气将国王、大臣熏死了。

风雨桥的传说 侗族民间传说。流传于广西龙胜侗族地区。胡尚仁讲述，杨金江收集整理。传说古时候，布卡和妻子培冠在过桥时，突遇狂风大作，培冠被螃蟹精卷进河底，被迫成亲。河中花龙得知后，到河底斗败螃蟹精，救出培冠。以后人们便将小木桥改建成廊式木桥，并在桥柱上刻上花龙图案。这种桥叫“回龙桥”，有的地方叫“花桥”，或“风雨桥”。

密洛陀 瑶族神话叙事诗。流传于广西西部自称“布努”的瑶族地区。蓝怀昌、蓝书京、蒙通顺收集、翻译、整理。共一万四千余诗行。内容可分三部分。第一部分讲述布努瑶女始祖密洛陀及其儿子们创造天地万物的业绩；第二部分主要叙述布努瑶因阶级压迫和民族压迫而被迫迁徙的情景；第三部分叙述布努瑶由于人口和社会发展，不得不分支立姓。中国民间文艺出版社1988年出版汉文译本。

过山瑶的来历 瑶族神话。流传于广西金秀瑶族地区。盘日新、盘振松等讲述，王旷新、苏兴胜等收集整理。传说一只龙犬帮助高辛王战胜了番王，高辛王将三公主嫁给它。龙犬与公主生六男六女，高辛王赐他们瑶家十二姓，免一切粮赋差役。十二姓瑶家在千家峒辛勤耕作，人丁兴旺。后官兵来犯，瑶人不得不流落到广西、广东、湖南、贵州等地，这就是过山瑶的来历。

百鼠衣的故事 瑶族民间故事。流传于广西金秀瑶族地区。刘玉莲、苏德富收集整理。传说海龙王不小心吞了一只鱼钩，痛苦万分。一个孤儿扮做医生为他解难。龙王感谢孤儿，就把海螺姑娘许配给他。后来皇帝强令海螺姑娘进宫。临别时，海螺姑娘嘱咐丈夫用鼠皮做一件大衣来皇宫见她。皇帝看到孤儿的鼠皮大衣，十分高兴，一把抢过来穿在自己身上。皇帝身旁的黄狗一见，立即扑上去咬死皇帝。孤儿夫妻重得团聚。

五彩带 瑶族民间故事。流传于广西金秀瑶族地区。巴柏、巴哄讲述，苏胜兴、刘保元收集整理。传说玉皇大帝的女儿来到人间，爱上了孤儿阿古，两人结婚。一年后生下一子，取名坚美仔。玉皇得知此事，三番五次派雷公下凡，催仙女回天宫。仙女和阿古约好，七月七日她从天上放下五彩带，接他们父子上天。以后，玉皇千方百计陷害阿古都未得逞，只好将坚美仔推下凡间。阿古夫妇得知，悲愤至极，泪水流下，化做彩带，直挂人间，盼望坚美仔能顺着彩带爬上天。

创始纪 白族神话叙事诗。流传于云南大理白族地区。李康德、王晋臣口述，杨亮才、陶阳记录整理。分“洪荒时代”、“天地起源”、“人类起源”三部分。远古时树木石头会走路，牛马猪狗会说话，世上没有高山大海。盘古、盘生两兄弟，制伏龙王后，盘古变成天，盘生变成地。他们又化生成“木十伟”，木十伟又变成天地万物。神话还叙述观音留下兄妹二人，藏在金鼓里，老鼠咬开金鼓，取出人种，又让兄妹俩做夫妻，繁衍了人类。内容和风格与汉族盘古神话有许多相似之处。

大理石和玉带云的传说 白族民间传说。流传于云南大理白族地区。钟少武等讲述，郭思九、李瓒绪等收集整理。传说天上的玉女到苍山洱海赏景时，与白郎成亲。后夫妻在应乐峰共采青石。经玉女的点化，青石变成了绿玉和白玉，所以这石就叫玉女石，后来又叫“大理石”。玉女本想把苍山的石头全点成绿玉和白玉，但王母娘娘派人催她回去。临别时，白郎拉着玉女的五彩玉带，这玉带就化作长长的云带，飘绕在苍山山腰，人们称它为“玉带云”。

猎神 白族民间传说。流传于云南大理白族地区。徐嘉瑞收集整理。传说有两个姑娘上云弄峰砍柴，巨蟒刮起一阵旋风，把她们卷进后山的石洞里。青年猎人杜朝选得知后，带上宝剑，到云弄峰斩除妖蟒，救出两个姑娘，并和她们结为夫妻。杜朝选死后，被乡亲奉为猎神，常年受到祭祀。

绕三灵的由来 又称《绕山林》、《绕桑林》。白族民间传说。流传于云南大理白族地区。杨绍仁讲述，赵守直收集整理。国王段宗榜于四月二十三日进香时，暴亡在庙里。四方百姓赶来为他守灵，并到仙都金龟寺、佛都崇圣寺祝他成仙成佛，并盖起神都圣源寺，尊其为本主之神。从此每逢四月二十三日，人们聚集一起，举行仪式，并绕仙都、佛都、神都三灵，三日乃止。

望夫云 白族民间传说。流传于云南大理白族地区。据《大理府志》载："俗传昔有人贫困，遇苍山神授以异术，忽生肉翅，能飞。一日，至南诏宫，摄其女入玉局峰为夫妇，凡饮食器用，皆能致之。后问女安否？女云：'太寒耳。'其人闻河东高僧有七宝袈裟，飞取之。及还僧觉，以法力制之，遂溺死水中。女望夫不至，忧郁死。精气化为云，忽起忽落，若探望之状。此云起，洱河即有云应之，扬风大作，舟不敢行，人因呼为望夫云，又呼为无渡云。"民间传说的故事与此大抵相同，但主人公身分有宫女、公主、学生、猎人等多种说法。

段赤诚 又名《蛇骨塔》。白族民间传说。流传于云南大理白族地区。杨佑讲述，马泽斌收集整理。传说南诏国一姑娘吃了一颗小绿桃，就此怀孕，生下一子，取名段赤诚。赤诚长大后力大无穷，见义勇为。苍山马耳峰有一巨蟒常危害乡亲。赤诚将许多钢刀绑在身上，手持宝剑与巨蟒搏斗，被巨蟒吸入腹内，与巨蟒共亡。乡亲们用蛇骨灰和泥，建造蛇骨塔纪念赤诚。后赤诚成了洱河龙王，张班师傅和鲁班师傅给他造了"龙泉祠"。其母死后，乡亲们又盖了一座"龙母祠"纪念其母。

火烧松明楼 又名《白洁夫人》、《阿南的故事》。白族历史传说。流传于云南大理白族地区。以南诏国历史事件为依据而创作。据《南诏野史》载："逻阁乃豫建松明大楼祀祖于上，使人语五诏曰：六月二十四日乃星回节，当祭祖，不赴者罪。"当时各诏赴约，惟登赕诏王逻遵之妻慈善劝逻遵不可赴约，逻遵不听。果然在祭祖时，逻阁趁各诏王尽醉时，纵火烧毁松明楼。各诏王尽死。逻阁以慈善美貌，欲迫娶之。慈善为报夫仇，闭城坚守，最后自杀。时七月二十三日。逻阁嘉其节乃封赠慈善为宁北妃。民间传说与文字记载大抵相同。有的还将这一传说与白族的火把节习俗联系在一起。

辘角庄 白族民间故事。流传于云南大理、邓川、洱源白族地区。杨汉讲述，杨美清收集整理。传说南诏国白王要为公主白圭招驸马，公主不从，一心要在民间选夫。白王勉强同意。于是公主倒骑一头水牛走村串寨。某日来到辘角庄，忽听得一阵笛声，水牛顺笛声穿过小巷，走进一户人家，公主就嫁给这家主人。公主夫妻到王宫去认亲，白王传旨："除非金桥银路铺到王宫，否则不来认亲。"后公主夫妻在山上发现许多金砖银砖，他们把这些金砖银砖一直铺到王宫。白王只好率文武百官，到辘角庄认亲。

青姑娘 白族民间叙事诗。流传于云南剑川白族地区。王寿春收集整理。主人公青姑娘勤劳善良，聪明美丽，从小给人家做童养媳。遭狠心婆婆百般虐待，她走投无路，正月十五跳河自尽。全诗有序歌、耍山、出嫁、苦情、出游、受气、被逼、找寻、祝祷九节。内容分三部分。第一部分写悼念青姑娘。正月十五到来时，一群白族姑娘相约去耍山、看灯、荡秋千，她们想起青姑娘，唱起挽歌。第二部分表现挽歌唱到悲愤处，青年男女扮做青姑娘，用青姑娘的口吻倾诉悲惨的一生。第三部分尾声，为青姑娘虔诚祝祷。长诗在演唱中采用诗、歌、舞结合的形式，风格古朴。收入中国民间文艺出版社出版的《白族民间叙事诗集》。

鸿雁带书 白族民间抒情诗。流传于云南大理白族地区。杨亮才、陶阳收集整理。分上、下两篇。上篇描写一农妇的丈夫外出做木匠，多年没有音讯。当大雁往南飞时，少妇托大雁带信给丈夫，叙述家中的苦境和对丈夫的思念。下篇也叫"鸿雁回书"，写丈夫接到妻子来信即刻归家的情景，写他在外经历的种种苦难及怀念父母、妻子的心情。收入中国民间文艺出版社出版的《白族民间叙事诗集》。

放鹞曲 又名《放鹞赶雀》。白族民间叙事诗。流传于云南剑川、洱源白族地区。李瓒绪收集整理。除歌头、尾声外，由相会、出门、抗婚、思恋、卧病、回乡、探妹七部分组成。叙述一个小伙子和一个姑娘在田坝里赶麻雀，两人由相识到相爱。后小伙子为躲债出远门，姑娘被母亲许配给一有钱人家，在封建礼教的重压下得病而死。小伙子归来，悲痛至极，在姑娘坟前痛哭不止。收入中国民间文艺出版社出版的《白族民间叙事诗集》。

造天造地 土家族神话。流传于湖南、湖北、四川土家族地区。向廷龙讲述，彭勃收集整理。传说洪荒时代，玉皇让张古老和李古老造天造地。张古老搬来五色岩石补在天上，后五色岩石成为彩云，补天的铜钉成了星星，补天时挂在天上的灯笼成了月亮，所流汗水变成露水。李古老急急忙忙造地，随手捏成一些疙疙瘩瘩，成了山山岭岭；用棒一戳，成了些洞洞坑坑；用脚一划，划出些溪涧河流。如今地上坎坷不平即是李古老当年所为。

青蛙吞太阳　土家族神话。流传于湖南湘西土家族地区。谷德明整理。传说张古老、李古老造天制地后，天下发了一场大洪水。洪水退后，张古老叫了十二个太阳来晒地，可地晒干了，草木也枯了。有一只青蛙顺着高大的马桑树爬到天上，一口吞一个太阳，当吞第十一个太阳时，张古老一棒子将马桑树打弯，青蛙再也吞不到剩下的太阳了。

伊罗娘娘造人　土家族神话。流传于湖南湘西土家族地区。向廷龙讲述，彭勃收集整理。传说张古老、李古老造天造地后，地上没有人。玉皇又让张古老造人。张古老用石头造了人，但人不会呼吸、不会走路。玉皇只好让李古老用泥巴做人，同样没有做成。玉皇又让伊罗娘娘造人。伊罗娘娘用竹竿做骨架，用荷叶做肝肺，用豇豆做肠，萝卜做肉，葫芦做脑壳，通了七个眼，吹了一口仙气，人造成了，且能出气走路。

八部大王　土家族民间故事。流传于湖南湘西土家族地区。覃仁安收集整理。传说有个女人吃了八颗果子，便一胎生下八子一女，而且七天后就长大成人。九妹长得聪明漂亮，后来成为皇后。不久边关告急，八个哥哥打败敌人，但皇帝不但不论功行赏，反而连歇脚的地方也不给。八兄弟施展法术，烧了皇宫。皇帝只得向他们道歉，封他们八部大王名号。八兄弟回到家中，种地为生。据说土家族后人种的土地，都是八兄弟从皇帝那儿要来的。

花被面和兽皮　土家族民间传说。流传于湖北土家族地区。张永柱收集整理。传说桑格娜美丽勤劳，心灵手巧，全寨的小伙子都想娶她。有一天深夜，她来到山顶，正欲照着银杏花绣花时，毒蛇和老虎向她扑来，但都被人暗中射死。桑格娜绣成的花被面上，银杏花像盛开在树上一样。第二天，一个英俊的小伙子肩挎弯弓，身背箭筒，手捧湿漉漉的虎皮和蛇皮站在她的面前，他就是全寨最勇敢的小伙子巴力依。他们遂以花被面和兽皮作为信物，定下终身。据说土家人定亲时交换花被面和兽皮的习俗就是这样来的。

奥色密色　哈尼族神话叙事诗。流传于云南哈尼族地区。由“开天辟地”、“民族起源”、“兄妹成亲”、“民族迁徙”、“分年月日”和“安家”六部分组成。“开天辟地”讲古时宇宙间一无所有，天王派九人造地，八人造天。他们杀了一头龙牛，用龙牛的各个部位造天地日月和万物。“民族起源”讲踏婆和模米吃了怀胎水，太阳光下生男，月亮光下生女。天地一起生万物，男女成对生儿女。从此地上有了七十七个姓，七十七个族。“兄妹成亲”讲洪水滔天后，兄妹成亲，繁衍人类。其余各部分讲述哈尼人跋涉迁徙，最后找到安家地方，又从天上获得万物种子，学会耕种生活。

天地人的形成　哈尼族神话。流传于云南哈尼族地区。朱小和讲述，芦朝贵等收集整理。远古时代，世间只有混沌一片的雾，雾化做汪洋大海，海里生出一条大鱼，鱼将首鳍向上一甩，变成天；左鳍向下一甩，变成地。身子一摆，脊背里生出七对神和一对人，从此世间有了天和地，人和神。

人鬼分家　哈尼族神话。流传于云南哈尼族地区。毛里仰讲述，毛佑全等收集整理。传说很早的时候，人和鬼是亲兄弟，为分家吵得难解难分，天神阿波摩米派母扎扎拉和米扎扎拉帮他们分家。人分在平地上，鬼分在悬崖边。于是，鬼经常到寨子中捣乱。天神告诉人们，在盖房时要在头上倒顶一个烧火做饭用的铁三角支架，敲芒锣撵鬼；在寨子周围撒一圈灰糠，防止鬼进寨，并留下自己的一个女儿守护寨子。从此哈尼人每年都要祭祀护寨女神。

天狗吃月亮　哈尼族神话。流传于云南哈尼族地区。李章法讲述，毛佑全、傅光宇收集整理。传说有兄弟俩被白胡子老头一扇子扇到天边，并从龙王那里得到不死药。可是后来药被月亮拿走。于是，他们造了天梯，带着猎狗到月亮上去取药。正当兄弟俩爬上梯子的最后一级，梯子突然坍塌，两人掉到地上摔死了。那猎狗早已跳到月亮上，拼命啃吃月亮，以后天上就有了月蚀。

始祖塔婆然　哈尼族神话。流传于云南元阳哈尼族地区。陈布勤讲述，杨万智收集整理。传说天地分开之时，塔婆然感风而孕。不久从肚子、大腿、手、脚趾、手指上生出许多小东西，这些东西掉在地上,变成了老虎、野猪、麻蛇、泥鳅;之后又生下七十七个孩子,塔婆然给他们分别取名,哈尼族、彝族、白族和汉族人就是他们的子孙。

阿罗找布谷鸟 哈尼族民间故事。流传于云南哈尼族地区。赵浩如收集整理。传说有个小伙子阿罗,到处寻找布谷鸟。天神的女儿娥玛告诉阿罗,布谷鸟被锁在天上,于是两人就一起到天上找布谷鸟。第二年二月,有一只鸟飞到哈尼人住的地方,"布谷布谷"地叫着,哈尼人就照着布谷鸟的叫声耕作。阿罗没有回到人间,有人说他和娥玛生活在一起;也有人说天上飞来的布谷鸟就是他变的。

美妙的里六 哈尼族民间故事。流传于云南哈尼族地区。毛佑全收集整理。传说竹鼠救了一落入风洞的猎人,猎人便将自己的一只竹管"里六"送给竹鼠。竹鼠一吹"里六",发出美妙的音乐。鹌鹑向竹鼠借"里六"吹。鹌鹑吹着"里六","嘟噜噜"飞上天去,竹鼠只抓得鹌鹑的尾巴,坐在地上伤心地哭起来。据说竹鼠的眼睛就因此而变小的,而鹌鹑自那以后就没有尾巴了。

迦萨甘创世 哈萨克族神话。流传于新疆哈萨克族地区。尼合迈德·蒙加尼收集,校仲彝翻译整理。传说远古时候,创世主迦萨甘创造了天和地,又创造了太阳和月亮。后来迦萨甘在大地中央栽了一棵生命树,又用泥土捏成一对空心小人,从生命树上取来灵魂,吹进泥人的嘴巴,这就创造了人。

冬不拉奇 哈萨克族民间故事。流传于新疆阿勒泰哈萨克族地区。张运隆整理。传说有个汗王很溺爱儿子,专门派了四十个臣仆侍候他。一天,汗王的儿子到深山里射猎,被猛虎吃掉了,四十个臣仆惊恐不安。一个老大爷连夜赶制了一个冬不拉琴,带着臣仆们去见汗王。汗王从他弹奏的冬不拉琴曲中听出儿子的死讯,愤怒地砸碎了冬不拉,而琴曲却一直流传至今。

飞汗的儿子 哈萨克族民间故事。流传于新疆哈萨克族地区。师忠孝翻译。传说有个汗王年轻时爱上一位美女,可是后来怎么也没找到她。一天,其子江德巴特尔在父亲的深宫发现了美女的画像,便决心去寻找。一路上江德巴特尔除掉巨蟒等凶兽,最后在一位智慧老人的指点下,才找到美女扎吾扎米尔,并与她结成夫妻,回到故国。

阔孜库勒帕什与巴彦苏鲁 又称《阔孜少郎与巴彦美人》。哈萨克族叙事长诗。阔孜和巴彦曾由双方父母指腹为婚。他们出生后,阔孜的父亲去世,巴彦的父亲便悔婚了,以后又搬到了遥远的地方。但巴彦日夜盼望和自幼相爱的阔孜结合。在巴彦家搬迁时,巴彦料定阔孜会来和她相会,便沿路留下耳环、手镯、牧羊棍子做标记。果然阔孜按照标记,经历千辛万苦找到了巴彦。正当这对情人相聚时,巴彦的父亲害死了阔孜,巴彦得知后自杀殉情。另有异文讲述阔孜最终获胜,并严惩了巴彦的父亲。

阿勒帕米斯 哈萨克族英雄叙事诗。流传于新疆哈萨克族地区。在中亚另一些民族中也多有传唱。共四部分。第一部分叙述富翁巴依布热向真主祈求子嗣,妻子阿娜勒克怀孕,阿勒帕米斯和妹妹哈尔丽尕什诞生;第二部分讲阿勒帕米斯寻找情人古丽巴尔星,途中和卡勒玛克汗王战斗并获胜,卡勒玛克汗王屈服,尊古丽巴尔星的父亲为汗王,阿勒帕 米斯携妻子回家;第三部分写卡勒玛克汗王泰西克又一次入侵,战斗中阿勒帕米斯被俘,关进地牢达七年之久,后经牧羊人和阿依木姑娘相救,战胜敌人并让牧羊人坐上泰西克的王座;第四部分为阿勒帕米斯返回故乡,见到父母和情人受乌里坦的欺侮,遂除掉乌里坦,使部落的人们得到自由。1899 年首次在喀山出版哈萨克文版。

英巴开天辟地 傣族神话。据傣族经书《巴塔麻嘎捧尚罗》记载,几亿年之前没有宇宙、没有地球,也没有月亮、太阳和星星。有一气体、烟雾和狂风变成的巨神英巴伸出巨大的双手,用力搓身上的污垢,污垢落下而变成地球;又将污垢捏成西拉神像和四根神柱,镇定天地,分清东西南北四方;然后,英巴又将天空划分成十六层,自己住在最顶层。

赞哈的始祖 傣族民间传说。流传于云南西双版纳傣族地区。云南省民族民间文学调查组收集。传说许多年前,傣家的男女老少都喜欢到佛寺里听佛爷念经。帕亚曼不信佛,可会唱动听的歌,人们都被其歌声迷住了。佛爷很生气,威胁大家说,谁要学唱歌,死后不准入地狱,也不准上天堂。可是学唱歌的人还是很多。后来,大家就把帕亚曼尊为赞哈(歌手)的始祖。

泼水节的传说 傣族民间传说。流传于云南西双版纳傣族地区。林木收集。传说很久以前，有个魔王常出外抢掠金银财宝和美女。他抢来十一个姑娘做妻子，还不满足，又抢了一个姑娘。这姑娘乘魔王熟睡时，用他的一根头发，将其脑袋勒下。众妻想把这脑袋烧掉，但头发一碰到火，烈焰滚滚；埋在地下，散发出臭气；抛到河里，河水滚沸。无奈，大家只好轮流把魔王的头抱在怀里，每年用水洗一次，人们则在一旁帮着泼水。这就是傣族泼水节的来历。

阿銮的由来 傣族民间传说。主要流传于云南德宏、西双版纳傣族地区。以阿銮命名的故事共有五百多则，以散文体和韵文体形式在傣族民间广泛流传。传说很久以前，在遥远的果色果拱地方，长着一棵大树，树洞里有五只神蛋。一天，五只神蛋被风吹到五个地方。第一只蛋被鸡孵化为第一个佛祖；第二只蛋投胎母牛，生出第二个佛祖；第三只蛋落到龙的王国，孵化成第三个佛祖；第四只落到人间，变成一个英俊的少年；最后一只被吹到勐巴拉西国王的花园里，要等二千五百年以后，此蛋才会孵化成佛祖，这时世界才能进入极乐境界。或说这个佛祖出世之际，就是人类世界毁灭之时。

兰嘎西贺 又名《十头兰嘎王》。傣族叙事长诗。主要流传于云南西双版纳傣族地区。根据经书《兰嘎西贺》第一至二十二册写成。全诗约三万余行，共分二十二章八十八节。写奉玛加是天王玛哈奉之子，有十个头，二十只眼睛，二十只耳朵。十四岁时，父亲使他有了大火烧不伤、洪水淹不死、箭镞伤不着的本领，同时告诫他，一不能战胜人间即将降生的善良王子；二不许征服天神赏给人类的阿沙尖神弓；三不许轻视世间的猴子，否则就会毁灭。后来奉玛加做了勐兰嘎的国王，到处为非作歹，违背了父亲的戒条，结果被善良的王子召朗玛用玛哈奉的生命弓射死。召朗玛继承王位。有云南人民出版社出版的汉文译本。

召树屯 傣族民间叙事长诗。流传于云南傣族地区。叙述勐版加王子召树屯出猎时，在金湖与孔雀神女南吾诺娜相爱，结为夫妻。后战事爆发，召树屯出征。巫师摩古拉诬陷南吾诺娜为不祥之物，欲杀之祭鬼。南吾诺娜要求临终一舞，如此才得以飞回孔雀国勐董版。召树屯胜利回来不见爱妻，愤而追寻南吾诺娜，经历千辛万苦始达孔雀国，经孔雀国王叭团的考验，夫妻终于团圆。同一故事的长诗和散文作品，在印度、泰国、老挝、缅甸也有流传。有云南人民出版社出版的汉文译本。

娥并与桑洛 傣族民间叙事长诗。流传于云南德宏、西双版纳傣族地区。一个沙铁（富人）家的儿子桑洛，为反对父母的包办婚姻，借经商为名离开家乡。他在外地结识娥并，两人真心相爱，过着美满的生活。后桑洛回家，要求母亲答应他娶娥并为妻，遭到母亲拒绝。当怀孕的娥并来找桑洛时，桑洛的母亲将她逐出门外。娥并在归家途中，生下孩子后含恨死去。桑洛闻讯赶来，见娥并已死，遂举刀自刎。两人死后化做两颗星星。有云南人民出版社出版的汉文译本。

傣族古歌谣 傣族古代歌谣集。以手抄本形式在云南省西双版纳和德宏傣族地区流传。经收集、整理、翻译、出版的《傣族古歌谣》共分四辑。第一辑收古歌谣三十首，第二辑是情歌，包括凤凰情诗共十三首，第三辑是生产歌，第四辑是颂歌，包括祭祀歌和丧葬歌。歌谣中有的反映采集和狩猎时期生活，有的反映农耕时期劳动生活和爱情生活。对研究傣族社会发展具有重要参考价值。有中国民间文艺出版社出版的汉文译本。

勇敢的打拖 黎族民间故事。流传于海南五指山黎族地区。吴启彦等收集整理。传说有个叫打拖的青年就要成亲，土地公公托梦给他，说老鹰精要来抢亲。打拖在土地公公指点下射伤老鹰精，并跋山涉水找到巢穴，杀死老鹰精，救出一公主和许多女子。国王要招他为驸马，打拖谢绝，回到家中和情人成亲。

兄弟星座 黎族民间故事。流传于海南乐东黎族地区。龙敏收集整理。传说有七兄弟辛辛苦苦砍了一天树，可第二天砍倒的树又站起来了，一连几天都是如此。原来是天猪在作怪。七兄弟合力杀死天猪，并追到玉帝的猪栏里和玉帝讲理。玉帝请他们吃猪肉，却不让他们回去。七兄弟留在天上，变成北斗星座，耕耘万里云空。

盘古造人 傈僳族神话。流传于四川德昌傈僳族地区。李国才讲述，禾青收集整理。传说远古时代，盘古将人眼长在头顶上，遭到人们的埋怨。盘古又将人眼造在额头上，而且竖着长，人们变得懒惰起来。盘古就放出七个太阳，七个月亮，把庄稼和人都晒死，并种下一颗南瓜籽。南瓜成熟后，从中走出一对兄妹，兄妹结婚，从此人类繁衍。

生产调 傈僳族民间叙事长诗。流传于云南德宏、怒江傈僳族地区。每年布谷鸟一叫，生产季节到了。傈僳族女人先找好要种的地，然后请男人来帮忙。男女双方在生产劳动中产生了感情。高粱、粟子成熟了，播下的爱情种子也开花结果。双方将收获的粮食做成水酒，邀请亲朋好友参加婚礼。但他们的结合遭到父母反对，后经不屈不挠的斗争，最终结成夫妻。诗中所唱的找地、开荒、播种、收获，实际上是讲述男女爱情形成的经过；诗中所唱的割茅草、砍树、搭桥、铺路，实际上是表达争取婚姻自由的艰难。这种语意、结构相关的表现手法，是傈僳族民歌的一大特色。收入云南人民出版社出版的《逃婚调·重逢调·生产调》一书。

逃婚调 傈僳族民间叙事长诗。流传于云南贡山、碧江、维西傈僳族地区。旧时傈僳族实行包办婚姻，许多青年男女因而以逃婚方式抵制，后逐渐形成一种风气。长诗叙述一对相爱的青年男女，从小分别由父母包办婚姻。由于一个难得的机会，他们相逢并互诉心曲，相约逃到远方。他俩跨过怒江，翻过高黎贡山，到大理定居，过上幸福生活；后又返回家乡，与亲人团聚。有作家出版社出版的汉文译本，并收入云南人民出版社出版的《逃婚调·重逢调·生产调》一书。

重逢调 傈僳族民间叙事长诗。流传于云南怒江傈僳族地区。周忠枢翻译整理。描写一对热恋中的青年男女，因男方拿不出聘礼，不得不背井离乡，外出做苦工挣聘礼钱。十年后，当他带着聘礼返回家乡时，心爱的姑娘已被父母卖给一个不相识的男人，受尽折磨。最后，他摆脱痛苦，参加了恒乍绷领导的起义队伍。收入云南人民出版社出版的《逃婚调·重逢调·生产调》一书。

茨帕妞姑娘 傈僳族民间故事。流传于云南碧江傈僳族地区。咱平讲述，左玉堂收集整理。传说从前傈僳族山寨住着一个寡妇及其两个女儿。有个老妖怪早就想要吃掉她们。一天，老妖怪咬死了妈妈，又装着妈妈的样子来叫门，妹妹拉开门，被老妖怪吃了。姐姐茨帕妞识破老妖怪，并用计将它杀死。后来月亮伯伯将她带到了月亮上。

光加桑故事 傈僳族民间故事。流传于云南怒江、保山、德宏傈僳族地区。传说光加桑十分聪明，计谋多如牛毛。有关其故事传闻，大多是讽刺、捉弄商人、官人和富人，并将他们置于十分尴尬的境地，如《太阳和月亮打架》、《打赌》、《宝棍》、《祭鬼》等；也有些故事训谕懒惰之人，很富有同情心，如《找金子》等。傈僳族中还有同类机智人物故事流传，如《木必的故事》，风格上和光加桑故事十分相近。

射日 佤族神话。流传于云南西盟佤族地区。岩米讲述，宁默整理。传说从前天上只有一个不落的太阳，没有白天黑夜，人们不知道时间。有位老奶奶让小伙子们比赛射太阳，结果太阳被射成两半，老奶奶就让一半做太阳，另一半则成了月亮。

青蛙大王与母牛 佤族神话。流传于云南沧源佤族地区。萧二贡讲述，学良收集整理。传说青蛙见达惹嘎木很忠厚，就告诉他洪水要来，于是达惹嘎木带着一头小母牛，坐在猪食槽里，躲过了洪水。在天神的指点下，达惹嘎木和小母牛成家。不久小母牛怀孕，生下一个拳头大的葫芦籽。种下去后，结出像小山大的一个葫芦。打开葫芦，里面走出许多人和动物。第一个走出来的是佤族的祖先岩佤，第二个是白族祖先尼文，第三个是傣族祖先三木傣，第四个是汉族祖先赛口。

司岗里 又叫《西干里》、《赛岗里》。佤族神话。流传于云南西盟、沧源佤族地区。隋嘎岩扫、岩瑞讲述，艾荻、张开达收集整理。“司岗里”，佤语，意为“石洞里出来”。传说天成之初是疙里疙瘩的，天神用巴掌把天磨得十分光滑，并安了太阳、月亮和星星。地神则用泥土堆出高山，推出河道、深谷。天和地被铁链连在一起，天神地神又用巨斧砍断铁链，让天升上去，地降下来。人神莫伟在石洞里创造了人，从洞里先出来的是佤族，接着是拉祜族、傣族、汉族。莫伟又教人狩猎和种植。

兄妹神 佤族神话。流传于云南沧源佤族地区。白老大讲述，张云整理。传说达梅吉神创造了人，但人不会说话，不会种地。后来人们在阿维河里洗了手脸，就会说话了。人们向达梅吉神要谷种，可谷种在海底。有兄妹俩战胜龙王，从海底取回谷种。后来兄妹结婚，谷子长得不好，于是他们不得不分离。他们死后变成两座大山，一座即是现在缅甸境内的公明山，另一座即是焦山。

高辛和龙王 畲族神话。流传于福建畲族地区。陈炜君整理。传说不知多少年以前，凤凰山有个叫高辛的人，造了太阳、月亮、星星和飞禽走兽，大家就推举他做皇帝。高辛的耳朵痒了三年，一日从中爬出一条金虫来，金虫变成龙王飞到海里去了。后番王攻打高辛王，龙王变做一条麒麟，咬下番王的头，高辛就将三公主嫁给他。高辛和龙王死后，他们的子孙迁徙到远方，一直过着射猎耕种的生活。汉族《后汉书》等古籍中记载的《盘瓠》情节与此相近。

天眼重开　畲族民间故事。流传于福建、浙江畲族地区。唐梓桑、周世培收集整理。传说一阵狂风刮过，黑气漫天涌来，整个大地一片黑暗。有个叫勇国的后生，决心为民消除灾难，让大家重见天日。山神的女儿妮囡指点勇国得到凤凰山顶的双头宝剑，又帮助他斩杀恶龙，拨开乌云，于是大地重见光明。

石牛　畲族民间故事。流传于浙江畲族地区。兰花讲述，唐梓桑整理。传说有个狠心的财主害死了农民的耕牛。农民只好向财主借牛耕田，并答应将来分一半谷子给他。有个老木匠得知此事，连夜雕了一头水牛，让农民天黑时牵着去耕田。财主得知后抢走水牛，并点火将牛烧死，哪知火星四处飞溅，落到财主的眼睛里，财主立刻瞎了眼。

太阳和月亮的故事　高山族神话。流传于台湾高山族布嫩部落。马哈山、达和讲述，陶立璠采录。很久以前，天空有太阳兄弟，轮流出现，不分白天和黑夜。弟弟性情温和，当它出现时，万物愉悦；哥哥性情暴躁，只要它一出现，万物濒死。一老人决心射日，他来到太阳升起的地方，张弓搭箭，射瞎哥哥的一眼。从此哥哥变成了月亮，而弟弟就是现在的太阳。

螺蛳变人　高山族民间故事。流传于台湾高山族地区。林登仙讲述，何陈采录。传说有个穷苦农民，把一只捡来的螺蛳放在水缸里养着。每当他从田里回来，就会发现做好的饭放在炉灶上。后来他终于发现原来是螺蛳化作女人，帮他做饭。于是两人结为夫妻。不久，螺蛳姑娘被皇帝抢去，农民设计杀死皇帝，夺回妻子，从此过上幸福生活。

日月潭　高山族民间故事。流传于台湾高山族地区。萧甘牛整理。传说太阳和月亮被潭里的恶龙吞食了，天地一片黑暗。据说只有找到阿里山下的金斧头和银剪子才能制伏恶龙。有一夫妻俩从阿里山脚下挖出金斧头和银剪子，丢下深潭，斩杀了恶龙，又将太阳和月亮抛上天空。从此夫妻俩守在潭边，变成潭边的两座山。后来人们把这个潭叫日月潭。

扎努扎别　拉祜族神话。流传于云南拉祜族地区。杨铜收集整理。传说很古的时候，从地下钻出一个人，名叫扎努扎别。那时天很低，扎努扎别又长得十分高大，他舂米时把天顶上去了。扎努扎别种的粮食不奉献天神。天神很生气，用药把他毒死。他死后，百鸟前来吊孝。

牡帕密帕　拉祜族神话叙事诗。流传于云南澜沧、双江、孟连及西双版纳拉祜族地区。除歌头、歌尾外，包括“造天造地”、“造物造人”、“生活下去”等三章。传说天神厄莎在朦胧的宇宙中创造了清澈的天空，辽阔的大地；培植万物，使大地生机盎然。他对育人的葫芦倍加爱护。最后从葫芦里产生了人类的始祖扎笛和娜笛。他们击石取火，采集狩猎，开地盖房，制造农具，成为创造世界的文化英雄。有云南人民出版社出版的汉文译本。

孤儿与妻子　拉祜族民间故事。流传于云南拉祜族地区。传说有一孤儿娶了相貌难看的姑娘为妻。一天其妻用泉水洗脸后变得异常漂亮。土司见了，要强娶她为妾。孤儿与妻无奈，想出一计。于是，孤儿杀死黄狗，狗头由妻子带到三岔路口暗示去向；孤儿拿出一张灰狼皮到街上去卖。然后，孤儿之妻就到土司家去。在土司家里，孤儿之妻整日不说话，土司大怒，以杀头威胁。孤儿之妻说：“要我说话，除非你披上一张灰狼皮。”土司让人从孤儿手中买来了灰狼皮，他刚一披上灰狼皮，就被家里的黄狗咬死了。孤儿与妻重新团聚。

火把节　拉祜族民间故事。流传于云南拉祜族地区。传说有个恶人每年六月二十四日晚上都要出来吃人眼。有个善人就以田螺冒充人眼给他吃。一天晚上，善人在羊角上点燃蜡烛，让羊去找恶人，恶人害怕了，躲进山洞不敢出来。此后，拉祜族便在每年的六月二十四日过火把节。

端节的由来　水族民间传说。流传于贵州三都水族地区。韦山等讲述，潘朝霖收集整理。传说水族先民逃荒来到贵州三都地方，老祖公拱登让大家分散居住，并约定三年后的水历年底回三洞团聚。第一个年节到了，各支的人都聚集到三洞，却和前来抢地的官家发生冲突，最后将官兵赶走。青年们在坡上举行跑马比赛，热热闹闹过了年。以后每逢水历年底，水族同胞都抬着丰收的果实到三洞团聚。水语称这种聚会为“借端”，亦即“端节”。

石马　水族民间故事。流传于贵州三都水族地区。蒙炳华、汪寮收集整理。传说在拉梭地方有一尊天生的石马，能够识别善恶。石马见了恶者，不会嘶鸣，让他一动不动跪在地上。因此官家不敢到寨子里上粮纳税，水族人过着清静的日子。皇帝一心想把石马弄进宫，就亲自带领人马来到拉梭，只见石马高高屹立在山头上，不嘶也不动，而群马也都乖乖地跪在地上不动了。皇帝气急败坏，跳到石马的背上，想制服石马，不料石马腾空而起，把他从半空摔到地上。皇帝就这样被摔死了。

米拉尕黑 东乡族民间故事。流传于甘肃东乡族地区。赵燕翼收集整理。传说米拉尕黑向月亮射了一箭，于是一面能看到美丽姑娘的月光宝镜从天上掉下。他历尽艰辛，终于找到镜子里的姑娘海迪亚。他们以宝镜为媒，商定第二年完婚。后来，财主马成龙想娶海迪亚为妾，就让她喝下迷魂酒，使她失去记忆。米拉尕黑在风雷宝驹的帮助下，向海迪亚讲述月光宝镜的故事，唤起了她的记忆。于是二人同乘风雷宝驹回到家乡，结为美满夫妻。

创世纪 一译《人类迁徙记》。纳西族神话叙事诗。流传于云南丽江纳西族地区。长二千余行。传说远古时代，天地混沌，白气、妙音变出善神和白鸡，鸡生白蛋，孵化出九兄弟和七姐妹开天辟地。后巨牛出世，天地摇荡，智者造“居那若果山”以镇之。瑞气、妙音交合成白露和大海，海蛋孵出第一代人。传到第九代，洪水滔天，仅有从忍利恩逃出。他与仙女衬红裹白相遇并相爱，一起回到天宫，遭岳父子劳阿普的百般刁难。从忍利恩得仙女之助，解决道道难题，迫使子劳阿普允婚。婚后夫妻俩又历尽艰辛，回到人间，繁衍出藏族、白族、纳西族三兄弟，人类、民族由此而始。

东术争战记 纳西族神话。流传于云南丽江纳西族地区。李即善讲述，杨世光整理。传说在居那若果神山上有黑白两界。白界住着善神米利东主，黑界住着恶神米里术主。善神东主有个儿子叫阿璐，恶神术主有个儿子叫米委。米委偷白界的太阳时被善神东主杀死。恶神术主的女儿耿拉茨娸使美人计，将阿璐杀害，并乘机进入白界，善神请来天兵天将，杀尽恶神家兵。从此太阳和月亮永远挂在天上。神话内容庞杂，其中夹杂着许多纳西族民间风俗和动物习性等故事。

丁巴什罗 纳西族宗教神话。流传于云南丽江纳西族地区。赵银堂讲述，杨世光整理。传说天女第七代莎饶里宇今姆与阿普第九代今补拖格婚配，后今姆生丁巴什罗。女魔固松麻把丁巴什罗煮在大铜锅里，蒸气又将他送到十八层天。丁巴什罗在天上修习东巴经。这时女魔在人间作怪，人们请丁巴什罗下凡除妖。丁巴什罗来到人间降伏女魔，后成为纳西族东巴教教主。

狮格干姆 纳西族摩梭人民间传说。流传于四川盐源、云南宁蒗摩梭人地区，杨世光收集整理。传说女神狮格干姆骑着狮子出巡永宁，因留恋于泸沽湖的秀丽景色而住下不走。周围数百里的男山神纷纷前来求婚，都成了她的临时阿注(情人)。丽江玉龙山神英俊无比，也赶来求婚，与狮格干姆在泸沽湖边对歌，双方情投意合，但狮格干姆就是不肯到玉龙雪山去，一直住在永宁，护佑四方生灵。摩梭人崇敬、爱戴她，并按照她的样子建立婚姻和家庭，这就是摩梭人阿注婚姻的由来。

泸沽湖的传说 纳西族摩梭人民间传说。流传于云南纳西族摩梭人地区。杨解收集整理。传说有一个凶恶的土司，每到秋收时就把农民的粮食抢走。一个放牛的牧童吃不上饭，非但没有饿死，反而身强力壮。牧童告诉乡亲们一个秘密，狮子山下洞里有许许多多的肉。土司得知后想把这块大肉挖出来，可是挖了几天也挖不出来。只好叫帮手用绳子拴着肉，用十匹马来拉，这时山洞涌出大水，淹没了整个坝子，这里就成了后来的泸沽湖。

祭猎神的由来 纳西族民间传说。流传于云南丽江纳西族地区。和义光讲述，杨增烈等收集整理。传说一对同父异母兄弟相亲相爱。可后母对哥哥很刻薄，给他吃的是麦麸、米糠。哥哥就住到山上去，掌管各种野物，苦行修炼，成了猎神。弟弟不相信，带了猪头和鸡祭祀哥哥，果然获得很多猎物。从此，猎人们每年都拿猪头和鸡祭祀猎神。这就是纳西族人祭猎神的由来。

阿一旦的故事 纳西族机智人物故事。流传于云南丽江纳西族地区。据传阿一旦实有其人，大约生活于清代咸丰、同治年间，从小聪明机智，因欠租抵债，被迫到土司家当长工。他时常愚弄土司老爷，后逃离家乡，到大理以唱戏为生。二十多年后返回家乡，讲述他愚弄、惩治土司老爷的故事。故事在流传过程中，纳西人按照自己的审美观念和艺术情趣不断加工丰富，将阿一旦塑造成一个令人喜爱的艺术形象。现存故事五十多则,代表作品有《打猎》、《挖沟》、《磕头》、《换衣》、《木家败》、《起死回生》等。

游悲 纳西族民间叙事长诗。流传于云南丽江纳西族地区。描写男女主人公一个将被抓去当兵,一个将被迫出嫁。双双在走投无路时,立下生相爱、死相伴的誓言,选定吉日,到玉龙山殉情;死后进入想像中的极乐世界“玉龙第三国”。长诗一般在纳西族青年男女殉情前或超度殉情者亡灵时吟唱。

鱼水相会 纳西族民间叙事长诗。流传于云南丽江纳西族地区。诗中写白雪有情化做清泉,柏枝有情化做小鱼。鱼儿和清泉相携相伴奔向前方。它们一路上同心协力,并在石匠、樵夫、猎人和农人的帮助下,穿过三重岩,越过深山谷,战胜水獭,瞒过叉鱼人的眼睛,躲过鱼鹰,来到龙泉海。后鱼儿变做青龙,清泉变做白云,双双进入天宫。在天宫里,白云又变成明珠,从此青龙永绕明珠。全诗以鱼和水象征一对恋人,以对唱形式叙述他们克服重重障碍,生生死死在一起的故事。

玉龙雪山的传说 纳西族民间传说。流传于云南丽江纳西族地区。和耀淑、和茂根讲述,和强整理。玉龙雪山和哈巴雪山是一对孪生兄弟,在金沙江边靠耕种山地和淘金度日。后金沙江峡谷被魔王霸占,玉龙兄弟便和魔王大战三天三夜。玉龙累得大汗如雨,汗水流淌到大地,变成一年四季玉龙山的流水。魔王终被赶出金沙江,但弟弟的头被魔王砍进江里,变成秃顶的哈巴雪山。哥哥为防止魔王的侵犯,举起十三把锋利的宝剑,插在金沙江岸边,这就是后来擎天拔地的玉龙雪山十三峰。

蜂花相会 纳西族民间叙事长诗。流传于云南丽江纳西族地区。通篇以蜂和花象征一对恋人,叙述它们冲破重重阻隔、终于相会的故事。阳春三月,蜂儿出窝,花儿怒放。尽管它们之间隔着千重岩,万里江,但凭着对爱情的忠贞,终于冲破艰难险阻,相会在一起。后它们又向金匠、巧女学会手艺,打出金蜂,编出银花,金蜂配银花,一年四季永不分离。

宁冠哇 景颇族神话。流传于云南德宏景颇族地区。木然瑙都收集整理。传说远古时候,大地一片混沌,只有水和石头混在一起。太阳神有一对儿女,儿子叫宁冠知恁,女儿叫玛璋维舜,他们结为夫妻后,生下一子叫宁冠哇摩甘。他成人后创造了大地、山川和河流。其父母死后,血肉变成泥土,汗毛和头发变成青草和树木,肠肝肚肺变成各种宝藏。后宁冠哇摩甘遇到龙王的女儿,结为夫妻,生育了很多子女,他们成了后来的各个民族。

目脑的传说 景颇族民间传说。流传于云南德宏景颇族地区。传说一个魔王每餐要吃一个小孩,不然就要为害百姓。太阳神送给雷盼一把威力无边的功果宝刀,雷盼就用这把宝刀率众战胜魔王。人们欢喜若狂,欢庆胜利。此后这一活动成了景颇族的传统节日“目脑节”。关于“目脑节”的来历,也有其他不同传说。

弯和直 景颇族民间故事。流传于云南德宏景颇族地区。李向前、鸥鲲渤收集整理。传说有姓弯和姓直的两个人争论人心弯好还是直好,争论不下便打起来。姓弯的将姓直的打翻在地,挖下眼睛,丢进江中。太阳公公从江里捞起姓直人的眼睛,帮他安上,又帮助他过上好日子。

玛纳斯 柯尔克孜族英雄叙事诗。流传于新疆克孜勒苏柯尔克孜族地区。目前已收集到八部,二十多万诗行。描写玛纳斯八代英雄的斗争事迹。第一部《玛纳斯》,叙述玛纳斯联合各部落反抗卡勒玛克、契丹统治的业绩;第二部《赛麦台依》,叙述玛纳斯死后,其子赛麦台依继承父业,继续与卡勒玛克斗争,因叛徒出卖被害,柯尔克孜人再度陷入卡勒玛克统治之下;第三部《赛依台克》,叙述第三代英雄、赛麦台依之子赛依台克严惩内奸,驱逐外敌,再度振兴柯尔克孜族的业绩;第四部《凯耐尼木》,叙述第四代英雄、赛依台克之子凯耐尼木消除内患,为柯尔克孜人缔造安定生活的业绩;第五部《赛依特》,叙述第五代英雄、凯耐尼木之子赛依特斩除妖魔,为民除害的业绩;第六部《阿斯勒巴恰、别克巴恰》,讲述阿斯勒巴恰的夭折及其弟弟别克巴恰继续与卡勒玛克人斗争的事迹;第七部《索木碧莱克》,讲述第七代英雄、别克巴恰之子索木碧莱克打败卡勒玛克、唐古特、芒额特部,驱逐外族掠夺者的事迹;第八部《奇格台依》,讲述第八代英雄、索木碧莱克之子奇格台依与卷土重来的卡勒玛克人进行艰苦斗争的业绩。各部内容既密切相关,又可独立成篇。不仅具有文学欣赏价值,而且是研究柯尔克孜族语言、历史、民俗、宗教的一部百科全书。这部史诗在阿富汗等国的柯尔克孜人中也有流传。

天神造陆地 土族神话。流传于青海土族地区。传说远古时候，有位天神总想在水面上造一块陆地，可是找不到落脚的地方。一天，天神看见一只金蛤蟆漂浮在水面上，便将一把土放在它的背上，不料金蛤蟆沉入水底。当金蛤蟆浮出水面时，天神一箭射穿蛤蟆，又将一把土放在它的背上。金蛤蟆翻过身，紧紧地抱住这把土，再也没有沉下去。这一把土就成了后来的陆地。

拉仁布与琪门索 土族民间故事。流传于青海土族地区。席元鳞、星全成综合整理。传说财主家的长工拉仁布与财主的妹妹琪门索相爱，财主千方百计破坏他们的爱情，最后杀死拉仁布。尸体火化时，琪门索扑进烈火殉葬。财主把两人的骨灰分埋在河的两岸。没过多久，河两岸各长出一棵树，树枝相交。财主又将树砍倒，放进灶堂烧掉。火中飞出一对鸳鸯，啄瞎财主的双眼，飞上天去。

黑马张三哥 土族民间故事。流传于青海互助、大通土族地区。王殿收集整理。传说张阿奶的丈夫和儿女都被九头妖魔吃了，陪伴她的只有一匹黑骒马。不久骒马产下一个男娃娃，老阿奶给娃娃取名叫"黑马哥"。一天，老阿奶将九头妖魔的事告诉了黑马哥，黑马哥便去找九头妖魔，路遇石头大哥和木头二哥，三人结拜为兄弟。三兄弟上山打猎，正好遇上九头妖魔。黑马哥一刀砍下它的脑袋，兄弟三人又深入魔窟，杀死其他妖魔。

老阿奶和蟒古斯 土族民间故事。流传于青海互助、甘肃天祝土族地区。东国福讲述，王殿等收集整理。传说有一老阿奶的丈夫和三个女儿都被蟒古斯吃掉了，家中的剪子、锥子和篮子等决心为老阿奶报仇。一天晚上，蟒古斯又来吃老阿奶。剪子、锥子和篮子等各显神通，同心协力杀死了蟒古斯。

尼桑萨满 达斡尔族民间传说。流传于内蒙古莫力达瓦达斡尔族地区。巴达荣嘎、奇克热等讲述，萨音塔娜整理。传说古时候巴彦(财主)的两个儿子先后暴病死去。有个老人让他去尼苏海河请尼桑萨满帮忙，让儿子起死回生。萨满在阴间度过重重难关，终于在阎王城堡找到巴彦儿子的灵魂，将他带出阴间，并给他讨回九十九岁的阳寿。达斡尔族信奉萨满教，有关尼桑萨满的传说变体很多，神话色彩较浓。

风刮卜奎 达斡尔族民间传说。流传于黑龙江齐齐哈尔郊区。隋书今收集整理。传说很久以前，卜奎(即今齐齐哈尔)地方有许多达斡尔族村落。朝廷派风水先生等人到这里看风水，修城池，限令住在这里的人三天之内搬走。有位苏义爷爷，借大风之夜把官府筑好的街坊，不差分毫地搬到江东。风平天晴时，官兵大吃一惊，以为天意如此，只得把卜奎城建在江东。

杀蟒盖 达斡尔族民间故事。流传于内蒙古莫力达瓦达斡尔族地区。钢苏和收集整理。传说有个男孩的金银被蟒盖(达斡尔语，意为魔鬼)抢去，路遇耳朵、眼睛、锥子、鸡蛋、棒槌、牛粪和磨盘，它们跟着男孩一齐去蟒盖家要东西。耳朵、眼睛爬到窗户上，锥子藏在坐垫下，鸡蛋钻在火盆里，棒槌藏在门后边，牛粪爬在门坎上，磨盘坐在门框上头。魔鬼回到家，往垫子上一坐，锥子猛扎屁股；到火盆里点烟，鸡蛋爆炸；棒槌打得它头破脸伤……最后男孩在小伙伴们的帮助下杀死蟒盖，取回金银。故事在不少民族中以不同的变体流传，极富童话色彩。

拇指孩儿 达斡尔族民间故事。流传于内蒙古莫力达瓦达斡尔族地区。奇克热讲述，萨音塔娜整理。传说有一老太太不小心把大拇指切断。一会儿大拇指变成一个小男孩，老太太很高兴，可老头儿说拇指孩儿是个鬼，坚持要离家出走。结果半路上老头被拇指孩子捉弄，自己将自己杀死。此为典型的"怪孩子故事"类型。

会唱歌的酒壶 达斡尔族民间故事。流传于内蒙古莫力达瓦达斡尔族地区。奇克热讲述，萨音塔娜整理。传说有户穷人家，母子俩靠打鱼生活。儿子打鱼时唱歌，鱼儿会游到江边来，每天打回很多鱼。白音(财主)的女儿最喜欢听小伙子唱歌，总想见见他。她生病的时候，白音请小伙子来唱歌，小姐隔着布帘听。一天，她掀开布帘，见小伙子长得奇丑无比，吓了一跳；而小伙子见她长得很好看，回到家里竟得了相思病。他临终前想见小姐未成，请求母亲在他死后用他的心和着泥土，捏成一个酒壶。其母果真照办。后来这把酒壶传到白音家，酒壶竟会唱歌，并对小姐叙说自己的冤情。酒壶一说完就立刻炸开，把小姐也炸死了。

黄水滔天 羌族神话。流传于四川汶川羌族地区。传说远古时候，一个猴子顺着马桑树爬上天，打翻了盛水的金盆，大水流向人间。地上有姐弟俩，赶紧钻进一个大桶里，黄水退去后，人烟全无。姐弟成为夫妻，不久生下一肉团，弟弟将它割成小坨坨，挂在百种树上。第二天，每棵树下有一家人，核桃树下的姓何，白杨树下的姓白。

白云石 羌族神话。流传于四川羌族地区。传说远古时候，有两个牧人，一叫喀，一叫蔡家宝。喀常虐待蔡，玉皇大帝就给蔡一块白云石，让他去打喀。喀被打败，只好住在雪山上；蔡住在好地方，生了许多儿子，成了人类的始祖。羌族人为感激拯救他们祖先的白云石，一直供奉白云石神。

斗安珠与木姐珠 羌族民间故事。流传于四川羌族地区。传说斗安珠与天爷木爸的三女儿木姐珠在放牧时产生了爱情，天爷虽同意斗安珠求婚，但给他出了一道道难题。在木姐珠和众天神的帮助下，斗安珠解决了所有难题。他们离开天宫前，天爷赠给他们三斗杉木种、三斗灌木种，并告诉他们路上不能回望天城。可是一路上他们把天爷的话忘了，又误将杉木种播在高山，灌木种播在矮山，所以后人要披荆斩棘才能播种粮食。

顾米亚 布朗族神话。流传于云南西双版纳布朗族地区。朱嘉禄整理。传说很早以前没有天，没有地，也没有人。神巨人顾米亚及其十二个孩子立志开天辟地，创造万物。他们用犀牛皮做天，眼睛做星星，让牛肉变成地，牛骨变石头，牛血变成水，牛毛变草木，牛脑变成人。牛的四脚支天，大鳌鱼托地。但太阳九姊妹和月亮十兄弟放出烈光，想毁灭大地上的一切。顾米亚射落八个太阳和九个月亮，剩下的一个太阳和月亮乖乖躲起来。世上极其黑暗寒冷，于是公鸡请出太阳和月亮；顾米亚命令只许太阳白天出来，月亮晚上出来。从此世上的一切又有了生命、欢乐和希望。

盘兄和古妹 毛南族神话。流传于广西环江毛南族地区。谭金田、蒋志雨收集整理。传说古时候土地爷和雷公分别管理着大地和天上。后来，土地爷和雷公进行了三场恶战。雷公被土地爷捉住，被盘兄和古妹救出。雷公拔下两颗门牙给盘古兄妹，兄妹种下门牙，结出两个金葫芦。等雷公发下洪水时，盘兄和古妹乘坐葫芦得以幸免洪水之害。兄妹用泥捏人，从此世上有了人类。

格射日月 毛南族神话。流传于广西环江毛南族地区。谭履宜讲述，蒋志雨等收集整理。传说大禹治水时，将洪水引入东海，却将水妖九头乌龙和九头白熊放归天庭。九头乌龙放出烈火，变做十个太阳，暴晒人间；九头熊妖原是冰精，晚上混同月亮一起出来，想把人冻死。猎人格到处求师学艺，并在仙人的帮助下，获得光箭，射落九个太阳，射死九头冰精，只留一个太阳在天上。

顶卡花 毛南族民间故事。流传于广西环江毛南族地区。谭光和讲述，袁凤辰、过伟收集整理。传说汉族金哥在山上发现一种金黄的竹子和一种乌黑的竹子，就拿回家编了一顶花竹帽（毛南族语叫“顶卡花”），送给灵英姑娘做信物。灵英姑娘戴上帽子，毛南妹仔十分羡慕，都要金哥编花竹帽。从此，花竹帽遍及毛南山乡，一代一代传下来。

灶王的故事 毛南族民间故事。流传于广西环江毛南族地区。谭履宜讲述，谭金田收集整理。传说有一州官到任后，要每家轮流请他吃一天上等宴席，不然就抄家灭门。有个姓宋的农民请州官吃酒，一巴掌把州官打在灶旁的墙壁上。有人说，把他的像画下来，贴在灶旁，让他瞪着眼看我们煮好东西吃。皇帝知道了，封他为灶王，且要家家户户在灶旁贴上他的像。

金色鼠 毛南族民间故事。流传于广西环江毛南族地区。卢公道讲述，蒙国荣收集整理。传说有个穷苦人投宿于破庙，睡梦中有个老婆婆送给他一件宝物金鼠皮。他穿上金鼠皮，即刻变成一只金色鼠。金色鼠进了皇宫又变成一个俊俏的后生，与公主欢聚。皇帝得知此事，将他交与官府发落，他又变成一只金色鼠。这时又突然跑出一只金色猫，一把将金色鼠捉走。原来金色猫就是公主变的。后来他和公主远走高飞。

喊太阳 仡佬族神话。流传于贵州遵义仡佬族地区。王国荣等讲述，陈营章等采录。传说古时候，白天有七个太阳，夜晚有七个月亮。太阳把地上的东西都晒死了，只剩下一棵大麻桑，人无法活下去。有一老人花七天七夜工夫制成一张弓，十二支箭，爬到麻桑树上，射落六个太阳，剩下的一个赶紧躲进云层里。晚上当七个月亮出来时，老人又射落六个月亮，剩下的一个月亮也不敢出来。世间一片黑暗，老人就让公鸡用它美妙的歌声唤起太阳。从此公鸡就每天报晓，将太阳喊出来。

天与地 仡佬族神话。流传于贵州遵义仡佬族地区。熊文帮讲述，葛振亚采录。传说古时候张龙王制天，李龙王制地。李龙王勤快，将地制宽了，天盖不完地。张龙王就把天扯宽，不料天被扯破了，女娲只好炼石补天。两龙王将地抱起来加上箍，这一箍就箍出些皱皱、包包，现在的高山、河谷、平川就是这样形成的。

山满 仡佬族民间传说。流传于贵州遵义仡佬族地区。贵州民族学院中文系民族文学组搜集整理。传说山满从小受财主的欺压。他练就一身好武艺和几手绝活，又能劫富济贫，除暴安良，地方豪绅和县官老爷一次次和他较量，都被他打败。当太平天国起义军进入贵州时，山满带领几千人参加了石达开领导的太平军。仡佬人都称他为"山满公"。

竹王 仡佬族民间传说。流传于贵州毕节仡佬族地区。魏绪文搜集整理。传说姑娘倡乳在河边洗衣服，一节竹筒向她漂来，她捞起竹筒，一个男娃娃从中蹦出。她便带回去扶养，取名叫笃筒。笃筒成人后，臂有千斤力，练得一身好武艺。一天其母被老虎抓去，笃筒上山打死老虎，寻回母亲的尸体。此事越传越远，各村寨争着请他去当寨主。于是笃筒统领各寨建立了夜郎国。因他是竹中所生，人们称他为竹王。

发髻的来历 仫佬族民间故事。流传于广西罗城仫佬族地区。潘琦、包玉堂收集整理。传说人熊婆留着一条长辫子，总是要仫佬族姑娘给她梳头，找虱子，谁若不肯，就把她吃掉。依秀在山上遇到人熊婆，就将她骗到一棵大树上，梳一把头发，就把这头发缠在树杈上。人熊婆发现上当，往树下一跳，头发全拔光了。人熊婆发誓要将仫佬族姑娘的头发全拔光。依秀教大家挽髻，并用丝网罩起来，再用青布巾包头。依秀又装扮成木匠，替人熊婆治秃头，趁机将她一斧子劈死。此后仫佬族姑娘就有了盘发髻的习俗。

遮帕麻与遮米麻 阿昌族神话叙事诗。流传于云南梁河阿昌族地区。诗中遮帕麻与遮米麻是阿昌人传说中的两位开辟神。遮帕麻是天公，创造了天空、太阳和月亮；遮米麻是地母，编织了大地，创造了海洋。天公、地母结合，九年后生下一粒葫芦籽。葫芦籽种下后，结出一个磨盘大的葫芦，从中走出汉、傣、阿昌等九个民族的人。作品还叙述了洪水以后，遮米麻修复大地，遮帕麻修复天门，同时制伏乱世魔王，重整大地，使世界重获安宁。神话保持了较好的原始面貌，对研究阿昌族历史、宗教信仰、生活习俗具有重要价值。有云南人民出版社出版的汉文译本。

石头阿祖和石头子孙 普米族神话。流传于云南宁蒗、四川木里普米族地区。曹匹初讲述，章虹宇收集整理。传说纳可玛（西王母）手下有三千个仙女专织云锦。一仙女不小心将天梭落在地上，天梭变成纳可穆玛山（昆仑山）。此山晚上变成姑娘，雨神吉西尼就来和她做伴。天神将吉西尼罚下人间，变成远隔千里的玉龙雪山。纳可穆玛很伤心，眼泪流成黄河和长江。云神每天晚上用云船将纳可穆玛接去与玉龙雪山相会。（据说普米族"夜宿晨分"的婚俗就是这样来的。）后纳可穆玛生下十个子女，他们就是后来白族、彝族和普米族的祖先。

洪水滔天 普米族神话。流传于云南普米族地区。马六斤等讲述，季志超米记录整理。传说古时候地上发洪水，一人得到青蛙的帮助，带着狗、猫、公鸡和舂棒到月亮上去了。洪水退后，神雕把他从月亮中带回地上，他和山神的三姑娘结婚。婚后，没有牲畜，没有种子，三姑娘上天取来牲畜、种子。因青蛙救了普米人的祖先，所以普米人不打青蛙。神话还讲述了许多普米族风俗习惯和动物、植物特性来历的故事。

给羊子的来历 普米族民间传说。流传于云南宁蒗普米族地区。和耀先、杨耀祖讲述，杨庆文收集整理。传说白楚之和若咪之两兄弟去西天取经，回来的路上，哥哥被蚊子咬死了。弟弟便挑着经书和哥哥的骨头回家，路遇一放羊老人，给他一只羊驮骨头。此后，普米族死了人，都要举行"给羊子"仪式，请羊子把死者送回到故乡。

祭三脚的来历 普米族民间传说。流传于云南兰坪普米族地区。吉良妞讲述，杨进宣、李松发收集整理。传说有个叫毕丽妞的姑娘得到一只家传宝玉镯。她出嫁那天，路遇魔鬼，父亲提着长刀和魔鬼搏斗；毕丽妞抛出玉镯，玉镯吐出熊熊烈火，向魔鬼烧去。魔鬼抱着父亲打滚，一起烧成灰烬。火熄后，玉镯变成一盘铁三脚升上天。普米人带着酒和鸡祭祀死去的老人。祭祀后，每家的灶上都立着一个铁三脚。普米人将其视为家庭的保护神祭拜。

黑母牛的故事 普米族民间故事。流传于云南兰坪普米族地区。熊美珍讲述，季志超米整理翻译。传说有个男子的小老婆施展妖术，将大老婆变成一头黑母牛，并虐待她的女儿昏祖代。黑母牛暗中帮助女儿昏祖代，但不久即被小老婆宰杀。后国王给王子选美,国王拿着一双光芒四射的金鞋,让所有的姑娘试穿。这双鞋只有昏祖代合脚,因而她被选为国王的儿媳。小老婆也被国王请进宫里,后在回家路上被马蜂蜇死。

鹰笛 塔吉克族民间传说。流传于新疆塔什库尔干塔吉克地区。艾田收集整理。传说娃发的父亲被奴隶主害死后,只留给他一只活了一百岁的兀鹰。一天,兀鹰忽然说起话来,要娃发把它杀死,用翅膀的骨头做一只笛子,只要吹起笛子,什么都能如愿。奴隶主得知兀鹰被杀,把娃发抓起来。娃发吹起鹰笛,成群的兀鹰飞来。只要兀鹰落下,奴隶主就会死去。娃发要奴隶主给每个塔吉克人十只羊、十头牛、十峰骆驼,奴隶主只好答应了。娃发吹起鹰笛,兀鹰就飞走了。

搓海玩海 怒族神话。流传于云南贡山怒族地区。李兴民讲述,李含生等收集整理。传说开天辟地时,天和地只有一人之隔。巨人搓海玩海天天用木头撞天,想把天撞高些。一天他在森林里发现一根闪闪发光的石柱,就用它撞天。天王为惩罚人类,收走太阳。不料搓海玩海用火堆造了一个太阳。天王放出一个蜗牛,扎伤了他的脚。七天后搓海玩海因伤口化脓死去。后来巨人的肉变成山岭和土丘,巨人骨粉变成森林。

腊普和亚妞 怒族神话。流传于云南贡山怒族地区。赛阿局讲述,陈荣祥等记录整理。传说古时洪水泛滥,人类全部淹死。天神让腊普和亚妞兄妹结婚。他们生了七个子女。七个子女中有的兄妹结婚,有的跟蛇、蜂、鱼、虎交配,生育后代。从此有了蛇氏族、蜂氏族、鱼氏族、虎氏族。

青蛙和绣花姑娘 德昂族民间故事。流传于云南龙川德昂族地区。李三补讲述,杨知勇收集整理。传说一个老人早晨将鲜花送给土司姑娘,晚上花朵就出现在姑娘的锦缎上。老人希望土司姑娘能做他的儿媳,但他无儿无女,就祈祷天神能赐给他一个儿子,天神就赐以青蛙儿子。后青蛙儿子爱上土司姑娘,要老人到土司家去求亲。土司要青蛙用金条铺路,且等路旁长出芒果树,才答应把女儿嫁给他。青蛙一一照办,终于娶了土司姑娘。深夜,青蛙变成一个英俊的青年,一家人过着幸福的生活。

三邻舍 保安族民间故事。流传于甘肃临夏保安族地区。乔维森、野枫收集整理。“大河家”地方住着三户人家,本来一直和睦相处,由于魔王派来的夜猫子挑拨,后来失去和气。北家搬到太子山,西家搬到三二家,东家留在大河家。魔王连施风旱雨涝,折磨这三家。三家兄弟临死时觉悟,留下遗嘱,教育子孙后代一定要和睦相处。三家子孙们后来发展成大河家的保安族、太子山的东乡族和三二家的土族,三族人都认为夜猫子叫是不祥之兆。

独弦琴的来历 京族民间传说。流传于广西沥尾岛京族地区。苏锡权等讲述,苏维光等收集整理。传说骷髅山上出了个蟹精,祸害百姓,弟弟阮生除掉蟹精,哥哥阮通却拿去报功,当上大官。后公主被乌鸦精抓走,关在一口枯井里,弟弟下去救出公主,哥哥却落井下石,堵死井口。弟弟在龙王的帮助下,逃出枯井,并得到龙王的传家宝独弦琴。哥哥又派侍卫把弟弟抓进水牢。弟弟拨动独弦琴,公主寻琴声找到阮生。后皇帝惩办了阮通,招阮生为驸马。

米碎姐和糠妹 京族民间故事。流传于广西防城山心岛京族地区。归苑收集整理。传说米碎姐受尽后母的欺压,死去的亲生母亲的魂灵常在暗中帮助她。米碎姐美貌如玉,又有一副好歌喉,天子也同她对歌,并欲娶她为妻。后母害死米碎姐,让自己的女儿糠妹冒充入宫与天子成亲。不久,米碎姐的坟上长出一棵拉提树,树上结一大果子。果子被一位虾婆得到,果子里走出一位美丽非凡的姑娘,她就是米碎姐。在虾婆的帮助下,米碎姐终于与天子结为夫妻。

大蚂蚁分天地 独龙族神话。流传于云南贡山独龙族地区。传说古代天地由九道土台紧连,地上的人可以从土台上天。一个叫嘎姆朋的人,经常上天去。有一次他得罪了一群大蚂蚁,蚂蚁便扒坏土台。从此天地分开,人再也不能上天。住在天上的嘎姆朋,最后变成天鬼。人们怕他降祸人间,所以每到“卡雀哇”年节时,就剽牛祭天鬼。

莫日根射日头 赫哲族神话。流传于黑龙江同江赫哲族地区。龙树林、吴连贵等讲述,龙志贤、黄任远采录。传说天上有三个太阳,人们被晒得透不过气来。莫日根遵照父亲吩咐,历尽千辛万苦来到大海边,登上山头,等三个太阳在海边刚刚露头时,他左右开弓,射落两个,第三个太阳吓得躲在云里,不敢露面。莫日根说:“你不要害怕,我不射你。但你要答应我一个条件：白天出来照亮，晚上回去休息。”太阳只得乖乖地照办。

口弦琴的传说 赫哲族民间传说。流传于黑龙江同江赫哲族地区。龙青山、吴连贵讲述，黄任远收集整理。传说瘟疫降到人间，人几乎死尽。一位老人从中救出一个小女孩。女孩长大后，老人给姑娘做了一只口弦琴。后来熊神偷走了口弦琴，并将它变为宝物。姑娘在石头老人的帮助下找回口弦琴，轻轻一弹，死去的人都复活了，而姑娘却变成了石头人。

赫哲人不戴狗皮帽子 赫哲族民间故事。流传于黑龙江饶河、富锦赫哲族地区。毕张氏讲述，韩福德收集整理。传说赫哲部落的头人躺在草地上睡着了，远处的荒火越烧越近，猎犬纵身跳入小河沟，沾湿全身，在头人身边转圈跑，草被淋得湿淋淋的。头人平安无事，猎犬却被烧死。从此，头人定下规矩，赫哲族人不吃狗肉、不戴狗皮帽。

天鹅姑娘 赫哲族民间故事。流传于黑龙江同江赫哲族地区。傅桂芝收集整理。传说布白姑娘看到一群美丽的天鹅自由自在地生活，羡慕不已，也想变成一只天鹅。有一天，布白梦见一只天鹅告诉她，只要多喝凉水，抖动双臂，就可变做天鹅。布白依法，果然变成天鹅。此后每隔几天，布白便带一群天鹅到家里下蛋。其母用蛋换取鱼粮，周济乡亲。

满斗莫日根 赫哲族民间英雄叙事诗。流传于黑龙江赫哲族地区。民间艺人以说唱文学“伊玛堪”形式传唱。描写部落战争中满斗莫日根的父母被俘，满斗莫日根和妹妹藏在草丛中幸免于难。神灵将妹妹收入山中抚养。十五年后，妹妹持九粒仙丹来见哥哥，使哥哥成为具有九头猛虎之力的英雄。兄妹为寻找失散多年的父母，开始艰难的西征。途中与穆扭莫日根部落的三兄弟结拜为四兄弟，在神灵保佑下，终于找到父母尸骨。满斗莫日根还将三个霍通合并成两个大部落，自己做了总头领，并杀死巨兽“乌鲁古力”，举行了隆重的庆祝和祭奠神灵的仪式。

满格木莫日根 赫哲族民间英雄叙事诗。流传于黑龙江赫哲族地区。描写满格木十六七岁时，踏上为父老乡亲复仇的征途。他战胜种种艰难险阻，惩治霸占渔民妻子的歹徒，生擒吃人的“乌鲁古力”巨兽，最后捉拿仇人，为父老乡亲祭奠，家乡从此太平。

杜鹃、啄木鸟和斑鸠 门巴族民间故事。流传于西藏门隅门巴族地区。拉玛次仁讲述，于乃昌收集整理。传说杜鹃、啄木鸟和斑鸠都想称王。它们商量后决定，早晨谁先见到太阳升起，谁就是鸟王。第二天一早，斑鸠和啄木鸟都面朝东方，惟独杜鹃面朝西方。斑鸠和啄木鸟朝东方望了半天，总不见太阳升起；杜鹃望着西方，不大一会儿，看见西方的雪山被东方升起的太阳照耀得金光闪闪，便高兴地叫道：“太阳出来了！”这样，杜鹃便成了鸟王。

皮休嘎木 门巴族民间故事。流传于西藏门隅门巴族地区。旺扎讲述，于乃昌收集整理。传说皮休嘎木是个有名的木匠，其子向他学了一点手艺就不想再学了。一天，他对儿子说：“我们父子各驾一对飞翼，看谁升得高又降得下。”父子俩驾着飞翼腾空而上，结果皮休嘎木平安落地，可是儿子摔死了。因此门巴族谚语说：“做事不懂要问父亲，走路不快要寻骏马。”

阿嬷尧白的故事 基诺族神话。流传于云南西双版纳基诺族地区。传说远古时代没有天、没有地，只有水。水慢慢凝成冰块，冰块炸成两片，从中走出阿嬷尧白。两块冰有轻有重，重的沉下去变成了地，轻的升上去变成了天。阿嬷尧白修了地又补了天。这就是宇宙天地的开始。

玛黑玛妞和葫芦里的人 基诺族神话。流传于云南西双版纳基诺族地区。白赛腊、白赛东讲述，赵鲁云整理。传说玛黑、玛妞兄妹将要成人之时，世上忽然发了洪水。父母砍来苦果树，做成一只大木鼓，又在木鼓里放了够吃九天九夜的粮食和一只小鸡，让他们乘着木鼓逃生。鸡叫时，洪水退去。兄妹只找到一粒葫芦籽，将它种下地。后兄妹结婚，等葫芦长大了，打开葫芦，第一个出来的是布朗族人，第二个出来的是基诺族人，第三个走出来的是傣族人。玛黑、玛妞教他们数数、干活，并为三个民族分了文字。布朗族将文字写在粑粑上，基诺族将文字写在牛皮上，后来他们饥饿时将粑粑、牛皮吃掉了，所以布朗族和基诺族至今无文字。

鱼姑娘 基诺族民间故事。流传于云南西双版纳基诺族地区。陈平、赵鲁云收集整理。传说有一小伙子在泥水塘里打到一条鱼，便拿回家养起来。每天干活回来都要背三筒清泉水，添进养鱼的水罐里。原来这条鱼是龙王的公主，小伙子在她的帮助下，解决了龙王提出的一个个难题，娶得了公主，生活一天天富裕起来。后小伙子与邻居姑娘勾搭，公主钻进土里不见了。小伙子和邻女结了婚，日子却越过越艰难。

九隆神话 西南诸民族神话。见于《后汉书》、《华阳国志》、《记古滇说》和《南诏野史》等。据《后汉书》载：哀牢夷者，其先有妇人名沙壹，居于牢山。尝捕鱼水中，触沉木若有感，因怀妊，十月产子男十人。后沉木化为龙，出水上，沙壹忽闻龙语曰："若为我生子，今悉何在?"九子见龙惊走，独小子不能去，背龙而坐，龙因舐之。因其鸟语，谓背为九，谓坐为隆，因名子为九隆。及后长大，诸兄以九隆能为父所舐而黠，遂共推以为王。后牢山下有一夫一妇，复生十女子，九隆兄弟皆娶以为妻，后渐相滋长，人皆刻画其身，像龙文，衣皆著尾。此神话曾演变为《白王的传说》，在白族中广泛流传。

口传文学形式

好来宝 蒙古族说唱文学的一种。意为"联韵"。广泛流行于内蒙古地区。是一种即兴创作的自由诗体。主要特点是押头韵，有时也押脚韵。有两行一韵，四行一韵，隔行押韵，交叉押韵等几种形式。按演唱方式可分为叙事式单口好来宝、问答式对口好来宝、论战式好来宝等三类。叙事式单口好来宝，蒙语称"扎达盖"好来宝或"当海"好来宝，多为一人演唱，以赞颂、讽刺、比喻手法描写人和事。问答式对口好来宝，蒙语称"比图"好来宝或谜语式好来宝，两人演唱，一问一答，内容涉及天文、地理、历史、人物、传说等。论战式好来宝，蒙语称"达日拉查嘎"好来宝，两人演唱，主要用于辩论。

鲁体民歌 藏族民歌体式之一。包括流行于甘肃、青海、四川藏族地区的"鲁"、"卓"、"拉伊"，流行于云南藏族地区的"擦拉"和西藏地区的"郭尔谐"的部分民歌在内。以三段形式为基本结构，每段少则二、三句，多则十数句，以二至五句为常见。每句音节相等，最常见的是七、八音节句。每首段与段之间，段中相对应的句子之间在设意、用词、节奏停顿上，都有对仗关系。在一般情况下，前数段是比兴，末段点明本意。回环排比，反复咏叹。

谐体民歌 藏族民歌体式之一。包括原来流行于甘肃、西藏、四川等地的"谐"、流行于四川德格一带的"古儿姆"、云南中甸一带的"日玛"等民歌在内。一般四句一首，每句六个音节，每两个音节一停顿，一句三顿，不讲究押韵。也有的每首六句或八句，各句仍为六音节三顿。有的通篇为比喻，有的通篇为直陈；也有的前两句比喻，后两句实指，或前实指后比喻。

阿鲁孜 维吾尔族诗律。由八世纪阿拉伯学者哈里勒·伊宾·艾合买德创立，并以家乡古名"阿鲁孜"命名。其调式共有十六种，后波斯学者又增加三种，变体则有数十种之多。注重长、短音节的组合，并以长短音节的交错变换增强音乐美感，宜于朗诵。

格则勒 维吾尔族诗体名。"格则勒"一词，源于阿拉伯语，意为"调情逗爱"，也译为"情诗"。韵律较为严谨，每两行为一联，每首诗三至十二联不等。多数为四至八联。首联同韵，以后隔行押韵，一韵到底。音律采用阿鲁孜诗律，长短音节组合、交换，以求音调的铿锵和谐。尾联须出现作者的名字。

柔巴依 维吾尔族诗体名。"柔巴依"一词，源出于阿拉伯语，意为"四的组合"，也译为"四行诗"。每首四行，独立成篇。一般一、二、四行押韵，近似汉族诗歌中的绝句。

贾 苗族民歌的一种。流行于贵州黔东南苗族地区。一般是五言对仗，偶间杂言。不押调，朗诵而不吟唱。句末所使用的词多为同义或近义的名词、动词等，各自对衬。朗诵时，声音一高一低，一平一升，一升一降，起伏和谐，节奏感强。篇幅不一，短的几十行，长的数百行，其中保存了大量的苗族古老神话作品。"理老"在调解纠纷时，有时也用"贾"仲裁。

嘎别福 又称"嘎百福"或"嘎福歌"。苗族民间说唱文学的一种。流行于贵州黔东南苗族地区。特点是韵散结合。散文部分讲述故事，韵文部分五言押调。韵文不限句数，根据内容，可多可少。句首为起兴，语音固定，一般为"嗬嗬依呵，嗬嗬依呵"，无实际意义。第二句前三个音节语音固定为"商侯哩"或"迭依哩"，然后紧接正式歌词。唱完一层意思后，起句的前三个音节也必须加入"商侯哩"或"迭依哩"。甲唱完，乙如回答，需要重复甲所唱的歌词，再加入自己所要唱的内容。一般多表现对现实生活中不良倾向的批评，短小精悍，讽刺色彩较浓。

恰央 苗族民歌的一种。流行于贵州黔东南苗族地区。节奏自由，曲调高亢，曲式短小。歌词多为五言，四句或五句一首，分歌头和歌尾两部分，演唱有独唱和二人齐唱两种方式。

是苗族青年男女互邀出寨游方时演唱的一种民歌。

欢 壮族民歌的总称。种类繁多,大致可归纳为短体欢、勒脚体欢、排欢三大类。短体欢,每首二句、三句、四句、五句不等,四句一首的形式为最常见;其中绝大多数押腰脚韵,即第一句的末字与第二句的腰字(第四字)押韵,腰部的韵点可落在从第一字到第四字的任何一个字上,如系七言,则可到第六字上,有较大的灵活性,除上下句押腰脚韵外,二、三句还要求押脚韵,这种腰脚韵形式是四句欢的基本格式。勒脚体欢,有单勒与双勒之分;单勒欢六行一首,每首三节,每节两行,复唱时头一节的第一行构成第二节的尾行,头一节的第二行构成第三节的尾行;双勒欢十二行一首,也分三节,和单勒欢不同的是,第一次复唱的不是单行,而是双行,即第一节四行,第二节的后两行要重复第一节的一、二行,第三节的后两行要重复第一节的三、四行,是一种既要求押腰脚韵,又要求二、三行押脚韵的四句短欢的组合和扩展;勒脚欢还有每首十八行和三十六行的,句式结构和押韵方式与十二行勒脚欢相同,但在演唱时,复唱的行数不同,十八行欢复唱部分是每次三行,三十六行欢复唱部分是每次六行;由于格律较严,非出色歌手不能掌握,故民间仍以演唱十二行勒脚欢为主。排欢,以五、七言为基础,如内容需要也可扩展到十几言一句,有的也可压缩到三言甚至一言一句;在押韵上,大多数的欢要求上下句押腰脚韵,对偶数句与奇数句要求不严,有的只要求二、四、六、八等偶数句押脚韵。

阿里郎 朝鲜族民间歌谣的一种。流传于东北朝鲜族地区。曲调、歌词均富于变化,副歌在演唱中占比重较大,每以"阿里郎"为衬词,故名。内容多表现妇女的种种感情,如诅咒违背誓言的情人,盼望久别的丈夫归来,诉说自己的孤苦无告等。

时调 朝鲜族民间歌谣的一种。流传于吉林延边朝鲜族地区。结构分初章、中章、终章三部分。初章引出要讲的事,说出一般道理;中章将事加以发展,说明原由、情况;终章表明事情的结果,是一首诗的高潮。每首可分为三行,每行四个音节组,全诗由四十三至四十五字组成。分平时调、弄时调、解说时调三种。

子弟书 又称"弦子书"、"子弟段"。满族鼓词的一种。演唱时以叙事为主,以唱为辅。相传清代乾隆年间在北京满族八旗子弟中开始流传演唱,后传至东北地区。清末时即已衰亡。分"东城调"和"西城调"两种流派。曲目多取材于明清小说、戏曲和当时社会故事。歌词以七言为主,短者数十句,长者数百句。短篇不分章回,中篇和长篇分章回。用韵比较整齐,均押尾韵。短篇只用一韵,长篇分回的可以一韵到底,也可以各回换韵。往往头句和偶句押韵,奇数句不一定同韵。对仗格式是单句与双句对仗。

大歌 侗族民歌的一种。流行于贵州、湖南、广西侗族地区。每首至少有三段歌词,多者在百段以上。形式大致可分为"嘎老"、"嘎所"、"嘎窘"、"嘎节"四种。唱法是一人领唱,或众人齐唱,或众人合唱。曲调分男声、女声两种。男声大歌一般节奏感强,曲调明快,女声大歌则节奏自由,曲调柔美委婉。演唱时大多无伴奏。

琵琶歌 侗族民歌的一种。因用琵琶琴伴奏而得名。流行于湖南、贵州、广西交界处的侗族地区。分短歌和长歌两种。一般是即兴创作,格律严谨。一人自弹自唱或一人弹众人唱。曲调有叙事歌、劝歌、情歌三种。其中叙事歌多为长歌,句式长短不一,落韵皆用仄声,常以"哎咦呀"为衬词。歌唱开始有前奏,中间有间奏。曲调多因地而异。传统曲目有《父母歌》、《珠郎娘美》、《开天辟地》等。

多耶 侗族民歌的一种。"多"是唱和舞的意思,"耶"是侗族民歌中集体边唱边舞的形式,"多耶"即"唱耶歌"。表演时,男女分队列成圆圈,女队手拉手,男队手攀肩,边唱边舞。"耶"的曲调,男女不同,在侗语南部方言区,女队多用二声部合唱,腔调悠长。有的地方每句都要重复唱一次,有的地方只重复唱句尾三字。男队只有一个声部,由歌师领唱,众人重复句尾三字或整句,多带"呀罗耶!呀罗嗨"等衬音。

信歌 亦称"寄歌"、"放歌"和"传歌"。瑶族民歌的一种。即用歌写信的意思。流行于广西部分瑶族地区。旧时瑶族频繁迁徙,为互通信息,多托人给远方同族亲人捎去一首歌。目前采集到的信歌,内容大致分为迁徙信歌、查族信歌、求援信歌、诉苦信歌和恋爱信歌等几类。每句七言,行数不等,也不讲究押韵。

香哩歌 瑶族民歌体式之一。流行于广西大瑶山自称"拉珈"的瑶族地区。因歌的末尾以"香哩"为尾音,故名。"香哩"的含义,常视演唱的对象而定。句式长短不定,行数也不等,一般不押韵，只讲究排比和对偶，意完歌止，近似自由诗。分唱调和喊调两种。唱调柔和宛转，喊调高昂奔放。

石牌话 又称“石牌料话”。瑶族说词的一种。流行于广西大瑶山自称“拉珈”的瑶族地区。1949年前，广西大瑶山瑶族社会存在一种特殊的带有政治色彩的组织叫“石牌制度”。是石牌头人宣布石牌法律，处理民间纠纷，起诉和答辩时所说的“话”。这种话，句子长短不拘，不讲究押韵，常取排比和对偶句式，语言质朴，节奏明快，是一种类似自由体诗的歌谣。形式分条文式和说理式两种。条文式主要解释习惯法，内容和形式比较固定；说理式主要是调解各种民间纠纷时所说的道理。叙说程序包括根底话、陈述理由、传话、辩驳、判案、料话等。在叙说程序的范围内，即兴创作，充分发挥个人的才能和智慧。

打歌 白族民歌的一种。“打”即跳，“歌”即唱，“打歌”即边跳边唱之意。流传于云南大理洱源高寒山区。大多在婚丧大事、社火集会上演唱。歌者分甲、乙两方，少则五六人，多则二三十人，歌头领唱，众人相随，一问一答。无固定句法和严格韵律。曲调简单，形式自由，具有悲哀、低沉的格调，古朴动人。

白族调 又名“白曲”。白族民歌的一种。每首八句，第一句是三个音节的韵头，二三句为七字句，第四句为五字句，第五六七句为七字句，八句为五字句。全调分两个乐段，前三句（包括韵头）为一个乐段，后四句为另一乐段。在两个乐段中或结尾处加一尾声。如洱源白族调加“哎咦约”，大理白族调则加“哎咦约荷海、海”。尾声音节不同，唱腔也不同。押韵，可独唱，也可对唱，多用三弦伴奏。

大本曲 白族民间曲艺的一种。流传于云南大理白族地区。一般是一人说唱，一人弹三弦伴奏。唱词结构主要有四句式（七、七、七、五字）、五句式（五、五、七、五、五字）、三句式（七、七、五字）三种。音韵要求严格，有“花上花”、“油鲁油”、“捞利捞”、“翠茵茵”等四个大韵，大韵下又有若干小韵。有南腔和北腔两种。一般南腔分三腔、九板、十八调，北腔分三腔、九板、十三调。传统曲目素有“三十六大本，七十二小本”之誉，大多表现白族神话、传说、故事和汉族故事。代表作品有《火烧松明楼》、《朝珠花》、《白王的故事》、《杜文秀起义》等。

摆手歌 土家族民歌的一种。流行于湖南湘西土家族地区。因在摆手节日活动中演唱，故名。歌词内容涉及土家族神话、传说、故事、劳动歌、抒情歌等，篇幅宏大。

哭嫁歌 土家族传统风俗歌。是土家族姑娘出嫁前所唱的歌。流行于湖南湘西土家族地区。按土家族习俗，姑娘在嫁日前一个月须唱。哭嫁时，除叙说自己的苦楚外，另有姑娘的亲人或相好的伙伴陪哭，或从旁安慰，或互诉苦情。歌词内容包括哭父母、哭哥嫂、哭伯叔、哭姐妹、哭媒人、哭穿露水衣、哭上头、哭扯脸、哭梳头、哭别祖宗、哭上轿等。

赞哈 傣族民歌的一种。主要流传于云南西双版纳傣族地区。演唱时，一般是两个歌手用扇子遮住脸，在笛子伴奏下，一唱一和。传统作品有《贺新房》、《恒勐拉》、《帕召列罗》、《召树屯》、《召相勐》、《四棵缅桂》、《兰戛西贺》等。能演唱上述歌者，也称为“赞哈”。

莫瓜调 傈僳族民歌的一种。流行于云南傈僳族地区。曲调开始的一段歌词是固定的，内容大多是关于开天辟地，猿猴出世。节拍是起一部合一部的两部曲。歌词采用对偶句。唱时歌手们分坐两边，每边由一人领唱前一句，众人齐唱第二句。

摒史摒 傈僳族民歌的一种。“摒史”，曲调名，第二个“摒”是唱的意思。流行于云南傈僳族地区。多用于情歌演唱，且采用对歌形式，即兴创作，没有固定的唱词。节拍是起一部合一部的两部曲，但更多的是起两部合两部的四部曲。七言句。一般是两人对唱，合唱时双方各有一名歌手领唱。

双歌 水族民歌的一种。流行于贵州荔波水族地区。内容分“说白”和“吟唱”两部分。说白系用一个寓言式小故事为引子，介绍歌中的人物；吟唱部分的歌通常由两首组成，首与首，节与节之间形式上成对，内容上相近、相对或相反，歌词含蓄而带有寓意。两人对唱时，各有两位歌手帮腔，歌的最后一句为和声。

单歌 水族民歌的一种。流行于贵州荔波水族地区。要求对歌两方在同一题目上作出内容完全相反的歌，故名。在歌手比赛时专门演唱，因而多采用暗喻手法，互相进行攻击和讽刺。

佶俄伢 水族民歌的一种。意为“说古理，辩论是非”。流行于贵州荔波水族地区。韵白兼行，一般是讲述或念诵。有时为了烘托气氛，也可在讲述中加进吟唱，大多出现于婚嫁和丧葬仪式上。

家曲 土族民歌的一种。指在家里唱的歌。流行于青海土族地区。分赞歌、问答歌、舞蹈歌、婚礼歌等。赞歌三段为一首，前两段作比喻，后一段讲实义。问答歌内容涉及天文、地理、生产、宗教、礼俗等，一般是三问三答或三答三问，循环演唱。婚礼歌的唱词和曲调都是固定的，在婚礼进行中演唱。

舞春 达斡尔族民歌的一种。流传于黑龙江嫩江达斡尔族地区。歌词有固定格式，每四句为一段，押头韵，二句或四句一押韵，常用比兴、夸张、排比手法，衬词有四十种，是一种近于朗诵体的叙事歌。

古条 仫佬族民歌的一种。流行于广西仫佬族地区。一般双句押脚韵。如是两首以上的歌，可以连韵，也可以转韵。每首古条几十行或上千行不等。内容多为仫佬族民间传说、故事，历史、人物、风土民情等。代表作有《梁大造反》、《盘古开天地》、《梁山伯与祝英台》等。

撒拉曲儿 又称玉儿。撒拉族民歌的一种。流行于青海循化、化隆撒拉族地区。格律比较自由。一般为五言句式，每首句数不定，四句、六句、八句或更多，节奏为二三、二三音顿。奇句与奇句押韵，偶句与偶句押韵。内容多反映爱情生活。代表作有《巴西古溜溜》、《撒拉赛西巴尕》、《皇上阿吾尼》等。

罗海歌 又叫比。毛南族民歌的一种。流行于广西环江毛南族地区。可分为"比条"、"比单"、"比旱"、"比三纽"四种。"比条"是其基本形式。每篇三章，每章七言四句；第二、三句末押脚韵；单句末字与双句中的字押腰尾韵或头韵；第一章四句，在第二、三章中重唱时，分别重复两句。即第二章的三、四句重复第一章的一、二句，第三章的三、四句重复第一章的三、四句，这样就将八句唱成十二句。这种重复唱法称为"勒脚"。

排歌 仡佬族民歌的一种。流行于贵州仡佬族地区。一般泛指用"五更调"、"十唱"、"十二月唱"等调式编唱的长歌。

唱六八 京族民歌的一种。流行于广西京族地区。采用六、八言句式。每两句为一个单元，上句六言，下句八言。以四句一首为多，也有六句、八句或不定数双句连成的长篇。两句一首，上句末字（第六字）与下句腰字（也是第六字）押腰韵，称"六六腰韵"；四句一首，则第二句的末字（第八字）与第三句末字（第六字）押脚韵，称"八六脚韵"。依次类推，形成"六六、八六连环腰脚韵"。

伊玛堪 赫哲族民间说唱文学形式之一。流行于黑龙江饶河、同江、抚远、桦川、富锦等赫哲族地区。"伊玛堪"，赫哲语音译，意即故事或传说。演唱时通常采用说白与歌唱相间的形式，韵散结合，便于抒情和叙事。内容多表现赫哲人同大自然的斗争、古代部落战争、神怪和爱情故事。演唱中常以倒叙手法开篇，吸引听众，然后层层铺叙，逐渐展开情节。民间流传篇目约有四十多部。代表作有《希尔达鲁莫日根》、《满格木莫日根》、《木都里莫日根》、《香叟夏日丘莫日根》、《满斗莫日根》、《安徒莫日根》等。

夹日 珞巴族民歌体式之一。流行于西藏门隅珞巴族地区。是一种古老歌体，多用于叙事性的颂歌或祝词，专由巫师演唱。曲调由一个乐句构成，共六个节拍，反复吟唱。一个乐句是指一个诗行，每一诗行由十个音节构成，前七个音节表达具体内容，后三个音节缀以衬词"夹金一夹"，产生一种和谐的声韵。每首采取统一的句法，一般不随意改变句式结构，只改变词语。

花儿 西北地区汉、回、东乡、撒拉、保安、土、裕固等民族中流行的一种民歌的总称。因在唱词中常将青年女子喻为"花儿"而得名。在青海一带又将这一民歌形式称为"少年"。最初产生于甘肃洮河、大夏河和青海湟水、大通河流域。后逐渐流传到甘肃、青海、宁夏、新疆少数民族地区，形成不同流派和风格。其中"洮岷花儿"与"河湟花儿"是最有代表性的两大流派。洮岷花儿主要流行于甘肃，歌手多为汉族，演唱时大多采用联唱、对歌形式；又分"南路花儿"和"北路花儿"两派，北路派流行于康乐、临洮、渭源，以"两莲令"（莲花山调）为代表；南路派流行于岷县、宕昌、临潭一带，以"阿鸣令"为代表。河湟花儿流传较广，多为个人独自演唱，主要流行于甘肃的临夏、广河、永靖、和政、东乡、积石山、肃南等；青海的循化、化隆、民和、乐都、互助、大通、湟中等，以及宁夏西吉、固原等县；河湟花儿每首四句，前两句多为比兴，后两句点明本题，常见格式有齐头齐尾式、单双句交错式和折断腰式三种。齐头齐尾式各句字数相等，一韵到底；单双句交错式，一、三句字数相等，二、四句字数也相等，单双句各自押韵，构成一种交错美；折断腰，每首六句，实际上是在一、三句之后各加一个三字句。洮岷花儿和河湟花儿都大量运用衬字、衬词和衬句，突出各地、各民族地方方言特色。

研究著作 参考资料

中国少数民族文学 研究著作。毛星主编。分上、中、下三册，对中国五十五个少数民族的作家文学和民间文学作全面介绍。上册共两编。第一编“天山南北与昆仑山地”，介绍新疆各民族文学。第二编“青藏高原”，介绍西藏、青海、四川、甘肃各民族文学。中册共五编。第三编“黄土高原与内蒙古高原”，介绍回族、蒙古族、鄂伦春族、达斡尔族、鄂温克族文学。第四编“黑水白山”，介绍满族、赫哲族、朝鲜族文学。第五编“从辽河口到海口”，介绍畲族、高山族、黎族文学。第六编“东南丘陵”，介绍壮族、仫佬族、瑶族、毛南族、京族文学。第七编“贵州高原与湘西山地”，介绍贵州和湖南的少数民族文学。下册共三编。第八编“金沙江流域与元江流域”，介绍彝族、纳西族、普米族、白族、哈尼族文学。第九编“澜沧江流域”，介绍傣族、基诺族、拉祜族、佤族、布朗族文学。第十编“怒江流域”，介绍景颇族、德昂族、阿昌族、傈僳族、怒族、独龙族文学。是迄今最全面介绍少数民族文学的一部著作。湖南人民出版社 1983 年出版。

民族民间文学基础理论 文论著作。陶立璠著。分上、下两编。上编五章，分别论述少数民族民间文学的概念、对象、范围，少数民族民间文学与社会生活，少数民族民间文学的基本特征，少数民族民间文学与作家文学的关系，各民族民间文学的相互交流和影响。下编六章，分别对少数民族的神话、传说、故事、民歌、英雄史诗、民间叙事长诗、民间谚语和谜语作全面论述。广西民族出版社 1985 年出版。

少数民族民间文学概论 研究著作。朱宜初、李子贤主编。共十五章。第一章“绪论”，阐述少数民族民间文学的概念、特征，第二章“少数民族文艺的起源和发展”，第三至第九章分别讲述少数民族神话、传说、故事、歌谣、史诗、民间叙事长诗和戏剧，第十至第十五章阐述少数民族民间文学的民族特色、相互影响、与宗教的关系、与民俗的关系、收集和整理以及少数民族民间文学的新发展。云南人民出版社 1983 年出版。

中国少数民族神话 神话作品集。谷德明编。分上、下两册。主要收录少数民族中流传的散文神话作品。共收入满族、朝鲜族、蒙古族等四十六个民族的神话作品一百六十六篇。每篇作品后均附有流传地区、讲述人和收集整理者姓名。是迄今收集少数民族散文体神话作品最完备的集子。中国民间文艺出版社 1987 年出版。

中国民间长诗选 诗集。选录 1949 年后收集整理的各民族有代表性的民间长诗二十部。其中篇幅较长的作品采取节选方式，选录其中能独立成篇的章节。每首长诗附有一短文，对作品的思想特色、产生经过、流传影响以及收集整理情况作扼要说明。上海文艺出版社 1980 年出版。

中国少数民族民间长诗选 诗集。选录 80 年代以来新发现收集、翻译的少数民族民间叙事长诗。共六部：傣族的《红宝石》、彝族的《力芝与索布》、羌族的《木吉珠与豆宛珠》、壮族的《七姑》、裕固族的《黄黛琛》、柯尔克孜族的《玛玛克与绍波克》。每部长诗都有附记，说明创作、流传情况。

中国少数民族情歌选 诗集。李耀宗等编。收入蒙古族、回族等五十五个少数民族的四百四十九首情歌。所收作品除少量新民歌外，大多是历史上流传下来的传统佳作。每首情歌后均有对演唱、收集、翻译、整理者情况的说明。四川民族出版社 1985 年出版。

中国少数民族民间故事选 故事集。中国少数民族文学学会编。分上、下两册。收入五十五个少数民族的民间故事一百六十九篇。其中上册收入蒙古族、回族、藏族等民族的民间故事七十三篇，下册收入黎族、傈僳族、佤族等民族的故事九十六篇。每个故事的前面，附有对该民族情况的介绍。中国民间文艺出版社 1981 年出版。

中国少数民族民间文学丛书·故事大系 故事集。选收各少数民族散文体裁的民间文学作品，包括神话、传说、故事、笑话、寓言等。按五十五个民族分别编选，以作品专集形式出版。基本上每个民族一卷，间或两个或三个民族的作品合编一卷，最后一卷为索引及其他资料。各篇末均附有作品的有关资料。上海文艺出版社 1981 年出版。

中国少数民族文学作品选 总集。马学良主编。《中国少数民族文学作品选》编辑委员会编。全书共五个分册，共收入五十五个少数民族古今民间文学和作家文学作品六百余篇、首(包括长篇节选)。每一民族自成单元,并对该民族作简要介绍。第一分册收入华北、东北地区各民族的作品,第二分册收入西北地区各民族的作品,第三分册收入华东、中南地区及台湾省各民族的作品,第四分册收入西南地区四川、贵州、西藏各民族的作品,第五分册收入西南地区云南各民族的作品。上海文艺出版社1981—1982年出版。

蒙古族历代文学作品选 总集。色道尔吉、梁一孺、赵永铣编译评注。收入蒙古族神话传说、歌谣、祝词赞词、英雄史诗、民间叙事诗、说唱文学、谚语格言、民间故事、传记文学、诗歌、小说等作品七十一篇(首)。各类体裁均有简要介绍,对每篇作品还加以评论和注释。是一部比较完备的汉译作品集。内蒙古人民出版社1980年出版。

白族民间叙事诗集 诗集。杨亮才、李瓒绪选编。收入《创世纪》、《采花歌》、《鸿雁带书》、《青姑娘》、《出门调》、《放鹞曲》、《血汗衫》、《上关花》等八部作品。中国民间文艺出版社1984年出版。

少数民族诗歌格律 诗论著作。中央民族学院少数民族文学艺术研究所文学研究室编。是中国第一部专门研究和论述少数民族诗歌格律的著作。共介绍藏族、蒙古族等四十一个民族的诗歌格律。在引用少数民族民歌资料时,每首民歌均用国际音标标出,并用汉语意译。对了解和研究各民族诗歌的音韵和格律特色,具有很高的参考价值。西藏人民出版社1986年出版。

广西特种部族歌谣集 诗论著作。陈志良编著。分上、下两篇。上篇为歌谣之研究,论及歌谣的起源和特质、广西少数民族歌谣的分类和分布、各民族演唱民歌的具体情况和演唱特点等,并附有曲谱二十首。下篇辑录广西苗、瑶、壮、彝等民族的民歌三千余首,按历史歌、古言歌、祭祀歌、礼仪歌、情歌、抗战建国歌、杂歌等分类编排。资料丰富,记录忠实,歌词附有大量的注释和说明。1942年作为《说文月刊丛书》之一出版于桂林。

中国少数民族文学史 文学史著作。马学良、梁庭望、张公瑾主编。分上、下两册。按历史发展分期,共四编。第一编"原始社会时期的民族文学",第二编"奴隶社会时期的民族文学",第三编"封建社会时期的民族文学",第四编"半封建半殖民地时期的民族文学"。每编均有社会和文学概况介绍,着重以文学体裁为基础,分东北地区、西北地区、西南地区、华东地区、中东南地区,对该地区各民族文学体裁、内容的发展和演变加以介绍。由于少数民族文学至今仍以口头文学为主,故所引用的资料,主要是少数民族民间文学作品。中央民族学院出版社1992年出版。

中国当代少数民族文学史稿 文学史著作。李鸿然主编。共五章。第一章"当代少数民族小说",第二章"当代少数民族诗歌",第三章"当代少数民族戏剧和电影文学",第四章"当代少数民族散文和报告文学",第五章"当代少数民族民间文学及民族民间文学的收集整理"。对1949年以来有成就的少数民族作家和作品、少数民族文学发展的历史和现状,作了全面和系统的评介。长江文艺出版社1986年出版。

蒙古族文学简史 文学史著作。齐木道吉、梁一孺、赵永铣编著。共三编。第一编"古代文学",主要介绍鸦片战争以前的蒙古族神话、祝词、赞词、英雄史诗、传记文学、民间叙事诗、历史传说和短篇小说;第二编"近代文学",主要介绍1840—1919年间的长篇小说、诗歌、民间文学和文学批评的发展;第三编"现代文学",主要介绍1919—1949年间的民歌、民间叙事诗、说唱文艺、民间故事、戏剧文学和作家诗歌的发展。内蒙古人民出版社1981年出版。

藏族文学史 文学史著作。中央民族学院藏族文学史编写组编著。共四编。第一编"远古和奴隶制时期的藏族文学",主要介绍藏族社会和文学概况、神话、传说、诗歌卜辞、史传文学和"巴协"的创作,第二编"封建割据时期的藏族文学",主要介绍英雄叙事诗《格萨尔王传》、《米拉日巴道歌》、《萨迦格言》及佛经文学,第三编"封建农奴制社会前期的藏族文学",主要介绍历史文学、传记文学、作家诗、藏戏等,第四编"封建农奴制社会后期的藏族文学",主要介绍史传文学、作家诗、长篇小说、寓言小说、民间文学和藏、汉文学的交流等。四川民族出版社1985年出版。

苗族文学史 文学史著作。贵州民间文学工作组编著,田兵、刚仁、苏晓星、施培中执笔。共四编。第一编"远古神话传说",第二编"古代文学",叙述鸦片战争以前苗族的迁徙歌、爱情叙事诗、民间歌谣、理词和斗争歌谣,第三编

"近代文学",第四编"现代文学"。贵州人民出版社 1981 年出版。

壮族文学史 文学史著作。欧阳若修、周作秋、黄绍清、曾庆全编著。共四编。第一编"布洛陀时代的文学",主要叙述公元前 221 年以前的古歌谣、神话,第二编"莫一大王时代的文学"(公元前 211—1271),介绍这一时期的壮族史诗、叙事诗、歌谣、传说故事和文人文学,第三编"《嘹歌》、《唱离乱》时代的文学"(1271—1840),叙述这一时期的民间文学和文人文学,第四编"黑烟变火花时代的文学"(1840—1919),有关这一时期产生的反帝反封建斗争故事、歌谣和文人文学。广西人民出版社 1986 年出版。

布依族文学史 文学史著作。何积全、陈立浩主编。共四编。第一编"远古文学",叙述战国以前神话、古歌和族源传说,第二编"古代文学",介绍战国至鸦片战争时期各类民间文学作品的产生和发展,第三编"近代文学",介绍鸦片战争至新中国成立时期的民间文学和书面文学情况,第四编"现代文学",主要介绍新民歌和作家文学的产生、发展。贵州民族出版社 1992 年出版。

侗族文学史 文学史著作。张人位、邓敏文、杨权、龙玉成主编。共五编。第一编"唐代以前的侗族文学",叙述原始歌舞"耶"、原始祭词"垒",原始神话"暖"和《越人歌》,第二编"唐宋元明时期的侗族文学",介绍史诗、款词、故事和说唱文学的发展,第三编"清代的侗族文学",阐述侗歌的兴盛、歌师和歌论、说唱文学、侗戏和侗族作家文学的产生,第四编"民国时期的侗族文学",主要介绍侗族歌谣、故事、戏剧和作家文学的发展,第五编"中华人民共和国成立以后的侗族文学",介绍当代作家文学和民间文学的繁荣情况。贵州民族出版社 1988 年出版。

瑶族文学史 文学史著作。黄书光、刘保元、农学冠等编著。共四编。第一编"远古文学",介绍隋、唐以前的瑶族神话、古歌和传说,第二编"古代文学",介绍唐代至鸦片战争时期的文学,包括民间文学的所有门类,第三编"近代文学",介绍鸦片战争至五四运动时期的文学,主要是民间文学,第四编"现代文学",介绍新民主主义和社会主义时期的新民歌、革命传说和作家文学的形成、发展。广西人民出版社 1988 年出版。

白族文学史 文学史著作。张文勋主编。共四编。第一编"南诏以前的白族文学"(公元 748 年以前),叙述这一时期产生的神话、史诗、书面记载的歌谣及文人创作,第二编"南诏及大理国时代的白族文学"(748—1253),介绍这一时期产生的南诏民间故事、传说、佛教故事和书面文学,第三编"元明清及国民党统治时期的白族文学"(1254—1949),主要叙述这一时期的白族故事、民歌、长诗、戏曲文学和书面文学,第四编"解放后的白族文学"(1949—1981),有关新民歌、当代作家文学和白族戏曲的发展。云南人民出版社 1983 年出版。

傣族文学简史 文学史著作。王松主编。共五章。第一章"古歌谣时期",阐述古歌谣产生的历史背景和特点、古文字的创制和使用,第二章"创世神话时期",介绍古代神话、情歌、叙事长诗的产生和发展,第三章"叙事长诗时期",阐述中原文化、佛教文化对傣族文学的影响,介绍几部有代表性的叙事长诗,第四章"悲剧叙事诗时期",主要介绍叙事长诗《宛纳帕丽》、《南波冠》、《线秀》和祜巴勐的《论傣族诗歌》,第五章"社会主义时代的傣族文学",介绍当代诗人的作品。云南民族出版社 1988 年出版。

仫佬族文学史 文学史著作。龙殿宝、吴盛枝、过伟著。共五编。第一编"远古文学",介绍唐代以前的歌谣、神话和动物故事,第二编"中古文学",介绍唐、宋、元时期的歌谣、故事和传说,第三编"近古文学",介绍明清时期的民间文学和文人文学,第四编"近现代文学",介绍鸦片战争和民国时期的民间文学和文人诗歌,第五编"当代文学",介绍新民歌、作家诗歌、散文、小说和戏剧创作等。广西教育出版社 1993 年出版。

毛南族文学史 文学史著作。蒙国荣、王弋丁、过伟著。共五编。第一编"远古文学",介绍唐代以前古歌谣、创世神话,第二编"古代文学(前期)",介绍唐、宋、元时期动物故事、歌谣和传说,第三编"古代文学(后期)",介绍明、清时期民间文学和文人文学的兴起,第四编"近现代文学",第五编为"当代文学"。广西人民出版社 1992 年出版。

京族文学史 文学史著作。苏维光、过伟、韦坚平著。共三编。第一编"古代文学",介绍清代鸦片战争以前的京族文学,第二编"近现代文学”，第三编为“当代文学”。书后附有“京族作家李英敏年谱”和“参考文献目录”。广西教育出版社 1993 年出版。

鄂伦春族文学 文学史著作。徐昌翰、隋书今、庞玉田著。分七章，对鄂伦春族神话、传说、民间故事、说唱故事、民歌、谚语和谜语、书面创作文学作全面介绍。书后附民间故事家、歌手简介，民歌歌曲简介、民族舞蹈简介。北方文艺出版社 1993 年出版。

赫哲族文学 文学史著作。徐昌翰、黄任远著。共十四章。分别介绍神话、民间说唱文学伊玛堪、说唱文学与萨满文化、说唱文学的多元化结构、说唱文学的作品结构、说唱故事的演变和发展、说唱文学的演唱和艺术形式、传说故事“特仑固”、故事“说胡力”、民歌“嫁令阔”、谚语、说唱艺术家，翻译和书面文学。北方文艺出版社 1991 年出版。

十一 文学理论批评

一般学说

文学 社会意识形态的一种。先秦时期一切哲学、历史、诗文等书面文字均统称为文学，文学与学术不分，兼有“文章”、“博学”两重意义。后世多受此影响。现代专指用语言塑造艺术形象以反映社会生活、表现作者思想感情的一种语言艺术。是一定的社会生活在人头脑中反映的产物，是人的本质力量对象化的体现。其社会作用通过审美教育而实现。文学是“人学”，具有宣泄人性的客观功能。其具体样式，在古代分为韵文与散文两大类，而现代则分为诗歌、散文、小说、戏剧文学等。

文艺学 研究文艺的各种表现形式及其基本原理和规律的科学。亦称“文艺科学”、“文学学”。包括三个相互独立又相互联系的分支：(1)文艺理论；(2)文艺发展史；(3)文艺批评。

文学理论 有关文学的本质、特征、发展规律和社会作用的原理、原则。以人类社会历史的、现实的一切文学现象为研究对象。由文学理论家出于一定的立场，运用一定的观点，总结文学发展史所提供的创作和批评的经验而形成。

文学批评 文学名词。指按照一定的理论观点、审美尺度对作家、作品、流派、思潮等所作的分析评价。它随着文学创作的繁荣而发展深化，又反过来作用于文学创作。

文学史 文艺学的范畴之一。研究文学发展史的科学。其任务是在一定理论观点指导下阐述各种文学内容、文学形式、文学流派产生、发展和演化的历史，寻求它们前后相承相传、沿革嬗变的规律，揭示文学的发展与时代、社会的关系，对各个时期的重要作家、作品作出正确评述等。其研究通常有一定的范围，因此文学史著作可分为通史、断代史、专题史等几种。

古典文学 原专指古希腊、罗马的文学。因文艺复兴时期欧洲文艺理论批评家推崇古希腊、罗马作家的作品，称之为“典范性的文学”而得名，后泛指各民族史上为人们公认有成就的、影响深远的文学作品。中国古典文学指五四运动以前有定评的典范性作品，它们是古代文学中的精粹。

市民文学 以市民生活为题材的文学作品。是封建社会中手工业和商业城市兴起、资本主义萌芽以后，适应市民需求而兴起的一种文学。内容多描写市民的爱情婚姻和家庭生活。其优秀作品表现出和封建道德标准、传统观念相违悖的新兴市民意识，具有一定的社会价值和进步意义，但同时也带有消极、落后、腐朽的封建糟粕和市民庸俗趣味。此类文学在唐传奇中已出现，至宋人话本则表现更为明显，到晚明时期则出现了一些富有代表性的作品，如《三言》、《二拍》、《金瓶梅》等。

乡土文学 具有明显地方特色和乡土气息的农村生活题材作品。一般由本地作家创作。由于作家所写为本乡本土之人和事，故作品多含有浓郁的乡愁与乡情，富有感染力。在现代文学史上，鲁迅的小说如《故乡》、《社戏》等便是最早的具有乡土色彩的作品。20年代出现了一批乡土作家，主要有鲁彦、王任叔、许钦文、彭家煌、蹇先艾等，其作品多描写封建宗法制度下的村镇生活，叙述各种小人物的悲惨命运，哀叹故土的日益衰败。30年代沈从文取材于湘西农村生活的小说，萧军、萧红等为代表的东北作家群描写东北人民生活和斗争的小说也被视为此类文学。40、50年代乡土文学渐成流派，有以赵树理、马烽、西戎等为代表的山药蛋派，以孙犁等为代表的荷花淀派等。台湾自60年代起也出现了乡土文学潮流。

俗文学 古代通俗文学的总称。由近人郑振铎提出，为治中国古代文学的学者所沿用。大体包括民歌、民谣、曲子，讲史、话本等通俗小说，宋元以来南北戏曲、地方戏，变文、弹词、鼓词、宝卷等讲唱文学，民间传说、笑话、谜语等杂体作品。

戏剧文学 文体名。基本特征为：主要运用人物语言塑造形象；人物语言个性化、口语化，富有动作性、文学性和潜台词；人物、事件、时间、场景高度集中；具有尖锐的戏剧冲突。根据容量大小，可分为独幕剧和多幕剧；根据表现形式的不同，可分为话剧和歌剧；根据所反映的矛盾冲突的性质和所运用的表现手法，以及对读者的感染作用，可分为悲剧、喜剧和正剧。

科普文学 以科学知识为题材的普及性文学作品。有科学幻想小说、科学小品、科学童话、科学诗等多种体裁。具有丰富的知识性、强烈的趣味性和新奇的想像力。科学幻想小说是随着近代科学技术的发展而产生的，内容交织着各种科学事实和预见性想像。科学小品是普及科学知识的小品文，内容生动活泼，文字通俗易懂。科学童话则以童话形式宣传科学知识。科学诗则以诗歌形式介绍科学知识。读者对象主要是青少年，但也受到一些成年读者的喜爱。

讽刺文学 用讽刺手法揭示社会病态和生活中消极落后、反动腐朽现象的文学作品。语言辛辣，多运用夸张手法来突出被讽刺事物的可笑、可鄙以至可恶之处，而达到嘲讽和鞭挞之目的。清吴敬梓的《儒林外史》、李宝嘉的《官场现形记》、近代吴沃尧的《二十年目睹之怪现状》、现代鲁迅的杂文等均为著名的讽刺文学作品。

传记文学 散文的一种。用文学手段记述知名人物事迹的纪实体作品。要求通过对真人真事的记述来反映人物的时代背景、社会风貌和传主的生活经历、精神品格，在以史实为依据的前提下，也容许作某些想像性描写。一些优秀的历史传记作品，由于其对人物记述具体形象、语言生动逼真，往往也具有传记文学的特点，如汉司马迁《史记》中的纪传。传记文学中作者自述其生平的称为"自传"，侧重于评论的称为"评传"。

比较文学 文学研究的分支之一。是对不同国家、不同民族、不同时代、不同历史阶段的两种或两种以上的文学现象进行对比考察，研究其在文艺理论、文学思潮、作家作品等方面的相互关系，同时也对文学与其他艺术形式及意识形态之间的关系进行考察和研究的专门学科。其目的是通过比较，探索文学本身的特点，掌握文学发展的规律。一般分为影响研究、平行研究和跨学科研究三大类。影响研究是研究一国一民族文学对他国他民族文学之影响，一般不作美学上的考察和批评；平行研究是对不同国家、不同民族间相互毫无影响的文学现象加以探讨比较；跨学科研究是研究文学与其他艺术形式如音乐、绘画、雕塑、建筑等的关系，研究文学与社会科学如政治学、经济学、社会学、心理学、宗教学等学科的关系，研究文学与自然科学的关系。比较文学最初诞生于法国，在其发展过程中形成了法国学派、美国学派和前苏联学派三大潮流。中国的比较文学始于 1907 年（鲁迅《摩罗诗力说》）。建国后二十多年，基本上未展开研究，至 70 年代末 80 年代初，经国内学者大力传播并作有益探索，现已作为一门学科，正获得建设和发展。

儿童文学 主要以少年儿童为读者对象而创作的文学作品。包括儿歌、童话、寓言、诗歌、小说、故事、剧本等多种体裁。要求作品主题鲜明突出、形象具体生动、语言浅易、表现手法适合少儿特点，以利于增长知识、陶冶情操。19 世纪末 20 世纪初，中国已有《训蒙画报》、《孩提画报》、《少年杂志》及《童话》丛书出现。五四时期，一些著名的儿童文学作品如叶圣陶的《稻草人》、冰心的《寄小读者》等相继问世。到 30、40 年代，作品多揭露社会的黑暗现实，如张天翼的《大林和小林》、茅盾的《大鼻子的故事》。建国后则出现一大批优秀的儿童文学作品，小说有张天翼的《宝葫芦的秘密》、洪汛涛的《神笔马良》、王安忆的《谁是新来的中队长》，诗歌有阮章竞的《金色的海螺》，剧本有任德耀的《马兰花》等，并出版了数十种儿童刊物，如《少年文艺》、《儿童文学》等。

文艺思潮 文学名词。在一定历史时期内，随着社会政治、经济的变革和发展而在文艺思想和创作上形成的具有较大影响的某种潮流、趋向。每一历史时期，都有一种占主导地位的文艺思潮；在同一文艺思潮影响下，又有各种文艺倾向和流派。文学发展历史上种种文艺思潮的承传变迁，构成了面貌各异、色彩纷呈的文学现象。

浪漫主义 创作方法。在文艺史上，浪漫主义与现实主义是两大主要思潮。其基本特征为侧重表现理想境界，注重主观情感的抒发。在艺术构思上，它按照生活应有的样式和作家主观的情感逻辑去想像和创造形象与理想境界，描写生活中可能出现与事实上不存在的事物。常用幻想、夸张、比喻、象征等表现手法，不求“形似”，不追求细节真实。“浪漫主义”一词由西方中世纪的流浪汉故事“浪漫传奇”演变而来；作为一种文艺思潮，产生于18世纪末19世纪初欧洲资产阶级革命时代。基于理想的性质和对现实的态度的不同，有积极浪漫主义和消极浪漫主义的区别。

现实主义 创作方法。在文艺史上，现实主义与浪漫主义是两大主要思潮。其基本特征是提倡客观地观察社会生活，主张按客观世界本来的面貌和生活自身的逻辑，力求真实地再现客观生活，描写生活中已经存在和可能存在的事物，较多采用写实的手法，追求细节的真实，对生活作精细的描写，具有强烈的生活气息和逼真感。“现实主义”一词由法国画家库尔贝和小说家尚弗勒里等首次使用，此后在文艺创作中便出现了以“现实主义”正式命名的流派。中国最初将“现实主义”介绍进来时使用“写实”、“写实主义”等词语。

自然主义 文学艺术的一种创作方法和倾向。其特征是着重描写现实生活的非本质的个别现象和琐碎细节，追求事物的外在真实，排除作家的主观性，反对典型化。自然主义在人身上更多看到的是感觉、本能，它对人的探索往往归结到生理学、遗传学方面，因而不能反映生活的本质，甚至歪曲生活。作为一种文学创作流派，产生于19世纪中后期的法国，代表人物为左拉。

革命现实主义和革命浪漫主义相结合 即“两结合”创作方法。这一方法是毛泽东1958年根据我国文学发展的特点提出的。它要求文艺工作者应自觉地运用辩证唯物主义和历史唯物主义的观点指导创作；以革命现实主义为基础，以革命浪漫主义为指导，在创作中自觉地把理想与现实、作品的真实性与倾向性统一起来；在创作手法上，兼收并蓄现实主义和浪漫主义的表现方法，并广泛借鉴其他一切有益的创作手法。

社会主义现实主义 创作方法。1932年由斯大林首先提出。1934年第一次苏联作家代表大会正式提出，并阐明了它的特点和意义。这一方法要求作家在马克思主义世界观指导下，真实地、历史地、具体地反映现实；用社会主义思想教育广大人民。70年代，苏联文艺理论界出现“社会主义现实主义的开放体系”的提法，补充和修改了原来的认识。这一创作方法曾对我国文学界产生过重大影响。1942年毛泽东《在延安文艺座谈会上的讲话》中指出“我们是主张社会主义的现实主义”。此后，社会主义现实主义在中国文艺界确立了牢固的地位。

现代主义 又称“现代派”、“先锋派”。19世纪末至20世纪中期出现的西方文学中各种思潮、流派的总称。包括象征主义、唯美主义、意识流小说、表现主义、存在主义、荒诞派、新小说、黑色幽默等等。现代主义文学的思想内容是表现人与社会、人与人、人与自然、人与自我等方面的基本关系，着重表现这些基本关系在资本主义社会现实矛盾中的变动与异化。现代主义文学主张非理性，在创作中重主观表现，重艺术想像和重形式创新。对西方现代主义文学应该深入研究、具体分析，区别对待，笼统地排斥或一味赞赏都是不妥当的。中国在20年代初已有不少作家开始运用现代主义手法创作。“文化大革命”后，随着外国现代主义作品的大量翻译和介绍，在中国的小说、诗歌、戏剧创作中，现代主义手法被广泛采用，影响很大。

批评方法 文学批评的途径、手段和方式。批评方法是发展的、多样的，而不是凝固的、单一的；是分层次的，而不是并列的。包括三个层次：(1)哲学的方法；(2)系统论、控制论、信息论的方法；(3)其他具体的方法，如社会学、心理学、历史学、文化学、人类学、结构主义、比较文学方法。但基本上可归为两类，即人本主义的方法和科学主义的方法。这两类方法各自独立，又互渗融合。

批评标准 衡量文艺作品思想性和艺术性的尺度。批评标准包括思想标准和艺术标准两个相联系的方面，是在批评的实践中逐渐形成，并随着时代的变化、文学创作的发展不断演变的。不同时代、不同阶级有不同的批评标准；同一阶级在不同历史时期对批评标准也会有不同要求。

创作方法 又称“艺术方法”、“创作原则”。指作家在进行艺术创造中处理创作与现实关系时所依据和遵循的原则。它决定作家以什么样的方式表现对象，也决定表现对象在艺术作品中呈现怎样的状态。创作原则基于对待现实的态度、倾向的区别而有不同的创作精神；基于作家的心理特征、感受能力及艺术追求的差异而产生不同的创作手法。创作精神影响创作方法，创作方法也有相对独立性。

内容和形式 文艺作品的内容，指通过塑造形象反映在作品中的社会生活及其显示的思想意义。是客观的现实生活与作家、文艺家的审美评价及审美理想的统一体。主要包括题材、主题、人物、事件等要素。它的形式指具体表现作品内容的内部结构和表现手段。主要包括有语言、结构、体裁、表现手法等多种要素。文艺作品的内容和形式的关系是辩证的。内容决定形式，形式具有相对独立性和反作用，内容与形式互相渗透与转化，并在审美高度上达到和谐的统一。

民族形式 某一民族的文学艺术在历史发展过程中，逐渐形成起来的具有本民族特点的独特的表现形式。它体现在语言、表现手法、结构、体裁等具体形式因素方面。是本民族独特的审美要求、审美观念、审美理想和审美习惯在文学艺术作品中的反映。民族形式不是固定不变的，是随社会生活、社会思想的发展，随文学艺术本身的发展，吸取并发展其他民族艺术形式的优点，不断丰富和发展的。

继承和革新 文学艺术发展的基本规律之一。继承，即任何时代的文学都是从历史留传下来的文学遗产中吸取思想和艺术的养分，受到既成的文学惯例和传统的影响；革新，即文学为适应新的时代需要和反映对象的变化，必须在既成的基础上进行革新和创造，以产生异于和超越前人的作品。继承和革新是辩证的统一，继承是革新的基础和前提，革新是继承的目的和要求。

倾向性 指文学艺术作品中所蕴含所流露的作家、艺术家的创作目的、生活认识、爱憎感情和审美理想。是体现在文学艺术形象或意境中的作家、艺术家主体方面的特征。大体包括情感倾向、思想倾向和审美倾向，三者互相渗透，密切相关。在阶级社会中，思想倾向又包含着阶级倾向和政治倾向。

真实性 文学艺术作品通过艺术形象反映社会生活所达到的正确程度。是对生活真实的提炼、加工和变形，是处在一定文化背景下的创作主体根据其个性、气质、审美观念以及艺术媒介的特征，按可然律和必然律进行艺术虚构和艺术想像的结果。其外在表现可能近似于生活真实，但却有更丰富的内涵，比生活真实更高、更强烈、更集中、更典型、更理想。

形象 文学艺术区别于科学的一种反映现实的特殊手段。即在文学艺术作品中出现的能够诉诸人的感觉和感情、反映外在世界和人的内心生活的一切感性形式。文学艺术形象不仅反映对象的特点，也体现作家、艺术家本身的个性特征和对对象的独特感受，它的塑造不一定追求外表的酷似，贵在以形传神。文学形象是用语言塑造的，不同于音乐、绘画等艺术形象。

形象思维 又称“艺术思维”。指艺术创作过程中所进行的思维活动和运用的思维方式。它在遵循一般思维规律的基础上，同时又有一定的特殊规律。即在第二信号系统（语言符号）的渗透和指引下，第一信号系统（表象）相对突出的、以想像为中心环节而包含感知、联想、情感、理解等多种心理功能协同活动有机综合的、具有创造性和审美性的思维。文学创作中的形象思维与抽象思维相辅相成，而抽象思维则纳入形象思维的轨道。形象思维受创作者的思想修养及其生活积累和创作经验的支配与制约。

典型 即“典型形象”、“典型人物”或“典型性格”。指作者用典型化方法创造出的一个完满的、有生气的艺术形象。是一个个别形态的整体，同时又是普遍性与个别性、丰富性与特征性、独特性与深刻性相统一的性格整体。典型的创造是叙事作品创作的中心课题。现实主义的文学，除了细节的真实外，还要真实地再现典型环境中的典型人物。

典型化 指作家、艺术家创造典型形象的方法和过程。即作家、艺术家按照典型的艺术要求，对所拥有的生活素材进行审美创造，使一般生活形象转化提升为具有独特个性和典型意义的艺术形象。其中包括个性化和概括化两个方面，两者互渗整合。就典型与人物原型的关系而言，典型化的具体方法和途径有二：一是杂取种种人，合成一个；二是专用一个人，并用其他人形象加以丰富补充。

典型环境 文学名词。指典型人物所生活的、形成其性格并驱使其行动的特定生活环境和一定历史时期的社会氛围。源出于恩格斯提出的“典型环境中的典型人物”（《致玛·哈克纳斯》）这一现实主义文学艺术创作原则。它以人与人的关系为基本内容，包含历史——时代——具体个别情境三个层次。参见“典型”。

鉴赏 文学名词。指人们在观看文艺作品、把握艺术形象的过程中，通过感知、情感、想像和理解等一系列心理机能的活跃而形成的认识、体味、欣赏和鉴别的审美活动。既受到文艺作品的形象、内容的制约，也包括鉴赏主体的再创造活动。是实现文艺作品审美价值和社会作用的具体途径。

共鸣 文学名词。文艺鉴赏过程中的一种心理现象。既指鉴赏活动中鉴赏主体的思想感情同作家、艺术家所表达的或作品中人物所有的思想感情的相通或相似；又指不同时代、不同民族、不同阶级或阶层的人们在鉴赏同一部作品时所产生的大致相同或相似的思想感情。作品缺乏艺术感染力或鉴赏者缺乏艺术鉴赏能力，都不能引起共鸣。其一致性与差异性是对立统一的，异中有同，同中有异。

通感 本是一种心理现象。指人的感觉的相互作用或转移，由一种感觉引起另一种感觉，或一种感觉的作用借助另一种感觉而得到加强，如有些声音会使人产生"甜美"的感觉，有些色彩会引起人的"冷或暖"的感觉。在文艺创作中，作家艺术家将通感作为一种表现手法，以突破对事物的一般的经验感受，从而增强作品的表现力和感染力。例如宋祁《玉楼春》词"红杏枝头春意闹"，钱钟书在《通感》中指出："用'闹'字，是想把事物的无声的姿态描摹成好像有声音，表示在视觉里仿佛获得了听觉的感受。"正确运用这一手法，能使艺术形象更富有魅力。

意境 文学名词。指抒情文学创作中的一种审美境界。即抒情性作品中和谐广阔的自然和生活图景，渗透着作家含蓄丰富的情思而形成的能诱发读者想像和思索的艺术境界。"虚实结合"是创造意境的总的方法。中国古代文学批评家多重视作品的意境创造。

工农兵方向 文艺政策名词。1942年毛泽东在延安文艺座谈会上提出的革命文艺工作的方向。要求所有接受无产阶级领导的革命文艺工作者在深入工农兵群众、深入实际斗争、学习马克思列宁主义和学习社会过程中，把立场和思想感情转移到工农兵大众方面，创造表现工农兵并为其所接受的作品；要求作家从群众中吸取养料，并帮助和指导群众业余文艺创作，将文艺的普及工作和提高工作辩证地统一起来。在建国后相当长一段时期内成为发展社会主义文艺的根本方向。

百花齐放，百家争鸣 文艺政策名词。发展、繁荣中国社会主义科学、文化、艺术事业的基本方针。是毛泽东在1957年《关于正确处理人民内部矛盾的问题》中提出。"百花齐放是一种发展艺术的方法，百家争鸣是一种发展科学的方法"。其主要内容是在坚持政治标准的前提下，艺术上不同的形式和风格流派可以自由发展，科学上不同的学派可以自由讨论，艺术和科学中的是非问题，应当通过自由讨论和实践去解决，而不应当采取简单的方式去解决。

"二为"方针 文艺政策名词。即文艺"为人民服务，为社会主义服务"。是中共中央为匡正1949年后"文艺为政治服务"提法的偏向而提出。"二为"方针"概括了文艺工作的总任务和根本目的，它包括了为政治服务，但比孤立地提为政治服务更全面、更科学。它不仅能更完整地反映社会主义时代对文艺的历史要求，而且更符合文艺规律"(《人民日报》社论《文艺为人民服务，为社会主义服务》，1980年7月26日)。

词学 研究中国韵文中"词"的学科。包括词乐、词调、词谱、词韵、词作、词集、词人、词史等方面的资料整理和理论批评。词学研究滥觞于晚唐五代，当时出现的《云谣集杂曲子》、《花间集》、《尊前集》，便是唐五代民间词和文人词的初步结集；后蜀欧阳炯所撰《〈花间集〉序》，描述了词的生成条件及体性特征，可视作词学批评的最早文献。词在两宋达到繁盛的顶点，词学研究也进入发达阶段，其主要成就有二：一是词集编纂的普遍，二是理论探讨的展开。前者有《草堂诗余》、《乐府雅词》、《花庵词选》、《阳春白雪》、《绝妙好词》等不同宗旨和体例的选本广为流传。后者有李清照《词论》提出词"别是一家"之说，王灼《碧鸡漫志》考证词乐与词调，沈义父《乐府指迷》讲论词的作法，张炎《词源》论述词的源流与体性，标志着词学体系的初步确立。元、明两代，词作中衰，词学稍有进展。吴讷《唐宋名贤百家词》、毛晋《宋六十名家词》、《词苑英华》的汇刻，保存了可贵的资料。张綖《诗余图谱》、程明善《啸余谱》、沈谦《词韵》的整理，为词乐失传后按谱填词提供了凭藉。理论批评方面虽无甚高见，但张綖的"婉约、豪放分体"说对后世词史研究产生了重大影响。至于明人选本中多结合评点，更体现了当时文学批评的好尚。清代号称词学复兴，其理论探究深度超越前人。清初，以陈维崧为首的阳羡派推崇苏、辛的豪放词风；康熙间，朱彝尊为代表的浙西词派鼓吹姜(夔)张(炎)的醇雅;嘉、道间,由张惠言肇端的常州词派又倡导“意内言外”、“比兴寄托”。他们各有理论体系,并常通过选本来贯彻自己的主张。清人有关词律方面的专书如万树《词律》、王奕清等《词谱》、戈载《词林正韵》等,远较前人细密周备。凌廷堪《燕乐考原》用乾嘉学派的方法考证词与音乐的关系,亦有成就。道、咸以后的词学主要笼罩于常州词派势力之下,如周济《宋四家词选目录叙论》提出“无寄托不入,专寄托不出”,谭献《复堂词话》宣扬“作者未必然,读者何必不然”,陈廷焯《白雨斋词话》标榜“沉郁顿挫”的风格,况周颐所谓“重、拙、大”的标准,都是常州词论的衍续。唯王国维《人间词话》能破除门户之见,熔中国古典诗学与西方美学于一炉,围绕“境界”说来构筑自己的理论,成为近代词学的先驱。此外,近代学者在词籍整理方面亦有重要贡献,如王鹏运《四印斋所刻词》、吴昌绶、陶湘《景刊宋金元明本词》、江标《宋元名家词》、朱祖谋《彊村丛书》等,均以收辑完备和校勘精审见长。“五四”以后,在新思潮推动下,词学研究呈现出新的局面,除《全宋词》、《清名家词》、《词话丛编》、《全清词钞》等大型总集陆续编纂外,还出现了一大批系统的理论专著,如吴梅《词学通论》、夏敬观《词调溯源》、王易《词曲史》、刘毓盘《词史》、胡云翼《宋词研究》、薛砺若《宋词通论》、夏承焘《唐宋词论丛》、唐圭璋《宋词四考》等,多方面开拓了研究的领域。这一趋势至今又有进一步发展,并同海外词学研究相交汇,重要的论著有吴熊和《唐宋词通论》、叶嘉莹《迦陵论词丛稿》、严迪昌《清词史》及谢桃坊《中国词学史》等。

曲学 研究中国韵文中“曲”的学科。狭义的曲学主要研究南北曲即元明清三代的戏曲、散曲。广义的曲学则研究戏曲、散曲、曲艺、小曲等,其考察时间上溯至上古乐舞,下伸至现当代。曲学着重从文学和音乐两个方面探索曲的艺术规律和创作方法,渐及剧场演出、演员演唱、社会唱曲活动等许多方面。曲学研究内容大别之可分为三个部分。一是对曲的历史研究,旨在记载有关曲的历史事迹,包括对曲的发生与源流的追溯,对曲的各门类发展史的考述,对有关文献文物的搜集整理,以及编撰有关曲的地方史志和各种工具书。二是对曲的理论研究,包括对曲的原理、本质的研究和对艺术创作规律的寻求,对曲作家作品的品评和对演唱艺术的评论,对曲的各门类的分类形态研究,以及对曲的内部构成(如作曲、度曲、演习等)的分析研究。三是对曲的艺术创造技法的研究,包括曲词作法、演唱技巧、歌舞动作设计、曲谱等等。以上诸部分内容,在曲学家的研究过程中常常混而不分,各种曲学著作中,往往是记实、评曲、述史、论理、谈法融为一体,相辅相长。曲学研究滥觞于先秦诸子百家对上古乐舞的阐说,其理论精神与以《乐记》为代表的先秦艺术论一脉相承。汉唐直至两宋对各种演出活动的记录提供了关于曲的文献学和剧场学的最初资料。宋代一些词学著作如王灼《碧鸡漫志》、张炎《词源》等兼有曲学性质。元曲出,曲与诗词鼎立地位得以确立,于是从元前期至明初出现了第一批曲学专著如周德清《中原音韵》、燕南芝庵《唱论》、钟嗣成《录鬼簿》、夏庭芝《青楼集》、朱权《太和正音谱》等,为后来曲学研究提供了多方面资料、经验和成果。自明嘉靖至明末是古代曲学的黄金时期,一百余年间涌现了魏良辅《南词引正》、徐渭《南词叙录》、蒋孝《南九宫谱》、王骥德《曲律》、吕天成《曲品》、沈宠绥《度曲须知》等一大批具有开拓精神的曲学著作。自清初至清中期是古代曲学又一丰收世纪,一批重要曲学专著对艺术规律的认识更为深化和系统化,对创作方法的探索更全面深入并更具实践指导意义,如李渔《闲情偶寄》中“词曲”“演习”两部及徐大椿《乐府传声》、焦循《花部农谭》以及其他人的《明心鉴》、《消寒新咏》、《审音鉴古录》等。20世纪初,在继承传统治学方法的同时,一些西方文艺理论方法的引进,开启了近代曲学研究风气。至20世纪中期以后更开拓了许多新领域,如对地方民间曲种、少数民族戏曲曲艺的挖掘整理,对曲学史论的系统研究和对中华民族演艺美学体系的探索等,都极大地拓展了研究境界,加强了研究的科学性。历代曲学著作形式则多种多样。或撰为专著自成一说,如王骥德《曲律》;或发为序跋借题发挥,如孟称舜《古今名剧合选序》;或散见于批注评点之间,如金圣叹《第六才子书》;或杂陈于散文笔记之中,如潘之恒《鸾啸小品》;亦可在书简中随机而发,如汤显祖《答凌初成》;甚或以韵文抒发己见,如沈璟《词隐先生论曲》等。

文论术语

诗言志 诗论术语。指诗歌本质在于反映主观情志。语出《尚书·尧典》:“诗言志,歌永言，声依永，律和声。”《左传》、《庄子》和《荀子》等先秦典籍中，也有相类表述。所谓“志”，初指心志，后兼指情志两端。以此为发端和基础，历代论者既有以“诗者，志之所之也，在心为志，发言为诗”（《诗大序》）等语，明诗歌之所由起；有以“诗以情志为本”（挚虞《文章流别论》）等语，明诗歌存在之根本；还有以“以诗观志”、“披文以入情”（《文心雕龙·知音》），明诗歌之接受过程。从而以此为中心，建立起具有鲜明民族特征的艺术本质论和反映论。这一理论曾滋育和鼓励古人在文学中反映真实生活、真实情感，直言无隐地揭露时弊，有效地阻抑了浮靡庸俗的创作倾向和形式主义文风，对古代文学创作和批评有积极而深远的影响。

温柔敦厚 诗论术语。指诗歌创作立意措辞委婉含蓄，中正平和。语出《礼记·经解》：“孔子曰：入其国，其教可知也。其为人也，温柔敦厚，诗教也。”孔颖达《正义》释曰：“温，谓颜色温润；柔，谓性情和柔。诗依违讽谏，不指切事情，故曰温柔敦厚，诗教也。”这一主张要求作者本着不与礼义相悖的宗旨去写作，既注意发愤抒情，以讽其上；又须止乎礼义，委婉温和。作为儒家诗教的一个重要内容，它实际上对发挥诗歌干预时政、抨击黑暗的社会功能有消极作用，诗人独立人格和社会责任感因此受到限制。然其要求主文谲谏，不指切斥直，颇合文理优柔的创作规律，一定程度上也促进了类似比兴寄托等艺术手法的发展。

诗教 诗论术语。本指诗所特有的教化作用，后指文学创作所须遵循的基本准则。语出《礼记·经解》：“孔子曰：入其国，其教可知也。其为人也，温柔敦厚，诗教也。”孔子本就《诗经》而发，指三百篇之作大抵温敦，人受其教，积久而致温文尔雅，淳朴敦厚。汉代以来儒家正统派人士即据以为口实，对一切文学创作提出主文谲谏、无违礼义的要求，使之成为取消文学所应承担的社会批判职能的理论依据，有消极影响。

情信辞巧 文论术语。指文章内容信实而措辞巧妙。语出《礼记·表记》：“子曰：情欲信，辞欲巧。”孔子论言辞表达素重“言以足志，文以足言”（《左传·襄公二十五年》引），要求“文质彬彬”，“信”就足志而言，“巧”就足言而论。情怀的诚信真挚与文辞的精美巧丽，在他看来才是文章臻于完善的前提。这一主张几乎规范了历代对文学创作内容与形式关系的所有论述，成为他们反对形式主义文风的重要理论依据。

言不尽意 文论术语。古代对言意关系的一种判断。意谓语言不能完全表达思想。语出《易·系辞上》：“书不尽言，言不尽意。”《庄子·天道》对此有更具体论述：“语之所贵者意也，意有所随。意之所随者，不可以言传也。”并以轮扁斫轮“得之于手而应于心，口不能言”为证，进而指出“可以言论者，物之粗也；可以意致者，物之精也；言之所不能论，意之所不能致者，不期精粗焉”（《秋水》）。作为思维工具及对应物的语言，确乎存在不能完全、准确地传达思维本身全部丰富性的情况，后世论者注意对言意关系的探讨，涉及到诸如如何使言尽可能达意乃或使言外生意等问题。

修辞立其诚 文论术语。孔子关于言辞、文学的修辞要求。通过修饰辞令来确立诚信，成就事业。语出《易传·乾·文言》：“子曰：君子进德修业。忠信，所以进德也；修辞立其诚，所以居业也。”后人加以引申发挥，把它解释成修辞当以诚信为本。

大音希声 文论术语。指完美闳深之音，往往浑沌窈渺，莫辨宫商。现多指文艺作品达到的至高境界。语出《老子·四十一章》：“大器晚成，大音希声，大象无形。”所谓声，指宫、商、角、徵、羽等具体音阶，声成文才谓之音，故古人有“声变乃成音，音和乃成乐”之说（《诗大序》孔颖达疏）。老子所谓“大音”，即指自然完美、蕴蓄闳深、变化多端之音，令听者既不能听清，又不胜听。由于此说道出了艺术创作自然深沉、不可迹寻的深刻哲理，故被后世论者引入文学批评。晚唐司空图《二十四诗品》所谓“遇之匪深，即之愈稀”（《冲淡》）、“遇之自天，泠然希音”（《实境》）、“涌之思之，其声愈稀”（《超诣》）等说，即承其意而来。

三表法 文论术语。关于言辞、文学的法则。语出《墨子·非命上》：“故言必有三表……有本之者，有原之者，有用之者。于何本之？上本之于古者圣王之事。于何原之？下原察百姓耳目之实。于何用之？发以为刑政，观其中国家百姓人民之利。此所谓言有三表也。”墨子要求立言以古圣王之事和百姓的实际经验为依据，以是否符合国家人民的利益为准绳，值得肯定；但以实用和节用为关系国计民生的大事，并以此推导出一切言辞、文学乃或音乐必须为功利服务的狭隘结论，又是片面的。

兴观群怨 诗论术语。指诗歌的四种社会作用。语出《论语·阳货》:“子曰:小子何莫学夫诗?诗,可以兴,可以观,可以群,可以怨。迩之事父,远之事君,多识于鸟兽草木之名。”其中“兴”指引譬连类,感发意志;“观”指观察风俗,考见得失;“群”指群居切磋,使和而不流;“怨”指以诗寓怀,怨刺上政。在此以前诗歌言志、美刺和观风俗、知民情的作用已被人认识,但孔子首次全面系统地作出理论阐述,既指出诗歌有认识风俗盛衰和批评时政的功能,又强调它所特有的启迪陶冶人的情操,使之互相砥砺,增进修养的作用,概括了诗歌的认识、教育和美感作用,故为后世旨趣不同的论者接受。对其论说作进一步阐释和发挥,是古代文论中一个重要内容。

美刺 文论术语。指文学创作的褒美良善和讥刺丑恶作用。诗歌创作的这两种作用,早在《诗经》中就有明显体现,后孔子提出“诗可以怨”(《论语·阳货》),又明确指出诗可用来批评时政,表达民情。而以美刺二端论诗,更是汉代儒者特点。《诗大序》以“美盛德之形容”释颂,“上以风化下,下以风刺上”释风,即是显例。而班固《两都赋序》所谓“或以抒下情而通讽谕,或以宣上德而尽忠孝”,概括和表述得更为明确。尽管其所美所刺皆一以维护传统社会与道德规范为准,但这种对文学作品现实功用的强调,客观上为在创作中反映现实,揭露时弊,提供了理论依据,对古代文学中现实主义传统的形成与发展,起到推动作用。

辞达而已 文论术语。意谓文辞能表达出主观旨意即可。语出《论语·卫灵公》:“子曰:辞,达而已矣。”何晏《集解》引孔安国语,谓“凡事莫过于实,辞达则足矣,不烦文艳之辞”。这一主张强调言辞表达但求反映事实,恰到好处即止,力避过当或不及。所谓“达”,并不排斥讲究修饰或使用精美的文辞。后苏轼推阐其意,谓“孔子曰:言之不文,行之不远。又曰:辞达而已矣。夫言止于达意,则疑若不文,是大不然,求物之妙,如系风捕影,能使是物了然于心者,盖千万人而不一遇也,而况能使了然于口与手者乎?是之谓辞达。辞至于能达,则文不可胜用矣”(《答谢民师书》)。指出达非不文,而是一种不见其文的至高境界。

尽善尽美 文论主张。指诗文形式内容俱佳。语出《论语·八佾》:“子谓《韶》,尽美矣,又尽善也。谓《武》,尽美矣,未尽善也。”孔子评价文学作品,以情文并举、美善相兼为至高标准。《武》是武王时乐,含武力征伐取天下的内容,不合孔子以德服人的原则,故虽美而未善;与之相比,舜乐《韶》谓以圣德受禅,不尚强力,因而被视作至善至美的代表。

思无邪 诗论术语。指诗所表达的情志符合传统道德礼仪规范。语出《论语·为政》:“《诗三百》,一言以蔽之,曰:思无邪。”本专指《诗经》内容不涉邪僻,后世论者如汉儒、宋理学家,从维护正统道德礼仪规范出发,突出强调无邪的政治属性,提出类似“发乎情,止乎礼义”(《诗大序》)的要求,给文学创作套上了封建礼教的枷锁,使其理论价值受到局限。

文质彬彬 文论术语。指文章质朴、文采并重。语出《论语·雍也》:“质胜文则野,文胜质则史。文质彬彬,然后君子。”此语本兼论人的文化修养与文辞表达,认为凡为君子,不可偏于一端:巧言令色不可取,信而无文也不行。这一主张成为后代要求文学创作质朴与文采搭配适宜、表现雅正典丽的总体风貌的理论依据。至于以文为作品形式、质为作品内容,进而要求文学创作质文兼备、情辞并美,则是此语另一意义的重要延伸。

乐而不淫,哀而不伤 诗论术语。指佚乐而不至过当,哀怨而不至悲伤。语出《论语·八佾》:“子曰:《关雎》乐而不淫,哀而不伤。”此前,吴季札观乐鲁国,已以“乐而不淫”、“哀而不愁”论《豳》和《颂》(《左传·襄公二十九年》),为孔子所本。孔子认为,《关雎》一诗写男女情爱,欢乐时钟鼓琴瑟,悲哀时寤寐反侧,虽极尽其情,但不涉于淫放,得中正和平之意。这一评价,与“无邪”和“温柔敦厚”的要求相通。

郑卫之声 文论术语。原指春秋时郑、卫民间俗乐多涉男女情爱,后借指一切浮靡讹滥的文艺作品。语出《论语·卫灵公》:“颜渊问为邦,子曰:行夏之时,乘殷之辂,服周之冕,乐则《韶》《武》,放郑声,远佞人。郑声淫,佞人殆。”郑卫之声本是民间新起的音乐,曲调轻松婉转,富有表现力和感染力,为大多数人所喜闻乐见。孔子从自己崇尚古制的趣味出发,以为当行三代之礼,听《韶》、《武》之乐,而郑卫之声侈溺讹滥,有违典重高华和正闳广之旨,故应予以废斥。汉代以下,历代正统论者援以论文,不但指实《诗经》中《郑风》等为淫,并用以否定一切反映现世生活、特别是爱情生活,形式新巧、音调缠绵的文艺作品,带有浓重的保守色彩。

绘事后素 画论术语。指绘画当先以粉地为质,后施文饰。是文论中文质兼举而以质为先主张形成的理论依据。语出《论语·八佾》:"子夏问曰:'巧笑倩兮,美目盼兮,素以为绚兮。何谓也?'子曰:'绘事后素。'曰:'礼后乎?'子曰:'起予者商也,始可与言《诗》已矣。'"孔子以礼属文饰,仁属质素,强调先仁而后礼,故因以要求先质而后文,提出绘画一事当后于质素。这一主张反映其志道、据德、依仁,然后游于艺的一贯思想。

得意忘言 文论术语。古代对言意关系的一种认识。意谓但须领会精意,而表达精意的语言则可忘弃。语出《庄子·外物》:"筌者所以在鱼,得鱼而忘筌;蹄者所以在兔,得兔而忘蹄;言者所以在意,得意而忘言。"即言语是为了达意,正如筌、网是为了捕鱼和捉兔;鱼、兔既得,筌、网便失去了作用;意义既明,语言便不再有存在价值。以后,王弼等人进一步对此说作了阐发。由于这一论说既指出语言是为表达思想而设的事实,同时又隐含主观情志乃至所描写的形象可以溢出表面的语言文辞的思想,故与儒家比兴寄托的理论相呼应,对促使历代论者深入探讨情志表达和形象描写等问题,产生重大影响。钟嵘的"文已尽而意有余"(《诗品序》),皎然的"意中之静","意中之远"(《诗式》),司空图的"韵外之致"、"味外之旨"等说,皆从中得到过启发。

三不朽 文论术语。指"立德"、"立功"与"立言"三者皆可永垂青史、万代不朽。语出《左传·襄公二十四年》:"太上有立德,其次有立功,其次有立言,虽久不废,此之谓三不朽。"其所谓"言",主要指言辞表现的德教与政教,但也与文学有关。以立言置于立德、立功之后,一方面表明先秦时代注重道德事功甚于文章、文学才能的正统观念,另一方面以立言也可不朽的观点,体现了时人对言辞及与之相关的文事价值的深切认识。后世论者常援以为论证文学的地位和作用之理论依据,在不正面撼动道德、事功领先地位的前提下,对文学的本位意义和存在价值予以突出彰扬。

断章取义 亦作"断章取意"。文论术语。谓引用《诗经》述志时,只截取于已适用的片断,而不顾及全文和原意。语出《左传·襄公二十八年》:"赋《诗》断章,余取所求焉。"春秋战国时期,列国盟会赋《诗》或学者著述引《诗》,常根据需要截取其中的某些片断,以应实用。清魏源《诗古微·毛诗义例》谓:"赋《诗》与引《诗》者,《诗》因情及,虽取义微妙,亦止借词证明。盖以情为主而《诗》从之。所谓兴之所之也……则不必拘所作之人,所采之世。"清沈德潜《〈古诗源〉例言》亦云:"《诗》之为用甚广。范宣讨贰,爰赋《摽梅》;宗国无鸠,乃歌《圻父》,断章取义,原无达诂也。"于此可见当时言情达意,自己并不另造篇什,而是简单地从《诗》中截取,几成风气。

以意逆志 诗论术语。从作品的实际内容去推求作者的创作意图。语出《孟子·万章上》:"故说诗者,不以文害辞,不以辞害志;以意逆志,是为得之。"有人曾将此语解为"以己之意逆诗人之志"(赵岐《孟子注疏》),其实,孟子原意是要人勿拘执作品中个别字句的表面意思,而要从全篇实际内容出发论诗,目的在于"以古人之意求古人之志"(吴淇《六朝选诗定论缘起》),就诗论诗,不要断章取义。此说对后代文学批评产生深远影响,成为传统文学批评方法中的一个重要原则。

知人论世 诗论术语。指考察作品要结合作者本人经历、个性及所处时代。语出《孟子·万章下》:"颂其诗,读其书,不知其人,可乎?是以论其世也,是尚友也。"其中知人包括了解作者身世、性情和德操;论世则指掌握其所处时代特定历史环境。孟子认为唯有由人与世的结合而论诗歌作品,才可把握其真义,才称得上是尚友之道。这一主张为读者和批评者准确理解文学作品指明了道路,具有普遍指导意义。

好质恶饰 文论术语。指为文须推尚质实,摒弃外饰。语出《韩非子·解老》:"礼,为情貌者也。文,为质饰者也。夫君子取情而去貌,好质而恶饰。夫恃貌而论情者,其情恶也;须饰而论质者,其质衰也。"韩非子认为,正如情怀高尚诚挚之人无须礼的虚饰一样,质美也无须用文来粉饰。需要文饰的质,其质必不美。这一主张具有崇尚自然本色、反对人为矫饰的合理一面,但把须饰之物一律判为质衰,笼统排斥并反对一切文饰,并不可取。

知言养气 文论术语。本指识察言语和涵养底气的道德修养功夫,后被用以论文。语出《孟子·公孙丑上》:"敢问夫子恶乎长?曰:我知言,我善养吾浩然之气。敢问何谓浩然之气?曰:难言也。其为气也,至大至刚,以直养而无害,则塞于天地之间。其为气也,配义与道;无是,馁也。是集义所生者,非义袭而取之也。行有不慊于心,则馁矣。……何谓知言?曰:诐辞知其所蔽,淫辞知其所陷,邪辞知其所离,遁辞知其所穷。”这种强调主观志气的蓄养，由此蓄养而知言进德的主张，被后代用为谈艺论文，要求创作主体重视主观志气和内在生命活力的培养，对诸如“文以气为主”、“气盛言宜”等文学观念的形成和确立，都深有影响。

发愤著书 文论术语。人因遭遇不好而心生忧郁，愤而作文写书。语出司马迁《史记·太史公自序》：“夫《诗》《书》隐约者，欲遂其志之思也。昔西伯拘羑里，演《周易》；孔子厄陈、蔡，作《春秋》；屈原放逐，著《离骚》；左丘失明，厥有《国语》；孙子膑脚，而论兵法；不韦迁蜀，世传《吕览》；韩非囚秦，《说难》、《孤愤》；《诗》三百篇，大抵贤圣发愤之所为作也。此人皆意有所郁结，不得通其道也，故述往事，思来者。”在此之前，屈原曾说过“发愤以抒情”（《惜诵》）的话，司马迁从身受宫刑坚持《史记》写作的经历出发，援引包括屈原在内的先圣著述为证，明确提出发愤著书。尽管其所举诸人的写作动因并非尽出怨愤，但他强调有感而发，身处逆境而以著述自强，是很有意义的。这一观点实际上突破了儒家怨而不怒的教条，大力倡导写作扬善惩恶的现实作用，因此曾给历代正直之士或进步作家以巨大鼓舞。东汉桓谭所谓“贾谊不左迁失志，则文彩不发”（《新论·求辅》），刘勰所谓“敬通雅好辞说，而坎壈盛世”（《文心雕龙·才略》），以及韩愈“不平则鸣”论和欧阳修“穷者而后工”说，无不受其影响，得其精髓。

诗无达诂 诗论术语。指《诗经》中作品的旨意本无明确固定的解释。语出董仲舒《春秋繁露·精华》：“所闻《诗》无达诂，《易》无达占，《春秋》无达辞。”董氏从先秦时人赋诗言志多断章取义的实际情况出发，认为要自由表达旨意，可不顾原诗题旨，对《诗》作任意的引用和发挥。由于其全然不理会原作本旨，说诗不免有主观随意之弊。但此说也有其合理成分。唐宋以来，论者要求读诗解诗切勿拘执一端，附会牵强，如谢榛《四溟诗话》所谓“诗有可解、不可解、不必解，若水月镜花，勿泥其迹可也”，叶燮《原诗》反对“一一证之实事”，沈德潜《〈唐诗别裁〉凡例》谓“古人之言，包含无尽，后人读之，随其性情浅深高下，各有会心……斯为得之”等，皆本其意而发挥，不失为通达之论。

风教 诗论术语。指诗歌的风化教育作用。语出《诗大序》：“《关雎》，后妃之德也，风之始也，所以风天下而正夫妇也。故用之乡人焉，用之邦国焉。风，风也，教也；风以动之，教以化之。”目的在于“经夫妇，成孝敬，厚人伦，美教化，移风俗”。后人多沿循其义，谓文学创作当有助于教化；而“更尚文词”、“竞骋文华”，被称为“风教渐落”（李谔《上书正文体》），可见其影响深远。

发乎情，止乎礼义 文论主张。指文学创作率性任情而发，但不应越出传统道德礼义规范。语出《诗大序》：“故变风发乎情，止乎礼义。发乎情，民之性也；止乎礼义，先王之泽也。”意指《诗经》中那些反映周室中衰、刺怨相寻的作品，既多批判锋芒，又不违背正道。汉以后论者将之用于诗文批评，对文学创作的内容提出了道德要求。唯强调过当，有时不免执礼义一端而失缘情之义，最终在事实上取消创作者的真情流露及文学的社会批判功能。

主文而谲谏 文论主张。以相应的文辞婉言讽谏。语出《诗大序》：“上以风化下，下以风刺上，主文而谲谏，言之者无罪，闻之者足以戒，故曰风。”主张依违讽谏，用含蓄委婉之辞和比兴寄托之法，在不违反封建礼义、等级制度的情况下，表达对现实政治的不满。其意义不仅在于论《诗》，还被后世历代论者用为文学须为封建政治服务的理论依据。是儒家温柔敦厚诗教的具体体现。

吟咏情性 文论术语。指文学创作要抒发人的思想感情。语出《诗大序》：“国史明乎得失之迹，伤人伦之废，哀刑政之苛，吟咏情性，以风其上，达于事变而怀其旧俗者也。”《毛诗序》作者论诗，既承旧说，讲“在心为志，发言为诗”，又讲“情动于中而形于言”，强调诗歌应该抒写情性，从而把言志和抒情统一起来，反映了汉代人们对文学本质特征认识的深入。以后陆机讲“诗缘情而绮靡”（《文赋》），刘勰讲“诗者，持也，持人情性”（《文心雕龙·明诗》），钟嵘讲“至乎吟咏情性，亦何贵于用事”（《诗品序》），皆由此而来。

移风易俗 文论术语。本指音乐所具有的改变习俗的感化功用，后兼指文学作品的教化作用。语出《荀子·乐论》：“乐者，圣人之所乐也，而可以善民心，其感人深，其移风易俗，故先王导之以礼乐而民和睦。”荀子认为统治者可利用音乐教化人民，倘人人受乐感化，善心萌动，邪意退尽，则世道人心自然清明。后人假以论文，以为内容、形式雅正得体的文学作品，也有如此社会影响力。

诗人之赋丽以则，辞人之赋丽以淫 文论术语。意谓本着《诗三百》精神写的赋华丽精巧而不违儒家法度，一般才学之士炫才逞博之赋藻绘过甚，无所指归。语出扬雄《法言·吾子》："或问：景差、唐勒、宋玉、枚乘之赋也益乎？曰：必也淫。淫则奈何？曰：诗人之赋丽以则，辞人之赋丽以淫。如孔氏之门用赋也，则贾谊升堂，相如入室矣，如其不用何？"扬雄认为屈原所作"体同诗雅"（《文心雕龙·辨骚》引），得风雅之旨，有教化之用，是所谓"诗人之赋"；而景、唐、宋、枚乃至贾谊、相如所作，则因不切实用，被归入"辞人之赋"。这一划分是儒家传统文学思想的典型表现，由于它在理论上有很强的概括性，以至后世论赋，无论赞成与否，无不受其影响。

心声心画　文论术语。意指言为心声，书道心画，文学作品乃至一切文章均可见出作者的真性情、真面目。语出扬雄《法言·问神》："言不能达其心，书不能达其言，难矣哉！惟圣人得言之解，得书之体……故言，心声也；书，心画也。声画形，君子小人见矣。声画者，君子小人之所以动情乎！"春秋时孔子论文已有"有德者必有言"（《论语·宪问》），而"巧言令色，鲜矣仁"（《学而》）之说，扬雄继承这一说法，指出言书与人的思想情感之间存在密切的互应关系，由言书寻绎人的心迹，对后世颇有影响。

劝百风一　文论术语。指作品诱引鼓励放纵的成分远多于讽谏规劝，常于篇末略致其意以应风雅比兴。语出班固《汉书·司马相如传赞》："相如虽多虚词滥说，然要其指归，引之节俭，此与诗之讽谏何异？扬雄以为靡丽之赋，劝百而风（讽）一，犹骋郑卫之声，曲终而奏雅，不已戏乎！"后指文学作品中谀美多而讽刺少。

讽谕　一称"讽谏"。文论术语。指在下者用文学作品寄寓讥刺或箴规来警戒执政者。《诗经·大雅·民劳》："王欲玉女，是用大谏。"汉代以来，论者皆以此为文学干预生活、关切时世的手段，即所谓"抒下情而通讽谕"（班固《两都赋序》）。讽谕被认为是合乎风雅比兴之义的，因讽者风也，讽兼比兴；而"竞为侈丽闳衍之词，没其讽谕之意"（《汉书·艺文志》），则不足取。后世如白居易继承这一传统，把自己的有关诗作命名为讽谕诗。或亦有强调过当，乃至丢失文理情韵之美者，是其消极的一面。

文以气为主　文论主张。指文学创作以作家的才气为基准。语出曹丕《典论·论文》："文以气为主，气之清浊有体，不可力强而致。譬诸音乐，曲度虽均，节奏同检，至于引气不齐，巧拙有素，虽在父兄，不能以移子弟。""气"在中国古代哲学思想中本指天地万物之本原，所谓"一元之气"，以后生化万物。孟子有"气者体之充"及"养气"之说，东汉王充进言"人之精乃气也，气乃力也"（《论衡·儒增》），"人之善恶，共一元气，气有多少，故性有贤愚"（《论衡·率性》），将气与人的精神活动直接相联系。曹丕更将其引入文学批评，用以强调由于每个作家个性、气质不同，作品风格也必不相同。从而不但昭明创作者须应性练才、缘才性为文的道理，也为作家作品批评的有效展开，提供了理论依据。以后韩愈的"气盛言宜"说，苏辙的"气可养而致"说，则在此基础上作了新的补充与发挥。当然，过分强调禀气的先天特征，未及后天阅历积养等，也使其理论价值受到局限。

物感说　文论术语。古代关于文学创作动因的一种见解。指创作活动起因于为客观事物所感。最早见于《礼记·乐记》："凡音之起，由人心生也。人心之动，物使之然也。"后晋代《文赋》提出"遵四时以叹逝，瞻万物而思纷。悲落叶于劲秋，喜柔条于芳春"，《文心雕龙》谓"人禀七情，应物斯感"（《明诗》），"岁有其物，物有其容；情以物迁，辞以情发"（《物色》），《诗品序》也谓"气之动物，物之感人，故摇荡性情，形诸舞咏"。这种将文学创作与客观外物联系起来，进而指出两者间因果关系，具有明显的客观唯物倾向。唐宋以来历代论者大都沿用此说，既指出"志之所适，外物感焉"（孔颖达《诗大序正义》），进而又指出"凡物色之感于外，与喜怒哀乐之动于中者，两相薄而发为歌咏"（纪昀《清艳堂诗序》），具体深入地揭示了创作激情萌动、创作活动展开的一般规律，对片面强调心志的文学理论和为文造情的创作风气，都有一定抑制作用。

诗缘情而绮靡　诗论主张。指诗歌应缘情而发，文辞优美。语出《文赋》。自《尚书·尧典》提出"诗言志"以来，汉代受儒学影响者大多沿袭此说，至陆机始从五言诗为主体的诗歌创作实际出发，首次明确提出诗应缘情而发，以抒情为主，且既不对此情加以类似"止乎礼义"的拘限，又明言还须赖优美的文辞来传达，从而使诗歌创作突破了传统儒学教条的牢笼，凸现了自身的本质特征。对后世文学发展产生积极影响。

建安风力　诗论术语。指汉末建安时期诗歌创作特有的刚健明朗、真力弥满的精神风貌。语出《诗品序》："降及建安，曹公父子，笃好斯文；平原兄弟，郁为文栋；刘桢、王粲，为其羽翼。次有攀龙托凤，自致于属车者，盖将百计，彬彬之盛，大备于时矣！尔后陵迟衰微……建安风力尽矣。"建安诗歌以反映社会动乱、民生疾苦，抒发个人真实怀抱为主，语言朴茂，格调高古，思想性与艺术性达到较完美的统一。特别是它所体现出的慷慨悲凉的力度美，是两晋以来，乃至终南北朝时期不曾再现的。刘勰对此曾以有风骨相推许，但未直接提出"建安风骨"字样，钟嵘于此首先予以张扬，直接影响了以后陈子昂、李白和严羽等人的相关论说。

汉魏风骨 诗论术语。指汉魏古诗刚健挺特、真力弥满的风貌。语出陈子昂《与东方左史虬修竹篇序》："文章道弊五百年矣，汉魏风骨，晋宋莫传。"文中又有"仆尝暇观齐、梁间诗，彩丽竞繁，而兴寄都绝，每以永叹，思古人常恐逶迤颓靡，风雅不作，以耿耿也"，以及"骨气端翔，音情顿挫，光英朗练，有金石声"诸语，可视作是从正反两方面对此语的阐释。汉魏诗有风骨，早为刘勰、钟嵘论及，但将两者连言，铸成新词，对唐宋以降历代论者具有极大的规范作用。

风骨 文论术语。指作品的郁勃之气和遒劲风貌。语出魏晋时代人物品鉴，如《世说新语·赏誉》注引《晋安帝纪》称王羲之"风骨清举"等，大抵指称人物风情俊朗，富有活力。后被引入书画理论和诗文批评。《文心雕龙》即设专章论列："《诗》总六义，风冠其首，斯乃化感之本源，志气之符契也。是以怊怅述情，必始乎风；沉吟铺辞，莫先于骨。故辞之待骨，如体之树骸；情之含风，犹形之包气。结言端直，则文骨成焉；意气骏爽，则文风清焉。若丰藻克赡，风骨不飞，则振采失鲜，负声无力。是以缀虑裁篇，务盈守气，刚健既实，辉光乃新。"明言风骨的生成系于志气之充盈；至于分言"风"、"骨"两端，则是出于论述细密和骈文对举的需要，故唐人已不再析而言之。宋元以降，严羽、方回和胡应麟等人所言风骨，除承刘勰原说，将其与诗情的骏爽、诗语的劲质相连外，又以笔力雄壮、气格高古和气象浑成等内容充实之。

宫商清浊 诗论术语。语言声调的高低轻重。语出范晔《狱中与诸甥侄书》："性别宫商，识清浊，特能适轻重，济艰难，斯自然也。"宫商本古代音乐声调名，范氏用以借指语言的声调。清浊指不振动声带和振动声带两种音调，此处意思与宫商混同。合言即指诗歌语言声调高下轻重的变化。范氏是较早探究语言声调变化的论者之一，其对语言声调的这一区别，开了王融、沈约等人声律研究之先河。

文笔说 文论术语。六朝人辨析文学体制的论说，一般以有韵者为文，无韵者为笔。前者是所谓纯文学，后者则包括一般有文采的文章。秦汉以来，限于对文学本质特征认识不够明确，尚未有文、笔之分。至晋代判别始兴，但言之未详。刘宋以来，随文学创作的繁荣发展，明确的区分开始出现，颜延之即以"竣得臣笔，测得臣文，㚟得臣义，跃得臣酒"论诸子才能(《南史·颜延之传》)。其所谓笔，较之晋人仅指无韵的单篇文章更宽泛，还包括传记；且其下又分言、笔两类，前者指直言事理不加彩饰的经书，后者则指言之有文饰者如《左传》之属。同时范晔《狱中与诸甥侄书》称史书中无韵的序论为笔，有韵的赞为文。刘勰继承颜、范之说，以无韵者为笔，有韵者为文，进而把史传、诸子都归入笔类。但他又修正颜说，以为"易之《文言》，岂非言文？若笔果言文，不得云经典非笔矣"(《文心雕龙·总术》)。稍后萧绎更进一步，从情性和文辞表达角度置论，提出"不便为诗如阎纂，善为章奏如伯松，若此之流，泛谓之笔；吟咏风谣，流连哀思谓之文"。虽有重文轻笔色彩，然于文学本质特征的认识则较前清晰。以上诸论反映了继文学日益走向自觉后，人们对文学自身认识不断进步的事实。唐宋以降，文笔之分流行一阵后渐趋衰歇。清代阮元为提倡古文而重提有韵偶对为文、无韵散行为笔，只是前人论述之回响。

声律说 诗论术语。南朝人关于诗歌声调音律的论说。主要包括四声运用和声病避忌两类内容。此说可上溯至西汉司马相如"一经一纬，一宫一商，此赋之迹也"(《西京杂记》引)之说，后陆机在《文赋》中更明确提出"音声之迭代"的问题。刘宋范晔、谢庄等人亦注意在创作中别宫商，识清浊。到南齐王融、谢朓、沈约时，系统的论说正式确立。沈约等人作有专门阐发声律理论的专著，并将其运用于创作，"始用新声，以为新变"(《南史·庾肩吾传》)。即依据语言中字音的轻重高低，归并出平、上、去、入四声，以此制韵，并有平头、上尾、蜂腰、鹤膝等声病讲求，以使诗歌五字之中音韵尽殊，两句之内轻重悉异。后刘勰所论"声有飞沉，响有双迭"(《文心雕龙·声律》)，系承其说而发挥。声律问题的探讨，既与当日声韵学的发展密切相关，又是汉魏六朝诗赋骈文创作追求形式完美的必然结果。它虽然助长了当时文坛形式主义文风的蔓延，出现了为钟嵘等人指责的“文多拘忌，伤其真美”(《诗品序》)的流弊，但在发现并总结语言的声韵规律，从而赋予韵文作品的声律美，并进而推动古体诗向近体诗过渡方面，功不可没。

文变染乎世情，兴废系乎时序 文论主张。谓文学创作随着时代的推移而变化发展。语出《文心雕龙·时序》：“是以世极迍邅，而辞意夷泰，诗必柱下之旨归，赋乃漆园之义疏。故知文变染乎世情，兴废系乎时序，原始以要终，虽百世可知也。”所谓“世情”、“时序”，指一定历史时期的社会状况。早在《礼记·乐记》中就有“声音之道，与政通矣”之说，刘勰此说更为全面深入地揭示了文学与时代的关系，是对秦汉以来相关理论的重要发展。

神思 文论术语。作家创作过程中内心与外物相接后，为诉诸表达而展开的艺术构思活动。晋宋间画家宗炳《画山水序》有“圣贤映于绝代，万趣融其神思”之语，用以指想像这一思维活动。南齐萧子显《南齐书·文学传论》谓：“属文之道，事出神思，感召无象，变化不穷”，则似由想像进而涉及更广泛的艺术思维活动。对此最有贡献的是《文心雕龙》的专篇论列，既指出作者的构思活动可涉罗广远，“思接千载”、“视通万里”，又指出其主观感情能因专心运思而变得饱满深入，“登山则情满于山，观海则意溢于海”。至于这一切的基础，则是想像力的充分发挥，“积学以储宝，酌理以富才，研阅以穷照，驯致以怿辞”的积累，以及“秉心养术，无务苦虑”的“虚静”修养工夫。较之陆机《文赋》，此一论述更具体系统地揭示出创作主体艺术构思、艺术创造活动的规律，具有重要的理论价值。

夸饰 文论术语。指夸张的表现手法。语出《文心雕龙·夸饰》：“故自天地以降，豫入声貌，文辞所被，夸饰恒存。”但刘勰认为夸饰须无害于义，不堕于矫饰，“因夸以成状，沿饰而得奇”可以，倘“夸过其理”、“名实两乖”，如某些汉赋，便不足取。故提出“若能酌诗书之旷旨，剪扬马之甚泰，使夸而有节，饰而不诬，亦可谓之懿也”的标准。有关文学创作中夸张手法的讨论，先秦就已开始，汉代王充《论衡·艺增篇》也有论列，但将夸饰的运用与作品形象的表达相联系，并突出强调，则始于刘勰。

熔裁 文论术语。指文意的锤炼和文辞的剪裁。语出《文心雕龙·熔裁》：“夫百节成体，共资荣卫；万趣会文，不离辞情。若情周而不繁，辞运而不滥，非夫熔裁，何以行之乎。”具体而言，“规范本体谓之熔，剪截浮词谓之裁”，前者是为使“纲领昭畅”，后者则要使“芜秽不生”。而要做到这两点，须有“设情位体、酌事取类、撮辞举要”三方面的配合，是为“三准”。两晋以来，浮辞连篇，漫无所归的作品屡见不鲜，此说对此现象予以专述，于纠正不良文风，具有积极意义。

六观 文论术语。指文学批评中六种切入作品的角度和方面。语出《文心雕龙·知音》：“凡操千曲而后晓声，观千剑而后识器；故圆照之象，务先博观……是以将阅文情，先标六观：一观位体，二观置辞，三观通变，四观奇正，五观事义，六观宫商。斯术既形，则优劣见矣。”即从作品的体制、辞采、因革，以及如何执正驭奇、据事类义、安排声律等六方面来考察评价其优劣。刘勰以为如此才能“无私于轻重，不偏于憎爱”，做到批评的客观公正。对宋齐以来文坛“随其嗜欲，商榷不同”、“喧议竞起，准的无依”之淆乱情形，有针砭意义。

隐秀 文论术语。指婉曲和警策两种修辞格。语出《文心雕龙·隐秀》：“是以文之英蕤，有秀有隐。隐也者，文外之重旨者也；秀也者，篇中之独拔者也。隐以复意为工，秀以卓绝为巧，斯乃旧章之懿绩，才情之嘉会也。”文外重旨复意，即所谓言有尽而意无穷；篇中独拔卓绝，即所谓警句字眼。晋陆机《文赋》所言“石韫玉而山辉，水怀珠而川媚”、“立片言而居要，乃一篇之警策”，也涉隐、秀两端；后欧阳修《六一诗话》“必能状难写之景，如在目前；含不尽之意，见于言外”，亦触及此点。

奇正 文论术语。指文章的正则与奇变。语出《文心雕龙·定势》：“然渊乎文者，并总群势。奇正虽反，必兼解以俱通。”其间的区别是“正”指符合经典的规范，“奇”指后世异乎经典的新变。刘勰论文强调宗经，自然提倡文行乎正，但同时也主张“望今制奇，参定古法”(《通变》)，只不过反对“新学之锐，则逐奇而失正”，而要求“执正以驭奇”，“酌奇而不失其贞(正)”(《辨骚》)。后世论者或不再拘执是否符合儒家经典这一标准。但以此谈艺论文，以“正”指典则，以“奇”称新变。

定势 文论术语。指确立文章的体势。语出《文心雕龙·定势》。“势”即所谓“自然之势”，由此“乘利而为制”，这样才得定势之正。而所谓“自然之势”，由“因情立体，即体成势”而来，凡根据所要表达的情志择定文章体式，并由这体式的要求产生相应的或刚或柔，或奇或正之文势；倘违反这一原则，“势流不返，则文体遂弊”。刘勰首次系统论述的定势理论，特别是其中所包含的兼解刚柔、俱通奇正的思想，对唐宋以降历代论诗势、文势的论者，曾有深远影响。

通变 文论术语。指文学创作参伍因革的规律。语出《文心雕龙·通变》：“凡诗赋书记，名理相因，此有常之体也；文辞气力，通变则久，此无方之数也。”而通变之道，又包含通古变今与通体变文两方面。因前者，故须“酌于新声”；因后者，又须“规略文统，宜宏大体”。总之，只有“先博览以精阅，总纲纪而摄契”，接以凭情会通，负气适变，“斟酌乎质文之间，檃括乎雅俗之际”，才算得参伍因革之道。《易·系辞》已有“一阖一辟谓之变，往来不穷谓之通”，“穷则变，变则通，通则久”之说，但还不是论文；陆机《文赋》“谢朝华于已披，启夕秀于未振”，则已论及文学创作的因革问题。刘勰此说由《易传》的通变观而来，又加以远较陆机系统、全面的论述，从而使这一理论更为完善，更具价值。

六义 ❶文论术语。宗经之文所体现出的六大优点。语出《文心雕龙·宗经》：“故文能宗经，体有六义，一则情深而不诡，二则风清而不杂，三则事信而不诞，四则义直而不回，五则体约而不芜，六则文丽而不淫。”前四义就内容言，后二义就形式言。刘勰认为圣人之文衔华佩实，雅丽非凡，有“根柢盘深，枝叶峻茂，辞约而旨丰，事近而喻远”的特点。“六义”正是据此从内容、形式两方面对创作提出的要求。❷诗经学名词。见“诗经学”条。

体性 文论术语。指文章的风格与作家的情性。语出《文心雕龙·体性》：文章是诚中形外、因内符外之事，“才有庸俊，气有刚柔，学有浅深，习有雅郑”，故各人所作风格必不相同，在“八体”中各占其位，因此创作时须“摹体以定习，因性以练才”，在天资才性基础上，慎于始习，会通合数，写出风格独具的优秀作品。这一理论强调天资才性而不废后天学习，较之曹丕“气之清浊有体，不可力强而致”之说，更客观具体，故对后世风格理论的建立影响更大。

虚静 文论术语。指作家在创作过程中保持的不坚执主观意志、专心而不躁动烦乱的良好心态。原出《老子》之“致虚极，守静笃”，意谓由蹈虚守静，不执一物而臻体道之境。刘勰将之引入文学批评，作为艺术思维活动得以展开的重要条件予以强调。《文心雕龙·神思》：“是以陶钧文思，贵在虚静，疏瀹五藏，澡雪精神。”要求作者创作时祛除庸鄙之情、物欲之志和躁急之心，全身心地投入，以保证思维活动顺利开展，想像力最大程度发挥。后代论者如朱熹所谓“不虚不静，故不明；不明，故不识”（《清邃阁论诗》），叶燮所谓“逮落笔则有俚俗、庸腐、窒板、拘牵、隘小、肤冗种种结习……如医者之治结疾，先荡尽其宿垢，以理其清虚”（《原诗》），皆为此说之推衍和发展。

神与物游 文论主张。指创作主体主观心志与客观万物互相交合，融会贯通。语出《文心雕龙·神思》：“文之思也，其神远矣……故思理为妙，神与物游。”当然，这种交合贯通的统驭因素在于作者的志气，由志气而及耳目、文辞，才能尽神思之妙得，由此“寂然凝虑，思接千载，悄焉动容，视通万里”。陆机《文赋》论作者的构思活动，曾有“精骛八极，心游万仞”、“情曈昽而弥鲜，物昭晰而互进”之论，刘勰此说将这层意思发挥得更为充分，概括得也更为明确，是对传统构思理论的一大推进。

浮声切响 诗论术语。诗歌声调的高低抑扬。语出沈约《宋书·谢灵运传论》：“欲使宫羽相变，低昂互节，若前有浮声，则后须切响。一简之内，音韵尽殊；两句之中，轻重悉异。”可知所谓“浮声”乃指平声，“切响”则指仄声。诗歌浮声切响间隔使用，前后相应，可使语音错综变化，有和谐悦耳的声调之美。此与诗歌“一简”、“两句”字音必须变化等要求一起，构成了永明声律理论，对唐代近体律诗的定型有重大影响。

事出于沉思，义归乎翰藻 文论主张。文学创作中用事和达意都须精心构思，以优美的文辞表达出来。语出萧统《文选序》：“至于记事之史，系年之书，所以褒贬是非，纪别同异，方之篇翰，亦已不同。若其赞论之综缉辞采，序述之错比文华，事出于沉思，义归乎翰藻，故与夫篇什，杂而集之。”萧统选文，明言不录经、子及贤人辩士言，也不录史书，但因史书中有一些赞论序述具有同乎“篇翰”、“篇什”的精美，故也予选入。此语即是对这类文字所作的艺术概括，其中也体现其选文的基本精神，反映了魏晋以来对文学本质特征的认识日益深入。

立身之道与文章异 文论主张。为人与为文所依循的准则不同。语出萧纲《诫当阳公大心书》："立身之道与文章异，立身先须谨慎，文章且须放荡。"萧氏生当文学创作繁兴之时，力主文章须吟咏情性，有精美的文辞和风格；要做到这一点，仅摹拟圣人或文章高手扬、马、曹、王等人之作也不行，必须自出手眼，"遣辞用心，了不相似"（《与湘东王书》）。此处所谓"放荡"，正指不受前人拘束，放恣任性。这种强调独创，反对因袭的文学主张，是对过于崇尚传统、服膺典范的传统文学观的一种修正。

直致 诗论术语。即景写情，直抒胸臆。语出《诗品》："（陆机诗）尚规矩，不贵绮错，有伤直致之奇。"意即虽不至靡丽讹滥，但从语言到风格终算不上素朴质实。唐殷璠《河岳英灵集序》称"曹、刘诗多直致，语少切对，或五字并侧，或十字俱平，而逸价终存"，印承其说。后司空图《与李生论诗书》进一步指出："诗贯六义，则讽谕、抑扬、渟蓄、温雅，皆在其间矣。然直致所得，以格自奇"。联系《二十四诗品》所谓"俯拾即是，不取诸邻"（《自然》）、"情性所至，妙不自寻"（《实境》）等说，可知此说意在标举作为主观的思与客观的境须相偕相兼，自然遇合，凑泊不见痕迹。与钟、殷相比，司空图用"直致"表达的是关于诗歌创作整体的一个根本性看法，更具理论意义。

滋味 诗论术语。对诗歌艺术感染力的一种形象表述。语出钟嵘《诗品序》："五言居文词之要，是众作之有滋味者也。"是基于"文繁而意少"的四言与"指事造形，穷情写物，最为详切"的五言的比较而言。联系具体批评，钟嵘称曹丕诗"美赡可玩"，郭璞诗"彪炳可玩"，又不满玄言诗"理过其辞，淡乎寡味"，可知其所谓滋味，是指作品有深刻感兴和丰富的内涵。早在西晋，陆机《文赋》就以味论文，刘勰《文心雕龙》也曾以味论诗，钟氏此说与其同义。以后司空图"辨于味而后可以言诗"（《与李生论诗书》），杨万里论诗"以味不以形"（《江西宗派诗序》）等，正由此而来。

若无新变，不能代雄 文论主张。意为只有自出手眼，变化出新，才能自领风骚，称雄一世。语出萧子显《南齐书·文学传论》："习玩为理，事久则渎，在乎文章，弥患凡旧，若无新变，不能代雄。"由喜新厌旧的一般社会心理，论证因循守旧之作必不受欢迎。联系其以文章为"情性之风标，神明之律吕"，要求自道情性，有感有发，可知此主张原是建立在对为文之道的正确认识之上的，故有一定的理论价值。

贯道济义 文论术语。指文学创作贯彻伦理道德，有裨教化礼义。语出王通《中说·天地篇》："子曰：学者博诵云乎哉，必也贯乎道；文者苟作云乎哉，必也济乎义。"其论文重圣道而轻辞采，要求文学创作能"明三纲"、"达五常"、"征存亡"、"辨得失"（同上）。"贯乎道"与"济乎义"，是对这种要求最简洁的概括，开了唐代古文家好辨究文道关系的理论先河，成为文以载道说的先声。

兴寄 诗论术语。即比兴寄托。语出陈子昂《与东方左史虬修竹篇序》："仆尝暇观齐、梁间诗，彩丽竞繁，而兴寄都绝，每以永叹。"陈氏将作为表现手法的"兴"和作为对作品内容要求的"寄"融汇在一起，成为一种基本的创作方法。被用来表达与浮靡文风相对的根本性文学主张，从而在原有基础上增加了深刻的思想内涵。唐以来凡注重诗歌思想内容、提倡雅正文风者，大多提出重视比兴的要求，在很大程度上是受了这一主张的影响。

不平则鸣 文论术语。指作者因遭遇不平，郁结于心，遂发而为诗文。语出韩愈《送孟东野序》："大凡物不得其平则鸣……人之于言也亦然，有不得已者而后言，其歌也有思，其哭也有怀。凡出于口而为声者，其皆有弗平者乎！"所谓"不得其平"、"不得已者"，指受到来自不同方面不公正的挤迫和压制，而这不公正，正可见出封建社会从朝廷政治到世道人心的阴暗面。因此此语在道出作者生平遭际与作品之间存在密切联系的同时，也为在文学作品中反映社会黑暗和不公正，抨击奸伪，张扬纯善，提供了理论依据。其上承司马迁发愤著书的思想，下启后代如欧阳修、徐渭、李贽等人的有关论述，有重大理论意义。

文以明道 文论术语。指文辞当为宣扬儒家伦理道德服务。又称"文以载道"。从先秦至唐，荀子、扬雄、刘勰、韩愈等均有所论，归纳之为：儒家之道乃文之内容，文是道的表现形式；对待文道关系，二者不可偏废。韩愈云："学古道则欲兼通其辞，通其辞者，本志乎古道也"（《题哀辞后》）。柳宗元云："文者以明道"（《答韦中立论师道书》）。宋欧阳修亦指出"文与道俱"，周敦颐更进一步明确说："文所以载道也，轮辕饰而人勿庸，徒饰也，况虚车乎？文辞艺也，道德实也。笃其实而艺者书之，美则爱，爱则传焉”（《通书·文辞》）。然对“道”的理解，韩柳似较宽泛，兼及礼乐刑政、士农工商百事；而周氏之“道”仅为心性义理之学。宋代理学家曾有重道轻文之论。

文章合为时而著，歌诗合为事而作 诗论主张。为文作诗应切时事、匡救人病。语出白居易《与元九书》：“自登朝来，年齿渐长，阅事渐多。每与人言，多询时务；每读书史，多求理道。始知文章合为时而著，歌诗合为事而作。”其《新乐府序》称：“总而言之，为君为臣为民为物为事而作，不为文而作也”，是这层意思的发挥。作为古代现实主义文学理论的一部分，这一主张对克服形式主义的浮靡文风，具有重要意义。

即事名篇 诗论术语。指因事立题，多写时事，而不依傍旧题。语出元稹《乐府古题序》：“近代唯诗人杜甫《悲陈陶》、《哀江头》、《兵车》、《丽人》等，凡所歌行，率皆即事名篇，无复倚傍。”元稹钦佩杜甫能继承汉魏乐府古诗的现实传统，采用乐府诗体反映时事，故用此语对这种首创精神予以归纳推崇。后元氏与白居易、李绅等人对此多有效仿，由此形成的新乐府运动亦一以此语为旨归。

取境 诗论术语。指诗歌意境的创造。语出皎然《诗式》：“取境之时，须至难至险，始见奇句；成篇之后，观其气貌，有似等闲，不思而得，此高手也。”“诗人诗思初发，取境偏高，则一首举体便高；取境偏逸，则一首举体便逸。”可见取境意指营建一种成难见易、似平实奇的诗歌意境，这对诗歌品位的高下却起着决定性作用。后从司空图至王国维，都对此说有进一步阐发，使中国古代文学理论史上的“意境说”、“境界说”得以发展。

诗史 文论术语。后人对杜甫诗纪事特征的评价。唐孟棨《本事诗》记载：“杜逢禄山之难，流离陇蜀，毕陈于诗，推见言隐，殆无遗事，故当时号为‘诗史’。”后人对“诗史”的阐说大致可分两方面：其一重在叙事，如宋蔡启《蔡宽夫诗话》：“子美诗善叙事，故号‘诗史’。其律诗多至百韵，本末贯穿如一辞，前此盖未有。”陈岩肖《庚溪诗话》：“杜少陵子美诗，多纪当时事，皆有依据，古号‘诗史’……至于郡邑所出，土地所生，物之有无贵贱，亦时见于吟咏。”其二重在比兴谕讽之义，如蔡居厚《诗史》引聂夷中“二月卖新丝”诗，谓其“有三百篇之旨，此亦为诗史”。蔡正孙《诗林广记》引孙仅语谓杜诗“忠愤感激，好贤恶恶，一见于诗。读之可以知其世，学士大夫谓之‘诗史’”。然清吴乔《围炉诗话》云：“杜诗是非不谬于圣人，故曰诗史，非直指纪事之谓也。”

兴象 诗论术语。诗作所具有的物象生动、意致深远的艺术境界。语出殷璠《河岳英灵集》序及评语，前者称南朝文风“理则不足，言常有余，都无兴象，但贵轻艳”，后者评陶翰诗“既多兴象，复备风骨”，评孟浩然诗“无论兴象，复兼故实”。是殷氏用以概括盛唐诗歌审美特征的重要范畴，反映其对诗歌艺术特征的新的理解。影响深远，以后诸如“意象”、“兴趣”、“意境”等理论，都可视作此说的展开与深入。

不着一字，尽得风流 诗论主张。指诗歌述情表意含蓄蕴藉，虽不竭力铺陈，而风致完足。语出司空图《二十四诗品·含蓄》。其论诗推尚神妙，追求象外韵致的实现，故所谓不着一字，有时并非无片语着相，而指以少许言辞，表无穷深意，从而使作品有含不尽之意见于言外的独特风致，同品末尾所谓“万取一收”也即此意。

超以象外，得其环中 诗论主张。指作诗能驭虚假空，超乎迹象之外，而尽得事理物象之妙。语出司空图《二十四诗品·雄浑》。认为诗歌雄浑品格的实现，有赖作诗者“真体内充”、“返虚入浑”的功夫，使持而往之，不见其强，引而使来，浩然无量。故弄笔之际，需效“枢始得其环中，以应无穷”（《庄子·齐物论》）之意，持真力而虚运，如此笔墨所及反有至大不可限制的闳深，而事理之圆足无缺也尽在其中。

意象 诗论术语。融合了主观情思的具体可感的艺术形象。《易·系辞》中已有关于言、意、象的讨论。王充《论衡·乱龙篇》本着“立意于象”的原则，提出“名布为侯，礼贵意象”，首次将两者合成一词。后刘勰将其引入文学批评，《文心雕龙·神思》有“窥意象而运斤”之语，然尚假以此与声律相对待，指作品的诸种构成材料。唐司空图继承前人并初、盛唐以来论者的相关论说，对此语作专门讨论。《二十四诗品·缜密》论诗人创作过程，有“是有真迹，如不可知。意象欲出，造化已奇”等语。联系其论诗重神悟直致，追求由象外之象得韵外之旨，可知其所指，实是一种主观之意与客观之象融合一体的艺术形象，它不排拒理性，但更直接地诉诸情感，足以激发人的想像，从而最终使形象得以丰富和完善。由于此语简洁生动地反映了创作和欣赏过程中人的审美活动的基本特征，在强调艺术美的客观真实性同时，重视创作主体的主观能动作用，并将两者统一于形象的描画，深契诗歌创作的内在机理，故对宋元以来历代论者产生了深远影响。

象外之象，景外之景 诗论术语。超越具体物象、景致的，融会了诗人主观情思的艺术形象。语出司空图《与极浦书》："戴容州云：'诗家之景，如蓝田日暖，良玉生烟，可望而不可置于眉睫之前也。'象外之象，景外之景，岂容易可谭哉?"其中，前一个"象"、"景"指客观存在的事物，后一个"象"、"景"则指主客观统一而成的艺术形象，或称意象。戴叔伦以蓝田良玉作喻，意在彰明诗家之景不仅是自然存在的实境，故难以指实捉摸。司空图引其语，目的正要表明光描绘客观物象、景致，远非诗歌创作的要务；而让客观表象因主观情思融入而意味无穷，才是至高的境界。这与刘禹锡"境生象外"说一样，较准确地把握了诗歌形象描绘乃或意境创造的真谛。

思与境偕 诗论术语。指创作中主客观的契合与统一。语出司空图《与王驾评诗书》："王生寓居其间，浸渍益久，五言所得，长于思与境偕，乃诗家之所尚者。"主观情思与客观外境的关系素为古人重视，故应物兴感之说早已确立。但思与境的关系除因境兴思，触景生情外，还有以思合境，由情会景，乃或思境两忘，浑化天合等多种情况。司空图此语于思境未分次第先后，重在揭出两者相偕相兼的必要性，具有理论上的涵盖性。

韵外之致 诗论术语。指洋溢于诗歌作品之外的独特韵致。语出司空图《与李生论诗书》："近而不浮，远而不尽，然后可以言韵外之致耳。"司空图论诗，推崇不落言诠，无言独化的神悟境界，追求作品的言外之意，以及含蓄深远的意境。既要求诗歌形象鲜明生动，如在目前，又希望这种形象所包涵的意韵能闳深悠远。从此意义上说，此语可视作其对"象外之象"、"景外之景"所带来的艺术效果的一种概括。由于道出了诗歌意境、韵味创造的关键，与刘勰、钟嵘，直至皎然等人的相关论说一起，对后世如严羽、王士禛等有巨大影响。

道统 文论术语。唐宋古文家论文所标榜的儒道传统。韩愈称："愈之所志于古者，不惟其辞之好，好其道焉尔"(《答李秀才书》)，"吾所谓道也，非向所谓老与佛之道也。尧以是传之舜，舜以是传之禹，禹以是传之汤，汤以是传之文、武、周公，文、武、周公传之孔子，孔子传之孟轲；轲之死，不得其传焉"(《原道》)。此即为"道统"，而"道"的具体内容则是儒家的仁义道德、礼教纲常。韩愈持文以明道的观点，也即要以文章续此道统。至宋代柳开、石介等继续鼓吹此说。柳开于孟轲后列扬雄、王通、韩愈(《答臧丙第一书》)，石介称："周公、孔子、孟轲、扬雄、文中子、吏部之道，尧、舜、禹、汤、文、武之道也，三才九畴五常之道也"(《怪说中》)。其说对于文章应有补纲常礼教、恪守儒家规范不为无功，对于反对当时的浮靡文风亦有积极意义，但其流弊是强化了文以载道的认识，往往忽视文学本身的审美特点。

文统 文论术语。唐宋古文家所标榜的合于儒家道统、以明道为指归的文章传统。与六朝以来骈体文华而不实的文风相对立。唐孙樵《与友人论文书》自言："尝得为文之道于来公无择，来公无择得之皇甫持正，皇甫持正得之韩先生退之。"此即当时的古文文统。宋初柳开、石介、欧阳修等再次掀起古文运动，倡导师承韩愈的文章，发扬古文家之文统，然所论更重视文统与道统的关系。柳开云："吾之道，孔子、孟轲、扬雄、韩愈之道；吾之文，孔子、孟轲、扬雄、韩愈之文也"(《应责》)；欧阳修云："圣人之文虽不可及，然大抵道胜者文不难而自至也"(《答吴充秀才书》)。明代文统之说更趋定型，朱右作《文统》，以唐宋古文上承三代两汉："唐韩愈上窥姚姒，驰骋马班，本经参史，制为文章，追配古作。宋欧阳修又起而继之，文统于是乎有在其间。柳宗元、王安石、曾巩、苏轼亦皆远追秦汉，羽翼韩欧。"

平淡 文论术语。宋人所提倡的一种淡远深邃的艺术风格。梅尧臣在《读邵不疑学士诗卷》诗中首先提出："作诗无古今，唯造平淡难。"黄庭坚《与王观复书第二首》云："但熟观杜子美到夔州后古律诗，便得句法简易，而大巧出焉，平淡而山高水深，似欲不可企及。"其他还有王安石、苏轼等人均提倡平淡之美。所谓平淡指能以平易朴素而又含蓄委婉的艺术语言表达出丰富而耐人寻味的内容，言简而意深。故宋人所倡的平淡与天机勃发的自然有别，乃是一种锻炼之极、由工入于不工之境界。如苏轼云："大凡为文，当使气象峥嵘，五色绚烂，渐老渐熟，乃造平淡。”平淡之说的盛行与宋人重视以诗格来体现人格，表现一种淡泊处世而又傲岸自高的人格境界有关。其内蕴与司空图《二十四诗品》的“冲淡”较相似，对以后神韵说的发展有一定影响。

穷而后工 文论术语。宋欧阳修《梅圣俞诗集序》云：“凡士之蕴其所有，而不得施于世者，多喜自放于山巅水涯。外见虫鱼草木风云鸟兽之状类，往往探其奇怪，内有忧思感愤之郁积，其兴于怨刺，以道羁臣寡妇之所叹，而写人情之难言，盖愈穷则愈工。然则非诗之能穷人，殆穷者而后工也。”此说是对汉司马迁“发愤著书”、唐韩愈“不平则鸣”之论的继承和发展，它们都接触到作家困苦的生活际遇对其创作的重要作用。然此则更强调作者触事感物，进而兴于怨刺，用诗歌批判现实的意义，指出“愈穷则愈工”；次之又强调诗人广泛接触大自然的作用，可探其奇怪，发为比兴，“而写人情之难言”，从而加强了作品的艺术感染力。

诗中有画，画中有诗 诗论术语。宋苏轼对王维的诗与画的评语。其《书摩诘蓝田烟雨图》云：“味摩诘之诗，诗中有画；观摩诘之画，画中有诗。”诗歌是语言文字的艺术，绘画是色彩造形的艺术，二者使用的媒介不同，艺术特征迥异，然又有相通处，即传神写意。其《书鄢陵王主簿所画折枝二首》又云：“论画以形似，见与儿童邻。赋诗必此诗，定知非诗人。诗画本一律，天工与清新。”中国古典诗歌重视境界，绘画重视写意。写意即不仅要画出客观对象的神，还要用画笔传达出作者自己的思想感情、艺术趣味。正是在这点上，画与诗的艺术境界相通。

随物赋形 文论术语。指作者创作时能挥洒自如地描摹客观事物的千姿百态，文章亦能相应地驰骋变化。语出苏轼《文说》：“吾文如万斛泉源，不择地皆可出。在平地滔滔汩汩，虽一日千里无难。及其与山石曲折，随物赋形，而不可知也。所可知者，常行于所当行，常止于不可不止，如是而已矣。”意谓文章体裁、风格、长短的变化乃是由所描写的客观对象，即文章的内容所决定，或平畅、或奇崛，均非故意如此，乃不得不然。这是一种重视真实、风格自然的创作态度。此说是对刘勰《文心雕龙·物色》中所说“写气图貌，既随物以宛转；属采附声，亦与心而徘徊”的进一步发挥，把“随物”与文章的风格结合起来，批评离开所表达的内容需要而故意追求某种特定风格的不良倾向。金王若虚《滹南诗话》评白居易诗“情致曲尽，入人肝脾，随物赋形，所在充满，殆与元气相侔”，元好问称杜甫“学至于无学”，故其诗能“元气淋漓，随物赋形”（《杜诗学引》），所倡均是真实而自然的创作观点，与苏轼此论一脉相承。

以故为新，以俗为雅 文论术语。宋人对语言运用的经验归纳。苏轼《题柳子厚诗》云：“诗须要有为而作，用事当以故为新，以俗为雅。好奇务新，乃诗之病。”此就用典使事而言，过分生僻新奇的事典，反而影响诗意表达，故要选择通俗的、为人所习知的。黄庭坚《再次韵杨明叔并序》云：“盖以俗为雅，以故为新，百战百胜……此诗人之奇也。”陈师道《后山诗话》记梅圣俞语闽士好以奇语为诗者曰：“子诗诚工，但未能以故为新，以俗为雅尔。”这是就语言运用而言，主张化用古语、俗语，使之达到新与雅的效果。这一认识符合文学语言创新规律，但若过分追求，而忘却现实生活这一创作的源泉，则亦不免走入邪道。宋人资书以为诗的习气便与此有关。

夺胎换骨 文论术语。宋黄庭坚提出的化用古人语句的具体方法。惠洪《冷斋夜话》引其语云：“诗意无穷而人之才有限，以有限之才，追无穷之意，虽渊明、少陵不得工也。然不易其意而造其语，谓之换骨法；窥入其意而形容之，谓之夺胎法。”后吴聿《观林诗话》举例释“换骨”：“东坡云：‘醉眼炫红绿。’此乃‘看朱成碧颜始红’，换骨句耳。”《王直方诗话》举例释“夺胎”：“乐天曰：‘临风杪秋树，对酒长年身。醉貌如霜叶，虽红不是春。’东坡南中诗曰：‘儿童误喜朱颜在，一笑那知是酒红。’凡此皆夺胎法也。”文学创作中对前人作品的语词、立意以及修辞等点化乃至袭用，均不可避免，故“夺胎法”、“换骨法”的归纳总结有其一定的意义，但作为一种创作方法来提倡，亦必然产生拟袭的流弊。

点铁成金 文论术语。指点化古人语言入自己诗文，以提高其表现能力。语出宋黄庭坚《答洪驹父书》：“古之能为文章者，真能陶冶万物。虽取古人之陈言入于翰墨，如灵丹一粒，点铁成金也。”此说后为江西派诗人所推许，影响颇广，其内涵亦有所扩大。如吴可《藏海诗话》：“‘椎床破面枨触人，作无义语怒四邻。尊中欢伯见尔笑，我本和气如三春。’前两句本粗恶语，能锻炼成诗，真造化乎，所谓点铁成金矣。”此以化俗为雅为“点铁成金”。范温《潜溪诗眼》：“句法以一字为工，自然颖异不凡，如灵丹一粒，点铁成金也。浩然云：‘微云淡河汉，疏雨滴梧桐。’工在淡、滴字。”此又以锤炼字眼为“点铁成金”。

词别是一家　词论术语。宋李清照论词与诗异的观点。语出其《词论》，批评晏殊、欧阳修、苏轼等人虽“学际天人”，“作为小歌词，直如酌蠡水于大海”，“皆句读不葺之诗尔”。其原因乃在词不同于诗，“别是一家”，“盖诗文分平侧，而歌词分五音，又分五声，又分六律，又分清浊轻重”。此说虽有片面之处，然阐明了词体在音律与风格上的特点，为诗词之别立下了界石。

活法　诗论术语。宋吕本中《夏均父集序》云：“学诗当识活法，所谓活法者，规矩备具，而能出于规矩之外；变化不测，而亦不背于规矩也。”其精神即是首先肯定古人诗文有一定的规矩，有法可循，但在具体创作时却灵活变通，不死守定法。吕氏所谓“法”主要是关于用字造句、谋篇布局方面的规律法则，其所谓“活”则是通过勤学苦练后获得的领悟，故“活法”二字主要是指对文字锻炼之法的灵活运用，如其自谓是“有意于文者之法，而非无意于文者之法”。故并不涉及文本与客观现实或作者内心世界的关系。但因为“活法”的名称比较生动地概括了“法”与“无法”之间的辩证关系，故历来为后人如张孝祥、刘克庄、姜夔、叶燮等称引。

工夫在诗外　诗论术语。宋陆游针对当时过分讲求字句锻炼的现象而提出的诗学名言。其《示子遹》诗云：“诗为六艺一，岂用资狡狯？汝果欲学诗，工夫在诗外。”所谓“诗外工夫”包括人格道德的修养及生活体验。其《上辛给事书》云：“君子之有文也，如日月之明，金石之声，江海之涛澜，虎豹之炳蔚，必有是实，乃有是文。”《何君墓表》云：“诗岂易言哉……大抵诗欲工，而工亦非诗之极也。锻炼之文，乃失本旨，斫削之甚，反伤正气。”此以人格道德事理发明为诗外工夫。对当时创作片面追求诗歌形式有针砭意义。

透脱　诗论术语。宋杨万里标举的诗学境界。其《和李天麟二首》首云：“学诗须透脱，信手自孤高。”接下称“衣钵无千古”，此谓勿守门户之见；“句法天难秘，工夫子但加”，此谓字句锻炼之法要勤学，但也不是什么不传之秘。故作诗当如“池塘”“春草”之句，一本自然，适性而作。最后以禅语归纳：“参时且柏树，悟罢且桃花。”故所谓透脱，其精神即是不执著。不执著门户，不执著句法，不执著于一切，并且用诗歌来表达这一不执著的精神。杨万里诗在当时以“活法”著称，刘克庄称之“流转圆美如弹丸”(《江西诗派小序·总序》)，李之纯称之“活泼刺底人难及也”(《归潜志》卷八引)，均是指的诗中这一种透脱、活泼、无所执著的精神。故吕本中的“活法”主要是指对诗法的灵活运用，杨万里的“活法”则首先表现在胸襟的“透脱”上。

本色　文论术语。指文体、语言风格或个性的本来所固有的特征。以“本色”喻文首见于《文心雕龙·通变》：“夫青生于蓝，绛生于茜，虽逾本色，不复能化。”此“本色”唯取其本义。以“本色”为专用术语论文首见于宋陈师道《后山诗话》：“退之以文为诗，子瞻以诗为词，如教坊雷大使之舞，虽极天下之工，要非本色。”此以各文体之固有特征为本色。其后刘克庄《竹溪诗序》云：“唐文人皆能诗，柳尤高，韩尚非本色。”严羽《沧浪诗话》云：“须是本色，须当行。”均同于此，意谓作诗当保持诗歌本来之特征，不可以文为诗，以议论为诗等。宋末张炎《词源》论作词云：“须是深加锻炼，字字敲打得响，歌诵妥溜，方为本色语。”此亦是结合词体特点立论，但着重在语言的表达。此后曲论中多以质朴自然的语言为本色，如王骥德《曲律》云：“曲之始，止本色一家，观元剧及《琵琶》、《拜月》二记可见。自《香囊记》以儒门手脚为之，遂滥觞而有文词家一体。”凌濛初《谭曲杂札》云：“曲始于胡元，大略贵当行不贵藻丽。其当行者曰本色。”此外又有以保持个性特征为“本色”者，如明唐顺之论文以具有“真精神与千古不可磨灭之见”者为“文章本色”(《答茅鹿门知县第二书》)，“使后人读之，如真见其面目，瑜瑕俱不容掩，所谓本色，此为上乘文字”(《又与洪方洲书》)。清李调元《雨村诗话》云：“渊明清远闲致，是其本色。”这些均以真性情为“本色”。要之本色即本来面目之意，故不论是形容文体特征、语言风格或个性面貌，其精神均在于真。

以禅喻诗　诗论术语。其说源于唐。皎然《诗式》称谢灵运诗“但见情性，不睹文字”，“盖由其性彻悟，及通内典，心地更精，故所作诗，发皆造极，得非空王之道助邪”?以禅悟解说诗境，开了后世以禅喻诗的先声。至宋禅宗流行，士大夫皆好谈禅，以禅论诗的风气也盛了起来。苏轼读李之仪诗云：“暂教好诗消永夜，每逢佳处辄参禅。”范温《潜溪诗眼》论柳宗元诗云：“识文章当如禅家有悟门，夫法门百千差别，要须有一转语悟入。”吴可更写下了以“学诗浑似学参禅”为首句的论诗绝句三首，一时广为流传。其后韩驹、龚相、曾幾、戴复古等纷纷效之，竞作《论诗诗》，阐发“诗如禅”之旨。至宋末严羽著《沧浪诗话》，乃反复辩明“禅道惟在妙悟，诗道亦在妙悟”之说。又云：“以禅喻诗，莫此亲切”（《答出继叔临安吴景仙书》）。将以禅喻诗之论推向高峰。其后元易成己有诗作《如禅集》，刘将孙序之，推衍其语。至明都穆著《南濠诗话》，称“诗道在妙悟最为的论”，并拟作“学诗浑似学参禅”诗三首。要之，以禅喻诗，其精神重在妙悟，以禅悟喻诗之悟境，强调空灵超脱，使人领悟诗歌的意外之味，言外之境。

别趣 诗论术语。趣指作品中生动的、富于风致韵味的艺术表现，因此事有事趣，情有情趣，景有景趣，理亦有理趣。严羽《沧浪诗话》“别趣”之说是针对宋人以理语为诗的现象提出的，所谓“诗有别材，非关书也；诗有别趣，非关理也”。但他也不是绝对地排斥理，他仍然主张“多穷理”，只是指出诗歌当“不涉理路，不落言筌”。进一步，“趣”的含义是什么？严羽并未直接回答，大致是一种空灵蕴藉、深婉不迫的艺术风味。以后高启、袁宏道、李渔、潘德舆、洪亮吉等都倡言趣，然具体的含义各不相同。

妙悟 诗论术语。宋严羽提倡的学诗方法。其《沧浪诗话》云：“禅道唯在妙悟，诗道亦在妙悟。”宋人好以禅喻诗，故多言“悟”。江西派吕本中提倡“活法”，活法的掌握有待长期实践，一朝“悟入”。严羽论诗以“识”为根本，要“于古今诸家体制，若辨苍素，甚者望而知之”（《沧浪诗话》）。“识”的获得也须要长期涵咏汉魏盛唐诸名家诗，“酝酿胸中，久之自然悟入”。严羽称此为妙悟。其“妙悟”与诗中“羚羊挂角，无迹可求”的“兴趣”是密切相关的。故严羽之妙悟与江西派之悟，其方法一致，只是所悟的内容有异，达到的境界也就不同了。

兴趣 文论术语。指诗人构思的特征及其作品显示的艺术风貌。宋严羽提倡的诗歌“五法”之一。“兴”指诗人在外物感发下所蕴发的情思，亦指藉物寓意的表现方法；“趣”指情趣、意趣，或诗歌中蕴含的神情意味。严氏此说主要针对宋人“以文字为诗，以才学为诗，以议论为诗”的现象而发，故标举唐人，称“盛唐诸人惟在兴趣，羚羊挂角，无迹可求”。又云：“诗者吟咏情性也，盛唐诸人惟在兴趣。”可见“兴趣”并非情感的直接咏唱，而是一种委婉、含蓄、空灵的表达，如此始能具有一唱三叹，言有尽而意无穷之妙。

体制 文论术语。指诗歌的体裁与风格。宋严羽提倡的诗歌“五法”之一。曹丕《典论·论文》：“奏议宜雅，书论宜理，铭诔尚实，诗赋欲丽”，就体裁的不同谈到风格的差异。刘勰《文心雕龙》自《明诗》至《书记》分论各体体裁，而《体性》篇之体则指风格。严氏《沧浪诗话·诗体》亦先辨诗、骚、五七言之诗体，然后“以时而论”、“以人而论”则主要从风格辨体。以后诗论家谈“体制”大都从风格角度加以辨析。体制之辨对明清格调说的影响颇巨。

气象 文论术语。诗歌及文章的气势、境界、意态等综合而成的总体风貌。宋严羽提倡的诗歌“五法”之一。其《沧浪诗话》云：“诗之法有五：曰体制、曰格力、曰气象、曰兴趣、曰音节。”又曰：“汉魏古诗，气象混沌，难以句摘”，“唐人与本朝人诗，未论工拙，直是气象不同”。诗歌的气势有强弱，境界有高下阔狭、意态有刚柔等的差别，故气象亦有大小阔狭之分。如唐子西《语录》云：“过岳阳楼，观子美诗，不过四十字耳，气象闳放，涵蓄深远，殆与洞庭争雄。”总之，诗歌的气象的形成，与诗人的精神状态有密切关系，昂扬者气象阔大，窘迫者气象局促。又同一时代之诗人，其精神状态多相接近，作品的气象亦相仿佛，故古人亦以“气象”指某时代文学作品所特有的共同风貌，如“盛唐气象”。

清空 文论术语。指清淡空灵的词风。与“质实”相对。语出宋张炎《词源》：“词要清空，不要质实。清空则古雅峭拔，质实则凝涩晦昧。姜白石词如野云孤飞，去留无迹；吴梦窗词如七宝楼台，眩人眼目，碎拆下来，不成片段。此清空质实之说。”所谓清空即是词意空灵，措语淡雅。当时诗论家出于对宋代以文入诗、以议论入诗以及好使事用典的诗风的反省，也都偏主于一种空灵清远的审美趣味。然“清空”与“质实”本是一组相对应的审美旨趣，近于虚与实之关系，一味清空易产生浮浅、空泛的流弊。刘熙载《艺概·文概》云：“文或结实，或空灵，虽各有所长，皆不免著于一偏。试观韩文，结实处何尝不空灵，空灵处何尝不结实。”为此张炎以后以“清空”论词者，便多注意不作极端的议论。如周济《介存斋论词杂著》云：“初学词求空，空则灵气往来。既成格调求实，实则精力弥满。”

质实 文论术语。指词藻秾丽、词意滞涩的词风。与“清空”相对。语出宋张炎《词源》。参见“清空”。

正体 诗学术语。语出金元好问《论诗三十首》之一：“汉谣魏什久纷纭，正体无人与细论。”所谓正体可以曹、刘、阮、陶之诗为代表，主要指感情真挚激越、风格天然浑朴的作品。其《太中大夫刘公墓碑》诗又云：“风雅三百正而葩，何以蔽之思无邪。”可见正体还得合于儒家诗教的风雅之义。

律为骨 诗学术语。元方回论诗歌创作的“三要”之一。三要为“律为骨、意为脉、字为眼”（《汪斗山识悔吟稿序》）。所谓“律”大致可分为句法与结构两部分。句法主要指对仗之法，要求锻炼工切、虚实互换，不作初、晚唐的丽辞浮藻，而以生硬枯瘦为尚，此即为有“骨”。如评陈师道诗云：“全是骨、全是味，不可与拈花簇叶者相较量也。”“律”又指律诗的结构，即诗中情与景描写的安排。他说：“盛唐人诗多以起句十字为题目，中二联写景咏物，结句十字撇开，却说别意。此一大机括也”（《瀛奎律髓》卷四七评语）。此说虽为实际创作现象的概括，然不免流于拘执，故颇为后人讥评。参见“意为脉”。

意为脉 诗学术语。元方回论诗歌创作的“三要”之一。其《汪斗山识悔吟稿序》云：“古诗以汉、魏、晋为宗，而祖三百五篇、《离骚》；律诗以唐人为宗，而祖老杜，沿其流止乾淳，诉其源止洙泗。律为骨、意为脉、字为眼。此诗家大概也。”诗以“意为脉”，即诗当“立论尽意”（《文选·颜鲍谢诗评》卷三），而不是斤斤于格法字句之间。其《仇仁近百诗序》云：“诗号为能言者……气有所抑而难宣，意有所未易喻，时有所触，物有所感，事有所不可直指，形之为诗，则一言片语而尽之矣。”亦即此意。

字为眼 诗学术语。元方回论诗歌创作的“三要”之一。三要为“律为骨、意为脉、字为眼”（《汪斗山识悔吟稿序》）。方回评杜甫《登岳阳楼》“吴楚东南坼，乾坤日夜浮”句，以“坼”、“浮”为句眼。评陈师道《早春》“迎年遽得春，冰开还旧绿”句，以“遽”、“还”为句眼。可见句眼乃是句中起关键作用的动词，或表示强烈语态的副词、连词等。这些字往往是作者刻意锻炼所成，为全句乃至全诗的精神所在，如画龙之点睛，遂为“句眼”。句眼之说原为习诗者经验之谈，本不可废，然方回津津乐道，遂为后人讥议。清纪昀《瀛奎律髓刊误》以此为方回论诗的三大弊之一。参见“意为脉”。

格、意、趣 诗论术语。明高启提出的诗歌创作之三要素。语出其《独庵集序》：“诗之要：有曰格，曰意，曰趣而已。格以辩其体，意以达其情，趣以臻其妙也。”进而他又指出，体格之辩可以全“师古”之义，达情可以“感人”，有妙趣则可“超俗”。这三要素扼要地概括了宋元以来诗论家们所关心的问题，故颇为后人所重视。

真诗 诗论术语。明李梦阳对理想中诗歌的本质的界定。其《诗集自序》引曹县王叔武之言云：“夫诗者天地自然之音也。”“真者，音之发而情之原也，非雅俗之辩也。”此语打破了传统的“发乎情”、“止乎礼义”的性情说的限制，指出情之真否不关乎雅俗之辩，进而得出“真诗乃在民间”的结论。此说在明代影响颇大，此后王世贞、汤显祖、袁宏道、钟惺、谭元春等无不倡言追求真诗，虽然他们对真的理解各各不同，然都受到李说的沾溉却是事实。

童心说 文论术语。明李贽针对理学家虚矫的文风、复古派拟袭的流弊而提出的创作观念。语见《焚书·童心说》：“天下之至文未有不出于童心焉者也”，“夫童心者，真心也。若以童心为不可，是以真心为不可也。夫童心者绝假纯真、最初一念之本心也。”其精神与晚明以徐渭、汤显祖、袁宏道为代表的追求自然真实之美的新思潮是相通的。但另一方面李贽的童心说也明显地受到王阳明心学之影响，所谓“最初一念之本心”实近于王学的“良知”，是一种先天的“廓然大公、寂然不动的本体”（王阳明《答陆原静书》），以之为论文的唯一标准，必然笼统地反对一切后天的社会实践，割断了作家主观世界与外在客观现实的持续的有机的联系。因此以童心说来指导创作和批评，既可造成蔑视一切传统束缚、无往不摧的精神力量，也易在创作中产生以平庸为高、以浅率为真的弊病。

独抒性灵 文论术语。明袁宏道提出的重视作者个性的创作主张。其《叙小修诗》称扬其弟中道诗云：“大都独抒性灵，不拘格套，非从自己胸臆流出，不肯下笔。”又其友江盈科在《敝箧集序》中述宏道此论曰：“要以出自性灵者为真尔。流自性灵者，不期新而新；出自模拟者，力脱旧而转旧。”其说原在于纠正明前后七子派拟古的流弊。与传统的性情说相区别，袁氏性灵说所提倡的是“能通于人之喜怒哀乐嗜好情欲”的真情，其表达方式亦不妨打破含蓄蕴藉的传统。在此之前，“性灵”一词用于文学批评者大都指一种敏于感受的个人的审美情趣，或得道者清虚简远、超然物外的一种精神，袁宏道加以改造，赋以新的含义，乃使之成为公安派文学创作的核心思想。“独抒性灵”的观念在晚明时期为人们普遍地接受，其影响及于清代的性灵派诗人。

诗为活物 文论术语。明钟惺对诗歌及诗歌批评本质的认识。语出其《诗论》：“诗，活物也。游、夏以后，自汉至宋，无不说诗者，不必皆有当于诗，而皆可以说诗。其皆可以说诗者，即在不必皆有当于诗之中。非说诗者之能如是，而诗之为物，不能不如是也。”其说既是对诗歌多义性本质的界定，也是对读者批评的主动性的界定。说明读者并非只是作品的消极领受者，阅读的过程，实际上又是一个读者再创造的过程。

文娱说 文论术语。以文为娱的观点。对文学的陶冶愉悦功能，人们早有认识，然以文为娱的观念则产生得较迟。唐韩愈作《毛颖传》，裴度批评他“以文为戏”，柳宗元辩之，以为俳非圣人所弃，“终日讨说答问”之余，自亦有“息焉游焉之说”（《读韩愈所著毛颖传后题》）。其后欧阳修、苏轼亦时作游戏之文，然均不视为文章的正途。直到明末，随着通俗文学的繁兴，以文为娱的观点始被提出。郑元勋辑录历代小品，题为《媚幽阁文娱》，自序云：“吾以为文不足供人爱玩，则六经之外俱可烧。六经者桑麻菽粟之可衣可食也；文者奇葩，文翼（冀）之悦人耳目，悦人性情也。若使不期美好，则天地产衣食生民之物足矣，彼怡悦人者，则何益而并育之？”文中指出文学作品与六经的差别，六经如桑麻菽粟，以实用为尚；文学作品则如花卉，以愉悦人为其主要价值。“文娱说”的提出突破了两千年来教化说定于一尊的局面，标志着晚明文人对文学本质认识的发展。

性灵说 文论术语。指文学创作突破传统的束缚，以抒写个人的性情遭际为主，反对盲目拟古和堆垛学问。其渊源可追溯到先秦的庄子和杨朱。迄明代公安派出，雅重性灵，以“独抒性灵，不拘格套”、“任性而发”相尚，此说遂成影响。至清袁枚于《随园诗话》中，又特拈出“性灵”二字以作论诗之本，反对明前后七子复古，及沈德潜之“格调说”以诗必关系“人伦日用”，对封建正统的文艺观是一个有力的冲击。但其末流也不免流于疏检玩世，在文学创作上缺乏社会责任感。

杂剧十二科 曲论术语。对杂剧题材的一种归纳和分类。明朱权《太和正音谱》“杂剧十二科”条云：“一曰神仙道化，二曰隐居乐道（又曰林泉丘壑），三曰披袍秉笏（即君臣杂剧），四曰忠臣烈士，五曰孝义廉节，六曰叱奸骂谗，七曰逐臣孤子，八曰钹刀赶棒（即脱膊杂剧），九曰风花雪月，十曰悲欢离合，十一曰烟花粉黛（即花旦杂剧），十二曰神头鬼面（即神佛杂剧）。”

南曲十要 曲论术语。明孙鑛归纳的戏曲评论标准。吕天成《曲品》卷下：“我舅祖孙司马公谓予曰：凡南剧，一要事佳；第二要关目好；第三要搬出来好；第四要按宫调，协音律；第五要易晓；第六要词采；第七要善敷衍，淡处做得浓，闲处做得热闹；第八要角色派得匀称；第九要脱套；第十要合世情，关风化。持此十要以衡传奇，靡不当矣。”

虚实相半 小说批评术语。意谓作品的故事内容要有虚有实，虚实统一。是明代虚实问题讨论中谢肇淛提出的较折衷的看法：“凡为小说及杂剧戏文，须是虚实相半，方为游戏三昧之笔”（《五杂俎》卷一五）。其统一的基础是求达到“情景造极”。这种较全面平允的看法，对以后有积极影响。

幻设 小说批评术语。意即根据作家创作意图进行艺术虚构。语出明胡应麟《少室山房笔丛·二酉缀遗》中论六朝志怪“未必尽幻设语。至唐人乃作意好奇，假小说以寄笔端”。此说不仅道中唐人传奇不同于六朝志怪的关键所在，且反映明人对小说艺术特征有深入的认识。

羽翼信史 小说批评术语。指历史小说创作当忠于史实，成为史书的补充。语出明修髯子《三国志通俗演义引》：“是可谓羽翼信史而不违者矣。”在此思想指导下，明清两代形成对历史小说要求严格依傍历史记载的“羽翼信史”派。

以文为戏 小说批评术语。意谓将小说视作游戏、娱乐的工具。语出明李昌祺《剪灯馀话自序》：“兹所谓以文为戏者非耶？”实则于韩愈《答张籍书》中已提及作《毛颖传》“所以为戏”。是对传统的尚用功利文学观的一种补充。

情教 小说批评术语。指通过描写男女之情和人情感化以达到改造灵魂、改造社会的目的。明末冯梦龙《情史叙》说：“我欲立情教，教海诸众生。"所强调的"情"尽管未能摆脱封建伦理的牢笼，但主张写"有情"的作品来批判"无情"的社会，有积极意义。

赝胜于真　小说批评术语。指文学艺术作品经作家、艺术家虚构而高于生活中的真。明末睡乡主人在叶昼、冯梦龙等人肯定艺术创作中的"假"与"赝"的基础上进一步强调："若云赝也，不已胜于真者乎？"反映出晚明小说界对于艺术真实与生活真实的关系问题已有较清醒认识。

犯而不犯　亦作"犯中求避"。小说批评术语。即将类似的事件、场面、人物的行动写得各有特点，起到相互反衬的作用。是作家的一种表现才能。这在金人瑞评点的《第五才子书》中被屡屡提到，是一种为以后的批评家所乐道、小说家常遵循的艺术经验。

立主脑　曲论术语。清李渔曲论主张之一。《闲情偶寄》："古人作文一篇，定有一篇之主脑。主脑非他，即作者立言之本意也。传奇亦然。"以为剧中虽有众多人物和事件，作者只为表现其中最有意义的某个人物和事件，"此一人一事，即作传奇之主脑也"。要求剧作家构思时，确立中心，分清主次。

密针线　曲论术语。清李渔曲论主张之一。《闲情偶寄》："编戏有如缝衣，其初则以完全者剪碎，其后又以剪碎者凑成"，"凑成之工，全在针线紧密。"要求剧作家瞻前顾后，增强全剧意识，时时处处注意照映、埋伏，避免纰漏、断裂。

脱窠臼　曲论术语。清李渔曲论主张之一。《闲情偶寄》：传奇"非奇不传，新，即奇之别名也"；"传奇之难，莫难于洗涤窠臼，而填词之陋，亦莫陋于盗袭窠臼。"要求剧作家在构思和语言上俱出新意，力戒陈陈相因。

审虚实　曲论术语。清李渔曲论主张之一。《闲情偶寄》认为，对于观者已烂熟于胸中之古事，编剧务必严据史实，人物、事件均有所本，所谓"实则实到底"。"若纪目前之事，无所考究，则非特事迹可以幻生，并其人姓名亦可以凭空捏造，是谓虚则虚到底也。"对虚实的斟酌虽欠科学，但注意到虚构与真实的对立统一，对戏曲创作仍有借鉴意义。

减头绪　曲论术语。清李渔曲论主张之一。《闲情偶寄》："头绪繁多，传奇之大病也。"成功之剧作，"一线到底，并无旁见侧出之情"。要求剧作家创作构思时，抓住人物、事件之根干，删除不必要枝节，达到既便于演唱、又利于鉴赏的效果。

大团圆　戏曲术语。故事发展到最后，剧中主要人物经过曲折的悲欢遭遇，终于团圆欢聚的结局。李渔《闲情偶寄·格局第六》："全本收场名为'大收煞'，此折之难，在无包括之痕，而有团圆之趣……要紧脚色……到此必须会合。"人为地追求结局团圆，皆大欢喜，是古典戏曲创作和审美的一种普遍倾向。

神韵说　文论术语。指诗歌创作在表达方式上的含蓄、蕴藉和艺术风格上的冲淡、清远。南齐谢赫《古画品录》曾以"神韵气力"评顾恺之的画。唐张彦远《历代名画记·论画六法》亦称："至于鬼神人物，有生动之状，须神韵而后全。"此皆为以"神韵"论画之先例。明胡应麟则移之论诗，其《诗薮·内编》有"盛唐气象混成，神韵轩举"之语。而陆时雍《诗镜总论》亦言："诗之佳者，拂拂如风，洋洋如水，一往神韵行于其间。"然此等皆非以"神韵"为论诗之正则。迄清王士禛出，始独立成说，并以之为作诗、论诗之本。其《唐贤三昧集序》曾云，神韵说的理论渊源为唐司空图的"味在酸咸之外"说和宋严羽的"兴趣"说，其基本内涵即本此而定。又其《师友诗传续录》说："格谓品格，韵为风神。"创作上主张兴会神到，伫兴而就，反对过于雕琢和勉力为之。颇道出诗歌创作的美学特点，故影响极大。然过于追求神韵，反至飘忽，又排斥李、杜及元、白诗，而其末流，更趋于空疏，亦为后人所非。

格调说　文论术语。"格"，指表现思想内容的体格；"调"，则为语言的音调。较早将之作为诗歌创作之本的是明代前后七子。李梦阳称"诗有七难：格古、调逸、气舒、句浑、音圆、思冲、情以发之，七者备而后诗昌也"（《潜虬山人记》）。清沈德潜受其影响，以为"诗以声为用者也，其微妙在抑扬抗坠之间。读者静气按节，密咏恬吟，觉前人声中难写，响外别传之妙，一齐俱出"（《说诗晬语》），又论"长篇必伦次整齐，起结完备，方为合格；短篇超然而起，悠然而止，不必另缀起结"（同上），前者论调，后者论格。沈德潜评诗以"温柔敦厚"为极则，故于诗歌音律方面亦强调归于雅正，"格调"之说，反映出其封建正统的诗论实质。据此编选的《古诗源》、《唐诗别裁》、《明诗别裁》、《清诗别裁》，在当时诗坛产生很大影响。

肌理说　文论术语。由肌肉的纹理借指儒家经术和学问，兼含文理。语出翁方纲《廷晖阁集序》："诗必研诸肌理，而文必求其实际。"又，其《志言集序》亦称："义理之理，即文理之理，即肌理之理也。"清到乾、嘉时代，神韵、格调、性灵诸说相继而起，翁氏倡此一说，试图对神韵、格调二说加以修正、融通和重新解释，以与袁枚的性灵说抗衡，然其理论内涵既杂，又相对忽视文学的特征，故影响并不大。

意境说 文论术语。指情景交融的艺术形象和它所引发的想像中形象的总和，其基本特征是虚、实结合。先秦时期《易传》的"立象尽意"、庄子的"言不尽意"等为其铺垫了重要的哲学基础。汉魏六朝陆机、刘勰、钟嵘等对情、物关系的论述，开始丰富其主体内涵；同时，佛教的输入，及其倡象教、倡境界等，也对意境理论的形成有直接的启迪作用。迄唐代王昌龄、皎然、司空图出，更进入一种自觉探讨阶段。宋、元、明、清时期，"意境"一词已在文学创作和文学批评中广泛使用。近代王国维则运用中西结合的研究方法，提出"境界"二字对我国古代意境理论作出全面系统的总结。其要素首先是情景交融，包含生活形象的客观反映和作家情感理想的主观创造两个方面，前者为"境"，后者称"意"，两者交融，始生意境。其次涉及到文艺创作中虚与实、有限与无限、个别与一般的统一。意境说的发生、发展及其形成特点，是我国古代文论家以本民族独特的思维方式对艺术创作规律的概括，它深刻揭示了文艺创作中的一般规律，具有极其重要的理论价值。

义法论 文论术语。义，指文章要有充实的内容；法，指文章要有合度的形式。义法联称，则使内容和形式相统一。为桐城派早期的重要理论。语见清方苞《又书货殖传后》："春秋之制义法，自太史公发之，而后之深于文者亦具焉。义，即《易》之所谓'言有物'也；法，即《易》之所谓'言有序'也。义以为经，而法纬之，然后为成体之文。""义法"一词最早见于司马迁《史记·十二诸侯年表序》："(孔子)兴于鲁而次春秋……约其文辞，去其烦重，以制义法。"方氏据此而撷取《周易》艮卦五爻爻辞的"言有序"一语，以及家人卦大象的"言有物"一语，综合成自己的文学主张，亦符合创作原则。然方氏之"义"实质上是限定作文内容不背程、朱之理，而"法"也不能越韩、欧之度，与传统的文道合一观并无二致，此乃其局限所在。

义理、考证、文章 文论术语。义理即程、朱理学，文章指由归有光而上接韩愈的文统，考证则显示古文家的渊博。三者互为关联，是桐城派古文理论的要素。语出清代姚鼐《述庵文钞序》："鼐尝论学问之事，有三端焉。曰义理也，考证也，文章也。是三者苟善用之，则皆足以相济；苟不善用之，则或至于相害。"此说受到方苞义法论影响。三者之中，义理为主，其余随之。当时汉学、宋学对立，姚氏各取其长，合为一说，既有针对性，也有其合理成分。但固守程朱理学，参之以琐碎考证，对文学的特征认识不清，亦是弊端。

极炼如不炼 文论术语。意谓通过苦心经营后表现出来的自然无饰的艺术境界。语出近代刘熙载《艺概·词曲概》："古乐府中至语，本只是常语，一经道出，便成独得。词得此意，则极炼如不炼，出色而本色，人籁悉归天籁矣。"又说："词中句与字，有似触著者，所谓极炼如不炼也。晏元献'无可奈何花落去'二句，触著之句也；宋景文'红杏枝头春意闹'，'闹'字，触著之字也。"那些看上去似乎是作者偶然的不经意之笔，其中却包含着作者的惨淡经营和深思熟虑。

非寄托不入，专寄托不出 词论术语。指诗词创作既要有所用意，不作无病呻吟，又要通过比兴以浑厚出之。语出清周济《宋四家词选目录序论》："夫词，非寄托不入，专寄托不出。"用之鉴赏，亦可理解为解词必知人论世，明白作者之用意深微处，所谓"非寄托不入"；然字字句句坐实，又不免牵强附会，蹈入迷津。张惠言《词选序》亦认为"缘情造端，兴于微言，以相感动"，堪称周氏之说先声。均代表常州词派的基本观点。

重、拙、大 词论术语。"重"，厚重、沉著。厚重源于作者性情、学养以及创作前的沉挚之思，蕴积于词内；而沉著则显现于词外，主要表现在气格和笔力上。"拙"，由客观事物触发的真切感受，通过直率而自然的语言加以表达。"大"，托旨远大、词境博大。三者关系是"融重与大于拙之中"。语出近代况周颐《蕙风词话》："作词有三要，曰重、拙、大。""重者，沉著之谓，在气格，不在字句。"又曰："问哀感顽艳'顽'字云何诠？释曰：拙不可及，融重与大于拙之中……"此论上承常州词派以意内言外说词之传统，而特立朴拙一端，以表新见，将常州派词论又推向一个新境界。

内美 文论术语。一般指高尚的理想与志趣，也指文学作品思想内容的纯真美好。语出屈原《离骚》："纷吾既有此内美兮，又重之以修能。"近代王国维则移之论词，其《人间词话删稿》云："词乃抒情之作，故尤重内美。无内美而但有修能，则白石耳。"此论颇合词的特点，但未道及与社会价值的辩证关系。

有我之境、无我之境 文论术语。"有我之境"指诗人感情鲜明强烈、直接外露的境界，是一种移情入景而情主景役的境界；"无我之境"指诗人感情隐蔽含蓄，完全融化于景物之中而不易察觉的境界。前者近似壮美，后者同于优美。语出近代王国维《人间词话》："有有我之境，有无我之境。'泪眼问花花不语，乱红飞过秋千去'，'可堪孤馆闭春寒，杜鹃声里斜阳暮'，有我之境也。'采菊东篱下，悠然见南山'，'寒波澹澹起，白鸟悠悠下'，无我之境也。有我之境，以我观物，故物皆著我之色彩；无我之境，以物观物，故不知何者为我，何者为物。"此论受到西方康德、叔本华美学思想的影响，但也符合中国古代诗词创作的实际。

入乎其内，出乎其外 文论术语。"入乎其内"，指作者对社会人生须进行认真的观察和体验，从而获得真实、深切的感受，以丰富创作题材；"出乎其外"，指作者要不拘泥于耳目所见，不为生活现象所迷惑，而高屋建瓴，通观全局，把握事物的本质。语出近代王国维《人间词话》："诗人对宇宙人生，须入乎其内，又须出乎其外。入乎其内，故能写之；出乎其外，故能观之。入乎其内，故有生气；出乎其外，故有高致。"此论是对传统的"心物交融"说及龚自珍的"善出善入"说的继承和发展。

隔与不隔 文论术语。"不隔"是指境界鲜明，自然传神，情景交融而明白如话；"隔"则反之。二者是区别境界优劣的一个标准。语出近代王国维《人间词话》："问隔与不隔之别，曰：陶、谢之诗不隔，延年则稍隔矣。东坡之诗不隔，山谷则稍隔矣……语语都在目前，便是不隔。至云'谢家池上，江淹浦畔'则隔矣。"故写情能沁人心脾，写景能豁人耳目，便是"不隔"；而好用隶事之句、粉饰之字，缺少形象性和感染力就是"隔"。王氏这一划分和界定，有其合理、积极的一面，但一味反对用典用事，则现出其审美观念的局限。

论　著

典论·论文 文论篇名。魏曹丕作。着重论述文学创作及批评的一些重要问题。随着文学自觉时代的到来，明确提出文章是"经国之大业，不朽之盛事"，鼓励人们"不假良史之辞，不托飞驰之势，而声名自传于后"。对各类文体的特点作了归纳，以为"文本同而末异"，如"书论宜理"、"诗赋欲丽"；创作当以气为主，"气之清浊有体，不可力强而致"，作家因"引气不齐"而"巧拙有素"。由此对文人相轻之习不以为然，指出那是"不自见之患"，而"贵远贱近，向声背实"的文坛积弊更不足取。其文简意赅、议论精切，对后世陆机、刘勰等人影响甚大。

文赋 文论篇名。晋陆机作。中国文学批评史上第一篇完整而系统的文论。前有序述写作缘起，因"恒患意不称物，文不逮意"，故为此剖陈"作文之利害所由"。正文用赋的形式，对创作的诸多理论问题作细致深入探讨。其首论作文之由，以感于物和本于学两端为归。继言创作构思中物、意、文三者关系，所谓"精骛八极，心游万仞"、"观古今于须臾，抚四海于一瞬"，均指充分想像的思维活动。然后论谋篇之道，由"笼天地于形内，挫万物于笔端"至"理扶质以立干，文垂条而结繁"，说明意与辞的主从关系。进而要求辞意相称，语有警策，无取剿袭，力戒平庸。接着便统论各种文病，以求辞意的充分表现。文末所谓"应感之会，通塞之纪，来不可遏，去不可止"，专指创作灵感。其间亦涉及辞采与声律、各种文体的特点和风格等。所论较之曹丕《论文》更为具体准确。由于作者既吸取前人成果，又结合自身写作经验，故论述惬切事理，系统深入，开创了古代文论的新阶段。其影响所及，远非一人一时。后刘勰即"本陆机说而昌论文心"(章学诚《文史通义·文德篇》)，历代论者更屡见称引。唯其揭出"尚巧"、"贵妍"之旨，明言"诗缘情而绮靡"，也曾授人口实，在一定历史时期内产生过消极影响。

文章流别论 文论著作。晋挚虞著。据《晋书》载，虞曾撰《文章志》四卷，又撰古文章，类聚区分为三十卷，名曰《流别集》，"各为之论，辞理惬当，为世所重。"《隋志》著录《文章流别集》四十一卷，《文章流别志、论》二卷。可知后者原附于集，又摘出别行。其论大抵以儒家诗教为归，要求"发乎情，止乎礼义。情之发，因辞以形之；礼义之旨，须事以明之"，故推崇古诗之赋"以情义为主"，贬斥今之赋"以事形为本"，责其"假象过大"、"逸辞过壮"、"辩言过理"和"丽靡过美"。言诗则以"四言为正"，指其他诸体"非音之正也",表现出明显的保守倾向。然其考索文体源流之细,评析特征之详,均在曹丕和陆机之上,对后世刘勰等人也深有影响。张溥称其"穷神尽理,刘勰《雕龙》,钟嵘《诗品》,缘此起义,评论日多矣"(《汉魏六朝百三名家集题辞》)。本书已佚,残存十余则,被辑入严可均《全晋文》和张鹏一《关陇丛书》。另范文澜《文心雕龙注》曾补辑两条,郭绍虞又将其一同收入所编《中国历代文论选》。

抱朴子 道家著作。东晋葛洪著。书以自号为名。分内、外两篇,内篇二十卷,外篇五十卷。据《自叙》云,前者论神谈道,后者"言人间得失,世事臧否"。涉及文学的有《钧世》、《尚博》、《辞义》、《应嘲》、《喻蔽》等篇。所说大抵视一切著述为文,尚子书而轻诗赋。然在要求一切文学"贵于助教",不能"徒饰美华藻"的同时,又突破儒家樊篱,倡言"文章之与德行,犹十尺之与一丈,谓之余事,未之前闻",甚至以为"德行为有事,优劣易见;文章微妙,其体难识"(《尚博》)。其说力斥贵古贱今之论,以为今胜于古乃"时移世改,理自然也"(《钧世》)。又反对论文仅凭主观好恶爱同憎异,以为作者"才有清浊,思有修短",作品"贵丰赡,何必称善如一口"(《辞义》),识见通达。由于其书内外篇所论不同,《隋志》以后,历代多予分别著录,后被并入道家。现存有《道藏》本,明嘉靖鲁藩等刻本,以清孙星衍平津馆校刊本为佳。其中内篇现存最早刊本为宋绍兴二十二年刊本,1986年中华书局予以影印,收入《古逸丛书三编》,今人王明有《抱朴子内篇校释》(中华书局1985年版)。

宋书·谢灵运传论 文论篇名。南朝梁沈约作。论述以"六义"、"四始"发端,然却强调情文互用。故所论《诗经》以下至刘宋的文学发展,每于"以情纬文,以文被质"的作家作品多置赞词,对其"清辞丽曲"、"咸蓄盛藻"、乃至"缛旨星稠,繁文绮合"多加肯定;而于玄言诗"寄言上德,托意玄珠",遒丽之辞无闻,则时予讥评。本着尚文之意,对声律的基本规律作了探讨,指出"宫羽相变,低昂互节"之道在于"前有浮声,则后须切响。一简之内,音韵尽殊;两句之中,轻重悉异",并以为只有"妙达此旨,始可言文"。由此推崇"音律调韵,取高前式"的曹植、王粲之作,而讥议王褒、刘向的"芜音累气"。所论历来受到论者重视,唯其偏尚形式颇为明显,也曾造成一定的消极影响。

文选序 文论篇名。梁萧统作。是作者对《文选》一书取去标准的具体说明。认为"诗者,盖志之所之也,情动于中而形于言",然随时代的进步,"踵其事而增华,变其本而加厉"原属当然。文学发展至六朝,由拙朴日趋精美,正是这一规律的体现,无可厚非。同时进一步标举为文的原则,指出圣人著作、诸子学说、忠臣贤士谋夫辩士所言"事异篇章","不以能文为本",故均不取。而独取"综缉辞采"、"错比文华"、"事出于沉思,义归乎翰藻"之作,并兼及符合这一标准的史书论赞序述等文字。在区分文与非文界限时,表现出偏重辞赋骈文和音律辞采的倾向,反映了魏晋以来文学观念日益演进的事实。

杂体诗序 文论篇名。梁江淹作。是为所作《杂体诗》三十首而写。着重指斥当时文坛不良风气:"世之诸贤,各滞所迷,莫不论甘而忌辛,好丹而非素","家有曲直","人立矫抗","贵远贱近","重耳轻目",不能持论公允平实。而"楚谣汉风"、"魏制晋造"各有所长,应本着"通方广恕,好远兼爱"的态度,"合其美,并善而已"。其见无疑高出时流许多。以后刘勰要求批评者于轻重爱憎间无偏无私,"平理若衡"(《文心雕龙·知音》),正与之相同。

文心雕龙 文论著作。梁刘勰著。十卷,五十篇,分上、下两编各半。上编论文之纲领;下编论文之毛目,末篇《序志》陈述写作动机,概括全书大旨。以原道、征圣、宗经为基本思想,指出圣人制作不但是后世各体文章的渊源,且为之树立了思想和艺术标准,并以此展开论述。其《明诗》以下二十篇分论各体文章的性质、源流与写作要求,列举三十三大类,重点在诗、赋、乐府、史传和诸子等品类。因其严格按原始本末、释名章义、选文定篇、敷理举统的格式展开,故颇具分体文学史性质。《神思》以下十九篇泛论创作方法,由艺术构思、作品风格、内容形式等入手,论及声律、对偶、比兴、夸张、用典及章句等具体技巧,提出了许多重要的理论命题。所论既全面总结历代创作得失,又充分肯定当时文学的新发展,由此构成全书的精华部分。《时序》以下五篇探讨各种社会现象对文学的影响,并结合作家才性,着重讨论文学欣赏与批评等问题。对魏晋以来文坛存在贵古贱今、扬己抑人等不良风气作贬斥,揭示了正确理解和客观评价作家作品的具体方法。尽管受儒家思想和时代风气影响,书中不乏保守正统的局限,或因过尚形式而影响评论的公正,但其素以"笼罩群言"、"体大而思精"(章学诚

《文史通义·诗话篇》)著称,并将古代文学理论批评推向一个新阶段,具有里程碑式的意义。今存最早写本为敦煌唐写本残卷,最早的刻本是元至正十五年(1355)本。明弘治以后,刻本、校本和注本渐多,清黄叔琳辑注本集其大成。近人范文澜《文心雕龙注》、王利器《文心雕龙校证》(上海古籍出版社 1980 年版)和詹锳《文心雕龙义证》(上海古籍出版社 1989 年版)均是完备的通行校本。

金楼子·立言 文论篇名。梁萧绎作。论"古人之学者有二,今人之学者有四",即由文学与文章之分,进而为儒、学、文、笔之别,而着重论述同属文章的文与笔。前此论者仅从形式分有韵为文,无韵为笔,作者则增以情、采两端,所谓"吟咏风谣,流连哀思者,谓之文"、"至如文者,惟须绮縠纷披,宫徵靡曼,唇吻遒会,情灵摇荡"即是。同时又提出"笔"虽不同于文多讲情采,然"神其巧慧,笔端而已",也要讲究修饰,不能直白无华。这些见解反映出文学日益繁荣的时代人们对抒情作品审美特征的真切认识。

雕虫论 文论篇名。梁裴子野作。疑为所著《宋略》佚文,《文苑英华》题为今名。针对宋明帝以来"天下向风,人自藻饰,雕虫之艺,盛于时矣"的不良风习而作。认为自《诗经》以来,文学作品以形四方之风、彰君子之志为务,故"劝善惩恶,王化本焉"。但辞赋自楚骚以下,五言自苏李、曹刘以下,日趋放逸。时人"罔不摈落六艺,吟咏情性",所作"巧而不要,隐而不深",不啻"乱代之征"。此论意在匡救齐梁以来日趋浮靡萎弱的文风,然立论过尚风教而拒斥藻绘,又无创作示例,故不足以转移风气。

文章缘起 文论著作。旧题梁任昉著。《隋志》载"梁有《文章始》一卷,任昉撰",两唐书《艺文志》、《经籍志》均载《文章始》一卷,任昉撰、张绩补,今本影印张绩所补。论诗文骚赋等各体文章缘起,总八十五题,可谓博洽。唯标目琐杂,颇多疏误,如将"谢恩"、"劝举"等当属内容者列为文体名,且所举文体始作亦多有误。陈姚察有《续文章始》一卷,明陈懋仁、清方熊则分别对任作加了注和补注。陈氏更作《续文章缘起》一书,可见其影响。有《学海类编》本,《丛书集成初编》本。

玉台新咏序 文论篇名。陈徐陵作。以虚拟手法写丽人居室之华丽、体貌之美好、才艺之双全,来喻称《玉台新咏》之选。辞虽虚设,其编选动机、对所选艳诗的看法却隐然可见。就辞而言,彼投壶玉女,争博齐姬,"无怡神于暇景,惟属意于新诗",即称此选可代博弈,以为消闲忘忧之用;就意而言,所谓"曾无参于雅颂,亦靡滥于风人,泾渭之间,若斯而已",即以为所选虽不能忝列雅颂之流,但自有精美艳丽可称。言辞间推尚秾情不乐典则、务求新变不为旧制的趣味表露无余。

狱中与诸甥侄书 文论篇名。南朝宋范晔作。范素重学术著作,即此书亦自称"常耻作文士"、"无意于文名"。但于诗赋却非不留意,书中反对"事尽于形,情急于藻,义牵其旨,韵移其义",要求"以意为主,以文传意",并以平生创作"多公家之言,少于事外远致"为恨。尽管对所作《后汉书》评价略高,然颇识创作理数,针对时人过尚藻绘、好用典故及拘牵声韵等积习,倡导以意帅文,"然后抽其芬芳,振其金石",不谓无见。

南齐书·文学传论 文论篇名。南朝梁萧子显作。阐述古今文学发展,简要论列诗、赋、颂等创作中的优秀作家作品,对当时文坛三种创作习气和作品风格作具体评价。涉及对文学本质特征和创作规律的认识,指出文章"盖情性之风标,神明之律吕",须"游心内运"、"气韵天成";属文之道"事出神思,感召无象,变化不穷",当"委自天机,参之史传,应思悱来,勿先构聚";并认为文贵创新,"若无新变,不能代雄"等,立论平正周全,理论价值很高。

与湘东王书 文论篇名。南朝梁萧纲作。湘东王是萧纲之弟萧绎。对当时文坛"纸札无情,任其摇襞"、"竞学浮疏,争为阐缓"的习气深表不满,斥为"既殊比兴,正背《风》《骚》"。然其措意于突出文学抒情写志的特性,要求作品即目会心,有鲜明生动的形象、精妙的艺术构思和文辞。因不满于裴子野但有"良史之才"而"了无篇什之美",而推尚谢灵运"吐言天拔,出于自然",谢朓、沈约等人"文章之冠冕,述作之楷模"。从中反映出创作高度繁荣的六朝,人们对文学本身价值认识的日趋深入。

颜氏家训·文章 文论篇名。北齐颜之推作。认为文章原出五经,有"敷显仁义,发明功德"之用,但亦须"陶冶性灵,从容讽谏,入其滋味",只要这种"标举性会,发引性灵"不使人矜伐躁进即可。本此,不取扬雄雕虫篆刻之论,而对"宏丽精华"之文多有好评,以为"今世音律谐靡,章句偶对,讳避精详,贤于往昔多矣"。

又提出"以古之制裁为本,今之辞调为末,并须两存,不可偏弃"的主张,进而要求"以理致为心肾,气调为筋骨,事义为皮肤,华丽为冠冕",表现出融合南北、折中文质的文学观。

中说 一名《文中子》。哲学著作。隋王通著,由其门徒子孙编集。十卷,每卷一篇。体例仿《论语》。主要谈论哲学、伦理问题,其中《王道》、《天地》、《事君》、《关朗》等篇兼及文学。由于其思想以儒学为主,杂以佛道之说,故立论以儒家说教为本,强调文学贯道济义和美刺教化作用,视声律辞采等问题为末流。又扬古文约达,抑今文繁塞,表现出崇古卑今的明显倾向。唯以诗为民之情性反映,颇具眼光,为明李梦阳真诗在民间说之先声。

周书·王褒庾信传论 文论篇名。唐令狐德棻作。是继《宋书·谢灵运传论》后又一篇正史论赞中较全面阐述文学思想的论文。其本文以性、道为根本的传统论说,阐述历代文学发展,以为"时运推移,质文屡变",对司马相如、扬雄及潘岳、陆机均有好评,但基于唐初文坛六朝浮艳诗风弥漫,于"其体以淫放为本,其词以轻险为宗"的创作风气又有所批评,并进而提出"本乎情性"、"以气为主,以文传意"、"文质因其宜,繁约适其变,权衡轻重,斟酌古今,和而能壮,丽而能典"的要求。所论既不尚轻险浮艳,又不轻弃六朝华词,为矫正时弊和唐代文学的建立指示了途径。

与东方左史虬修竹篇序 文论篇名。唐陈子昂作。是为东方虬《修竹篇》所作。继承汉魏以来风雅比兴和刘勰等人重视风骨的传统,在推尚汉魏古诗、摒斥齐梁文风的同时,明确提出"比兴"与"风骨"两大标准。要求诗人"发挥幽郁",强调有"骨气端翔,音情顿挫,光英朗练,有金石声"的格调,较为全面地提出了改革文风的主张,从而正式揭开唐诗革新运动的序幕。以后杜甫、白居易等人重视风雅比兴,李白、殷璠等人提倡风骨,皆是对其论诗精神的直接继承和发展。元好问《论诗绝句》有:"沈宋横驰翰墨场,风流初不废齐梁。论功若准平吴例,合著黄金拜子昂",可见陈氏诗如此,论亦如此。

上吏部裴侍郎启 文论篇名。唐王勃作。时吏部侍郎裴行俭典选举,作者上此启文,要求改革文风。受祖父王通影响,以为文学是"甄明大义,矫正末流,俗化资以兴衰,家国由其轻重"的不朽事业,宜以经世教化为务。鉴于孔子以后斯文不振,矫张浮靡至于亡国败家,敦请唐王朝激扬正道,"黜非圣之书,除不稽之论",并以此作为铨擢人才的标准。为突出上述主张,甚而不惜将屈宋以来大批作家抹倒,正统色彩明显。唯其批判锋芒主要在唐初浮艳文风,故不能一概以保守论。

王勃集序 文论篇名。唐杨炯作。简单回顾先秦以来文学的发展,着重对唐初浮靡文风作批判,以为其"争构纤微,竞为雕刻。糅之金玉龙凤,乱之朱紫青黄,影带以徇其功,假对以称其美",导致一时"骨气都尽,刚健不闻"。而王勃奋起拨乱反正,有"积年绮碎,一朝清廓"的"反诸宏博"之功。文章标举刚健风骨,是唐初部分有识之士厌弃梁、陈淫靡文风的反映。此后经陈子昂、殷璠等人的不懈努力,一种文质半取,风骚两挟的理想文风才得以确立。

史通 史学著作。唐刘知幾著。二十卷。内篇十卷三十六篇论史书之源流、体例和编撰方式,外篇十卷十三篇述史官建置沿革和修史得失。涉及文学的有《言语》、《浮词》、《叙事》、《模拟》等篇。以为"文之为用,远矣大矣",要在有益教化。故推崇韦孟《讽谏诗》和赵壹《疾邪赋》,对扬雄、班固等人之赋则多有讥评(《载文》)。至指出史传之文须"辩而不华"、叙事须"以简要为主"(《叙事》),既要善于学习古人、又不拘泥剿袭,且为了保证记载真实性,应尽量运用当时语言,反对"怯书今语,勇效昔言"(《言语》)等,皆切中时弊,对唐以来论者产生深远影响。黄庭坚将之与刘勰《文心雕龙》并举,称其"讥弹古人,大中文病,不可不知也"(《与王立之承直方》)。本书宋版流传极少,明嘉靖年间陆深得宋本据以校刊,称"蜀刻本"。万历以后校刻注释渐多,以清浦起龙《史通通释》较完备。今人程千帆有《史通笺记》(中华书局 1980 年版)。

赠礼部尚书清河孝公崔沔集序 文论篇名。唐李华作。强调作者的道德修养与作品的教化作用,明言"有德之文信,无德之文诈","文章本乎作者,而哀乐系乎时……立身扬名,有国有家,化人成俗,安危存亡于是乎观之"。对流连光景、苛求声律的形式主义文风,则予以贬斥。但责求过甚,以至连屈原、宋玉所作也被斥为"哀而伤,靡而不返"。古文运动的后继者虽于六经之道自孟子后亡之说有所继承,但取法开阔,并不以其说为限。

工部侍郎李公集序 文论篇名。唐贾至作。强调宗经和教化,以为孔子以前彬彬之盛,“洎骚人怨靡,扬、马诡丽”,魏晋以降,风雅大变,“宋、齐、梁、隋,荡而不返”,几无可称。所论大抵与萧颖士、李华相合。推尚“深见尧舜之道,宣尼之旨”,“得《易》之变,知《书》之达,究《诗》之微,报《春秋》之褒贬”的作品。以后韩愈等人也重道,推崇孔孟和儒家经典,但并不取此极端之说。

与元九书 文论篇名。唐白居易作。元九即元稹。着重论述文学与现实的密切关系,指出文学的作用在于“补察时政”,“泄导人情”。认为自国风变而为骚辞,到汉代六义已缺;晋、宋以还,直至梁、陈多为丽辞,讽托不存,六义寝微而尽;唐代除陈子昂、鲍防外,陈陈相因,即李、杜也多有放失。针对“谄成之风动,救失之道缺”的局面,竭力提倡诗须“根情,苗言,华声,实义”和“文章合为时而著,歌诗合为事而作”,并亲躬其道,“有可以救济人病、裨补时阙,而难于指言者,辄咏歌之”。其理论与实践突破了儒家传统诗教的局限,可看作大力倡导“新乐府运动”之宣言,也是对大历以后诗坛多流连光景之作的不良风气的挑战。但由于过分强调诗歌的教化功用,对六朝以来直到李、杜的否定不免有些偏激。

修辞鉴衡 一名《诗文发源》。诗文论著。元王构著。二卷。上卷论诗,下卷论文。系采集宋人诗话及文集、说部为之。论文主于立意,锻炼技巧次之,并非专为修辞而辑。有《四库全书》本、《丛书集成初编》本。

金石例 文论著作。元潘昂霄著。十卷。卷一至五述铭志之始源,卷六至八述唐韩愈所撰碑志,以为括例,卷九杂论文体,卷一〇则史院凡例。叙典型,张矩度,从碑碣铭志等产生由来及其实际功用出发,论述了各体不同的写作要求,体现了元代文坛师古与尚实的意识。有《四库全书》本、《式训堂丛书三集》本、《金石三例》本。

文原 文论篇名。明宋濂作。分上、下篇。上篇推究文章之来源,以为文起于生民之初,“凡有关民用及一切弥纶范围之具,悉囿乎文,非文之外别有其他也”。故文非“徒言”,“必有其实”然后作。此为传统的尚实观念。下篇论述作文之要,指出“为文必在养气”,“人能养气,则情深而文明,气盛而化神”。养气之说主乎内,即宋儒所倡的修身养性,这与上篇所强调的尚实观念有一定差异。宋氏力图贯通此二者,体现了其为学“驳而不纯”的特点。

文脉 文论著作。明王文禄著。三卷。杂论古今诗文,卷一总论、卷二论两汉至宋元文章、卷三专论明代。大旨以为文章“根心之灵,宰气之机”,古今一脉,文盛则大聚,衰则小聚,虽“六朝浮艳,江左绮风”,文脉亦未尝断绝。又文以气为主,心溺气漓,文章亦平庸阘冗,是为“乡愿”;独“狂狷”者主“清明之气”,发为文章,“雄逸跌宕”、“自出新机”,“能延文脉”。故对司马迁、柳宗元以至明前七子的文章评价较高,对欧阳修及明代“三杨”等台阁体作家便以平弱斥之。其批评倾向大致同于前七子,是七子派文论的重要著作。有《学海类编》本、《丛书集成初编》本。

文史通义 文史论著作。清章学诚著。八卷。其中《诗教》、《古文十弊》等篇章较多地涉及文学理论问题。论文以“文德说”为最著。文德,实际指作者和批评者的态度,作者尚“敬”,批评者崇“恕”,两者均本于中庸。又提出“文理说”,要求文章“言之有物”,而“有物”的关键是“中有所见”,包含博览和阅历两个方面。还主张“文贵发明,亦期用世”,强调文质统一,对拟古和形式主义文风进行了尖锐的抨击。对桐城派古文,则专列一章予以批评。有《章氏遗书》本和中华书局叶瑛校点本(1985 年版)。

艺概 文论著作。近代刘熙载著。六卷。分文概、诗概、赋概、词曲概、书概、经义概六种,前四种分论各体文学,“书概”专论书法,“经义概”论经文和八股文作法。其“叙”自述采用“举此以概乎彼,举少以概乎多”的批评方法,以得其大意、“触类引伸”为原则,时得论艺之精髓。论文以情志为主要内容,但又以封建伦理道德观念来规范情志,所谓“以直温宽栗为本”,“内持其志,而外持风化”等,即是这一思想的直接表示。然其中“直取性情真”,“其中有物”等观点,以及对《大雅》、《小雅》、《离骚》的赞美,亦突破封建伦理道德的藩篱。此外,重视作者的德行修养与作品的关系,强调“诗品出于人品”,认为“有混茫之人,而后有混茫之诗”,“志士之赋,无一语随人笑叹”,并推重屈原、司马迁、李白、杜甫、元结、辛弃疾等人,所论颇让人顿起敬重之心。在创作方法上,主张通过雕琢而达于自然。在创作题材上,认为“无一意一事不可入诗”。又提倡以学古求新变,“诗不可有我而无古,更不可有古而无我”。论见圆通,有高屋建瓴之姿。是书涉及文学创作和文艺理论中诸多重大理论问题,且识见卓越,论析精微,具有很高的理论价值和美学价值。但保守而迂腐之论也不在少数，故瑜瑕互见。成书于同治癸酉(1873)年。有《古桐书屋六种》本、人民文学出版社杜维沫校点本和上海古籍出版社王国安校点本等。

国故论衡 论学杂著。近代章炳麟著。三卷。上卷论小学，讨论语言、音韵问题，下卷通论诸子哲学的流变，而以道家统儒、法二家。中卷论文学，内分《文学总略》、《原经》、《明解故》上下篇、《论式》、《辨诗》、《正斋送》七篇。论文以文字学作为界定文学概念之基础。以为“文学者，以有文字著于竹帛，故谓之文，论其法式，谓之文学。”同时阐述诗赋的流变发展，认为诗歌兴于巷陌而本于情性，极力推崇《诗经·国风》和汉魏的某些作家。有《章氏丛书》本和华西大学《国学丛书》本。

文学改良刍议 文学论文。胡適作。载1917年1月《新青年》第2卷第5号。倡言对中国文学必须实施改良，改良须从“八事”入手：“一曰须言之有物；二曰不摹仿古人；三曰须讲求文法；四曰不作无病之呻吟；五曰务去滥调套话；六曰不用典；七曰不讲对仗；八曰不避俗字俗语。”较多着眼于语言形式的改革，部分涉及文学内容。后在《建设的文学革命论》(《新青年》第4卷第4号，1918年4月)中将“八事”稍加扩充，改称为“八不主义”。是最早倡导新文学革命运动的文章，标志了中国文学步入现代化的最初实绩。反对封建主义的旧文学，取法西洋思想文化，是本文的旨意，而示范性的实验品格和启蒙性，则是它的基本特色，对中国新文学运动产生过巨大影响。

文学革命论 文学论文。陈独秀作。载1917年2月《新青年》第2卷第6号。本文论述了文学革命与社会革命、思想革命的联系和文学革命的必然性，提出“三大主义”作为纲领：“曰推倒雕琢的阿谀的贵族文学，建设平易的抒情的国民文学；曰推倒陈腐的铺张的古典文学，建设新鲜的真诚的写实文学；曰推倒迂晦的艰涩的山林文学，建设明了的通俗的社会文学”。并提出向“桐城派”、“骈体文者”、“江西诗派”等代表的“十八妖魔”宣战。第一次提出文学革命的口号和纲领，对反对封建主义旧文学，建设现实主义新文学，以及推动五四新文学运动的产生和发展起了深远的影响。

易卜生主义 文艺论文。胡適作。载1918年5月《新青年》第4卷第6号。概述易卜生的创作思想及其戏剧的社会意义，指出易卜生主义实际即“写实主义”。易卜生的戏剧揭示了“社会与个人互相损害”，即社会摧折个人自由独立精神，社会因缺乏自由独立精神而不会进步。易卜生宣扬的是“为我主义”，主张个人需要充分发展自己的个性。本文不只是引进西洋戏剧而攻击传统旧剧，也不只是单纯讨论戏剧，主要价值在鼓吹个性主义和艺术上的一般现实主义方法，为“五四”文学革命提供了重要的思想资料。

人的文学 文学论文。周作人作。载1918年12月《新青年》第5卷第6号。作者从生物学进化观点出发，认为人有“灵肉二重的生活”，人生的目的，便是要偏重发展“灵”即“神性”的一面；认为只有改良人类的关系，革除一切人道以下或人力以上的因袭的礼法，才能使人人享受自由真实的幸福生活。因此人的文学应是“用这人道主义为本，对于人生诸问题，加以记录研究的文字”。据此，将历史上的文学作品大体分为人的文学与非人的文学两大类，并将非人的文学论列为十种类型，一一加以评论。是新文学运动发轫期极其重要的文论，把“五四”人的发现与文学的发现统一了起来，将“五四”思想革命精神导入到文学革命中去，在人道主义、人本主义、个性解放等等有关“人”的根本问题上，找到了思想革命与文学革命的契合点，对中国现代思想文化史与现代文学史的发展产生过积极、深远的影响。

三叶集 文艺通信集。田汉、郭沫若、宗白华著。上海亚东图书馆1920年5月初版。收田汉序一篇，信五通，郭沫若序一篇，信七通，宗白华序一篇，信八通。均从自己的创作实践出发，侧重对诗的本质、诗与生活的关系、诗的内容与形式、诗的创作过程等理论问题作探讨，反映了新文学初期文艺家思想解放和勇于探索的特点，对阐发浪漫主义诗论和推动浪漫主义艺术的发展发挥过一定积极作用。

自然主义与中国现代小说 文学论文。沈雁冰作。载1922年7月《小说月报》第13卷第7期。通过对中国现代新旧派小说的观察，指出它们共通的弊病在描写技术上的“向壁虚造”。为求得文学的真实性和发挥它对于人生的积极功能，提倡自然主义的创作方法，认为自然主义的“客观描写与实地观察”是“两件法宝”，并从描写方法和题材两个方面论述了采用自然主义创作方法的必要性。本文代表了“文学研究会”作家“为人生”现实主义文艺思想的一个重要方面，反映了作者在其早期文艺思想中对于“自然主义”和“写实主义”（现实主义）在理解和表述上的错觉。

新文学之建设与国故之新研究　文学论文。郑振铎作。载1923年1月《小说月报》第14卷第1期。认为要建设新的文学观念，首先得打破旧的文学观念，新文学运动除了建设新文学观和创作新的作品外，还得重新估定或发现中国文学的价值。主张“在新文学运动的热潮里，应有整理国故的一种举动”，并指出当时关于整理国故议论的通病在：一，没有新的见解；二，太空疏而无切实的研究态度；三，喜引欧美的言论以相附会。正面提出：“我的整理国故的新精神便是：‘无征不信’，以科学的方法来研究前人未开发的文学园地。”

新文学之使命　文学论文。成仿吾作。载1923年5月《创造周报》第2号。是“创造社”基本文学主张的体现。将“内心的自然要求”视为创作的原动力和观察文学现象的基本出发点，论述新文学对于时代、国语和文学本身的使命。认为新文学家的重要责任是以严肃的态度观察时代、把握时代，用“强有力的方法”表现时代。但同时又宣扬作家应“除去一切功利打算，专求文学的全与美”。也是为抗衡“文学研究会”“为人生”的文学主张的重要文献。

《苦闷的象征》引言　文艺论文。鲁迅作。载《苦闷的象征》（未名社，1924年12月）。是为日本厨川白村《苦闷的象征》中译本所写。扼要介绍厨川白村的经历和主要著作，分析其文艺理论核心及其来源——受柏格森和弗洛伊德的影响，认为文艺就是生命力绝对自由的表现。尤强调厨川白村“对于本国的缺失，特多痛切的攻难”，说明“萎靡锢蔽”的精神状态不可能产生大艺术。肯定厨川白村对精神分析学说所持的批判借鉴态度：既扬弃弗洛伊德把一切归之“性欲”的专断，又汲取其中如压抑、升华等合理因素。

文艺论集　文艺论文集。郭沫若著。上海光华书局1925年出版。上下两卷。收1920至1924年所写论文三十一篇，涉及艺术的起源、艺术和社会生活、艺术的社会功利主义以及天才、审美、自然美与艺术美诸方面的问题。此书四版时，曾由作者改编成四卷，内容无增删。1931年光华书局出版《文艺论集续集》，收论文十一篇，多为革命文学的论争。提出了文学革命和有关革命文学理论的重要见解，对于研究中国无产阶级革命文学运动的发生与发展及其成就与不足，提供了有价值的资料。

论无产阶级艺术　文艺论文。茅盾作。载1925年《文学周报》172、173、175、196期。系作者的一次报告。提出现代社会的非“全民众”性、阶级的差异和矛盾使文艺成为统治阶级的工具，无产阶级艺术的存在和发展是合理的。着重阐明无产阶级艺术的革命性质是一种“完全新的艺术”，是以无产阶级的精神“创造一种适应新世界的艺术”，它不仅和“知识阶级所有的个人自由主义”绝缘，同时也“没有农民所有的家族主义和宗教思想”，它“应当助成无产阶级达到终极的理想”。它并非是劳动文艺，应当不断扩大题材；它并非只在破坏，而且贵在建设和创造；它和其他阶级艺术虽取材相似，然而观点和解决方法不同。本文标志了作者文艺思想的巨大进步。

革命与文学　文学论文。郭沫若作。载1926年5月《创造月刊》第1卷第3期。本文顺应早期共产党人提倡的“革命文学”主张，体现了作者文艺思想的转变。批评了所谓文学家与革命家对立的观点，从阶级的观点规定文学的本质。认为革命文学的实际内容应是“表同情于无产阶级的社会主义的写实主义的文学”，创造革命文学要求作家成为一个革命的文学家，而不要成为时代的落伍者。号召作家“应该到兵间去，民间去，工厂间去，革命的漩涡中去”。在论述上还流于笼统、简单化，但触及到一些带根本性质的问题，在当时有很大影响。

现代中国文学之浪漫的趋势　文学论文。梁实秋作。载《浪漫的与古典的》（上海新月书店1927年版）。指出“五四”新文学是一种趋向于浪漫主义的文学，其特征是：(1)根本的受外国影响；(2)推崇情感轻视理性；(3)对人生采取印象主义的态度；(4)主张皈依并侧重独创。作者认同白璧德新人文主义理性自制精神，故对“五四”新文学作出了消极的评价。

从文学革命到革命文学　文学论文。成仿吾作。载1927年《创造月刊》第9期。从革命文学倡导者的立场叙述“五四”新文学从文学革命到革命文学的发展过程，论述文学革命的社会根据、文学革命的历史意义、文学革命的经过和文学革命的现阶段状况，指出为发展文学革命的成果必须把文学革命推进到革命文学，自觉地参加社会革命，努力获取辩证法的唯物论，克服小资产阶级的劣根性是革命文学者的当前任务。是革命文学论争的早期代表性文论。但机械唯物论和简单化的方法论限制了其对新文学第一个十年的准确概括，在论述革命文学的性质和任务时，也有严重片面性。

鲁迅论 文学论文。茅盾作。载1927年11月《小说月报》第18卷第11期。对历时近十年的有关鲁迅及其作品的主要批评偏向作客观评述，并对鲁迅小说，尤其作为卓越的思想家的特征，作了最早的深刻阐述。针对张定璜、成仿吾、陈西滢的看法，逐一批驳，维护了鲁迅创作在新文学第一阶段的杰出地位。又涉及鲁迅杂感文，认为是帮助人们理解鲁迅小说的材料。显示了有关鲁迅及其作品评价的最初的巨大收获。对作家论的样式也是一个创造，综括式的描述，提供了丰富的立论角度，就作家的思想和创作互为表里、相反相成的议论，为其后的评论界作了重要示范。

现代中国文学与社会生活 文学论文。蒋光慈作。载1928年1月《太阳月刊》创刊号。是1928年开始的革命文学论争中的代表作品，反映了"太阳社"革命文学倡导者的观点。强调文学是社会生活的表现，革命文学家应该了解时代的生活，与革命的势力接近。在世界观与创作关系上，虽强调作家要"获得"无产阶级意识，然而却忽视了革命作家自身思想的改造，把"转变思想"主要看成是对"转变期"作家（即包括鲁迅、茅盾在内的"五四"进步作家）提出的要求。

对于左翼作家联盟的意见 文学论文。鲁迅作。载1930年4月《萌芽月刊》第1卷第4期，副题："在左翼作家联盟成立大会上的演说"。系1930年3月2日的演讲，由王黎民（即冯雪峰）记录整理，作者最后改定。对1928年以来的左翼文艺运动作了历史总结，提出左翼文艺工作者的战斗纲领。认为"左翼"作家很容易成为"右翼"作家，因为第一，脱离实际生活，第二，"高于一切人"的错误观念，以及内部"个人主义、宗派主义、盲动主义等严重问题的存在"。强调中国革命的长期性和艰巨性，以及扩大统一战线的必要性，深刻指出"联合战线是以有共同目的为必要条件的"，"如果目的都在工农大众，那当然战线也就统一了"。

中国文艺论战 文艺论文集。李何林编。北新书局1930年出版。收关于革命文学的论文四十七篇，分"创造社及其他"、"语丝派及其他"、"小说月报及其他"、"新月"和"现代文化及其他"五部分。卷首有画室（冯雪峰）的《革命与知识阶级》一文。是关于革命文学问题论争的较全面的结集。

《艺术论》序 文学论文。鲁迅作。是为普列汉诺夫《艺术论》中译本（光华书局，1930年7月）所写。原载《新地月刊》1930年第1期（即《萌芽月刊》第1卷第6期）。介绍普列汉诺夫生平、革命经历和文学活动，从历史唯物主义观点出发，肯定其前期和民粹派的斗争以及在传播马克思主义方面的理论建树，同时指出其后期所犯的路线上和理论上的错误。着重阐述普列汉诺夫《论艺术》、《原始民族的艺术》和《再论原始民族的艺术》等三篇文艺论的观点和价值，简明地提示了马克思主义文艺理论的基础。

《地泉》五人序 文学论文。瞿秋白、郑伯奇、茅盾、钱杏邨、阳翰笙作。《地泉》又名《华汉三部曲》，长篇小说，阳翰笙（华汉）著（湖风书店，1931年）。小说包括《暗夜》（又名《深入》）、《转换》（又名《寒梅》）、《复兴》等三部，反映农村革命的"深入"，小资产阶级知识分子的"转换"和工人运动的"复兴"。借1932年《地泉》重版，阳翰笙作序自我批评作品的公式化、概念化倾向，并约请瞿秋白等四人作序，附列自序，即为"五人序"。五人序言对《地泉》的批评是将它作为1928至1930年间革命文学作品的一般倾向而言，即如瞿秋白所言，是一种"革命的浪漫谛克"。五人序言开始接触作家生活和思想的关系问题，强调为真正创作"大众化"的新兴文学而深入群众。五人序显示了同志式的探讨精神，批评与被批评双方都有存异求同的胸怀，对当时的进步批评界有模范作用。五人序基本上袭用了苏联"拉普"的观点，坚持不正确的"唯物辩证法的创作方法"。

《新月诗选》序言 文学论文。陈梦家作。是作者为编定的《新月诗选》（新月书店，1931年9月）所写。在现代"新格律诗"有了相当实绩的条件下，阐明"新格律诗"的特征，在新诗发展十余年的基础上，提出外国文学对新诗的重大影响，尤强调新诗发展同民族既成传统的联系。继续标榜新月诗派的"宣言"："醇正"与"纯粹"，主张诗应从"有限中发现无限"；诗要有格律，因为格律使诗"更明显、更美"，它是"合理的相称的量度"。序言推崇抒情诗，指出抒情诗用"单纯的感情、单纯的意象，却给人无穷的回味"，它给人的是"感动与不可忘记的灵魂的战栗”，并且对入选诗人的风格逐一作了简约的评价，同时认为：本质的醇正、技巧的周密和格律的谨严，是入选诗人“一致的方向”。

《望舒草》序　文学论文。苏汶作。为戴望舒诗集《望舒草》（上海复兴书局，1932 年）所写。评述戴望舒 1932 年之前的文学活动，并标榜为作者拥戴的“现代派”诗歌主张。认为望舒作诗的第一步是对纯诗的倾心，出于对浪漫主义“自我表现”的反叛；第二步是喜好象征诗的各类表现手法；第三步则反叛诗的“音乐成分”，“字句的节奏已经被情绪底节奏所替代”。凡三步，即为“现代派”诗的真精神。序言从个例出发，提示了中国新诗从浪漫派、新格律派到象征派的脉络。

文艺自由论辩集　文学论文集。苏汶（杜衡）编。现代书局 1933 年出版。汇集 1932 年左翼作家与“自由人”、“第三种人”的胡秋原、苏汶等人有关文艺问题的论辩文章。分六组、两个“附辑”，收论文二十八篇。是关于文艺自由论论争的较全面的结集。

中国新文学的源流　文学论著。周作人著。北京人文书店 1932 年出版。是 1932 年春在北平辅仁大学的讲演《中国的新文学运动》记录。包括《关于文学的诸问题》、《中国文学的变迁》、《清代文学的反动（上）·八股文》、《清代文学的反动（下）·桐城派古文》、《文学革命运动》等五讲，以及附录《论八股文》、《沈启无的近代散文钞篇目》两篇。全书标榜文学无目的性主张，将一部中国文学史概括为“载道”与“言志”的消长史。推崇晚明小品，尤其是公安派和竟陵派作品，认为它们揭起反叛的旗帜，一扫复古之风气，是近代新文学的源头。在新文学部分阐述了白话语体文兴起的社会思想原因，突出“西洋思想的陶冶”和“科学的洗礼”，强调“新的思想必须用新的文体以传达出来”。具体作家只叙及胡適和俞平伯。

文艺战线上的关门主义　文学论文。哥特（张闻天?）作。载 1932 年《斗争》第 30 期。具体针对“左联”在批判“第三种人”和“第三种文学”时所表现的关门主义倾向，第一次认真地检讨自革命文学论争至左翼文艺运动开展以来严重存在的非科学的理论和错误的策略。首先批评当时流行的对文艺性质的简单化观点，指出革命的小资产阶级文学家是同盟军，鼓励他们的革命方面，对他们存在的问题不是漫骂，而是忍耐地解释说服。其次批评机械地理解文艺阶级性的观点，认为“在阶级社会中间，文艺作品都有阶级性，但决不是每一文艺作品，都是这一阶级利益的宣传鼓动品，而只是因为它们描写了某一时代的真实的社会现象”。最后在谈到文艺大众化问题时，再次指出小资产阶级作家的重要地位。本文是中国共产党革命统一战线思想在文艺运动方面的正确运用。

关于社会主义的现实主义与革命的浪漫主义　文学论文。周起应（周扬）作。载 1933 年《现代》月刊第 4 卷第 1 期。副题为“‘唯物辩证法的创作方法’之否定”。是较全面地将当时苏联文艺界正在讨论、提倡的社会主义现实主义理论第一次介绍到中国的重要文章。对严重影响中国革命文学界的苏联“拉普”派的“唯物辩证法的创作方法”作出了清算，指出它忽视艺术的特殊性，将创作方法问题直线地还原为全部世界观问题，实际只是“拉普”组织上的宗派性在文艺理论上的反映。同时也强调作家世界观对于创作的重大作用，“作家有通过现实的社会的实践去和劳动阶级结合，把握劳动阶级的世界观和创作方法的关系”。在介绍社会主义现实主义创作方法时，作者指出了它在发展中具体地用典型化方法反映生活本质的特性，以及有机地包括革命浪漫主义的机制。本文对中国马克思主义文学理论的建设产生过很大作用，在“创作方法”问题上，基本规定了 1949 年至 20 世纪 60 年代中期所有文艺理论读物的提法。

马克思、恩格斯和文学上的现实主义　文学论文。静华（瞿秋白）作。载 1933 年《现代》月刊第 2 卷第 6 期。系根据 1932 年苏联“公谟学院”在《文学遗产》上首次披露的恩格斯致英国女作家玛丽·哈克纳斯的信及其他有关材料，详加阐发而成。马克思、恩格斯强调的是“现实主义的真实性”，反对“虚浮的‘有倾向’、‘有私心的’”“主观主义唯心论的文学”，而提倡和他们哲学上的唯物主义相适应的“客观的现实主义”，像巴尔扎克的那种“甚至可以违背作者的见解而表露出来”的现实主义。巴尔扎克的现实主义作品是“资产阶级的现实主义文学”，这类作家的世界观与现实主义创作方法有矛盾，却因对“资本主义社会的真实描写”，显示了“巨大的认识能力”，“无产阶级作家应当采取巴勒扎克等等资产阶级的伟大的现实主义艺术家的创作方法的‘精神’”。全文对现实主义创作方法的论述仍存在苏联“拉普”的观点。

文艺创作概论 文艺论著。华蒂(叶以群)著。上海天马书店1933年出版。分“文学发展之历史的途径”、“文学创作的基本问题”、“文学底本质与特性”、“创作方法论”、“事实的记录与艺术的概括”、“文艺作品的新样式”和“文艺批评的几个问题”等七部分,已涉及文学基本理论的本质、创作、构成、发生发展和鉴赏批评等。着力于以创作为中心,并从大量创作实际出发,力图探索创作的特殊规律。是30年代大量文学基本理论普及读物中较为平实、较有理论深度和独到见解的一种。

关于“第三种文学”的倾向与理论 文学论文。丹仁(冯雪峰)作。载1933年《现代》月刊第2卷第3期。是中国无产阶级文学运动的一个重要文献,虽针对“第三种文学”而作,实际上总结了从革命文学论争到左翼作家同“自由人”、“第三种人”的论争经验,提出了后来相当长的历史时期仍然经常被忽略、被简单化的一系列思想斗争和文学斗争的正确原则:一、把一般的理论斗争、思想斗争、文学斗争同政治斗争严格区分开来;二、容忍、团结并领导所有非反革命的作家,正确利用其作品中的一切可利用的积极因素;三、既注意对方缺点、错误发生的自身根源,也充分重视己方的错误对彼方错误的强化作用和推动作用,所以,批评对方的错误是必要的,及时修正自己的错误也是必要的。

文艺批评论 文论著作。梁实秋著。上海中华书局1934年出版。共八章:绪论;古典的批评——希腊时代;古典的批评——罗马时代;中古与文艺复兴;新古典主义的批评;浪漫主义的批评;近代的批评;结论。主张文学批评是一种作品的价值判断:首先是对文学作品体现出的人生意义和伦理价值的判断,其次是对能否完美地表现出这种价值的艺术质素的评价。针对丹纳的自然批评派和历史唯物论的批评方法,认为文学研究的范围应是文学作品本身。基于古典主义的立场,对近代文学批评几种主要派别作了低调的估衡。谨严的理性特点是本书最突出之处,而对古典主义的机械态度则是其明显偏向。

我与文学 文论汇编。郑振铎、傅东华编。生活书店1934年出版。系为纪念《文学》杂志创刊一周年而征辑的新文学作家创作谈。收有茅盾、巴金、胡风、郑伯奇、沈从文等五十九名作家、评论家对于文学创作问题的见解,体会深切,理解精辟。“引言”中称:“这数十位作家在文学活动上各有各的不同经验,他们对于文学的态度和见解当然不能完全一致。但有两个值得重视的共同点:其一,各人所发表的意见都是自己对于文学亲切体验的结果;又其一,各人之与文学发生因缘或中途转变态度,无不由于某种外在的载因所促成。”

民族文艺论文集 文学论文集。吴原编。杭州正中书局1934年出版。收关于民族主义文学运动的理论文章二十七篇。分五部分:一、民族主义文艺的理论及其方法;二、三民主义文艺的理论及其方法论;三、世界文艺运动概况及几个民族艺术之发展;四、以民族主义作中心的各项艺术论;五、其他。

文学百题 文学理论著作。郑振铎、傅东华编。生活书店1935年出版。系为纪念《文学》杂志创刊两周年而征辑的文学理论普及读物。收有中外文学理论、文学批评和文学发展史等方面的七十四个问题,由蔡元培、夏丏尊、洪深、茅盾、朱光潜等近六十人撰写。内容广泛,既有常识性特点,也有一定的针对性,体现了五四新文学运动以来中国新文学工作者对于文学现象的新认识和新理解,汇集了对于世界文学及其思潮演变所获得的新信息和新动向,是中国新文学第二个十年间的重要理论收获,曾产生过一定影响。

什么是传记文学 文学论文。郁达夫作。载《文学百题》(上海生活书店,1935年)。指出必须改变传统中国传记文学的写法,赋予传记文学现代的思想。取材传主广泛的生活,追求真实性,绝不能一味地“歌功颂德”。体式上可以是“他人所作的传记”、“自己所作的自传”,也可以是“关于自己或他人的回忆”等。作者沿历史线索,择其要著介绍传记文学在西洋的发展及其特点,呼吁中国现代传记文学作家必须把眼光放向西洋,尽量汲取异域营养。

文艺心理学 美学、文学论著。朱光潜著。1936年开明书店出版。前有朱自清序和作者自白。是中国第一部系统介绍和阐述文艺心理学的专著,具有拓荒意义。本书提供了大量西方美学思想资料,介绍克罗齐的直觉说、布洛的距离说、立普斯的移情说、谷鲁斯的内摹仿说等各派学说,比较各家同异长短,加以折衷或引申,由此归纳出一些文艺鉴赏与批评的原理,运用于分析文学现象,从而开阔了文学研究的视野和思路。朱自清在序文中称作者的特长是“能近取譬”、“深入显出”、“全书文字像行云流水,自在极了”,故从文论文体和作者的文字功力看,本书是一种典范。

现阶段的文学　文学论文。周扬作。载《光明》1936年6月第1卷第2号。是革命作家内部“国防文学”与“民族革命战争的大众文学”两口号之争中的重要文章。阐述了九一八事变后提出“国防文学”口号的历史与现实根据,指出其主旨在于“号召一切站在民族战线上的作家,不问他们所属的阶层、他们的思想和流派,都来创造抗敌救国的艺术作品”。

关于鲁迅在文学上的地位　文学论文。武定河(冯雪峰)作。原有副标题“一九三六年七月给捷克译者等的几句话”。载1937年《工作与学习丛刊》之二《原野》。系受鲁迅委托而写,并经鲁迅看过,后为悼念鲁迅逝世而公开发表。作者联系现代中国社会特点,对鲁迅全部思想文化遗产的伟大意义作了深刻剖析,着重论述鲁迅在中国近现代历史上的卓越地位,第一次明确揭示了鲁迅不仅是伟大的艺术家,而且更重要更伟大的是他作为“思想家及社会批评家的地位”,并指出,早在五四时期,他的“解放民众的见解,远超过中国当时的思想家和革命领袖的思想”,将当时的鲁迅研究推向了一个新的高度。在鲁迅逝世后,中共中央、苏维埃中央政府在《通电》中的提法,以至于毛泽东在《新民主主义论》中对鲁迅的评价,一定程度上与本文的论断都有某种联系。

艺术与人生　文学论文。周扬作。载1937年3月《希望》半月刊创刊号。副标题为:“车尔尼雪夫斯基的《艺术与现实之美学的关系》”。是中国较早介绍车尔尼雪夫斯基及其著名学位论文《艺术与现实之美学的关系》的文章。着重评析车尔尼雪夫斯基关于“艺术是再现人生,说明人生”,“美是生活”,艺术家要抓住现实的本质,描写有用的主题等观点。作者于1942年4月16日在延安《解放日报》上还发表《唯物主义的美学——介绍车尔尼雪夫斯基的〈美学〉》一文,并将《艺术与现实的美学关系》译成中文,译名为《生活与美学》。

我对于本刊的希望　文学论文。朱光潜作。系《文学杂志》月刊于1937年5月创刊时的“发刊词”。在经过对中国新文学发生的历史、特别是对现实文学情势的估价后,结合西方文艺史实的描述,提出“自由生发,自由讨论”的原则,主张“多探险,多尝试,不希望某一种特殊趣味或风格成为‘正统’”,集中反映了当时自由主义文学家的基本立场。提倡“严谨而超脱”的风格,强调文学表现人生和怡情养性的功用,反对文学积极干预生活,片面抗衡左翼文学。作者说:“这是我的文艺独立自由的老调,也可以说是站在弱者的地位要求齐放争鸣的权利”(《自传》)。

报告文学简论　文学论文。沈启予作。载1937年《新中华杂志》第5卷第7期。认为当时的社会生活提供了报告文学发展的条件,着重论述报告文学的基本特征:不仅仅是“报告”,而首先必须是“文学”。它不取材于“街头巷尾的日常茶饭”,作者也不取“纯客观”的态度。“它必须有特殊的事件,特殊的内容,而且描写也必须与其他的文学样式同样地要求形象化”,“对读者有强烈的申诉力”。总之,“内容合乎真实”和“作品能动人”是其最基本特征。

谈通俗文艺　文学论文。老舍作。载1938年《自由中国》第1卷第2号。是作者的创作经验谈。从通俗文艺的“文字”、“内容”、“思想与情感”、“趣味品格”等四方面阐述通俗文艺最基本的特征,以及通俗文艺作家的精神取向。批判了庸俗低级的通俗文艺观,匡正了创作界对通俗文艺的偏见,提高了通俗文艺的文学地位,对于促进当时通俗文艺对抗战事业的助力、增强通俗文艺作家的责任心、发展我国通俗文艺创作活动,有指导性作用。

近二十年来中国文艺思潮论　文学论著。李何林著。生活书店1938年出版。根据社会背景的不同,将文艺思潮的发展分成三个时期:1919年“五四”到1925年“五卅”;1925年“五卅”到1931年的“九一八”;1931年的“九一八”到1937年的“八一三”。从社会思潮与文学思潮的联系上说明文学思潮的演变,从现代文学思潮对西方文学思潮和文学传统的接受上说明现代文学思潮从内容到形式的独特形态。对于“五四”新文化运动以来许多文艺问题的分歧与论争,多采用引录当事人原始言论的方法,突出鲁迅和宋阳(瞿秋白)的重要地位,并在“序言”中指出:“如以这二十年文艺思想发展的‘阶级性’来讲,实在只有二种思想做为主要的潮流支配着这二十年的文艺界。即由1917年到1927年是资产阶级文艺思想较多和无产阶级文艺思想萌芽的时代;由1928年到1937年是无产阶级文艺思想发展的时代。”

文学读本　文论著作。巴人著。珠林书店

1940年出版。包括“文学是怎样产生的”、“文学是什么”、“文学的特质”、“文学的创造”等四篇，通俗地介绍文艺理论基本问题。同年又出版《续编》，增“文学的风格及其流派”、“文学的种类与形态”、“新文学诸问题”三章。作者较早自觉运用马克思主义文艺观对大量文艺现象作出抽象的理论说明，着重于建构中国马克思主义文艺基础理论系统，对当时读者有广泛的指导作用。是作者1949年以后出版的《文学初步》和《文学论稿》的前身。

中国新文学大系导论集 文论汇编。蔡元培等编。上海良友复兴图书印刷公司1940年出版。系汇集《中国新文学大系》(赵家璧主编，1935年5月—1936年2月上海良友图书印刷公司出版)所载各篇导言而成。有总序一篇，导言九篇。是第一个十年间中国新文学各部门综合的研究。蔡元培作《总序》，胡適作《新文学的建设理论集导言》，郑振铎作《五四以来文学上的论争集导言》，茅盾作《现代小说一集导言》，鲁迅作《现代小说二集导言》，郑伯奇作《现代小说三集导言》，周作人作《现代散文上集导言》，郁达夫作《现代散文下集导言》，洪深作《现代戏剧导言》，朱自清作《现代诗歌导言》。各篇导言大体接受逻辑方法的指导，从文学与社会生活诸方面的联系描述出第一个十年新文学发展的线索，多数导言开始致力于文学发展内部规律的探寻，并从史的角度具体评析第一个十年著名的或有较大影响的作家作品所达到的成就。它们“使《中国新文学大系》，不单是旧材料的整理，而且成为历史上的评述工作”(赵家璧《编辑中国新文学大系缘起》)。

民族形式讨论集 文学论文汇集。胡风编。华中图书公司1941年出版。收关于民族形式的文章三十一篇，共分十一部分。主要包括国统区向林冰《论“民族形式”的中心源泉》、葛一虹《民族形式的中心源泉是所谓“民间形式”吗?》，民主解放区艾思奇《旧形式运用的基本法则》、周扬《对旧形式利用在文学上的一个看法》、何其芳《论文学上的民族形式》、郭沫若《“民族形式”商兑》、茅盾《论如何学习文学的民族形式》。涉及到“民族形式”的一般理论和具体实践。作者本人除卷首《解题》外，编入有《文学上的五·四》。本书兼及各类代表性的意见，对观察和研究40年代初期民族形式的讨论，提供了详尽的资料，具有较高参考价值。

咀华集 文学评论集。李健吾著。上海文化生活出版社1936年出版。另有《咀华二集》(上海文化生活出版社1942年出版)，署名刘西渭。《咀华集》收评论十三篇，论及巴金、沈从文、曹禺等十一人的重要作品。《咀华二集》初版收评论六篇，1947年再版又补入三篇，论及朱大枏、萧军、叶紫等十人的作品。作者注重艺术分析，强调批评的鉴赏性，多有印象主义气息。作者善于擢拔文学新人，用散文笔调把作家作品放在中国新文学发展的长河中予以评价，并用外国文学与之对照，有独到见解。

在延安文艺座谈会上的讲话 文艺论著。毛泽东著。载1943年10月19日延安《解放日报》。1942年5月中共中央在延安召开文艺座谈会。作者在会上所作讲话，分“引言”和“结论”两部分。“引言”说明会议目的是研究文艺工作和一般革命工作的关系，以求革命文艺的正确发展和革命文艺对其他革命工作的更好协助。提出文艺工作者的立场、态度、工作对象、学习等问题，是关系革命文艺发展因而必须解决的问题。“结论”指出为了革命文艺的正确发展，中心问题“是一个为群众的问题和一个如何为群众的问题”。尤强调“为什么人的问题，是一个根本的问题，原则的问题”，提出文艺为工农兵服务的方针。在回答如何为群众时，提出在普及基础上的提高和在提高指导下的普及的原则。阐述了文艺源于生活又高于生活的原理，号召中国的革命的文艺家深入到群众中去，转变立场，改变感情。剖析当时延安文艺界存在的一些理论、思想问题，提出文艺界开展无产阶级对非无产阶级思想斗争的任务。系统地解决了文艺战线上许多重大问题，为发展我国革命文艺事业指明了方向，丰富和发展了马克思主义文艺思想。1949年7月，在北平召开的中华全国文学艺术工作者代表大会确认了本文提出的文艺方针为新中国的文艺方向。

新艺术论 文艺论著。蔡仪著。商务印书馆1943年出版，上海群益出版社1950年出版增订本。论述艺术与现实的关系，艺术的特性，艺术家对现实的认识的关系，艺术认识的特质，艺术表现与宣传、艺术性、技巧的关系，艺术的内容与形式，艺术主观性与客观性，艺术反映客观的时代性与永久性，现实典型与艺术典型，典型性格与典型情势，正的典型与负的典型，离心的描写与求心的描写，现实主义的特征与发展，创作方法与世界观，艺术的真与艺术的美以及艺术评价等问题。附录《论人民的艺术》和《论朱光潜》。本书自觉地采用马克思主义唯物论的反映论观点和方法，较完整地阐述了一系列有关文艺的理论课题，对唯心论文艺观作出了严肃的批判。对艺术的具体特性和创作的特殊规律的论述还存在相当的机械论色彩。

马克思主义与文艺　马克思主义经典作家论文艺的选编。周扬编。1944年在延安出版。选辑了马克思、恩格斯、列宁、斯大林、高尔基、鲁迅、毛泽东有关文艺的评论和意见。共五辑：一、意识形态的文艺；二、文艺的特质；三、文艺与阶级；四、无产阶级文艺；五、作家、批评家。附录有苏联共产党中央委员会决议《关于文艺领域上的党的政策》、《苏联作家同盟规约》和鲁迅《对于左翼作家联盟的意见》。"序言"中说明，本书根据毛泽东《在延安文艺座谈会上的讲话》精神编纂，"文艺本是从群众中来，必须到群众中去"是贯彻全书的中心思想，并论证了毛泽东《在延安文艺座谈会上的讲话》"很好地说明了马克思、恩格斯、列宁等人的文艺思想，另一方面，他们的文艺思想又恰好证实了毛泽东同志文艺理论的正确"。是一部较早系统介绍马克思主义文艺基本观点的选本，对于建设中国马克思主义文艺理论有开创意义。

论主观　文学论文。舒芜作。载1945年1月《希望》月刊创刊号。作者从哲学史角度说明文学创作中的"主观"问题，认为"主观"这一范畴在当今"已被空前的提高到最主要的决定性的地位了"。并在文艺上提出"主观精神"、"战斗要求"、"人格力量"三个口号，认为三者是决定文艺创作的关键，对当时流行的"没有思想力量"的"客观主义"文艺作了尖锐批评。文章反响极大，引起了从抗战后期直至解放战争时期进步文艺界的争论。

表现新的群众的时代　文艺论文集。周扬著。新华书店1946年出版。收1942至1946年所作论文七篇，主要包括《王实味的文艺观与我们的文艺观》、《艺术教育的改造问题》、《表现新的群众的时代》、《马克思主义与文艺·序言》、《论赵树理的创作》等。其中《表现新的群众的时代》总结了在《在延安文艺座谈会上的讲话》精神指引下延安蓬勃开展的群众文艺运动的成就和经验。《论赵树理的创作》论述赵树理将新的农村生活和新的农民形象带进现代小说创作领域，并从人物塑造和作品语言方面阐述赵树理小说艺术的民族化、群众化的重大成就，指出赵树理的创作是文艺与群众相结合、作家与群众相结合的产物。

论民主革命的文艺运动　文学论文。冯雪峰作。载1946年《中原》、《文艺杂志》、《希望》、《文哨》联合特刊第1卷1至3期。系作者在《过去和现在的检查及今后的工作》的论题下，和几位友人多次漫谈的整理稿。包括"过去的经验"、"什么是主要的错误"、"现在的基础任务及运动的原则"、"现实主义在今天的问题"、"大众化的创作实践"、"批评及统一战线下的批评"、"文艺团体"等七部分。认为五四以来的新文艺的基本思想是民主主义的革命思想，又以站在无产阶级的科学的历史观和社会革命论的观点上的民主主义革命思想，为它的主潮或主力；从五四以来的文艺思想论争、文艺运动的统一战线、文艺运动所遵循的大众化路线，以及革命现实主义的创作方法等方面，总结了"文学上的革命经验或革命精神"，回顾运动中的错误和弱点，并指出存在的不应发展下去的倾向。某些提法有简单化和片面性，但力图遵循毛泽东《新民主主义论》的基本精神，故在当时具有重要影响。

对于当前文艺运动的意见　文学论文。邵荃麟作。载1948年3月《大众文艺丛刊》第1辑，副题为"检讨·批判和今后的方向"，署名"本刊同人·荃麟执笔"。认为自抗战爆发以来十年间，文艺运动"处在一种右倾状态"中，文艺上人民大众的集体主义意识涣散，个人主义意识高扬，或打着"自由思想"的旗帜，或强调个人与生命本位，或主张宽容而反对斗争，或色情倾向。在检讨和批评忽视对右倾的斗争和自身意识改造之后，着重批判个人主义的文艺思想，并从"文艺运动的性质和内容"、"作家的思想改造，批判与创作方法"、"文艺统一战线的巩固与扩大"、"思想斗争"、"文艺大众化"等五方面论述新民主主义文艺方向。文章宣传了毛泽东文艺思想。但存在片面和极"左"倾向，表现出当时思想的局限。

谈艺录　文论著作。钱钟书著。中华书局1948年出版。在沟通中西、广征博引的基础上，对中西诗论作丰富的比较和阐发。有关佛学对中国诗文论的影响、俄国形式主义文学理论运用于中国古代文论的研究、对克罗齐直觉主义的批评，均有相当的突破。1984年再版时，将原书修订为上编，又将近年补订的部分作下编。后者不仅继续补充上编之内容，且对西方文论，特别是西方当代兴起的新学科、新理论也作了精微辨析和丰富的联系。是我国目前最详赡的一部中西比较诗学著作。

论现实主义的路 文论著作。胡风著。上海青林社1948年出版。副题为"对于主观公式主义和客观主义的、粗略的再批判，并以纪念鲁迅先生逝世十二周年"。包括"从实际出发"和"环绕着一个理论问题"两节。阐明他的主观论并对批评文章的观点逐一加以反驳。坚持把主观公式主义和客观主义看作两种主要的偏向，从理论上论述文艺创作中主观与客观的关系，强调现实主义文艺应写出典型(活的人)，它的中心点是："争取主观的思想立场或思想要求的加强，从这里拓大以至开发通向人民的道路(为人民服务)，反抗那些堕落的和反动的文艺倾向"。

为建设新中国的人民文艺而奋斗 文学论文。郭沫若作。载《中华全国文学艺术工作者代表大会纪念文集》(文代会宣传处编，1949年7月)。系在全国第一次文代会上的总报告。文章指出：中国现阶段革命的性质和特点决定了新文艺运动是无产阶级领导的新文艺，主要是统一战线的文艺运动。提出文学艺术工作者今后的具体任务为：(1)努力用文学艺术的武器为建设新民主主义的人民民主共和国而奋斗；(2)深入现实，表现和赞扬人民大众，创造为人民大众喜闻乐见的人民文艺；(3)扫除半殖民地半封建的旧文艺的残余势力，反对资产阶级文艺和中国封建主义文艺的影响；批判地接受文艺遗产，吸收社会主义国家苏联的宝贵经验。此外，提出了"三十年来的新文艺运动"发生于五四新文学运动，结束于1949年中国革命的胜利，其中包括三个阶段：(1)五四前后到1927年第一次国内革命战争的失败；(2)1927年到1936年抗战爆发前；(3)抗战以来到1949年中国革命胜利。本文为中国现代文学史学科的建设提供了奠基性意见。

关于现实主义 文艺论集。何其芳著。上海海燕书店1950年3月出版。收入1942至1947年间写的文艺批评论文二十篇。分三辑。第二辑《关于现实主义》等十一篇，评论国民党统治区的文艺观点及文艺创作中的倾向问题，探讨文艺的主客观关系问题。对文艺上的"主观战斗精神理论"，提出批评意见。第一辑四篇，根据延安文艺座谈会精神，检讨自己的文艺观和工作作风。第三辑五篇，评论国民党统治区的文学与艺术作品。

关于几年来文艺实践情况的报告 文艺论文。胡风作。三十余万字。1953年《文艺报》第2、3期刊登林默涵、何其芳批评胡风"反马克思主义"、"反现实主义"文艺思想的文章。胡风写了本文于1954年7月递交中共中央，指出当时文艺界头上悬着"五把刀子"：1. 首先有了完美的无产阶级世界观，才能从事文艺创作；2. 工农兵的生活才是生活；3. 思想改造好了，才能创作；4. 只有传统艺术形式才是民族形式；5. 题材决定作品的价值。还就文艺组织工作、文艺运动形式、话剧与电影问题提出了意见。这个"报告"被转送中国作家协会主席团处理。中国作协将"报告"分为两册，总题为《胡风对文艺问题的意见》，发表在《文艺报》1955年第1、2期(合刊)上，由此开始对胡风文艺思想的大规模批判。随着胡风与朋友的通信逐渐公布，其中有关文字被从政治角度无限上纲，对胡风的批判急速升级，变为对"胡风反革命集团"的围攻。胡风本人被捕，所谓"集团"的人也被大量迫害，1980年得到平反。

论人情 文学论文。巴人作。载1957年1月号《新港》。后钱谷融于同年5月号《文艺月报》发表《论"文学是人学"》，王淑明于同年7月号《新港》发表《论人情与人性》。这三篇文章都认为，作家对人道主义的理解，对人的感情，是其创作活动成败的关键因素。人性是人与人相通的东西，无产阶级的革命，就是要恢复人的本性，共产主义就是人道主义。优秀的文学作品，一定具有深厚的人道主义精神。这些观点发表后不久即遭批判，指责者认为：从来就没有抽象的人性和人道主义，必须把它们放在社会、阶级和历史的范畴来分析。所谓"共同人性"是从来没有过的。共产主义是阶级分析和唯物史观的科学结论，决不能庸俗化为资产阶级人道主义，更不能把人性说成是历史的前进动力和阶级斗争的目的。以往文学史上的人道主义名著，其实都是资产阶级人道主义。这场批判，导致人性问题在很长一段时期内成为一个禁区，文学中的人物变成传达"时代精神"的传声筒，这从根本上扭曲了文学的性质。

为最广大的人民群众服务 政治文件。《人民日报》1962年5月23日社论。针对1957年后文艺界存在的极左思潮，提出要纠正极左思潮的影响，打破创作题材上的狭隘性，改进文艺工作。指出，文艺的服务对象是全体人民，文艺应当以丰富的多样性去满足人民需要的多样性；文艺创作要提倡"自由竞赛，自由讨论"，允许艺术方法和艺术风格的不同。这篇社论表明当时文艺政策有了一定转变，对解放文艺界的创造力起到一定作用。

部队文艺工作座谈会纪要　政治文件。1966年2月2日至20日，林彪"委托"江青在上海召开"部队文艺工作座谈会"，参加者有张春桥与部队文化部门的几个人，会后整理出这一《纪要》。《纪要》认为，1949年后，文艺界"被一条与毛主席思想相对立的反党反社会主义的黑线专了我们的政，这条黑线就是资产阶级的文艺思想，现代修正主义的文艺思想和所谓三十年代文艺的结合"。《纪要》列举文艺界的"黑八论"，即："写真实论"、"现实主义广阔道路论"、"现实主义深化论"、"反题材决定论"、"中间人物论"、"反火药味论"、"时代精神汇合论"、"离经叛道论"，提出要"重新组织文艺队伍"。其中的"黑线专政论"这一提法后被广泛运用到科学、文化、法律等多种领域，造成极为严重的后果。1979年5月3日，中共中央批转中国人民解放军总政治部的请示报告，撤消了《纪要》。

诗话　对诗歌及诗人、流派等有关问题进行评论、考索、订正的一类著述。最早得名于宋欧阳修《六一诗话》。早期诗话多记录诗人轶事，或以资闲谈。随着理论批评的开展，诗话体制亦渐趋严正，笔记特点淡化而理论色彩加强，往往要言不烦，短小精悍，成为中国古代诗歌批评的基本样式。

诗品　❶一称《诗评》。诗论著作。南朝梁钟嵘著。三卷。是最早的一部诗论专著。作者有见于时人论文"准的无依"，作此书"辨彰清浊，掎摭利病"。分三品评论自汉至梁一百二十二位诗人。每品一卷，各品以年代为序，略论作家创作特色，并分别归入国风、小雅、楚辞三系以明其源流。各卷原另有序，今人合并为一，总称《诗品序》。评论五言诗歌史中若干重要作家和流派，一本序文所提宗旨，强调客观事物和生活遭遇对于诗歌创作的深刻影响，提倡文质兼备、自然之美，反对偏尚一端，刻意求工。由此评说诗人诗作，时有精辟之见。尽管受时风影响，具体品评存有偏颇，如以陆机、潘岳为上品，而置陶潜于中品，曹操于下品，皆有失公允；论某人源出某人，也间有附会，然其"思深而意远"，"深从六艺溯流别"（章学诚《文史通义·诗话篇》），较系统地揭示了五言诗创作的基本走向，而所用方法也为传统文学批评显示了新的途径。现存最早为元延祐庚申圆沙书院刊本，明清时各种丛书也多收录。近人陈延杰有《诗品注》，许文雨有《诗品讲疏》，今人吕德申有《钟嵘诗品校释》（北京大学出版社1986年版）。❷"二十四诗品"的简称。见该条。

评诗格　诗论著作。旧题唐李峤著。一卷。《直斋书录解题》与《四库全书总目》指为伪作。然书中举例多六朝秀句，可知作者当为唐人。主要讨论诗歌写作技巧，并附以诗例。诸如"诗有九对"，从意义和声律角度论对偶种类；"诗有十体"言诗之体式风格，其中论"质气"一体"有质骨而依其气也"、"影带"一体"以事意相惬而用之也"，皆触及情感理致而不仅就外貌立论。虽欠深入，却不乏新意。有《吟窗杂录》、《诗法统宗》、《诗学指南》、《格致丛书》等诸本。

诗格　诗论著作。旧题唐王昌龄著。《新唐书·艺文志》录为二卷，然不见载于唐人典籍。宋陈振孙《直斋书录解题》改为《诗格》、《诗中密旨》各一卷，并指为伪书。近人罗根泽《中国文学批评史》仍辨为原作。论述诗的境界、风格、构思、作法以及内容要求等一系列问题。其论诗有"十七势"，"作诗之体，意是格，声是律，意高则格高"，"凡属文之人，常须作意，拟心天海之外，用思元气之前，巧运言词，精练意魄"等，皆多创意。至谓诗有"物境"、"情境"、"意境"三境，首次提出"意境"二字，开后世讲论之源。由于涉及面广、见解精到，并触及从艺术思维到具体创作内在规律，故向为世人所重。除《文镜秘府论》载有部分外，另有《诗学指南》本。

戏为六绝句　论诗诗篇名。唐杜甫作。前三首由评论具体作家提出看法，后三首概言创作以明论诗宗旨。以为诗歌发展是连贯的，不能一概排斥六朝文学，或脱离一定历史条件来笼统臧否作家作品，而应本着"不薄今人爱古人"、"转益多师是汝师"的态度，广泛取资，既有"清词丽句"的纤美，又具"凌云健笔"和"鲸鱼碧海"的壮美境界。立论既切中好古遗近、务华弃实的时弊，又全面通达，不乏建设性。至其以诗论诗，"开诗论绝句之端，亦后世诗话所宗"（郭绍虞《杜甫戏为六绝句集解序》），在古代文学批评史上占有重要地位。

箧中集序　诗论篇名。唐元结作。是为所编亲友诗集而作。其论诗一本《诗经》风雅比兴传统，要求情兼讽喻，风格平朴。故对"风雅不兴，几及千岁"、"近世作者，更相沿袭，拘限声病，喜尚形似；且以流易为辞，不知丧于雅正"

深为不满。集中沈千运、王季友等人虽贫贱无禄位，然“独挺于流俗之中，强攘于已溺之后”、“凡所为文，皆与时异”，故特为编集，予以表彰。其对诗歌创作的要求和认识，开了中唐现实主义诗论之先声；但因此排斥诗歌音律，则不免绝对。

文镜秘府论 诗论著作。唐时日本僧人空海(遍照金刚)著。分天、地、东、南、西、北六卷，讲述六朝至唐前期有关诗歌声律、对偶、体式和各种文病。首卷序称“文章为纪纲之要”，其义既大且远，所作意在使国人了解汉诗，“不寻千里，蛇珠自得；不烦旁披，雕龙可期”。故阅前人格式，勘彼同异，削其重复，得《声谱》、《调声》等十五类。因征引广泛，“唐人卮言，尽在其中”(《半江暇笔》)，虽未明题每章作者，仍能使人知由采择；其中更有不少已佚典籍之片断，仅赖以保存，使许多理论问题的原委由此分明可辨，实亦弥足珍贵。如声病之说为六朝以来人所重，然每有攻讦辨驳之论，是书所载颇可使人明其症结所在，故极有价值。今见传本以日本国宫内省图书寮所藏古抄本较早，后日本东方文化学院予以影印。人民文学出版社1974年出版校点本，后中国社会科学出版社1983年又出版王利器《文镜秘府论校注》。

乐府古题要解 诗论著作。唐吴兢著。上、下两卷。采录史传及诸家文集有关乐府古题命名缘起的记载纂辑而成。原另选有汉魏以来古乐府诗十卷，不传。在广览群籍基础上，捃拾乐府原始故实分而论之，颇能探源示本，使人有所指归。原刻本不详。明末毛晋得元版并友人所藏本互校，收入汲古阁《津逮秘书》。后丁福保又将其收入《历代诗话续编》。

诗议 一作《诗义》、《诗评》。诗论著作。唐皎然著。《新唐书·艺文志》与《通志·艺文略》录为三卷，《直斋书录解题》及《吟窗杂录》等均录为一卷。论诗歌情意体格多与《诗式》相通，如标举旨体雅正，取境悠远，会意入神，反对六朝诗艳丽而格柔，不取“溺情废语”、“事语轻情”的乏味之作等，皆可与《诗式》相映发。此外更重诗歌格律探讨，尤以较大篇幅论对偶问题，不仅有六格八对的具体例示，还十分强调自然传神地表情达意，明言“拘而多忌，失于自然，吾常所病也”。进而对诗歌形式表达提出“以情为地，以兴为径，然后清音韵其风律，丽句增其文彩”的总要求，颇具理论价值。本书见诸《文镜秘府论》南、东、地卷，颇为可靠。另有《诗学统宗》、《格致丛书》、《诗学指南》等本。

诗式 诗论著作。唐皎然著。五卷(又有一卷本，不全)。专论诗歌创作，意在揭出规律，示以法式，故名。首论诗法大体，继依“不用事”、“作用事”、“直用事”、“有事无事”、“有事无事情格俱下”五格，分别举汉至中唐名篇丽句示例，并依所论辩体十九字，标出例句所属体类，间予评论，尤重自然天真。以此为基准，对诗歌的本质特征、创作规律、风格体式及沿革与鉴赏等均有详略不一的论述。所言“不由作意，气格自高”、“语与兴雅，势逐情起”，好诗“可以意冥，难以言状”，“造极之旨，必在神诣”，“但见性情，不睹文字”等，皆辩证地揭示了诗歌艺术的审美特性和内在规律，具有较强的理论性和概括性。唯偏尚高远玄妙，轻忽反映现实，不免有所缺憾。而以一释子谈诗，也难免蒙上唯心色彩，后世以禅理论诗即以其为端。至司空图、严羽等诗论，均受其影响。原本已佚，今有《十万卷楼丛书》本传世，他如《唐宋丛书》、《学海类编》、《历代诗话》所收，皆非足本。今人周维德有《诗式校注》(浙江古籍出版社 1993 年版)。

诗人主客图 诗论著作。唐张为著。一卷。论述中晚唐人诗，以风格为标准分为六派；每派设一“主”，并有“入室”、“升堂”、“及门”若干“客”；各家之下，摘录诗句(亦有全篇)为例。内容较浅陋，不但所列主客失当，具体划归亦每有不妥之处；“即所引诸人之诗，亦非其集中之杰出者”(李调元《诗人主客图序》)。然其重视白居易，推为“广大教化主”，不为无识。而论诗言派，在传统文学批评方面也开创了一种风气，故陈振孙《直斋书录解题》称“近世诗派之说，殆出于此”。原书已佚。有清李调元《函海》刻本，丁福保《历代诗话续编》本。

与李生论诗书 诗论篇名。唐司空图作。论述诗歌意境的创造，认为作诗当追求“全美”，即既有精美形式，又有无尽神味，所谓“不知所以神而自神”。在意境创造时须注意含蓄，尽可能使无穷之意见于言外，“近而不浮，远而不尽”，追求“韵外之致”和“味外之旨”，亦即其在《与极浦书》中标举的由“象外之象，景外之景”所产生的艺术效果。这一理论对后人更进一步揭示文学形象与意境的创造规律深有启迪。宋严羽的妙悟说、清王士禛的神韵说，多受其韵味说影响。然所论只标举“味外之旨”，而未及其实现途径和条件，因带有某种神秘色彩，致使后人“无高情远识，往往以皮毛之见窥测古人，沿袭摹拟，尽落空套”(许印芳《与李生论诗书跋》)，论者中也时有流于空玄者。

二十四诗品　一称《诗品二十四则》，简称《诗品》。诗论著作。唐司空图著。一卷。采用韵文形式，对雄浑、冲淡等二十四种风格，分别用十二句四言韵语作精确生动的摹写。由于偏好佛道，特别偏重诗中"冲淡"、"自然"两品；而其一贯推尚韵外之致、味外之旨，在所论各品中多有体现。文学风格的区分和品评，前此在曹丕、陆机和刘勰的文论中已可见，本书在前人的基础上作了更细致的区分和更形象的描述。后世严羽、王士禛等人多沿承其式，清袁枚更作《续诗品》论述诗歌创作过程。当然，由于其表达方式的特殊，也给论说的展开带来困难，故在理论上它的逻辑性和系统性有欠严密完整。原有单行的裘元辅写刻本，今未见；余多收入各种丛书，如《续百川学海》、《津逮秘书》、《历代诗话》等诸本。注释本主要有清孙联奎《诗品臆说》，杨廷芝《二十四诗品浅解》，山东人民出版社 1962 年将两书校点合印，名《司空图诗品解说二种》。又有郭绍虞《诗品集解》(与《续诗品注》合印，人民文学出版社 1963 年版)、祖保泉《司空图诗品解说》(安徽人民出版社 1964 年版)。

禅月集序　诗论篇名。唐吴融作。认为诗歌创作当"有益于事"、"动关于教化"，而李贺以下晚唐诗作颓靡诡异，"以刻峭峻拔飞动文彩为第一流"，实不足取。而李白诗之"气骨高举，不失颂美风刺之道"，白居易《讽谕诗》"奇逸"且有寓托，才值得追慕。这在晚唐文坛浮艳淫靡之作充斥时，不失针砭时弊的现实意义。

风骚旨格　诗论著作。唐齐己著。一卷。主要讨论诗歌的体式、作法，有六诗、六义、十体、十势、二十式、四十门、六断、三格等八部分。每条每句之下附两句诗(偶有四句)示例。虽可藉此见出于诗艺颇多独到会心，然毕竟缺乏深入分析，所举贾岛、杜牧并己诗，也有令人无从知会之感。明末毛晋以蔡氏《吟窗杂咏》本与古本《白莲集》附本对校，收入《津逮秘书》。后丁福保从中录出，编入《历代诗话续编》。

雅道机要　诗论著作。五代徐寅著。一卷。前半部阐发齐己《风骚旨格》论旨。又受皎然《诗式》影响，以为"凡为诗须搜觅"，"辞体若淡，理道深奥"、"意在象前，象生意后"、"放意深远，体理玄微"，皆有理趣。有《吟窗杂录》本、《诗法统宗》本、《诗学指南》本。

诗要格律　诗论著作。五代王梦简著。一卷。开篇谓"初学诗者，先须澄心端思，然后遍览物情，所以昼公云：放意须险，定句须难，虽取由我意，而得若神授"。但书中仿唐齐己《风骚旨格》所列高大、君臣、忠孝、富贵、礼义、怨刺、歌颂、含蓄等二十六门，皆被引与《毛诗序》风、雅、颂、赋、比、兴"六义"相印证，并以为只有如此，诗才尽理，可见其保守拘牵。有《格致丛书》本、《诗学指南》本。

风骚要式　诗论著作。五代徐衍著。一卷。分"君臣"、"物象"、"兴题"、"创意"、"琢磨"五门论诗。其立意在将诗之"要道"、"天机"度人，如反对"情奢"、"怒张"，倡言"夫用文字，要清浊相半，言虽容易，理必求险。句忌凡俗，意便质厚"等，皆颇契诗理；拈出"物象者，诗之至要"，也颇反映晚唐以来讲求体物入微、述情幽约的审美旨趣。唯好以君臣王道、美刺讽颂论诗，不免失之偏狭。有《格致丛书》本、《诗学指南》本。

文彧诗格　诗论著作。五代文彧著。一卷。分"破题"、"颔联"、"诗腹"、"诗尾"、"诗病"、"诗有所得字"、"诗势"、"诗道"八题，讨论诗歌语言形式与诗中之意的关系，并举作家作品示例。由其"论破题"谓"惟入玄最妙"，"论诗意"强调"须含蓄旨趣"，"论诗病"明言"夫为诗者，难得全篇造于玄妙"，可知其论诗崇尚含渺玄远之旨，受皎然《诗式》、齐己《风骚旨格》的影响。而论说颇琐屑，不少牵强之处。有《格致丛书》本、《诗学指南》本。

诗中旨格　诗论著作。五代王玄(一作王元)著。一卷。与一般标举格律作法为科举示例不同，其开篇云："予平生于二南之道，劳其形，酷其思，粗著于篇，虽无遗格之才，颇见坠骚之志。且诗者，在心为志，发言为诗，时明则咏，时暗则刺之。"并以具体诗例说明诗之美刺讽喻艺术，对后代诗话及诗文评点之作的出现有一定启发。有《诗学指南》本、《格致丛书》本。

文苑诗格　诗论著作。旧题唐白居易著。陈振孙《直斋书录解题》以为非。今人以书所论意境、属对、文辞藻饰皆不类白氏原旨，断为五代或宋初人伪托。论文虽多"褒赞国风"、"宣畅骚雅"之语，但具体论述每依诗之结体、拟象、用事诸方面展开，尤重诗意的表达，以为"为诗须创入意，解题目，然后放旷辞理"，又要求"语尽意未穷"，并对意与文、意与境、意与用事等问题作了探讨。虽不脱诗格类著作琐屑之病，然间有新见。有《诗法统宗》本、《格致丛书》本、

《诗学指南》等本。

二南密旨 诗论著作。旧题唐贾岛著。陈振孙《直斋书录解题》和《四库全书总目》以为非。书所记颇与晚唐五代诗格类著作相符,似为五代人伪托。分"论六义"、"论变大小雅"等十五题,讨论诗歌内容及体格问题,间举诗人诗作示例。虽多舛乱附会之弊,然亦每见新意。如"论古今道贯一理"以为《毛诗》、《文选》为一体,"诗教今古之道皆然",皆异于传统论说。至"论总例物象"言意象的内蕴所指,并以为"体以象显"、"以象见体",则丰富了传统诗歌的意象理论。有《学海类编》、《诗学指南》、《格致丛书》、《丛书集成初编》诸本。

六一诗话 宋欧阳修著。一卷。书原称"诗话",后人为便于区别而改称"欧公诗话"、"六一居士诗话",通称"六一诗话"。据作者自题,系其"退居汝阴,而集以资闲谈"之作。古代文论之有"诗话"一体,即由此始。《四库简明目录》称"其书以论文为主,而兼记本事"。共二十八则,于随意闲谈中时见光彩。论诗主自然平淡,于梅尧臣"状难写之景如在目前,含不尽之意见于言外"之言,深有会心,标为宗旨。具体评论时多以比较研究的方法,揭其异同特点,持论通达公允。至其标举提倡韩(愈)诗,对宋代以文为诗创作风气的形成深有影响。被收入《历代诗话》等各种丛书,有人民文学出版社郑文校点本。

温公续诗话 宋司马光著。一卷。原称"续诗话",意为继续《六一诗话》而作。在流传中又名"迂叟诗话"、"司马光诗话"、"洛阳诗话",后通称"温公续诗话"。作者自序云:"诗话尚有遗者,欧阳公名声虽不可及,然记事一也。故敢续书之。"共二十八则。《四库全书总目》云:"光德行功业,冠绝一代,非斤斤于词章之末者。而品第诸诗,乃极精密。"被收入多种丛书,有《历代诗话》本。

书黄子思诗集后 诗论篇名。宋苏轼作。文中提出了有别于李杜"以英玮绝世之姿,凌跨百代"的另一种艺术风格,即以韦应物、柳宗元诗为代表的"发纤秾于简古,寄至味于澹泊"。这是一种形式朴素而富于内在魅力的淡远而深邃的艺术之美,表达了苏轼对魏晋间"萧散简远"、"高风绝尘"的审美境界的向往。此二语表达准确,富于辩证思维,乃成为此后公认的对韦柳诗风的的评。

西清诗话 宋蔡絛著。三卷。据曾敏行《独醒杂志》卷二称:"絛为徽猷阁待制时作《西清诗话》一编,多载元祐诸公诗词。"在北宋末党禁方严,苏、黄势退之后,不党其父(蔡京),而多论苏、黄诸公诗,可称特立独行,颇具只眼。但如"扈跸诗"条,妄改苏轼诗句并信口雌黄,于苏、黄又隐约有所不满,态度自相矛盾如此。但其论诗艺术特质,谓"诗家要当有情致,抑扬高下,使气宏拔,快字凌纸"诸条,皆甘苦自得之言,故为论诗者所称。今有抄本见存复旦大学图书馆。

青琐诗话 宋刘斧著。一卷。《宋史·艺文志》小说类载刘斧作有《翰苑名谈》二十五卷、《青琐摭遗》二十卷、《青琐高议》十八卷,此诗话当是后人从以上诸书中录出,所记均是唐宋间诗坛的遗闻佚事。有《说郛》(宛委山堂本)本。

诗病五事 宋苏辙著。凡五则,编成于政和元年(1111),当为晚年之作。北宋诗话初创,或捃摭故实,或谈艺术技巧,以资闲谈。辙此五则,独以思想标准为主以论诗,可谓拔出时辈。但辙之思想较保守,因循传统诗教,以之扬杜抑李,而有忽视诗歌艺术的倾向,颇致后人讥评。此五则原为单篇,收入辙之文集《栾城三集》卷八。自元陶宗仪辑入《说郛》,于是《四川通志·经籍志》诗文评类遂加著录,一变而称诗话著作。日人近藤元粹收入《萤雪轩丛书》中。

诗史 宋蔡居厚著。其书以"诗史"为名,重在网罗故实,追述唐宋间诗人的遗闻佚事。第十五则引孙光宪语评聂夷中诗,以为有"三百篇之旨,此亦为诗史",则"诗史"之称亦有提倡讽谏之意。所论对晚唐诗颇具贬词,斥之"不干教化","浮艳无足尚","气韵甚卑",而对宋初的西昆体却多所肯定,认为"钱惟演、刘筠首变诗格",可见他批评的是晚唐诗的小格局,而不是继承李商隐一脉的西昆工夫,这也是大多数北宋诗人,包括江西派作家的一般观点。《宋史·艺文志》著录。原书久佚,郭绍虞自《诗话总龟》等书辑得一百二十五则。有中华书局1980年排印本。

临汉隐居诗话 魏泰著。一卷。泰又有《东轩笔录》一书,与是书实多互见之条。论诗主"优柔感讽"、"寄情"、"余味",故于张籍、王建、元、白诸人深致不满,谓其"述情叙怨,委曲周详,言尽意尽,更无余味"。对黄庭坚取古人陈言入诗,则云"句虽新奇,而气乏浑厚"。其考辨诗句得失，采摭其时逸事，多有可观者，如记沈括、吕惠卿、王存、李常论韩诗优劣，交相诘难，其时论诗风习，可见一斑。然《四库全书总目》谓其"党熙宁而抑元祐"。王楙《野客丛书》、张宗泰《鲁岩所学集》对其亦多有纠误。初著录于《宋史·艺文志》，通行有《知不足斋丛书》本、《湖北先正遗书》本、《四库全书》本等。以《知不足斋》丛书本最善；《说郛》本、《历代诗话》本、《古今诗话》本皆残。

中山诗话　又称《刘贡父诗话》、《贡父诗话》。刘攽著。一卷。以纪事为主而兼考证，间或亦论作诗，主张"诗以意为主，文词次之"。又或记当时文坛故事，如记优人嘲"西昆"诸人挦扯李商隐，可见宋初作诗风气好尚。攽"为人疏俊，不修威仪，喜谐谑"(《宋史》本传)，是书亦颇杂闲谈怪诞。疵误亦非止一处，宋人即已辨其谬。诚如《四库全书总目》所云："北宋诗话惟欧阳修、司马光及攽三家号为最古。此编较欧阳、司马二家虽似不及，然攽在元祐诸人之中，学问最有根柢，其考证议论可取者多，究非江湖末派钩棘字句以空谈说诗者比也。"初著录于晁公武《郡斋读书志》，题为《中山诗话》，后亦代有著录，多称《刘贡父诗话》。又《郡斋读书志》、元马端临《文献通考》著录为三卷；《宋四库阙书目》著录为二卷；陈振孙《直斋书录解题》、郑樵《通志》、《宋史·艺文志》及后世书目多著录为一卷，惟钱曾《述古堂书目》著录抄本为三卷。不但宋李心传《旧闻证误》、何汶《竹庄诗话》所引条目已有今传本所不载者，李、何二书并《皇朝事实类苑》与今传本相较，虽同属一条，文字亦有详略之分，故知此书卷帙繁简多寡当时已颇不同。今通行皆一卷本，有《百川学海》本、《说郛》本、明刻《宋诗话五种》本、《津逮秘书》本、《历代诗话》本等。

后山诗话　又称《陈无己诗话》、《后山居士诗话》。旧题宋陈师道著。一卷，或二卷。胡仔《苕溪渔隐丛话》疑中有后人误编；陆游《渭南文集》卷二六《跋〈后山居士诗话〉》则云其决非师道所作；元方回《桐江集》卷三《读〈后山诗话〉跋》举四事证其"非后山所为"；清四库馆臣更益以二事以增其疑。然师道《后山集》二十卷为其门人魏衍所编，衍《集记》云："《诗话》、《谈丛》各自为集"，则师道固有诗话之作。近人亦有以为真赝相杂，瑕瑜互见者。虽以"诗话"名，然所论则及于古文、赋、四六、词。"诗话"所论范围，由是而扩大。其说多江西诗派主张。然又云"扬子云之文，好奇而不能奇"，黄庭坚诗则"过于出奇，不如杜之遇物而奇"，则似反对为"奇"而"奇"，于江西诗风之流弊有所警觉。初著录于《郡斋读书志》，为二卷，《直斋书录解题》卷一七著录《后山集》称"诗话"为一卷；卷二二著录则称为二卷，可知当时卷次的分合已有差异。《宋史·艺文志》以下颇有著录，然多称一卷。通行有《百川学海》本、《历代诗话》本、《适园丛书》所收《后山全集》本等，以《全集》本为佳。又胡仔《苕溪渔隐丛话》多有称引，亦可藉以校今本之讹。

天厨禁脔　又名《石门洪觉范天厨禁脔》。宋惠洪著。三卷。此书论诗亦多发扬江西派诗学的宗旨。如提出诗有三趣：奇趣、天趣、胜趣。"奇趣"指能别出心裁，"脱去翰墨痕迹"，"天趣"主于自然，"胜趣"则指意在言外，"吟讽之而味有余，追绎之而情不尽"。书中并以大量的篇幅分析诗歌遣辞造句之法，如"夺胎"、"换骨"、"错综"、"假借"、"含蓄"等句法，虽不免细碎之讥，且亦时有牵强附会之处，然对诗学修辞的探讨自有一定的贡献。有明正德丁卯刊本，中华书局影印本。

环溪诗话　宋吴沆著。一说为吴沆后人追记。所论以杜甫、李白、韩愈为"一祖二宗"，谓"杜甫长于学，故以字见功；李白长于才，故以篇见功；韩愈长于气，故十数篇见功"。又谓"诗有肌肤，有血脉，有骨格，有精神"。然所叙大抵为句法修辞、谋篇布局之得失，故《四库全书总目》讥之"小巧细碎，颇于雅调有乖"。有《说郛》本、《学海类编》本、《丛书集成初编》本。

紫微诗话　又称《东莱吕紫微诗话》、《东莱诗话》、《吕东莱诗话》。宋吕本中著。本中祖籍东莱(今山东莱州)，又历官中书舍人，权直学士院，诗家称"吕紫微"，故因以名其书。一卷。本中乃江西诗派中人，故是书所记，亦多及于江西诗派中人。然亦兼载张载、程颐之诗，又颇赞李商隐之诗。故《四库全书总目》谓其"盖诗体始变之时，虽自出新意，未尝不兼采众长"，"实不专于一家"，"亦不主于一格"。是书初著录于《文渊阁书目》，初见于《百川学海》。通行有《百川学海》本、《宋诗话五种》本、《四库全书》本、《历代诗话》本等。

诗话总龟　又名《诗总》。诗话总集。宋阮阅等编。原本十卷。其自序云："宣和癸卯(1123)春，来官郴江，因取诸家小史别传杂记野录读之，遂尽见前所未见者。至癸卯秋，得一千四百余事，共二千四百余诗，分四十六门而类之。"宋刻本已佚，今有明月窗道人刊本，前集四十八卷、后集五十卷，《四部丛刊》据以影印。前集分圣制、忠义、讽谕、达理、博识、幼敏、志气等四十六门，后集分御制、赓歌、御燕、荣遇、忠义、孝义、宗族等六十二门。后人一般认为前集乃阮阅自编，后集所引多为阮阅身后之书，且杂凑错乱，当系后人纂集。其重要价值是保存了大量宋代及宋以前的诗歌资料乃至小说故事，引用书目达一百余种。许多资料赖是书得以保存。另有人民文学出版社1987年校点排印本，前集五十卷(据抄本补入月窗道人本前集所脱漏两卷)，后集五十卷。

童蒙诗训 诗论著作。宋吕本中著。一卷。本中有《童蒙训》，《四库全书总目》称"其家塾训课之本也"。《童蒙诗训》即其中论诗之语，为后人辑出单行。《苕溪渔隐丛话》引是书仍径称《吕氏童蒙训》。本中又有《紫微诗话》，然偏于记事，是书则重于诗论。其论倡江西诗派，亦间有己见，如云："学古人文字，须得其短处。如杜子美诗颇有近质野处……东坡诗有汗漫处，鲁直诗有太尖新太巧处，皆不可不知。"又云："大概学诗，须以《三百篇》、《楚辞》及汉魏间人诗为主，方见古人妙处，自无齐梁间绮靡气味也。"初著录于明叶盛《菉竹堂书目》，又著录于《文渊阁书目》然已称阙，其后不见诸家著录，故知是书当为元明人所辑，旋即佚亡。郭绍虞乃自《苕溪渔隐丛话》、《仕学规范》、《修辞鉴衡》等书中辑出凡八十四则，收入《宋诗话辑佚》中。

石林诗话 宋叶梦得(号石林居士)著。分上、中、下三卷(也有作一或二卷者，内容无异)。多收北宋末年以前诗事，不及南宋。人或据此以为作于北宋末年"靖康以前"(叶廷琯《石林诗话》校刻本褚逢春序)；而《四库全书总目》则以为作于南渡之后作者解除党禁而"公论大明"之时；今人则断言"在徽宗宣和初年"(霍松林《中国历代诗词曲论专著提要》)。叶氏作诗话时，江西诗风已起，"脱胎换骨"、"点铁成金"等论流行一时。《诗话》多有不满江西诗派之论，提倡缘情体物的自然天巧，批评雕琢过甚的牵率之弊。前此宋代诗话多偏于论事，叶氏始多注重艺术规律探索，颇富理论眼光，故此书在宋诗话的发展中占有重要地位。有叶廷琯楙花盦本、叶德辉观古堂本及《百川学海》、《津逮秘书》、《历代诗话》诸本。

许彦周诗话 宋许𫖮著。焦竑《国史经籍志》中作二卷，各丛书收录时均作一卷。𫖮字彦周，生活于南北宋之际。《百川学海》本自序云："诗话者，辨句法，备古今，纪盛德，录异事，正讹误也。若含讥讽，著过恶，诮纰缪，皆所不取。"可见所言诗话宗旨仍为北宋风气。《四库全书总目》称其"宗元祐之学，故所述苏、黄绪论为多。其品第诸家，颇为有识"。虽有穿凿太甚之处，但瑕不掩瑜，在宋诗话中可属佼佼者。有《历代诗话》本。

砦溪诗话 宋黄彻著。十卷。写于南宋绍兴年间张浚罢相之后。其《自序》明标论诗旨，云："嗟念于黎元休戚及近讽谏而辅名教者……至于嘲风雪、弄草木而无预于比兴者皆略之。"则论诗保守儒家传统诗教，人或讥其拘牵文义，失之迂执而不得诗人之旨。但其书又注重诗格诗例并加以类例分析，颇启发后世。至于对语法修辞规律的探索，则如郭绍虞《宋诗话考》所称"事属首创，功不可没"。有嘉泰三年(1203)其孙焘所刻十卷本，序跋最全，鲍廷博收入《知不足斋丛书》中。另有《学海类编》、《七子诗话》、《萤雪轩丛书》诸本。今通行中华书局排印《历代诗话续编》本。

唐子西文录 又称《唐子西语录》、《唐庚诗话》。宋唐庚述，强行父记。一卷。前有强行父《记》述此书所由来。唐庚论诗文于宋前推尊司马迁、杜甫；于宋则颇推许苏轼。其论作诗文则强调深思苦求，如云"诗在与人商论，深求其疵而取之，等闲一字放过则不可，殆近法家，难以言恕矣，故谓之诗律"；"作诗自有稳当字，第思之未到耳"；"大凡立意之初，必有难易二涂。学者不能强所劣，往往舍难而趋易。文章罕工，每坐此也"。尤可注意其论作诗文与读经无关之说，如云："六经已后，便有司马迁；三百篇之后，便有杜子美。六经不可学，亦不须学，故作文当学司马迁，作诗当学杜子美；二书亦须常读，所谓'何可一日无此君'也。"宋时已有刊本。《四库存目提要》疑为伪托，余嘉锡《四库提要辨证》辨之颇详。通行有《百川学海》本、《说郛》本、《学海类编》本、《历代诗话》本等。又何汶《竹庄诗话》卷一、四所称引为今本所无，可据补。

风月堂诗话 又称《风月楼诗话》。宋朱弁著。二卷。前有《自序》云尝名其堂曰"风月"，因以名书。内容多记欧、梅、苏、黄及诸晁如叔用、冲之、以道、无咎等关乎诗文事。主张自然、浑成，反对矜奇怪，夸故实。以为篇章以故实相夸"自颜谢以来乃始有之，可以表学问而非诗之至也"。又云："论事当考源流。今论诗不究其源而踵流以为标准。不知《国风》、《雅》、《颂》祖述何人?"初著录于《千顷堂书目》,《四库全书总目》云:"《自序》题庚申闰月。考庚申为绍兴十年(1140),当金熙宗天眷三年。弁以建炎元年(1127)使金,羁留十七年乃还,则在金时所作也。末有咸淳壬申(1272)月观道人《跋》,称得于永城人朱伯玉家。盖北方所传之本……度宗时始传至江左,故晁、陈二家皆不著录……固不得以晚出疑之矣。"《千顷堂书目》、《天一阁书目》皆著录为二卷,然钱曾诸书目则著录为三卷。今所传则皆二卷本,通行有《四库全书》本,《宝颜堂秘笈》本、《诒经堂藏书七种》本等。

藏海诗话 宋吴可(号藏海居士)著。一卷。当作于北南宋之间。其论诗云"学诗当以杜为体,以苏黄为用……盖杜之妙处藏于内,苏黄之妙发于外"。又云:"凡文章先华丽而后平淡,如四时之序,方春则华丽,夏则茂实,秋冬则收敛,若外枯中膏者是也,盖华丽茂实已在其中矣。"又云:"凡作诗如参禅,须有悟门。少从荣天和学,尝不解其诗云'多谢喧喧雀,时来破寂寥'。一日于竹亭中坐,忽有群雀飞鸣而下,顿悟前语。自尔看诗,无不通者。"通行有《知不足斋丛书》本、《函海》本、《四库全书》本、《历代诗话续编》本。

岁寒堂诗话 宋张戒著。以《论语》"岁寒然后知松柏之后凋"意为题,今传本为二卷。大抵上卷论诗法、诗人、诗作;下卷专论杜甫。其论言志、咏物云:"言志乃诗人之本意,咏物特诗人之余事。建安、陶、阮以前诗人,专以言志;潘、陆以后诗,专以咏物。兼而有之者,李杜也。"又论"意味"云:"大抵句中若无意味,譬如山无烟云,春无草树,岂复可观!"于苏、黄诗,颇多訾议,如云:"《国风》、《离骚》固不论,自汉魏以来,诗妙于子建,成于李杜,而坏于苏黄……子瞻以议论作诗,鲁直又专以补缀奇字,学者未得其所长,而先得其所短,诗人之意扫地矣。"郭绍虞《宋诗话考》云:"张氏论诗重要之点,乃在南宋苏黄诗学未替之时,已有不满之论,而其所启发,似又足为沧浪之先声也。"初著录于《文渊阁书目》,其后《述古堂书目》、《也是园书目》、《读书敏求记》等迭见著录,然皆为一卷。已佚。清修《四库全书》,乃自《永乐大典》中辑出,又补益以《学海类编》,厘为上下二卷。通行有《四库全书》本、《历代诗话续编》本、中华书局排印本等。

竹坡诗话 又称《竹坡老人诗话》。宋周紫芝著。三卷或一卷。内容多诗文故实、词语出处之考索,如盛赞苏、黄善于"点化"前人语,又谓"自古诗人文士大抵皆祖述前人作语",实江西诗派主张。间亦有及于诗论之处,如谓"作诗到平淡处,要似非力所能","作诗正要写所见耳,不必过为奇险也",亦平实可取。初著录于尤袤《遂初堂书目》,不言卷数。其后著录,传本或三卷,或一卷,考其内容则不过分合之异。通行有《百川学海》(三卷)、《津逮秘书》、《历代诗话》、《四库全书》(皆一卷)等诸本。

韵语阳秋 又称《葛常之诗话》。宋葛立方著。二十卷。《自序》云"凡诗人句义当否,若论人物行事,高下是非,辄私断臆处而归之正。若背理伤道者,皆为说以示劝戒。书成,号《韵语阳秋》"。成书于葛氏晚年。卷一至卷四论历代诗人及作诗之法;卷五、六考证字句出处,诗人行迹;卷七、八、九辨证诗人与诗有关之史实;卷一〇论家人亲情之诗;卷一一论诗人宦海沉浮;卷一二论诗人养生之道;卷一三记诗中之地理、风情;卷一四、一五论诗人与书、画、音乐、歌舞;卷一六录诗中植物虫鱼;卷一七述医卜杂技之事;卷一八记诗人交往、推许、汲引之事;卷一九录诗中所涉风俗、饮食及妇女;卷二〇则杂记诗人遭际及考辨诗中器物用语。所论涉及诸多方面,杂记考辨之外,亦颇可见葛氏诗论。其论诗好"奇",于其首肯之诗,多许之以"奇"。然以为"奇"乃出自天成、自然。如谓"陈腐之语,固不必涉笔,然求去其陈腐不可得,而翻为怪怪奇奇,不可致诘以欺人,不独欺人,而且自欺,诚学者之大病也"。又以为平淡乃诗之极境,然"大抵欲造平淡,当自组丽中来。落其华芬,然后可造平淡之境,如此则陶、谢不足进矣。今之人多作拙易语,而自以为平淡,识者未尝不绝倒也"。其论诗人,推许二谢、李、杜,而于杜尤尊崇。于其时诗人如江西诸人,则具体而论,亦不乏精当之语。书中疏舛讹误,穿凿附会之处,历来已招訾议,《四库全书总目》、郭绍虞《宋诗话考》言之甚详可参。初刊于南宋乾道元年(1165),初著录于《直斋书录解题》,后亦代有著录。《天一阁书目》为"三十卷",余皆为二十卷。通行有《学海类编》、《历代诗话》、《四库全书》、《常州先哲遗书》、上海古籍出版社1984年版影宋刻本等诸种。

侯鲭诗话 宋赵令畤著。令畤有《侯鲭录》八卷,《四库全书》收入"子部小说家",并称其"采录故事诗话,颇为精赡"。多记录佚闻遗事,间及考辨,而及于诗理者少。日本近藤元粹乃据是书《知不足斋丛书》本辑出关乎论诗者，成一卷，题此名，收入《萤雪轩丛书》中。

容斋诗话 宋洪迈著。六卷。《四库存目提要》云："此编诸家书目皆不载其名，惟《文渊阁书目》有之，《永乐大典》亦于诗字韵下全部收入。则自宋、元以来已有此编。今核其文，盖于迈《容斋五笔》之内各掇其论诗之语，裒为一编。"内容多及于魏、晋以来，尤其唐诗及诗人轶事，诗句用事，用韵之考辨。是书亦尝著录于《也是园书目》、《群碧楼善本书目》。通行有《学海类编》本。

苕溪渔隐丛话 诗话总集。宋胡仔编。一百卷。编者尝隐居于吴兴(今浙江湖州)苕溪，自号苕溪渔隐，因以名书。前集六十卷，成于宋高宗绍兴十八年(1148)，后集四十卷，成于宋孝宗乾道三年(1167)。其所纂集，自《诗》、《骚》而下，迄于宋人，以作者时代先后排列，再以古今尤其北宋诸家诗话或论诗之语，一一分系各家名下，亦时时加以按语，以抒己见。大约自六朝以还，尤突出陶渊明(三卷)、李白(二卷)、杜甫(十三卷)、韩愈(四卷)、欧阳修(三卷)、王安石(四卷半)、苏轼(十四卷)、黄庭坚(五卷)，见出胡氏论诗胸次。《四库全书总目》云："其书继阮阅《诗话总龟》而作，前有自序，称阅所载者皆不录。二书相辅而行，北宋以前之诗话大抵略备矣。"初刊于宋光宗绍熙五年(1194)，初著录于《直斋书录解题》，其后代有著录。通行有《四库全书》本、人民文学出版社1982年廖德明标点本等。

艇斋诗话 宋曾季貍(号艇斋)著。一卷。季貍卒于南宋淳熙六年(1179)前，则是书之成亦当在此前。内容多及于江西诗派中人，尤以吕本中、徐俯为详，故郭绍虞《宋诗话考》谓"研究江西诗派不可不重视之"。所记大半考证词句用事出处，稍及于江西诗人遗闻佚事，间或亦有涉及诗文论之处，如云："后山论诗说换骨，东湖论诗说中的，东莱论诗说活法，子苍论诗说饱参。入处虽不同，然其实皆一关捩，要之非悟入不可"；又云："东湖尝与予言：'近世人学诗，止于苏黄，又其上则有及老杜者，至六朝诗人，皆无人窥。若学诗而不知有《选》诗，是大车无輗，小车无軏'。"又云："东坡之文妙天下，然皆非本色，与其他文人之文，诗人之诗不同。文非欧曾之文，诗非山谷之诗，四六非荆公之四六，然皆自极其妙。"初著录于《直斋书录解题》，后亦代有著录。通行有《琳琅秘室丛书》(附清胡珽《校讹》一卷，清董金鉴《续校》、《补校》各一卷)、《历代诗话续编》等诸本。

观林诗话 宋吴聿著。一卷。约成书于南宋初，内容则多及于唐及北宋诸人，考辨其诗句出处，得失。《四库全书总目》尝举其二十余事谓其"皆足以资考证。在宋人诗话之中，亦可谓之佳本"。初著录于《直斋书录解题》，题云："楚东吴聿子书撰，未详何人。"《文献通考》仍之。其后罕见他书著录，亦无传本。清开四库馆，乃自天一阁影抄而出。字句时有讹漏处。通行有《四库全书》、《墨海金壶》、《守山阁丛书》、《历代诗话续编》等诸本。

王直方诗话 又称《归叟诗话》、《兰台诗话》、《归叟诗文发源》、《诗文发源》。宋王直方著。直方字立之，号归叟，因以名书。又有称《王子立诗话》、《王子直诗话》、《王立方诗话》者，皆误。多杂录北宋苏、黄、王等人作诗佚事及论诗之语。郭绍虞《宋诗话考》云："书中述事处多，论诗语少。即论诗之语，亦以转述他人者多而自得者少。"其中误漏者亦在所不少，故胡仔《苕溪渔隐丛话》、叶梦得《石林诗话》、赵令畤《侯鲭录》、张邦基《墨庄漫录》、吴曾《能改斋漫录》、洪迈《容斋随笔》、陈鹄《耆旧续闻》、陈岩肖《庚溪诗话》于其皆有纠补。然是书在宋诗话中为较早出者，直方所交游，又多当时名流，故其所录，亦有足资参考者。初著录于晁公武《郡斋读书志》，为六卷；《遂初堂书目》亦著录然不言卷数。明以还，已不见诸家著录。考宋曾慥辑《类说》所收是书仅一卷，已为删节之本，知是书早已遗佚。郭绍虞乃从《类说》、《苕溪渔隐丛话》、《诗话总龟》、《修辞鉴衡》等书中辑出凡三百零六条，收入《宋诗话辑佚》中，可见其貌。

蔡宽夫诗话 宋蔡居厚著。卷数不详。多论及唐人唐诗，凡与诗有关之史实、典章、诗家行事等多所考证，且言多平实可取。如辨李白从永王璘事；记宋初诗风之兴替；考证杜甫诗中"乌鬼"；论"蜂腰鹤膝"等，皆为后人所重。是书不见诸书目著录，亦未见传本。清朱绪曾《开有益斋读书志》卷六称尝于吴山书肆得是书旧抄本，为三卷，并以为作者当为蔡启或蔡天启；又《宋史·艺文志》著录有《蔡宽夫诗史》二卷。今人郭绍虞《宋诗话考》则疑《诗话》、《诗史》即一书，皆当为蔡居厚撰。朱绪曾所得"旧抄本"今亦不传，惟郭绍虞自《苕溪渔隐丛话》、《竹庄诗话》、《诗话总龟》等书中辑出八十七条，收入《宋诗话辑佚》中。

草堂诗话 又称《杜工部诗话》。宋蔡梦弼辑。二卷。乃杜甫诗专论辑集，为宋人所辑专家诗话中之仅存者，故为后人所重。《四库全书总目》云："曰'草堂'者，甫客蜀时所居也。凡二百余条，皆采自宋人诗话、语录、文集、说部，而所取惟《韵语阳秋》为多。"然考其辑录称引，亦时有错讹。如引俞成《萤雪丛说》"老杜诗词，酷爱下'受'字"云云，实袁文《瓮牖闲评》语；引张子韵《心传录》所叹杜甫"野夜更无山隔断"句，实出郑獬《郧溪集》中《月波楼》诗。又引《东坡集》中语称"东坡苏子瞻《诗话》"；引王得臣《增注杜工部诗集》称"《王彦辅诗话》"；引《苕溪渔隐丛话》载《复斋漫录》中语称"《黄鲁直诗话》"，引《艺苑雌黄》中语称"《秦少游诗话》"，皆不知其何所据而云然，用者当核之。梦弼本有《草堂诗笺》四十卷，又《补遗》十卷，是书即附刻于其后，不知何时列出单行。通行有《古逸丛书》本、《后知不足斋丛书》本(皆附刻于《草堂诗笺》后)，单行有《四库全书》本、清杜氏、方氏刻本，《历代诗话续编》本参校诸本，凡梦弼引据错讹者则以小注识之，颇便读者。

潜溪诗眼 又称《潜溪诗话》、《范元实诗话》。宋范温著。一卷。是书所重在于诗论，然亦偶及于文、词。至其论韵一条，则洋洋千余言，兼及书、诗、文，颇为可观。至于其所以称"诗眼"者，固如郭绍虞《宋诗话考》所云，一则因其论诗"多重在字眼句法"；一则因其"于古人诗句，亦每两相对照，以显优劣……固是别具一只眼目者"。其论诗以为"识文章者，当如禅家有悟门"。因而倡学诗贵识，以为："学者要先以识为主，如禅家所谓正法眼者。直须具此眼目，方可入道。"又倡作诗须"当理"，以为"苟当于理，则绮丽风花同入于妙；苟不当理，则一切皆长语"。又倡作诗须炼字，如云"句法以一字为工，自然颖异不凡，如灵丹一粒，点铁成金也"。是亦江西诗派论诗之主张。是书初著录于晁公武《郡斋读书志》，称《诗眼》，陈振孙《直斋书录解题》始称《潜溪诗眼》。宋代以后，罕见著录，亦无传本。郭绍虞乃自《苕溪渔隐丛话》、《诗人玉屑》、《野客丛书》、《草堂诗话》、《竹庄诗话》等称引中辑出二十九则，后又自《永乐大典》卷八〇七中辑出三则(与前第二十一、二十六、二十九则文字有异同)，并收入《宋诗话辑佚》中。

高斋诗话 又称《高斋词话》。宋曾慥著。卷数不详。内容多考辨苏、黄、王等人诗句出处，然亦间录诗家逸事。其中如苏轼讥秦观作词学柳永，尤为后人称引。是书不见诸家著录。曾慥有《高斋漫录》，郭绍虞《宋诗话考》疑是书即从《高斋漫录》辑出别行者。然是书既经《苕溪渔隐丛话》称引，葛立方《韵语阳秋》卷一六明言"曾端伯《高斋诗话》"，知即使自《高斋漫录》中析出，亦当在南宋之前。是书传本已佚。郭绍虞自《苕溪渔隐丛话》、《诗话总龟》、《野客丛书》等称引中辑出凡二十五则，收入《宋诗话辑佚》中。

老学庵诗话 又称《放翁诗话》。宋陆游著。一卷。所论出自作者晚年。此书以品评诗人诗作为主，因其丰富的创作经验，洞悉创作甘苦，故选择颇精，言论精辟，多中肯綮。作者又从诗歌创作与现实生活关系出发，悟到"诗家三昧"，因而对于早年师习的江西诗法，多所批评。陆游一生并无诗话专著问世，而有《老学庵笔记》。此书即为日人黑琦璞斋与饭村岳麓摘录《老学庵笔记》中论诗之语以成，原名为《放翁诗话》。后日人近藤元粹收入《萤雪轩丛书》中并重加校补，改称今名。

江西宗派诗序 诗论篇名。宋杨万里作。此文就江西派诗歌的特征提出了"以味不以形"的观点。认为杜诗与《史记》，一诗一文，其体制形式截然不同，但有相似之处；同样江西派黄、陈、三洪、二谢等人的诗，其外在的风格各异，然同为江西宗派之诗，又有其共同特点，即"风味"。何为"风味"，文中无明确回答。但此说肯定了江西诗派的存在，又指出他们有共同的艺术风格。

珊瑚钩诗话 宋张表臣著。三卷。取杜甫诗"文采珊瑚钩"句为名。多载己诗，又颇引与名流交往相赠之诗，故《四库全书总目》、丁丙《善本书室藏书志》于此皆有讥刺。考其论诗，则或论诗文承继授受；或论"学诗之要，在乎立格、命意、用字"；或论作诗云"篇章以含蓄天成为上，破碎雕锼为下……以平夷恬淡为上，怪险蹶趋为下"。又或于诗论之外，往往杂及考证、地理、文字、士人佚事之类，亦宋诗话之惯例。初著录于《文渊阁书目》，后亦代有著录。惟钱曾《述古堂书目》著录为一卷，不知何据。通行有《百川学海》、《稗海》、《四库全书》、《历代诗话》等本。

诗学规范 诗论著作。宋张镃编。一卷。张镃原纂集有《仕学规范》凡四十卷。卷三六至四〇为论诗之语，后人因从中析出单行，名之为《诗学规范》。按其论诗文之语，实多引北宋诸人之论，尤以欧、梅、苏、黄所言为多，非出已撰。初著录于明《澹生堂书目》，其后罕见著录，传本亦仅见于《格致丛书》中。郭绍虞又藉其题目，自《仕学规范》中辑出四十则，收入《宋诗话辑佚》中。

二老堂诗话 宋周必大著。一卷或二卷。是书重在考证，《四库全书总目》尝举书中数则称“皆极精审”；郭绍虞《宋诗话考》称其“识解通达”，“不泥于考据”。是书原载必大《平园集》(即今传《益国文忠公全集》)中，后人乃析出单行，然罕见诸家著录。通行有《益国文忠公全集》本(二卷)，《津逮秘书》本、《历代诗话》本等。又有《说郛》本，有阙。

后村诗话 宋刘克庄(号后村)著。十四卷。克庄子山甫《跋》云：“前后集各二卷、六十岁至七十岁间所作；续集四卷，乃公告老归后所作，时近八十；新集凡六卷，乃专摘采唐诗之警省者……时年已八十二矣。”故持论前后略有差异，要言之，愈至晚年，则更包容兼蓄，愈见通达。卷一、二前集自《诗经》至宋诗，广记与诗有关之佚闻逸事，甚或及于历史兴废，如论曹氏父子、孔融等处，然皆有次序，可视为后村所论诗史。卷三、四(后集)多评论唐宋人诗之得失。卷五至卷八(续集)杂评历代诗词，杂论诸诗所涉之史实及出典，亦偶录佚诗如李康成所选《玉台后集》等。卷九至卷一四专摘唐人诗句加以评骘，其卷九评陈子昂、李、杜诗，卷一〇评杜诗，见出后村意之所钟。初著录于《文渊阁书目》，其后《述古堂书目》、《也是园书目》及《读书敏求记》所录皆二卷，至《天一阁书目》始著录有十四卷抄本。通行有《四库全书》本、《四部丛刊》本(收入《后村大全集》中)、中华书局1983年王秀梅点校本等。

竹庄诗话 又称《竹庄备全诗话》。宋何汶辑集。二十四卷。卷一题“讲论”、“品题”，辑集诸家诗论、品题之语，类全书总纲；卷二题“两汉 建安”；卷三、四题“六代”；卷五至卷八题“唐”；卷九、一〇题“宋”。皆以时代先后为序，选诗凡四十八家四百零三首，又略选诗话、笔记中有关论述列于每代、每家、甚或每诗之前。卷一一至二〇俱题“杂编”，乃以诗旨、题材略同之作置于一处，俾览者便于比较；卷二一、二二乃依作者身份分别题“方外”、“空门”、“闺秀”等目而辑选其诗。卷一一至二二凡选诗四百七十一首，亦以诗话、笔记分列有关诗作之前。其卷二三、二四题为“警句”，则先列诗句于前而再附诗话评论于其后。使观者得以评语与原诗互相考证，可见作者之意旨，论者之是非。其所引证，如《五经诗事》、《欧公余话》、《洪驹父诗话》、《潘子真诗话》、《桐江诗话》、《笔墨闲录》、刘次庄《乐府集》、郘公序《乐府后录》等，今皆未见传本。初著录于《宋史·艺文志·小说类》称“何溪汶《竹庄书话》二十七卷”，方回《桐江集》卷七始云“《竹庄备全诗话》二十七卷，开禧二年丙寅(1206)处州人新德安府教授何汶所集也”。《四库全书总目》以为：“今本二十四卷，其数少异。或传写佚其三卷，或后人有所合并。”考方回《桐江集》卷七云是书第一卷载诸家诗话议论，第二十六、二十七卷摘警句，而今本摘警句在第二十三、二十四卷，知散佚合并皆在中间卷数。传本甚稀，通行有《四库全书》本，商务印书馆尝据此收入《四库珍本初集》，又常振国、绛云乃据《四库珍本》本重加校补，又编目录列于书前，中华书局1984年出版。

诗人玉屑 又称《诗益嘉言》。诗论著作。宋魏庆之辑。二十一卷。书名得自《周礼·天官·玉府》。前有黄升“淳祐甲辰(1244)长至日”《序》，知当辑在此前。所录南宋人语较备。与胡仔《苕溪渔隐丛话》相辅，一北一南，宋人论诗之概略具。是书十一卷以上，分论诗法、诗体、诗格以及学诗宗旨；十二卷以下品藻古今人物，全书着眼于学诗、论诗两端，黄升《序》所谓“凡升高自下之方，由粗入精之要，靡不登载”。故其所载亦颇采唐人诗式、诗例之作，选汰之间，难免时有芜杂讹误。初著录于《文渊阁书目》，后亦颇有著录，多为二十卷，唯《国史经籍志》为十卷，《述古堂书目》为十四卷，《莛圃善本书目》录日本宽永十六年(1639)刊本为二十一卷，与诸书著录不同。其中日本宽永刊本为最完足之本。通行有《格致丛书》本、《四库全书》本、上海古籍出版社1978年初版、1982年修订重刊本等。其中上海古籍出版社印行之本，乃以清道光古松堂重刊宋本为据，校以日本宽永本，酌参以明嘉靖六年(1527)刻本；书后附《校勘记》，王国维据宋本校宽永本之校语，亦全部过录其中，为精善之本。

诗说隽永 又称《诗话隽永》。郭绍虞《宋诗话考》疑为宋胡宗汲著。卷数不详。多见引于《苕溪渔隐丛话》后集，当成于南宋初，绍兴十八年(1148)后。内容则多记江西诗人佚事。初著录于《遂初堂书目》。南宋以后，不见诸家著录，书亦当佚于其时。郭绍虞乃自《苕溪渔隐丛话》、《诗话总龟》等书称引中辑出二十则，已收入《宋诗话辑佚》中。

艺苑雌黄　诗话杂著。宋严有翼著。二十卷。《直斋书录解题》入子部杂家类，著录云："大抵辨证讹谬，故曰'雌黄'。其目子史、传注、诗词、时序、名数、声画、器用、地理、动植、神怪、杂事。卷为二十，条凡四百余。砚岗居士唐稷序之。"内容则多关乎考证，亦间涉记事。洪迈《容斋四笔》卷一六称其"该洽有识"。初著录于《直斋书录解题》子部杂家类，《文献通考》仍之。《宋史·艺文志》著录入集部文史类。后不见著录。明《万卷堂书目》杂文类乃著录为十卷，仍题严有翼撰。《四库存目提要》以为"盖有翼原书已亡，好事者摭拾《渔隐丛话》所引，以伪托旧本，而不能取足卷数，则别攘《韵语阳秋》以附益之。又故乱篇第以欺一时之耳目，颇足疑误后学"。今所传唯《说郛》所存一卷。郭绍虞乃自《苕溪渔隐丛话》、《诗人玉屑》、《诗林广记》等书称引中辑出关乎诗文者凡八十四则，已收入《宋诗话辑佚》。

庚溪诗话　又称《庚溪诗说》。宋陈岩肖著。有题为陈肖岩、叶岩肖者，误。一卷或二卷。岩肖自号西郊野叟，故宋刊本仅标其别号。元吴师道《敬乡录》始言岩肖撰《庚溪诗话》，明胡应麟《少室山房类稿》卷一〇六《题庚溪诗话后》又据是书内证而考定之，后传各本遂标其姓氏。为岩肖晚年之笔。首记宋历代帝王关乎诗文之事，并附以汉高、魏武、魏文；唐文皇；唐宣宗三则；次列唐宋各诗家，偏于记事、考辨。亦间有及于论诗之处。著录于《文渊阁书目》、《国史经籍志》、《红雨楼题跋》等皆作二卷。《绛云楼书目》、《述古堂书目》、《双鉴楼善本书目》等则一卷。然考今传一卷本如《说郛》、《古今诗话》、《学海类编》等皆残。二卷本似亦有阙，如蔡梦弼《草堂诗话》所引"士人程文穷日力作一论"一则，多达四百余字，即不见于今传本中。《也是园书目》著录为三卷，亦不知其何所据。通行有《四库全书》、《历代诗话续编》、《续金华丛书》等诸本。

论诗十绝　论诗诗篇名。宋戴复古作。戴曾学诗于陆游，又受晚唐派、江西派影响，所作大抵清新轻快、自成一家。此十绝亦以"陶写性情"为作诗本旨，既重视"雕琢"工夫，又提倡自然之"妙趣"，总之"须教自我胸中出，切忌随人脚后行"。所论与其诗风一致。是杜甫《戏为六绝句》之后较早以组诗形式集中表达诗歌理论的一组绝句。

白石道人诗集自叙　诗论篇名。宋姜夔作。主旨在"诗本无体"，"异韫故所出亦异"。认为世人皆喜学江西派诗，然学江西而真有成就皆"自出机杼"，能别树一格者。进而指出学诗有两种境界，一是"有见乎诗"，即有意为诗，或求与古人合，或求与古人异。二则"无见乎诗"，即无意为诗，而完全是"天籁自鸣"，故无所谓与古人合或不合，"余之诗，余之诗耳"。所论强调个性，空落依傍，对后来性灵说的兴起当有所启发。

荆溪林下偶谈　诗论著作。宋吴子良著。四卷。以评诗论文为主，间亦涉及历史名物的考证。卷二提出"知文难"，"盖世有能为文者，其识见犹倚于一偏，况不能为文者乎！"故全书立论较为平允，对韩愈、樊宗师文章之奇崛，欧阳修、张耒之和平，均能持较为公允的态度加以肯定。于时人最推宗叶適，然对叶適之称赏"四灵"则并不盲从，尤其批评当时"歆艳四灵，剽窃模仿，愈陋愈下"的现象。此外论"为文须遇佳题、伸直笔"，"不蹈袭"，当追求"自家物色"等，亦均为有得之见。故《四库全书总目》称"其识高于当时诸人远矣"。有《四库全书》本、《说郛》本。另《学海类编》取其中论诗之语别为《吴氏诗话》二卷。

沧浪诗话　宋严羽著。分五章：《诗辨》阐述基本理论主张，为总纲；《诗体》探讨诗歌体制，包括纵向的发展与横向的诗体关系，研究风格与流派；《诗法》重在具体艺术方法兼及某些创作原则；《诗评》包括对历代作家作品的具体批评与鉴赏；《考证》则从考据与鉴赏角度对一些作品的文字和作者进行辨析。书后附《答出继叔临安吴景仙书》，阐述创作诗话的理论宗旨、背景和针对性，可视为自序，全书旗帜鲜明地反对当时以文字、议论、学问为诗的江西诗风，针锋相对地提出"诗有别材，非关书也；诗有别趣，非关理也"的著名论题，强调诗人艺术思维不涉理路、不落言筌的妙悟与兴趣等特征，如揭出"羚羊挂角，无迹可求"、"言有尽而意无穷"等，对后世诗论中的性灵、神韵等说的形成有重大影响。同时，论诗提倡"以汉魏晋盛唐为师，不作开元天宝以下人物"，对后世格调说也颇有影响。《四库全书总目》云："明胡应麟比之达磨西来，独辟禅宗；而冯班作《严氏纠谬》一卷，至诋为呓语。要其时宋代之诗，竞涉论宗，又四灵之派方盛，世皆以晚唐相高，故为一家之言，以救一时之弊……誉者太过，毁者亦太过也。"有《历代诗话》本、清胡鉴《沧浪诗话注》、王玮庆《沧浪诗话补注》、胡才甫《沧浪诗话笺注》及郭绍虞《沧浪诗话校释》本(人民文学出版社)。

历代吟谱 诗论著作。宋陈应行著。是书依时代次序评述自汉武帝至宋梅尧臣诸家诗作,历陈其字号爵里、名篇佳句及有关的评论。所述中晚唐诗人颇详。有《诗学指南》本。

诗林广记 诗话。宋蔡正孙编。二十卷。前有《自序》,题"岁在屠维赤奋若",当作于元太祖至元二十六年(1289)。《自序》云:"采晋宋以来数大名家及其余脍炙人口者凡数百篇,抄之以课儿侄,并集前贤评话及有所援据摹拟者,冥搜旁引,而丽于各篇之次。"故其体例先列所选诗人,附丽以诸家评语;次列入选之诗,附丽以他人和诗,或所谓"援据摹拟者"之诗,每诗之后,皆附以诸家品题之语。前集十卷自陶渊明至张继,选晋唐诗人凡三十家;后集十卷自欧阳修至刘攽,选北宋诗人凡二十九人;前后集选诗、附诗凡六百七十一首;引据诗话或他种典籍凡一百七十余种,亦足资后世整理别集、诗话考据。然限于有否"评话",故入选之诗亦偶有截取或漏题者。至其搜采"评话"而失于鉴识者,则清张宗泰《鲁岩所学集》卷一四有跋文两篇,已论之。初录于《文渊阁书目》、《内阁藏书目录》等。现所见最早刊本为明弘治十年(1497)张鼒刊本(清邓邦述《群碧楼善本书目》卷一著录《新刊名贤丛话诗林广记》二十卷,题为"宋刊本"恐误,其书今存台湾。通行有《四库全书》本。又有中华书局1982年常振国、绛云点校本,是本以明弘治十年(1497)张刻本参校以日本国中野吉右卫门天皇宽永八年(1631)翻刻本等,重加标点排印。

剡溪诗话 旧题宋高似孙著。一卷。此书不见于宋人著录或称引,诸家书目也罕载,故所附俞弁之跋,已疑其"非似孙所著"。查浙江嵊县为汉之剡地,似孙所著《剡录》,当为嵊县地志。该书多载历代有关嵊县诗事,因知《剡溪诗话》为后人从《剡录》中专辑其论诗之事而别行之书。虽非似孙原著,但内容源其著作,非尽伪托。作为专门性的地方诗话,实是地方诗史,具有一定的文化参考价值。今有抄本存世,见载于《铁琴铜剑楼书目》诗文评类。

滹南诗话 金王若虚著。三卷。论诗反对当时一味以《诗经》、《古诗十九首》为准则的复古风尚,提出"以意为主","天生好语,不待主张","非能之为工,乃不能不为之为工也"。以故高度评价白居易、苏轼诗作,称白诗"情致曲尽,入人肝脾,随物赋形,所在充满,殆与元气相侔",赞苏诗有"一日千里之势"、"随物赋形之能"。而对宋金之际流行的江西派诗风则大张挞伐,谓黄庭坚作诗"夺胎换骨、点铁成金"之说"特剽窃之黠者耳"。其诗论对明代的公安派,清代的袁枚、叶燮、赵翼等均有影响。有《知不足斋丛书》本、《古今说部丛书》本、《历代诗话续编》本。

论诗诗 论诗诗篇名。金王若虚作。原题为"山谷于诗每与东坡相抗,门人亲党遂谓过之,而今之作者亦多以为然,予尝戏作四绝云"。论诗主于自然,宗苏轼而抑黄庭坚。此四绝可谓其诗论精神之概括。其中"文章自得方为贵,衣钵相传岂是真"语,批评江西派后学好以门户相标榜者,尤为后人称道。

论诗三十首 论诗诗篇名。金元好问作。论诗绝句创自杜甫,其后杜牧、李商隐、陆游、戴复古等续有作者,然规模都较小,仅为一时之感,或一家一派之论。此则以三十首为一组,相当完整地评述了汉魏以来,下迄宋季,一千余年间的作家作品、诗派诗风。金源时期文坛师古之风颇炽,然"泛爱多可",务为"激昂张大之语"(《中州集·溪南诗老辛愿》),故元好问作此组诗,标榜复古之"正体"。大致以魏晋间诗为创作的典范,如曹、刘之慷慨,阮籍之沉郁,陶潜之真淳,以及北朝《敕勒歌》的浑朴自然。而唐人诗作之佳者,如李、杜、元、柳诸人之诗,乃能发扬魏晋正体精神,不斤斤于"切响浮声",重视实历,抒发真情。至宋以后,则诗之病在务求"出奇",或"曲学虚荒",或"俳谐怒骂",均与古人"雅言"之旨不合,故不免"窘步相仍死不前,唱酬无复见前贤"了。组诗系统、突出地反映了作者的诗学见解,推尊魏晋,扬唐抑宋,下启元明两代四百年诗坛的复古风尚。其组诗的形式亦为后世的批评家如王士禛、袁枚等所承袭。清谢启昆读《中州集》后仿元好问此作写了《论诗绝句六十首》,末一首评此诗云:"慷慨论诗句有神,苏黄以后导迷津。不逢沧海横流日,争识扶鳌立极人。"

如禅集序 诗论篇名。元刘将孙作。宋人好以禅喻诗,此文亦肯定禅悟与诗悟有相通处,然更力辩二者之异。云:"禅者借滉瀁以使人不可测,诗者则眼前景,望中兴,古今之情性,使觉者咏歌之、嗟叹之,至于手舞足蹈而不能已。"诗毕竟是诗,以兴怀触目、咏歌性情为宗旨。其所谓"彻悟"乃一种涵咏既久,出于情性,不加雕饰,自然天成的创作境界,与"禅者借滉瀁以使人不可测”者判然有别。

木天禁语　诗论著作。元范梈著。一卷。梈诗以清淳雅正称，此则首标“六关”：“篇法、句法、字法、气象、家数、音节”。前三者为具体的谋篇锻炼之法，后则细辨“清浊雅俗”，而以清雅为归，合于当时诗坛宗唐抑宋的风尚。有《格致丛书》本、《历代诗话》本、《丛书集成初编》本。

诗学禁脔　诗论著作。元范梈著。一卷。专叙律诗立意布局之式，共分为“颂中有讽”、“美中有刺”、“先问后答”、“感今怀古”等十五格，每格各举一诗加以说明，所举皆为唐诗。有《格致丛书》本、《历代诗话》本。

诗法正宗　诗论著作。元揭傒斯著。一卷。提出作诗之法有五：“养性以立诗本”，“读书以厚诗资”，“识诗体于源委正变之余”，“求诗味于盐梅姜桂之表”，“运诗妙于神通游戏之境”。论诗体则以三百篇至建安、黄初为“诗之祖”，刘、阮、陶、谢等为“诗之宗”，又于唐人中特别拈出李(白)、王(维)、韦(应物)、柳(宗元)为诗家嫡派，明显地表露出对平淡萧散诗风的偏爱。有《格致丛书》本、《诗学指南》本。

诗法家数　诗论著作。元杨载著。一卷。《四库全书总目》疑为“坊贾所托”。所论推宗汉魏盛唐，以为“诗不可凿空强作，待境而生自工”。又倡言诗法，以风雅颂为诗之体，赋比兴为诗之法。指出诗学的正源即在由法得体，由赋比兴之法臻于风雅颂之体。对比兴的重视正反映了当时尊唐派诗论家的理论特征。有《格致丛书》本、《诗学指南》本、《历代诗话》本。

梅硐诗话　元韦居安著。三卷。大多记录诗人轶事及考订诗篇中的名物典故。所论重视“感物怀古”之作，要求“意新语警”，可以因诗而知人论世。艺术趣味较为广泛，所举诗作不乏清新工丽者，亦好言篇章字句之法，体现了晚宋四灵派、江西派的遗风。有《宛委别藏》本、《历代诗话续编》本。

吴礼部诗话　元吴师道著。一卷。前为读陶潜、朱熹诗随笔数则，后则大多为宋元间诗坛见闻，偶亦有评论之语。如重视实历，以为“作诗之妙，实与景遇，则语意自别。古人模写之真，往往后人耳目所未历，故未知其妙耳。”另悉录时天彝书《唐百家诗选》后诸评，以为其深知唐人句法，亦可见吴氏宗唐的艺术趣味。有《知不足斋丛书》本、《续金华丛书》本、《丛书集成初编》本、《历代诗话续编》本。

诗谱　诗论著作。元陈绎曾著。一卷。此书非诗法、诗格之作，实近于诗评。倡言魏晋古诗，所评均主于情真、事真，并不泥于古。全篇末云：“故君子贵自主，不可随流俗也。”有《说郛》本、《历代诗话续编》本。

潜虬山人记　诗论篇名。明李梦阳作。潜虬山人为安徽歙县商人佘存脩。文中记载佘曾学诗于李梦阳，李告以学诗之要旨：“夫诗有七难：格古、调逸、气舒、句浑、音圆、思冲、情以发之。七者备而后诗昌也。”又告以“宋无诗”、“唐无赋”、“汉无骚”，故当学诗于唐，究心骚、赋于汉、唐之上。所言集中体现李氏以情为本、以格调为尚的复古观点。

诗集自序　诗论篇名。明李梦阳作。此序反思自己诗歌创作的整个过程，承认：“予之诗非真也，王子所谓文人学子韵言耳，出之情寡而工之词多者也。”提出衡量真诗的两项标准，其一出于自然之真情，此情不受雅俗之辨的约束。其二与真情相联系的富于比兴的表达方式。由此否定了《三百篇》以下的大部分的诗作，而结论称：“今真诗乃在民间。”此“民间”当包括金元的杂剧(见徐渭《曲序》)，甚至当时的民歌小调(见李开先《词谑》)。李梦阳是明中期复古派领袖，以倡导“诗必盛唐，文必秦汉”著称，故后人或以为此《自序》是对其前期创作道路的彻底否定，有些不可思议。其实，提倡真情，批评台阁体的阘冗、性气诗的空洞以至理学的虚伪乃是李氏一贯主张，他由求真而复古，复古不得其真而对复古产生疑惑，以至得出“真诗乃在民间”的结论，似也是合乎逻辑的思想历程。

与李空同论诗书　诗论篇名。明何景明作。何氏与李梦阳(号空同子)同为明中期文学复古运动领袖，在尊唐抑宋、倡导汉魏古诗的观点上，二人一致，但在师古的具体方法上却有较大分歧。李氏曾有一书致何，讥其诗有乖古法，何乃作此文答之。提出师法古人当“领会神情”，“不仿形迹”。对创作的法则亦不可拘泥，须“泯其拟议之迹，以成神圣之功”，“成一家言”。反映出七子派中人亦有不拘泥古法尚通变之思想。

认真子诗集序　诗论篇名。明陈献章作。陈氏为明性气诗派代表作家，此文亦为反映性气诗派理论的代表之作。文称：“诗之工诗之衰也。”故文之作“必有至人能言至言”。至人为有道之人，既明道则无所不可写。“皇王帝霸之褒贬，三月风花之品题，一而已矣。”此为性气诗派通过“鸢飞鱼跃”来表现自己对大道之体认的创作主旨。

序山歌 诗论篇名。明冯梦龙作。为其所编纂的民间歌曲总集《童痴二弄·山歌》的自序。序中强调民歌之“真”，是“民间性情之响”，创作态度“不与诗文争名，故不屑假”，故世上“但有假诗文，无假山歌”。这些话可看作是对袁宏道、卓珂月、陈宏绪等人以民歌时调为明代文学代表之论的阐说。然进而更提出：“若夫借男女之真情，发名教之伪药，其功于《挂枝儿》等。”从批判文人学子的假诗文，转到批判封建伪善的礼教，所论显然比前人深刻。

市井艳词序 诗论篇名。明李开先作。李于中年罢官后，退居山东章丘故里，疏简自放，乃不复为古文，潜心于剧曲、民歌。搜辑时调《山坡羊》、《锁南枝》等一百零三首，改窜其传歌未当者，刊为《市井艳词》，自序其端，发挥李梦阳“风自谣口出”，“真诗果在民间”之意。书成后，非难者颇多，又作《后序》、《又序》等三篇辩答，对明代通俗文学的繁荣产生了积极影响。

叙小修诗 诗论篇名。明袁宏道作。从对其弟中道(字小修)诗文的评价入手，指出诗文之佳者在有“本色独造语”，进而批判七子派“文必秦汉、诗必盛唐”的盲目的复古习气。“秦汉而学六经，岂复有秦汉之文?盛唐而学汉魏，岂复有盛唐之诗?”因此一代有一代的文学，“各极其变，各穷其趣”，“不可以优劣论”。而真能代表明代诗歌，传之后世者，乃是“今闾阎妇人孺子所唱《擘破玉》、《打草竿》之类”的民歌。此文作于万历二十四年(1596)，其时袁宏道二十九岁，在吴县任上，日与江盈科倡和切磋，创作思想已趋于成熟，文中既有对七子派拟袭的深刻批判，亦有关于“性灵”及“真诗”的新的阐说，故被认为是代表公安派崛起的重要论文。

怀麓堂诗话 又名《麓堂诗话》。明李东阳著。一卷。其论诗首辨诗文之别，重视诗歌的艺术特征，指出：“诗必有具眼，亦必有具耳。眼主格，耳主声。”“试取所未见诗，即能识其时代格调，十不失一，乃为有得。”所谓“格调”，具体说来是诗歌的音响格律、操纵正变之法，但又不仅于此，兼指诗歌总体的艺术风貌，如气象、意韵等。故其既侈谈格法，又主张“有法而不为法所泥，乃得自然之妙”，进而强调作诗当有“真情实意”，批评时人“泥古诗之成声”，“句句字字，摹仿而不敢失”，“无以发人之情性”。此论主要针对当时台阁体冗弱平庸的诗风以及性气诗派打油的恶习而发，故于诗歌艺术特征的辨析最细，最详，占全书主要篇幅。其宗唐抑宋的倾向以及贵雅淡、尚清远的旨趣均明显受高棅《唐诗品汇》之影响，而音声格调之说则为后起的李梦阳、何景明所继承，对明代诗论发展有较大影响。有《四库全书》本、《知不足斋丛书》本、《历代诗话续编》本。

四溟诗话 明谢榛著。四卷。原名《诗家直说》。为作者学诗心得。大旨以为当尊奉李杜及初盛唐十二家诗，“熟读之以夺神气，歌咏之以求声调，玩味之以裒精华。得此三要，则造乎浑沦，不必塑谪仙而画少陵也”。他反对专学一家一格，主张融会贯通，如“蜂采百花为蜜”地学习古人。故在声律格调之外郑重地提出“神气”。“诗无神气，犹绘日月而无光彩”，故“学李杜者，勿执于句字之间”，“当充其学识，养其体魄”，“率意熟读，久而得之”。提出“神气”之目的在纠正格调说的拘泥肤廓，由此较深入地论述了诗歌多方面的艺术特征。如云“作诗不宜逼真”，“不可太切”，“妙在含糊，方见作手”，提倡一种空灵、富于韵致的艺术境界。又云：“自然妙者上，精工者次之。”提倡妙则天然、浑而无迹的创作方法。又云：“景乃诗之媒，情乃诗之胚。”在情景关系中突出了情的主导作用。这些均突破了仅以音声格调论诗的局限，对明后期诗歌理论的繁荣发展产生了积极影响。原刊于《四溟山人全集》中，题为《诗家直说》。后单行，改题此名。有明万历刊本、《说郛》(重编本)、《海山仙馆丛书》、《历代诗话续编》、人民文学出版社1962年宛平校点本、齐鲁书社1987年李庆立、孙慎之笺注等诸本。

艺苑卮言 诗论著作。明王世贞著。十二卷。卷一总论诗文，卷二至四论先秦至元各朝诗，卷五至七独为明代，卷八杂录，另附录四卷分论词曲、书画。世贞早年与李攀龙同为后七子领袖，倡导文学复古运动。此书成于隆庆六年(1572)，集中体现了其早期的文学批评观点。仍以格调说为中心，鼓吹“文自西京，诗自天宝而下俱无足观”，甚至认为后世的人物、辞令以及典章制度、郡邑名称等都及不上古代，故司马迁复生，“亦不能成《史记》”。但在崇古的同时，他还注意到尚变，认为不必墨守古人成法，不妨“合而离，离而合”；又提出“才、思、格、调”之说，以才思为格调之本源，格调为才思之规范，意在调合主格调与主才情两种不同的诗论倾向。故万历初期七子派诗论的种种变化，于此书已略现端倪，其后胡应麟的《诗薮》、王世懋的《艺圃撷余》均明显受其影响。此外卷五后半曾以形象的比喻历评明代诸家诗文，"虚骄持气，持论遂至一偏"(《四库全书总目》)，对此王氏晚年亦有所反思，云："余作《艺苑卮言》时，年未四十，方与于鳞辈是古非今，此长彼短，未为定论。至于戏学《世说》，比拟形似，既不切相，又伤儇薄"(《书西涯乐府后》)。有《谈艺珠丛》本、《历代诗话续编》本。

艺圃撷余　诗论著作。明王世懋著。一卷。王世懋系王世贞弟，为后七子派中诗风转变的代表人物，其诗论亦如此。一方面推宗汉魏之诗；称"苦心模仿，时隔一尘"；一方面又指出诗歌由简趋繁，由古变今乃不可逆转的发展趋势。"子美之后，而欲令人毁靓妆，张空拳，以当市肆万人之观，必不能也。"以故他批评当时"争事剽窃，纷纷刻鹜，至使人厌"的世风，提出"诗必自运，而后可以辨体；诗必成家，而后可以言格"，甚至"但须真才实学，本性求情，且莫理论格调"。这番话已与公安派相当接近，体现了万历初由七子派向公安派转移的诗学风尚。有《四库全书》、《历代诗话》、《丛书集成初编》、1981年中华书局排印本等诸本。

归田诗话　一名《存斋诗话》、《妙集吟堂诗话》。明瞿佑著。三卷。佑于永乐间曾以诗祸系狱，谪戍保安，十年后得放归故里，乃将平日耳闻目见之有关诗道者录下，共一百二十条。论诗不分唐宋，无门户之习，反对当时流行的"诗盛于唐，坏于宋"之说。书中所录亦大多为宋元诗人的遗闻轶事。盖其少日尝效元遗山《唐诗鼓吹》，编宋金元三朝诗为《鼓吹续音》，后散失不存，此书乃存其绪余也。其后明代复古思潮日甚，遂亦鲜为重视。有《知不足斋丛书》、《历代诗话续编》、《丛书集成》等诸本。

南濠诗话　明都穆著。一卷。所载大多为宋元以至明初诗人的轶事，其品藻议论，并无唐宋门户之见。大旨推宗自然，提倡"有为而作"，写"真情"、"实境"，又称许严羽"禅道惟在妙悟，诗道亦在妙悟"之说，作"学诗浑似学参禅"诗三首。故反对应酬作诗、唱和作诗及宋人争奇斗险之习。然并不因此忽视读书，忽视词意的锤炼，指出"未有苦吟而无好诗者"。所论虽无新见，在当时举世宗唐的风气下，却可称得"别具一识"。有《说郛续》、《知不足斋丛书》、《历代诗话续编》等诸本。

逸老堂诗话　明俞弁著。二卷。全书无整体构想，系"意有所会"的札记。或考辨诗事，或抒发议论，以叙宋元人诗为多。当时宗唐、复古的习气风靡诗坛，弁有意矫之，乃主张平易自然，称杜甫诗高人处在"只把寻常话做诗"，白居易诗"近乎人情物理"，苏轼诗"浑然天成，非模仿而为之者"，又称许元诗及明初高启、袁凯诗，所论大多与李梦阳、何景明等七子派的意见相左。有《历代诗话续编》本等。

诗的　诗论著作。明王文禄著。一卷。是书以为诗者惟律为难，"律即的也"。然律不仅律诗有之，"一字有一字律，一句有一句律，一章有一章律"，此所谓"音律"、"法律"，"不特律诗，古诗古文皆然也"。故此书于篇章字句之法言之颇详。又称"的也者心之的也，在心悟焉，可与言诗也"，故讲诗律的同时又讲悟，"一切惟心造"，以言真性情者为真诗。评诗主于"唐调"，其艺术趣味与格调派比较接近。有《百陵学山》本、《丛书集成初编》本。

骚坛秘语　诗论著作。明周履靖著。三卷。专叙作诗之法，吸取了唐宋元人有关的见解汇集而成。卷上、卷中分本、式、制、情、景、事、意、音、律、病、变、范、要、格、体、情、性、韵、调、会等二十门，其中"体"为对历代重要作家诗体风格的品评。卷下则分体详述写作之法，涉及字法、句法等。全书分类太细，不免琐碎重复。《本第一》以诗人创作时"澄静之心"为本，将作家的襟怀与诗体的风格特征结合起来讲，颇有新意。有《夷门广牍·艺苑》本、《丛书集成初编》本。

梦蕉诗话　明游潜著。二卷。论诗不薄宋元，且以大半篇幅述明诗。称元诗得唐之气，有其情趣；明诗得宋之味，有其理趣。又称引都穆的"学诗浑似学参禅"诗，且续和三首。凡所评说均与七子派异调，而与都穆较为接近。有《学海类编》本等。

颐山诗话　明安磐著。二卷。论诗推宗严羽，提倡妙悟、自然，指出诗中用事要"浑然不觉乃为高品"，不可"句句以事衬贴"。有《四库全书》本等。

余冬诗话　明何孟春著。二卷。此书品评、记事、考证兼重。首引杜甫诗"文章一小技，于道未为尊"，强调作文明道之意，又评陶诗，称"渊明之学，正自经术中来"，故《四库全书总目》斥其"所论多作理语"，贬之不免过甚。何氏为李东阳门生，全书对篇章、字句、用韵之法言之颇详，又提倡含蓄、自然的诗风，其宗旨正与

《麓堂诗话》相近。有《学海类编》本、《丛书集成初编》本。

存余堂诗话 明朱承爵著。一卷。全书凡二十九条，均系随笔式杂感，涉及唐、宋、元以及明人诗，无一定门户之见。所称"作诗之妙，全在意境融彻，出音声之外，乃得真味"，对当时论诗一味偏重音声格调以及对仗用事者似有所针砭。有《历代诗话》本、《学海类编》本、《丛书集成初编》本。

谈艺录 诗论著作。明徐祯卿著。一卷。所论以师古为宗旨，如云："魏诗，门户也；汉诗，堂奥也。""法经而植旨，绳古以崇辞，虽或未尽臻其奥，我亦罕见其失也。"又重视情，云："情者，心之精也。""情能动物，故诗足感人。"这与李梦阳、何景明的见解基本一致，也是七子派的一般观点。此书的特点乃在于对情在创作中作用的深入论说。其一：情虽为诗歌创作的本源，"因情以发气，因气以成声，因声而绘词"，但"情无定位，触感而兴"，或"朦胧萌坼"，或"汪洋漫衍"，较难把握，故"必因思以成其奥"，又需以"力"控制"气"，以"才"驾驭"词"。"思"、"力"、"才"三者可看作是诗人创作时的灵思。"情"作为本源必须与作者的灵思相结合，始能臻于"诗之妙轨"。其二：七子派论诗，都重视格调，此亦云："诗贵先合度，而后工拙。"但徐氏进一步指出："夫情既异其形，故辞当因其势。""此乃因情立格，持守圆环之大略也。"可见格调虽重要，当以情为本。所谓格度，"不过总心机之妙应，假刀锯以成功耳"。以上二点把传统的性情说与七子派的格调说糅合一起，避免了当时过分重视格调、拘泥格调的弊病；同时提出"思"、"力"、"才"来补充性情说，纠正了把诗歌等同于抒发感情的简单化倾向。所论虽然只是随感式的，还缺乏系统与深度，然却是明清两代诗人所关心、所思索的问题，故此书颇得后人好评。有《说郛》重编本、《四库全书》本、《历代诗话》本、《学海类编》本。

升庵诗话 明杨慎著。十四卷。文中对当时复古而至于拟古，"剽袭雷同"，"汉唐以下一切唾弃"的诗风深致不满，于是提出"今曰宋无诗，岂其然乎？"并摘录了不少宋诗中类似唐人的好诗。然对宋诗有别于唐诗的特点仍作否定，批评"宋人诗主理"，"强作老成"、"不知比兴"。他主要反对把学习面定得过窄，局限于盛唐数家，于是把目光转向汉魏六朝，"作者其可不熟《文选》乎"，提倡学习唐人之所学，"李太白终是学《选》诗，杜子美好者亦多是效《选》诗"，"须溪徒知尊李杜，而不知《选》诗又李杜之所自出"。进而通过对大量六朝诗歌的赏析，提倡一种自然浑成、清新俊逸，"绮而有质，艳而有骨"的诗风。此外还批评宋人"诗史"之说，指出诗不可直接"以韵语纪时事"，或直言道德性情，当发扬"比兴"、"风骚"之旨，"涵蓄蕴藉"，得"意在言外"之妙。全书篇幅较巨，大都为随笔式的赏析，或词章韵律的考订辨析，缺乏统一构思。然在当时能于李、何之外，别张一帜，对于振偏救弊，活跃创作思想，均有积极的意义。有《历代诗话续编》本等。

艺苑玄机 诗论著作。明邵经邦著。一卷。所论宗经征圣，道学气颇重。然在具体批评中，对诗歌的格法气骨言之颇详，且能针对七子派拟古之流弊较早地提出批评。如称"临文须将古人蹊径放在一边，不问先秦两汉初盛中晚，且只畅发我胸中一段议论，却将他言 语比并看，是如何，如此启愤，煞有增益"，值得重视。收入《武林往哲遗著》中。

诗薮 诗论著作。明胡应麟著。二十卷。分内、外编。内编分体总论，主要阐述各体诗歌的起源与变迁；外编（包括杂编与续编）则自周至明，依时代为次，对作家作品加以评论。所论经纬交错，着重阐明了格调说以汉魏、盛唐为宗的基本观点。所谓"体以代变，格以代降"，既以流变的观念分析了各时期各体诗歌的兴衰承递的变化，又带有浓厚的崇古意识。此外又提出："作诗大要不过二端，体格声调，兴象风神而已。"欲以"兴象风神"为格调说之补充，以纠正七子派末流肤廓叫嚣之流弊。全书大旨与王世贞《艺苑卮言》颇为接近，钱谦益斥之云："《卮言》所入则主之，所出则奴之。"（《历朝诗集小传》）贬抑过甚。其"兴象风神"的提出，以及以悟论法，由法求悟的主张，均已突破了王氏《卮言》的范围，且《卮言》所叙简略，体例颇杂，此则规模宏伟，结构严整，实已具有一部中国古代诗歌史的雏形。有《广雅书局丛书》本、1958年中华书局排印本。

诗镜总论 诗论著作。明陆时雍著。载于所选《古诗镜》、《唐诗镜》前。名为总论，实仍为散评，由《诗经》至晚唐，逐条串录。大旨推崇汉魏六朝盛唐之诗，贬抑中、晚唐。认为古诗之妙在于"天然"，所谓"眼前景致，口头言语，便是诗家体料"。后世为诗，过分强调立意、炼格，"譬如丛彩为花"，便丧失了自然之趣。又提出诗之所贵者为"韵"，"有韵则生，无韵则死"。所谓"韵"乃是"善言情，转意象于虚圆之中，故觉其味之长而言之美也”。其说对清初神韵说的形成显然有一定影响。有《历代诗话续编》本等。

挥麈诗话 明王兆云著。一卷。以记载轶事、捃摭佳作为主，兼及考订。除论评本朝诗人外，也涉及前诗人，如“王建宫词补讹”条指出当时所刻唐王建宫词中“杂以张籍、白乐天、杜牧之、王昌龄、刘梦得诸作”，可供版本研究参考。另“边华泉诗”、“杨升庵逸词”、“空同诸公词”、“姚广孝赠柳庄诗”、“王西楼”诸条，征引明著名文人边贡、杨慎、李梦阳、姚广孝、王磐等的诗词，亦有可观。有《砚云甲乙编》本、《丛书集成初编》本等。

夷白斋诗话 明顾元庆著。一卷。以记录诗坛轶闻本事为主，间亦略作评论。所录不避俚俗，颇有涉及明代社会风俗者。有《历代诗话》本、《学海类编》本、《丛书集成初编》本。

恬致堂诗话 明李日华著。四卷。作者有《六研斋笔记》、《书画想像录》、《紫桃轩杂缀》、《味水轩日记》等，是书即摘取诸杂著中论诗之语编成。书中多载书画题跋，评论则着重于篇章字句的锤炼。有《学海类编》本、《丛书集成初编》本。

诗源辩体 诗论著作。明许学夷著。分前、后集。前集三十六卷，论先秦至晚唐诗歌；后集纂要二卷，论宋元明诗。其《自序》批评明代诗坛称：师齐梁、师晚唐季宋者“于道为不及”，七子派以汉乐府为作诗的鹄的“于道为过”，公安派、竟陵派“背古师心，诡诞相尚，于道为离”。其意似欲折衷诸家，但全书详于唐前而略于宋元，至谓“古诗至于汉魏，律诗至于盛唐，其体制声调已为极至，更有他途，便是下乘”，所论仍以七子派为宗。所谓辩体，主要是从体裁形式和艺术风格方面论述历代诗歌之发展衍变，以《三百篇》(《诗经》)为“源”，汉魏盛唐为“流”，元和之后为“派”。“源”与“流”为正，“派”则为变。一般说来，全书扬正抑变，然对韩(愈)、白(居易)、欧(阳修)、苏(轼)四家亦肯定其为变中之美者。此外又以两卷篇幅历论自曹丕、沈约以来数十家诗论及自《文选》而后三十种诗歌选本，所述虽简，但一千余年诗歌批评演变的线索已约略可见。其中对王世贞《艺苑卮言》、胡应麟《诗薮》推崇备至，亦反映了许氏的批评倾向。全书叙述详尽，条分缕析，系统俨然，对后世关于中国诗歌史的研究有相当的影响。有明万历四十一年(1613)初刻本、崇祯十五年(1642)陈所学刻本、1922年恽毓龄仿宋聚珍本、人民文学出版社1987年排印本。

小草斋诗话 明谢肇淛著。五卷。谢为晚明闽中诗人的领袖。闽中一派创自明初的林鸿、高棅，论诗宗唐，提倡清远恬雅的审美旨趣。此书的主旨亦大致相近。然鉴于当时七子派“拟议”之病、以及公安派抛弃格调、任性而发所造成的浅率的弊端，乃力倡“渐悟”之说，主张以学求法，因法求悟，“深心积渐，当自得之”。同时还提出“诗情贵真”，“诗境贵虚”，以“无色无著”、意象虚灵为诗歌的理想境界，体现了当时诗歌批评由格调说向神韵说转移的倾向。有旧抄本。

雪涛诗评 明江盈科著。一卷。江为公安派重要作家，其论诗主旨亦大致同于“三袁”，以性灵为宗，提倡写真诗。此书通过品评对真诗的含义作了较深入的发挥。真不避俗，举王磐乐府为例，其“材料取诸眼前，句调得诸口头”，比之“匠心学古、艰难苦涩者”，胜过许多。故“凡为诗者，若系真诗，虽不尽佳，亦必有趣”。进而评古人诗，认为《三百篇》、《离骚》之后只有苏李“河梁”诗与《古诗十九首》是“真古”，“晋魏六朝则趋于软媚，纵有美才秀笔，终是风骨脆弱”。公安派诗话存世不多，此可视为其代表之作。有《说郛》重编本等。

梅村诗话 清吴伟业著。一卷。多记述故事，于诗学理论较少发挥，但评论同时诗人之作，叙述本事，由其所推崇者亦可窥其诗学宗尚。所论及的诗人，有友人、有与其齐名者、有明代殉节之臣、有闺秀女冠、有方外僧人。谓陈子龙之诗“高华雄浑，睥睨一世，好推崇右丞，后又摹拟太白，而少陵则微有异同”，谓龚鼎孳诗“最秀颖高丽，声调遒紧，有义山之风”，谓释苍雪诗“苍深清老，沉著痛快，当为诗中第一，不徒僧中第一”，都是独具眼光之见解。有《娄东杂著》本、《观自得斋丛书》本，亦见《梅村家藏稿》及《吴梅村先生编年诗集》。

薑斋诗话 清王夫之著。三卷。卷一“诗绎”专论《诗经》，卷二“夕堂永日绪论”内编多阐释诗歌理论，卷三“南窗漫记”以记录诗友宴游之作为主。论诗“以意为主”，认为烟云泉石等自然万物“寓意则灵”。对情、景关系，尤多妙解，“情景名为二，而实不可离。神于诗者，妙合无垠”。“情景虽有在心在物之分，而景生情，情生景”。崇尚情、景相融的艺术境界。又重视对生活的体验和感受，提出“身之所历，目之所见，是铁门限”的著名命题。又对明代以来的形式主义理论进行了尖锐的抨击。有《船山遗书》、《谈艺珠丛》、《清诗话》及人民文学出版社简夷之标点本（1962 年版）、戴鸿森笺注本（1981 年版）等诸本。

渔洋诗话 清王士禛著。三卷。辑成于作者晚年。内容以记录“生平与兄弟友朋论诗，及一时诙谐之语”为主，理论价值不高。作者论诗服膺钟嵘《诗品》、严羽《沧浪诗话》和徐祯卿《谈艺录》三家，实则取钟嵘滋味说、严羽兴趣说和徐祯卿感兴说为其神韵说张本，重视艺术表现的自然浑成。有《王渔洋遗书》、《四库全书》、《诗触》和《清诗话》等本。

带经堂诗话 清王士禛著。三卷。分综论、悬解、总集、众妙、考证、记载、丛谭、外纪等八门凡六十四类，广泛涉及诗歌创作和批评鉴赏等诸多方面的问题。论诗标举神韵说，重视描写山水田园等自然景物题材的作品，提倡诗歌创作的“兴会超妙”、“兴会神到”和自然含蓄、清新淡远的艺术风格，实则远绍唐司空图的“韵味”说和宋严羽的“兴趣”说。神韵说对诗歌的艺术创造和审美理论贡献良多，但以神韵为极则，排斥雄健豪迈之作，也有很大片面性。有乾隆原刻本、同治癸酉（1873）广州藏修堂重刻本和 1963 年人民文学出版社夏闳校点本。

然灯记闻 诗论著作。清王士禛口述，何世璂记录整理。一卷，二十二则。论诗主张先从风致入手，久之要造于平淡，与其“神韵说”一脉贯通。有《谈艺珠丛》本、《诗法萃编》本和《清诗话》本等。

莲坡诗话 清查为仁著。一卷（原作三卷）。所记多从游先辈及石交襟契赠答唱酬之作，以品评诗人为主，鲜有直接论诗之语。沈彬德跋称，此书体例可备诗话一格。有《蔗塘未定稿外集》、《龙威秘书》、《屏庐丛刻》、《昭代丛书》和《清诗话》等诸本。

谈龙录 诗论著作。清赵执信著。一卷，三十六则。系专为批评王士禛“神韵说”而作，以“诗外有事”和吴乔的“诗中有人”为理论武器，指责王氏过分追求神韵，流于空虚。主张“以意为主，以言语为役”，推崇艺术风格的多样化。在艺术表现方法上，既反对洪昇的“全龙”说，也不满于王士禛的“神龙”说，而认为诗固如神龙，变化莫测，但通过诗中所描绘的“一鳞一爪”能察觉到“首尾完好”的全龙，所论深中肯綮。但其持论仍以传统的儒家诗教为本，因而对王氏的批评也有失诸片面之处。有《饴山堂全集》、《四库全书》、《谈艺珠丛》、《清诗话》和人民文学出版社陈迩冬校点本（1981 年版）等。

声调谱 诗论著作。清赵执信著。一卷，也有分二卷或三卷，有《前谱》、《后谱》、《续谱》之分，故亦称《声调三谱》，末附《通转韵式》。据书前自序，作者曾向王士禛问声律之学，而士禛“靳”不肯告，赵氏遂退而发唐人诸集，稽考声律，成就此书。其主要观点：古诗中不能用律诗声调，律诗中除谐律句外，拗体律句宜平仄相救，是中国诗律史上的一大发现。其后翟翚、郑先朴分别为之作“拾遗”和“阐说”，使之臻于完善。有《四库全书》、《艺海珠尘》、《谈艺珠丛》和《清诗话》等诸本。

蠖斋诗话 清施闰章著。二卷，或作一卷。以考证为主，间附评论，提倡言之有物，有为而作，以“事核意真，情到兴具”为作诗之本，又重视比兴，反对直截太尽和堆垛学问。此外还收录诗坛掌故轶事，摘抄旧文等，内容较杂乱。有《施愚山全集》本、《昭代丛书》本和《清诗话》本。

贞一斋诗说 诗论著作。清李重华著。一卷。有两部分：“论诗答问三则”，综论诗理；“诗谈杂录”一百条，泛议历代诗人诗作，似有仿叶燮《原诗》分内、外篇之意。论诗以音、象、意为三要素，三者之间又以意为主，所谓“意立而象与音随之”。在艺术表现方法上，提出“诗有五长”，即神运、气运、巧运、词运、事运。对历代诗歌的品评，以“真意流露，气厚词朴”为批评标准，要求继承风雅和古诗的传统，有一定的复古倾向。其他如论情、景关系，论用典等，也多有可采之处。其论受张匠门及同里叶燮的影响，所得又与赵执信相近，而与袁枚为远。有《昭代丛书》本和《清诗话》本。

随园诗话 清袁枚著。十六卷，补遗十卷。多记当代文坛轶事，漫议古今诗人诗作，篇什繁富。论诗承明末公安派余绪，反对拟古和矫饰，提倡“性灵”说，认为“凡诗之传者，都是性灵，不关堆垛”。从诗人的审美主体出发，把“性灵”作为诗歌创作和批评鉴赏的最高原则。而所谓性灵，又含性情和灵机两部分内容。要求诗歌表现夫妻、男女之情以及日常生活中喜怒哀乐之情，而尤为心契绝假纯真、最初一念之“赤子之心”。同时还强调独创，要求表现诗人各个不同的“身分”和“心胸”，追求自然淡朴的诗歌意境。在艺术思维和艺术表现问题上，主张要笔性灵动，兴会所至，重视诗人的天分和才性等等。从性灵说出发，对沈德潜的格调说、翁方纲的肌理说和王士禛的神韵说都提出了批评和质疑，认为“格调是空架子”，肌理是“自矜淹博”，而神韵又过分蹈虚，凡此不为无见。有乾隆庚戌刻本、随园自刻本和人民文学出版社顾学颉校订本(1960 年版)。

漫堂说诗 诗论著作。清宋荦著。一卷，十三则。以唐、宋为中心，着重评述历代诗歌的发展。论诗主张上溯汉魏六朝，中研李、杜等大家，而泛滥于宋、元、明诸家，取径较宽。有《学海类编》、《国朝名人著述丛编》和《清诗话》诸本。

原诗 诗论著作。清叶燮著。四卷。旨在推究诗之本源，探讨诗歌创作中的重大理论问题。分内、外二篇，内篇“标宗旨”，外篇“肆博辨”，体系严整。论诗首倡源流正变、沿革因创之说，认为诗歌的发展是由源及流，由本及末的生生不息的过程，反对执源而遗流或得流而弃源的片面行为，把沿革因创的辩证统一，看作是诗歌发展的自身规律。同时还认为时有正变，而“诗变而仍不失其正”，诗歌发展的大势是“踵事增华”，“因时递变”。从理论上根本否定了复古拟古的风尚。其次，就创作过程中的主、客体关系，提出了理、事、情和才、胆、识、力之说。理、事、情概括了作为诗歌表现对象的客观事物的现象、本质和规律；而才、胆、识、力则综合了作为创作主体的诗人的才能、胆量、见识和笔力，四者之中，尤以“识”为主。所论高屋建瓴，自具系统，识见远远突过前人。此外，还把诗人之“胸襟”视为“诗之基”；又认为诗无定法，以克肖自然为法，以及对艺术思维中的虚实相成、有无互立、“遇之于默会意象之表”的认识等，都是深中肯綮之论，部分地揭示了创作的本质规律，把中国古代文学理论研究推向一个新的高度，也是继刘勰《文心雕龙》、钟嵘《诗品》之后，最具系统性的诗歌理论著作。但因其未能摆脱儒家传统观念的束缚，因而也就无法把其初露端倪的艺术辩证法贯彻到底。在探讨文学发展的规律时，也往往忽视社会生活诸因素的影响，此为历史局限性所在。有《已畦集》本、《清诗话》本和人民文学出版社霍松林校注本(1979 年版)。

一瓢诗话 清薛雪著。一卷，二百三十则。以论诗、评诗为主，间附考证。论诗重视志气、才思和学力，认为三者俱备，方能卓然自立，与古人抗衡，反对摹古和拟古倾向。提倡诗歌创作“必先有触以兴起”，“无为而作者，必不是好诗”，激赏“随笔纳忠触景垂戒之作”，有较强的现实主义精神。同时主张艺术风格的多样化，认为“从来偏嗜最为小见”，“理有固然，无容执一”，理论视野较为开阔。其论诗多受其师叶燮影响，但又能加以生发，树一己之见，于诗亦可谓三折肱矣。有薛氏自刻扫叶村庄刊本、《昭代丛书》本、《清诗话》本和人民文学出版社杜维沫校注本(1979 年版)。

说诗晬语 诗论著作。清沈德潜著。二卷。对上自先秦，下迄明代诗歌的源流升降、功能作用以及形式技巧等问题广泛评说，理论色彩较浓厚。论诗以儒家诗教为本，重视诗歌“理性情，善伦物，感鬼神，设教邦国，应对诸侯”的社会作用，要求诗歌创作“优柔渐渍，仰溯风雅”，具有明显的复古倾向。又认为“有第一等襟抱，第一等学识，斯有第一等真诗”。见解亦颇深刻。其“格调”说以摹仿唐诗声律为前提，追求抑扬抗坠和响外别传之妙，对诗歌“以声为用”的审美特征体会较深。其论诗多承其师叶燮余绪，而又自出新意，在清代诗话中有一定代表性。有《沈归愚诗文全集》、《诗触丛书》、《啸园丛书》、《清诗话》和人民文学出版社霍松林校注本(1979 年版)等诸本。

诗辩坻 诗论著作。清毛先舒著。四卷。自《诗经》迄明，中略宋、元，一一论及。书论、评结合，自成体系。论诗承明代前后七子余绪，以“盛唐以上，《三百篇》以下”为极则，尤于李攀龙不啻铸金呼佛，复古气息较浓。理论上服膺刘勰、钟嵘、皎然、严羽、徐祯卿、王世贞六家，尤以《文心雕龙》、《谈艺录》、《艺苑卮言》为“精确可遵”。有《思古堂十四种书》本和《清诗话续编》本。

诗筏 诗论著作。清贺贻孙著。一卷。先立总论以阐明其诗学观，然后依时代先后评议历代诗人诗作。论诗以“化境”为极则，又以养气为基本前提。其语云：“清空一气，搅之不碎，挥之不开，此化境也。然须厚养气始得，非浅薄者所能侥幸。”又提倡作者自写性灵，推崇真率自然的艺术风格。所论具有较高审美价值。有《水田居全集》本和《清诗话续编》本。

围炉诗话 清吴乔著。六卷。论诗远绍《风》、《骚》，近取晚唐，间采两宋而鄙斥明代。从诗歌的体制风格出发，提出“变复”的观点，认为汉魏古诗和盛唐之诗不唯能变，且能复其淳正、高雅和挺秀，是谓得变复之道。而宋、明二代或变或复，不能兼美，不免堕失古意，甚或流为叔敖之优孟。在诗歌创作上，主张以“意为主将”，以情思为诗材，强调诗的个性化和独创性，其“诗中须有人”的说法，遂成诗家金针，赵执信《谈龙录》曾据此大力攻击王士禛的神韵说，可见其影响之大。其论诗建立在对明七子批判的基础上，虽精见迭出，而偏颇之论亦不少。有《借月山房汇钞》、《适园丛书》、《丛书集成初编》和《清诗话续编》诸本。

载酒园诗话 清贺裳著。正编一卷，又编四卷，凡五卷。正编以论述诗歌的艺术表现方法和技巧为主，兼评宋、明两代的诗论著作。又编则纵评唐、宋诗人诗作。论诗主张理与辞相辅而行，反对严羽的诗有“别材别趣”说和谢榛《诗家直说》中论诗“专重音响”的倾向。同时批评明人于中、晚唐诗或卑或尊的动摇心态。对初唐陈子昂，盛唐李白、杜甫、王维，中唐韦应物、柳宗元，晚唐杜牧、温庭筠和宋初西昆体评价较高，立论与时尚颇有不同。有《清诗话续编》本。

答万季野诗问 诗论著作。清吴乔著。一卷。原附刻于其《围炉诗话》中。论诗推重盛唐而极诋两宋，持论富于激情，但理致稍欠。有《清诗话》本等。

岘斋诗谈 又名《茧斋诗谈》。诗论著作。清张谦宜著。八卷。前三卷侧重阐发诗歌理论及学诗门径，卷四至卷七评论历代诗人诗作，卷八为杂录。论诗首重气骨，强调造意精审。立论能自成一家，颇资采择。有《家学堂遗书》本和《清诗话续编》本。

小澥草堂杂论诗 诗论著作。清牟愿相著。一卷。由三部分组成：“诗小评”，用两句形象的比喻，描绘自《古诗十九首》至晚唐诸诗人的艺术风格；“杂论诗”，泛论汉魏迄明各代诗歌的总体成就；“又杂论诗”，随意评议历代诗人诗作。有《清诗话续编》本。

北江诗话 清洪亮吉著。六卷。以论诗为主，间及金石文字、史学、地志以及科场故实等。论诗以性、情、气、趣、格为次第，推重《诗经》和陶渊明，对宋、元、明、清诗颇多微词。又注重诗人修养，并按品格把唐代诗人分为数等，以杜甫、韩愈、白居易居首，李白、王维居次，而柳宗元、刘禹锡等为最下。其以儒家思想为本，虽时有可采之处，但持平之论毕竟不多，更少创见。有《洪北江全集》本、《丛书集成初编》本及人民文学出版社陈迩冬校点本（1983年版）等。

石洲诗话 清翁方纲著。八卷。卷一、卷二评唐诗，卷三、卷四评宋诗，卷五评金、元诗，卷六评《渔洋评杜摘记》，卷七、卷八分别评元好问《论诗绝句》和王士禛《仿元遗山论诗绝句》，通过对历代诗人诗作的品评体现其诗学观点。论诗倡“肌理”说，据《言志集序》，肌理包含义理和文理两方面内容，实质是欲以经书学问救“神韵”之空虚和“格调”之摹拟，而融三者于一体。袁枚曾讥之为“误把抄书当做诗”。有《苏斋丛书》、《粤雅堂丛书初编》、《丛书集成初编》、《清诗话续编》和人民文学出版社陈迩冬校点本（1981年版）等。

寒厅诗话 清顾嗣立著。一卷。多引述宋荦、冯班等人论诗之语，间附己意，理论创见较少。有《昭代丛书》本和《清诗话》本。

剑溪说诗 诗论著作。清乔亿著。原著分上、下二卷，及《又编》一卷，凡三卷。旨在指导创作，广泛论及如诗人修养、写作技巧、艺术风格等诸多方面问题。论诗以性情为体，尤主张从情、景关系中把握性情，所谓“景中断须有意，无意便是死景”，“景物所在，性情即于是存焉。”又重视诗人深厚的文化修养，要求“根本六经”，放浪于《庄子》、《离骚》，错综于《左传》、《史记》等，也不为无见，但过重经、史，未免有偏。沈德潜序称其书“述前言而衷以心得，抽新绪而融以旧闻”，大抵副实。此书由于对作诗门径论析精微，论者或谓可补司空图、严羽蹈空之弊。有《乔剑溪遗集》本和《清诗话续编》本。

诗学纂闻 诗论著作。清汪师韩著。一卷。或阐述诗歌理论，或品评宋、元以后诗，或杂记一些总集、合集和别集之版本资料，或散论歌行、集句等较少见的诗体，或漫议一些诗句、诗韵等。内容宽泛，但持论尚切实。有《昭代丛书》、《诗法萃编》和《清诗话》诸本。

昭昧詹言 诗论著作。清方东树著。正文十卷，续八卷，续录三卷，凡二十一卷。评析作品以王士禛《古诗选》和姚鼐《今体诗钞》为范围，按诗体分类及时代先后论、评结合，是桐城派诗学的集中体现。论诗首重义理，大凡汉唐儒学、宋明理学及经济格物之理，皆可入诗，但反对“正题实说”，而主张“闲题出之”。又重古文文法，至于诗之起结、离合等，多有会心。但因此而否定王维等人的诗作及严羽等人的诗歌理论，也不无偏颇之处。有《桐城方植之先生遗书》本、武强贺氏本和人民文学出版社汪绍楹校点本(1961年版)。

茗香诗论　诗论著作。清宋大樽著。一卷。附刻于其《学古集》中。论诗以六经为本,以寄兴为宗旨,固守封建传统观点。有《清诗话》本和《丛书集成初编》本等。

秋窗随笔　诗论著作。清马位著。一卷。以论诗为主,间杂论文之语。论诗以严羽《沧浪诗话》为渊薮,尊唐抑宋,其考据辨证,也多有可采。有《昭代丛书》本和《清诗话》本。

野鸿诗的　诗论著作。清黄子云著。一卷。论诗以精、气、神为导引之术,又以"能鼓汉魏之气,撷六朝之精,含咀乎《三百篇》之神"的杜甫为宗尚,重视诗歌的情感特征和艺术表现。不苟同于神韵、格调二说,而为袁枚的性灵说导乎先声。有《昭代丛书》本和《清诗话》本。

履园谭诗　诗论著作。清钱泳著。一卷。分总论、以诗存人、以人存诗、纪存和摘句五个部分。论评结合,自成一家。论诗倡理足、意足、气足"三足说",对诗人的主观条件要求较高。又要求作诗如草木之花,逢时而开,亦颇可采。其论诗折衷于格律、性灵二说,而时出新意。有《履园丛话》本和《清诗话》本。

师友诗传录　诗论著作。清郎廷槐编。一称《渔洋定论》,又称《梅溪诗问》,但繁简不一。内容为郎氏问,王士禛、张实居、张笃庆答,以探讨诗、诗法、诗韵为主,间及诗歌理论。有《四库全书》、《丛书集成初编》和《清诗话》诸本。

师友诗传续录　亦称《古夫于亭诗问》。诗论著作。清刘大勤编。一卷。内容为刘大勤问,王士禛答,以论述诗体、诗法、诗韵为主,兼评诗人诗作。论诗与王氏神韵说相近,追求弦外之旨和自然声韵。有《四库全书》、《国朝名人著述丛编》和《清诗话》诸本。

说诗菅蒯　诗论著作。清吴雷发著。一卷,三十九则。论诗以高、细、熟为诗人"三要",以"真中有幻,动中有静,寂处有音,冷处有神,句中有句,味外有味"为诗之极致,颇富辩证意味,立论鲜存门户之见。有《昭代丛书》本和《清诗话》本。

雨村诗话　清李调元著。二卷。以评论诗人为主,间及诗歌理论。论诗重视作者人品和作品的音乐性,推崇陶潜、李白、杜甫、韩愈、苏轼五家诗。有《函海》、《丛书集成初编》、《清诗话续编》等本。

秋星阁诗话　清李沂著。一卷,六则。论诗提出多读、多讲、多作、多改"八字诀",推尊盛唐,反对故立异说。其论虽仅数则,但却堪为初学诗者金针。有《昭代丛书》本、《萤雪轩丛书》本和《清诗话》本。

山静居诗话　清方薰著。一卷,附录五则。以辑录时人遗诗轶事为主,间附评议。论诗重视性灵,对格调说及传统的诗教均表不满。有《丛书集成初编》本和《清诗话》本等。

续诗品　论诗组诗。清袁枚作。凡三十二首。自序称:"余爱司空表圣《诗品》,而惜其只标妙境,未写苦心,为若干首续之。"论诗重在揭示诗歌作法,涉及诗歌创作及批评鉴赏诸方面,而以性灵条贯其中,充分体现其论诗主张。有《昭代丛书》本、《清诗话》本和人民文学出版社郭绍虞注解本。

消寒诗话　清秦朝釪著。一卷。内容杂记朋辈行迹及轶诗轶事,间加评论。论诗多祖述儒家诗教,新见不多。有《昭代丛书》本和《清诗话》本。

春酒堂诗话　清周容著。一卷。体例较杂。论诗提倡雅正和自然含蓄,基本倾向略同于前、后七子,但往往言过其实,殊欠平允。有《四明丛书》本和《清诗话续编》本。

抱真堂诗话　清宋徵璧著。一卷。重在揭示古人诗句之间的承继关系,偶加评语。论诗大旨不出儒家诗教范围。有《清诗话续编》本。

古欢堂杂著　诗论著作。清田雯著。四卷。卷一总论自《诗经》以来诗风之源流正变,卷二分体论诗,卷三、卷四杂评谢榛及友朋论诗之语。体例清晰,议论简明。有《笔记小说大观》本和《清诗话续编》本。

诗义固说　诗论著作。清庞垲著。二卷。上卷记与同人论诗之语,下卷记与其弟解析古诗疑难及节录古人论诗之语。论诗以"性情礼义"为诗之体,以"始终条理"为诗之用,大旨允当。有《清诗话续编》本。

拜经楼诗话　清吴骞著。四卷。因系"随得随笔",故内容庞杂,了无次第,但以校雠考订为精,如考证《敕勒歌》的作者、《分类唐歌诗》的版本以及沈约《四声韵谱》的真伪等,俱能持平入理,令人信服。又尝转录陈枚论诗之语:"以温厚蕴藉为体,以风雅鼓荡为用,思入深沉,调出俊爽。"可见其诗学旨趣。此外,还重视音韵,追求"言外不传之妙",所论亦多中肯。有《拜经楼丛书》、《艺海珠尘》、《丛书集成初编》和《清诗话》等诸本。

龙性堂诗话 清叶矫然著。二卷。以阐释诗论为主，兼评历代诗人诗作。论诗主张“有为而作，自有所指”，但又反对“拘于所指”，目的是为了使读者掩卷而思，能“恍然相遇于语言文字之外”，此接触到形象思维和艺术想像诸问题。又提倡“作诗须着身分语”，对创作的个性化有较清晰的认识。其他如主张继承古诗声、义并重的传统，以及重视诗歌“欲曲欲巧”的艺术特征等等，亦颇资可采。叶氏是闽中继严羽、刘克庄后较有影响的诗论家，但序称其诗话“上下数千年，如指诸掌……将古今人之诗魄，悉摄而著之纸上”，亦不免过誉。有《清诗话续编》本。

西圃诗说 诗论著作。清田同之著。一卷。论诗强调根柢和兴会，认为根柢源于学问，兴会发于性情，情景妙合是诗歌之“最”，实际是承王士禛神韵说而来。有《德州田氏丛书》本和《清诗话续编》本。

瓯北诗话 清赵翼著。十二卷。卷一至一〇评论李白、杜甫、韩愈、白居易、苏轼、陆游、元好问、高启、吴伟业、查慎行十家诗(含“陆放翁年谱”一卷)，卷一一杂评韦应物、杜牧、黄庭坚等各家诗，卷一二散论各种诗体、诗格。论诗提倡创新，认为凡传世之作“必创前所未有”，而拾人牙后、人云亦云者则无以“成家”，故以明代前、后七子为优孟衣冠。其创新的基本内容是“意未经人说过”、“书未经人用过”，品评诗人，大抵本此立论。至如其中《论诗绝句》“李杜诗篇万口传，至今已觉不新鲜。江山代有才人出，各领风骚数百年”，尤为后人称道。其他如重视才气和性情，主张反映重大时事题材等，也多有可采之处。有《瓯北全集》本、《清诗话续编》本和人民文学出版社霍松林、胡主佑校点本(1963 年版)。

葚原诗说 诗论著作。清冒春荣著。四卷。卷一论五律，卷二论七律，卷三论五排、五绝、七绝，卷四论古诗、乐府。以论述各体诗歌作法为主，理论阐发不多，亦少新见。有《如皋冒氏丛书》本和《清诗话续编》本。

石园诗话 诗论著作。清余成教著。二卷。评述唐代诗人，以时代为序，论诗重性情学行和清新自然的艺术风格，推举李白、杜甫、韩愈为“有唐三大家”，所论不无可采之处。有《清诗话续编》本。

退庵随笔 诗论著作。清梁章钜著。一卷。侧重于理论探讨和作法剖析，涉及自汉迄元的诗人诗作，对清代乾嘉以前诗人，也偶有论及。论诗多承翁方纲、纪昀余绪，大旨不出儒家诗教范围。有《清诗话续编》本等。

静居绪言 诗论著作。作者不详。一卷。以阐述诗歌创作理论为主，并对汉魏六朝以迄唐宋的诗人诗作泛加评述。论诗既恪守儒家诗教，又有自己独特见解。有《清诗话续编》本。

白华山人诗说 诗论著作。清厉志著。二卷。旨在指导学古，从中也可见出作者的诗学观。论诗以曹植与《古诗十九首》为第一，在唐代诗人中，仅推重兼综意、气的杜甫和涵括情、韵的李白。对诗歌的艺术特征的认识颇有见地。有《白华山人集》本和《清诗话续编》本。

养一斋诗话 清潘德舆著。十卷，附《李杜诗话》三卷。卷一集中阐述其诗学观，其他各卷则本此张论。论诗以儒家诗教为本，把“言志”与“无邪”作为诗之准则，要求诗歌创作有益于身心、有裨于政教。又重视诗品与人品的关系，提出“胸襟大一分，诗进一分”的主张，但又认为“人与诗有宜分别观者”，见解尚为圆通。其他如在思想艺术上要求性情深厚、诗境质实等，亦属一得之见，未可轻弃。是书儒教色彩浓厚，但对清代乾、道年间的颓靡诗风来说，也有一定现实意义。有道光刻本和《清诗话续编》本。

问花楼诗话 清陆鎣著。三卷。以摘句的形式，品评唐、宋、元、明、清五朝的部分诗作。论诗眼界开阔，评骘大抵允当。有《陆氏传家集》本和《清诗话续编》本。

竹林答问 诗论著作。清陈仅著。一卷。以问答形式阐述诗歌创作和理论批评的诸多问题。论诗肯定神韵、格调二说，而对性灵说则颇多微辞。又提出诗趣、诗机、诗境、诗料四者为“作诗之具”，亦新警可玩。是清代诗话中理论性较强的一种。有《金峨山馆丛书》本和《清诗话续编》本。

西江诗话 清曾廷枚著。三卷。是书专辑历代江西诗人之故事轶闻、名篇佳句，间有评论。首推陶渊明为“圣门弟子”、诗坛“第一达磨”，称其《咏荆轲》诗“英气勃发”，可“独步千古”；其后历叙宋晏殊、欧阳修、王安石及黄庭坚以下江西派诸诗人，元则吴澄、虞集、范梈、揭傒斯，明则曾棨、罗玘、艾南英，清则陈伯茂、万士华、魏禧等，所叙不主一派，不名一家，盖以地域论，不以诗派论也。有《芗屿丛书》本。

岘佣说诗 原名《砚佣说诗》。诗论著作。

近代施补华著。一卷，一称二卷。内容驳杂，新见无多，唯论学诗顺序从五律、五古、七律至五绝、七绝，发人之未发，颇堪玩味。有《清诗话》本等。

筱园诗话　一称《穆清堂诗话》。近代朱庭珍著。四卷。卷一总论其诗学基本观点，余三卷漫评历代诗人、诗作、诗论、诗法。论诗重视诗人的主体作用，以培养根柢为诗人第一要义。而所谓根柢，即指积理、养气和炼识，此论颇具系统。在诗人与诗法的关系上，主张"以我运法，而不为法用"。对诗歌的历史发展，兼重诗人的天分学力和时代的风云所会等，此皆为允当之论。其论诗以沈德潜格调说为旨归，权衡于神韵和肌理二说，而恶于性灵说，其本身根柢也大致不出此范围。有《云南丛书初编》本和《清诗话续编》本。

饮冰室诗话　近代梁启超著。二百零四则。是对其与夏曾佑、谭嗣同等人掀起的诗歌改良运动所作的理论总结。论诗以"旧风格含新意境"相尚，要求表现改革社会现实、具有强烈的爱国主义和民族精神的思想内容，以及传播西方文化思想和自然科学中的进步成分。以记录近代变法维新运动中一些杰出人物的诗篇为主，推举黄遵宪、夏曾佑、蒋智由为"近世诗家三杰"，藉此把诗歌作为宣传鼓动工具，为当时的改良政治服务。此外还收录许多歌曲、歌词，重视音乐教育和尚武精神，体现出浓烈的时代色彩。但由于过分强调诗歌的社会作用，而相应忽略其审美价值，此为明显之不足。有《新民丛报》本、《饮冰室全集》本和人民文学出版社舒芜校点本(1959年版)。

石遗室诗话　近代陈衍著。三十二卷。集中体现"同光体"诗人的诗学观点。论诗以唐代开元、元和、元祐"三元"为尚，但反对强分唐宋，而主张唐宋并举，学问与性情结合，对"宋诗派"的某些观点也有所保留。还辑录大量近代诗歌作品，兼记轶闻遗事，对研究近代诗歌史具有很高参考价值。有商务印书馆铅印本(1935年版)。

射鹰楼诗话　近代林昌彝著。二十四卷。以辑录福建籍诗人诗作为主，兼及清代四百余位诗人。尤其辑存魏源、林则徐、张维屏等爱国诗人作品，保存了很多反映鸦片战争史实的诗篇。论诗重诗歌的风化作用，推重以杜甫为代表的沉郁顿挫、风骨刚健的艺术风格，同时也不废其他。对清代的几派重要诗论也各有所取，较少门户之见。此书以反映抗英斗争为中心，是一部具有强烈爱国主义和民族精神的诗话著作。有咸丰元年刻本和上海古籍出版社1988年标点本。

在山泉诗话　近代潘飞声著。二卷。以记录师友唱和、名人轶事为主，兼录部分外国学者的汉诗。是近代中、西文化交流在诗话著作中出现的新内容。有《古今文艺丛书》三辑本。

老生常谈　诗论著作。近代延君寿著。一卷。旨在指导后学，论、评结合。论诗强调多读书，有创新精神，反对固守陈法，依傍他人。有《山右丛书初编》本和《清诗话续编》本。

小清华园诗谈　诗论著作。近代王寿昌著。二卷。上卷先"总论"，后"条辨"；下卷选古、唐人诗句略加辨析。论诗偏于陈腐，又以汉、魏、晋、唐为则，取径较窄。有《清诗话续编》本。

辍锻录　诗论著作。近代方南堂著。一卷。侧重理论阐述，间亦品评诗人诗作。论诗分诗人之诗、学人之诗和才人之诗，但偏重诗人之诗；而诗人之诗也即唐人之诗，可见其心中依傍。其论诗方法受严羽影响，好以禅喻诗，但持论却不尽相同。有《清诗话续编》本。

三家诗话　近代尚鎔著。一卷。"三家"系袁枚、蒋士铨、赵翼。有总论、分论、余论三部分。对三位诗人的个性、作品艺术风格及创作上的得失都有大抵平实的评价。有《持雅堂全集》本和《清诗话续编》本。

雪桥诗话　近代杨宗羲著。三编。多评述清代诗人诗作，尤对八旗文献掌故记叙较详。近代红学大兴考据之风，从中取资实多。为研究清代尤其是八旗诗歌的发展提供了较丰富的资料。有刘翰怡刻本。

五百石洞天挥麈录　诗论著作。近代邱菽园著。十二卷。丘逢甲序称"标举襟灵之外，留心风化"，可见其论诗以儒家思想为本。主要评述清代福建、广东籍诗人及其作品，一些名家如屈大均、梁佩兰、张维屏、丘逢甲等尽列其中，有一定代表性。有光绪二十五年(1899)石印本。

宋诗话辑佚　郭绍虞辑。体例据补辑与全辑分为上下二卷。上卷收虽有传本而不全者，补辑计八种；下卷收完全散佚仅见著录，或未见著录仅见称引者，系全辑，计二十四种。另有三种非纯粹论诗专著，作为附辑。所辑诗话皆注明出处，间附按语，此书特点是网罗散佚，考校有据。宋代诗话之吉光片羽赖以仅存，实有裨于文学史研究。有燕京学社1937年初版本，中华书局1980年修订本。

宋诗话考 诗话研究著作。郭绍虞著。三卷。上卷考述现尚流传之宋人诗话，如欧阳修《六一诗话》，陈师道《后山诗话》，严羽《沧浪诗话》等；中卷考述部分流传、或本无其书而由他人纂辑之本，如王直方《王直方诗话》、范温《潜溪诗眼》、黄升《玉林诗话》等；下卷考述有其名而无其书，或知其目而佚其文，又或有佚文而未及辑者，如王珪《王禹玉诗话》、黄庭坚《黄山谷诗话》、秦观《秦少游诗话》等。上下卷均略以时序，不再分类；中卷则分撰述与纂辑二类，仍各以时为序。共著录宋人诗话一百三十余种，对书名、卷数、著者、存佚、版本、内容考订颇详，"凡有关宋人诗话之著，就现时所能采集者，固亦大体备矣"（自序一）。中华书局1979年出版。

清诗话 诗话总集。近代丁福保编。收录清代三十五家的四十三种诗话著作。清代诗话，诸家纷起，然总不免于滥。此编则在某种程度上起到去芜存菁的作用。但因其急于成书，对版本往往不加选择，校勘亦多疏漏。今郭绍虞为标点本所作前言已悉指其弊。有上海古籍出版社1978年出版的据中华书局上海编辑所1963年版本修订的校点本。

清诗话续编 诗话总集。郭绍虞编。据编者自序，丁福保辑有《清诗话》，颇便于研究者参考，其"研究中国古典文学理论，平生搜集清人诗话不遗余力，而朋辈中复有以孤本、抄本见贻者，故收藏较为完备"，乃至"久欲编选清人诗话丛书，以继丁氏未竟之业"。所辑以评论为主，专述交游轶事及声韵格律者不在其列。共选诗话三十四种，其中如毛先舒《诗辩坻》、贺贻孙《诗筏》、贺裳《载酒园诗话》、吴乔《围炉诗话》、乔亿《剑溪说诗》、赵翼《瓯北诗话》、翁方纲《石洲诗话》等，颇有真知灼见，常为后人称引。上海古籍出版社1983年出版。

历代诗话 ❶诗话汇编。清何文焕编。收诗话二十六家之二十七种。自南朝迄明代各种类型的诗话中，举凡评论作家作品、阐述诗歌理论、专论作诗方法、记载诗人遗闻轶事等方面有新意、有影响之诗话著作多有选入，"因前贤小品，每易散遗，故汇为一编"（《凡例》）。末附何氏《历代诗话考索》。传本误讹较多，虽作考校，仍未免疏讹。有中华书局1981年出版的校点本。❷诗话汇编。清吴景旭编。八十卷。按天干排列，分为十集。体例仿陈耀文《学林就正》，每条各立标题，先引旧说于前，后杂采诸书以相考证，或辨其是非，或参其异同，并时以己意发挥之。有较高的资料价值。有嘉业堂刊本和中华书局上海编辑所校点本。

历代诗话续编 诗话汇编。近代丁福保编。系清何文焕所编《历代诗话》的续编。收诗话二十九种，均为自唐至明一批颇有影响的诗话，亦有罕见的《观林诗话》、《艇斋诗话》、《藏海诗话》、《逸志堂诗话》等善本。如李详《历代诗话续编序》云："既以何为向导，又举孤军搜岩剔薮，卷帙视何相若，其假抄移写，费实倍之。"又对《升庵诗话》等作了改编。有中华书局1983年出版的校点本。

诗韵集成 诗韵汇编。清余照亭编。六卷。据清初官修韵书《佩文诗韵》所用"平水韵"系统，按平、上、去、入四声一百零六韵部排列编次韵字，每字下纂集使用该字之常见词汇及诗文成句、典故，间作简要注释，具有小型类书的功能，供旧时初学作诗者检韵摛藻之用。有光绪十二年（1886）同文书局石印本、民国二十九年（1940）上海春明书店排印本等。

诗韵合璧 诗韵汇编。近代汤文璐编。五卷。系以《诗韵珠玑》、《渔古轩诗韵》二书为蓝本，参考《诗韵集成》、《诗韵音义注》、《诗韵异同辨》等书，荟萃各家音注，书眉上复加以"词林典腋"、"诗腋"，编纂而成。据"平水韵"分平、上、去、入四声一百零六部。具有小型类书的功能，为学诗者检选韵脚、采摭词藻、征引典故提供方便，风行一时。后又有人加以增广，补充有关诗料十余种，题《增广诗韵全璧》行世。《合璧》有清季石印本，近有1982年上海古籍书店影印本。《全璧》则有鸿宝斋石印本等，1983年上海古籍出版社删其眉头各种无关韵字之本注，影印出版，题名《诗韵》。

楹联丛话 研究著作。近代梁章钜著。十八卷。凡正集十二卷、《续话》四卷、《三话》二卷。为第一部专门论述楹联的著作，对楹联之起源及各门类作品的特色都有介绍。正集分故事、应制、庙祀、廨宇、胜迹、格言、佳话、挽词、集句（附集字）、杂缀（附谐语）十门，《续话》分门同正集，《三话》厘为上、下卷，不分门。正集前有道光二十年（1840）陈继昌序，另有同年作者自序，谓因睹文话、诗话、词话均有专书，而楹联独无，故"博访遐搜，参以旧所闻见，或有伪体，必加别裁"，辑撰成书，"非敢谓尽之，而关涉掌故，脍炙艺林之作，则已十得六七”。《续话》有道光二十三年作者自序。有道光间刊本。通行本为民国二十四年(1935)商务印书馆排印《国学基本丛书》本，1981年上海书店影印重版本。

摩罗诗力说 诗论篇名。鲁迅作。发表于1908年《河南》杂志第2、第3号。署名令飞。1926年由作者收入杂文集《坟》。“摩罗”，梵语Mara音译，一作“魔罗”，或简称“魔”。所谓“摩罗诗派”，即“恶魔派”，是19世纪初英国消极浪漫主义派诗人罗伯特·骚赛攻击、谩骂以拜伦、雪莱为代表的积极浪漫主义派的用语。文中主要介绍、评论英国拜伦、雪莱，俄国普希金、莱蒙托夫，波兰密茨凯维支、斯洛伐茨基、克拉辛斯基和匈牙利裴多菲等八位浪漫派诗人，赞扬“刚健不挠，抱诚守真”、“立意在反抗，指归在动作”的战斗风格和反叛精神，呼唤“精神界之战士”。是我国第一部倡导浪漫主义文学的专著。

谈新诗 诗论篇名。胡適作。载1919年10月10日《星期评论》，副题“八年来一件大事”。回顾辛亥革命以来八年间诗歌创作，抨击旧诗，提出以“诗体的解放”为中心的新诗理论：“打破五言七言格式”，“打破平仄”，“废除押韵”。并强调“诗体的解放”要同“新内容和新精神”相结合，让“丰富的材料，精密的观察，高深的理想，复杂的感情”，一起跑到解放了的诗体中去。茅盾称本文是新诗初期的“一根大柱”(《论初期白话诗》)；朱自清则称是新诗理论的“金科玉律”(《中国新文学大系诗集导言》)。

新诗略谈 诗论篇名。宗白华作。载1920年《少年中国》第1卷第8期。认为新诗应具备形与质两个方面，从美学高度阐述两者内涵及辩证关系。指出“形”的方面要有“音乐作用”和“绘画作用”，以形成诗在“空间中极复杂的繁富的美”；“质”的方面，即使人直接感受大自然，从中获得“一切高等艺术产生的源泉”，并“加入社会活动”，以“窥看人性纯真的表现”，也即新诗人对人格的修养。

诗的格律 诗论篇名。闻一多作。载1926年5月15日《晨报》副刊。针对初期白话诗缺乏艺术美，倡言新诗“格律说”，提出“音尺”“三美”理论。认为诗必须讲求“格式、音尺、平仄、韵脚”，必须具备“音乐的美”(音节)、绘画的美(词藻)和建筑的美(节的匀称和句的均齐)。并指出这种格律与旧诗格律的三点区别，强调了新诗格律的变化、与内容相关、自定等特征。对于“新月派”诗歌创作，和提高新诗艺术水平，起过很大作用。

论新诗 诗论篇名。臧克家作。载1934年《文学》月刊第3卷第1号。将1934年之前中国新诗历程分为三个时期：一、《尝试集》时期，二、徐志摩时期，三、戴望舒时期。承认新诗有进步的痕迹，但又认为“可喜的不比可悲的多”。指出新诗的前途在于体验严酷的时代，注重新诗的内容，反对用固定的形式来表现生动的内容。“诗人须得执著人生，执著诗，要把诗看得比生命还珍重！要用人间的一切学问和世情锻炼自己，而感情往远大处放”。

诗与真 诗论著作。梁宗岱著。包括《诗与真》(商务印书馆，1934年)和《诗与真二集》(商务印书馆，1936年)。收评论十八篇，多为诗论、比较文学的篇什。认为“真”是诗的唯一深固的基础，诗是“真”的最高与最终的实现。讨论了诗歌的内容与形式、音节、格律、风格等问题，并从历史和哲学角度探索象征主义的源流和特性，德、法文学及其代表作家的比较，中西作家创作的比较等，精见迭出。

谈新诗 诗论著作。冯文炳著。系30—40年代在北京大学任教时的讲义，其中前十二章1944年曾以《谈新诗》为书名由北平新民印书馆出版。1984年人民文学出版社将作者抗战胜利后续编的四章并入，仍用原书名出版。论列胡適、沈尹默、刘半农、鲁迅等近20位诗人及其作品，关注中国诗既成传统对新诗的制约，坚持新诗的“新”在“内容”，并不在“形式”。“新诗的诗的形式并没有”，为当时突出的一家之言。

诗论 ❶诗论著作。艾青著。1941年9月桂林三户图书社出版。收《诗论》、《诗人论》、《诗与宣传》、《诗与时代》、《诗的散文美》等五篇关于诗的论文。论述诗歌中的美是对新的世界的期望和对旧的世界的憎恶；诗的形象思维的特殊性；诗歌的内容与形式及其辩证关系。1953年10月上海新文艺出版社重出增订本，收诗论二十篇，反映其对诗歌创作理论更广泛而精细的论述。❷诗论著作。朱光潜著。1943年重庆国民图书出版社初版，1948年补入《中国诗何以走上律的路》上下篇和《陶渊明》改由正中书局出增订版。作者试图对“固有的传统究竟有几分可以沿袭”和“外来的影响究竟有几分可以接受”这两大问题作探求，建立中国的诗学，以推动新诗的发展。广泛涉及诗的起源、性质、特征等诗的基本理论，继而又从分析具体诗歌作品和其他现象入手，研究中国诗歌的节奏和声韵。并从汉赋的影响和佛经的翻译、梵音的输入，探讨中国诗何以走上律的路。作者特别关注西方诗作品与诗理论，采用比较文学的研究方法，既从历史的角度作纵向比较，又以中外诗歌作横向比较，即以西方诗论来观察中国古典诗歌，用中国诗论来印证西方诗论。

诗的艺术 诗论著作。李广田著。开明书店1944年12月出版。有《论新诗的内容与形式》、《诗的艺术：论卞之琳的〈十年诗草〉》、《沉思的诗：论冯至的〈十四行集〉》、《诗人的声音：论方敬的〈雨景〉与〈声音〉》、《树的比喻——给青年诗人的一封信》等篇。作者根据多年写诗经验，表达自己对于诗乃至整个艺术的认识或看法：强调诗的内容与形式的和谐，不满于忽视技术的诗的散文化倾向，指出诗人的条件在于勤奋和忍耐，像树一样“植根于生活，却又创造生活”。

新诗杂话 诗论著作。朱自清著。作家书屋1947年出版。1937年1月在《文学》月刊“新诗专号”上发表两篇“新诗杂话”，后在厉歌天和李广田鼓动下，在抗战期间的昆明陆续写成十三篇“新诗杂话”。前后十五篇，加附录麦克里希《诗与公众世界》成集。是继其《中国新文学大系诗集导论》后，对中国新诗发表的“零星而深研”的心得。论题广泛，主要涉及新诗的现代观念、取材、表现手段，及其发展前途等。特别对40年代新诗与时代的关系、新诗中的现代诗派别的研究，见解卓尔，影响深巨。

《十四行集》序 诗论篇名。冯至作。为其《十四行集》再版（上海文化生活出版社，1949年1月）时所作。阐明十四行诗的基本特点：“它层层上升而又下降，渐渐集中而又解开，以及它错综而又整齐，它的韵法穿来而又插去”，“正宜于表现我们所要表现的事物”。指出“作诗本来应该和一座雕刻或一幅画一样，除却它本身外，不需要其他的说明”。

两都赋序 文论篇名。东汉班固作。从“赋者，古诗之流”观点出发，概括介绍西汉两百多年间赋的兴起和发展，肯定其“或以抒下情而通讽谕，或以宣上德而尽忠孝，雍容揄扬，著于后嗣，抑亦雅颂之亚也”。言辞间虽存鼓励以赋歌功颂德之意，但不取扬雄雕虫篆刻之说，既肯定其讽谏之义，又不弃其弘博富丽，以为如此方足以润饰大汉鸿业，立论通达可取。

三都赋序 文论篇名。晋皇甫谧作。认为“赋者古诗之流也”，其用在“纽之王教，本乎劝戒”。与汉人所论不同，其对赋的艺术特点作了更多的肯定，指出“所以因物造端，敷弘体理，欲人不能加也。引而申之，故文必极美；触类而长之，故辞必尽丽”；由此称司马相如、扬雄等人的赋作“初极宏侈之辞，终以约简之制”，是“近代辞赋之伟”。立论较之《汉志》更为清通。至言左思赋“物土所出，可得披图而校；体国经制，可得按记而验”，或过于拘执。

古赋辨体 赋论著作。元祝尧著。十卷。元延祐间恢复科举，屏弃律赋，以古赋取士。祝尧乃撰是书，自《楚辞》而下，凡两汉三国六朝唐宋诸赋，每朝录取数篇，以辨其体格。“其意实欲因时代之高下而论其述作之不同，因体裁之沿革而要其指归之当一，庶几可以由今之体以复古之体云”（《自序》）。所论大致以情为本，认为古赋能本于情、形于辞、合于理，故能做到“丽而则”，使读者“有兴起之妙趣”。若失于情，便为后世之“俳体”；失于辞，为“文体”；失于理，则不免“辞人之赋丽以淫”之讥。其书评选结合，议论周密，有较高的理论价值。明代吴讷撰《文章辨体》、徐师曾撰《文体明辨》，其中关于赋的叙说，几乎全本于此书。有明成化二年金宗润刊本、安南刊本、《四库全书》本。

答李翊书 文论篇名。唐韩愈作。从作者道德与文学修养两方面论述对古文创作的基本看法。认为学古文当以立行为本，立言为表，“仁义之人，其言蔼如也”。以此为基础，然后才谈得上通过广泛学习、深入研究三代两汉文章，写出有独特面目的作品。而在此过程中，务求深造自得，不徇流俗，并锲而不舍，循序渐进。如再加以蓄养主观志气的修炼，则文章高下短长随意便不难实现。文中提出的“陈言务去”、“气盛言宜”等主张，是作者心造有得之言，对当时及后世古文创作均有巨大影响。

答韦中立论师道书 文论篇名。唐柳宗元作。在申明不敢为人师，愿“取其实而去其名”，通过一定的师承关系推动古文运动的同时，着重论述关于古文创作的基本看法。认为既以文为明道之物，不以“务采色，夸声音”为能事，而要力祛“轻心”、“怠心”和“昏气”、“矜气”。广搜博取，“旁推交通”，学习融贯五经子史。这一主张显然突破了以儒家著作为经典的传统观念，大大拓宽了古文创作的取法对象，保证了唐代古文运动的健康发展。至文中论及各家散文及《诗》、《骚》等特色，也简赅中肯，鞭辟入里。

答朱载言书　文论篇名。唐李翱作。主要论述创意造言的独创性。认为六经、屈、庄所作各有特点，不相因袭；贾谊、枚乘以下直到刘向、扬雄，亦自出机杼，成一家之文。而要得创意造言之正，须做到“义深”、“言信”：“义深故意远，意远则理辩，理辩则气直，气直则辞盛，辞盛则文工”；“言不信，不在于教劝，而词句怪丽者有之矣”。又批评“尚异”、“爱异”等六种偏见，指出当以词工而非难易论文之高下，并归结为“文、理、义三者兼并，乃能独立于一时，而不泯灭于后代”。本文是李氏文论的代表作，从中可见其在继承韩愈文论同时，又有所充实和发展。

答李生第一书　文论篇名。唐皇甫湜作。继承韩愈物之贵者必非常物的观点，明确提出“意新则异于常，异于常则怪矣；词高则出于众，出于众则奇矣”。以为有迥异流俗的新奇之意，自要用不同寻常的高拔之辞来表达，此所谓“非有意先之也，乃自然也”。虽意在为作文尚奇辩护，表明尚奇者有高远追求，但联系其《答李生第二书》所谓文“固不务奇，然亦无伤于奇”和“文奇而理正”一说，可知其所尚实偏于词出于众以成奇一端，故并不足以平息反对者的攻讦。

文章论　文论篇名。唐李德裕作。意在论“为文之大旨”，揭示自然远胜人工的道理。故先就曹丕的文气论提出“气不可以不贯”，“势不可以不息”，意在求文章的起伏抑扬，有如自然万物的变化不息；继而主张辞高者“以言妙而适情，不取于音韵，意尽而止，成篇不拘于只偶”，反对沈约等人过尚整赡的形式追求；末附《文箴》一篇，明言“文之为物，自然灵气”，“琢刻藻绘，弥不足贵”。作者较重要的文论止此一篇，却论及诸多重要问题，理论价值不容轻视。

上崔华州书　文论篇名。唐李商隐作。崔华州即华州防御使崔龟从。有鉴于古文运动以来论者动辄必言“学道必求古，为文必有师法”，截然以儒家经典为归的倾向，大胆提出对“夫所谓道，岂古所谓周公、孔子者独能邪？盖愚与周孔俱身之耳”的怀疑，又明确主张“行道不系今古，直挥笔为文，不爱攘取经史，讳忌时世”。这不仅是对原道、征圣、宗经的传统文学观的否定，也是对文学干预现实、针砭时弊的倡扬，在晚唐文坛有振聋发聩的作用。

旧唐书·文苑传序　文论篇名。五代刘昫作。鉴于古文运动的流弊，所论主张折衷华实，古不伤僻，华不至诞，反对“是古非今”，以为“世代有文质，风俗有淳醨，学识有浅深，才性有工拙”，仅知“宪章《谟》《诰》，祖述《诗》《骚》，远宗毛、郑之训论，近鄙班、扬之述作”，“未为通论”。但其推崇沈约，以为可与曹植、谢灵运比并，又高度赞扬承袭六朝余风的初唐文坛，可知旨趣偏于尚文一端，这与以复古为革新的诗文运动所主大相径庭，亦是晚唐骈俪艳媚文风浸染所致。

文则　修辞学著作。宋陈骙著。二卷。全书从甲至癸共十节，大旨本于传统的辞以达意的观点，指出“辞有缓有急，有轻有重，皆生乎意也”（乙五），故“言有宜”，贵在“恰当”，应做到“言简而不疏，旨深而不晦”（己一）。在此基础上详尽地分析了古代文章遣词造句、篇章结构之法，并归纳总结了各种类型的修辞格及文章风格。所述相当全面，故被视为我国最早的一部专谈修辞而又比较有系统的专著。有《宝颜堂秘笈》本、《四库全书》本、《丛书集成》本及中华书局排印本。

文章精义　文论著作。宋李涂著。一卷，凡一百零一条。主要评点古文（偶及诗歌）作法、风格，所论多为先秦两汉和唐宋名家名作。形式近于诗话，论文多宗六经，崇尚“理趣”和“古淡”，不拘泥于声律章句，议论中不乏精到之见。如论韩文如海、柳文如泉、欧文如澜、苏文如潮，把握准确，生动形象。他如反对“崎岖隐奥辞不足以达意”、反对作文先立意、主张为文者须胸襟广阔、以朴拙直质之文为上品等皆有可取之处。其辩识古文源流得失，亦公允中的。是一部较有价值之文论著作。最早刊于元至顺年间，明焦竑《经籍志》称有二卷，然原书久佚，今本系由《永乐大典》中辑出。有《四库全书》本、《文学津梁》本、《格致丛书》本。人民文学出版社1962年出版校点本，与陈骙《文则》合为一册，为郭绍虞、罗根泽主编的《中国古典文学理论批评专著选辑》之一种。

王公四六话　文论著作。宋王铚著。二卷。王铚认为“笺题表启”等四六文字与诗赋是一脉相承的，故有诗话、赋话，亦当有四六话，乃作此书，记录“所闻于交游间四六话事实”。《四库全书总目》讥其“惟以隶事切合为工”,“较胜负于一联一字之间”,但全书比较注意创新,如云:“四六须只当人可用,他处不可用,方为有工。”“四六之深厚广大,无古无今,皆可施用。”亦均为有得之见。有《百川学海》、《四库全书》、《丛书集成初编》诸本。

声律关键 文论著作。宋郑起潜著。八卷。作者自序称长期“究心课试”,认为“场屋之文,赋体多失其正”,乃作是书。全书分为两编,第一编总以“五诀”:“认题”、“命意”、“择事”、“琢句”、“压韵”。指出“有意方可措辞”,“题常则意新,意常则语新,不可苟也”,突出了命题作文的基本规律。第二编则分为“八韵”:第一韵“破题”,第二韵“推原一题之意”,第三韵“贴上截”“引下意”,第四韵“贴下截”“承上意”,第五韵“推演题意”,第六韵第七韵铺陈,第八韵“结尾”,“题外立意”。每一韵下均以大量例句详加说明。此书总结了唐宋律赋的结构规律,对以后文章评点之学的发展有一定的影响。有《宛委别藏》本。

论学绳尺 文章总集。宋魏天应编。十卷。专为当时科举应试写作论说文而编写。所选之文分为十卷,甲集十二篇,乙至癸集俱十六篇,每两篇立为一格,如“立说贯题格”、“贯二为一格”等,共七十八格。每题先标出处,次举立说大意,而缀以评语。全书选文前另置《论诀》一卷,先引吕祖谦、陈亮诸人论文之语,然后就文章写作之“认题”、“立意”、“造语”、“破题”、“原题”、“讲题”、“使证”、“结尾”等分别加以说明,对宋代文章评点之学的发展,对明代八股文的形成均有一定的影响。有《四库全书》本。

词学指南 文章汇编。宋王应麟编。四卷。为科场应试而辑。宋代科举考试自绍圣置宏辞科,绍兴间定博学宏辞之名,重立试格,分制、诰、诏书、表、露布、檄、箴、铭、记、赞、颂、序等十二体,古今杂出,分三场试士,故此书亦分类就体例、文词作解说,并选范文说明。其卷一为总论,有《作文法》、《语忌》等条,广引吕祖谦、真德秀等人论文之语,并附文章及古书选读的简明目录。有《四库全书》本。

四六谈麈 文论著作。宋谢伋著。一卷。凡五十五条,以辑录有关四六文故事为主,间亦略作评议,指出四六用于奏议,“本以便于宣读”,故当重视“剪裁”,做到“经语对经语,史语对史语,诗语对诗语”,方为“妥帖”,而不必如宣和以后“全文长句为对”。《四库全书总目》称其“所见较深”,对诸家四六亦“皆自有独赏,不同剿拾”。有《百川学海》本、《四库全书》本、《丛书集成初编》本。

云庄四六余话 文论著作。宋杨困道著。一卷。广采文莹、洪迈、吴曾诸家评论四六之说,以记录宋人笺制表启中的骈词俪句为主,指出宋代四六“荆公谨守法度,东坡雄深浩博、出于准绳之外,由是分为两派”,但写作四六文“属辞比事,固宜警策精切,使人读之激昂,讽味不厌,乃为得体”。所论尚称平允。有《宛委别藏》、《读书斋丛书辛集》、《丛书集成初编》诸本。

容斋四六丛谈 文论著作。宋洪迈著。一卷。全书共二十九条,以摘录名篇佳对、记载四六文故事为主。间亦议论,重视词意,指出不可一味以“骈俪精切”为工,又批评张鷟之《龙筋凤髓判》,称其所录“全是俳体,但知堆垛故事,而于蔽罪议法处不能深切,殆是无一篇可读,一联可味”。有《学海类编》本、《丛书集成初编》本。

萧达可文序 文论篇名。元刘将孙作。指出《史记》为“古今文章之第一流”,其所以如此,不在“史”,不在“叙事”,而在其“鼓舞变化,类常事小节,他人以为不足传者”,能使人读之“爽然意足,眉目倡叹,如对当日”。又韩愈之文“绝出千古”,其“出奇”乃在《毛颖》一传,盖能得《史记》之“精变”。所论明显与一般古文家明道、宗经之说不同,开了晚明小品文论之先声。

文说 文论著作。元陈绎曾著。一卷。其书乃因延祐复行科举,为程试之式而作。叙为文之法有八:养气、抱题、明体、分间、立意、用事、造语、下字。科试乃命题作文,故所论最重抱题、明体,脉络分明、文字警策。有《四库全书》本、《文学津梁》本。

文章辨体序说 文论著作。明吴讷著。吴氏编有《文章辨体》,分其体为五十九类。所谓“序说”,即作者对每类各“著为序题”,“录于每类之首”(《凡例》),专门辨析各种文体之正变、高下,论述其体制演变过程,并阐明为文应“辞理兼备,切于世用”的文学观点。为明初文体论之代表作,对了解、研究古代文体类别及流别很有参考价值。今人于北山将书中各类文体之《序题》单独析出,加以点校,题曰《文章辨体序说》。书前有彭时序、《凡例》和《诸儒总论作文法》,书后附录《明史·吴讷传》、《常昭合志稿·吴讷传》、王直《吴敏德像赞》、《四库全书总目·文章辨体提要》、丁丙《文章辨体题记》。人民文学出版社1962年将其与徐师曾《文体明辨序说》合为一册出版，为郭绍虞、罗根泽主编的《中国古典文学理论批评专著选辑》之一种，1982年再版。

文体明辨序说　文论著作。明徐师曾著。徐氏有以明吴讷所编《文章辨体》为蓝本增益而成的《文体明辨》八十四卷，其所列文体达一百二十七类，每类均有序说，介绍不同文体的来历、作法、流变和不同特点，并表达其对文体类别及其流变的见解。此书为明文体论之集大成，颇有参考价值。今人罗根泽将书中各类序说单独析出，加以点校，题曰《文体明辨序说》，书前有赵梦麟、顾尔行序、自序和《文章纲领》，书后附录有《徐鲁庵先生墓表》、《四库全书总目·文体明辨提要》。人民文学出版社1962年将其与吴讷《文章辨体序说》合为一册出版，为郭绍虞、罗根泽主编的《中国古典文学理论批评专著选辑》之一种，1982年再版。

初月楼古文绪论　文论著作。清吴德旋口述，吕璜辑录。一卷，六十则。论文重视作家道德修养和作品思想内容，主张“作文立志要高”，而贱视“皮壳多而无骨”之人之文。推崇秦汉诸子、史传之文，倡论师法韩愈、欧阳修、苏轼三家。高言学古师古，却反对简单摹拟，盲目参同，所论堪称周备。同时，在古文创作技巧上又主张避免小说气、诗话气，遵循一定的法则而不拘于成规等等，语多精义。吴氏为姚鼐弟子，其论大抵与桐城派文学观一致。有《四部备要》本和人民文学出版社校点本。

论文偶记　文论著作。清刘大櫆著。一卷。是反映桐城派文学思想的重要著作。重点探讨古文的艺术形式问题。论文以神、气为纲，尤以神为主，曰：“行文之道，神为主，气辅之。”“神者，文家之宝。文章最要气盛；然无神以主之，则气无所附，荡乎不知其所归也。神者气之主，气者神之用。”“神”指作者的才性、气质、思想等在文章中的体现，“气”指文章气势。又指出探寻神、气之迹的途径是：由字句准音节，由音节见神气。所论粗具系统。在文章风格上贵奇、贵高、贵远、贵疏、贵简等主张，条分缕析，亦包含着深刻的艺术辩证法。但论文而专重形式，难免存有明显的形式主义倾向。有《刘海峰文集》本，另有人民文学出版社1959年出版的校点本，后为郭绍虞、罗根泽主编的《中国古典文学理论批评专著选辑》之一种。

制义丛话　文论著作。清梁章钜著。二十四卷。“制义”即八股文，是明清时科举考试所规定的文章程式，因其依经立论，故名。以阐述制义的宗旨、起源、流变、体裁及典制为主，间录有关遗闻轶事，保存了较多史料，对研究明清科举制度及八股文有重要参考价值。有清咸丰刻本。

四六丛话　文论著作。清孙梅编著。三十三卷。“四六”即骈体文之一种，因其句式多四言、六言，并且对偶，故称。前二十八卷专论元代以前的骈文，共分骚、赋、表、启等十九目，另附“总论”一目。每目均汇辑前人旧说，并各为叙论，搜罗博洽，评论允当。后五卷为作家小传。其宗旨在于推尊骈体。对晚清骈文之再兴，影响颇大。有商务印书馆《国学基本丛书》本。

论文杂记　文论著作。近代刘师培著。一卷。共二十四则。所论诗文上自先秦，下迄清末，涉及各种文体。其论力主“文笔说”，推崇骈文，与桐城派主张迥异。所论作家按《汉书·艺文志》所列先秦诸子的“九流十家”分类，如论魏晋南北朝诸家时即指曹植诗温柔敦厚近于儒家，陶渊明诗澹雅冲泊近于道家，谢灵运诗琢磨研炼近于名家，左思诗雄健英奇近于纵横家。论唐宋诗时称李白为纵横家之诗，杜甫为儒家之诗，孟浩然、苏轼为道家之诗，王维、储光羲为农家之诗，黄庭坚为法家之诗。以时代论，则谓西汉文多阴阳家言，汉魏文多法家言，六朝文多道家言，隋唐文多小说家言，宋代文多儒家言，明末文多纵横家言，清代文多名家言。所论虽有牵强之处，却也令人耳目一新，颇受启发。他如判明文学著作与实用文字之区别，倡导“文言合一”，以为文学是进化的等论述都有积极意义。然亦有门径狭窄，过于趋尚古奥之弊。原载1905年《国粹学报》，1928年印行单行本，1934年收入《刘申叔先生遗书》。人民文学出版社1959年将其与《中古文学史》合为一书标点出版，1962年又将其收为郭绍虞、罗根泽主编的《中国古典文学理论批评专著选辑》之一种。

春觉斋论文　文论著作。近代林纾著。分述旨、流别论、应知八则、论文十六忌、用笔八则、用字四法等六个部分。“述旨”多引《论衡》、《抱朴子》、《文心雕龙》之语，阐述其论文缘起及基本的文学观。“流别论”则分论楚辞、赋、颂赞、铭箴、诔碑、哀吊等各体文章的写作特点和名家名作。“应知八则”即：意境、识度、气势、声调、筋脉、风趣、情韵、神味，所论自具体系。其余三部分则具体剖析作文利害之所由。林氏为桐城派古文后期重要作手，其所论文又多援引姚鼐等桐城前辈言论，其间之前呼后应，自不言而喻。有人民文学出版社校点本等。

论现代中国的小品散文 文论篇名。朱自清作。载1928年《文学周报》第345期，后为作者散文集《背影》的序。否定把“懒惰”与“欲速”说成是现代散文发达的原因。认为中国文学向来以散文为正宗，现代散文发达的主要原因是现实生活的影响和外国的影响。现代散文无论思想内容，还是表现手法，都有重大突破，是新文学“优先繁荣”的部门。还指出，单有散文的发展，还不能算真正取得了新文学的发展，瞩望于新文学的其他样式同散文同时发展起来。

小品文研究 文论著作。李伯素著。上海新中国书局1932年出版。是中国最早系统阐述现代小品文的著作。共四部分，前三部分分别对小品文的特质和意义、现代中国小品文发达的原因及小品文作法作了翔实的探讨；最后一部分评论中国现代小品文作家周作人、鲁迅、朱自清、俞平伯等十八人及其作品。

小品文的危机 文论篇名。鲁迅作。载1933年《现代》月刊第3卷第6期，后收入《南腔北调集》。指出“论语派”小品文在现代社会的不合时宜，从总结小品文的历史发展，得出“小品文的生存，也只仗着挣扎和战斗”的结论。指明：“生存的小品文，必须是匕首，是投枪，能和读者一同杀出一条生存的血路的东西；但自然，它也能给人愉快和休息，然而这并不是‘小摆设’，更不是抚慰和麻痹，它给人的愉快和休息是休养，是劳作和战斗之前的准备。”

论小品文笔调 文论篇名。林语堂作。载1934年《人间世》第6期。认为小品文的笔调应是“笔墨上极轻松，真情易于吐露，或者谈吐畅快乖戾”，“且无形中，文之重心由内容而转至格调”，“或平浅，或奇峭，或清新，或放傲，各依性灵天赋，不必勉强。惟看各篇能谈出味道来，便是佳作”。代表了三十年代“论语”派小品作家的一般主张，具有广泛影响。

现代十六家小品序 文论篇名。阿英作。系为他本人编选的《现代十六家小品》所写(上海光明书局，1935年3月)。分总论与分论两部分。总论概述现代小品问世至1933年发展的脉络。用与社会发展比照的方式，着重于社会政治经济对文学影响的角度将十余年来的小品发展划为三个时期：一、战斗的“随感录”到冰心、周作人的美文；二、更进一步的风花雪月和转向革命；三、发展与没落。分论分别对周作人、俞平伯、朱自清、钟敬文、谢冰心、苏绿漪、叶绍钧、茅盾、落华生、王统照、郭沫若、郁达夫、徐志摩、鲁迅、陈西滢、林语堂等十六家小品作简要和全面的评价，多有精见。

词话 对词及词人、词派等有关问题进行评论、考索、订正之类的著述。始于宋代，至清代为兴盛期。宋代词话多以记录本事、讨论作法为主，明清词话则偏于品评，更富理论色彩。著名的有张炎《词源》、杨慎《词品》、陈廷焯《白雨斋词话》、王国维《人间词话》等。其形式往往要言不烦，短小精悍，而不甚考虑系统性，成为中国古代诗歌批评的基本样式。

花间集序 词论篇名。五代欧阳炯作。后蜀赵崇祚编《花间集》，作者为之作序。集中所收唐五代词多写闺情离思，风格柔靡。作者认为词专为“绮筵公子、绣幌佳人，递叶叶之花笺，文树丽锦；举纤纤之玉指，拍按香檀”而作。此既反映出唐五代时侧艳香柔的词风，也概括出早期词的生存环境与审美特点。对宋以后婉约派词人很有影响。

论词 一作《词论》。词论篇名。宋李清照作。载《苕溪渔隐丛话后集》卷三三。题目为后人所加。宋初作词承袭《花间集》遗风，以情思宛丽见长；至欧阳修、晏殊出，词境稍宽；迨苏轼崛起，以诗入词，遂完全突破了“花间”之藩篱。李不满于词作的这一倾向，乃作此文，批评晏、欧、苏之词，倡词“别是一家”之说，指出词之源在唐代乐府，故须重视协律，区分五色六律、清浊轻重，而其风格亦有异于诗。是词学批评中最早的一篇专题论文，也是格律派词论的代表之作。但亦有疑为他人托名之作。

题酒边词 词论篇名。宋胡寅为题向子諲词集而作。胡与向均是南北宋之际人物，北宋人对柳永、苏轼两家不同风格类型的词争论颇多，或以柳词“俚俗”，或以苏词不合律，非“本色”。此文乃从词曲与乐府同源角度出发，指出其精神与《风》、《骚》一脉相传，不当以绮靡为工，故高度评价苏词，称其“一洗绮罗香泽之态，摆脱绸缪宛转之度，使人登高望远，举首高歌，而逸怀浩气超然乎尘垢之外，于是《花间》为皂隶，而柳氏为舆台矣”。

碧鸡漫志 词话。宋王灼著。五卷。因作者客居成都碧鸡坊妙胜院时酝酿构思而成，故名。卷一论乐，从歌诗的起源，阐说了声律与歌词的关系；卷二论词，历评唐末五代至南渡初六十余家；卷三至卷五专论词调，叙其得名缘由以及宫调与声情的特色。大旨以为“有心则有诗，有诗则有歌”，“古歌变为古乐府，古乐府变为今曲子，其本一也”，故词也应和诗一样，以抒发喜怒哀乐之情为主，而不能本末倒置，倚声填词，片面强调协律。推重苏轼，而贬抑柳永、李清照，表现出同格律派词风及词为艳科的传统观念的对立。有《四库全书》、《知不足斋丛书》、《学海类编》、《词话丛编》诸本。

复雅歌词　词话。宋鲖阳居士著。原书五十卷。采录唐宋迄于宣和之季词四千三百余，间附本事及评论。久佚。今存乃赵万里从《岁时广记》、《花草粹编》等书中辑得，十则。据鲖阳居士《复雅歌词序》，所谓“复雅”乃复大雅、正雅之意，故评论中好用汉儒解经方法，强调风雅讽喻之义。如评苏轼《卜算子》“缺月挂疏桐”云：“缺月，刺明微也。漏断，暗时也。幽人，不得志也。”所论不免牵强，为后世所讥。然谭献以为：“作者未必然，读者何必不然？”（《复堂词话》）常州派“寄托”之说显然受其影响。有《词话丛编》本。

古今词话　宋杨湜著。采辑五代以来词坛逸事，所记大多出于传闻，且侧重冶艳故实，间亦有评议鉴赏或足资考证者。原本久佚，今存赵万里从《岁时广记》、《笺注草堂诗余》、《花草粹编》、《绿窗新话》中辑得六十七则。有《词话丛编》本。

魏庆之词话　宋魏庆之著。庆之撰有《诗人玉屑》二十卷，分门别类辑录宋人诗话。北京图书馆藏日本宽永十六年（1639）刻本独有二十一卷。末一卷有“诗余”及“中兴词话”两门，今单行称《魏庆之词话》。“诗余”门中录“晁无咎评”、“李易安评”及其他词评二十二则，保存了珍贵的早期词论资料，其中李清照“词论”一篇尤为世人所重。有《词话丛编》本。

乐府指迷　词话。宋沈义父著。一卷。全书二十九则，论述作词的方法，如“起句”、“结句”、“字面”、“押韵”、“用事”、“词腔”等，概而言之为：“音律欲其协，不协则长短之诗。下字欲其雅，不雅则近乎缠令之体。用字不可太露，露则直突而无深长之味。发意不可太高，高则狂怪而失柔婉之意。”此四项标准与张炎《词源》所论基本一致，都体现了格律派的词学观点；不同者是张炎重清空，推重姜夔，沈义父主研炼，乃以周邦彦为最“知音”。书中论词律，颇有会心独到处。如云“去声字最为紧要”，“其次如平声，却用得入声字替。上声字最不可用去声字替”，为明清两代论词、曲音律者所尊奉。有《四库全书》本、《四印斋所刻词》本、《词话丛编》本。

浩然斋词话　宋周密著。系从其所著《浩然斋雅谈》（聚珍版丛书）下卷辑出，共二十六则，多为南宋词人的轶事或选录的佳篇，以清雅为尚，鉴识颇精。有《词话丛编》本。

词源　词话。宋张炎著。二卷。为作者晚年之作，当成于宋亡之后。上卷论乐律从五音十二律八十四调讲起，由古乐而及于今乐；下卷述作词原则兼及对词人及其作品的批评。全书的宗旨在“雅正”二字，云：“古之乐章、乐府、乐歌、乐曲，皆出于雅正。”要做到“雅正”，首先要知音合律，“词以协音为先”，“须是深加锻炼，字字敲打得响，歌诵妥溜，方为本色语”。其次则要“清空”，“词要清空，不要质实，清空则古雅峭拔，质实则凝涩晦昧”。故作词不可堆砌词藻，也不可把感情写得太露，太露则“为情所役”，“失其雅正之音”。以此标准衡量词作，他认为柳永、康与之词软媚，“为风月所使”；辛弃疾、刘过以豪气作词，“非雅词也”；对于苏轼，仅赏其“清丽舒徐”及“清空中有趣”之作；此外吴文英词堆砌，周邦彦词“意趣却不高远”，只有姜夔之词“不惟清空，又且骚雅，读之使人神观飞越”。此论既排斥俚俗的言情之作，也否定了大声镗鞳、情怀慷慨的苏辛派词，取径过窄，显然片面。但全书从词乐出发，探本溯源，阐明了音律的重要性，为格律派词论奠定了理论基础；特别是清空之说，对后世发生了很大影响，被清代浙派词人奉为作词、品词的金科玉律。有《宛委别藏》本、《粤雅堂丛书二编》本、《词话丛编》本、《四部备要》本。

作词五要　词论篇名。宋杨缵作，张炎记述。见《词源》末。称杨缵“持律甚严，一字不苟作，遂有《作词五要》”。其五要分别是“择腔”、“择律”、“填词按谱”、“随律押韵”、“立新意”。前四条均讲明词律，足见其论词的重点所在。为南宋格律派词学的重要论著。

词旨　词论著作。元陆辅之著。二卷。大旨在发明张炎《词源》的精神，以清空雅正为尚。首叙作词要义，提出“命意贵远，用字贵便，造语贵新，炼字贵响”。次则以大量篇幅分录佳对、警句、词眼、习用虚字等，其中张炎的词作几乎占一半篇幅。故全书可视为对张炎“深加锻炼，句句敲打得响”一语的具体说明，而此书之价值亦在于此。有《广百川学海》、《学海类编》、《四印斋所刻词》、《词话丛编》诸本。

渚山堂词话 明陈霆著。三卷。为随笔式记事品评之作。自序将词的起源上溯至南北朝，并认为词的特征就是“纤言丽语”，以其美而动情，为世人所同嗜。故品评中亦以“清楚流丽，绮靡蕴藉”为标榜，以之为理想中的“宋人风致”。所评颇有会心独到之处，但艺术趣味较狭窄。有《四库全书》本、《吴兴丛书》本、《词话丛编》本。

爰园词话 明俞彦著。一卷。共十五条，重点是探讨词与诗、音乐之关系。认为自《三百篇》而下，乐府杂歌、近体诗、词、曲，其性质均为可歌的乐府，诗不能合乐，词乃代之而兴。故词虽小道，“得与诗并存”。由此而提出作“词须注意音调”，又不妨作“绮丽”，为明代崇尚婉约轻丽的词风提供了理论依据。有《词话丛钞》本、《词话丛编》本。

词品 词论著作。明杨慎著。六卷。其论词首先辨明词体，提出“诗词同工而异曲，共源而分派”（《词品序》）。因为词与诗都肇自乐府，是为“共源”，然二者体制各别，后人各有所长，如李白能词，杜甫不能，是为“分派”。指出这点，是为词“别是一家”张目，反对以论诗的标准强加于词。杨慎作词“好用六朝丽事”（《艺苑卮言》），其品评亦以轻柔婉丽为尚，然取径较宽，对张孝祥的“骏发踔厉”，陆游词“雄慨似东坡”处，都能加以肯定，且指出：“曲者曲也，固当以委曲为体，然徒狃于风情婉娈，则亦易厌。回视稼轩所作，岂非万古一清风哉！”此外还以相当大的篇幅对词调、词律、用语、遗事等作了精严的考订与辨证。篇幅之巨，在词话中前所未有，故李调元称：“凡曲名所由，流品所自分，罔不了然大备”（《升庵词品序》）。对晚明以后词学的发展有一定的影响。有《函海》本、《丛书集成初编》本、《词话丛编》本。

皱水轩词筌 词论著作。清贺裳著。一卷。以品评唐宋词为主，鉴赏尤精，旨在指导填词创作。其品评标准首重本色当行，以婉约为词坛正宗，推崇柔婉空灵的艺术风格，激赏李清照“眼波才动被人猜”、萧淑兰“去也不教知，怕人留恋伊”、孙光宪“留不得，留得也应无益”等词句，而对苏、辛评价不高，可见其审美趣味。次重用语自然，反对苦心造作，对宋祁“红杏枝头春意闹”、“安排一个字，费许大力气”就颇有微辞，和王国维《人间词话》所论“拈一‘闹’字而境界全出”相左。有增补赖古堂刊本（五十四则），今人唐圭璋从《倚声集》、《词苑丛谈》及《昭代丛书》中增辑十三则，收入《词话丛编》。

窥词管见 词论著作。清李渔著。二十二则。原载于《笠翁一家言全集》卷八。就词的特点、词的创作与欣赏诸方面提出一些颇为精到的见解，其“情为主，景是客，说景即是说情”的观点亦颇为词家首肯。有《笠翁一家言全集》本和《词话丛编》本。

西河词话 清毛奇龄著。二卷，三十八则。多记明末清初词坛轶闻旧事。论词主意不主韵，又提出词在意、调、声、色外复有“气味”，立论新颖。有《西河合集》、《四库全书》和《词话丛编》等本。

填词杂说 词论著作。清沈谦著。一卷，三十则。论词主深情柔婉，认为“男中李后主，女中李易安，极是当行本色”。其作词要诀数语也颇得个中三昧。有《东江草堂集》本、《别下斋丛书》本和《词话丛编》本。

七颂堂词绎 词论著作。清刘体仁著。三十二则。论词推尊词体，对词的作法如起结、过变、用律等颇有会心，并重视词境，况周颐“词境”说或即遥承此绪。有《别下斋丛书》本和《词话丛编》本。

词苑丛谈 词论著作。清徐釚编。十二卷。分体制、音韵、品藻、纪事、辨正、谐谑、外编七门。广泛记述历代词人的轶事掌故。博采他书数百种而成，且多注明出处，唯脱误较多。有清康熙二十七年（1688）蛾术斋刊本、《丛书集成初编》本。今人唐圭璋对此加以整理标点，一一注明出处，上海古籍出版社 1981 年排印出版。

花草蒙拾 词论著作。清王士禛著。五十九则。序云：“往读《花间》、《草堂》，偶有所触，辄以丹铅书之，积数十条。”其论词重视咏物，重视神似，以生香真色为极境。有《赐砚堂丛书新编乙集》、《昭代丛书乙集广编》、《词话丛钞》和《词话丛编》等本。

西圃词说 词论著作。清田同之著。一卷，九十三则。论词宗尚浙派，尤重“神气”，并要求填词于摹写闺帷外“别有寄托，另具性情”，或对常州派的“寄托说”有某种影响。有《古欢堂全集》本和《词话丛编》本。

金粟词话 清彭孙遹著。论词以艳丽为本色，要求“字字刻画”，又须“字字天然”，可见其审美旨趣。有《别下斋丛书》、《词话丛钞》和《词话丛编》等本。

古今词论　词话汇编。清王又华编。以清初人词评为主，酌取宋、明人词论。从创作角度编选，偏于有关写作技巧的词论，保存了许多珍贵的资料。有《四库全书》、《词学全书》、《词话丛编》等本。

远志斋词衷　词论著作。清邹祗谟著。六十四则。以泛评历代词话为主，兼及词人、词作、词韵等诸方面。论词以闲淡为宗，主张形神结合。有《赐砚斋丛书》、《词话丛钞》和《词话丛编》等本。

词林纪事　词本事汇编。清张宗橚编。二十二卷。所录词家自唐至金元，共四百二十二人。大致按词家时代先后编次。内容涉及词家生平事迹轶闻考证，不乏词论见解。引用资料丰富，但有些征引往往转录明清诸书，不免舛误。有乾隆刻本、道光刻本和上海古典文学出版社1957年出版的校订本。

雨村词话　清李调元著。四卷。泛论自唐迄清之词人词作，“表妍者少，而摘媸者多”，重在指瑕与考辨。有《函海》本、《词话丛编》本。

铜鼓书堂词话　清查礼著。十五则。以评论南宋词人为主，间及清人。所评兼考词人爵里、词事及有关史料，重在鉴赏，推崇爱国词人之作。有《铜鼓书堂遗稿》本、《屏虑丛刻》本和《词话丛编》本。

词综偶评　词论著作。清许昂霄著。系其门生依据听讲记录整理而成。其评词一以浙派为准，较为细致地品评选入《词综》的若干作品。有乾隆丁酉(1777)刊本(附刻于《初白庵诗评》后)和《词话丛编》本。

雕菰楼词话　清焦循著。十三则。以杂论音韵为主，间亦有理论陈述。认为词曲可分泄人性中的柔气，而“使清纯之气，长流行于诗、古文”，批评朱彝尊《词综》狭隘的选学观。有《易余籥录》本和《词话丛编》本。

词洁　词论著作。清先著、程洪著。六卷。在选词的同时，时加评议，所论多涉及词之源流体制，以词工、协律、清灵为选录和品评标准，雅重周邦彦、姜夔和张炎词，颇具浙派风味。有康熙刻本、胡念贻辑本和《词话丛编》本。

片玉山房词话　清孙兆溎著。一卷。书中多录当世与之交往的友朋词作，间附评论。其词学宗南宋，但亦不废北宋，持论尚平允。有《花笺录》本和《词话丛编》本。

介存斋论词杂著　词论著作。清周济著。一卷，三十一则。主要发挥常州派以“意内言外”说词之传统，重视词的思想内容，提倡“有寄托入，无寄托出”。以周邦彦、辛弃疾、吴文英、王沂孙为词坛典范，与浙西词派所标榜的以姜夔、张炎为代表的清空之说相左。又倡论“诗有史，词亦有史”，要求词能反映现实社会的发展变化，丰富了常州词派的理论。原载于其所著《词辨》前，今人唐圭璋加以析出并易为今名，收入《词话丛编》中，另有人民文学出版社1959年出版顾学颉校点本。

宋四家词选目录序论　词论著作。清周济著。刊于其《宋四家词选》之前。《词选》成书于道光十二年(1832)，选录周邦彦、辛弃疾、王沂孙、吴文英四家词凡八十八首，并于各家后分别附录宋代词人四十七家词一百三十八首。《序论》系统阐述其词学观，划分宋词为周、辛、王、吴四大派，而以托意深远为去取标准。主张“词非寄托不入，专寄托不出”，深化了常州派的词学理论，并对王国维的“出入说”有直接影响。又指示学词途径为“问途碧山，历梦窗、稼轩，以还清真之浑化”。以北宋为旨归，以浑化为极则。有上海古典文学出版社1958年版标点本、《词话丛编》本等。

莲子居词话　清吴衡照著。四卷。对上自李白、温庭筠，下至乾嘉之世的词人词作漫加品评，体例丛杂。《续修四库全书总目提要》称：“或评词家之得失，或详版本之源流，或考词人之事实，或论词律之精粗，或论词中之方言，或摘词中之美句。”论词以浙派为宗，又多折衷浙、常二派之论，兼重词之空灵、婉约、体气、情意，持论较为平稳，反映了清代中后期浙、常二派合流的趋势。有道光壬辰(1832)汪氏振绮堂刊本、同治十年(1871)胡风丹刊本、退补斋刊本及《词话丛编》本。

灵芬馆词话　清郭麐著。二卷。卷首提出词有四体，分别以花间派诸人，秦观、周邦彦、贺铸、晁补之、姜夔、张炎、苏轼为代表。推崇浙派的词学观，极力维护浙派在词坛上的宗主地位。有《灵芬馆全集》本和《词话丛编》本。

乐府余论　词论著作。清宋翔凤著。一卷，十六则。对柳永评价较高，认为“柳词曲折委婉，而中具浑沦之气”，又从常州派比兴寄托的角度，称姜夔词“继往开来，文中关键”，所论颇多可采。有《浮溪精舍丛书》、《词话丛钞》和《词话丛编》等本。

双砚斋词话 清邓廷桢著。十五则。论词偏爱高华清丽和感慨深沉之作，于北宋推重苏轼，于南宋推重姜夔，尤垂青于南宋爱国词作，所论多中肯綮。有《双砚斋随笔》本和《词话丛编》本。

戏鸥居词话 清毛大瀛编。一卷，三十八则。主要摘录清人论词笔记中有关词事和词评的材料，间附己见。但体例丛杂，格调不高。有《戊寅丛编》本和《词话丛编》本。

问花楼词话 清陆蓥著。十六则。泛论词的原始、命题、寄调、换头、叠字、选本等问题，言多切要。有《百尺楼丛书》本和《词话丛编》本。

词径 词论著作。清孙麟趾著。十六则。论词强调严分诗、词、曲的界限，以为词介于端庄与流利之间，并将词分为高淡、婉约、艳丽、苍莽四类。又认为"词之高妙在气味，不在字句也"。其"作词十六要诀"亦颇富意蕴。有刘履芬藏本、陈凝远校本、《词话丛钞》本和《词话丛编》本。

词坛丛话 词论著作。近代陈廷焯著。纵论历代词人词作，尤以清人为主，对浙派词人评价较高，以婉丽为词坛正宗。有《云韶集》刊本和《词话丛编》本。

论词随笔 词论著作。近代沈祥龙著。六十二则。主要探讨词学创作的多方面内容，理论性较强。并能融合前论，兼顾众派，未可以浙、常二派门户论之。有《乐志簃集》本和《词话丛编》本。

蓼园词评 词论著作。清黄氏(名字不详，人称蓼园先生)著。评词重言情委婉和离形得似之作，间附本事。有《词话丛编》本。

蒿庵论词 词论著作。近代冯煦著。一卷，五十四则。主要承常州派余绪，评论宋代三十七位名家词，并对毛晋汲古阁刻的《宋六十一家词》漫加评议，考辨得失。有人民文学出版社校点本(与《介存斋论词杂著》、《复堂词话》合刊)和《词话丛编》本。

憩园词话 近代杜文澜著。六卷。卷一侧重于词的韵律，后五卷评述历代词学，而多选录与品评近人词。其评词标准为协律、空灵、婉雅和寄托，多折衷浙、常二派之论。有潘钟瑞、费念慈校本及《词话丛编》本。

听秋声馆词话 近代丁绍仪著。成书于同治八年(1869)。论词以浙派为根基，对朱彝尊的《词综》推崇备至，其云："自竹垞太史《词综》出而各选皆废，各家选词亦未有善于《词综》者。"又主张兼顾格调、才学、性灵三端，对常州派的比兴寄托说也加采择，立论多有可取之处。有同治刊本和《词话丛编》本。

赌棋山庄词话 近代谢章铤著。十七卷，正编十二卷，续编五卷。广泛考评历代词集、词选、词话、词律等，而以清词为重点评述对象。所论不拘派系，主张填词以性情为第一要义。"诗词异其体调，不异其性情，诗无性情，不可谓诗。岂词独可以配黄俪白、摹风捉月了之乎？"分宋词为婉丽、淳雅、豪宕三派，又以苏、辛词"词中有人，词中有品"而尤加推重。重视雅、趣结合，"词宜雅矣，而尤贵得趣"。立论较深。而其寄托与性灵兼顾的主张，对况周颐"即性灵，即寄托"的观点或有影响。有光绪甲申(1884)刊本和《词话丛编》本。

词概 词论著作。近代刘熙载著。辑自其所作《艺概》卷四，凡一百七十九则。以品评宋词为主，兼及词的创作特点和表现方法。其论不拘门户，独辟蹊径，于清代词坛浙、常二派均有赞有弹，主张"妥溜中有奇创，清空中有沉厚"。似有融合二派之意。又云："北宋词用密亦疏，用隐亦亮，用沉亦快，用细亦阔，用精亦浑。南宋只是掉转过来。"亦独具法眼。重视词品，推赏李白、苏轼、辛弃疾、姜夔四家词，所论多新人耳目。王国维《人间词话》曾屡加称引，并誉为"卓识"，可见其影响之大。有《词话丛编》本。

近词丛话 词论著作。近代徐珂著。十九则。勾勒了清词发展的轮廓，并记述清末民初女词人的事迹。是研究晚清词学的重要资料。有《清稗类钞》本和《词话丛编》本。

声执 词论著作。近代陈匪石著。二卷。上卷论词的声律和作法，下卷杂评各种词的选本和别集，持论通达。有《词话丛编》本和《词学》(第一辑，华东师范大学出版社编辑出版)本。

芬陀利室词话 近代蒋敦复著。三卷。专论清人词作，心契周济和常州派词学，重寄托无端，并借庄子语提出"以有厚入无间"说，艺术鉴赏能力较高。有光绪刊本和《词话丛编》本。

雨华庵词话 近代钱斐仲著。一卷。论词以清空灵动为标准，于南宋心折姜夔、张炎，而深恶柳永，于清代则特赏厉鹗，可见其旨趣所在。有《词学季刊》本和《词话丛编》本。

湘绮楼评词 词论著作。近代王闿运著。系从《湘绮楼词选》中辑出评语而成。论词主张自然与创新结合，并赞赏大开大合之笔。有《词话丛编》本。

岁寒居词话 近代胡薇元著。一卷，三十八则。纵评历代词人，尤以两宋词人为主，兼及元明清词人。对字句音律的考订也颇细致。有《玉津阁丛书》本和《词话丛编》本。

裒碧斋词话 近代陈锐著。一卷。所论多承常州派之余绪，借比兴寄托，寓兴亡之感。对柳永评价较高。并对同治、光绪以后之晚清词人多所评骘，颇有可采之处。有《裒碧斋集》本、民国十九年排印本及《词话丛编》本。

左庵词话 近代李佳著。二卷。杂引浙、常二派词论，既强调以立意为本，尊尚愁苦之词，又主张清空柔婉，似有兼融二派之意。有光绪刊本和《词话丛编》本。

菌阁琐谈 词论著作。近代沈曾植著。一卷。广泛采录历代词论，尤以明清为主，时加评议，对常州派词论特多会心，并认为刘熙载《词概》"得宋人词心"，所论不乏精意。有旧抄本和《词话丛编》本。

词征 词论著作。近代张德瀛著。六卷。广泛考评词的源流、词体、词法、宫调、词律、音韵及历代词集、词选、词话等，内容繁富，多心契常州派之论。有《阇楼丛书》本和《词话丛编》本。

玉栖述雅 词论著作。近代况周颐著。一卷，三十三则。专录闺秀词，并以"轻灵为闺秀词本色"。有记事，亦多评论。有之江中国文学会集刊本和《词话丛编》本。

词论 词论著作。近代张祥龄著。一卷，十则。论词主才情、气骨、炼意等，并以"疏宕"、"密丽"论词的风格，尚多新意。有《词话丛编》本。

大鹤山人词话 近代郑文焯著，龙榆生等辑。正文评《东坡乐府》，考其本事，辨其字句，并称苏词妙律天成，云锦成章。另有附录集论词手简、词集跋尾、论词遗札、手札汇抄四篇，对词的创作与鉴赏有许多精采见解。有《词学季刊》本和《词话丛编》本。

南亭词话 近代李宝嘉著。一卷。所集词作、词事，多系讽刺、调侃的内容，以俗为体。有《南亭四话》本和《词话丛编》本。

词说 词论著作。近代蒋兆兰著。一卷。以指导填词为目的，评骘词作，力避门户之见，立论较为客观公正。有《甲戌丛编》本和《词话丛编》本。

卧庐词话 近代周曾锦著。一卷。主要评述宋、清及与著者有交往的近人词，因词系事，偶加评论。贬抑柳永、吴文英，而赞赏蒋春霖、杜文澜。有《词话丛编》本。

蕙风词话 近代况周颐著。正编五卷，系况氏晚年合并旧作厘订而成。卷一重在论词的作法以及对词的鉴赏和批评等理论性问题，卷二至卷五则据卷一的理论，泛论自唐迄清的词人词作。续编二卷，为今人唐圭璋从况氏遗著中辑出，连载于1936年的《艺文》月刊上，侧重于词事的考证，兼评前人的词作和词论。况氏词论，首尊词体，反对传统的"诗余"说。卷一："词之为道，智者之事。酌剂乎阴阳，陶写乎性情。自有元音，上通雅乐，别黑白而定一尊，亘古今而不敝矣。"其次在词格上提出重、拙、大"三要"说。"重"即沉著，主要表现在气格和笔力上；"拙"以真为核心，强调语言的真率、自然；"大"指含蕴远大，词境开阔，三者关系以拙为本，"融重与大于拙之中"。故况氏推进了常州派词论的发展，丰富和完善了中国的词学理论。今有人民文学出版社1962年王幼安校订本(与《人间词话》合为一册，为郭绍虞、罗根泽主编的《中国古代文学理论批评专著选辑》之一种)和《词话丛编》本。

小三吾亭词话 近代冒广生著。五卷。论词不主一格，折衷浙西派、常州派之间，并多记其交往中的词人、词作和词事，有较高资料价值。有《国学萃编》本和《词话丛编》本。

粤词雅 词论著作。近代潘飞声著。一卷。专论历代广东词人词作，以清人为主，论词尚典雅。有《词学季刊》本和《词话丛编》本。

海绡说词 词论著作。近代陈洵著。一卷。前半为通论，阐述其词学观，后半则选周邦彦和吴文英词，逐篇串释。精义迭出，但也时堕玄虚。有《彊村遗书》本和《词话丛编》本。

柯亭词论 词论著作。近代蔡桢著。侧重谈词的创作问题，兼评宋人词及晚清王鹏运、朱祖谋、郑文焯、况周颐四大词人，多当行之论。有《词话丛编》本。

忍古楼词话 近代夏敬观著。论词偏爱清丽婉约的风格，对秦观、柳永、周邦彦、姜夔词多有褒赞。又多记录20世纪30年代的词坛掌故和词人词作，资料丰富。有《词学季刊》本和《词话丛编》本。

白雨斋词话 近代陈廷焯著。常州词派后期重要的理论著作。其词学核心是“沉郁顿挫说”，自序称此书“本诸《风》、《骚》，正其情性。温厚以为体，沉郁以为用。引以千端，衷诸一是”，可知其主旨。而“所谓沉郁者，意在笔先，神余言外。写怨夫思妇之怀，寓孽子孤臣之感。凡交情之冷淡，身世之飘零，皆可于一草一木发之。而发之又必若隐若见，欲露不露，反复缠绵，终不许一语道破。匪独体格之高，亦见性情之厚”，表明其以情感与作法为“沉郁顿挫说”之两大基本内涵，是陈氏对词总体的审美规范，具有悲剧美学的意味。其评述历代词人词作均本此立论，清代浙、常二派宗南宋，北宋之争以及婉约与豪放之争亦均统一于斯。其梳理词史，虽以沉郁之兴衰为脉络，不无偏颇，而条分缕析，有功词苑亦复不浅。版本分十卷本与八卷本两个系统。十卷本有陈氏手稿本、上海古籍出版社影印本(后有唐圭璋跋)、《白雨斋词话足本校注》本(屈兴国校注，齐鲁书社版)；八卷本系由陈氏门人包荣翰、许正诗等整理，其父铁峰审定，有光绪二十年(1894)刻本、文瑞楼石印本、文新公司《词话汇刊》本、《词话丛编》本和人民文学出版社 1959 年杜维沫校点本。

人间词话 近代王国维著。自订本凡六十四则。前九则阐述其词学观，后数十则据此品评历代词人词作。其词论值得注意之点有二：一，境界说，又称意境说。是其评词的最高美学范畴。谓“词以境界为最上。有境界则自成高格，自有名句”。又谓：“境非独谓景物也。喜怒哀乐亦人心中之一境界。故能写真景物、真感情者，谓之有境界。否则，谓之无境界。”可见境界说以真景物、真感情为二原质。认为五代、北宋词即以此擅胜。又从表达之是否自然，区别境界为隔与不隔二类。“语语都在目前，便是不隔”。而好用典故、故作雕饰即是隔。又以表达方法的不同，把境界分为造境和写境，以词人主体情感的显与隐，区别为有我之境和无我之境，等等。境界说受到尼采等西方超功利的艺术观和中国传统意境论的双重影响，是中、西艺术理论相结合的产物。二，出入说。就生活与艺术的辩证关系，强调词人“对自然人生，须入乎其内，又须出乎其外。入乎其内，故能观之；出乎其外，故能写之”。对文艺的创作规律体察精微。有《国粹学报》本(一卷，王国维自订)、《海宁王忠悫公遗书》本、王幼安校订本(人民文学出版社 1960 年版，收入郭绍虞、罗根泽主编的《中国古典文学理论批评专著选辑》丛书)、《词话丛编》本等。

古今词话 清沈雄编，休宁江尚质增辑。八卷。大别为四类：词话、词品、词辨和词评，是一部综合前人论词见解而成新编的资料书，其《柳塘词话》也囊括在内。断自六朝，迄于清康熙中叶。《四库全书总目》评：“杂引旧文，参以近人之说，亦间附己说。”其论词以情意为主。《词品》卷下曰：“尽人谓言情不如言景，然赵秋官妻所作《武林春》则云：‘人道有情还有梦。无梦岂无情？夜夜思量直到明，有梦怎教成？’纯乎情矣。”又卷下引宋徵璧言：“情景者，文章之辅者也。故情以景幽，单情则露；景以情妍，独景则滞。”实则是强调情景交融。与王夫之、王国维所论多合。但书中鲜著出典，又好标榜，颇为后人不满。书前例言成于康熙戊辰(1688)年，应是初刊时间。今有《四库全书》本、澄晖堂刊本和《词话丛编》本。

历代词话 清王奕清等编。十卷。收录自唐迄明的论词之语，以记述本事为主，间附评论。全书以时代为序，卷一、卷二为唐词话，卷三为五代十国词话，卷四至卷六为北宋词话，卷七、卷八为南宋词话，卷九为金元词话，卷一〇为明词话。其书采辑前论，均注明出处，便于寻检。原附刻于康熙钦定的《历代诗余》，今人唐圭璋析出并易为今名，收入其《词话丛编》中。

本事词 词话汇编。清叶申芗编。二卷。上卷录唐五代北宋词，下卷录南宋至辽、金、元词，体例仿孟棨《本事诗》。辑录简明扼要，剪裁旧文，不注出处，偶加品评。有天籁轩刊本、《词话丛编》本、上海古典文学出版社 1957 年排印本(与《本事诗》合刊)、上海古籍出版社 1991 年标点本(与《本事诗》、《续本事诗》合刊)。

词苑萃编 词话汇编。清冯金伯编。系以徐釚《词苑丛谈》为底本加以增删改编而成。自序称：“比原书删者十之一，增者已十之三四矣。”徐编原分体制、音韵、品藻、纪事、辨正、谐谑、外编七部。冯编则增旨趣、指摘二门，并易“外编”为“余编”。扩充了原书内容，并纠正了徐编汗漫不著出处的缺点，以词人词作为序，汇集各家之论，一一交待出处，便于翻检。“旨趣”、“指摘”二门则多录浙派言论，可见其词学宗尚。冯编成书于嘉庆十年(1805)，或即为初刊时间，现有《词话丛编》本。

词学全书 丛书。清查培继编。共五种，十七卷。收清毛先舒《填词名解》四卷，王又华《古今词论》一卷，赖以邠《填词图谱》六卷，续集三卷，仲恒《词韵》二卷，附柴绍炳《古韵通略》一卷。有清康熙十八年(1679)刻本。北京中国书店1984年据木石居石印本影印。

词学集成　词话类编。近代江顺诒编。八卷。分述词源、词体、词音、词韵、词派、词法、词境、词品，撮纲衍流，自成体系。前四卷对万树《词律》多有辨正，后四卷对刘熙载《词概》则屡加称引。有光绪刊本和《词话丛编》本。

词话丛编　词话总集。唐圭璋编。原编一百八十二卷，辑录宋王灼《碧鸡漫志》至近代潘飞声《粤词雅》共六十种词话著作。所据本子多为精校本、增补本、注释本及少见的珍本。唯印刷时错讹不少。1934年由南京词话丛编社刊行。初版仅印线装二百部，且无标点。50年代末，编者又对此书加以校订标点并加小标题，并增辑宋人词话及晚清诸家词话二十五种，共计八十五种，中华书局1986年出版。

词学季刊　词学刊物。民国二十二年(1933)四月创刊于上海真如暨南大学，龙榆生主编。是当时为词家交流研究成果的唯一学术性刊物。内容约分九项：论述、专著、遗著、辑佚、词录、图画、佥载、通讯和杂缀，其中"杂缀"包括词籍介绍和词坛消息二类。其作用在于"广集同声，发扬词学"。初由上海民智书局出版发行，后改由开明书店出版，共出版凡三卷十一期，第十二期稿已在排版中，适逢抗日战争爆发，遂止。1985年，上海书店搜集三卷(含第十二期残存稿样)成上、下两册影印出版。

词学　词学刊物。夏承焘、唐圭璋、施蛰存、马兴荣主编。创刊于1981年11月，由华东师范大学出版社不定期出版。至1996年已出十一辑。主要发表国内外词学研究成果，亦载今人词作。分论述、文献、转载、书志、丛谈、词苑诸栏目，每辑均有编辑后记。

词律　词谱名。清万树编著。二十卷。列六百六十调，一千一百八十体。该书作于宫谱失传之后，辨别句法四声、校订旧谱皆颇精细，且重于备律，不重选词，但仍有考订疏失及脱漏之处。后徐本立广搜博采，成《词律拾遗》八卷。卷一至卷六补其未备，原书未收之调为补之，曰补调，原书已收而未尽其体者亦补之，曰补体，卷七、卷八则订正原书，计补一百六十五调，四百九十五体。杜文澜《词律补遗》一卷又续得五十余调，杜氏另有《词律校勘记》二卷，于《词律》脱漏错误之处多有校正。有清光绪二年(1876)古今图书馆石印本，上海古籍出版社1984年影印本。

钦定词谱　亦名《词谱》。清陈廷敬、王奕清等奉敕编。四十卷。收唐、五代、宋、元词八百二十六调，二千三百零六体。以每调字数多少为次。对平仄声韵、句读、来源均有考订，比《词律》更严谨完备。有清康熙五十四年(1715)内府刻本，北京中国书店1979年据此影印本。

词林正韵　词韵书名。清戈载编。三卷，卷首一卷。依宋《集韵》次序排列，将二百零六韵归并为十九部。其中以平声统摄上声、去声，立入声韵五部。考订精审但亦有误。有清道光元年(1821)翠薇花馆刊本，上海古籍出版社1981年据此影印本。

拾遗记序　文论篇名。南朝梁萧绮作。针对志怪小说创作中"殊怪必举，纪事存朴，爱广向奇"的时尚，提出"考验真怪"，"文存靡丽"，"纪其实美"的主张，有助于小说创作的进步，是中国古代较重要的一篇志怪小说论文。

注山海经叙　文论篇名。东晋郭璞作。作者在对《山海经》所描绘的种种"怪异"作出解释时，反复强调"物不自异"，"不怪所可怪"，把神话传说中幼稚的幻想、极度的夸张都当作真实的记录。所论显然并不科学，但能注意到神话传说的特点，并希望"逸文不坠于世，奇言不绝于今"，在小说理论批评史上还是值得重视的。

神仙传自序　文论篇名。东晋葛洪作。《神仙传》在客观上也可视作一部神幻小说。本文主张故事情节"奇异"的同时，朦胧地要求作品有"深妙"的思想意义，并反对"殊甚简略，美事不举"，注重故事情节的丰富性和描写的细致性。其论对于小说从丛残短语发展到初具规模颇有积极意义。

戴氏广异记序　文论篇名。唐顾况作。系作者为友人戴孚《广异记》写的序。《广异记》二十卷，多记神仙鬼怪故事。作者从"欲观天人之际，察变化之兆、吉凶之源"，而"圣有不知，神有不测"之基本认识出发，肯定了所谓"怪力乱神"之说。认为"儒者不本其意，云'子不语'，此大破格言，非观象设教之本也。"因"大钧播气，不滞一方"，神话、传说、志怪、小说等，亦"观象设教"之属，不可薄废。故作者大量列举了这类作品及著述者的文事功业，勾勒了从上古神话、传说发展到志怪、传奇小说的演变史迹。为后世研究"怪力乱神"之说，提供了极具启迪的参考性识见与资料。

类说序 文论篇名。宋曾慥作。在孔子提出的"小道可观"的基础上，将小说的社会功用具体化为"资治体，助名教，供谈笑，广见闻"四个方面，以后封建文人的认识多数未能超出其范围。

舌耕叙引 文论篇名。宋末元初罗烨作。见《醉翁谈录》。含《小说引子》与《小说开辟》两篇论文，较全面地总结了话本创作的经验。强调小说作家"非庸常浅识之流"，而"博览该通"，有多方面的高度的艺术修养，创作时必须有"实学"的"根基"。又对通俗小说的特点作了较全面的探讨，指出其内容可以广泛地反映社会生活，其形式上的显著特点是通俗明白，而结构布局是虚实相间，浓淡得当，又能鲜明地表示作者的劝惩褒贬，对生活作出评判，并强调小说当通过强烈的艺术感染力以达到应有的社会作用。其文对话本小说的分类，比前人更明确，也为后人所重视。文章对当时小说创作经验的总结尽管还不够系统化、理论化，但也可说代表了我国宋元以前小说理论批评的高度。原本藏日本，1941 年有影印本传世，上海古典文学出版社 1957 年排印出版。

剪灯新话序 文论篇名。明瞿佑作。在肯定传奇小说时，认为小说的社会作用除了"劝善惩恶"外，尚有"哀穷悼屈"的一面。这是将传统的"发愤著书"精神首次引入小说理论批评领域。其论证在方法上又将小说与儒家经典相比较，对后世也很有影响。

三国志通俗演义序 文论篇名。明庸愚子（即蒋大器）作。是现存最早的一篇批评《三国志演义》的文章，也是我国第一篇通俗长篇小说的专论。从比较历史著作和历史小说入手，论述历史小说的长处和重要性，从而提出编写历史小说的原则意见：其一，内容当"事纪其实"而又要"留心损益"，加以适当的剪裁和创造，使作品"庶几乎史"而不是史；其二，形式当"文不甚深，言不甚俗"，雅俗共赏，文质彬彬；其三，当有所寓意，赋予一定的思想意义，使观者"有所进益"。这些观点奠定了我国历史小说理论的基础，在小说批评史上具有重要地位。

三国志通俗演义引 文论篇名。明修髯子（张尚德）作。认为历史演义的创作只是"以俗近语，檃栝成篇"，不允许有艺术虚构，以求"羽翼信史而不违"。这一观点对后来陈继儒、余象斗、可观道人等影响很大，逐渐形成了要求历史小说严格依傍史书的"羽翼信史"派。

新刊大宋演义中兴英烈传序 文论篇名。明熊大木作。从驳斥"小说不可紊之以正史"论出发，强调小说与史书不同，可以而且需要"发挥"，以得"野史之余意"。这一主张为历史小说作者采撷一些传说故事和作某些必要的艺术虚构提供了理论根据，开了历史小说"传奇贵幻"论的先声。

禹鼎志序 文论篇名。明吴承恩作。《禹鼎志》是作者的一部志怪小说集。序强调创作志怪小说必须要对神奇的故事传说有长期的、丰富的积累，并有严肃的创作态度和进步的创作目的，像编写"国史"一样，寓以"鉴戒"。这些精神与其《西游记》的创作宗旨相一致。

水浒传叙 文论篇名。明天都外臣（一说汪道昆）作。是现存最早的《水浒》序文。在小说理论方面的主要贡献是：强调小说能广泛地、生动地反映社会生活和塑造人物形象；又认为创作时不必深辨"虚实"，"要自可喜"，即为好书；要"记载有章，烦简有则"，布局合理，剪裁得当，最后达到"如良史善绘"的艺术境界，具有真实、鲜明的形象性。与此同时，也强调小说的地位和作用，认为《水浒》可与《史记》并论，能起到"国医"的作用；对书中的英雄充满同情，对"窃国大盗"十分痛恨，这些都给以后的《水浒》批评家产生了影响。文中介绍《水浒》版本流传情况，也为以后研究者所重视。

听朱生说水浒传 论小说诗篇名。明袁宏道作。此诗从"文字益奇变"，即文学本身发展的角度着眼，以为"六经"、《史记》与《水浒》相比为"非至文"、"失组练"。一反当时人蔑视小说的传统观念。虽有偏激之处，但在肯定小说独特的审美功用方面，具有革新意义。

忠义水浒传叙 文论篇名。明李贽作。在瞿佑、刘敬等人提出创作小说的目的在于"哀穷悼屈"（《剪灯新话序》）、"泄其暂尔之愤懑"的基础上，进一步强调成功的小说与一切圣贤之作一样，都是"发愤之所作"。这对于端正小说创作动机，纠正一些人把小说视为"秘戏优工""太平乐事"之类的看法，有积极意义。又颂《水浒》英雄为"忠义"，不视之为"盗贼"，从而大大提高了《水浒》的社会地位。但其所谓"忠义"，实即投降，暴露了封建地主阶级的立场。

由于作者在文坛上负有盛名和亲自评点过《水浒》等小说戏曲，故此序在小说界影响很大，以后冒其名评点的小说屡屡出现。

金瓶梅词话序 文论篇名。明欣欣子作。提出"寄意于时俗"的重要命题，即要求小说作家通过描写现实社会中平常的人物和事件来表达一定的思想。为现实主义的一个重要特征，是对以往小说创作和理论较多地着眼于历史故事和神话传说的一种发展。围绕这一命题，作者要求作家有长期的生活积累，语言要通俗晓畅，描写的故事要"如在目前，始终如脉络贯通，如万丝迎风而不乱"。这些观点有助于白话长篇小说的发展。

金瓶梅跋 文论篇名。明谢肇淛作。通过对《金瓶梅》的批评，总结了世情小说的几个重要理论问题：点明世情小说的特点在于广阔地反映了现实生活，达到了"穷极境象"的地步；明确地用"肖貌""传神"，形神结合的理论来评价人物的形象性、生动性；强调故事情节要真实自然，又出人意外。又认为《金瓶梅》"信稗官之上乘，炉锤之妙手"。超过了时人对于《金瓶梅》的一般看法，具有深刻的理论意义。

古今小说序 文论篇名。明绿天馆主人(一般认为即冯梦龙)作。以文学发展的眼光概述古今小说流变的历史，着重分析出于"文人之笔"的唐传奇与出于"说话人"之口的宋话本之间的不同，强调了小说的通俗性能产生强烈的艺术效果，为《孝经》、《论语》等儒家经典所不及。对当时通俗小说创作有很大影响。

警世通言叙 文论篇名。明无碍居士(一般认为是冯梦龙)作。论述小说与生活的关系不必"尽真"，不必"尽赝"，也不必"去其赝而存其真"。作者不排斥小说作品中的"事真"，但更强调要达到"理真"、"情真"，实际上将艺术真实性的内涵总结为人真、事真、理真、情真，在当时论述小说真实性问题方面达到了一个新的高度。

醒世恒言序 文论篇名。明可一居士(一般认为即冯梦龙)作。概括了"三言"的总的指导思想是："导愚"以"振恒心"，"适俗"以"触里耳"，以达到"习之而不厌，传之而可久"的艺术效果。对小说的社会作用，提到了"醒人"，乃至"醒天"和"醒世"的高度。

情史叙 文论篇名。明詹詹外史(一般认为即冯梦龙)作。认为"情始于男女"，当重视描写不同类型的"男女之情"，并将此情导之于君臣父子兄弟朋友之间，以达到净化和改造社会的目的，称之为"情教"。用人情感化来改造社会难以行得通，但由于作者站在批判"无情"的立场上来号召"有情人"写"有情"的作品，故仍有一定的积极作用。

拍案惊奇序 文论篇名。明凌濛初作。提出小说写"耳目前之怪怪奇奇"的命题，希望世情小说写"耳目之内，日用起居"与"谲诡幻怪"统一起来，以便产生"新听睹"、"佐诙谐"的目的。文章又批评"民佚志淫"的风气，推崇冯梦龙的《三言》"颇存雅道，时著良规"，表示自己的著作也"意殊有属"，发展了小说理论。

二刻拍案惊奇序 文论篇名。明睡乡居士作。在凌濛初《拍案惊奇序》的基础上进一步申述"无奇之所以为奇"的观点，更强调"真"，注重"无奇"能"逼真"，但也不完全否定"幻中有真"而"间及神天鬼怪"。比之冯梦龙《警世通言序》与凌濛初《拍案惊奇序》在理论上更进一步。

今古奇观序 文论篇名。明末笑花主人作。《今古奇观》是"三言"、"二拍"的选本。本序把《拍案惊奇序》中的"无奇"，从"耳目之内，日用起居"变换成了"庸常"，即"仁义礼智，谓之常心；忠孝节烈，谓之常行；善恶果报，谓之常理"。虽然也强调"极摹人情世态之技，备写悲欢离合之致"，但实际上把本来关于现实主义创作方法的探讨纳入了维护封建统治的轨道。

隋史遗文序 文论篇名。明末吉衣主人(袁于令)作 。分析史书与小说的不同：史书是"传信"、"贵真"，小说是"传奇"、"贵幻"。创作历史小说必须"凭己"的主观意图对历史事实作必要的加工，甚至不顾一般的"情""理"，而要写得"恍惚不可方物"。是历史小说论中"传奇贵幻"派的代表作。

西游记题辞 文论篇名。明末幔亭过客(袁于令)作。在评价《西游记》时，高度赞扬艺术虚构和浪漫主义的表现手法，认为只有"幻"才能"文"，"极幻"中包含着"极真"。但又说"言真不如言幻"，难免失之片面。

读第五才子书法 文论篇名。明末清初金人瑞作。附于其评点的《水浒传》卷首。先有一篇"读法"，提纲挈领地总结其理论批评的主要观点，是评点史上的一种创造。全文主要论及"性格"与"文法"两个问题。在中国文学批评史上，它第一次明确地将创造有性格的人物形象作为衡量小说艺术成就高下的根本标志，并强调了性格的个性化，探讨了刻画性格的一些手法。所谓"文法"，就是关于结构、剪裁、布局等具体方法。这虽然不免受到当时八股观点的影响，但还是总结了一些形式美的规律，具有一定价值。

读三国志法 文论篇名。清毛纶、毛宗岗作。附于其评点的《三国志演义》卷首。模仿金人瑞对整部小说作了全面分析。强调封建正统观念，认为作者之意"重在严诛乱臣贼子以自附于《春秋》之义"。对于人物形象，也注意到"写来各各出色"，特别指出诸葛亮、关羽、曹操三个人物形象为"前后史之所绝无者"，其文对艺术结构的分析尤为出色，指出全书有六条线索相互连接于其间。又分析其章法有十五种妙处，虽杂有一些牵强之处，但多数对于体会作者的艺术匠心有所帮助。

批评第一奇书金瓶梅读法 文论篇名。清初张竹坡作。附于其评点的《金瓶梅》卷首。模仿金人瑞笔法，对小说作全面分析和评价，指出《金瓶梅》不是"淫书"，而"纯是一部史公文字"。其论生活真实与艺术真实的关系，强调小说创作、刻画人物必须把握"情理"，作者要"无所不通"而临文时当"专在一心"，"真个现身一番"等论述，有独特看法，对以后也有所影响。

聊斋自志 文论篇名。清蒲松龄作。指出志怪文学具有悠久的传统，本人的创作经过长期的积累，其著书的精神在于抒发"孤愤"，反映现实。这不但阐明了《聊斋志异》创作的方向，而且发展了中国的志怪小说理论。

娱目醒心编序 文论篇名。清自怡轩主人(许宝善)作。分析了小说或重"娱目"，或重"醒心"，各有弊端，从而提出"既可娱目，即以醒心"的目标，要求寓教育意义于美感之中。当然，作者的根本目的是要将人们引入"忠孝节义之途"，但就论述思想性与艺术性之间关系而论，尚有可取之处。

读聊斋杂说 文论篇名。清冯镇峦作。附于其评点的《聊斋志异》卷首。对小说作了总的评价："多言鬼狐，款款多情；间及孝悌，俱见血性"；"有益于身心，警戒愚顽"。在批评袁枚和纪昀等有关文言小说创作的保守观点时，提出了"用传奇法而以志怪"的方向，并对《聊斋》的艺术成就作了全面分析，尤赞赏其谈狐说鬼，重"变"创"新"，又符合情理，不露痕迹。在批评论方面，提出要"眼明手快"，"从书缝中看出问题"，然又强调"有正大胸襟，理明义熟"，实即主张以封建统治阶级思想为指导，有一定局限性。

七侠五义序 文论篇名。清末俞樾作。揭示了作为不同于以往各类小说的侠义小说"算得天地间另是一种笔墨"，肯定其别开门面、独立存在的价值。关于其艺术特点的分析虽较粗略，但由于出自清末一个著名的经学家之手，故对侠义小说的兴起产生很大影响。

海上花列传例言 文论篇名。清末韩邦庆作。强调创作《海上花》之类的狭邪小说意在"劝戒"，指出长篇小说创作有"三难"：人物相互"无雷同"，前后"无矛盾"，故事"无挂漏"。又提倡用方言写小说，以求得"神理"，在小说界有很大反响。

本馆附印说部缘起 文论篇名。光绪年间初刊于《国闻报》时未具名，实由严复、夏曾佑作。着重论述小说具有经史无法比拟的"易传行远"的特点，站在人性论和历史哲学的高度上，说明只有描写英雄与男女这两大人类的"公性情"，才能符合人性，打动人心。又紧扣小说是一种语言文学的特点，从形式上分析其具有语言通俗、形象直观，既能细致地反映人们熟悉的现实生活，又能通过艺术虚构来表达人们理想的艺术特征，从而指出小说具有巨大的社会作用，并最后归结到重视小说的"宗旨所在，则在乎使民开化"，为维新变法的政治宣传服务，为近代资产阶级第一篇小说专论。

译印政治小说序 文论篇名。近代梁启超作。首次从日本引进了"政治小说"的概念。在申述译印政治小说的目的时，着重说明"美、英、德、法、奥、意、日本各国政界之日进，则政治小说为功最高"，确认了"小说为国民之魂"的说法。然同时又认为小说只是用于开导粗识之无之"愚人"，"中土小说……综其大较，不出诲盗诲淫两端"，则反映其轻视群众和否定中国古代小说的偏见。

小说与群治之关系 一作《论小说与群治之关系》。文论篇名。近代梁启超作。为戊戌变法失败后资产阶级维新派关于小说理论的纲领性文章。它一反将小说视为小道的传统观念，称小说为"文学之最上乘"，强调其能产生巨大的社会作用，认为"今日欲改良群治，必自小说界革命始"。又指出小说的艺术特点，不仅仅在于"浅而易解"，"乐而多趣"，而且能将现实生活"和盘托出"和"导人游于他境界"。据此将小说分为"写实派"和"理想派"两种，初步引进了西方有关现实主义和浪漫主义的理论。又将小说的艺术感染力分为熏、浸、刺、提四种，关系到小说的形象化特点及其教育作用、认识作用、美感作用以及艺术鉴赏的客观性与主观性等等问题。这些观点极大地提高了小说的文学地位，有力地推动了当时的"小说界革命"。然过分夸大小说的社会作用，乃至将"中国群治腐败之总根源"都归之于旧小说，其观点未免偏颇而产生不良影响。

小说原理　文论篇名。近代夏曾佑作。较为透彻地论述了小说具有形象直观和高于生活的艺术特点，并结合当时的创作实际，指出小说创作有五难五易，其基本精神是强调作者只有根据自己亲身经历和生活体验，真实、客观地反映现实，才能创作出好的作品。然这些重视艺术规律的探讨，在当时占压倒优势的简单地强调为政治服务的潮流中并未引起足够的重视。

论文学上小说之位置　文论篇名。近代狄葆贤作。从简繁、古今、蓄泄、雅俗、虚实几方面将小说与其他文学作品作比较分析，认为小说可以"禀后五端之精英而鸣于文坛"，故实为"文学之最上乘"。甚至说："得百司马子长、班孟坚，不如得一施耐庵、金圣叹。"此论虽冲击了传统观念，但失之偏颇。

自由结婚弁言　文论篇名。近代自由花（张肇桐）作。强调小说为资产阶级民族民主革命服务，要求在内容上暴露清王朝的腐败，并充满革命理想。在艺术上虽提出当注意"结构之奇幻、言词之沉痛"及"一贯之佳人才子之情"等，但均较肤浅。反映出当时作为革命活动家的小说家之通病。

月界旅行辨言　文论篇名。周树人（鲁迅）作。论述"经以科学、纬以人情"的科学小说的形象性、趣味性、知识性等特点和"改良思想、补助文明"的社会作用。并指出科学小说的翻译印行，不仅能"导中国人群以进行"，而且可弥补中国小说的缺门与"今日译界之缺点"。对近代科学小说的兴起和繁荣有促进作用。

官场现形记序　文论篇名。近代连梦青作。对小说作者以"草茅之士"负"救天下"之任的历史使命感极表赞扬，充分肯定了晚清谴责小说批判现实的精神，并将之与使"乱臣贼子"惧的儒家经典《春秋》相提并论，表现出对小说干预社会生活的文化作用的明确认识。而以"神禹铸鼎"、"温峤燃犀"来比喻谴责小说的写实性，也能抓住其艺术特征。

女狱花叙　文论篇名。近代俞佩兰作。有感于旧中国妇女社会地位之低下，对"提倡女界革命之事"的小说主题作出高度评价，认为中国旧小说"讥弹时事，阐明哲理盖鲜矣"、"甚矣作小说之难也，作女界小说之尤难也"，因此以小说创作为手段伸张女权，"先从破坏，后归建设"，将为"黑暗女界放大光明"，受到广大女同胞的热烈欢迎。此外，作者还敏锐地指出"近时小说"有"虽思想进步，但议论多而事实少，不合小说体裁"的缺点。这在当时颇有积极意义。

歇洛克复生侦探案弁言　文论篇名。近代周桂笙作。指出侦探小说确是不同于写情小说、科学小说、理想小说的另一类小说，探求我国之所以缺乏而西方盛行的社会原因，并初步分析其艺术特点，对当时人们了解和翻译侦探小说有推动作用。

论写情小说于新社会之关系　文论篇名。近代金天翮作。面对晚清爱情小说的风行，本文虽不完全否定小说结合政治需要而适当地描写爱情，但强调提倡"政治、外交、法律、侦探、社会诸小说"，深惧写情小说有伤社会风化而主张"厉行专制"，反映了当时一般知识分子新旧思想的矛盾。

洪秀全演义序　文论篇名。近代章炳麟作。论述历史演义的起源、特征及其社会作用，认为演义不仅有"存古之功"，而且能达到"国家种族之事，闻者愈多，则兴起者愈广"的社会效果。高度肯定《洪秀全演义》，主要也因为它能激发人民反清革命的热情。这反映了当时资产阶级革命派运用小说为政治斗争服务的自觉性与迫切性。

读新小说法　文论篇名。作者不详。根据晚清大量的新小说的创作实践，揭示其新的特点是"以文学的而兼科学的"，"以常理的兼哲理的"，并号召读者"换新眼以阅之"，其实质是号召作者和读者都用新的科学文明和社会思想武装起来。然对新小说中那些"托西籍以欺人，博花酒之浪费"的"龌龊小说"持批判态度。又希望将来"开小说学堂以教课"，"开小说科举以考试"，表明其对小说的高度重视。刊于1906年初《新世界小说社报》第6、7期。

两晋演义序 文论篇名。近代吴沃尧作。将小说分为"奇正两端"。社会小说是"奇言"，其特点是"谲谏"，用"谐词"；而历史小说是"正言"，其特点是"正规"，用"庄语"。虽强调历史小说"以发明正史事实为宗旨"，作正面描述，但也并不完全排斥"蹈虚附会"，以求"意味"，而是主张真实性与趣味性相统一。

小说林发刊词 文论篇目。近代黄人作。在充分肯定小说的社会作用后，批判了当时的一种错误倾向："昔之视小说也太轻，而今之视小说又太重也。"从而作出较客观的评价。又指出："小说者，文学之倾于美的方面之一种也。"并主张应努力做到"诚、善、美"的统一。此意见明显受西方美学思想的影响。

小说小话 文论篇名。近代黄人作。所论问题广泛，如论小说与社会关系"互为因果"，塑造人物不能"过求完美"，"当如镜中取影，妍媸好丑令观者自知"；对中国历史演义、侠义小说及《水浒传》、《西游补》等有独到见解；还进行中外小说比较研究，既注意其各自特殊性，又强调相互共同性。尽管有若干牵强之论、片面之词，但总体上颇多精见，是晚清重要的一部小说话。原载光绪三十三年(1907)《小说林》第1卷，后阿英《晚清文学丛钞·小说戏曲研究卷》等多有转录。

小说林缘起 文论篇名。近代徐念慈作。引进黑格尔等美学观点，探讨小说艺术特征，认为小说"殆合理想美学、感情美学而居其上乘者"，其特征有五：一、"醇化于自然"，满足人们的美之欲望；二、反映事物个性，"美之究竟在具象理想，不在于抽象理想"；三、给人以"美之快感"；四、要有形象性；五、要有理想化。所论虽稍显粗浅，但在当时不失为大胆的探索，促进了小说理论研究的深入。

余之小说观 文论篇名。近代徐念慈作。较为正确地阐述小说与社会的关系，既指出"小说固不足生社会，而惟有社会始成小说者也"，又认为"小说之进步"，能"使普通社会亦敦促而进步"。这在晚清普遍夸大小说作用的潮流中无疑是较清醒的看法。又较全面地分析小说创作、翻译的历史、现状及其发展趋势，建议从形式、体裁、文字、旨趣、价值等五方面作改良，使之"务合于社会之心理"。其建议未必都正确，但能从社会存在与社会需要出发来考虑小说创作的能动性与针对性，颇难能可贵，也反映其认识问题的深刻全面和考虑问题的具体细致。初载于光绪三十四年(1908)《小说林》第9、10期，后被阿英《晚清文学丛钞·小说戏曲研究卷》等转录。

论小说与改良社会之关系 文论篇名。近代王钟麒作。回顾中外小说发展的历史后指出，必须克服"不善读小说"与"不善作小说"两种弊端，尖锐地批评一些不考虑"惊醒国民"、"裨益社会"而唯利是图的作者，提出一套"改良小说"的主张，突出地反映了当时资产阶级改革派急于使文艺直接配合政治的心理。初刊于1907年《月月小说》第1卷第9期。

中国历代小说史论 文论篇名。近代王钟麒作。探讨我国古代小说发展的历史进程，认为古代小说家的创作动机不外三种："愤政治之压制"，"痛社会之混浊"，"哀婚姻之不自由"，实际上概括了这些小说作者反对专制政治、反对黑暗统治、反对封建家长制而向往自由、幸福的美好生活的创作精神。又有针对性地阐述我国古代小说独特的内容及与之相应的民族形式，自有其不亚于欧美小说的价值和影响，反对盲目地"移译异邦小说"，"执他人之药方以治己之病"，呼吁人们充分认识和发扬我国古代小说的优良传统，创作出当今社会需要而具有民族特点的小说。这一见解十分精辟，反映了作者及当时一些人研究小说史的现实目的。

论小说之势力及其影响 文论篇名。近代陶佑曾作。极力颂扬小说的社会功能，所谓"学术固赖以进步，社会亦赖以文明，个人固赖以卫生，国家亦赖以发达"，故当前"欲革新支那一切腐败之现象"，则必先"开小说界之幕"。所论虽出自"热心爱国"，但过分夸大小说的地位和作用。

说小说 文论篇名。近代管达如作。认为小说的本质是"所以记载理想界之事实者也"，承认小说是现实的反映，是包含着作者的理智、感情和想像的精神世界的描绘。小说又有美的特点，比之其他文学作品有通俗、具体、富有想像和鲜明集中等"异点"。又将小说从文学、体制、性质上作分类和比较，在当时也不失为有意义的尝试。最后提出改良小说的方针，号召作家创作时，"道德心宜充足"、"智识宜求完备"、"阅历宜求广博"、"文学宜求高尚"，立论较全面。尽管深度不够，新意不多，但仍可视为晚清小说理论批评的一次小结。初刊于1912年《小说月报》第5、7、8、9、10、11期。

小说的研究　文论篇名。近代瞿世英作。旨在"打破旧的小说观，而代之以新的观念"。坚持认为小说创作乃是为了"人生"，"小说是人生的一部或一片断的图画"。在创作方法上，主张自然主义，"能将一幅人生之图描画得逼真的，便愈有价值"。要求作家有"精细的观察"和"热烈的情绪"。强调作家人生观对于小说创作的意义，作家对于人生必有其见解，表现其人生哲学。本文代表了"文学研究会"小说家的普遍观点，在当时有一定影响。载1922年7月《小说月报》第13卷第7期。

小说丛话　❶论文集。由清饮冰（梁启超）、平子（狄葆贤）、蜕庵（麦孟华）、曼殊（麦仲华，一说为梁启勋或梁启超）、侠人、浴血生等人合著。系我国最早明确用"小说话"的形式所作的小说评论。其作者的生活道路、政治态度、小说修养并不一致，然基本上都能和梁启超意气相投，关系密切，故其论点主要是附和梁启超倡导的"小说界革命"。其中有的充实和发展了梁氏的观点，也有的与梁氏相左，甚至针锋相对，颇具自由讨论的风气。其主要贡献是对小说与社会生活之间的关系作出了唯物的解释，如曼殊将小说视作"今社会之见本"，认为"无论何种小说，其思想总不能出当时社会之范围"；又对小说的艺术特征作了有深度的探索，如侠人明确指出小说的"神力"在于"明著一事焉以为之型，明立一人焉以为之式"，通过形象、直观的典型产生种种"特别势力"。另外，针对梁启超全盘否定中国古代小说而多据西方"民主、民权"等社会政治思想来高度评价《水浒传》、《金瓶梅》、《红楼梦》、《聊斋志异》、《儒林外史》等古典小说，并同时注意中西小说的比较。比较中有时失之片面和偏激，但对于批驳鄙薄中国小说的民族虚无主义的观点还是有积极意义的。初刊于1903至1904年《新小说》第1、2卷。1906年《新小说》社刊印了单行本。后阿英《晚清文学丛钞·小说戏曲研究卷》等予以转录。❷文论篇名。成之（吕思勉）作。用西方美学观点分析小说的性质，认为小说是一种"美的制作"，是经过了对生活的模仿、选择、想化和创造四个阶段，即艺术典型化后"造出第二之社会"。较之实际社会，"其差有二：一曰小，一曰深"，意即尽管描写的是个别的人物和事件，但比之实际社会更强烈，更集中，更典型；其人物形象又有"代表意义"，即更普遍的意义。用大量篇幅具体分析《红楼梦》中金陵十二钗的"代表意义"，为分析人物形象的典型意义作出了示范。同时，具体修正和补充管达如《说小说》的小说分类，分析了小说兴盛的原因、小说与社会关系、创作小说的主要方法和译本小说等多方面问题。所论颇有系统，实将晚清小说理论作了一次归纳，代表了当时小说理论发展的水平。刊于1914年《中华小说界》第3至8期。

小说闲评　文论篇名。钟骏文作。文章以提要的形式，将晚清近七十种小说著译一一加以评介，或赞以"佳构"、"名作"，或斥之"毫无生趣"、"一望无余"。其评价小说的标准，大致为情景逼真、情节离奇、结构谨严、笔墨隽雅等，其中对吴沃尧的《恨海》评价极高，称其"能压倒一切情书，允推杰构"，并每回加以评赞。而对革命小说《洗耻记》评价极低，斥之为"不伦不类，事同儿戏，阅之令人头脑胀痛"，甚至詈之为"立撕小说"。这固然与《洗耻记》本身艺术上比较粗糙有关，但也反映了评者的思想倾向比较保守。初载于光绪三十三年（1907）初刊的《游戏世界》第1至18期，后阿英《晚清文学丛钞·小说戏曲卷》全文转载。

小说杂论　文论篇名。近代叶楚伧（署叶小凤）作。采用随笔形式，论述颇具脉络，且重于理论探讨，不着眼于具体作品的评价。对小说与历史的区别、人物形象的塑造、结构布局及当前小说创作中的一些问题，都不乏精到之见。间及评价个别作品处，也多独到见解，如论《红楼梦》只作小说读，对穿凿附会的索隐派抨击有力。不足的是缺乏五四文学潮流的新气息，色彩颇显陈旧。载于1919年出版的《小凤杂著》。

古今小说评林　研究著作。近代冥飞（张焘）、箸超（蒋子胜）、玄父（尤翔）、海鸣（何时俊）、太冷生（刘绮）五人分别撰述。评述了几十部古今小说，虽缺乏系统性和史学眼光，然尚有一些基本批评标准，如强调小说为"社会事业"，为人类服务，注重写情、写真、白话、布局等。以此评价古今中外小说的成败得失，多有参考价值，为近代研究中国小说史的一部重要著作。民权出版部1919年5月1日出版。

论短篇小说　文论篇名。胡適作。系1918年3月15日在北京大学文科研究所小说科的演讲。第一次对现代短篇小说的本质作明确阐述：短篇小说不主要是篇幅的概念，而有两个重要特点：一描写"事实中最精彩的一段或一方面"；二要用"最经济的文学手段"。并通过对

《柏林之围》和《最后一课》的细致分析，进一步加深对短篇小说本质的阐述。对中国现代短篇小说理论建设具有开拓意义。载1918年5月《新青年》第4卷第5号。

论中国的创作小说 文论篇名。沈从文作。回顾了新文学前十年的小说创作，论及小说作家46人，以"五四"的高潮、落潮和第一次国内革命战争的失败为基础，将新创作小说的发展分为三个阶段，全部评述均遵循两个方向：一是强调小说在内容和形式上的谐和，二是倾向作者时代性思想与读者审美兴味的一致。因不满于"诙谐"、"幽默"之成为风气，故区分"文学趣味"和"文学游戏"，认为前者是严肃的"人生文学"，后者则是"游戏人生"。同时指出革命文学作品缺少必要的"遐裕"，呼吁作家应"仅以作品直接诉诸于读者，不依赖作品以外任何手段"。强调文学的自足品格和文学批评的鉴赏前提，是全文的基本特色。载1931年《文艺月刊》第2卷第4期及第5、6期合刊。

关于新心理写实主义小说 文论篇名。石凌鹤作。介绍新心理写实主义小说的内容、产生背景，以及作为一种创作方法应该扬弃与吸取的东西；把新心理写实主义写作技巧特征概括为通过"意识流"来加强人物的"内心独白"，以丰富作品的表现力。并认为可以"批判地学习这种新技术"，尽管这种创作方法较难实行。载1935年《杂文》第4号。

曲话 戏曲理论、批评著作的一种样式。内容涉及对作家、作品、流派之品评，作家行事之介绍，度曲、表演方面经验、规律之总结等，明清以来亦习用作戏曲理论、批评一类著作之总称。为我国文论著作之重要组成部分。

乐府杂录 曲论著作。唐段安节著。成书于乾宁元年(894)。一卷。分"雅乐部"、"云韶乐"和"别乐识五音轮二十八调图"等四十一题。记述唐代乐部之管理规章，宫廷与民间诸种乐曲、乐器、舞蹈的内容及其源流，并著录当时名艺人小传。末章之图已佚。作者精通乐理音律，文字颇精详，具有重要史料价值。有《类说》本、《四库全书》本等十余种，明嘉靖二十三年刻《古今说海》本为最早，今有1957年上海古典文学出版社印行本、中国戏剧出版社《中国古典戏曲论著集成》本等。

唱论 曲论著作。署名燕南芝庵。原附刊于元杨朝英散曲集《阳春白雪》卷首，当成书于元至正朝(1264)之前。不分卷，仅二十余则。列述唐宋以来著名曲调流行情况，简析曲调之取材、风格及运腔吐字、发挥艺人各自特长等具体技艺问题。文字简略，且多方言和专门术语，含义稍嫌晦涩。明人曲论著作如《太和正音谱》等多加摘引，足见其影响。以杨朝英《乐府新编阳春白雪》卷首附刊本为最早，另有《南村辍耕录》、《元曲选》选录本等多种，今有中国戏剧出版社《戏曲演唱论著辑释》本及《中国古典戏曲论著集成》本等。

何良俊曲论 曲论著作。明何良俊著。系后人从其笔记《四友斋丛说》撷取卷三七"词曲"而成。写成于万历七年(1579)。共有三十余则。主要谈北曲，对元代大家均有评论。倡导元曲本色语，批评《西厢记》"全带脂粉"，《琵琶记》"专弄学问"。推郑光祖为元曲之首，施君美《拜月亭》为南戏之"绝唱"，从而引发曲论界一次论争。论曲首重音律，实为吴江派沈璟格律论之滥觞。其见解历来受人重视，王世贞以下，多受影响。传本较少，今有中华书局《四友斋丛说》排印本和《中国古典戏曲论著集成》本。

词谑 一名《一笑散》。曲论著作。明李开先著。为作者晚年之作。分词谑、词套、词乐、词尾四部分。"词谑"三十五则，选录一些滑稽讽刺性的曲文和故事，涉及民间歌曲及李梦阳、何景明、王九思等的言论；"词套"评选前人数十套散曲和剧曲；《词乐》记演员、歌唱家、弦索家轶事；《词尾》专谈尾声作法，并举例说明。有明嘉靖刻本、影印陆贻典抄《一笑散》本、今《中国古典戏曲论著集成》本等。

曲律 曲论著作。明王骥德著。四卷。初稿写成于万历三十八年(1610)，又经十余年增改成书。四十章。论述南北曲源流、南曲声律、传奇作法及编剧理论等，对元明两代作品分析评价。王氏被列为吴江派，但持论公允，不抱门户之见。"吴江守法，斤斤三尺，不欲令一字乖律，而毫锋殊拙；临川尚趣，直是横行，组织之工，几与天孙争巧，而屈曲聱牙，多令歌者齚舌"(《杂论》下)，对沈、汤两人均有肯定和批评。评曲强调"当看其全体力量如何"，注意结构布局，重视剧情发展之节奏，兼及人物脚色、曲词宾白、音韵格律等重要问题，力图克服以往曲论之不足，开拓理论批评新视野，初步建立起古代戏曲理论批评的体系，对当时和后来有较大影响，尤对李渔《闲情偶寄》有直接影响。有明天启四年原刻本、康熙二十八年苏州绿荫堂刻本、《中国古典戏曲论著集成》本、湖南人民出版社《王骥德曲律》本等。

曲藻　曲论著作。明王世贞著。系后人从其《弇州山人四部稿》之《艺苑卮言》辑录有关戏曲言论而成。共四十余则,论北曲为主,部分为辑录前人文字。区分南北曲风格之差异为"大抵北主劲切雄丽,南主清峭柔远"。推尊《西厢记》语言藻丽,《琵琶记》"冠绝诸剧"。批评《香囊记》"近雅而不动人",《五伦全备记》"元老大儒所作,不免腐烂"。此书屡被后人征引。多种版本中以《历代诗话续编》与《中国古典戏曲论著集成》本较易见。

度曲须知　曲论著作。明沈宠绥著。二卷。沈氏有《弦索辨讹》论北曲,此书则兼论南北曲。分三十六章,首章"曲运衰隆"略述戏曲声腔之源流及弦索之存亡,末两章引述《魏良辅曲律》及王骥德《方诸馆曲律》(又名《曲律》)有关文字,余均为解释南北曲之唱法,按平上去入四声总结其出字、收音等经验,有示例说明,并以表格口诀归纳之,用者称便。卷首"词学先贤姓氏"标明征引书目及其作者简历十七人。有明崇祯原刻初印本、《重订曲苑》本、《中国古典戏曲论著集成》本等。

曲品　曲论著作。明吕天成著。二卷。初稿写成于1602年,后增补两次。评元末明初作家九十五人,作品二百十二种;以嘉靖朝为界,之前分"神、妙、能、具"四品,之后分上、中、下三品各三等。主张戏曲创作容许"有意驾虚,不必与事实合",用"传奇法"进行虚构想像;重视戏曲结构,注意舞台演出特点,人物应重点突出,主次分明,故事情节曲折巧妙,前后呼应不落俗套。论沈璟、汤显祖两派之争不囿门户:"予谓二公譬如狂狷……天壤间应有此两项人物。不有光禄,词硎不新;不有奉常,词髓孰抉?倘能守词隐先生之矩矱,而运以清道人之才情,岂非合之双美者乎?"明刻本已佚,以清杨鸿志抄本为佳,近年重印本有暖红室刻本等多种。另有《中国古典戏曲论著集成》和上海古籍出版社《录鬼簿(外四种)》本等。

远山堂曲品　曲论著作。明祁彪佳著。分"妙、雅、逸、艳、能、具"六品,外加"杂调"一类,品评剧目四百六十六种,超过吕天成《曲品》两倍。自叙两书品评标准之异同:"吕以严,予以宽;吕以隘,予以广;吕后词华而先音律,予则赏音律而兼收词华。"重视作品思想内容,兼论艺术成就,多独到之见。此书淹没三百余年,仅存抄本,1949年后由黄裳发现并加校录,由上海出版公司出版,另有《中国古典戏曲论著集成》本。

远山堂剧品　曲论著作。明祁彪佳著。是明人专评杂剧之唯一著作。主要评明人杂剧,体例与《远山堂曲品》同,分"妙、雅、逸、艳、能、具"六品,品评剧目二百四十二种。注重思想内容,强调戏味、境界和人物语言。提出"传奇取人笑易,取人哭难";一经摹拟,便不及本来,以及"设色于浓淡之间,遣调于深浅之际"等主张,有一定理论意义。此书湮没三百余年,仅存抄本,1949年后由黄裳发现并作校录,由上海出版公司出版,另有《中国古典戏曲论著集成》本。

南词叙录　研究著作。明徐渭著。一卷。卷首有署名"天池道人"的自序,作于嘉靖己未(1559)。是我国最早一部专论南戏的著作,也是宋、元、明、清四代专论南戏的唯一著作。对南戏的源流发展、声腔音律、风格特色、作家作品、脚色、术语、方言等,均有精辟论述。批评当时剧坛重陈腐用事的时文风气"最为害事",并说"南戏之厄,莫胜于今",明确标举"本色"和"浅近"的主张,认为"句句是本色语,无今人时文气"方好。指出北曲风格"使人神气鹰扬,毛发洒淅","南曲则纡徐绵眇,流丽婉转"。对脚色、术语、方言的考释也颇精到。书末著录南戏"宋元旧篇"剧目六十五本、明代四十八本。今存壶隐居黑格抄本,其余《读曲丛刊》本、《曲苑》本、《重订曲苑》本、《增补曲苑》本,皆据抄本而来,错讹颇多,唯《中国古典戏曲论著集成》本最为详备。

谭曲杂札　曲论著作。明凌濛初著。原题"即空观主人撰",附于《南音三籁》之首。推崇元曲之本色,并对"本色"涵义作具体规定:"曲始于胡元,大约贵当行,不贵藻丽;其当行者曰本色","其修饰词章,填塞学问,了无干涉也。"对梁辰鱼等以"工丽"为主的创作倾向深加谴责;评吴江派与临川派之长短,以为沈璟"审于律而短于才",汤显祖"才足以逞,而律实未谙",持论尚称公允;论编剧技巧如结构搭架,乃至宾白、尾声,颇有所见。未见有单行本。今有《中国古典戏曲论著集成》本。

顾曲杂言　曲论著作。明沈德符著。系后人从其《万历野获编》中辑出。论述南北曲之发展盛衰及其影响,对元明杂剧传奇主要作家如张凤翼、梁伯龙、邱濬,主要作品如《琵琶记》、《西厢记》、《昙花记》等有所评述,兼及古剧脚色、俗乐、时尚小令、俚语、舞蹈之考索，有参考价值。其间也有近于附会者，《四库全书总目》指出其"论元人未灭南宋以前，以杂剧取士"之说不过"委巷之鄙谈"，杂有讹误不实之处。有《学海类编》、《四库全书》、《中国古典戏曲论著集成》本等。

乐府传声 曲论著作。清徐大椿著。成书于乾隆十三年(1748)。长于度曲，继承明魏良辅、沈宠绥诸家之说，又有所发挥。论述"源流"、"元曲家门"、"出声口诀"等三十五题，对于唱法，尤其是字音之四声阴阳及抑扬顿挫等规律，分析尤见精密，颇多创见，为当时曲坛及后人所重视。有丰草亭原刻本，《正觉楼丛书》本等数种，今以《中国古典戏曲论著集成》本较常见。

剧话 曲论著作。清李调元著。为《雨村曲话》之姊妹篇。二卷。约成书于乾隆四十年(1775)前后，时值地方戏曲兴起之际。卷上摘录前人言论，侧重谈戏曲体制之变革演进，对新兴地方声腔如吹腔、秦腔、二簧、女儿等腔的起源和特点，弋阳腔与高腔形成发展之血缘关系，作较细考索。卷下侧重考证《太公封神传》等若干剧本之本事。有《函海》初刻本，今以《中国古典戏曲论著集成》本较常见。

雨村曲话 清李调元著。二卷。成书于乾隆四十九年(1784)。卷上多谈元代作家作品，卷下多述明清作家作品，引述朱熹、王世贞、朱权、周德清等人言论，并附己见，时有所得。推崇元人质朴自然之风格，批评骈俪堆砌倾向；强调戏剧矛盾冲突之解决，应合乎情理。另有《剧话》一种。有《函海》初刻本、乾隆初刻本等数种，今以《中国古典戏曲论著集成》本较常见。

花部农谭 曲论著作。清焦循著。一卷。写成于嘉庆二十四年(1819)。是追记与乡邻谈说观看"花部"演出观感之札记。作者不囿俗见，酷爱"花部"地方戏，认为昆曲雅部虽谐音律，但曲文艰深，难使一般人赏鉴；唯有"花部"地方戏慷慨动人，语言通俗，受普通观众喜爱。此论在当时文人中极为罕见，初步建立起与传统美学标准相抗衡的新戏曲美学观。以《清风亭》、《赛琵琶》等近十个花部剧目之所长，证明花部不亚于雅部，颇有说服力。论历史题材，不赞成照搬史书，允许虚构(谬悠)生发。今存原稿本、《怀豳杂俎》本、《中国古典戏曲论著集成》本等。

曲话 清梁廷枏著。五卷。成书于道光四年(1824)。卷一对《录鬼簿》和《曲海目》之剧目另行排比，卷四谈格律谱式，卷五侧重谈音韵，多引前人言论。卷二卷三品评诸家名作，不囿俗见，或考其本事，或评论词藻，联系剧情结构论得失长短。论戏曲与诗词之体制差异，在于"诗词空其声音，元曲则描写事实"；强调人物语言应"尽合口吻"，以及评论作品注意艺术特征的剖析等，颇具价值。有《藤花亭十种》本等多种，今以《中国古典戏曲论著集成》本较常见。

剧说 曲论著作。清焦循著。六卷。写成于嘉庆十五年(1810)。辑录汉唐以来各种文献中的论曲言论，广征博引二百来种古今书籍，其中不乏罕见善本。不录曲律，主要记流传于梨园、乐府、教坊、青楼乐户中的遗闻佚事，并附以编者见闻；对戏曲之流变，一些剧目题材之来源，脚色命名之根据等间亦有所评述。今存稿本不及排印本完整，或为未定稿，藏北京图书馆。排印本以《读曲丛刊》本为最早，今以《中国古典戏曲论著集成》本较常见。

词余丛话 曲论著作。清杨恩寿著。三卷，分为《原律》、《原文》、《原事》。卷首有越南贡部正使裴文禩光绪丁丑(1877)年序。前人将散曲称为"词余"，表明曲与词之渊源关系。卷一谈律吕、宫调、曲谱、声韵等，引古论今，间作考证；卷二谈明清戏曲之词藻文章及编剧枢要，评作家作品之得失；卷三记一些戏曲作品的故事情节，作家间轶闻趣事，实为曲话。另有《续词余丛话》，为正编之补充。有作者自刻《坦园丛书》本，今《中国古典戏曲论著集成》本等。

新传奇品 曲论著作。清高奕著。为继吕天成《曲品》而作。著录明清二十余家作品，共二百零九种剧目，均为吕氏未著录者，间附极简略评语，但多以比喻代叙述，含义模糊。有暖红室本、清河郡本、《曲苑》本数种，今以《中国古典戏曲论著集成》本较常见。

李笠翁曲话 一作《笠翁剧论》。清李渔(号笠翁)著。作者著有《闲情偶寄》十六卷，1925 年曾有人录其中《词曲》、《演习》二部出版，题为此名。共分五卷(词曲部三卷，演习部二卷)。论及结构、词采、音律、宾白、科诨、格局、选剧、变调、授曲、教白、脱套等创作演出各个方面，体系完整严密，对后代很有影响。有《新曲苑》本、《中国古典戏曲论著集成》本。

小栖霞说稗 曲论著作。清平步青著。一卷。有"观剧诗"、"文武解元"、"临川梦"等三十七题。主要考订一些戏曲故事情节之出处来源及其演变,兼论小说。其体例与李调元之《剧话》卷下相似,征引颇详,有史料价值。原为《香雪崦丛书》丙集《霞外攟屑》之第九卷,今收入《中国古典戏曲论著集成》。

曲苑 曲论汇编。近人陈乃乾编。1921 年出版。在《读曲丛刊》所发表曲论的基础上,增加吕天成《曲品》、王国维《曲录》等十五种重要曲论;1925 年再出《重订曲苑》,又增加王国维《戏曲考原》、董康《曲目韵编》等五种,用者称便。有影石印本。

新曲苑 曲论汇编。近人任二北编。六卷。1940 年中华书局聚珍仿宋排印出版。收录《曲苑》未收的曲论著作三十五种。所收著作或系原有单行本,或整卷辑自文集,或为曲学著作所附载,或从文集诸卷中辑录,或杂辑诸书而成。其中《曲海扬波》系从宋元以来一百四十余种笔记中,爬罗剔抉而成。汇集大量散碎史料,用者称便。唯诸书出处、卷数均未注明,间有疏漏。书中十余种今见于中国戏剧出版社 1959 年出版的《中国古典戏曲论著集成》。

曲海一勺 曲论著作。近人姚华著。初刊于 1913 年《庸言》杂志第 5、8、15 期,后被收入任二北编《新曲苑》和文集《弗堂论稿》。分"述志、原乐、明诗、骈史(上下)"五题。主张昌明曲学,破除卑视戏曲之陈见;又定昆曲为"国乐",主张以封建礼乐挽回颓风,排斥地方声腔,有明显复古保守倾向。论戏曲发展演变,以为与历代都城之"风土"即人文地理环境相关联。对当时戏曲发展,提出"必斟酌于古今,熔铸于中外"的方针。虽过于强调"温故",却将古今中外同置于视野之内,有其合理因素。今有《弗堂论稿》,人民文学出版社《中国近代文论选》本等。

菉漪室曲话 近人姚华著。四卷。初刊于 1913 年《庸言》杂志。后被收入任二北编《新曲苑》。卷一《卓徐余慧》,对卓人月、徐士俊《古今词统》略作评释。卷二《毛刻签目》,专论毛晋《六十种曲》,评《东郭记》,断为"滑稽文学",奉为"文章之绝谊",倍加推崇,肯定其喜剧价值,与王国维推崇悲剧成鲜明对照。卷三、四专论《琵琶记》、《西厢记》。全书以朴学之法治曲学,重校勘辑佚。除卷一内容稍杂,余三卷构思甚密,较有系统性。有《弗堂论稿》本、《新曲苑》本等。

优语录 曲论著作。近人王国维编。成书于宣统元年(1909)。是作者系统研究曲学成果之一种。从历代史书、笔记、诗话杂著中稽钩辑录唐宋俳优、演员的滑稽语话共五十条,据以考证"戏剧之源与其变迁之迹",并藉以"存唐宋之戏曲"。有《王国维遗书》本等多种。近人任二北仿其体而扩充之,采集西周至"五四"运动前数千年间俳优艺人的优语五百条,并附以考释,名《优语集》(上海文艺出版社 1981 年版)。

曲录 戏曲史料。近人王国维编。六卷。写成于宣统元年(1909)。是作者研究曲学成果之一种。记录宋元明清戏曲家二百零八人,作品名目二千一百九十六种,以及杂剧、传奇总集,曲谱、曲韵、散曲集之书目若干种,当时堪称完备。今有《王国维遗书》、《王国维戏曲论集》本等。

古剧脚色考 曲论著作。近人王国维著。成书于 1911 年。是作者系统研究曲学成果之一种。对唐宋以来戏曲脚色如"参军"、"末泥"、"引戏"、"净"、"生"、"丑"等之渊源变化、命名由来等有所论述考证。于"余说"四则中考据戏曲面具、涂面、男女合演之演变,认为脚色区分经历了由低级向成熟发展的过程,首创以人物气质之阴阳刚柔来区分脚色之说。有《王国维遗书》和《王国维戏曲论文集》本等。

衡曲麈谭 曲论著作。原未署名,附刊于张琦(骚隐居士)所编《吴骚合编》卷首,或系张琦所著。一卷。分《填词训》、《作家偶评》、《曲谱辨》、《情痴寤言》四章。篇幅甚短,论戏曲兼及散曲,颇有所见。末章专论人情:"情之为物也,役耳目,易神理,忘晦明,废饥寒,穷九州,越八荒,穿金石,动天地,率百物,生可以生,死可以死,死可以生,生可以死,生又可以忘生,远远近近,悠悠漾漾,杳不知其所之。"与汤显祖《牡丹亭题辞》相近,有理论意义。有《读曲丛刊》本、《中国古典戏曲论著集成》本等。

中国古典戏曲论著集成 曲论总集。中国戏曲研究院编。十册。收录历代曲论四十八种。包括编剧理论及作家作品评论十六种,记录剧作家及作品名目者十三种,曲韵曲谱及制曲者四种,记教坊制度、唐代俗乐、曲牌来源、律吕宫调、声乐理论及歌唱方法者十三种,记元代艺人身世伎艺者一种,总结戏曲表演艺术者一种。其中《顾误录》、《花部农谭》、《梨园原》等均为罕见孤本。每种前有提要,末附校记,按时代顺序编排,基本上收集了古代曲论的主要部分。中国戏剧出版社 1959 年出版。

中原音韵 北曲音韵格律兼写作技巧论著。元周德清著。成书于泰定元年(1324)。卷首有元人虞集、欧阳玄、罗宗信、琐非复初序及作者自序,卷末有作者后序。全书内容分两大部分。前一部分是韵谱,共分十九韵,每韵有阴平、阳平、上声、去声四部分,入声悉派入三声。作者根据当时口语和北曲演唱的实际语言,提出以中原之音作为“正音之本”,“放之四海而皆准”,大胆突破了以往长期局限于只对古代音韵探索的窠臼,开创了今音韵学一派,影响并及于南曲,对近代官话乃至当今之普通话推广,均有相当的贡献。后一部分是“正语作词起例”,包括辨别字音、用字方法、宫调曲牌、作词十法。十法论述了知韵、造语、用事、用字、入声作平声、阴阳、务头、对偶、末句、定格。其中论作曲奥妙,涉及到结构、命意、风格及美学欣赏等问题。凡此“皆发前人之所未尝发者……而公议曰:‘德清之韵,不独中原,乃天下之正音也……’”(琐非复初序)。故自此书一出,“作北曲者宗之,兢兢无敢出入”(王骥德《曲律》),被誉为“曲韵之祖”(刘熙载《艺概》)。有铁琴铜剑楼藏元刻本、明万历间刻《啸余谱》卷六所收本,清代《古今图书集成·文学典》和《四库全书·集部·词曲类》皆据以收入。现代还有几种影印、石印等翻印本,而以《中国古代戏曲论著集成》第一集本和中华书局 1978 年影印明正统讷庵本,校勘最为精备。

太和正音谱 一名《北雅》。曲谱兼戏曲论著。明朱权著。二卷。卷首自序作于洪武三十一年(1398)。全书标目为八,一至七是关于戏曲、散曲的理论和史料:论列了乐府体制、流派十五种及对式名目九种,品评了元代、明初九十八位曲家的艺术风格,按题材内容分杂剧为十二科,著录了元代及明初八十一位作家及无名氏所作杂剧剧目五百六十八本,记录了当代善歌之士三十六人之姓名籍贯,有的还写了小传,袭用并有所补充地发挥了元人芝庵《唱论》的戏曲音乐理论。凡此皆提供了丰富而珍贵的戏曲史料,并具有一定的理论价值。如其著录的元曲家就有七十人不见于《录鬼簿》,明初作家比《录鬼簿续编》亦多四人,杂剧作品亦有四十多本不见于两书的。其品评“群英乐府格势”的四字评语,有的虽不免空泛,但“曲话唯此最先”(李调元《雨村曲话》)。明清脉望馆、也是园整理元代明初杂剧时,定作者与剧次,“皆一遵《太和正音谱》”。目录之八是北曲曲谱,按北曲十二宫调分类,共收三百三十五支曲牌,选配元代明初作品为范例,分别列出句格谱式、详注四声平仄,标明正字衬字,成为填制北曲之规范,是现存最早的北曲曲谱。明王骥德《曲律》自序将此书与《中原音韵》誉为“北士恃为指南,北词禀为令甲”。后代各种曲谱之北曲部分,无不从中取材借鉴。但作者视戏曲仅为“雍熙之治”、“以饰太平”以及对“倡夫不入群英”之鄙视,则是其贵族之偏见。今存汪氏艺芸书舍、沈氏鸣野山房两种影写洪武间刻本、万历间《啸余谱》刻本、崇祯间黛玉轩刻本、《录鬼簿(外四种)》本(据涵芬楼秘笈本重印)及《中国古典戏曲论著集成》(三)所收本,此外《元曲选》、《重校说郛》、《古今图书集成》、《学海类编》、《新曲苑》、《古典戏曲声乐论著丛编》等书都程度不同地收有是书部分内容。

九宫正始 《汇纂元谱南曲九宫正始》的简称。南曲曲谱。明徐于室(一作子室)初辑,清初钮少雅完成。依据宋元南戏旧本,考证南曲曲牌源流。收录了一些罕见的宋元南戏之曲词,用者称便。有原刊本和影印本流传。

南词新谱 南曲曲谱。全名《广辑词隐先生增定南九宫词谱》。明末清初沈自晋(沈璟之侄)编。二十六卷。据沈璟所编《南九宫十三调曲谱》和冯梦龙《墨憨斋词谱》未刊稿修订增补而成。体例同沈璟曲谱,增收明末清初的新曲例及少数新创曲体。有影印清初刻本、1985 年北京中国书店排印本。

北词广正谱 北曲曲谱。明清之际李玉根据徐于室所编北曲曲谱扩充而成。十八卷。内四卷有目无曲文。共选录北曲曲牌四百四十七支,每支曲牌列出不同格式,并举例明之。分别正、衬字,注明板式。收罗较完备。有影印本。

寒山堂曲谱 南曲曲谱。全名《寒山堂新定九宫十三调南曲谱》。明清之际张大复编。所录均以元代南戏、南散曲为主,间亦选入明代本色之作。所选之曲绝少用衬字。卷首刊《谱选古今传奇散曲总集目》共七十种,或加按语,有所评介,内有若干南戏剧本、剧本名目和出数未见他书著录;末附《曲话》十七则,对明人传奇追求词藻倾向颇有批评。编辑过程曾得李玉、钮少雅之助。刊印后颇流行,影响较大。后来编纂的《九宫大成谱》等均以之为主要依据。仅存抄本流传。

九宫大成南北词宫谱 曲谱。简称《九宫大成谱》。八十二卷。清乾隆七年(1742)庄亲王允禄奉命编纂，周祥钰、邹金生、徐兴华、王文禄等分任其事。成书于乾隆十一年(1746)。收录南北曲的引、正曲、集曲、北曲三只曲共二千零九十四支曲牌，加上变体共四千四百六十六曲。尚有北曲套曲一百八十五套，南北合套三十六套。均详列体式，区分正衬字，注明工尺板眼。其材料包括唐宋歌舞大曲、宋代南戏、金元诸宫调以及元明清三代之戏曲散曲，存录了大量戏曲音乐史料。今有原刻本和影印本。

钦定曲谱　曲谱。清王奕清等编。十四卷。包括北曲谱四卷，南曲谱八卷，失宫犯调之曲一卷，并以前人曲论和东山钓史(查伊璜)的《九宫谱定总论》为卷首。“钦定”，指由皇帝审阅核定，以显示其价值 。此谱所述不如李玉《北词广正谱》、吕士雄等《南词定律》精确。有康熙年间刻本及石印本。

南词定律　南曲曲谱。清吕士雄、杨绪、刘横、唐尚信编。十三卷。以明人张大复《寒山堂曲谱》为依据。有康熙年间刻本。

南北词简谱　曲牌研究著作。吴梅著。十卷。全书计北曲四卷，南曲六卷。书后有卢前跋语。南北曲源于宋金而备于元明，此书词例兼采元明，对各曲复有所考订，较元明人同类著述为精，足供参考。有1939年10月白沙石印本；另有华东师范大学油印本。

予之戏剧改良观　文艺论文篇名。欧阳予倩作。原载《讼报》，后转载于1918年10月《新青年》第5卷第4号。在旧剧存废论战中，作者持改革态度。着重指出提高戏剧文学性以区别旧剧的必要性，并对“剧本”、“剧评”和“剧论”三者作了具体规范。为改革旧有戏剧，必须养成人才，除借文学以救其弊外，还须组织“俳优养成所”。

《国剧运动》序　文艺论文篇名。余上沅作。原以“国剧运动”为题刊于1926年北京《晨报》副刊，后作《国剧运动》(新月书店，1927年)一书之序。代表了国剧运动提倡者统一的艺术观点。推崇戏剧的艺术性，主张充分重视中国旧剧的艺术传统和大量吸收外来戏剧的现代技巧，表现出不同于“人生派”戏剧的“艺术派”倾向。部分地将戏剧的社会功能和戏剧的艺术品性相对立，也贬低了写实主义新剧的价值。

现代中国戏剧　文艺论文篇名。马彦祥作。载《戏剧讲座》(现代书局，1931年)。30年代初文学评论中的历史兴趣也影响到戏剧理论批评领域。本文在史的把握和典型的剖析上，表达了对于新文学前十年戏剧创作的意见。对八位戏剧作家(实际七位)各自的特点作了简要评述，尤注意其创作与时代的关联。由于承袭陈见，对文明戏的批评过苛，故模糊了对欧阳予倩的准确判断。洪深的《〈中国新文学大系·戏剧集〉导言》将其作为主要参考文献之一。

电影戏剧的编剧方法　文艺论著。洪深著。南京正中书局1935年9月出版。全面阐述电影戏剧的编剧方法，具体体现作者为人生、为时代的戏剧观，以及力求融中西戏剧为一体的努力。共八章：“作者与观众”、“为什么写剧”、“故事说明”、“对于人物的认识”、“人物的描写”、“故事的讲出”、“清楚与动人”、“材料的收集”。有附录《编剧二十八问》和电影剧本《劫后桃花》。包罗宏富，深入浅出，有明显的操作性，带有一般戏剧写作教科书的特点。

话剧民族化与旧剧现代化　文艺论文篇名。张庚作。载1939年《理论与现实》第1卷第3期。系在延安鲁迅艺术学院的报告。认为“话剧民族化与旧剧现代化”是中国戏剧运动正确发展的唯一方向。使旧剧跟上时代，无论内容，还是形式都要进行现代化的改革，以适应抗战的需要；话剧虽是外来戏剧形式，但在中国也已有二十年历史，要使它拥有观众，为中国老百姓喜闻乐见，就须进一步实现民族化、中国化，汲取中国传统戏剧的精华，为表现中国老百姓的生活、斗争与要求愿望而创造新的戏剧形式。

中国历代文论选　文论选编。郭绍虞主编。分正文与附录两部分。正文按作者的时代为序，选录先秦至近代的古代文学理论的名著名篇，各篇分别有注释和说明，每篇后附录了若干论及同类理论问题的篇章，以供参证。本书为治中国古代文学理论批评史提供了一套完整、丰富的资料，列为高等学校文科教材。1964年中华书局上海编辑所初版为三册。1979年8月上海古籍出版社修订本较大幅度地增加了小说、戏曲、民歌及近代部分的篇目后，扩充为四册。

隋唐五代文论选　资料汇编。今人周祖譔编。收录隋唐五代人士有关文学的论述二百六十余篇，略按时代先后编次。特点是选录面广、择别精细，不仅从有关作家、评论家的文集，还向史志、诗话、选本、经籍、目录学著作、杂著各种典籍里搜辑材料，凡一代文论之有价值者多所汇集。如李行修《请置诗学博士书》载《全唐文》，刘善经《论体》、《定位》两章散见《文镜秘府论》，皆以往罕为人提及。是书前言就隋唐五代文论发展的轮廓作了清晰勾画，作者介绍部分常有对其文学理论主张及著述的精要提示，人民文学出版社 1990 年出版。

中国现代文论选 资料汇编。王永生主编。共三册。分诗歌理论批评、戏剧文学论评、散文理论批评、小说理论批评、电影文学论评、创作经验论述、国外文论评介、作家作品评论、文学理论建设、文学问题论争等十辑，基本上选辑自"五四"以来至建国前的文学理论批评文章，共二百六十篇，按发表时间先后排列。各篇文章后附有简要说明，介绍有关的写作背景、作者情况，以及基本论点。贵州人民出版社 1982、1984 年出版。

中国文学批评史大纲 研究著作。朱东润著。完全以批评家列目，全面论述先秦至清代的主要批评家的理论主张及其成败得失。认为"伟大的批评家不一定属于任何的时代和宗派"，因此"决然放弃时代和宗派的标题"。全书尤重明以后至近代的批评家，且顾及到小说、戏曲的批评。在文论研究中具有一定的开创意义。为现代中国批评史研究的奠基作之一。1944 年由开明书店初版，1957 年上海古典文学出版社再版，上海古籍出版社 1983 年据原古典文学版重印。

中国文学批评史 ❶研究著作。郭绍虞著。将中国古代文学批评史分作上古(上古至东汉)、中古(东汉建安至五代)、近古(北宋至清代中叶)三期，比较全面、系统地论述主要文论家和文论派别的基本论点和沿革关系，对一些概念的辨析尤见功夫，引用资料丰富。朱自清称此书是"开创之作"，"因为它的材料和方法都是自己的"(《朱自清古典文学论文集》)。在中国文学批评史研究界影响很大。然其对小说、戏曲及近代文论均未顾及。原书分上下两册，分别由商务印书馆于 1934、1947 年出版。1955 年经较大修改后合为一册，由新文艺出版社出版。中华书局上海编辑所 1961 年出新一版。上海古籍出版社 1979 年再次印行。❷研究著作。罗根泽著。共三册。以时代为序，以理论问题或作者观点为纲目，对周秦至两宋间文学批评作全面论述，征用材料丰富而细致，其中对宋代诗话的梳理颇精到，"佛经翻译论"一章尤有特色，为中国文学批评史研究者所注重。此书陆续完成和出版，最初部分于 1934 年由人文书店印行，最后部分于 1962 年中华书局上海编辑所印行，中经多次修订出版。今通行本则为 1984 年上海古籍出版社用 1962 年版纸型重印本。❸研究著作。王运熙、顾易生主编。共三册。上册含先秦至隋唐五代，中册含宋元明，下册含清至近代。是继郭绍虞、朱东润、罗根泽等批评史著作之后的一部大型中国文学批评史。其特点是涵盖面广，资料、理论兼重；所论尊重古代文论的本来面貌，且注意史的连贯性和阶段性；对宋后的词论、曲论、小说论及近代文论均予以足够的重视。被列为高校文科教材。上册于 1964 年中华书局出版，署刘大杰主编；中册于 1981 年上海古籍出版社出版，署名"复旦大学中文系古典文学教研组"；下册于 1985 年上海古籍出版社出版，署王运熙、顾易生主编。1986 年后上海古籍出版社多次将三册一起印行，统一署名王运熙、顾易生主编。

中国词学史 研究著作。谢桃坊著。六章。对我国历代词论、词评、词律、词乐、词人研究及词籍整理和词史研究等作了研究和概括，将词学研究的发展历史分为六个时期：创始期、建立期、中衰期、复兴期、极盛期和作为现代社会科学学科体系的完成期。重点突出近代和现代词学的发展，尤其对本世纪以来词学研究的走势、当代词学科学体系的建构作了较客观的分析和评论。前有"引言"，对词学研究范围作界定；后有"余论"，对新时期词学研究及未来趋势作了评述和展望。巴蜀书社 1993 年出版。

汉语诗律学 研究著作。王力著。五章。第一章"近体诗"，第二章"古体诗"，第三章"词"，第四章"曲"，第五章"白话诗和欧化诗"。前有作者 1957 年序及"导言"。是第一部全面论述中国汉语诗格律的专著。诗取宽义，泛及古风、律绝、词、散曲与剧曲、白话新诗，所论内容有押韵、平仄、对仗、字数、句式、语法等。驳正近体诗"一三五不论"的旧说，对对仗类型、句式和语法、古体诗平仄等问题作了总结，提出"平平仄平仄"句式名拗而实非拗、律诗首句用邻韵为宋诗风尚、曲的声调平上与去声各为一类等见解。全书把诗律的一般常识与自己的研究成果相结合，颇有特色。新知识出版社 1958 年初版。1962 年上海教育出版社抽去第五章出版新一版，1979 年再出增订本，恢复第五章，增加了三十二个附注。

先秦两汉文学批评史 研究著作。顾易生、蒋凡著。十二章。为王运熙、顾易生主编的多卷本《中国文学批评通史》之一。分"先秦文学批评"和"两汉文学批评"两编。"先秦文学批评"部分,论述《诗经》、《尚书》、《国语》、《左传》中所反映的文学观念以及儒家、道家、墨家、法家、屈原(附宋玉)、吕不韦《吕氏春秋》(附李斯、嬴政)的文学思想,对先秦古籍及诸子百家的文艺思想的分析研究颇有新见。如对先秦儒家文论,注重总结其多方面的成就,揭示其崇古口号中的创新意义和在强调文学的社会政治教化功能时对其形成的束缚;对道家文学思想着重分析其否定文艺的心理、社会因素,展示其独特的审美理想与涉及创作内部规律的精到识见。"两汉文学批评"部分,阐述西汉中期以前的文论发展、两汉之交的文论演变及两汉文论的尾声。针对前人"两汉文学断裂"旧说,从两汉思想文化运动的客观史实出发,论述了"汉代文论以其特有的形态循序渐进、分阶段地发展,终于不负历史使命,完成由先秦向魏晋南北朝的过渡"的观点,揭示其历史地位和发展源流。上海古籍出版社 1990 年出版。

魏晋南北朝文学批评史 研究著作。王运熙、杨明著。九章。为王运熙、顾易生主编的多卷本《中国文学批评通史》之一。分"魏晋文学批评"、"南北朝文学批评"两编。对重要批评家及其著作,如曹丕《典论·论文》、陆机《文赋》、挚虞《文章流别论》、刘勰《文心雕龙》、钟嵘《诗品》等,各立专章详论;对一些历来论析较少或未加论列的批评家,如应玚、桓范、檀道鸾、张融、裴子野等亦有较具体的介绍;对一些重要范畴、概念如"气"、"风骨"、"文质"、"文笔"、"四声八病"等,亦加较细致的分析。论述中注意阐明各种文学观点同当时思想文化背景、时代风气的联系、理清其历史发展线索,并比较各批评家观点之间的异同,较全面、准确地反映了魏晋南北朝时期文学理论批评的真实面貌及其发展轨迹。上海古籍出版社 1989 年出版。

隋唐五代文学批评史 研究著作。王运熙、杨明著。十章。为王运熙、顾易生主编的多卷本《中国文学批评通史》之一。分"隋和初唐的文学批评"、"唐代中期的文学批评"、"晚唐五代的文学批评"三编。阐论唐代文学批评,抓住两个比较显著的倾向进行深入分析:一是强调文学的社会功能,要求它积极为政治教化服务,因而对魏晋南北朝文学批判较多,甚至强调实用文章,轻视诗赋,如王通、白居易及不少古文家的言论,其缺点是往往忽视文学的艺术特征。二是着重探讨文学(特别是诗歌)的艺术美、语言美,研究作品如何才能具有深邃的意趣和耐人寻味的魅力等,如皎然、司空图等的著作,及初唐、晚唐五代专门研究诗艺的著作,其缺点是有时流于琐碎。也有少数评论者,如王昌龄、杜甫等,对文学的社会功能和艺术美都较重视。此书对各个批评家的论述较为客观全面,在指出其主要倾向时还注意到其他方面,并重视结合批评家对作家作品的评价及其本人的创作情况来考察其理论批评,评析较有深度。上海古籍出版社 1994 年出版。

宋金元文学批评史 研究著作。顾易生、蒋凡、刘明今著。二十一章。为王运熙、顾易生主编的多卷本《中国文学批评通史》之一。分"北宋诗文批评"、"南宋诗文批评"、"南北宋文学批评综论"、"金元文学批评"四编。全书对两宋金元的批评家及其著作广收博取,而又重点突出,从文学思潮流变之角度条分缕析。如两宋的欧阳修、苏轼、黄庭坚、陆游、杨万里、刘克庄、严羽、刘辰翁等,金元的王若虚、元好问、方回等,都有专章阐述,同时兼及诸多小家之断文片语。尤有特色之处是在论述中沟通古今文学批评的各种思潮,以实证功夫为基础,吸收前人研究成果,尽力钩玄索隐,不但在史料的翔实性及批评理论的样式等方面有新的挖掘,而且提出了一些颇具新意的见解,显示出当代文学批评研究者的学术视野更为宽阔、理论思维更为活跃。上海古籍出版社 1996 年出版。

明代文学批评史 研究著作。袁震宇、刘明今著。十三章。为王运熙、顾易生主编的多卷本《中国文学批评通史》之一。阐论明代前期、中期和晚期的诗文、戏曲、小说批评,对晚明吴江派和临川派关于戏曲理论的争鸣和明人关于词及民歌时调等的评论则另列专章详论。作者力图从明代广阔的文化背景出发,对当时复杂的社会文化思潮影响下文学批评的纷繁现象加以梳理,不但注重于各派各家之异,指出其理论的独特处、偏颇处,还着力探求各派各家之同,觅索其相互影响、相互交融处,并不为成见所囿,对向来不受重视的小品文、民歌等批评文字,以及明末文社诸子、明代戏曲小说的批点、刊刻者等批评家,也作了适量的评述。叙述体例、论述方法不强求一致,亦有其特色。上海古籍出版社 1991 年出版。

清代文学批评史 研究著作。邬国平、王镇远著。十一章。为王运熙、顾易生主编的多卷本《中国文学批评通史》之一。以分类文体批评为纲，以批评家、批评流派和批评论著为目，阐论明清之际（由明入清和顺治年间）文学批评、清代前期（康熙、雍正）诗文论和清代中期（乾隆、嘉庆和道光初）诗文论、词论、戏曲批评、小说批评。从辨析文学批评资料出发，广泛联系清代具体的历史背景尤其是思想、文化、学术和文学创作的背景，归纳文学批评的阶段性特征，揭示其发展轨迹。在资料的考辨上颇见功力，如考证毛评本《三国演义》的主要评者为毛纶，并详论其评《琵琶记》的成就，突出毛纶在清代文学批评史上的地位，内容翔实，更符合历史真实。全书或以论带史，或论从史出，立论严谨而富有新意，全面、深入地反映出清代文学批评集历代文论之大成的盛况和特点。上海古籍出版社1995年出版。

近代文学批评史 研究著作。黄霖著。十章。为王运熙、顾易生主编的多卷本《中国文学批评通史》之一。所论以是否适应和推动文学近代化的历史进程为基本评判准则。"绪论"之后，大致以文体为纲，重要的批评家如王国维则列专章予以详细评论。各章序列，以梁启超等维新派倡导文学革命为界，将传统的诗、文、词论等列于前，将变化显著的小说、戏剧等理论批评置于后。作者力求根据客观材料，广泛联系社会思想文化变革的实际，将历史探索、理论概括、微观剖析结合起来，做到涵盖全面、观点平允、材料信实、表达清晰。此书在中国近代文学批评史的研究中达到了一个新的高度。上海古籍出版社1993年出版。

文体 作法

诗歌 文体名。基本特征为：具有韵律之美，语言凝练，充满情感和想像，一般分行。按有无较完整的故事情节，可分为叙事诗和抒情诗；按有无格律，可分为格律诗和自由诗；按是否押韵，又可分为有韵诗和无韵诗。

四言诗 诗体名。全篇每句四字或以四字为主。为古代诗歌中最早形成的体式。初见于上古歌谣及《周易》韵语，集中保存在我国最早的诗歌总集《诗经》中。西汉民谣多为五言，文士则作四言诗为多，其中以韦孟《讽谏诗》最为著称。然因文繁意少，变化不多，故东汉以后为五言诗所代替，虽曹操、曹植、嵇康和陶渊明等不断创作，终不能挽其颓势。所谓"数极而迁，虽才士弗能以为美"（章太炎《国故论衡》）。唐代间有作四言诗者，以韩愈《元和圣德诗》与柳宗元《平淮夷雅》为最有名，此后虽作者未绝，然大多意在拟古炫博，并无佳什。

五言诗 诗体名。全篇每句五字。起于汉代民谣。《汉书·五行志》所载成帝时歌谣《邪径》，即为整齐的五言体。东汉后，五言歌谣更多，且被采入乐府，其中《陌上桑》、《江南可采莲》等，已是相当成熟的五言作品。文人创作五言，或说起于西汉的枚乘、李陵、苏武、班婕妤，然因今存之诗皆为伪托，不足采信。据现存史料，最早的当推东汉班固的《咏史》，唯属初起，质木无文。东汉末年无名氏的《古诗十九首》，标志文人五言诗创作完全成熟。魏晋以后，历六朝而至唐，有更大之发展，乃至成为古代诗歌主要体式之一。分五古、五律与五绝三种。

五古 "五言古诗"的简称。详"古体诗"。

五律 "五言律诗"的简称。详"律诗"。

排律 亦称"长律"。诗体名。律诗的一种，指每首超过四韵八句的长篇律诗，题目上往往标明韵数。因其在体式上按八行体律诗的粘对规则一联一联排比而成，故名。每首至少十句，多至二百句以上，句数一般为偶数。除首尾两联外，中间各联均须对仗。分五言排律与七言排律两种，前者简称"五排"，南北朝时已有；后者简称"七排"，"创自老杜"（明王世贞《艺苑卮言》卷四）。五排较七排为通行。

五排 "五言排律"的简称。详"排律"。

五绝 "五言绝句"的简称。详"绝句"。

六言诗 诗体名。全篇每句六字。相传始于西汉谷永，或据《文选》左思《咏史》诗李善注，以为东方朔已有作。今所见以汉末孔融之作为最早，此后则有曹丕《黎阳作》。唐以后人所作六言有古、近体之分，大都偶一为之。

七言诗 诗体名。全篇每句七字或以七字为主。源于古代民谣。先秦时，除《诗经》、《楚辞》已有七言句外，荀子《成相篇》亦为模仿民谣而成的以七言为主的杂言体韵文。西汉成帝时的《上郡歌》已是一首完整的七言歌谣。至东汉以后，七言民谣更多。文士作七言诗，传起于汉武帝君臣联句的"柏梁台诗"，但系伪作（见顾炎武《日知录》卷二一）。据现存史料，第一首完整的七言诗当推东汉张衡的《四愁诗》，魏曹丕的《燕歌行》则为更完整、更富有艺术性的七言诗。六朝以来，七言诗有很大发展，鲍照于此贡献尤巨。将句句用韵改为隔句用韵，且可换韵，为其发展开出新路。“然开合变化，波澜壮阔，必至盛唐而后大昌”（清施补华《岘佣说诗》）。李白、杜甫、岑参、韩愈和白居易等人，均对此体之成熟与发展作出过重大贡献，并由此为其成为古代诗歌主要体式奠定了基础。分七古、七律与七绝三种。

七古 “七言古诗”的简称。详“古体诗”。

七律 “七言律诗”的简称。详“律诗”。

七绝 “七言绝句”的简称。详“绝句”。

七排 “七言排律”的简称。详“排律”。

杂体诗 诗体名。指从字形、句法排列、声律或押韵等方面别出心裁的一类作品。此体名目颇多，明徐师曾《文体明辨序说》曾归纳谓“按诗有杂体，一曰拗体，二曰蜂腰体，三曰断弦体，四曰隔句体，五曰偷春体，六曰首尾吟体，七曰盘中体，八曰回文体，九曰仄句体，十曰叠字体，十一曰句用字体，十二曰藁砧体，十三曰两头纤纤体，十四曰三妇艳体，十五曰五杂俎体，十六曰五仄体，十七曰四声体，十八曰双声叠韵体，十九曰问答体，皆诗之变体也”。他如藏头诗、神智体等，亦属此类。多为汉魏六朝文人创制，唐以后历代诗人间有试作，唯带有文字游戏性质，故极少成功佳作。

古风 即古诗、古体诗。是唐人对时人效法前代古诗而作的作品的指称。“风”即“歌”的意思，由《诗经》“国风”引申而来。其平仄以避免入律为原则。唐李白有《古风五十九首》，非指言时事，即感伤己遭，为此体之佳作。参见“古体诗”。

古诗 ❶即古体诗。见该条。❷指南北朝时对东汉末年无名氏的诗作，如《古诗十九首》。后人又泛指古代诗歌。

古体诗 亦称“古诗”、“古风”。诗体名。与“近体诗”相对。指近体律诗形成以前，除楚辞体外的各种诗体。古体诗格律比较自由，不拘平仄对仗，押韵也宽。除七言的柏梁体逐句押韵外，一般隔句押韵。韵脚可平可仄，亦可换韵。篇幅长短不限，句子整齐划一为四、五、六、七言体，亦可杂用长短句，为杂言体。其中以五言古诗与七言古诗为最常见，简称五古与七古。杂言以七言为主，故习惯上归入七古一类。唐人摹仿前代乐府而作，有沿用旧题，有即事名篇，不合乐，亦属古体范围。此外，唐以前即有“古绝句”，唐时亦有作者，与讲求平仄的律绝不同，亦属古体一类。古体诗于发展过程中与近体存在着交互关系。南朝“新体诗”为古、近两体的过渡形态。唐一部分古诗多律句、律联，有律化倾向；而若干作者则有意与近体诗相区别，专用拗句，间或散文化。对此，清人王士禛、赵执信、翁方纲等有专门总结。

近体诗 亦称“今体诗”。诗体名。与“古体诗”相对。指唐代形成的格律诗体。由南朝齐“永明体”发展而来，至唐初沈佺期、宋之问时定型，为唐以后历代常用。其字数、句数、平仄、对仗与押韵均有严格规定。主要类别有律诗与绝句。

今体诗 即近体诗。见该条。

律诗 诗体名。近体诗的一种，因格律严密，故名。唐人亦有以之泛指近体诗的（见白居易《元宗简集序》）。此体发源于南齐永明时沈约等所倡新体诗，至唐初沈佺期、宋之问时定型，而成熟于盛唐时期。要求诗句字数整齐划一，每首分别为五、六、七言，简称五律、六律和七律，其中六律较少见。通常每首八句；若仅六句，称小律或三韵律诗；十句以上，称排律或长律。声韵格律亦有严格规定，每首四韵或五韵，偶句押韵，首句可押可不押，一般押平声韵，不得换韵，且每句各字及各句各联之间平仄必须遵循一定的规则。虽有变格，而以依循规定之常格为主。此外，中间两联须对仗，倘是排律则中间各联须对仗。小律则勿须苛守。

律绝 诗体名。指唐以来流行的近体绝句。每首四句，分五言、七言两类，简称“五绝”、“七绝”。声韵规则固定，必须用平声韵，且一韵到底，不得换韵。有时也被加上若干“泛声”、“虚声”，被之管弦。如王维《相思》一诗，即被合乐，传唱于梨园（见《全唐诗话》卷一）。

半律诗 律绝的一种异称。律绝从形式上看，似截律诗之半而成。古人以为，“截后半首一二对、三四散者易出风韵；截前半首一二散、三四对易至板滞；截中二联更板”（清施补华《岘佣说诗》）。上述后两者截成的绝句，因声调大多呆板平滞，被称作半律诗。明杨慎《升庵诗话》卷二所谓“初唐绝句多为对偶所累，成半律诗”即此义。半律诗主要就七言绝句而言。

截句 即绝句。明吴讷《文章辨体》引《诗法源流》谓：“绝句者，截句也。后两句对者，是截律诗前四句；前两句对者，是截后四句；皆对者，是截中四句，皆不对者，是截前后各两句。”

可知所谓截句，由以绝句实截律诗之半的认识而来。

绝句 亦称“截句”、“断句”、“绝诗”。诗体名。每首仅四句，通常有五言、七言两种，简称五绝、七绝。偶有六言绝句。源于汉及魏晋南北朝歌谣，称名则约起于南朝，相对于“连句”而言。梁陈时已较普遍用其泛指四言短诗，这种短诗平仄押韵均较自由，或称古绝句。“五言绝始汉人小诗，而盛于齐梁；七言绝起自齐梁间，至唐初四杰后始成调”（明胡震亨《唐音癸签》卷一）。唐以后盛行近体绝句，格律相当于八句律诗中的前后或中间四句，故古人将之归属律诗，如李汉编韩愈《昌黎集》即如此。后人以为绝句乃截取律诗之半而成，此说由归纳唐人绝句之格律形式而生，用以说明绝句来源及得名由来则未确。此外，由于唐时模仿古乐府之作已不合乐，时人大多采用绝句形式写作配乐歌词的歌辞，故其又被人视作唐人乐府。

古绝句 诗体名。见于南朝陈徐陵所编《玉台新咏》，此书收有五言四句小诗四首，题名为“古绝句”，后人遂用以指称与近体绝句不同的绝句。唐以前每句多为五字，唐以后则五、七字均有。平仄、押韵无严格规定，多用拗句，亦用仄韵，为一种比较自由的诗体。

古律 诗体名。见宋严羽《沧浪诗话·诗体》，作者自注：“陈子昂及盛唐诸公多此体。”明清以来，论者以为难辨。清吴乔《围炉诗话》卷二谓：“七律有未离古诗气脉者”，似为古律；王应奎《柳南随笔》卷六则谓“《瀛奎律髓》中有拗字一类，疑即所谓古律也。……盖律诗而骨格峻峭，不离古诗气脉，故谓之古律诗也”。大抵说来，凡字数、句数、押韵、对仗合律，而平仄似古风，不尽合律者，即是古律。产生于律诗初起之时，律诗定型后，仍有人依此创作。

弄 古乐府名词。宋严羽《沧浪诗话·诗体》载其名。明胡震亨《唐音癸签》卷一谓：“咏以永其言，吟以呻其郁，叹以抒其伤，唱则吐于喉吻，弄则被诸丝管，此皆以其声为名者也。”如《乐府诗集》“清商曲辞”中有梁武帝《江南弄》七首。

吟 古乐府名词。宋张表臣《珊瑚钩诗话》卷三谓：“吁嗟慨叹，悲忧深思谓之吟。”姜夔《白石道人诗说》谓：“悲如蛩螀曰吟。”可知此体以抒写幽郁，慨叹悲凉为务。古辞有《陇头吟》、《白头吟》等。唐以来多沿其旧题之作，但亦有自立新题，并内容也不再以抒写幽郁为限者。

逸诗 诗学名词。未经收入四家传本《诗经》中的周代古诗。其零篇断句多为《左传》、《国语》等史书及先秦诸子著作所引用。如《左传·襄公八年》子驷所引周《诗》“俟河之清，人寿几何？兆云询多，职竟作罗”四句，不见于今本《诗经》，故称“逸诗”。其来源主要有两说。司马迁在《史记·孔子世家》中提出孔子以前周王朝曾采有古诗三千余篇，后经孔子“去其重，取可施于礼义”者，只剩三百余篇的“删诗说”。前人据此认为逸诗就是被孔子删除的诗。然“删诗说”从汉至清历代学者皆以为不可信。清人桂馥则认为逸诗是未被周王朝所采之诗，他在《札朴·温经·逸诗》中说：“古者谣谚皆谓之‘诗’，其采于遒人者，如《国风》是也；未采者，传闻里巷。凡周秦诸书引‘诗’不在四家编内者，皆得之传闻，故曰‘逸诗’。或谓逸诗皆夫子所删，此浅学之臆说也。”此说较为通行。逸诗以佐《诗经》，对全面了解上古诗歌的面貌有重要研究价值。

楚歌 诗学名词。用楚声楚调唱的歌。楚为南方大国，自古就有自己独特的历史文化、风格和形式独特的乐舞民歌。其特点是抒情性强，句末和句中有“兮”、“思”、“些”等语气词。先秦时期将楚乐民歌称为“南风”或“南音”。相传最早的楚歌是《吕氏春秋·音初》所载禹妻涂山氏所作的《候人歌》。春秋时期，著名的文人创作楚歌有孔子适楚时所闻的《接舆歌》和《孺子歌》。这两首歌在艺术形式上已相当成熟，王国维认为已开楚辞体格。战国时期，楚歌广为传播，被屈原吸收，创作出楚辞。秦汉时流行更广。《汉书·高帝纪下》载，项羽“夜闻汉军四面皆楚歌”。项羽本人也唱了《垓下歌》。汉朝建立后，由于汉高祖的提倡，楚歌也进入宫廷。《汉书·礼乐志》载：“高祖乐楚声。”刘邦曾作《大风歌》以述其志。《史记·留侯世家》载刘邦谓戚夫人曰：“为我楚舞，吾为若楚歌。”刘邦因作“鸿鹄高飞”之歌。《史记·吕后本纪》载赵王友在被吕后拘囚时，也曾作楚歌《幽歌》。

谣 古乐府名词。《尔雅·释乐》谓：“徒歌谓之谣。”《韩诗章句》亦谓：“有章曲曰歌，无章曲曰谣。”宋姜夔《白石道人诗说》谓：“通乎俚俗曰谣。”可知此题源出民间俚俗传诵之歌谣，其文辞通畅明晓，不入乐。

歌行 诗体名。古体诗的一种。由古乐府诗发展而成。“行”，在汉代即指乐曲（见《史记

·司马相如列传》司马贞《索隐》)。汉魏以后,乐府诗题为"歌"和"行"的颇多,但"歌行"体正式形成在六朝后期至初唐。其与乐府诗区别在于既不入乐,又不沿袭乐府古题。唐代歌行创作极盛,留下许多千古杰作。明徐师曾曰:"放情长言,杂而无方者曰歌,步骤驰骋,疏而不滞者曰行;兼之曰歌行"(《文体明辨序说·乐府》)。可见其叙事抒情放任驰骋,如行云流水般流畅之特点。篇幅一般较长,以七言为主,兼用杂言,可换韵,句式、格律声韵都较自由灵活。

乐府 诗体名。由汉代专管音乐的官署名"乐府"而来。汉时将乐府收集编录的诗称为"歌诗",魏晋南北朝人始将其称为"乐府"或"乐府诗"。故乐府诗者,主要指两汉至南北朝时为当时乐府机关采集编乐的歌诗。后亦用以指魏晋至唐代按乐府旧谱重填新辞以入乐的诗歌,以及后人仿效乐府古题而作的诗歌。后者仿效乐府诗之作非但不入乐,有时连旧题亦弃置不用,而仅从创作方法与表现手法上继承汉乐府的特点,是所谓"新乐府"。此外,唐绝句小诗,因多配乐而行,亦被称作"乐府"。宋元以后的词、曲,因均配合音乐,有时亦称"乐府"。

新乐府 诗体名。由中唐白居易提出并积极创作而确立。因其用新题写时事,不依谱,不入乐,体制上与古乐府不同,故称。新乐府继承汉乐府"感于哀乐,缘事而发"的传统,以及杜甫以乐府写时事,即事名篇,无复依傍的创作方法,以"补察时政,泄导人情"为务,不少作品堪称优秀,具有较高的认识价值。然因"系于意不系于文"(白居易《新乐府序》),有时不免径质直切,影响了情韵之美的实现。

古乐府 指汉、魏、晋、南北朝时代的乐府诗。元左克明编《古乐府》十卷,即以两汉至陈隋时期的乐府诗为收录范围。汉代乐府大都立足现实,缘事而发,对唐以后诗关心家国兴亡、民间疾苦精神的发扬,有很大影响;魏晋南北朝的乐府民歌述情幽微,亦为后世抒情小诗的发展开辟了新路。唐以后五、七言绝句体的最终确立,得益于此甚多。又唐以后摹仿汉魏六朝乐府体制的作品,有时亦称古乐府。

乐府古题 亦称"乐府往题"。乐府诗类别名。即"拟古乐府"。汉乐府"皆感于哀乐,缘事而发,亦足以观风俗,知薄厚"(《汉书·艺文志》),为汉末魏晋以来诗人所继承。如曹操等模仿其思想和艺术风格,并沿用其旧题写了许多不再入乐的乐府诗。唐诗人更大量借用乐府旧题抒写时事,从而赋予旧题以新生命。以后历代皆有作者,总体成就似不及唐人。

乐府新题 乐府诗类别名。与"乐府古题"相对。唐初诗人长孙无忌、刘希夷等于乐府旧题外,间亦自创新题,不被声律,为此类乐府之萌芽。盛唐杜甫等人以乐府体写时事,即事名篇,一空傍依,为之拓展新境。中唐时,李绅、元稹有《新题乐府》之作,白居易更作《新乐府五十首》,以讽喻时事,成就可观,是此类乐府的发扬光大。

小律诗 诗体名。唐代已有此称。白居易《江上吟元八绝句》即有"大江深处月明时,一夜吟君小律诗"之句,可见所指即今体绝句。唯因其由五言四句或七言四句构成,为近体诗中体制最小者,故名(见宋沈括《梦溪笔谈》卷一四)。

三韵律 诗体名。律诗的一种。因每篇六句,隔句押韵,共有三个韵,故名。分五言与七言两种,前者如唐韩愈《李员外寄纸笔》,后者如唐李白《送孙林陶将军》。

杂言体 诗体名。古体诗中较为自由的一种。宋严羽《沧浪诗话·诗体》有载。明徐师曾《文体明辨序说》更解释曰:"按古诗自四、五、七言之外,又有杂言,大略与乐府歌行相似,而其名不同,故别列为一类。"所谓杂言,短则一字,长则十数字不限,句式变换与用韵甚为自由,或可夹用散文句式,篇幅长短也无定规。杂言体罕见于《诗经》及汉乐府民歌。唐以后诗人作古题乐府,或由乐府变化而来的长篇歌行体诗,一般采用此体,以收跌宕错落、变幻无端的特殊艺术效果。

半格诗 指一首诗前半首为古诗,后半首为齐梁体(见清赵执信《声调后谱》)。如唐白居易《小阁闲坐》诗。白氏谓其《长庆集》中半是格诗,赵执信将之连读,遂有此标目。对此,清翁方纲指出其所立非类(见《小石帆亭著录二·赵秋谷所传声调谱》)。故严格说来,"半格诗"不能算作一种诗体。

拗体诗 律诗的一种。律诗变格之一。指故意不依平仄常格时出拗调的律诗。起于唐人的创造。清王士禛《分甘余话》卷三谓:"唐人拗体律诗有二种,其一苍莽历落中自成音节。……其一单句拗第几字,则偶句亦拗第几字,抑扬抗坠,读之如一片宫商。"前者由杜甫开创,且最擅长。如《题省中院壁》诗,八句皆拗,一句拗三、四字者屡见，句尾不避三平，显得硬峭劲挺。影响及于宋江西诗派，以至成为宋诗的一大特色。后者由许浑开创，往往只拗诗中一联，三、四两句出句与对句第五字的平仄互换，在拗体中最有规律可循。如其《登故洛阳城》，颔联“水声东去市朝变，山势北来宫殿高”，第五字“市”、“宫”平仄互换。许浑晚居润州丁卯桥别墅，故此体又称“丁卯句法”。

律诗正格 诗学术语。律诗的一种。根据平仄交替与粘对规则的组合，五言律诗与七言律诗均可得到四种平仄格式。(一)平仄脚(五言“仄仄平平仄”，七言“平平仄仄平平仄”)；(二)仄仄脚(五言“平平平仄仄”，七言“仄仄平平平仄仄”)；(三)平平脚(五言“仄仄仄平平”，七言“平平仄仄仄平平”)；(四)仄平脚(五言“平平仄仄平”，七言“仄仄平平仄仄平”)。凡符合上述格式均为律诗正格。

律诗变格 诗学术语。律诗的一种。与“律诗正格”相对。凡没有严格依循正格的四种格式，特别是在五言第三字、七言第五字未严格依循正格者，称“律诗变格”。律诗变格必须是出于作者有意的追求，为获得一种特殊的艺术效果而突破常格，如拗；非此，如失粘、失对、犯孤平，皆属诗病，不能以变格论。

一至七字诗 诗体名。指一首诗从一言起，或逐句成韵，或两句一韵，直至七言止。又因其每句或每两句字数依次递增，形似宝塔，故又名“宝塔诗”。宋严羽《沧浪诗话·诗体》谓“有一字至七字”，自注：“唐张南史《雪》、《月》、《花》、《草》等篇是也。”唐人试作，亦有将字数延至九字。宋以来，更延至十字。

宝塔诗 诗体名。参见“一至七字诗”。

柏梁体 诗体名。七言联句的一种。《东方朔别传》曰：“孝武元封三年，作柏梁台，诏群臣二千石能为七言者，乃得上坐。”并赋此体，“人各一句，句皆用韵，后人遂以每句用韵者为柏梁体”(赵翼《陔余丛考》卷二三)，传说也因此以“柏梁台诗”为最早由文人创作的七言诗。清顾炎武以其所注人名、官名多与武帝时代不符，故断为后人依托(见《日知录》卷二一)。然今人逯钦立考《汉书·武帝纪》已有诗注中所提职官名，认为不能疑为伪作(《先秦汉魏晋南北朝诗·汉诗卷一》)。

竹枝词 亦称“竹枝”、“竹枝子”。乐府《近代曲》名。本巴渝(今四川东部)一带民歌。崔令钦《教坊记·曲名》中已见载，可知唐玄宗朝已采入教坊。中唐以来如顾况、刘禹锡、白居易等人皆有作。大都用以描写人情风土，富有民歌色彩。唐代《竹枝词》歌词不拘平仄，可歌唱。后用为词牌。

吴体 诗学名词。律诗变格之一。指平仄不依定式，粘连不守规矩，但出句与对句平仄大体对称匀整的律诗。因不谐声律，与拗律每相混淆。前人或谓“吴体与拗律不同，其诀在每对句第五字以平声救转，故虽拗而音节仍谐”(《瀛奎律髓汇评》卷二五引清纪昀语)，但衡以此体诗，并不尽合。如唐陆龟蒙《早秋吴体寄袭美》首联对句“败蝉残蛩共相仍”中，“共”即为仄声字；至唐杜甫《愁》(自注：“强戏为吴体”)诗后三联第五字皆为仄声，与纪说更不相合。清黄白山谓：“吴体诗，乃当时俚俗为此体耳。诗流不屑效之。杜公篇什既众，时出变调，凡集中拗律皆属此体”(《杜诗详注》卷一八引)。据此，其与拗律似一体。吴体为杜甫所创，除杜甫与陆龟蒙集中偶见之外，其他诗人集中罕见，并其名称唐以后亦不再用。

续句诗 诗体名。指他人先有一韵，未成全篇，继作者续作一韵，补成完篇。始见于唐代，有联句和借句两种格式。前者为创作，后者先用前人诗两句，后续以本人之句以成篇。“此格本出于李谪仙，其诗云：‘解道澄江净如练，令人还忆谢玄晖。’盖‘澄江静如练’，即玄晖全句也。后人袭用此格，愈变愈工”(宋胡仔《苕溪渔隐丛话》前集卷四二)。

建除体 诗体名。全诗二十四句，从第一句起，隔句冠以建、除、满、平、定、执、破、危、成、收、开、闭等十二个字，代表十二辰，故称。宋严羽《沧浪诗话·诗体》列其名。今传作品，以南朝宋鲍照的《建除诗》为较早。

离合诗 诗体名。习见者为拆开字形，取其一半，再与另一字的一半拼成新字，如此先离后合，故名。此类诗汉魏六朝时已有，如孔融《离合作郡姓名字诗》：“渔父屈节，水潜匿方。与时进止，出寺弛张……”首句“渔”字，次句“水”字，离“水”则成“鱼”；三句“時”字，四句“寺”字，离“寺”则成“日”，而“鱼”、“日”两字，可拼合为“鲁”字。全诗二十四句，如此离而复合，成“鲁国孔融文举”六字。唐宋以降，间有人作，且间有一些变格，然终不脱文字游戏性质，无甚意义。

回文诗 诗体名。通常指可以倒读之诗。有的可以反复回旋地读，得诗更多。相传始于晋代傅咸、温峤，诗已不传。今所见以苏蕙《璇玑图》诗为最有名。唐宋以降，历代均有人作，然除少数佳什外，多属文字游戏，无足称道。

神智体 杂体诗名。以其设想奇特，启人神智，故名。据宋桑世昌《回文类聚》载，苏轼曾作《晚眺》一诗难辽使，诗云："长亭短景无人画，老大横拖瘦竹筇。回首断云斜日暮，曲江倒蘸侧山峰。"他不把诗写出来，而以意写图（见附图），使其自悟，令以能诗自夸的辽使不解，大感惶愧，声言自后不复言诗。

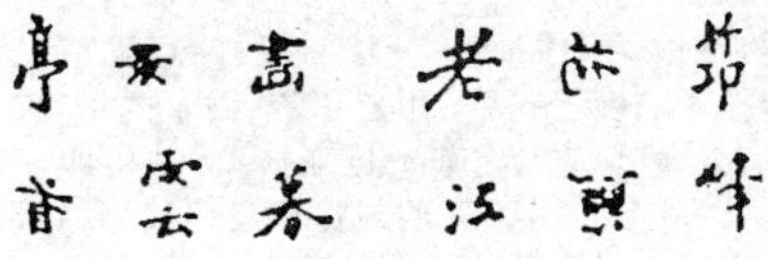

神智体《晚眺》

八音歌 诗体名。指五言十六句诗，从第一句起，隔句冠以中国古代八种乐器（金、石、丝、竹、匏、土、革、木）名。此八种乐器，古代统称"八音"，故名。宋李淑《诗苑类格》谓"陈沈炯为此体"，其后黄庭坚、林清集中亦有之。

问答体 诗体名。指数人会合，以诗问答而集成一篇的体式。其法是一人先以三字句起问，另一人以三句七言诗对答。问句及答句之首句须与第三句押同一个韵（或平或仄均可）。唐皮日休、陆龟蒙、张贲三人的《夜会问答》十首即此体。

蝉联体 诗体名。指全诗分若干章，两章之间以次章首句重复上章末句尾部若干字的方式相蝉联。宋严羽《沧浪诗话·诗体》所谓"有后章字接前章者"即是。此体源于《诗经·大雅》中的《文王》、《下武》诸篇，魏曹植等人均有作。

独木桥体 诗体名。以通篇押同一字韵，如走独木桥而得名。多见于词曲中。如元张养浩《塞鸿秋》："春来时香雪梨花会，夏来时云锦荷花会，秋来时霜露黄花会，冬来时风月梅花会。春夏与秋冬，四季皆佳会。主人此意谁能会？"另宋蒋捷《声声慢·秋声》亦属此体。

宫词 诗体名。指专以宫廷生活为描写对象的诗体。一般为七言绝句，因唐王建《宫词》组诗百首而著名，后代诗人所作亦多为组诗。常以宫廷礼仪、宫殿苑囿、帝妃秘事为题材，写宫女哀怨之作尤多。

应试诗 亦称"试帖诗"。诗体名。为唐代科举考试所采用。一般为五言六韵或八韵的排律，全诗韵脚限定。有用古人诗句或成语为题者，冠以"赋得"二字，故又称"赋得体"。惟因题材、格律的限制，此类作品一般思想、艺术价值都不高。

试帖诗 即应试诗。见该条。

玄言诗 诗体名。主要盛行于东晋时期。其特点是"诗必柱下之旨归，赋乃漆园之义疏"（刘勰《文心雕龙·时序》）。多宣扬老庄思想，文辞枯燥平淡。代表作家有孙绰、许询等人，其作品多不传。后世的禅理诗、哲理诗明显受其影响。

无题诗 诗体名。作者情怀幽曲，作诗别有寓托，不愿坦言乃或无法坦言，遂以"无题"名篇，是谓无题诗。出于同样原因，仅以诗起首两字名篇者，也属此类。唐李商隐集中甚多，以迷离的意象，哀婉的语言，抒写种种复杂交合的情思，对后世影响极大。

田园诗 诗体名。指以歌咏田园生活为主的诗歌。立意闲适恬淡，格调清新安谧，是其主要特点。诗人歌咏田园生活，各有用意，或用以寄不与污浊的高洁操守，或用以寓超脱凡俗的逸雅情致，或借以表达对劳动人民的同情和关切，其间亦有消极避世的成份。并且，有时上述数者交杂一处，如东晋著名田园诗人陶潜的一些作品。田园诗是古代诗歌的重要主题之一。

山水诗 诗体名。指以山水名胜为描绘对象、着意刻画自然美的诗歌。选景生动，造境浑成，置辞精切警策，是其主要特点。诗中描绘山水晋代已见萌芽，至南朝宋谢灵运达于成熟。以后谢朓、孟浩然、王维等人均有创获，并使之成为传统诗歌的一个重要主题。山水诗在展示自然美的同时，也曲折反映了作者的主观意趣，其中间或有纵情山水、崇尚隐逸的消极成份，不可一概而论。

咏物诗 诗体名。指专门描写自然或人造物体的一类诗作。宋范仲淹《赋林衡鉴序》云："指其物而咏者，谓之咏物。"所咏之物主要有鸟兽虫鱼、草木花果等动植物，日月星辰、风雨云雷等自然物，以及乐器、兵器、文具、农具等人工制品。《四库全书总目》云："昔屈原颂橘，荀况赋蚕，咏物之作，萌芽于是，然特赋家流耳。汉武之《天马》，班固之《白雉》、《宝鼎》，亦皆因事抒文，非主于刻画一物。其托物寄怀，见于诗篇者，蔡邕《咏庭前石榴》，其始见也。沿及六朝，此风渐盛，……而大致多主于隶事。唐宋两朝，则作者蔚起，……唐尚形容，宋参议论，而寄情寓讽，旁见侧出于其中。”其创作手法主要有白描、用典、譬喻、比拟、想像、夸张等，优秀之作不仅体物工致，且命意遥深。

咏史诗 诗体名。指以吟咏史事为主的诗歌。汉班固咏缇萦救父诗，或题为《咏史》。其后王粲、左思等人均有作，《文选》乃据以特立“咏史”一门。六朝以降，作者更多。咏史诗贵在贯通今古，独具只眼，以深微之寄兴，发古人之幽思，最忌就史就事的陈腐议论。为古代诗歌重要主题之一。

题画诗 诗体名。广义的题画诗指一切以画为题、歌咏画意的诗作。较早的有北朝庾信的《咏画屏风诗二十五首》，唐代开始流行，至宋蔚为大观，孙绍远所编《声画集》是中国第一部题画诗总集。狭义的题画诗指题在画面上的诗作，构成中国绘画程式章法的一部分，也是他人品鉴的一种方法，在元明清较盛行。作为诗画交融之产物，题画诗形成了自己直陈画意、品评画作、迁想发挥、抒情写志的艺术特色，成为中国特有的一种诗体。清陈邦彦奉敕编纂的《御定历代题画诗类》是中国古代最大的题画诗总集。

打油诗 诗体名。因唐代张打油而得名。其诗以俚语写成，故作诙谐，有时也暗含讥嘲。如其作《雪诗》云：“江上一笼统，井上黑窟笼。黄狗身上白，白狗身上肿”（见《升庵外集》）。后世称此类诗为“打油诗”。

吃语诗 诗体名。因其诗句或同声或同韵，如绕口令，读来发音不畅如口吃，故名。如苏轼“江干高居坚关扃，耕犍躬驾角挂经”（见宋胡仔《苕溪渔隐丛话》前集引《漫叟诗话》）。多为古人游戏之作。

格律诗 诗体名。指语言形式与音韵均有一定规律的诗作。中国格律诗流行中国古代唐以后。常见形式有五言、七言的绝句和律诗。词、曲每调的字数、句式、押韵也都有格律，广义上也属此类。

自由诗 诗体名。相对于格律诗而言，指语言不讲究格律，诗之段数、行数、字数也没有固定规格的诗。此类诗有节奏，押相近的韵。五四时期由国外传入。

新诗 诗体名。五四新文化运动中产生的以白话作为基本语言手段的诗歌。当时也称为“白话诗”、“白话韵文”、“国语的韵文”（钱玄同《〈尝试集〉序》、胡適《谈新诗》、康白情《新诗底我见》）。最初的新诗实践者主张废除旧体诗歌形式上的束缚，主张以白话俗语入诗，表达真情实感。1917年《新青年》2卷6号刊出的胡適所作白话诗八首，是新文化运动中最早出现的新诗作品，此后新诗逐渐取代旧体诗歌地位，成为诗歌创作的主流。新诗在建立和发展过程中，受到欧洲诗歌很大的影响，从而形成多种艺术表现手法和多种体式。

十四行诗 新诗的一种。13世纪起源于意大利，是一种十四行为一首，由前两节各四行和后两节各三行组成的抒情诗。流传到英国后，又改为四四四二分法，最后两句起“合题”的作用。押韵方式为甲乙甲乙、丙丁丙丁、戊己戊己、庚庚，称为“莎士比亚体”，或“伊丽莎白体”。五四运动后，一些新诗作家用汉语写过不少十四行诗，其中最著名的有冯至的《十四行集》。

散文诗 诗体名。兼有散文与诗的特点的一种文学体裁。篇幅短小，有诗的情绪和幻想，但像散文一样不分行和押韵，多表现作者在日常生活中的细小感触。最初出现于欧洲。五四运动前夕，刘半农将屠格涅夫的散文诗译介给国内读者。1918年他在评价印度作品《我行雪中》时正式使用“散文诗”这一名称，此后便流行开来。新文学作家中有不少都从事过散文诗创作，鲁迅的散文诗《野草》是其中影响最大的作品。

新格律体诗 亦称“现代格律诗”。新诗的一种。为1926年闻一多、徐志摩等人所提倡。徐志摩《诗刊弁言》提出“要把创格的新诗当一件认真事情做”，闻一多在《诗的格律》一文中系统地提出建立新格律诗的具体主张：有节的匀称，有句的均齐，有格式，有音尺，有平仄，有韵脚。同时，闻一多等又以创作来实践这一主张。50年代后，林庚、何其芳、臧克家又提出建立新格律体诗的设想和具体要求，主张要押韵，诗行相对整齐，有一定的格律形式。

阶梯式诗 新诗的一种。具有特殊排列形式的诗。诗行按一定规律排列成阶梯形式，以加强诗的节奏感，表达丰富的思想感情层次。20年代初苏联诗人马雅可夫斯基最早运用。中国抗战时期诗人田间也尝试创作了不少阶梯式诗。50年代郭小川、贺敬之等诗人所作的长篇政治抒情诗也采用此体式，并注意到现代汉语的特点而有所改造，从而被读者接受。

朦胧诗 诗体名。指运用象征、暗示、隐喻手法，意象朦胧，主题较为费解的诗作。其源可上溯至唐白居易的《花非花》、李商隐的《无题》，20世纪50年代至70年代中期曾在台湾流行，70年代末开始在大陆流行，内容多强调表现自我，具有浓郁的现代派色彩。80年代曾出版《朦胧诗选》(春风出版社)。

史诗 即英雄故事诗。是产生于原始社会末期和奴隶社会这一特定历史时期的特殊的文学作品。融历史事件、神话、传说、社会风情于一体，主要反映部落社会的纷争，歌颂部落英雄，多在民间长期流传。分短篇史诗和长篇史诗两种。长篇史诗结构宏伟，可达几十部，成百万诗行，如藏族的《格萨尔王传》，柯尔克孜族的《玛纳斯》，蒙古族的《江格尔》等。短篇史诗的情节比较简单，篇幅也较短。

叙事诗 诗体名。有比较完整的故事情节和人物形象的诗歌。一般篇幅较长，如史诗、英雄颂歌、故事诗等。我国古代著名作品有《孔雀东南飞》、《长恨歌》、《圆圆曲》等。

骚体 亦称"楚辞体"。文体名。源于战国时楚国，是一种"书楚语，作楚声，纪楚地，名楚物"(宋黄伯思《校定楚辞序》)、具有浓郁地方色彩的韵文体式。因以屈原所作《离骚》成就最高，影响最大，故名。骚体突破了《诗经》以四言为主的旧局，以更灵活的句法，更大的篇幅，铺排人事，渲染气氛，其情感表达之酣畅淋漓，想像之奇特丰富，皆为前此文学所不及，因此是一种具有明显浪漫气息的抒情文学。两汉以降，历代文士多有仿作，不但效其言情述志之哀感顽艳，并参差之句法，语助词"兮"和虚词造成的散文化特征，以及楚地方言土语亦予保留，遂使之成为迥别于古、近体诗，乃或赋体的独特文体。

赋 文体名。班固《两都赋序》云："赋者，古诗之流也。"最早出现"赋"名的是战国时荀况的《赋篇》。至汉代形成固定体制，称为"新体赋"、"汉大赋"。后演成"俳赋"、"律赋"、"文赋"等类。讲究铺陈描绘、词藻华丽，又注重韵节严整。刘勰《文心雕龙·诠赋》指出："赋者，铺也。铺采摛文，体物写志也。"可见，"赋"于"体物"之同时，亦"写志"。

律赋 赋的一种。唐宋时期为适应科举考试而产生的重视骈对与声律的赋体。元祝尧《古赋辨体》叙律赋与俳赋之差别云："为俳者则必拘于对之必的；为律者则必拘于音之必协。精密工巧，调和便美，率于辞上求之。"又称："唐人之赋，大抵律多而古少。"所谓律赋即在俳赋基础上更调以声律，务使平仄相错，得音声之美。然堕入为文造情、几近文字游戏之弊，故吴讷批评唐代律赋"风骚不古，声律大盛。句中拘对偶以趋时好，字中揣声病以避时忌。孰有学古"(《文章辨体》)，徐师曾亦斥其"但以音律谐协，对偶精切为工，而情与辞皆置弗论"(《文体明辨》)。

骈赋 亦称"俳赋"。赋的一种。是在古赋基础上变化而成的新赋体。兴于魏晋以后，盛行于南北朝。孙梅《四六丛话》谓："左、陆以下，渐趋整炼，益事妍华，古赋一变而为骈赋。"其特点是追求字句工整精巧、句末押韵、音节轻重谐畅，篇幅一般较古赋为小。唯因拘于声辞，不免影响情致的表达。著名的作家作品有鲍照《芜城赋》、江淹《别赋》、庾信《哀江南赋》等。

文赋 亦称"散文赋"。赋的一种。受唐宋古文运动影响而形成的新赋体。与骈赋、律赋注重俳偶和用韵的工稳精切不同，它虽不排斥偶对而多用散句，虽也讲用韵而较宽泛自由，状景写物，言志抒情之外，兼及议论和说理，还讲究作品的章法与气势，具有较明显的散文特征。而尚理失辞之病，间或有之。著名的作家作品有欧阳修《秋声赋》、苏轼《赤壁赋》等。

散文赋 即文赋。见该条。

俳赋 即骈赋。见该条。

古赋 赋的一种。明徐师曾《文体明辨》列其名。主要指两汉的辞赋，以其产生时代较早，且较后世讲究对仗、声律的赋为古朴，故名。后世仿两汉赋所作的不讲对仗、声律的作品，也概称古赋。一般分散体大赋、骚体赋和抒情小赋三类。散体大赋极铺张扬厉，踵事增华之能事，以描写宫殿、园苑、京都、游猎等为主，文采华艳，辞藻丰富。结构上通常亦韵亦散，而以韵为主，多采用主客问答方式展开，文前有序交代创作缘由，有的则结尾附有乱辞和诗。大赋是两汉赋的主干，著名的作家作品有司马相如《上林赋》、《子虚赋》，扬雄《甘泉赋》，班固《两都赋》等。骚体赋指在体制上模仿楚辞的那部分赋作，代表者有贾谊《吊屈原赋》、司马相如《长门赋》等。抒情小赋相对于散体大赋而言，指篇幅较短，通篇押韵，且以抒情而非体物为主的赋作，如张衡的《归田赋》等。

辞赋 文体名。汉代常把辞和赋合称，《汉书·艺文志》即将屈原等楚辞作者归入赋类。一般以为"辞"即楚辞；"赋"则指在荀赋包括先秦散文和楚辞影响下，至汉代发展成熟的文学体式。两者虽有一定的承继关系，但有区别。“赋”较之“辞”，在形式上更多散文化。参见“骚体”、“赋”。

连珠 文体名。“其文体辞丽而言约，不指说事情，必假喻以达其旨……欲使历历如贯珠，易睹而可悦”（晋傅玄《连珠序》），可知其多骈偶而用韵，借比喻以见义，是一种形式短小而连贯畅达的文体。今所见最早的连珠体作品是汉扬雄的《连珠》。魏晋以降代有作者，并有演连珠、拟连珠、畅连珠和广连珠等称。

散文 文体名。中国古代相对骈文、韵文而言的一种文体。六朝骈俪文兴起，又重文、笔之分，以“有韵为文，无韵为笔”，则无韵而又散行的文字概称“散文”。宋罗大经《鹤林玉露》：“山谷诗、骚妙天下，而散文颇觉琐碎局促。”随着文学概念的演变，散文又泛指除诗歌以外的所有文学体裁。现代散文则指与诗歌、小说、剧本并称的一类文学体裁。广义的散文包括杂文、小品、随笔、报告文学；狭义的散文则专指表现对生活情思的叙事、抒情作品。

甲骨卜辞 商周时代刻在龟甲兽骨上占卜吉凶的文辞。1949年以前在殷墟（今河南安阳西北小屯村一带）所发现的殷商甲骨文又称为殷墟卜辞。是记载商周时代政治、经济、历史、科技、生活、语言文字等的重要资料。一般由前辞、命辞、占辞、验辞四部分组成。前辞也叫“叙辞”，记载了占卜时间和卜者人名，有时还记载占卜的地点；命辞也叫“贞辞”、“问辞”，陈述要卜问之事；占辞是记录根据卜兆所作出的判断；验辞记载占卜后应验的情况。卜辞文句虽短，但已有一定的语言规律，记事过程也较完整，在表达卜者的推测和愿望时还带有一定的感情色彩，有些文句如“今日雨，其自西来雨？其自东来雨？其自北来雨？其自南来雨？”（《卜辞通纂》三七五）表现了卜者捉摸不定的情状，饶有韵味。是我国记事文的萌芽期形态。

铜器铭文 文体名。也叫“金文”（“吉金文字”的简称）、“彝器款识”，旧称“钟鼎文”。一般专指铸刻在商周青铜器上的文辞。现有铭铜器出土已逾万件，共有单字三千七百多，可识二千四百多字，都是未经改易的文字，是最为可信的商周历史的实录。按其内容和文体，主要有三种：一为自名体，是标识器物作用及所有权的金文文体，以商代为主，只记作品名称及作者名或族名；二为记事体，盛行于西周，涉及祭典、赏赐、册命、训诰、征伐、书约、盟誓等方面，记事大多较完整；三为记言体，主要在周器中，记载周王的训诰以及贵族祭祀时的祀祷辞等。该体大多为散文，与《尚书》较接近，也有通篇用韵者，如《虢季子白盘》等，体现了我国早期文章的面貌。

诏令 文体名。朝廷下令给臣属或诏示天下的公文。在《尚书》中这类文字称作“命”、“诰”或“誓”。秦以后统称为“制诏”或“诏令”。诏，为诏告百官之意。皇帝文告称“诏”、“令”均可，诸侯王则不可。

秦刻石铭文 文体名。专指秦代李斯为秦始皇歌功颂德的碑文。是现存最早的刻石碑文。秦始皇统一中国后，为扬威海内，曾多次出巡，并在泰山等地勒石颂功，计有《峄山刻石》、《泰山刻石》、《琅邪台刻石》、《之罘刻石》、《之罘东观刻石》、《碣石门刻石》、《会稽刻石》等七篇。《史记》除《峄山刻石》失录外，其余皆有载录。刻石铭文用当时通行的小篆（秦篆）书写，传说为李斯手书。从文体上看，基本上沿袭了西周《雅》《颂》风格，形式上四字一句，除《琅邪台刻石》外，都是三句一韵。鲁迅《汉文学史纲要》称之：“质而能壮，实汉晋碑铭所从出也。”

传 文体名。记述人物事迹之文。其类有三：一为史传，创自司马迁《史记》之“列传”。二为别传，指史书以外的其他传记文，如《说苑》、《新序》、《列女传》中所载人物故事；后唐宋古文家注意为社会中各类人物写传，以寄寓其特定的情思，增强了传记文学的艺术魅力。三则为小说家虚构的人物故事，实是传记小说，如唐传奇中的《南柯太守传》、《李娃传》等。

七 亦作“七体”。文体名。赋体之一。西汉枚乘著《七发》，设楚太子有疾，吴客前往探问，陈说奇声、奇味、骑射、游宴、校猎、观涛、要言妙道等七事以启发太子去其淫侈。由此后人纷纷仿效其体，如傅毅作《七激》、张衡作《七辩》、曹植作《七启》、王粲作《七释》等。《文选》专列“七”为一门。此体一般多列举七事，篇制宏丽，文辞夸饰，以讽谏淫侈为目的。正如刘勰《文心雕龙·杂文》云：“及枚乘摛艳，首制《七发》，腴辞云构，夸丽风骇。盖七窍所发，发乎嗜欲，始邪末正，所以戒膏粱之子也。”

解 文体名。解惑释疑之文。始于扬雄之《解嘲》，其后名篇如韩愈的《进学解》。大都设问答之体，解剥纷难，以抒解心中的抑郁。东方朔有《答客难》、班固有《答宾戏》,与《解嘲》体例相近,《文选》均归之"设论"。此外一些纯学术性的解释说明类的文章亦有称"解"或"释"者,如韩愈《获麟解》、白居易《刘白唱和集解》、蔡邕《释海》、皇甫谧《释劝》等。

制 文体名。或称制书、制诏、制诰。与"诏"同为帝王昭告百姓群臣的文书。"制"有制定、裁定之意,故大多用来颁布制度或赏罚的命令。

奏疏 文体名。臣子向帝王言事论谏之文的通称。秦以前称"书",如李斯《谏逐客书》。秦既统一天下,取《尚书》"敷奏以言"之意,改称"奏"。"疏"有疏通事理、条布陈言之意。注经可称疏,上奏论事亦可称疏,汉贾谊有《陈政事疏》,晁错有《论贵粟疏》。奏疏之外又有奏章、奏议、奏启、奏状、奏本等,性质内容大致相近。

问对 文体名。假设主宾问对为之。修辞中有设问格,仅止于字句段落,此则以问对为全篇之结构。《文选》设"对问"类,有《宋玉对楚王问》,又有"设论"类,有东方朔《答客难》、扬雄《解嘲》、班固《答宾戏》,均属此体。

檄 文体名。古代军事性文书,取其"宣露于外,皎然明白"之义,主于用兵、誓师。"若有急则插鸡羽而遣之,故谓之羽檄,言如飞之急也"(《说文解字》)。司马相如有《喻巴蜀檄》,陈琳有《为袁绍檄豫州》、骆宾王有《为徐敬业讨武曌檄》,均为传世名篇。

移 官府间往来之文书。有晓喻或责备之义。刘歆有《移书让太常博士》,陆机有移百官之文。其后"诸司相移者曰咨、曰牒、曰关,上下通用者曰揭帖"(《文体明辨》)。

启 文体名。奏疏的别种。魏晋间开始应用,既以上书言事,又用以谦逊爵位或谢恩。篇幅短小而富于辞采。此外还用于亲朋间的书信往来。孙梅《四六丛话》辨表、启、书之差别云:"若乃敬谨之忱视表为不足,明慎之旨侔书为有余,则启是也。"

判 文体名。古量刑折狱之词。后开科取士,亦有以判为试者,其体皆用四六。细分之,本于司法的程序及案例的性质,有科罪、评允、辩雪、判罢、判留、驳正、末减、褒嘉等的差异。

策 文体名。策谋、策略之意。以策取士,肇自汉文帝。朝廷选士时所出的考问题目称"策问"或"制策",士子探事而献说为"射策",应诏而陈政为"对策"。"策问"须善为疑难,"对策"者则必须明于治道,且文笔工雅,如汉晁错作《对贤良文学策》。此外臣下不待考试或垂询而主动献策者为"进策"或"奏策",亦简称"策"。

论 文体名。古代论说文的通称。《文心雕龙》设"论说"类以概之,以为"论之为体,所以辨正然否","弥纶群言,而研精一理者也"。其下分四品:陈政、释经、辨史、诠文。至明徐师曾《文体明辨》细分为八品:理论、政论、经论、史论、文论、讽论、寓论、设论。古代论说文源于先秦诸子,系由讲学语录逐渐发展而成。《庄子》有《齐物论》,《荀子》有《天论》。单篇论文最早为汉初贾谊的《过秦论》。唐宋柳宗元《封建论》、苏轼《留侯论》为最著名。

书牍 文体名。或称书、简、笺、札、牍、尺牍、尺翰等。古代亲朋间往来的书信文字。《文心雕龙·书记》云:"详总书体,本在尽言,言以散郁陶,托风采,故宜条畅以任气,优柔以怿怀,文明从容,亦心声之献酬也。"产生当在战国间,如乐毅《报燕惠王书》、李斯《谏逐客书》,其性质接近于公函。纯然为个人间抒情言怀的书牍则始于汉,如司马迁《报任安书》、杨恽《报孙会宗书》。魏晋时期书牍大量涌现。

说 论说文的一种。"论"是论断事理,"说"则是游说之词。刘勰称:"说者悦也。"(《文心雕龙·论说》)即要求以口舌动人,故须富于辞采,利于时用而道理分明。陆机《文赋》区分二者的特征是"论精微而朗畅","说炜晔而谲诳"。"说"源于战国策士的辞令,载《国语》、《战国策》中。秦汉以后游说的社会环境消失,以"说"命名的文章遂以申说、阐释具体的事理为主,如韩愈的《师说》、苏轼的《日喻说》、周敦颐的《爱莲说》等。

赞 文体名。赞评人物、事件之短文。徐师曾《文体明辨》将赞分为三类:一杂赞,指专为某人物、文章、书画所作之赞词;二哀赞,哀其人之没而述德以赞之;三史赞,史籍篇章后所附之赞语,用以总结全篇,除史外,如《文心雕龙》每篇后亦均有赞。一、二类均为独立文章。一般篇幅较短小,以四言韵语为之,亦有作散行文字者。

议 文体名。反驳、辩论性的文体,一般用以上奏朝廷。《文心雕龙·章表》云:"表以陈情,议以执异。"如东汉刘歆有《毁庙议》,唐柳宗元有《驳复仇议》。此类文章又称"驳议"。此外亦有以私事议者,故徐师曾《文体明辨》分奏议与私议,谓"学士偶有所见,又复私议于家,或商今，或订古，由是议寖盛焉”。

原 论说文的一种。“原”推本求源之意。《周易》云：“原始要终。”《吕氏春秋》有《原道训》，《文心雕龙》有《原道》篇，均着重于推原本始，阐述事物之本质。唐韩愈有《原道》、《原性》、《原毁》、《原人》、《原鬼》之作，其后效之者众，“原”遂成一种特殊文体之名。如明宋濂有《文原》。

表 即奏表，又称表文。文体名。臣子给君王的上书。《文心雕龙·章表》：“章以谢恩，奏以按劾，表以陈情，议以执异。”如诸葛亮《出师表》、李密《陈情表》，均为抒怀写情的名篇。

杂著 文体名。古代指“随事命名，不落体格”而成的文章。《文心雕龙·杂文》以“对问”、“七”、“连珠”三者属之，以为是文士“发愤以表志”之作，然又意存矜持，“负文余力，飞靡弄巧”。其后“对问”、“七”、“连珠”各为专门之体，明吴讷《文章辨体》、徐师曾《文体明辨》乃把除此之外的其他此类文章归之为“杂著”。

骈文 文体名。由诗文中对仗手法演变而成。与“散文”相对。先秦两汉文章中已有骈体的萌芽，正式形成文体则在魏晋，繁荣于南北朝，到唐宋时又有“四六文”之称。特点是文句成骈偶与四六（以四字句和六字句为主），讲求对仗和平仄相对、用典和藻饰，风格上含蓄典丽。骈俪之辞在意义、语句结构以及词性上的对称，使文章具有平衡对称、节奏和谐之美。但过于拘泥严格的形式，也导致内容贫乏空虚，形成单调呆板。

时文 亦称“今体”。文体名。指时下流行之文体。与“古文”相对。唐宋时虽倡导古文，但官场及民间大量应用的文字仍以骈俪语为之，称为“时文”。至明代，文人日常写作均以散行的古文为之，但科场考试却仍“拘之以声律，限之以对偶”（吴宽《送周仲瞻应举诗序》），故亦以“时文”称之，此类“时文”即八股文。

古文 文体名。与“时文”相对。唐宋古文家反对当时流行的崇尚骈词俪藻的六朝体，乃提倡先秦两汉以散行为主的文章，称之为古文。然古文之特征不仅在言词句式，也包括内容。韩愈说：“愈之为古文，岂独取其句读不类于今者耶？思古人而不得见，学古道则欲兼通其辞；通其辞者，本志乎古道也”（《题欧阳生哀辞后》）。宋初柳开为古文下定义，也指出“非在辞涩言苦”，“在于古其理，高其意，随言短长，应变作制”（《应责》）。其后被视为古文家正统的唐宋派、桐城派亦均重视古文于儒家义理的发挥。

青词 也称绿章。文体名。道士斋醮时上奏天神的表章。用朱笔写在青藤纸上，故称。宋明两代文人多为之。明世宗佞道，顾鼎臣、严嵩等以善写青词见幸，时人诮之为“青词宰相”。民间或以祈福，或以荐亡，品目至繁。

四六文 骈文的一种。四字六字句相间的规范化的骈文。有“骈四俪六”之称。《文心雕龙·章句》云：“若夫章句无常，而字有条数，四字密而不促，六字格而非缓，或变之以三五，盖应机之权节也。”可见四六文的产生乃是骈俪化发展的必然结果。南朝时已初步形成，徐陵、庾信之作已是相当典型的四六文字，至唐进一步格式化，李商隐径以《樊南四六甲乙稿》名集。唐宋以后制诰章表文檄等大都以四六语为之，取其典雅工丽，便于宣读，然其迁就句式、堆砌词藻典故以至束缚思想表达的弊病也愈益严重。

小品 文体名。内容活泼，风格不拘的短文之通称。有别于以经世致用为目的的宏文巨制而言。“小品”一词原指佛经的略本，详者为大品，略者为小品，无文体意义。晚明始将此名普遍地应用于文学，专以概括一些短小轻隽的文章，如陈继儒《晚香堂小品》、陈仁锡《无梦园小品》。而一些小品文集所选的文章也不仅限于明代，而及于南北朝、唐宋。明清时小品文盛行。现代小品文则更讲究集中于一事一议，叙事说理，由一点而生发成趣；内容上有时事小品、讽刺小品、科学小品等诸种。

册文 诏令的一种。或称册命、诏册。古代书写在木简上称策，改用金玉则称册。故“册”显得郑重，册文具有符命的权威性。初用于册封或罢免诸侯王、后妃，后应用日广，凡郊祀、祭享、加谥、废免等诏令均是。

字说 文体名。因表字的命名而作的叮咛劝勉之文。《礼记·曲礼上》：“男子二十冠而字。”其时亲朋长者乃因其取字之义为文，以申张其意。宋、明二代文人多为之。或称字序、字解、名说、字辞。

辩 论说文的一种。“辩”，古与“辨”通，晋陆机有《辨亡论》，意在辨析事理。唐宋以后始出现针对某一观点进行辩驳、辩论的文章，所谓“执其言行之是非真伪而以大义断之也”（《文体明辨》）。如唐韩愈有《讳辩》，柳宗元有《桐叶封弟辩》。

劄子 又称“札子”。文体名。宋代通行的公牍文的一种。用于向皇帝进言，或向下属传发指令。王安石有《本朝百年无事札子》。

箴 文体名。古代规劝、告戒之类的文章。箴，同鍼、针。宋王应麟《辞学指南》云：“箴者，谏诲之词，若鍼之疗疾，故名箴。”箴有官箴（如《左传》中的《虞人之箴》）、私箴（如唐韩愈的《五箴》）之别。“大抵皆用韵语，而反复古今兴衰理乱之变，以垂警戒，使读者惕然有不自宁之心”（《文体明辨》）。

戒 文体名。规戒警喻之文。意同“箴”。其文或韵语，或散语。如东方朔的《诫子诗》，柳宗元的《三戒》。

铭 文体名。镌刻于器物上或居室中以为劝勉自警之文。最早当为《礼记》中所载之《盘铭》：“苟日新，日日新，又日新。”其后如汉崔瑗的《座右铭》、唐刘禹锡的《陋室铭》。这类铭文往往以物喻意，言简而义深，与上古铜器铭文及后世碑铭勒石以纪功颂德为用者不同。

座右铭 铭文之一种。刻于座位之右以为自警之辞。参见“铭”。

杂俎 文体名。杂录笔记之类的书，喻如菜肴杂陈于俎。唐段成式有笔记《酉阳杂俎》，明谢肇淛有《五杂俎》，均分门别类纂录有关的事典，近于类书。

记 文体名。记事状物之文。《文体明辨》云：“其文以叙事为主，后人不知其体，顾以议论杂之。”汉魏以前，作者尚少，唐以后始盛。内容或记叙亭台楼观，或记山水之胜，以及书画杂物、人生百事。文章常融记叙、议论、抒情于一体，为古文家运用最广泛的一种文体。

序 又称“叙”、“引”。文体名。写在书或诗文前的说明文字。书前称大序，篇章前则称小序。“序”的写作一般在全书完成之后，故往往包括写作的缘起及全书的目录、提要，如司马迁的《太史公自序》。初多为作者自序。唐宋后集部兴，为人作序之风乃盛，这类序虽免不了溢美之词，然却保存了大量的文学史与文学批评的资料。此外还有“赠序”、“寿序”以及纪宴游之序，起始大多为有关的赠别诗、祝寿诗、纪游诗所写，后乃独立，无诗亦可单作。

跋 又称“题跋”。文体名。写在书后或诗文篇章及字、画之后的说明或读后感。《文体明辨》云：“题跋者简编之后语也。凡经传子史图书之类，前有序引，后有后序，可谓尽矣。其后览者，或因人之请求，或因感而有得，则复撰词缀于末简，而总谓之题跋。”

语录 文体名。直接记录讲学、论政及传教者言谈的文体。古史有记言、记事之分，前者即为语录之滥觞。先秦诸子中《论语》、《孟子》、《庄子》、《墨子》中的一些篇章皆为语录体。其名始于唐代，与僧侣讲道刊刻禅宗语录有关。孔思齐有《宋齐语录》，其后理学家论学多以语录体集成，如《二程语录》、《朱子语录》等。

祭文 文体名。用于祭奠死者之文。古代有祭祀天地山川之文，“止于告飨而已”，以“悔过迁善为主”。后世因丧葬而祭亲旧，遂以“道达情意为尚”（《文章辨体》）。祭文与墓志不同，后者多以记述死者生平功业德行为主，往往请人代笔；前者多系亲友自为，感情色彩较浓，如韩愈《祭十二郎文》、欧阳修《祭石曼卿文》等。

诔 文体名。哀悼死者、记其功德之文。《文心雕龙·诔碑》：“诔者，累也。累其德行，旌之不朽也。”故“诔”之初有定谥的性质，最早见于《左传》所载鲁哀公的《孔子诔》。其后惟以寓哀，打破了古代“贱不诔贵，幼不诔长”的习惯。著名者有南朝宋颜延之的《陶徵士诔》。

哀辞 文体名。哀悼未成年或成年早亡者之文。与祭文对象有别。《文体明辨》释云：“或以有才而伤其不用，或以有德而痛其不寿。幼未成德，则誉止于察惠；弱不胜务，则悼加乎肤色，此哀辞之大略也。”

碑文 文体名。刻在石碑上表示纪念之文。其源为商周铜器铭文，后刻石为之，亦袭称碑铭。其类有三：一、勒石记功的碑文，如秦刻石、班固《封燕然山铭》、韩愈《平淮西碑》。二、宫室庙宇碑文，记兴建之缘由，颂扬相关人物的功绩。三、墓碑文，为死者立传，以志纪念。参见“墓志铭”。

墓志铭 碑文的一种。分“志”与“铭”两部分，“志”多为散文，记述死者姓氏、籍贯、生平等；“铭”则是用韵语作的颂赞悼念之词。一般由家属请文章名家撰写，颇有一些情辞兼备、文学性较强之作。

行状 简称“状”。文体名。为死者生平事迹所作的详细记录，用以求谥或为史馆留作档案资料。故写作要求是纪实、详尽，一般不作议论褒贬。此外有“逸事状”，惟录其遗闻轶事，以供后来史家采纳。优秀之作实为人物传记，亦具文学价值，如唐韩愈的《赠太傅董公（晋）行状》。

墓表 文体名。立于墓前的碑文。或称墓碣文、神道碑铭。主旨是列叙死者的学行德履，以表彰于后世。最早的墓表约为东汉安帝时的《谒者景君墓表》。名篇有宋欧阳修《泷冈阡表》。

事略 文体名。传记文的一种。用于记叙人物事迹。有记已故亲友者，如明归有光《先妣事略》；亦有总合若干人物而成一书者，如清钱谦益《国初群雄事略》、李元度《国朝先正事略》。

札记 又称“劄记”。文体名。笔记文之一类。其内容或考证经史名物，或评说诗文、训诂文字，为读书时心得体会积累而成，有较强的学术性。

八股文 文体名。明清科举考试所规定的文体。每篇有八个部分：破题、承题、起讲、入手、起股、中股、后股、束股。起股至束股四部分中各有两股排比、对偶的文字，共八股，故名。兴起于明洪武、永乐间。《明史·选举志》：“科目沿唐宋之旧，而稍变其取士之法，专取四子书及《易》、《书》、《诗》、《春秋》、《礼记》五经命题试士。盖太祖与刘基所定，其文略仿宋经义，然代古人语气为之，体用排偶，谓之八股，通谓之制义。”按其内容，又有“经义”或“四书文”之称。起初文字或对或散，尚无定式。至天顺以后始讲究四韵八比，在形式上日趋僵化。清乾隆间由方苞编选的《钦定四书文》成为士子科考的必读书，影响甚大。

制义 即八股文。见该条。

美文 文学革命初期抒情叙事的白话散文的特称。专指能以优美的文笔表现出作者真情实感和个性特征的散文，包括游记、抒情小品、随笔和散文诗。1921年由周作人在《美文》中率先提出此名。其意“是为了对于旧文学的示威，在表示旧文学之自以为特长者，白话文学也并非做不到”（鲁迅《小品文的危机》）。美文的成功，显示了文学革命的实绩，推动了现代散文的发展。20年代后期开始，此名称已不再使用。

杂文 散文的一种。指随感式的杂体文章。有杂感、杂谈、杂论等多种形式。要求对生活有深刻的洞察力和辨析力，敏锐地反映社会生活中的事件或社会倾向，以凝练、犀利的笔锋击中事物的要害，具有深刻的思想性、强烈的战斗性和艺术感染力。一般篇幅较短。战国以来诸子百家中就有部分此类文章。现代文学史上，鲁迅开创了杂文新领域，使杂文更富有批判社会、针砭时弊的作用，建国后，出现了歌颂社会主义新人、新事、新风貌的新型杂文。

随笔 散文的一种。指信笔写成，不拘一格的文字。内容广泛，或写读书心得，或记名人轶事，或叙见闻杂事。篇幅短小，形式活泼。中国古代的笔记小说，多取此体。五四以后颇为流行。当代文学史上，此体作品丰富多采，并有《随笔》杂志刊行。

游记 散文的一种。专指记叙旅途见闻的文学作品。题材广泛，包括沿途所见政治、经济生活，风土人情，山川风光，名胜古迹等。大多笔调生动轻快，在抒情与议论中表达思想感情。中国北魏郦道元的《水经注》中的部分篇章、唐柳宗元的《永州八记》、明徐弘祖的《徐霞客游记》等均为著名的游记作品。

报告文学 现代散文的一种。包括文艺性的通讯、速写、特写。作品反映现实生活中的真人真事，可进行必要的艺术加工，但不能虚构。这种体裁最早在欧洲出现，五四运动以后，也为中国作家所采用。瞿秋白的《饿乡纪程》是中国第一部报告文学作品。30年代开始盛行，涌现出柔石的《一个伟大的印象》、夏衍的《包身工》、宋之的的《一九三六年春在太原》等作品，此后创作更趋繁荣，同时在创作手法和风格方面也有新的发展。

特写 文体名。❶新闻报道的一种。特点是借用电影艺术中“特写镜头”的形式，抓住新闻事件中富有特征的侧面或片断，作集中、突出的描绘，有强烈的感染力。要求所报道的事实完全真实，不作虚构。❷文学体裁的一种，属于报告文学。要求能真实反映社会生活，但也容许必要的艺术加工。

词 隋唐时随着燕乐兴盛而产生的一种合乐可歌的新诗体。原名“曲子”、“曲子词”，后又有“诗余”、“长短句”、“乐府”、“琴趣”、“乐章”等别称。协律可歌和“倚声填词”决定其形式体制：每首词都有一个曲调名，即用来填词的词牌。乐曲长短不均，因而词的句式参差不齐，字数多寡不一，最短的词只有十几个字，最长的有二百四十余字，以其长短而有小令、中调、长调之别。乐曲分段，形成词有单调、双调、三叠、四叠之分，而以双调最多。一个乐段叫曲，或作“阕”，或作“遍（片）”，故有上下分片、过片、换头（过变）等名目。诗讲平仄，词于平仄之外，还讲五音、六律、清浊、阴阳，只因词乐长久失传，后人已很难从音律方面分辨。词韵比诗韵宽，清人归纳为十九部。词有押平韵的，有押仄韵的，也有一韵到底，或平仄换韵的。韵脚疏密不同，有的句句押韵，有的隔一句或二句押韵。协律可歌和“倚声填词”还影响了词的体性特征，乐曲抑扬顿挫，委婉动听，适宜于传导细腻复杂的情感意绪，遂使词体艺术委婉曲折、含蓄蕴藉，用词华艳而声情优美，具有很强的抒情性。情真、意深、语曲、词艳、律美，构成了词的总体风格。如张炎云：“簸弄风月，陶写性情，词婉于诗”(见《词源》下)，王国维云：“词之为体，要眇宜修，能言诗之所不能言，而不能尽言诗之所能言。诗之境阔，词之言长。”(《人间词话删稿》)

曲子词 又名曲子、今曲子。词之初名。隋唐之际，以西域音乐为主的外来音乐与汉族民间音乐融合形成燕乐，而与之配合之歌词在唐五代及宋初则称为“曲”、“曲子”、“曲子词”。五代孙光宪《北梦琐言》卷六：“晋相和凝，少年时好为曲子词……契丹入夷门，号为‘曲子相公’。”宋张舜民《画墁录》：“晏公(殊)曰：‘贤俊作曲子么？’(柳)三变曰：‘只如相公亦作曲子。’”为有别于民间曲子词，唐末五代文人词又称“诗客曲子词”。西蜀欧阳炯《花间集序》：“因集近来诗客曲子词五百首，分为十卷。”宋人有称词为“今曲子”，以区别于古乐府者，王灼《碧鸡漫志》卷一：“古歌变为古乐府，古乐府变为今曲子，其本一也。”

近体乐府 宋人对“词”的称谓。乐府本为古代掌管音乐之官署，后用以称入乐之诗，汉魏六朝之入乐歌诗皆称乐府。词虽本为合乐唱词，但与古乐府有别。古乐府配合音乐为雅乐、清乐，词为燕乐；词格律严整；古乐府多为齐言，词多为长短句；古乐府“始皆徒歌，既而被之于管弦”，词多为倚声填写，故词称“近体乐府”，以示有别于古乐府，如欧阳修《欧阳文忠公近体乐府》、周必大《平园近体乐府》等。

寓声乐府 词之别名。《直斋书录解题》卷二一著录贺铸“东山寓声乐府三卷”，陈振孙下注云：“以旧谱填新词，而别为名以易之，故曰寓声。”即倚声填词，不采用原调名而另为之。

乐章 词之别名。词本为配合燕乐之唱词，故有称其为“乐章”者。如宋柳永《乐章集》、洪适《盘洲乐章》、刘一止《苕溪乐章》、刘仙伦《招山乐章》等。

琴趣 也称“琴趣外篇”。南宋时书商对部分词集的称谓。词本为配乐之唱词，琴则为文人雅士常备之乐器。合乐之词优美动听，得琴曲之雅趣但实非琴曲，为推尊词体，故称词集为“琴趣外篇”。一说，因词不入作者诗文集中，故称“外篇”(见明毛晋汲古阁刊晁补之《琴趣外篇》跋)。宋人词集称“琴趣外篇”者现存五家：欧阳修《醉翁琴趣外篇》、黄庭坚《山谷琴趣外篇》、晁补之《晁氏琴趣外篇》、晁端礼《闲斋琴趣外篇》、赵彦端《介庵琴趣外篇》。元明以后，有词家将“琴趣外篇”当作词之别名，遂将自己甚至宋人词集标名为“琴趣”，如《淮海琴趣》、《介庵琴趣》、《静志居琴趣》等。

诗余 词之别名。南宋王木叔《樵隐词序》中即称其集为《樵隐诗余》；乾道末年，何士信编有《草堂诗余》四卷。词称“诗余”，历来众说纷纭。一说词乃诗之余绪，为诗人之余兴余事；一说词出于唐代近体诗(律诗、绝句)，为近体诗之变格；一说南宋人编诗集时，如将词作编入，则将词附于诗后，题曰“诗余”；一说词之情文节奏较诗更饶余味。各家之说中，以第一说较为流行。后书商将诗文集所附之“诗余”别出单独刊行，便称其词集为“诗余”，如《履斋诗余》、《竹斋诗余》等。明人张綖作词谱，题作《诗余图谱》，遂有此别名。

长短句 词之别名。词本为配合燕乐演唱之歌词，燕乐节拍自由，活泼多变化，而合乐之唱词亦由于音乐曲调节拍之要求而多长短互用，参差错落。故约在北宋末年，便有称词为“长短句”者，王灼《碧鸡漫志》卷二：“晏元献公长短句，风流蕴藉，一时莫及，而温润秀洁，亦无其比。”宋人词集称长短句者有秦观《淮海居士长短句》、辛弃疾《稼轩长短句》、刘克庄《后村长短句》等。

雅词 词学名词。词起于民间，为民间流行之通俗唱词，后转入文人手中，遂去俗崇雅。王灼《碧鸡漫志》卷二称万俟咏“初自集分两体，曰雅词，曰侧艳”，“后召试入宫，以侧艳体无聊太甚削去之”。南宋绍兴十六年(1146)，曾慥编《乐府雅词》，称“涉谐谑则去之”，后又有鲖阳居士编《复雅歌词》、赵彦端《宝文雅词》、张孝祥《紫微雅词》、程垓《书舟雅词》等，代表词体雅化、文人化的趋势。

小说 ❶文体名。最早见于《庄子·外物》：“饰小说以干县令，其于大达亦远矣。”意指浅薄琐屑的言论。至《汉书·艺文志》始将小说列于九流十家之末，谓：“小说家者流，盖出于稗官。街谈巷语，道听途说者之所造也。”后传统文人将丛杂著作，都称为小说。现代研究者一般将先秦两汉的神话、传说、寓言和魏晋的志怪、琐语等认作小说的萌芽。唐代出现的传奇才有较完整的故事和人物，符合现代意义上的小说。宋代出现平话，明清又盛行章回小说，近现代接受西方影响又有了新小说。其基本特征是有较鲜明的人物形象，较完整的故事情节及具体的环境描写。部分现代小说有情节淡化和注重表现人物心态的倾向。按其语言形式分文言小说、白话（或通俗）小说，按其篇幅长短及内容广狭，又分长篇小说、中篇小说、短篇小说、小小说（微型小说）等。❷宋元间“说话”家数名。耐得翁《都城纪胜》：“说话有四家。一者小说，谓之银字儿，如烟粉、灵怪、传奇、说公案（皆是搏刀赶棒及发迹变泰之事）、说铁骑儿（谓士马金鼓之事）。”又谓：“盖小说者，能以一朝一代故事，顷刻间提破。”以内容广泛、篇幅短小为其主要特点。

寓言 文体名。指短篇的讽喻故事。如古希腊《伊索寓言》，我国古代《庄子》、《韩非子》中的寓言。原指有所寄托之言。《庄子·寓言》：“寓言十九。”《释文》：“寓，寄也。”《史记·老子韩非列传》：“故其著书十万余言，大抵率寓言也。”后称先秦诸子中短篇劝喻讽刺的故事为寓言，视作小说的萌芽，进而将有所寄托、劝喻的简短故事均称作寓言。

虞初 小说的代称。原为西汉小说家名。始见《汉书·艺文志》著录小说《虞初周说》九百四十三篇，并注云：“河南人，武帝时以方士侍郎，号黄车使者。应劭曰：其说以《周书》为本。”张衡《西京赋》说：“小说九百，本自虞初。”后借指小说。明陆采《虞初志》、汤显祖《续虞初志》、清张潮《虞初新志》、郑澍若《虞初续志》等书名，均取此义。

夷坚 志怪小说的代称之一。原为传说中的人名。《列子·汤问》载，溟海有鲲鹏，“禹行而见之，伯益知而名之，夷坚闻而志之”。宋洪迈遂将其志怪小说集称为《夷坚志》，金元好问有《续夷坚志》，后世遂将夷坚指称志怪小说。

齐谐 志怪小说的代称之一。原为传说中的人名。《庄子·逍遥游》：“齐谐者，志怪者也。”其所著之书，多记怪异之事，后世遂以齐谐指志怪小说。如南朝宋东阳无疑《齐谐记》、南朝梁吴均《续齐谐记》、清袁枚《子不语》又称《新齐谐》，均取此义。

行卷 唐代举子投献作品的形式。举子在应进士科考试前，将自己的作品写成卷轴，投献权贵，以求赏识，称之行卷。一般以诗文投献。宋赵彦卫《云麓漫钞》卷八曾载以小说《幽怪录》、《传奇》投之，近来研究者多有怀疑。

传奇 ❶古代小说种类名。一般指唐宋人所作故事完整而描写细腻的文言小说。唐裴铏著小说名《传奇》。明胡应麟《少室山房笔丛》将小说分为六种，“传奇”即其一，代表作为《赵飞燕外传》、《杨太真外传》、《会真记》、《霍小玉传》等。其源出于“志怪”，而内容已多写人情世态和社会内容。❷宋代说话“小说”中的一个类别。耐得翁《都城纪胜》云：“说话有四家。一者小说，谓之银字儿，如烟粉、灵怪、传奇。”其特点为故事情节曲折、奇变。罗烨《醉翁谈录》也把“小说”分为“传奇”等八类，将《莺莺传》、《王魁负心》等十八种作为代表。❸明清以唱南曲为主的戏曲形式。见该条。

稗官 古代小说的代称。《汉书·艺文志》说：“小说家者流，盖出于稗官。街谈巷语、道听途说者之所造也。”稗官，意即小官。后世遂称小说为稗官，或有“稗官小说”的连称，又简称为“稗”。

丛谈 古代小说种类名。明胡应麟《少室山房笔丛》将小说分为六类。丛谈即其一，以《梦溪笔谈》、《容斋随笔》、《东谷清话》等为代表，所记内容庞杂，形式多样。

辨订 古代小说种类名。明胡应麟《少室山房笔丛》将小说分为六类，“辨订”即其一，以《鼠璞》、《鸡肋编》、《资暇集》等为代表，其内容庞杂，多考证经史疑义、名物典故之文。

箴规 古代小说种类名。明胡应麟《少室山房笔丛》将小说分为六类，“箴规”即其一，以《颜氏家训》、《袁氏世范》、《劝善录》等为代表，内容多治家格言和处世立身之道。

杂录 古代小说种类名。明胡应麟《少室山房笔丛》将小说分为六类，“杂录”即其一，以《世说新语》、《语林》、《北梦琐言》等为代表，其内容多记文人士大夫之传闻逸事。

琐语 古代小说种类名。《四库全书总目》将小说分为三类：杂事、异闻、琐语。琐语类小说著录五部：《博物志》、《述异记》、《酉阳杂俎》、《清异录》、《续博物志》。其《存目》又录三十五部。

异闻 古代小说种类名。《四库全书总目》分小说为三类：杂事、异闻、琐语。异闻类小说著录有《山海经》、《穆天子传》、《神异经》等三十二部。又《存目》著录六十部。

话本 古代小说体裁名。唐宋以来说话人演讲故事所用的底本。"话"是故事。一说"话本"二字即是"故事"的意思,不存在说话的"底本"。流传下来的主要是"小说"和"讲史"两大类,前者多为白话短篇;后者多用浅近文言讲述历史故事,初具长篇规模。

拟话本 古代小说体裁名。指模仿话本体裁而创作的小说。鲁迅《中国小说史略》第十三篇《宋元之拟话本》初次使用此名,用以指《青琐高议》及《大唐三藏法师取经记》、《大宋宣和遗事》等宋元间受话本影响而产生的作品;其第二十一篇《明之拟宋市人小说及后来选本》论"三言"、"二拍"时又提及"明之拟宋市人小说"。近时学者大多称"三言"中的一部分及"二拍"等明代短篇白话小说为拟话本。

平话 古代小说体裁名。指宋元时代的讲史。今所见以宋代佚名《五代史平话》为最早。明清以后亦有人称某些小说为平话,其内容已不限于讲史,其概念几与通俗小说等同。

演义 古代小说体裁名。由讲史话本发展而来。系用通俗的语言将史传敷演成文,并作一定的艺术加工。以《三国志通俗演义》最著名。

词话 元明间说唱文学体制名。元人的词话相当于宋人的说话,有说有唱。后世往往称有说唱形式或夹有诗词、骈文的小说为词话。

诗话 宋元间说唱文学体制名。韵文(诗)与散文并用,其体制类似词话。其中的"诗"由书中人物吟唱,而非用作者叙述语言,但构成故事情节发展的一部分。《大唐三藏取经诗话》是现存最早的一部诗话小说。

说话 又称"话"。指一种以说白为主的讲唱故事的伎艺。流行于隋唐五代。隋侯白《启颜录》载杨玄感语"侯秀才,可与玄感说一个好话"。《唐会要》卷四载:"(韦)绶好谐戏,兼通人间小说。"李商隐《杂纂》云:"斋筵听说话。"据隋僧阇那曲多所译的《佛本行集经》和唐僧玄奘所译的《阿毗达磨顺正理论》,古代印度已有"耽话"的习俗,并在戏场上表演"歌舞"、"相嘲"、"漫话"。隋唐说话源于中国古代讲故事、笑话的传统,在印度佛教文化的影响下成为一种独立的艺术。其题材包括俳谐故事、怪异故事、因缘果报故事和历史传说,由僧人和被称为市人的专业艺人表演,表演场所有街头、斋会和私家府第。据明抄本《类说》卷二六所载《汧国夫人传》,当时的《一枝花话》是长达七、八个小时的节目。敦煌写卷中保存有说话的文学底本。

银字儿 宋代"说话"中小说之别称。耐得翁《都城纪胜》:"说话有四家,一者小说,谓之银字儿。"吴自牧《梦粱录》卷二二也说:"小说名银字儿。"此类小说,包括烟粉、灵怪、传奇、公案、铁骑儿等。"银字",乃管乐器多用银作字标明音色而得名;演述小说时,用管乐器吹奏相和,故称。

烟粉 宋代话本小说类别名。耐得翁《都城纪胜》:"说话有四家。一者小说,谓之银字儿,如烟粉、灵怪、传奇、说公案(皆是搏刀赶棒及发迹变泰之事)、说铁骑儿(谓士马金鼓之事)。"此类话本演述烟花粉黛、男女爱情故事。罗烨《醉翁谈录》著录烟粉类名目有《燕子楼》、《杨舜俞》、《钱塘佳梦》等十六种。

灵怪 宋代话本小说类别名。耐得翁《都城纪胜》有载。此类话本主要演述怪异故事。罗烨《醉翁谈录》著录灵怪类名目有《红蜘蛛》、《水月仙》、《人虎传》等十六种。参见"烟粉"。

公案 宋代话本小说类别名。耐得翁《都城纪胜》将其归入小说类中。此类话本主要演述官吏审案故事。《醉翁谈录》著录其作品有《石头孙立》、《姜女寻夫》等十六种。罗烨《醉翁谈录》将公案、朴刀、杆棒各自分列。参见"烟粉"。

铁骑儿 宋代话本小说类别名。耐得翁《都城纪胜》将其归入小说类中。其内容主要演述铁马金戈、争雄交战的故事。也有人认为,"说铁骑儿"与小说并列同为说话四家之一,或与"说公案"合为说话四家之一。参见"烟粉"。

朴刀 宋代话本小说类别名。耐得翁《都城纪胜》谓"说公案","皆是搏刀赶棒及发迹变泰之事"。"搏刀"即"朴刀"。罗烨《醉翁谈录》则将朴刀从公案中析出,分小说为八类:灵怪、烟粉、传奇、公案、朴刀、杆棒、神仙、妖术。其朴刀类,当以人物所用兵器而得名。所著录作品有《杨令公》、《青面兽》等十一种。

杆棒 宋代话本小说类别名。耐得翁《都城纪胜》谓"说公案","皆是搏刀赶棒及发迹变泰之事"。"赶棒"即"杆棒"。罗烨《醉翁谈录》则将杆棒从公案中析出,分小说为八类,其杆棒类,当以人物所用兵器而得名。所著录作品有《花和尚》、《武行者》等十一种。参见“朴刀”。

讲史 亦称“平话”、“说史”。宋代“说话”家数名。耐得翁《都城纪胜》、吴自牧《梦粱录》均分宋代说话为四家，讲史是其中之一。《都城纪胜》说：“讲史书，讲说前代书史文传兴废争战之事。”《梦粱录》说：“讲史书者，谓讲说《通鉴》、汉唐历代书史文传兴废争战之事。”后发展为演义。

说诨经 宋代“说话”家数名。宋代说话四家之分，首见于耐得翁《都城纪胜》，但其中未提及说诨经。吴自牧《梦粱录》提到“又有说诨经者”。周密《武林旧事》也有“说经诨经”之目。主要演说滑稽可笑，乃至带有低级趣味的故事。

说经 宋代“说话”家数名。又谓“谈经”。内容为演述佛经故事。耐得翁《都城纪胜》叙说话四家云：“说经，谓演说佛书。说参请，谓宾主参禅悟道等事。”吴自牧《梦粱录》在“谈经”下连说“又有说诨经者”。周密《武林旧事》将“说经诨经”列为一目，故知说经一家情况颇为复杂。

合生 亦作“合笙”。宋代“说话”家数名。耐得翁《都城纪胜》：“说话有四家……合生，与起令随令相似，各占一事。”洪迈《夷坚支志乙集》卷六：“江浙间路歧伶女，有慧黠，知文墨，能于席上指物题咏应命辄成者，谓之合生。其滑稽含玩讽者，谓之乔合生，盖京都遗风也。”

才子书 清代小说界对某些书的称谓。金人瑞始用其名，有《必读才子书》、《唐才子书》、《绣像第五才子书水浒传》等。据《辛丑纪事》等记载，金人瑞曾将《庄子》、《离骚》、《史记》、《杜诗》、《水浒》、《西厢》依次为“六才子书”。后出现《天花藏七才子书》，以《玉娇梨》为三才子，以《平山冷燕》为四才子。乾隆以后又出现“十才子书”，分别指八部小说和两部戏曲作品，其顺序为：《三国志演义》、《好逑传》、《玉娇梨》、《平山冷燕》、《水浒传》、《西厢记》、《琵琶记》、《白圭志》、《斩鬼传》、《驻春园》。其后书坊随意添改，序目较乱，但多系才子佳人小说。

文言小说 古代小说类别名。泛指一切用文言（古汉语的书面语）写作的小说，以与“白话小说”相区别。

白话小说 古代小说类别名。指唐宋以来主要用白话口语写成的小说，以与“文言小说”相区别。

通俗小说 小说类别名。泛指用一般群众能接受的语言写成的小说。其中主要是白话小说，也包括一些用浅近文言所写的小说。孙楷第《中国通俗小说书目》所收小说，即称“以语体旧小说为主”（《凡例》），亦兼收用浅近文言所写的小说，故不用“白话小说”为名。

武侠小说 小说类别名。亦称“侠义小说”。指以赞扬武功和豪侠义士为主要内容的小说。唐人传奇中若干作品已具雏形，清嘉庆以后流行一时。鲁迅《中国小说的历史的变迁》分清代小说为四派，其第四派即侠义派。此类小说有与描写才子佳人结合的，以《儿女英雄传》为代表；也有与公案小说合流的，则以《三侠五义》、《施公案》等为代表。

历史小说 小说类别名。以其题材为历史故事而得名。源于宋元话本中的讲史。鲁迅《中国小说的历史的变迁》指出其特点曰：“是讲历史上底事情，及名人传记等；就是后来历史小说的起源。”自《三国志通俗演义》风行后，明清两代历史小说创作蔚为大观。其中演述诸朝代的“演义”体历史小说尤多。

笔记小说 古代小说类别名。文言小说的一种。大多以随笔形式记录见闻杂感而成。宋代宋祁始以“笔记”作书名，后如旧题苏轼的《仇池笔记》、陆游的《老学庵笔记》等均沿用。另有称笔谈、笔丛、随笔、笔余，乃至杂录、漫录、谈丛、丛说等，大致均可归入此类。

志怪小说 古代小说类别名。一般特指魏晋南北朝时期记载怪异的一批小说。“志怪”一词原出《庄子·逍遥游》。魏晋南北朝时，孔约、祖台之、曹毗等多人的小说以“志怪”为书名。唐段成式《酉阳杂俎》和明胡应麟《少室山房笔丛》正式使用“志怪小说”作为小说类别名。鲁迅《中国小说的历史的变迁》沿用之。

志人小说 古代小说类别名。一般特指魏晋南北朝时期与“志怪小说”相对的记述人间琐闻逸事为主的小说。其名始见于鲁迅《中国小说的历史的变迁》。现存作品八种，以《世说新语》为代表。

世情小说 亦称“人情小说”。古代小说类别名。崇祯本《金瓶梅》评点即指出该小说为“世情书”。鲁迅《中国小说史略》总结此类小说特点是：“大率为离合悲欢及发迹变泰之事，间杂因果报应，而不甚言灵怪，又缘描摹世态，见其炎凉，故或亦谓之‘世情书’也。”

才子佳人小说 古代小说类别名。以描写青年男女的爱情与婚姻为题材，情节基本有四部分:一见钟情,私订终身,拨乱离散,及第团圆。盛行于明末清初七八十年间,以《玉娇梨》、《平山冷燕》等为代表。

讽刺小说 小说类别名。以内容多含讽刺而得名。鲁迅《中国小说史略》始用此名,并以《儒林外史》为代表。其《中国小说的历史的变迁》又将讽刺派列为清代小说四派之一。

狭邪小说 古代小说类别名。"狭邪",小街曲巷。因多为娼妓所居,此作娼妓的代称。鲁迅《中国小说史略》始用此名,指写优伶、娼妓为主的小说。以《品花宝鉴》、《海上花列传》等为代表。

神魔小说 古代小说类别名。以其内容主要讲神魔之争而得名。鲁迅《中国小说史略》始标其名,并认为是明朝小说创作的两大主潮之一。其代表作为《西游记》、《封神传》、《三宝太监西洋记》等。

谴责小说 清末小说类别名。鲁迅《中国小说史略》第二十八篇始用其名,并指出其特点曰:"揭发伏藏,显其弊恶,而于时政,严加纠弹,或更扩充,并及风俗。虽命意在于匡世,似与讽刺小说同伦,而辞气浮露,笔无藏锋,甚且过甚其辞,以合时人嗜好,则其度量技术之相去亦远矣,故别谓之谴责小说。"其代表作为《官场现形记》、《二十年目睹之怪现状》、《老残游记》与《孽海花》。

政治小说 清末民初小说类别名。此名始由梁启超《译印政治小说序》引进,认为西方"各国政界之日进,则政治小说为功最高焉"。《新小说》报社《中国唯一之文学报新小说》释其特征曰:"政治小说者,著者欲借以吐露其所怀抱之政治思想也。"代表作为《新中国未来记》、《自由结婚》等。

市人小说 唐代民间说话艺术名。段成式《酉阳杂俎》续集卷四《贬误》篇说:"予太和末因弟生日观杂戏,有市人小说呼扁鹊作褊鹊,字上声。"说明市人小说是杂戏的一种,当为宋代说话之先声。

社会小说 清末民初小说类别名。成之《小说丛话》:"此种小说,以描写社会上腐败情形为主,使人读之而知所警戒,于趣味中兼具教训之目的。"以《儒林外史》、《官场现形记》等为代表。此系从题材着眼分类,与鲁迅从表现手法着眼将此类小说称之为"讽刺小说"、"谴责小说"不同。

黑幕小说 近代小说类别名。由1916年《时事新报》开辟"黑幕专栏"而风行。内容多揭露各界黑暗,但由于只是作自然主义的描写,结果成为"犯罪教科书"。形式也近报导和笔记,故两、三年后便从文坛上消失。代表作为《中国黑幕大观》。

章回小说 古代长篇小说体裁名。全书分回(或称"则"、"节"、"段"),每回有单句或双句的回目,双句回目一般呈对偶形式,故事连接,段落匀称。宋人话本《大唐三藏取经诗话》已具雏形。明清两代长篇小说普遍采用这一形式。

长篇小说 小说的一种。特点是篇幅长,容量大,情节复杂,人物众多,多方面地表现广阔的社会生活画面和重大的历史事件。在篇章结构上,有一条主线和几条副线。规模巨大的长篇小说常采取多部形式。

中篇小说 小说的一种。特点是篇幅和容量介于长篇小说和短篇小说之间,一般着重刻画一个至几个人物形象,情节较长篇小说单纯,展示的社会生活面亦不如长篇小说广阔。叙事多以单线进行。

短篇小说 小说的一种。特点是篇幅短,情节简单,人物集中,结构紧凑,多选取生活中富有典型意义的片断加以集中描绘。1958年后出现了"小小说"、"微型小说"、"袖珍小说"等名称,实际上仍属于短篇小说种类。

微型小说 见"短篇小说"。

童话 儿童文学的一种。分民间口头流传的和作家创作的两类。大多通过丰富的想像叙述故事,并常用拟人手法来描写自然物,内容单纯而情节生动,富有戏剧性,能激发儿童的兴趣,以达到娱乐与教育目的。

剧本 文体名。戏剧艺术中的文学创作体裁。是戏剧艺术创作的基础,供演出使用。要求剧作家不仅具备文学创作的素养,而且具有舞台艺术的经验,使剧本成为导演、演员、舞台美术及其他创作人员共同进行艺术创造的依据,同时又为上述艺术家的再创造留有充足的天地。有戏曲剧本与话剧剧本两类,戏曲剧本按剧种分又有多种。戏曲剧本主要由曲词、说白、科介组成;话剧剧本则主要由对话与舞台背景、道具等组成。

曲 韵文文学之一。有广义、狭义两种。广义指古代各种可入乐的乐曲。如汉、唐大曲、民间小曲等。狭义则指宋以来的南曲与北曲,是与词的体式相近的一种句式参差不齐的诗。但在定格之外可加衬字,有的曲牌还可以增句,用韵与近体诗和词不同，语言较通俗，接近口语。分为戏曲（即剧曲，包括杂剧、传奇）、散曲两类。元明以来流行。

散曲 曲的体式之一。其曲词属于广义的诗歌。可以抒情、叙事、写景。但与戏曲曲文不同的是没有宾白（说白）和科介（关于动作表情的文字说明）。有套曲、小令两种。盛行于元、明两代。据隋树森《全元散曲》，今存元人小令三千八百五十三首，套数四百五十七套。明人散曲流传下来的比元人更多。

套数 戏曲、散曲名词。也称“套曲”。由一个（有时为数个）宫调的曲牌按一定规式的排列次序联合成套，后有尾声。南曲前有引子。散曲套数必须一韵到底，剧曲则可有变化。

小令 又名“叶儿”。散曲的一种。通常以一支曲子为独立单元，但也有例外。如“摘调”、“带过曲”、“集曲”、“重头”、“换头”等。“带过曲”为三个以下单曲的联合，但用同一宫调，并由音乐衔接，押同一韵；“重头”则由同题同调、内容相联、首尾句法相同的数支小令联合而成。

叶儿 即散曲的小令。元人称之为“叶儿”，至清代仍有人沿用，如朱彝尊《曝书亭集》所收散曲，即名《叶儿乐府》。参见“小令”。

带过曲 散曲的一种。散曲小令本以一支为限，如以两支或三支曲调组成一个单位，则必须几个曲调的音律能够互相衔接，故称。曲牌间以“过”或“带”相联。如双调《雁儿落过得胜令》为两支小令组成的带过曲，南吕《骂玉郎过感皇恩采茶歌》为三支小令组成的带过曲。用带过曲能适当扩展小令的表现容量。初仅北曲小令中有之，后南曲亦用之，并可南北曲兼带。

参军戏 戏曲名词。源于秦汉之俳优。初为节目名称，后演变为表演形式。盛行于唐，由参军、仓鹘两脚色作滑稽的对话和动作，逗人嬉笑，间寓讽刺。宋时用以称杂剧，脚色有所增加。《乐府杂录》、《云溪友议》、《太平御览》等均有记载。

杂剧 戏曲体裁。中国戏曲史上以杂剧为名的表演形式有多种，各有不同特点。唐李德裕《李文饶文集》卷一二已有此名词，但其样式特点已无法考知。后有宋杂剧、元杂剧、温州杂剧、南杂剧等多种。通常指元杂剧。

院本 金元时行院演出所用之文学脚本。体制同宋杂剧，是北方宋杂剧与元杂剧之间的一种过渡形式。演出时有五个脚色，亦称“五花爨弄”。剧本大都失传。后也用作杂剧、传奇之代称。

五花爨弄 “爨”为金元院本的一种简短表演的形式，如《讲五花爨》、《文房四宝爨》。爨弄即指演剧。金院本由末泥、引戏、副净、副末、孤装五个脚色组成，故名五花爨弄（见陶宗仪《辍耕录·院本名目》）。南宋耐得翁《都城纪胜》记载宋杂剧有五个演出人员，除孤装作装孤外，角色名及演出任务均同，但无此名词。

南戏 亦称“戏文”。戏曲体裁。综合宋杂剧、唱赚、宋词、民间歌谣等诸因素发展而成，为中国戏曲最早的成熟形式。明祝允明《猥谈》：“南戏出于宣和之后，南渡之际，谓之‘温州杂剧’。”徐渭《南词叙录》：“南戏始于光宗朝（1190—1194），永嘉人作《赵贞女》、《王魁》二剧实首之。”元代在南方民间仍广泛流行。明代发展演变而成为传奇，对我国戏曲发展有重大影响。多残佚，《永乐大典》存《小孙屠》、《张协状元》、《宦门子弟错立身》三种完本。今有中华书局1979年版钱南扬校注排印本《永乐大典戏文三种》。

传奇 戏曲体裁。明清以演唱南曲为主的戏曲样式。是宋元南戏的发展。其结构比南戏更完善，情节更复杂，较着重人物性格的刻画，曲调、表演艺术、脚色行当分工等趋于成熟。当时的昆腔、弋阳腔、青阳腔、高腔等均主要演出传奇剧本。对戏曲文学和表演艺术的发展，以及后来各种地方声腔的兴起，有深远影响。

诸宫调 说唱伎艺。流行于宋、金、元时。取同一宫调的若干曲牌联成一套，首尾一韵；而将众宫调之联套合成长篇，加上说白，以说唱长篇故事。用琵琶等乐器伴奏，亦称“挡弹词”。宋王灼《碧鸡漫志》：“熙丰元祐间……首创诸宫调古传，士大夫皆能诵之。”体制宏大，曲调丰富，对元杂剧的形成和发展有重要影响，如金董解元《西厢记诸宫调》。

花部 戏曲名词。清乾隆年间昆腔以外的各地方戏曲声腔之总称。清李斗《扬州画舫录》：“两淮盐务，例蓄花、雅两部，以备大戏……花部为京腔、秦腔、弋阳腔、梆子腔、罗罗腔、二簧腔，统谓之乱弹。”“花”有“杂”的贬义，言其声腔来自民间，多为野调俗曲，与雅部相比花杂不纯。参见“雅部”。

雅部 戏曲名词。清乾隆年间（1736—1795），沿袭古乐有雅俗之分，戏曲声腔亦以之分为两部。李斗《扬州画舫录》:"两淮盐务,例蓄花、雅两部,以备大戏。雅部即昆山腔。"参见"花部"。

昆山腔 亦称"昆腔"。戏曲声腔、剧种名。发源于昆山(今属江苏)。元末南戏传至昆山地区,与当地语音及音乐结合而成,后明魏良辅又吸取海盐、弋阳等声腔的音乐,予以加工提高,使之趋于成熟完美。梁辰鱼等进一步研究改革,编写成首部昆腔传奇《浣纱记》上演,从而扩大了影响。传入北京后,取代了弋阳腔的盛行地位,逐渐发展为全国性剧种,被奉为"官腔"、"雅部"。以缠绵婉转、柔曼悠远见长,在表演、音乐、脚色分工等方面,形成完整的体系。清中叶后趋于衰微。建国后,这一剧种得到发扬光大,产生了不少优秀剧目。

北曲 金、元时北方戏曲、散曲所用各种曲调之总称。同"南曲"相对。渊源于唐宋大曲、宋金诸宫调、宋词、唱赚、转踏和北方民间曲调。盛行于元代。其特点是乐律用宫、商、角、变徵、徵、羽、变宫七声音阶;曲式为单阕体,若多次重复,则用"么篇"或"么";受"转踏"(由两支曲牌交替出现)之影响而有循环形式之"子母调";受诸宫调影响而形成曲牌体、曲牌联缀体;宫调严整,一套曲常限用一种宫调;曲辞一韵到底,用韵以《中原音韵》为准,无入声;板拍灵活,衬字多而节奏紧促,声调遒劲朴实。以弦乐器伴奏,有"弦索调"之称。为元杂剧(包括金院本)之乐曲所用。部分亦为明清传奇引用。昆剧中之北曲唱法,或尚有元代遗音。《中原音韵》收其曲牌三百三十五章,清《九宫大成南北词宫谱》收五百八十一章。亦称"北词",如清李玉《北词广正谱》。

南曲 宋、元时南方戏曲、散曲所用各种曲调之总称。同"北曲"相对。渊源于唐、宋大曲,宋词和南方民间曲调。元代流行于南方江、浙等省,明代盛行。其特点是用宫、商、角、徵、羽五声音阶;曲式为单阕体,若多次重复,则用"前腔"以续;宫调运用较为灵活,套曲曲调排列"用声相邻";曲牌依板拍性质,分引子、过曲、慢词、近词;曲辞用韵以南方(今江、浙一带)语音为准,有平上去入声,明中叶以后亦兼从《中原音韵》;衬字少而节奏徐缓,声调圆湛柔宛。以箫笛伴奏。宋、元南戏和明、清传奇之乐曲均以南曲为主。明王骥德《曲律》收其曲牌七百三十一章,清《九宫大成南北词宫谱》收一千五百十三章(包括集曲)。亦称"南词"。如徐渭《南词叙录》,沈自晋《南九宫词谱》。

话剧 一种以对话和动作为主要表现手段的戏剧艺术。1907 年在日本新派剧的直接影响下产生了中国的早期话剧,当时称为"文明戏",又称"新剧"。演出的团体有春柳社、春阳社、进化团,演出剧目有《黑奴吁天录》、《茶花女》、《热血》、《张文祥刺马》、《迦茵小传》等。袁世凯篡权后,新剧团体多被解散,新剧运动也走向衰落。五四运动后,随着欧洲戏剧的传入,现代话剧随之兴起,当时称"爱美剧"、"真新剧"或"白话剧"。1928 年由洪深提议定为今名。七十年来,话剧已成为最重要的文学样式之一,其题材、主题、形式和风格都不断有所开拓,且越来越多样化,产生了郭沫若、田汉、曹禺、夏衍、老舍等重要的作家。

创作 指文艺作品的创造。作家、艺术家基于一定的立场,以一定的世界观和美学观为指导,采用形象思维的方法,对社会生活进行观察、体验、研究、分析,并对生活素材加以选择、提炼、加工,运用一定的艺术手法来塑造艺术形象。是一个创造性劳动过程。

想像 亦称"艺术想像"。文学上指作家对生活现象进行艺术构思时,把某些有内在联系的生活现象熔铸到一个生动、具体的典型形象或典型环境中去的思维活动。包括推想、联想、构想、幻想等。以丰富的现实生活经验为基础的想像,有助于深入地发掘形象的多方面内容,使人物和事件更为鲜明生动。

构思 作家、艺术家为把生活素材升华为作品而进行的思索活动,是文艺创作的中心环节。一般要经历形象的触发(创作冲动、创作动机的产生)、形象的孕育、形象的形成等三个阶段。其具体内容在不同的艺术种类中不尽相同,但一般都包括选择和处理题材,开掘和提炼主题,塑造人物形象,探索适当的表现形式和结构方式等。构思成熟的程度直接影响到艺术表现、艺术传达是否顺利和得心应手。

灵感 指创作过程中突发的某种创作心境。是创作主体与对象客体两方特殊遇合,在瞬间造成主体心灵不自觉地顺着客观轨道作出新的想像和联想,从而释放出巨大活力和能量的心理活动状态。突发性、直觉性、创新性是其大体特征。其产生主要是依赖作者丰富的生活积累和专注敏感的心灵条件。

创作冲动 亦称"艺术冲动"。作家、艺术家由于受到某种事物的启发和激励而产生的强烈的创作愿望。从古希腊的毕达哥拉斯、柏拉图、西塞罗，到近代德国的尼采、柏格森等哲学家都强调创作冲动的作用，并使之神秘化，认为创作冲动的来源是超自然的力量，宣称正是创作冲动带来了艺术的成果。但创作冲动实际上是作家、艺术家长期的生活积累在特定情况下的迸发，是感受了客观生活的丰富内容并受到某种事物启发的结果。

文学语言　指作家用来塑造艺术形象的文学作品的语言，是表达作品主题的基本手段。它以人民群众的口头语言为基础，经作者加工、提炼而形成。形象化、富于感情色彩和音乐性、凝练含蓄等，是其基本特点。

艺术概括　文艺创作的基本方法。作家、艺术家在创作过程中，根据一定的创作意图，必须对社会生活加以选择、集中、提炼和加工，才能使描写的事件或人物形象鲜明突出、具有典型性，这种将纷繁复杂的生活现象熔铸为艺术形象的方法即为艺术概括。艺术形象的饱满或单薄，特别是典型性的强弱或有无，是检验艺术概括能力的尺度。

艺术技巧　提炼生活素材，安排作品结构，以及运用语言、线条、色彩、音响、台词、唱腔、形体动作等材料塑造形象、反映社会生活、表现主题思想的技能。对于增强作品的艺术性具有重要作用。作家、艺术家对生活的熟悉和理解的程度以及艺术素养的高低，对于艺术技巧的运用起着制约作用，因此，必须深入地观察生活，不断地在创作实践中勤学苦练，并注意吸取和借鉴前人的艺术经验，才能熟练地运用各种艺术技巧。

艺术手法　又称“表现手法”。文学艺术创作中塑造形象、反映生活所运用的各种表现手段。文学的艺术手法是一般语言转化为文学作品语言的途径。文学的艺术手法种类丰富，如叙述、描写、抒情、议论、夸张、隐喻、转喻、对偶、象征、意识流等等。

风格　作家、艺术家的创作个性在作品的内容和形式的有机整体中显示出来的独特的艺术风貌和艺术格调。是作家、艺术家成熟的标志。体现在题材的选择与处理，艺术形象的塑造和艺术意境的建构，创作原则和艺术手法的选用，艺术体裁的驾驭，文学语言的运用等方面。个人的风格既取决于个人的禀性才情，又是在时代、民族、阶级、地域、流派的风格的前提下形成的；时代、民族、阶级、地域、流派的风格则在个人风格中得到体现。

流派　在一定历史时期中形成的，在文学见解、创作原则、审美追求、艺术风格、政治思想倾向等方面基本上相同或近似的一些作家或自觉或不自觉的结合体。文学流派和创作原则有密切关系，两者既有联系又有区别。区别流派主要以思想倾向、艺术风格为标志。

悬念　亦称“悬宕”。人们在欣赏戏剧、电影或其他文艺作品时的一种心理活动，即渴望了解故事发展的结局的迫切心情。作家艺术家为加强作品的艺术感染力，常在处理情节结构时故意用各种手法来设置悬念。悬念设置的手法通常有两种：一是抑制法，即把即将爆发的矛盾冲突突然抑制下去；二是间隔，即把正在发展中的情节暂时搁置一边而插入其他情节。

线索　贯穿在整个叙事性文艺作品中的情节发展的脉络。其作用是将显示人物性格的各个事件和场面联系起来而成为一个整体。在叙事作品中，可以有一条线索，也可以有几条线索；在多线索的叙事作品中起主导作用的往往只有一条，其他线索都围绕它展开。其表现形式可以是人物的活动、事件的发展或某一贯穿始终的事物。

象征　文艺创作的表现手法之一。指借助某一特定的具体形象以表现某种特殊意义或暗示另一事物，利用象征物与被象征的内容在特定经验条件下的类似和联系，使后者得到强烈的表现。例如用鸳鸯鸟、连理枝象征爱情的忠贞。

夸张　文艺创作的表现手法之一。以现实生活为基础，并借助丰富的想像，抓住描写对象的某些特点，运用形象化的语言，加以夸大和强调，以突出所反映的事物的本质，加强艺术效果。

讽刺　文艺创作的艺术手法之一。用讥刺和嘲讽的笔法描写敌对或落后的人物或事物，有时包含用夸张、比喻、反语等手法，达到讽刺效果。

渲染　文学创作的艺术手法之一。原为中国画的一种技法，即用水墨或淡色涂抹画面以烘染物象，分出阴阳向背，加强艺术效果。文学创作中，指对环境、景物或人物的行为、心理作多方面的描写、形容或烘托。其作用是突出形象，加强艺术效果。

剪裁　构思作品的手段之一。文学创作中对素材进行裁并和取舍。即根据作品主题思想的需求，将材料分出主次、详略，选取与作品主题相关的材料，而舍去与作品主题无关的枝蔓。

冲突 文艺作品中人物内心或人物与人物之间的矛盾斗争，是现实生活中的矛盾在作品中的集中反映。在创作中，既是构成情节的基础，也是刻画人物性格的重要手段。在戏剧创作中，又称为戏剧冲突，是构成戏剧的根本因素；戏剧作品总是由一个主要冲突的提出、发展、解决而完成，并通过剧中人与人之间的矛盾斗争体现出来，没有冲突就没有戏剧。

虚构 文艺创作的艺术手法之一。作家、艺术家在对生活素材进行集中、概括、加工时，运用丰富的想像，补充人物、事件中缺乏素材的环节，以构成作品情节、塑造形象。虚构必须建立在现实生活基础上，并合乎情节发展的逻辑性和人物性格的特点，才具有艺术的真实性。

变形 文艺创作的艺术手法之一。指改变意象的原本形式与性质，脱离自然形成的标准或通常印象中的状貌，以达到使其具有最丰富的表现力、对人产生审美感染力的目的。多运用夸大、歪曲、不合常理的堆砌拼接等方法，将客体变成主体化的对象，或使实在事物的外部形态发生变异。在现代派文艺创作中运用较为普遍。

格律 文学名词。韵文如诗、词、曲中关于平仄、对仗、押韵、句式、板拍等的格式与规则。“格”谓体制，“律”为法式。近体诗讲究格律严整，因称格律诗。词、曲要求合度，便于演唱、欣赏，因有词律、曲律。

白描 文艺创作的艺术手法之一。本专指中国画的一种技法，即在描画人物或花卉虫鸟时，纯用墨线勾勒，不加色彩渲染。后借用于文艺创作，指以简练的文字，粗线条地勾勒出鲜明生动的形象，而不加烘托渲染。是中国古代小说的传统表现手法。

叙述 文学创作基本手法之一。对人物、事件和环境作概括说明和交代的表现手段。完整、清晰、准确的叙述能增强作品的真实感，一般要对时间、地点、人物、事件、原因、结果作出明确交代。根据叙述的安排方式，可分为顺叙、倒叙、插叙和补叙四种。根据叙述的角度，又可分为第一人称叙述方式、第二人称叙述方式和第三人称叙述方式等三种。文学作品在使用叙述手法的同时，还采用描写手法。

描写 文艺创作的基本手法之一。对人物、事件和环境作具体描绘和刻画的表现手段。生动、形象、细腻的描写能直接再现对象的多方面的性格或性质，增强作品的感染力。文学描写分为肖像描写、环境描写、动作描写、语言描写、心理描写和细节描写等多种；按表现方式可分为直接描写、间接描写两种。文学作品在使用描写手法的同时，还采用叙述手法。在绘画、雕塑等艺术创作中，描写手法多表现为对象的某个瞬间形相的直接再现。

议论 文学创作的基本手法之一。以事实为依据来说明作者或人物的观点的表现手段。其作用是有助于提炼作品主题、刻画人物形象、推动情节发展。按其作用可有多种类型，如表达哲理、突出主题、表现性格、铺垫情节等。文学作品在使用议论手法的同时，均与叙述、描写、抒情等手法相协调。

抒情 文学创作的基本手法之一。在叙述、描写、议论中流露作者或人物的主观情感的表现手段。要求作者对生活有深切感受、创作时有强烈的激情，抒发的情感富有感染力。语言艺术的运用是抒情的重要基础。有直接抒情和间接抒情两种。直接抒情多通过传达感情的语言发出感叹；间接抒情常通过叙述、描写来自然表露情感，使情理结合、情景交融。

伏笔 文学创作中叙述、描写基本手法中的一种。我国古代戏曲小说理论又称“伏线”、“埋伏”。指作者对将要在作品中出现的人物、事件、人物的遭遇、事件的发展和结局，预作提示或暗示，以实现前后照应、关目合理、结构严谨、波澜起伏等艺术效果。

伏线 见“伏笔”。

照应 文学创作中叙述、描写基本手法中的一种。指前文提出的，在后文有所交代和结局。元倪士毅《作文要诀》：“要是下笔之时，说得首尾照应。”

素材 文艺创作名词。作家、艺术家凭借其创作敏感从社会生活中获取、但尚未经过提炼和加工的原始材料。

题材 文学名词。作品内容的构成要素之一。以素材为基础，根据主题的需要，对大量素材进行选择、加工、改造而确定。是作品内容的基础，是主题的载体。题材有价值和意义上的差别，但不是作品成败优劣的决定因素。由于人们欣赏的需求多样化，作品的题材也应当多样化。

体裁 又称“样式”。文学名词。指表达一定内容的具体的文学作品类别。根据语言的不同特点分为韵文和散文；根据塑造形象的不同方式分为叙事类、抒情类和戏剧类；根据形象塑造、结构形式、语言运用和表现手法综合的不同特点，分为诗歌、散文、小说、戏剧文学、影视文学等，其中各可细分出多种类别。能随着社会生活的不断发展而丰富、发展。

主题 文学名词。作品描绘的社会生活、塑造的艺术形象所显示出来的贯穿全篇的基本思想或主导情感。即一部作品的题材所蕴含的主要的思想感情意义。形成于作家、艺术家的生活实践，是作家、艺术家对客观现实生活主观把握的创造成果。具有时代性、社会性和阶级性。内容复杂的作品的主题可以是多义的。

人物 文艺创作名词。文艺作品中所描绘的人物形象。是组成艺术形象的主体与核心。叙事性文艺作品大多通过人物在具体环境中的活动及其相互关系来刻画其性格。人物塑造的成功与否，往往决定一部作品的成败得失。

主人公 文艺创作名词。文艺作品中的主角。是作品集中刻画的主要人物及矛盾冲突的主体。在叙事性作品中，某些重要情节的展开及其他人物的活动，往往以主人公及其活动为中心。一部作品视内容需要可以有一个或数个主人公。

原型 文艺创作名词。文艺创作中艺术形象所依据的现实生活中具有某种特征的真实的人。往往是作品中形象塑造的基础。在此基础上，或取一人或杂取种种人进行概括、提炼和加工，是典型化的方法之一。

情节 文学名词。叙事性文艺作品中表现人物间相互关系的一系列生活事件的发展过程。是人物性格成长和构成的历史。其构成是以现实生活中的矛盾为根据，经作家、艺术家的集中、概括并加以组织、结构而成。一般由开端、发展、高潮、结局等部分组成。有的还有序幕和尾声。

细节 文学名词。叙事性文艺作品中细腻地描绘人物性格、故事发展、社会氛围和自然景色的最小组成单位，是作品的有机组成部分，以具体生动地反映事物真实面貌，塑造人物形象、展现作品主题，增加作品艺术感染力为唯一目的。游离于故事情节之外，或繁琐的细节描写，往往淹没作品主体，损害作品的感染力。

结构 文艺创作名词。文艺作品的组织形式和内部构造。作家根据对于生活的认识，按照塑造人物形象、表现主题思想的需要，运用各种艺术手段和表现手法，把所要表现的题材、人物、事件等，分别主次轻重，匀称而合理地组织安排，使之符合生活逻辑，适应一定体裁的特殊要求，达到艺术上的完整和谐。中国古代文论对之十分重视，所谓“蹊要所司，职在熔裁，檃括情理，矫揉文采”（《文心雕龙·熔裁》）。清李渔论曲，独标“结构第一”，以为得作曲三昧。

序幕 叙事性文艺作品情节结构的组成部分之一。原为戏剧术语，指多幕剧在第一场之前的一场戏，用以介绍剧中人物和剧情发生的起因，或预示全剧的主题。后借指在叙事性文学作品（如长篇小说）中，于矛盾冲突尚未展开之前，对人物的历史、时代背景和社会关系所作的交代或提示。有时又称“引子”、“楔子”等。

高潮 叙事性文艺作品情节结构的组成部分之一。是作品中主要矛盾冲突发展到最尖锐、最紧张的阶段，是决定人物命运的关键一环。人物性格、主题思想均在此得到最充分、最强烈的表现。亦为情节结构的最重要部分。

结局 叙事性文艺作品情节结构的组成部分之一。是作品中人物性格和情节发展的最后阶段。至此，各种矛盾已经解决，人物形象的塑造已经完成，事件发展也有了结果，主题思想得以充分体现。但有的作品在结局的处理上也采用“戛然而止”的手法，将矛盾和问题交由读者或观众去思考。

尾声 叙事性文艺作品情节结构的组成部分之一。一般在作品的最后部分，交代结局。在大型戏剧作品中，指最末一幕后的一场戏，一般同序幕相呼应。

背景 文艺创作名词。一般指文学作品中人物活动和事件发生、发展的时间、地点和条件，如自然的、历史的、社会的环境。在戏剧艺术中，除上述意义外，兼指演剧时舞台上的布景（幕景）。在绘画、摄影作品中，则指衬托主体的背后景物。

诗韵 诗学术语。为给押韵提供依据，前人将同韵之字萃集一处，定一字为该韵韵目，由此形成诗韵。隋陆法言《切韵》分韵部为二百零六韵（今人考证，其书中原只分一百九十三韵）；《唐韵》、《广韵》沿用之。因区分过细，殊难运用，故唐初许敬宗等人曾奏议合并邻韵。宋淳祐年间,江北平水人刘渊编《壬子新刊礼部韵略》,合二百零六韵为一百零七韵,称“平水韵”。清人在此基础上,合并“平水韵”为一百零六韵,并改称为“佩文诗韵”。

平仄 诗学术语。古人将平上去入四声分为两大类,“平”指平声(包括今日普通话之阴平与阳平),因其发音无升降而较长,故称“平”;仄指上、去、入三声(包括普通话之上声与去声),所谓“仄”,即不平之意,故有时又写作“侧”。在诗歌声律安排上,按一定规则交叉使用平仄,可使诗歌音调抑扬顿挫,节奏丰富多变,增加听觉上的美感。

韵脚 诗学术语。指诗词等韵文在句末或联末所用之韵。

押韵 亦称“压韵”。诗学术语。近体诗格律的基本要求之一。指诗词等韵文为使声韵和谐美听,在句末用同韵之字。押韵须依专门韵书进行,除首句起韵外,不能邻韵通押,更不能四声通押;不能出现重复的韵脚字;一韵到底,不能换韵;必须押平声韵,且隔句用韵,韵脚落在偶句句尾。间有首句起韵与句句押韵者,是为变例。押韵能增加诗词等韵文声韵的和润圆美,便于吟诵和记忆。

叶韵 亦称“协韵”、“协句”。诗学术语。因古今音变,今韵与古韵不同,故以今韵读古诗,多不和谐。南北朝时,随声韵现象被揭示,一些学者在读《诗经》时,开始注意将不和谐诗句中某些字临时改读某音,称为叶韵。后人并以此应用于其他古代韵文。至宋代,有人提出古韵通转,不烦改字,此说更为盛行。明陈第始用语音演变的原理,认为所谓叶韵之音即古时本音,读古音即能谐韵,不应随意改读。至清代,古音研究日趋精细,叶韵之说不再为人遵信。

邻韵 诗学术语。指韵部排列相邻、语音相近,或排列虽不相邻,但语音仍相接近的韵。前者如“东”、“冬”、“鱼”、“虞”,后者如“江”、“阳”、“蒸”、“侵”。近体诗借用邻韵通押,只限于首句。且盛唐时尚少见,晚唐始逐渐普遍。

通韵 诗学术语。指两个及两个以上的韵部可以通用,或其中有部分可以通用。清汪师韩《诗学纂闻》谓:“律诗亦有通韵,自唐已然,而在‘东’‘冬’、‘鱼’‘虞’为尤多。”他如“支”“微”、“寒”“删”也常通用。通韵互押视古、今体诗的不同情况而定。大致说来,古诗用韵限制不严,故通韵较宽;今体诗则较严。

宽韵 诗学术语。与“窄韵”相对。指韵书中包含字数较多,或字数虽不多但其中常用字较多的韵部。前者如上平声中的“一东”、“四支”,下平声中的“一先”、“七阳”等;后者如下平声中的“十二侵”。作诗以宽韵韵部中字为韵脚,选择余地较大,较为省力。

窄韵 诗学术语。与“宽韵”相对。指韵书中包含字数较少的韵部。如平声的“微”、“支”、“蒸”等韵。作诗选用窄韵,回旋余地小,较费力。但历代文人,多有以此炫才,并因难见巧者。欧阳修《六一诗话》称韩愈“得韵窄,则不复旁出,而因难见巧,愈险愈奇,如《病中赠张十八》之类是也”。

险韵 亦称“僻韵”。诗学术语。指作诗选用艰僻字押韵,或从包含字数不多的韵部(如“江”、“佳”、“肴”、“咸”)中选取韵脚,令人叹觉其险。唐宋以降,历代文人作诗间有以此炫才者。宋苏轼曾用“尖”、“叉”两字为险,旧时推为用险韵之名作。

僻韵 即险韵。见该条。

尖叉 诗学术语。指善用险韵作诗。宋苏轼作《雪后书北台壁二首》,其一末两句为“试扫北台看马耳,未随埋没有双尖”;其二末两句为“老病自嗟诗力退,空吟冰柱忆刘叉”。用“尖”、“叉”两字押韵,其势虽险而能因难见巧,实属难得,故后人以此为善用险韵之代称。

借韵 亦称“衬韵”。诗学术语。指律诗不用偶句系韵的正格,首句即用邻韵通押。如全诗用“鱼”韵,首句用与之相邻的“虞”韵即是。借韵早见于杜甫等人诗中,中唐以后渐多,至宋成为风气。

衬韵 诗学术语。指律诗首句借用邻韵。因其在全诗韵字未出现之前,先用邻韵作垫,故名。详“借韵”。

重韵 诗学术语。指同一韵字在一首诗的韵脚重复出现。某些字(如“耳”)既为名词,兼可用为语助词,当此两义在一首诗中并押,也为重韵。古诗尚朴拙,不避重韵;近体崇精切,遂视之为大忌。

转韵 亦称“换韵”。诗学术语。指一首诗中押两个或两个以上韵。古诗转韵自由,可若干句转换一次以至数次,亦可一韵到底,唐以后古体诗亦往往如此;而今体诗则规定不得转韵。又,两韵本不相近,其中一个改变读音后始能与另一个相转相通,亦为转韵,取其声转而通之意。如“江”韵可转入“东”、“冬”韵,“鱼”、

“虞”韵可转入“尤”韵。

和韵 诗学术语。和诗方法的一种。指依照所和诗原韵作诗。内可分三种情况：“有次韵(先后无易)，有依韵(同在一韵)，有用韵(用彼韵不必次)”(宋刘攽《中山诗话》)。

依韵 诗学术语。和韵方式之一。指和韵时，用与所和诗在同一韵的其他字为韵。“前人作诗，未始和韵。自唐白乐天为杭州刺史，元微之为浙江观察，往来置邮筒唱和，始依韵，而多至千言，少或百数十言，篇章甚富……岂诗人豪气，例爱矜夸邪?”(宋张表臣《珊瑚钩诗话》卷一)

步韵 亦称“次韵”。诗学术语。和韵方式之一。指和诗时用原诗字韵，且先后次序与原诗相同。宋刘攽《中山诗话》谓：“唐诗赓和，有次韵，先后无易。”步韵始于唐元稹和白居易。元稹《上令狐相公诗启》谓：“白居易雅能诗，就中爱驱驾文字，穷极声韵……小生自审不能过之，往往细排旧韵，别创新辞，名为次韵相酬，盖欲以难相挑。”宋以后渐多，唯佳作少见。所谓“步韵最困人，如相殴而自絷手足也。盖心思为韵所束，于命意布局，最难照顾”(清吴乔《答万季埜诗问》)。另，词中也有步韵，如宋章楶作《水龙吟·杨花》词，苏轼有《次韵章质夫杨花词》之作。

次韵 即步韵。见该条。

用韵 诗学术语。和韵方式之一。指作唱和诗时，需用原诗韵字而次序可以不同。宋严羽《沧浪诗话·诗体》列有专条。

叠韵 诗学术语。和韵方式之一。指用自己已作诗的原韵作诗，亦即和己作之诗。若是连和数次，称“再叠”、“三叠”等。此外，步别人所作诗之韵，重叠两次以上者，亦可称作叠韵。

限韵 诗学术语。旧时作诗方式之一。指限定用某一韵部之字作诗。古代科举考试或文人雅集唱合时常用。分限韵不限字、限韵兼限字两类。后者又可分两类，一是全诗韵脚均先规定，一是限定一字，其余韵脚可在所限定的韵部中任选。梁曹景宗于武帝为其凯旋而召集的庆宴上，用群臣挑剩的“竞”、“病”两字，成五言四句诗一首，属第一类情况；第二类情况则更常见，大凡诗题有“得某字”者均属此类。

分韵 亦称“赋韵”。诗学术语。旧时作诗方式之一。指在选定某些字为韵后，作者各人分拈韵字，然后依所拈韵字作诗。古人联句，常行分韵，后则不再以此为限。

出韵 亦称“失韵”、“落韵”、“走韵”。诗学术语。指作诗押韵违反格律，用了非同韵部的字。因近体诗首句可押邻韵，故凡在其他几句用邻韵，便为出韵。出韵为作近体诗之大忌，科场考试规定，犯此忌者，无论意境如何高妙，均不及格。故唐人诗中绝少见到。间或有之，也多属有意为之，是所谓“通韵”，不可一概以犯忌论。

趁韵 亦称“凑韵”、“挂韵脚”。诗学术语。指韵脚字与全诗命意不相关连，仅为成诗而强为叶韵。如柳宗元《别舍弟宗一》：“零落残魂倍黯然，双垂别泪越江边。一身去国六千里，万死投荒十二年。桂岭瘴来云似墨，洞庭春尽水如天。欲知此后相思梦，长在荆门郢树烟”。清纪昀批曰：“‘烟’字趁韵”(《瀛奎律髓刊误》卷四三)，即因烟字因虚着而意义飘忽，在句中为多余。

孤平 诗学术语。是近体诗平仄规则中的重要禁忌。指五言单平脚(平平仄仄平)句型第一字、七言单平脚(仄仄平平仄仄平)句型第三字必须用平。倘此两处用仄声，则使整句除韵脚外仅剩下一平声字，此所谓孤平。唐人于此避忌甚严，宋以后稍宽。

四声递用 诗学术语。指律诗(主要指七律)逢单句最末一字用全上、去、入三声，加上双句中末尾一平声字，构成四声递用。

八病 诗学术语。指南朝梁沈约提出的平头、上尾、蜂腰、鹤膝、大韵、小韵、旁纽、正纽等八种作诗应避忌的弊病。据日僧空海《文镜秘府论》所述，平头指五言诗上下两句首起之字同声；上尾指上下两句尾字同声；蜂腰指五言诗第二与第五两字同声，似两头粗中间细的蜂腰；鹤膝指五言诗第五字(首句末)与第十五字(三句末)同声，似两头细中间粗的鹤膝(近人多从宋蔡宽夫说，谓五字中首尾浊音而中置一清音为蜂腰，首尾皆清音而中置一浊音为鹤膝)；大韵指五言诗一联之内，前九字中有与韵脚同韵者；小韵指除韵外，一联中其他九字有同韵者；旁纽又名大纽，指五言一句中用同声纽之字；正纽又名小纽，指五言一句中犯有四声相纽之病。八病说旨在探讨语音的声韵变化，然因讲求太过，转成束缚，故自唐以来历代人士都采取择善而从的态度，不尽用其说。

首联 亦称“起联”、“破题”、“发句”、“发端”。诗学术语。指律诗的一、二两句。一般不要求对仗，偶有用者，为变体。

颔联 亦称“次联”、“胸联”。诗学术语。指律诗的三、四两句。颔联必须对仗，偶或不对者为律诗变体。参见“偷春格”。

颈联 亦称“腹联”。诗学术语。指律诗的五、六两句。颈联必须对仗。

尾联 亦称“结联”、“落句”、“断句”。诗学术语。指律诗最后两句。一般不用对仗，但亦有例外。

出句 诗学术语。律诗一联两句，上句称出句，下句称对句。

对句 诗学术语。律诗一联中的下句称对句。详“出句”。

粘对 诗学术语。粘，取粘连之意，指律诗或绝句后联出句与前联对句的关键字平仄相同；对，取相对之意，指一联之内出句与对句的平仄必须相反。粘对的关键在五言诗第二、四字，七言诗第二、四、六字，其中尤以五言诗第二字、七言诗第二、四字为重要。诗歌用粘对，可使声调多样化，增强全篇的音乐美。

失粘 诗学术语。指律诗与绝句中，后联出句与前联对句第二字平仄不相粘连，致前后两句声韵雷同。初、盛唐律诗中，失粘间或可见，中唐后绝少。又据宋陈鹄《耆旧续闻》卷四言，表启类骈文，若平仄失调，在当时亦称失粘。

失对 诗学术语。指律诗与绝句一联内，上下两句平仄违反相对或相反的规定。失对会造成上下句声韵的雷同，故为历代作者避忌。唐宋人作五言律、绝，失对绝少，七言律、绝中更为罕见。

拗 诗学术语。指律诗与绝句突破平仄常格而加以变换。这种变换间有体现在第二、四、六字者，但以五言第三字与七言第五字为多。两联皆不依常格，称拗句格；通篇如此，则称为拗律。清王轩《声调谱序》谓：“韩、孟崛起，力仿李、杜拗体，以矫当代圆熟之弊。”可见所谓拗，是诗人有意为之的结果。运用得当，可造成磊落嵌奇、峭挺硬健的艺术效果。

拗救 诗学术语。指某句该用平声处用了仄声，于是在后面（末句或对句）的适当位置上，将该用仄声者改作平声，以为补救。如此平拗仄救，仄拗平救，诗歌仍能平仄协调，音节和谐。拗救之法通常有二，一是本句自救，即孤平拗救；一是对句相救；亦有两者并用。唐宋以来，孟浩然、李白、杜甫、韩愈、李商隐、苏轼、陆游等大家集中可见。

大拗 诗学术语。律诗拗句的一种。指出句为平仄脚（“仄仄平平仄”或“平平仄仄平平仄”）的句式中，五言第四字或七言第六字应平而改仄，其对句五言第三字、七言第五字须用平声补救。

小拗 诗学术语。律诗拗句的一种。指出句为平仄脚（“仄仄平平仄”或“平平仄仄平平仄”）的句式中，五言第三字或七言第五字应平而改仄。律诗出现小拗，其对句五言第三字、七言第五字可以平声补救，亦可不救。

句眼 亦称“诗眼”、“字眼”。诗学术语。指诗作中某一因着力最多而最为精切的字。清纪昀《瀛奎律髓刊误》卷二九谓：“岑参《宿关西客舍寄山东严许二山人》诗‘孤灯燃客梦，寒杵捣乡愁’，‘燃’字，开后来诗眼之派。”

诗眼 即句眼。见该条。

对仗 亦称“排偶”、“对偶”或“偶对”。诗学术语。指两个句子在语言上具有字数相等、词性相对、结构相同或相近的特点。其两两成对，如古代公府仪仗结对导行，故名。是一种常见修辞手法。广泛运用于古代辞赋、骈文与诗词创作，尤以诗歌为多。除古体与律绝不严格要求对仗外，其他形式之律诗，中间两联均须对仗，间或还有首联以对起与通篇对仗者。对仗名目甚多，恰当运用，可增加诗歌内容的含量，并赋予停匀整赡的形式美。

对偶 即对仗。见该条。

六对 诗学术语。指古代关于对仗的规定。包括正名对、同类对、连珠对、双声对、叠韵对、双拟对等六种（见宋魏庆之《诗人玉屑》卷七引《诗苑类格》），由唐初诗人上官仪提出。

八对 诗学术语。指古代关于对仗的规定。包括的名对、异类对、双声对、叠韵对、联绵对、双拟对、回文对、隔句对等八种（见宋魏庆之《诗人玉屑》卷七引《诗苑类格》），由唐初诗人上官仪提出。论析颇精，但亦不免拘滞。

的名对 又称“正对”、“切对”、“正名对”。诗学术语。对仗的一种。日僧空海《文镜秘府论·东卷》谓：“的名对者，正也。凡作文章，正正相对，上句安天，下句安地；上句安山，下句安谷；上句安东，下句安西；上句安南，下句安北；上句安正，下句安斜；上句安远，下句安近；上句安倾，下句安正。如此之类，名为的名对。初学作文章，须作此对，然后学余对也。”

工对 又称“严对”。诗学术语。对仗的一种。与“宽对”相对。指上下两个对句在句型、词性、词类等方面完全相同，甚至同一词类中可分出的若干小类也相对严整。不过，倘是邻类相对，或反义词、相同结构词组以及多数字对仗工整者，通常亦可算工对。

宽对 诗学术语。对仗的一种。与“工对”相对。指上下两句中主要部分大体相对，而其他若干字则不相对，或词性对应不甚工切，结构对应不甚严格。

言对 诗学术语。对仗的一种。指对偶而不用故事。刘勰《文心雕龙·丽辞》谓：“故丽辞之体，凡有四对：言对为易……言对者，双比空辞者也。”唐宋以来，历代诗人用言对者不胜枚举，其中又可分出许多类目。辞赋、骈文中也多有之。

事对 诗学术语。对仗的一种。指假历代人事以成对偶。刘勰《文心雕龙·丽辞》谓：“故丽辞之体，凡有四对：言对为易，事对为难……事对者，并举人验者也。”事对所先，务在允当。诗之外，辞赋、骈文每用之。

声对 诗学术语。对仗的一种。日僧空海《文镜秘府论·东卷》谓：“声对者，谓字义俱别，声作对是。诗曰：彤驺初惊路，白简未含霜。”“路”与“霜”本不相对，然因“路”、“露”同声，故仍成对。

反对 诗学术语。对偶的一种。指上下两句意义相反成对。如唐孟浩然《与诸子登岘山》中“水落鱼梁浅，天寒梦泽深”一联即是。

意对 诗学术语。对仗的一种。指字面不对而意义相对。

偏对 诗学术语。对仗的一种。指“重字与双声叠韵”（唐王昌龄《诗格》）。如《诗经·小雅·车攻》之“萧萧马鸣，悠悠旆旌”，《古诗十九首》（“去者日以疏”）之“古墓犁为田，松柏摧为薪”即是。

巧对 诗学术语。对仗的一种。指对仗能运用巧思，使诗义折进一层。巧对无固定规则可循，全凭作者精思妙用，出奇制胜。如唐杜甫《秦州杂诗》中“水落鱼龙夜，山空鸟鼠秋”一联，工对中隐括鱼龙川、鸟鼠谷两处秦州地名，使诗作更切合题意，是为巧对。

借对 亦称“假对”。诗学术语。对仗的一种。指假借以成对。通常有两类：一为借义，即某一字（或词）与对句相应位置上的字（或词）意义并不成对，然该字（或词）有另一义项可借来与对句构成对仗。如唐杜甫《曲江》有“酒债寻常行处有，人生七十古来稀”联，“寻常”看似不能与“七十”相对，然其还有八尺为寻、倍寻为常之义，故借来仍可成对。一为借音，即音相谐而义不同的字可借作对仗。如唐孟浩然《裴司士见访》中“厨人具鸡黍，稚子摘杨梅”联，借“杨”为“羊”，谐音与“鸡”成对。

叠字对 亦称“重字对”。诗学术语。对仗的一种。唐上官仪“诗有六对”说之第三类则称为“连珠对”。指起句、对句通过叠字词形成对偶的对仗。如杜甫《登高》：“无边落木萧萧下，不尽长江滚滚来。”“萧萧”、“滚滚”均为叠字词。一联有时可用两对叠字词。非叠字词而两字连用的对仗，如“看山山已峻，望水水仍清”（见《文镜秘府论》），则称“联绵对”。亦有称“叠字对”为“联绵对”者。

双声对 诗学术语。对仗的一种。唐上官仪“诗有六对”说列为第四种（见《诗人玉屑》转引），日僧空海《文镜秘府论》“二十九种对”列为第八种。指起句、对句通过双声词形成对偶的对仗。如上官仪所举“秋露香佳菊，春风馥丽兰”（同上），“佳菊”、“丽兰”均为双声词。所用双声词多为联绵词，如“陆离”、“参差”等；亦可为非联绵词，如“吹唱”、“几家”等。

叠韵对 诗学术语。对仗的一种。唐上官仪“诗有六对”说列为第五种（见《诗人玉屑》转引），日僧空海《文镜秘府论》“二十九种对”列为第九种。指起句、对句通过叠韵词形成对偶的对仗。如杜甫《秋兴八首》之二：“怅望千秋一洒泪，萧条异代不同时。”“怅望”、“萧条”均为叠韵词。所用叠韵词常为联绵词，如“徘徊”、“窈窕”等；亦可为非联绵词，如“心襟”、“意气”等。

当句对 亦称“就句对”。诗学术语。对仗的一种。宋洪迈《容斋续笔》卷三谓：“唐人诗文，或于一句中自成对偶，谓之当句对”。如唐杜甫《白帝》有“戎马不如归马逸，千家今有百家存”联，其中“戎马”对“归马”，“千家”对“百家”，前后两句各自句中成对即是。

流水对 诗学术语。对仗的一种。指出句与对句语意一气连贯，不可分割，下句为上句意义的延伸，似水顺流而下。如唐王维《辋川闲居》诗之首联“一从归白社，不复到青门”即是。上下句之间有递进、转折与假设等关系者，亦属流水对。参见“十字格”。

逆挽对 诗学术语。对仗的一种。指上下两句先后倒叙而成对。如唐李商隐《马嵬》诗中“此日六军同驻马，当时七夕笑牵牛”。

互文对 诗学术语。对仗的一种。指上下两句意思交互通用而成对。如唐杜甫《客至》诗中“花径不曾缘客扫，蓬门今始为君开”一联，谓花径未曾缘客扫而今为君扫，蓬门未曾为人开而今为君开，互文见义即是。

交股对 又称“蹉对”、“错综对”、“犄角对”。诗学术语。对仗的一种。指上下两句相对的字或词颠倒错综，不在相当位置上。如唐李群玉《杜丞相宴中赠美人诗》“裙拖六幅湘江水，鬓耸巫山一段云”一联，中“六幅”与“一段”、“湘水”与“巫山”交叉错综成对即是。

虚实对 诗学术语。对仗的一种。指以虚字对实字，即非实体词对实体词。如唐贾岛《病起》中“身世岂能遂，兰花又已开”联，以非实体之“身世”与作为实物之“兰花”相比即是。

隔句对 亦称“扇对”、“扇面对”。诗学术语。指律诗第一句与第三句、第二句与第四句分别相对。《诗经·小雅·采薇》中有“昔我往矣，杨柳依依。今我来思，雨雪霏霏”，即用此成对。又如唐郑谷《吊僧》诗：“几思闻静话，夜语对禅床。未得重相见，秋灯照影堂。孤云终负约，薄宦转堪伤。梦绕长松榻，遥焚一炷香。”

扇面对 即隔句对。见该条。

偷春格 诗学术语。律诗对仗的一种变格。“其法颔联虽不拘对偶，疑非声律，然破题已的对矣。谓之偷春格，言如梅花偷春色而先开也”（宋魏庆之《诗人玉屑》卷二引《西清诗话》）。如唐杜甫《一百五日夜对月》诗中颔联“斫却月中桂，清光应更多”即不相对，但其首联“无家对寒食，有泪如金波”相对。用此格写成的诗，称“偷春体”。

蜂腰格 诗学术语。律诗对仗的一种变格。指“颔联亦无对偶，然是十字叙一事，而意贯上二句，及颈联方对偶分明。谓蜂腰格，言若已断而复续也”（宋魏庆之《诗人玉屑》卷二引《西清诗话》）。如唐杜荀鹤《经青山吊李翰林》诗中除颈联“天地空销骨，声名不傍身”相对外，首、颔、尾三联均不对。用此格写成的诗，称“蜂腰体”。

三平调 亦称“三平切脚”、“下三连”。诗学术语。三字尾形式之一。指诗句末尾三字皆为平声。这在今体诗中为一忌，然唐以来人作古诗，为求拙朴，每多用之，以至成为今体诗定型后古诗的一大标志。

三字尾 诗学术语。指唐以后古体诗每句末尾的三字，通常以“平平平”、“平仄平”、“仄平仄”、“仄仄仄”四种与近体律诗平仄规则相悖的形式出现。诗人每用此以示己作不稍涉于律，有朴茂高古的格调，由此使之实际成为唐以后古诗的一种标志。

进退格 诗学术语。律诗用韵格式之一。指律诗可兼用两个音近能通押的诗韵，按一进一退的格式相间排列，即第二、六句用甲韵，第四、八句用与甲韵可通的乙韵。两韵相间，进退相应。此格由唐郑谷、齐己与黄损等人商定（见《苕溪渔隐丛话》前集卷三一引宋黄朝英《靖康缃素杂记》）。唐宋诗人如李贺、苏轼、韩驹集中均有此体。

辘轳格 诗学术语。律诗用韵格式之一。指律诗可兼用两个音近能通押的诗韵，按双出双入的格式相间排列，即第二、四句用甲韵，第六、八句用与甲韵可通的乙韵。两韵相接，出入相承。此格由唐郑谷、齐己与黄损等人商定（见《苕溪渔隐丛话》前集卷三一引宋黄朝英《靖康缃素杂记》）。

孤雁出群格 诗学术语。律诗与绝句或四韵，或两韵，韵脚落在偶句上，而于首句押韵并无规定，即可押可不押。首句无须与整首诗同韵，可以用通韵，即借用邻韵。这种首句用通韵的格式，古人称为“孤雁出群”。明谢榛《四溟诗话》卷一谓：“七言绝、律，起句借韵，谓之孤雁出群。”

藏头诗 亦称“藏头格”。杂体诗名。宋严羽《沧浪诗话·诗评》列其名，然未作说明。大抵有如下三说：一谓作律诗于末联始点明题意（见《冰川诗式》）；一谓诗句头一字暗藏于末一字中（见《诗体明辨》）；一谓将所言之事分藏于每句诗的首字。第三说最为通行。

葫芦格 诗学术语。律诗用韵格式之一。依唐郑谷、齐己与黄损所定诗格，所谓“葫芦韵者，先二后四”（见《苕溪渔隐丛话》前集卷三一引宋黄朝英《靖康缃素杂记》）。即律诗甲乙两个邻韵通押，先二韵甲再四韵乙，如此先小后大，有似葫芦，故名。

合掌 诗学术语。指对仗的两句因所用中心词的关系，完全同义或基本同义。意义相同的动词、形容词、虚词相对，不在此列。律诗受体制限止，要求在固定篇幅内包容尽可能丰富的内容，以收词约旨丰之效，而合掌者于一联中文义重复，故为律诗对仗之大忌，宋蔡宽夫《诗话》谓“上下句多出一意”，如“‘蝉噪林愈静，鸟鸣山更幽’之类，非不工矣，终不免此病”。

唱和 亦称“唱酬”。诗学术语。原指歌曲之此唱彼和，如《诗经·郑风·萚兮》之“倡予和女”，《荀子·乐论》之“唱和有应”。后借指以诗相酬答。古史传帝舜与皋陶“乃赓载歌”，为唱和之始。南朝宋颜延之与谢朓亦多唱和之作。北魏王肃夫妇，乃以作诗和他人韵为唱和。至中唐时，元白更多唱和之诗，并裒为专集。此后，唱和日繁。形式大抵有二：一为和诗，一赠一答，各述己志；一为和韵，即用原韵相和，因心思为韵所束，颇多凑韵之作。

遥和 亦称“遥同”。诗学术语。指用诗和异地亲朋所作之诗。

和诗 诗学术语。指作诗与别人相唱和。有限定和韵与不限定和韵两种。

同 即和诗。诗学术语。如唐杜甫《同元使君舂陵行》，清仇兆鳌《杜诗详注》谓：“同，和也。”详“和诗”。

口占 诗学术语。旧时作诗方法之一。指诗人作诗，不拟草稿，略加思索便随口吟成。

口号 诗学术语。古诗题名的一种。指作者未拟草稿随口吟成之作，其表情达意，务在通晓，并不假雕琢。王昌会《诗话类编》卷一谓：“曰口号者，或四句，或八句，草成连就，达意宣情而已也。”宋代，皇帝每当春秋节日或生日举行宴会，乐工致辞献诗，亦称口号”（见《宋史·乐志一七》）。

分题 亦称“采题”。诗学术语。旧时作诗方式之一。指数人相聚，分找题目作诗。宋严羽《沧浪诗话·诗体》谓“有分题”，自注曰：“古人分题，或各赋一物，如云送某人分题得某物也。”分题对作诗者而言，实为限题。分题有时兼分韵，但不限制。

集句 诗学术语。旧时作诗方式之一。指截取前人诗句拼集成诗。有集一家诗句与集数家诗句两种。现存最早集句诗，为西晋傅咸的《七经诗》（见明杨慎《升庵诗话》卷一）。至两宋风行，石曼卿、王安石多有试作，更有集句词。影响及于后世。后人所集多唐人诗句，名“集唐”；又有专集杜甫诗句者，名“集杜”。集句作诗，以凑泊自然、如出一手为上乘，且须得先有自己的立意在。然历代所作，多逞博炫繁，佳作无多。

赋得 诗学术语。古人作诗，有摘取前人成句为题者，多在题首冠以“赋得”二字。如南朝梁元帝《赋得兰泽多芳草》诗。科举时代的试帖诗，诗题每取前人成句，题前也多冠此二字。影响所及，并文臣应制、诗人雅集唱和，亦复如此。如唐韦应物《赋得暮雨送李曹》。由于作者甚多，遂成一种诗体。乃至诗人触景生情，有感于心，亦常袭用，以名己诗。

联句 诗学术语。旧时作诗方式之一。“联句者，作诗不一人，共以句相属也。主于众才合韵，属词接声”（清王兆芳《文体通释》）。有每人各赋一句一韵、两句一韵乃至两句以上，依次相继，以成全篇。后多一人出上句，续者作成一联，再出上句，如此轮流相继。就体制而言，以五、七言为主，间有杂言及一至九字诗形式。此体相传始于汉武帝与群臣所作《柏梁台诗》。晋宋以来如陶潜、鲍照、谢朓等亦有作。大抵一人四句，有较完整的意义。唐代用此体者更多，“韩、孟多用古体，惟香山与裴度、李绛、杨嗣复、刘禹锡、王起、张籍，皆用五言排律，此亦创体”（清赵翼《瓯北诗话》卷四）。宋元以降，作者不断。联句一体“其要在于对偶精切，辞意均敌，若出一手，乃为相称”（明吴讷《文章辨体》）。惟其常用于应酬，故多应景语，少有佳作。

词牌 又称“词调”。词学术语。词本为和乐之唱词，或依调填词，或就词制调，所用曲调之名称即为词牌。词在初起时，调名每即题名，如《临江仙》则言仙事，《女冠子》述道情等，大体不失本题之意。后词家多倚声填词，调名去题渐远，成为词之固定体式，调有定句，句有定字，字有定声。其来源复杂，有来自外域边地，亦有来自民间者，或依大曲、法曲等制成，或由乐工、歌妓及词人创制。其名称亦颇复杂，有调同名异、调异名同，又有调同句异、调异句同者。

词韵 ❶填词所用之韵。较诗韵宽，邻韵可通押，亦可四声通协、借协方音等。源出诗韵，系据诗韵并参酌词作名篇而成。词之押韵方式较诗复杂且多变化，有一韵到底、一词多韵、一韵为主间协它韵、叠韵、同部平仄通协、四声通协等，每一词调大体均有其固定押韵方式。❷供填词者所用之书。词起于隋唐之际，但唐五代时填词多为应歌，用韵并无严格限制。南宋时，朱敦儒尝拟应制词韵十六条，张辑为衍义以释之，冯取洽重为缮录增补。该书元时尚存，陶宗仪得见并作有《韵记》，后皆散佚。现存最早词韵为《词林韵释》（宋菉斐轩刊本），旧题宋无名氏编，疑为元明人伪作（见秦恩复

《词林韵释跋》),实为曲韵。其后词韵之书颇多,韵部分合各不相同,多不足据。惟清戈载《词林正韵》较精审,为后代词家遵用。该书韵目以《集韵》为本,列平、上、去为十四部,入声为五部,共十九部。

词谱 ❶汇集词调各种体式、说明词之格律及变体、供填词者使用之书。所录词调各注源流及别名,每调标明片数、字数,每句各注韵叶,每字旁列平仄、对仗。明张綖《诗余图谱》为现存最早词谱,但所收词调较少,错讹亦较多。通行者有清康熙二十六年(1687)万树《词律》及康熙五十四年(1715)王奕清等所编《钦定词谱》。前者偶有考订疏失或脱漏之处,有徐本立《词律拾遗》及杜文澜《词律补遗》作订正;后者晚出,亦较完备,共收录八百二十六调,二千三百零六体。❷即《钦定词谱》。见该条。

词律 ❶词之格律。指填词时所见依之固定格式。如词之片数、字数、声韵、对仗、平仄等。❷词谱名。见该条。

令、引、近、慢 词调体制。"令",又称小令、令曲。唐宋文人多在酒宴上即席填词,以小调作酒令,遂称小令。一般篇幅较为短小,字数最少者《十六字令》仅十六字,也有篇幅较长者,如《六么令》为九十六字。与"引"、"近"、"慢"之差异主要为音乐节奏不同,而非字数多少。明嘉靖年间顾从敬刻《类编草堂诗余》,按字数多少为标准,将词分为小令、中调、长调;清毛先舒《填词名解》以五十八字内为小令,实无根据,但沿用已久。唐五代文人词多为小令,且多不加"令"字,而唐人称物之小者为"子",故曲名加"子"者大都为令曲,如《甘州子》、《八拍子》、《渔歌子》等。也有唐五代时不加"令"字或"子"字,而在宋代加上"令"字者,如《浪淘沙令》即《浪淘沙》,《雨中花令》即《雨中花》等。但宋人在其著述中提及词调时则往往省略"令"、"慢"等字。"引",本为古乐曲名称,马融《长笛赋》称"故聆曲引者,观法于节奏",后以为乐府诗名,又取作词调名称。唐宋大曲中有"引歌",在大曲首段序之后,属大曲前面部分,似有引入正文之意,词中之"引"即截取大曲中前段部分之某遍制成,如《翠华引》、《清波引》、《柘枝引》等。宋人取唐五代小令,曼衍其声,别成新腔,亦称为"引",如《千秋岁引》系据《千秋岁》旧曲展引而成。清人毛先舒以五十九字至九十字为中调,"引"、"近"则近于中调。"近",以旧有曲调另翻新腔,又称近拍,如《隔浦莲近》似即依《隔浦莲》旧曲翻新而成。近词中最短为《好事近》,四十五字,最长为《剑器近》,九十六字。"慢",即所配合之曲调为节奏舒缓之慢曲,与急曲子相对。字句多较长,韵脚较稀疏,演唱亦较难。词调中"慢"字往往可省去,如《长亭怨慢》可省作《长亭怨》,《倦寻芳慢》可省作《倦寻芳》,但如有同名令词流行时则不可省。

阕 词学术语。乐曲终了称"阕",后以一首乐曲为"一阕",一首词亦称"一阕"。分上下片可称为"上下阕"或"前后阕"。

双调 词之体式。本为宫调名,元明以来,通常称由上下阕相叠而成之词为双调。有上下阕字数完全相同者,如《浪淘沙》、《浣溪沙》、《虞美人》等,称重头;亦有上下阕不同者,如《清平乐》、《水调歌头》等。双调在词调中所占比例最大。

单调 词之体式。指单段词。其体式较短小,如《竹枝》仅十四字,《十六字令》十六字,《闲中好》十八字等。单调词源于唐五代,最常见之单调词牌有《如梦令》、《南歌子》、《南乡子》等。

双曳头 词学术语。三叠词体式之一。即三叠词的前两叠句式,平仄完全相同,且较第三叠短小,形式上有似第三叠之双头,故称。如《瑞龙吟》、《双头莲》等。宋人三叠慢词中,双曳头者不多见。

换头 也作"过片"、"过变"、"过遍"、"过处"、"过拍"。词学术语。词之初,其形式多为单调小令,后演为上下二片之词。因有的词下片之开头音乐节奏与上片相比有所改变,歌词之句式也相应发生变化,遂称下片第一句与上片第一句句式不同者为"换头",如《一斛珠》、《阮郎归》、《忆秦娥》等。一说,换头起于唐人诗律,日僧空海《文镜秘府论》中《论调声》一章已有"换头"之说。词之换头处为全篇关键所在,张炎《词源》卷下称"最是过片不要断了曲意"、"须要承上接下",沈祥龙《论词随笔》亦称"词换头处谓之过变,须词意断而仍续,合而仍分,前虚而后实,前实而后虚,过变乃虚实转捩处"。换头处还需转出新意,沈义父《乐府指迷》称"若才高者才能发起新意,然不可太野,走了原意"。

拍 词学术语。本指音乐之节奏。词则以一句为一拍。刘禹锡《忆江南》词序:"和乐天春词,依《忆江南》曲拍为句。"苏轼《十拍子》全篇即为十句。也借指"句",如词之结尾处称"结拍”，词之下片起句称“过拍”。又借指乐曲，将旧曲翻成新调称为“近拍”，如《隔浦莲近拍》、《快活年近拍》等。

促拍 也称“促曲”、“促遍”、“急遍”。词学术语。词本为配合乐曲之唱词，如配合之乐曲节奏急促（称“急曲子”，与“慢曲子”相对而言），则称“促拍”。宋人作词，有时在词牌前加“促拍”二字，以区别于本调，如《促拍丑奴儿》、《促拍满路花》等；亦有在词牌后加“促拍”二字，如《长寿仙促拍》。促拍曲之歌词字数常较本调多，如《丑奴儿》一般为四十四字，而《促拍丑奴儿》则为五十六或六十二字。

减字 词学术语。词本为配乐演唱之歌词，所配合之音乐曲调大体均有定格，而合乐之唱词字句、平仄、用韵亦有固定体式。为使乐曲优美动听，歌唱时声腔往往略有增减。若乐曲缩短，则配乐之歌词字数亦相应减少，另成新调，称“减字”。故“偷声”系就其音乐而言，“减字”系就其歌词字句而言，偷声时必然减字。如《木兰花》本为七言八句，后将其第一、三、五、七句各减去三字，且两句一换韵，用两仄韵、两平韵，称为《减字木兰花》。词调被偷声减字后，乐曲所属宫调往往亦有改变，所谓“移羽换宫、偷声减字，不顾人肠断”（宋杨无咎《雨中花令》），即指其宫调之改变。

偷声 词学术语。参见“减字”。

摊破 词学术语。词本为配合乐曲演唱之歌词，音乐曲调有定格，词之字句、平仄、用韵亦有固定体式。为使音乐优美动听，歌唱时曲调声腔往往有增减。若声腔增加，则配乐歌词之字数亦相应增多，成为新词调，但仍沿用原词调名，只在调名前加“摊破”二字。故“摊声”、“添声”系就其声腔而言，“摊破”、“添字”系就其歌词字句而言。如《浣溪沙》本调为上下二片，各七言三句，平韵，《摊破浣溪沙》则上下片各增三字，韵全同；另一体《摊破浣溪沙》则将上下片第三句（七言）改为四、五字二句，仍平韵。

添声 词学术语。参见“摊破”。

转调 词学术语。词本为合乐之唱词，所配合之曲调原属某一宫调，后虽用同一词牌而转入另一宫调，应曲之词往往也相应发生变化、如柳永有《二郎神》，徐伸有《转调二郎神》等。

犯调 词学术语。词家增演词调的重要方法之一。种类有二：一是宫调相犯，即取不同宫调声律合成一曲，以增加乐曲表现力，有三犯、四犯、八犯之称，但限于住字（又称杀声、结声、毕曲，即宫调最后一字之工尺谱符号）相同者方可相犯。姜夔《凄凉犯》词序云：“凡曲言犯者，谓以宫犯商、商犯宫之类。”张炎《词源》卷上“律吕四犯”中列举四类犯调，即宫犯商、商犯羽、羽犯角、角归本宫，现可考者仅有宫犯商及商犯羽之词调，前者如吴文英《玉京谣》、《古香慢》、《兰陵王》等，后者如姜夔《凄凉犯》、吴文英《瑞龙吟》等。二为句法相犯，即集合数调之句法而成，如刘过《四犯剪梅花》为集合《解连环》、《醉蓬莱》、《雪狮儿》诸调句法而成，前后各四段，故曰四犯；曹勋之《八音谐》系集合八个词调之句子而成。

填词 词学术语。词本为合乐之唱词，即先有乐曲，再依乐曲声腔配上相应的歌词，唐宋人多称为倚声，宋元后通称填词。后词离音乐渐远，人们遂以前人制作之词牌为准，按其句式、字数、平仄、声韵之体式填写，使之合于声律，亦称“填词”。

倚声 词学术语。参见“填词”。

自度曲 词学术语。也称自制曲、自度腔。词本为合乐之唱词，精通音律之词人往往能自己创制出新曲调，称为“自度曲”。宋代词人柳永、周邦彦、姜夔、史达祖、吴文英等均能为之。亦用指自己创制的词调。新词调一经词人创制，往往成为固定体式，供后人填词之用。如《扬州慢》本为姜夔自度曲，后人屡有此调，皆系据姜夔自度曲填写。自度曲有先制曲调后填词，或先作词后制谱者，宋代许多新词调即由自度曲而来。词人创制自度曲，则多在词牌下注明、在词序中说明，或注出该曲之宫调，但也有的无任何标记。

领字 词学术语。词本为合乐之唱词，为使词意纡徐情韵悠扬以美听者，在句中往往用一个或几个虚字呼唤，故称“领字”。多用于句首词意转折处，以领起下文，起过渡或联系作用，可稍停顿但不断句。慢词中多有，常一调数见。作领字之虚字有一字、二字、三字者，其中一字最为常见，二、三字则次之。也有用动词作领字者。用一字作领字，称“一字逗”或“一字领”，多为去声字。元陆辅之《词旨》“单字集虚”条曾列举词中常用作领字之单字，有“任、看、正、待、乍、怕、总、问、爱、奈、似、但、料、想、更、算、况”等三十三字。用二字作领字，有“莫是”、“还又”、“哪堪”等。用三字作领字者有“更能消”、“最无端”等。

小令 词体的一种。明嘉靖顾从敬刻《类编草堂诗余》，始按字数多少，将词分为小令、中调、长调三类。清毛先舒《填词名解》据此称五十八字以内者为小令，五十九字至九十字为中调，九十一字以外为长调。此分类虽不科学，但因沿用已久，至今仍袭用。

中调 词体的一种。参见“小令”。

长调 词体的一种。参见“小令”。

慢词 词学名词。唐宋音乐有慢曲子与急曲子之分。慢曲子曲调舒缓，配合慢曲子之歌词即为慢词。唐代敦煌词中已有慢词出现，而大量写作慢词之文人，当以宋柳永为首，后经张先、苏轼等继作，慢词遂盛。慢词字句往往较多，系据曲调缓急划分，与以字数多少为标准划分的长调有别。

摘遍 词学术语。词本为合乐之唱词，所配合曲调来源复杂，其中有从唐宋大曲、法曲中制成者。大曲、法曲为唐宋时大型歌舞曲，结构复杂，由众多乐曲组成。王灼《碧鸡漫志》卷三云：“凡大曲有散序、靸、排遍、攧、正攧、入破、虚催、实催、衮遍、歇拍、杀衮，始成一曲，谓之‘大遍’。而《凉州》排遍，予曾见一本，有二十四段。后世就大曲制词者，类从简省，而管弦家又不肯从头至尾吹弹，甚者学不能尽。”因大曲、法曲演奏较难且冗繁，便从中摘取优美动听而又能独自成曲之一段，加以增损变化，制成令、引、近、慢各类曲调，称“摘遍”。但与原曲调不尽相同，如《氐州第一》、《法曲第二》、《六州歌头》、《水调歌头》等。

泛声 也称“散声”、“和声”。词学术语。词本为应歌之唱词。将字句整齐之诗句配合乐曲歌唱时，因声希而节促，往往在诗中增添一些虚声以求婉转动听，此为泛声。后逐一以实字代替泛声，成为句子参差不齐之词。

歌头 词学术语。词调来源复杂，其中有依大曲、法曲等制成者。大曲中以歌计数，谓之“歌遍”，歌遍之第一遍谓之“歌头”；此截取大曲歌遍之第一遍倚声填词，故名。如《六州歌头》、《水调歌头》即为截取大曲《六州》、《水调》之歌头填写之歌词。

曲牌 俗称“牌子”。戏曲、散曲的曲调调名之总称。其命名或源于前人词曲佳作之调名，或以地名，或以其节拍特点，或以乐曲体式结构，或以少数民族语言之音译，或以民歌时调之曲名等等，总数有数千种。每一曲牌均有规定的曲调、唱法、句数、字数、平仄、押韵等基本定式。其文字部分须“倚声填词”，多作长短句，少用齐言。曲牌在戏曲中有改用乐器伴奏者，演变为器乐曲牌。

曲谱 记载曲牌格式的专著之总称。其体制或列举不同曲牌的定格和选例，注明平仄，供读者依式填词，如《太和正音谱》。或兼注工尺、板眼，供人依式填词度曲，称为宫谱，如《九宫大成南北词宫谱》。或记全剧之曲、白，注工尺、板眼，专供演唱用，称为工尺谱，如《纳书楹曲谱》。后亦用以称地方戏的乐谱。

宫调 戏曲音乐名词。为音乐调式之总称。我国古代乐理区分为宫、商、角、徵、羽、变宫、变徵七声，其中任何一声为主均可构成一种“调式”。凡以宫为主的调式称“宫”，如“正宫”、“仙吕宫”；以其他各声为主的则称为“调”，如“商调”、“角调”。统称“宫调”。以七声配十二律，理论上十二宫、七十二调，共八十四宫调，也称“八十四调”，实际上八十四调并不全用。如南宋词曲音乐只用七宫十一调；元代北曲用六宫十一调；明清以来的传奇用六宫七调，通称十三调；而常用者只有五宫四调，通称“九宫”。北曲南曲的曲牌，分属各宫调，其原因或与乐器定调方法(如小工调、正宫调)有关。

折 元杂剧剧本的结构单位名。每剧一般四折，每折用同一宫调的曲牌联套，一韵到底。与现代话剧的“幕”相近，但不限于一个时空。明传奇也有分“出”而写成“折”者。单独上演的一折(出)戏，则俗称“折子戏”。参见“出”。

出 一称“齣”。传奇剧本的结构单位名。与杂剧中的“折”相近，但一本可多达四五十“出”。早期传奇不明确分“出”，明代中期以后的传奇刻本才有。可单独上演的“出”，称“单出戏”或“出头戏”，也称“折子戏”。

科介 宋杂剧、金院本称“科汎(泛)”。戏曲名词。“科”、“介”同义。原指表演动作，后用作剧本中对表情、动作或舞台效果的提示。北杂剧多用“科”表示，如见科、悲科之类；南戏、传奇多用“介”表示，如坐介、鸡鸣介等。

关目 戏曲名词。戏曲剧本中故事情节的构思安排。也指故事情节段落。现存元杂剧当代刊本《元刊杂剧三十种》中有十七种题作“新刊关目”或“新编关目”，以示其故事情节之新奇，后人沿用。

插科打诨 又称“科诨”。戏曲表演术语。

"科",指滑稽的动作(与剧本上代表舞台提示"科"的涵义不尽相同),"诨",是耍笑的语言。宋杂剧用作喜剧性穿插,元明以降日益受重视。王骥德《曲律》、李渔《闲情偶寄》等曲论著作中均有专章论述。需根据剧情需要,适合人物的性格、身份巧作安排,重自然,忌做作,有幽默之谐趣,忌恶俗淫亵。

楔子 曲学名词。元杂剧的体制一般为一本四折,四折外所增加的独立小段即称"楔子",以其系插入的部分,故名。常置于第一折前,作为戏剧情节的开端,亦可置于两折之间,作为衔接过渡。一本中楔子可用一至二个,以用一个为多,也可不用。曲牌常用仙吕《赏花时》或《端正好》。

题目正名 曲学术语。指元杂剧剧本最后总括全剧内容的对句。通常为一联,亦可为二联。对句的末句为剧名全称,全称中截取前半或后半为剧名简称。如关汉卿《单刀会》题目正名为:"题目:孙仲谋独占江东地,请乔公言定三条计;正名:鲁子敬设宴索荆州,关大王独赴单刀会。"其中"关大王独赴单刀会"为剧名全称,"单刀会"为剧名简称。

副末开场 戏曲名词。指南戏、传奇的第一出。由副末脚色登场献词,介绍剧名、剧情、作者创作动机等概况。

衬字 也称"垫字"。词曲名词。词、曲牌定格外增加的文字。曲体中尤为常见,用以增强曲辞的表现力与生动性,多为虚词或形容词。南曲板式固定,因有"衬不过三"之说;北曲则较少限制,衬字过多,可以增板。

宾白 戏曲名词。戏曲人物的说白。与剧曲相对而言,同是剧本文学语言的构成要素。《南词叙录》云:"唱为主,白为宾。"宋元以来大都如此认识。《菊坡丛话》则认为:"二人对说曰宾,一人自说曰白。"李渔主张曲白相生,同样重要,好剧曲应与佳宾白相衬。

入话 亦称"得胜头回"或"胜头回"、"得胜利市头回"。话本小说开头的一种形式。采用诗、词和故事等不同形式。其内容与正文或相近或相反,作为说话人演述正文之前候客、垫场、吸引观众或点明本事之用。

得胜头回 亦称"胜头回"、"得胜利市头回"。话本小说入话的别名。《清平山堂话本·碾玉观音》:"且先引下一个故事来,权做个得胜头回。"头回,意即冒头的一回。"得胜"、"利市"等为吉利语。参见"入话"。

致语 宋元话本正文前的引子。周亮工《书影》卷一:"故老传闻,罗(贯中)氏为《水浒传》一百回,各以妖异语引其首。嘉靖时,郭武定(勋)重刻其书,削其致语,独存本传。"

草蛇灰线法 小说创作技法之一。以草蛇曲折多变,但中隐约有一条灰线贯串始终为喻,形容文章用若干细物小事点缀始终,使情节前后连贯。金人瑞《读第五才子书法》说:"如景阳岗勤叙许多哨棒字,紫石街连写若干帘子字等是也。骤看之,有如无物;及至细寻,其中便有一条线索,拽之通体俱动。"

绵针泥刺法 小说创作技法之一。以绵里针、泥中刺为喻,言文章在一般描写之中伏有警策之处。金人瑞《读第五才子书法》举例云:"晁盖番番要下山,宋江番番劝住,至最后一次便不劝是也。笔墨外,便有利刃直戳进来。"

背面铺粉法 小说创作技法之一。原指画纸先铺上白粉,以鲜明地衬托画像,此指对比、衬托之意。金人瑞《读第五才子书法》:"有背面铺粉法,如要衬宋江奸诈,不觉写作李逵真率;要衬石秀尖利,不觉写作杨雄糊涂是也。"

弄引法 小说创作技法之一。弄引,序曲、导言之意。金人瑞《读第五才子书法》云:"有弄引法,谓有一段大文字,不好突然便起,且先作一段小文字在前引之。如索超在前,先写周谨;十分光前,先说五事等是也。"

獭尾法 小说创作技法之一。水獭尾略扁而长,有力,以此喻文字结尾要有余势。金人瑞《读第五才子书法》:"有獭尾法,谓一段大文字后,不好寂然便住,更作余波演漾之。"

正犯法 小说创作技法之一。犯,触犯,抵触。金人瑞《读第五才子书法》云:"有正犯法,如武松打虎后,又写李逵杀虎,又写二解争虎;潘金莲偷汉后,又写潘巧云偷汉……正是要故意把题目犯了,却有本事出落得无一点一画相借以为快乐是也,真是浑身都是方法。"

略犯法 小说创作技法之一。指情节与人物在某一点上故意雷同而又写得各有特色。金人瑞《读第五才子书法》云:"如林冲买刀与杨志卖刀,唐牛儿与郓哥,郑屠肉铺与蒋门神'快活林',瓦官寺试禅杖与蜈蚣岭试戒刀等是也。"

横云断山法 小说创作技法之一。指一完整故事中插入另一情节,略作间断。金人瑞《读第五才子书法》云:"如两打祝家庄后,忽插出解珍、解宝争虎越狱事;又正打大名府时,忽插出截江鬼、油里鳅谋财倾命事等是也。只为文字太长了，便恐累坠，故从半腰间暂时闪出，以间隔之。”

穿插藏闪法　小说创作技法之一。清末韩邦庆作《海上花列传》时提出。其卷首《例言》自谓“惟穿插藏闪之法则为从来说部所未有”。此法实指作者创作时先有全局在胸，然后将一些故事东穿西插，或藏或露，有机地组织成一个整体。

词　牌

十六字令　又名《苍梧谣》、《归字谣》。词牌。因全词共十六字，故名。单调，三平韵。见《词谱》一、《词律》一。

苍梧谣　词牌。即《十六字令》。见该条。

闲中好　词牌。调见唐段成式《酉阳杂俎》。所收词因首句三字“闲中好”得名。单调十八字，有平、仄韵二体。见《词谱》一、《词律》一。

纥那曲　词牌。调见《尊前集》。因唐刘禹锡所作五言绝句中有“同郎一回顾，听唱纥那声”句得名。单调二十字，平韵。见《词谱》一、《词律》一。

醉妆词　词牌。据五代孙光宪《北梦琐言》载，前蜀后主王衍尝裹小巾，其尖如锥，宫人皆穿道服，簪莲花冠，施胭脂夹脸，号“醉妆”，因作《醉妆词》。单调二十二字，仄韵。见《词谱》一、《词律》一。

南歌子　又名《十爱词》、《水晶帘》、《南柯子》、《春宵曲》等。词牌。本唐教坊曲名。有单调、双调二体：单调二十三或二十六字，平韵。双调五十二、五十三或五十四字，有平、仄韵二体。见《词谱》一、《词律》一。

荷叶杯　词牌。本唐教坊曲名。有单、双调二体。单调二十三或二十六字，双调五十字，皆平仄韵互叶。见《词谱》一、《词律》一。

渔歌子　或作《鱼歌子》。词牌。本唐教坊曲名。见敦煌曲子词及《花间集》。双调五十字，仄韵。《词律》、《词谱》列为唐张志和《渔父》词二十七字平韵之别体，实误。

渔父　词牌。见唐张志和词。单调二十七字，平韵。南宋戴复古又有一体作单调十八字，平韵。又名《渔父慢》，见《词律拾遗》一。与《渔歌子》不同。

忆江南　词牌。本唐教坊曲名。唐段安节《乐府杂录》称此词乃李德裕为亡姬谢秋娘作，本名《谢秋娘》。但玄宗时教坊已有此曲。后白居易作此调，因末句“能不忆江南”而更名。又名《江南好》、《梦江南》、《望江南》、《春去也》。初单调，至宋始有双调。单调二十七字，平韵；双调五十四字，平韵。另有一体五十九字，两仄韵、两平韵。见《词谱》一、《词律》一。

潇湘神　又名《潇湘曲》。词牌。因唐刘禹锡咏湘妃词中有“潇湘深夜月明时”句得名。单调二十七字，五句，四平韵，首三字例用叠句。见《词谱》一、《词律》一。

章台柳　又名《忆章台》。词牌。据唐孟棨《本事诗》载韩翃在安史之乱中与其姬柳氏失散，韩作《寄柳氏》词云：“章台柳，章台柳，昔日青青今在否？纵使长条似旧垂，也应攀折他人手。”后人即以首句为词牌。单调二十七字，仄韵，一叠韵。见《词谱》一、《词律》一。

南乡子　词牌。本唐教坊曲名。有单、双调二体。单调二十七、二十八或三十字，先用两平韵，后转为三仄韵。双调五十六、五十四或五十八字，平韵。见《词谱》一、《词律》一。

捣练子　又名《夜如年》、《夜捣衣》、《杵声齐》、《捣练子令》、《深夜月》等。词牌。因咏捣练而得名。单调二十七字，五句，三平韵；双调三十八字，上下片各五句，三平韵。见《词谱》一、《词律》一。

采莲子　词牌。本唐教坊曲名。单调二十八字，七言绝句体，四句，三平韵。其一、三两句句尾加和声“举棹”，二、四两句句尾加和声“年少”。见《词谱》一、《词律》一。

浪淘沙　词牌。本唐教坊曲名。因唐白居易词有“却到帝都重富贵，请君莫忘浪淘沙”句得名。为二十八字、平韵七言绝句体。与五代、宋时之《浪淘沙令》、《浪淘沙慢》不同。见《词谱》一、《词律》一。

八拍蛮　词牌。本唐教坊曲名。《花间集》所收即拗体七言绝句。单调二十八字，平韵。见《词谱》一、《词律》二。

阿那曲　又名《鸡叫子》。词牌。明杨慎《词品》云：“仄韵绝句，唐人以入乐府，谓之阿那曲。”单调二十八字，仄韵。见《词律》一。

谪仙怨　又名《广谪仙怨》。词牌。相传为唐天宝年间安史之乱时，玄宗于奔蜀途中所制之笛曲，本有谱无词，刘长卿始依调作词。双调四十八字，平韵。见《词律拾遗》一。

抛毬乐 词牌。本唐教坊曲名。明胡震亨《唐音癸签》云:"抛毬乐,酒筵中抛毬为令,其所唱之词也。"此调单调三十字六句四平韵者始于唐刘禹锡;宋柳永借旧曲别倚新声,作双调一百八十七字,仄韵。见《词谱》二、《词律》一。

忆王孙 又名《独脚令》、《忆君王》、《豆叶黄》、《画蛾眉》、《阑干万里心》等。词牌。因宋秦观词有"萋萋芳草忆王孙"句得名。有单、双调二体。单调三十一字,平韵;双调五十四字,仄韵。见《词谱》二、《词律》二。

调笑令 词牌。有二体:一为单调三十二字,八句,四仄韵,两平韵,起句二字重叠,又名《古调笑》、《宫中调笑》、《转应曲》、《三台令》;另有三十八字,词前用七言古诗八句,并以诗尾二字为词首二字,用于北宋歌舞表演"转踏"中。见《词谱》二及四〇、《词律》二。

如梦令 词牌。相传为后唐庄宗李存勖制,初名《忆仙姿》,后苏轼嫌其名不雅,以李词中"如梦,如梦,和泪出门相送"句改此名。又名《宴桃源》、《如意令》等。有单、双调二体:单调三十三字,仄韵,亦有押平韵者;双调为单调复加一叠而成,六十六字,仄韵。见《词谱》二、《词律》二。

忆仙姿 词牌。即《如梦令》。见该条。

诉衷情 又名《步花间》、《桃花水》、《偶相逢》等。词牌。本唐教坊曲名。调见《花间集》。有单、双调二体:单调三十三字,平、仄韵互叶;双调有四十一、四十四、四十五字等,平韵。见《词谱》二、《词律》二。另有《诉衷情近》,双调七十五字,仄韵。见《词谱》一七、《词律》二。

天仙子 词牌。本唐教坊曲名。唐段安节《乐府杂录》谓本名《万斯年》。有单、双调二体:单调始于唐人,三十四字,双调始于宋人,六十八字;均为仄韵。见《词谱》二、《词律》二。

风流子 词牌。本唐教坊曲名。有单、双调二体:单调三十四字,仄韵;双调一百零八至一百十一字,平韵。又名《内家娇》。见《词谱》二、《词律》二。

归自谣 又名《思佳客》、《风光子》。词牌。双调三十四字,仄韵。见《词谱》二。《词律》列其为《归国谣》之一体,误。

定西番 词牌。本唐教坊曲名。双调三十五或四十一字。见《词谱》二、《词律》二。

江城子 又名《江神子》、《水晶帘》、《村意远》等。词牌。唐五代词均单调,三十五至三十七字不等,平韵。至宋始有双调,七十字,平韵。黄庭坚有仄韵之作。见《词谱》二、《词律》二。

长相思 又名《双红豆》、《忆多娇》、《吴山青》、《长相思令》等。词牌。本唐教坊曲名。双调三十六字,平韵,一叠韵。宋人演为慢词,双调一百或一百零三字,平韵。见《词谱》二、《词律》二。

思帝乡 又名《万斯年曲》。词牌。本唐教坊曲名。单调三十六、三十四或三十三字,平韵。见《词谱》二、《词律》二。

相见欢 又名《秋夜月》、《上西楼》、《月上瓜州》、《乌夜啼》等。词牌。本唐教坊曲名。双调三十六字。上阕平韵,下阕两仄韵两平韵,亦有通篇押平韵。见《词谱》三、《词律》二。

何满子 又名《河满子》。词牌。本唐教坊曲名。相传唐玄宗时歌人何满子临刑哀歌一曲以自赎,竟不得免。后即以歌者为曲名。单调三十六或三十七字;又有双调七十三或七十四字,皆平韵。宋又有双调仄韵体。见《词谱》三、《词律》二。

醉太平 又名《凌波曲》、《四字令》等。词牌。双调三十八字,平韵。另有四十五字仄韵及四十六字平仄韵互协二体。见《词谱》三、《词律》二。

酒泉子 词牌。本唐教坊曲名。多平韵,间入仄韵,有二体:一见于敦煌曲子词,北宋潘阆依之,双调四十九或五十二字,因忆西湖风景,又名《忆余杭》;一多见于《花间集》,双调四十至四十五字。见《词谱》三、《词律》三。

生查子 又名《楚云深》、《梅和柳》、《晴色入青山》等。词牌。本唐教坊曲名。敦煌词中已有,文人作品以唐末韩偓所作最早。双调,有四十、四十一、四十二字诸体,仄韵。见《词谱》三、《词律》三。

昭君怨 又名《洛妃怨》、《宴西园》、《一痕沙》。词牌。得名于汉王昭君故事。双调四十字,平仄韵错叶。见《词谱》三、《词律》三。

玉蝴蝶 词牌。有小令、长调二体。小令始自唐温庭筠,双调四十一字,平韵。长调始于宋柳永,又名《玉蝴蝶慢》。双调九十九字,平韵。见《词谱》四、《词律》三。

女冠子 词牌。本唐教坊曲名。有小令、慢词二体。小令始于唐温庭筠,双调四十一字。上片五句,两仄韵,两平韵,下片四句,两平韵。慢词始于宋柳永,又名"女冠子慢",双调,有一百零七、一百十至一百十四字诸体,仄韵。见《词谱》四、《词律》三。

点绛唇　又名《十八香》、《沙头雨》、《南浦月》、《点樱桃》、《寻瑶草》等。词牌。得名于南朝梁江淹《咏美人春游》诗有“白雪凝琼貌，明珠点绛唇”句。双调四十一或四十三字，仄韵。见《词谱》四、《词律》三。

归国遥　又名《归平遥》。词牌。本唐教坊曲名。调见《花间集》。双调四十二或四十三字，上下片各四句，四仄韵。见《词谱》四。《词律》误与《归自谣》列为一调，《词谱》已分列。

浣溪沙　也作《浣溪纱》或《浣沙溪》。又名《小庭花》、《减字浣溪沙》、《霜菊黄》、《广寒枝》等。词牌。本唐教坊曲名。双调四十二、四十四或四十六字，有平、仄韵两体。见《词谱》四、《词律》三。

霜天晓角　又名《月当窗》、《长桥月》、《踏月》。词牌。双调四十三或四十四字，有平、仄韵二体。见《词谱》四、《词律》三。

清商怨　又名《东阳叹》、《望西飞》、《关河令》等。词牌。调见宋晏殊《珠玉词》。古乐府有《清商曲辞》，其音多哀，因名。双调四十二或四十三字，仄韵。见《词谱》四、《词律》三。

菩萨蛮　又名《重叠金》、《子夜歌》、《巫山一片云》等。词牌。本唐教坊曲名。双调四十四字，上下片各四句，两仄韵，两平韵。见《词谱》五、《词律》四。

采桑子　又名《丑奴儿令》、《罗敷媚歌》、《丑奴儿》、《罗敷媚》。词牌。唐教坊大曲有《采桑》，后截取一“遍”为词牌。双调四十四字，上下片各四句，三平韵。又有《添字采桑子》，双调四十八或五十四字，平韵；《摊破采桑子》，双调六十字，平韵。见《词谱》五、《词律》四。

丑奴儿　词牌。即《采桑子》。见该条。

减字木兰花　又名《减兰》、《木兰香》、《天下乐令》。词牌。双调四十四字，上下片各四句，两仄韵，两平韵。见《词谱》五、《词律》七。

卜算子　又名《缺月挂疏桐》、《百尺楼》、《楚天遥》、《眉峰碧》、《黄鹤洞中仙》等。词牌。双调，有四十四至四十六字诸体，仄韵。见《词谱》五、《词律》三。

一落索　又名《洛阳春》、《玉联环》、《一络索》、《上林春》等。词牌。本宋人俗语，犹言一连串。调见宋欧阳修《醉翁琴趣外篇》。双调，有四十四至五十字诸体，仄韵。见《词谱》五、《词律》四。

谒金门　又名《空相忆》、《花自落》、《垂杨碧》、《杨花落》、《出塞》、《醉花春》等。词牌。本唐教坊曲名。双调四十五或四十六字，仄韵。见《词谱》五、《词律》四。

好事近　又名《钓船笛》、《倚秋千》、《翠园枝》。词牌。调见宋张先《安陆集》。双调四十五字，仄韵。见《词谱》五、《词律》四。

天门谣　词牌。调见宋贺铸《东山词》，因词中有“牛渚天门险”句得名。双调四十五字，仄韵。见《词谱》五、《词律》四。

好女儿　又名《绣带儿》、《绣带子》、《国门东》等。词牌。调见宋黄庭坚《山谷词》。双调四十五及六十二字二体，平韵。见《词谱》五、《词律》四。

清平乐　又名《清平乐令》、《醉东风》、《忆萝月》等。词牌。本唐教坊曲名。双调四十六字，上片四句四仄韵，下片四句三平韵，亦有全用仄韵。见《词谱》五、《词律》四。

忆秦娥　又名《秦楼月》、《双荷叶》、《蓬莱阁》、《碧云深》、《花深深》。词牌。相传因唐李白词中“秦娥梦断秦楼月”句得名。双调四十六字，另有三十七、三十八、四十、四十一字等。分平、仄韵二体。见《词谱》五、《词律》四。

更漏子　又名《付金钗》、《无漏子》、《独倚楼》等。词牌。因晚唐温庭筠词多咏更漏而名。双调四十五或四十六、四十九字等。宋杜安世有一百零四字者，与唐词迥别。见《词谱》六、《词律》四。

巫山一段云　词牌。本唐教坊曲名。双调四十六或四十四字，上片平韵，下片换两仄韵两平韵，亦有全押平韵者。见《词谱》六、《词律》四。

忆少年　又名《十二时》、《陇首山》、《桃花曲》。词牌。调见宋晁补之《琴趣外篇》。双调四十六或四十七字，上片五句两仄韵，下片四句三仄韵。见《词谱》六、《词律》四。

喜迁莺　词牌。有小令及长调二体。小令起于唐代，长调始于宋代。小令体又名《鹤冲天》、《喜迁莺令》、《燕归来》、《早梅芳近》等，双调四十七字，上阕四平韵，下阕两仄韵。长调体双调，一百零二至一百零五字，仄韵。见《词谱》六、《词律》四。

乌夜啼　又名《圣无忧》、《锦堂春》。词牌。本唐教坊曲名。双调有四十七、四十八、五十字等，平韵。见《词谱》六、《词律》五。

阮郎归　又名《宴桃源》、《道成归》、《碧桃春》、《醉桃源》。词牌。以刘晨、阮肇遇仙而复归事得名。双调四十七字，平韵。见《词谱》六、《词律》四。

贺圣朝 词牌。双调，有四十七、四十八、四十九、五十字等。四十七及四十八字体仄韵；四十九字体平韵，名《转调贺圣朝》；五十字体亦押平韵。见《词谱》六、《词律》五。

甘草子 词牌。双调四十七字，仄韵。见《词谱》六、《词律》四。

画堂春 词牌。双调，有四十七、四十六、四十八、四十九字等，平韵。见《词谱》六、《词律》四。

山花子 《浣溪沙》之别体。又名《摊破浣溪沙》、《添字浣溪沙》、《南唐浣溪沙》、《感恩多令》等。词牌。双调四十八字，平韵。见《词谱》七、《词律》三。

摊破浣溪沙 词牌。即《山花子》。见该条。

秋蕊香 词牌。双调，四十八字，仄韵；九十七字，平韵。见《词谱》七、《词律》五、《词律拾遗》四。

撼庭秋 又名《感庭秋》。词牌。本唐教坊曲名。调见宋晏殊《珠玉词》。双调四十八字。见《词谱》七、《词律》五。

朝中措 又名《照江梅》、《芙蓉曲》、《梅月圆》。词牌名。调见宋欧阳修《六一词》。双调四十八字，平韵。见《词谱》七、《词律》五。

眼儿媚 又名《秋波媚》、《小阑干》等。词牌。双调四十八字，平韵。见《词谱》七、《词律》五。

秋波媚 词牌。即《眼儿媚》。见该条。

人月圆 又名《青衫湿》。词牌。调见宋王诜词，因词中有“人月圆时”句得名。明杨慎《词品》卷一谓：“此曲晋卿（王诜字）自制，名《人月圆》，即咏元宵，犹是唐人之意。”双调四十八字，平韵。见《词谱》七、《词律》五。

海棠春 又名《海棠花》、《海棠春令》。词牌。调见宋秦观《淮海词》。双调四十八字，仄韵。见《词谱》七、《词律》五。

武陵春 又名《武林春》、《花想容》。词牌。双调，有四十八、四十九、五十四字等，平韵。见《词谱》七、《词律》五。

河渎神 词牌。本唐教坊曲名。唐五代词皆依调名本意咏河边祠庙。双调四十九字，全押平韵或上片押平韵、下片押仄韵。见《词谱》七、《词律》五。

柳梢青 又名《云淡秋空》、《雨洗元宵》、《玉水明沙》。词牌。双调四十九或五十字。有平、仄韵二体。见《词谱》七、《词律》五。

太常引 又名《太清引》、《腊前梅》。词牌。调见宋辛弃疾《稼轩词》。双调四十九或五十字，平韵。见《词谱》七、《词律》五。

应天长 又名《应天长令》。词牌。双调五十字或四十九字，仄韵。宋柳永演为慢词，周邦彦词名《应天长慢》，双调九十四或九十八字，仄韵。见《词谱》八、《词律》五。

少年游 又名《玉腊梅枝》、《小阑干》。词牌。调见宋晏殊《珠玉词》，以词中有“长似少年时”得名。双调，有四十八至五十二字等，平韵。见《词谱》八、《词律》五。

滴滴金 词牌。调见宋晏殊《珠玉词》。双调五十字，仄韵。见《词谱》八、《词律》六。

西江月 又名《步虚词》、《江月令》、《白苹香》等。词牌。本唐教坊曲名。相传因唐李白《苏台览古》诗句“只今唯有西江月，曾照吴王宫里人”得名。双调五十字、亦有五十一或五十六字。以宋柳永词五十字、上下片各四句、两平韵一仄韵为正体。见《词谱》八、《词律》六。

留春令 词牌。双调，五十、五十二或五十四字，仄韵。见《词谱》八、《词律》六。

梁州令 一名《凉州令》。词牌。本唐教坊曲名。宋王灼《碧鸡漫志》卷三云：“《凉州曲》：《唐史》及传载称：‘天宝乐曲，皆以边地为名，若《凉州》、《伊州》、《甘州》之类。’”宋人用作词牌有二体：五十、五十二或五十五字为一体；五十二字重叠成一百零四字为又一体（见欧阳修《醉翁琴趣外篇》），晁补之词名《梁州令叠韵》。皆为双调仄韵。见《词谱》八、《词律》六。

归田乐 又名《归田乐引》。词牌。有五十及七十一字二体，皆双调仄韵。见《词谱》八、《词律》六。

惜分飞 又名《惜双双》、《惜双双令》、《惜芳菲》。词牌。调见宋毛滂《东堂词》。双调，五十、五十二、五十四或五十六字，仄韵。见《词谱》八、《词律》六。

探春令 又名《景龙灯》。词牌。调见宋晏幾道词。双调五十一或五十二字，仄韵。见《词谱》九、《词律》六。

雨中花 词牌。有二体：小令双调，五十一至五十八字，皆仄韵。长调平韵体九十六至一百字，仄韵体九十八字，皆双调。见《词谱》九、《词律》七。

醉花阴　词牌。双调五十二字，仄韵。见《词谱》九、《词律》七。

望江东　词牌。因宋黄庭坚词有“望不见江东路”句得名。双调五十二字，上下片各四句，四仄韵。见《词谱》九、《词律》七。

品令　词牌。调见欧阳修《六一词》。双调，有四十九、五十一、五十二、五十五、六十、六十四、六十五及六十六字诸体，仄韵。见《词谱》九、《词律》五。

临江仙　又名《谢新恩》、《雁后归》、《庭院深深》、《采莲回》等。词牌。本唐教坊曲名。原曲多咏水仙，故名。双调，有五十四、五十六、五十八、五十九、六十、六十二字等，皆平韵。宋柳永演为《临江仙引》，七十四或九十三字，平韵。见《词谱》一〇、《词律》八。

浪淘沙令　又名《浪淘沙近》、《卖花声》、《过龙门》等。词牌。双调五十二至五十五字，有平、仄韵二体。见《词谱》一〇、《词律》一。

端正好　又名《于中好》。词牌。调见宋杜安世《寿域词》。双调五十四字，仄韵。见《词谱》一〇、《词律》七。

撷芳词　又名《折红英》、《惜分钗》、《钗头凤》等。词牌。因北宋禁中有撷芳园得名。双调五十四字，上下片各七句，仄韵。又有二体是在上下片末句各加两叠字、三叠字，为五十八与六十字，皆仄韵。见《词谱》一〇、《词律》八。

钗头凤　词牌。即《撷芳词》。南宋陆游因无名氏词中有“可怜孤似钗头凤”句而改此名。详“撷芳词”。

河传　又名《秋光满目》、《庆同天》、《月照梨花》。词牌。双调，有五十一至六十一字，全仄韵或平仄韵错叶。见《词谱》一一、《词律》六。

望远行　词牌。本唐教坊曲名。有小令及慢词二体，小令五十五或六十字；慢词一百零四或一百零六字，皆双调，仄韵。见《词谱》一一、《词律》七。

木兰花　词牌。本唐教坊曲名。《花间集》所收唐五代人所作此调句式参差。双调有五十二、五十四、五十五字诸体，仄韵。宋人所作《木兰花》或《木兰花令》与此并非同调，实为《玉楼春》之别名，因五代欧阳炯填此调有“同在木兰花下醉”句得名。见《词谱》一一、《词律》七。另有《减字木兰花》、《偷声木兰花》、《木兰花慢》。

夜行船　又名《夜厌厌》、《明月棹孤舟》。词牌。调见宋欧阳修《六一词》。双调五十二、五十六或五十八字，仄韵。见《词谱》一一、《词律》七、《词律拾遗》二。

鹧鸪天　又名《千叶莲》、《半花桐》、《思佳客》等。词牌。双调五十五字，平韵。见《词谱》一一、《词律》八。

虞美人　又名《一江春水》、《玉壶冰》、《巫山十二峰》、《虞美人令》。词牌。本唐教坊曲名。双调五十六或五十八字，以上下片仄韵转平韵为正体，亦有全押平韵或上片全押平韵者。见《词谱》一二、《词律》八。

瑞鹧鸪　又名《五拍》、《天下乐》、《太平乐》、《吹柳絮》、《舞东风》。词牌。本七言律诗，因唐人歌之遂成词牌。双调五十六字，平韵。宋柳永有添字体，双调六十四、八十六或八十八字，皆平韵。见《词谱》一二、《词律》八。

玉楼春　又名《惜春容》、《西湖曲》、《木兰花》、《玉楼春令》、《归朝欢令》、《木兰花令》。词牌。五代后蜀顾夐词有“月照玉楼春漏促”及“柳映玉楼春日晚”句，词名或本此。双调五十六字，仄韵。见《词谱》一二、《词律》七。

鹊桥仙　又名《鹊桥仙令》、《金风玉露相逢曲》、《梅已谢》、《广寒秋》、《忆人人》。词牌。有二体：双调五十六字者始于欧阳修，以其词中有“鹊迎桥路接天津”句，故名。又有五十七或五十八字者，皆仄韵。另一体双调八十八字，仄韵。见《词谱》一二、《词律》八。

一斛珠　又名《一斛夜明珠》、《怨春风》、《梅梢雪》、《章台月》、《醉落拓》、《醉落魄》。词牌。据旧题曹邺小说《梅妃传》载，唐玄宗曾将一斛外国进贡之宝珠密赐梅妃，妃不受，以诗谢，其中有“长门自是无梳洗，何必珍珠慰寂寥”句；玄宗览诗后怅然不乐，命乐府以新声度之，名《一斛珠》。双调五十七字，仄韵。见《词谱》一二、《词律》八。

醉落魄　词牌。即《一斛珠》。宋晏幾道有词名《醉落魄》。见该条。

夜游宫　又名《念彩云》、《新念别》。词牌。双调五十七字，仄韵。见《词谱》一二、《词律》八。

小重山　又名《小冲山》、《小重山令》、《柳色新》、《群玉轩》等。词牌。双调五十八、六十或五十七字，平韵，亦有押仄韵者。见《词谱》一三、《词律》八。

踏莎行　又名《喜朝天》、《柳长春》、《踏雪行》。词牌。唐韩翃诗有“踏莎行草過春溪”句，名本此。双调五十八字，仄韵。又有添字者名《转调踏莎行》，双调六十四或六十六字，仄韵。

见《词谱》一三、《词律》八。

集贤宾 又名《接贤宾》。词牌。有二体：一为双调五十九字，平韵；另一体一百一十七字，平韵，实为前者之双叠。见《词谱》一三、《词律》九。

步蟾宫 又名《钓台词》、《折丹桂》。词牌。调见宋黄庭坚《山谷词》。双调五十五至五十九字，仄韵。见《词谱》一三、《词律》八。

蝶恋花 又名《黄金缕》、《卷珠帘》、《明月生南浦》、《鹊踏枝》、《凤栖梧》等。词牌。本唐教坊曲，名《鹊踏枝》，后用作词牌取梁简文帝诗"翻阶蛱蝶恋花情"句而改此名。双调六十字，上下片各五句，仄韵。见《词谱》一三、《词律》九。

凤栖梧 词牌。即《蝶恋花》。见该条。

惜琼花 词牌。调见宋张先《张子野词》。双调五十八字，仄韵。见《词谱》一三、《词律》八。

一剪梅 又名《腊梅香》、《玉簟秋》。词牌。以宋周邦彦词有"一剪梅花万样娇"句得名。双调五十八至六十字，平韵。见《词谱》一三、《词律》九。

唐多令 词牌。调见刘过《龙洲词》。一作《糖多令》。又名《南楼令》。双调六十至六十二字，平韵。见《词谱》一三、《词律》九。

定风波 又名《定风流》、《定风波令》。词牌。本唐教坊曲名。双调，有六十二、六十三、六十字诸体，平、仄韵互叶，亦有全用平韵者。见《词谱》一四、《词律》九。

破阵子 又名《十拍子》。词牌。本为唐大曲《破阵乐》中之一遍，此因旧曲另度新声。双调六十二字，上下片各五句，三平韵。见《词谱》一四、《词律》九。

渔家傲 又名《吴门柳》、《忍辱仙人》、《荆溪咏》、《游仙咏》。词牌。《词谱》谓"此调始自晏殊，因词有'神仙一曲渔家傲'句，取以为名"。然宋吴曾《能改斋漫录》卷二云："京师僧念《梁州》、《八相太常引》、《三皈依》、《柳含烟》等，号'唐赞'；而南方释子作《渔父》、《拨棹子》、《渔家傲》、《千秋岁》，唱道之辞。"则此调或本为佛门法曲，即所谓"神仙一曲"，始于晏殊之前。双调六十二字，仄韵。另有三声叶韵，六十六字诸变体。见《词谱》一四、《词律》九。

苏幕遮 又名《鬓云松令》、《云雾敛》。词牌。本唐教坊曲名。"幕"亦作"摩"、"莫"、"幙"。为唐代传入的外来乐曲，宋人因旧名而另谱新声。双调六十二字，上下片各七句，四仄韵。见《词谱》一四、《词律》九。

喝火令 词牌。调见宋黄庭坚《山谷词》。双调六十五字，平韵。见《词谱》一四、《词律》九。

淡黄柳 词牌。宋姜夔自度曲。双调六十五字，仄韵。见《词谱》一四、《词律》九。

行香子 词牌。调见宋张先《张子野词》。双调六十四、六十六或六十八字，平韵。见《词谱》一四、《词律》九。

解佩令 又名《解冤结》。词牌。调见宋晏幾道《小山乐府》，据《韩诗内传》载，郑交甫遇汉皋神女解佩事为名。双调六十五或六十六字，仄韵。见《词谱》一五、《词律》九。

谢池春 又名《玉莲花》、《怕春归》、《风中柳》、《卖花声》等。词牌。双调六十六或六十四字，仄韵。见《词谱》一五、《词律》一〇。

青玉案 又名《西湖路》、《横塘路》。词牌。因汉张衡《四愁诗》"何以报之青玉案"句得名。双调六十六至六十八字，仄韵。见《词谱》一五、《词律》一〇。

感皇恩 又名《人南渡》、《叠萝花》。词牌。本唐教坊曲名。双调六十五至六十八字，仄韵。见《词谱》一五、《词律》九。

两同心 词牌。双调六十八或七十二字，有仄、平韵及三声叶韵三体。见《词谱》一六、《词律》一〇。

小桃红 又名《连理枝》、《红娘子》、《灼灼花》。词牌。双调七十或七十二字，仄韵。见《词谱》一六、《词律》二。

月上海棠 词牌。有二体：七十字者见宋黄大舆《梅苑》载无名氏词；又名《玉关遥》。九十一字者见宋姜夔《白石词》；又名《月上海棠慢》。皆双调，仄韵。见《词谱》一六、《词律》一〇。

小镇西犯 词牌。唐教坊曲有《镇西子》，唐乐府亦有《镇西》七言绝句诗，此盖以旧曲另创新声。调见柳永《乐章集》。双调七十一字，仄韵。另有七十九字体，名《小镇西》，或《镇西》。见《词谱》一六、《词律》一一。

千秋岁 词牌。调见宋秦观《淮海词》。又名《千秋节》。双调七十一或七十二字，仄韵。见《词谱》一六。

惜奴娇 又名《姹莺娇》。词牌。调见宋贺铸《东山词》。双调七十一或七十二字，《高丽史·乐志》载无名氏词又有一百零二字体，仄韵。

见《词谱》一六、《词律》一〇。

忆帝京　词牌。双调七十二或七十六字，仄韵。见《词谱》一六、《词律》一〇。

粉蝶儿　词牌。调见宋毛滂《东堂词》。因词中"粉蝶儿，这回共花同活"句得名。双调七十二字，仄韵。见《词谱》一六、《词律》一〇。

风入松　又名《风入松慢》、《远山横》。词牌。得名于古琴曲《风入松》。双调七十二、七十四或七十六字，平韵。见《词谱》一七、《词律》一一。

剔银灯　又名《剔银灯引》。词牌。双调七十四、七十五、七十六或七十八字，仄韵。见《词谱》一七、《词律》一一。

千年调　词牌。调见宋辛弃疾《稼轩集》。本名《相思会》，以曹组词中有"人无百年人，刚作千年调"而改此名。双调七十五字，仄韵。见《词谱》一七、《词律》一一。

婆罗门引　又名《婆罗门》、《望月婆罗门》。词牌。本唐大曲。据宋王灼《碧鸡漫志》卷三引唐郑嵎《津阳门诗》注，此调为西凉节度使杨敬述所进。本名《霓裳羽衣》。据《唐会要》卷三三，天宝中改名为《婆罗门》。

御街行　又名《孤雁儿》。词牌。调见宋柳永《乐章集》。双调，有七十六至七十八、八十至八十二字诸体，仄韵。见《词谱》一八、《词律》一一。

祝英台近　又名《祝英台》、《宝钗分》、《月底修箫谱》、《燕莺语》等。词牌。以梁山伯祝英台故事得名。双调七十七字，有仄、平韵二体。见《词谱》一八、《词律》一一。

四园竹　或作《西园竹》。词牌。调见宋周邦彦《片玉词》。双调七十七字，平韵。见《词谱》一八、《词律》一一。

侧犯　词牌。此调创自宋周邦彦。宋姜夔词自注云："唐人《乐书》云犯有正旁偏侧：宫犯宫为正，宫犯商为旁，宫犯角为偏，宫犯羽为侧。"调名即本于此。双调七十七字，仄韵。见《词谱》一八、《词律》一一。

离亭宴　或名《离亭燕》。词牌。因宋张先词有"随处是离亭别宴"句得名。双调七十七或七十二字，仄韵。见《词谱》一八、《词律》一〇。

一丛花　又名《一丛花令》。词牌。调见宋苏轼《东坡词》。双调七十八字，平韵。见《词谱》一八、《词律》一一。

红林檎近　词牌。调见宋周邦彦《片玉集》。双调七十九字，平韵。见《词谱》一八、《词律》一一。

金人捧露盘　一名《铜人捧露盘引》。又名《天宁乐》、《上西平》、《西平曲》等。词牌。调见宋晁端礼《闲斋琴趣外篇》。双调七十八、七十九或八十一字，平韵。见《词谱》一八、《词律》一一。

安公子　词牌。本唐教坊曲名。调见宋柳永《乐章集》。双调，有八十、一百零六、一百零四、一百零二字诸体，仄韵。见《词谱》一九、《词律》一二。

最高楼　词牌。双调，有七十八、八十至八十三、八十五字诸体，平韵或平仄韵错押，另有全押仄韵体。见《词谱》一九、《词律》一二。

千秋岁引　又名《千秋万岁》，《高丽史·乐志》名《千秋岁令》。词牌。调见王安石《临川先生歌曲》。此调由《千秋岁》添减字数而成。双调八十二字，仄韵。见《词谱》一九、《词律》一〇。

长寿乐　词牌。调见宋柳永《乐章集》。双调八十三或一百十三字，仄韵。见《词谱》二〇、《词律》一二。

迷仙引　词牌。双调八十三或一百二十二字，仄韵。见《词谱》二〇、《词律》一二。

促拍满路花　又名《满路花》、《满园花》、《归去难》、《一枝花》等。词牌。双调八十一、八十三、八十六、八十八或九十字，有平、仄韵二体。见《词谱》二〇、《词律》一二。

洞仙歌　词牌。本唐教坊曲名。有令词、慢词二体：令词八十三至九十三字，又名《洞仙歌令》、《羽仙歌》、《洞中仙》；慢词一百一十八至一百二十六字。均双调，仄韵。见《词谱》二〇、《词律》一二。

鹤冲天　词牌。调见宋柳永《乐章集》。双调八十四、八十六或八十八字，仄韵。见《词谱》二一、《词律》一二。此调与《喜迁莺》、《春光好》之别名《鹤冲天》者不同。

婆罗门令　词牌。调见宋柳永《乐章集》。宋词中仅此一首。《乐章集》入夹钟商。双调八十六字，仄韵。见《词谱》二一、《词律》一一。

华胥引　词牌。调见宋周邦彦《片玉集》。双调八十六字，仄韵。见《词谱》二一、《词律》一三。

江城梅花引　词牌。因唐李白诗有"江城五月落梅花"句得名。又名《摊破江城子》、《江梅引》等。宋洪皓作咏梅词四首，以每首有一"笑"字，又名《四笑江梅引》。双调八十七字，有平韵及三声叶韵二体。见《词谱》二一、《词律》二。

惜红衣 词牌。宋姜夔自度曲。以词中有“红衣半狼藉”句得名。双调八十八或八十九字，仄韵。见《词谱》二一、《词律》一三。

八六子 又名《感黄鹂》。词牌。调见《尊前集》所收杜牧词。杜牧词双调九十字，平韵。然北宋诸家句逗与之有出入。宋人有八十八、八十九、九十一字诸体，双调，平韵。见《词谱》二二、《词律》一三。

采莲令 词牌。调见宋柳永《乐章集》。双调九十一字，仄韵。见《词谱》二二、《词律》一三。

醉翁操 词牌。原为琴曲。双调九十一字，平韵。见《词谱》二二、《词律》一三。

法曲献仙音 又名《献仙音》、《越女镜心》。词牌。宋陈旸《乐书》云：“法曲兴于唐，其声始出清商部，比正律差四律，有铙钹钟磬之音，《献仙音》其一也。”调见宋柳永《乐章集》。双调九十二、九十一、八十七字，仄韵。见《词谱》二二、《词律》一三。

满江红 又名《上江虹》、《念良游》、《伤春曲》。词牌。有仄、平韵二体。仄韵词宋人填者最多，双调九十三字，另有九十一、八十九、九十四、九十七、九十二字诸体，仄韵，南宋姜夔改用平韵。见《词谱》二二、《词律》一三。

凄凉犯 一作《凄凉调》。词牌。宋姜夔自度曲。自序谓居合肥时，秋风夕起，时闻马嘶，出城四顾，荒烟野草，不胜凄黯，因琴曲有《凄凉调》，乃借以为名。《花庵词选》注：“仙吕调犯商调。”双调九十三字，另有九十一、九十四字体，仄韵。见《词谱》二三、《词律》一三。

玉漏迟 词牌。以唐白居易诗有“天凉玉漏迟”句得名。双调九十四字，仄韵。见《词谱》二三、《词律》一四。

尾犯 又名《碧芙蓉》。词牌。双调，有九十四、九十五、九十八、九十九、一百字诸体，仄韵。见《词谱》二三、《词律》一四。

驻马听 词牌。调见宋柳永《乐章集》。双调九十四字，平韵。见《词谱》二三、《词律》一三。

六幺令 又名《绿腰》、《乐世》、《录要》。词牌。本唐教坊曲名。双调九十四字，仄韵。见《词谱》二三、《词律》一四。

水调歌头 词牌。相传隋炀帝开汴河时制《水调歌》，唐人演为大曲。大曲有散序、中序、入破三部分，以截其歌头(中序第一章)另倚新声，故名。又名《元会曲》、《凯歌》、《台城游》等。双调九十四至九十七字，平韵。见《词谱》二三、《词律》一四。

满庭芳 又名《锁阳台》、《满庭霜》、《潇湘夜月》、《潇湘雨》、《转调满庭芳》等。词牌。双调九十三、九十五或九十六字，有平、仄韵二体。见《词谱》二四、《词律》一三。

天香 又名《伴云下柳》。词牌。调见宋贺铸《东山词》。双调九十六字，仄韵。见《词谱》二四、《词律》一四。

汉宫春 又名《汉宫春慢》、《庆千秋》。词牌。有平、仄韵二体。双调九十四、九十六或九十七字，皆以上下片起句用韵与否辨体。见《词谱》二四、《词律》一四。

倦寻芳慢 词牌。调见宋王雱词。宋潘汾词名《倦寻芳》。双调九十六字，仄韵。见《词谱》二四、《词律》一四。

八声甘州 词牌。《甘州》本唐大曲名，上下片八韵，故名八声。又名《甘州》、《萧萧雨》、《宴瑶池》。双调九十五至九十八字，平韵。见《词谱》二五、《词律》一。

迷神引 词牌。调见宋柳永《乐章集》。双调九十七或九十九字，仄韵。见《词谱》二五、《词律》一六。

醉蓬莱 又名《冰玉风月》、《雪月交光》。词牌。双调九十七字，仄韵。见《词谱》二五、《词律》一五。

凤凰台上忆吹箫 又名《忆吹箫》。词牌。《列仙传》云：“萧史者，秦穆公时人也，善吹箫，能致孔雀、白鹤于庭。穆公有女字弄玉，好之，公遂以女妻焉。日教弄玉作凤鸣。居数年，吹似凤声，凤凰来止其屋。公为作凤台，夫妇止其上，不下数年。一旦，皆随凤凰飞去。故秦人为作凤女祠于雍宫中，时有箫声而已。”调名本此。双调九十七、九十五或九十六字，平韵。见《词谱》二五、《词律》一四。

夜合花 词牌。调见宋晁补之《琴趣外篇》。《词谱》云：“夜合花，合欢树也。唐韦应物诗‘夜合花开香满庭’，调名本此。”双调九十七、九十九或一百字，平韵。见《词谱》二五、《词律》一五。

暗香 词牌。宋姜夔自度咏梅词(见《疏影》)。宋张炎以此调咏荷花，更名《红情》。双调九十七字，仄韵。见《词谱》二五、《词律》一五。

长亭怨慢 或作《长亭怨》。词牌。宋姜夔自度曲。因词中有“阅人多矣，谁得似，长亭树”句而得名。双调九十七字，仄韵。见《词谱》二五、《词律》一五。

双双燕 词牌。南宋史达祖自度曲，因咏双燕得名。双调九十八字，仄韵。见《词谱》二六、《词律》一四。

春草碧 词牌。调见宋万俟咏《大声集》。因赋春草得名。双调九十八字，仄韵。见《词谱》二六。

扬州慢 词牌。宋姜夔自度曲。双调九十八字，平韵。见《词谱》二六、《词律》一五。

昼夜乐 词牌。调见宋柳永《乐章集》。双调九十八字，仄韵。见《词谱》二六、《词律》一五。

声声慢 又名《人在楼上》、《神光灿》、《胜胜慢》等。词牌。双调九十五至九十九字，有平、仄韵二体。见《词谱》二七、《词律》一〇。

玲珑四犯 词牌。调见宋周邦彦《片玉集》。宋姜夔另有自度曲，其句读与周词迥别，亦名《夜来花》。皆双调九十九字，仄韵。见《词谱》二七、《词律》一五。

琐窗寒 一作《锁窗寒》。又有题《锁寒窗》者，《词律》谓是刊本误倒。词牌。双调，有九十九、一百、九十八字诸体，仄韵。见《词谱》二七、《词律》一六。

燕山亭 词牌。亦作《宴山亭》。双调九十九字，仄韵。见《词谱》二七、《词律》一五。

三姝媚 词牌。相传以古乐府《三妇艳》得名。双调九十九或一百零一字，有平、仄韵二体。见《词谱》二七、《词律》一六。

念奴娇 又名《大江东去》、《酹江月》、《百字令》、《百字谣》、《赤壁词》、《壶中天》、《壶中天慢》等。词牌。念奴为唐天宝中名歌女，因以为名。双调一百、一百零一或一百零二字，有平、仄韵二体。见《词谱》二八、《词律》一六。

大江东去 词牌。即《念奴娇》。因宋苏轼词首句“大江东去”得名。见该条。

芳草 又名《凤箫吟》。词牌。双调一百或一百零一字，平韵。见《词谱》二八、《词律》一七。

解语花 词牌。双调，有九十八、一百、一百零一字三体，仄韵。见《词谱》二八、《词律》一六。

渡江云 又名《三犯渡江云》、《渡江云三犯》。词牌。双调一百字，平韵，然下片第四句例用仄韵。南宋陈允平亦有全叶平、仄韵者。见《词谱》二八、《词律》一六。

绛都春 词牌。有仄、平韵二体。宋词多填仄韵，唯宋陈允平改押平声。双调一百或九十八字。见《词谱》二八、《词律》一六。

琵琶仙 词牌。宋姜夔自度曲。双调一百字，仄韵。见《词谱》二八、《词律》一六。

换巢鸾凤 词牌。宋史达祖自度曲。因词中有“换巢鸾凤教偕老”句故名。上片押平韵，唯结句叶仄韵，后片全叶仄韵。双调一百字。见《词谱》二八、《词律》一六。

东风第一枝 词牌。双调一百字，仄韵。见《词谱》二八、《词律》一六。

高阳台 又名《庆春泽慢》、《庆春泽》、《庆春宫》等。词牌。调见宋王观词。双调一百字，平韵。见《词谱》二八、《词律》一〇。

凤归云 词牌。本唐教坊曲名。敦煌写本《云谣集杂曲子》收词四首，双调七十八至八十三字不等，平韵。宋词见柳永《乐章集》。有二体：双调一百零一字，平韵；双调一百十八字，仄韵。见《词谱》二九、《词律》一七。

木兰花慢 词牌。本唐教坊曲名，宋教坊演为慢曲。双调一百零一或一百零三字，平韵。见《词谱》二九、《词律》七。

桂枝香 又名《疏帘淡月》。词牌。调见宋王安石《临川先生歌曲》。双调一百零一或一百字，仄韵。见《词谱》二九、《词律》一六。

锦堂春慢 又名《锦堂春》。词牌。双调九十八、九十九或一百零一字，平韵。见《词谱》二九、《词律》五。

翠楼吟 词牌。宋姜夔自度曲。双调一百零一字，仄韵。见《词谱》二九、《词律》一七。

霓裳中序第一 词牌。《霓裳》为唐乐曲《霓裳羽衣曲》之简称。全曲十二叠，第七叠为“中序第一”，即舞曲之第一遍。南宋姜夔依《霓裳中序》谱填词一阕，则有此调。双调一百零一字；又有一百零二或一百零三字诸体，皆仄韵。见《词谱》二九、《词律》一六。

西平乐 一名《西平乐慢》。词牌。双调一百零二、一百零三或一百三十五至一百三十七字，有平、仄韵二体。见《词谱》三〇、《词律》一七。

水龙吟 又名《小楼连苑》、《海天阔处》、《庄椿岁》、《鼓笛慢》、《龙吟曲》、《丰年瑞》。词牌。调见宋苏轼《东坡词》。双调一百零二、一百零一、一百零四、一百零六字，仄韵。见《词谱》三〇、《词律》一六。

石州慢 又名《石州引》、《柳色黄》。词牌。调见宋贺铸《东山词》。双调一百零二字，仄韵。见《词谱》三〇、《词律》一七。

宴清都 又名《四代好》。词牌。双调一百零二、九十九或一百零一字，仄韵。见《词谱》三〇、《词律》一七。

花犯 又名《绣鸾凤花犯》。词牌。调见宋周邦彦《片玉集》。双调一百零一或一百零二字，仄韵。见《词谱》三〇、《词律》一七。

瑞鹤仙 又名《一捻红》。词牌。双调一百零二、一百、一百零三、一百零一、九十字，仄韵。见《词谱》三一、《词律》一七。

齐天乐 又名《台城路》、《五福降中天》、《如此江山》。词牌。调见宋周邦彦《片玉集》。双调一百零二至一百零四字，仄韵。见《词谱》三一、《词律》一七。

氐州第一 又名《熙州摘遍》。词牌。调见宋周邦彦《片玉集》。双调一百零二字，仄韵。见《词谱》三一、《词律》一七。

湘春夜月 词牌。为宋黄孝迈自度曲，依所赋词意取名。双调一百零二字，平韵。见《词谱》三一、《词律》一七。

曲游春 词牌。调见宋周密《蘋洲渔笛谱》。双调一百零二字，仄韵。见《词谱》三一、《词律》一七。

竹马子 又名《竹马儿》。词牌。调见宋柳永《乐章集》。双调一百零三字，仄韵。见《词谱》三一、《词律》一八。

长相思慢 又名《望扬州》。词牌。调见宋柳永《乐章集》。双调九十九、一百零三或一百零四字，平韵。见《词谱》三一、《词律》二、《词律拾遗》四。

雨霖铃 又名《雨霖铃慢》。词牌。本唐教坊曲名。宋王灼《碧鸡漫志》卷五引《明皇杂录》及《杨妃外传》云："帝（唐玄宗）幸蜀，初入斜谷，霖雨弥旬，栈道中闻铃声，帝方悼念贵妃，采其声为《雨霖铃》曲以寄恨。时梨园弟子惟张野狐一人善筚篥，因吹之，遂传于世。"后宋人用作词牌。双调一百零三字，仄韵。见《词谱》三一、《词律》一八。

探春慢 又名《探春》。词牌。调见宋姜夔《白石词》。双调一百零三或九十三字，仄韵。见《词谱》三二、《词律》六。

眉妩 词牌。调见宋姜夔《白石词》。自注"一名《百宜娇》"。双调一百零三字，仄韵。见《词谱》三二、《词律》一八。

永遇乐 又名《消息》。词牌。双调一百零四字，有仄、平韵二体。平韵体始自南宋陈允平。见《词谱》三二、《词律》一八。

二郎神 又名《转调二郎神》、《十二郎》。词牌。本唐教坊曲名。双调，有九十八、一百、一百零三至一百零五字诸体，仄韵。见《词谱》三二、《词律》一五。

倾杯乐 又名《古倾杯》、《倾杯》。词牌。本唐教坊曲名。唐段安节《乐府杂录》云："宣宗喜吹芦管，自制此曲。"双调，有一百零四、一百零六、一百零七、一百零八、一百一十六字诸体，仄韵。见《词谱》三二、《词律》七。

拜星月慢 又名《拜新月》、《拜星月》。词牌。唐教坊曲有《拜新月》。调见宋周邦彦《片玉集》。双调一百零四或一百零二字，仄韵。见《词谱》三三、《词律》一八。

绮罗香 词牌。双调一百零四或一百零三字，仄韵。见《词谱》三三、《词律》一八。

玉连环 一作《玉联环》。词牌。宋冯伟寿自度曲。双调一百零四字，仄韵。见《词谱》三三、《词律拾遗》五。另为《一落索》之别名。两者不同。

曲玉管 词牌。本唐教坊曲名。调见宋柳永《乐章集》。双调一百零四字，平韵。见《词谱》三三、《词律》一八。

尉迟杯 又名《东吴乐》。词牌。双调一百零四至一百零六字，有平、仄韵二体。见《词谱》三三、《词律》一八。

南浦 词牌。唐教坊曲有《南浦子》，宋人盖借旧曲另倚新声。双调一百零五或一百零二字，有平、仄韵二体。见《词谱》三三、《词律》一七。

西河 又名《西河慢》、《西湖》。词牌。唐教坊曲有《西河狮子》、《西河剑气》、《西河长命女》等。宋人以旧曲名另制新调。三段，一百零四、一百零五或一百十一字，仄韵。见《词谱》三四、《词律》一八。

解连环 又名《杏梁燕》等。词牌。本名《望梅》，因宋周邦彦词有"信妙手能解连环"句而更此名。双调一百零六字，仄韵。见《词谱》三四、《词律》一九。

夜飞鹊 又名《夜飞鹊慢》。词牌。调见宋周邦彦《片玉集》。双调一百零六字，平韵。见《词谱》三四、《词律》一九。

青门饮　又名《青门引》、《菱花怨》。词牌。调见宋秦观《淮海词》。双调一百零五至一百零七字，仄韵。见《词谱》三四。

望海潮　词牌。调见宋柳永《乐章集》。一百零七字，平韵。见《词谱》三四、《词律》一九。

惜黄花慢　词牌。双调一百零八字，有仄、平韵二体。见《词谱》三五、《词律》一〇。

一萼红　词牌。调见宋曾慥《乐府雅词拾遗》载无名氏作，以词中有"未教一萼，红开鲜蕊"句得名。一百零七或一百零八字，有仄、平韵二体。见《词谱》三五、《词律》一九。

过秦楼　词牌。调见宋李甲词，因词中有"曾过秦楼"句得名。双调一百零九字，平韵。见《词谱》三五、《词律》一九。

江城子慢　又名《江神子慢》。词牌。调见宋吕渭老《圣求词》。双调一百零九字，仄韵。见《词谱》三五、《词律》二。

疏影　词牌。宋姜夔自度咏梅词。调名本宋林逋《山园小梅》诗"疏影横斜水清浅，暗香浮动月黄昏"句。宋张炎词咏荷叶，更名《绿意》。双调一百一十字，仄韵。见《词谱》三五、《词律》一九。

沁园春　又名《寿星明》、《洞庭春色》等。词牌。据吴曾《能改斋漫录》卷一六载，东汉窦宪仗势夺取沁水公主园林，后人作诗以咏其事，此调由此得名。双调一百十四字，另有一百十六、一百十三、一百十二字诸体，平韵。见《词谱》三六、《词律》一九。

八归　词牌。有仄、平韵二体。仄韵体见宋姜夔《白石词》，为姜夔自度曲，双调一百十五字，上片十句四仄韵，下片十一句四仄韵。平韵体见宋高观国《竹屋痴语》，为高观国自度曲，双调一百十三字，上片十句五平韵，下片十一句五平韵。见《词谱》三六、《词律》一九。

摸鱼儿　一名《摸鱼子》。词牌。本唐教坊曲名。调见宋欧阳修《六一词》。又名《买陂塘》、《陂塘柳》、《山鬼谣》。双调一百十六或一百十七字，仄韵。见《词谱》三六、《词律》一九。

贺新郎　又名《乳燕飞》、《贺新凉》、《风敲竹》、《金缕歌》、《金缕词》、《金缕曲》、《貂裘换酒》。词牌。双调一百十六、一百十五、一百十七或一百十三字，仄韵。见《词谱》三六、《词律》二〇。

金明池　又名《金明春》、《昆明池》。词牌。调见宋秦观《淮海词》。以赋东京（今河南开封）金明池得名。双调一百二十字，仄韵。见《词谱》三六、《词律》二〇。

兰陵王　词牌。本为唐教坊曲名。据《北齐书·兰陵武王长恭传》记载，齐文襄之子长恭封兰陵王，与周师战，尝著假面对敌，勇冠三军，武士共歌谣之，曰《兰陵王入阵曲》。调名或本此。三段，一百三十一或一百三十字，仄韵。见《词谱》三七、《词律》二〇。

瑞龙吟　词牌。三段，一百三十三或一百三十二字，仄韵。见《词谱》三七、《词律》二〇。

浪淘沙慢　词牌。调见宋柳永《乐章集》。双调一百三十三或一百三十二字，仄韵。见《词谱》三七、《词律》一。

多丽　又名《绿头鸭》。词牌。双调一百三十九、一百三十七或一百四十字，有平、仄韵二体。见《词谱》三七、《词律》二〇。

绿头鸭　词牌。即《多丽》。见该条。

六丑　词牌。宋周邦彦所创。据宋周密《浩然斋雅谈》引周邦彦语谓此词犯六调，皆声之美者，然颇难唱，故以高阳氏之子六人，皆有才而貌丑比之，因取名。明杨慎以其名不雅，易名《箇侬》。然与宋廖莹中所作《箇侬》词并非同调。双调一百四十字，仄韵。见《词谱》三八、《词律》二〇。

六州歌头　词牌。本鼓吹曲名。六州指唐西边之伊、凉、甘、石、氐、渭诸州。歌头即引歌，亦即唐宋大曲"中序"之第一章。双调一百四十三字，亦有一百三十三、一百四十一或一百四十四字诸体，平仄韵互叶，亦有只叶平韵者。见《词谱》三八、《词律》二〇。

夜半乐　词牌。本唐教坊曲名。唐段安节《乐府杂录》谓："明皇自潞州入平内难，正夜半，斩长乐门关，领兵入宫翦逆人，后撰此曲。"调见宋柳永《乐章集》。双调一百四十四或一百四十五字，仄韵。见《词谱》三八、《词律》二〇。

宝鼎现　又名《三段子》、《宝鼎儿》。词牌。三段，有一百五十七、一百五十五、一百五十八字诸体，仄韵。见《词谱》三八、《词律》二〇。

三台　词牌。本唐教坊曲名。唐人六言绝句体，又名《三台令》、《开元乐》、《翠华引》；单调二十四字，平韵。见《词谱》一、《词律》一。另一体见宋万俟雅言词，三叠，一百七十一字，仄韵。见《词谱》三九、《词律》一。

哨遍　词牌。调见苏轼《东坡词》。双调，有二百、二百零二至二百零四字诸体，仄韵。见《词谱》三九、《词律》二〇。

戚氏 词牌。调见宋柳永《乐章集》。三段,二百十二或二百十三字,平韵。见《词谱》三九、《词律》二〇。

莺啼序 又名《丰乐楼》。词牌。四段,二百四十或二百三十六字,仄韵。见《词谱》三九、《词律》二〇。

薄媚 词牌。本唐教坊大曲名,称《道宫薄媚》。大曲一套通常包括十遍至数十遍。宋董颖摘取十遍作《西子词》,见曾慥《乐府雅词》卷上。全套一韵,同韵部平仄通叶。见《词谱》四〇。

回心院 词牌。据宋王鼎《焚椒录》,辽道宗萧皇后姿容端丽,因谏阻帝游畋无度被疏远,后作《回心院》词十首,以寓望幸之意。有平、仄韵二体,单调二十八字。见《词律拾遗》一。

曲 牌

醉花阴 北曲牌名,属黄钟宫。七句六韵:七,六,五,四、五,五,七。末二句或可略。套数首牌,下例接《喜迁莺》。例见元杨显之《潇湘雨》杂剧第三折。

喜迁莺 ❶北曲牌名,属黄钟宫。八句六韵:四,七,二,四、七,三,四、四。首句前或添五,七二句二韵。套数次牌,承《醉花阴》后。例见元杨显之《潇湘雨》杂剧第三折。❷南曲牌名,属正宫。引子。十一句五韵:四,五、四,四、四、六,六、六,三、五、四。例见元高则诚《琵琶记》第二十四出。

出队子 ❶北曲牌名,属黄钟宫。五句五韵:四,五,七,七,七。么篇则首句可为七字。套数、小令兼用。例见元杨显之《潇湘雨》杂剧第三折。❷南曲牌名,属黄钟宫,过曲。六句五韵:四,七,七,七,四、四。首句可叠一句;末二句或并合作七字一句。前三句可取组集曲如《出队滴溜子》等。例见元施惠《拜月亭》第四出。

神仗儿 ❶一名《古神仗儿》。北曲牌名,属黄钟宫。九句七韵:四,四,四、四,四、四,七,五,六。前六句两两对仗。套数用,例承《寨儿令》后而下接《节节高》。又可以前六句合《黄钟尾》末二句而作套尾,称作"神仗儿煞"。例见《太和正音谱》引元王伯成《天宝遗事》诸宫调。❷南曲牌名,属黄钟宫。过曲。九句八韵:四,四,四,四,六,四、四,六,六。第八、九句叠。末五句可取组集曲如《滴溜神仗》。例见元高则诚《琵琶记》第十六出。

节节高 ❶北曲牌名,属黄钟宫。八句五韵:四,四,四、四,三、三、三,六。套数、小令兼用。例见元卢挚《节节高·题洞庭鹿角庙壁》。❷南曲牌名,属南吕宫。过曲,承《梁州序》后。十句九韵:五,三,七,三,三,三,七,七,七,七。例见明沈璟《义侠记》第三十出。

人月圆 ❶北曲牌名,属黄钟宫。五句二韵:七、五,四、四、四。么篇六句二韵:四、四、四,四、四、四。么篇连用,实与同名词牌格律同。散曲小令专用,例见元张可久《人月圆·客垂虹》。❷南曲牌名,属大石调。过曲。八句五韵:三、五,七,七,七,三、五、四。例见元施惠《拜月亭》第十四出。

端正好 ❶北曲牌名,属正宫。五句四韵:三、三,七,七,五。么篇四句四韵:七,七,七,五。套数首牌。例见元白朴《梧桐雨》杂剧第四折。❷北曲牌名,属仙吕宫。五句四韵:三、三,七,七,五。么篇同。第四句后可增三字句若干组,逢双叶韵。杂剧楔子专用。例见元关汉卿《金线池》杂剧楔子。

滚绣球 北曲牌名,属正宫。十一句八韵:三,三,四,七,三、三,四,七,七、七,四。第九、十句对仗。套数次牌,下例接《倘秀才》,且可回环重复成为子母调。例见元关汉卿《谢天香》杂剧第三折。

倘秀才 北曲牌名,属正宫。六句五韵:七,七,七,三、三,四。首二句对仗。套数用,承《滚绣球》后,并与之成为子母调。例见元关汉卿《谢天香》杂剧第三折。

叨叨令 北曲牌名,属正宫。七句五韵:七,七,七,七,六、六,七。前四句作联珠对,并常同末句作鸾凤和鸣对;第五、六为叠句,且六字中必以"也么哥"或"也波哥"结句。全篇叶去声韵。套数、小令兼用。例见元王实甫《西厢记》杂剧第四本第三折。

塞鸿秋 北曲牌名,属正宫。七句六韵:七,七,七,七,五、五,七。第一、二,三、四句对仗,且四句常作联珠对。五、六句亦多对仗。全篇叶去声韵。套数、小令兼用。《啸余谱》注:"与仙吕、中吕出入。"则联套时亦可入仙吕宫或中吕宫。例见元周德清《塞鸿秋·浔阳即景》。

脱布衫 北曲牌名,属正宫,亦入中吕宫。

四句四韵：七，七，七，七。套数、小令兼用。用于小令时必与《小梁州》合作带过曲。例见元关汉卿《蝴蝶梦》杂剧第三折。

小梁州　北曲牌名，属正宫，亦入中吕宫。五句五韵：七，四，七，三，五。幺篇六句四韵：七，七，三、三，四、五。必与幺篇连用。兼用于套数、小令。例见元张可久《小梁州·春游晚归》。

醉太平　❶一名《凌波曲》。北曲牌名，属正宫，亦入仙吕宫、中吕宫。八句八韵：四，四，七，四，七，七，七，四。首二句对仗，第五、六、七句成鼎足对。套数、小令兼用。例见元张可久《醉太平·金华山中》。❷南曲牌名，属正宫，亦入南吕宫。过曲。十一句八韵：四，五、四，四、六，二，七，七，四，四、四。换头于首句前添二字韵句。套数中或与换头连用，或以换头与《白练序》互为子母调。例见明汤显祖《牡丹亭》第三十出。

黑漆弩　又名《鹦鹉曲》、《学士吟》、《江南烟雨》。北曲牌名，属正宫。四句三韵：七，七，七、六。幺篇四句二韵：七、六，七、七。必与幺篇连用。多用作小令，套数偶见。例见元白贲《鹦鹉曲》(侬家鹦鹉洲边住)。

念奴娇　❶一名《百字令》。北曲牌名，属大石调。十句四韵：四、五、四，七、六，四、四、五，四、六。实与词牌上半阕格律同。套数、小令兼用，联套时为套数首牌。例见元郑光祖《㑳梅香》杂剧第二折。❷南曲牌名，属大石调。引子。句韵格律同北曲牌。例见明梁辰鱼《浣纱记》第三十出。

青杏子　❶北曲牌名，属大石调。六句三韵：五，七，七、四、四、四。末三句作鼎足对。套数首牌。例见元朱庭玉《青杏子·咏梅》散套。❷一名《青杏儿》。北曲牌名，属小石调。六句三韵：五，七，七、四、四、四。幺篇同，需连用。小令专用。例见《太和正音谱》引无名氏《青杏儿》(风雨替花愁)。

赏花时　北曲牌名，属仙吕宫。五句四韵：七，七，七，四、五。杂剧楔子专用，亦可作散曲套数的首牌。例见元王实甫《西厢记》杂剧第一本楔子。

点绛唇　❶北曲牌名，属仙吕宫。五句五韵：四，四，三，四，五。套数首牌，下接《混江龙》。例见元马致远《汉宫秋》杂剧第一折。❷南曲牌名，属黄钟宫。引子。五句三韵：四、四、三，四，五。换头五句四韵：四、五，三，四，五。俱押仄韵。例见元高则诚《琵琶记》第十五出。

混江龙　北曲牌名，属仙吕宫。九句五韵：四、七，四、四，七、七，三，四、四。第三、四，五、六，八、九句对仗。第六句后可增四字对句或七字对句若干组，逢双叶韵。套数次牌，承《点绛唇》后，下例接《油葫芦》。例见元马致远《汉宫秋》杂剧第一折。

油葫芦　北曲牌名，属仙吕宫。九句七韵：七，三，七，七、七，三、三，七，五。第四、五，六、七句对仗。套数用，例上承《混江龙》而下接《天下乐》。例见元马致远《汉宫秋》杂剧第一折。

天下乐　❶北曲牌名，属仙吕宫。七句六韵：七，二，三，七，三、三，五。二字句间常插以"也么"、"也波"之类衬字。套数用，惯承《油葫芦》后。例见元马致远《汉宫秋》杂剧第一折。❷南曲牌名，属仙吕宫，亦入中吕宫。引子。四句四韵：七，七，七，七。例见元高则诚《琵琶记》第三十六出。❸一名《天下欢》。南曲牌名，属仙吕宫。近词。十一句十韵：四，七，七，六，七，五，五、五，三，四，五。例见南戏《白兔记》第七出。

那吒令　北曲牌名，属仙吕宫。九句五韵：四、四，四、四，四、四，三、三，四。前六句分三组而成扇面对。套数用，下惯接《鹊踏枝》。例见元王实甫《西厢记》第二本第一折。

鹊踏枝　❶北曲牌名，属仙吕宫。六句五韵：三，三，四、四，七，七。第五句或作四字二句。套数用，承《那吒令》后，下接《寄生草》。例见元王实甫《西厢记》杂剧第四本第一折。❷又名《满园春》、《遍地锦》、《雪狮子》。南曲牌名，属商调。过曲。十四句七韵：五，五，七，三、三，四，三、三，五，五，四、四，四、七。第四、五，十一、十二句叠。例见明沈璟《红蕖记》第三十九出。

寄生草　北曲牌名，属仙吕宫，亦入商调。七句五韵：三、三，七，七，七，七、七。第一、二，六、七句对仗，三、四、五句作鼎足对。套数、小令兼用，套数例承《鹊踏枝》后。例见元白朴《寄生草·饮》。

醉中天　北曲牌名，属仙吕宫，亦入双调、越调。七句七韵：五，五，七，五，六，四，六。套数、小令兼用。例见元王和卿《醉中天·咏大蝴蝶》。

醉扶归　❶北曲牌名，属仙吕宫，亦入双调、越调。六句六韵：五，五，七，五，六，五。套数、小令兼用。例见元关汉卿《醉扶归·秃指甲》。❷南曲牌名，属仙吕宫。过曲。六句六韵：七，七，七，五，七，六。前四句可取组集曲如《醉罗袍》等。例见元高则诚《琵琶记》第三十六出。

一半儿 北曲牌名，属仙吕宫。五句五韵：七，七，七，三，九。末句九字格式为“一半儿××一半儿×”。多用作小令，套数偶见。例见元关汉卿《一半儿·题情》。

村里迓鼓 北曲牌名，属仙吕宫，亦入商调。十一句五韵：四、四，四、七，三、三、四，三、三、三，七。第四句或作四字二句；第五、六或作四字句；末句前常加一“呀”字。用于套数间；亦可作套数首牌，领《元和令》、《上马娇》、《游四门》、《胜葫芦》等。例见元贯石屏《村里迓鼓·隐逸》散套。

后庭花 北曲牌名，属仙吕宫，亦入商调。七句五韵：五，五，五、五，三，四，五。小令、套数兼用。作套数时第六句必叶韵，第七句前可增五字句或六字句多句，每句用韵。前六句又可与《煞尾》末之七字句结合，称“后庭花煞”，用作套数结尾。例见元吕止庵《后庭花·冷泉亭》。

青哥儿 ❶一名《青歌儿》。北曲牌名，属仙吕宫。五句五韵：六，七，七，七，三。常作小令；用于套数时可于第三句后增四字句若干，每句用韵。例见元马致远《青哥儿·十二月》。❷南曲牌名，属仙吕宫。过曲。五句四韵：七，七，七，四、四。例见明徐畛《杀狗记》第七出。

粉蝶儿 ❶北曲牌名，属中吕宫。八句六韵：四，七，七，三、三、四，四，七。套数首牌，下例接《醉春风》。例见元王实甫《西厢记》杂剧第三本第二折。❷南曲牌名，属中吕宫。引子。八句五韵：四、六，七，三、三、四，三，七。首句后可添一叠句；第七句或删。例见明沈璟《义侠记》第十八出。

醉春风 ❶北曲牌名，属中吕宫，亦入正宫。八句四韵：五、五，七、一，一，四、四、四。首二句对仗；四、五句叠句；末三句常鼎足对。套数次牌，承《粉蝶儿》后。例见元王实甫《西厢记》杂剧第三本第二折。❷北曲牌名，属双调。七句三韵：五、五，七、三，四、四、四。第一、二，五、六句对仗。散套首牌。例见元贯云石《醉春风》(羞画远山眉)散套。

迎仙客 ❶北曲牌名，属中吕宫。七句五韵：三、三，七，三、三，四，五。套数、小令兼用。例见元王实甫《西厢记》第一本第二折。❷南曲牌名，属中吕宫。过曲。七句四韵：三、三，七，三、三，四、五。例见《九宫大成》引戏文《董秀英花月东墙记》。

红绣鞋 ❶一名《朱履曲》。北曲牌名，属中吕宫，亦入正宫。六句五韵：六，六，七，五、五，五。第一、二，四、五句对仗。套数、小令兼用，例见元张可久《红绣鞋·洞庭道中》。❷南曲牌名，属中吕宫。过曲。十句七韵：六，二，六，二，三、三，三、三，三、三。二字句皆叠用六字句尾。九、十两句可合为七字一句。例见明徐复祚《红梨记》第七出。

普天乐 ❶北曲牌名，属中吕宫，亦入正宫。十一句六韵：三、三，四、四，三、三，七，七，四、四、四。首六句两两对仗；末三句作鼎足对。套曲、小令兼用。例见元王实甫《西厢记》杂剧第三本第二折。❷南曲牌名，属正宫。过曲。十句八韵：七，七，七、七，六；十，七，七，四、四。换头首句改为六字二句，二韵。或以换头径称《普天乐》。例见明徐复祚《红梨记》第六出。

醉高歌 北曲牌名，属中吕宫，亦入正宫。一名《最高楼》。四句四韵：七，七，七，六。首二句对仗。套数、小令兼用。小令中常与《喜春来》、《摊破喜春来》、《红绣鞋》合作带过曲。例见元姚燧《醉高歌·感怀》。

喜春来 又名《阳春曲》、《喜春风》、《惜芳春》。北曲牌名，属中吕宫，亦入正宫。五句五韵：七，七，七，三，五。套数、小令兼用，小令亦可与《醉高歌》或《普天乐》合作带过曲。本曲在散曲中多表现“喜春来”之内容。例见元胡祗遹《阳春曲·春景》。

石榴花 ❶北曲牌名，属中吕宫，亦入正宫。九句九韵：七，五，七，四，四，七，七，七，五。套数用。例见元王实甫《西厢记》第一本第二折。❷南曲牌名，属中吕宫。过曲，亦用作小令。十句八韵：四、五，六，七，四、五，七，七，七，五。前六句可取组集曲如《榴花泣》。例见明沈璟《石榴花·春恨》散套。

上小楼 北曲牌名，属中吕宫，亦入正宫。九句六韵：四，四，四、四，四，三、三，四，七。么篇起首二句四字改为三字，一韵。第一、二，六、七句对仗；三、四、五作扇面对。套数、小令兼用。例见元吴弘道《上小楼·钱塘感旧》。

满庭芳 ❶北曲牌名，属中吕宫，亦入正宫、仙吕宫。十句九韵：四，四、四，七，四，七，七，三，四，五。第二、三，六、七句对仗。套数、小令兼用。例见元张可久《满庭芳·秋夜不寐》。❷南曲牌名，属中吕宫。引子。十句四韵：四、四、六，四、五，六、七，三、四、五。换头十句四韵：五、四、四，五、四，六、七，三、四、五。若合之则与词牌格律正同。例见明金鸾《满庭芳·长干春兴》。

十二月　北曲牌名，属中吕宫，亦入正宫。六句五韵：四，四，四、四，四，四。第一、二，三、四句对仗。套数中例下接《尧民歌》，小令则须与《尧民歌》作带过曲而存在。例见元王实甫《十二月过尧民歌·别情》。

尧民歌　北曲牌名，属中吕宫，亦入正宫。七句七韵：七，七，七，七，二，五，五。套数中例承《十二月》后而下接《快活三》，小令则须作为它们的带过曲。例见元王实甫《十二月过尧民歌·别情》。

快活三　北曲牌名，属中吕宫，亦入正宫。四句四韵：五，五，七，五。套曲用，下例接《朝天子》；用作小令则须同《朝天子》等合作带过曲。例见《太平乐府》辑无名氏《快活三过朝天子四换头·忆别》。

红芍药　❶北曲牌名，属中吕宫。十句九韵：四，四，七，四，三、三，六，四，四，四。第一、二，五、六句对仗。套数用，例见元白朴《梧桐雨》杂剧第二折。❷北曲牌名，属南吕宫。八句八韵：七，四，七，四，五，七，七，四。套数用，下例接《菩萨梁州》。例见元白朴《墙头马上》第二折。❸南曲牌名，属中吕宫。过曲。九句八韵：三、四，七，七，七，七，七，七，七。例见元施惠《拜月亭》第二十六出。❹南曲牌名，属南吕宫。过曲。九句七韵：五、五，七，六，二、七，七，七，五。换头首句改为七字。例见明沈璟《埋剑记》第八出。

剔银灯　❶北曲牌名，属中吕宫，亦入正宫。七句六韵：七，七，七，七，三，三，四。首二句对仗。套数用，例见元马致远《汉宫秋》杂剧第四折。❷南曲牌名，属中吕宫。过曲。七句六韵：七，七，七，七，二，四、七。例见元施惠《拜月亭》第二十五出。

朝天子　❶又名《朝天曲》、《朝天紫》、《谒金门》。北曲牌名，属中吕宫，亦入正宫、双调。十一句十韵：二，二，五，七，五，四、四，五，二，二，五。套数、小令兼用。例见明王磐《朝天子·咏喇叭》。❷南曲牌名，属南吕宫。过曲。八句七韵：七，五，三，七，三，六，四，四。第七、八句叠。例见明梅鼎祚《玉合记》第五出。

四边静　❶北曲牌名，属中吕宫，亦入正宫。六句六韵：四，七，四，四，四，五。套数用，用于小令时则须与《快活三》、《朝天子》合作带过曲。例见元马谦斋《快活三过朝天子四边静·四时》。❷南曲牌名，属正宫。过曲。八句六韵：七，五，五、五，四，四，五、五。为净丑专用曲调。例见明沈璟《双鱼记》第二十三出。

红衫儿　❶北曲牌名，属中吕宫，亦入正宫。八句七韵：五、五，三，三，五，三，三，四。套数中例承《齐天乐》后，用作小令时亦需与之合作带过曲。例见元张可久《齐天乐过红衫儿·道情二首》。❷南曲牌名，《耍孩儿》之别称。见该条。

山坡羊　❶又名《山坡里羊》、《苏武持节》。北曲牌名，属中吕宫，亦入黄钟宫、商调。十一句九韵：四，四，七，三，三，七，七，一、三，一、三。首二句对仗，八、九与十、十一句成扇面对。套数、小令兼用。例见元张养浩《山坡羊·潼关怀古》。❷南曲牌名，属商调。过曲，亦常用作小令。十一句十一韵：六，六，七，三，五，七，七，二，五，二，五。对仗要求与北曲牌同。首三句或作七，七，七、八四句，并取组集曲如《山羊犯五更》等。例见明王九思《山坡羊·春游》。

卖花声　一名《升平乐》。北曲牌名，属中吕宫，亦入双调。六句五韵：七，七，七，四、四，七。首二句对仗，亦可与三句形成鼎足对。套数、小令兼用。例见元张可久《卖花声·怀古》。

四换头　❶北曲牌名，属中吕宫。七句七韵：四，七，四，四，四，四，五。散曲小令专用，以带过曲形式存在。例见《太平乐府》辑无名氏《快活三过朝天子四换头·忆别》。❷南曲牌名，属仙吕宫。过曲。共四体，分别为《一封书》、《胜葫芦》、《皂罗袍》、《安乐神》下加《排歌》末三句，各冠以《四换头》牌，须四支连用。例见《南曲九宫正始》引戏文《岳阳楼》。❸南曲牌名，宫调不详，入仙吕宫。过曲。十八句十四韵：五，七，五，七，四、四，四、四，四、四，七，五、五，七，四，七，五，七。实为上述四种曲牌合作的集曲。例见南戏《荆钗记》第十出。

一枝花　❶一名《占春魁》。北曲牌名，属南吕宫。九句六韵：五、五，五、五，四，五，五，七、七。第一、二，三、四，六、七，八、九句用对仗。套数首牌。例见元张可久《一枝花·湖上归》散套。❷南曲牌名，属南吕宫。引子。九句八韵：五，五，五、三，四，五，五，四，六。例见元高则诚《琵琶记》第二十二出。

梁州第七 ❶一名《梁州》。北曲牌名，属南吕宫。十八句十二韵：七，七，七，四、四，四、四，七，七，七、七、七，二，二，七、五，七、四。第一、二，四、五，六、七，八、九句对仗，十、十一、十二句作鼎足对。十三、十四可合为四字一句。套数次牌，接《一枝花》后。例见元张可久《一枝花·湖上归》散套。❷南曲牌名，《梁州序》之别称。见该条。

骂玉郎 ❶一名《瑶华令》。北曲牌名，属南吕宫。六句四韵：七，五，七，三、三、三。套数中下例接《感皇恩》；小令则必与《感皇恩》或《感皇恩》、《采茶歌》合作带过曲。例见元白朴《墙头马上》杂剧第二折。❷南曲牌名，属小石调。过曲。十七句十六韵：七，五，七，六，五，五，五，五，五，七，七，七，七，四、四，十，十。例见明吴炳《画中人》第十一出。

感皇恩 北曲牌名，属南吕宫。十句五韵：四，四，三、三、三，四，四，三、三、三。第一、二，六、七句对仗。套数中上承《骂玉郎》而下接《采茶歌》，小令则与此二曲合作带过曲。例见元白朴《墙头马上》杂剧第二折。

采茶歌 一名《楚江秋》。北曲牌名，属南吕宫。五句五韵：三，三，七，七，七。套数中例承《感皇恩》后，小令则与《骂玉郎》及《感皇恩》合作带过曲。例见元白朴《墙头马上》杂剧第二折。

贺新郎 ❶北曲牌名，属南吕宫。十一句八韵：七，四、四，七，七，七，五、五，七，五、五。第二、三，七、八，十、十一句对仗。套数用。例见元张寿卿《红梨花》杂剧第二折。❷南曲牌名，属南吕宫。过曲，亦用作小令。十一句八韵：四、七，七，三，七，七，三、三，八，三、三。末五句可取组集曲如《梁州新郎》、《琐窗郎》等。例见明汤显祖《邯郸记》第四出。

梧桐树 ❶北曲牌名，属南吕宫，亦入双调。四句四韵：五，五，七，五。套数用。例见元马致远《岳阳楼》杂剧第二折。❷南曲牌名，属商调。过曲，亦用作小令。九句七韵：五，五，四、五，七，七，四、五，七。第一、二，五、六句对仗。前六句可用组集曲如《梧桐坠五更》等。例见清孔尚任《桃花扇》第二出。

四块玉 北曲牌名，属南吕宫。七句六韵：三，三，七，七，三、三，三。第一、二，五、六句对仗。常作小令；套数则惯承《玉交枝》后，南北合套中可作首牌。例见元马致远《四块玉·恬退》。

金字经 又名《阅金经》、《西番经》。北曲牌名，属南吕宫。七句六韵：五、五，七，一，五，三，五。套数、小令兼用。例见元马致远《金字经》（夜来西风里）小令。

玉交枝 ❶北曲牌名，属南吕宫，亦入双调。九句八韵：四，七，七，三、三，七，七，六，六。套数、小令兼用。例见元乔吉《玉交枝》（带四块玉）小令。❷一作《玉娇枝》。南曲牌名，属仙吕入双调。过曲，亦用作小令。八句八韵：四，七，七，六，七，七，七，七。前六句可取组集曲如《玉枝供》、《玉娇莺》等。例见明高濂《玉簪记》第二出。

新水令 ❶北曲牌名，属双调。六句五韵：七，七，三、三，四，五。末句前可增四字韵句若干。第三、四句对仗。套数首牌，下例接《驻马听》。例见元王实甫《西厢记》杂剧第三本第三折。❷南曲牌名，属双调。引子。五句四韵：七，七，五，三、七。例见明沈璟《双鱼记》第十二出。

驻马听 ❶北曲牌名，属双调。八句八韵：四，七，四，七，七，七，三，七。一、二与三、四句成扇面对，五、六句对仗。套数次牌，承《新水令》后。亦可用作小令。例见元王实甫《西厢记》杂剧第三本第三折。❷南曲牌名，属中吕宫。过曲，亦常用作小令。九句七韵：四，七，四、四、四，七，七，四，七。第三、四、五句常作鼎足对，第六、七句对仗。前七句可取组集曲如《驻马泣》、《马蹄花》等。例见明陈铎《驻马听·风情问答》。

沉醉东风 ❶北曲牌名，属双调。七句五韵：七，七，三、三，七、七，七。第一、二，三、四句对仗。常作小令；套数中则多承《驻马听》后。例见元卢挚《沉醉东风·秋景》。❷南曲牌名，属仙吕入双调。过曲。八句八韵：七，七，六，四，七，四，四，七。首二句可用组集曲如《沉醉海棠》，后六句可组《园林沉醉》等。例见明沈璟《红蕖记》第十出。

步步娇 ❶一名《潘妃曲》。北曲牌名，属双调。六句六韵：七，五，三，七，三，五。套数、小令兼用。例见元商挺《潘妃曲》（闷向危楼凝眸望）。❷南曲牌名，属仙吕入双调。过曲，亦用作小令。七句六韵：七，五，五，四、四，五，五。例见明汤显祖《牡丹亭》第十出。

庆宣和 北曲牌名，属双调。五句五韵：七，四，七，二，二。第四、五两句叠。套数、小令兼用。例见元张养浩《庆宣和》（参议随朝天意可)。

五供养　❶北曲牌名,属双调。十一句六韵:三、三,七,三、三,三、三、四,三,四、四。套数首牌,领《乔木查》、《一锭银》等牌。例见元王实甫《丽春堂》杂剧第四折。❷南曲牌名,属仙吕入双调。过曲。十句六韵:四,四、四,五、五,四、七,五、三,七。前五句及后三句可取组集曲如《五供养犯》、《玉枝供》、《玉山供》等。例见明徐元《八义记》第九出。❸南曲牌名,属双调。引子。九句六韵:四,七,五、三,四、七,三、三,七。第七、八句或并为五字一句。例见明徐畛《杀狗记》第五出。

月上海棠　❶北曲牌名,属双调。六句五韵:七,七,五、六,三,六。首二句对仗。么篇句字数同,六句六韵。套数、小令兼用,联套时须与么篇相连。例见清沈谦《月上海棠·幽情》。❷南曲牌名,属仙吕入双调。过曲。九句六韵:三,七,五,四,七、七,三,四、四。第五、六句对仗。前六句可取组集曲如《海棠醉春风》等,第三至九句可组《姐姐插海棠》等。例见明沈璟《坠钗记》第二出。

庆东原　一名《郓城春》。北曲牌名,属双调。八句六韵:三、三,七,四,四,四,五、五。首二句对仗;四、五、六句鼎足对。套数、小令兼用。例见元薛昂夫《庆东原·西皋亭适兴》。

拨不断　一名《续断弦》。北曲牌名,属双调。六句六韵:三,三,七,七,七,四。套数、小令兼用。例见元马致远《拨不断》(布衣中)。

落梅风　又名《寿阳曲》、《落梅引》。北曲牌名,属双调。五句四韵:三、三,七,七,七。套数、小令兼用。例见元马致远《寿阳曲·潇湘夜雨》。

风入松　❶北曲牌名,属双调。六句四韵:七,五,七、七,六、六。套数、小令兼用,套数或作首牌。例见元商衜《风入松》(暮云楼阁景萧疏)散套。❷南曲牌名,属仙吕入双调。过曲,亦用作小令。七句六韵:七,六,七,七,七,三、三。套数中惯与《急三枪》连用,且可成子母调。例见清孔尚任《桃花扇》第四出。

雁儿落　一名《平沙落雁》。北曲牌名,属双调,亦入商调。四句四韵:五,五,五,五。全篇两两对仗。套数、小令兼用,后者需与《得胜令》或《清江引》、《碧玉箫》合作带过曲。例见元张养浩《雁儿落兼得胜令》(云来山更佳)小令。

得胜令　又名《德胜令》、《凯歌回》。北曲牌名,属双调,亦入商调。八句七韵:五,五,五、五,二,五,二,五。第一、二,三、四句对仗,五六、七八句作扇面对。套数、小令兼用。套数承《雁儿落》后,小令亦常与之合作带过曲。例见元张养浩《得胜令·四月一日喜雨》。

水仙子　❶又名《凌波仙》、《凌波曲》、《湘妃怨》、《冯夷曲》。北曲牌名,属双调。八句七韵:七,七,七,五,七,三、三,四。首二句对仗,也可与第三句成鼎足对。第六、七句对仗。小令、套数兼用。例见元乔吉《水仙子·寻梅》。❷一名《古水仙子》。北曲牌名,属黄钟宫。九句七韵:三,七,四、四、七,七,七,七,五。套数专用。例见元郑光祖《倩女离魂》第四折。❸南曲牌名,属黄钟宫。过曲。八句四韵:三、三,七,三、三、四,四、四。换头八句四韵:三、三,四、六,五、七,四、五。或合换头视为一曲。例见元施惠《拜月亭》第十八出。

大德歌　北曲牌名,属双调。七句七韵:三,三,五,五,五,七,五。多用作小令,套数偶见。例见元关汉卿《大德歌·冬》。

殿前欢　又名《凤将雏》、《小凤孙儿》。北曲牌名,属双调。九句八韵:三,七,七,四,五,五,五,四、四。第六句或作三字句。套数、小令兼用。例见元张可久《殿前欢·离思》。

滴滴金　❶一名《甜水令》。北曲牌名,属双调。八句四韵:四、四、四,五,四、四、四,四。套数用。例见元王实甫《西厢记》第一本第四折。❷南曲牌名,属黄钟宫。过曲。八句七韵:七,七,七,六,四,七,四、四。例见清洪昇《长生殿》第十九出。

折桂令　又名《蟾宫曲》、《天香引》、《步蟾宫》、《广寒秋》、《秋风第一枝》。北曲牌名,属双调。十一句七韵:七,四、四,四、四、四,七,七,四,四、四。第七、八句对仗。七字句可作六字句;第五、六二句可合为七字一句;第九句下或添四字一句叶韵。套数、小令兼用,后者尤常见。例见元乔吉《折桂令·荆溪即事》。

清江引　一名《江儿水》。北曲牌名,属双调。五句四韵:七,五,五、五,七。套数、小令兼用,南、北套曲中皆可代作尾声。例见元马致远《清江引·野兴》。

江儿水　❶《清江引》之别称。北曲牌名。参见该条。❷南曲牌名,属仙吕入双调。过曲,亦用作小令。八句六韵:五、三,七,七,七,六,四、六。第三、四、五句或作鼎足对。前六句可用组集曲如《江水绕园林》等,末二句可组《拨棹入江水》等。例见明汤显祖《牡丹亭》第十二出《寻梦》。

沽美酒 一名《琼林宴》。北曲牌名，属双调。五句五韵：五，五，七，四，六。套数中下例接《太平令》，小令则需与《太平令》或《快活年》合作带过曲。例见元白朴《梧桐雨》杂剧第三折。

太平令 北曲牌名，属双调，亦入正宫。八句八韵：七，七，七，七，二，二，二，七。套数承《沽美酒》后，小令则需与之成为带过曲。例见元白朴《梧桐雨》第三折。

川拨棹 ❶北曲牌名，属双调。六句六韵：三，五，四，四，七，五。第四句起或增四字韵句若干，末句或作六字二句二韵。套数用，下例接《七弟兄》。例见明贾仲明《金安寿》杂剧第四折。❷南曲牌名，属仙吕入双调。过曲。七句七韵：三，六，七，七，七，六，六。其中第三、四句叠。前五句可取组集曲如《拨棹入江水》。例见明梁辰鱼《浣纱记》第十出。

七弟兄 北曲牌名，属双调。六句六韵：二，二，三，七，七，七。前三句多文义连贯如一句。第五、六句对仗。套数例承《川拨棹》后并下接《梅花酒》，小令亦需与之合作带过曲。例见明贾仲明《金安寿》杂剧第四折。

梅花酒 ❶北曲牌名，属双调。七句六韵：三，四，四，四，五、五，六。第三句下可增呈偶数的四字韵句若干，末句后可随意增六字韵句。套数承《七弟兄》后，小令则需与之合作带过曲。例见明贾仲明《金安寿》杂剧第四折。❷南曲牌名，属越调。过曲。十句七韵：四、四，七，三、三，三、三，五，四，五。末句后可叠一句。例见《南曲九宫正始》引戏文《破窑记》。

收江南 一名《喜江南》。北曲牌名，属双调。五句五韵：七，七，七，五，七。套数用，可代作尾声。首句前多衬一“呀”字。例见元石君宝《曲江池》杂剧第四折。

锦上花 ❶北曲牌名，属双调。八句四韵：四、四，四、四，四、四，四、四。么篇八句四韵：五、五，四、四，四、四，四、四。须连用么篇。套数用，又可作散套首牌。下例接《清江引》。例见元关汉卿《乔牌儿》（世情推物理）散套。❷南曲牌名，属小石调。过曲。七句七韵：六，六，七，六，六，七，五。下例接《锦中拍》、《锦后拍》。例见清洪昇《长生殿》第十一出。❸南曲牌名，属仙吕入双调。过曲。十二句八韵：三，三，三、三，七，四、五，七，七，四、四、七。例见明徐畛《杀狗记》第十九出。

夜行船 ❶北曲牌名，属双调。五句三韵：七，七，四、四、七。第三、四句对仗。套数用，散套中可作首牌。例见元马致远《夜行船·秋思》散套。❷一名《夜游湖》。南曲牌名，属双调。引子。五句四韵：七，七，四、四，六。例见清孔尚任《桃花扇》第七出。

乔木查 一名《银汉浮槎》。北曲牌名，属双调。五句四韵：五，五，七，五、四。么篇首句改为四字。套数用，散套中可作首牌。不居套首则需取么篇格式。例见元马致远《夜行船·秋思》散套。

鸳鸯煞 北曲牌名，属双调。十句七韵：七，七，四、四，六、四，四、五，四，七。第一、二，三、四句对仗；第五句以“唱道”或“畅道”字样起首为定格；七、八两句或并为七字一句。套数尾牌。例见明贾仲明《萧淑兰》杂剧第三折。

离亭宴带歇指煞 北曲牌名，属双调。十七句十韵：七，七，四，五、五、五，五、五，四，五、五、五，五、五，四，五、五。第一、二，七、八，十三、十四，十六、十七句对仗；四、五、六及十、十一、十二句各作鼎足对。实为《离亭宴煞》与《歇指煞》的犯曲。套数尾牌。例见元马致远《夜行船·秋思》散套。

斗鹌鹑 ❶北曲牌名，属越调。十句五韵：四、四，四、四，四、四，三、三，四、四。全篇两两对仗。套数首牌，下接《紫花儿序》。例见元王实甫《西厢记》杂剧第一本第三折。❷北曲牌名，属中吕宫，亦入正宫。八句五韵：四、四，四、四，七，三，四、四。第一、二，三、四，七、八句对仗。套数用。例见元白朴《墙头马上》杂剧第四折。

紫花儿序 北曲牌名，属越调。十句六韵：四、四、四，四、四，二，七，四，四、四。前三句作鼎足对，第四、五，九、十句对仗。套数次牌，承《斗鹌鹑》后。例见元王实甫《西厢记》杂剧第一本第三折。

小桃红 ❶北曲牌名，属越调。八句六韵：七，五，七，三，七，四、四、五。第六、七句对仗。套数、小令兼用。例见明无名氏《小桃红·西厢百咏》。❷南曲牌名，属越调。过曲。十二句七韵：七，七，四、四，五，三、三，三、三、四，六，六。第二、四句中，均以韵字加一“也”字结句为定格。第七句后可添三字句若干；第十句后可添四字韵句一。例见明沈璟《坠钗记》第十一出。❸南曲牌名，属正宫。过曲。或名《山桃犯》。七句六韵：五，五，七，七，七，四、四。末二句可合为七字句或六字折腰句。例见明施绍莘《锦缠道·赠别和彦容作》散套。

天净沙 北曲牌名,属越调。五句四韵:六,六,六,四,六。首二句对仗。套数、小令兼用。例见元马致远《天净沙·秋思》。

秃厮儿 ❶一名《小沙门》。北曲牌名,属越调。六句五韵:六,六,七,三、三,二。套数用,下例接《圣药王》。例见元王实甫《西厢记》杂剧第三本第四折。❷南曲牌名,属越调。过曲。五句五韵:七,三,七,七,五。例见《南曲九宫正始》引戏文《王祥卧冰》。

寨儿令 ❶一名《柳营曲》。北曲牌名,属越调。十二句十一韵:三,三,七,四,四,五,七,七,五、五,一,五。第一、二,四、五,七、八,九、十句对仗。散曲小令专用,例见元张可久《寨儿令·九日登高》。❷一名《古寨儿令》。北曲牌名,属黄钟宫。七句五韵:二,四,七,三、三,三、三。末二句或并合作五字一句。套数用。例见元郑光祖《倩女离魂》杂剧第四折。

凭阑人 北曲牌名,属越调。四句四韵:七,七,五,五。第一、二句对仗。套数、小令兼用。例见元乔吉《凭阑人·金陵道中》。

集贤宾 ❶北曲牌名,属商调。十句七韵:七,五,七、七,七、七,七,七,五、五。第五、六,九、十句对仗。套数首牌。例见元尚仲贤之《柳毅传书》杂剧第三折。❷南曲牌名,属商调。过曲,例承《二郎神》后,亦常用作小令。八句八韵:七,五,七,六,四,七,三,七。前六句可取组集曲如《集贤听黄莺》等。例见明施绍莘《集贤宾·春闺月夜》散套。

逍遥乐 ❶北曲牌名,属商调。十句七韵:四,四、四,四,七,七,七,四、四、四。首、尾三句常作鼎足对。套数次牌,承《集贤宾》后。例见元康进之《李逵负荆》杂剧第三折。❷南曲牌名,属商调。引子。六句四韵:五,五,七,四、四、四。例见明沈璟《红蕖记》第三十九出。

梧叶儿 ❶一名《知秋令》。北曲牌名,属商调,亦入仙吕宫。七句五韵:三,三,五,三、三,三,七。首二句对仗,第四、五、六句成鼎足对。套数、小令兼用。例见元关汉卿《梧叶儿·别情》。❷南曲牌名,属商调。过曲。七句五韵:三、三,五,四,四,四,七。第一、二,四、五句对仗。前三句可取组集曲如《梧蓼弄金风》。例见明沈璟《坠钗记》第二十七出。

玉抱肚 ❶北曲牌名,属商调,亦入双调。十四句七韵:四,七,六,六,七、六,三、三、三,四,四,四,四,四。散曲专用,套数首牌,下领煞曲。例见元商衟《玉抱肚》(渭城客舍)散套。❷北曲牌名,属商调。五句五韵:四,七,五,七,六。散曲小令用,例见《太和正音谱》引无名氏《玉抱肚》(休来闲嗑)小令。❸一作《玉胞肚》。南曲牌名,属仙吕入双调,过曲,亦用作小令。六句五韵:四,七,七,七,七,七。前四句可取组集曲如《玉山供》等。例见明梁辰鱼《浣纱记》第二出。

黄莺儿 ❶北曲牌名,属商角调。六句四韵:二,二,四,四,七,四。首二句叠。散曲专用。套数首牌。例见元庾天锡《黄莺儿·怀古》散套。❷一名《金衣公子》,南曲牌名,属商调。过曲,亦常作小令用。十句八韵:五,三、三,七,四,四,七,三,四,五。第五、六句对仗。前七句可取组集曲如《黄莺学画眉》、《黄莺带一封》等,后三句可组《啼莺儿》、《集贤听黄莺》等。例见明杨慎《黄莺儿·雨中遣怀》。

哨遍 北曲牌名,属般涉调,亦入中吕宫。十六句九韵:六,七,五,六,三,四、四,五,六,四,四,七,七,四,四,四。第六、七,十、十一,十二、十三句对仗;末三句作鼎足对。套数用,散曲中多作首牌,下领《耍孩儿》。例见元马致远《哨遍》(半世逢场作戏)散套。

耍孩儿 ❶一名《魔合罗》。北曲牌名,属般涉调,亦入中吕宫、正宫、双调。九句六韵:七,六,七,六,七,七,三,四,四。第五、六,八、九句对仗。套数用。散套可作首牌,下接《煞》曲多支。例见元杜仁杰《耍孩儿》(庄家不识勾栏)散套。❷一名《红衫儿》。南曲牌名,属中吕宫。过曲。七句五韵:七,五,七,二,七,七,五。例见元施惠《拜月亭》第二十六出。

尾声 ❶北曲牌名,属黄钟宫者三句三韵:七,七,七;中吕宫者四句三韵:五,五,七,七;南吕宫者六句六韵:七,七,七,二,二,七,第三句起可增对偶的三字句及四字句若干组;般涉调者四句三韵:三,三,七,七;越调者四句三韵:七,六,五,五;小石调者四句三韵:七,七,五,五。俱作尾曲。❷又名《余文》、《十二时》。南曲牌名。隶属各宫调,大致皆三句三韵:七,七,七,首句或作三字句二(一韵)。俱十二板,作尾曲。

煞 ❶又称煞曲、煞尾。套曲中以歌声变调或伴拍停止标志全套终止的曲子。有赚煞、随煞、隔煞、羯煞、小煞、本调煞、拐子煞、三煞、十煞等名目。随煞的末尾还能接续于某些曲牌的中段或结末而形成煞曲，如《离亭宴煞》、《后庭花煞》等。凡煞曲皆可代表尾声。❷北曲牌名。属正宫者十一句五韵：七，七，四、四、四、四，四、四、四，四、五；南吕宫者八句七韵：六，七，七，四、四，五，七，四；越调者八句七韵：五、五，五，五，四，四，三，七；般涉调者八句五韵：三、三，七，七、七，三，四，四。多可连用数支，以逆序计数如《二煞》、《一煞》之类，曲牌中亦可仅留数字而省去"煞"字。

卜算子 或名《番卜算》。南曲牌名，属仙吕宫。引子。四句二韵：五、五，七、五。实与同名词牌半阕同。例见明高濂《玉簪记》第十出。

月儿高 一名《误佳期》。南曲牌名，属仙吕宫。过曲，亦用作小令。八句五韵：五，五，五、五，四、五，五、五。前六句可取组集曲如《月上五更》、《月照山》等。例见清王景文《小措大·冶春》散套。明人所作多于末后增七，七二韵，实淆用《月云高》。

皂罗袍 南曲牌名，属仙吕宫。过曲，亦常用作小令。十句七韵：六，五、四，七，七，四、四，四、四，七。六、七与八、九句成扇面对。前五句可取组集曲如《皂罗罩金衣》、《罗袍带封书》，后五句可组《醉罗袍》等。例见明汤显祖《牡丹亭》第十出《惊梦》。

醉罗歌 南曲牌名，属仙吕宫。过曲，亦常用作小令。十二句十韵：七，七，七，五，四、四，四、四，七，三，三，七。实为《醉扶归》、《皂罗袍》及《排歌》合成的集曲。例见明陈铎《醉罗歌·题情》。

排歌 一名《羽调排歌》。南曲牌名，属仙吕宫。过曲，亦用作小令。十一句八韵：四，四，六，七，七，三、三，七，三、三，七。末六句可取组集曲，集曲牌名末字为"歌"者（如《甘州歌》、《醉罗歌》等）俱由之组成。例见元施惠《拜月亭》第二十一出。

傍妆台 南曲牌名，属仙吕宫。过曲，亦常用作小令。九句六韵：三，七，五、五，七、七，三、三，七。第三、四，五、六，七、八句对仗。例见明李开先《傍妆台》小令百首。

甘州歌 南曲牌名，属仙吕宫。过曲，亦用作小令。十三句八韵：四，五、四，四、六，七、七，三、三，七，三、三，七。第六、七句对仗。实为《八声甘州》与《排歌》之集曲。换头首句改为五字，常以三支换头连用。例见元高则诚《琵琶记》第七出。

桂枝香 南曲牌名，属仙吕宫。过曲，亦常用作小令。十一句七韵：四，四，六、六，四、四、四，四，三，五、五。第三、四句对仗，五、六句叠。例见明沈璟《埋剑记》第六出。

一封书 南曲牌名，属仙吕宫。过曲，亦用作小令。十一句七韵：五，三、三，五，三、三，七、七，三、三，七。前八句可取组集曲如《一封罗》、《一封歌》等。本牌在剧曲中多表现书信或叙述内容。例见元高则诚《琵琶记》第二十六出。

解三酲 南曲牌名，属仙吕宫。又入南吕宫，名《针线箱》。过曲，亦常用作小令。九句七韵：七，七，七，六，七、七，三，四，四。首二句对仗。前六句可取组集曲如《解酲歌》、《解酲望乡》等，五至九句可组《甘州解酲》。例见明汤显祖《紫箫记》第二十四出。

掉角儿序 又名《掉角儿》、《皂角儿》。南曲牌名，属仙吕宫。过曲。十二句九韵：七，七，七，七，六、六，四，四，四，三，四，四。前五句可取组集曲如《掉角望乡》、《掉歌郎》等。例见明汤显祖《牡丹亭》第七出。

破齐阵 南曲牌名，属正宫。引子。八句四韵：六、六，四、四，六，七、七，五。第一、二，六、七句对仗。实为《破阵子》与《齐天乐》之犯曲。例见明汤显祖《南柯记》第二十五出。

玉芙蓉 南曲牌名，属正宫。过曲，亦用作小令。九句六韵：五、五，五、四，七，七，三、四，十。第一、二句对仗。前六句可取组集曲如《芙蓉红》，后三句可组《锦芙蓉》、《朱奴插芙蓉》、《普天带芙蓉》等。例见明沈自晋《普天乐·怀佳人》散套。

锦缠道 南曲牌名，属正宫。过曲，亦用作小令。十一句十韵：三，七，五，九，七，七，五，四、五，五，七。第五、六句对仗。前四句可取组集曲如《锦芙蓉》、《锦缠乐》等，第五至十一句可组《朱奴带锦缠》、《刷子锦》等。此曲声情悲壮，宜生、末所唱。例见清孔尚任《桃花扇》第二十八出《沉江》。

朱奴儿 南曲牌名，属正宫。过曲。七句七韵：七，七，七，七，三，四，六。首二句对仗。前四句可取组集曲如《朱奴剔银灯》等。例见明沈璟《义侠记》第二十二出。

白练序 一名《素带儿》。南曲牌名，属正宫。过曲。九句八韵：四，七，九，二，三，七，三，四、四。换头十句九韵：二，三，四，九，二，三，七，三，四、四。连用换头，或与《醉太平》换头互为子母调。例见明汤显祖《牡丹亭》第三十出。

菊花新 南曲牌名，属中吕宫。引子。四句四韵：七，七，五，六。此曲宜成年男子角色所唱。例见元高则诚《琵琶记》第三十出。

泣颜回 南曲牌名，属中吕宫。过曲，亦用作小令。八句五韵：五，六，四、六，四、八，七、七。换头于起首添二字句一韵，或改五字句为七字句。末四句可取组集曲如《榴花泣》等。例见明沈璟《坠钗记》第二十四出。

驻云飞 南曲牌名，属中吕宫。过曲，亦常作小令用。十句八韵：四，七，五，五，一、五，四，四、五，七。其中一字句定格为“嗏”字，或亦以韵字代替。第三、四句对仗。末六句可取组集曲如《倚马待风云》。例见明冯惟敏《驻云飞·此景亭初秋小酌》。

千秋岁 南曲牌名，属中吕宫。过曲。十一句八韵：三，五，七，四、四、八，六，六，五，四、四。第七、八，十、十一句对仗；四、五句叠。例见明梅鼎祚《玉合记》第四出。

恋芳春 南曲牌名，属南吕宫。引子。十句七韵：四、四、六，六，四，六，七，三，四，四。首二句对仗。例见清孔尚任《桃花扇》第一出。

大圣乐 ❶一名《大胜乐》。南曲牌名，属南吕宫。引子。四句三韵：七，七，六、六。例见《南曲九宫正始》引戏文《陈巡检梅岭失妻》。❷一名《大胜乐》。南曲牌名，属南吕宫。过曲，亦作小令用。九句七韵：七，六，七，六，七、七，四，七、四。第五、六句对仗。前三句可取组集曲如《大节高》，前六句可组《大圣棹》等。例见元高则诚《琵琶记》第三十一出。

梁州序 又名《古梁州》、《梁州第七》。南曲牌名，属南吕宫。过曲，亦作小令用。十一句七韵：四、四，六，四、六，四、四、五，七，七，六。换头十句七韵：七，七，三、六，四、四、五，七，七，六。前腔两曲方接换头。前十句可取组集曲如《梁州新郎》。例见明沈璟《梁州序·赠外》散套。

一江风 南曲牌名，属南吕宫。过曲，亦常用作小令。十句七韵：三，五，五，三、四、四、五，五，五，五。例见明陈铎《一江风·闺情四首》。

香柳娘 南曲牌名，属南吕宫。过曲。十二句十二韵：五，五，四，七，五，五，五，五，五，五，四，四。第一、二，五、六，九、十句叠。前十句可取组集曲如《香南枝》、《香姐姐》等。例见明汤显祖《紫箫记》第二十二出。

宜春令 南曲牌名，属南吕宫。过曲，亦用作小令。十句七韵：三、三，七，四、七，七，七，二，四、四。第六、七句对仗。前七句可取组集曲如《宜春引》、《宜春琐窗》等，后三句可组《柰子宜春》等。例见明高濂《玉簪记》第十九出。

三学士 南曲牌名，属南吕宫。过曲，亦用作小令。七句五韵：七，六，七、七，七，三、三。第三、四句对仗。前四句可用组集曲如《学士解醒》等。例见明吴炳《绿牡丹》第二十五出。

香罗带 南曲牌名，属南吕宫。过曲，亦用作小令。九句八韵：五，四，七，八，三、三，七，五，七。第四句及第八句，均以韵字加一“也”字结句为正格。例见明薛近兖《绣襦记》第四出。

罗江怨 又名《楚江情》、《罗江娇》。南曲牌名，属南吕宫。过曲，亦常用作小令。十三句十一韵：五，四，七，八，三、三，七，四、五，五，五，五，五。实为《香罗带》、《一江风》、《怨别离》合成的集曲。例见明汤显祖《紫钗记》第四十四出。

懒画眉 南曲牌名，属南吕宫。过曲，亦常用作小令。五句五韵：七，七，七，五，七。前三句可取组集曲如《懒针线》、《懒扶归》，后二句可组《朝天画眉》等。例见明汤显祖《牡丹亭》第十二出。

五更转 南曲牌名，属南吕宫。过曲。十二句七韵：三、三，五，七，四、四，三、三、三，七，四、四。第五、六句可并为七字一句。后八句可取组集曲如《山羊转五更》等。例见元施惠《拜月亭》第三十九出。

琐窗寒 南曲牌名，属南吕宫。过曲。十句七韵：六，三、三，四、四，四、四，七，七，六。前七句可取组集曲如《琐窗绣》、《琐窗郎》等。例见清孔尚任《桃花扇》第二出。

西地锦 南曲牌名，属黄钟宫。引子。四句四韵：六，六，七，六。例见元高则诚《琵琶记》第三十一出。

画眉序 南曲牌名，属黄钟宫。过曲，亦用作小令。九句六韵：五，七，五，四，七、七，二，五、六。前六句可取组集曲如《画眉姐姐》等。例见明汤显祖《邯郸记》第二十出。

滴溜子 南曲牌名，属黄钟宫。过曲。十一句五韵：三、三、四，三、三、四，六，五、四，四、四。第一、二及四、五句叠。前九句可取组集曲如《滴溜神仗》等，第七至十一句可组《双声滴》。例见明沈璟《桃符记》第十九出。

啄木儿 南曲牌名，属黄钟宫。过曲，亦用作小令。八句六韵：三、三，七，七、七，七，七，七。套数中须连用二支。前七句可取组集曲如《啄木鹂》、《啄木叫画眉》等。例见明王骥德《啄木儿·寄金姬》散套。

下山虎 南曲牌名，属越调。过曲，例承《小桃红》后。十二句十韵：四，四，五、四，四、四，七，五，六，五，四，七。前九句可取组集曲如《山虎嵌蛮牌》等。例见明汤显祖《紫箫记》第四出。

绕池游 一作《绕地游》。南曲牌名，属商调。引子。六句六韵：四，五，六，四，四，七。例见明汤显祖《牡丹亭》第十出《惊梦》。

金络索 ❶南曲牌名，属商调。过曲，亦用作小令。十四句十三韵：五，五，四，五，五、三，七，七，七，三，七，七，四，五。实为《金梧桐》、《东瓯令》、《针线箱》等六支曲牌组成的集曲。例见明梁辰鱼《浣纱记》第二十三出。❷南曲牌名，属般涉调。一名《金落索》。引子。四句三韵：七、七，七，六。例见明徐元《八义记》第二十出。

二郎神 南曲牌名，属商调。过曲。九句八韵：三，七，七，四、六，七，七，二，七。换头改首二句为二，四、四三句。前五句可取组集曲如《二贤宾》等。例见明周履靖《二郎神·枕石漱流》散套。

簇御林 南曲牌名，属商调。过曲。八句六韵：三、三，六，七，六，三，四、五。前五句可取组集曲如《御林莺》、《御袍黄》等。例见清洪昇《长生殿》第二十二出。

琥珀猫儿坠 一名《猫儿坠》。南曲牌名，属商调。过曲。七句五韵：四、五，七，七，二，四、四。前四句可用组集曲如《猫儿逐黄莺》等。例见明谢谠《四喜记》第十四出。

金珑璁 南曲牌名，属双调。引子。八句六韵：五，六，三、三，五，六，三、三。引子亦可用半曲。例见明汤显祖《牡丹亭》第二十出。

孝南歌 一名《孝南枝》。南曲牌名，属双调。过曲，亦用作小令。十四句九韵：三，三，七，五，五，四，四、四，四，五，三、三，三，三。实为《孝顺歌》与《锁南枝》之集曲。例见清洪昇《长生殿》第三十九出。

锁南枝 南曲牌名，属双调。过曲，亦常用作小令。九句五韵：三、三，七，四、五，三、三，三、三。前五句可取组集曲如《南江风》、《锁顺枝》等；后四句可组《孝南枝》等。例见明沈自晋《锁南枝·雪中偶咏》。

二犯江儿水 一名《北二犯江儿水》。南曲牌名，属仙吕入双调。过曲，亦用作小令。十七句十六韵：四，七，五，四、四，五，四，四，五，四，四，七，四，七，四，七，六。第二、十四、十六之七字句，分别叠前句四字；七、八句叠；四、五句对仗。实为《五马江儿水》、《金字令》、《朝元令》合作之集曲。例见明梁辰鱼《二犯江儿水·莫云卿携戴腻儿过娄水作》。

朝元令 南曲牌名，属仙吕入双调。过曲，亦用作小令。十四句十三韵：四，五，四，五，四、四，六，四，七，五，五，四，七，四。第一二、三四句扇面对，十、十一句对仗，末句迭前七字句中后四字。换头改前四句为六，五，五三句三韵，多以三支换头连用。例见明冯惟敏《朝元歌(令)·山中客至》。

字字双 南曲牌名，属仙吕入双调。过曲。八句八韵：七，二，七，二，七，二，七，二。为净丑专用曲。例见明沈璟《博笑记》第四出。

好姐姐 南曲牌名，属仙吕入双调。过曲。七句六韵：六，七，四、五，三，七，七。首句或作二，四两句两韵。前四句可取组集曲如《姐姐插娇枝》、《姐姐带六么》等，第三至七句可组《园林见姐姐》、《海棠姐》等。例见明汤显祖《牡丹亭》第十出《惊梦》。

园林好 南曲牌名，属仙吕入双调。过曲。五句五韵：七，七，六，六，六。第四、五句叠。首三句可取组集曲如《园林醉海棠》等，第三、四、五句可组《月上园林》等。例见明邵璨《香囊记》第五出。

急三枪 南曲牌名，属仙吕入双调。过曲。五句二韵：三、三、三，三、三，换头同。或合换头共十句为一曲。例承《风入松》后，且与之成子母调。例见清孔尚任《桃花扇》第四出。

忒忒令 南曲牌名，属仙吕入双调。过曲。八句四韵：七，七，四、五，五、三、三、五。首二句对仗。例见清孔尚任《桃花扇》第二十四出。

赚 一名《不是路》。南曲牌名，属仙吕宫，入各宫调。过曲。十一句十一韵：四，七，三，七，三，七，七，三，七，四，四。第六、七句对仗，末二句叠。吴梅《南词简谱》："赚为过渡之曲。如前后诸曲不相连属，则中间用赚一支或二支皆可。"例见明高濂《玉簪记》第七出。

十二　文学史通论　总集及其他

文学通史　通论性著作

中国文学史　近代黄人著。为中国早期吸取了西方美学观点、进化论思想和治史方法后所编纂的最早的文学史著作之一。全书将中国古代文学分为上世、中世、近世三期。起上古，迄明代，凡诗词赋曲、小说、传奇、骈散、制艺，以及制、诏、策、谕，乃至金石碑帖、音韵文字，无所不包，范围广泛，多引抄原文。它的出现，标志着中国近现代新型文学史著作的逐步兴起，在中国文学史学史上具有里程碑意义。始撰于清光绪三十年(1904)作者在东吴大学任教期间，约于宣统三年(1911)由国学扶轮社以油光纸铅印。

白话文学史　胡適著。是以白话文学为主要论述对象的中国文学史著作，内容仅从汉写至唐。指出白话文学是文学史上“一大段最热闹、最富于创造性、最可以代表时代的文学史”，“一切新文学都来自民间”。作者作为“五四”白话文与白话文学的积极倡导者，本书不仅是对中国古代白话文学进行了一次较为认真的梳理，且对当时“白话文学”运动提供了历史依据，是中国现代学术名著之一。民国十七年(1928)新月书店初版，民国二十三年商务印书馆再版。两版均多次重印。1986年岳麓书社有重印本。

插图本中国文学史　郑振铎著。三卷。以文学自然发展的趋势，将中国古代文学史分为古代、中世、近代三期，凡古代文学上卷十二章，中世文学中卷四十三章，近代文学下卷九章。中世始于佛教文学输入的东晋，近代起于昆曲的产生及长篇小说兴盛的明代嘉靖时期。每期中各章论述，着重于一个文学运动、一种文体，或一个文学流派的兴衰流变，且把注意力较集中于变文、戏文、诸宫调、散曲、民歌及宝卷、弹词、鼓词等民间文学，引用了不少当时发现的新材料。还首次附入大量精美、珍贵的插图。是现代公认的一部有特色的重要著作。唯清代文学未论及，为其不足。民国二十一年(1932)北平朴社初版。1957年、1982年由作家出版社与人民文学出版社两次再版。

中国文学发展史　刘大杰著。三册。全面、系统地论述起自先秦、迄于清末的中国古代文学历史发展的进程。其特点是以文体为纲，分别以时为序论述各体文学的演进；在考察作家作品时强调个性特征和感情真实；且注重文艺思想的演变与各体文学发展的关系。全书材料选择精当，文笔简练流畅，故长期受到学术界重视。原为上、下两册，分别于1941、1949年由中华书局出版。1957、1962年两次修订，改为三册，分别由古典文学出版社和中华书局出版。1982年上海古籍出版社据中华书局1962年版重印，为今通行本。

中国文学史　❶中国社会科学院文学研究所中国文学史编写组著。七十七章。分“封建社会以前文学”与“封建社会文学”两大部分，“封建社会文学”部分又按战国、秦汉、魏晋南北朝、唐代、宋代、元代、明代、清代分为八编。鸦片战争后的近代文学未论及，《编写说明》表示将继续编写。主要分期介绍当时各体文学的代表作家、流派及其风格成就，对《诗经》、《楚辞》、《史记》、《西厢记》、《三国志演义》、《水浒传》、《西游记》、《红楼梦》等重要著作，陶渊明、李白、杜甫、苏轼、陆游、辛弃疾、关汉卿、汤显祖、蒲松龄等重要作家，都辟专章论述。“魏晋南北朝文学”中的“佛经翻译”章，“唐代文学”中的“变文和民歌”章，“宋代文学”中的“宋代的诗话”章，“清代文学”中的“民歌和讲唱文学”章，均有特色。虽有某些论点今日看来已不甚妥当，但仍不失为一部比较重要的文学史著作。1962年人民文学出版社初版，1979年新一版重印。❷游国恩、王起、萧涤非、季镇淮、费振刚主编。九编七十五章。按时代分编，上起上古至战国，下及晚清至五四运动，各编前有“概说”综论该期文学的主要成就及其与当时社会政治、经济、文化的关系，每章或论述某一时期的某体文学，如第一编第三章“先秦历史散文”，或论述某一优秀作家，如第四编第四章“伟大的浪漫主义诗人李白”，或论述某一文学运动，如第五编第一章“北宋诗文革新运动”，或论述某一重要作品，如第八编第八章“红楼梦”。对各体文学的源流、各家各派的风格及作品的思想内容与艺术特色，在文学史上的地位和影响，都有分析，虽某些论点今日看来已不甚妥当，但仍不失为一部比较重要的文学史著作。1963 年人民文学出版社出版，1982 年已第十次印刷。❸章培恒、骆玉明主编。全书分上、中、下三卷八编。上卷第一编先秦文学，第二编秦汉文学，第三编魏晋南北朝文学；中卷第四编隋唐五代文学，第五编宋代文学；下卷第六编元代文学，第七编明代文学，第八编清代文学，共 110 万字。本书吸收国内外学术研究新成果，以较新的视角描述中国古代文学的发展轨迹，对其基本史实作了进一步发掘、梳理，并提出新的观点和结论，强调和突出了文学发展的内在规律。认为文学的发展与人性的丰富和发展紧密相连；评价作品的标准是其感动读者的程度及这种感动在时间和地域上的延伸和发展。复旦大学出版社 1996 年出版。

中国新文学运动史 王哲甫著。是中国第一部公开出版的新文学史著作。共十章，分三部分：一，总论，概述文学革命因由及其经过（第一至第三章）；二，作家作品论（第四至第八章）；三，附录，有作家传略、社团始末、作家笔名一览、文艺刊物调查等（第九至第十章）。“作家作品论”以 1925 年 “五卅”为界，分前后期，并以诗歌、小说、戏剧、散文等文体，分述作家。眉目清朗，分类周全。作为一部史著，茅盾对其表示过不太满意的意见，但对著者的编撰意图，以及忠实、严肃的态度则作相当的肯定。1933 年于北平自印出版。

中国音乐文学史 朱谦之著。八章。第一章“音乐与文学”，第二章“中国文学与音乐之关系”，第三章“论诗乐”，第四章“论楚声”，第五章“论乐府”，第六章“唐代诗歌”，第七章“宋代的歌词”，第八章“论剧曲”，附录《凌廷堪燕乐考原跋》。为近代第一部文学与音乐关系的专著，至今仍有参考价值。全书对《诗经》、《楚辞》、汉魏六朝乐府、唐声诗、宋歌词、元明清戏曲与音乐的关系进行了较为细致的考察，认为中国文学的起源与音乐不可分割，“中国的文学的特征，就是所谓‘音乐文学’”，“一个时代有一个时代的平民文学，即一个时代有一个时代的‘音乐文学’”。虽论点不无可商榷处，但很有启发性。前有陈钟凡序。1935 年商务印书馆出版，1989 年北京大学出版社据原版重排印行。

中国俗文学史 郑振铎著。十四章。第一章“何谓俗文学”，第二章“古代的歌谣”，第三章“汉代的俗文学”，第四章“六朝的民歌”，第五章“唐代的民间歌赋”，第六章“变文”，第七章“宋金的杂剧词”，第八章“鼓子词与诸宫调”，第九章“元代的散曲”，第十章“明代的民歌”，第十一章“宝卷”，第十二章“弹词”，第十三章“鼓词与子弟书”，第十四章“清代的民歌”。为第一部研究中国俗文学的专著，对中国民间文学的产生、发展和演变，提供了极其丰富的资料，作了比较有系统的论述，有较高的学术价值。作者将俗文学的特点归结为六个特点：大众的，无名的，口传的，新鲜而粗鄙的，想像力奔放的，勇于引进新东西的。各章后附参考书目，颇便读者。1938 年上海商务印书馆出版，1954 年作家出版社新版重印，1957 年第二次印刷。1984 年上海书店据商务印书馆本影印。

中国古代文体概论 褚斌杰著。系统介绍和研究中国古代文学体制和体裁的演变及其体类。作者在每一文体介绍中，均针对其特点，结合代表作品阐述其产生和演变过程，兼顾普及和提高，介绍和研究两方面。对古代文体史上一些学术问题，如赋体、骈文起源等，也作了较深入探讨。本书原为作者专题研究课讲稿，1984 年整理出版后颇受欢迎，1985 年经国家教委评审确定为全国高校文科教材。作者遂又作较大增补修订，增写了“文人的拟乐府体”、“唱和诗”、“八股文”等二十一种文体，1990 年由北京大学出版社重新出版。

中国韵文史 龙沐勋（榆生）著。上、下二篇。上篇“诗歌”凡二十二章，下篇“词曲”凡二十七章。所论上起《诗经》、《楚辞》，下至明清诗词散曲。凡例称“本书以一种体制之初起与音乐发生密切关系者为主，故不歌而诵之赋，与后来之骈文，概不述及”，“注重体裁之发展与流变，于作家行谊，多从省略”，“对于世行文学史，颇寓补偏之意，故稍详于词曲，而略于诗歌”。所论要言不烦，揭示了历代韵文的发展方向，征引作品及评语，亦能显示出各家各派的风格特征。至今仍有一定参考价值。书后另附有《中国韵文简要书目》。民国二十三年

(1934)商务印书馆初版,次年再版。

中国诗史 陆侃如、冯沅君著。三卷十二篇。卷一"古代诗史",凡"诗歌的起源"、"诗经"、"楚辞"、"乐府"四篇;卷二"中代诗史",凡"三国诗"、"六朝诗"、"初盛唐诗"、"中晚唐诗"四篇;卷三"近代诗史",凡"唐五代词"、"北宋词"、"南宋词"、"散曲及其他"。所论不限于传统意义的古今体诗,也涉及词、散曲以及时调民歌。是第一部系统考察中国诗歌发展史的专著,具有开创性意义。对《诗经》、《楚辞》的起源、分类、篇目、意旨,征引各家之说,间采出土文物为证,考论颇详。对其他历朝历代各家各派的作品与风格,也有精到的评述。初稿完成于民国十四年(1925)至十九年,民国二十年由大江书铺印行。1956年作家出版社出版修订本。

中国散文概论 方孝岳著。分"本体论"和"方法论"两部分,全面论述散文的各个方面。在"本体论"中,界定散文的定义为"不受一切句调声律之羁束而散行以达意的文章",并深入比较散文和骈文的不同形式,还论述了"散文之学"的演进历程。在"方法论"中,着重阐述字句格律和文章体裁。所论相当严谨周密,是民国初以来散文研究中一部有份量之作,至今仍有参考价值。为刘麟生主编《中国文学丛书》之一,世界书局1936年出版,中国书店1985年重版。

中国散文史 ❶陈柱著。五编,首有自序。详细阐述中国散文的产生、发展,并介绍代表作家、作品。其论述上自夏商周,下迄明清。作者将散文分为"骈散未分时代之散文"、"骈文渐成时代之散文"、"骈文极盛时代之散文"、"古文极盛时代之散文"和"以八股为文化时代之散文"五期,依次叙述。此书材料丰富,线索清晰,作为我国较早的一部散文史,具有开创性意义,颇为学术界重视,至今仍有很高的参考价值。为王云五、傅纬平主编"中国文化史丛书"之一种,1937年商务印书馆出版,1984年上海书店重印出版。❷郭预衡著。三册。介绍和探究数千年间中国古代散文的发展历程和内在规律,并揭示各家各体散文特色。先秦至魏晋南北朝为上册,隋唐至元为中册,明清为下册。上册首有《序言》,阐明撰写宗旨:不从"文学概论"的定义而从文章的实际出发,写出中国散文传统;不从"作品评论"或"作品赏析"的角度而从史的发展论述散文特征;不搞成"文学史资料长编",但也力避脱离作品实例而发长篇大论。作者不拘于世论,不囿于成说,书中多有创获,别具特色。首先是溯源早,探寻散文之源直至殷商的甲骨刻辞和彝器铭文;其次是范围广,不仅收文学性散文,也收政论、史论、传记、墓志、论说杂文等非文学性散文,既收散体文章,也收骈文辞赋;再次是写法新,以史论文,不过多罗列前人评论,而以作品实例阐明其观点。此书体现了散文研究向综合性、总体性发展的特点,为国内外研究者瞩目。1986年上海古籍出版社出版上册,1993年出版中册,下册待出。

骈体概论 金秬香著。七章。作者运用丰富的文学史料,论述骈体文自先秦至明清的发展,勾勒出骈文演变的历史线索。其论南北朝骈文尤见工力,对唐宋间著名古文家韩愈、柳宗元、欧阳修、苏轼骈文的分析评论颇具新意。为王云五主编《万有文库》之一种,商务印书馆1933年出版。

中国骈文概论 瞿兑之著。十七章。全面论述先秦至清代的骈文,重点探讨魏晋南北朝和唐代的骈文,并探索骈文产生的文学条件及其他因素,还以大量篇幅介绍若干骈文名家和名作。由于作者曾从王闿运学骈文,且清末骈文大家李慈铭和王先谦均为其父执,故其对骈文有不少独到见解,颇有参考价值。为刘麟生主编《中国文学丛书》之一,首有刘序,世界书局1934年出版。

中国骈文史 刘麟生著。十二章。首有瞿兑之序。作者从史的角度论述骈文的产生、发展、衰落的过程,注意对照比较前后不同时期骈文,并分析介绍了代表作家,展望了骈文的未来。资料丰富,论述详赡,是一部具有开创性的著作。为王云五、傅纬平主编"中国文化史丛书"之一,1934年商务印书馆出版,1984年上海书店重印出版。

骈文史论 姜书阁著。十五章。首有自序曰:"述二千年骈体文学之起源、发展与夫演变、衰亡之迹,并于历代各家各派之观点、主张及其创作实绩,略以己意有所论评。"其所述上溯先秦,下及明清;其论评则重在汉代和魏晋南北朝,篇幅几占全书的一半。本书史料翔实,议论深入,时有创获。其对蔡邕之骈文、建安文学与骈赋、骈文之关系、唐代骈文衰变原因、唐宋古文家之骈文、宋人歌舞剧曲之四六致语等论述均系前人较为忽略之处,尤可见其工力，对骈文史研究，具有重要参考价值。人民文学出版社 1986 年出版。

赋史 马积高著。十二章。卷首《导言》总论赋的起源、流变及在古代文学发展史上的地位，以下诸章依次探讨先秦至明清赋的发展。每章先概述该时期赋的发展概况及特点，再论其代表作家作品。作者一改前人只以汉至魏晋南北朝赋作为研究重点的做法，探源溯流，并联系整个文学史和文化史对各时期赋作了全面详尽的阐述。对历代赋家予以系统研究，书中仅以专节论述的赋家即超过百人。且有不少新见解，如抛弃以汉大赋作为赋的最高峰的传统观念，以为魏晋六朝讽刺抒情小赋成就超过汉赋，而唐赋不仅数量上，而且思想性和艺术性又超过此前任何一代，特别肯定柳宗元讽刺性赋作的高度成就。本书还十分注重赋与诗文等其他文学样式的相互影响，对汉代宫廷文学、魏晋以来骈文、齐梁徐庾宫体、北宋西昆体、明前后七子复古运动等与赋的关系，也提出了独到的看法。上海古籍出版社 1987 年出版。

词曲史 王易著。十篇。原目为：明义第一、溯源第二、具体第三、衍流第四、析派第五、构律第六、启变第七、入病第八、振衰第九、测运第十。《例言》称"是编尚论乐府流变，冀探其源；详述词曲演化，务明其体"，"是篇叙述往迹，时参目论；篇首引端，义同序赞"，"词盛于宋，曲盛于元，叙词详宋，叙曲详元，明曲胜词，曲详词略，清词胜曲，曲略词详"。论述涉及词曲的起源、定义、作家、流派、风格、作品、音律、研究、前途等各方面，是第一部中国词曲史专著，具有开创性意义。前有周岸登序及作者例言导言，后有民国十九年(1930)自序。民国三十五年上海中国文化胜务社出版，1991 年上海书店据以影印。

散曲概论 任讷著。二卷。是第一部较全面系统地专门论述散曲的著作。卷一包括"序说"、"书录"、"名称"、"体段"、"用调"、"作家"六节；卷二包括"作法"、"内容"、"派别"、"余论"四节。卷一除"序说"述著书缘起和全书大旨外，余皆考据；卷二皆为议论。其中"名称"、"体段"、"用调"等节，考论散曲之形式，辨析界定，穷幽发微；"作法"、"内容"、"派别"等节，论散曲之精神，借词曲比较，阐发甚详；"书录"共著录元明清三代散曲选集五十一种，别集一百二十六种；"作家"共著录散曲家六百四十人；"余论"论散曲之音乐与歌唱，散曲在文学史上的地位及前途等。全书创获甚多，但对清代作家作品搜罗未备。有民国十年(1921)中华书局《散曲丛刊》本。

中国古代散曲史 李昌集著。三卷十九章。第一卷"散曲形式发展史"，叙北曲、南曲之渊源体制及散曲格律、形制与语体形式。第二卷"散曲文学潮流史"，分为"散曲文学的总体特征"、"散曲文学潮流史"上、下二编，叙散曲文学的精神构架、审美构成及元、明、清三朝代散曲各期的风格流派与精神风貌。第三卷"散曲作家创作史"，叙元代元好问、关汉卿、马致远、乔吉、张可久、贯云石等，明代王九思、冯惟敏、王磐、陈铎、施绍莘等，清代沈谦、朱彝尊、吴锡麒、赵庆熺等散曲家，品评高下，论其得失。本书为第一部研究中国古代散曲史的专著，视野开阔，资料翔实，其"词曲同源异流"说等，立论颇有新意。1991 年华东师范大学出版社出版。

中国小说史略 鲁迅著。二十八篇。原为作者在北京高等师范学校和北京女子 高等师范等校讲学时的讲义。作者有鉴于"中国小说自来无史"的局面，对中国数千年古代小说发生、发展、演变的过程作了系统的探索。自第二篇起，始于远古神话与传说，其后依序从汉代小说、六朝小说至唐宋传奇，从宋代话本及拟话本、元明的讲史、明代的神魔小说、人情小说，至清代的拟晋唐小说、讽刺小说、人情小说、狭邪小说、侠义及公案小说，直至清末的谴责小说。资料搜罗宏富，采辑审慎，对具体小说家及其作品的分析言简意赅，颇多精见。作为中国第一部小说专史，奠定了小说史研究的基础，"不仅是拓荒的工作 ，前无古人，而且是权威的成就，一直领导着百万的后学"(郭沫若《历史人物·鲁迅与王国维》)。初分上、下二卷，民国十二年(1923)、十三年先后由北京大学新潮社出版。民国十四年略作修改，由北新书局出版。今通行本为 1957 年《鲁迅全集》本及 1973 年人民文学出版社单行本，后者附录《中国小说的历史的变迁》，为作者民国十三年在西安讲学时的讲稿。

中国小说史 郭箴一著。八章。凡"绪论"、"东周以前至秦"、"汉魏六朝"、"隋唐"、"宋元"、"明代"、"清朝"、"民国"各一章。作者序言称本欲按人类社会发展阶段加以划分，从而研究个别阶级的小说产生形式和小说家创作地位，如何依照当时支配性的经济组织而变化。因中国封建社会过程漫长，要决定其间的经济特质加以区分，非短时间所能成，故仍依朝代划分，指出当时的经济关系和社会关系，以期阐明各朝代小说发展的过程。最后一章论述民国时期的小说，对鲁迅、茅盾、巴金等新文学作家，对当时的翻译文学，都有介绍，其论述范围已从中国古典文学跨入中国现代文学。全书体例，颇受鲁迅《中国小说史略》影响，内容则有所扩展，为早期中国小说史著作中的比较重要的一部。1939 年商务印书馆出版，1984 年上海书店据以影印。

话本小说概论 胡士莹著。十八章。依次对“说话”的起源和演变、宋代的说话、宋代说话的政治倾向和艺术特色、家数、话本、话本的名称、现存的宋人话本、宋元以来官私著述中所载的宋人话本名目、元代的说书和话本、宋元话本的思想性与艺术性、明代的说书和话本、《三言》《二拍》及其他拟话本小说、明代话本的著录和叙录、明代拟话本故事的来源和影响、清代的说书和拟话本、明清说公案、讲史、话本小说的发展规律和展望等问题作了详细的考证与论述。自探讨渊源，以迄明清，脉络清晰，资料详尽。中华书局 1980 年出版。

中国戏曲概论 近代吴梅著。三卷。卷上凡“金元总论”、“诸杂院本”、“诸宫调”、“元人杂剧”、“元人散曲”五节，卷中凡“明总论”、“明人杂剧”、“明人传奇”、“明人散曲”四节，卷下凡“清总论”、“清人杂剧”、“清人传奇”、“清人散曲”四节。各卷先总论金元、明、清三时期戏曲源流、正变、盛衰，再就各家各派风格特征、创作成就及其具体作品作出评述。作者与王国维是近世戏曲研究的双璧，一般认为王国维在历史考证方面，开戏曲史研究之先路，但在戏曲本身的研究上，还当推作者独步。本书虽篇幅不大，但言简意赅，语要不烦，论及作家作品甚多，为早期戏曲史名著。有王文儒序。民国十五年（1926）大东书局初版，1983 年中国戏剧出版社出版的《吴梅戏曲论文集》中，亦收入此书全文。

中国戏曲发展史纲要 周贻白著。分二十六个章节。从中国戏曲的起源论述到辛亥革命前后的各地方戏曲。除重点探讨元、明、清三代成熟期的戏曲外，对萌芽期的汉代百戏、唐代参军戏，雏形期的宋杂剧、金院本也作了较深入的研究。书中的戏曲声腔和地方戏部分，为作者多年调查所得，包括大量新发现，如据魏良辅《南词引证》将昆曲形成时间上推至元末明初，据叶调元《汉皋竹枝词》定嘉庆末年汉剧已先于京剧出现皮、黄合演等。此书系作者最后一部著作，在此前出版的《中国戏剧史略》、《中国戏剧史》、《中国戏剧史长编》的基础上，作了总结提高，包括了作者一生研究中国戏曲史的主要心得，集中体现了“联系舞台演出来讲戏曲发展”、“以资料丰富见长”（冯其庸序）的特点，具有较高的学术价值。初稿成于 1959 年，后又作增订，未及正式出版。作者去世后，始于 1979 年由上海古籍出版社出版。

中国戏曲通史 张庚、郭汉城主编。四编十三章。第一编“戏曲的起源与形成”二章，第二编“北杂剧与南戏”四章，第三编“昆山腔与弋阳诸腔戏”四章，第四编“清代地方戏”三章。所论内容上起古歌舞与角抵戏、参军戏，下至 1840 年鸦片战争前后。编者编写说明称此书 1961 年至 1963 年完成初稿付排，未能出版，1978 年至 1979 年重作修订，正式定为今名，“试图在前人研究的基础上，把我国古代戏曲剧种、戏曲文学和戏曲舞台艺术发展的情况较全面地介绍给读者，并且试图通过古代戏曲与各个时代的政治、经济、文化等关系，探索一些戏曲发展的规律，为今天的戏曲工作提供借鉴”。凡上、中、下三册，1980 年、1981 年中国戏剧出版社出版。

南戏新证 刘念兹著。十二章。全面系统地阐述了南戏的产生、发展、流变、思想内容、剧目以及剧本题材、形式特点、音乐特征、演出排场、化妆、道具、服装、行当等，并对福建遗存的南戏剧目、福建南戏特有剧目作了介绍。该书又从各地方戏曲，尤其是福建、浙江、江西、广东等地的古老剧种中寻找南戏遗响，又运用考古成果，“在历史文献和前人著作成果的基础上，着重实际调查研究，为南戏史探索新的实证”（赵景深《序》）。通过实证，本书提出南戏源头最重要者应属唐宋杂剧；南戏的发展除四大声腔外，应加泉潮腔；南戏形成的时间应在北宋中叶宋徽宗到宋光宗之间等等。四篇附录《福建古典戏曲调查报告》、《南宋饶州瓷俑小议》、《嘉靖写本〈琵琶记〉校录后记》、《宣德写本〈金钗记〉校后记》也颇具学术、资料价值。中华书局 1986 年出版。

宋元明讲唱文学 叶德均著。五章。唐代以后，说唱艺术形式不断发展。宋代有陶真、涯词、鼓学词、诸宫调、覆赚，元代有词话、驭说、说唱货郎儿，明清有弹词、鼓词、宝卷等。在此书中，对于这些说唱艺术形式，著者按其文学体裁分为乐曲系、诗赞系两类，分别钩稽文献资料，加以论述。《讲唱文学的一般情形》一章论述了乐曲系和诗赞系讲唱文学的特点，以及它们之间的区别与联系，《乐曲系讲唱文学》一章论述了乐曲系讲唱文学的发展和流变，强调这类讲唱文学的特点是“采用当时流行长短句的词调”；《诗赞系讲唱文学》三章，论述了诗赞系讲唱文学的发展和流变，并以主要篇幅论述了词话的体裁特点，以及从词话到弹词、鼓词的发展过程。该书上承唐代变文的传统，下开近代说唱艺术之先河，在曲系发展史上占据重要地位。曾于1953年和1957年先后出版，1979年出版的作者专集《戏曲小说丛考》中，又收入这一著作。

说书史话 陈汝衡著。七章。为系统论述自唐代至清代说书这一民间伎艺与讲唱文学的专著。作者据其1936年出版的《说书小史》增订而成。第一章“绪论”对全书内容及叙述方法略为说明。指出说书有广狭二义，以说书史全盘论，可划分为纯粹说书、讲唱兼用、纯粹唱的叙事歌曲三类。第二章“唐代说书”论述寺院俗讲等，第三章“北宋说书”论述讲史、鼓子词，第四章“南宋说书”论述话本、诸宫调等，第五章“元明说书”论述词话、陶真、宝卷等，第六章“清代说书”论述评书、弹词、鼓词等，第七章“说书展望”，探讨了说书的发展方向。资料丰富，论述穷源溯流，系统性较强。1956年出版，1987年人民文学出版社新版重印。

通代总集 丛书

文馆词林 诗文总集。唐许敬宗等编。一千卷。收先秦至初唐各体诗文。就现存残卷和《崇文书目》、《新唐书·艺文志》所著录，可知其门类有“诗”、“颂”、“诏”、“敕”、“令”、“碑”、“教”、“策”、“弹事”、“文士传”等。所收诗文，多为《文选》、《古诗纪》、《全上古三代秦汉三国六朝文》以及现存作家本集所未载者，对征文考史有一定价值。原书散佚于北宋，后全书失传。然唐代传入日本之足本，尚有残卷留存，清末以来，陆续重新传入中国。现存残卷，刻入《佚存丛书》、《粤雅堂丛书》、《古逸丛书》和《适园丛书》。另有民国十三年(1924)董康影印《残本文馆词林》，然以《适园丛书》所收为最多。

文苑英华 诗文总集。宋李昉、扈蒙、徐铉、宋白等编。一千卷。上续《文选》，收录南朝梁至五代作家二千二百余人，诗文近二万篇。其中唐代作品占十之八九，实为唐代诗文总汇。体例略仿《文选》，分赋、诗、歌行、杂文、中书制诰、翰林制诰、策问、策、判、表、笺、状、檄、露布、弹文、移文、启、书、疏、序、论、议、连珠、喻对、颂、赞、铭、箴、传、记、谥哀册文、谥议、诔、碑、志、墓表、行状、祭文三十八类，各类中又分若干门目。其所辑文献相当丰富，有些资料仅赖此书得以保存，后人利用此书编集、辑佚、校勘、考订，收获甚大，《古诗纪》、《全唐诗》、《全唐文》等重要总集都曾取材于此。然其分类过于繁琐，有些又互有交错，选录中或过滥或缺佚。清李慈铭曾指其所收唐赋“陈陈相因，量无足观”(《越缦堂日记》)。现存版本中最早为南宋嘉泰刻本，已残。另有明隆庆刻本。1966年中华书局用明本配残宋本影印刊行，书末并附南宋彭叔夏《文苑英华辨证》和清劳格《文苑英华辨证拾遗》，另附《作者姓名索引》，1982年重版。

会稽掇英总集 诗文总集。宋孔延之编。二十卷。《四库全书总目》谓编者“以会稽(今浙江绍兴)山水人物著美前世，而纪录赋咏，多所散佚，因博加搜采，旁及碑版石刻，自汉迄宋，凡得铭志歌诗等八百五篇，辑为二十卷，各有类目。前十五卷为诗”，“后五卷为文”，“所录诗文，大都由搜岩剔薮而得之，故多出名人本集之外，为世所罕见”，“其书世鲜流传，藏弆家多未著录”，“在宋人总集之中最为珍笈，其精博在严陵诸集上”。前录熙宁五年(1072)编者自序。有明《澹生堂余苑》本、清《四库全书》本及道光元年(1821)山阴杜氏刊本。

文章正宗 诗文总集。宋真德秀编。正集二十四卷，收录先秦至唐末诗文，分“辞命”、“议论”、“叙事”、“诗赋”四类；续集二十卷皆北宋文，分“论理”、“叙事”、“论事”三类，而末卷有录无文，似为未完之本。其收录标准甚严，所选皆“其体本乎古，其指近乎经”之作，可见此书所持乃道学家文论观点。正集卷首所列《纲目》，自叙编纂要旨，以为后代文辞多变，故编是书，取名“正宗”，俾后世知文章之源流，并为时人指示作文门径。有明嘉靖刻本、清乾隆刊本、《四库全书》本，然各本卷数略有出入。

文章辨体 诗文总集。明吴讷编。五十五卷。收录先秦至明初诗文，分体编次，诗文体裁共五十九类，并加解说。正集五十卷，收古体，始于古歌谣谚，终于祭文；外集五卷，录骈文、近体诗及词曲等，然亦互有混杂。首载《序》、《凡例》、《诸儒总论作文法》。各类之首均有辨析文体正变、高下，阐述体制、演变之文字。此书保存有关古代文体及其性质、流变之资料较多，颇有可以取资者。其后徐师曾《文体明辨》、贺复征《文章辨体汇选》均据其增修而成。有明天顺八年(1464)、嘉靖三十四年(1555)刻本。

文体明辨 诗文总集。明徐师曾编。八十四卷。系以明吴讷《文章辨体》为基础增删而成。计有《纲领》一卷、诗文六十一卷、目录六卷、附录十四卷、附录目录二卷。其体由吴氏五十九类扩充为一百二十七类，又于诸类详分正、变、古、俗诸体，颇为繁琐，致为《四库全书总目》所诋。卷首《文章纲领》辑录前人论评。对各类所加之序说，则指明其文体来历、特点、流变，颇有参考价值。有明万历寿桧堂刊本。

文章辨体汇选 诗文总集。明贺复征编。七百八十卷。收录先秦至明末诗文，乃贺氏因吴讷《文章辨体》所收不广而别为编选。体例仿吴氏，文体则增至一百三十二体。每体前均有凡例，多引前人评论，间有己说。材料丰富，足资参考。但因卷帙繁富，时有一体两出、一文见于两体、杂入伪作等弊。原书初仅有抄本，未及流传，清乾隆间收入《四库全书》。

中国历代文学作品选 文学总集。朱东润主编。三编，六册。上编为先秦、秦汉、三国两晋南北朝，中编为隋唐五代、宋，下编为元、明、清、近代。编者说明称："本书所选以各时期各种体裁的重要作家代表作品为主，以思想性、艺术性统一为选择标准，同时注意作品题材的广泛性和风格的多样性。"各时期作品略按诗歌、辞赋、散文、小说、戏曲等体裁分别排列，注明版本，有著作介绍或作者介绍，单篇作品有解题、注释。全书作为国内高等学校文科教材，选收作家作品较为全面，也可供一般古典文学爱好者阅读。初版于1962年，1979年上海古籍出版社再版，由编者作了若干修订，后又多次重印。另1981年又由上海古籍出版社出版简编本二册。

古今岁时杂咏 诗总集。宋蒲积中编。四十六卷。据晁公武《郡斋读书志》记载，宋绶曾手编古诗由魏晋迄唐宋人岁时章什，集为十八卷，后益为二十卷。蒲积中在此基础上，于宋高宗绍兴年间(1131—1162)，续为此书。其自序云："宣献所集，允称广博。然本朝如欧阳、苏、黄与半山、宛陵、文潜、无已之流，逢时感慨，发为词章，不在古诗之下。因取其卷目而择今代之诗附之，名曰古今岁时杂咏，锓版以传。"宋绶原本收诗共一千五百零六首，蒲积中增至二千七百四十九首，所增颇多宋诗名作。自一卷至四十二卷，分为元日至除夜二十八目，其后四卷则凡只题月令而无节序之诗皆附于后。有旧抄本，清乾隆间收入《四库全书》。另有1994年上海古籍出版社排印本。

回文类聚 诗总集。宋桑世昌编。四卷。专收回文体诗，以苏蕙《璇玑图诗》冠首，且绘像于前，以明创造之功。《四库全书总目》指摘其失考疏漏处数条，但又谓："唯是咏歌渐盛，工巧日增，诗家既开此一途，不可竟废，录而存之，亦足以资博洽。"书末有编者跋，称至道御制登载卷首，而今本已无。有旧抄本、清康熙中刊本、乾隆间《四库全书》本。另《补遗》一卷，清康熙中朱存孝编，所采兼及明人，但所缺漏者仍多。有《四库全书》本。

古今诗删 诗总集。明李攀龙编。三十四卷。选录历代之诗，每代各自分体，始于古逸诗，次以汉魏晋南北朝，次以唐，唐以后不录宋元诗只字，直继以明，多录同时诸人之诗。《四库全书总目》云："盖自李梦阳倡不读唐以后书之说，前后七子，率以此论相尚，攀龙是选，犹是志也。"又称此书"真门户之见，入主出奴，不缘真有限断"，"然明季论诗之党，判于七子，七子论诗之旨，不外此编，录而存之，亦足以见风会变迁之故、是非蜂起之由，未可废也"。有明嘉靖中刊本、清乾隆间《四库全书》本。

古今禅藻集 诗总集。明正勉、性涵编，普文辑。二十八卷。《四库全书总目》谓此书所录"皆释子之作，而不必其有关于佛理，曰禅藻者，犹曰僧诗云尔。所载上起晋支遁，下迄性涵所自作，以朝代编次，每代之中，又自分诸体。中间如宋之惠休、唐之无本，后皆冠巾仕宦，一概收之，未免泛滥"，"他如卷一之末独附赞铭诔赋"，"于例亦为不纯"，"特其上千千年，网罗颇富，较之《唐僧宏秀集》惟取一朝，《宋九僧诗》但备数家者，较为完具，存之亦可备采择焉"。有明刊本，约刊于天启、崇祯间，另有清乾隆间《四库全书》本。

古诗选 诗总集。清王士禛编。三十二卷。按朝代编列，前十七卷录汉魏至唐代五言古诗，后十五卷录上古至金元七言古诗。每体前各有"凡例"一篇，分别叙述五言和七言古诗的流变，兼及本书分卷安排。编者在诗歌发展上持传统的"正变"观念。五古以汉魏为宗尚，于汉诗几乎全收，魏晋以下从严，齐梁陈隋酌量录取，至唐代则仅选陈子昂、张九龄、李白、韦应物、柳宗元五人诗中较接近汉魏风格者。七古于初盛唐名家甄录较多，但“大旨以杜（甫）为宗”（七言诗凡例），杜甫以后之诗人，于唐代仅取韩愈（附李商隐《韩碑》一篇），于宋代取欧阳修、王安石、苏轼、黄庭坚、二晁、陆游，于金代取元好问，于元代取虞集、吴莱，俱属后世之“善学杜者”。有清康熙刻本和同治五年（1866）金陵书局刻本、民国间《四部备要》排印本。乾隆间闻人倓曾加笺注，有乾隆三十一年（1766）芷兰堂刻本，1980 年上海古籍出版社据以排印。

佩文斋咏物诗选　诗总集。清张玉书等编。佩文斋为清圣祖书斋名，因此书系清圣祖御定，故名。汇集汉魏六朝至明代咏天文地理人事虫鱼鸟兽草木之诗作，凡四百八十六类，各体诗一万四千五百九十首，按著者存世先后排列，分载六十四册。书前有高舆成书进呈表，列纂辑者姓名，又有总目、细目。体例较善，分类精当，是古代咏物诗集大成者。有清康熙四十六年（1707）内府刊本，乾隆间收入《四库全书》，重厘为四百八十六卷。

历代题画诗类　诗总集。清陈邦彦等编。一百二十卷。分为天文、地理、山水、名胜、古迹、故实、闲适、古像、写真、行旅、羽猎、仕女、仙佛、神鬼、渔樵、耕织、牧养、树石、兰竹、花卉、禾麦蔬果、禽类、兽类、鳞介、花鸟合景、草虫、宫室、器用、人事、杂题等三十类。一类之中，又各以题为次，如天文类之云雨阴晴，地理类之山川城郭，所收诗达八千九百余首，集历代题画诗之大成。前有康熙四十六年（1707）清圣祖序，称此书“不逾几席，而得流观山川险易之形，近在目前，而可考镜往代留遗之迹，以至农耕蚕织，纤悉具陈，鸡犬桑麻，宛然如睹”。前另有编者《凡例》。有清内府刊本，另有乾隆间《四库全书》本，上海古籍出版社 1993 年据以影印。

七言律诗钞　诗总集。清翁方纲编。十八卷。录唐宋金元一百零九家七律七百六十余首，按朝代编列，计唐诗八卷、宋诗六卷、金诗二卷、元诗二卷。书前“凡例”概括叙述七言律诗的演进过程，以“诗人之诗”、“才人之诗”、“学人之诗”作为诗歌流别的分野，称齐梁以下为“才人之诗”，初盛唐为“诗人之诗”，杜甫为“学人之诗”，而以杜诗为最高境界。杜甫之后，独中唐韩愈能“起衰式靡”，然于七律未暇及，直至北宋中叶王安石、苏轼诸人“乃能精微合拍”，这一诗歌统绪为清中叶宋诗派的重要纲领，并开启晚清同光体诗人“三元”说（按指以开元、元和、元祐为诗歌宗主）的先声。本书编选即遵循这一原则，其选录各家诗，有多人合卷与单人立卷之分，而作为重点之单人立卷，在唐有杜甫、白居易、杜牧、李商隐，在宋有王安石、苏轼、黄庭坚、陆游，在金有元好问，在元有虞集，基本上属于翁氏所列统绪及后世规摹杜甫的诗人，由此不难窥见其宗旨。所录诗篇皆白文，无笺注评点。有清乾隆四十六年（1781）刻本，并辑入乾隆、嘉庆间所刊《苏斋丛书》。

四妇人集　诗总集。清沈绮云编。录唐、宋、元四位女诗人诗集，共四卷，计《唐女郎鱼玄机诗》一卷、《唐女郎薛涛诗》一卷、《宋杨太后宫词》一卷、《元孙淑绿窗遗稿》一卷。所据皆善本，印刻精良，卷后并附考异、校勘。前三种刻于嘉庆十五年（1810），后一种刻于嘉庆二十四年，有云间沈氏刻本，1923 年海宁陈氏慎初堂曾予影印。

诗比兴笺　诗总集注本。近代陈沆编。四卷。选录汉魏乐府古诗及自汉迄唐文人五七言古诗四百余首，加以简要笺释，着重阐述作者意旨所在，“使读者知比兴之所起，即知志之所之”（魏源《序》），可供参考。但常穿凿附会，歪曲题旨；亦有疏于考证之处。或谓此书系魏源寓居陈沆家中时所作，用沆名义刊行。有清咸丰间刻本。1959 年中华书局上海编辑所出版排印本。

十八家诗钞　诗总集。近代曾国藩编。二十八卷。录六朝曹植、阮籍、陶渊明、谢灵运、鲍照、谢朓，唐王维、孟浩然、李白、杜甫、韩愈、白居易、李商隐、杜牧，宋苏轼、黄庭坚、陆游及金元好问共十八家诗六千五百九十九首，分体编排，计五古九卷、七古七卷、五律三卷、七律六卷、七绝三卷。此书集中选录各个朝代几个大家的诗作，并突出其创作的某些方面，以显示某家某类诗歌的主要成就。除杜甫各体兼收外，如李白便不取其七律，韩愈不录其近体，苏、黄、陆皆不选五言，而王维、孟浩然仅存五律，白居易只收七古，李商隐、杜牧、元好问专取七律，于此可见用心。但此书选诗并不拘守一格，如五古在编录汉魏六朝诸家之后，接以李白、杜甫、韩愈三家，正足以体现这一诗体在唐代的新变；七绝除择取李白以代表盛唐外，还重点甄收杜甫、苏轼诸人，以展示别样的风格。所录诗作有圈点及少量批注，或考释，或评析，皆精当。部分篇章附题解，亦可参考。有清同治传忠书局刻《曾文正公全集》本和1920年上海商务印书馆铅印本，《四部备要》亦加收录。另清吴汝纶有《十八家诗钞评点》，1914年京师国群铸一社刊行；近人陈存悔等又有《详注十八家诗钞》，1926年上海中原书局印行。

崇古文诀 文总集。宋楼昉编。三十五卷。选秦汉以下至宋古文凡二百余篇。繁简适中、篇目较备，每篇文前有一段评语，数言至数十言不等，言简意赅。与吕祖谦《文章关键》，谢枋得《文章规范》并为世所传诵，明清两代流传尤广。有《四库全书》本。

古文集成前集 文总集。宋王霆震编。七十八卷。收录先秦至南宋散文五百二十二篇，以宋文为主。编排上以天干为序，计甲集六卷，乙集八卷，丙集七卷，丁集九卷，戊集八卷，己集八卷，庚集八卷，辛集七卷，壬集八卷，癸集九卷。皆标明为“前某集”，可知或原有后集已佚，或原拟续编未果。每集又按文体编排，计有序、记、书、表、论、铭、箴、封事、疏、图、辩、原、辞、议、问对、设论、戒等。此书保存了不少后来别集失传的宋代作家作品，其所引用的宋人评注材料，后代也已有不少散佚，故对宋代文学研究有相当价值。原本为南宋书肆所刊，今有《四库全书》本。

古文关键 文总集。宋吕祖谦编。二卷。共选录韩愈、柳宗元、欧阳修、曾巩、苏洵、苏轼、张耒七人散文六十余篇。各标举其命意布置之处，指示学习门径，故名为“关键”。卷首总论读文作文之法，以教初学者。有明嘉靖刻本，清康熙刻本，《金华丛书》本，通行有《丛书集成初编》本。

成都文类 诗文总集。宋扈仲荣、杨汝明、费士戣、何悳固、宋德元、徐景望、程遇孙编集。五十卷。凡赋一卷，诗歌十四卷，文三十五卷。上起西汉扬雄，下至宋孝宗淳熙年间的作品，共收诗文、赋一千余篇。内容多为历代骚人墨客对蜀地山川之灵秀，文物古迹之繁盛，奇观绝景、风土人情的歌咏和摹写，是一部跨时代的具有浓郁地方特色的诗文总集。按文体不同分为十一门，又因作者大多为蜀人，故名。每类之中，仿《文选》之体例，又各有子目。袁说友作序。有《四库全书》本。

文章轨范 文总集。宋谢枋得编。七卷。书首有王守仁序，称此书为科举应试而选。收录汉末至南宋散文。王序称有六十九篇，实收录六十七篇。其中收韩愈文最多，为三十一篇。苏轼次之，为十二篇。再次柳宗元、欧阳修各五篇。苏洵四篇，范仲淹二篇，诸葛亮、元结、杜牧、李觏、李格非、王安石、胡铨、辛弃疾各一篇。体例上，前二卷题曰“放胆文”，后五卷题曰“小心文”。每卷首列所举文章之特点及要旨，各篇有批注圈点，指出其精妙之处，明示写作之法。有明刊本、清康熙刻本、乾隆刻本、《四库全书》本，通行有清光绪间刊《谢叠山先生详注四种合刻》本。

赤城集 文总集。宋林表民编。十八卷。表民尝续陈耆卿《赤城志》，复取记、志、书、传、铭、诔、赞、颂之文一百八十二篇，辑为此集。皆为题咏台州之作，台州故城在今浙江临海县东南，赤城山在其北，故名。《文渊阁书目》卷九著录：“《赤城集》一部十册残阙。”《四库全书总目》谓此集“前有淳祐八年(1248)吴子良序，称分门荟粹，并诗为一。今此集仅有文一百八十二首而无诗。又明谢铎《赤城新志》载《赤城集》二十八卷，有刻本在内阁，而此本亦只十八卷，疑原本尚有诗十卷，为传抄者所脱佚，已非完本矣”。有《四库全书》本、《台州丛书》本。

文编 文总集。明唐顺之编。六十四卷。收录周至宋文章。分三十三类排列。于唐宋两代，惟取韩愈、柳宗元、欧阳修、苏洵、苏轼、苏辙、曾巩、王安石八家文章，显然受明初朱右所编《八先生文集》影响。唐氏为明“唐宋派”中人，深于古文，妙解文理，所选皆习诵之文，又标举文章脉络，明示学文门径，故此书在明清学子中流传甚广。稍后茅坤编《唐宋八大家文钞》即受其启发。有明天启刻本、清《四库全书》本。

四六法海 文总集。明王志坚编。十二卷。收录魏晋至元代四六文(骈文)。仿《文选》体例，分敕、诏、册文、赦文、制、手书、德音、令、教、策问、表、章、札子、状、弹事、笺、启、书、颂、移文、檄、露布、牒、诗文序、宴集序、赠别序、城山序、记、史论、论、碑文、志铭、行状、铭、赞、七、连珠、志、哀册文、吊祭文、判、杂著等四十二类。卷首有序，概述魏晋以后四六文发展源流、变化轨迹，指出各时期特色。正文前有凡例。每篇之后，或笺注其本事、或考证其异同、或胪列其始末。对研究四六文，颇资参考。《四库全书总目》称“四六之源流正变，具于是编矣”。《四库全书简明目录》谓其为“四六中第一善本也”。初刻于明天启七年(1627)，有《四库全书》本。清蒋士铨加以选评，成《忠雅堂评选四六法海》八卷，有清光绪三年(1877)重刊本、

1936年上海鸿文书局印行本。

古文渊鉴 文总集。清徐乾学等编。六十四卷。收录春秋至宋代文章。每篇各有评点，名物训诂各有笺释，并附前人评语。此书收文较富，有文学史料价值。然因是奉敕所作，且经康熙“御选”，体现了清廷标准，自有其局限。有清内府刊本、古香斋套印本、《四库全书》本等。

古文观止 文总集。清吴楚材、吴调侯编。十二卷。共收录先秦至明末各家文二百二十二篇。以散文为主，兼录骈文、韵文。编排上与《文选》以来习用的按文体分类排列有异，大致按时代先后为序，分为七个时期，每个时期都有重点作家和作品。每篇作品均有精当的评注分析。所收多为名篇和代表作，能兼顾各种风格、体裁，较少派别的偏见，加上篇幅适中，可读性强，符合雅俗共赏要求，成书后即风行海内，成为学习古文的启蒙读物，为清以来流传最广的文总集。初刻于清康熙三十四年(1695)，后映雪堂本较流行。文学古籍刊行社于1956年据映雪堂刊本断句印行，1959年中华书局重排出版。

历代赋汇 文总集。清陈元龙编。一百八十四卷。收赋三千八百三十四篇，上起战国，下至明代。内正集一百四十卷，分天象、岁时、地理等三十类，系“有关于经济学问者”(《四库全书总目》，下同)；外集二十卷，分言志、怀思、行旅等八类，系“劳人思妇，哀怨穷愁，畸士幽人，放言任达者”；逸句二卷，系“佚文坠简，片言单词，见于诸书所引者”；补遗二十二卷。“二千余年体物之作，散在艺林者，耳目所及，亦约略备焉。”前有康熙四十五年(1706)御制序与陈元龙告成进呈表。有清内府刊本，乾隆间收入《四库全书》。另有光绪间双梧书屋刊俞樾校订本，1987年江苏古籍出版社、上海书店联合据之影印出版。

古文雅正 文总集。清蔡世远编。十四卷。卷首《自序》曰：“名之曰雅正者，其辞雅，其理正也。”收录汉至元文章二百三十六篇。所收以古文为主，亦收部分骈文。在当时颇有影响。《四库全书总目》称其“以理为根柢，而体杂语录者不登；以词为羽翼，而语伤浮艳者不录”。有清乾隆刻本、道光刻本、《四库全书》本。

续古文苑 诗文总集。清孙星衍编。二十卷。收录周至元代金石、传记、地志和类书中遗文，以补《文选》、《古文苑》之缺。按体分类，体例仿《古文苑》，又参考《文选》，有所调整，收录钟鼎文字，为其一大创例。所收诗文皆正史及类书、别集所未载。各篇均注明出处，凡金石刻文都附注拓本年月，并留碑刻阙字空白，以便日后刊补，足见其安排之精细。于保存古代文献颇有贡献。有清嘉庆《平津馆丛书》本、《丛书集成初编》本。

古文辞类纂 文总集。清姚鼐编。七十五卷。收录先秦至清初文章共七百余篇，分论辨、序跋、奏议、书说、赠序、诏令、传状、碑志、杂记、箴铭、颂赞、辞赋、哀祭等十三大类，间附小类。所收作品以唐宋八大家为主，亦收录《战国策》、《史记》、两汉散文家、明归有光和清方苞、刘大櫆等的作品。全书有总序，各类有小序，每篇又各有评语、考订和圈点。由于选录较多名篇，评点亦时有精辟之解，对古文学习有借鉴和参考作用，当时流传甚广。然因编者为桐城派中坚，论文主“义理”、“考证”、“文章”三者合一，选文标准过于偏狭，因而诸多名篇未能选入，而入选作品中，奏议、碑志所占比重又过大。初刻于清嘉庆间，为姚氏初稿本。道光时吴启昌、光绪时李承渊重刻，为姚氏晚年定本。另有道光间合河康氏刊七十四卷本，同治间江苏书局据之重刊。民国间有《四部备要》本及世界书局排印本，流行较广。另有中国书店1985年影印世界书局本。注本有民国十二年(1923)上海广益书局印行徐斯异、阙家祺、郑家祚、胡惠生等《评点笺注古文辞类纂》。此书另有续编，如近代王先谦《续古文辞类纂》三十四卷，黎庶昌《续古文辞类纂》二十八卷。

乾坤正气集 文总集。近代姚莹编，顾沅补。五百七十四卷。采录自战国屈原至明朱集璜等人文，共一百零一家。首载各人生平传略。其中有不少反对民族压迫，反对权奸误国，具有强烈爱国主义思想，洋溢着英雄气概的作品；亦有一些作品表现出浓重的封建正统观念。编者兼容并蓄，概以“乾坤正气”称之。有清道光刊同治印本。又编有节本二十卷，称为《小乾坤》，有道光间刊本。

经史百家杂钞 文总集。近代曾国藩编。二十六卷。选录先秦以来经史百家散文。体例与姚鼐《古文辞类纂》相近，共分论著、词赋等十一类，每类以六经冠其首。《古文辞类纂》有取材过狭之弊，不选六经、《左传》、《国语》、《孟子》、《庄子》中佳作，史传文收录亦少，编者不满于此，故编是书。其收录范围较广泛，加之编者为古文大家，又官居高位，故此书流传甚广。有清同治、光绪间传忠书局刊《曾文正公全集》

本。通行有民国间《四部备要》本。另有岳麓书社排印本。

骈文类纂 文总集。近代王先谦编。四十六卷。收录先秦至清末骈文。体例略同姚鼐《古文辞类纂》,卷首有《序目》,简述各类文章特点,并评论前人创作之得失。其入选标准注重雅洁,反对浮艳。有清光绪刻本。

续古文辞类纂 文总集。近代黎庶昌编。二十八卷。凡上、中、下三编。上编为经子,系补姚鼐《古文辞类纂》,分十一类,又据曾国藩《经史百家杂钞》之目,补列叙记、典志;中编为史,采《史记》、《汉书》等史书中之文,分九类;下编为清代之文,但仅限于方苞、姚鼐前后作家之文,分类同于上编,收文二百四十余篇。编者为曾门弟子,故对桐城派文之弊端有所认识,而极推尊曾国藩,编纂宗旨承继曾氏《经史百家杂钞》,实系扩增姚氏《古文辞类纂》,弥补其不足,而非仅为续补。前有光绪十五年(1889)编者序。有光绪十五年刊本。民国二十五年(1936)中华书局据原刻本排印,收入《四部备要》行世,为今通行本。

历代文选 文总集。冯其庸等编注。两册。上册起自先秦,终于南北朝,下册始于唐代,迄于清末。选录历代文章一百五十篇,包括散体文,亦有部分骈体文、赋文。书首"前言",概述中国历代文章发展历史;次有"编例",说明选文原则、体例。作家、作品略按时代先后为序排列。每家有小传,每篇有题解和注释。因其选目较恰当,有一定代表性,基本兼顾了思想性和艺术性,题解和注释也较精当,故在读者中有相当影响。中国青年出版社1962年出版。

古代散文选 文总集。隋树森等编选。三册。共选先秦至清代散文二百四十六篇。上册为先秦至六朝文,中册为唐宋文,下册为元明清文。上册前有"编者的话",概述编写意图、体例等。每篇作品均有题解、作者介绍、注解和段落大意提示。每册后有一篇附录,扼要介绍有关文言文常识。主要为满足中学语文教师、师范院校中文系学生、高中毕业生和在职干部阅读和进修需要所编,故选文较广泛,多为名篇,不选过于艰深之文,注解也较详细,而"提示"和"附录"更为一般选本所不见,对中等文化程度读者颇有帮助。人民教育出版社1962年出版上册,1963年出版中册,1981年出版下册。

中国历代散文选 文总集。刘盼遂、郭预衡主编。两册。收入先秦至清末散文二百余篇。选文尽可能注意到思想性和艺术性的统一,也收有纯艺术性的篇章,并适当照顾题材的多样性。所选各家均有简介,各篇皆有题解、注释,题解指明写作背景,注释酌引典故出处,时列异说它义,对个别难懂之句,另附串释。本书作为高校中文系教材,对教师讲授和学生阅读都相当有益。书前《编注说明》说明编写体例,《前言》简述我国历代散文发展的大致经过。本书于1961年开始编选,1966年前完稿送审,但未付印,1978年作者对原稿作增补修改后,1980年由北京出版社出版。

词林万选 词总集。明杨慎编。四卷。共收自晚唐温庭筠至明高启共七十余家二百二十九首词。据卷首任良幹序文称,杨慎家中藏有大量唐宋人词集,颇为全备,暇日择取其中的绮练之作,编为是书。序中又称该选皆为《草堂诗余》所未收之作,其实不尽然。编录体例颇为杂乱,所选词家既不以时代先后为序,一人之作又散见于各卷,且署名或字或号,前后不一。作者误署、词牌误题、字句妄改之失,亦均未加考释。有明嘉靖二十一年(1542)刻本、明末毛晋汲古阁刻本、《词苑英华》本。

林下词选 词总集。清周铭编。十四卷。选历代女子之词。卷一至四为宋词,卷五为元词,卷六至九为明词,卷一〇至一三为清词,卷一四为补遗。编者《凡例》称"余不敏,欲辑宋末以逮国朝"、"搜览之余,先订历代闺秀,为《林下集》以公诸世,要亦尝鼎一脔也"。又谓其书得自叶仲韶《填词集艳》、沈凤羽《初蓉集》未刊秘本为多。卷首有康熙十年(1671)尤侗、吴之纪、赵沄序,参校姓氏题朱彝尊、徐釚等十余人。有康熙十年宁静堂刊本,后版归海阳金成栋,改署"海阳金天三辑"重刊。

词综 词总集。清朱彝尊编,汪森补编。三十六卷。清初词集传本甚稀,词家多奉《草堂诗余》为圭臬,朱氏病其去取不精,遂选唐五代至金元词得十八卷,后又增为二十六卷,汪森又从苕霅间藏书家抄录四卷,复增补人、补词各三卷,成三十六卷本,收六百五十余家词作二千二百余首。康熙十七年(1678)汪森序云:"计览观宋元人词集一百七十家,传记、小说、地志共三百余家,历岁八稔,然后成书。"在汪氏序、朱氏凡例中,较为系统地阐述了浙派词学观点。《四库全书总目》评其"立说大抵精确,故能选择不苟如此",王昶《明词综序》亦称其"为后世言词者之准则"。然清代后期,陈廷焯

《白雨斋词话》则贬其"不知词之本原"，文廷式《云起轩词钞序》亦斥之为"意旨枯寂"。有康熙三十年裘杼楼刊本，1975 年中华书局据之影印出版。又乾隆间《四库全书》抄入本则为三十四卷。另有嘉庆初王氏三泖渔庄刊三十八卷本，王昶增入补入二卷，同治四年(1865)、光绪二十八年(1902)先后重刊，民国二十五年(1936)中华书局又据王本排印，收入《四部备要》。今通行本为 1978 年上海古籍出版社据裘杼楼本点校排印本。

历代诗余 全名《钦定历代诗余》。词总集。清沈辰垣等编。一百二十卷。所选自唐至明人词作共一百卷，一千五百四十调，近万首。此外有词人姓氏十卷，词话十卷。康熙四十六年(1707)奉敕编订，清世祖作序。以字数多寡分卷，以调之长短为次，同一调中以词人的生活年代为序。搜集繁富，内容浩瀚，以风华典丽而不失于雅正之作为准式，沉郁排宕、寄托深远、不涉绮靡、卓然名家之作尤多选录。《四库全书总目》称赞该书"网罗宏富，尤极精详，自有词选以来，可云集其大成矣"。但编审有失精详，讹误屡见。有清内府刊本及民国蟫隐庐印本。1984 年杭州古籍书店据后者影印。

四印斋所刻词 词集丛书。近代王鹏运编刻。王氏自清光绪七年(1881)始，历时二十四年，校刻五代、宋、金、元人词别集、总集及词学著作达五十五种，并取其书斋之名，汇刻为此集。所刻吴文英《梦窗甲乙丙丁稿》、朱敦儒《樵歌》及周密《草窗词》均系单刻，未收入丛刻。王氏旁搜博采，所据有金、元旧刻、诸家抄本、辑本和流传极少之明清刻本，所刻各词除少数金、元旧刊为保存原书风貌而采用影写外，多经反复校勘，极为精审。有清光绪中王氏家塾刻本及民国时中国书店影印本，均流传不广，尤以光绪本更稀少。1989 年 8 月，上海古籍出版社据光绪本影印，王氏单刻之《梦窗甲乙丙丁稿》、《樵歌》、《草窗词》也附编于后，又新编词名及首句索引附于其后，颇便检索。

艺蘅馆词选 词总集。梁令娴编。五卷。内甲、乙、丙、丁四卷为正编，各卷分收唐五代、北宋、南宋、清代及近代词，合计五百九十七首；另戊卷为补遗，计七十九首。附录李清照《词论》、杨缵《作词五要》、张炎《词源》、陆辅之《词说》、周济《词选序论》、况周颐《玉梅词话》六种。编者从麦孟华受业时，自抄历代词以资讽诵，初录近二千首，后经业师删汰，始成此本。例言称"所抄以宋词为主，南宋尤夥"。于两宋名家，尤注重周邦彦、辛弃疾、姜夔、王沂孙、吴文英、周密、陈允平、张炎八家，以为"词之李、杜、韩、白"。词学观近于常州派，录张惠言、周济、谭献评语颇多，亦有康有为、麦孟华及编者本人与其父梁启超等评语。有光绪三十四年(1908)编者自序初刊本，另有民国二十四年(1935)中华书局排印本等。近有 1981 年广东人民出版社排印本。

景刊宋金元明本词 词集丛书。近代吴昌绶、陶湘辑刊。该书系吴昌绶《仁和吴氏双照楼景刊宋元本词》十七种、陶湘《武进陶氏涉园续刊景宋金元明本词》二十三种及陶氏《叙录》一卷、《补编》三种之总称。吴氏书斋曰"双照楼"，陶湘号涉园，因以名其集。吴昌绶自清宣统三年(1911)起至民国六年(1917)，致力于影刊历代名人全集中之词集，搜集宋元明人词计四十种付梓，刻成十七种，计影宋本十二种、影元本三种、影明本二种。后因资绌中辍，遂将已刻之木版及未刻之稿本归陶湘。湘自购得吴氏影刊宋元本词书版权未刊稿本后，即承其义例，于民国六年至十三年续刊至四十种，后又刊《补编》三种。陶氏续刊者计影宋本八种、影金本一种、影元本十一种、影明本六种。吴、陶二氏所影印者皆为罕见之善本，且不乏世之仅存者。为存其真，均影写成帙，延请名手雕刊，其原本舛误者，亦依其旧，不妄加改动。故所据各本之本来面目皆赖以得传，于词学研究贡献颇大。1982 年北京中国书店曾将其重印，并收入陶湘刊《景汲古阁钞宋金词》七种，共五十种，一百五十卷，卷首有启功序，加列总目。1989 年上海古籍出版社又据吴氏双照楼及陶氏涉园原刊本影印，书末附有吴氏题记，另附有《词名索引》。

彊村丛书 词集丛书。近代朱孝臧(彊村)编校。为现存词集四大丛刻(另三种为毛晋《宋六十名家词》、王鹏运《四印斋所刻词》、吴昌绶《双照楼景刊宋金元明本词》)之一。共收唐宋金元词集一百七十三种(总集五种，别集一百六十八种)，且自立义例，校勘精审，为同类其他汇刊丛刻所不及，故既有广搜博采之实，又有考订校雠之功。张尔田《彊村遗书序》认为清代词学先历三盛：万树《词律》出而后倚声者人知守律；戈载《词林正韵》出而后倚声者人知审音；张惠言《词选》出而后倚声者人知尊体。最后《彊村丛书》出而后校勘乃有专家，表明清末词学臻于极盛。为近代词籍校勘之学的最大成果。其校勘遵循正误、校异、补脱、存疑、删复之原则，辨源流、择善本、别诗词、补遗佚、存本色、订词题、校词律、证本事，所校各本有总集及宋人别集之题跋三十四篇，于宋人词籍版本考订颇详。凡经三次校补印行，初刻于民国六年(1917)问世，卷首列曹元忠序，除总集外收别集一百一十三家。民国十一年第三次校补，收总集、别集共一百七十三种，二百六十一卷。1962至1963年，扬州古旧书店用朱氏原版重印。1979年，江苏广陵古籍刻印社亦用朱氏原版重印。1989年7月，上海书店及江苏广陵古籍刻印社又据1922年朱氏刻本缩印，1989年8月，上海古籍出版社将其与《彊村遗书》合为一集影刊，底本为第三次校补本，此本除收罗完备校刻精审外，更有夏敬观亲笔手批及墨圈，另有少量墨迹为汪东手笔，书末附有正文索引。

金元明清词选 词总集。夏承焘、张璋编。吴无闻、黄畲、周笃文注释。二册不分卷。共选金词二十八家五十首，元词五十一家八十一首，明词六十一家一百二十首，清词八十七家二百十四首。编者前言称"取材以思想健康、艺术性强者为主。思想无害而又艺术性较高、影响较大者，也酌予收录，以存各派风貌"，"意在捋撦文献，以觇词学之兴替，并借此了解当时社会生活之一个侧面，供词学爱好者阅读"。除注释外，有作者小传及评语。所录名家名篇颇多，前言对金、元、明、清四代词的流变所作评析也较中肯。有1983年人民文学出版社排印本。

乐府小令 散曲总集。清无名氏编。十二卷。凡元张可久《张小山小令》二卷、乔吉《乔梦符小令》一卷，明王彦泓《疑雨集》四卷，清郑燮《板桥道情》一卷、尤侗《西堂乐府》一卷、董伟业《扬州竹枝词》一卷、朱彝尊《叶儿乐府》一卷、厉鹗《北乐府小令》一卷。内《疑雨集》为香奁体诗，《板桥道情》为道情，《扬州竹枝词》为七言绝句，均非散曲。有雍正间刊本。

散曲丛刊 散曲丛书。任讷(即任中敏，别署半塘)编。包括校记共五十六卷。内有元杨朝英辑散曲总集《乐府新编阳春白雪》、胡存善辑散曲总集《类聚名贤乐府群玉》，有元马致远《东篱乐府》、乔吉《梦符散曲》、张可久《小山乐府》、贯云石与徐再思《酸甜乐府》，有明康海《沜东乐府》、王磐《王西楼先生乐府》、沈仕《唾窗绒》、冯惟敏《海浮山堂词稿》、施绍莘《秋水庵花影集》，有《清人散曲选刊》收朱彝尊《曝书亭叶儿乐府》、厉鹗《樊榭山房集北乐府小令》、吴锡麒《有正味斋集南北曲》、许光治《江山风月谱散曲》、《香销酒醒曲》，附徐大椿《洄溪道情》，另有研究著作任讷《中原音韵作词十法疏证》一卷、《散曲概论》二卷、《曲谐》四卷。《丛刊》收录散曲集较多，并据他书补辑遗佚，校勘亦较精审，有重要文献价值。内《散曲概论》为最早的散曲研究著作。民国二十年(1931)中华书局排印出版。

饮虹簃所刻曲 散曲丛书。卢前编。包括校记共四十六卷。所收有元卓从之《中州乐府音韵类编》，金无名氏《自然集》，元张养浩《云庄张文忠公休居自适小乐府》、乔吉《乔梦符小令》、张可久《张小山小令》，明朱有燉《诚斋乐府》、陈铎《秋碧乐府》与《梨云寄傲》、康海《沜东乐府》、王九思《碧山乐府》、张錬《双溪乐府》、何塘《柏斋先生乐府》、李开先与王九思《南曲次韵》、韩邦奇《苑洛集》、常伦《常评事写情集》、金銮《萧爽斋乐府》、杨廷和《乐府余音》、杨慎《陶情乐府》、黄峨《杨夫人乐府》、杨慎等《玲珑倡和》、夏言《鸥园新曲》、刘效祖《词脔》、夏文范《莲湖乐府》、吴承恩《射阳先生曲存》、顾仲方《笔花楼新声》、张瘦郎《步雪初声》，清冯班《钝吟乐府》、沈自晋《黍离续奏》、《越溪新咏》、《不殊堂近草》。内除第一种为曲韵著作，其余均为金元明清的散曲别集，明人之作，收罗尤富，在《全元散曲》、《全清散曲》已出版行世，《全明散曲》尚未辑印的情况下，具有重要文献价值。有民国二十五年(1936)金陵卢氏刊本。

太平广记 小说总集。宋李昉等编。因成书于宋太宗太平兴国年间，故名。五百卷，另目录十卷。旧刻本开列引用书目三百四十三种，据近人《太平广记引得》统计，实引自汉至宋初的小说、笔记、稗史等四百七十余种，按题材分为九十二大类，一百五十余细目。内容多收神仙鬼怪、和尚道士等故事。收罗广泛，许多失传的书，赖此得以考见。后世之宋元话本、杂剧及明清小说、戏曲亦从中大量汲取题材。宋刻本已亡佚；明初主要以抄本流传；清人吴骞旧藏一种明刻本，曾经陈鳣依残宋本校过，现藏于北京图书馆；明嘉靖年间无锡谈恺据抄本重刻，今存；今人汪绍楹以谈恺本为底本，用陈鳣校宋本等版本校正，1959年由人民文学出版社出版，1961年中华书局修订重印。

类说 笔记小说总集。宋曾慥编。六十卷。编成于绍兴六年(1136)。系从汉以来二百五十二种笔记小说集中选录而成，每种书均"删削原文”，“取其奇丽之语”(《四库全书总目》卷一二三)。所收作品多自原书采录，少数摘自《绀珠集》，另于末卷辟《拾遗类总》一目，杂凑诸书而成。本书“集百家之说”(《自序》)，选录范围颇广，举凡杂史地志、小说笔记、道书佛典、兵法乐书、农书药典、诗话文论、画品书法、茶录酒谱等无所不备。其中具有小说性质的志怪、传奇及杂事、杂史，占有相当数量；另辑有不少遗文僻典，一些宋以后已经散佚的作品，赖本书还能窥其大略。本书保存了丰富的资料，具有较高的文献价值。但原文删节较多，且大多不著作者姓名。今传有《四库全书》本及文学古籍刊行社影印明天启六年(1626)本。

续谈助 小说丛书。宋晁载之编。五卷。收有小说二十种，其中《北道刊误志》、《大业杂记》、《琵琶录》、《乘轺录》等书，今皆不传，赖此书得窥其大略。所收书均为节选本，多有晁跋。有《十万卷楼丛书》本、《粤雅堂丛书》本。

绀珠集 笔记总集。编者不详。一说为宋朱胜非编。凡十三卷。以旧说张燕公有绀珠，见之则能记事不忘，故名。全集选录古书一百三十七种，上自先秦，下迄北宋，其中属小说、笔记者九十余种。因编者意在汇集词语掌故，故内容多经删节，文字皆为断片；然一些散佚的重要小说，可据以考订。有《四库全书》本。

说郛 笔记丛书。元末明初陶宗仪编，一百卷。为编者于元末避乱隐居华亭时汇辑。据其友人杨维桢序称，此书“取经史传记，下迨百氏杂说之书千余家纂成，一百卷，凡数万条”。时间自汉魏至宋元，题名取扬雄“天地万物郭也，五经众说郛也”之义。但今见此书已非原貌。大约编成后仅以抄本流传，明成化间已有散失。据都卬(1426—1508)《三余赘笔》称，原本七十卷，后三十卷乃松江某人取《百川学海》诸书足之。都卬以为七十卷以前方为原本所有。又据弘治九年(1496)上海人郁文博《说郛序》称，他于成化十七年(1481)罢职归里，借得《说郛》抄本一部加以校正，删去了与《百川学海》相重的三十六种书，又作了一番校勘补缺的工作，仍编成一百卷，但今见与《百川学海》相重者，大多仍保存在后三十卷中。郁氏刊本已不传，无法查证。1927年上海商务印书馆排印的涵芬楼本，是由近人张宗祥以多部明抄残本汇校而成。改正了错简脱文，“遇明抄，则缺者必借抄，重者借校。阅今六年，竟成全书”(张序)。仍一百卷，收书七百二十五种。虽比原称千家少多了，但不失为当今比较接近原貌的一个本子。《四库全书总目》云：是书“实仿曾慥《类说》之例，每书略存大概，不必求全。亦有原本久亡，而从类书之中抄合其文，以备一种者”。但原书卷数，多在题下注明，且文字上不作删改，以存原貌，此与《类说》有异。许多已不见流传的书，并赖以保存。亦有大量笔记杂著和传奇志怪作品，源自本书所收。陶氏所用版本其卷数与文字与今传本有异者，往往可考定为较早的一种，在版本研究和校勘上颇有价值。上海古籍出版社1988年影印出版的《说郛三种》收入了张宗祥校本。

说郛重编本 笔记丛书。明陶珽编。一百二十卷。由于陶宗仪原编一百卷早佚，成化间有郁文博者曾据残抄整理出一个本子，似乎未经广泛流传，即又佚失，于是有陶珽重编之举。重编收书约一千三百种，清顺治三年(1646)与他另编的《续说郛》一起，由李际期宛委山堂刊印。自清初迄民国十六年(1927)张宗祥整理本问世以前，流行者唯此重编本。《四库全书》收入的也是此本。陶珽重编此丛书，似非唯恢复原书为严格宗旨，往往妄增卷数，添加条目，改头换面，窜入他书之作。其间草率错讹之处，层见错出，且不见版本依据。如《四库全书总目》所指出的，“如《春秋纬》九种之后，又别出一种《春秋纬》，《青琐高议》之外，又别出一《青琐诗话》，《孔氏杂说》之外，又别出一《珩璜新论》；周密之《武林旧事》分题九部，段成式之《酉阳杂俎》别立三名……宗仪之谬，决不至于斯。”甚而至于把晚于陶宗仪的王逵《蠡海集》也补入了。此书在明末已开雕刻版，在尚未合成一书刷印的清顺治三年以前和以后，已经有人分别利用此书的各种刻版，另立名目分别刷印问世，如郑振铎所云：“后人得其残版者，更欺诈百端，巧立名目，并《续说郛》残版，或称《五朝小说》，或称《唐宋丛书》，或称《续百川学海》，或称《广百川学海》，皆得酬其欺，其实仅加刻一二道序目耳。”(《劫中得书记·说郛》)但亦未可完全泯灭此三百年《说郛》空白时期承继和传播此类书籍之功，“虽经窜乱，崖略终存。古书之不传于今者，断简残编，往往而在。佚文琐事，时有征焉，固亦考证之渊海也”(《四库全书总目》)。上海古籍出版社1988年影印出版的《说郛三种》亦收此书。

续说郛 笔记丛书。明陶珽编。四十六卷。为续陶宗仪《说郛》而编。《说郛》收书自汉魏至宋元，本编专收明人说部，共五百二十七种。其间有少量元明间人作品，甚或有明末之书，因而有学者对此书是否为陶珽所编尚容怀疑。有清顺治三年(1646)与《说郛》陶珽重编本合刊的宛委山堂刻本、顺治四年陶氏刻本。上海古籍出版社1988年影印出版的《说郛三种》亦收此书。

合刻三志 笔记小说丛书。题冰华居士编。冰华居士,疑即明潘之恒,曾用天都逸史冰华生名。书中《神僧传》、《鬼冢志》、《杜秋传》亦题"潘之恒校阅"。所说"三志",即指《虞初志》、《夷坚志》、《齐谐志》三书。实际为采录明以前志怪传奇类书和单篇作品计八十种分类编纂而成。《虞初》、《夷坚》仅占部分篇目。《齐谐志》早佚,所收实为吴均《续齐谐志》。全书分志奇、志怪、志异、志妖、志幻、志鬼、志梦、志寓八类。作品有的是改作:如据宋玉《神女赋》而作的《巫山神女梦》,据白居易《琵琶行》及序改作的《琵琶妇传》,据杜牧《杜秋娘》诗及序而改作的《杜秋传》,据杜光庭《仙传拾遗》故事改作的《怪道士传》等。还有妄改篇名,改题作者的,如改蒋防《霍小玉传》为《黄衫客》,改薛调《无双传》为《古押衙》,改杜光庭《虬髯客传》为《豪客传》。又题为元乔梦符的《续剑侠传》,实截取王世贞《剑侠传》后半而成。题为唐雍陶撰《稽神录》中有《玉杵臼》叙裴航遇仙事,《玉壶记》写元彻、柳实事,实均出自裴铏《传奇》。有明刻本。

六十家小说 白话短篇小说集。明洪楩清平山堂刊行。计《雨窗集》、《长灯集》、《随航集》、《欹枕集》、《解闲集》、《醒梦集》六集,各分上、下卷,每卷五篇,共六十篇,故名。各篇著者不详。所辑主要是宋元话本,也包括一部分明嘉靖以前的作品,间有文言传奇。据郑振铎推测,此当亦为说书人据以讲说的底本(《清平山堂所刻话本》)。其刊刻年代,马廉推定当在明嘉靖二十年(1541)至三十年间(《清平山堂话本序目》)。今已失传,惟日本内阁文库藏残本三册,十五篇。宁波天一阁旧藏有《雨窗》、《欹枕》二集十二篇(其中一篇残)。另有阿英发现的二篇残文。近代陆续以《清平山堂话本》之名出版。见"清平山堂话本"条。

清平山堂话本 白话短篇小说集。明洪楩辑。系其所刊《六十家小说》的一个辑印本。《六十家小说》已残佚。日本内阁文库藏残本三册十五篇,无集名。1929年马廉氏据所摄照片由北平古今小品书籍印行会影印出版,因版心"清平山堂"字样而取此名。计收《柳耆卿诗酒玩江楼》、《简帖和尚》、《西湖三塔记》、《合同文字记》、《风月瑞仙亭》、《蓝桥记》、《快嘴李翠莲记》、《洛阳三怪记》、《风月相思》、《张子房慕道记》、《阴骘积善》、《陈巡检梅岭失妻记》、《五戒禅师私红莲记》、《刎颈鸳鸯会》、《杨温拦路虎传》。1933年,马廉又从宁波天一阁所藏得《雨窗集》和《欹枕集》下卷共十二篇,因再出影印本。计收《花灯轿莲女成佛记》、《曹伯明错勘赃记》、《错认尸》、《董永遇仙传》、《戒指儿记》(残)、《羊角哀死战荆轲》、《死生交范张鸡黍》、《老冯唐直谏汉文帝》、《汉李广世号飞将军》、《夔关姚卞吊诸葛》、《雪川萧琛贬霸王》、《李元吴江救朱蛇》。1955年文学古籍刊行社合集影印。宋元旧篇多误字夺字,影印时一仍其旧,以窥原貌。1957年上海古典文学出版社出版由谭正璧校注之排印本,附阿英发现的《翡翠轩》及《梅杏争春》二篇残文,1987年上海古籍出版社新版重印。

古今说海 笔记与文言小说丛书。明陆楫编。二百四十二卷,成书于嘉靖年间。《四库全书总目》著录云:"是编辑录前代至明小说,分四部七家:一曰说选,载小录、偏记二家;二曰说渊,载别传家;三曰说略,载杂记家;四曰说纂,载逸事、散录、杂纂三家。所采凡一百三十五种,每种各自成帙而略有删节。"名为"说海",实则是一部集汉唐至明的笔记、杂录等稗官野记及文言小说的汇编,有单篇作品,也有笔记杂著集,内容广泛,包括许多珍贵的文化史料。如说选偏记家收《真腊风土记》,一书共三十七篇,分别记述从"城廓"、"宫室"至"酝酿"、"盐醋酱面"、"蚕桑"等异域风土人情。说渊六十四卷,则均为唐宋以来之传奇文,如《昆仑奴传》、《李章武传》、《聂隐娘传》等唐代名篇。明人作品有《中山狼传》等。有的作品与明代通俗话本关系密切,如《韦自东传》、《吴保安传》、《杜子春传》、《辽阳海神传》、《鱼服记》、《马自然传》、《李清传》、《白蛇记》等。说纂类收入《汉武故事》、《炀帝海山记》等一类古小说。有明嘉靖二十三年(1544)陆氏俨山书院刻本和清道光元年(1821)邵氏酉山堂重刊本。另有清宣统元年(1909)上海集成图书公司排印本,民国四年(1915)上海进步书局石印本。另有1988年巴蜀书社标点排印本。

灼艾集 笔记丛书。明万表编。嘉靖二十八年(1549)原刻分正、余、续、别四集,每集各分上、下,共八卷。正集二卷收书三十一种;续集二卷二十七种;余集、别集各二卷八种,总七十四种。内重复二种,实七十二种。万历二十九年(1601)其孙万邦孚重刻时,又增新集二卷,共计十卷。《百川书志》著录,作二卷,云是书"仿《意林》例,凡得于意,会于心者识之,采诸小说凡三十一种。"所指实仅正集。收书有唐苏鹗《杜阳杂编》、宋人王谠《唐语林》、明人敖英《绿雪亭杂言》、陆焕章《鹖峰杂著》等,但"每书只载一二条,或四五条,略似曾慥《类说》,而详情则不及之也"(《四库全书总目》),亦有长至数十条者。由于编辑较早,有一些不经见的笔记杂著保留了部分内容在此书中。还有崇祯三年(1630)王佐纂评本,十八卷。有《四明丛书》本。

顾氏文房小说 笔记、小说丛书。明顾元庆辑。收汉至五代作品四十部,多数为志怪传奇和笔记杂著。著名的如汉东方朔《海内十洲记》、郭宪《汉武帝别国洞冥记》,梁吴均《续齐谐记》,唐谷神子《博异志》、李德裕《柳氏旧闻》、薛用弱《集异记》、李翱《集异记》,宋林洪《山清杂事》、张耒《明道杂志》、吴枋《宜斋野乘》、洪皓《松漠纪闻》、传为苏轼的《艾子杂说》,以及五代王仁裕《开元天宝遗事》等。还有一些著名的单篇传奇,如《赵飞燕外传》、《白猿记》、牛僧孺《周秦行纪》、曹邺《梅妃传》、杜光庭《虬髯客传》、郭湜《高力士外传》等。所收还有《小尔雅》、《古今注》、《诗品》、《本事诗》、《文录》、《洛阳名园记》、《德隅斋画品》之类小学、训诂、地理、文艺批评著作。今存明嘉靖顾氏夷白斋刊本,上海涵芬楼据以影印。

顾氏四十家小说 笔记、小说丛书。明顾元庆编。所收除少数宋元人作品,如卢襄《西征记》、石茂良《避戎夜话》、徐显《稗史》等以外,多数为明人之作。编者自己的撰著,计有《云林逸事》、《茶谱》、《夷白斋诗话》、《阳山新录》、《檐曝偶谈》、《十友谱》、《瘗鹤铭考》等七部。是书与另编《顾氏文房小说》相类,主要收笔记杂著,稗官野记,较著者有徐祯卿《翦胜野闻》、陆针《病逸漫记》、都穆《听雨纪谈》、顾岭《海槎余录》、刘昌钦《悬笥琐谈》、姚福《青溪暇笔》、杨循吉《苏谈》等,也包括一些文史考辨、诗话、茶谱之类,内容错杂。有明嘉靖夷白斋刊本、《历代小史》本、民国二年(1913)上海古今图书局石印本。

广四十家小说 笔记、小说丛书。明顾元庆编。一说为袁褧编。是编乃继《顾氏文房小说》、《顾氏明四十家小说》之后所辑的一部笔记小说集。包括上自东方朔《神异经》,阙名《绿珠内传》、《宝椟记》,唐宋五代笔记、传奇《云仙散录》、《天隐子》、《渔樵闲话》、《陶朱新录》、《白獭髓》、《友会谈丛》、《桂苑丛谈》等。有的是不经见的作品 。元明人集有阙名《广客谈》、《冀越集》,祝允明的《读书笔记》、《江湖歼渠记》、《蚕衣》三种。又沈周《石田杂记》、王鏊《震泽纪闻》、伍余福《苹野纂闻》、杨循吉《苏谈》等。大凡稗官野史,笔记杂录,乃至道德格言均所不避,内容庞杂。有的仅为一部书的摘选,如辑自王定保《唐摭言》的《摭言妓馆五段事》,杂录各家单篇作品的《太湖新录》等。有一些志怪传奇等富有故事性的作品,如《苹野纂闻》中的《终南勇士》、《叶湘尸瘵》。历史故事如《震泽纪闻》中记明靖难之变中铁铉的故事。有明嘉靖顾氏夷白斋刊本、民国四年(1915)上海文明书局石印本。

艳异编 文言小说总集。题王世贞编著,又题息庵居士著。《千顷堂书目》与《贩书偶记续编》均有著录,有三十五卷与四十五卷本。今存通行本为明天启玉茗堂刊《正续艳异编》。有托名"玉茗居士汤显祖题"序一篇。正编四十卷、十七类,计:星、神、水神、龙神、仙、宫掖、戚里、幽期、冥感、梦游、义侠、徂异、幻术、妓女、男宠、妖怪、鬼,作品三百六十篇。《续编》二十三类,计:神、龙神、仙、鸿象、宫掖、幽期、情感、妓女、梦游、义侠、幻术、鳞介、器具、珍宝、禽、昆虫、兽、鬼、徂异、定数、冥迹、冥报、草木,作品一百六十三篇。题名所谓"艳",谓男女情爱;"异"则谓怪奇,可概括其内容。专收明(包括明)以前志怪、传奇和笔记小说故事,来源颇广。唐宋传奇名篇如《白猿传》、《柳毅传》、《长恨歌传》、《莺莺传》、《李娃传》、《霍小玉传》、《虬髯客传》、《开元天宝遗事》、《周秦行记》以及《大业拾遗记》、《海山记》、《迷楼记》,明人作品,如蔡羽《辽阳海神传》等俱在其列。大量的作品采自志怪传奇及笔记小说专集,如汉魏六朝的《续齐谐记》、《西京杂记》、《世说新语》,宋人《夷坚志》,明人的《剪灯新话》、《剪灯余话》等。《续编》的情况大体相同,但往往经过改动,选目多见于《广艳异编》,因而和《正编》当非同时编集。关于编纂者,据《梅花草堂笔记》卷五有"予所居息庵"的记载,因有疑"息庵居士"即明人张大复者。有明嘉靖间初刻本。1988年春风文艺出版社据天启玉茗堂刊本校点排印出版。

广艳异编 文言小说总集。明吴大震编。约编于万历年间,当为续《艳异编》而作 。三十五卷,分二十五部:神、仙、鸿象、宫掖、幽期、情感、妓女、梦游、义侠、幻术、假诡、徂异、定数、冥迹、冥报、珍奇、器具、草木、鳞介、禽、昆虫、兽、妖怪、鬼、夜叉。所收唐宋传奇及元明人作品约六百篇，选录较广，保存了不少明代以前(含明代)文言小说的代表作。尤其是不少明人作品，往往始见于此书。如卷一二《扶离佳会录》，叙东海生遇荔枝精十八娘事，即徐𤊹《十八娘外传》；《玉虚洞记》叙冯商梦见金光洞主，顿悟自己为玉虚尊者转世，即《拍案惊奇》卷二八之本事；卷三〇《蒋生》即《二刻拍案惊奇》卷二九及《型世言》第三十八回之本事，而情节略异。但本书引文不注出处，且往往改换题目，删改文字，不能轻易征信。有明刻本，约刊于万历间。

绿窗女史 杂纂类丛书。明秦淮寓客编。(按明万历三十四年(1606)刊本《杨家通俗演义》题"秦淮墨客校阅"，序末有钤"纪振伦"、"春华"印，故王重民疑此书即纪振伦所辑。)凡闺阁、宫闱、缘偶、冥感、妖艳、节侠、神仙、妾婢、青楼、著撰十部，一百五十卷，内著撰部不分卷。各部下列若干子目，如神仙部有"星娥"、"仙姬"、"神媪"三目。内容均与女性有关，其中以志怪、传奇等文言小说为多，也杂录各种文献，如有关女性教育的《女论语》、《女孝经》、《女诫》；如女性诗文作品蔡琰《胡笳十八拍》、李清照《金石录后序》。然如西王母《问上元夫人书》、上元夫人《答西王母书》，显系伪托。另有《北里志》、《教坊记》、《青楼集》等专著。所收小说作品，往往另题篇名，妄署作者。如应为唐张荐《灵怪集》中之《郭翰》篇，改题宋张君房《织女星传》，薛渔思《河东记》中之《独孤遐叔》篇，改题唐孙頠《见梦记》，裴铏《传奇》中之《孙恪》篇，改题后蜀孙复《袁氏传》。有明刊本，有插图。

古今逸史 笔记丛书。明吴琯编，吴中珩增定。据万历初刻二十六种本"凡例"称："是编以《古今逸史》称名，必备举古今之逸，始为全业。而诸书方在构集，而一时未得竣事，故先刻数种聊急副海内之望云。"此书万历间又陆续有四十种本、四十二种本及吴中珩增定五十五种本问世。其目的虽云为补古史之逸，但半数作品实属宋以前的神话志怪和笔记传奇类书，如《山海经》、《穆天子传》、《十洲记》、《西京杂记》、《汉武帝故事》、《汉武洞冥记》、《博物志》、《拾遗记》、《续齐谐记》，唐人崔令钦《教坊记》、谷神子《博异志》、薛用弱《集异记》、佚名《剑侠传》，宋佚名《海山记》、《迷楼记》、《开河记》、洪皓《松漠纪闻》、李石《续博物志》等。其中有的删存一卷，如《集异记》、《松漠纪闻》。但亦有相反者，如《剑侠传》四卷，较通行的二卷本为完备。此书非唐人作，近人余嘉锡《四库提要辨证》断为明王世贞辑。增定本有上海涵芬楼影印本。《丛书集成初编》所收为四十二种本。

稗海 笔记丛书。明商濬(或作商维濬)编刻，故又称《商氏稗海》。收书七十四种、二百四十八卷。《明史·艺文志》列入小说家类，三百六十八卷。《千顷堂书目》归入类书类，凡四十六种、续二十七种，无卷数。首卷列总目，辑录自晋张华《博物志》、葛洪《西京杂记》至元人蒋子正《山房随笔》为止的稗官野史和笔记杂著，商濬自序云："吾乡黄门钮石溪先生锐情稽古，广构穷搜，藏书世学楼者，积至数千函百万卷。余为先生长公馆甥，故时得纵观焉。每苦卷帙浩繁，又书皆手录，不无鲁鱼之讹，因于暇日撮其记载有体、议论的确者，重加订正，更旁收缙绅家遗书，校付剞劂，以永其传，以终先生惓惓之夙心，凡若干卷，总而名之曰《稗海》。"但所收书未必皆全帙，如梁任昉《述异记》二卷，删存一卷。唐王定保《摭言》十五卷，仅有一卷。宋沈括《梦溪笔谈》二十六卷、续一卷，亦仅一卷。赵彦卫《云麓漫钞》二十卷、续二卷，存四卷。其间还有一些篇目、作者错出的情况。如《搜神记》八卷，亦题为干宝所撰，但人物故事迥不同于晋干宝所撰之书，程毅中《古小说简目》认为，此"或即《崇文总目》中《搜神总记》之残本。"有明万历间刊本、清康熙中振鹭堂重编补刊本。

稗乘 笔记丛书 。明无名氏编。收书四十二种。其中《因话录》三卷、《螘谈》、《三十国记》各为二卷。《积善录》正、续各一卷，余不分卷。以每种一卷计，共四十七卷。《四库全书总目》存目，总四卷。《千顷堂书目》著录云四十五卷，不确。全编分史略、训诂、说家、二氏四类。自唐迄明，范围较广，搜奇记逸的笔记杂著占很大比重，如题名为《明皇十七事》的李德裕《次柳氏旧闻》，题名《赵氏二美遗踪》的秦醇《赵飞燕别传》，宋陆游《家世旧闻》、刘泌《垄起杂事》，元佚名《解酲语》，明田汝成《委巷丛谈》、刘玉记《已虐编》、陈吴才《万松阁记客言》、马生龙《凤凰台纪事》等。李维桢序谓："小说虽不甚佳，可供杯酒谈助……醒人耳目，益人意智。"所收各书多有删略，也有明人妄制篇目的现象。有明万历四十六年(1618)孙幼安校刊本。民国间商务印书馆《丛书集成初编》收入。

宝颜堂秘笈 笔记丛书。明陈继儒编刻。二百二十六种、四百五十七卷。《千顷堂书目》类书类著录称:“陈继儒《宝颜堂》二十卷,又《续秘笈》五十卷,又《广秘笈》五十卷,又《普秘笈》四十六卷(原书四十九卷,“九”字疑误),又《汇秘笈》四十一卷。”此处之卷数实为种数,数目略有差异。辑者自序云:“余得古书,校过付抄,抄过复校 ,校过付刻,刻过复校,校过即印,印后复校。”所收书包括陈氏自著:《见闻录》、《珍珠船》、《偃曝余谈》、《岩栖幽事》、《太平清话》等十六种,余有如北齐颜之推《还冤记》、宋陈师道《后山谈丛》、朱弁《曲洧旧闻》、何薳《春渚纪闻》、张炎《乐府指迷》,辽王鼎《焚椒录》,明刘基《拟连珠篇》、曹安《谰言长语》、董榖《碧里杂存》、陆深《玉堂漫笔》等。名篇秘笈,均有收录,虽多有删节,亦不失为今人保存了许多珍贵图籍。有明万历秀水沈氏刊本、民国十一年(1922)上海文明书局石印本、民国间商务印书馆《丛书集成初编》本。

快书 笔记、小说丛书。明闵景贤、何伟然编刻。五十卷。前有天启六年(1626)编刻者序。《四库全书总目》子部杂家类存目,谓“是编割裂诸家小品五十种,汇为一集”,故所辑书多为选录,许多多卷本著作均一律删成单卷。如《才鬼记》十六卷,王廷相《雅述》二卷,今皆存一卷。五十种书中,有宋人周守忠《姝联》一种。《才鬼记》一种,题唐郑蒉作,实为明人梅鼎祚作。《四库全书总目》著录,谓梅“尝作三才灵记,一为《才幻记》,一为《才神记》,一即是书”。其余均为明人作品。《四库全书总目》指出其收书“多窜易名目,如(王圣俞)《会心编》,改名《秋涛》,(倪允昌)《醒言》改名《光明藏》之类,不一而足。甚至周守忠之《姬侍类偶》改名《姝联》,‘姝’即‘姬侍’,‘联’即‘类偶’也,亦可谓拙陋矣。”然此书选录不拘名家,为后人保存了许多不经见的明人作品,且重视文采,除了一些搜奇记逸的故事外,还有许多属于小品散文之作,题名取“快心”之意,注意可读性,故颇受读者欢迎。有明天启刊本。

稽古堂群书秘简 又名《稽古堂丛刻》、《稽古堂日钞》。笔记、小说丛书。明高承埏编,共收书二十一种,是书主要收志怪传奇类小说杂著,如梁吴均《续齐谐记》,唐刘餗《隋唐佳话》、牛僧孺《玄怪录》、谷神子《博异志》、薛用弱《集异记》、韦叡《松窗杂记》、李复言《续玄怪录》、韦绚《刘宾客嘉话录》、冯贽《云仙散录》、康骈《剧谈录》,宋钱易《南部新书》、上官融《友会谈丛》、吴淑《江淮异人录》、费衮《梁溪漫志》等。有的多卷本摘抄为一卷本,但亦有相反情况者,如《玄怪录》,《新唐书》和《宋史》艺文志均著录为十卷,此处为十一卷,与《直斋书录解题》、《百川书志》著录同。有明崇祯刊本。

五朝小说 笔记、小说丛书。明无名氏编。收志怪传奇、笔记杂著及单篇文言小说四百余种,分魏晋小说、唐人百家小说、宋人百家小说、皇明百家小说四部。又分设传奇、志怪、偏录、杂传等若干门。是书以魏晋分属两朝,故以“五朝”名之,实际包括了明及明以前各朝此类作品及结集。魏晋小说部,概收六朝以前作品,诸如旧题师旷《禽经》、汉东方朔《神异经》、《十洲记》、班固《汉武内传》、郭宪《汉武洞冥记》。六朝有颜之推《冤魂志》、吴均《续齐谐记》。唐以后又有五代作品,如景焕《野人闲话》、尉迟偓《中朝小说》。宋以后又有元人作品俞琰《席上腐谈》、宋元怀《拊掌录》等。虽然其中有若干种经过删削,仍不失为一部明以前古代笔记小说的集大成的丛书。有的佚书亦赖以传世,如梁殷芸《小说》、《隋书·经籍志》及《新唐书·艺文志》均著录作十卷,已佚,此书魏晋小说部收入,一卷。但有学者指出,此书亦不免有“裁篇别出,巧立名目”之嫌,如题为汉桓麟《西王母传》,实出唐人杜光庭《墉城集仙录》,唐人张鹭的《耳目记》,实其另一著作《朝野佥载》之一篇,诸如此类。有明末刊本。1926年上海扫叶山房石印本《五朝小说大观》略有抽换。1991年上海文艺出版社据以影印的《五朝小说大观》,仅为魏晋小说部分。

说库 笔记丛书。王文濡编。收录先秦至明清小说杂记一百七十种。所录内容颇为丰富,“凡经史创解,朝野遗闻,诗文歌曲之源流,工艺游戏之琐屑,有关临文之用者,莫不甄采。即神仙鬼怪引用已成典实,虽涉迷信,要不当在删弃之例”(见《例言》)。其中收录文言小说较多,保存了一些流传不广的小说,且多完本,起到了拾遗补阙的作用。书前总目对每种书均作简明提要。然本书也有不当之处,如沿袭旧本谬误;版本选择不精,校勘不严等。有1915年上海文明书局石印本、1986年浙江古籍出版社影印本。

笔记小说大观 笔记、小说丛书。近代王均卿主编。八辑,又外集一辑。收笔记小说二百余种。对晋至清末笔记小说进行系统整理和编辑。收入不少常用的杂史笔记,给一般读者提供了检阅之便。但收录过滥，如收及《意林》、《九国志》、《入蜀记》、《三吴游览志》、《临汉隐居诗话》等书，把笔记小说的范围扩展到漫无边际。此外，还收入一些伪书，如郑景望的《蒙斋笔谈》、永亨的《搜采异闻录》等。编次亦无体例，抄写、断句又常有错误。有民国元年(1912)上海进步书局袖珍石印本。1983年10月至1984年5月江苏广陵古籍刻印社又重新刊印，按年代先后调整了次序，分为平装三十五册，精装十七册。

旧小说 文言小说总集。近代吴曾祺辑。选录汉魏六朝至清代的古体小说，选目约千种，每种各选"词义兼善"(《例言》)的条项一则或若干则，按时代先后排列为六集：甲集为汉魏六朝作品，乙集为唐代作品，丙集为五代作品，丁集为宋代作品，戊集为金元明作品，己集为清代作品。编者在"例言"中谓"是集宗旨，为学文之助而辑"，故某些篇目之前多载有各大家之文，"以古文示人之矩矱"。所收范围较广泛，不限于小说，也收取若干笔记，其中多有世间所罕见者，往往辑有珍文秘典，本书校勘也颇为精良，是一部精当可读，具有较高文献价值的小说总集。商务印书馆1935年出版排印本，1957年重印时只出至宋代止。

古小说钩沉 小说总集。鲁迅辑录。从《艺文类聚》、《太平御览》、《太平广记》等七十余种古书中，搜罗自先秦至隋小说三十六种，唐以前散佚的小说大体汇集在内。所辑大致按时代先后为序；时代难于考定的，则依照内容性质编排。所引佚文，择善而从，有异文者，或加夹注，或附文后；辑录者的见解，则以按语形式出现；对佚文出处，亦一一标出，以备查考。全书广采博取，校订精审，纂辑严谨，被称为唐以前古小说之渊薮，是研究中国古小说的重要参考资料。1911年辑成，因故未印行，仅有《古小说钩沉序》一篇于1912年发表于《越社丛刊》第一集，署名"起孟"。此集于鲁迅生前未整理刊行，直至1938年由"鲁迅先生纪念委员会"出版，编入《鲁迅全集》第八卷。有1951年人民文学出版社重印本。

香艳丛书 丛书。虫天子编。二十集。其《凡例》云："所选以香艳为主，无论诗词乐府，足以醉心荡魄者，一例采入。"其中绝大部分是诗文杂著类的艳情作品，如明程羽文《鸳鸯牒》、清邹枢《十美词纪》等，也有一些文言小说，如隋王度《古镜记》、宋佚名《李师师外传》等。以言情为主，也有封建闺训如清陆圻《新妇谱》、清芙蓉外史《闺律》等。书中"搜辑随时，不拘朝代先后，今人亦间登一二，多系可惊可喜未经刊刻之作"(《凡例》)，体例粗疏，编次杂乱，第十二集起连载王韬《淞滨琐话》十二卷，每集二卷，又颇类杂志。第十四集所收清沈锽《石头记评赞序》、佚名《石头记评花》、愿为明镜室主人《读红楼梦杂记》、卢先骆《红楼梦竹枝词》、周绮《红楼梦题词》、沈谦《红楼梦赋》等，对研究《红楼梦》颇有参考价值。国学扶轮社1909年至1911年排印出版。

古今说部丛书 丛书。国学扶轮社编。十集。自《玉函山房辑佚书》、《汉魏丛书》、《古今说海》、《百川学海》、《津逮秘书》、《稗海》、《说郛》等丛书中，采辑周秦至近代旧小说及笔记等，约二百七十余种。其《凡例》云"所选专就纪述赅洽、笔意古雅、兴味浓厚者为主"，颇有阅读和研究价值，尤其是其中部分明清作品，可补前人所编丛书之缺，可供参考。但因"随时纂辑，不拘朝代，不分先后，略区门类"，故体例粗疏，编次杂乱，分类也不尽妥当。如第一辑分为史乘、博物、风俗、怪异、文艺、清供、游戏、游记、杂志九类，宋江洵《灯下闲谈》属杂志类，却归入史乘类，而游记特辟一类，仅收韩愈《五岳约》。上海国学扶轮社1911年至1913年排印出版。上海文艺出版社1991年影印出版。

古本小说丛刊 小说总集。中国社会科学院文学研究所《古本小说丛刊》编委会编辑。四十一辑。收录中国古典小说的珍本、善本和孤本共一百七十余种，以通俗小说为主，兼收少数文言小说和讲唱文学作品。所收的各种小说均以原书影印，不加删改。偶或有原书残破，而又有其他相同的版本可以配补者，则加以配补。作者的题署，一般依从原书；经过考定并已为学术界大多数人接受者，则予以改动。重要作品因版本不同，内容、文字有所歧异者，也不避重复，兼收并容。为古典小说的研究提供了原始资料和方便条件，如第一辑所收《唐三藏西游释厄传》(一名《唐三藏西游传》)对研究《西游记》演化史有着重要价值，《生花梦》、《才美巧相逢宛如约》两部"才子佳人"小说尚少有人介绍和研究，舒元炜序本《红楼梦》(残存一至四十回)为现存早期抄本之一，保存曹雪芹初稿的某些痕迹，均称珍本。第二辑至第四十一辑，收录流传海外而国内不存或稀见的明清小说孤本、善本，尤为珍贵。每辑卷首有前言，对所收小说的版本、藏所、流传等，均有简要介绍，有的还作了必要的考证。中华书局1987年至1991年分辑出版。

古本小说集成 小说总集。《古本小说集成》编委会编辑。收录四百二十余种，以通俗小说为主，亦有少量文言小说。宋、元、明与清初小说收取较全，清乾隆、嘉庆以后选收精品或影响较大者。其中不乏孤本，如《三教开迷归正演义》、《二度梅全传》等。全部影印，不作描改，以存其真。每种小说撰有前言，介绍该书版本、作者、源流、社会背景等。上海古籍出版社1990年开始陆续出版，至1994年出齐。

六幻西厢 戏曲小说合集。明闵齐伋(遇五)编。十四卷。收唐元稹《会真记》、金董解元《西厢记诸宫调》、元王实甫《西厢记》四本、元关汉卿《续西厢记》(即《西厢记》第五本)、明李日华《南西厢记》、明陆采《南西厢记》六种。编者分别称之为《幻因》、《搊幻》、《剧幻》、《赓幻》、《更幻》、《幻住》，故合称《六幻西厢》。并附编者考证《五剧笺疑》。有明崇祯十三年(1640)刊本、清末民初刘世珩《暖红室汇刻西厢记》本。

脉望馆钞校本古今杂剧 杂剧剧本总集。明赵琦美抄校。清初为钱曾也是园收藏，故一称《也是园古今杂剧》。内含马致远等元代作者十六人，作品九十二本(包括元无名氏杂剧三十七本)，明人作品一百五十本(包括无名氏作品)。属于校本的有《古名家杂剧》五十五本，《息机子古今杂剧》十五本；属于抄本的有"内府本"、"于小谷本"等一百七十二本。此书多收明代宫廷演出本，并多出赵氏抄校，中有一百三十二本为孤本。1938年郑振铎在上海发现此书后，请王季烈选择一百四十四本，题名《孤本元明杂剧》，1939年由商务印书馆排印出版。脉望馆抄校本原书后由北京图书馆庋藏，有《古本戏曲丛刊》第四集影印本传世。该书的内府演出本中，有一百二十本杂剧附有"穿关"，附注了脚色的穿戴、衣冠、须发、砌末等凡数百处，为戏曲舞台艺术研究工作者了解元杂剧的人物造型艺术，提供了珍贵的历史文献资料。

暖红室汇刻传奇 亦名《汇刻传剧》。戏曲剧本总集。刘世珩编印。收金《董解元西厢记》一本、元王实甫《西厢记》五本，元高明《琵琶记》、明徐畛《杀狗记》各二卷，明徐渭《四声猿》一本，明张凤翼《红拂记》、汤显祖《还魂记》与《南柯记》、吴炳《绿牡丹》与《疗妒羹》各二卷，清吴伟业《通天台》与《临台阁》各一本、《秣陵春》二卷，清马佶人《荷花荡》、洪昇《长生殿》各二卷，清顾彩、孔尚任《小忽雷》二卷、《大忽雷》一卷。附刊元钟嗣成《录鬼簿》、明吕天成《曲品》、清高奕《传奇品》，另有明梁辰鱼散曲集《江东白苎》别行。所收戏曲往往附以考据、图谱、音释、曲谱、评语、校注，《西厢记》所附资料尤达十余种之多，有编者所辑《重编会真杂录》及明李日华与陆采《南西厢记》等。有民国八年(1919)贵池刘氏暖红室刊本。

奢摩他室曲丛 戏曲剧本总集。近代吴梅编。二集四十六卷。第一集收清嵇永仁《扬州梦》、《双报应》二种，清沈起凤《沈氏传奇四种》，共十二卷；第二集收明朱有燉《诚斋乐府》二十四种，明吴炳《粲花别墅五种曲》，共三十四卷。编者本拟续编第三集，因故未成。有民国十七年(1928)上海商务印书馆印行本，第一集据旧刊本、抄本影印，第二集则系排印。别有《奢摩他室曲丛第一集》，亦吴梅编，与《奢摩他室曲丛》之第一集不同，收清吴伟业《梅村乐府》二种各一卷、吴梅《暖香楼杂剧》一卷，宣统二年(1910)刊。

孤本元明杂剧 杂剧剧本总集。系《脉望馆钞校本古今杂剧》的一个选本，共收杂剧一百四十四种。目前除其中少数几种见于他书外，其余一百三十余种仅见此集，包括一些元明重要杂剧作家之作品，如关汉卿的《哭存孝》、《五侯宴》、《陈母教子》，王实甫的《破窑记》，白朴的《东墙记》，郑廷玉的《金凤钗》，郑光祖的《三战吕布》，贾仲明的《裴度还带》、《升仙梦》等，确属海内孤本，有重要研究价值。民国二十八年(1939)上海商务印书馆以涵芬楼聚珍版排印，目录依钱曾《也是园藏书目》，王季烈校勘并为每剧撰写提要。1959年中国戏剧出版社据商务本重印。参见"脉望馆钞校本古今杂剧"条。

古本戏曲丛刊 戏曲剧本总集。《古本戏曲丛刊》编辑委员会编。编委会由郑振铎主持，《初集》郑振铎序称："初集收《西厢记》及元、明两代戏文、传奇一百种；二集收明代传奇一百种；三集收明、清之际传奇一百种……四、五集以下，则收清人传奇，或更将继之以六、七、八集，收元、明、清三代杂剧，并及曲选、曲谱、曲目、曲话等有关著作。若有余力，当更搜集若干重要的地方古剧，编成一、二集印出。期之三、四年，当可有一千种以上的古代戏曲，供给我们作为研究之资，或更可作为'推陈出新'的一助。”《初集》于1954年出版。其中较罕见的明代戏曲珍本有二十余种，如富春堂刻的《商辂三元记》、《南调西厢记》、《韩信千金记》，继志斋刻的《义侠记》、《埋剑记》，吴兴闵氏、凌氏的朱墨套印本《牡丹亭》、《邯郸梦》、《红梨记》等。《二集》于1955年出版。所收明代传奇大多为晚明时期的作品，其中如陈与郊的《诊痴符》四种，汪廷讷的环翠堂七种，阮大铖的咏怀堂四种，以及叶宪祖、王骥德、沈自晋等诸家所作，较为罕见。《三集》于1957年出版。此集以收吴炳、李玉、朱佐朝、张大复等十几个作家的剧作为主，所用底本基本上为梨园传抄本。《四集》于1958年出版，没有按原计划辑印。计收杂剧总集八种：《元刊杂剧三十种》，《古杂剧》，《脉望馆钞校本古今杂剧》，《古名家杂剧》，《杂剧选》，《阳春奏》，《元明杂剧》和《古今名剧合选》。此编是我国历史上最大的古典戏曲剧本总集，一度因郑氏去世，《丛刊》编辑工作暂时停顿。1961年由吴晓铃主持编务，进行《五集》以后的资料采访与选拟目录，先选印较易结集的《鼎峙春秋》、《劝善金科》等宫廷大戏为《九集》，1964年1月出版。1966年后编辑工作再度停顿。1982年，在中国社会科学院文学研究所的主持下，重建《丛刊》编委会，继续展开辑印工作。1986年上海古籍出版社印行《五集》，收录明清传奇八十五种，内五十余种为孤本，以清代剧作为主，补收明代罕传之作近十种。

书目 类书 工具书

晁氏宝文堂书目 明晁瑮编著。三卷。编者为嘉靖间著名的藏书家和刻书家，与其子东吴皆喜庋藏。上卷列《总经》、《五经》、《四书》、《性理》、《史》、《子》、《文集》、《诗词》等十二目。尤以卷中《子杂》目和《乐府》目著录的大量通俗小说与戏曲剧本，为学界所重视。《子杂》目所录古代笔记杂著、文言及通俗白话小说达一千三百余种，多数为明代作品。《乐府》门著录散曲集及戏曲三百五十余种，多数为元明人之作。书名下常注明板刻，可供明代版刻及其源流研究之参考。如《三遂平妖传》下注“上、下卷”。《三国通俗演义》、《水浒传》均注“武定版”。许多单篇传奇小说，如《杜丽娘记》、《李亚仙记》、《羊角哀鬼战荆轲》、《刎颈鸳鸯会》等，都是研究小说戏曲的源流，以及戏曲与小说，文言小说与通俗小说的关系的材料。北京图书馆藏有明写本一部。1957年古典文学出版社将其和徐𤊹的《红雨楼书目》合刊排印出版。

中国通俗小说书目 孙楷第编著。十卷。初版于1932年，由北京图书馆中国大辞典编纂处印行。1957年重订，由作家出版社出版，增补了初版以来“新知新见的书”，如明万历刊本《金瓶梅词话》、清顺治原刊丁耀亢《续金瓶梅》等约三十种。1982年人民文学出版社重版时，又作了若干补充和修订。卷一宋元部，包括讲史、小说、总集三部分；卷二至卷七为明清部，顺序为讲史（卷二）、短篇单篇、总集、自著总集（卷三）、烟粉（卷四）、灵怪（卷五）、公案（卷六）、讽谕（卷七）。以1982年重版计，自宋元迄清末，包括现存及未见、已佚书，共七百八十九种。以下卷八附录一，为存疑目六十二种；卷九附录二，为丛书目十五种；卷十附录三，“日本训译中国小说目录”四十种，系据日本仓石武四郎原稿原题抄录。末附文言小说《游仙窟》、《剪灯新话》等七种。诸书除讲史外，悉以作者时代先后为序。遇有多种版本，则著录于同一种书名之下。如《三国志演义》名下，列有自嘉靖壬午（1522）刊本至清毛宗冈评本二十八种。《水浒传》名下，自《也是园书目》著录之二十卷本至《征四寇》止计二十一种。各书注明存佚、作者、题署、存藏，及有关著录资料，间有简明按断。书末附书名索引和著者姓名及别号索引。尽管此书所收小说及版本尚余缺漏，但仍以其著录之宏富，资料之翔实，受到学界重视，为小说研究不可缺少的参考书。

日本东京所见中国小说书目 孙楷第编著。六卷。系著者1931年赴日本东京访书之著录。因九一八事变起，匆匆回国，故非日藏之全录。体例仍按前著《中国通俗小说书目》，卷一为宋元部，卷二至卷五为明清部，包括同书而不同版本共七十三种，卷六附录文言传奇、通俗类书如《国色天香》、子部小说共十五种。故所录不止通俗小说。此书为作者目验之著录，均为存世之书。各书除注明存藏之所外，均著有包括作者、版本、内容介绍及考证等在内的详明提要一篇列后，间附原书题跋或目录，可补《中国通俗小说书目》之不足。另附大连图书馆所见中国小说书目，共二十种。初版于1953年，上海杂志出版社出版。1958年人民文学出版社重版时，日本藏目增至一百种，大连藏目增至二十九种。1981年再版。

古小说简目 程毅中编著。收两汉迄五代包括已佚的单篇文言小说和书集三百余种。附一存目辨证，对一百十九种作品出处、作者、历来著录之不同题名、故事来源等作了辨析；附二《异闻考》一篇；末附索引。《凡例》认为，古小说"内容非常繁杂，很难概括其特性"。本编收录，"以文学性较强的志怪、传奇为主，但适当地尊重历史传统，参照史书艺文志小说著录的源流，兼收杂事、琐记之类的作品"，较为精审。中华书局 1981 年出版。

中国文言小说书目 袁行霈、侯忠义编著。分先秦至隋、唐五代、宋辽金元、明、清五编，著录二千余种。是一部较为完备的文言小说书目。末附书名索引，便于查检。《凡例》说明："本书不以今之小说概念作取舍标准，而悉以传统目录学所谓小说家书为收录依据。""凡古代以文言撰写之小说，见于各正史艺文志、经籍志，各官修目录、重要私人撰修目录，及主要地方艺文志者，不论存佚，尽量搜罗"。各书"以时代诠次，先列书名、卷数、存佚，再列时代、撰者，著录情况，版本，并附以必要之考证说明。检阅本书，庶几可知中国文言小说之总貌，及历代编撰、著录、版刻、流传之大概。""研究中国文学、中国历史、目录学、文献学及其他社会科学之工作者，均可参考使用。"北京大学出版社 1981 年 11 月出版。

伦敦所见中国小说书目提要 柳存仁编著。著录了编著者于 1957 年夏在英国伦敦皇家博物馆东方及珍本部和英国皇家亚洲学会所见中国古代小说一百三十四部，并为之撰写详尽提要一百三十篇。提要除版本及内容的介绍外，主要是对有关问题的考证。对所著录的小说，认为有一些罕见或为孙楷第《中国通俗小说书目》和《日本东京所见中国小说书目》未见的作品或版本，如六十五《顺治皇过江全传》，考定它是《新世弘勋》改题以后的一个本子，刊于道光二十九年(1849)；六十九《镜中影》一书，作者为近代人黄世仲，未见于孙目著录。多为清代及近代的作品。书目文献出版社 1982 年出版。

增补中国通俗小说书目 日本大塚秀高编著。是在广泛地调查当今中国、日本和欧美各公私藏书的基础上，对孙楷第所编的《中国通俗小说书目》作出补充和调整。1984 年先完成初稿，名《中国通俗小说书目改订稿》。1987 年又作了进一步的充实和修订，由日本汲古书院出版。分四卷。卷一为"小说短篇"，下分"单刊"、"总集"、"公案"三类；卷二为"小说长篇"，下分"烟粉·传奇"、"灵怪·神仙·妖术"和"朴刀·杆棒"三类；卷三为"讲史"，下分"平话"和"章回"两类；卷四为"其他"。全书共收录中国古代用汉语所写的通俗小说一千七百余种。每书著录其卷数、回数、编者名，以及各版本的刊行地、刊行者、半页行数、一行字数、图像情况和所藏单位等。书后附有拼音和字画索引。本书较大规模地增补了孙目未及著录的各稀见小说和一些珍本、孤本，是目前收录最为丰富的中国通俗小说书目。但对于一些最为重要的通俗长篇小说如《三国志演义》、《水浒传》、《西游记》、《金瓶梅》、《红楼梦》、《儒林外史》的各种版本均未顾及，是其不足之处。

小说书坊录 资料汇编。韩锡铎、王清原编著。是宋元以来通俗小说刊刻情况的一部资料性集录。辑自北京图书馆、首都图书馆、大连图书馆等全国知名图书馆馆藏目录、公私藏目及几种通俗小说书目等。以刊刻、梓行的书坊、堂号或刊刻者姓名为条目，下列所刊刻的书名、卷数。以年代为序。如明代建阳余象斗双峰堂：(1)万历二十年刻《新刻按鉴全像三国志传》二十卷；(2)万历二十六年刻《万锦情林》六卷等共十二部通俗小说。此书原则上只收清末以前的书，个别作品下限至 1930 年或更迟。不明年代、朝代者单列于后，共一千零六十九条。末附书坊及梓行者出版者索引、书名索引二种，以便查检。春风文艺出版社 1987 年出版。

中国通俗小说总目提要 江苏省社会科学院文学研究所编，完成于 1988 年。收录自唐代变文至清末之通俗小说及明代少量收有文言小说的合刻集，诸如《国色天香》、《绣谷春容》等在内的作品，共一千二百余种。总一册，不分卷。大略以成书时代先后为序。各书著录卷数、回数、存佚、作者、版本、藏所等。主体为内容提要。长篇作品附以卷目或回目。遇有编撰者未见书，则予说明。附录有《本书未收(孙楷第)〈中国通俗小说书目〉著录之书目一览》、《〈中国通俗小说书目〉补编》、《(阿英)〈晚清小说目〉补编》、《中国通俗小说同书异名通检》及音序索引、笔划索引、作者姓名及别号索引，颇便查检。小说自有书目之编著，此书意在仿《曲海总目提要》例补此一空缺，供小说研究参考之需。1990 年中国文联出版公司出版。

中国文言小说参考资料 资料汇编。侯忠义编。计一百九十六种文言小说及作家的资料，主要为史书、序跋、《四库全书总目》及有关笔记杂著的著录和考证。迄于近代为限，个别重要资料亦有例外，如余嘉锡的《四库提要辨证》等。《凡例》说明："关于文言小说的范围，是目前尚无定论的问题。本书所录资料的小说名目，大致以志怪、传奇、杂录（或称轶事）三类为准。"上编总论，收录了我国自有"小说"概念开始的《论语·子张》、《庄子·外物》、桓谭《新论》等有关篇什。下编分著，计分先秦两汉、魏晋南北朝、唐五代、明、清五部分。"一般均为各类小说中的代表作或重要作品，适当照顾了各类作品在不同时代的流传和发展。"附录"部分文言小说论文索引"，供教学与研究之用。北京大学出版社1984年出版。

古典小说版本资料选编 资料汇编。朱一玄编。辑录《三国演义》、《水浒传》、《西游记》、《金瓶梅》、《聊斋志异》、《儒林外史》、《红楼梦》七部重要作品的版本资料，主要为重要版本的序跋、述语、发凡，古代笔记杂著中有关该书版本的记述，近现代印本的出版说明、整理后记，书目和小说史的有关论述等。将分散的资料集为一编，为了解和研究以上作品的版本，以至创作的源流、发展，提供了便利。1986年山西人民出版社出版。

曲海目 清黄文旸编著。著录元、明、清杂剧和传奇一千零一十三种。乾隆四十六年(1781)，两淮盐政伊龄阿奉旨修改古今词曲，成《曲海》二十卷，黄与其事，任总校。本书为由此编定的目录，是乾隆时期尚存世的剧曲目，每目下注有作者及版本情况，由于其中许多作品今已不存，故对戏曲史研究有重要价值，通行者为李斗《扬州画舫录》卷五的转载本。中华书局1960年排印出版。

曲海总目 又名《重订曲海总目》。清黄文旸原编，无名氏重订，管庭芬校录。系黄文旸《曲海目》的增补本，合并了《扬州画舫录》载《曲考》及《纳书楹曲谱》所录剧曲目，增扩了一百七十种，体例为以人系剧，归并了同一作家之作品。但所增补者并不完全可靠，仅可供参考。原载管庭芬《销夏录五种》稿本，民国时期的北平图书馆馆刊第四卷第五期曾予转载。今收入中国戏曲出版社1957年编《中国古典戏曲集成》第七集。

曲海总目提要 董康编著。四十六卷，著录元、明、清戏曲六百八十五种(号称六百九十种)，系董康汇集无名氏《传奇汇考》及《乐府考略》，又取黄文旸《曲海目》互勘，加以编订而成。自序云黄文旸有《曲海目》一千零一十三种，"虽有序目，未睹成书"，"今《考略》所存之目，均见于《曲海目》中，是所佚仅三分之一"。故一仍其名。但编著《曲海总目提要补编》的北婴怀疑他根本未见《乐府考略》等书而另有所据(见该书序)。以作品立条，其最大特点是详叙其本事并考其来源。因所收作品已多有失传，故对戏曲研究颇有参考价值。民国十七年(1928)大东书局印行。1958年人民文学出版社重版此书时曾略作校订整理，删其《闹元宵》重出之一条，凡杂剧均于题下标示，以区别于传奇。戏文则仍留在传奇一类。原书作者有不详或误注者，则据可靠资料改正。末增索引，以便检索。

曲海总目提要补编 北婴编著。全一册。系30年代编著者为《曲海总目提要》所作的补辑。共六十二种。原曾以《曲海总目提要拾遗》为题刊载于《剧学月刊》第五卷三、四两期。后经整理，又从两种不同的《传奇汇考》抄本等材料中，增补至七十二种。附以作者索引和注音索引、增笺注，改为今名，1959年由人民文学出版社出版。

古典戏曲存目汇考 文学书目。庄一拂编著。三编十三卷。据庄氏例言及赵景深序，此书草创于1950年，三十余年间，迭经增订，陆续补充了一些罕见条目。卷一至卷三为上编，收宋元至明初戏文；卷四至卷八为中编，为元明清三代杂剧；卷九至卷一三为下编，为明清二代传奇。阙名作品分列各编之后。另附录近代作品三十九家、作品九十六种。全书计收戏文三百二十种，杂剧一千八百三十余种，传奇二千五百九十余种，共作品四千七百五十余部。其所著录，主要以清姚燮《今乐考证》为依据，用王国维《曲录》来增补，其余参考《永乐大典》、徐渭《南词叙录》、吕天成《曲品》等书。然较《今乐考证》和《曲录》已增出一倍以上。全书以作家为目，下列小传，作品分系其后。释文注明作品著录之书、题名、版本、本事和出处、笔记杂著的有关记载和存佚。遇有歧异不明之处，则予简明的考证和判断。末附作家名号及戏曲名目二种索引，以供查检之需。全书搜辑宏富，资料翔实，考证精当，为迄今较为完备的一部曲目著作，受到学界的重视，为戏曲研究者广为参考运用。1982年上海古籍出版社出版。

方志著录元明清曲家传略 资料汇编。

赵景深、张增元编。收入元代戏曲作家二十人，明代戏曲作家一百五十五人，清代戏曲作家二百五十八人，元明清散曲家一百四十人，元明清戏曲理论家及其他八十五人。共从元明以来千余种方志中辑得六百五十八人传记资料千余条。赵景深序称“这本小册子最重要的价值，在于为编写中国文学史、中国戏曲史填补了不少曲家小传资料，对于深入研究元明清三代戏曲，也有许多值得参考的新资料”。所收曲家中，有过去未见著录的戏曲家，发现为数不少的罕见曲目，同时也补充了许多已知曲家的生平资料，填补了散曲家传记和作品目录的空缺。书附索引。中华书局1987年出版。

中国古典戏曲序跋汇编 资料汇编。蔡毅编。五编十五卷，凡四册。甲编曲论曲律序跋三卷，内唐宋元明、清代、近代各一卷，乙编曲选序跋一卷，丙编戏文序跋一卷，丁编杂剧序跋四卷，内元代、明代各一卷，清代二卷，戊编传奇序跋五卷，内明代二卷，清代三卷，附录近代作品序跋一卷。后另有补遗及附录一“作家名号索引”、附录二“作品名目索引”。编者前言称：“散曲序跋，可有广义、狭义之分……广义者，则包括序、跋、引、说、弁言、规约、凡例、赠言、问答、总评、题词等直接针对该书、该剧的创作所写的各种文体文的文字。本书按广义收集资料”，“全部资料共涉及作家五百四十余人，著作(含曲选)一百六十余部，剧目七百七十六种，收序跋条目为二千一百九十条”。敏泽序谓其所收资料“关于戏曲文学、音乐、表演等，都颇不乏精到的见解，或具有重要的史料意义”。有1989年齐鲁书社排印本。

北堂书钞 类书。唐虞世南编。一百六十卷。分帝王、后妃、政术、刑法、封爵、设官、礼仪、艺文、乐、武功、衣冠、仪饰、舟、酒食、天、岁时、地理等部。《四库全书总目》云：“北堂者，秘书省之后堂。此书盖世南在隋为秘书郎时所作。刘禹锡《嘉话录》曰：虞公之为秘书，于省后堂，集群书中事可为文用者，号为《北堂书钞》。”《新唐书·艺文志》著录一百七十三卷，《郡斋读书志》因之，《中兴馆阁书目》作一百六十卷，《宋史·艺文志》因之。今传刻本为明万历间陈禹谟所刊，妄加删补，有贞观后事杂入其中，原书旧貌已失。所补条目尚注出，所删条目已不可知。另有清乾隆间《四库全书》本、光绪十四年(1888)南海孔氏刊本，各家书目尚著录有影宋抄本等。又有1989年中国书店影印光绪刊本。

艺文类聚 类书。唐欧阳询编。一百卷。凡天部、岁时部、地部等四十六部，天、日、月、星等七百二十七个子目。引用古籍一千四百余种，现存者不足百分之十，保存大量的古文献资料，不仅对校勘、辑佚有重要意义，对文史研究亦有较高参考价值。与其前或其后的大多数类书在辑存文献上有所不同。事与文兼，“金箱玉印，比类相从，其有事出文者，便不破之为事，故事居其前，文列于后”，“俾夫览者易为功，作者资其用”(欧阳询序)，带有总集性质。陈振孙《直斋书录解题》称其“所载诗文赋颂之属，多今世所无之文集”。唐开国初高祖下诏编修，参与者五十余人，武德七年(624)书成奏上，以欧阳询董其成，故但署其名，并于书首列其序。今存宋绍兴间刻本，1959年中华书局上海编辑所据以影印出版。明刊本有正德十年(1515)兰雪堂铜活字本、嘉靖六年(1527)胡缵宗刊本、嘉靖九年宗文堂刊本等。明末有冯舒校宋本，为清代学者所重视。近有汪绍楹校订本，1965年中华书局上海编辑所出版，1982年上海古籍出版社新版重印，补编人名和书名、篇名索引附后。

初学记 类书。唐徐坚等编。三十卷。为唐玄宗时官修的类书。因编纂目的原为便于诸皇子作骈体文时查检事类，故名。凡天部、岁时部、地部等三十三部，天、日、月、星等三百十三个子目。体例先为“叙事”，引诸书原文，次为“事对”，列二字或三字对偶词，并以小字引出处原文，再次为“赋”、“诗”，引所题咏赋、诗原文下及初唐。《四库全书总目》谓其“叙事虽杂取群书，而次第若相联属”，“去取谨严，在唐人类书中，博不及《艺文类聚》，而精则胜之，若《北堂书钞》及《六帖》，则出此书之下远矣”。因其保存唐以前古文献颇多，有较高文史参考价值。今存最早刻本为明嘉靖十年(1531)安国桂坡馆本，万历间徐守铭宁寿堂重刊。另有嘉靖十三年晋府刊本与二十三年藩王刊本等。清代有古香斋刊巾箱本。另有1962年中华书局点校本，1980年重印。

白孔六帖 类书。唐白居易编，宋孔传续编。一百卷。《四库全书总目》云：“案《文献通考》：《六帖》三十卷，唐白居易撰，《后六帖》三十卷，宋知抚州孔传撰。合两书计之，总为六十卷。此本编两书为一书，不知何人之所合，又作一百卷，亦不知何人之所分……今合为一书，则并于南宋之末矣。”又谓此书“杂采成语故实，备词藻之用，与进士帖经绝不相涉，莫其取义之所在”。其体例大致同于《北堂书钞》。今传本文字或注出处,或不注出处,颇有割裂饾饤之弊,然所征引之唐前古书,遗文佚句,往往可见,有一定文史参考价值。有明嘉靖刊本、清乾隆间《四库全书》本。各家书目著录有宋刊本及宋刊《白氏六帖》三十卷、《孔氏六帖》三十卷。

事类赋 类书。宋吴淑著。三十卷。凡天部三卷,岁时部二卷,地部三卷,宝货部二卷,乐部一卷,服用部三卷,什物部二卷,饮食部一卷,禽部二卷,兽部四卷,草木部、果部、鳞介部各二卷,虫部一卷,一字题子目一百个。将古今事类连缀为赋,每个子目成赋一篇,并自为作注。《四库全书总目》谓类书“今所见者,唐以来诸本骈青妃白,排比对偶者,自徐坚《初学记》始”,“其联而为赋者,则自淑始”,“赋既工雅,又注与赋出自一手,事无舛误,故传诵至今”,其引书“皆采自本书,非展转捃摭者比,其精审益为可贵”。以其有自注,书名或作《事类赋注》。前有进书状及边惇德序。刊本较多,今存宋绍兴十六年(1146)刊本,另有明嘉靖十一年(1532)蔡弼刊本、嘉靖十一年华麟祥刊本、嘉靖十三年白玶刊本、嘉靖十六年秦汴刊本、清乾隆五十八年(1793)全德堂刊本、嘉庆六年(1801)文盛堂刊本等。另有1989年中华书局点校本。

太平御览 类书。宋李昉等编。一千卷。分天部、时序部、地部、皇王部、偏霸部、皇亲部,及竹部、果部、菜部、香部、药部、百卉部等,共五十五部。部下又分四千五百五十八个子目。各条目多采用经史百家之言,小说和杂著引用较少,依时间先后排列,先列书名,再录原文。卷首有《太平御览经史图书纲目》,载征引书目一千六百九十余种,剔去重复,全书引书约一千多种,不包括古律诗、铭、箴、杂书等。根据原书辑录,也转抄《修文殿御览》、《艺文类聚》、《文思博要》等类书,引书较完整,且注明出处,为后人提供了宝贵的文献资料。其所引古书,十之七八已亡佚,其中汉人传记百种,旧地方志二百种更弥足珍贵,故具有很高的文史资料价值。以太平兴国二年(977)受诏,至八年书成,初名《太平类编》,后改今名,以宋太宗日览三卷,一年读毕,故名。今存日本静嘉堂所藏南宋残本、明万历活字印本、倪炳校刊本、清张海鹏仿宋刊大字本、鲍崇城刊小字本、日本安政年间活字本、光绪上海积山书局石印本等多种版本。现通行本为1960年中华书局据民国间商务印书馆影宋本缩印本。

锦绣万花谷 类书。宋无名氏编。一百五十卷。凡前集四十卷、后集四十卷、续集四十卷、别集三十卷。书首有宋淳熙十五年(1188)无名氏序。明刻本前集卷末有卢襄《西征记》一篇,《天一阁书目》遂以为卢襄编者,不足据。书分天、日、月、星等子目,潘景郑谓其“举凡古人文集、佛老异书、百家传记、医技、稗官、齐谐、小说、荒录、怪志,靡不采录,又多录唐宋人佚诗,足资采摭之需,《四库全书总目》称其‘榛芜杂陈,有乖体要’,其语殊未当。去芜存精,学者自能运用耳”(影印本序)。有宋刻残本存世,另有明弘治五年(1492)华氏会通馆活字本、嘉靖十四年(1535)崇正书院刊本及清《四库全书》本,均仅三集。惟嘉靖十五年绣石书堂刊本最全,1992年上海辞书出版社据之影印出版。

事文类聚 亦名《古今事文类聚》。类书。宋祝穆编,元富大用、祝渊续编。二百三十六卷。前集六十卷、后集五十卷、续集二十八卷、别集三十二卷,祝穆编;新集三十六卷、外集十五卷,富大用编;遗集十五卷,祝渊编。祝穆原编成于淳祐间,每集各分“天道”、“天时”、“地理”、“帝系”等部,附以子目,每类始以“群书要语”,次“古今事实”,次“古今文集”,有杂著、古诗、律诗、诗话等标目,盖沿用《艺文类聚》、《初学记》之体而略变其例,收罗典故、诗文甚丰。虽精审不及前人,但所收古人诗文不加删削,前贤遗佚之篇,如束皙《饼赋》,仅此书备载全文,“是亦体裁之一善,在宋人类书之中,固犹为可资检阅者矣”(《四库全书总目》)。元人续编诸集,补其门类所未及,而体例不变,“采引杂糅,不及原本,然作于元代,古籍多存,连类收之,亦可以备参考”(同上)。有元刊麻沙本、明万历三十二年(1604)金溪唐氏重刊本等,清代据元麻沙本收入《四库全书》。

记纂渊海 类书。宋潘自牧编。一百卷。依次分混元、天文、岁时、节序、律历、祥瑞、灾异、地理、居处、郡县、职官、仕宦、科举、学校、人伦、家世、性行、识见、问学、言语、政事、名誉等部类。《四库全书总目》谓其“分门隶事,与诸家略同,惟一百卷中,叙天道者五卷,叙地理者二十卷,叙人事者六十四卷,叙物类者仅十一卷。详其大而略其细,与他类书小异”,“其中性行、议论诸部子目,未免琐碎,然亦不失为赅备也”。今传为明万历七年(1579)陈文燧刊王嘉宾校补本,清乾隆间收入《四库全书》,《总目》以为“亦如陈禹谟之改《北堂书钞》,已非自牧之旧”,“要其根柢,则固宋人之旧帙耳”。有1988年中华书局影印本,分装四册。

全芳备祖 类书。宋陈景沂编。五十八卷。凡前集二十七卷,后集三十一卷。前集所记皆花,后集第一至八卷为果部,第九至十二卷为卉部,第十三卷为草部,第十四至十九卷为木部,第二十至二十二卷为农桑部,第二十三至二十七卷为蔬部,第二十八至三十一卷为药部。体例仿《艺文类聚》,分事实、赋咏二类,事实中分“碎录”、“纪要”、“杂著”三子目,赋咏中分五、七言散句、散联与五、七言古诗、律诗、绝句等十子目。《四库全书总目》以为此书“虽唐以前事实赋咏,纪录寥寥,北宋以后则特为赅备,而南宋尤详,多有他书不载及其本集已佚者,皆可以资考证焉”。是第一部植物专科类书。有宝祐元年(1253)韩境序,谓宋理宗时尝进于朝。有旧抄本及《四库全书》本。

韵府群玉 类书。元阴时夫编,其弟阴中夫注。二十卷。黄虞稷《千顷堂书目》谓编者名幼遇,一作时遇,字时夫,其兄名幼达,字中夫,为宋末元初人,则与旧刻本所题名不同。据“平水韵”系统分平声三十韵部八卷,上声二十九韵部四卷,去声三十韵部四卷,入声三十韵部四卷。体例为先标韵字,下列反切注音、《说文解字》等书之释义,再征引用此韵字之典故词藻,依二、三、四字序次,每个典故、词语下注出处原文,多为历代作家诗文中用语。《四库全书总目》谓此书虽疏漏颇多,“然元代押韵之书,今皆不传,传者以此书为最古,又今韵称刘渊所并,而渊书亦不传,世所通行之韵,亦即从此书录出”,故仍有较高文献价值。有元大德间刊本,清乾隆间据以抄入《四库全书》。另有元延祐元年(1314)刊本、明天顺叶氏刊本、明嘉靖四十四年(1565)刘氏刊本等。清康熙中刊本则系河间知府徐可先妾谢瑛删改本。

喻林 类书。明徐元太编。一百二十卷。凡造化、人事、君道、臣术、德行、文章、学业、政治、性理、物宜十门,天道、形气等五百余类。《四库全书总目》称“是书采摭古人设譬之词,汇为一编”,“历二十余年而后成,用心颇为勤至,其引书用程大昌《演繁露》例,皆于条下注明出处,并篇目卷第一一胪载,亦迥异明人剽窃挦撦之习”,虽有“失于疏略”处,“然自六经以来,即多以况譬达意,而自古未有汇为一书者,元太是编,实为创例,其搜罗繁富,零玑断璧,均足为缀文者沾丐之资”。引书中颇多佛经与道藏文字,尤具特色。前有郭子章序及明万历四十三年(1615)自序,当刊于万历间。另有清《四库全书》抄本。别本八十卷,万历间刊,非全璧。近有1991年11月上海辞书出版社影印原刊本。

广群芳谱 全名《佩文斋广群芳谱》。类书。清汪灏等编。一百卷。凡天时谱六卷,谷谱四卷,桑麻谱二卷,蔬谱五卷,茶谱四卷,花谱三十二卷,果谱十四卷,木谱十四卷,竹谱五卷,卉谱六卷,药谱八卷。清圣祖序称因见明王象晋《群芳谱》“搜辑众长,义类可取”,乃命廷臣“捃摭荟萃,删其支冗,补其阙遗。上原六经,旁据子史,洎夫稗官野乘之言,才士之所歌咏,田夫之所传述,皆著于篇”。虽《四库全书总目》著录于子部谱录类,但实为一部带有植物百科全书性质的类书。体例依王谱,首录定义文字,次为“汇考”,录典故,又次为“集藻”,收题咏诗文(全文或散句),又次为“别录”,述制用之法,王谱原文在前,增补文字在后。资料丰富,对文学研究也有较大参考价值。书于康熙四十七年(1708)刊成上表进呈。有武英殿原刊本、《四库全书》本、民国二十四年(1935)商务印书馆《国学基本丛书》排印本。近有1985年上海书店影印《国学基本丛书》本。王象晋原谱则有明二如亭刊二十八卷本、明沙村草堂刊二十九卷本。

渊鉴类涵 类书。清张英、王士禛、王掞、张榕端等编。四百五十卷。凡天、岁时、地、帝王、后妃、储宫、帝戚、设官、封爵、政术、礼仪、乐、文学、武功、边塞、人、释教、道、灵异、方术、巧艺、京邑、州郡、居处、产业、火、珍宝、布帛、仪饰、服饰、器物、舟、车、食物、五谷、药、莱蔬、果、花、草、木、鸟、兽、鳞介、虫豸等四十五部。其搜采原本明俞安期《唐类函》,并据五代、宋、辽、金、元至明嘉靖年间之《太平御览》、《文苑英华》等类书、总集,补入大量新内容,排列次序“以释名总论沿革缘起居一,典故居二,对偶居三,摘句居四,诗文居五”(《凡例》),先列《唐类函》原文,再加增辑文字。虽所据以辑录的各种类书今均有传本,无辑佚、校勘价值,但因其集中了大量同类内容的历代文献资料,其诗文部分具有一定的总集性质,故对文史研究者仍有一定参考作用。书系奉旨纂辑,前有康熙四十九年(1710)御制序,康熙四十年张英、王士禛、王掞、张榕端进呈表。有康熙间内府刊本、《四库全书》本、光绪九年(1883)点石斋石印本、光绪十三年同文书石印本等。近有1985年中国书店据同文书局本影印本。

佩文韵府 类书。清张玉书、陈廷敬、李光地等编。一百零六卷。依平水韵分韵隶事，各韵部一卷，凡平声东韵等三十卷，上声董韵等二十九卷，去声送韵等三十卷，入声屋韵等十七卷。书为奉诏编纂，有康熙五十年(1711)清圣祖序。以元阴时夫《韵府群玉》、明凌稚隆《五本韵瑞》为蓝本，"搜罗典籍，辑为是编，每字皆先标音训。所隶之事，凡阴氏、凌氏书所已采者，谓之韵藻，列于前。两家所未采者，别标增字，列于后。皆以两字、三字、四字相从，而又各以经史子集为次。其一语而诸书互见者，则先引最初之书，而其余以次注于下。又别以事对、摘句附于其末"(《四库全书总目》)。虽采录文字时有舛误，但资料丰富，对考察、查找古诗文语词源流出处，有重要参考价值。另有《韵府拾遗》不分卷，"所增可得二十之一，而卷以韵厘，仍如其数"(康熙五十九年王掞、王顼龄《韵府拾遗序》)。有康熙间内府刊本，另有苏州、广东翻刻本、光绪间点石斋石印本等，《四库全书》本则重订为四百四十四卷、拾遗一百十二卷。民国间有商务印书馆排印《万有文库》本，1983年上海古籍书店据之影印出版。

中国文学家大辞典 工具书。谭正璧编。本书所录以中国文学家为主，上起李耳以迄近代，约六千八百余人，依照各人生年或在世年代之先后排列。每条包括姓名、字号、籍贯、生年、卒年(或在世时代)、品性、事迹、著作等项。取材较富，如遇诸书有异同之处，除采用较确者外，异说均附注于下。光明书局民国二十三年(1934)初版。上海书店 1981 年据之影印。

辞海·文学分册 工具书。辞海编辑委员会编。共收词目约五千条。包括文艺理论、中国古典文学、中国现代文学、外国文学等类。系统介绍了文学的基本知识，中外古今重要文学思潮、风格流派，著名作家和作品。按类别和时代先后排列。内容准确，资料丰富，是一部较权威的文学工具书。曾多次修订。最早有中华书局 1961 年试行本版，后有上海辞书出版社 1979 年版、1988 年版。

中国大百科全书·中国文学 工具书。中国大百科全书编辑委员会中国文学编辑委员会编。二册。条目共二千余条。分为先秦文学、秦汉文学、三国两晋文学、南朝文学、北朝文学、隋唐五代文学、宋代文学、辽代文学、金代文学、元代文学、明代文学、清代文学、近代文学、现代文学、民间文学、少数民族文学、中国文学理论批评等类。内容包括作家、作品、文学体裁、风格流派、总集及研究著作、文学报刊、理论批评观念等。资料丰富，评价精当，宛如一部宏大的中国文学史著作。正文条目均按汉语拼音顺序并辅以汉字笔画、起笔笔形顺序排列。正文前有周扬、刘再复撰写的《中国文学》一文。书末附"中国文学大事年表"。书中并有大量照片与附图。中国大百科全书出版社 1986 年出版。

中国文学大辞典 工具书。马良春、李福田总主编。八册。共收词目三万三千余条。分为古代文学、近代文学、现代文学、当代文学、民间文学、少数民族文学、台港文学、文学理论等八类。古代文学、近现代文学、当代文学约各占三分之一篇幅。正文据条目字头按上海辞书出版社出版的《辞海》的笔画顺序排列。内容包括作家、作品、文学思潮、流派、社团、文学期刊、运动等。收词广泛，材料丰富。但也有偏颇之处，如未收汉代杂著小说、现当代条目收取过宽、体例欠严整等。天津人民出版社 1991 年出版。

中国古代小说百科全书 工具书。刘世德、程毅中、刘辉等编。一册。凡总论、上古秦汉魏晋南北朝、唐五代、宋辽金元、明、清、小说理论批评七个单元，共二千二百余条。除总论涉及与小说有关的词语、总集、书目、史料，小说理论批评所列批评家和作品外，其主干是小说作家和作品。计收文言和通俗小说作家二百余人，作品约一千六百部(篇)。《前言》说明，入选的文言小说，照顾到古人小说概念与今人的不同，"力求把二者结合起来"。又"把'小说理论批评'列为独立的单元，这可以说是本书的一个尝试"；对于作家作品，力求"尽可能多，尽可能全，而不仅仅局限于伟大的、优秀的、知名度较高的作家、作品"；释文"主要在于知识性、学术性"，"对重要作家，将比较准确地介绍他们的生平经历、思想和著作。对重要作品，将比较详细地介绍他们的思想内容、艺术特色、影响和版本"；观点力求稳妥，综述条目"概括地叙述各个时期的小说创作的情况，小说发展的现象、进程和规律"。全书注意吸收学术界的已有成果。末附条目索引和内容索引。释文精当、资料翔实。1993 年中国大百科全书出版社出版。

中国戏曲曲艺词典 工具书。上海艺术研究所、中国戏剧家协会上海分会编，汤草元、陶雄主编。为一部中型戏曲、曲艺专科词典。收词目五千六百三十六条。分为总类，戏曲名词术语，戏曲声腔、剧种，戏曲作家、理论家、演员、团体，戏曲作品、论著、刊物，曲艺名词术语，曲艺曲种，曲艺作家、理论家、演员、团体，曲艺作品、论著等九类。所选词目，主要是比较习见的名词术语、艺术家、团体、著作，以及大部分古今声腔、剧种、曲种，另一些虽不见文字记载，但戏曲、曲艺界口头流行的酌收。部分重要人物和服装、道具、乐器等附有插图。前有1981年编者前言与《凡例》。末附《词目笔画索引》。上海辞书出版社1981年出版。

诗词曲语辞汇释 工具书。张相著。六卷。汇集唐宋金元明人诗词曲中习用的特殊语辞，详引例证，解释其意义与用法。总计释文八百条以上。所释语辞，虽多为虚词，但“性质泰半通俗，非雅诂旧义所能赅”(《叙言》)，经作者用“体会声韵”、“辨认字形”、“玩绎章法”、“揣摩情节”、“比照意义”诸法，以诗证诗、以词证词、以曲证曲及以诗词曲互证，发前人所未发，多能得其正解。作者专心此事，排比搜辑，历时八年始写成定本，出版后广受学术界推重，被认为是一部研究古典文学不可缺少的工具书。中华书局1953年出版，至今已多次重印。

文学人物

刘兰芝 汉乐府诗《孔雀东南飞》中的主要人物。勤劳美丽、聪明能干，嫁庐江府小吏焦仲卿为妻。夫妻恩爱，却不见容于焦母，被遣归娘家；其兄逼其违心负情再嫁，她佯装从命，于迎亲之日投水，以死殉情。是一位贤惠柔顺而又坚毅沉着，对纯真爱情执着专一，具有反抗精神的古代妇女形象。

焦仲卿 汉乐府诗《孔雀东南飞》中的人物。为庐江府小吏，与其妻刘兰芝感情甚笃。然其妻不见容于老母，终被遣归去，后以死殉情，他亦自缢于庭树。他貌似软弱，实则坚强，内心深处对爱情忠诚不渝，对封建势力具有强烈反抗精神。

莫愁 古乐府中所传女子。一说为石城(在今湖北钟祥)人。《乐府诗集》所收《莫愁乐》云：“莫愁在何处？莫愁石城西。艇子打双桨，催送莫愁来。”《古今乐录》云：“石城有女子名莫愁，善歌谣。”今其地有莫愁村。一说为洛阳(今属河南)人。梁武帝《河中之水歌》云：“河中之水向东流，洛阳女儿名莫愁。十五嫁为卢家妇，十六生儿字阿侯。”或将石城误作石头城，以为金陵(今江苏南京)有一女子卢莫愁。宋周邦彦有《西河》词，专咏金陵，中有“莫愁艇子曾系”语。今其地有莫愁湖。

洛神 三国魏曹植《洛神赋》中的人物。其序云：“黄初三年(222)，余朝京师，还济洛川。古人有言，斯水之神，名曰宓妃。”《文选》李善注引《汉书音义》如淳曰：“宓妃，宓羲氏之女，溺死洛水为神。”“宓”亦作“虙”，或作“伏”。其名初见屈原《离骚》：“吾令丰隆乘云兮，求宓妃之所在。”又见《天问》“胡射夫河伯，而妻彼雒(洛)嫔”，旧注谓雒嫔即宓妃。《楚辞·九叹·愍命》：“迎宓妃于伊雒(洛)。”至植《洛神赋》，始演述为一段人神恋爱的悲欢离合故事，表达出对理想愿望的追慕及失望的愁情。洛神也成为古代一美丽女神的形象。

刘晨 南朝宋刘义庆小说《幽明录》中的人物。传为汉剡县人，明帝永平年间，与阮肇入天台山采药，遇二仙女，结为夫妇。居半年，辞归。及还乡，子孙已历七世，无复旧识。后又离去，不知所终。其事在后人诗文中常用作艳遇的典故。

阮肇 文学人物。见“刘晨”条。

丁令威 题晋陶渊明小说《搜神后记》中的人物。传说为汉辽东人，学道于灵虚山。后化鹤归辽东，止于城门华表柱上。有少年欲射之，乃盘旋空中作歌，歌毕飞去。其事在后人诗文中常用作成仙劝世的典故。

干将、莫邪 魏曹丕小说《列异传》、晋干宝小说《搜神记》中的人物。二人为夫妇。楚王命干将铸剑，三年铸成雌雄二剑。干将自知已逾期，必为楚王所杀，故藏雄剑不献，留给遗腹子为己报仇。后其子赤比长成，在山间客帮助下，终于杀死楚王。赤比为父报仇事又见《太平御览》卷三六四引《吴越春秋》、卷三四三引《孝子传》，后者所引谓干将为晋王铸剑。又据《吴越春秋》卷四《阖闾内传》载，干将乃吴人，为吴王阖闾铸雌雄二剑，雄名干将，雌名莫邪，也只献雌剑，但无杀干将及赤比报仇情节，而有莫邪断发剪爪，投炉助成铸剑事。另据《分门集注杜工部诗》卷一五《前出塞九首》其八注引《烈士传》，谓干将莫邪实系一人。

王昭君 晋葛洪小说《西京杂记》中的人物。名嫱，字昭君，晋时避文帝司马昭讳，改称明君或明妃。汉元帝时被选入宫，因不肯贿赂画工，未得召见，后赐嫁南匈奴王呼韩邪为王后。其事又见《后汉书·南匈奴传》、石崇《王明君辞序》。其故事流传甚广，元明两代戏曲及近、现代戏曲、话剧、电视剧均曾演述其事。

韩凭 又作韩冯或韩朋。晋干宝小说《搜神记》中的人物，其事又见《艺文类聚》卷九二引《列异传》。传说为宋康王舍人，娶妻何氏甚美，为康王夺之。凭怨，康王囚之，论为城旦。后自杀，其妻何氏亦投台死。死后二人冢上各生大梓树，屈体相就，树上恒有双鸳鸯悲鸣，人称其树为"相思树"，谓鸳鸯乃其夫妻魂魄所化。后又传说二人死后魂化为双蝶。

董永 晋干宝小说《搜神记》中的人物。其事又见《太平御览》、《法苑珠林》等引刘向《孝子传》和曹植《灵芝篇》。传为汉时人，因无力葬父，卖身为奴，后感动天帝，令织女下凡与他结为夫妇，为他织锦偿债赎身。

木兰 北朝乐府诗《木兰诗》中的人物。曾临危请命，女扮男装，代父从军。其身经百战，功成身退，长揖归庐的英雄事迹极具传奇色彩。又具有善良、勇敢、坚强、机智等品格，可谓至善至美，体现了北方人民见义勇为、豪侠尚武的优良品质和中华儿女所推崇的巾帼不让须眉的精神风貌。其姓氏或作"花"，或作"朱"，或作"魏"，或作"木"。明徐渭曾将其故事编为杂剧《雌木兰》。

柳毅 唐传奇《柳毅传》中的人物。本系一儒生，应举不第，在访友途中偶遇洞庭龙女，龙女备述自己在夫家的不幸，托他代为传书家中。他历尽艰辛，将书传到。龙女之叔钱唐君救出龙女。后几经波折，与龙女结为夫妻，同归洞庭湖成仙。柳亦成为一见义勇为，富于同情心的儒生形象，在中国文学戏曲中流传久远。

李娃 唐传奇小说《李娃传》中的人物。系京城妓女，与入京应试的荥阳公之子郑生相爱。因郑生钱财耗尽，鸨母设计逼迫娃抛弃郑生。后郑生为父鞭挞几死，流落街头，沦为乞丐。娃愧而自责，毅然自赎其身，救护郑生。郑生赖娃资助鼓励，登科为官。娃辞去，后几经周折，终与郑生结为夫妇，并被封为汧国夫人。为具有善良美好心灵的下层妇女形象。

霍小玉 唐传奇小说《霍小玉传》中的人物。系霍王之私生女，霍王死后，被逐出王府，沦为歌妓。后与陇西书生李益相爱，订盟以八年为期。但益登第后即另娶名门，小玉怨愤成疾。后有侠士黄衫客挟持益来见小玉，小玉痛斥李益，愤激而死。死后变成厉鬼，使益终生不获安宁。是封建门阀制度下被损害、被侮辱的悲剧女性形象。

红线 唐传奇小说《红线传》中的人物。系潞州节度使薛嵩之婢女。因薛忧惧魏博节度使田承畴的武力吞并，红线遂自告奋勇，深夜潜入魏郡，于田枕边盗取其供神金盒，薛随又遣人送回，这一威慑行为令田大为恐慌，不得不撤兵而去。红线亦功成身退。为武艺高强、有胆有略的侠女形象。

红拂 唐传奇小说《虬髯客传》中的人物。姓张，行一。原为大贵族杨素的家妓。在隋末群雄并起之时，她慧眼识英雄，私奔相从落拓中的李靖。途中结识豪侠虬髯客，与其结为兄妹。后与李靖共佐李世民以成大业。为有胆有识的风尘女侠形象。

璩秀秀 宋话本《碾玉观音》中人物。出身装裱匠家，后被其父献与咸安郡王为奴婢。郡王府发生火灾，秀秀与府中碾玉待诏崔宁在出逃过程中结为夫妻，来到潭州安家。后被郡王府郭排军发现，回报郡王，郡王将二人押解回府，秀秀被捉入后花园打死，崔宁被临安府罪杖后判建康府居住。路上秀秀鬼魂赶来，崔宁不知，遂一同来到建康府住下，后被识破，秀秀才命归黄泉。其身上反映出当时下层人民反抗迫害追求幸福生活的强烈愿望，特别是热情、勇敢、充满浪漫色彩的鬼魂形象，对后世戏曲小说不无影响。

王瑞兰 元关汉卿杂剧和施惠南戏《拜月亭》中的人物。为金尚书王镇之女。在蒙古南侵中逃难，与书生蒋世隆邂逅相逢，患难与共使之对蒋渐生情愫，两人遂自主结合。后其父将他们强行拆散，她发誓决不另嫁，每夜祈祷与蒋早日团聚。父招新科状元为婿，她满腔怨恨，甚至诅咒其父。而新科状元适为世隆，于是夫妇重圆。是一个冲决封建门第婚姻的叛逆者形象。以患难中互相了解而滋生的爱情，一反以往花前月下才子佳人一见倾心的窠臼，具有较高的现实性。

赵盼儿 元关汉卿杂剧《救风尘》中的人物。虽身在风尘，却很有侠义之气。见妓女宋引章抛弃穷秀才安秀实，欲嫁花花公子商人周舍，便加劝阻。宋不听，后果受虐待，求救于赵。赵不计前嫌，看准周好色、贪利两大弱点，便盛妆携羊酒至周舍客店，诡称愿嫁周。又暗使宋来店叫骂，乘机佯怒，劝周休宋。周犹豫不决，赵即赌咒发誓以坚其意，又出财礼以固其心。待智赚休书成功，即带宋驱车而去，并挫败周抢夺休书的阴谋。周告官，赵已安排人证，又出示休书，使周败诉。是一个饱经世故、沉着老练、机智勇敢、热情泼辣的风尘女子形象。

谭记儿 元关汉卿杂剧《望江亭》中的人物。原是李希颜学士遗孀，再嫁潭州太守白士中。只求"有似俺男儿知重我的便嫁他"，既不受"从一而终"、"失节事大"等礼教信条约束，也与门第婚姻、才子佳人婚姻迥异。得知权豪杨衙内要杀夫夺美，便在中秋月夜驾舟乔装渔妇献鱼脍，以其美貌机智与杨巧妙周旋，智赚势剑、金牌、上方文书而归。翌日即上衙门告杨调戏民妇，杨因失去凭恃而丑态毕现。是一个爽辣、专情、善用"其人之道还治其人之身"的有勇有谋的妇女形象，打破了"女子无才便是德"的封建桎梏，显得光彩照人。

包公 元杂剧中的清官形象。见于元关汉卿《鲁斋郎》、《蝴蝶梦》、郑廷玉《后庭花》、武汉臣《生金阁》、李行道《灰阑记》、曾瑞《留鞋记》、无名氏《陈州粜米》、《合同文字》、《神奴儿》、《盆儿鬼》等杂剧中。其原型北宋包拯"立朝刚毅，贵戚宦官为之敛手"(《宋史》本传)，而杂剧中的包公在此基础上又吸取民间传说更加理想化、传奇化。他公正廉明，爱民如子，日断阳，夜断阴；鬼魂可向他申冤，神灵会助他破案。因元代权豪势要多为蒙古、色目贵族，打死汉人按律不必偿命，这样的社会现实反映在杂剧中，往往是包公以其非凡的智慧巧妙地诛杀、惩戒为非作歹的权豪。其形象是在与大量贪官污吏对比的基础上塑造出来的，反映出元朝吏治腐败、冤狱丛生，人民要求平反申冤、复仇雪耻的强烈愿望，故明显带有黑暗时代政治乌托邦的幻想色彩。

窦娥 元关汉卿杂剧《窦娥冤》中的人物。为穷儒之女，七岁被父抵债卖为童养媳，十七岁成婚，不久夫死守寡。流氓张驴儿父子强逼入赘，她正言拒之。张下毒害人，误毙其父，嫁祸告官，她虽受重刑，仍刚强不屈，最后为救婆婆免于受刑而被迫屈招。临刑前，怒斥"官吏每无心正法，使百姓有口难言"，发出"六月飞雪，血飞上白练，楚州三年大旱"三誓愿，冤气冲天，感天动地，其誓愿皆应验。死后其魂还托梦申冤，要求"将滥官污吏都杀坏"。这一形象，深刻揭露了元代吏治腐败、社会黑暗的严酷现实，反映出被压迫人民要求平反冤狱、复仇雪耻的强烈愿望。其悲剧性格则表现在自觉坚持符合封建伦理要求的贞、孝观念，却仍为封建社会所不容而惨遭杀害。故王国维评为"最有悲剧之性质"(《宋元戏曲史》)。

张珙 元王实甫杂剧《西厢记》中的人物。此形象初见于唐元稹传奇《莺莺传》，后见于金董解元《西厢记诸宫调》。杂剧《西厢记》对其性格作了很大的改动。为西洛才子，在普救寺对崔莺莺一见钟情。在追求莺莺的过程中，其痴狂唐突、神魂颠倒的书呆子"傻气"，显得可笑而又可爱。但在盗匪围寺索美的事变中，他却冷静沉着，修书退敌，于危难中显出胆识才情。当老夫人贼退后变卦悔变，及莺莺约其幽会又因害羞翻脸时，又无可奈何，其诚实敦厚，与花花公子迥异。被老夫人逼迫赴京赶考，一中状元，即派人报信，并及时赶回与莺莺团聚，更体现了对爱情的忠贞专一。是一个敢于冲破封建礼教束缚，大胆追求爱情幸福的痴情男子形象。

崔莺莺 元王实甫杂剧《西厢记》中的人物。初见于唐元稹传奇《莺莺传》，后见于金董解元《西厢记诸宫调》。在杂剧《西厢记》中，其形象更加光彩夺目。为已故相国之女，才貌双全。她感情细腻，渴望爱情幸福，对封建礼教、门第婚姻具有叛离反抗的一面，但贵族名门的出身教养，又使其对张生的热情追求表现得矜持多疑、犹豫不决。面对红娘传来张生的情书，喜而忽怒；她约张幽会，又翻脸教训张生非礼，这类"做假"，本质反映出封建礼教在其心灵上的桎梏。她本想争取合法婚姻，但因老夫人赖婚而希望破灭，在红娘撮合帮助下，终于冲破礼教的束缚，与张生结合，并表示"不恋豪杰，不羡骄奢，自愿的生则同衾，死则同穴"，对门第婚姻表现出坚决的反抗。剧作通过这一形象，颂扬了一位贵族少女冲破封建礼教与包办门第婚姻的勇气，唱出了"愿普天下有情的都成了眷属"的进步理想，对后世产生了极为深远的影响。

红娘 元王实甫杂剧《西厢记》中的人物。初见于唐元稹传奇《莺莺传》，后见于金董解元《西厢记诸宫调》。在杂剧《西厢记》中，其性格有了很大的发展。是崔莺莺的婢女，伶牙利齿而又助人为乐，热情泼辣而又幽默风趣，聪明机警而又正直无私，敢作敢为而又有理有节。在其身上体现了下层人民的优秀品质。她对张生开始并无好感，至张生见义勇为，修书退贼后，才转变态度，敬重其胆识才智。老夫人赖婚，激起其正义感和同情心，使之完全站到崔张一边，暗中为二人撮合。当老夫人发觉追查时，挺身而出应对，针锋相对，晓以利害，迫使老夫人许亲。作为一个蔑视封建礼教，见义勇为，助人为乐，不图报答的女性形象，其名在后代成为热心促成他人姻缘者（或其他热心助人成事者）的代名词。

程婴 元纪君祥杂剧《赵氏孤儿》中的人物。原型见《史记·赵世家》。为草泽医生。晋国奸臣屠岸贾杀死丞相赵盾、赵朔父子一家后，朔妻分娩生下赵氏孤儿，程冒险藏于药箱救出。又毅然献出亲生婴儿冒充赵孤；使公孙杵臼深受感动，合谋由程出首告公孙窝藏赵孤，以活真孤。此后，屠以"赏功"为名收程为帅府门客，收其子程勃（赵孤）为义子在帅府教养。程又以极大的韧性，抚孤成人。俟时机成熟，便向赵孤揭示真相，终于报仇雪恨。这一正义无私、舍己救人、忍辱负重、大智大勇的形象，比《史记》中真人更为生动感人。

张倩女 元郑光祖杂剧《倩女离魂》中的人物。最早出现在唐陈玄祐的传奇小说《离魂记》中，经杂剧改造，形象更为动人。她与王文举早由父母指腹为婚，后王生家道中衰，张母意欲悔亲，以不招白衣秀士为由，赶王上京应举。而倩女忠于爱情，因极度思念，竟灵魂离体，月夜追赶王生，与之结伴上京。而家中躯体却病卧闺床，茶饭不思药石无效。三年之后，魂与王生同归，魂体翕然合一，遂得完婚。其形象意义不仅肯定了对自由爱情的大胆执着追求，而且触及到封建道德、律令对人性的压抑，具有鲜明的离经叛道色彩，对明清戏曲创作产生了积极影响。

赵五娘 元高明南戏《琵琶记》中的人物。为士子蔡伯喈之妻。丈夫进京应试后，家乡遇灾荒，五娘典钗度日，尽孝侍奉姑嫜，自己却以糠垫饥。姑嫜去世，她剪发换席以葬，又卖唱乞食，赴京寻夫。而蔡伯喈已考试高中，被牛丞相招为婿，不得归家省亲。幸牛氏亦为贤德之妇，于是五娘得与伯喈团圆，并受旌表。其形象概括了古代社会许多妇女共同的悲剧命运，虽然作者力图将其塑造为一个恪守礼教的孝妇典型，但她在穷困艰难的生活境遇中所表现出来的刚强、深沉的个性，以及勇于承担苦难、不惜自我牺牲的精神，具有很强的艺术感染力。

刘备 明罗贯中小说《三国志演义》中的人物。系三国蜀汉之主，《三国志》有传。小说乃据史传及各种文献并唐宋以来的传说故事、讲史演义、戏曲等塑造而成。在小说拥刘反曹的倾向中，被描写为仁君的典型，其忠厚与曹操之奸诈适成对比。同时在其身上又凝结了民间所歌颂的节义精神，与关羽、张飞结义，至死不渝。然而作为创业之君，又具有机智深沉的一面。早年即有大志，虽不甘于居人下，但在曹操面前却善作韬晦之态度。他识才、爱才而能知人善任。从三顾茅庐到白帝城托孤，表现出其对诸葛亮的信任。但作为一个处于君主和仁者之间的艺术形象，也有一些人物性格上的矛盾。

关羽 俗敬称为关公。明罗贯中小说《三国志演义》中的人物。原为历史人物，《三国志》有传。随着三国故事的流传而定型。是刘备桃园结义的二弟，一生追随刘备，在建立蜀国中立下卓著功勋。小说通过温酒斩华雄、单刀赴会等情节突出表现其勇武，又通过千里走单骑、华容道义释曹操突出表现其忠义，使其成为义、勇的化身。但他傲慢自负，常意气用事，不理解以至有意无意地破坏了诸葛亮"北拒曹操，东和孙权"的战略。最终败走麦城而遇害。这一人物形象蕴含了深刻的性格悲剧，而其忠义勇烈的人格，则一直为民间所崇奉，历代封建统治者也常利用这一点诱使人们效忠朝廷。

张飞 明罗贯中小说《三国志演义》中的人物。是三国故事传播过程中逐渐定型的形象。原为历史人物，《三国志》有传。小说则通过一系列情节，如怒鞭督邮、古城会关羽、长坂坡威震敌胆等，在各方面突出其性格特征，塑造出一个粗豪爽直，嫉恶如仇，作战中勇猛无敌，有时却又粗中有细，能以计谋取胜的武将形象。但这一人物，也有急躁鲁莽的缺点，终于导致他在关羽死后，急于发丧报仇，醉酒使性中招来杀身之祸。而在其身上体现出来的刚烈、坦率、不畏强暴的品格，一直为民间所崇奉、喜爱，在此后的许多小说、戏曲中都能看到其影响。

诸葛亮 明罗贯中小说《三国志演义》中的人物。是三国故事传播过程中塑造成型的形象。原为历史人物，《三国志》有传。但小说突出了他在军事上计谋百出的超人智慧，在政治上高瞻远瞩的战略眼光，在个人品格上鞠躬尽瘁的献身精神。三国之间的军事和政治斗争，蜀国内部用人与施政，无不体现其才智机变，他是智慧化身，同时又充满道德完善的人格力量。虽然作品在刻画这一人物时，不免有神化的倾向，鲁迅《中国小说史略》谓“状诸葛之多智而近妖”，但作为一个才德兼备的理想形象，千百年来始终为人民所敬仰。

曹操 明罗贯中小说《三国志演义》中的人物。是据《三国志·魏志·武帝纪》与裴松之注以及其他历史材料、传说故事塑造而成的文学形象。在“尊刘抑曹”的基本倾向上，突出描绘其“乱世之奸雄”的面貌。他有审时度势，作出正确决策的政治、军事才能，又有笼络人心、分化敌手的机变权术；多疑狡诈，但又深知用人之道，善于网罗人才；既毫不留情地铲除异己，又常有容人之雅量；信奉“宁教我负天下人，毋教天下人负我”的人生观，但又做过一些顺应民心的事。这一品格有严重缺陷而又有雄才大略的文学形象，在封建社会的政治家中，具有典型性。

貂蝉 明罗贯中小说《三国志演义》中的人物。史无其人，传为三国时美女。为司徒王允府中歌伎，色艺俱佳。因董卓专权残忍，王允密设连环计，既许为吕布之妾，又献与董卓。貂蝉为报王允厚待之恩，离间董卓、吕布，终致吕布杀死董卓，貂蝉亦为吕布所有。吕死后，被曹操掳往许都。作为政治斗争的工具和美人计的成功范例，这一形象在文学史上具有典型性。

赵云 明罗贯中小说《三国志演义》中的人物。为三国故事传播过程中逐步完善的形象，原为历史人物，《三国志》有传。小说突出其武艺高强，浑身是胆，又机警沉稳，兢兢业业的性格特征，通过当阳单骑救主、截江夺阿斗等情节，成功地表现出来。其胆大心细，为关羽、张飞所不及，白袍银枪的英俊少年将军形象，也与关羽、张飞有别，而同样受到人们的喜爱。后来小说戏曲中一些少年将军形象，不无受此启发。

周瑜 明罗贯中小说《三国志演义》中的人物。原为历史人物，《三国志》有传，称其“性度恢廓”。小说中则作了新的塑造。为东吴军事统帅，英姿勃发，年轻有为。小说通过赤壁之战中借蒋干行反间计、打黄盖行苦肉计、请庞统行连环计等情节，充分表现其才智。但因小说欲以之衬托诸葛亮智慧谋略更胜一筹，故又刻意描写他心胸狭窄、意气用事的一面，使之在诸葛亮面前往往显得自作聪明，令人可笑。作为一个不能容忍他人胜过自己的文学形象，具有典型性。

马谡 明罗贯中小说《三国志演义》中的人物。原为历史人物，《三国志》有传。在诸葛亮南征孟获时，曾献“攻心为上，攻城为下；心战为上，兵战为下”之策，被诸葛亮叹为“幼常知吾肺腑”。诸葛亮以司马懿为“蜀中之大患”，他献离间计，使魏明帝夺司马兵权，使之削职回乡。但他虽“饱读兵书，熟谙战法”，却缺乏实战经验，不知变通，终致街亭失守，被诸葛亮按军法治罪斩首。是一个著名的纸上谈兵，言过其实的典型形象。

鲁智深 明施耐庵小说《水浒传》中的人物。绰号“花和尚”。原为渭州经略府提辖，因仗义打死镇关西至代州文殊院出家。又因不遵清规，大闹五台山，到东京大相国寺管菜园子。后又在野猪林救林冲，占二龙山落草，辗转上梁山，成为义军重要将领。是一个武艺高强，豪爽耿直，热肠烈性，好打抱不平的人物形象。与李逵不同，他阅历丰富，粗中有细，但又不及武松沉着冷静，性格比较急躁。从为官到为僧、为“寇”，他始终充满一种斗争精神，对社会现实的认识颇深刻。其形象长久以来广受人们喜爱。

林冲 明施耐庵小说《水浒传》中的人物。绰号“豹子头”。原为东京八十万禁军教头，有一个美满的家庭。因高俅之子觊觎其妻，被构陷入狱，继又发配沧州。其身分、地位和家庭，使之对官方恶势力的迫害一忍再忍。直至草料场一场大火，明白高俅必欲置之死地，方才清醒，其英雄本色才显现出来，走上了坚决反抗的道路，投奔水泊梁山，成为与官军厮杀的英勇将领。作为逼上梁山的典型，其形象在封建时代具有深刻的社会意义。

宋江 明施耐庵小说《水浒传》中的人物。梁山义军领袖。在壮大起义力量，团结起义队伍等方面，起着重要作用。在其领导下，义军攻城略地，所向披靡，震动了整个封建朝廷。但他也是招安路线的决策者，终使起义走向瓦解之路。他做过衙门押司，精通吏道，对封建皇帝始终保持忠心，又喜好结交江湖好汉，仗义疏财，在江湖上以重义气而负有盛名。为梁山制订“替天行道”的路线，改“聚义厅”为“忠义堂”，集中反映了他只反贪官，不反皇帝的思想。作为一个封建时代性格复杂的农民军领袖形象，对后世有着鼓舞人民群众反抗黑暗统治与引诱起义者效忠帝王、接受招安这种积极与消极两方面的影响。

武松 明施耐庵小说《水浒传》中的人物。

绰号“行者”。出身贫穷，流落江湖，于景阳冈打虎，谋得一个都头的差使。因为兄报仇杀人，刺配孟州。又路见不平，醉打蒋门神。中张都监设下的圈套，再次发配恩州。途中大闹飞云浦，血溅鸳鸯楼，终于走上造反道路，成为梁山义军头领之一。他血性刚烈，好汉做事好汉当，不避刑狱，身为囚徒，也决不甘逆来顺受，始终体现出一种英雄气概。他不但勇武过人，艺高胆大，而且心细如发，从容冷静，行侠仗义，始终未曾失利。作为一个近乎完美的英雄形象，历来为人们所喜爱，是《水浒传》中最著名的人物之一。

李逵 明施耐庵小说《水浒传》中的人物。绰号“黑旋风”。出身贫苦农民，刚烈粗豪，憨厚淳朴，因仗义杀人而长久流落江湖，也有鲁莽好斗，嗜酒使性的弱点。他爱憎分明，勇猛顽强，无私无畏，在梁山起义好汉中是个忠诚彻底的造反者。作为一个性似烈火，嫉恶如仇，而又有赤子之心的江湖英雄，是《水浒传》中塑造得最成功的人物形象之一。

孙悟空 明吴承恩小说《西游记》中的人物。原系石中迸出的神猴，寻师访道，学得七十二变，又获如意金箍棒，自称齐天大圣，大闹天宫。后护唐僧赴西天取经，途中降妖伏魔，经八十一难，才取得真经，终成正果，被如来封为“斗战胜佛”。他英勇善战，又机智灵活，凭借自己的变幻与武艺，与敌人斗智斗勇，往往总能战胜敌人，或者去查根究底，知其来历，制服对方。此一形象，是作者综合了人与猴的某些特征，加以艺术的夸张和想像塑造而成。在他身上，有蔑视天神世界尊卑秩序的豪迈意气，与恶势力坚决斗争、毫不妥协的顽强精神，也有急躁喜动、争强好胜、诙谐善谑的鲜明个性。是一个广受人们喜爱的神话英雄形象。

唐僧 明吴承恩小说《西游记》中的人物。取经故事缘出唐代，取经法师玄奘亦为历史人物，小说则谓其为佛祖如来二徒金蝉子下凡，十八岁削发修行。唐帝尊为御弟，遣往西天取经，途中收孙悟空、猪八戒和沙僧为徒，历经艰险，终成正果。他信仰虔诚，不慕荣华，不近女色，妖魔鬼怪欲食其肉，也不动摇。在其身上体现了坚韧不拔的意志、百折不挠的精神。但他又有迂腐懦弱、易上当受骗等缺点，对真伪、善恶、贤愚、功罪，往往不能正确分辨，临难只知念佛而不知积极斗争。不过其形象虽有可笑的一面，但作者的揶揄讽刺很有分寸，作为正面人物，仍肯定了他的主要品格。

猪八戒 明吴承恩小说《西游记》中的人物。是护唐僧取经的二徒弟。原是上界天蓬元帅，因犯天条被贬下凡，错投猪胎而得猪形。唐僧取经途中收为徒弟，一路担行李，配合孙悟空斗妖除怪，又在荆棘岭上开路，稀柿衕中拱秽，立下功劳。他憨厚呆笨，本质善良，但喜好女色，又贪馋偷懒，自作聪明，遇到挫折，便嚷着散伙。小说以猪的形貌特征为基础糅合某些人类性格塑造而成的喜剧形象，具有高度的典型性，广为人们所喜爱。

沙僧 明吴承恩小说《西游记》中的人物。俗称“沙和尚”。在小说中虽着笔较少，艺术形象不如孙悟空和猪八戒丰满，但亦有其个性特征。原为上界灵霄殿上卷帘大将，因犯天条被贬下凡，在流沙河兴妖作怪，受观音菩萨点化，被唐僧收为徒弟，与孙悟空、猪八戒共护唐僧往西天取经。途中专司牵马，又能配合师兄斗妖，忠诚厚道，沉稳坚忍，任劳任怨。师兄之间有矛盾，他总是好言相劝，唐僧过责孙悟空，念紧箍咒，他总是代师兄求情，在取经集体中起到团结一心的作用，因此在小说中是一个不可缺少的人物形象。

白骨精 明吴承恩小说《西游记》中的人物。唐僧西行取经途中所遇妖怪之一。原是尸骨所化，善于幻化各种人形，作害行人。因听说吃了唐僧肉可以长生，便三次来骗唐僧。先变美女，继而又变老妪，都被孙悟空识破。最后又化为老翁，被孙悟空一棒打杀而现出一堆骷髅本相。但唐僧却几次被迷惑而不觉悟，反怪悟空枉杀生灵，最后还将其逐走。白骨精本领不大，却变化多端，幻化为美女和老人，尤具欺骗性。作为一个神话中的文学形象，有着警世的现实意义。

妲己 明许仲琳小说《封神演义》中的人物。《史记·殷本纪》载为商纣之妃，姓己名妲，有苏氏之女。商亡被杀。小说中谓其为冀州侯苏护女，被千年狐狸精摄去精魂，附体成形，受纣王专宠。纣王荒淫无道，在其诱惑下，更变本加厉，终至国亡身死。其故事粗见于《武王伐纣平话》，许作有增饰，然除了其善于狐媚，助纣为虐外，亦无性格描写。最后被杨戬所擒。作为女祸亡国的典型，其形象已家喻户晓。

哪吒与李靖 明许仲琳小说《封神演义》中的两个人物。哪吒多次出现在我国古代的戏曲小说中，尤其是与唐僧取经故事有关的作品，如吴昌龄杂剧《唐三藏西天取经》和吴承恩小说《西游记》。其原型和印度佛教有关。李靖在《西游记》中也曾出现，号“托塔李天王”。二人为父子关系。李靖初为陈塘关总兵，夫人怀胎产出一肉球，李靖以剑劈开，跳出一幼儿，手套“乾坤圈”，腹围“混天绫”，是为哪吒。天生一副顽劣和桀骜不驯的性格，杀巡海夜叉，抽龙王太子筋，闯下大祸。他剔骨、剖腹、刳肠，还骨肉于父母，魂借莲花为人形，与父大战。李靖不敌，幸赖燃灯道人赠以玲珑塔，方镇住儿子。后同佐武王伐纣，得成正果。哪吒是一个天真烂漫而又神通广大的儿童英雄形象，广为人们所喜爱。李靖则是一个古板的封建家长形象，他手托的宝塔，实为父权的象征。

姜子牙 明许仲琳小说《封神演义》中的人物。民间俗称“姜太公”。《武王伐纣平话》已有其故事，《封神演义》又加以增饰而定型。他是元始天尊门徒。因成汤气数已尽，学道四十年，七十二岁时被遣下山辅佐周室。年八十垂钓磻溪，周文王恭请出山拜相。后辅佐武王起兵灭商，又奉命发榜封神。他雄才大略，宽仁厚道，各类神通广大人物都能为他所用，降伏违逆天命的神魔，讨伐惨无人道的纣王。作为一个坚持不懈、垂暮之年始有事业成就的现实中人物形象，和一个主持正义，毫不留情地镇压妖邪的神话中人物形象，长久以来广为人们所喜爱。

杨六郎 明熊大木小说《北宋志传》、纪振伦小说《杨家通俗演义》中的人物。是据历史和传说创造出来的文学形象。名延昭，为杨老令公第六子，故名。幽州大战，他幸免于难，与弟七郎保驾回宋。其父死后，继承遗志，忠勇报国。宋真宗时，辽兵犯境，又镇守边关，屡破敌军。其性格特点是忍辱负重，委曲求全。明知真宗听信奸佞，两遭发配，甚至险被杀害，亦忠心不负朝廷，对孟良、焦赞的桀骜不驯，总是严加管束，以维护其世代忠良的美誉。是一个忠君报国的典型人物形象。

孟良 明熊大木小说《北宋志传》、纪振伦小说《杨家通俗演义》中的人物。与焦赞为结义兄弟。为杨家将重要将领。粗勇而机敏，善于随机应变。在杨六郎麾下，常担负一些特殊使命。如盗杨业骸骨，盗木柯寨降龙木，盗萧太后龙发。虽为杨六郎收服，但久为“草寇”，仍有草莽本色，对朝廷昏庸，奸佞当道，有深刻认识。后因盗杨业骨殖在黑夜中误杀好友焦赞，自刎而死。他与焦赞是文学史上一对著名的英雄形象。

焦赞 又名焦光赞。明熊大木小说《北宋志传》和纪振伦小说《杨家通俗演义》中的人物。形貌凶恶，粗鲁率直，但本性善良，与孟良为结义兄弟，同为“草寇”出身，受六郎感召归宋。他有强烈的反叛精神，无视王法，和六郎的忠君思想形成鲜明对比。真宗听信谢金吾谗言要拆天波楼，他潜探得实，大闹东京。被充军邓州，却私自逃走，在城西自由自在，使官军无可奈何。后因欲抢先盗取杨业骨殖，被孟良误杀。他与孟良是文学史上著名的一对英雄形象。

穆桂英 明熊大木小说《北宋志传》和纪振伦小说《杨家通俗演义》中的人物。原是木柯寨寨主之女，武艺高强，在女性的妩媚中带着山寨的野性。因宋军破天门阵需借寨上的“降龙木”，她与宋军交战，生擒杨宗保，见其少年英勇，便自许终身，强迫成亲。后归顺宋朝。在抗辽战争中屡次立功，尤以大破天门阵最见其风采。后五十岁时生子文广，在国家危难中又送夫送子去疆场，发扬杨家忠勇报国之家风。小说对其晚年的描写不多，后世的戏曲又有发展。是中国文学史上最著名的巾帼英雄形象之一。

潘金莲 明代小说《金瓶梅》中的人物。初见于《水浒传》，在《金瓶梅》中成为主要人物之一。原是武大郎之妻。《水浒传》中叙其与西门庆通奸，合谋鸩死武大，被武松报仇杀死。《金瓶梅》则具体交代她九岁时卖身至招宣府，学习弹唱，招宣死后，归张大户，再嫁与武大。特殊的经历，形成她争强好胜、褊狭自私的个性，造成人格的扭曲。被西门庆娶为第五房妾，与西门庆恣意纵淫，又与其他男子私通。在家庭内部的明争暗斗中，锋芒毕露，又善机诈权变，但最终害人亦害己，在西门庆死后被吴月娘借故发卖，尸横刀下。作为一个被人所害的害人者，一个狂热追求性满足的女性形象，其性格十分复杂，在中国文学史上具有特殊意义。

西门庆 明代小说《金瓶梅》中的人物。初见于《水浒传》，在《金瓶梅》中作为贯穿全书的中心人物。本是一个浮浪子弟，发迹后开了多家商铺。经营有道，又钻营蔡京、杨戬之门，谋得山东理刑副千户之职，依靠强大的封建权势，贪污行贿，成为地方一霸，其无穷的欲望就是金钱和女人。家有一妻五妾，还包占妓女，私通丫环仆妇，为达到目的可以不择手段，不顾伦理，终因纵欲过度而暴亡。郑振铎曾认为他“代表了中国社会——古与今的——里一般流氓或土豪阶级的发迹的历程”(《谈〈金瓶梅词话〉》)。一般认为他是官僚、恶霸、富商三位一体的封建势力的代表，尤其反映出明代嘉靖、万历以后商品经济条件下的新兴商人的特征。

李瓶儿 明代小说《金瓶梅》中的人物。西门庆第六房妾。原为梁中书妾。大名府被梁山英雄攻破，趁乱卷资逃出，嫁与花子虚。因厌薄花子虚的性无能而爱慕西门庆，不顾廉耻与之私通，又合谋害死花子虚。她虽受西门庆宠爱，又懂得广结人心，但并不工于心计，处处受潘金莲算计，在儿子死后不久也病死，其人性挣扎与悲剧命运终告完结。是一个既冷酷、恶毒，又温顺、多情的具有多重性格的女性形象。

唐伯虎 文学人物。史有其人，名寅，字伯虎。“吴中四才子”之一，恃才傲物，风流自放。笔记和小说中有关他的遗闻逸事甚多。其中以明冯梦龙《警世通言》卷二六《唐解元一笑姻缘》最为著名，写其点秋香故事，流传甚广，人物形象也较突出。

白娘子 明冯梦龙《警世通言》卷二八《白娘子永镇雷峰塔》中的人物。是一个修炼成人形的蛇精。初见于宋元话本《西湖三塔记》(见《清平山堂话本》)。她向往幸福，主动追求爱情，但仍未脱妖气。明代以后，在清方成培的《雷峰塔》传奇及民间说唱文学中，这一形象有所发展，突出了其热爱人间、温柔善良的人性，使之成为一个追求婚姻自由，对爱情忠贞不渝，为之斗争、为之献身的动人形象。

杜十娘 明冯梦龙《警世通言》卷三二《杜十娘怒沉百宝箱》中的人物，初见于明万历时宋懋澄《九籥集》中的《负情侬传》。名杜媺，十三岁即不幸沦落风尘，后成为北京名妓。在饱受屈辱的生活中，立志从良，并将感情倾注于李甲，赎身与之归里。而李甲却为商人孙富说动，允以十娘易千金。十娘知之，将暗中积攒的珠宝掷入江中，怒斥孙、李二人，投江自尽。十娘有胆有识，对脱籍后生活资产早有安排，所求惟心心相印的真情，而一番情意竟为人辜负，这一悲剧形象具有高度的典型性。

东郭先生 明马中锡寓言体传记文《中山狼传》中的人物。后亦见于据此文敷演的《中山狼》杂剧(今存王九思、康海各一本)中。信奉墨子兼爱之学，一日途经中山国，遇赵简子狩猎，一狼中箭负伤，哀求救命，遂置狼于书囊骗过赵简子。不料狼免死出囊后反欲噬他。幸得杖藜老人之助，以计复引狼入囊毙之。是一个头脑迂阔、滥施怜悯的人物形象。

杜丽娘 明汤显祖传奇《牡丹亭》中的人物。是作品的主人公。出身官宦之家，美貌聪慧，但从小受封建礼教束缚，锁闭深闺，烦闷异常。一日游园感春，后梦见意中人，从此苦苦相思，终至为情憔悴而死。但其魂魄仍不忘追求，终于还魂与所爱者结合。作者是把她作为人类超越生死的“至情”化身来塑造的。是中国文学史上一个生死不渝追求幸福爱情的典型形象。

陈妙常 明高濂传奇《玉簪记》中的人物。系据宋以来笔记和戏曲小说再创作而成。原名娇莲，与书生潘必正指腹为婚，金兵南侵，入女贞观为道姑。潘必正来观中，唤起她青春的觉醒，使其产生炽热的爱情，遂与必正私自结合。起初，她虽仍不免羞涩、顾虑，及至潘必正被观主催逼离去，才倾诉衷情，赠玉簪为信物，与必正作山盟海誓。是一个身处清规戒律之地而内心感情丰富多采的少女形象。

潘必正 明高濂传奇《玉簪记》中的人物。系据宋以来笔记和戏曲小说再创作而成。与陈娇莲曾指腹为婚。金兵南侵，两家离散。潘投姑母住持之女贞观，遇道姑陈妙常。初不识其即为娇莲，心生爱慕，遂私相结合。不料被姑所觉，逼其入京应试。后必正及第为官，迎娶妙常，终谐连理。在戏曲中，其形象聪明机敏，善解人意，风流多情而不失于轻浮，最终信守誓约，表现出对爱情的忠贞不二。

李慧娘 明周朝俊传奇《红梅记》中的人物。原型为文言小说集《剪灯新话》内《绿衣人传》中的绿衣少女。为南宋末贾似道的侍妾。一日泛舟西湖，见书生裴禹而生爱慕之情，被贾似道窥破隐情杀害。后裴生被贾似道幽禁于府中，她魂化人形与裴生相见，互诉衷情，又搭救裴生逃出贾府，并化厉鬼怒斥贾似道。是一个美丽多情而顽强复仇的女子形象，对后世颇有影响。

范进 清吴敬梓小说《儒林外史》中的人物。是一个受封建科举制度毒害的老秀才。一意钻研八股文，但连年乡试不遇，年过五十始得中举人。知道榜上有名后，竟高兴得神智不清发起疯来，被其岳父胡屠夫一巴掌打醒。从此发迹，与官绅往来结交，自己也成为官场中人，由受人欺辱的老实人一变为卑鄙丑恶的统治阶级一员。其中举前后的思想行为变化，充分体现出科举制度的腐朽性。

马二先生 清吴敬梓小说《儒林外史》中的人物。名纯上，是一个代书坊评选八股文范文的封建社会知识分子。人颇庸俗迂阔，视科第功名光宗耀祖为人生至乐，以八股文帖括业为唯一学问，实属不通世务的陋儒。但性情较真率朴实，亦略知春秋汉唐，又非卑鄙龌龊胸无点墨之辈。为古典小说中有鲜明个性的受科举制度毒害而懵懂不觉的旧文人典型。旧说谓原型为作者之友举人冯粹中。

杜少卿 清吴敬梓小说《儒林外史》中的人物。为官僚地主家庭公子。其思想虽具儒家正统观念，以孔孟之道为旨归，但个性行为则颇不谐于俗，蔑视礼法，鄙弃功名，不与弄权仗势的官僚士绅同流合污。负才气，豪爽肯助人，倾其家产而不惜，对身处困境的下层人民亦有所关心。是作者所期望的理想人物。原型即为作者本人。

贾宝玉 清曹雪芹小说《红楼梦》中的人物。其生时口衔五彩宝玉，因以为名。为小说中封建贵族大家庭荣国府中最得宠的贵公子。父母长辈希冀其能继承祖业，光耀门第，而他却不守父训，有违礼教，鄙视功名富贵，厌弃结交官场，视举业进身者为"禄蠹"，情系闺阁少女，以交游狎昵为乐，以为"天地间灵淑之气只钟于女子"，倾心于与其志趣相投的姑表妹林黛玉，然其祖母、母亲等却用"掉包计"强使他娶其姨表姊薛宝钗为妻，黛玉因之含恨而亡，他亦最终出家为僧。其思想性格处处表现出对封建秩序传统礼教的否定与叛逆，然又充满感伤与虚无亦不乏平庸浅薄之处。至于这一形象是否在一定程度上代表着封建社会晚期易代之际的新生力量与民主思想，学术界尚有争议。然其性格思想的丰富性与深刻性使之在艺术上达到了前所未有的高度，成为中国古典文学中塑造得最成功的艺术形象之一。

林黛玉 清曹雪芹小说《红楼梦》中的人物。男主人公贾宝玉的表妹。母亲去世后，寓居贾府，与贾宝玉自小相处，思想接近，爱好相同，彼此感情极深。幼即体弱多病，父亲去世后，更多愁善感。在贾府寄人篱下，孤高自许而厌弃贵族家庭的虚伪鄙俗，与周围环境格格不入。具有反抗封建传统思想的精神，追求个性自由，渴望婚姻幸福，但又任性多疑，不谙世务，尽管贾宝玉与其相爱甚深，却不为贾母、王夫人所容，终为一场骗局夺去生命，呕血而亡，临殁犹不知贾宝玉并未负心。是《红楼梦》中塑造得最成功的人物形象，也是古典小说中著名的悲剧人物典型。

薛宝钗 清曹雪芹小说《红楼梦》中的人物。男主人公贾宝玉的表姊。薛家系小说中四大家族之一，她自幼接受良好的文化教育，又饱受封建思想熏陶，一方面多才多艺，聪慧而善解人意，温柔可爱，一方面虚伪自私，工于心计，巧于迎合周旋，故颇得贾母、王夫人欢心，选其为贾宝玉之妻。但贾宝玉与其思想不合，婚后终于出走，其命运也不无凄惨之处。作为一个高雅与庸俗相嵌合的文学形象，颇具典型性。

王熙凤 清曹雪芹小说《红楼梦》中的人物。又称凤姐。是一个精明干练而手段狠毒，性格泼辣又阴险的贵族女子。其娘家王家与其夫家贾家均为豪门大族，她惯于奉迎，讨得贾母欢心，掌握了荣国府的经济大权，飞扬跋扈，为所欲为，作威作福，到头来害人亦害己，才穷力绌，含恨而死。在小说中，其两面三刀、口蜜腹剑、貌为爽直而内含险诈的性格，塑造得非常成功。是古典小说中著名的反面形象。

尤三姐 清曹雪芹小说《红楼梦》中的人物。是一个有主见、有胆识，性格泼辣，敢作敢为的美丽女子。在贾府，她是孤立无援的贾家穷亲戚，淫恶之徒贾珍企图娶之为妾，她针锋相对，进行坚决而又巧妙的斗争，嬉笑怒骂，令贾珍自认失败。在未婚夫柳湘莲疑其不贞而退婚时，甘以自刎表明自己的清白，维护自己的人格，与其姊尤二姐的逆来顺受形成强烈对比。其个性带有市民阶层的特点。

阿Q 鲁迅短篇小说《阿Q正传》的主人公。他一贫如洗，无家可归，以土谷祠为家，以打短工为生。在沉重的阶级压迫下，连与"赵太爷"同姓的权利也被剥夺。常被人欺负，又常欺负那些他认为比他弱的人。他向女佣吴妈求爱，被财主痛打后丢了饭碗，遂沦为小偷。辛亥革命中，阿Q在未庄糊里糊涂参加了暴动，又糊里糊涂被当做抢劫犯捕杀。这一形象较为复杂：既有被压迫被剥削的劳动者勤劳、质朴的本质，有一定的潜在革命性，又有封建社会流氓无产者的落后、蒙昧、褊狭、"游手之徒的狡猾"等劣性。对比自己强的，他自认"虫豸"，对比自己富的，他不屑地想"我的儿子会阔得多啦"。这种颇能代表其性格特征的"精神胜利法"正是落后的中国民族文化积淀中最突出的病态特征。作者以“哀其不幸，怒其不争”的痛切感情，用“杂取种种人”的高度典型化艺术手法所塑造的这一具有鲜明时代特征、精神特征和个性特征的不朽的艺术典型，后即成为一种精神现象的代名词。

孔乙己 鲁迅短篇小说《孔乙己》的主人公。清末一个深受封建科举制度戕害的下层知识分子。他自命清高，迂腐无能，而又好吃懒做，虽半生苦读，“连半个秀才也没捞到”，穷愁潦倒至于靠偷窃为生，而被人打断腿，最后在贫病交加中凄凉地从人间消失了。他具有一种很强的自尊性格，长衫虽又破又脏，却一直不肯脱下，为的是保持所谓“读书人”的身分，但这种性格却受尽社会的欺凌和嘲弄。他只能在自我解嘲、自我麻痹中讨生活。通过这一人物被扭曲的人格和悲惨命运，作品活画出一个从灵魂到躯体都被封建社会和科举制度无情摧残了的典型，从而鞭笞了封建制度的罪恶。

祥林嫂 鲁迅短篇小说《祝福》的主人公。是20世纪初期中国一个勤劳善良而遭遇不幸的农村妇女形象。她早年丧夫，因婆婆要将她卖掉，便逃到鲁四老爷家帮佣。不久，婆婆找到她，将其卖与贺老六为妻。几年后贺老六病死，儿子阿毛被狼咬死，她再到鲁家帮佣。她开始变得木然，常喋喋不休地向人诉说儿子被狼叼走的不幸，使人感到厌烦而不再同情她；鲁四老爷嫌她再嫁再寡，不让她在祭祀祝福时沾手，她伤心至极，当她自以为到土地庙“捐门槛”赎了罪而仍受歧视后，在恐惧中苦熬，最后在除夕人们欢天喜地的祝福声中，冻毙于雪地。作者在这个人物身上，寄寓了对广大贫苦妇女的深切同情，无情鞭笞了封建旧礼教、旧理学、旧道德的杀人本质。

吕纬甫 鲁迅短篇小说《在酒楼上》的主要人物。吕在辛亥革命时期，曾怀抱着匡救众生、改革社会的志向。那时，他敢于到城隍庙里去拔掉神像的胡子，连日争论改造中国的方法，以至于争论时同别人打起来。十年后，变得迂缓而颓唐，不过是做着些等于不做的无聊事，敷衍地教着“子曰诗云”。对时代的更新全然麻痹不察，已变成苟且偷生的蝇子。作品通过这一人物性格的变化，控诉旧势力的残酷，批判某些知识分子在五四落潮后的脆弱和动摇，并反映了作者沉郁的心绪。

魏连殳 鲁迅短篇小说《孤独者》的主要人物。曾是一个自觉接受现代科学文明和西方思潮的新派人物，曾猛烈抗击旧势力的重压，被旧势力视为“异类”。由于爱发表“没有顾忌的议论”，屡遭诬陷，后被学校辞退。在黑暗的包围下，他由孤独而绝望，终至投靠军阀，开始“躬行他先前所憎恶，所反对的一切，拒斥他先前所崇仰，所主张的一切”。作者通过这一人物的塑造，形象地说明了新旧时代交替过程中，相当一部分知识分子的革命不彻底性，具有极大的启示意义。

子君 鲁迅短篇小说《伤逝》中的主要人物。她是一个在五四新文化运动中觉醒的知识女性。为争取个性解放和婚姻自由，她不顾亲属的阻挠和他人的讥笑，毅然与相爱的涓生结合。不料结合后双方因失去新的精神追求目标和经济拮据，终至分离。她悄然回归于曾经反抗的家庭，“在严威和冷眼中走着所谓人生的路”，以至在“无爱的人间死灭了”。作品通过这个悲剧人物形象，深刻地指出了五四时期青年婚姻爱情观和个性解放观的误区，揭示了小资产阶级知识分子孤立追求个人幸福和婚姻自由是不可能实现的。

老通宝 茅盾短篇小说《春蚕》、《秋收》中的主要人物。是一个封建、闭塞的自然经济所培育出来的老一代农民形象。他勤劳质朴，却又愚昧保守，凭经验感到世界越变越坏，却永远不明白世界变坏的原因，还冀图带领全家勤劳省俭，重振家业。他迷信鬼神，用大蒜头占卜蚕花的命运，视儿子的反抗为大逆不道，为“老爷”们慑于群众威力而不平。其思想性格与已发展了的现实之间处处存在着悲剧式的冲突。直到经历了一连串惨重打击之后，他在临终前才幡然醒悟，转而支持儿子造反。这一形象概括了老一代农民的特征，其遭遇是旧社会无数农民悲惨命运的真实写照。

林老板 茅盾短篇小说《林家铺子》的主要人物。是旧中国小商人的典型。他精明能干，兢兢业业，在商铺都不景气的年关，不惜血本搞“大放盘”，还迎合时机大力推销“一元货”，使生意有了转机。作为小资产者，他有见利忘义、投机取巧的本性，曾通过贿赂将日货冒充国货出售，甚至侵吞孤寡老人的钱财。在大鱼吃小鱼的社会里，他又是牺牲者，曾多次受到反动官僚、钱庄老板的压迫盘剥，最后不得不破产潜逃。这一形象颇反映出中国民族资产阶级的特点。

吴荪甫 茅盾长篇小说《子夜》的主要人

物。是30年代中国民族工业资本家的典型。曾游历欧美，见多识广，又具有雄心和魄力，在实业界颇有地位。为了实现其"工业王国"的梦想，以智谋和铁腕排挤、吞并同业，组织信益信托公司进行公债投机，残酷剥削工人，甚至勾结当局镇压工农运动……这一切充分显示出他的卓越才干，也显示出他贪婪、残暴的阶级本性。虽然刚愎自用、敢作敢为，但其精神却很空虚，工农群众的斗争令他惶恐不安，买办资本家赵伯韬的老奸巨猾、操纵交易市场也使他无可奈何，这是民族资产阶级软弱性在他身上的表现。小说通过这一形象的塑造，充分揭示了半殖民地半封建的旧中国民族资本家的阶级本质和悲剧命运。

赵伯韬 茅盾长篇小说《子夜》中的重要人物之一。作为买办金融资本家、公债巨头，他是美国财团的买办，又和军政界有广泛的联系，能一手操纵公债市场。在与民族资本家吴荪甫的较量中，不惜利用制造谣言、收买心腹、封锁经济等手段，将对方置于死地，以达到扼杀民族工业的目的。在生活上，他荒淫无耻，腐朽糜烂。这一形象比较集中地体现了买办资产阶级政治上反动、经济上贪婪、生活上腐朽的本性。

屠维岳 茅盾长篇小说《子夜》中的人物。他作为资本家吴荪甫手下的总管事，谙熟阴阳相济的统治术，深得老板的厚爱。工潮起来，他运用阴险手段，反间挑拨，密置罗网，跟踪盯梢，并企图借助军警暴力镇压，同时又装出公允不偏的样子，以调停人的姿态出现在工人面前，大谈"和平解决"，企图赢得时间；在黄色工会内部的倾轧中，他怒火中烧，但外表上相当冷静，采用借刀杀人，收买人心，斡旋平衡等策略。对待主子吴荪甫，态度不卑不亢，有时还会顶撞、挖苦。是一个具有骄蹇自负的性格和干练阴毒作风的奴才形象。

高觉新 巴金长篇小说《家》、《春》、《秋》中的主要人物之一。是封建大家庭高家的长孙，在封建礼教的长期熏陶下，养成了驯服顺从、循规蹈矩的软弱性格，内心深处则渴望着个性解放、个性自由，向往个人生活的幸福，因而内心十分痛苦。他爱慕梅表妹，但对父母之命、媒妁之言不敢有丝毫反抗。他的软弱毁去了自己的幸福，却还要出面维护封建家长秩序，对两个兄弟严加管教，并替他们承担来自封建家长们的怒斥。尽管如此，他还是被环境逼得走投无路，成为时代的落伍者。是一个在封建社会走向没落时期的牺牲者形象，具有很高的典型意义。

高觉慧 巴金长篇小说《家》中主要人物。是封建大家庭觉醒最早、反抗最坚决的叛逆者。他积极参加学生运动，组织民主社团，创办刊物，抨击封建势力。在家庭中，他敢于公开反对祖父高老太爷的权威，敢于公开斥责长辈的胡作非为，支持二哥觉民的抗婚行动，鼓励大哥觉新坚强起来去奋斗，帮助堂妹淑英逃婚，而自己则与侍女鸣凤恋爱，最后离家出走，毅然与封建家庭决裂，投身到社会洪流中去。这一反封建的英雄形象反映了五四时期青年一代的觉醒及其对封建势力的勇猛冲击。

曾树生 巴金中篇小说《寒夜》中的人物。她大学毕业后，立志献身于教育事业。然而，无情的现实毁灭了她的理想，只得在一家银行当小职员。她年轻美丽，常被达官贵人调笑，因而心情郁闷。在家中又受到思想守旧的婆婆的歧视和嘲讽，更是痛苦至极。本来夫妻俩收入微薄，已经十分贫困，而丈夫后来因患病又被公司辞退，生活更为艰难。她再也无法忍受，终于离家出走。抗日战争胜利后，她回到家中，丈夫已亡，婆婆、儿子则不知去向，又重新陷入了孤寂、悲哀之中。作品通过这一形象揭示了当时"大后方"知识分子坎坷的人生道路。

祥子 老舍长篇小说《骆驼祥子》的主要人物之一。这个破产的农民，后为北平的一名人力车夫，对生活具有骆驼一般坚韧不拔的精神，自信凭自己的"足壮与诚实"，完全可以买辆属于自己的车。为此，他努力奋斗，但小小的希望却一次次破灭：用三年血汗钱刚买的第一辆车很快被匪兵抢去；辛苦积攒准备第二次买车的钱又被侦探敲诈一空；车厂老板的女儿虎妞与他成婚后为他买了新车，不久却又为她办丧事而卖掉；他心爱的小福子也因穷困沦为娼妓而自杀……在一次次无情的打击下，他心灰意冷、一蹶不振，终于走上堕落道路，成为一具没有灵魂的躯壳。人物接二连三遭受的不幸，形象地揭示出造成其悲剧性格的社会原因。

虎妞 老舍长篇小说《骆驼祥子》的主要人物之一。是车厂老板的女儿、车厂的女管家，一个自私泼辣、多少有点变态心理的三十多岁的老姑娘。这个人物有着复杂的性格。深受其父剥削思想的影响，带有骄横、游手好闲的恶习，有时颇令人厌恶。她看中祥子，并用诱惑、欺骗和威吓手段逼迫他就范，表现出她在爱情问题上的极端自私和大胆。为了与祥子结婚，不惜同刘四断绝父女关系，移居到大杂院生活，最后因迷信而死于难产，则又令人同情。这个很有立体感和丰富内涵的形象的设置，增添了作品情节的波澜，并烘托了祥子命运的悲剧性。

祁瑞宣 老舍长篇小说《四世同堂》的主要人物。是祁家的长孙，一个正直善良，知书达礼的爱国知识分子。北平沦陷后，目睹敌人的暴行和同胞的不幸，他惶惑、苦闷、悲愤，支持兄弟瑞全为国尽忠，自己留下来“尽孝”，赡养全家。他忠奸分明，决不给日本人做事，断然辞去中学教职，到英国使馆中当差，因而被捕。太平洋战争爆发后，他终于在参加抗日的弟弟瑞全的启发下，摆脱忠孝不能两全的思想痛苦，找到自己的战斗岗位，向学生宣传爱国主义思想，还接编地下刊物，从事抗日活动。这一形象显示了抗日战争时期沦陷区人民“心的历程”，抗战的大时代造就了瑞宣的性格，使他成为具有新思想素质的市民知识分子的典型代表。

周朴园 曹禺剧作《雷雨》中主要人物之一。是一个矿山资本家，受过封建教育，又曾留学德国。他表面上“有教养”，赢得“社会上好人物”的美誉，实际却伪善、自私、贪婪、残酷。在矿山上，曾故意使江堤出险，淹死两千多名小工，从中谋财；还指使矿警开枪打死三十多名罢工工人，收买矿工代表，破坏罢工斗争。在家庭生活中，冷酷无情、刚愎自用，为迎娶阔小姐，逼死为他生下两个儿子的女佣梅侍萍；妻子繁漪被折磨成“石头样的死人”；对侍萍虽有怀念之情，可是当侍萍突然出现在面前，威胁到其声誉时，其伪善、残忍的本性立即毕露无遗。剧作通过这一形象揭露、抨击了旧制度对人性的摧残与扭曲。

繁漪 曹禺剧作《雷雨》中主要人物之一。是资本家周朴园之续弦妻，对旧制度有一定叛逆性的“旧式女人”。她美丽聪明，然而十八年的周公馆囚笼般的生活磨损了其性格中美好的东西，使她变为阴鸷乖戾的女人。周朴园的自私、伪善、专制，令她厌恶；周萍的始乱终弃，再次把她推向绝望的深渊。强烈的悲愤和嫉恨使她产生变态的报复心理，她不顾一切地当众公开了与周萍的乱伦关系。紧接着爱子惨死，周萍自杀，一连串的惨剧发生在顷刻间，她终于陷进狂乱之中。在这个人物身上，作品既表现了封建势力对于人性的摧残，也倾注了同情和赞美。

陈白露 曹禺剧作《日出》中主要人物。是一位交际花。曾是爱华女校的高材生，热爱生活，追求新的理想，因父亲病逝、家道中落而飘泊风尘，沦为舞女。她虽然陷身泥淖，却不想同流合污；表面倔强、骄傲，内心却空虚、孤寂；渴望自由和爱情，却缺乏自拔的勇气。当昔日恋人方达生到来，重新唤起她少女时代的纯真和热情时，她忘情地欢呼“我喜欢太阳”，并挺身救助受蹂躏的孤女“小东西”，甚至敢于同黑帮头子金八斗争。然而残酷的现实很快又使她重新陷入迷惘。方达生的缺乏人生经验和书生气，使她忧虑重重，“小东西”得而复失更使她清醒地看到自己在周围人心目中的地位和自己未来的命运，精神上受到沉重打击。当她赖以寄生的银行经理潘月亭公债投机破产后，她在精神崩毁和债务逼迫下，终于服药自杀。对这个被侮辱、被损害的女性形象，作品在表现其内心的痛苦和矛盾时，给予了一定的同情。

倪焕之 叶圣陶长篇小说《倪焕之》的主要人物。他是教师，从小就立志干那“于多数人有益处的”事情，后受辛亥革命鼓舞，开始走上探索改革社会之路。他应朋友蒋冰如之邀到乡下小学革新教育，企图用“学习与实践合一”的方法，培养能够“处理事物、应付情势”的人材，以达教育救国之目的，然而，其教育改革在封建势力阻挠下失败了。后在革命者王乐山的指引下到上海参加五卅反帝爱国运动。大革命失败后，他又陷入“愤怒、仇恨与悲伤、恐怖”之中，最后患病死去。这是个富有革命性的小资产阶级知识分子典型形象，个性鲜明而又富有时代特点。从其人生历程可见中国现代进步的小资产阶级知识分子艰苦跋涉的足迹。

俞实夫 夏衍剧作《法西斯细菌》(原名《第七号风球》)中的主要人物。是一个为人正直真诚、热爱科学事业的知识分子。在日本留学期间，获医科大学博士学位，并娶一日本女子为妻。抗日战争爆发后，携妻女回到上海。因爱女受到邻家小孩的奚落，俞受到很大刺激。后移居香港，继续闭门研究斑疹伤寒。香港沦陷后，日本侵略军抢走了他的仪器，还当面侮辱其妻，残杀了爱国青年钱裕，血淋淋的事实终于使他醒悟，他毅然回到抗战后方的红十字会医院工作，踏上新的人生旅途。这一人物思想转变过程，反映了知识分子在民族革命战争中的觉醒和成长。

莎菲 丁玲短篇小说《莎菲女士的日记》中的主要人物。这个任性而自尊的知识女性，为追求热烈而痛快的生活，不惜离开温暖的家。

在北京的一所旅馆中，她得了肺病，孤寂忧伤，但内心渴望友谊，追求两性生活的快乐。周围的丑恶、粗俗、虚伪，不免使她愤世嫉俗，遂将心思放到要征服的男人身上。在她看来，苇弟的爱是那么庸俗而不能接受；而相貌英俊的凌吉士虽然可爱，但灵魂卑污。在失望和苦痛之际，她用变态的方式报复了凌吉士。莎菲在爱情上的矛盾与痛苦，具有明显的时代色彩，茅盾说她是"心灵上负着时代苦闷的创伤的青年女性叛逆的喊叫者"(见《女作家丁玲》)。

方鸿渐　钱钟书长篇小说《围城》中的主要人物。他在欧洲四年换了三所大学，但所学无成，只得花钱买了一张博士文凭回国。在家中，他陷入家庭矛盾，烦闷得几乎窒息。在情场上，他却颇为得意，曾先后与几个女人有过交往。在社交场合，他虽善言，但常常受窘出丑。在大学里，面对一群高级知识分子的争名夺利，他自怨自艾，后受到歧视和排挤。沾有夸夸其谈、玩世不恭、及时行乐的不良习气，有时却也会表现出善良和诚实的品性。这一形象讽喻了旧中国社会中空虚无聊、一事无成的一群知识分子的精神面貌。

李有才　赵树理中篇小说《李有才板话》中的主要人物。是个贫苦农民，性格乐观豪爽，出口成歌，有很高的阶级斗争觉悟和丰富的生活经验，在群众中相当有威信，颇受人敬重。在阎家山改造村政权和减租退地的斗争中表现积极，有勇有智，以快板为武器，揭露阶级敌人的阴谋，批判变质干部，团结青年农民，成为与地主阎恒元斗争的实际领导者。作品通过这一形象，歌颂了劳动人民的聪明才智和反抗精神。

赵玉林　周立波长篇小说《暴风骤雨》中的主要人物。是元茂屯农民中最贫苦、觉悟最早的农民，具有宁折不弯的硬骨头精神。他蹲过监狱，受过酷刑，在苦难的生活中磨炼出钢铁般的意志。他对地主阶级有着刻骨仇恨，第一个站起来斗争地主韩老六；在以后打胡子的战斗中，他勇往直前，无私无畏，表现出为革命、为崇高理想而奋斗的品德；最后为保卫农民革命的胜利果实，献出了生命。小说通过这一形象，展现了中国农民崇高的革命精神和无私无畏的品德，具有一定的典型意义。

亭面糊　周立波长篇小说《山乡巨变》中的人物。这个贫农，本名盛佑亭，"亭面糊"是其绰号。他既好强，又很怯懦，总把自己吹得非常高明，装扮得很威风，无论在什么场合，都会插上一手，说上几句，像是很有办法，结果却是什么主意也拿不出。他一方面相信党和政府是正确的，另一方面又怕土改给他带来的好处得而复失。他明明对入社有顾虑，只是不得已才入社，却编造了一篇有趣的"夫妻夜话"，说老婆对入社是如何如何有想法，自己又是如何如何耐心开导她。这一人物颇有喜剧色彩，谈吐诙谐幽默，神态眉飞色舞，又爱占小便宜，喜吃贪喝。这一形象，生动地揭示了农民身上的两重性。

朱老忠　梁斌长篇小说《红旗谱》中的主要人物。是一个与地主冯兰池有世代冤仇的农民。其父朱老巩被逼得吐血而亡。他背井离乡闯关东，历尽千辛万苦，人生阅历大为丰富，对社会现实有深刻的认识。二十五年后，他又携妻带子回家乡，开始了艰苦曲折的斗争。在共产党领导的革命运动中，他逐步成熟起来，最后加入中国共产党，从一个受地主压迫的自发反抗者成长为坚强的无产阶级革命战士。其性格有两个显著特征：一是强烈的阶级爱憎和有勇有谋、既坚且韧的斗争精神；二是慷慨侠义、豪爽直率，讲义气，重团结，集中体现了中国农民英雄的传统优良品质。作品所反映的人物经历，在民主革命时期具有很大的普遍性，因而这一形象的塑造具有历史和现实的深度。

梁生宝　柳青长篇小说《创业史》中的主要人物之一。是一个农村基层干部。其童年和少年时代是在苦难中度过的，母亲和继父的教育影响，使他具有劳动人民吃苦耐劳、踏实肯干、勤俭朴实的品质。他曾和继父梁三发愤创业，幻想发家致富，却屡遭失败。解放后，经过党的教育和土改后农村贫富分化的事实的教育，他抛弃了个人发家的念头，决心和广大农民一起创社会主义大家业。经过不懈努力，蛤蟆滩建立起第一个农业互助组，后又建立了合作社。在与富农姚士杰、富裕中农郭世富的斗争中，在与社主任、自己的入党介绍人郭振山的冲突中，在与继父的矛盾中，他靠着党的政策的威力和群众的支持，取得了一个个胜利。同时，他也锻炼成长为一个具有豪迈气概，克己奉公、勤思好学、淳厚谦逊而又坚定执著的农村干部。

梁三老汉　柳青长篇小说《创业史》中的主要人物之一。这个农民，在旧社会，唯一的希望是创家立业，但屡遭失败；土改后分得了土地，重又萌发发家致富念头，连做梦都想到自己当了"三合头瓦房院的长者"。但其继子梁生宝"对公家的号召着了迷"，一心扑在互助组上，为此，他常同继子闹别扭。然他又钦佩梁生宝的心气，关心着互助组的发展，不知不觉地把自己的命运与互助组的命运连在一起。作品较好地表现了这一人物性格的矛盾性：既有翻身的喜悦，充满对共产党的信任和热爱，又有旧社会留下的精神创伤；既有劳动者的勤劳善良，又有小私有者的狭隘保守。其性格的转变，展现了农民逐步走上社会主义道路的曲折历程。

林道静 杨沫长篇小说《青春之歌》的主要人物。是一名共产党员。出生于封建地主家庭，从小受后母虐待，这既使她具有较浓厚的小资产阶级气息，又养成了倔强的反抗性格。为逃避包办婚姻，她毅然离家出走，在投亲不遇、孤立无援的情况下跳海自杀，为大学生余永泽所救。不久，两人由恋爱而同居。后来，林发现余非常自私，双方感情产生裂痕。在共产党员卢嘉川、江华等人影响下，林参加爱国学生运动，并到农村接触阶级斗争实际，又阅读了不少革命书籍，产生了渴望前进的革命激情，终于摆脱婚姻羁绊，投入民族解放斗争的洪流。因政治上不成熟和缺乏实际斗争经验，她上了叛徒的当而被捕。在狱中，她经受住考验，并从老共产党员林红身上学到了革命的坚定性。出狱后，林在北京大学从事学生运动，站在斗争的最前列。小说塑造的这个不甘沉沦、富有反抗精神、并不断追求真理的革命知识分子形象，具有较强的艺术概括力和社会意义。

陆文婷 谌容中篇小说《人到中年》的主要人物。眼科女医生。刚参加工作时，风华正茂，兢兢业业地工作了十八年，成为医院的业务骨干。尽管她做的是主任医师的工作，但所得还是一般医生的工资，还是结婚时的十二平方米住房。超负荷的工作，繁忙的家务，匮乏的物质生活使她常感体力不支，但她必须承受。在一连做了三个手术之后，她突然心肌梗塞，濒于死亡。经精心抢救，她终于醒来了。作品通过这一形象，既歌颂了中年知识分子的奉献精神，也表现了他们的坎坷命运。

陈奂生 高晓声系列小说《"漏斗户"主》、《陈奂生出国》、《陈奂生上城》、《陈奂生转业》、《陈奂生包产》、《陈奂生战术》和《种田大户》中的主要人物。在这些小说中，尤以《陈奂生上城》中的陈奂生形象塑造最为成功。1978年的年终分配使陈奂生终于脱贫，于是他有钱可以上城买一顶帽子。不料，他在城里生病了，被县委书记送进县委招待所，一夜竟花去五元钱。为此，他由感激而到痛惜，最后才在自慰中得到了阿Q式的精神解脱。由于同县委书记的这层"关系"，他后来当上采购员，成功和奖金使他震惊、迷惑和怀疑。这一形象揭示出社会变化在普通农民心灵上的反映，以及个体经济地位给农民造成的局限性。

高加林 路遥中篇小说《人生》的主要人物。高中毕业后因无背景而只能回家乡当民办教师，后来大队党支部书记为了安插自己的儿子，又把他除名。高成了一个普通农民，发誓要与压制他的人一比高低。此时，他得到同村女青年刘巧珍的爱情，心灵虽得暂时慰藉，但他一刻也没有消除报复的念头。后因叔叔的关系，他当上县委通讯干事，才智尽情迸发，自信心更强。而他与巧珍的爱情，也渐被与黄亚萍的恋爱所代替。不久，他"走后门"的事被人"告发"，顷刻间处境一落千丈，失去了前程、理想，也失去了爱情。作品通过这一形象既表现当代青年进取向上的精神风貌，也揭示出他们身上存在的各种精神弱点。

附　录

一、中国文学大事记

说　明

一、《中国文学大事记》(以下简称《大事记》)内容主要依据本辞典所收条目释文,另酌补一些与文学发展关系重大的历史政治文化事件以及一些因不成词而未列为词目的现当代文学论争、专题讨论等。

二、《大事记》以记录中国文学史上有一定影响的作家、理论家的生平活动、文学实践为主,也包括有影响的流派、社团的活动情况,以及重要著作、刊物总集类书的编写成书刊刻出版年份。

三、《大事记》按年代顺序排列,并列公元纪年与历史纪年,每一事以"△"领首标明。一般人物系于卒年,重要人物酌系生年;事项系于起始之年或终结之年。

四、《大事记》涉及的时间,上起公元前3000年前后,下迄1995年底。

五、《大事记》由上海师范大学中文系蒋哲伦、石汝祥、王杏根、黄刚、翁敏华、刘诚、陈年希、翁其斌、金定海先生撰稿。

约公元前3000年前后

△马家窑文化时期。陶器上不仅绘有花纹,且有近似文字的简单符号百余种。

约前2000年前

△传说中的三皇五帝尧舜禹时期。据传有"葛天氏之乐":"三人操牛尾,投足以歌八阕:一曰载民,二曰玄鸟,三曰遂草木,四曰奋五谷,五曰敬天常,六曰建帝功,七曰依地德,八曰总禽兽之极。"(《吕氏春秋·古乐》)又传说乐正夔作乐舞《大韶》。

约前21世纪

△禹死,启继位,是为夏朝。传说启时有乐舞《九韶》、《九辩》、《九歌》等。

约前16世纪

△汤灭夏,建立商朝。

前14世纪

△盘庚即位,将商都由奄迁往殷(今河南安阳西北),《尚书》中《盘庚》篇即记叙了盘庚迁殷时对臣民的劝告和命令。

前13世纪

△殷高宗武丁在位。今传殷商甲骨文以产生于此时期为最多。甲骨文是记录占卜的卜辞,约产生于公元前14世纪末至公元前11世纪。其辞短则几字,长则百余字,但已呈散文萌芽状态。

△金文(即刻在青铜器上的铭文)约产生于此时期,但字数很少,一般只有几个字,殷代末年发展到四十余字。

前11世纪

△武王克商,建立西周。

△西周初年的铭文已长达一二百字。

△《周易》中的"经",即卦爻辞,约产生于西周初年。卦爻辞中保存了一些短小简朴的古代诗歌和民谣,体现了古代诗歌在萌芽阶段的艺术特征。

△《诗经》中的《周颂》和《大雅》中的一部分也约产生于西周初年,标志着四言诗已正式形成。

前967年

△《国语》记载约始于是年(周穆王征犬

戎)。

前 841 年 周共和元年

△周厉王暴虐无道,国人不堪忍受,将其逐出都门。《国语·邵公谏弭谤》即记此事。《史记·十二诸侯年表》始于是年,中国历史有确切纪年亦始于是年。

前 782 年 周宣王四十六年

△西周晚期的铭文已发展至四百余字,内容也趋复杂,但语言仍古奥艰涩,难以辨读。

△《诗经·小雅》中的大部分和《大雅》、《国风》中的一部分约产生于西周后期。

前 771 年 周幽王十一年

△申侯联合犬戎攻杀周幽王,西周亡。次年(前 770 年)平王东迁,建都雒邑(今河南洛阳),是为东周。

前 722 年 周平王四十九年

△《春秋》记事始于是年。

△《左传》记事始于是年。

△《诗经·国风》中的大部分以及《鲁颂》、《商颂》和《小雅》中的一部分约产生于东周初年至春秋中叶。

前 684 年 周庄王十三年

△齐鲁长勺之战,《左传·庄公十年》"曹刿论战"即记此事。

前 645 年 周襄王七年

△管仲卒(? —)。传其著有《管子》一书,实为战国时人伪托。

前 636 年 周襄王十六年

△晋公子重耳在外流亡十九年,是年回国,杀怀公而立,是为晋文公。《左传·僖公二十三年、二十四年》"晋公子重耳之亡"即记此事。

前 632 年 周襄王二十年

△晋楚战于城濮(今山东鄄城西南),晋大胜。《左传·僖公二十八年》"晋楚城濮之战"即记此事。

前 627 年 周襄王二十五年

△秦穆公派兵伐郑,被晋襄公伏击于崤(今河南陕县东南),秦师大败,《左传·僖公三十二年、三十三年》"秦晋崤之战"即记此事。师归,穆公作《秦誓》自责。《秦誓》是《尚书》最末一篇。《尚书》为上古历史文献集,真伪相杂,古雅艰深,反映了早期散文的面貌,相传由孔子编定。

前 578 年 周简王八年

△晋与秦绝交,晋使臣吕相作《绝秦》文。

前 551 年 周灵王二十一年

△孔子生。

前 544 年 周景王元年

△吴公子季札聘鲁,鲁为其演奏《诗经》,十六国风排列顺序与现在基本相同,说明《诗经》在此时或已成书。《诗经》是我国第一部诗歌总集,与《离骚》同为中国文学之源,对后世影响极大。

△《越人歌》、《楚人歌》等楚地歌谣约产生于春秋中叶,屈原即在楚歌谣基础上创立了楚辞。

前 500 年 周敬王二十年

△晏婴卒(? —)。传其著有《晏子春秋》,实为战国时人搜集有关史料辑成。

前 481 年 周敬王三十九年

△《春秋》记事终于是年。《春秋》是鲁国的编年史,记载了从鲁隐公元年至鲁哀公十四年共十二代 242 年的历史,相传为孔子所作。该书文字简约,语含褒贬,世称"春秋笔法"。

△道家创始人老子约生活于春秋后期,《老子》一书是否其亲作,历来有争议。

前 479 年 周敬王四十一年

△孔子卒(前 551—)。孔子不仅创立了儒家学说,而且整理保存了不少古代典籍。所传《论语》,记载其生前言行,为其弟子及再传弟子编集,多为语录体,语言精练传神。

前 468 年 周贞定王元年

△《国语》记载终于是年(赵、韩、魏灭智伯),成书当在此之后。《国语》重在记言,是我国最早的国别体史书。

△《左传》记事基本止于是年,成书约在战国初年。《左传》为编年体史书,与《公羊传》、《穀梁传》合称《春秋》三传,叙事有条不紊,辞令优美雅致。

前 403 年 周威烈王二十三年

△韩、赵、魏三家分晋。《资治通鉴》所记始于此年。

前 376 年 周安王二十六年

△墨子约卒于是年(约前 468—)。《墨子》一书为其门人所编集,代表了墨家的思想,逻辑严密,朴素无华。

前 339 年 周显王三十年

△屈原约生于是年。

前 338 年 周显王三十一年

△商鞅被害(约前 390—)。《商君书》为商鞅学派著述的汇编,约成书于公元前三世纪中叶。

前 320 年 周慎靓王元年

△齐威王卒。威王与其父桓公(田氏)在位时,于都城临淄(今山东淄博)稷门附近设置学宫,招揽天下学者来此自由议论,此后一度消衰,至齐宣王(前319—前301在位)时又复盛,前后多达上千人,荀子、邹衍、慎到、邹奭等都曾到此游学,世称“稷下学派”。

前299年　周赧王十六年

△《竹书纪年》止于是年。

△楚怀王在位三十年,入秦被拘,顷襄王立。屈原初深得怀王信任,曾任三闾大夫、左徒等职,后遭子兰、靳尚谗毁,被怀王疏远。作《离骚》(一说为顷襄王时作),借以抒发内心愤懑和爱国热忱,是中国古代最长的抒情诗,与《诗经》并称为中国文学的渊源。《九章》中之《惜诵》、《抽思》亦或作于怀王时期。

前296年　周赧王十九年

△楚怀王客死于秦,屈原《九章》中之《思美人》或为怀念怀王而作。一说《招魂》亦屈原为怀王而作。屈原被顷襄王流放江南,辗转流离于沅湘之间,在当地民间祭歌基础上作《九歌》;《天问》也可能作于此时。

前289年　周赧王二十六年

△孟子约卒于是年(约前372—　　)。孟子晚年和弟子共著《孟子》,与《论语》同为语录体,但对话增多,篇幅加长。

△庄子约卒于是年(约前369—　　)。《庄子》内篇为其所撰,外篇、杂篇多出后人之手,已脱离语录体状态,结构趋向完整。其文好用寓言说理,“汪洋辟阖,仪态万方,晚周诸子之作莫能先也”(鲁迅《汉文学史纲要》)。

前278年　周赧王三十七年

△秦攻破楚都郢(今湖北江陵西北),屈原在流放中作《哀郢》,寄托自己的哀思。在留下《涉江》、《怀沙》、《惜往日》、《悲回风》等作品后自沉汨罗江而死(约前339—　　)。屈原为我国第一位大诗人,他创立的楚辞与《诗经》风格迥异,其人格与作品对后世产生极大影响。

前263年　周赧王五十二年

△宋玉约生活于顷襄王时期,传为屈原弟子,与屈原并称“屈宋”,作有《九辩》等辞赋。

前239年　秦王政八年

△秦相吕不韦率门客编《吕氏春秋》,亦称《吕览》,兼取儒、道、法、墨、兵、阴阳、农诸家学说,故称杂家,含有许多旧闻与寓言。

前238年　秦王政九年

△荀子约卒于是年(约前313—　　)。《荀子》一书基本为其所撰,代表了战国后期论说文的最高水平。其中有小赋五篇。荀子是迄今所知作赋第一人。

前237年　秦王政十年

△李斯作《谏逐客书》,力陈逐客之失,秦王乃罢逐客令。

前233年　秦王政十四年

△韩非卒(约前280—　　)。韩非是法家集大成者,《韩非子》一书基本为其所撰,与《荀子》同为战国后期论说文之典范。

△《山海经》在战国时记录成文,秦汉时又有所增补,该书保留了许多上古神话。

△《周礼》、《礼记》约成书于战国时期。

前227年　秦王政二十年

△燕太子丹派荆轲入秦刺秦王,荆轲作《易水歌》诀别。

前221年　秦始皇帝二十六年

△秦统一中国,规定以小篆作为全国统一文字,即“书同文”。

前219年　秦始皇帝二十八年

△秦始皇上泰山封禅,在泰山、峄山、琅邪山刻石纪功。前218年又去之罘和东观,前215年复往碣石,前210年再赴会稽,所到之处均立石颂德,前后共七次。

前213年　秦始皇帝三十四年

△秦始皇采纳李斯建议,下令焚书,“天下敢有藏《诗》、《书》百家语者,悉诣守尉杂烧之,有敢偶语《诗》、《书》弃市,以古非今者族,吏见知不举者与同罪,令下三十日不烧,黥为城旦。所不去者,医药卜筮种树之书”。

前212年　秦始皇帝三十五年

△秦始皇以仙药未获、方士逃亡、诸生“妖言以乱黔首”为由,在咸阳坑杀儒生四百六十余名。

前209年　秦二世元年

△《战国策》终于是年。该书主要记载战国策士谋臣纵横捭阖的外交活动和有关主张言辞,由秦汉间人杂采各国史料编纂而成,后经西汉末刘向重新整理编定。虚构成份多,文学性较强。

△陈胜、吴广领导的农民起义爆发,项羽、刘邦等纷纷响应。

前208年　秦二世二年

△李斯卒(? —　　)。李斯代表作有《谏逐客书》。

前206年　汉王元年

△刘邦攻入咸阳,旋还军霸上,秦朝亡。项羽自立为西楚霸王,封刘邦为汉王,楚汉相争

开始。

前 202 年 汉高祖五年

△项羽兵困垓下，作《垓下歌》。

△刘邦击败项羽，楚汉相争结束，西汉建立。

前 195 年 汉高祖十二年

△刘邦发布《求贤令》。同年归故乡，作《大风歌》。

△汉初盛行楚声歌。

△汉初，齐人辕固生传授《齐诗》，鲁人申培传授《鲁诗》，燕人韩婴传授《韩诗》，三家诗均为今文学派，文景时立为博士，成为官学。

前 179 年 汉文帝前元年

△贾谊《过秦论》约作于是年。

前 178 年 汉文帝前二年

△贾山向文帝上《至言》。

前 173 年 汉文帝前七年

△贾谊约在此之前出为长沙王太傅。经过湘水时作《吊屈原赋》，在长沙三年间又作《鹏鸟赋》。

前 170 年 汉文帝前十年

△陆贾约卒于是年（？— ）。陆贾著有《新语》。

前 168 年 汉文帝前十二年

△贾谊卒（前 200— ）。贾谊擅长政论文与辞赋，后人辑有《贾长沙集》。

前 155 年 汉景帝二年

△韦孟在吴楚七国之乱前作《讽谏诗》，首倡汉四言诗。

前 154 年 汉景帝三年

△晁错卒（前 200— ）。后人辑有《晁错集》，收有《论贵粟疏》、《言兵事疏》等政论文。

前 150 年 汉景帝七年

△邹阳《狱中上梁王书》约作于是年，其作品尚有《上吴王书》等。

前 145 年 汉景帝中五年

△司马迁生。

前 141 年 汉景帝后三年

△《春秋公羊传》原为口头传授，汉景帝时公羊寿与胡毋生将其著于竹帛，至此方成书。《春秋穀梁传》亦在西汉时方成书。二书同为今文学派，重在阐述《春秋》义理。

前 140 年 汉武帝建元元年

△汉武帝即位，帝王始有年号纪年。

△枚乘卒（？— ）。枚乘所作《七发》代表了骚体赋向汉大赋的转变，后人辑有《枚叔集》。

前 136 年 汉建元五年

△汉武帝设立五经博士。

△司马迁十岁，随父亲司马谈到长安。

前 134 年 汉元光元年

△汉武帝策问贤良文学，董仲舒对策，请“诸不在六艺之科、孔子之术者皆绝其道”。武帝采纳其建议，罢黜百家，独尊儒术。

△河间献王刘德在其封国内自立《毛诗》博士。毛苌曾为河间献王博士，并从毛亨授《毛诗》。

前 128 年 汉元朔元年

△司马迁从董仲舒学《春秋》，从孔安国学古文《尚书》。

△相传鲁恭王刘馀坏孔子旧宅，于壁中发现古文《尚书》及《礼记》、《论语》、《孝经》等，其书为孔安国所得。

前 126 年 汉元朔三年

△司马迁南游江淮，造访文物古迹，于写《史记》颇有裨益。

前 124 年 汉元朔五年

△初为博士置弟子员五十人，太学始具规制。

前 122 年 汉元狩元年

△淮南王刘安卒（前 179— ）。刘安曾召集宾客方士数千人编写《鸿烈》（后称《淮南鸿烈》或《淮南子》）。又作《离骚传》，是最早解说《离骚》的著作。

前 120 年 汉元狩三年

△司马迁约在此期间作郎官。

△汉武帝健全乐府职能，命李延年为乐府协律都尉，派人采集各地民歌，整理配乐后演唱，是为汉乐府民歌，五言诗即起源于此。

前 117 年 汉元狩六年

△司马相如卒（前 179— ）。相如所作《子虚》、《上林》赋为汉赋代表作，标志着汉散体大赋的正式形成。后人辑有《司马文园集》。

前 113 年 汉元鼎四年

△司马迁是年随武帝出巡。

前 111 年 汉元鼎六年

△司马迁奉武帝之命出使巴蜀以南。

前 110 年 汉元封元年

△司马谈卒，其子司马迁代父随武帝上泰山封禅。

前 108 年 汉元封三年

△司马迁继任太史令，开始《史记》的写作准备。

前105年　汉元封六年

△从元封四年起，司马迁连续三年随武帝出巡。

前104年　汉太初元年

△司马迁参加制定《太初历》，后遂着手写《史记》。

△董仲舒卒（前179—　　）。仲舒著有《春秋繁露》等，后人辑有《董胶西集》。

△虞初约活动于武帝太初前后，著有《周说》九百余篇，被视为小说家鼻祖。

前101年　汉太初四年

△李广利从大宛获汗血马归，武帝命人作《西极天马之歌》以纪其事。

前99年　汉天汉二年

△司马迁因为李陵降匈奴辩护，下狱受腐刑，自此益加发愤著《史记》。

前96年　汉太始元年

△司马迁出狱，任中书令。

前93年　汉太始四年

△司马迁作《报任安书》，《史记》基本完成。全书五十余万字，"究天人之际，通古今之变，成一家之言"，首创纪传体史书形式，为我国传记文学鼻祖。

△东方朔卒（前154—　　）。东方朔以滑稽多智、玩世不恭称于世，代表作有散文赋《答客难》等，后人辑有《东方先生集》。

前90年　汉征和三年

△司马迁约卒于是年后（前145—　　）。

前87年　汉后元二年

△汉武帝刘彻卒（前156—　　）。《尔雅》约成书于武帝以前。

前81年　汉昭帝始元六年

△御史大夫桑弘羊与郡国所举贤良文学六十余人举行盐铁会议，宣帝时桓宽根据会议记录编为《盐铁论》。

前61年　汉宣帝神爵元年

△王褒卒（？—　　）。王褒著有《洞箫赋》、《僮约》等，后人辑有《王谏议集》。

前60年　汉神爵二年

△苏武卒（约前145—　　）。所传苏武所作四首五言诗系后人伪托。

前54年　汉五凤四年

△神爵、五凤年间，宣帝效仿武帝故事，召见刘向、王褒等，命讲论六艺群书，赋诗献颂。

前51年　汉甘露三年

△宣帝命萧望之主持石渠阁会议，召诸儒讲论《五经》异同，刘向等与会。

前26年　汉成帝河平三年

△刘向在其子刘歆协助下开始校理群书。

前16年　汉永始元年

△刘向编成《列女传》。

前7年　汉绥和二年

△成帝以"淫乱"之名省罢乐府机构。

前6年　汉哀帝建平元年

△刘向卒（约前77—　　）。刘向著有《说苑》、《新序》、《列女传》等，另撰有《别录》，为我国目录学之祖，后人辑有《刘中垒集》。

△《山海经》由刘歆校成定本。

前1年　汉元寿二年

△班婕妤约卒于哀帝时（？—　　）。班婕妤著有《自悼赋》、《捣素赋》、《怨歌行》等。

公元1年　汉平帝元始元年

△追谥孔子为褒成宣尼公，是为后世帝王追谥孔子之始。

8年　王莽居摄三年

△王莽代汉，改国号新。

18年　新天凤五年

△扬雄卒（前53—　　）。扬雄著有《甘泉》、《长杨》、《羽猎》等赋，并仿《周易》作《太玄》，仿《论语》作《法言》，后人辑有《扬侍郎集》。

23年　新地皇四年

△刘歆卒（？—　　）。刘歆生前继父业总校秘府群书，成《七略》七卷，后人辑有《刘子骏集》。

25年　汉光武帝建武元年

△刘秀光复汉朝，建都洛阳，是为东汉。

52年　汉建武二十八年

△袁康约于建武、永平年间著成《越绝书》。

54年　汉建武三十年

△班彪卒（3—　　）。班彪著有《史记后传》数十篇，为班固《汉书》奠定基础，另有《北征赋》等。

56年　汉建武中元元年

△桓谭卒（前21—　　）。桓谭著有《新论》二十九篇。

58年　汉明帝永平元年

△冯衍约卒于此年后，后人辑有《冯曲阳集》。

62年　汉永平五年

△班固续父未成之书，被告私撰国史下狱，得弟班超营救获释，任兰台令史，受命续成《汉书》。

68年 汉永平十一年

△洛阳白马寺建成,传为汉地最早佛寺。

76年 汉章帝建初元年

△梁鸿约于是年前后经过洛阳,作《五噫歌》以赋观感。

79年 汉建初四年

△朝廷命博士、议郎、儒生会集白虎观,仿石渠阁会议讲论《五经》异同,班固根据会议结果,编《白虎通义》(亦名《白虎通德论》)。

82年 汉建初七年

△班固基本完成《汉书》。《汉书》是我国第一部纪传体断代史,为后代仿效,与《史记》并称"史汉"。

89年 汉和帝永元元年

△班固随窦宪远征北匈奴,至燕然山(今蒙古国杭爱山),作《燕然铭》,刻石纪功。

90年 汉永元二年

△傅毅约卒于是年(约42—　)。傅毅著有《舞赋》、《洛都赋》等。

92年 汉永元四年

△班固卒(32—　)。班固除《汉书》外,尚作有诗赋,其中《两都赋》为汉赋代表作之一,《咏史》诗为现存最早的文人五言诗,后人辑有《班兰台集》,与司马迁并称"马班"。

97年 汉永元九年

△王充约卒于是年(27—　)。王充著有《论衡》,反对谶纬迷信和"天人感应"论。

105年 汉元兴元年

△张衡约于是年前后作成《二京赋》,历时十年。

△宦官蔡伦研究出造纸新法,是年奏献推广,使之广泛用于书写。

116年 汉安帝元初三年

△王逸《楚辞章句》约于是年成书,为《楚辞》最早的全注本。

120年 汉元初七年

△班昭约卒于是年(约49—　)。班昭为兄班固续成《汉书》八表及《天文志》,并著有《东征赋》等。

121年 汉永宁二年

△许慎《说文解字》成,遣子许冲赴洛阳献书。

126年 汉顺帝永建元年

△李尤约卒于此后不久(约44—　)。李尤著有《怀戎颂》、《政事论》等。

137年 汉永和二年

△张衡约于是年前后作《四愁诗》。

139年 汉永和四年

△张衡卒(78—　)。张衡所作《归田赋》标志散体大赋向抒情小赋转化,《四愁诗》初具七言规模,后人辑有《张河间集》。

143年 汉汉安二年

△崔瑗卒(78—　)。崔瑗首创《座右铭》,后人辑有《崔瑗集》。

147年 汉桓帝建和元年

△许慎约卒于是年(约58—　)。

148年 汉建和二年

△安息僧安世高经西域至洛阳,从事佛经翻译二十余年,为汉译佛经创始者。

151年 汉元嘉元年

△为纪念投江寻父的孝女曹娥,人们在会稽上虞江边立《曹娥碑》,邯郸淳撰文并书碑,为汉隶名碑之一。

162年 汉延熹五年

△王符卒(约85—　)。王符著有《潜夫论》。

163年 汉延熹六年

△王延寿约卒于是年(?—　)。延寿以作《鲁灵光殿赋》著称。

165年 汉延熹八年

△王逸约卒于是年前后(约90—　)。王逸所著除《楚辞章句》外,还有《九思》、《荔支赋》等,后人辑有《王叔师集》。

△秦嘉约卒于是年前后(?—　)。秦嘉作有《赠妇诗》、《述婚诗》等。其妻为女诗人徐淑,著有《答秦嘉诗》,卒于数年后。

166年 汉延熹九年

△李膺、陈蕃与太学生郭泰、贾彪等借"清议"抨击宦官,被朝廷逮捕下狱,共达二百余人,是为第一次"党锢之祸"。

△马融卒(79—　)。马融著有《长笛赋》,并遍注《周易》、《尚书》、《三礼》等经书。

169年 汉灵帝建宁二年

△灵帝被宦官挟持,捕杀李膺、杜密、范滂等百余人,并陆续杀死、流放、囚禁六七百人,是为第二次"党锢之祸"。

170年 汉建宁三年

△崔寔约卒于是年(?—　)。崔寔著有《政论》、《四民月令》等。

175年 汉熹平四年

△蔡邕以隶书抄写校定过的《五经》,刻工陈兴等镌石,立于太学门外,是为"熹平石经",乃最早的官定儒经读本。

179年 汉光和二年

△佛经翻译家支谶于桓帝末至洛阳，与竺佛朔译出《般若道行经》、《般舟三昧经》、《首楞严经》等，并改变了佛教初传入汉时依附道家方术学说混杂的现象。

184 年　汉光和七年

△张角以“苍天已死，黄天当立”为口号，发动黄巾大起义。

185 年　汉中平二年

△赵壹约卒于是年前后（？—　）。赵壹作有《刺世疾邪赋》等。

△《古诗十九首》约产生于桓、灵之际，作者多为中下层文人，代表了汉代文人五言抒情诗的最高成就。

190 年　汉献帝初平元年

△董卓胁迫献帝迁都长安，洛阳遭受重大破坏。

192 年　汉初平三年

△蔡邕卒（132—　）。蔡邕著有《独断》、《述行赋》、《郭泰碑》、《琴操》等，后人辑有《蔡中郎集》。

196 年　汉建安元年

△曹操迎献帝至许昌，“挟天子以令诸侯”。

198 年　汉建安三年

△祢衡被害（173—　）。祢衡作有《鹦鹉赋》等。

200 年　汉建安五年

△曹操在官渡之战中击败袁绍，北方基本统一。

△郑玄卒（127—　）。郑玄生前以治古文经学为主，兼采今文经学，遍注群经，现存有《毛诗传笺》，为《毛诗》最早注本。

△应劭卒于是年前后（？—　）。应劭著有《风俗通》等。

201 年　汉建安六年

△赵岐卒（约 108—　）。赵岐所著《孟子章句》为较早的《孟子》注本。

203 年　汉建安八年

△曹操下令北方所属郡国各修文学，县满五百户者悉置校官，择师教学。

207 年　汉建安十二年

△蔡琰约于是年由曹操从南匈奴赎归，著有五言《悲愤诗》等。

△诸葛亮作《隆中对》。

208 年　汉建安十三年

△赤壁之战爆发，孙权、刘备联军击败曹操南下大军，奠定了三国鼎立的局面。

△孔融被杀（153—　）。孔融为建安七子之一，作有《荐祢衡表》》、《论盛孝章书》等，后人辑有《孔北海集》。

209 年　汉建安十四年

△荀悦卒（148—　）。荀悦著有《申鉴》。

212 年　汉建安十七年

△阮瑀卒（约 165—　）。阮瑀为建安七子之一，擅章表书记，诗《驾出北郭门》亦有名，后人辑有《阮元瑜集》。

△从建安十三年至本年，“建安七子”除孔融外，共居邺城（今河北临漳），和三曹一起繁荣了当时的文学创作。

217 年　汉建安二十二年

△曹丕立为魏王太子，并著成《典论》，其中的《论文》篇是我国最早的文学批评专著。

△陈琳卒（？—　）。陈琳为建安七子之一，擅军国书檄，代表作有《为袁绍檄豫州文》、《饮马长城窟行》等，后人辑有《陈记室集》。

△刘祯卒（？—　）。刘祯为建安七子之一，与曹植并称“曹刘”，与王粲并称“王刘”，代表作有《赠从弟》诗三首，后人辑有《刘公幹集》。

△王粲卒（177—　）。王粲为建安七子之一，擅诗赋，与曹植并称“曹王”，刘勰称其为“七子之冠冕”，代表作《七哀诗》、《登楼赋》等，后人辑有《王侍中集》。

△应玚卒（？—　）。应玚为建安七子之一，后人辑有《应德琏集》。

△高诱于是年前完成《淮南子注》，另有《战国策注》、《吕氏春秋注》。

218 年　汉建安二十三年

△徐幹卒（171—　）。徐幹为建安七子之一，代表作《室思》诗，后人辑有《徐伟长集》。

△繁钦卒（？—　）。繁钦长于书记辞赋，代表作《定情诗》等。

219 年　汉建安二十四年

△建安年间，以曹操父子、建安七子为代表的一大批文人，用诗文反映时世的动乱，抒发建功立业平定天下的愿望，风格刚健，慷慨悲凉，世称“建安文学”，又称“建安风骨”。

△据《孔雀东南飞》（即《古诗为焦仲卿妻作》）序云，此诗产生于“汉末建安中”，后被收入《玉台新咏》。

220 年　汉献帝延康元年　魏文帝黄初元年

△曹操卒（155—　）。曹操为建安文学的代表作家，工诗善文，与子曹丕、曹植并称“三曹”。代表作有《蒿里行》、《短歌行》、《步出

夏门行》等，后人辑有《曹操集》。

△曹丕称帝，是为魏文帝，追尊曹操为武帝。史称魏，又称曹魏。定都洛阳。东汉亡。

221年 魏黄初二年 蜀汉昭烈帝章武元年

△刘备称帝于成都，是为汉昭烈帝。史称蜀汉，简称蜀。

△孙权向魏称臣，魏遣使封孙权为吴王。

222年 魏黄初三年 蜀汉章武二年 吴王黄武元年

△孙权建元黄武。史称吴，又称孙吴或东吴。三国鼎立正式形成。

226年 魏黄初七年 蜀汉后主建兴四年 吴黄武五年

△曹丕卒(187—)。曹丕为邺下文学集团的实际领袖，与父曹操、弟曹植并称“三曹”。所作《燕歌行》是现存最早的完整的文人七言诗，另撰有《典论》，后人辑有《魏文帝集》。

229年 魏明帝太和三年 蜀汉建兴七年 吴大帝黄龙元年

△吴王孙权称帝，是为吴大帝，迁都建业(今江苏南京)。

230年 魏太和四年 蜀汉建兴八年 吴黄龙二年

△吴质卒(177—)。吴质工于为文，尤长于书札。后人辑有《吴记室集》。

232年 魏太和六年 蜀汉建兴十年 吴大帝嘉禾元年

△曹植卒(192—)。曹植为建安时期最杰出的文学家，诗、文、赋兼工俱美，与父曹操、兄曹丕并称“三曹”。代表作有《赠白马王彪》、《求自试表》和《洛神赋》等。后人辑有《曹子建集》。

234年 魏青龙二年 蜀汉建兴十二年 吴嘉禾三年

△诸葛亮卒(181—)。诸葛亮有《出师表》等传世，后人辑有《诸葛亮集》。

239年 魏景初三年 蜀汉延熙二年 吴赤乌二年

△魏明帝曹叡卒(205—)。曹叡能诗文，与祖父曹操、父曹丕并称魏“三祖”。

240年 魏齐王正始元年 蜀汉延熙三年 吴赤乌三年

△正始时期，嵇康、阮籍、山涛、向秀、阮咸、王戎、刘伶七人，游于山阳(今河南焦作东)竹林，号“竹林七贤”。

△刘劭约卒于这一时期。刘劭著有《人物志》，开启魏晋士大夫品鉴人物的清谈风气。

249年 魏嘉平元年 蜀汉延熙十二年 吴赤乌十二年

△司马懿发动政变，何晏被杀(？—)。何晏性好《庄》、《老》，与夏侯玄、王弼等倡导玄学，开清谈风气。著有《道德二论》等，其《论语集解》为流传至今最早的《论语》注解。

△王弼卒(226—)。王弼曾注《周易》、《老子》，著有《周易略例》、《老子指略例》。

△正始年间，司马氏集团逐渐篡夺魏国政权，对文人采取高压手段，阮籍、嵇康等人只能在诗文里以隐避手法表示讥刺，并每有忧生之嗟，史称“正始文学”。

252年 魏嘉平四年 蜀汉延熙十五年 吴大帝太元二年

△应璩卒(190—)。应璩著有《百一诗》等，后人辑有《应休琏集》。

263年 魏元帝景元四年 蜀汉炎兴元年 吴景帝永安六年

△魏攻破成都，蜀汉亡。

△阮籍卒(210—)。阮籍为竹林七贤之一、正始文学代表人物，常恐罹谤遇祸，故文多隐避，五言《咏怀诗》八十二首对后人深有影响。后人辑有《阮嗣宗集》。

△嵇康遭构陷被司马昭所杀(224—)。嵇康为竹林七贤之一、正始文学代表人物，著有《与山巨源绝交书》、《幽愤诗》等，后人辑有《嵇中散集》。

△《齐诗》亡于魏。

265年 魏咸熙二年 晋武帝泰始元年 吴末帝甘露元年

△司马炎代魏称帝，是为晋武帝，魏亡。

272年 晋泰始八年 吴凤凰元年

△向秀卒(约227—)。向秀为竹林七贤之一，曾注《庄子》，未竟而卒，后由郭象续成。另有《思旧赋》传世。

273年 晋泰始九年 吴凤凰二年

△成公绥卒(231—)。成公绥著有《钱神论》等，后人辑有《成公子安集》。

276年 晋咸宁二年 吴天玺元年

△晋设国子学，与太学并立，为后世所仿效。

278年 晋咸宁四年 吴天纪二年

△傅玄卒(217—)。傅玄以乐府诗著称，代表作有《秦女休行》、《苦相篇》等。后人辑有《傅鹑觚集》。

280年 晋太康元年 吴天纪四年

△晋灭吴，统一天下。

281年　晋太康二年　吴天纪五年

△汲郡(今河南汲县)人不準盗挖战国魏襄王冢,得竹书数十车,皆科斗书,有《竹书纪年》、《穆天子传》等,史称"汲冢书"。

282年　晋太康三年

△皇甫谧卒(215—　)。皇甫谧著有《帝王世纪》、《高士传》等。

283年　晋太康四年

△山涛卒(205—　)。山涛为竹林七贤之一。后仕晋任吏部尚书等职。选用人才,均亲作评论,号为"山公启事"。

284年　晋太康五年

△杜预卒(222—　)。杜预是杜甫十三世祖,自称有"《左传》癖",所作《春秋左氏经传集解》,是流传至今最早的《左传》注本。

287年　晋太康八年

△李密卒(224—　)。李密有《陈情表》著称于世。

△太康时期,出现以潘岳、陆机、张载、张协、陆云为代表的诗风,讲究炼字析句,追求华丽词藻,多用骈偶,史称"太康体"。

291年　晋惠帝元康元年

△"八王之乱"起,历时十六年,至光熙元年(306)方告结束。

△夏侯湛卒(243—　)。夏侯湛有盛才,与潘岳并称"连璧"。后人辑有《夏侯常侍集》。

293年　晋元康三年

△孙楚卒(约218—　)。孙楚善诗文,后人辑有《孙子荆集》。

294年　晋元康四年

△傅咸卒(239—　)。傅咸为傅玄子,后人辑有《傅中丞集》。

297年　晋元康七年

△陈寿卒(233—　)。陈寿有"良史"之称,所撰《三国志》,与《史记》、《汉书》、《后汉书》并称"前四史"。

299年　晋元康九年

△鲁褒约生活于元康前后,所著《钱神论》讥刺时弊,较有名。

300年　晋永康元年

△张华因拒绝参与赵王司马伦及其亲信孙秀篡位阴谋被其所杀(232—　)。张华博物洽闻,其诗巧用文字,务为妍冶,其文辞藻温丽平雅,在当时很有影响。代表作有《轻薄篇》、《情诗》等,著有《博物志》。后人辑有《张茂先集》。

△潘岳被赵王司马伦及其亲信孙秀所杀(247—　)。潘岳为太康文学代表人物之一,与侄潘尼并称"两潘",与陆机并称"潘陆"。善用诗赋表达哀情,代表作有《悼亡诗》、《闲居赋》等。后人辑有《潘黄门集》。

△左芬卒(?—　)。左芬为左思妹,善作文,武帝纳为贵嫔,世称"左贵嫔"。

303年　晋太安二年

△陆机兵败,遭谗被成都王司马颖所杀(261—　)。陆机为太康文学代表人物,钟嵘誉为"太康之英",与弟陆云并称"二陆"。其诗注重藻绘,讲究排偶,多拟古之作。代表作有《辩亡论》、《吊魏武帝文》等。所作《文赋》为古代重要文学论文。后人辑有《陆士衡集》。

△成都王司马颖杀陆机,陆云同时被杀(262—　)。陆云为陆机弟。善诗文,与兄陆机并称"二陆"。后人辑有《陆士龙集》。

△束皙约卒于是年(约265—　)。束皙曾作《补亡诗》,以补《诗经》"六笙诗"。后人辑有《束广微集》。

304年　晋永兴元年

△乐广卒。乐广与王衍同以清谈著称于世。

305年　晋永兴二年

△王戎卒(234—　)。王戎好清谈,为竹林七贤之一。后入仕,苟媚取容,累官尚书令、司徒。

△张协约卒于这个时期。张协与兄张载、弟张亢并称"三张"。代表作有《杂诗》十首。后人辑有《张景阳集》。

△左思约卒于是年(约250—　)。左思为太康文学代表人物之一。有《咏史》诗八首。所作《三都赋》名重一时,洛阳为之纸贵。后人辑有《左太冲集》。

306年　晋光熙元年

△司马彪约卒于是年(?—　)。司马彪著有《续汉书》,记东汉史事,今仅存志三十卷。

310年　晋怀帝永嘉四年

△江统卒(?—　)。江统著有《徙戎论》等。

311年　晋永嘉五年

△汉刘曜攻入洛阳,怀帝被俘,中原士民大批南迁,史称"永嘉南渡"。

△挚虞卒(?—　)。挚虞撰有《文章流别志论》,对文体研究的发展很有影响。后人辑有《挚太常集》。

△潘尼约卒于是年(约250—　)。潘尼与叔潘岳并称"两潘"。后人辑有《潘太常集》。

△永嘉时，诗贵黄、老，渐尚虚谈，理过其辞，淡乎寡味。

△鲁诗亡于西晋。

312年 晋永嘉六年

△郭象卒(252—)。郭象好老庄，善清谈，曾增广向秀《庄子注》，别为一书。

316年 晋愍帝建兴四年

△刘曜进兵关中，围长安，愍帝出降，西晋亡。

317年 晋元帝建武元年

△司马睿在建康即位，是为晋元帝，东晋始。

△凉州张寔犹奉晋正朔。史称前凉。

318年 晋大兴元年

△刘琨被鲜卑段匹磾所杀(271—)。刘琨代表作有《扶风歌》、《赠卢谌》等。后人辑有《刘越石集》。

322年 晋永昌元年

△王敦叛乱，至太宁二年(324)始平。史称“王敦之乱”。

324年 晋明帝太宁二年

△郭璞因劝阻王敦叛乱，被其所杀(276—)。郭璞代表作有《江赋》、《游仙诗》等。另有《尔雅注》、《方言注》等。后人辑有《郭弘农集》。

325年 晋太宁三年

△李充晋明帝时在世。曾任大著作郎，整理秘阁典籍，在荀勗分类基础上分为经、史、子、诗赋四部，开中国经史子集四部分类法之先河。

327年 晋成帝咸和二年

△镇将苏峻、祖约发动叛乱，至咸和四年(329)始平。史称“苏峻、祖约之乱”。

336年 晋咸康二年

△干宝卒(？—)。干宝撰有《搜神记》，是书为魏晋南北朝志怪小说代表作。

340年 晋咸康六年

△庾亮卒(288—)。庾亮为东晋前期玄言诗代表诗人。

341年 晋咸康七年

△葛洪卒(约281—)。葛洪著有《抱朴子》，其中部分篇章涉及文艺理论。另有《神仙传》。曾托名汉刘歆作《西京杂记》。

347年 晋穆帝永和三年

△成汉史学家常璩入晋。常璩著有《华阳国志》。

351年 晋永和七年

△卢谌被冉闵所害(285—)。卢谌善诗赋，与刘琨有诗酬赠。

354年 晋永和十年

△前凉停用晋年号，改晋建兴四十二年为凉和平元年。

356年 晋永和十二年

△殷浩卒(？—)。殷浩好《易》、《老》，善玄言，为当时清谈者所宗。

357年 晋升平元年

△前秦苻坚即位。

363年 晋哀帝兴宁元年

△罗马帝国使者经西域抵东晋首都建康，是为中国和罗马帝国通使之始。

366年 晋废帝海西公太和元年

△支遁卒(314—)。支遁为东晋名僧，善谈玄理，后人辑有《支遁集》。

371年 晋简文帝咸安元年

△孙绰卒(314—)。孙绰为东晋玄言诗代表作家。亦能赋，有《游天台山赋》。后人辑有《孙廷尉集》。

△许询约生活于这个时期。许询与孙绰齐名，亦为玄言诗代表作家。玄言诗盛行于是时。

376年 晋孝武帝太元元年

△前秦攻灭前凉。

△袁宏卒(328—)。袁宏著有《东征赋》、《北征赋》、《竹林名士传》和《后汉纪》等。

379年 晋太元四年

△王羲之卒(321— ，一作303—361，又作307—365)。羲之为古代著名书法家，号“书圣”，与子献之并称“二王”。亦工文，所作《兰亭集序》文笔雅致，为后世所传诵。

380年 晋太元五年

△前秦苏蕙约在是年前后作《回文璇玑图诗》，是现存最早的回文诗。

382年 晋太元七年

△习凿齿卒(？—)。凿齿曾著《汉晋春秋》，其中记三国事以蜀汉为正统。

383年 晋太元八年

△东晋与前秦战于淝水(今安徽寿县)，前秦溃败，史称“淝水之战”。

386年 晋太元十一年

△王献之卒(344—)。献之为古代著名书法家，与父羲之并称“二王”。

390年 晋太元十五年

△王嘉约于是年前后被杀(？—)。王嘉著有《拾遗记》，多记诡怪之事。

394年 晋太元十九年

△前秦苻登率军攻后秦，兵败被杀，前秦亡。

396年 晋太元二十一年

△戴逵卒（？— ）。戴逵为古代著名画家、雕塑家，曾为建康瓦棺寺塑五世佛，与寺内的顾恺之壁画《维摩诘像》和狮子国（斯里兰卡）玉佛并称“三绝”。

398年 晋安帝隆安二年 北魏道武帝天兴元年

△拓跋珪徙山东六州民夷十余万口赴代，定国号为魏，旋迁都平城（今山西大同），即帝位，改元天兴。

402年 晋元兴元年 北魏天兴五年

△慧远在庐山东林寺与慧永、慧持等结社，号“白莲社”（亦称“莲社”），专修念佛。

405年 晋义熙元年 北魏天赐二年

△后秦主姚兴以鸠摩罗什为国师，亲率群臣及沙门听罗什讲经；又命罗什译西域经论三百余卷。

406年 晋义熙二年 北魏天赐三年

△顾恺之卒（约345— ）。恺之为古代著名画家，曾为建康瓦棺寺绘《维摩诘像》壁画。又著有《论画》等画论著作，对古代文论亦有影响。

407年 晋义熙三年 北魏天赐四年

△殷仲文因谋反被刘裕所杀（？— ）。仲文初改东晋玄言诗风尚，但“玄气”犹未尽除。

412年 晋义熙八年 北魏明元帝永兴四年

△谢混被刘裕所杀（？— ）。《宋书·谢灵运传论》谓谢混始大变玄言诗风气。

413年 晋义熙九年 北魏永兴五年

△鸠摩罗什卒（344— ）。鸠摩罗什与真谛、玄奘并称中国三大佛教翻译家，与弟子共译佛经七十四部。

416年 晋义熙十二年 北魏泰常元年

△慧远卒（334— ）。慧远为东晋名僧，精般若性空之学，著有《法性论》等。

420年 晋恭帝元熙二年 宋武帝永初元年 北魏泰常五年

△刘裕代晋，建国号宋，史称刘宋，是为宋武帝，东晋亡。

423年 宋少帝景平元年 北魏泰常八年

△周续之卒（？— ）。续之为东晋学者，与刘遗民、陶渊明并称“寻阳三隐”。

427年 宋文帝元嘉四年 北魏太武帝始光四年

△陶渊明卒（365或372或376— ）。渊明是魏晋南北朝时期最杰出的诗人。长于诗文辞赋。诗以田园诗成就最高，语言朴素，风格平淡，对后世影响深远。代表作有诗《归田园居》、《饮酒》，散文《五柳先生传》、《归去来辞》、《桃花源记》等。有《陶渊明集》和笔记小说《搜神后记》。

433年 宋元嘉十年 北魏延和二年

△谢灵运因谋反被杀（385— ）。灵运善写山水名胜，开山水诗派。与颜延之、鲍照并称“元嘉三大家”，与族弟谢惠连并称“大小谢”，加上族侄谢朓又称“三谢”。代表作有《登池上楼》、《石壁精舍还湖中作》等。后人辑有《谢康乐集》。

△谢惠连卒（397— ）。惠连是谢灵运族弟，与灵运并称“大小谢”。代表作有《雪赋》等。后人辑有《谢法曹集》。

444年 宋元嘉二十一年 北魏太平真君五年

△刘义庆卒（403— ）。义庆所撰笔记小说《世说新语》记载汉末、魏晋时期士大夫的言谈、轶事，体现了魏晋风度特有的面貌，是魏晋南北朝志人小说的代表作。

445年 宋元嘉二十二年 北魏太平真君六年

△范晔因参与谋立罪被杀（398— ）。范晔著有《后汉书》，与《史记》、《汉书》、《三国志》并称“前四史”。《后汉书》第一次在史书中设“文苑传”，对后世史书影响甚大。

446年 宋元嘉二十三年 北魏太平真君七年

△北魏太武帝诏令禁佛毁塔，是为中国佛教史上三武一宗（指北魏太武帝、北周武帝、唐武宗与后周世宗）灭法之始。

451年 宋元嘉二十八年 北魏正平元年

△裴松之卒（372— ）。松之曾奉宋文帝之命注《三国志》，搜集传记，广增异闻，开作注新例。

456年 宋孝武帝孝建三年 北魏文成帝太安二年

△颜延之卒（384— ）。延之与谢灵运并称“颜谢”，与谢灵运、鲍照并称“元嘉三大家”。诗好用典故，《五君咏》较有名。后人辑有《颜光禄集》。

466年 宋明帝泰始二年 北魏献文帝天安元年

△鲍照被荆州乱兵所杀（约414— ）。

鲍照长于乐府，尤擅七言歌行。与颜延之、谢灵运并称“元嘉三大家”。与汤惠休齐名，世称“休鲍”。代表作有《拟行路难》十八首及《芜城赋》、《登大雷岸与妹书》等。有《鲍参军集》。

△谢庄卒(421—　　)。谢庄善吟风咏月，代表作有《月赋》等。后人辑有《谢光禄集》。

479年　宋顺帝昇明三年　齐高帝建元元年　北魏孝文帝太和三年

△萧道成即帝位，国号齐，史称南齐或萧齐。宋亡。

487年　齐永明五年　北魏太和十一年

△竟陵王萧子良约于是年开西邸，招集文学人士，其中萧衍、沈约、谢朓、王融、萧琛、范云、任昉、陆倕八人号称“竟陵八友”。

488年　齐永明六年　北魏太和十二年

△沈约撰成《宋书》。

△臧荣绪卒(415—　　)。荣绪曾撰《晋书》一百十卷，总括西晋、东晋史事，为唐修《晋书》所依据。

493年　齐永明十一年　北魏太和十七年

△永明年间，以沈约、谢朓、王融、周颙为代表，作诗严格遵照四声八病之说，强调声韵格律，世称“永明体”，亦称“新体诗”，对后世格律诗的形成深有影响。

△王融因谋立事败，下狱赐死(467—　　)。王融为永明体代表作家之一。后人辑有《王宁朔集》。

494年　齐明帝建武元年　北魏太和十八年

△萧子良卒(460—　　)。子良为齐武帝次子，封竟陵王。曾开西邸，广招文人学士。后人辑有《南齐竟陵王集》。

499年　齐东昏侯永元元年　北魏太和二十三年

△谢朓因牵涉叛乱事下狱死(464—　　)。谢朓与谢灵运并称“二谢”和“大小谢”，加上谢惠连又称“三谢”。他是永明体主要作家，以山水诗著称，清新秀丽，工于写景。代表作有《晚登三山还望京邑》、《之宣城郡出新林浦向板桥》等。后人辑有《谢宣城集》。

501年　齐和帝中兴元年　北魏宣武帝景明二年

△孔稚珪卒(447—　　)。稚珪诗文俱佳，尤以文名当世。代表作有《北山移文》。后人辑有《孔詹事集》。

502年　齐中兴二年　梁武帝天监元年　北魏景明三年

△齐末年，刘勰撰成《文心雕龙》，全书五十篇，体大思精，全面总结了前代文学现象，是中国古代第一部系统的文学理论著作。

△萧衍称帝，建国号梁，是为梁武帝，史称梁或萧梁。齐亡。

505年　梁天监四年　北魏正始二年

△江淹卒(444—　　)。江淹擅长抒情与体物小赋。代表作《恨赋》、《别赋》为六朝抒情小赋名篇。后人辑有《江文通集》。

508年　梁天监七年　北魏永平元年

△任昉卒(460—　　)。任昉擅表、奏、书、启，与沈约有“沈诗任笔”之称。后人辑有《任中丞集》。

△丘迟卒(464—　　)。丘迟以骈文《与陈伯之书》著称于世。后人辑有《丘司空集》。

△北天竺僧人菩提流支携大量梵本佛经抵洛阳，次年译出《金刚般若经论》。

510年　梁天监九年　北魏永平三年

△范缜约卒于是年(约450—　　)。范缜为古代著名哲学家，所著《神灭论》，对无神论思想的发展有重要影响。

511年　梁天监十年　北魏永平四年

△梁武帝撰《断酒肉文》，禁僧尼食酒肉。从此不食酒肉成为中国佛教僧尼戒律之一。

513年　梁天监十二年　北魏延昌二年

△沈约卒(441—　　)。沈约是永明体重要作家，创“四声八病”之说，促进了古体诗向格律诗转化。又著有《宋书》。后人辑有《沈隐侯集》。

518年　梁天监十七年　北魏孝明帝　神龟元年

△钟嵘约卒于是年(约468—　　)。钟嵘著有《诗品》，品评汉至梁诗人一百多位，是中国古代第一部论诗专著。

△何逊约卒于是年(？—　　)。何逊长于写景和炼字，文与刘孝绰并称“何刘”，诗与阴铿并称“阴何”，并与何思澄、何子朗并称“东海三何”。杜甫颇受其影响。后人辑有《何记室集》。

520年　梁普通元年　北魏正光元年

△吴均卒(469—　　)。吴均为文工于写景，清拔有古气，时称“吴均体”。代表作有《与宋元思书》、《与顾章书》等。后人辑有《吴朝请集》。又有笔记小说《续齐谐记》写神怪之事。

521年　梁普通二年　北魏正光二年

△刘峻卒(462—　　)。刘峻曾为《世说新语》作注，征引繁富，审订精核，为世所重。所作《广绝交书》为当时名篇。后人辑有《刘户曹

集》。

△周兴嗣卒(？—　)。兴嗣曾撰《王羲之千字文》,拓取王羲之所书不同字一千字,编为四言韵语,作蒙学课本,为《千字文》最早之本。

522年　梁普通三年　北魏正光三年

△《文选》编成。

△王僧孺卒(465—　)。后人辑有《王左丞集》。

523年　梁普通四年　北魏正光四年

△阮孝绪编成《七录》。《七录》为继《七略》、《七志》之后的一部图书分类目录专著,录有书目六千余种,为《隋书·经籍志》所依据。书已失传,序目今存《广弘明集》。

526年　梁普通七年　北魏孝昌二年

△南天竺僧人菩提达摩于梁普通年间(一说南朝宋末)抵广州,旋到建康,是年北上入少林寺,创禅宗。

527年　梁大通元年　北魏孝昌三年

△郦道元遭谗被杀(466或472？—　)。道元历览奇书,遍游北方,撰成《水经注》。是书为我国现存最早的有系统的水文地理著作,文笔生动,颇俱文学价值。

529年　梁中大通元年　北魏孝庄帝永安二年

△殷芸卒(471—　)。殷芸曾奉武帝之命撰志人小说集《小说》,世称《殷芸小说》。

530年　梁中大通二年　北魏长广王建明元年

△裴子野卒(469—　)。子野为裴松之曾孙、裴骃孙,与兄黎、楷、绰并称"四裴"。著有文论《雕虫论》等。

531年　梁中大通三年　北魏建明二年

△昭明太子萧统卒(501—　)。萧统曾召集文人学士编成《文选》,收录先秦至梁诗文辞赋七百余篇,是荟萃梁以前文学作品精华的总集。后世研究《文选》及其相关课题,形成"文选学"。后人辑有《昭明太子集》。

532年　梁中大通四年　北魏孝武帝永熙元年

△刘勰约卒于是年(约465—　)。刘勰所著《文心雕龙》,涉及文学本质、文学创作、文学体裁、文学批评等方面,是我国古代系统的文艺理论著作,对后世影响深远。

534年　梁中大通六年　北魏永熙三年　东魏孝静帝天平元年

△高欢立清河王之子善见为帝,年十一,改元天平,是为东魏孝静帝。魏从此分为东、西。

536年　梁大同二年　西魏文帝大统二年　东魏天平三年

△陶弘景卒(456—　)。弘景著有道教经典《真诰》等。后人辑有《陶隐居集》。

△阮孝绪卒(479—　)。孝绪著有《七录》等。

537年　梁大同三年　西魏大统三年　东魏天平四年

△萧子显约卒于是年(约489—　)。子显为齐高帝萧道成孙。平生颇从事历史著述,著有《齐书》(即《南齐书》)。

539年　梁大同五年　西魏大统五年　东魏兴和元年

△刘孝绰卒(481—　)。孝绰为文属辞典雅,曾为《昭明太子集》作序。后人辑有《刘秘书集》。

543年　梁大同九年　西魏大统九年　东魏武定元年

△顾野王仿许慎《说文解字》体例,著成字书《玉篇》三十卷。

544年　梁大同十年　西魏大统十年　东魏武定二年

△贾思勰约于这个时期撰成《齐民要术》。

546年　梁中大同元年　西魏大统十二年　东魏武定四年

△苏绰卒(498—　)。苏绰反对西晋以来的华靡文风,主张用行政手段加以改革,仿《尚书》语体作《大诰》。西魏自是之后,文笔皆依此体。

547年　梁太清元年　西魏大统十三年　东魏武定五年

△温子昇因谋乱下狱死(495—　)。子昇与邢邵并称"温邢",加上魏收并称"北地三才"。代表作有《捣衣诗》。后人辑有《温侍读集》。

△杨衒之行经北魏旧都洛阳,见昔日花费巨资所建千余佛寺大半毁于战火,因撰《洛阳伽蓝记》。

548年　梁太清二年　西魏大统十四年　东魏武定六年

△梁东魏降将侯景勾结梁宗室萧正德,举行叛乱,史称"侯景之乱"。

549年　梁太清三年　西魏大统十五年　东魏武定七年

△梁武帝萧衍卒(464—　)。萧衍博学

能文，凡制诏文檄书表等多为其自撰。又好诗，对诗歌的形式风格有所开拓。笃信佛教，在位期间，佛教大盛。后人辑有《梁武帝集》。

550年 梁简文帝大宝元年 西魏大统十六年 东魏武定八年 北齐文宣帝天保元年

△东魏高洋代东魏称帝，国号齐，建都邺。史称北齐，又称高齐。

551年 梁大宝二年 西魏大统十七年 北齐天保二年

△梁简文帝萧纲被侯景所杀（503— ）。萧纲为宫体诗代表作家，在其推动和影响下，宫体诗始盛行，余波及唐初。后人辑有《梁简文帝集》。

△徐摛卒（474— ）。徐摛为宫体诗代表作家，文风绮艳，与子徐陵及庾肩吾、庾信父子号称“徐庾体”。宫中尽学之，当时号为“宫体”。

552年 梁元帝承圣元年 西魏废帝元年 北齐天保三年

△侯景为部下所杀，“侯景之乱”结束。

△庾肩吾约卒于是年（487— ）。肩吾与徐摛齐名，同为宫体诗代表诗人。后人辑有《庾度支集》。

554年 梁承圣三年 西魏恭帝元年 北齐天保五年

△西魏攻破江陵，俘梁元帝。

△梁元帝萧绎被魏所杀（508— ）。萧绎善诗赋。著有《金楼子》，分汉朝人“文学”、“文章”为“儒”、“学”、“文”、“笔”四端。后人辑有《梁元帝集》。

△慧皎卒（497— ）。慧皎撰有《高僧传》（即《梁高僧传》），开后世《高僧传》之先例。

△魏收撰成《魏书》。

556年 梁敬帝太平元年 西魏恭帝三年 北齐天保七年

△宇文护迫魏恭帝禅位于周，西魏亡。

557年 梁太平二年 陈武帝永定元年 北周孝闵帝元年 北齐天保八年

△魏周公宇文觉称天王，国号周，建都长安，史称北周，又称宇文周。

△梁陈霸先代梁称帝，定国号陈，建都建康，梁亡。

△徐陵《玉台新咏》约成书于梁代。徐陵为宫体诗代表作家，此集“撰集艳歌”，后称这种诗风为“玉台体”。

560年 陈文帝天嘉元年 北周明帝武成二年 北齐孝昭帝皇建元年

△邢邵约卒于是年（496— ）。邢邵与温子昇并称“温邢”，与魏收并称“邢魏”。后人辑有《温特进集》。

569年 陈宣帝太建元年 北周武帝天和四年 北齐后主天统五年

△真谛卒（499— ）。真谛与鸠摩罗什、玄奘并称中国佛教三大翻译家，所译《摄大乘论》对中国佛教思想影响很大。

572年 陈太建四年 北周建德元年 北齐武平三年

△魏收卒（506— ）。魏收与温子昇、邢邵合称“北地三才”。除著《魏书》外，后人又辑有《魏特进集》。

574年 陈太建六年 北周建德三年 北齐武平五年

△北周武帝废佛、道二教，是为中国佛教史上“三武一宗”灭佛事件之一。

577年 陈太建九年 北周建德六年 北齐幼主承光元年

△北周灭北齐，北方再度统一。

580年 陈太建十二年 北周静帝大象二年

△阴铿约卒于陈末。阴铿诗以写景纪游见长，与何逊并称“阴何”。后人辑有《阴常侍集》。

△东晋与南朝时期，民间流行一种五言四句的小诗，感情缠绵，风格委婉，多用双关语，后收入乐府，建康一带的称为“吴声歌曲”，江陵一带的称为“西曲歌”。

581年 隋文帝开皇元年 陈太建十三年

△周相国杨坚受禅称帝，北周亡，隋王朝建立。

△庾信卒（513— ）。庾信善诗赋、骈文。早年风格绮艳轻靡，晚年转为萧瑟苍凉。《哀江南赋》为其名作。后人辑有《庾子山集》。

583年 隋开皇三年 陈后主至德元年

△徐陵卒（507— ）。徐陵与庾信并称“徐庾”。编有《玉台新咏》。后人辑有《徐仆射集》。

586年 隋开皇六年 陈至德四年

△卢思道卒（535— ）。思道代表作有《从军行》等。后人辑有《卢武阳集》。

589年 隋开皇九年 陈祯明三年

△隋将韩擒虎率大军渡江，克建康俘陈叔宝，陈亡，统一中国，南北朝结束。

590年 隋开皇十年

△颜之推卒于是年以后（531— ）。之推作有《颜氏家训》，其中《文章篇》专论文学。

594年 隋开皇十四年

△江总卒(519—)。后人辑有《江令君集》。

604年 隋文帝仁寿四年

△陈叔宝卒(553—)。明人辑有《陈后主集》。

606年 隋炀帝大业二年

△杨素卒(? —)。杨素著有《杨素集》,已佚。

609年 隋大业五年

△薛道衡被隋炀帝所杀(540—)。道衡有《昔昔盐》、《人日思归》名篇传世。明人辑有《薛司隶集》。

617年 隋大业十三年

△王通卒(584—)。王通以儒家道统自居,论文重贯道济义和言理。著有《中说》。

618年 隋大业十四年 唐高祖武德元年

△李渊于长安称帝,唐王朝建立。

△杨广在江都被宇文化及所杀(569—)。杨广即隋炀帝。明人辑有《隋炀帝集》。

△虞世基死于宇文化及之乱(? —)。世基著有《虞茂业集》,已佚。

621年 唐武德四年

△秦王李世民置修文馆于门下省,延杜如晦、房玄龄等十八人,号"十八学士"。

624年 唐武德七年

△欧阳询等奉敕编纂的大型类书《艺文类聚》于是年成书。

626年 唐武德九年

△玄武门之变。秦王李世民杀太子李建成。高祖李渊传位于李世民,是为唐太宗。

630年 唐太宗贞观四年

△日本遣唐使首次入唐。

638年 唐贞观十二年

△虞世南卒(558—)。世南诗承徐陵之风,书法与欧阳询、褚遂良、薛稷并称唐初四大书家。编有《北堂书钞》。今传《虞秘监集》。

641年 唐贞观十五年

△欧阳询卒(557—)。欧阳询书法劲险刻厉,人称"欧体"。与虞世南、褚遂良、薛稷并称为唐初四大书家。

643年 唐贞观十七年

△魏徵卒(580—)。魏徵为贞观年间著名诤臣。作有《隋书》序论及《梁书》、《陈书》、《齐书》诸总论。《谏太宗十思疏》、《十渐不克终疏》为传世名作。后人辑有《魏郑公集》。

644年 唐贞观十八年

△王绩卒(约590—)。王绩擅五言诗,多写饮酒和田园隐居生活,诗风平淡质朴,于唐初诗坛独具面貌。《野望》等为其传世名作。后人辑有《东皋子集》。

646年 唐贞观二十年

△唐僧玄奘贞观元年(627)赴印度取经,于上年返抵长安,本年口述完成《大唐西域记》十二卷。

648年 唐贞观二十二年

△李百药卒(565—)。百药著有《北齐书》。今传《李百药集》。

649年 唐贞观二十三年

△李世民卒(599—)。世民即唐太宗。在位期间任贤纳谏,政绩卓著,史称"贞观之治"。诗作《过旧宅》、《帝京篇》等为名篇。后人辑有《唐太宗皇帝集》。

650年 唐高宗永徽元年

△王勃生。

659年 唐显庆四年

△陈子昂生。

664年 唐麟德元年

△玄奘卒(602—)。玄奘为佛教唯识宗创始人,与鸠摩罗什、真谛并称为中国佛教三大翻译家。撰有《大唐西域记》等。

△上官仪被诬谋逆,下狱死(约605—)。上官仪多应制奉和之作,诗绮错婉媚,对仗精工,时人称为"上官体"。又创"六对"、"八对"之说,于律诗发展颇有贡献。原有《上官仪集》,已佚。

675年 唐上元二年

△王勃赴交趾探父,九月路经洪州(今江西南昌),作《滕王阁序》。

676年 唐高宗仪凤元年

△王勃渡海溺水死(650—)。王勃与杨炯、卢照邻、骆宾王齐名,世称"王、杨、卢、骆",号"四杰"。其诗文独具风貌,多风骨声韵兼备之作。诗作《送杜少府之任蜀川》、散文《秋日登洪府滕王阁饯别序》(即《滕王阁序》)皆为传世之作。有《王子安集》传世。

678年 唐仪凤三年

△骆宾王被诬下狱,作《在狱咏蝉》。

679年 唐仪凤四年

△刘希夷约卒于是年(651—)。希夷代表作有《白头吟》等。今传《刘廷芝集》。

684年 唐中宗嗣圣元年 睿宗文明元年 武则天光宅元年

△骆宾王从徐敬业讨武后,作《代李敬业传檄天下文》(俗称《讨武曌檄》)。敬业败,宾王

去向不明。宾王(约 640—)为“四杰”之一。为诗擅七言歌行,《帝京篇》等为传世名篇。五律《在狱咏蝉》流传甚广。又善骈文,代表作有《代李敬业传檄天下文》。清陈熙晋著有《骆临海集笺注》。

686 年 唐武则天垂拱二年

△卢照邻约于是年投颍水死(约 635—)。照邻为“四杰”之一。擅七言歌行,《长安古意》为其代表作。明人辑有《幽忧子集》。

688 年 唐垂拱四年

△王之涣生。

689 年 唐永昌元年

△孟浩然生。

△李善卒(约 630—)。李善以讲授《文选》为业,学生多自远方而至,传其业,号“《文选》学”。著有《文选注》。

690 年 唐载初二年 武周天授元年

△武后亲策贡士于洛城殿,殿试自此始。

△武后称帝,改国号为周。

692 年 武周天授三年

△王维约生于是年。

693 年 武周长寿二年

△杨炯约卒于是年(650—)。杨炯为“四杰”之一。诗擅五律,代表作有《从军行》等。后人辑有《盈川集》。

694 年 武周长寿三年

△王昌龄约生于是年。

696 年 武周天册万岁二年

△陈子昂随武攸宜讨伐契丹,至东北边陲,登蓟北楼(即幽州台),作《登幽州台歌》。

700 年 武周圣历三年

△陈子昂被诬下狱死(659—)。子昂为唐代诗文革新的先驱,主张恢复建安文学传统。《感遇》三十八首、《登幽州台歌》为其代表作。今传《陈子昂集》。

△高適生。

701 年 武周大足元年

△李白生。

705 年 唐中宗神龙元年

△李显即位,是为中宗。复国号为唐。同年,武则天卒(624—)。则天即唐高宗后、武周皇帝。后人编有《武则天集》。

△苏味道卒(648—)。味道与李峤并称“苏李”,又与李峤、崔融、杜审言合称“文章四友”。《正月十五夜》诗为世所称。著有《苏味道集》,已佚。

706 年 唐神龙二年

△崔融卒(653—)。崔融为“文章四友”之一。编有《珠英学士集》。

708 年 唐景龙二年

△杜审言卒(约 645—)。审言为“文章四友”之一,诗尤长律体。《和晋陵陆丞早春游望》等传诵甚广。今传《杜审言集》。

710 年 唐景龙四年 少帝唐隆元年 睿宗景云元年

△临淄王李隆基起兵杀韦后、安乐公主及上官婉儿等。婉儿(664—),上官仪孙女。中宗时封为昭容。善诗。著有《上官昭容集》,已佚。

712 年 唐睿宗太极元年 玄宗先天元年

△太子李隆基即位,是为玄宗。尊睿宗为太上皇。

△宋之问赐死桂州(约 656—)。之问诗与沈佺期齐名,号“沈宋”,对律诗形式的定型有贡献。代表作有《度大庾岭》、《渡汉江》等。明人辑有《宋学士集》。

△苏颋袭封许国公。

△杜甫生。

713 年 唐开元元年

△张说封燕国公。

714 年 唐开元二年

△李峤约卒于是年(约 645—)。李峤曾领衔修撰《三教珠英》,与苏味道齐名,称“苏李”。为“文章四友”之一。后人辑有《李峤集》。

715 年 唐开元三年

△岑参约生于是年。

716 年 唐开元四年

△沈佺期卒(约 656—)。佺期与宋之问齐名,号“沈宋”,对律诗的定型颇有贡献。代表作为《独不见》、《夜宿七盘岭》等。今传《沈佺期集》。

719 年 唐开元七年

△元结生。

721 年 唐开元九年

△王维因伶人舞黄狮子事贬为济州司仓参军。

△刘知幾卒(661—)。著有《史通》。

724 年 唐开元十二年

△李白离蜀东游。

727 年 唐开元十五年

△苏颋卒(670—)。苏颋与张说同以文章显,号“燕许大手笔”。有《苏廷硕文集》。

729 年 唐开元十七年

△孟浩然开元中入长安,应进士不第,与

张九龄、王维游。

△盛唐时期，山水田园诗创作繁荣，形成山水田园诗派。代表诗人有王维、孟浩然，并称“王孟”。属于这一诗派的诗人还有储光羲、裴迪、丘为、祖咏、綦毋潜等。

730年 唐开元十八年

△李白作《黄鹤楼送孟浩然之广陵》。入长安，求仕不成。

731年 唐开元十九年

△张说卒（667— ）。张说为文求实用，重风骨，与苏颋齐名，时号“燕许大手笔”。有《张说之文集》。

△杜甫漫游吴越。

732年 唐开元二十年

△高适北游蓟州，时王之涣流寓蓟门，两人同游。

△盛唐时期，边塞诗创作繁荣，形成边塞诗派。代表诗人有高适、岑参，并称“高岑”。属于这一诗派的诗人还有李颀、王昌龄、崔颢、王之涣、王翰等。

734年 唐开元二十二年

△李白游襄阳，作《与韩荆州书》。与元丹丘同隐嵩山。

△岑参至长安献书求仕。

735年 唐开元二十三年

△杜甫在洛阳应试不第。

737年 唐开元二十五年

△韦应物约生于是年。

△李白与孔巢父等同隐徂徕山，号“竹溪六逸”。

△王维奉使出塞，作《使至塞上》。

740年 唐开元二十八年

△张九龄卒（678— ）。九龄诗对唐诗风气之变有贡献。《感遇》十二首、《望月怀远》、《杂诗》等为传诵名篇。有《曲江集》。

△孟浩然卒（689— ）。浩然诗擅五言，多咏山水田园，风格清新疏放。代表作品有《夏日南亭怀辛大》、《春晓》、《宿建德江》、《过故人庄》等。著有《孟浩然诗集》。

△王维泛舟汉江，作《汉江临泛》。

△王昌龄于润州（今江苏镇江）芙蓉楼饯送友人辛渐入洛，作《芙蓉楼送辛渐》。

742年 唐天宝元年

△敦煌曲子辞《菩萨蛮》（枕前发尽千般愿）约成于天宝初年。敦煌曲子辞以《云谣集杂曲子》所收最多，它表现了“词”这种新兴文体的早期形态。

△李白应诏入京，供奉翰林。作《清平调》等。

△王之涣卒（688— ）。之涣边塞诗意境雄浑，尤工绝句，名作有《登鹳雀楼》、《凉州词》等。

744年 唐天宝三载

△芮挺章编《国秀集》，选录开元迄天宝三载（744）九十家诗二百二十首，但今本实为八十五家诗二百一十八首。

△李白离长安，遇杜甫于洛阳，又遇高适于汴（今河南开封），三人同游梁宋一带。

△贺知章约卒于是年（659— ）。知章与张旭、包融、张若虚合称“吴中四士”。代表作为《咏柳》、《回乡偶书》。后人辑有《贺秘监集》。

745年 唐天宝四载

△李白由东鲁南游越中，作《梦游天姥吟留别》。

746年 唐天宝五载

△杜甫入京，次年应试不第（此次试举，李林甫忌贤，尽刷应试者，且表贺“野无遗贤”），此后困居长安十年。

747年 唐天宝六载

△李邕卒（678— ）。李邕擅碑颂之文，又善书。明人辑有《李北海集》。

748年 唐天宝七载

△王维于是年前后营造蓝田辋川别业，与裴迪等交游吟咏其间，作有《辋川集》二十首等。

749年 唐天宝八载

△岑参首次出塞，赴安西高仙芝幕中。

751年 唐天宝十载

△孟郊生。

△钱起作《省试湘灵鼓瑟》。

752年 唐天宝十一载

△李白作客嵩山，作《将进酒》。

△秋，杜甫、高適、岑参、薛据、储光羲等同登长安慈恩寺塔赋诗。

753年 唐天宝十二载

△冬，高適赴河西节度幕。

754年 唐天宝十三载

△崔颢卒（约704— ）。崔颢《黄鹤楼》诗被誉为唐人七律第一。今传《崔颢集》。

△岑参再次出塞，赴轮台（在今新疆米泉县）任安西北庭节度判官。作《白雪歌送武判官归京》、《轮台歌奉送封大夫出师西征》、《走马川行奉送出师西征》等。

△李白是年前后多次往来宣城，客游秋浦

（今安徽贵池），作《秋浦歌》十七首。

△殷璠编《河岳英灵集》，选录开元二年(714)至天宝十二载(753)二十四家诗二百三十四首（今存二百三十首），为唐人选唐诗诸本子中最有影响的选本。其所开创的选评相结合的体例，亦为后世沿用不衰。

755年 唐天宝十四载

△安禄山在范阳叛乱，安史之乱开始。洛阳陷落。

△杜甫自长安赴奉先县（今陕西蒲城）探望妻儿，作《自京赴奉先县咏怀五百字》。

△綦毋潜约卒于是年（约692— ）。綦毋潜为盛唐山水田园诗派诗人之一。代表作为《春泛若耶溪》。著有《綦毋潜诗》。

756年 唐天宝十五载 肃宗至德元载

△安禄山攻陷长安。玄宗奔蜀，至马嵬驿（今陕西兴平西），军士哗变，杨国忠被杀，杨贵妃被缢死。

△王维、储光羲、李华等为安禄山所拘，迫受伪职。

△杜甫被安禄山叛军俘至长安，作《月夜》等诗。

△王昌龄避乱江淮，为濠州刺史闾丘晓所杀（约694— ）。昌龄诗长于七绝，以写边塞军旅生活最为出色，亦写宫怨闺情。有"诗家夫子"、"七绝圣手"之称。代表作还有《从军行》、《出塞》等。明人辑有《王昌龄诗集》。

757年 唐至德二载

△杜甫在长安作《春望》、《哀江头》等，逃至凤翔授左拾遗后，因上疏救房琯，触怒肃宗，被放回鄜州（今陕西富州）探亲，作《北征》、《羌村》三首。

△李白因入永王璘幕事入狱。

△王维等下狱论罪。

758年 唐至德三载

△李白流放夜郎（今贵州桐梓一带）。

△王维免罪复官。储光羲、李华被贬。

759年 唐乾元二年

△乾元中王维转尚书右丞。

△李白流放途中遇赦东归，作《早发白帝城》。

△杜甫由洛阳回华州任所，作"三吏三别"。旋弃官西行，年底入蜀。

△萧颖士卒（717— ）。颖士与李华齐名，世称"萧李"，同为古文运动先驱。今传《萧茂挺文集》。

760年 唐上元元年

△元结编《箧中集》成。录盛唐沈千运、孟云卿等七人诗共二十四首，内容质直古雅。

761年 唐上元二年

△杜甫在成都浣花草堂作《茅屋为秋风所破歌》。

△王维卒（约692— ）。王维各体诗均擅，尤长五言。其诗融禅意、画意、诗情于一体，尤善于意境之创造，于后代山水田园诗影响甚大。代表作还有《终南山》、《山居秋暝》、《渭川田家》、《观猎》、《使至塞上》等。亦工骈文，有名篇《山中与裴迪秀才书》。兼通音乐、绘画、书法。有《王右丞集》。

762年 唐宝应元年

△李隆基卒（685— ）。隆基即唐玄宗。有《唐玄宗皇帝集》。

△灵一卒（727— ）。今传《灵一诗集》。

△储光羲约卒于是年（约706— ）。光羲为盛唐山水田园诗派代表诗人。代表作有《田园即事》、《钓鱼湾》等。有《储光羲诗集》。

△杜甫作《戏为六绝句》，开后世以绝句论诗风气。

△李白卒（701— ）。李白为唐代伟大诗人，与杜甫齐名，世称"李杜"，代表着唐代诗歌的最高成就。其诗各体皆工，尤擅乐府、绝句，风格豪放飘逸。代表作还有《蜀道难》、《静夜思》、《望庐山瀑布》等。其文亦雄奇俊逸，以气势胜，骈散俱工，有《与韩荆州书》、《春夜宴桃李园序》等名篇。有《李太白文集》。

763年 唐代宗广德元年

△史思明子史朝义败死，安史之乱平。杜甫于梓州（治今四川三台）作《闻官军收河南河北》。

△元结初任道州（治今湖南道县）刺史，作《舂陵行》。

765年 唐永泰元年

△高適卒（约700— ）。高適长于古风、乐府。边塞诗代表其诗歌最高成就，风格悲壮。代表作有《燕歌行》、《封丘县中作》等。有《高常侍集》。

766年 唐大历元年

△秋，杜甫流寓夔州（治今四川奉节），作《秋兴》八首等。

△李华卒（715— ）。李华与萧颖士齐名，世称"萧李"，同为古文运动先驱。代表作有《吊古战场文》。后人辑有《李遐叔文集》。

△王建约生于是年。王建擅长乐府，与张籍并称，世称"张王乐府"。新题乐府多反映民

生，质实真切。代表作有《田家行》、《当窗织》、《羽林行》。五绝《新嫁娘词》及《宫词》百首均广为传诵。有《王建诗集》行世。

767年　唐大历二年

△杜甫于夔州作《登高》。

768年　唐大历三年

△韩愈生。

△杜甫登岳州(今湖南岳阳)城西门楼，作《登岳阳楼》。

770年　唐大历五年

△岑参卒(约715—　)。岑参为盛唐边塞诗代表作家，长于七言歌行，诗多写边塞军旅生活及奇丽风光，格调高昂。代表作还有《热海行》等。绝句《逢入京使》等亦广为传诵。有《岑嘉州集》。

△杜甫卒(712—　)。杜甫为唐代伟大诗人，与李白齐名，世称“李杜”，代表着唐代诗歌的最高成就。其诗善铺陈，多叙事，全面反映唐由盛转衰的历史过程，被后人誉为“诗史”。诗作风格多样，而以沉郁顿挫为主，对后世影响极大。代表作还有《春水》、《卜居》、《壮游》、《遣怀》、《咏怀古迹》等。有《杜工部集》。

771年　唐大历六年

△皇甫冉卒(718—　)。《巫山高》为其传世名作。有《皇甫冉诗集》。

772年　唐大历七年

△刘禹锡生。

△白居易生。

△贾至卒(718—　)。原有《贾至集》，已佚。

△元结卒(719—　)。元结文学上推崇“风”、“雅”传统，强调“讽谕”，所作多涉及时政，文风古朴，开韩柳“古文运动”先声。代表作还有《贼退示官吏》。散文《右溪记》等亦可传。编有《箧中集》。今传《元次山文集》。

773年　唐大历八年

△柳宗元生。

774年　唐大历九年

△不空卒(705—　)。不空为密宗创始人之一。译有《金刚顶经》等大乘及密宗经典七十七部，一百二十卷。

775年　唐大历十年

△张志和卒(约741—　)。志和《渔父词》(一作《渔歌子》)五首，清丽远韵，为早期文人词之名作。

777年　唐大历十二年

△独孤及卒(725—　)。独孤及与李华、萧颖士同以古文齐名，为唐代古文运动先驱之一。文风峭丽奇警。《仙掌铭》、《吴季子札论》为其传世名篇。著有《毗陵集》。

778年　唐大历十三年

△苗发约卒于是年(？—　)。苗发与卢纶、李端、吉中孚、韩翃、钱起、司空曙、崔峒、耿湋、夏侯审等称“大历十才子”。今传《苗发诗集》。大历十才子所作多应景献酬之作，亦抒写其仕途失意之情态，间有反映乱离年代现实之作，风格清空疏秀，雅洁洗练，颇具艺术性，其诗风标志着由盛唐至中唐的转变。

779年　唐大历十四年

△元稹生。

△贾岛生。

△张继约卒于是年(？—　)。张继代表作有《枫桥夜泊》。今传《张祠部诗集》。

780年　唐德宗建中元年

△张谓约卒于是年(约711—　)。张谓代表作有《代北州老翁答》等。著有《张谓诗》。

△郎士元约卒于是年(？—　)。士元与钱起齐名，时号“钱郎”。《柏林寺南望》、《听邻家吹笙》等诗传诵较广。今传《郎士元集》。

△高宗武编《中兴间气集》，收录至德元载(756)迄大历末二十六家诗一百三十余首。为一部反映以钱起、郎士元为代表的大历诗风主要趋向的选本。

782年　唐建中三年

△李嘉祐约卒于是年(？—　)。今传《李嘉祐集》。

783年　唐建中四年

△钱起约卒于是年(？—　)。钱起为“大历十才子”之一，又与郎士元齐名，时称“钱郎”。名作有《省试湘灵鼓瑟》、《暮春归故山草堂》。今传《钱考工集》。

784年　唐兴元元年

△李冶被德宗所杀(？—　)。擅五言诗。今传《李冶诗》。

785年　唐贞元元年

△颜真卿卒(709—　)。真卿书法世称“颜体”，与柳公权并称“颜柳”。后人辑有《颜鲁公文集》。

△怀素约卒于是年(725—　)。怀素草书与张旭齐名，世称“颠张醉素”，运笔飞扬圆转、变化多端，对后世影响很大。存世书迹有《自叙帖》、《苦笋帖》等。

△李益在杜希全幕中作《夜上受降城闻笛》。

789年 唐贞元五年

△刘长卿约卒于是年(? —)。长卿为大历、贞元间著名诗人,各体均工,尤擅五言。代表作有《逢雪宿芙蓉山主人》等。今传《刘随州集》。

△戴叔伦卒(732—)。叔伦新题乐府反映民生疾苦,以心理刻画与白描见长,开张籍、王建一派。代表作有《女耕田行》、《屯田词》等。今传《戴叔伦集》。

△吉中孚约卒于是年(? —)。中孚为"大历十才子"之一。今传《吉中孚诗集》。

790年 唐贞元六年

△李贺生。

792年 唐贞元八年

△韦应物约卒于是年(约737—)。应物为中唐前期著名山水田园诗人,与王维、孟浩然、柳宗元合称"王孟韦柳"。诗风闲雅简淡。代表作有《寄全椒山中道士》、《滁州西涧》、《寄李儋元锡》等。宋人编有《韦苏州集》。

793年 唐贞元九年

△梁肃卒(753—)。梁肃为中唐古文运动前驱,师事独孤及,文风古朴流畅。今传《梁补阙集》。

796年 唐贞元十二年

△皎然约卒于是年(720—)。皎然与清江合称"会稽二清"。著有论诗著作《诗式》等。有《杼山集》。

797年 唐贞元十三年

△沈既济约卒于是年(约750—)。作有传奇小说《枕中记》、《任氏传》。

799年 唐贞元十五年

△卢纶约卒于是年(748—)。卢纶为"大历十才子"之一。《塞下曲》、《晚次鄂州》为传世之作。今传《卢户部诗集》。

800年 唐贞元十六年

△孟郊为溧阳尉,迎母于溧上,作《游子吟》。

801年 唐贞元十七年

△温庭筠约生于是年。

△韩愈闲居洛阳,作《山石》。冬,在长安等候调选,作《送李愿归盘谷序》。又作有《答李翊书》,此文首次提出古文运动纲领,古文运动开始兴起。

802年 唐贞元十八年

△白居易与元稹定交。

△韩愈作《师说》。

803年 唐贞元十九年

△杜牧生。

△韩愈任监察御史。因旱灾奏请缓征京畿百姓赋税,贬阳山令。本年作有《祭十二郎文》。

804年 唐贞元二十年

△日僧空海(法号遍照金刚)随遣唐使入唐,留学长安西明寺。后与唐诗人结交甚广,互有诗作往还。作有诗论《文镜秘府论》。

△元稹作传奇《莺莺传》。

△陆羽约卒于是年(733—)。陆羽时号茶仙。著有《茶经》。

大历至贞元间,皎然、颜真卿、陆羽、秦系、顾况、灵澈、张志和、萧存、孟郊等数十人于湖州创诗会,史称"湖州诗会"。诸人常集会赋诗,所作多清淡恬雅,且多联句,结集为《吴兴集》,形成浙西联唱诗人群,为中唐诗坛一大盛会。

805年 唐顺宗永贞元年

△本年二月,顺宗即位,王叔文集团当政,推行革新措施,史称"永贞革新"。八月,宪宗即位,王叔文、王伾被远贬,参与革新的柳宗元、刘禹锡等八人被贬为远州司马,史称"二王八司马"。"永贞革新"失败。柳宗元贬永州司马,此后在永州九年。刘禹锡贬朗州司马,此后在朗州九年。

△柳冕卒(? —)。柳冕为唐代古文运动前期重要理论家,韩柳古文理论的先驱。

△陆贽卒(754—)。陆贽为文长于奏议政论,虽为骈体,但自然流畅,表现出向散文演变的趋势。今传《翰苑集》。

806年 唐宪宗元和元年

△韩愈任国子博士,游长安南郊终南山,作《南山诗》。

△白居易任盩厔(今陕西周至)县尉,与友人陈鸿、王质夫同游仙游寺,作《长恨歌》。

807年 唐元和二年

△韩愈作《张中丞传后叙》。

808年 唐元和三年

△白居易任左拾遗,作《新乐府》五十首。

809年 唐元和四年

△柳宗元作《始得西山宴游记》、《钴鉧潭记》、《钴鉧潭西小丘记》、《至小丘西小石潭记》。

△元稹妻韦氏亡故,后作有《遣悲怀》三首。

811年 唐元和六年

△李贺为奉礼郎。

△吕温卒(772—)。吕温代表作有《张荆州画赞》等。有《吕和叔文集》。

812年　唐元和七年

△杜佑卒(735—　)。杜佑著有《通典》,为我国现存最早专论历代典章制度的通史。

△刘言史卒(？—　)。言史有《嘉兴社日》等诗。今传《刘言史诗》。

△柳宗元作《袁家渴记》、《石渠记》、《石涧记》、《小石城山记》。

813年　唐元和八年

△李商隐生。

△李贺辞官归昌谷闲居。

△韩愈由职方员外郎贬为国子博士后作《进学解》。

814年　唐元和九年

△孟郊卒(751—　)。孟郊与韩愈创中唐诗尚怪奇、重主观之一派,并称"韩孟"。又与贾岛齐名,有"郊寒岛瘦"之称。其诗多愁苦之辞,用字造句务去陈言,追求瘦硬。代表作还有《寒地百姓吟》等。有《孟东野诗集》。

△李吉甫卒(758—　)。吉甫著有《元和郡县图志》,为现存最早的地方总志。

815年　唐元和十年

△武元衡因力主削藩,被刺客暗杀(758—　)。元衡著有《临淮集》。

△白居易因上疏请捕刺武元衡凶手,被斥为越职言事,贬江州司马。

△柳宗元、刘禹锡返京。柳宗元复出为柳州刺史。刘禹锡因作《元和十年自朗州承诏至京,戏赠看花诸君子》诗语涉讥刺,出为连州刺史。

816年　唐元和十一年

△灵澈卒(746—　)。今传《澈上人诗集》。

△李贺卒(790—　)。李贺作诗好以神仙鬼怪为描写对象,想像丰富,色彩斑斓,情调哀艳,严羽目之为"鬼仙之才",称其诗为"李长吉体",对晚唐诗人及后世影响颇深。《雁门太守行》、《老夫采玉歌》、《李凭箜篌引》、《梦天》等为传世名作。著有《李贺集》。

△白居易作《琵琶行》。

817年　唐元和十二年

△令狐楚编《御览诗》,选录大历至元和间三十家诗三百一十首(今存二百八十余首),所选诗均律、绝近体,尤多妍艳短章。

818年　唐元和十三年

△权德舆卒(759—　)。德舆所作《两汉辩亡论》为史家称道之名作。著有《权载之文集》。

△元稹作《连昌宫词》。

819年　唐元和十四年

△张仲素卒(769—　)。仲素时与王涯、令狐楚合称"三舍人"。其《燕子楼诗》三首,白居易甚推重,作和诗三首。《春闺思》、《秋闺思》、《塞下曲》等皆为传世之作。

△柳宗元卒(773—　)。宗元与韩愈皆倡导古文运动,同被列入"唐宋八大家",并称"韩柳"。主张文以明道,推崇先秦两汉文章。议论文多表现其政治、哲学见解,寓言小品继承先秦寓言而有所发展,传记散文多以下层人物为描写对象,山水游记富有开创性。《封建论》、《三戒》、《捕蛇者说》、《永州八记》等为其代表作。其诗在中唐诗坛自成一家,《江雪》、《登柳州城楼寄漳、汀、封、连四州刺史》流传甚广。有《柳河东集》。

△韩愈因谏迎佛骨贬为潮州(今广东潮阳)刺史,作有《左迁至蓝关示侄孙湘》、《祭鳄鱼文》。

820年　唐元和十五年

△郑馀庆卒(746—　)。原有《郑馀庆集》,已佚。

△顾况约卒于是年(约727—　)。顾况论诗主讽谕教化,所作《上古之什补亡训传十三章》为白居易新乐府之先导。《囝》、《过山农家》等为其代表作。后人辑有《顾华阳集》。

△贞元至元和年间,韩愈、柳宗元等人倡导和推动古文运动,他们不仅创作了大量古文作品,提出了一整套古文理论,还培养了一大批门生后学,荡涤了绮丽文风,开创了以唐宋八大家为代表的古文传统,直接启示了北宋诗文革新运动,对后代散文发展影响深远。

△贞元至元和年间,白居易、元稹倡导和推动了一场以创作新乐府为中心的诗歌革新运动,即新乐府运动。新乐府诗歌广泛反映社会现实,指斥时弊,诗风平易畅晓,后代不少诗人皆浸染其余风。

△元和年间诗坛有所谓"元和体",广义的指元和以来由韩愈、元稹、白居易、张籍等所开创的各种新体诗文,狭义的则仅指元、白长篇排律及中短篇杂体诗。

822年　唐穆宗长庆二年

△韩愈为吏部侍郎。

△白居易为杭州刺史。

△元稹拜相。旋出为同州刺史。

823年　唐长庆三年

△元稹授浙东观察使。

△樊宗师约卒于本年或次年(？—)。宗师为文力去陈言而流于艰涩险奥，但也有文从字顺的一面。后人编有《樊绍述集注》。

824年 唐长庆四年

△刘禹锡由夔州调任和州，作《西塞山怀古》。

△韩愈卒(768—)。韩愈与柳宗元并称“韩柳”，同为中唐古文运动倡导者，同被列入“唐宋八大家”。文学上主张文以载道，文道合一，力反六朝以来的骈偶文风，提出以先秦两汉古文为创作标准。为文既强调创新，又力求平易晓畅，创造出一种清新流畅的新文体，并造就了一大批古文作家，对后世散文发展影响甚巨。代表作还有《原道》、《师说》、《张中丞传后叙》等。诗与孟郊并称“韩孟”，诗风雄奇，又好“以文为诗”，于宋诗之散文化、议论化影响极大。代表作有《南山》、《月蚀诗效玉川子作》、《山石》等。有《昌黎先生集》。

△长庆年间有所谓“长庆体”，指唐诗人元稹、白居易创制的以铺陈情事为主要特色的长篇七言歌行体。代表作为《连昌宫词》、《长恨歌》、《琵琶行》等。

825年 唐敬宗宝历元年

△杜牧作《阿房宫赋》。

△白居易为苏州刺史。

826年 唐宝历二年

△白行简卒(776—)。行简作有传奇《李娃传》等。

△刘禹锡罢和州刺史，返洛途经扬州时逢白居易，作《酬乐天扬州初逢席上见赠》。

828年 唐文宗大和二年

△白居易为刑部侍郎。

829年 唐大和三年

△白居易以太子宾客分司东都。

△李商隐入天平节度使令狐楚幕府。

△李益约卒于是年(748—)。李益擅长七绝，尤以边塞诗知名。《塞下曲》、《夜上受降城闻笛》等最为传诵。今传《李益集》。

830年 唐大和四年

△元稹出为武昌军节度使。

△张籍约卒于是年(约766—)。张籍诗擅乐府，与王建齐名，世称“张王乐府”。代表作有《筑城词》、《野老歌》、《秋思》等。著有《张司业集》。

831年 唐大和五年

△崔护卒(？—)。崔护作有《题都城南庄》诗，世传“人面桃花”故事本此。

△元稹卒(779—)。元稹与白居易并称“元白”，他们开创的诗风号“元和体”，又同为中唐新乐府倡导者。代表作还有《田家词》、《织妇词》、《行宫》等。又作有传奇《莺莺传》，于宋元戏曲影响甚巨。著有《元氏长庆集》。

832年 唐大和六年

△薛涛卒(约770—)。历任西川节度使及朝野诗人名士多与其唱和。作有《送友人》、《题竹郎庙》等诗。今传《薛涛诗》。

△杨巨源约卒于是年(755—)。巨源工诗，有《城东早春》等名篇。今传《杨少尹诗集》。

833年 唐大和七年

△罗隐生。

834年 唐大和八年

△皮日休约生于是年。

835年 唐大和九年

△白居易为太子少傅。

△杜牧以监察御史分司东都。

△宰相李训与凤翔节度使郑注等谋诛宦官，事泄，反被宦官所杀，株连者千余人，史称“甘露之变”。

△皇甫湜卒(约777—)。皇甫湜为中唐古文运动重要成员。为文刻意求奇。今传《皇甫持正文集》。

△卢仝死于甘露之变(约771—)。卢仝诗趋险尚怪，被称为“卢仝体”。作有《月蚀诗》。有《玉川子诗集》。

△舒元舆死于甘露之变(789—)。代表作为《牡丹赋》、《录桃源画记》、《长安雪下望月记》等。

△姚合编《极玄集》，选录王维、祖咏及大历以下二十一家诗一百首(今本实为九十九首)。

836年 唐开成元年

△韦庄约生于是年。

△刘禹锡以太子宾客分司东都。

△李翱卒(772—)。李翱为中唐古文运动倡导者与参加者。其文古茂浑厚，发展了韩文平易的一面，后人将其与韩愈并称为“韩李”，又将其列入“唐宋十大家”之列。《杨烈妇传》、《高愍女碑》等均为佳作。《来南录》开日记体游记散文先河。有《李文公集》。

837年 唐开成二年

△司空图生。

△令狐楚卒(766或768—)。令狐楚工骈文。编有《御览诗》。

△李商隐作《行次西郊作一百韵》。

838年 唐开成三年

△李商隐入泾原节度使王茂元幕。本年作有《安定城楼》。

△杜牧任左补阙等职。

842年 唐武宗会昌二年

△韩偓生。

△杜牧出为黄州刺史。

△白居易以刑部尚书致仕。

△刘禹锡卒(772—)。禹锡与柳宗元交谊最笃,世称"刘柳",又与白居易并称"刘白"。诗风刚健豪宕,有"诗豪"之称。代表作有《西塞山怀古》、《金陵五题》等。其学习民歌所作的《竹枝词》等于后世有广泛影响。有《刘梦得文集》。

843年 唐会昌三年

△贾岛卒(779—)。贾岛与姚合齐名,人称"姚贾"。作诗尚苦吟,风格清奇峭僻,与孟郊相近,有"郊寒岛瘦"之评。唐末士子争相效法其诗风,宋以后诗人如九僧、四灵等亦深受其影响。有《长江集》。

845年 唐会昌五年

△白居易与胡杲、吉皎、郑据、刘真、卢贞、张浑共七人于洛阳履道坊合尚齿之会,各赋诗一首,后僧如满、李元爽亦预会,时人慕而绘为九老图,遂合称其为"九老"。

846年 唐会昌六年

△杜荀鹤生。

△白居易卒(772—)。居易与元稹并称"元白",同为中唐新乐府运动倡导者,又与刘禹锡并称"刘白"。其论诗重视诗歌讽谕功能,诗风平易清新,有名作《秦中吟》、《新乐府》、《钱塘湖春行》、《暮江吟》等。《长恨歌》、《琵琶行》为唐代长篇叙事诗名作。其诗变格入俗,元和、长庆中风靡一时,远播海外,于后世影响亦巨。又系早期倚声填词者之一,有词作《忆江南》、《竹枝》、《长相思》等。今有《白氏长庆集》传世。

△李绅卒(772—)。李绅为中唐新乐府运动之倡导者。《悯农》二首为世传诵。今传《追昔游集》。

△姚合约卒于是年(约782—)。姚合与贾岛齐名,世称"姚贾"。笔致幽折清峭。擅五律,以《武功县中作三十首》为代表,时号"武功体",对晚唐诗人及宋"永嘉四灵"、明"竟陵派"影响甚大。编有《极玄集》。今传《姚少监诗集》。

847年 唐宣宗大中元年

△李商隐入桂管观察使幕府。

△项斯约卒于是年(? —)。项斯著有《项斯诗集》。

848年 唐大中二年

△杜牧回朝任司勋员外郎。

△牛僧孺卒(780—)。僧孺为牛李党争中牛党首领。著有传奇小说集《玄怪录》。

849年 唐大中三年

△李商隐入武宁节度使幕府。

△李德裕卒(787—)。德裕为牛李党争中李党首领。作有笔记小说《次柳氏旧闻》。今传《李文饶文集》。

△许浑作《咸阳城东楼》。

851年 唐大中五年

△李商隐入东川节度使幕府。

852年 唐大中六年

△杜牧迁中书舍人,卒(803—)。杜牧与李商隐齐名,人称"小李杜"。诗赋散文,各体均擅。诗风俊爽,于晚唐诗坛独持拗峭。诗歌代表作为《郡斋独酌》、《江南春》、《泊秦淮》、《过华清宫》等。散文以《阿房宫赋》最为著名。著有《樊川文集》。

856年 唐大中十年

△李商隐为盐铁推官。

858年 唐大中十二年

△李商隐卒(813—)。商隐与杜牧齐名,人称"小李杜"。又与温庭筠并称"温李"。其骈文与温庭筠、段成式齐名,三人排行俱十六,号"三十六体"。为晚唐大家。尤擅七言律绝,诗作词藻华赡,富艳精工。所作无题诗,多以比兴手法,创造朦胧境界,为唐诗辟一新天地。代表作还有《夜雨寄北》、《嫦娥》、《隋宫》、《贾生》及《无题》诗多首。著有《樊南甲集》、《乙集》、《玉溪生诗》等。

△许浑约卒于是年(约800—)。许浑代表作还有《金陵怀古》。有《丁卯集》。

860年 唐大中十四年 懿宗咸通元年

△李群玉约卒于是年(约808—)。群玉代表作有《九子坡闻鹧鸪》、《黄陵庙》等。著有《李群玉诗集》。

863年 唐咸通四年

△段成式卒(803—)。成式工骈文,与李商隐、温庭筠齐名,三人俱排行十六,时人称"三十六体"。著有《酉阳杂俎》。今传《段成式诗》。

865年 唐咸通六年

△柳公权卒(778—)。公权擅书法,最工楷书,世称"柳体"。

866年 唐咸通七年

△温庭筠卒(约801—)。庭筠诗与李商隐齐名,称"温李"。与李商隐、段成式俱工骈文,因三人排行皆十六,合称"三十六体"。为词史上第一位大量填词的文人。词多写闺情相思,风格香艳柔靡,是花间词人的鼻祖。《菩萨蛮》、《更漏子》、《梦江南》等为其代表作,又有诗作《商山早行》等。有《温庭筠诗集》。

868年 唐咸通九年

△鱼玄机因笞杀女童,为京兆尹处死(? —)。今传《鱼玄机诗》。

869年 唐咸通十年

△皮日休、陆龟蒙在苏州相唱和,其唱和之诗后编为《松陵集》。

872年 唐咸通十三年

△薛调卒(830—)。薛调著有传奇小说《无双传》。

874年 唐咸通十五年 僖宗乾符元年

△咸通年间,秦韬玉等十位诗人被称为"芳林十哲"。

△张乔等十二位诗人被称为"咸通十哲"。

△王仙芝起义,次年黄巢起兵响应。

879年 唐乾符六年

△陈陶约卒于是年(约803—)。陈陶有代表作《陇西行》。后人辑有《陈嵩伯诗集》。

880年 唐广明元年

△黄巢起义军入长安,巢称帝,国号大齐。

881年 唐中和元年

△陆龟蒙约卒于是年(? —)。龟蒙与皮日休齐名,时称"皮陆"。其与皮日休唱和诗以铺张奇崛为主,夸多斗险,在晚唐另开僻涩一体。所作小品文颇多愤世嫉俗之语,《野庙碑》、《招野龙对》等为其代表作。后人编有《甫里先生文集》。

883年 唐中和三年

△皮日休约卒于是年(约834—)(一说为黄巢所杀,一说为唐王朝所诛,又说投奔吴越钱镠)。日休与陆龟蒙齐名,时称"皮陆"。论诗宗白居易,所作诗多抨击时弊、同情民瘼,诗风平易。也有部分诗作走韩愈逞奇斗险一路。《正乐府》、《三羞诗》、《太湖》等为其代表作。小品文揭露现实深刻,《鹿门隐书》、《忧赋》、《九讽》等均传播人口。有《皮子文薮》。

△韦庄作《秦妇吟》,全诗共一千六百六十六字,为现存最长的一首唐诗。

884年 唐中和四年

△黄巢兵败被杀(? —)。黄巢代表作有《题菊花》和《不第后赋菊》。

886年 唐光启二年

△孟棨作《本事诗》。

887年 唐光启三年

△高骈卒(821—)。高骈代表作为《山亭夏日》等。著有《高骈诗》,已佚。

888年 唐文德元年

△方干约卒于是年(? —)。方干代表作有《题君山》等。有《玄英先生诗集》。

893年 唐昭宗景福二年

△李洞约卒于是年(? —)。李洞诗肖贾岛,锻炼苦吟,颇多佳句。有《李洞诗集》。

899年 唐光化二年

△郑綮卒(? —)。郑綮为诗托讽刺时,又好滑稽俳谐,多歇后语,因其排行五,世称"郑五歇后体"。

903年 唐天复三年

△吴融卒(? —)。有《唐英歌诗》。

904年 唐天祐元年

△杜荀鹤卒(846—)。荀鹤诗继承杜甫、白居易传统,多反映民生疾苦,语言通俗浅近,后人称为"杜荀鹤体"。《山中寡妇》、《再经胡城县》、《春宫怨》诸诗为其传世名作。著有《唐风集》。

907年 唐昭宣帝天祐四年 后梁太祖开平元年

△朱温夺唐政,建国号曰梁,史称后梁。唐亡。五代十国时期开始。

908年 后梁开平二年

△司空图卒(837—)。司空图工文能诗,论诗强调"味外之旨"、"韵外之致",所著《二十四诗品》对后世影响颇大。后人辑有《司空表圣文集》、《司空表圣诗集》。

909年 后梁开平三年

△罗隐卒(833—)。罗隐与罗虬、罗邺齐名,称"江东三罗"。讽刺小诗多抨击时政,代表作有《感弄猴人赐朱绂》、《自遣》、《蜂》等。小品风格犀利,《英雄之言》、《说天鸡》、《越妇言》等均为名篇。有《甲乙集》、《谗书》、《两同书》等。

910年 后梁开平四年

△韦庄卒(约836—)。韦庄为"花间词派"的代表作家,与温庭筠齐名,并称"温韦"。词作多用白描手法,笔调疏淡明丽。代表作有《菩萨蛮》、《女冠子》、《浣溪沙》、《思帝乡》

等。其诗多忧时伤乱之作，以《秦妇吟》最为著名。编有《又玄集》。著有《浣花集》、《浣花词》。

△郑谷约卒于是年（约851— ）。郑谷尝因《鹧鸪》诗得名，人称“郑鹧鸪”，尝与齐己切磋诗艺，齐己呼为“一字师”。为“咸通十哲”之一。《海棠》、《淮上与友人别》等为传世名作。今传《郑守愚文集》。

912年 后梁乾化二年

△贯休卒（832— ）。著有《禅月集》。

923年 后梁末帝龙德三年 后唐庄宗同光元年

△韩偓约卒于是年（842— ）。韩偓早年诗多写艳情，经历战乱及政事动荡后，多忧念时政、感怀身世之作，颇有沉郁顿挫之气。代表作有《已凉》、《故都》、《自沙县抵龙溪县值泉州军过后村落皆空因有一绝》等。有《香奁集》、《韩内翰别集》。

926年 后唐同光四年 明宗天成元年

△花蕊夫人为后唐庄宗所杀（？— ）。著有《花蕊夫人宫词》。

933年 后唐长兴四年

△杜光庭卒（850— ）。光庭著有传奇《虬髯客传》（一说唐张说著）。著有《广成集》、《集异记》、《神仙感遇传》等。

940年 后晋高祖天福五年

△赵崇祚编《花间集》，收温庭筠、皇甫松、韦庄、和凝、孙光宪等词人十八家，词作五百首。后人称所收词人为“花间词派”。花间词派以温、韦为代表，所作词多写男女相思离别。温词秾艳华美，韦词疏淡明丽，代表该派的两种风格，其他词人多蹈袭温韦余风。

941年 后晋天福六年

△王定保卒（870— ）。定保著有笔记《唐摭言》。

943年 后晋出帝天福八年

△齐己约卒于是年（864— ）。齐己著有《白莲集》。另撰有诗论《风骚旨格》。

955年 后周世宗显德二年

△和凝卒（898— ）。和凝长于短歌艳曲，号“曲子相公”。著有《宫词》百首。后人辑其词为《红叶稿》。

956年 后周显德三年

△王仁裕卒（880— ）。仁裕著有笔记《开元天宝遗事》。

△韦縠于五代时编《才调集》，录唐诸家诗一千首，为现存唐人选唐诗本子中规模最大者。入选诗人起自初唐沈佺期，迄于唐末五代罗隐、郑谷、韦庄等，而以晚唐为多。

960年 宋太祖建隆元年 辽穆宗应历十年

△赵匡胤于陈桥驿（今河南开封东北）发动兵变，代周称帝，建立宋朝。自本年起，至钦宗靖康二年（1127），史称北宋。

△南唐词人冯延巳卒（903— ）。延巳词思深辞丽，律均调新，对北宋晏殊、欧阳修词影响颇深。代表作有《鹊踏枝》、《谒金门》等。

961年 宋建隆二年 辽应历十一年

△李璟卒（916— ）。所作《摊破浣溪沙》最为后人传诵，后人将其词与李煜词合刻为《南唐二主词》。

968年 宋开宝元年 辽应历十八年

△孙光宪卒（约900— ）。光宪虽属花间词派，所作词清丽自然，较少脂粉气。有《北梦琐言》、《孙少监词》。

970年 宋开宝三年 辽景宗保宁二年

△韩熙载卒（902— ）。熙载精音律、工书画，为文长于碑碣，时求其为文者甚多，人称之为“韩夫子”。

971年 宋开宝四年 辽保宁三年

△欧阳炯卒（896— ）。欧阳炯能诗精词，其《花间集序》阐述编集宗旨及花间词之特质，对后世颇有影响。

973年 宋开宝六年 辽保宁五年

△潘佑卒（938— ）。其《为李后主与南汉后主书》二篇，颇为时人传诵。

974年 宋开宝七年 辽保宁六年

△徐锴卒（920— ）。徐锴工诗能文，尤精小学。著有《说文系传》等。

975年 宋开宝八年 辽保宁七年

△宋军攻破金陵（今江苏南京）。南唐亡，后主李煜出降，于次年正月被押送至汴京（今河南开封）。

△刘洞卒（？— ）。其诗得贾岛遗法，自号“五言金城”。以《夜坐》诗见称于时，人称“刘夜坐”。

978年 宋太宗太平兴国三年 辽保宁十年

△李煜卒（937— ）。李煜在题材和意境上突破晚唐及“花间”以艳情为主的窠臼，使词从音乐的附庸变成抒情述怀的独立文学体式。《虞美人》、《浪淘沙》、《清平乐》、《乌夜啼》等为其代表作。后人将其词与李璟词合刻为《南唐二主词》。

△李昉、徐铉等于上年奉敕编纂《太平广记》，本年完成。《太平广记》共五〇〇卷，为按类分编的大型小说总集。

983年 宋太平兴国八年 辽乾亨五年

△李昉、徐铉等于太平兴国二年(977)奉敕编纂《太平御览》,本年完成。《太平御览》共一〇〇〇卷,为分门排列的大型类书。

987年 宋雍熙四年 辽圣宗统和五年

△李昉、徐铉等于太平兴国七年(982)奉敕编纂《文苑英华》,本年完成。《文苑英华》共一〇〇〇卷,收南朝梁至五代近220位作家诗文近二万篇,为接续《文选》而编录的又一部大型文学总集。

△柳永约生于是年。

989年 宋端拱二年 辽统和七年

△范仲淹生。

990年 宋太宗淳化元年 辽统和八年

△张先生。

991年 宋淳化二年 辽统和九年

△晏殊生。

992年 宋淳化三年 辽统和十年

△徐铉卒(917—)。徐铉与弟徐锴皆以文章名,并称"大小徐"、"二徐",有《徐公文集》(一作《骑省集》)行世,另著有小说集《稽神录》。

△王禹偁进士及第。

996年 宋至道二年 辽统和十四年

△李昉卒(925—)。李昉曾奉敕编纂《太平御览》、《文苑英华》、《太平广记》诸书,与《册府元龟》合称"宋四大书",诗存《二李唱和集》一卷。

1000年 宋真宗咸平三年 辽统和十八年

△柳开卒(947—)。柳开于宋初首倡古文,反对五代以来崇尚骈俪的颓靡文风,为北宋诗文革新的先驱者。有《河东先生集》传世。

1001年 宋咸平四年 辽统和十九年

△王禹偁卒(954—)。禹偁为北宋诗文革新运动重要的先驱者,诗效白居易体。代表作有诗歌《畬田调》、散文《待漏院记》、《唐河店妪传》等。有《小畜集》、《小畜外集》传世。

1002年 宋咸平五年 辽统和二十年

△梅尧臣生。

1003年 宋咸平六年 辽统和二十一年

△柳永于本年前后游钱塘(今浙江杭州),作《望海潮》词。

1004年 宋景德元年 辽统和二十二年

△辽军南下,真宗用寇凖计,亲征澶州,订澶渊之盟而返。

1005年 宋景德二年 辽统和二十三年

△王钦若、杨亿等奉敕编纂《历代君臣事迹》(后赐名《册府元龟》)。

1007年 宋景德四年 辽统和二十五年

△乐史卒(930—)。乐史著有传奇《绿珠传》、《杨太真外传》、小说集《广卓异记》等,另撰《太平寰宇记》一九三卷,开后世方志之先声。

△欧阳修生。

1008年 宋大中祥符元年 辽统和二十六年

△苏舜钦生。

1009年 宋大中祥符二年 辽统和二十七年

△潘阆卒(生年不详)。代表作《酒泉子》词,咏钱塘风光。有《逍遥集》传世。

△苏洵生。

1013年 宋大中祥符六年 辽圣宗开泰二年

△王钦若、杨亿等于景德二年(1005)奉敕编纂《历代君臣事迹》,本年完成,赐名《册府元龟》,为大型类书,共一〇〇〇卷。在此期间,杨亿、钱惟演、刘筠等常于秘阁诗酒唱和,后由杨亿编为《西昆酬唱集》,所作多精工典丽,世称"西昆体",风靡一时。

1015年 宋大中祥符八年 辽开泰四年

△范仲淹进士及第。

△张咏卒(946—)。张咏有《乖崖集》行世。

1017年 宋天禧元年 辽开泰六年

△僧惠崇约卒于是年。惠崇与希昼、保暹、文兆、行肇、简长、惟凤、宇昭、怀古合称"九僧",诗学贾岛、姚合,为宋初"晚唐体"代表作家。有《九僧诗集》。

1019年 宋天禧三年 辽开泰八年

△魏野卒(960—)。魏野有《东观集》行世。

△司马光生。

△曾巩生。

1020年 宋天禧四年 辽开泰九年

△杨亿卒(974—)。杨亿为"西昆体"主要作家,有《武夷新集》传世。

1021年 宋天禧五年 辽开泰十年

△王安石生。

1023年 宋仁宗天圣元年 辽太平三年

△寇凖卒(961—)。寇凖曾力促真宗为抵抗辽兵入侵亲征澶州,立"澶渊之盟"而归。有《忠愍公诗集》。

1025年 宋天圣三年 辽太平五年

△范仲淹作《奏上时务书》,其中提出改革文风的主张。后朝廷于天圣七年(1029)、明道

二年(1033)两次下诏申戒浮华，革除文弊。

1028年　宋天圣六年　辽太平八年

△林逋卒(957—　)。林逋隐居杭州西湖孤山，诗风清淡，代表作有《山园小梅》、《梅花》等。有《和靖诗集》行世。

1030年　宋天圣八年　辽太平十年

△张先进士及第。

△欧阳修进士及第。次年至洛阳，任西京留守推官，与尹洙、梅尧臣等交游唱和，共同倡导诗文革新。

△晏幾道约生于是年。

1031年　宋天圣九年　辽太平十一年

△刘筠卒(971—　)。刘筠诗学李商隐，与杨亿齐名，时号"杨刘"。

△沈括生。

1032年　宋天圣十年　辽兴宗重熙元年

△西夏赵元昊立，受辽册封为夏国主，后常侵扰宋。

△穆修卒(979—　)。修继柳开、王禹偁后倡导古文，搜集、校刻韩、柳文集，对尹洙、欧阳修等人产生直接影响。有《穆参军集》传世。

1034年　宋仁宗景祐元年　辽重熙三年

△苏舜钦进士及第。

△柳永进士及第。

△钱惟演卒。惟演为"西昆体"代表作家，与杨亿、刘筠唱和交游。

1036年　宋景祐三年　辽重熙五年

△欧阳修在馆阁校勘任上，因范仲淹被贬，贻书责司谏高若讷，受贬夷陵令，康定元年(1040)始复职。

△苏轼于景祐三年十二月出生。

1039年　宋宝元二年　辽重熙八年

△梅尧臣知襄城(今属河南)，作《田家语》、《汝坟贫女》、《鲁山山行》诸诗。

△司马光进士及第。

△苏辙生。

1041年　宋康定二年　辽重熙十年

△范仲淹任陕西经略安抚副使，兼知延州，任上作《渔家傲》边塞词。

△张先在嘉禾判官任上，作《天仙子》词，其中"云破月来花弄影"句传诵一时。

△石延年卒(994—　)。延年以诗为欧阳修、苏舜钦等人推重，有《石曼卿诗集》传世；另撰有《五胡十六国考镜》一卷。

1042年　宋庆历二年　辽重熙十一年

△王安石进士及第。

1043年　宋庆历三年　辽重熙十二年

△范仲淹任枢密副使、参知政事，上《答手诏条陈十事》和《再进前所陈十事》，与富弼、欧阳修等谋求政治革新，史称"庆历新政"。

1044年　宋庆历四年　辽重熙十三年

△宋与西夏和议成。宋册封元昊为夏国主，岁赐银绢，夏主向宋称臣。

△苏舜钦由范仲淹荐，召试集贤校理，监进奏院。旋以出售废纸钱设宴，被劾奏，削职为民。后流寓苏州，筑沧浪亭闲居，自号沧浪翁。

△契丹族文学家萧韩家奴奉诏整理成自遥辇可汗至辽兴宗重熙年间事迹共二十卷。两年后，又奉诏撰成《礼书》，并用契丹文字译《通历》、《贞观政要》、《五代史》诸书。

1045年　宋庆历五年　辽重熙十四年

△范仲淹以"朋党"罢参知政事，"庆历新政"失败。欧阳修曾作《朋党论》为之辩诬，而亦于是年贬知滁州，并于次年在滁州作《丰乐亭记》、《醉翁亭记》诸文，遂自号"醉翁"。

△石介卒(1005—　)。石介以继承儒家"道统"自命，力倡古文，作《怪说》三篇，猛烈攻击西昆体时文。有《徂徕集》传世。

△黄庭坚生。

1046年　宋庆历六年　辽重熙十五年

△范仲淹改知邓州(今河南邓县)。作散文《岳阳楼记》。

1047年　宋庆历七年　辽重熙十六年

△尹洙卒(1001—　)。尹洙曾从穆修游，力倡古文，对欧阳修、梅尧臣等人有直接影响。著有《河南集》、《五代春秋》。

1048年　宋庆历八年　辽重熙十七年

△苏舜钦卒(1008—　)。舜钦为北宋诗文革新运动代表作家之一，与欧阳修、梅尧臣并称"欧苏"、"苏梅"，代表作有《城南感怀呈永叔》、《淮中晚泊犊头》、《庆州败》等。有《苏学士集》传世。

1049年　宋皇祐元年　辽重熙十八年

△秦观生。

1052年　宋皇祐四年　辽重熙二十一年

△范仲淹卒(989—　)。仲淹为"庆历新政"主持者，最早向朝廷提出改革文风的建议。有《范文正公集》传世。

1053年　宋皇祐五年　辽重熙二十二年

△陈师道生。

△欧阳修撰成《五代史记》。

1054年　宋皇祐六年　辽重熙二十三年

△欧阳修本年任翰林学士兼史馆修撰，与宋祁同修《新唐书》。次年奏使契丹，作诗《边

户》等。

1055年 宋至和二年 辽重熙二十四年

△晏殊卒(991—)。晏殊喜奖掖后进，于当时文坛得重名。其词承晚唐五代余绪而近冯延巳，词风闲雅而有情思，代表作有《浣溪沙》(一曲新词酒一杯)、《踏莎行》(小径红稀)等。有《晏元献遗文》一卷、《珠玉词》一卷传世。

1056年 宋至和三年 辽道宗清宁二年

△苏洵携子轼、辙自家乡眉山(今属四川)赴京师，谒欧阳修，上《几策》、《权书》、《衡论》二十二篇，荐之于朝，士大夫争传其文并竞效之。

△周邦彦生。

1057年 宋仁宗嘉祐二年 辽清宁三年

△欧阳修知贡举，以梅尧臣为参评官，凡文属雕刻者皆黜落不取，对转变北宋文风有重要推进作用。

△苏轼、苏辙、曾巩皆进士及第。

△柳永约卒于是年(987—)。柳永精通音律，倾毕生精力于作词，在大量创制慢词长调、铺叙尽情上，对北宋词风的转变起重大作用。代表作有词《雨霖铃》(寒蝉凄切)、《蝶恋花》(伫立危楼风细细)、《八声甘州》(对潇潇暮雨洒江天)，诗《鬻海歌》等。有《乐章集》传世。

1058年 宋嘉祐三年 辽清宁四年

△王安石提点江东刑狱，作《上仁宗皇帝言事书》，倡言变法。

1059年 宋嘉祐四年 辽清宁五年

△李觏卒(1009—)。李觏为北宋思想家兼诗人，有《盱江集》传世。

△王安石任三司度支判官。在此前后作《明妃曲》等诗。

△王令卒(1032—)。王令能诗文，尤工诗，为王安石所赏识，有《广陵集》传世。

1060年 宋嘉祐五年 辽清宁六年

△《新唐书》编成。其中纪、志、表由欧阳修撰，列传为宋祁撰。

△梅尧臣卒(1002—)。尧臣为北宋诗文革新运动主将之一。有《宛陵集》传世。

1061年 宋嘉祐六年 辽清宁七年

△欧阳修任参知政事。

△苏轼登才识兼茂科。授大理评事签书凤翔府判官。

△宋祁卒(998—)。宋祁与兄宋庠于天圣二年(1024)同举进士，并有文名，时称“大小宋”。文集已佚，后人辑得《宋景文公集》、《景文集拾遗》。另撰《笔记》三卷，为最早以“笔记”命名之作。

1063年 宋嘉祐八年 辽清宁九年

△沈括进士及第。

1065年 宋英宗治平二年 辽咸雍元年

△张舜民进士及第。舜民能诗善画，有《画墁集》传世。

1066年 宋治平三年 辽咸雍二年

△契丹太祖耶律阿保机于公元916年称帝，始建国；至公元947年改国号为“大辽”，983年又称契丹；本年复改国号为“大辽”。

△苏洵卒(1009—)。苏洵擅长古文，为“唐宋八大家”之一。与子轼、辙合称“三苏”。有《嘉祐集》及《谥法》三卷传世。

1067年 宋治平四年 辽咸雍三年

△欧阳修出知亳州(今安徽亳县)，本年撰成笔记《归田录》。

△黄庭坚进士及第。

△蔡襄卒(1012—)。蔡襄工书法，与苏轼、黄庭坚、米芾合称“宋四家”。诗文亦佳，著有《端明学士集》。

△王安石任江宁(今江苏南京)知府，作词《桂枝香·金陵怀古》。

1068年 宋神宗熙宁元年 辽咸雍四年

△王安石应诏入京，上《本朝百年无事劄子》，再次倡言变法。

△刘敞卒(1019—)。刘敞学问淹博，深于经学，开宋儒批评汉儒之先声，著有《春秋权衡》、《春秋传》、《公是集》等。

1069年 宋熙宁二年 辽咸雍五年

△王安石受任参知政事，置三司条例司，开始推行新法。

△苏轼因反对新法，请求外调，出任杭州通判。

1070年 宋熙宁三年 辽咸雍六年

△王安石拜相。司马光致书安石，反对新法，安石作《答司马谏议书》。

△苏辙上书神宗，反对新法。二年后，出任河南推官。

△维吾尔族诗人尤素甫·哈斯·哈吉甫长诗《福乐智慧》约写成于上年至本年间，献给喀拉汗王朝君主布格拉汗，被授以“哈斯·哈吉甫”(御前侍臣)称号。

1071年 宋熙宁四年 辽咸雍七年

△欧阳修以太子少师致仕，退居颍川，撰成《六一诗话》，开创诗话之新体例。

△苏轼出任杭州通判，途经镇江(今属江苏)，作《游金山寺》诗。

1072年 宋熙宁五年 辽咸雍八年

△欧阳修卒(1007—)。欧阳修为北宋诗文革新运动的领袖,曾巩、王安石、苏洵父子皆出其门下。著有《欧阳文忠公集》、《毛诗本义》、《新五代史》,并与宋祁合修《新唐书》。所撰《六一诗话》、新编《集古录》对诗学、金石学俱有贡献。

1073年 宋熙宁六年 辽咸雍九年

△周敦颐卒(1017—)。敦颐深于《易》学,善谈名理,为北宋理学开派人物,程颐、程颢皆出其门下。诗文亦精粹深密,《爱莲说》一文脍炙人口。有《周濂溪先生全集》(一作《周子全书》)行世。

1075年 宋熙宁八年 辽太康元年

△王安石于上年罢相,本年复相,进《三经新议》,立于学官。

△苏轼于上年改知密州(今山东诸城)。作词《江城子》(十年生死)(老夫聊发)等;文《超然台记》等。次年中秋作《水调歌头》(明月几时有)。

△张先于家乡吴兴作《木兰花》词咏吴兴寒食。

△辽道宗皇后萧观音被诬自杀(1040—)。观音为契丹族女作家,通文史,解音律,娴于歌诗,有《怀古诗》、《谏猎疏》、《回心院》词十首、《绝命词》传世。

1076年 宋熙宁九年 辽太康二年

△王安石再次辞去相位,退居江宁。

△陈舜俞卒(? —)。舜俞曾师事欧阳修,为文条畅明达,诗多直抒胸臆,有《都官集》、《庐山记》行世。

△维吾尔族学者马合木德·喀什噶里于公元1072—1074年间写成阿拉伯文《突厥语词典》,收词目7500条,本年修订,献于阿拉伯哈里发吾布拉哈斯木·穆克塔迪。后赴伊斯兰文化中心巴格达,晚年回故乡。约卒于公元11世纪末或12世纪初。

1077年 宋熙宁十年 辽太康三年

△邵雍卒(1011—)。邵雍为北宋理学家代表人物之一,精于《易》数,与周敦颐、程颢、程颐齐名。诗风质朴,直写胸臆,开理学诗风气。有《皇极经世》、《击壤集》等传世。

△张载卒(1020—)。张载为北宋理学家代表人物,所创"关学"与王安石"新学"、二程"洛学"同为当时重要学术流派。有《张子全书》传世。

△苏轼改知徐州,作《日喻》文、《百步洪》诗、《浣溪沙》词五首等。

△秦观至徐州谒苏轼,次年作《黄楼赋》等。

1078年 宋元丰元年 辽太康四年

△黄庭坚以《古风》二首投寄苏轼,轼有和作。

△张先卒(990—)。张先长于作词,与柳永齐名,词中喜用"影"字,人称"张三影"。有《安陆词》传世。

1079年 宋元丰二年 辽太康五年

△苏轼改知湖州(今属浙江),以诗被诬"谤讪朝廷",入御史台狱,后谪贬黄州(今湖北黄冈),史称"乌台诗案"。

△秦观游会稽(今浙江绍兴),作《满庭芳》词,其中有名句"山抹微云",由此称"山抹微云君"。

△文同卒(1018—)。文同为北宋著名画家,以画墨竹著称,为苏轼称赏。诗文亦自成一家,有《丹渊集》传世。

1081年 宋元丰四年 辽太康七年

△王安石居江宁钟山,作《歌元丰》诗五首、《元丰行示德逢》、《后元丰行》等。晚年诗律精细,被称为"荆公体"。

1082年 宋元丰五年 辽太康八年

△苏轼在黄州,本年曾两游赤壁,作前后《赤壁赋》及《念奴娇·赤壁怀古》词。

△黄庭坚在吉州太和县(今属江西)知县任上。作诗《登快阁》等。

1083年 宋元丰六年 辽太康九年

△周邦彦献《汴都赋》七千余言,多古文奇字,神宗异之,诏命由太学生擢为太学正。

△曾巩卒(1019—)。曾巩为"唐宋八大家"之一,代表作有散文《上欧阳舍人书》、《墨池记》、诗《西楼》、《城南》等。有《元丰类稿》传世。

1084年 宋元丰七年 辽太康十年

△司马光于熙宁三年(1070)退居洛阳,致力编写《资治通鉴》,本年编成,共二百九十四卷,综述自战国以迄五代的史实,为大型编年体通史。参与编写者,有刘攽、刘恕、范祖禹等。

△苏轼改贬汝州(今河南临汝),赴任途中经庐山作《题西林寺壁》诗等。又至江宁会王安石,同游蒋山,各有诗作。

△李清照生。

1085年 宋元丰八年 辽大安元年

△黄庭坚入京为秘书省校书郎,此后数年一直在京供职,诗风渐趋成熟。

△秦观进士及第。自编诗文集《淮海居士集》十卷于上年编成。

△祖无择卒(1006—)。无择亦为北宋古文运动重要作家,有《龙学文集》传世。

△程颢卒(1032—)。程颢为北宋理学家代表人物之一,与程颐共同创立"洛学",世称"二程";在文学上,倡重道轻文之论,开理学家文论之风气。其言论与著作收入《二程全书》。

1086年 宋哲宗元祐元年 辽大安二年

△哲宗年幼,高太后临朝,起用司马光执政,尽废新法,史称"元祐更化"。

△苏轼回京,任中书舍人、翰林学士兼侍读。在朝四年间,黄庭坚、秦观、张耒、晁补之常游其门下,称"苏门四学士",又与陈师道、李廌合称"苏门六君子"。

△程颐在京为崇政殿说书,与苏轼交恶,党徒相互攻讦,史称"洛蜀之争"。

△王安石卒(1021—)。安石为北宋著名政治家、新法主持人;文学造诣亦高,古文为"唐宋八大家"之一,诗词俱工。有《临川集》传世。

△司马光卒(1019—)。司马光为旧党领袖、著名史学家,除主编《资治通鉴》外,另有《稽古录》、《涑水纪闻》、《温国文正司马公文集》等传世。

△据王灼《碧鸡漫志》载:熙宁、元丰、元祐间,有"泽州孔三传者,首创诸宫调古传"。

1087年 宋元祐二年 辽大安三年

△沈括退居润州(今江苏镇江)梦溪园,后在此撰成笔记《梦溪笔谈》。

1088年 宋元祐三年 辽大安四年

△孔文仲卒(1038—)。文仲与弟武仲、平仲并以文名,世称"三孔"。有《舍人集》传世。

1089年 宋元祐四年 辽大安五年

△苏轼出知杭州,在任期间,曾疏浚西湖,筑长堤,人称"苏公堤"(即今西湖苏堤)。又与僧道潜相唱和。

△刘攽卒(1022—)。刘攽除参与编修《资治通鉴》外,另有《孟子外书》、《东汉书刊误》、《汉官仪》、《彭城集》、《中山诗话》、《公非先生集》等。

1090年 宋元祐五年 辽大安六年

△陈与义生。

1091年 宋元祐六年 辽大安七年

△苏辙于元丰八年(1085)回京任职,于本年拜相。

△苏轼复出知颍州(今安徽阜阳),时赵令畤为颍州通判,陈师道教授颍州,三人常同游。

1094年 宋绍圣元年 辽大安十年

△哲宗亲政,改元"绍圣",重新起用新党,罢斥元祐诸臣。

△苏轼被斥以文字"讥刺先朝",贬谪惠州(今广东惠阳)。苏辙亦远贬雷州(今广东海康),后移循州。

△黄庭坚以修《神宗实录》不实,贬涪州(今四川涪陵)别驾、黔州(今四川彭水)安置。

△秦观坐党籍,又被劾增损《神宗实录》,贬监处州酒税。

△晁冲之(生卒年不详)于绍圣初隐居阳翟(今河南禹县)具茨山。冲之与堂兄补之、说之、咏之皆以文名。冲之著有《晁具茨先生诗集》、《晁叔用词》。

△洪刍进士及第。刍与兄朋、弟炎、羽均为诗人,时号"四洪"。刍有《洪驹父诗话》、《老圃集》传世。

1095年 宋绍圣二年 辽寿昌元年

△沈括卒(1031—)。沈括为北宋著名科学家,亦能文,著述甚丰,今存《梦溪笔谈》、《长兴集》等。

1096年 宋绍圣三年 辽寿昌二年

△秦观罢处州职,削秩徙郴州(今湖南郴县),作《如梦令》词(遥夜月明如水);次年又作《踏莎行》词(雾失楼台),再贬编管横州(今广西横县)。

1097年 宋绍圣四年 辽寿昌三年

△苏轼再贬儋州(今海南儋县),晚年在海南作大量《和陶诗》。

△文彦博卒(1006—)。彦博有《潞公集》传世。

1098年 宋绍圣五年 辽寿昌四年

△黄庭坚编管戎州(今四川宜宾)。在戎州作《大雅堂记》、《念奴娇》(断虹霁雨)等。

△范祖禹卒(1041—)。祖禹为北宋史家,曾参与编修《资治通鉴》,并自撰《唐鉴》十二卷,另有《范太史集》传世。

△毛滂任武康令。毛滂有《东堂词》传世。

1100年 宋元符三年 辽寿昌六年

△宋徽宗即位,向太后参与听政,元祐旧党渐见召还,苏轼亦于是年遇赦北归。

△秦观卒(1049—)。秦观卒于获赦北归途中。是"苏门四学士"之一,尤以词名,为北宋婉约派的代表词人。代表作还有《八六子》

(倚危亭)、《鹊桥仙》(纤云弄巧)、《浣溪沙》(漠漠轻寒上小楼)等。著有《淮海集》、《淮海居士长短句》等。

1101年 宋徽宗建中靖国元年 辽天祚帝乾统元年

△李清照与赵明诚结褵,婚后诗酒唱和,共同致力于金石书画的收集整理。

△贺铸约于本年作《青玉案》(凌波不过横塘路)词,中有"梅子黄时雨",因被称作"贺梅子"。

△苏轼卒(1036—)。苏轼为一代文豪,诗、词、文俱称大家,书法、绘画亦有很高成就,著有《东坡全集》、《东坡乐府》、《东坡易传》、《东坡书传》等。

1102年 宋崇宁元年 辽乾统二年

△蔡京始用事,兴元祐党案,两年后立"党人碑"。

△黄庭坚知太平州,被劾幸灾谤国,除名,羁管宜州。

△陈师道卒(1053—)。师道与黄庭坚并称"黄陈",被称为江西诗派的三宗之一。著有《后山集》、《后山谈丛》、《后山诗话》等。

△僧仲殊卒(? —1102)。仲殊工诗词,有《宝月集》传世。

1104年 宋崇宁三年 辽乾统四年

△苏辙定居颍川(今河南禹县),筑室名"遗老斋",自号"颍滨遗老"。

1105年 宋崇宁四年 辽乾统五年

△黄庭坚卒(1045—)。庭坚与张耒、晁补之、秦观俱从苏轼游,称"苏门四学士",而庭坚诗名尤著。诗作多用典故、拗律,号"山谷体",被奉为江西诗派宗主。其词与书法亦有时名。有《豫章黄先生文集》、《山谷诗集》传世。

1106年 宋崇宁五年 辽乾统六年

△晏幾道约卒于是年(约1030—)。幾道与父殊同以词名,世称"二晏"、"大小晏"。代表作有《临江仙》(梦后楼台高锁)、《鹧鸪天》(彩袖殷勤捧玉钟)等,有《小山词》(一作《乐府补亡》)传世。

1107年 宋大观元年 辽乾统七年

△程颐卒(1033—)。程颐与兄颢同创"洛学",所论稍异,颐更下开南宋朱熹之说,世称"程朱理学"。文学思想上重道轻文,倡言"作文害道"。著作收入《二程全书》。

△米芾卒(1051—)。米芾擅书法,为宋"四大家"之一,山水画自成一派,亦能诗工文,有《画史》、《书史》、《宝晋英光集》等存世。

1109年 宋大观三年 辽乾统九年

△吴可(生卒年不详)进士及第。吴可有《藏海诗话》、《藏海居士集》传世。

△李廌卒(1059—)。李廌为"苏门六君子"之一,文章喜论古今治乱,著有《济南集》、《德隅斋画品》及笔记《师友谈记》。

1110年 宋大观四年 辽乾统十年

△晁补之卒(1053—)。补之为"苏门四学士"之一,为文遒劲俊逸,深受苏轼称赏,诗、词亦有时名。有《鸡肋集》、《晁氏琴趣外篇》传世。

1111年 宋政和元年 辽天庆元年

△吕本中作《江西诗社宗派图》,首列黄庭坚为宗派之祖,下载陈师道、徐俯、韩驹、晁冲之等二十五人为成员,"江西诗派"由此得名。

1112年 宋政和二年 辽天庆二年

△苏辙卒(1039—)。苏辙善长古文,与兄轼齐名,皆列入"唐宋八大家",代表作有散文《上枢密韩太尉书》、《黄州快哉亭记》等。有《栾城集》传世。

1113年 宋政和三年 辽天庆三年

△陈与义进士及第。

△晁端礼卒(1046—)。端礼曾供职大晟府。有《闲斋琴趣外篇》。

1114年 宋政和四年 辽天庆四年

△张耒卒(1054—)。张耒为"苏门四学士"之一,诗学白居易、张籍,文亦汪洋冲澹,有《诗说》、《宛丘集》等传世。

1115年 宋政和五年 辽天庆五年 金太祖收国元年

△女真族首领完颜阿骨打于上年起兵反辽,本年称帝,国号"大金"。

1116年 宋政和六年 辽天庆六年 金收国二年

△周邦彦提举大晟府,整理审定词乐。

1117年 宋政和七年 辽天庆七年 金天辅元年

△李之仪约卒于是年(1048—)。之仪诗、文、词皆工,尤善尺牍,有《姑溪居士集》、《姑溪词》传世。

1119年 宋宣和元年 辽天庆九年 金天辅三年

△郑侠卒(1041—)。郑侠曾上《流民图》反对新法,诗文多触及时事,有《西塘集》传世。

1120年 宋宣和二年 辽天庆十年 金天辅四年

△宋金约盟攻辽。

△方腊聚众起义，东南震动，次年被镇压。

1121年 宋宣和三年 辽保大元年 金天辅五年

△计有功进士及第。有功编《唐诗纪事》，开后来《宋诗纪事》、《明诗纪事》等之先河。

△唐庚卒(1071—)。唐庚谙达世务，文采风流，人称"小东坡"，有《唐庚集》、《唐子西文录》传世。

△周邦彦卒(1056—)。邦彦精通音律，能自度曲，词作格律精严，词风典丽工整，被后人誉为"集大成"者。代表作有《兰陵王》(柳阴直)、《瑞龙吟》(章台路)、《西河》(佳丽地)、《苏幕遮》(燎沉香)、《少年游》(并刀如水)、《蝶恋花》(月皎惊乌栖不定)等，亦能诗文。有《清真集》传世。

1123年 宋宣和五年 辽保大三年 金太宗天会元年

△阮阅编成《诗总》，为按类分编的北宋诗话总汇，经人增益，以《诗话总龟》名刊行。

△苏过卒(1072—)。苏过为苏轼幼子，有文名，时称"小坡"，书画亦克肖先人。

△米拉日巴卒(1040—)。米拉日巴为藏族诗人、佛学家。佛教噶举派创始人之一。所作道歌广泛流传于民间。后人辑为《米拉日巴道歌集》。

1125年 宋宣和七年 辽保大五年 金天会三年

△金灭辽，并大举侵宋，围汴京。太学生陈东等上书请杀蔡京、童贯等六人。

△贺铸卒(1052—)。贺铸工词，诗亦奔放苍劲。代表作除《青玉案》外，还有《六州歌头》(少年侠气)等，有《东山词》、《庆湖遗老集》传世。

△陆游生。

1126年 宋钦宗靖康元年 金天会四年

△金兵二次侵宋，攻陷汴京。

△范成大生。

1127年 宋高宗建炎元年 金天会五年

△本年三、四月金人掳徽、钦二帝北归，北宋亡。五月，康王赵构即位于南京(今河南商丘)，史称南宋。

△李清照自青州携金石书画南奔，此后数年间辗转江南、浙东等地，后定居临安(今杭州)，所携书画遗失殆尽。

△主战派李纲被排挤罢相，陈东再次上书抗言，被杀。陈东著有《少阳集》、《靖炎两朝见闻录》。

△杨万里生。

1128年 宋建炎二年 金天会六年

△宇文虚中、朱弁使金，被软禁。虚中后仕金。

△惠洪卒(1071—)。惠洪能诗，善画梅竹，论诗则尊崇苏、黄，有《冷斋夜话》、《林间录》、《石门文字禅》等传世。

1129年 宋建炎三年 金天会七年

△南宋定都临安(今浙江杭州)，宋金对峙局面形成。

△南渡初期，力主抗金，反对投降的爱国主义诗词成为文坛主流。

1130年 宋建炎四年 金天会八年

△朱熹生。

1132年 宋绍兴二年 金天会十年

△晁公武(生卒年不详)进士及第。公武著有《郡斋读书志》，为我国最早的私家提要书目，另著有《昭德文集》。

1134年 宋绍兴四年 金天会十二年

△赵令畤卒(1061—)。令畤所撰笔记《侯鲭录》内载鼓子词《商调蝶恋花》十二首，对后来《西厢记》诸宫调及杂剧有重要影响。

△邵伯温卒(1056—)。伯温为理学家，有笔记《邵氏闻见录》传世。

1135年 宋绍兴五年 金天会十三年

△宋徽宗赵佶囚死(1082—)于五国城(今黑龙江依兰)。赵佶擅书画，能词，晚年俘囚生活中所作《燕山亭》词哀感动人。后人辑有《宋徽宗词》一卷。

△韩驹卒(？—)。韩驹曾受知于黄庭坚，作诗亦颇涉黄诗之格，有《陵阳先生诗》四卷传世。

△万俟咏补下州文学。万俟咏于宣和年间任大晟府制撰，与提举官周邦彦一起制词审调，月进一律，八十四调稍传。

1138年 宋绍兴八年 金熙宗天眷元年

△秦桧遣使与金议和，枢密院编修胡铨作《上高宗封事》，乞斩秦桧以谢天下，诏除名流昭州(今广西平乐)，改监广州盐仓。时李纲罢相居长乐(今属福建)，上书反对和议，张元幹为作《贺新郎》(曳杖危楼去)寄李纲。

△朱淑贞约卒于是年(约1078—)。淑贞有《断肠诗集》、《断肠词》传世。

△陈与义卒(1090—)。与义诗上承黄庭坚、陈师道，被称作江西诗派的"三宗"。代表作有诗《伤春》、《渡江》、《牡丹》，词《临江仙》

(忆昔午桥桥上饮)等。有《简斋集》、《无住词》传世。

1139 年 宋绍兴九年 金天眷二年

△陆九渊生。

1140 年 宋绍兴十年 金天眷三年

△李纲卒(1083—)。李纲为宋室大臣,力主抗金,诗文多抒忠愤,有《梁溪集》传世。

△辛弃疾生。

1141 年 宋绍兴十一年 金皇统元年

△徐俯卒(1075—)。徐俯早年从舅父黄庭坚学诗,论诗则主张"自立意",有《东湖居士集》传世。

1142 年 宋绍兴十二年 金皇统二年

△岳飞被害(1103—)。宋金和议成。后人辑有《岳忠武王文集》,一作《岳武穆遗文》。

△胡铨编管新州,张元幹作《贺新郎》词为之送行,王庭珪作《送胡邦衡之新州贬所》诗。

△吴激卒(生年不详)。激与宇文虚中等皆宋使臣被留仕金者,成为金代文学之开创者,诗词多故国之思,见《中州集》。另有《东山乐府》传世。

1143 年 宋绍兴十三年 金皇统三年

△陈亮生。

1145 年 宋绍兴十五年 金皇统五年

△吕本中卒(1084—)。本中早年诗学黄庭坚,后倡言"活法",又作《江西诗社宗派图》,对后世影响较大。著有《东莱诗集》、《春秋集解》、《紫微诗话》等。

1146 年 宋绍兴十六年 金皇统六年

△宇文虚中卒(1080—)。虚中为金初文学发展之奠基人,其诗作多抒写身在北地、心怀江南之情思,文亦见称于当时。遗文佚诗见《中州集》、《宋代蜀文辑存》。

△曾慥于本年编定《乐府雅词》,为现存最早的宋词总集;还编有《类说》等书。

1147 年 宋绍兴十七年 金皇统十年

△孟元老于本年撰成笔记《东京梦华录》,追记汴京未陷前之风土人情,有重要史料价值。

△刘子翚卒(1101—)。子翚为宋理学家,朱熹即出其门下。诗文亦佳,有《屏山集》传世。

△苏庠卒(1065—)。苏庠有《后湖词》。

1148 年 宋绍兴十八年 金皇统八年

△叶梦得卒(1077—)。梦得博学多识,著有《春秋传》、《春秋谳》、《石林燕语》、《避暑录话》、《建康集》、《石林词》等。

△朱熹进士及第。

△胡铨因其词《好事近》有"有豺狼当辙"句,再贬吉阳军(今海南宁远)。

1149 年 宋绍兴十九年 金海陵王天德元年

△王灼于本年撰成《碧鸡漫志》五卷。灼于绍兴十五年(1145)居成都碧鸡坊妙胜院,记所闻见,成是书,保留了唐宋间大量珍贵的音乐史料。

1050 年 宋绍兴二十年 金天德二年

△叶適生。

1152 年 宋绍兴二十二年 金天德四年

△向子諲卒(1085—)。子諲为江西诗派诗人、词人,南渡后作品有家国之恨,有《酒边词》。

1153 年 宋绍兴二十三年 金天德五年

△金迁都燕京(今北京)。

1154 年 宋绍兴二十四年 金贞元二年

△范成大、杨万里、张孝祥进士及第。陆游原名列第一,殿试时为秦桧借故黜落。陆游、杨万里、范成大与尤袤俱以诗名,后人称为"南宋中兴四大家"。

△汪藻卒(1079—)。汪藻工诗能文,尤善骈文,建炎间诏书多出其手。有《浮溪集》、《浮溪文粹》传世。

1155 年 宋绍兴二十五年 金贞元三年

△陆游原娶唐婉,因母不容,被迫离异。本年于山阴(今浙江绍兴)沈园邂逅,作《钗头凤》词寄意。晚年居山阴时,又有《沈园》二首、《十二月二日夜梦游沈氏园亭二首》、《城南》等诗感咏其事。

△洪皓卒(1088—)。洪皓使金被留十五年,所作诗词多沉郁悲壮,其《江城梅花引》词脍炙人口;奏札亦坦诚明快,有《松漠纪闻》、《鄱阳集》传世。

△李清照约卒于是年(1084—)。清照为著名女词人,代表作有《如梦令》(昨夜雨疏风骤)、《醉花阴》(薄雾浓云愁永昼)、《一剪梅》(红藕香消玉簟秋)、《凤凰台上忆吹箫》(香冷金猊)、《声声慢》(寻寻觅觅)、《永遇乐》(落日熔金)、《武陵春》(风住沉香花已尽)等。亦工诗文,并撰有《词论》,主张词"别是一家"。有《李清照集》、《漱玉词》辑存。

△姜夔约生于是年。

1156 年 宋绍兴二十六年 金正隆元年

△范成大在徽州(今安徽歙县)司户参军任上,本年作有《后催租行》。此前尚有《催租行》等作。

1157 年 宋绍兴二十七年 金正隆二年

△张戒(生年不详)约卒于本年之后。张戒著有《岁寒堂诗话》,对江西诗派提出批评,为南宋重要的诗论著作。

△吴曾所著笔记《能改斋漫录》编刊于绍兴二十四年至本年间。

1159 年 宋绍兴二十九年 金正隆四年

△蔡松年卒(1107—)。松年为金初重要文学家,与吴激齐名,时号"吴蔡体"。代表作有诗《庚申闰月从师还自颍上对新月独酌》等,词有《念奴娇》(离骚痛饮)等。存诗载《中州集》,另有词集《萧闲老人明秀集》传世。

1161 年 宋绍兴三十一年 金世宗大定元年

△金主完颜亮大举南侵,于采石(今属安徽马鞍山)兵败,后为其部下所杀。淮南金军北撤,宋金南北对峙定局。

△张元幹卒(1091—)。元幹为南北宋间重要词人,早年多婉约之作,南渡后,词风转变,对爱国词人张孝祥、辛弃疾等有一定影响,诗文亦有渊源。代表作有《贺新郎》(梦绕神州路)等。著有《芦川归来集》、《芦川词》。

△郑樵编成《通志》二百卷,其中"二十略"叙历朝典章制度沿革,最受后人重视。

△北方耿京起兵反金,辛弃疾率众投京,任掌书记。次年,耿京遇害,弃疾南渡归宋。

1162 年 宋绍兴三十二年 金大定二年

△张孝祥于建康留守宴席上作《六州歌头》(长淮望断),忠愤填膺,张浚为之罢席。

1163 年 宋孝宗隆兴元年 金大定三年

△宋将张浚北伐失败。

1164 年 宋隆兴二年 金大定四年

△葛立方(生卒年不详)约卒于是年。立方撰有诗话《韵语阳秋》二十卷,另有《归愚集》、《归愚词》传世。

1165 年 宋乾道元年 金大定五年

△宋金"隆兴和议"成。辛弃疾上《御戎十论》(又名《美芹十论》),力主积极备战。

1166 年 宋乾道二年 金大定六年

△曾幾卒(1084—)。曾幾诗学杜甫、黄庭坚,后又受吕本中影响,形成清新活泼的风格,成为承转江西派诗风的关键人物。著有《易释象》、《茶山集》等。

1169 年 宋乾道五年 金大定九年

△陈亮上《中兴五论》,陈述政治主张,书奏未报。

△辛弃疾任建康通判,作《水龙吟·登建康赏心亭》词(一说作于 1174 年建康安抚司参议官任上)。

1170 年 宋乾道六年 金大定十年

△张孝祥卒(1132—)。孝祥工诗文,词名尤著,代表作有《念奴娇·过洞庭》、《水调歌头·泛湘江》,著有《于湖居士文集》、《于湖词》。

△范成大使金,不屈节而归,作有纪事诗《北征集》(七十二首)、词《水调歌头·燕山九日作》及日记《揽辔录》等。

△陆游赴夔州(今四川奉节)通判任,途中作有日记《入蜀记》六卷。

1171 年 宋乾道七年 金大定十一年

△王庭珪卒(1080—)。庭珪有《卢溪集》、《卢溪词》传世。

△扬无咎卒(1097—)。无咎有《逃禅词》传世。

1173 年 宋乾道九年 金大定十三年

△范成大赴静江(今广西桂林)知府任,作有日记《骖鸾录》、诗《南征小集》(四十二首)及《桂林中秋赋》等。

△陆游任成都安抚使参议官,又权通判蜀州(今四川崇庆)、摄知嘉州(今四川乐山),诗《金错刀行》、词《汉宫春》作于此时。

1174 年 宋淳熙元年 金大定十四年

△朱熹与陆九渊在上饶铅山(今属江西)鹅湖寺相会,讨论理学,相互诘难,史称"鹅湖之会"。

△蔡珪卒(? —)。蔡珪为松年之子,有诗存《中州集》,另撰有《晋阳志》、《补正水经》。

1175 年 宋淳熙二年 金大定十五年

△范成大入蜀,任权西川制置使、知成都府,陆游在其属下任参议官,常相唱和。

△朱敦儒卒(1080—)。敦儒以词名家,作风豪放旷逸,有《樵歌》传世。

1176 年 宋淳熙三年 金大定十六年

△陆游于本年罢官奉祠,始自号"放翁",作《关山月》诗等。

△辛弃疾在江西提点刑狱任上,作《菩萨蛮·书江西造口壁》词。

△姜夔过扬州(今属江苏),睹物兴感,作有自度新曲《扬州慢》。

1178 年 宋淳熙五年 金大定十八年

△杨万里作《荆溪集序》,自述诗风演变过

程，此后诗自成一家，号“诚斋体”。

△叶適进士及第。

△陈亮又作《上孝宗皇帝书》三篇，不报，后愤而返乡讲学。

1179年 宋淳熙六年 金大定十九年

△朱熹在知南康军（今江西星子）任上，访白鹿洞书院遗址，奏请恢复旧观，从事讲学。

△吕祖谦编成北宋诗文总集《宋文鉴》。

1180年 宋淳熙七年 金大定二十年

△胡铨卒（1102— ）。胡铨有《胡澹庵先生文集》、《澹庵长短句》传世。

1181年 宋淳熙八年 金大定二十一年

△辛弃疾被罢职，在上饶带湖闲居，筑室名“稼轩”，因以为号。本年作词《沁园春·带湖新居初成》；此后作有大量作品，如《水调歌头》（带湖吾甚爱）、《沁园春》（叠嶂西驰）、《水龙吟》（渡江天马南来）、《清平乐》（绕床饥鼠）、（茅檐低小）等等。

△吕祖谦卒（1137— ）。祖谦治经史，学有素养，为文闳词辩博，著有《东莱集》、《东莱左传博议》、《吕氏家塾读书记》，另编有《宋文鉴》、《古文关键》等。

1182年 宋淳熙九年 金大定二十二年

△朱熹提举浙东常平茶盐，至衢州（今浙江衢县）、婺州（今浙江金华），陈亮过访，就“义理”与“事功”诸问题展开争议，史称“王霸义利之辨”。此后，两人继续往返辩难。

1183年 宋淳熙十年 金大定二十三年

△李焘上所编《续资治通鉴长编》，共九百八十卷，仿《通鉴》体例，起自建隆，下迄靖康，为北宋一代大型编年史。

△朱熹迁居武夷山下，建武夷精舍，聚徒讲学。

△金世宗令译经所用女真文字翻译《易》、《书》、《论语》、《孟子》、《老子》、《扬子》、《文中子》、《刘子》、《新唐书》诸典籍，并亲译《孝经》，颁行国内。

1184年 宋淳熙十一年 金大定二十四年

△陈亮被诬下狱，得辛弃疾等援手方获释。

△李焘卒（1115— ）。李焘除以四十年之力编就《续资治通鉴长编》外，尚著有《易学》、《春秋学》、《六朝通鉴博议》、《说文解字五音韵谱》等书。

1185年 宋淳熙十二年 金大定二十五年

△赵秉文进士及第。

△陈亮致书丞相王淮，论和议之非，力主恢复中原，并推荐叶適等主战派人士。

△王偁撰《东都事略》成，共一百三十卷，为纪传体北宋史。

1186年 宋淳熙十三年 金大定二十六年

△章森使金，陈亮作《水调歌头·送章德茂大卿使虏》词送行。

△陆游起用，任严州（今浙江建德）知州。本年诗作有《书愤》、《临安春雨初霁》等。

△范成大居石湖，作有组诗《四时田园杂兴六十首》，为古代田园诗集大成之作。

1187年 宋淳熙十四年 金大定二十七年

△陆九渊在江西贵溪应天山讲学，四方生徒大集。

△姜夔至临安谒杨万里，甚受称誉，万里以诗送其往见范成大。

△陆游自选诗二千五百首，编为《剑南诗稿》刊行。

△韩元吉卒（1118— ）。元吉有《南涧甲乙稿》、《南涧诗余》传世。

1188年 宋淳熙十五年 金大定二十八年

△陈亮至金陵（今江苏南京）、京口（今江苏镇江）一带考察山川形势，作《念奴娇》词以寄意。另撰有《戊申再上孝宗皇帝书》，书奏未报。

△辛弃疾与陈亮在鹅湖相会，各作《贺新郎》词寄意，别后，辛弃疾又作《破阵子》（醉里挑灯看剑）词寄之。

1189年 宋淳熙十六年 金大定二十九年

△陆游罢官归故里，晚年闲居中仍不忘国事，作有诗《秋夜将晓出篱门迎凉有感》、《夜读范致能〈揽辔录〉言中原父老见使者多挥涕感其事作绝句》、《十一月四日风雨大作》等。

△萧德藻约卒于是年前后（生年不详）。德藻工诗文，与杨万里、范成大、陆游齐名，有“萧杨范陆”之称，姜夔曾师事之。著有《千岩择稿》。

1190年 宋光宗绍熙元年 金章宗明昌元年

△杨万里受任金国贺正旦使接伴使，出至淮河等地，作有《初入淮河四绝句》、《雪霁登金山》、《竹枝词》等。

△陈亮再次入狱，经陈傅良、叶適等奔走营救，于绍熙三年（1192）始获释。

△元好问生。

△温州（今属浙江）南戏又称温州杂剧、永嘉杂剧，约产生于12世纪中叶，一说“出于宣和之后，南渡之际”（祝允明《猥谈》），一说始于南宋光宗朝（徐渭《南词叙录》），是我国最早成

熟的戏曲形式。

1191年 宋绍熙二年 金明昌二年

△姜夔访范成大于石湖,自度新曲,作《暗香》、《疏影》等词,除夕返吴兴(今浙江湖州),有诗《除夜自石湖归苕溪十绝句》。

1192年 宋绍熙三年 金明昌三年

△辛弃疾起任福建提点刑狱,二年后又被革职,定居铅山。

1193年 宋绍熙四年 金明昌四年

△陈亮进士及第,时年五十一。

△陆九渊卒(1139—)。九渊与朱熹齐名,在宋代理学中创心学一派,直接影响明代王守仁;诗风素朴古雅,有学者风范。著有《象山集》。

△范成大卒(1126—)。成大为"中兴四大家"之一,其诗初学江西派,后自成一家,所作《四时田园杂兴》对后世田园诗有重要影响。有《石湖居士集》、《揽辔录》、《吴船录》、《吴郡志》等著作传世。

1194年 宋绍熙五年 金明昌五年

△陈亮卒(1143—)。陈亮好陈王霸大略,议论风发,创永康学派,词亦属苏、辛一派,著有《龙川文集》、《龙川词》。

△尤袤卒(1124—)。尤袤与杨万里、范成大、陆游齐名,称"尤、杨、范、陆",亦称"中兴四诗人",有《梁溪遗稿》传世。所著《遂初堂书目》,亦为宋代重要的目录书。

△韩侂胄用事,与赵汝愚、朱熹等交恶,始斥理学为"伪学"。

1195年 宋宁宗庆元元年 金明昌六年

△何士信所编词总集《增修笺注妙选草堂诗余》四卷,约成于是年前,收唐五代词三百六十余首,按类分编,选词以周邦彦、柳永、苏轼、秦观诸家为多。

1197年 宋庆元三年 金章宗承安二年

△姜夔上书论雅乐,进《大乐议》、《琴瑟考古图》各一卷。

△宋兴"伪学"之禁,宣布"伪学逆党"名单,入籍者有赵汝愚、留正、周必大、朱熹等五十九人,史称"庆元党禁"。

1198年 宋庆元四年 金承安三年

△董解元(生卒年不详)约于本年前后在世。他曾依据元稹《莺莺传》故事创作《西厢记诸宫调》,对原作的主题、人物性格和情节均有创造性发展,对元杂剧《西厢记》有直接影响。

1199年 宋庆元五年 金承安四年

△陆游在故里赋《沈园》诗,纪念与唐婉情事。

△姜夔又上《圣宋铙歌鼓吹》十二章于朝,诏免解与试礼部,未第。

1200年 宋庆元六年 金承安五年

△朱熹卒(1130—)。朱熹为宋代理学思想之集大成者,后世推为儒学正宗,在诗文创作和典籍整理方面亦有贡献,有《朱文公文集》、《朱子语类》、《诗集传》、《楚辞集注》、《四书章句集注》、《易本义》、《资治通鉴纲目》、《韩文考异》等著作传世。自北宋张载、周敦颐、程颢、程颐以至南宋朱熹,形成了一个理学家的散文传统,后人所辑《朱子语类》,开创了宋以后的新语录体。

1201年 宋宁宗嘉泰元年 金泰和元年

△张镃为史达祖《梅溪词》题词。达祖(生卒年不详)词宗周邦彦、姜夔,以咏物见长,巧言切状,意兴悠远。代表作有《双双燕·咏燕》、《绮罗香·咏春雨》等,有《梅溪词》传世。

1202年 宋嘉泰二年 金泰和二年

△洪迈卒(1123—)。洪迈淹通文史,曾修《钦宗实录》、《四朝国史》,编集《万首唐人绝句》,并有笔记《容斋随笔》及志怪小说集《夷坚志》传世。

△王庭筠卒(1151—)。庭筠为金中叶有代表性的诗人。诗法黄庭坚,用律深严,书画亦冠冕一时,有《黄华集》传世。

1203年 宋嘉泰三年 金泰和三年

△辛弃疾再度起用,知绍兴府兼浙东安抚使,曾往镇江策划北伐事宜,开禧元年(1205)又遭罢贬,回铅山旧宅。其间作词有《永遇乐·京口北固亭怀古》、《南乡子》二首等。

△陈骙卒(1128—)。陈骙著有《文则》一书,论文章体式及修辞,对后世有一定影响。

1204年 宋嘉泰四年 金泰和四年

△周必大卒(1126—)。必大工于文词,与陆游、范成大、杨万里等交谊颇深。其《二老堂诗话》论诗多精到语。有《周益公集》传世。

1205年 宋开禧元年 金泰和五年

△袁枢卒(1131—)。袁枢曾改编《资治通鉴》为《通鉴纪事本末》四十二卷,因事立题,起迄了然,创纪事本末体史书之例。

1206年 宋开禧二年 金泰和六年 蒙古太祖元年

△韩侂胄伐金败绩,次年被杀。

△铁木真统一蒙古各部,受尊号"成吉思汗",后世称元太祖。

△赵彦卫笔记《云麓漫钞》刊行。

△杨万里卒(1127—　)。万里为“中兴四大家”之一。诗初学江西派,后学晚唐,终于自出机杼,形成独具特色的“诚斋体”。著有《诚斋集》、《诚斋易传》、《诚斋诗话》等。

△刘过卒(1154—　)。刘过少怀不羁之才,词创作亦属豪放一路,代表作有《沁园春》(斗酒彘肩)、《六州歌头》(中兴诸将)、《西江月》(堂上谋臣尊俎)等。有《龙洲集》、《龙洲词》传世。

1207年　宋开禧三年　金泰和七年　蒙古太祖二年

△辛弃疾卒(1140—　)。弃疾以功业自许,力主抗金,愤郁之情寄之于词,大大开拓了词的境界,与苏轼并称为豪放词宗主。有《稼轩词》传世,后人辑有《辛稼轩诗文钞存》。

△徐梦莘卒(1126—　)。梦莘撰有《三朝北盟会编》二百五十卷,述宋金和战史甚详备。

1210年　宋宁宗嘉定三年　金卫绍王大安二年　蒙古太祖五年

△蒙古连年攻西夏,本年又南下侵金。

△陆游卒(1125—　)。陆游为南宋大家、爱国诗人之代表,词、文亦足称道。有《剑南诗稿》、《渭南文集》、《放翁逸稿》、《老学庵笔记》、《南唐书》多种著述传世。

1211年　宋嘉定四年　金大安三年　蒙古太祖六年

△徐照卒(生年不详)。徐照与徐玑、翁卷、赵师秀并称“永嘉四灵”,不满江西派诗风,倡言诗学晚唐,尤重贾岛、姚合,在当时有一定影响。著有《芳兰轩集》、《芳兰轩诗集》。

△党怀英卒(1134—　)。怀英在金中叶盛有文名,作风明畅。著有《竹溪集》,今佚,存诗载《中州集》。

△周昂卒(生年不详)。周昂为金中叶诗人,所作论诗诗、边塞诗颇有特色,诗存《中州集》。

1213年　宋嘉定六年　金崇庆二年　蒙古太祖八年

△楼钥卒(1137—　)。楼钥通贯经史,文辞精博,有《攻媿集》和日记《北行日录》传世。

△王楙卒(1151—　)。王楙著有《野客丛书》三十卷,考证经史诗文,广泛详明。

1214年　宋嘉定七年　金宣宗贞祐二年　蒙古太祖九年

△金避蒙古锋芒,迁都汴京。次年,蒙古占领燕京。

△王明清约卒于本年之后(生年不详)。明清著有笔记《挥麈录》,多记朝廷故事,兼及诗文、碑铭之类,足资考订,另撰有《玉照新志》等。

△徐玑卒(1162—　)。徐玑为“永嘉四灵”之一,有《二薇亭诗集》传世。

1216年　宋嘉定九年　金贞祐四年　蒙古太祖十一年

△李心传于嘉泰二年(1202)撰成《建炎以来朝野杂记》甲集二十卷,本年又成乙集二十卷,对南宋开国历史有翔实的记载。

1217年　宋嘉定十年　金贞祐五年　蒙古太祖十二年

△金兵南侵,宋金战争又开,此后连年交兵。

△元好问约于本年作《论诗绝句三十首》,评论建安以来作家,表达自己的诗学主张,对后世有重要影响。

1219年　宋嘉定十二年　金兴定三年　蒙古太祖十四年

△蒙古成吉思汗发动第一次西征,历时五年,征服中亚诸国,入俄罗斯草原而返。

△赵师秀卒(生年不详)。师秀为“永嘉四灵”之一,诗学贾岛、姚合,曾编选此二人诗为《二妙集》。著有《清苑斋集》。

1221年　宋嘉定十四年　金兴定五年　蒙古太祖十六年

△元好问进士及第。

△姜夔约卒于是年(约1155—　)。姜夔工诗能文,善书法,通晓音律,能自度新曲,词风承周邦彦而开清空一派,对宋末张炎及清浙派词人有重要影响。有《白石道人诗集》、《白石道人歌曲》、《白石道人诗说》、《续书谱》等著作传世。

1223年　宋嘉定十六年　金元光二年　蒙古太祖十八年

△叶适卒(1150—　)。叶适为永嘉学派创始人,与陈亮同样崇尚事功,在当时学坛上形成与朱熹、陆九渊鼎足而三的局面;论诗则推崇晚唐,与同时的“永嘉四灵”友善。有《水心先生文集》、《习学记言》传世。

1225年　宋理宗宝庆元年　金哀宗正大二年　蒙古太祖二十年

△临安书商陈起刊行《江湖集》,收姜夔、刘克庄、戴复古等一百一十家诗人诗作,世称

"江湖派",因其中有忤时相史弥远语而遭毁版,陈起亦坐流配。

1126年 宋宝庆二年 金正大三年 蒙古太祖二十一年

△宋理宗诏孔子五十二代孙万春袭封衍圣公。

△白朴生。

1227年 宋宝庆三年 金正大四年 蒙古太祖二十二年

△蒙古灭西夏。是年成吉思汗病卒。

△宋理宗下诏赞扬朱熹及所撰《四书集注》,追赠其太师与信国公封号,是为官方倡扬程朱理学之肇端。

△丘处机卒(1148—)。处机为全真道教承传人,受成吉思汗封为"国师",工诗词,有《磻溪集》传世。其弟子李志常曾撰《长春真人西游记》记其行事。

△敖陶孙卒(1154—)。陶孙著有《臞翁诗评》,以象征手法评论诗人风格,另有《臞翁诗集》传世。

△刘克庄本年作词《贺新郎》(北望神州路)。

1229年 宋理宗绍定二年 金正大六年 蒙古太宗元年

△赵蕃卒(1143—)。赵蕃曾受知于杨万里,诗宗陈师道,有陶、阮意。所编唐诗绝句选得谢枋得注解而流传,另有《乾道稿》、《淳熙稿》、《章泉稿》诸集传世。

1230年 宋绍定三年 金正大七年 蒙古太宗二年

△蒙古用耶律楚材议,定税制、税额。

△关汉卿约生于是年。

1232年 宋绍定五年 金哀宗天兴元年 蒙古太宗三年

△蒙古军围金汴京。

△元好问入翰林,知制诰。

△赵秉文卒(1159—)。秉文为金中叶文坛领袖,一力反对浮艳文风,倡阳刚气势,崇尚苏轼,在当时有重要影响,有《滏水集》。

1233年 宋绍定六年 金天兴二年 蒙古太宗五年

△蒙古军入汴京,金廷南迁蔡州。

△蒙古太宗采耶律楚材议,修孔庙,以孔子后裔袭封衍圣公。

△元好问于乱离中携友人幼子白朴,随被俘官吏北渡黄河,羁管聊城(今属山东),并于本年作《岐阳三首》、《癸巳五月三日北渡三首》诸诗。

1234年 宋理宗端平元年 金天兴三年 蒙古太宗六年

△正月,金哀宗在蔡州(今属河南汝南)传位于末帝。典礼未毕,蒙古军队入城。哀宗自杀身亡,末帝死于乱军中,金灭。蒙古入主中原。

△金亡后,黄河汾河一带的金遗民诗人同气相求,写作哀悼金亡诗作,逐渐形成"河汾派"。

1235年 宋端平二年 蒙古太宗七年

△蒙古拔都发动第二次西征,历时七年,直抵欧洲中南部,全欧为之震动。

△真德秀卒(1178—)。德秀倡扬理学,学宗朱熹,编《文章正宗》二十卷,录《左传》以至唐末诗文,另《续集》二十卷,录北宋文。著有《西山真文忠公文集》。

1236年 宋端平三年 蒙古太宗八年

△蒙古军攻入四川,此后连年入侵川、鄂。

△文天祥生。

1237年 宋嘉熙元年 蒙古太宗九年

△蒙古用耶律楚材议,始开科取士。

△魏了翁卒(1187—)。了翁精于经学,为文醇正有法,著有《鹤山大全集》传世。

1239年 宋嘉熙三年 蒙古太宗十一年

△诗学家周弼(生卒年不详)约于此年前后在世,著有《端平诗隽》。另选有《三体唐诗》,用"四虚四实"诸法说诗,对后世有一定影响。

1240年 宋嘉熙四年 蒙古太宗十二年

△蒙古族史传文学作品《蒙古秘史》成书。该书对后世蒙古族文学艺术影响很大。

△岳珂卒(1183—)。岳珂著有《金陀粹编》,辑录有关祖父岳飞的资料。另有《桯史》、《玉楮集》、《愧郯录》和诗集《棠湖诗稿》等。

△诗人戴复古此年作有《庚子荐饥》等诗篇。复古(1162—?)为"江湖派"代表作家。有《石屏诗集》、《石屏词》传世。

1241年 宋淳祐元年 蒙古太宗十三年

△窝阔台(太宗)卒,乃马真后称制。

△诗人高翥卒(1170—)。高翥有《菊磵小集》、《信天巢遗稿》。

1243年 宋淳祐三年 蒙古乃马真后二年

△俞文豹编撰的《吹剑录》正录、续录刊行于此年,稍后又有三录、四录。

△王若虚卒(1174—)。若虚论文主张理顺辞达,推崇白居易、苏轼,批评江西派黄庭

坚诸人。有《滹南遗老集》。

△陈人杰卒(1218—　　)。其词属辛派，有《龟峰词》。

△史学家李心传卒(1166—　　)。心传曾主修《中兴四朝帝纪》、《十三朝会要》，并撰有《建炎以来系年要录》、《建炎以来朝野杂记》、《学易编》、《旧闻证误》诸书。

1244 年　宋淳祐四年　蒙古乃马真后三年

△耶律楚材卒(1190—　　)。楚材诗文俱佳，《西域河中十咏》为代表作；《西游录》以散文形式记录西域风情。有《湛然居士集》。

△魏庆之《诗人玉屑》于此年编成。

1246 年　宋淳祐六年　蒙古乃马真后五年

△诗人赵汝鐩卒(1172—　　)。汝鐩有《野谷诗集》。

1248 年　宋淳祐八年　蒙古定宗三年

△窝阔台长子贵由于 1246 年继位大汗，在位仅两年，于本年卒，其后海迷失称制。

△王迈卒(1184—　　)。王迈有《臞轩集》。

△张端义约卒于本年或稍后(1179—　　)。端义著有《贵耳集》。

△词人张炎生。

1249 年　宋淳祐九年　蒙古海迷失后元年

△黄昇编唐宋词总集《花庵词选》于本年告竣。

△谢翱生。

1250 年　宋淳祐十年　蒙古海迷失后二年

△元好问所编金诗总集《中州集》刊行。

△刘祁卒(1203—　　)。刘祁作有笔记《归潜志》。

△马致远约生于是年前后。

1251 年　宋淳祐十一年　蒙古宪宗元年

△蒙古立拖雷之子蒙哥为大汗，后被尊为元宪宗。皇弟忽必烈总治漠南军事。

△藏族诗人、学者贡嘎坚赞卒(1182—　　)。贡嘎坚赞原名白丹顿珠，曾于 1246 年与蒙古王室代表会谈于凉州(今甘肃武威境内)，对西藏与中原统一作出过贡献。作有《萨迦格言》，是为藏族第一部哲理格言诗集，以七言四句为形式。

△蔡梦弼于本年前后在世。著有《草堂诗笺》。

1252 年　宋淳祐十二年　蒙古宪宗二年

△元好问偕张雄飞北上谒见忽必烈，请其保护儒生。

1253 年　宋宝祐元年　蒙古宪宗三年

△忽必烈攻云南，破大理，并于次年灭大理国。

△乐雷发(生卒年不详)本年中特科状元。雷发有《雪矶丛稿》。

1254 年　宋宝祐二年　蒙古宪宗四年

△河汾派代表诗人段克己卒。段克己(1196—　　)，与弟段成己皆以文名，赵秉文尝赞为“二妙”，后人辑有《二妙集》。

1256 年　宋宝祐四年　蒙古宪宗六年

△文天祥进士及第，同榜有谢枋得、陆秀夫诸人。

1257 年　宋宝祐五年　蒙古宪宗七年

△刘克庄积十年之功，于本年成《后村诗话》前后集。

△文学家元好问卒(1190—　　)。好问诗词曲皆擅，为金源一代大家，可与两宋名家比侔。另撰有笔记小说集《续夷坚志》。有《元遗山先生全集》传世。

1260 年　宋理宗景定元年　蒙古世祖中统元年

△忽必烈称大汗于开平，后称元世祖。

△郝经为蒙古使至宋，被扣，至恭帝德祐元年(1275)始遣还。

△李俊民卒(1176—　　)。俊民有《庄靖集》。

△吴文英卒于本年或稍后(约 1200—　　)。文英词继承周邦彦格律派传统，风格秾丽绵密。有《梦窗词》、《梦窗甲乙丙丁稿》。

△戏剧家郑光祖约生于是年。

1262 年　宋景定三年　蒙古中统三年

△刘克庄任工部尚书，兼侍读。

△吴潜卒(1195？—　　)。

△方岳卒(1199—　　)。方岳诗词骈散皆工。所著《深雪偶谈》皆论诗之语。有《秋崖先生小稿》。

△目录学家陈振孙(生卒年不详)约卒于是年。振孙仿晁公武《郡斋读书志》，著《直斋书录解题》，为宋代目录学的重要著作。

1264 年　宋景定五年　蒙古世祖至元元年

△宋理宗卒。太子禥即位。

△元世祖定都燕京，改名中都，立诸路行中书省。

△学者文及翁活动于景定年间。

△严羽约卒于是年(生年不详)。严羽论诗崇尚“兴趣”、“妙悟”，以“不涉理路，不落言诠”为上，主张“以盛唐为法”，不满宋诗的散文化、议论化倾向，对明清两代诗学有深远影响。有

《沧浪诗话》、《沧浪集》。

1265年 宋度宗咸淳元年 蒙古世祖至元二年

△咸淳年间，杭州流行《王焕》戏文，惜无剧本传世。今存南曲戏文《张协状元》据考亦为南宋时作品，保存有早期南戏面貌。

△李曾伯卒于本年后（1198— ）。曾伯词崇辛派。有《可斋杂稿》。

1269年 宋咸淳五年 蒙古至元六年

△蒙古定朝仪。八思巴创蒙古新字。

△刘克庄卒（1187— ）。作诗初受“永嘉四灵”影响，学晚唐，后转而改学陆游，为江湖派之中坚。词风追随辛弃疾，多言恢复，反对苟安。与刘过、刘辰翁并称“三刘”。有《后村先生大全集》、《后村长短句》。

1271年 宋咸淳七年 元世祖至元八年

△忽必烈采纳刘秉忠建议，改国号为大元。至此，元王朝建立。

△在宋金杂剧院本基础上融合市井说唱和传统歌舞而成的北曲杂剧，至此渐趋成熟。

1273年 宋咸淳九年 元至元十年

△元军围襄阳、樊城已五年，于本年攻陷，次年即大举南下。

1274年 宋咸淳十年 元至元十一年

△元世祖下诏攻南宋。

△南宋度宗卒。子㬎即位，是为恭帝，年仅四岁，太皇太后听政。

△刘秉忠卒（1216— ）。秉忠辅佐忽必烈建立政体。诗词曲皆有传世之作。有《藏春集》。

△汪元量咸淳年间进士及第。

△蒋捷于本年进士及第。其词与周密、王沂孙、张炎并称“宋末四大家”。有《竹山词》。

△萨都剌生。

1276年 宋恭帝德祐二年 元至元十二年

△文天祥于上年起兵江西入卫临安，本年任右丞相，出使元营被扣，押解途中，在镇江（今属江苏）逃脱。

△元兵入临安，南宋恭帝请降，与太后等被掳北上大都（今北京）。汪元量随行，作《醉歌》十首、《越州歌》二十首、《湖州歌》九十八首，记述宗室败亡情事。

△陆秀夫、张世杰等奉益王，是为端宗，即位于福州。

△谢枋得隐遁建宁（治今福建建瓯）唐石山中。

1277年 宋景炎二年 元至元十四年

△文天祥再起兵抗元，次年兵败被俘。

1278年 宋帝昺祥兴元年 元至元十五年

△端宗赵昰病卒，张世杰、陆秀夫等改立卫王昺为少帝，移驻新会（今属广东）海中厓山。

△词学家沈义父（生卒年不详）约于本年前后在世。义父撰《乐府指迷》，多讲作词之法，对后世颇有影响。

1279年 宋祥兴二年 元至元十六年

△元世祖忽必烈亡南宋，统一大江南北。

△元代初年，北方诗人刘因、王恽等人，继承元好问豪健爽朗的诗风传统，表现宋元交替时期的社会动乱和民情民心。南方诗人方回、戴表元、赵孟頫，则继承南宋江湖派诗风传统而稍作变更。元初诗坛这种南北诗风对峙的面貌，来源于自辽金以来的南北政治对峙。

△元杂剧有了进一步的发展。由于南北统一，元杂剧作家与艺人得以南下，扩大了元杂剧的影响。

△张可久生于是年。

△李治卒（1192— ）。

1280年 元至元十七年

△姚枢卒（1203— ）。姚枢随蒙古军南征后，与许衡等人一同致力于讲学传道及文化事业恢复工作。有《雪斋集》传世。

△白朴于本年迁家定居金陵（今江苏南京）。是时已年过半百，始定居金陵，与同道者游。

△乔吉约生于是年。

1281年 元至元十八年

△文天祥于燕京狱中作《正气歌》，与两年前北上途中所作《过零丁洋》同为其爱国诗篇之代表作。

△许衡卒（1209— ）。

1282年 元至元十九年

△文天祥不屈遇害，英勇就义（1236— ）。他将护宋抗元的南北征战经历，及所遇苦难艰险，写成诗歌，汇成诗集《指南录》，并作《指南录后序》，为人称诵。其诗早年受江湖派影响，后学杜甫，沉郁悲壮，文亦雄赡。有《文山全集》。

△杜仁杰卒于本年后（约1201— ）。仁杰由金入元后，屡征不起。与金文学家元好问有交往。性格滑稽多智，才宏学博。其代表作有《般涉调·耍孩儿·庄家不识勾栏》，具有元初都市戏场的史料价值。另有诗集《善夫先生集》。

1288年 元至元二十五年

△商挺卒(1209—)。商挺有专写恋情之小令《双调·潘妃曲》十九首传世。

1289年 元至元二十六年

△谢枋得卒(1226—)。枋得为宋末志士,文章亦博大昌明,编有《文章轨范》,著有《叠山集》。

1290年 元至元二十七年

△王沂孙约卒于是年(生年不详)。其生平所作多托物咏怀、寄寓家国身世之感。沂孙有《碧山乐府》。

1292年 元至元二十九年

△王应麟卒(1223—)。应麟著述宏富,有笔记《困学纪闻》二十卷及类书《玉海》二百卷传世。

1293年 元至元三十年

△刘因卒(1249—)。刘因与王恽等人为元初北方代表诗人,作诗学元好问。其《白沟》、《登武遂北城》、《饮山亭雨后》等篇章为人称诵。有《静修先生文集》、《丁亥集》传世。

1294年 元至元三十一年

△忽必烈卒(1215—)。元至元年间,高文秀、武汉臣、郑廷玉、尚仲贤、纪君祥、王伯成(生卒年均不详)等一批出生于黄河流域的杂剧作家集中在大都(今北京),写出了大量杂剧作品。高文秀有杂剧三十二种,今存《黑旋风双献功》、《渑池会》等五种及一折残篇。武汉臣有杂剧十二种,今存《包待制智赚生金阁》、《散家财天赐老生儿》等三种及若干残章。郑廷玉有杂剧二十三种,今存《看钱奴买冤家债主》、《包待制智勘后庭花》等五种。尚仲贤有杂剧十一种,今存《洞庭湖柳毅传书》、《尉迟恭三夺槊》等及残章若干。纪君祥有杂剧六种,今存《冤报冤赵氏孤儿》(一作《赵氏孤儿大报仇》)一种及一折残曲。王伯成写杂剧,亦写作说唱,有杂剧三种,今存《李太白贬夜郎》;另有《天宝遗事诸宫调》(残篇)传世。马致远于本年南游归来,与王伯成相友善。

1295年 元成宗元贞元年

△铁木儿继位,改元"元贞"。

△胡祗遹卒(1227—)。祗遹历任京官和地方官,而多与戏曲伎艺人相交。有散曲《沉醉东风·赠妓朱帘秀》,并有言论高度肯定杂剧艺术。著有《紫山大全集》。

△谢翱卒(1249—)。谢翱曾于南宋末年起兵抗元,以响应文天祥。兵败后,于1291年在浙江富春山登西台祭奠文氏,作《登西台恸哭记》一文。著有《晞发集》。

1297年 元大德元年

△元贞、大德年间,元杂剧的创作和表演均出现了高峰。其中心地区在大都(今北京),出现了剧作家与戏曲说唱艺人创作与切磋技艺的组织——书会,关汉卿曾加入过"玉京书会",马致远所在的"元贞书会"也成立于此时期。这一时期的代表作家有关汉卿、马致远、白朴、王实甫等,后人所称的"关马白郑"四大元曲家中有其三,而王实甫所著《西厢记》杂剧成就尤为辉煌。

△这一时期的另一些杂剧代表作有《秋胡戏妻》(石君宝)、《灰阑记》(李潜夫)、《李逵负荆》(康进之)、《陈州粜米》(无名氏)等。

△发端于元代初年的散曲,至此亦渐趋繁盛。许多剧作家,如关汉卿、马致远、白朴等,皆兼擅散曲创作。歌伎们演唱散曲亦成一时之风气。

△刘辰翁卒(1232—)。辰翁作词追随辛弃疾,作诗文崇尚杜甫、陆游。词作有《唐多令·重过武昌》等。是年所作《宝鼎现·春月》为绝笔。有《须溪词》、《须溪集》传世。

△元代诗坛至此逐渐形成南北统一的诗风。大德以后,有所谓"元诗四大家"之并称,他们是虞集、杨载、范梈、揭傒斯。

△元贞、大德年间,有话本小说《好儿赵正》问世,编者陆显之。

△奥敦周卿约卒于本年(约1227—)。奥敦周卿有小令《蟾宫曲》两首、套曲《南吕·一枝花》一套传世。

1298年 元大德二年

△周密约卒于是年(1232—)。周密与张炎、王沂孙齐名,又与吴文英并称"二窗"。有《草窗词》(亦名《蘋洲渔笛谱》)、《草窗韵语》及笔记《武林旧事》、《癸辛杂识》、《齐东野语》等传世。

1300年 元大德四年

△关汉卿约卒于此年(约1220—)。汉卿一生主要从事戏曲创作,亦熟谙戏曲表演艺术。所作杂剧六十余种,今存十八种,有《感天动地窦娥冤》、《赵盼儿风月救风尘》、《关大王独赴单刀会》,另有《望江亭中秋切脍》、《闺怨佳人拜月亭》、《诈妮子调风月》等。散曲佳作有小令《四块玉·别情》、套曲《南吕·一枝花·不伏老》等,并作有一组《大德歌》,可见其入大德后依然在世。关汉卿作品代表了当时元杂剧的最高成就,历来被推崇为元曲之首。

△杨显之与关汉卿为莫逆之交，作有杂剧作品八种，现存两种：《临江驿潇湘秋夜雨》、《郑孔目风雪酷寒亭》。

△与关汉卿同时在世的杂剧作家还有康进之、李好古、费唐臣等。康进之有杂剧两种，今存《梁山泊李逵负荆》一种。李好古有杂剧三种，今存《沙门岛张生煮海》一种。费唐臣有杂剧《苏子瞻风雪贬黄州》，今存。

△张国宾，约于这一时期任教坊勾管。张生卒年不详，著杂剧五种，今尚存《相国寺公孙合汗衫》等三种。

△不忽木卒（1255—　　）。

1301 年　元大德五年

△房琪编成《河汾诸老诗集》，收集金亡后“河汾派”诗人八人的作品共一百九十八首，补元好问《中州集》之缺漏。

1302 年　元大德六年

△张伯淳卒（1243—　　）。伯淳与同时代书家赵孟頫、散曲家奥敦周卿交游。有《养蒙先生集》。

△鲜于枢卒（1257—　　）。枢书法与赵孟頫齐名，世称“鲜赵”。有《困学斋集》。

1303 年　元大德七年

△史学著作《大元大一统志》成书。数学著作《四元玉鉴》成书。

△邓光荐卒（1232—　　）。光荐曾参与抗元。曾作《文丞相传》、《文天祥墓志铭》。有《中斋词》。

△睢景臣于是年自维扬（今江苏扬州）至杭州。景臣（生卒年不详）代表作有套数《般涉调·哨遍·高祖还乡》。

△珠帘秀于是年以《寿阳曲》赠卢挚。珠帘秀（生卒年不详）与关汉卿、卢挚、王恽等人相善，互有赠答。

1304 年　元大德八年

△李直夫约于是年任湖南肃政廉访使。直夫（生卒年不详）作有杂剧十二种，今存《便宜行事虎头牌》一种，另有两篇残曲。

△王恽卒（1228—　　）。王恽与刘因同为元初北方诗坛代表。著有《秋涧先生大全集》。

△龚开约卒于本年（1222—　　）。龚开曾作《宋江三十六人赞并序》一文，是为研究《水浒传》成书的重要史料。著有《黾城叟集》。

△李京卒（1252—　　）。李京作有诗集《鸠巢漫稿》，另有《云南志略》四卷。

1306 年　元大德十年

△白朴于是年重游扬州，高龄八十一岁。白朴（1226—　　）作有杂剧《唐明皇秋夜梧桐雨》、《裴少俊墙头马上》等十六种，与关汉卿、马致远、郑光祖并称“元曲四大家”。又有散曲小令套数若干存世。另有词集《天籁集》。白朴卒年不详。李文蔚（生卒年不详）与白朴年岁相近并相友善，作有杂剧《同乐院燕青博鱼》等十二种，今存三种。

△袁易卒（1262—　　）。袁易著有《静春堂诗集》。

1307 年　元大德十一年

△方回卒（1227—　　）。方回为元初南方诗人的代表之一，除诗歌创作外，还编有唐宋人五七言律诗集《瀛奎律髓》，并提出江西诗派“一祖（杜甫）三宗（黄庭坚、陈师道、陈与义）”说。著有《桐江集》。

△元杂剧创作与表演中心于大德末年始向南方杭州一带转移。杂剧中心南移后，渐趋衰落。元杂剧后期的代表作家，为“元曲四大家”之一的郑光祖。

1310 年　元武宗至大三年

△戴表元卒（1244—　　）。表元与方回、赵孟頫一同为元初南方诗人代表。诗文多伤时悯乱感愤之作。有《剡源集》传世。

△高克恭卒（1248—　　）。克恭著有《房山集》，已佚，仅数十首诗存世。

△张养浩是年在监察御史任上，上书言十害，得罪当局，被罢官，遂隐姓埋名逃亡。

1311 年　元至大四年

△武宗卒（1281—　　）。皇太子即位，是为仁宗。

△马致远于大德末至大初任江浙行省务官（一作员外郎），是年擢宁国路总管府判。其散曲代表作小令《天净沙·秋思》、套数《双调·夜行船·秋思》，均约作于这一时期。

△安熙卒（1270—　　）。安熙诗文从刘因。有《默庵集》。

1313 年　元仁宗皇庆二年

△是年议行科举，是元王朝建立以来之首议。规定经学用程朱传注；蒙古、色目人与汉人、南人分别命题。

△姚燧卒（1238—　　）。姚燧为姚枢之侄。著有《牧庵集》。

1314 年　元延祐元年

△张炎卒于是年之后（1248—　　）。张炎作品风格近姜夔。著有《词源》、《山中白云词》。

1315 年　元延祐二年

△正式开科举，举行会试、廷试，取进士五

十六人，蒙古、色目人为右榜，汉人、南人为左榜。并专立德行明经科。

△杨朝英约于皇庆、延祐年间编成《乐府新编阳春白雪》。共十卷(一作九卷)。收有贯云石序、燕南芝庵《唱论》。卷一收有宋代词人十首词作，余为元散曲四十四家共近五百篇作品。系中国文学史上第一部散曲集。

△卢挚约卒于是年(约1242—)。卢挚官至翰林学士承旨。文与姚燧、诗与刘因齐名。亦以曲名世，作有散曲《双调·蟾宫曲·田家》、《沉醉东风·秋景》等。与曲家白朴、马致远等人多有唱和。

1317年　元延祐四年

△延祐前后，诗坛出现虞集、杨载、范梈、揭傒斯并称的"延祐四大家"。诗作内容多为应酬、题画、歌咏承平，但风格各有不同。也有一些作品较有意义，如虞集的《挽文山丞相》。

△汪元量约卒于本年后(1241—)。元量于1279年前后被掳赴大都，1288年南归。其诗词多抒写亡国北徙之见闻情怀，被誉为"宋亡之诗史"。有《水云集》、《湖山类稿》。

1318年　元延祐五年

△郑思肖卒(1241—)。思肖诗画作品多有思念故国之旨，以画兰不画土、自言已无国土著名。诗作有《寒菊》等。有《郑所南先生文集》、《心史》、《所南翁一百二十图诗集》。

△刘敏中卒(1243—)。敏中官至翰林学士承旨。著有《中庵集》。

△程钜夫卒(1249—)。钜夫官至翰林学士承旨，加光禄大夫。存有《雪楼集》。

1321年　元英宗至治元年

△元代进入了中后期，散曲以张养浩、张可久、乔吉、睢景臣等人为代表，渐趋典雅工丽。

△元中后期的诗词代表作家，有萨都剌、王冕、杨维桢。萨都剌词风豪放悲壮，王冕诗质朴而多情趣，杨维桢诗风奇诡，三人的风格并不一致。

△马致远约卒于至治年间(约1250—)。致远为"元曲四大家"之一。作有杂剧十五种，今存《破幽梦孤雁汉宫秋》等六种。散曲套数《般涉调·耍孩儿·借马》也很有名。有散曲集《东篱乐府》。

1322年　元至治二年

△赵孟頫卒(1254—)。孟頫书画享有盛名，书法称赵体。有《雪松斋文集》传世。

1323年　元至治三年

△元代长篇讲史话本有一定的发展。《全相三国志平话》于至治年间由建安(今福建建瓯)虞氏刊行。与此前后刊行的"平话"，还有《武王伐纣平话》、《乐毅图齐七国春秋后集》、《秦并六国平话》、《前汉书平话续集》，合共五种。

△杨载卒(1271—)。杨载为"元诗四大家"之一。诗作有《客中即事》等，另著《诗法家数》、《诗学正矩》等。有《杨仲弘诗集》八卷。

△英宗被杀。

1324年　元泰定帝泰定元年

△泰定帝继位。

△周德清撰成元曲音韵专著《中原音韵》。该专著在音韵学和戏曲理论史上占有重要地位，有"曲韵之祖"之誉称。

△贯云石卒(1286—)。云石作有散曲《清江引·咏梅》等。与徐再思合有《酸甜乐府》。徐再思生卒年不详，号甜斋。作有散曲《水仙子·夜雨》等。

△郑光祖约卒于是年(生年不详)。郑光祖为"元曲四大家"之一。作有杂剧十八种，今存《迷青琐倩女离魂》等八种。

1327年　元泰定四年

△杨梓卒(生年不详)。杨梓与贯云石友善。曾收集加工家乡海盐之歌南北调，发展为海盐之腔，后成为明代南曲戏文"四大声腔"之一。今存《下高丽敬德不伏老》杂剧等三种。

△袁桷卒(1266—)。袁桷著有《易说》、《春秋说》、《延祐四明志》及《清容居士集》。

1329年　元明宗天历二年

△明宗继位不久，即被毒死。文宗继位。

△关中大旱，民大饥。关羽被封为"显灵义勇武安英济王"。

△散曲作家张养浩卒(1270—)。养浩于是年拜陕西行台中丞，前往救灾，积劳瘁死。代表作有《山坡羊·潼关怀古》等。今存散曲集《云庄乐府》等。

△萨都剌在京口(今江苏镇江)录事司达鲁花赤任上作《鬻女谣》等诗。

1330年　元文宗至顺元年

△钟嗣成《录鬼簿》初稿问世。二卷。记载了元代杂剧、散曲作家一百五十二人，作品名目四百余种。前有自序，后有朱凯"后序"及邵元长跋语。是元代戏曲史专著，具有很高的史料价值。

△范梈卒(1272—)。范梈为"元诗四

大家”之一。有《范德机诗》七卷。另有诗论《木天禁语》、《诗学禁脔》等。

△秦简夫于本年自大都(今北京)至杭州。简夫(生卒年不详)作有杂剧五种,今存《东堂老劝破家子弟》等三种。

△曾瑞约卒于本年(约 1260—)。曾瑞所作杂剧已佚,散曲多写闺情及市井生活。曾编散曲集《诗酒余音》,今已佚。

△宫天挺卒于本年前(生年不详)。天挺与钟嗣成父为莫逆之交。作有杂剧六种,今存《死生交范张鸡黍》等两种。

1333 年 元顺帝元统元年

△顺帝即位,年仅十三。

△吴澄卒(1249—)。吴澄著有《草庐集》四卷。

1335 年 元顺帝至元元年

△本年朝政多变,改元至元,世称“后至元”。十一月,罢科举。

△薛昂夫约于元统年间任衢州路(今浙江衢县)总管。昂夫(生卒年不详)作有小令《塞鸿秋·过太白祠谢公池》等。

△曹德作《清江引》二曲,讽太师伯颜专权淫乱事。后为躲避伯颜迫害,逃至吴中僧舍隐居。曹德(生卒年不详)另作有小令《沉醉东风·村居》等。

1336 年 元至元二年

△刘致约卒于本年(约 1258—)。刘致与曲家张可久等相唱和,并作《小山乐府跋》。有套数《正宫·端正好·上高监司》颇有影响。诗有《时中集》传世。

△蒲道源卒(1260—)。存有《闲居丛稿》。

△陆文圭卒(1252—)。著有《墙东类稿》。

1340 年 元至元六年

△顺帝罢黜右丞相伯颜。伯颜病死。顺帝于次年改元至正。

△吴莱卒(1297—)。有诗文集《渊颖集》传世。

1343 年 元至正三年

△是年命修辽、金、宋三史。以中书右丞相脱脱为都总裁官。总裁官中尚有揭傒斯等人。

△柯九思卒(1290—)。九思存有诗《丹丘生稿》一卷。

1344 年 元至正四年

△是年《辽史》成书。

△揭傒斯卒(1274—)。揭傒斯为“元诗四大家”之一。作有诗《女儿浦歌》等,文《浮云道院记》等。有《揭文安公全集》。

△吴师道卒(1283—)。师道与柳贯、吴莱等相善。著有《吴礼部诗话》。有《吴正传文集》。

1345 年 元至正五年

△《金史》、《宋史》成书。

△钟嗣成卒于本年后(1275—)。嗣成有散套《丑斋自序》存世。所撰《录鬼簿》,为元曲家立传作评,是元代戏曲史的重要文献。所作杂剧七种,均不传。

△乔吉卒(约 1280—)。乔吉作有杂剧十一种,今存《杜牧之诗酒扬州梦》等三种。另有《乔梦符小令》、《梦符散曲》。

1348 年 元至正八年

△方国珍起兵。

△虞集卒(1272—)。虞集为“元诗四大家”之一。作有诗《挽文丞相》、词《风入松(画堂红袖倚清酣)》等。有《道园学古录》。

△张雨卒(1277—)。张雨与赵孟頫相友善。有《句曲外史集》,备诗、词、文各体。

△王艮卒(1278—)。存有《止止斋集》。

1351 年 元至正十一年

△红巾军起义。

△治理黄河,十一月结束,欧阳玄撰《至正河防记》。

△杨朝英之散曲总集《朝野新声太平乐府》编成。共九卷,收八十五家散曲作品一千余篇,小令一千零二首,套曲二百一十二套。与《乐府新编阳春白雪》同为元散曲的重要选集。杨朝英(生卒年不详)另作有散曲小令《叨叨令·叹世》等。

1352 年 元至正十二年

△苏天爵卒(1294—)。天爵编有《国朝文类》七十卷,著有《春风亭笔记》二卷等。有《滋溪文稿》。

1353 年 元至正十三年

△张士诚起兵反元。

1354 年 元至正十四年

△张士诚称王。

△张可久约卒于本年(1279—)。可久一生时官时隐,游历颇广,与曲家诗人歌妓多人交游唱和,所作散曲数量为元人第一,风格清雅明丽。有《小山乐府》、《张小山北曲联乐府》、《张小山小令》。

△黄公望卒(1269—)。吴镇卒

(1280—)。两人与王蒙、倪瓒并为元末画苑“四大家”。公望有《大痴道人集》、《写山水诀》等，吴镇有《梅道人遗墨》。

1355 年 元至正十五年

△中原红巾军于是年初建立政权。

△夏庭芝的戏曲伶人传记史料著作《青楼集》成书。书中记有各地女伶一百二十人的事迹，且记男优三十余人、曲家诗人五十余人之事迹，反映了元代戏坛的繁荣及艺人生活状况。夏庭芝(生卒年不详)本人亦有少量散曲作品存世。

△吴景奎卒(1292—)。景奎存有《药房樵唱》。

1356 年 元至正十六年

△由两宋交替时期“温州杂剧”发展而来的南曲戏文，由于汲取北杂剧的艺术养份，至元代末年出现繁盛局面。有所谓“四大南戏”流行，它们是《荆钗记》、《刘知远白兔记》、《拜月亭》、《杀狗记》，简称“荆、刘、拜、杀”。

△高明于本年辞官，隐居浙江鄞县沈家楼，撰写《琵琶记》。

1357 年 元至正十七年

△欧阳玄卒(1273—)。欧阳玄官至翰林学士承旨，曾参与编写辽、金、宋三史。有《圭斋集》。

△黄溍卒(1277—)。黄溍与虞集、揭傒斯、柳贯合称“儒门四杰”。有《黄学士文集》。

1359 年 元至正十九年

△王冕卒(1287—；一作 1335—1407)。王冕布衣终身。诗风质朴且清逸。有《竹斋集》。

1360 年 元至正二十年

△朱元璋征浙东名士宋濂、刘基、章溢、叶琛到建康(今南京)。此前，宋濂曾隐居浦阳(今属浙江)小龙门山，作有《龙门凝道记》。刘基曾任浙东行省都事，后被革职，隐居青田(今属浙江)山中，著作寓言散文《郁离子》和神话长诗《二鬼》；到建康后，向朱元璋献计先取陈友谅。宋、刘二人后成为明王朝开国文臣。

1361 年 元至正二十一年

△萧德祥在平阳周嗣德幕为都事。德祥(生卒年不详)所作杂剧四种，今存《王修然断杀狗劝夫》。另据有关资料，南戏《小孙屠没兴遭盆吊》亦为德祥所作。

1364 年 元至正二十四年

△正月，朱元璋称吴王。

△许有壬卒(1287—)。有壬为延祐二年(1315)进士，历官七朝，近五十年。有《圭塘小稿》、《至正集》。

1366 年 元至正二十六年

△陶宗仪文学史料笔记《南村辍耕录》约成书于此年前。

△张鸣善为《青楼集》作序。鸣善生卒年不详，作有散曲小令《水仙子·讥时》等。

1367 年 元至正二十七年

△刘庭信约元末在世，生卒年不详。今存散曲四十六首(套)。

△汪元亨约元末在世，生卒年不详。元亨作有杂剧三种，均不存。所作南戏《秋夜栾城驿》一种，今存残曲三支。另有散曲集《小隐余音》、《云林清赏》。

1368 年 元至正二十八年 明太祖洪武元年

△正月，明太祖朱元璋在应天府即皇帝位，国号大明，建元洪武。八月，元朝亡国。

△元末明初，《三国志通俗演义》和《水浒传》问世。长篇章回体小说产生，并成为明清长篇小说的唯一形式。

△传施耐庵洪武年间在世(生卒年不详)。耐庵代表作为长篇章回小说《水浒传》(一说与其门人罗贯中合撰)。

△罗贯中洪武年间在世(约 1330—1400)。贯中著有长篇章回小说《三国志通俗演义》、《隋唐两朝志传》、《残唐五代史演义传》、《三遂平妖传》及杂剧《赵太祖龙虎风云会》等。

△元诗人张翥卒(1287—)。张翥著有《蜕庵集》。

1369 年 明洪武二年

△《元史》于本年开始纂修，宋濂为总裁，高启等参与修撰，次年成书。

△元文学家顾瑛卒(1310—)。顾瑛著有《玉山璞稿》。

1370 年 明洪武三年

△颁发科举诏令，定八股文取士科举考试制度。

△高启固辞户部右侍郎任命，被“赐金放还”。

△袁凯被荐授为御史。袁凯于元末曾以赋《白燕诗》得名，著有《海叟集》。

△杨维桢卒(1296—)。维桢诗称“铁崖体”，有名于时。明太祖召他纂修礼、乐书，作《老客妇谣》以明不复出仕之意；所修书叙例略定，即请归，抵家卒。有《东维子文集》、《铁崖先生古乐府》等。

△高明约卒于本年(约 1301—)。高明著有南戏《琵琶记》等。

1371 年 明洪武四年

△宋濂因议论祀孔仪礼，触犯明太祖，谪为知县。

1374 年 明洪武七年

△高启被诬告腰斩（1336— ）。高启代表作为诗歌《青丘子歌》、《登金陵雨花台望大江》等，著有《青丘高季迪诗文集》。与杨基、张羽、徐贲并称“吴中四杰”。

△倪瓒卒（1301— ）。倪瓒著有《清闷阁集》。

1375 年 明洪武八年

△刘基卒（1311— ）。刘基代表作为散文《卖柑者言》、诗《二鬼》等。著有《诚意伯文集》。

1377 年 明洪武十年

△宋濂辞归浦阳，方孝孺师事之，追随四年，临别宋濂为作《送方生还宁海序》。

1378 年 明洪武十一年

△瞿佑的文言短篇小说集《剪灯新话》成书，共四卷二十一篇（包括附录一篇），为明代文言短篇小说代表作。

△杨基被谗夺官，谪为输作，卒于工所。（1326—1378 后）。杨基著有《眉庵集》，为“吴中四杰”之一。

1380 年 明洪武十三年

△徐贲卒（生年不详）。徐贲代表作为五言组诗《晋冀纪行》。著有《北郭集》，为“吴中四杰”之一。

1381 年 明洪武十四年

△宋濂受胡惟庸案牵连，于谪迁茂州途中自杀（1310— ）。其代表作为传记文《王冕传》、《秦士录》、《记李歌》等。著有《宋学士集》。

1385 年 明洪武十八年

△张羽远谪广东，半途被召还，自知不能免，自沉龙江而死（1333— ）。张羽著有诗集《静居集》，为“吴中四杰”之一。

1397 年 明洪武三十年

△《大明律》正式颁发，内中《禁止搬做杂剧律令》条：“凡乐人搬做杂剧戏文，不许妆扮历代帝王后妃、忠臣节烈、先圣先贤像，违者杖一百。官民之家容扮者与同罪。其神仙道扮及义夫节妇、孝子顺孙、劝人为善者不在禁限。”此前，曾颁《大诰》，为明初特别刑法，施行至《大明律诰》颁行。有“寰中士大夫不为君用”即定死罪的条款，为前代法律所未有。

1398 年 明洪武三十一年

△朱权的《太和正音谱》本年写成，为现存最早的北杂剧曲谱，也是我国第一部戏曲理论专著。

1399 年 明惠帝建文元年

△建文帝朱允炆推行“削藩”政策，燕王朱棣起兵反叛，率军南下，史称“靖难之变”。

1402 年 明建文四年

△燕王朱棣攻入南京即帝位，是为明成祖，建元永乐。

△方孝孺拒为燕王草登基诏书，被杀（1359— ）。著有《逊志斋集》（别本题《方正学文集》）。

1405 年 明成祖永乐三年

△郑和始下西洋，至明宣宗宣德八年（1433）先后七次出使西洋。随行通事马欢著有《瀛涯胜览》，费信著有《星槎胜览》，巩珍著有《西洋番国志》，各自记录了海外各国风土人情、山川道里，以及当地居民的生产和生活等等情况。

1408 年 明永乐六年

△《永乐大典》于永乐元年（1403）开始编纂，至本年由解缙等编成。全书共二万二千九百三十七卷（包括凡例、目录共六十卷），共装订成一万一千零九十五册，为中国古代规模最大的类书。

1411 年 明永乐九年

△诏令：“但有亵渎帝王圣贤之词曲、驾头杂剧，非律所载者，敢有收藏、传诵、印卖，一并拿送法司究治。”永乐至正统年间，杂剧创作多为歌舞升平的庆贺剧，神仙道化的度脱剧，宣扬伦理道德的节义剧。

1414 年 明永乐十二年

△诏命胡广、杨荣、金幼孜等修纂《四书》、《五经》、《性理大全》。永乐十五年（1417）颁行，定为国子监及府、州、县学生员必读书。

1415 年 明永乐十三年

△解缙以“私谒太子”被杀（1369— ）。解缙著有《文毅集》（别本题《解学士文集》）。

1422 年 明永乐二十年

△贾仲明约卒于本年后（1343— ）。仲明著有杂剧《裴度还带》、《菩萨蛮》等十六种。一说《录鬼簿续编》也是他所著。

1423 年 明永乐二十一年

△高棅卒（1350— ）。高棅编有《唐诗品汇》。

△永乐至正统年间，以杨士奇、杨荣、杨溥“三杨”为代表的“台阁体”诗文流行文坛。

1427 年 明宣宗宣德二年

△瞿佑卒(1341—)。瞿佑代表作为文言短篇小说集《剪灯新话》。

1439年 明英宗正统四年

△朱有燉卒(1379—)。有燉著有杂剧三十一种,总名《诚斋乐府》。还著有诗文集《诚斋集》等。

1440年 明正统五年

△杨荣卒(1371—)。杨荣著有《杨文敏集》。为“台阁体”代表人物之一。

1444年 明正统九年

△杨士奇卒(1365—)。士奇著有《东里全集》。为“台阁体”代表人物之一。

1446年 明正统十一年

△杨溥卒(1375—)。著文集十二卷,诗集四卷,但罕见传本。为“台阁体”代表人物之一。

1448年 明正统十三年

△朱权卒(1378—)。朱权著杂剧《私奔相如》等十二种,及戏曲理论著作《太和正音谱》等。

1449年 明正统十四年

△七月,蒙古瓦剌部也先南侵,英宗朱祁镇率军亲征。八月,英宗于怀来县西土木堡兵败被俘,史称“土木之变”。十月,也先挟英宗逼京师,被兵部尚书于谦率军民击退。

1451年 明代宗景泰二年

△李昌祺卒(1376—)。昌祺著有文言短篇小说集《剪灯余话》。

1457年 英宗天顺元年

△英宗复辟,史称“夺门之变”。

△于谦遇害(1398—)。于谦诗于台阁体之外独树一帜,代表作有《石灰吟》、《出塞》、《北风吹》等诗。著有《于忠肃集》。

1465年 明宪宗成化元年

△成化至弘治年间,以李东阳为首的“茶陵诗派”形成,开前后七子复古之先河。

△成化至弘治年间,传奇创作开始兴盛,作品有无名氏的《精忠记》(或谓姚茂良作)、王济的《连环记》、沈采的《千金记》等。

1495年 明孝宗弘治八年

△邱濬卒(1421—)。邱濬代表作为传奇《伍伦全备记》。

△邵灿(生卒年不详)成化前后在世,代表作为传奇《香囊记》(作于邱濬《伍伦全备记》之后),开明代传奇骈俪派之先河。

1499年 明弘治十二年

△唐寅本年入京会试,因牵涉科场舞弊案下狱,后放归,以鬻文卖画为生。

1500年 明弘治十三年

△吴承恩约生于本年。

△弘治中期,李梦阳、何景明、徐祯卿、边贡、康海、王九思、王廷相等“前七子”,以“文必秦汉,诗必盛唐”相号召,形成了声势浩大的诗文复古运动。

1506年 明武宗正德元年

△王守仁因疏救御史戴铣,谪贵州龙场驿丞。

1507年 明正德二年

△陈铎约卒于本年(约1488—)。陈铎著有散曲集《梨云寄傲》、《秋碧乐府》、《滑稽余韵》等。

1509年 明正德四年

△王守仁在贵阳书院开讲“知行合一”、“致良知”说,王学形成并逐渐扩大影响。

△沈周卒(1427—)。沈周工于画,与唐寅、文徵明、仇英合称“明四家”。著有《石田集》,另有笔记《客座新闻》、《石田杂记》等。

1511年 明正德六年

△徐祯卿卒(1479—)。祯卿著有《迪功集》,另有评诗著作《谈艺录》等。为“前七子”之一,又与祝允明、唐寅、文徵明齐名,号“吴中四才子”。

1512年 明正德七年

△马中锡约于本年卒于狱中(1446—)。中锡代表作为寓言散文《中山狼传》。著有《东田集》。

1516年 明正德十一年

△李东阳卒(1447—)。东阳著有《怀麓堂全集》,为“茶陵诗派”领袖人物。

1517年 明正德十二年

△曲总集《盛世新声》(明无名氏编)初刊于本年,共十二集,收元明散套和剧曲曲文四百余套,小令五百余首,为明代大型曲选之一。

1521年 明正德十六年

△何景明卒(1483—)。景明著有诗文集《大复集》。为“前七子”代表人物。

1522年 明世宗嘉靖元年

△罗贯中《三国志通俗演义》本年刊刻,世称“嘉靖本”,为今所见《三国演义》最早刊本,此后各种版本相继问世。

△李日华嘉靖初年在世(生卒年不详)。日华与友人崔时佩首次尝试将王实甫杂剧《西厢记》改为南曲传奇,人称《南西厢记》。

1524年 明嘉靖三年

△唐寅卒(1470—)。唐寅著有诗文集《六如居士集》(又称《唐伯虎全集》)。与文徵明、祝允明、徐祯卿合称为“吴中四才子”。其画声名颇著,与沈周、文徵明、仇英合称“明四家”。

△王鏊卒(1450—)。王鏊著有《震泽集》、《姑苏志》、《震泽长语》、《震泽纪闻》等。其八股制义编为《王守溪文稿》。为明代最有名的八股文(时文)家。

△杨慎因“大礼议”忤旨,谪戍云南永昌卫(今保山)。

1525年 明嘉靖四年

△曲总集《词林摘艳》本年刊行。此书系明张禄在《盛世新声》基础上编成。

1527年 明嘉靖六年

△祝允明卒(1461—)。允明著有诗文集《怀星堂集》,笔记小说《猥谈》、《志怪录》等。为“吴中四才子”之一。

1528年 明嘉靖七年

△王守仁卒(1472—)。守仁散文上承宋濂、方孝孺,下开“唐宋派”王慎中、唐顺之。有《王文成公全书》。

1530年 明嘉靖九年

△王磐卒(约1470—)。王磐代表作为散曲《朝天子·咏喇叭》。著有散曲集《西楼乐府》。

△李梦阳卒(1473—)。梦阳著有《空同集》。为“前七子”领袖人物。

1531年 明嘉靖十年

△散曲剧曲总集《雍熙乐府》(原书不题编者姓名,近代学者考证为明郭勋所编)初刊于本年。共二十卷,收金、元、明三代杂剧、传奇、诸宫调等套曲一千一百二十一套,南北曲小令一千八百九十七首,为今知明嘉靖以前最大规模的曲文选集。

1532年 明嘉靖十一年

△边贡卒(1476—)。边贡著有《边华泉集》。为“前七子”之一。

1537年 明嘉靖十六年

△高叔嗣卒(1501—)。叔嗣著有《苏门集》。

△陆采卒(1497—)。陆采著有传奇《明珠记》、《南西厢记》等五种,文言小说集《国朝史余》、《天池声隽》等,辑唐人小说选集《虞初志》。诗文集有《天池山人小稿》、《陆子集诗集》等。

1538年 明嘉靖十七年

△徐霖卒(1462—)。徐霖作有传奇《三元记》、《绣襦记》(一说为薛近兖作)等。

1540年 明嘉靖十九年

△康海卒(1475—)。康海代表作为杂剧《东郭先生误救中山狼》。著有诗文集《对山集》。为“前七子”之一。

1541年 明嘉靖二十年

△《清平山堂话本》(原名《六十家小说》)约在本年至嘉靖三十年(1551)间刊行问世。此书系嘉靖时人洪楩编印,分为六集,收宋、元、明三代话本小说六十篇(今存二十九篇,其中包括两篇残页),为今所见的最早编印成的一部话本小说选集。

1544年 明嘉靖二十三年

△王廷相卒(1474—)。廷相著有《王氏家藏集》、《内台集》。为“前七子”之一。

△吴承恩于本年考得岁贡生。

1547年 明嘉靖二十六年

△李开先本年写成传奇《宝剑记》,嘉靖二十八年(1549)刊行。

1550年 明嘉靖二十九年

△本年,宗臣、梁有誉、徐中行、吴国伦同举进士,并先后加入李攀龙、王世贞、谢榛所结诗社。其七人上承“前七子”文学主张,以“文必西汉,诗必盛唐”相号召,再次形成复古、拟古潮流,时称七人为“后七子”。

△梁有誉(生卒年不详)入诗社不久以病归,未几即去世,年仅三十六岁。著有《兰汀存稿》。

△汤显祖生于本年。

1551年 明嘉靖三十年

△王九思卒(1468—)。九思代表作为杂剧《杜子美沽酒游春》、《中山狼院本》。著有散曲集《碧山乐府》,诗文集《渼陂集》。

1559年 明嘉靖三十八年

△嘉靖年间,王慎中、唐顺之及茅坤、归有光等反对前后七子“文必秦汉、诗必盛唐”的文学主张,崇尚唐宋散文,被称为“唐宋派”。

△王慎中卒(1509—)。慎中著有《遵岩集》。为“唐宋派”代表人物之一。

△文徵明卒(1470—)。徵明著有《甫田集》。为“吴中四才子”之一。工于画,为“明四家”之一。

△杨慎卒(1488—)。杨慎著有《升庵全集》、《升庵长短句》、《二十一史弹词》。

1560年 明嘉靖三十九年

△唐顺之卒(1507—)。顺之著有《荆

川集》。为“唐宋派”作家之一，与王慎中、李开先、陈束等人时称“嘉靖八才子”。

△宗臣卒(1525—)。宗臣代表作为散文《报刘一丈书》。著有《宗子相集》。为“后七子”之一。

1564年 明嘉靖四十三年

△张时彻编成明文总集《明文苑》，共九十六卷，有本年刻本问世。后编者病其太繁，乃重加删选，于隆庆三年(1569)编成六十八卷，重题为《明文范》刊行。

1565年 明嘉靖四十四年

△王世贞的文学理论著作《艺苑卮言》刊行。

1566年 明嘉靖四十五年

△吴承恩出任长兴县丞。

△郎瑛本年尚在世(1487—，一说卒于本年)。郎瑛著有笔记《七修类稿》。

△嘉靖至万历年间，长篇章回小说的创作和出版逐渐繁盛，大量作品梓行问世。历史演义小说类主要作品有余邵鱼的《列国志传》，熊大木的《唐书志传通俗演义》、《大宋中兴通俗演义》、《南北两宋志传》等。神魔小说类主要作品有吴承恩的《西游记》，许仲琳(一说为陆西星)的《封神演义》。人情小说类主要作品有署名兰陵笑笑生的《金瓶梅》。公案小说类主要作品有李春芳的《海刚峰先生居官公案传》等。

1568年 明穆宗隆庆二年

△李开先卒(1502—)。开先所著传奇有《宝剑记》、杂剧有《园林午梦》等，散曲集有《中麓乐府》，戏曲论著有《词谑》，诗文集有《闲居集》。与王慎中、唐顺之、陈束、赵时春、熊过、任瀚、吕高并称“嘉靖八才子”。

1569年 明隆庆三年

△黄峨卒(1498—)。黄峨系杨慎妻。著有《杨夫人乐府》、《杨状元妻诗集》。

1570年 明隆庆四年

△李攀龙卒(1514—)。攀龙著有《沧溟集》。为“后七子”领袖之一，与李梦阳、何景明、王世贞并称“李何王李”。

△汤显祖乡试中举。

1571年 明隆庆五年

△归有光卒(1507—)。有光代表作为散文《项脊轩志》、《寒花葬志》、《先妣事略》，著有《震川先生文集》。为“唐宋派”代表人物之一。

1573年 明神宗万历元年

△何良俊卒(1506—)。良俊著有《何翰林集》，另著有笔记《四友斋丛说》、《何氏语林》、《世说新语补》等。

1574年 明万历二年

△冯梦龙生于长洲(今江苏苏州)。

1575年 明万历三年

△谢榛卒(1495—)。谢榛著有《四溟山人集》、《四溟诗话》。为“后七子”之一。

1577年 明万历五年

△汤显祖赴京会试，因拒绝首辅张居正招揽而落第后，作《广意赋》。约本年秋后至万历七年(1579)，与友人合作撰写传奇《紫箫记》，自此开始了他的戏曲创作。

△周朝俊万历初在世(生平不详)。朝俊著有传奇《红梅记》。

1578年 明万历六年

△徐中行卒(1517—)。中行著有《天目先生集》、《青萝馆诗》。

1580年 明万历八年

△冯惟敏约卒于本年(1511—)。惟敏著有《海浮山堂辑稿》、《海浮山堂词稿》、《云庄乐府》等。

△凌濛初本年生于浙江乌程(今湖州)。

1582年 明万历十年

△吴承恩约卒于本年(约1500—)。承恩代表作为长篇章回小说《西游记》一百回。另有《射阳先生存稿》。

△钱谦益生。

1583年 明万历十一年

△汤显祖本年中进士，次年任南京太常寺博士。

△高濂本年在世(生卒年不详)。高濂著有传奇《玉簪记》、《节孝记》，诗文集《雅尚斋诗草》、《芳芷楼词》，散曲集《芳芷楼曲》，杂著《遵生八笺》等。

1584年 明万历十二年

△李春芳卒(1510—)。春芳著有《贻安堂集》，公案小说《海刚峰先生居官公案传》。

1586年 明万历十四年

△魏良辅约卒于本年(约1522—)。良辅著有《曲律》(一名《南词引正》)，为昆腔改革家。

1587年 明万历十五年

△约在本年前后，汤显祖在南京将《紫箫记》改写为《紫钗记》初稿，后几经修改，于万历二十三年(1595)付梓。

△海瑞卒(1514—)。海瑞著有《淳安稿》等。

1589年 明万历十七年

△天都外臣(汪道昆)序本《忠义水浒传》本年刊行,一百回。此为《水浒传》早期重要繁本之一。

1590年 明万历十八年

△王世贞卒(1526—)。世贞著有诗文集《弇州山人四部稿》等,诗文论著《艺苑卮言》,笔记杂著《艳异编》、《凤洲笔记》、《觚不觚录》等,一说传奇《鸣凤记》亦为其所作。与李攀龙同为"后七子"领袖,李卒后主盟文坛二十年。

△李贽本年至公安,结识袁宗道、袁宏道、袁中道兄弟,所著《焚书》也于本年刊行。其文学主张"童心说"对晚明的文学创作和批评产生重大影响。

△袁宗道、袁宏道、袁中道三兄弟并称"公安三袁",受李贽"童心说"影响,反对前后七子的复古潮流,提倡"独抒性灵,不拘格套"的文学主张"性灵说",被称为"公安派",其清新活泼的散文小品和抒写个人情性的诗歌,对明末文坛有相当大的影响。

1591年 明万历十九年

△汤显祖上《论辅臣科臣疏》,被贬为广东徐闻县典史。

△梁辰鱼卒(1519—)。辰鱼代表作传奇《浣纱记》为第一部用魏良辅改革后的昆山腔演唱的剧本,对昆曲的发展和传播起过重要作用。另有散曲集《江东白苎》、杂剧《红线女》等。

1592年 明万历二十年

△金陵唐氏世德堂《新刻出像官板大字西游记》梓行。一百回。此为今见最早《西游记》刊本。

△贾三近卒(1534—)。三近著有《东掖漫稿》、《东掖奏草》,均佚,今唯所编寓言集《滑耀编》存世。

1593年 明万历二十一年

△汤显祖调任浙江遂昌知县,在任五年。

△徐渭卒(1521—)。徐渭代表作为杂剧《四声猿》,著有《徐文长集》;戏曲论著《南词叙录》等。

△吴国伦卒(1524—)。国伦著有《甔甀洞稿》。为"后七子"之一。

△汪道昆卒(1525—)。道昆著有诗文集《太涵集》。作杂剧《高唐记》、《洛神记》、《五湖记》、《京兆记》四种,合称《大雅堂乐府》。

1594年 明万历二十二年

△吏部郎中顾宪成(1550—1612)革职归无锡,与高攀龙、钱一本等在无锡东林书院聚众讲学,议论朝政,得到吏部郎中赵南星等士大夫的支持,被称为"东林党"。他们反对宦官专权,反对横征暴敛,主张开放言路,形成与"阉党"的对立和斗争。天启年间,宦官魏忠贤专政,东林党人惨遭迫害。天启七年崇祯帝朱由检继位,逮治魏忠贤。东林党人名誉恢复。

△双峰堂刊本《京本增补校正全像忠义水浒志传评林》梓行。此为今见较早简本《水浒传》版本之一。

1596年 明万历二十四年

△顾大典卒(1540—)。大典作传奇《青衫记》、《义乳记》、《葛衣记》、《风教编》四种,合称《清音阁传奇》。诗文集有《清音阁集》、《海岱吟》、《闽游草》、《园居稿》等。

1597年 明万历二十五年

△罗懋登万历年间在世(生卒年不详)。懋登代表作长篇章回小说《三宝太监西洋记通俗演义》成书于本年。另著有传奇《香山记》。

△冬,汤显祖赴京述职,作有诗《感事》等。

△袁宏道于万历二十年进士及第,后任吴县令,本年辞归,游杭州,作著名散文《晚游六桥待月记》。

1598年 明万历二十六年

△春,汤显祖辞归临川;秋,完成传奇《牡丹亭》。

△自万历中期,戏剧创作形成以汤显祖为代表的"临川派"(也称"玉茗堂派")和以沈璟为领袖的"吴江派"。临川派戏曲家注重意趣,崇尚文采,主要有梅鼎祚、吴炳、孟称舜等人。吴江派戏曲家讲究音律,提倡语言本色,其成员有吕天成、王骥德、叶宪祖、冯梦龙等人。两派曾长期进行论争,至明末清初渐趋合流。

1600年 明万历二十八年

△汤显祖作传奇《南柯记》。

△薛论道约卒于本年(约1531—)。论道著有散曲集《林石逸兴》。

△袁宗道卒(1560—)。宗道著有《白苏斋集》。与弟袁宏道、袁中道齐名,时称"公安三袁",为"公安派"代表人物之一。

1601年 明万历二十九年

△汤显祖正式被免职,同年作传奇《邯郸记》。此剧与《紫钗记》、《牡丹亭》、《南柯记》合称《临川四梦》(又称《玉茗堂四梦》)。

△茅坤卒(1512—)。茅坤著有《白华楼藏稿》。曾评选《唐宋八大家文钞》。为"唐宋

派"作家之一。

1602年　明万历三十年

△李贽被诬下狱，自刎于狱中(1527—　)。李贽著有诗文集《焚书》、《续焚书》，史评《藏书》、《续藏书》。论文提倡"童心说"，反对文学复古。曾评点《水浒传》、《西厢记》、《琵琶记》等，开评点小说、戏曲的风气。

△胡应麟卒(1551—　)。应麟著有诗文集《少室山房类稿》，笔记《少室山房笔丛》。为"末五子"之一。

1604年　明万历三十二年

△陈所闻编散曲总集《北宫词纪》刊行。全书六卷，兼收元明两代曲家作品。

1605年　明万历三十三年

△陈所闻编散曲总集《南宫词纪》刊行。全书六卷，所收多为明人所作南曲，极个别为元人作品。与《北宫词纪》合称《南北宫词纪》。

△屠隆卒(1542—　)。屠隆著有传奇《昙花记》、《修文记》、《彩毫记》三种，合称《凤仪阁乐府》。诗文集有《白榆集》、《由拳集》、《采真集》、《鸿苞集》存世。为"末五子"之一。

1608年　明万历三十六年

△汤显祖到皖南造访汪廷讷，作《坐隐乩笔记》阐扬汪廷讷事迹。

△汪廷讷约嘉靖至天启年间在世(生卒年不详)。廷讷作传奇《二阁记》、《义烈记》等十八种，其中《狮吼记》为其代表作。另作有杂剧《青梅佳句》、《捐𢁉嫁婢》等九种。著有诗文集《坐隐先生集》。

1609年　明万历三十七年

△王衡卒(1561—　)。王衡著有杂剧《郁轮袍》、《没奈何》等，诗文集《缑山集》、《纪游稿》、《归田词》。

△冯梦龙约在本年辑行民歌集《挂枝儿》。此后又辑行吴地民歌集《山歌》。

△吴伟业生。

1610年　明万历三十八年

△沈璟卒(1533—　)。沈璟著有《属玉堂传奇》十七种，代表作为传奇《义侠记》。编有《南九宫十三调曲谱》、《南词韵选》等曲学著作。为"吴江派"领袖。

△袁宏道卒(1568—　)。宏道散文《徐文长传》、《虎丘记》、《满井游记》等为其代表作。著有《袁中郎全集》。为"公安派"创始者。

△朱载堉约卒于本年(1536—　)。载堉发明"十二平均音律"，著有《乐律全书》、《韵学指南》等。代表作有散曲《山坡羊·十不足》。所作散曲收入清贺汝田辑《醒世词》中。

△黄宗羲生。

1611年　明万历三十九年

△陈与郊卒(1544—　)。与郊作有传奇《樱桃梦》、《灵宝刀》、《鹦鹉洲》、《麒麟罽》四种，合称《诊痴符》。作杂剧《文姬入塞》、《昭君出塞》等五种。又辑刻有《古今名家杂剧》、《续古今名家杂剧》等。

1612年　明万历四十年

△王穉登卒(1535—　)。穉登著有传奇《全德记》、杂剧《相思谱》，诗文集《王百谷集》、《谋野集》、《南有堂诗集》等，辑明代散曲为《吴骚集》。

1613年　明万历四十一年

△顾炎武生。

△张凤翼卒(1527—　)。凤翼著有诗文集《处实堂前集》、《处实堂后集》等，散曲集《敲月轩词稿》。作传奇《红拂记》、《祝发记》等六种，合称《阳春六集》，以《红拂记》为其代表作。

1614年　明万历四十二年

△本年及次年，钟惺与谭元春选编、评刊《古诗归》、《唐诗归》，继"公安派"之后，反对复古拟古，提倡抒写性灵，所作以"幽深孤峭"为宗旨，世称"竟陵派"，为晚明影响较大的文学流派之一。

1615年　明万历四十三年

△梅鼎祚卒(1549—　)。鼎祚著有《鹿裘石室集》，辑有《历代文纪》、《汉魏诗乘》、《古乐苑》、《唐乐苑》等。编笔记小说《青泥莲花记》、《才鬼记》。著杂剧《昆仑奴》、传奇《玉合记》、《长命缕》。

1616年　明万历四十四年　后金太祖天命元年

△正月，爱新觉罗·努尔哈赤在赫图阿拉(今辽宁新宾)即汗位，定国号为金，史称后金。

△汤显祖卒(1550—　)。显祖代表作传奇《牡丹亭》代表明代戏曲最高成就。著有诗文集《玉茗堂集》、《红泉逸草》、《向棘邮草》，传奇《紫箫记》、《紫钗记》、《牡丹亭》、《南柯记》、《邯郸记》五种，后四种合称《临川四梦》。

△臧懋循编选的《元曲选》前集于上年刊行，后集于本年刊行，共收元杂剧一百种。

1617年　明万历四十五年　后金天命二年

△兰陵笑笑生所撰《新刻金瓶梅词话》首有"东吴弄珠客"本年序。此为今见最早《金瓶梅》刊本。

1618年　明万历四十六年　后金天命三年

△后金努尔哈赤起兵反明，萨尔浒之役击败明军，占领辽沈地区。后于1621年迁都辽阳，1625年又迁都沈阳，1634年改沈阳为盛京。

1619年 明万历四十七年 后金天命四年

△王夫之生。

1620年 明万历四十八年 光宗泰昌元年 后金天命五年

△臧懋循卒（1550— ）。懋循以编选刊行《元曲选》著名于世。著有《负苞堂集》。

△徐复祚约卒于本年后（1560—1620后）。复祚著有杂剧《一文钱》、传奇《红梨记》、笔记杂著《三家村老委谈》等。

1621年 明熹宗天启元年 后金天命六年

△冯梦龙编著的白话短篇小说集《古今小说》（后再版改题《喻世明言》）刊行。

△韩敬所编汤显祖诗文集《玉茗堂集》（又名《汤若士全集》），共四十六卷，有本年刻本行世。

1622年 明天启二年 后金天命七年

△宋懋澄卒（1572— ）。懋澄代表作为文言小说《负情侬传》和《珍珠衫》，后分别被改写成拟话本《杜十娘怒沉百宝箱》和《蒋兴哥重会珍珠衫》，收入《警世通言》和《喻世明言》中。著有《九籥集》。

△邹元标在京师创首善书院，与高攀龙讲学。至是年为反东林党者劾罢。

1623年 明天启三年 后金天命八年

△王骥德卒（生年不详）。骥德代表作为曲论著作《曲律》。另著有诗文集《方诸馆集》、散曲集《方诸馆乐府》，传奇《题红记》、杂剧《男王后》等。

1624年 明天启四年 后金天命九年

△冯梦龙所编白话短篇小说集《警世通言》刊行。

△钟惺卒（1547— ）。钟惺代表作有散文《浣花溪记》等。著有《隐秀轩文集》。为"竟陵派"创始者。

△邓志谟卒（1554— ）。志谟作有章回小说《飞剑记》、《咒枣记》、《铁树记》，传奇《并头花记》、《玛瑙簪记》、《凤头鞋记》、《八珠环记》等。

△谢肇淛卒（1567— ）。肇淛著有笔记《五杂俎》及《小草斋集》、《小草斋诗话》等。

△叶昼本年或次年间游梁，倡海金社（叶昼生卒年不详，万历、天启年间在世）。传托名李卓吾批点的《水浒传》、《三国志演义》、《西游记》及《琵琶记》、《拜月亭》等皆出叶昼手。他上承李卓吾，下启金圣叹，是小说批评史中一位卓有建树的评点家。

△张溥本年在常熟创办"应社"，与张采同主社事。张溥、张采共学齐名，号"娄东二张"。

1625年 明天启五年 后金天命十年

△毁首善书院，并诏毁天下书院，东林书院首当其祸。

△魏学洢约卒于本年（约1596— ）。学洢代表作为散文《核舟记》，著有《茅檐集》。

△榜东林党人姓名于天下，时因被指为东林党受拷掠死者甚众。

△陈维崧生

1626年 明天启六年

△东林党领袖之一高攀龙遭阉党诬害，投池自杀（1562— ）。攀龙著有《高子遗书》。

△东林党人周顺昌被逮，死于狱中（1584— ）。顺昌著有《烬馀集》。

△苏州市民暴动，反对阉党逮捕周顺昌。市民颜佩韦、杨念如、马杰、沈扬、周文元等五人被杀，葬于虎丘。后张溥作《五人墓碑记》，李玉作传奇《清忠谱》记此事。

△冯梦龙辑成文言小说集《智囊》刊行。嗣后又补充、修正部分内容以《智囊补》名刊行。

1627年 明天启七年 后金太宗天聪元年

△冯梦龙所编白话短篇小说集《醒世恒言》刊行。《醒世恒言》与《喻世明言》（《古今小说》）、《警世通言》合称"三言"，共收宋元话本小说和明代拟话本一百二十篇。

△冯梦龙所编散曲集《太霞新奏》有本年刊刻本。又编辑文言小说集《情史》，约刊于崇祯初年。

△赵南星为阉党所陷，卒于戍所（1550— ）。南星著有《赵忠毅集》。

△袁中道卒（1570— ）。中道著有《珂雪斋前集》、《珂雪斋近集》、《珂雪斋集选》、《游居柿录》等。为"公安派"代表人物之一。

1628年 明思宗崇祯元年 后金天聪二年

△凌濛初所著白话短篇小说集《拍案惊奇》（后称《初刻拍案惊奇》）刊行。所编散曲、戏曲选集《南音三籁》成书于本年之前。

△描写客氏、魏忠贤阉党专权祸国的长篇章回小说《警世阴阳梦》（题"长安道人编次"）、《魏忠贤小说斥奸书》（题"吴越草莽臣撰"）本年刊行，开明末清初时事小说之风气。崇祯三年至明末刊行问世的时事小说主要有：描写客、魏阉党故事的《梼杌闲评》（又名《明珠缘》，

疑为李清所撰)，描写明末辽东战争的《近报丛谭平虏传》(题“吟啸主人撰”)、《辽海丹忠录》(陆人龙撰)，写李自成故事的《新编剿闯通俗小说》(作者不详)。

1629年 明崇祯二年 后金天聪三年

△张溥、张采召集各省文社在吴江尹山集会，以“兴复绝学”为宗旨，在应社的基础上成立了明末影响最大的文社——复社。政治上继承东林党精神，参预明末政治斗争；文学上推崇“前后七子”。明亡后不少人成为抗清义士。张溥本年作散文《五人墓碑记》等。

△本年后，夏允彝、陈子龙在松江成立幾社，与复社相应和。也曾并入复社，明亡后仍有活动，至清康熙初解体。不少成员投入抗清斗争。

△方汝浩天启年间写成长篇章回小说《禅真逸史》刊行，本年又有续书《禅真后史》刊行问世。

△崇祯间，艾南英等成立了豫章社，文学主张上与“复社”、“幾社”对立，反对“前后七子”，推崇“唐宋派”。

△沈泰(生卒年不详)编成杂剧总集《盛明杂剧》，初集本年刊刻行世，二集刊刻于崇祯十四年(1641)，共收明代杂剧六十种。

△李流芳卒(1575—　　)。流芳著有《檀园集》。

△朱彝尊生。

1630年 明崇祯三年 后金天聪四年

△冯梦龙本年补岁贡生，崇祯五年(1632)出任丹徒县训导，崇祯七年任福建寿宁县令。约本年前后，增补刊行了长篇章回小说《新列国志》。

1631年 明崇祯四年

△长篇章回小说《隋炀帝艳史》明人瑞堂刊本首有本年“檇李友人委蛇居士”题词、“野史主人”序。题“齐东野人编演”。

1632年 明崇祯五年 后金天聪六年

△凌濛初所著白话短篇小说集《二刻拍案惊奇》刊行。与《拍案惊奇》合称“二拍”，共收拟话本七十八篇，为中国小说史上最早由文人独立创作的白话短篇小说集。

△白话短篇小说选集《今古奇观》由抱瓮老人(姓名、生平不详)在本年至崇祯十七年(1644)之间选编刊行，所收小说均选自“三言”和“二拍”，共四十篇。

1633年 明崇祯六年 后金天聪七年

△《古今名剧合选》刊行，首有本年选编者孟称舜自序，收元明杂剧五十六种。

△长篇章回小说《隋史遗文》崇祯刊本首有本年作者袁于令(署“吉衣主人”)自序。

△复社开虎丘大会，与会者至数千人。

1634年 明崇祯七年 后金天聪八年

△王士禛生。

1635年 明崇祯八年 后金天聪九年

△李日华卒(1565—　　)。日华字君实，著有《味水轩日记》、《紫桃轩杂缀》，以写散文小品著名，非改定《南西厢记》的李日华。

1636年 明崇祯九年 清太宗崇德元年

△四月，后金皇太极在盛京(沈阳)称帝，改国号为清。清王朝建立。

1637年 明崇祯十年 清崇德二年

△董其昌卒(1556—　　)。其昌著有《容台集》、《学科考略》、《画禅室随笔》等。

△谭元春卒(1586—　　)。元春曾与钟惺共同评选《古诗归》和《唐诗归》而名满天下。著有《谭友夏合集》。为“竟陵派”创始人之一。

△刘侗约卒于本年(约1594—　　)。刘侗代表作为《帝京景物略》(与于奕正合著)。另有《龙井崖诗》、《雉草》、《南京景物略》。

1638年 明崇祯十一年 清崇德三年

△陈子龙等人本年二月始编《明经世文编》，十一月成书，共五百卷，补遗四卷。崇祯年间，陈子龙与李雯等人还编成《明诗选》刊行。

△冯梦龙本年卸职离寿宁县归故里，隐居著述。

△逆党阮大铖居南京，与革职巡抚马士英谋起用，复社诸生黄宗羲等一百四十人列名公布《留都防乱帖》给予揭露抨击。

1639年 明崇祯十二年 清崇德四年

△陈继儒卒(1558—　　)。继儒辑有《宝颜堂秘笈》、《国朝名公诗选》。著有笔记《见闻录》、《笔记》、《太平清话》、《偃曝余谈》等，文言小说集《闲情野史》、《珍珠船》，诗文集《陈眉公全集》等。

1640年 明崇祯十三年 清崇德五年

△董说的章回小说《西游补》约写于本年前后。

△蒲松龄生。

1641年 明崇祯十四年 清崇德六年

△徐弘祖卒(1586—　　)。弘祖著有《徐霞客游记》。

△张溥卒(1602—　　)。张溥代表作为散文《五人墓碑记》。著有《七录斋集》。编有《汉魏六朝百三家集》。为复社领袖之一。

△叶宪祖卒（1566—　　）。宪祖著杂剧《易水寒》等二十四种、传奇《玉麟记》等六种。散曲有《古乐府曲集》。

△金人瑞评点、删改《水浒传》为七十回本，题《第五才子书施耐庵水浒传》刊行。

1642 年　明崇祯十五年　清崇德七年

△沈德符卒（1578—　　）。德符著有笔记《万历野获编》，诗文集《清权堂集》。

△胡震亨崇祯年间在世（一说生卒年为1569—1642）。震亨辑有唐代诗总集《唐音统签》，为清代编《全唐诗》的蓝本。其中《癸签》三十三卷为诗话，是研究唐诗的重要资料。另著有《赤诚山人稿》等。

1643 年　明崇祯十六年　清崇德八年

△周楫（生卒年不详，崇祯间在世）的白话短篇小说集《西湖二集》约成书于明末，有崇祯间刊本。

△明末刊行的白话短篇小说集尚有《石点头》（题"天然痴叟著"）、《型世言》（陆人龙著）等。

△钱谦益的《初学集》一百十卷由其门生瞿式耜于本年刻行。

1644 年　明崇祯十七年　清世祖顺治元年

△李自成建立大顺政权，年号永昌，旋攻占北京，明思宗朱由检自缢死。明福王朱由崧由马士英、史可法等拥立监国，旋即帝位，年号弘光，是为南明。

△阮大铖为马士英所荐，重新起用，造《蝗蝻录》，对复社文人进行报复陷害。陈贞慧等被下狱，侯方域、方以智、黄宗羲等出逃。

△凌濛初卒（1580—　　）。濛初编著有白话短篇小说集《拍案惊奇》、《二刻拍案惊奇》，编有《南音三籁》，著有杂剧《虬髯翁》。

△倪文璐卒（1593—　　）。文璐著有《倪文贞集》。

1645 年　清顺治二年

△史可法督师扬州，阎尔梅、彭士望、王猷定等文人曾入其幕中。清军破扬州，屠城十日，史称"扬州十日"。史可法殉难（1602—　　）。可法著有《史忠正集》。

△清军破嘉定，连续三次屠城，史称"嘉定三屠"。黄淳耀在嘉定组织抗清，城陷投水死（1605—　　）。淳耀著有《陶庵集》。

△刘宗周绝食殉明（1578—　　）。宗周著有《刘子全书》。

△吴应箕在贵池进行抗清斗争，兵败被执不屈死。应箕著有《楼山堂集》。

△祁彪佳拒清将胁召，在绍兴故里投水死（1602—　　）。彪佳著有《祁彪佳集》、《远山堂曲品》、《剧品》。

△洪昇生。

1646 年　清顺治三年

△冯梦龙卒（1574—　　）。梦龙编著有白话短篇小说集《古今小说》（又称《喻世明言》）、《警世通言》、《醒世恒言》，改订章回小说《东周列国志》，著有章回小说《平妖传》，编有民歌集《挂枝儿》、《山歌》。

△王思任于清军破绍兴后绝食死（1575—　　）。思任著有《王季重十种》。

△艾南英卒（1583—　　）。南英著有《天傭子集》。

△阮大铖降清从攻仙霞岭，死于山上，或谓为清兵所杀（1587—　　）。大铖著有传奇集《石巢四种》，另有《咏怀堂诗》。

1647 年　清顺治四年

△山阳靳应昇、阎修龄、张养重等在乡里结望社，此年合刻《秋心集》。

△曹学佺于南明唐王政权覆灭后自杀（1574—　　）。学佺著有《石仓集》、《蜀中名胜记》。

△陈子龙谋结太湖义军抗清，事泄，被清军捕执，乘间投水死（1608—　　）。子龙著有《陈忠裕公集》，编有《皇明诗选》。

△李雯卒（1608—　　）。李雯著有《蓼斋集》。

△夏完淳上表南明唐王示拥戴，事发，被清军捕执，不屈遇害（1631—　　）。完淳著有《夏内史集》。

1648 年　清顺治五年

△吴炳为清将孔有德所俘，绝食死（1595—　　）。吴炳著有传奇《粲花五种》（一名《石渠五种曲》）。

△张采卒（1596—　　）。张采著有《知畏堂集》。

△孔尚任生。

1649 年　清顺治六年

△顺治初年由苏州、松江两府一些文士创立的诗文社沧浪会，因内部意见纷争，分裂为慎交社、同声社。慎交社由沧浪会发起人之一宋实颖主持，知名成员有尤侗、汪琬、吴兆骞、陆圻、计东、顾有孝等。同声社由章在兹、叶方霭主持。

△冯舒以揭发邑中钱粮之弊被知县杀害（1593—　　）。冯舒著有《默庵遗稿》。

1650 年　清顺治七年

△侯方域与徐作肃、贾开宗、徐世琛、徐邻唐、宋荦结雪苑六子社。

△惊隐诗社(一名逃之盟)在吴江成立。由叶继武主持，主要成员有吴炎、潘柽章、朱鹤龄、归庄、顾炎武、陈忱等，均为明遗民。

△同声社中松江文士从社中分离，在本邑另立原社。主要成员有杜登春、张渊懿、许缵曾、宋征舆等。

△瞿式耜抗清兵败被执，不屈死(1590—　)。式耜著有《瞿忠宣公集》。

△邝露于清兵陷广州后抱琴投水死(1604—　)。邝露著有《峤雅》、《赤雅》。

1651 年　清顺治八年

△吴伟业作长篇歌行《圆圆曲》，为梅村体代表作。

1652 年　清顺治九年

△毛晋汲古阁刊钱谦益所辑《列朝诗集》。

△归庄作《万古愁》散套。

△陈洪绶卒(1598—　)。洪绶著有《宝纶堂集》。

△万寿祺卒(1603—　)。寿祺著有《隰西草堂集》。

1653 年　清顺治十年

△苏州、松江等七府五百余士人，借春禊社饮之机，聚会苏州虎丘，奉吴伟业为宗主，举十郡大社。四月复聚会于嘉兴鸳湖。

△邢昉卒(1590—　)。邢昉著有《石臼集》。

△王翃卒(1603—　)。王翃著有《二槐诗存》及传奇《红情言》。

1655 年　清顺治十二年

△沈自晋刊所编《南词新谱》。

△侯方域卒(1618—　)。方域古文与魏禧、汪琬并称"国初三家"，又与陈贞慧、冒襄、方以智号明末"四公子"，著有《壮悔堂文集》、《四忆堂诗集》。

△纳兰性德生。

1656 年　清顺治十三年

△陶愫、林古度脱离原社，别立恒社。

△金人瑞批点《贯华堂第六才子书西厢记》刊行。

△陈贞慧卒(1604—　)。贞慧与冒襄、侯方域、方以智号明末"四公子"。著有《雪岑集》、《秋园杂佩》。

1657 年　清顺治十四年

△王士禛集诸名士于济南大明湖，举秋柳社，士禛赋《秋柳诗》四章，诗传四方，和者数百人。

△江南科场案起，尤侗作《钧天乐》传奇刺江南科场情弊。

△谈迁卒(1594—　)。谈迁著有《国榷》、《壮游录》、《枣林杂俎》。

1658 年　清顺治十五年

△李渔所著白话短篇小说集《十二楼》刊行。

△天花藏主人序章回小说《平山冷燕》，小说约刊于本年。

△江南科场案主考官被斩，房考官被绞，所牵涉举人吴兆骞等流放宁古塔(今黑龙江宁安)。

1659 年　清顺治十六年

△金人瑞评点《唱经堂杜诗解》刊行。

△陈济生刊所编《天启崇祯两朝遗诗》。

△钱谦益降清不得意，交通海上义军进行反清复明活动，叠和杜甫《秋兴八首》原韵，抒反清复明之情，至康熙元年(1662)共叠和十三次，结集为《投笔集》。

△毛晋卒(1599—　)。毛晋著有《毛诗陆疏广要》等，刻印《宋六十名家词》、《六十种曲》等。

1660 年　清顺治十七年

△邹祗谟、王士禛选《倚声初集》并作序。

△函可卒(1612—　)。函可著有《千山诗集》。

1661 年　清顺治十八年

△苏州生员聚哭文庙，抗议吴县知县贪酷害民，被清廷指为"震惊先帝之灵"，金人瑞等十八人被杀，史称"哭庙案"。金人瑞(1608—　)著有《沉吟楼诗选》，以评点《水浒传》、《西厢记》和杜诗闻名。

△江南巡抚疏奏拖欠钱粮的江南官绅士人共一万三千余人，指为"抗粮"，尽行褫革，枷责追比。史称"奏销案"。探花叶方霭以欠银一厘(合钱一文)被革去编修，时有"探花不值一文钱"之谣。邹祗谟、徐喈凤等被黜职，王曜昇、邵长蘅等被革去学籍。

△清廷借"通海案"兴大狱，蒋超等被逮至南京审讯。此案多人被杀，蒋超幸获释。

△邹式金编《杂剧新编》成，自为小引。

△钱谦益笺注《杜工部集》，世称《钱注杜诗》。

△以申涵光为代表的河朔诗派形成于顺治年间，其他成员有殷岳、张盖、刘逢源、赵湛

等。该派诗宗盛唐、宗杜甫，但反对泥古不化，处易代之际，所作多慷慨悲凉，风格遒上。

△以陈维崧为领袖的阳羡词派初成于顺治间，康熙间盛极一时，其他成员有曹亮武、陈维岳、蒋景祁、任绳隗、徐喈凤、史惟圆、万树等。该派词推崇苏轼、辛弃疾，风格豪放健举，沉雄俊爽，在文学史上占有重要地位。

△徐灿顺治间在世，著有《拙政园诗余》。

△署"西周生辑著"的章回小说《醒世姻缘传》刊于顺治间。

△题"荑荻散人"（或作"荻岸散人"）编次的章回小说《玉娇梨》约刊于顺治间，为才子佳人小说开一代风气。

1662年　清圣祖康熙元年

△王士禛与袁于令、杜濬、丘象随、朱克生、张养重、陈允衡、陈维崧修禊扬州红桥，士禛作《浣溪沙》词三阕，诸人和之，流传大江南北。后刻红桥雅集诸人之作为《红桥倡和集》。

△王猷定卒（1598—　　）。猷定著有《四照堂集》。

1663年　清康熙二年

△庄廷鑨《明史》案结案。清廷利用此案大兴冤狱，死者七十二人，被流放者数百人。潘柽章、吴炎受牵连被杀，查继佐、陆圻受牵连被捕，旋以先向清官吏上检举状得免。潘柽章（1626—　　）著有《观复草庐剩稿》，编有《松陵文献》。吴炎（1623—　　）著有《今乐府》。

△徐波卒（1590—　　）。徐波著有《徐元叹先生残稿》。

1664年　清康熙三年

△陈忱所著章回小说《水浒后传》刊行。

△钱谦益卒（1582—　　）。谦益诗与吴伟业、龚鼎孳并称"江左三大家"，著有《初学集》、《有学集》、《投笔集》，编有《列朝诗集》。

△柳如是因钱谦益死后族人争产，自经死（1618—　　）。如是著有《柳如是诗集》。

△张煌言抗清失败，避居海岛，被清军捕解杭州杀害（1620—　　）。煌言著有《张苍水集》。

1665年　清康熙四年

△吴兆骞在流放地宁古塔与其地流人共举七子会。

△曹尔堪、宋琬、王士禄在杭州填词倡和，是为"江村唱和"，又称"湖上唱和"，后南北词人应声而和者数十家，借题发挥，以抒胸臆，蔚为盛事。

△丁耀亢以所撰《续金瓶梅》被指为秽书，受控下狱，旋得释。

△沈自晋卒（1583—　　）。自晋著有传奇《翠屏山》、《望湖亭》、《耆英会》。

1666年　清康熙五年

△林古度卒（1580—　　）。古度著有《林茂之诗选》。

1667年　清康熙六年

△宋徵舆卒（1618—　　）。徵舆与陈子龙、李雯并称"云间三子"，著有《林屋文稿》、《诗稿》。

1668年　清康熙七年

△顾炎武所著《日知录》初刻八卷本行世，康熙三十四年（1695）潘耒又刊三十二卷足本。

△顾有孝所编《江左三大家诗选》刊行。

△方苞生。

1669年　清康熙八年

△丁耀亢卒（1599—　　）。耀亢著有章回小说《续金瓶梅》、传奇《赤松游》、《化人游》、《西湖扇》、《蚺蛇胆》及《丁野鹤遗稿》。

△方文卒（1612—　　）。方文著有《嵞山集》。

1670年　清康熙九年

△陈忱卒（1613—　　）。陈忱著有章回小说《水浒后传》、《续二十一史弹词》、《雁宕诗集》。

△沈谦卒（1620—　　）。沈谦为"西泠十子"之一，著有《东江集钞》。

1671年　清康熙十年

△李渔著《闲情偶寄》成稿。

△吴之振、吕留良、吴自牧合选《宋诗钞》刊行。

△周在浚主持组织"秋水轩唱和"活动，在北京孙承泽别墅秋水轩填词唱和，曹尔堪首唱开题，龚鼎孳继起响应，另有纪映钟、梁清标、陈维岳、曹贞吉、宗元鼎、王士禄、黄虞稷、汪懋麟等参加，极词场一时之盛，后刊《秋水轩倡和词》，共收二十六家之作。

△冯班卒（1602—　　）。冯班著有《冯定远集》。

△吴伟业卒（1609—　　）。伟业诗与钱谦益、龚鼎孳并称"江左三大家"，著有《梅村集》、杂剧《通天台》、《临春阁》与传奇《秣陵春》。

△方以智卒（1611—　　）。以智与冒襄、侯方域、陈贞慧号明末"四公子"，著有《浮山集》、《通雅》等。

1672年　清康熙十一年

△邓汉仪刊所编《天下名家诗观初集》。

△陆世仪卒(1611—　　)。世仪著有《陆桴亭先生遗书》。

△周亮工卒(1612—　　)。亮工著有《赖古堂集》、《书影》、《印人传》等。

1673年　清康熙十二年

△本年吴三桂举兵反清,耿精忠、尚之信先后响应,“三藩之乱”起,历时八年始告平定。

△季振宜据钱谦益旧录稿,费时十年,辑唐五代一千八百九十五家诗为《唐诗》七百十七卷,为后来所编《全唐诗》之底本。

△姜埰卒(1607—　　)。姜埰著有《敬亭集》。

△归庄卒(1613—　　)。归庄著有《归玄恭遗著》。

△宋琬卒(1614—　　)。宋琬诗与施闰章并称“南施北宋”,著有《安雅堂全集》、《二乡亭词》。

△龚鼎孳卒(1615—　　)。鼎孳诗与钱谦益、吴伟业并称“江左三大家”,著有《定山堂遗书》。

1674年　清康熙十三年

△王士禛编成《感旧集》。

△贾应宠卒(1590—　　)。应宠著有《木皮散人鼓词》、《澹圃恒言》。

△袁于令卒(1592—　　)。于令著有传奇《西楼记》、《瑞玉记》、《金锁记》、《长生乐》、《玉符记》等及《留砚斋稿》。

△张履祥卒(1611—　　)。履祥著有《杨园先生全集》,编有《补农书》。

1675年　清康熙十四年

△黄宗羲编《明文海》成。

△孙奇逢卒(1585—　　)。奇逢著有《夏峰集》。

△陈瑚卒(1613—　　)。陈瑚著有《确庵先生诗文钞》、《顽潭诗话》。

1676年　清康熙十五年

△顾贞观作《金缕曲》二阕,以词代简,寄吴兆骞戍地宁古塔,纳兰性德读之泣下,允援救吴兆骞南还。

△查继佐卒(1601—　　)。继佐著有《钓业》、《粤游杂咏》、《敬修堂诗集》、《罪惟录》及杂剧《续西厢》。

△计东卒(1625—　　)。计东著有《改亭集》。

△嵇永仁在福州耿精忠狱中自杀(1637—　　)。永仁著有传奇《扬州梦》、《双报应》、杂剧《续离骚》及《抱犊山房集》。

1677年　清康熙十六年

△顾贞观与纳兰性德合编《今词初集》刊行。

△孙默辑刊《国朝名家诗余》,历时十三年分四批共得十七家。

△邹式金卒(1596—　　)。式金编有《杂剧新编》,著有杂剧《风流冢》及《香眉亭诗稿》。

△陈确卒(1604—　　)。陈确著有《乾初先生文钞》、《遗诗》。

△刘体仁卒(1618—　　)。体仁著有《七颂堂集》。

△申涵光卒(1620—　　)。涵光著有《聪山集》。

△魏际瑞卒(1620—　　)。际瑞与其二弟禧、礼号“宁都三魏”,又为“易堂九子”之一,著有《魏伯子集》。

1678年　清康熙十七年

△清廷开博学鸿词科,征举学者名儒,被推荐者七十一人入京待试,顾炎武、傅山、冒襄、顾有孝、魏禧、王揆、费密、周容、吕留良、陶季等或辞或拒,不应荐。

△朱彝尊编《词综》陆续得三十四卷。

△孙默卒(1613—　　)。孙默著有《留松阁集》,编有《国朝名家诗余》。

1679年　清康熙十八年

△廷试博学鸿词,应试者一百四十三人集体仁阁,清圣祖亲试取一等彭孙遹、乔莱、王顼龄、李因笃、秦松龄、陈维崧、陆棻、汪楫、朱彝尊、汤斌、汪琬、丘象随等二十人,二等潘耒、施闰章、黄与坚、徐釚、尤侗、方象瑛、庞垲、毛奇龄、曹禾、严绳孙等三十人。俱授翰林官,与修《明史》。

△蒋景祁捐资刊刻由朱彝尊携至京师之《乐府补题》抄本,辇下诸公之词体一变。

△龚翔麟汇编《浙西六家词》刊于南京,浙西词派正式形成,其领袖为朱彝尊,成员另有李良年、李符、沈皞日、沈岸登、龚翔麟、汪森、陆棻、邵瑸等,推崇姜夔、张炎,追求清空醇雅的风格,其影响一直延续到乾隆、嘉庆年间。

△张岱卒(1597—　　)。张岱著有《琅嬛文集》、《陶庵梦忆》、《西湖梦寻》。

△阎尔梅卒(1603—　　)。尔梅著有《白耷山人集》。

△丘维屏卒(1614—　　)。维屏为“易堂九子”之一,著有《丘邦士文集》、《易义选参》。

△曹尔堪卒(1617—　　)。尔堪与曹贞吉并称“南北二曹”,著有《南溪文略》、《南溪词》。

1680 年 清康熙十九年

△李渔卒(1610—)。李渔著有《笠翁一家言》、戏曲集《笠翁传奇十种》及白话短篇小说集《十二楼》、《无声戏》。

△黄周星投水死(1611—)。周星著有《九烟先生遗集》、《夏为堂别集》。

△金堡卒(1614—)。金堡著有《遍行堂集》。

△李邺嗣卒(1622—)。邺嗣著有《杲堂诗文集》,编有《甬上耆旧诗》。

1681 年 清康熙二十年

△吴兆骞以得顾贞观、纳兰性德、徐乾学之助,由关外放归。

△胡承诺卒(1607—)。承诺著有《胡石庄先生诗集》、《绎志》。

△魏禧卒(1624—)。魏禧古文与侯方域、汪琬并称"国初三家",又与其兄弟际瑞、礼号"宁都三魏",为"易堂九子"之一,著有《魏叔子集》、《左传经世》。

1682 年 清康熙二十一年

△王隼所编《岭南三大家诗选》刊行。

△朱之瑜流寓日本卒(1600—)。之瑜著有《朱舜水集》。

△顾炎武卒(1613—)。炎武著有《顾亭林诗文集》、《日知录》、《天下郡国利病书》、《音学五书》等。

△陈维崧卒(1625—)。维崧为阳羡词派领袖,著有《湖海楼全集》。

1683 年 清康熙二十二年

△万树所著《词律》成书。

△朱鹤龄卒(1606—)。鹤龄著有《愚庵小集》、《李义山诗注》、《诗经通义》、《尚书埤传》、《禹贡长笺》。

△彭士望卒(1610—)。士望为"易堂九子"之一,著有《耻躬堂诗文钞》。

△施闰章卒(1618—)。闰章诗与宋琬并称"南施北宋",又与王士禛等并称"国初六家"。著有《施愚山先生全集》。

△吕留良卒(1629—)。留良著有《吕晚村先生文集》、《东庄吟稿》、《惭书》、《论文偶钞》,与吴之振等合编《宋诗钞》。

1684 年 清康熙二十三年

△金丰序章回小说《说岳全传》,书约刊于此年。

△傅山卒(1607—)。傅山著有《霜红龛集》、杂剧《红罗镜》等。

△吴嘉纪卒(1618—)。嘉纪著有《陋轩诗》。

△吴兆骞卒(1631—)。兆骞著有《秋笳集》。

1685 年 清康熙二十四年

△徐乾学等奉清圣祖敕命,编注《古文渊鉴》。

△曹溶卒(1613—)。曹溶著有《静惕堂集》、《静惕堂词》。

△王又旦卒(1635—)。又旦为"金台十子"之一,著有《黄湄诗选》。

△纳兰性德卒(1655—)。性德著有《通志堂集》、《纳兰词》。

1686 年 清康熙二十五年

△蒋景祁编大型清初人词选集《瑶华集》。

△魏裔介卒(1616—)。裔介与魏象枢号"二魏",著有《兼济堂文集》、《四书经义汇解》、《易经大全纂要》。

△董说卒(1620—)。董说著有章回小说《西游补》及《丰草庵诗集》、《宝云诗集》。

1687 年 清康熙二十六年

△清廷禁撰著刊刻淫词小说,毁其刻版。

△杜濬卒(1611—)。杜濬著有《变雅堂集》。

△魏象枢卒(1617—)。象枢与魏裔介号"二魏",著有《寒松堂集》、《儒宗录》。

△孙枝蔚卒(1620—)。枝蔚著有《溉堂集》。

△顾景星卒(1621—)。景星著有《白茅堂集》。

△汤斌卒(1627—)。汤斌著有《汤子遗书》、《洛学编》。

1688 年 清康熙二十七年

△洪昇还北京,所著传奇《长生殿》经三易稿而成。

△王士禛编《唐贤三昧集》,标举"神韵说"宗旨。

△毛先舒卒(1620—)。先舒与毛奇龄、毛际可并称"浙中三毛",著有《思古堂十四种书》。

△万树卒(1630? —)。万树著有戏曲集《拥双艳三种》及《香胆词选》,编有《词律》。

△汪懋麟卒(1640—)。懋麟与汪楫号"二汪",为"金台十子"之一,著有《百尺梧桐阁集》、《锦瑟词》。

1689 年 清康熙二十八年

△洪昇在京师寓所招集赵执信、查慎行等数十人观伶人上演所著《长生殿》传奇,被人指

劾为佟皇后丧期内张乐演剧大不敬。洪昇入狱，狱决，被革去监生，赵执信被革职，查慎行亦被革去监生。

△李符卒(1639—)。李符词为“浙西六家”之一，又与兄绳远、良年号“浙西三李”，著有《香草居集》、《耒边词》。

1690年 清康熙二十九年

△丘园卒(1617—)。丘园著有传奇《幻缘箱》、《党人碑》、《御袍恩》及《既耕堂草》、《梅圃诗余》。

△汪琬卒(1624—)。汪琬古文与侯方域、魏禧并称“国初三家”，著有《钝翁类稿》、《尧峰文钞》。

△恽格卒(1633—)。恽格著有《瓯香馆集》。

1691年 清康熙三十年

△朱彝尊编、汪森补编之《词综》由汪氏裘杼楼刊行，浙派词学兴盛一时，有“家白石而户玉田”之称。

△黄虞稷卒(1629—)。虞稷著有《我贵轩集》、《楮园杂志》等，编有《千顷堂书目》。

1692年 清康熙三十一年

△王夫之卒(1619—)。夫之著有《船山遗书》，诗文有《王船山诗文集》。

△陆陇其卒(1630—)。陇其著有《陆子全书》。

△李因笃卒(1631—)。因笃著有《受祺堂文集》。

1693年 清康熙三十二年

△顾嗣立编定《元诗选》一百卷。

△薛熙编定《明文在》。

△黄宗羲自昆山徐氏借得明人别集三百余种，扩《明文案》为《明文海》竣事。

△宋荦、许汝霖编刊《国朝三家文钞》。

△冒襄卒(1611—)。冒襄与陈贞慧、侯方域、方以智号明末“四公子”，著有《巢民诗文集》、《影梅庵忆语》。

△钱澄之卒(1612—)。澄之著有《田间诗文集》、《藏山阁集》。

1694年 清康熙三十三年

△吴绮卒(1619—)。吴绮著有《林蕙堂集》、传奇《啸秋风》、《绣平原》。

△徐乾学卒(1631—)。乾学著有《憺园集》、《读礼通考》。

△李良年卒(1635—)。良年词为“浙西六家”之一，又与兄绳远、弟符号“浙西三李”，著有《秋锦山房集》。

1695年 清康熙三十四年

△张竹坡批评本《第一奇书》(《金瓶梅》)一百回本刊行。

△吴楚材与吴调侯合编《古文观止》刊行，作为古文启蒙读本，广为流行。

△魏礼卒(1630—)。魏礼与兄际瑞、禧号“宁都三魏”，为“易堂九子”之一，著有《魏季子集》。

△刘献廷卒(1648—)。献廷著有《广阳诗集》、《广阳杂记》。

△蒋景祁卒(1659—)。景祁著有《梧月词》、《罨画溪词》，编有《瑶华集》。

△黄宗羲卒(1610—)。宗羲著有《南雷集》、《明夷待访录》、《宋元学案》、《明儒学案》，编有《明文海》。

1696年 清康熙三十五年

△屈大均卒(1630—)。大均诗与陈恭尹、梁佩兰并称“岭南三大家”，著有《翁山诗外》、《文外》、《道援堂集》、《广东新语》。

1698年 清康熙三十七年

△曹贞吉卒(1634—)。贞吉与曹尔堪并称“南北二曹”，为“金台十子”之一，著有《珂雪诗》、《珂雪词》。

1699年 清康熙三十八年

△孔尚任著《桃花扇》传奇完稿。

△姜宸英以任顺天乡试考官取士不公下狱死(1628 —)。宸英著有《姜先生全集》。

1700年 清康熙三十九年

△张潮编定《虞初新志》。

△彭孙遹卒(1631—)。孙遹著有《松桂堂集》、《延露词》、《金粟词话》。

△陈恭尹卒(1631—)。恭尹诗与屈大均、梁佩兰并称“岭南三大家”，著有《独漉堂集》。

1701年 清康熙四十年

△费密卒(1625—)。费密著有《燕峰诗钞》、《文钞》及《弘道书》。

△钱曾卒(1629—)。钱曾著有《钱遵王诗集》、《读书敏求记》，编有《述古堂书目》、《也是园藏书目》。

△吴敬梓生。

1702年 清康熙四十一年

△钮琇所著笔记《觚剩》由临野堂刊行。

△席启寓所编《唐人百家诗》刊行。

△朱彝尊编《明诗综》成，于苏州付梓。

△严绳孙卒(1623—)。绳孙著有《秋水集》。

1703年 清康熙四十二年

△叶燮卒(1627—)。叶燮为清代重要诗歌理论家,著有《已畦集》、《原诗》。

1704年 清康熙四十三年

△尤侗卒(1618—)。尤侗著有《西堂全集》。

△唐甄卒(1630—)。唐甄著有《潜书》。

△颜元卒(1635—)。颜元著有《习斋记余》、《四存编》等。

△田雯卒(1635—)。田雯为"金台十子"之一,著有《古欢堂集》。

△韩菼卒(1637—)。韩菼著有《有怀堂诗文稿》。

△邵长蘅卒(1637—)。长蘅著有《邵青门全集》。

△吴雯卒(1644—)。吴雯著有《莲洋集》。

△洪昇自南京还里,道经乌镇,酒后于舟中落水卒(1645—)。洪昇与孔尚任并称"南洪北孔",著有《稗畦集》、《啸月楼集》、传奇《长生殿》、杂剧《四婵娟》,《长生殿》为古典戏曲名剧。

1705年 清康熙四十四年

△清圣祖命据明胡震亨《唐音统签》及季振宜所辑《唐诗》为底稿,编纂《全唐诗》,由彭定求等十人任编校,指派曹寅在扬州天宁寺设局办理编印事务。

△王士禛所著《香祖笔记》刊行。

△梁佩兰卒(1629—)。其诗与屈大均、陈恭尹并称"岭南三大家",著有《六莹堂集》。

△廖燕卒(1644—)。廖燕著有《二十七松堂集》、杂剧《醉画图》、《镜花亭》、《诉琵琶》、《续诉琵琶》。

1706年 清康熙四十五年

△陈元龙奉敕编成《历代赋汇》。

△张玉书等奉敕编成《佩文斋咏物诗选》。

△《全唐诗》在扬州编定刊行。

△储欣卒(1631—)。储欣著有《在陆草堂文集》,编有《唐宋十家文全集录》。

1707年 清康熙四十六年

△沈辰垣等奉敕编成《历代诗余》。

△沈德潜、徐夔等在苏州结城南社。

1708年 清康熙四十七年

△徐釚卒(1636—)。徐釚著有《南洲草堂集》、《菊庄词》、《词苑丛谈》、《续本事诗》。

△潘耒卒(1646—)。潘耒著有《遂初堂集》、《类音》。

1709年 清康熙四十八年

△清圣祖命修《宋金元明四朝诗》成。

△朱彝尊卒(1629—)。彝尊诗与王士禛并称"南朱北王",又与宋琬、施闰章、王士禛、查慎行、赵执信并称"国初六家",其词与李良年、李符、沈皞日、沈岸登、龚翔麟并称"浙西六家",为浙西诗派、词派的领袖人物。著有《曝书亭集》、《经义考》,编有《词综》、《明诗综》。

△张潮卒(1650—)。张潮编有《虞初新志》、《檀几丛书》等。

1710年 清康熙四十九年

△张英等奉敕编成大型类书《渊鉴类涵》。

1711年 清康熙五十年

△吕熊所著章回小说《女仙外史》刊行,署"古稀逸田叟"。

△戴名世所著《南山集》中有文用南明年号,又将方孝标《滇黔纪闻》中反清内容采入,被指为悖逆,戴名世入狱,方苞以曾为《南山集》作序,同被逮问。

△张玉书等奉敕编成大型类书《佩文韵府》。

△王士禛卒(1634—)。士禛诗与朱彝尊并称"南朱北王",又与宋琬、施闰章、朱彝尊、查慎行、赵执信并称"国初六家",著有《渔洋山人精华录》、《带经堂集》。士禛早年倡导"神韵说",宗尚王维、孟浩然,影响清代诗坛甚深,清初诗坛,奉之为盟主。

1712年 清康熙五十一年

△曹寅卒(1658—)。曹寅著有《楝亭集》。

1713年 清康熙五十二年

△《南山集》案结案,戴名世被杀,方孝标开棺戮尸,方苞免死入旗籍,方登峄等流放黑龙江卜魁城(今齐齐哈尔),方世举亦被编入旗籍。此案受牵连者达数百人。戴名世(1653—),为桐城派古文先驱,著有《潜虚先生文集》。

△蒋骥著《山带阁注楚辞》成。

△宋荦卒(1634—)。宋荦著有《绵津山人集》、《西陂类稿》。

1714年 清康熙五十三年

△清廷禁小说淫词,命销毁书板,继续刊印者,官革职,军民杖、流,售者杖、徒三年,主管官员查禁不严者,罚俸、降级。

△顾贞观卒(1637—)。贞观著有《纻

塘集》、《积书岩集》、《征纬堂诗》、《弹指词》。

1715 年 清康熙五十四年

△王奕清等奉敕编定《曲谱》、《词谱》刊行。

△蒲松龄卒(1640—)。松龄著有《聊斋诗文集》、《聊斋俚曲》及文言短篇小说集《聊斋志异》,《聊斋志异》代表了中国古代文言短篇小说创作的最高成就。

△曹雪芹约生于此年。

1716 年 清康熙五十五年

△毛奇龄卒(1623—)。奇龄与毛先舒、毛际可并称“浙中三毛”,著有《西河合集》。

△袁枚生。

1717 年 清康熙五十六年

△沈德潜编《唐诗别裁集》初版十卷本刊行,后增订为二十卷,乾隆二十八年(1763)刊行。

1718 年 清康熙五十七年

△李光地卒(1642—)。光地著有《榕村全书》。

△孔尚任卒(1648—)。尚任与洪昇并称“南洪北孔”,著有《湖海集》、《岸塘稿》与传奇《桃花扇》、《小忽雷》,《桃花扇》为古典戏曲名剧。

1719 年 清康熙五十八年

△褚人获以四雪草堂名刊行所著《隋唐演义》。

△彭定求卒(1645—)。定求著有《南畇文稿》、《诗稿》,主纂《全唐诗》,另编有《道藏辑要》。

1722 年 清康熙六十一年

△沈德潜在里结北郭诗社。

△清圣祖玄烨卒(1654—)。玄烨著有《御制文集》四集。

△何焯卒(1661—)。何焯著有《义门先生集》、《义门读书记》。

△顾嗣立卒(1665—)。嗣立著有《秀野堂诗集》、《闾丘诗集》、《韩昌黎诗笺注》、《温飞卿集笺注》,编有《元诗选》。

△李玉顺治、康熙间在世(约 1611—1671 后),著有传奇集《一笠庵四种曲》及《清忠谱》、《眉山秀》等,编有《北词广正谱》。

△朱皠、朱佐朝兄弟顺治、康熙间在世,分别著有传奇《十五贯》、《秦楼月》、《未央天》、《翡翠园》等与传奇《渔家乐》、《五代荣》、《轩辕镜》、《乾坤啸》等。

△高奕顺治、康熙间在世,著有《新传奇品》,所著传奇均已佚。

△张大复顺治、康熙间在世,著有传奇《醉菩提》、《如是观》、《吉祥兆》、《快活三》等,编有《寒山堂南曲谱》。

△艾衲居士编著《豆棚闲话》、古吴墨浪子编著《西湖佳话》等白话短篇小说集刊行于康熙间。

△刘璋所著章回小说《斩鬼传》刊行于康熙间。

1724 年 清世宗雍正二年

△清廷禁市卖淫词小说,凡坊肆市卖者,搜其书册、书板尽予销毁。

1725 年 清雍正三年

△浦起龙刊所著《读杜心解》。

△沈德潜刊所编《古诗源》,书编成于康熙五十八年(1719)。

△陈梦雷、蒋廷锡等编定《古今图书集成》,以铜活字排印成书。

1726 年 清雍正四年

△查嗣庭被指控所出江西乡试试题怨望讪谤,被捕入狱,旋死狱中,查慎行受此案牵连,被捕禁京狱。

1727 年 清雍正五年

△查慎行释还,旋卒(1650—)。慎行诗与宋琬、施闰章、朱彝尊、王士禛、赵执信并称“国初六家”,为清代宋诗派早期代表,著有《敬业堂集》、《东坡诗补注》。

1728 年 清雍正六年

△金檀刻所编《高青丘诗集辑注》。

1729 年 清雍正七年

△郑燮写成《板桥道情》初稿。

△曾静命门生张熙策反川陕总督岳钟琪,被岳告发,下狱供出读吕留良之书,受其影响。清世宗将曾静口供及历次谕旨合为《大义觉迷录》刊行。曾静被世宗故示宽大释放,清高宗继位后,被杀。

△裘琏卒(1644—)。裘琏著有《横山初集》、杂剧集《明翠湖亭四韵事》。

1732 年 清雍正十年

△吕留良被清世宗指以大逆罪剖棺戮尸,著作被焚毁查禁,子吕毅中被杀,其他受牵连之人甚多。

△姚鼐生。

1733 年 清雍正十一年

△李塨卒(1659—)。李塨著有《恕谷后集》、《恕谷诗集》、《大学辨业》、《论语传注》等。

1734 年 清雍正十二年

△沈德潜、周准合编《明诗别裁集》成。

△陈梦雷卒于雍正间(1651—)。梦雷著有《松鹤山房集》、《闲止书堂集钞》,总纂《古今图书集成》。

1736 年 清高宗乾隆元年

△清廷诏试博学鸿词,于京师保和殿集一百七十六人考试两场,取诸锦、杭世骏等五人为一等,取陈兆仑、沈廷芳、齐召南等十人为二等,各授翰林官职。

1738 年 清乾隆三年

△史震林所著笔记《西青散记》刊行。

△黄图珌刊所著传奇《雷峰塔》。

△程穆衡笺注吴伟业诗成稿。

1739 年 清乾隆四年

△石成金卒于此年后(1659—)。成金著有《传家宝六集》。

△屈复卒于此年后(1668—)。屈复著有《弱水草堂诗集》。

1740 年 清乾隆五年

△高其倬卒(1676—)。其倬著有《味和堂诗集》。

1741 年 清乾隆六年

△惠士奇卒(1671—)。士奇著有《红豆斋诗文集》、《易说》、《礼说》、《春秋说》等。

1743 年 清乾隆八年

△厉鹗、全祖望、马曰琯、马曰璐、程梦星、王藻等在扬州举陶潜诗会。马曰琯、曰璐兄弟居扬州,家有园亭之胜,开韩江吟社,陶潜诗会即为雅集之一。韩江吟社成员另有杭世骏、吴锡麒等。

1744 年 清乾隆九年

△赵执信卒(1662—)。执信诗与宋琬、施闰章、王士禛、朱彝尊、查慎行并称"国初六家",著有《饴山堂集》、《谈龙录》。

△汪中生。

1746 年 清乾隆十一年

△周祥钰等编成《九宫大成南北词宫谱》,收录南曲、北曲曲牌共二千零九十四个。

△厉鹗所编《宋诗纪事》刊行。

1748 年 清乾隆十三年

△黄之隽卒(1668—)。之隽著有《香屑集》、《唐堂集》及传奇《忠孝福》、杂剧集《四才子》。

1749 年 清乾隆十四年

△方苞卒(1668—)。方苞与刘大櫆、姚鼐为"桐城派"三宗,倡"义法"、重"雅洁",开桐城文派。著有《望溪先生集》。

△黄景仁生。

1750 年 清乾隆十五年

△李绂卒(1673—)。李绂著有《李穆堂诗文全集》、《朱子晚年定论》、《陆子学谱》等。

1752 年 清乾隆十七年

△蔡元放评点章回小说《东周列国志》刊行。

△厉鹗卒(1692—)。厉鹗诗与严遂成、王又曾、钱载、袁枚、吴锡麒并称"浙西六家",又为浙西词派中期领袖,著有《樊榭山房集》,编有《宋诗纪事》。

1753 年 清乾隆十八年

△章回小说《水浒传》译成满文,清高宗谕内阁称:"近有不肖之徒,并不翻译正传,反将《水浒传》、《西厢记》等小说翻译,诱人为恶,不可不严行禁止。"

1754 年 清乾隆十九年

△应监察御史胡定奏请,清廷谕督抚学政行令各省府县地方官,一体查禁《水浒传》。

△吴敬梓客死扬州(1701—)。敬梓著有章回小说《儒林外史》,另著有《文木山房集》,《儒林外史》为中国讽刺小说奠定了基础。

△夏纶卒于此年后(1680—)。夏纶著有戏曲集《惺斋五种曲》。

1755 年 清乾隆二十年

△全祖望卒(1705—)。祖望著有《鲒埼亭集》、《鲒埼亭诗集》、《经史答问》等,编有《续甬上耆旧诗》。

1756 年 清乾隆二十一年

△唐英卒(1682—)。唐英著有《陶人心语》及戏曲集《古柏堂传奇》。

1757 年 清乾隆二十二年

△惠栋所撰《渔洋山人精华录训纂》及附录《金氏笺注辨讹》刊行。

1758 年 清乾隆二十三年

△胡天游卒(1696—)。天游著有《石笥山房集》。

△惠栋卒(1697—)。惠栋著有《松崖文钞》、《周易述》、《九经古义》等。

1759 年 清乾隆二十四年

△翟黎里卒(1674—)。翟黎里著有《漫游记》、《四十圣徒传》、《和卓穆罕默德·谢力夫传》三部长诗。

1760 年 清乾隆二十五年

△雷鋐卒(1697—)。雷鋐著有《经笥

堂文钞》、《翠庭诗集》。

1761年　清乾隆二十六年

△沈德潜以所编《国朝诗别裁集》进呈清高宗，以首列钱谦益诗及中录宫鸿历诗不避帝讳，被斥。

△张惠言生。

1762年　清乾隆二十七年

△王又曾卒(1706—　　)。又曾诗与厉鹗、严遂成、钱载、袁枚、吴锡麒并称"浙西六家"，著有《丁辛老屋集》。

1763年　清乾隆二十八年

△孙洙以蘅塘退士之名编成《唐诗三百首》。

△金农卒(1687—　　)。金农为"扬州八怪"之一，著有《冬心先生集》。

△曹雪芹约卒于此年(1715？—　　)。雪芹著有章回小说《红楼梦》，为中国古典文学的经典之作，代表了中国古典小说的最高成就。

1764年　清乾隆二十九年

△吴翌凤始纂《梅村诗集笺注》。

△杨潮观所著戏曲集《吟风阁杂剧》刊行。

△才仁旺阶卒(1697—　　)。才仁旺阶著有长篇小说《旋努达美》，另有《颇罗鼎传》。

1765年　清乾隆三十年

△郑燮卒(1693—　　)。郑燮为"扬州八怪"之一，著有《板桥集》。

1767年　清乾隆三十二年

△齐周华所著书被指为"狂悖"，下狱处死，齐召南因为齐周华《天台山游记》作跋，受株连被捕，因清高宗下旨得免流放。

△刘执玉刊所编《国朝六家诗钞》，宋琬、施闰章、朱彝尊、王士禛、查慎行、赵执信"国朝六家"之名始于此。

1768年　清乾隆三十三年

△黄任卒(1683—　　)。黄任著有《香草斋诗钞》。

△卢见曾以两淮盐运使旧案下狱死(1690—　　)。见曾著有《雅雨堂诗文遗集》，编有《国朝山左诗钞》。

△齐召南卒(1703—　　)。召南著有《宝纶堂诗钞》。

1769年　清乾隆三十四年

△清高宗以钱谦益《有学集》、《初学集》"荒诞悖谬"，诋谤朝廷，命将其著述均予焚毁。

△沈德潜卒(1673—　　)。德潜论诗主"格调说"，为"格调派"首领，著有《沈归愚诗文全集》，编有《古诗源》、《唐诗别裁集》、《明诗别裁集》、《国朝诗别裁集》。

△邵齐焘卒(1718—　　)。齐焘骈文为清乾隆间八家之一，著有《玉芝堂集》。

1770年　清乾隆三十五年

△陈端生完成弹词《再生缘》第一至十六回，后于乾隆四十九年(1784)补写第十七回，未完成全帙卒，后又由梁德绳续完二十回。

△薛雪卒(1681—　　)。薛雪著有《一瓢诗存》、《一瓢诗话》、《医经原旨》等。

1771年　清乾隆三十六年

△汪中哀悯去冬仪征盐船大火，死伤无数，作《哀盐船文》，杭世骏以为"惊心动魄，一字千金"。

△桑调元卒(1695—　　)。调元著有《桑弢甫集》、《论语说》等。

△姚范卒(1702—　　)。姚范著有《援鹑堂集》、《援鹑堂笔记》。

1772年　清乾隆三十七年

△徐大椿卒(1693—　　)。大椿著有《洄溪道情》、《乐府传声》、《难经经释》、《医学源流论》等。

△刘星炜卒(1718—　　)。星炜骈文为乾隆间八家之一，著有《思补斋文集》、《诗集》。

△钱维城卒(1720—　　)。维城著有《钱文敏公全集》。

1773年　清乾隆三十八年

△清高宗命在京开《四库全书》馆，采进天下书籍，删整各书编纂《四库全书》，同时销毁不利于满清统治的各家著述。纪昀被任命为总纂官，任大椿、戴震、邵晋涵、程晋芳、朱筠、姚鼐、赵怀玉、秦瀛、吴蔚光、鲍之钟、曾燠、金兆燕、翁方纲等文人学者相继入《四库全书》馆参与纂修编校工作。

△陆昶刊所编《历朝名媛诗词》，附插图，汪启淑亦辑历代妇女作品为《撷芳集》刊行。

△杭世骏卒(1696—　　)。世骏著有《道古堂集》、《词科掌录》等。

1774年　清乾隆三十九年

△钱德苍编刊剧曲选集《缀白裘》，陆续得十二集。

△钱陈群卒(1686—　　)。陈群著有《香树斋集》。

1777年　清乾隆四十二年

△戴震卒(1723—　　)。戴震著有《戴东原集》、《孟子字义疏证》、《方言疏证》等。

1778年　清乾隆四十三年

△徐述夔《一柱楼诗》案起，以其诗有"明

朝期振翮，一举去清都”句，被指为大逆不道，时徐及其子已死，被剖棺戮尸，其孙及列名校对之人均处斩监候。徐述夔或被认为是短篇白话小说集《五色石》、《八洞天》的作者。

△沈德潜以曾为徐述夔作传，被治罪，褫夺所得封典。

△史震林卒（1692— ）。震林著有《华阳诗稿》、《华阳散稿》、《西青散记》。

1779年 清乾隆四十四年

△夏敬渠所著章回小说《野叟曝言》完稿。

△洪亮吉、黄景仁、程晋芳、翁方纲、蒋士铨、吴锡麒在京师结都门诗社。

△刘大櫆卒（1698— ）。大櫆与方苞、姚鼐为桐城派三宗，著有《海峰集》，编有《历朝诗约选》。

1780年 清乾隆四十五年

△清高宗密令两淮巡盐御史伊龄阿甄查古今戏曲剧本，将有违碍文字者予以修改或销毁。伊龄阿在扬州设局甄查，命黄文旸、李经主其事。

△戴移孝《碧落后人诗集》案发，移孝为明遗民，与其子均卒已久，被剖棺戮尸，其孙被判斩立决。

△朱仕琇卒（1715— ）。仕琇著有《梅崖居士全集》。

1781年 清乾隆四十六年

△纪昀主编的《四库全书总目》成书。

△周殊士序改本《珍珠塔》弹词刊行。

△吴颖芳卒（1701— ）。颖芳著有《临江乡人诗集》、《吹豳录》等。

△朱筠卒（1729— ）。朱筠著有《笥河集》。

1782年 清乾隆四十七年

△扬州设局修改古今剧曲竣事，黄文旸就所见剧目编《曲海》。

1783年 清乾隆四十八年

△黄景仁卒（1749— ）。景仁为清中叶颇有创作特色的诗人，著有《两当轩集》。

1784年 清乾隆四十九年

△李调元所编民歌集《粤风》刊入其所辑丛书《函海》。

△程晋芳卒（1718— ）。晋芳著有《勉行堂集》、《诸经答问》、《诗毛郑异同考》。

1785年 清乾隆五十年

△蒋士铨卒（1725— ）。士铨诗与袁枚、赵翼并称“乾隆三大家”，著有《忠雅堂集》、《藏园九种曲》。

1786年 清乾隆五十一年

△孔广森卒（1752— ）。广森骈文为乾隆间八家之一，著有《骈轩孔氏所著书》，凡《仪郑堂骈体文》、《诗声类》、《春秋公羊经传通义》等数种。

1787年 清乾隆五十二年

△张惠言在京师与恽敬定交，遂专力于古文，与恽敬同创阳湖派，该派与桐城派有渊源关系，但博采诸子百家，兼取骈、散文之长，追求醇而能肆的境界，与桐城派不同。成员另有李兆洛、陆继辂、董士锡等。

△夏敬渠卒（1705— ）。敬渠著有章回小说《野叟曝言》。

△严长明卒（1731— ）。长明著有《严冬友诗集》，编有《千首宋人绝句》。

△曹仁虎卒（1731— ）。仁虎为“吴中七子”之一，著有《曹学士遗集》。

1788年 清乾隆五十三年

△杨潮观卒（1710— ）。潮观为清中叶著名戏曲作家，著有《吟风阁杂剧》。

△吴泰来卒（1722— ）。泰来为“吴中七子”之一，著有《砚山堂诗集》、《净名轩集》、《昙香阁琴趣》。

△翟灏卒（？— ）。翟灏著有《无不宜斋诗文稿》、《通俗编》。

1789年 清乾隆五十四年

△阮葵生卒（1727— ）。葵生著有《七录斋集》、《茶余客话》。

△任大椿卒（1738— ）。大椿著有《子田诗集》、《吴越备史注》、《小学钩沉》。

1790年 清乾隆五十五年

△李海观卒（1707— ）。海观著有章回小说《歧路灯》及《绿园诗集》等。

1791年 清乾隆五十六年

△程伟元作序的一百二十回本《红楼梦》由翠文书局印行，题《新镌全部绣像红楼梦》，世称“程甲本”，次年又修订再版，世称“程乙本”，为旧时最流行版本。

△沈起凤所著白话短篇小说集《谐铎》由藤花榭刊行。

1792年 清乾隆五十七年

△杨伦刊所编《杜诗镜诠》。

△陆锡熊卒（1734— ）。锡熊著有《宝奎堂文集》、《篁村诗集》。

△龚自珍生。

1793年 清乾隆五十八年

△钱载卒（1708— ）。钱载诗与厉鹗、

严遂成、王又曾、袁枚、吴锡麒并称“浙西六家”，著有《葎石斋诗集》、《文集》。

1794年 清乾隆五十九年

△苏州宝研斋选订李玉所著传奇《一捧雪》、《人兽关》、《永团圆》、《占花魁》刊为《一笠庵四种曲》，即世所谓“一人永占”。

△鲁九皋卒(1732—)。九皋著有《山木居士集》、《诗学源流考》。

△汪中卒(1744—)。汪中为清中叶著名骈文家，著有《述学》、《容甫先生遗诗》、《广陵通典》。

1795年 清乾隆六十年

△王廷绍所编俗曲总集《霓裳续谱》刊行。

△李斗著《扬州画舫录》成。

△卢文弨卒(1717—)。文弨著有《抱经堂文集》、《钟山札记》、《龙城札记》、《群书拾补》。

△李怀民卒(1738—)。怀民与弟宪暠、宪乔号“高密三李”，开高密诗派，著有《十桐诗钞》。

△夏纶卒于乾隆间(1680—)。夏纶著有传奇集《惺斋五种曲》，后编入新作，又称《新曲六种》。

△严遂成卒于乾隆间(1694—)。遂成诗与厉鹗、钱载、王又曾、袁枚、吴锡麒并称“浙西六家”，著有《海珊诗钞》。

△黄图珌卒于乾隆间(1700—)。图珌著有《看山阁集》、传奇《雷峰塔》。

△李百川所著章回小说《绿野仙踪》、李海观所著章回小说《歧路灯》成书于乾隆间。

△康熙间由方苞开创的桐城派古文在乾隆间经刘大櫆、姚鼐而达到鼎盛，方苞论文主“义法”、“雅洁”，刘大櫆进而提出“神气音节说”，姚鼐又归结为义理、词章、考据三者合一，成为清代占据主流地位的文派。

△浙派诗形成于乾隆间，该派宗尚宋诗，其代表诗人厉鹗诗风刻琢研炼，幽新隽妙，成员另有金农、杭世骏、赵昱、符曾、丁敬、汪沆、翟灏、吴锡麒等。

△秀水派诗形成于乾隆间，该派宗法宋黄庭坚，又上溯唐杜甫、韩愈，风格生硬奇崛，与浙派有所不同，主要成员有钱载、王又曾、万光泰、朱休度、诸锦、祝维诰、钱仪吉、钱泰吉、汪孟鋗、汪仲鈖等。

△高密诗派形成于乾隆间，该派宗尚中晚唐诗，诗风寒瘦清真，代表诗人为李怀民、李宪暠、李宪乔三兄弟。

1796年 清仁宗嘉庆元年

△彭绍升卒(1740—)。绍升著有《二林居集》、《一行居集》、《观河集》、《测海集》。

△邵晋涵卒(1743—)。晋涵著有《南江诗文钞》、《尔雅正义》。

△陈端生卒(1751—)。端生著有弹词《再生缘》，另有《绘影阁诗》。

1797年 清嘉庆二年

△张惠言、张琦兄弟编《词选》，张惠言作《词选序》推尊词体，强调比兴寄托，倡意内言外之说，成为常州词派的纲领性文献。

△吴镇卒(1721—)。吴镇著有《松花庵全集》。

△王鸣盛卒(1722—)。鸣盛为“吴中七子”之一，著有《西庄始存稿》、《十七史商榷》、《蛾术编》。

△毕沅卒(1730—)。毕沅著有《灵岩山人集》、《山海经校注》。

1798年 清嘉庆三年

△姚鼐所编《五七言今体诗钞》刊行。

△袁枚卒(1716—)。袁枚诗与赵翼、蒋士铨并称“乾隆三大家”，又与厉鹗、钱载、严遂成、王又曾、吴锡麒并称“浙西六家”，论诗主“性灵说”，在乾嘉诗坛影响极大，著有《小仓山房集》、《随园诗话》及笔记小说《子不语》等。

△管世铭卒(1738—)。世铭著有《韫山堂集》、《读雪山房杂著》、《诗说》。

1799年 清嘉庆四年

△清高宗弘历卒(1711—)。弘历著有《乐善堂诗文全集》等。

△江声卒(1721—)。江声著有《艮庭文集》、《艮庭词》、《尚书集注音疏》。

△罗聘卒(1733—)。罗聘为“扬州八怪”之一，著有《香叶草堂诗存》。

△武亿卒(1745—)。武亿著有《授堂诗文钞》、《群经义证》、《授堂札记》。

△黎简卒(1747—)。黎简著有《五百四峰堂诗钞》、《芙蓉亭乐府》、《茶烟阁词钞》。

1800年 清嘉庆五年

△屠绅著文言长篇小说《蟫史》成。

△章回小说《二度梅》由福文堂刊行。

1801年 清嘉庆六年

△张问陶以诗赠高鹗，称《红楼梦》八十回以后皆高鹗续作。

△屠绅以纵欲卒(1744—)。屠绅著有《笏岩诗稿》、长篇文言小说《蟫史》、笔记小说《六合内外琐言》。

1802 年 清嘉庆七年

△吴毓昌著弹词《三笑新编》刊行。

△清廷禁毁坊肆及家藏不经小说，已刊播者，着令自行焚毁，不得保留原书板。

△王文治卒（1730— ）。文治著有《梦楼诗集》、《快雨堂题跋》。

△桂馥卒（1733— ）。桂馥著有《晚学集》、《未谷诗集》、《说文解字义证》。

△李调元卒（1734— ）。调元著有《童山集》、《蠢翁词》、《雨村四话》，编有《粤风》、《蜀雅》、《全五代诗》。

△章学诚卒（1738— ）。学诚著有《文史通义》、《校雠通义》。

△张惠言卒（1761— ）。惠言文为阳湖派首领，又开常州词派，著有《茗柯文编》、《茗柯词》、《周易虞氏义》，编有《词选》、《七十家赋钞》。

1803 年 清嘉庆八年

△王昶所编《湖海诗传》、《国朝词综》刊行。

△卧闲草堂刊本章回小说《儒林外史》行世，为今存最早刻本。

△张九钺卒（1721— ）。九钺著有《陶园集》、《晋南随笔》、传奇《六如亭》。

△吴省钦卒（1729— ）。省钦著有《白华前后稿》、《白华入蜀诗文钞》等。

1804 年 清嘉庆九年

△陶澍在京师发起成立宣南诗社，逾年陶澍离京，社事遂罢，至嘉庆十九年（1814）又由董国华倡议恢复活动。成员先后有周之琦、钱仪吉、鲍桂星、潘曾沂、吴嵩梁、林则徐、朱绶、陈用光、刘嗣绾、程恩泽、梁章钜、叶廷琯、吴清皋、吴清鹏等。

△章回小说《蜃楼志》初版刊行。

△钱大昕卒（1728— ）。大昕为“吴中七子”之一，著有《潜研堂集》、《廿二史考异》、《十驾斋养新录》。

△宋大樽卒（1746— ）。大樽著有《学古集》、《牧牛村舍外集》。

1805 年 清嘉庆十年

△焦循著《剧说》。

△纪昀卒（1724— ）。纪昀著有《纪文达公遗集》、《阅微草堂笔记》，主纂《四库全书总目提要》。

1806 年 清嘉庆十一年

△曾燠所编《国朝骈体正宗》由其赏雨茅屋刊行，吴鼒所编《国朝八家四六文钞》亦由较经堂刊行于嘉庆间。

△王昶卒（1724— ）。王昶为“吴中七子”之一，著有《春融堂集》，编有《湖海诗传》、《国朝词综》、《金石萃编》。

△冯敏昌卒（1747— ）。敏昌著有《小罗浮草堂集》、《河阳金石记》。

1807 年 清嘉庆十二年

△孙星衍编成《续古文苑》。

1808 年 清嘉庆十三年

△沈复著《浮生六记》成稿。

1809 年 清嘉庆十四年

△顾光祖序刊本弹词《义妖传》行世，署陈遇乾原稿，陈士奇、俞秀山订定。

△彭兆荪、顾广圻为胡克家校勘李善注《文选》附《考异》毕事。胡刻本《文选》遂成最通行版本。

△洪亮吉卒（1745— ）。亮吉骈文为清乾隆间八家之一，著有《洪北江诗文集》、《北江诗话》、《春秋左传诂》、《四史发伏》。

△师范卒（1754— ）。师范著有《金华山樵前后集》、《二余堂诗稿》、《文稿》及《荫春书屋诗话》。

△凌廷堪卒（1757— ）。廷堪著有《校礼堂集》、《梅边吹笛词》、《燕乐考源》、《礼经释例》。

1810 年 清嘉庆十五年

△清廷禁有淫秽情节的章回小说《肉蒲团》、《灯草和尚》、《如意君传》、《浓情快史》、《株林野史》等。

1813 年 清嘉庆十八年

△法式善卒（1753— ）。式善著有《存素堂集》、《陶庐杂录》、《清秘述闻》。

1814 年 清嘉庆十九年

△董诰等奉敕编《全唐文》成，扬州设局校刻，孙星衍、顾广圻等受聘参其事。

△赵翼卒（1727— ）。赵翼诗与袁枚、蒋士铨并称“乾隆三大家”，著有《瓯北集》、《瓯北诗话》、《陔余丛考》、《廿二史札记》。

△张问陶卒（1764— ）。问陶著有《船山诗草》。

△乐钧卒（1766— ）。乐钧著有《青芝山馆集》、《耳食录》。

1815 年 清嘉庆二十年

△姚鼐卒（1732— ）。姚鼐为桐城文派三宗之一，将桐城派带入鼎盛期，著有《惜抱轩集》，编有《古文辞类纂》、《五七言今体诗钞》。

△高鹗约卒于此年（约 1738— ）。高

鹗著有《高兰墅集》,续成章回小说《红楼梦》。

△舒位卒(1765—)。舒位与王昙、孙原湘被法式善目为“三君”,亦称“乾隆后三家”,著有《瓶水斋诗集》、《乾嘉诗坛点将录》及戏曲集《瓶笙馆修箫谱》。

1816年 清嘉庆二十一年

△庄述祖卒(1750—)。述祖著有《珍艺宧诗钞》、《文钞》、《毛诗考证》、《汉铙歌句解》。

△杨芳灿卒(1753—)。芳灿著有《芙蓉山馆诗钞》、《文钞》、《词钞》及传奇《罗襦记》。

1817年 清嘉庆二十二年

△严可均因未被聘参与《全唐文》编纂工作,发愤自编《全上古三代秦汉三国六朝文》,此年编成初稿,后又经十八年修订成书,但直至其死后始于光绪间刊行。

△王芑孙卒(1755—)。芑孙著有《渊雅堂集》。

△恽敬卒(1757—)。恽敬与张惠言同为阳湖派首领,著有《大云山房文稿》。

△王昙卒(1760—)。王昙与舒位、孙原湘被法式善目为“三君”,亦称“乾隆后三家”,著有《烟霞万古楼诗选》、《文集》。

△严元照卒(1773—)。元照著有《柯家山馆遗诗》、《柯家山馆词》、《悔庵学文》、《尔雅匡名》。

△李斗卒(? —)。李斗著有笔记《扬州画舫录》、《永报堂诗集》、《防风馆诗》、传奇《岁星记》、《奇酸记》。

1818年 清嘉庆二十三年

△李汝珍所著章回小说《镜花缘》在苏州刊行。

△翁方纲卒(1733—)。方纲论诗倡“肌理说”,认为作诗应追求“义理”、“文理”细密的境界,以救“神韵说”、“格调说”之弊,著有《复初斋文集》、《诗集》、《石洲诗话》、《苏诗补注》。

△吴锡麒卒(1746—)。锡麒诗与厉鹗、严遂成、钱载、袁枚、王又曾并称“浙西六家”,骈文为清乾隆间八家之一,著有《有正味斋集》。

△孙星衍卒(1753—)。星衍骈文为清乾隆间八家之一,著有《孙渊如诗文集》、《尚书今古文注疏》,编有《续古文苑》。

1819年 清嘉庆二十四年

△焦循以研究乱弹所得,著《花部农谭》。

△吴翌凤卒(1742—)。翌凤著有《与稽斋丛稿》、《吴梅村诗集笺注》,编有《国朝文征》、《怀旧集》。

1820年 清嘉庆二十五年

△姚鼐所编《古文辞类纂》初版刊行,道光间重刊晚年定本。为代表桐城派观点的重要古文选本。

△章回小说《施公案》由文德堂刊行。

△刘嗣绾卒(1762—)。嗣绾著有《尚䌹堂集》。

△焦循卒(1763—)。焦循著有《雕菰楼集》、《雕菰楼词》、《孟子正义》、《花部农谭》、《剧说》。

△张南庄所著章回小说《何典》成书于嘉庆末。

1821年 清宣宗道光元年

△戈载刊所编《词林正韵》。

△秦瀛卒(1743—)。秦瀛著有《小岘山人集》,编有《乙未词科录》。

△吴鼒卒(1755—)。吴鼒著有《吴学士集》,编有《八家四六文钞》。

△彭兆荪卒(1768—)。兆荪著有《小谟觞馆集》、《潘澜笔记》。

1822年 清道光二年

△陈鸿寿卒(1768—)。鸿寿著有《种榆仙馆诗钞》、《桑连理馆诗集》。

1823年 清道光三年

△赵怀玉卒(1747—)。怀玉著有《亦有生斋集》。

△贡唐·丹白准美卒(1762—)。丹白准美著有《贡唐·丹白准美全集》。

△董祐诚卒(1791—)。祐诚著有《董立方遗书》。

1824年 清道光四年

△刘开卒(1784—)。刘开为“姚门四杰”之一,著有《刘孟涂集》、《广列女传》。

1826年 清道光六年

△魏源与贺长龄编成《皇朝经世文编》,次年刊行。

△唐仲冕卒(1753—)。仲冕著有《陶山诗文录》、《露蝉吟词钞》。

△宋湘卒(1756—)。宋湘著有《红杏山房诗钞》。

△陈沆卒(1785—)。陈沆著有《简学斋诗存》、《诗删》及《诗比兴笺》。

1828年 清道光八年

△李汝珍卒(1763—)。汝珍著有章回

小说《镜花缘》，另有《李氏音鉴》。

1829年 清道光九年

△孙原湘卒（1760— ）。原湘与舒位、王昙被法式善目为“三君”，又称“乾隆后三家”，著有《天真阁集》。

△改琦卒（1774— ）。改琦著有《玉壶山房集》、《玉壶山房词》。

1830年 清道光十年

△张维屏所编《国朝诗人征略》刊行。

△曾燠卒（1759— ）。曾燠骈文为乾隆间八家之一，著有《赏雨茅屋集》，编有《国朝骈体正宗》、《江西诗征》。

1831年 清道光十一年

△恽珠所编《国朝闺秀正始集》刊行。

△芥子园藏板本章回小说《绿牡丹》刊行。

△江藩卒（1761— ）。江藩著有《炳烛斋杂文》、《扁舟载酒词》、《国朝汉学师承记》、《国朝宋学渊源记》。

△郭麐卒（1767— ）。郭麐著有《灵芬馆集》、《灵芬馆诗话》、《爨余丛话》。

△管同卒（1780— ）。管同为“姚门四杰”之一，著有《因寄轩文集》、《七经纪闻》等。

△董士锡卒（1782— ）。士锡著有《齐物论斋文集》、《齐物论斋词》。

1832年 清道光十二年

△王希濂评点之双清仙馆本《新评绣像红楼梦全传》刊行。

△沈钦韩卒（1775— ）。钦韩著有《幼学堂诗文集》、《韩昌黎集补注》、《王荆公诗补注》、《两汉书疏证》等。

1833年 清道光十三年

△张琦卒（1764— ）。张琦著有《立山词》、《宛邻文》、《宛邻诗》、《战国策释地》、《素问释义》。

1834年 清道光十四年

△清廷谕令禁止坊肆刊印及租借传奇、演义及一切淫书小说，务须连板销毁。

△吴嵩梁卒（1766— ）。嵩梁著有《香苏山馆全集》。

△陈寿祺卒（1771— ）。寿祺著有《左海文集》、《左海骈体文》、《绛跗草堂诗集》、《尚书大传笺》。

△陆继辂卒（1772— ）。继辂著有《崇百药斋文集》、《诗集》、《清邻词》、传奇《洞庭缘》及《合肥学舍札记》。

1835年 清道光十五年

△顾广圻卒（1766— ）。广圻著有《思适斋集》。

△梁绍壬约卒于此年（1792— ）。绍壬著有《两般秋雨庵诗》、《两般秋雨庵词》、《两般秋雨庵随笔》。

△项鸿祚卒（1798— ）。鸿祚著有《忆云词》。

1837年 清道光十七年

△石韫玉卒（1756— ）。韫玉著有《独学庐全稿》、《袁文笺正》、杂剧集《花间九奏》、传奇《红楼梦》。

△端木国瑚卒（1773— ）。国瑚著有《太鹤山人诗集》、《文集》、《周易指》。

△程恩泽卒（1785— ）。恩泽著有《程侍郎遗集》、《国策地名考》。

1838年 清道光十八年

△黄爵滋上疏陈鸦片之危害，力请严禁。清廷委派林则徐为钦差大臣赴广东查禁鸦片。

△章回小说《林兰香》（号《第二奇书》）刊行。

△汪端卒（1793— ）。汪端著有《自然好学斋诗钞》，编有《明三十家诗选》。

1839年 清道光十九年

△林则徐在广州会同邓廷桢等查禁鸦片，于虎门销毁英商鸦片二万余箱，林、邓各作《高阳台》词，抒禁烟后愉悦心情。

△龚自珍自京南下，途中杂记行程，兼述旧事，得七言绝句三百十五首，题曰《己亥杂诗》。

△周济卒（1781— ）。周济为常州词派重要理论家，著有《介存斋文稿》、《介存斋诗》、《味隽斋词》、《晋略》，编有《宋四家词选》、《词辨》。

△潘德舆卒（1785— ）。德舆著有《养一斋集》、《养一斋词》、《斋一养诗话》。

1840年 清道光二十年

△英议会通过侵华战争决议案，英舰四十八艘陆续入侵广东海面，第一次鸦片战争爆发。

△梁章钜编著《楹联丛话》。

△吴德旋卒（1767— ）。德旋著有《初月楼诗文钞》、《初月楼古文绪论》、《闻见录》。

△俞正燮卒（1775— ）。正燮著有《癸巳类稿》、《癸巳存稿》、《四养斋诗稿》。

1841年 清道光二十一年

△张维屏作《三元里》诗，歌颂广州城郊三元里人民抗英斗争，揭露统治者妥协投降。

△贝青乔入奕经幕中参赞抗英军务，戎马

之暇，耳闻目睹军中怪事，纪以七言绝句一百二十首，名《咄咄吟》。

△李桂玉所著弹词《榴花梦》成书，为今存篇幅最长的弹词巨作，凡三百六十卷。

△欧阳辂卒（1767— ）。欧阳辂著有《磵东诗钞》。

△李兆洛卒（1769— ）。兆洛著有《养一斋集》、《历代地理韵编今释》，编有《骈体文钞》。

△毛嶽生卒（1791— ）。嶽生著有《休复居诗文集》。

△龚自珍于丹阳得暴疾卒（1792— ）。自珍为近代最早具有启蒙思想的文学家，其诗能开拓新宇，著有《定庵文集》等，今人合辑为《龚自珍全集》。

1842 年 清道光二十二年

△清政府在鸦片战争中失败，被迫与英国签订中国近代史上第一个不平等条约《南京条约》。

△黄承吉卒（1771— ）。承吉著有《梦陔堂文集》、《诗集》。

1843 年 清道光二十三年

△严可均卒（1762— ）。可均著有《铁桥漫稿》，编有《全上古三代秦汉三国六朝文》。

△陈文述卒（1771— ）。文述著有《碧城仙馆诗钞》、《颐道堂集》、《西泠怀古集》、《秣陵集》等。

△吴荣光卒（1773— ）。荣光著有《石云山人集》、《历代名人年谱》。

△张际亮因姚莹被诬下狱，为之奔波营救，劳瘁而卒（1799— ）。际亮著有《张亨甫全集》。

1844 年 清道光二十四年

△清廷又一次大规模查禁淫词小说。

△钱泳卒（1759— ）。钱泳著有《梅花溪诗草》、《履园丛话》、《古虞石室记》。

△汤鹏卒（1801— ）。汤鹏著有《海秋诗集》、《浮丘子》。

1846 年 清道光二十六年

△邓廷桢卒（1776— ）。廷桢著有《双砚斋诗集》、《双砚斋词》。

△招子庸卒（1793— ）。子庸著有《粤讴》。

1847 年 清道光二十七年

△陈奂所著《诗毛氏传疏》由扫叶山庄刊行。

△俞万春所著章回小说《荡寇志》成书，咸丰三年（1853）徐佩珂刊之于南京。

△赵庆熺卒（1792— ）。庆熺著有《楚游草》、《蘅香馆诗稿》、《香消酒醒词》、《香消酒醒曲》。

1848 年 清道光二十八年

△尼札里卒（1776— ）。尼札里著有诗集《爱情长诗集》、《济事宝珠》、《穆罕默斯集》。

△张声玠卒（1803— ）。声玠著有《蘅芷庄人诗文集》、杂剧集《玉田春水轩杂出》。

△黄遵宪生。

1849 年 清道光二十九年

△陈森所著章回小说《品花宝鉴》由幻中了幻斋刊行，开晚清狭邪小说之风。

△阮元卒（1764— ）。阮元著有《揅经室集》、《定香亭笔谈》、《畴人传》，编有《淮海英灵集》、《两浙輶轩录》，主纂《经籍纂诂》、《皇清经解》。

△梁章钜卒（1775— ）。章钜著有《藤花吟馆诗钞》、《退庵诗存》、《浪迹丛谈》、《楹联丛话》。

△俞万春卒（1794— ）。万春著有章回小说《荡寇志》。

1850 年 清道光三十年

△钱仪吉卒（1783— ）。仪吉著有《衎石斋纪事稿》、《闽游集》、《定庐集》、《刻楮集》等，编有《碑传集》。

△林则徐卒（1785— ）。则徐著有《云左山房诗钞》。

△文康所著章回小说《儿女英雄传》约成书于道光末年，开侠义、人情小说合流之先河。

1851 年 清文宗咸丰元年

△洪秀全在广西桂平金田村发动起义，建立太平天国。

△清文宗上谕军机处查禁《水浒传》。

△曾国藩选录古今体诗，凡十八家，编为《十八家诗钞》。

△林昌彝所编《射鹰楼诗话》刊行。

△方东树卒（1772— ）。东树为“姚门四杰”之一，著有《仪卫轩集》、《昭昧詹言》、《汉学商兑》、《书林扬觯》。

△邓显鹤卒（1777— ）。显鹤著有《南村草堂诗文钞》。

1852 年 清咸丰二年

△陈三立生。

1853 年 清咸丰三年

△姚椿卒（1777— ）。姚椿著有《通艺阁诗录》、《晚学斋文集》、《樗寮诗话》，编有《国

朝文录》。

△汤贻汾于太平军攻破金陵后投水死(1778—)。贻汾著有《琴隐园诗词集》、《画筌析览》、传奇《逍遥巾》。

△姚莹卒(1785—)。姚莹为“姚门四杰”之一,著有《中复堂全集》。

△黄爵滋卒(1793—)。爵滋著有《仙屏书屋诗录》、《文录》。

1854年 清咸丰四年

△哈斯宝完成《新译红楼梦》的蒙文本。

△严复生。

1855年 清咸丰五年

△包世臣卒(1775—)。世臣著有《安吴四种》、《小倦游阁文集》。

△许光治卒(1811—)。光治著有《江山风月谱》。

△戴钧衡卒(1814—)。钧衡著有《味经山馆诗文钞》。

1856年 清咸丰六年

△第二次鸦片战争爆发。

△曾国藩借为欧阳勋文集作序,阐述桐城派的师承源流及文派名之所出。国藩遂成为出自桐城派的文派湘乡派的首领,该派在“义理”、“辞章”、“考据”三者外增入“经济”一项,又推重阳刚之美,主要成员另有“曾门四弟子”张裕钊、吴汝纶、黎庶昌、薛福成。

△符葆森所编《国朝正雅集》刊行。

△梅曾亮卒(1786—)。曾亮为“姚门四杰”之一,著有《柏岘山房集》。

△李文瀚卒(1805—)。文瀚著有《味尘轩诗集》、《文集》及传奇《紫荆花》、《银汉槎》、《凤飞楼》、《胭脂舄》。

1857年 清咸丰七年

△上海墨海馆出版《六合丛谈》综合性月刊,由英人伟烈亚力主编,为最早采用铅字排印的中文杂志。

△丘心如所著弹词《笔生花》刊行。

△魏源卒(1794—)。魏源与龚自珍齐名称“龚魏”,著有诗文集《古微堂集》等,今人合辑为《魏源集》,另有《海国图志》、《诗古微》等,与贺长龄合编《皇朝经世文编》。

1858年 清咸丰八年

△魏秀仁所著章回小说《花月痕》初稿成书,后于同治五年(1866)定稿。

△龙启瑞卒(1814—)。启瑞著有《经德堂文集》、《浣月山房诗集》、《古韵通说》。

1859年 清咸丰九年

△张维屏卒(1780—)。维屏著有《张南山全集》,另有《国朝诗人征略》。

△叶名沣卒(1811—)。名沣著有《敦夙好斋诗编》、《桥西杂记》。

△孙鼎臣卒(1819—)。鼎臣著有《苍莨初集》、《河防纪略》。

1860年 清咸丰十年

△英法联军入侵北京,火烧圆明园,清政府在第二次鸦片战争中失败,被迫与英国、法国、俄国签订《北京条约》。

△曾国藩编成《经史百家杂钞》,又约选四十八篇为《简编》二卷,自序之。

△宋翔凤卒(1776—)。翔凤著有《浮溪精舍词》、《朴学斋文录》、《诗录》及《过庭录》等。

△陆嵩卒(1791—)。陆嵩著有《意苕山馆诗稿》。

△蒋湘南约卒于此年(1795—)。湘南著有《七经楼文钞》、《春晖阁诗选》。

1861年 清咸丰十一年

△杜文澜所编《古谣谚》由曼陀罗阁刊行。

△冯桂芬政论集《校邠庐抗议》成书,开近代新体政论散文之先河。

△唐鉴卒(1778—)。唐鉴著有《唐确慎公集》、《国朝学案小识》。

△梁廷枏卒(1796—)。廷枏著有《藤花亭诗文集》、《夷氛记闻》、《藤花亭曲话》及戏曲集《藤花亭十种》。

△朱琦卒(1803—)。朱琦著有《怡志堂诗初编》、《文初编》。

△邵懿辰卒(1810—)。懿辰著有《半岩庐所著书》。

△湖湘派(即汉魏六朝派)诗形成于咸丰间,其领袖王闿运在民国后仍有创作活动。该派以学汉魏六朝诗为宗旨,但各人风格不尽一致。主要成员另有邓辅纶、高心夔、龙汝霖、邓绎等。

1862年 清穆宗同治元年

△周之琦卒(1782—)。之琦著有《心日斋词》,编有《心日斋十六家词选》。

△彭蕴章卒(1792—)。蕴章著有《彭文敬公全集》。

△吴藻卒(1799—)。吴藻著有《花帘书屋诗》、《花帘词》、《香南雪北词》及杂剧《乔影》。

1863年 清同治二年

△陈奂卒(1786—)。陈奂著有《诗毛

氏传疏》。

△钱泰吉卒(1791—)。泰吉著有《甘泉乡人稿》、《海昌备志》。

△鲁一同卒(1805—)。一同著有《通甫类稿》、《通甫诗存》。

△贝青乔卒(1810—)。青乔著有《半行庵诗存》、《咄咄吟》。

1864年 清同治三年

△天京(今南京)为清军攻陷,太平天国起义失败。

△严廷中卒(1795—)。廷中著有《红蕉吟馆诗集》、《岩泉山人词稿》、《红豆箱剩曲》、《两间草堂古文》及杂剧《秋声谱》。

△吴嘉宾卒(1803—)。吴嘉宾著有《求自得之室文钞》、《尚䌹庐诗钞》等。

△姚燮卒(1805—)。姚燮著有《复庄诗问》、《疏影楼词》、《读红楼梦纲领》、《今乐考证》,编有《蛟川诗系》。

△黄燮清卒(1805—)。燮清著有《倚晴楼诗集》、《诗余》及戏曲集《倚晴楼七种曲》,编有《国朝词综续编》、《吴谚集》。

△郑珍卒(1806—)。郑珍著有《巢经巢集》。

1865年 清同治四年

△承龄卒(1814—)。承龄著有《大小雅堂诗集》、《冰蚕词》。

1866年 清同治五年

△祁寯藻卒(1793—)。寯藻著有《䜩䜩亭集》。

△江湜卒(1818—)。江湜著有《伏敔堂诗录》。

△胡盍朋卒(1826—)。盍朋著有传奇《海滨梦》、《汨罗沙》、《鹤相知》、《中庭笑》及《白榆堂诗》等。

1867年 清同治六年

△宗稷辰卒(1792—)。稷辰著有《耻躬斋诗文钞》、《四书体味录》。

△蒋敦复卒(1808—)。敦复著有《啸古堂诗文集》、《芬陀利室词》、《芬陀利室词话》、《啸古堂诗话》。

1868年 清同治七年

△清廷谕令禁毁传奇小说,江苏巡抚两次发布查禁淫词小说告示,所禁书目达二百六十九种,有《水浒传》、《红楼梦》、《龙图耳录》等。

△黄遵宪作《杂感》诗,有"我手写吾口,古岂能拘牵"之语,为光绪间维新派作家倡导"诗界革命"之先声。

△蒋春霖卒(1818—)。春霖著有《水云楼词》、《水云楼诗剩稿》。

1869年 清同治八年

△张应昌所编《国朝诗铎》由应氏秀芝堂刊行。

△许宗衡卒(1811—)。宗衡著有《玉井山馆集》、《玉井山馆笔记》等。

△章炳麟生。

1870年 清同治九年

△吴振棫卒(1792—)。振棫著有《花宜馆诗钞》、《词钞》及《黔语》,编有《国朝杭郡诗续辑》。

△陈森约卒于此年(1796?—)。陈森著有章回小说《品花宝鉴》、传奇《梅花梦》。

1871年 清同治十年

△清穆宗据监察御史刘瑞祺奏请,谕令内阁,著各省督抚及州府官长查明应禁各书,销毁小说书板。

△王闿运与张祖同、徐树钧同游圆明园遗址,归作长诗《圆明园词》,谭献以为此诗可与唐元稹《连昌宫词》媲美。

△谭莹卒(1800—)。谭莹著有《乐志堂集》。

△莫友芝卒(1811—)。友芝与郑珍齐名称"郑莫",著有《郘亭诗钞》、《郘亭遗诗》、《郘亭遗文》、《黔诗纪略》、《郘亭知见传本书目》。

1872年 清同治十一年

△尊闻阁主于上海创办文学月刊《瀛寰琐记》,由《申报》馆印行,为中国最早的文学期刊,开近代文学刊物之先河。

△郑献甫卒(1801—)。献甫著有《补学轩集》、《愚一录》等。

△曾国藩卒(1811—)。国藩为湘乡派领袖,著有《曾文正公诗文集》等,合为《曾文正公全集》。

1873年 清同治十二年

△方玉润所著《诗经原始》刊行,收入《鸿濛室丛书》。

△《瀛寰琐记》自第三卷起连载蠡勺居士所译英国小说《昕夕闲谈》,这是中国近代最早白话翻译的外国长篇小说之一。

△刘熙载所著《艺概》刊行。

△郑观应所著《盛世危言》刊行。

△黄钧宰所著笔记《金壶七墨》刊行。

△何绍基卒(1799—)。绍基著有《东洲草堂诗钞》、《东洲草堂文钞》。

△吴敏树卒(1805—)。敏树著有《柈湖文录》、《诗录》及《柈湖诗话》。

△魏秀仁卒(1819,一作1818—)。秀仁著有《陔南山馆文录》、《骈体文钞》、《诗集》,章回小说《花月痕》,另有《咄咄录》等。

△梁启超生。

1874年 清同治十三年

△张应昌卒(1790—)。应昌著有《彝寿轩诗钞》、《烟波渔唱》,编有《国朝诗铎》。

△冯桂芬卒(1809—)。桂芬著有《校邠庐抗议》、《显志堂集》、《两淮盐法志》。

1875年 清德宗光绪元年

△《瀛寰琐记》改名为《四溟琐记》,体例照旧。

△周闲卒(1820—)。周闲著有《范湖草堂遗稿》、《兵原》等。

1876年 清光绪二年

△顾春卒于此年后不久(1799—)。顾春著有《东海渔歌》、《天游阁集》。

△林昌彝卒(1803—)。昌彝著有《衣讔山房诗集》、《小石渠阁文集》、《海天琴思录》、《射鹰楼诗话》。

△徐子苓卒(1812—)。子苓著有《敦艮吉斋文存》、《诗存》。

△王拯卒(1815—)。王拯著有《龙壁山房集》、《茂陵秋雨词》、《瘦春词》。

1877年 清光绪三年

△韩小窗在沈阳组织芝兰诗社,创作大量子弟书、近体诗谜和诗歌。

△宣鼎所著笔记小说集《夜雨秋灯录》正集刊行,续集于光绪六年(1880)刊行。

△王国维生。

1878年 清光绪四年

△文康所著章回小说《儿女英雄传》由北京聚珍堂印行。

△章回小说《绘芳录》由上海《申报》馆石印行世。

△俞达所著章回小说《青楼梦》由上海《申报》馆活字印行。

△张南庄所著章回小说《何典》由上海《申报》馆活字印行。

△潘曾莹卒(1808—)。曾莹著有《小鸥波馆诗钞》、《文钞》、《词钞》、《墨缘小识》等。

△庄棫卒(1829—)。庄棫著有《蒿庵遗稿》。

1879年 清光绪五年

△黄遵宪所作《日本杂事诗》一百五十四首由北京同文馆活字印行。

△石玉昆述章回小说《三侠五义》由北京聚珍堂印行。

△刘履芬卒(1827—)。履芬著有《古红梅阁集》。

△陈独秀生。

1880年 清光绪六年

△李世忠所编《梨园集成》十八卷刊行,收京、昆剧本四十八种。

△宣鼎卒(1832—)。宣鼎著有文言短篇小说集《夜雨秋灯录》、传奇《返魂香》。

1881年 清光绪七年

△刘熙载卒(1813—)。熙载著有《艺概》等。

△鲁迅生。

△杜文澜卒(1815—)。文澜著有《采香词》、《憩园诗话》、《曼陀罗阁琐记》、《平定粤寇纪略》。

1882年 清光绪八年

△王先谦所编《续古文辞类纂》刊行。

△谭献所编《箧中词》刊行,收入其所辑《半厂丛书》。

△陈澧卒(1810—)。陈澧著有《东塾集》、《忆江南馆词》、《东塾读书记》、《汉儒通义》。

1883年 清光绪九年

△"同光体"之名始现。陈衍《沈乙庵(曾植)诗序》云:"吾于癸未(1883)、丙戌(1886)间闻可庄(王仁堪)、苏堪(郑孝胥)诵君诗,相与叹赏,以为同光体之魁杰。"又云:"同光体者,苏堪与余戏称同、光以来诗人不墨守盛唐者。"同光体诗人在清末民国初影响很大,主要分为三派,闽派有陈衍、郑孝胥、陈宝琛、林旭、李宣龚等,江西派有陈三立、胡朝梁、华焯、夏敬观等,浙派有沈曾植、袁昶、金蓉镜等。另范当世、俞明震、陈曾寿等不在三派之内,但一般也被认为是同光体诗人。

△方玉润卒(1811—)。玉润著有《鸿濛室诗文钞》、《诗经原始》等。

△高心夔卒(1835—)。心夔著有《陶堂志微录》、《陶堂遗文》。

1884年 清光绪十年

△王韬由香港返上海,开始撰写文言短篇小说《淞隐漫录》,在《申报》所刊《画报》上连载,光绪十三年全部完成后由点石斋出版石印单行本。

△周寿昌卒(1814—)。寿昌著有《思

益堂集》、《思益堂日札》。

△周星誉卒(1826—)。星誉著有《鸥堂剩稿》、《东鸥草堂词》。

△赵之谦卒(1829—)。之谦著有《悲庵诗剩》、《勇庐闲诘》、《补寰宇访碑录》、《六朝别字记》。

△俞达卒(? —)。俞达著有章回小说《青楼梦》及《吴中考古录》、《醉红轩笔话》等。

△周作人生。

1885年 清光绪十一年

△张文虎卒(1808—)。文虎著有《覆瓿集》。

△左宗棠卒(1812—)。宗棠著有《左文襄公全集》。

△金和卒(1818—)。金和著有《秋蟪吟馆诗钞》、《来云阁词钞》、《文钞》。

△薛时雨卒(1818—)。时雨著有《藤香馆诗钞》、《西湖橹唱》、《江舟欸乃》。

1886年 清光绪十二年

△朱庭珍等在云南昆明莲湖畔创立莲湖吟社,每月一会,宴于集翠轩,作诗酬唱。

△苏州弹词艺人马如飞弹词开篇集《南词小引》(初集)刊行。

1887年 清光绪十三年

△端木埰卒(1815—)。端木埰著有《碧瀣词》、《楚辞启蒙》、《赋源》,编有《宋词赏心录》。

△李元度卒(1821—)。元度著有《天岳山房文钞》、《诗集》、《四六文》,编有《国朝先正事略》、《文略》。

△柳亚子生。

1888年 清光绪十四年

△方宗诚卒(1818—)。宗诚著有《柏堂集》、《志学录》等,合为《柏堂遗书》。

1889年 清光绪十五年

△俞樾改订《三侠五义》,并更其名为《七侠五义》,光绪二十二年(1896)由上海广百宋斋排印出版。

△许善长卒于此年后(1823—)。善长著有传奇《瘗云岩》、《胭脂狱》、《茯苓仙》、《神仙引》、《风云会》及《碧声吟馆谈麈》等。

△张景祁卒于此年后(1827—)。景祁著有《新蘅词》。

1890年 清光绪十六年

△黄遵宪任驻英参赞,作《今别离》组诗,最能体现"新派诗"的特色,被誉为"千古绝作"。

△韩小窗卒(约1828—)。小窗著有子弟书《露泪缘》、《草诏敲牙》、《红梅阁》、《千金全德》、《卖刀试刀》、《长坂坡》、《黛玉悲秋》等。

△施补华卒(1835—)。补华著有《泽雅堂文集》、《诗集》。

△宝廷卒(1840—)。宝廷著有《偶斋诗草》、《偶斋词》。

1891年 清光绪十七年

△唐景崧在台湾发起成立牡丹诗社,社员有林鹤年、丘逢甲等。社集之作编为《诗畸》。

△易顺鼎与其弟易顺豫在湖南长沙成立诗社湘社,成员另有程颂万等。社集之作编为《湘社集》。

△黄遵宪在伦敦自撰《人境庐诗草序》,阐述其诗歌创作主张,认为"胸中之诗境"应是:"一曰,复古人比兴之体;一曰,以单行之神运排偶之体;一曰,用古文家伸缩离合之法以入诗,……凡事名物名切于今者,皆采取而假借之,……古人未有之物、未辟之境,耳目所历,皆笔而书之。……不名一格,不专一体,要不失乎为我之诗。"

△郭嵩焘卒(1818—)。嵩焘著有《养知书屋遗集》、《礼记质疑》、《毛诗约义》等。

△汪瑔卒(1828—)。汪瑔著有《随山馆全集》。

△杨恩寿卒(1835—)。恩寿著有《坦园六种曲》、《坦园日记》、《词余丛话》。

△胡適生。

1892年 清光绪十八年

△韩邦庆所著章回小说《海上花列传》前三十回在上海出版的《海上奇书》本年第一期至次年第十五期上刊出。

△章回小说《彭公案》刊行,署"贪梦道人"作。

△尹湛纳希卒(1837—)。尹湛纳希著有蒙文小说《一层楼》、《泣红亭》、《大元盛世青史演义》。

△陈廷焯卒(1853—)。廷焯著有《白雨斋词存》、《诗钞》、《白雨斋词话》,编有《云韶集》。

△郭沫若生。

1893年 清光绪十九年

△郑观应修改《易言》为《盛世危言》。

△邓辅纶卒(1828—)。辅纶与王闿运同为湖湘派领袖,著有《白香亭诗》。

△朱铭盘卒(1852—)。铭盘著有《桂

之华轩遗集》、《四裔朝献长编》等。

1894年 清光绪二十年

△中日甲午战争爆发。

△孙衣言卒(1815—)。衣言著有《逊学斋诗文钞》、《永嘉学案》。

△张裕钊卒(1823—)。裕钊为"曾门四弟子"之一,著有《濂亭集》。

△李慈铭卒(1830—)。慈铭著有《白华跉跗阁诗》、《杏花香雪斋诗》、《越缦堂文集》、《霞川花隐词》、《桃花圣解庵乐府》、《越缦堂日记》。

△薛福成卒(1838—)。福成为"曾门四弟子"之一,著有《庸庵全集》、《庸庵文别集》等。

△韩邦庆卒(1854—)。邦庆著有章回小说《海上花列传》、文言短篇小说集《太仙漫稿》。

1895年 清光绪二十一年

△清政府在中日甲午战争中失败,被迫与日本签订《马关条约》。

△康有为联合十八省会试举人上书请拒和、变法,史称"公车上书"。维新变法运动自此兴起。康有为在北京发起成立强学会,亦称强学书局或强学局,以求"中国自强"为宗旨。沈曾植等四人为总董,梁启超、麦孟华、杨锐、徐世昌等二十二人列名会籍或参预会务,由文廷式出面组建。稍后谭嗣同在湖南成立强学分会,上海等地也相继成立强学分会。

△徐乃昌所编《小檀栾室汇刻闺秀词》刊行。

△王颂蔚卒(1848—)。颂蔚著有《写礼庼文集》、《诗集》、《遗词》及《明史考证捃逸》等。

△徐志摩生。

△林语堂生。

1896年 清光绪二十二年

△夏曾佑、谭嗣同等试创新派诗,提倡以新名词入诗,以新学入诗,为"诗界革命"之先声。

△《时务报》在上海创刊,主笔为梁启超,出于倡言变法、启发民智的需要,自创一种新文体,后称"新民体",以其初成于《时务报》,亦称"时务体"。

△杨岘卒(1819—)。杨岘著有《迟鸿轩诗弃》、《文弃》。

△平步青卒(1832—)。步青著有《香雪崦丛书》。

△郁达夫生。

△茅盾生。

1897年 清光绪二十三年

△李宝嘉主编的文艺小报《游戏报》创刊于上海,为上海最早的小报之一,对近现代小报的兴起具有启导作用。

△严夏、夏曾佑等在天津创办《国闻报》,鼓吹变法,二人合作之《本馆附印说部缘起》在该报发表,提倡"新小说"创作。

△叶衍兰卒(1823—)。衍兰著有《海岳楼诗集》、《秋梦庵词草》。

△王韬卒(1828—)。王韬著有《弢园文录外编》、《蘅华馆诗录》及笔记小说集《淞隐漫录》、《淞滨琐话》、《遁窟谰言》。

△黎庶昌卒(1837—)。庶昌为"曾门四弟子"之一,著有《拙尊园丛稿》,编有《续古文辞类纂》。

1898年 清光绪二十四年

△"戊戌变法"兴起,康有为在北京成立保国会。清德宗诏令变法维新。因袁世凯出卖告密,慈禧太后发动政变,取消新政,恢复旧制。清德宗被幽禁中南海瀛台。维新派官员陈宝箴、江标、黄遵宪等数十人被革职。谭嗣同、林旭、刘光第、杨锐、杨深秀、康广仁死难,史称"戊戌六君子"。康有为、梁启超出逃日本。谭嗣同(1865—),著有《寥天一阁文》、《莽苍苍斋诗》、《仁学》等,今人辑为《谭嗣同集》。林旭(1875—),著有《晚翠轩集》。刘光第(1859—),著有《衷圣斋文集》、《介白堂诗集》等,今人辑为《刘光第集》。杨锐(1857—),著有《说经堂诗草》。杨深秀(1849—),著有《雪虚声堂诗钞》、《杨漪村侍御奏稿》。康广仁(1867—),著有《康幼博茂才遗稿》。

△严复译英国赫胥黎《天演论》刊本行世,《译例》中所提出的"信、达、雅"翻译标准,为后人所沿用。

△朱自清生。

1899年 清光绪二十五年

△梁启超在《夏威夷游记》中正式提出"诗界革命"的口号,认为"诗界革命"要求有三长:"第一要新意境,第二要新语句,而又须以古人之风格入之。"

△程蕙英所著弹词《凤双飞》成书。

△林纾以文言翻译的法国小仲马小说《巴黎茶花女遗事》(原名《茶花女》)刊行,轰动一时。此后林纾共翻译外国文学作品一百八十余

种，重要的有《黑奴吁天录》、《撒克逊劫后英雄略》、《孝女耐儿传》等。

△同光体诗人陈衍与沈曾植在湖广总督张之洞幕中，论诗谈文，由是提倡“三元说”诗论。

△毛拉·毕拉勒卒（1824—　　）。毕拉勒作有长诗《中国土地上的圣战》等。

△老舍生。

△闻一多生。

1900年　清光绪二十六年

△义和团运动爆发，英、美、法、德、俄、日、意、奥八国联军侵华，攻入北京，慈禧太后挟清德宗出逃西安，临行将珍妃推堕井中。李希圣作《西苑》等诗，金兆蕃作《宫井篇》长诗，悼珍妃之死。樊增祥、文廷式、曾广钧、王乃徵等亦均有诗悼珍妃。

△王鹏运与朱祖谋、刘福姚共集北京宣武门外教场头条胡同寓宅，相约填词，成《庚子秋词》，以寓感事伤时之意。

△敦煌石窟所藏古文献被发现，文学作品今人辑为《云谣集杂曲子》、《敦煌曲子词集》、《敦煌歌辞总编》、《敦煌变文集汇录》、《敦煌变文集》、《敦煌变文补编》等。

△梁启超发表《少年中国说》，堪称新民体代表作。

△黄人、庞树柏等在常熟创立“三千剑气文社”，以诗文宣传排满革命。

△马建忠卒（1844—　　）。建忠著有《适可斋记言》、《记行》及《马氏文通》等。

△袁昶因反对围攻使馆和对外宣战，忤慈禧太后，被杀（1846—　　）。袁昶著有《渐西村人初集》、《安槃簃集》、《于湖小集》等。

△唐才常组织自立军，准备起义，事泄，为张之洞捕杀于武昌（1867—　　）。才常之著述今人辑为《唐才常集》。

1901年　清光绪二十七年

△反映八国联军侵华战争的文学作品大量涌现，诗集有延清之《庚子都门纪事诗》、胡思敬之《驴背集》、狄葆贤之《燕京庚子俚词》等。此后又有忧患余生之《邻女语》、林纾之《京华碧血录》、吴沃尧之《恨海》、伤心人之《铸错记》等小说及陈时泌之《武陵春》、林纾之《蜀鹃啼》等传奇。

△文艺小报《世界繁华报》在上海创刊，由李伯元主编，风行一时。

△林纾与魏易合译美国斯陀夫人小说《黑奴吁天录》（原名《汤姆叔叔的小屋》），再一次引起轰动，产生了极大的社会影响。

△盛昱所编《八旗文经》刊于武昌，收录满、蒙、汉八旗文章，存有不少珍贵资料。

△谭献卒（1832—　　）。谭献著有《复堂文》、《复堂诗》、《复堂词》、《复堂日记》等，编有《箧中词》。

1902年　清光绪二十八年

△梁启超在日本横滨创办并主编综合性半月刊《新民丛报》，自第四号起，连载其所作《饮冰室诗话》。因其在该刊上发表的政论所形成的新散文体影响较大，遂被称为“新民体”，为后来的白话文运动开了先河。

△梁启超在日本横滨创办文学月刊《新小说》，为中国最早专载小说的期刊，清末四大小说杂志之一。创刊号上有梁启超《论小说与群治之关系》一文，对近代小说研究影响很大。

△林朝崧在台湾台中发起成立栎社，连横为其中重要成员。该社活动一直延续到抗日战争期间。

△沈从文生。

1903年　清光绪二十九年

△文学半月刊《绣像小说》创刊于上海，由李宝嘉主编，与《新小说》、《月月小说》、《小说林》合称“清末四大小说杂志”。第一期刊有李宝嘉所著章回小说《文明小史》，第三期刊有夏曾佑（署别士）的《小说原理》。

△李宝嘉所著的章回小说《官场现形记》在上海出版的《世界繁华报》上连载，吴沃尧所著的章回小说《二十年目睹之怪现状》在日本横滨出版的《新小说》杂志上连载，刘鹗所著的章回小说《老残游记》在上海出版的《绣像小说》杂志上连载，次年又在天津出版的《天津日日新闻》报上连载，曾朴所著的章回小说《孽海花》先由金天羽撰写首二回，在日本东京出版的《江苏》杂志上连载，次年由曾朴续写。这四部章回小说被称为“清末四大谴责小说”，在中国小说史上具有重要影响。

△邹容《革命军》一书由上海大同书局出版，此书以激情奋发的文字宣传反满革命，在社会上引起极大震动。

△《苏报》发文介绍邹容《革命军》一书，又登载章炳麟《康有为与觉罗君之关系》一文，抨击清帝，清政府勾结上海公共租界工部局，逮捕章炳麟，邹容愤而自动投案，清政府分别判章、邹监禁三年、二年，《苏报》被查封。史称“苏报案”。

△陈天华《猛回头》、《警世钟》二书在日本

出版，宣传反帝反清，号召革命，影响很大。

△陈烺卒（1822— ）。陈烺著有《云石山房剩稿》、戏曲集《玉狮堂十种曲》。

△吴汝纶卒（1840— ）。汝纶为“曾门四弟子”之一，著有《吴先生文集》、《挚甫诗集》。

△张佩纶卒（1848— ）。佩纶著有《涧于集》。

1904年 清光绪三十年

△文学月刊《女子世界》在上海创刊，由丁初我、曾朴主编，以提倡女权，宣传男女平等为主旨，为近代早期著名妇女刊物之一。

△文学期刊《新新小说》创刊于上海，由陈景韩主编，为清末四大小说杂志外影响较大的小说期刊。

△文学半月刊《二十世纪大舞台》创刊于上海，由陈去病主编，柳亚子撰发刊辞，宣传戏剧改良思想。为近代第一种戏剧期刊，因其言论激烈，仅出二期，即被清廷查封。

△王国维所著《红楼梦评论》发表于《教育世界》杂志，为近代最早吸收西方美学理论的重要论著。

△林传甲所著《中国文学史》问世，为中国人自著的第一部系统论述中国文学史的专著。

△翁同龢卒（1830— ）。同龢著有《瓶庐诗稿》、《瓶庐词》、《瓶庐文》。

△萧穆卒（1835— ）。萧穆著有《敬孚类稿》。

△王鹏运卒（1848— ）。鹏运为“清末四大词人”之一，著有《半塘定稿》、《半塘剩稿》，刊有《四印斋所刻词》。

△范当世卒（1854— ）。当世著有《范伯子文集》、《范伯子诗集》。

△文廷式卒（1856— ）。廷式著有《云起轩词》、《文道希先生遗诗》、《纯常子枝语》。

△巴金生。

1905年 清光绪三十一年

△国学保存会在上海成立，发行《国粹学报》，由邓实任总纂，以“发明国学，保存国粹”为宗旨。国学保存会著名会员有章炳麟、王国维、王闿运、张謇、黄节、陈去病、马其昶、柳亚子、刘师培、郑孝胥等。

△清政府查禁革命书报，《革命军》、《支那革命运动》、《浙江潮》、《新小说》、《新民丛报》、《黄帝魂》等几十种书报刊物被查禁。

△黄世仲所著章回小说《洪秀全演义》在香港《有所谓报》附张上连载，次年续载于香港《少年报》附张，为近代第一部颂扬太平天国的文学作品。

△反美华工禁约运动在各地展开，反映这次运动的文学作品大量涌现，小说有无名氏之《苦社会》、碧荷主人之《黄金世界》与《新纪元》、杞忧子之《苦学生》、吴沃尧之《劫余灰》等，传奇有南苓居士之《海侨春》。一些作品后来由阿英辑为《反美华工禁约文学集》。

△黄遵宪卒（1848— ）。遵宪为“诗界革命派”最有成就的诗人，著有《人境庐诗草》、《日本杂事诗》、《日本国志》。

△李希圣卒（1864— ）。希圣为清末西昆派主要诗人，著有《雁影斋诗》、《雁影斋题跋》。

△陈天华为抗议日本颁布《取缔清留学生规则》，投海自尽（1875— ）。天华著有《猛回头》、《警世钟》，后人辑有《陈天华集》。

△邹容瘐死狱中（1885— ）。邹容著有《革命军》，后人辑有《邹容文集》。

1906年 清光绪三十二年

△文学月刊《著作林》创刊于杭州，由陈蝶仙创办并主编，社章称该刊旨在“保存国粹”。（一说该刊创办于次年）

△文学月刊《月月小说》创刊于上海，由汪惟父、吴沃尧、许伏民等编辑发行，为清末四大小说杂志之一，提倡短篇为其一大特色。

△综合性日报《时报》开始设立文艺副刊，初名《余兴》，由包天笑主编，后易名《滑稽余谈》，最终定名《小时报》，主编又有毕倚虹、李涵秋等。作为全国首创的文艺副刊，影响很大，为其他后起报纸纷纷效仿。

△张春帆所著章回小说《九尾龟》由上海点石斋出版石印本，至宣统二年（1910）出齐十二集。鲁迅《中国小说史略》称之为晚清狭邪小说的殿军之作。

△李宝嘉卒（1867— ）。宝嘉为晚清最有成就的小说家之一，著有章回小说《官场现形记》、《文明小史》、《活地狱》、《中国现在记》、《海天鸿雪记》，另有《南亭笔记》、《南亭四话》、《艺苑丛话》、《庚子国变弹词》等。

1907年 清光绪三十三年

△文学月刊《小说林》在上海创刊，由曾朴、徐念慈主编。创刊号有黄人《小说林发刊辞》、徐念慈《小说林缘起》，为近代小说理论的重要论文。该刊为清末四大小说杂志之一，虽发行时间不长，但影响很大。

△文学旬刊《中外小说林》在广州创刊，由

黄伯耀、黄世仲兄弟主编。所载作品多用粤语方言,有广东地方特色。黄伯耀《小说与风俗之关系》等论文,具有重要文献价值。

△陈去病在上海欲为秋瑾开追悼会未果,因创立神交社,集会上海愚园修禊,柳亚子、吴梅、高旭等参加,后诸人皆加入南社,继续以文学为武器进行反清革命活动。

△俞樾卒(1821—)。俞樾著有《春在堂杂文》、《诗编》、《尺牍》、《词录》及《春在堂随笔》、《右台仙馆笔记》、《诸子平议》、《群经平议》、《古书疑义举例》等。

△欧阳钜元卒(1883—)。钜元著有章回小说《负曝闲谈》、传奇《玉钩痕》、《维新梦》。

△秋瑾与革命同志策划反清武装起义,事泄,被捕遇害(1875,一作1877—)。秋瑾著有《秋瑾集》。

1908年 清光绪三十四年

△文学半月刊《国学粹编》创刊于北京,由沈宗畸主编,发刊简章称以"网罗散佚,甄阐幽隐"为宗旨,着重选录诗文传奇。

△鲁迅所著论文《摩罗诗力说》在《河南》杂志发表。

△王国维所著《人间词话》在《国粹学报》上连载。

△徐念慈卒(1875—)。念慈著有小说《新法螺先生谭》、《情天债》等,译有《美人妆》、《黑行星》、《新舞台》、《海外天》等。

△魏熙元约卒于光绪间,著有传奇《儒酸福》及《玉玲珑阁词存》。

△郑由熙约卒于光绪间,著有传奇《暗香楼乐府》三种及《晚学斋集》等。

△西昆派诗形成于光绪末,以李希圣、曾广钧、张鸿、曹元忠、汪荣宝为主要代表,以学李商隐为宗,与宋初西昆体相仿,故名。借李商隐华文谲喻之体,寄托衰世之忧愤。

1909年 清宣统元年

△具有鲜明革命性的文学社团南社在苏州成立,发起人为同盟会会员陈去病、柳亚子、高旭。首次雅集于虎丘张东阳祠,与会者十七人,高旭因故未参加。会上推举陈去病为文选编辑,高旭为诗选编辑,庞树柏为词选编辑,柳亚子为书记,准备编辑出版社刊《南社丛刻》。

△文学月刊《扬子江小说报》创刊于湖北汉口,由胡石庵创办并主编,以刊载长篇小说为主。陶曾佑《小说丛谈》发表于该刊。

△文学月刊(后改四月刊)《小说时报》创刊于上海,由狄葆贤创办,陈景韩、包天笑轮流主编,被视为具有鸳鸯蝴蝶派倾向的早期刊物。

△黄人、沈粹芬所编《国朝文汇》由上海国学扶轮社出版石印本。

△王国维所编著《曲录》于去年成书,此年刊行,收入《晨风阁丛书》。

△彭养鸥所著章回小说《黑籍冤魂》由改良小说社印行。

△张之洞卒(1837—)。之洞为晚清唐宋兼采派诗人主要代表,著有《张文襄公全集》。

△刘鹗卒(1857—)。刘鹗为晚清最有成就的小说家之一,著有章回小说《老残游记》及《铁云诗存》等,编有《铁云藏龟》等。

1910年 清宣统二年

△南社社刊《南社丛刻》创刊于上海,不定期出版。至民国十二年(1923)共出二十二集。

△文学月刊《小说月报》创刊于上海,由商务印书馆主办,王蕴章、恽铁樵主编。五四运动前为鸳鸯蝴蝶派刊物,民国十年(1921)起由茅盾主编,成为新文学的重要刊物之一。

△宋恕卒(1862—)。宋恕著有《六斋有韵文集》、《六斋无韵文集》等,今人辑为《宋恕集》。

△吴沃尧卒(1866—)。沃尧为晚清最有成就的小说家之一,著有章回小说《二十年目睹之怪现状》、《九命奇冤》、《痛史》、《恨海》、《瞎骗奇闻》、《糊涂世界》、《发财秘诀》等,另有短篇集《趼人十三种》及《趼廛剩墨》、《趼廛诗删剩》等。

1911年 清宣统三年

△武昌起义爆发,旋南京光复,十七省代表选举孙中山为中华民国临时大总统。

△《申报》副刊《自由谈》创刊,直至民国二十四年(1935)停刊,为近代出版时间最长的报纸副刊。王钝根、姚雒雏、陈蝶仙、周瘦鹃等相继为编辑。

△汪康年卒(1860—)。康年著有《汪穰卿遗集》、《汪穰卿笔记》。

△周实在故乡淮安响应武昌起义,为山阳知县捕杀(1885—)。周实著有《无尽庵遗集》。

1912年 中华民国元年

△中华民国成立,清宣统帝溥仪退位,清亡。

△王国维在日本著《宋元戏曲考》,后改名为《宋元戏曲史》出版,开戏曲史研究之风。

△综合性月刊《庸言》创刊，由梁启超主编，陈衍所著《石遗室诗话》自该刊第一卷第一期起连载，为同光体诗派之重要文献。

△鸳鸯蝴蝶派早期的代表作徐枕亚所著《玉梨魂》和吴双热所著《孽冤镜》两部文言长篇小说在《民权报》上连载，风行一时，后各出单行本。

△苏曼殊所著中篇小说《断鸿零雁记》在《太平洋报》发表，为其代表作。

△米庞加措卒（1846—　　）。米庞加措著有《米庞全集》。

△敬安卒（1851—　　）。敬安著有《八指头陀诗文集》。

△丘逢甲卒（1864—　　）。逢甲为诗界革命巨子，著有《岭云海日楼诗钞》。

△黄世仲卒（1872—　　）。世仲著有章回小说《洪秀全演义》、《廿载繁华梦》、《宦海升沉录》、《黄粱梦》、《大马扁》等。

1913年　民国二年

△文学月刊《游戏杂志》创刊于上海，由王钝根、陈蝶仙主编，发刊序言称欲以游戏之名，“冀藉淳于微风，呼醒当世”。一般认为该杂志属于鸳鸯蝴蝶派刊物。

△春，樊增祥、沈曾植等十人在上海樊园赋诗行韵，梁启超、严复、易顺鼎等三十余人在北京西郊举行诗会，同光体诗派活跃一时。

△文学月刊《新剧杂志》创刊，为早期戏剧期刊。

△政论性月刊《甲寅》创刊于日本东京，曾进行反对袁世凯的宣传。1925年复出周刊，提倡古文，攻击新文化运动。

△文学月刊《小说丛报》创刊，被认为是鸳鸯蝴蝶派的“大本营”。

△文学周刊《礼拜六》创刊，1923年革新后改为综合性小报，张扬消遣文学，为鸳鸯蝴蝶派主要刊物之一。

△文学半月刊《娱闲录》创刊，系《四川公报》的增刊，发行后影响较大，其风格颇为其他报刊所效仿。

△文学期刊《文艺杂志》创刊，以刊载传统诗文为主。

△文学月刊《眉语》创刊，为早期妇女文学刊物，在妇女中有一定影响。

△黄人卒（1866—　　）。黄人著有《中国文学史》、《石陶梨烟室诗存》、《摩西词》，编有《国朝文汇》。

△吴保初卒（1869—　　）。保初为“清末四公子”之一，著有《北山楼集》。

△王钟麒卒（1880—　　）。钟麒为南社社员，著有《论小说与改良社会之关系》、《中国历代小说史论》等论文，在小说理论上卓有建树，另有小说《孤臣碧血记》、《姊妹花》、《玉环外史》、《轩亭复活记》等及传奇《血泪痕》。

△宁调元参加反袁斗争被捕遇害（1883—　　）。调元为南社社员，著有《太乙遗书》。

1914年　民国三年

△文学刊物《民权素》创刊于上海，由刘铁冷、蒋箸超主编，初为不定期刊物，第六期起改为月刊。

1915年　民国四年

△袁世凯复辟帝制，改国号为“中华帝国”，年号“洪宪”。

△文学月刊《小说海》创刊，撰稿人多为鸳鸯蝴蝶派作家。

△文学月刊《双星杂志》创刊，以兴国学为宗旨，撰稿人多为南社社员。

△文学月刊《小说新报》创刊，系承《小说丛报》而来，为鸳鸯蝴蝶派主要刊物之一。

△文学季刊《小说大观》创刊，篇幅较大，撰稿人多为鸳鸯蝴蝶派作家。

△综合性月刊《新青年》创刊，初名《青年杂志》，第2卷起改今名。1920年9月起成为上海共产主义小组的机关刊物。为“五四”新文化运动的重要刊物，提倡新道德新文学，反对旧道德旧文学。

△缪荃孙在上海发现宋人话本集《京本通俗小说》，为之作跋并刊行。

△王先谦所著《诗三家义集疏》刊行。

△黄远庸在美国旧金山被暗杀（1885—　　）。远庸著有《远生遗著》。

1916年　民国五年

△袁世凯在全国反袁浪潮中被迫取消帝制，恢复民国。

△胡適、郭沫若等开始酝酿创作白话诗。胡適致陈独秀信云：“自誓三年之内专作白话诗词，私意欲借此实地试验。”郭沫若试作白话诗《残月黄金梳》，后收入诗集《女神》。次年，胡適所作白话诗八首发表于《新青年》。

△上海《时事新报》开辟“上海黑幕”专栏，黑幕小说开始风行。后辑有《绘图中国黑幕大观》及《续集》。

△文学月刊《春声》创刊，在洪宪帝制时期的刊物中地位较重要。

△王梦阮、沈瓶庵所著《红楼梦索隐》由上

海中华书局印行，为旧红学索隐派代表作。

△蔡元培所著《石头记索隐》在《小说月报》上连载，次年由上海商务印书馆出版单行本，为旧红学索隐派代表作。

△蔡东藩所著小说《清史通俗演义》刊行，后陆续完成元、明、民国（初期）、宋、唐、五代、南北朝、两晋、前汉等历代通俗演义，民国十五年（1926）其所著最后一部历史小说《后汉通俗演义》刊行。

△丁福保辑刊《清诗话》。

△王闿运卒（1833—　　）。闿运为湖湘派首领，诗与邓辅纶齐名称“王邓”，著有《湘绮楼诗文集》、《湘绮楼词钞》、《湘绮楼日记》、《湘军志》等，编有《八代诗选》。

△刘清韵卒（1841—　　）。清韵著有《小蓬莱仙馆诗钞》、《瓣香阁词》、《瓣香阁曲稿》及戏曲集《小蓬莱仙馆传奇十种》。

△洪炳文卒（1868—　　）。炳文著有传奇《悬岙猿》、《挞秦鞭》、《警黄钟》、《水岩宫》等，另有《花信楼词存》、《栎园乐府》。

△庞树柏卒（1884—　　）。树柏著有《庞檗子遗集》。

1917年　民国六年

△文学月刊《小说画报》创刊，创刊号短引、例言宣称该刊全用白话。图文并茂，为其特色。

△南社内部发生所谓“唐宋之争”。姚锡钧、胡先骕、朱玺等推崇“同光体”的社员与柳亚子诗论观点不合，朱、柳互相著文攻击，柳亚子以主任名义将朱玺及其支持者成舍我逐出南社。

△胡适《文学改良刍议》、陈独秀《文学革命论》、刘半农《我之文学改良观》、钱玄同《致陈独秀信》等在《新青年》上发表，成为文学革命的嚆矢。

△董康辑刊《读曲丛刊》，为近代最早的古典戏曲史料汇编。

△张元济所编《戊戌六君子遗集》由上海商务印书馆出版。

△朱祖谋所辑校之《彊村丛书》刊行，收唐宋金元词集一百七十三种。

△叶昌炽卒（1849—　　）。昌炽著有《藏书纪事诗》、《奇觚庼文集》、《诗集》及《语石》、《缘督庐日记》。

1918年　民国七年

△北京大学成立歌谣征集处，由刘半农、沈尹默、周作人等主持。

△文学季刊《小说季报》创刊，分短篇、长篇两大部分，所载多为鸳鸯蝴蝶派作品。

△文学月刊《春柳》创刊，为戏剧类期刊，刊名系为纪念著名戏剧团体春柳社而取。

△《新青年》2卷5、6号相继发表胡適的《文学改良刍议》、陈独秀的《文学革命论》，倡导文学革命。以后，刘半农、钱玄同等纷纷以专论或通讯等形式参与讨论，支持文学革命的主张。

△文学革命的倡导者，纷纷从事创作活动，以贯彻自己的主张。胡適、刘半农、沈尹默、周作人等都写作白话诗。

△鲁迅发表现代文学史上第一篇白话小说《狂人日记》。

△《新青年》自4卷5号起全部改用白话文。

△综合性周刊《每周评论》创刊。

△《时事新报》副刊之一《学灯》创刊。

△王先谦卒（1842—　　）。先谦著有《葵园四种》、《汉书补注》、《后汉书集解》、《诗三家义集疏》、《荀子集解》，编有《续古文辞类纂》、《十朝东华录》。

△郑文焯卒（1856—　　）。文焯为“清末四大词人”之一。著有《大鹤山房全集》。

△俞明震卒（1860—　　）。明震著有《觚庵诗》。

△苏曼殊卒（1884—　　）。曼殊所作小说、诗歌汇集为《苏曼殊全集》。

△11月，新潮社于北京成立。发起人为傅斯年、罗家伦等，成员有周作人、汪敬熙、江绍原、顾颉刚、俞平伯等。1921年后自行解散。出版有《新潮》月刊、《新潮丛书》。

1919年　民国八年

△五四运动爆发。

△在五四运动的推动下，新文化运动的影响逐步向青年和社会扩展。本年采用白话的刊物达400余种，涌现了一批青年作家。

△李大钊任《晨报副刊》编辑，使之成为新文化阵营的重要阵地。鲁迅的不少小说都发表于此。

△胡適的独幕剧本《终身大事》发表。

△周作人的长诗《小河》发表。

△鲁迅的短篇小说《孔乙己》、《药》、《明天》、《一件小事》发表。

△缪荃孙卒（1844—　　）。荃孙著有《艺风堂文集》、编有《续碑传集》等。

△刘师培卒（1884—　　）。师培著有《刘

申叔先生遗书》。

1920年　民国九年

△胡適的白话诗集《尝试集》出版。

△《分类白话诗选》出版。这是初期新诗最完备的选集，收诗230多首。

△易顺鼎卒(1858—　)。顺鼎著有《丁戊之间行卷》、《四魂集》、《楚颂亭词》等。

△梁鼎芬卒(1859—　)。鼎芬著有《节庵先生遗诗》。

△李瑞清卒(1867—　)。瑞清著有《清道人遗集》。

1921年　民国十年

△1月，文学研究会于北京成立。发起人有郑振铎、沈雁冰、周作人、叶绍钧、许地山、王统照等12人。提倡"为人生的艺术"，遵循现实主义的创作原则，影响很大，先后加入的共有172人。曾出版《小说月报》、《文学周报》、《诗》等刊物，以及各类丛书250余种。

△7月23日至31日，中国共产党第一次全国代表大会在上海、嘉兴举行。

△7月，创造社成立。主要成员有郭沫若、郁达夫、成仿吾、张资平、郑伯奇等。强调文学是自我的表现，鼓吹创造精神，创作上有积极浪漫主义倾向。大革命失败后李初梨、冯乃超等加入，倡导无产阶级革命文学。曾出版《创造季刊》、《创造周报》、《洪水》、《创造月刊》、《文化批判》等刊物，并编有《创造社丛书》。

△郭沫若的诗集《女神》出版。

△郁达夫的短篇小说集《沉沦》出版。

△鲁迅的中篇小说《阿Q正传》发表。

△《胡適文存》(3卷)开始出版。

△冰心的短篇小说《超人》发表。

△田汉的话剧剧本《获虎之夜》发表。

△严复卒(1854—　)。严复著有《严幾道诗文钞》、《瘉壄堂诗集》及译著《严译名著丛刊》等。

△狄葆贤卒(1873—　)。葆贤著有《平等阁诗话》、《平等阁笔记》等。

1922年　民国十一年

△冯雪峰、潘漠华、应修人、汪静之成立湖畔诗社，并相继出版诗集《湖畔》及《春的歌集》等。

△浅草社成立。

△《歌谣》创刊。

△《学衡》创刊。

△《创造》创刊。

△张资平的《冲积期化石》出版，这是新文学史上第一部长篇小说。

△朱自清、周作人、俞平伯等八人的诗歌合集《雪朝》出版。

△瞿秋白的散文集《饿乡纪程》出版。

△许地山的散文《空山灵雨》连载于《小说月报》。

△《独秀文存》(3卷)出版。

△郑观应卒(1842—　)。观应著有《盛世危言》、《救世揭要》、《罗浮待鹤山人诗草》等。

△沈曾植卒(1850—　)。曾植著有《海日楼诗文集》、《曼陀罗寱词》等。

1923年　民国十二年

△新月社以聚餐会形式成立于北京，最初成员有胡適、徐志摩、余上沅、丁西林、林徽音等，主要从事戏剧活动。

△浅草社成立。成员有林如稷、冯至、陈翔鹤、陈炜谟等。曾出版《浅草》季刊。

△《创造周报》创刊。

△鲁迅的短篇小说集《呐喊》出版。

△周作人的散文集《自己的园地》出版。

△闻一多的诗集《红烛》出版。

△冰心的诗集《春水》、《繁星》出版。

△鲁迅的《中国小说史略》出版。

△因内部思想分化，南社停止活动。1923年5月，柳亚子、叶楚伧、胡朴安、邵力子、陈望道、曹聚仁、余十眉、陈德征等八人重新发起组织"新南社"，直至1926年停止活动。

△曹元忠卒(1865—　)。元忠著有《笺经室遗集》。

△姚永概卒(1866—　)。永概著有《慎宜轩诗》、《慎宜轩文集》。

△李涵秋卒(1873—　)。涵秋著有小说《广陵潮》、《近十年目睹之怪现状》等。

1924年　民国十三年

△围绕《语絲》周刊的出版，形成了以《语絲》的编者和主要撰稿人为核心的语絲社。主要成员有鲁迅、周作人、孙伏园、刘半农、林语堂等，以"任意而谈，无所顾忌，要催促新的产生，对于有害于新的旧物，则竭力加以排击"为共同的写作特色。

△《现代评论》创刊。主要撰稿人胡適、徐志摩、陈西滢等，被称为现代评论派。

△《莽原》创刊。

△鲁迅的短篇小说《在酒楼上》、《祝福》发表。

△郁达夫的短篇小说《薄奠》发表。

△田汉的剧作集《咖啡店之一夜》出版。

△瞿秋白的散文集《赤都心史》出版。

△林纾卒(1852—)。林纾著有《畏庐诗存》、《畏庐文集》,并译有外国小说等二百余种。

△夏曾佑卒(1863—)。曾佑著有《夏曾佑诗集》等。

△罗惇曧卒(1880—)。惇曧著有《瘿庵诗钞》、《鞠部丛谭》。

1925 年　民国十四年

△五卅运动爆发。

△未名社在北京成立。成员有鲁迅、韦素园、李霁野、曹靖华、台静农、韦丛芜等,以译介外国文学为主。曾出版《莽原》、《未名》等刊物。

△章士钊主办的《甲寅》杂志在北京复刊,提倡复古,被称为"甲寅派"。

△蒋光慈的诗集《新梦》出版。

△李金髮的诗集《微雨》出版。

△徐志摩的诗集《志摩的诗》出版。

△叶圣陶的短篇小说《潘先生在难中》发表。

△鲁迅的杂文集《热风》出版。

△高旭卒(1877—)。高旭为南社发起人之一,著有《天梅遗集》、《愿无尽庐诗话》。

1926 年　民国十五年

△3 月 18 日,段祺瑞执政府镇压爱国群众,死伤多人,是为三一八惨案。惨案发生后,鲁迅为此发表了一系列杂文。

△《北新》创刊。

△鲁迅的短篇小说集《彷徨》、杂文集《华盖集》出版。

△刘半农的诗集《瓦釜集》、《扬鞭集》出版。

△赖和的短篇小说《一杆"秤仔"》发表。

△张謇卒(1853—)。张謇著有《张季子九录》等。

△况周颐卒(1859—)。周颐与王鹏运、郑文焯、朱祖谋合称"清末四大词人",著有《蕙风词》、《蕙风词话》等。

△周桂笙卒(1863—)。桂笙译有小说《毒蛇圈》、《红痣案》、《八宝匣》等,著有小说《世界进化史》、《飞往木星》等。

1927 年　民国十六年

△4 月 12 日,蒋介石发动反革命政变,枪杀革命群众。

△八一南昌起义发生。

△冬,太阳社于上海成立。发起者为蒋光慈、钱杏邨、孟超等,主要成员有林伯修、洪灵菲、楼适夷、殷夫等,多为共产党员。积极倡导革命文学,宣传无产阶级文学理论。曾先后出版《太阳月刊》、《海风周报》、《拓荒者》等刊物。1929 年底自动解散。

△冬,南国社成立。创建人田汉,主要开展戏剧活动。曾出版《南国月刊》。

△鲁迅的杂文、论文集《坟》,杂文集《华盖集续编》,散文诗集《野草》出版。

△蒋光慈的中篇小说《短裤党》出版。

△吴俊卿卒(1844—)。俊卿著有《缶庐诗》。

△徐志摩的诗集《翡冷翠的一夜》出版。

△朱自清的散文《荷塘月色》发表。

△康有为卒(1858—)。有为著有《康南海先生诗集》、《大同书》、《新学伪经考》、《孔子改制考》等。

△王国维卒(1877—)。国维为近代学术大师,甲骨文、古史、文学研究上卓有建树。著作颇富,凡六十二种,收入《海宁王静安先生遗书》。

1928 年　民国十七年

△太阳社和创造社倡导无产阶级革命文学。郭沫若、成仿吾、李初梨、冯乃超、蒋光慈、钱杏邨等发表大量论文,引起很大的反响。但在与鲁迅、茅盾的争论中也暴露出了一些理论与实践上的缺陷。

△《民俗》创刊。

△《文化批判》创刊。

△《太阳月刊》创刊。

△鲁迅的杂文集《而已集》出版。

△陈西滢的《西滢闲话》出版。

△闻一多的诗集《死水》出版。

△叶圣陶的长篇小说《倪焕之》发表。

△丁玲的短篇小说《莎菲女士的日记》发表。

△辜鸿铭卒(1857—)。鸿铭著有《读易草堂文集》、《张文襄幕府纪闻》,译有《痴汉骑马歌》等。

△徐珂卒(1869—)。徐珂著有《小自立斋文》、《真如室诗》、《纯飞馆词》,编有《清稗类钞》。

1929 年　民国十八年

△柔石的中篇小说《二月》出版。

△巴金的中篇小说《灭亡》发表。

△张恨水的长篇小说《啼笑因缘》发表。

△鲁迅的散文集《朝花夕拾》出版。

△戴望舒的诗集《我底记忆》出版。

△蒋光慈的诗集《哀中国》出版。

△田汉的话剧剧本《名优之死》发表。

△"科学的艺术论丛书"开始陆续出版。

△蒋智由卒(1865—)。智由著有《居东集》、《蒋观云诗钞》等。

△梁启超卒(1873—)。启超著有《饮冰室合集》。

1930年 民国十九年

△3月,中国左翼作家联盟于上海成立。左联为宣传马克思主义文艺思想,同各种错误的文艺思想作斗争,积极提倡革命文艺创作,推动文艺大众化运动和培养青年作家,作出了巨大贡献。左联创办有《萌芽月刊》、《拓荒者》、《北斗》、《文学导报》、《文学月报》等十余种刊物。

△国民党中央执委会发出取缔左联、通缉鲁迅等盟员的密令。

△田汉发表《我们的自己批判》,总结"南国运动"的历史和教训。

△革命文化团体的联合组织中国文化界总同盟(简称"文总")成立。加盟者有中国左翼作家联盟、中国社会科学家联盟、中国左翼戏剧家联盟等八个团体。

△柔石的短篇小说《为奴隶的母亲》发表。

△茅盾的长篇小说《蚀》出版。

△马其昶卒(1855—)。其昶著有《抱润轩文集》、《桐城耆旧传》。

1931年 民国二十年

△《前哨》(第2期起改名《文学导报》)创刊。

△《北斗》创刊。

△左联青年作家柔石、殷夫、胡也频、李伟森、冯铿,被国民党政府秘密杀害于龙华。柔石(1902—),著有长篇小说《旧时代之死》、中篇小说《二月》及短篇小说《为奴隶的母亲》等。殷夫(1909—),写有著名诗篇《血字》、《别了哥哥》等。

△9月18日,日本帝国主义军队在沈阳制造事端,开始大规模武装侵略中国,是为"九一八事变"。

△蒋光慈卒(1901—)。光慈著有诗集《新梦》、《哀中国》,中长篇小说《少年飘泊者》、《短裤党》、《丽莎的哀怨》、《田野的风》等。

△徐志摩卒(1896—)。志摩是现代文学中的重要诗人,其诗笔触细腻,情感丰富,语言自然成熟,有诗集《志摩的诗》、《翡冷翠的一夜》、《猛虎集》、《云游集》,散文集《落叶》、《巴黎的麟爪》等。

△巴金的长篇小说《激流》(后改名《家》)开始在上海《时报》连载。

△丰子恺的散文集《缘缘堂随笔》出版。

△陈梦家编《新月诗选》出版。

△樊增祥卒(1846—)。增祥著有《樊山集》、《樊山续集》。

△朱祖谋卒(1857—)。祖谋为"清末四大词人"之一,有《彊村遗书》,另校刻《彊村丛书》等。

△宋育仁卒(1858—)。育仁著有《问琴阁诗集》。

△李详卒(1858—)。李详著有《李审言文集》。

△杨度卒(1874—)。杨度著有《杨度集》。

1932年 民国二十一年

△日本侵略军进攻上海。商务印书馆编译所、印刷厂毁于战火。《小说月报》因之停刊。

△以瞿秋白、冯雪峰、鲁迅、周扬为代表的左翼作家,与胡秋原、苏汶就文艺的自由问题展开论争,胡秋原写有《阿狗文艺论》、《勿侵略文艺》,苏汶写有《关于〈文新〉与胡秋原的文艺论辩》、《"第三种人"的生路》等文阐述自己的观点。批驳的文章有瞿秋白的《文艺的自由和文学家的不自由》,周扬的《自由人文学检讨》、冯雪峰的《关于"第三种文学"的倾向与理论》和鲁迅的《论"第三种人"》、《又论"第三种人"》。这次论争前后有一年多,被称为对"自由人"和"第三种人"的批判。

△中国诗歌会成立于上海。发起人为穆木天、蒲风、杨骚等。以"捉住现实,歌唱新世纪的意识","使我们的诗歌成为大众的歌调"为宗旨,对诗歌运动有很大影响。曾出版《新诗歌》、《现代诗歌》等诗刊和《国防诗歌丛书》。

△《论语》创刊。围绕该刊,形成了以林语堂、周作人为核心的"论语派"。该派自称是"性灵派"、"语录体"的继承人,提倡幽默闲适的小品文。

△《现代》杂志创刊,标志着中国新感觉派的形成。该派强调直觉和主观感受,主张以快速节奏和特殊手法表现现代大都市生活。代表作家有刘呐鸥、穆时英、施蛰存等。

△刘大白卒(1880—)。大白著有诗集《旧梦》、《邮吻》及《白屋遗诗》、《白屋说诗》等。

△鲁迅的杂文集《二心集》出版。

△茅盾的短篇小说《林家铺子》、《春蚕》发表。

△洪深的话剧剧本《五奎桥》发表。

△黎烈文接编并革新《申报》副刊《自由谈》。鲁迅、茅盾等成为主要撰稿人。

△李桐轩卒(1860—　　)。桐轩著有剧作《一字狱》、《黑世界》、《英雄泪》等。

△程颂万卒(1865—　　)。颂万著有《石巢诗集》、《楚望阁诗集》、《鹿川文集》等。

△诸宗元卒(1875—　　)。宗元为南社社员,著有《大至阁诗》、《吾暇堂类稿》。

1933 年　民国二十二年

△《文学》创刊。

△茅盾的长篇小说《子夜》出版。

△王统照的长篇小说《山雨》出版。

△叶圣陶的短篇小说《多收了三五斗》发表。

△鲁迅的杂文集《伪自由书》出版。

△穆时英的短篇小说集《公墓》出版。

△臧克家的诗集《烙印》出版。

△柯劭忞卒(1850—　　)。劭忞著有《蓼园诗钞》、《新元史》。

△陈去病卒(1874—　　)。去病为南社发起人之一,著有《浩歌堂诗钞》等。

△汪荣宝卒(1878—　　)。荣宝著有《思玄堂诗集》、《法言疏证》。

1934 年　民国二十三年

△台湾全岛文艺大会召开。会上成立台湾文艺联盟。

△《太白》创刊。

△《人间世》创刊。

△《台湾文艺》创刊。

△刘半农卒(1891—　　)。半农五四时期积极投身文学革命,著有诗集《瓦釜集》和《扬鞭集》。

△庐隐卒(1898—　　)。庐隐著有短篇小说集《海滨故人》、《曼丽》,长篇小说《象牙戒指》等。

△上海文艺界开展大众语问题的讨论。

△鲁迅的杂文集《南腔北调集》、《准风月谈》出版。

△曹禺的话剧剧本《雷雨》发表。

△艾青的诗歌《大堰河——我的保姆》发表。

△沈从文的中篇小说《边城》出版。

△许地山的短篇小说《春桃》发表。

△张天翼的短篇小说《包氏父子》发表。

△吴组缃的短篇小说《一千八百担》发表。

△周扬发表《"国防文学"》一文。

△潘飞声卒(1858—　　)。飞声为南社社员,著有《说剑堂集》。

△傅尃卒(1884—　　)。傅尃为南社社员,著有《钝安遗集》等。

△吴双热卒(1884—　　)。双热著有小说《兰娘哀史》、《孽冤镜》等。

1935 年　民国二十四年

△中共中央政治局在遵义召开会议。

△《中国新文学大系》(1917—1927)开始出版。

△《宇宙风》创刊。

△瞿秋白于福建长汀遇难(1899—　　)。秋白曾与鲁迅一起领导左翼文化运动,并积极宣传马克思主义的文艺理论。著译有《饿乡纪程》、《赤都心史》、《海上述林》、《乱弹及其他》等。

△萧军的长篇小说《八月的乡村》出版。

△萧红的长篇小说《生死场》出版。

△叶紫的短篇小说集《丰收》出版。

△艾芜的短篇小说集《南行记》出版。

△老舍的中篇小说《月牙儿》发表。

△《台湾新文学》创刊。

△陈宝琛卒(1848—　　)。宝琛著有《沧趣楼诗集》、《沧趣楼文存》。

△曾朴卒(1872—　　)。曾朴著有《孽海花》、《鲁男子》等小说。另有译著约三十种。

△张春帆卒(1872—　　)。春帆著有《九尾龟》等长篇小说。

△黄节卒(1873—　　)。黄节著有《蒹葭楼诗》。

△徐自华卒(1873—　　)。自华著有《听竹楼诗稿》、《忏慧词》。

△黄侃卒(1886—　　)。黄侃著有《黄季刚诗文钞》、《文心雕龙札记》。

1936 年　民国二十五年

△1 月,"左联"为适应抗日救亡的新的形势需要而自行解散。

△6 月起,在革命文学阵营内部发生了"国防文学"和"民族革命战争的大众文学"的"两个口号"的激烈论争。论争的焦点是如何理解和建立抗日民族统一战线的问题。以周扬为代表的一方,认为"国防文学"的口号提得最早,影响最大,应该成为统一战线的口号,而以鲁迅、冯雪峰、胡风为代表的另一方则持不同看法。全国几乎所有进步刊物都参与了这一论

争。

△9月，鲁迅、郭沫若、茅盾、巴金，以及包天笑、周瘦鹃等文艺界的代表人物共21人联合发表《文艺界同人为团结御侮与言论自由宣言》。《宣言》的发表表明“两个口号”的论争已基本结束，文艺界抗日民族统一战线已初步形成。

△《中流》创刊。

△《文学界》创刊。

△鲁迅卒（1881— ）。鲁迅是中国新文化运动的旗手，对民主革命和新文学作出了巨大贡献。作品丰富，艺术形式多样，尤以小说、杂文成就最高。著有《鲁迅全集》。

△鲁迅的短篇小说集《故事新编》出版。

△老舍的长篇小说《骆驼祥子》出版。

△李劼人的长篇小说《死水微澜》出版。

△蒲风的长篇叙事诗《六月流火》出版。

△曹禺的话剧剧本《日出》出版。

△夏衍的话剧剧本《赛金花》出版。

△何其芳的散文集《画梦录》出版。

△沈从文的散文集《湘行散记》出版。

△夏衍的报告文学《包身工》发表。

△王树枏卒（1851— ）。树枏著有《陶庐文集》、《陶庐诗集》。

△章炳麟卒（1869— ）。炳麟著有《章氏丛书》十三种。

△连横卒（1878— ）。连横著有《剑花室诗集》、《雅堂文集》，编有《台湾诗乘》。

1937年 民国二十六年

△七七事变发生，抗日战争全面爆发。

△抗战文艺运动蓬勃发展，街头演剧队、宣传队大量涌现，街头剧、街头诗成了主要的宣传手段，其中最著名的是街头剧《放下你的鞭子》。

△综合性文艺期刊《七月》创刊。该刊属“半同人杂志”，因共同的创作倾向而形成了一个流派——七月派。代表作家有胡风、艾青、田间、阿垅、鲁黎、绿原等。

△鲁迅的杂文集《且介亭杂文》、《且介亭杂文二集》出版。

△曹禺的话剧剧本《原野》发表。

△夏衍的话剧剧本《上海屋檐下》出版。

△《晚清文选》出版。

△《清名家词》出版。

△陈三立卒（1852— ）。三立为同光体诗派首领，著有《散原精舍诗集》、《续集》、《文集》等。

△陈衍卒（1856— ）。陈衍为同光体诗派诗评家，著有《石遗室诗集》、《石遗室文集》、《石遗室诗话》、《朱丝词》，编有《近代诗钞》、《宋诗精华录》等。

△徐枕亚卒（1889— ）。枕亚著有小说《玉梨魂》、《雪鸿泪史》等。

1938年 民国二十七年

△中华全国文艺界抗敌协会（简称“文协”）在武汉成立，通过宣言，声明“我们应该把分散的各个战友的力量，团结起来”，“用我们的笔，来发动群众，捍卫祖国，粉碎敌寇，争取胜利”。号召“文章入伍，文章下乡”。出版会刊《抗战文艺》。

△鲁迅艺术学院在延安成立。

△《抗战文艺》创刊。

△《鲁迅全集》（20卷本）出版。

△张天翼的短篇小说《华威先生》发表。

△姚雪垠的短篇小说《差半车麦秸》发表。

△瞿秋白的杂文集《乱弹及其他》出版。

△艾青的长诗《向太阳》发表。

△郑孝胥卒（1860— ）。孝胥为同光体诗派代表作家，著有《海藏楼诗》等。

△胡怀琛卒（1886— ）。怀琛著有《胡寄尘小说集》、《秋山文存》等。

1939年 民国二十八年

△于伶的话剧剧本《夜上海》出版。

△艾青的诗集《大堰河》出版。

△孙玉声卒（1862— ）。玉声著有《海上繁华梦》等小说。

△杨钟羲卒（1865— ）。钟羲著有《圣遗诗集》、《雪桥诗话》。

△吴梅卒（1884— ）。吴梅著有《霜厓诗录》、《霜厓词录》、《词学通论》、《顾曲麈谈》、《南北词简谱》等。

1940年 民国二十九年

△抗日根据地和国统区广泛开展了关于文艺民族形式问题的讨论，讨论涉及了对旧形式的继承和改造问题，对新文艺的评价问题，对形式和内容的相互关系问题等。通过一年多的讨论，都有了一定的新的进展，大大促进了文艺大众化问题的解决。

△《战国策》创刊。

△沙汀的短篇小说《在其香居茶馆里》发表。

△茅盾的散文《白杨礼赞》发表。

△宋之的的话剧剧本《雾重庆》出版。

△曹禺的话剧剧本《蜕变》发表。

△马君武卒(1880—　　)。君武著有《马君武诗稿》。

△穆时英卒(1912—　　)。时英为新感觉派的代表作家之一,著有短篇小说集《南北极》、《公墓》、《白金的女体塑像》、《圣处女的感情》等。

1941年　民国三十年

△许地山卒(1893—　　)。地山著有短篇小说集《缀网劳蛛》,散文集《空山灵雨》。

△萧红的长篇小说《呼兰河传》出版。

△茅盾的长篇小说《腐蚀》发表。

△阳翰笙的话剧剧本《天国春秋》发表。

△艾青的长诗《火把》出版。

△曹禺的话剧剧本《北京人》出版。

△《台湾文学》创刊。

△张鸿卒(1867—　　)。张鸿著有小说《续孽海花》及《蛮巢诗词稿》。

△邱炜萲卒(1874—　　)。炜萲著有《菽园诗集》、《五百石洞天挥麈》。

△杨圻卒(1875—　　)。杨圻著有《江山万里楼诗钞》、《词钞》。

△林庚白卒(1897—　　)。庚白著有《丽白楼自选诗》、《丽白楼诗话》等。

1942年　民国三十一年

△延安文艺座谈会召开。毛泽东在会议的开始和结束分两次作了讲话(即《在延安文艺座谈会上的讲话》)。在讲话中,毛泽东提出了文艺的工农兵方向,并阐述了普及与提高及其相互关系等问题。

△夏衍的话剧剧本《法西斯细菌》发表。

△郭沫若的话剧剧本《屈原》、《虎符》出版。

△陈洵卒(1870—　　)。陈洵著有《海绡词》、《海绡说词》。

△陈独秀卒(1879—　　)。独秀五四时期提倡科学与民主,宣传马克思主义,倡导文学革命,在新文化运动中产生了重大影响。著有《独秀文存》。

△李叔同卒(1880—　　)。叔同著有《弘一法师文钞》、《李庐诗录》、《寒笳集》、《前尘影事集》。

△王蕴章卒(1884—　　)。蕴章著有《西神樵唱》、《秋平云室词钞》等。

△萧红卒(1911—　　)。萧红作有长篇小说《生死场》、《呼兰河传》,散文集《商市街》、《桥》,短篇小说集《牛车上》、《旷野的呼唤》等。

1943年　民国三十二年

△赖和卒(1894—　　)。赖和是台湾白话文运动的积极推动者,著有小说《斗闹热》、《一杆"秤仔"》、《不如意的过年》以及诗歌《觉悟下的牺牲》、《南国哀歌》等。

△赵树理的短篇小说《小二黑结婚》、中篇小说《李有才板话》出版。

△沙汀的长篇小说《淘金记》出版。

△郭沫若的话剧剧本《孔雀胆》出版。

△吴祖光的话剧剧本《风雪夜归人》发表。

△臧克家的诗集《泥土的歌》出版。

△田间的诗集《给战斗者》出版。

△伍光建卒(1867—　　)。光建译有外国小说及其他著作近七十种。

△吕碧城卒(1883—　　)。碧城著有《梦雨天花室丛书》。

1944年　民国三十三年

△邹韬奋卒(1895—　　)。韬奋著有《韬奋文集》。

△鲁彦卒(1901—　　)。鲁彦著有短篇小说《柚子》、《黄金》、《童年的悲哀》及长篇小说《野火》等。

△周扬编《马克思主义与文艺》出版。

△老舍的长篇小说《四世同堂》第一部《惶惑》发表。

△吴祖光的剧作集《风雪夜归人》出版。

△张爱玲的中篇小说《倾城之恋》发表。

1945年　民国三十四年

△8月,日本宣布投降,抗日战争结束。

△郁达夫被日本宪兵杀害于苏门答腊(1896—　　)。达夫是创造社的主要发起人之一,有《郁达夫文集》。

△文学月刊《希望》创刊。

△马烽、西戎的长篇小说《吕梁英雄传》发表。

△老舍的长篇小说《四世同堂》第二部《偷生》发表。

△路翎的长篇小说《财主底儿女们》(上)出版。

△孙犁的短篇小说《荷花淀》发表。

△陈白尘的话剧剧本《岁寒图》出版,《升官图》发表。

△茅盾的话剧剧本《清明前后》出版。

△张尔田卒(1874—　　)。尔田著有《遁堪文集》、《遁庵乐府》、《玉谿生年谱会笺》。

△叶楚伧卒(1887—　　)。楚伧著有《古戍寒笳记》、《新儿女英雄》等小说,另有《楚伧文存》等。

1946 年　民国三十五年

△解放战争开始。

△闻一多被国民党特务暗杀（1899—　）。一多在新诗创作和古典文学研究方面卓有成就，有《闻一多全集》。

△《文艺复兴》创刊。

△钱钟书的长篇小说《围城》发表。

△巴金的中篇小说《寒夜》发表。

△李季的长篇叙事诗《王贵与李香香》发表。

△马凡陀的诗集《马凡陀的山歌》出版。

△贺敬之、丁毅执笔的歌剧剧本《白毛女》出版。

△许承尧卒（1874—　）。承尧著有《疑庵诗》。

1947 年　民国三十六年

△《万象》创刊。

△黄谷柳的长篇小说《虾球传》发表。

△金天羽卒（1874—　）。天羽著有《天放楼文言》、《天放楼诗集》、《红鹤词》。

1948 年　民国三十七年

△朱自清卒（1898—　）。自清有《朱自清文集》。

△文学双月刊《大众文艺丛刊》创刊。

△《闻一多全集》出版。

△丁玲的长篇小说《太阳照在桑干河上》出版。

△周立波的长篇小说《暴风骤雨》出版。

△路翎的长篇小说《财主底儿女们》（下）出版。

△赵熙卒（1867—　）。赵熙著有《香宋诗前集》、《香宋词》。

1949 年　民国三十八年

△7 月，中华全国文学艺术工作者代表大会召开。郭沫若作了题为《为建设新中国的人民文艺而奋斗》的总报告。茅盾作了关于十年来国统区革命文艺运动的报告《在反动派压迫下斗争和发展的革命文艺》，周扬作了关于解放区文艺运动的报告《新的人民的文艺》。大会选举郭沫若为全国文联主席，茅盾、周扬为副主席。最后发表了大会宣言。

△中华全国文学艺术界联合会（1953 年改名中国文学艺术界联合会）成立。

△中华全国文学工作者协会（1953 年改名中国作家协会）成立。

△10 月，中华人民共和国成立。

△《人民文学》创刊。

△孔厥、袁静的长篇小说《新儿女英雄传》出版。

△康濯的短篇小说《我的两家房东》出版。

△《中国人民文艺丛书》出版。共收延安文艺座谈会以后解放区各种体裁的优秀文艺作品 53 种。

△陈曾寿卒（1878—　）。曾寿著有《苍虬阁诗》、《旧月簃词》。

1950 年

△中国民间文艺研究会成立。

△戴望舒卒（1905—　）。望舒著有诗集《我底记忆》、《望舒草》、《望舒诗稿》等。

△老舍的话剧剧本《龙须沟》发表。

△阮章竞的长篇叙事诗《漳河水》出版。

1951 年

△电影《武训传》受到批判。《人民日报》发表毛泽东写的社论《应当重视电影〈武训传〉的讨论》，尖锐地提出了应该歌颂什么，反对什么的问题。

△北京在文艺工作者中开展思想改造运动。胡乔木、周扬作了动员报告。

△魏巍的报告文学集《谁是最可爱的人》出版。

△金兆蕃卒（1869—　）。兆蕃著有《安乐乡人诗集》、《文集》及《药梦词》。

1952 年

△文协召开胡风文艺思想讨论会。批判胡风的文艺思想。

△方志敏的散文集《可爱的中国》出版。

△何其芳的诗集《夜歌和白天的歌》出版。

1953 年

△中国文学艺术工作者第二次代表大会召开。周扬作《为创造更多的优秀的文学艺术作品而奋斗》的总报告。茅盾在作协大会上作《新的现实和新的任务》的报告。

△文艺界举行爱国诗人屈原逝世二千二百三十周年纪念活动。屈原是世界和平理事会号召本年纪念的世界四大文化名人之一。

△《瞿秋白文集》出版。

△孙犁的长篇小说《风云初记》出版。

△《朱自清文集》出版。

△夏敬观卒（1875—　）。敬观著有《忍古楼诗》、《吷庵词》。

1954 年

△李希凡、蓝翎发表《关于〈红楼梦简论〉及其他》的文章。毛泽东为此写了《关于"红楼梦研究"问题的一封信》。《人民日报》发表文章

要求重视对《红楼梦》研究中错误思想的批判，以后即形成全国性的批判运动。

△文联和作协先后召开八次扩大联席会议。周扬作题为《我们必须战斗》的报告，内容为：一、开展对胡適派资产阶级唯心论的斗争；二、《文艺报》的错误；三、胡风先生的观点和我们的观点之间的分歧。

△《民间文学》创刊。

△知侠的长篇小说《铁道游击队》出版。

△杜鹏程的长篇小说《保卫延安》出版。

△姚锡钧卒（1892— ）。锡钧著有小说《燕蹴筝弦录》、《风飐芙蓉记》、《春夜燕影》及《苍雪词》等。

1955 年

△《文艺报》将胡风于去年7月向党中央提出的《关于几年来文艺实践情况的报告》（即所谓“三十万言书”）作为附录发表。郭沫若发表《反社会主义的胡风纲领》。《人民日报》连续发表了三批《关于胡风反革命集团的材料》。至此，对胡风的文艺思想批判已转化为对其政治上的批判。

△洪深卒（1894— ）。洪深著有《洪深文集》。

△赵树理的长篇小说《三里湾》发表。

△创世纪诗社在台湾成立，并出版《创世纪》诗刊。

1956 年

△纪弦等人在台湾成立文学团体“现代派”。

△《文艺报》展开对典型问题的讨论。

△毛泽东在最高国务会议上提出了“百花齐放，百家争鸣”的繁荣科学和文艺的方针。不久，陆定一作了《百花齐放、百家争鸣》的讲话。

△鲁迅逝世二十周年纪念大会在北京举行，十八个国家的作家在大会上发言，全国主要文学刊物都出了纪念鲁迅的专号或特辑。《鲁迅全集》（10卷本）出版。

△刘宾雁的特写《在桥梁工地上》、《本报内部消息》发表。

△王蒙的短篇小说《组织部新来的青年人》发表。

△闻捷的诗集《天山牧歌》出版。

△宋之的卒（1956— ）。之的著有剧本《雾重庆》、《群猴》等多种剧本。

1957 年

△全国进行反右派斗争，文艺界的斗争随着展开，并逐渐扩大化，一些作家被划成右派。

△《诗刊》创刊。

△《文学研究》（后改名《文学评论》）创刊。

△梁斌的长篇小说《红旗谱》出版。

△曲波的长篇小说《林海雪原》出版。

△吴强的长篇小说《红日》出版。

△《沫若文集》出版。

△向恺然卒（1889— ）。恺然著有小说《留东外史》、《江湖奇侠传》等。

△王统照卒（1897— ）。统照著有《王统照文集》。

1958 年

△全国开展新民歌运动。郭沫若、周扬编选《红旗歌谣》。

△毛泽东在成都会议的讲话中，谈到民歌时说：“内容应是现实主义和浪漫主义的对立统一”；在八大二次会议上又提出“无产阶级文学艺术应采用革命现实主义与革命浪漫主义相结合的创作方法”。周扬在《新民歌开拓了诗歌的新道路》一文中加以阐述，正式提出了“双结合的创作方法”。

△《收获》创刊。

△《中国现代文学史资料丛书》出版。

△《文艺报》对丁玲、王实味、萧军、罗烽、艾青等1942年在延安发表《三八节有感》、《野百合花》等文章进行再批判。

△周而复的长篇小说《上海的早晨》（第一部）出版。

△杨沫的长篇小说《青春之歌》出版。

△《茅盾文集》出版。

△《叶圣陶文集》出版。

△《巴金文集》出版。

△田汉的话剧剧本《关汉卿》发表。

△中国民间文学工作者大会召开，同时举办“民间文学展览会”。

△高燮卒（1878— ）。高燮著有《吹万楼诗》、《吹万楼文集》等。

△柳亚子卒（1887— ）。亚子为南社发起人之一，著有《磨剑室诗词集》、《磨剑室文集》、《南社纪略》、《苏曼殊研究》等。

△郑振铎卒（1898— ）。振铎是文学研究会的主要发起人之一，著有《郑振铎文集》。

1959 年

△柳青的长篇小说《创业史》（第一部）发表。

△欧阳山的长篇小说《三家巷》（《一代风流》之一）出版。

△郭沫若的话剧剧本《蔡文姬》出版。

△萧三编《革命烈士诗抄》出版。

△冒广生卒(1873—)。广生著有《小三吾亭集》。

1960 年

△《文艺报》自年初起,开始对李何林的文章《十年来文学理论和批评上的一个小问题》,巴人等人的人道主义、人性论的观点,于黑丁关于文学创作如何反映人民内部矛盾的观点进行批判。

△第三次全国文学艺术界代表大会召开。周扬作了《我国社会主义文学艺术的道路》的报告。

△李凖的短篇小说《李双双小传》发表。

△朱祖贻、李恍执笔的话剧剧本《甲午海战》发表。

△杨朔的散文集《海市》出版。

△钟理和卒(1915—)。理和著有《钟理和全集》。

1961 年

△《文艺报》发表专论《题材问题》,提出"必须破除题材问题上的清规戒律",以后又辟专栏进行讨论。

△中共中央宣传部召开全国文艺工作座谈会,讨论《关于当前文学艺术工作的意见》(草案)(即《文艺十条》的初稿)。

△李劼人卒(1891—)。劼人著有长篇系列小说《死水微澜》、《暴风雨前》、《大波》。

△罗广斌、杨益言的长篇小说《红岩》出版。

△秦牧的散文集《花城》出版。

1962 年

△《文艺十条》经修改后改为《文艺八条》,下发贯彻执行。

△文化部、剧协在广州召开话剧、歌剧、儿童剧创作座谈会(即"广州会议")。周恩来作了《论知识分子问题》的报告,就知识分子的地位、作用及党对知识分子的政策问题作了实事求是的分析,使与会者受到极大鼓舞。

△作协在大连召开农村题材短篇小说创作座谈会。邵荃麟发言,提出要重视对中间状态人物的描写。这一观点后被称为"写'中间人物'论",受到批判。

△周而复的长篇小说《上海的早晨》(第二部)出版。

△刘白羽的散文集《红玛瑙》出版。

△胡光炜卒(1888—)。光炜著有《胡小石论文集》(附《愿夏庐诗词钞》)。

△欧阳予倩卒(1889—)。予倩是中国话剧运动的先驱者之一,著有《欧阳予倩文集》。

△胡適卒(1891—)。胡適是文学革命的重要参与者,对现代文化、学术研究产生过重大影响。著有白话诗集《尝试集》、《胡適文存》(1—4 集)、《白话文学史》(上)等。

1963 年

△孟超的昆曲剧本《李慧娘》受到批判。

△华东区话剧观摩演出在上海举行。柯庆施提出"写十三年"的口号。

△姚雪垠的长篇历史小说《李自成》(第一卷)出版。

△沈西蒙等作话剧剧本《霓虹灯下的哨兵》发表。

△邓拓的杂文集《燕山夜话》出版。

△毛泽东在一份材料上作批示,指责"许多共产党人热心提倡封建主义和资本主义的艺术"。

△汪东卒(1889—)。汪东著有《秋梦词》。

1964 年

△全国京剧现代戏观摩演出大会在北京举行。

△《早春二月》、《北国江南》等一批电影受到批判。

△《红旗》杂志发表柯庆施在华东地区话剧观摩演出会上讲话。讲话提出了在戏剧界、文艺界"存在着两条道路、两种方向的斗争"。

△于右任卒(1879—)。右任著有《右任诗存》、《于右任诗词集》等。

1965 年

△姚文元的文章《评新编历史剧〈海瑞罢官〉》于上海《文汇报》发表。文章批判吴晗的新编历史剧《海瑞罢官》"是一株毒草"。此后,全国各地报刊纷纷加以转载。

△金敬迈的长篇小说《欧阳海之歌》出版。

1966 年

△江青受林彪的委托召开部队文艺座谈会,并完成了《部队文艺座谈会纪要》。《纪要》鼓吹要摧毁所谓的"文艺黑线专政"。

△中共中央发出《通知》(即《五·一六通知》),标志着"文化大革命"正式开始。随后不少作家遭到批判,大批刊物停刊。

△田汉的《谢瑶环》、孟超的《李慧娘》,电影《兵临城下》、《舞台姐妹》、《红日》等都被冠以"大毒草"受到批判。

△汪国垣卒(1887—)。国垣著有《汪辟疆文集》,编有《唐人小说》。

△老舍自沉于北京太平湖(1899—)。老舍著有《老舍文集》。

△傅雷自杀(1908—)。傅雷翻译巴尔扎克作品颇有成就。著译有《傅雷家书》及《傅雷译文集》。

△《文学季刊》在台湾创刊。

1967 年

△《人民日报》连续发表毛泽东的《看了〈逼上梁山〉以后写给延安平剧院的信》、《应当重视电影〈武训传〉的讨论》、《关于红楼梦研究问题的信》、《关于文学艺术的两个批示》。

△《部队文艺工作座谈会纪要》作为正式文件发表。

△姚文元发表《评反革命两面派周扬》、《评陶铸的两本书》,戚本禹发表《是爱国主义还是卖国主义——评反动影片〈清宫秘史〉》。文化大革命已进入了主要以揪所谓的“黑线人物”及其后台的阶段。

△周作人卒(1886—)。作人是五四文学革命的重要参加者,著有散文集《自己的园地》、《雨天的书》、《谈虎集》、《谈龙集》等,译有各国文学名著多种。

△范镛卒(1894—)。范镛著有小说《维新小史》、《民国旧派小说史略》。

△张恨水卒(1895—)。恨水著有《春明外史》、《金粉世界》、《啼笑因缘》等通俗小说百余种。

1968 年

△于会泳提出“三突出”的口号,并以此作为文艺作品塑造人物的准则。

△叶恭绰卒(1881—)。恭绰著有《遐庵汇稿》,编有《全清词钞》。

△胡先骕卒(1894—)。先骕著有《忏庵诗稿》、《文稿》、《沧海楼词》等。

△田汉被迫害致死(1898—)。田汉是中国现代戏剧的奠基人之一。著有《田汉文集》。

△杨朔被迫害致死(1913—)。杨朔著有散文集《海市》、《东风第一枝》等,长篇小说《三千里江山》、《洗兵马》(未完)等。

△周瘦鹃卒(1895—)。瘦鹃著有小说集《周瘦鹃小说集》、《紫罗兰庵言情丛刊》、《紫罗兰集》等,译有《欧美名家短篇小说丛刊》等。

1969 年

△陈寅恪卒(1890—)。寅恪为近现代学术大师,著有《元白诗笺证稿》、《寒柳堂集》、《金明馆丛稿》、《柳如是别传》、《唐代政治史述稿》等。

△吴晗被迫害致死(1909—)。吴晗是著名历史学家,也从事散文、杂文写作。因创作新编历史剧《海瑞罢官》而被迫害。此外尚有杂文集《投枪集》、《春天集》、《学习集》等,并曾与邓拓等合写《三家村札记》。

1970 年

△赵树理被迫害致死(1906—)。树理著有《赵树理文集》、《赵树理文集续编》。

1971 年

△邵荃麟被迫害致死(1906—)。荃麟著有《邵荃麟评论选集》等。

△闻捷被迫害致死(1923—)。闻捷著有诗集《天山牧歌》、长篇叙事诗《复仇的火焰》等。

1972 年

△巴人(王任叔)卒(1901—)。巴人有理论著作《文学论稿》、《论鲁迅的杂文》等,小说有《阿贵流浪记》、《某夫人》、《莽秀才造反记》等。

△维吾尔族诗人尼米希依提卒(1906—)。尼米希依提有诗集《祖国之恋》、《尼米希依提诗选》等。

1973 年

△章士钊卒(1882—)。士钊著有《柳文指要》、《长沙章氏丛稿》等。

△李六如卒(1887—)。六如著有长篇小说《六十年的变迁》。

1974 年

△国务院文化组举办的华北地区文艺调演在北京举行。江青等人制造《三上桃峰》事件,诬指《三上桃峰》是为刘少奇翻案的大毒草。

△丁西林卒(1893—)。西林为我国现代喜剧开拓者,作有《一只马蜂》、《压迫》、《三块钱国币》、《等太太回来的时候》、《妙峰山》等剧本。

1975 年

△丰子恺卒(1898—)。子恺著有散文集《缘缘堂随笔》、《车厢社会》、《缘缘堂再笔》、《率真集》等。

△毛泽东对《水浒》发表谈话,此后这部小说受到批判。

1976 年

△北京天安门爆发革命群众运动。这一运

动产生不少作品，后集为《天安门诗抄》。

△中央政治局粉碎江青反革命集团。

△冯雪峰卒（1903— ）。雪峰著有《雪峰文集》。

△郭小川卒（1919— ）。小川著有诗集《投入火热的斗争》、《致青年公民》、《甘蔗林——青纱帐》及长诗《将军三部曲》。

△吴浊流卒（1900— ）。浊流著有《吴浊流作品集》。

△程小青卒（1893— ）。小青著有小说《霍桑探案》系列，译有《福尔摩斯探案集》等。

△林语堂卒（1895— ）。语堂是论语派的主要人物之一，作品甚丰，有杂文集《剪拂集》、《大荒集》，长篇小说《京华烟云》等。

△李金髮卒（1900— ）。金髮被视为中国象征派诗歌的创始者，有诗集《微雨》、《为幸福而歌》、《食客与凶年》等。

△姚雪垠的长篇历史小说《李自成》（第二部）出版。

1977 年

△台湾开始"乡土文学论战"。

△"文艺黑线专政论"遭到彻底否定。

△阿英（钱杏邨）卒（1900— ）。阿英曾从事戏剧、散文创作，对晚清文学研究成就显著，著有《阿英剧作选》、《阿英散文选》、《阿英文集》等。

△刘心武的短篇小说《班主任》发表。

1978 年

△《毛主席给陈毅同志谈诗的一封信》发表，文学界开始讨论形象思维问题。

△中国文学艺术界联合会召开第三届全国委员会第三次扩大会议，决定立即恢复全国文联及其所属各个协会的工作。

△《新文学史料》创刊。

△卢新华的短篇小说《伤痕》发表，后出现一批所谓"伤痕文学"作品。

△宗福先的话剧剧本《于无声处》发表。

△童怀周编选的《天安门诗抄》出版。

△郭沫若卒（1892— ）。沫若是新文化运动的主将，他的新诗和历史剧创作对新文学的发展贡献很大。著有《郭沫若全集》。

△吴宓卒（1894— ）。吴宓著有《吴宓诗集》等。

△毛依罕卒（1906— ）。作品有专集《毛依罕好来宝选集》，此外还整理了蒙古族传统叙事长诗《陶克陶》和《嘎达梅林》等。

△柳青卒（1916— ）。柳青著有长篇小说《创业史》、《种谷记》、《铜墙铁壁》，中篇小说《狠透铁》等。

1979 年

△《上海文学》发表评论员文章《为文艺正名——驳"文艺是阶级斗争的工具"说》，从而引发了争论。

△中国文学艺术工作者第四次代表大会举行，这是文艺界历经"文革"劫难后的第一次具有广泛代表性的大会。

△巴金的随笔集《随想录》开始出版。

△张洁的短篇小说《爱，是不能忘记的》发表。

△老舍的长篇小说《正红旗下》发表。

△周克芹的长篇小说《许茂和他的女儿们》发表。

△蒋子龙的短篇小说《乔厂长上任记》发表。

△周立波卒（1908— ）。立波著有长篇小说《暴风骤雨》、《山乡巨变》、《铁水奔流》等。

1980 年

△《福建文艺》开展"关于新诗创作问题的讨论"。这场讨论是新时期以来关于现实主义与现代主义论争的重要组成部分，其中尤以"三个崛起"影响最大。（"三个崛起"，即：谢冕发表于 1980 年 5 月 7 日《光明日报》上的《在新的崛起面前》，孙绍振发表于 1981 年第 3 期《诗刊》上的《新的美学原则在崛起》，徐敬亚发表于 1983 年第 3 期《当代文艺思潮》上的《崛起的诗群》。）

△《新文学论丛》发表赵祖武的文章《一个不容回避的历史事实——关于"五四"新文学和当代文学的估价问题》，该文提出了当代文学的三十年不及"五四"以来的三十年的观点，后引起较大反响。

△中国笔会中心于北京成立，巴金任主席。

△谌容的中篇小说《人到中年》发表。

△王蒙的中篇小说《蝴蝶》发表。

△张一弓的中篇小说《犯人李铜钟的故事》发表。

△《赵树理文集》开始出版。

△《王统照文集》开始出版。

△《老舍文集》开始出版。

△"左联"成立五十周年大会举行，胡乔木、阳翰笙讲话。

△全国少数民族创作会议举行。

△顾颉刚卒(1893—)。颉刚是中国民间文艺学、民俗学的开拓者之一。编著有《孟姜女故事研究集》、《古史辨》、《吴歌小史》等。

△徐讦卒(1908—)。徐讦著有小说《吉布赛的诱惑》、《精神病患者的悲歌》、《风萧萧》等。

△李季卒(1922—)。李季著有叙事长诗《王贵与李香香》,诗集《玉门诗抄》等。

1981年

△鲁迅诞辰100周年纪念大会于北京召开,同时进行大型学术讨论会。

△《鲁迅全集》(16卷本)出版。

△古华的长篇小说《芙蓉镇》发表。

△张洁的长篇小说《沉重的翅膀》发表。

△姚雪垠的长篇历史小说《李自成》(第三部)发表。

△辛笛、陈敬容等九人的诗集《九叶集》出版。

△《雪峰文集》开始出版。

△《周立波文集》开始出版。

△茅盾(沈雁冰)卒(1896—)。茅盾是文学研究会的主要发起者之一,并主编《小说月报》。建国后主要从事文艺领导工作。著有《茅盾全集》。

1982年

△《民间文学论坛》创刊。

△《中国现代文学史资料汇编》开始出版。

△《上海文学》刊登冯骥才、李陀、刘心武等人对高行健的《现代小说技巧初探》一书的笔谈文章,提出中国文学需要"现代派"的观点。随即,《文艺报》也开辟专栏开展关于"现代派"文学问题的讨论。

△邓友梅的中篇小说《那五》发表。

△李存葆的中篇小说《高山下的花环》发表。

△舒婷的诗集《双桅船》出版。

△《郭沫若全集》开始出版。

△《蒋光慈文集》开始出版。

△《郁达夫文集》开始出版。

△《沈从文文集》开始出版。

△《冰心文集》开始出版。

△李健吾卒(1906—)。健吾著有《西山之云》、《这不过是春天》、《意大利游简》、《咀华集》、《咀华二集》等,另有译著《包法利夫人》、《福楼拜短篇小说集》等。

△吴伯箫卒(1906—)。伯箫有散文集《羽书》、《烟尘集》、《北极星》等。

△袁水拍卒(1916—)。水拍有诗集《马凡陀的山歌》。

1983年

△李国文的长篇小说《花园街五号》发表。

△《丁玲文集》开始出版。

△《叶紫文集》出版。

△《李广田文集》出版。

1984年

△《中国新文艺大系》丛书开始陆续出版。

△《中国新文学大系》(1927—1937)开始出版。

△《茅盾全集》开始出版。

△张贤亮的中篇小说《绿化树》发表。

△刘心武的长篇小说《钟鼓楼》发表。

△阿城的中篇小说《棋王》发表。

△萧三卒(1896—)。萧三著有诗集《和平之路》、《友谊之歌》等。

△成仿吾卒(1897—)。仿吾著有《成仿吾文集》。

△许钦文卒(1897—)。钦文著有短篇小说集《故乡》、《仿佛如此》、《若有其事》,中篇小说《鼻涕阿二》、《回家》等。

1985年

△马原的中篇小说《冈底斯的诱惑》发表。

△韩少功发表《文学的根》,郑万隆发表《我的根》,李杭育发表《理一理我们的根》,阿城发表《文化制约着人类》,张承志发表《历史与心史》,提出文学"寻根"问题,并引起讨论。

△莫言的中篇小说《透明的红萝卜》发表。

△王安忆的中篇小说《小鲍庄》发表。

△中国现代文学馆开馆。

△《成仿吾文集》出版。

△《瞿秋白选集》、《瞿秋白文集》文学编第一卷出版。

△胡风卒(1902—)。胡风著有《文学与生活》、《论民族形式问题》、《为了明天》等。

△张天翼卒(1906—)。天翼著有《张天翼文集》。

△黄勇刹卒(1929—)。黄勇刹是壮族诗人,民间文学家,著有《歌海漫记》、《采风的脚印》、《壮族歌谣概论》等。

1986年

△中国社科院文研所举办"中国新时期文学十年学术讨论会"。

△《中国大百科全书·中国文学》出版。

△张炜的长篇小说《古船》发表。

△莫言的中篇小说《红高粱》发表。

△锦云的话剧剧本《狗儿爷涅槃》发表。

△《沙汀文集》出版。

△《邓拓文集》出版。

△《梁斌文集》出版。

△聂绀弩卒(1903—　　)。绀弩著有杂文集《历史的奥秘》、《沉吟》、《蛇与塔》、《血书》,散文集《婵娟》、《巨象》等。

△丁玲卒(1904—　　)。丁玲著有《丁玲全集》。

1987 年

△路遥的长篇小说《平凡的世界》出版 。

△张承志的长篇小说《金牧场》发表。

△曹靖华卒(1897—　　)。靖华译有多部俄苏名著,另有散文集《春城飞花》、《飞花集》等。

△梁实秋卒(1902—　　)。实秋译有《莎士比亚戏剧全集》,著有文学论著《浪漫的与古典的》、《文学的纪律》、《偏见集》等。

△贺宜卒(1914—　　)。贺宜著有《贺宜文集》。

1988 年

△中国文学艺术工作者第五次代表大会举行。

△中央有关部门对胡风文艺思想等方面的几个问题进行复查后,宣布予以平反。

△陈思和、王晓明等进行"重写文学史"的讨论。

△叶圣陶卒(1894—　　)。圣陶著有《叶圣陶文集》。

△沈从文卒(1902—　　)。从文著有中长篇小说《边城》、《长河》,散文集《湘行散记》等。另有论著《中国古代服饰研究》。

△李何林卒(1904—　　)。何林著有文艺论著《近二十年中国文艺思潮论》、《中国新文学史研究》、《鲁迅论》等。

△萧军卒(1907—　　)。萧军著有长篇小说《八月的乡村》、《五月的矿山》等。

1989 年

△《文学评论》开展"当代诗歌价值取向"的讨论。

△中国四十年文学道路研讨会在上海举行。

△《邓小平论文艺》出版。该书汇集了作者 1975—1989 年 6 月关于文艺问题的文章和言论摘录。

△周扬卒(1908—　　)。周扬为宣传毛泽东文艺思想,为建设无产阶级文艺事业作出了重要贡献。理论著作有《表现新的群众的时代》、《新的人民的文艺》、《文艺界的一场大辩论》等。

△舒群卒(1913—　　)。舒群著有短篇小说集《没有祖国的孩子》、《海的彼岸》,中长篇小说《老兵》、《秘密的故事》等。

△王瑶卒(1914—　　)。王瑶著有《中国新文学史稿》、《鲁迅论》、《中古文学史论集》等。

△铁依甫江·艾里耶夫卒(1930—　　)。铁依甫江为维吾尔族诗人,著有诗集《东方之歌》、《歌唱祖国》等。

1990 年

△《中国新文学大系》(1937—1949)出版。

△台静农卒(1903—　　)。静农著有短篇小说集《地之子》、《建塔者》。

△吴强卒(1910—　　)。吴强著有长篇小说《红日》、《堡垒》,中篇小说《养马的人》等。

△俞平伯卒(1900—　　)。平伯是"新红学派"的代表人物,著有《红楼梦辨》(再版时改名《红楼梦研究》)。

1991 年

△刘知侠卒(1918—　　)。知侠著有长篇小说《铁道游击队》。

△康濯卒(1920—　　)。康濯著有短篇小说集《春种秋收》、中篇小说《水滴石穿》、长篇小说《东方红》等。

△杜鹏程卒(1921—　　)。鹏程著有中篇小说《在和平的日子里》、长篇小说《保卫延安》。

△高晓声的系列小说集《陈奂生上城出国记》出版。

1992 年

△艾芜卒(1904—　　)。艾芜著有短篇小说集《南国之夜》、《南行记》,中篇小说《乡愁》、《一个女人的悲剧》,长篇小说《丰饶的原野》、《故乡》、《百炼成钢》等。

△沙汀卒(1904—　　)。沙汀著有《沙汀文集》。

△林放卒(1910—　　)。林放著有杂文集《世象杂谈》、《未晚谈》等。

△秦牧卒(1919—　　)。秦牧著有散文集《花城》、文艺散论《艺海拾贝》等。

△张炜的长篇小说《九月寓言》发表。

△王蒙的长篇小说《恋爱的季节》发表。

△陈忠实的长篇小说《白鹿原》发表。

△《草明文集》出版。

1993 年

△阳翰笙卒(1902—)。翰笙著有话剧剧本《李秀成之死》、《天国春秋》、《三人行》,电影剧本《八百壮士》、《万家灯火》等。

△王安忆的长篇小说《纪实与虚构》发表。

1994 年

△吴组缃卒(1908—)。组缃主要著作有短篇小说《一千八百担》、长篇小说《山洪》,以及《宋元文学史稿》、《明清文学史稿》等。

△陈白尘卒(1908—)。白尘著有话剧剧本《石达开的末路》、《结婚进行曲》、《岁寒图》、《升官图》、《大风歌》,电影文学剧本《乌鸦与麻雀》(执笔)、《宋景诗》等。

△秦兆阳卒(1916—)。兆阳著有短篇小说集《平原上》、《幸福》、《农村散记》,长篇小说《在田野上,前进!》、《大地》,以及《论公式化概念化》、《文学探路集》等。

△骆宾基卒(1917—)。宾基著有短篇小说集《北望园的春天》、《年假》、《老魏俊与芳芳》,《东战场别动队》、《一个倔强的人》,长篇小说《边陲线上》、《姜步畏家史》等。

△路翎卒(1923—)。路翎著有短篇小说集《青春的祝福》、《求爱》,中篇小说《饥饿的郭素娥》、《蜗牛在荆棘上》,长篇小说《财主底儿女们》等。

1995 年

△余华的长篇小说《许三观卖血记》发表。

△王安忆的长篇小说《长恨歌》发表。

△夏衍卒(1900—)。夏衍对中国戏剧、电影事业等有着重要贡献,著有话剧剧本《赛金花》、《秋瑾传》、《上海屋檐下》、《心防》、《法西斯细菌》,报告文学《包身工》,电影剧本《祝福》、《革命家庭》、《林家铺子》等。

△杨沫卒(1914—)。杨沫著有长篇小说《青春之歌》等。

△张爱玲卒(1920—)。爱玲擅长刻画人物心理,作品多抒发人世的苍凉和无奈感,代表作有小说《金锁记》、《倾城之恋》、《红玫瑰与白玫瑰》和散文《烬余录》等。有《张爱玲全集》行世。

1996 年

△刘醒龙的小说《分享艰难》发表。

△史铁生的长篇小说《务虚笔记》发表。

△韩少功的长篇小说《马桥词典》发表。

△曹禺卒(1910—)。曹禺善于吸收传统戏剧和西洋戏剧的双重营养,写作技法圆熟,剧作内容深广,蕴藉丰厚,对中国现代戏剧的发展影响巨大。代表作有剧本《雷雨》、《日出》、《北京人》、《原野》等。

△《曹禺全集》出版。

△艾青卒(1910—)。艾青著有诗集《大堰河》、《北方》、《向太阳》等。

△端木蕻良卒(1912—)。端木著有长篇小说《科尔沁旗草原》等。

△梁斌卒(1914—)。梁斌著有长篇小说《红旗谱》等。

1997 年

△刘绍棠卒(1936—)。绍棠是当代乡土小说代表作家之一,著有小说集《蒲柳人家》、《运河的桨声》等。

△汪曾祺卒(1920—)。曾祺作品清淡委婉,主要作品有《大淖记事》、《受戒》、《异秉》等。

△陈伯吹卒(1906—)。伯吹著有儿童文学作品《阿丽思小姐》、《一只想飞的猫》等。

1998 年

△刘震云的长篇小说《故乡面和花朵》发表。

△阿来的长篇小说《尘埃落定》发表。

△茹志鹃卒(1925—)。志鹃著有短篇小说《百合花》、《剪辑错了的故事》等。

△公木卒(1910—)。公木著有长诗《鸟枪的故事》等。

△钱钟书卒(1910—)。钟书长期致力于人文科学研究,形成贯通中西、古今互见的治学方法。主要学术著作有《谈艺录》、《管锥编》、《七缀集》等。文学作品有散文集《写在人生边上》、长篇小说《围城》等。

1999 年

△铁凝的中篇小说《永远有多远》发表。

△萧乾卒(1910—)。萧乾著有短篇小说集《篱下集》,译著有《好兵帅克》、《尤利西斯》(与文洁若合译)等。

△冰心卒(1900—)。冰心文笔清丽婉约,作品多讴歌童心和母爱,著有诗集《繁星》、《春水》,散文集《寄小读者》、《樱花赞》等。

△姚雪垠卒(1910—)。雪垠著有长篇历史小说《李自成》等。

△高晓声卒(1928—)。晓声主要著

作有《李顺大造屋》、《陈奂生上城》等。

2000 年

△中国现代文学馆新馆开馆。

△卞之琳卒（1910—　　）。之琳著有诗集《十年诗草》、《汉园集》（与李广田、何其芳合集）等。

△欧阳山卒（1908—　　）。欧阳山著有长篇小说《三家巷》等。

2001 年

△宗璞的长篇小说《东藏记》发表。

△莫言的长篇小说《檀香刑》发表。

△中国作家协会第六次全国代表大会在北京举行。巴金再一次当选中国作家协会主席。

△林海音卒（1919—　　）。海音著有小说集《绿藻与咸蛋》、《城南旧事》，散文集《窗》等。

2002 年

△王安忆的长篇小说《上种红菱下种藕》发表。

△钟敬文卒（1903—　　）。敬文著有《钟敬文民间文学论集》等。

△张光年卒（1913—　　）。光年代表作有诗歌《黄河大合唱》、《五月花》等。

△孙犁卒（1913—　　）。孙犁作品刚健清纯，主要有短篇小说《荷花淀》、中篇小说《铁木前传》和长篇小说《风云初记》等。

△中共中央文献研究室编辑的《毛泽东文艺论集》出版。

2003 年

△阎连科的长篇小说《受活》发表。

△施蛰存卒（1905—　　）。蛰存著有短篇小说集《上元灯》、《将军的头》、《梅雨之夕》《善女人行品》等，另有论著《唐诗百话》等。

△吴祖光卒（1917—　　）。祖光著有话剧剧本《风雪夜归人》、《林冲夜奔》，戏曲剧本《三打陶三春》、《花为媒》等。

2004 年

△周而复卒（1914—　　）。而复著有长篇小说《上海的早晨》等。

△马烽卒（1922—　　）。马烽著有短篇小说集《我的第一个上级》、长篇小说《吕梁英雄传》（与西戎合作）等。

△臧克家卒（1905—　　）。克家主要诗作有《烙印》、《罪恶的黑手》和《有的人》等。

△王朝闻卒（1909—　　）。朝闻主要著作有《论凤姐》、《审美谈》等。

2005 年

△贾平凹长篇小说《秦腔》发表。

△余华的长篇小说《兄弟》（上）出版。

△《鲁迅全集》（18 卷本）出版。

△陆文夫卒（1928—　　）。文夫著有短篇小说《小巷深处》、《围墙》，中篇小说《美食家》等。

△严文井卒（1915—　　）。文井著有儿童文学作品《丁丁的一次奇怪的旅行》、《“下次开船”港》，散文集《山寺暮》等。

△巴金卒（1904—　　）。巴金早年写作长篇小说《家》，对封建专制大家庭进行深刻峻切的揭露和批判；晚年则沉痛反思“文革”，所作《随想录》在社会产生巨大影响。另有长篇小说《寒夜》等行世。

2006 年

△中国作协第七次全国代表大会在北京召开。铁凝当选新一任作协主席。

△张中行卒（1909—　　）。中行著有《文言与白话》、《负暄琐话》、《顺生论》、《禅外说禅》等。

二、本辞典主要征引参考书目

说　明

一、本书目主要收录这部《中国文学大辞典》编纂过程中所征引参考的总集、类书、史籍、传记、通志、书目、专科辞典、资料汇编、文献索引等，以期为中国文学研究者提供一个基本的参考书目。

二、本书目所收书籍只标书名及编著者名，其中有一些系非公开出版物，另有少量尚未出齐的总集。

三、本书目编著者名前标明其所属朝代，卒于民国成立后者不标。

四、本书目所收公开出版物截止期为1995年底。

五、本书目按书名首字笔画顺序排列，首字为阿拉伯数字的，列在最末。

二　画

二十五史补编　开明书店汇编
二十史朔闰表　陈垣编
二十四史纪传人名索引　张忱石　吴树平编
十三经注疏附校勘记　清·阮元校刊
十国春秋　清·吴任臣著
十通索引　商务印书馆编
八十九种明代传记综合引得　田继综编
八千卷楼书目　清·丁仁编
八旗文经　清·盛昱编
八旗通志　清·鄂尔泰等编
九宫大成南北词宫谱　清·允禄等编

三　画

三十三种清代传记综合引得　杜连喆　房兆楹编
三百年来诗坛人物评点小传汇录　杨扬编
三言两拍资料　谭正璧编
三国志　晋·陈寿著　南朝宋·裴松之注
三国演义资料汇编　朱一玄　刘毓忱编
大明高僧传　明·如惺著
大金国志　宋·宇文懋昭著
大唐贞元续开元释教录　唐·圆照编著
大清畿辅先哲传　徐世昌著
上海图书馆善本书目　上海图书馆编
千顷堂书目　清·黄虞稷编
千唐志斋藏志　河南省文物研究所等编
广弘明集　唐·道宣编
广州人物传　明·黄佐著
己未词科录　清·秦瀛著
也是园古今杂剧考　孙楷第著
小说旧闻钞　鲁迅编
小说考证　蒋瑞藻著
小说词语汇释　陆澹安著
小说枝谈　蒋瑞藻编
小腆纪传　清·徐鼒著
小檀栾室汇刻闺秀词　徐乃昌编
子弟书丛钞　关德栋　周中明编
子弟书总目　傅惜华编

四　画

开元释教录　唐·智昇编著
天下名家诗观　清·邓汉仪编
天启崇祯两朝遗诗　清·陈济生编
元人文集篇目分类索引　陆峻岭编
元人传记资料索引　王德毅　李荣村　潘柏澄编
元书　曾廉编
元史　明·宋濂等著
元史类编　邵远平著
元代杂剧全目　傅惜华编
元曲纪事　王文才编
元曲选　明·臧懋循编
元曲选外编　隋树森编
元曲家考略　孙楷第著
元曲释词　顾学颉　王学奇著
元明北杂剧总目考略　赵景深　邵曾祺编著
元明清三代禁毁小说戏曲史料　王利器编
元和姓纂　唐·林宝编
元和郡县图志　唐·李吉甫编
元诗纪事　陈衍编

元诗选 清·顾嗣立编
元祐党人传 清·陆心源著
元朝名臣事略 元·苏天爵著
元儒考略 明·冯从吾著
艺风堂藏书记 缪荃孙著
艺文志二十种综合引得 引得编纂处编
艺文类聚 唐·欧阳询等编
木鱼歌潮州歌叙录 谭正璧 谭寻编著
木樨轩藏书题记及书录 李盛铎著
五四时期期刊介绍 马列著作编译局编
太平广记 宋·李昉等编
太平御览 宋·李昉等编
太平寰宇记 宋·乐史著
太和正音谱 明·朱权编
历代人物年里碑传综表 姜亮夫编
历代同姓名录 清·刘长华编
历代名人生卒年表 梁廷灿编
历代名人年谱 清·吴荣光编
历代名臣谥法汇考 清·刘长华著
历代名画记 唐·张彦远著
历代妇女著作考 胡文楷著
历代诗话 清·何文焕编
历代诗话续编 丁福保编
日本东京所见中国小说书目 孙楷第著
日本访书志 杨守敬著
中古文学系年 陆侃如著
中外六朝文学研究文献目录 洪顺隆主编
中西回史日历 陈垣编
中华民国名人传 贾逸君编
“中华民国”作家作品目录
台湾“行政院文化建设委员会”编
中州集 金·元好问编
中兴间气集 唐·高仲武编
中国人名大辞典 臧励和等编
中国小说史料 孔另境编
中国历史地名辞典 复旦大学历史地理所编
中国历史地图集 谭其骧主编
中国历史纪年表 方诗铭编
中国历代人物年谱考录 谢巍编著
中国历代少数民族文论选
买买提·祖农 王戈丁主编
王佑夫副主编
中国历代文论选 郭绍虞主编 王文生副主编
中国历代书画篆刻家字号索引
商承祚 黄华编
中国历代年谱总录 杨殿珣编
中国历代诗文别集联合书目
王民信主编 周彦文等编
中国少数民族现代作家传略
吴重阳 陶立璠著
中国文言小说书目 袁行霈 侯忠义编
中国文言小说参考资料 侯忠义编
中国文学史大事年表 吴文治编
中国文学史旧版书目提要 陈玉堂著
中国文学家大辞典 谭正璧编
中国古今地名大辞典 臧励和编
中国古代文艺理论资料目录汇编
山东大学中文系编
中国古典文学研究论文索引
(1949—1966)
河北北京师范学院中文系编
中国社会科学院文学所补编
中国古典文学研究论文索引
(1966—1979) 中国社会科学院文学所编
中国古典文学研究论文索引
(1982—1983) 中国社会科学院文学所编
中国古典戏曲论著集成 中国戏曲研究院编
中国古典戏曲序跋汇编 蔡毅编
中国古籍善本书目
《中国古籍善本书目》编委会编
中国史历日和中西历对照表
方诗铭 方小芬编
中国丛书综录 上海图书馆编
中国丛书综录补正 阳海清编 蒋孝达校订
中国民间文学论文索引(1949—1980) 中国社会科学院文学所、资料室、少数民族文学所编
中国民间故事类型索引
(美)丁乃通著 郑建成等译
中国地方志综录 朱士嘉编
中国地方志联合目录
中国科学院北京天文台编
中国地方志集成《中国地方志集成》编委会编
中国当代社会科学家
北京图书馆《文献》丛刊编辑部
吉林省图书馆学会会刊编辑部编
中国戏曲研究书目提要
中国艺术研究院戏曲所编
中国近代人物传记资料索引
台湾中央图书馆编
中国近代文学大系
《中国近代文学大系》总编委会编
中国近代文学史事编年 郑方泽编
中国近代出版史料二编 张静庐编注

中国近代出版史料初编　张静庐编注
中国近代戏曲论著总目　傅晓航　张秀莲编
中国近代报刊名录　史和等编
中国近代期刊篇目汇录　上海图书馆编
中国近现代丛书目录　上海图书馆编
中国现代人物笔名辞典　书目文献出版社编
中国现代六百作家小传　李立明著
中国现代文论选　王文才主编
中国现代文坛笔名录　曾健戎　刘耀华编
中国现代文学书目汇要·小说卷　郭志刚主编
中国现代文学书目汇要·诗歌卷　郭志刚主编
中国现代文学作者本名笔名索引　周锦编
中国现代文学作家作品评论资料索引　福建师范学院中文系编
中国现代文学作家作品评论资料索引续编　福建师范学院中文系编
中国现代文学总书目　贾植芳等编
中国现代文学期刊目录(初稿)　现代文学期刊联合调查小组编
中国现代文学期刊目录汇编　唐沅　韩之友　封世辉　舒欣　孙庆升　顾盈丰编
中国现代文学辞典　上海辞书出版社编
中国现代出版史料甲编　张静庐编注
中国现代出版史料乙编　张静庐编注
中国现代出版史料丙编　张静庐编注
中国现代出版史料丁编　张静庐编注
中国现代当代文学研究论文索引(1949—1982)　田慧贞主编　郭泽芬　王毓华编
中国现代作家传略　徐州师范学院编
中国现代作家著译书目　北京图书馆编
中国俗曲总目稿　李家瑞编
中国神话资料萃编　袁珂　周明编
中国通俗小说书目　孙楷第编
中国通俗小说总目提要　江苏省社会科学院文学所编
中国馆藏和刻本汉籍书目　王宝平主编
中国敦煌吐鲁番学著述资料目录索引　卢善焕　师勤编
中国善本书提要　王重民编著
中国善本书提要补编　王重民编著
中国新文艺大系史料索引　阿英编
中原音韵　元·周德清著
今乐考证　清·凌廷堪著
六十种曲　清·毛晋编
文心雕龙　南朝梁·刘勰著
文体明辨　明·徐师曾编
文苑英华　宋·李昉等编
文学论文索引(1905—1935)　张陈卿　陈璧如　李维垿编　续编刘修业编　三编刘修业编
文学研究会资料　贾植芳主编
文选　南朝梁·萧统编　唐·李善注
文章辨体　明·吴讷编
文献征存录　清·钱林著
文献通考　元·马端临著
文镜秘府论　唐·空海著
方志著录元明清曲家传略　赵景深　张增元编
方舆胜览　宋·祝穆著
书目答问补正　清·张之洞编　范希曾补正
书史会要　元·陶宗仪著
书断　唐·张怀瓘著
水经注　北魏·郦道元著
《水浒传》资料汇编　朱一玄　刘毓忱编
《水浒》资料汇编　马蹄疾编

五　画

玉台新咏　南朝陈·徐陵编
玉海　宋·王应麟编
世善堂书目　明·陈第编
古小说简目　程毅中编
古今人物别名索引　陈德芸编
古今同姓名大辞典　彭作桢编
古今伪书考补证　清·姚际恒著　黄云眉补证
古今图书集成　清·陈梦雷原编　清·蒋廷锡等重编
古今注　晋·崔豹著
古今禅藻集　明·正勉　性通编
古典文学研究资料汇编《红楼梦》卷　一粟编
古典戏曲存目汇考　庄一拂著
古诗纪　明·冯惟讷编
古籍整理图书目录(1949—1991)　国务院古籍整理规划小组办公室编
本朝分省人物考　明·过廷训著
戊戌变法人物传稿　汤志钧著
东林列传　清·陈鼎著
东都事略　宋·王偁著
北史　唐·李延寿著
北齐书　唐·李百药著
北词广正谱　清·李玉编
北京传统曲艺总录　傅惜华编

北京图书馆善本书目　北京图书馆编
北堂书钞　唐·虞世南编
旧五代史　宋·薛居正著
旧唐书　后晋·刘昫著
史记　汉·司马迁著
史讳举例　陈垣著
四十七种宋代传记综合引得　引得编纂处编
四库全书总目　清·永瑢　纪昀主编
四库全书总目提要补正　胡玉缙　王欣夫编著
四库提要辨证　余嘉锡著
四部丛刊书录　孙毓修编
四部备要书目提要　中华书局编
丛书集成初编目录　商务印书馆编
册府元龟　宋·王钦若等编
乐府诗集　宋·郭茂倩编
汉书　汉·班固著　唐·颜师古注
汉名臣传　依国史抄录
汉魏六朝百三名家集题辞　明·张溥著
民间文学书目汇要　志彭编
民国人物大辞典　徐友春主编
民国人物小传　刘绍唐主编
民国人物传　李新　孙思白主编
民国人物碑传集　卞孝萱等编
民国时期总书目　北京图书馆编
弘明集　南朝梁·僧祐编
台湾与海外华人作家小传　王晋民　邝百曼著
辽史　元·托克托等著
辽金元人传记索引　(日)梅原郁　衣川强编
辽金元史艺文志　商务印书馆汇编
辽金元传记三十种综合引得　引得编纂处编
辽诗纪事　陈衍编

六　画

《西游记》资料　刘荫柏编
《西游记》资料汇编　朱一玄　刘毓忱编
百川书志　明·高儒编
列朝诗集　清·钱谦益编
贞元新定释教目录　唐·圆照编
当代少数民族作家文学研究资料
　索引　中国社会科学院少数民族文学所编
当代中国名人录　樊荫南编
曲苑　陈乃乾编
曲录　王国维编
曲品　明·吕天成著
曲海总目　清·黄文旸原编　清·管庭芬校录
曲海总目提要　董康校订
曲海总目提要补编　北婴编著
同书异名通检　杜信孚编
先秦汉魏晋南北朝诗　逯钦立编
传奇汇考　清·佚名编
伦敦所见中国小说书目提要　柳存仁编
华阳国志　晋·常璩著
伪书通考　张心澂编著
后汉书　南朝宋·范晔著
全上古三代秦汉三国六朝文　清·严可均编
全上古三代秦汉三国六朝文篇目
　及作者索引　中华书局编
全元散曲　隋树森编
全五代诗　清·李调元编
全汉三国晋南北朝诗　丁福保编
全辽文　陈述编
全宋文　曾枣庄主编
全宋词　唐圭璋编
全宋词作者词调索引　高喜田　寇琪编
全宋诗　傅璇琮主编
全明文　钱伯城　魏同贤　马樟根主编
全明诗　《全明诗》编委会编
全明散曲　谢伯阳编
全金元词　唐圭璋编
全金诗　清·郭元釪编
全唐文　清·董诰等编
全唐文纪事　清·陈鸿墀编
全唐文篇名目录及作者索引　马绪传编
全唐诗　清·彭定求等编
全唐诗补编　陈尚君编
全唐诗索引　史成编
全清词钞　叶恭绰编
全清词　《全清词》编委会编
全清散曲　凌景埏　谢伯阳编
创造社资料　饶鸿竞编
名臣碑传琬琰集　宋·杜大珪编
江西诗征　清·曾燠编
江苏诗征　清·王豫编
汲古阁六十种曲叙录　金启华著
戏曲小说书录解题　孙楷第著
戏曲词语汇释　陆澹安著
红雨楼书目　明·徐𤊹编
红楼梦书录　一粟编
红楼梦研究论文资料索引
　(1874—1982)　顾平旦主编
红楼梦叙录　胡文彬编

七　画

远山堂曲品剧品　明·祁彪佳著

苏区文艺运动资料　汪木兰主编
极玄集　唐·姚合编
两宋名贤小集　宋·陈思编
两浙名贤录　明·徐象梅编
两浙輶轩录　清·阮元编
两浙輶轩续录　清·潘衍桐编
抗日战争时期延安及各抗日民主根据地文学运动资料　刘增杰主编
吴中人物志　明·张昶著
作家笔名索引　蒋星煜编
近三百年人物年谱知见录　来新夏编著
近世中西史日对照表　郑鹤声编
近代名人小传　费行简著
近代诗钞　陈衍编
辛亥以来人物传记资料索引　复旦大学历史系编
辛亥革命时期期刊介绍　丁守和主编
宋人传记索引　(日)宋史提要编纂协力委员会编
宋人传记资料索引　昌彼得　王德毅　程元敏　侯俊德编
宋人轶事汇编　丁传靖编
宋元方志传记索引　朱士嘉编
宋元学案　清·黄宗羲编著　清·全祖望增补
宋元学案补遗　清·王梓材　冯云濠编著
宋历科状元录　明·朱希召著
宋书　南朝梁·沈约著
宋史　元·托克托等著
宋史艺文志·补编·附编　商务印书馆汇编
宋史翼　清·陆心源著
宋百家诗存　清·曹庭栋编
宋词四考　唐圭璋著
宋季忠义录　清·万斯同著
宋诗纪事　清·厉鹗编
宋诗纪事补遗　清·陆心源编
宋诗钞　清·吴之振　吕留良　吴自牧编
宋诗钞补　清·管庭芬编
宋高僧传　宋·赞宁著
宋遗民录　明·程敏政著
启祯野乘　清·邹漪著
补续高僧传　明·明河著　清·道开补
初学记　唐·徐坚等编
词名索引　吴藕汀编
词林正韵　清·戈载著
词林纪事　清·张宗橚编
词话丛编　唐圭璋编
词科掌录　清·全祖望著
词律　清·万树著
词籍序跋萃编　施蛰存主编
陈书　唐·姚思廉著
甬上耆旧诗　清·李邺嗣　胡文学编

八　画

青楼集　元·夏庭芝著
现代中国作家笔名录　袁涌进编
现存元人杂剧书录　徐调孚编
现存宋人别集版本目录　四川大学古籍所编
直斋书录解题　宋·陈振孙著
苕溪渔隐丛话　宋·胡仔编著
国朝山左诗钞　清·卢见曾编
国朝历卿记　明·雷礼编
国朝文类　元·苏天爵编
国朝书人辑略　震钧著
国朝书画家笔录　窦镇著
国朝正雅集　清·符葆森编
国朝汉学师承记　清·江藩著
国朝先正事略　清·李兆洛著
国朝名家诗钞小传　清·郑方坤著
国朝宋学渊源记　清·江藩著
国朝词综　清·王昶编
国朝词综续编　清·黄燮清编
国朝杭郡诗续辑　清·吴振棫编
国朝杭郡诗辑　清·吴颢　吴振棫编
国朝岭海诗钞　清·凌扬藻编
国朝诗人征略　清·张维屏著
国朝诗人征略二编　清·张维屏著
国朝诗别裁集　清·沈德潜编
国朝诗铎　清·张应昌编
国朝闺秀正始再续集　单士厘编
国朝闺秀正始集　清·恽珠编
国朝耆献类征　李桓编
国朝著述未刊书目　郑文焯编
国朝献征录　明·焦竑著
明人传记资料索引　台湾中央图书馆编
明文海　清·黄宗羲编
明史　清·张廷玉等编
明史艺文志·补编·附编　商务印书馆汇编
明史稿　清·王鸿绪编
明代传奇全目　傅惜华编
明代杂剧全目　傅惜华编
明词综　清·王昶编
明诗纪事　陈田编
明诗综　清·朱彝尊编
明清之际党社运动考　谢国桢著

明清江苏文人年表　张慧剑编
明清戏曲家考略　邓长风著
明清进士题名碑录索引　朱保炯　谢沛霖编
明清散曲作家汇考　庄一拂著
明遗民传记索引　谢正光编
明遗民诗　清·卓尔堪编
明遗民录　孙静庵著
明儒学案　清·黄宗羲编
郘亭知见传本书目　清·莫友芝编
贩书偶记　孙殿起编
贩书偶记续编　孙殿起编
图画见闻志　宋·郭若虚著
佩文韵府　清·张玉书　陈廷敬　李光地等编
郎园读书志　叶德辉著
金文最　清·张金吾编
金石萃编　清·王昶编
金史　元·托克托等著
金华贤达传　明·郑柏著
金诗纪事　陈衍编
金瓶梅资料汇编　朱一玄编
金瓶梅资料汇编　侯忠义　王汝梅编
金瓶梅资料汇编　黄霖编
周书　唐·令狐德棻等著
周秦汉魏诸子知见书目　严灵峰编
郑堂读书记　清·周中孚著
河岳英灵集　唐·殷璠编
宝文堂书目　明·晁瑮编
宝刻丛编　宋·陈思编
宝刻类编　宋·佚名编
宝卷综录　李世瑜编
诗人玉屑　宋·魏庆之编
诗词曲语词汇释　张相著
诗词曲语词例释　王锳著
诗话总龟　宋·阮阅编
诗品　南朝梁·钟嵘著
建炎以来系年要录　宋·李心传著
建康实录　唐·许嵩著
录鬼簿　元·钟嗣成著
居士传　清·彭绍升著
孤本元明杂剧钞本题记　冯沅君著
孤本元明杂剧提要　王季烈著
绎史　清·马骕著
经义考　清·朱彝尊著

九　画

契丹国志　宋·叶隆礼著
南史　唐·李延寿著
南齐书　南朝梁·萧子显著
南宋馆阁录　宋·陈骙著
南社丛谈　郑逸梅著
南词新谱　明·沈自晋著
南唐书　宋·马令著
南唐书　宋·陆游著
南疆绎史　清·温睿临著
昭代名人尺牍小传　清·吴修著
钦定词谱　清·王奕清等编
重订中晚唐诗主客图　清·李怀民著
复社姓氏传略　清·吴山嘉著
皇明人物考　明·焦竑著
皇明名臣琬琰录　明·徐纮著
皇明词林人物考　明·王兆云著
皇清经解　清·阮元主编
皇朝文献通考　清高宗敕编
皇朝文鉴　宋·吕祖谦编
皇朝经世文编　清·贺长龄　魏源编
皇朝续文献通考　清·刘锦藻著
皇朝谥法考　清·鲍康著
胜朝粤东遗民录　清·陈伯陶著
美国国会图书馆藏中国方志目录　朱士嘉编
洛阳伽蓝记　北魏·杨衒之著
室名别号索引
陈乃乾编　丁宁　何文广　雷梦水补编
郡斋读书志　宋·晁公武著
骈字类编　清·张廷玉等编

十　画

莫高窟年表　姜亮夫编著
桐城文学渊源撰述考　刘声木编著
铁琴铜剑楼藏书目录　清·瞿镛编
鸳鸯蝴蝶派文学资料
芮和师　范伯群　郑学弢
徐斯年　袁沧洲编
鸳鸯蝴蝶派研究资料　魏绍昌　吴承惠编
唐人行第录　岑仲勉编
唐人轶事汇编　周勋初主编
唐才子传校笺
元·辛文房原著　傅璇琮等校笺
唐五代人物传记资料综合索引
傅璇琮　张忱石　许逸民编
唐文拾遗　清·陆心源编
唐代诗人丛考　傅璇琮著
唐代墓志汇编　周绍良　赵超主编
唐宋词人年谱　夏承焘著
唐刺史考　郁贤皓著

唐郎官石柱题名考　清·赵钺　劳格著
唐诗人行年考　谭优学著
唐诗人行年考续编　谭优学著
唐诗书录　陈伯海　朱易安编
唐诗纪事　宋·计有功编
唐诗品汇　明·高棅编
唐诗选本六百种提要　孙琴安著
唐集叙录　万曼著
唐御史台精舍题名考　清·赵钺　劳格著
资治通鉴　宋·司马光编著
读史方舆纪要　清·顾祖禹著
通志　宋·郑樵著

十一画

教坊记　唐·崔令钦著
盛明百家诗　明·俞宪编
盛明杂剧　明·沈泰编
雪桥诗话　杨钟羲著
晚清文艺报刊述略　阿英著
晚清戏曲小说目　阿英著
晚晴簃诗汇　徐世昌编
崇文总目　宋·王尧臣等编
商务印书馆图书目录(1887—1980)　商务印书馆编
清人文集别录　张舜徽著
清人诗集叙录　袁行云著
清人室名别号索引　杨廷福　杨同福编
清史列传　佚名编
清史稿　赵尔巽等著
清史稿艺文志及补编　章钰　吴士鉴原稿　朱师辙复辑　武作成补编
清代七百名人传　蔡冠洛著
清代人物传稿　清史编委会编
清代文字狱档　故宫博物院文献馆编
清代文集篇目分类索引　王重民　杨殿珣等编
清代杂剧全目　傅惜华编
清代各省禁书汇考　雷梦辰编
清代学者像传　叶恭绰编
清代闺阁诗人征略　施淑仪著
清代禁书知见录　孙殿起编
清代禁毁书目　清·姚觐元编　邓实补遗
清代碑传文通检　陈乃乾编
清名家词　陈乃乾编
清画家诗史　李濬之编
清诗纪事　钱仲联主编
清诗纪事初编　邓之诚编
清诗话　丁福保编
清诗话续编　郭绍虞　富寿荪编
清谥法考　雷延寿著
清儒学案　徐世昌等编
清儒学案新编　杨向奎著
淮海英灵集　清·阮元编
渊鉴类函　清·张英　王士禛等编
梁书　唐·姚思廉著
惜阴堂汇刻明词(即《明词汇刊》)　赵尊嶽编
弹词宝卷书目　胡士莹编
弹词叙录　谭正璧著
隋书　唐·魏徵著
续文献通考　清高宗敕编
续吴先贤传　明·刘凤著
续录鬼簿　明·佚名著
续修四库全书总目　中国科学院图书馆整理
续修四库全书总目　王云五主持
续皇清经解　王先谦编
续资治通鉴长编　宋·李焘著
续碑传集　缪荃孙编
续藏书　明·李贽著

十二画

琴操　汉·蔡邕著
皕宋楼藏书志　清·陆心源编
景德传灯录　宋·道原著
畴人传　清·阮元著
皖志列传稿　金天羽著
粤西诗载文载　清·汪森编
敦煌古籍叙录　王重民著
敦煌变文字义通释　蒋礼鸿著
敦煌变文集　王重民编
敦煌遗书总目索引　商务印书馆编
敦煌遗书最新目录　黄永武编
敦煌歌辞总编　任半塘编
善本书室藏书志　清·丁丙编
善本剧曲经眼录　张棣华著
道咸同光四朝诗史　孙雄编
遂初堂书目　宋·尤袤编
湖海诗传　清·王昶编
登科记考　清·徐松著

十三画

楚辞书目五种　姜亮夫编著
楚辞书目五种续编　崔富章编著
楚辞书录　饶宗颐编
楚辞要籍解题　洪湛侯编著

榼书隅录　清·杨绍和编
碑传集　清·钱仪吉编
碑传集三编　汪兆镛编
碑传集补　闵尔昌编
虞山钱曾王藏书目录汇编　清·钱曾著　瞿凤起汇编
新元史　柯绍忞著
新五代史　宋·欧阳修著
新曲苑　任中敏编
新传奇品　清·高奕著
新唐书　宋·欧阳修　宋祁著
满洲名臣传　依国史抄录

十 四 画

嘉禾征献录　清·盛枫著
嘉庆重修一统志　清官修
槜李诗系　清·沈季友编
管锥编　钱钟书著
舆地纪胜　宋·王象之著
疑年录汇编　张惟骧汇编

十 五 画

增订四库简明目录标注　邵懿辰　邵章编
增订晚明史籍考　谢国桢著
增校清朝进士题名碑录附引得　房兆楹　杜联喆编
鹤征后录　清·李富孙著
鹤征录　清·李集著
畿辅人物考　清·孙奇逢著

十 六 画

翰苑群书　宋·洪遵编
澹生堂藏书目录　明·祁承㸁编

十 七 画

藏园群书经眼录　傅增湘编

十 九 画

瀛奎律髓　元·方回编

数　字

1833—1949 全国中文期刊联合目录　全国图书联合目录编辑组编

词目笔画索引

说明 一、本索引收录本书全部词目，词目右侧是它所在正文的页码。

二、本索引以词目首字的笔画、笔形(一丨丿丶乛)为编排的第一依据，和首字偏旁相同的，照顾排在一起；首字相同的词目，字数少的在前，多的在后；字数相同的词目，依第二字的笔画笔形，第二字相同的依第三字，余类推；以外文字母作词目首字的，置于最后。

三、一丨丿丶乛以外的笔形：提(㇀)归入横(一)，捺(㇏)归入点(丶)，笔形带钩或曲折的(如㇆亅𠄌𠃋㇉㇋等)均归入折(乛)。

四、本索引使用通用汉字，但对少数易滋歧义的，则仍保留其原来字形。

一画

二画

〔一〕

四画

〔一〕

五画

〔一〕

〔丨〕

〔丶〕

〔一〕

六画

〔一〕

〔一〕

〔丨〕

〔丿〕

〔乛〕

八画

〔一〕

〔丿〕

〔丶〕

九画

〔一〕

〔丨〕

〔丿〕

十画

〔一〕

〔丶〕

〔乛〕

十一画

〔一〕

〔丨〕

〔丿〕

〔丶〕

〔一〕

十二画

〔一〕

〔丶〕

〔一〕

十三画

〔一〕

〔乛〕

十四画

〔一〕

十五画

〔一〕

〔丨〕

〔丿〕

〔丶〕

十六画

〔丶〕

〔乛〕

十八画

十九画

二十画

二十一画

二十二画

二十三画

二十四画

二十五画

外文